UCH + DATENBANK!

komplette Werk steht Ihnen in der Datenbank Otto Schmidt
ne zur Verfügung. Jederzeit und an jedem Ort. Mit Gesetzen und
htsprechung im Volltext. Plus Online-Aktualisierungen wichtiger
etzesänderungen und Hinweise auf neue Entscheidungen.

vieren Sie jetzt Ihren Account!

Zugangsdaten für 3 Nutzer:

adh8-fb3g-8hf9

nfach funktioniert es:

en Sie auf www.otto-schmidt.de
rechts „Otto Schmidt online",
den Menüpunkt „Neu registrieren".

ts registrierte Online-Nutzer
er Module wählen „Zugang
ngern und erweitern".

n Sie Ihre Zugangsdaten ein.
ugang ist bis zum Erscheinen der
uflage gültig.

ich-Rückgabe erlöschen Ihre Rechte
r Online-Nutzung.

Haben Sie Fragen?
Unser Kundenservice ist für Sie da:
Telefon 0221/93738-999
kundenservice@otto-schmidt.de

Zöller · Zivilprozessordnung

ZÖLLER
Zivilprozessordnung

mit VDuG, FamFG (§§ 1-96a, 111-150, 231-244, 246-270)
und GVG sowie den Einführungsgesetzen, mit Europäischem
und Internationalem Zivilprozessrecht (EuIZPR),
Brüssel Ia-VO, EuZustVO, EuBewVO,
Kostenanmerkungen

Kommentar

Begründet von

Dr. Richard Zöller

Bearbeitet von

Dr. Christoph Althammer
Professor an der Universität Regensburg

Christian Feskorn
Vorsitzender Richter am Kammergericht

Dr. Reinhard Greger
Professor i. R.
an der Friedrich-Alexander-Universität
Erlangen-Nürnberg,
vorm. Richter am Bundesgerichtshof

Dr. Wolfgang Hau
Professor an der
Ludwig-Maximillians-Universität
München,
Richter am Oberlandesgericht
München a. D.

Kurt Herget
Richter am Amtsgericht a. D.,
Offenbach

Dr. Hans-Joachim Heßler
Präsident des Bayerischen Verfassungs-
gerichtshofs und des Oberlandesgerichts
München

Clemens Lückemann
Präsident des Oberlandesgerichts
Bamberg a. D.

Dr. Hendrik Schultzky
Ministerialrat im Bayerischen
Staatsministerium der Justiz, München

Dr. Mark Seibel
Vizepräsident des Landgerichts Siegen

Dr. Gregor Vollkommer
Vorsitzender Richter
am Oberlandesgericht München
und am Commercial Court Bayern,
Honorarprofessor
an der Technischen Universität München

36. neubearbeitete Auflage

2026

ottoschmidt

Zitierempfehlung:
Zöller/Bearbeiter, ZPO, 36. Aufl, § … (Gesetz) Rn …

Bibliografische Information
der Deutschen Nationalbibliothek
Die Deutsche Nationalbibliothek verzeichnet diese Publikation in der Deutschen Nationalbibliografie; detaillierte bibliografische Daten sind im Internet über https://portal.dnb.de abrufbar.

Verlag Dr. Otto Schmidt KG
Gustav-Heinemann-Ufer 58, 50968 Köln
Tel. 02 21/9 37 38-01, Fax 02 21/9 37 38-943
info@otto-schmidt.de
www.otto-schmidt.de

ISBN 978-3-504-47028-9

Das verwendete Papier ist aus chlorfrei gebleichten Rohstoffen hergestellt, holz- und säurefrei, alterungsbeständig und umweltfreundlich.

Einbandgestaltung: Lichtenford, Mettmann
Satz: Schäper, Bonn
Druck und Verarbeitung: L.E.G.O. S.p.A., Lavis (TN), Italien

Vorwort

Die Ziviljustiz befindet sich in einem rasanten, tiefgreifenden Wandel. Videokameras und Wandbildschirme haben Einzug in Sitzungszimmer gehalten, Aktenberge sind weitgehend von den Richtertischen verschwunden und haben Platz gemacht für Monitore, auf denen Texte geschrieben, markiert, kopiert und verschoben werden, digitale Tools und KI-Systeme werden genutzt usw. Ein für die Praxis geschriebener Kommentar muss hier mitziehen, die sinnvolle Nutzung der neuen Möglichkeiten fördern, rechtliche Fallstricke aufzeigen und Lösungen anbieten. In der vorliegenden Neuauflage des ZÖLLER schlägt sich dies in vielfacher Hinsicht nieder.

So wird beispielsweise ausführlich erörtert, wie die (nicht unproblematische) Gesetzgebung zur Videoverhandlung in die Praxis übertragen werden kann. Die ausufernde Rechtsprechung zum elektronischen Rechtsverkehr zwischen Gericht und Prozessbeteiligten wird auf aktuellem Stand wiedergegeben. Die Nutzung von KI-Assistenten in der anwaltlichen und richterlichen Praxis behandelt die Neuauflage im Lichte der KI-Verordnung an den dafür in Betracht kommenden Stellen und in einem eigenen Kapitel nach der EuIZPR. Die (zum 1.1.2026 abgeschlossene) Einführung der E-Akte wird an allen relevanten Stellen in nochmals ausgebauter Form berücksichtigt, von der Ersetzung der richterlichen Unterschrift durch eine elektronische Signatur bis hin zu den diffizilen Fragen des Medientransfers, der hybriden Aktenführung und der Übermittlung von Behördenakten. Hinweise zum Umgang mit Kryptowährungen in der Prozess- und Vollstreckungspraxis finden sich ebenso wie Anregungen zum Einsatz digitaler Tools bei der Verhandlungsvorbereitung.

Das Gesetz zur Förderung des Einsatzes von Videokonferenztechnik in der Zivilgerichtsbarkeit und den Fachgerichtsbarkeiten hat auch die Arbeit der Gerichtsvollzieher gravierend verändert. § 802f ZPO ist vollständig neu gefasst und um die Möglichkeit erweitert worden, die Vermögensauskunft per Bild- und Tonübertragung oder (neben den Geschäftsräumen des Gerichtsvollziehers und der Wohnung des Schuldners) an einem sonstigen geeigneten Ort abzunehmen. In diesem Zusammenhang sind auch die Anforderungen an das vom Gerichtsvollzieher aufzunehmende Protokoll geändert worden (vgl. § 762 II Nr. 4 ZPO). Diese Gesetzesänderungen werfen viele Fragen für die tägliche Arbeit der Gerichtsvollzieher auf.

Der neue ZÖLLER ist aber nicht nur inhaltlich, sondern auch in der Publikationsform auf der Höhe der (digitalen) Zeit. Jeder Erwerber des gedruckten Werks hat auch Zugang zur digitalen Ausgabe und damit zu den Inhalten der Datenbank *Otto Schmidt online*. Dort erfasste Quellen (Entscheidungen, Rechts- und Verwaltungsvorschriften, Drucksachen usw.) können ebenso wie zahlreiche Arbeitshilfen unmittelbar aus dem Kommentar abgerufen werden. Für die reine Online-Nutzung ist der ZÖLLER in *juris* (Modul Zivil- und Zivilprozessrecht) sowie im Beratermodul ZÖLLER Zivilprozessrecht und im Aktionsmodul Zivilrecht von *Otto Schmidt online* verfügbar. Die Nutzer von *Otto Schmidt online* können zusätzlich und optional die KI *Otto Schmidt Answers* dazu buchen. Diese bietet die Möglichkeit, gezielte Fragen zu zivil- und zivilverfahrensrechtlichen Themen zu stellen und beantwortet sie mit Verweisen auf Belege in den Publikationen des Verlags.

Die digitale Version bietet zudem die Möglichkeit zur fortlaufenden Aktualisierung des Kommentars (die auch schon mit der Vorauflage rund 150-mal geboten wurde). Auf sich abzeichnende Gesetzesänderungen wird bereits in der Print-Ausgabe hingewiesen; zeitnah nach der Verkündung werden sie online kommentiert. Die Bezieher des ZÖLLER erhalten damit auch aktuelle Erläuterungen zu folgenden derzeit als Entwurf vorliegenden Novellen:

- Gesetz zur Entwicklung und Erprobung eines Online-Verfahrens in der Zivilgerichtsbarkeit,
- Gesetz zur Einführung einer elektronischen Präsenzbeurkundung,
- Gesetz zur Änderung des Zuständigkeitsstreitwerts der Amtsgerichte, zum Ausbau der Spezialisierung der Justiz in Zivilsachen sowie zur Änderung weiterer prozessualer Regelungen,
- Gesetz zur Umsetzung der Richtlinie (EU) 2024/1069 über den Schutz von Personen, die sich öffentlich beteiligen, vor offensichtlich unbegründeten Klagen oder missbräuchlichen Gerichtsverfahren (Anti-SLAPP-Gesetz),
- Gesetz zur weiteren Digitalisierung der Zwangsvollstreckung,
- Gesetz zur Änderung der Vorschriften über die Einführung der elektronischen Akte in der Justiz und die allgemeine Beeidigung von Gerichtsdolmetschern.

Auch wichtige Gerichtsentscheidungen werden auf diesem Wege nachgewiesen. Die von der ZPO-Reform-Kommission vorgeschlagenen und teilweise bereits im Koalitionsvertrag festgeschriebenen Maßnahmen zur Modernisierung des Zivilprozesses werden die ZÖLLER-Autoren auch „zwischen den Auflagen" durch Beiträge im Internet begleiten.

Mit der 36. Auflage befindet sich der Kommentar auf dem Stand der Gesetzgebung vom 15.8.2025. Seit der Vorauflage neu in die gedruckte Ausgabe eingearbeitet wurden

- das Gesetz zur Umsetzung der Verbandsklagen-Richtlinie vom 8.10.2023 (mit einer eigenen Kommentierung des mit ihm erlassenen Verbraucherrechtedurchsetzungsgesetzes, VDuG),

- das Gesetz zur Förderung des Einsatzes von Videokonferenztechnik in der Zivilgerichtsbarkeit und in den Fachgerichtsbarkeiten vom 15.7.2024,
- das Gesetz zur weiteren Digitalisierung der Justiz vom 12.7.2024, u.a. mit einem neuen § 130e ZPO zum Zugang empfangsbedürftiger Willenserklärungen in elektronischen Schriftsätzen,
- das Justizstandort-Stärkungsgesetz vom 7.10.2024, mit dem die Einführung von *Commercial Courts* und *Commercial Chambers*, mit Englisch als Gerichtssprache, sowie ein neues Geheimnisschutzverfahren (§ 273a ZPO) eingeführt wurden,
- das Gesetz zur Einführung eines Leitentscheidungsverfahrens beim BGH vom 24.10.2024, mit dem die Problematik der Massenklagen entschärft werden soll,
- das 2. Gesetz zur Reform des Kapitalanleger-Musterverfahrensgesetzes vom 16.7.2024,
- die 11. Novelle des Gesetzes gegen Wettbewerbsbeschränkungen vom 25.10.2023,
- das Gesetz zur Änderung des Onlinezugangsgesetzes vom 19.7.2024,
- das Gesetz zur Modernisierung des Postrechts vom 15.7.2024,
- das Kosten- und Betreuervergütungsrechtsänderungsgesetz 2025 vom 7.4.2025,
- die Behördenaktenübermittlungsverordnung vom 30.4.2025,
- die Änderungen der PKH- und der Pfändungsfreigrenzenbekanntmachung.

Hunderte neuer Entscheidungen, teilweise von erheblicher Tragweite, wurden eingearbeitet, buchstäblich fast bis zur letzten Minute vor Druckbeginn. Insbesondere zum elektronischen Rechtsverkehr ergingen fast wöchentlich neue Entscheidungen des BGH, sodass sich der Umfang der Kommentierung zu §§ 130a, 130d ZPO in etwa verdoppelt hat. An vielen Stellen wurde der Text grundlegend überarbeitet und teilweise neu strukturiert, so z.B. bei den Urteilsvorschriften (§§ 300 ff ZPO), bei der Klage auf Auskunft nach der Datenschutz-Grundverordnung sowie beim Beweis des Zugangs von Erklärungen.

Bei den Bearbeitern hat es eine wesentliche Veränderung gegeben. Nach rund 50-jähriger Mitarbeit ist Prof. Dr. Dr. h.c. *Reinhold Geimer* altersbedingt ausgeschieden. Er hat das Format des ZÖLLER als wissenschaftlich fundierter Praxiskommentar entscheidend geprägt; insbesondere seine Kommentierungen zum Internationalen Zivilprozessrecht und zur Schiedsgerichtsbarkeit haben höchste Anerkennung erfahren. Das Schiedsverfahrensrecht wurde von ZÖLLER-Autor Prof. Dr. *Christoph Althammer* übernommen; der Gesetzentwurf der Bundesregierung zur Modernisierung des Schiedsverfahrensrechts (BTDrs 20/13257) ist dabei bereits zu allen wichtigen Reformfragen eingearbeitet. Für den Bereich des IZPR ist Prof. Dr. *Wolfgang Hau*, Inhaber des Lehrstuhls für Bürgerliches Recht und deutsches, internationales und vergleichendes Zivilverfahrensrecht an der Ludwig-Maximilians-Universität München und Richter am OLG München a.D., in das Autorenteam eingetreten. Die bisher von *Geimer* betreuten Vorschriften des Zwangsvollstreckungsrechts kommentiert jetzt ZÖLLER-Autor *Kurt Herget*.

Die personelle Veränderung traf zusammen mit der Notwendigkeit, den Umfang der Kommentierung zurückzufahren, weil sonst wegen der neu hinzugekommenen Materien das einbändige Format des ZÖLLER nicht aufrechtzuerhalten wäre. Aus diesem Grund musste die Kommentierung der international-rechtlichen Vorschriften grundlegend neu verfasst und dabei gestrafft werden. Neben der Einführung in die Grundlagen des EuIZPR und der Kommentierung der internationalrechtlichen Vorschriften der ZPO enthält der ZÖLLER aber weiterhin die Erläuterung der Brüssel Ia-VO (bisher EuGVVO), der EuZustVO und der EuBewVO. *Geimers* breiter angelegte wissenschaftliche Aufarbeitung bleibt in seinem im selben Verlag erschienenen Handbuch Internationales Zivilprozessrecht (9. Aufl. 2024) erhalten. Die verbleibenden Autoren danken ihm für die langjährige, hervorragende Zusammenarbeit und wünschen ihm alles Gute.

Der Dank gilt auch den Mitarbeiterinnen und Mitarbeitern des Verlags, allen voran Dr. *Birgitta Peters*, die sich trotz ihrer umfangreichen Aufgaben als Leiterin des Geschäftsbereichs Recht im Otto Schmidt Verlag unermüdlich für den Kommentar einsetzt, von konzeptionellen Grundsatzfragen bis zu redaktionellen Details, und *Simone Forner* für die großartige Kooperation. Von ihnen gingen wesentliche Impulse, insbesondere auch für die Digitalisierung des ZÖLLER, aus, und für Anregungen oder Wünsche der Autoren waren sie stets aufgeschlossen. Besondere Anerkennung gebührt auch dem IT-Team, dem es mit dem Chatbot *Answers* gelungen ist, den ZÖLLER für die automatisierte Beantwortung von Fragen, Formulierung von Anträgen u. dgl. nutzbar zu machen.

Verlag und Autoren freuen sich über jede Rückmeldung – gerne an lektorat@otto-schmidt.de.

Im August 2025 *Die Verfasse*

Bearbeiter der 36. Auflage

Althammer	§§ 50-90, 91a, 1025-1066 ZPO, §§ 6, 7, 14-21 VDuG
Feskorn	§§ 214-229, 300-321, 329, 415-444, 542-577 ZPO, Einleitung FamFG, §§ 1-36, 37-96a, 111-150, 231-244, 246-270 FamFG, Kostenanmerkungen zum FamFG, Anhang FamFG – Verfahrenswerte
Greger	§§ 128-158, 167, 230-292, 294-299a, 348-362, 365-414, 445-484, 578-605a, 610-614 ZPO, §§ 16, 17, 43 EGZPO, § 36a FamFG
Hau	Europäisches und Internationales Zivilprozessrecht (EuIZPR), §§ 183, 293, 328, 363, 364, 722, 723, 946-959, 1067-1120 ZPO, Brüssel Ia-VO, EuZustVO, EuBewVO
Herget	§§ 2-9, 91, 92-113, 330-347, 485-510b, 707-720, 766-802 ZPO
Heßler	§§ 511-541 ZPO, EGZPO
Lückemann	§§ 606-609 ZPO, GVG, EGGVG
Schultzky	KI im Zivilprozess, §§ 1, 11-40, 114-127, 159-166, 168-182, 184-195 ZPO, § 30 EGGVG, Kostenanmerkungen zur ZPO
Seibel	§§ 688-706, 720a, 721, 724-765a, 802a-910 ZPO, § 23 EGZPO
G. Vollkommer	Einleitung ZPO, §§ 41-49, 321a-327 ZPO, Vor § 606 ZPO (Neuregelung der Verbandsklage), §§ 916-945b ZPO, §§ 1-5, 8-13, 22-50 VDuG

Inhaltsverzeichnis

Schrifttumsverzeichnis

(Auswahl)

ZPO (Kommentare)

Alternativkommentar zur ZPO, hrsg von *Ankermann/Wassermann*, 1987
Anders/Gehle, Zivilprozessordnung, Kommentar, 83. Aufl 2025
Fasching/Konecny, Kommentar zu den Zivilprozessgesetzen (Österr Recht), 2. Aufl Wien 2011 ff (10 Bde)
Kindl/Meller-Hannich, Gesamtes Recht der Zwangsvollstreckung, Handkommentar, 4. Aufl 2021
Münchener Kommentar zur ZPO, hrsg von *Krüger/Rauscher*, 6. Aufl 2020 (Bd 1 und 2), 6. Aufl. 2022 (Bd 3). Mit Beilage „Durch die COVID-19-Situation verursachte Fragestellungen im Zivilprozessrecht" (Stand: 2020); 7. Aufl 2025 (Bd 1)
Musielak/Voit, Zivilprozessordnung, Kommentar, 22. Aufl 2025
Prütting/Gehrlein, ZPO, Kommentar, 16. Aufl 2024
Saenger, Zivilprozessordnung, Handkommentar, 10. Aufl 2023
Schuschke/Walker/Kessen/Thole, Vollstreckung und Vorläufiger Rechtsschutz, Kommentar, 8. Aufl 2024
Stein, Kommentar zur ZPO, hrsg von *Bork/Roth*, 24. Aufl 2024 ff (Bd 1, 3 erschienen)
Stein/Jonas, Kommentar zur ZPO, hrsg von *Bork/Roth*, 22. Aufl 2002-2013 (10 Bde); 23. Aufl 2014 ff (12 Bde); ab der 24. Aufl s *Stein*
Thomas/Putzo, ZPO, Kommentar, 46. Aufl 2025, bearbeitet von *Hüßtege, Seiler, Nordmeier*
Vorwerk/Wolf, Beck'scher Online-Kommentar ZPO
Wieczorek, Großkommentar zur ZPO, 2. Aufl 1975-1988 (5 Bde), bearbeitet von *Wieczorek*, fortgeführt von *Rößler* und *Schütze*
Wieczorek/Schütze, ZPO, hrsg von *Schütze*, 3. Aufl 1994 ff; 4. Aufl 2013 ff; hrsg von *Schütze/Gebauer*, 5. Aufl 2019 ff (14 Bde, Bd 1, 2, 3, 4, 6, 7, 9, 11, 13, 14 erschienen)
Zimmermann, ZPO mit FamFG, GVG, EGGVG, EGZPO, 10. Aufl 2015

FamFG (Kommentare)

Bahrenfuss, FamFG, 3. Aufl 2017
Bassenge/Roth, FamFG/RPflG, 12. Aufl 2009
Bumiller/Harders/Schwamb, FamFG, Familienverfahren, Freiwillige Gerichtsbarkeit, 13. Aufl 2022
Dutta/Jacoby/Schwab, FamFG, 4. Aufl 2022
Haußleiter, FamFG, 2. Aufl 2017
Holzer, FamFG, 2011
Horndasch/Viefhues, FamFG, 3. Aufl 2014
Münchener Kommentar zum FamFG, §§ 1–493, IZVR, EuZVR (2 Bde), hrsg von *Rauscher*, 3. Aufl 2018/2019; 4. Aufl. 2025/2026 (Bd 1 erschienen)
Musielak/Borth/Frank, Familiengerichtliches Verfahren, 1. + 2. Buch FamFG, 7. Aufl 2022
Prütting/Helms, FamFG, 7. Aufl 2026 (im Erscheinen)
Schulte-Bunert/Weinreich, FamFG, 7. Aufl 2023
Sternal (vormals Keidel), FamFG, 21. Aufl 2023

Internationales und europäisches Zivilprozessrecht (Kommentare, Handbücher, Lehrbücher)

Basler Kommentar zum Lugano-Übereinkommen (LugÜ), hrsg von *Oetiker/Weibel/Fountoulakis*, 3. Aufl 2024
Czernich/Geimer, Handbuch der Streitbeilegungsklauseln im internationalen Vertragsrecht, 2017
Dasser/Oberhammer, Lugano-Übereinkommen (LugÜ), Kommentar, 3. Aufl 2021
Frowein/Peukert, Europäische Menschenrechtskonvention (EMRK), 4. Aufl 2022
Geimer, Anerkennung ausländischer Entscheidungen in Deutschland, 1995
Geimer, Internationales Zivilprozessrecht, 9. Aufl 2024
Geimer/Schütze, Internationaler Rechtsverkehr in Zivil- und Handelssachen, Loseblatt
Geimer/Schütze, Europäisches Zivilverfahrensrecht (EuZVR), 4. Aufl 2020
Geroldinger/Neumayr, Praxiskommentar IZVR, 2021 ff (Bd 2, 3, 5 erschienen)
Harsági/Kengyel, Grenzüberschreitende Vollstreckung in der Europäischen Union, 2011
Hausmann, Internationales und Europäisches Familienrecht, Kommentar, 3. Aufl 2024
Hess, Europäisches Zivilprozessrecht, 2. Aufl. 2021
Jayme/Hausmann, Internationales Privat- und Verfahrensrecht, 22. Aufl 2024
Kropholler/von Hein, Europäisches Zivilprozessrecht, 9. Aufl 2011
Linke/Hau, Internationales Zivilverfahrensrecht, 9. Aufl 2024
Mayr, Europäisches Zivilprozessrecht, 2. Aufl 2020

Mayr, Handbuch des europäischen Zivilverfahrensrechts, 2. Aufl 2023
Nagel/Gottwald, Internationales Zivilprozessrecht, 9. Aufl 2025
Rauscher, Europäisches Zivilprozess- und Kollisionsrecht, 4. Aufl 2015/2016 (5 Bde); 5. Aufl 2020 ff (8 Bde, Bd I, Bd II-1, Bd II-2, Bd III erschienen)
Schack, Internationales Zivilverfahrensrecht, 9. Aufl 2025
Schlosser/Hess, EU-Zivilprozessrecht, 5. Aufl 2021
Schütze, Das internationale Zivilprozessrecht in der ZPO, 2. Aufl 2011
Schütze, Deutsches Internationales Zivilprozessrecht unter Einschluss des Europäischen Zivilprozessrechts, 2. Aufl 2005
Schütze, Rechtsverfolgung im Ausland, 5. Aufl 2016
Walter/Domej, Internationales Zivilprozessrecht der Schweiz, 5. Aufl 2012

Angrenzende Rechtsgebiete (Kommentare, Handbücher, Lehrbücher, inkl Kostenrecht)

Arnold/Meyer-Stolte/Rellermeyer/Hintzen/Georg, RPflG, 9. Aufl 2022
Asmus/Waßmuth, Kollektive Rechtsdurchsetzung, 2022
Bäumel/Bienwald/Häussermann ua, Familienrechtsreformkommentar (FamRefK), 1998
Bergerfurth, Der Anwaltszwang und seine Ausnahmen, 2. Aufl 1988 mit Nachtrag 1991
Binz/Dörndorfer/Zimmermann, GKG, FamGKG, JVEG, Kommentar, 5. Aufl 2021
Borgmann/Jungk/Schwaiger, Anwaltshaftung, 6. Aufl 2020
Bornemann, Frankfurter Kommentar zur Insolvenzordnung, 10. Aufl 2023
Dassler/Schiffhauer/Hintzen/Engels/Rellermeyer, ZVG, 16. Aufl 2020
Demharter, GBO, 33. Aufl 2023
Dörndorfer, RPflG, 4. Aufl 2023
Dötsch/Schultzky/Zschieschak, WEG-Recht 2021, 2021
Ehinger/Rasch/Schwonberg/Siede, Handbuch Unterhaltsrecht, 8. Aufl 2018
Eidenmüller/Wagner, Mediationsrecht, 2015
Ellenberger/Bunte, Bankrechts-Handbuch, 6. Aufl 2022
Erman, BGB, 17. Aufl 2023 (3 Bde)
Eyermann, VwGO, Kommentar, 16. Aufl 2022
Germelmann/Matthes/Prütting, Arbeitsgerichtgesetz, 10. Aufl 2022
Gernhuber/Coester-Waltjen, Familienrecht, 7. Aufl 2020
Gerold/Schmidt, RVG, 26. Aufl 2023
Greger/Unberath/Steffek, Recht der alternativen Konfliktlösung, 2. Aufl 2016
Grüneberg, Bürgerliches Gesetzbuch, 84. Aufl 2025
Grunewald/Römermann, Rechtsdienstleistungsgesetz, 2008
Grunsky/Waas/Benecke/Greiner, Arbeitsgerichtsgesetz, 8. Aufl 2014
Hartung/Schons/Enders, Rechtsanwaltsvergütungsgesetz, Kommentar, 3. Aufl 2017
Hellstab/Schneider/Otto, GKG/FamGKG, Loseblatt (2 Bde)
Helml/Pessinger, ArbGG, 5. Aufl 2021
Huber, Anfechtungsgesetz, 12. Aufl 2021
Ingenstau/Korbion/Leupertz/von Wietersheim, VOB, Teile A und B, Kommentar, 22. Aufl 2023
Jaeger, Insolvenzordnung, hrsg von *Henckel/Gerhardt*, 2004 ff (7 Bde)
Jansen/Seibel, VOB/B, 6. Aufl 2025
Jauernig, BGB, 19. Aufl 2023
Jessnitzer/Blumberg, Bundesrechtsanwaltsordnung, Kommentar, 9. Aufl 2000
Johannsen/Henrich/Althammer, Familienrecht, 7. Aufl 2020
Kayser/Thole, Heidelberger Kommentar zur InsO, 11. Aufl 2023
Kegel/Schurig, Internationales Privatrecht, 9. Aufl 2004
Kissel/Mayer, GVG, 11. Aufl 2025
Köhler/Feddersen, Gesetz gegen den unlauteren Wettbewerb, 43. Aufl 2025
Kölner Kommentar zum KapMuG, hrsg von *Hess/Reuschle/Rimmelspacher*, 2. Aufl 2014
Kübler/Prütting/Bork, Kommentar zur Insolvenzordnung, Loseblatt (5 Bde)
Lachmann, Handbuch für die Schiedsgerichtspraxis, 3. Aufl 2008
Larenz/Canaris, Bd II/2, 13. Aufl 1994
Lechner/Zuck, BVerfGG, 8. Aufl 2019
Lehmann-Richter/Wobst, Wohnungseigentumsrecht, 2. Aufl 2025
Löhnig, Gesetz über die Zwangsversteigerung und die Zwangsverwaltung, 2010
Meyer, GKG/FamGKG 2020, Kommentar, 17. Aufl 2020
Münchener Kommentar zur InsO, hrsg von *Stürner/Eidenmüller/Schoppmeyer*, 4. Aufl 2019 ff (Bd 1 und 2 2019, Bd 3 2020, Bd 4 2021)
Neuhaus, Die Grundbegriffe des internationalen Privatrechts, 2. Aufl 1976

Prütting/Wegen/Weinreich, BGB, 19. Aufl 2024
Rahm/Künkel, Handbuch Familien- und Familienverfahrensrecht, Loseblatt
Reithmann/Martiny, Internationales Vertragsrecht, 9. Aufl 2021
Röthemeyer, VDuG – Verbraucherrechtedurchsetzungsgesetz, Handkommentar, 2024
Schaub, Arbeitsgerichtsverfahren – Handbuch, 7. Aufl 2000
Schaub/Künzl, Arbeitsgerichtsverfahren – Ratgeber, 7. Aufl 2004
Schmidt, Andreas, Hamburger Kommentar zum Insolvenzrecht, 10. Aufl 2023
Schmidt, Karsten, Insolvenzordnung, 20. Aufl 2023
Schmidt-Bleibtreu/Klein/Bethge, BVerfGG, Loseblatt
Schmidt-Räntsch, DRiG, 6. Aufl 2009
Schneider/Volpert, AnwaltKommentar RVG, 9. Aufl 2021
Schneider/Volpert/Fölsch, FamGKG, Handkommentar, 4. Aufl 2024
Schneider/Volpert/Fölsch, Gesamtes Kostenrecht, 3. Aufl 2021
Schöner/Stöber, Grundbuchrecht, 16. Aufl 2020
Schröder-Kay, Das Kostenwesen der Gerichtsvollzieher, 15. Aufl 2023
Schütze, Institutionelle Schiedsgerichtsbarkeit, 3. Aufl 2017
Schwab/Walter, Schiedsgerichtsbarkeit, 7. Aufl 2005
Schwab/Weth, ArbGG, Kommentar, 6. Aufl 2022
Skauradszun, VDuG, 2024
Sternel, Mietrecht aktuell, 4. Aufl 2009
Stöber/Otto, Handbuch zum Vereinsrecht, 12. Aufl 2021
Toussaint, Kostenrecht, 54. Aufl 2024
Uhlenbruck, InsO, hrsg von Hirte/Vallender, 15. Aufl 2019/20; 16. Aufl., Bd 2 2023
Winkler, Beurkundungsgesetz, 21. Aufl 2023
Zimmermann, Prozesskosten- und Verfahrenskostenhilfe, 6. Aufl 2021

Prozessrecht (Kommentare, Handbücher, Lehrbücher, Formularbücher, Lexika, Grundrisse)

Adolphsen, Zivilprozessrecht, 8. Aufl 2023
Ahrens, Der Beweis im Zivilprozess, 2. Aufl. 2025
Ahrens, Der Wettbewerbsprozess, 9. Aufl 2021
Baumgärtel/Laumen/Prütting, Handbuch der Beweislast, 5. Aufl 2023 (3 Bde)
Baur/Stürner/Bruns, Zwangsvollstreckungsrecht, 14. Aufl 2022
Beck'sches Prozessformularbuch, hrsg von *Mes*, 15. Aufl 2022
Berger, Einstweiliger Rechtsschutz im Zivilrecht, Handbuch, 2006
Bernhardt, Zivilprozessrecht, 3. Aufl 1968
Bettermann, Die Vollstreckung des Zivilurteils in den Grenzen seiner Rechtskraft, 1948
Blomeyer, Zivilprozessrecht, Erkenntnisverfahren, 2. Aufl 1985
Blomeyer, Zivilprozessrecht, Vollstreckungsverfahren, 1975 (mit Nachtrag 1979)
Braun, Lehrbuch des Zivilprozessrechts, 2014
Brox/Walker, Zwangsvollstreckungsrecht, 12. Aufl 2021
Bruns, Zivilprozessrecht, 2. Aufl 1979
Bruns/Peters, Zwangsvollstreckungsrecht, 3. Aufl 1987
Buschmann/Gläß/Gonska/Philipp/Zimmermann, Digitalisierung der gerichtlichen Verfahren und das Prozessrecht, 2018
Dierck/Morvilius/Vollkommer, Handbuch Zwangsvollstreckungsrecht, 2. Aufl 2016
v. Eicken/Hellstab/Dörndorfer/Asperger, Die Kostenfestsetzung, 24. Aufl 2021
Förschler/Steinle/Kaiser/Kaiser, Der Zivilprozess, 8. Aufl 2020
Furtner, Das Urteil im Zivilprozess, 5. Aufl 1985
Gaul/Schilken/Becker-Eberhard, Zwangsvollstreckungsrecht, 12. Aufl 2010
Gehrlein, Zivilprozessrecht, 2. Aufl 2003
Geigel, Der Haftpflichtprozess, 29. Aufl 2024
Gießler/Soyka, Vorläufiger Rechtsschutz in Familiensachen, 6. Aufl 2015
Gottschalk/Schneider, Prozess- und Verfahrenskostenhilfe, Beratungshilfe, 11. Aufl 2025
Gottwald, ZPO-Lexikon, 2004
Grunsky, Grundlagen des Verfahrensrechts, 2. Aufl 1974
Grunsky, Grundzüge des Zwangsvollstreckungs- und Insolvenzrechts, 5. Aufl 1996
Hannich/Meyer-Seitz, ZPO-Reform 2002 mit Zustellungsreformgesetz, 2002
Heintzmann, Zivilprozessrecht I, 2. Aufl 2000; Zivilprozessrecht II, 2. Aufl 1998
Hellwig, System des deutschen Zivilprozessrechts 1912/19, Nachdruck 1967
Henckel, Prozessrecht und materielles Recht, 1970
Hillach/Rohs, Handbuch des Streitwerts in bürgerlichen Rechtsstreitigkeiten, 9. Aufl 1995

Jacoby, Zivilprozessrecht, 18. Aufl 2022
Jauernig/Berger/Kern, Zwangsvollstreckungsrecht, 24. Aufl 2021
Jauernig/Hess, Zivilprozessrecht, 30. Aufl 2011
Jessnitzer/Ulrich, Der gerichtliche Sachverständige, 13. Aufl 2019
Jonas/Pohle, Zwangsvollstreckungsnotrecht, 16. Aufl 1954
Kleveman, Anwaltshandbuch Einstweiliger Rechtsschutz, 2. Aufl 2013
Künzl/Koller, Prozesskostenhilfe, 2. Aufl 2003
Lackmann/Racz, Zwangsvollstreckungsrecht, 12. Aufl 2021
Liesen, Zivilprozessrecht I – Erkenntnisverfahren, 1998
Lüke, Zivilprozessrecht I – Erkenntnisverfahren und Europäisches Zivilverfahrensrecht, 11. Aufl 2020
Lüke, Zivilprozessrecht II – Zwangsvollstreckung, 11. Aufl 2021
Lüke/Prütting, Lexikon des Rechts/Zivilverfahrensrechts, 2. Aufl 1995
Martini/Wendehorst, KI-VO, Verordnung über künstliche Intelligenz, 2024
Melullis, Handbuch des Wettbewerbsprozesses, 3. Aufl 2000
Musielak/Voit, Grundkurs ZPO, 16. Aufl 2022
Neuner, Allgemeiner Teil des Bürgerlichen Rechts, 13. Aufl 2023
Nikisch, Zivilprozessrecht, 2. Aufl 1952
Paulus, Zivilprozessrecht, 6. Aufl 2017
Pohlmann, Zivilprozessrecht, 5. Aufl 2022
Prütting/Stickelbrock, Zwangsvollstreckungsrecht, 2002
Rechberger/Simotta, Zivilprozessrecht – Erkenntnisverfahren (Österr Recht), 9. Aufl Wien 2017
Riehm/Dörr, Digitalisierung und Zivilverfahren, 2023
Rosenberg/Schwab/Gottwald, Zivilprozessrecht, 18. Aufl 2018
v. Sachsen Gessaphe/Neumaier, Zwangsvollstreckungsrecht, 2006
Saenger/Ullrich/Siebert, ZPO – Kommentiertes Prozessformularbuch, 5. Aufl 2021
Schellhammer, Zivilprozess, 16. Aufl 2020
Schilken, Gerichtsverfassungsrecht, 4. Aufl 2007
Schilken/Brinkmann, Zivilprozessrecht, 8. Aufl 2022
Schlosser, Zivilprozessrecht, Bd I: Erkenntnisverfahren, 2. Aufl 1991; Bd II: Zwangsvollstreckungs- und Insolvenzrecht, 1984
Schneider, Die Klage im Zivilprozess, 3. Aufl 2007
Schneider, Praxis der neuen ZPO, 2. Aufl 2003
Schneider, ZVG, Kommentar, 2020
Schneider/Kurpat, Streitwert-Kommentar für Zivilprozess und FamFG-Verfahren, 15. Aufl 2021
Schneider/Schneider/Monschau, Arbeitsbuch Zivilprozess, 2008
Schönke/Kuchinke, Zivilprozessrecht, 9. Aufl 1969
Seibel, Selbständiges Beweisverfahren, 2013
Seibel ua, Zwangsvollstreckungsrecht aktuell, 4. Aufl 2020
Siebert/Eichberger, AnwaltFormulare Bau- und Architektenrecht, § 11 Zwangsvollstreckung (Bearbeiter: *Seibel*), 4. Aufl 2024
Steinert/Theede/Knop, Zivilprozess (Handbuch der Rechtspraxis, Bd 1a), 9. Aufl 2011
Steinert/Theede/Knop, Zwangsvollstreckung in das bewegliche Vermögen (Handbuch der Rechtspraxis, Bd 1b), 9. Aufl 2013
Stickelbrock, Inhalt und Grenzen richterlichen Ermessens im Zivilprozess, 2002
Stöber/Rellermeyer, Forderungspfändung, 17. Aufl 2020
Stöber, Zwangsvollstreckung in das unbewegliche Vermögen – ZVG-Handbuch (Handbuch der Rechtspraxis, Bd 2), 9. Aufl 2010
Stöber, Zwangsversteigerungsgesetz – ZVG, 23. Aufl 2022
Tempel/Graßnack/Kosziol/Seyderhelm, Materielles Recht im Zivilprozess, 6. Aufl 2014
Teplitzky, Wettbewerbsrechtliche Ansprüche und Verfahren, 13. Aufl 2023
Vorwerk, Das Prozessformularbuch, 12. Aufl 2024 (zitiert Formulierungsvorschlag: Vorwerk/*Bearbeiter*, PFB, M …)
Waldner, Der Anspruch auf rechtliches Gehör, 2. Aufl 2000
Walker, Der einstweilige Rechtsschutz im Zivilprozessrecht und im arbeitsgerichtlichen Verfahren, 1993
Werner/Pastor, Der Bauprozess, 18. Aufl 2023
Wieser, Prozessrechts-Kommentar zum BGB, 2. Aufl 2002
Wieser, Grundzüge des Zivilprozessrechts, 2. Aufl 1997 (mit Nachtrag 2003)
Wolf, Gerichtsverfassungsrecht aller Verfahrenszweige, 6. Aufl 1987
Wolfsteiner, Die vollstreckbare Urkunde, 4. Aufl 2019
Zeiss/Schreiber, Zivilprozessrecht, 12. Aufl 2014
Zöller/Seibel, Handbuch für Bausachverständige, 5. Aufl 2024

Arbeitshilfen

Assmann, Fälle zum Zivilprozessrecht – Erkenntnisverfahren und Zwangsvollstreckung, 4. Aufl 2023
Baumgärtel/Prütting/Laumen, Der Zivilprozessrechtsfall, 2011
Beck/Scheel, Zivilprozessrecht im Assessorexamen, 4. Aufl 2016
Damm, Zwangsvollstreckung für Anfänger, 14. Aufl 2023
Gerhardt, Zivilprozessrecht – Fälle und Lösungen, 6. Aufl 2000
Gottwald, Das Zivilurteil, 2. Aufl 2005
Grunsky, Taktik im Zivilprozess, 2. Aufl 1996
Huber, Das Zivilurteil, 2. Aufl 2003
Keller, Das Verfahren der eidesstattlichen Versicherung nach §§ 807, 899 ZPO, 2. Aufl 1999
Knöringer, Die Assessorklausur im Zivilprozess, 18. Aufl 2020
Kramer, Die Berufung in Zivilsachen, 9. Aufl 2022
Lippross/Bittmann, Zwangsvollstreckungsrecht, 13. Aufl 2021
Lüke/Hau, Zwangsvollstreckungsrecht (Prüfe dein Wissen), 3. Aufl 2008
Michel/von der Seipen, Der Schriftsatz des Anwalts im Zivilprozess, 6. Aufl 2003
Münzberg/Wagner, Höchstrichterliche Rechtsprechung zum Zivilprozessrecht, 1994
Oberheim, Zivilprozessrecht für Referendare, 15. Aufl 2023
Pukall/Kießling, Der Zivilprozess in der Praxis, 7. Aufl 2013
Rinsche, Prozesstaktik, 4. Aufl 1999
Sattelmacher/Sirp/Schuschke, Bericht, Gutachten und Urteil, 34. Aufl 2008
Schellhammer, Die Arbeitsmethode des Zivilrichters, 18. Aufl 2019
Schnapp, Logik für Juristen, 7. Aufl 2016
Schneider, Gebühren in Familiensachen, 2010
Schneider/Thiel, Zivilprozessuales Beweisrecht, 2008
Schumann/Hesse, Die ZPO-Klausur, 4. Aufl 2024
Theimer/Theimer, Mustertexte zum Zivilprozess, Bd I: 11. Aufl 2024; Bd II: 9. Aufl 2023
van den Hövel, Die Tenorierung im Zivilurteil, 9. Aufl 2024
van den Hövel, Richterliche Arbeitstechnik, 6. Aufl 2021
Zimmermann, Klage, Gutachten und Urteil, 21. Aufl 2019
Zimmermann, ZPO-Fallrepetitorium, 12. Aufl 2022

Abkürzungsverzeichnis

AA – Amtlicher Anzeiger
aA – anderer Ansicht
aaO – am angegebenen Ort
ABGB – österreichisches Allgemeines Bürgerliches Gesetzbuch
AbgG – Abgeordnetengesetz
Abk – Abkommen
abl – ablehnend
ABl – Amtsblatt
abw – abweichend
AbzG – Abzahlungsgesetz
AcP – Archiv für die civilistische Praxis
AdWirkG – Gesetz über Wirkungen der Annahme als Kind nach ausländischem Recht
aE – am Ende
AEUV – Vertrag über die Arbeitsweise der Europäischen Union
aF – alte Fassung
AFG – Arbeitsförderungsgesetz
AfP – Archiv für Presserecht
AG – Amtsgericht; Aktiengesellschaft (auch Zeitschrift); Ausführungsgesetz
Ag – Antragsgegner
AG/(Bearbeiter) – Anders/Gehle, Kommentar zur ZPO, s Schrifttumsverzeichnis
AGB – Allgemeine Geschäftsbedingungen
AGBG – Gesetz zur Regelung des Rechts der Allgemeinen Geschäftsbedingungen
AGG – Allgemeines Gleichbehandlungsgesetz
AGGVG – Gerichtsverfassungsausführungsgesetz
AGO – Allgemeine Geschäftsordnung für die Behörden des Freistaates Bayern
AgrarR – Agrarrecht
AGS – Anwaltsgebühren-Spezial
AHB – Allgemeine Haftpflichtversicherungs-Bedingungen
AJP – Aktuelle Juristische Praxis
AK – Anwalt und Kanzlei
AK/(Bearbeiter) – Alternativkommentar zur ZPO, s Schrifttumsverzeichnis
AKB – Allgemeine Bedingungen für die Kraftverkehrsversicherung
AK-BGB/(Bearbeiter) – Alternativkommentar zum BGB, s Schrifttumsverzeichnis
AktG – Aktiengesetz
AktO – Aktenordnung
ALG – Gesetz über die Alterssicherung der Landwirte
allg – allgemein
allgA – allgemeine Ansicht
allgM – allgemeine Meinung
ALR – Allgemeines Landrecht für die Preußischen Staaten von 1794
Alt – Alternative
AltZertG – Altersvorsorgeverträge-Zertifizierungsgesetz
AMG – Arzneimittelgesetz
amtl – amtlich
AnfG – Anfechtungsgesetz
AnhRügG – Gesetz über die Rechtsbehelfe bei Verletzung des Anspruchs auf rechtliches Gehör
Anl – Anlage
AnO – Anordnung
AnwBl – Anwaltsblatt
AO – Abgabenordnung
AöR – Archiv des öffentlichen Rechts
AP – Arbeitsrechtliche Praxis, Nachschlagewerk des BAG
ARB – Allgemeine Rechtsschutzbedingungen; Assoziationsrat Beschluss
ArbG – Arbeitsgericht; Arbeitgeber
ArbGG – Arbeitsgerichtsgesetz
ArbN – Arbeitnehmer
ArbRB – Arbeits-Rechtsberater
ArbuR – Arbeit und Recht
ArbZG – Arbeitszeitgesetz
arg – argumentum
Art – Artikel
ArzneiMG – Arzneimittelgesetz
ASR – Anwalt/Anwältin im Sozialrecht
ASt – Antragsteller
AtomG – Atomgesetz
AU – Anerkenntnisurteil
AuAS – Ausländer- und Asylrecht (Schnelldienst)
AufbhG – Aufbauhilfegesetz
Aufg – Aufgabe
Aufl – Auflage
AUG – Auslandsunterhaltsgesetz
AUR – Agrar- und Umweltrecht
AuR – Arbeit und Recht
ausf – ausführlich
AusfG (HBÜ) – Gesetz zur Ausführung des Haager Übereinkommens vom 15.11.1965 über die Zustellung gerichtlicher und außergerichtlicher Schriftstücke im Ausland in Zivil- oder Handelssachen und des Haager Übereinkommens vom 18.3.1970 über die Beweisaufnahme im Ausland in Zivil- oder Handelssachen
AusfG (UNÜ) – Ausführungsgesetz zum UN-Übereinkommen vom 10.6.1958 über die Anerkennung und Vollstreckung ausländischer Schiedssprüche
ausl – ausländisch
AVAG – Anerkennungs- und Vollstreckungsausführungsgesetz
AVAVG – Gesetz über Arbeitsvermittlung und Arbeitslosenversicherung
AVBEltV – Verordnung über Allgemeine Bedingungen für die Elektrizitätsversorgung von Tarifkunden
AVBFernwärmeV – Verordnung über Allgemeine Bedingungen für die Versorgung mit Fernwärme
AVBGasV – Verordnung über Allgemeine Bedingungen für die Gasversorgung von Tarifkunden
AVBWasserV – Verordnung über Allgemeine Bedingungen für die Versorgung mit Wasser
AVO – Ausführungsverordnung
AWD – s RIW

AWG – Außenwirtschaftsgesetz
Az – Aktenzeichen

BA – Beweisaufnahme
BadWürtt – Baden-Württemberg
BAföG – Bundesausbildungsförderungsgesetz
BAG – Bundesarbeitsgericht
BAGE (BAG) – Entscheidungssammlung des Bundesarbeitsgerichts
BAGReport – Schnelldienst zur arbeitsrechtlichen Rspr.
BAnz – Bundesanzeiger
BauFordG – Gesetz über die Sicherung der Bauforderungen
BauGB – Baugesetzbuch
BauR – Baurecht, Zeitschrift für das gesamte öffentliche und zivile Baurecht
BayBG – Bayerisches Beamtengesetz
BayObLG – Bayerisches Oberstes Landesgericht
BayObLGR – Report BayObLG
BayObLGZ – Amtliche Sammlung des BayObLG in Zivilsachen, bis 2004
BayRS – Bayerische Rechtssammlung
BaySchlG – Bayerisches Schlichtungsgesetz
BayVBl – Bayerische Verwaltungsblätter
BayVerfGH – Bayerischer Verfassungsgerichtshof, zugleich Entscheidungssammlung
BayVGH – Bayerischer Verwaltungsgerichtshof, zugleich Entscheidungssammlung
BayZ – Zeitschrift für Rechtspflege in Bayern
BB – Betriebs-Berater; auch Beweisbeschluss
BBankG – Bundesbankgesetz
BBergG – Bundesberggesetz
BBG – Bundesbeamtengesetz
BbgVerfG – Verfassungsgericht des Landes Brandenburg
BBiG – Berufsbildungsgesetz
BDSG – Bundesdatenschutzgesetz
beA – besonderes elektronisches Anwaltspostfach
BeamtStG – Gesetz zur Regelung des Statusrechts der Beamtinnen und Beamten in den Ländern (Beamtenstatusgesetz)
beBPo – besonderes elektronisches Behördenpostfach
BeckOK – Beck'scher Onlinekommentar ZPO
BeckRS – Beck-Rechtsprechung
BEG – Gesetz zur Entschädigung für Opfer der nationalsozialistischen Verfolgung
begl – beglaubigt
Begr – Begründung
BehAktÜbV – Behördenaktenübermittlungsverordnung
Beil – Beilage
bej – bejahend
Bek – Bekanntmachung
Bekl – Beklagter
beN – besonderes elektronisches Notarpostfach
ber/Ber – berichtigt/Bericht
BerH – Beratungshilfe
BerHG – Gesetz über Rechtsberatung und Vertretung *für Bürger mit geringem Einkommen*
BerufsO – Berufsordnung für Rechtsanwälte
bes – besondere
Beschl – Beschluss
beSt – besonderes elektronisches Steuerberaterpostfach
bestr – bestritten
betr – betreffend
BetrAVG – Gesetz zur Verbesserung der betrieblichen Altersversorgung (Betriebsrentengesetz)
BetrVG – Betriebsverfassungsgesetz
BeurkG – Beurkundungsgesetz
BezG – Bezirksgericht
BFDG – Gesetz zur Einführung eines Bundesfreiwilligendienstes
BFH – Bundesfinanzhof
BFHE – Entscheidungssammlung des BFH
BFH/NV – Sammlung amtlich nicht veröffentlichter Entscheidungen des BFH
BfJ – Bundesamt für Justiz
BfJG – Gesetz über die Errichtung des Bundesamts für Justiz
BGAktFV – Bundesgerichte-Aktenführungsverordnung
BGB – Bürgerliches Gesetzbuch
BGBl – Bundesgesetzblatt
BGE – Entscheidungen des schweizerischen Bundesgerichts, Amtliche Sammlung
BGH – Bundesgerichtshof
BGHR – Systematische Sammlung der Entscheidungen des BGH, ab 1967
BGHReport – Schnelldienst der Zivil-Rspr. des BGH
BGHSt – Entscheidungssammlung des BGH in Strafsachen
BGHZ – Entscheidungssammlung des BGH in Zivilsachen
BHS – Bumiller/Harders/Schwamb, FamFG-Kommentar, s. Schrifttumsverzeichnis
BilRUG – Bilanzrichtlinie-Umsetzungsgesetz
BImSchG – Bundes-Immissionsschutzgesetz
BinSchG – Gesetz betreffend die privatrechtlichen Verhältnisse der Binnenschifffahrt
BinSchGerG – Gesetz über das gerichtliche Verfahren in Binnenschifffahrtssachen
BinSchiff – Binnenschifffahrt
BJagdG – Bundesjagdgesetz
BKGG – Bundeskindergeldgesetz
BKR – Zeitschrift für Bank- und Kapitalmarktrecht
BLG – Bundesleistungsgesetz
BlGBW – Blätter für Grundstücks-, Bau- und Wohnungsrecht
BlnAnwBl – Berliner Anwaltsblatt
BLP/Bearbeiter – Baumgärtel/Laumen/Prütting Handbuch der Beweislast, s Schrifttumsverzeichnis
BMG – Bundesmeldegesetz
BMJ – Bundesminister/-ium der Justiz
BMJV – Bundesminister/-ium der Justiz und für Verbraucherschutz
BNotO – Bundesnotarordnung
BORA – s BerufsO
BörsenG – Börsengesetz
BPatG – Bundespatentgericht
BR – Bundesrat
BRAGO – Bundesgebührenordnung für Rechtsanwälte
BRAK – Bundesrechtsanwaltskammer

BRAKMitt – Mitteilungen der Bundesrechtsanwaltskammer
BRAO – Bundesrechtsanwaltsordnung
BRDrs – Bundesrats-Drucksache
Breith – Breithaupt, Sammlung von Entscheidungen aus dem Sozialrecht
BRRG – Beamtenrechtsrahmengesetz
Brüssel Ia-VO – Verordnung (EU) Nr. 1215/2012 des Europäischen Parlaments und des Rates vom 12.12.2012 über die gerichtliche Zuständigkeit und die Anerkennung und Vollstreckung von Entscheidungen in Zivil- und Handelssachen
Brüssel IIa-VO – Verordnung (EU) 2019/1111 des Rates vom 25.6.2019 über die Zuständigkeit, die Anerkennung und Vollstreckung von Entscheidungen in Ehesachen und in Verfahren betreffend die elterliche Verantwortung und über internationale Kindesentführungen
BSG – Bundessozialgericht, auch Entscheidungssammlung
BSHG – Bundessozialhilfegesetz
Bsp – Beispiel/Beispiele
bspw – beispielsweise
BStBl – Bundessteuerblatt
BT – Bundestag
BtÄndG – Gesetz zur Änderung des Betreuungsrechts
BTDrs – Bundestags-Drucksache
BtG – Gesetz zur Reform des Rechts der Vormundschaft und Pflegschaft für Volljährige (Betreuungsgesetz)
BtPrax – Betreuungsrechtliche Praxis
BtR – Betreuungsrecht aktuell
Buchholz – Sammel- und Nachschlagewerk zur Rspr. des BVerwG
Buchst – Buchstabe
BVerfG – Bundesverfassungsgericht
BVerfGE – Entscheidungssammlung des Bundesverfassungsgerichts
BVerfGG – Bundesverfassungsgerichtsgesetz
BVerfGK – Kammerentscheidungen des BVerfG
BVerfSchG – Bundesverfassungsschutzgesetz
BVersG – s BVG
BVerwG – Bundesverwaltungsgericht
BVerwGE – Entscheidungssammlung des Bundesverwaltungsgerichts
BVFG – Gesetz über die Angelegenheiten der Vertriebenen und Flüchtlinge (Bundesvertriebenengesetz)
BVG – Bundesversorgungsgesetz
BWNotZ – Zeitschrift für das Notariat in Baden-Württemberg
BWStGH – Staatsgerichtshof für das Land Baden-Württemberg
bzw – beziehungsweise

cc – code civil (franz); codice civile (ital)
CCPR – Covenant of Civil and Political Rights
cic – culpa in contrahendo
CIM – Einheitliche Rechtsvorschriften für den Vertrag über die internationale Eisenbahnbeförderung von Gütern, Anlage B zum Übereinkommen vom 9.5.1980 – COTIF
CISG – Convention on Contracts for the International Sale of Goods – UN-Kaufrecht
CIV – Einheitliche Rechtsvorschriften für den Vertrag über die internationale Eisenbahnbeförderung von Personen und Gepäck, Anlage A zum Übereinkommen vom 9.5.1980 – COTIF
Clunet – Journal du droit international
CMR – Übereinkommen über den Beförderungsvertrag im internationalen Straßengüterverkehr
CMRG – Gesetz zu dem Übereinkommen vom 19.5.1956 über den Beförderungsvertrag im internationalen Straßengüterverkehr (CMR)
COTIF – Übereinkommen über den Eisenbahnverkehr
COVuR – COVID-19 und Recht (Zeitschrift)
cpc – codice di procedura civile (ital)
CPO – Civilprozessordnung für das deutsche Reich
CR – Computer und Recht

DAR – Deutsches Autorecht
DAV – Deutscher Anwaltverein
DAVorm – Der Amtsvormund, bis 2000; s JAmt
DB – Der Betrieb
DB-PKH – Durchführungsbestimmungen zur Prozess- und Verfahrenskostenhilfe
derj/diej – derjenige/diejenige
ders/dens/dies – derselbe/denselben/dieselbe
dgl – der-/desgleichen
DGVZ – Deutsche Gerichtsvollzieher-Zeitung
dh – das heißt
DienstGH – Dienstgerichtshof
DIPR – Deutsches Internationales Privatrecht
DiRUG – Gesetz zur Umsetzung der Digitalisierungsrichtlinie
DIS-ERGeS – DIS Ergänzende Regelungen für gesellschaftsrechtliche Streitigkeiten
DiskE – Diskussionsentwurf
Diss – Dissertation
DIS-SchO – Deutsche Institution für Schiedsgerichtsbarkeit – Schiedsgerichtsordnung
DJ – Deutsche Justiz
DJSch/(Bearbeiter) – Dutta/Jacoby/Schwab, FamFG, Kommentar, s Schrifttumsverzeichnis
DJZ – Deutsche Juristenzeitung
DNBG – Gesetz über die Deutsche Nationalbibliothek
DNotI – DNotI-Report, Informationsdienst des Deutschen Notarinstituts
DNotZ – Deutsche Notar-Zeitschrift
DÖD – Der öffentliche Dienst
DokHVG – Hauptverhandlungsdokumentationsgesetz
DONot – Dienstordnung für Notarinnen und Notare
DÖV – Die öffentliche Verwaltung
DR – Deutsches Recht
DRB – Deutscher Richterbund
DRiG – Deutsches Richtergesetz
DRiZ – Deutsche Richterzeitung
Drs – Drucksache
DRZ – Deutsche Rechtszeitschrift
DS – Der Sachverständige (Zeitschrift); seit 2023 Die Sachverständigen
DSGVO – Verordnung (EU) 2016/679 des Europäischen Parlaments und des Rates vom 27.4.2016

zum Schutz natürlicher Personen bei der Verarbeitung personenbezogener Daten, zum freien Datenverkehr und zur Aufhebung der Richtlinie 95/46/EG (Datenschutz-Grundverordnung)

DStR – Deutsches Steuerrecht

dt – deutsch

DtZ – Deutsch-Deutsche Rechts-Zeitschrift

DÜG – Diskontsatz-Überleitungs-Gesetz

DV – Deutsche Verwaltung

DVBl – Deutsches Verwaltungsblatt

DVO – Durchführungsverordnung

DWW – Deutsche Wohnungswirtschaft

DZWir – Deutsche Zeitschrift für Wirtschaftsrecht

EB – Empfangsbekenntnis

EBE – Eildienst Bundesgerichtliche Entscheidungen

eBO – besonderes elektronisches Bürger- und Organisationenpostfach

EBOR – European Business Organisation Law Review (T.M.C. Asser Press)

ECHR – European Court of Human Rights

eEB – elektronisches Empfangsbekenntnis

EFG – Entscheidungen der Finanzgerichte

EFTA – European Free Trade Association (Europäische Freihandelsassoziation)

eG – eingetragene Genossenschaft

EG – Einführungsgesetz; Europäische Gemeinschaft

EGAO – Einführungsgesetz zur AO

EGBGB – Einführungsgesetz zum Bürgerlichen Gesetzbuch

EGGVG – Einführungsgesetz zum Gerichtsverfassungsgesetz

EGInsO – Einführungsgesetz zur Insolvenzordnung

EGMR – Europäischer Gerichtshof für Menschenrechte

EGStGB – Einführungsgesetz zum Strafgesetzbuch

EGV – Vertrag zur Gründung der Europäischen Gemeinschaft

EGVP – Elektronisches Gerichts- und Verwaltungspostfach

EGZPO – Einführungsgesetz zur Zivilprozessordnung

EheG – Ehegesetz

EheRG – Gesetz zur Reform des Ehe- und Familienrechts

ehevertragl – ehevertraglich

EhfG – Entwicklungshelfer-Gesetz

eIDAS-VO – Verordnung (EU) Nr 910/2014 des Europäischen Parlaments und des Rates vom 23.7.2014 über elektronische Identifizierung und Vertrauensdienste für elektronische Transaktionen im Binnenmarkt und zur Aufhebung der Richtlinie 1999/93/EG

eingeh – eingehend

EinigungsV – Vertrag zwischen der Bundesrepublik Deutschland und der Deutschen Demokratischen Republik über die Herstellung der Einheit Deutschlands (Einigungsvertrag)

einschr – einschränkend

einstw – einstweilig

EKG – Einheitliches Gesetz über den internationalen Kauf beweglicher Sachen

EKMR – Europäische Kommission für Menschenrechte

elektron – elektronisch

ELF – European Legal Forum

EMRK – Europäische Menschenrechtskonvention

ENeuOG – Eisenbahnneuordnungsgesetz

entspr – entsprechend

EnWG – Energiewirtschaftsgesetz

EPG – Einheitliches Patentgericht

EPGÜ – Übereinkommen über ein einheitliches Patentgericht

ER – Einzelrichter

ErbbauRG – Gesetz über das Erbbaurecht

ErbbauZ – Zeitschrift für Erbbaurecht

ErbR – Zeitschrift für die gesamte erbrechtliche Praxis

ErbStDV – Erbschaftsteuer-Durchführungsverordnung

Erg – Ergebnis

ErgG – Ergänzungsgesetz

ERJuKoG – Gesetz über elektronische Register und Justizkosten für Telekommunikation

Erl – Erlass

eRV – elektronischer Rechtsverkehr

ERVB – Elektronischer-Rechtsverkehr-Bekanntmachung

ERVGBG – Gesetz zur Einführung des elektronischen Rechtsverkehrs und der elektronischen Akte im Grundbuchverfahren sowie zur Änderung weiterer grundbuch-, register- und kostenrechtlicher Vorschriften

ERVV – Elektronischer-Rechtsverkehr-Verordnung

Erw/ErwGr – Erwägungsgrund (einer Verordnung)

ErwSÜ – Haager Übereinkommen über den internationalen Schutz von Erwachsenen

EStG – Einkommensteuergesetz

ESUG – Gesetz zur weiteren Erleichterung der Sanierung von Unternehmen

etc – et cetera

EU – Europäische Union

EuBagatellVO – Verordnung (EG) Nr 861/2007 des Europäischen Parlaments und des Rates vom 11.7 2007 zur Einführung eines europäischen Verfahrens für geringfügige Forderungen

EuBewVO – Verordnung (EU) 2020/1783 des Euro päischen Parlaments und des Rates vom 25.11 2020 über die Zusammenarbeit zwischen den Ge richten der Mitgliedstaaten auf dem Gebiet der Be weisaufnahme in Zivil- oder Handelssachen

EuEheVO – s Brüssel IIa-VO

EuEheGüVO – Verordnung (EU) 2016/1103 des Ra tes vom 24.6.2016 zur Durchführung einer Ver stärkten Zusammenarbeit im Bereich der Zustän digkeit, des anzuwendenden Rechts und der Aner kennung und Vollstreckung von Entscheidunge in Fragen des ehelichen Güterstands

EuErbVO – Verordnung (EU) Nr 650/2012 des Euro päischen Parlaments und des Rates vom 4.7.201 über die Zuständigkeit, das anzuwendende Rech die Anerkennung und Vollstreckung von Entschei dungen und die Annahme und Vollstreckung öf fentlicher Urkunden in Erbsachen sowie zur Ein führung eines Europäischen Nachlasszeugnisses

EuG – Gericht der Europäischen Union
EuGewSchVG – Gesetz zum Europäischen Gewaltschutzverfahren
EuGH – Gerichtshof der Europäischen Gemeinschaft
EuGRC – Charta der Grundrechte der Europäischen Union
EuGRZ – Europäische Grundrechte-Zeitschrift
EuGVÜ – Übereinkommen über die gerichtliche Zuständigkeit und die Vollstreckung gerichtlicher Entscheidungen in Zivil- und Handelssachen
EuGVVO – s Brüssel Ia-VO
EuInsVO – Verordnung (EU) 2015/848 des Europäischen Parlaments und des Rates vom 20.5.2015 über Insolvenzverfahren
EuIZPR – Europäisches und Internationales Zivilprozessrecht; s systematische Darstellung in diesem Kommentar, S 28 ff
EuKpfVO – Verordnung (EU) Nr 655/2014 des Europäischen Parlaments und des Rates vom 15.5.2014 zur Einführung eines Verfahrens für einen Europäischen Beschluss zur vorläufigen Kontenpfändung im Hinblick auf die Erleichterung der grenzüberschreitenden Eintreibung von Forderungen in Zivil- und Handelssachen
EuLF – European Legal Forum
EuLR – European Law Review
EuMahnVO – Verordnung (EG) Nr 1896/2006 des Europäischen Parlaments und des Rates vom 12.12.2006 zur Einführung des Europäischen Mahnverfahrens
EuPartGüVO – Verordnung (EU) 2016/1104 des Rates vom 24.6.2016 zur Durchführung der Verstärkten Zusammenarbeit im Bereich der Zuständigkeit, des anzuwendenden Rechts und der Anerkennung und Vollstreckung von Entscheidungen in Fragen güterrechtlicher Wirkungen eingetragener Partnerschaften
EuR – Europarecht
EuRAG – Gesetz über die Tätigkeit europäischer Rechtsanwälte in Deutschland
EuroEG – Gesetz zur Einführung des Euro
EuÜ – Europäisches Übereinkommen über die internationale Handels-Schiedsgerichtsbarkeit
EuUntVO – Verordnung (EG) Nr 4/2009 des Rates vom 18.12.2008 über die Zuständigkeit, das anwendbare Recht, die Anerkennung und Vollstreckung von Entscheidungen und die Zusammenarbeit in Unterhaltssachen
EUV – Vertrag über die Europäische Union
EuVTVO – Verordnung (EG) Nr 805/2004 des Europäischen Parlaments und des Rates vom 21.4.2004 zur Einführung eines europäischen Vollstreckungstitels für unbestrittene Forderungen
EuZustVO – Verordnung (EU) 2020/1784 des Europäischen Parlaments und des Rates vom 25.11.2020 über die Zustellung gerichtlicher und außergerichtlicher Schriftstücke in Zivil- oder Handelssachen in den Mitgliedstaaten
EuZ – Zeitschrift für Europarecht
EuZVR – Europäisches Zivilverfahrensrecht s Geimer/Schütze
EuZW – Europäische Zeitschrift für Wirtschaftsrecht
EVO – Eisenbahn-Verkehrsordnung
EWGV – Vertrag zur Gründung der Europäischen Wirtschaftsgemeinschaft
EWiR – Entscheidungen zum Wirtschaftsrecht
EWIV – Europäische Wirtschaftliche Interessenvereinigung
EWIV-AG – Gesetz zur Ausführung der EWG-VO über die EWIV
EWIV-VO – Verordnung (EWG) Nr 2137/85 des Rates vom 25.7.1985 über die Schaffung einer EWIV
eWpG – Gesetz über elektronische Wertpapiere
EWR – Europäischer Wirtschaftsraum
EWR-Abk – Abkommen über den Europäischen Wirtschaftsraum
EWS – Europäisches Wirtschafts- und Steuerrecht
EzA – Entscheidungssammlung zum Arbeitsrecht; auch: Schnelldienst
EzFamR – Entscheidungen zum Familienrecht
EZuLV – Verordnung über die Gewährung von Erschwerniszulagen
FamFG – Gesetz über das Verfahren in Familiensachen und in den Angelegenheiten der freiwilligen Gerichtsbarkeit
FamFR – Familienrecht und Familienverfahrensrecht
FamG – Familiengericht
FamGKG – Gesetz über die Gerichtskosten in Familiensachen
Fam-KV – Kostenverzeichnis (Anlage 1 zum FamGKG)
FamRÄndG – Familienrechtsänderungsgesetz
FamRB – Familien-Rechtsberater
FamRefK – Familienrechtsreformkommentar
FamRZ – Zeitschrift für das gesamte Familienrecht
FamS/FamSache – Familiensache
FamSenat – Familiensenat
FamStreitsache – Familienstreitsache
FAO – FachanwaltsO
FdgPfdg – Forderungspfändung
FELEG – Gesetz zur Förderung der Einstellung der landwirtschaftlichen Erwerbstätigkeit
FernabsatzG – Gesetz über Fernabsatzverträge und andere Fragen des Verbraucherrechts sowie zur Umstellung von Vorschriften auf Euro
FernUSG – Fernunterrichtsschutzgesetz
FEVS – Fürsorgerechtliche Entscheidungen der Verwaltungs- und Sozialgerichte
ff – folgende
FF – Forum Familienrecht
fG – freiwillige Gerichtsbarkeit
FG – Festgabe; Finanzgericht
FGB – Familiengesetzbuch
FGG – Gesetz über die Angelegenheiten der freiwilligen Gerichtsbarkeit
FGG-RG – Gesetz zur Reform des Verfahrens in Familiensachen und in den Angelegenheiten der freiwilligen Gerichtsbarkeit (FGG-Reformgesetz)
FGO – Finanzgerichtsordnung
FGPrax – Praxis der freiwilligen Gerichtsbarkeit
FinDAG – Finanzdienstleistungsaufsichtsgesetz
FLF – Finanzierung/Leasing/Factoring

Fn – Fußnote
FormAnpG – Gesetz zur Anpassung der Formvorschriften des Privatrechts und anderer Vorschriften an den modernen Rechtsgeschäftsverkehr
FoSiG – Gesetz zur Sicherung von Werkunternehmeransprüchen und zur verbesserten Durchsetzung von Forderungen (Forderungssicherungsgesetz)
FPR – Familie Partnerschaft Recht
FRCP – Federal Rules of Civil Procedure
freiw – freiwillig(en/er)
FrEntzG – Gesetz über das gerichtliche Verfahren bei Freiheitsentziehungen
FS – Festschrift
FStrG – Bundesfernstraßengesetz
FuR – Familie und Recht
FVG – Finanzverwaltungsgesetz

G – Gesetz
GA – Goltdammer's Archiv für Strafrecht/Generalanwalt
GAL – Gesetz über eine Altershilfe für Landwirte
GAnwZ(Bay) – Geschäftsanweisung für die Geschäftsstellen der Gerichte in Zivilsachen – seit 1.5.2003 GAZI
GasGVV – Verordnung über Allgemeine Bedingungen für die Grundversorgung von Haushaltskunden und die Ersatzversorgung mit Gas aus dem Niederdrucknetz
Gaul/S/B-E – Gaul/Schilken/Becker-Eberhard, Zwangsvollstreckungsrecht, s Schrifttumsverzeichnis
GAZI (Bay) – Geschäftsanweisung für die Geschäftsstellen der Gerichte in Zivilsachen
GB – Grundbuch
GBA – Grundbuchamt
GBO – Grundbuchordnung
GbR – Gesellschaft bürgerlichen Rechts
GBV – Grundbuchverfügung
GDolmG – Gerichtsdolmetschergesetz
GdWE – Gemeinschaft der Wohnungseigentümer
GE – Grundeigentum
Geb – Gebühr
GebrMG – Gebrauchsmustergesetz
gem – gemäß
GemS – s GmS-OGB
GenDG – Gendiagnostikgesetz
GenG – Genossenschaftsgesetz
GenTG – Gesetz zur Regelung von Fragen der Gentechnik
GerOrgG – Gerichtsorganisationsgesetz
ges – gesetzlich
GeschGehG – Gesetz zum Schutz von Geschäftsgeheimnissen
GeschmMG – Gesetz über den rechtlichen Schutz von Mustern und Modellen
GeschO – Geschäftsordnung
GeschSt – Geschäftsstelle
GesE – Gesetzentwurf
GesO – Gesamtvollstreckungsordnung
GesR – Gesundheitsrecht
GewO – Gewerbeordnung
GewSchG – Gewaltschutzgesetz

GG – Grundgesetz
ggf – gegebenenfalls
ggü – gegenüber
GGZ – Geschäftsgangbestimmungen für die Justizverwaltung
GKG – Gerichtskostengesetz
Gl – Gläubiger
GleichberG – Gesetz über die Gleichberechtigung von Mann und Frau auf dem Gebiete des bürgerlichen Rechts
GmbH – Gesellschaft mit beschränkter Haftung
GmbHG – Gesetz betreffend die Gesellschaften mit beschränkter Haftung
GmbHR – Zeitschrift für Gesellschafts-, Unternehmens- und Steuerrecht
GMBl – Gemeinsames Ministerialblatt
GmS-OGB – Gemeinsamer Senat der obersten Gerichtshöfe des Bundes
GNotKG – Gesetz über Kosten der freiwilligen Gerichtsbarkeit für Gerichte und Notare (Gerichts- und Notarkostengesetz)
GNotKG-KV – Kostenverzeichnis (Anlage 1 zum GNotKG)
GoA – Geschäftsführung ohne Auftrag
GPR – Zeitschrift für Gemeinschaftsprivatrecht
grds – grundsätzlich
GrEStG – Grunderwerbsteuergesetz
Gruch – Gruchots Beiträge zur Erläuterung des Deutschen Rechts
GRUR – Gewerblicher Rechtsschutz und Urheberrecht
GRUR-Int – Gewerblicher Rechtsschutz und Urheberrecht, Internationaler Teil
GRUR-Prax – Gewerblicher Rechtsschutz und Urheberrecht, Praxis im Immaterialgüter- und Wettbewerbsrecht
GRUR-RR – Gewerblicher Rechtsschutz und Urheberrecht, Rechtsprechungs-Report
GrZS – Großer Zivilsenat
GS – Gedächtnisschrift
GS/(Bearbeiter) – Gerold/Schmidt, RVG, s Schrifttumsverzeichnis
GuT – Gewerbemiete und Teileigentum
GV – Gerichtsvollzieher
GVBl – Gesetz- und Verordnungsblatt
GVFV – Gerichtsvollzieherformular-Verordnung
GVG – Gerichtsverfassungsgesetz
GVGA – Geschäftsanweisung für Gerichtsvollzieher
GvKostG – Gerichtsvollzieherkostengesetz
GvKostGr – Gerichtsvollzieherkostengrundsätze
GV-KV – Gerichtsvollzieher-Kostenverzeichnis zum GvKostG
GVO – Gerichtsvollzieherordnung
GVP – Geschäftsverteilungsplan
GvSchuG – Gerichtsvollzieherschutzgesetz
GVÜ – s EuGVÜ
GWB – Gesetz gegen Wettbewerbsbeschränkungen
GWG – Geldwäschegesetz
GWR – Gesellschafts- und Wirtschaftsrecht

hA – herrschende Ansicht
HaftpflG – Haftpflichtgesetz

HambK-InsO/(Bearbeiter) – Schmidt, Hamburger Kommentar zum Insolvenzrecht, s Schrifttumsverzeichnis
HAuslG – Gesetz über die Rechtsstellung heimatloser Ausländer im Bundesgebiet
HausratsVO – Verordnung über die Behandlung der Ehewohnung und des Hausrats
HaustürWG – Gesetz über den Widerruf von Haustürgeschäften und ähnlichen Geschäften
HBÜ – Haager Beweisübereinkommen
Hdb – Handbuch
HEEG – Hessisches Enteignungs- und Entschädigungsgesetz
HEZ – Höchstrichterliche Entscheidungen in Zivilsachen
HFR – Höchstrichterliche Finanzrechtsprechung
HGB – Handelsgesetzbuch
HGÜ – Haager Übereinkommen über Gerichtsstandsvereinbarungen vom 30.6.2005
hilfsw – hilfsweise
HinterlG/HintG – Hinterlegungsgesetz
HinterlO (HO) – Hinterlegungsordnung
HK-FamGKG – Schneider/Volpert/Fölsch, FamGKG, Handkommentar, s Schrifttumsverzeichnis
HKÜ – Haager Übereinkommen über die zivilrechtlichen Aspekte internationaler Kindesentführung
Hk-VDuG/(Bearbeiter) – Röthemeyer, VDuG Handkommentar, s Schrifttumsverzeichnis
Hk-ZPO/(Bearbeiter) – Saenger, ZPO Handkommentar, s Schrifttumsverzeichnis
Hk-ZV/(Bearbeiter) – Kindl/Meller-Hannich, Gesamtes Recht der Zwangsvollstreckung, Handkommentar, s Schrifttumsverzeichnis
hM – herrschende Meinung
HM-S/(Bearbeiter) – Hannich/Meyer-Seitz, ZPO-Reform 2002 mit Zustellungsreformgesetz, s Schrifttumsverzeichnis
HR – Handelsrichter
HRefG – Gesetz zur Neuregelung des Kaufmanns- und Firmenrechts und zur Änderung anderer handels- und gesellschaftsrechtlicher Vorschriften
HRR – Höchstrichterliche Rechtsprechung
Hrsg – Herausgeber
hRspr – herrschende Rechtsprechung
HRV – Handelsregisterverordnung
Hs (HS) – Halbsatz
HUP – Haager Unterhaltsprotokoll
HuW – Haus und Wohnung
HWiG s HaustürWG
HwVG – Handwerkerversicherungsgesetz
HZPrAbk – Haager Zivilprozessabkommen
HZPÜ – Haager Zivilprozessübereinkommen
HZÜ – Haager Zustellungsübereinkommen
IBR – Immobilien- & Baurecht
IBRRS – Rechtsprechung zitiert aus Datenbank IBR-Online
ICCVerfO – Verfahrensordnung der International Chamber of Commerce
ICP – International Civil Procedure
idF – in der Fassung
idR – in der Regel
IDR – Journal of International Dispute Resolution
iE – im Einzelnen
iErg – im Ergebnis
IfSG – Infektionsschutzgesetz
IHR – Internationales Handelsrecht
iL – in Liquidation
IMR – Immobilien- und Mietrecht
InfrGG – Infrastrukturgesellschaftserrichtungsgesetz
InfrGGBV – InfrGG-Beleihungsverordnung
InsA – Insolvenzrecht aktiv
insb – insbesondere
Insbüro – Zeitschrift für die Insolvenzpraxis
insg – insgesamt
InsO – Insolvenzordnung
InsSch – Insolvenzschuldner
InsVerf – Insolvenzverfahren
InsVerwalter – Insolvenzverwalter
InsVV – Insolvenzrechtliche Vergütungsverordnung
IntErbRVG – Internationales Erbrechtsverfahrensgesetz
internat – international
IntFamRVerfG – Internationales Familienrechtsverfahrensgesetz
IPBPR – Internationaler Pakt vom 19.12.1966 über bürgerliche und politische Rechte
IPG – Gutachten zum internationalen und ausländischen Privatrecht
IPR – Internationales Privatrecht
IPRax – Praxis des Internationalen Privat- und Verfahrensrechts
IPRB – IP-Rechtsberater
IPRspr – Die deutsche Rechtsprechung auf dem Gebiet des internationalen Privatrechts
IRG – Gesetz über die internationale Rechtshilfe in Strafsachen
IRV – Internationaler Rechtsverkehr
iSd/iSv – im Sinne des/der/von
ITRB – IT-Rechtsberater
iÜ – im Übrigen
iVm – in Verbindung mit
IWB – Internationale Wirtschaftsbriefe
IWRZ – Zeitschrift für Internationales Wirtschaftsrecht
IWVR – Internationales Wettbewerbsverfahrensrecht
IZPR – Internationales Zivilprozessrecht
IZVR – Internationales Zivilverfahrensrecht
iZw – im Zweifel

JA – Juristische Arbeitsblätter
JAktAG – Justizaktenaufbewahrungsgesetz (bis 31.12. 2017 Schriftgutaufbewahrungsgesetz, SchrAG)
JAmt – Das Jugendamt; bis 2000: DAVorm
Jb – Jahrbuch
JBeitrG – Justizbeitreibungsgesetz
JBl – Justizblatt oder (österreichische) Juristische Blätter
JbItalR – Jahrbuch für Italienisches Recht
jew – jeweils
JFG – Jahrbücher für Rechtsprechung in der freiwilligen Gerichtsbarkeit

JGG – Jugendgerichtsgesetz
JIntArb – Journal of International Arbitration
JKMO – Justizkostenmarkenordnung
JKomG – Gesetz über die Verwendung elektronischer Kommunikationsformen in der Justiz (JustizkommunikationsG)
jM – juris – Die Monatszeitschrift
JMBl – Justizministerialblatt
JMBlNRW – Justizministerialblatt von Nordrhein-Westfalen
JN – Jurisdiktionsnorm (Österreich)
JöR – Jahrbuch des öffentlichen Rechts
JR – Juristische Rundschau
JuMiKo – Konferenz der Justizministerinnen und Justizminister der Länder
JuMoG – Gesetz zur Modernisierung der Justiz
JurA – Juristische Analysen
Jura – Juristische Ausbildung
JurBüro – Das Juristische Büro
jurisPK-ERV – juris PraxisKommentar Elektronischer Rechtsverkehr
jurisPR – juris PraxisReport
JuS – Juristische Schulung
Justiz – Die Justiz, Amtsblatt des Justizministeriums Baden-Württemberg
JVA – Justizvollzugsanstalt
JVBl – Justizverwaltungsblatt
JVEG – Justizvergütungs- und -entschädigungsgesetz
JVKostG – Gesetz über Kosten in Angelegenheiten der Justizverwaltung (Justizverwaltungskostengesetz)
JW – Juristische Wochenschrift
JWG – Jugendwohlfahrtsgesetz
JZ – Juristenzeitung

KAGB – Kapitalanlagegesetzbuch
KapMuG – Gesetz über Musterverfahren in kapitalmarktrechtlichen Streitigkeiten (Kapitalanleger-MusterverfahrensG)
KE – Kostenerstattungsanspruch
KFB – Kostenfestsetzungsbeschluss
KfH (KfHS) – Kammer für Handelssachen
KFV – Kostenfestsetzungsverfahren
KG – Kammergericht; Kommanditgesellschaft
KGaA – Kommanditgesellschaft auf Aktien
KGBl – Blätter für Rechtspflege im Bezirk des Kammergerichts
KGJ – Jahrbuch für Entscheidungen des Kammergerichts
KGR – Kammergericht-Report Berlin
KI – Künstliche Intelligenz
KindRG – Gesetz zur Reform des Kindschaftsrechts (Kindschaftsrechtsreformgesetz)
KindUFV – Kindesunterhalt-Formularverordnung
KindUG – Gesetz zur Vereinheitlichung des Unterhaltsrechts minderjähriger Kinder (Kindesunterhaltsgesetz)
KI-VO – Verordnung (EU) 2024/1689 des Europäischen Parlaments und des Rates vom 13.6.2024 zur *Festlegung harmonisierter* Vorschriften für künstliche Intelligenz und zur Änderung der Verordnungen (EG) Nr 300/2008, (EU) Nr 167/2013, (EU) Nr 168/2013, (EU) 2018/858, (EU) 2018/1139 und (EU) 2019/2144 sowie der Richtlinien 2014/90/EU, (EU) 2016/797 und (EU) 2020/1828 (Verordnung über künstliche Intelligenz)
KJHG – Kinder- und Jugendhilfegesetz = SGB VIII (Kinder- und Jugendhilfe)
KK-KapMuG/(Bearbeiter) – Hess/Reuschle/Rimmelspacher, Kölner Kommentar zum KapMuG, s Schrifttumsverzeichnis
KKZ – Kommunal-Kassen-Zeitschrift
Kl – Kläger
KlagRegV – Verordnung über das Klageregister nach dem Kapitalanleger-Musterverfahrensgesetz (Klageregisterverordnung)
KO – Konkursordnung
KonsularG – Konsulargesetz
KoRsp – Kostenrechtsprechung (Loseblatt bis 2014)
KostO – Kostenordnung
KostBRÄG – Kosten- und Betreuervergütungsrechtsänderungsgesetz
KostRÄG – Kostenrechtsänderungsgesetz
KostRMoG – Gesetz zur Modernisierung des Kostenrechts (Kostenrechtsmodernisierungsgesetz)
KostVfG – Kostenverfügung
K&R – Kommunikation & Recht
KRZ – Bestimmungen über das Kassen- und Rechnungswesen der Justizverwaltung
KrZwMG – Kreditzweitmarktgesetz
KSchG – Kündigungsschutzgesetz
KSÜ – Kinderschutzübereinkommen
KTFG – Klima- und Transformationsfondsgesetz
KtoPfRefG – Gesetz zur Reform des Kontopfändungsschutzes
KTS – Zeitschrift für Insolvenzrecht – Konkurs/Treuhand/Sanierung; bis 1988: Konkurs-, Treuhand- und Schiedsgerichtswesen
KV – Kostenverzeichnis (Anlage 1 zum GKG)
KVLG – Gesetz über die Krankenversicherung der Landwirte
KWG – Gesetz über das Kreditwesen

LAG – Lastenausgleichsgesetz
LAGE – Entscheidungen der Landesarbeitsgerichte
LBG – Gesetz über die Landbeschaffung für Aufgaben der Verteidigung
LG – Landgericht
lit – littera (Buchstabe)
LJV – Landesjustizverwaltung
LkSG – Lieferkettensorgfaltspflichtengesetz
LKV – Länder- und Kommunalverwaltung
LLP – Limited Liability Partnership
LM – Lindenmaier/Möhring, Nachschlagewerk des Bundesgerichtshofs
LMK – Kommentierte BGH-Rechtsprechung
LPartG – Lebenspartnerschaftsgesetz
LS – Leitsatz
LSG/LSozG – Landessozialgericht
LSK – Leitsatzkartei des deutschen Rechts
ltd – limited
LTZ – Legal Tech – Zeitschrift für die digitale Anwendung

LuftFzRG – Gesetz über Rechte an Luftfahrzeugen
LuftVG – Luftverkehrsgesetz
LugÜ – Lugano-Übereinkommen über die gerichtliche Zuständigkeit und die Anerkennung und Vollstreckung von Entscheidungen in Zivil- und Handelssachen
LVA – Landesversicherungsanstalt
LVerfG – Landesverfassungsgericht
LwVfG – Gesetz über das gerichtliche Verfahren in Landwirtschaftssachen
LZ – Leipziger Zeitschrift
MaBV – Makler- und Bauträgerverordnung
MarkenG – Markengesetz
mat-rechtl – materiell-rechtlich
MB – Mahnbescheid
MD – Magazin Dienst
MDR – Monatsschrift für Deutsches Recht
MediationsG – Gesetz zur Förderung der Mediation und anderer Verfahren der außergerichtlichen Konfliktbeilegung
MedR – Medizinrecht
MFK – Musterfeststellungsklage
MFKRegV – Musterfeststellungsklagenregister-Verordnung
MFV – Musterfeststellungsverfahren
MG – Modellgesetz
MHG (MHRG) – Gesetz zur Regelung der Miethöhe
MietRÄndG – Gesetz über die energetische Modernisierung von Wohnraum und über die vereinfachte Durchsetzung von Räumungstiteln (Mietrechtsänderungsgesetz)
MietRB – Miet-Rechtsberater
MietrechtsRG – Gesetz zur Neugliederung, Vereinfachung und Reform des Mietrechts (Mietrechtsreformgesetz)
mindj – minderjährig
MitbestG – Gesetz über die Mitbestimmung der Arbeitnehmer
Mitt – Mitteilung
MittBayNot – Mitteilungen des Bayerischen Notarvereins, der Notarkasse und der Landesnotarkammer Bayern
MittDPA – Mitteilungen vom Verband deutscher Patentanwälte
MittPat – Mitteilungen der deutschen Patentanwälte
MittRAKKöln – Mitteilungen der Rechtsanwaltskammer Köln
MittRhNotK – Mitteilungen der Rheinischen Notarkammer, ab 2001: RNotZ
MiZi – Anordnung über Mitteilungen in Zivilsachen
MK/(Bearbeiter) – Münchener Kommentar zur ZPO, s Schrifttumsverzeichnis
MK-BGB/(Bearbeiter) – Münchener Kommentar zum Bürgerlichen Gesetzbuch, s Schrifttumsverzeichnis
MK-FamFG/(Bearbeiter) – Münchner Kommentar zum FamFG, s Schrifttumsverzeichnis
MK-InsO/(Bearbeiter) – Münchener Kommentar zur Insolvenzordnung, s Schrifttumsverzeichnis
MMR – MultiMedia und Recht
mNw – mit Nachweisen
MoMiG – Gesetz zur Modernisierung des GmbH-Rechts und zur Bekämpfung von Missbräuchen
MoPeG – Personengesellschaftsrechtsmodernisierungsgesetz
mR – mit Recht
MRK – Konvention zum Schutz der Menschenrechte und Grundfreiheiten
MSA – Haager Übereinkommen über die Zuständigkeit der Behörden und das anzuwendende Recht auf dem Gebiet des Schutzes von Minderjährigen
MSchutzG – Mutterschutzgesetz
Msk/Borth – Musielak/Borth, Familiengerichtliches Verfahren, s Schrifttumsverzeichnis
MskV/(Bearbeiter) – Musielak/Voit, Kommentar zur Zivilprozessordnung, s Schrifttumsverzeichnis
MuRegV – Verordnung über das Musterverfahrensregister nach dem Kapitalanleger-Musterverfahrensgesetz (Musterverfahrensregisterverordnung)
MuW – Markenschutz und Wettbewerb
mV – mündliche Verhandlung
mwN – mit weiteren Nachweisen
mWv – mit Wirkung vom
NATO-TruppenstatutG – Gesetz zum Nato-Truppenstatut und zu den Zusatzvereinbarungen
NBesG – Niedersächsisches Besoldungsgesetz
NdsRpfl – Niedersächsische Rechtspflege
NDV – Nachrichtendienst des Deutschen Vereins für öffentliche und private Fürsorge
ne – nichtehelich
NEG (NichtehelG) – Gesetz über die rechtliche Stellung der nichtehelichen Kinder
NetzDG – Gesetz zur Verbesserung der Rechtsdurchsetzung in sozialen Netzwerken
nF – neue Fassung
NI – Nebenintervenient
NichtFamSache – Nichtfamiliensache
NJ – Neue Justiz
NJOZ – Neue Juristische Online-Zeitschrift
NJW – Neue Juristische Wochenschrift
NJWE-FER – NJW Entscheidungsdienst Familien- und Erbrecht
NJW-RR – NJW-Rechtsprechungs-Report Zivilrecht
NK-GK/(Bearbeiter) – Schneider/Volpert/Fölsch, Gesamtes Kostenrecht, s Schrifttumsverzeichnis
NordÖR – Zeitschrift für Öffentliches Recht in Norddeutschland
notar – Monatsschrift für die gesamte notarielle Praxis
NotBZ – Zeitschrift für die notarielle Beratungs- und Beurkundungspraxis
npoR – Zeitschrift für das Recht der Non Profit Organisationen
NStZ – Neue Zeitschrift für Strafrecht
NTS – NATO-Truppen-Statut
NTS-AG – Ausführungsgesetz zum NATO-Truppenstatut
nv – nicht veröffentlicht
NVersZ – Neue Zeitschrift für Versicherung und Recht
NVwZ – Neue Zeitschrift für Verwaltungsrecht
Nw – Nachweise
NZA – Neue Zeitschrift für Arbeitsrecht

NZB – Nichtzulassungsbeschwerde
NZFam – Neue Zeitschrift für Familienrecht
NZG – Neue Zeitschrift für Gesellschaftsrecht
NZI – Neue Zeitschrift für das Recht der Insolvenz und Sanierung
NZKart – Neue Zeitschrift für Kartellrecht
NZM – Neue Zeitschrift für Mietrecht
NZS – Neue Zeitschrift für Sozialrecht
NZV – Neue Zeitschrift für Verkehrsrecht

OASG – Gesetz zur Sicherung der zivilrechtlichen Ansprüche der Opfer von Straftaten (Opferanspruchssicherungsgesetz)
OEG – Gesetz über die Entschädigung für Opfer von Gewalttaten
öff-rechtl – öffentlich-rechtlich
og – oben genannt
OG – Oberstes Gericht (DDR)
OGH – Oberster Gerichtshof für die britische Zone, auch Entscheidungssammlung
OHG – Offene Handelsgesellschaft
ÖJZ – Österreichische Juristenzeitung
OLG – Oberlandesgericht, auch Entscheidungssammlung
OLG NL – OLG-Rechtsprechung Neue Länder
OLGR – OLG-Report (iVm Name des OLG)
OLG-Rspr – Rechtsprechung der OLG und LG zum Zivilrecht, 1991-2000
OLGZ – Entscheidungen der Oberlandesgerichte in Zivilsachen, 1965-1994
OlympSchG – Gesetz zum Schutz des olympischen Emblems und der olympischen Bezeichnungen
OR – Obligationenrecht (Schweiz)
ÖsterrJurBl – Österreichische Juristische Blätter
OVG – Oberverwaltungsgericht
OVG LSA – Oberverwaltungsgericht des Landes Sachsen-Anhalt
OWiG – Gesetz über Ordnungswidrigkeiten
OZG – Onlinezugangsgesetz

PAngV – Preisangabenverordnung
PAO – Patentanwaltsordnung
PartG – Parteiengesetz
PartGG – Partnerschaftsgesellschaftsgesetz
PartGmbB – Partnerschaftsgesellschaft mit beschränkter Berufshaftung
PatAnwO – Patentanwaltsordnung
PatG – Patentgesetz
PfFrB – Pfändungsfreigrenzenbekanntmachung
PflVG – Pflichtversicherungsgesetz
PfÜB – Pfändungs- und Überweisungsbeschluss
PG/(Bearbeiter) – Prütting/Gehrlein, ZPO, Kommentar, s Schrifttumsverzeichnis
PH/(Bearbeiter) – Prütting/Helms, FamFG, Kommentar, s Schrifttumsverzeichnis
PKH – Prozesskostenhilfe
PKHÄndG – Gesetz zur Änderung des Prozesskostenhilfe- und Beratungshilferechts
PKHB – Prozesskostenhilfebekanntmachung
PKoFoG – Pfändungsschutzkonto-Fortentwicklungsgesetz
P-Konto – Pfändungsschutzkonto
Pkw-EnVKV – Pkw-Energieverbrauchskennzeichnungsverordnung
PostG – Postgesetz
PrEnteignG – Preußisches Enteignungsgesetz
ProdHaftG – Produkthaftungsgesetz
ProzBev – Prozessbevollmächtigter
ProzGericht – Prozessgericht
ProzRB – Der Prozess-Rechts-Berater, 2002-2005
PStG – Personenstandsgesetz
PUDLV – Postuniversaldienstleistungsverordnung
PWW/(Bearbeiter) – Prütting/Wegen/Weinreich, BGB-Kommentar, s Schrifttumsverzeichnis

qeS – qualifizierte elektronische Signatur

RA – Rechtsanwalt/Rechtsanwälte; Rechtsprechungsauswertung
RabelsZ – Zeitschrift für ausländisches und internationales Privatrecht
RABerufsRNeuOG – Gesetz zur Neuordnung des Berufsrechts der Rechtsanwälte und der Patentanwälte
RADG – Rechtsanwaltsdienstleistungsgesetz
RAG – Reichsarbeitsgericht, auch Entscheidungssammlung
RAK – Rechtsanwaltskammer
RAVPV – Verordnung über die Rechtsanwaltsverzeichnisse und die besonderen elektronischen Anwaltspostfächer (Rechtsanwaltsverzeichnis- und -postfachverordnung)
RAW – Recht Automobil Wirtschaft
RBehBelEG – Gesetz zur Einführung einer Rechtsbehelfsbelehrung im Zivilprozess und zur Änderung anderer Vorschriften
RBerG – Rechtsberatungsgesetz
RBerNeuregelungsG – Gesetz zur Neuregelung des Rechtsberatungsrechts
RdA – Recht der Arbeit
RdE – Recht der Elektrizitätswirtschaft
RdErl – Runderlass
RDG – Gesetz über außergerichtliche Rechtsdienstleistungen (Rechtsdienstleistungsgesetz)
RDGEG – Einführungsgesetz zum Rechtsdienstleistungsgesetz
RDi – Recht digital
RdK – Recht des Kraftfahrers
RdL – Recht der Landwirtschaft
RdTW – Recht der Transportwirtschaft
Recht – Das Recht
RefE – Referentenentwurf
RegBetragV – Regelbetrag-Verordnung
RegE – Regierungsentwurf
RegMoG – Registermodernisierungsgesetz
RegUnterhV – Regelunterhalt-Verordnung
RegVBG – Gesetz zur Vereinfachung und Beschleunigung registerrechtlicher und anderer Verfahren
RG – Reichsgericht
RGBl – Reichsgesetzblatt
RGRK/(Bearbeiter) – BGB-Kommentar von Reichsgerichtsräten und Bundesrichtern, s Schrifttumsverzeichnis

RGZ – Entscheidungssammlung des RG in Zivilsachen
Rh-Pf – Rheinland-Pfalz
RiG – Risikoreduzierungsgesetz
RInPrax – Rechtspraxis der Industrie- und Infrastrukturprojekte
RisikobegrenzungsG – Gesetz zur Begrenzung der mit Finanzinvestitionen verbundenen Risiken
RIW/AWD – Recht der Internationalen Wirtschaft, Außenwirtschaftsdienst des Betriebs-Beraters
RJA – Reichsjustizamt (Entscheidungssammlung der freiwilligen Gerichtsbarkeit und des Grundbuchrechts)
RJM – Reichsjustizministerium
rkr – rechtskräftig
RL, RiLi – Richtlinie (iVm EU-Normsetzung)
Rn – Randnummer
RNotZ – Rheinische Notar-Zeitschrift (ab 2001; bis dahin MittRhNotK)
Rom I-VO – Verordnung (EG) Nr 593/2008 des Europäischen Parlaments und des Rates vom 17.6. 2008 über das auf vertragliche Schuldverhältnisse anwendbare Recht
Rom II-VO – Verordnung (EG) Nr 864/2007 des Europäischen Parlaments und des Rates vom 11.7. 2007 über das auf außervertragliche Schuldverhältnisse anwendbare Recht
Rom III-VO – Verordnung (EU) Nr 1259/2010 des Rates vom 20.12.2010 zur Durchführung einer Verstärkten Zusammenarbeit im Bereich des auf die Ehescheidung und Trennung ohne Auflösung des Ehebandes anzuwendenden Rechts
ROW – Recht in Ost und West
RpflBl – Rechtspflegerblatt
Rpfleger – Rechtspfleger; Der Deutsche Rechtspfleger
RpflEntlG – Gesetz zur Entlastung der Rechtspflege
RPflG – Rechtspflegergesetz
RpflStud – Rechtspfleger Studienhefte
RpflVereinfG – Rechtspflege-Vereinfachungsgesetz
RPS – Recht und Praxis der Schiedsgerichtsbarkeit (Beilage zu BB), ab 1992
RRa – Reiserecht aktuell
r+s – recht und schaden
RSC – Rules of the Supreme Court
RSchwab/Gottwald – Rosenberg/Schwab/Gottwald, Zivilprozessrecht, s Schrifttumsverzeichnis
Rspr – Rechtsprechung
RsprBauZ – Rechtsprechung der Bauausführung
RsprEinhG – Gesetz zur Wahrung der Einheitlichkeit der Rechtsprechung der obersten Gerichtshöfe des Bundes
RVG – Rechtsanwaltsvergütungsgesetz
RVGreport – Zeitschrift für Anwaltsgebühren, Streitwert, Gerichtsgebühren, Erstattung, Rechtsschutz
RVG-VV – Vergütungsverzeichnis (Anlage zum RVG 2004)
RVO – Reichsversicherungsordnung
Rz – Randzahl
RzW – Rechtsprechung zum Wiedergutmachungsrecht
s/sa – siehe/siehe auch
SA (SeuffA) – Seufferts Archiv
SachaufklärungsRG – Gesetz zur Reform der Sachaufklärung in der ZwV
SachenRBerG – Sachenrechtsbereinigungsgesetz
SAE – Sammlung arbeitsrechtlicher Entscheidungen
SanInsFoG – Sanierungs- und Insolvenzrechtsfortentwicklungsgesetz
sBV – selbständiges Beweisverfahren
SCE – Europäische Genossenschaft
SCEAG – Gesetz zur Ausführung der EG-VO über das Statut der Europäischen Genossenschaft
SCEEG – Gesetz zur Einführung der Europäischen Genossenschaft und zur Änderung des Genossenschaftsrechts
Sch – Schuldner
SchBW/(Bearbeiter) – Schulte-Bunert/Weinreich, FamFG, s Schrifttumsverzeichnis
ScheckG – Scheckgesetz
SchfV – Verordnung über das Schornsteinfegerwesen
SchiedsVfG – Gesetz zur Neuregelung des Schiedsverfahrensrechts
SchiedsVZ – Zeitschrift für Schiedsverfahren
SchiffsRG – Gesetz über Rechte an eingetragenen Schiffen und Schiffsbauwerken
SchlHA – Schleswig-Holsteinische Anzeigen
SchlHOLG – Schleswig-Holsteinisches OLG
SchlichGNW – Schlichtungsgesetz Nordrhein-Westfalen
SchlichtVerfVO – Verordnung über das Verfahren der Schlichtungsstellen für Überweisungen
SchrAG – Schriftgutaufbewahrungsgesetz (s seit 1.1. 2018 JAktAG – Justizaktenaufbewahrungsgesetz)
SchRegO – Schiffsregisterordnung
SchuFV – SchuldnerverzeichnisführungsVO
SchuldRAnpG – Schuldrechtsanpassungsgesetz
SchuldRModG – Gesetz zur Modernisierung des Schuldrechts
SchutzBerG – Schutzbereichsgesetz
SchuVAbdrV – Schuldnerverzeichnisabdruckverordnung
SchuVerz – Schuldnerverzeichnis
SchwbG – Schwerbehindertengesetz
SchweizBG – Schweizerisches Bundesgericht
SchweizBV – Schweizerische Bundesverfassung
SchWKT/(Bearbeiter) – Schuschke/Walker/Kessen/Thole, Vollstreckung und Vorläufiger Rechtsschutz – Kommentar, s Schrifttumsverzeichnis
SE – Europäische Gesellschaft
SEAG – Gesetz zur Ausführung der EG-VO über das Statut der Europäischen Gesellschaft
SEEG – Gesetz zur Einführung der Europäischen Gesellschaft
SeeGVG – Gesetz über die Vollstreckung von Entscheidungen internationaler Gerichte auf dem Gebiet des Seerechts
SeehandelsRRG – Gesetz zur Reform des Seehandelsrechts
SG – Soldatengesetz
SGb – Die Sozialgerichtsbarkeit
SGB (SozGB) – Sozialgesetzbuch
SGG – Sozialgerichtsgesetz
SigG – Gesetz über Rahmenbedingungen für elektronische Signaturen (Signaturgesetz)

SJZ – Süddeutsche Juristenzeitung
sof – sofortige
SorgerechtsÄndG – Gesetz zur Neuregelung des Rechts der elterlichen Sorge
SortSchG – Sortenschutzgesetz
SozG – Sozialgericht
SpuRt – Sport und Recht
SRa – SozialRecht aktuell
SRIEL – Swiss Review of International and European Law
St/(Bearbeiter) – Stein, Kommentar zur ZPO, s auch StJ/(Bearbeiter) und Schrifttumsverzeichnis
St/Rellermeyer – Stöber/Rellermeyer, Forderungspfändung, s Schrifttumsverzeichnis
StA – Staatsanwalt, Staatsanwaltschaft
StAG – Staatsangehörigkeitsgesetz
StAnz – Staatsanzeiger
StaRUG – Unternehmensstabilisierungs- und -restrukturierungsgesetz
StAZ – Das Standesamt
StB – Steuerberater
StBerG – Steuerberatungsgesetz
StFG – Stabilisierungsfondsgesetz
StGB – Strafgesetzbuch
StJ/(Bearbeiter) – Stein/Jonas, Kommentar zur ZPO, s auch St/(Bearbeiter) und Schrifttumsverzeichnis
StPO – Strafprozessordnung
str – streitig
StrEG – Gesetz über Maßnahmen über die Entschädigung für Strafverfolgungsmaßnahmen
StrRehaG – Strafrechtliches Rehabilitierungsgesetz
stRspr – ständige Rechtsprechung
StrVfModG – Gesetz zur Modernisierung des Strafverfahrens
StSen – Strafsenat
StVG – Straßenverkehrsgesetz
StVollzG – Strafvollzugsgesetz
SubvG – Subventionsgesetz
SV – Die Sozialversicherung; Sachverständiger
SVertO – Gesetz über das Verfahren bei der Errichtung und Verteilung eines Fonds zur Beschränkung der Haftung in der See- und Binnenschifffahrt (Schifffahrtsrechtliche Verteilungsordnung)
SZG – Sonderzahlungsgesetz

TDDDG – Telekommunikation-Digitale-Dienste-Datenschutz-Gesetz
teilw – teilweise
TGI – Tribunal de grande instance
ThP/(Bearbeiter) – Thomas/Putzo, ZPO-Kommentar, s Schrifttumsverzeichnis
ThUG – Gesetz zur Therapierung und Unterbringung psychisch gestörter Gewalttäter
TIFF – Tagged Image File Format
TKG – Telekommunikationsgesetz
TRIPS – Übereinkommen über handelsbezogene Aspekte der Rechte des geistigen Eigentums (TRIPS-Übk)
TSG – Transsexuellengesetz
TV – Testamentsvollstrecker
TVG – Tarifvertragsgesetz
Tz – Textziffer
TzBfG – Teilzeit- und Befristungsgesetz
TzWrG – Gesetz über die Veräußerung von Teilzeitnutzungsrechten an Wohngebäuden

uÄ – und Ähnliche(s/r)
üA – überwiegende Ansicht
UÄndG – s UnterhRÄndG
Übk – Übereinkommen
UdG – Urkundsbeamter der Geschäftsstelle
Ufita – Archiv für Urheber-, Film-, Funk- und Theaterrecht
UG – Unternehmergesellschaft (haftungsbeschränkt)
UKlaG – Gesetz über Unterlassungsklagen bei Verbraucherrechts- und anderen Verstößen (Unterlassungsklagengesetz)
üM – überwiegende Meinung
UMAG – Gesetz zur Unternehmensintegrität und Modernisierung des Anfechtungsrechts
UmweltHG – Gesetz über die Umwelthaftung
UmwG – Umwandlungsgesetz
unstr – unstreitig
UnterhRÄndG – Gesetz zur Änderung des Unterhaltsrechts
UntVorschG – Gesetz zur Sicherung des Unterhalts von Kindern alleinstehender Mütter und Väter durch Unterhaltsvorschüsse oder -ausfallleistungen (Unterhaltsvorschussgesetz)
UNÜ – New Yorker Übereinkommen über die Anerkennung und Vollstreckung ausländischer Schiedssprüche vom 10.6.1958
UR – UmsatzsteuerRundschau
UrhG – Urheberrechtsgesetz
UrhWG – s VGG
Urk – Urkunde
UrkB – Urkundsbeamter
USG – Unterhaltssicherungsgesetz
USt – Umsatzsteuer
uU – unter Umständen
UWG – Gesetz gegen den unlauteren Wettbewerb
UZwG – Gesetz über den unmittelbaren Zwang bei Ausübung öffentlicher Gewalt durch Vollzugsbeamte des Bundes

VA – Verwaltungsakt; Vermögensauskunft
VAG – Versicherungsaufsichtsgesetz
vAw – von Amts wegen
Vb – Verfassungsbeschwerde
VB – Vollstreckungsbescheid
VBlBW – Verwaltungsblatt des Landes Baden-Württemberg
Vb-Verf – Verfassungsbeschwerdeverfahren
VBVG – Gesetz über die Vergütung von Vormündern und Betreuern
VDuG – Gesetz zur gebündelten Durchsetzung von Verbraucherrechten (Verbraucherrechtedurchsetzungsgesetz)
VerbrKrG – Verbraucherkreditgesetz
VerbrKrG/ZPOuaÄndG – Gesetz über Verbraucherkredite, zur Änderung der ZPO und anderer Gesetze

VerbrKrRLUmsG – Gesetz zur Umsetzung der Verbraucherkreditrichtlinie, des zivilrechtlichen Teils der Zahlungsdiensterichtlinie sowie zur Neuordnung der Vorschriften über das Widerrufs- und Rückgaberecht
VereinfVerf – Vereinfachtes Verfahren (zur Unterhaltstiteländerung)
VereinhG – Gesetz zur Wiederherstellung der Rechtseinheit auf dem Gebiete der Gerichtsverfassung, der bürgerlichen Rechtspflege, des Strafverfahrens und des Kostenrechts
VereinsG – Vereinsgesetz
Verf – Verfahren
VerfGeb – Verfahrensgebühr
VerfGH – Verfassungsgerichtshof
Verh – Verhandlung
VerkFlBerG – Gesetz zur Bereinigung der Rechtsverhältnisse an Verkehrsflächen und anderen öffentlich genutzten privaten Grundstücken
VerlG – Verlagsgesetz
VermAnlG – Gesetz über Vermögensanlagen (Vermögensanlagengesetz)
VermG – Gesetz zur Regelung offener Vermögensfragen
VermVerz – Vermögensverzeichnis
VermVV – Vermögensverzeichnisverordnung
VersAufsG – s VAG
VersAusgl – Versorgungsausgleich
VersAusglG – Gesetz über den Versorgungsausgleich
VerschG – Verschollenheitsgesetz
VersorgAusglG – Gesetz über den Versorgungsausgleich
VersorgAusglHärteG – s VAHRG
VersR – Versicherungsrecht
VertrOBDV – Vertretungsordnung Bundesverwaltung für Digitales und Verkehr
VertrOBFV – Vertretungsordnung Bundesfinanzverwaltung
VertrV – Vertretungsverordnung
Vfg – Verfügung
VG – Verwaltungsgericht
VGG – Verwertungsgesellschaftengesetz
VGH – Verwaltungsgerichtshof
vgl – vergleiche
VHN – Vertrauenswürdiger Herkunftsnachweis
VIZ – Zeitschrift für Vermögens- und Investitionsrecht
VK – Vereinigtes Königreich
VKRegV – Verbandsklageregisterverordnung
VKH – Verfahrenskostenhilfe
VMBl – Ministerialblatt des Bundesministeriums der Verteidigung
VO – Verordnung
vollstrb – vollstreckbar(e)
VollstrGericht – Vollstreckungsgericht
VollstrTitel – Vollstreckungstitel
Vorbem – Vorbemerkung
vorl – vorläufige
Vors – Vorsitzender
Vorwerk M – Vorwerk, Das Prozessformularbuch, s Schrifttumsverzeichnis
VRS – Verkehrsrechtliche Sammlung
VRUG – Gesetz zur Umsetzung der Richtlinie (EU) 2020/1828 über Verbandsklagen zum Schutz der Kollektivinteressen der Verbraucher und zur Aufhebung der Richtlinie 2009/22/EG sowie zur Änderung des Kapitalanleger-Musterverfahrensgesetzes (Verbandsklagenrichtlinienumsetzungsgesetz)
VSBG – Verbraucherstreitbeilegungsgesetz
VSchDG – EG-Verbraucherschutzdurchsetzungsgesetz
VU – Versäumnisurteil
VuR – Verbraucher und Recht
VV – Vergütungsverzeichnis (Anlage zum RVG)
VVaG – Versicherungsverein auf Gegenseitigkeit
VVDStRL – Veröffentlichungen der Vereinigung der Deutschen Staatsrechtslehrer
VVG – Versicherungsvertragsgesetz
VwGO – Verwaltungsgerichtsordnung
VwGOÄndG – Gesetz zur Neuregelung des verwaltungsgerichtlichen Verfahrens
VwVfG – Verwaltungsverfahrensgesetz
VwVG – Verwaltungs-Vollstreckungsgesetz
VwZG – Verwaltungszustellungsgesetz
VZOG – Gesetz über die Feststellung der Zuordnung von ehemals volkseigenem Vermögen
VZS – Vereinigte Zivilsenate

WA – Abkommen zur Vereinheitlichung von Regeln über die Beförderung im internationalen Luftverkehr (Warschauer Abkommen)
WährG – Währungsgesetz
Warn (WarnRspr) – Warneyer, Rechtsprechung des (Reichsgerichts oder) Bundesgerichtshofes in Zivilsachen
WarnJ – Warneyers Jahrbuch der Entscheidungen auf dem Gebiet des Zivil-, Handels- und Prozessrechts
WBG – Wertpapierbereinigungsgesetz
WBÜ – Weltbankübereinkommen
WBVG – Gesetz zur Regelung von Verträgen über Wohnraum mit Pflege- oder Betreuungsleistungen
WE – Wiedereinsetzung; Wohnungseigentum; Wohnungseigentümer
WEG – Wohnungseigentumsgesetz
WEGÄndG – Gesetz zur Änderung des WEG und anderer Gesetze
WEMoG – Wohnungseigentumsmodernisierungsgesetz
WG – Wechselgesetz
WHG – Wasserhaushaltsgesetz
wHw – weitere Hinweise
WiB – Wirtschaftsrechtliche Beratung
WM – Zeitschrift für Wirtschafts- und Bankrecht
WP – Wirtschaftsprüfer
WPg – Die Wirtschaftsprüfung
WpHG – Wertpapierhandelsgesetz
WPM – s WM
WPO – Wirtschaftsprüferordnung
WpPG – Wertpapierprospektgesetz
WpÜG – Wertpapiererwerbs- und Übernahmegesetz
WRP – Wettbewerb in Recht und Praxis
WSch/(Bearbeiter) – Wieczorek/Schütze, ZPO und Nebengesetze, Großkommentar, s Schrifttumsverzeichnis

WuB – Entscheidungssammlung zum Wirtschafts- und Bankrecht
WÜD – Wiener Übereinkommen über diplomatische Beziehungen
WÜK – Wiener Übereinkommen über konsularische Beziehungen
WuM – Wohnungswirtschaft und Mietrecht
WuW – Wirtschaft und Wettbewerb
WZG – Warenzeichengesetz

ZAP – Zeitschrift für die Anwaltspraxis
ZAP EN – Eilnachrichten Nr., Jahr
zB – zum Beispiel
ZB – Zahlungsbefehl
ZBB – Zeitschrift für Bankrecht und Bankwirtschaft
ZBlFG – Zentralblatt für die Freiwillige Gerichtsbarkeit
ZblJugR (auch ZfJ) – Zentralblatt für Jugendrecht und Jugendwohlfahrt
ZBR – Zeitschrift für Beamtenrecht
ZD – Zeitschrift für Datenschutz
zdA – zu den Akten
ZdiW – Zeitschrift für das Recht der digitalen Wirtschaft
ZErb – Zeitschrift für die Steuer- und Erbrechtspraxis
ZEuP – Zeitschrift für Europäisches Privatrecht
ZEV – Zeitschrift für Erbrecht und Vermögensnachfolge
ZevKr – Zeitschrift für evangelisches Kirchenrecht
ZfA – Zeitschrift für Arbeitsrecht
ZfB – Zeitschrift für Binnenschifffahrt
ZfBR – Zeitschrift für Baurecht
ZfDR – Zeitschrift für Digitalisierung und Recht
ZfF – Zeitschrift für das Fürsorgewesen
ZfIR – Zeitschrift für Immobilienrecht
ZfJ – s ZblJugR
ZfL – Zeitschrift für Lebensrecht
ZfPW – Zeitschrift für die gesamte Privatrechtswissenschaft
ZfS/ZfSch – Zeitschrift für Schadensrecht
ZfV – Zeitschrift für Versicherungswesen
ZGB – Schweizerisches Zivilgesetzbuch
ZGR – Zeitschrift für Unternehmens- und Gesellschaftsrecht
ZGS – Zeitschrift für das gesamte Schuldrecht
ZHR – Zeitschrift für das gesamte Handels- und Wirtschaftsrecht
ZInsO – Zeitschrift für das gesamte Insolvenzrecht
ZIP – Zeitschrift für Wirtschaftsrecht
ZivK – Zivilkammer
ZKG – Zahlungskontengesetz
ZKJ – Zeitschrift für Kindschaftsrecht und Jugendhilfe
ZKM – Zeitschrift für Konfliktmanagement
ZLR – Zeitschrift für Luftrecht
ZMGR – Zeitschrift für das gesamte Medizin- und Gesundheitsrecht
ZMR – Zeitschrift für Miet- und Raumrecht
ZOV – Zeitschrift für offene Vermögensfragen
ZP – Zivilprozess
ZPG – Zeitschrift für das Recht der Personengesellschaften und Einzelunternehmen
ZPO – Zivilprozessordnung
ZPO-RG – Gesetz zur Reform des Zivilprozesses (Zivilprozessreformgesetz)
ZPR – Zivilprozessrecht
ZRHO – Rechtshilfeordnung in Zivilsachen
ZRP – Zeitschrift für Rechtspolitik
ZS – Zivilsenat
ZSEG – Gesetz über die Entschädigung von Zeugen und Sachverständigen
ZSHG – Gesetz zur Harmonisierung des Schutzes gefährdeter Zeugen
ZSR – Zeitschrift für Schweizerisches Recht
ZStW – Zeitschrift für die gesamte Strafrechtswissenschaft
ZSW – Zeitschrift für das gesamte Sachverständigenwesen
zT – zum Teil
ZugewinnausglÄndG – Gesetz zur Änderung des Zugewinnausgleichs- und Vormundschaftsrechts
ZUM – Zeitschrift für Urheber- und Medienrecht
ZusAbkNTS – Zusatzabkommen zum Nato-Truppenstatut
zust – zustimmend
ZustBev – Zustellungsbevollmächtigter
ZustVV – Verordnung zur Einführung von Vordrucken für die Zustellung im gerichtlichen Verfahren
zutr – zutreffend
ZVertriebsR – Zeitschrift für Vertriebsrecht
ZVFV – Verordnung über Formulare für die Zwangsvollstreckung (Zwangsvollstreckungsformular-Verordnung)
ZVG – Zwangsversteigerungsgesetz
ZVglRWiss – Zeitschrift für Vergleichende Rechtswissenschaft
ZVI – Zeitschrift für Verbraucher-Insolvenzrecht
ZVR – Zivilverfahrensrecht
zw – zweifelhaft, zweifelnd
ZWE – Zeitschrift für Wohnungseigentumsrecht
ZwV – Zwangsvollstreckung
ZwVR – Zwangsvollstreckungsrecht
ZwVwV – Zwangsverwalterverordnung
ZZP – Zeitschrift für Zivilprozess
ZZPInt – Zeitschrift für Zivilprozess International; ab 1996
zzt – zurzeit

Zivilprozessordnung

vom 30. Januar 1877

In der Fassung der Bekanntmachung vom 5. Dezember 2005 (BGBl I 2005, 3202, ber. I 2006, 431, I 2007, 1781), zuletzt geändert durch Gesetz vom 7. Oktober 2024 (BGBl 2024 I Nr 302).

Einleitung

I) Grundbegriffe. 1) Begriff und Aufgabe des Zivilprozesses. Der **Zivilprozess** ist ein rechtl geregeltes Verf 1
vor den ordentl Gerichten in bürgerl Rechtsstreitigkeiten (vgl §§ 12, 13 GVG). Sein **Ziel** ist es, bei Scheitern einer vor allem zu versuchenden gütl Beilegung des Rechtsstreits unter Mitwirkung des Gerichts bürgerl-rechtl Rechte oder Rechtsverhältnisse im Erkenntnis- oder **Urteilsverf** festzustellen oder zu gestalten, die festgestellten Ansprüche im **ZwV-Verf** zwangsw zu **verwirklichen** oder gefährdete Rechte – durch Arrest oder einstw Verfügung – einstw zu **sichern** (BGHZ 10, 333, 336; BGHZ 18, 98, 106; BGHZ 161, 143, 148; RSchwab/Gottwald § 1 Rn 7; näher s Rn 46). Indem der Zivilprozess Rechte und Rechtspositionen der Parteien dem Streit entzieht und verwirklicht, dient er zugleich der Bewährung der obj Rechtsordnung, der Wiederherstellung des gestörten Rechtsfriedens und damit der Konfliktlösung (RSchwab/Gottwald § 1 Rn 7; MK/Rauscher Einl Rn 9; gegen insoweit selbständigen Prozesszweck auch Münch in Bruns/Münch/Stadler, Die Zukunft des ZP, 2014, S 49 ff). Neben der Gewährleistung der Streitentscheidung in jedem Fall ermöglicht und fördert der Zivilprozess die einverständl Konfliktlösung durch Mitwirkung und Mithilfe des Richters (dazu näher Greger FG Vollkommer, 2006, S 3). Geht es damit im einzelnen Zivilprozess auch regelmäßig (nur) um die privaten Interessen der Prozessparteien, so erfüllt der Zivilprozess als Institution doch eine **soziale Aufgabe**, die auf das Prozessrecht und damit auf das einzelne Verf zurückwirkt (eing mwN Wassermann, Der soziale Zivilprozess, 1978; klarstellend Meyer JR 2004, 1). Der „individuelle“ Zivilprozess wird durch Formen des **alternativen** (s Rn 4 ff) und **kollektiven Rechtsschutzes** ergänzt (s vor § 50 Rn 55; Bsp: Abhilfe- und Musterfeststellungsklage nach VDuG).

2) Arten des Zivilprozesses. Seinen Zielen entspr gliedert sich der Zivilprozess in das Erkenntnisverf (§§ 235- 2
510b) und in das ZwV-Verf (§§ 704-915h). In jenem wird über den prozessualen Anspruch des Kl (s Rn 60 ff)

entschieden, im ZwV-Verf wird das Urteil vollstreckt. Leistet der Bekl freiw, entfällt das Vollstreckungsverf. Umgekehrt kann es auch zur ZwV ohne Urteilsverf kommen; so wenn der Gl einen anderen vollstreckbaren Schuldtitel (zB eine vollstreckbare Urkunde, § 794 I Nr 5) in der Hand hat.

3 Zu den bes Prozessarten gehören vor allem der **Urkunden-, der Wechsel- und der Scheckprozess** (§§ 592-605a). Der Sicherung und einstw Regelung von Rechten und Rechtsverhältnissen dienen die (summarischen) Verf des vorläufigen Rechtsschutzes (**Arrest und einstw Verfügung**, §§ 916-945); der Ag kann in diesen Verf ergangene Entscheidungen im ordentl Verf überprüfen lassen (§§ 926, 927, 936). Das **Mahnverf** (§§ 688-703d) stellt nur eine bes Prozesseinleitungsform dar (vgl §§ 696, 697). §§ 1025-1066 schließlich regeln das **schiedsrichterl Verf**, in dem das Schiedsgericht bürgerl Rechtsstreitigkeiten anstelle des ordentl Gerichts, aber unter dessen Überwachung und Mitwirkung, entscheidet.

Soweit die Vorschriften für die Sonderverf nicht abweichen, gelten auch hier die **Allg Vorschriften** des 1. Buchs der ZPO (§§ 1-252) sowie die Normen des GVG.

4 **3) Außergerichtliche und nicht streitige Konfliktbeilegung. a) Obligatorische Streitschlichtung.** Aufgrund **§ 15a EGZPO** können landesrechtl obligatorische Streitschlichtungsverf in geeigneten Bereichen eingeführt werden (näher hier Heßler § 15a EGZPO Rn 3 ff).

5 **b) Verbraucherschlichtung.** Für Streitigkeiten aus einem Verbrauchervertrag (§ 310 III BGB; § 4 VSBG) gibt es flächendeckend ein freiwilliges, für den Verbraucher grds kostenfreies Konfliktbeilegungsverf (VerbraucherstreitbeilegungsG – VSBG – v 19.2.2016, BGBl I 2016, 254). Das BfJ (www.bundesjustizamt.de) führt eine Liste der anerkannten und eingerichteten (privaten oder behördlichen) Verbraucherschlichtungsstellen. Die Universalschlichtungsstelle ist zuständig, wenn für die konkrete Streitigkeit keine spezielle Einrichtung existiert. Der Schlichtungsvorschlag enthält keine verbindl Lösung und schließt das Recht zur Anrufung der Gerichte nicht aus. Den Unternehmer trifft eine Informationspflicht über die zuständige Verbraucherschlichtungsstelle (§ 36 Abs 1 Nr 2, § 37 VSBG). **Lit:** Nöhre AnwBl 2019, 91; Greger MDR 2020, 65; Borowski/Röthemeyer/Steike, VSBG, 2. Aufl 2021; grundlegend zur „Privatisierung der Ziviljustiz" Münch FS Roth, 2021, S 445.

6 **c) Innerprozessuale Schlichtung.** Die ZPO bekennt sich zum Gedanken der gütl Streitbeilegung als gerichtl Aufgabe im **Streitverf** und fördert das Zustandekommen eines Vergleichs unter richterl Mithilfe (näher § 278 Rn 1 ff), auch durch Einschaltung eines Güterichters (§ 278 V); das Gericht kann auch eine **Mediation** oder ein anderes Verf der außergericht1 Konfliktbeilegung vorschlagen (§ 278a). **Lit:** Prütting MDR 2016, 964.

7 **d) Außerprozessuale Streitbeilegung.** Die **Mediation** als Mittel der außergerichtl einvernehml Konfliktbeilegung hat eine rudimentäre Regelung im **MediationsG** gefunden (s näher Anm zu § 278a).

8 **e) Sonderfälle.** Das *selbständige Beweisverf* (§§ 485 ff) kann eine prozessvermeidende Sachverhaltsaufklärung und gütl Streitbeilegung ermöglichen. Der bereits in diesem Verf zugelassene **Vergleich** (§ 492 II) ist ausdrückl als Vollstreckungstitel anerkannt (§ 794 Nr 1). Der vollstreckbare **Anwaltsvergleich** (§ 794 Nr 4a, §§ 796a-796c) ermöglicht eine frühzeitige Beendigung von Streitigkeiten ohne Einschaltung des Prozessgerichts.

8a **f) Rechtsdienstleistungen.** Die Erbringung von **außergerichtlichen Rechtsdienstleistungen** regelt das RDG v 12.11.2007 (BGBl I 2007, 2840). Der BGH eröffnet registrierten Inkassodienstleistern durch seine sehr weite Auslegung des Inkassobegriffs (§ 10 I 1 Nr 1, § 2 II 1 RDG) umfangreiche Dienstleistungsbefugnissse (BGHZ 230, 255 Tz 16 ff, sehr str). Bsp: Sammelklagen-Inkasso von Schadensersatzansprüchen (BGH MDR 2022, 1541; BGHZ 230, 255 = MDR 2021, 1119), Ansprüchen wegen der Mietpreisbremse gem § 556d BGB (BGH NZM 2022, 519). **Lit:** Deckenbrock/Henssler, RDG, 5 Aufl 2021.

9 **4) Ordentliche Gerichtsbarkeit in Zivilsachen. a)** Der Begriff **„ordentl Gerichte"** umfasst die Zivil- und die Strafgerichtsbarkeit. Erstere gliedert sich in die bürgerl Rechtsstreitigkeiten (Begriff: s § 13 GVG Rn 4 ff), die FamSachen und die Angelegenheiten der freiw Gerichtsbarkeit (**Zivilsachen**, vgl § 13 GVG idF des FGG-RG). Die Verfahrensordnung für FamSachen (§ 111 FamFG) und Angelegenheiten der freiw Gerichtsbarkeit (§ 23a II GVG) ist idR das FamFG und das GVG, daneben zB auch die GBO und das LwVerfG (vgl § 23a II Nr 8, 9 GVG). Die (streitige und freiw) **Zivilgerichtsbarkeit** üben die ordentl Gerichte (s §§ 12, 13 GVG), daneben bes Gerichte gem § 14 GVG aus. Innerhalb der ordentl Gerichtsbarkeit gelten die § 17a I-V GVG für das Verhältnis der für bürgerl Rechtsstreitigkeiten, FamSachen und Angelegenheiten der freiw Gerichtsbarkeit zuständigen Spruchkörper zueinander entspr (§ 17a VI GVG).

10 **b)** Andere **gleichrangige Rechtswege** (s vor § 17 GVG Rn 2) neben dem ordentl Rechtsweg sind: der Rechtsweg zu den ArbG; der Verwaltungsrechtsweg (§ 40 VwGO); die Rechtswege zu den SozG (SGG) und den FG (FGO); die Verfassungsgerichtsbarkeit mit ihrer Sonderstellung ggü den anderen Rechtswegen (Art 93, 94 GG; BVerfGG); daneben treten die Rechtswege zu den Disziplinar- und den Berufsgerichten (zB Anwaltsgericht) sowie der Rechtsweg in Patentsachen an Bedeutung zurück. Das BPatG ist ein Sondergericht der ordentl Gerichtsbarkeit (Art 96 I GG; §§ 65 ff PatG). Zur ordentl Gerichtsbarkeit gehören auch die Familiensachen und die Angelegenheiten der freiwilligen Gerichtsbarkeit (§ 13 GVG; FamFG).

11 **5) Reformvorhaben der ZPO. a) Abgeschlossene Reformvorhaben.** Mit dem G zur Förderung des Einsatzes von **Videokonferenztechnik** in der Zivilgerichtsbarkeit und den Fachgerichtsbarkeiten (BGBl 2024 I Nr 23)

wurden Videoverhandlungen sowie Videovernehmungen von Zeugen, SV etc grundlegend neu geregelt (sa §§ 128a, 284). Das Justizstandort-StärkungsG (BGBl 2024 I Nr 302) ermöglicht den Ländern auf Ebene der OLG mWv 1.4.2025 „**Commercial Courts**" und die Gerichtssprache Englisch in der Zivilgerichtsbarkeit einzuführen (Wolff NJW 2025, 1081; Koch MDR 2024, 1015; krit Riehm/Thomas NJW 2022, 1725); s näher Lückemann Einl GVG Rn 19; § 119b GVG Rn 1; § 184 GVG Rn 1.

Das **Leitentscheidungsverfahren** (BGBl 2024 I Nr 328; §§ 552b, 565) gibt dem BGH (BayObLG; Bsp: BGH NJW 2024, 3595) die Möglichkeit, die in massenhaften Einzelverfahren zugrundeliegenden grundlegenden Rechtsfragen auch dann zu beantworten, wenn die Parteien ein Urteil im Revisionsverfahren durch prozesstaktisches Verhalten verhindern (Rädler NJW 2025, 473; G. Vollkommer NJW 2024, 3257; Feskorn MDR 2024, 1413); der konkurrierende Gegenentwurf der JuMiKo vom 16.6.2021 (92. Konferenz), der ein Vorabentscheidungsverfahren zum BGH einführen wollte (Heese/Schumann NJW 2021, 3023; sa BTDrs 20/5560), hat sich nicht durchgesetzt.

Das **KapMuG** wurde mit Wirkung zum 20.7.2024 grundlegend überarbeitet (BGBl 2024 I Nr 240; Übergangsregelung § 30 KapMuG; Kirchner/Lühmann/Taufmann NJW 2024, 2359; Hettenbach WM 2024, 1437; Weißbach DB 2024, 2005; Zoller BB 2024, 1923; Kruis DZWIR 2024, 519; G. Vollkommer DRiZ 2025, 30). Die zwingende Aussetzung aller von den KapMuG-Feststellungszielen betroffenen ZPO-Verfahren (§ 8 KapMuG aF) ist weggefallen; an dessen Stelle tritt ein eingeschränktes opt-in-System, bei dem allein der Kläger einen Aussetzungsantrag stellen kann (§ 10 II KapMuG).

b) Rechtspolitischer Ausblick. aa) Unerledigte Entwürfe; kollektiver Rechtsschutz. Der Diskontinuität verfiel der RegE zur Reform des **Schiedsverfahrensrechts** (BRDrs 386/24). Mit seiner Weiterverfolgung ist aber zu rechnen. In der aktuellen Legislaturperiode soll der ebenfalls steckengebliebene RegE (BRDrs 387/24) zur **Erhöhung des Streitwerts** für die sachliche Zuständigkeit der Amtsgerichte aufgegriffen werden sowie eine Erhöhung der Rechtsmittelbeschwer erfolgen. Der ebenfalls in der 20. Legislaturperiode liegengebliebene RegE zur Entwicklung und Erprobung eines **Online-Verfahrens in der Zivilgerichtsbarkeit** (Buch 12, §§ 1121-1135; BRDrs 429/24), das mit Hilfe von Online-Formularen ein niederschwelliges Verf schafft, mit dem den staatl Gerichten wieder mehr ZP-Sachen zugeführt werden sollen (Dickert AnwBl 2021, 282), bleibt Teil eines breit angelegten Katalogs von Maßnahmen zur Digitalisierung des ZP (dazu Rn 11c). 11a

Eine ausdifferenzierte Regelung des **kollektiven Rechtsschutzes** bei Massenverfahren (zum Begriff Riehm NJW 2024, 2713, 2715) einschließlich der Prozessfinanzierung bleibt ein großes Reformthema (74. DJT 2024, Stuttgart; Heiß NJW 2025, 1625), zB im Form von auf Schadensersatz gerichteten Gruppenklagen (class action; dazu Gsell JZ 2020, 1150), der Einführung von Musterprozessen (G. Vollkommer MDR 2018, 497), Musterbeweisaufnahmen (Mehring ZRP 2025, 10) oder bei der prozessualen Behandlung der Inkasso-Sammelklagen (zu Ansätzen im geltenden Recht s BGH MDR 2020, 1328; G. Vollkommer MDR 2020, 1305). Die anhand der klassischen Einzelprozesse entwickelten rechtsstaatlichen Standards (Art 101 I 2, 103 I GG) bedürfen bei Massenverfahren der Überprüfung und Anpassung (Heiß NJW 2025, 1625 Rn 18).

bb) Reformkommission. Die vom dritten Bund-Länder-Digitalgipfel im November 2023 eingesetzte Reformkommission „Zivilprozess der Zukunft" hat am 31.1.2025 ihren Abschlussbericht veröffentlicht (https://www.bmj.de/SharedDocs/Downloads/DE/Themen/Nav_Themen/250131_Abschlussbericht_Zivilprozess_Zukunft.html?nn=110490; Otte/Richter MDR 2025, 553). Die wichtigsten Handlungsempfehlungen sehen neben einer massiv ausgebauten Digitalisierung (dazu Rn 11c) die **Stärkung des Kammerprinzips** und den Ausbau der **Spezialisierung** vor. Die Verfahren sind zu beschleunigen durch frühzeitige verfahrensfördernde Maßnahmen (zB Organisationstermine; gerichtliche Hinweispflichten), das Beweisrecht soll effizienter gestaltet werden (digitales Beweisverzeichnis; Verwertung von Zeugenaussagen in Parallelverfahren durch Ton- und/oder Videoaufzeichnungen) ebenso die Vollstreckung durch ein digitales Vollstreckungsregister. Im **Zustellungsrecht** soll das elektronische Empfangsbekenntnis abgeschafft und durch eine Fiktion der Zustellung ersetzt werden. 11b

6) Digitalisierung des Zivilprozesses. Lit: Riehm/Dörr, Digitalisierung und Zivilverfahren, 2023. **a) Flächendeckende Einführung der E-Akte.** Ab dem 1.1.2026 werden die Akten elektronisch geführt (§ 298a III). Diese entsprechen einem PDF-Abbild der Papierakte. Mit den nächsten Schritten sollen die Vorteile der Digitalisierung für die Verfahrensführung ausgeschöpft werden. Diese Entwicklung ist sehr dynamisch und ist eng mit dem verstärkten Einsatz von KI, in ihren vielfältigen Ausprägungen (s KI Rn 1 ff), verbunden. – **b) Ausbau der Digitalisierung.** Seit dem 23.7.2024 liegt vor der Abschlussbericht des Forschungsprojekts **Reallabor Basisdokument** im Auftrag der Justizministerien Bayerns und Niedersachsens vor (urn:nbn:de:bvb:355-epub-594147; Mielke/Wolff RDi 2024, 361). Im Basisdokument wird der gesamte Parteivortrag sowie richterliche Hinweise von den Beteiligten in einem einzigen digitalen Dokument gebündelt (Dickert AnwBl 2021, 282; Zwickel MDR 2021, 716; Greger MDR 2023, 810). Das Basisdokument ersetzt damit den Austausch von Schriftsätzen mit Sachvortrag und Rechtsausführungen. Alternativ zu diesem Ansatz werden KI-Anwendungen erwogen, welche mit dem Einsatz von Sprachmodellen streitiges und unstreitiges Vorbringen feststellen und den Entwurf des Tatbestandes anfertigen (KI Rn 13 ff). – Die **Reformkommission** „Zivilprozess der Zukunft" (s Rn 11b) schlägt dazu einen einheitlichen Zugang zur Justiz durch ein **bundesweites Justizportal**, digitale Kommunikation über eine bundeseinheitliche und cloudbasierte Kommunikationsplattform sowie (vollständig) digitale Verfahren vor, bei dem das seitenbasierte PDF-Format durch einen **maschinenverarbeitbaren digitalen Parteivortrag** ersetzt werden soll. 11c

11d **7) Brexit.** Das VK ist am 31.1.2020 aus der EU ausgetreten. Im IZVR ist zwischen Verfahren, die **vor dem 1.1. 2021** (Altfälle), und solchen, die **nach dem 31.12.2020** (Neufälle) eingeleitet wurden, zu unterscheiden: Für *Altfälle* gilt nach Art 66 ff des Austrittsabkommens VK-EU (ABl EU Nr L 29 v 31.1.2020, S 1) im Wesentlichen das bisherige EU-Recht fort; bei *Neufällen* ist das VK nunmehr Drittstaat („mini-hard-Brexit", Mayer/Manz BB 2021, 451). Es gelten multi- und bilaterale Verträge sowie das nationale Recht, in Deutschland findet weiter EU-Recht Anwendung, soweit dieses auf Drittstaaten anzuwenden ist. S im Einzelnen: EuIZPR Rn 12, 23; § 50 Rn 31, 32, 33; § 51 Rn 6; vor § 78 Rn 8; § 110 Rn 2, § 183 Rn 9, § 917 Rn 17a; § 940 Rn 8.27; vor § 1025 Rn 11; Art 1 Brüssel Ia-VO Rn 10 ff. **Lit:** Wagner IPRax 2021, 2; Mayer/Manz BB 2021, 451; Hau MDR 2021, 521.

12 **8) ZP-Statistik.** Nach dem massiven Rückgang der Prozesszahlen in den vergangenen 20 Jahren weist die vom Statistischen Bundesamt veröffentlichte Justizstatistik für 2023 zum ersten Mal zwar wieder eine Zunahme der Neueingänge aus. Dies dürfte aber auf Sondereinflüsse, insb das Phänomen der Massenklagen, zurückzuführen sein, so dass der Schluss auf eine Trendwende verfrüht erscheint (Greger MDR 2024, R 221). Zudem hat sich die Verfahrensdauer deutlich verlängert. Klagen wegen Fluggastentschädigungen haben sich bei den Amtsgerichten von 2022 auf 2023 fast verdoppelt (108.000) und machen etwa 14 % des gesamten Geschäftsanfalls aus. Bei den Landgerichten bleibt es im langfristigen Vergleich bei einem starken Abwärtstrend der Prozesszahlen (Rückgang gegenüber 2004 jetzt 31,6 %). Im Durchschnitt dauerte es beim Landgericht zuletzt bis zum Erlass des erstinstanzlichen Urteils 17,6 Monate, im Jahr 2005 lag dieser Mittelwert noch unter 12 Monaten. Über die Gründe herrscht Unklarheit; ein Zusammenhang mit dem Ausbau der außergerichtl Streitschlichtung dürfte ausscheiden, Schlichtungsverf machen nur 5 % der streitigen Verf aus; die inländische Schiedsgerichtsbarkeit fällt zahlenmäßig nicht ins Gewicht (Riehm/Thomas NJW 2022, 1728), eher dürfte eine Änderung der Konfliktkultur in Frage kommen, uU auch das Erscheinungsbild der Justiz in der Öffentlichkeit. **Lit:** Greger JZ 2022, 878; Hess FS Roth, 2021, S 359. Ein Bericht des BMJ v 21.4.2023 nennt als Hauptursachen die Kosten der Rechtsverfolgung, die VerfDauer und die Unsicherheit einer Erfolgsprognose (dazu eingehend Meller-Hannich MDR 2023, 737 Rn 15 ff; Greger MDR 2023, 810 Rn 1 ff).

13 **II) Geltung des Zivilprozessrechts in zeitlicher und örtlicher Beziehung. 1) Zeitliche Geltung.** In zeitl Beziehung gilt beim ProzessR der **Grundsatz**, dass Änderungen des Prozessrechts auch schwebende Verf ergreifen, die daher, nach altem Recht begonnen, nach neuem Recht zu Ende zu führen sind, soweit nicht das neue Recht durch Übergangsbestimmungen etwas anderes vorschreibt (vgl BVerfGE 39, 167 mN; BGHZ 114, 3 f mwN; BGHZ 183, 74 Tz 5; BGH NJW-RR 2022, 429 Tz 8; BGH NJW-RR 2022, 1579 Tz 18; RSchwab/Gottwald § 6 Rn 1) oder sich aus Sinn und Zweck der einzelnen Vorschrift oder aus dem Zusammenhang mit anderen Grundsätzen des Prozessrechts nichts Abweichendes ergibt (BGHZ 114, 4; BGH NJW-RR 2015, 954 Tz 11; MK/Rauscher Einl Rn 448 f). Als Folge der **fehlenden** (ungenau: „unechten", dazu krit Schumann FS Bub, 2007, S 549, 559 f) **Rückwirkung** bleiben unter der Geltung des alten Rechts abgeschlossene Prozesshandlungen (BGHZ 172, 137, 145 = NJW-RR 2007, 1634, 1636: Beitritt als NI) und abschließend entstandene Prozesslagen, zB der Eintritt der Rechtskraft oder die Zulässigkeit oder die *einseitige* Rücknehmbarkeit von *eingelegten* Rechtsmitteln (dazu BVerfGE 87, 64 mwN; BGHZ 76, 310 mN; BGH NJW 2005, 143; BGH NJW-RR 2008, 221; BGH NJW-RR 2015, 954 Tz 18 ff = MDR 2015, 850) unberührt (eingeh mw Bsp Schumann aaO S 560 ff). Nach der Wertung von § 261 III Nr 2, § 17 I 1 GVG ist aber bei örtl, sachl, Rechtsweg- und Verfahrenszuständigkeit von der Fortgeltung der bish Vorschriften auszugehen (iE Lüke FS G. Lüke, 1997, S 404 ff).

14 **2) Örtliche Geltung.** Die ZPO ist grds auf alle Verf anwendbar, die vor Gerichten der Bundesrepublik durchgeführt werden; unerhebl ist die Staatsangehörigkeit der Parteien und das anzuwendende materielle Recht (Grundsatz der **lex fori**; näher EuIZPR Rn 29 f mN). Eine Anwendung ausl Prozessrechts durch dt Gerichte scheidet grds aus (BGHZ 59, 26; BGHZ 60, 91; einschr MK/Rauscher Einl Rn 414 mwN). Die (inländischen) Sonderregeln für Verf mit Auslandsberührung bilden das **Internat Zivilprozessrecht** (näher hier EuIZPR).

15 **III) Verfahrensgrundrechte und -garantien. 1) Recht auf den gesetzlichen Richter (Art 101 I 2 GG). Lit:** Degenhart, Rechtsmittelgericht und gesetzl Richter, FS Becker-Eberhard, 2022, S 77; Münch, Die Privatisierung der Ziviljustiz, FS Roth, 2021, S 445. – **a) Unparteilichkeit.** Die Prozessparteien haben nach dem GG (Art 20 III, Art 101 I 2), der EMRK (Art 6) und Art 47 II EuGRCh ein Recht auf einen ges, **unparteiischen** und **neutralen** Richter im konkreten Rechtsstreit. Dieses Gebot erschöpft sich nicht in einer – formalen – Vorausbestimmung des zur Entscheidung des einzelnen Rechtsstreits berufenen Richters (s § 1 Rn 2), sondern verlangt – inhaltl – weitere Vorkehrungen dafür, dass iE Verf Neutralität und Distanz des Richters ggü den Parteien als Voraussetzung eines fairen Verf gewährleistet sind (BVerfGE 21, 146; BVerfGE 42, 78; BVerfGE 89, 36; BVerfG NJW 2022, 2677 Tz 53; BVerfG 3.6.2022 – 1 BvR 2103/16; BVerfG NJW 2024, 956 Tz 66; BVerfG NJW 2024, 2107 Tz 21; BVerfG 3.3.2025 – 1 BvR 750/23, 1 BvR 763/23 Tz 96; BGH NJW 95, 1678; G. Vollkommer, Der ablehnbare Richter, 2001, S 32 ff). Das Institut der Ausschließung des Richters (§ 41) ist Teil des Gerichtsverfassungsrechts, dient aber auch der Gewährung einer unparteiischen Rechtspflege (G. Vollkommer, Der ablehnbare Richter, 2001, S 72 ff). Die gebotene Unparteilichkeit des Richters (ausdrückl genannt in § 1036 I, II) wird in der ZPO vor allem durch das Institut der Ablehnung des Richters wegen Besorgnis der Befangenheit (§ 42 II) erfüllt (§ 42 Rn 1, 24; § 16 GVG Rn 2; OLG Frankfurt MDR 2024, 1067). – **b) Gesetzliche Zuständigkeitsbestimmung.** Der ges Richter wird im einzelnen Verfahren formal durch die ges **Zuständigkeitsbestimmungen**

(§§ 12 ff; §§ 23, 71 GVG; GVP; sa § 16 GVG Rn 2) festgelegt. Die Nichtbeachtung einer ges **Vorlagepflicht**, die obj willkürl ist, kann den Entzug des ges Richters und eine Verletzung des Art 101 I 2 GG bewirken (BVerfG NJW 93, 381; BVerfG NJW 94, 678; BVerfG NJW 94, 2017; BVerfG WM 2019, 1438). Bloßes richterl Versehen führt dagegen nicht zur einer Entziehung des ges Richters (BVerfG NJW 96, 1531); die Fehlerhaftigkeit oder Nichtbeachtung des **GVP** verletzt nur ausnahmsw Art 101 I 2 GG (BVerfG ZIP 97, 758 = EWiR 97, 847 [Pfeiffer]). Ein ausl Staat kann über Art 101 I 2 GG die Verletzung seiner **Immunitätsrechte** rügen (BVerfG NJW 2014, 1723; BVerfG WM 2019, 1438). – **c) Behandlung.** Das Gebot des ges Richters ist vAw zu beachten (BGH NJW-RR 2018, 1490 = MDR 2019, 309 Tz 6); Verstoß dagegen begründet obj Willkür. Bsp: Entscheidung ER statt Kollegium (BGHZ 235, 163 = NJW 2023, 925 Tz 5) und umgekehrt (BGH NJW-RR 2024, 800 Tz 8 = MDR 2024, 857); Selbstentscheidung des Rechtsmittelgerichts trotz zwingender Zurückverweisung (vgl Degenhart aaO, krit zu BGHZ 211, 268 Tz 113 ff); sa Rn 28; § 41 Rn 1; § 42 Rn 24, 29). Willkürliches Unterlassen von Vorlagen nach Art 100 II GG (BVerfG RIW 2020, 516 Tz 21; BVerfG WM 2008, 2035) oder Art 267 AEUV durch ein letztinstanzliches Gericht muss mit Vb geltend gemacht werden (BVerfG NJW 2014, 2489; BVerfG WM 2015, 514; BFHE 281, 503; Landinger/Haferkorn VersR 2022, 1209; Graf von Westphalen ZIP 2022, 1907), eröffnet aber nicht die Nichtigkeitsklage gem § 579 I Nr 1 (BAG MDR 2024, 1132; BFHE 281, 503).

2) Rechtliches Gehör. Lit: Becker-Eberhard, Wandlungen des rechtlichen Gehörs, ZZP 125 (2022), 219; Endell, Die Verwirklichung des rechtl Gehörs durch die Anhörungsrüge, 2016; Waldner, Der Anspruch auf rechtl Gehör, 2. Aufl 2000. **a) Grundlagen und Inhalt. aa)** Der verfassungsrechtl **Anspruch auf rechtl Gehör** folgt aus der „Mindestgarantie" des Art 103 I GG (BVerfGE 107, 407) u Art 6 I MRK, wobei ein enger Zusammenhang mit der Menschenwürde (Art 1 I GG) besteht (BVerfGE 7, 275, 279; BVerfGE 9, 89, 95). Das Gericht muss danach die (entscheidungserheblichen) Äußerungen der Partei vor seiner Entscheidung *zur Kenntnis nehmen* und *in Erwägung ziehen* (BVerfGE 42, 367; BVerfGE 58, 356; BVerfGE 67, 41; s näher Rn 18). 16

bb) Das **gegenseitige Verhältnis** des verfassungsrechtl Anspruchs auf rechtl Gehör zum prozessrechtl der ZPO (s insb § 156 II, § 321a) ist umstritten (Becker-Eberhard ZZP 135 [2022], 225 ff; sa § 321a Rn 3a mwN): Der – freilich schon weit ausgedehnte – verfassungsrechtl Begriff bildet im ZP nur eine Mindest- (oder Minimal-)garantie, die nicht unterschritten werden darf (BVerfGE 60, 310 u 312; BVerfGE 89, 36; BVerfG NJW 2001, 2531; BGHZ 48, 330; einschr Waldner aaO Rn 525 ff); der zivilprozessuale Gehörsbegriff ist weiter als der verfassungsrechtl (BVerfG NJW 2007, 2242, 2243), was sich bereits bei der Notwendigkeit einer mündl Verh zeigt (zB gem § 495a S 2; dazu BVerfG NJW 2012, 2262 Tz 19 f; BVerfG NJW-RR 2017, 690 Tz 7; BAG NJW 2017, 1770; s ferner § 937 II u dort § 937 Rn 3); weitere Bsp bilden die Hinweis- und Präklusionsfälle (s § 321a Rn 9, 10); die gehörsrelevanten umfangr zivilprozessualen Aufklärungs- und Hinweispflichten (§ 139) gehen deutl über die nur in engen Grenzen aus Art 103 I GG ableitbaren Hinweispflichten hinaus (BVerfGE 42, 85; BVerfGE 66, 147; BVerfGE 67, 95 f; BVerfGE 84, 190; BVerfG NJW 2023, 2173 Tz 22); das mündliche Fragerecht nach § 397 wird nicht ohne Weiteres durch Art 103 I GG geschützt (BAG NJW 2017, 1770); durch Fehlanwendung von zivilprozessualen Präklusionsnormen (iwS) zu ihrem Nachteil wird die Partei in ihrem einfach-rechtl gewährleisteten Gehörsrecht verkürzt, mag auch nicht jede (einfach-rechtl) Falschanwendung des Verfahrensrechts schon eine Verletzung von Art 103 I GG sein (BVerfGE 74, 233; BVerfGE 75, 314; BVerfGE 89, 36; BVerfG NJW 2007, 2242, 2243; ebenso BGH NJW 2009, 148, 150 Tz 10 für Hinweispflichten; BGH NJW 2017, 893: vermeintliche Bindung im Zweitprozess an früheres rechtskr Urteil). Die begriffliche Unterscheidung verliert zunehmend an Bedeutung, seit das BVerfG iSd BGH-Rspr (vgl Siegmann JZ 2017, 601 f) dazu übergeht, den Inhalt von Art 103 I GG aus einfach-rechtl Vorschriften zu bestimmen; so verletzt eine Entscheidung ohne mündl Verhandlung entgegen § 495a S 2 (BVerfG NJW 2015, 3779; BVerfG NJW 2019, 2919 Tz 9) oder Nichtberücksichtigung von Vorbringen oder Anträgen „ohne Stütze" im Prozessrecht (BVerfG NJW 2017, 3218 Tz 48) (auch) den Gehörsanspruch gem Art 103 I GG (BGH MDR 2021, 616; krit Endell aaO S 29 ff, 34, 181: keine trennscharfen Kriterien, keine klare Kasuistik). 17

cc) Inhalt des Anspruchs, Form der Geltendmachung. Das **rechtl Gehör** im übereinstimmend von Art 103 I GG und der ZPO gewährleisteten Rahmen **verlangt**, dass den Parteien Gelegenheit gegeben wird, sich zu sämtl entscheidungserhebl (Sach- und Rechts-)Fragen zu äußern (BVerfGE 1, 429; BVerfGE 86, 144 mwN; BVerfGE 89, 35, BVerfG NJW 2024, 1645 Tz 28; stRspr; ges Ausprägung: § 96 II FGO), also insb zu Erklärungen (Hinweisen) des Gerichts (§§ 139, 273 IV), des Gegners (BVerfG NJW 85, 1149; BVerfG NJW 82, 1453) oder zu Beweisergebnissen (s § 279 Rn 5; § 285 Rn 2); das Gericht darf seiner Entscheidung nur solche Tatsachen und Beweisergebnisse zugrunde legen, zu denen die Parteien vorher Stellung nehmen konnten (BVerfGE 55, 98 mwN; BVerfGE 84, 190, stRspr; zB bei beigezogenen Akten [BVerfG NJW 94, 1210] oder Gutachten [BGH ZEV 2012, 100]); „gerichtskundige" Tatsachen (§ 291) muss es in den Prozess einführen (BVerfG NJW 2021, 50; BGH NJW-RR 2022, 499 Tz 8 – Internetrecherche); es muss den Inhalt von Hinweisen ggü nur 1 Partei der anderen mitteilen (BVerfG WRP 2022, 593 Tz 37) und ist allgemein verpflichtet, die Anträge und das Vorbringen der Parteien zur Kenntnis zu nehmen, in Erwägung zu ziehen (BVerfG NJW 2023, 1803 Tz 19; BGH NJW 2018, 2133 Tz 8; BGH NJW 2018, 3315 Tz 4) und in gewissen Grenzen auch in seinen Entscheidungsgründen ausdrückl zu verarbeiten (BVerfGE 54, 46; BVerfG NJW 2023, 1803 Tz 19; BGH NJW 2009, 1609 Tz 8; BGH NJW 2018, 2133 Tz 8; BGH NJW 2024, 2393 Tz 12; sa Rn 22; § 321a Rn 11); die unterlassene Verwertung einer 18 fremdsprachigen Urk kann das rechtl Gehör verletzen, wenn eine Übersetzung aus finanzieller Not nicht mögl und das Schriftstück bedeutsam ist (BVerfG NVwZ 87, 785; BVerwG NJW 96, 1553; sa § 233 Rn 23.8; § 184 GVG Rn 2). Bei abw Beweiswürdigung hat das Berufungsgericht den Zeugen selbst neu zu vernehmen (BVerfG NJW 2017, 3218 Tz 55; BGH NJW 2018, 2334 Tz 10; BGH NJW-RR 2024, 930 mwN). **Äußerungsfristen** müssen fallgerecht und angemessen sein (BGH NJW 2018, 3316 Tz 8); vom Gericht selbst gesetzte Fristen müssen abgewartet werden (BGH NJW 2020, 935 = MDR 2020, 304; BGH NJW-RR 2020, 248), desgleichen angekündigtes Vorbringen (LG Krefeld MDR 2022, 305), die mündl Verh ist bei Vorliegen eines erhebl Grundes zu verlegen (BVerfG NJW 2021, 3384; BGH NJW 2020, 423). **Form:** Schriftlichkeit genügt idR, mündliche Verhandlung kann einfachrechtlich (zB § 937 II, § 495a S 2) geboten sein uU verfassungsrechtl (näher Rn 22). Bei **Fristversäumung** dürfen keine zu hohen Anforderungen an WE gestellt werden (BVerfG NJW 2008, 2167; sa Rn 34 u § 233 Rn 2); die Möglichkeit der Akteneinsicht ist zu gewährleisten (BVerfG NVwZ 2010, 954). **Fallgruppen** typischer Verstöße gegen das rechtl Gehör bilden „Versehentl" Fehlleistungen (s § 321a Rn 8) und bewusstes, rechtsirriges Verhalten (s § 321a Rn 9-11).

19 **b) Anspruchsberechtigt** sind Parteien (sa § 1042 I 2; auch der Staat, BGH NJW 2019, 180 Tz 9), Beteiligte (§ 7 FamFG, § 13 VwGO), Beigeladene (§ 65 VwGO), Streitgehilfen (BAG NJW 2018, 2078 Tz 10, 13), Zeugen im Zwischenverfahren gem § 387 (OLG Jena MDR 2018, 1300 [Alpes]); durch die Entscheidung materiell betroffene Personen nur dann, wenn es sich um eine unmittelbare Betroffenheit handelt (zB Mitgesellschafter bei Auflösungsklage gegen GmbH, BVerfGE 60, 7 = NJW 82, 1635; weiter gehend Schlosser JZ 67, 432, dagegen RSchwab/Gottwald § 82 Rn 5). Ist die Partei vertreten, ist rechtl Gehör ihrem Vertreter zu gewähren (ges Vertretung: s § 52 Rn 1; Prozessvollmacht: § 172; sa BVerfG NJW 2017, 318 Tz 14; BGH NJW 2012, 317 Tz 25). Fehlt Prozessfähigkeit und damit ein gesetzl Vertreter, muss Gelegenheit zur Mangelbehebung (Betreuerbestellung; Bestellung von Verfahrensbeistand, § 158 FamFG) gegeben werden: s § 56 Rn 8 [b]; BGH NJW-RR 2011, 284).

20 **c) Verpflichteter, Zeitpunkt, Wiederholung.** Das Recht auf Gehör gilt in sämtlichen Erkenntnisverfahren und (jedenfalls im Erg) auch in Verfahren vor dem Rechtspfleger (s BVerfGE 101, 397: dann „faires Verfahren") sowie im PKH-Verfahren (BVerfGE 9, 256, 259). Die Pflicht zur Kenntnisnahme und Berücksichtigung gilt bis zum letzten Tag einer gesetzten Frist (BVerfG NJW 83, 1453) und bis zum Erlass der Entscheidung (BGH NJW 2018, 3786 Tz 9: Hinausgabe des bereits unterzeichneten Beschlusses durch die GeschSt; BGH MDR 2016, 1111: Verkündung). Für die **Verletzung** des rechtl Gehörs genügt der **obj Verstoß**; irgendein Verschulden eines Richters oder GeschSt-Beamten ist nicht erforderl (BVerfGE 53, 223; BVerfGE 60, 123; BVerfGE 61, 81 u BVerfGE 123; 62, 352, stRspr; sa § 321a Rn 9), daher ist das rechtl Gehör auch verletzt, wenn ein Schriftsatz bei der Entscheidung unberücksichtigt bleibt, der **nicht zu den Akten gelangte** (BVerfG MDR 78, 201; BVerfG NJW 2013, 925; BGH MDR 2024, 395; s § 321a Rn 8) oder der erst unmittelbar vor dem Verkündungstermin in der Einlaufstelle einging (BGH MDR 2016, 1111 [Greger MDR 2016, 1073]). Trägt der Schriftsatz einen Eingangsstempel mit dem Datum des Tages, an dem die diesen Schriftsatz ignorierende Entscheidung existent wurde (hierzu s § 329 Rn 6), so ist zugunsten der Partei davon auszugehen, dass er vom Gericht verfahrensfehlerhaft nicht zur Kenntnis genommen wurde (BGHZ 85, 361, 364; BGH NJW 82, 888, 889; BSG MDR 85, 700; BVerwG NJW 86, 1125). Ist dagegen bereits der Eingang bei Gericht ungeklärt, kann nicht von Gehörsverletzung ausgegangen werden (OLG Hamm NJW-RR 2011, 139).

21 **d) Ausnahmen** vom rechtl Gehör sind möglich, soweit sie (im Einzelfall) im Interesse der Eilentscheidung (zB Arrest, einstw Verfügung) sachlich geboten sind (BVerfGE 65, 227, 233, s vor § 916 Rn 1a; § 922 Rn 2, 18); das rechtl Gehör muss dann nachgeholt werden (s Rn 23). Es darf aber sonst nicht aus Gründen verwehrt werden, die außerhalb des Verantwortungsbereichs der betroffenen Partei liegen. Zum Verf der PKH s § 118 Rn 3, 7 ff; § 299 Rn 4.

22 **e) Grenzen.** Das Recht auf Gehör eröffnet kein Recht auf im Gesetz nicht vorgesehene Rechtsbehelfe; es gibt **kein Grundrecht auf einen Instanzenzug** (BVerfGE 107, 395 = NJW 2003, 1924, 1927; BVerfG NJW 2004, 1371; BGHZ 43, 19; BGH NJW 90, 938). Es besteht auch kein Recht der Parteien auf eine von ihnen gewünschte **Verfahrensart** (BVerfG NJW 2019, 291; s § 128 Rn 17 f), zB auf **mündl Verh** (BGH NJW-RR 2022, 1425 Tz 24); allerdings verstößt missbräuchl Praxis der Umgehung der Mündlichkeit gegen Art 103 I GG iVm Waffengleichheit (BVerfG NJW 2024, 1948 Tz 31 = WRP 2024, 692; s § 937 Rn 3). Aus der Garantie der Öffentlichkeit (Art 6 I EMRK, Art 47 EuGRCh) als Ausprägung des Justizgewährungsanspruchs (Rn 32) kann sich allerdings ein Anspruch auf eine mündl Verh ergeben (BVerfG NJW 2022, 2677 Tz 44). Schreibt das Verfahrensrecht aber mündl Verh vor oder gibt es der Partei das Recht, eine solche zu beantragen (§ 495a S 2), verletzt das Gericht auch Art 103 I GG, wenn es ohne mündl Verh entscheidet (BVerfG NJW 2015, 3779). Aus Art 103 I GG ergibt sich auch kein Recht auf ein bestimmtes **Beweismittel** oder auf bestimmte Arten von Beweismitteln (BVerfG NJW 96, 3145). Ob eine Partei von der ihr eingeräumten Möglichkeit zur Äußerung Gebrauch macht, ist ihre Sache; insoweit ist das Recht auf Anhörung verzichtbar (s § 295 Rn 5; Höfling NJW 83, 1584 mwN). Die Parteien *können das Gericht jedoch nicht* vorweg von den Anforderungen des Art 103 I GG entbinden (Waldner aaO Rn 109). Bei einem Verzicht auf mündl Verh (zB § 937 II) kann eine Anhörung in anderer Form geboten sein (BVerfG NJW 2018, 3631 Tz 31; sa § 937 Rn 3). Das rechtl Gehör gibt kein Recht auf **Begrün-**

dung. Das Gericht ist nicht verpflichtet, jeden Parteivortrag in den Entscheidungsgründen zu verbescheiden; bei fehlender Auseinandersetzung mit zentralen Parteivortrag („Kernvorbringen") liegt idR Übergehung vor (BVerfG NJW 2023, 2106 Tz. 33, 37; BVerfG NJW-RR 2018, 305; 694; BGH NJW 2019, 1754 Tz 7 = MDR 2019, 758; BGH NJW 2021, 1886 Tz 8; BGH NJW 2024, 2393 Tz 12; sa § 321a Rn 11). Eine Begründung ist auch zur Vermeidung des sonst bestehenden Anscheins des Verfahrensmissbrauchs geboten (§ 937 Rn 5). Aus dem Recht auf Gehör (Art 103 I GG) ergibt sich keine allg Aufklärungspflicht des Gerichts (Rn 17, § 321a Rn 10).

f) Nachholung, Behebung, Heilung, Anfechtung. Ist in einem Verf ein **Gehörsverstoß** unterlaufen und seine Entscheidungserheblichkeit nicht ausschließbar, so trifft das Gericht in jedem Stadium des Verf die Amtspflicht, den unterlaufenen Fehler zu **beheben** (zB § 156 II Nr 1; Wiederholung der Beweisaufnahme, BGH NJW 92, 1817, 1819; s § 321a Rn 18). Sonst liegt ein **Verfahrensfehler** vor, der primär mit dem statthaften **Rechtsmittel** geltend zu machen ist, die NZB ist eröffnet (§ 544 IX: Fall von § 543 II Nr 2 Fall 2); bei einer unanfechtbaren Entscheidung führt er zu einer Verneinung der Bindungswirkung (BayObLG NJW-RR 2023, 68 Tz 17 zu § 281). Dass die Entscheidung – ggf für jeden dort gewählten Begründungsweg (BGH NJW 2017, 2623 Tz 12) – durch den Verstoß beeinflusst worden sein kann (BGHZ 27, 163, 169; näher s § 321a Rn 12), muss in der Berufungs- oder Revisionsbegründung dargelegt werden (§ 520 III 2 Nr 2 bzw § 551 III Nr 2 iVm § 545 II; s BGH NJW 2016, 2890 zu § 520 III 2 Nr 2). Der Mangel ist **geheilt** (vgl § 295 I), wenn nach dem Gehörverstoß eine mündl Verh zB gem § 924 (s § 924 Rn 1 aE) oder ein erfolgreiches Rügeverfahren stattgefunden hat (§ 321a V 1; BVerfG NJW 2024, 1645 Tz 39). Der Geltendmachung der Gehörsverletzung kann auch der Grundsatz der **Subsidiarität** der NZB entgegenstehen (BGH NJW 2020, 1740 Tz 14; BGH NJW-RR 2020, 312); das ist der Fall, wenn die rügende Partei in der Vorinstanz nicht die Möglichkeit ausgeschöpft hat, die Gehörsverletzung geltend zu machen oder sich Gehör zu verschaffen (BVerfGE 5, 9, 10; BGH NJW 2016, 699 Tz 4; BGH NJW 2020, 1740 Tz 15). Daher auch keine Zulassung der Rechtsbeschwerde, wenn Verletzung im Beschwerdeverf nicht gerügt (BGH MDR 2010, 948). Die Nichtreaktion der Partei auf einen gerichtlichen Hinweis kann der Geltendmachung der Gehörsverletzung aber nur entgegenstehen, wenn eine Frist gesetzt war oder mit einer Stellungnahme zZ der Entscheidung nicht mehr zu rechnen war (BGH NJW-RR 2020, 1519 = MDR 2020, 1330). Bei **nicht anfechtbaren**, instanzbeendenden Entscheidungen muss **Anhörungsrüge** (§ 321a) erhoben werden („Abhilfe" § 321a Rn 15, 15b, 18). Nach Ausschöpfung des Rechtswegs **Verfassungsbeschwerde** (BVerfGE 11, 218; BVerfG NJW 82, 2367 u 2368; § 321a Rn 21); nachfolgend wegen Art 6 I MRK Beschwerde an EGMR mögl. Besonderheiten gelten bei Verf des Eilrechtsschutzes, s vor § 916 Rn 1a. – Nichtanerkennung eines ausl Urteils gem § 328 I Nr 4, Art 45 I b Brüssel Ia-VO bei Verletzung des Rechts auf Gehör. 23

3) Faires Verfahren. Lit: Dörr, Faires Verf, 1984; Karwacki, Der Anspruch der Parteien auf einen fairen ZP, 1984; Schlosser NJW 95, 1404; Tettinger, Fairness u Waffengleichheit, 1984; Vollkommer GS Bruns, 1980, S 212; Vollkommer FS Schwab, 1990, S 503; Wieser, Der Grundsatz der Verhältnismäßigkeit in der ZwV, 1989. – **a) Allgemeines.** Das „Recht auf ein faires Verf" (vgl Art 6 I EMRK; Art 47 II EU-Grundrechte-Charta) ist ein aus dem allg Grundrecht des Art 2 I GG iVm dem Rechtsstaatsprinzip (Art 20 III GG) entwickeltes „**allg Prozessgrundrecht**" (BVerfGE 78, 126; BVerfGE 91, 181; BVerfGE 93, 113; BVerfGE 101, 404 f; BVerfGE 110, 342; BGH NJW-RR 2018, 506 Tz 15), das der Konkretisierung bedarf (BVerfGE 85, 404 f; VerfGH RhPf NStZ 2022, 236 Tz 3). Dazu ist auch die Eigentumsgarantie (Art 14 I GG) von Bedeutung (BGH NJW-RR 2024, 1380 Tz 7). 24

b) Ausprägungen. aa) Vertrauensschutz. Das Gericht muss sein Verf berechenbar gestalten (BVerfGE 78, 126; BVerfG NJW 91, 3140; BVerfG NJW 93, 720; BVerfG NJW 2014, 205 Tz 20; BGH NJW 92, 243 f); von einer bish geübten Prozesspraxis darf es nicht ohne Vorankündigung abweichen (BVerfGE 78, 126 f; BVerfGE 79, 377 f), etwa bei der Beurteilung von Rechtsmittelformalien (BVerfG NJW 98, 1853; BGH NJW 2013, 1966 Tz 11; BFH NJW 99, 2920) oder bei der Prozessleitung gem **§ 137 III 1** (OLG Koblenz NJW-RR 2023, 570); auf eine im Laufe des Verf gewandelte Rechtsauffassung muss es hinweisen (BVerfG NJW 2003, 3687); zum *Grundsatz des Vertrauensschutzes* sa allg BVerfG NJW 2023, 1947 Tz 96; vor § 511 Rn 30); das Gericht darf sich *nicht widersprüchl verhalten* (BVerfGE 78, 126; BVerfG NJW 2014, 205 Tz 20; BGH NJW 99, 290; BGH MDR 2022, 519 Tz 13; s Rn 40, 43) und darf die Parteien nicht irreführen (BVerfGE 110, 339, 342 ff), etwa durch unzutr Rechtsbehelfsbelehrung (BGH MDR 2004, 527; sa § 233 S 2) oder durch Erleichterung vorsorgl Antragstellung ohne Hinweis auf damit möglicherw verbundene Kostenrisiken (BVerfG NJW 2004, 1097: „Kostenfalle"); Missbrauchs- und Schikaneverbot gelten auch für das Gericht (BVerfGE 75, 190; BVerfGE 81, 273; BVerfG NJW 92, 1496; s Rn 41). 25

bb) Wahrung der Parteirechte. Das Gericht muss sein Verf *überprüfbar* gestalten und den Parteien *Mitwirkungs-* und *Kontrollmöglichkeiten* einräumen (BVerfGE 91, 181 ff; BVerfG NJW 2000, 1710); die Anfechtung seiner Entscheidungen darf es nicht erschweren (BVerfG NJW 2005, 1931; näher s Rn 33, 34). Das Gericht trifft eine Aufklärungspflicht, wenn es um gerichtsinterne Fehlerquellen geht (BGH NJW-RR 2022, 644 Tz 19, sa Rn 42). Es ist zur *Rücksichtnahme* verpflichtet (BVerfGE 78, 126; BVerfGE 79, 378; BGHZ 140, 218; abgrenzend BGH NJW 2003, 3204) und es trifft ggü den Parteien eine *Fürsorgepflicht* (BGH NJW-RR 2022, 716 Tz 15; einschr BGH NJW-RR 2022, 567 Tz 6 = MDR 2022, 261); so hat die sprachunkundige Partei uU eine Anspruch auf Dolmetscherzuziehung (BGH NJW-RR 2018, 506 Tz 15); ein nach der konkreten Situation gebotener Hinweis ist zu erteilen (BGHZ 159, 141; BGH NJW-RR 2014, 177 Tz 8), so auf das Recht mündl Verh zu beantra- 26 gen (§ 495a S 2) oder auf einen behebbaren Formmangel (BAG NJW 2020, 3476 Tz 26, 27; sa Rn 48), uU ist die Verkündung einer Entscheidung auf einen späteren Termin zu vertagen (BVerfGE 51, 156, 158 f – Zuschlag) oder die Entscheidung kurzfristig zurückzustellen (BVerfG NJW 2005, 1931); bei komplizierten Fallgestaltungen ist ausreichende Vorbereitungszeit einzuräumen. Beim unzuständigen Gericht eingereichte Rechtsmittel sind im normalen Geschäftsgang fristgerecht an das zuständige Gericht *weiterzuleiten* (BVerfGE 93, 115 = NJW 95, 3175; BGH NJW 2011, 683 Tz 20; BGH NJW-RR 2016, 1340 Tz 12; OLG Bamberg NJW 2022, 3451 Tz 18; Fischer MDR 2022, 1078); eine vom Gericht eröffnete Weiterleitungsmöglichkeit an das zuständige Gericht darf die Partei nutzen (BGH NJW-RR 958 Tz 14). Aus eigenen oder ihm zuzurechnenden Fehlern, Unklarheiten oder Versäumnissen darf das Gericht keine Verfahrensnachteile für die Partei ableiten (BVerfGE 110, 342; BVerfG NJW 2014, 205 Tz 21; BGH NJW 2012, 1224 Tz 14; BSG NJW 2012, 1469 Tz 8; sa Rn 53 aE). Umstände, die ausschließl in der Sphäre des Gerichts und außerhalb des Einflussbereichs der Partei liegen, dürfen ihr nicht zum Nachteil gereichen (BVerfGE 69, 386; 81, 272 ff; BGHZ 105, 43 f). Bsp: Beweisnachteil für Rechtsmittelkl durch Aktenvernichtung (BGH NJW-RR 2022, 1579); GeschSt-Streik (OLG Hamm NJW-RR 2007, 1295); „inkorrekte" Entscheidungen (näher s vor § 511 Rn 29 ff); zum Fall der unrichtigen Rechtsmittelbelehrung s Brand NJW 2022, 2150. Das Gericht hat den Parteien gleichen Zugang zu verfelevanten Informationsquellen zu ermöglichen (BVerfG NJW 2023, 2932; sa Rn 27. Sind noch heilbare Fehler und Versehen unterlaufen, verlangt die *prozessuale Fürsorgepflicht*, rechtzeitige *Behebung* (Korrektur, Verbesserung, Ergänzung, Berichtigung, Auslegung, Umdeutung, Nachholung, Genehmigung, Heilung) zu ermöglichen (BVerfGE 88, 127 f; BVerfG NJW 92, 1496; BVerfG NJW 2005, 814, 815; BVerfG NJW 2014, 205 Tz 21 f; BGH NJW 92, 439; BGH NJW 98, 2291; BGH NJW-RR 2010, 934; BGH NJW-RR 2011, 417 Tz 11 f; Vollkommer, Formenstrenge, S 356 ff; einschr BGHZ 159, 141; BGH NJW-RR 2017, 689 = MDR 2017, 595; sa § 139 II, § 28 II FamFG u Rn 48), soweit nicht Nachsicht (WE) in Frage kommt (BVerfGE 110, 345; BVerfG NJW 95, 3175; BVerfG NJW 91, 3140; BVerfG NJW 2019, 1061). Die Anforderungen an die prozessuale Sorgfalt der Parteien und ihrer Vertreter dürfen *nicht überspannt* werden (BVerfGE 84, 190; BVerfGE 86, 144; BVerfG NJW 95, 249; BVerfG NJW 99, 3702; BVerfG NJW-RR 2001, 1076; sa Rn 33, 34; § 85 Rn 13), desgl nicht die an die Darlegungs- und Beweislast (BVerfG NJW 2013, 3630 Tz 39, 45). Die Zumutbarkeit (Ausprägung von § 242 BGB) ist zu wahren (BGH NJW-RR 2022, 853 Tz 19; zum Ganzen auch M. Vollkommer FS Vieweg, 2021, S 719). Prozessuale Erklärungen der Parteien sind *wohlwollend* (BVerfG NJW 2014, 991 Tz 25: „Grundsatz") am erkannten Rechtsschutzziel (BGH MDR 2016, 1350 Tz 12) *auszulegen* u notfalls in die „richtige" Erklärung umzudeuten (BGH MDR 2016, 666; BGH NJW 2018, 1606 Tz 11).

27 **4) Prozessuale Waffengleichheit, Willkürverbot, Verhältnismäßigkeit. a) Waffen- und Chancengleichheit. Lit:** Müller, Die Ausstrahlung der Waffengleichheit im ZP, EuGRZ 2019, 297; Schack, Waffengleichheit im ZP, ZZP 129 (2016), 393; Strocke, Proz Waffengleichheit, MMR 2019, Beil 1 zu Heft 7, 8; Stürner, Der zivilproz Grundsatz der Gleichheit der Parteien usw, FS Gottwald, 2014, S 631; Zuck, Das verfahrensrechtl Fundament der proz Waffengleichheit, EuGRZ 2020, 1; sa Rn 24; vor § 916 Rn 1a. – Das sich aus Art 3 I iVm Art 20 I, III GG ergebende Gebot der Rechtsschutzgleichheit verlangt, die Situation von **Bemittelten und Unbemittelten** bei der Verwirklichung des Rechtsschutzes weitgehend anzugleichen (BVerfGE 81, 356; BVerfGE 122, 49; BVerfG NJW 2014, 681; BGHZ 176, 379, 381; BGHZ 186, 70 Tz 23 = NJW 2010, 3029; BGH NJW 2012, 612 Tz 27; eingeh Henke ZZP 123 [2010], 193, 195 ff). Ausprägungen: §§ 114 ff; § 204 I Nr 14 BGB. Der Grundsatz der **Waffengleichheit** (BVerfG NJW 2022, 1083 Tz 26: Teil des „prozessualen Urrechts") gewährleistet nicht nur die formelle Gleichheit der prozessualen Rechtsposition der Parteien, sondern (weiter gehend) auch ihre „durch den Richter" zu verwirklichende materielle Gleichgewichtigkeit iSe prozessualen Chancengleichheit (BVerfG NJW 2018, 3631 Tz 15; Vollkommer FS Schwab, 1990, S 519; Lindner ZIP 2003, 194; Peters ZZP 123 [2010], 326); er zählt zum verfahrensrechtlichen ordre public (BGH MDR 2020, 1396). Zu der erforderl „fairen Balance" zwischen den Parteien (BAGE 87, 40) gehört die Gleichwertigkeit der proz Stellung der Parteien (BVerfG NJW 2022, 1083 Tz 26), wie etwa gleichmäßige Einbeziehung beider Parteien in das Verf (BVerfG NJW 2022, 2083 Tz 27, 29; BVerfG WRP 2022, 513 Tz 37); der Ag darf aus dem Verfügungsverf nicht systematisch „herausgehalten" werden (vor § 916 Rn 5a), gleiche Beschwerdemöglichkeiten (OLG München NJW-RR 2015, 33, 34), gleiche WE-Möglichkeiten (Mayerhofer JZ 2022, 732, krit zu BGHZ 232, 284), die einschr Auslegung von Gehörsbeschränkungen im Eilverf (s vor § 916 Rn 1a), ferner auch die gleichmäßige Verteilung des Risikos am Verfahrensausgang und der Kostenbelastung (BVerfGE 52, 144; BVerfGE 74, 94; BGHZ 189, 56 Tz 11), die Pflicht des Gerichts zur *Gleichbehandlung der Parteien* (§ 1042 I 1; BVerfGE 55, 94; BVerfGE 69, 140) und die Pflicht zur ausgleichenden Verhandlungsführung (BVerfGE 52, 156). Einseitig erteilte Hinweise sind dem Gegner zeitnah mitzuteilen (BVerfG NJW 2022, 1083 Tz 29; BVerfG WRP 2022, 593 Tz 37; § 42 Rn 25; § 937 Rn 7). Das Gericht darf nicht mit zweierlei Maß messen (BGH NJW 2000, 143, 145). Bestehende „strukturelle" Ungleichgewichtslagen sind nach Möglichkeit auszugleichen (BVerfGE 89, 214; BVerfGE 115, 51). Bei Beteiligung eines Monopols gelten keine Ausnahmen für eine Athletenvereinbarung mit Monopolverband (BVerfG NJW 2022, 2677 Tz 41) und bei Teilnahme an einer öffenl Großversammlung (BVerfGE 148, 267 = NJW 2018, 1667 Tz 41, 43, 47 – *Stadionverbot*); zu den prozessualen Auswirkungen näher Vollkommer FS Canaris, 2007, S 1245, 1248 ff, 1252 ff; abl Roth FS Henkel, 2015, S 295; s vor § 322 Rn 73; § 700 Rn 16). Bei typischen beweismäßigen Ungleichgewichtslagen können Substantiierungs- und Beweiserleichterungen für die

benachteiligte Partei geboten sein (dazu BVerfGE 52, 145 ff; BGHZ 159, 253 f – Arzthaftungsprozess). In Fällen von Beweisnot ist das Gericht zur Anhörung (§ 141), uU zur Vernehmung (§ 448) der „beweislosen" Partei verpflichtet (iE str, s BAG NJW 2007, 2427 Tz 16 f; eingeh Ahrens MDR 2015, 185; hier § 448 Rn 4a). Waffengleichheit im **Eilverf:** Der Grundsatz des rechtl Gehörs (Art 103 I GG) ist auch im (einseitigen) Beschlussverf zu beachten; fehlt das gebotene rechtl Gehör, ist die Waffengleichheit verletzt (BVerfG NJW 2022, 1083, st Rspr; s vor § 916 Rn 1a; § 922 Rn 27; § 924 Rn 1; § 936 Rn 1). Die systematische Nichtanwendung der mündl Verh als Regelfall verstößt gegen Art 103 I GG iVm Waffengleichheit (BVerfG NJW 2024, 1948 = WRP 2024, 584; § 937 Rn 3).

b) Objektiv willkürfreies Verfahren. Ein Verstoß gegen Art 3 I iVm Art 20 III GG in seiner Ausprägung als **Willkürverbot** wird bejaht, wenn ein Richterspruch unter keinem denkbaren Aspekt rechtl vertretbar ist und sich daher der Schluss aufdrängt, dass er auf sachfremden Erwägungen beruht (BVerfGE 80, 51; BVerfGE 86, 62; BVerfGE 87, 278; BVerfGE 96, 203; BVerfG NJW 2019, 1211 Tz 15; BVerfG NJW 2023, 1876 Tz 10; BGHZ 154, 300; 171, 332; BGH NJW 2005, 153). Obj Kriterien entscheiden, auf ein Verschulden des Gerichts kommt es nicht an (BVerfGE 58, 167 f; BVerfGE 71, 205; BVerfG NJW 2005, 2139). Fehlerhafte Gesetzesauslegung allein genügt nicht (BVerfG NJW 2024, 1802 Tz 5: keine Überprüfung der „Richtigkeit" der Entscheidung), wohl aber die Nichtberücksichtigung einer offensichtl einschlägigen Norm oder die krasse Missdeutung ihres Inhalts (BVerfGE 87, 273; BVerfG WM 2014, 251 f); umfasst sind damit die Fälle grober Missachtung oder grober Fehlanwendung des Gesetzesrechts (BVerfG NJW 2005, 3410, 3411; BVerfG NJW-RR 2008, 74), insb im Widerspruch zur einhelligen obergerichtl Rspr (BGH WM 2014, 251, 252). **Bsp:** willkürl Verweisungsbeschlüsse (zB BGH NJW 2002, 3634; BGH NJW-RR 2010, 891 Tz 15; Fischer MDR 2016, 500; s § 36 Rn 38; § 281 Rn 17; § 17a GVG Rn 13), insb iVm willkürl **Richterentziehung** (BGH NJW 2023, 922 Tz 23 ff); willkürl Trennungsbeschlüsse (s § 145 Rn 5); willkürl Rechtsmittelzulassung (BGHZ 154, 203; BGH NJW 2004, 223; BGH NJW-RR 2012, 441; krit Groß Rpfleger 2013, 181); willkürl Nichtzulassung von Rechtsmittel trotz Zulassungsgrund (BVerfG NJW 2016, 3295); willkürl Einzelrichter-Übertragung (BGHZ 170, 180); willkürl Untersuchungsanordnung (BGHZ 171, 326); willkürl Schadensschätzung (BVerfG NJW 2010, 1870); willkürl Nichtvorlage (BVerfG NJW 2010, 3422; BGHZ 235, 163 Tz 14 = NJW 2023, 922; BGHZ 235, 93 Tz 23 ff, beide zu § 526 II 1). 28

c) Verhältnismäßigkeit. Auf die Verfahrensgestaltung und -handhabung wirken schließlich auch die **materiellen Grundrechte** und grundrechtl geschützten Positionen (insb Art 2, 5, 12, 13, 14 I GG) ein (BVerfG Rpfleger 2025, 175 Tz 43); der **Grundsatz der Verhältnismäßigkeit** ist zu wahren (BVerfGE 61, 134; BVerfGE 75, 318; BVerfGE 80, 107; BGHZ 230, 225 Tz 24; BGH NJW 2022, 245 Tz 37; Art 52 EuGRCh; sa Art 5 SchweizBV); das gilt insb auch für Formanforderungen (BGH NJW 2024, 2456 Tz. 30; Taufmann EWiR 2023, 574; Müller NJW 2024, 2437); sa Rn 33, 34, 48. Das gilt auch für einstw Maßnahmen des Gerichts. Bsp: BVerfG NJW 2010, 220 (Hausverbot). 29

5) Recht auf Zugang zu den Gerichten (Justizgewährungsanspruch). a) Grundsatz. Jedermann hat als Folge des Selbsthilfeverbots ein Recht darauf, dass die Gerichte ihm auf sein Gesuch (Klage, Antrag, Vollstreckungsauftrag) Rechtsschutz gewähren. Wirkungsvoller Rechtsschutz in diesem Sinne kann aber bei Massenverfahren auch durch kollektive Rechtsschutzverfahren gewährt werden (so Rn 11a; Althammer vor § 50 Rn 55). Die Herleitung des Justizgewährungsanspruchs (auch Justizanspruch genannt) erfolgt aus Art 2 I, Art 19 IV, Art 101 I 2, Art 103 I GG; Art 6 MRK, Art 47 I, II EuGRCh (BVerfGE 107, 395, 406 f = NJW 2003, 1924, 1926; BVerfG NJW 2022, 2677 Tz 35, 38; BGHZ 222, 15 Tz 27; BGH NJW 2016, 266 Tz 52; St/Althammer vor § 1 ZPO Rn 290). Diesem öff-rechtl, gegen den Staat gerichteten Anspruch entspricht die Pflicht der Gerichte, als Rechtspflegeorgane tätig zu werden, also alles zur sachgemäßen Erledigung des Rechtsschutzgesuchs Notwendige zu tun. 30

b) Kein Recht auf sachl Bearbeitung und Entscheidung besteht bei Anträgen mit die befassten Justizorgane grob verunglimpfendem Inhalt (EGMR NJW 2012, 3501 Tz 3; OLG Hamm NJW 76, 978), desgl nicht bei **querulatorischen** und rechtsmissbräuchl Eingaben (BGH MDR 2019, 499; OLG Braunschweig NJW-RR 2014, 250; StJ/Schumann 20. Aufl Einl Rn 203; AG/Becker Einl III Rn 66; Halbach, Die Verweigerung der Terminsbestimmung und der Klagezustellung im ZP, Kölner Diss 1980, S 165 ff; sa § 44 Rn 13; § 52 Rn 7a; § 56 Rn 8; § 253 Rn 21a). 31

6) Recht auf effektiven Rechtsschutz; Verbot der Erschwerung des Zugangs (Rechtsschutzgarantie). Über den formalen Justizanspruch iS Rn 30 hinaus hat das BVerfG Art 2 I GG iVm dem Rechtsstaatsprinzip (Art 20 III GG) und Art 19 IV GG einen Justizanspruch als **Rechtsschutzgarantie** entwickelt (BVerfG NJW 2022, 2677 Tz 38). Sie umfasst den ungehinderten Zugang zum Gericht (Art 19 IV GG), einen effektiven Rechtsschutz, gds auch die Öffentlichkeit des Verf (BVerfG NJW 2022, 2677 Tz 44) und damit einhergehend die Mündlichkeit (sa Rn 22). Ihre Einzelausprägungen sind: **a) Anspruch auf wirkungsvollen (effektiven) Rechtsschutz.** Die materielle Rechtsschutzgarantie (vgl BVerfGE 93, 107; BVerfGE 107, 401 ff; BVerfG NJW 2022, 2677 Tz 38; BGHZ 140, 217; 200, 145 Tz 13; BGHZ 222, 15 Tz 27) verlangt ein auf Richtigkeitsgewähr ausgerichtetes Verf mit vollen Mitwirkungs- und Kontrollrechten der Parteien (BVerfGE 91, 181; BGH NJW 2018, 2883). Erforderl ist grds umfassende tatsächl und rechtl Prüfung des Streitgegenstandes und eine verbindl Entscheidung durch den Richter (BVerfGE 54, 291; BVerfGE 85, 345; BVerfGE 101, 407 ff, 107, 401 ff; BVerfG NJW 2011, 1497 32

Tz 16; BGHZ 187, 286 Tz 14; BGHZ 199, 190 Tz 44; BGHZ 200, 145 Tz 13). Den Parteien müssen prozessuale Rechte und Möglichkeiten eingeräumt sein, um Übergriffe von Verfahrensbeteiligten angemessen abzuwehren (BVerfGE 38, 111; BVerfG NJW 92, 359; sa Art 47 I EuGRCh). Die Rechtsschutzgarantie besteht im gesamten Verf (BVerfGE 81, 129; BVerfGE 88, 125) und für jede Partei, auch für jur Personen des öffentl Rechts bei der Wahrnehmung ihrer Aufgaben (BGH NJW 2019, 180 Tz 9; sa Rn 19). Die Justizgarantie gewährt kein Grundrecht auf einen Instanzenzug (BVerfGE 107, 395; Rn 22); ist freilich eine weitere Instanz eröffnet, steht der Zugang zu ihr unter dem Schutz des Effektivitätsgrundsatzes (BVerfG NJW 2022, 1441 Tz 14; „kein leer laufen lassen"; Rn Rn 33). Die Rechtsschutz(weg)garantie schließt Prozessführungsverbote im Inland aus (OLG Hamm EWiR 2013, 414; sa § 940 Rn 8.27). Drohen aus einer unanfechtbaren Entscheidung irreversible Grundrechtseingriffe, ist sie „ausnahmsweise anfechtbar" (BGHZ 233, 258 Tz 15, 21 = NJW 2022, 2622). – Im Wege der Auslegung zu gewinnende Beweisverwertungsverbote dürfen den Interessen einer funktionierenden Zivilrechtspflege nicht widersprechen (BGH NJW 2018, 2883 Tz 54; Schumann JA 2019, 3, 12). Die Feststellung von Grundrechtseingriffen durch die angefochtene Entscheidung ist auch noch nach ihrer Erledigung mögl (Ausprägung in § 62 FamFG). Die Aufgliederung des Rechtsschutzes in eine Mehrheit von Verf darf nicht insgesamt zu einer Rechtsschutzlücke führen (BVerfG NJW 97, 2167).

33 **b) Anspruch auf effektiven Zugang zum Rechtsschutz.** Der Zugang zu den Gerichten ist allen Bürgern, Bemittelten wie Unbemittelten, auf möglichst gleichmäßige Weise zu eröffnen (BVerfGE 74, 234; BVerfGE 81, 356; sa Rn 27); insb zur Rechtsmittelinstanz darf er nicht in unzumutbarer, aus Sachgründen nicht mehr zu rechtfertigender Weise erschwert werden (BVerfGE 81, 129 mN; BVerfGE 88, 123; BVerfGE 93, 108; BVerfGE 101, 408; BVerfGE 119, 295 f; BVerfG NJW 2021, 52 Tz 13, BVerfG NJW 2024, 956 Tz 53; stRspr; BGHZ 140, 217; BGHZ 214, 294 Tz 39; BGHZ 222, 15 Tz 27, BGH NJW 2022, 3232 Tz 10; BGH NJW 2024, 2456 Tz 39; stRspr). An die Wirksamkeit (Zulässigkeit) von verfahrens- oder instanzeinleitenden Prozesshandlungen dürfen keine übertriebenen formellen Anforderungen gestellt werden (BVerfGE 40, 275), durch Auslegung darf nichts Unerfüllbares oder Unzumutbares verlangt werden (BVerfG NJW 2024, 956 Tz 57 ff), insb dürfen Formanforderungen nicht unverhältnismäßig sein (BGH NJW 2024, 2456 Tz 39; Taufmann EWiR 2023, 574; dazu Müller NJW 2024, 2437 Tz 13 ff; sa Rn 29, 48). Die Anforderungen an die Rechtsmittelformalien (Rechtsmittelzulässigkeit, WE-Voraussetzungen) dürfen nicht überspannt werden (BVerfG NJW 2010, 2567 Tz 14; BVerfG NJW 2022, 1441 Tz 14; BGHZ 151, 227 f; BGHZ 197, 209 Tz 11); dies gilt auch für die Büro-Organisationspflichten des ProzBev (BGH NJW 2004, 367; sa § 85 Rn 13). Durch eine sachwidrige Handhabung von verfahrensrechtl Vorschriften darf das Gericht nicht eine abschließende Entscheidung herbeiführen, wie bei Nichtzulassung des Rechtsmittels trotz Vorliegens der Zulassungsvoraussetzungen (BVerfG NJW 2013, 2881; BVerfG NJW 2018, 3699 Tz 12) oder zu kurzer Frist zur Nachholung behebbarer Mängel (BVerfG NJW 2022, 1414: Rechtsmittelverwerfung wegen fehlender Vollmacht; sa Rn 26). Ist eine gebotene Rechtsmittelzulassung unterblieben, ist sie in der höheren Instanz nachzuholen (BGH NJW 2011, 926 Tz 15; BGH NJW-RR 2012, 633 = MDR 2012, 602; sa § 321 Rn 6 aE; § 511 Rn 39). Durch Versagung von PKH darf keine unzumutbare Zugangserschwerung geschaffen werden (EuGH ZIP 2011, 143; Art 47 III EUGrundrechte-Charta); der Rechtsschutz gegen eine Wertfestsetzung darf nicht versagt werden (BVerfG NJW 2021, 52 Tz 13). Die Handhabung des Kosten- und Gebührenrechts darf nicht über ein unverhältnismäßiges Kostenrisiko zu einer faktischen Rechtswegsperre führen (BVerfGE 85, 347 = NJW 92, 1673; BVerfGE 97, 312; BVerfG NJW-RR 2000, 946; BVerfG Rpfleger 2007, 427; s § 3 Rn 8). Ges eingeräumte Fristen darf die Partei bis zu ihrer Grenze ausnutzen (BGH NJW-RR 2018, 958 Tz 11 = MDR 2018, 1074). Bei unklarer Zuständigkeitsregelung darf der Rechtsweg (Instanzenzug) nicht verkürzt werden (BGH NJW 2014, 1879 Tz 15). Hängt die Zulässigkeit eines Rechtsmittels vom Inhalt der angefochtenen Entscheidung ab (s § 520 III 2 Nr 2, 3), ist diejenige Auslegung des Urteils vorzuziehen, bei der das Rechtsmittel zulässig ist („in dubio pro appellante"; BGH 5.9.2024 – III ZB 49/23 Tz 6). In Verf ohne RA-Zwang müssen anfechtbare Entscheidungen eine Rechtsbehelfsbelehrung enthalten (§ 232); fehlt sie oder ist sie unrichtig, darf dies nicht zu Nachteilen für die Partei führen (§ 233 S 2). Durch Einführung von Formularzwang darf das prozessuale Handeln nicht unverhältnismäßig behindert oder eingeschränkt werden (BGHZ 200, 145 Tz 14 ff = NJW 2014, 3160).

34 **7) Recht auf zeitnahen Rechtsschutz; Verbot der Untätigkeit.** Als Teil der Rechtsschutzgarantie ist dieser in angemessener Zeit zu gewähren (Art 6 I 1, 13 MRK; Art 47 II EU-Grundrechte-Charta; sa Art 29 I SchweizBV: „Anspruch ... auf Beurteilung innert angemessener Frist"; BGHZ 227, 377 Tz 15; BSG NJW 2023, 243). Dem dient die Verzögerungsrüge und Entschädigungsklage wegen überlangen Gerichtsverf gem § 198 I, III GVG (dazu BGH MDR 2023, 249 = NJW 2023, 1578 [Würdinger/Maus]; Elzer MDR 2023, 344) und die „Beschleunigungsbeschwerde" in bestimmten Verfahren der fG (§ 155c FamFG; BGHZ 230, 14 Tz 24: „größtmögliche Beschleunigung des Verf" und weiter der **einstweilige (vorläufige) Rechtsschutz** (BVerfGE 79, 74; BVerfGE 93, 13 = NJW 95, 2477; BVerfG MDR 2018, 1073 Tz 3), s vor § 916 Rn 1a).

35 **8) Innerprozessualer Grundrechtsschutz. Lit:** Schilken, Abdankung der Prozessmaximen durch Justizgrundrechte?, *ZZP 135 (2022), 153; Schulz-Arenstorff,* Rechtsschutz gegen judikatives Unrecht in nicht mehr rechtsmittelfähigen Zivilgerichtsverf, 2013; Siegmann, Gewährleistung der grundrechtsgleichen VerfRechte usw, JZ 2017, 598. – Verstöße gegen Verfahrensgrundrechte können als Verfahrensfehler mit den allg Rechtsmitteln

(§§ 511, 542, 567, 574) geltend gemacht werden Bei zulassungsbedürftigen Rechtsmitteln (§ 511 IV Nr 1, § 543 II, § 574 I 2) ist die Grundrechtsverletzung Zulassungsgrund (Sicherung einer einheitlichen Rechtsprechung, BGHZ 159, 135, 139 = NJW 2004, 2222, stRspr). Bei unanfechtbaren Entscheidungen findet bei Gehörsverletzungen die Anhörungsrüge statt (§ 321a). Neuerdings lässt die Rspr bei „irrevisiblen Grundrechtsverletzungen" durch unanfechtbare Entscheidungen (zB § 355 II) „ausnahmsweise" die ordentlichen Rechtsmittel in entspr Anwendung zu (BGH NJW 2022, 2622; Prütting EWiR 2022, 668). Daneben wird bei unanfechtbaren Entscheidungen (zB § 281 II 2, § 543 II 2, § 574 III 2) die Durchbrechung der Bindungswirkung zugelassen; **Bsp:** Verweisung ohne rechtl Gehör (BayObLG NJW-RR 2023, 18 Tz. 17), Revisionszulassung durch Einzelrichter (BGH MDR 2023, 118), krasse Kompetenzanmaßung (BVerfGE 154, 17 Tz 118, 163 – „ultra vires"). Für die Rüge von Verfahrensgrundrechten gilt im Instanzenzug der **Grundsatz der materiellen Subsidiarität** (BGH NJW-RR 2022, 716 Tz 15; sa allg BVerfG NJW 2024, 956 Tz 47), dh alle Möglichkeiten zur Verhinderung der Grundrechtsverletzung müssen ergriffen werden. **Bsp:** Bei Unterschriftsmangel genügt nicht der Hinweis auf einen Ausnahmefall, es muss auch vorsorglich WE-Antrag gestelt werden (bedenkl im Hinblick auf § 236 II 2); Rechtsbehelfe bei Verzögerung (§§ 155c, 155d FamFG; § 198 GVG) sind geltend zu machen. Bestimmte Verstöße gegen das Gebot des ges Richters und auf rechtl Gehör bilden absolute Revisions- und Nichtigkeitsgründe (§ 547 Nr 1-3; § 579 I Nr 1-4). Grundrechten der Gegenpartei und Dritter ist im Verf Rechnung zu tragen (BGHZ 236, 339 = MDR 2023, 651: Recht auf informationelle Selbstbestimmung, Art 2 I, 1 I GG bei Urkundenbeiziehung, sa G. Vollkommer WuB 2023, 313).

IV) Prozessrechtsverhältnis. 1) Allgemeines. Lit: Lüke ZZP 108 (1995), 427. Durch die Erhebung (§ 253 I) der Klage begründet der Kläger das Prozessrechtsverhältnis, das die Parteien sowohl untereinander iSe Sonderverbindung (offen BGHZ 74, 11) als auch mit dem Gericht verknüpft. In ihm entfaltet sich der Anspruch der Parteien auf Rechtsschutz, die Pflicht des Gerichts, Rechtsschutz zu gewähren (iE s Rn 32-34). Das geltende Zivilprozessrecht kennt heute (zur historischen Entwicklung s näher RSchwab/Gottwald § 2 Rn 11 ff und hier 32. Aufl Einl Rn 1-19) eine ganze Reihe von sehr wesentl **echten Parteipflichten** (AG/Anders Rn 13 ff vor § 128; MskV/Voit Rn 56; Jauernig/Hess § 26 Rn 5 ff; auch RSchwab/Gottwald § 2 Rn 14, 16; Leipold ZZP 93 [1980], 240). 36

a) Mitwirkungs- und Aufklärungspflichten (sa Rn 39). Die Parteien sind verpflichtet, auf Anordnung des Gerichts zu erscheinen (§§ 141, 613), unter bestimmten Voraussetzungen in ihren Händen befindl Urkunden und sonstige Unterlagen sowie Augenscheinsobjekte vorzulegen (§§ 142-144) und uU bestimmte Begutachtungen zu dulden (§ 144 I 3). Prozessuale Sanktionen: § 141 III, § 273 II Nr 5, § 296 I, § 427, § 613 II. 37

b) Allgemeine Prozessförderungspflicht (§ 282 I u s § 282 Rn 1). Die Parteien sind zu sachgemäßer und sorgfältiger Prozessführung verpflichtet; sie haben das Verf durch fördernde Teilnahme voranzutreiben und dürfen es nicht verzögern oder verschleppen. Diese Pflicht besteht bereits vor (§§ 275-277) und außerhalb der mündl Verh (§ 340 III, § 697 III, § 700 III 2) und namentl in dieser selbst (§ 282). Ihre Sanktion besteht in der Präklusion von schuldhaft verspätetem Vorbringen (§ 296 I und II), der Nichtbeachtung der pflichtwidrig gestellten Parteivorgaben (BGH NJW-RR 2023, 64 Tz 22) oder bestimmten Kostennachteilen (§ 95; § 38 GKG). **Abgrenzung:** Für die „ordentl" ProzPartei besteht keine Verpflichtung zur Überwachung (Kontrolle) des Geschäftsablaufs des Gerichts (BGHZ 168, 306, 311 ff; sa § 85 Rn 13b [cc]). 38

c) Wahrheits- und Vollständigkeitspflicht. Die Parteien dürfen nicht bewusst unwahre Tatsachen behaupten und nicht gegnerisches Vorbringen bewusst der Wahrheit zuwider bestreiten (§ 138 I u s § 138 Rn 2, 3); eine allg Aufklärungspflicht obliegt der nicht beweispflichtigen Partei aber nicht (s BGH NJW 90, 3151 = ZZP 103 [1990], 203 [Stürner]). Jede Partei muss ihre Erklärungen – auch wenn das ungünstig ist – vollständig abgeben (s § 138 I). Sanktionen: s § 138 Rn 7; zur Schadensersatzpflicht vgl KG BB 76, 629. 39

d) Allgemeine Redlichkeitspflicht. Jede *Partei* ist zu redl Prozessführung verpflichtet; die Generalklausel von **Treu und Glauben** (§ 242 BGB) gilt mit ihren Ausprägungen (s Rn 41, 43) auch im Prozess (BVerfGE 104, 232 = NJW 2002, 2456; EuGH NJW 2012, 1999 Tz 52, allgM; s vor § 704 Rn 32; St/Althammer Rn 223 ff vor § 1; RSchwab/Gottwald § 2 Rn 16 ff, § 65 Rn 47 ff; stRspr des BGH, zB BGHZ 20, 206; BGHZ 25, 364; BGHZ 31, 83; BGHZ 69, 43; BGHZ 99, 398; BGHZ 112, 349; BGHZ 172, 222 mwN; BGHZ 189, 57 Tz 13; BGHZ 190, 99 Tz 15; BGH MDR 2024, 856 Tz 10; Schörnig MDR 2024, 1092) u ist **vAw** zu beachten (BGHZ 37, 152; OLG München WRP 2021, 1495 Tz 3), Rechtsmissbrauch nicht zu berücksichtigen (BGH NJW-RR 2023, 64 Tz 44: keine Parteidisposition). Bsp: s vor § 322 Rn 72. Die Parteien dürfen sich nicht **missbräuchlich** (Rn 41) **oder widersprüchlich** verhalten (BGH NJW-RR 2009, 1582; BGH MDR 2024, 856 Tz 10; Schörnig MDR 2024, 1092). Zur **Verwirkung** auf prozessuale Befugnisse s Rn 43. Auch das *Gericht* ist an die Grundsätze von Treu und Glauben ggü den Parteien gebunden (s Rn 25, 26, 29, 42, 48). 40

e) Prozessuales Missbrauchsverbot, unzulässige Rechtsausübung. Jede Rechtsposition unterliegt den Schranken von § 242 BGB (BGHZ 210, 348 Tz 40; BGH NJW 2018, 3581 = MDR 2018, 1451). Prozessuale Befugnisse dürfen nicht für verfahrensfremde Zwecke missbraucht werden (BGHZ 149, 323 = NJW 2002, 827; BGHZ 172, 222 = NJW 2007, 3279; BGH NJW 2018, 3581 = MDR 2018, 1451; eingeh mN St/Althammer vor § 1 Rn 234), Verfahrensmissbrauch findet keinen Rechtsschutz (Zeiss, Die arglistige Prozesspartei, 1967; allg Art 2 II 41

SchwZGB), durch missbräuchl Verhalten kann ein prozessualer Erfolg weder (wirksam) herbeigeführt noch sein Eintritt verhindert werden (vgl § 162 BGB). Der **missbräuchl** („unzulässige") **Rechtsausübung** steht die **Vereitelung** von Rechten (Rechtslagen) des Gegners, die **Umgehung** ges Vorschriften (BGH NJW 2018, 3581 = MDR 2018, 1451 bei Gewinnabschöpfung nach § 10 I, IV UWG) und die **Erschleichung** günstiger Rechtspositionen gleich. **Bsp:** Titelerschleichung (OLG Frankfurt WRP 2024, 1112 Tz 14 f), Missbräuchl VerfEinleitung zur Einschüchterung oder als Drohmittel (dazu näher Mann NJW 2022, 1368 mN), Abschreckung von Beteiligten durch Manipulation des ZVG-Termins (BGH NJW-RR 2024, 1380), Erhebung einer Vielzahl von Einzelklagen bei Anspruchsmehrheit oder Mehrheit von Zuwiderhandenden (§ 8c II Nr 6, 7 UWG); missbräuchl Kosten- und Gebührenverlangen (§ 8c II Nr 1, 3 UWG); missbräuchl Zuständigkeitsmanipulation und -wahl (eingeh Lüttringhaus ZZP 127 [2014], 29; s § 12 Rn 19; § 35 Rn 4); missbräuchl Wahl des Mahnverf (BGHZ 101, 388; BGH NJW 93, 3205 [reSp]; BGH NJW 96, 658); missbräuchl Beweisantrag (vgl BGH NJW 95, 2112) oder Beweisvereitelung (Thole JR 2012, 327); missbräuchl Staffelung des Parteivorbringens (BGH NJW-RR 2023, 64 Tz 22; sa Rn 50); missbräuchl Formrüge (Zeiss aaO S 45; sa § 295 I); missbräuchl Verfahrensrüge (vgl BGH [St] NJW 2007, 2419, 2423; Bsp: s § 1032 Rn 24); missbräuchl Beschwerde (EGMR NJW 2013, 118 u 120); missbräuchl Berufung auf Formalpositionen (BGHZ 149, 311, 323: Unwirksamkeit von öffentl Zustellung; BGH MDR 2024, 856 Tz 10 [Schörnig MDR 2024, 1092]), wie die missbräuchl Berufung auf den Ablauf einer Klagefrist (BGH VersR 2005, 629); auf fehlerhafte Ersatzzustellung (BGH MDR 2019, 1275, 1433 = Rpfleger 2019, 660); missbräuchl Zession (s § 114 Rn 10) oder Ermächtigung (s vor § 50 Rn 41) zur Erschleichung von PKH oder zur **Umgehung** von SL für Prozesskosten (LG Berlin WM 2010, 435); **Erschleichung** des Mahnverf (BGH NJW 2012, 995; s § 690 Rn 17); Erschleichung der öffentl Zustellung (BGHZ 118, 48; BGH MDR 2008, 995; sa § 186 Rn 10); (versuchte) Erschleichung einstw Verfügung (BVerfG WRP 2021, 461; OLG Frankfurt WRP 2024, 1112 Tz 14 f); Erschleichung der Rechtskraft (s vor § 322 Rn 74; § 700 Rn 16 ff); Zugangsvereitelung (BVerfG NJW-RR 2010, 1215 Tz 5). Das Missbrauchsverbot gilt auch für das Gericht (BVerfGE 75, 190 u 316; BVerfGE 81, 273; BGHZ 98, 374: missbräuchl Präklusion entgegen dem Verbot der Überbeschleunigung [Bsp: BGH NJW 2012, 2808 Tz 12; sa § 296 Rn 2]). **Abgrenzung:** Das Missbrauchsverbot schließt **Prozesstaktik** nicht aus. Die Partei kann ihren Anspruch im Hinblick auf § 204a I 1 Nr 3, 4 BGB nF zunächst zur mit Blick auf eine Abhilfe- oder Musterfeststellungsklage (§ 1 I, §§ 14, 41 VDuG) anmelden, auch wenn sie einen späteren Individualprozess plant (BGHZ 211, 1 Tz 38, 41 zur MFK der ZPO); taktische Klage oder Widerklage zur Zeugenausschließung s § 33 Rn 27. Keine Partei hat aber ein Recht, einen langwierigen Prozess zu erzwingen (BGH NJW-RR 2023, 64 Tz 22).

42 **f) Verhältnis Gericht – Parteien. aa)** Dem Gericht obliegen aus den einzelnen Verfahrensgrundrechten umfassende **Belehrungs-, Aufklärungs-, Förderungs-, und Fürsorgepflichten** (s näher Rn 24 ff, 40). Die **Partei** darf darauf **vertrauen**, dass das Gericht unter den gebotenen Umständen von Maßnahmen gem § 139 Gebrauch macht, etwa eine Antragsumstellung anregt (BVerfG NJW-RR 95, 378 aE); dass es sich an gegebene Hinweise hält (BGH GRUR 2011, 851); dass es eine bish geübte Verfahrenspraxis nicht abrupt ändert (BVerfGE 78, 126 f) und einem allg geübten Gerichtsgebrauch oder einer stRspr folgt (BVerfGE 79, 377 f; BVerfGK 11, 463); dass das nach der Art der tatsächl gefällten Entscheidung zulässige Rechtsmittel gegeben ist (Meistbegünstigungsgrundsatz: s vor § 511 Rn 30).

43 **bb)** Im Prozess sind das *Verbot des venire contra factum proprium* (BVerfGE 78, 126; BVerfG NJW-RR 2010, 421 Tz 19; für Partei s Rn 40), der Einwand *dolo agit, qui petit quod statim redditurus est* (BGH NJW-RR 2023, 64 Tz 21, 44) und der *Grundsatz der Verwirkung* anwendbar (BAGE 61, 272); **Verwirkung** von nicht fristgebundener Feststellungsklage (BAGE 61, 272 mN; BAG EzA 10/2011, 13, stRspr, str); Verwirkung von (idR) nicht fristgebundenen Rechtsbehelfen (BVerfGE 32, 305, 308 ff; BGH MDR 2011, 62; Bsp: s § 924 Rn 10). **Abgrenzung: Nicht** der Verwirkung unterliegt die Klagebefugnis bei Leistungsklagen (BGH MDR 90, 814 mN = NJW-RR 90, 887, str; *insoweit* geht die Verwirkung des mat-rechtl Anspruchs vor, BGH aaO), bei Titulierung des Anspruchs scheidet im Hinblick auf § 197 I Nr 3-5 BGB auch bei jahrelangem Unterbleiben der ZwV Verwirkung idR aus (BGH NJW-RR 2014, 195 Tz 12 = MDR 2014, 51: 13 Jahre; zu Unterhaltstitel Frankfurt NJW 2019, 1757; zu Zahlungstitel OLG Frankfurt NJW-RR 2022, 929 Tz 28), dergl bei im allg Interesse geschaffenen Unterlassungsklagen (vgl BGH NJW 95, 1488 zu früherem § 13 AGBG [§ 1 UKlaG]).

44 **2) Einheit und Begründung des Prozessrechtsverhältnisses. a)** Das durch die (auch unzulässige: BGH NJW 92, 2575) Klage einmal begründete Prozessrechtsverhältnis dauert bis zum Ende des Rechtsstreits fort. Eine Verweisung des Verf an ein anderes Gericht (§ 281), eine Klageänderung (§ 263), ja sogar ein Parteiwechsel (s § 263 Rn 9) berühren seine Identität nicht; alle einmal vorgenommenen Prozesshandlungen behalten ihre Wirksamkeit (§ 79 Rn 3; § 281 Rn 15a); **Rechtsnachfolge** in das Prozessrechtsverhältnis ist mögl (Baur FS Schiedermair, 1976, S 19). Ist der Rechtsnachfolger der Erbe der Gegenpartei, erlischt das Prozessrechtsverhältnis durch **Konfusion** (s vor § 50 Rn 1; § 239 Rn 3).

45 **b)** Die Begründung des Prozessrechtsverhältnisses kann **nicht** von einer **Bedingung** abhängig gemacht werden (BGH NJW-RR 2004, *640, 641; Bsp: s § 60* Rn 10; § 253 Rn 1; § 518 Rn 1; eingeh StJ/Kern Rn 294 vor § 128); der Zulässigkeitsmangel wird allerdings nachträgl **geheilt**, wenn die Bedingung später entfällt (s Fallgestaltung in BAGE 73, 31, 39 ff).

V) Auslegung des Zivilprozessrechts. 1) Allgemeines. Grds gelten die allg Auslegungsgrundsätze (vgl Larenz, Methodenlehre der Rechtswissenschaft, 5. Aufl 1983, S 298 ff, 351 ff) auch im ZPR (RSchwab/Gottwald § 7 Rn 8; StJ/Brehm Rn 46, St/Althammer vor § 1 Rn 52). Besonderheiten ergeben sich aus der Eigenart des Prozessrechts. Prozessrecht ist Zweckmäßigkeitsrecht; es dient der **Verwirklichung des subj Rechts** (BGHZ 161, 143; RSchwab/Gottwald § 1 Rn 7; StJ/Schumann 20. Aufl Einl Rn 7). „Der Zivilprozess hat die Verwirklichung des materiellen Rechts zum Ziele; die für ihn geltenden Vorschriften sind nicht Selbstzweck, sondern Zweckmäßigkeitsnormen, gerichtet auf eine sachl Entscheidung des Rechtsstreits im Wege eines zweckmäßigen und schnellen Verf" (BGHZ 10, 359; BGHZ 18, 106; BGHZ 31, 46; BGH NJW 92, 439 = MDR 92, 710). Die Verfahrensvorschriften „sollen die einwandfreie Durchführung des Rechtsstreits unter Wahrung der Rechte aller Beteiligten sicherstellen und nicht behindern" (GmS-OGB BGHZ 144, 162 = NJW 2000, 2341; BGHZ 208, 255 Tz 27). „Das Verfahrensrecht dient der Herbeiführung gesetzmäßiger und unter diesem Blickpunkt richtiger, aber darüber hinaus auch im Rahmen dieser Richtigkeit gerechter Entscheidungen" (BVerfGE 42, 73; BVerfGE 49, 226; BVerfGE 54, 125; BVerfGE 55, 93 f; BVerfGE 69, 139 f, stRspr). Auch die **Präklusionsvorschriften** und die Beschränkungen neuen Sachvortrags in der **Berufung** wollen nicht Entscheidungen auf unvollständiger Tatsachengrundlage legitimieren (BGHZ 161, 143; BGHZ 177, 215 Tz 14), sondern die Parteien zu einem frühzeitigen und vollständigen Vorbringen veranlassen, um pflichtwidrige Verfahrensverzögerungen zu verhindern (BGH NJW 2012, 2808 Tz 10 u 12). Keine Besonderheiten gelten für Muss- und Sollvorschriften (Rn 47, 48; allg AG/Becker Einl II Rn 61, 63). 46

2) Einzelne Auslegungsrichtlinien. Aus der allg Interpretationsmaxime lässt sich eine Reihe von speziellen verfahrensrechtl Auslegungsrichtlinien herleiten. – **a) Verbot von Wortformalismus.** Bei der Auslegung von Verfahrensnormen ist ein übermäßiges Haften am **Gesetzeswortlaut** unangebracht. Über der bloßen Wortauslegung steht die Auslegung nach dem Sinn und Zweck des Gesetzes („teleologischer" Auslegung), für die der Wortlaut der Vorschrift keine unüberwindl Schranke darstellt. Die bloße Unzweckmäßigkeit einer Norm rechtfertigt es allerdings nicht, sich über ihren eindeutigen Wortlaut hinwegzusetzen (GrZS BGHZ 80, 152). Eine eher am Wortlaut orientierte, streng formelle Auslegung kann durch den Schutzzweck der Norm und im Interesse der Rechtssicherheit geboten sein. Bsp: Zustellungsvorschriften (s BGHZ 193, 353 Tz 25; BGHZ 214, 294 Tz 59, 61 = NJW 2017, 2472); Verjährungsvorschriften (BGHZ 231, 1 Tz 36). Zuständigkeitsvorschriften sind iSd Vorhersehbarkeit des Orts der potentiellen Gerichtspflichtigkeit des Bekl auszulegen (sa Erwägungsgrund 15 zu Brüssel Ia-VO). **„Soll"-Vorschriften** können als **„Muss"-Vorschriften** auszulegen sein (BGHZ 184, 75 Tz 15 ff zu § 130a I 2), wie umgekehrt „Muss"-Vorschriften einer „freien" Auslegung zu unterziehen sind (s Rn 48 mN). Bei der Auslegung älterer Gesetzesbestimmungen ist allg der Wandel der Normsituation zu berücksichtigen (BVerfG NJW 2004, 2662). Gerade bei der ZPO, die im Laufe der Zeit durch eine gefestigte höchstrichterl Rspr ausgeformt worden sind, ist die Bindung des Richters an den Gesetzeswortlaut im Interesse der Kontinuität der Rspr gelockert (GrZS BGHZ 85, 64, 66; BGHZ 88, 347; BGHZ 106, 37). Aufgabe der Gerichte ist die Weiterentwicklung von Rechtssätzen „im Rahmen der Gesetze", ggf auch nach jahrzehntelang geübter abw stRspr (BVerfG NJW 2009, 1469, 1472 Tz 57). Allg ist eine Auslegung gegen den Gesetzeswortlaut zulässig im Rahmen gebotener **„verfassungskonformer Auslegung"** (s Rn 52) der Norm (BVerfGE 75, 191 f; BVerfGE 88, 166 f; BVerfGE 122, 60 f; BGHZ 200, 145 Tz 35 ff = NJW 2014, 3160) sowie innerhalb der Grenzen **richterl Rechtsfortbildung** als allg anerkannter Rechtsfindungsmethode (BVerfGE 75, 243 f; BVerfGE 88, 167; allg Gottwald ZZP 95 [1982], 262 ff mwN). „Eine Rechtsfortbildung ‚praeter legem' bedarf zwar sorgfältiger Begründung, ist jedoch nicht von vornherein ausgeschlossen" (BVerfGE 88, 167; Grenze: obj Willkür, BVerfGE 87, 280); Wille des Gesetzgebers (BVerfG NJW 2019, 2542 Tz 43; sa Rn 51 aE). Ausnahmsw besteht eine Bindung des Richters an eine **stRspr**, wenn eine Abweichung zu einer gleichheitswidrigen Zugangsbeschränkung für die betroffene Partei führen würde (BVerfGE 74, 235; BVerfGE 79, 377 f; s Rn 32, 34). 47

b) Verbot übertriebener Form- und Fristenstrenge. Auch die Muss- und Formvorschriften der ZPO sind einer **freien** und weiten **Auslegung** zu unterziehen (RGZ 102, 278; RGZ 141, 350), denn auch die Formvorschriften sollen dem Schutz des sachl Rechts, nicht aber seiner Vereitelung dienen (RGZ 123, 206; RGZ 133, 369; BGHZ 222, 77 Tz 27; Vollkommer, Formenstrenge u prozessuale Billigkeit, 1973, S 52 mwN). Die Durchsetzung des Prinzips der Fristenstrenge darf nicht als unerträglich empfunden werden (BGHZ 232, 284 Tz 25 = NJW 2022, 1620; Vollkommer MDR 2023, 1213). Prozessuale Formvorschriften sind kein Selbstzweck (BGHZ 165, 374; BGHZ 208, 255 Tz 21, 27; BGHZ 214, 294 Tz 38, 39 = NJW 2017, 2472; BGH NJW-RR 2022, 1578 Tz 5). Hängt der Rechtsschutz des Bürgers von formalen Voraussetzungen ab, dürfen diese nicht zu „förmlichen Stolpersteinen" oder „Fallstricken" werden (BGHZ 113, 231 = NJW 91, 1834; BGH NJW 98, 3280; BGHSt 13, 391; 29, 179). Die sachl gebotene Formstrenge darf nicht in Formalismus ausarten (vgl RGZ 150, 363; BFHE 116, 143; BGHZ 90, 327 f), „entscheidend ist allein, welcher Grad von Formenstrenge nach den maßgebl verfahrensrechtl Vorschriften sinnvoll zu fordern ist" (BVerfGE 15, 292; BVerfGE 88, 126 f; BGHZ 75, 348 GemS OGB]; BGHZ 101, 137; BGH NJW-RR 2011, 483 Tz 6), die **Verhältnismäßigkeit** der Formanforderungen muss gewahrt bleiben (Rn 33, 29). Der Formzwang darf nicht weiter gehen als durch seinen Zweck geboten ist; er darf von den Parteien nichts Unmögliches oder Unzumutbares verlangen (BGHZ 200, 145 Tz 13 = NJW 2014, 3160; BGH NJW-RR 2022, 853 Tz 19, 25, 30). Bloßer – „sinnloser" – Formalismus wird vom Gesetz nicht gefordert (BVerfGE 88, 127; BGH VersR 86, 1204; OLG München MDR 2013, 422, 423 = WRP 2013, 674 Tz 17; 48

sa BGHZ 105, 201; BGH NJW 96, 1351; BGH NJW 99, 292; BGH NJW 2011, 1738 Tz 12) oder gedeckt (BGHZ 71, 74), „ungewöhnl Strenge" ist unangebracht (BVerfG NJW 2022, 1441 Tz 14). Der Rechtsschutz soll nach Möglichkeit nicht an formalen Gründen scheitern (vgl BGH NJW 99, 1392 mN; s Rn 33). Die Formenstrenge darf nicht zur völligen Rechtlosigkeit der Partei führen (so aber BGH NJW 2018, 399 Tz 19; dazu krit M. Vollkommer MDR 2018, 1105). Die Gerichte sind verpflichtet, das Verf so zu handhaben, „dass die eigentl materiellen Rechtsfragen entschieden werden u ihnen nicht durch übertriebene Anforderungen an das formelle Recht ausgewichen wird" (BVerfG NJW 2005, 814; BGH NJW-RR 2010, 1000 Tz 10). Durch übertriebene verfahrensrechtliche Anforderungen darf die Durchsetzung des materiellen Rechts nicht unzumutbar verkürzt werden (BVerfG NJW 2022, 1441 Tz 14). Ist der **Formzweck erreicht**, kommt eine **Heilung** des Formmangels in Frage (s BGHZ 208, 205 Tz 21, 27; BGHZ 214, 294 Tz 38 = NJW 2017, 2472; jew zu § 189; sa § 130a VI 2), wie etwa Heilung durch Bestätigung der formfehlerhaften Handlung (vgl § 141 BGB; s M. Vollkommer MDR 2020, 1153; M. Vollkommer FS Vieweg, 2021, S 739 ff) oder Heilung durch Zweckerreichung (BGH NJW 2024, 2456 Tz 40; M. Vollkommer FS Vieweg, 2021, S 743); jedenfalls gilt bei der Formwahrung ein „großzügiger Maßstab" (BGH NJW 97, 3380; BGH NJW 2005, 3775; BGH NJW 2013, 237 Tz 14). Seinen früher eingenommenen milderen Formstandpunkt darf das Gericht nicht abrupt zum Nachteil der Partei verschärfen (BVerfGE 78, 126 f; BGH NJW 2013, 1966 Tz 11). Vor einer Beanstandung ist Gelegenheit zu einer **Heilung** des Formmangels zu geben (BVerfG NJW 2000, 275; BGH NJW 2005, 3775, 3776; BFH NJW 99, 2919); die Fürsorgepflicht des Gerichts (s Rn 26, 42) gebietet, auf die Heilung behebbarer Mängel (Fehler) hinzuwirken (BVerfG NJW 2005, 814, 816; BGH NJW-RR 2005, 1726, 1727; sa § 28 II FamFG; Bsp: **Nachholung** von nicht bearbeitbaren elektronischem Dokument (§ 130a VI 2), fehlender Vollmacht (BVerfG NJW 2022, 1441 Tz 18), fehlender Unterschrift (BVerfG NJW 2019, 1061; BGH NJW-RR 2009, 564 = MDR 2009, 286; M. Vollkommer FS Vieweg, 2021, S 731 f), soweit der Mangel nicht ohnehin unschädl geblieben ist (BGH NJW-RR 2007, 935); Ermöglichung von WE (BVerfG NJW 2013, 446; BVerfG NJW 2019, 1061); Berichtigung (s § 139 Rn 14) oder Richtigstellung (s § 263 Rn 20) der Passivpartei (BGH NJW 2010, 446 Tz 12 ff: privilegierter Parteiwechsel bei WEG-Beschlussanfechtungsklage). Ist der Mangel übersehen oder verneint worden, scheidet eine nachträgl Beseitigung einer ergangenen Sachentscheidung aus (prozessual überholten) Formalgründen aus (LG Marburg NJW 2005, 2866 = MDR 2005, 1248; aA OLG Saarbrücken NJW 2007, 1292; zur Heilung durch Sachentscheidung näher Vollkommer, Formenstrenge, S 383 f; EGMR v 9.6.2022, Xavier v France – 15567/20, MDR 2023, 931 (LS); abl ThP/Seiler § 295 Rn 8). Ist in Kenntnis des Mangels eine Sachverh und Beweisaufnahme durchgeführt worden, darf nicht später unter dem Vorwand des Formfehlers die Entscheidung in der Sache verweigert werden (BVerfGK 3, 173; iErg auch BSG NJW 2012, 1469 Tz 10: Heilung durch sachl-rechtl Behandlung). Bei der Auslegung von **Form- und Fristvorschriften** ist allg zu berücksichtigen, dass sie nicht allein der Rechtssicherheit dienen, sondern auch die effektive Rechtsausübung sichern (BVerfG NJW 2001, 1563; BGHZ 200, 145 Rz 13; BGHZ 232, 284 Tz 25 = NJW 2022, 1620; sa Rn 33, 47). Ihre Regelungen müssen daher sofort, eindeutig und klar aus dem Gesetzestext erkennbar sein und dürfen nicht erst durch ausdehnende (systematische, teleologische, ggf überraschende) Auslegung gefunden werden (BVerfGE 4, 37). Die Grundsätze für die **Rechtsmittelformalien** müssen sich „durch ein bes Maß an Gleichheit, Klarheit und innerer Logik auszeichnen" (BVerfGE 74, 234; BVerfG NJW 91, 418). Überspannte Anforderungen an die Formerfordernisse im Allg (BGHZ 197, 209 Tz 5, 11 = MDR 2014, 1064) und insb an die Klage- (BVerfG NJW 2005, 815) u Rechtsmittelformalien haben zu unterbleiben (BVerfG NJW 2002, 3534; BVerfG NJW 2022, 1441 Tz 14; BGHZ 151, 227 f mwN; BGH NJW 2002, 1430; BGH NJW 2005, 2088; BGH NJW 2013, 237 Tz 7; BGH NJW-RR 2022, 716 Tz 10; sa Rn 33), angebracht ist insoweit ein großzügiger Maßstab (s BGH MDR 2017, 227 Tz 14 und oben mN); es gilt nur „geringe Formstrenge" (vgl BGH NJW 2004, 1112, 1113). Der Formularzwang ist bei fehlerhafter Formulargestaltung gelockert (BGHZ 200, 145 Tz 36 = NJW 2014, 3160; BGH NJW 2016, 2668 Tz 12; sa Rn 33, 53).

49 **c) Gebot eines prozessökonomischen Verfahrens.** Die **teleologische** Interpretation des Verfahrensrechts verlangt die Berücksichtigung von Zweckmäßigkeit, Sachdienlichkeit, Praktikabilität, Effektivität und Wirtschaftlichkeit des Verf, es gilt der Grundsatz der **Prozessökonomie** (vgl hierzu Berner, Der normative Gehalt der Prozessökonomie im ZP, ZZP 136 [2023], 23; Hofmann, Prozessökonomie, ZZP 126 [2013], 83; Stürner FS Coester-Waltjen, 2015, S 855 [rechtsvergleichend]; St/Althammer Rn 110 ff vor § 1, sämtl mwN; BVerfGE 73, 327; BGHZ 153, 178; BGHZ 161, 71 f; BGH NJW-RR 2023, 64 Tz 19). Bei der Anwendung des Grundsatzes auf das einzelne Verf sind auch die Auswirkungen auf das Verf als Institution mit einzubeziehen (vgl BGHZ 161, 150). Unter verschiedenen nach der ZPO mögl Verfahrensgestaltungen ist der einfachere, kostengünstigere und schnellere Weg zu wählen; treffend der Entw eines § 1a ZPO von E. Fuchs (1927): „Ist im Gesetz eine Frage nicht oder nicht eindeutig geregelt, so ist von mehreren mögl Auslegungen oder Gestaltungen die maßgebend, die eine Verletzung des materiellen Rechts am besten vermeidet und das Verf am zweckmäßigsten und am wenigsten kostspielig gestaltet" (vgl Vollkommer, Formenstrenge, S 60; sa Rn 24 ff, 52 f). *Ausprägungen:* „Sachdienlich" (vgl zB § 263, § 533 Nr 1; s § 263 Rn 13) ist eine Verfahrensgestaltung mit umfassender Rechtsstreiterledigung und damit möglichster Vermeidung von Folge-, Parallel- und Mehrfachprozessen mit der Gefahr widersprechender *Entscheidungen (Bsp: s § 12 Rn 20* iVm § 17 II GVG; § 33; s § 33 Rn 24, 26; § 36 I Nr 3; § 60 Rn 7; § 66 Rn 13c; § 261 III Nr 1; § 264 Nr 2, 3; § 265 II 2; missbräuchliche Einzelabmahnung/-verfolgung § 8c II Nr 6, 7 UWG); gerichtl Ermessen („kann"); Bsp: §§ 145, 147, 938; möglichste Verwertung vorhandener Pro-

zessergebnisse (Bsp: § 147; § 411a; s § 263 Rn 16); möglichste Sicherung (Erhaltung) des erreichten Verfahrensstandes („keine Rückschritte“; Bsp § 281; eingeh Hofmann aaO S 92 ff, 95 ff); Strukturierung und Abschichtung des Streitstoffs durch Prozessleitung (§ 139 I 2) oder Entscheidung (§§ 301, 304); uU aber unökonomisch: BGH NJW-RR 2023, 64 Tz 20), keine Befassung des RevGerichts mit einzelnen Revisionsrügen, wenn das Verfahren ohnehin zurückverwiesen wird, keine Bindungswirkung besteht und die nicht behandelte Rüge keine (teilw) Endentscheidung rechtfertigt (BGH NJW 2025, 64 Tz 57); **Bündelung von Verf nach dem VDuG:** § 14 S 1 VDuG: Inkasso-Abhilfeklage; § 14 S 2, § 16 I 1 Fall 1, §§ 19, 21 VDuG: Abhilfeklage auf Zahlung eines kollektiven Gesamtbetrags; § 16 I 1 Fall 1, § 27 Nr 10 VDuG: Abhilfeklage auf andere Leistung (zB Reparatur).

Prozessökonomie ist kein Selbstzweck (s Roth JZ 2006, 11). Die Durchsetzung von rechtsschutzbeschränkenden Vorschriften (zB Präklusionsnormen) muss unterbleiben, wenn der mit ihnen verfolgte prozessökonomische Zweck nicht mehr erreichbar ist (BGHZ 162, 319). Weitere **Schranken** ziehen der Prozesszweck der Rechtsverwirklichung (s Rn 46) und die VerfGrundrechte (Rn 15-35): Unzulässig ist eine Auslegung, die hauptsächl nur der Einsparung richterl Arbeitsbelastung dient (BVerfGE 51, 113; BVerfG NJW 81, 41 f; s § 296 Rn 2); die Ablehnung eines Beweisantrags als „höchst unökonomisch“ (BVerfGE 50, 32) oder sonst aus Gründen, die im Prozessrecht keine Stütze finden (BVerfGE 69, 144 = NJW 86, 833; BVerfG NJW 2004, 3755). Die Selbstentscheidung des Rechtsmittelgerichts bei Entscheidungsreife kann bei zwingend vorgeschriebener Zurückverweisung (zB § 89 IV MarkenG) im Widerspruch zum Gebot des ges Richters stehen (Degenhart FS Becker-Eberhard, 2022, S 77). Für die Parteien besteht in den Grenzen der ZPO (s aber § 282 I) kein Zwang zu prozessökonomischer Prozessführung. Im Rahmen ihrer Dispositionsbefugnis können sie das Prozess- und Kostenrisiko begrenzen, auch wenn damit eine Vermehrung der Prozesse und die Gefahr widersprechender Entscheidungen verbunden ist (vgl BGHZ 218, 213 Tz 18). **Bsp:** Aufspaltung des Rechtsstreits in Teilklagen (vor § 322 Rn 47, 48); Abwarten von Vor- und Parallelverf statt Streitkonzentration (s BGHZ 218, 213 Tz 18). **Grenze:** Kein Recht zur Erschwerung des Rechtsstreits durch endlose Staffelung des Tatsachenvortrags (BGH NJW-RR 2023, 64 Tz 22, 44). 50

d) Analogie. Die Analogie ist im VerfahrensR bei planwidrigen Regelungslücken statthaft (BGHZ 232, 284 Tz 21 = NJW 2022, 1620; BGH NJW 2022, 2336 Tz 19 stRspr). **Bsp** für **Analogie:** Vollstreckungsschutz analog § 79 II 2, 3 BVerfGG (BVerfGE 115, 51); „Titelgegenklage“ analog § 767 I (BGHZ 124, 164; BGH NJW 2015, 1181 Tz 5 f); Zuständigkeitsbestimmung analog § 36 I Nr 6 (s § 36 Rn 32 ff); gerichtsinterne Verweisung entspr § 281 (BGH MDR 2022, 1432; zweifelnd G. Vollkommer WuB 2022, 483); Wirkungsloswerden der in der Berufungsinstanz erhobenen Widerklage entspr § 524 IV (BGHZ 198, 315 Tz 24; § 33 Rn 13). Im Interesse möglichster Verfahrensvereinheitlichung (dazu allg Vollkommer JZ 87, 105; Bsp: BAG NJW 87, 1356) kommt bei der Schließung von Lücken in der ZPO den in den neuen Verfahrensordnungen (übereinstimmend) enthaltenen Regelungen bes Bedeutung zu (vgl GemS OGB BGHZ 88, 358 f für Zeitpunkt des Eintritts der formellen Rechtskraft, dazu s § 705 Rn 11). Die Präklusionsvorschriften sind als „strenge“ Ausnahmevorschriften einer **analogen Auslegung nicht zugängl** (BVerfGE 75, 312 mN; BVerfG NJW 2000, 946; BGHZ 161, 142; BGHZ 166, 231 f; BGH NJW 2008, 1312, 1316 Tz 43). Die Möglichkeit, eine materiell gerechte Entscheidung zu finden, soll nicht stärker als im Interesse der Verfahrenskonzentration erforderl eingeschränkt werden (BGHZ 76, 136; BGHZ 76, 178 f; BGHZ 86, 224; BGHZ 162, 319). Weitere Bsp für **Ablehnung von Analogie:** Keine WE in Anschlussberufungsfrist gem § 524 III 2 (BGHZ 232, 284 Tz 23; krit mR Mayrhofer JZ 2022, 732); kein Vertretungsrecht des Haftpflichtversicherers im Haftpflichtprozess des Versicherungsnehmers entspr § 79 II Nr 2 (BGH NJW 2022, 2336 Tz 19). Eine **Schranke** für Analogie bildet der entgegenstehende Wille des Gesetzgebers (allg BVerfG NJW 2016, 1366 Tz 39; BVerfG NJW 2019, 2542 Tz 75). 51

e) Gebot einer verfassungskonformen, insb grundrechtsfreundlichen Auslegung. Als einfaches Gesetzesrecht ist die ZPO „im Blick“ auf das GG, insb auf die Grundrechte, auszulegen, dh bei mehreren Auslegungsmöglichkeiten verdient diej den Vorzug, die der (Wertordnung der) Verfassung am besten entspricht und bei der die Grundrechte am wirksamsten durchgesetzt werden (BVerfGE 35, 362; BVerfGE 46, 184; BVerfGE 47, 191; BVerfGE 49, 157 u 257; BVerfGE 51, 110; BVerfGE 59, 334; BVerfGE 75, 191 f; BGHZ 84, 28 f; BGHZ 170, 180, 182; Grenzen: BVerfGE 122, 61; BGH NJW 2013, 2674 Tz 38). Im Hinblick auf die Auslegung der EMRK durch den EGMR gilt das Gebot der europarechtskonformen u damit der **unionsrechtskonformen Auslegung** (EuGH NJW 2010, 427; BVerfGE 111, 307); es umfasst auch das Gebot der **richtlinienkonformen Auslegung** (BGH Rpfleger 2018, 690 = MDR 2018, 1521 zu § 1078; BGHZ 179, 27, 33 Tz 19 ff = NJW 2009, 427; BGHZ 207, 209 Tz 34 ff = NJW 2016, 1718). **Grenze:** Keine contra-legem-Auslegung des innerstaatl Rechts (BVerfG NJW 2016, 1366 Tz 39; BVerfG NJW 2019, 2542 Tz 73; BGHZ 207, 209 Tz 39 ff = aaO). 52

f) Grundsatz der materiell-rechtsfreundlichen Auslegung. „Oberstes Ziel jeder Auslegung muss sein, möglichst dem guten Recht zur Durchsetzung im Prozess zu verhelfen und zu verhindern, dass der Prozess zu Rechtsverlusten führt“ („**billige**“ Auslegung des Prozessrechts). „Das materielle Recht soll und darf unter der Herrschaft der Prozessvorschrift nicht oder doch nur möglichst wenig leiden“ (RGZ 105, 427; RGZ 150, 363). „Die Verfahrensbestimmungen der Prozessordnung sind nur Hilfsmittel für die Verwirklichung oder Wahrung von Rechten; dabei soll die Durchsetzung des materiellen Rechts so wenig wie mögl an Verfahrensfragen scheitern“ (BGH LM Nr 9 zu § 209 BGB). „Die Normen des Prozessrechts sollen dazu dienen, das materielle Recht zu verwirklichen und nicht dessen Durchsetzung zu behindern“ (BGHZ 220, 77 Tz 27; vgl ferner: StJ/Brehm 53

Rn 92 ff vor § 1; WSch/Prütting Einl Rn 111; Vollkommer, Formenstrenge, S 37 ff, 50 ff mwN). **Einzelausprägungen:** Das Verfahrensrecht darf nicht in einer Weise gehandhabt werden, dass das materielle Recht **nicht mehr durchsetzbar** ist (BVerfGE 37, 148; BVerfGE 84, 369 f; BVerfGE 89, 342; BGH NJW-RR 2010, 357), entwertet wird (BVerfGE 63, 143), untergeht (BVerfGE 46, 335) oder ohne Rechtsschutz bleibt (BVerfG NJW 2005, 814; BGH NJW 2009, 1280, 1282 Tz 15). Verfahrenstricks und Manipulationen der Parteien ist vom Gericht entgegenzutreten (iE Büchmann ZIP 86, 7 ff mN). Durch ein **fehlerhaftes Verf** des Gerichts darf die Partei grds keine Nachteile in ihren Rechten erleiden (BVerfGE 78, 126; RGZ 110, 138; BGHZ 72, 187; BGHZ 90, 3; BGHZ 98, 365; BGHZ 113, 231; BGH NJW-RR 95, 380 mN; BAGE 41, 71; s vor § 511 Rn 29). Umstände aus der **„Sphäre" des Gerichts** dürfen der Partei nicht zum Nachteil gereichen (s Rn 26 mwN). Im Prozessrecht gilt „interessengerechte" und „wohlwollende" **Auslegung** (BVerfG NJW-RR 2018, 694 Tz 33), **Prozesserklärungen** sind so auszulegen (§§ 133, 157 BGB), was prozessrechtlich vernünftig ist und der richtig verstandenen Interessenlage entspricht (BGH NJW-RR 2022, 1718 Tz 20; sa Rn 26).

54-59 Einstweilen frei.

60 **VI) Streitgegenstand. 1) Allgemeines. Lit:** Althammer, Streitgegenstand und Interesse, 2012; Georgiades, Die Anspruchskonkurrenz im Zivilrecht u ZPR, 1968; Habscheid, Der Streitgegenstand im ZPR u im Streitverf der FG, 1957; Habscheid, Die neuere Entwicklung der Lehre vom Streitgegenstand, FS Schwab, 1990, S 181; Henckel, Parteilehre u Streitgegenstand im ZP, 1961; Henckel, Prozessrecht u materielles Recht, 1970, S 125 ff, 149 ff; Rimmelspacher, Materiellrechtl Anspruch u Streitgegenstandsprobleme im ZP, 1970; Robra, Zur Einschr des Streitgegenstandes durch die mat-rechtl Verselbständigung von Lebensvorgängen, ZZP 130 (2017), 479; Schwab, Der Streitgegenstand im ZPR, 1954; Spickhoff, Streitgegenstände im Haftpflichtprozess, FS Henckel, 2014, S 387; Stamm, Verzicht auf die Streitgegenstandslehre, ZZP 129 (2016), 25. **a) Terminologisches.** Der Streitgegenstand ist ein zentraler Begriff des Zivilprozesses, den aber das Gesetz mehrdeutig verwendet, ja den es nicht einmal eindeutig bezeichnet. So spricht es vom „Streitgegenstand" (in §§ 2, 59, 81, 83, 130 Nr 1, § 253 III, § 794 I Nr 1, § 935, § 1044 S 2, § 1059 V), dem „Gegenstand des Rechtsstreits" (in §§ 60, 148) oder „des Klagebegehrens" (vgl § 82 I 1 VwGO; § 65 I 1 FGO), vom „erhobenen" (in § 253 II Nr 2, § 261 II, § 313 II, § 322 I), vom „geltend gemachten" (in §§ 5, 33 I, §§ 81, 83, 265 I, §§ 306, 307 I, § 692 I Nr 3), vom „festgestellten" (§ 767 I) oder schlicht vom „Anspruch" (§ 260, § 261 II, § 690 I Nr 3, § 796 III) oder von der „Streitsache" (§ 261 I, III Nr 1), während in den den Begriff klarstellenden § 130 Nr 2 und 3, § 253 II Nr 2 eine einheitl Bezeichnung des Streitgegenstandes nicht begegnet. Hiernach versteht die ZPO unter diesem uneinheitl benannten **Begriff** teils das **Begehren des Kl nach dem Ausspruch einer Rechtsfolge** (vgl §§ 81, 83, 147, 261 II u III, § 322 I, § 767 I), teils das **Objekt** des klägerischen Rechtsfolgebegehrens selbst (vgl § 2, § 23, § 130 Nr 1, § 265, § 264 Nr 3, § 325 I, § 708 Nr 11, § 727 I). Vgl hierzu RSchwab/Gottwald § 93 Rn 1.

61 **b) Bedeutung.** Der Streitgegenstand ist von größter Bedeutung im Zivilprozess: Sein Wert bestimmt die sachl (§ 23 Nr 1 GVG), seine mat-rechtl Grundlage vielfach die örtl Zuständigkeit (§§ 23 ff). Die obj Klagenhäufung (§ 260) setzt eine Mehrheit von Streitgegenständen voraus. Vom Streitgegenstand her ist zu prüfen, ob Klageänderung (§§ 263 f) oder Rechtshängigkeit (§ 261) vorliegen; er ist maßgebend für den Umfang der Rechtskraft des begehrten Urteils (§ 322 I) und den Umfang der Hemmung der Verjährung (§ 204 I Nr 1, § 213 BGB; s BGHZ 206, 41 Tz 15; sa § 262 Rn 3). Beim Streitgegenstand geht es demnach um ein **Identitäts-** (Ekelöf ZZP 85 [1972], 145) und damit um ein **Abgrenzungsproblem** (Jauernig/Hess § 37 I Rn 1). Bish hat sich die Lehre bemüht, einen für sämtl „Prüfsteine" des Streitgegenstandes **einheitl Begriff** aufzustellen (dazu MK/Becker-Eberhard Rn 34 ff vor § 253). Zunehmend werden mit Recht Bedenken gegen einen „Einheitsbegriff" erhoben (sog relative Theorien; dazu StJ/Roth Rn 41 ff, 46 ff vor § 253; WSch/Prütting Einl Rn 67 ff; Althammer ZZP 123 [2010], 178 ff und aaO, S 85 ff, 199 ff; abl Gottwald FS Köhler, 2014, S 182; MskV/Voit Einl 70, 74 aE; sa Rn 82, 90; § 261 Rn 9; gänzlich abl zu proz Begriffsbestimmung Stamm ZZP 129 [2016], 25 ff).

62 **c) Internationaler Rechtsstreit.** Im Anwendungsbereich der Brüssel Ia-VO stellt sich die Streitgegenstandsproblematik bei Konkurrenz von Klagen bei Gerichten verschiedener Mitgliedstaaten wegen „desselben Anspruchs" zwischen „denselben Parteien" (Art 29 I Brüssel Ia-VO). Der EuGH vertritt – abw vom dt Recht – einen weiten Streitgegenstandsbegriff, bei dem es nicht entscheidend auf die formale Identität der Klageanträge, sondern auf den **„Kernpunkt"** des Streits in den verschiedenen Verf ankommt (vgl EuGH NJW 89, 665; EuGH JZ 95, 615; BGHZ 134, 210; BGH NJW 2002, 2795; BGH ZIP 2014, 1951; StJ/Wagner Art 27 EuGVVO Rn 23 ff; sa Art 29 Brüssel Ia-VO Rn 8). Der weite Streitgegenstandsbegriff führt zu einer stärkeren Konzentration der Verf beim zuerst angegangenen zuständigen Gericht und hilft unerwünschte Parallelprozesse vermeiden; s näher Althammer aaO, S 126 ff, 172 ff; RSchwab/Gottwald § 93 Rn 19 ff; hier s § 256 Rn 30; § 261 Rn 9; vgl auch BGHZ 134, 211 f; BGH NJW 2002, 2795. Ein ähnl umfassender Streitgegenstand gilt nach Art 20 I EuEheVO auch bei doppelten Scheidungsprozessen im In- und EU-Ausland. **Beachte:** Die „Kernpunkttheorie" umschreibt keinen über den Fall konkurrierender Rechtshängigkeit hinausgehenden Einheitsbegriff iSv Rn 61; zur Rechtskraft s vor § 322 Rn 13.

63 **2) Die *Bestimmung* des *Streitgegenstandes* im Allgemeinen. a) Bedeutung der Klage. aa)** Die **Klage** (auszulegende Klageschrift) bestimmt den Streitgegenstand (§ 253 II Nr 2; sa § 313 II 1). Gleichwertige Bestimmungsfaktoren sind *Klageantrag* und *Klagegrund* (§ 253 II Nr 2; sa Rn 82). Der Kläger genügt seiner Bestimmungslast

mit der *Individualisierung* des Anspruchs, dh er muss den Anspruch unterscheidbar bezeichnen; nicht erforderlich ist die schlüssige Darlegung der (aller) anspruchsbegründenden Tatsachen („Substantiierung"; eingeh zur Unterscheidung BGHZ 218, 139 Tz 21 = NJW 2018, 3448). Die nicht individualisierte Klage ist unzulässig, die nicht substantiierte unbegründet (BGH aaO Tz 20 f). Der Streitgegenstand kann sich im Laufe des Prozesses ändern (§ 263), der Klageantrag kann auch von Anfang an mehrere Streitgegenstände umfassen (obj und subj Klagenhäufung; s Rn 72). Es ist aber nicht schon mit jeder Änderung des Antrags automatisch bereits eine Streitgegenstandsänderung verbunden (§ 264 Nr 2; s Rn 71, 83). Über die **Berechtigung dieser Rechtsfolgebehauptung** wird im Prozess gestritten, sie ist der **Streitgegenstand** (so iErg – mit iE unterschiedl Formulierungen – BGHZ 209, 168 Tz 27 = NJW 2016, 1818; BGHZ 211, 189 Tz 24 = NJW 2017, 61; StJ/Roth Rn 49 vor § 253; RSchwab/Gottwald § 93 Rn 23 ff; Althammer aaO, S 51 ff; wN s Rn 71, 82 f). Streitgegenstand ist damit der vom mat-rechtl Anspruch zu unterscheidende (s Rn 66) **„prozessuale Anspruch"** (BGHZ 199, 159 Tz 16; BGHZ 206, 41 Tz 15; BGH NJW 2017, 893 Tz 27). Er begrenzt die Entscheidungsbefugnis des Gerichts (§ 308), umreißt damit den Umfang der Rechtskraft (§ 322 I; s vor § 322 Rn 35) und bildet die Grundlage für die ZwV (§ 704). Vom Streitgegenstand hängt die Entscheidung durch Teilurteil (§ 301) ab (Rn 69; § 301 Rn 1, 5). Die Frage nach dem Streitgegenstand deckt sich demnach mit der Frage, ob auf Grund der erhobenen Klage oder Widerklage (s Rn 65) unter den durch sie bestimmten prozessualen Umständen (s Rn 64) und auf Grund des durch sie in den Rechtsstreit eingeführten Lebenssachverhalts (s Rn 83) ein Sachurteil ergehen kann (s Rn 64).

bb) Der Kl bestimmt mit der Klage weiter die **prozessualen Umstände** (Parteirollen, angerufenes Gericht, Verhältnis des Streitgegenstandes zu früheren und gleichzeitig anhängigen Verf usw), von denen es abhängt, ob alle **Sachurteilsvoraussetzungen** gegeben sind. Nur wenn die Klage danach zulässig und außerdem begründet ist, ergeht das beantragte Urteil. Jeder Prozess hat nicht etwa so viele Streitgegenstände, wie bei der Zulässigkeits- und der Begründetheitsprüfung Tat- und Rechtsfragen zu entscheiden sind; schon deshalb nicht, weil **Ziel des Prozesses** (nur) der Erlass eines Sachurteils und dessen streitentscheidende Wirkung ist (§ 322 I). 64

b) Parteiherrschaft. Der **Kl** bestimmt den **Streitgegenstand** (BGHZ 189, 36 Tz 9; BGH NJW-RR 2022, 1071 Tz 10), indem er mit einem bestimmten Antrag aus einem bestimmten Grund **Klage** erhebt (§ 253 II Nr 2; näher Rn 63). Die Einwendungen des Bekl sind dagegen für den Streitgegenstand nur ausnahmsw von Bedeutung, näml dann, wenn sie ggü einer **negativen Feststellungsklage** klarstellen, um welches Rechtsverhältnis gestritten wird (vgl auch RGZ 78, 396; sa Rn 77); der Streitgegenstand der negativen Feststellungsklage entspricht dem einer **positiven Feststellungsklage** mit umgekehrten Parteirollen (sa § 322 Rn 11). Wünscht der Bekl das Verf auf einen zusätzl Streitgegenstand auszudehnen, so kann er, falls zulässig, **Widerklage** (§§ 5, 33, 261 II) erheben; sein bloßes Klageerwiderungsvorbringen ist insoweit auch dann unerhebl, wenn sich der Kl mit ihm verteidigungsw auseinandersetzt (BGH NJW 2008, 2922).Tritt bei einem einheitlichen Lebenssachverhalt einer von zwei als Gesamtschuldner in Anspruch genommenen Beklagten durch Gesamtrechtsnachfolge in das Prozessrechtsverhältnis des anderen ein, führt dies zu einem einheitlichen Streitgegenstand (BGH 21.1.2025 – XI ZB 26/23 Tz 14). 65

c) Abgrenzung. Der Streitgegenstand in diesem Sinne ist **nicht das Streitobjekt** selbst (vgl § 23 S 1 Fall 2), zB die herauszugebende, streitbefangene Sache und **nicht der** der Klage zugrunde gelegte **mat-rechtl Anspruch** (vgl § 194 BGB; sog mat-rechtl Theorie, moderne Spielarten: s Rn 90) und bei Mehrheit von „gebündelten" mat-rechtl Ansprüchen **nicht jeder** Einzel-Anspruch („rechtl Gesichtspunkt" iSv § 17 II 1 GVG; vgl BGHZ 225, 59 Tz 21 f = NJW 2020, 3386; sa Rn 67a). Denn sonst hätte eine unbegründete oder eine Gestaltungsklage keinen Streitgegenstand oder eine Klage auf Zahlung von 15.000 Euro Schadensersatz aus Vertragsverletzung, die zugleich eine unerlaubte Handlung darstellt, deren zwei (dagegen s Rn 67). Eine Ausnahme trifft indessen bei **Feststellungsklagen** zu, wenn der Kl nach § 256 oder nach § 1 I Nr 2, § 41 VDuG die Feststellung eines bestimmten materiellen Rechts, Rechtsverhältnisses oder Subsumtionsschlusses beantragt. 66

3) Streitgegenstand bei Mehrheit von materiellen Ansprüchen. a) Einheitlicher Streitgegenstand als Regelfall. Das materielle Recht will möglichst lückenlos alle denkbaren Interessenkonflikte erfassen; es ist daher unvermeidl, dass oft ein und dieselbe Rechtsfolge **ein und desselben Lebenssachverhalts** (s Rn 83) aus mehreren Normen des materiellen Rechts hergeleitet werden kann. Insb schuldrechtl Ansprüche ergeben sich oft aus mehreren Rechtsgrundlagen: Die zum Schadensersatz verpflichtende Sachbeschädigung erfüllt zugleich den Tatbestand einer unerlaubten Handlung und den einer Vertragsverletzung. Vielfach spricht man hier von **Anspruchskonkurrenz** (vgl Enneccerus/Nipperdey § 228 III 2; Enneccerus/Lehmann § 232, 1 aE; Grüneberg/Ellenberger § 195 BGB Rn 17). Mit Neuner (Allg Teil, 13. Aufl, § 21 Rn 5 ff; im Anschluss an Larenz grundlegend Georgiades, Anspruchskonkurrenz, 1968, S 239 ff; Überblick Bielefeld ZfPW 2021, 468 ff) sollte man aber besser von **einem** (einzigen) **mehrfach begründeten Anspruch** (Anspruchsnormen- oder -grundlagenkonkurrenz) sprechen; dem entspricht prozessual ein *alle* konkurrierenden mat-rechtl Ansprüche (Anspruchsgrundlagen) umfassender einheitl Streitgegenstand (BGHZ 143, 250 mN; BGHZ 157, 53 mN; BGHZ 161, 308) als *prozessualer Anspruch*. **Bsp:** Wurde bei einem Straßenbahnunfall ein Fahrgast verletzt, so kann er vom Betreiber – 3-fach begründet – Ersatz seines mat Schadens aus Vertragsverletzung, aus unerlaubter Handlung und aus dem HaftpflG verlangen (sog *Fahrgastfall*); prozessual liegt nur ein einziger Streitgegenstand vor (vgl RSchwab/Gottwald § 93 Rn 9; StJ/Roth Rn 9 vor § 253; anders aber bei verschiedenen Schadensarten: s Rn 73). Auch die Scha- 67 densersatzansprüche aus Prospekthaftung im engen und im weiten Sinne sowie aus (vorvertraglicher) Aufklärungspflichtverletzung (§ 280, § 311 I u II, § 241 II BGB) bilden bei identischem Kernvorwurf (unzutreffender Eindruck von der Anlage) einen **einheitlichen Streitgegenstand** (BGH 21.1.2025 – XI ZB 26/23 Tz 17), was auch für konkurrierende deliktische Anspruchsgrundlagen (§ 823 II BGB iVm §§ 263, 263a StGB; § 826 BGB) gilt (BGH NJW 2018, 1259 Tz 16 ff, 22; BGH NJW 2018, 1675 Tz 9, 2). Nichts anderes gilt, wenn im Rahmen desselben Lebensvorgangs der gleiche Haftungstatbestand mehrfach, wenn auch auf verschiedene Weise, verwirklicht wird. Sind in ein und demselben Beratungsgespräch mehrere zum gleichen Schaden führende Beratungsfehler (Falschaufklärung über das Anlageobjekt, Verschweigen des Eigeninteresses des Beraters) unterlaufen, handelt es sich um einen einheitl Streitgegenstand (BGHZ 198, 294 = NJW 2014, 314; BGHZ 206, 41 Tz 15 = NJW 2015, 2407 – *Anlageberatungs-Fall*; sa Rn 83). Streitgegenstandseinheit besteht auch bei der Prospekthaftung, wenn der Prospekt mehrere Fehler aufweist (BGHZ 203, 1 Tz 145 f = NJW 2015, 236; BGH NJW 2016, 3040 Tz 15) sowie bei der Prospekt-/Anlageberatungshaftung, wenn unter Verwendung eines fehlerhaften Prospekts beraten wird (BGH NJW-RR 2015, 299 Tz 16-19; BGH 21.1.2025 – XI ZB 26/23 Tz 17; zur Abgrenzung s Rn 73, 74); dasselbe gilt in *Arzthaftungsfällen* bei Zusammentreffen mehrerer Behandlungsfehler (§ 630h I BGB) und von Behandlungsfehlern und Aufklärungspflichtverletzung (§ 630e BGB; BGH 12.11.2024 – VI ZR 361/23 Tz 18; BGH NJW-RR 2019, 467 Tz 24; iE str, s Spickhoff aaO; Nußstein VersR 2016, 1291). Ist eine Geldschuld „samt Zinsen" eingeklagt, umfasst der Streitgegenstand nicht nur Verzugszinsen (§ 288 I BGB), sondern auch Prozesszinsen (§ 291 BGB; LG Frankfurt/M MDR 2022, 1179; sa vor § 322 Rn 20). Schwierigkeiten kann uU die Bestimmung des einheitl Lebenssachverhalts (s Rn 83) bereiten: Hat der Verkäufer dem Käufer „gekauften" *Wein geliefert*, den der Käufer entgegengenommen und verbraucht hat, und ist die erhobene Kaufpreisklage auf die (eine) vertragl Anspruchsgrundlage gestützt, so hat das Gericht „an ihrer Stelle" (vgl § 213 BGB) auch nicht vertragl (zB Bereicherung) zu prüfen, wenn es einen wirksamen Vertrag verneint (BGH NJW 97, 2955; BGH NJW 2004, 1252, 1254; OLG Köln MDR 84, 151; OLG Dresden WM 97, 1984, str; aA Musielak NJW 2000, 3599 u MskV/Voit Rn 75 f; sa Rn 71, 84; vor § 322 Rn 41 ff). Ist die Klage auf Vertragsverletzung (§ 280 BGB) gestützt, ist sie auch unter dem Gesichtspunkt des Delikts (§ 823 I, II BGB iVm SchutzG) und der Bereicherung (§ 812 BGB) zu prüfen (BGH NJW 2013, 540 Tz 12 = MDR 2012, 1486; BGH ZIP 87, 1174; Bsp s Rn 71). Die Klage des Verkäufers/Eigentümers auf Rückgewähr des Kaufgrundstücks (§ 346 BGB) kann auch Ansprüche aus Eigentum (§§ 985, 1004 BGB) umfassen (BGH NJW-RR 2018, 719 Tz 11).

67a **Entscheidung bei einheitlichem Streitgegenstand.** Eine stattgebende Entscheidung wird das Gericht idR nur auf eine Anspruchsgrundlage stützen, ihre Auswahl richtet sich nach prozessökonomischen Gesichtspunkten (s Rn 49); auch bei Verneinung anderer Anspruchsgrundlagen erfolgt keine Klageabweisung „iÜ". Kommt es dem Kl auf eine bestimmte Anspruchsgrundlage an, muss er den Weg der obj Klagenhäufung beschreiten (BGHZ 225, 59 Tz 27; Rn 75, 84); eine Abweisung einzelner Anspruchsgrundlagen durch Teilurteil scheidet aus (BGHZ aaO Tz 19 ff, 24; sa Rn 61, 66). Bei **abweisender Entscheidung** muss das Gericht über sämtliche Anspruchsgrundlagen verneinend entscheiden. Bei mehreren Klageabweisungsgründen bilden diese keine selbständigen Streitgegenstände (Konsequenzen für Rechtskraft: vor § 322 Rn 60 aE).

68 **b) Eigenständiger Streitgegenstand bei materiell-rechtlicher Verselbständigung. aa) Anspruchsverselbständigung zur vorläufigen Befriedigung.** Hat die mat-rechtl Regelung die zusammentreffenden Ansprüche **erkennbar unterschiedl ausgestaltet**, um dem Kl seine Rechtsverfolgung zu erleichtern, liegen auch eigenständige Streitgegenstände vor (vgl BGHZ 225, 59 Tz 26 = NJW 2020, 3386). In den Hauptanwendungsfällen des Nebeneinanders von possessorischen/petitorischen (§§ 863, 864; § 985 BGB) und von abstrakten/kausalen Ansprüchen ermöglicht sie dem Kl durch Geltendmachung – allein – des possessorischen/abstrakten Anspruchs zu einer schnellen (vorläufigen) Entscheidung zu kommen (BGHZ 194, 314 Tz 19 aE; BGHZ 198, 294 Tz 22; BGHZ 199, 159 Tz 17; BGHZ 209, 168 Tz 28 = NJW 2016, 1818; MskV/Voit Rn 76; Thole ZZP 124 [2011], 70 f; Georgiades aaO, S 233 ff, 249, 260; StJ/Roth Rn 12, 36, 65 vor § 253, str; aA Jauernig/Hess § 37 Rn 25, 27; Robra ZZP 130 [2017], 479). Hat der Käufer dem Verkäufer zur Sicherung der Kaufpreisschuld ein Wechselakzept gegeben (vgl § 364 II BGB) und stützt der Verkäufer nunmehr die Klage sowohl auf den **Kaufvertrag** wie auf den **Wechsel**, liegt sowohl mat-rechtl als auch prozessual eine **Mehrheit** von (nur erfüllungsmäßig funktionell miteinander verknüpften) Ansprüchen vor (OLG Saarbrücken WM 98, 833, 835; OLG Köln ZIP 2001, 563, 565; Schaaf NJW 86, 1030; Musielak NJW 2001, 3595; str; nach aA nur *ein* Streitgegenstand, so früher RSchwab 14. Aufl § 96 III 2, 3; Schwab aaO S 91; unterscheidend StJ/Roth vor § 253 Rn 65). **Folge:** Der Verkäufer kann seine Wechselforderung an X, die Kaufpreisforderung an Y abtreten und beide können gegen den Käufer klagen, zu einer Verurteilung des Sch kommt es wegen der Verknüpfung der beiden Ansprüche (§ 364 II BGB) aber nur einmal (Stamm ZZP 129 [2016], 35). Dass der Kl *beide* Ansprüche (possessorische und petitorische usw) auch *zugleich* geltend machen kann, dürfte in der Praxis eher die Ausnahme bilden, beim abstrakten/kausalen Anspruch wegen § 364 II BGB.

69 **bb) Sonstige Anwendungsfälle.** In der neueren Rspr des BGH gewinnt die Fallgruppe (zu Unrecht) an Bedeutung). Eine *Streitgegenstandsmehrheit soll* bei Ansprüchen aus Unterhalt und Schadensersatz wegen Unterhaltspflichtentziehung gem § 823 II BGB iVm § 170 StGB anzunehmen sein (BGHZ 209, 168 Tz 27 = NJW 2016, 1818); dasselbe soll bei insolvenzrechtlichem Rückerstattungsanspruch (§ 135 I Nr 2, § 143 InsO) und de-

liktischem Ersatzanspruch bei Gläubigerbegünstigung (§ 823 II BGB; § 283c I StGB) gelten (BGH WM 2020, 279 Tz 8, 33, 35, 37; BGH MDR 2021, 260 Tz. 26; bedenkl). Auch im Verhältnis der Ansprüche auf Schadensersatz wegen (vor-)vertragl Aufklärungsverschuldens und auf Rückabwicklung eines widerrufenen Finanzierungsvertrages geht der BGH von unterschiedlichen Streitgegenständen aus (BGHZ 211, 189 Tz 26 = NJW 2017, 61; zweifelnd abw (?) BGH 11.1.2022 – XI ZR 215/19 Tz 20 und 34 – bei juris), schließt aber zugleich die Entscheidung durch Teilurteil über *einen* Anspruch aus (BGH NJW-RR 2017, 1197 = MDR 2017, 1204); damit fehlt es aber an einer „Verselbständigung" in der Rechtsverfolgung (sa Rn 67a). **Keine** „Verselbständigung" bewirken jedenfalls die spezialgesetzlichen Vorschriften zur Prospekthaftung (BGH 21.1.2025 – XI ZB 26/23 Tz 17; sa Rn 67). Unterschiedliche Streitgegenstände werden bei einer auf **mehrere Sachmängel** gestützten Rückabwicklung eines Kaufvertrages angenommen (BGH NJW 2022, 3010 Tz 26 = MDR 2022, 1233; Fellner MDR 2022, 1463). Weitere Bsp zur „Verselbständigung" erörtert Robra ZZP 130 (2017), 480 ff (krit).

c) Keine Verselbständigung (Beschränkung) des Streitgegenstands durch Kläger-Verhalten und Zuständigkeits-/Rechtswegvorschriften. aa) Die Bestimmung des Streitgegenstands durch den Kl (Rn 63, 68) heißt nicht, dass die Frage nach Streitgegenstandseinheit/-mehrheit vom „Belieben" des Kl abhinge. Insb ist eine „Aufspaltungsbefugnis" eines einheitl Streitgegenstands (Rn 63) durch den Kl nicht anerkannt (s näher Rn 84, 86-88). **bb)** Durch Zuständigkeits- und Rechtswegvorschriften wird der Streitgegenstand nicht begrenzt (vgl § 17 II 1 GVG; BGHZ 225, 59 Tz 22; sa Rn 85). 70

4) Der Streitgegenstand bei den einzelnen Klagearten. a) Leistungsklagen. aa) Einheitlicher Streitgegenstand. Wer Leistungsklagen erhebt, muss die streitige Rechtsfolge bezeichnen, die er durchsetzen will, er braucht dagegen nicht vorzutragen, auf welche materiellen subj Rechte er sich stützt. Vielmehr hat das Gericht unter jedem denkbaren Gesichtspunkt zu prüfen, ob es dem Antrag stattgeben kann (BGHZ 135, 149; BGHZ 194, 314 Tz 24; BGH NJW 2013, 540 Tz 16 = MDR 2012, 1486); *iura novit curia* (vgl § 17 II 1 GVG). **Bsp:** Bei einer Klage aus einer (unwirksamen) vertragl Entschädigungszusage ist Streitgegenstand auch die Schadensersatzpflicht aus unerlaubter Handlung (BGH NJW 91, 1047 f). Eine Klage auf „Freigabe" gepfändeter Gegenstände (Unzulässigkeitserklärung der ZwV) ist auch unter dem Gesichtspunkt der – nicht bes „geltend gemachten" – insolvenzrechtl Anfechtung (§§ 129 ff InsO) zu prüfen (BGHZ 135, 149 f; BGH ZIP 2001, 35), eine Klage auf Rückgewähr von an den Bekl verschobenen Vermögensgegenständen nicht nur unter dem Gesichtspunkt der Gläubigeranfechtung, sondern auch der unerlaubten Handlung (BGHZ 143, 250) und umgekehrt, eine Klage auf Wertersatz (Sekundäranspruch) auch unter dem Gesichtspunkt der anfechtungsrechtl Rückgewähr in Natur gem § 11 I AnfG (Primäranspruch; BGH MDR 2008, 1358), eine Klage auf (anteilige) Beteiligung an einem ausgelobten Gewinn (§ 661 BGB) auch auf vertragl Anspruchsgrundlagen (BGH NJW-RR 2006, 1502 = MDR 2006, 1359). – **Streitgegenstandseinheit** liegt auch vor, wenn der aus einem einheitl Lebenssachverhalt hergeleitete Antrag auf sich gegenseitig ausschließende *mat-rechtl* Anspruchsgrundlagen gestützt wird (arg § 213 BGB: „wahlweise", „an Stelle") oder „statt" des ursprüngl verlangten „Gegenstandes" die Verwirklichung des gleichen „Interesses" gefordert wird (arg § 264 Nr 3), auch wenn mit der Änderung der mat-rechtl Anspruchsgrundlage eine Antragserweiterung (-beschränkung) verbunden ist (arg § 264 Nr 2; sa Rn 63 und die Bsp in Rn 73 u dazu BGHZ 218, 1 Tz 53 f). **Bsp:** Verlangt wird primär Vertragserfüllung, hilfsw Schadensersatz statt der Leistung gem §§ 280, 281 I 2, 3 BGB (abw BGH NJW 99, 3116 f bei fehlendem Hilfsverhältnis); Minderung statt (ausgeschlossener) Rückgängigmachung (vgl § 441 I 2 BGB ggü § 323 V 2 BGB; Fallgestaltung in KG MDR 2007, 1412); Wertersatz statt Rückgewähr (§ 264 Rn 5); Schadensersatz in Geld „statt" Naturalrestitution (§ 249 II 1, I BGB; BGH NJW 91, 2014); Ersatz von Nutzungsausfallentschädigung statt von Mietwagenkosten (offen BGH NJW 2013, 1149 Tz 20); Erstattung der tatsächl Mangelbeseitigungskosten statt Vorschuss und umgekehrt (BGHZ 218, 1 Tz 54 = NJW 2018, 1463; BGH NJW 2019, 1527 Tz 32; sa Rn 73); Rückzahlung des Darlehensbetrags aus Darlehen oder – bei Wucher – als ungerechtfertigte Bereicherung (zutr OLGR Dresden 1997, 221); Zahlung eines bestimmten Geldbetrags nach Beendigung geschäftl Zusammenarbeit entweder – bei Gesellschaft – als Auseinandersetzungsguthaben oder aus einer Mehrheit von Einzelverträgen (BGH NJW 2001, 225). Ein **einheitl Streitgegenstand** ist damit immer dann anzunehmen, wenn Ansprüche zueinander im Verhältnis gem **§ 264 Nr 3** oder **§ 213 BGB** stehen (BGHZ 213, 1 Tz 54 = NJW 2018, 1463; so auch Althammer ZZP 123 [2010], 181 und aaO, S 297 ff, 324 ff) oder ein Fall von § 264 Nr 2 verfolgt (sa Rn 73). **Streitgegenstand** der Leistungsklage ist daher die Frage, ob das Gericht die **im Antrag bezeichnete** als *Interesse* verstandene **Rechtsfolge** aussprechen kann. Mit Recht definiert die hL den Streitgegenstand mit Hilfe des Rechtsfolgebegriffs (s Rn 63 mN). Der Rechtsfolgebegriff versagt bei der Abgrenzung einer **Mehrheit von Streitgegenständen** im Fall eines *scheinbar einheitlichen Antrags*, auch bei scheinbar einheitlichem Sachverhalt sowie bei einer Häufung verschiedener Sachverhalte (Rn 72-74; sa Rn 67a). 71

bb) Mehrheit von Streitgegenständen. Hierher gehören sowohl die obj als auch die subj Klagenhäufung (Parteimehrheit auf Aktiv- oder Passivseite). Für § 260 in Frage kommen hauptsächlich folgende Klagen und Klagekonstellationen: **α) Klagen auf Geld- und Gattungsschuld-Leistungen.** Soweit der **Antrag** des Kl auf eine der **Gattung nach bestimmte Leistung** oder auf eine **Geldschuld** gerichtet ist, genügt sein Inhalt für sich allein noch nicht, um den Streitgegenstand zu individualisieren (Rn 63). Hier bedarf es des **Sachverhalts**, um die eingeklagte von gleichartigen (wirkl oder behaupteten) Rechtsfolgen zu unterscheiden, die nicht Streitgegenstand 72 sind. **Bsp:** Die im Klageantrag betragsmäßig zusammengefasste Kaufpreissumme setzt sich aus dem jew Kaufpreis mehrerer verschiedener Kaufverträge zusammen; die eingeklagten Mietrückstände (iwS) umfassen auch Betriebskosten, Mahn- und RA-Gebühren und dergl (s BGH NJW 2018, 3448 Tz 17 mit Erleichterungen Tz 20 ff, 28 ff).

73 **β) Klagen auf Schadensersatz; Geldleistung.** Der (einheitl) Antrag umreißt nur scheinbar einen Streitgegenstand, setzt sich in Wahrheit aber aus mehreren zusammen (BGHZ 189, 56 Tz 9), wie etwa bei Zusammentreffen verschiedener **Schadensarten**. **Streitgegenstandsmehrheit** ist anzunehmen in folgenden Schadens-(Haftungs-)gruppen: Körperschaden (Heilungskosten), Sachschaden, vermehrte Bedürfnisse, Schmerzensgeld, Verdienstausfall (entgangener Gewinn). **Bsp:** Die aus einem Verkehrsunfall eingeklagte Geldforderung von 15.000 Euro setzt sich zusammen aus Teilbeträgen für Sachschaden, Heilungskosten und Schmerzensgeld (vgl BGHZ 30, 7, 18 = NJW 59, 1269; BGH NJW 55, 1675; BGH VersR 84, 782, 783); hier liegen 3 (gehäufte, § 260) Streitgegenstände vor; im Fall eines Brandschadens bilden Sachschaden und Verdienstausfallschaden **mehrere Streitgegenstände** (BGH NJW 84, 2346, 2347). **Dagegen** liegt nur *ein Streitgegenstand* vor bei mehreren unselbständigen Schadensposten innerhalb der gleichen Schadensart (BGH NJW-RR 91, 1279; BGH NJW-RR 2006, 253, 254; verneinend bei zeitabschnittsbezogener Entschädigung wegen überlanger Verfahrensdauer BGH NJW 2023, 1578 Tz 79 – zweifelhaft; sa Rn 67; § 253 Rn 15), unterschiedl Berechnungsarten *desselben Schadens* (BGHZ 119, 23; BGH MDR 2017, 966; BGH NJW 2019, 1257 Tz 32), dem Übergang vom Wiederherstellungsaufwand zum Wertersatz (§ 251 II BGB), von Schadensersatz zum Vorschuss (BGHZ 218, 1 Tz 54; Rn 71) und bei im Kontokorrent stehenden Forderungen (BGHZ 124, 167). Eine Mehrheit verschiedener Schadensarten scheidet somit aus, wenn der aus demselben Lebensvorgang hergeleitete Schadensersatzanspruch auf **dasselbe Kl-Interesse** gerichtet ist, wie der Anspruch auf Naturalrestitution und Geldleistung (§ 249 II 1 BGB; „statt der Herstellung"). Bei der **Kartellschadensersatzklage** bilden der Kauf des kartellbedingt überteuerten Gutes und dessen anschließende Beschaffung durch Leasing oder Mietkauf nach Eintritt der Finanzierungsgesellschaft in den Kaufvertrag einen einheitlichen Lebenssachverhalt und **einen Streitgegenstand** (BGH NJW 2025, 64 Tz 14 f), es ist eine Frage der (einheitlichen) Rechtsanwendung, wie der Schaden zu ermitteln und festzustellen ist. Der Übergang vom negativen (Vertrauensschaden) zum positiven (Erfüllungs-)Interesse (BGH NJW 2017, 2673 = MDR 2017, 966 Tz 23) und umgekehrt vom „großen" zum „kleinen" Schadensersatz (BGHZ 115, 294 f; BGHZ 218, 1 Tz 53) stellt *einen Streitgegenstand* dar, es sei denn, der Übergang führt auch zu einer Änderung der Rechtsposition (keine Schadensidentität, s BGH NJW 2017, 893 Tz 26, 28). Ob bei **Vertragsverletzungen** der durch *jede verletzte Vertragspflicht* begründete Schaden einen selbständigen Streitgegenstand bildet, ist eine Frage des Lebenssachverhalts und des jew entstandenen Schadens. Sind die zum näml Schaden führenden Pflichtverletzungen Teil eines einheitl Lebensvorgangs (**Bsp:** Beratungsgespräch über Kapitalanlage, mehrere Fehler desselben Prospekts oder der ärztl Behandlung), liegt ein einheitl Streitgegenstand vor (s *Anlageberatungs- und Prospektfehler-Fälle usw:* Rn 67); anders bei zeitl gestreckten unterschiedl Pflichtverletzungen. Bsp: Beratungsfehler des RA vor Klageerhebung und späterer Formfehler bei Rechtsmitteleinlegung. Weitere **Bsp:** *Mehrheit von Streitgegenständen* wurde bejaht bei Rückgabe einer Miet-/Pachtsache für den mit Nichtwiederherstellung, Unterlassung der Schönheitsreparaturen und Mietausfall begründeten Schaden (vgl BGHZ 104, 12); ebenso für mehrere Ansprüche, die aus *unterschiedlichen Mängeln* desselben Bauwerks hergeleitet werden (BGH NJW 98, 1140; für einheitl Mangel s Rn 67) oder aus unterschiedl Mängeln des Architektenwerks (BGH MDR 2008, 500); für Rückgewähransprüche des Käufers (§§ 434, 437 Nr 2, §§ 440, 323 BGB) nach mit *unterschiedlichen Mängeln* begründeten Rücktritt (BGH NJW 2022, 3010 Tz 26, 43 = MDR 2022, 1233; Fellner MDR 2022, 1463; sa Rn 68, 79 aE); für Ansprüche bei mehrfach verwirkter Vertragsstrafe (BGH WRP 2010, 100 Tz 30).

74 **γ) Auf mehrere (alternative) Sachverhalte gestützte Klagen.** Mögl ist auch, dass *ein* einheitl Antrag auf **mehreren Sachverhalten** und Ansprüchen beruht (BGHZ 199, 159 Tz 16). **Bsp:** Klage auf 15.000 Euro mit der Begründung, der Bekl schulde diesen Betrag aus einer von X zedierten und ein 2. Mal aus einer von Y zedierten Forderung, verlangt werde der Betrag nur einmal (vgl RGZ 144, 71 u dazu Habscheid, Streitgegenstand, 1957, S 256 f). Auch hier liegen in Wahrheit 2 Streitgegenstände vor (zu ähnl Fallgestaltungen vgl BGHZ 211, 189 Tz 25 f = NJW 2017, 61; BGH NJW-RR 2006, 275, 277; BGH NJW 2023, 1361). Der Kl kann dem Gericht nicht mehrere einander widersprechende SV (**alternative Klagenhäufung**) unterbreiten mdB, das Urteil auf den zu stützen, bei dem der Klage stattgegeben werden kann (§ 253 II Nr 2); vielmehr muss er diesem die Prüfungsreihenfolge der verschiedenen Streitgegenstände vorgeben (BGHZ 189, 56 Tz 10; BGHZ 211, 189 Tz 25; BGH NJW 2023, 1361 Tz 15; BGH NJW-RR 2025, 632; LAG Mecklenburg-Vorpommern EzA 2024, 16; eingeh Ahrens WRP 2013, 129). Bei einer **Teilleistungsklage**, die auf mehrere Sachverhalte gestützt ist, muss eine Aufteilung erfolgen und ggf eine Reihenfolge bestimmt werden (BGHZ 239, 37 Tz 40 ff = MDR 2024, 49). Eine **Mehrheit von Streitgegenständen** liegt danach vor, wenn die primär auf Vertragserfüllung gerichtete Klage zusätzl auf Schadensersatz wegen vorsätzl cic gestützt wird (BGH NJW 2001, 1210), wenn von einem nach dem Klagevortrag periodisch entstehenden Lohnanspruch nur eine Periode eingeklagt wird (Fallgestaltung SchweizBG 142 III 683), *wenn die Klage den Anspruch* kumulativ oder sukzessiv aus eigenem Recht und später auf Grund einer **Abtretung** des Berechtigten oder umgekehrt (BGHZ 209, 168 Tz 31 = NJW 2016, 1818), auf Grund verschiedener Abtretungen oder Prozessführungsermächtigungen geltend macht (BGH NJW 86, 1046 f; BGH

NJW 2007, 2414, 2415; BGH NJW 2007, 2560, 2561; BGH MDR 2014, 980 Tz 6), der deliktische Schadensersatzanspruch (§ 823 I BGB; § 7 I StVG) wegen der Beschädigung eines geleasten KFZ sowohl auf eine Verletzung des Besitzrechts des LN als auch auf eine Verletzung des Eigentums des LG gestützt wird (BGH NJW-RR 2025, 632) und schließlich, wenn der InsVerwalter einerseits Gläubigeransprüche gem **§ 171 II HGB** und anderseits den Innenausgleich unter den Gesellschaftern geltend macht (BGH ZIP 2021, 255 Tz 13 f).Hierher gehört auch der Fall, dass ein Gesellschafter einen Gesellschafter/Schuldner wegen einer Gesellschaftsschuld einmal *als Dritten* „im Außenverhältnis" in Anspruch nimmt sowie auch *als Mitgesellschafter* im Innenverhältnis aufgrund Auseinandersetzungsabrechnung (BGH NJW-RR 2021, 1650). Wird mit der Klage der Ersatz von Rechtsverfolgungskosten verlangt, sollen damit verlangte gerichtliche (zB § 54 Nr 1 InsO) und außergerichtliche Kosten (zB Vergütungs- und Auslagenansprüche des InsVerwalters gem § 54 Nr 2 Fall 2 InsO) selbständige Streitgegenstände bilden (BGHZ 239, 37 Tz 40 ff = MDR 2024, 52). Der Streitgegenstand wird auch dann geändert, wenn bei einer Schadensersatzklage unter Aufrechterhaltung des Klageantrags der haftungsbegründende Lebenssachverhalt ausgetauscht wird (BGH NJW 99, 2119 ff; für KFV entspr OLG Koblenz NJW-RR 2012, 447). **Abgrenzung:** An einem „Wechsel im Streitgegenstand" (Greger § 263 Rn 7) fehlt es dagegen in den Fällen der verdeckten Sicherungszession bei Rückabtretung u Offenlegung (vgl die Nw in BGH NJW 2007, 2560, 2561, ferner bei auf PfÜB gestützter Klage, wenn die überwiesene Forderung nachträgl (zusätzl) abgetreten wird (BGH NJW 2007, 2560 = MDR 2007, 1152). Grund: Der Kl macht – sei es als Prozessstandschafter, sei es als Rechtsinhaber – jew denselben Anspruch geltend (s vor § 50 Rn 27, 49). *Verhältnis zum einheitl Streitgegenstand:* Ist die Klage („richtiger" Ansicht nach) nicht auf mehrere (Lebens-)Sachverhalte (§ 253 II Nr 2) gestützt, handelt es sich (nur) um verschiedene (Schadens-)Positionen oder rechtl Gesichtspunkte des einheitl Streitgegenstands (Behandlung nach Rn 67, 71, 73). Die Abgrenzung beider Fallgruppen richtet sich nach der (fehlenden) Einheitlichkeit des Klagegrundes, was uU schwer festzustellen ist (s Rn 83; sa SchweizBG 28.8.2018 – 4A 442/2017; Abhilfe: Hinweis nach § 139 III).

b) Unterlassungsklagen. Lit: Gottwald FS Köhler, 2014, S 173; Meller-Hannich FS Schilken, 2015, S 719. 75
– Hauptanwendungsgebiete sind: WettbewerbsR (vgl § 8 UWG), gewerbl Rechtsschutz u UrheberR, AGB- u VerbraucherschutzR (§§ 1-2c UKlaG; ferner aber auch §§ 12, 862, 1004 BGB; § 6 GeschGehG). Bestimmtheit u Umfang des Unterlassungsantrags: s § 253 Rn 13; § 308 Rn 4a; § 313 Rn 8a. Die zu unterlassende Handlung ist als *konkrete Verletzungsform* oder *abstraktes Verbot* genau zu umschreiben (BGHZ 168, 184; BGHZ 194, 314 Tz 24 ff). Im **Wettbewerbsprozess** bestimmt sich der Streitgegenstand damit nach dem „Kern" des vom Kl geltend gemachten Rechtsverstoßes (Teplitzky/Sender Kap 46 Rn 3 ff). Bei mehrfach (mit dem Verstoß gegen verschiedene Verbotsgesetze) begründeter Unterlassungsklage mit einheitl Antrag ist es wegen der Komplexität der Lebensverhältnisse oft schwierig, zwischen einheitl (umfassenden) Streitgegenstand mit mehreren Anspruchsgrundlagen (s Rn 67) und einer Mehrheit von gehäuften Klagegründen (Streitgegenständen gem Rn 74) zu unterscheiden (iE Teplitzky/Sender Kap 46 Rn 2, 13 ff). Dies rechtfertigt aber kein Abweichen von den Grundsätzen der Leistungsklage (s Rn 63, 83). Der Kl, der bestimmte (verschiedene) Aspekte entschieden haben möchte, kann (muss) im Wege der obj Klagenhäufung vorgehen (BGHZ 225, 59 Tz 27 = NJW 2020, 3386; OLG Hamburg NJW-RR 2019, 1059 Tz 33 aE, 38). **Lit:** Könen WRP 2019, 565. – Die Unterlassungsklage wegen begangener Störungen (vgl § 1004 I 2 BGB) u die vorbeugende Unterlassungsklage haben entgegen der Rspr des BGH (vgl BGH NJW-RR 2006, 1044) einen einheitl Streitgegenstand (zutr Ahrens JZ 2006, 1184; Gottwald aaO S 176). Streitgegenstand der auf verschiedene Verstöße gestützten Klage gem § 1 UKlaG ist die Wirksamkeit der Klausel, **nicht** der einzelne Unwirksamkeitsgrund (Verstoß gegen Verbotsnorm, zutr BGH NJW 93, 2053).

c) Feststellungsklagen. Bei der Feststellungsklage kennzeichnet regelmäßig der **Antrag** den Streitgegenstand: 76
Ihn bildet das behauptete (materielle) Recht. Dies gilt jedenfalls dann, wenn es sich hierbei um ein **absolutes Recht** handelt, da ein solches die Möglichkeit ausschließt, „dass dem Rechtssubjekt ein zweites Recht mit demselben Inhalt zustehen könnte" (so zutr Henckel S 283; ihm folgend Blomeyer, ZPR, § 40 V 2, S 203; ebenso Schwab S 93 f [beachte wegen der Rechtskraft aber auch S 174 ff u hier § 322 Rn 12]; Zeiss/Schreiber, ZPR, Rn 313 [b]; Jauernig/Hess § 37 Rn 46, str; **aA** Habscheid S 216; Lüke JZ 60, 203; Musielak NJW 2000, 3597). Daher gehören zum Streitgegenstand alle Erwerbsgründe. **Bsp:** Bei Klage auf Feststellung des Eigentums an einer Sache sowohl rechtsgeschäftl Erwerb, wie Ersitzung oder Erbgang (aA Habscheid FS Schwab, S 191). **Anders**, wenn auf Feststellung des Bestehens eines **relativen** oder eines Gestaltungsrechts geklagt wird (Letzteres nicht zu verwechseln mit Gestaltungsklage). **Bsp:** Sowohl eine Forderung (§ 194 I, § 241 BGB) als auch ein Rücktrittsrecht (zB §§ 346 ff BGB) bedürfen zu ihrer Individualisierung **stets** der Angabe des Entstehungsgrundes. Bei der Klage auf Feststellung der Forderung zur Tabelle (§§ 179 ff, § 183 InsO) ist Streitgegenstand *nicht* die Qualifizierung als Insolvenzforderung (BGHZ 168, 120; s § 322 Rn 9).

Streitgegenstand der **negativen Feststellungsklage** ist das Rechtsverhältnis, dessen Nichtbestehen der Kl gerichtl festgestellt wissen will (LG Frankfurt/M MDR 2022, 1179; Baltzer, Die neg Feststellungsklage aus § 256 I ZPO, 1980, S 35 u mwN, 89, hM). Da die Beweis-(Behauptungs-)Last nicht von den Parteirollen abhängt, genügt es, dass der Kl den Streitgegenstand nach Zeit, Ort und beteiligten Personen unterscheidbar beschreibt, während es Sache des Bekl ist, die rechtsbegründenden Tatsachen zu behaupten (Schellhammer Rn 190). **Mehrheit** von Streitgegenständen liegt vor, wenn (bei einheitl Antrag) mehrere unterschiedl ausgestaltete Unterlas- 77 sungsansprüche geleugnet werden (BGHZ 119, 248). Verhältnis zur **Leistungsklage:** Ihr Streitgegenstand umfasst den der Feststellungsklage mit (BGH NJW 89, 2064; ThP/Seiler Einl II Rn 14 mwN); Folgen: Leistungsklage hindert negative Feststellungsklage, nicht umgekehrt (s § 256 Rn 30); *anders* bei abw Streitgegenstandsbegriff (Rn 62) die EU-Rechtslage: s Art 29 Brüssel Ia-VO Rn 9; eingeh Althammer aaO S 126 ff, 162 ff; Gottwald MDR 2016, 936. Die Rechtskraft der abweisenden Leistungsklage entspricht der eines negativen Feststellungsurteils (s § 322 Rn 12).

78 Streitgegenstand der arbeitsrechtl **Kündigungsschutzklage** (§§ 1, 4 KSchG) ist die Frage der Auflösung des Arbeitsverhältnisses durch die angegriffene Kündigung zum vorgesehenen Kündigungszeitpunkt und zugleich der Bestand des Arbeitsverhältnisses zu diesem Zeitpunkt (sog „punktueller" erweiterter Streitgegenstandsbegriff; vgl BAGE 7, 36; BAG NJW 95, 2311; BAG NJW 2008, 1097, 1101; BAG MDR 2014, 667 Tz 31, jew mwN, stRspr, str; Boemke FS Becker-Eberhard, 2022, S 59), nicht der Bestand des Arbeitsverhältnisses als solches (sa § 256 Rn 6). Ein umfassender („globaler") Streitgegenstand – Fortbestand des Arbeitsverhältnisses bis zu dem im Klageantrag genannten Zeitpunkt, längstens bis zur letzten mündl Verh – gilt bei Verbindung des Antrags gem § 4 KSchG mit dem allg Feststellungsantrag gem § 256 (zulässig, § 260, iE str; s BAG NJW 98, 698; BAG MDR 2014, 667 Tz 33; zur Präklusion Boemke FS Becker-Eberhard, 2022, S 64); sa § 322 Rn 13.

79 **d) Gestaltungsklagen. Lit:** Köhler, Der Streitgegenstand bei Gestaltungsklagen, 1995. Der Umfang des Streitgegenstands von Gestaltungsklagen ist umstritten (vgl dazu Schlosser, Gestaltungsklagen u Gestaltungsurteile, 1966, S 335 ff; Habermeier ZZP 105 [1992], 187; Lakkis, Gestaltungsakte im internat Rechtsverkehr, 2007, S 178 ff). – IE ist zwischen den verschiedenen Gestaltungsklagen zu unterscheiden. – **aa) Handelsrechtliche Gestaltungsklagen.** Hier ist ein enger durch den Sachverhalt (Gestaltungsgrund) (mit-)bestimmter Streitgegenstand anzunehmen. **Bsp:** Der auf Geschäftsübergabe nach § 142 HGB klagende Gesellschafter stützt seine Klage zunächst auf Krankheit des Bekl, während er die ihm ebenfalls bekannten Veruntreuungen desselben nicht vorträgt. Nimmt man an (Habscheid S 214), Klagegrund seien hier die umfassend verstandenen Gesellschafterbeziehungen, nicht die Einzellebensvorgänge daraus, so stellt ein Nachschieben des 2. Grundes (Veruntreuungen) keine Klageänderung dar; die Abweisung der Klage stünde einer neuen, auf den bisher nicht vorgetragenen Gestaltungsgrund gestützten Klage entgegen (vgl Brox JuS 62, 121, 127 für § 133 HGB). Folgerichtig müsste dies auch gelten, wenn die bereits vor Schluss der mündl Verh erfolgten Veruntreuungen dem Kl unbekannt geblieben wären – falls man nicht den Rechtsgedanken aus § 767 III, § 616 aF hier entspr anwenden wollte (sa vor § 322 Rn 70). **Richtigerw** benötigt man hier zur Individualisierung des Antrags auf Rechtsgestaltung – und damit zur Fixierung des Streitgegenstandes – den Lebenssachverhalt, den der Kl vorgetragen hat, um den Tatbestand des **konkreten Gestaltungsgrundes** auszufüllen (im Bsp: einerseits Krankheit – andererseits Veruntreuung); vgl in diesem Sinn Brox aaO; Zeiss/Schreiber, ZPR, § 44 IV 3; Jauernig/Hess § 37 Rn 44 f; Blomeyer, ZPR, § 40 V 3; BGHZ 45, 329. Bei übereinstimmend begründeter **Nichtigkeits- und Anfechtungsklage gegen Gesellschafterbeschlüsse** liegt Streitgegenstandseinheit vor; der Unterschied in der Antragstellung auf Feststellung bzw Rechtsgestaltung ist insoweit bedeutungslos (BGHZ 134, 366 f; BGH NJW 99, 1638, früher str). Seinem Umfang nach umfasst der Streitgegenstand der aktienrechtl Klagen gem §§ 241, 246 AktG *alle* einem Hauptversammlungsbeschluss anhaftende Mängel (BGHZ 152, 4 = NJW 2002, 3465 = MDR 2003, 38 – *umfassender* Streitgegenstand); entspr gilt für die Anfechtung von **WEG-Beschlüssen** (BGHZ 182, 307 Tz 5, 21; BGH NJW 2013, 65 Tz 8; sa § 44 WEG). **Abgrenzung:** Werden mat-rechtl Gestaltungsrechte (zB Rücktritt gem §§ 437, 323, 346 BGB) mit einer Leistungsaklge auf Rückgewähr geltend gemacht, bildet jeder Rücktrittsgrund (zB Sachmangel) einen Streitgegenstand (s Rn 73 aE).

80 **bb)** Bei bestimmten **Klage-** und **Verfahrensarten** passt der für das kontradiktorische Streitverf entwickelte Streitgegenstandsbegriff nur eingeschränkt oder überhaupt nicht. Streitgegenstand der **Vollstreckungsgegenklage** (§ 767) ist die Unzulässigkeit der ZwV aus dem (bestimmten) Titel wegen bestimmter Einwendungen („globaler" Streitgegenstand; BGH NJW 2017, 1313 Tz 43 f = MDR 2017, 43; BGH NJW-RR 2023, 66 Tz 19; zusammenfassend Leitmeier JR 2021, 550, 553 mN), nicht (bei Klageabweisung) das Bestehen des titulierten Anspruchs, nicht (bei Klagestattgabe) die einzelnen Einwendungen (iE str; s § 322 Rn 13 [f]). Streitgegenstand der „**Titelgegenklage**" ist abw die Wirksamkeit des Titels (iE str, s Leitmeier JR 2021, 550, 553). Entspr gilt für die **Abänderungsklage** (§ 323), so dass auch „gegenläufige" Abänderungsklagen den gleichen Streitgegenstand haben (s § 323 Rn 27). Beim **Mahnverf** ist der prozessuale Anspruch eigenständig (§ 690 I Nr 3) zu bestimmen (näher Vollkommer FS E. Schneider, 1997, S 231; Maniak, Die Verjährungsunterbrechung usw, S 255 ff). Dass auch das **selbständige Beweisverf** einen „Gegenstand" haben muss, zeigt bereits das Antragserfordernis (§§ 486 f) und die Hemmung der Verjährung (§ 204 I Nr 7 BGB; ähnl Wolf FS Schumann, 2001, S 584). Im **KFV** gilt der zivilprozessuale Streitgegenstandsbegriff (so OLG Koblenz NJW-RR 2012, 447, str). Der Streitgegenstand im **InsAnfechtungsverf** (§§ 129 ff InsO) ist der Rückgewähranspruch nach § 143 InsO, nicht die insolvenzrechtl Anfechtung als solche (GemS-OGB BGHZ 187, 105 Tz 9 = NJW 2011, 1211). Der Streitgegenstand in der **Rechtsmittelinstanz** wird durch die Anträge des Hauptrechtsmittels bestimmt (BGH NJW-RR 2005, 1659); *eine unselbständige Anschließung ist idR* nur in seinem Rahmen (Lebenssachverhalt) zulässig (BGHZ 148, 159 für Revision, wegen § 513 I, § 529 von allg Bedeutung). Der Streitgegenstand der **Restitutionsklage** (§ 580) entspricht dem des rechtkräftig abgeschlossenen Verf (vgl § 578 I; BGH NJW-RR 2021, 1650 Tz 11).

cc) Bei der **Musterfeststellungsklage** nach dem VDuG bilden die einzelnen „Feststellungsziele" (§ 1 I Nr 2, § 41 I VDuG) jeweils eigenständige Streitgegenstände (BGH NJW 2020, 341 Tz 10 = MDR 2019, 1328 zur MFK der ZPO). Bei der **Abhilfeklage** nach dem VDuG ist zu unterscheiden: Die Klage nach § 14 S 1, § 16 I 1 Fall 2 VDuG (**Abhilfe-Sammelklage**; § 1 VDuG Rn 15), die auf die Verurteilung zur Leistung an individualisierte betroffene Verbraucher gerichtet ist, entspricht einer (neuartigen) Prozessstandschaft, bei der der klagende Verband (§ 2 I VDuG) ihm fremde Ansprüche im eigenen Namen geltend macht; es liegt nach allgemeinen Grundsätzen eine Streitgegenstandsmehrheit vor. Sind die erfassten Ansprüche aber so völlig homogen, kann dies dazu führen, dass sie einen einheitlichen Streitgegenstand bilden (su „gewillkürte Gruppenklage"). Dagegen fügt sich die Klage nach § 14 S 2, § 16 I 1 Fall 1 VDuG (**Abhilfe-Gruppenklage**; § 1 VDuG Rn 16), die auf Zahlung eines **kollektiven Gesamtbetrags** oder auf eine andere (vertretbare) Sachleistung (zB Reparatur) zum Zweck der Verteilung/Erbringung an nicht individualisierte Verbraucher im Umsetzungsverfahren (§§ 22 ff VDuG) gerichtet ist, nicht in das überkommene Konzept des Streitgegenstands ein. § 8 Satz 1 VDuG (s § 8 VDuG Rn 1) sieht eine umfassende Sperrwirkung der zeitlich ersten (Abhilfe-)Verbandsklage vor, die Urteilswirkungen der Abhilfeklage (§§ 11, 16, 18, 22 ff VDuG) bleiben dahinter zurück, was gegen einen einheitlichen Begriff des Streitgegenstands (s Rn 61) spricht. **Gewillkürte Gruppenklage.** Die selbständigen Schadensersatzansprüche der geschädigten Gruppenmitglieder werden mit der Abtretung an den Kl unselbständige Rechnungsposten eines einheitlichen Streitgegenstands (BAG MDR 2021, 1072; G. Vollkommer MDR 2021, 1115; sa § 325 Rn 40). 81

dd) In den Verf des **einstweiligen Rechtsschutzes** (§§ 916 ff; §§ 935 ff) gelten dagegen die allg Grundsätze des ZP (Rn 63 ff, 83; OLG Hamburg NJW-RR 2019, 1059 Tz 29); dasselbe gilt für das **schiedsgerichtliche Verf** (§ 1044 S 2, § 1059 V; s § 1044 Rn 2). 81a

5) Stellungnahme zum Streit zwischen „eingliedrigem" und „zweigliedrigem" Streitgegenstandsbegriff. 82
a) Aus den Darlegungen zu Rn 71-81 geht hervor, dass der **Lebenssachverhalt** (Klagegrund gem § 253 II Nr 2; näher s Rn 83), aus dem die begehrte Rechtsfolge abgeleitet wird, den Streitgegenstand sehr oft mitbestimmt, so vor allem bei Leistungsklagen auf Gattungsschulden oder Geld (Rn 72), doch nicht immer, wie bei Klagen auf Feststellung eines absoluten Rechts (Rn 76) oder auf Unterlassung einer abstrakt umschriebenen Handlung (Rn 75). Insofern ist der Begriff des Streitgegenstandes kein einheitl (idS auch Blomeyer ZPR, § 40 II u V; § 49 III 2; PG/Prütting Rn 18, 19; RSchwab/Gottwald § 93 Rn 14, 28). Ein für sämtl „Prüfsteine" geltender Einheitsbegriff stößt mit Recht auf Kritik; sa Rn 61, 90; insb ist zwischen Streit- (Rechtshängigkeit) und (eigenem) Urteilsgegenstand (Rechtskraft) zu unterscheiden (s Braun § 26 I 2; StJ/Roth vor § 253 Rn 41 ff, 61; StJ/Althammer § 322 Rn 93).

b) Auch der **BGH** u das **BAG** gehen von einem zweigliedrigen Streitgegenstand aus. Das Gericht darf nur (muss aber auch: s Rn 85 ff) über den sich aus dem **Antrag** und dem sich von den Parteien vorgetragenen **Lebenssachverhalt** (Klagegrund) ergebenden prozessualen Anspruch entscheiden (BGHZ 117, 5 mN; BGHZ 154, 342, 347 f; BGHZ 157, 47, 50; BGHZ 183, 77 Tz 10; BGHZ 189, 56 Tz 3; BGHZ 198, 294 Tz 15 = NJW 2014, 314; BGHZ 199, 159 Tz 16; BGHZ 209, 168 Tz 27; BGHZ 225, 59 Tz 25; BAG NJW 2014, 717 Tz 17). Zum Lebenssachverhalt (Klagegrund) sind alle Tatsachen zu rechnen, die bei einer **natürl Betrachtungsweise** zu dem durch den Vortrag des Kl zur Entscheidung gestellten Tatsachenkomplex gehören (BGHZ 157, 47, 51; BGHZ 194, 314 Tz 19; BGHZ 198, 294 Tz 15 = NJW 2014, 314; BGHZ 199, 159 Tz 16; BGHZ 209, 168 Tz 27 = NJW 2016, 1818; BGHZ 211, 189 Tz 24 = NJW 2017, 61; BGHZ 225, 59 Tz 26; sa Rn 86 ff; vor § 322 Rn 70). Durch Einführung neuer Tatsachen kann ledigl der Lebenssachverhalt ergänzt oder aber der Streitgegenstand verändert werden (s die Bsp in Rn 67, 71-74). Die Abgrenzung ist oft zweifelhaft (MskV/Voit Rn 75 f; Jauernig/Hess § 37 Rn 34; Teplitzky/Sender Kap 46 Rn 2, 13), die maßgebl Kriterien, insb die Berücksichtigung mat-rechtl Gesichtspunkte (Bsp: BGH MDR 2021, 1275) sind umstr (so MskV/Voit Rn 75 f; sa Rn 68). **Bsp** für Ergänzung: neue Schadensberechnung mit geänderten Schadensfaktoren der gleichen Schadensart (BGHZ 119, 23; BGH NJW-RR 91, 1279); Vorlage neuer Schlussrechnung in Bauprozess (BGH NJW-RR 2002, 1596 = MDR 2002, 1390; s aber allg zur nachträgl Erstellung vor § 322 Rn 57); Geltendmachung von weiterem Beratungsmangel bei Anlageberatung (BGHZ 198, 294 Tz 18, 19 = NJW 2014, 314; BGH NJW 2015, 2411 Tz 11), weiteren Prospektfehler bei der Prospekthaftung (BGHZ 203, 1 Tz 146 = NJW 2015, 236; sa Rn 67); Aufklärungsmängel bei Arzthaftung wegen Behandlungsfehlers (s Rn 67). **Bsp** für neuen Streitgegenstand bei gleichem Lebensvorgang: Geltendmachung „anderer" Schadensfolgen aus einem identischen Ereignis (Verkehrsunfall, Körperverletzung, Errichtung von Bauwerk usw, s Rn 73); Inanspruchnahme des Beklagten als Dritten einerseits und als Mitgesellschafter anderseits (BGH MDR 2021, 1275). Hilfen bei Abgrenzungszweifeln: Rückgriff auf mat-rechtl (s Rn 68 f), aber auch prozessuale Wertungen (Erreichung sinnvoller Verfahrenskonzentration, Vermeidung von Parallel- und Folgeprozessen und der Gefahr widersprechender Entscheidungen; Umfang – „Kern" – des Streits; sa Rn 90 und allg vor § 322 Rn 70). Der Entschädigungsanspruch wegen einer unangemessenen Verfahrensdauer (§ 198 II 3, 4 GVG) ist zeitbezogen geltend zu machen, wodurch der Streitgegenstand des Entschädigungsprozesses festgelegt wird (BGH MDR 2023, 249 Tz 74 = NJW 2023, 1578 [Würdinger/Maus]; G. Vollkommer WuB 2023, 89). Bei der Änderung des Antrags ist § 264 Nr 2, 3 zu beachten, wonach nicht automatisch jede Antragsänderung zugleich eine Streitgegenstandsänderung darstellt (s Rn 63, 71). 83

84 **6) Keine Beschränkung des Streitgegenstands durch die Anspruchsbegründung.** Streitig ist, inwieweit Ausnahmen von den Rn 67-71 dargelegten Grundsätzen der umfassenden Prüfungs- und Entscheidungsbefugnis des Gerichts anzuerkennen sind, inwieweit vor allem der subj **(materielle) Anspruch** doch **Einfluss** auf den **prozessualen Streitgegenstand** zu nehmen vermag. – **a) Keine Beschränkung des Streitgegenstandes durch den Kl auf bestimmte rechtl Gesichtspunkte.** Aus der zwingenden Vorschrift des § 253 II Nr 2 geht hervor, dass die im Antrag der Leistungsklage bezeichnete Rechtsfolge den Streitgegenstand auch dann abgrenzt, wenn der Kl **ausdrückl** verlangt, sein Antrag möge nur unter einem **bestimmten rechtl Gesichtspunkt** (mat-rechtl Anspruchsgrundlage) geprüft oder unter einem bestimmten Gesichtspunkt nicht geprüft werden. Die Rechtsanwendung unterliegt nicht der Dispositionsfreiheit der Parteien. Der Richter hat den Prozessstoff nach allen Richtungen zu prüfen (BGH NJW-RR 2023, 64 Tz 21). Eine solche (sog) **Ausschaltungsbefugnis** des Leistungskl verdient keinen Rechtsschutz und ist daher unzulässig und nicht zu beachten (OLG Köln MDR 84, 151; OLG Brandenburg NJW-RR 2010, 635, 636; ThP/Seiler § 308 Rn 4; StJ/Roth vor § 253 Rn 66; RSchwab/Gottwald § 77 Rn 10 ff; Braun § 59 III 4; hM, str; zur aA WSch/Assmann § 253 Rn 69 f mN; offen lassend BGH ZIP 87, 1174; vermittelnd OLG Hamm NJW-RR 2000, 727: keine Bindung; sa § 308 Rn 5), denn das Institut der Leistungsklage soll dem Kl ledigl zu einem Titel verhelfen, der die behauptete Rechtsfolge realisiert, falls sie eingetreten ist. Dementspr fehlt dem Kl, der dieselbe Entscheidung mit einer anderen Begründung erstrebt, die Beschwer (vgl BGHZ 183, 77 Tz 17 = NJW 2010, 2210; BGH NJW 2011, 610 Tz 13; BAG NJW 2021, 1036 Tz 11). Kann der Kl jedoch ausnahmsw (zB in dem oft erörterten Fall des § 393 BGB oder im Hinblick auf § 850f II, § 850d I 1; § 174 II, § 302 Nr 1 InsO) ein Rechtsschutzbedürfnis dahin nachweisen, dass es ihm gerade auf die Feststellung eines bestimmten subj Rechts ankommt, so ist er nicht auf eine (selbständige oder Inzident-) Feststellungsklage zu verweisen (so BGHZ 109, 276 f; BGHZ 183, 77 Tz 18 = NJW 2010, 2210 mwN; sa vor § 322 Rn 35; § 850f Rn 9), sondern kann dann bereits ein Leistungsurteil aus einem bestimmten Klagegrund (Anspruchsgrundlage) verlangen (s vor § 322 Rn 35 aE; § 700 Rn 16, arg: Bindung des VollstrGerichts). **Abgrenzung:** Die obigen Ausführungen gelten nicht, wenn es in Wahrheit nicht um bloße „rechtl Gesichtspunkte", sondern um *eigenständige Klagegründe* (iSe selbständigen Streitgegenstandes) geht. **Bsp:** Nichtgeltendmachung von vertragl Ansprüchen (BGHZ 91, 283 f); Nichtgeltendmachung von arbeitsrechtl Ansprüchen im Prozess um gesellschafts-rechtl Gewinnbeteiligung (BAG NJW 2014, 717 Tz 19-21); sa die Bsp Rn 68 (zu §§ 861, 1077, 985 BGB). Der Kl kann daher eine Entscheidung über einen *bestimmten rechtl Gesichtspunkt* nur erzwingen, wenn er ihn – wie idR bei Unterlassungsklagen – zum Gegenstand eines eigenständigen Antrags (obj Klagehäufung) machen kann (s BGHZ 194, 314 Tz 25; BGHZ 225, 59 Tz 27 = NJW 2020, 3386; Stieper WRP 2013, 561 Tz 8; teilw krit Schwippert WRP 2014, 8; sa Rn 87); zum „Zuschneiden" des Sachverhalts sa Rn 87. Weiteres Bsp: Ist die Einbeziehung eines gleichgerichteten selbständigen privilegierten Anspruchs (zB aus „vorsätzlich begangener unerlaubter Handlung") gem § 260 unterblieben, ist die erstmalige Feststellungsklage ohne weiteres möglich (Fallgestaltung in BGHZ 209, 168 = NJW 2016, 1818).

85 **b) Keine Beschränkung des Streitgegenstandes durch Zuständigkeits- und Rechtswegnormen.** Eine Beschränkung des Streitgegenstands durch Zuständigkeits- und Rechtswegnormen erfolgt nach der Wertung des § 17 II 1 GVG grds nicht (BGHZ 153, 178 = NJW 2003, 828; BGHZ 225, 59 Tz 22 f = NJW 2020, 3386; H. Roth FS Schumann, 2001, S 359 ff, früher sehr str); es gilt eine umfassende Entscheidungsbefugnis des zulässigerweise angegangenen Gerichts (s § 12 Rn 21). Andererseits führt § 17 II 1 GVG nicht zu einer Erweiterung des Streitgegenstandes (BAG NJW 2014, 717 Tz 21); Grenze der Entscheidungsbefugnis des Gerichts ist vielmehr die Identität des Streitgegenstandes (BGHZ 199, 159 Tz 21). Bei Mehrheit von Streitgegenständen setzt eine einheitliche Entscheidung voraus, dass der Rechtsweg für jeden gegeben ist (vgl § 17 GVG Rn 6). **Abgrenzung:** Eine Beschränkung des Streitgegenstands tritt dagegen ein, wenn dies dem Sinn und Zweck der Zuständigkeitsnorm entspricht. So erfasst die erstinstanzliche sachliche Zuständigkeit des OLG nach § 6 I 1 UKlaG nicht konkurrierende Unterlassungsansprüche nach § 8 I UWG (KG MDR 2025, 341). Eine Beschränkung der Kognitionsbefugnis auf den im Hoheitsgebiet des Gerichtsstaats eingetretenen Schaden („Mosaikprinzip") oder auf bestimmte Anspruchsgrundlagen kennt das EU-Recht (s Hau Art 7 Brüssel Ia-VO Rn 21 f, 35 f, 38).

86 **c) Keine Beschränkung des Streitgegenstands durch Insolvenzeröffnung.** Erhebt der InsVerwalter Anfechtungsklage, bilden insolvenzrechtl (§§ 133 ff InsO) und mat-rechtl Rückgewähransprüche (zB § 826 BGB) einen einheitlichen Streitgegenstand, wenn sie auf demselben Lebenssachverhalt beruhen (BGH MDR 2019, 375 Tz 17, 19). Zu einer Aufspaltung kommt es, wenn bereits *vor* der InsEröffnung aus mat-rechtl Gründen Klage auf Rückgewähr erhoben wurde; dann steht bei *späterer* Anfechtungsklage des InsVerwalters einem umfassenden Streitgegenstand die Rechtshängigkeit der ersten Klage entgegen (§ 261 III Nr 1; BGH MDR 2019, 375 Tz 22 f).

87 **7) Streitgegenstand und Lebenssachverhalt. a) Keine Beschränkung durch bewussten Nichtvortrag von Tatsachen.** Der Kläger kann nicht verlangen, über seinen Antrag möge entschieden werden, als hätten sich bestimmte in den Rechtsstreit eingeführte Tatsachen nicht ereignet.

Ein Kl, der einzelne Tatsachen ungeprüft lassen will, begehrt im Prinzip nichts Anderes als ein Kl, der über einen Antrag nur *unter bestimmten rechtl* Gesichtspunkten entscheiden lassen will (s Rn 84 u § 308 Rn 5). Eine willkürliche **Auswahl von Tatsachen** und damit **Begrenzung des Sachverhalts** ist ihm ebenso zu versagen (BGHZ 198, 294 Tz 21) wie eine Auswahl rechtl Gesichtspunkte (s Rn 84). **Abgrenzung:** Bei komplexen Lebenssachverhalten (Bsp: Bausachen) ist der Kl freilich nicht gehindert, durch „Zuschnitt" seines Sachvortrags iVm entspr Klarstellungen Einfluss auf den Umfang des Streitgegenstands zu nehmen. Dies entspricht der Möglichkeit des Gerichts, einzelne Sachverhaltskomplexe „abzuschichten" (vgl § 139 I 3). **Bsp:** Ausdr Beschränkung der Architektenhaftung auf bestimmte Pflichtverletzungen (BGHZ 198, 294 Tz 23 = NJW 2014, 314; sa StJ/Roth vor § 253 Rn 68). **Schranke:** Unzulässig ist dagegen, dem Gericht durch „abgestufte" Verteidigungserklärungen eine bestimmte Reihenfolge zur Prüfung von Tatsachenbehauptungen vorzuschreiben (BGH NJW-RR 2023, 64 Tz 22, 44; arg § 282 I; sa Rn 41, 49).

b) Keine Beschränkung durch unbekannte Tatsachen. Der Kl kann sich in einem Zweitprozess nicht darauf berufen, seine neue Klage betreffe deshalb einen neuen Streitgegenstand, weil er nunmehr auch Tatsachen vortrage, die im Erstprozess unbewusst, insb infolge Unkenntnis, nicht vorgetragen worden seien. Zum Lebenssachverhalt zählen aber nicht nur die in der (ersten) Klage vorgetragenen Tatsachen, sondern auch die dort ohne Klageänderung vorgetragen werden konnten und (zur Vermeidung der Präklusion) mussten. Auch diese sind Teil des Lebenssachverhalts (s BGHZ 194, 314 Tz 19; BGHZ 198, 294 Tz 15) und damit auch des Streitgegenstandes. Ihre mögliche Unkenntnis gehört zum Risiko eines jeden Prozesses und die Rechtskraft hindert die Parteien daran, später geltend zu machen, es müsse neu entschieden werden, weil der Lebenssachverhalt (s Rn 83) nicht vollständig vorgetragen gewesen sei (s vor § 322 Rn 70). 88

c) „Neue" Tatsachen. Einen Sonderfall bilden Tatsachen, die sich erst nach der letzten mündl Tatsachenverh eines Prozesses wirkl oder angebl ereignet haben, aber zu dem im Erstprozess behandelten Lebenssachverhalt gehören und für den Streitgegenstand des Erstprozesses rechtserhebl sind. Der Schluss der letzten mündl Tatsachenverh kann den Ablauf eines Lebenssachverhalts nicht „beenden" oder „unterbrechen"; die auf die neuen Tatsachen gestützte Klage betrifft also zwar wieder dens Streitgegenstand (s vor § 322 Rn 55, 57), ermöglicht aber eine neue Entscheidung über den bereits rechtskräftig beurteilten Streitgegenstand, wobei freilich die Basis der bereits rechtskräftigen Entscheidung nicht verlassen werden darf (iE str; s vor § 322 Rn 57 ff, 60). 89

8) Abweichende Lehrmeinungen und Stellungnahme. Diesem **prozessual bestimmten Begriff des Streitgegenstands** ggü wird in der Lehre (Henckel, Rimmelspacher, Georgiades, Larenz ua, vgl zsfassend Braun § 26 II 2, 3) der Zusammenhang zwischen dem Rechtsfolgebegehren des Kl und seinem *materiellen Anspruch*, auf den es sich stützt, stärker betont, um den Gleichlauf zwischen materiellem und Prozessrecht herzustellen (dafür auch Stamm). Teils wird zu diesem Zweck ein rechtl mehrfach begründeter Anspruch als *ein* materieller Anspruch und zugleich als *ein* Streitgegenstand aufgefasst (Georgiades; Larenz), teilw wird als Kriterium für den Streitgegenstand die *selbständige Abtretbarkeit* eines von mehreren „konkurrierenden Ansprüchen" verstanden (Henckel), teils wird eine Neugliederung des Anspruchs in *Rechtsbehelf und Rechtsposition* befürwortet (Rimmelspacher, Braun; danach Identität des Streitgegenstands bei Gleichheit der Rechtsposition). Neuerdings wird auf die Identität des **Kl-Interesses** und damit die Erfüllungskonnexität abgestellt (Althammer, Spickhoff). Diese Theorien haben sich bish noch **nicht durchsetzen** können. Unter dem Einfluss des europ Rechts (s Rn 62) wird wohl ein rein „prozessualer" Einheitsbegriff nicht unverändert aufrechtzuerhalten sein (Rn 61, 82; für Modifikationen etwa Stürner FS Lüke, 1994, S 836; Hess JZ 98, 1027, 1031; abl MskV/Voit Rn 72a); in Teilbereichen gab es Tendenzen, die „**Kernpunkttheorie**" verallgemeinernd umzusetzen (vgl hier 32. Aufl Einl Rn 91 mN und Bsp § 323 Rn 27, 38). Auch bei Ablehnung einer allg Übernahme der „Kernpunkttheorie" (s vor § 322 Rn 13) zwingt die Rspr des EuGH doch zu einer laufenden Überprüfung der bislang gefundenen Ergebnisse (s Althammer aaO, S 158 ff, 172 ff; für Harmonisierung Stamm ZZP 129 [2016], 52 ff). 90

VII) Verhältnis zur Verfassungsgerichtsbarkeit

Lit: *Lechner/Zuck*, BVerfGG[8], 2019; *Lenz/Hansel*, BVerfGG[3], 2020; *Sachs*, VerfProzessR[4], 2016; *Zuck/Eisele*, Das Recht der Verfassungsbeschwerde[6], 2022.

1) Vorlageverfahren. a) Nach Art 100 I, 126 GG. Liegen die Voraussetzungen des Art 100 I GG vor, muss das Gericht dem BVerfG vorlegen (anders im Eilverf, vor § 916 Rn 9). Das BVerfG verlangt eine eingehende, die Auffassungen in Rspr u Lehre berücksichtigende Begründung; das vorlegende Gericht muss den Sachverhalt so weit aufklären, dass die Entscheidungserheblichkeit der zu prüfenden Norm feststeht (BVerfG NJW 2003, 1382; BVerfG NJW 2025, 1115). Der vorlegende Spruchkörper darf bei erneuter Befassung seine Meinung nicht wechseln (Geimer RIW 94, 59). Eine erneute Vorlage ist entbehrlich, wenn die Fallkonstellation des 2. Rechtsstreits kein neues „Anschauungsmaterial" enthält (OLG Hamburg NJW 94, 1482; BGH NJW 98, 1957 = MDR 98, 732; BGH MDR 2012, 426 (NZB-Verf); sa BGH FamRZ 2013, 118 (Wellenhofer); BVerwG NJW 98, 2301; OLG Frankfurt/M NJW 2006, 2931, 2933). 91

Hat ein Gericht nach Art 100 I GG vorgelegt, dann sind andere Gerichte (die eine andere Rechtsmeinung vertreten) zur Aussetzung (§ 148) nicht verpflichtet (BayObLG FamRZ 91, 229, jedoch berechtigt, BGH NJW 98, 1957. Ablehnung der Aussetzung ist kein Revisionsgrund (BVerwG NJW 98, 2301; sa BGH NJW 2005, 1947). 92

b) Vorlageverfahren nach Art 100 II GG. Angesichts der Zunahme der internat-rechtl Fragestellungen immer bedeutsamer ist das Vorlageverf **nach Art 100 II GG** zur Klärung der Frage, ob eine allg **Regel des Völkerrechts Bestandteil des Bundesrechts** ist u ob sie unmittelbar Rechte u Pflichten für den Einzelnen erzeugt, 93

Art 25 GG (Geimer IZPR[9] Rn 274 ff; näher BVerfG JZ 2001, 975). Das gilt auch für Staaten (BVerfG WM 2019, 1438). Das Fachgericht muss jedoch nur dann vorlegen, wenn die (zweifelhaften) völkerrechtl Fragen **entscheidungserhebl** sind (BVerfG NJW 2012, 293). Der Prüfungsumfang des BVerfG erfasst Existenz, Rechtscharakter, Tragweite u Bindungskraft einer allg Regel des VölkerR, nicht jedoch die **Feststellung der Tatsachen u deren Bewertung im konkreten Einzelfall**. Letzteres ist Aufgabe des Fachgerichts, BVerfG NJW 2006, 2907, 2908; OLG Frankfurt/M NJW 2006, 2931, 2933; sa BGH LMK 2018, 412877 (Mankowski). – Eine Vorlage gem Art 100 GG wegen angebl Unvereinbarkeit einer EuGH-Entscheidung mit GG ist unzulässig (BGH EuZW 2016, 512 Tz 61 ff).

94 **c) Vorlagepflicht nach Art 100 III GG.** Hierzu BVerfG NJW 98, 1296 (Lange NJW 98, 1278).

95 **d) Beschwerde.** Keine Beschwerde gegen Aussetzung wegen Vorlage nach Art 100 GG bzw gegen deren Unterlassung: s § 252 Rn 2. Dies gilt auch dann, wenn Gericht nur aussetzt, ohne vorzulegen, weil es auf den Ausgang eines anderen dieselbe Frage betr Vorlageverf warten will, OLGR Bremen 2008, 989.

96 **2) Verfassungsbeschwerde gegen Entscheidungen der Zivilgerichte (Art 93 I Nr 4a GG, § 90 BVerfGG). a) Allgemeines.** Die Vb ist kein zusätzl Rechtsmittel, sondern ein bes Rechtsbehelf (sui generis) zum Schutz der GrundR u grundrechtsgleicher Rechte (s Rn 101); sie wird in §§ 90-95 BVerfGG näher geregelt. Die Vb bedarf der Annahme zur Entscheidung. Die Frist zur Einlegung beträgt 1 Monat ab Zustellung oder Mitteilung der (idR, § 90 II BVerfGG) letztinstanzlichen Entscheidung (§ 93 I 1, 2 BVerfGG). Zur PKH im verfassungsgerichtl Verf s BVerfG NJW 2010, 1657.

97 **b) Gegenstand.** Beschwerdegegenstand sind grds nur Hoheitsakte dt öffentl Gewalt, insb auch Entscheidungen der staatlichen Zivilgerichte. Jedoch können uU auch Akte nicht-dt Hoheitsgewalt, dh ausl oder internat Gerichte, die Grundrechtsberechtigten in Deutschland betreffen. Auch ggü solchen Rspr-Akten gewährt das BVerfG Grundrechtsschutz via Vb (s näher Lechner/Zuck § 90 BVerfGG Rn 122).

98 **c) Subsidiarität. aa) Rechtswegerschöpfung.** Erforderl ist idR Ausschöpfung des Rechtswegs (§ 90 II 1 BVerfGG). Dieser ist so lange nicht erschöpft, wie für den Betroffenen die Möglichkeit besteht, im fachgerichtl Verf zu obsiegen. Dazu sind die Rechtsmittel, aber auch ges Rechtsbehelfe (zB § 321a, s § 321a Rn 21; § 544, s § 544 Rn 15) zu ergreifen. Erforderl ist grds Einlegung auch solcher Rechtsmittel, deren Statthaftigkeit umstr ist, zB der Beschwerde gegen isoliert nicht anfechtbare Zwischenentscheidungen, wenn diese bereits zu einem später nicht vollständig behebbaren Eingriff in die Grundrechte führen (BVerfG NJW 2019, 987, bejaht für Beweisbeschluss in einem Umgangsverf nach § 1686a BGB wegen mögl Offenlegung der leibl Vaterschaft; sa BGHZ 233, 258 Tz 9 = NJW 2022, 2622; Greger § 358 Rn 4). Eine „Gegenvorstellung", die weder als Rechtsmittel noch als Anhörungsrüge (§ 321a) zulässig sein kann, ist dagegen nicht geboten und nicht fristwahrend für die Vb (BVerfG NJW 2006, 2907). **Hilfestellung:** Bei Unklarheiten über die Statthaftigkeit eines fachgerichtlichen Rechtsbehelfs wird empfohlen, zunächst beide Rechtsbehelfe parallel zu starten u nach (negativer) Entscheidung über die Anhörungsrüge/NZB etc ggf eine weitere Vb einzulegen (Esser NJW 2016, 604; sa auf der Heiden NJW 2023, 480).

99 **bb) Materielle Subsidiarität.** Der Grundsatz der materiellen Subsidiarität steht der Zulässigkeit der Vb idR entgegen, wenn für den Bf die Möglichkeit bestand oder besteht, den behaupteten Verfassungsverstoß anderweitig zu beseitigen oder außerhalb des eingeleiteten verfassungsgerichtl Verf iE dasselbe zu erreichen (sa Rn 35). Er muss alle nach Lage der Sache zur Verfügung stehenden prozessualen Möglichkeiten im sachnächsten Verf ergreifen, um eine Korrektur der angebl Verfassungsverletzung zu erwirken (BVerfG NJW 2018, 3504; BVerfG NJW 2021, 1665; sa § 46 Rn 25; § 321a Rn 21; Esser NJW 2016, 604; auf der Heiden NJW 2023, 480). Nicht geboten ist jedoch idR die Nichtigkeitsklage nach § 579 (BVerfG NJW 97, 1301; s aber auch BVerfG NJW 98, 745) oder Dienstaufsichtsbeschwerde (BVerfG NJW 2004, 891). Die selbständige Anfechtung einer **Zwischenentscheidung** ist danach nur dann zulässig, wenn ein dringendes schutzwürdiges Interesse daran besteht, dass über die Verfassungsmäßigkeit der Zwischenentscheidung sofort u nicht erst iVm der Überprüfung der Endentscheidung erkannt wird (BVerfG WRP 2024, 692 Tz 28; Bsp: BVerfG 3.3.2025 – 1 BvR 750/23; 1 BvR 763/23 Tz 77). Zu den Voraussetzungen der Vb gegen Entsch im **einstw Rechtsschutz** s näher vor § 916 Rn 12.

100 **d) Einstweilige Anordnungen (§ 32 I BVerfGG).** Das BVerfG kann einen Zustand durch einstweilige Anordnung vorläufig regeln, wenn dies zur Abwehr schwerer Nachteile dringend geboten ist (§ 32 I BVerfGG). Die Vb muss noch nicht anhängig sein (BVerfG WRP 2024, 692 Tz 22). Die einstw Anordnung ergeht aufgrund einer Folgenabwägung bei Nichterlass und späterem Erfolg der Verfassungsbeschwerde sowie Erlass und späterem Nichterfolg (BVerfG NJW 2017, 2333 Tz 31; BVerfG NJW 2021, 615 Tz 15; BVerfG NJW 2024, 1411 Tz 15; stRspr). Zur Außervollzugssetzung einer einstw Verfügung s vor § 916 Rn 12.

101 **e) Prüfungsumfang des BVerfG. aa) Grundrechtsrüge.** Gegenstand der Vb sind nach § 90 I BVerfGG die Grundrechte (zB Art 2 (auch iVm Art 1 I), 3, 4, 5, 6, 8, 12, 14 GG) und die grundrechtsgleichen Rechte aus Art 20 IV, 33, 38, 101, 103 und 104 GG. Im Interesse einer effektiven Durchsetzung der Grundrechte ordnet das BVerfG *jedem materiellen Grundrecht* auch einen prozessualen Vorhof zu (zB bei Zwangsversteigerung BVerfG Rpfleger 2025, 175 Tz 43 f; bei Teilungsversteigerung, BGH NJW-RR 2024, 1380; s Rn 24). Zu den rügefähigen Verfahrensgrundrechten und -garantien s näher Rn 15 ff; speziell zu Art 103 I GG s § 321a Rn 9 ff.

bb) Kontrolldichte. Das BVerfG ist keine Superrevisionsinstanz (BVerfG NJW 76, 1677). Fachgerichtliche Entscheidungen überprüft das BVerfG, ob sie auf einer grds unrichtigen Anschauung von der Bedeutung des betroffenen Grundrechts, insb vom Umfang seines Schutzbereichs, beruhen. Dabei beurteilt das BVerfG angesichts der jeweiligen Umstände des Einzelfalls, ob die Entscheidung eines Gerichts auf Willkür, also auf einem Fall grober Missachtung oder grober Fehlanwendung des Gesetzesrechts beruht oder ob sie darauf hindeutet, dass ein Gericht Bedeutung und Tragweite eines Grundrechts oder grundrechtsgleichen Rechts verkannt hat (BVerfG 3.3.2025 – 1 BvR 750/23, 1 BvR 763/23 Tz 97; BVerfG NJW 2021, 2108 Tz 15). Die Auslegung des einfachen Rechts u seine Anwendung auf den einzelnen Fall sind dagegen allein Sache der dafür allg zuständigen Gerichte u der Nachprüfung durch das BVerfG weitgehend entzogen (BVerfG NJW 2024, 1802 Tz 5: keine Überprüfung der „Richtigkeit“ der Entscheidung). 102

Europäisches und Internationales Zivilprozessrecht (EuIZPR)

Lit: Lehr- und Handbücher: *Adolphsen*, Europ ZivilverfahrensR[3], 2022; *Geimer*, IZPR[9], 2024; *Hess*, Europ ZPR[2], 2021; *Junker*, IZPR[6], 2023; *Langenbucher*, Europ Privat- und WirtschaftsR[5], 2022; *Leible/Terhechte*, Europ Rechtsschutz- und VerfahrensR[2], 2021; *Linke/Hau*, IZVR[9], 2024; *Mayr*, Hdb europ ZPR[2], 2023; *Nagel/Gottwald*, IZPR[9], 2025; *Schack*, IZVR[9], 2025. – Spezialkommentare und -sammlungen: *Brand*, Formularbuch Zivilverfahren mit Auslandsberührung[2], 2018; *Gebauer/Wiedmann*, Europ ZivilR[3], 2021; *Geimer/Schütze*, Europ ZVR[4], 2020; *Geimer/Schütze/Hau*, Internat Rechtsverkehr in Zivil- und Handelssachen, Loseblatt; *Geroldinger/Neumayr*, Praxiskommentar IZVR, seit 2021; *Jayme/Hausmann*, Internat Privat- und VerfahrensR[22], 2024; *Kropholler/von Hein*, Europ ZPR[9], 2011; *Rauscher*, Europ Zivilprozess- und KollisionsR[5], seit 2020; *Schlosser/Hess*, EU-ZPR[5], 2021. – **Aktuelle Übersichtsbeiträge:** *Budzikiewicz/Mansel/Thorn/Wagner* IPRax 2025, 93; *Fervers* ZIP 2025, 676; *Schnichels/Stein/Lenzing* EuZW 2024, 1085; *Sujecki* EWS 2024, 250; *Wagner* NJW 2025, 1793. – **Sonstige neuere Aufsätze:** *Dourlen*, Digitalisierung der justiziellen Zusammenarbeit und des Zugangs zur Justiz in grenzüberschreitenden Zivil-, Handels- und Strafsachen, LTZ 2024, 221; *Hess*, Die Etablierung des IZPR als eigenständiges Rechtsgebiet, FS Schack, 2022, S 631; *Pabst*, EuZPR – Die Entstehung eines Rechtsgebiets, FS Rauscher, 2025, S 433; *Rieländer*, Digitalisierung des grenzüberschreitenden Zivilprozesses, RabelsZ 89 (2025), 214; *Rühl*, Digitalisierung der grenzüberschreitenden Streitbeilegung: Status quo und Zukunftsperspektiven, JZ 2023, 157; *Uhlmann*, Europarecht und nationales Verfahrensrecht, GVRZ 2023, 7; *Voß/Singer*, Digitalisierung der justiziellen Zusammenarbeit, RDi 2024, 173; *Wagner*, 25 Jahre justizielle Zusammenarbeit in Zivilsachen, IPRax 2025, 322; *Weller*, Prozessmaximen und positives Verfahrensrecht: Internationale Perspektiven, ZZP 135 (2022), 265; *Wilke*, Der lange Schatten des Unionsrechts auf dem Zivilverfahrensrecht, GVRZ 2024, 16.

1 **I) Begrifflichkeit.** Das **Internat Zivilprozessrecht (IZPR)** bzw Internat Zivilverfahrensrecht (IZVR) befasst sich mit zivilrechtl Erkenntnis- oder Vollstreckungsverfahren, die grenzüberschreitende Bezüge aufweisen, sei es hinsichtl der Parteien, des Gegenstands oder der Beweismittel. Es geht dann vor allem darum, unter welchen Voraussetzungen die dt Gerichte trotz des Auslandsbezugs internat zuständig sind oder ausländ Entscheidungen im Inland Wirkungen entfalten können. Zudem regelt das IZPR sonstige Besonderheiten der Durchführung von Verfahren mit ausländ oder auslandsansässigen Beteiligten, die Koordination in- und ausländ Parallelverfahren sowie die Behandlung ein- oder ausgehender Rechtshilfeersuchen.

2 Wegen der besonderen Bedeutung europarechtl Rechtsquellen für das IZPR ist häufig von dessen Europäisierung bzw von **Europ Zivilprozessrecht (EuZPR)** bzw Europ Zivilverfahrensrecht (EuZVR) die Rede. Bisweilen meint dies nur eine prägnante Bezeichnung des IZPR, soweit es durch europäische Sekundärrechtsakte geregelt ist (so etwa MK/Rauscher Einleitung Rn 537 ff); im Vordergrund steht dann die Abgrenzung zum autonomen (im Sinne von: mitgliedstaatl) IZPR sowie zum konventionsrechtl IZPR (also Regelungen in völkerrechtlichen Verträgen). Sinnvoller erscheint es, den Begriff EuZPR weiter zu fassen, nämlich zum einen unter Einbeziehung sowohl des Sekundär- als auch des Primärrechts, soweit es für das IZPR relevant wird (Europ IZPR; Rn 10 ff), und zum anderen unter Einbeziehung der Frage, inwieweit auch rein innerstaatl Zivilprozesse durch Vorgaben des Primär- und Sekundärrechts beeinflusst werden (Rn 3 ff).

3 **II) Europarechtliche Vorgaben für Fälle ohne Auslandsbezug. 1) EU-Recht.** Die EU verfügt zwar über eine weitreichende Rechtssetzungskompetenz im Bereich des IZPR (Art 67, 81 AEUV; dazu Rn 11), nicht aber für das ZPR zu Sachverhalten *ohne Auslandsbezug* („Binnen-ZPR"). Daher wird häufig auf den Grundsatz der **Verfahrensautonomie der Mitgliedstaaten** verwiesen (vgl BVerfG NJW 2009, 2267 Tz 368; näher etwa Uhlmann GVRZ 2023, 7).

Als **Annex zu materiell-rechtl Sekundärrechtsakten** in Rechtsgebieten, auf denen die EU zur Rechtssetzung in Zivilsachen befugt ist (vgl insb: Art 114, 115, 169 AEUV; ausführl Gebauer/Wiedmann, Europ ZivilR; Langenbucher, Europ Privat- und WirtschaftsR), finden sich aber bisweilen auch **flankierende prozessuale Vorgaben** (näher etwa Mäsch in Langenbucher, Europ Privat- und WirtschaftsR, § 9 Rn 8 ff), denen Anwendungsvorrang vor den mitgliedstaatl Verfahrensrechtsordnungen zukommt (allg zum Anwendungsvorrang des EU-Rechts etwa von Papp NJW 2025, 1231). Prominentes Bsp ist die RL 2020/1828 über Verbandsklagen zum Schutz der Kollektivinteressen der Verbraucher (Verbandsklagen-RL, ABl EU 2020 L 409/1; in Deutschland umgesetzt durch das VDuG, Art 1 G v 8.10.2023, BGBl 2023 I Nr 272, s hierzu die Kommentierung § 1 VDuG ff, hier kommentiert im Anschluss an das EGZPO). Weitere, jeweils eher punktuelle Bspe für ZPR-relevantes Sekundärrecht in materiell-rechtl Richtlinien: Art 10 Zahlungsverzug-RL 2011/7/EU v 16.2.2011 (ABl EU 2011 L 48/1), Art 5 ff Kartellschadensersatz-RL 2014/104/EU v 26.11.2014 (ABl EU 2014 L 349/1; dazu EuGH NJW 2025, 1317; zudem etwa Paulmichl/Kramme ZZPInt 28 [2023], 111), Art 6 ff Geschäftsgeheimnisse-RL 2016/943 v 8.6.2016 (ABl EU 2016 L 157/1), Art 6 ff Anti-SLAPP-RL 2024/1069 v 11.4.2024 (ABl EU L 2024/1069; dazu Althammer/Bauer ZZPInt 28 [2023], 81; Budzikiewicz/Mansel/Thorn/Wagner IPRax 2025, 93, 101 ff), Art 29 Lieferketten-RL 2024/1760 v 13.6.2024 (ABl EU L 2024/1760; vgl dazu den Vorschlag der Kommission v 26.2.2025 zur „Entschärfung“: COM [2025] 81; krit Kieninger ZIP 2025, 682), Art 9 ProdHaftRL 2024/2853 v 23.10.2024 (ABl EU L 2024/2853; dazu Maus JZ 2025, 537). 4

Auch **Vorgaben des Primärrechts** können für rein innerstaatl Zivilprozesse und die nationale Gerichtsverfassung relevant sein, so namentlich Art 19 I EUV sowie Art 47 EuGRC (dazu aus neuerer Zeit EuGH 25.2.2025 – C-146/23 u C-374/23; vgl etwa Rademacher JuS 2018, 337; Wilke GVRZ 2024, 16 Rn 27 ff). Zudem leitet der EuGH in stRspr gewisse **Mindestanforderungen** aus dem primärrechtl **Äquivalenz- und Effektivitätsgrundsatz** ab: „Bei der Ausgestaltung des Verfahrens für die Klagen, die den Schutz der dem Bürger aus der unmittelbaren Wirkung des Gemeinschaftsrechts erwachsenden Rechte gewährleisten sollen, haben die Mitgliedstaaten dafür zu sorgen, dass die betreffenden Modalitäten nicht ungünstiger sind als für gleichartige Klagen, die das innerstaatl Recht betreffen (Grundsatz der Gleichwertigkeit bzw Äquivalenz), und dass sie nicht so ausgestaltet sind, dass sie die Ausübung der Rechte, die die Gemeinschaftsrechtsordnung einräumt, praktisch unmöglich machen (Grundsatz der Effektivität)“ (EuGH NJW 2006, 1577; vgl seither etwa EuGH RIW 2020, 122; BGH WM 2025, 1057 Tz 15 ff). Der EU-Gesetzgeber hat diese EuGH-Judikatur aufgegriffen und bestätigt, so in Art 4 RL 2014/104/EU v 26.11.2014 (ABl EU 2014 L 349/1; dazu EuGH NJW 2025, 1317 Tz 71 ff, dort zum Sammelklage-Inkasso zur Durchsetzung kartellrechtl Ansprüche; dazu Thiede NJW 2025, 1302). Vgl aus dem Schrifttum zu alledem etwa Uhlmann GVRZ 2023, 7; sehr krit Roth JZ 2023, 100. Intensiv diskutiert wird im Hinblick auf den Effektivitätsgrundsatz, inwieweit das dt Mahnverfahren den verbraucherschutzrechtlichen Vorgaben des EU-Rechts genügt (dazu aus neuerer Zeit etwa Paulus/Kapetanos ZZP 138 [2025], 23). 5

Das Rechtsprechungsorgan der EU ist der **Gerichtshof der Europäischen Union** in Luxemburg, der den Gerichtshof (**EuGH**), zudem das Gericht (EuG) sowie Fachgerichte umfasst (Art 19 I 1 EUV; Homepage: http://curia.europa.eu). Einige der hierauf entfallenden Zuständigkeiten betreffen Zivilsachen, so etwa die Zuständigkeit für Schadensersatzklagen wegen außervertraglicher Haftung der EU für ihre Organe und Bediensteten (Art 268, 340 AEUV). Im Übrigen stellt Art 19 I 3 EUV klar, dass es Sache der Mitgliedstaaten ist, wirksamen Rechtsschutz in den vom EU-Recht erfassten Bereichen zu gewährleisten. 6

Die Parteien eines mitgliedstaatl Zivilprozesses haben zwar keinen Zugang zum EuGH als Rechtsmittelinstanz. Von herausragender Bedeutung ist aber das in Art 267 AEUV geregelte **Vorabentscheidungsverfahren**, das dem EuGH (und in bestimmten Angelegenheiten dem EuG: Art 50b Satzung EuGH, eingefügt durch Art 1 Nr 4 VO 2024/2019 v 11.4.2024, ABl EU L 2024/2019; dazu Budzikiewicz/Mansel/Thorn/Wagner IPRax 2025, 93, 94 f; Mundhenke EuZW 2024, 950) die Interpretationsprärogative hinsichtl des Primär- und Sekundärrechts sichert. Dabei ist zu unterscheiden zwischen der bloßen Vorlageberechtigung nationaler Gerichte (Art 267 II AEUV) und der Vorlageverpflichtung letztinstanzlich entscheidender nationaler Gerichte (Art 267 III AEUV; dazu EuGH NJW 2025, 725; dies kann womöglich auch schon ein AG sein, vgl etwa AG Wedding 19.5.2023 – 70b C 5/21 Tz 40). Allerdings kann der BGH, statt eine Frage dem EuGH vorzulegen, die Sache zunächst an die Berufungsinstanz zurückgeben, damit diese noch fehlende Feststellungen trifft, ohne die eine aussagekräftige Vorabentscheidung nicht gewährleistet wäre (BGH ZIP 2022, 1518). Was unter einem „Gericht“ zu verstehen ist, wird ausgehend von einer autonomen Auslegung von Art 267 AEUV ermittelt; erfasst können auch Rechtspfleger sein (Ilg Rpfleger 2018, 301; beachte aber EuGH FamRZ 2025, 713, dazu Kleinschmidt FamRZ 2025, 655: das dt Nachlassgericht übe bei der Ausstellung des Europ Nachlasszeugnisses gem Art 67 EuErbVO keine gerichtl Funktion aus u sei deshalb nicht vorlageberechtigt), nach bislang hM aber grds nicht Schiedsgerichte (dazu und zu denkbaren Ausnahmen EuGH NJW 2018, 1663 Tz 43 ff). Zur **Verfahrensaussetzung** wegen einer eigenen Vorlage an den EuGH oder mit Rücksicht auf die Vorlage eines anderen (dt oder ausländ) Gerichts s § 148 ZPO Rn 3b f (vgl auch BGH NJW 2025, 1421, dort zum Rechtsschutz gegen eine Aussetzung; BGH WM 2025, 1057, dort zum Absehen von einer Aussetzung bei Säumnis; dazu Fischer NJW 2025, 1382). Beachte zum Vorabentscheidungsverfahren die „Praktische[n] Anweisungen für die Parteien in den Rechtssachen vor dem Gerichtshof“ (ABl EU L 2024/2173) sowie die „Empfehlungen an die nationalen Gerichte bezüglich der Vorlage von Vorabentscheidungsersuchen“ (ABl EU C 2024/6008). 7

8 Durch das Übereinkommen v 19.2.2013 (EPGÜ, ABl EU 2013 C 175/1) haben 25 EU-Staaten das **Einheitliche Patentgericht** (EPG) als ein gemeinsames Gericht der Vertragsstaaten vereinbart. Das EPG hat am 1.6.2023 seine Arbeit aufgenommen (dt ZustimmungsG: BGBl II 2021, 850). Ihm obliegt die Entscheidung von Streitigkeiten über europ Patente sowie europ Patente mit einheitlicher Wirkung (einführend etwa Blanke-Roeser JZ 2023, 219). Spruchkörper des EPG sind das Gericht erster Instanz (bestehend aus einer Zentralkammer sowie Lokalkammern und Regionalkammern, Art 7 EPGÜ) sowie das Berufungsgericht (Art 9 EPGÜ).

9 **2) Europarat (EMRK).** Einfluss auf die dt Zivilgerichtsbarkeit haben auch Entscheidungen des Straßburger **Europäischen Gerichtshofs für Menschenrechte** (EGMR; Homepage: www.coe.int/en/web/portal/gerichtshof-fur-menschenrechte), der über die Einhaltung der EMRK vom 4.11.1950 wacht. Von besonderer Bedeutung sind im Zivilprozess die in Art 6 EMRK normierten Justizgrundrechte, namentlich der Anspruch auf Entscheidung in angemessener Frist und auf Gewährung rechtl Gehörs (Würdinger ZZP 132 [2019], 49), zudem das Prinzip der Waffengleichheit (Schack ZZP 129 [2016], 393) als Ausprägung des Gebots der Verfahrensfairness. Das 11. Protokoll zur EMRK eröffnet die Möglichkeit, nach Erschöpfung des innerstaatl Instanzenzugs eine **Individualbeschwerde zum EGMR** zu erheben (dazu Windel JR 2014, 365, 368 ff). Gem § 580 Nr 8 ist Restitutionsklage eröffnet, wenn der EGMR eine Verletzung der EMRK festgestellt hat und eine dt Entscheidung auf dieser Verletzung beruht. Allgemeiner zur Pflicht dt Gerichte, die Rechtsprechung des EGMR zu berücksichtigen: Haug NJW 2018, 2674. Das 16. Protokoll vom 2.10.2013 zur EMRK, das ein Vorlageverfahren vorsieht, in dem nationale Höchstgerichte den EGMR um Vorabentscheidung zur EMRK ersuchen können, ist am 1.8.2018 in Kraft getreten, allerdings noch nicht für Deutschland.

10 **III) Rechtsquellen des IZPR. 1) Überblick.** Zivilsachen iSv § 13 GVG sind seit Langem Gegenstand von Rechtsakten der EU, zudem von völkerrechtl Konventionen, also (multilateralen) Übereinkommen und (bilateralen) Abkommen. Wenngleich in der ZPO eine § 97 FamFG entsprechende Klarstellung zur **Normenhierarchie** fehlt, gilt auch hier der Vorrang zunächst des EU-Rechts (näher zum sog Anwendungsvorrang etwa von Papp NJW 2025, 1231) und sodann des Konventionsrechts, jeweils samt der diesbezügl dt Ausführungsbestimmungen (Bspe: AVAG, IntErbRVG; s Rn 24), vor dem übrigen dt Recht.

11 **2) EU-Recht. a) Grundlagen.** Die weitreichende **Rechtssetzungskompetenz** der EU im Bereich des IZPR (genauer: für „Zivilsachen mit grenzüberschreitendem Bezug") ergibt sich heute aus Art 67, 81 AEUV (näher Wagner JuS 2025, 496, dort auch zur sog Außenkompetenz). Bedeutsam sind neben den auf dieser Grundlage erlassenen Verordnungen und Richtlinien (dazu sogleich) auch **primärrechtl Vorgaben** des EUV und des AEUV (hierzu etwa Linke/Hau Rn 1.10 ff). Mitgliedstaatl Verfahrensordnungen wie die ZPO müssen den Justizgrundrechten der EuGRC Rechnung tragen (vgl etwa EuGH ZIP 2024, 1864, dort zu Vorgaben von Art 47 EuGRC bei der Zustellung von Ladungen an konzernangehörige Gesellschaften), zudem dem Äquivalenz- und Effektivitätsgrundsatz (Rn 5) und gerade in internat Sachverhalten auch dem allg Diskriminierungsverbot (Art 18 AEUV) sowie den Grundfreiheiten (Art 26 II AEUV).

12 **b) Verordnungen.** Seit Inkrafttreten des Amsterdamer Vertrags (ABl EU 1997 C 340/173) hat sich die Verordnung zum wichtigsten Rechtssetzungsinstrument im IZPR auf EU-Ebene entwickelt (vgl im Einzelnen etwa Linke/Hau Rn 1.16 ff). Verordnungen haben gem Art 288 II AEUV allgemeine Geltung, sind in allen ihren Teilen verbindlich und gelten unmittelbar in allen **Mitgliedstaaten**. Besonderheiten gelten allerdings für Dänemark und Irland (jeweils klargestellt in den Erwägungsgründen der einzelnen Verordnungen) bzw galten für das Vereinigte Königreich bis zu dessen Austritt aus der EU (**Brexit:** Austrittsabkommen v 24.1.2020, ABl EU 2020 L 29/7; vgl dort Art 66-69, 126 f zur Fortgeltung einzelner IZPR-relevanter Rechtsakte im Übergangszeitraum bis 31.12.2020; hierzu etwa Hau MDR 2021, 521; Kosmehl FS Rauscher, 2025, S 327; Steinbrück/Lieberknecht EuZW 2021, 517; Ungerer NJW 2021, 1270; Wagner EuZW 2022, 550). Keine Rolle spielt bislang in den Verordnungen zu allgemeinen Zivilsachen – anders als im internat Familienrecht – die Möglichkeit einer **Verstärkten Zusammenarbeit** einzelner Mitgliedstaaten (Art 20 EUV, Art 326 ff AEUV).

13 In der nachfolgenden **Übersicht** werden die wichtigsten Verordnungen zur justiziellen Zusammenarbeit in Zivilsachen mit grenzüberschreitendem Bezug (Art 81 I AEUV) zusammengestellt, soweit sie für die von der ZPO erfassten Zivilsachen bedeutsam sind (ausführl Übersicht zu den hier ausgeklammerten Verordnungen im Bereich des internat Familienrecht etwa bei PH/Hau § 97 FamFG Rn 17 ff).

Kurztitel	**Titel**	**Fundstelle im ABl EU**	**Vorgängerrechtsakt**	**Deutsches Durchführungsrecht**
Brüssel Ia-VO (bzw EuGVVO 2012)	VO 1215/2012 v 12.12.2012 über die gerichtliche Zuständigkeit und die Anerkennung und Vollstreckung von Entscheidungen in Zivil- und *Handelssachen*	2012 L 351/1	EuGVÜ (bzw Brüsseler Übereinkommen) v 27.9.1968 (ABl EU 1972 L 299/32, 1998 C 27/1) Brüssel I-VO (bzw EuGVVO 2001) 44/2001 v 22.12.2000 (ABl EU 2001 L 12/1)	§§ 1110-1117

Kurztitel	Titel	Fundstelle im ABl EU	Vorgängerrechtsakt	Deutsches Durchführungsrecht
	Geändert durch:			
	VO 542/2014 v 15.5.2014	2014 L 163/1		
EuMahnVO	VO 1896/2006 v 12.12.2006 zur Einführung eines Europäischen Mahnverfahrens	2006 L 399/1		§§ 1087-1096
	Geändert durch:			
	Art 2 VO 2015/2421 v 16.12. 2015	2015 L 341/1		
	Art 19 DigitalVO 2023/2844 v 13.12.2023	L 2023/2844		
EuBagatellVO	VO 861/2007 v 11.7.2007 zur Einführung eines europäischen Verfahrens für geringfügige Forderungen	2007 L 199/1		§§ 1097-1109
	Geändert durch:			
	Art 1 VO 2015/2421 v 16.12. 2015	2015 L 341/1		
	Art 20 DigitalVO 2023/2844 v 13.12.2023	L 2023/2844		
EuVTVO	VO 805/2004 v 21.4.2004 zur Einführung eines europäischen Vollstreckungstitels für unbestrittene Forderungen	2004 L 143/15		§§ 1079-1086
	Geändert durch:			
	Art 1 VO 2022/2040 v 19.10. 2022	2022 L 275/30		
	Art 18 DigitalVO 2023/2844 v 13.12.2023	L 2023/2844		
EuKoPfVO	VO 655/2014 v 15.5.2014 zur Einführung eines Europäischen Beschlusses zur vorläufigen Kontenpfändung im Hinblick auf die Erleichterung der grenzüberschreitenden Eintreibung von Forderungen in Zivil- und Handelssachen	2014 L 189/59		§§ 946-959
	Geändert durch:			
	Art 22 DigitalVO 2023/2844 v 13.12.2023	L 2023/2844		
EuZustVO	VO 2020/1784 v 25.11.2020 über die Zustellung gerichtlicher und außergerichtlicher Schriftstücke in Zivil- oder Handelssachen in den Mitgliedstaaten	2020 L 405/40	EuZustVO 1348/2000 v 29.5. 2000 (ABl EU 2000 L 160/37) EuZustVO 1393/2007 v 13.11. 2007 (ABl EU 2007 L 324/79)	§§ 1067-1071
	Geändert durch:			
	Art 24 DigitalVO 2023/2844 v 13.12.2023	L 2023/2844		
EuBewVO	VO 2020/1783 v 25.11.2020 über die Zusammenarbeit zwischen den Gerichten der Mitgliedstaaten auf dem Gebiet der Beweisaufnahme in Zivil- oder Handelssachen	2020 L 405/41	EuBewVO 1206/2001 v 28.5. 2001 (ABl EU 2001 L 174/1)	§§ 1072-1075

Kurztitel	Titel	Fundstelle im ABl EU	Vorgängerrechtsakt	Deutsches Durchführungsrecht
EuUrkVO	VO 2016/1191 v 6.7.2016 zur Förderung der Freizügigkeit von Bürgern durch die Vereinfachung der Anforderungen an die Vorlage bestimmter Urkunden innerhalb der Europäischen Union	2016 L 200/1		§§ 1118-1120
EuErbVO	VO 650/2012 v 4.7.2012 über die Zuständigkeit, das anzuwendende Recht, die Anerkennung und Vollstreckung von Entscheidungen und die Annahme und Vollstreckung öffentlicher Urkunden in Erbsachen sowie zur Einführung eines Europäischen Nachlasszeugnisses	2012 L 201/107		IntErbRVG

14 Nicht in der Übersicht nachgewiesen sind bloße Änderungen oder Ergänzungen von **Anhängen** der Verordnungen (so zur Brüssel Ia-VO: VO 2015/281 v 26.11.2014, ABl EU 2014 L 54/1). Die erwähnten Änderungen durch die **DigitalVO** (VO 2023/2844 v 13.12.2023 über die Digitalisierung der justiziellen Zusammenarbeit und des Zugangs zur Justiz in grenzüberschreitenden Zivil-, Handels- und Strafsachen und zur Änderung bestimmter Rechtsakte im Bereich der justiziellen Zusammenarbeit; vgl dazu Dourlen LTZ 2024, 221; Rieländer RabelsZ 89 [2025], 214; Voß/Singer RDi 2024, 173) gelten grds mWv 1.5.2025 (Art 26 II DigitalVO).

15 Außer in den oben aufgeführten Spezialverordnungen zur justiziellen Zusammenarbeit finden sich IZPR-relevante Vorgaben auch in einigen **sonstigen Verordnungen**, so etwa in Art 122, 125 f, 131 Unionsmarke-VO 2017/1001 v 14.6.2017 (ABl EU 2017 L 154/1) oder in Art 48, 79 und 81 Datenschutz-GrundVO 2016/679 v 27.4.2016 (ABl EU 2016 L 110/1).

16 **c) Richtlinien.** Anders als bei der justiziellen Zusammenarbeit in Strafsachen, werden in Zivilsachen eher selten Richtlinien iSv Art 288 II AEUV erlassen, die der Umsetzung in das mitgliedstaatl Recht bedürfen und daher deutlich weniger Rechtsvereinheitlichung als Verordnungen bewirken. Erwähnt seien aber die RL 2003/8/EG v 27.1.2003 zur Verbesserung des Zugangs zum Recht bei Streitsachen mit grenzüberschreitendem Bezug durch Festlegung gemeinsamer Mindestvorschriften für die Prozesskostenhilfe (**PKH-RL**, ABl EU 2003 L 26/41, geändert durch Art 1 Digital-RL 2023/2843, ABl EU L 2023/2843 v 27.12.2023; in Deutschland umgesetzt in §§ 1076-1078, s § 1076 ZPO Rn 1) und die RL 2008/52/EG vom 21.5.2008 über bestimmte Aspekte der Mediation in Zivil- und Handelssachen (**Mediations-RL**, ABl EU 2008 L 136/3; in Deutschland umgesetzt im MediationsG, Art 1 G v 21.7.2012, BGBl I 2012, 1577). Nur ansatzweise geregelt sind IZPR-relevante Aspekte hingegen in der RL 2020/1828 über Verbandsklagen zum Schutz der Kollektivinteressen der Verbraucher (**Verbandsklagen-RL**, vgl dort Art 2 II sowie Thönissen ZZP 134 [2021], 273; ABl EU 2020 L 409/1; in Deutschland umgesetzt im VDuG, Art 1 G v 8.10.2023, BGBl 2023 I Nr 272 [s hierzu die Kommentierung § 1 VDuG ff]). Hinzu kommen einige Richtlinien zu sonstigen Themenbereichen, die einzelne IZPR-relevante Vorgaben enthalten, so Art 16 f **Anti-SLAPP-RL** (Rn 4), ferner Art 86j IV RL 2017/1132 v 14.6.2017 über bestimmte Aspekte des Gesellschaftsrechts (ABl EU 2017 L 169/46; eingefügt durch Art 1 Nr 5 RL 2019/2121 v 27.11.2019, ABl EU 2019 L 321/1; in Deutschland umgesetzt durch § 341 II UmwG, eingefügt durch Art 1 Nr 58 G v 22.2.2023, BGBl 2023 I Nr 51).

17 **d) EU-Recht und ZPO.** Herkömmlich **modifizieren** die EU-Rechtsakte zur grenzüberschreitenden justiziellen Zusammenarbeit das mitgliedstaatliche Recht in internationalen Fällen durch vereinheitlichte vorrangige Regeln (vgl von Papp NJW 2025, 1231), und zwar insb zur internationalen Zuständigkeit sowie zur Beachtlichkeit ausländischer Rechtshängigkeit, Rechtskraft und Vollstreckbarkeit (vgl zu alledem heute die Brüssel Ia-VO, s § 1110 ZPO Rn 1), zur Zustellung an auslandsansässige Adressaten (heute: EuZustVO; s § 1067 ZPO Rn 1) und zur Beweisaufnahme im Ausland (heute: EuBewVO; s § 1072 ZPO Rn 1), ferner durch Vorgaben zur PKH-Gewährung (PKH-RL; s § 1076 ZPO Rn 1). In neueren Rechtsakten tritt das EU-Recht zudem durch zusätzliche Verfahrensoptionen neben die mitgliedstaatlichen Verfahren (in Deutschland also neben den klassischen Zivilprozess und das ZPO-Mahnverfahren), indem es **genuin europäische Erkenntnisverfahren und Vollstreckungstitel** zur Verfügung stellt. Hierzu zählen in allg Zivil- und Handelssachen das sog Europäische Mahnverfahren mit dem Europäischen Zahlungsbefehl gem der EuMahnVO 1896/2006 (s § 1087 ZPO Rn 1) und das sog Europäische Bagatellverfahren gem der EuBagatellVO 861/2007 (s § 1097 ZPO Rn 1), zudem im Bereich des einstweiligen Rechtsschutzes das in der EuKoPfVO 655/2014 geregelte einheitliche Verfahren auf Erlass eines Beschlusses zur vorläufigen Kontenpfändung (s § 946 ZPO Rn 1).

3) Konventionsrecht. Das Konventionsrecht ist facettenreich und schwer zu überblicken (beachte die sechsbändige Zusammenstellung und teilw Kommentierung bei Geimer/Schütze/Hau, zudem etwa die Aufzählung bei Schack Rn 58 f). Wichtige **Hilfsmittel** sind die Textsammlung von Jayme/Hausmann, der jährlich erscheinende Fundstellennachweis B zu den für Deutschland verbindlichen Verträgen (www.recht.bund.de/de/bundesgesetzblatt/fundstellennachweise/fnb/fnb_node.html) sowie die Homepage der Haager Konferenz für IPR (www.hcch.net). 18

Die in der Praxis wichtigste IZPR-relevante multilaterale Konvention war lange Zeit das Brüsseler EWG-Übereinkommen v 27.9.1968 über die gerichtliche Zuständigkeit und die Vollstreckung gerichtlicher Entscheidungen in Zivil- und Handelssachen (**EuGVÜ**, ABl EU 1972 L 299/32; konsolidierte Fassung: ABl EU 1998 C 27/1), das später durch die Brüssel I-VO 44/2001 (auch „EuGVVO 2001") und nunmehr durch die Brüssel Ia-VO 1215/2012 (auch „EuGVVO 2012") abgelöst worden ist (Übersicht in Rn 13). Dieses „Brüssel I-System" wird im Verhältnis zu Island, Norwegen und der Schweiz ergänzt durch das Luganer Parallelübereinkommen v 30.10.2007 über die gerichtliche Zuständigkeit und die Vollstreckung gerichtlicher Entscheidungen in Zivil- und Handelssachen (**LugÜ**, ABl EU 2007 L 339/3 und 2009 L 147/5; Vorgänger: LugÜ v 16.9.1988, BGBl II 1994, 2660). 19

Außerhalb des europ Rechtsverkehrs sind Übereinkommen heute vor allem im Bereich der **internat Rechtshilfe** relevant, so namentlich das **HZPÜ** (Haager Übereinkommen v 1.3.1954 über den Zivilprozeß; s § 183 ZPO Rn 8), das **HZÜ** (Haager Übereinkommen v 15.11.1965 über die Zustellung gerichtlicher und außergerichtlicher Schriftstücke im Ausland in Zivil- oder Handelssachen, s § 183 ZPO Rn 8), das **HBÜ** (Haager Übereinkommen v 18.3.1970 über die Beweisaufnahme im Ausland in Zivil- oder Handelssachen, s § 363 ZPO Rn 7), sowie das **RAuskÜ** (Londoner Europäische Übereinkommen betreffend Auskünfte über ausländisches Recht v 7.6.1968, s § 293 ZPO Rn 20). 20

Einen weiteren Schwerpunkt setzt die Haager Konferenz im **Anerkennungsrecht**: zunehmend bedeutsam werden dort das **HGÜ** (Haager Übereinkommen v 30.6.2005 über Gerichtsstandsvereinbarungen, ABl EU 2009 L 133/3; dazu § 328 ZPO Rn 28, Art 25 Brüssel Ia-VO Rn 5) und das **HAVÜ** (Haager Übereinkommen v 2.7.2019 über die Anerkennung und Vollstreckung ausländischer Entscheidungen in Zivil- und Handelssachen, ABl EU 2022 L 187/4; dazu § 328 ZPO Rn 28). Zu beachten ist, dass nicht etwa Deutschland dem HGÜ und HAVÜ beigetreten ist, sondern die EU in Ausübung ihrer Außenkompetenz (Art 216 ff AEUV; näher Wagner JuS 2025, 496, 499 f) mit Wirkung für ihre Mitgliedstaaten (allerdings ohne Dänemark). 21

Mehrere praktisch wichtige Konventionen betreffen das hier ausgeklammerte **internat Familienrecht** (Übersicht bei PH/Hau § 97 FamFG Rn 17 ff). Auch einige Übereinkommen zu **materiell-rechtl Spezialmaterien** enthalten ergänzend IZPR-relevante Regelungen, namentlich zur internat Zuständigkeit und zur Anerkennung/Vollstreckung ausländ Entscheidungen. Solche Konventionen gibt es insb im Bereich des internat Transportrechts (so insb die Internat Vereinbarung v 19.5.1956 über Beförderungsverträge auf Straßen [**CMR**], BGBl II 1961, 1120, BGBl II 1980, 721, das Montrealer Übereinkommen v 28.5.1999 zur Vereinheitlichung bestimmter Vorschriften über die Beförderung im internat Luftverkehr [**MÜ**], BGBl II 2004, 459, BGBl II 2010, 250) und der Haftung für Umweltschäden (näher zu den Übereinkommen für Ölverschmutzungsschäden etwa Dörfelt IPRax 2009, 470). 22

Zudem hat Deutschland verschiedene **bilaterale Verträge** abgeschlossen. Im Bereich der **internat Rechtshilfe** finden sich sowohl bilaterale Zusatzvereinbarungen zur weiteren Vereinfachung des Rechtsverkehrs nach dem HZPÜ (Rn 20) als auch selbständige Rechtshilfeabkommen; beides hat im Wesentlichen aber nur noch Bedeutung für den Rechtsverkehr mit Nicht-EU-Mitgliedstaaten (Nw bei Jayme/Hausmann vor Nr 227 und vor Nr 228). Entsprechendes gilt für die bilateralen **Anerkennungsverträge** (Nw bei Jayme/Hausmann vor Nr 190). Nicht durch EU-Recht verdrängt sind aber die Abkommen mit Israel (Vertrag v 20.7.1977, BGBl II 1980, 926; dt AusführungsG: AVAG) und Tunesien (Vertrag v 19.7.1966, BGBl II 1969, 890; dt AusführungsG: BGBl I 1969, 333, BGBl I 1970, 307). Nach dem Brexit (Rn 12) könnte auch das Deutsch-britische Anerkennungsabkommen v 14.7.1960 (BGBl II 1961, 301; dt AusführungsG: BGBl I 1961, 301) wieder relevant werden, wobei aber zu berücksichtigen ist, dass das Vereinigte Königreich inzwischen dem HGÜ und dem HAVÜ (Rn 21) beigetreten ist. Zu erbrechtl Klagen und diesbezügl Entscheidungen ist § 15 des Deutsch-türkischen Nachlassabkommens (Anlage zu Art 20 des Deutsch-türkischen Konsularvertrags v 28.5.1929, RGBl II 1930, 748, BGBl II 1952, 608) zu beachten. 23

4) Deutsches Gesetzesrecht. In Buch 11 der ZPO (§§ 1067-1120) sind die **Umsetzungs- und Ausführungsregeln** zu den EU-Rechtsakten im Bereich der justiziellen Zusammenarbeit in Zivilsachen zusammengestellt. Weitere in ZPO-Sachen relevante Ausführungsregeln enthalten das Gesetz zur Ausführung zwischenstaatlicher Verträge und zur Durchführung von Abkommen der EU auf dem Gebiet der Anerkennung und Vollstreckung in Zivil- und Handelssachen (**AVAG**, BGBl I 2015, 2146; relevant insb zum LugÜ, HGÜ, HAVÜ) sowie das Internationale Erbrechtsverfahrensgesetz (**IntErbRVG**, BGBl I 2015, 1042). 24

Abgesehen von seinem Buch 11 enthält die ZPO, anders als das FamFG (vgl §§ 97-110 FamFG), keinen eigenen Abschnitt für Verfahren mit Auslandsberührung. Vielmehr gibt es, verstreut über die ganze ZPO, eine Reihe **IZPR-relevanter Regelungen**, die unterschiedl Besonderheiten und Interessen Rechnung tragen (Linke/Hau Rn 1.47). Beachte insb: § 55 (Prozessfähigkeit von Ausländern), § 110 (Ausländersicherheitsleistung), § 183 (Zustellung im Ausland), § 274 III, § 276 I, § 339 II, III (Fristverlängerung), § 293 (Ermittlung ausländ Rechts), 25

§ 313a IV, V, § 313b (Erforderlichkeit von Tatbestand und Entscheidungsgründe bei absehbarer Auslandsvollstreckung), § 328 (Anerkennung ausländ Urteile), §§ 363, 364, 369 (Beweisaufnahme im Ausland), § 438 (ausländ Urkunden), §§ 722, 723 (Vollstreckbarerklärung ausländ Urteile), § 829 II 3 (Entbehrlichkeit einer Auslandszustellung bei der Forderungspfändung), § 841 (Entbehrlichkeit der Streitverkündung im Einziehungsprozess), § 917 II (Arrestgrund der Auslandsvollstreckung), § 1061 (Anerkennung und Vollstreckbarerklärung ausländ Schiedssprüche). Weitere Sonderregeln finden sich **außerhalb der ZPO**, so etwa in §§ 18-20 GVG (s Rn 39), in § 5 II RPflG und im KonsularG. Keine Rechtsquelle, sondern nur eine einheitlich vom Bund und den Ländern erlassene Verwaltungsvorschrift, ist die Rechtshilfeordnung in Zivilsachen (**ZRHO**, aktuelle Fassung v 17.6.2024; s BAnz AT 15.10.2024 B1 und unter www.bundesjustizamt.de, dort unter „Internationale Rechtshilfe in Zivilsachen").

26 **IV) Anwendbares Recht. 1) Verhältnis IPR und IZPR.** Aufgabe des IPR bzw Kollisionsrechts ist die Bestimmung des anzuwendenden Sachrechts. Parallel zur oben skizzierten Entwicklung im IZPR wurde auf europ Ebene auch die Vereinheitlichung des IPR vorangetrieben. Relevant sind in ZPO-Sachen insb die **Rom I-VO** 593/2008 v 17.6.2008 über das auf vertragliche Schuldverhältnisse anzuwendende Recht (ABl EU 2008 L 177/6) und die **Rom II-VO** 864/2007 v 11.7.2007 über das auf außervertragliche Schuldverhältnisse anzuwendende Recht (ABl EU 2007 L 199/40); nachrangig gelten Art 3 ff EGBGB.

27 Die kollisionsrechtl Anknüpfung und die Bestimmung der **internat Zuständigkeit** können auf ähnlichen Erwägungen beruhen, beide Aspekte sind aber zu trennen. Daher kommt es für die Frage, ob die dt Gerichte internat zuständig sind, grds nicht darauf an, ob in der Sache dt Recht anzuwenden ist; ebenso ist irrelevant, ob die zu erlassende dt Entscheidung in dem ausländ Staat anerkannt wird, dessen Sachrecht nach unserem IPR anwendbar ist. Es gibt auch **keinen automatischen Gleichlauf**: Die Berufung des dt Sachrechts durch das IPR zieht ebenso wenig die internat Zuständigkeit der dt Gerichte nach sich wie umgekehrt die Maßgeblichkeit ausländ Sachrechts die internat Unzuständigkeit der dt Gerichte. Im Übrigen darf von der gegebenen internat Zuständigkeit nicht ohne Weiteres auf die Anwendbarkeit des dt Sachrechts geschlossen werden. Eine entsprechende Trennung zwischen IPR und IZPR gilt grds bei der **Anerkennung und Vollstreckung ausländ Entscheidungen:** Diese ist unabhängig davon möglich bzw geboten, ob das ausländ Gericht das aus Sicht des bei uns geltenden IPR „richtige" Sachrecht zugrunde gelegt hat. Näher § 328 ZPO Rn 21, Art 52 Brüssel Ia-VO Rn 1.

28 Zur **Ermittlung ausländ Rechts** im Prozess s § 293 ZPO Rn 10 ff. Entgegen der wohl hM (BGH NJW-RR 2023, 1146; § 545 ZPO Rn 6) folgt aus § 545 I die **Revisibilität** ausländ Sach- und Kollisionsrechts (näher § 293 ZPO Rn 24 f; Linke/Hau Rn 9.20 ff).

29 **2) Lex-fori-Prinzip.** Während das Gericht in Fällen mit Auslandsbezug die in der Sache anzuwendenden materiell-rechtl Regelungen erst kollisionsrechtl ermitteln muss, entnimmt es die verfahrensrechtl Vorschriften grds dem im Gerichtsstaat geltenden ProzessR (lex fori, insb also GVG und ZPO). Dieses **Lex-fori-Prinzip** (forum regit processum) ist im Grundsatz allg anerkannt (näher etwa Brinkmann ZZP 129 [2016], 461; Lutschounig RabelsZ 88 [2024], 760; Geimer Rn 319 ff; Linke/Hau Rn 2.9 ff; Nagel/Gottwald Rn 1.42 ff), und zwar vor allem aus Gründen der Praktikabilität: die Gerichte sind mit der Anwendung des heimischen Rechts vertraut, und es erscheint sinnvoll, dass sich Gerichtsaufbau und Verfahrensregeln entsprechen. Dies allein vermag das Prinzip aber nicht zu tragen (sonst wäre auch im materiellen Recht die Anwendung ausländ Rechts zu vermeiden), sondern nur iVm dem Neutralitätsargument: Weil das ProzessR zwar Verhaltensnormen für das Gericht und die Parteien aufstellt, aber nicht das Ergebnis der Sachentscheidung vorgibt, wird der internat Entscheidungseinklang nicht dadurch beeinträchtigt, dass jedes Gericht sein eigenes nationales ProzessR anwendet.

30 Vor diesem Hintergrund muss allerdings gewährleistet sein, dass sachentscheidende Normen nicht ohne Weiteres der lex fori entnommen bzw als ausländ ProzessR außer Betracht bleiben. Für die gebotene **Abgrenzung zwischen materiellem Recht und ProzessR** können daher nicht etwa äußere Kriterien (wie der Standort einer Vorschrift in ZPO oder BGB), sondern nur funktionelle Kriterien den Ausschlag geben. Im Wesentlichen gilt, dass von der lex fori die Grundstrukturen des Verfahrens bestimmt werden (ausführl Geimer Rn 334 ff, 2630 ff; Nagel/Gottwald Rn 6.2 ff), insb also: die Einrichtung, Besetzung und Zuständigkeit der Gerichte und Vollstreckungsorgane, die Abgrenzung von streitiger und freiwilliger Gerichtsbarkeit, die Einleitung des Verfahrens, die Verfahrens-, Klage- und Vollstreckungsarten, die gerichtl Verfahrensleitung, die Vertretung durch Anwälte, die Öffentlichkeit des Verfahrens, die Kosten, die Entscheidungsformen und das Rechtsbehelfssystem. Als problematisch erweist sich die Abgrenzung von materiellem Recht und ProzessR hingegen vor allem im Bereich des **Beweisrechts** (näher etwa Geimer Rn 2260 ff; Linke/Hau Rn 10.1 ff).

V) Völkerrechtliche Grenzen deutscher Gerichtsbarkeit

Lit: *Bsaisou*, Vollstreckungsimmunität von Zentralbanken, 2020; *Elwan/Otto*, Staaten und Staatsunternehmen im internationalen Schieds- und Zivilverfahrensrecht, FS Kronke, 2020, S 73; *Höfelmeier*, Die Vollstreckungsimmunität der Staaten im Wandel des Völkerrechts, 2018; *Hoss*, The times they are a-changing: Die Immunität internationaler Organisationen im Wandel?, FS Kronke, 2020, S 199; *Kindler*, Russische Staatsanleihen vor deutschen Gerichten, BKR 2022, 407; *Lorz*, Ausländische Staaten vor deutschen Zivilgerichten, 2017; *Lorz*, Schiffe und Staatenimmunität, FS Vieweg, 2021, S 383; *Müller*, Zur überholenden Immunität von Staaten, RIW 2020, 490.

1) Aktivitäten im Ausland. Das völkerrechtl **Territorialitätsprinzip** verbietet es grds den Staaten, Hoheitsakte außerhalb ihres Staatsgebietes vorzunehmen. Somit ist auch die Gerichtsbarkeit (Gerichtsgewalt bzw facultas iurisdictionis) auf das eigene Staatsgebiet beschränkt: Im Grundsatz dürfen gerichtl Prozesshandlungen, namentlich Zustellungen oder Beweisaufnahmen, nicht **im Ausland** erfolgen; vielmehr sind die Gerichte erforderlichenfalls, vorbehaltlich besonderer Vereinbarungen, auf eine Gestattung durch den betroffenen Staat bzw auf **internat Rechtshilfe** durch dessen Behörden angewiesen. Dazu § 183 ZPO Rn 7 ff, § 363 ZPO Rn 6 ff. 31

Freilich gibt es **Grauzonen**, in denen unklar sein kann, welche Auslandsaktivitäten das Völkerrecht im Einzelnen untersagt. So wird etwa diskutiert, ob sich ein Gericht ohne Weiteres schriftlich, telefonisch oder per E-Mail an eine Auskunftsperson wenden darf, die sich im Ausland aufhält (Geimer Rn 436b, 437 ff). Im Übrigen sind inländ Gerichte nach hM nicht bereits aus völkerrechtl Gründen daran gehindert, gem § 142 die Vorlage einer Urkunde aufzugeben, die sich im Ausland befindet (Geimer Rn 440; Schack Rn 847). Dementsprechend darf ein dt Gericht auch zu einem Handeln oder Unterlassen im Ausland verurteilen und etwaige Zuwiderhandlungen im Inland vollstreckungsrechtl gem §§ 888, 890 sanktionieren (Geimer Rn 396 ff; Schack Rn 848, 1144 ff). Unter völkerrechtl Gesichtspunkten problematisch wäre hingegen der Erlass eines Prozessführungsverbots, das einer Partei aufgibt, ein im Ausland bereits eingeleitetes Gerichtsverfahren nicht fortzuführen oder von der Klageerhebung im Ausland abzusehen (Rn 68). 32

2) Aktivitäten im Inland. Das Völkerrecht zieht auch der Ausübung von Gerichtsgewalt im Inland gewisse Grenzen. Erscheinungsformen solcher Gerichtsbarkeitsbefreiungen sind die **Immunität**, die ausländ Staaten und internat Organisationen zugutekommt, zudem die **Exemtion** (oder persönliche Immunität) der Angehörigen des diplomatischen und konsularischen Dienstes sowie die **Exterritorialität** (oder räumlich-gegenständliche Immunität) bestimmter Gegenstände, die sich im Inland befinden. 33

Die Gerichtsbarkeit Deutschlands (bzw das Fehlen einer Gerichtsbarkeitsbefreiung) ist eine eigenständige, von Amts wegen und in jeder Instanz vorrangig zu prüfende **Sachentscheidungsvoraussetzung** (BGH WM 2016, 2141; BGH WM 2025, 263 Tz 6). Jedes dt Gericht besitzt die Kompetenz, die Befreiung von der Gerichtsbarkeit festzustellen; steht indes ein völkerrechtl Befreiungstatbestand in Zweifel, so obliegt es dem BVerfG, für Klärung zu sorgen (Art 100 II GG; dazu Meyer/von Fallois JuS 2019, 1066). 34

Ausländ Staaten genießen nach der heute allg anerkannte Lehre von der **funktional begrenzten (relativen) Immunität** die Freistellung von der dt Gerichtsbarkeit nur für hoheitliches Handeln (acta iure imperii), nicht auch für nichthoheitliches Handeln aus der Teilnahme am allg Wirtschaftsleben (acta iure gestionis); vgl etwa EuGH NZA 2012, 935, 938; BVerfG NJW 2014, 1723; BGH WM 2025, 263 Tz 7 ff; Geimer Rn 558 ff; Nagel/Gottwald Rn 2.5 ff. Der Sache nach liegt diese Unterscheidung auch dem Europ Übereinkommen über Staatenimmunität v 16.5.1972 (EuStaatsImmÜ, BGBl II 1990, 35) zugrunde, das immunitätsfreie Tätigkeiten als Ausnahmetatbestände aufzählt. 35

Träger der Immunität sind zunächst die **Staaten** selbst. Die Befreiung kommt zudem den jeweils handelnden staatl Organen zu. Str ist, ob auch staatl Untergliederungen oder Einrichtungen mit eigener Rechtspersönlichkeit, insb Staatsbanken und sonstige Staatsunternehmen, Immunität beanspruchen dürfen; die dt Rechtsprechung lehnt dies bislang ab (vgl etwa BGH WM 2008, 2302). Inwieweit **internat Organisationen** Immunität genießen, wird meist im Gründungsvertrag, der Satzung oder einem gesonderten Abkommen niedergelegt (vgl etwa BGH NJW 2009, 3164; näher Geimer Rn 825 ff; Nagel/Gottwald Rn 2.86 ff). 36

Ist unklar, ob Immunität gegeben ist, kommt es im **Erkenntnisverfahren** auf die Qualifikation der fremden Staatstätigkeit als hoheitlich oder nicht-hoheitlich an; Maßstab ist grds das dt Recht als lex fori, das aber völkerrechtsfreundlich zu interpretieren ist (BVerfG NJW 2014, 1723, 1724; BGH WM 2025, 263 Tz 8). Abzustellen ist auf die Natur des den Anspruch auslösenden Handelns oder des zugrundeliegenden Rechtsverhältnisses, nicht etwa auf das Motiv oder den Zweck der Staatstätigkeit. Wäre im Falle eines Vertragsschlusses von einem nichthoheitlichen Handeln auszugehen, so besteht auch keine Immunität für Verhalten im Rahmen der Vertragsverhandlungen (BGH WM 2016, 2141, 2142). Eine Ausnahme im Sinne genereller Gerichtsunterworfenheit ist anerkannt für **Immobiliarklagen** sowie **Nachlassstreitigkeiten**; insoweit sind Staaten selbst im Hinblick auf Gesandtschaftsgrundstücke nicht immun (vgl BVerfG NJW 1963, 435; Roeder JuS 2005, 215, 218). 37

Die **Vollstreckungsimmunität**, also die Befreiung von staatl Zwangsmaßnahmen zur Durchsetzung von Ansprüchen aus in- oder ausländ Titeln, orientiert sich hingegen an der Zweckbestimmung des Vollstreckungsgegenstandes (BGH NJW-RR 2003, 1218): Vermögen, welches keinen hoheitlichen Zwecken dient, unterliegt dem Vollstreckungszugriff. Maßgebl ist hierbei der Zeitpunkt, in dem die Vollstreckungsmaßnahme beginnt bzw angeordnet wird (BGH WM 2016, 2357). Entscheidend für die Qualifikation als hoheitlich ist wiederum die Sicht des (völkerrechtsfreundlich gehandhabten) dt Rechts (BGH WM 2016, 2141, 2144). Regelmäßig immunitätsgeschützt sind neben Botschaftskonten auch währungspolitischen Zwecken dienende Bankguthaben (BGH NJW-RR 2013, 1532, 1533). Soweit Konten und Forderungen der Vollstreckungsimmunität unterliegen, sind sie auch kein zuständigkeitsbegründendes inländ Vermögen iSv § 23 (BGH WM 2016, 2141, 2144). Dieselben Grundsätze wie für die Vollstreckungsimmunität gelten für die Anspruchssicherung im Verfahren des **einstw Rechtsschutzes**, namentlich für die Arrestpfändung (BGH NJW-RR 2013, 1532, 1535). 38

39 Unter dem irreführenden Begriff der Exterritorialität (richtig: **Exemption**) regeln §§ **18-20 GVG** – teilw in Umsetzung völkerrechtl Verträge (Wiener UN-Übereinkommen v 18.4.1961 über diplomatische Beziehungen [WÜD], BGBl II 1964, 958; Wiener UN-Übereinkommen v 24.4.1963 über konsularische Beziehungen [WÜK], BGBl II 1969, 1587) – die Befreiung von der inländ Gerichtsbarkeit. Besonderen Schutz im Sinne weitreichender persönl Immunität genießen die Mitglieder diplomatischer Missionen (§ 18 GVG). Demgegenüber sind Mitglieder konsularischer Vertretungen (§ 19 GVG) nur hinsichtl solcher Handlungen befreit, die in Wahrnehmung konsularischer Aufgaben vorgenommen worden sind (Amtsexemtion). Zur Frage, ob eine im Ausland unter Verstoß gegen Immunitätsregeln ergangene Entscheidung im Inland anzuerkennen ist, s § 328 ZPO Rn 74, Art 45 Brüssel Ia-VO Rn 34.

40 Obwohl die klassische Vorstellung einer exterritorialen Enklave im Staatsgebiet des Belegenheitsstaats heute meist abgelehnt wird, hat sich der Begriff der **Exterritorialität** iSv räumlich-gegenständlicher Immunität erhalten. Der Problemkreis ist inzwischen weitgehend auf staatsvertragl Grundlage geregelt. Geschützt sind insb ausländ Botschaftsgebäude (Art 22 WÜD) und Konsulate (Art 31 WÜK), deren Archive (Art 24 WÜD, Art 33 WÜK), amtliche Korrespondenz (Art 27 II WÜD, Art 35 II WÜK) und Kuriergepäck (Art 27 III, IV WÜD, Art 35 IV, V WÜK). In den geschützten Räumlichkeiten dürfen seitens des Belegenheitsstaats keine Amtshandlungen vorgenommen werden, also insb auch keine Zustellungen von Klagen, Ladungen, einstweilige Verfügungen, Arrestbefehlen oder Pfändungsbeschlüssen erfolgen. Die Räumlichkeiten dürfen von Vertretern des Empfangsstaats ohne Zustimmung der Missionschefs auch nicht betreten werden (Art 22 WÜD, Art 31 WÜK).

41 Völkerrechtl anerkannt ist die Möglichkeit des **Verzichts auf die Befreiung**, sei es kraft staatsvertragl Vereinbarung (vgl die Vorlagefrage des BGH WM 2025, 263, ob sich aus Art 6 I EuInsVO 2015/848 ein Verzicht der EU-Mitgliedstaaten auf den Grundsatz der Staatenimmunität für Anfechtungsklagen betreffend die Rückzahlung von Umsatzsteuerzahlungen ergeben kann), kraft Individualvertrags für eventuelle Streitigkeiten aus einem bestimmten Rechtsverhältnis (zB in Anleihebedingungen) oder kraft nachträglicher Zustimmung. Auch ein stillschweigender Verzicht durch konkludentes Verhalten ist denkbar, muss angesichts seiner Bedeutung als partieller Souveränitätsverzicht aber eindeutig sein (BVerfG NJW 2014, 1723, 1724; BGH NJW 2013, 3184, 3186); in Betracht kommen hierbei zB die Erhebung einer Widerklage, die rügelose Einlassung zur Hauptsache in Kenntnis der immunitätsbegründenden Umstände (vgl BVerfG NJW 2014, 1723, 1724) oder die Vereinbarung der internat Zuständigkeit der dt Gerichte (BAG NZA 2017, 1350). Der Verzicht auf Immunität für das Erkenntnisverfahren umfasst grds nicht das Vollstreckungsverfahren (BGH NJW-RR 2013, 1532, 1534). Im Übrigen genügt ein pauschaler Immunitätsverzicht nicht zur Aufhebung des Schutzes der Immunität auch für solches Vermögen, das dem Entsendestaat im Empfangsstaat zur Aufrechterhaltung der Funktionsfähigkeit seiner diplomatischen Mission dient (BVerfG NJW 2007, 2605).

VI) Internationale Entscheidungszuständigkeit

Lit (nur allgemeine Lehren): *Ahrens*, Die Prüfung der internationalen Zuständigkeit: Verschiebung von der Zulässigkeit zur Begründetheit?, FS von Bar, 2022, S 1; *Baumgartner/Kistler*, Die Rechtsprechung des EuGH zu den doppelrelevanten Tatsachen beim Vertrags- und Deliktsgerichtsstand, FS Neumayr, 2023, S 1075; *Dutta*, Die perpetuatio fori im europäischen Zuständigkeitsrecht: Grundsatz oder Ausnahme?, FS Schack, 2022, S 574; *Hau*, Zur Prüfung der internationalen Zuständigkeit, FS Geimer, 2017, S 189; *Labner*, Dismantling the Blackbox: Verteidigungsvorbringen als Determinante der Zuständigkeitsallokation nach der EuGVVO, GVRZ 2022, 12; *Windau*, Doppelrelevante Tatsachen im Europäischen Zuständigkeitsrecht, 2021; *Wißling*, Internationale Zuständigkeit und Effizienz: Eine Ökonomische Analyse der Brüssel Ia-Verordnung, 2021; *Würdinger*, Das Ziel der Rechtssicherheit im Zuständigkeitssystem der Brüssel Ia-Verordnung, FS Schack, 2022, S 912.

42 **1) Grundlagen. a) Internationale und örtliche Zuständigkeit.** Die internat Zuständigkeit ist eine eigenständige Sachentscheidungsvoraussetzung. Sie dient, wie die örtl Zuständigkeit, der Ermittlung eines räumlich mit der Rechtssache hinreichend verbundenen Gerichts. Während die internat Zuständigkeit die Kompetenzen zwischen den Gerichten verschiedener Staaten abgrenzt, ohne das konkret zuständige Gericht zu bestimmen, regelt die örtl Zuständigkeit erst die innerstaatl Aufgabenteilung: Fehlt die internat Zuständigkeit, so ist überhaupt kein dt Gericht zuständig.

43 Im Europa- und Konventionsrecht sind bisweilen sowohl die örtl als auch die internat Zuständigkeit geregelt (vgl etwa Art 7 Nr 1 Brüssel Ia-VO bzw Art 5 Nr 1 LugÜ: „Gericht des Ortes"), bisweilen nur letztere (vgl etwa Art 4 I Brüssel Ia-VO bzw Art 2 I LugÜ: „vor den Gerichten dieses Staates"). Im autonomen dt Recht besteht zudem eine konstitutive Verknüpfung von örtl und internat Zuständigkeit gem dem **Grundsatz der Doppelfunktionalität**, wonach mangels speziellerer Regelung von der örtl auf die internat Zuständigkeit geschlossen wird (näher Rn 50).

44 **b) Internat Entscheidungs-, Anerkennungs- und Vollstreckungszuständigkeit.** Befasst sich eine europarechtl, konventionsrechtl oder dt Norm damit, unter welchen Voraussetzungen die dt Gerichte entscheiden dürfen bzw müssen, so handelt es sich um eine Regelung der **Entscheidungszuständigkeit** („compétence directe"). Solche Vorschriften finden sich insb in Art 4 ff Brüssel Ia-VO, Art 2 ff LugÜ oder §§ 98 ff FamFG. Die internat Zuständigkeit wird aber auch dann relevant, wenn es um die Anerkennung ausländ Entscheidungen im Inland geht: Sofern vorrangiges Europa- oder Konventionsrecht nichts anderes bestimmt (vgl etwa Art 45 III

Brüssel Ia-VO), kann eine ausländ Entscheidung dann nicht anerkannt und vollstreckt werden, wenn das ausländ Gericht aus Sicht des Anerkennungsstaats nicht zur Entscheidung berufen war. Mit dieser **Anerkennungszuständigkeit** („compétence indirecte") befassen sich Vorschriften wie Art 45 I lit e Brüssel Ia-VO, Art 5 HAVÜ oder § 328 I Nr 1. Von alledem zu unterscheiden ist die **Vollstreckungszuständigkeit**, verstanden als Zuständigkeit der inländ Vollstreckungsorgane, in Fällen mit Auslandsbezug konkrete Vollstreckungsmaßnahmen zu erlassen; dazu Rn 82.

c) Konkurrierende und ausschließliche internat Zuständigkeit. In grenzüberschreitenden Sachverhalten ergeben sich häufig Bezugspunkte zu mehreren Staaten und somit **konkurrierende Zuständigkeitsgründe** in verschiedenen Foren (vgl etwa Art 4 und 7 Brüssel Ia-VO), wobei es grds der **Wahl des Klägers** unterliegt, wo er sein Rechtsschutzziel verfolgen möchte. Auch **Forum Shopping** ist als legitime Prozesstaktik durchaus hinzunehmen, solange zuständigkeitsrelevante Umstände nicht nur simuliert oder arglistig herbeigeführt werden (hierzu etwa Linke/Hau Rn 4.24 f, 4.78; Schack Rn 271 ff, 604 ff). Allerdings neigt der EuGH dazu, besondere Gerichtsstände (Art 7 ff Brüssel Ia-VO) eng zu handhaben, um den allgemeinen Gerichtsstand (Art 4 Brüssel Ia-VO) zu stärken, dem er einen erhöhten zuständigkeitsrechtl Gerechtigkeitsgehalt beimisst (näher Art 4 Brüssel Ia-VO Rn 10). Zudem wird intensiv diskutiert, inwieweit die gerichtl **Kognitionsbefugnis** in streitgegenstandsbezogenen Gerichtsständen auf die jeweils zugehörigen Anspruchsgrundlagen begrenzt ist (näher aus neuerer Zeit etwa Deuring/Spickhoff FS Becker-Eberhard, 2022, S 107; Junker FS Schack, 2022, S 653; Kubis FS Schack, 2022, S 697; Rieländer RIW 2021, 103; Roth FS Neumayr, 2023, S 1359). Beachte Art 7 Brüssel Ia-VO Rn 21 f und zum autonomen dt Recht OLG Düsseldorf RIW 2025, 81 Tz 30. 45

Nicht konkurrierende, mithin **ausschließliche internat Zuständigkeiten** können sich entweder aus dem Gesetz (so namentlich in den Fällen von Art 24 Brüssel Ia-VO) oder aus einer Gerichtsstandsvereinbarung ergeben (vgl die Vermutung zugunsten Ausschließlichkeit in Art 25 I 2 Brüssel Ia-VO). Weil die Inanspruchnahme ausschließlicher internat Zuständigkeit die Möglichkeit zunichtemacht, gleichwohl ergehende ausländ Entscheidungen im Inland anzuerkennen (vgl insb Art 45 Abs 1 lit e Brüssel Ia-VO, Art 6 HAVÜ, § 328 I Nr 1), provoziert sie stets eine unerwünschte Gefährdung des internat Entscheidungseinklangs (sehr skeptisch gegenüber jeglichem Exklusivitätsanspruch Geimer Rn 878 ff). Gesetzliche ausschließliche Zuständigkeitsgründe sind daher im Zweifel eng auszulegen (klarstellend etwa BGH NJW 2013, 308, 309; BGH NJW 2014, 2798, 2800; beachte auch § 106 FamFG). Insb genügt es nicht, wenn ein Rechtsstreit nur eine Vorfrage berührt, die in einem ausschließlichen Gerichtsstand auszutragen wäre (vgl etwa EuGH ZIP 2018, 683). 46

Denkbar sind ferner **halbseitig ausschließliche Zuständigkeiten**, die nur einer Partei zugutekommen: Dieser Partei werden mehrere Gerichtsstände, ihrem Gegner wird hingegen nur ein einziger Gerichtsstand eröffnet. Dies kann sich aus einer einseitig begünstigenden („hinkenden") Gerichtsstandsvereinbarung ergeben oder gesetzlich vorgesehen sein, so in der Brüssel Ia-VO (Art 14: Versicherungsnehmer und diesen gleichgestellte Personen; Art 18 II: Verbraucher; Art 22 I: Arbeitnehmer). Mit solchen Schutzvorschriften können weitere Vergünstigungen einhergehen, nämlich eingeschränkte Möglichkeiten der Gerichtsstandsvereinbarung (vgl Art 15, 19, 23 Brüssel Ia-VO), erweiterte konkurrierende Zuständigkeiten für Klagen gegen den „Stärkeren" (vgl Art 11 ff, 18 I, 21 Brüssel Ia-VO) sowie Sitzfiktionen zulasten des Gegners (vgl Art 11 II, 17 II, 20 II Brüssel Ia-VO). 47

2) Rechtsquellen. Die in allg Zivil- und Handelssachen bei Weitem bedeutsamste Regelung der internat Entscheidungszuständigkeit bildet Kapitel II der **Brüssel Ia-VO** (Rn 13), ergänzt für den Rechtsverkehr mit Island, Norwegen und der Schweiz durch den weitgehend parallel ausgestalteten Titel 2 des **LugÜ** (Rn 19). Beachte dazu die Erläuterung zur Brüssel Ia-VO. In erbrechtl Streitigkeiten gelten Art 4 ff EuErbVO. An zuständigkeitsrelevantem Konventionsrecht zu nennen sind die Regelungen zu ausschließlichen Gerichtsstandsvereinbarungen in Kapitel II des HGÜ (s Art 25 Brüssel Ia-VO Rn 5) sowie im internat Transportrecht Art 31 CMR und Art 33 MÜ (Rn 22). Zum internat Familienrecht vgl etwa die Übersicht bei PH/Hau § 97 FamFG Rn 17 ff. 48

Raum für das **autonome dt Zuständigkeitsrecht** bleibt nur, soweit das Europa- bzw Konventionsrecht den Rückgriff darauf eröffnet. So verhält es sich nach Maßgabe von Art 6 I Brüssel Ia-VO (s Art 6 Brüssel Ia-VO Rn 1) bzw Art 4 I LugÜ, wenn der Beklagte seinen Wohnsitz bzw Sitz (Art 62 f Brüssel Ia-VO) in einem Drittstaat hat und die Brüssel Ia-VO bzw das LugÜ auch nicht aus anderen Gründen den Anwendungsvorrang beanspruchen. Ausdrückl untersagt ist der Rückgriff hingegen in den Fällen von Art 5 Brüssel Ia-VO bzw Art 3 LugÜ. 49

Für die Fälle, in denen der **Restanwendungsbereich** des dt Rechts eröffnet ist, fehlt es in der ZPO allerdings (anders als gem §§ 98-106 FamFG) an einer ausdrücklichen und kohärenten Regelung der internat Entscheidungszuständigkeit der dt Gerichte. Vielmehr muss man sich mit einer doppelfunktionalen Anwendung der Regelungen über die örtl Zuständigkeit behelfen: Soweit keine vorrangige Regelung eingreift, wird gem dem **Grundsatz der Doppelfunktionalität** von der örtl auf die internat Zuständigkeit geschlossen. Somit wird aus dem Umstand, dass das Gesetz zB in § 29 (forum contractus) oder § 32 (forum delicti) einen örtl Gerichtsstand eröffnet, abgeleitet, dass die dt Gerichte dann, wenn die Tatbestandsvoraussetzungen im Inland erfüllt sind, auch internat zuständig sein sollen. Diese in Deutschland seit jeher vertretene Auffassung hat der Gesetzgeber ausdrückl zwar nur mit der Auffangregel in § 105 FamFG bestätigt; der Rechtsgedanke lässt sich aber anerkanntermaßen auf die ZPO übertragen. Daraus folgt, dass im Verhältnis zu in Drittstaaten ansässigen Beklagten 50 (also solchen, die nicht durch Art 5 Brüssel Ia-VO bzw Art 3 LugÜ geschützt sind) in doppelfunktionaler Anwendung von § 23 S 1 Var 2 schon die Belegenheit von Beklagtenvermögen im Inland die internat Zuständigkeit der deutschen Gerichte zu begründen vermag (näher zu diesem sog **dt Vermögensgerichtsstand** aus neuerer Zeit etwa Hau IPRax 2016, 230; Meder RIW 2024, 800; beachte auch OLG Düsseldorf RIW 2025, 81 Tz 32 ff). Zur Begründung der internat Zuständigkeit lassen sich neben den Gerichtsständen der ZPO aber auch solche in anderen Gesetzen heranziehen (zB § 215 VVG; vgl BGH NJW 2018, 232 Tz 9 ff).

51 Eine **Notzuständigkeit** (forum necessitatis) ist zwar in Art 11 EuErbVO vorgesehen (und ähnlich in einigen Verordnungen zum internat Familienrecht), aber weder in der Brüssel Ia-VO noch in der ZPO. Diskutiert wird, ob sich aus Art 6 I EMRK bzw Art 47 II EuGRC eine ungeschriebene Notzuständigkeit der dt Gerichte herleiten lässt, um im Einzelfall einen negativen Kompetenzkonflikt zu vermeiden, wenn in Deutschland nach den allg Regeln kein Gerichtsstand eröffnet und dem Kläger eine Rechtsverfolgung in anderen Staaten nicht möglich oder nicht zumutbar ist (zu einer Ehesache in casu verneinend BGH FamRZ 2013, 687; für ein Arrestverfahren bejahend OLG München MDR 2019, 1089, 1090; vgl zudem etwa Linke/Hau Rn 7.1 ff mwN; ausführl Müller, Die Notzuständigkeit im europäischen und deutschen Internationalen Zivilverfahrensrecht, 2023).

52 **3) Zuständigkeitsprüfung. a) Verfahren.** Das Gericht hat die internat Zuständigkeit als eigenständige Sachentscheidungsvoraussetzung in jeder Lage des Verfahrens **von Amts wegen zu prüfen** (vgl etwa BGH NJW 2020, 536, 537); diesbezügl Vorgaben sind auch im Europa- und Konventionsrecht vorgesehen (beachte insb Art 27 f Brüssel Ia-VO). Der amtswegigen Prüfung steht nicht entgegen, dass die internat Zuständigkeit noch nachträglich durch Parteivereinbarung oder rügelose Einlassung begründet werden kann. Das Gericht darf vor Erreichen eines Verfahrensstadiums, das dem Beklagten nach Maßgabe von Art 26 Brüssel Ia-VO oder § 39 die Zuständigkeitsrüge abschneidet, auf den Mangel hinweisen. Die **Beweislast** für die zuständigkeitsbegründenden Tatsachen trägt der Kläger, die Beweislast für eine Derogation der an sich gegebenen Zuständigkeit hingegen der Beklagte.

53 Bei **Säumnis des Beklagten** sollte man die in § 331 I vorgesehene Geständnisfiktion, über die dort in S 2 genannten Ausnahmen (Erfüllungsort- und Gerichtsstandsvereinbarung) hinaus, allgemein nicht auf diejenigen Tatsachen erstrecken, die der Kläger zur Begründung der internat Zuständigkeit vorträgt (Geimer Rn 1821 f; Hau FS Geimer, 2017, S 189, 193 f; aA Schack Rn 488: „sehr hart, doch geltendes Recht"). Diese Konsequenz der Amtsprüfung entspricht Art 28 Brüssel Ia-VO, wobei bemerkenswert (und fragwürdig) ist, dass diese Vorschrift nur Beklagte mit Wohnsitz in einem anderen EU-Staat schützt.

54 Probleme bereitet die Frage, inwieweit das Vorliegen eventuell zuständigkeitsbegründender **doppelrelevanter Tatsachen** erst im Rahmen der Begründetheit zu prüfen ist. Die hM lässt nicht nur zur örtl, sondern auch zur internat Zuständigkeit auf der Zulässigkeitsebene grds die schlüssige Behauptung des Klägers ausreichen (BGH NJW-RR 2010, 1554 f; OLG Düsseldorf RIW 2025, 81 Tz 28; Labner GVRZ 2022, 12; St/Roth § 1 ZPO Rn 28 f; krit etwa Mankowski IPRax 2006, 454; Linke/Hau Rn 4.70 f mwN), und zwar auch im Anwendungsbereich der Brüssel Ia-VO (EuGH NJW 2015, 1581, 1584 f; EuGH NJW 2025, 1253 Tz 41 ff; s Art 7 Brüssel Ia-VO Rn 4). Jedenfalls erscheint fragl, ob die hM auch zu Lasten eines säumigen Beklagten und insb im Fall des Art 28 Brüssel Ia-VO zutrifft (Mankowski IPRax 2006, 454, 455; Schack Rn 489).

55 Die Frage, ob das Mitwirken eines Gerichts am Zustandekommen eines **Prozessvergleichs** die Bejahung der internat Zuständigkeit voraussetzt, ist str, wird aber selten relevant, weil im Abschluss des Vergleichs in der Regel eine zuständigkeitsbegründende Einlassung des Beklagten iSv Art 26 Brüssel Ia-VO bzw § 39 zu sehen ist. Ohne Rücksicht auf eine rügelose Einlassung hat das Gericht seine Mitwirkung indes zu versagen, wenn gem Art 24 Brüssel Ia-VO die ausschließliche internat Zuständigkeit der Gerichte eines anderen Mitgliedstaats besteht (s Art 59 Brüssel Ia-VO Rn 3).

56 **b) Maßgeblicher Zeitpunkt.** Im Grundsatz ist es nach den allg Regeln sowohl notwendig als auch hinreichend, dass Sachentscheidungsvoraussetzungen wie die internat Zuständigkeit im Zeitpunkt der gerichtl Entscheidung (bzw der letzten mündlichen Verhandlung) gegeben sind. Allerdings kann es genügen, wenn die zuständigkeitsbegründenden Umstände zu einem bestimmten Zeitpunkt im Verfahren gegeben waren, sodass ihr späterer Wegfall unschädlich ist (**perpetuatio fori internationalis**). Dies gilt anerkanntermaßen im Anwendungsbereich sowohl des dt Zuständigkeitsrechts (dort entsprechend § 261 III Nr 2) als auch der Brüssel Ia-VO (statt vieler: BGH NJW 2013, 2597, 2599; BGH NJW-RR 2025, 257 Tz 4). Dabei ist richtigerweise der in Art 32 Brüssel Ia-VO umschriebene Zeitpunkt maßgeblich (zu weitgehend BGH NJW 2011, 2515, wonach es genüge, wenn der zuständigkeitsbegründende Umstand irgendwann nach Rechtshängigkeit eingetreten und vor Schluss der Verhandlung wieder entfallen ist; krit Hau LMK 2011, 324601). Die Perpetuierung gilt nicht für einen Streitgegenstand, der erst nachträglich in das Verfahren eingeführt wird. Unter welchen Umständen davon auszugehen ist, ist anhand des verordnungsautonomen weiten Streitgegenstandsbegriffs des Art 29 Brüssel Ia-VO zu bestimmen: Die Zuständigkeit bleibt erhalten, wenn es trotz Klageänderung nach wie vor um denselben Anspruch im prozessualen Sinne geht (BGH NJW 2013, 2597, 2599 f).

57 **c) Entscheidung.** In schwierigeren Fällen bietet es sich an, über das Vorliegen der intern Zuständigkeit gem § 280 abgesondert zu verhandeln und durch **Zwischenurteil** zu entscheiden. Ist eine Klage gegen mehrere ein-

fache Streitgenossen erhoben worden und fehlt es bezügl eines von ihnen an der internat Zuständigkeit, kann er durch **Teilurteil** aus dem Prozess entlassen werden (BGH NJW 2015, 2429; BGH NJW 2015, 2667).

Ein angerufenes, aber örtl klar unzuständiges dt Gericht sollte die noch im Einzelnen klärungsbedürftige Entscheidung über die internat Zuständigkeit dem örtl zuständigen Gericht überlassen (aA Schack Rn 492; beachte auch OLG Dresden 29.11.2024 – 22 U 516/24). Hält sich das Gericht nur für örtl oder sachl unzuständig und kommt es zu einer **Verweisung** der Sache gem § 281 an ein anderes dt Gericht, so ist dieses nicht etwa gem § 281 II 4 an die Auffassung des Erstgerichts gebunden, dass die internat Zuständigkeit gegeben sei, sondern hat diese Frage selbständig zu prüfen (BGH NJW 2019, 2780, 2781; zum Sonderproblem der Verbindlichkeit einer europarechtswidrigen Verweisung vgl Zivanic GPR 2022, 131). 58

Fehlt die internat Zuständigkeit, muss die Klage durch Prozessurteil **als unzulässig abgewiesen** werden. Bei unverändertem Sachvortrag wäre eine **erneute Klage** zu einem anderen dt Gericht wegen der Rechtskraftbindung unzulässig, und zwar unabhängig davon, ob die Zuständigkeitsfrage gem autonomem dt Recht oder gem Europa- oder Konventionsrecht zu beantworten war. Neuen Sachvortrag und damit eine weitere Klagemöglichkeit unterstellt der BGH, wenn die Klage zunächst abgewiesen wurde, weil das dt Gericht einen inländ Deliktsgerichtsstand verneint hat, und sich der Kläger im zweiten Prozess auf einen sonstigen Gerichtsstand (etwa den der passiven Streitgenossenschaft, Art 8 Nr 1 Brüssel Ia-VO) stützt; so BGH ZIP 2019, 391 (sehr fragl). Eine Verweisung ins Ausland analog § 281 ZPO oder § 17a II GVG kommt selbst dann nicht in Betracht, wenn dem dt Gericht die Zuständigkeit des ausländ Gerichts unzweifelhaft gegeben erscheint (s Rn 68). 59

Ergibt die Prüfung, dass die dt Gerichte internat zuständig sind, so hat das angerufene Gericht von dieser Zuständigkeit Gebrauch zu machen. Eine Sachentscheidung kann nur versagt werden, wenn sich herausstellt, dass der Kläger den angeblich zuständigkeitsbegründenden Umstand nur vorgetäuscht hat (**Simulation**) oder es ihm unter ganz besonderen Umständen zum Vorwurf gemacht werden kann, das Vorliegen des Zuständigkeitsgrunds in rechtsmissbräuchlicher Weise herbeigeführt zu haben (**Zuständigkeitserschleichung**). Insb darf der in Art 8 Nr 2 aE Brüssel Ia-VO vorgesehene Versagungsgrund nicht vorschnell verallgemeinert werden (EuGH NJW 2007, 3702, 3705). Eine **ermessensabhängige Rechtsschutzverweigerung** unter Hinweis darauf, das angerufene dt Gericht sei nicht hinreichend sachnah oder es sei nach Lage der Dinge angemessener, das Verfahren in einem anderen Staat auszutragen (so die doctrine of forum non conveniens im Common Law), kommt daher in ZPO-Sachen grds nicht in Betracht; Ausnahmen bedürfen einer gesetzl Grundlage (wie in Art 6 lit a, 12 I EuErbVO). Allemal ist irrelevant, ob sich ausländ Gerichte nach ihrem Verfahrensrecht für ausschließlich zuständig halten. Zur Verfahrensaussetzung wegen eines ausländ Parallelverfahrens s Rn 66 f. 60

d) Fehlerfolge und Rechtsbehelf. Wird die **internat Zuständigkeit zu Unrecht bejaht**, so ist die daraufhin ergangene Entscheidung gleichwohl wirksam (BGH NJW 1999, 1871, 1872; Schack Rn 491). Allerdings ist die Prüfung der internat Zuständigkeit ungeachtet des insoweit ungenauen Wortlauts von § 513 II, § 545 II, § 571 II 2 richtigerweise auch noch in der **Rechtsmittelinstanz** geboten (BGH NJW 2025, 371 Tz 17; s § 513 ZPO Rn 8, § 545 ZPO Rn 10). Wenn die örtl Zuständigkeit von anderen Voraussetzungen abhängt als die internat Zuständigkeit, kann es beim Ausschluss einer Prüfung durch das Rechtsmittelgericht bleiben (BGH NJW-RR 2021, 1501; BGH NJW 2025, 371 Tz 13 f). Fraglich erscheint aber, ob das auch dann gilt, wenn sich der Rechtsmittelführer zwar nur gegen die örtl Zuständigkeit wendet, diese aber europarechtl geregelt ist (wie in den Fällen von Art 7 Brüssel Ia-VO); bejahend BGH NJW-RR 2015, 941, 942. 61

VII) Weitere Besonderheiten von Zivilprozessen mit Auslandsbezug. 1) Partei- und Prozessfähigkeit, Vertretung, Postulationsfähigkeit. Die **Parteifähigkeit** einer (auch) dt Partei bestimmt sich im dt Zivilprozess nach dt Recht (also § 50). Zur Parteifähigkeit von **Ausländern** konkurrieren zwei Ansätze, die sich im Ergebnis kaum unterscheiden: Die traditionelle Ansicht geht von § 50 aus, stellt also auf Rechtsfähigkeit ab, und ermittelt diese nach kollisionsrechtl Grundsätzen anhand des Heimatrechts der Partei (Art 7 I EGBGB; s § 50 ZPO Rn 2). Die heute hL postuliert hingegen eine ungeschriebene Kollisionsregel des dt IZPR, wonach sich die Parteifähigkeit grds nach den diesbezügl Regeln im Heimatprozessrecht der Partei beurteilt (Brinkmann ZZP 129 [2016], 461, 488 ff; Geimer Rn 2203; Linke/Hau Rn 8.3; unklar BGH GRUR 2023, 1561). Im Übrigen sehen beide Lager Bedarf für ergänzende Verkehrsschutzregeln, sodass letztlich eine **dreigliedrige Kollisionsnorm** sach- und interessengerecht erscheint: Parteifähig ist, wer nach seinem Heimatrecht entweder rechtsfähig oder parteifähig ist, zudem eine Personifikation, die nach ihrem Heimatrecht so organisiert ist wie eine inländ Einrichtung, der nach dem dt Recht Parteifähigkeit zukommt. Näher zur Einordnung von Gesellschaften als ausländ und zu ihrer Parteifähigkeit § 50 ZPO Rn 31 ff. Zum Sonderproblem der Scheinauslandsgesellschaften vgl Thomale/Lukas IPRax 2023, 162. 62

Die **Prozessfähigkeit** einer (auch) dt Partei bestimmt sich im dt Zivilprozess nach dt Recht (also §§ 51, 52), unabhängig davon, wie der Staat, in dem sich die Partei gewöhnlich aufhält, dies beurteilt. Ein **Ausländer**, dem die Prozessfähigkeit „nach dem Recht seines Landes" mangelt, gilt laut § 55 als prozessfähig, wenn er dies „nach dem Recht des Prozessgerichts" – also dem dt Recht – ist. Die hL (etwa Geimer Rn 2217; Nagel/Gottwald Rn 5.44 f; Schack Rn 653) entnimmt § 55 den Grundsatz, dass sich die Prozessfähigkeit eines Ausländers nach dem ProzessR seines Heimatstaates beurteilt. Die Gegenansicht (BGH JZ 1956, 535) wendet zunächst §§ 51, 52 63 an und gelangt bei dem Tatbestandsmerkmal der Verpflichtungsfähigkeit zu einer kollisionsrechtl Verweisung. Unterschiede ergeben sich zwischen beiden Ansätzen, seit Art 7 I EGBGB (idF v Art 2 Nr 1 Betreuungsrechts-ReformG v 4.5.2021, BGBl I 2021, 882) die Geschäftsfähigkeit nicht mehr an das HeimatR, sondern an das Recht im Staat des gewöhnlichen Aufenthalts anknüpft. Gleichwohl ist de lege lata daran festzuhalten, dass sich der in § 55 enthaltene Hinweis auf das „Recht seines Landes", dem allg kollisionsrechtl Sprachgebrauch folgend, nach wie vor auf das Heimat-, nicht auf das Aufenthaltsrecht der ausländ Partei bezieht; näher Hau IPRax 2024, 125.

64 Soweit kein Konventionsrecht vorgeht (beachte das Haager Übereinkommen v 19.10.1996 über die Zuständigkeit, das anzuwendende Recht, die Anerkennung, Vollstreckung und Zusammenarbeit auf dem Gebiet der elterlichen Verantwortung und der Maßnahmen zum Schutz von Kindern [KSÜ], BGBl II 2009, 603; Haager Übereinkommen v 13.1.2000 über den internationalen Schutz von Erwachsenen [HErwSÜ], BGBl II 2007, 323) beurteilt sich die **Vertretung einer prozessunfähigen ausländ Partei** nach Art 21 EGBGB (Eltern-Kind-Verhältnis) bzw Art 24 EGBGB (Personen unter Vormundschaft, Betreuung oder Pflegschaft). Demgegenüber befindet allein die dt lex fori (also § 78) darüber, ob eine Vertretung durch Anwälte geboten ist (**Postulationsfähigkeit**); davon wiederum zu trennen ist die Frage, inwieweit ausländ Anwälte im dt Zivilprozess tätig werden dürfen (s vor § 78 ZPO Rn 8).

65 Über die **Prozessführungsbefugnis** bestimmt grds die dt lex fori (zu § 265 klarstellend BGH NJW 1992, 3096, 3097; näher, auch zu Ausnahmen, Brinkmann ZZP 129 [2016], 461, 477 f). Im Regelfall der Eigenprozessführung genügt es, dass sich der Kläger des geltend gemachten Rechts berühmt, wobei es keine Rolle spielt, dass dieses ausländ SachR unterliegt. Die lex fori ist auch dann maßgebl, wenn die Möglichkeit einer Fremdprozessführungsbefugnis prozessrechtl geregelt ist (zB gem § 265), und Entsprechendes gilt für die Beurteilung einer gewillkürten Prozessstandschaft. Knüpft die Prozessstandschaft an eine materiell-rechtl Mitberechtigung an, richtet sich dies als Vorfrage nach der lex causae (BGH WM 2024, 1618 Tz 11 f).

66 **2) Parallelprozess im Ausland.** Wie vorzugehen ist, wenn sich herausstellt, dass im Ausland ein Parallelprozess mit identischem oder konnexem Streitgegenstand geführt wird, bestimmt sich in Zivil- und Handelssachen nach der **Brüssel Ia-VO**, wobei danach zu unterscheiden ist, ob der Parallelprozess in einem anderen EU-Staat stattfindet (dann: Art 29 ff) oder in einem Drittstaat (dann: Art 33 f). Im Verhältnis zu Island, Norwegen und der Schweiz gelten Art 27, 28 LugÜ; im internat Transportrecht ist Art 31 CMR zu beachten.

67 Nur ausnahmsweise kommt mit Rücksicht auf einen drittstaatl Parallelprozess eine **entsprechende Anwendung von § 261 III Nr 1** in Betracht, nämlich dann, wenn die internat Zuständigkeit des dt Gerichts nicht aus einem der in Art 33 I, 34 I Brüssel Ia-VO genannten verordnungseigenen Gerichtsständen folgt, sondern aus den autonomen dt Regeln (Rn 49; näher Linke/Hau Rn 7.20 ff, 7.26 ff). Dann sind zwei Besonderheiten zu beachten, die jeweils dem Justizgewährungsanspruch Rechnung tragen: Zum einen ist das inländ Verfahren, abweichend von § 261 III Nr 1 zum innerstaatl Rechtsverkehr, nicht einzustellen, sondern in analoger Anwendung von § 148 I vorerst nur auszusetzen, bis im ausländ Parallelverfahren eine Entscheidung ergangen ist, die im Inland anerkennungsfähig ist (hM; aA KG FamRZ 2016, 836, 839 [krit Geimer]; OLG Bremen FamRZ 2016, 1189 [krit Eicher]). Zum anderen wird bereits die Aussetzung von einer **positiven Anerkennungsprognose** anhand § 328 abhängig gemacht, das inländ Verfahren also fortgeführt, sofern absehbar ist, dass die im Ausland zu erwartende Entscheidung in Deutschland voraussichtlich nicht anerkennungsfähig sein wird (statt vieler: BGH FamRZ 2008, 1409). Zur Ermittlung, ob das dt oder das ausländ Verfahren zeitlich vorrangig ist, bietet sich im Sinne der prozessualen Waffengleichheit eine entsprechende Anwendung von Art 32 Brüssel Ia-VO an (Linke/Hau Rn 7.28); demgegenüber will die hM für den Prioritätstest auf den Eintritt der Rechtshängigkeit nach Maßgabe der jeweiligen lex fori abstellen (vgl etwa OLG Hamm FamRZ 2023, 1814, 1815).

68 Ausgeschlossen ist in Zivil- und Handelssachen die **Verweisung oder Abgabe** eines inländ Zivilprozesses an ein ausländ Gericht (beachte jedoch § 99 III, § 104 II FamFG; Art 12 f Brüssel IIb-VO 2019/1111 [EuEheVO]; Art 8 f KSÜ; Art 8 HErwSÜ). Grds kann ein dt Gericht keine **Abwehrmaßnahmen** gegen ausländ Parallelprozesse ergreifen (dazu Geimer Rn 1116 ff; Linke/Hau Rn 7.31 ff; Nagel/Gottwald Rn 6.300 ff). Insb kommt grds nicht der Erlass eines Prozessführungsverbots in Betracht, mit dem einer Partei die Einleitung oder Fortführung von staats- oder schiedsgerichtlichen Rechtsverfolgungsmaßnahmen im Ausland untersagt wird (beachte etwa OLG Düsseldorf RIW 2025, 81; Hess IPRax 2025, 242, 243 ff; zu weitgehend Rieländer JZ 2024, 1024). Zur Unvereinbarkeit von solchen ***antisuit injunctions*** mit dem EU-Recht s Art 25 Brüssel Ia-VO Rn 29 u Art 29 Brüssel Ia-VO Rn 24.

69 **3) Internationales Zustellungs- und Beweisrecht.** Das völkerrechtl Territorialitätsprinzip (Rn 31) begrenzt die Möglichkeit grenzüberschreitender richterl Tätigkeit und begründet damit die Notwendigkeit internat Rechtshilfe. Beachte für das **internat Zustellungsrecht** die Erläuterungen zu §§ 183, 1067-1071 sowie zur EuZustVO, für das **internat Beweisrecht** die Erläuterungen zu §§ 363 f, §§ 1072-1075 sowie zur EuBewVO. Beachte zur internat Rechtshilfe zudem die ZRHO.

70 **4) Kostenrechtliche Aspekte.** Zur Möglichkeit von ausländ oder auslandsansässigen Parteien, **PKH** für einen inländ Prozess zu erlangen, s § 114 ZPO Rn 2. Sind die dt Gerichte internat zuständig, darf PKH nicht ohne Weiteres mit der Begründung versagt werden, dass der Antragsteller sein Recht möglicherweise einfacher,

schneller oder auch billiger im Ausland verfolgen könne (OLG Stuttgart FamRZ 2016, 1601). Weil die Prüfung der Erfolgsaussichten nicht dazu dienen soll, die Sachentscheidung in das summarische PKH-Verfahren vorzuziehen, kann es fehlerhaft sein, wenn das Gericht den Antrag gestützt auf bloße Eigenrecherchen zu dem in der Sache anwendbaren ausländ Recht zurückweist (Nordmeier IPRax 2022, 243). Im Parteiprozess dürfte die Beiordnung eines Anwalts gem § 121 II bei Ausländern zur Kompensation der Sprach- und Rechtsfremdheit regelmäßig geboten sein; im Anwaltsprozess kommt die Beiordnung eines zusätzlichen Anwalts gem § 121 IV in Betracht; beachte BGH NJW 2004, 2749. Zu den Vorgaben der **PKH-RL** s § 1076 ZPO Rn 1. Zur Möglichkeit, einer auslandsansässigen Partei das Stellen einer **Prozesskostensicherheit** aufzuerlegen, s die Erläuterung zu § 110 ZPO.

5) Sprachenfragen. Gem § 184 GVG ist **Deutsch** die Gerichtssprache, und zwar grds für alle Verfahrensarten 71
und -beteiligten. Im Bedarfsfall gebietet § 185 I 1 GVG für die **mündliche Verhandlung** die Zuziehung eines Dolmetschers; bei hinreichender Sprachkenntnis aller Beteiligten darf aber auch in fremder Sprache verhandelt werden (§ 185 II GVG), und selbst bei Hinzuziehung eines Dolmetschers können wichtige Aussagen und Erklärungen in der fremden Sprache, in der sie abgegeben worden sind, protokolliert werden (§ 185 I 2 GVG). Wird ein Dolmetscher eingesetzt, sind Parteierklärungen in fremder Sprache nicht etwa wirkungslos, bis sie übersetzt worden sind; vielmehr dient die Übersetzung lediglich dem Verständnis des Gerichts und der übrigen Verfahrensbeteiligten.

Im Hinblick auf **fremdsprachige Schriftsätze** und Anlagen gelten nach hM strengere Regeln: Im Prinzip sollen 72
nur deutschsprachige Schriftstücke beachtlich, für die Fristwahrung soll demgemäß auf den Zugang der Übersetzung abzustellen sein (vgl etwa OLG Stuttgart FamRZ 2014, 1930, 1932; Helms IPRax 2015, 217, 220). Allerdings gebietet Art 103 I GG, ausnahmsweise von Amts wegen eine Übersetzung zu veranlassen, wenn dies zur Gewährung rechtl Gehörs erforderlich ist und die Partei eine Übersetzung nicht selbst beibringen kann. Die prinzipielle Beachtlichkeit fremdsprachiger Urkunden folgt schon aus § 142 III.

Die **schriftliche Kommunikation seitens des Gerichts** mit den Verfahrensbeteiligten erfolgt ungeachtet ihrer 73
Nationalität grds in dt Sprache. Das betrifft sowohl gerichtl Verfügungen (Ladungen, Aufforderungen zur Stellungnahme, Hinweise und Auflagen) als auch Entscheidungen. Im Falle der Auslandszustellung sind aber häufig **Übersetzungen** beizufügen (vgl Art 9 und 12 EuZustVO; Art 5 III HZÜ m § 3 AusfG; §§ 26 f ZRHO).

Den Gebrauch der **englischen Sprache** ermöglicht das Justizstandort-StärkungsG v 7.10.2024 (BGBl 2024 I 74
Nr 302) mWv 1.4.2025 im Verfahren vor den Commercial Chambers und Commercial Courts (§ 184a GVG) sowie dem BGH (§ 184b GVG); beachte zudem §§ 606-609 ZPO. Näher Fay/Shingler/Kleinschmitt RIW 2025, 93, 96 f; Klink IPRax 2025, 127; Rühl ZfPW 2024, 397, 399 ff; Wolff NJW 2025, 1081, 1084 ff.

6) Mahnverfahren. Während das **europäische Mahnverfahren** nach Maßgabe der EuMahnVO völlig auf 75
grenzüberschreitende Sachverhalte zugeschnitten ist (s § 1087 ZPO Rn 1), eignet sich das **ZPO-Mahnverfahren** nur sehr eingeschränkt zur internationalen Rechtsdurchsetzung: Es ist von vornherein beschränkt auf Zahlungsansprüche in Euro (§ 688 I) und ausgeschlossen, wenn die Zustellung des Mahnbescheids durch öffentliche Bekanntmachung iSv § 185 erfolgen müsste (§ 688 II Nr 3). Auch im Übrigen steht es nur nach Maßgabe von § 688 III zur Verfügung, soweit absehbar eine Zustellung des Mahnbescheids ins Ausland erforderlich sein wird (dazu Eichel FamRZ 2011, 1441).

VIII) Anerkennung, Vollstreckbarkeit und Vollstreckung ausländischer Entscheidungen

Lit (nur allgemeine Lehren): *Ahrens*, Die grenzüberschreitende Vollstreckung von Unterlassungs- und Beseitigungstiteln, FS Schütze, 2015, S 1; *Geimer*, Aspekte des internationalen Zwangsvollstreckungsrechts, FS Thümmel, 2020, S 221; *Geimer*, Grenzüberschreitende Zwangsvollstreckung in Forderungen, FS Schack, 2022, S 597; *Gottwald*, Transnationale Zwangsvollstreckung – Vollstreckung im Ausland oder im Inland?, FS Paulus, 2022, S 285; *Hardung*, Die europäische Titelfreizügigkeit, 2020; *Hau*, Enforcement shopping im grenzüberschreitenden Zivilrechtsverkehr, DGVZ 2021, 162; *Hau*, Anerkennungsrechtliches Günstigkeitsprinzip und Anerkennungsverbote in Zivil- und Handelssachen, FS Herbert Roth, 2021, S 733; *Jakowski*, Das Anerkennungsregime des europäischen Zivilprozessrechts für mitgliedstaatliche Entscheidungen, 2020; *Kokott/Rosch*, Entwicklungen in der Rechtsprechung des Gerichtshofs der Europäischen Union zu Anerkennungs- und Vollstreckungshindernissen in Zivil- und Handelssachen, FS Kohler, 2018, S 243; *Laugwitz*, Die Anerkennung und Vollstreckung drittstaatlicher Entscheidungen in Zivil- und Handelssachen, 2015; *Loyal*, Zur Struktur und Dogmatik der Anerkennung ausländischer Gerichtsentscheidungen, ZZP 131 (2018), 373; *Mankowski*, Die Kumulationstheorie bei der Urteilsanerkennung, FS Schack, 2022, S 764; *Martiny*, Das Günstigkeitsprinzip bei der Koordination unterschiedlicher Regeln für die Anerkennung ausländischer Entscheidungen, FS Geimer, 2017, S 451; *Meller-Hannich*, Schnittstellen und Wechselwirkungen zwischen dem europäischen Zivilprozessrecht und dem nationalen Vollstreckungsrecht, ZVglRWiss 119 (2020), 254; *Schack*, „Anerkennung" ausländischer Entscheidungen, FS Schilken, 2015, S 445; *Schack*, Anerkennungs- und Vollstreckungsversagungsgründe im Europäischen Zivilprozessrecht, ZVglRWiss 119 (2020), 237; *Schwarz*, Grundlinien der Anerkennung im Raum der Freiheit, der Sicherheit und des Rechts, 2016; *Stürner*, Die Vollstreckung aus ausländischen Zivilurteilen nach der Brüssel Ia-VO, DGVZ 2016, 215; *Ulrici*, Anerkennung und Vollstreckung nach Brüssel Ia, JZ 2016, 127; *Wagner*, Die Verordnungen des Europäischen Vollstreckungsrechts – rechtspolitische Hintergründe, in Pfeiffer/Lobach, Effektive grenzüberschreitende Vollstreckung in der Europäischen Union, 2022, 13; *Wiedemann*, Vollstreckbarkeit: Entwicklung, Wirkungserstreckung und Qualifikation im System Brüssel Ia, 2017; *Zimmer*, Die Abschaffung des Exequaturverfahrens im Rahmen der Brüssel Ia-VO, 2019.

76 **1) Grundlagen.** An sich sind gerichtl Entscheidungen als staatl Hoheitsakte gem dem völkerrechtl Territorialitätsprinzip (Rn 31) auf das Hoheitsgebiet des Gerichtsstaats beschränkt. Diese begrenzte Verwertbarkeit gilt es im Interesse des internat Entscheidungseinklangs und des Justizgewährungsanspruchs zu überwinden, und zwar durch Anerkennung und Vollstreckung ausländ Entscheidungen. **Anerkennung** bedeutet nicht etwa, dass die ausländ Entscheidung einer im Inland erlassenen Entscheidung gleichgestellt wird; vielmehr werden die nach dem Recht des Ursprungsstaats bestehenden Wirkungen, sofern sie nach dem Recht des Anerkennungsstaats anerkennungsfähig sind, auf dessen Territorium erstreckt (s § 328 ZPO Rn 16 ff). Dabei wird die ausländ Entscheidung als solche respektiert und hinsichtl ihres Zustandekommens und ihrer „Richtigkeit" nur einer beschränkten Kontrolle unterzogen (**Verbot der révision au fond**, klarstellend etwa Art 52 Brüssel Ia-VO, § 723 I).

77 Unter der **Vollstreckbarerklärung** bzw dem **Exequatur** (lat: „er vollziehe") versteht man den Verfahrensakt, mit dem im Inland die Zwangsvollstreckung auf der Grundlage eines ausländ Titels zugelassen, also die **Vollstreckbarkeit** herbeigeführt wird, so zB gem Art 38 LugÜ oder Art 43 EuErbVO oder mit Erlass des Vollstreckungsurteils nach §§ 722, 723. Gem § 722 I setzt Vollstreckbarkeit die Vollstreckbarerklärung und diese gem § 723 II 2 die Anerkennung des ausländ Titels voraus. Demgegenüber folgt aus Art 41, 45 LugÜ sowie Art 48, 52 EuErbVO, dass Anerkennungsversagungsgründe erst bzw überhaupt nur dann zu prüfen sind, wenn sich der Schuldner mit einem Rechtsbehelf gegen die bereits erfolgte Vollstreckbarerklärung zur Wehr setzt. Noch weitergehend ordnen andere EU-Verordnungen die **Vollstreckung ohne Vollstreckbarerklärung** an, so Art 39 Brüssel Ia-VO, Art 5 EuVTVO, Art 19 EuMahnVO und Art 20 EuBagatellVO.

78 **2) Rechtsquellen. a) EU- und Konventionsrecht.** Die in allg Zivil- und Handelssachen bei Weitem bedeutsamste Regelung zur innereurop Anerkennung und Vollstreckbarkeit ist die **Brüssel Ia-VO** (Rn 13), ergänzt für den Rechtsverkehr mit Island, Norwegen und der Schweiz durch das **LugÜ** (Rn 19). Beachte dazu die Erläuterung zur Brüssel Ia-VO. Im Bereich des Erbrechts gelten Art 39 ff EuErbVO. Hinzu kommen multilaterale Übereinkommen (Rn 20 ff), namentlich das **HZPÜ** (für Kostenentscheidungen), **HGÜ**, **HAVÜ** und die **CMR**, sowie bilaterale Anerkennungsverträge (Rn 23). Zum internat Familienrecht vgl etwa die Übersicht bei PH/Hau § 108 FamFG Rn 28 ff.

79 **b) Deutsches Recht.** Die in §§ 328, 722 f enthaltenen **ZPO-Regeln** kommen zur Anwendung, wenn die Entscheidung nicht aus einem EU-Mitgliedstaat oder einem Vertragsstaat eines Übereinkommens bzw Abkommens stammt, zudem dann, wenn ein solches Rechtsinstrument im Sinne des **Günstigkeitsprinzips** den Rückgriff auf anerkennungsfreundlicheres nationales Recht zulässt (so Art 15 HAVÜ). Dazu § 328 ZPO Rn 25, 29.

80 **3) Vollstreckung.** Auch dann, wenn sich die Vollstreckbarkeit nach Europa- oder Konventionsrecht bestimmt, richtet sich die eigentliche Zwangsvollstreckung grds nach den allg Regeln des Zweitstaats. Eigens klargestellt wird dies etwa in Art 41 I 1 Brüssel Ia-VO, Art 20 I EuVTVO und Art 21 I EuMahnVO/EuBagatellVO. Eine Europäisierung des Vollstreckungsrechts wird zwar seit geraumer Zeit diskutiert, wurde bislang aber allenfalls ansatzweise realisiert (hierzu Stamm in Leible/Terhechte, Europ Rechtsschutz- und VerfahrensR, § 31). Bei der **EuKoPfVO** handelt es sich um ein Instrument des einstw Rechtsschutzes (s § 946 ZPO Rn 4), aus dem sich nur begrenzt Folgerungen für die allg Lehren des internat Vollstreckungsrechts ableiten lassen.

81 Häufig bestimmt sich die eigentliche Vollstreckung eines vollstreckbaren **ausländ Titels** allein nach innerstaatl Recht und wirft keine weiteren IZPR-relevanten Fragen mehr auf. Umgekehrt ist denkbar, dass die **Vollstreckung eines inländ Titels im Inland** einen internat Bezug aufweist, zB weil der Gläubiger, Schuldner und/oder Drittschuldner im Ausland ansässig ist, weil der titulierte Anspruch darauf gerichtet ist, eine Handlung im Ausland vorzunehmen oder zu unterlassen (zur völkerrechtl Zulässigkeit s Rn 32), weil eine gem § 767 gegen den titulierten Anspruch vorgebrachte Einwendung einen grenzüberschreitenden Bezug vermittelt, weil erst bei der Vollstreckung ein fremdsprachiges Dokument relevant wird oder weil bei der Berechnung des pfändbaren Schuldnereinkommens neben inländ auch ausländ Renten zu berücksichtigen sind (dazu BGH WM 2014, 2094, 2096 f).

82 In Fällen mit Auslandsbezug ist **Vollstreckungszuständigkeit** erforderlich, verstanden als Zuständigkeit der inländ Vollstreckungsorgane, Vollstreckungsmaßnahmen zu erlassen (Rn 44). Zu dieser Frage, die sich gleichermaßen bei der Vollstreckung in- und ausländischer Titel stellen kann, finden sich keine ausdrückl Regelungen auf europa- bzw konventionsrechtl Ebene. Insb sind die in Art 4 ff Brüssel Ia-VO enthaltenen Gerichtsstände auf Erkenntnisverfahren zugeschnitten, mithin nicht einschlägig und deshalb auch nicht vorrangig; das gilt auch für Art 24 Nr 5 Brüssel Ia-VO (zutr etwa Rapp IPRax 2020, 131, 132; beachte auch AG Sinsheim Rpfleger 2024, 416 Tz 29, dort zum LugÜ). Im Grundsatz behilft man sich daher, gestützt auf das Territorialitätsprinzip (Rn 31), mit der ungeschriebenen Regel, dass die internat Zuständigkeit der dt Vollstreckungsbehörden schlicht an die Belegenheit des Vollstreckungsobjekts im Inland anknüpft, wobei sich die Frage, ob dies der Fall ist, nach dt Recht richten soll (BGH NJW-RR 2010, 279; AG Sinsheim 26.2.2024 – 3 M 256/23, Rpfleger 2024, 416 Tz 26; Geimer Rn 3231 ff; Schack Rn 1136). Näher speziell zur internat Forderungspfändung sowie zur Beachtlichkeit von Vollstreckungsvereinbarungen etwa Linke/Hau Rn 14.48 ff.

83 *Wie im Erkenntnisverfahren* (s Rn 29 f) kommt es auch auf der Vollstreckungsebene in verschiedener Hinsicht darauf an, inwieweit zu Einzelfragen die lex fori – hier: die **lex loci executionis** – oder die lex causae den Ausschlag geben (Einzelheiten: Geimer Rn 3237 ff; Nagel/Gottwald Rn 19.5, 19.9). Erstere bestimmt insb, welche Vollstreckungsorgane zuständig sind, welche Zwangsmittel ihnen zu Gebote stehen, welche Vollstreckungsobjekte inwieweit dem Vollstreckungszugriff unterliegen oder welche Rechtsbehelfe eröffnet sind. Demgegenüber ist zB die Erfüllungswirkung anhand der **lex causae** zu beurteilen. Im Übrigen kann auch das **Recht des Ursprungsstaats** maßgeblich sein (vgl § 7 I 1 AVAG, dort hinsichtl der Voraussetzungen, unter denen ein ausländ Titel für bzw gegen Rechtsnachfolger gilt). Schwierig ist die Qualifikation und sachgerechte Anknüpfung von Haftungsregeln wie § 717 oder § 945. Allerdings sind Schadensersatzansprüche wegen verfrühter Vollstreckung ausländ Titel bisweilen gesondert geregelt, so in § 28 AVAG.

IX) Einstweiliger Rechtsschutz

Lit: *Eichel*, Die Auswirkungen der Brüssel I-Reform auf die Zuständigkeit für einstweiligen Rechtsschutz gemäß Art. 35 Brüssel Ia-VO, ZZP 131 (2018), 71; *Heinze*, Die Sicherung von Forderungen im europäischen Zivilprozessrecht, ZVglRWiss 119 (2020), 167; *Oster*, Einstweilige Maßnahmen gegen grenzüberschreitende Online-Plattformen, IPRax 2023, 505; *Splinter*, Mehr Zeit bei der Arrestvollziehung im Ausland?, NJW 2022, 1848; *Wagner*, Neue deutsche Arrestvollziehungsfrist und justizielle Zusammenarbeit in Zivilsachen, RIW 2021, 777; *Wagner*, Vollziehung ausländischer Arreste in Deutschland, WM 2021, 2075.

1) Internationale Zuständigkeit. Die internat Zuständigkeit für einstw Maßnahmen folgt grds den allg Regeln. 84
Um Rechtsschutzlücken zu vermeiden, ist im Europa- und Konventionsrecht häufig vorgesehen, dass Gerichte, die nach den vereinheitlichten Regeln unzuständig sind, auch die Gerichtsstände der lex fori heranziehen dürfen. In diesem Sinne sind namentlich Art 35 Brüssel Ia-VO und Art 31 LugÜ zu verstehen: Zunächst gelten die verordnungseigenen Zuständigkeitsvorschriften auch für den einstw Rechtsschutz, sodass ein Gericht hierfür zuständig ist, wenn es in der Hauptsache zuständig ist oder wäre; zusätzlich wird dann, wenn im Einzelfall ein besonderes Regelungs- oder Sicherungsbedürfnis besteht, der **Rückgriff auf nationales Zuständigkeitsrecht** eröffnet (Einzelheiten: Art 35 Brüssel Ia-VO Rn 2 ff). Art 7 HGÜ klammert einstw Sicherungsmaßnahmen vollständig aus. Im Anwendungsbereich der ZPO werden §§ 919, 942 doppelfunktional (s Rn 50) auf die internat Zuständigkeit angewendet, aber ohne den Ausschließlichkeitsanspruch zur örtl Zuständigkeit gem § 802 (ebenso etwa Schack Rn 524 f). Zur internat Zuständigkeit der staatl Gerichte für Maßnahmen des einstweiligen Rechtsschutzes im Zusammenhang mit der Austragung von **Schiedsverfahren** beachte OLG Düsseldorf RIW 2025, 81.

2) Sonstige verfahrensrechtliche Aspekte. Diese bestimmen sich grds nach der dt lex fori (Rn 29). Zu Beson- 85
derheiten hinsichtl der Prozesskostensicherheit s § 110 ZPO Rn 3, hinsichtl der Ermittlung ausländ Rechts s § 293 ZPO Rn 14. Zu grenzüberschreitenden Konkurrenzen zwischen Verfahren des einstweil Rechtsschutzverfahren oder zwischen einstw Rechtsschutz- und Hauptsacheverfahren s Art 29 Brüssel Ia-VO Rn 11. Beachte zudem die in § 30 IV AVAG vorgesehene Möglichkeit, die dt Entscheidung auf Antrag nachträglich mit einer Begründung zu versehen.

3) Anerkennung und Vollstreckung. Hierzu sind einige Besonderheiten zu beachten, so zum innereurop 86
Rechtsverkehr die gem Art 2 lit a Uabs 2 Brüssel Ia-VO stark eingeschränkte grenzüberschreitende Beachtlichkeit (s Art 35 Brüssel Ia-VO Rn 9 ff). Zur Anerkennung und Vollstreckbarkeit nach dt Recht s § 328 ZPO Rn 9, § 723 ZPO Rn 11. Die gem § 929 II 2 längere Frist für die Vollziehung ausländ Maßnahmen (eingefügt durch Art 1 Nr 17 G v 7.5.2021, BGBl I 2021, 850; dazu Wagner RIW 2021, 777; Wagner WM 2021, 2075; Splinter NJW 2022, 1848) soll der EuGH-Judikatur Rechnung tragen (EuGH NJW 2019, 581). Zur Möglichkeit einer europaweiten vorläufigen Kontenpfändung nach Maßgabe der EuKoPfVO s die Erläuterungen zu §§ 946-959.

Einsatz von KI im Zivilprozess

1 **I) Begriff.** KI zeichnet sich gegenüber anderer (regelbasierter) Software, wie zB zur Berechnung von Unterhalt oder PKH, dadurch aus, dass sie nicht ausschließl auf von Menschen definierten Regeln für das automatische Ausführen von Operationen beruht (Erw 12 KI-VO). Nach der Def in Art 3 Nr 1 KI-VO weisen KI-Systeme folgende **Merkmale** auf (näher Wachter/Leeb RDi 2024, 440 Rn 8 ff): **(1) Autonomie.** Das Verhalten von KI lässt sich nicht in allen Varianten sicher vorhersagen. Sie ist (graduell unterschiedlich) in der Lage, in bestimmten Bereichen unabhängig vom Menschen und ohne menschliches Eingreifen zu agieren. – **(2) Anpassungsfähigkeit** auch nach der Betriebsaufnahme. KI ist in der Lage, sich während ihrer Verwendung zu verändern und ihre Ausgaben den Eingaben und Daten anzupassen. – **(3) Fähigkeit zur Ableitung:** Die Funktionsfähigkeit der KI beschränkt sich nicht auf die hinterlegte Wissensbasis. KI-Systeme können aus den gegebenen Fakten und Regeln Schlüsse ziehen (Inferenz).

2 Als KI-Systeme erfasst sind alle Systeme, bei deren Erstellung **Verfahren maschinellen Lernens** zur Anwendung gekommen sind (Wachter/Leeb RDi 2024, 440 Rn 18), insb die sog großen Sprachmodelle (large language models, LLM) zB ChatGPT, LLaMA, Claude. Aber auch **logik- und wissensgestützte Systeme** können KI-Systeme sein (Erw 12 KI-VO; Mielke/Wolff LTZ 2024, 144). Ein KI-System iSd KI-VO setzt auch keine eigenständige Software voraus, sondern kann zB in ein Aktenstrukturierungstool oder eine Transkriptionssoftware eingebettet oder integraler Bestandteil sein.

3 **II) Spezifische Gefahren.** Der Einsatz von KI-Systemen weist spezifische Gefahren auf, die die rechtlichen Grenzen für ihren Einsatz im Zivilprozess (s Rn 4 ff) rechtfertigen und andererseits bei der Nutzung zu bedenken sind (sa Art 4 KI-VO zur Vermittlung von KI-Kompetenz): Mit dem Fehlen einer Vorhersehbarkeit der Ergebnisse geht ein **Kontrollverlust** für den Nutzer und der **Verlust von Transparenz** einher. Der Nutzer kann den Rechenweg nicht händisch nachvollziehen und ist so nicht mehr vollständig in der Lage, die Richtigkeit des Datenverarbeitungsvorgangs zu überprüfen. Die Gefahr wird durch eine unbewusste Selbstbindung des Nutzers an die Ergebnisse der KI, die auf einem übersteigerten Vertrauen in deren Richtigkeit sowie auf dem Aufwand Abweichungen zu begründen beruht (**automation bias** und **default effect**, s Bernzen RDi 2023, 132 Rn 27), noch gesteigert.

4 **III) Grenzen.** Die **KI-VO** bestimmt den Rahmen für den KI-Einsatz in der Ziviljustiz. Sie richtet sich neben den Anbietern von KI-Systemen ua auch an deren **Betreiber** (Art 2 I b KI-VO); erfasst sind damit alle Verwender von KI im Rahmen ihrer berufl Tätigkeit (Art 3 Nr 4, Erw 13 KI-VO; enger Martini/Wendehorst/Wendehorst Art 3 Rn 82), also insb Gerichte und Rechtsanwälte (Wöbbeking AnwBl 2025, 17). Durch die KI-VO wird der Einsatz von KI für die Gerichte nur in bestimmten Bereichen ausgeschlossen (s Rn 5); iÜ gelten je nach Klassifizierung des Risikos der eingesetzten KI für den Betreiber unterschiedliche Anforderungen (s Rn 6 ff).

5 **1) Ausgeschlossene Anwendungsfelder.** Aus Erw 61 S 4 KI-VO und im Umkehrschluss zu Art 6 II, Anh III Nr 8 a KI-VO (s Rn 7) ergibt sich, dass der Einsatz von KI-Instrumenten zur **Ersetzung richterlicher Entscheidungen** unzulässig ist. Gleiches folgt aus Art 92 GG, wonach die Rechtsprechung den Richtern vorbehalten ist. Letztverbindliche und der Rechtskraft fähige Entscheidungen dürfen daher nicht vom einfachen Gesetzgeber einem KI-System übertragen werden, selbst wenn die Entscheidungen auf einen Rechtsbehelf hin von einem menschlichen Gericht überprüft werden (Bernzen RDi 2023, 132; Biallaß MMR 2024, 646, 649). Dies schließt die Einführung eines **„robojudge"** für Bagatell- oder Massenverf aus (zum KI-Einsatz in einer sog „nullten Instanz" s Abschlussbericht Reformkommission Zivilprozess der Zukunft, S 99 ff).

6 **2) Hochrisiko-KI.** Der Einsatz hochriskanter KI iSd KI-VO ist nicht verboten, aber hohen Anforderungen unterworfen (s Rn 10 f).

7 **a) Erfasste Systeme.** Als Hochrisiko-Systeme sind KI-Systeme einzustufen, wenn sie von einer Justizbehörde (auch Gericht; Schiedsgericht nach Anh III Nr 8 a S 2 KI-VO, Lüttenberg/Beimel/Heetkamp SchiedsVZ 2024, 225, 227, sa § 1053 Rn 1) bestimmungsgem (s Art 3 Nr 12 KI-VO) verwendet werden zur Unterstützung bei Ermittlung und Auslegung von Sachverhalten und Rechtsvorschriften und bei der Rechtsanwendung auf konkrete Sachverhalte (Art 6 II, Anh III Nr 8 a KI-VO). Das umfasst alle KI-Anwendungen, die **Richter und Rpfleger** (*Martini/Wendehorst*/Ruschemeier Anh III Rn 84) im **Zusammenhang mit der unmittelbaren Verfahrensbearbeitung** einsetzen (Wachter/Leeb RDi 2024, 440 Rn 32; zu den zahlreichen Ausnahmen s Rn 19). Dazu ge-

hören auch Systeme, die entscheidungsrelevante Daten des Parteivortrags aus Verfahrensdokumenten (Schriftsätzen usw) extrahieren, zusammenfassen, strukturieren oder als unstreitig/streitig bewerten (sa Wachter/Leeb RDi 2024, 440 Rn 35; zum Rubrum s Rn 19), aber auch zB Chatbots die auf einer digitalen Rechtsantragstelle (§ 129a ZPO) zur Aufnahme von Erklärungen zu Protokoll genutzt werden. Nicht erfasst sind KI-Systeme, die außerhalb der Rechtsprechung eingesetzt werden, zB zur Anonymisierung von Entscheidungen (Erw 61 KI-VO) oder Generierung von Leitsätzen, oder die zwar innerhalb der Rechtsprechung eingesetzt werden, aber keine richterliche Aufgabe betreffen, zB Transkription der vorläufigen Protokollaufzeichnung.

Ausgenommen aus dem Bereich der nach Anh III KI-VO bestimmten Hochrisiko-KI sind Systeme, die **kein erhebliches Risiko** der Beeinträchtigung ua von Grundrechten bergen, indem sie nicht das Ergebnis der Entscheidungsfindung wesentlich beeinflussen (Art 6 III UAbs 1 KI-VO). Als solches gelten (nicht abschließend) gem Art 6 III UAbs 2, Erw 53 KI-VO KI-Systeme, die nur eine eng begrenzte Verfahrensaufgabe durchführen (zB Auslesen von Stammdaten aus Schriftsätzen und Übergabe in die gerichtl Fachanwendung, sa Saam/Hermann RDi 2024, 608 Rn 18), die das Ergebnis einer zuvor abgeschlossenen menschlichen Tätigkeit verbessern (zB sprachliche Korrektur von Urteilsentwürfen), die der Erkennung von Entscheidungsmustern und Abweichungen von früheren Entscheidungsmustern dienen (zB durch Datenbankauswertung oder Vergleich von Entscheidungsentwürfen mit früheren Entscheidungen des Spruchkörpers) oder die eine **vorbereitende Aufgabe für eine hochriskante Bewertung** treffen. Der „vorbereitende Bereich" bei letztgenannter Ausnahme aus Art 6 III UAbs 2 d KI-VO kann aber nicht so weit gefasst werden, dass jede „Unterstützung" als „Vorbereitung" der richterlichen Tätigkeit einzuordnen wäre; Anh III Nr 8a KI-VO liefe sonst leer. Da die Rechtfertigung der Ausnahme darin liegt, dass die mögliche Wirkung der Ausgaben eines vorbereitenden Systems nur ein geringes Risiko für die nachfolgende Bewertung bedeutet (Erw 53 KI-VO), sollte eine Risikobewertung der konkret übernommenen Aufgabe entscheidend sein. 8

b) Verantwortliche. Zuständig für die Kategorisierung als Hochrisiko-KI ist zunächst der **Anbieter**. Stützt er seine Bewertung auf eine Ausnahme des Art 6 III, hat er seine Bewertung zu dokumentieren (Art 6 IV KI-VO). Der **Betreiber** (s Rn 4) hat die Kategorisierung der eingesetzten Anwendung selbständig vorzunehmen, denn eine Bindungswirkung der Bewertung durch den Anbieter sieht die KI-VO nicht vor (sa Chibanguza/Steege NJW 2024, 1769 Rn 31). 9

c) Vorgaben und Pflichten. Hochrisiko-KI-Systeme müssen die in Art 8 ff KI-VO niedergelegten **Anforderungen** erfüllen. So unterliegen zB die verwendeten Trainings-, Validierungs- und Testdaten im einzelnen festgelegten Qualitätskriterien (Art 10 KI-VO). Auch bestehen umfangreiche Dokumentationspflichten. Hochrisiko-KI ist so zu gestalten, dass sie von natürl Personen wirksam beaufsichtigt werden kann (Art 14 KI-VO; s iE Dienes MMR 2024, 456). Den **Anbieter** treffen die in Art 16 ff KI-VO niedergelegten Pflichten. 10

Die Pflichten für den **Betreiber** ergeben sich aus Art 26 KI-VO (ab 2.8.2026, Art 113 KI-VO). Sie umfassen die Aufsicht durch KI-kompetente Personen, die zweckgerechte Verwendung von Eingabedaten, die kontinuierliche Überwachung des Systems, die Dokumentation in und Aufbewahrung von KI-Protokollen und Informationspflichten gegenüber dem Anbieter und der Marktüberwachungsbehörde (derzeit noch nicht bestimmt, voraussichtl BNetzA; zu den Pflichten iE Wybitul BB 2024, 2179). 11

3) KI-Systeme mit begrenztem Risiko. Unterfällt die in der Justiz eingesetzte KI nicht Anh III Nr 8a KI-VO oder liegt eine Ausnahme nach Art 6 III KI-VO vor (s Rn 7 f), treffen den Betreiber nur die **Transparenzpflichten** nach Art 50 IV KI-VO (gültig ab 2.8.2026, Art 113 KI-VO). Erzeugt das KI-System Text oder ändert es diesen ab und wird dieser Text veröffentlicht, muss der Betreiber über die künstliche Erzeugung bzw Manipulation grds informieren. Das betrifft va den Einsatz sog **großer Sprachmodelle** (s Rn 2). Unter einer Veröffentlichung wird dabei bereits die Herausgabe zB einer KI-generierten Entscheidungsbegründung an die Parteien zu verstehen sein. Das Gleiche gilt für KI-generierte Schriftsätze (offen gelassen von BRAK, Hinweise zum Einsatz von KI, Dez 2024, S 6). Von der Offenlegungspflicht sind Gerichte und Anwälte **befreit, wenn** sie die erzeugten Inhalte einer **Überprüfung und redaktionellen Kontrolle** unterzogen haben sowie die redaktionelle Verantwortung (idR durch Unterschrift) übernommen haben (Art 50 IV UAbs 2 S 2 KI-VO). 12

IV) Einsatzbereiche. 1) Richterassistenz. Der vom jew Richter verantwortete Einsatz von KI-Systemen bei der Fallbearbeitung kommt im Hinblick auf die umfassenden und kaum individuell erfüllbaren Pflichten nach Art 26 KI-VO (s Rn 11) derzeit praktisch nur außerhalb des Bereichs der Hochrisiko-KI in Betracht. Nur ein begrenztes Risiko nach Art 6 III UAbs 2 d KI-VO (s Rn 12) weist der Einsatz von Programmen zur **Aktenstrukturierung und -durchdringung** (zB codefy), soweit der vollständige Akteninhalt in seiner ursprüngl Struktur (in Form der übermittelten Schriftsätze) für den Richter zugängl bleibt. Das Gleiche gilt für Programme, die die Bearbeitung von **Massenverfahren** durch das Auslesen bestimmter Kerndaten aus den Verfahren (zB OLGA) oder durch einen Vergleich von Schriftsätzen in verschiedenen Verfahren erleichtern sollen. Die Nutzung **KI-gestützter Datenbanken**, zB Otto Schmidt Answers, unterfällt ebenfalls dem bloßen Vorbereitungsbereich, jedenfalls soweit die verwendeten Quellen erkennbar und nachprüfbar sind. 13

Der Einsatz von Textgeneratoren (großen Sprachmodellen) zur **Zusammenfassung von Schriftsätzen** im Rahmen der Entscheidungsvorbereitung schränkt das rechtliche Gehör der Parteien ein, wenn die Zusammenfas- 14 sung an die Stelle des eigentl Parteivorbringens tritt; ein so ausgestaltetes KI-System ist hochriskant (s Rn 7). Denn Art 103 I GG verpflichtet das Gericht, den Parteivortrag unmittelbar und nicht in einer durch eine andere Instanz vermittelten Form zur Kenntnis zu nehmen (s Einl Rn 18 mN). Gleiches gilt beim Einsatz von Sprachmodellen zur Feststellung streitigen und unstreitigen Vorbringens und zum **Entwurf des Tatbestandes.** Nur wenn der Richter anhand des Akteninhalts das KI-generierte Ergebnis nachvollziehen kann, ist die Verwendung derartiger Programme dem vorbereitenden Bereich zuzuordnen und als KI mit begrenztem Risiko zulässig (s Rn 8). Gleiches gilt für KI-Programme zum Entwurf der Entscheidungsgründe wie zB FRAUKE (sa Rn 12).

15 Die automatisierte **Erstellung von Vergleichsvorschlägen** gehört zur Hochrisiko-KI. Die Bewertung der Erfolgsaussichten durch KI, die einem automatisch generierten Vergleichsvorschlag oder auch einer entsprechenden richterlichen Empfehlung zugrunde gelegt wird, würde eine richterliche Würdigung des Sach- und Streitstands ersetzen und ginge so über den nach Art 6 III KI-VO privilegierten Bereich hinaus; das gilt umso mehr, als das Ergebnis der KI unter dem „Siegel" der Justiz suggeriert, dass es sich um einen gerichtlichen Vergleichsvorschlag handelt (ablehnend Abschlussbericht Reformkommission Zivilprozess der Zukunft, S 210 ff). Ein begrenztes Risiko weisen hingegen KI-Systeme auf, die nur den Verhandlungsprozess zwischen den Parteien unterstützen (zB durch Moderation der Vergleichsverhandlungen).

16 Der Einsatz von KI-gestützten **Übersetzungsprogrammen** (zB DeepL) kann dem Gericht die notwendige Sprachkompetenz zum Verständnis fremdsprachiger Urk verschaffen (s § 142 ZPO Rn 17) und in englischsprachigen Verf die Erforderlichkeit eines Übersetzers ausschließen (vgl § 184a III 1 Nr 1 GVG). Die eingesetzten KI-Systeme betreffen dabei den entscheidungsvorbereitenden Bereich (Erw 53 S 13 KI-VO: „Übersetzung von Erstdokumenten"; sa Rn 8), so dass die Anforderungen der KI-VO an Hochrisiko-KI nicht gelten. Es bleibt allerdings in der Verantwortung des Gerichts, die Verlässlichkeit der Übersetzung und die Datenschutzkonformität des verwendeten Übersetzungsprogramms sicherzustellen (s iE § 142 ZPO Rn 17).

17 **2) Mandatsbearbeitung durch RA.** Die von einem RA zur Mandatsbearbeitung zB zur Kommunikation mit dem Mandanten eingesetzte KI-Software ist idR nicht hochriskant (Wöbbeking AnwBl 2025, 17, 18; s Rn 7). Die anwaltl Sorgfaltspflichten bleiben bei ihrem Einsatz bestehen, zB haftet der RA für eine unzureichende Sachverhaltserfassung durch ein mit dem Mandanten korrespondiertes KI-System oder für von der KI entworfene Schriftsätze im gleichen Maße wie für eigenes Handeln; ihn trifft eine weitreichende Überprüfungspflicht (Thole/Rolff AnwBl 2025, 13).

18 **3) Aufgaben des Rechtspflegers.** Weder die KI-VO (s Rn 5) noch Art 92 GG stehen einer Automatisierung der dem Rpfleger im Bereich des Zivilprozesses nach §§ 20, 21 RPflG übertragenen Aufgaben entgegen. Rechtspolitisch diskutiert werden zB der Einsatz von Chatbots an der Rechtsantragstelle (Biallaß RDi 2023, 59 Rn 13 ff; sa Rn 7) oder für die Aufnahme der PKH-Erklärung zu den persönl u wirtschaftl Verhältnissen (Biallaß NJW 2020, 2941 Rn 20) und das automatisierte Kostenfestsetzungsverfahren (Poseck LTZ 2023, 73). Der Rpfleger kann KI-Systeme ohne bes gesetzl Grundlage wie ein Richter (s Rn 13 ff) zur Unterstützung seiner Tätigkeit heranziehen.

19 **4) Aufgaben der Geschäftsstelle.** Die KI-gestützte **Datenextraktion** von äußeren Verfahrensdaten aus eingehenden Schriftstücken (zB zum Rubrum) und Befüllung der Fachverfahren ist nach Art 6 III UAbs 2 a und d KI-VO keine Hochrisiko-KI; die Übernahme der Verfahrensdaten entbindet den jew Nutzer der Daten – bei der Anfertigung von Urt, Beschl oder Verfügungen den Richter/Rpfleger mit einem automatisch generierten Rubrum – aber nicht von seiner Verantwortung für deren Richtigkeit. Der Einsatz von **Spracherkennung**, die KI-Techniken nutzt, zur Übertragung von Diktaten oder zur Transkription vorläufiger unmittelbarer Aufzeichnungen (Riehm/Dörr/Schultzky/Wagner Digitalisierung und Zivilverfahren, § 21 Rn 38 ff zu den techn Anforderungen) ist als Vorbereitungsmaßnahme zulässig; die Kontrolle und Verantwortungsübernahme obliegt dem UrkB.

20 **5) Gerichtsverwaltung.** Die notwendige **Anonymisierung/Pseudonymisierung** von Gerichtsentscheidungen zum Zwecke der Veröffentlichung (zu den Anforderungen s § 299 ZPO Rn 14) obliegt der Gerichtsverwaltung (BVerwGE 104, 105 = ZIP 1997, 1253). Der Einsatz von KI-gestützter Software zu diesem Zweck ist keine verfahrensbezogene Tätigkeit iSd Anh III Nr 8 KI-VO und so keine Hochrisiko-KI. Findet keine menschl Überprüfung der geänderten Texte statt, obliegt den Gerichten der Hinweis nach Art 50 IV KI-VO; die datenschutzrechtl Verantwortlichkeit (Art 4 Nr 7 DSGVO) bleibt bestehen.

21 **6) Dolmetschertätigkeit.** Soweit ein Dolmetscher hinzuzuziehen ist (§ 185 GVG), kann diese Aufgabe nicht einer Maschine übertragen werden (arg e §§ 189, 190 GVG).

Buch 1
Allgemeine Vorschriften (§§ 1-252)

Abschnitt 1
Gerichte (§§ 1-49)

Titel 1
Sachliche Zuständigkeit der Gerichte und Wertvorschriften (§§ 1-11)

§ 1 Sachliche Zuständigkeit

Die sachliche Zuständigkeit der Gerichte wird durch das Gesetz über die Gerichtsverfassung bestimmt.

I) Allgemeines. 1) Begriff. Zuständigkeit ist die Befugnis des Gerichts, im Einzelfall die ihm zustehende Gerichtsbarkeit auszuüben. Sie setzt iE voraus, dass das Gericht sowohl sachl, funktionell, örtl und internat zuständig ist (s Rn 5-8); außerdem muss der zulässige Rechtsweg gegeben sein (s Rn 3). 1

2) Bedeutung. Die Zuständigkeitsordnung ermöglicht ein rationelles und **effektives** (Beklagtenschutz, Sachnähe usw) Gerichtssystem und legt (zusammen mit dem GVP, s Rn 4) den im konkreten Einzelfall zuständigen **ges Richter** (Art 101 I 2 GG) im Voraus fest (BVerfGE 29, 49; BVerfGE 63, 79; BVerfGE 95, 327; BVerfG NJW 2005, 3411; BGHZ 85, 118, hierzu näher s § 16 GVG Rn 2). 2

3) Abgrenzung. a) Durch die Vorschriften über die **Zulässigkeit des Rechtswegs** (§ 13 GVG; § 40 VwGO) wird bestimmt, ob die Sache überhaupt vor die ordentl Gerichte gehört. Eine Frage der Zulässigkeit des Rechtswegs ist es auch, ob die Arbeitsgerichte zuständig sind (s § 48 I ArbGG iVm § 17a GVG). Nach hM handelt es sich um eine von der Zuständigkeit zu trennende, selbständige Zulässigkeitsvoraussetzung, die eigenen Regeln folgt (vgl §§ 17-17b GVG m Anm); in einem weiteren Sinne kann freilich von **„Rechtswegzuständigkeit"** gesprochen werden. 3

b) Die **Geschäftsverteilung** (Regelung: §§ 21e-21g GVG) ergibt, welcher Spruchkörper im Einzelfall das Gericht vertritt. Sie hat mit der Zuständigkeit nichts zu tun (RSchwab/Gottwald § 29 Rn 7). Ein Verstoß gegen die Geschäftsverteilung kann uU Rechtsmittel begründen (vgl § 551 Nr 1, § 579 I Nr 1, II) und bei Willkür die Verfassungsbeschwerde (§ 90 BVerfGG iVm Art 101 I 2 GG; näher s § 16 GVG Rn 3 u § 21e GVG Rn 53). Einen Fall ges geregelter Geschäftsverteilung betrifft das Verhältnis zwischen Zivilkammer und KfH (vgl BGHZ 97, 84 = NJW 86, 1179; s vor § 93 GVG Rn 1) und zu den Spezialspruchkörpern nach §§ 72a, 119a GVG (sa § 36 Rn 39). Das Verhältnis zwischen allg Prozessabteilung des AG und FamG bzw allg Zivilsenat und FamSenat ist keine Frage der Geschäftsverteilung, sondern der sachl Zuständigkeit (vgl §§ 23a, 23b iVm § 17a VI GVG). 4

II) Arten der Zuständigkeit. 1) Sachliche Zuständigkeit. Sie als ges Begriff (vgl § 1) betrifft die Abgrenzung der Zuständigkeit 1. Instanz nach der Art des Streitgegenstandes. Die sachl Zuständigkeit der **AG** in Zivilsachen ergibt sich aus § 23 GVG, die der **LG** aus § 71 GVG u die der **OLG** aus §§ 118, 119 III, § 201 I GVG. Weitere Zuständigkeiten der AG s § 27 GVG Rn 1, der LG s § 71 GVG Rn 7 u der OLG s § 118 GVG Rn 2. „Zivil-" und FamGerichte haben verschiedene sachl Zuständigkeiten (s Rn 4 aE). 5

2) Funktionelle Zuständigkeit. Sie (auch Zuständigkeit nach Geschäften) betrifft die Abgrenzung nach der Art der Tätigkeit (Rechtspflegefunktion), die das Gericht (Rechtspflegeorgan) entfalten soll, zB die Tätigkeit des AG als Vollstreckungsgericht (§§ 764, 828) oder als Rechtshilfegericht (§ 157 GVG); die Zuständigkeit des LG als WEG-Zentralgericht gem § 72 II 1 GVG (BGH NJW 2014, 1879 Tz 15); die Zuständigkeit des OLG gem § 1062 (OLG Brandenburg NJW-RR 2001, 645); die des Rpflegers, des GV. Die Zuständigkeiten im Rechtsmittelzug (§§ 72, 119, 133 GVG, § 8 EGGVG iVm Art 11 bayAGGVG) betreffen die **instanzielle Zuständigkeit**, die einen Unterfall der funktionellen Zuständigkeit bildet (krit MK/Wöstmann Rn 11). Die ZPO kennt weder den Begriff der funktionellen noch den der instanziellen Zuständigkeit. § 38 gilt für sie nicht, sie sind stets ausschließl (s Rn 9). 6

3) Örtliche Zuständigkeit. Sie (Sprachgebrauch der ZPO: „Gerichtsstand", vgl die amtl Überschrift vor § 12) betrifft die Abgrenzung der erstinstanzl Zuständigkeit nach der örtl Beziehung der beteiligten Personen oder der Streitsache. Regelung: §§ 12-37. 7

4) Internationale Zuständigkeit. Sie betrifft die Abgrenzung der Zuständigkeit der dt Gerichte überhaupt ggü der der ausl Gerichte bei Streitigkeiten mit Auslandsbeziehung. Eine bes Regelung fehlt in der ZPO (vgl aber zB für Ehesachen usw §§ 98 ff FamFG); sie ergibt sich indirekt aus den Vorschriften über die (auch vereinbarte) 8 örtl Zuständigkeit; vgl BGHZ 173, 57 Tz 23; BGHZ 195, 243 Tz 11, stRspr; ausdr für FG-Verf § 105 FamFG. Vorrangige Regelungen im europ UnionsR (Brüssel Ia-VO, EuEheVO) und Völkerrecht, näher s EuIZPR Rn 10 ff. Zur umfassenden Prüfung s § 12 Rn 16 u 18.

9 **III) Ausschließliche und nichtausschließliche sachliche Zuständigkeit. 1) Bedeutung.** Die **ausschließl** Zuständigkeit ist **zwingend** (§ 40 II) und geht anderen Zuständigkeiten vor (vgl insb § 33 II); die **nicht ausschließl** Zuständigkeit kann unter den Voraussetzungen der §§ 38 ff durch Prorogation abbedungen werden; sie lässt etwa sonst bestehende Zuständigkeiten unberührt.

10 **2) Regelung. a)** In **nicht vermögensrechtl Streitigkeiten** (s § 3 Rn 16.122) ist die Zuständigkeit nur noch ausschließl, soweit eine bes wertunabhängige Zuweisung an das AG erfolgt ist (s § 40 II 1 Nr 1, § 40 Rn 5); iÜ ist die sachl Zuständigkeit des AG auch in nicht vermögensrechtl Streitigkeiten nicht ausschließlich.

11 **b)** In **vermögensrechtl Streitigkeiten** ist die Zuständigkeit iZw nicht ausschließl; ausschließl Zuständigkeiten bedürfen bes ges Bestimmung. Das **LG** ist allg sachlich ausschließl zuständig in Amtshaftungssachen (§ 71 II Nrn 1, 2 GVG; § 19 III BNotO) und in Sachen fehlerhafter Kapitalmarktinformationen, § 71 II Nr 3 GVG; ferner in einer Anzahl von Sonderfällen (zB gem § 246 III 1, § 249 I, § 275 IV AktG; § 61, § 75 GmbHG; § 51, § 96 GenG; § 143 I PatG; § 27 GebrMG; § 52 I DesignG; § 141 MarkenG; § 38 I SortenschutzG; § 87 GWB; § 13 I 3 StrEG; § 66 WpÜG; §§ 217 ff BauGB usw; s § 71 GVG Rn 7); das **AG** ausschließl in Wohnraummietsachen (§ 23 Nr 2a GVG), Wohnungseigentumssachen (§ 23 Nr 2c GVG) und Mahnsachen (§ 689 II), ferner das AG oder LG als **Prozessgericht** in den Fällen der §§ 731, 767, 771 iVm § 802, das **OLG** als Entschädigungsgericht gem § 198 III 4, § 201 I 3 GVG sowie in Unterlassungsklage- (§ 6 I 1 UKlaG) und Verbandsklagesachen (§ 3 I VDuG). Nicht hierher gehören Unterhalts- und Güterrechtssachen (s §§ 111, 231 ff, §§ 261 ff FamFG).

12 **IV) Prozessuale Behandlung der sachlichen Zuständigkeit. 1) Rüge und Amtsprüfung der fehlenden Zuständigkeit. a)** Die sachl Zuständigkeit ist Voraussetzung für die Zulässigkeit der Klage (Prozessvoraussetzung), ihr Fehlen kann der Bekl gem §§ 282, 296 III **rügen.**

13 **b)** Das Gericht **prüft** die Zuständigkeit **vAw**, weil sie Prozessvoraussetzung ist. Bei rügeloser Verh greift § 39 S 1, wenn die Zuständigkeit nicht ausschließl ist (§ 40 II). Im Parteiprozess besteht Belehrungspflicht gem § 504. Ein Rechtsmittel kann nicht darauf gestützt werden, dass das Gericht des 1. Rechtszugs seine Zuständigkeit zu Unrecht angenommen (§ 513 II, § 545 II, § 571 II 2, § 576 II; vgl auch § 17a V, VI GVG) oder – in den Fällen der Revision und der Rechtsbeschwerde – verneint hat (§ 545 II, § 576 II; BGH MDR 2006, 1126; s § 12 Rn 16, 18). Die Rügemöglichkeit (vgl § 39) ist eingeschränkt (§ 532, § 545 II, § 565). Grund der **Beschränkung des Zuständigkeitsstreits:** Entlastung der Rechtsmittelgerichte, Prozessbeschleunigung und Vermeidung von Verfahrensrückschritten (vgl BGH NJW 2005, 1660, 1662).

14 **c) Grundlage** der **Zuständigkeitsprüfung** ist die (substantiierte) Behauptung der zuständigkeitsbegründenden Tatsachen, die der Kl ggf auch zu beweisen hat (vgl KG NJW-RR 2001, 1510; OLG Hamm NJW-RR 2010, 105; RSchwab/Gottwald § 39 Rn 3 ff). Eine Ausnahme besteht nur für Tatsachen, die gleichzeitig für die Zuständigkeit und die Begründetheit der Klage von Bedeutung sind (sog **doppelrelevante Tatsachen**); ihre Richtigkeit ist für die Zuständigkeitsfrage zu unterstellen (BGHZ 202, 39 Tz 23 mwN; s § 12 Rn 14). Hängt die sachl Zuständigkeit vom **Wert** ab, sind die Wertangaben des Kl (vgl § 253 III, § 495) für das Gericht **nicht bindend**, auch wenn der Bekl nichts dagegen einwendet.

15 **d) Folge** bei **Fehlen** der sachl Zuständigkeit: Prozessabweisung, uU Verweisung auf Antrag (§§ 281, 506; § 48 I ArbGG, § 17a II, VI GVG), ggf nach Anregung vAw gem § 139 I 2 (BGH NJW 2014, 1879 Tz 15) oder Abgabe vAw (§ 696 I, § 700 III). Bei fehlender Rechtswegzuständigkeit (Rn 3) ist Verweisung nach § 17a II GVG, § 48 I ArbGG zwingend (s § 17a GVG Rn 9); zur Prüfungsreihenfolge im Verhältnis zur örtl Zuständigkeit s § 12 Rn 13 aE.

16 **e) Folge** von Unzuständigkeitsentscheidungen des angegangenen Gerichts: § 11.

17 **2) Änderungen nach Rechtshängigkeit. a) Ermäßigt** der Kl im Lauf des Rechtsstreits die Klage unter den Betrag von 5.000 Euro, ist dies für die sachl Zuständigkeit des LG ohne Bedeutung (§ 4 I, § 261 III Nr 2; § 23 Nr 1 GVG); ebenso die Ermäßigung in Folge **Prozesstrennung** (s § 145 Rn 7) und nach **Teilurteil** (§ 301).

18 **b) Erweitert** der Kl die beim AG erhobene Klage nachträgl über den Betrag von 5.000 Euro hinaus, wird das AG sachl unzuständig und hat auf Antrag einer (jeder) Partei den Rechtsstreit gem § 506 an das zuständige LG zu verweisen. Unterbleiben Verweisungsantrag und Rüge, wird das AG gem § 39 S 1 zuständig. Bei nachträgl **Verbindung** mehrerer AG-Prozesse mit Überschreitung der Wertgrenze gem § 23 Nr 1 GVG verbleibt es grds bei der ursprüngl begründeten Zuständigkeit (s § 147 Rn 7).

19 **c) Zerlegt** der Kl einen in die Zuständigkeit des LG fallenden Anspruch in mehrere Teile und macht er diese als **mehrere** selbständige **Klagen** geltend (zB 3 Klagen zu 5.000 Euro statt einer zu 15.000 Euro), um die Zuständigkeit des AG zu begründen und dadurch Anwaltszwang zu umgehen, kann Fall der missbräuchl Zuständigkeitserschleichung vorliegen; bei Verbindung (§ 147) dann keine Bindungswirkung der Zuständigkeit nach § 261 III Nr 2 (OLG Hamm MDR 2013, 1307).

§ 2 Bedeutung des Wertes

Kommt es nach den Vorschriften dieses Gesetzes oder des Gerichtsverfassungsgesetzes auf den Wert des Streitgegenstandes, des Beschwerdegegenstandes, der Beschwer oder der Verurteilung an, so gelten die nachfolgenden Vorschriften.

I) Bedeutung. Vom Wert des Streitgegenstandes hängt die sachl Zuständigkeit des AG oder LG ab (§ 23 Nr 1 GVG: 5.000 Euro; geplant 10.000 Euro, s § 23 GVG Rn 2; § 71 I GVG – sog Zuständigkeitsstreitwert), es sei denn, auf einen Wert kommt es nicht an (§ 23 Nr 2, § 71 II GVG). Wertgrenzen finden sich in § 15a I 1 Nr 1 EGZPO, § 495a S 1. Der Verurteilungsstreitwert hat Bedeutung für § 708 Nr 11. Wertangaben der Parteien (s § 253 III Nr 2, § 520 IV Nr 1) binden das Gericht nicht (s § 3 Rn 16.51). 1

Der Wert des Beschwerdegegenstandes (s § 511 Rn 19) bestimmt den Streitwert in der Berufung (§ 511). Bei der Revision (§ 542) hat der Wert nur Bedeutung im Rahmen der NZB (§ 544 II Nr 1; s § 544 Rn 7). 2

II) Gebührenwert. Für ihn gelten die §§ 3-9 nur, soweit die §§ 39 ff GKG nichts Abweichendes vorsehen (§ 48 GKG). Anderenfalls präjudizieren Zuständigkeits- und Rechtsmittelstreitwert den Gebührenstreitwert (§ 62 S 1 GKG). Für die **Anwaltsgeb** richtet sich der Gegenstandswert (§ 2 I, § 22 I RVG) nach den für die Gerichtsgeb geltenden Vorschriften (§§ 23, 32, 33 RVG). Richten sich die zu erhebenden Geb nach dem Gegenstandswert, hat der RA die Pflicht, den Mandanten darauf hinzuweisen (§ 49b V BRAO; OLG Düsseldorf MDR 2025, 67). Ein Unterlassen kann schadensersatzpflichtig (BGH MDR 2008, 235) machen. 3

§ 3 Wertfestsetzung nach freiem Ermessen

Der Wert wird von dem Gericht nach freiem Ermessen festgesetzt; es kann eine beantragte Beweisaufnahme sowie von Amts wegen die Einnahme des Augenscheins und die Begutachtung durch Sachverständige anordnen.

1 **I) Grundsätze der Wertberechnung.** Zu unterscheiden sind: Zuständigkeits-, Rechtsmittel- und Gebührenstreitwert (RVG: Gegenstandswert).

1) Zuständigkeitsstreitwert. Er wird durch den **Streitgegenstand** bestimmt, der gleich demjenigen ist, was die Partei begehrt und mit ihrem Angriff erreichen will. Diesen Streitgegenstand oder prozessualen Anspruch legen **Klageantrag** und Klagebegründung fest; die Begründung wird dabei aber, wie auch weiteres Parteivorbringen, nur zur Auslegung des Antrags herangezogen. Es entscheidet das Interesse des Kl. Bei bezifferten Klagen ist der geforderte Betrag maßgebend (BGH MDR 2025, 687), auch wenn die Realisierbarkeit gering oder aussichtslos erscheint (LAG Hamm MDR 91, 1203). Ohne Einfluss auf den Streitwert sind das Vorbringen des Gegners, sein Interesse an Klageabweisung oder Parteivereinbarungen über die Höhe des Streitwerts. 2

Prüfungsumfang und Entscheidungsgegenstand müssen sich nicht decken. Bsp: Sind die **Zinsen** einer Darlehensforderung eingeklagt und bestreitet der Bekl das Darlehen, so ist in den Urteilsgründen zwar auf das ganze Rechtsverhältnis einzugehen; begehrt ist aber nur eine Entscheidung über den Zinsanspruch; nur hiernach ist der Streitwert zu berechnen. Enthält der Klageantrag **2 Begehren**, von denen das eine die Folge des andern ist (s § 5 Rn 8), so kommt nur **ein Streitwert** in Frage. Mehrere wirtschaftl selbständige Ansprüche sind zusammenzurechnen (s § 5 Rn 3 ff), sofern ihr Wert für die Zuständigkeit Bedeutung hat (§ 5 Rn 1; St/Loyal § 5 Rn 26), also nicht die, die schon wertunabhängig zugewiesen sind. Bei **Teilklagen** entscheidet der eingeklagte Teil. 3

2) Rechtsmittelstreitwert. Er richtet sich nach dem Interesse des Rechtsmittelkl an der Abänderung der angefochtenen Entscheidung. Das ist die **formelle Beschwer beim Kl** (= Differenz zwischen dem, was er wollte, und dem, was er bekam; vor § 511 Rn 13), die **materielle Beschwer** (= Verurteilung) **beim Bekl** (str; s vor § 511 Rn 19 ff). – Die Beschwer kann höher zu bewerten sein als der Streitwert (BGH WuM 2020, 453 Tz 5; s vor § 511 Rn 19b). 4

3) Gebührenstreitwert. §§ 39 ff GKG. S § 2 Rn 3 und hier Rn 16 ff. – Ist der Antrag nicht beziffert, wird der Wert an Hand des „Angreiferinteresses" des Kl ermittelt (§ 48 I 1 GKG, § 3; OLG Karlsruhe NJW-RR 2025, 256). Verstößt das Gericht bei seiner Streitentscheidung gegen § 308 I, kann das „Mehr" der Entscheidung den Gebührenstreitwert in der Instanz grds nicht beeinflussen (LAG Berlin-Brandenburg 21.6.2021 – 26 Ta (Kost) 6066/21 Tz 15 mN), aber eine Beschwer begründen (s BGH MDR 2017, 1319 Tz 10). 5

II) Verfahren der Wertfestsetzung. 1) Zuständigkeits- und Beschwerdewert. Sie werden meist in den Gründen der Entscheidung über die Zulässigkeit der Klage (wenn deren Streitwert die sachl Zuständigkeit bestimmt) oder des Rechtsmittels (wenn dieses vom Beschwerdewert abhängt) festgesetzt. Beschwerdewert kann auch in den Gründen eines die Zulässigkeit des Rechtsmittels bejahenden Zwischenurteils (§ 303), Zuständigkeitsstreitwert in den Gründen eines Verweisungsbeschl nach § 281 festgesetzt werden. Die Verweisung **bindet** nach der Rspr nur bis zur Zuständigkeitsgrenze (OLGR Köln 2000, 78; zu Recht gegen Bindung Schneider/Kurpat/Schneider Rn 1.271). Das Berufungsgericht ist bei der Prüfung der Zulässigkeit einer Wertberufung an die erstinstanzl Wertfestsetzung nicht gebunden (allgM; zB BGH NJW-RR 2005, 219), der BGH bei der NZB nicht an die Wertfestsetzung durch das Berufungsgericht (s Rn 16.51 aE). 6

Rechtsbehelfe. Die Wertfestsetzung in Beschl nach § 281 ist grds unanfechtbar (§ 281 II 2; OLG Braunschweig MDR 2022, 1182). War der Streitwert nur zur Bestimmung der sachl Zuständigkeit durch gesonderten Beschl (§ 329) festgesetzt, kann dieser nicht angefochten werden (allgM; zB OLG Koblenz MDR 2024, 864 mN). Auch die Festsetzung des Zuständigkeitswertes im Verf nach § 495a ist nicht anfechtbar (OLG Köln MDR 2010, 231; aA LG München I MDR 2001, 713), denn es gibt keine planwidrige Rechtsschutzlücke. 7

2) Gebührenwert. Soweit eine Entscheidung nach § 62 S 1 GKG nicht ergeht oder wegen § 62 S 1 Hs 2 GKG nicht bindet, setzt das Gericht den Wert für die zu erhebenden Geb durch Beschl (§ 329 II), der formlos mitgeteilt (§ 68 I 4 GKG) oder auch im Urteil mit aufgenommen werden kann (OLG Düsseldorf NJW-RR 2022, 935), vAw fest, § 63 II 1 GKG, sobald über den gesamten Streitgegenstand entschieden ist (OLG Karlsruhe JurBüro 2020, 529 Tz 9 zur Stufenklage; OLG Bamberg NZFam 2023, 1097). Einen Vergleichswert setzt das Gericht vAw nur fest, wenn eine Geb nach 1900 GKG-KV angefallen ist (OLG Düsseldorf NJW-RR 2023, 844). – Keine gestaffelte Festsetzung nach **Zeitabschnitten** (ganz hRspr; OLG Brandenburg NJW-RR 2025, 383; OLG Köln AGS 2024, 570; OLG Dresden JurBüro 2022, 474 mN; aA OLG Koblenz 22.7.2022 – 12 U 1853/20 Tz 4); zulässig sind aber mehrere Festsetzungen bei Gebührenanfall nach verschiedenen Werten (PG/Beumers Rn 17; Schneider/Kurpat/Schneider Rn 1.239). – In den Fällen des § 63 I 1 GKG ist eine **vorläufige** Festsetzung bei Verfahrenseinleitung vorgeschrieben. Wertabänderungen vAw mögl, § 63 III 1 GKG; keine Beschwerde gegen Ablehnung der Abänderung (OLG Bremen MDR 2020, 1470 [Fölsch MDR 2021, 85]: Umdeutung in Beschwerde nach § 68 I 1 GKG kommt in Frage). Die Wertfestsetzung darf den Rechtsweg nicht unzumutbar beschweren (BVerfG NJW-RR 2000, 946). Obergrenze von 30 Mio Euro in § 39 II GKG. Völlig realitätsblinde Bezifferungen sind unbeachtl (OLG Koblenz MDR 2007, 422; s Rn 16.76). – Der Gerichtsgebührenwert ist auch für die Geb des RA maßgebend, § 32 I RVG. Fallen keine Gerichtsgeb an oder sind es Festgeb, dann ist aber kein Gebührenwert (GKG) festzusetzen (BayVGH München AGS 2017, 139), sondern nur (auf Antrag) der Gegenstandswert für die RA-Vergütung (§ 23 I 2, § 33 RVG), sofern der RA eine Gebühr auslösend tätig geworden war (BGH NJW-RR 2017, 640). Ebenso ist zu verfahren, wenn sich der Gegenstandswert für eine Geb nach RVG, zB nach Teilklagerücknahme, unterscheidet vom GKG-Gebührenwert (OLG Brandenburg NJW 2023, 2059; OLG Bremen JurBüro 2025, 88 [auch zum Antragsrecht nach § 33 II RVG]). Die jew Kostengesetze 8

(GKG, FamGKG) sind dabei entspr anzuwenden. – Hängt die Zulässigkeit einer Beschwerde nicht vom Wert des Beschwerdegegenstands ab, bedarf es keiner Festsetzung eines Beschwerdewerts nach §§ 3 ff. Ledigl für die Anwaltsgeb ist in diesen Fällen auf Antrag (§ 33 I RVG) der Beschwerdewert (Gegenstandswert) festzusetzen, und zwar nach § 23 II 1, 2, III 2 RVG (BGH MDR 2018, 828 Tz 5). – Der aus dem Verf ausscheidende RA hat sogleich Anspruch auf Wertfestsetzung nach § 33 RVG, die nicht durch eine vorläufige Wertfestsetzung nach § 63 GKG ersetzt werden kann (OLG Düsseldorf NZFam 2022, 454 [N. Schneider]). – Das Verf auf Wertfestsetzung wird durch § 240 nicht unterbrochen (BGH 8.1.2025 – VIII ZR 100/22 Tz 10 [Ausnahme: Die Festsetzung soll Grundlage sein für einen Verwerfungsbeschluss nach § 544 II Nr 1]).

9 **a) Rechtsbehelfe.** Der Wertfestsetzungsbeschluss (§ 63 II 1 GKG) darf erst ergehen, wenn allseits rechtl Gehör gewährt worden ist (Ausnahme: § 63 I 1 GKG). – Er ist mit **befristeter Beschwerde** (**Formulierungsvorschlag:** Vorwerk/Schneider, PFB, M 44.1) anfechtbar (§ 68 I 1, 3, § 63 III 2 GKG). **Fristbeginn:** bei **Eilverf:** Ende des Hauptverf (BayVGH JurBüro 2014, 305; OLG Hamburg MDR 2011, 258; OLG Zweibrücken MDR 2011, 562; aA OLG Düsseldorf WuW 2016, 543); bei **Vergleich:** mit Abschluss (OLG Karlsruhe AGS 2016, 476; näher N. Schneider ErbR 2022, 1082), **im schriftl Verf** mit der letzten Annahmeerklärung gegenüber dem Gericht (OLG Stuttgart JurBüro 2022, 473); bei übereinstimmenden **Erledigungserklärungen** mit Eingang der letzten Erklärung (BayVGH AGS 2021, 281; aA § 91a Rn 30); bei der **Rechtsmittelrücknahme** mit dem Beschluss nach § 516 (OLG Karlsruhe MDR 2023, 1074); eine erfolglose Anhörungsrüge beeinflusst den Fristbeginn/-lauf nicht (BAG NJW 2021, 2757), zum **sBV** s § 492 Rn 4. – Der Wert des Beschwerdegegenstandes muss 200 Euro übersteigen. Sinkt der Wert durch Teilabhilfe unter 200 Euro, wird eine bis dahin zulässige Beschwerde unzulässig (OLG Bamberg AGS 2023, 575). Kein Beschwerdewert ist erforderl im Verf der vorläufigen Festsetzung (§ 63 I 2, § 67 I 1 GKG); die Partei muss aber durch den verlangten Vorschuss belastet sein (OLGR Frankfurt 2001, 70). Das Gericht, das den Beschl erlassen hat, kann abhelfen (§ 68 I 5, § 66 III 1 GKG). – Neben der Wertbeschwerde gibt es die Beschwerde auf Grund **Zulassung** (§ 68 I 2 GKG). Das Beschwerdegericht ist an die Zulassung gebunden, die Nichtzulassung ist nicht anfechtbar (§ 68 I 5, § 66 III 4 GKG). – Befristete (§ 68 I 6 GKG) **weitere Beschwerde** ist mögl (§ 68 I 5, § 66 IV GKG), muss aber zugelassen werden. Auch die Beschwerde gegen eine Festsetzung vAw nach § 63 III 1 Nr 2 GKG ist solch eine weitere Beschwerde (OLG München 12.1.2023 – 32 W 1678/22 WEG). Das LG als Beschwerdegericht kann der weiteren Beschwerde abhelfen, das OLG (§ 68 I 5, § 66 IV 3 GKG) ist an die Zulassung gebunden, die Nichtzulassung ist nicht anfechtbar (§ 68 I 5, § 66 IV 4, III 1, 4 GKG). Keine **Rechtsbeschwerde** (Künkel MDR 2006, 486, 488 IV 2 aE, auch nicht bei Zulassung, BGH RVGreport 2010, 37 [Hansens]). Deren Funktion bei grundsätzl Bedeutung (§ 574 II Nr 1) übernimmt die weitere Beschwerde (§ 68 I 5, § 66 IV 1 GKG). – Es entscheidet der **Einzelrichter** (§ 68 I 5, § 66 VI GKG; Ausnahme: § 66 VI 2 GKG). – Die Beschwerde an einen obersten Gerichtshof ist ausgeschlossen (§ 68 I 5, § 66 III 3 GKG; BGH AGS 2022, 323), weshalb Entscheidungen der OLG nicht beschwerdefähig sind (BGH 9.12.2020 – I ZB 75/20). – Statthaft ist die fristgerechte (§ 63 III 2 GKG; BGH ZInsO 2020, 2018) **Gegenvorstellung**, wenn der Wert auch vAw geändert werden könnte (BGH AGS 2018, 20). Dabei kann eine Beschwerde ausgelegt werden als Gegenvorstellung (OLG Düsseldorf ZIP 2019, 1570; OLG München WM 2020, 390). – **Zuständig** ist das nächsthöhere Gericht, das OLG in den Fällen § 119 GVG u für die weitere Beschwerde (§ 68 I 5, § 66 III 2, IV 3 GKG; BGH NJW-RR 2016, 188). Setzt das LG als Berufungsgericht den Streitwert fest, ist Beschwerde zum OLG zulässig (§ 1 V GKG; OLG Dresden JurBüro 2023, 488). – Bei Fristversäumnis kann **WE** in den vorigen Stand gewährt werden (§ 68 II GKG). – Die **vorläufige** Festsetzung (§ 63 I 1 GKG) ist nur beschwerdefähig im Rahmen des § 67 GKG (§ 63 I 2 GKG; OLG Hamm 17.1.2023 – 7 W 3/23 mN; OLG Frankfurt AGS 2024, 237) und auch nur, solange die berechneten Kosten nicht eingezahlt sind (OLG Frankfurt NZFam 2019, 549). Der ProzBev der Partei hat ein eigenes Beschwerderecht (§ 32 II 1 RVG als lex specialis; Schneider MDR 2000, 380; jedenfalls bei einem fälligen Anspruch des RA: OLG Zweibrücken FamRZ 2007, 1112; aA die hM, zB OLG Dresden MDR 2021, 62; OLG Köln JurBüro 2019, 464 Tz 29; differenzierend N. Schneider ZAP F 24, 1063), aber nicht, wenn damit nur die Zuständigkeit des Gerichts erreicht werden soll (OLG Koblenz MDR 2019, 893). – Der **Wert** des Beschwerdegegenstandes (§ 68 I 1 GKG) besteht bei der Parteibeschwerde in dem Unterschiedsbetrag zwischen den Geb des Gerichts und der beiderseitigen Anwälte, der sich bei Berechnung der Geb nach dem festgesetzten und dem beantragten Streitwert ergibt, bei der Anwaltsbeschwerde (§ 32 II RVG) im Unterschiedsbetrag der Geb des Beschwerdeführers einschließl USt, berechnet nach dem festgesetzten und dem mit der Beschwerde beantragten Streitwert (OLG Nürnberg NJW-RR 2024, 484). – Zur Abänderung bei unzulässiger Beschwerde s Rn 16.1.

10 **b) Aktivlegitimation.** Beschwerdeberechtigt ist die Staatskasse, jede Prozesspartei (kein Anwaltszwang, OLG Düsseldorf JurBüro 2011, 645) und der RA (§ 32 II RVG). – Die **Partei** kann gegen die Festsetzung idR nur mit dem Ziel der Herabsetzung vorgehen (BGH ErbR 2024, 695). Dies auch, wenn sie voll obsiegt hat (OLG Dresden NJW-RR 2024, 1320), wenn sie von ihrem Rechtsschutzversicherer hierzu veranlasst wurde (BVerfG AnwBl 2021, 109) oder wenn ihr ratenfreie PKH bewilligt ist (OVG Bautzen NZFam 2021, 984 [N. Schneider]. Durch zu niedrige Festsetzung ist sie idR nicht beschwert (BGH 11.10.2016 – VIII ZB 94/14 Tz 3; KG JurBüro 2023, 34). Ausnahmen: Wenn die Werterhöhung zu einer günstigeren Kostenquote führt (OLG Koblenz ZMR 2011, 56); oder wenn die obsiegende Partei mit ihrem ProzBev eine wertunabhängige Honorarvereinbarung geschlossen hat und das Honorar über den Wertgeb liegt (KG MDR 2025, 347; OLG Frankfurt 19.5.2020 – 6 W 62/19 Tz 1; OLG Düs-

seldorf MDR 2006, 297; dagegen OLG Nürnberg JurBüro 2016, 533, Aufg der bish Rspr; KG MDR 2016, 422 [Fölsch MDR 2016, 637]; zur Darlegungslast in diesen Fällen OLG Stuttgart AGS 2014, 77). – Der **RA** kann nur Erhöhung beantragen (anders, wenn RA zugleich Partei und damit auch erstattungspflichtig ist). – Bei Zweifel, wer Beschwerde eingelegt hat, ist auszulegen (OLG Dresden AGS 2022, 465). – Niemand ist beschwert, wenn Festsetzung erfolgt, ohne dass Wertgeb angefallen sind (OLG Karlsruhe MDR 2009, 587). Hier wäre schon die Festsetzung abzulehnen gewesen (OLG Brandenburg FamRZ 2010, 2098; s dazu auch Rn 8, Rn 16.51).

c) Gebühren. Das Verf der Wertfestsetzung ist wie im 1. Rechtszug auch in der Beschwerdeinstanz gerichtsgebührenfrei (§ 68 III GKG). Das bedeutet nicht ohne weiteres „auslagenfrei" (s Vorbem 9 I GKG-KV, 9000 ff GKG-KV). Mangels Gebührenanfall ist für das Beschwerdeverf kein Wert festzusetzen (OLG Nürnberg NJW-RR 2024, 484). 11

d) Kostenerstattung. Das Verf ist gebührenfrei (§ 68 III 1 GKG) und Kosten des Beschwerdeverf werden nicht erstattet (§ 68 III 2 GKG), so dass keine Kostenentscheidung zu treffen ist (ausf N. Schneider NJW-Spezial 2012, 475). Dies gilt auch für **unzulässige**, jedoch nicht für **unstatthafte** Beschwerden; diese sind kostenpflichtig (BGH ZfSch 2022, 404; BAG NZA 2024, 428; aA Schneider/Kurpat/Schneider Rn 1.467). 12

e) Prüfungsumfang. Das Beschwerdegericht hat die Entscheidung des Prozessgerichts in vollem Umfang nachzuprüfen (§ 571 Rn 3), wobei an die Stelle des Ermessens der 1. Instanz dasjenige des Beschwerdegerichts tritt (OLG Nürnberg NJW-RR 2024, 484). Wegen der amtswegigen Abänderungsmöglichkeit nach § 63 III 1 GKG gilt, solange diese Möglichkeit zeitlich besteht (B. Schneider NJW 2017, 3764), auch **kein Verschlechterungsverbot** (allgM, zB OLG Hamm 13.2.2024 – 10 W 12/23 Tz 9). 13

III) Auswirkung. Streitwertänderung durch das Beschwerdegericht kann einer bereits rechtskräftigen Kostenentscheidung eines Urteils die Berechnungsgrundlage entziehen. Dadurch wird keine Änderungssperre begründet (OLG Köln JurBüro 2007, 34; str), da ein Fehler des Gerichts im Erkenntnisverf kein prozessuales Hindernis dafür ist, im Streitwertbeschwerdeverf gesetzmäßig zu entscheiden (s § 91 Rn 13.20; § 319 Rn 31). 14

IV) Beweisaufnahme. Sie ist zur Gebührenwertfestsetzung (Abschätzung durch SV) nach § 64 GKG mögl. Kostenbelastung einer Partei, wenn sie Wertangabe nach § 61 GKG versäumt oder den Wert unrichtig angegeben oder einen richtig angegebenen Wert zu Unrecht bestritten oder mit der Beschwerde angegriffen hat (§ 64 S 2 GKG; VGH Mannheim NVwZ-RR 91, 670). Auch dem ProzBev können Kosten auferlegt werden (BVerfG NJW 2004, 2959). Bei fehlendem Verschulden trägt die Staatskasse die Kosten (aA VGH Mannheim NVwZ-RR 91, 670). 15

V) Einzelfälle aus Rechtsprechung und Schrifttum. **ABC – Reihe (Streitwert, Beschwer, Wert des Beschwerdegegenstandes [ZPO]; Gebührenstreitwert [GKG]; Gegenstandswert [RVG])** 16

• **Abänderung.** Von der Berichtigung nach § 319 (OLG Hamm MDR 86, 594) abgesehen, strenge Prüfung, wenn nach Instanzende der Sieger Erhöhung oder der unterlegene Angreifer Herabsetzung beantragt (OVG Lüneburg AnwBl 2015, 99: kein Nachschieben streitwertrelevanter Erklärungen; s Rn 16.51). Amtswegige Abänderung gem § 63 III 1 Nr 2 GKG durch höhere Instanz nur zulässig, wenn Vorinstanz bereits selbst festgesetzt hat; deshalb keine Erstfestsetzung der höheren für die untere Instanz und für diese entspr keine Bindung, wenn höhere Instanz nur für sich festsetzt. Ein Rechtsmittel ermöglicht, auch wenn es unzulässig ist, eine Streitwertänderung durch die höhere Instanz (Schneider/Kurpat/Schneider Rn 1.288). **Unzulässige** Streitwertbeschwerden begründen hingegen keine Änderungsbefugnis des Beschwerdegerichts (OLG Braunschweig NJW 2022, 1892; OLG Köln JurBüro 2019, 464 Tz 31; PG/Beumers Rn 18; aA OVG Schleswig 23.9.2021 – 5 O 11/21; LAG Düsseldorf JurBüro 2017, 311; Schneider/Kurpat/Schneider Rn 1.438; modifizierend OLG Braunschweig 25.5.2022 – 2 WF 67/22 Tz 18, Tz 30 f: Änderungsbefugnis, aber nur, wenn die Kostendifferenz 200 Euro übersteigt). Ob durch eine Abänderung die quotierte Kostenentscheidung unrichtig wird, ist unerhebl (s Rn 14 u Rn 16.159). Befristung der Abänderungsbefugnis: § 63 III 2 GKG. Ein als falsch erkannter Streitwert muss höherinstanzl vAw korrigiert werden. Auch wenn das Rechtsmittelgericht nur mit einem Teil der Hauptsache befasst ist, erstreckt sich seine Änderungsbefugnis auf die gesamte erstinstanzl Wertfestsetzung. Da die NZB beim Gericht nicht zum Anfall der Hauptsache führt, begründet sie keine Abänderungsbefugnis nach § 63 III 1 Nr 2 GKG (BGH WuM 2022, 292). 16.1

• **Abänderungsklage.** §§ 323-323b. Zuständigkeit: § 9. – Gebührenwert der Unterschiedsbetrag zwischen bish und künftig verlangtem/verweigertem Betrag. Der Unterschiedsbetrag berechnet sich mit dem 3,5-fachen Jahresbetrag (§ 9, unterschiedslos für ges und vertragl Renten) bzw dem 3-fachen Jahresbetrag in den Fällen § 42 I 1 GKG, falls nicht der Gesamtbetrag der geforderten/verweigerten Leistung geringer ist. Erhöhungsklage und Widerklage auf Herabsetzung des titulierten Betrages betreffen verschiedene Streitgegenstände, so dass die Werte zu addieren sind (OLG Hamm AGS 2004, 30 [Madert]); jedoch keine Addition, wenn zusätzl Leistungen nach Klageerhebung zurückverlangt werden. Der Betrag der **Rückstände** (s Rn 16.143) für die Zeit vor Klageeinreichung (PKH-Antrag kann gleichstehen: § 42 III 2 GKG) ist für die Streitwertberechnung zuzurechnen, § 42 III 1 Hs 1 GKG. Kein Ansatz mit nur einem Bruchteil des Wertes (§ 42 III 1 GKG). 16.2

• **Abänderungssperre.** Sie (§ 68 I 3 Hs 1, § 63 III 2 GKG) ist Ausschlussfrist und zugleich Beschwerdesperre. Zum Fristbeginn s Rn 9. Bei Einlegung der Streitwertbeschwerde innerhalb der Frist darf noch nach Fristablauf 16.3

darüber entschieden werden (OLG Köln AGS 2008, 406); amtswegige Abänderungsbefugnis erlischt mit Fristablauf aber endgültig. Verlängerung der Beschwerdefrist im Fall § 68 I 3 Hs 2 GKG.

16.4 • **Abfindungsbilanz.** Klage auf Vorlage einer –. Es gelten die Grundsätze wie bei einer Auskunfts- und Rechnungslegungsklage (OLGR München 1996, 106).

16.5 • **Abfindungsvergleich.** Zu bewerten ist nur der verglichene Gegenstand (s Rn 16.179).

16.6 • **Ablehnung. Richter:** Wert der Beschwerde gleich Hauptsache: BGH MDR 2020, 625; BGH NJW 68, 796 (einschr dahin: Bezieht sich Ablehnung auf bestimmten Einzelanspruch oder bestimmbaren Teilanspruch, dann nur dieser Wert); hM (s Schneider/Kurpat/Schneider Rn 2.43 mN; KG 3.4.2023 – 10 W 112/22 [auch wenn der Beschwerdeführer nur zum Teil am Verf beteiligt ist]), nicht unstr (aA St/Loyal Rn 22: Bruchteilsbewertung), aber jedenfalls nicht willkürlich (BadWürttVerfGH NJW-RR 2017, 832). – **Schiedsrichter** (§ 1036): Bruchteil der Hauptsache (KG MDR 2018, 885, idR 1/3; str). – **Sachverständiger:** Bruchteilsbewertung, wobei überwiegend 1/3 des Hauptsachewertes angesetzt wird (BGH AGS 2004, 159; OLG Nürnberg 11.5.2021 – 13 W 2446/14 Tz 3). – Wertfestsetzung allerdings nur und erst auf Antrag (§ 33 RVG) als Gegenstandswert (§ 23 II 1 RVG), denn bei Gericht fallen keine Wertgeb an, so dass kein Streitwert (GKG) festzusetzen ist (hierzu s Rn 8 aE; übersehen von OLG München MDR 2010, 1012 [N. Schneider NJW-Spezial 2010, 539]) und auch kein Beschwerdewert (übersehen von BGH 27.2.2020 – III ZB 61/19 Tz 14).

16.7 • **Abnahme einer gekauften Sache.** § 3, Interesse des Kl an der Abnahme (zB an dem Freiwerden des Lagerraums), nicht Kaufpreis oder Wert der abzunehmenden Sache (BGH 11.7.1980 – VIII ZR 107/80, KoRsp ZPO § 3 Nr 499). Wird zugleich auf Zahlung des Kaufpreises geklagt, kann die Abnahme neben dem Kaufpreis einen zusätzl eigenen Wert haben (Schneider/Kurpat/Monschau Rn 2.53). Beim verurteilten Bekl ist das Interesse an ersparten Aufwendungen maßgebl (LG Saarbrücken 14.5.2013 – 13 S 171/12).

16.8 • **Abrechnung.** Wird hierzu verurteilt, richtet sich die Beschwer nach dem für die Abrechnung erforderlichen Zeit- und Kostenaufwand (BGH WuM 2022, 53). Sa unter Rn 16.28, 16.134.

16.9 • **Abtretung.** Klage auf Abtretung: **1)** einer Forderung, gleichgültig, ob die Abtretung zwecks Erfüllung oder Sicherstellung erfolgt: Nach § 6 S 1 der Betrag der Forderung (BGH NJW-RR 97, 1562); bei wiederkehrenden Leistungen § 9; ist die Werthaltigkeit zweifelhaft, bewertet OLGR Karlsruhe 2006, 497 nach § 3; – **2)** einer Hypothek oder Grundschuld: § 6 S 1, 2; voller Betrag der Hypothek oder geringerer Grundstückswert; ist die Hypothek dem Kl bereits verpfändet: § 3; – **3)** einer Nachlassforderung gegen einen Miterben: Abzug des klägerischen Erbanteils (AG/Gehle Anh § 3 Rn 5); – **4)** von vertragl Unterhaltsleistungen: § 9.

16.10 • **Abwehrklage.** Gegen Eingriffe in das Eigentum des Kl. § 3, Interesse des Kl an der Beseitigung/Unterlassung; sa Rn 16.60.

16.11 • **Allgemeine Geschäftsbedingungen. 1) Gebührenstreitwert.** Wertvorschrift ist § 48 I GKG; bei Rechtsstreitigkeiten nach dem UKlaG auf Unterlassung oberste Streitwertgrenze 250.000 Euro (§ 48 I 2 Alt 1 GKG); iÜ gelten § 5 UKlaG, § 12 III, IV UWG. Bei Klagen von Verbraucherschutzverbänden nach dem UKlaG entscheidet das Interesse der Allgemeinheit an der Beseitigung der Klausel (stRspr; BGH MDR 2020, 1526 Tz 8 mwN); Gleiches gilt, wenn Wirtschaftsverbände nach dem UKlaG vorgehen (BGH MDR 2021, 195 Tz 16). Nicht erheblich sind die wirtschaftl Bedeutung des Klauselverbots oder der Zugang zum Revisionsgericht (stRspr; BGH MDR 2020, 1526 Tz 8, 12; BGH WRP 2021, 60 LS 1). Eine Obergrenze von 2.500 Euro/Klausel sollte nicht überschritten werden (stRspr; BGH 27.2.2018 – VIII ZR 147/17 Tz 6). Ausnahme mögl bei herausragender Bedeutung der Klausel; zB, wenn sie für die gesamte Branche von wesentl Bedeutung ist (stRspr; BGH MDR 2020, 1526 Tz 10). Dies alles gilt sowohl bei Klagen nach § 1 UKlaG als auch für die nach § 2 UKlaG (BGH MDR 2022, 840 [Seggewiße MDR 2022, 941]). – **2) Beschwer.** Die Grundsätze zu a) gelten auch für die Beschwer, und zwar für den Verband und für den Klauselverwender (stRspr; zB BGH MDR 2022, 840 [Seggewiße MDR 2022, 941]).

16.12 • **Altenteil.** Streitwert seiner dingl Sicherung nach § 6 der Betrag der zu sichernden Forderung.

16.13 • **Anerkenntnis.** Erklärung nach § 307 verändert den Streitwert noch nicht. Teilanerkenntnis **1)** mit Teil-AU reduziert den Wert auf den Restanspruch (Schneider/Kurpat/Kurpat Rn 2.119); **2)** ohne Teil-AU mindert den Wert eines nachfolgenden Vergleiches nicht (OLG Nürnberg MDR 2005, 120). – Zur Beschwer s vor § 511 Rn 19a.

16.14 • **Anfechtung.** § 6, weil es nach §§ 11, 13 AnfG um die Zurückgabe des anfechtbar erworbenen Gegenstandes geht; maßgebend die Forderung des Anfechtenden einschließl Zinsen und Kosten oder der Verkehrswert des Gegenstandes, wenn er geringer ist (BGH NZI 2018, 821); Belastungen sind abzuziehen (RGZ 151, 167). – **eines Grundstückskaufvertrages:** § 3; grds Grundstückswert (Verkehrswert) nach Abzug der Belastungen, die schon bei Verkauf bestanden haben (RGZ 47, 375), aber nicht ohne weiteres Verkäuflichkeitswert, sondern Bemessung danach, in welchem Maße Gl auf Befriedigung rechnen kann (RGZ 151, 167, 169), oder die niedrigere Forderung, § 6 S 2. – **einer Hypothekeintragung oder Hypothekabtretung:** Wert der Hypothek unter Berücksichtigung des durch die Vorbelastung beeinträchtigten Grundstückswertes. – **eines Beschlusses der Hauptversammlung** *einer AG bzw* Klage auf Feststellung der **Nichtigkeit** eines Hauptversammlungsbeschlusses: Festsetzung unter Berücksichtigung der gesamten im Einzelfall gegebenen Verhältnisse, insb der Bedeutung der Sache für beide Parteien (§ 247 I AktG; BGH 31.1.2023 – II ZR 11/22 Tz 3, NZG 2023, 1031). Für die Überschreitung des „Streitwertdeckels" kommt es aber nur auf das Interesse des Kl an (OLG München AG 2023, 911). Art und Zahl der Anfechtungsgründe beeinflussen den Streitwert nicht (BGH NJW-RR 95, 225). Möglichkeit eines „gespaltenen" Streitwerts (= Herabsetzung auf einen Teil für die wirtschaftl schwache Partei), der nur für die Instanz gilt (§ 247 II AktG; BGH MDR 93, 184). Mehrere angefochtene Beschl sind gesondert zu bewerten, auch wenn sie innerl zusammenhängen (Schneider MDR 85, 355). – **eines Beschlusses von GmbH-Gesellschafterversammlungen:** Wertfestsetzung entspr § 3 ZPO, § 247 AktG (BGH 10.11.2009 – II ZR 196/08, NZG 2009, 1438; OLG München ZIP 2024, 2717: ohne analoge Anwendung von § 247 I 2 AktG [Bochmann ZIP 2025, 298]); ebenso bei der **genossenschaftsrechtl Anfechtungsklage** (OLG Naumburg JurBüro 98, 310). Der Wert von gesellschafterl Verwaltungs- und Herrschaftsrechten des Anfechtenden ist dabei nicht höher zu bemessen als dessen Anteilswert (BGH 10.11.2020 – II ZR 243/19 Tz 7). – **eines Beschlusses von Personengesellschaften:** Sie erfolgt im Wege der Feststellung (§ 256). Das Interesse des Kl (§ 3) bestimmt den Streitwert (OLG Hamm ZIP 2022, 1325 [Vetter EWiR 2022, 549]).

• **Annahmeverzug.** Feststellung des Schuldnerannahmeverzugs erspart dem Gl den Aufwand, die eigene Leistung anbieten zu müssen. Wert ist daher der Betrag der Kostenersparnis (OLGR Naumburg 2000, 368; LG Essen MDR 99, 1226); aA der BGH in stRspr für Streitwert und Beschwer bei der Zug-um-Zug-Verurteilung (zB BGH MDR 2021, 53 Tz 7 mwN: kein eigener Wert wegen wirtschaftl Identität). – In einem Verf, in dem nur noch der Annahmeverzug im Streit war, hat der BGH den Wert auf „bis 500 Euro" festgesetzt (BGH NJW-RR 2021, 316). 16.15

• **Anwaltsbeiordnung.** §§ 78b, 121 V. Nur Festsetzung des Gegenstandswertes (§§ 33, 23 I 2, II 1, III 2 RVG). Hauptsachewert (Schneider/Kurpat/Kurpat Rn 2.3755 mit Hinweis auf § 23a RVG). 16.16

• **Arbeitnehmer.** Jeder unselbständig Beschäftigte, also auch **Geschäftsführer** einer GmbH, dessen Beschäftigungsverhältnis auf einem Dienstvertrag beruht. Der BGH unterscheidet: **1)** Antrag auf Abberufung des Gesellschaftergeschäftsführers oder Streit um seine Bestellung: § 3; die Beschwer entspricht dem Verkehrswert des Geschäftsanteils des Geschäftsführers, dem Nennwert nur dann, wenn davon abweichender Sachvortrag fehlt (BGH 9.3.2021 – II ZR 93/20). Der Wert der Geschäftsanteile bildet die Obergrenze der Beschwer (BGH 9.3.2021 – II ZR 93/20). – **2)** Klage gegen Beendigung des Dienstverhältnisses: § 9, es sei denn, die Dienstzeit ist kürzer (BGH 12.4.2016 – II ZR 297/15, NZG 2016, 868). Keine Erhöhung, wenn sich die Klage auch gegen die Beendigung der Organstellung richtet (BGH 12.4.2016 – II ZR 297/15). – Gebührenwert: § 42 I GKG. 16.17

• **Arbeitsgerichtsverfahren.** § 42 I 1, II 1, III GKG. Soweit die speziellen Bewertungsvorschriften des GKG nicht eingreifen, gelten §§ 3-9. 16.18

• **Arrestverfahren.** Schätzung nach § 3 (§ 53 I Nr 1 GKG). Die obere Grenze ist bei Sicherung einer Geldforderung deren Betrag. IdR geringerer Wert als die Hauptsache. Die Bruchteilswerte liegen meist im Bereich von ⅓ (auch beim persönl Arrest, KGR Berlin 1993, 144) bis ½. Hauptsachewert, wenn nur und schon der Arrest zur Befriedigung führt (KGR Berlin 1997, 240). Bei Seeschiffen ¾ der Arrestforderung (OLG Hamburg MDR 91, 1196). **Kostenpauschale** wirkt nicht Streitwert erhöhend; Argument: § 4. – Gegenstandswert des **Vollzugs:** § 25 I Nr 1 RVG. Aber kein höherer Wert als der für die Arrestanordnung, da die Vollziehung nur sichert, nicht den Gl befriedigt (OLG Brandenburg AGS 2023, 90). 16.19

• **Aufgebotsverfahren.** §§ 433 ff FamFG. – Geb: 15212 Nr 3 GNotKG-KV. – Geschäftswert: §§ 36, 96 GNotKG. 16.20

• **Aufhebung.** Sowie Auflösung, Rückgängigmachung oder Nichtigerklärung eines gegenseitigen **Vertrages.** Interesse des Kl an der Freistellung von seiner Leistungspflicht bzw an der Rückgewähr seiner Leistung; die Gegenleistung ist für die Bewertung unbeachtlich (BGH MDR 2020, 749 Tz 2 zur Nichtigerklärung). Bei Klage auf Rückzahlung des Kaufpreises oder Rückgabe der geleisteten Sache ist jedoch Streitwert der Kaufpreis oder Wert der Sache ohne Abzug der auf ihr ruhenden Schulden und Lasten. In den einschlägigen Fällen kommt es immer entscheidend darauf an, welcher Klageantrag gestellt wird. Insb wenn es um die Vertragsnichtigkeit (hierzu BGH MDR 2020, 749 Tz 3) geht, muss das **Freistellungsinteresse** des Kl eindeutig herausgearbeitet werden; – **der Gemeinschaft:** § 3; Interesse des Kl, nicht Höhe der Teilungsmasse (OLG Brandenburg JurBüro 2020, 419 Tz 5: idR der vom Kl erwartete Anteil). – Zur **Erbengemeinschaft** s Rn 16.65; – Klage auf Aufhebung eines **Schiedsspruchs** (§ 1059): Interesse des Kl am Freiwerden von den ihm durch Schiedsspruch auferlegten Leistungen ohne Zinsen und Kosten (ThP/Hüßtege Rn 135); – **Bruchteilsgemeinschaft:** Wert der Auflassungsklage gegen einen anderen Miteigentümer richtet sich nach dessen Anteil am Grundstück ohne Belastungen (KG MDR 2008, 1417). – Aufhebung der Gemeinschaft der **Wohnungseigentümer:** Wertberechnung nach § 11 III WEG. 16.21

• **Auflassung.** Bei Klage auf Erteilung der Auflassung oder **Rückauflassung**. § 6; Verkehrswert des Grundstückes (hM, zB BGH 13.2.2019 – V ZR 68/17 Tz 7; BGH NJW-RR 2020, 1456 Tz 4: Klage eines Vermächtnisnehmers auf Zustimmung zur Auflassung eines ihm vermachten Grundstücks); Grundpfandrechte und sonstige Grundstücksbelastungen sind nicht wertmindernd zu berücksichtigen (BGH 17.12.2020 – IX ZR 208/18). Bei Klage auf Entgegennahme der Auflassung Schätzung nach § 3 gem dem Interesse des Kl (OLG Bamberg JurBüro 94, 361: ⅒ des Kaufpreises) unter Berücksichtigung der von dem Kl noch zu entrichtenden Leistungen. 16.22

§ 3 auch dann anzuwenden, wenn der Bekl mit der Klage gezwungen werden soll, dem Hinterlegungsnotar mitzuteilen, dass der Kl den Kaufpreis gezahlt habe (OLG Karlsruhe JurBüro 84, 1235), oder verhindert werden soll, dass der Bekl zum Vollzug des Erwerbs ermächtigt/veranlasst (OLGR Düsseldorf 1992, 215). – Verkehrswert des aufzulassenden Grundbesitzes soll auch dann maßgebend sein, wenn Bekl die Auflassung nur verweigert, weil er eine geringfügige **Gegenforderung** geltend macht (zB OLG Köln MDR 2005, 298; OLGR Hamm 2005, 16; OLG Stuttgart JurBüro 2002, 424; Müller MDR 2003, 248; Roth FS Kollhosser, 2004 Bd 2, S 565, 567). Diese Auffassung ist abzulehnen; sie ignoriert zu Gunsten des Angreiferinteresses wirtschaftl Gesichtspunkte; gegen die hM stellen zu Recht auf die geringwertige Gegenleistung ab: ThP/Hüßtege § 6 Rn 4; OLG Koblenz MDR 2025, 585; OLG Celle NJW-RR 2023, 770 mN; OLG Karlsruhe BauR 2022, 1234; OLG Stuttgart ZMR 2019, 465 [zust Stark jurisPR-InsR 23/2019 Anm 2]; OLG Nürnberg 5.5.2022 – 13 W 1050/22 Tz 9; KG NJW-RR 2003, 787. OLGR Celle 1997, 170 setzt fest auf einen Bruchteil des Verkehrswertes; OLGR Schleswig 1998, 156 auf den Betrag der str Kaufpreisrate. Ebenso OLG Düsseldorf (BauR 2003, 1760) bei einer Klage auf Feststellung der Kaufpreiszahlung, wenn diese Feststellung für die Auflassung notwendig ist. – Wird mit dem Auflassungsantrag Löschung einer bereits eingetragenen Eigentümergrundschuld verlangt, dann ist der Grundstückswert Höchstwert (OLG Köln JurBüro 88, 1388); Auflassungs- und Löschungsantrag werden nicht addiert (OLGR Düsseldorf 1993, 266). Wird nur wegen der Gegenleistung ein **Rechtsmittel** eingelegt, dann ist aber lediglich darauf abzustellen (allg M). – Bei **Rückauflassung** eines ideellen Grundstücksanteils ist der anteilige Verkehrswert des Gesamtgrundstücks ohne Belastungen maßgebend (OLG Schleswig Rpfleger 80, 293). Bewertung nach § 3, wenn die Rückauflassung neben der Rückabwicklung des Kaufvertrages verlangt wird (OLG Schleswig JurBüro 98, 421). Klage lediglich auf **Zustimmung zum Vollzug** einer Auflassung: § 3, nicht § 6 (ganz hM; zB BGH MDR 2002, 295; OLG Düsseldorf BauR 2015, 869: Wert der str Gegenforderung). Sa § 6 Rn 1.

16.23 • **Auflassungsvormerkung.** Klage auf **Eintragung:** § 6 (AG/Gehle Anh § 3 Rn 14, Rn 135), Verkehrswert des Grundstücks unter Berücksichtigung von Belastungen, die die wirtschaftl Nutzung wesentl beeinträchtigen (Dienstbarkeiten), nicht aber Hypotheken und Grundschulden. Bei einstw Verfügung auf Eintragung ist nach § 3 zu bewerten. Ebenso bei Klage auf Zustimmung zur **Löschung** einer Vormerkung. Maßgebend ist dann das Interesse des Kl an freier Verfügung über sein Grundstück, dessen lastenfreier Wert obere Grenze ist; idR ¼ des Verkehrswertes (BGH AGS 2017, 136) und 1/20 für den Verzicht auf die Rechte aus einer Eintragungsbewilligung (BGH 2.2.2017 – V ZR 49/15 Tz 2). Ein deutlich geringerer Betrag kann angesetzt werden, wenn feststeht, dass die Vormerkung erloschen ist (BGH GE 2019, 1571).

16.24 • **Auflösung.** Eines Vertrages s Rn 16.21; Feststellung der Auflösung eines Vertrages ist nach dem Interesse des Kl zu bewerten. Das ist der Wert seiner Leistung, von der er freigestellt sein will bzw die er zurückhaben will; die Gegenleistung bleibt außer Ansatz (so BGH MDR 2020, 749 Tz 3 zur vergleichbaren Feststellung der Vertragsnichtigkeit). – Auflösung einer Gesellschaft oder GmbH: § 3, persönl Interesse des Kl (zu den Bewertungsumständen: Schneider/Kurpat/Kurpat Rn 2.322).

16.25 • **Aufopferungsanspruch.** Rentenansprüche aus Aufopferung sind nach § 9 zu bewerten.

16.26 • **Aufrechnung. Zuständigkeit** richtet sich nur nach § 5 Hs 2. Rechtsmittelbeschwer: Wird der Klage stattgegeben und dabei eine Hilfsaufrechnung beschieden, erhöht die Forderung, mit der aufgerechnet wurde, die Beschwer des Beklagten (vgl § 322 II; BGH BauR 2019, 1973 Tz 8; s näher vor § 511 Rn 26 ff). – Der **Gebührenstreitwert** bestimmt sich nach § 45 III GKG. Die Vorschrift ist Ausdruck der materiellen Beschwer und daher auch auf deren Berechnung anwendbar. Im **Werkvertragsrecht** handelt es sich schon nicht um Aufrechnung, sondern um eine nicht den Wert erhöhende Abrechnung (vor § 511 Rn 26 mN; für entsprechende Anwendung des § 45 III GKG auf Abrechnungen aber PG/Beumers § 5 Rn 11) mit der Folge, dass der Klageanspruch ggf von vornherein nur in geringer Höhe entsteht, wenn der Besteller hilfsw Ansprüche wegen Gewährleistung „zur Aufrechnung stellt" (Differenztheorie). Selbst wenn man hier nicht zwischen Abrechnung/Verrechnung/Aufrechnung unterscheidet, erhöht sich der Wert idR nicht, weil auch bei Annahme einer Aufrechnung (BGH MDR 2011, 652) wechselseitig das identische wirtschaftl Interesse betroffen ist oder es sich um eine Primäraufrechnung handelt (s OLG Hamm NJW-RR 2006, 455; Schneider/Kurpat/Seggewiße Rn 2.349 ff). Auch keine Addition, wenn Primärverteidigung und Hilfsaufrechnung **wirtschaftl gleichlaufen** (OLG Düsseldorf 9.12. 2021 – 16 W 43/21 Tz 17 mwN; Bsp bei OLG Hamm NZBau 2011, 495: primär „fehlende Fälligkeit", hilfsw Mängelansprüche; ebenso KG NZBau 2015, 35). – Für die Wertaddition entscheidend ist, ob der Gegenanspruch eigenständig ist idS, dass er nicht schon wirtschaftl in der Klageforderung „steckt" (OLG Schleswig SchlHA 2017, 68). Streitwerterhöhend ist also nur die hilfsweise Verteidigung im Wege der Aufrechnung mit einem str Anspruch, der einen vom Bestehen der Klageforderung unabhängigen wirtschaftl Wert hat (OLG Düsseldorf JurBüro 2022, 30). Die Rechtsverteidigung muss deshalb juristisch genau qualifiziert werden; zB keine Addition, wenn ggü einer Darlehensklage mit einem Anspruch wegen Belastung mit der Rückzahlungspflicht „aufgerechnet" wird (BGH MDR 86, 131) oder der RA-Honorarklage hilfsw ein Verstoß gegen § 49b V BRAO entgegengehalten wird (BGH MDR 2009, 1251). – Werklohn für Teilleistungen bis Kündigung und Schadensersatz für Mehrkosten der *Fertigstellung* sind aufzurechnen (BGH NJW 2005, 2771; hierzu Kessen *BauR 2005, 1691*; Kesselring NJW 2007, 31, 33 V), nicht zu verrechnen (zur Abgrenzung ausf Schneider/Kurpat/Kurpat Rn 2.330, 2.349 ff). – § 45 III GKG ist auch dann anwendbar, wenn eine **Vollstreckungsgegenklage** neben anderen Einwendungen mit hilfsw Aufrechnung begründet wird (BGH MDR 95, 407; OLG Düsseldorf MDR 99, 1092). **Streitig sein** von Klageforderung und Gegenforderung ist Voraussetzung der Addition, da § 45 III GKG die *hilfsw* Aufrechnung mit *bestrittener* Gegenforderung verlangt; die sog **Primäraufrechnung** (= Aufrechnung gegen **unstreitige** Klageforderung) fällt also nicht darunter (zB BGH NZBau 2022, 412); wohl bei mehreren hilfsw gestaffelten Gegenforderungen (s unten). Nicht genügend, dass Bekl von der Begründetheit der Klageforderung ausgeht, aber nur Unzuständigkeit oder sonstige **Prozessvoraussetzungen** rügt und für den Fall, dass er damit nicht durchdringt, Aufrechnung erklärt (OLG Karlsruhe NJW-RR 99, 223). Geht der Bekl von **anfängl Eventualaufrechnung** im Verlaufe des Rechtsstreits zur Primäraufrechnung über, ist für den Streitwert bis zum Wechsel zu addieren, sofern nach dem Wechsel über die Aufrechnungsforderung eine der Rechtskraft fähige Entscheidung ergeht (OLG Dresden MDR 99, 119; aA OLG Hamm JurBüro 2002, 319 [zust Lappe NJW 2003, 559, 561]; OLG Stuttgart NJW 2011, 540). Wird eine Forderung teils unbedingt, teils hilfsw aufgerechnet, wird zum Betrag der Klage nur der um die unbedingte Aufrechnung reduzierte Wert addiert (OLG Köln JurBüro 94, 495). Bei Klage nur auf Zinsen aus einer bestrittenen Hauptforderung und Aufrechnung gegen die Hauptforderung, um den akzessorischen Zinsanspruch zu Fall zu bringen, handelt es sich um eine zur Wertaddition führende Eventualaufrechnung (KG JurBüro 86, 416). – Die Hilfsaufrechnung eines **Streitgenossen** wirkt erhöhend auch für die anderen als Gesamtsch verklagten Bekl (KG MDR 2009, 586; N. Schneider NJW-Spezial 2015, 603; aA PG/Beumers § 5 Rn 10). – Wendet **Bürge** ggü dem Gl ein, der Hauptschuldner habe aufgerechnet, dann ist § 45 III GKG bei Eventualstellung dieser Verteidigung analog anzuwenden (aA BGH NJW 73, 146; PG/Beumers Rn 10). Keine Entscheidung, wenn das Gericht die Aufrechnung **nicht zulässt** (BGH MDR 2001, 1256), zB wegen § 533 oder § 393 BGB, wegen eines vertragl Aufrechnungsverbots (OLGR Düsseldorf 1997, 266) oder weil die Forderung nicht hinreichend individualisiert ist (Schwenker jurisPR-BGHZivilR 7/2023 Anm 4); dann darf nicht addiert werden (BGH RVGreport 2011, 116 [Hansens]), selbst wenn dem Gericht dabei ein Verfahrensmangel unterlaufen ist (BGH NJW 88, 3210). Diese Prozesslage ist nicht zu verwechseln mit dem Fall, dass die Gegenforderung wegen fehlender **Substantiierung** sachl beschieden wird, indem sie als unschlüssig aberkannt wird (BGH MDR 94, 612; OLG Koblenz JurBüro 2002, 197) oder das Gericht die **Gegenseitigkeit** der hilfsw zur Aufrechnung gestellten Forderung verneint (BGH MDR 2023, 551 = ZIP 2023, 312 [Ernst EWiR 2023, 171]; s näher § 322 Rn 18; § 145 Rn 16); hier wird addiert, wenn der Bekl trotz str Hilfsaufrechnung verliert. Über die Hilfsaufrechnung wird auch nicht entschieden, wenn **VU** gegen den Bekl ergeht. – **Mehrere Gegenforderungen**, die rechtlich selbstständig sind und hilfsw gestaffelt zur Aufrechnung gestellt und rechtskräftig aberkannt werden, führen zur mehrfachen Addition (BGH 28.1.2020 – VIII ZR 170/18 Tz 6), und zwar für jede Forderung bis zur Höhe der Klageforderung (BGH MDR 92, 307). Die erste Gegenforderung bleibt aber unberücksichtigt, weil sie nicht hilfsw, sondern unbedingt zur Verteidigung benutzt wird. Nicht verselbständigte Teilbeträge einer Forderung können nicht gestaffelt zur Aufrechnung gestellt werden (BGH 28.1.2020 – VIII ZR 170/18 Tz 6). – Die Wertberechnung ist für **jede Instanz selbständig** anzustellen (OLG Brandenburg ZInsO 2018, 818 Tz 108; OLG Saarbrücken 22.2.2018 – 4 U 52/16 Tz 82). Es ist also nur erstinstanzl zu addieren, wenn im 1. Rechtszug über die str Gegenforderung mitentschieden worden ist, die höhere Instanz jedoch darüber nicht entscheidet (KG JurBüro 2010, 85 mN; OLG Brandenburg JurBüro 2006, 595; aA OLGR Frankfurt 1999, 121), oder nur zweitinstanzl, wenn erst das Berufungsgericht über die Gegenforderung entscheidet (Kanzlsperger MDR 95, 883). – **Rechtskraftgrenze**, § 322 II, gilt nur bei urteilsmäßiger Entscheidung, nicht beim Urkunden- oder Wechselvorbehaltsurteil (OLG Frankfurt JurBüro 85, 1676). – **Prozessvergleich** bei Hilfsaufrechnung (§ 45 IV GKG): Gebührenwert der Einigung (RVG): Klageforderung und Wert der mit Hilfsaufrechnung geltend gemachten Forderung; übersteigt die Hilfsaufrechnung dabei die Klageforderung, ist der überschießende Betrag als Vergleichsmehrwert festzusetzen (N. Schneider ErbR 2023, 437 mit Bsp; St/Loyal Rn 53 „Vergleich/Hilfsaufrechnung“). Verfahrenswert (GKG): Klageforderung und Wert der miterledigten Gegenforderung, diese der Höhe nach begrenzt auf den Wert der Klageforderung (Schneider/Kurpat/Kurpat Rn 2.459); 1900 GKG-KV (Vergleich über nicht gerichtl anhängige Gegenstände) kann zusätzlich einschlägig sein. Erfasst werden mit 1900 GKG-KV dann aber nur die Wertbeträge, die nicht schon beim Verfahrenswert berücksichtigt wurden (N. Schneider NJW-Spezial 2025, 157 [in diesem Punkt zu Recht krit zu KG MDR 2025, 483]). – Beim **außergerichtl Vergleich** erhöht sich der Streitwert nicht (OLG Karlsruhe MDR 2013, 424). – Die Entscheidung im **Vorbehaltsurteil** über eine Hilfsaufrechnung erhöht den Streitwert mangels materieller Rechtskraft nicht (OLGR Hamburg 2001, 20). – Rechnet der Kl gegen eine von ihm zu erbringende **Zug-um-Zug-Leistung** hilfsw auf, ist § 45 III GKG nicht anwendbar (BGH 19.12.1996 – IX ZR 108/96). – Erklärt der Kl **einseitig für erledigt**, bleibt eine Hilfsaufrechnung weiter mögl (OLG Karlsruhe JurBüro 2025, 153). – Erhöhung des **Gegenstandswertes für die RA-Geb**, auch wenn die gem Auftrag erklärte Aufrechnung nicht beschieden wird, da sich der Gegenstandswert nach dem Auftrag richtet (§ 33 I RVG; N. Schneider AnwBl 2007, 773; aA die hM PG/Beumers § 5 Rn 10; BGH MDR 2009, 54 = AGS 2008, 584 [abl Bischof u Schneider]; BGH AnwBl 2009, 205 [Hansens]; KGR Berlin 2009, 143 [Aufrechnung des Streithelfers]; OLG Hamm AGS 2007, 254 [abl E. Schneider]). „Kosten des Rechtsstreits“ (und gegen den Gegner festzusetzen) sind aber nur die Geb aus dem gerichtl Streitwert.

- **Ausgleichsanspruch.** Des Handelsvertreters (§ 89b HGB). Klage auf Auskunft = idR 1/5 der erwarteten Zahlung (s Rn 16.28). IÜ der bezifferte Klageantrag. Bei der Stufenklage (Auskunft und unbezifferter Klageantrag) gelten die dafür maßgebl Bewertungsgrundsätze (s Rn 16.160). 16.2

16.28 • **Auskunft.** § 3 für die Zuständigkeit; § 48 I 1 GKG iVm § 3 für den Gebührenstreitwert. – Zu unterscheiden ist das Interesse des Kl und das Abwehrinteresse des unterlegenen Bekl in der Rechtsmittelinstanz. **1) Angreiferinteresse des Kl** nicht identisch mit Hauptsacheanspruch, der aber einen Anhaltspunkt gibt (BGH MDR 2016, 348), sondern nur Teilwert, der nach § 3 zu schätzen ist (BGH MDR 2011, 559). – Maßgebend ist, in welchem Maß die Durchsetzbarkeit der Ansprüche des Kl von der Auskunft des Bekl abhängt; Interesse umso höher zu bewerten, je geringer seine Kenntnisse und sein Wissen über die zur Begründung des Leistungsanspruchs maßgebl Tatsachen sind (BGH MDR 2018, 952 Tz 11; BGH MDR 2018, 767 [Büßer MDR 2018, 1044]: idR 1/10-1/4; OLG Hamm 17.12.2020 – 10 W 119/20 Tz 19: 1/5 [N. Schneider NZFam 2021, 177]). – Schätzung nach obj Anhaltspunkten der Klagebegründung bei Einreichung (§ 40 GKG) unter Berücksichtigung der Erwartung des Kl. Spätere geringere Bezifferung als zunächst angenommen unerhebl (OLG Brandenburg ZEV 2021, 395 Tz 6), deutl höhere aber maßgebend (OLG München MDR 2006, 1134). – Dies gilt für Leistungsansprüche, aber ebenso, wenn der Kl mit der Auskunft die Abwehr eines Anspruchs vorbereiten will (BGH MDR 2016, 346 [Greger MDR 2016, 505]). – Auskunft hat neben Klage auf Feststellung der Schadensersatzpflicht selbständigen Streitwert. – Begehrt Kl zunächst nur Auskunftserteilung und geht er nach im Prozess erteilter Auskunft zur Schadensersatzklage über, so bildet nur der (höhere) Wert der Schadensersatzklage den Streitwert; ein gesonderter Wert für die zunächst erhobene Auskunftsklage ist nicht hinzuzurechnen (OLG Hamm JurBüro 86, 746). – Alleine der Zeit- u Kostenaufwand für die Auskunft ist maßgebl, wenn der Kl mit der Auskunft keine Leistungsklage vorbereiten will. – Diese Grundsätze gelten auch im Rechtsmittelverf für die **Beschwer** des Kl (§ 3) und den **Gebührenstreitwert** (§ 47 GKG), wenn die Auskunftsklage abgewiesen wird (zB OLG Schleswig 8.1.2021 – 15 UF 184/20 Tz 4). – **2) Abwehrinteresse des Bekl als Berufungskl:** Gebührenstreitwert (str; KGR Berlin 2008, 761) und Beschwer werden in erster Linie durch den voraussichtl Aufwand an Zeit und Kosten bestimmt, der für den Bekl mit der Auskunftserteilung oder Rechnungslegung verbunden ist (BGH ZEV 2024, 828; Schneider/Kurpat/Kurpat Rn 2.4673 mN; aA Nissen/Elzer MDR 2021, 1161 Tz 23 ff, Tz 44; OLG Stuttgart MDR 2001, 112 [nur die Beschwer; Gebührenstreitwert wie in 1. Instanz]). – Bsp: BGH ZMR 2008, 873 betr Heizkostenabrechnung; BGH NJW-RR 2012, 888 betr Durchsicht umfangreichen E-Mail-Verkehrs; BGH NJW 2019, 604 (Born) betr Kopierkosten; BGH MDR 2018, 1333 betr Belegvorlage; BGH NJW-RR 2008, 889 betr Nachlassbestand; BGH WM 2016, 866 betr Gesellschafterliste; BGH MDR 2019, 1331 betr Güterrechtssache; BGH NJW-RR 2020, 705 betr Übersetzungskosten; OLG Dresden MDR 2022, 1347 betr zurückliegende Prämienanpassungen in der Krankenversicherung; OLG Koblenz 21.8.2020 – 12 W 321/20 Tz 4 betr nur noch präzisierende Auskunft. – Hinzukommen kann ein etwaiges **Geheimhaltungsinteresse** (BGH MDR 2018, 1518 Tz 13), vorausgesetzt, die Auskunft gefährdet schützenswerte Interessen des Rechtsmittelführers (BGH NJW-RR 2010, 786). Auch die Kosten für die Abwehr von **Vollstreckungsversuchen** können zu berücksichtigen sein, wenn Verurteilung zu einer unmögl Leistung erfolgte (BGH MMR 2018, 344 Tz 16; BGH 8.3.2018 – III ZB 70/17 Tz 14) oder das Urteil keinen vollstreckbaren Inhalt hat (BGH MDR 2022, 454). In anderen Fällen erhöht der Beginn der Zwangsvollstreckung die Beschwer aber nicht (BGH MDR 2016, 45). – Beim Zugewinnausgleich keine Erhöhung der Beschwer durch Benennung der Auskunftszeitpunkte (BGH MDR 2021, 119) oder durch Ausführungen über die Wirksamkeit der Rechtswahl (BGH NJW-RR 2021, 449 Tz 11). Ausführungen des Gerichts zur Anwendung ausl Rechts erhöhen die Beschwer grds nicht (BGH MDR 2025, 336). – Zur Beschwer können die Kosten der Rechtsverfolgung gegen einen **Dritten** zählen, wenn über dessen Einkommen Auskunft erteilt werden soll (BGH MDR 2011, 1493) oder von ihm **Belege** zu beschaffen sind (BGH MDR 2022, 187). Dagegen sind Kosten, die durch sonstige **Drittbeziehungen** entstehen, für die Beschwer ebenso unbeachtlich (BGH MDR 2018, 286 Tz 12: Benachrichtigungen; BGH 3.4.2019 – VII ZB 59/18 Tz 22: datenschutzrechtl Informationspflichten) wie die Interessen Dritter (BGH 3.7.2018 – II ZB 3/18 Tz 16). Der Wert des Hauptanspruchs ist immer unbeachtl, auch wenn er dem Grunde nach bereits rechtskräftig feststeht (BGH MDR 2017, 539 Tz 8) oder seine Verhinderung das Ziel des Bekl ist (BGH MDR 2020, 1140 Tz 10). Belanglos auch, ob die Parteien über den Grund des Leistungsanspruchs streiten. Dass erforderl Auskunftskosten später aus anderem Grund ebenfalls entstanden wären, bleibt unberücksichtigt (BGH NJW-RR 92, 1474: Steuererklärung); ebenso der bereits vor dem Urteil vorgenommene Aufwand (BGH MDR 2020, 505 Tz 10). Kosten für **Hilfspersonen** des Auskunftspflichtigen sind, wenn deren Zuziehung notwendig war, bei der Wertfestsetzung zu berücksichtigen (BGH 30.7.2020 – III ZR 15/20 Tz 10; zu Steuerberater: BGH ZEV 2024, 830; BGH MDR 2019, 954 Tz 4, Notwendigkeit jeweils verneint). Eigene Mitarbeiter sind aber keine fremden Hilfspersonen (BGH BauR 2020, 1203 Tz 11). – Der eigene **Zeitaufwand** ist grundsätzlich nach JVEG wie bei Zeugen (§§ 20-22 JVEG; BGH ZEV 2024, 181) zu bewerten (BGH ZEV 2023, 322 [§ 20 JVEG]; BGH MDR 2017, 105 Tz 15 [§ 22 S 1 JVEG]). Dabei ist idR davon auszugehen, dass die zur Auskunftserteilung erforderlichen Tätigkeiten in der Freizeit erbracht werden können (BGH 23.9.2020 – XII ZB 490/18 Tz 10); eine Abweichung hiervon ist im Einzelnen darzulegen und glaubhaft zu machen (BGH ZEV 2024, 827). – Fallen notwendige **Reisekosten** an, sind sie bei der Beschwer zu berücksichtigen (BGH MDR 2021, 685 Tz 14). – **3) Entsprechend** anwendbar sind all diese Grundsätze, wenn der verurteilte Bekl Zugang zu einem **Facebook-Konto** gewähren muss, weil das der Sache nach Auskunft ist (OLG Karlsruhe MMR 2021, 448), wenn er zur **Einsichtsgewährung** in Unterlagen (BGH *ZInsO 2022, 1054*; BGH ZIP 2024, 206: Bucheinsicht), zur **Belegvorlage** (BGH *NZFam 2024, 133* [Obermann]) oder zur Abgabe einer **eidesstattlichen Versicherung** (BGH ZEV 2024, 830; sa Rn 16.58) verurteilt wurde.

• **Ausländische Währung.** Für eine Geldschuld, die durch Zahlung in ausl Währung zu erfüllen ist, oder bei Vollstreckbarerklärung eines ausl Urteils (§§ 722, 723) oder eines ausl Schiedsspruchs (§ 1061) oder Schiedsvergleichs sind die Geldbeträge in Euro umzurechnen, wobei als Zeitpunkt für die Umrechnung nach § 4 I die Klageeinreichung oder der Eingang des Antrags bei Gericht maßgebend ist, in Rechtsbeschwerdeverf der Tag des Eingangs der Beschwerde (BGH FamRZ 2010, 365). Soweit die sachl Zuständigkeit 1. Instanz von dieser Wertberechnung abhängt, ist der ermittelte Wert endgültig, spätere Veränderungen (Kursschwankungen) berühren die Zuständigkeit grds nicht (§ 261 III Nr 2). Dieser für die Zuständigkeit endgültige Wert gilt auch für die Gebührenberechnung, selbst wenn sich der Umrechnungsbetrag bei Beendigung der Instanz erhöht hat (§ 40 GKG). – Im Rechtsmittelverf ist die Begrenzung durch § 47 II 1 GKG zu beachten (Schneider/Kurpat/Kurpat Rn 2.514). 16.2

• **Ausschluss.** Aus einer Gesellschaft, auch aus einer Genossenschaft. § 3. Maßgebend ist der Wert des Geschäftsanteils der Partei, über deren Ausschluss gestritten wird (s Rn 16.83). 16.30

• **Aussetzungsbeschluss.** Bei Gericht keine Wertgeb, daher nur Festsetzung des Gegenstandswertes (§ 33 RVG); verkannt von OLG Karlsruhe FamRZ 2011, 1233. Interesse der Parteien an der Entscheidung über die Aussetzung, idR ⅕ der Hauptsache (zB BGH MDR 2021, 636). 16.31

• **Baulandverfahren.** Wenn Geldentschädigung verlangt wird, ist deren Höhe maßgebend (§ 6). Für Umlegungsverf gilt § 3, wobei die Schätzung vom Verkehrswert der beteiligten Grundstücke auszugehen hat; der Streitwert selbst ist jedoch niedriger anzusetzen (20 % des Grundstückswertes, BGH 27.1.2011 – III ZR 119/10 in stRspr). Wenn totaler Eigentumsverlust ohne Bodenausgleich droht, kann voller Verkehrswert geboten sein (OLG Bamberg JurBüro 98, 542); ebenso, wenn die Zuteilung weiteren Grundbesitzes erstrebt wird (OLG Karlsruhe JurBüro 2007, 538). Geht es andererseits nur um Vermeidung von Erschwernissen, zB bei der Grundstückszufahrt, dann ist entspr gering zu bewerten (OLG Karlsruhe AnwBl 74, 377: ⅒ der einbezogenen Fläche). Bei Abwehr eines Enteignungsverf: § 6. Das Interesse eines Grundstück**pächters** ist mit dem Nutzungswert (§ 41 GKG) anzusetzen (OLG Karlsruhe JurBüro 2006, 539). 16.32

• **Bauunternehmersicherungshypothek.** § 650e BGB. Maßgebend ist das Interesse des Gl bei Antragstellung. Auszugehen ist vom Wert der zu sichernden Forderung (OLG Stuttgart NJW-RR 2012, 1418) ohne Kosten. Wird zugleich auf Zahlung von Werklohn und Einräumung einer Sicherungshypothek geklagt, ist wegen wirtschaftl Identität nur auf die Höhe der bezifferten Forderung abzustellen (str; s § 5 Rn 8). Streitwert des **Verfügungsverf** bemisst sich nach § 3 (§ 53 I Nr 1 GKG). Wichtigste Bemessungsfaktoren sind Forderungshöhe, Sicherungsinteresse und Rangwahrung der Vormerkung. Häufiger Wertansatz ¼ bis ⅓ (OLG Celle JurBüro 85, 1680). OLG Saarbrücken JurBüro 87, 1218 setzt ½ der zu sichernden Forderung einschließl Kostenpauschale an. 16.33

• **Bedingte Ansprüche.** § 3; **1)** Bei der aufschiebenden Bedingung ist eine Prognose zum Bedingungseintritt notwendig (PG/Beumers Rn 6). Diese ist dann das wertbestimmende Kriterium (§ 3). Bei einer Zinsforderung mit ungewissem Endzeitpunkt Schätzung nach § 3 unter Abschätzung der Wahrscheinlichkeit des tatsächl Eintritts der Erfüllung der Hauptschuld (BGH MDR 82, 36; OLG Düsseldorf FamRZ 2023, 1741). – **2)** Grds voller Wert des Anspruchs, wenn er auflösend bedingt ist (St/Loyal Rn 33 „Bedingte Rechte"). 16.34

• **Befreiung.** Von einer Bürgschaftsverpflichtung oder von der persönl Haftung für eine Hypothek. IdR Betrag der Hauptforderung (BGH NJW-RR 1990, 958; OLG Karlsruhe Justiz 2015, 61), jedoch nach § 3 zu schätzen, wenn die künftige Inanspruchnahme ausgeschlossen erscheint (BGH MDR 2011, 1075; Schneider/Kurpat/Seggewiße Rn 2.639). Der Wert einer Befreiung von allen bestehenden und künftigen Verpflichtungen aus einem Vertrag wird bestimmt durch die Forderung, derer sich der Bekl berühmt (BGH 26.8.2019 – XI ZR 574/17 Tz 3). Ist die Klage auf Befreiung von der persönl Schuld und zugleich von der dingl Haftung gerichtet, so ist der Wert nur einmal anzusetzen; ebenso, wenn von mehreren Gesamtsch Befreiung verlangt wird (BGHReport 2005, 317). Bei unbeziffertem Freistellungsantrag 20 % Abschlag (KG MDR 98, 1310). Bei in **Raten** zu zahlender Schuld die gesamte Vertragssumme (OLG München JurBüro 2005, 39). Bei Befreiung von **künftig** fällig werdenden Beiträgen: § 9 (BGH 8.7.2020 – IV ZR 7/20 Tz 6 zu Versicherungsbeiträgen). Bei **Gesamtsch** untereinander der Anteil des Kl im Innenverhältnis (OLG Rostock JurBüro 2009, 197). – Beschwer bei Verurteilung zur Zahlung statt zur Freistellung: 10 % des Hauptsachewertes (OLG Stuttgart MDR 2011, 1258 Tz 7). 16.35

• **Belästigung.** Durch Anrufe, E-Mails etc. IdR 5.000 Euro in Anlehnung an § 23 III 2 RVG (OLG Köln NJW-RR 2002, 1723); dies ist aber nicht zwingend, denn § 23 III 2 RVG stellt selbst entscheidend auf die „Lage des Falles" ab. Sa Rn 16.172. 16.36

• **Berichtigung nach § 319.** Es ist kein GKG-Streitwert festzusetzen, weil keine Wertgeb anfallen, auch nicht im Beschwerdeverf nach § 319 III Hs 2 (s Rn 8 aE). Für den Gegenstandswert (erste Instanz: § 23 I 2 RVG; Beschwerdeverf: § 23 II, III 2 RVG) gilt: Hauptsachewert, wenn die Berichtigung die Vollstreckungsfähigkeit des Urteils für immer beseitigen würde (OLG Frankfurt JurBüro 80, 1893), anderenfalls ist das Änderungsinteresse gem § 3 zu schätzen (OLG Zweibrücken JurBüro 84, 917), etwa auf ⅕, wenn die Vollstreckung vorübergehend verhindert werden soll (OLG Saarbrücken JurBüro 89, 522) oder 1/10, wenn der Tatbestand berichtigt werden soll, ohne dass dies entscheidungserheblich ist (OLG Nürnberg AGS 2025, 133). Für den ProzBev entsteht im Antragsverf, anders als in der Beschwerde, keine Geb (§ 19 I 2 Nr 6 RVG), weshalb es hier für ihn keiner Festsetzung bedarf. 16.37

16.38 • **Berichtigung des Grundbuchs.** § 3, also Interesse des Kl, nicht Wert des Grundstücks, wenn nicht um das Eigentum selbst gestritten wird. Bei Klage auf Einwilligung in die Berichtigung des Grundbuchs, wenn zugleich Feststellung des Eigentums bezweckt wird: § 6, Grundstückswert ohne Abzug von Lasten (KG MDR 2001, 56). Ebenso § 6, wenn Ziel der Berichtigung ist, dass eine Forderung danach von einem höherwertigeren Flurstück gesichert wird (BGH 7.4.2022 – IX ZR 51/21 Tz 3). Geringerer Wert dann, wenn es nur um die formelle Rechtslage geht, zB weil wahre Eigentums- oder Rechtsverhältnisse unstreitig oder rechtskräftig festgestellt sind (OLG Zweibrücken JurBüro 87, 265; OLG Köln 23.3.1988 – 2 W 56/88) oder die Klage nur die Voraussetzungen für eine Vollstreckung in das Grundstück schaffen soll (OLG Karlsruhe Justiz 99, 446).

16.39 • **Berufung.** Es entscheidet das Interesse des Berufungsklägers an der begehrten Abänderung, § 47 I GKG, bei Streitgenossen Zusammenrechnung der je selbständigen Beschwer (Schneider/Kurpat/Kurpat Rn 2.4289, 2.4290; sa Rn 16.157), bei erfolgloser Eventualaufrechnung doppelte Beschwer des Bekl (s unter Rn 16.26). Bei Berufung gegen ein Zwischenurteil, das Ausländersicherheit anordnet, entspricht die Beschwer der Höhe der Sicherheitsleistung (OLG Karlsruhe MDR 86, 593). Bei Berufung nur wegen der Gegenleistung bestimmt lediglich diese den Wert (BGH MDR 95, 1162). Interesse des Rechtsmittelkl an der Aufrechterhaltung der Verurteilung Zug um Zug erhöht seine Beschwer nicht (BGH JurBüro 86, 1357). Kommt es nicht mehr zur Antragstellung, so entscheidet die Beschwer des Berufungsführers im 1. Rechtszug (§ 47 I 2 GKG); ebenso, wenn die angekündigten Anträge keinen Sinn ergeben (OLG Braunschweig NJW-RR 2022, 1291). Der Berufungskl ist nur beschwert, soweit das Erstgericht seinen Anträgen nicht stattgegeben hat. Nimmt er zurück, nachdem er geringerwertigen Antrag gestellt hatte, ist dies unbeachtl, wenn der Antrag offensichtl nicht auf Durchführung des Rechtsmittels gerichtet war (BGH NJW-RR 98, 355; OLG Stuttgart JurBüro 2022, 475; OLG Düsseldorf 6.2. 2025 – 2 U 91/24 Tz 10 mN). Das ist zB anzunehmen, wenn nachträgl ein Antrag unterhalb der Rechtsmittelbeschwer gestellt wird. Dann ist die volle Beschwer anzusetzen (§ 47 I 2 GKG; BGHZ 70, 365; MskV/Heinrich § 3 Rn 24 „Berufung" mwN auch zur aA; Schneider/Kurpat/Kurpat Rn 2.4241). – Streitwert bei wechselseitig eingelegten Rechtsmitteln: § 45 II, I 1, 3 GKG. Diese Bestimmung ist aber nicht anwendbar, wenn gegen das Urteil der verurteilte **Gesamtsch** und der Kl, der gegen den anderen Gesamtsch unterlegen ist, Berufung einlegen; hier ist einfacher Wert anzunehmen (BGHZ 7, 152). Erfüllungshandlung eines Gesamtsch beseitigt nicht automatisch die Beschwer einer als Gesamtsch mitverurteilten Partei (BGH MDR 2011, 384), Obsiegen Kl und Bekl teilweise, sind für den Streitwert beide Rechtsmittel zusammenzurechnen. Wird auf die Berufung gegen ein zusprechendes Teilurteil dieses aufgehoben und Klage antragsgemäß ganz abgewiesen, ist Streitwert der Berufungsinstanz der volle Wert der Klage. Ist Berufung wegen Zinsverurteilung eingelegt, sind die bis zur Erfüllung entstehenden Zinsen zu berücksichtigen (OLG Köln NJW-RR 93, 1215). Zum Teilurteil zur Hauptsache und Schlussurteil über die Kosten s § 511 Rn 24; nach Verbindung bestimmt nur noch die Hauptsache den Wert (Schneider/Kurpat/Kurpat Rn 2.4297). Beim Teilanerkenntnis- und Schlussurteil ist der Gebührenwert für das Rechtsmittel, wenn der Bekl den anerkannten Betrag vor Rechtsmitteleinlegung gezahlt u damit soweit das Interesse an der Beseitigung des Urteilsausspruchs verloren hat, ausnahmsw anhand der formellen Beschwer zu ermitteln (OLG Frankfurt MDR 2008, 1244; str); regelmäßig ist hingegen die materielle Beschwer maßgebl (KG MDR 2011, 880). – Wird Berufung irrtüml eingelegt, dann Festsetzung auf die geringste Wertstufe, weil es von vornherein an der Beschwer fehlt (OLG Düsseldorf MDR 2009, 1187 mwN). – Sa Rn 16.135.

16.40 • **Berufungszurücknahme.** Nach Berufungszurücknahme ergehen die Kostenentscheidung und der Verlustigkeitsbeschluss vAw (§ 516 III 2; s § 516 Rn 19). Kein Gegenstandswert, denn Geb entstehen dem ProzBev nicht mehr (§ 19 I 2 Nr 9 RVG); anders, wenn er nicht ProzBev und seine Beteiligung eine Einzeltätigkeit ist (hierzu Schneider/Kurpat/Kurpat Rn 2.704). Sa § 516 Rn 27. – Hilfsaufrechnungen erhöhen den Streitwert in der 2. Instanz nicht, wenn das Rechtsmittel zurückgenommen wird (OLG Köln 20.12.2012 – 19 W 48/12 Tz 3).

16.41 • **Beschwer.** Beim Kl kommt es auf die formelle Beschwer an (vor § 511 Rn 13). Wird die Klage abgewiesen, bleiben mittelbare wirtschaftl Folgen unberücksichtigt (BGH 11.2.2021 – V ZR 140/20 Tz 9). – Beim verurteilten Bekl entscheidet ebenfalls nur dessen unmittelbares (BGH NZM 2020, 325 Tz 6: mittelbare Folgen sind dabei irrelevant) Interesse an der Beseitigung der Entscheidung. Seine Beschwer kann höher sein als der vorinstanzl festgesetzte Streitwert (s Rn 4; vor § 511 Rn 19b). Selbst bei Klageabweisung kann eine Beschwer des Bekl gegeben sein (OLG Karlsruhe 12.2.2020 – 10 U 19/19 Tz 20). Die Beschwer muss, mindestens teilw, auch das vorinstanzliche Unterliegen erfassen (BGH ZInsO 2015, 421; KG MDR 2023, 1136 [zur fortbestehenden Beschwer bei übereinstimmenden Erledigungserklärungen]) und zum Zeitpunkt über ihre Entscheidung noch gegeben sein (BGH MDR 2018, 360; BGH DGVZ 2019, 79 Tz 12), entfällt also bei vorbehaltloser Erfüllung (BGH GE 2018, 392 Tz 8; BGH WuM 2021, 122 Tz 11 [Fall einer Räumung]; BGH MDR 2024, 325 [betr Schiedsspruch]) und darf nicht nur in der Kostenlast bestehen (BGH WuM 2021, 122 Tz 12). Keine Beschwer, wenn ein Anspruch verneint, gleichzeitig ein wirtschaftl gleichwertiger zugesprochen wird (BGH MDR 2016, 1162), oder wenn eine Entscheidung ganz in das Ermessen des Gerichts gestellt war (BGH GRUR 2024, 1659 [zu Ordnungsgeld]). – Unzulässige **Trennung:** Addition der Beschwer nur für die durch Trennung geschaffenen Einzelverf, die ins Rechtsmittel gegangen *sind (BGH MDR 2021, 116 Tz 3).* – **Fehlende** Beschwer: Festsetzung auf *der untersten* Gebührenstufe (OLG Karlsruhe 12.2.2020 – 10 U 19/19 Tz 33). – Im Verf der NZB keine Glaubhaftmachung der Beschwer durch **Zeugen**- oder **Sachverständigenbeweis** (BGH MDR 2023, 593). – Im Rechtsbeschwerdeverf (§ 574) nur eingeschränkte Überprüfung der vom Berufungsgericht bemessenen Beschwer (BGH MDR 2024, 122). Ausf zur Beschwer s vor § 511 Rn 10 ff.

• **Beschwerde.** Beschwerdewert nur festzusetzen, wenn eine Wertgeb anfällt. Zur Verfahrensvereinfachung werden zunehmend Festgeb eingeführt (zB 1812 GKG-KV); dann ist nur (auf Antrag!) der Gegenstandswert (§ 2 I RVG) festzusetzen (s Rn 8 aE). 16.4

• **Beseitigungsklage.** § 3, Interesse des Kl an Beseitigung des Zustandes. Bei Klageabweisung: Beschwer = Wertverlust der Sache durch die Störung (BGH MDR 2022, 98), hilfsweise die Kosten, die durch die Störung entstehen (BGH 12.3.2020 – V ZR 190/19 Tz 4). – Wird Bekl verurteilt, kann der Wert seiner Beschwer das erstinstanzl Klägerinteresse übersteigen (s Rn 4; vor § 511 Rn 19b). Er orientiert sich nämlich grds an den Kosten einer Ersatzvornahme (BGH NZM 2020, 683 Tz 6). Sein Interesse am Erhalt eines Zustandes, zB Bauwerks, ist hingegen wertbestimmend, wenn die Kosten für dessen Errichtung die der vom Kl begehrten Beseitigung übersteigen (BGH MDR 2019, 1438 Tz 3; BGH 16.5.2024 – V ZR 183/23 Tz 5). Nur mittelbare wirtschaftl Folgen bleiben aber außer Betracht (BGH 16.5.2024 – V ZR 183/23 Tz 5). 16.4

• **Besichtigung** von Mieträumen, zB durch Wohnungssuchende oder den Vermieter. § 3, idR eine Nettomonatsmiete, die einen zuverlässigen Ansatz bietet (ebenso LG Saarbrücken ZMR 2008, 973 für eine vereinbarte jährl Besichtigung); str; nach Meyer-Abich NZM 2016, 329, 345 jedenfalls weniger als 600 Euro. So der BGH für die Beschwer des zur Duldung verurteilten Bekl (BGH WuM 2020, 800 Tz 14 [einmaliges Anbringen von Rauchmeldern]), anders aber bei einer dauerhaft bestehenden Pflicht, Zutritt zu gewähren (BGH NZM 2007, 660 Tz 8). Beschwer des mit der Klage abgewiesenen Vermieters bei nicht anlassbezogener Besichtigung nicht über 300 Euro (LG Berlin MDR 2022, 153). 16.4

• **Besitzeinräumung.** Verkehrswert, § 6 (LG Bayreuth JurBüro 77, 1116); bei nur vorläufiger Besitzübertragung eines Grundstücks Jahresbetrag der fiktiven Monatsmiete (Schneider MDR 86, 266; übersetzt OLG Düsseldorf JurBüro 85, 1680, das einen Bruchteil – ca 42 % – des Grundstückskaufpreises ansetzt). 16.4

• **Besitzstörungsklage.** § 3, Interesse des Kl an der Beseitigung/Unterlassung ohne wertmäßige Berücksichtigung der Folgen beim Bekl (OLG Naumburg JurBüro 2010, 306; OLG Düsseldorf MDR 2012, 1187). Hoch anzusetzen, wenn Besitz besonders aggressiv und unter Verletzung von Strafgesetzen gestört wird. Bei Störung des Wohnungsbesitzes Wert der Unterlassungsklage nicht höher als Klage über das Bestehen oder die Dauer des Mietverhältnisses, § 41 I 1 GKG (OLG Rostock JurBüro 2006, 645: anteilige Jahresmiete bei teilw Störung). Sachgerechter ist, die Störung als Mangel zu qualifizieren und § 41 V GKG heranzuziehen (OLG Frankfurt NJW-RR 2008, 534). Ebenso, wenn Störung an Grundstücksflächen – Parkplatz, Garten, Wiese usw – abgewehrt werden soll, die zusammen mit einem Gebäude benutzt werden (OLG Zweibrücken JurBüro 84, 284; Schneider MDR 85, 272). Sa Rn 16.60. 16.4

• **Bestimmungsverfahren nach § 36.** Bei Gericht keine Wertgeb, daher nur Festsetzung des Gegenstandswertes (§ 33 RVG; s Rn 8 aE), soweit überhaupt besondere RA-Geb anfallen (s § 16 Nr 3a RVG). Der Wert ist als Teil des Hauptsacheverf zu schätzen (BayObLG JurBüro 92, 700: 25 %; OLG Stuttgart Justiz 93, 143: unterer Bereich der Gebührentabellen; OLG Hamm NJW-RR 2013, 1341: 20 %). 16.47

• **Betagte Ansprüche.** S Rn 16.75 unter 2). 16.48

• **Beweisaufnahme.** Bei Gericht fällt keine Geb an; daher ist kein Streitwert festzusetzen. – Dem RA kann eine Geb nach 1010 RVG-VV entstehen. Der Gegenstandswert hierfür wird nur auf Antrag (§ 33 I RVG) nach § 23 RVG festgesetzt. 16.49

• **Bezugsverpflichtung.** Klageantrag auf Verurteilung des Bekl, seinen gesamten Bedarf an einer Ware beim Kl zu decken, und Antrag auf Verurteilung des Bekl, anderen Bezug zu unterlassen, haben denselben Gegenstand; maßgebl Interesse des Kl ergibt sich aus dem Gewinnverlust, der durch die Klage verhindert werden soll (KG Rpfleger 69, 443) und nach dem durchschnittl Jahresgewinnausfall zu berechnen ist (OLG Bamberg JurBüro 85, 441). Daneben sind neben Gewinnverlust auch andere Faktoren wie Werbewirkung und Stetigkeit des Umsatzes zu berücksichtigen. 16.50

• **Bindung. 1)** an Parteiangaben (§ 61 GKG). Keine Bindung des Gerichts (OLG Hamm MDR 2025, 483), aber übereinstimmende, nicht „auffällige" Angaben sind grds zu übernehmen (KG MDR 2010, 839; OLG Celle 14.6.2011 – 13 U 50/11), sind jedenfalls widerlegbares Indiz (BGH MDR 2013, 1429; OLG Rostock NJW-RR 2022, 504); spätere Abänderung (s Rn 16.1 und Schneider/Kurpat/Schneider Rn 1.154) die Ausnahme (OVG Lüneburg AnwBl 2015, 99 zum Nachschieben von Gründen), und keine Dispositionsbefugnis der Parteien (OLG Düsseldorf NJW 2011, 2979: ggf Verdacht des Betrugs durch zu niedrige Angabe; OLG Frankfurt 6.8.2019 – 6 W 67/19 Tz 4: keine Bindung an niedrigeren Streitwert als vorprozessual angegeben); **2)** nach § 62 GKG. Voraussetzung: eindeutige Zuständigkeitsentscheidung; nicht genügend: Erlass einer Sachentscheidung mit (unterstellter) stillschweigender Zuständigkeitsprüfung, zB Abweisung einer unbezifferten Schmerzensgeldklage, so dass dann Gebührenstreitwert unterhalb der Grenze der § 71 I, § 23 Nr 1 GVG festgesetzt werden darf (OLG München MDR 88, 973). Keine Bindung, wenn (prozessual fehlerhaft) über die Zuständigkeit durch Beschluss 16.51

statt durch Urteil entschieden wird (Schneider MDR 89, 395 zu VIII); **3)** an Festsetzung des Schiedsgerichts. Nur eingeschränkte Reichweite (BGH MDR 2012, 739); **4)** Keine Bindung an sinnlose (zB, weil nur Festgeb anfällt; s Rn 8) Festsetzungen (N. Schneider NJW-Spezial 2017, 221), aber Beschwerderecht, um den Rechtsschein zu beseitigen (OLG Nürnberg MDR 2019, 61 [GKG]; OLG Brandenburg NZFam 2019, 455 [FamGKG]; OLG Frankfurt NJW-RR 2020, 1195 [GKG iVm § 3]); **5)** im Rechtsmittelverf: **a)** Keine Bindung des Berufungsgerichts an den in erster Instanz festgesetzten Streitwert (BGH MDR 2024, 122); **b)** Keine Bindung, aber nur eingeschränkte Prüfung der festgesetzten Berufungsbeschwer im Rechtsbeschwerdeverf (§ 574; BGH 10.10.2023 – VIII ZB 29/22 Tz 11); Prüfung nur auf Ermessensüberschreitung oder fehlerhaften Gebrauch des Ermessens (zB BGH GRUR 2025, 781 [Rechtsschutzziel nicht vollständig erfasst]); **c)** NZB (§ 544): Keine Bindung des BGH an Wertfestsetzung des Berufungsgerichts (stRspr; zB BGH MDR 2023, 1135). Aber Bindung der Partei an Angaben in der Tatsacheninstanz. Kein erstmaliges Nachschieben von Gründen, um die Wertgrenze für die NZB zu überschreiten (BGH 30.7.2020 – III ZR 106/19 Tz 10; stRspr). Das gilt grds auch für die NZB der beklagten Partei (BGH 17.11.2020 – VIII ZR 154/19 Tz 5); aber eine Ausnahme, wenn deren Beschwer aus der Verurteilung nicht dem Streitwert der Klage entspricht (BGH MDR 2023, 857).

16.52 • **Bürgschaft.** Für Feststellung des Bestehens oder Nichtbestehens gilt § 6. Maßgebend ist die zu sichernde Forderung, nicht der Betrag, bis zu dem sie wahrscheinl einmal in Anspruch genommen wird (OLG Stuttgart MDR 80, 678). Bei Feststellung der Unwirksamkeit einer Höchstbetragsbürgschaft für den nicht valutierten Teil ist eine Quote unterhalb der Valuta zu schätzen (OLG Karlsruhe MDR 91, 1197). Bei Klage gegen Hauptsch und Bürgen gemeinsam auf Zahlung keine Zusammenrechnung, weil nur eine Leistung gefordert werden kann. – Wirtschaftl Gleichwertigkeit (§ 45 I 3 GKG) ist gegeben, wenn Herausgabeklage und Widerklage auf Zahlung der gesicherten Forderung (oder umgekehrt) zusammentreffen (KG 8.8.2022 – 21 W 11/22 Tz 4; OLG Hamburg 26.1.2024 – 4 U 4/23 Tz 118; OLG Brandenburg NJW-RR 2025, 383). – Bewertungsgrundsätze: Wert der Bürgschaftsforderung, wenn mit der Herausgabeklage die Inanspruchnahme des Bürgen verhindert werden soll (BGH NJW-RR 94, 758; OLG Nürnberg MDR 2024, 599); ebenso, wenn statt auf Herausgabe auf Freigabe der Bürgschaft geklagt wird (BGH WuM 2006, 215). – Wert der Hauptforderung, wenn dieser geringer ist als die Bürgschaftsforderung (OLG Schleswig SchlHA 2015, 108), weil nur in dieser Höhe dann Regress droht. – Droht keine Inanspruchnahme des Bürgen, liegt der Wert bei einem Bruchteil der Hauptforderung (vgl OLG Köln MDR 94, 101: konkretes Missbrauchsrisiko entscheidet; OLG Bamberg JurBüro 90, 1512: 30 % der gesicherten Forderung, wenn der Streit nicht um diese Forderung geht). Gegenansprüche, deretwegen zurückbehalten wird, bleiben unberücksichtigt (OLG Hamm JurBüro 81, 434). Interesse an Verhinderung missbräuchl Benutzung besonders gering, wenn gesicherte Forderung unstr erloschen und dies leicht zu belegen ist (OLG Hamm JurBüro 81, 434).

16.53 • **Darlehen.** Klage auf Darlehensauszahlung, auf Feststellung, Darlehenskündigung sei unwirksam (BGH MDR 97, 591 Tz 6) oder auf Feststellung, Darlehensvertrag sei unwirksam: voller Betrag der betroffenen Darlehenssumme. Befreiung von Mithaftung aus Darlehen: § 3 (OLGR Frankfurt 2002, 96: Haftungsanteil des Gesamtsch im Innenverhältnis). Klage auf Abschluss eines Vertrages: § 3. Interesse am Vertragsschluss. Beim beabsichtigten Wechsel zu einem günstigeren Darlehen liegt der Wert in der Zinsdifferenz (OLG Düsseldorf MDR 2010, 715). Sa Rn 16.209.

16.53a • **Datenschutz. 1) Auskunftsklage (Art 15 DSGVO).** § 3, je nach verfolgtem Ziel iVm § 48 I 1 GKG (vermögensrechtl) oder § 48 II 1 GKG (nichtvermögensrechtl). Die Pauschalierung im Fall § 48 I 1 GKG (OLG Köln MDR 2022, 61; OLG Köln MDR 2019, 1403, LAG Schleswig-Holstein NZA-RR 2022, 644: 5.000 Euro; ähnlich OLG Köln CR 2021, 162 idR 5.000 Euro) orientiert sich ersichtlich am Auffangwert des § 23 III 2 RVG. Aber auch, wenn die ein Auskunftsverlangen auslösende „Hauptsache" nicht primär Schadensersatz ist, sondern zB Berichtigung/Löschung/Verarbeitungseinschränkung nach der DSGVO (LAG Schleswig-Holstein NZA-RR 2022, 644), verbietet sich dennoch eine Pauschalierung, losgelöst vom Wert eben dieser dann einschlägigen Hauptsache (OLG Köln JurBüro 2023, 31 [bei Schadensersatz als Hauptsache]), denn die „Hauptsacherechte" aus Art 16, 17, 82 DSGVO können je nach Fall unterschiedlich werthaltig sein, und die Auskunft ist, wie in aller Regel, nur mit einem Bruchteil des Leistungsanspruchs zu bewerten, wenn sie vorrangig dessen Durchsetzung vorbereitet (zust Lach, jurisPR-ITR 21/2022 Anm 2 m Bsp aus der Rspr). – Im Fall § 48 II 1 GKG kann § 23 III 2 Hs 2 Alt 2 RVG herangezogen werden, der aber keine Pauschale postuliert, sondern lediglich einen ersten Anhalt für die Bewertung bietet (s zB OLG Dresden JurBüro 2022, 142) und auf die „Lage des Falles" abstellt. LAG Berlin-Brandenburg NZA-RR 2024, 199 mwN bewertet hier zu Recht mit 500 Euro, wenn es um ein reines Informationsinteresse geht; ebenso LAG Hessen NZA-RR 2023, 46, wenn Vortrag zu Bedeutung und Umfang der Sache fehlen; LAG München NZA-RR 2023, 670, wenn nicht besondere Umstände hinzutreten; OLG Frankfurt MedR 2024, 897, wenn ein konkretes Auskunftsinteresse fehlt. In all diesen Fällen entwickeln sich die 500 Euro in der Rspr inzwischen zu einem Regelwert. – Bei Antragsmehrheiten zu beachten sind §§ 44, 48 III GKG (LAG Berlin-Brandenburg NZA-RR 2021, 269). – **2) Einzelfälle** zu Schadenersatz, Feststellung, Unterlassung und Auskunft: *Deezer-Datenleck (OLG* Frankfurt 11.7.2024 – 6 W 46/24); Datenleck bei TAP Air Portugal (OLG Frankfurt 11.7.2024 – 6 W 54/24); Scraping-Fälle (BGH MDR 2025, 345 [Seggewiße MDR 2025, 366]; OLG München 9.1.2025 – 7 W 1979/24 Tz 13 f [bei Verhinderung von künftigem Kontrollverlust über Daten:

100 Euro]; OLG Koblenz 11.3.2025 – 3 U 950/24 Tz 62 [Änderung der Rspr]; OLG Frankfurt NJW-RR 2024, 1254). – 3) **Feststellungsanträge** sollten ohne konkrete Angaben zu Zukunftsschäden mit 500 Euro bewertet werden (OLG Dresden 14.11.2024 – 4 W 726/24 Tz 3). Entscheidend ist das Realisierungsrisiko eines Schadenseintritts (OLG München 9.1.2025 – 7 W 1979/24 Tz 16 [50 Euro bei sehr geringem Risiko]). – 4) Bei **Unterlassungsanträgen** dürfen generalpräventive Erwägungen keine Rolle spielen (BGH MDR 2025, 345). Soll die Weitergabe von Daten an Kreditauskunfteien unterlassen werden, tendiert die Rspr dahin, 5.000 Euro anzusetzen (OLG Celle 20.8.2024 – 5 W 89/24 Tz 9; OLG Brandenburg 30.1.2025 – 1 W 2 /25 Tz 12 mwN; OLG Dresden 18.3.2025 – 4 W 161/25 Tz 14; OLG Stuttgart 10.3.2025 – 4 W 21/25 Tz 20). – **5) Masseverfahren:** Werden im Zusammenhang mit Kundenakquise im Internet gleichgelagerte Verf massenhaft anhängig gemacht, sind Anträge, die in erster Linie nur der Anreicherung des Prozessstoffes dienen, im Bereich der untersten Wertstufe einzuordnen (OLG Naumburg NJW-RR 2025, 511 [300 Euro für Auskunfts- und Feststellungsanträge]).

• **Drittschuldnerklage.** Wertbestimmend ist weder der titulierte Anspruch noch das PfandR, sondern der Anspruch des Sch gegen den Drittsch (St/Loyal § 6 Rn 30). Nur Streitwertprivilegien zwischen Sch und Drittschuldner sind zu beachten (OLG Köln MDR 91, 899). Zinsen und Kosten der Gläubigerforderung bestimmen den Wert dann mit, wenn sie von der Hauptforderung des Sch gegen den Drittschuldner erfasst sind (Schneider/Kurpat/Seggewiße Rn 2.3887 m Bsp). 16.54

• **Duldung.** Duldung einer Handlung ist gem § 3 nach Klägerinteresse zu schätzen (OLG Koblenz AnwBl 2000, 264 zur Duldung einer Ortsbesichtigung). – Im Rechtsmittelverf nach dem Interesse des Verurteilten, nicht dulden zu müssen (BGH MDR 2010, 765). – Beim Anbringen von Transparenten, Plakaten, Banner durch den Mieter an der Hauswand berücksichtigt der BGH bei der Beschwer des verurteilten Vermieters neben dem Wertverlust auch, wenn die angebrachten Texte den Eindruck erwecken können, der Vermieter missachte Mieterinteressen (BGH MDR 2019, 983 Tz 11 [Schach jurisPR-MietR 18/2019 Anm 3]). – Wegnahme von Sachen: Verkehrswert, § 6 (BGH NJW-RR 91, 1210). – Duldung der Zwangsvollstreckung bemisst sich gem § 6 nach der Höhe der Forderung, deretwegen vollstreckt werden soll (ohne Nebenforderungen: § 43 I GKG iVm § 4 ZPO) oder, falls geringer, nach dem Wert des Vollstreckungsobjekts. Bei Klagen nach dem AnfG werden Zinsen und Kosten mit der Hauptforderung zusammengerechnet (BGH NJW-RR 99, 1080). Belastungen, die die wirtschaftl Nutzung beeinträchtigen (Grunddienstbarkeiten!) sind abzuziehen, vorübergehende Belastungen (Hypotheken, Grundschulden usw) nicht. Ist Duldungsklage mit Zahlungsklage verbunden, keine Zusammenrechnung nach § 5; es entscheidet Streitwert der Zahlungsklage. Nicht hierher gehören Fälle, in denen sich Haftungsbeschränkung erst in der ZwV zeigen kann (§§ 781, 786). Bei ihnen ist ohne Rücksicht auf den Wert der Haftungsmasse nur der Zahlungsanspruch wertbestimmend. 16.55

• **Durchsuchungsanordnung.** § 758a. Kein GKG-Wert, da keine Wertgeb anfallen (s Rn 8 aE). Der Gegenstandswert für RA-Geb (§ 33 RVG) ist mit einem Bruchteil des Wertes der zu vollstreckenden Forderung oder des Pfandgegenstandes anzusetzen (OLG Köln MDR 88, 329: ½; AG/Gehle Anh § 3 Rn 31; PG/Beumers Rn 91: 1/10 – 1/2; aA Schneider/Kurpat/Seggewiße Rn 2.991: § 25 I Nr 1 RVG). 16.56

• **Ehre.** Unterlassung/Widerruf verletzender Äußerungen. Da idR „nichtvermögensrechtl Streitigkeit" (St/Roth § 1 Rn 53; s Rn 16.123), Bewertung nach § 48 II 1 GKG; dabei grds keine getrennte Bewertung einzelner Äußerungen (OLGR Frankfurt 1999, 296). Als Ausgangswert (als ersten Anhalt, OLG Dresden JurBüro 2022, 142) können 5.000 Euro angesetzt werden in Anlehnung an § 23 III 2 RVG (OLG Saarbrücken 19.10.2022 – 5 U 17/22 Tz 32) sowie an § 52 II GKG (OLG Dresden 9.4.2018 – 4 W 296/18 Tz 2), die nach den jeweils entscheidenden Umständen zu ermäßigen, ggfs auch erheblich (BGH MDR 2023, 531), oder zu erhöhen sind (OLG Dresden AGS 2019, 185 Tz 2; OLG Dresden 20.11.2018 – 4 W 982/18 Tz 3: wegen Breitenwirkung der Äußerung 10.000 Euro; OLG Schleswig JurBüro 2002, 316: Veruntreuungsvorwurf gegen RA 10.000 Euro; ebenso OLG Frankfurt 21.12.2011 – 19 W 67/11 bei Betrugsvorwurf gegen RA; OLG Köln JurBüro 2012, 656: 4.000 Euro für „Winkeladvokat"). Bei Zusammentreffen mit vermögensrechtl Anspruch ist nur der höhere Wert maßgebend (§ 48 III GKG). – Bei der Bemessung der Beschwer des mit dem Unterlassungsantrag erfolglosen Kl sind die Breitenwirkung der Äußerung und auch die Wirkung auf den Kl selbst zu beachten (BGH MDR 2023, 531 [Elzer MDR 2023, 616]). – Steht beim Unterlassungsanspruch die Wahrung wirtschaftl Belange ganz im Vordergrund, kann das Verf abweichend von der Regel auch eine vermögensrechtl Streitigkeit darstellen (OLG Dresden 5.1.2024 – 4 W 797/23 Tz 3). Sa Rn 16.209. 16.57

• **Eidesstattliche Versicherung. 1) Klageverfahren (zB §§ 259, 260 BGB). a) Gebührenstreitwert:** Klägerinteresse ist sein Interesse an einer zutreffenden Auskunft (OLG Hamburg NJW 2017, 835). Es wird aber nicht, wie vom OLG Hamburg, ermittelt als ein Bruchteil des Auskunftswertes (so auch OLG Celle 23.11.2022 – 14 U 90/22 Tz 55; sa Nissen/Elzer MDR 2021, 1161 Tz 7 mwN; wohl hM), sondern als ein Bruchteil von dem Forderungsbetrag, den der Kl über den vom Bekl mit der Auskunft bereits zugestandenen Betrag hinaus noch erwartet. Dieser Bruchteil wiederum entspricht, falls nicht genauer bestimmbar, dem für die Auskunft (s hierzu Rn 16.28) festgelegten Bruchteil (Schneider/Kurpat/Kurpat Rn 2.4647, Rn 2.4648). Wird im Stufenverhältnis auf Auskunft und eidesst Versicherung geklagt, ist für Letztere ein eigener Wert in Ansatz zu bringen, denn das ist kein Fall des § 44 GKG (OLG Hamburg NJW 2017, 835). – **b) Rechtsmittel: aa)** des Kl: Bruchteil des vom Kl erwarteten Mehrbetrags des Leistungsanspruchs, also Bruchteil von dem Betrag, der über die vom Bekl in 16.58

der Auskunft zugestandenen Höhe hinausgeht (Bewertung wie beim Gebührenstreitwert, Schneider/Kurpat/Kurpat Rn 2.4680; aA PG/Beumers Rn 102 mit der hM: Bruchteil vom Auskunftswert). – **bb)** des Bekl: grds ist sein Aufwand an Zeit und Kosten maßgebl (BGH ZEV 2018, 410 Tz 5; OLG Frankfurt FamRZ 2020, 771; abl Nissen/Elzer MDR 2021, 1161 Tz 38, soweit die Rspr auf diesen Aufwand nicht nur für die Beschwer, sondern auch für den Gebührenstreitwert abstellt), wobei dieser regelmäßig dem der vorangegangenen Auskunft entsprechen soll (BGH MDR 2018, 48 Tz 7), wohl aber idR eher darunter liegt (so OLG Brandenburg MDR 2018, 956 Tz 15). Anwaltskosten für notwendige (BGH 4.11.2020 – IV ZB 12/20 Tz 10 m Bsp) Beratung können die Beschwer erhöhen (BGH NJW-RR 2013, 1033). Dagegen spielt das Risiko eines Strafverf wegen falscher eidesstattl Versicherung bei der Wertbemessung keine Rolle (BGH ZEV 2020, 701 Tz 16). – **2) Zwangsvollstreckung. a) § 889:** Zuständig ist das AG als Vollstreckungsgericht; es entsteht eine Festgeb (2115 GKG-KV), so dass es keines Wertes bedarf. RA: § 25 I Nr 3 RVG, Interesse des Gl, idR Bruchteil der Hauptsache. – **b) § 883 II, § 836 III 2:** Kein Streitwert erforderl, da keine Wertgeb entstehen. RA: § 25 I Nr 2 RVG, Wert der herauszugebenden Sachen (Schneider/Kurpat/Kurpat Rn 2.6413).

16.59 • **Eigentumsklage.** Klage auf Feststellung des Eigentums oder Erteilung der Auflassung: § 6; bei bloßer Feststellung kann Klägerinteresse jedoch geringer als bei einem Leistungsurteil sein und Abschlag rechtfertigen. Soweit nur Miteigentum betroffen ist, ledigl anteiliger Streitwert. Handelt es sich nur um die Ausübung des Eigentumsrechts (s Rn 16.60), dann gilt § 3.

16.60 • **Eigentumsstörung.** Der Streitwert der Unterlassungsklage aus § 1004 BGB ist gem § 3 nach dem Abwehrinteresse des Kl zu schätzen. Bei abgewiesener Klage bemisst sich die Beschwer des Kl an seinem Interesse an der Unterlassung der Störung (BGH NZM 2022, 754). Bei einem erfolglos klagenden Grundstückseigentümer liegt die Beschwer daher idR im Wertverlust seines Grundstücks (BGH 6.5.2021 – V ZR 189/20 Tz 5), kann fallabhängig aber auch in den Kosten der Störungsabwehr gesehen werden (BGH WuM 2022, 177). Die dem Bekl bei Befolgen des Unterlassungsanspruchs entstehenden Nachteile bleiben unberücksichtigt (BGH WuM 2019, 349 Tz 6). – Die Beschwer des Bekl ermittelt der BGH (s näher Rn 16.43) idR aus dessen Interesse, sich gegen die Kosten einer Ersatzvornahme zu wehren, so dass der Wert des Beschwerdegegenstands höher sein kann als der Streitwert 1. Instanz (s Rn 4; vor § 511 Rn 19b). Die Beseitigung widerrechtl gelagerten Sondermülls ist nach den Entsorgungskosten zu bewerten (OLG Düsseldorf MDR 91, 353).

16.61 • **Eigentumsvorbehalt.** § 449 BGB. Stützt sich Herausgabeklage auf ihn, ist der Sachwert maßgebend (§ 6 S 1); ebenso gilt § 6 S 1 bei Feststellung der Wirksamkeit des Eigentumsvorbehalts (kein Feststellungsabschlag). Wertminderung durch Gebrauch geht ab, nicht jedoch die bereits geleistete Teilzahlung (OLG Frankfurt NJW 70, 334).

16.62 • **Einstweilige Einstellung der Zwangsvollstreckung.** Kein Gerichtsgebührenwert. – Gegenstandswert nach § 25 II RVG. Das durch Einstellungsanträge gem §§ 707, 719, 769, 771 III, §§ 785, 786 eingeleitete Verf ist nur nach dem vollstreckungsfähigen Anspruch ohne Zinsen und Kosten zu bewerten, bei Klageabweisung also nur nach dem Kostenerstattungsanspruch. Es ist jedoch nicht der volle Gegenstandswert (RVG) anzusetzen, sondern wegen der ledigl einstw Vollstreckungshinderung ein Bruchteil, idR ⅕ des Hauptsachewerts (BGH MDR 91, 1204). Das gilt auch für Beschwerdeverf des Sch (KG 11.1.2008 – 12 W 2/08 Tz 11).

16.63 • **Einstweilige Verfügung.** § 53 I Nr 1 GKG verweist auf § 3. Im Allg Streitwert unter dem der Hauptsache, weil das für Eilverf bzgl des Streitwerts maßgebende Interesse des ASt an der Sicherung (Sicherstellung) im Regelfall das Befriedigungsinteresse nicht erreicht. – **Vollziehung:** § 25 RVG. **Bei den meisten einstw Verfügungen** bleibt es darum bei einer **Bruchteilsbewertung** im Rahmen der unteren Hälfte des Hauptsachewerts, am häufigsten wohl bei ⅓ (zB OLG Schleswig NJW-RR 2014, 1342) bis ½ (zB OLG Dresden JurBüro 2023, 367). Das KG (GRUR 2024, 1149) setzt regelmäßig ⅔ fest. – Sinnvoll ist, § 41 S 2 FamGKG entspr als Ausgangspunkt zu nehmen und bei Fehlen von Auffälligkeiten wie dort mit 50 % zu bewerten. – Wenn aus der Sicht des ASt die Erwartung berechtigt ist, das vorläufige Verf werde zu einer abschließenden Lösung führen, geht die Rspr zu Recht bis zum Hauptsachewert (OLG Dresden GRUR-RR 2022, 422 [Lütke GRUR-RR 2022, 423]), zB bei Herausgabe (OLG Karlsruhe MDR 2020, 629 mN), Grundbuch-Widerspruch, wenn Rechtsvereitelung droht (OLG Bamberg JurBüro 78, 1552), Unterlassung (OLG München JurBüro 2009, 484), Deckung aus einer Krankenversicherung (OLG Frankfurt 10.7.2009 – 3 W 43/09), Aberntung und Abtransport von Erntegut (OLG Stuttgart MDR 2011, 1316). Ganz allg, wenn die Verfügung dem Befriedigungsinteresse entspricht (OLG München 20.6.2018 – 7 U 1079/18) oder der Verwirklichung des Hauptsachebegehrens nahe kommt: OLG Karlsruhe GRUR-Prax 2021, 187 (Haisch): hohe Wahrscheinlichkeit der Streiterledigung; OLGR Celle 2008, 91: Beseitigung einer eigenmächtigen Besitzentziehung; OLG Brandenburg NJ 2019, 35: ⅔ bei Unterlassung einer Verletzung des Persönlichkeitsrechts; OLG Frankfurt WRP 2024, 741: Eilrechtsschutz in der wettbewerbsrechtlichen Praxis. – **Besitzentzug** bewertet LG Köln mit ½ (MDR 2016, 1294); die Untersagung der Inanspruchnahme einer **Bürgschaft** OLG Zweibrücken (20.12.2018 – 5 W 42/18 Tz 19) mit dem zu erwartenden Zinsschaden; die Untersagung der **Räumung** OLG Düsseldorf (JurBüro 2010, 647) mit dem Hauptsachewert. – Verstoß gegen **§ 5 TMG:** 2.000 Euro (OLG Celle 14.6.2011 – 13 U 50/11). – Aufnahme in eine **Transplantationswarteliste:** nicht die Behandlungskosten, sondern das *Interesse an der Aufnahme* (OLG Frankfurt 5.3.2015 – 16 W 64/14: hier 50.000 Euro). – **Energieversorgung** herstellen: 1.000 Euro; muss aber erst ein Netzanschluss geschaffen werden: die voraussichtl Kosten hierfür. – **Soziales Netzwerk:** Unterlassen von Löschung/Sperre 3.000 Euro (OLG Frankfurt MMR 2018,

847), 7.500 Euro (OLG Dresden JurBüro 2019, 199). S näher Rn 16.100. – Nur **Kostenwiderspruch:** Wert der angefallenen Kosten (OLG Nürnberg NJW-RR 2013, 635; AG/Gehle § 3 Anh Rn 74). – Ist Streitgegenstand der Hauptsache ein **nichtvermögensrechtl Anspruch**, so wird § 48 II 1 GKG über § 53 I Nr 1 GKG, § 3 entsprechend angewandt (KG 20.4.2023 – 10 W 69/23 Tz 11). – Der Streitwert des **Aufhebungsverf** bemisst sich danach, welchen Wert der aufzuhebende Titel bei Einreichung der Aufhebungsklage (§ 926 II, §§ 927, 936) noch hat. Er ist auf einen geringen Betrag festzusetzen, wenn ledigl über den formalen Fortbestand der einstw Verfügung oder nur über die formale Aufhebung zu entscheiden ist (KG JurBüro 2002, 479: ⅓; OLG Frankfurt AGS 2014, 184). – **Vergleich:** Wird im Hauptsacheverf die Verfügung mitverglichen, sind die Streitwerte nicht zu addieren, da wirtschaftl Identität besteht; maßgeblich ist der höhere Wert (Schneider/Kurpat/Kurpat Rn 2.5132, 2.5133 mN, auch zur aA). Zu addieren sind aber die Kosten des Verfügungsverf, sofern sie mitverglichen sind. Ebenso, wenn im Verfügungsverf das Hauptsacheverf mitverglichen wird: Wert des Hauptsacheverf und, sofern diese mitverglichen werden, auch die Kosten des Hauptsacheverf (GS/Müller-Rabe Anhang II Rn 44, 45; vermittelnde Ansicht Schneider/Kurpat/Seggewiße Rn 2.1122). Entsprechendes gilt, wenn der Vergleich ein noch nicht anhängiges Hauptsacheverf verhindert (OLG Brandenburg 4.5.2021 – 6 W 26/21 Tz 6). – Beschwerdewert gegen Ablehnung einer Fristsetzung nach § 926 I = Verfahrenswert (OLG Frankfurt ZIP 80, 1144).

• **Erbbauzins.** Erhöhungsklage wird nicht nach § 41 GKG berechnet, sondern nach § 9, weil Erbbaurechte 16.6
langfristige Rechtsverhältnisse sind, deren vorzeitige Beendigung die Ausnahme darstellt und der Erbbauzins auch die dingl Rechtsstellung abgilt (OLG Celle 26.3.2014 – 4 U 6/14). Die Feststellungsklage, dass der Erbbaurechtsvertrag wirksam sei, wird nach § 3 bewertet (OLG München WuM 95, 193).

• **Erbrechtliche Ansprüche.** Grds ist von § 3 auszugehen. Stehen sich am Nachlass **unbeteiligte Dritte** und die 16.6
Miterben als Parteien gegenüber, dann ist voll zu bewerten. Die Klage eines **Miterben gegen einen Dritten**, der nicht Miterbe ist, nach § 2039 BGB auf Leistung an die Erbengemeinschaft oder auf Grund einer Einzugsermächtigung an ihn selbst: Wert der ganzen eingeklagten Leistung (OLG Schleswig JurBüro 94, 26). Bei der Klage **zwischen Miterben** kommt es dagegen grds nur auf das wirtschaftl Interesse des klagenden Miterben an (BGH ZEV 2019, 706 Tz 5). – **Erbunwürdigkeitsklage:** Wert entspricht der Beteiligung des Bekl am Nachlass (BGH NJW 70, 197; OLG Koblenz MDR 97, 693; aA ThP/Hüßtege Rn 61 [vom Kl erstrebte Besserstellung]). Die Tatsache der Rückwirkung der Erbunwürdigkeitsklage führt nicht dazu, dass der Wert des Nachlasses im Zeitpunkt des Erbfalls maßgebl wäre (§ 4 I 1). – **Feststellung der Nichtigkeit eines Testaments** oder einer sich aus einer behaupteten **Testamentsauslegung** ergebenden Rechtsfolge: nicht Wert des ganzen Nachlasses, sondern Interesse des Kl an der begehrten Feststellung (OLG Rostock 20.6.2019 – 3 U 71/18 Tz 10). – Geltendmachung einer **Forderung gegen Miterben als Sch** auf Leistung an die Erbengemeinschaft: Für die Beschwer des verurteilten Bekl ist sein Erbanteil abzuziehen (BGH ZEV 2023, 381); und zwar auch dann nur dieser Anteil, wenn nicht alle Miterben klagen (OLG Karlsruhe JurBüro 92, 418). Geltendmachung der Forderung eines **Miterben als Gl** gegen Nachlass: Anteil des Kl ist abzuziehen (Schneider/Kurpat/Monschau Rn 2.3441); das gilt auch, wenn der klagende Miterbe die Übertragung eines bestimmten Vermögenswertes aus dem Nachlass begehrt (KG 29.5.2020 – 14 U 2/19 Tz 3). – Der Streitwert der **Erbteilungsklage** richtet sich nach dem Interesse des klagenden Miterben am **Auseinandersetzungsplan** (BGH ZEV 2016, 573), so dass idR die Erbquote des Kl maßgebend ist (OLG Koblenz JurBüro 2011, 30); beschränkt sich der Streit auf einzelne Positionen, bestimmen diese den Wert (OLG Saarbrücken 6.8.2021 – 5 W 42/21 Tz 60). Erbteil des Bekl bestimmt den Streitwert, wenn Kl dessen Anteil zusätzl für sich allein begehrt (OLGR Celle 2001, 142). Bei Klage auf Feststellung der Unwirksamkeit des Teilungsplans des TV: wirtschaftl Interesse des Kl (OLGR München 1995, 142). – **Auskunftsklage des Nacherben:** § 3; klagt er gegen den Vorerben (§ 2121 BGB), ist der Wert mit 1/10 bis ¼ des gesamten Nachlasswertes festzusetzen; die Erbquote des Kl spielt keine Rolle (OLG Oldenburg MDR 2024, 450 [Linnartz jurisPR-FamR 9/2024 Anm. 2]). – **Wertermittlungsklage** des Pflichtteilsberechtigten (§ 2314 I 2 BGB): 1/10 bis ¼ des zu erwartenden Zahlungsanspruchs (OLG München NJW-RR 2024, 168; zum Wert bei Pflichtteilsansprüchen ausf Fleischer ZEV 2025, 286). – Bei Klage eines Dritten gegen sich weigernde Miterben auf **Erteilung der Löschungsbewilligung** hinsichtl einer für Erbengemeinschaft eingetragenen Hypothek oder Auflassung eines nachlasszugehörigen Grundstücks ist Streitwert der Anteil des die Löschung verweigernden Miterben (OLG Frankfurt JurBüro 81, 757). – Klage auf **Zustimmung** der Umwandlung eines Bankkontos auf das der Erben: erleichterte Verwaltung, bewertet mit 2.500 Euro (BGH ZEV 2013, 511). – Bei Klage eines Miterben gegen Dritten auf Feststellung der **Nichtigkeit eines Vertrages der Erbengemeinschaft mit dem Dritten** ist Streitwert der volle Vertragswert. – Klagt ein Miterbe gegen einen anderen auf **Berichtigung des Grundbuchs** durch Eintragung der Erbengemeinschaft, ist der Streitwert ebenfalls der Wert des Grundstücks abzgl Quotenanteil des bereits eingetragenen verklagten Miterben (BGH MDR 58, 676); ebenso bei Zustimmung zur Löschung (OLG Frankfurt JurBüro 81, 775). – Bei Klage eines Miterben gegen einen anderen Miterben auf **Unterlassung der Eigentumsumschreibung** eines nachlasszugehörigen Grundstücks auf sich allein ist Streitwert der Quotenanteil des Kl (OLG Köln JurBüro 75, 939). – Klagt ein Miterbe gegen Miterben auf **Auflassung eines Nachlassgrundstücks** auf sich, so ist Streitwert nur der Quotenanteil der verklagten Miterben; der des Kl ist vom Verkehrswert des Grundstücks abzuziehen (BGH ZEV 2024, 33). – Macht ein Miterbe infolge Erblasseranordnung die Auflassung eines Nachlassgrundstückes gegen einen anderen Miterben geltend, so ist Streitwert der Grundstücksverkehrswert abzgl Erbanteil des klagenden Miterben (BGH NJW 75, 1415). – Bei der Klage ei-

nes Nachlassgläubigers (Vermächtnisnehmers) auf Zustimmung zur Auflassung eines ihm vermachten Grundstücks ist dessen Verkehrswert anzusetzen, nicht der Erbteil des/der verklagten Erben (BGH NJW-RR 2020, 1456 Tz 4); Gleiches gilt (voller Wert), wenn Miterben untereinander auf Einwilligung in die Erfüllung eines solchen Vermächtnisses klagen (OLG Bamberg JurBüro 1983, 119). – Klage auf Vorlegung eines **Nachlassverzeichnisses** und **Auskunft** über Nachlassgegenstände: Interesse des Kl hieran, nicht Wert des Nachlasses (Schneider/Kurpat/Monschau Rn 2.3447). – **Erbfeststellungsklage: 1)** Will der Kl sein Erbrecht feststellen lassen, ist Streitwert der von ihm für sich in Anspruch genommene Anteil am Nachlass (BGH FamRZ 2023, 791; stRspr; krit zur BGH-Rspr Giehring ZEV 2014, 282). Ein unstr Pflichtteilsanspruch des Kl ist in Abzug zu bringen (BGH ErbR 2024, 695). Unstr Verbindlichkeiten sind ebenfalls abzuziehen, str auch dann nicht, wenn es sich um eigene Forderungen des Kl gegen den Nachlass handelt (BGH FamRZ 2023, 791). Abschlag von 20 % wegen bloßer Feststellung; wegen der schwächeren Stellung des **Vorerben** ist bei ihm ein höherer Abschlag vorzunehmen (25 %). **2)** Will der Kl ein Erbrecht des Bekl ausschließen, ist Streitwert der Anteil des Bekl am Erbe (BGH ZEV 2024, 606). Kein Abschlag bei dieser negativen Feststellungsklage. – **Erbscheinauswechslung:** Beschwer kann fehlen, wenn Wechsel vom Vollerben zum nicht befreiten Vorerben begehrt wird (OLG Rostock ZEV 2023, 603). – Keine Beschwer durch den Ausspruch der **beschränkten Erbenhaftung**, wenn dieser Vorbehalt entbehrlich (§ 780 II; BGH NJW-RR 2017, 1040 Tz 9) oder unstr war; durch den Ausspruch nach § 780 I ist ein Kl ansonsten idR beschwert (BGH MDR 2021, 103; s § 780 Rn 4); zur Kostenentscheidung s § 92 Rn 3.

16.66 • **Erfüllung.** S Rn 16.187.

16.67 • **Erledigung der Hauptsache. Übereinstimmende Erledigungserklärung:** zur Form s § 91a Rn 10; Eintritt der Wertreduzierung mit Eingang der klägerischen Erledigungserklärung (§ 91a Rn 12). Wertbestimmend ist der Betrag der bislang entstandenen Kosten des Rechtsstreits, soweit dieser den Wert der Hauptsache nicht übersteigt (BGH AGS 2022, 376). Danach anfallende Kosten bleiben unberücksichtigt. – **Teilw übereinstimmende Erledigungserklärung: 1)** betr die ganze Hauptforderung: Die Nebenforderungen bestimmen den Wert; **2)** betr Teil der Hauptforderung und dessen Nebenforderung: restl Hauptforderung; **3)** betr Teil der Hauptforderung ohne dessen Nebenforderung: restl Hauptforderung u die auf den erledigten Teil entfallenden Nebenforderungen (BGH MDR 2012, 738; OLG Brauschweig NJW-RR 2022, 1291). Prozesskosten bleiben in allen Fällen unberücksichtigt (Schneider/Kurpat/Kurpat Rn 2.1373; BGH MDR 2012, 738). – **Einseitige Erledigungserklärung:** Diej des Bekl ist unbeachtl, da er nicht den Streitgegenstand bestimmen und nicht darüber verfügen kann. Umstr ist die Bewertung, wenn der **Kl** die Hauptsache für erledigt erklärt und Bekl weiterhin Klageabweisung beantragt (§ 91a Rn 48; ausf Schneider/Kurpat/Kurpat Rn 2.1351 ff). Es wird vertreten, der Wert werde bestimmt: **1)** Nur von den bis dahin angefallenen Gerichts- und Parteikosten (BGH in stRspr; zB BGH NZM 2022, 370), wobei der BGH Ausnahmen sieht, wenn zu noch str Ansprüchen Feststellungen hergeleitet werden oder der Rechtfertigungsgedanke im Vordergrund steht. Höchstgrenze der Beschwer ist dabei der Wert, der bei einer Verurteilung in der Hauptsache die Beschwer bestimmt hätte (OLG Dresden MDR 2020, 1405). **2)** durch einen Feststellungsabschlag von der Hauptforderung, idR 50 % (OLG München MDR 98, 62; begrenzt nach unten durch die Höhe der Kosten: OLG Köln JurBüro 91, 832); **3)** vom unveränderten Hauptsachewert (OLG Brandenburg NJW-RR 96, 1472; OLGR Schleswig 2005, 527). – Abzustellen ist auf das Interesse des Kl (Schneider/Kurpat/Kurpat Rn 2.1361: Fortsetzungsfeststellungsinteresse), das sich mit dem Interesse (allein) der Abwendung der Kostenbelastung decken, aber auch darüber hinausgehen kann (Bsp bei Schneider/Kurpat/Kurpat Rn 2.1366 ff). – Diese Bewertung gilt auch im **Säumnisverf** (Schneider/Kurpat/Kurpat Rn 2.1390; aA OLG Hamm FamRZ 2012, 242: Hauptsachewert). – **Einseitige Teilerledigungserklärung:** restl Hauptforderung und das Feststellungsinteresse hinsichtl des für erledigt erklärten Teils (Schneider/Kurpat/Kurpat Rn 2.1376), das sich hier mit dem Kosteninteresse (= Betrag der auf den erledigt erklärten Teil entfallenden Kosten) deckt (BGH AGS 2018, 124 Tz 2). Die Kosten, die auf den für erledigt erklärten Teil entfallen, sind durch Quotelung zu ermitteln (Schneider/Kurpat/Kurpat Rn 2.1380; str; aA BGH in stRspr; zB BGH 15.2.2022 – XI ZR 94/21 Tz 5: Differenzrechnung; dem folgt die OLG-Rspr, zB OLG Brandenburg 1.10.2024 – 3 W 42/24 Tz 8 [betr Gegenstandswert]); jedoch für die Rechtsmittelbeschwer dann auch nach BGH mittels Quotelung, wenn nach Teilklageabweisung erst mit der Berufungseinlegung im Umfang der Abweisung die Teilerledigung erklärt wird (BGH MDR 2018, 301). Die Zinsforderung und die vorgerichtl Kosten erhöhen zusätzlich den Wert, soweit sie dem erledigten Teil der Hauptsache zuzurechnen sind (BGH AGS 2018, 124).

16.68 • **Ermessen.** § 3. Da das Beschwerdegericht Tatsacheninstanz ist (Rn 13; § 571 Rn 3), übt es anstelle der Vorinstanz eigenes Ermessen aus (ganz hM).

16.69 • **Errichtung eines Vermögensverzeichnisses.** § 3; höher als der erwartete Leistungsanspruch kann der Streitwert nicht ausfallen. Bei der Verbindung einer Klage auf Vorlage des Vermögensverzeichnisses mit der Klage auf Leistung dessen, was sich nach Vorlage des Verzeichnisses für den Kl ergibt, ist nur der höhere der verbundenen Ansprüche maßgebend (§ 44 GKG).

16.70 • **Ersatzvornahme gem § 887.** Beim Gericht Festgeb; daher nur Festsetzung (§ 33 RVG) des Gegenstandswer*tes. Für Ermächtigung und Vorauszahlungsverurteilung* Wert der zu erzwingenden Handlung, regelmäßig gleich der Hauptsache (OLG Rostock MDR 2021, 322 mN), wobei Kostenbetrag Schätzungsanhalt sein kann. Bei Vollstreckung wegen der bezifferten Kostenvorauszahlung deren Höhe.

• **Erwerbsverbot.** Entspricht dem „Veräußerungsverbot" (s Rn 16.175). Wird praktisch im LiegenschaftsR auf Grund einstw Verfügung. Bewertung entspr den für diese geltenden Grundsätzen, idR also mit ⅓ des Grundstückswertes. 16.7

• **Erzwingung von Unterlassungen.** S Rn 16.127. 16.7

• **Eventual- und Hauptantrag.** Für den **Zuständigkeitswert** ist immer auf den höchsten Anspruch abzustellen, auch wenn das der Hilfsantrag ist. Nie findet eine Zusammenrechnung statt. Der **Gebührenstreitwert** richtet sich nach § 45 I 2 GKG, wodurch die Gleichstellung mit der beschiedenen Hilfsaufrechnung erreicht ist: Zusammenrechnung bei Bescheidung, wenn die Gegenstände nicht identisch sind (zB OLG Köln NJW-RR 2012, 615). Dies ist für jede Instanz selbständig zu beurteilen (KG 8.11.2017 – 26 U 109/16 Tz 2; OLG Rostock JurBüro 2012, 589). **Ausnahmen:** Wenn die Ansprüche einander ausschließen, weil dann Identität der Gegenstände besteht (BGH 13.2.2019 – V ZR 68/17 Tz 6); weiter die Fälle der wirtschaftl Identität (zB OLG Frankfurt 3.5.2011 – 3 W 23/11: Schadensersatz, hilfsw den Rückstufungsschaden in der Vollkaskoversicherung); bei Bescheidung des Hilfsantrags als unzulässig (Schneider/Kurpat/Kurpat Rn 2.2241; OLGR Brandenburg 1998, 70; aA OLGR München 1997, 153; OLG Karlsruhe 26.3.2021 – 17 W 47/20 Tz 17) oder wenn das Gericht fehlerhaft die Zulässigkeit des Hauptantrags offen ließ (BGH NJW-RR 99, 1157). Zu achten ist darauf, ob sich hinter einer Hilfsbegründung nicht ein Hilfsantrag verbirgt (OLGR Celle 2001, 47) und umgekehrt. – Bei einem **Vergleich** werden Haupt- und Hilfsantrag sowohl für den Gegenstandswert der Einigung (RVG) als auch für den Verfahrenswert (§ 45 I 2, IV GKG) addiert, soweit sie nicht dens Gegenstand betreffen. – Auch für den „unechten" Hilfsantrag (Antrag für den Fall des Obsiegens mit dem Hauptantrag) gilt § 45 I 2, IV GKG (BGH 8.4.2014 – XI ZR 335/12; BAG NZA 2014, 1359 Tz 4; LAG Nürnberg NZA-RR 2020, 603 Tz 13; OLG Braunschweig AGS 2020, 78 Tz 30; aA KG MDR 2018, 235 Tz 7; Schneider/Kurpat/Kurpat Rn 2.2229). 16.7

• **Eventualwiderklage.** Keine Addition für die Zuständigkeit. – Gebühren: § 45 I 1, 3 GKG. Addition mit Bedingungseintritt, nicht erst oder nur bei Bescheidung (Schneider/Kurpat/Kurpat Rn 2.4283; OLG Stuttgart AGS 2012, 417 Tz 16 [zust N. Schneider AGS 2012, 419]; aA OLG Frankfurt 24.2.2020 – 17 W 37/19 Tz 13: Werterhöhung nur bei Bescheidung oder Eingang in einen Vergleich). Ausnahme: Beide Klagen betreffen denselben Gegenstand (wirtschaftliche Identität), dann zählt nur der höhere Anspruch (§ 45 I 3 GKG). Str, ob dies der Fall ist zB bei einer Klage auf Rückabwicklung eines Darlehens nach Widerruf und der Hilfswiderklage auf Zahlung von Wertersatz (keine wirtschaftl Identität: OLG Braunschweig 30.12.2021 – 4 U 643/21 Tz 18; OLG Frankfurt 24.11.2021 – 17 U 111/20 Tz 12 mN; aA OLG Düsseldorf JurBüro 2022, 30). – Beschwer: Addition bei Verurteilung des Bekl und Abweisung seiner Hilfswiderklage (BGH NJW 2019, 2175). Addition auch, wenn das Gericht fehlerhaft eine Hilfswiderklage angenommen und als solche beschieden hat (BGH MDR 2017, 1319). 16.74

• **Fälligkeit. 1)** Klage auf sofortige Leistung und nur Streit um Fälligkeit: Wert der eingeklagten Leistung (so PG/Beumers Rn 6); zu Recht aA Schneider/Kurpat/Schneider Rn 2.1471, weil die Parteien nicht um die Leistung, sondern nur um den Leistungszeitpunkt streiten, weshalb hier nur der Ansatz des Zwischenzinses ohne die Hauptforderung gerechtfertigt ist. – Bei der Beschwer stellt der BGH folgerichtig nicht auf die Forderung, sondern nur auf den wirtschaftl Nachteil des Kl ab, wenn dessen Klage auf sofortige Leistung nur auf Leistung zu einem späteren Zeitpunkt stattgegeben wird (BGH VersR 96, 520); beim Bekl entscheidet das Interesse am Aufschub seiner Leistung über die Höhe der Beschwer. – **2)** Klage auf künftig erst fällige Leistung: Wenn es nicht nur um die Fälligkeit geht, ist der Nennwert anzusetzen (Schneider/Kurpat/Kurpat Rn 2.2837; St/Roth § 1 Rn 100); für Abzinsung der Hauptforderung KG JurBüro 1989, 1599. – **3)** Wird für eine fällige Leistung **Stundung** beantragt, bilden die zu ersparenden Kosten der Finanzierung einer sofortigen Zahlung den Wert (OLG Frankfurt NZFam 2025, 204 [N. Schneider] zu § 1382 BGB). 16.75

• **Feststellungsklagen.** Wert des Gegenstandes des Rechts oder Rechtsverhältnisses, dessen Bestehen oder Nichtbestehen festgestellt werden soll. Maßgebl Bewertungszeitpunkt ist die Instanzeinleitung (§ 4 ZPO; § 40 GKG; Schneider/Kurpat/Seggewiße Rn 2.1483), wobei dann aber auch Umstände berücksichtigt werden können, die vorlagen, aber erst im Beschwerdeverf bekannt wurden (OLG Dresden JurBüro 2024, 369). – Bei **positiver Feststellungsklage** ist wegen der weniger weittragenden Wirkung ein Abschlag von 20 % ggü dem Wert einer entspr Leistungsklage zu machen (BGH NJW 2023, 3584), und zwar auch dann, wenn der Kl damit rechnen kann, dass sein Gegner (Haftpflichtversicherer, öffentl Hand) auf ein Feststellungsurteil hin freiw zahlen werde (BGH MDR 2008, 829; OLG Bremen 1.3.2021 – 3 U 19/20 Tz 5). Die Zahlungsbereitschaft ist nur erhebl für die Frage, ob statt mögl Leistungsklage auf Feststellung geklagt werden darf. In der Berühmung enthaltene Zinsansprüche bleiben unberücksichtigt. Der Feststellungsabschlag entfällt bei **Miterben**-Feststellung, weil die Feststellungswirkung umfassend Rechtskraft wirkt (BGH ZEV 2007, 134). Auch bei privilegierten Forderungen (zB § 41 GKG) und bei wiederkehrenden Leistungen ist der Abschlag vorzunehmen (OLG Jena JurBüro 2008, 534). **Zweifelhafte Realisierbarkeit** eines Anspruchs oder **Unwahrscheinlichkeit des Schadenseintritts** können einen höheren Abschlag als 20 % rechtfertigen (BGH AnwBl 92, 451; OLG Köln AGS 2019, 522 Tz 11; OLG München 27.8.2018 – 24 W 725/18). Der mit einer Leistungsklage wirtschaftl identische Feststellungsantrag erhöht den Streitwert nicht, soweit sich die Anträge auf denselben Zeitraum beziehen (OLG Dresden 26.10.2023 – 4 U 1070/23 Tz 28 mN). – Die **Eigentumsfeststellung** richtet sich nach § 6 (BGH 13.9.2018 – V ZR 270/17 Tz 7). – Feststellung des **Nichtbestehens eines Vertrags** (wegen Nichtzustandekommens, Rücktritt 16.76

oder Nichtigkeit): Wert der Leistungspflicht, von der freigestellt werden soll bzw Wert der Leistung, die der Kl zurückhaben will; keine Berücksichtigung der Gegenleistung (BGH MDR 2020, 749 Tz 3). Klage auf Feststellung des Fortbestandes eines **Bausparvertrags** (zutr BGH 23.3.2021 – XI ZR 250/20; BGH ZIP 2017, 1007 Tz 7 mN zu allen Ansichten [krit Maier VuR 2017, 262 zur Nichtberücksichtigung des verlorenen Anspruchs auf Darlehensgewährung]): dreieinhalbfacher Jahreszinsertrag nach § 9 abz 20 %; ebenso bei der Klage auf Feststellung der Wirksamkeit der Kündigung eines Sparvertrags (BGH 19.1.2021 – XI ZR 100/20). Feststellung, dass kein Anspruch auf Abnahme des Bauspardarlehens und Leistungen hieraus bestehen: 3,5facher Jahreswert der für das künftige Bauspardarlehen vereinbarten Zinsen ohne Feststellungsabschlag (§ 9, BGH BKR 2020, 408 Tz 5, 6). – Feststellung, dass die Schuld auf vorsätzl **unerlaubter Handlung** beruht, § 850f II: maximal 5 % der Klageforderung (BGH FamRZ 2019, 1349 Tz 6). Die Orientierung an der Hauptforderung ist sachgerecht, da es um die Verbesserung deren Realisierung geht. Kein zusätzl Wert neben der Leistungsklage (BGH NStZ-RR 2023, 31 mN). – Im **Insolvenzverf**, wenn ledigl der Schuldgrund vorsätzl begangener unerlaubter Handlung str ist (s § 302 Nr 1 InsO): Gl-Klage: Bruchteil des Nennwertes der Forderung; bei zweifelhaften Aussichten der künftigen ZwV ist ein Abschlag von etwa 75 % angemessen (BGH ZIP 2020, 2525 Tz 2). Maßgeblich sind also immer die Vollstreckungsaussichten (OLG Hamm ZInsO 2019, 1863 Tz 3). Sch-Klage: Das Interesse des Sch, dass nicht in sein künftiges Vermögen vollstreckt werden kann; auch hier ein hoher Abschlag, wenn die Vollstreckungsaussichten gering sind (BGH ZIP 2020, 2525 Tz 4). – Bei der **negativen (leugnenden) Feststellungsklage** ist wegen der vernichtenden Wirkung eines obsiegenden Urteils der Streitwert so hoch zu bewerten wie der Anspruch, dessen sich der Gegner berühmt, also ohne Feststellungsabschlag (allgM; zB BGH GE 2019, 965 Tz 8); berühmt der Bekl sich Unterlassungsansprüche, bestimmt also sein Interesse an Unterlassung den Streitwert, nicht das Interesse des Kl an der Abwehr dieser Ansprüche (KG JurBüro 2009, 194). – **Irreale Berühmungen** sind auf sinnvolle Werte zurückzuführen (BGH 28.11.2019 – IV ZR 70/19 Tz 3), jedoch nicht bei der positiven Feststellungsklage (OLG Frankfurt 25.1.2018 – 8 W 3/18 Tz 8; OLG Karlsruhe MDR 2012, 1493). Feststellung des **Verzugs** zur Vorbereitung der Vollstreckung nach §§ 756, 765 neben dem Leistungsanspruch ist wirtschaftl geringwertig (s näher Rn 16.15). Klage und negative **Feststellungswiderklage** sind zu addieren, wenn und soweit es sich dabei um verschiedene Teile derselben Forderung handelt (OLG Düsseldorf MDR 2003, 236). – Kein Abschlag im Anwendungsbereich des § 8 (BGH NZM 2009, 51; s § 8 Rn 4).

16.77 • **Gebrauchsmuster. a)** Bei Unterlassungsklage wegen Verletzung ist Streitwert nach der befürchteten Umsatzeinbuße für die Schutzdauer zu bemessen (§ 51 I GKG; sa Schneider/Kurpat/Seggewiße Rn 2.1665 f). – **b)** Löschungsverf: Gegenstandswert (§§ 23, 33 RVG; § 3) ist nach dem Interesse der Allgemeinheit an der Beseitigung des Schutzrechtes zu schätzen (BPatG GRUR-Prax 2017, 291 [Pustovalov]).

16.78 • **Gegenleistung.** Nach hM unbeachtl, auch wenn der Kl sie schon anbietet (Schneider/Kurpat/Seggewiße Rn 2.1678) oder wenn sie als Zurückbehaltungsrecht dem Anspruch des Kl entgegengesetzt wird (Schneider/Kurpat/Seggewiße Rn 2.1684). – **Ausnahmen:** Berücksichtigt der Kl selbst Gegenforderungen anspruchsmindernd, kann das Bedeutung gewinnen: bei deliktischen Ansprüchen (§§ 249, 823 ff BGB) ist der vom Kl bezifferte Vorteilsausgleich, ohne dass es einer Gestaltungserklärung oder Einrede bedarf, abzuziehen; bei der Täuschungsanfechtung (§§ 142, 812 BGB) kommt es im Wege der Anrechnung zur Saldierung der wechselseitigen Ansprüche und beim Rücktritt (§§ 346 ff BGB) liegt in der Berücksichtigung der Gegenforderung durch den Kl eine konkludente Aufrechnung (BGH MDR 2022, 236 zur Beschwer des Kl). – Wird vom Bekl nur wegen der nicht bejahten Gegenleistung ein Rechtsmittel eingelegt, bestimmt sich der Rechtsmittelstreitwert allein danach (allgM; BGH 10.1.2017 – VIII ZR 98/16 Tz 17); dabei begrenzt der Klageanspruch den Wert des Rechtsmittels der Höhe nach (BGH 9.3.2017 – V ZR 243/16 Tz 6; Schneider/Kurpat/Seggewiße Rn 2.1687). – Zur Gegenleistung bei der Auflassung s Rn 16.22; zu Zug-um-Zug-Leistungen s Rn 16.219.

16.79 • **Gegenseitiger Vertrag.** Klage auf **Erfüllung** hat den Wert der geforderten Leistung ohne Abzug der Gegenleistung, auch wenn der Kl Erfüllung Zug um Zug verlangt (OLG Brandenburg MDR 2014, 1414).

16.80 • **Gemeinschaft.** Für Klagen auf Aufhebung oder auf Ausschluss ist § 3 anzuwenden. Wertbestimmend ist das Interesse des Kl, bei Teilungsverlangen also der Betrag, den er erlangen will; bei Streit ledigl über die Art und Weise der Teilung geringe Schätzung geboten.

16.81 • **Genehmigung.** Bewertung durch freie Schätzung nach § 3. Kriterium ist insb ihre Bedeutung für die Zweckerreichung.

16.82 • **Gesamtschuldner.** Keine Zusammenrechnung nach § 5 (BGHZ 23, 339). Beschwer in Höhe von 50 % der Gesamtschuld, wenn ein verurteilter Bekl mit dem Rechtsmittel nur gesamtschuldnerischen Ausspruch begehrt (OLG Stuttgart 30.6.2021 – 12 U 183/20).

6.82a • **Geschäftsgeheimnisse.** Wird Geheimhaltung angeordnet (§ 19 I GeschGehG) richtet sich der Gegenstandswert nach dem Interesse, das der Beschwerdeführer, je nach Parteirolle, an der Aufhebung/der Aufrechterhaltung der Anordnung hat (BGH GRUR 2024, 959).

16.83 • **Gesellschaft.** Klage eines Gesellschafters gegen den anderen auf Befreiung von Gesellschaftsschulden wegen seines Ausscheidens: Gesamtwert der Schulden (§ 6). Feststellung der Teilhaberschaft: Interesse des Kl am Gewinn (§ 3). Bei Feststellung des Bestehens, der Fortdauer oder Auflösung des Gesellschaftsvertrages: Zusammenschau aller in Betracht kommenden Bemessungsfaktoren geboten (OLG Dresden ZIP 2019, 1071): Wert der Beteiligung des Kl, Vorsorge gegen drohende Haftung oder Haftungserweiterung, Zugriff auf ein Auseinandersetzungsguthaben usw; unerhebl sind die Interessen der übrigen Gesellschafter sowie Folgewirkungen der Auflösung (OLG Köln ZIP 82, 1006). Klage eines GmbH-Gesellschafters gegen GmbH auf Offenlegung der Verhältnisse (Einsicht in die Geschäftsbücher, Bilanzen wegen der Umsätze, Auskunft über Vergütung des Aufsichtsrats usw): mindestens der Gewinn, den Kl erwarten kann, und der nicht höher sein darf als der Kurswert seiner Anteile (OLG Frankfurt 15.8.1961 – 1 W 33/61). Bei Ausschluss eines Gesellschafters ist maßgebend der Verkehrswert der Gesellschaftsanteile des klagenden Gesellschafters (BGH GmbHR 2022, 537 [Göricke EWiR 2022, 485]; BGH NJW-RR 2022, 1223; stRspr; hierzu Gieseler/El-Taki ZIP 2024, 2685), der auch dann die Obergrenze bildet, wenn der Gesellschafter Geschäftsführerfunktionen hatte u sie behalten will (BGH 9.3.2021 – II ZR 93/20 Tz 4). Die ihm daraus zustehende Vergütung ist für den Wert dann entscheidend, wenn er am Gesellschaftsvermögen nicht beteiligt ist (BGH ZIP 2015, 424). Auch der Anspruch auf Übertragung von GmbH-Geschäftsanteilen ist nach deren Verkehrswert zu bemessen (BGH ZInsO 2020, 2018 Tz 7). – Klagt der Gesellschafter einer OHG eine Gesellschaftsforderung gegen Mitgesellschafter ein, dann ist nicht der volle Forderungsbetrag maßgebend, sondern der Anteil des Bekl abzuziehen. – Klage auf Mitwirkung an einer Auflassung an die Gesellschaft: voller Grundstückswert.

• **Gewährleistung.** Ist Abrechnung (str); s zur Folge für den Streitwert näher Rn 16.26. 16.8

• **Gewerblicher Rechtsschutz.** § 51 I GKG: In Streitsachen und in Rechtsmittelverf nach dem PatG, GebrMG, MarkenG, DesignG, HalbleiterschutzG, SortenschutzG Wert nach billigem Ermessen (zur Wertprognose BGH MDR 2014, 184); – § 51 II, III GKG: UWG u GeschGehG; Wert nach Ermessen; – § 51 IV GKG: einstweiliger Rechtsschutz; Ermäßigung idR um 20 % (OLG Hamburg WRP 2018, 495 Tz 3); keine Ermäßigung, wenn anzunehmen ist, dass das Eilverf zur endgültigen Befriedigung führt (OLG Karlsruhe GRUR-Prax 2021, 187 [Haisch]); – § 51 V GKG: Streitwertbegünstigungen. – *Kasuistik:* mehrere Kl (BGH MDR 2013, 1316); generalpräventive Erwägungen (OLG Brandenburg NJW-RR 2014, 227); Kleinunternehmer (OLG Schleswig MMR 2024, 48 [zu § 53 III GKG]); Patentnichtigkeit (BGH MDR 2022, 383); bevorstehender Schutzfristablauf (OLG Frankfurt WRP 2022, 768); Sortenschutz (OLG Frankfurt GRUR-Prax 2024, 542). – In den Verf des gewerbl Rechtsschutzes handelt es sich meist um Unterlassungsansprüche. Bedürfnis der Praxis nach Regelstreitwerten (hiergegen aber zu Recht der BGH in stRspr, zB BGH GRUR 2017, 212 Tz 8, weil das Gesetz eine Ermessensausübung vorschreibt). Wichtigste Bemessungsfaktoren bei den Individualklagen sind Größe des Unternehmens des Anspruchsberechtigten einschließl seines Umsatzes, Marktstellung des Ag, Abschreckungsgedanke (hierzu aA OLG Celle MDR 2012, 727) und Gefährlichkeit des jew Wettbewerbsverstoßes (OLG Frankfurt JurBüro 2020, 375 Tz 3). Für den wichtigen Bemessungsumstand der „Stärke des Angriffsfaktors" (OLG Frankfurt JurBüro 2020, 375 Tz 3) und der dadurch bedingten Umsatzeinbuße beim Verletzten ist der Verschuldensgrad des Verletzers erhebl, so dass insb schuldlose Zuwiderhandlungen eine Wertermäßigung rechtfertigen (OLG Frankfurt JurBüro 83, 1249). Die Unterlassungserklärung kann sich mindernd auf den Streitwert auswirken, aber nur, wenn der Verletzer dabei den Rechtsverstoß ausdrückl einräumt (OLG Frankfurt MarkenR 2015, 114). – Wettbewerbsrechtl Klagen (UWG) sind vermögensrechtl Angelegenheiten (zur Festsetzungssystematik OLG Frankfurt WRP 2021, 1338). Bewertung: § 8 III **Nr 1** UWG: das Interesse des klagenden Mitbewerbers; § 8 III **Nr 2** UWG: das Interesse eines gewichtigen Mitbewerbers (KG GRUR-RR 2024, 266; OLG Celle JurBüro 2023, 197); § 8 III **Nr 3** UWG: das satzungsgemäß wahrgenommene Interesse der Verbraucher; es kann höher zu bewerten sein als das Interesse einzelner Mitbewerber (OLG Frankfurt WRP 2023, 358); § 8 III **Nr 4** UWG: das Interesse eines gewichtigen Mitbewerbers (Schneider/Kurpat/Seggewiße Rn 2.1850). § 8c II Nr 3 UWG macht dabei keine Vorgaben für die Wertfestsetzung (OLG Frankfurt WRP 2022, 234). – Unterlassungsansprüche von Verbraucherschutzverbänden sind höher zu bewerten als die zwischen Mitbewerbern (OLG Frankfurt MDR 2012, 185: betr Widerrufsbelehrung; sa OLG Karlsruhe MDR 2016, 1116: AGB-Klauseln eines Online-Shops). – **Streitwertbegünstigung** (krit Gruber GRUR 2018, 585): Zugunsten wirtschaftl Schwacher ist Streitwertherabsetzung mögl (§ 51 V GKG; § 12 III UWG, § 144 PatG, § 26 GebrMG, § 142 MarkenG, § 54 DesignG; § 5 UKlaG; § 22 GeschGehG), jedoch nicht bei missbräuchl Prozessführung (OLG Frankfurt WRP 2020, 1339 Tz 13 zu § 142 MarkenG). Herabsetzung bei Verbraucherschutzverband nach weniger strengen Maßstäben zu beurteilen als bei Wettbewerbsverband (BGH 28.6.2016 – X ZR 97/14 Tz 5); OLG Frankfurt (GRUR-Prax 2018, 220) berücksichtigt dabei den Gesamtetat. – Zur Beschwerdeberechtigung Gruber MDR 2016, 310. – Zum **UKlaG** s Rn 16.11. – Zu mehreren Kl/Bekl s Rn 16.172. 16.8

• **Grundbucheintragung.** Bewilligungsklage richtet sich nach dem zugrunde liegenden materiellen Anspruch, zB Grundschuld, Miteigentum usw (§ 6). Geht es nur um die formelle Klärung unstr Rechte, ist nach § 3 geringer zu schätzen (OLG Zweibrücken JurBüro 87, 267). OLG Bamberg bewertet nach dem noch zu zahlenden Kaufpreisrest (JurBüro 96, 85). 16.86

• **Grundstück.** S Rn 16.22, 16.59. Verkehrswert entscheidend. Grundstücksbelastungen werden nach hM (s § 6 Rn 4) nicht wertmindernd berücksichtigt; anders, wenn die wirtschaftl Nutzung dadurch beeinträchtigt wird (OLG Bamberg JurBüro 92, 629 [Erbbaurecht]; OLGR Zweibrücken 1997, 324 [lebenslängl Nießbrauchsrecht]). 16.87

16.88 • **Haftpflichtversicherungsschutz.** § 6, wenn auf Leistung der Versicherungssumme geklagt wird, dagegen § 3, wenn der Abschluss eines Vertrages gefordert wird. Bei einer Feststellungsklage macht die Rspr den üblichen Abschlag von 20 % (s Rn 16.76). Auf die Berechtigung der gegen den Versicherten gerichteten Ansprüche kommt es nicht an, es sei denn, dass illusionäre Forderungen gestellt werden. Bei titulierten Ansprüchen rechnen Kosten und Zinsen zum Streitwert. Die Selbstbeteiligung des Versicherten ist vom Streitwert abzuziehen (OLG Frankfurt JurBüro 83, 1249). Wert bei der **Rückstufung** in eine andere Schadensfreiheitsklasse: wirtschaftl Vorteil, der bei der alten Klasse erhalten geblieben wäre (BGH VersR 2011, 814). – Der Gebührenwert richtet sich nach §§ 3, 9. Sa Rn 16.184.

16.89 • **Handelsregister.** Klage auf Mitwirkung der Anmeldung zum HR ist Leistungsklage auf Abgabe einer Willenserklärung. Interesse des Kl an der Offenlegung der wirkl Beteiligungsverhältnisse ist maßgebend. IdR ⅒ bis ¼ des Anteils des klagenden Gesellschafters (OLG Bamberg JurBüro 84, 756); geringer, wenn der Sachverhalt unstr ist, höher wenn Gegner auf Gesellschafterstellung beharrt (BGH Rpfleger 79, 194). Generelle Bewertungsregeln lassen sich kaum aufstellen; Rspr-Übersicht Schneider/Kurpat/Monschau Rn 2.188 ff.

16.90 • **Handelsvertreter.** Feststellung, dass der Vertrag aufgelöst sei, bemisst sich gem § 3 nach dem Interesse des Kl, das durch Gegenüberstellung der Vor- und Nachteile infolge der Beendigung zu ermitteln ist. Bei außerordentl Kündigung ist die Provisionsdifferenz bezogen auf den Fall der ordentl Kündigung maßgebl (OLGR Köln 1996, 128). Zusätzl Leistungsantrag auf Ausgleich nach § 89b HGB ist hinzuzurechnen.

16.91 • **Heimfallanspruch.** Bei Geltendmachung des Heimfallanspruches (§ 2 Nr 4 ErbbauRG) richtet sich die Entschädigung (= angemessene Vergütung) nach dem Wert des Erbbaurechts; § 41 II GKG ist unanwendbar (OLG Bremen AnwBl 96, 411). Dieser Wert besteht aus dem kapitalisierten Erbbauzins (§ 9) und dem Gebäudewert (OLG Nürnberg JurBüro 92, 52). Bei der Heimfallfeststellungsklage ist der übliche Feststellungsabschlag zu machen (Schneider MDR 86, 184).

16.92 • **Herausgabeklagen.** Klage auf Herausgabe **von bewegl Sachen oder Grundstücken:** Verkehrswert der Sache (BGH 17.12.2020 – IX ZR 208/18 Tz 1 betr Grundstück) bei Klageeinreichung (§ 4 I Hs 1), auch wenn die Sache vom Kl (LAG Mainz JurBüro 2009, 140) oder Bekl (OLG München JurBüro 2020, 206 Tz 3) nur gemietet oder geleast ist (aA OLG Hamm 29.1.2021 – 30 W 10/20, wenn die Parteien im Rahmen der Herausgabe beim Leasing um die Beendigung des Vertrages streiten). Grundstücksbelastungen werden nach hM nicht wertmindernd berücksichtigt (s Rn 16.87 und § 6 Rn 4). Wird lastenfreie Grundstücksübertragung verlangt, ist unabhängig von den Anträgen hierzu (Klage, Widerklage, Hilfsantrag) wegen der wirtschaftl Identität, soweit sie reicht, insgesamt nur der Verkehrswert des Grundstücks anzusetzen (BGH GE 2019, 1571 Tz 2; BGH GE 2019, 1503). – Rechtsverteidigung mit ZurückbehaltungsR unbeachtl, es sei denn, dass Bekl bei unstr Klageanspruch nur wegen geringfügiger Gegenleistung zurückbehält (aA die hM, s Rn 16.78). § 3 ZPO, wenn ein erfüllungsbereiter Sch die Übergabe nur verzögert (LG Stuttgart MDR 93, 915). – **Goldbarren:** Börsen-Ankaufskurs (BGH MDR 92, 83). – **Kfz-Brief:** Interesse an der mit der Erlangung verbundenen Verfügungsgewalt, das mit einem Bruchteil des Fahrzeugwertes angesetzt wird, meist ⅒ bis allenfalls ½ des Verkehrswertes (OLG Düsseldorf MDR 99, 891: ⅓; LG Augsburg JurBüro 2001, 143: ½). Wirtschaftl Identität bei PKW-Herausgabeklage und Widerklage auf Herausgabe der Kfz-Papiere (OLG Nürnberg MDR 2020, 126). – **Schlüssel:** idR die Kosten eines Ersatzschlüssels (BGH MDR 2018, 109 [Dörr MDR 2018, 327]). – Zur Verbindung des Herausgabeanspruches mit evtl Schadensersatzanspruch (§§ 255, 259 bzw § 510b) s Rn 16.145; § 5 Rn 8. – **Urkundenherausgabe:** Entscheidend ist, was mit dem Besitz der Urkunde angestrebt wird, zB Beweisführung: § 3; Verfügungsmöglichkeit über beurkundetes Recht (Wertpapiere): § 6; volle Wechselsumme, wenn ein fälliger Wechsel noch nicht bezahlt wurde (OLG Düsseldorf AnwBl 94, 47), dagegen bei wirtschaftl wertlosen Wechseln Schätzwert: § 3; desgl bei Hypotheken- und Grundschuldbriefen, die keine Wertpapiere sind, aber den Wert des verbrieften Rechts erreichen können (OLG Frankfurt JurBüro 2003, 537), und bei **Sparkassenbüchern**. Das Herausgabeinteresse des Kl wird aber bei ihnen idR dem Guthaben entsprechen, insb wenn Gefahr besteht, dass der Bekl über die Einlage verfügt. Herausgabe einer **Lebensversicherungspolice** LAG Stuttgart VersR 2002, 913: ⅓ der Versicherungssumme; OLGR Saarbrücken 2006, 465: voller Wert, wenn der Urkundenbesitz die Auszahlung der Versicherungssumme bedingt. Herausgabe von **Garantiebedingungen:** 10 % des Wertes der durchzusetzenden Ansprüche (OLG Köln JurBüro 2023, 31). Herausgabe eines **Schuldscheins:** 20-30 % der Forderung, wenn eine Inanspruchnahme aus der Urkunde nicht droht (OLG Köln NJW-RR 97, 381). **Patientenkartei:** 20 % des Wertes der beabsichtigten Haftungsklage (OLG Frankfurt 13.10.2017 – 8 W 13/17; OLG Nürnberg MDR 2010, 1418; anders OLG München MDR 2012, 869: ¼ bis ⅒). **Verwalterunterlagen (WEG):** § 3, obj Interesse u Gefahr durch unterbleibende Herausgabe (KG ZMR 2011, 655). **Mandantenakte:** Höhe der str offenen Honorarforderung (LG Bremen 24.11.2021 – 4 T 431/21, NJW-Spezial 2022, 253). – **Sicherungsgut**, das verwertet werden soll: Verkehrswert (OLG Naumburg JurBüro 2011, 29). – Herausgabe der **Wohnung** vom Lebensgefährten: Wert der Nutzung eines Jahres (OLG Karlsruhe 27.2.2024 – 4 W 18/24 Tz 8). Herausgabe der **Ehewohnung** nach rechtskräftiger Scheidung: Jahreswert der gezahlten Nutzungsentschädigung (OLG Braunschweig *FamRZ 2024, 291). – Eine* **Vollmachtsurk** hat keinen eigenen Wert; bestimmend ist das Interesse des Kl daran, sich gegen Schäden durch Missbrauch zu schützen. Zur Herausgabe einer **Bürgschaftsurk** s Rn 16.52. Bei Klage auf Herausgabe eines **Vollstreckungstitels** nach Aufrechnung mit unstr Gegenforderung ist das Interesse des Kl maßgebend, eine missbräuchl Benutzung des Titels zu verhindern; die Größe dieser Gefahr ist ausschlaggebend (BGH MDR 2015, 115). Geht der Antrag nur auf Titelherausgabe, ohne dass die ZwV für unzulässig erklärt ist oder werden soll (§ 767), ist der Wert so hoch anzusetzen wie bei der Vollstreckungsabwehrklage (BGH MDR 2015, 115). – Die **Beschwer** des verurteilten Bekl wird durch den Wert der herauszugebenden Sache bestimmt (BGH 30.3.2023 – V ZR 171/22 Tz 7). Ist er zur Urkundenherausgabe verurteilt: grds der Wert eines im Besitz der Urk verkörperten Rechts. Fehlt es an solch einem für den Bekl, dann ist der Wert nach seinem Interesse, im Besitz der Urkunde zu bleiben, frei zu bestimmen (§ 3; BGH FamRZ 2023, 1567 [betr Vorsorgevollmacht]) oder nach den Kosten einer ZwV, wenn deren Verhinderung das Rechtsschutzziel des Bekl ist (BGH MDR 2025, 270). Bei einem **Versicherungsschein** ist die Beschwer nicht gleich dem wirtschaftl Wert der Versicherungsleistung (BGH NJW-RR 2002, 573).

• **Hilfsantrag.** S Rn 16.73. 16.93

• **Hilfswiderklage.** S Rn 16.74. 16.94

• **Hinterlegung.** Die Einwilligungsklage geht auf Abgabe einer Willenserklärung (Zustimmung). Maßgebend der Wert der Sache bei Sachhinterlegung u Höhe der hinterlegten Summe bei Klage auf Auszahlungseinwilligung (§ 6), soweit der Bekl die Freigabepflicht bestreitet (OLGR Nürnberg 2003, 79). Ders Streitgegenstand ist gegeben, wenn Klage und Widerklage auf Zustimmung zur Auszahlung eines hinterlegten Betrages erhoben werden. Zinsen der Hinterlegungssumme sind keine Nebenforderungen des Anspruchs auf Abgabe der Willenserklärung und deshalb mitzuberechnen (BGH MDR 67, 280); deshalb auch die Gesamtsumme maßgebend, die das Hinterlegungskonto im Zeitpunkt der Schlussverhandlung aufweist (OLG Köln JurBüro 80, 281; LG Köln ZMR 96, 145 für hinterlegte Mietkaution). Bei beklagten Streitgenossen mit unterschiedl Berühmung auf die hinterlegte Summe sind die Werte verschieden (OLG Frankfurt Rpfleger 70, 353); bei gemeinsamer Berechtigung an einer hinterlegten Sache ist der Mitberechtigungsanteil abzuziehen (KG AnwBl 78, 107). 16.95

• **Hypothek.** Eintragung: § 6. – Löschung: nach hM § 6, die Valutierung bleibt unberücksichtigt (zB BGH MDR 2017, 608 Tz 7 mN zu allen Ansichten; Schneider/Kurpat/Seggewiße Rn 2.2294; aA zB PG/Beumers § 6 Rn 19 mwN [§ 6 erfasst nicht Löschungen]; OLG Dresden MDR 2008, 1005 [Höhe der Restforderung bei einer Sicherungshypothek]). Zur Problematik beim Gebührenwert s § 6 Rn 1. – Geht es nur um die Beschaffung des Briefes, ist das Interesse am Besitz nach § 3 zu schätzen (OLG Bremen JurBüro 85, 444; OLG Frankfurt JurBüro 2003, 537). – Sa Rn 16.113. 16.96

• **Immissionen.** Klage auf Unterlassung (§§ 903, 906, 907, 1004 BGB): § 3, Abschätzung unter Berücksichtigung der Wertminderung des Grundstücks des Kl. – Bei gemeinsamer Abwehrklage von Miteigentümern wegen wirtschaftl Identität keine Werterhöhung (BGH MDR 87, 570). 16.97

• **Insolvenzverfahren.** Wertberechnung: **1)** Streitwert: § 58 GKG; der Wert der Insolvenzmasse wird bei einer Unternehmensfortführung nach dem „Nettoansatz" berechnet (OLG Schleswig MDR 2021, 1553; OLG München ZIP 2022, 2140, Aufg der bish Rspr). **2)** Gegenstandswert: § 28 RVG (zur Bemessung KG MDR 2023, 1614). Keine Bindung nach § 32 RVG (MskV/Heinrich Rn 30). – Antrag des Gl auf Versagung der Restschuldbefreiung: 4.000 Euro, wenn genauere Anhaltspunkte fehlen (Schneider/Kurpat/Kurpat Rn 2.2348 f); Gleiches gilt für das Interesse des Sch am Erhalt der Ankündigung (OLG Düsseldorf NZI 2008, 252). Antrag auf Bestätigung, **§ 248 InsO:** obj wirtschaftl Interesse des ASt (BGH JurBüro 2010, 87). – **§ 182 InsO:** der bei der Verteilung zu erwartende Betrag (BGH NZI 2019, 427 zur Berechnung). Die Regelung gilt für Gebühren-, Zuständigkeits- und Rechtsmittelstreitwert und somit auch für die Ermittlung der Beschwer (BGH ZIP 2022, 2621 [Kaubisch EWiR 2023, 52]; BGH ZInsO 2025, 833). Ist die Quote 0,00 % Festsetzung auf den Wert der niedrigsten Gebührenstufe (OLG Hamm JurBüro 2019, 542 Tz 18). Keine Erhöhung durch Absonderungsrechte/Sicherungen oder in den Fällen § 302 Nr 1 InsO (BGH ZInsO 2016, 1776). Bei der Berufung ist auf den Betrag abzustellen, der bei Einlegung des Rechtsmittels zu erwarten war (§ 4; BGH MDR 2016, 300; BGH ZInsO 2016, 541). Das Gericht muss alle Erkenntnismöglichkeiten ausschöpfen (BGH NZBau 2007, 174). Nach Aufhebung des InsVerf (gesetzl Parteiwechsel auf den Sch) gilt wieder § 3 (BGH MDR 2015, 856). – Aufnahme eines unterbrochenen Prozesses und Fortführung im Wege der Feststellungsklage: § 182 InsO gilt erst ab Aufnahme (OLG Dresden JurBüro 2007, 531; OLG Koblenz JurBüro 2010, 201). § 182 InsO geht § 40 GKG vor (LAG BadWürtt NZA-RR 2012, 378). – Aufrechenbare Gegenforderung der Masse erhöht den Wert der Klage, weil sich Verteilung dann nach dem um die Gegenforderung erhöhten Wert der Masse richtet (BGH MDR 2000, 351). – Klage nach **§ 184 InsO:** Wert der Forderung (Schneider/Kurpat/Kurpat Rn 2.2357), unter Abzug der zu erwartenden Quote. – Zum Sonderfall der Klage nur auf Feststellung des Schuldgrundes „unerlaubte Handlung" (**§ 302 Nr 1 InsO**) s Rn 16.76. – **Aussonderung** (§ 47 InsO): § 6 (MK/Wöstmann Rn 93, 94); **abgesonderte Befriedigung** (§§ 49 ff InsO): § 6 (OLG Brandenburg 27.1.2020 – 7 W 109/19 Tz 2). 16.98

• **Internethandel.** Es geht idR um Informationspflichten, deren Verletzung von Mitbewerbern oder Verbraucherschutzverbänden behauptet wird. Es gibt keinen Regelwert und keine einheitliche Rspr (OLG Karlsruhe JurBüro 2010, 531; sa Schneider/Kurpat/Kurpat Rn 2.2402 m Bsp). Abmahnung betr eine unzulässige Widerrufsbelehrung 900 Euro (OLG Düsseldorf MMR 2008, 171), 2.000 Euro (OLG Naumburg JurBüro 2008, 149 bzw 3.000 Euro (OLG Celle MMR 2008, 172); Verstoß gegen die PAngV 5.000 Euro (KG GRUR-RR 2007, 63). 16.99

Bei Mitbewerbern, die bei eBay gleichartige Waren anbieten, idR 30.000 Euro mit Abschlag in Eilverf (OLG Hamm MMR 2007, 663); ebenso OLG Karlsruhe 5.2.2016 – 4 U 86/14 Tz 2, wenn ein Verbraucherschutzverein einen Verstoß gegen § 5 Pkw-EnVKV rügt.

16.100 • **Internetkommunikation.** 30tägige, inhaltlich beschränkte (aktive Nutzung) **Sperre** eines Nutzerkontos: 2.500 Euro (BGH MMR 2021, 319 Tz 14; stRspr) mit Abschlag von 20 % bei einem Feststellungantrag (BGH MMR 2021, 235 Tz 11, Tz 13; stRspr); dreitägige Sperre: 500 Euro (BGH 28.1.2021 – III ZR 162/20 Tz 8, 9); bei mehreren Sperren sind die 2.500 Euro moderat zu erhöhen (BGH MMR 2021, 319 Tz 15: keine Addition). – 1.250 Euro, wenn der Kl verhindern will, dass seine künftigen Verstöße als Folgeverstoß betrachtet werden (BGH MMR 2021, 235). Vollständige Sperrung eines Facebook Accounts: 5.000 Euro (OLG Brandenburg MDR 2024, 737).– Richtet sich die Klage gegen eine **Löschung**, kommt es auf die Schwere des Eingriffs in die Meinungsfreiheit an (BGH MMR 2021, 833: 500 Euro bei einer kurzen Äußerung); die Klage auf Unterlassung künftiger Löschungen bewertet der BGH mit 1.500 Euro, beachtet dabei das Gesamtgefüge einer Antragsmehrheit (BGH MMR 2021, 977). – **Auskunftsansprüche** werden, wie immer, mit einem Bruchteil des Hauptsachewertes bewertet (BGH MMR 2021, 235 Tz 15). Sa Rn 16.172. – In **Eilverfahren** kann der Wert mit dem Hauptsachewert festzusetzen sein, wenn der Eintritt eines Zustandes droht, durch den das Hauptsacheverf sinnlos werden würde (OLG Nürnberg 7.10.2022 – 3 U 2178/22 Tz 41 ff).

16.101 • **Jagd- und Fischereirecht.** Für Klage auf Feststellung der Ausübung § 3. Bei Streit über Bestehen oder Dauer eines Jagdpachtvertrages für die Zuständigkeit und die Beschwer § 8 (BGH 27.2.1992 – III ZR 142/91); für die Beschwer aber § 3, wenn der str Jagdpachtvertrag nicht zwischen den Prozessparteien geschlossen ist (BGH MDR 2025, 63). Für die Geb gilt § 41 GKG (OLG Bamberg 17.8.2023 – 4 U 76/23 Tz 40). Bei Besitzstörung begrenzt § 41 I GKG den Streitwert ebenfalls (LG Saarbrücken JurBüro 91, 582). **Nebenkosten** zum Pachtzins sind nach OLG Oldenburg ZMR 91, 142 nicht anzusetzen; zutr aA BGH 27.2.1992 – III ZR 142/91 für alle Gegenleistungen, die im Verkehr als Entgelt für die Gebrauchsüberlassung angesehen werden.

16.102 • **Kaufvertrag.** Bei den synallagmatischen Austauschverhältnissen besteht die Vermutung, dass Leistung und Gegenleistung gleichwertig sind (BGH GE 2016, 1207: Kaufpreis und Verkehrswert eines Grundstücks).

16.103 • **Kennzeichenstreitsachen.** Für die Zuständigkeit bedarf es keines Wertes (§ 140 MarkenG). Gebührenwert: § 51 GKG mit Streitwertbegünstigung nach § 51 V GKG, § 142 MarkenG.

16.104 • **Klage und Widerklage.** Für Zuständigkeit keine Zusammenrechnung (§ 5 Hs 2), aber für die Beschwer (s § 5 Rn 2); für Geb § 41 III, § 45 I 1 GKG. Um dens Gegenstand handelt es sich, wenn die beiderseitigen Ansprüche einander ausschließen, so dass die Zuerkennung des einen Anspruchs notwendig die Aberkennung des anderen bedingt (BGHZ 43, 31; OLGR Hamburg 2000, 306). Daher mangels Identität Addition, wenn die Ansprüche auf Rückzahlung einer Teilleistung und Erfüllung wegen des Restes zusammentreffen (OLG Saarbrücken NJW-RR 2009, 864), bei Herausgabeklage des Eigentümers eines Pkw und Widerklage auf Zahlung des Werklohns (OLG Hamm Rpfleger 90, 40), bei der Klage aus der Nebenkostenabrechnung u der Widerklage auf Rückzahlung der Vorauszahlungen (OLG Düsseldorf NZM 2009, 863), und bei Klage auf Erhöhung und Widerklage auf Herabsetzung von Unterhalt (OLG München FamRZ 2007, 750). – Hingegen keine Addition, wenn ggü der Feststellungsklage auf eine Kaskoversicherungsleistung Widerklage auf Rückzahlung eines wegen des Schadensfalles gewährten Darlehens erhoben wird (BGH NJW-RR 2005, 506: wirtschaftl Identität), wenn eine Klage auf vertragl Leistung (Miete) zusammentrifft mit einer diese Verpflichtung leugnenden Widerklage (Feststellung des Nichtbestehens eines Mietverhältnisses, BGH NJW-RR 2006, 378), wenn Klage und Widerklage die Feststellung der Miethöhe betreffen (BGH NJW-RR 2023, 167), wenn ein Zessionar klagt u der Bekl isolierte Drittwiderklage (negative Feststellungsklage) gegen den Zedenten erhebt (OLGR Celle 2009, 1025). – **Beschwer** des insgesamt Unterlegenen: Addition, wenn die mit Klage und Widerklage verfolgten Ansprüche wirtschaftl selbständig sind, anderenfalls ist nur der Anspruch mit dem höheren Wert maßgeblich (BGH MDR 2023, 931), Sa § 5 Rn 8 und zur Eventualwiderklage Rn 16.74.

16.105 • **Klageänderung.** Keine Zusammenrechnung für den Zuständigkeitswert, sondern getrennte Festsetzung für die Zeit vor und nach Klageänderung (Schneider/Kurpat/Kurpat Rn 2.2931). Folgen für die Zuständigkeit: Beim LG gilt § 261 III Nr 2, beim AG kann Verweisung in Frage kommen (§ 506). Bewertungszeitpunkt ist der Tag des Eingangs des klageändernden Schriftsatzes (OLG Brandenburg JurBüro 2022, 143). Sa § 5 Rn 3 für den Gebührenwert.

16.106 • **Klageerweiterung.** Dadurch bedingte Streitwerterhöhung wirkt ab Einreichung des Antrages und nur für die danach erfüllten Gebührentatbestände. Nur einmalige Berechnung der Geb nach dem höchsten Wert (§ 15 II 1 RVG; § 36 II GKG; zur Berechnung bei Klageerweiterung verbunden mit Teilklagerücknahme/-erledigung s § 5 Rn 3). Die Erweiterung nach Schluss der mündl Verh wirkt sich auf den Wert nicht mehr aus (OLG Karlsruhe 7.2.2006 – 15 W 72/05; abl Lappe NJW 2007, 486); anders aber, wenn eine Erweiterung während des Verf als unzulässig behandelt wird (aA OLG Bamberg MDR 2013, 624), denn auch unzulässige Anträge sind wertbestimmend (OLG Saarbrücken 28.9.2016 – 1 U 21/16 Tz 156). – Hat das Berufungsgericht nach § 522 II entschieden und eine Klageerweiterung deshalb entsprechend § 524 IV seine Wirkung verloren, bleibt dieser Betrag im Verf der NZB bei der Ermittlung der Beschwer außer Betracht (BGH 27.7.2021 – XI ZR 72/21).

• **Klagenhäufung.** § 5 Hs 1 gilt für die objektive und subjektive Klagenhäufung. Die Ansprüche müssen, um zusammengerechnet zu werden, gleichzeitig erhoben sein und verschiedene Streitgegenstände haben. Keine Addition bei Mehrfachbewertung desselben Streitgegenstandes und erst recht nicht bei bloßer Häufung von Klagegründen (mat-rechtl Anspruchsgrundlagen). Zusammenrechnung auch, wenn vermögensrechtl und nichtvermögensrechtl Ansprüche gleichzeitig erhoben werden. – Für den Gebührenwert gelten § 39 I GKG und, eine Addition verbietend, § 41 III, § 43 I GKG (wie § 4 I Hs 2), § 45 I 3, § 48 III GKG. S näher § 5 Rn 1. 16.1

• **Klagerücknahme.** Ankündigung eines verminderten Antrages genügt nicht (Schneider MDR 85, 265). Bei Streit darüber, ob Klage wirksam zurückgenommen: Hauptsachewert; ist Klagerücknahme unstr, dann Streitwert nur die Kosten (Schneider/Kurpat/Kurpat Rn 2.2571, 2.2573). Bei vergleichsw Vereinbarung einer Klagerücknahmeverpflichtung ist Streitwert die Hauptsache; Kosten des Hauptprozesses bleiben außer Ansatz, selbst wenn Parteien im Vergleich eine von § 269 III abweichende Kostenverteilung vereinbaren (OLG Köln JurBüro 70, 803). Zur Teilklagerücknahme verbunden mit einer Klageerweiterung s § 5 Rn 3. 16.1

• **Kostenentscheidung, Beschwerde gegen –.** Bei Gericht Festgeb. Der Gegenstandswert für die RA-Geb ergibt sich aus dem Umfang der begehrten Änderung der Entscheidung (KG MDR 2024, 806 LS 1 [kein Abdruck der Gründe]; N. Schneider NJW-Spezial 2023, 604). 16.1

• **Kryptowährung.** Das wirtschaftl Interesse, das idR mit dem Verkehrswert angenommen werden kann, bestimmt den Wert, § 3. Dieser ergibt sich aus dem Kurs- und Handelswert. Zur Ermittlung s Hamacher ZIP 2025, 9 D III. 16.1

• **Kündigung.** – eines Kontos: Das Interesse ist nach § 3, § 48 II GKG zu schätzen und besteht darin, dass das Konto weitergeführt wird, nicht in der Höhe des Kontoguthabens (OLG Stuttgart 10.1.2022 – 9 U 358/21 Tz 21). – eines Sparvertrages s Rn 16.76. – eines Mietverhältnisses s Rn 16.117. – Außerordentliche, hilfsweise ordentliche Kündigung eines Arbeitsverhältnisses: § 42 II 1 GKG, nicht ein Wert je Kündigung (LAG Hamm NZA-RR 2022, 599). 16.1

• **Leasing. 1)** Streit über das Bestehen eines Vertrages: § 41 I GKG (BGH 26.8.2014 – VIII ZR 335/13 Tz 18; OLG Braunschweig 7.4.2021 – 7 W 6/21 Tz 6); **2)** Herausgabe des Leasinggegenstandes: § 6 (OLG München WM 2018, 1526); **3)** Herausgabeklage und Widerklage auf Übereignung des Leasingobjektes: § 45 I 3 GKG (OLG München JurBüro 2021, 481). 16.1

• **Lebensversicherung.** Bei Leistungsklage der bezifferte Antrag (§ 3; bei Renten: § 9) – § 9 bei Klage auf künftige Beitragsfreistellung (OLGR Saarbrücken 2008, 246). – Die Beschwer bei abgewiesener Feststellungsklage setzt der BGH auf den Endbetrag abzgl 20 % fest, Überschüsse werden nur anteilig berücksichtigt (BGH NJW-RR 92, 608). Sa Rn 16.184. 16.1

• **Leistungsklage.** Der formulierte Antrag ist wertbestimmend, auch wenn Gericht entgegen § 308 mehr zugesprochen hat. Zu Klagen auf **künftige Leistung**, §§ 257, 259, s Rn 16.75; bei Klagen auf **wiederkehrende Leistungen**, § 259, gilt § 9 für die Zuständigkeit, § 42 GKG für den Gebührenwert. 16.1

• **Löschung.** Klage auf Löschung einer Hypothek, Sicherungshypothek oder Grundschuld: Der eingetr Nennwert (BGH MDR 2017, 608; zust Roth MDR 2017, 1153; OLG Brandenburg JurBüro 2022, 420), bei Miteigentümern der seinem Anteil entsprechende Nennwertteil (OLG Köln MDR 2018, 703). Diese hM wird zu Recht in Frage gestellt. Es ist danach auf die Höhe der Valutierung u das Löschungsinteresse des Kl abzustellen (OLG Dresden MDR 2008, 1005: Sicherungshypothek, Höhe der Restforderung; OLG Stuttgart MDR 2010, 778; OLGR Rostock 2009, 969; OLG Nürnberg MDR 2009, 217 mwN: 20 % des Nominalwertes, wenn die zu sichernde Forderung nicht mehr besteht; OLG Celle MDR 2005, 1196 u OLGR Frankfurt 2004, 348 modifizieren: str Restforderung voll und 20 % des dann noch verbleibenden Nominalbetrags; dem Ansatz der 20 % zust OLGR Frankfurt 2008, 321). Vorrangig ist in jedem Fall aber ein etwa geringerer Wert des belasteten Grundstücks ohne Abzug vorgehender Pfandrechte. Bei Löschung von Eintragungen, die (wie Widerspruch, Vormerkung, Verfügungsbeschränkung) die Bewegungsfreiheit des Eigentümers hemmen oder beeinträchtigen, Schätzung nach § 3 (allgM), wobei die Werte meist im Bereich von ⅓-⅒ des obj Verkehrswertes angesiedelt werden (BGH ZEV 2023, 462 [Löschung eines Nacherbenvermerks, hier 1/5]). Ist unstr, dass ein durch Vormerkung gesicherter Auflassungsanspruch nicht mehr besteht, dann hat die Grundbucheintragung nur noch formale Bedeutung, was sich bei der Bruchteilsbewertung deutlich niederschlagen muss. – Zustimmung zur Löschung eines dingl Wohnrechts: § 9, es sei denn, es ist mietähnlich ausgestaltet, dann § 41 GKG (OLG Frankfurt 12.5. 2006 – 19 W 16/06). – Die Löschung einer Sicherheit hat neben der Feststellung der Vertragsbeendigung einen eigenen Wert (OLG Köln AGS 2016, 11 Tz 8: 20 %). – Zur Löschung einer Grunddienstbarkeit s § 7 Rn 2; einer Vormerkung s Rn 16.23. 16.1

• **Mahnverfahren.** Forderungsbetrag (§ 6; BVerfG NJW 2007, 2032). Bei **Zahlung** vor Eingang der Akten beim Streitgericht ist der Zeitpunkt des Eingangs maßgebend. Folge: Zahlung der Hauptforderung reduziert den Streitwert auf die Zinsen, die zur Hauptsache geworden sind (§ 4 I Hs 2; § 43 II GKG). Die Kosten bestimmen den Wert alleine, wenn es ausschließl noch um sie geht (§ 4 I Hs 2; § 43 III GKG). Bei teilw Zahlung ist der Streitwert gleich der restl Hauptsacheforderung sowie der Zinsen, soweit sie nun ohne zugehörige Hauptforde- 16.1

rung weiter verfolgt werden (str; ausf Schneider/Kurpat/Kurpat Rn 2.1334 ff mN, auch zur aA). Entspr Wertreduzierung im Fall der (Teil-)**Antragsrücknahme** (OLG Dresden JurBüro 2004, 378; zur fingierten Rücknahme, § 697 II 2, s N. Schneider NJW 2020, 2454 VI 1). Sa § 91a Rn 58.27.

.115 • **Markenrecht.** Der Wert (§ 51 GKG) wird bestimmt durch den Angriffsfaktor und den Wert der Marke (OLG Frankfurt JurBüro 2020, 375 Tz 3). Streitwertbegünstigung mögl (§ 142 MarkenG). – Werden Gerichtsgeb nicht erhoben oder richten sie sich nicht nach dem Wert (s Rn 8): Gegenstandswertfestsetzung nach § 23 II 1, III 2 RVG (BGH GRUR-RR 2017, 127: Rechtsbeschwerde im Markenlöschungsverf; BGH 28.5.2020 – I ZB 25/18 Tz 8: idR 50.000 Euro).

.116 • **Mehrere Ansprüche.** S § 5 Rn 1.

.117 • **Mietstreitigkeiten. I)** Für den **Zuständigkeits-** und **Rechtsmittelstreitwert** gilt § 8, vorbehaltl der Sonderzuständigkeiten nach § 23 Nr 2a GVG. Da die Zeiträume des § 8 nicht für Wohnungsmietverhältnisse passen, ist nach § 3 zu schätzen oder für die Berechnung der **Beschwer** § 9 heranzuziehen (ausf Meyer-Abich NJW 2020, 31; näher s § 8 Rn 4, § 9 Rn 1). § 3 gilt, wenn der Streit um die Art und Weise der Nutzung der Mietsache geht (BGH MDR 2020, 191 Tz 8); wenn der Mieter Erteilung einer ordnungsgemäßen Nebenkostenabrechnung verlangt (BGH MDR 2022, 1298); wenn Besichtigung/Zutritt verlangt wird (s Rn 16.44); wenn der Vermieter zur Auskunft (§ 556g III BGB) verurteilt wird (LG Berlin 2.8.2022 – 67 S 149/22, Beschwer grds nicht über 600 Euro). – Unzulässig, die Gebührenprivilegierung des § 41 I GKG auf die Berechnung der Rechtsmittelbeschwer zu übertragen (BVerfG AnwBl 96, 643). – **II)** Für den **Gebührenstreitwert** gilt § 41 GKG (Meyer-Abich NJW 2020, 3091 m Bsp), aber nicht schon für die Klage auf Abschluss eines Mietvertrages (BGH MDR 2021, 711 Tz 3: § 48 GKG iVm § 3 und begrenzt durch § 9), sondern beim Streit über Bestehen (Fortbestehen) oder Dauer eines Miet-(Untermiet-), Pacht-(Unterpacht-) oder ähnl Nutzungsverhältnisses, auch für **Heimverträge** (OLG Stuttgart NJW-RR 2005, 1733; allerdings wäre nur der Unterkunftsanteil zu berücksichtigen gewesen, Lappe NJW 2006, 270, 271 III 2). § 41 GKG gilt weiter für Nießbrauch (OLG Köln MDR 81, 767), DauerwohnR (s Rn 16.215) sowie analog für die Gebrauchsüberlassungsklage des Mieters (OLG Celle MDR 89, 272). – § 41 GKG gilt, wenn das **Bestehen** oder die **Dauer** eines Mietverhältnisses str ist (§ 41 I GKG) oder ohne Rücksicht darauf wegen Beendigung des Mietverhältnisses **Räumung** oder **Herausgabe** verlangt wird (§ 41 II GKG; KG GE 2018, 191), es sei denn, dass dies ledigl aus einem nicht mietrechtl Grund geschieht. Das Bestehen oder die Dauer ist auch str, wenn sich dies ledigl aus der Einwendung des Bekl ergibt (BGH NZM 99, 189; KG ZMR 2008, 448). „Streitig" ist die Zeit auch dann, wenn der Bekl schweigt (§ 138 III) oder gem § 331 I 1 VU gegen sich ergehen lässt (s Schneider MDR 85, 271); der Wert liegt dann unter dem Jahresbetrag, wenn der Kl eine kürzere str Zeit vorträgt (OLG Stuttgart JurBüro 95, 486). Beim Streit nur über den Zeitpunkt der Beendigung des Mietverhältnisses ist nur der Mietwert der str Zeit maßgebend (OLG Stuttgart NZM 2009, 320), sofern diese unterjährig ist. – Werden Räumung und Herausgabe **nur aus einem anderen Rechtsgrund** als Miete oder Pacht verlangt und wendet der Bekl diese auch nicht ein (KGR Berlin 1996, 166), dann gilt § 6 (OLGR Celle 2009, 1024: Fall verbotener Eigenmacht); wendet der Bekl ein Miet- oder Nutzungsverhältnis ein: § 41 GKG (BGH AGS 2016, 477). Werden neben Miete noch andere Anspruchsgrundlagen genannt: Jahreswert (§ 41 II 2 GKG) ohne Begrenzung nach § 41 I 1 GKG (KG MDR 2013, 560). Verteidigt sich der Bekl nur gegen einen Teil des Streitgegenstands mit einem Nutzungsrecht, iÜ mit anderen Einwendungen, kommen §§ 41, 48 GKG, §§ 3, 6 nebeneinander zur Anwendung (OLG Nürnberg MDR 2012, 1024). Verbot, die Werte zu addieren, im Fall § 41 III GKG. – Bei **gescheitertem Kauf** mit bereits gestatteter Nutzung ist aber das nach § 41 II GKG zu berechnende Nutzungsentgelt maßgebend (OLG Köln JurBüro 96, 194; OLG Schleswig OLGR 98, 424; aA OLGR Celle 1996, 119; OLG Nürnberg JurBüro 2004, 377; OLG Hamm RVGreport 2011, 437); ebenso OLG Jena (MDR 98, 63) bei Räumung wegen Beendigung einer nichtehel Lebensgemeinschaft u OLG Köln (MDR 99, 637 [abl Schneider]) bei Räumung nach Scheidung sowie OLG Karlsruhe (MDR 2004, 906) und KG (GE 2018, 191) bei der Räumungsklage gegen den Ehepartner des Mieters. Wertaddition, wenn zugleich Räumung eines vermieteten und eines unstr vertraglos genutzten Grundstücks verlangt wird (OLG Düsseldorf ZMR 2010, 177). Streit über **Fortbestand** ist Streit über Bestehen. Was unter **Miete** zu verstehen ist, ist in § 41 I 2 GKG definiert: Nettogrundentgelt und die Nebenkosten, sofern sie als Pauschale vereinbart sind u nicht gesondert abgerechnet werden (BGH WuM 2022, 57); die USt gehört zum Nettogrundentgelt (OLG Düsseldorf MDR 2006, 1079; KG NZM 2007, 518). – Bei **gestaffelter** Miete in einem befristeten Mietverhältnis sind die höchsten Beträge anzusetzen, die in der str Zeit innerhalb 1 Jahres zu zahlen sind (BGH MDR 2006, 384; BGH WuM 2008, 50 [Gies WuM 2008, 79]); ist das Mietverhältnis unbefristet, sind es die höchsten Beträge der nächsten 3,5 Jahre (N. Schneider NJW-Spezial 2025, 91). – Zu den **Wohnrechten** s Rn 16.215. – Wird die Räumungsklage mit der Klage auf Zahlung rückständiger Miete verbunden, dann ist der bezifferte Klageanspruch dem nach § 41 GKG ermittelten Wert hinzuzurechnen (§ 5). Bei der Klage auf **Mietzahlung** ist Wert die Summe aller in den Rechtsstreit eingeführten Beträge (KG NJW-RR 2011, 1521). – **§ 41 V GKG:** Jahresbeträge sind anzusetzen: **1)** Für die Klage auf Zustimmung des Mieters zur Erhöhung der Miete (§ 41 V 1 Alt 1 GKG), nicht aber bei Zahlungsklagen aus erhöhter Miete (§ 48 GKG, § 9; sa N. Schneider NJW-Spezial 2012, 347). Die Klage ist mit höchstens dem Jahresbetrag der zusätzl Forderung zu bewerten (LG Berlin NZM 2013, 233 zu mehreren Erhöhungsverlangen). – **2)** Bei Feststellung einer Minderung der Miete (§ 41 V 1 Alt 2 GKG). Keine Anwendung bei Zahlungsklagen und negativen Feststellungsklagen (N. Schneider MietRB 2024, 90). – **3)** Bei Ansprüchen auf Durchführung von Instandsetzungsmaßnahmen (§ 41 V 1 Alt 3 GKG). – **4)** Für die Klage des Vermieters auf Duldung der Durchführung von Modernisierungs- oder Erhaltungsmaßnahmen (§ 41 V 1 Alt 4 GKG); ermittelt wird der Wert auf der Basis einer möglichen Mieterhöhung/Mietminderung bei der Modernisierung/bei unterlassener Erhaltung (Schneider/Kurpat/Kurpat Rn 2.3093). Veränderungen bei der Nebenkostenvorauszahlung sind dabei einzurechnen (LG Berlin NZM 2018, 949). Die Alt 3 und 4 des § 41 V 1 GKG gelten auch für Geschäftsräume, an Stelle der Alt 1 und 2 tritt für solche Räume aber § 9 für den Zuständigkeits- und iVm § 48 GKG für den Gebührenwert. Die Beschwer wird für alle Fälle des § 41 V 1 GKG nach §§ 8, 9 ermittelt (zB BGH WuM 2020, 300; s § 9 Rn 1). – **Analogie:** § 41 V 1 Hs 2 GKG gilt entspr für Klagen gegen den Vermieter, einem **störenden Mitmieter** zu kündigen (BGH NJW-RR 2006, 378). Str war, ob § 41 V GKG analog anzuwenden ist, wenn es um die zulässige Miethöhe geht (§ 556d BGB, sog **„Mietpreisbremse"**). Das KostBRÄG v 7.4.2025 (BGBl 2025 I Nr 109) hat mit Art 5 Abs 1 Nr 7 die Fälle der Mietpreisbremse in § 41 V GKG aufgenommen. – Alle Werte des § 41 V GKG sind begrenzt auf Fälle nur unterjähriger Fortdauer des Mietverhältnisses (§ 41 V 2 GKG). – Einhaltung der **Betriebspflicht:** Jahresmiete, § 3 (KG ZMR 2006, 611). – **Untervermietung:** Erlaubnis zur –: Jahresbetrag der Untermiete (Meyer-Abich NZM 2016, 329, 346; LG Berlin NJW-RR 2016, 895 mN; aA § 9: KG MDR 2017, 204 = NZM 2016, 893 [zust N. Schneider NJW-Spezial 2017, 29]; OLG Hamburg MDR 2017, 1271 bei Feststellungsklage, dass Widerruf der Erlaubnis unwirksam sei). Räumungsklage des Hauptvermieters gegen den Untermieter: Hauptmiete (KG MDR 2013, 560; OLG Frankfurt ZMR 2012, 204), aber nur anteilig bei nur teilw Wohnungsnutzung (KG ZMR 2013, 337). Klage auch gegen den Untermieter: keine zusätzl Werterhöhung (OLG Düsseldorf NZM 2010, 600; OLG Schleswig ZMR 2022, 966; N. Schneider NJW-Spezial 2012, 411). – **Zahlungsklagen** auf **künftige Leistung: 1)** § 9 als Obergrenze bei Klagen auf Zahlung künftiger **Miete**, wenn die Laufzeit über die Zeitgrenze des § 9 geht (BGH JurBüro 2004, 378; BGH NJW-RR 2005, 938 [negative Feststellungsklage des Mieters, keine Miete zu schulden, als Spiegelbild einer entspr Leistungsklage des Vermieters]); **2)** bei Zahlung von **Nutzungsentschädigung** für die Zukunft: § 3 (hM, zB OLG Hamm 20.2.2019 – 30 W 5/19 Tz 14 mwN; Mack ZMR 2013, 698; Fölsch NZM 2016, 500, 501): voraussichtliche Dauer bis zur Räumung, je nach Lage zwischen 6 und 12 Monaten. Häufig wird sich die Schätzung an dem einjährigen Betrag des § 41 GKG orientieren können (OLG Dresden NJW-RR 2012, 1214; OLG Stuttgart MDR 2011, 513; KG WuM 2023, 699). – **Feststellungsklagen: 1)** auf Fortbestand des Mietverhältnisses; weil nicht durch Kündigung beendet: § 41 I GKG (BGH AGS 2018, 78); **2)** wegen drohendem Pachtausfallschaden: § 9 (OLG Zweibrücken NJW-RR 2020, 703); **3)** auf Verpflichtung zur Mängelbeseitigung: Jahresbetrag der mängelbedingt angemessenen Minderung (BGH WuM 2020, 801 Tz 12), berechnet aus der Bruttomiete, also der Grundmiete und allen Nebenkosten (OLG München MDR 2013, 1435); **4)** für ab 1.1.2021 eingeleitete Verf auf Feststellung einer Mietminderung: § 41 V 1 GKG nF (s N. Schneider NZM 2021, 429 m Bsp). Das gilt nicht bei Klagen des Vermieters auf Zahlung des einbehaltenen Betrags und nicht bei negativen Feststellungsklagen des Mieters, zum Einbehalt berechtigt zu sein (N. Schneider ZAP F 24 S 1911); hier kommen § 48 GKG, § 9 zur Anwendung. Ebenso (§ 9), wenn über die Verpflichtung, überhaupt Miete zahlen zu müssen, geklagt wird. – **Vorschussklage** zur Mängelbeseitigung: Höhe des Vorschusses (OLG Rostock MDR 2020, 155 Tz 14 mN, auch zu aA). – Zustimmung zur/Verbot der **Tierhaltung:** keine schematische Lösung, objektive Kriterien und subjektive Gesichtspunkte sind einzubeziehen (BGH MDR 2008, 134 Tz 10 m Bsp zu Hunden, Katzen, Tauben, jeweils unter 600 Euro; BGH MDR 2018, 462 Tz 22, 23, beide Entscheidungen zum Wert des Beschwerdegegenstandes). – **Parabolantenne:** Beseitigung: Streitwert (u Wert der Beschwer bei Klageabweisung) = Wert der optischen und/oder Substanzbeeinträchtigung des Hauses (BGH NJW 2006, 2639); Beschwer des Mieters bei Verurteilung = Beseitigungsaufwand (BGH NJW 2006, 2639). – Duldung der Installation: Das Interesse des Mieters am Empfang zusätzl Programme (Schmittmann JurBüro 95, 509); die Beschwer des verurteilten Vermieters kann höher sein als der erstinstanzl Streitwert (LG Wuppertal WuM 97, 324). – **Konkurrenzschutz:** entgangener Reingewinn für 42 Monate bzw für die Zeit bis zum nächstmögl Kündigungstermin (BGH MDR 2007, 202); daneben keine Berücksichtigung eines Minderungsinteresses (BGH MDR 2007, 202; aA OLG Düsseldorf NZM 2006, 158). – Klage auf Hinterlegung der **Kaution:** Nominalbetrag der Kaution (LG Essen MDR 2004, 207); auf Nachweis der Anlage: ¼ der Kaution (OLG Köln MDR 2010, 231; Meyer-Abich NZM 2016, 329, 346). Streitwertübersicht zur Kaution bei N. Schneider NZM 2010, 466. – **Widerklage:** Klage auf Unwirksamkeit einer Kündigung und Widerklage auf Räumung: keine Werteaddition (OLG München NZM 2011, 175). Klage und Widerklage über Feststellung der Miethöhe: § 45 I 3 GKG, wirtschaftl Identität (BGH NJW-RR 2023, 167). – **Kündigung** eines Mietverhältnisses: Sie ist nach § 23 I 3 RVG, § 41 GKG zu bewerten (BGH MDR 2007, 982 = NJW 2007, 2050 [abl Peter NJW 2007, 2298]; aA N. Schneider NZM 2006, 252); ebenso OLG München (MDR 2016, 1415 = RVGreport 2017, 24 [krit Hansens]) für die Prüfung einer Kündigungsmöglichkeit. – Mehrere Kündigungen erhöhen den Gebührenstreitwert der Räumungsklage nicht (BGH WuM 2022, 180). – **Mieterwechsel:** Zustimmung zum Austausch von Mietern, § 3, § 48 GKG. Anteilige Nettojahresmiete, die auf die auszutauschenden Mieter entfällt (BGH WuM 2022, 691; BGH NZM 2024, 145); anders aber bei Zustimmung zum Ausscheiden eines Mieters, da hier ein gesamtschuldnerisch haftender Sch wegfällt, also § 9, § 48 GKG (KG GE 2022, 306). – **Baumaßnahmen**, Zustimmung zu: Beschwer des verurteilten Vermieters liegt im Wertverlust des Objektes durch die Maßnahme (BGH MDR 2024, 1505). – Beim **Vergleich** erhöhen Zahlungen, die den Mieter zum Auszug bewegen sollen, den Wert nicht (OLG Hamm NJW-RR 2011, 1224: Abfindung; OLG Karlsruhe

NJW-RR 2009, 444, OLG Düsseldorf AGS 2009, 496: Umzugskostenhilfe); anders, wenn diese Zahlungen in einem Gegenseitigkeitsverhältnis stehen und so auch Gegenansprüche oder Verzichte des Mieters abgelten. – **Beseitigung** iVm Räumung: Werteaddition, da objektive Klagenhäufung vorliegt; Beseitigung einzelner Mietsachen: Aufwand (LG Cottbus ZMR 2014, 382). – **Auskunft (§ 556g III BGB):** Bruchteil des Leistungsanspruchs (KG MDR 2023, 27); zur Beschwer s oben unter I.

16.118 • **Miteigentum.** Wenn es um Mitberechtigung geht, ist der unstreitige Anteil des Kl abzuziehen. Geht es hingegen um Aufrechterhaltung der Gemeinschaft, kommt es auf das Interesse daran an (§ 3).

16.119 • **Nachlassverzeichnis.** Für Vorlegung oder Auskunft sind die Schwierigkeiten bei der Ermittlung des Erbschaftsbestandes gem § 3 zu schätzen (Schneider/Kurpat/Kurpat Rn 2.3447). Wert ist dann ein Bruchteil der Hauptsache (= Erbschaftsbestand), wobei die Höhe des Bruchteils sich an den Schwierigkeiten orientiert (s Rn 16.28).

16.120 • **Nachverfahren.** Bei Übergang ins Nachverf bleibt der Streitwert wegen der Einheitlichkeit des Rechtsstreits grds unverändert (OLG München MDR 87, 766). Bei Streitwertveränderungen (Klageerweiterung, Widerklage [im Nachverf zulässig; § 600 Rn 18a]) gelten für die Zuständigkeit beim LG § 261 III Nr 2, beim AG § 506. – Der Gebührenstreitwert ändert sich dann entsprechend (§§ 39 ff, § 45 GKG).

16.121 • **Nebenintervention.** **1)** Ablehnung der Zustellung einer Streitverkündung: 10 % des Hauptsachewertes (OLG Braunschweig 26.3.2020 – 3 W 27/19 Tz 39). – **2)** Zwischenstreit über Zulassung: nach § 3 zu bewertendes Interesse des NI an der Teilhabe am Verf (OLG Frankfurt 7.10.2016 – 13 W 47/16; OLG Hamm r+s 2019, 698 Tz 15: 20 % des Hauptsachewertes); ebenso beim Streit um die Zulassung des Wechsels zur anderen Partei (OLG München NJW 2017, 3312). – **3)** Beteiligung im Verf: Sie ist für den Streitwert (GKG) unbeachtlich. Der für den NI relevante Gegenstandswert bestimmt sich gem § 3 nach dem Interesse des NI (OLG Dresden JurBüro 2018, 296 Tz 22), das geringer sein kann als der Streitwert des Hauptprozesses, wobei es gleichgültig ist, ob sich der Streithelfer den Anträgen der Hauptpartei anschließt oder überhaupt einen Antrag stellt (OLG Brandenburg BauR 2013, 817). Die abw Auffassung des BGH (BGH NJW-RR 2016, 831; BGHZ 31, 144) wird abgelehnt von Schneider/Kurpat/Kurpat Rn 2.3672; MskV/Heinrich Rn 32; PG/Beumers Rn 188; Schmeel MDR 2012, 13; OLGR Koblenz 2004, 200; OLG Köln MDR 2004, 1025; OLGR Bamberg 1999, 100; OLG Nürnberg MDR 2006, 1318; OLGR Hamm 2008, 195; OLG Schleswig MDR 2009, 56; OLG Rostock JurBüro 2015, 83; **wie BGH** dagegen zB OLG Karlsruhe MDR 2003, 357; OLG München BauR 2024, 1723; KG MDR 2004, 1445; OLG Düsseldorf JurBüro 2006, 200 m ausf Nw zum Streitstand; OLG Frankfurt JurBüro 2019, 578 Tz 12; OLG Celle WuW 2022, 229; jedenfalls beim Anschluss an den Antrag der unterstützten Partei OLG Hamm MDR 2020, 313; ThP/Hüßtege Rn 108. Freund (NZBau 2010, 83, 85) schlägt vor, die Streitverkündung und/oder den Beitritt von vornherein ausdrückl zu beschränken; dann muss sich der Wert daran orientieren (OLG München BauR 2019, 1659 Tz 7; OLG Oldenburg 22.11.2016 – 2 W 57/16 Tz 6). – Da die Interventionswirkung des § 68 nicht wie ein Leistungsanspruch tituliert, Abschlag von 20 % wie bei Feststellungsklagen gerechtfertigt (Schneider MDR 82, 270; MskV/Heinrich Rn 32; aA PG/Beumers Rn 188). Zum Vergleich unter Einbeziehung des Streithelfers s Rn 16.179.

16.122 • **Nichtvermögensrechtliche Streitigkeiten.** § 48 II GKG meint Streitigkeiten, die nicht auf Geld oder Geldeswert gerichtet sind und nicht aus vermögensrechtl Verhältnissen entspringen (RGZ 144, 159), zB Unterlassung belästigender Telefonanrufe (BGH VersR 85, 185), Ausschluss aus Idealverein (BGH WM 2016, 96 Tz 13). Abgrenzung kann zweifelhaft werden, zB wenn durch Bildveröffentlichung mit Namensangabe der soziale Geltungsanspruch betroffen, aber auch wirtschaftl Interessen beeinträchtigt werden (s BGH FamRZ 84, 876). Einseitige Erledigungserklärung verändert die Qualifizierung nicht (BGH MDR 82, 571). – Ein **Schmerzensgeldanspruch** (s Rn 16.171) ist vermögensrechtl, weil auf Geldzahlung gehend, obwohl der Schaden immateriell ist. – Bei der Bewertung von **Unterlassungsansprüchen** dürfen nur konkret-individuelle Interessen berücksichtigt werden (OLG Hamm MDR 2025, 483). – Liegen keine bes Bemessungsumstände vor, ist entspr § 52 II GKG; § 23 III 2 RVG von 5.000 Euro auszugehen (BGH WM 2016, 96 Tz 13: ist sich daran zu „orientieren"; aA OLG Hamm 30.9.2020 – 29 U 6/20 Tz 2: RVG allenfalls Richtschnur; aA OLG Köln CR 2021, 162: keine Regelungslücke).

16.123 • **Nichtzulassungsbeschwerde.** Ihr Wert entspricht grds dem Wert des Beschwerdegegenstandes aus dem beabsichtigten Revisionsverf (BGH MDR 2021, 195 Tz 27). Ob der Zulässigkeitswert (§ 544 II Nr 1) erreicht wird, ist ggf zu schätzen (BGH 20.6.2024 – V ZR 199/23 Tz 11). Zum Wert: Glaubhaftmachung s Rn 16.41; Bindung an Angaben s Rn 16.51; maßgebender Zeitpunkt s § 4 Rn 4. – Der Gegenstandswert richtet sich aber nach dem uneingeschränkten Rechtsmittelauftrag, auch wenn das Verf der NZB dann nur wegen eines Teils der Beschwer durchgeführt wird (BGH NJW-RR 2024, 884; stRspr).

16.124 • **Nießbrauch.** Klage auf Einräumung u Löschung: Interesse des Kl, also § 3 (hM, s BGH MDR 88, 403; OLGR Celle 1999, 330). § 41 GKG, wenn Nießbrauch, zB durch schuldrechtl Bestellungsvertrag, als „ähnl Nutzungsverhältnis" ausgestaltet ist (OLG Köln MDR 81, 767).

16.125 • **Notweg.** *Klage auf Duldung*/Einräumung: § 7; § 48 I 1 GKG (BGH NZM 2017, 54 Tz 5; BGH MDR 2014, 461: Bewertung wie bei Grunddienstbarkeiten). Interesse des Kl: Wertsteigerung seines Grundstücks (BGH GE 2018, 323 Tz 3; OLG Brandenburg 28.3.2019 – 5 U 75/19 Tz 29); des Bekl: Wertminderung bei seinem Grundstück verhindern. Ausgeurteilte Notwegrente bleibt unberücksichtigt (BGH GE 2016, 323). Die Kosten einer das Notwegrecht überflüssig machenden Ersatzlösung bilden die Untergrenze des Wertes (Schneider/Kurpat/Seggewiße Rn 2.3760). – **Notwegrente:** § 9, höchstens 3½-facher Jahresbetrag (OLG Köln JurBüro 91, 1386). – Die Beschwer wird bewertet wie das erstinstanzl Interesse.

• **Öffentliche Zustellung.** Ablehnung der Bewilligung Bruchteil der Hauptsache (§ 3; AG/Gehle § 3 Anh Rn 143), weil nur ein Schritt auf dem Weg zur Titelschaffung (OLGR Frankfurt 1999, 220; aA OLG Zweibrücken FamRZ 83, 630: voller Wert). 16.1

• **Ordnungs- und Zwangsmittelfestsetzung.** §§ 888, 890. Für das Gericht entstehen Festgeb (2111, 2121, 2124 GKG-KV); hier bedarf es keines Wertes (OLG Brandenburg 25.8.2023 – 13 WF 134/23); eine Festsetzung bleibt wirkungslos. – (Wert-)Geb des RA: § 18 Nr 13, 14, 15 RVG. **1) § 890:** Der Wert (§ 25 I Nr 3 RVG) des Erzwingungsinteresses wird geschätzt. Bewertung mit der Hauptsache ist zu bevorzugen (str; OLG Frankfurt AGS 2024, 279 m ausf Darstellung des Streitstandes; OLG Frankfurt 16.1.2025 – 6 WF 164/24 [zu § 95 I Nr 4 FamFG]; aA KG MDR 2024, 1070 [Hauptsachewert für das Verf über die isolierte Androhung; Bruchteil für das Verf über den Antrag]). – **2) § 888:** Das Erfüllungsinteresse, also Wert der Hauptsache (§ 25 I Nr 3 RVG; OLG München AGS 2018, 233, Aufg der bish Rspr; OLGR Köln 2005, 259; OLGR Rostock 2009, 75; OLG Naumburg AGS 2015, 523 Tz 10; aA OLG Celle MDR 2014, 1170: Höhe des Zwangsgeldes; nach BGH AGS 2023, 88 ist der Hauptsachewert idR Ausgangspunkt der Bemessung). – Bei der Durchsetzung eines Auskunftsanspruchs: Wie bei der Auskunftsklage Bruchteil des Leistungsanspruchs (OLG Karlsruhe AGS 2024, 331). – **3) Beschwerdeverf:** In § 25 I Nr 3 RVG nicht geregelt; daher gilt § 23 II, III 2 RVG (BGH AGS 2024, 330 [zum Ordnungsgeld]; OLG Frankfurt AGS 2023, 373 [zum Zwangsgeld]; OLG Karlsruhe AGS 2025, 231 [Ordnungsgeld in einer Umgangsregelung]). – Beim **Ordnungsgeld** gegen Parteien, Zeugen oder SV bestimmt dessen Höhe den Wert. 16.1

• **Persönlichkeitsrecht.** Für die Abwehr von Verletzungen 5.000-15.000 Euro je inhaltsverschiedener Äußerung, höher bei Prominenten und bei spektakulären Fällen (OLG Frankfurt GRUR-Prax 2024, 687 [Ettig]). Einheitlicher Streitwert bei Äußerungskomplexen in Social-Media-Foren (OLG Frankfurt MDR 2024, 1548). Bei der Bemessung ist nicht zwischen Online- Medien und Printartikeln zu unterscheiden (OLG Dresden GRUR-RR 2024, 356), sondern auf Auffindbarkeit und Verbreitung abzustellen. – Bei einer einstweiligen Verfügung ist ein Abschlag von mehr als 1/3 gegenüber dem Hauptsachewert idR nicht angezeigt (OLG Frankfurt MDR 2024, 1548). Sa Rn 16.57. 16.1

• **Pfändungs- und Überweisungsbeschluss.** §§ 829, 835. **1)** Für das Gericht fallen Festgeb an (KV 2111, 2121), also keine Streitwertfestsetzung (s Rn 8). – **2)** Gl-Anträge: § 25 I Nr 1 RVG. Gegenstand iS dieser Vorschrift sind auch Forderungen. **Zinsen u Kosten** im Zeitpunkt der Antragseinreichung werden der zu vollstreckenden Forderung hinzugerechnet (BGH AGS 2023, 524). – Wird auch künftiges Kontoguthaben gepfändet, ist der Wert der zu vollstreckenden Forderung maßgeblich (BGH MDR 2017, 727). Ist die Pfändung **erfolglos**, weil die zu pfändende Forderung **nicht besteht**, errechnet sich die Vergütung aus der niedrigsten Gebührenstufe (OLG Brandenburg MDR 2016, 1474 [modifizierend Fölsch MDR 2017, 72] = RVGreport 2016, 470 [krit Hansens]; aA OLG Karlsruhe NJW-RR 2011, 501: Interesse des Gl; aA OLG Naumburg MDR 2014, 1351: Betrag der zu vollstreckenden Forderung; wohl auch BGH RVGreport 2017, 469 [Hansens], der bei Pfändung künftiger Guthaben ohne Einschränkung auf dessen Werthaltigkeit nur auf die zu vollstreckende Forderung abstellt). Besteht die zu pfändende Forderung, ist sie aber **wirtschaftl wertlos**, dann ist auf ihren Nennwert abzustellen (Schneider/Kurpat/Seggewiße Rn 2.3882). – Werden verschiedene Forderungen bei mehreren Drittsch gepfändet: Werteaddition, § 22 I RVG (LG Koblenz JurBüro 2010, 49), es sei denn, es handelt sich um wirtschaftl identische Gegenstände (BGH MDR 2011, 696). – **3)** Sch-Anträge: § 25 II RVG, interessenorientiertes, also am Rechtsschutzziel ausgerichtetes, billiges Ermessen. 16.1

• **Pfandgläubiger.** S Rn 16.204. 16.12

• **Prozesshindernde Einreden** und **Prozessvoraussetzungen.** Streitwert eines Zwischenstreits ist gleich dem der Hauptsache (BGH 20.3.2002 – IV ZR 3/01 Tz 4: Einrede fehlender Prozesskostensicherheit), wenn das Zwischenverf bei Fehlen der Prozessvoraussetzung oder bei Durchgreifen der prozesshindernden Einrede zur Klageabweisung führen kann (Schneider/Kurpat/Seggewiße Rn 2.1077). Das gilt nach hM auch für die Rechtsmittelinstanz (MskV/Heinrich Rn 39 „Zwischenstreit" mwN). 16.13

• **Prozesskostenhilfe.** Gerichtskosten fallen nur bei erfolgloser Beschwerde an (Festgeb, 1812 GKG-KV). Es ist kein Streitwert festzusetzen (s Rn 8; OLG Rostock MDR 2010, 115). – Gegenstandswert: § 23a RVG. 16.13

• **Prozesstrennung, Prozessverbindung.** Gebührenrechtl Neubewertung nach Trennung oder Verbindung. Die nach höherem Wert bereits verdienten Geb bleiben erhalten. – Zu unterscheiden ist eine Verbindung von einer vorübergehenden Maßnahme, die nur der Vereinfachung dient (OLG München MDR 90, 345). – Zur Beschwer nach Trennung s Rn 16.41. 16.13

• **Ratenzahlungsvereinbarung.** Neben der Titulierung der Forderung im Rechtsstreit, zB im Vergleich, kein eigener Wert. § 31b RVG ist dann nicht einschlägig, selbst wenn dabei Zahlungsmodalitäten geregelt werden 16.13

(OLG Schleswig RVGreport 2019, 60). – Ist bereits tituliert oder wird sie vorgerichtl geschlossen: 50 % des Anspruchs (§ 31b RVG), also nicht zwingend nur der Hauptforderung. – Dabei gilt § 31b RVG in allen Fällen von 1000 Nr 2 RVG-VV (Höhe: 0,7), also auch, wenn zusätzl zur Zahlungsvereinbarung noch weitere, die Vereinbarung begleitende Abreden getroffen werden, die dann keine Erhöhung des Gegenstandswertes rechtfertigen (BTDrs 19/20348, 62; Mayer NJW 2021, 2313 Rn 7 ff).

.134 • **Rechnungslegung.** Maßgebend nach § 3 das Interesse des Kl daran, dass er die rechnerischen Grundlagen für seinen Leistungsanspruch erlangt und diesen leichter verfolgen kann, sich auch den Aufwand spart, selbst nachzuforschen. Grds erhebl niedriger als vorzubereitende Leistungsklagen (BGH 7.2.2017 – II ZR 47/16: idR ⅒-¼). Kann ohne Abrechnung der Leistungsanspruch nicht weiterverfolgt werden, ist Klage hoch zu bewerten, uU nicht erhebl geringer als Leistungsanspruch selbst (BGH MDR 62, 564: ⅘). Der Rechtsmittelstreitwert eines verurteilten Bekl ist sein Interesse, die Rechnung nicht legen zu müssen; es gelten die Grundsätze wie bei der Verurteilung zur Auskunft (s Rn 16.28). – Wird kein Leistungsanspruch vorbereitet, bemisst OLGR Düsseldorf 1995, 192 den Streitwert zutr nach dem Rechnungslegungsaufwand.

.135 • **Rechtsmittelinstanz.** S Rn 16.39 und § 4 Rn 4. Gebührenwertberechnung nach § 47 GKG. Sonderregelung in § 41 IV GKG. – Die gestellten Rechtsmittelanträge sind maßgebend (§ 47 I 1 GKG; BGH MDR 2013, 1376), auch wenn sie über der Beschwer liegen. Hilfsweise gestellte Ansprüche werden nur berücksichtigt, wenn im Rechtsmittelverf eine Entscheidung darüber ergeht (OLG Hamburg GRUR-RR 2025, 184). Ein eingeschränkter Rechtsmittelantrag bleibt unbeachtlich, wenn er erkennbar nur der Kostenminimierung dienen soll (OLG Düsseldorf 6.2.2025 – 2 U 91/24 Tz 10 mN; sa Rn 16.39). – Wertbegrenzung durch § 47 II 1 GKG, die aber nicht einschlägig ist, wenn sich bei unverändertem Streitgegenstand nur dessen Wert erhöht hat (OLG Brandenburg NJW-RR 2022, 1440). Maßgeblich für die Begrenzung (§ 47 II 1 GKG) ist der richtige, nicht der festgesetzte Wert für die 1. Instanz (BGH 30.3.2023 – V ZR 132/22 Tz 14 mwN). – Endet das Rechtsmittelverf, ohne dass fristgerechte Anträge formuliert werden, dann ist die volle Beschwer durch das angegriffene Urteil maßgebend für den Gebührenstreitwert (§ 47 I 2 GKG; BGH NJW 2019, 2175 zu Klage und Hilfswiderklage). – Der Gegenstandswert für die Verfahrensgeb des RA orientiert sich ebenfalls an der vollen Beschwer, wenn der Auftrag für eine NZB umfassend war, das Rechtsmittel erst nachträgl beschränkt wurde (BGH WuM 2020, 801 Tz 8). – Eine bereits mit der Begründung der NZB erklärte Rücknahme einer Hilfsaufrechnung wird beim gerichtl Streitwert nicht mehr berücksichtigt (BGH 25.3.2020 – XII ZR 29/19 Tz 5), jedoch beim Gegenstandswert für die RA-Geb (BGH 22.7.2020 – XII ZR 29/19 Tz 2), wenn und solange sich der Auftrag auch darauf bezog. – Bei nur versehentl eingelegtem Rechtsmittel, insb wenn es an der Beschwer fehlt, ist der Streitwert auf die geringste Gebührenwertstufe festzusetzen (Schneider/Kurpat/Kurpat Rn 2.4299 mN).

.136 • **Rechtsschutzversicherung.** **1)** Streit über das Bestehen einer –. Jahresprämie × 3,5 abzgl 20 % + angekündigte/eingeklagte Versicherungsfälle (BGH 26.10.2011 – IV ZR 14/10). – **2)** Feststellungsklage auf **Deckungsschutz:** die zu erwartenden Kosten abzügl 20 % (BGH NJW 2024, 1354). Dabei können auch Sachverständigenkosten einbezogen werden, wenn für ihren Anfall eine gewisse Wahrscheinlichkeit spricht (BGH NJW 2024, 1354).

.137 • **Rechtswegverweisung.** § 17a IV GVG. Bruchteil des Hauptsachewertes (BGH MDR 2012, 1431: 1/5; OLG München NZI 2018, 529:1/3).

.138 • **Rentenansprüche.** Bei Tötung u Körperverletzung aus §§ 823 ff BGB für **Zuständigkeit** und **Rechtsmittel** sowie den **Gebührenwert:** § 9. **Feststellungsklage:** Die negative ist voll, die positive mit Abschlag zu bewerten (allgM: 20 %).

.139 • **Restitutionsklage.** §§ 578 ff Streitwert ist der Wert der Urteilsbeschwer, der Höhe nach begrenzt durch den Aufhebungsantrag (BGH AnwBl 78, 260). Er ist nie höher als der Wert des Prozesses, dessen Wiederaufnahme betrieben wird (LG Verden JurBüro 56, 227). Zinsen und Prozesskosten bleiben unberücksichtigt (§ 43 GKG; § 4).

.140 • **Revision.** S Rn 16.135 und § 4 Rn 4.

.141 • **Rückauflassung.** Verkehrswert des Grundstücks ohne Berücksichtigung der Belastungen, § 6. Wird Rückauflassung eines ideellen Grundstücksanteils verlangt, ist nur vom anteiligen Verkehrswert auszugehen (OLG Schleswig Rpfleger 80, 293).

.142 • **Rückerstattungsanspruch.** Nach § 717 II, III. Zinsen und Kosten werden dem Streitwert der Klage nicht zugerechnet, gleichviel, ob sie durch einfachen Inzidentantrag zurückverlangt werden oder durch Widerklage (BGHZ 38, 237 mwN) oder selbständige Klage geltend gemacht werden. Wird nach § 717 II **Ersatz weiteren Schadens** verlangt, so gelten die allg Vorschriften.

.143 • **Rückstände.** § 42 III 1 Hs 1 GKG. Begriff: diej Raten, die am Tag der Klageeinreichung (Zeitpunkt str; s § 9 Rn 6) datumsmäßig bereits fällig waren. Einreichung eines PKH-Antrags kann gleichstehen, § 42 III 2 GKG. – Rückstände bei **negativer Feststellungsklage** wirken nach zutr Ansicht (OLG Köln FamRZ 2001, 1385) streitwerterhöhend, wenn und soweit die Klage diese Rückstände umfasst (Auslegung des Klageantrags).

.144 • **Rücktritt.** Wirksamkeit wird meist durch Feststellungsklage geklärt. Bewertung nach § 3 entspr dem Interesse des Kl an der Befreiung von seinen vertragl übernommenen Verpflichtungen (OLG München JurBüro 84,

1235). Bei einer Leistungsklage bestimmt die geforderte Leistung den Wert; die Erklärung des Rücktritts ist dann nur Klagebegründung.

• **Schadensersatz.** Der bezifferte Betrag ist maßgebend. Unbezifferte Klage auf Feststellung der Schadensersatzpflicht: § 3. Wird Feststellung unter Bezifferung in der Begründung verlangt, so ist vom bezifferten Betrag auszugehen und dieser um den Feststellungsabschlag (s Rn 16.76) zu kürzen. Bei bezifferter Leistung und Zukunftsfeststellung ist jeder Antrag gesondert zu bewerten und dann zu addieren (§ 5). Bei Verbindung von Herausgabeantrag mit Verurteilung zum Schadensersatz nach fruchtlosem Ablauf einer Frist (§§ 255, 259) sind Streitwert und Beschwer nach dem Antrag mit dem höheren Wert zu bestimmen (BGH MDR 2018, 109 Tz 14; str); im Fall des § 510b hingegen ist nur nach dem Hauptanspruch zu bewerten (s § 510b Rn 9; str). S § 5 Rn 8; § 510b Rn 9. 16.14

• **Schätzung.** § 3; fehlen jegl Anhaltspunkte, dann kann analog § 52 II GKG (OLG Brandenburg MDR 2009, 634), 23 III 2 RVG von 5.000 Euro ausgegangen werden, die Lage des Falles darf dabei aber nicht vorschnell aus den Augen verloren werden. 16.14

• **Schiedsrichterliches Verfahren.** Verf nach §§ 1025 ff. Es fallen Wertgeb nach 1620-1629 GKG-KV an. Vollstreckbarerklärung von Schiedssprüchen (§ 1060 I): grds der Wert der zu vollstreckenden Forderung ohne Zinsen und Kosten (OLG Frankfurt NJW 2025, 1423), es sei denn, das Interesse des ASt reicht darüber hinaus (BGH TranspR 2020, 195 Tz 7), zB wegen einer Widerklage oder einer Hilfsaufrechnung (BGH WM 2019, 1355 Tz 5). – Aufhebung eines die Schiedsklage abweisenden Schiedsspruchs: Wert der mit der Klage in der Hauptsache geltend gemachten Ansprüche (BGH 19.11.2020 – I ZB 115/19 Tz 5). Zinsen und Kosten werden nicht hinzugerechnet (OLG Frankfurt 21.2.2023 – 26 Sch 11/22 Tz 54). – Ablehnungs- oder Bestellungsverf der Schiedsrichter (1623, 1624 GKG-KV): nach hM Bruchteil der Hauptsache, § 3 (sa Rn 16.6); OLGR Frankfurt 2004, 121 setzt ⅓ an. – Unterstützung bei der Beweisaufnahme (1625 GKG-KV): Wert des Anspruchs, auf den sich die Unterstützung (oder sonstige richterl Handlung) bezieht. – Zulässigkeitsstreit (§ 1032 II; 1621 GKG-KV): Interesse an der Durchführung/Vermeidung des schiedsrichterl Verf, idR als Bruchteil der Hauptsache zu schätzen. – Zuständigkeitsrüge (§ 1040 III; 1622 GKG-KV): Interesse an der Verhinderung einer Entscheidung durch das Schiedsgericht. Der ASt sollte konkret darlegen, welche Nachteile er befürchtet; fehlen Anhaltspunkte, dann auch hier idR Bruchteilsbewertung. – Maßnahmen des einstw Rechtsschutzes (§ 1041; 1626 GKG-KV) sind nach § 53 I Nr 3 GKG; § 3 zu bewerten. – Aufhebung eines Schiedsspruchs (§ 1059) s Rn 16.21 aE. 16.14

• **Schmerzensgeld.** Stellt der Kl einen bezifferten Antrag, ist der Wert hierauf festzusetzen; s weiter unter Rn 16.171. 16.14

• **Schufa-Eintrag.** Beschwer des zum Widerruf Verurteilten: Kostenaufwand des Widerrufs, also idR unter 600 Euro (BGH NJW-RR 2016, 1203; OLG Koblenz MDR 2020, 751 [Eilverfahren]). Verlust des Druckmittels gegen den Sch ist nicht zu berücksichtigen. 16.14

• **Schuldanerkenntnis.** Werden Hauptforderung und Zinsen in ein Schuldanerkenntnis zusammengefasst, bleiben die Zinsen bei deklaratorischem Anerkenntnis außer Ansatz, während bei abstraktem Anerkenntnis (§§ 780, 781 BGB) die Gesamtsumme maßgebend ist (OLG Koblenz JurBüro 99, 197). 16.15

• **Selbständiges Beweisverfahren.** Als vorgezogener Hauptsachebeweis (§ 493 I) ist der **Hauptsachewert** maßgebend (hM: BGH MDR 2005, 162; OLG Brandenburg NJW-RR 2024, 1575; aA Ahrens Beweis § 194 Rn 82 mN [Bruchteil des Hauptsachewertes]); der Wert gilt auch für den Streithelfer (OLG Karlsruhe NJW-RR 2013, 533; Ahrens Beweis § 194 Rn 82). Das sBV gehört gebührenrechtl nicht zum Rechtszug, ist selbständige Angelegenheit. Das ändert aber nichts an seiner prozessualen Funktion (§ 493 I; s vor § 485 Rn 8) als Hauptsachebeweis. – Das Gericht hat nach Einholung des Gutachtens den „richtigen" Hauptsachewert, bezogen auf den Zeitpunkt der Verfahrenseinleitung und das Interesse des ASt, festzusetzen (allgM; BGH MDR 2005, 162; OLG Nürnberg 12.1.2023 – 13 W 48/23 Tz 7). Dies ist der Wert der Hauptsache oder des Teils der Hauptsache, auf den sich die Beweiserhebung bezieht. Dabei ist der von ASt bei Verfahrenseinleitung geschätzte Wert (§ 61 GKG) weder bindend noch maßgebl (ganz hM; OLG Karlsruhe MedR 2024, 443), so dass auch über ihn hinausgegangen werden kann (OLG München BauR 2004, 707), jedoch dürfen über den Antrag hinausgehende Positionen nicht mit erfasst werden (OLG Stuttgart NZBau 2011, 40; OLG Koblenz 6.2.2018 – 1 W 35/18 Tz 5). Bestätigt der SV die behaupteten Mängel, bilden idR die Mängelbeseitigungskosten (zzgl USt, OLG Karlsruhe MDR 2024, 1273) den Streitwert ab (OLG Karlsruhe JurBüro 2020, 204; OLG Karlsruhe MDR 2010, 1418: keine Erhöhung, weil „Mustergutachten"; KG NJW-RR 2017, 703: keine Erhöhung bei zusätzl Feststellung einer verbleibenden Minderung), es sei denn, die Hauptsache war nicht auf Erstattung dieser Kosten, sondern zB auf Rücktritt gerichtet (OLG Saarbrücken MDR 2012, 733: Rückabwicklung eines Vertrages; OLG Stuttgart MDR 2011, 1198: Rücktritt steht auch im Raum). Bezieht sich der Antrag auf Feststellungen zu einem vorgelegten konkreten Kostenvoranschlag, bildet dessen Betrag den Wert (OLG Frankfurt NJW 2010, 1822). – Bei nicht festgestellten Mängeln ist zu schätzen, welche Kosten ihre Beseitigung, die Mängel unterstellt, verursacht hätten (OLG München JurBüro 2020, 145 Tz 7; Ahrens Beweis § 194 Rn 84; ganz hM) bzw, wenn ein Anspruch Gegenstand des sBV ist, welchen Wert dieser Anspruch, sein Bestehen unterstellt, gehabt hätte (OLG Nürnberg 19.5.2021 – 8 W 1518/21 Tz 12). Legt sich eine Partei im Antrag schon auf eine ganz bestimmte Mängelbeseiti- 16.15

gungsmaßnahme fest, bestimmen deren Kosten den Wert, auch wenn der SV eine günstigere Reparatur vorschlagen kann, denn wie ein Mangel, der sich nicht bestätigt, den Wert (mit-)bestimmt, bestimmt ihn auch die ausdrückl gewollte Art der Mängelbeseitigung (OLG Köln 24.1.2012 – 5 U 188/11 Tz 7), weil hierauf das maßgebl Interesse des ASt gerichtet ist. – „Sowieso-Kosten" reduzieren den Wert nur, wenn diese Beschränkung von vornherein klargestellt wird (OLG Karlsruhe MDR 2024, 1273). – Bei Mängeln eines Miet- oder Pachtobjektes richtet sich der Wert nicht nach den Mängelbeseitigungskosten (OLG Düsseldorf JurBüro 2007, 426; OLG Hamburg 20.2.2009 – 4 W 12/09; abw LG Bonn ZMR 2009, 38 für den Sonderfall, dass der Mieter eine konkrete Ersatzvornahme durchführen will), sondern nach § 41 V GKG, wenn einer der dort angeführten Tatbestände Hauptsache ist (vgl LG Berlin NJW-RR 2012, 844). Beim **Zugewinnausgleich** ist die sich aus den unterschiedl Wertvorstellungen über den Beweisgegenstand ergebende Differenz maßgebl (KG FamRZ 2022, 1642; Ahrens Beweis § 194 Rn 86); jedenfalls, wenn solche Vorstellungen der Parteien fehlen, orientiert sich OLG Frankfurt FamRZ 2023, 1393 an dem im Zugewinnausgleichsverf geltend gemachten Betrag. – Bei **mehreren Ag** sind die Streitwerte entspr der Beteiligung zuzuordnen (OLG Rostock BauR 2008, 559; OLG Nürnberg MDR 99, 1522; KG NJW-RR 2000, 1622; OLG Celle NJW-RR 2009, 1678). – Bei einer Klage auf Feststellung zur Tabelle (**§ 182 InsO**) richtet sich der Wert nur nach der Quotenaussicht (OLG München BauR 2004, 1819 noch zum Konkurs). – Ist der (Werk-)Unternehmer ASt, bemisst sich der Streitwert nach seiner offenen Forderung; die Mängelbeseitigungskosten sind nur Berechnungsmittel (OLG Celle MDR 2010, 1014). Glaubhafte Erklärung beabsichtigter Beschränkung des Anspruchs reduziert den Wert hierauf (OLGR Nürnberg 2003, 111; OLG Celle NJW-RR 2009, 1678). – Zur **Änderungsfrist** iSd § 63 III 2 GKG s § 492 Rn 4. Streit über die Richtigkeit der Höhe der vom SV ermittelten Kosten wird im Festsetzungs- und Beschwerdeverf nicht entschieden (OLGR Celle 2008, 506; OLG Frankfurt BauR 2007, 921); hierzu ist das sBV fortzusetzen.

16.152 • **Sicherheitsleistung.** Bei Beschwerde gegen die **Art** der Sicherheitsleistung (s § 108 Rn 16) kein Streitwert mangels Wertgeb (Rn 8). Für den Gegenstandswert (RVG) ist das wirtschaftl Interesse maßgebend, das der Zinsdifferenz bei Geldhinterlegung und anderer Sicherheitsform, insb den Avalkosten bei Bürgschaft, entspricht.

16.153 • **Sicherungsanordnung.** § 283a. Kein Streitwert erforderl, da die Anordnung zwar eine Gebührenermäßigung verhindert (1211, 1222, 1223, 1232 GKG-KV), aber keine zusätzl Geb anfällt. – Beschwerde (I 3): 1812 GKG-KV (Festgeb).

16.154 • **Sicherungshypothek.** Wie Hypothek (s Rn 16.96); bei einstw Verfügung auf Eintragung einer Vormerkung geringer als die Forderung (idR ¼-⅓); s Rn 16.33, Rn 16.201). S § 5 Rn 8, wenn Werklohn und Sicherungshypothek verlangt werden.

16.155 • **Sicherungsübereignung.** § 6; Forderungsbetrag oder Wert der übereigneten Sache, je nachdem, welcher geringer ist (BGH NJW 59, 939; Schneider/Kurpat/Seggewiße Rn 2.4534).

16.156 • **Stalking.** Wegen der Bedeutung höhere Werte als in „normalen" Gewaltschutzsachen. Die 5.000 Euro des § 23 III 2 RVG können Anhaltspunkt sein (v. Pechstaedt NJW 2007, 1233, 1236 III m Rspr in Fn 31-33). IdR werden die vorgetragenen psychischen Belastungen aber hinreichend Anhaltspunkt sein, den Auffangwert zu erhöhen. Die Eilverf sollten bei einer dem Hauptverf gleichen Wirkung ohne Abschlag (§ 53 II Nr 1 GKG; § 3) bewertet werden.

16.157 • **Streitgenossen.** Wird von Gesamtsch nur einmal Leistung gefordert oder von ihnen gemeinsam eine negative Feststellungsklage abgewehrt (OLG Koblenz JurBüro 85, 590), dann ist der einfache Klagebetrag anzusetzen. Ob der 2. Bekl erst nachträgl in Anspruch genommen wird, ist unerhebl (OLG Koblenz AnwBl 85, 203). Bei subj Klagenhäufung sind die von einzelnen Streitgenossen selbständig verfolgten Ansprüche gem § 5 zu addieren. Für die Beschwer werden die Werte verschiedener Ansprüche addiert, sowohl beim Rechtsmittel gegen obsiegende Streitgenossen als auch beim Rechtsmittel unterlegener Streitgenossen (BGH MDR 2015, 1149). – Sa Rn 16.82.

16.158 • **Streithilfe.** S Rn 16.121.

16.159 • **Streitwertbeschwerde.** Bei der Herabsetzungsbeschwerde ist maßgebend der Unterschiedsbetrag zwischen den Gerichts- und Anwaltskosten, die den Beschwerdeführer nach dem festgesetzten Streitwert und dem angestrebten treffen. Bei Beschwerde auf Erhöhung der Unterschiedsbetrag der Geb des beschwerdeführenden RA nach dem festgesetzten und dem angestrebten Streitwert. Die USt ist mitzuberücksichtigen, desgl die Auslagenpauschale 7002 RVG-VV. Bei **Teilabhilfe** wird die Beschwerde, wenn dadurch der Wert unter 200 Euro sinkt, unzulässig (OLG Bamberg JurBüro 2023, 643); sie ist bzgl des nicht abgeholfenen Teils dem Beschwerdegericht vorzulegen (Schneider/Kurpat/Schneider Rn 1.378). Die Ablehnung eines Antrags auf Streitwertänderung nach § 63 III 1 GKG ist nicht beschwerdefähig, wohl kann ein Änderungsantrag als Streitwertbeschwerde gedeutet werden (OLG Bremen MDR 2020, 1470 [Fölsch MDR 2021, 85]). Bei unzulässiger Streitwertbeschwerde kein Abänderungsrecht des Beschwerdegerichts (s Rn 16.1). **Einverständnis** mit der Festsetzung (oder dem Wert, OLG Frankfurt RVGreport 2013, 325) macht die Beschwerde nicht schon unzulässig (OLG Koblenz AGS 2017, *83; OLG Frankfurt NJW 2013, 3381*; OLG Karlsruhe MDR 2010, 404; OLG Düsseldorf NJW-RR 2008, 1697; aA OLG Hamburg MDR 97, 407; OLG Hamm FamRZ 97, 691). Soweit die Beschwerde oder die Abänderungsbefugnis reicht, besteht kein Verschlechterungsverbot. Beschwerdebefristung und zeitl Änderungssperre gem § 63

III 2, § 68 I 3 GKG (Rn 9). Wahrung rechtl Gehörs unerlässl. Rechtsschutzbedürfnis nur bei erstrebter Beseitigung einer Beschwer gegeben; s Rn 10. Unerhebl, ob berichtigter Streitwert der Kostenquotierung im rechtskräftigen Urteil die Berechnungsgrundlage entzieht (str; s § 91 Rn 13.20). Bei der (förml) **vorläufigen Festsetzung** (§ 63 I 1 GKG) werden Einwendungen im Verf nach § 67 I GKG erhoben (§ 63 I 2 GKG). Eine Mindestbeschwer ist dafür nicht erforderl (§ 67 S 1 GKG). – Unstatthafte Beschwerden sind als **Gegenvorstellung** zu behandeln (s Rn 9); Frist hierfür 6 Monate (entspr § 68 I 3, § 63 III 2 GKG; BGH ZInsO 2020, 2018 Tz 4). – **Insolvenzeröffnung:** § 240 erfasst ein vor der Eröffnung eingeleitetes Streitwertbeschwerdeverf (OLG München ZIP 2023, 2006; zust Kaubisch EWiR 2023, 627).

• **Stufenklage.** § 254. **1) Zuständigkeit:** Zusammentreffen von Leistungs- und Vorbereitungsansprüchen führt 16.1
hinsichtl der Zuständigkeit zur Wertaddition gem § 5 (OLG Hamm 6.9.2016 – 32 SA 49/16; OLG Brandenburg MDR 2002, 536; ThP/Hüßtege § 5 Rn 4; aA die hM; Schneider/Kurpat/Kurpat Rn 2.4606; St/Loyal § 5 Rn 20; KG JurBüro 2024, 250 [Fall der wirtschaftl Identität]). – **2) Beschwer:** Abweisung nur des Auskunftsanspruchs: Bruchteil der Hauptsache als der Wert dieser Stufe (OLG Brandenburg 13.2.2020 – 3 U 157/19 Tz 6; s Rn 16.28); Abweisung der Stufenklage insgesamt: Wert des Hauptanspruchs ohne Addition der Vorbereitungsansprüche (BGH 26.11.2020 – VZR 87/20 Tz 9; BGH MDR 2021, 508 Tz 8). – **3) Gebührenstreitwert:** Lit: Nissen/Elzer MDR 2021, 1161; Rehberg JurBüro 2023, 285; N. Schneider NJW 2024, 1402. Maßgebend ist alleine der höchste Einzelantrag (§ 44 GKG; § 38 FamGKG; OLG Frankfurt NZFam 2020, 885 Tz 7). Entschieden wird durch Teilurteile in den Vorbereitungsstufen und Schlussurteil in der Leistungsstufe. Der Leistungsanspruch ist immer der höchste Anspruch, es sei denn, er wird nicht mit rechtshängig gemacht, sondern nur angekündigt (OLG Schleswig NJW-RR 2012, 1020) oder dass der Kl für die Leistungsklage von vornherein nur einen Teilanspruch geltend macht (OLG Stuttgart MDR 2013, 242); anders aber bei erst nachträglich gestelltem Teilantrag (OLG Bamberg NZFam 2019, 548; OLG Schleswig NZFam 2020, 224 Tz 5). – Abzustellen ist auf die Vorstellungen des Kl zu Beginn der Instanz (§ 40 GKG; § 34 FamGKG; hM; zB OLG Nürnberg NJW-RR 2024, 484). Wunschvorstellungen oder offensichtlich übertriebene Einschätzungen bleiben außer Betracht (OLG Saarbrücken VersR 2023, 1464). Erst nachträglich bekanntwerdende Erkenntnisquellen zum Wert am Stichtag können berücksichtigt werden (OLG Naumburg FamRZ 2023, 1055; OLG München MDR 2023, 1533 [Pflichtteilsanspruch]). – Die objektiv nachvollziehbaren (OLG Nürnberg 15.2.2022 – 3 U 2794/21 Tz 66) Vorstellungen sind auch maßgebend, wenn der Leistungsanspruch wegen Rücknahme, Erledigung oder Vergleich später nicht weiter verfolgt, nicht beziffert wird, „steckengeblieben“ ist (hM; zB OLG München 6.7.2021 – 2 WF 689/21; OLG Schleswig NZFam 2020, 738 Tz 9; Schneider/Kurpat/Kurpat Rn 2.4624 ff mwN, auch zur aA; aA zB OLG Stuttgart 7.7.2008 – 16 WF 173/08) oder die Klage schon in der Auskunftsstufe insgesamt abgewiesen wird (OLG Koblenz MDR 2014, 243; für die Rechtsmittelbeschwer BGH MDR 92, 1091). Nach OLG Frankfurt (NZFam 2017, 1065 Tz 23) ist dabei das Vorstellungsbild zu „verobjektivieren“. Auf einen Auffangwert kann es erst ankommen, wenn sich keinerlei objektive Anhaltspunkte feststellen lassen (OLG Karlsruhe AGS 2022, 471). – Die Vorbereitungsansprüche werden mit einem Bruchteil beziffert (zur Auskunft s Rn 16.28; zur eidesstattl Versicherung s Rn 16.58). – **4) Prozessbevollmächtigter:** Die VerfGeb richtet sich auch bei vorzeitiger Beendigung stets nach dem höchsten Wert (OLG Frankfurt AGS 2020, 342 Tz 7; allgM). Ebenso die Terminsgeb, wenn in der Güteverhandlung bereits der unbezifferte Leistungsantrag erörtert wird (iErg zutr OLG Köln MDR 2022, 934); ansonsten entsteht die Terminsgeb nach dem Wert nur der Stufe, in der sie anfällt (OLG Hamm 17.12.2020 – 10 W 119/20 Tz 18 [N. Schneider NZFam 2021, 177]). § 15 II RVG ist zu beachten. Festsetzung eines vom Streitwert abw Gegenstandswertes nur auf Antrag (§ 33 RVG; OLG Koblenz NZFam 2019, 279).

• **Teilklagen.** Maßgebend ist nur, was eingeklagt wird bzw was im Rechtsmittelverf weiterverfolgt wird. – Er- 16.16
fasst die Widerklage des Gegners den nicht eingeklagten Rest des Anspruchs, dann liegen verschiedene Streitgegenstände vor, so dass zu addieren ist (Rn 16.104). – Keine höhere Beschwer, wenn bei der Teilklage die Abweisung damit begründet wird, es bestehe schon dem Grunde nach kein Anspruch. Wird aber im höheren Rechtszug ein zusprechendes Teilurteil dahin abgeändert, dass die Klage insgesamt abgewiesen wird, dann ist der volle Klagewert 1. Instanz anzusetzen.

• **Teilleistungen.** Wird nach im Rechtsstreit erbrachten Teilleistungen beantragt „Zahlung abzgl geleisteter – 16.16
Euro“, so berechnet sich der Streitwert ab dann auch nach dem prozessualen Schicksal dieses Teilbetrages (Rücknahme, Erledigung). Das Gericht muss daher den Kl auffordern, sich zu erklären, was mit dem nicht mehr verlesenen Teilantrag prozessual geschehen ist.

• **Teilungsversteigerung.** § 180 ZVG. Klage auf Unzulässigkeit analog § 771 ist nach § 3 zu bewerten (OLGR 16.16
Celle 1994, 96: 20 % des Verkehrswertes des Klägeranteils; LG Bielefeld FamRZ 2006, 1047 betr Beschwerdeverf: $\frac{1}{10}$ des hälftigen Grundstückswertes); es geht dann nicht um den Grundstückswert, sondern darum, den Bestand der Miteigentumsgemeinschaft am Grundstück (nicht am Erlös!) zu erhalten, wobei häufig auch der Gefahr einer Verschleuderung vorgebeugt werden soll (OLG München JurBüro 88, 231).

• **Teilzahlung.** Es werden zuerst die zur Hauptforderung verlangten Zinsen getilgt (zur entspr Auslegung des 16.16
Klageantrags BGH NJW-RR 2016, 759 Tz 12), die für den Streitwert unerhebl sind (§ 43 GKG; § 4), es sei denn, die Zahlungen erfolgten zweckbestimmt, zB centgenau der Betrag einer von mehreren Forderungen. S ausf Toussaint MDR 2004, 1332.

.165 • **Terminsverlegung.** Ablehnung einer –. Nur Gegenstandswert (vgl Rn 8), also nicht § 3 (OLG Nürnberg 1.8. 2013 – 8 W 771/13), sondern § 23 RVG. ¹⁄₁₀ des Hauptsachewertes.

.166 • **Testamentsvollstrecker.** Streit über seine Befugnisse ist unter wirtschaftl Gesichtspunkten zu bewerten, allenfalls mit 10 % des Vermögens, über dessen Verwaltung gestritten wird (BGH FamRZ 2004, 863 mwN).

.167 • **Titulierungsinteresse.** Rein deklaratorische (Wissens-)Erklärungen bleiben unbewertet. Berücksichtigt wird das Interesse, wenn der Anspruch unstr und gewiss ist, seine Durchsetzung aber ungewiss (LAG Berlin-Brandenburg ZIP 2023, 319). Dann ist der Streitwert um einen nach § 3 zu schätzenden Anteil zu erhöhen, der das Interesse des Berechtigten an der Titulierung ausdrückt. Meist wird ¹⁄₁₀ angenommen (Bsp bei Schneider/Kurpat/Schneider Rn 2.4825).

.168 • **Träger-Bewerber-Vertrag.** Verlangt eine Wohnungsbaugesellschaft nach Rücktritt Räumung und Herausgabe, dann ist § 41 II GKG anzuwenden, auch wenn bis zur Eigentumsübertragung kein Nutzungsentgelt vereinbart war (OLG Köln JurBüro 78, 1054).

.169 • **Überbau.** Bewertung nach § 3, sofern es nur um die Beseitigung oder Unterlassung (OLGR München 1997, 140) geht. Geht es bei der Abwehrklage darum, ob der Bekl durch eine Grunddienstbarkeit zum Überbau berechtigt ist, ist nach § 7 zu bewerten (str; s § 7 Rn 5). Es genügt dafür, dass der Bekl die Berechtigung aus der Grunddienstbarkeit einwendet (aA Schneider/Kurpat/Seggewiße Rn 2.4835). Nach § 3 darf in diesem Fall nur bewertet werden, wenn der Bestand der Grunddienstbarkeit unstr ist und ledigl Differenzen über die Ausübungsstörung bestehen. Bei Beseitigungsverlangen deckt sich das Interesse des Kl mit der Wertminderung, die sein Grundstück durch den Überbau erleidet (allgM). § 9, wenn es um die Überbaurente geht.

.170 • **Umlegungsverfahren.** S Rn 16.32; 20 % des Verkehrswerts (OLGR München 1993, 239, 240).

.171 • **Unbezifferte Klageanträge.** Für die Zulässigkeit der Klage ist ein bestimmter Antrag erforderlich (§ 253 II Nr 2). Danach wären Klagen mit unbezifferten Anträgen immer unzulässig. S hierzu § 253 Rn 14. – Kann der Kl die Entscheidung über seinen Geldanspruch – meist geht es um **Schmerzensgeld** (s § 253 Rn 14a) – der Höhe nach in das Ermessen des Gerichts stellen, dann ist der Streitwert nach § 3 zu schätzen. Dabei ist nach dem Betrag zu beziffern, den das Gericht auf Grund der Darlegungen des Kl als angemessen erachtet (allgM; zB St/Roth § 1 Rn 103), offensichtl übertriebene Einschätzungen bleiben außer Betracht (BGH MDR 2012, 875; OLG Hamm 22.10.2024 – 7 W 25/24, MDR 2025, 483). Ein geforderter Mindestbetrag darf nicht unterschritten werden (hM; MskV/Heinrich Rn 34 mN; Schneider/Kurpat/Seggewiße Rn 2.4873; aA OLG Hamm 22.10.2024 – 7 W 25/24, MDR 2025, 483). Nach oben zieht der vom Kl anzugebende (§ 253 II Nr 2) Mindestbetrag oder die Größenordnung dem Gericht keine Grenzen (BGH MDR 96, 886 [Jaeger]; OLG Düsseldorf NJW 2011, 1152). – Zu einer (teilweisen) Kostenbelastung wegen Teilunterliegens des Kl (§ 92) s § 253 Rn 14 aE. – Die Beschwer wird ermittelt aus der Differenz zwischen dem angegebenen Mindestbetrag, also nicht der tatsächlichen Höhe des Anspruchs, und dem zugesprochenen Betrag (BGH MDR 2019, 180). Bei einem **Grundurteil** (allg zur Beschwer vor § 511 Rn 16; OLG Nürnberg 3.2.2025 – 8 U 1284/24 Tz 53) über Schmerzensgeld und dem Ausspruch eines Mithaftungsanteils des Kl ist dieser Anteil bei der Ermittlung des Wertes des Beschwerdegegenstandes zu berücksichtigen (BGH MDR 2024, 521).

.172 • **Unterlassung.** Wertbestimmend ist die gem § 3 zu schätzende Beeinträchtigung, die von dem beanstandeten Verhalten zu besorgen ist u die beseitigt werden soll; Bsp: OLGR Koblenz 2008, 248: drohende Sperre der Gasversorgung; OLG Hamm NJW-RR 2014, 894: Veröffentlichung von Kontaktdaten; OLG Frankfurt MMR 2018, 847 und OLG Koblenz MMR 2019, 625: drohende Löschung/Sperrung von Kommentar im Netz (sa näher Rn 16.100); SächsVerfGH NJW-RR 2020, 768: Kameraüberwachung; OLG Frankfurt JurBüro 2020, 374: Verletzung von Bildrechten eines Berufsfotografen; OLG Koblenz MDR 2025, 134: Veröffentlichung einer Bewertung auf einem Online-Portal; OLG Frankfurt WRP 2024, 834: fehlende Pflichtangaben nach der Pkw-EnVKV; KG GRUR-Prax 2024, 85 [Arz]: Nennung des Namens eines (Tournee-)Hotels in einer Zeitschrift. – Bei nichtvermögensrechtl Streitigkeiten gilt § 48 II GKG. – Treffen vermögensrechtl und nichtvermögensrechtl Unterlassungsansprüche zusammen, ist bei Herleitung des einen aus dem anderen nur der höhere Wert maßgebend (§ 48 III GKG), zB bei ehrenrührigen Behauptungen und einer Vertragsstrafe (OLG Karlsruhe JurBüro 2009, 430). Andernfalls ist zusammenzurechnen. Wenn jedoch das vermögensrechtl Interesse neben dem nichtvermögensrechtl völlig zurücktritt oder umgekehrt, ist nur das überwiegende Interesse zu beziffern. – Gegendarstellung/Richtigstellung neben Unterlassung sind verschiedene Angelegenheiten, also Werteaddition (BGH MDR 2016, 110). – **Mehrere Kl** eines identischen Antrags: Zum höchsten Wert kommen Zuschläge für die weiteren Kl in Höhe deren Interesses an selbständiger ZwV (OLG Dresden AGS 2019, 185 Tz 3); bei fehlender Identität werden die einzelnen Werte addiert (OLG Frankfurt GRUR-Prax 2020, 571 Tz 7). – **Mehrere Bekl** eines inhaltsgleichen Unterlassungsantrags: Die Werte sind zu addieren (BGH BGHReport 2008, 935). Das KG erhöht hierfür bei Klagen gegen ein Unternehmen und die Geschäftsführer den Wert um 20 % je Geschäftsführer (KG NJW-RR 2022, 357; aA OLG Hamm GRUR-RR 2016, 383; OLG Frankfurt 24.1. 2017 – 6 W 119/16: Ansatz *jeweils gleicher Beträge*); auch bei der Klage gegen eine GbR und ihre Gesellschafter wird unterschiedlich gewichtet (s OLG Hamburg WRP 2018, 859; OLG Düsseldorf 29.8.2018 – 15 W 44/18 Tz 8). – Die negative Feststellungsklage angeblicher Unterlassungssch ist wie die Unterlassungsklage zu bewerten (OLG Hamm

GRUR-RR 2016, 383). – **Mehrere Streitgegenstände** eines einheitl Unterlassungsantrags: keine Addition, nur angemessene Erhöhung (BGH MDR 2016, 1344 Tz 73); ebenso OLG Köln (MMR 2017, 191 Tz 27) im Regelfall bei einer Mehrzahl von Schutzrechtsverletzungen. – Klage aus **§ 826 BGB** auf Unterlassung der Zwangsvollstreckung: Wert = titulierte Forderung ohne Zinsen und Kosten (OLG Karlsruhe MDR 91, 353; Schneider MDR 89, 395; aA OLG Hamburg MDR 88, 1060: zzgl Zinsen). – **Urheberrechtsverletzung** (Rspr-Übersicht Lütke GRUR-RR 2020, 337): Wertfestsetzung hat keine Disziplinierungsfunktion für mögl Nachahmer (BGH MDR 2016, 1466 Tz 42). Es entscheiden Art (Gefährlichkeit, Schädlichkeit, Intensität) u Umfang der Verletzung (Gewinn-/Umsatzverlust) u das wirtschaftl Interesse des Rechteinhabers, künftige Verletzungen zu verhindern (BGH NJW 2017, 814; zum File-Sharing ausf Eichelberger ZUM 2016, 1036; Bohlen NJW 2017, 777; zu § 97 UrhG Lütke GRUR-RR 2017, 129). – Unterlassung **strafbarer Handlungen:** Schutz durch die Strafandrohung ist zu berücksichtigen (OLG Saarbrücken MDR 2013, 1244). – Unterlassung von **Werbeschreiben** 4.000 Euro (OLG Hamm MDR 2013, 999); 5.000 Euro (OLG Dresden NJW-RR 2024, 333). – Unterlassung unerwünschter **Telefaxwerbung:** Regelwerte bei Schmittmann JurBüro 99, 572 (§§ 823, 1004 BGB: 5.000-20.000 DM; Mitbewerber: 15.000-20.000 DM; Verband 20.000-25.000 DM, je nachdem, ob Eil- oder Hauptsacheverf); OLGR Stuttgart 2000, 280: 3.000 DM. – **E-Mail-Werbung:** Es gibt keinen Regelwert (OLG Karlsruhe GRUR-RR 2008, 262; s die Bsp bei Schneider/Kurpat/Kurpat Rn 2.1229: 500-10.000 Euro). Das KG setzt 3.000 Euro an, erhöht für jedes weitere Schreiben um 1/3, stehen sie in Zusammenhang aber nur eine Erhöhung um 10 % insgesamt (KG NJW-RR 2022, 357; KG 14.8.2023 – 5 W 117/23 [mit weiterer Differenzierung bei Mails vor und nach einer Abmahnung]). Im Einzelfall kann die Bewertung deutlich niedriger ausfallen (s OLG Hamm NJW-RR 2014, 613: singulärer Vorfall, der auf einem Irrtum beruhte: 100 Euro). – **SMS-Werbung:** 2.000 Euro (KG JurBüro 2006, 645). – **Telefonwerbung:** 4.000 Euro (KG NJW-RR 2022, 357); am späten Abend: 6.000 Euro, Eilverf 3.000 Euro (LG Heidelberg MMR 2007, 805); 30.000 Euro, wenn Verbraucherinteressen tangiert sind (KG MDR 2010, 839). – **Internet**anschlussinhaber als Störer (Urheberrechtsverletzung): 5 Musiktitel 10.000 Euro; 10 Musiktitel 15.000 Euro (OLG Hamburg GRUR-RR 2007, 375). Der Senat berücksichtigt den Abschreckungseffekt, differenziert aber auch zwischen Störerhaftung u täterschaftl Haftung. Sa Rn 16.36. – **Beschwer** des verurteilten Bekl: die Nachteile aus der Befolgung der Unterlassungspflicht (BGH MDR 2015, 230; BGH 8.3.2018 – III ZR 95/17 Tz 9), also sein Interesse an der Beseitigung der Verpflichtung (BGH MDR 2023, 593). Die Beschwer kann dabei bestehen aus dem Verlust von Vorteilen durch Unterlassung, aus dem Aufwand, die Unterlassungspflicht zu erfüllen (BGH NJW-RR 2020, 262 Tz 6) oder aus einer Wertminderung durch die zu unterlassende Handlung (BGH 10.11.2022 – V ZR 245/21 Tz 6). – Zur Unterlassung ehrverletzender Äußerungen s Rn 16.57.

• **Urheberrecht.** Gegenstandswertbegrenzung in § 97a III UrhG für die Abmahnung. Unionsrechtskonforme Auslegung notwendig (BGH MDR 2023, 116; Anschluss an EuGH GRUR 2022, 849). Ausf Rspr-Übersicht Lütke GRUR-RR 2020, 337 ff; zur unerlaubten Verwendung von Produktfotos Bullinger/Vonthien GRUR-Prax 2022, 565. Sa Rn 16.172. 16.17

• **Urteilsergänzung.** §§ 321, 716, 721 I 3. Kein Streitwert, da keine Gerichtsgeb anfallen. RA ist nur bei Einzeltätigkeit (3403 RVG-VV) zu vergüten. Gegenstandswert auf Antrag festzusetzen. Abzustellen ist auf das Interesse (§ 3). Beim Haupt- oder Nebenanspruch oder dem Kostenpunkt (§ 321 I) also auf deren Wert, iÜ auf das Interesse an der Vollstreckbarkeit oder deren (zeitweise) Verhinderung (§§ 716, 721 I 3) oder an einer Beschränkung der Haftung (s § 104 Rn 21.44). 16.17

• **Veräußerungsverbot.** Nach § 6 der Verkehrswert der Sache (AG/Gehle § 6 Rn 4); mit dem Verbot erstrebte weitere wirtschaftl Ziele bleiben unberücksichtigt. Bei einstw Verfügung (§ 938 II; s § 938 Rn 12) Bruchteilsbewertung (OLG Koblenz MDR 94, 737). S Rn 16.71. 16.17

• **Verbandsklagen, § 1 VDuG. 1) Abhilfeklagen**, § 1 I Nr 1, § 14 VDuG. Das Leistungsverlangen bestimmt den Streitwert. Streitwertobergrenze von 410.000 Euro (§ 48 I 3 GKG); diese Grenze gilt auch für die Verf nach § 21 VDuG auf Erhöhung des kollektiven Gesamtbetrages. – Bei gerichtl **Vergleichen** (§ 9 VDuG) kommt es darauf an, worüber sich die Beteiligten verglichen haben, nicht worauf; die Obergrenze des § 48 GKG gilt nicht. – Im Umsetzungsverf (§§ 22 ff VDuG) wird der Streitwert vom Gesamtbetrag der erfassten Ansprüche gebildet (§ 59a GKG); es gibt keine Obergrenze. – **2) Individualklagen**, § 39 VDuG, bleiben möglich. Das Leistungsverlangen bestimmt dann, wie bei solchen Klagen üblich, den Streitwert (§ 48 I 1 GKG). – **3) Musterfeststellungsklagen**, § 1 I Nr 2, § 41 VDuG. Wie die Rspr des BGH zum UKlaG (s Rn 16.11), jedoch ohne den Regelwert von 2.500 Euro (OLG Stuttgart 20.3.2019 – 6 MK 1/18 Tz 81 [G. Vollkommer MDR 2019, 725]). Der Streitwert bestimmt sich nach dem Interesse der Allgemeinheit an den Feststellungszielen, nicht nach dem Wert der angemeldeten Einzelansprüche (BGH 9.9.2024 – XI ZR 40/23 Tz 5). Obergrenze von 250.000 Euro (§ 48 I 2 Alt 2 GKG). Leistungsregelungen (= Vergleich über Verbraucheransprüche, § 9 VDuG) werden gesondert bewertet, weil ihr Interesse vom für den Streitwert der MFK maßgeblichen Interesse (OLG Stuttgart 20.3.2019 – 6 MK 1/18 Tz 82) verschieden ist. Häufig wird die Obergrenze des § 48 I 2 GKG angemessen sein (vgl OLG München 15.10.2019 – MK 1/19 Tz 93). 16.17

• **Verbindung.** S Rn 16.132. 16.17

16.177 • **Vereine.** Bei Streit über die Mitgliedschaft, wenn **ideelle Zwecke** verfolgt werden, für Zuständigkeit § 3, für die Gebührenberechnung § 48 II GKG. Bei **vermögensrechtl** Angelegenheit durchgehend § 3. Trifft beides zusammen (immaterielles Interesse und finanzielle Vorteile der Mitgliedschaft, BGH WM 2016, 96 Tz 13), ist getrennt nach § 3 und § 48 II GKG zu bewerten und nach § 5 zu addieren, sofern nicht der eine Anspruch aus dem anderen folgt (dann § 48 III GKG). OLG Frankfurt (JurBüro 2003, 644) berücksichtigt Affektions- u wirtschaftl Interesse, ohne nach Anteilen (§ 3; § 48 II GKG) zu differenzieren. § 247 I AktG ist nicht entspr anwendbar (BGH MDR 93, 183).

16.178 • **Verfügungsbeschränkung.** Praktische Bedeutung haben die Erwerbs- und Veräußerungsverbote, die durch einstw Verfügung erwirkt werden (§ 938 II). Bei der Bewertung ist vom Gegenstand der Hauptsache auszugehen (OLG Koblenz MDR 94, 737) und zusätzl auf den Grad der Gefährdung abzustellen, die dem ASt droht, wenn zu seinem Nachteil verfügt wird (§ 3). Sa Rn 16.71, Rn 16.175.

16.179 • **Vergleich.** Wert der rechtshängigen und nichtrechtshängigen Ansprüche, die streitig (OLG Hamm NJW 2022, 3587 Tz 15) oder ungewiss (LAG Berlin-Brandenburg ZIP 2023, 319) waren und die erledigt werden (OLG Frankfurt NJW-RR 2014, 384 Tz 5), nicht Wert dessen, was Parteien durch den Vergleich erlangen oder welche Leistungspflichten sie übernehmen (LAG Hamm NZA 2023, 528), so dass auch ein vereinbarter **Kapitalbetrag** unmaßgebl ist (OLG München JurBüro 2001, 141). Beim **Abfindungsvergleich** kommt es daher nur auf den Wert der abgefundenen Ansprüche an (OLG Hamm 22.5.2018 – 7 W 9/18 Tz 18 mN). – Ein **Vergleichsmehrwert** entsteht noch nicht, wenn Leistungspflichten erstmals begründet oder beseitigt werden, wenn Rechtsverhältnisse lediglich klargestellt werden (LAG Berlin-Brandenburg NZA-RR 2025, 105). Ein Mehrwert entsteht aber dann, wenn der Vergleich den Streitgegenstand erledigt (OLG Rostock NJW-RR 2019, 26 Tz 19) und wenn dabei nicht rechtshängige Ansprüche mitgeregelt werden (OLG Bandenburg 27.7.2022 – 11 W 20/22 Tz 6), die potentieller Streitgegenstand eines künftigen Verf waren (OLG Bremen MDR 2024, 195) und im Vergleich eine Regelung erfahren haben (LAG Berlin-Brandenburg NZI 2022, 351). Werden dabei künftige, wiederkehrende Leistungen einbezogen, gilt die Begrenzung durch § 9 (42facher Monatsbetrag) und nicht die Höhe der Abfindung (OLG München NJW-RR 2019, 1083 Tz 9). Wird bei einer Feststellungsklage eine Leistungspflicht vereinbart, liegt kein Mehrwert vor (OLG München NJW-RR 2024, 414; OLG Hamm NJW-RR 2023, 1296; aA OLG Bremen 1.3.2021 – 3 U 19/20 Tz 11; Schneider/Kurpat/Kurpat Rn 2.5114; 35. Aufl). Wird über den Streitgegenstand hinaus die Beendigung einer Berufsunfähigkeits-/Berufsunfähigkeitszusatzversicherung vereinbart, berechnet sich der Mehrwert aus 20 % des 3,5fachen Jahresbetrages der Summe aus Monatsrente und Monatsprämie (OLG Rostock NJW-RR 2019, 26 Tz 21 mN; OLG Bremen 1.3.2021 – 3 U 19/20 Tz 8 mN). Wird die Beendigung einer Krankentagegeldversicherung vereinbart, beläuft sich der Mehrwert auf 20 % des Tagegeldes für sechs Monate (OLG Rostock NJW-RR 2019, 26 Tz 28 ff). – Abstriche sind vorzunehmen, wenn die Realisierbarkeit mitverglichener Forderungen zweifelhaft ist (OLG Bamberg JurBüro 89, 201 = 494; LAG BadWürtt JurBüro 2011, 258). Bei Einbeziehung **nicht fälliger** Ansprüche ist grds auf den Anspruch abzustellen, auf einen Zwischenzins, wenn nur die Fälligkeit str ist (s Rn 16.75). Bei Einbeziehung „ungewisser" Ansprüche ist ein Abschlag vorzunehmen (OLG Karlsruhe JurBüro 2020, 203 Tz 13). – Zur Einbeziehung **unstr Ansprüche** s Rn 16.167; zur vergleichsw Erledigung von Forderungen, die **hilfsw** zur Aufrechnung gestellt worden sind, s Rn 16.26. – Wird ein altes Mietverhältnis durch ein neues ersetzt, bestimmt die Miete des alten den Wert (OLG Düsseldorf JurBüro 2008, 1697), kein Mehrwert des Vergleichs durch den **neuen Mietvertrag** (OLG Hamm NZM 2018, 716). Beim Räumungsvergleich kein Mehrwert durch den Verzicht auf Räumungsschutz (OLG München ZMR 2024, 1029). – Bei der vergleichsweisen Übertragung des Besitzes an einer **Immobilie** wird der Mehrwert nicht nach § 6 bestimmt, sondern nach dem Wert des str Teils der Kaufpreisforderung (OLG Karlsruhe JurBüro 2024, 143). – Auch der **Verzicht** auf künftigen Unterhalt hat keinen Mehrwert, wenn Unterhalt Gegenstand des Verf ist (OLG Hamm NZFam 2019, 227 Tz 3). – Werden nichtrechtshängige Ansprüche der Parteien mitverglichen, sind die Vergleichswerte dafür gesondert festzusetzen, da die Gebührenhöhe unterschiedl ist (1000, 1003 RVG-VV; OLG Naumburg FamRZ 2008, 1968; Dreßler/Schleusener NZA 2021, 337 unter I; N. Schneider NJW-Spezial 2021, 539); für die Gerichtsgeb gelten 1900 GKG-KV, 1500 FamGKG-KV; aber nicht für einen außergerichtl Vergleich (OLG Schleswig JurBüro 2025, 155). – Zum Vergleich in **Eil- und Hauptsache**verf s Rn 16.63. – Vergleich im sBV und Hauptsacheverf: Einigungsgeb für den RA nur im Hauptsacheverf (OLG Koblenz NZFam 2020, 226 Tz 2) und nur aus dem Wert der Hauptsache (wirtschaftl Identität). – **Einbeziehung Dritter:** Der Mehrwert ist nur im Verhältnis der an diesem Rechtsverhältnis Beteiligten zu berücksichtigen (OLG Stuttgart JurBüro 2018, 364 Tz 18; OLG Düsseldorf TransportR 2016, 77 mN zu allen Ansichten) und der miterledigte Anspruch muss str gewesen sein (OLG München JurBüro 2020, 142 Tz 8; OLG Karlsruhe MDR 2020, 1082). – **Einbeziehung von nicht anhängigen Ausgleichs-/Regressansprüchen:** Gemeinsam ist ihnen, dass der Mehrwert nur für die an diesen Ansprüchen Beteiligten entsteht und nur, wenn diese Ansprüche str waren und eine Inanspruchnahme konkret drohte (OLG München 17.9.2024 – 31 W 1309/24 Tz 21, Tz 22 m Rspr-Übersicht, JurBüro 2025, 36). **Innenausgleich:** Beim nicht anhängigen Innenausgleich zwischen Parteien, zwischen Streithelfern (OLG Schleswig AGS 2025, 228) oder Partei und Streithelfer als *Gesamtsch, der einen* Mehrwert begründen kann, ist auf das jeweilige Verhältnis der Beteiligung abzustellen (OLG Karlsruhe MDR 2024, 398). Die Ausgleichsansprüche müssen str sein und für den Wert ist der Zeitpunkt des Vergleichsschlusses maßgebend (näher OLG Stuttgart BauR 2019, 296). – **Regress:** Bei einbezogenen etwaigen Regressansprüchen zwischen den Kl oder den Bekl gilt der Mehrwert nur zwischen den Beteiligten (aA OLG Frankfurt NJW-RR 2009, 1079 [überhaupt kein Mehrwert]). Werden str Regressansprüche zwischen Partei und Streithelfer oder Streithelfern untereinander mitgeregelt, entsteht seitens der Streithelfer kein Mehrwert, wenn sich der im Vergleichswege erledigte Regressanspruch allein auf die Hauptforderung bezieht (OLG Stuttgart MDR 2016, 1052 Tz 18; zust N. Schneider AGS 2016, 417). – Wird ein durch Prozessvergleich abgeschlossener Rechtsstreit nach **Anfechtung** fortgeführt, bleibt gebührenrechtl und streitwertmäßig die Einheit des Verf erhalten (BGH MDR 2013, 1436). Der Wert des Vergleichs oder das Interesse an seiner Wirksamkeit sind nur maßgebl, wenn auch beantragt ist, dessen Wirksamkeit festzustellen (BGH MDR 2013, 1436). Für die Beschwer stellt der BGH (NJW-RR 2017, 1472) auf das Interesse des Rechtsmittelführers an der Unwirksamkeit des Vergleichs ab. – Mitverglichene und von einer Partei übernommene Kosten oder Zinsen bleiben als **Nebenforderungen** unberücksichtigt (OLG Düsseldorf JurBüro 84, 1865; Schneider MDR 84, 265). – Sa Rn 16.117 aE zum Vergleichsmehrwert beim Räumungsvergleich.

• **Verkehrsunfall.** Für den Zuständigkeitswert gibt es keine Besonderheiten; es gelten §§ 3, 4 I (für Nebenforderungen), § 5 Hs 1 (für die Addition), § 5 Hs 2 (für die Widerklage), § 9 (für wiederkehrende Leistungen). – Gebührenwert: Bei Klage und Widerklage mit wechselseitigem Streit um die Haftungsquote, erfolgt mangels wirtschaftl Identität Werteaddition (§ 45 II GKG; OLG Oldenburg AGS 2019, 518). – Wechselseitiges Rechtsmittel zur Haftungsquote: Werteaddition (N. Schneider NJW-Spezial 2023, 411). – Gegenstandswert beim Totalschaden: Wiederbeschaffungsaufwand, also Abzug des Restwertes (BGH MDR 2018, 932). 16.1

• **Verlustigerklärung.** S Rn 16.40. 16.18

• **Vermögensauskunft.** §§ 802c, 802f, 807. Kein Streitwert, da keine Gerichtsgeb anfallen. RA: § 25 I Nr 4 RVG (zur Berechnung s zB BGH 18.11.2021 – I ZB 9/21). 16.18

• **Veröffentlichungsbefugnis.** Antrag auf Bewilligung hat auch dann einen eigenen Streitwert, wenn er mit Unterlassungs- oder Schadensersatzklage verbunden wird, da er auf mehr als bloße Unterlassung abzielt (BGH MDR 2016, 1282 Tz 14). 16.18

• **Versicherungsschutz.** Feststellung des Bestehens einer **Gebäudeversicherung** (BGH NJW-RR 2008, 1664: 3,5-fache Jahresprämie). – **Krankentagegeldversicherung:** Zahlungsklage: bei offenem Zeitraum die Bezugsdauer von 6 Monaten; bei entsprechender Feststellungsklage mit Abschlag von 20 % (BGH MDR 2017, 293 Tz 6: keine Anwendung von § 9). Eine dabei zusätzlich erhobene Klage auf Feststellung des Fortbestehens der Versicherung wird mit 20 % des Tagegeldes für 6 Monate bewertet (BGH MDR 2017, 293 Tz 14 [wirtschaftl Teilidentität]; ebenso OLG Hamm MDR 2017, 301 Tz 8 bei der Feststellungsklage gegen die Herabsetzung des Tagegeldes; modifizierend OLG Dresden 8.7.2021 – 4 W 431/21 Tz 9, wenn Zahlung für eine bestimmte Bezugsdauer unter 6 Monaten verlangt wird). Wird ausschließlich (isoliert) auf Feststellung des Fortbestehens der Versicherung geklagt: 3,5fache Jahresprämie abzgl 20 % (OLG München 14.7.2020 – 25 W 587/20 Tz 6). – **Kranken- und Pflegeversicherung:** 3,5-fache Jahresprämie abzgl 20 % (BGH VersR 2019, 1523 Tz 2; OLG Nürnberg 10.2.2015 – 8 W 189/15 zu einem einzelnen Tarif des Vertrages). Dabei angekündigte, noch nicht rechtshängige, oder anderweit rechtshängige Leistungsansprüche werden mit 50 % zusätzl berücksichtigt (BGH MDR 2012, 26 Tz 4; BGH VersR 2019, 1523 Tz 2). Feststellung der Nichtleistungspflicht und Rückzahlungsansprüche: Werteaddition, soweit sich die Zeiträume nicht decken (OLG Dresden 15.7.2024 – 4 W 429/24 Tz 2). – **Berufsunfähigkeits-(Zusatz-)Versicherung:** 3,5-facher Jahresbetrag der mtl Rentenleistung und der mtl Prämie, von der freizustellen ist (BGH NJW-RR 2005, 259 mwN). Abzug von 20 % bei geklärter, von 50 % bei noch ungeklärter Berufsunfähigkeit und von 80 %, wenn sich der Versicherungsnehmer keiner Ansprüche berühmt (BGH NJW-RR 2001, 316 Tz 10; ebenso OLG Nürnberg MDR 2020, 798, wenn die Berufsunfähigkeit anerkannt ist und Vertragsleistungen bereits erbracht werden). Bei gleichzeitiger Feststellungs- u Leistungsklage, wenn Teilidentität der Werte besteht (hierzu OLG Rostock NJW-RR 2019, 26 Tz 13), wird die Feststellung mit nur 20 % der 3,5-fachen Jahresbeträge der mtl Rente u Prämie bewertet (BGH MDR 2011, 1474 Tz 2, Aufg der früheren Rspr; OLG Stuttgart 12.4.2024 – 8 W 444/24 Tz 47). Die Klage auf Freistellung von der Beitragszahlungspflicht ist wie eine Leistungsklage zu bewerten (OLG Karlsruhe NJW-RR 2016, 1343). **Lebensversicherungs**vertrag: BGH NJW-RR 97, 1562 unterscheidet Lebensversicherung (= Versicherungssumme abzgl 20 %) und **Risikolebensversicherung** (= 20 % der Versicherungssumme; ebenso OLG Hamm ZfS 2003, 146). – Behauptete, nicht eingeklagte Ansprüche sind beim Feststellungsantrag mit 50 % zu bewerten (BGH AnwBl 2003, 184). – **Kraftfahrzeughaftpflicht:** 3,5-fache Jahresprämie, es sei denn, der Vertrag ist vorher kündbar (BGH VersR 2001, 492). – Fortbestehen einer **Unfallversicherung:** 10 % der Höchstleistungssumme (OLG Köln 17.5. 2006 – 5 W 44/06 in Anlehnung an BGH NJW-RR 92, 608 LS 3); dagegen bemisst das KG überzeugend den Wert nach den Grundsätzen, die für die Krankenversicherung gelten (KG 12.8.2014 – 6 W 105/14). – Feststellung der Unwirksamkeit einer **Prämienänderung:** § 9, auch wenn die Prämien jährlich geändert werden können (OLG Rostock 27.9.2022 – 4 U 132/21; aA OLG Bremen MDR 2024, 1518 [für die Beitragsanpassung in der privaten Krankenversicherung]). – Zum **Haftpflichtversicherungsschutz** s Rn 16.88. 16.18

• **Vertagungsantrag.** Kein Gerichtsgebührenwert festzusetzen (s Rn 8; Rn 16.42). Gegenstandswert nach § 3 zu schätzen. Er ist geringer als der Hauptsachewert (1/10-1/3, Bsp bei Schneider/Kurpat/Kurpat Rn 2.4041); aA 16.18

OLG Düsseldorf JurBüro 94, 158: Hauptsache, mit der allerdings nicht überzeugenden Begründung unzureichender Vorbereitung des ProzBev.

.186 • **Verteilungsverfahren.** §§ 872 ff. Streitwert für Gerichtskosten (0,5 nach 2117 GKG-KV): Verteilungsmasse ohne Hinzurechnung von Zinsen, aber auch ohne Abzug von Kosten (§ 43 GKG iVm §§ 5, 6). Bleibt Rest, so gilt § 6. Für RA-Gebühren: § 25 I Nr 1 RVG. – **Widerspruch gegen Teilungsplan:** Interesse des Kl an Vorwegbefriedigung (OLG Bamberg JurBüro 91, 1692).

.187 • **Vertragserfüllung.** Wert der geforderten Leistung, nach hM ohne Abzug der Gegenleistung, auch wenn Kl Erfüllung Zug um Zug verlangt. Bei Grundstücken bleiben Belastungen unberücksichtigt, soweit sie den obj Wert der Sache nicht beeinflussen. Lasten, die eine Beschränkung oder Beeinträchtigung des Eigentums bedeuten und deshalb den Verkehrswert vermindern, wie zB Grunddienstbarkeiten, setzen auch den Wert des Streitgegenstandes herab (Einzelheiten str; s Rn 16.22, 16.78). Bei Streit um Erfüllungsmodalitäten: § 3, Interesse des Kl (BGH MDR 82, 36). Sa Rn 16.21, wenn Erfüllung verweigert wird.

.188 • **Verwahrung.** Klage auf Rückgabe der in Verwahrung gegebenen Sache ist nach § 6 zu bewerten die Klage auf vorzeitige Rückgabe hingegen nach § 3: Klägerinteresse an Zeitverschiebung.

.189 • **Verzugszinsen.** Werden sie aus einer fälligen, jedoch nicht anhängigen Forderung eingeklagt, so bestimmt sich der Streitwert nach § 3, nicht nach § 9 (BGHZ 36, 144). Soweit nur um die Fälligkeit selbst gestritten wird, ist der Zins zwischen den beiden Fälligkeitszeitpunkten maßgebend (s Rn 16.75). Wird die Hauptforderung eingeklagt, dann ist (nur: § 43 GKG; § 4) deren Betrag maßgebend. Dem kann nicht dadurch ausgewichen werden, dass die Verzugszinsen ausgerechnet und mit der Hauptforderung zu einem einheitl Betrag zusammengefasst werden (s § 4 Rn 11).

.190 • **Vollmacht.** Klage auf Herausgabe der widerrufenen Vollmacht richtet sich nach § 3, nach dem damit verfolgten Zweck; desgl der Streit, ob Vollmacht (noch) besteht.

.191 • **Vollstreckbare Ausfertigung.** § 724: keine Geb; § 733: Festgeb (2110 GKG-KV), daher kein Streitwert erforderl. Gegenstandswert für die Erteilung einer weiteren –. Wert des zu vollstreckenden Anspruchs (OLG Koblenz 3.7.2013 – 3 W 295/13 Tz 2 mwN).

.192 • **Vollstreckbarerklärung eines Anwaltsvergleichs.** Voller Wert des Vergleichs (§ 796a), soweit er für vollstreckbar erklärt werden soll (OLG Oldenburg MDR 2012, 868).

.193 • **Vollstreckbarerklärung eines ausländischen Schuldtitels.** Kosten und Zinsen (OLG Frankfurt JurBüro 94, 117) bleiben außer Ansatz; ausgenommen Kosten, die im ausl Urteil ziffernmäßig genannt sind (OLGR München 1997, 203).

.194 • **Vollstreckbarerklärung eines Urteils.** § 537. Kein Streitwert, da beim Gericht keine Geb anfallen (s Rn 8; § 537 Rn 18). Gegenstandswert: Interesse an der Vollstreckungsmöglichkeit ohne Sicherheitsleistung, § 3 (zutr OLG Frankfurt AGS 2020, 397: ⅕ des Wertes des nicht angegriffenen Teils des Urteils; St/Loyal § 3 Rn 53; aA OLG München JurBüro 2024, 132: Wert des für vollstreckbar zu erklärenden Teils des Urteils ohne Nebenforderungen und Zinsen).

.195 • **Vollstreckungsabwehrklage.** § 767. Wert des zu vollstreckenden Anspruchs einschließl der Rückstände (BGH BGHReport 2006, 667) ohne Zinsen und ohne Kosten des Vorprozesses, § 43 GKG, § 4 (OLGR Jena 2008, 634), weshalb ein mit dem Urteil angefochtener KFB den Wert nicht erhöht (hM; BGH MDR 2016, 57 [abl N. Schneider NJW-Spezial 2015, 765]); ebensowenig ein vorausgegangener Antrag auf einstweilige Einstellung der ZwV (OLG Karlsruhe MDR 2018, 363 [Fellner MDR 2018, 780]). Auch erhebl Zinsrückstände bleiben unberücksichtigt, es sei denn, die Abwehrklage wird nur gegen die Nebenforderungen erhoben, die dadurch hier zur Hauptsache werden (OLG Stuttgart MDR 2007, 355). Nach ganz hM ist der Nennbetrag des vollstreckbaren Anspruchs ohne Rücksicht auf seine Realisierbarkeit anzusetzen (BGH MDR 2015, 115). Stützt sich die Klage auf Aufrechnung, beschränkt sich der Wert auf die titulierte und angegriffene Forderung (OLG Hamburg MDR 2014, 857). Ist die Aufrechnungsforderung niedriger als die titulierte, dann bildet sie den Wert, denn wenn sich der Antrag wie in diesem Fall nur auf einen Teil des Schuldtitels erstreckt, ist nur dieser wertbestimmend (BGH BGHReport 2006, 667). Beschränkung kann sich auch aus Parteivorbringen ergeben (OLG Koblenz JurBüro 89, 133; OLGR Köln 2004, 140: durch die Streitwertangabe; OLG München RVGreport 2013, 30 [Hansens]). Entscheidend ist immer der Umfang der erstrebten Ausschließung der Zwangsvollstreckung (BGH NJW 95, 3318; OLG Frankfurt JurBüro 2008, 315: Beschränkung auf den Versteigerungserlös). Unbeachtl, dass die titulierte Forderung in Wirklichkeit ganz oder teilw getilgt ist, wenn uneingeschränkte Abwehrklage erhoben wird (OLG Hamm Rpfleger 91, 387). Soll die Vollstreckung nur auf unbestimmte Zeit für unzulässig erklärt oder nur eine vereinbarte Fälligkeitsbestimmung durchgesetzt werden, ist das Abwehrinteresse des Kl gem § 3 zu schätzen (OLG Schleswig SchlHA 83, 142). Bei Verbindung des Antrages, die ZwV aus einer vollstreckbaren *Urkunde nach §§ 767, 795* für unzulässig zu erklären, mit dem auf Rückgewähr einer schon bestellten Sicherheit bleibt deren Wert außer Ansatz (BGH 11.7.1985 – III ZR 220/84). Für die Vollstreckungsabwehrklage gegen einen **Auskunftstitel** (OLG Hamburg FamRZ 89, 770) oder den auf **Rechnungslegung** (OLG Köln JurBüro

2007, 488) richtet sich der Wert nach dem zeitl und finanziellen Aufwand der Erteilung. – Die **Titelgegenklage** analog § 767 (s § 767 Rn 7) hat einen von der Abwehrklage zu unterscheidenden Streitgegenstand (BGH MDR 2015, 671), dessen Bewertung aber nach dens Grundsätzen erfolgt. – Hat die Klage Erfolg, richtet sich die **Beschwer** des Bekl danach, inwieweit die Zwangsvollstreckung für unzulässig erklärt wurde (BGH NJW-RR 2011, 489). Bei abgewiesener Klage richtet sich die Beschwer des Kl nach seinem Interesse, die ZwV auszuschließen (BGH MDR 2023, 1066 [Abwehr einer Verurteilung zur Duldung]).

• **Vollstreckungsklausel.** Klage nach § 731: Wert des zu vollstreckenden Anspruchs. Klage aus § 768: Schätzung nach § 3, grds unterhalb des titulierten Forderungsbetrags, weil die Vollstreckung nur zeitweilig verhindert wird; OLGR Zweibrücken 1998, 376 stellt bei Streit um Restforderung auf diesen wirtschaftl Hintergrund ab. Voller Wert, wenn mit den Einwendungen zugleich die mat-rechtl Anspruchsberechtigung des Titelgläubigers ausgeräumt werden soll (OLG Köln MDR 80, 852). Das gilt auch für die Klauselerinnerung nach § 732 (LG Aachen JurBüro 85, 264). Zinsen und Kosten als Nebenforderungen bleiben immer außer Ansatz, selbst wenn sie durch KFB tituliert sind (OLG Frankfurt JurBüro 94, 117, zu ausl Titeln). 16.19

• **Vollstreckungsschaden.** S Rn 16.143. 16.19

• **Vollstreckungsschutz.** Bei Gericht fallen Festgeb an; es bedarf also keines Wertes (2112, 2113, 2121, 2124 GKG-KV). Anwaltsgebührenwert: § 25 II RVG. IdR wird mit einem Bruchteil (1/5) der Hauptsache bewertet oder bei einem Aufschub (§ 765a) mit dem auf den Zeitraum entfallenden Entgelt (GS/Müller-Rabe § 25 Rn 49; OLG Koblenz JurBüro 2005, 384: Räumung). Sa Rn 16.62. 16.19

• **Vorabentscheidung über vorläufige Vollstreckbarkeit.** §§ 707, 719, 769. Kein Streitwert, da keine Gerichtsgeb anfällt. – RVG: § 19 I 2 Nr 11; Gegenstandswert § 25 II RVG. Interesse des Sch an der (zeitweisen) Verhinderung der Zwangsvollstreckung. IdR Bruchteilsbewertung mit 1/5 der Hauptsache/des betroffenen Hauptsacheteils. 16.19

• **Vorkaufsrecht.** Bei Klage auf Feststellung des Bestehens oder Nichtbestehens oder auf Einwilligung in die Löschung kann das Interesse mit einem Bruchteil des Grundstückswertes bemessen werden, der sich nach den Einzelfallumständen richtet (BGH MDR 2018, 1077 Tz 5 mwN: 1/10 für die Löschungsklage). Wird zugleich Auflassung verlangt, dann gilt § 6. 16.20

• **Vormerkung.** Eintragung/Bewilligung: § 6 (MskV/Heinrich Rn 37). – Löschung/Einstw Verfügung auf Eintragung: § 3, also Bruchteil des Verkehrswerts des Grundstücks, orientiert am Löschungs- bzw Sicherungsinteresse (MskV/Heinrich Rn 37). 16.20

• **Vornahme von Handlungen.** Interesse des Kl (§ 3). Der Kostenaufwand hierfür kann nur mittelbar von Bedeutung sein (OLG München NZM 2017, 93 Tz 17); anders aber, wenn der Bekl seine Verurteilung angreift. Sa Rn 16.43. 16.20

• **Vorrangseinräumung.** § 3, da es nur um die Werterhöhung eines PfandR geht; jedoch ist die Sperrklausel des § 6 S 2 zu beachten. Wird nicht nur Rangverbesserung, sondern zusätzl Eintragung auf anderen Grundstücken verlangt, gilt nur § 6 (OLG Frankfurt Rpfleger 56, 318). Vorrangseinräumung für eine Reallast (§ 1105 BGB): Schätzung nach § 3 unter Berücksichtigung des § 45 GNotKG. 16.20

• **Vorzugsweise Befriedigung** aus dem Erlös. Für die Klage aus § 805 gilt § 6 sinngemäß. Maßgebend ist der sich nach § 6 ergebende geringste Betrag; soweit ist das unstr. Um diesen festzustellen, sind zu vergleichen die Forderung des vorzugsberechtigten Kl (= Dritter) mit der Forderung des Bekl (= pfändender Gl), beide ohne Zinsen u Kosten, sowie der Wert des Pfandgegenstandes mit dem des Versteigerungserlöses einschl der aufgelaufenen Hinterlegungszinsen (Hk-ZV/Kindl § 805 Rn 7 mN; ebenso PG/Beumers Rn 258 [ohne den Wert des Pfandgegenstandes anzuführen]; MskV/Flockenhaus § 805 Rn 2 [ohne den Wert der Forderung des Bekl und den Versteigerungserlös einzubeziehen]). 16.20

• **Wahlschuld.** § 262 BGB. Keine Addition. Bei Wahlrecht des Gl maßgebend der höhere Anspruch; bei Wahl des Sch die geringere Leistung (RGZ 55, 81; MskV/Heinrich Rn 38; aA PG/Beumers § 5 Rn 19 für den Zuständigkeits- und Rechtsmittelstreitwert beim Wahlrecht des Sch). Beim Streit, wem das Wahlrecht zusteht, der Differenzbetrag der Leistungen (Schneider/Kurpat/Kurpat Rn 2. 5785 mN; aA PG/Beumers § 5 Rn 19 [der niedrigere Wert]). Nach Ausübung: die konkret gewählte Schuld. 16.20

• **Werkvertrag.** Für die Werklohnforderung ist deren Betrag maßgebend (§ 6). Herstellungsklage richtet sich nach dem Wert des Werkes, der idR wirtschaftl mit dem vereinbarten Preis übereinstimmt. Abnahmeklage des Unternehmers bewirkt nur Fälligkeit und ist deshalb ledigl mit einem Bruchteil (etwa ¼) des Werklohns anzusetzen. Rechtsverteidigung des Bekl mit Gewährleistungsansprüchen: s unter Rn 16.26. Klage auf Beseitigung eines Mangels: Betrag der hierfür erforderl Aufwendungen. Beschwer bei Klageabweisung: Kosten der Selbstvornahme (BGH MDR 2014, 856). 16.20

• **Wertangabe.** Wertangabe des Kl in der Klageschrift (§ 61 GKG) hat Bedeutung als Indiz für den Wert. S Rn 16.51. 16.20

16.208 • **Widerklage.** § 5, für Gebührenstreitwert § 45 I 1 GKG. Wird die Widerklage erst in der Rechtsmittelinstanz erhoben, führt sie nicht zur Erhöhung der Beschwer des Rechtsmittelklägers (BGH MDR 2022, 457). Hilfsweise Widerklage s Rn 16.74; Klage und Widerklage s Rn 16.104. Sa § 5 Rn 2.

16.209 • **Widerruf. 1)** Nichtvermögensrechtl (§ 48 II GKG), wenn ehrkränkende Äußerungen (s Rn 16.57) betr, sonst § 3. Widerruf **und** Unterlassung: getrennte Bewertung und Addition (OLG Frankfurt AGS 2016, 287). – Widerruf (**oder** Unterlassung), gestützt sowohl auf nichtvermögensrechtl als auch auf wirtschaftl Gründe: Nur der höhere Wert zählt. – **2)** Widerruf eines **Vertrages:** wirtschaftl Interesse an der Lösung (§ 3). – **3)** Beim **Darlehens**vertrag: **a)** verbundener Vertrag: Höhe des Nettodarlehens, ggfs zuzüglich eines aus Eigenmitteln geleisteten Betrags, wenn der Kl so gestellt werden will, als habe er das Finanzierungsgeschäft nicht getätigt (stRspr; zB BGH VuR 2015, 306 Tz 3 [Maier]; OLG Braunschweig AGS 2020, 78 Tz 21). Das gilt sowohl für die positive wie auch für die negative Feststellungsklage (OLG Karlsruhe NJW-RR 2020, 1198 Tz 14). Anträge gegen den Hersteller und die finanzierende Bank sind wegen wirtschaftl Identität nicht zu addieren (OLG Stuttgart NJW-RR 2020, 255 Tz 17). Der zusätzliche Antrag auf Freigabe von Sicherheiten erhöht den Wert nicht (BGH 29.5.2015 – XI ZR 335/13 Tz 4; OLG Braunschweig JurBüro 2020, 77 Tz 36). Ebenso nicht Rückzahlungs- und Hilfsanträge (OLG Saarbrücken NJW-RR 2020, 1196 Tz 23). – **b)** Nicht verbundener Vertrag: Hauptforderung, die der Kl glaubt beanspruchen zu können, also die bis zum Widerruf erbrachten Zins- und Tilgungsleistungen (st Rspr; BGH 10.7.2018 – XI ZR 613/17 Tz 2 mwN; BGH MDR 2016, 480 = VuR 2016, 184 [abl Maier]). Dies gilt nach BGH sowohl für die positive als auch für die negative Feststellungsklage (BGH 16.7.2019 – XI ZR 538/18 Tz 5; BGH 24.7.2018 – XI ZR 740/17 Tz 7 [krit Schnauder jurisPR-BKR 7/2017 Anm 1]; BGH 12.2.2019 – XI ZB 24/17 Tz 9). Neben der Feststellung, keine Zins- und Tilgungsleistungen mehr zu schulden, hat die negative Feststellung, nicht mehr als den errechneten Saldo zu schulden, keinen eigenständigen Wert (BGH EWiR 2019, 161 [Lühmann]). – Nutzungsersatz bleibt als Nebenforderung außer Ansatz. (BGH 25.10.2016 – XI ZR 33/15 Tz 3), nicht jedoch eine zurückgeforderte Vorfälligkeitsentschädigung (OLG Zweibrücken BKR 2017, 297). – Raten, die nach Widerruf gezahlt werden, beeinflussen den Wert nicht (BGH 7.1.2020 – XI ZR 277/18 Tz 4); abzulehnen KG (MDR 2016, 854), das hierfür auf den Zeitpunkt der Klageeinreichung abstellt. – Sicherheiten erhöhen den Wert nicht, auch wenn Antrag auf Löschung oder Rückgewähr gestellt ist (OLG Karlsruhe MDR 2018, 236: wirtschaftl Identität; aA BGH AGS 2016, 285 Tz 4 [ohne auf die Frage einer Identität einzugehen]; OLG Saarbrücken AGS 2016, 411; OLG Frankfurt NJW-RR 2017, 755 Tz 14). – Wird nach Widerruf nicht Feststellung begehrt, sondern ein bezifferter Betrag eingeklagt, bestimmt allein dieser den Wert der Beschwer (BGH 20.11.2018 – XI ZR 228/18 Tz 3: betr Saldo; OLG Bremen WM 2018, 2038: betr Nutzungsentschädigung). – Sollen nach Widerruf einzig noch fortlaufend wiederkehrende, zukünftige Zahlungspflichten abgewehrt werden: Summe der ohne Widerruf noch offenen mtl Raten, berechnet nach § 9 (ausf OLG Köln NJW 2018, 2339 Tz 13-15; OLG Frankfurt MDR 2018, 1528 mN zu anderen Berechnungen; OLG Karlsruhe MDR 2020, 678 Tz 19). – Zur Klage nach Widerruf und Eventualwiderklage auf Wertersatz s Rn 16.74.

16.210 • **Widerspruch.** Bei Grundbuch-Löschungsklage gem § 3 das Interesse des Kl an der Löschung des Widerspruchs; ebenso für begehrte Eintragung. Hat die Widerspruchslöschung nur formale Bedeutung, ist der Wert sehr gering anzusetzen.

16.211 • **Widerspruchsklage.** Nach **§ 771** – gem § 6 der Betrag der Forderung, wegen derer vollstreckt wird, bei Klageeinreichung ohne Zinsen und Kosten (§ 4 I Hs 2) oder der geringere Wert des Pfandgegenstandes (BGH DGVZ 2017, 103; krit Foerste NJW 2017, 2588 betr den Normzweck). – Widerspruchsklage, um Teilungsversteigerung gem § 180 I ZVG zu verhindern (sog **unechte Drittwiderspruchsklage**), ist nach § 3 zu schätzen (BGH NZFam 2022, 228 [Dürbeck]: 30 % des Miteigentumsanteils des Kl). – Der Antrag auf **vorläufige Einstellung** der ZwV löst keine Gerichtsgeb aus; daher kein Streitwert festzusetzen (s Rn 8). Gegenstandswert ebenfalls grds nicht erforderl, weil das Verf keine zusätzl RA-Geb auslöst (§ 19 I 2 Nr 11 RVG; anders bei Einzeltätigkeit des RA; s Schneider/Kurpat/Kurpat Rn 2.1106). – Bei Widerspruchsklage gegen Anschlusspfändung sind PfandR vorgehender Pfandgläubiger vom Wert der Pfandsache nicht abzuziehen (BGH NJW 52, 1335). Bei einheitl Widerspruchsklage gegen mehrere Gl ist Streitwert der zusammengezählte Wert der Forderungen der pfändenden Gl oder der (einmalige) Wert des gemeinsamen Pfandgegenstands, wenn dieser geringer ist (LG Essen NJW 56, 1033). Das gilt für die Gerichtskosten ausnahmslos (OLG München JurBüro 89, 848); grds auch für die RA-Kosten. Hier gilt 1008 RVG-VV, wenn alle Gl denselben ProzBev haben; hat jeder einen eigenen, sind gesonderte Einzelstreitwerte nach Auftragshöhe (= Einzelforderung des Pfändungsgläubigers) festzusetzen. – **Nach § 773:** Anteil des allein klagenden Miterben (Schneider/Kurpat/Monschau Rn 2.5645 ff). Es liegt hier anders als bei Klage aus § 2039 BGB, wo der ganze Anspruch vom Miterben als Prozessstandschafter anhängig gemacht wird.

16.212 • **Wiederaufnahme des Verfahrens.** §§ 578 ff; s Rn 16.139.

16.213 • **Wiederkehrende Leistungen.** Für **Zuständigkeits**- und **Rechtsmittelwert** § 9; keine wiederkehrenden Leistungen sind einmalige bezifferte Ansprüche, die nach Zeitabschnitten berechnet werden, sowie nicht ununterbrochene Nutzungen, für die § 6 oder § 9 gilt, oder unregelmäßige, nur gelegentl wiederkehrende Leistungen, *für die § 3 gilt.* – *Für den* **Gebührenwert** ist § 42 GKG zu beachten. Bei der Spitzenbetragsklage bildet der str Teilbetrag den Wert (LAG Nürnberg NZA-RR 2023, 549); aber keine Begrenzung des Wertes hierauf, wenn der Gesamtbetrag eingeklagt ist (BAG NZA-RR 2017, 271). – Geltung nur für die wiederkehrenden Ansprüche selbst, nicht für Schadensersatzansprüche (OLG Köln JurBüro 92, 698). – Wiederkehrende Leistungen, die dem FamGKG unterfallen: § 42 I FamGKG (aA OLG Brandenburg NZFam 2020, 691: § 9).

• **Willenserklärung.** Abzustellen ist darauf, welcher Erfolg mit der Erklärung erstrebt wird. Schätzung nach § 3; zB Wert der Gegenforderung bei Klage auf Zustimmung zum Vollzug einer Auflassung (BGH MDR 2002, 295); Zustimmung zur Löschung eines Nacherbenvermerks: 1/10 – höchstens 1/3 des Grundstückswertes (OLG Bamberg JurBüro 2012, 249). Klage auf Abschluss eines Mietvertrages: § 3, begrenzt durch § 9 (BGH MDR 2021, 711 Tz 3). Zustimmung zur Kündigung des gemeinsamen Wohnraummietvertrages: idR die Jahresnettomiete (OLG Bremen JurBüro 2021, 42 Tz 5). – Auch bei wiederkehrenden Leistungen gilt nicht § 9, sondern § 3, wenn die Willenserklärung auf die Leistung als Ganzes gerichtet ist (OLG Frankfurt 23.2.2021 – 17 W 23/20 Tz 12). – Beschwer bei Verurteilung: Das zu schätzende Interesse (§ 3) am Nichteintritt der mit der Erklärung verbundenen Folgen (BGH 13.9.2022 – II ZR 42/22 Tz 4, BGH 25.10.2022 – II ZR 42/22 Tz 4 [Zustimmung zum Grundstückstausch], BGH WuM 2021, 334 [Zustimmung zur Neufassung einer Teilungserklärung]). 16.2

• **Wohnrecht.** Als unentgeltl ist es nicht mietähnl ausgestaltet, so dass dann nicht § 41 GKG, sondern § 3 anzuwenden ist (OLGR Braunschweig 2008, 803 mN zum Streitstand), wobei Anlehnung an § 52 IV GNotKG zulässig ist. – Für das mietähnl WohnR gilt dagegen § 3 iVm § 41 I GKG (OLG Saarbrücken 4.10.2018 – 5 W 71/18 Tz 6). – Beschwer: § 3, wenn es nur um den Umfang eines unstr WohnR geht (BGH NJW-RR 94, 909). – Zustimmung zur Löschung s Rn 16.113. 16.2

• **Wohnungseigentum. 1) 1. Instanz.** Bewertung nach § 48 I 1 GKG; §§ 3 ff ZPO („Angreiferinteresse"). – Eine Ausnahme: § 49 GKG für die Beschlussklagen des § 44 WEG. Es entscheidet dann das Interesse aller Wohnungseigentümer; zu Recht krit Dötsch/Schultzky/Zschieschak Kap 14 Rn 203, weil der Verband verklagt ist, nicht die Eigentümer, auf deren Interesse dann aber abgestellt wird. – Doppelte Grenzziehung nach oben: Der siebeneinhalbfache Wert des Klägerinteresses und der auf seiner Seite Beigetretenen sowie der Verkehrswert ihres Wohnungseigentums dürfen nicht überschritten werden. – Für die Ermittlung der Obergrenze in § 49 S 2 Alt 2 GKG werden die Verkehrswerte mehrerer Wohnungseigentumseinheiten desselben Kl (BGH MDR 2019, 282 Tz 5 [Fölsch MDR 2019, 335] zu GKG aF) und die mehrerer Kl (BGH MDR 2019, 767 zu GKG aF) addiert. – Zu den RA-Geb im Passivprozess bei Beschlussklagen s Schultzky MDR 2020, 1473, 1477; krit Drasdo NZM 2020, 953; Drasdo NJW 2020, 3681. – **2) 2. Instanz.** Die Beschwer wird unverändert nach §§ 3-9 ermittelt, auch in den Beschlussklagen, weshalb sich Streitwert und Beschwer idR nicht decken (BGH WuM 2024, 567, BGH WuM 2025, 127). – **3) Übersicht** zu Streitwert (zum Teil noch zu § 49a GKG aF ergangen) und Beschwer: **a) Abberufung** des Verwalters: Gesamtinteresse ist die Verwaltervergütung für die Restlaufzeit (OLG Schleswig ZMR 2012, 204), Einzelinteresse orientiert an der Miteigentumsquote (BGH 22.2.2018 – V ZR 100/17; BGH MDR 2012, 574). Abberufung kombiniert mit Bestellung eines neuen Verwalters: modifizierte Werteaddition (BGH MDR 2016, 1234); Rechtsmittelbeschwer: Streit um Neu- oder Wiederbestellung: Anteil des Kl am Verwalterhonorar (BGH WuM 2021, 335 Tz 6); Streit um Abberufung und Bestellung eines neuen Verwalters: Anteil des Kl am Resthonorar des bisherigen und am Honorar des neuen Verwalters, das höhere in sich überschneidenden Zeiträumen (BGH 25.3.2021 V ZR 136/20 Tz 6); **b) Abstrakte Risiken:** Keine Einbeziehung (OLG Frankfurt NZM 2019, 446 betr Nachschusspflicht); **c) Aufforderungsbeschluss**, der ein gerichtl Verf zu betreiben und Beauftragung eines RA vorsieht: Wert wird bestimmt durch die zu erwartenden Rechtsverfolgungskosten (OLG München MDR 2025, 163); **d) Baumaßnahme:** Beschwer bei erfolgloser Verhinderung einer bestimmten Art der Finanzierung: Anteil des Kl an den Kosten (BGH MDR 2020, 1111 Tz 5); zum Streitwert Dötsch/Schultzky/Zschieschak Kap 14 Rn 210: Interesse des Kl ist sein Kostenanteil an der Baumaßnahme; evtl ein Wertverlust; bei bloßer Duldungspflicht ist auf die Wertminderung des Wohneigentums durch die Baumaßnahme abzustellen (BGH WuM 2021, 655); **e) Beseitigungsklage:** Interesse an Beseitigung/Bestand je zur Hälfte (BGH MDR 2017, 203; BGH MDR 2017, 875); **f)** Anfechtung der **Bestellung/Abberufung** des Verwaltungsbeirats: idR 750 Euro (BGH NZM 2019, 341); Anfechtung seiner **Entlastung:** idR 500 Euro zuzüglich des Klägeranteils an etwaigen Ersatzansprüchen gegen den Beirat (BGH MDR 2017, 876; Dötsch/Schultzky/Zschieschak Kap 14 Rn 211); **g) Ehrverletzung** in der Eigentümerversammlung: führt zu keiner Erhöhung der Beschwer (BGH 1.10.2020 – V ZR 45/20 Tz 9); **h) Eigentümerversammlung:** Antrag auf Einberufung: Bruchteil des mit dem Einberufungsverlangen begehrten Beschlusses (LG Frankfurt/M MDR 2016, 675); Antrag auf Protokollberichtigung: idR der für den Vorgang anfallende Betrag (OLG Frankfurt ZMR 2018, 531); **i) Freistellung** von Kosten: Beschwer idR Kostenanteil (BGH ZWE 2016, 336); **j)** Forderung der **GdWE gegen den Sondereigentümer:** Nennwert der Forderung (BGH MDR 2016, 1116); **k)** Keine Werteaddition bei Anfechtung der **Gesamt-** und **Einzelabrechnung** (OLG Hamburg ZMR 2017, 991); **l) Jahresabrechnung:** Wird sie insgesamt angefochten: Gesamtinteresse, § 49 S 1 GKG = grds der Nennbetrag der Jahresabrechnung (BGH MDR 2023, 693); Individualinteresse für die Grenzberechnung des § 49 S 2 GKG = Anteil des Kl am Nennbetrag der Abrechnung (BGH MDR 2023, 693; BGH MDR 2024, 156); – Beschwer des Anfechtungsbekl = Nennbetrag ohne den Anteil des Kl (BGH MDR 2017, 877); Beschwer des Anfechtungskl: Anteil des Kl am Nennbetrag der Abrechnung (BGH MDR 2024, 156); **m) Kündigung**, Klage des GdWE-Verwalters gegen seine –: Honorar der Restlaufzeit (OLG Zweibrücken JurBüro 2010, 36; aA OLG Koblenz ZMR 2014, 135: subj Vorstellungen des Kl bei Antragstellung); **n) künftige Hausgelder:** bei Fortgeltungsklausel im Wirtschaftsplan: § 3 (OLG Frankfurt 16.2

16.8.2024 – 2 W 10/24 Tz 16 mN auch zur aA [§ 9], MDR 2025, 34; **o) Negativbeschl** und gleichzeitig Verpflichtungsantrag: keine Wertaddition (OLG Celle ZMR 2010, 627; LG Hamburg ZMR 2014, 382); **p)** Forderung des **Sondereigentümers gegen die GdWE:** Nennwert der Forderung (BGH MDR 2013, 961); **q) Sondernutzungsrecht**, Streit um –. Beschwer: Sondernutzer verliert: entgangene Wertsteigerung seines Wohneigentums (BGH WuM 2023, 709); Gegner verliert: Wertminderung seines Wohneigentums (BGH WuM 2018, 181; BGH MDR 2019, 410); **r) Sonderumlage:** Interesse des Anfechtungskl ist sein Anteil an der Umlage, – der GdWE ist der Nennbetrag der Umlage ohne den Anteil des Kl (BGH WuM 2021, 332); **s)** Anfechtung nur eines **Teilaspektes:** Allein darauf ist abzustellen (BGH NJW-RR 2012, 1103; KG WuM 2016, 582); **t) Umlageschlüssel**, Änderung: Auszugehen ist von der durch die Änderung entstehenden zusätzl Be- und Entlastung (OLG Celle NZM 2010, 409); **u) Unterlassung** der Nutzung des Sondereigentums zu Wohnzwecken: § 3, nicht §§ 8, 9 (BGH ZWE 2017, 191 Tz 7); für die Beschwer bei Verurteilung ist daher auf die Nachteile abzustellen, die aus der Unterlassung folgen (BGH WuM 2021, 134 Tz 6). – Unterlassung, das Sondereigentum gewerblich zu nutzen: Wertminderung der übrigen Sondereigentumseinheiten durch das zu unterlassende Verhalten (OLG München MDR 2018, 661); **v) Vergemeinschaftung** eines individuellen Anspruchs: Umfang der Reduzierung des Kostenrisikos bei einer Klage (OLG Frankfurt ZMR 2018, 611); **w) Verwalterentlastung/nicht Entlastung:** idR 1.000 Euro (Dötsch/Schultzky/Zschieschak Kap 14 Rn 211) zuzüglich des Wertes etwaiger Ersatzansprüche gegen den Verwalter (BGH MDR 2016, 1010; BGH 1.10.2020 – V ZR 45/20 Tz 7), aber abhängig vom Einzelfall (OLG Köln ZMR 2015, 993: 2.000 Euro); **x) Wirtschaftsplan:** Beschwer bei Klageabweisung der Anfechtung: IdR die Höhe der Vorschüsse, die dem Anteil aus dem Wirtschaftsplan entsprechen (BGH MDR 2024, 97); **y) Wohngeldabrechnung**, Erstellung: Regelwert 3.000 Euro (OLG Frankfurt NJW-RR 2010, 72 Tz 5). – **4) Eigentumsentziehungsklage (§ 17 WEG):** Verkehrswert (BGH MDR 2007, 263; OLG Köln ZMR 2010, 977). Anfechtung des Entziehungsbeschlusses: 20 % des Verkehrswertes (BGH JurBüro 2012, 28). – **5)** Klage auf **Zustimmung**, die eigene Einheit veräußern zu können: Kaufpreis (OLG München NZM 2014, 589; OLG Hamm MDR 2015, 938; aA BGH MDR 2018, 558 [zu Recht abl Drasdo NJW-Spezial 2018, 354]; BGH NJW 2023, 3654: idR 20 % des Verkaufspreises).

16.217 • **Zählerausbau, Duldung.** Zum Teil wird mit dem Jahreswert der Abschlagszahlungen bewertet (zB OLG München MDR 2011, 1267). – Die hM (zB OLG Celle JurBüro 2013, 643, OLG Hamburg NZM 2011, 792, OLG Schleswig NJW-RR 2010, 141, OLG Koblenz MDR 2012, 996, OLG Frankfurt NJW-RR 2012, 445) nimmt nur 6 Monate; ebenso OLG Köln JurBüro 2019, 138 (einstw Verfügung).

16.218 • **Zeugnisverweigerung.** Zwischenstreit über –: § 3 § 48 GKG. Maßgeblich ist die Bedeutung der Aussage, weshalb der Wert den der Hauptsache erreichen kann (OLG Braunschweig 19.12.2023 – 3 Kap 1/16 Tz 49 mN). – Kein Wert erforderl für die Beschwerde gegen ein Zwischenurteil über die Zeugnisverweigerung (§ 387 III), da Festgeb (1812, 1826 GKG-KV) entstehen.

16.219 • **Zug-um-Zug-Leistungen.** Gegenleistung (s Rn 16.78) bleibt nach hM unberücksichtigt (zB BGH 1.7.2021 – III ZR 253/20 Tz 4; Schneider/Kurpat/Seggewiße Rn 2.1678 mwN), selbst wenn sie schon der Kl anbietet (Müller MDR 2003, 248 mwN; BGH MDR 2022, 236). Grundsätzlich soll dies auch gelten, wenn Klageforderung und Gegenleistung gleichartig (zB Geld) sind (so BGH 8.7.2019 – XI ZR 309/18 Tz 3; OLG Brandenburg 8.3.2021 – 1 U 56/20 Tz 43; OLG Saarbrücken JurBüro 2020, 597 Tz 4). Beim Vorteilsausgleich ist das aber jedenfalls anders: Saldiert der Kl gleichartige Leistungen nicht, sondern formuliert er im Klageantrag einen Abzugsposten (zB Nutzungswertersatz), ist dieser Betrag vom Streitwert abzusetzen (allgM: zB BGH MDR 2021, 574). Es ist ein Fall der Anrechnung. Dies gilt ebenso, wenn dieser Vorteilsausgleich als Zug-um-Zug-Gegenleistung angeboten wird (BGH 19.5.2021 – VII ZR 216/20 Tz 4 [betr Veräußerungserlös]; OLG Koblenz 30.6.2020 – 3 U 1869/19 Tz 63; OLG Bamberg MDR 2019, 1190 Tz 11; OLG Schleswig JurBüro 2021, 257 [alle betr Nutzungswertersatz]). Der Abzugsposten muss dafür aber konkret beziffert (so noch OLG Saarbrücken JurBüro 2020, 597 Tz 6) oder jedenfalls vom Gericht bezifferbar sein (BGH MDR 2022, 236; OLG Bremen JurBüro 2022, 476; OLG Saarbrücken NJW-RR 2023, 213). – **Rechtsmittel: 1)** Kl: Bei uneingeschränktem Antrag wird der Kl durch Verurteilung Zug um Zug beschwert, so dass auf den Wert der noch zu erbringenden Gegenleistung abzustellen ist (BGH MDR 2010, 1087; zB BGH NJW 99, 723: Beschwer bei Zug-um-Zug-Sicherheitsleistung; OLG Düsseldorf MDR 99, 627: Mängelbeseitigung als Zug-um-Zug-Gegenleistung). Dieser ergibt sich nach wirtschaftl Gesichtspunkten (§ 3; BGH MDR 2012, 1057) u allein anhand des rechtskraftfähigen Urteilsinhalts (BGH NZM 2007, 499), begrenzt durch den Wert des Klageanspruchs (stRspr; zB BGH MDR 2009, 759; OLG Celle 16.11.2022 – 14 U 30/22 Tz 56). – **2)** Bekl: Wird der Bekl verurteilt, ist er in diesem Umfang beschwert; ein erfolglos hilfsweise geltend gemachtes Zurückbehaltungsrecht erhöht diese Beschwer nicht (BGH MDR 2005, 345 Tz 6; BGH NJW 2022, 1626). Legt er dann aber Rechtsmittel nur ein, um anstelle einer unbedingten, eine Zug-um-Zug-Verurteilung zu erreichen, kommt es für den Wert des Beschwerdegegenstandes nur auf das von ihm geltend gemachte Gegenrecht an (BGH 10.1.2017 – VIII ZR 98/16 Tz 17), der Höhe nach begrenzt durch den Wert des klägerischen Anspruchs, was dadurch begründet ist, dass das Gegenrecht bei fehlendem Erfolg des Rechtsmittels nicht rechtskräftig aberkannt wird (stRspr; zB BGH 9.3.2017 – V ZR 243/16; Schneider/Kurpat/Seggewiße Rn 2.1687). – **3)** Bei der Zug-um-Zug-Verurteilung hat die Feststellung des Annahmeverzuges nach BGH (BGH 13.10.2020 – VIII ZR 290/19 Tz 7, 8) keinen zusätzlichen Wert für die Beschwer. Sa Rn 16.15.

• **Zwangsvollstreckung.** Beim Gericht fallen Festgeb an (2111-2118 GKG-KV; Ausnahme: Verteilungsverf, s Rn 16.186). – Anwaltsgeb: **1)** Gl-Anträge: § 25 I Nrn 1-4 RVG; **2)** Schuldner-Anträge: § 25 II RVG. 16.2

• **Zwischenfeststellungsklage.** Streitgegenstand nach § 256 II kann umfassender sein als ursprüngl Streitgegenstand. Abschlag wegen Feststellung (Schneider/Kurpat/Seggewiße Rn 2.6421 ff). Die Widerklage aus § 717 II 2 erhöht den Streitwert nur, wenn weitergehender Schadensersatz verlangt wird (Schneider MDR 79, 268). Streitwert für Verf, durch das **1)** Beitritt des NI zurückgewiesen wird, bemisst sich nach dem Interesse des NI an der Zulassung des Beitritts (BGH NJW 53, 745; sa Rn 16.120), **2)** die Verpflichtung der Klagepartei zur Sicherheitsleistung für Prozesskosten ausgesprochen wird: Wert der Hauptsache (OLG Hamburg 28.1.2002 – 14 U 98/01; aA OLG Karlsruhe MDR 86, 593: Höhe der Sicherheit). Sa § 256 Rn 44. 16.2

• **Zwischenstreit** über die Zulässigkeit der Klage (§ 280). Streitwert ist der mit der Klage geltend gemachte Anspruch (s § 280 Rn 11; St/Loyal Rn 50 „Sachurteilsvoraussetzungen" mN). 16.2

§ 4 Wertberechnung; Nebenforderungen

(1) Für die Wertberechnung ist der Zeitpunkt der Einreichung der Klage, in der Rechtsmittelinstanz der Zeitpunkt der Einlegung des Rechtsmittels, bei der Verurteilung der Zeitpunkt des Schlusses der mündlichen Verhandlung, auf die das Urteil ergeht, entscheidend; Früchte, Nutzungen, Zinsen und Kosten bleiben unberücksichtigt, wenn sie als Nebenforderungen geltend gemacht werden.

(2) Bei Ansprüchen aus Wechseln im Sinne des Wechselgesetzes sind Zinsen, Kosten und Provision, die außer der Wechselsumme gefordert werden, als Nebenforderungen anzusehen.

I) Geltungsbereich. § 4 I Hs 1 gilt für die sachl **Zuständigkeit** 1. Instanz u die Rechtsmittelbeschwer (§ 511 II 1, § 567 II; zur Beschwer bei der NZB s § 544 II Nr 1). Die Bedeutung von Nebenforderungen ist in § 4 I Hs 2 geregelt. II bestimmt für Wechsel und Schecks, was als Nebenforderungen zu gelten hat. 1

II) Zeitpunkt der Wertberechnung (§ 4 I Hs 1). 1) Im 1. Rechtszug. a) bei Klagen, Klageerweiterungen und Verf ohne Klage der **Tag des Eingangs** der Klage-, Erweiterungs- oder Antragsschrift bei Gericht, bei der Klageerweiterung alternativ auch der Zeitpunkt, in dem der Anspruch in der mdl Verh geltend gemacht wird (s § 261 II). Veränderungen iSv § 261 III Nr 2 (s § 261 Rn 12) sind ohne Einfluss auf die durch Rechtshängigkeit (Klagezustellung) begründete Zuständigkeit. In Verf vor dem AG ist § 506 zu beachten. – Trennungen (§ 145), Verbindungen (§ 147), Teilurteile (§ 301) sind ohne Einfluss auf den Zuständigkeitsstreitwert. 2

b) Für das **Mahnverfahren** ist immer das AG sachl zuständig (§ 689). Eine Wertberechnung kann erst nach Widerspruch gegen den MB (§ 694 I) u Überleitung der Sache in das str Verf erforderl werden. Da erst nach Abgabe der Streitsache (§ 696 I 4) eine Prüfung der sachl Zuständigkeit durch das vom ASt nach § 690 I Nr 5 bezeichnete Abgabegericht stattfindet, entspricht der Tag des Akteneingangs bei dem in Empfang nehmenden Gericht dem nach § 4 I maßgebenden Zeitpunkt der „Klageeinreichung" (ThP/Hüßtege Rn 2; MskV/Heinrich Rn 4; OLG Frankfurt NJW-RR 96, 1403). Zu Antragsänderungen, insb wegen Teilzahlungen, vor Eingang beim Prozessgericht s Schneider/Kurpat/Kurpat Rn 2.1330, 2.2865, 2.2868. 3

2) In der Rechtsmittelinstanz. a) Berufung: Zeitpunkt der Einlegung des Rechtsmittels (BGH 10.11.2020 – II ZR 243/19 Tz 2; MK/Wöstmann Rn 8), nicht erst der Antrag in der Begründung. Danach folgende Wertänderungen sind unbeachtlich (PG/Beumers Rn 5). – Bei der Zulassungsberufung kommt es auf den Zeitpunkt der Entscheidung an (MskV/Heinrich Rn 5a; aA PG/Beumers Rn 5: wegen des rechtl Gehörs Zeitpunkt der letzten mdl Verh). – Keine Bindung des Berufungsgerichts an die Festsetzung durch das erstinstanzl Gericht (BGH NJW 2006, 2639 Tz 6; MK/Wöstmann Rn 9). **b)** (Zulassungs-)**Revision** (§ 543 I): Wert der Beschwer ist unbeachtl. **c) NZB** (§ 544): Über die Höhe der Beschwer befindet das Revisionsgericht (BGH 8.2.2022 – VIII ZR 37/21 Tz 8). Der BGH stellt wie bei § 546 II aF dabei ab auf den Wert der Beschwer bei Schluss der mündl Verh vor dem Berufungsgericht (stRspr; zB BGH MDR 2021, 574 Tz 5; BGH NJW-RR 2020, 1258 Tz 9; MskV/Ball § 544 Rn 7; MK/Wöstmann Rn 10; ThP/Hüßtege Rn 4; zu Recht aA PG/Beumers Rn 7; AG/Gehle Rn 7; Toussaint FD-ZVR 2022, 454220: Eingang des Rechtsmittels entscheidet). 4

3) Beim Verurteilungsstreitwert. Er hat seine Bedeutung für § 708 Nr 11 (St/Loyal § 2 Rn 43). Zeitpunkt: Schluss der mündl Verh (§ 136 IV) oder in den Fällen des § 128 der dem Schluss der mündl Verh entspr Zeitpunkt nach § 128 II 2. Im Verf nach § 495a das Ende der vom Gericht gesetzten Frist (s § 495a Rn 9; AG/Gehle Rn 9). 5

4) Beim Gebührenstreitwert. § 40 GKG stellt auf den Zeitpunkt der die Instanz einleitenden Antragstellung ab. Spätere Ermäßigungen bleiben ohne Einfluss (zB OLG Hamm 13.2.2024 – 10 W 12/23 Tz 11). – Rechtsmittelverf: § 47 GKG. Bei Verweisung vom Arbeitsgericht wird der Wert so festgesetzt, als sei das Verf von Anfang an beim ordentl Gericht anhängig gewesen (OLG Frankfurt NJW-RR 2018, 254 Tz 16). 6

7 **Trennung** (§ 145), **Verbindung** (§ 147), **Teilurteil** (§ 301) verändern den Gebührenstreitwert nur für die Zukunft. Soweit es für den Gebührenstreitwert bei **Rechtsmitteln** auf den Wert der Beschwer ankommt (§ 47 I 2 GKG), weil keine Anträge gestellt wurden, ergibt sich dieser aus der Differenz zwischen dem Antrag des Rechtsmittelkl in der Vorinstanz und dem, worauf die Vorinstanz erkannt hat.

8 **III) Nebenforderungen (§ 4 I Hs 2).** Das sind von der eingeklagten Hauptsache abhängige (BGH 19.12.2016 – IX ZR 60/16), mit ihr in dems Rechtsstreit von ders Partei gegen dens Gegner verfolgte, wenn auch getrennt von der Hauptsache berechnete Forderungen, deren Entstehung vom Bestand der Hauptforderung abhängig ist (MskV/Heinrich Rn 11), die also mat-rechtl und im Hinblick auf ihre Entstehung nicht gleichrangig sind. Andere als die in § 4 genannten Forderungen sind der Hauptsache **hinzuzurechnen**, insb solche wegen Schadensersatzes (BGH 19.12.2016 – IX ZR 60/16: entgangene **Zinsen** als Teil eines einheitl Schadensersatzanspruchs; BGH MDR 2007, 852 Tz 10: Kosten eines **SV-Gutachtens** u die **Kostenpauschale** als eigenständige Schadenspositionen). – **Entgangener Gewinn** betr Zinsgewinne bei einer hypothetischen Alternativanlage (BGH 6.12. 2016 – XI ZR 242/16; BGH 3.11.2016 – III ZR 213/16 Tz 10; BGH VersR 2015, 912; OLG Braunschweig AGS 2017, 131 m ausf Nw) ist dagegen Nebenforderung, solange die Hauptforderung im Streit steht (OLG Frankfurt MDR 2014, 858). Das gilt aber nicht bei einer alternativen Anlage in Gold (BGH 26.1.2017 – XI ZR 410/14). – Für den **Gebührenwert** gilt § 43 GKG, der in seinem Abs 1 dem Wortlaut § 4 I Hs 2 entspricht und der Nebenforderungen im Fall seines Abs 2 für maßgebend erklärt. Dabei können § 4 I Hs 2 und § 43 I GKG differenziert ausgelegt werden (OLG Brandenburg 16.11.2022 – 11 W 1/22 Tz 6), entsprechend ihrer unterschiedl Zwecksetzung.

9 **1) Früchte.** Das sind natürl Erzeugnisse oder Ausbeute (§ 99 I BGB) einer Sache, ferner die Erträge, die eine Sache vermöge eines Rechtsverhältnisses, zB eines Mietverhältnisses, gewährt (§ 99 III BGB). Früchte eines Rechts sind die Erträge, die das Recht seiner Bestimmung gemäß gewährt, zB Darlehenszinsen (§ 99 II BGB).

10 **2) Nutzungen.** Das sind die Früchte einer Sache oder eines Rechts sowie die Vorteile, die der Gebrauch der Sache oder des Rechts gewährt, § 100 BGB. Ist die Hauptforderung (noch) im Streit, werden sie nicht berücksichtigt, gleich, ob der Antrag auf Zahlung oder Gutschrift bezifferter Nutzungen (BGH 19.2.2019 – XI ZR 112/18 Tz 5) lautet. – Sie werden berücksichtigt, wenn die Hauptforderung nicht (mehr) anhängig ist (allgM). – Sind Nutzungen, die Nebenforderungen sind, im Klageantrag enthalten, müssen sie herausgerechnet werden. Stößt das auf erhebliche praktische Schwierigkeiten, belässt es der BGH dabei, die Nutzungen beim Zuständigkeitswert (§ 4) mit zu berücksichtigen (BGH VersR 2019, 251 [betr Rückforderung von Versicherungsbeiträgen und Nutzungen]; MskV/Heinrich Rn 12). Str ist, ob das auch für den Gebührenwert (§ 43 GKG) gilt: bej OLG Celle 22.1.2025 – 8 W 2/25 Tz 7, Aufg v OLG Celle NJW-RR 2019, 807; OLG Saarbrücken VersR 2023, 1464; OLG Köln 22.5.2023 – 20 W 8/23; OLG Karlsruhe VersR 2019, 774; OLG Nürnberg NJW-RR 2019, 803; OLG Schleswig 9.12.2021 – 16 W 104/21 Tz 9; ebenso OLG Dresden 9.3.2023 – 4 W 127/23 Tz 5, wenn bei einer Stufenklage der Wert der Nutzungen annähernd dem Hauptanspruch entspricht; aA OLG Rostock MDR 2022, 126; OLG Rostock 13.6.2023 – 4 W 10/23 Tz 5 [schätzt den Abschlag auf 20 %]). Zutr ist jedenfalls, die Rspr des BGH zu § 4 nicht auf § 43 GKG zu übertragen, wenn Nutzungen einfach abzugrenzen und als solche nach § 43 I GKG erkennbar sind (OLG Brandenburg 16.11.2022 – 11 W 1/22 Tz 5).

11 **3) Zinsen.** Das ist das vom Sch zu entrichtende Entgelt für die Überlassung von Kapital (BGH NJW 98, 2060). Werden neben einer Hauptforderung Verzugszinsen geltend gemacht, so sind diese bei der Berechnung des Streitwertes nicht besonders zu berücksichtigen (BGH MDR 2013, 1316), auch nicht, wenn die Zinsen im Klageantrag ausgerechnet sind (BGH MDR 98, 857) und mit der Hauptforderung zu einem einheitl Forderungsbetrag zusammengefasst (BGH NJW-RR 95, 706; m Bsp zum einheitl Gesamtanspruch BGH NJW-RR 2000, 1015) oder mit der Hauptsumme auf Grund eines deklaratorischen Schuldanerkenntnisses verlangt (anders bei abstraktem Anerkenntnis, OLG Koblenz JurBüro 99, 197) oder von einer Partei vergleichsw übernommen (OLG Düsseldorf JurBüro 84, 1865) werden. Zinsen aus § 849 BGB bleiben Nebenforderungen, solange und soweit die zu verzinsende Forderung noch im Streit ist (OLG Schleswig 17.9.2021 – 7 U 80/21 Tz 62 mN; AG/Gehle Rn 24 „Delikt"). – Klagen bei Gesamtgläubigern einer die Hauptforderung ein, einer die Zinsen, ist nach BGH zu addieren (BGH 14.5.1992 – II ZR 275/91 Tz 2; zutr abl Schneider/Kurpat/Schneider Rn 2.6322 [wirtschaftl Identität]). – Zinsen aus einem nicht oder nicht mehr in Streit stehenden Teil der Hauptforderung sind zu berücksichtigen (BGH MDR 2013, 1316; OLG Celle JurBüro 2010, 88 zu kapitalisierten Darlehenszinsen). Bei Zusammenfassung von Darlehen und Kreditgebühren in einem Betrag werden die Geb nicht herausgerechnet (str; s Schneider/Kurpat/Schneider Rn 2. 2755). Die Zinsen für die Hauptschuld sind auch dann Nebenforderungen, wenn der Bürge dafür in Anspruch genommen wird (BGH MDR 58, 765). Bei Klage auf **Befreiung** von Schuld sind deren Zinsen Nebenforderungen des Befreiungsanspruchs (BGH MDR 76, 649; ausf Weisbrodt JurBüro 95, 115; aA Görmer NJW 99, 1309; Görmer JurBüro 2010, 68 für Zinsen u Kosten). Zinsen auf die im Streit befindl Hauptforderung bleiben Nebenforderungen, wenn sie erst mit der Anschlussberufung in den Rechtsstreit eingeführt werden (OLG Schleswig SchlHA 76, 14), desgl bei Anfechtung des Teilurteils in der Hauptsache und *der Schlussurteils-Kostenentscheidung* (OLG Frankfurt JurBüro 81, 1732); anders, wenn der Zinsanspruch durch Klagerücknahme (§ 269 I) oder Verzicht hinsichtl der Hauptforderung (§ 306) oder durch Beschränkung des Rechtsmittelantrags auf das Zinsbegehren verselbständigt wird. **Hinterlegungszinsen** (BGH MDR 95, 196)

u Zinsen einer **Mietkaution** (OLG Frankfurt 17.2.2014 – 2 W 5/14) sind der Hauptsache hinzuzurechnen. **Künftige** Zinsen werden nach § 3 geschätzt (OLG Naumburg JurBüro 2007, 489), wobei § 9 herangezogen werden kann. Ist der **Erfüllungszeitpunkt ungewiss:** § 3 (BGH Rpfleger 81, 369).

4) Kosten. Gemeint sind nur die **vor Klageerhebung** entstandenen, sofern und solange sie neben der Hauptleistung gefordert werden, zB die Pauschale nach § 288 V 1 BGB (BAG MDR 2019, 1512), Abmahnkosten (BGH WRP 2015, 590), Kosten eines Vorprozesses (MskV/Heinrich Rn 16), Mahnkosten (OLG Bamberg JurBüro 85, 589), der mat-rechtl **KE** (BGH 19.2.2019 – XI ZR 112/18 Tz 7; BGH VersR 2019, 1451), Kosten eines **sBV** (OLG Frankfurt 17.7.2020 – 17 W 15/20 Tz 7; OLG Koblenz JurBüro 2012, 473; sa Rn 13). Im **Deckungsprozess** gegen den Haftpflichtversicherer sind die gegen den Versicherten im Vorprozess rechtskräftig festgesetzten Kosten hinzuzurechnen (BGH VersR 2021, 668 Tz 3), jedoch nicht die Kosten eines erwirkten PfÜB (BGH MDR 2015, 907) und nicht die titulierten Zinsen auf die Hauptforderung sowie die titulierten außergerichtl Anwaltskosten des Haftpflichtprozesses (BGH VersR 2021, 668 Tz 4). – Bei der **Klage aus § 826 BGB** auf Titelherausgabe und Unterlassung der Vollstreckung bleiben die festgesetzten Kosten außer Ansatz (BGH NJW 68, 1275). – Bei einem bloßen Kosten-Schlussurteil ist der Streitwert für die gegen Teil- und Schlussurteil eingelegten Berufungen nur nach dem Wert der Hauptsache anzusetzen (OLGR Jena 2002, 196). 12

Vorprozessuale Kosten zur Durchsetzung des Anspruchs (anwaltl **Geschäftsgeb**, 2300 RVG-VV, Schreiben einfacher Art, 2301 RVG-VV) sind Nebenforderung und wirken grds nicht werterhöhend (allgM; BGH VersR 2019, 1451 Tz 20), unabhängig von der Formulierung des Klageantrags (BGH NJW-RR 2008, 374); das gilt auch für die Beschwer (BGH MDR 2011, 811; OLG Köln FamRZ 2019, 623 Tz 7). Anders nur, wenn sich diese Kosten ganz/teilweise auf einen Anspruch/Anspruchsteil beziehen, der nicht Gegenstand des Rechtsstreits wurde (allgM; zB OLG Hamm 11.11.2022 – 26 W 7/22) oder danach in erster Instanz (BGH VersR 2019, 633 Tz 7) oder im Rechtsmittelverf (BGH MDR 2013, 816) nicht mehr verfolgt wird. Berechnung des Anteils der Geschäftsgeb, der werterhöhend wirkt, wie BGH MDR 2020, 1149 Tz 7 (Fischer MDR 2020, 1235): Differenzmethode; aA LG OLG Saarbrücken NJW-RR 2018, 1339 Tz 22 (zust N. Schneider NJW-Spezial 2023, 155): eine Gebühr aus dem vorgerichtlich erledigten Streitwertteil. – Kosten des **sBV** sind Kosten des anschließenden Rechtsstreits. Werden sie im Klageantrag genannt, ist auszulegen, ob sie überhaupt eingeklagt werden sollen oder nur ein Hinweis auf § 308 II sind. Werden sie eingeklagt, sind sie Nebenforderung iS § 4 (OLG Hamm 9.8.2016 – 32 SA 40/16 Tz 10; aA OLG München 8.6.2017 – 13 W 916/17 Tz 11, wenn sie als Schadensersatz eingeklagt sind), auch wenn sie nicht gesondert ausgewiesen, sondern in die Hauptforderung eingerechnet sind (OLG Frankfurt 17.7.2020 – 17 W 15/20 Tz 9). – Wird der Hauptanspruch übereinstimmend für erledigt erklärt, werden die Kosten Hauptforderung (BGH MDR 2008, 404), weil nun kein Abhängigkeitsverhältnis mehr besteht. Entsprechendes gilt für eine übereinstimmende Teilerledigung (BGH 21.1.2014 – VI ZB 43/13 Tz 5, 6). – Ein Gutachten der RAK (§ 14 RVG) ist im Rechtsstreit des Mandanten mit Drittem u im KFV (OLG Koblenz MDR 2009, 716) nicht einzuholen (Arz NJW 2019, 1858, 1859), denn § 14 RVG meint nur das Rechtsverhältnis des RA zu seinem Auftraggeber (OLG Frankfurt NJW-RR 2021, 63 Tz 52; sa BTDrs 15/1971, 236 zu § 14 RVG). 13

IV) Wechsel (§ 4 II). § 4 II gilt auch für den Scheck und gilt nicht nur in den Verf nach §§ 602, 605a, sondern auch im ordentlichen Verf. Die Wechselsumme ist Hauptforderung, auch wenn sie Kosten und/oder Zinsen enthält. Zinsen, Kosten und Provision außerhalb der Wechselsumme (Art 48 f WG; Art 45 f ScheckG) werden von II als Nebenforderungen definiert. Diskontspesen u die Wechselunkosten, die der Kl im Regressweg bezahlt hat u gegen den Bürgen mit der Wechselsumme einklagt, sind Hauptforderung (MskV/Heinrich Rn 18), denn § 4 II gilt nicht für Ansprüche gegen den Bürgen (PG/Beumers Rn 27); hier ist nur, wie allgemein, § 4 I Hs 2 zu beachten. 14

V) Gebührenberechnung des Gerichts. Nebenforderungen bleiben grds unberücksichtigt (§ 43 I GKG), es sei denn, sie sind allein (ohne den Hauptanspruch) betroffen (§ 43 II GKG). Obergrenze ist immer der Wert des Hauptanspruchs. 15

§ 5 Mehrere Ansprüche

Mehrere in einer Klage geltend gemachte Ansprüche werden zusammengerechnet; dies gilt nicht für den Gegenstand der Klage und der Widerklage.

I) Geltungsbereich. 1) Mehrere Ansprüche. § 5 Hs 1 gilt bei (subj, §§ 59 ff oder obj, § 260) Klagenhäufung für den Zuständigkeits- und den Rechtsmittelstreitwert (MskV/Heinrich Rn 2). Aber entgegen Hs 1 für die Zuständigkeit keine Addition mit einem Anspruch für den, unabhängig vom Wert, eine ausschließliche Zuständigkeit besteht (PG/Beumers Rn 23; St/Loyal Rn 26). Bei der nachträglichen Klagenhäufung (§ 261 II) sind am AG §§ 504, 506 zu beachten. – Der Gebührenstreitwert ist in § 39 I GKG geregelt, vorbehaltl gebührenrechtl Sonderregelungen wie zB § 48 III, § 42 I, § 45 I 3 GKG. 1

2) Klage und Widerklage. § 5 Hs 2 gilt nur für den Zuständigkeitsstreitwert (Schneider MDR 88, 271). Nur der höhere Wert der Klage oder der Widerklage ist entscheidend. Eine Verweisung vom AG an das LG (§ 506) setzt voraus, dass die Widerklage alleine den amtsgerichtlichen Zuständigkeitswert überschreitet. Am LG fällt in des- 2 sen Zuständigkeit eine Widerklage, für die, isoliert betrachtet, das AG zuständig wäre. – Der **Gebührenstreitwert** richtet sich nach § 45 I 1, 3, II GKG. Betreffen Klage u Widerklage dens Streitgegenstand, berechnen sich die Geb nach dem einfachen Wert des Gegenstands (zB bei wechselseitigen Auskunftsansprüchen, OLG Jena JurBüro 2013, 26); andernfalls nach der Summe der beiden Werte. Die sog **Identitätsformel** (RGZ 145, 166; BGHZ 43, 31; ausf OLG Bamberg 17.1.2011 – 3 W 177/10) zu § 45 I 1 GKG, wonach Wertaddition ausgeschlossen ist, wenn die beiderseitigen Ansprüche einander ausschließen, so dass die Zuerkennung des einen Anspruchs notwendig die Aberkennung des anderen bedingt, passt nur, wenn es um dens Streitgegenstand geht (Schneider/Kurpat/Kurpat Rn 2.2524). Sie passt nicht bei Teilidentität (OLG Köln JurBüro 90, 241), also nicht bei wechselseitigen Teilansprüchen aus dems Rechtsverhältnis, die sich aber wirtschaftl nicht überschneiden (BGH MDR 2014, 627; KG 12.5.2022 – 5 U 139/19 Tz 143 [wechselseitige Unterlassungsansprüche]; OLG Braunschweig MDR 2021, 1142 [Pflichtteilszahlung und -rückzahlung]), OLG Brandenburg NJW-RR 2025, 383 [Werklohn und Widerklage auf Schadensersatz], u zB nicht bei Herausgabeklage mit einer Zahlungswiderklage Zug um Zug gegen Herausgabe (OLGR Hamburg 2000, 306), Herausgabeklage und Widerklage auf Übereignung dieser Sache (OLG München MDR 2015, 984), Leistungs-/Feststellungsklagen und Widerklage auf Zustimmung zu einem Aufteilungsplan (OLG Karlsruhe ErbR 2025, 225) oder Zahlungsklage und Widerklage auf Auflassung (OLG Nürnberg 5.5.2022 – 13 W 1050/22 Tz 8). In all diesen Fällen fehlt es nämlich an der wirtschaftl Identität, weshalb die Werte addiert werden. Sa § 3 Rn 16.104.

3 **II) Addition.** Zusammenrechnung nach § 5 grds bei anfänglicher oder nachträglicher obj (§§ 260, 261 II) oder subj (§§ 59 ff) Klagenhäufung, wenn die Ansprüche verschiedene Streitgegenstände haben, u zwar unabhängig von der Verfahrensart, also auch im Arrest- oder Verfügungsverf. Zum Streitgenossenprozess s § 3 Rn 16.157. – § 5 setzt voraus, dass die Ansprüche nebeneinander (gleichzeitig) verfolgt werden (MK/Wöstmann Rn 3; MskV/Heinrich Rn 5; PG/Beumers Rn 3). – Für den Gebührenwert gilt dies nicht (aA Fölsch NZM 2016, 500, 501; OLG Düsseldorf JurBüro 2010, 648 LS; OLG Dresden JurBüro 2007, 315; OLG Frankfurt NJW-RR 2009, 1078; OLG Stuttgart MDR 2012, 314). Alle selbständigen Streitgegenstände, auch wenn sie nur nacheinander (Teilrücknahme/-erledigung u – gleichzeitige oder nachfolgende – Klageerweiterung) oder im Wege der Klageänderung durch Klagegrundwechsel rechtshängig werden, werden addiert (§ 39 I GKG; inzwischen wohl hM; MskV/Heinrich Rn 2; Schneider/Kurpat/Kurpat Rn 2.2549; OLG Stuttgart 16.5.2023 – 10 W 19/23; OLG Karlsruhe MDR 2023, 1618; OLG Schleswig NJW-RR 2022, 931; OLG Naumburg JurBüro 2022, 86; OLG Dresden JurBüro 2021, 637; OLG Rostock MDR 2020, 374; OLG München MDR 2017, 243; LAG Sachsen AGS 2017, 339; OLG Celle MDR 2015, 912; KG MDR 2008, 173; OLG Koblenz AGS 2007, 151).

Wichtige Prozesslagen:

4 **1) Haupt- und Hilfsanträge.** Keine Addition zur Ermittlung des **Zuständigkeitsstreitwerts**; entscheidend ist allein der höhere Anspruch (PG/Beumers Rn 14). – Den **Gebührenstreitwert** bilden beide Anträge, wenn beide beschieden wurden (§ 45 I 2 GKG) und nicht denselben Gegenstand betreffen (§ 45 I 3 GKG), also wenn eine wirtschaftliche Wertehäufung entsteht, nicht ein wirtschaftlich identisches Interesse betroffen ist (OLG Koblenz 19.12. 2018 – 9 U 805/18 Tz 57). Bei einem Hauptantrag auf Vollstreckbarerklärung eines ausl Urteils und Hilfsantrag auf Zahlung der Urteilssumme sollte wirtschaftl Identität eine Addition verbieten (aA OLG Saarbrücken JurBüro 2021, 593). – Hilfsbegründungen für denselben Anspruch sind wertmäßig immer unbeachtl. Sa § 3 Rn 16.73.

5 **2) Klage und Hilfswiderklage.** S § 3 Rn 16.74.

6 **3) Rechtsmittel.** Ermittlung der **Beschwer:** Bei einfachen Streitgenossen sind die Ansprüche zu addieren (BGH MDR 2015, 1149; sa § 3 Rn 16.157; § 511 Rn 25, Rn 26); immer unter der Voraussetzung, dass es sich nicht um wirtschaftl identische Streitgegenstände handelt, wie zB bei einem Anspruch eines Gl gegen Gesamtschuldner oder bei einem Anspruch von Gesamtgläubigern gegen einen Sch auf dieselbe Leistung. Auch bei der objektiven Klagenhäufung wird nach § 5 Hs 1 addiert. Beim Haupt- und Hilfsantrag ermittelt sich die Beschwer, wenn die Anträge zusammenzurechnen sind (§ 45 I 2 GKG), an Hand der Wertsumme (Schneider/Kurpat/Kurpat Rn 2.4291). § 5 Hs 2, wonach für die Bemessung des Zuständigkeitsstreitwerts die Zusammenrechnung der Klage u Widerklage zu unterbleiben hat, gilt nicht für die Beschwer (vor § 511 Rn 26b). Unterliegt eine Partei mit Klage u (Hilfs-)Widerklage, sind deshalb bei einem Rechtsmittel des Bekl für die Ermittlung der Beschwer beide Werte zusammenzurechnen (wie beim Gebührenwert, § 45 I 1 GKG), soweit keine wirtschaftl Identität besteht (BGH WuM 2020, 298 Tz 6; § 511 Rn 22).

7 **4) Zusammenrechnung.** Sie setzt voraus, dass eine wirtschaftl Wertehäufung entsteht (allgM; s BGH ZEV 2024, 319); zB bei Unterlassungsansprüchen gegen mehrere Unterlassungssch, da diese keine Gesamtsch sind (OLG Hamburg GRUR-RR 2006, 392; s § 3 Rn 16.172); ebenso bei Anträgen auf Widerruf ggü verschiedenen Adressaten (OLG München MDR 93, 286). Wechselseitige Rechtsmittel betr die Haftungsquote nach einem Verkehrsunfall (OLG Oldenburg AGS 2019, 518; N. Schneider NJW-Spezial 2023, 411) oder betr den Trennungsunterhalt (OLG Frankfurt FamRZ 2024, 484), wenn sich eine Partei gegen die teilw Abweisung, die andere gegen die teilw Verurteilung wendet. Auch vermögensrechtl und nichtvermögensrechtl Ansprüche werden addiert, wobei aber für den Gebührenwert die Einschränkung des § 48 III GKG zu beachten ist. Str ist die Addition bei der Stufenklage (s Rn 16.160); anders bei ihrem Gebührenwert, § 44 GKG).

5) Keine Zusammenrechnung. Wird neben einem Anspruch ein anderer geltend gemacht, der nur aus diesem folgt oder auf dasselbe Interesse ausgerichtet ist oder nur den Zweck verfolgt, ihn zu rechtfertigen oder ihm als Voraussetzung oder Begründung zu dienen, so liegt nur das Begehren einer einheitl Leistung vor. Immer, wenn trotz prozessualer Anspruchsmehrheiten keine wirtschaftl Wertehäufung entsteht, greift das sog **Additionsverbot wegen wirtschaftl Identität** ein (BGHReport 2004, 638; OLG Saarbrücken JurBüro 2020, 302 Tz 11). Dabei ist der Begriff „derselbe Gegenstand" in § 45 I 3 GKG ein selbständiger kostenrechtl Begriff und erfordert eine wirtschaftl Betrachtung (BGH ZInsO 2024, 319). **Bsp:** Beschiedene Hilfsaufrechnung und Widerklage, soweit sich die Streitgegenstände decken (OLG München NJW 2022, 2421); Leistungsanspruch aus Vorsatztat und Feststellungsklage nach § 850f II (BGH NStZ-RR 2023, 31); gegen Gesamtsch gerichtete gleiche Ansprüche (LG Berlin WuM 2016, 692: Räumung und Herausgabe); Zahlungsantrag und Freigabe eines darin enthaltenen Teilbetrages (OLGR Frankfurt 1994, 96); Leistung und Duldung (OLG Celle 2002, 11); Hauptschuldner und Bürge; Feststellung der Erfüllung und Schuldscheinrückgabe oder Löschung der dingl Sicherheit; Werklohn und Sicherungshypothek nach § 650e BGB (OLG Karlsruhe 27.12.2021 – 25 W 24/21 Tz 27; OLG Dresden JurBüro 2014, 584; OLGR Koblenz 2003, 256; OLG Stuttgart BauR 2003, 131; OLG Nürnberg MDR 2003, 1382; OLG Jena 18.2.2010 – 5 W 341/09; aA OLG Hamm JurBüro 2017, 586 und OLG Hamburg 3.12.2018 – 4 W 141/18: Erhöhung um 1/3; OLG Düsseldorf MDR 2009, 322: volle Addition); Werklohn und Sicherheitsleistung nach § 650f BGB (OLG Stuttgart MDR 2013, 741; aA OLG Hamburg MDR 2021, 610: Werklohnforderung zzgl 1/3 des Wertes der zu sichernden Forderung); Rückzahlung eines Kredits und Herausgabe der Sicherungsobjekte (BGHReport 2006, 921); Zahlung des Kaufpreises und Abnahme der Ware (hM; einschr Schneider/Kurpat/Monschau Rn 2.53); Inanspruchnahme von Gesamtsch (BGH NJW-RR 2004, 638) oder umgekehrt Klage von Grundstückseigentümern gegen Störer auf Lärmunterlassung; Feststellung, dass ein Zahlungsanspruch u eine dafür gegebene Sicherheit nicht bestehen, es sei denn, am Nichtbestehen der Sicherheit besteht ein zusätzl, den Forderungsbetrag übersteigendes Interesse (OLGR Koblenz 2008, 442); Abänderungsklage und Rückzahlungsantrag bei sich deckenden Zeiten (OLG Köln FamRZ 2011, 756 LS); Anspruch aus enteignungsgleichem Eingriff und Amtshaftung (BGH NJW 2010, 681); bei alternativer Klagebegründung (OLG Nürnberg 4.2.2010 – 4 W 1401/09); bei wechselseitig positiven Erbenfeststellungsklagen (BGH ZEV 2011, 656); beim Übergang von Rückabwicklung zu Schadensersatz (OLG Dresden NJ 2017, 157 Tz 8); beim Übergang von Vorschuss zu Schadensersatz (OLG Rostock 6.3.2023 – 3 W 25/23 Tz 10); bei einer Ratenrückzahlungsklage und einer Hilfsaufrechnung auf Wertersatz in Höhe dieser Raten (OLG Braunschweig 22.8.2023 – 7 W 8/23 Tz 5); bei Zahlungs- und Feststellungsantrag (obj Klagenhäufung) keine Addition, wenn dem Feststellungsantrag kein über die Zahlung hinausgehendes wirtschaftl Interesse zugrunde liegt (BGH 16.7.2019 – XI ZR 538/18 Tz 7; OLG Karlsruhe MDR 2022, 330) oder soweit sich beide Anträge auf denselben Zeitraum beziehen (OLG Dresden VersR 2022, 1018); bei subj Klagenhäufung auf Leistung gegen den Hersteller und auf Feststellung gegen die finanzierende Bank (OLG Stuttgart NJW-RR 2020, 255 Tz 17); ebenso OLG Saarbrücken NJW-RR 2019, 1535 Tz 9, wenn der Verkäufer aus Vertrag auf Leistung, der Hersteller aus Delikt auf Feststellung in Anspruch genommen werden. – Weder Addition noch Werterhöhung tritt ein, wenn nach § 519b ein Herausgabeantrag verbunden wird mit dem Antrag auf Leistung von Schadensersatz nach fruchtlosem Fristablauf (s § 510b Rn 9). In den Fällen der §§ 255, 259 bemessen sich Streitwert und Beschwer hingegen nach dem Antrag mit dem höheren Wert (BGH MDR 2018, 109 Tz 14). 8

6) Aufrechnung. Ebenso wie bei der Widerklage (§ 5 Hs 2 – § 45 I 1 GKG) ist auch bei Aufrechnung zwischen Zuständigkeitswert, Rechtsmittelwert und Gebührenwert zu unterscheiden. Für den **Zuständigkeitsstreitwert** werden Klageforderung u Gegenforderung nicht zusammengerechnet, wohl für den Gebührenstreitwert, wenn und soweit über eine str, hilfsweise vorgebrachte Gegenforderung mit Rechtskraftwirkung (§ 322 II) entschieden wird (§ 45 III GKG; s § 3 Rn 16.26). In der **Rechtsmittelinstanz** verwischen sich bei der Hilfsaufrechnung diese Grundsätze, weil dort die materielle Beschwer des aufrechnenden Bekl durchschlägt, so dass insoweit die Regelung des § 45 III GKG auch für die Beschwer gilt (s vor § 511 Rn 26a m Bsp, § 511 Rn 23). 9

III) Gebührenberechnung des Gerichts. Addition nach § 39 I GKG mit der allg Obergrenze von 30 Millionen Euro (§ 39 II GKG); Nebenforderungen bleiben außer Ansatz (§ 43 I GKG). Klage und Widerklage: § 45 I 1, 3 GKG; Hilfswiderklage: Werterhöhung, sobald der Eventualfall eintritt (OLG Stuttgart AGS 2012, 417); Hilfsantrag: § 45 I 2, 3 GKG; beschiedene Hilfsaufrechnung mit bestr Gegenforderung: § 45 III GKG. 10

§ 6 Besitz; Sicherstellung; Pfandrecht

[1]Der Wert wird bestimmt: durch den Wert einer Sache, wenn es auf deren Besitz, und durch den Betrag einer Forderung, wenn es auf deren Sicherstellung oder ein Pfandrecht ankommt. [2]Hat der Gegenstand des Pfandrechts einen geringeren Wert, so ist dieser maßgebend.

I) Anwendungsbereich. Wertvorschrift für Zuständigkeit und Rechtsmittelzulässigkeit; auf Gebührenstreitwert über § 48 I 1 GKG anzuwenden (BGH 17.12.2020 – IX ZR 208/18 Tz 1), wobei Verfassungsgrundsatz der Ver- 1 hältnismäßigkeit aber verlangt, dass dann der wirkliche wirtschaftl Streit der Parteien maßgebend ist (BVerfG NJW-RR 2000, 946; BGH 14.6.2016 – IX ZR 72/14 Tz 1; KG MDR 2018, 1371; ThP/Hüßtege Rn 4; einschränkend auf Ausnahmesituationen OLG Düsseldorf 23.2.2016 – 6 W 99/15; aA zB Roth MDR 2017, 1153 unter 4; MskV/Heinrich Rn 5; OLG Nürnberg MDR 95, 966; OLG München MDR 97, 599; OLGR Frankfurt 1995, 238, die § 6 auch gebührenrechtl rein formal anwenden; krit MK/Wöstmann Rn 2, das wirtschaftl Interesse des Bekl zur Grundlage der Streitwertfestsetzung zu machen). Sa § 3 Rn 16.22, 16.113.

2 **II) Besitz (§ 6 Satz 1 Alt 1). 1) Begriff.** Das sind die Fälle der §§ 854 ff BGB, also jede Besitzart. Man unterscheidet unmittelbaren, mittelbaren, Eigen- und Fremdbesitz. Dieser Besitz ist Gegenstand des Streits, wenn der Klageanspruch auf Erlangung, auf Duldung der Wegnahme oder Wiedererlangung (§ 861 BGB) gerichtet ist, also auf endgültiges Besitzen (St/Loyal Rn 5; MK/Wöstmann Rn 8). Nur anteilige Festsetzung bei Teil- oder Mitbesitz (ThP/Hüßtege Rn 3). Auf **Besitzdiener** ist § 6 nicht anwendbar (OLGR Frankfurt 2009, 930: § 3). Bei Besitzstörung (§ 862 BGB) gilt § 3 (s § 3 Rn 16.46).

3 **2) Sache.** „Sachen" erfasst bewegl und unbewegl Sachen. **Urkunden** dann, wenn der Besitz den Wert verkörpert (s Rn 8; MK/Wöstmann Rn 4).

4 **3) Wert.** Maßgebend ist der Wert der Sache. Zu schätzen (§ 3) ist der **objektive Verkehrswert** (MK/Wöstmann Rn 10; PG/Beumers Rn 10) bei Einreichung von Klage oder Rechtsmittel. Nach hM bleiben auf dem Grundstück ruhende Grundpfandrechte und sonstige Belastungen außer Betracht (BGH ZEV 2024, 33). Belastungen, die die wirtschaftl Nutzung des Grundstücks selbst mindern, verringern dagegen den Streitwert (PG/Beumers Rn 12 [Baubeschränkung, Wegerecht]; MK/Wöstmann Rn 12; MskV/Heinrich Rn 3). Außer Betracht bleiben nach hM auch Gegenleistungen/Gegenrechte/Einreden, selbst wenn nur sie str sind (MK/Wöstmann Rn 13 mN; s § 3 Rn 16.22, § 3 Rn 16.78). Die Gegenleistung ist aber maßgebend, wenn nur ihretwegen ein **Rechtsmittel** eingelegt wird (PG/Beumers Rn 11; allgM).

5 **4) Klage.** § 6 trifft bei allen Besitzklagen zu, gleichgültig ist die Klageart und gleichgültig ist auch, ob das Recht, auf Grund dessen die Sache in Anspruch genommen wird, dingl (zB Eigentum, Dienstbarkeit) oder obligatorisch (Verschaffungsanspruch) ist; entscheidend ist das Klageziel (PG/Beumers Rn 7). – Beim **einstweiligen Rechtsschutz** gilt § 3; aber § 6, wenn ausnahmsweise eine endgültige Regelung erfolgt (zB dauerhafte Herausgabe). Auch, wer hier § 3 anwendet, kommt iErg auf die Bewertung des § 6 S 1 Alt 1, weil jedenfalls der Hauptsachewert, also der Wert der Sache, anzusetzen ist (s § 3 Rn 16.92).

6 **III) Eigentum.** § 6 gilt nach allgM auch entsprechend bei Streit um das **Eigentum** (MskV/Heinrich Rn 2; MK/Wöstmann Rn 6), also zB bei Auflassung, Rückauflassung; s zur Wertermittlung in diesen Fällen die Stichwörter bei § 3 Rn 16. Zur bloßen „Eigentumsstörung" s § 3 Rn 16.60.

7 **IV) Herausgabe. 1) Sachen.** Beim Besitzstreit geht es häufig um die Herausgabe. Bei der Klage auf Herausgabe von Sachen ist auf den Endzweck des Prozesses Rücksicht zu nehmen, insb auf das zu Grunde liegende Rechtsverhältnis und den vom Kl verfolgten Zweck (OLGR Braunschweig 2000, 290). Für Herausgabeansprüche aus **Miet- oder Pachtverhältnis** gilt die Sondervorschrift des § 8 (BGH NZM 2013, 265), gebührenrechtl die des § 41 GKG. Bei Klage des Mieters auf Duldung der Wegnahme eingebauter Sachen: § 6 (nach dem idR verminderten Wert dieser Sachen, den sie nach der Trennung von den Mieträumen haben). Auch die Klage auf Einwilligung in die Herausgabe einer hinterlegten Sache richtet sich nach § 6, wobei gemeinsame Berechtigung mehrerer Personen zur Empfangnahme den Streitwert anteilig verringern kann. Zur Bewertung bei Herausgabeansprüchen s § 3 Rn 16.92.

8 **2) Urkunden.** Bei Klagen auf Herausgabe von Urk ist der Zweck der Klage zu ermitteln. Der Besitz von Inhaberpapieren und dergleichen kommt dem Betrag der darin verbrieften Forderung bzw dem Kurswert gleich (BGH NJW 89, 2755; OLGR Düsseldorf 1993, 266). Bei Klage auf Herausgabe von Schuldscheinen, Hypotheken- u Grundschuldbriefen und dergleichen, bei denen die beurkundete Forderung nicht an jeden Inhaber geleistet werden kann, trifft § 3 zu, wenn es sich nur um die Herausgabe, nicht auch um die beurkundete Forderung handelt. Beweisurkunden, Kfz-Briefe und Sparbücher fallen nicht unter § 6; hingegen solche Papiere, die einen eigenen Verkehrs- oder Marktwert haben, zB Baupläne (MK/Wöstmann Rn 4 mN; PG/Beumers Rn 4).

9 **V) Betrag einer Forderung (§ 6 Satz 1 Alt 2). 1) Nennbetrag.** Vorbehaltl der §§ 8, 9 ist ihr Nennbetrag ohne Nebenforderungen maßgebend. Der Rechtsgrund einer verlangten Sicherheit oder die Mittel der Sicherstellung sind unbeachtlich, weil es darauf iSd § 6 S 1 Alt 2 gerade nicht „ankommt" (MK/Wöstmann Rn 16). – § 6 gilt aber nicht, wenn es keinen für den Streitwert maßgebenden Betrag gibt, weil zB die Forderung unstr nicht/nicht mehr besteht (MskV/Heinrich Rn 6; MK/Wöstmann Rn 18; OLG Brandenburg 27.5.2020 – 11 W 5/20 Tz 12; aA St/Loyal Rn 36; BGH MDR 2017, 608 [Löschung einer nicht mehr valutierten Grundschuld]; OLG Brandenburg JurBüro 2022, 420).

10 **2) Sicherstellung/Pfandrecht.** Mit Sicherstellung ist eine Sicherheit gemeint, die noch geleistet werden soll. Das Pfandrecht sichert dagegen schon die Forderung. Nur sie dürfen Streitgegenstand sein, geht es auch noch um die zu sichernde/gesicherte Forderung, ist § 6 unanwendbar (MK/Wöstmann Rn 16). § 6 ist weit zu verstehen; gemeint ist bei der Sicherstellung jegliche noch zu leistende Sicherheit (MskV/Heinrich Rn 6 mN; MK/

Wöstmann Rn 15 mN) und beim Pfandrecht jede bereits geleistete Sicherheit (MskV/Heinrich Rn 8 m Bsp). S hierzu die Stichworte in der ABC-Reihe § 3 Rn 16).

VI) Wertbegrenzung (§ 6 Satz 2). S 2 trifft zu bei Streit, ob ein PfandR besteht oder nicht, ob es erloschen ist oder aufgehoben werden muss. Auch bei Klagen auf Zustimmung zur Grundbuchberichtigung, wenn Ziel der Erhalt der Rechtsposition ist (BGH 7.4.2022 – IX ZR 51/21 Tz 3); ferner bei Klage des Eigentümers von bewegl oder unbewegl Sachen oder Rechten an diesen auf Feststellung der Freiheit seines Eigentums von PfandR, bei Klage auf Rangeinräumung, Pfandherausgabe zwecks Verkaufs und Klagen, mit denen der Eigentümer der Pfandsache wegen Tilgung der Pfandschuld Quittungsleistung und Löschungsbewilligung fordert. Ob das PfandR auf Vertrag, Gesetz oder auf Pfändung gestützt ist, ist gleichgültig. – Solange ein PfandR noch nicht begründet worden ist, sondern nur erstrebt wird, ist allein die Forderung wertbestimmend und S 2 noch nicht anzuwenden (OLG München Rpfleger 59, 74; Schneider/Kurpat/Seggewiße Rn 2.3867; aA St/Loyal Rn 34; PG/Beumers Rn 14; AG/Gehle Rn 14: keine Unterscheidung wegen wirtschl Gleichwertigkeit). – Bei Berechnung der gesicherten Forderungen sind **Zinsen und Kosten** nicht zu berücksichtigen (§ 4 I). Der Wert des Pfandrechts ist die Obergrenze (S 2); hier werden Nebenforderung berücksichtigt, wenn der Wert des Sicherungsgegenstandes maßgebl ist und die Nebenforderungen seinen Wert mitbestimmen (OLG Brandenburg 27.5.2020 – 11 W 5/20 Tz 11; BGH MDR 95, 196; MK/Wöstmann Rn 17). – Zur Klage auf Bewilligung der **Löschung**, auf Feststellung des Erloschenseins einer Hypothek oder Grundschuld oder der auf Erteilung einer löschungsfähigen Quittung s § 3 Rn 16.112, § 3 Rn 16.96. 11

§ 7 Grunddienstbarkeit

Der Wert einer Grunddienstbarkeit wird durch den Wert, den sie für das herrschende Grundstück hat, und wenn der Betrag, um den sich der Wert des dienenden Grundstücks durch die Dienstbarkeit mindert, größer ist, durch diesen Betrag bestimmt.

I) Grunddienstbarkeiten. 1) Begriff. Es sind Rechte (s §§ 1018 ff BGB), die dem jew Eigentümer eines (herrschenden) Grundstücks an einem anderen (dienenden) Grundstück zustehen u dahin gehen, **a)** dass der Berechtigte das dienende Grundstück in einzelnen Beziehungen benutzen darf (zB Gehen, Fahren über das Grundstück) oder **b)** dass er die Vornahme gewisser Handlungen auf dem Grundstück verbieten kann (zB gewisse Stellen dürfen nicht mit Fenstern versehen werden) oder **c)** dass die Ausübung gewisser Rechte, die sich von Gesetzes wegen aus dem Eigentum des dienenden Grundstücks ggü dem herrschenden Grundstück ergeben, ausgeschlossen wird. 1

2) Anwendungsbereich. § 7 trifft zu bei Klagen auf **Bestellung** einer Grunddienstbarkeit, auf **Feststellung des Bestehens** oder **Nichtbestehens** oder des **Umfanges**. Auf **Unterlassung** der Beeinträchtigung einer Grunddienstbarkeit gem § 1027 BGB, wenn der Umfang der Grunddienstbarkeit str ist, sowie bei nachbarrechtl Eigentumsbeschränkungen, zB **Licht-** oder **FensterR** (BGH Rpfleger 59, 112) und bei der Klage auf Duldung eines **Notweges** (BGH GE 2018, 323 Tz 3; BGH NZM 2017, 54 Tz 5; s § 3 Rn 16.125) oder **Überbaus** (sa Rn 5; § 3 Rn 16.169) sowie bei Klagen auf Benutzung des Nachbargrundstücks (BGH 13.10.2016 – V ZR 14/16: Zufahrtsweg). Bei der Klage auf Bewilligung der **Löschung** einer Grunddienstbarkeit entscheidet die aktuelle Wertminderung, die das Grundstück durch die Belastung erfährt (BGH NJW-RR 2014, 1297). 2

Richtet sich die **Abwehrklage aus § 1004 BGB** gegen einen Bekl, der kein Recht für sich in Anspruch nimmt, so gilt § 3; aber § 7, wenn die Störung in der Ausübung einer angemaßten Grunddienstbarkeit besteht (MskV/Heinrich Rn 4; aA MK/Wöstmann Rn 7). 3

3) Wertermittlung. Die Werte des § 7 sind nach § 3 zu schätzen (OLG Hamm 7.12.2018 – 32 SA 58/18 Tz 18; MK/Wöstmann Rn 9: Differenzberechnung; Wert mit/ohne Dienstbarkeit), wobei es gem § 4 auf den Zeitpunkt der Klageeinreichung bzw Rechtsmitteleinlegung ankommt. Ist zusätzl auf Beseitigung einer Anlage geklagt, so sind die hierfür nötigen Kosten zu berücksichtigen. – In der **Rechtsmittelinstanz** ist das Interesse des Rechtsmittelkl an der Abänderung der Entscheidung maßgebend; § 7 gilt hier nicht (BGH 13.1.2022 – V ZR 135/21 Tz 1 mN). Wert des Beschwerdegegenstandes daher: **a)** bei Klageabweisung in Höhe der vergebl angestrebten Wertsteigerung des herrschenden Grundstücks (BGH GE 2015, 1155); **b)** bei Verurteilung die volle Wertminderung des dienenden Grundstücks (BGH MDR 2004, 296 LS). – Es gilt das allg Additionsverbot bei wirtschaftl identischen Ansprüchen (BGH WuM 2022, 368 [für den Gegenstandswert]). 4

II) Vorrang. § 3 geht vor und schließt § 7 aus, wenn es sich um **rein schuldrechtl Verpflichtungen** handelt, zB um die Duldung der Durchlegung von Wasserleitungen (oder deren Verlegung an eine andere Stelle, OLGR Frankfurt 2009, 887), um die Unterlassung von Bauten oder die Entnahme von Wasser, um eine **beschränkte persönl Dienstbarkeit** (§ 1090 BGB; OLG Celle 21.8.2021 – 2 U 12/21 Tz 137; ebenso OLG Dresden JurBüro 2023, 541, das dann im Rahmen des § 3 aber den Rechtsgedanken des § 7 anwendet; zust AG/Gehle Rn 3), um 5 ein **Vorkaufsrecht** (§ 1094 BGB) oder um eine **Reallast** (§ 1105 BGB). – **Beseitigung eines Überbaus:** grds § 3 (s § 3 Rn 16.169; BGH MDR 86, 663; OLGR München 1997, 140); anders, wenn der Bekl ein Recht zum Überbau aus einer Grunddienstbarkeit herleitet; dann gilt § 7 (Schneider Anm zu BGH KoRsp ZPO § 7 Nr 2; MskV/Heinrich Rn 4; ThP/Hüßtege § 3 Rn 145; aA BGH JurBüro 86, 910; MK/Wöstmann Rn 7; PG/Beumers Rn 3; Schneider/Kurpat/Seggewiße Rn 2.4835). Dass Einwendungen des Bekl sich auswirken können, ist der Wertermittlung nicht fremd (s zB § 3 Rn 16.117).

§ 8 Pacht- oder Mietverhältnis

Ist das Bestehen oder die Dauer eines Pacht- oder Mietverhältnisses streitig, so ist der Betrag der auf die gesamte streitige Zeit entfallenden Pacht oder Miete und, wenn der 25fache Betrag des einjährigen Entgelts geringer ist, dieser Betrag für die Wertberechnung entscheidend.

1 **I) Anwendungsbereich. 1)** § 8 gilt für den Zuständigkeitsstreitwert, den Rechtsmittelstreitwert und den Wert des Beschwerdegegenstandes (§ 511 II Nr 1). Der Gebührenstreitwert ist selbständig in § 41 GKG geregelt.

2 **2)** Für die Anwendung des § 8 spielt es keine Rolle, aus welchem rechtl Gesichtspunkt der Streit besteht (BGH WuM 2006, 45); auch die Qualifizierung des Vertrages ist nicht entscheidend, soweit es jedenfalls um die entgeltl Überlassung zum Gebrauch geht (BGH MDR 2005, 204). – § 8 gilt für bewegl (insoweit abw von § 41 II GKG) und unbewegl Sachen. – Die Verteidigung mit einem angebl Miet- oder Pachtverhältnis macht § 8 anwendbar (BGH MDR 2005, 204). – Auch Kleingartenpachtverhältnisse (BKleingG) unterfallen § 8 (BGH MDR 2024, 59).

3 **3)** § 8 gilt **nicht** bei Klagen auf **Zahlung** von Miete (BGH NZM 2002, 736, auch wenn nur der Bestand des Mietverhältnisses str ist) oder Pacht, ordnungsgemäße Bewirtschaftung, bei Klagen Dritter oder gegen diese bzgl des Miet-/Pachtverhältnisses (BGH MDR 2019, 252 Tz 4 mit Ausnahme, wenn der Bekl zwar nicht Partei des Nutzungsvertrags ist, aus diesem aber für sich ein Besitzrecht ableitet); nicht bei Klagen auf Abschluss eines Vertrages und nicht, wenn nur die Folgen der Auflösung des Miet- oder Pachtverhältnisses str sind, und bei Klagen des Vermieters auf Räumung bei unbestrittenem Ende der Mietzeit; letztl auch nicht bei **Miet- oder Pachterhöhungsklagen**, Klagen auf Durchführung/Duldung von Maßnahmen zur **Instandsetzung, Modernisierung** oder **Erhaltung** der Mietsache.

4 **II) „Streitige Zeit".** Maßgebend sind zunächst die Angaben in der Klageschrift. Säumnis des Bekl (§ 331 I 2) oder Geständnisfiktion (§ 138 III) sind unerhebl. Beruft sich ein Nutzungsberechtigter auf Kündigungsschutz, dauert die str Zeit bis zum ihm günstigsten Beendigungszeitpunkt (BGH 23.1.2019 – XII ZR 95/17 Tz 6). Lässt sich die str Zeit nicht erkennen, sich mangels Anhaltspunkte nicht bestimmen, ist **§ 9 entspr** anwendbar (BGH AGS 2019, 410 Tz 6; BGH MDR 2019, 252 Tz 5), so bei auf unbefristete Zeit angemietetem Wohnraum (stRspr; BGH NJW-RR 2025, 60) und lebenslangen Nutzungsrechten (stRspr; BGH WuM 2014, 428). Dies gilt auch für Fälle außerhalb der Wohnraummiete (Garage: BGH WuM 2007, 328 [Flatow WuM 2007, 438]; Trockenboden: BGH NZM 2008, 404 LS; Kleingarten: BGH MDR 2016, 122 Tz 6). Dabei wird der Streit um die rechtl Einordnung eines (Pacht-)Verhältnisses nicht höher bemessen als der Streit um dessen Bestand selbst (BGH MDR 2010, 355). – Wird eine Einmalmiete vereinbart für eine lebenslange Wohndauer, ist sie auf die Dauer der Lebenserwartung des Mieters zu verteilen (BGH NJW-RR 2016, 1528). – Die str Zeit beginnt nach vorausgegangener Kündigung mit Klageerhebung (BGH NZM 2005, 435) und endet mit dem Tag, an dem der Vertrag unbestritten ablaufen würde, bei Verträgen auf festbestimmte Zeit nach deren Ablauf, bei Verträgen mit Kündigungsfristen oder auf unbestimmte Zeit mit dem Tag, auf den derj hätte kündigen können, der die längere Bestehenszeit behauptet (BGH NZM 2004, 460). – Im **Rechtsmittelverf** ist nicht die Einlegung des Rechtsmittels maßgebend, da § 8 auf „die gesamte str Zeit" abstellt und insoweit § 4 I verdrängt (BGH MDR 59, 1009). Dies gilt auch beim Streit, ob eine Kündigung ohne Einhaltung einer Frist berechtigt war, oder wenn gem § 257 Klage auf künftige Räumung an einem bestimmten Kalendertag erhoben wird, es sei denn, dass die Zeit nach diesem Tag str würde. Kein Abschlag, obwohl nur Feststellungsklage (BGH NZM 2009, 51).

5 **III) „Pacht oder Miete".** Das ist der in Geld zu zahlende oder in Naturalien zu erbringende Miet- oder Pachtbetrag. Betriebskostenvorauszahlungen erhöhen den Beschwerdewert nach BGH, der auf die Nettomiete abstellt, nicht (BGH WuM 2016, 376 Tz 2; BGH NZM 2016, 760 Tz 2 [abl Börstinghaus]; so auch KG GE 2019, 1110 Tz 1). Will man Nebenkosten einbeziehen, muss ihr Entgeltcharakter (= Gegenleistung für die Gebrauchsüberlassung) festzustellen sein (so BGH MDR 2009, 277 für öff-rechtl Lasten, § 5 V BkleingG). Das ist zu eng; sachgerecht ist, grds die Bruttomiete anzusetzen (Börstinghaus aaO). – Es entscheidet die vertragl vereinbarte Miete, nicht der Betrag, den eine Partei als den angemessenen erachtet, nicht ein objektiver Mietwert und auch keine fiktive Marktmiete (BGH WuM 2020, 298 Tz 3 mN). Bei wechselnden Jahresbeträgen ist vom höchsten Jahresbetrag *der str Zeit* auszugehen (MK/Wöstmann Rn 16 mN; MskV/Heinrich Rn 5; BGH MDR 2006, 384 zu § 41 GKG). – Ist das str Nutzungsverhältnis **unentgeltlich**, ist der Wert des Räumungsantrags nach §§ 3, 9 zu bestimmen, nicht nach § 6 (BGH 12.4.2018 – V ZR 230/17 Tz 5). – Mittelbare Belastungen (Kosten der Räu-

mung) lässt der BGH (BGH MDR 2016, 122 Tz 10) unberücksichtigt; wird der Bekl hingegen zur Räumung und daneben zur Entfernung von Gebäuden verurteilt, wertet der BGH nach § 8 (Räumung) und § 3 (Abriss) und addiert (BGH MDR 2016, 122 Tz 11, 12).

§ 9 Wiederkehrende Nutzungen oder Leistungen

[1]Der Wert des Rechts auf wiederkehrende Nutzungen oder Leistungen wird nach dem dreieinhalbfachen Wert des einjährigen Bezuges berechnet. [2]Bei bestimmter Dauer des Bezugsrechts ist der Gesamtbetrag der künftigen Bezüge maßgebend, wenn er der geringere ist.

I) Anwendungsbereich. § 9 (nach Lappe NJW 93, 2785 II verfassungswidrig; aA OLG Frankfurt JurBüro 94, 738) gilt für den **Zuständigkeits**- und den **Rechtsmittel**streitwert (BGHReport 2003, 1036). Für den **Gebühren**streitwert gilt § 9 nur, soweit das GKG Regelungen nicht bereithält, s §§ 41 ff GKG. Auch setzt § 9 voraus, dass das **StammR** selbst **Streitgegenstand** ist und nicht nur einzelne Leistungen eingeklagt werden. Das StammR wird voll geltend gemacht bei der **negativen Feststellungsklage** (BGHZ 2, 277). Ob bei der **positiven Feststellungsklage** § 9 nur über § 3 (BGH MDR 2000, 975 Tz 6: § 3 iVm dem Rechtsgedanken des § 9) oder direkt (MK/Wöstmann 8; MskV/Heinrich Rn 4) anwendbar ist, ist für das Ergebnis ohne Bedeutung, da nach beiden Auffassungen der 20%ige Abzug vorzunehmen ist (MK/Wöstmann Rn 10; MskV/Heinrich Rn 4). Das StammR muss erfahrungsgemäß 3½ Jahre dauern können (MskV/Heinrich Rn 3), sonst gilt § 3 (aA PG/Beumers Rn 1: immer § 9). – Beschwer in Mietsachen: Bei **Räumungsklagen** wird anstelle des § 8 der § 9 entspr angewandt (s § 8 Rn 4). Zur Beschwer bei Tierhaltung s § 3 Rn 16.117. §§ 3, 9 gelten zB bei Klagen auf **Mieterhöhung:** 3,5facher Jahresbetrag der einjährigen Erhöhung (BGH NJW-RR 2019, 333 Tz 2; BGH WuM 2007, 32 Tz 4); ebenso bei Klagen auf **Herabsetzung** der Miete (BGH JurBüro 2004, 207 Tz 5); bei Klagen auf Duldung von **Modernisierungsarbeiten:** 3,5facher Jahresbetrag der zu erwartenden Mieterhöhung (BGH ZMR 2020, 637 Tz 9); bei Verurteilung zur **Mängelbeseitigung:** 3,5facher Jahresbetrag der mangelbedingten Mietminderung (BGH ZMR 2020, 637 Tz 11; BGH WuM 2020, 801 Tz 11); ebenso bei Abweisung der Mängelbeseitigungsklage (BGH WuM 2020, 300 Tz 3) und bei abgewiesener Klage auf Feststellung einer **Mietminderung** (BGH WuM 2020, 300 Tz 3). – Zum Gebührenwert s § 3 Rn 16.117. – Im FamGKG ist ein Rückgriff auf § 9 nicht möglich (N. Schneider Anm zu OLG Frankfurt NZFam 2021, 985). 1

II) „Wiederkehrend". Nutzungen und Leistungen sind wiederkehrend, wenn sie sich in regelmäßigen oder unregelmäßigen Zeitabschnitten als einheitl Folgen eines Rechtsverhältnisses ergeben. 2

1) § 9 ist **nicht anwendbar**, wenn es sich um einmalige (zB Lagergeld), ununterbrochen fortdauernde (zB ein WohnR oder ein Nießbrauch), nur vorübergehend wiederkehrende oder nicht gleichbleibende Nutzungen oder Leistungen handelt. Dann Festsetzung nach § 3; ebenso, wenn auf Entrichtung einer erst in Zukunft beginnenden Rente geklagt wird oder das Recht bedingt ist, die jährl Leistungen erst nach einer Reihe von Jahren beginnen sollen (RGZ 26, 409). Klage gegen einen Dritten auf Befreiung von einer wiederkehrenden Leistung (BGH Rpfleger 74, 428). 3

2) § 9 ist **anwendbar** bei Leibrenten (§§ 759 ff BGB), Reallasten (§ 1105 BGB, OLGR Frankfurt 1993, 47) oder Altenteil (Altsitz, Ausgeding), Rentenansprüchen aus unerlaubter Handlung (§§ 843, 844 BGB), Schmerzensgeldrente (BGH 13.8.2015 – III ZR 142/14), Klage auf Überbau- oder Notwegrenten (§§ 912, 917 BGB), Klagen auf Erhöhung des Erbbauzinses (BGH NZM 2012, 473), auf Versicherungsbeiträge und laufende Leistungen, vertragl festgelegten Unterhalt (OLG Karlsruhe JurBüro 2006, 145), auf Dienst- oder Versorgungsbezüge, Abnahmeklage nach dem StromeinspeisungsG (OLG Schleswig SchlHA 99, 54), Klage auf künftige Beitragsbefreiung (BGH 8.7.2020 – IV ZR 7/20 Tz 6), Klage auf Feststellung des Fortbestandes eines Krankentagegeldvertrages (BGH MDR 2000, 850; s § 3 Rn 16.184), Regressklage wegen entgangenen Unterhalts (OLG Düsseldorf FamRZ 2004, 1225), jährl Heckenrückschnitt (BGH MDR 2012, 117), Zahlung künftiger WEG-Hausgelder (§ 258; LG Karlsruhe 8.7.2022 – 11 T 42/22), die Verpflichtung, künftig wiederkehrende Behandlungskosten zu übernehmen (OLG Hamm NJW-RR 2022, 144). – Monatl Einlageleistung für die Dauer einer Mitgliedschaft; str ist hier, ob eine negative Feststellungsklage des Sch nach § 9 zu bewerten ist (zutr KG MDR 2010, 47 mit Abgrenzung zur ratenweisen Tilgung einer gestundeten Verpflichtung; OLG Karlsruhe MDR 2012, 1482; ohne Begründung ebenso BGH 4.4.2005 – II ZR 192/04) oder nach § 3 (OLG Frankfurt MDR 2009, 353, weil der Urteilsausspruch das gesamte, in seiner Höhe feststehende Bezugsrecht ergreift, so dass es an der für § 9 erforderl Unsicherheit künftiger Entwicklung fehle). 4

III) Berechnung. Der einjährige Bezug (= Jahresbezug ab Klageeinreichung; MskV/Heinrich Rn 5) wird mal 3,5 genommen. Abzustellen ist bei sich verändernden Jahreswerten auf den höchsten Einzelwert in den ersten 3½ Jahren (BGH MDR 2017, 965). – **Rückstände** bis zur Klageeinreichung sind hinzuzurechnen (OLG Schleswig NJW-RR 2018, 894; s § 42 III 1 Hs 1 GKG). Danach fällig werdende Beträge werden alle von § 9 erfasst (KG 21.12.2021 – 8 W 28/21 Tz 5; MskV/Heinrich Rn 5). Sie sind deshalb für die Berechnung der Rechtsmittel- 5 beschwer auch dann nicht zu berücksichtigen (BGH 8.7.2020 – IV ZR 7/20 Tz 2; BGH 13.8.2015 – III ZR 142/14 Tz 5), wenn sie zu einer Summe zusammengefasst werden. – Werden im Rechtsstreit fällig gewordene Beträge nachträgl im Wege der Leistungsklage neben der ursprüngl Feststellungsklage geltend gemacht (§ 260), erfolgt Addition (§ 5; MskV/Heinrich Rn 5), nicht aber, wenn die Leistungsklage an die Stelle der Feststellungsklage tritt (§ 264 Nr 2; OLG Hamm NJW-RR 2017, 154 Tz 16, 19).

6 **IV) Renten.** Für ges und vertragl Renten aller Art gilt § 9, und auch für den Gebührenwert (§ 48 I 1 GKG; Enders JurBüro 2014, 337), allerdings nur für künftige Leistungen. Da eine § 42 III 1 Hs 1 GKG entspr Regelung in § 9 fehlt, werden die bei Klageeinreichung fälligen Beträge beim Streitwert über § 42 III GKG berücksichtigt (BRDrs 517/12, 372; KG 21.12.2021 – 8 W 28/21 Tz 5; N. Schneider NJW-Spezial 2016, 603 zu quartalsmäßigen Fälligkeiten). Abzustellen ist nach dem Wortlaut des § 42 III 1 Hs 1 GKG auf die „bei Einreichung" fälligen Beträge (BGH 13.3.2020 – VI ZR 415/18 Tz 1; Schneider/Kurpat/Schneider Rn 2.1457; Rn 2.1459; AG/Gehle Rn 8 [Beträge seit Einreichung der Klage sind nicht hinzuzurechnen]). Das entspricht der Regelung in § 4, § 40 GKG sowie § 51 FamGKG. Für die Zuständigkeit (§ 9) auf die Klageerhebung (§ 253 I = Zustellung der Klageschrift), für den Gebührenwert (§ 42 III GKG) auf die Einreichung der Klage als die maßgebenden Zeitpunkte stellt MskV/Heinrich Rn 5, Rn 8 ab. – Bei zeitlich begrenzter Rentenzahlungsklage und Feststellungsantrag für die Zeit nach Zahlungsablauf erhöht der Feststellungsantrag wegen funktionaler Einheit den Gebührenwert nicht (OLG München 30.1.2019 – 24 U 3213/17 Tz 6); bei der Beschwer ist er aber zu beachten. – Wiederkehrende Leistungen aus einem Arbeitsverhältnis werden nach § 42 I 1 GKG bewertet (BAG NZA-RR 2017, 217). Im Anwartschaftsstadium betr eine Betriebsrente ist § 42 I 1 GKG nicht anwendbar (BAG JurBüro 2016, 20 Tz 14), aber „Anlehnung" an § 42 I 1 GKG und dabei ist ein 30%iger Abschlag vorzunehmen (BAG NZA 2020, 70 Tz 3). Bei fälligen Beträgen ist § 42 III 1 Hs 2 GKG zu beachten (BAG NZA-RR 2017, 217).

§ 10 (aufgehoben)

§ 11 Bindende Entscheidung über Unzuständigkeit

Ist die Unzuständigkeit eines Gerichts auf Grund der Vorschriften über die sachliche Zuständigkeit der Gerichte rechtskräftig ausgesprochen, so ist diese Entscheidung für das Gericht bindend, bei dem die Sache später anhängig wird.

1 **I) Allgemeines. 1) Zweck.** Einschränkung des Zuständigkeitsstreits, Verhinderung von negativen Kompetenzkonflikten (s BGH NJW 97, 869). Die Bindungswirkung gem Rn 4 verfolgt ähnl Ziele wie die von Verweisungs- und Abgabebeschlüssen (s Rn 5).

2 **2) Anwendungsbereich.** § 11 gilt unmittelbar für die **sachl Zuständigkeit** (s § 1 Rn 5), sinngemäß nach allgM auch für die **funktionelle Zuständigkeit** (s § 1 Rn 6; BGH NJW 97, 869; OLG Oldenburg FamRZ 78, 345), ferner im Verhältnis zur Verfahrenszuständigkeit der freiw Gerichtsbarkeit (BGHZ 97, 291) und im Verhältnis der ordentl Gerichte zu **anderen bes Gerichten** iSd § 14 GVG (MK/Wöstmann Rn 2; MskV/Heinrich Rn 2). § 11 gilt **nicht** für die **örtl** Zuständigkeit (BGH NJW 97, 869 mN) und nicht im Verhältnis zu ausländischen Gerichten und Schiedskommissionen (WSch/Reuschle Rn 6 f).

3 **II) Rechtskräftiger Ausspruch. Voraussetzung** ist rechtskräftige Verneinung der Zuständigkeit (s Rn 2) des angegangenen Gerichts. Entscheidung durch **Urteil** (rechtskräftige Prozessabweisung, §§ 322, 705) ist nicht unerlässl, in Frage kommen auch **rechtskräftige Beschlüsse**, zB im Vollstreckungsverf (OLG München NJW 56, 187).

4 **III) Rechtsfolge.** Die **Bindungswirkung** an die die Zuständigkeit verneinende Entscheidung besteht auch dann, wenn das zuerst angegangene Gericht in Wirklichkeit, wie zB im Fall des § 893 II, ausschließl zuständig gewesen wäre (RGZ 66, 17). Die Zuständigkeit des entscheidenden Gerichts sowie eines derselben Stufe (MK/Wöstmann Rn 4) kann nicht mehr begründet werden. Die Rechtskraft der Entscheidung (s Rn 3) geht der bindenden Wirkung eines Verweisungsbeschlusses (s Rn 5) vor (OLG München NJW 56, 187). Ein Verweisungsbeschluss gem § 281 ist daher für das Gericht, an das verwiesen wird, nicht bindend, wenn dieses Gericht bereits früher durch eine rechtskräftige Entscheidung seine sachl Unzuständigkeit ausgesprochen hat.

5 **IV) Verweisung und Abgabe.** Zu einer die Zuständigkeit verneinenden Entscheidung (s Rn 3) kommt es nicht, wenn die Voraussetzungen für eine Verweisung (§§ 281, 506; § 48 I ArbGG iVm § 17a II GVG) oder Abgabe (§§ 696, 700 III) vorliegen. Die Bindungswirkung eines Verweisungsbeschlusses umfasst – weiter gehend als die der Unzuständigkeitsentscheidung, s Rn 4 – auch die Zuständigkeit des Adressatgerichts, § 281 II 5. Zur Verweisung zwischen den verschiedenen Rechtswegen vgl §§ 17-17b GVG m Anm.

Titel 2
Gerichtsstand (§§ 12-37)

§ 12 Allgemeiner Gerichtsstand; Begriff

Das Gericht, bei dem eine Person ihren allgemeinen Gerichtsstand hat, ist für alle gegen sie zu erhebenden Klagen zuständig, sofern nicht für eine Klage ein ausschließlicher Gerichtsstand begründet ist.

I) Allgemeines. 1) Begriff. Gerichtsstand bedeutet in dem (freilich nicht ganz einheitl) Sprachgebrauch der ZPO nur die **örtl Zuständigkeit** (s bereits § 1 Rn 7); in den Fällen der § 40 II, § 802 umfasst „Gerichtsstand" auch die sachl Zuständigkeit (zu dieser s § 1 Rn 5, 9-19). 1

2) Bedeutung. Zur Bedeutung der Zuständigkeitsordnung im Allg s § 1 Rn 2. **Grundgedanken** der Regelung der örtl Zuständigkeit: In der Zuständigkeitsregelung hat der Gesetzgeber eine allg, an der Natur der Sache und dem Gerechtigkeitsgedanken orientierte prozessuale Lastenverteilung vorgenommen (BayObLG MDR 96, 850). Es handelt sich keineswegs um reine „Zweckmäßigkeitsvorschriften", sondern um eine Regelung mit ausgesprochenem **Gerechtigkeitsgehalt** (St/Roth vor § 12 Rn 3). Bereits aus der Natur der Sache folgt, dass der Angreifer den Angegriffenen an dessen Ort aufzusuchen hat („actor sequitur forum rei"; vgl RGZ 27, 386; BGHZ 115, 92; BGHZ 184, 313 Tz 17; EuGH NJW 2002, 1409 Tz 52; MskV/Heinrich Rn 1: „Waffengleichheit"). Dem Vorteil des Kl, der nicht nur das Ob, sondern auch den Zeitpunkt und die Art des Klageangriffs bestimmt, entspricht die Vergünstigung des Bekl, den ihm ohne und meist gegen seinen Willen aufgezwungenen Rechtsstreit nicht auch noch unter zusätzl Erschwerungen an einem auswärtigen Gericht führen zu müssen („favor defensionis"; vgl BGHZ 88, 335; BGH NJW 86, 3209; OLG Hamm OLGZ 87, 338 = NJW 87, 138 [„Heimspielvorteil"]). Der Gerechtigkeitsgehalt insb des allg Gerichtsstands (§§ 12, 13) zeigt sich namentl in neueren, zwingend ausgestalteten Teilregelungen (§ 29c I; § 26 FernUSG; auch § 29a; Verfassungsrang nach Art 30 II 1 SchweizBV) sowie in der starken Beschränkung der Prorogationsfreiheit (s vor § 38). Indem die ges Zuständigkeitsordnung dafür sorgt, dass jede Sache vor das am günstigsten gelegene Gericht kommt, gewährleistet sie zugleich die sachgerechte Ausübung des **Anspruchs auf rechtl Gehör** (Art 103 I GG). Aus ihr ergibt sich schließl der **„ges Richter"** (Art 101 I 2 GG; sa Rn 18; § 1 Rn 2). 2

3) Anknüpfungspunkte der örtlichen Zuständigkeit. Die ges Zuständigkeitsordnung knüpft in 1. Linie (allg Gerichtsstand gem § 12) an die örtl Verhältnisse des **Bekl** an (Wohnsitz [Aufenthalt], uU auch früherer, bei natürl Personen, §§ 13-16; Sitz bei nichtphysischen Personen, §§ 17-19; Niederlassung, § 21, § 14 II 1 UWG). Weitere Anknüpfungspunkte sind **Sachnähe** (Belegenheitsort des Grundstücks, § 24, § 43 WEG; des Miet- oder Pachtraums, § 29a; des Vermögens und des Streitobjektes, § 23; Erfüllungsort bei Verträgen, § 29; Begehungsort bei unerlaubten Handlungen, § 32, § 14 II 2 u 3 UWG; Übernahme- und Ablieferungsort bei Beförderungen, § 30 I 1), der **Sachzusammenhang** (§§ 25, 33, 34; sa § 17 II 1 GVG) und **Konzentration** (§ 22; auch §§ 19b, 27, 28, 30 I 2, §§ 32a, 32b). **Kein** Anknüpfungspunkt ist idR der Wohnsitz (Sitz) des Kl (ASt); Ausnahmen: §§ 23a, 29c, 30, 689 II; § 797 V; § 371 IV HGB; § 215 I 1 VVG (auch, wenn Kl jur Person ist: BGH NJW 2018, 232); § 26 I FernUSG. Im Klägergerichtsstand erhoben werden kann ggf die *negative Feststellungsklage*, für die uU das Gericht (eines bes Gerichtsstands) zuständig ist, das für eine Leistungsklage umgekehrten Rubrums zuständig wäre (OLG München NJW-RR 2010, 645 mN, auch zur aA; krit Thole NJW 2013, 1193; sa § 29 Rn 25.44; § 32 Rn 18; § 256 Rn 34; eingeh Foerste FS Kollhosser, Bd II, 2004, S 141 [einschr]); einen ungeschriebenen allg Gerichtsstand am Sitz des Kl gibt es aber nicht (LG München I MDR 2023, 661). **Kein** Anknüpfungspunkt ist schließl die Staatsangehörigkeit der Prozessparteien (Ausnahmen: § 98 I Nr 1, § 100 Nr 1 FamFG). 3

4) Regelung der örtlichen Zuständigkeit; Anwendungsbereich. Der Titel 2 des 1. Abschnitts regelt den **allg Gerichtsstand** (§§ 12-19a; s Rn 6), enthält eine Reihe von praktisch bedeutsamen **bes Gerichtsständen** (§§ 19b-35; s Rn 7) sowie zuständigkeitsrechtl **Hilfsnormen**, die auch bei Störungen und Lücken der allg Zuständigkeitsordnung ein im Einzelfall zuständiges Gericht gewährleisten (§§ 36, 37). Die Regelung ist nicht erschöpfend. Weitere Vorschriften über bes Gerichtsstände finden sich über sämtl Bücher der ZPO verstreut sowie außerhalb der ZPO in zahlreichen Sondergesetzen (iE s Rn 7). 4

Im Anwendungsbereich der Brüssel Ia-VO wird die innerstaatl Zuständigkeitsordnung durch die unmittelbar anzuwendenden Zuständigkeitsvorschriften dieser EU-VO (Art 7-26 Brüssel Ia-VO) verdrängt. Die Brüssel Ia-VO regelt nicht nur die internat Zuständigkeit der Vertragsstaaten, sondern – weitgehend – auch die **örtl Zuständigkeit** für Rechtsstreitigkeiten mit Beziehung zu mehreren Vertragsstaaten. Der Zuständigkeitskatalog der Brüssel Ia-VO („europ Zuständigkeit") ist vom dt Richter bereits im Erkenntnisverf unmittelbar anzuwenden (s hierzu näher Art 1 Brüssel Ia-VO Rn 4). 5

II) Arten der Gerichtsstände. 1) Allgemeiner Gerichtsstand und besondere Gerichtsstände. a) Der **allg Gerichtsstand** ist für **alle** Klagen **gegen eine Person** gegeben, sofern nicht im Einzelfall ein ausschließl Gerichtsstand (s Rn 8) begründet ist. Der allg Gerichtsstand wird bestimmt für **Bekl**, die **natürl Personen** sind, in fol- 6 gender Reihenfolge: (inländischer) Wohnsitz, hilfsw (inländischer) Aufenthaltsort, hilfsw (inländischer) letzter Wohnsitz (Einzelheiten: §§ 13-16); für beklagte **jur Personen** (parteifähige Gebilde) durch den Sitz (§ 17), für den beklagten Staat (Fiskus) durch den Sitz der vertretungsberechtigten Behörde (§§ 18, 19), für den InsVerwalter durch den Sitz des InsGerichts (§ 19a). Allg Gerichtsstand im europ ZPR: s § 13 Rn 17; § 17 Rn 8.

7 **b) Bes Gerichtsstände** sind alle anderen; sie sind immer nur für **bestimmte Arten von Klagen** (Anträgen) gegeben. Sie sind zT ausschließl (Rn 8). Regelung: §§ 19b-34; vgl ferner innerhalb der ZPO etwa: § 64 (Hauptintervention), § 486 (Beweissicherung), § 603 (Wechselprozess), § 689 II (Mahnverf), §§ 731, 764, 767, 768, 771, 796, 797, 800, 802 (ZwV), §§ 919, 937, 942, 943 (Arrest und einstw Verfügung). Auch durch andere Gesetze und Rechtsverordnungen werden vielfach (bes) Gerichtsstände begründet; Bsp: § 14 II UWG; § 6 UKlaG; § 26 FernUSG; § 215 VVG; § 246 III, § 249 I, § 275 IV AktG; § 104a UrhG; § 6 BinSchG; Art 31, 39 CMR; Art 28 WA; § 22 StromGVV, § 22 GasGVV (s § 29 Rn 25.19); § 56 LuftVG und § 17 der VO über die Allg Beförderungsbedingungen für den Straßenbahn- und Obusverkehr (BefBedV; s § 29 Rn 25.10).

8 **2) Ausschließliche und nicht ausschließliche Gerichtsstände. a) Ausschließl Gerichtsstände** sind nur die, die ausdrückl so bezeichnet sind; sie gehen allen anderen Gerichtsständen vor (§ 12 letzter Hs), dh die Klage kann (zulässig) **nur** im ausschließl Gerichtsstand erhoben werden; die Begründung einer Zuständigkeit kraft Vereinbarung (§ 38) oder rügeloser Einlassung ist ausgeschlossen (§ 40 II). Fälle ausschließl Gerichtsstände: s § 40 Rn 8 ff.

9 **b) Nicht ausschließl Gerichtsstände** unterliegen im Rahmen der §§ 38 ff der Prorogation; sie verdrängen den (nicht ausschließl) allg und etwa sonst bestehende bes Gerichtsstände nicht. Bsp: §§ 29; 32.

10 **3) Konkurrenz mehrerer Gerichtsstände und Verfahren. a)** Trifft ein ausschließl Gerichtsstand (s Rn 8) mit einem (mehreren) nicht ausschließl zusammen, wird dieser (werden diese) verdrängt. Es ist deshalb **stets** zu prüfen, ob ein ausschließl Gerichtsstand gegeben ist. Die Sperre des § 261 III Nr 1 gilt auch bei späterer Anrufung eines ausschließl zuständigen Gerichts (anders nach Brüssel Ia-VO: EuGH NJW 2014, 1871; BGH MDR 2015, 1092 zu [nunmehr] Art 24, 29 Brüssel Ia-VO). Bei Zusammentreffen mehrerer ausschließl Gerichtsstände besteht grds Wahlrecht des Kl (s § 35 Rn 1).

11 **b)** Treffen mehrere nicht ausschließl Gerichtsstände zusammen, hat der Kl gem § 35 die Wahl zwischen ihnen. Die Wahl wird ausgeübt durch Klageerhebung oder Verweisungsantrag (§ 281, s § 35 Rn 2); dadurch werden die anderen Gerichte nicht unzuständig, jedoch besteht Sperre gem § 261 III Nr 1 (Verbot der Mehrfachverfolgung).

11a **III) Gerichtsbezirk.** Er ist das Gebiet, innerhalb dessen Grenzen ein bestimmtes Gericht zuständig ist, und wird durch Landesgesetz (Gerichtsorganisationsgesetze) festgelegt (vgl BVerfGE 2, 307). Spezielle Zuständigkeitszuweisungen aufgrund Landesrechts (vgl § 13a GVG) lassen die Gerichtsbezirke ieS unberührt. Die örtl Zuständigkeit der Rechtsmittelgerichte ergibt sich aus der Gerichtsorganisation (Überordnung im Instanzenzug; vgl RGZ 102, 105).

12 **IV) Die prozessuale Behandlung der örtlichen Zuständigkeit. 1) Rüge und Amtsprüfung der fehlenden Zuständigkeit.** Insoweit gelten im Wesentl die gleichen Grundsätze wie bei der sachl Zuständigkeit (s § 1 Rn 12-16). **a) Rüge.** Die örtl Zuständigkeit ist Zulässigkeitsvoraussetzung für die Klage (Prozessvoraussetzung), ihr Fehlen kann vom Bekl anwaltsfrei (s § 78 Rn 26, 28 [h]) gem § 282 III, § 296 III gerügt werden. Nach Einlassung zur Hauptsache setzt die Rügemöglichkeit voraus, dass der Zuständigkeitsmangel nicht bereits gem § 39 S 1 geheilt ist. Rüge in der höheren Instanz: s Rn 16.

13 **b) Amtsprüfung.** Das Vorliegen des Gerichtsstandes ist in **1. Instanz vAw** zu prüfen (nach rügeloser Verh des Bekl ist § 39 S 1 zu beachten). Im Parteiprozess ist der Bekl vor Verhandlungsbeginn über die Unzuständigkeit und das Rügerecht zu **belehren** (§ 504). Den vorgetragenen und offenkundigen Sachverhalt hat das Gericht unter allen in Frage kommenden Gesichtspunkten zu prüfen; lückenhaften Vortrag hat es durch Erteilung geeigneter Hinweise aufzuklären (BGH MDR 2015, 908 Tz 12; BGH NJW-RR 2011, 1364 Tz 12); eine Pflicht zu eigenen Nachforschungen ohne konkrete Anhaltspunkte besteht aber nicht (BGH MDR 1991, 800; OLG Frankfurt MDR 2013, 674; Ausnahme: Amtsermittlungspflicht im InsVerf gem § 5 I InsO). Die Zuständigkeitsprüfung hat auch bei **Säumnis** des Bekl zu erfolgen. Die aus der Klage ersichtl Behauptungen über das Vorliegen eines Gerichtsstands gelten vorbehaltl § 331 I 2 als zugestanden; bei Klagen in den Gerichtsständen der §§ 29, 38 sind daher Zuständigkeits-(Erfüllungsorts-)Vereinbarungen darzulegen. Will das AG oder LG seine Rechtswegzuständigkeit verneinen und den Rechtsstreit gem § 17a II GVG verweisen, braucht es nicht vorab die örtl Zuständigkeit zu prüfen (BAG BB 81, 616).

14 **c) Grundlage der Zuständigkeitsprüfung.** Ob das angegangene Gericht örtl zuständig ist, muss die Klage ergeben. Die den Gerichtsstand begründenden Tatsachen (zB Wohnsitz oder Aufenthalt des Bekl beim allg Gerichtsstand, §§ 13, 16) sind, weil vom geltend gemachten Anspruch unabhängig, vom Kl nachzuweisen (RGZ 29, 373; RGZ 49, 72; WSch/Smid/Hartmann vor § 12 Rn 28; MK/Patzina/Windau Rn 67). Ergibt sich die Zuständigkeit zugleich aus den zur Begr des erhobenen Anspruchs vorgebrachten Tatsachen (wird zB Anspruch aus *unerlaubter Handlung oder Vertragserfüllung* in den Gerichtsständen gem § 32 bzw § 29 geltend gemacht oder Eigentumsanspruch in dem gem § 24), so genügt die *schlüssige Behauptung* der die örtl Zuständigkeit begründenden Tatsachen (BGHZ 124, 237, 241 mwN = NJW 94, 1413, hM, str; unterscheidend Zeuner FS Ger-

hardt, 2004, S 1120; krit Würthwein ZZP 106 [1993], 56); eines bes Nw dieser **„doppelrelevanten Tatsachen"** bedarf es für die Zuständigkeit nicht (BGHZ 124, 237, 241; BGHZ 133, 240, 243; St/Roth § 1 Rn 24 ff; WSch/Smid/Hartmann vor § 12 Rn 34; sa § 29 Rn 22; § 32 Rn 22; ebenso für internat [EuGH NJW 2015, 1581; BGH MDR 2010, 943; BayObLG 9.2.2022 – 101 AR 173/21] u Rechtswegzuständigkeit, s § 1 Rn 14). Der Grund hierfür liegt darin, dass sonst im bes Gerichtsstand keine *Sach*entscheidung *gegen* den Kl ergehen könnte (BGH NJW 94, 1414).

d) Maßgebl **Zeitpunkt** für das Vorliegen der Zuständigkeitsvoraussetzungen ist der des Verhandlungsschlusses 15
(allg s vor § 253 Rn 9). Nachträgl Eintritt der Zuständigkeit genügt (BGHZ 188, 373 Tz 13 ff = NJW 2011, 2515 = MDR 2011, 686). War jedoch einmal seit Rechtshängigkeit (s § 261 Rn 2) die Zuständigkeit gegeben, besteht sie unabhängig von einer Veränderung der sie begründenden Umstände fort (§ 261 III Nr 2, sog *perpetuatio fori*). Das gilt auch für die internationale Zuständigkeit (BGHZ 188, 373 Tz 22 ff; sa § 13 Rn 17).

e) In der **höheren Instanz** wird der Gerichtsstand einer Partei nur eingeschränkt überprüft (vgl § 513 II, § 545 16
II, § 576 II, s § 513 Rn 6 ff; § 545 Rn 9 ff; § 576 Rn 2).

2) Folgen der Unzuständigkeit. a) Entscheidungen über die Zuständigkeit. Die **Bejahung** der Zuständigkeit 17
erfolgt idR in den Gründen des Endurteils oder einem bes Zwischenurteil (§ 303 oder § 280). Ist dagegen die vom Bekl erhobene **Rüge** der örtl Unzuständigkeit **begründet** (s Rn 12) und stellt der Kl nicht den erforderl Antrag (entfällt bei §§ 696, 700 III) auf **Verweisung** an das zuständige Gericht (§ 281), ist die Klage durch voll der Rechtsmittelkontrolle unterliegendes **Prozessurteil** abzuweisen (sa § 280 Rn 6); Verweisung(-santrag) ist dann auch noch in der höheren Instanz möglich (BGH NJW 2014, 2864 Tz 52). Nach Rechtskraft des Urteils kann beim zuständigen Gericht neu geklagt werden, die Hemmung der **Verjährung** endet in diesem Fall 6 Monate nach der rechtskräftigen Entscheidung (§ 204 II 1 BGB). Bei beschlussmäßiger **Verweisung** an das zuständige Gericht verbleibt es dagegen bei Hemmung der Verjährung durch die Klageerhebung (§ 204 I Nr 1 BGB), ein Fall der anderweitigen Erledigung des eingeleiteten Verf (§ 204 II 1 BGB) liegt nicht vor. Soll durch die Klage eine ges **Ausschlussfrist** gewahrt werden, genügt zur Fristenwahrung, dass die Klage innerhalb der Frist vor einem örtl oder sachl unzuständigen Gericht erhoben wird, selbst bei ausschließl Zuständigkeit (BGHZ 139, 305; BGHZ 166, 329, 333; s § 18 Rn 4 [b]; Gegenteil wäre nicht zu vertretende Förmelei, vgl Vollkommer, Formenstrenge u prozessuale Billigkeit, 1973, S 31).

b) Mehrkosten wegen Unzuständigkeit. Die durch die Anrufung des unzuständigen Gerichts entstandenen 17a
(Mehr-)Kosten trägt stets der Kl: § 281 III 2; s § 91 Rn 13.109.

c) Anfechtbarkeit. Ein Rechtsmittel kann nicht darauf gestützt werden, dass das Gericht des 1. Rechtszugs die 18
örtl Zuständigkeit zu Unrecht angenommen hat (s Rn 16), auch nicht bei Zwischenurteil (BGH NJW 98, 1230) oder bei Erschleichung (OLG Düsseldorf FamRZ 87, 281). Ein gleichwohl hierauf gestütztes Rechtsmittel ist unstatthaft und als unzulässig zu verwerfen (BGH NJW 98, 1230 mwN; hier s § 513 Rn 15). Mit Revision und Rechtsbeschwerde kann auch die Verneinung der Zuständigkeit nicht geltend gemacht werden (§ 545 II, § 576 II; s § 545 Rn 9). Auch durch eine Zulassung der Revision oder Rechtsbeschwerde kann eine Überprüfung der Zuständigkeitsfrage nicht eröffnet werden (BGH NJW 2009, 1974; BGH NJW 2013, 2439 Tz 5). Durch einen **Verstoß gegen Zuständigkeitsvorschriften**, der auf einer irrtüml Verkennung der Rechtslage beruht, wird keine Partei ihrem *ges Richter* „entzogen"; anders bei Willkür oder offensichtl Unrichtigkeit der Entscheidung (BGH NJW-RR 2010, 891 Tz 17; s § 16 GVG Rn 2 mwN) oder erschlichener Verweisung (s Rn 19; § 281 Rn 17 f).

d) Missbrauch. Erschleichung. Durch missbräuchl Verhalten des Bekl (Manipulation von Zuständigkeitstatsa- 19
chen, Täuschungs-, Verschleierungs- u Umgehungshandlungen) kann die **Zuständigkeit nicht beseitigt**, der ges Richter (Art 101 I 2 GG) nicht entzogen werden (eingeh Lüttringhaus ZZP 127 [2014], 36). Bsp: nur formale oder manipulative Sitzverlegung (BGHZ 132, 196 f [„Briefkastenanschrift"]; BayObLGZ 2003, 192 [Schein-Verwaltungssitz]); gesetzwidrige Sitzverlegung in unlauterer Absicht (AG München ZIP 2005, 1052); vorgetäuschter Wohnsitzwechsel (AG Göttingen ZIP 2013, 472); Schein-Tätigkeitsschwerpunkt (OLG Celle NJW-RR 2004, 627; OLG Celle ZIP 2010, 489; aA OLG Karlsruhe ZIP 2005, 1475); Verschweigen erhebl Umstände (AG Göttingen ZIP 2007, 1281). Zur treuwidrigen Zuständigkeitsrüge s § 39 Rn 5. – Umgekehrt fehlt bei **missbräuchl Inanspruchnahme** eines formal gegebenen Gerichtsstands durch den Kl das Rechtsschutzbedürfnis (OLG Hamburg NJW-RR 2007, 763; KG GRUR-RR 2017, 128 [„forum-shopping"]).

**3) Umfassende Entscheidungszuständigkeit im besonderen Gerichtsstand, keine teilweise („gespaltene") 20
örtliche Zuständigkeit. a) Meinungsstand.** Ist der Klageantrag auf mehrere Klagegründe (mat-rechtl Anspruchsgrundlagen, zB Vertrag und Delikt) gestützt, so kommt nach **hM** dem zulässigerw im bes Gerichtsstand angegangenen Gericht umfassende Kompetenz zur Entscheidung über den einheitl prozessualen Anspruch (Streitgegenstand) unter jedem rechtl Gesichtspunkt „kraft Sachzusammenhangs" zu (vgl BGHZ 153, 173 = NJW 2003, 828 = MDR 2003, 345; Kiehte NJW 2003, 1294; Wolf FS Lindacher, 2007, S 211 f; RSchwab/Gottwald § 36 Rn 59 ThP/Hüßtege vor § 12 Rn 8; St/Roth § 1 Rn 10; § 32 Rn 16; MK/Patzina/Windau Rn 31 f); seine Entscheidungskompetenz umfasst damit *auch* „zuständigkeitsfremde" konkurrierende Klagegründe (mat-rechtl Anspruchsgrundlagen; s Einl Rn 67). Die früher (bis 2002) hM und auch heute noch vertretene **Gegenansicht** sieht das angegangene Gericht hingegen nur für den Klagegrund als zuständig an, hinsichtl dessen die

Zuständigkeitsvoraussetzungen erfüllt sind, nicht aber auch für die übrigen konkurrierenden Klagegründe (Mankowski JZ 2003, 689; WSch/Smid/Hartmann vor § 12 Rn 17; MskV/Heinrich Rn 11; Nw vor 2002: 28. Aufl). Greift der Klagegrund, für den das Gericht zuständig ist, nicht durch, so soll die Klage abzuweisen sein, teils als unbegründet (im Bsp, soweit Delikt verneint wurde), iÜ als unzulässig (im Bsp hinsichtl des vertragl Klagegrundes); eine Verweisung des nicht sachl erledigten Klagegrundes an das hierfür zuständige Gericht soll ausscheiden. **Stellungnahme:** Der hM ist zu folgen. Sie überträgt den „Rechtsgedanken" von § 17 II GVG auf die örtl Zuständigkeit. Damit dient sie der Prozessökonomie (Entscheidungskonzentration und Vermeidung von Mehrfachprozessen). Dass innerhalb eines Rechtswegs sämtl rechtl Gesichtspunkte im *allg Gerichtsstand* geklärt werden könnten, steht nicht entgegen, weil es dem Kl unbenommen ist, den Rechtsstreit im bes Gerichtsstand zu beginnen. Da der Bekl dann ohnehin einen Rechtsstreit im bes Gerichtsstand führen muss, werden seine Interessen bei einer umfassenden Prüfungs- und Entscheidungskompetenz nicht unverhältnismäßig beeinträchtigt, wegen des Ausschlusses eines Folgeprozesses im allg oder in einem weiteren bes Gerichtsstand im Gegenteil durchaus gewahrt. Wichtigster Anwendungsfall: s § 29 Rn 22.

21 **b) Abgrenzung. aa)** Die umfassende Prüfungs- und Entscheidungskompetenz des Gerichts des bes Gerichtsstandes gilt nicht für die **internat Zuständigkeit**, die auch insoweit eigenen Regeln folgt (BGHZ 132, 114 = NJW 96, 1413; BGHZ 153, 173, 180 = NJW 2003, 828, 830, str). Zur Geltung und Abgrenzung von Vertrags- und Deliktsgerichtsstand im EU-Bereich s Art 7 Brüssel Ia-VO Rn 22. – **bb) Obj Klagenhäufung.** Die umfassende Entscheidungskompetenz findet ihre Grenze am einheitl Streitgegenstand (s Rn 20); sie begründet keinen Gerichtsstand des Sachzusammenhangs (wie zB § 26) bei einer Mehrheit von Streitgegenständen iSv § 260 (OLG München NJW-RR 2011, 1002 = MDR 2011, 942; so auch § 17 GVG Rn 6). – **cc) Bei Streitgenossenschaft** (subj Klagenhäufung gem §§ 59, 60) muss die Zuständigkeit des im Wahlgerichtsstand angegangenen Gerichts *für jeden einzelnen Streitgenossen* dargelegt (begründet) sein (s § 32 Rn 22; Sonderfall: s § 29c Rn 9). IdR besteht kein Gerichtsstand der Streitgenossenschaft (s § 36 Rn 20). Fälle einer gesetzl **Zuständigkeitskonzentration** sind selten. Bsp: § 30 I 2, 3 (s § 30 Rn 5); § 33 (s § 33 Rn 29); § 603 II (s § 603 Rn 3); uU ermöglicht ein gemeinsamer Erfüllungs- (s § 29 Rn 7, 25.27) oder Handlungsort (s § 32 Rn 19) eine gemeinsame Rechtsverfolgung.

§ 13 Allgemeiner Gerichtsstand des Wohnsitzes

Der allgemeine Gerichtsstand einer Person wird durch den Wohnsitz bestimmt.

1 **I) Allgemeines. 1) Bedeutung.** Der allg Gerichtsstand (Begriff: s § 12 Rn 6) einer **natürl Person** (für jur Personen gilt § 17) wird durch ihren inländischen (s Rn 14, 16 f) Wohnsitz (s Rn 3 ff) bestimmt (**Wohnsitzgerichtsstand**, s Rn 11 ff). Die Staatsangehörigkeit des Bekl ist ohne Bedeutung (s § 12 Rn 3). Personen mit ausl Wohnsitz haben (abgesehen von der Sondervorschrift des § 15) im Inland keinen allg Gerichtsstand und müssen, sofern nicht ein bes Gerichtsstand eingreift, im Ausland verklagt werden. Nur bei wohnsitzlosen Personen wird der allg Gerichtsstand durch den inländischen Aufenthaltsort, hilfsw durch den früheren inländischen Wohnsitz begründet (§ 16, s § 16 Rn 4).

2 **2) Anwendungsbereich und Abgrenzung.** Der allg Gerichtsstand gilt auch in FamStreitsachen (§§ 112, 113 I 2 FamFG), nur modifiziert (gewöhnl Aufenthalt statt Wohnsitz) in sonstigen FamSachen (§§ 266, 267 II FamFG; näher s § 262 FamFG Rn 8). Für Klagen, die sich auf die **InsMasse** beziehen, ist der allg Gerichtsstand eigenständig geregelt (s § 19a m Anm); §§ 13-17 sind unanwendbar (s § 19a Rn 1, 6).

3 **II) Wohnsitz. 1) Begriff.** Er ist in der ZPO nicht bestimmt und den §§ 7-11 BGB zu entnehmen (vgl BGH MDR 87, 829 = NJW-RR 88, 387). Trotz dieser (stillschweigenden) Bezugnahme auf mat-rechtl Normen bleibt für den Wohnsitzgerichtsstand der Begriff des Wohnsitzes ein **prozessrechtl** (wichtig für die Anwendbarkeit der lex fori, dazu s Rn 14, 17). Die ges Regelung unterscheidet zwischen dem **selbständigen** (gewählten; §§ 7, 8 BGB) und dem **abgeleiteten** (ges; §§ 9, 11 BGB) **Wohnsitz**.

4 **2) Selbständiger Wohnsitz. a) Begriff. Wohnsitz** ist (im Gegensatz zum **Aufenthalt**, s § 16 Rn 7) der Ort, an dem sich jemand **ständig** niederlässt, in der Absicht, ihn zum räumlichen Schwerpunkt der Lebensverhältnisse zu machen (vgl § 7 I BGB; BGH MDR 87, 829). Mehrere Wohnsitze sind mögl (§ 7 II BGB), setzen aber Schwerpunkt der Lebensverhältnisse gleichermaßen an jedem Ort voraus (BGH 16.12.2003 – X ARZ 117/03; OVG LSA NJW 2022, 559). Anmeldung bei zuständiger Meldehörde ist (nicht ausreichendes) Indiz (BGH NJW-RR 95, 507; BayObLGZ 94, 348 f mwN). Ist der Ort (politische Gemeinde, vgl BayObLG Rpfleger 90, 73) in mehrere Gerichtsbezirke aufgeteilt (vgl § 19), entscheidet der betr Gemeindeteil (BVerfG NJW 80, 1619).

5 **b) Abgrenzung, Begründung und Aufhebung. aa)** Das Bestehen eines Wohnsitzes wird nicht dadurch ausgeschlossen, dass der Inhaber des *Wohnsitzes sich* meistens an anderen Orten **aufhält**. Durch Untersuchungshaft *oder Eintritt* in eine JVA zur Strafverbüßung wird ein Wechsel des Wohnsitzes nicht bewirkt (BGH NJW-RR 96, 1217), am Haftort besteht mangels Domizilwillen idR kein Wohnsitz (sa § 20 Rn 5). IdR besteht auch kein

Wohnsitz am Lehr- oder Studienort (OLG Hamm FamRZ 2002, 54; OLGR Frankfurt 2009, 712), am Arbeits- oder Dienstplatz (abw für Schiffsbesatzung LG Hamburg NJW-RR 95, 183; Berufssoldaten s Rn 10), am Ort der Heimunterbringung (OLG Düsseldorf NJW-RR 91, 1411; abw OLG Düsseldorf NJW-RR 2013, 520 für „Pflegewohnzentrum"). Flüchtlinge, die in einer Erstaufnahmeeinrichtung vorübergehend untergebracht sind, haben dort keinen Wohnsitz (sa § 16 Rn 4); anders aber uU bei längerer Unterbringung in Gemeinschaftsunterkunft. Durch nicht nur vorübergehenden Aufenthalt in einem Frauenhaus kann uU ein Wohnsitz begründet werden (OLG Karlsruhe NJW-RR 2009, 1598; einschr BGH NJW 95, 1224; aA OLG Köln FamRZ 92, 976; sa § 16 Rn 7; § 20 Rn 5; § 122 FamFG Rn 3 ff).

bb) Der Wohnsitz wird **aufgehoben**, wenn die Niederlassung mit dem Willen aufgegeben wird, sie aufzuheben (§ 7 III BGB). Der Aufgabewille muss nach außen erkennbar werden, auch wenn nicht sämtl Merkmale, die den Anschein einer Wohnung erwecken, beseitigt werden müssen (BGH MDR 2010, 229). Polizeil Abmeldung, Anwesensveräußerung, unstete Lebensweise oder häufige Abwesenheit genügen idR nicht für die Annahme, der Wohnsitz sei aufgehoben, wohl aber Wohnungsauflösung (OLG München ZVI 2016, 388). 6

cc) Geschäftsunfähige oder **in der Geschäftsfähigkeit Beschränkte** können ohne den Willen ihres ges Vertreters einen Wohnsitz weder begründen noch aufheben (§ 8 BGB); bestehen Zweifel an der (vollen) Geschäftsfähigkeit, ist Wohnsitzaufgabe idR wirksam (BGH MDR 87, 829; Folge: s § 16 Rn 5). Zum abgeleiteten Wohnsitz des **Kindes** s Rn 9. 7

dd) Betreute Volljährige (§§ 1814 ff BGB) bleiben – vorbehaltl der § 104 Nr 2, § 105 BGB – geschäftsfähig und stehen nur ausnahmsw bei Anordnung eines Einwilligungsvorbehalts im Aufgabenkreis des Betreuers einem beschränkt Geschäftsfähigen gleich (§ 1825 I 3, III BGB); in diesem Fall entscheidet (§ 1823 BGB) der Betreuer allein über den Wohnsitz, bedarf zur Wohnungsaufgabe aber der Genehmigung des Betreuungsgerichts (iE § 1833 BGB). 8

3) Abgeleiteter Wohnsitz. a) Ein **minderjähriges Kind** teilt den Wohnsitz seiner Eltern (§ 11 BGB). Haben die sorgeberechtigten Eltern einen gemeinsamen Wohnsitz, teilt das Kind diesen; haben sie getrennte Wohnsitze (zB nach Trennung oder Scheidung), hat das Kind grds einen – abgeleiteten – Doppelwohnsitz (BGHZ 48, 228; BGH NJW 95, 1224; OLG Karlsruhe NJW-RR 2009, 1598), nicht nur einen Wohnsitz am früheren gemeinsamen Wohnsitz der Eltern, selbst wenn es sich dort faktisch weiterhin aufhält. Nur wenn einem Elternteil das Personensorgerecht (zB gem § 1671 BGB) fehlt, entfällt der Doppelwohnsitz von Gesetzes wegen (§ 11 S 1 Hs 2 BGB), nicht schon, wenn ein alleiniges Aufenthaltsbestimmungsrecht eines Elternteils besteht (OLG Stuttgart FamRZ 2003, 395; OLG Karlsruhe FamRZ 2006, 486). Allerdings können die Eltern für das Kind einen vom ges Doppelwohnsitz abweichenden gewillkürten Wohnsitz begründen. Die hierfür erforderl Einigung (§ 7 III, § 8, § 11 S 3 BGB) ist auch stillschweigend mögl und anzunehmen, wenn sich die Eltern über den dauernden Aufenthalt des Kindes bei einem von ihnen oder einem Dritten (zB Pflegeeltern) einig sind. Dann hat das Kind nur dort seinen Wohnsitz (OLG München NJW-RR 2008, 1534); bloßes Einverständnis mit einem abweichenden Aufenthaltsort genügt aber idR nicht (OLG Frankfurt NJW-RR 97, 513). Für **nichtehel** und **angenommene** (adoptierte) **Kinder** bestehen keine Sonderregeln. – **b) Abgrenzung.** Der gewöhnl **Aufenthalt des Kindes** ist maßgebend in bestimmten familiengerichtl Verf, zB § 152 II (Kindschaftssachen), § 170 I FamFG (Abstammungssachen). 9

c) Berufssoldaten haben ihren Wohnsitz am (letzten inländischen) Standort (§ 9 BGB). 10

III) Wohnsitzgerichtsstand. 1) Anwendungsbereich. Er ist für **alle** gegen den **Bekl** zu erhebenden Klagen gegeben, soweit kein ausschließl Gerichtsstand eingreift (§ 12 letzter Hs, s § 12 Rn 6). Bei Eingreifen bes Gerichtsstände, zB gem §§ 29, 32, gilt § 35; in diesen findet umfassende Prüfung aller Ansprüche statt (s § 12 Rn 20). 11

2) Maßgeblicher Zeitpunkt. Es genügt, wenn der Bekl seinen Wohnsitz bis zum Schluss der mündl Verh in den Bezirk des angerufenen Gerichts verlegt hat (BGHZ 188, 373 Tz 13 ff = NJW 2011, 2515). Ein nachträgl Wohnsitzwechsel aus dem Bezirk lässt die einmal begründete Zuständigkeit aber nicht entfallen (§ 261 III Nr 2 u allg s § 12 Rn 15). Dies gilt auch für die internat Zuständigkeit (s Rn 17). Wohnsitz vor Klageerhebung ist uU erhebl für § 29 iVm § 269 I BGB (s § 29 Rn 24), „letzter" bekannter Wohnsitz für § 16 (s § 16 Rn 3, 5). 12

3) Mehrfacher Wohnsitz (§ 7 II BGB). An jedem der mehreren Wohnsitze wird der allg Gerichtsstand begründet (RGZ 102, 86); der Kl kann zwischen ihnen wählen (§ 35). 13

4) Maßgeblicher Ort. a) Beim Passivprozess eines **Ausländers** ist der inländische Wohnsitz nach dt Recht (s Rn 3 ff), nicht nach dem anzuwendenden ausl Heimatrecht zu bestimmen (BGH NJW-RR 94, 646); Grund: s Rn 3; dies gilt auch für den abgeleiteten Wohnsitz eines minderj Kindes (St/Roth Rn 2; wohl auch BGH NJW-RR 94, 646); Sonderregelung für EU-Bereich: s Rn 17. 14

b) Bei Passivprozessen betr die **InsMasse** ist der Sitz des InsGerichts maßgebend (s § 19a Rn 3). 15

IV) Internationaler Rechtsstreit. 1) Ausländischer Wohnsitz. Ein solcher scheidet zwar für § 13 aus (s Rn 1; Grund: keine Begründung der Zuständigkeit eines ausl Gerichts), ist aber mittelbar insofern für die (örtl und internat) Zuständigkeit der dt Gerichte von Bedeutung, als er bestehende inländische Hilfsgerichtsstände ausschließen kann (zB zu § 16 s Rn 1). 16

17 **2) Anwendungsbereich der Brüssel Ia-VO.** Die **Brüssel Ia-VO** gilt grds nur bei Beklagtenwohnsitz im EU-Ausland (näher Art 4 Brüssel Ia-VO Rn 2 ff, auch zu den Erweiterungen). Die Bestimmung eines im Inland gelegenen **Wohnsitzes** erfolgt nach inländischem Recht (Art 62 I Brüssel Ia-VO), die eines im Ausland gelegenen nach dem Recht des betr Vertragsstaats (Art 62 II Brüssel Ia-VO). Ist in keinem Mitgliedstaat ein Wohnsitz feststellbar, richtet sich die Zuständigkeit nach nationalem Recht (Art 6 Brüssel Ia-VO); in Verbrauchersachen gilt der letzte bekannte Wohnsitz als autonome Regelung (EuGH NJW 2012, 1199 Tz 42; sa § 16 Rn 3).

§ 14 (weggefallen)

§ 15 Allgemeiner Gerichtsstand für exterritoriale Deutsche

(1) [1]Deutsche, die das Recht der Exterritorialität genießen, sowie die im Ausland beschäftigten deutschen Angehörigen des öffentlichen Dienstes behalten den Gerichtsstand ihres letzten inländischen Wohnsitzes. [2]Wenn sie einen solchen Wohnsitz nicht hatten, haben sie ihren allgemeinen Gerichtsstand beim Amtsgericht Schöneberg in Berlin.

(2) Auf Honorarkonsuln ist diese Vorschrift nicht anzuwenden.

1 **I) Allgemeines. 1) Bedeutung.** Erweiterung des allg Gerichtsstands (§§ 12, 13) über die Grenzen der §§ 7-11 BGB hinaus (s § 13 Rn 2, 3 ff) durch Schaffung eines Hilfsgerichtsstands für bestimmte Personen, die im Inland keinen Wohnsitz haben. § 15 findet auch im Geltungsbereich der Brüssel Ia-VO Anwendung (MK/Patzina/Windau Rn 15) und ist wegen Doppelfunktionalität der Zuständigkeitsvorschriften (s EuIZPR Rn 43, 50) Anknüpfungspunkt für die internat Zuständigkeit.

2 **2) Zweck.** Erleichterung der Rechtsverfolgung; ohne § 15 müsste ein inländischer Gerichtsstand jew bes vereinbart werden (§ 38 II).

3 **3) Abgrenzung.** Etwa bestehende bes Gerichtsstände (§§ 20-34) werden durch § 15 nicht berührt (allgM, zB MskV/Heinrich Rn 7). Sonderregelungen bestehen in FamSachen, zB die ausschließl Zuständigkeit in Ehesachen gem § 122 FamFG mit entspr Ersatzzuständigkeit (§ 122 Nr 7 FamFG).

4 **II) Persönlicher Anwendungsbereich.** § 15 gilt für **1) exterritoriale Deutsche**, dh Deutsche, die im Ausland nach Völkerrecht exterritorial sind (s § 18 GVG Rn 1 ff; § 19 GVG Rn 1 ff);

5 **2) im Ausland** dauernd **beschäftigte**, dort nicht exterritoriale **dt Angehörige des öffentl Dienstes**, also Beamte, Angestellte und Arbeiter des Bundes, eines Landes, einer Körperschaft oder Anstalt des öffentl Rechts, auch die Berufskonsuln, nicht aber Honorarkonsuln (**II**; zu deren Rechtsstellung vgl §§ 20 ff KonsG).

6 **III) Rechtsfolge.** Fortbestand des allg Gerichtsstands des letzten Inlandswohnsitzes trotz der Wohnsitzaufgabe. In Ermangelung eines letzten Inlandswohnsitzes ist erstmalig ein allg Gerichtsstand beim AG Berlin-Schöneberg begründet.

§ 16 Allgemeiner Gerichtsstand wohnsitzloser Personen

Der allgemeine Gerichtsstand einer Person, die keinen Wohnsitz hat, wird durch den Aufenthaltsort im Inland und, wenn ein solcher nicht bekannt ist, durch den letzten Wohnsitz bestimmt.

1 **I) Allgemeines. 1) Bedeutung.** Ergänzung von §§ 12, 13 durch Schaffung von 2 allg Hilfsgerichtsständen für Personen ohne Wohnsitz, näml des **Gerichtsstands des Aufenthaltsorts** (s Rn 4, 7) und den des **letzten Wohnsitzes** (s Rn 5, 8).

2 **2) Abgrenzung.** Neben § 16 können bes Gerichtsstände gegeben sein; eine Ausnahme bildet der bes Gerichtsstand des Aufenthalts gem § 20; Grund: In diesem Fall hat der Bekl zwar einen Wohnsitz, hält sich aber woanders auf. Sonderregelungen mit ausschließl Gerichtsständen des Aufenthaltsorts schließen § 16 aus (zB § 6 I 2 UKlaG).

3 **3) Anwendungsbereich.** § 16 gilt nur für den Wohnsitzlosen selbst; wegen seiner Kinder s § 13 Rn 9. Im EU-Rechtsstreit begründet der letzte bekannte Wohnsitz in Verbrauchersachen eine autonome Zuständigkeit (EuGH NJW 2012, 1199 Tz 42 zu Art 18 II Brüssel Ia-VO; sa allg § 13 Rn 17).

4 **II) Voraussetzungen und Nachweis. 1) Gerichtsstand des Aufenthaltsorts.** Gänzl Wohnsitzlosigkeit des Bekl ist erforderl, also Fehlen (nicht bloß: Unbekanntsein) eines in- und ausl Wohnsitzes (BGH FamRZ 2010, 553).

Ausl Wohnsitz zum Zeitpunkt der Klageerhebung (s EuIZPR Rn 56) schließt daher § 16 aus (für EU-Bereich: Art 5 Brüssel Ia-VO). Ob ein Wohnsitz im Ausland besteht, richtet sich idR nach ausl Recht (für EU-Bereich vgl Art 62 II Brüssel Ia-VO; sa § 13 Rn 17). § 16 trifft etwa zu bei Obdachlosen oder Flüchtlingen in einer Erstaufnahmeeinrichtung (AG Dresden 31.5.2017 – 109 C 1494/17). Der Kl muss den Gerichtsstand des § 16 behaupten (§ 331) und beweisen. Zum **Nachweis** der Wohnsitzlosigkeit genügt, dass ein Wohnsitz trotz ernstl angestellter Ermittlungen (Auskunft der Meldebehörde) nicht bekannt ist (vgl BGH NJW-RR 92, 578), bei feststehender Aufgabe eines früheren Wohnsitzes, dass die Begründung eines neuen nicht feststellbar ist (KG MDR 2024, 526). Kommt es auf die Wirksamkeit der Aufgabe eines früheren Wohnsitzes an (§ 7 III, § 8 I BGB), ist iZw von voller Geschäftsfähigkeit auszugehen (BGH MDR 87, 829 = NJW-RR 88, 387; s § 13 Rn 7). Rügt der Bekl die örtl Unzuständigkeit des Gerichts, muss er nachweisen, dass er zur Zeit der Klageerhebung an einem anderen Ort seinen Wohnsitz hatte (OLGR Hamm 2006, 206).

2) Gerichtsstand des letzten Wohnsitzes. Der inländische Aufenthaltsort (s Rn 7) des wohnsitzlosen (s Rn 4) 5
Bekl muss **unbekannt** sein. Bekannter ausl Aufenthalt schließt § 16 nicht aus. Der Kl hat zusätzl zu den Erfordernissen gem Rn 4 noch nachzuweisen, dass der jetzige Aufenthalt des Bekl unbekannt ist (Anforderungen wie bei § 185 Nr 1, § 1911 BGB) und dass der Bekl seinen letzten Wohnsitz (s Rn 8) im Bezirk des angerufenen Gerichts hatte. War der Aufenthalt bei den gebotenen Nachforschungen (dazu LG Halle Rpfleger 2002, 467; s § 185 Rn 4) zu ermitteln, ist er nicht unbekannt (BGHZ 149, 314 ff). Nachträgl Bekanntwerden des jetzigen Aufenthalts führt keine Unzuständigkeit des Gerichts herbei (§ 261 III Nr 2; RGZ 27, 401).

III) Rechtsfolge. Begründung von allg Gerichtsständen. Die (auch internat) Zuständigkeit gem § 16 umfasst 6
grds **alle** Klagen (s § 12 Rn 6); § 16 gilt auch in den Fällen, in denen auf den allg Gerichtsstand verwiesen ist (zB in §§ 30, 689 II). Maßgebend sind folgende Orte:

1) Aufenthaltsort. Das ist abweichend von § 20 der Ort, an dem sich jemand – wenn auch nur vorübergehend 7
(auch Durchreise kann uU genügen, KG OLGZ 73, 151), kurzfristig (vgl BayObLG NJW 2003, 596) oder unfreiwillig (JVA, München ZVI 2016, 388; Klinikbehandlung, BGH MDR 87, 829) – aufhält; er braucht nur so lange zu dauern, bis Klage zugestellt ist (WSch/Smid/Hartmann Rn 5; MK/Patzina/Windau Rn 7). Vorübergehende Unterbrechung hebt den für längere Zeit beabsichtigten Aufenthalt nicht auf (BGH MDR 84, 134 zu Art 12 EGBGB).

2) Letzter Wohnsitz. Maßgebl bei unbekanntem inländischem Aufenthaltsort. Zum Begriff: s § 13 Rn 3 ff. 8

§ 17 Allgemeiner Gerichtsstand juristischer Personen

(1) [1]Der allgemeine Gerichtsstand der Gemeinden, der Korporationen sowie derjenigen Gesellschaften, Genossenschaften oder anderen Vereine und derjenigen Stiftungen, Anstalten und Vermögensmassen, die als solche verklagt werden können, wird durch ihren Sitz bestimmt. [2]Als Sitz gilt, wenn sich nichts anderes ergibt, der Ort, wo die Verwaltung geführt wird.

(2) Gewerkschaften haben den allgemeinen Gerichtsstand bei dem Gericht, in dessen Bezirk das Bergwerk liegt, Behörden, wenn sie als solche verklagt werden können, bei dem Gericht ihres Amtssitzes.

(3) Neben dem durch die Vorschriften dieses Paragraphen bestimmten Gerichtsstand ist ein durch Statut oder in anderer Weise besonders geregelter Gerichtsstand zulässig.

I) Allgemeines. 1) Bedeutung. I 1 begründet für nahezu sämtl nichtnatürl Personen (Einzelheiten: s Rn 2-6) 1
den allg Gerichtsstand des **Sitzes** (s Rn 9, 10) und stellt damit das Gegenstück zum allg Wohnsitzgerichtsstand der natürl Personen dar (§ 13). Der Ort des Sitzes selbst richtet sich nach allg Recht. Insoweit wird nur durch eine **Ergänzungsnorm** sichergestellt, dass stets ein (feststellbarer) Sitz vorhanden ist (**I 2**; s Rn 10). Ein zusätzl (nicht ausschließl) Gerichtsstand kann für die jur Person usw durch Begründung eines **Nebensitzes** (**III**; s Rn 13) geschaffen werden.

2) Anwendungsbereich. Unter § 17 fallen alle passiv Parteifähigen, die nicht natürl Personen sind. Für den 2
Bundes- und Landesfiskus gilt Sonderregelung gem §§ 18, 19 (s § 18 Rn 2). Zu beachten ist ab Eröffnung des InsVerf § 19a (s Rn 6, 12) und während eines Restrukturierungsverfahrens § 19b. Die Aufzählung in **I 1** ist nur beispielhaft und nicht abschließend. IE gilt I 1 für:

a) alle **jur Personen des öff Rechts** außer dem Fiskus (I 1: „Gemeinden", „Korporationen"); Bsp: Gebietskör- 3
perschaften, öff-rechtl Körperschaften und Anstalten, Zweckverbände, Träger der Sozialversicherung, Innungen; **Behörden** sind idR nicht passiv parteifähig (s § 50 Rn 25), insoweit ist II Hs 2 gegenstandslos;

b) alle **jur Personen des Privatrechts** (I 1: „Gesellschaften", „Genossenschaften", „andere Vereine", „Stiftun- 4
gen, Anstalten und Vermögensmassen"); hierher gehören die rechtsfähigen Kapitalgesellschaften (AG, SE, GmbH, UG, eG), ferner die eingetragenen Vereine (§ 21 BGB) und die rechtsfähigen Stiftungen (§ 80 BGB);

5 c) alle **lokalisierten parteifähigen Personenvereinigungen ohne eigene Rechtspersönlichkeit**; Bsp: Personenhandelsgesellschaften (OHG u KG), rechtsfähige BGB-Gesellschaft (§ 705 II Alt 1 BGB), Partnerschaft, Gemeinschaft der Wohnungseigentümer (§ 9a I WEG; beachte ausschließl Zuständigkeit gem § 43 II WEG), nicht rechtsfähiger Verein (§ 50 II; s § 50 Rn 21), namentl die (arbeitsrechtl) Gewerkschaft (s § 50 Rn 23) und, soweit sie nicht bereits als eingetragener Verein unter Rn 4 fällt, die politischen Parteien (§ 3 PartG; s § 50 Rn 22).

6 **d)** § 17 I ist einer entspr Anwendung auf **sonstige Vermögensmassen ohne eigene Rechtspersönlichkeit** nicht zugängl (MskV/Heinrich Rn 6; MK/Patzina/Windau Rn 12; zur früheren Rechtslage BGHZ 88, 331 = NJW 84, 739). Es fehlt bereits an der Regelungslücke. Für die *Insolvenzmasse* ist nach § 19a der Sitz des Insolvenzgerichts maßgebl; iÜ bestimmt sich der allg Gerichtsstand gem § 13 nach dem Wohnsitz der Partei kraft Amtes (zB TV, Zwangsverwalter).

7 **3) Abgrenzung.** Der Gerichtsstand gem § 17 ist nicht ausschließl, daneben kommen bes Gerichtsstände in Frage (insb gem § 21, bei Versicherungsgesellschaften ist § 215 VVG zu beachten). Bei den Kapitalgesellschaften (s Rn 4) und Personenhandelsgesellschaften ist für die wichtigsten gesellschaftl Klagen (insb Anfechtungs- und Nichtigkeitsklagen) der Gerichtsstand des Gesellschaftssitzes als **ausschließl** ausgestaltet (s § 132, § 246 III, § 249 I, § 275 IV AktG; § 61 III, § 75 GmbHG; § 51 III GenG; § 113 I, § 114 S 1 HGB).

8 **II) Internationaler Rechtsstreit. 1) EU-Bereich.** Im Anwendungsbereich der Brüssel Ia-VO ist der **Sitz** von Gesellschaften und jur Personen dem Wohnsitz gleichgestellt; neben dem „satzungsmäßigen Sitz" sind Sitz auch Ort der Hauptverwaltung und einer Hauptniederlassung (Art 63 I Brüssel Ia-VO; dazu Wedemann ZIP 2021, 2257). Für bestimmte wichtige Klagen des Gesellschaftsrechts (insb Auflösungs- und Nichtigkeitsklagen) besteht aber die ausschließl Zuständigkeit gem Art 24 Nr 2 Brüssel Ia-VO, bei der der Sitz nach dem im jew Gerichtsstaat geltenden IPR maßgebl ist; dazu s Art 24 Brüssel Ia-VO Rn 10 f.

8a **2) Grenzüberschreitende Sitzverlegung, Schein-Auslandsgesellschaften. a) Schranken** der Verlegung des (tatsächl) Sitzes ins EU-Ausland (sog Wegzugsbeschränkungen) verstoßen nicht gegen die europ Niederlassungsfreiheit (EuGH NJW 2009, 569 – Cartesio; sa § 50 Rn 31). Im dt Recht ist die Bindung des Verwaltungssitzes an den Satzungssitz beseitigt (vgl § 4a GmbHG, § 5 AktG), eine inländische Geschäftsanschrift genügt (§ 8 IV Nr 1 GmbHG, § 37 III Nr 1 AktG; s näher Zimmer/Naendrup NJW 2009, 545, 548). – **b) Besonderheiten** bei inländischen **EU-Schein-Auslandsgesellschaften** (s § 50 Rn 31): Bei ihnen fallen der im Gründungsstaat gelegene satzungsmäßige Sitz und der inländische (tatsächl) Verwaltungssitz auseinander. Sie haben einen inländischen allg Gerichtsstand, der sich am Ort der Hauptverwaltung (Hauptniederlassung) befindet (Art 4, 63 I b und c Brüssel Ia-VO; vgl BGH NJW 2009, 1610; BGH NJW-RR 2008, 551 = MDR 2007, 1333 LS; BayObLG NJW-RR 2006, 206 = MDR 2005, 1243; wichtig zB für § 689 II, § 703d). Ist er im Einzelfall nicht feststellbar (s Rn 10), bleibt Vorgehen gem Art 7 Nr 5 Brüssel Ia-VO, s § 21 Rn 4. Bei gesellschaftsrechtl Klagen gem Art 24 Nr 2 Brüssel Ia-VO geht die (ausschließl) Zuständigkeit am (ausl) Satzungssitz der am (inländischen) Verwaltungssitz vor (BGHZ 190, 242 = NJW 2011, 3372; sa Art 24 Brüssel Ia-VO Rn 11). – **c) EWR-Bereich, Drittstaaten.** Für Schein-Auslandsgesellschaften im Anwendungsbereich des **LugÜ** gelten die gleichen Grundsätze (BGH NJW-RR 2010, 1364 Tz 16 = MDR 2010, 831). Im Verh zu Drittstaaten begründet der inländische tatsächl Verwaltungssitz gem I 2 die internat Zuständigkeit (OLG Köln ZIP 2007, 935; sa § 50 Rn 32 [c]).

9 **III) Allgemeiner Gerichtsstand von juristischen Personen. 1) Sitz (§ 17 I 1).** Maßgebender Ort ist in 1. Linie der **Sitz**. Er ergibt sich aus Ges, Verleihung (beides häufig bei jur Personen des öff Rechts) oder aus der **Satzung** (dem **Statut**); ob sich betriebl Einrichtungen am Sitz befinden, ist unerhebl (KG DGVZ 2022, 195). Bei den jur Personen des Privatrechts (Kapitalgesellschaften, eingetragene Vereine) ist **satzungsmäßige** Festlegung des Sitzes und Registerpublizität vorgeschrieben (vgl § 5, § 23 III Nr 1, § 39, § 278 III AktG; § 3 I, § 4a, § 10 GmbHG; § 6 Nr 1 GenG; § 57 I, § 59 BGB). Auch Personenhandelsgesellschaften haben ihren Sitz zum Handelsregister anzumelden (§ 106 II Nr 1 b, § 161 II HGB); ebenso die Partnerschaft (§ 5 I Nr 1 PartGG). BGB-Gesellschaften können ihren vertragl vereinbarten Sitz im Gesellschaftsregister eintragen; andernfalls ist Sitz der Ort, an dem die Geschäfte geführt werden (§ 706, § 707 II Nr 1 b BGB). Eine „sitzlose" rechtsfähige BGB-Gesellschaft ist daher nicht mehr denkbar. Bei einem – nur ausnahmsw zulässigen (BayObLGZ 1985, 111) – **Doppelsitz** gilt § 17 an jedem Ort (LG Berlin WM 94, 1246, str; einschr Bork ZIP 95, 609 für AG: I 2 gilt). Lässt sich der satzungsmäßige Sitz innerhalb einer Gemeinde nicht näher bestimmen („Berlin"), ist jedes Gericht der Gemeinde nach § 17 zuständig (KG 6.3.2025 – 2 UH 2/25; OLG Frankfurt GmbHR 2021, 882).

10 **2) Verwaltungsort (§ 17 I 2).** Nur wenn es an einem eindeutig (satzungsmäßig usw) bestimmten (inländischen) Sitz (s Rn 8, 9) fehlt, greift I 2 ein (OLG Hamm NJW-RR 2019, 743). – Der **Ort, wo die Verwaltung geführt wird**, entspricht dem Verwaltungssitz iSd § 706 BGB (vgl BTDrs 19/27635, 127). Maßgebl ist der Mittelpunkt der gesamten geschäftl Oberleitung. Er ist der Tätigkeitsort der Geschäftsführung und der dazu berufenen Vertretungsorgane, mithin bei einem Unternehmen der Ort, wo die grundlegenden Entscheidungen der Unternehmensleitung effektiv in laufende Geschäftsführungsakte umgesetzt werden (BGHZ 97, 272; BGH MDR 2010, 166) zB künftiger *Sitz bei Vor-GmbH* (OLGR Brandenburg 2003, 547: I 1 entspr), Belegenheitsort *des gemeinschaftl* Grundstücks bei Gemeinschaft der Wohnungseigentümer (§ 9a I WEG). I 2 gilt auch für ausl jur Personen und parteifähige Gesellschaften außerhalb des EU-Bereichs (s Rn 8a [c]); sonst gilt Art 4, 63 Brüs-

sel Ia-VO (s Rn 8). Bei inländischen EU-Auslandsgesellschaften (s Rn 8a [b]) dürfen keine zu hohen Anforderungen an die Annahme eines inländischen Verwaltungssitzes (Art 63 I b und c Brüssel Ia-VO) gestellt werden (Bsp: BGH NJW 2009, 1610: Inlandsübergewicht genügt), mag auch eine tatsächl Vermutung für einen solchen nicht bestehen (BayObLG MDR 2005, 1243; sa Rn 8a); bei Konzernunternehmen ist idR auf das einzelne Unternehmen, nicht die Konzernzentrale abzustellen (vgl AG Essen ZIP 2009, 1826 zu § 3 I 2 InsO; MK/Patzina/Windau Rn 26). I 2 entspricht bei EU-Auslandsgesellschaften (s § 50 Rn 31) dem gewöhnl Aufenthalt iSv § 110 (OLG München ZIP 2010, 2069).

3) Ort der Belegenheit des Bergwerks (§ 17 II). Er ist durch die Umwandlungspflicht der bergrechtl Gewerkschaften in AG oder GmbH obsolet geworden (BBergG v 13.8.1980, BGBl I 1980, 1310). Amtssitz von **Behörden:** s Rn 3, § 18. 11

4) Beginn und Ende. In zeitl Beziehung ist der allg Gerichtsstand von der Entstehung der jur Person an gegeben und dauert idR bis zu deren Vollbeendigung. Er besteht namentl auch nach Auflösung und während der Abwicklung fort (vgl § 49 II BGB; § 143, § 161 II HGB; § 5, § 264 II, § 278 III AktG; § 69 II GmbHG; §§ 6, 12, 87 II GenG). Während des InsVerf wird § 17 durch § 19a verdrängt (s Rn 6). 12

IV) Gerichtsstand des Nebensitzes (§ 17 III). Der allg Gerichtsstand des Sitzes (s Rn 9, 10) ist für die jur Person nicht durch Satzung abdingbar. Jedoch besteht die Möglichkeit, durch einen satzungsmäßigen **Nebensitz** einen weiteren allg Gerichtsstand zu begründen (BayObLGR 96, 23; für ihn gilt § 35). Bes (ausschließl) Gerichtsstände können auch durch **Satzung** begründet werden (s § 38 Rn 12). Die Bedeutung satzungsmäßiger Gerichtsstandsklauseln liegt in der Begründung der internationalen Zuständigkeit für Klagen des Verbandes gegen ausl Verbandsmitglieder, soweit § 22 nicht eingreift (wie im Anwendungsbereich der Brüssel Ia-VO, s § 22 Rn 4). 13

§ 18 Allgemeiner Gerichtsstand des Fiskus

Der allgemeine Gerichtsstand des Fiskus wird durch den Sitz der Behörde bestimmt, die berufen ist, den Fiskus in dem Rechtsstreit zu vertreten.

Lit: *Schmieder*, Die Vertretung des Fiskus, ZZP 126 (2013), 359.

I) Allgemeines. 1) Anwendungsbereich. Fiskus ist der Staat (Bund, Land, Körperschaft, Anstalt, Stiftung) in seiner Eigenschaft als Privatrechtssubjekt bzw Vermögensrechtsträger. Gegensatz: Hoheitsrechtsträger (sa § 50 Rn 13). 1

2) Gerichtsstand. a) § 18 begründet den **allgemeinen** Gerichtsstand am Sitz der Vertretungsbehörde (s Rn 5; § 12 Rn 6). Für Bund- und Landesfiskus bestimmt er den Gerichtsstand abw von § 17, um die Gerichte am Sitz des Verwaltungsträger zu entlasten (WSch/Smid/Hartmann Rn 1). Daneben etwa bestehende **besondere** Gerichtsstände (zB gem §§ 24, 29, 32) bleiben unberührt (MK/Patzina/Windau Rn 5; sa BGH NJW 2001, 1071). In diesem Fall besteht bei nicht ausschließl Zuständigkeit Wahlrecht gem § 35. **Sachlich** ausschließl zuständig bei Amtspflichtverletzungen ist gem § 71 II Nr 2 GVG das LG (s § 71 GVG Rn 5). 2

b) § 18 knüpft an die **gesetzliche Vertretung** an (s § 51 Rn 5). **Welche Behörde** vertretungsberechtigt ist, bestimmen die verfassungs- und verwaltungsrechtl Organisationsnormen des Bundes- (s Rn 5 ff) oder Landesrechts (s Rn 16 ff). Die Regelung ist häufig undurchsichtig und die Bestimmung der vertretungsberechtigten Behörde im Einzelfall schwierig. Hilfe bieten **Auskunfts- und Belehrungspflicht** der befassten oder übergeordneten Behörden (MskV/Heinrich Rn 5), auch bei einer etwaigen Rechtsmittelbelehrung (dazu allg BVerfGE 93, 99, 109 = NJW 95, 3173; verkannt in BayObLGZ 95, 61, 65). 3

c) Internationaler Rechtsstreit. Ein allg Gerichtsstand des **ausländischen Fiskus** fehlt; im Prozess in einem bes Gerichtsstand bestimmt sich seine ges Vertretung nach den Gesetzen des ausl Staates (BGHZ 40, 197). Zur Zuständigkeit gem § 23 s § 23 Rn 3, 8. 3a

3) Folgen fehlerhafter Bestimmung. a) Wirksame Klageerhebung. Die richtige Bezeichnung der Vertretungsbehörde (vgl § 253 II Nr 1, § 130 Nr 1) gehört nicht zu den zwingenden Förmlichkeiten der Klage (s § 253 Rn 8b). – **b) Klagefrist.** Bei Zustellung an die in der Klageschrift unrichtig bezeichnete Vertretungsbehörde wird eine Klagefrist (s § 167 Rn 3) gewahrt, wenn die Klage von dieser noch innerhalb der Frist an die richtige Vertretungsbehörde weitergeleitet wird; der Zustellungsmangel wird dann nach § 189 geheilt (OLG Zweibrücken OLGZ 78, 108; sa § 189 Rn 6). Eine Weiterleitungs*pflicht* folgt aus der Auskunftspflicht gem § 25 S 2 VwVfG, str; s Schmieder ZZP 126 (2013), 174; zum gerichtl Verf s BVerfGE 93, 115 = NJW 95, 3175). Geringfügige Zustellungsverzögerungen wegen fehlerhafter Bezeichnung stehen rückwirkender Zustellung „demnächst" iSd § 167 ebenfalls nicht entgegen (BayObLGZ 2002, 160, 165; sa BGH NJW-RR 2006, 789). Der Wahrung einer Klagefrist steht nicht entgegen, dass die Klageerhebung beim unzuständigen Gericht erfolgt ist (BGHZ 35, 375; BGHZ 97, 161 mN; BGHZ 166, 329, 333; BGH MDR 2014, 47; s § 261 Rn 3a; § 281 Rn 15a) – **c) Verjährung.** Durch die Zustellung an eine nicht vertretungsberechtigte Behörde wird die Verjährung nicht 4 gehemmt (vgl BGH MDR 2004, 959). Heilung gem § 167, § 189 ist wie bei Klagefrist mögl; uU kann auch eine behördenübergreifende Wissenszurechnung helfen (s allg BGHZ 190, 201 Tz 18 = NJW 2011, 2791; OLG Nürnberg ZIP 2012, 1043).

5 **II) Die Vertretung des Fiskus des Bundes. 1) Allgemeines.** Es gibt keine einheitl Vertretungsbehörde (BGHZ 8, 197), vielmehr vertritt jeder Bundesminister den Bund innerhalb seines Geschäftsbereichs **für alle Rechtsgründe**, aus denen Ansprüche geltend gemacht werden (BGH NJW 67, 1755; sa Art 65 I 2 GG). Soweit eine Zuordnung zu einem bestimmten Geschäftsbereich ausscheidet, wird der Bund (hilfsw) vom Bundesfinanzminister vertreten (allgM; St/Roth Rn 10). Zur Vertretung des Bundes in den einzelnen Geschäftsbereichen s Rn 6-15 (nur Überblick). **Sitz der BReg** ist Berlin; dasselbe gilt für die unten genannten BMinisterien außer Rn 12, 14 u 15 (dazu s § 19 Rn 1 aE; St/Roth Rn 12 f). Bundesoberbehörden mit Sitz in Bonn sind ua die Bundesanstalt für Finanzdienstleistungsaufsicht (BaFin; weiterer Sitz: Frankfurt/M, s § 1 II FinDAG), die Bundesnetzagentur (früher Regulierungsbehörde, s TKG-ÄndG v 18.2.2007, BGBl I 2007, 106) u das Bundesamt für Justiz (s § 1 II des G v 17.12.2006, BGBl I 2006, 3171). Vertretung des Bundes durch mehrere konkurrierende Vertretungsbehörden ist mögl. **Bsp:** BGHZ 188, 121; sa Rn 7 aE.

6 **2) Einzelne Geschäftsbereiche (Auswahl). a) Bundesministerium der Finanzen. Rechtsgrundlagen:** AnO über die Vertretung der Bundesrepublik Deutschland im Geschäftsbereich des BMF v 15.12.2020 (VertrOBFV; BAnz AT 21.1.2021 B1 = GMBl 2021, Nr 5 S 82). **Vertretungsbehörde** ist grds das BMF, soweit nicht nachgeordnete Behörden vertretungsbefugt sind (zB Bundesoberbehörden der BFV, BFD, Hauptzollämter, Zollfahndungsämter). Zuständige Vertretungsbehörden bei **Stationierungsschäden** (s Art 8 NTS-AG) sind die Schadensregulierungsstellen des Bundes (s Bek des BMF v 2.1.2015, BAnz AT 19.1.2015 B1; Anschriften www.bundesimmobilien.de). Diese sind der **Bundesanstalt für Immobilienaufgaben** (BImA) zugeordnet, die ihren Sitz in Bonn hat (§ 1 II BImAG; FNA 643-1).

7 **b) Bundesministerium der Justiz und für Verbraucherschutz:** AnO über die Vertretung der Bundesrepublik Deutschland im Geschäftsbereich des BMJ v 1.2.2013 (BMJVertrAnO; BGBl I 2013, 167). **Vertretungsbehörde** ist iZw das BMJV, in ihren Geschäftsbereichen die Leiter der Gerichte und Behörden, die zum Geschäftsbereich des BMJV gehören. Der Generalbundesanwalt ist Vertretungsbehörde in gerichtl Verf, die die Gerichte und Behörden selbst betreffen. **Bsp:** BGHZ 188, 121 (Vertretungskonkurrenz).

8 **c) Bundesministerium des Innern. Rechtsgrundlagen:** Vertretungsordnung BMI v 16.12.2016 (GMBl 2016, Nr 60 S 1187). **Vertretungsbehörde** ist grds das BMI als oberste Dienstbehörde. Es hat seine Befugnisse insoweit auf einige nachgeordnete Behörden übertragen, zB das Statistische Bundesamt, das Bundeskriminalamt, das Bundesverwaltungsamt usw. Der vom **Bundesamt für zentrale Dienste und offene Vermögensfragen** unter der Aufsicht des BMI verwaltete Entschädigungsfonds hat als parteifähiges Sondervermögen des Bundes (s § 50 Rn 14) seinen allg Gerichtsstand in Berlin (§ 9 III 2 EntschG; FNA III-19-6-2).

9 **d) Bundesministerium für Verkehr. Rechtsgrundlagen:** Anordnung über die Vertretung der BRep Deutschland im Geschäftsbereich des Bundesministeriums für Digitales und Verkehr (VertrOBDV) v 20.10.2022 (Verkehrsblatt 2022, 846). In den Geschäftsbereich fällt das Kraftfahrt-Bundesamt (Sitz: Flensburg), das sich in seinem Geschäftsbereich vor den ordentlichen Gerichten selbst vertritt (§ 1 I Nr 3, § 2 Nr 2 a cc, § 3 II 1 VertrOBDV). Im Bereich der Straßenbaulast der Bundesautobahnen (§ 3 FStrG), deren Verwaltung nunmehr dem Bund obliegt (Art 90 II, Art 143e I GG), wird der Bund seit 1.1.2021 durch die gem § 6 InfrGG iVm § 1 InfrGGBV beliehene Die Autobahn GmbH vertreten (§ 2 Nr 15 VertrOBDV; vgl BVerwG 11.2.2021 – 9 VR 1.21 Tz 3; sa BGH MDR 2025, 310 zum Anspruchsübergang).

10-11 Einstweilen frei.

12 **e) Bundesministerium der Verteidigung.** Sitz: Bonn. **Rechtsgrundlagen:** Vertretungsanordnung BMVg v 12.4.2022 (GMBl 2022, Nr 33 S 746). **Vertretungsbehörden** sind idR das Bundesamt für Infrastruktur, Umweltschutz und Dienstleistungen der Bundeswehr sowie das Bundesamt für Ausrüstung, Informationstechnik u Nutzung der Bundeswehr, ausnahmsweise das BMVg selbst. Als Drittschuldner wird der Bund vertreten durch die für die Wehrsoldzahlung zuständige Stelle, durch das Bundesverwaltungsamt als die Zahlung von Dienstbezügen anordnende Behörde u durch die die Zahlung von Versorgungsbezügen anordnenden Service-Center der Generalzolldirektionen. Einzelheiten sind geregelt in der Verwaltungs-AnO über die Vertretung des Bundes als Drittschuldner usw (R I 5 – 39-85-25/14; GMBl 2015, Nr 68 S 1348).

13 **f) Abgrenzung.** Zum Geschäftsbereich des BMF gehören die für **Truppenschäden** der Entsendestaaten zuständigen Schadensregulierungsstellen (näher s Rn 6), die die Entsendestaaten auch im Rechtsstreit als Prozessstandschafter vertreten (Dumbs/Hartl VersR 2013, 1095). Die Vertretung des Bundes bei Schäden durch die **Bundeswehr** obliegt dem BMVg und den zuständigen nachgeordneten Behörden (s Rn 12).

14 **g) Bundesministerium für Umwelt, Klimaschutz, Naturschutz und nukleare Sicherheit.** Sitz: Bonn. **Rechtsgrundlagen:** Vertretungsordnung *BMUB v 18.5.2017* (GMBl 2017, Nr 20 S 377; BAnz AT 30.5.2017 B2). Ver*tretungsberechtigte* Dienststellen sind ua: Das BMUKN, das Umweltbundesamt, das Bundesamt für Strahlenschutz und das Bundesamt für Naturschutz.

h) Bundesministerium für Landwirtschaft, Ernährung und Heimat. Sitz; Bonn. Für die Vertretung gelten die allg Grundsätze. Vertretungsbehörden sind das BMLEH, daneben nachgeordnete Behörden und Anstalten, zB Bundessortenamt, Bundesinstitut für Risikobewertung und Bundesforschungsinstitute. 15

III) Die Vertretung des Fiskus der Länder. 1) Baden-Württemberg. Rechtsgrundlagen: Art 49 II BWVerf; AnO der Landesregierung über die Vertretung des Landes in gerichtl Verf usw v 17.1.1955 (GBl 1955, 8) idF der Änderungs-AnO v 25.9.2001 (GBl 2001, 552); Bek der Ministerien über die Vertretung des Landes in gerichtl Verf usw v 28.2.2012 (GBl 2012, 138), zuletzt geändert durch Art 12 G v 30.4.2024 (GBl 2024, Nr 29). Neben den Ministerien sind als **allg Vertretungsbehörden** ua die Mittelbehörden, die Landesämter, die Präsidenten der obersten Landesgerichte, die Regierungspräsidien und die Landratsämter zuständig. **Bes Vertretungsbehörden** sind im Justizbereich die GeneralStA, die StA, die Landesoberkasse und die JVA. 16

2) Bayern. Rechtsgrundlage: VO über die gerichtl Vertretung des Freistaats Bayern (VertrV) idF der Bek v 26.10.2021 (GVBl 2021, 610; GlNr 600-1-F). **Allg Vertretungsbehörden** sind (je unter bestimmten Voraussetzungen) das Bay Staatsministerium der Finanzen und für Heimat und die Dienststellen des Landesamts für Finanzen (§ 2 VertrV). Daneben sind für bestimmte Sonderfälle **bes Vertretungsbehörden** zur Vertretung befugt (zB Bezirksrevisoren, Vollstreckungsbehörden, Generalstaatsanwaltschaften, StA, Finanzämter ua). 17

3) Berlin. Staatsrechtl **Vertretungsbehörde** ist der Regierende Bürgermeister; iÜ wird Berlin vertreten durch jedes Mitglied des Senats in seinem Geschäftsbereich und in Angelegenheiten der Bezirksverwaltungen durch die Bezirksämter sowie die Geschäftsleitung eines zur Bezirksverwaltung gehörenden Eigenbetriebs (iE §§ 20, 21, 25 AZG). **Rechtsgrundlagen** sind ua das G über die Zuständigkeiten in der Allgemeinen Berliner Verwaltung (AZG) idF v 22.7.1996 (GVBl 1996, 302, 472; GlNr 2001-1), zuletzt geändert durch G v 11.12.2024 (GVBl 2024, 614) sowie für den Bereich der LJV die AnO über die Vertretung des Landes Berlin im Geschäftsbereich der für Justiz zuständigen Senatsverwaltung v 14.2.2025 (Gz JustV B 13). 18

4) Brandenburg. Das Land Brandenburg wird für den jew Geschäftsbereich durch den zuständigen Fachminister vertreten (Art 91 I, 89 S 2 VerfBrandenburg). Eine Delegation der Vertretungsbefugnis auf nachgeordnete Stellen ist nicht allg erfolgt; für den Geschäftsbereich des Ministers der Justiz usw vgl die Vertretungsordnung JM Bbg v 9.6.1992 (JMBl 1992, 78), zuletzt geändert am 15.7.2019 (JMBl 2019, 134); für den Geschäftsbereich des Ministeriums der Finanzen und für Europa vgl Vertretungsordnung MdF Bbg v 22.8.2017 (ABl 2017, 835). 19

5) Bremen. Bremen wird nach Art 118 I 2 BremVerf durch den Senat vertreten. Dabei sind der Präsident des Senats oder sein Stellvertreter ermächtigt, rechtsverbindl Erklärungen für die Freie Hansestadt abzugeben (Art 118 I 3). Nach Art 120 BremVerf sind die Senatoren innerhalb ihres Geschäftsbereichs vertretungsbefugt. Der Senator für Justiz und Verfassung vertritt den Justizfiskus. 20

6) Hamburg. Rechtsgrundlagen: Art 18 II 2, 42 II 2 Verf HH; G über Verwaltungsbehörden (VwBehG HA) v 30.7.1952, zuletzt geändert am 20.12.2022 (HmbGVBl 2023, 11). **Vertretungsbefugt** sind die Finanzbehörde im allgemeinen und die Fachbehörden im Rahmen ihres Geschäftsbereichs (§ 6 VwBehG HA). 21

7) Hessen. Hessen wird gem Art 103 HessVerf vom Ministerpräsidenten vertreten. Dieser hat die Vertretungsbefugnis (mit bestimmten Vorbehalten) den Ministern, diese wiederum haben sie nachgeordneten Behörden delegiert. **Rechtsgrundlagen:** Landesvertretungsanordnung v 5.11.2012 (LVtrAnO HE, StAnz 2012, 1262), zuletzt geändert am 17.11.2022 (StAnz 2022, 1466); für die einzelnen Geschäftsbereiche (Finanzen, Inneres usw) bestehen bes Vertretungs-AnO (dazu sogleich). **Vertretungsbehörden** sind im Bereich der Finanzverwaltung ua die OFD Frankfurt (Main) (FinMinVtrAnO v 11.11.2013 [StAnz 2013, 1488], zuletzt geändert am 26.11.2024 [StAnz 2025, 127]), im Bereich der inneren Verwaltung idR die Regierungspräsidien (InnSpMinVtrAnO v 21.10.2009 [StAnz 2009, 2650], zuletzt geändert am 30.11.2022 [StAnz 2022, 1406]), im Bereich der Justizverwaltung ua die GeneralStA, die zuständige Gerichtskasse u die Bezirksrevisoren (JusMinVtrAnO v 20.3.2012 [StAnz 2012, 411], zuletzt geändert durch AnO v 6.12.2022 [StAnz 2022, 1479]). 22

8) Mecklenburg-Vorpommern. Rechtsgrundlagen: Art 47 Verf MV. Die Vertretung des Landes erfolgt in Rechtsstreitigkeiten grds durch die Fachminister im Rahmen ihres Geschäftsbereichs; Delegation auf nachgeordnete Behörden ist mögl (§ 2 VerwVorschrift des Ministerpräsidenten v 17.12.2012, AmtsBl 2013, 3; Gl.Nr 100-19). **Vertretungsbehörden** für den Bereich der Justizverwaltung sind bestimmt durch den Vertretungserlass Justiz v 9.8.2016 (AmtsBl 2016, 890; Gl.Nr 100-27) idF 13.11.2017, für den Bereich der Finanzverwaltung durch den Vertretungserlass Finanzministerium v 10.12.2019 (AmtsBl 2019, 1029; Gl.Nr 100-38) u für die innere Verwaltung durch Verwaltungsvorschrift v 14.12.2015 (AmtsBl 2016, 2; Gl.Nr 100-26). 23

9) Niedersachsen. Rechtsgrundlagen: Art 37 NdsVerf; Gemeinsamer Runderlass der Staatskanzlei u sämtl Ministerien v 12.7.2012 (NdsMBl 2012, 578, zuletzt geändert am 3.6.2021, NdsMBl 2021, 578). **Vertretungsbehörde** ist jedes Ministerium in Angelegenheiten seines Aufgabenbereichs und des Aufgabenbereichs der ihm unmittelbar nachgeordneten Behörden sowie die OFD in allen Angelegenheiten ihres Aufgabenbereichs und der ihr nachgeordneten Behörden; in Angelegenheiten der Justizverwaltung ua OLG, LSG, LAG und GeneralStA für ihren Geschäftsbereich. 24

25 **10) Nordrhein-Westfalen.** Die Landesregierung vertritt das Land nach außen (Art 57 S 1 Verf NRW). Diese Befugnis wurde durch Bek v 8.2.1960 (GV NRW 1960, 13) auf den Ministerpräsidenten übertragen. Die Vertretung bei Teilnahme am allg Rechtsverkehr richtet sich nach der Ressortkompetenz (Art 55 II Verf NRW). Sie ist für den Geschäftsbereich des Finanzministeriums durch RdErl v 6.5.2015 (Vertretungsordnung FM NRW, MBl NW 2015, 352), des Justizministeriums durch AnO v 27.11.2011 idF v 18.6.2013 (Vertretungsordnung JM NRW, JMBl 2013, 148) und iÜ durch den sog Vertretungserlass NRW v 18.8.2023 (MBl NRW 2023, 928) geregelt. **Vertretungsbehörden** im Justizbereich sind außer dem zuständigen Minister ua die GeneralStA, die Bezirksrevisoren und der Leiter der Zentralstelle für Rechts- und Schadensangelegenheiten im Justizvollzug.

26 **11) Rheinland-Pfalz. Rechtsgrundlagen:** Art 101 S 1 Verf RP. Für die verschiedenen Geschäftsbereiche bestehen bes VertretungsO, so zB die VertretungsO Justiz v 22.8.1997 (JMinVertrZustV RP, GVBl 1997, 331), zuletzt geändert am 17.10. 2018 (GVBl 2019, 1) sowie die VertretungsO Inneres v 7.8.1991 (InnMinVertrZustV RP, GVBl 1991, 334), zuletzt geändert am 29.7.2024 (GVBl 2024, 302), und die VertretungsO Finanzen v 18.11. 1988 (FinMinVertrZustV RP, GVBl 1988, 293), zuletzt geändert am 2.9.2022 (GVBl 2022, 359). **Allg Vertretungsbehörden** sind in allen Angelegenheiten der Justizverwaltung das JM, die GeneralStA, in Angelegenheiten der Finanzverwaltung der MdF, in Angelegenheiten der inneren Verwaltung der MdI.

27 **12) Saarland. Rechtsgrundlagen:** Art 95 I Verf SL; G Nr 739 über die Vertretung des Saarlandes (VertrG SL) v 15.11.1960 (ABl 1960, 920), zuletzt geändert durch G v 26.1.1994 (ABl 1994, 509). **Vertretungsbehörden** sind die zuständigen Minister im Rahmen ihres Geschäftsbereichs, hilfsw der Ministerpräsident. Jeder Minister kann sein Vertretungsrecht auf nachgeordnete Behörden übertragen (§ 4 VertrG SL). Davon ist wiederholt Gebrauch gemacht worden. Im Bereich der Justizverwaltung gilt AV des MdJ v 24.7.1992 (ABl 1992, 841, ELVIS Nr 10/881); zuständig zur Vertretung sind danach zB die zuständige Strafvollstreckungsbehörde, der Leiter der Gerichtskasse, die Leiter der Justizvollzugsanstalten und Bezirksrevisoren.

28 **13) Sachsen. Rechtsgrundlagen:** §§ 58-60 SächsJG v 24.11.2000 (SächsGVBl 2000, 482; 2001, 704), zuletzt geändert durch G v 15.12.2022 (SächsGVBl 2022, 626, 628); SächsVertrVO v 4.4.2023 (SächsGVBl 2023, 124). **Vertretungsbehörden** in gerichtl Verf sind die Staatsministerien, die ihnen unmittelbar nachgeordneten Behörden, in Verf vor den ordentl Gerichten idR das Landesamt für Steuern u Finanzen (§ 3 SächsVertrVO), in bes Verf insb die Landesjustizkasse Chemnitz, die Bezirksrevisoren u der GeneralStA (§ 7 SächsVertrVO).

29 **14) Sachsen-Anhalt. Rechtsgrundlagen:** Art 69 I Verf LSA; Erlass, Beschluss und Erl betr Vertretung LSA v 9.4.2013 (Az 5002-202.4; MBl LSA 2013, 204), geändert durch Erl v 4.11.2020 (MBl LSA 2020, 447). **Vertretungsbehörden** sind idR die Fachministerien für ihren Geschäftsbereich, bestimmte nachgeordnete Behörden ihres Geschäftsbereichs u Personen, die ein bestimmtes Amt ausüben oder eine bestimmte Funktion innehaben.

30 **15) Schleswig-Holstein. Rechtsgrundlagen:** Art 30 I Verf SchlH; Vertretungsanordnung v 21.10.2024 (VertrAnO SH, GOVBl 2024, 768); Allgemeine Verfügung Vertretung des Landes SchlH für den Geschäftsbereich der Landesjustizverw v 18.12.2024 (AmtsBl SH 2025, Nr 8 = SchlHA 2025). **Vertretungsbehörden** sind die Fachminister im Rahmen ihres Geschäftsbereichs. Sie haben die Vertretungsbefugnis auf nachgeordnete Behörden übertragen. Im Bereich der Justizverwaltung sind dies idR der GeneralStA und die Bezirksrevisoren bei den LG und zT die Geschäftsleiter der jew genannten Gerichte, ausnahmsweise die oberste Justizbehörde selbst.

31 **16) Thüringen. Rechtsgrundlagen:** Art 70 I, II, IV ThürVerf; AnO über die Vertretung des Landes Thüringen v 18.12.1990 (VertrAnO TH, ThürGVBl 1991, 15); ua Vertretungsordnung Justiz v 25.8.2004 (ThürJMBl 2004, 66) idF v 11.10.2022 (ThürJMBl 2022, 92). **Vertretungsbehörden** sind im Geschäftsbereich des Justizministeriums in gerichtl Erkenntnisverf der Justizminister und der GeneralStA, in Vollstreckungsverf der vor dem Erlass des Vollstreckungstitels zuständige Vertreter des Landes.

§ 19 Mehrere Gerichtsbezirke am Behördensitz

Ist der Ort, an dem eine Behörde ihren Sitz hat, in mehrere Gerichtsbezirke geteilt, so wird der Bezirk, der im Sinne der §§ 17, 18 als Sitz der Behörde gilt, für die Bundesbehörden von dem Bundesministerium der Justiz und für Verbraucherschutz, im Übrigen von der Landesjustizverwaltung durch allgemeine Anordnung bestimmt.

1 Die Regelung schafft eine Ermächtigungsgrundlage für Anordnungen zur Bestimmung des Gerichtsstands. Sie gilt nur für den allg Gerichtsstand des Fiskus (s § 18 Rn 5 ff, 16 ff) und wenn eine Behörde als solche verklagt werden kann (s § 17 Rn 3; § 50 Rn 25), aber nicht für die (in mehrere Gerichtsbezirke geteilte) Gemeinde selbst (notfalls ist gem § 36 I Nr 2 vorzugehen). *Von der Ermächtigungsgrundlage wird derzeit kein Gebrauch gemacht. Ohne Anordnung* entscheidet die Lage des Dienstgebäudes der Behörde. Hat die Behörde (wie die in Bonn verbliebenen Ministerien, s § 18 Rn 5) einen **Doppelsitz**, gilt § 35 (so St/Roth § 18 Rn 12).

§ 19a Allgemeiner Gerichtsstand des Insolvenzverwalters

Der allgemeine Gerichtsstand eines Insolvenzverwalters für Klagen, die sich auf die Insolvenzmasse beziehen, wird durch den Sitz des Insolvenzgerichts bestimmt.

I) Allgemeines. 1) Bedeutung. Es handelt sich um eine eigenständige Regelung des allg Gerichtsstands für massebezogene Passivprozesse (BGH NJW 2003, 2916 = MDR 2003, 1256). § 19a begründet daneben die internationale Zuständigkeit; in bestimmten Fällen auch für Aktivprozesse (näher s Rn 7). Grundgedanke der Regelung ist der des **Sachzusammenhangs** mit dem InsVerf; die Zuständigkeit für massebezogene Rechtsstreitigkeiten soll dem Ort der Durchführung des InsVerf folgen (vgl Begr RegE BTDrs 12/3803, 67; Ausschussbericht BTDrs 12/7303, 108; BGH NJW 2009, 2215, 2217 Tz 22). Durch § 19a ist ein Rückgriff auf die „allg" Regeln gem §§ 13, 17 ausgeschlossen; eine *unmittelbare* Anknüpfung an den Wohnsitz (Sitz) des Sch (s aber Rn 3) oder gar des InsVerwalters scheidet aus. 1

2) Anwendungsbereich. § 19a gilt für massebezogene (s Rn 5) Klagen gegen den InsVerwalter (s Rn 4a), nicht für (inländische, s Rn 7) Aktivprozesse des InsVerwalters (BGH NJW 2003, 2916 = MDR 2003, 1256; OLG Schleswig MDR 2001, 1375 = ZIP 2001, 1596 f), zB InsAnfechtung gem §§ 129 ff; ein Kl-Gerichtsstand ergibt sich aber uU aus allg Regeln, zB § 22. 2

II) Zuständiges Gericht. 1) Ort. Maßgebend ist der **Sitz des Insolvenzgerichts**; das ist das Gericht, bei dem das InsVerf schwebt. Die Anhängigkeit des Verf entscheidet, eine selbständige Bestimmung des (zuständigen) Insolvenzgerichts für den Zivilprozess nach den §§ 2, 3 InsO scheidet aus. IdR wird der Sitz des Insolvenzgerichts mit dem Wohnsitz/Sitz des Sch zusammenfallen (vgl § 3 I 1 InsO iVm §§ 13, 17), soweit nicht – wie uU bei unternehmerischer Betätigung – eine Anknüpfung an einen (vom Wohnsitz/Sitz verschiedenen) Mittelpunkt einer selbständigen wirtschaftl Tätigkeit (zB der Hauptniederlassung) in Frage kommt (§ 3 I 2 InsO), ein Restrukturierungsverfahren anhängig war (§ 3 II InsO) oder ein Gruppen-Gerichtsstand besteht (§§ 3a f InsO). 3

2) Zeitraum. Die Zuständigkeit setzt Anhängigkeit des InsVerf voraus, dh es muss eröffnet (§ 27 InsO) und darf nicht beendet sein (§ 200, §§ 207 ff InsO). Späterer Wegfall der zuständigkeitsbegründenden Umstände nach Rechtshängigkeit ist unerhebl (vgl § 261 III Nr 2). 4

3) Parteien. Bekl ist nach dem formellen Parteibegriff der InsVerwalter als Partei kraft Amtes (s vor § 50 Rn 19). **InsVerwalter** iSv § 19a ist nicht nur der endgültig bestellte (§ 56 InsO), sondern auch der verfügungsbefugte (§ 22 I InsO; wie § 80 InsO) vorläufige InsVerwalter (§ 21 II Nr 1 InsO), dessen Rechtsstellung insoweit der des endgültigen entspricht (sa § 240 S 2; allgM, zB MK/Jungmann Rn 19). § 19a ist hingegen nicht auf den Sachwalter (§ 270b InsO) oder sonstige Parteien kraft Amtes anwendbar (MskV/Heinrich Rn 3; MK/Jungmann Rn 23 f). **Kl** kann sein, wer einen „materiell" gegen die Insolvenzmasse gerichteten Anspruch geltend macht (iE s Rn 5). Für den Feststellungsprozess des Insolvenzgläubigers besteht eine ausschließl Zuständigkeit (s Rn 6). 4a

4) Klagen. Auf die Insolvenzmasse beziehen sich **Aussonderungsklagen** (§§ 47 f InsO), **Absonderungsklagen** (§§ 49 ff, §§ 165 ff InsO), soweit das Recht auf abgesonderte Befriedigung aus dem haftenden Gegenstand streitig ist, wie zB bei Streit über Wirksamkeit einer Sicherungsübereignung oder Globalabtretung (s § 51 Nr 1 InsO), und Klagen, mit denen **Masseverbindlichkeiten** (§§ 53 ff InsO) geltend gemacht werden. Zu **Insolvenzfeststellungsklagen** (§§ 179 ff InsO) s Rn 6. Für eine Klage, die zunächst gegen den späteren InsSchuldner gerichtet und dann auf Klage gegen den InsVerwalter umgestellt wurde (sa § 240 Rn 12 ff), verbleibt es bei der ursprüngl Zuständigkeit (§ 261 III Nr 2). **Nicht** massebezogen sind gegen den InsVerwalter gerichtete Klagen auf Feststellung, dass Ansprüche nach Insolvenzanfechtung nicht bestehen (OLG Naumburg ZIP 2018, 1609), und Klagen, mit denen dieser persönl in Anspruch genommen wird, zB aus § 826 BGB (BGH ZInsO 2018, 1144). 5

III) Abgrenzung. Der nicht ausschließl Gerichtsstand gem § 19a ist ausgeschlossen, soweit ausschließl Gerichtsstände eingreifen (vgl § 12 letzter Hs), zB §§ 24, 29a; iE s § 40 Rn 8 ff. Für die **Feststellungsklagen bestrittener InsForderungen** besteht eine ausschließl Zuständigkeit gem § 180 I 1 u 2 InsO, die aber inhaltl weitgehend § 19a entspricht (AG/LG … „*bei dem das Insolvenzverf anhängig ist oder war*"). 6

IV) Internationaler Rechtsstreit. § 19a begründet im Rahmen seines Anwendungsbereichs (s Rn 3-5) auch die **internationale Zuständigkeit** dt Gerichte (BGH NJW 2003, 2916 = MDR 2003, 1256). **EU-Bereich:** Die **Brüssel Ia-VO** ist auf das insolvenzrechtl Stammverf nicht anwendbar (vgl Art 1 II lit b Brüssel Ia-VO); es gilt Art 3 EuInsVO. Für *grenzüberschreitende InsAnfechtungsklagen* (§§ 129 ff InsO) des InsVerwalters (**Aktivprozesse**) begründet Art 6 **EuInsVO** die inländische internat Zuständigkeit. Für die *örtl Zuständigkeit* gilt Art 102c § 6 I EGInsO. Danach ist der Sitz des Insolvenzgericht (s Rn 3) maßgebl. Das gilt auch im Verh zu Drittstaaten (EuGH NJW 2014, 610; BGH NJW-RR 2014, 1137 = MDR 2014, 796; BGH ZIP 2014, 1986), aber auch für *andere insolvenztypische Annexverf* (zu Begriff und Abgrenzung eingeh Rentsch/Manow GPR 2020, 294; Haas ZIP 2014, 2381), zB Organ-Haftungsklagen des InsVerwalters gem § 64 GmbHG (EuGH ZIP 2015, 196) und gem § 30 I, § 43 III GmbHG (vgl BGH ZIP 2014, 1986), nicht dagegen Klagen Dritter aus vom InsVerwalter abgetretenen InsAnfechtungsrechten (EuGH ZIP 2012, 1049). 7

§ 19b Ausschließlicher Gerichtsstand bei restrukturierungsbezogenen Klagen; Verordnungsermächtigung

(1) Für Klagen, die sich auf Restrukturierungssachen nach dem Unternehmensstabilisierungs- und -restrukturierungsgesetz beziehen, ist ausschließlich das Gericht zuständig, in dessen Bezirk das für die Restrukturierungssache zuständige Restrukturierungsgericht seinen Sitz hat.

(2) [1]Die Landesregierungen werden ermächtigt, durch Rechtsverordnung die in Absatz 1 genannten Klagen einem Landgericht für die Bezirke mehrerer Oberlandesgerichte zuzuweisen, sofern dies der sachlichen Förderung oder schnelleren Erledigung der Verfahren dienlich ist. [2]Die Landesregierungen können diese Ermächtigung durch Rechtsverordnung auf die Landesjustizverwaltungen übertragen.

1 **I) Bedeutung.** Der besondere Gerichtsstand des § 19b I dient der Konzentration restrukturierungsbezogener Klagen. Als ausschließl Gerichtsstand verhindert er die Klageerhebung in den regelmäßig daneben begründeten Gerichtsständen der §§ 12, 17, 32. Am Konzentrationsgerichtsstand soll Sachkunde durch Einrichtung von Spezialkammern durch § 72a I Nr 7 GVG gesichert werden (BTDrs 19/24181, 189).

2 **II) Restrukturierungsbezogene Klagen (§ 19b I). 1) Restrukturierungssache.** Erforderl ist die (nicht notwendig noch fortbestehende) Rechtshängigkeit einer Restrukturierungssache durch Anzeige eines Restrukturierungsvorhabens (§ 31 I, III StaRUG; Jungmann NZI 2023, 737, 741).

3 **2) Parteien.** § 19b schränkt den Kreis der Parteien nicht ein. Nicht zwingend ist daher die Beteiligung des Schuldners (§ 2 I Nr 1 StaRUG) am Rechtsstreit. Bekl können auch Mitglieder der Geschäftsleitung oder Organe des Schuldners sowie der Restrukturierungsbeauftragte (§ 73 StaRUG) sein.

4 **3) Klagen.** Restrukturierungsbezogen sind alle Haftungs- und Schadensersatzansprüche, die die Pflichten der in Restrukturierungssachen handelnden oder mit der Aufsicht betrauten Personen betreffen (insb nach §§ 43, 57 StaRUG, § 42 I 2 StaRUG iVm § 823 II BGB; Jungmann NZI 2023, 737, 740 ff). Ein sachl Unterschied zu der in § 71 II Nr 6 GVG gewählten Formulierung „Ansprüche aus dem" StaRUG soll nach dem Willen des Gesetzgebers nicht bestehen (vgl BTDrs 19/24181, 189 f).

5 **III) Zuständiges Gericht.** Ausschließl zuständig ist das LG (§ 71 II Nr 6 GVG), in dessen Bezirk das nach § 35 StaRUG zuständige Restrukturierungsgericht seinen Sitz hat, also – wenn nicht durch Landes-VO abweichend geregelt – dasjenige am Sitz des jeweiligen OLG (§ 34 I, II StaRUG).

6 **IV) Verordnungsermächtigung (§ 19b II).** Durch Landes-VO kann weiter konzentriert, aber die Zuständigkeit innerhalb eines OLG-Bezirks nicht aufgespalten werden. § 19b II ergänzt insoweit § 34 II 1 Nr 2 StaRUG.

§ 20 Besonderer Gerichtsstand des Aufenthaltsorts

Wenn Personen an einem Ort unter Verhältnissen, die ihrer Natur nach auf einen Aufenthalt von längerer Dauer hinweisen, insbesondere als Hausgehilfen, Arbeiter, Gewerbegehilfen, Studierende, Schüler oder Lehrlinge sich aufhalten, so ist das Gericht des Aufenthaltsortes für alle Klagen zuständig, die gegen diese Personen wegen vermögensrechtlicher Ansprüche erhoben werden.

1 **I) Allgemeines.** Dem bes Gerichtsstand (s § 12 Rn 7) des § 20 liegt der Gedanke zugrunde, dass eine Person, die sich an einem Ort länger aufhält, dort vielfach Rechtsverhältnisse eingeht. Dies rechtfertigt Zuständigkeit neben dem Wohnsitz (§§ 13 ff).

2 **II) Besonderer Gerichtsstand des Aufenthaltsorts. 1) Anwendungsbereich. a)** Gilt nur, wenn **Bekl** eine **natürl** (nicht: jur) Person ist und über einen anderweitigen Wohnsitz verfügt (sonst § 16, s § 16 Rn 2). Prozessfähigkeit ist zur (rein tatsächlichen) Begründung des Aufenthalts nicht erforderl. Ein minderjähriger Bekl bedarf daher keiner Zustimmung der gesetzl Vertreter (sa § 57 II; LG Verden MDR 64, 766; differenzierend MK/Jungmann Rn 8 f; aA MskV/Heinrich Rn 3). – Der gewöhnl Aufenthalt des **Kl** (ASt) ist zuständigkeitsrechtl idR ohne Bedeutung (Ausnahmen zB Art 3 Buchst b EuUntVO; § 232 I Nr 2 FamFG).

3 **b) Klagegegenstand: vermögensrechtl Ansprüche** (zur Abgrenzung s § 3 Rn 16.122). Zusammenhang der Klage mit dem Aufenthalt ist nicht erforderl (s Rn 5).

4 **c)** § 20 gilt auch bei **ausl Wohnsitz** (KGR Berlin 2009, 306), nicht jedoch im Anwendungsbereich der Brüssel Ia-VO wenn der Bekl in einem (ausl) Vertragsstaat seinen Wohnsitz hat (Art 4, 5, 7 ff, Art 62 Brüssel Ia-VO).

5 **2) Voraussetzungen.** Erforderl ist, dass die Umstände auf einen **Aufenthalt von längerer Dauer** hinweisen; *nicht jedoch*, dass bereits eine bestimmte Verweildauer erreicht ist. Vorübergehende Abwesenheit steht einem „gewöhnl Aufenthalt" nicht entgegen (OLG München MDR 2019, 1089). Die Aufzählung („Hausgehilfen …")

ist nur beispielhaft. § 20 trifft auch zu bei Saisonarbeit, länger andauernder Strafhaft in JVA (BGH NJW 97, 1154; sa unten und § 13 Rn 5), Heimunterbringung (LG Wuppertal DAVorm 68, 204; sa § 13 Rn 5), Kuraufenthalten, Wochenend- und Ferienaufenthalt in „Zweit-Haus" (OLG Koblenz NJW 79, 1309), Wohnen in Frauenhaus (OLG Saarbrücken FamRZ 90, 1119 zu § 606 I 2; sa § 13 Rn 5 aE), Abwicklung eines größeren Geschäfts durch einen selbständigen Gewerbeunternehmer und Ableistung von (auswärtigem) Vorbereitungsdienst als Beamter. **Nicht** genügt Aufenthalt an der Arbeitsstätte tagsüber oder **vorübergehender Aufenthalt**, zB eines Geschäftsreisenden (LG Karlsruhe ZZP 38 [1909], 426; s aber KGR Berlin 2009, 306), eines Beschuldigten in U-Haft (BGH MDR 2014, 626; sa § 13 Rn 5), eines Patienten in Hospiz (KG MDR 2020, 1380 zu § 343 FamFG). Nicht nötig ist Entstehung der Schuld während des „Aufenthalts".

3) Rechtsfolgen. Zuständigkeitsbegründung mit Wahlrecht des Kl zwischen dem allg und dem bes Gerichts- 6
stand (§ 35; s § 12 Rn 10 f).

§ 21 Besonderer Gerichtsstand der Niederlassung

(1) Hat jemand zum Betrieb einer Fabrik, einer Handlung oder eines anderen Gewerbes eine Niederlassung, von der aus unmittelbar Geschäfte geschlossen werden, so können gegen ihn alle Klagen, die auf den Geschäftsbetrieb der Niederlassung Bezug haben, bei dem Gericht des Ortes erhoben werden, wo die Niederlassung sich befindet.

(2) Der Gerichtsstand der Niederlassung ist auch für Klagen gegen Personen begründet, die ein mit Wohn- und Wirtschaftsgebäuden versehenes Gut als Eigentümer, Nutznießer oder Pächter bewirtschaften, soweit diese Klagen die auf die Bewirtschaftung des Gutes sich beziehenden Rechtsverhältnisse betreffen.

I) Allgemeines. 1) Bedeutung. Erleichterung der Rechtsverfolgung **gegen** Gewerbetreibende (s Rn 2) durch 1
Schaffung eines bes Gerichtsstands (s § 12 Rn 7) für bestimmte vermögensrechtl Klagen (s Rn 10, 11) am Ort der Niederlassung (s Rn 6, 7); Ergänzung von §§ 13, 17, nicht von § 689 II (s § 689 Rn 3). Für Klagen, die sich auf den Geschäftsbetrieb einer inländischen Zweigstelle eines ausl **Kreditinstituts** beziehen, ist § 21 **unabdingbar** (§ 53 III KWG). Eine **Derogation** durch AGB ggü Nichtkaufleuten ist unwirksam, denn das Prorogationsverbot umfasst auch ein Derogationsverbot (s § 38 Rn 2).

2) Anwendungsbereich. Kl: jedermann, **Bekl:** Gewerbetreibende (s Rn 5) jeder Art, natürl und jur Personen, 2
namentl Einzelkaufleute (§§ 1, 5 HGB) und Handelsgesellschaften (§ 6 HGB), aber auch Inhaber von freien Berufen (BGHZ 88, 336) und Landwirte (arg **II**; s Rn 12). Die im Gerichtsstand des § 21 erhobene Klage richtet sich gegen den **Inhaber** der Niederlassung, **nicht** gegen diese selbst; die Niederlassung (s Rn 6) ist nicht notwendig parteifähig. Ist die Niederlassung Partei, gilt *insoweit* § 17. Mögl ist jedoch, dass der Inhaber unter der Firma der Zweigniederlassung verklagt wird (vgl BGHZ 4, 62).

3) Abgrenzung. Der Gerichtsstand des § 21 **konkurriert** mit dem allg Gerichtsstand gem §§ 13, 17 (vgl BGHZ 3
88, 336; OLGR Köln 2004, 191), ferner mit etwa bestehenden bes Gerichtsständen, zB gem § 22 (BGH NJW 75, 2142) oder § 32 (zB beim Direktanspruch gem § 115 VVG: s Rn 10; sa § 32 Rn 16). In den Fällen des § 6 UKlaG ist der Gerichtsstand der Niederlassung ausschließl (Verdrängung von § 21).

4) Internationaler Rechtsstreit. a) Allgemeines. Unternehmen mit Sitz im Ausland sind im Inland am Ort ih- 4
rer Niederlassung(en) gerichtspflichtig (BGH NJW 87, 3081 = MDR 88, 122; OLG Düsseldorf Rpfleger 97, 32). Im Anwendungsbereich der Brüssel Ia-VO begründet der in einem anderen Vertragsstaat als der (Wohn-)Sitz gelegene Ort der **(Zweig-)Niederlassung oder Agentur** (Begriff: EuGH NJW 2021, 1863; EuGH RIW 79, 56; BGH MDR 2021, 800) die (konkurrierende) internat und örtl Zuständigkeit für Streitigkeiten aus dem Betrieb der Niederlassung (Art 7 Nr 5 Brüssel Ia-VO; s Art 7 Brüssel Ia-VO Rn 46 ff). **Beachte:** Im EU-Bereich setzt eine Zweigniederlassung in *einem* Vertragsstaat eine davon verschiedene Hauptniederlassung (iSv Art 63 I c Brüssel Ia-VO) in einem *anderen* nicht voraus (EuGH NJW 2003, 3331 Tz 137-139). **Bsp:** irische „Limited" mit Verwaltungssitz im Inland (sa § 17 Rn 8a).

b) Bes Sachgebiete. Für Klagen gegen **Versicherer** steht inländische Zweigniederlassung oder Agentur dem 4a
Sitz gleich (Art 11 II Brüssel Ia-VO; das Gleiche gilt für **Verbraucherklagen** aus dem Betrieb einer inländischen Zweigniederlassung oder Agentur (Art 17 II, Art 18 I Brüssel Ia-VO) sowie uU für Klagen aus grenzüberschreitenden **Arbeitsverhältnissen** (s Art 20 II Brüssel Ia-VO). Allg ist für **ausl Kapitalanlage- und Vertriebsgesellschaften** der Wohnsitz oder Sitz des Repräsentanten unabdingbarer Gerichtsstand (§ 319 II KAGB); für **ausl Kreditinstitut** mit inländischer Zweigniederlassung sa Rn 1 aE. Im Anwendungsbereich des Montrealer Übereinkommens begründet ua die Geschäftsstelle des **Luftfrachtführers**, durch die der Vertrag geschlossen wurde, den Gerichtsstand für Schadensersatzklagen, Art 33 I Montreal-Übk (BGBl II 2004, 459; zu Art 28 WA sa BGHZ 84, 339 = NJW 83, 518 = MDR 83, 25).

5 **II) Voraussetzungen des Gerichtsstands der gewerblichen Niederlassung. 1) Gewerbliche Niederlassung. a) Gewerbe** ist jedes auf Erwerb abzielende Unternehmen einer natürl oder jur Person iwS (s Rn 2). Nicht hierher gehören öff-rechtl Einrichtungen zB Lehranstalten, Berufsgenossenschaften.

6 **b) Niederlassung. aa) Begriff.** Jede von dem Inhaber an einem anderen Ort als dem seines (Wohn-)Sitzes für eine gewisse *Dauer* eingerichtete, auf seinen Namen und für seine Rechnung betriebene und (idR) *selbständig*, dh aus eigener Entscheidung zum Geschäftsabschluss und Handeln berechtigte Geschäftsstelle (BGH NJW 87, 3082 = MDR 88, 122; OLG Düsseldorf NJW-RR 89, 433; OLG Düsseldorf Rpfleger 97, 32; OLG Köln VersR 93, 1172; s iE Rn 8 f). Die Niederlassung muss bei Klageerhebung (noch) bestehen u darf nicht bereits aufgelöst sein (BGH NJW-RR 2007, 1570 zu [jetzt] Art 17 II Brüssel Ia-VO; BayObLGR 2005, 900). **Errichtung durch den Unternehmer** ist erforderl (BGH NJW 87, 3081; OLGR München 1996, 89; aA Pfister SpuRt 95, 202). Abhängige Tochtergesellschaft ist daher keine Zweigniederlassung der „beherrschenden" Muttergesellschaft (ArbG Villingen-Schwenningen ZIP 2023, 207); ebenso wenig Mitgliedsverband eine des „beherrschenden" Spitzenverbands. Anmeldung als Gewerbebetrieb und Eintragung ins Handelsregister sind als solche weder erforderl noch genügend (KG VersR 2018, 634), *rechtl* Selbständigkeit (Rechtsform als GmbH, eV) steht nicht entgegen, soweit die übrigen Voraussetzungen vorliegen (BGH NJW 93, 2683, 2684/III 2; sa BGH NJW 98, 1322). Niederlassung kann auch der **einzige** Gewerbebetrieb des Bekl sein (KGR Berlin 2000, 69; St/Roth Rn 10). Bei **mehreren** Niederlassungen gilt § 21 für jede (sa Rn 11 aE).

7 **bb) Arten.** Als Niederlassung iSd § 21 kommen sowohl Haupt- als auch Zweigniederlassung(en) in Frage; die **Hauptniederlassung** insb dann, wenn sich am Sitz der Gesellschaft (s § 17 Rn 9) nicht zugleich der Verwaltungsort (§ 17 I 2, s § 17 Rn 10) befindet; dann begründet der Verwaltungsort den Ort der Niederlassung iSd § 21; eine **Zweigniederlassung** dann, wenn sie sich an einem vom (Wohn-)Sitz des Inhabers (entspricht idR dem Ort der Hauptniederlassung) verschiedenen Ort befindet.

8 **c) Die Selbständigkeit der Niederlassung** (s die Begriffsbestimmung in Rn 6) kann bei einer Zweigniederlassung fehlen. Entscheidend ist nicht das innere Verhältnis zum Hauptunternehmen, sondern ob nach außen der **Anschein** einer selbständigen Niederlassung erweckt wird (BGHZ 188, 85 Tz 20 = NJW 2011, 2056; BayObLG MDR 89, 459). Selbständigkeit liegt deshalb jedenfalls bei Eintragung der Zweigniederlassung im Handelsregister (vgl § 13 HGB) vor (RGZ 50, 428; aA MK/Jungmann Rn 42). Bezeichnung als „Niederlassung" allein genügt hingegen nicht (OLG Hamm NJW-RR 2010, 105). **Bsp** für selbständige Niederlassungen: Filiale eines Bankgeschäfts (LG Lübeck 29.11.2016 – 3 O 391/15), kontoführende Niederlassung der Postbank AG, Generalagentur, „Bezirksdirektion" oder Filialdirektion einer Versicherungsgesellschaft (OLGR Naumburg 2002, 105; anders für „Maklerdirektion" OLG Hamm NJW-RR 2010, 105), Schadensaußenstellen bzw. Schadens-(regulierungs-)büros einer Versicherung (OLG Köln 26.9.2012 – 8 AR 67/12; LG Coburg VA 2016, 23; aA LG Karlsruhe VersR 1997, 384; sa Rn 11, aber § 215 I VVG beachten), Zweigniederlassung einer Maschinenfabrik oder eines Kaufmanns, wenn sie selbständiger Mittelpunkt, wenigstens für einen bestimmten Kreis seiner geschäftl Beziehungen, ist (OLG Frankfurt WM 1985, 477), Ladengeschäft zum Vertrieb der vom Stammhaus hergestellten Waren (OLGR München 2001, 254), vertragsschließende Niederlassung eines Mobilfunkbetreibers (AG Frankfurt/O NJW-RR 2001, 276; anders bei vorbehaltenem zentralen Vertragsschluss: LG Verden 31.7.2006 – 2 S 91/06), uU inländische „Repräsentanz" einer ausl Stammfirma (vgl BGH NJW 87, 3081; OLG Düsseldorf NJW-RR 89, 433: Büro einer ausl Brokerfirma; OLGR Hamburg 2006, 297: DENIC-Registrierung iVm inländischer „p.a.-" bzw. „c/o"-Geschäftsadresse; sa Rn 4), Geschäftsstelle einer ausländischen Fluggesellschaft (BGH MDR 2021, 800; aA Hopperdietzel RRa 2022, 117 Rn 12), selbständige Buchungsstelle (Filiale) eines Reiseveranstalters (AG Freiburg NJW 77, 2319; *Abgrenzung*: Reisebüro ist idR Reisevermittler: s Rn 9); örtl Untergliederungen von überregionalen Medienunternehmen (Landesstudio X, Lokalredaktion Y; s OLGR Naumburg 1999, 428), uU vertragl bezeichneter Sitz einer „Arbeitsgemeinschaft" von Bauunternehmern (BayObLGZ 85, 317, im Einzelfall verneinend).

9 Dagegen trifft § 21 **nicht zu:** auf einen Lagerplatz, ein Baubüro (aber s Rn 8 aE) oder einen Messestand (RGZ 69, 308); auf Filialen und gewöhnl Agenturen, die ihre Weisungen vom Hauptgeschäft empfangen und idR Geschäftsabschlüsse nicht selbst tätigen, sondern ledigl Vertragsangebote weiterleiten oder Verträge ledigl vermitteln (BGH NJW 87, 3082 = MDR 88, 122: keine Erweiterung entspr Art 7 I Nr 5 Brüssel Ia-VO); auf Agenturen auch dann nicht, wenn die Agenten Abschlussvollmacht haben und ein Warenlager halten; auf bloße Annahme- und Verkaufsstellen; bloße „Anlaufstellen", Kontakt- und Vermittlungsbüros (offen lassend BAG NJW 85, 2911, anders aber zu Recht für „Anwerbungsbüros" ausl Firmen Bendref RIW 86, 186 f mwN); auf die unselbständige „Repräsentanz" (§ 53a KWG) eines ausl Kreditinstituts (BGH NJW 87, 3082; BGH ZIP 89, 833); auf die nur administrativ tätige „Direktion" einer ausl Fluggesellschaft (LG Frankfurt NZV 2016, 227); auf Reisen *vermittelnde* (s BGHZ 82, 219; BGH NJW 88, 488; BGH NJW 2003, 744) Reisebüros (vgl BGHZ 61, 278; LG Konstanz NJW-RR 92, 691); auf das Geschäftslokal des Vermittlungsvertreters einer Bausparkasse (BayObLG MDR 89, 459; ebenso OLGR Karlsruhe 1999, 380 für „Agentur"); auf sonstige selbständige Vermittler oder Vertriebsmittler (OLG München NJW-RR 93, 704, krit Emde EWiR 99, 1120).

10 ***2) Klageanspruch.* a)** Es muss sich um einen **vermögensrechtl Anspruch** (s § 3 Rn 16.122) handeln, gleich aus welchem Rechtsgrund, nicht notwendig vertragl, auch ges Ansprüche.

b) Die Klage muss eine **Beziehung zum Geschäftsbetrieb der Niederlassung** aufweisen (BGH NJW 75, 2142; BGH NJW 95, 1226). Hierfür ist nicht erforderl, dass der Klageanspruch unmittelbar aus dem Geschäftsbetrieb der Niederlassung hervorgegangen ist; ebenso wenig braucht das Geschäft am Ort der Niederlassung selbst oder von ihm aus abgeschlossen zu sein. Das Rechtsgeschäft muss nur mit *Rücksicht* auf den Geschäftsbetrieb der Niederlassung abgeschlossen sein oder als dessen Folge erscheinen (BGHZ 188, 85 Tz 23 = NJW 2011, 2056). Der Zusammenhang ist etwa gegeben bei Klagen gegen das Hauptunternehmen aus vertragl Verschulden der Zweigstelle (§ 278 BGB); wenn der Vertragsschluss bei ausl Unternehmen über eine Website mit „.de"-Domain erfolgt und in deren Impressum die deutsche Zweckniederlassung bezeichnet ist (vgl BGH MDR 2021, 800); bei (auch gesetzl) Schadensersatzansprüchen gegen das Hauptunternehmen, wenn die Schadensregulierung zu den Aufgaben der Niederlassung gehört (OLGR Saarbrücken 2004, 137; OLGR Brandenburg 2007, 560, 562; sa Rn 8); dagegen trifft § 21 **nicht** zu für Insolvenzanfechtungsklagen, auch wenn das zugrunde liegende Geschäft in der Niederlassung geschlossen wurde (LG Heilbronn ZInsO 2019, 859), sowie für Ansprüche aus Geschäften *vor* Gründung der Niederlassung (OLGR Celle 2002, 59). Besteht der erforderl **Bezug** zu **mehreren Niederlassungen** (Bsp: OLG Köln VersR 93, 1172), gilt § 35 (vgl AG Köln NJW-RR 93, 1504). 11

III) Landwirtschaftliche Niederlassung. II trifft zu, wenn jemand ein „Gut" auf seinen Namen und seine Rechnung durch einen anderen bewirtschaften lässt (RGZ 44, 350). Er kommt in Frage bei Klagen aus Rechtsgeschäften, die zum Zweck der Gutsbewirtschaftung geschlossen sind, und aus unerlaubter Handlung (einschließl der Gefährdungshaftung), die der Inhaber des Gutes als solcher zu vertreten hat, **nicht** dagegen bei Klagen, die auf Begründung oder Aufhebung der Gutsbewirtschaftung Bezug haben, weil sie nicht die Bewirtschaftung betreffen (str), und Klagen in Bezug auf das Eigentum an den im Gut benützten Sachen sowie bei Klagen gegen den Verpächter oder Verwalter. 12

§ 22 Besonderer Gerichtsstand der Mitgliedschaft

Das Gericht, bei dem Gemeinden, Korporationen, Gesellschaften, Genossenschaften oder andere Vereine den allgemeinen Gerichtsstand haben, ist für die Klagen zuständig, die von ihnen oder von dem Insolvenzverwalter gegen die Mitglieder als solche oder von den Mitgliedern in dieser Eigenschaft gegeneinander erhoben werden.

I) Allgemeines. 1) Bedeutung. Der bes Gerichtsstand der Mitgliedschaft ermöglicht es, das Mitgliedschaftsverhältnis als solches betr Rechtsstreitigkeiten (s Rn 6) im allg Gerichtsstand der Personenvereinigung (s Rn 2) geltend zu machen. Allg Gerichtsstand ist der des Sitzes (§ 17 I 1, s § 17 Rn 9), des Verwaltungsorts (§ 17 I 2) und ein satzungsmäßig bestimmter Gerichtsstand gem § 17 III (s § 17 Rn 13; s Rn 2). Grund: Konzentration der die inneren Rechtsbeziehungen der Personenvereinigung betr Rechtsstreitigkeiten beim Gericht des Sitzes usw (BGHZ 76, 235 = NJW 80, 1470); dadurch Sicherung der einheitl Auslegung der Satzung bzw des Gesellschaftsvertrags und der einheitl Beurteilung der Rechtsbeziehungen zwischen den Mitgliedern untereinander und im Verhältnis zur Personenvereinigung. 1

2) Anwendungsbereich. Der Gerichtsstand gem § 22 gilt für alle unter § 17 fallenden Personenvereinigungen (s § 17 Rn 2-5), **nicht** aber die stille Gesellschaft als reine Innengesellschaft (§§ 230 ff HGB). Keine Ausnahme gilt für überregionale **Massenvereine** (BGH NJW 80, 343; KGR Berlin 2008, 751 für überörtl tätige Publikumsgesellschaft; aA LG Frankfurt NJW 77, 538 für arbeitsrechtl Gewerkschaft; LG Hannover VersR 79, 341 für VVaG); § 22 kann aber im Einzelfall ggü einem Verbraucher durch § 29c ausgeschlossen (s Rn 3) oder die Berufung auf den Gerichtsstand des § 22 rechtsmissbräuchl sein, wenn der Verein durch irreführende Angaben in den Beitrittsverhandlungen seinen Sitz verschleiert hat (OLG Celle VersR 75, 993). Er steht auch dem InsVerwalter zur Verfügung (s Rn 5, 6). 2

3) Abgrenzung. Der Gerichtsstand gem § 22 gilt für vermögensrechtl wie nicht vermögensrechtl Ansprüche (Stein/Roth Rn 1). Er ist nicht ausschließl und konkurriert mit anderen Gerichtsständen (insb dem allg Gerichtsstand des beklagten Mitglieds gem §§ 13, 17). Für bestimmte (nicht unter § 22 fallende, s Rn 5) Klagen von Mitgliedern **gegen** die Gesellschaft (jur Personen) ist der Gerichtsstand des Sitzes ausschließl (s § 17 Rn 7). Für Ansprüche von Wohnungseigentümern aus dem Gemeinschaftsverhältnis untereinander und für Ansprüche der **Gemeinschaft der Wohnungseigentümer** gegen Wohnungseigentümer besteht die ausschließl Zuständigkeit des Belegenheits-AG (§ 43 II WEG, § 23 Nr 2c GVG). Für Klagen gg Anleger als Gesellschafter von **Fondsgesellschaften** schließt § 29c I 2 den Gerichtsstand gem § 22 aus, wenn der Fondsbeitritt durch einen Verbraucher in einer Haustürsituation erfolgt ist (s § 29c Rn 4); bei Prospekthaftung (s Rn 8) wird § 22 uU durch § 32b verdrängt (s § 32b Rn 2). 3

4) EU-Bereich. Ein bes ausschließl Gerichtsstand für Gesellschaften und jur Personen besteht nach der Brüssel Ia-VO im Sitzstaat für bestimmte wichtige gesellschaftsrechtl Rechtsstreitigkeiten (Art 24 Nr 2 Brüssel Ia-VO; s § 17 Rn 8), jedoch fehlt ein allg Gerichtsstand der Mitgliedschaft entspr § 22 (OLG Naumburg NZG 2000, 4

1219); Abhilfe: erweiternde Auslegung von Art 7 Nr 1 Brüssel Ia-VO (vgl EuGH NJW 2020, 449; EuGH NJW 2019, 2991; OLG Jena ZIP 98, 1496; OLG München ZIP 99, 1558; OLG Stuttgart NJW-RR 2005, 814).

5 **II) Voraussetzungen des Mitgliedschaftsgerichtsstands. 1) Parteien.** Die Klage muss sich stets gegen ein **Mitglied** einer Personenvereinigung iSd Rn 2 richten, **nicht** gegen Dritte (zB Klage eines Versicherungsvereins gegen seine Vertreter) oder die Personenvereinigung selbst (dann gilt § 17). **Bekl** muss bei Handelsgesellschaft nicht als Mitglied im Handelsregister eingetragen sein, mittelbare Beteiligung (über eingetragenen Treuhänder) genügt, wenn sie dem Bekl im Innenverhältnis die Stellung eines unmittelbaren Gesellschafters verschafft (Quasi-Gesellschafter zB Treugeberkommanditist in Publikums-KG; BayObLG NZG 2020, 706; KGR Berlin 2008, 751; aA Röß MDR 2019, 1033, 1037). **Kl** kann die Personenvereinigung (s Rn 6), ihr InsVerwalter (s Rn 2) oder ein Mitglied sein (s Rn 7), nicht aber der Treuhänder für Ansprüche aus dem Treuhandverhältnis (KG NZG 2010, 515). Die Mitgliedschaft braucht im Zeitpunkt der Klageerhebung **nicht mehr** zu bestehen; § 22 gilt auch bei Klagen gegen ausgeschiedene Mitglieder (OLG Celle VersR 75, 993; OLG Köln NJW 2004, 862) und gegen deren Rechtsnachfolger (RGZ 54, 207). § 22 greift überdies ein, wenn durch die Klage die Mitgliedschaft erst begründet werden soll, zB durch Klage auf Zahlung der Erstprämie (St/Roth Rn 10; aA AG Ebersberg MDR 87, 146; MK/Jungmann Rn 46).

6 **2) Klagen. a) Klagen der Personenvereinigung gegen ihre Mitglieder als solche**; Aktivprozesse des **InsVerwalters** stehen gleich. Erforderl ist, dass die Klage das Rechtsverhältnis der Mitgliedschaft als solches betrifft (OLG Köln NJW 2004, 862); nicht genügt, dass aus anderen Gründen (Vertrag, Delikt) gegen ein Mitglied geklagt wird. **Bsp:** Unter § 22 fallen Klagen der eG oder des VVaG gegen Mitglieder auf rückständige Beiträge bzw Prämien (BayObLG 10.2.2021 – 101 AR 154/20; OLG Celle VersR 75, 993; sa Rn 2 aE) und auf Rückzahlung zu Unrecht empfangener Leistungen (Manthey VersR 72, 327), die Klagen der BGB-Gesellschaft auf den Fehlbetrag bei Auflösung (§ 728a BGB), die Klagen von arbeitsrechtl Gewerkschaften gegen Gewerkschaftsmitglieder auf Zahlung rückständiger Beiträge (BGH NJW 80, 343); die Klage des InsVerwalters einer GmbH oder AG gegen einen (jeden) Gesellschafter auf Zahlung der Stammeinlage, Leistung der Bareinlage, auf Erstattung von Leistungen aus dem Stammkapital (§§ 30, 31 GmbHG; OLG Karlsruhe ZIP 98, 1005), auf insolvenzrechtl Rückgewähr von sog kapitalersetzenden Leistungen gem § 39 I Nr 5, § 135, § 143 InsO (OLG Frankfurt ZIP 2015, 841); die Klage der beherrschten Gesellschaft gegen einen (früheren) Gesellschafter auf Verlustübernahme (LG Bochum ZIP 86, 1386 [zust Timm]); **nicht** dagegen Klagen aus einer unerlaubten Handlung des Vorstands oder Aufsichtsratsmitglieds, auch wenn diese Personen Gesellschaftsmitglieder sind (MsKV/Heinrich Rn 5), oder aus **organschaftl Sonderbeziehung** (Organhaftung; § 29 gilt, s mwN § 29 Rn 6a [cc]); dementsprechend auch nicht die Klage des InsVerwalters einer KG gegen einen Kommanditisten auf Zahlung der Kommanditeinlage gem § 171 II HGB (LG Hamburg 1.3.2017 – 301 O 275/16; zur aF [vor MoMiG] OLG Schleswig ZIP 80, 257; OLG Naumburg NZG 2000, 1218, aA Haas/Keller ZZP 126 [2013], 356 f) oder gegen einen persönl haftenden Gesellschafter auf Haftung für eine Gesellschaftsschuld gem § 126 HGB (vgl § 93 InsO; beiläufig OLG Köln ZIP 2005, 322, 323; aA Haas/Keller ZZP 126 [2013], 355; sa § 29 Rn 6a [bb]).

7 **b) Klagen von Mitgliedern als solchen gegeneinander.** Rn 6 gilt entspr. **Bsp:** Klage von Gesellschaftern einer OHG oder GbR gegeneinander aus dem Gesellschaftsverhältnis, zB eine Ausschließungs- oder Auflösungsklage gem §§ 134, 139 HGB, Klagen aus einer „mittelbaren Beteiligung" eines Kapitalgebers an einer Publikums-KG (s Rn 5), **nicht** dagegen die Klage des Mitglieds eines Vereins gegen ein anderes Mitglied wegen eines Anspruchs privater Natur.

8 **c) Prospekthaftungsklagen.** Der von BGH 13.3.1980 – II ZR 258/78 noch bejahte Gerichtsstand gem §§ 17, 22 für Prospekthaftungsklagen iwS auch gegen Vertreter oder nahestehende Personen von Gesellschaftern wird durch § 32b I Nr 1 nF inzwischen vollständig verdrängt (s § 32b Rn 7 f).

9 **d)** Auf das gem § 37 I 4 AktG wegen **falscher Bestätigung der Einlagezahlung** aus Garantie haftende Kreditinstitut ist § 22 nicht anwendbar (OLG München EWiR 2003, 137 [krit Vollkommer]).

§ 23 Besonderer Gerichtsstand des Vermögens und des Gegenstands

[1]Für Klagen wegen vermögensrechtlicher Ansprüche gegen eine Person, die im Inland keinen Wohnsitz hat, ist das Gericht zuständig, in dessen Bezirk sich Vermögen derselben oder der mit der Klage in Anspruch genommene Gegenstand befindet. [2]Bei Forderungen gilt als der Ort, wo das Vermögen sich befindet, der Wohnsitz des Schuldners und, wenn für die Forderungen eine Sache zur Sicherheit haftet, auch der Ort, wo die Sache sich befindet.

1 **I) Allgemeines. 1) Bedeutung.** *§ 23 enthält 2 bes Gerichtsstände (s Rn 6 ff u 14 ff) für vermögensrechtl Ansprüche (s § 3 Rn 16.121)* gegen Personen, die im Inland keinen (Wohn-)Sitz haben (s Rn 2-4). **Zweck:** Ermöglichung der Rechtsverfolgung im Inland durch Begründung der **internat Zuständigkeit** (vgl BGHZ 94, 158;

BGHZ 120, 346; BGH NJW 93, 2683, 2684). Die **Hauptbedeutung** des § 23 liegt bei Klagen gegen Ausländer, deshalb auch Bezeichnung des Gerichtsstands als „Ausländerforum" (iE Schack ZZP 97 [1984], 48 ff). Als „exorbitanter Gerichtsstand" ist er international unerwünscht, verstößt aber weder gegen Völker- (BGH NJW 89, 1431 mN; sa Rn 4) noch gegen Verfassungsrecht (offen lassend BVerfGE 64, 18 f); eine **einschränkende Auslegung** ist jedoch geboten (s Rn 7, 13). Eine weite Auslegung des Vermögensbegriffs, um einen „Konzerntochtergerichtsstand" für Klagen gegen Konzerntöchter am Sitz dt Muttergesellschaften zu begründen, ist damit nicht vereinbar (vgl Rn 10).

2) Anwendungsbereich. a) Verf. § 23 ist nicht nur im **Klage-** (vgl S 1), sondern auch im **Arrestverf** (s § 919 Rn 9; sa Rn 4) anzuwenden; er trifft ferner zu bei § 722, § 768 und § 828 II. § 23 eröffnet nur den Zugriff auf inländisches, der ZwV unterliegendes Vermögen (BGH NJW-RR 2011, 647 = Rpfleger 2011, 223 [Bollacher/de Groot RIW 2011, 158]). 2

b) Parteien. Kl: jedermann, auch Ausländer (MK/Patzina/Windau Rn 11; Schack ZZP 97 [1984], 65 ff mN, hM; stark einschr Schumann ZZP 93 [1980], 432: nur Kl mit inländischem Wohnsitz ohne Rücksicht auf Staatsangehörigkeit; sa Rn 13); **Bekl:** jede natürl oder jur Person oder passiv parteifähige Personenmehrheit (wie § 17 Rn 2-6), die im Inland (und im EU-Gebiet, dazu s Rn 4) keinen **Wohnsitz** (§ 13), **Sitz** (§ 17) oder **wohnsitzlosen allg Gerichtsstand** (§§ 15, 16; näher s Rn 5) hat, auch der **ausl Fiskus** (OLG Koblenz OLGZ 75, 282; OLG Frankfurt RIW 99, 461; MK/Patzina/Windau Rn 14; vgl KG MDR 2020, 59; aA Schumann ZZP 93 [1980], 433 ff; sa Rn 8 aE). 3

c) EU-Bereich. Im Anwendungsbereich der Brüssel Ia-VO scheidet § 23 für Klagen ggü Personen, die ihren Wohnsitz (Sitz) oder einen Wohnsitz (Sitz) von mehreren in einem Mitgliedstaat haben, aus (Art 5 II Brüssel Ia-VO iVm Liste I; BGHZ 115, 90, 95 = NJW 1991, 3092; OLGR Stuttgart 2007, 632, 633 f). Jedoch bleibt auch bei diesem Personenkreis § 23 für reine Sicherungsverf (Arrest) anwendbar (Art 35 Brüssel Ia-VO; iE s § 919 Rn 2). 4

3) Abgrenzung, Konkurrenzen. Allg Gerichtsstände, die an früheren inländischen Wohnsitz oder den Aufenthalt anknüpfen (§§ 15, 16), schließen den nach seinem Wortlaut insoweit **subsidiären** Vermögensgerichtsstand (s Rn 6 ff) aus (MskV/Heinrich Rn 5; MK/Patzina/Windau Rn 12; aA Schack ZZP 97 [1984], 57; St/Roth Rn 37: § 35); ebenso verdrängt der von einer ausl jur Person gem § 17 III begründete Gerichtsstand den des § 23 (aA St/Roth Rn 37). Das Gleiche hat für den Gerichtsstand der Niederlassung (§ 21) eines ausl Versicherungsunternehmens zu gelten, wenn die inländische Zweigniederlassung ihrer Bedeutung nach einem Nebensitz iSv § 17 III entspricht (LG Frankfurt VersR 75, 993). Bei anderen (bes) Gerichtsständen (§§ 20, 21, 29, 30a, 32) gilt § 35; § 23 ist hier nicht subsidiär (aA Vollkommer IPRax 92, 211 f). 5

4) Abdingbarkeit. Die aus § 23 folgende internat Zuständigkeit kann durch zulässige (internat) Prorogation (vgl § 38 II) abbedungen werden (BGHZ 94, 158 ff = NJW 85, 2090 = BauR 85, 475). Die Gerichtsstandsvereinbarung gem § 18 I VOB/B betrifft jedoch *nur* die örtliche, nicht zugleich die internat Zuständigkeit (BGHZ 94, 158 f). Ein Ausschluss von § 23 scheidet aus, soweit durch Art 31 I CMR die inländische internat Zuständigkeit zwingend begründet ist (vgl Art 41 I CMR; OLG Hamburg VersR 84, 687). 5a

II) Besonderer Gerichtsstand des Vermögens. Er **setzt voraus**, dass sich im Zeitpunkt der Klageerhebung (s Rn 12) Vermögen (s Rn 7-8) des im Inland wohnsitzlosen Bekl (s Rn 3) im Bezirk des Gerichts befindet (s Rn 9-11) und der Rechtsstreit hinreichenden Inlandsbezug aufweist (s Rn 1, 13). Die Voraussetzungen des § 23 muss idR der **Kl behaupten** (vgl § 331) und ggf **beweisen** (RGZ 75, 149; OLGR Dresden 2007, 594, 595 f; sa § 12 Rn 14); für die Unzulänglichkeit des Vermögens (Rn 7) obliegt der Nachweis aber dem Bekl (OLG Frankfurt ZIP 2012, 293, 295). 6

1) Vermögen iSv § 23 S 1 Alt 1. a) Vermögen sind (nur) die dem Vollstreckungszugriff unterliegenden Gegenstände (Rechte und Sachen) des Bekl (**vollstreckungsrechtl Vermögensbegriff**). Das im Gerichtsstand gem S 1 Alt 1 ergehende Urteil muss in das zuständigkeitsbegründende Vermögen vollstreckt werden können (BGH NJW 93, 2684; BAG ZIP 2014, 939 Tz 36; s Rn 8 aE). Im Hinblick auf die gebotene einschränkende Auslegung von § 23 (s Rn 1) darf das Vermögen nicht nur geringfügig sein (so BGHReport 2005, 1611 [Vollkommer]; OLG Celle NJW 99, 3722; OLG Frankfurt ZIP 2012, 293, 294 f; aA MskV/Heinrich Rn 8 mwN). Dieser restriktive Vermögensbegriff gilt aber nicht für das Vollstreckbarerklärungsverf gem § 722 II, § 23 (BGH NJW 97, 325; Wollenschläger IPRax 2002, 99). 7

b) Bsp für **Bejahung** von Vermögen: Eigentumswohnungen (BGH NJW-RR 93, 5); Büroausstattung (BGH NJW-RR 91, 423; BAGE 125, 24 Tz 22; BAG ZIP 2014, 939 Tz 36; für sog Direktion ausl Fluggesellschaft Hopperdietzel RRa 2022, 117 Rn 14); Bankguthaben (BGHReport 2001, 894; OLG Hamburg VersR 94, 748); werthaltige Forderungen aus (bereits einseitig erfüllten) gegenseitigen Verträgen mit inländischen Schuldnern (OLG Frankfurt ZIP 2012, 293); eine vom Sch oder einem Dritten für ihn zur Aufhebung des Arrests hinterlegte Sicherheit (RGZ 34, 356; ebenso OLG Frankfurt OLGZ 83, 99, 100), selbst wenn es nicht zu einer Pfändung gekommen ist (OLG Frankfurt OLGZ 83, 99, 100); ein Anspruch auf Schuldbefreiung (OLG Hamburg VersR 75, 830); eine Forderung des Bekl, auch bei späterer Insolvenz des (Dritt-)Sch (BGH NJW 88, 967); eine eigene Forderung des Bekl an den Kl, soweit sich nicht Tilgung ergibt (BGHZ 120, 346) oder Unvereinbarkeit mit der Klageforderung besteht (OLG Saarbrücken NJW 2000, 671); bedingte, befristete oder betagte Ansprü- 8 che (RGZ 75, 415, 418) und Rechte; Anwartschaften; dingl Verwertungsrechte (BGH NJW 90, 992: Pfändungspfandrecht an Forderung), auch nicht valutierte Grundschuld (BGH NJW 89, 1155). Die Bezahlung einer gepfändeten Forderung durch den inländischen Drittschuldner an den ausl Gl gilt für § 23 als nicht bewirkt (OLG Karlsruhe Justiz 70, 87). Das Bestehen einer **Aufrechnungslage** schließt § 23 nicht aus (OLG Düsseldorf NJW 91, 3103; MskV/Heinrich Rn 8); erst mit Ausübung der Einrede besteht kein Vermögen mehr (s Rn 12). **Kein Vermögen** sind (s bereits Rn 7): bloße Erwartungen oder künftige Ansprüche; Forderungen aus beiderseits nicht erfüllten gegenseitigen Verträgen (§ 320 BGB); die im Kontokorrent stehende Einzelforderung vor Saldoziehung (OLG Hamburg VersR 94, 748; wohl aber ein Aktivsaldo, s oben); bloße Kontoverbindungen ohne Guthaben (OLG Frankfurt MDR 87, 412 = NJW-RR 88, 572); Beteiligung der bekl ausl Muttergesellschaft an inländischer Tochtergesellschaft (BGH NJW 93, 2684; OLG Hamm 5.12.2018 – 8 U 50/17); Nutzung von konzernzugehörigem Büro (BGH NJW-RR 2007, 1570, 1572); Kostenerstattungsansprüche gegen den Kl aus dem laufenden Verf oder aus einem vor einem unzuständigen inländischen Gericht geführten Vorprozess (MskV/Heinrich Rn 16; Stein/Roth Rn 33); der **Staatenimmunität unterliegendes Vermögen** (vgl BGH NJW-RR 2011, 647 [krit Roth JZ 2011, 859]; BGH WM 2016, 2141 Tz 33).

9 **2) Ort des Vermögens. a)** Bei **körperl Gegenständen** (§ 90 BGB) entscheidet die Lage der Sache.

10 **b) Forderungen** sind dort belegen, wo der **(Dritt-)Sch** seinen Wohnsitz (Sitz) hat **(§ 23 S 2 Hs 1)**, Bankguthaben also am Sitz (§ 17) der Bank (BGH NJW-RR 88, 172; LG Frankfurt Rpfleger 2016, 661), Ruhegeldansprüche am Sitz der Versorgungskasse (BGH ZIP 2013, 374 Tz 13). Unerhebl ist, wenn der (Wohn-)Sitz des Sch als Gl des Drittsch im Ausland liegt (RGZ 77, 252). Forderungen können auch zwischen **Konzerngesellschaften** bestehen (OLG Hamm NZG 2019, 232 Tz 46; zur Beweislast Rn 6), die bloße Aussicht eines Verlustausgleichs genügt aber nicht (aA Weller/Benz/Zimmermann NZG 2019, 1121, 1125). Bei Forderungen aus **Inhaberpapieren** (zB Aktien), Wechseln oder anderen indossablen Papieren ist der Ort, wo sich das Papier (zB die Aktie) befindet (OLG Frankfurt NJW-RR 96, 187), der Wechsel untergebracht ist (RGZ 107, 44), nicht der Wohnsitz des Sch oder der Sitz der (inländischen) **AG** für den Gerichtsstand des § 23 maßgebend (BGH NJW 93, 2683, 2684 – kein Zuständigkeitsdurchgriff). Der Geschäftsanteil einer **GmbH** ist sowohl am Sitz der Gesellschaft als auch am Wohnsitz oder Sitz der Gesellschafter belegen (OLG Frankfurt MDR 58, 108; OLG Frankfurt NJW-RR 96, 187). **Gewerbl Schutzrechte**, zB **Patente** sind in 1. Linie am (inländischen) Geschäftssitz, hilfsw am Wohnsitz des bestellten Inlandsvertreters, hilfsw beim Sitz des Patentamts belegen (§ 25 II PatG; § 28 II GebrMG; § 96 II MarkenG; § 58 II DesignG).

11 **c) Gesicherte Forderungen (§ 23 S 2 Hs 2).** Haftet für die Forderung eine Sache zur Sicherung (zB kraft Pfand- oder Zurückbehaltungsrechts, Vertrages oder Arrestes), so wird **sowohl** durch die Forderung **als auch** durch die haftende bewegl oder unbewegl Sache **selbständig** der Gerichtsstand des § 23 begründet.

12 **3) Maßgebender Zeitpunkt.** Maßgebender Zeitpunkt ist zunächst der der Klageerhebung (BGH NJW 97, 2886), also der Zustellung der Klageschrift (§ 253 I), nicht der Einreichung der Klage oder des Mahnantrags; spätere Entfernung des Vermögensgegenstands schadet nicht (§ 261 III Nr 2; BGH NJW 96, 2096; OLG München MDR 2015, 728); das gilt auch für die Aufrechnung (aA Schumann FS Liebman, S 863). Es genügt für § 23 jedoch auch, dass die örtl Beziehung am Schluss der mündl Verh besteht (OLG München MDR 2015, 728; sa § 12 Rn 15).

13 **4) Hinreichender Inlandsbezug.** Hinreichender Inlandsbezug des Rechtsstreits ist als ungeschriebenes Tatbestandsmerkmal **im Erkenntnisverf** erforderl (so BGHZ 115, 94 = NJW 91, 3093 = MDR 91, 988; BGH NJW 2013, 386 Tz 16 = MDR 2013, 296, stRspr; BAG 125, 24 Tz 21 ff; BAG ZIP 2014, 939 Tz 36; Mankowski RIW 2012, 252; aA St/Roth Rn 10; Geimer NJW 91, 3072). Für die Vollstreckbarerklärung ausländ Entscheidungen gem §§ 722, 723 gilt das Erfordernis des Inlandsbezugs nicht (BGH NJW 97, 326; s § 723 Rn 16). In Frage kommende **Fallgruppen** (vgl BGHZ 115, 91, 99): inländischer Wohn- oder Geschäftssitz des Kl oder dauernder Aufenthalt im Inland (stRspr; BGH NJW 97, 324, 325; BGH NJW 2013, 386 Tz 16 = MDR 2013, 296); Vertragsschluss im Inland (BGH NJW 97, 324, 325) oder anderweitiger Ursprung der Rechtsbeziehungen im Inland (BGH NJW 96, 2096); dt Staatsangehörigkeit (auch frühere) des Bekl (BGH NJW-RR 93, 5) oder des Kl (OLG Frankfurt NJW-RR 93, 306: iVm Inlandswohnsitz; krit Baumert EWiR 2013, 364); wirtschaftl (berufl) Betätigung des Bekl (Sch) im Inland, insb wenn sie zur Begründung von Forderungen gegen inländische DrittSch führt (BGH ZIP 2013, 374 Tz 13; sa Rn 10), Rechts- und Beweisnähe des Sachverhalts, wie inländisches haftungsbegründendes Verhalten; **nicht** vorübergehende (inzwischen beendete) Entsendung als Arbeitnehmer ins Inland (BAG NZA 97, 1184).

14 **III) Besonderer Gerichtsstand des Streitobjekts (§ 23 S 1 Alt 2).** Der Gerichtsstand hat selbständige **Bedeutung**, wenn der Klagegegenstand nicht zum Vermögen des Bekl gehört (sonst greift Rn 7 f ein; OLG Frankfurt MDR 81, 322).

15 **1) Streitobjekte.** Der mit der Klage in Anspruch genommene **Gegenstand** kann eine Sache, ein dingl Recht an einer fremden Sache, eine Forderung (*auch die angebl gegen den Kl bestehende und von diesem geleugnete, vgl BGHZ 69, 45 u s Rn 16*), eine Erbschaft, überhaupt ein Vermögensrecht jeder Art sein. Nicht nötig ist, dass sich der Gegenstand im Besitz des Bekl befindet (RGZ 51, 255).

2) Inanspruchnahme. In Anspruch genommen wird der Gegenstand durch jede Leistungs- oder (auch negative, vgl BGHZ 69, 45 = NJW 77, 1637) Feststellungsklage. Berühmt sich der ausl Gl einer Forderung gegen den inländischen Sch, ist für die negative Feststellungsklage der Wohnsitzgerichtsstand des Kl als Sch der angebl Forderung gegeben (BGHZ 69, 45 = NJW 77, 1637; BGH JZ 79, 231 [abl Maier-Reimer]). 16

§ 24 Ausschließlicher dinglicher Gerichtsstand

(1) Für Klagen, durch die das Eigentum, eine dingliche Belastung oder die Freiheit von einer solchen geltend gemacht wird, für Grenzscheidungs-, Teilungs- und Besitzklagen ist, sofern es sich um unbewegliche Sachen handelt, das Gericht ausschließlich zuständig, in dessen Bezirk die Sache belegen ist.

(2) Bei den eine Grunddienstbarkeit, eine Reallast oder ein Vorkaufsrecht betreffenden Klagen ist die Lage des dienenden oder belasteten Grundstücks entscheidend.

I) Allgemeines. 1) Bedeutung. Die §§ 24-26 regeln den sog dingl Gerichtsstand (forum rei sitae). Er beruht auf der Erwägung, dass eine Feststellung der Rechtsverhältnisse des Grundeigentums am Ort der belegenen Sache, an dem auch die Grundbücher geführt werden, sinnvoll ist (BGHZ 54, 201 = NJW 1970, 1789). Der dingl Gerichtsstand besteht auch bei grundstücksbezogenen ZwV-Klagen (§ 800 III) und im Verfügungsverf (§ 942 II). **Sonderregelungen:** § 43 II WEG für Streitigkeiten aus Wohnungseigentum (auch ausschließl sachl Zust des AG § 23 Nr 2c GVG); § 103 I 2 SachenRBerG. 1

2) Anwendungsbereich. § 24 gilt nur für (inländische: s Rn 6) **unbewegl Sachen (I)**. Der Begriff ist nach bürgerl Recht zu bestimmen, der des unbewegl Vermögens in § 864 ist nicht einschlägig. Unbewegl Gegenstände sind demnach: 2

a) Grundstücke und ihre wesentl **Bestandteile** (§§ 93, 94 BGB: Gebäude, Pflanzen), auch **Rechte**, die (nicht wesentl) Grundstücksbestandteile sind (vgl § 96 BGB), also die in **II** genannten subj-dingl Rechte (Grunddienstbarkeit, § 1018 BGB; Reallast im Fall des § 1105 II BGB; Vorkaufsrecht im Fall des § 1094 II BGB), **nicht** das Zubehör (§§ 97, 98 BGB, § 865 II 2); **nicht** sonstige Rechte an Grundstücken, wie Hypotheken, Grund- und Rentenschulden. 3

b) Grundstücksgleiche Rechte. Es sind dies nach Bundesrecht das **Erbbaurecht** (§ 11 ErbbauRG) und das Bergwerkseigentum (§ 9 I BBergG), das selbständige Gebäudeeigentum nach § 295 II ZGB-DDR (sa Rn 1 aE), ferner bestimmte Rechte nach Landesrecht (vgl Art 67 ff, Art 196 EGBGB) wie Abbau- und Fischereirechte. 4

c) Bruchteile von Grundstücken oder grundstücksgleichen Rechten, insb Miteigentumsanteile (§ 1008 BGB) und Wohnungseigentum (§§ 1, 2 WEG, s Rn 1 aE). Zu bes dingl Gerichtsständen nach WEG s Rn 1. 5

3) Internationaler Rechtsstreit. § 24 gilt nur für inländische Grundstücke (usw), schließt aber eine **internationale Zuständigkeit** für Streitigkeiten über ausl Grundstücke nicht aus (BGH NJW 98, 1321; KGR Berlin 2001, 401; aA Wenner FS Jagenburg, 2002, S 1013, 1818 ff). Im Anwendungsbereich der Brüssel Ia-VO begründet der Belegenheitsort der unbewegl Sache die ausschließl internationale Zuständigkeit für dingl Klagen (Art 24 Nr 1 Brüssel Ia-VO). Der Gerichtsstand gilt aber **nicht** für deliktische Klagen auf Naturalrestitution wegen Eigentumsverletzung (BGH NJW 2008, 3502), nicht für schuldrechtl begründete Klagen auf Löschung von Immobilienrechten, für Klagen gegen die Verteilung des Versteigerungserlöses (EuGH EuZW 2019, 738) oder für Klagen auf Wohngeld gegen Wohnungseigentümer (s Art 24 Brüssel Ia-VO Rn 6; wohl aber für Klagen über Rechte und Pflichten der Wohnungseigentümer untereinander, EuGH NJW 2021, 293 [Rieländer]), schließl auch nicht für mitgliedschaftl begründete Klagen aus Time-sharing-Verträgen bzgl Hotelanlagen (EuGH NZM 2005, 912 = RIW 2006, 58) oder aus Verträgen über Erwerb tauschfähiger Urlaubswochen für Ferienimmobilie (BGH RIW 2008, 633; sa § 29 Rn 25.59). 6

II) Voraussetzungen. Der dingl Gerichtsstand ist gegeben, wenn die unbewegl Sache (s Rn 2 ff) Gegenstand einer der in **I** genannten Klagen ist (s Rn 8-17). Die Aufzählung dient der Vermeidung von Abgrenzungsschwierigkeiten. Die Klageart (Leistungs-, positive oder negative Feststellungsklage) und die mat-rechtl Einordnung des geltend gemachten Anspruchs sind gleichgültig, die Schlüssigkeit der Klagebegründung ist für die Zuständigkeit unerhebl, die schlüssige *Behauptung* der Zuständigkeitstatsachen genügt (s § 12 Rn 14). 7

1) Eigentumsklagen. Hierunter fallen **a)** Klagen, die ein **bestehendes Eigentum** (auch Miteigentum) derart zum Gegenstand haben, dass mit Rechtskraftwirkung darüber entschieden wird, näml Klage auf Feststellung des Eigentums, auf Berichtigung des Grundbuchs durch Eintragung des Kl als wahren Eigentümer (§ 894 BGB); aber auch **b)** Klagen, bei denen das Eigentum nur Anspruchsgrundlage ist, ohne von der Rechtskraft ergriffen zu werden. **Bsp:** Klage des Eigentümers einer unbewegl Sache gegen den Besitzer auf Herausgabe (§ 985 BGB); Klage auf Beseitigung von Beeinträchtigungen oder auf **Unterlassung von Störungen nach § 1004 BGB** (BGH NJW 2008, 3502 Tz 11; sa § 32 Rn 6), auch unter Nachbarn, zB Immissionsabwehrklage, Beseitigung von Grenzbepflanzungen (OLG München MDR 2019, 348); Klage aus §§ 905, 906 ff BGB (Nachbarrecht), § 1053 BGB (Nießbrauch). 8

9 **Keine Eigentumsklagen** sind dagegen: die Erbschaftsklage (§§ 2018 ff BGB; Grund: Grundstück ist nur Nachlassbestandteil); die Klage auf Auseinandersetzung einer GbR, der das Grundstück gehört (BGH MDR 2019, 1122); die Klage aus der Anwartschaft des Nacherben (§ 2113 BGB); die Klage des persönl Gl auf Einräumung des Eigentums (Auflassung), auch bei Vormerkung (s aber Rn 10; sa § 26 Rn 2 aE); **nicht** hierher gehören ferner die Rückgewährklage nach Rücktritt oder die Klage aus Nichtigkeit des obligatorischen Vertrags sowie die Gläubigeranfechtungsklagen, die ein Grundstück betreffen (BGH MDR 2017, 1383; OLG Hamm NZI 2017, 591; MskV/Heinrich Rn 9; St/Roth Rn 16; aA OLGR Hamm 2002, 262: Fall von Rn 11 aE).

10 **2) Klagen aus dinglicher Belastung, auf Freiheit von Belastung und auf Duldung/Abwehr der Zwangsvollstreckung. a) Gegenstand** sind die **beschränkten dingl Rechte:** Erbbaurecht, Grunddienstbarkeiten (s § 7 Rn 1), Nießbrauch, Dauerwohnrecht (§ 31 WEG), beschränkte persönl Dienstbarkeiten, dingl Vorkaufsrecht (auch ein ges, nicht aber das des Miterben nach § 2034 BGB, da dieses den Erbanteil, nicht das Grundstück selbst erfasst), Reallasten (§ 1105 BGB, nicht Ansprüche aus persönl Haftung auf Rückstände, vgl § 1108 BGB u dazu s § 25 Rn 6), Hypotheken-, Grund- und Rentenschulden. Ohne große praktische Bedeutung: die Altrechte nach Art 184 EGBGB und die landesrechtl vorbehaltenen (s Rn 4) öff-rechtl Lasten (RGZ 38, 350); **Vormerkung:** nicht, wenn der Vorgemerkte den gesicherten Anspruch gegen den Sch, wohl aber, wenn er die Rechtsfolgen aus § 883 II, § 888 BGB gegen den Dritterwerber geltend macht (MK/Patzina/Windau Rn 18). Bei Mehrheit von Grundstücken ist Bestimmung eines einheitl Gerichts mögl (s § 36 Rn 30).

11 **b) Geltendmachung.** Klage auf Feststellung des Rechts; Abwehrklagen aus §§ 1027, 1065, 1090 BGB; Leistungsklagen auf Erfüllung (§§ 1094, 1105 BGB usw), insb auf Duldung der ZwV bei Grundpfandrechten (Zahlung aus dem Grundstück; vgl § 1147 BGB). Klage auf Grundbuchberichtigung durch Wiedereintragung einer irrtüml gelöschten dingl Belastung (§ 894 BGB; OLG Celle NJW 54, 961), Klage auf Umschreibung einer Hypothek in eine Eigentümergrundschuld und die Klage gegen den Ehegatten auf Duldung der ZwV in entspr Vermögensrechte (§ 743), aber auch entspr andere Duldungsklagen (§§ 737, 745, 748; zu §§ 11, 13 AnfG s Rn 9).

12 **Nicht** unter § 24 fällt die Klage auf Begründung oder Übertragung einer dingl Last (BGHZ 54, 201), die Klage bei Streit, ob ein Pfandrecht an einer Hypothek zu Recht besteht oder nicht (RGZ 51, 231), wohl aber, wenn – in diesem Fall – der Eigentümer klagt (RGZ 149, 192).

13 **3) Klagen, die die Freiheit von einer dinglichen Belastung geltend machen. a) Rechte:** wie Rn 10, ferner alle Vormerkungen. Erforderl ist rechtl Beziehung des Kl zu dem Grundstück selbst (OLG Hamm 29.1.2015 – 32 SA 86/14). – **b) Geltendmachung:** negative Feststellungsklage; Klage des Eigentümers auf Grundbuchberichtigung (§ 894 BGB), Vorlegung und Aushändigung des Briefes sowie sonstiger Urkunden (bei gänzl Befriedigung § 1144 BGB), Klage auf Herabsetzung des Zinsfußes oder Änderung der Kündigungsbestimmungen; aber auch (schuldrechtl!) Klagen auf Befreiung des Grundstücks von Belastung nach § 1169 BGB, Löschung einer nach § 143 InsO oder § 11 AnfG anfechtbar erworbenen Hypothek (LG Itzehoe MDR 83, 674).

14 **Nicht:** Klage auf Übertragung einer Grundschuld wegen Wegfalls des Sicherungsgrundes (BGHZ 54, 201); ebenso nicht Klage auf Bewilligung der Löschung, die auf einem Rückgewährschuldverhältnis insb nach Darlehenswiderruf beruht (OLG Frankfurt 24.10.2016 – 24 U 147/15; LG Kleve 15.3.2016 – 4 O 193/14; LG Itzehoe 15.2.2016 – 7 O 185/15; MskV/Heinrich Rn 11; str; aA OLG Hamm GWR 2016, 169), denn die Löschung steht der Übertragung gleich; es geht auch hier nicht darum, ob die Belastung mat-rechtl noch besteht. Nicht Klage auf Löschung einer Hypothekenpfändung (RGZ 51, 231), Klage gegen Dritte auf Erfüllung einer persönl Verpflichtung, die Löschung zu bewirken (RGZ 25, 288), Klage des Hypothekengläubigers auf Rückschaffung bewegl Sachen auf das Grundstück, Klage auf Feststellung der Unwirksamerklärung einer Kündigung.

15 **4) Grenzscheidungsklagen.** Der Grundstückseigentümer verlangt von seinem Nachbarn Errichtung fester Grenzzeichen oder Mitwirkung bei Wiederherstellung verrückter oder unkenntl gemachter Grenzzeichen (§ 919 BGB) oder eigentl Grenzscheidung (§ 920 BGB).

16 **5) Teilungsklagen.** Wenn es sich um die Teilung einzelner unbewegl Sachen handelt; hierher: Klage aus § 749 BGB (Klage eines Teilhabers auf Aufhebung der Gemeinschaft), §§ 1008 ff BGB: Klage der Miteigentümer nach Bruchteilen einer unbewegl Sache auf Teilung; **nicht:** Klage betr Auseinandersetzung unter Gesellschaftern oder Miterben, Klage auf Teilung einer Vermögensmasse oder von Erträgnissen.

17 **6) Besitzklagen.** § 861 BGB (Wiedereinräumung), § 862 BGB (Störungsbeseitigung), § 869 BGB (verbotene Eigenmacht), § 1029 BGB (Störung in der Ausübung einer Grunddienstbarkeit); **nicht:** Klage auf Einräumung des Besitzes, zB auf Grund Kaufs oder Miete oder gegen Erbschaftsbesitzer.

18 **III) Rechtsfolgen. 1) Ausschließlicher Gerichtsstand.** Allg s § 12 Rn 8. Ausgeschlossen sind der allg, bes und vereinbarte Gerichtsstand (§ 40 II), auch der der Widerklage (§ 33 II).

19 **2) Ort. a)** Maßgebend ist, wo das Grundstück **belegen** ist **(I)**, einerlei, wer klagt (RGZ 86, 280). Liegt das Grundstück in mehreren Gerichtsbezirken, ist nach § 36 I Nr 4 zu verfahren, belanglos ist der Ort der Störung (RGZ 86, 278).

20 ***b)*** *Bei* ***subj-dingl*** Rechten (Grunddienstbarkeit, Reallast, Vorkaufsrecht) entscheidet die Lage des dienenden (belasteten) Grundstücks **(II)**.

§ 25 Dinglicher Gerichtsstand des Sachzusammenhanges

In dem dinglichen Gerichtsstand kann mit der Klage aus einer Hypothek, Grundschuld oder Rentenschuld die Schuldklage, mit der Klage auf Umschreibung oder Löschung einer Hypothek, Grundschuld oder Rentenschuld die Klage auf Befreiung von der persönlichen Verbindlichkeit, mit der Klage auf Anerkennung einer Reallast die Klage auf rückständige Leistungen erhoben werden, wenn die verbundenen Klagen gegen denselben Beklagten gerichtet sind.

I) Allgemeines. 1) Bedeutung. § 25 trägt der mat-rechtl Verknüpfung von Grundpfandrecht und persönl Forderung (s Rn 4) Rechnung. Er erleichtert die Rechtsverfolgung, indem er die Verbindung (§ 260) von (im Gerichtsstand des § 24 zu erhebender) **dingl** und **persönl** Klage gegen dens Bekl bei mat-rechtl Abhängigkeit der zu Grunde liegenden Ansprüche ermöglicht (kein Zwang, s Rn 2). Der Gerichtsstand des Sachzusammenhangs für die persönl Klage ist dann von Bedeutung, wenn der Bekl seinen allg Gerichtsstand nicht im Bezirk des belegenen Grundstücks (§ 24) hat und dort sich auch kein (sonstiger) bes Gerichtsstand befindet. Die übrigen Voraussetzungen für die Verbindung müssen vorliegen; insb muss das Gericht sachl zuständig sein. Bei Klage gegen **verschiedene Bekl** kann Bestimmung nach § 36 I Nr 3 erfolgen (St/Roth Rn 1; MskV/Heinrich Rn 2). 1

2) Gerichtsstand. Der Gerichtsstand ist **nicht ausschließl**; er begründet keine selbständige Zuständigkeit für die genannten persönl Klagen (s Rn 4-6). Die Unbegründetheit der dingl Klage macht das angegangene Gericht für die mit ihr verbundene persönl Klage nicht unzuständig. 2

3) Brüssel Ia-VO. Im Anwendungsbereich der Brüssel Ia-VO gilt eine entspr Regelung (Art 8 Nr 4 Brüssel Ia-VO). 2a

II) Voraussetzungen. Das Gericht des dingl Gerichtsstands (§ 24) ist für folgende **persönl Klagen** örtl zuständig, wenn sie mit der jew genannten dingl Klage verbunden und gegen den gleichen Bekl gerichtet sind: 3

1) Schuldklage. Sie ist die Klage gegen den **persönl Sch** auf Leistung oder Feststellung; verbundene dingl Klage: Klage aus **Hypothek** (§ 1113 BGB), **Grundschuld** (§ 1191 BGB) oder **Rentenschuld** (§ 1199 I BGB) auf Duldung der ZwV in das Grundstück (Zahlung aus dem Grundstück; vgl § 1147 BGB; Fall des § 24 Rn 11). Bei der Hypothek haftet idR (Ausnahmen wegen §§ 892, 1138 BGB mögl) auch irgendeine Person **(persönl)** für die durch die Hypothek gesicherte Schuld. Das Gleiche wird meist bei Grund- und Rentenschulden der Fall sein, insb durch eine Sicherungsabrede. 4

2) Klage auf Befreiung von der persönlichen Schuld. Eine solche ist auch die negative Feststellungsklage und die auf Anfechtung oder Aufhebung gerichtete Klage; verbundene dingl Klage: Klage des Eigentümers auf **Löschung** einer Hypothek, Grundschuld oder Rentenschuld oder auf **Umschreibung** der kraft Gesetzes zur Eigentümergrundschuld gewordenen Hypothek (vgl §§ 1143, 1163, 1168, 1170 ff, § 1173 BGB; Fall von § 24 Rn 13). 5

3) Klage auf rückständige Leistungen aus der Reallast. Ihr liegt idR zugleich die persönl Verpflichtung des jew Eigentümers zu Grunde (§ 1108 BGB); verbundene dingl Klage aus der Reallast: § 1105 BGB (Fall von § 24 Rn 10). 6

§ 26 Dinglicher Gerichtsstand für persönliche Klagen

In dem dinglichen Gerichtsstand können persönliche Klagen, die gegen den Eigentümer oder Besitzer einer unbeweglichen Sache als solche gerichtet werden, sowie Klagen wegen Beschädigung eines Grundstücks oder hinsichtlich der Entschädigung wegen Enteignung eines Grundstücks erhoben werden.

I) Allgemeines; Bedeutung. Ausdehnung des dingl Gerichtsstands (§ 24) auf bestimmte persönl Klagen, an denen Grundstückseigentümer (-besitzer) aktiv oder passiv beteiligt sind. Der **Gerichtsstand** entspricht § 24 Rn 19 f, ist aber nicht ausschließl („können" – nicht müssen – „erhoben werden"), jedoch (im Gegensatz zu § 25, s § 25 Rn 2) **selbständig.** § 24 geht vor. 1

II) Voraussetzungen. 1) Persönliche Klagen gegen den Eigentümer oder Besitzer eines Grundstücks als solche. Eigentümer oder Besitzer (auch Miteigentümer, Mitbesitzer) müssen gerade in dieser ihrer Eigenschaft passiv sachbefugt sein. **Bsp:** Klage auf Gestattung der Besichtigung (§ 809 BGB) oder das Aufsuchen einer Sache (§§ 867, 1005 BGB); Vorkehrung zur Abwendung der von einem Gebäude oder einem anderen Werk drohenden Gefahr (§ 908 BGB); Entschädigung wegen Überbaus (§ 913 BGB); Gestaltung der Benützung einer der in § 921 BGB bezeichneten Einrichtungen und auf Ersatz von Unterhaltskosten (§ 922 BGB); Kostenbeteiligung für die Erhaltung eines gemeinschaftl Wegs (§ 748 BGB: OLG Stuttgart NJW-RR 99, 744) u allg Ausgleichsansprüche zwischen Miteigentümern wegen Tragung von Grundstückslasten u -kosten (OLGR Rostock 2009, 753); die Klage auf Ersatz von Verwendungen, die nach §§ 994, 999 II, §§ 1000 ff BGB der Besitzer und gem § 1049 BGB der Nießbraucher gegen den Eigentümer erheben kann (vgl OLGR Rostock 1998, 170, abl für Aufwendungsersatzanspruch gem § 3 III 4 VermG); auch die Klage auf Einräumung einer Bauhandwerkerhypo- 2 thek durch den Besteller/Eigentümer (OLG Braunschweig OLGZ 74, 211; MK/Patzina/Windau Rn 4; MskV/Heinrich Rn 3; aA LG Leipzig 26.6.2001 – 2 O 10408/00). **Nicht** hierher gehören: Die Klage auf Schadensersatz wegen Einsturz eines Gebäudes, wenn es sich nicht um die Beschädigung des Nachbargrundstücks handelt (s Rn 3), und die Klage wegen des persönl Anspruchs gegen den Eigentümer aus der Reallast (§ 1008 BGB; sa § 25 Rn 6); desgl nicht die Klage auf Auflassung (Eigentumsverschaffung), die, wie zB bei Nichtberechtigung des Sch, gerade nicht notwendig gegen den (eingetragenen) Eigentümer (wie etwa im Fall des § 24 Rn 10) gerichtet sein muss (OLG Hamm 20.10.2014 – 32 SA 70/14; aA St/Roth Rn 6; WSch/Smid/Hartmann Rn 11); ebenso nicht Klage auf Bestellung beschränkter dingl Rechte am Grundstück (LG Stralsund 7.4.2011 – 6 O 203/10 Tz 27).

3 **2) Klagen des Eigentümers oder Besitzers wegen Grundstücksbeschädigung. Grund** der Grundstücksbeschädigung ist belanglos. Maßgebend ist Lage des beschädigten Grundstücks. **Bsp:** Klage aus §§ 823, 826 ff BGB (unerlaubte Handlung), § 904 S 2 BGB (Nothilfe), §§ 836, 837 ff BGB (Ersatz des durch Einsturz eines benachbarten Gebäudes entstandenen Schadens, wenn es sich um Beschädigung des Nachbargrundstücks handelt), §§ 29 ff BJagdG (Wild- und Jagdschaden, s BGHZ 197, 346 Tz 13).

4 **3) Klagen auf Enteignungsentschädigung.** § 26 gilt auch bei enteignungsgleichen Eingriffen (s MK/Patzina/Windau Rn 7). Zu beachten sind nach § 15 Nr 2 EGZPO landesrechtl Regelungen; in ihnen wird teilw der Gerichtsstand der belegenen Sache (vgl zB Art 45 I 2 BayEnteigG v 11.11.1974, BayRS III 1974, 601; § 30 III EnteigG SH v 11.6.1874, GVOBl 1971, 182, dazu BGHZ 97, 158; § 25 I 4 EnteigGrdBesG SL v 11.6.1874, Gl-Nr 214-2) oder des § 219 BauGB (§ 44 I 2 ThürEG v 23.3.1994, GVBl 1994, 329) für ausschließl zuständig erklärt oder es werden Konzentrationsgerichtsstände geschaffen (§ 50 I 3 HEEG [idF v 8.10.2020, GVBl I 2020, 710] iVm § 50 JZustV HE). Sa § 219 BauGB, § 81 II 3 BLG.

§ 27 Besonderer Gerichtsstand der Erbschaft

(1) Klagen, welche die Feststellung des Erbrechts, Ansprüche des Erben gegen einen Erbschaftsbesitzer, Ansprüche aus Vermächtnissen oder sonstigen Verfügungen von Todes wegen, Pflichtteilsansprüche oder die Teilung der Erbschaft zum Gegenstand haben, können vor dem Gericht erhoben werden, bei dem der Erblasser zur Zeit seines Todes den allgemeinen Gerichtsstand gehabt hat.

(2) Ist der Erblasser ein Deutscher und hatte er zur Zeit seines Todes im Inland keinen allgemeinen Gerichtsstand, so können die im Absatz 1 bezeichneten Klagen vor dem Gericht erhoben werden, in dessen Bezirk der Erblasser seinen letzten inländischen Wohnsitz hatte; wenn er einen solchen Wohnsitz nicht hatte, so gilt die Vorschrift des § 15 Abs. 1 Satz 2 entsprechend.

1 **I) Allgemeines. 1) Bedeutung.** § 27 begründet für bestimmte erbrechtl Streitigkeiten (s Rn 3 ff) einen nicht ausschließl bes Gerichtsstand, aber keinen umfassenden Erbschaftsgerichtsstand (OLG Bremen FGPrax 2021, 276). Für erbrechtl Streitigkeiten vor dem Erbfall gilt § 27 daher nicht (OLG Celle MDR 62, 992; St/Roth Rn 9). **Zweck:** Zusammenfassung der Prozesse über einen Erbfall bei einem sachnahen Gericht. Dass sich Nachlassgegenstände tatsächl im Gerichtsbezirk befinden oder befunden haben, ist nicht erforderl (anders bei § 28, s § 28 Rn 3).

2 **2) Gerichtsstand.** Gerichtsstand knüpft an an den **allg Gerichtsstand** des Erblassers zur Zeit seines Todes (§§ 12-16). Mehrheit von allg Gerichtsständen des Erblassers hat Mehrheit von Gerichtsständen der Erbschaft zur Folge (RGZ 35, 418). Es besteht Wahlrecht gem § 35. Für den Fall, dass der Erblasser dt Staatsangehöriger war und zur Zeit seines Todes keinen inländischen allg Gerichtsstand hatte, stellt II **Hilfsgerichtsstände** zur Verfügung (letzter inländischer Wohnsitz, hilfsw AG Schöneberg in Berlin). **Grund.** In allen Fällen, in denen erbrechtl Verhältnisse nach dt Gesetzen zu beurteilen sind, muss auch ein inländischer Gerichtsstand gewährleistet sein (für Nachlassverf entspr § 343 FamFG).

2a **3) Internationale Zuständigkeit.** Die Brüssel Ia-VO findet gem Art 1 II f Brüssel Ia-VO keine Anwendung. Ist der Erblasser nach dem 16.8.2015 (Art 83 I EuErbVO) verstorben, bestimmt im EU-Bereich Art 4 EuErbVO die internat (nicht örtl, dazu § 2 IV IntErbRVG) Zuständigkeit des Mitgliedstaats des gewöhnlichen Aufenthalts des Erblassers. IÜ begründet § 27 auch die internat Zuständigkeit (s allg § 1 Rn 8).

3 **II) Voraussetzungen.** Gegenstand der folgenden Klagen sind Ansprüche und Rechtsverhältnisse, die durch den Erbfall als solchen entstanden sind (s Rn 1). Die Parteirollen der Beteiligten sind gleichgültig. Die **Klagen** können erhoben werden **gegen** den Erben, Nachlassverwalter (RGZ 26, 380), TV, den mit einem Vermächtnis Beschwerten oder dessen Rechtsnachfolger. An eine **Zeit** wie in § 28 ist die Klageerhebung nicht gebunden. Zur Begründung der Zuständigkeit genügt, dass die Klage auf einen der in Rn 4-7 genannten Klagegründe (Anspruchsgrundlagen) gestützt ist; ob diese wirkl vorliegen, ist für die Zuständigkeit gleichgültig (allg s § 12 Rn 14).

4 ***1) Klagen auf Feststellung des Erbrechts.*** Dies umfasst Klagen der durch Ges (§§ 1922, 2032 BGB), Testament (§ 2087 BGB) oder Erbvertrag (§ 2278 BGB) sich ergebenden Rechtsnachfolge in einen Nachlass oder Anteil an

demselben; weitere Bsp: Geltendmachung von Anfechtung (§§ 2078 ff BGB) und Verzicht (§ 2346 BGB), Rechten des Nacherben (§ 2100 BGB). **Nicht** hierher gehören die Klage des Erbschaftskäufers (§ 2374 BGB, nur schuldrechtl), die Klage wegen eines Rechts an einzelnen Nachlassgegenständen und die Klage auf Feststellung der Person des TV (LG Tübingen ZEV 2020, 313); ebenso das Nachfolgerecht bei fortgesetzter Gütergemeinschaft (§ 1483 I BGB), dieses ist kein Erbrecht. Die Erbrechtsfeststellung erfolgt idR durch Feststellungsklage (§ 256), auch durch Klage auf Feststellung der Gültigkeit oder Ungültigkeit einer letztwilligen Verfügung. Mögl ist auch Gestaltungsklage (Erbunwürdigkeitsklage gem § 2342 BGB).

2) Ansprüche gegen den Erbschaftsbesitzer. Erbschaftsbesitzer ist, wer auf Grund eines vermeintl oder angemaßten Erbrechts Vermögensrechte aus der Erbschaft erlangt hat (§§ 2018, 2030 BGB). Dem Erbschaftsbesitzer steht dessen Erbe gleich (OLG Nürnberg OLGZ 81, 116 f). Unter § 27 fällt nur die das Gesamterbe betr Klage, **nicht** auch die **Einzelklage** gegen Dritte. § 27 unterfallen zB Klage auf Auskunft (§ 2027 BGB) – auch gegen Dritte nach § 2027 II, § 2028 BGB (St/Roth Rn 12; MK/Patzina/Windau Rn 13; aA MskV/Heinrich Rn 5) –, Klage auf Herausgabe (§§ 2018, 2021 ff BGB), **nicht** aber Herausgabeklage gegen einen vermeintl Vermächtnisnehmer oder Beauftragten des Erblassers (OLG Köln OLGZ 86, 212), nicht nach §§ 985, 989 f, § 2029 BGB; nicht Klagen von Nacherben, Vertragserben und Schlusserben bei bindendem gemeinschaftl Testament auf Herausgabe von unwirksamen Schenkungen des Vorerben oder Erblassers (§§ 812, 2113, 2287, 2269 iVm § 2271 II BGB); nicht Klagen auf Herausgabe unrichtiger Erbscheine und TV-Zeugnisse gem § 2362 I, § 2368 III BGB. 5

3) Bestimmte Erbfallschulden. Andere: § 28. **a) Ansprüche aus Vermächtnis.** Vermächtnis ist eine Anordnung des Erblassers, durch die er einer Person von Todes wegen einen Vermögensvorteil zuwendet, ohne sie zum Erben einzusetzen (§§ 1939, 1941, 2150, 2174, 2279, 2299 BGB), ebenso entspr gesetzl Anordnungen (§§ 1932, 1969 BGB). Der Vermächtnisnehmer ist, soweit der Erbe beschwert ist, Nachlassgläubiger (§§ 2174, 1967 BGB). Hierher gehören auch Klagen auf Feststellung des Inhalts (OLG Schleswig 6.5.2022 – 2 AR 7/22) oder Nichtbestehen des Vermächtnisses. – **b) Ansprüche aus sonstiger Verfügung von Todes wegen.** Auflage (§ 2192 BGB); Schenkung auf den Todesfall (§ 2301 BGB). – **c) Pflichtteilsansprüche**. Klage gegen den Erben auf Zahlung (§§ 2303 ff BGB) und Auskunft (§ 2314 BGB); Anspruch auf Pflichtteilsergänzung (§§ 2325, 2329 BGB); Klage gegen den erbunwürdigen Pflichtteilsberechtigten (§ 2345 II BGB). 6

4) Klage auf Teilung der Erbschaft. Klage der Erben betr die Auseinandersetzung (§§ 2042 ff BGB) einschließl der Ausgleichung gem §§ 2050 ff, § 2057a BGB (BGH NJW 92, 364 = MDR 92, 587) und diese vorbereitende Feststellungsklagen (Kindler IPrax 2020, 536, 539); § 27 gilt auch bei Fortsetzung der allg Gütergemeinschaft nach § 1483 II BGB; **nicht** Klage auf Zustimmung zu einer bestimmten Verwertung einzelner Nachlassgegenstände (OLG Bremen FGPrax 2021, 276: § 410 Nr 4, § 411 IV FamFG) und auf Aufhebung oder Auseinandersetzung der fortgesetzten Gütergemeinschaft (§§ 1495 ff BGB), abgesehen von § 1482 BGB (St/Roth Rn 18). 7

§ 28 Erweiterter Gerichtsstand der Erbschaft

In dem Gerichtsstand der Erbschaft können auch Klagen wegen anderer Nachlassverbindlichkeiten erhoben werden, solange sich der Nachlass noch ganz oder teilweise im Bezirk des Gerichts befindet oder die vorhandenen mehreren Erben noch als Gesamtschuldner haften.

I) Allgemeines. 1) Bedeutung. Zeitl begrenzte (s Rn 3, 4) Erweiterung des Erbschaftsgerichtsstands (§ 27) für Nachlassverbindlichkeiten, die über den Kreis der bereits in § 27 erfassten Erbfallschulden (s § 27 Rn 6) hinausgehen (Einzelheiten: s Rn 2-4). § 28 erfasst auch Rechtsstreitigkeiten unter Miterben (Bsp: BGH NJW-RR 2008, 1516; sa Rn 4). – **2) Gerichtsstand:** wie § 27 (s § 27 Rn 2). 1

II) Voraussetzungen. 1) Gegenstände der Klagen. Es muss sich um andere (dh als die in § 27 genannten) **Nachlassverbindlichkeiten** handeln, also Nachlassverbindlichkeiten, die vom Erblasser selbst herrühren (§ 1967 BGB), oder auch Nachlasserbenschulden (OLG Schleswig NJW-RR 2008, 96 = MDR 2007, 1200). Hierher gehören dingl Ansprüche, die gegen den Erben begründet waren, sowie die ihn als solchen treffenden Verbindlichkeiten: § 1963 BGB (Anspruch der Mutter des noch nicht geborenen Erben), § 1371 II BGB (Zugewinnausgleichsanspruch des Ehegatten, OLG Celle FamRZ 2021, 1324), § 1967 BGB (Ausgleichsanspruch des Lebenspartners gegen den Erben bei Tod des Erblassers/anderen Lebenspartners, OLG Naumburg MDR 2014, 410), § 1968 BGB (Beerdigungskosten; s OLGR Karlsruhe 2003, 347), Ansprüche aus Rechtsgeschäften des TV oder Nachlasspflegers (§§ 2205-2207 BGB), allg Ansprüche (Verbindlichkeiten), die auf eine ordnungsgemäße Verwaltung des Nachlasses zurückgehen (BGH NJW-RR 2008, 1516 Tz 11), **nicht** Ansprüche des Erbschaftskäufers (§§ 2371 ff BGB) und der Erben. 2

2) Zeitliche Begrenzung. a) Ist nur **ein Erbe** vorhanden, so ist die Klage im Gerichtsstand des § 28 zulässig, solange sich auch nur ein Stück des Nachlasses, unabhängig vom Wert, im Gerichtsbezirk befindet. Bei Forderungen gilt § 23 S 2 entspr (St/Roth Rn 4). 3

4 **b)** Wenn **mehrere Erben** vorhanden sind, besteht der Gerichtsstand, solange diese als **Gesamtschuldner** für die streitige Nachlassverbindlichkeit gem §§ 2058 ff, §§ 421 ff BGB haften (OLG Hamm FamRZ 2018, 931; BayObLG NJW-RR 2004, 944); dass sich der Nachlass oder ein Teil davon im Gerichtsbezirk befindet, genügt dann nicht (BGH NJW-RR 2008, 1517 Tz 12 = MDR 2008, 1178). Ende der Gesamthaftung und damit des bes Gerichtsstandes: §§ 2060, 2061 BGB, noch nicht bei Teilung des Nachlasses (BGH MDR 2008, 1178). Dass § 28 vorliegt, muss der Kl, den Wegfall der Gesamthaftung müssen die Erben beweisen (BayObLG NJW-RR 2006, 15).

§ 29 Besonderer Gerichtsstand des Erfüllungsorts

(1) Für Streitigkeiten aus einem Vertragsverhältnis und über dessen Bestehen ist das Gericht des Ortes zuständig, an dem die streitige Verpflichtung zu erfüllen ist.

(2) Eine Vereinbarung über den Erfüllungsort begründet die Zuständigkeit nur, wenn die Vertragsparteien Kaufleute, juristische Personen des öffentlichen Rechts oder öffentlich-rechtliche Sondervermögen sind.

1 **I) Allgemeines. 1) Bedeutung.** § 29 enthält keinen einheitl Erfüllungsortsgerichtsstand, vielmehr ist zwischen den Gerichtsständen des ges (s Rn 21 ff) und des vereinbarten Erfüllungsorts (s Rn 26 ff) zu unterscheiden. Die Anknüpfung an den Ort der Leistungserbringung führt zu einem orts- u sachnahen Gerichtsstand. Die praktische Bedeutung des „forum *contractus" ist aber* (im innerstaatl Bereich, sa Rn 3) begrenzt, da nach § 269 I BGB *iZw der Wohnsitz* des Sch Erfüllungsort ist und damit der Gerichtsstand gem § 29 I, § 269 I BGB häufig mit dem allg Gerichtsstand des Bekl (§ 13) zusammenfällt, wenn Bekl der Sch ist. Der Gerichtsstand des **vereinbar-**

ten Erfüllungsorts ist zudem auf den kaufmännischen Verkehr beschränkt (II), so dass ein Gleichlauf mit dem grundsätzl Prorogationsverbot (s vor § 38 Rn 1) besteht. Andernfalls könnte dieses durch Abschluss von Erfüllungsortvereinbarungen umgangen werden (OLG Nürnberg NJW 85, 1296, 1298).

2) Abgrenzung. Ein zusätzl Gerichtsstand des **Zahlungsorts** besteht bei Wechsel- und Scheckklagen (§§ 603, 605a). Für Klagen aus einigen sozial bedeutsamen Verträgen – Raummiete/-pacht, Haustürgeschäfte, Versicherungsverträge, Fernunterrichtsverträge – wird der Erfüllungsortsgerichtsstand durch eine ausschließl Zuständigkeit am Ort des schutzbedürftigen Vertragspartners verdrängt (vgl § 29a; § 29c; § 215 I 2 VVG, s Rn 25.64; § 26 FernUSG). Eine normative Bestimmung des Erfüllungsorts für verschiedene Vertragstypen enthalten bes Gerichtsstände wie zB § 30 (Beförderungsverträge), § 48 Ia ArbGG (dazu s Rn 25.3), § 22 StromGVV u GasGVV (dazu s Rn 25.19). 2

3) Internationaler Rechtsstreit. a) Allgemeines. Im **EU-Bereich** besteht (abw von § 29) für bestimmte Vertragstypen ein autonomer Gerichtsstand des Vertrages. Art 7 Nr 1 Brüssel Ia-VO enthält in Buchst b eine **autonome Bestimmung** des Erfüllungsortes für den Verkauf bewegl Sachen (Ort der vertragsgemäßen Lieferung iSd Eintritts des Leistungserfolgs) und für die Erbringung von Dienstleistungen (Ort der Dienstleistung) und bestimmt diesen als **einheitl Erfüllungsort** für *alle* sich aus diesen Verträgen ergebenden Ansprüche (*auch* Zahlungsansprüche) nach der *vertragscharakteristischen Leistung* (s Art 7 Brüssel Ia-VO Rn 10 ff). **Bsp:** Ort der körperl Übergabe der Ware an den Käufer beim Versendungskauf (EuGH NJW 2010, 1059; EuGH NJW 2011, 3018; BGHZ 186, 81 = NJW 2010, 3452); Ort der Kredithingabe bei Darlehen (BGH NJW 2012, 1817 Tz 24); Kanzleiort bei RA-Vertrag (BGH NJW 2006, 1806; OLG Karlsruhe NJW 2008, 85); Abflugort und Ankunftsort beim Fluggastvertrag (EuGH NJW 2009, 2801; EuGH NJW 2018, 2105; EuGH MDR 2022, 326 [Teilflüge]; BGHZ 188, 83 = NJW 2011, 2056, jew für Ansprüche auf Ausgleichszahlung nach EuFluggastrechteVO); Ort der Leistungserbringung durch den Makler bei Maklervertrag (BGH NJW 2015, 2339 Tz 11). Anders als nach II ist eine vertragl **Erfüllungsortvereinbarung** stets beachtl; sie bedarf nicht der Form des Art 25 Brüssel Ia-VO (EuGH NJW 80, 1218; OLG Karlsruhe RIW 94, 1947; Abgrenzung zur „abstrakten" Erfüllungsortvereinbarung: EuGH NJW 97, 1431; BGH NJW-RR 98, 755 = MDR 97, 874; s Art 7 Brüssel Ia-VO Rn 19 f). Das anzuwendende Recht richtet sich dabei nach Art 3 ff Rom I-VO und damit uU nach BGB (§ 269; Bsp: BGHZ 165, 172, 182 = NJW 2006, 230 = MDR 2006, 737). Der Vertragsgerichtsstand gilt auch für konkurrierende *deliktische Ansprüche* (s § 12 Rn 21 [aa]). 3

b) Sonderregelungen. Art 17-19 Brüssel Ia-VO begründen die dt internationale Zuständigkeit in grenzüberschreitenden (so hM, zur Pauschalreise s Rn 25.47; krit u aA Kumm EWiR 2008, 619: auch bei rein innerstaatl Sachverhalten) **Verbrauchersachen** und sichern (darüber hinaus) einen (stets) inländischen Verbrauchergerichtsstand (Art 18 II Brüssel Ia-VO; auch bei Verbraucherklagen: Art 18 I Alt 2 Brüssel Ia-VO) am Wohnsitz des Verbrauchers (s Art 18 Brüssel Ia-VO Rn 2). 3a

Für individuelle **Arbeitsverträge** gelten Art 20-23 Brüssel Ia-VO. Bei der **Grundstücks-Miete und -Pacht** besteht eine ausschließl Zuständigkeit nach Art 24 Nr 1 Brüssel Ia-VO (s § 29a Rn 4). Sonderregelung für **CMR**-Frachtverträge: s Rn 25.21; zum **UN-Kauf** s Rn 25.35. 4

II) Anwendungsbereich. 1) Vertragsverhältnis. a) Begriff. Vertragsverhältnisse iSd § 29 sind **alle schuldrechtl Verpflichtungsverträge** (BGH NJW 96, 1412), mögen sie auch öff-rechtl Natur sein (St/Roth Rn 4; vgl auch §§ 54 ff VwVfG), dann aber besteht idR die Zulässigkeit des ordentl Rechtswegs nicht (vgl § 40 II 1 VwGO; BGHZ 87, 15 f = NJW 83, 2312). Ansprüche „aus einem Vertragsverhältnis" sind auch ges Ansprüche *auf vertragl Grundlage* (BGHZ 188, 85 Tz 26 = NJW 2011, 2056: Fluggastrechte nach EuFluggastrechteVO; sa Rn 6a). 5

b) Den Verträgen gleichgestellt werden bestimmte **vertragsähnl Sonderbeziehungen**; wichtige Anwendungsfälle sind: – **aa)** das Rechtsverhältnis zwischen der Vertragspartei und dem in Anspruch genommenen **Vertreter ohne Vertretungsmacht** (§ 179 I BGB; der Erfüllungsort des nicht zustande gekommenen Vertrages gilt: OLG Hamburg MDR 75, 227); – **bb)** das ges Schuldverhältnis der Vertragsverhandlungen bei **Verschulden bei Vertragsschluss**, auch wenn kein Vertrag geschlossen wurde (BayObLG NJW-RR 2002, 1502, 1503; OLG München NJW 80, 1531 mN; St/Roth Rn 18, hM; für LugÜ auch BGHZ 190, 28 Tz 42 f = NJW 2011, 2809; aA LG Kiel NJW 89, 841 mwN; sa Rn 7). Dies entspricht der mat-rechtl Qualifizierung als *vertragsähnl* Haftungstatbestand (vgl § 311 II, III iVm § 241 II, § 280 BGB); zur Bestimmung des Erfüllungsorts s Rn 25.15; – **cc) quasivertragl u vertragsähnl Schuldverhältnisse**, zB Schuldverhältnisse aus einseitigen Leistungsversprechen (§ 657 BGB; aA MskV/Heinrich Rn 6), durch „geschäftsähnl" Handlung begründete einseitige Verpflichtungen (vgl BGHZ 165, 172, 179 = NJW 2006, 230 = MDR 2006, 737 für § 661a BGB; aA MK/Patzina/Windau Rn 13; s Rn 25.26), durch Anschluss- und Benutzungszwang begründete Versorgungsbeziehungen (KGR Berlin 2005, 723; zu Energieversorgungsverträgen s Rn 25.19). 6

c) Zu den Vertragsverhältnissen gehören **ges Rechtsverhältnisse auf vertragl Grundlage: – aa) Rückabwicklungsverhältnisse** nach Rücktritt (§ 346 BGB) oder Widerruf (§ 355 BGB) bei Verbraucherverträgen (zB gem §§ 312, 485, 495 BGB; vgl allg BayObLG NZM 2002, 796; näher s Rn 25.51); weiter die **bereicherungsrechtl Rückabwicklung** von nicht zustande gekommenen, nichtigen (§§ 134, 138 BGB) oder wirksam angefochtenen (§§ 119, 123, 142 BGB) Verträgen gem § 812 I 1 Alt 1 BGB über die **Leistungskondiktion** (iE str, wie hier St/ 6a

Roth Rn 6, 16; MK/Patzina/Windau Rn 20; iE Wolf FS Lindacher, 2007, S 307 mwN). Für die Anwendbarkeit von **I** spricht, dass sich auch beim unwirksamen (gescheiterten) Vertrag das Gegenseitigkeitsverhältnis auf die Rückabwicklung auswirkt (sog Saldotheorie, vgl Grüneberg/Sprau § 818 BGB Rn 47). Bsp: Belegenheitsort beim Kauf, s Rn 25.51. § 29 gilt auch für (nicht eigenständige) Bereicherungsansprüche (zur Abgrenzung s Rn 13) auf der Grundlage *bestehender* Verträge (zB bei Überzahlungen; OLGR Stuttgart 2004, 362). Hierher gehören schließl **ges Abwicklungsverpflichtungen** aus geschlossenen Verträgen, zB gem §§ 368, 371 BGB (St/Roth Rn 6; aA RGZ 28, 434; MskV/Heinrich Rn 7). – **bb) Haftungs-, Regress- und Ausgleichsverhältnisse** bei vertragl Verbindlichkeiten, zB aus §§ 126, 161, 171 HGB (RGZ 32, 44; BFH NZI 2021, 186; sa Rn 25.28), Art 43 ff WG, Art 40 ff ScheckG (offen BGH NJW 2004, 1456, 1457 mN) oder § 426 II BGB (Rn 25.23); – **cc) organschaftl Sonderrechtsbeziehungen** aufgrund Organhaftung, zB aus § 43 II GmbHG; § 93 II, § 116 AktG (BGH NJW-RR 92, 801 = MDR 92, 565; OLG München ZIP 2017, 696).

7 **d)** In **persönl** Hinsicht findet § 29 Anwendung auf die **Vertragsparteien** einschließl der Dritten bei Verträgen zugunsten Dritter (§ 328 BGB; AG Düsseldorf NJW-RR 2012, 188), auf ihre Sonder- (BGH NJW 2009, 2606 Tz 15) und Gesamtrechtsnachfolger (**Erben**; OLG Karlsruhe ZEV 2016, 601; BayObLG MDR 2005, 677; BayObLG MDR 2005, 1397) und auf die abgeleitet Haftenden, zB die Gesellschafter der vertragsschließenden Gesellschaft gem §§ 126, 161, 171 HGB (s Rn 6a aE), darüber hinaus auch für die nach den Grundsätzen über das Verschulden bei Vertragsschluss persönl haftenden Dritten (**„Sachwalter“**; § 311 III BGB), da insofern die Übereinstimmung von vertragl und quasi-vertragl Regelungen sicherzustellen ist.

8 **e) Abgrenzung. Nicht** in den Anwendungsbereich des § 29 fallen dagegen: – **aa)** alle schuldrechtl **Verfügungsverträge** (zB Zession, § 398 BGB);

9 **bb)** alle **dingl Verträge** (zB gem §§ 873, 925, 929 BGB; WSch/Smid/Hartmann Rn 32);

10 **cc)** alle **familienrechtl Verträge**, zB das Verlöbnis (§§ 1298, 1301 BGB; ebenso BGHZ 132, 109 mwN = NJW 96, 1412 [krit Gottwald JZ 97, 92]); ledigl die ges Unterhaltspflicht konkretisierende Unterhaltsvereinbarungen (BayObLG NJW-RR 99, 1293, 1294 mwN; OLG Dresden MDR 2000, 1325 = FamRZ 2000, 543); § 29 unterfallen aber Verträge zwischen Partnern einer ne Lebensgemeinschaft wg fehlender rechtl Gleichstellung zu Verlöbnis oder Ehe (MskV/Heinrich Rn 8; St/Roth Rn 8);

11 **dd)** alle **erbrechtl Verträge** (zB Erbvertrag, §§ 2274 ff BGB; aA St/Roth Rn 8 zB für Erbauseinandersetzung);

12 **ee)** alle **prozessrechtl Verträge** (zB Schiedsvertrag, §§ 1025 ff; BGHZ 7, 185);

13 **ff)** die **ges Schuldverhältnisse**, soweit sie nicht zur Gruppe der vertragsähnl Sonderverbindungen gehören (dazu s Rn 6). § 29 gilt daher nicht für die *Geschäftsführung ohne Auftrag* gem §§ 677 ff BGB (BayObLG MDR 81, 233; aA Wolf FS Lindacher, 2007, S 209 f für die „echte“ GoA), ferner nicht für die eigenständige *ungerechtfertigte Bereicherung* nach §§ 812 ff BGB (BGHZ 132, 109 = NJW 96, 1412; zur Abgrenzung s Rn 6a [aa]); die bereicherungsrechtl ausgestaltete Rückgewähr bei insolvenzrechtl Anfechtung (§§ 129, 143 InsO; sa Rn 15);

14 **gg) deliktische Schuldverhältnisse**; insoweit gilt § 32; zur *Konkurrenz* von vertragl mit deliktischen u bereicherungsrechtl Ansprüchen s Rn 22.

15 **hh) Nicht** unter § 29 fallen schließl Ansprüche aus Inhaberpapieren (§ 794 BGB), die Anfechtungsklage aus § 129 InsO (RGZ 30, 402; OLG Karlsruhe MDR 79, 681; sa Rn 13 aE), Aus- und Absonderungsklage (RGZ 31, 392) sowie Ruhegeldansprüche gegen den Träger der Insolvenzsicherung gem §§ 7, 9 BetrAVG (vgl LG Stuttgart BB 77, 752).

16 **2) Erfasste Streitigkeiten.** § 29 gilt für **alle Klagen** (gleich, welche Klageart und welche Prozessart), mit denen Rechte aus einem (früheren) Vertragsverhältnis (s Rn 5-6a) geltend gemacht werden. Hervorzuheben sind folgende Klagemöglichkeiten:

17 **a) Klagen auf Feststellung** des Bestehens oder Nichtbestehens eines Vertrags oder eines (selbständigen) Vertragsteils (§ 29 I Alt 2 iVm § 256). Dass eine vertragl *Nebenpflicht* im Bezirk des angerufenen Gerichts zu erfüllen wäre, genügt für die Zuständigkeit iSv I nicht; abzustellen ist vielmehr auf die sich aus dem festzustellenden Vertragsverhältnis ergebene *Hauptverpflichtung* des Bekl (iE str, vgl BGHZ 185, 241 Tz 23 = NJW 2010, 2442 = MDR 2010, 1280); bei mehreren an verschiedenen Orten zu erfüllenden gleichrangigen Hauptpflichten hat der Kl die Wahl (vgl EuGH NJW 2007, 1799; aA für internationale Zuständigkeit BGHZ 185, 241 Tz 25: nur allg Gerichtsstand). Daher ist bei *positiver* Feststellungsklage sowohl am Erfüllungsort der einen wie auch der anderen Verpflichtung ein Gerichtsstand begründet (abw WSch/Smid/Hartmann Rn 7; St/Roth Rn 20: Leistungspflicht des Bekl maßgebl; MskV/Heinrich Rn 14: Hauptleistungspflicht des Kl maßgebl). Zur *negativen Feststellungsklage* sa Rn 25.44.

18 **b) Leistungsklagen** auf **Erfüllung einer Vertragspflicht** in Haupt- und/oder Nebensache (zB Vertragsstrafe, Sicherheitsleistung, sonstige selbständige Nebenpflicht). Hierher gehört auch die Klage auf **Abnahme** der Waren (*§ 433 II BGB*), auf **Rückgewähr** wegen vertragl vorbehaltenen Rücktritts (§ 346 BGB), aber auch im Fall des Rücktritts wegen nicht vertragsgemäß erbrachter Leistung gem §§ 281, 323 ff BGB, da es sich nur um eine bes ausgestaltete Haftungsfolge handelt, sowie im Fall des Widerrufs (§ 355 BGB; s Rn 6a [aa], 25.51).

Sekundäransprüche, insb auf Schadensersatz wegen Nicht- oder Schlechterfüllung von Haupt- und Nebenpflichten, unterfallen ebenso § 29 (s Rn 23, 25.52). Hierher gehören namentl die Schadensersatzklagen bei Leistungsstörungen gem §§ 280, 281 BGB (OLG Saarbrücken NJW 2000, 671), auch wegen Verschuldens bei Vertragsschluss (s Rn 6 [bb]); ferner die Klage auf das negative Vertragsinteresse wegen Vereitelung des Zustandekommens des Vertrags (§§ 122, 179 BGB; s Rn 6 [aa]) und die Klagen auf Zustimmung zur Vertragsanpassung oder unmittelbar auf die angepasste Leistung bei Störung der Geschäftsgrundlage (§ 313 BGB). 19

c) Gestaltungsklagen auf Aufhebung, Rückabwicklung, Umgestaltung und Inhaltsänderung des Vertrags. Hierher gehören die Klagen aus §§ 134, 139 HGB, die Klage auf Bestimmung des Leistungsinhalts (§§ 315, 318, 343 BGB), auf Herabsetzung der Vertragsstrafe (§ 343 BGB) und des Maklerlohnes (§ 655 BGB). 20

III) Gerichtsstand des gesetzlichen Erfüllungsorts (§ 29 I). 1) Gerichtsstand. a) Wirkung. § 29 begründet eine nicht ausschließl Zuständigkeit (s § 12 Rn 9). Der Gerichtsstand besteht neben dem allg (häufig aber mit diesem identisch, s Rn 1) oder einem anderen bes Gerichtsstand; das gilt auch im Verhältnis zum allg Gerichtsstand des InsVerwalters (zutr u klarstellend LG Köln ZIP 85, 496 zu – insoweit missverständl – BGHZ 88, 331; sa § 19a Rn 6). Bei mehreren Erfüllungsorten gilt § 35. 21

b) Prüfung. Ob § 29 eingreift, ist nach dem klägerischen Tatsachenvortrag zu beurteilen (s § 12 Rn 14 zu den sog **doppelrelevanten Tatsachen**; vgl BayObLG BB 2001, 1923; OLG Köln NJW 88, 2182 f). Stützt sich der Kl auf Vertrag, so entfällt § 29 nicht, wenn sich der Vertrag als nichtig erweist (OLG Celle NJW 66, 1975). Das nach § 29 zuständige Gericht hat auch über in Anspruchskonkurrenz stehende deliktische Ansprüche zu entscheiden (näher s § 12 Rn 20). 22

2) Bestimmung des gesetzlichen Erfüllungsorts. a) Maßgebend ist der Ort, wo die (primäre) **streitige Verpflichtung** nach dem Vertrag zu erfüllen ist, mag auf ihre Feststellung, Erfüllung, Aufhebung oder auf Schadensersatz wegen ihrer Nichterfüllung geklagt werden. Die streitige Verpflichtung ist im Falle des **Schadensersatzes** (s Rn 19, 25.52) damit die („primäre") Verpflichtung, wegen deren nicht gehöriger Erfüllung Schadensersatz verlangt wird (BGH NJW-RR 2013, 309 Tz 14), nicht die („sekundäre") Ersatzpflicht (BGHZ 134, 205; BGHZ 188, 85 Tz 29 = NJW 2011, 2056; BayObLG MDR 98, 737; zur Nebenpflichtverletzung sa Rn 25.43). 23

b) Der ges **Ort der Vertragserfüllung** ergibt sich aus dem bürgerl Recht, also in 1. Linie aus einer bes ges Bestimmung (zB §§ 261, 374, 604, 630g I 3 BGB, §§ 697, 700, 811, 1194 BGB; § 36 VVG), hilfsw aus § 269 BGB. Soweit dort auf Parteivereinbarung verwiesen ist (s BGHZ 189, 196 Tz 29 f = NJW 2011, 2278), ist er nur unter den Voraussetzungen des II prozessual beachtl (str, s Rn 26a). Er ist iÜ dann in 1. Linie aus den **Umständen**, insb aus der **Natur des Schuldverhältnisses** zu entnehmen; ist dies nicht mögl, so ist er subsidiär der Ort, an dem der **Sch** zZ der Entstehung des Schuldverhältnisses seinen **Wohnsitz** (eine Gesellschaft ihren **Sitz**, § 17) hatte (§ 269 I BGB), bei gewerbl Verpflichtungen der Ort seiner gewerbl Niederlassung (§ 269 II BGB). Ein Wechsel des Wohnsitzes oder der gewerbl Niederlassung nach Vertragsschluss ist daher bedeutungslos (BayObLG NJW-RR 96, 956; OLG München MDR 2007, 1278; OLG Braunschweig ZInsO 2019, 1389). 24

Beim **gegenseitigen Vertrag** (§§ 320 ff BGB) ist der Erfüllungsort für die Verbindlichkeiten beider Vertragsteile **idR selbständig** zu bestimmen (BGHZ 157, 20, 23 = NJW 2004, 54; BGHZ 185, 241 Tz 15 = NJW 2010, 2442; BGHZ 195, 243 Tz 13 = NJW-RR 2013, 309; es bestehen daher für die Hauptleistungspflichten grds verschiedene Erfüllungsorte. Bei bes Ortsgebundenheit (-bezogenheit) der vertragscharakteristischen Leistung u Hinzutreten weiterer bes Umstände (zB örtl Gewohnheiten u Gebräuche; beiderseitige Mitwirkungspflichten am Ort der Hauptleistung; sofortiger Leistungsaustausch an Ort u Stelle) kann sich jedoch aus der Natur des Schuldverhältnisses ein **gemeinsamer Erfüllungsort** am Ort der vertragscharakteristischen Leistung ergeben (vgl BGH NJW 2012, 860 Tz 14 ff = MDR 2012, 426 mN; Roth FS Schlosser, 2005, S 782 f; Wolf FS Lindacher, 2007, S 207 [für Rückabwicklung]; dazu krit OLG Hamm NJW-RR 95, 188; Prechtel MDR 2006, 246; Einsiedler NJW 2001, 1549; MskV/Heinrich Rn 17); dies entspricht bei Liefer- und Dienstleistungsverträgen der europ Rechtsentwicklung (s Art 7 Nr 1 lit b Brüssel Ia-VO, dazu Rn 3). Noch nicht ausreichend für die Annahme eines gemeinsamen Erfüllungsorts ist hingegen, dass ein „Schwerpunkt" der vertragscharakteristischen Leistung auszumachen ist (BGH NJW 2012, 860 Tz 14; BGHZ 157, 20 = MDR 2004, 164). **Bsp** für gemeinsamen Erfüllungsort: Arbeitsvertrag (s Rn 25.3), Bauwerkvertrag (s Rn 25.9), Kfz-Reparatur (s Rn 25.69), Beherbergungsvertrag (s Rn 25.12), Energieversorgungsvertrag (s Rn 25.19). 24a

3) Einzelne Verträge (alphabetisch). Der folgenden Aufstellung sind die Erfüllungsorte für häufigere Vertragstypen und Ansprüche zu entnehmen: 25

• **Anlageberatung, Anlagevermittlung.** Für den Erfüllungsort der Beratungspflicht (als Hauptverpflichtung) ist maßgebend, ob die Beratung in den Geschäftsräumen des Beraters (dann idR Sitz des Beraters: OLGR Köln 2005, 554 mN; ebenso bei telefonischer Beratung LG Waldshut-Tiengen VersR 2016, 1333), in der Wohnung des Kunden (dann Wohnsitz des Kunden: OLG Karlsruhe MDR 2013, 1108; OLG Düsseldorf MDR 2015, 394 f) oder vereinbarungsgemäß an einem anderen Ort erfolgte (dann Ort des Beratungsgesprächs: OLG Zweibrücken NJW-RR 2012, 831). Sind Aufklärungs- und Beratungspflichten Nebenpflicht (des Verkäufers, der finanzierenden Bank) ist Erfüllungsort der Sitz des Schuldners als Ort der Primärverpflichtung (BGH ZIP 2014, 243; 25.1

s Rn 23, 25.43); zu Bankgeschäften sa Rn 25.8, zur Prospekthaftung s Rn 25.48. Zusätzl unabdingbarer Gerichtsstand am Sitz der inländischen Repräsentanz bei Vertrieb ausl Kapitalanlagen: § 319 II KAGB.

25.2 • **Anwaltsvertrag, Notarvertrag.** Es besteht kein gemeinsamer Erfüllungsort (iSv Rn 24) am Ort des Kanzleisitzes für die beiderseitigen Verpflichtungen (BGHZ 157, 20 = NJW 2004, 54 = MDR 2004, 164 unter Aufg der früheren Rspr; BGH MDR 2004, 765); Erfüllungsort für die Vergütungsansprüche des RA (Notars) ist gem § 269 I aE, § 270 IV BGB idR der Wohnsitz des Mandanten (BGH MDR 2004, 765; Seggewiße MDR 2021, 1033 Rn 14; aA Patzina Anm LMK 2004, 119; Roth FS Schlosser, 2005, S 776 ff). **Hilfen** für RA: bei EU-Mandat Art 7 Nr 1 lit b Brüssel Ia-VO (BGH NJW 2006, 1806; Neumann/Spangenberg BB 2004, 901; s Rn 3); bei Tätigkeit als **ProzBev** gilt **§ 34.**

25.3 • **Arbeitsvertrag.** Gemeinsamer Erfüllungsort für die beiderseitigen Leistungspflichten ist der wirtschaftl und technische Mittelpunkt des Arbeitsverhältnisses (BAG NZA 2003, 339; auch in Passivphase der Altersteilzeit: LAG Hamm 4.1.2024 – 1 SHa 21/23), idR der Ort der Arbeitsstätte (Betriebssitz: BGH ZIP 85, 157; abw Reinhard/Böggemann NJW 2008, 1263, 1264: Beschäftigungsort). Daneben gilt ein bes Gerichtsstand in Arbeitssachen (**§ 48 Ia ArbGG**), der idR an den *„gewöhnl Arbeitsort"*, hilfsw den *Ausgangsort* für die gewöhnl Arbeitsverrichtung anknüpft. Bes Gerichtsstände im **EU-Bereich:** Art 20-23 Brüssel Ia-VO (s Rn 4).

25.4 • **Architektenvertrag.** Ein gemeinsamer Erfüllungsort für die beiderseitigen Leistungspflichten besteht nur, wenn dem Architekten sämtl Architektenleistungen (insb Planung und Bauaufsicht) übertragen sind; Erfüllungsort ist dann der Ort des Bauwerks (BGH NJW 2001, 1936 = MDR 2001, 686; OLG Hamm IBRRS 2012, 0962; OLG Celle MDR 2009, 625), in anderen Fällen (reiner Planungsauftrag, Gutachten, Baubetreuung mit Baustellenkontrolle) für die Architektenleistung der des Architektenbüros (OLG Zweibrücken BauR 90, 513; BayObLG NJW-RR 98, 209; BayObLG NJW-RR 98, 815; LG Heidelberg NJW-RR 2007, 1030; LG Heidelberg NJW-RR 2013, 268, aA OLG Oldenburg NJW-RR 99, 865) und für das Architektenhonorar der des Wohnsitzes (Sitzes) des Auftraggebers (KG BauR 99, 940; OLG Köln MDR 94, 729 mwN = NJW-RR 94, 986).

25.5 • **Ärztlicher Behandlungsvertrag.** Anders als bei stationärer Behandlung (s Rn 25.37) besteht bei Behandlungsverträgen über ambulante Heilbehandlungen (auch im Krankenhaus) kein gemeinsamer Erfüllungsort für die beiderseitigen Leistungspflichten (LG Mannheim MedR 2009, 337; LG Mainz NJW 2003, 1612 = MDR 2003, 722; AG Münster 15.1.2019 – 48 C 3429/18; AG Frankfurt NJW 2000, 1802; Prechtel MDR 2006, 246; aA OLGR Düsseldorf 2005, 28 u AG Hamburg 29.6.2016 – 531 C 241/15 für Zahnarzt; AG Rottweil NJW-RR 99, 866; Schinnenburg MedR 2001, 402). Erfüllungsort für Honorarforderung ist daher Wohnsitz des Patienten.

25.6 • **Auftrag, Geschäftsbesorgungsvertrag.** §§ 662, 675 BGB. Erfüllungsort für die Verpflichtung des Beauftragten (Geschäftsbesorgers) ist der Ausführungsort (RGZ 12, 35), für die Herausgabeverpflichtung (§ 667 BGB) der (jew) Wohnsitz des Beauftragten bei Vertragsbeendigung (OLGR Stuttgart 2007, 632, 635), für die Verpflichtung des Auftraggebers zum Aufwendungsersatz (§§ 670, 675 BGB) im Zweifel dessen Wohnsitz. Zu Bankgeschäften s Rn 25.8, zum Kommissionsvertrag s Rn 25.36.

25.7 • **Ausbildungsvertrag, Internatsvertrag.** Gemeinsamer Erfüllungsort für die beiderseitigen Leistungspflichten ist der Kursort (OLG Karlsruhe NJW-RR 86, 351; OLG Karlsruhe 4.12.2012 – 9 AR 29/12) bzw der Internatssitz (OLG Hamm NJW-RR 89, 1530 = FamRZ 89, 1199; OLG Hamm 29.10.2015 – 32 SA 54/15); zum Unterrichtsvertrag s Rn 25.62.

25.8 • **Bankgeschäfte.** ZB Girovertrag, Kontovertrag, Spareinlage. Erfüllungsort für die Verpflichtung des Kontoinhabers aus dem Kontovertrag ist iZw sein Wohnsitz bei Kontoeröffnung, nicht der bei Entstehung der einzelnen Leistungsverpflichtung (BayObLG WM 89, 871; OLGR Rostock 2008, 178); unerhebl ist Ort der kontoführenden Stelle der Bank (BayObLG WM 89, 871). Erfüllungsort für die Auszahlung des Sparguthabens ist der Ort der kontoführenden Stelle (vgl OLG Düsseldorf MDR 2013, 673), für die Benachrichtigungspflicht des Kunden und sonstige Nebenpflichten der Geschäftssitz (BGH NJW 2002, 2703). Bei Beratung außerhalb der Geschäftsräume kann § 29c eingreifen (vgl BGH NJW 2003, 1190; OLGR Köln 2005, 554 f; sa § 29c Rn 4). Zu Darlehensverträgen s Rn 25.16, zur Bürgschaft s Rn 25.14; zur Anlageberatung s Rn 25.1.

25.9 • **Bauwerkvertrag.** Gemeinsamer Erfüllungsort für die beiderseitigen Verpflichtungen ist idR der Ort, wo das *Bauwerk* errichtet wird (BGHZ 157, 20, 25; BGH NJW-RR 2010, 891 Tz 8; KG NJW-RR 2017, 1296 – Bauträgervertrag; OLG Schleswig MDR 2010, 282, 283; OLG Hamm MDR 2012, 799, 800; OLG München NJW-RR 2011, 1169, 1171 – EU-Bereich; aA zB Hahn NZBau 2006, 555; sa Rn 25.69); dies gilt nicht bei *bloßen* Erdarbeiten nach laufenden Strecken-km (BayObLGZ 85, 317); abw von § 29 besteht beim VOB-Vertrag ein (für Passivprozesse ausschließl) Auftraggeber-Gerichtsstand (s § 38 Rn 27). Erfüllungsort für Bewilligung der Eintragung einer *Bauunternehmersicherungshypothek* (§ 650e BGB) ist der des betroffenen Grundstücks (OLG Köln RIW 85, 571, str; aA LG Leipzig 26.6.2001 – 2 O 10408/00; sa § 26 Rn 2).

25.10 • **Beförderungsvertrag.** Beim Beförderungsvertrag mit dem **Luftgast** ist gemeinsamer Erfüllungsort (auch für *Ansprüche nach EuFluggastrechteVO*, s Rn 3, 6) wahlw sowohl der Abflug- als auch der (bestimmungsgemäße) Ankunftsort (BGHZ 188, 85 Tz 35 = NJW 2011, 2056; Staudinger JR 2012, 47; Ruzik NJW 2011, 2019 im Anschluss an EuGH NJW 2009, 2801); **Bsp:** Abflughafen des ersten Fluges, auch bei Umsteigeverbindungen (BGH

MDR 2019, 310) und wenn die Flüge von unterschiedl Luftfahrtunternehmen durchgeführt wurden (LG Frankfurt/M RRa 2019, 25), ebenso für Hin- und Rückbeförderung (OLG Frankfurt MDR 2013, 171), selbst wenn der Rückflug an einen dritten Ort erfolgt (Gabelflug; BGH MDR 2020, 1048); Zielflughafen (AG Bremen NJW-RR 2012, 378); sa Gerichtsstand des Unfall- und des Bestimmungsorts: § 56 I, II LuftVG; internat Luftbeförderung: Art 33 I Montreal-Übk (dazu AG Frankfurt RdTW 2023, 376; Hopperdietzel RRa 2022, 117 Rn 17) u s Rn 3. Andere Beförderungsverträge: § 17 VO über die Allg Beförderungsbedingungen für den **Straßenbahn- und Obusverkehr** v 27.2.1970 (BGBl I 1970, 230); Gerichtsstand des Abgangs- u Bestimmungsorts bei **Seebeförderung:** § 30 II 1. Zu Frachtverträgen s Rn 25.21.

• **Behandlungsvertrag.** Ambulante ärztl Behandlung s Rn 25.5, stationäre Behandlung s Rn 25.37. 25.11

• **Beherbergungsvertrag.** Bei Gast als Vertragspartner ist gemeinsamer Erfüllungsort der Beherbergungsort (BGH NJW-RR 2007, 777, 778). Das gilt auch, wenn der Gast die gebuchte Unterkunft nicht in Anspruch nimmt (LG Münster 26.2.2018 – 3 S 125/17; MskV/Heinrich Rn 21; aA LG Bonn MDR 85, 588), denn für den Inhalt des Schuldverhältnisses ist unerhebl, ob die Leistung tatsächl erbracht wird. Das gleiche gilt bei (reiner) Ferienhausmiete (AG Neuss NJW-RR 86, 1210; für EU-Bereich: s § 29a Rn 4 aE). Um keinen Beherbergungsvertrag handelt es sich bei der „Buchung" weiterzuvermietender Hotelzimmer durch den Reiseveranstalter oder das Reisebüro im eigenen Namen beim Hotelier (iErg auch BGH NJW-RR 2007, 777). 25.12

• **Beratungsvertrag.** Zur Anlageberatung s Rn 25.1. 25.13

• **Bürgschaft und Garantie.** Wohnort des Bürgen (BGHZ 134, 133 = NJW 97, 398; BGH NJW 95, 1546, 1547; BayObLG MDR 2003, 1103) bei Begründung der Bürgschaft (OLG Braunschweig ZInsO 2019, 1389), wenn nicht die Maßgeblichkeit des Erfüllungsorts der Hauptverbindlichkeit gem II wirksam (s Rn 26 ff) vereinbart ist. Entspr gilt für die Übernahme einer Forderungsgarantie (vgl LG Düsseldorf RIW 2005, 629 – Patronatserklärung) und den Schuldbeitritt (s Rn 25.54). Der Wechselbürge kann aber bei dem Gericht des Zahlungsorts des Wechsels verklagt werden (§ 603). Beim Bürgenregress (§ 774 BGB) gilt der Erfüllungsort der Hauptschuld (s Rn 7). 25.14

• **culpa in contrahendo.** S Rn 6 [bb]; Ort der Hauptleistungspflicht (OLGR München 2009, 332; s Rn 25.43), auch wenn kein Vertrag zustande gekommen ist (BayObLG VersR 85, 741, 743; aA Wolf FS Lindacher, 2007, S 208 f: Verhandlungsort). 25.15

• **Darlehensvertrag.** Wohnsitz des Darlehensnehmers als Sch für Rückzahlungsanspruch (§§ 269, 270 I, IV BGB; BGH NJW-RR 2005, 581, 582); abw für EU-Bereich: Ort der Kredithingabe (BGH NJW 2012, 1817 Tz 24 = MDR 2012, 666; s Rn 3); Sitz des Kreditinstituts für Pflicht zur Gewährung des Darlehens (OLG Dresden WM 2001, 1854). Zur Rückabwicklung nach Widerruf usw s Rn 25.51. 25.16

• **Dienstvertrag.** IdR besteht kein gemeinsamer Erfüllungsort (s BGH NJW 2009, 148, 149 Tz 9: Geschäftsvertretung), insb bei Verträgen mit Freiberuflern (Anwalts- und Steuerberatungsvertrag s Rn 25.2; Architektenvertrag s Rn 25.4; ärztl Behandlungsvertrag s Rn 25.5; Wirtschaftsprüfer s Rn 25.72). Nur, wenn die geschuldete Dienstleistung einer Arbeitsleistung gleichsteht, ist gemeinsamer Erfüllungsort der Ort, wo die (abhängigen) Dienste nach dem Vertrag zu leisten sind, idR also der *Betriebssitz* (BGH ZIP 85, 157; BayObLG ZIP 92, 1652; LAG Düsseldorf NZA-RR 2020, 96 für GmbH-Geschäftsführervertrag); dies gilt idR auch bei auswärtiger Beschäftigung (wie beim Arbeitsvertrag, vgl Rn 25.3); eine Ausnahme besteht dann, wenn außerhalb des Betriebssitzes ein selbständig organisierter Geschäftsbetrieb mit eigener Rechnungs- und Kassenführung eingerichtet ist (vgl BGH ZIP 85, 157; dazu LAG Düsseldorf BB 85, 340). 25.17

• **Digitale Produkte.** Für Bereitstellung digitaler Inhalte (§ 327b III BGB) an Verbraucher, auch als **Aktualisierung** iSv § 327f, § 475b IV Nr 2 BGB, ist Erfüllungsort iZw Sitz des Unternehmers (BeckOK BGB/Faust § 475b Rn 30; aA MK/Patzina/Windau Rn 59; sa Rn 25.35). Sa Rn 25.46. 25.18

• **Energieversorgungsverträge usw.** Gemeinsamer Erfüllungsort für die beiderseitigen Verpflichtungen ist der Ort der Energieabnahme (BGH NJW 2003, 3418 = MDR 2003, 1405); entspr gilt bei anderen Versorgungsleistungen, zB Wasser, Straßenreinigung u Müllentsorgung (vgl KGR Berlin 2005, 723). **Sonderregelung:** Bes „Gerichtsstände" für die „beiderseitigen Verpflichtungen aus dem Grundversorgungsvertrag" mit dem Kunden enthalten §§ 1, 22 der StromGVV und der GasGVV, jeweils v 26.10.2006 (BGBl I 2391, 2396); für Versorgungsverträge mit Personenkreis des § 38 I, II jeweils § 34 AVBWasserV, AVBEltV, AVBGasV, AVBFernwärmeV. Für Streitigkeiten über Netzzugang (§ 20 EnWG) besteht gem § 102 EnWG die ausschließl sachl Zuständigkeit des LG (KfH); **nicht** darunter fallen Leistungsklagen (Nichterfüllung, Verzugsfolgen, Preishöhe) gegen Abnehmer (OLG Köln NJW-RR 2009, 987; OLG Brandenburg NJW-RR 2011, 1213). 25.19

• **Fernabsatzvertrag.** § 312c BGB. Gemeinsamer Erfüllungsort für die Rückgewährpflichten nach Widerruf (§ 312g I, § 355 BGB) ist – wie nach Rücktritt beim Kaufvertrag (s Rn 25.51) – idR der Wohnsitz des Kunden (LG Kleve NJW-RR 2003, 196; eing Woitkewitsch CR 2006, 284; aA OLG Stuttgart 25.3.2025 – 6 U 89/24); sa Rn 25.46. 25.20

• **Frachtvertrag.** § 30 regelt umfassende beiderseitige „Vertragsgerichtsstände" an Ablieferungs- und Übernahmeort. Beim Luftfrachtvertrag gilt bes Gerichtsstand gem § 56 LuftVG. Auch beim CMR-Frachtvertrag sind der Übernahme- und der Ablieferungsort als bes (ausschließl) Gerichtsstände ausgestaltet (Art 31 CMR [internat 25.21

Zuständigkeit], Art 1a CMRG [örtl Zuständigkeit]; vgl zB BGH NJW-RR 2014, 1064 = MDR 2014, 1096), desgl bei Eisenbahnbeförderung von Gütern gem Art 46 § 1 CIM und beim Luftfrachtvertrag nach Art 33 I Montreal-Übk (AG Frankfurt TranspR 2016, 328; sa OLGR Frankfurt 2007, 531 zu Art 28 WA). Zum Beförderungsvertrag s Rn 25.10, zum Speditionsvertrag s Rn 25.56.

25.22 • **Geldschuld.** Hier ist der Zahlungsort nicht notwendig auch Leistungs- und damit Erfüllungsort (vgl § 270 IV, § 269 I BGB). Die Qualifizierung der Geldschuld als (qualifizierte) Bringschuld nach der ZahlungsverzugsRL (vgl EuGH NJW 2008, 1935; dazu Grüneberg/Grüneberg § 270 BGB Rn 1) ändert am Sch-Gerichtsstand nach § 29 nichts (OLG Hamm MDR 2014, 1247; OLG Düsseldorf VersR 2013, 121; Meier JuS 2018, 940, 943 f; Schwab NJW 2011, 2833); sa Rn 2, 25.75.

25.23 • **Gesamtschuld.** Die Bestimmung des Erfüllungsorts erfolgt für jeden einzelnen Gesamtschuldner *selbständig* (vgl BayObLG MDR 98, 180; Hilfe: § 36 I Nr 3); dagegen besteht bei der **Gesamthandsschuld** idR ein gemeinsamer Erfüllungsort. Beim § 29 unterfallenden Gesamtschuldnerausgleich in Vertragsverhältnissen (§ 426 BGB) ist Wohnsitz/Sitz zZt der Begründung der Gesamtschuld entscheidend (OLG Celle 27.8.2012 – 4 AR 40/12; sa Rn 6a [bb]; § 32 Rn 14).

25.24 • **Geschäftsführeranstellungsvertrag.** S Rn 25.17.

25.25 • **Geschäftsführung ohne Auftrag.** S Rn 13.

25.26 • **Gewinnzusage.** § 661a BGB. Erfüllungsort der durch geschäftsähnl Handlung (s Rn 6 [cc]) begründeten strafähnl Zahlungspflicht des Unternehmers ist der Wohnsitz des Empfängers der Zusage (Fall von Bringschuld, vgl BGHZ 165, 172, 183 = NJW 2006, 230 = MDR 2006, 737; OLGR Hamm 2007, 285; aA OLGR Dresden 2005, 31).

25.27 • **Girovertrag.** S Rn 25.8.

25.28 • **Handelsgesellschaft und GbR.** Bei Klagen gegen Handelsgesellschaft (GbR) und die haftenden Gesellschafter ist der Erfüllungsort der Gesellschaftsschuld maßgebend, also der Sitz der Gesellschaft (BGH 21.1.2009 – Xa ARZ 273/08; OLG Schleswig BB 2004, 462; OLGR Karlsruhe 2003, 432; Bork NJW 2018, 2985, 2986 f; sa Rn 7); das Gleiche gilt bei Klagen nur gegen die Gesellschafter einer GbR wegen einer Gesellschaftsschuld (BayObLG MDR 2002, 1360). Ansprüche zwischen Gesellschaftern untereinander (sog *Sozialansprüche*) sind idR am Sitz der Gesellschaft zu erfüllen (vgl OLG Hamm NJW-RR 2007, 478, 479 mN; dann mit § 22 zusammenfallend, s Rn 6a [cc]; § 22 Rn 7), desgl Verpflichtungen der Gesellschafter ggü der Gesellschaft (BGH MDR 2019, 1466: Haftung nach § 15b IV InsO; BGH NJW-RR 92, 801: Haftung nach § 43 II GmbHG; OLG München ZIP 2017, 696: Haftung nach §§ 116, 93 II AktG; sa Rn 6a [cc]). Erfüllungsort für den Anspruch des ausgeschiedenen Gesellschafters auf das Auseinandersetzungsguthaben (§ 734 BGB) ist der Wohnsitz des ausgleichspflichtigen Gesellschafters zur Zeit der Beendigung (OLG Zweibrücken EWiR 98, 911; OLG Hamm NJW-RR 2007, 478).

25.29 • **Handelsvertretervertrag.** Erfüllungsort für die Verpflichtung des Unternehmers zur Erteilung eines Buchauszuges (§ 87c II HGB) sowie auf Provisions- und Ausgleichszahlung (§§ 87, 89b HGB) ist idR der Sitz des Unternehmers (BGH NJW 88, 967 = MDR 88, 376 mwN; BGH NJW 93, 2754; OLG München WM 2015, 1969; OLG Düsseldorf MDR 2008, 697); ein einheitl Erfüllungsort besteht idR nicht (BGH MDR 88, 376; OLGR Frankfurt 1995, 154, str; *anders* für Art 7 Nr 1 lit b Alt 2 Brüssel Ia-VO EuGH NJW 2010, 1189 Tz 42: Tätigkeitsschwerpunkt, uU Wohnsitz des HV: OLG Oldenburg NJW-RR 2014, 814 zu Brüssel Ia-VO). Der Handelsvertreter hat seine Pflichten (s § 84 I 1 HGB) idR an seinem Geschäftssitz zu erfüllen (OLGR Frankfurt 1995, 154; MskV/Heinrich Rn 26). **Abgrenzung:** Sind „Reisende" als Außendienstmitarbeiter nach der Ausgestaltung ihres Beschäftigungsverhältnisses Arbeitnehmer (s Schwab/Weth/Kliemt § 5 ArbGG Rn 27 ff) oder „freier Mitarbeiter" (aaO Rn 24 ff), gelten Rn 25.3 und Rn 25.17.

25.30 • **Heimvertrag.** Bei Überwiegen mietvertragl Elemente gilt § 29a (s § 29a Rn 9; mit sachl Zuständigkeit § 23 Nr 2a GVG); iÜ besteht gemeinsamer Erfüllungsort am Unterbringungsort.

25.31 • **Herausgabe.** S Rn 25.6.

25.32 • **Hotelaufnahmevertrag.** S Rn 25.12.

25.33 • **Internet.** S Rn 25.46.

25.34 • **Kapitalanlage.** S Rn 25.1, 25.48.

25.35 • **Kaufvertrag.** Ein **gemeinsamer Erfüllungsort** am Wohnort (Sitz) des Verkäufers besteht **nur**, wenn es sich um einen *Ladenkauf* (vgl BGHZ 157, 20, 25 = NJW 2004, 54, 55) oder (uU) um einen *Kunstauktionskauf* handelt (vgl dazu BGH NJW-RR 2003, 193 reSp; zu Sonderfall auch OLG Düsseldorf NJW 91, 1492, 1493). **IÜ** ist die Klage auf Zahlung des Kaufpreises am Wohnort (Sitz) des (inländischen) **Käufers** zu stellen (BGHZ 120, 347 = NJW 93, 1076; abw UN-Kauf, s unten), auch beim Versteigerungskauf mit Vorleistung des Verkäufers (BGH NJW-RR 2003, 192 = MDR 2003, 402 für Großhandel; sa unten). Der Gerichtsstand des Käufers besteht auch für Abnahmepflicht (§ 433 II Alt 2 BGB; RGZ 49, 72) und für deren Verletzung (RGZ 55, 423), auch wenn für die Lieferung der Ware und Zahlung des Kaufpreises der Wohnort des Verkäufers als Erfüllungsort vereinbart worden war. Der (Wohn-)Sitz des **Verkäufers** ist idR Erfüllungsort für die Klage auf Übergabe und Übereignung der Kaufsache, auch bei Vereinbarung eines Ablieferungsorts beim *Versendungskauf* (uU durch Klausel: „frei [franco] X"; § 269 I, III; § 447 I BGB – Fall von Schickschuld; vgl OLGR Stuttgart 2008, 350; abw für EU-Bereich EuGH NJW 2010, 1059; EuGH NJW 2011, 3018; BGHZ 186, 81; sa Rn 3); dies gilt auch beim Verbrauchsgüterkauf (§ 474 I, § 13 BGB) im *Versandhandel* (BGH NJW 2003, 3341 [Oechsler LMK 2003, 204]). Bei Grundstückskauf ist aber Ort des Grundstücks Erfüllungsort (OLG Frankfurt BauR 2015, 169). Beim (seltenen) **Bringkauf** ist dagegen der Sitz des Käufers Erfüllungsort (BGH NJW-RR 2013, 309 Tz 19 = MDR 2013, 168), zB Viehhandel (vgl BGH BB 2004, 853, 854 zu Art 57 Ib CISG), internationaler Warenkauf nach Incoterm DDP (s Rn 28). Beim **Anteilskauf** (§ 15 IV GmbHG) ist am für die Übertragung vorgesehenen Beurkundungsort (§ 15 III GmbHG) zu erfüllen (OLG Stuttgart NZG 2001, 40, 41). Der so zu bestimmende Erfüllungsort für die Lieferpflicht gilt idR auch für die „kleine" **Schadensersatzpflicht** wegen Schlechtlieferung (§ 437 Nr 3, § 280, § 281 I 1 BGB; BGHZ 98, 272; BGH NJW-RR 2013, 309 Tz 14; s Rn 23; zum „großen" Schadensersatz s Rn 25.51). Für die **Nacherfüllungspflicht** gem § 439 BGB ist deren Erfüllungsort nicht allg, sondern nur einzelfallbezogen gem § 269 I 1 BGB nach den Umständen (zB Ortsgebundenheit u Art der vorzunehmenden Leistung) zu bestimmen; fehlt es an Anhaltspunkten ist Erfüllungsort (Wohn-)Sitz des Verkäufers (so BGHZ 189, 196 Tz 29 ff = NJW 2011, 2278; BGH NJW 2013, 1074 Tz 24; Jaensch jM 2022, 134; MskV/Heinrich Rn 28, sehr str, s Ringe NJW 2012, 3393 mwN); nach aA soll der Belegenheitsort der Kaufsache maßgebl sein (so Brors NJW 2013, 3329 [jedenfalls bei Verbrauchsgüterkauf], Staudinger/Artz NJW 2011, 3123 ff). Zum Erfüllungsort bei Rückabwicklung nach **Rücktritt** usw s Rn 25.51; zum Erfüllungsort der Aktualisierung s Rn 25.18. Nach **UN-Kaufrecht** ist der **Sitz des Verkäufers** im Zweifel Erfüllungsort für die Lieferpflicht gem Art 31 CISG (BGHZ 134, 206 ff; anders bei [auch klauselmäßiger] Vereinbarung von Bringschuld, s Rn 28) und für Kaufpreisklage gem Art 57 Ia CISG (BGH NJW 2003, 1582, 1583; OLG Düsseldorf RIW 93, 845; OLGR Karlsruhe 2004, 164), aber Art 7 Nr 1 lit b Brüssel Ia-VO (s Rn 3) beachten (vgl BGH WM 2015, 2058 Tz 19). Im Erfüllungsort der Kaufpreisforderung kann ein erfüllungshalber übergebener **Scheck** nicht im Scheckprozess eingeklagt werden; s Rn 25.68.

• **Kommissionsvertrag.** § 383 HGB. Kein gemeinsamer Erfüllungsort (OLGR Frankfurt 1995, 153, 154); sa Rn 25.29. 25.36

• **Krankenhausaufnahmevertrag.** Gemeinsamer Erfüllungsort für stationäre Heilbehandlungen ist der Klinikort (grdl BGH NJW 2012, 860 = MDR 2012, 426; aA AG Lüdenscheid MDR 2021, 384); dies gilt auch bei Behandlung durch Belegarzt (BayObLG MDR 2005, 677) und für Inanspruchnahme von Wahlleistungen (BayObLG MDR 2005, 677); zu ambulanten Behandlungen, auch im Krankenhaus s Rn 25.5. 25.37

• **Leasingvertrag.** S Rn 25.41. 25.38

• **Leihe.** Die Rückgabeverpflichtung (§ 604 BGB) ist am Wohnsitz des Verleihers zu erfüllen (Bringschuld, BGH NJW-RR 2002, 1027). 25.39

• **Maklervertrag.** Erfüllungsort für Provisionsansprüche des Maklers ist Wohnsitz des Auftraggebers bei Abschluss des Maklervertrages (BayObLG MDR 98, 180; OLG Stuttgart NJW-RR 87, 1076). Erfüllungsort für die Aufklärungs-, Hinweis- und Kontrollpflichten des Maklers ist idR sein Wohn-/Geschäftssitz (§ 269 I, II BGB), nicht etwa der Belegenheitsort des vermittelten (nachgewiesenen) Objekts (BayObLG MDR 98, 737). 25.40

• **Mietvertrag, Leasingvertrag.** Für Raummiete/-pacht gilt § 29a; zum Beherbergungs- und Ferienhausmietvertrag s Rn 25.12. Bei Grundstücksmiete ist der Ort des Mietgrundstücks nicht regelmäßig Erfüllungsort für den Mietzins (RGZ 140, 67; OLGR Frankfurt 1998, 214; einschr für **Pacht** OLG Hamm OLGZ 91, 80). Bei Miete bewegl Sachen (ebenso bei *Leasing*; KG MDR 2020, 679) ist Erfüllungsort für den Mietzins der Wohnsitz des Mieters bei Vertragsschluss (BGH NJW 88, 1914 = MDR 88, 838). Erfüllungsort für die Rückgabeverpflichtung der *Miet*sache (§ 546 BGB) ist der Übergabeort (OLG Düsseldorf MDR 2007, 1421 mwN, str; sa Rn 25.39); entspr gilt für den Rückgabeort der *Leasing*sache (OLGR Rostock 2001, 255 mwN, str; aA LG Lüneburg NJW-RR 2002, 1584; MskV/Heinrich Rn 29). 25.41

• **Mobilfunkvertrag.** Erfüllungsort des Mobilfunkdiensteanbieters: Bereich seines Funknetzes (KGR Berlin 2008, 248). Wohnsitz des Kunden für Entgelte (BGH MDR 2011, 1254; OLG Frankfurt 16.1.2014 – 11 SV 110/13). 25.42

• **Nebenpflicht.** Erfüllungsort der Hauptverpflichtung (BGHZ 151, 5, 9; BGH NJW 2011, 2056 Tz 43; BGH NJW-RR 2014, 248 Tz 13; sa Rn 23). Bsp: Auskunftspflicht (BGHZ 151, 5, 9; ebenso für Beratungspflichten, Bedienungsanleitung), Pflichten zur Rechnungslegung (LG Offenburg ZIP 88, 1562, 1563), Sicherheitsleistung, bei Vertragsabwicklung zB gem §§ 368, 371 BGB (s Rn 6, 19), Zinsverpflichtung (BGHZ 188, 85 Tz 43 = NJW 2011, 2056) oder bei einer Freistellungsverpflichtung (OLG Oldenburg FamRZ 88, 632); sa Rn 25.15, 25.52. 25.43

• **Negative Feststellungsklage.** Erfüllungsort des Kl als Ort, an dem der Bekl bei wirksamem Vertrag die Leistung zu erfüllen hätte, ist maßgebend (OLG Düsseldorf MDR 2021, 1216; OLG München 22.6.2017 – 34 AR 97/17; OLG Frankfurt 16.1.2014 – 11 SV 110/13; eingeh Foerste FS Kollhosser Bd II, 2004, S 145 f, 153; sa § 12 Rn 3). **Bsp:** Wohnsitz des Darlehensnehmers für seine Feststellungsklage, keine Zins- und Tilgungsleistungen mehr zu schulden, gegen die Kredit gewährende Bank (ganz hM; OLG Zweibrücken 24.5.2023 – 7 U 111/21 mwN; OLG Celle NdsRpfl 2020, 234; OLG Stuttgart NJW-RR 2019, 1067; aA LG Bremen 9.4.2021 – 4 O 1383/19; sa Rn 25.16); entspr gilt für negative Feststellungsklage des Leasingnehmers (KG MDR 2020, 679; sa Rn 25.41). 25.44

25.45 • **Notarvertrag.** S Rn 25.2.

25.46 • **Online-Verträge.** Für über Internet geschlossene Kaufverträge (§ 312c BGB) besteht kein gemeinsamer Erfüllungsort; es gelten die Regeln des Versendungskaufs (s Rn 25.35). Auch bei Bezug von Software im Wege des Downloads ist Erfüllungsort Sitz des Verkäufers (St/Roth Rn 21; krit Woitkewitsch CR 2006, 284; für Verbraucherverträge s Rn 25.18). Bei **Online-Nutzung** als geschuldeter Leistung (zB Datenbankzugriff) hat der Anbieter ebenfalls an seinem Sitz zu erfüllen (St/Roth Rn 21; sa Rn 25.18). Zu Beförderungsverträgen sa Rn 25.10, zu Pauschalreisen sa Rn 25.47.

25.47 • **Pauschalreisevertrag.** §§ 651a ff BGB. Ein (teilw ausschließl) Gerichtsstand am Wohnsitz des Verbrauchers gem Art 18 Brüssel Ia-VO (s Rn 3a) besteht bei Reiseziel im Ausland, auch wenn Reisender und Veranstalter ihren Sitz im Inland haben (EuGH NJW 2024, 2823). Bei Pauschalreise mit Reiseziel im Inland ist Erfüllungsort für Klage des Reiseveranstalters auf den Reisepreis: Wohnsitz des Reisenden (auch §§ 12, 13); Klage des Reisenden: Ort der Niederlassung des Reiseveranstalters (§ 269 I Alt 3, II BGB; ferner § 21, §§ 12, 13, 17), darüber hinaus aber auch allg bei Flug-, Land- und Seereise der *Abreiseort*, an dem die Leistungserbringung des Beförderers (jedenfalls teilw) beginnt (BayObLG NJW-RR 2022, 274; aA, aber durch § 651a III 1 Nr 1 BGB nF überholt, OLG Frankfurt RRa 2016, 58). Eine Zuständigkeit nach § 29 am Ort des Reisebüros (s § 21 Rn 9) oder am Buchungsort besteht nicht.

25.48 • **Prospekthaftung.** Abschließende Sonderregelung des § 32b.

25.49 • **Rechnungslegung.** S Rn 25.43; ferner bei Vermögensverwaltung § 31.

25.50 • **Reisevertrag.** Zur Pauschalreise s Rn 25.47; zur reinen Flugreise als „Individualreise" s Rn 25.10, zur Anmietung von (in- und ausl) Ferienwohnungen s Rn 25.12.

25.51 • **Rückabwicklung** (ges/vertragl Rücktritt, Widerruf, Anfechtung usw). Ist der **Kaufvertrag** beiderseitig erfüllt und klagt der Käufer nach Rücktritt (§ 437 Nr 2, § 346 BGB) auf Rückzahlung des Kaufpreises Zug um Zug gegen Rückgewähr der Kaufsache (§ 348 BGB), so ist einheitl Erfüllungsort und damit Gerichtsstand der Ort, wo sich die Kaufsache zZ des Rücktritts nach dem Vertrag befindet („Austauschort" oder „Belegenheitsort" eines Grundstücks, RGZ 70, 198), da an diesem Ort die Kaufsache zurückzugewähren ist (OLG Jena NJ 2020, 407; OLG München 4.10.2018 – 24 U 1279/18; KG 21.3.2016 – 2 AR 9/16; OLG Stuttgart 13.1.2016 – 9 U 183/15; OLG Hamm NJW-RR 2016, 177; OLG Düsseldorf MDR 2014, 1047; OLG Schleswig SchlHA 2013, 108; BayObLG MDR 2004, 646; OLG Saarbrücken NJW 2005, 906, 907; aA OLG Stuttgart 25.3.2025 – 6 U 89/24; LG München I BauR 2016, 1532; Schmitz JR 2022, 103; Übersicht über den Meinungsstand OLG Köln NJW-RR 2021, 642); dies gilt auch bei Verbindung von Rücktritt und Schadensersatz (OLG München MDR 2014, 450), bei Geltendmachung des sog „großen" Schadensersatzes gem § 437 Nr 3, § 280, § 281 I 2 u 3 BGB (arg § 281 V BGB; KGR Berlin 2008, 849 mN; St/Roth Rn 45; aA LG Aurich MDR 2007, 424) u bei einvernehml Rückabwicklung (OLG Schleswig 20.12.2022 – 2 AR 28/22). Ein gemeinsamer Gerichtsstand am Austauschort besteht auch für die Rückabwicklung des Kaufvertrags gem § 358 IV 5 BGB nach Widerruf eines verbundenen Darlehensvertrags (OLG Frankfurt BB 2021, 514; OLG Dresden 5.11.2020 – 8 U 1084/20; OLG Saarbrücken 13.8.2020 – 4 U 100/19; OLG Celle 22.7.2020 – 3 U 3/20; OLG Hamm 27.11.2019 – 31 U 114/18; aA OLG Braunschweig 3.5.2022 – 4 U 525/21; OLG Brandenburg 26.1.2022 – 4 U 168/21; OLG Stuttgart 23.11.2021 – 6 U 16/21; OLG Naumburg 9.9.2020 – 5 U 77/20) und für Klagen auf Verwendungsersatz (§ 347 I BGB; OLG Düsseldorf 20.3.2015 – 22 U 151/14); ebenso für Klagen auf Rückzahlung des Kaufpreises, wenn die Sache untergegangen, versteigert und der Erlös an ihre Stelle getreten ist (St/Roth Rn 46, str) oder schon an den Verkäufer zurückgegeben worden ist, da der Käufer nicht schlechterstehen soll, als wenn er die Kaufsache behalten hätte (KG 26.11.2020 – 2 AR 1053/20; MskV/Heinrich Rn 28; PG/Wern Rn 14 „Kaufvertrag"; aA RGZ 31, 383). Das Gleiche gilt für Rückgewähransprüche des **Teilzahlungskäufers** nach **Widerruf** gem § 508 I, § 495 I, §§ 355, 357, 346 BGB (LG Ravensburg 30.7.2019 – 2 O 164/19; s Mues ZIP 96, 742 f mN). Beim **nichtigen Kaufvertrag** (zB gem §§ 119, 123, 142 BGB) gelten diese Grundsätze entspr, da auch die Rückabwicklung nach der *Leistungskondiktion* (§ 812 I 1 BGB) vertragsrechtl Grundsätzen folgt (s Rn 6a [aa], LG Amberg 27.6.2012 – 22 S 193/12; PG/Wern Rn 14 „Kaufvertrag"; aA RGZ 49, 421). Für die Rückabwicklung eines **Darlehensvertrags** nach Widerruf usw besteht hingegen kein gemeinsamer Erfüllungsort (KG 18.2.2016 – 2 AR 6/16; LG Freiburg BKR 2016, 289; LG Krefeld MDR 2016, 363; iErg BayObLG 30.7.2023 – 102 AR 40/23 zu § 812 BGB; aA LG Köln 26.5.2015 – 21 O 361/14); ebenso nicht für die Rückabwicklung eines **Leasingvertrags** (LG Lübeck 10.12.2019 – 10 O 123/19; LG Kiel 23.5.2018 – 12 O 32/18). Auch bei Rückabwicklung von Darlehen mit einem verbundenen Kaufvertrag liegt der Erfüllungsort für die vom Verbraucher geltend gemachte Rückzahlungsverpflichtung am Sitz der Bank (OLG Hamm 14.8.2023 – 31 U 125/51; KG MDR 2023, 1136; OLG Braunschweig 3.5.2022 – 4 U 525/21; OLG Stuttgart 4.5.2021 – 6 U 769/20; aA OLG Zweibrücken 24.5.2023 – 7 U 111/21; OLG Karlsruhe WM 2023, 975; OLG Celle 3.8.2022 – 3 U 20/22; OLG Braunschweig 21.6.2021 – 11 U 67/20). Zum Teilzeit-Wohnrechtevertrag s Rn 25.59.

25.52 • **Schadensersatz.** Erfüllungsort bei vertragl Ansprüchen ist der der verletzten primären Leistungspflicht (*BGHZ 195*, 243 Tz 14 = NJW-RR 2013, 309; s näher Rn 19, 23), zB der verletzten Lieferpflicht (s BGHZ 195, 243 Tz 14); sa Rn 25.43 und einzelne Vertragstypen.

25.53 • **Scheck.** S Rn 25.68.

• **Schickschuld.** S Rn 25.35; zu Geldschulden s Rn 25.22. 25.54

• **Schuldbeitritt und -übernahme**. Es besteht ein eigenständiger, von der (mit-)übernommenen Schuld unabhängiger Erfüllungsort (OLG Düsseldorf MDR 2015, 394, 395); es kann aber ein Erfüllungsort wie bei übernommener Schuld (auch konkludent) vereinbart sein (vgl OLG Hamm 30.12.2015 – 32 SA 64/15). 25.55

• **Speditionsvertrag.** Gemeinsamer Erfüllungsort ist der Ort der beauftragten Niederlassung des Spediteurs (ADSp 2017 Nr 30.2). Einbeziehung: s § 38 Rn 26. Sa Rn 25.21. 25.56

• **Steuerberater.** Die Grundsätze zum Anwaltsvertrag gelten entspr (BGH DStR 2007, 1099), s Rn 25.2. 25.57

• **Teilzahlungskauf.** S Rn 25.35, 25.51. 25.58

• **Teilzeit-Wohnrechtevertrag, Time-Sharing-Vertrag.** Erfüllungsort für den Rückgewähranspruch nach Widerruf (§ 485 BGB), Rücktritt (§ 323 BGB) oder verbotswidriger Anzahlung (§ 486 BGB) ist der Wohnsitz des Verbrauchers (vgl BayObLG NZM 2002, 796, 797; ebenso OLGR Naumburg 2007, 374 bei bereicherungsrechtl Rückabwicklung; sa Rn 6a [aa]). IdR besteht keine ausschließl Zuständigkeit am (ausl) Belegenheitsort der Wohnanlage nach Art 24 Brüssel Ia-VO (s Art 24 Brüssel Ia-VO Rn 8; sa § 29a Rn 10); sie wird aber häufig vereinbart (s OLGR Karlsruhe 2006, 829). 25.59

• **Transportverträge.** S Rn 25.10 (Beförderungsvertrag), Rn 25.21 (Frachtvertrag), Rn 25.47 (Pauschalreisevertrag). 25.60

• **Unterlassungspflicht.** Ort, an dem der Sch bei Entstehung des Schuldverhältnisses seinen Wohnsitz hatte (RGZ 51, 311; BGH NJW 74, 410), außer es kommt von vornherein eine Zuwiderhandlung nur an einem bestimmten Ort in Betracht (BGH NJW 74, 410; BGH NJW 85, 562). Erfüllungsort der Verpflichtung, die Einziehung einer zur Sicherheit zedierten Forderung zu unterlassen, ist idR der Ort des Drittschuldners (OLG Dresden WM 2001, 1854). 25.61

• **Unterrichtsvertrag.** Ort der Unterrichtung (offen lassend OLGR Zweibrücken 2009, 209 mN), Sondervorschrift: § 26 FernUSG (zur Anwendbarkeit auf Live-Videokonferenzen s LG München I MMR 2024, 696); sa Rn 25.7. 25.62

• **Verlöbnis; nichteheliche Lebensgemeinschaft.** S Rn 10. 25.63

• **Versicherungsvertrag.** Es gilt ein zT ausschließl Gerichtsstand gem § 215 VVG. Da § 1 I EGVVG prozessrechtl Regelungen nicht erfasst, gilt er auch bei Altverträgen mit Vertragsschluss vor 1.1.2008 (BGH NJW 2017, 1967 = MDR 2017, 645). 25.64

• **Versorgungsverträge.** S Rn 25.19. 25.65

• **Vertragsstrafe.** Klage auf Zahlung am Erfüllungsort der gesicherten Hauptverbindlichkeit (RGZ 69, 12; OLG Rostock NJW-RR 2005, 797; OLG München IPRspr 2011, Nr 204), idR am Schuldnerwohnsitz (LG Stuttgart ZVertriebsR 2021, 375; LG Mannheim BB 2010, 2382). Für wettbewerbsrechtl Vertragsstrafeversprechen gilt § 14 UWG (BGH WRP 2017, 179); sa Rn 25.61. 25.66

• **Verwahrungsvertrag.** Erfüllungsort der Rückgabe (§§ 697, 700 BGB) ist der Ort, wo die Sache zu verwahren war (BGH NJW 2005, 988 = MDR 2005, 774). 25.67

• **Wechsel, Scheck.** Der Zahlungsort (Art 1 Nr 5, Art 4 WG; Art 1 Nrn 4, 8 ScheckG) ist zugleich Erfüllungsort (BGH NJW 2004, 1456 = MDR 2004, 707; sa Rn 2). Für Wechsel- und Scheckklagen (§§ 602 ff) besteht der bes Gerichtsstand des Zahlungsorts neben dem allg Gerichtsstand (§ 603 I); daneben kommt eine Zuständigkeit am Erfüllungsort der Kaufpreisforderung – auch bei erfüllungshalber erfolgter Hingabe des Wechsels/Schecks – nicht in Frage (BGH MDR 2004, 707 zu Art 5 Nr 1 EuGVÜ [Art 7 Nr 1 Brüssel Ia-VO]). 25.68

• **Werkvertrag.** Bei Klage betr die Ausführung eines Baues einschließl des Sicherungsanspruches aus § 650e BGB ist gemeinsamer Erfüllungsort der Ort der Ausführung des Baues (s Rn 25.9); gleiches gilt für andere ortsbezogene und Bauleistungen vergleichbare Werkleistungen (OLG Koblenz NJW-RR 88, 1401), zB Reparatur von Heizungsanlage (OLG Schleswig MDR 2010, 282) oder bei **Kfz-Reparatur** (Sitz der Werkstatt; OLG München DAR 2006, 28 [zust Thalmair]). Bes Ortsbezogenheit **fehlt** beim Software-Entwicklungsvertrag (s OLG München NJW-RR 2010, 789, 791 für Brüssel Ia-VO) oder bei Vertrag über ein Sachverständigengutachten (OLG Hamm 7.10.2016 – 32 SA 62/16). Für **Werklieferungsverträge** (auch über nicht vertretbare Sachen) gilt gem § 651 BGB Kaufrecht, zum Gerichtsstand s daher Rn 25.35; EU-Bereich: EuGH NJW 2010, 1059. 25.69

• **Wertpapiererwerb, -übernahme.** Bei Erfüllungsanspruch aus Vertrag nach dem WpÜG besteht ausschließl Zuständigkeit am Sitz der Zielgesellschaft: § 32b I Nr 2. 25.70

• **Widerruf.** S Rn 25.51. 25.71

• **Wirtschaftsprüfer.** Als gemeinsamer Erfüllungsort scheidet Kanzleisitz idR aus (s Rn 25.2), in Frage kommt aber der Sitz des zu prüfenden Unternehmens (so LG Bonn BB 2005, 994 [krit Ditges]). 25.72

• **Zahlungsanspruch.** S Rn 25.22, 25.23. 25.73

• **Zinsen.** S Rn 25.43. 25.74

25.75 • **Zug-um-Zug-Leistung.** Sie führt als solche noch nicht zu einem gemeinsamen Erfüllungsort des Austauschorts (BGH NJW 95, 1546; MskV/Heinrich Rn 37, hM; aA OLG Stuttgart NJW 82, 529 mwN); dies ist nur ausnahmsw der Fall (s allg Rn 24a u iE jew Vertragstyp; näher Vollkommer IPRax 93, 79).

26 **IV) Gerichtsstand des vereinbarten Erfüllungsorts (§ 29 II). 1) Allgemeines.** Erfüllungsortvereinbarungen mit Gerichtsstandsfolge iSv **II** sind nur **ausnahmsw** unter den Voraussetzungen der Rn 27-29 zulässig. Bei der **internationalen Erfüllungsortvereinbarung** (sa Rn 3, 28) gilt die Beschränkung auf den prorogationsbefugten Personenkreis (s Rn 27) nicht, wenn die Voraussetzungen gem § 38 II erfüllt sind (OLG Nürnberg NJW 85, 1296; OLGR Köln 1996, 10; St/Roth Rn 55).

26a **2) „Tatsächliche" Erfüllungsortvereinbarung.** Umstritten ist, ob eine echte u ernstl gewollte, der Vertragswirklichkeit entspr Erfüllungsortvereinbarung gem § 269 I Alt 1 BGB prozessual beachtl ist, auch wenn sie von nicht durch **II** erfassten Personen (Rn 27) getroffen wird (so St/Roth Rn 34 f, 58; MK/Patzina/Roth Rn 51). Richtigerweise sind solche Vereinbarungen als sog „wirkungsgeminderte" Erfüllungsortvereinbarungen auf rein mat-rechtl Wirkungen zu beschränken (so OLG München MDR 2009, 1062; MskV/Heinrich Rn 42; ThP/Hüßtege Rn 10; Schilken FS Musielak, 2004, S 449 f). Dies entspricht dem Wortlaut und dem umfassenden Schutzzweck des II, der auch bei einer tatsächlichen Verschiebung des Erfüllungsorts berührt ist. Hinzunehmen ist, dass insoweit kein Gleichlauf mit der Zuständigkeit nach Art 7 Nr 1 lit b Brüssel Ia-VO (s Rn 3) besteht.

27 **3) Voraussetzungen. a) Personenkreis.** Erfüllungsortvereinbarungen mit Gerichtsstandswirkung können nur noch Kaufleute, jur Personen des öff Rechts und öff-rechtl Sondervermögen abschließen. Der Personenkreis des II entspricht dem der gem § 38 I unbeschränkt Prorogationsfähigen (näher s § 38 Rn 22).

28 **b) Vereinbarung.** Die Erfüllungsortvereinbarung braucht kein beiderseitiges Handelsgeschäft zu sein (vgl §§ 343 ff HGB). Für ihr Zustandekommen gilt nichts Besonderes. Formloser, auch konkludenter Abschluss ist mögl, Kenntnis (Bewusstsein) der Zuständigkeitsfolge ist nicht erforderl (BGHZ 195, 243 Tz 27 = MDR 2013, 168; sa Rn 30). Die Regelungen über Schweigen auf ein kaufmännisches Bestätigungsschreiben finden Anwendung (RGZ 57, 408, 410). Befindet sich die Vereinbarung in AGB (Erfüllungsortklausel), muss sie wirksam in den Hauptvertrag einbezogen sein. Ist die Einigung beiderseitiges Handelsgeschäft (idR der Fall), braucht die Formvorschrift des § 305 II BGB nicht eingehalten zu sein (§ 310 I BGB), auch Einbeziehung durch „stillschweigende Unterwerfung" unter die AGB des anderen Teils ist mögl (BGH NJW 85, 560 für ADSp). Die Klausel unterliegt aber im Einzelfall der Kontrolle auf ihre inhaltl Angemessenheit (vgl § 307 iVm § 310 I 2 BGB) und Berechenbarkeit (§ 305c BGB). Erforderl ist die Vereinbarung eines vom ges Erfüllungsort (§ 269 I BGB; s Rn 24) *abweichenden* Orts der Leistungserbringung (s Rn 21), etwa der Begründung einer Bringschuld beim Versendungskauf (s Rn 25.35), zB Verwendung von Incoterm „DDP" (geliefert verzollt; BGHZ 195, 243 Tz 20 ff = MDR 2013, 168). Bloße Kosten- und Gefahrtragungsklauseln (§ 269 III BGB) genügen nicht. Bsp: OLG Saarbrücken NJW 2000, 671 („frei Haus"); OLGR Koblenz 2003, 33 („frei Baustelle"); LG Traunstein ZVertriebsR 2023, 327 („Ex Works").

29 **c) Darlegung und Prüfung vAw.** Die Voraussetzungen gem Rn 27, 28 sind substantiiert darzulegen (LG München I NJW 73, 59 Nr 20). Im Säumnisverf gilt das Vorbringen zur Ausfüllung des II (zB Kaufmannseigenschaft des Bekl) nicht mehr als zugestanden (§ 331 I 2) und ist vom Kl nachzuweisen (wie § 38 Rn 49). IÜ gilt Rn 22.

30 **4) Rechtsfolgen. Zuständigkeitsbegründende Wirkung** haben ohne weiteres alle Vereinbarungen gem **II**; unerhebl ist, ob sich die Parteien der unmittelbar kraft Gesetzes eintretenden Gerichtsstandsfolge bewusst waren; dies gilt auch für die internationale Zuständigkeit (BGHZ 195, 243 Tz 26, 27 = NJW-RR 2013, 309 = MDR 2013, 168). Sonstige Erfüllungsortvereinbarungen, bei denen die Voraussetzungen gem Rn 27, 28 nicht vorliegen, sind prozessual unbeachtl; enthalten sie eine echte vertragl Festlegung des tatsächl Leistungsorts, wird ihre mat-rechtl Wirkung durch **II** nicht berührt (s Rn 26a).

§ 29a Ausschließlicher Gerichtsstand bei Miet- oder Pachträumen

(1) Für Streitigkeiten über Ansprüche aus Miet- oder Pachtverhältnissen über Räume oder über das Bestehen solcher Verhältnisse ist das Gericht ausschließlich zuständig, in dessen Bezirk sich die Räume befinden.

(2) Absatz 1 ist nicht anzuwenden, wenn es sich um Wohnraum der in § 549 Abs. 2 Nr. 1 bis 3 des Bürgerlichen Gesetzbuchs genannten Art handelt.

1 **I) Allgemeines. 1) Bedeutung.** Der Gerichtsstand schafft einen ausschließl allg Belegenheitsgerichtsstand in *Miet- und Pachtsachen* über Räume; zur sachl Zuständigkeit Rn 19.

2 **2) Zweck.** Die Anknüpfung der örtl Zuständigkeit an die Belegenheit des Miet- u Pachtraums gewährleistet eine Konzentration der mit Miet- u Pachtstreitigkeiten über Räume zusammenhängenden Verf bei einem orts-

nahen Gericht, das mit den örtl Verhältnissen vertraut, damit zur Beurteilung etwaiger Einwendungen (Mängeleinreden, Minderungsansprüche) bes in der Lage ist und eine Beweisaufnahme leicht durchführen kann (BGHZ 157, 220 = NJW 2004, 1239 = MDR 2004, 769).

3) Abgrenzung. § 29a I verdrängt bei Miet- u Pachtstreitigkeiten über Räume namentl den Erfüllungsortgerichtsstand gem § 29, der nicht notwendig mit der Belegenheit des vermieteten bzw verpachteten Raums zusammenfällt (iE s § 29 Rn 25.41); bei (auch) auf § 985 BGB gestützten Räumungsklagen kann § 29a mit § 24 konkurrieren (iE s Rn 18). Im Mahnverfahren ist die Zuständigkeit nach § 689 II 1 vorrangig (§ 689 II 3). Die sachl Zuständigkeit des AG nach § 23 Nr 2a GVG hat einen engeren Anwendungsbereich als § 29a I (s Rn 19; § 23 GVG Rn 7 ff). 3

4) Internationaler Rechtsstreit. § 29a gilt nur für im **Inland** belegenen Raum (BGH MDR 97, 93, 94), schließt aber die dt internat Zuständigkeit für Streitigkeiten über im **Ausland** belegene Räume nicht aus, sofern eine sonstige inländische Zuständigkeit (zB gem §§ 12, 13) gegeben ist (OLG Düsseldorf ZMR 90, 144 mwN; Wenner FS Jagenburg, 2002, S 1026; MskV/Heinrich Rn 16). Im Anwendungsbereich der **Brüssel Ia-VO** begründet die Lage der unbewegl Sache auch die ausschließl örtl und internat Zuständigkeit für die die unbewegl Sache betr Miet- und Pachtklagen (Art 24 Nr 1 S 1 Brüssel Ia-VO; OLG Düsseldorf RIW 2001, 380; s § 24 Rn 6). Diese verdrängt idR den Verbrauchergerichtsstand der Art 17, 18 Brüssel Ia-VO (OLG Frankfurt MDR 2008, 336, 337); für bestimmte kurzfristige Miet- oder Pachtverhältnisse besteht aber eine zusätzl Zuständigkeit am Beklagtenwohnsitz (Art 24 Nr 1 S 2 Brüssel Ia-VO). Die Belegenheitszuständigkeit erstreckt sich auch auf konkurrierende deliktische Anspruchsgrundlagen (OLGR Hamm 1995, 69); zur Anwendbarkeit auf vorübergehende Gebrauchsüberlassungsverträge und Verträge über die Teilzeitnutzung von Ferienanlagen s Art 24 Brüssel Ia-VO Rn 8; s § 29 Rn 25.12). 4

II) Anwendungsbereich. Unter **I** fallen alle Streitigkeiten aus Miet- oder Pachtverhältnissen über Räume oder aus der Anbahnung oder Abwicklung solcher Verhältnisse. Eine **Ausnahme** besteht gem **II** für bestimmte Arten von Wohnraum (s Rn 7). 5

1) Räume (§ 29a I); Begriff und Arten. Räume sind alle Gebäude und Innenräume von Gebäuden unabhängig von privater, gewerbl oder gemischter Nutzung, also Wohnräume und andere Räume, insb Geschäftsräume wie zB Läden, Gaststätten, Werkstätten, Lagerräume, Fabrikhallen, abgeschlossene Abteile innerhalb von Hallen u dgl (OLG München 6.11.2015 – 34 AR 231/15; LG Krefeld AUR 2010, 352: Pferdebox), nicht nur als vorübergehendes Provisorium errichtete Behelfsheime, Büro- und Verkaufscontainer (St/Roth Rn 8; MskV/Heinrich Rn 4; aA OLG München MDR 79, 939). Unerhebl ist, ob der Mieter (Pächter) die Räume in Besitz hat (wichtig bei gewerbl Weitervermietung/-verpachtung, s Rn 8). **Keine Räume** sind (auch eingefriedete oder umschlossene) Grundstücksflächen (zB Hofraum, Garten, Campingparzelle; OLG Hamm NJW-RR 2020, 638), Gebäudeflächen (Parkplatz in Parkhaus, s OLGR Frankfurt 1998, 214; Dachfläche, aA LG München I NJW-RR 2014, 266), Wohnwagen. 6

2) Ausgenommener Wohnraum (§ 29a II). Ausdrückl **ausgenommen** ist der in **II** iVm § 549 II Nrn 1-3 BGB genannte Wohnraum; das ist – **a)** der nur zum **vorübergehenden Gebrauch** vermietete **Wohnraum** (§ 549 II Nr 1 BGB); maßgebl ist das materielle Recht, das auch ein Wohnraummietverhältnis voraussetzt; bei Gewerbemiete gilt II nicht (OLG Saarbrücken 24.2.2025 – 5 Sa 1/25; krit zum Wertungswiderspruch MK/Patzina/Windau Rn 10); – **b)** der **möblierte Wohnraum** in der vom Vermieter selbst bewohnten Wohnung, der nicht zum dauernden Gebrauch an eine Familie usw überlassen ist (§ 549 II Nr 2 BGB); – **c)** der von einer jur Person des öffentl Rechts oder einem anerkannten Träger der Wohlfahrtspflege zur Überlassung an Personen mit **dringendem Wohnungsbedarf** angemietete Wohnraum (§ 549 II Nr 3 BGB). 7

3) Miet- oder Pachtverhältnis. a) § 29a gilt für alle *Miet- oder Pachtverträge über Räume* (§§ 549 ff, § 578 II, § 581 BGB), unabhängig von der Art der vertragl Nutzung des Raums (Wohnzweck, gewerbl Miete/Pacht zur Selbstnutzung, zur Weitervermietung/-verpachtung); dazu gehören namentl auch die (mit dem Mieter/Pächter geschlossenen) *Untermiet- und Unterpachtverträge* sowie die (mit einem gewerbl [§ 565 BGB] oder nicht gewerbl Zwischenvermieter zustande gekommenen) *Zwischenvermietungsverträge.* Gleichgültig ist, ob der Vertrag (noch) besteht und überhaupt – wirksam – zustande gekommen ist (I Alt 2: Streit über „Bestehen"; iE s Rn 13) oder ob eine Rechtsnachfolge (zB gem §§ 398, 566 BGB) stattgefunden hat. Das Bestehen unmittelbarer vertragl Beziehungen ist für ein zuständigkeitsbegründendes Streitverhältnis iSv I nicht unbedingt erforderl; so ist bei hintereinander geschalteten Miet- u Pachtverträgen der Räumungsanspruch des Hauptvermieters/-verpächters gegen den Untermieter/-pächter gem § 546 II BGB ein „Anspruch aus einem Miet- oder Pachtverhältnis" iSv I (iE s Rn 18), auch wenn an sich keine vertragl Beziehungen zwischen den Parteien bestehen (vgl BGHZ 114, 100 „vertragsloser Zustand"). Erfolgt die Vermietung als **Werkmietwohnung** (§ 576 BGB), ist § 29a anwendbar, eine Zuständigkeit der ArbG besteht nicht (BAGE 64, 75 ff = MDR 90, 656), anders beim Überlassen als **Werkdienstwohnung** (§ 576b BGB; BAG MDR 2000, 600; LG Berlin ZMR 2013, 533: ArbG zuständig; aA Staudinger/Rolfs (2024), § 576b BGB Rn 29 für Rechtsstreit über Beendigung). 8

b) Bei **Mischverträgen** ist § 29a anwendbar, wenn die mietvertraglichen Elemente überwiegen (BGHZ 202, 39 = NJW 2014, 2864). Das ist idR beim Raum- oder **Immobilienleasing** der Fall, es sei denn, dem Leasingnehmer ist eine Kaufoption eingeräumt; das gilt auch dann, wenn das Leasing Teil eines umfassenderen Gesamtge- 9 schäfts ist (OLG Naumburg 11.11.2014 – 1 AR 19/14); nur im Einzelfall bei (Alten-)**Heimverträgen**, da zumeist medizinische und pflegerische Leistungen überwiegen (LG Kleve Sra 2012, 259; LG Essen NZM 2014, 554; aA LG Göttingen MDR 1981, 762; vgl § 7 I WBVG; sa § 29 Rn 25.30).

10 **c) Abgrenzung. Nicht** anwendbar ist § 29a bei **unentgeltl Überlassung** (Leihe, Gefälligkeitsverhältnis) von Wohnraum (KG NJW-RR 2008, 1465). Ein Mietvertrag liegt aber bereits dann vor, wenn der Nutzer vertragl die Zahlung von Betriebskosten übernimmt (OLG Stuttgart MDR 2009, 1310; zur – uU zweifelhaften – Abgrenzung näher OLGR Stuttgart 2009, 603). Von § 29a **nicht erfasst** sind ferner **Reiseverträge** (§ 651a BGB) sowie **Teilzeit-Wohnrechteverträge** und ähnl Verträge (§§ 481 ff BGB).

11 **4) Parteien.** Unter den persönl Anwendungsbereich des § 29a fallen alle am Vertragsverhältnis, seiner Anbahnung und Abwicklung als Parteien (Verhandlungspartner) Beteiligten; dazu gehören auch sog **Endmieter** bei der gewerbl **Zwischenvermietung** von Wohnraum gem § 565 BGB (s Rn 8), soweit der (Haupt-)Vermieter bei Beendigung der Zwischenmiete in den Mietvertrag eintritt (s BGHZ 133, 148 f). Ebenso bei nicht gewerbl Zwischenvermietung, auch soweit im Einzelfall der mietrechtl Bestandsschutz (§§ 565, 573, 574 ff BGB) dem (Haupt-)Vermieter ggü nicht durchgreift, da es sich beim Räumungsprozess gem § 546 II BGB, uU neben § 985 BGB, doch um eine Streitigkeit um die Fortsetzung und damit „das Bestehen" eines Miet- oder Pachtverhältnisses handelt. Ferner unterfallen § 29a die gem § 328 BGB in einen Miet-/Pachtvertrag **einbezogenen Dritten** (wie § 29 Rn 7) sowie auch die miet-/pachtvertragl geschützten Dritten (Vertrag mit Schutzwirkung zugunsten Dritter) und Mithaftenden (zB gem §§ 414 ff BGB). § 29a gilt dagegen **nicht** für und gegen am Vertragsverhältnis nicht beteiligte **Dritte**, die zB mit dem Vermieter *selbständige Gewähr-, Garantie- oder Bürgschaftsverträge* hinsichtl des Mietverhältnisses abgeschlossen haben (BGHZ 157, 220 = NJW 2004, 1239 = MDR 2004, 769) oder *Immobilienverwalter* (AG Köpenick ZMR 2019, 600). Das gilt auch bei einer von einem Zwischenvermieter (Mieter iSv § 565 BGB) übernommenen Mietgarantie (BayObLGR 2002, 276, str; zur aA s Nw in BGHZ 157, 220, 222) sowie für Regressansprüche von Mietsicherheitsgebern gegen den Mieter. Hilfe für Kl: § 36 I Nr 3.

12 **III) Streitigkeiten aus Miet- und Pachtverhältnissen über Räume. 1) Überblick.** Die Zuständigkeit besteht für alle „Ansprüche" (Klagen), die in dem Raummiet-/Raumpachtvertrag ihre Grundlage haben; ihre Einordnung als „vertragl" oder „ges" Ansprüche ist unerhebl (s Rn 15, 17). § 29a gilt sowohl für Leistungs-, Feststellungs- als auch Gestaltungsklagen (zu diesen s Rn 16); darüber hinaus auch für Arrest und einstw Verfügung (KG ZMR 83, 380; St/Roth Rn 14).

13 **2) Einzelne Streitigkeiten. a) Feststellung des Bestehens eines Miet- oder Pachtverhältnisses (I Alt 2).** Umfasst sind sowohl positive als auch negative Feststellungsklagen (sa § 256 I); der Streit um das „Bestehen" des Miet- oder Pachtverhältnisses schließt auch das Nichtbestehen ein; der ausschließl Gerichtsstand kann nicht davon abhängen, wer zuerst klagt. Die Klage kann sich auch auf die Feststellung des (Nicht-)Bestehens einzelner Pflichten aus dem Vertrag beschränken (OLG Karlsruhe ZMR 84, 19). Bsp: Klage des Mieters auf Feststellung der Mietzinsminderung (vgl § 536 BGB), gleichgültig, ob der auf die Minderung entfallende Mietzinsteil einbehalten oder bezahlt wurde (BGH WM 85, 1213). Streitigkeiten über das Bestehen des Mietvertrags (usw) umfassen auch Streitigkeiten über das Zustandekommen, die Vertragsanbahnung und die Vertragsabwicklung (BGHZ 157, 220 = NJW 2004, 1239 = MDR 2004, 769; LG Potsdam ZMR 2014, 648).

14 **b) Erfüllung.** Hierher gehören alle Klagen, die gerichtet sind auf die Erfüllung von Hauptleistungspflichten, mithin Klage auf rückständigen Miet-/Pachtzins (§ 535 II, § 581 I 2 BGB) und Gebrauchsüberlassung (§ 535 I 1, § 581 I 1 BGB), sowie der Neben- und Abwicklungspflichten, zB auf vertragsmäßige Rückgewähr einer Mietkaution, auf Ersatz von auf den Mietraum gemachten Verwendungen (§ 539 I BGB; OLG Düsseldorf ZMR 85, 383) und auf Auskunft über vertragsrelevante Umstände (OLG Hamburg ZMR 99, 106: Person des Untermieters). Ebenso unterfällt § 29a die Klage auf Rückzahlung eines Vorschusses für Wohnungsausstattung (OLG München NJW 70, 955), auf Rückzahlung zu viel gezahlten Mietzinses (BAG NZA 90, 539) und auf Zustimmung zu einem Mieterhöhungsverlangen (§ 558 BGB, LG Essen ZMR 2014, 892). Auch die Ansprüche auf **Gestattung** baulicher Veränderungen (§ 554 BGB) und auf **Duldung** von Modernisierungsmaßnahmen (§ 555d I BGB) sind im Gerichtsstand des § 29a durchzusetzen. Zum vertragl **Räumungsanspruch** s Rn 17.

15 **c) Schadensersatzansprüche.** Ansprüche, die sich aus dem Miet-/Pachtverhältnis ergeben, unterfallen § 29a, zB nach § 536a BGB, § 546a BGB, aus § 280 I, § 241 II BGB wegen Verletzung einer Nebenpflicht (BayObLGZ 92, 103 = NJW-RR 92, 1040) wie der *mietvertragl* Verkehrssicherungspflicht (OLG Düsseldorf MDR 2006, 327), wegen vorgeschobenen Eigenbedarfs des Vermieters (AG Heidelberg WuM 75, 67) oder wegen Verletzung der Mitteilungspflicht des Vermieters über einen ein Vorkaufsrecht begründenden Verkauf (OLG Hamm 19.11.2018 – 32 SA 47/18), aus § 280 I, § 311 II BGB wegen vorvertraglichen Pflichtverletzungen, auch wenn kein Vertrag zustande gekommen ist (cic, MskV/Heinrich Rn 13; aA LG Frankenthal NJW-RR 97, 335) und aus § 823 I BGB wegen Eigentumsverletzung bei Räumung durch den Vermieter (OLGR Köln 2009, 743). Die (volle) Einbeziehung von Ansprüchen aus cic und (konkurrierendem) Delikt entspricht dem Zweck des § 29a (s Rn 2).

16 **d) Fortsetzung des *Mietverhältnisses*.** Hierher gehört der ges Anspruch des Wohnraummieters auf (ggf wiederholte) Vertragsfortsetzung (§§ 574-574c BGB); soweit es zu richterl Vertragsgestaltung kommt (vgl § 574a II BGB), handelt es sich um Gestaltungsklagen.

e) Räumung. Dazu gehören auch Klagen zur **Abwehr der ZwV** aus Räumungstiteln (LG Hamburg WuM 2003, 38). Soweit es sich um vertragl Erfüllungs- oder Abwicklungsansprüche (§ 546 I BGB) u ges Ausgleichsansprüche (§§ 249, 280, 823 BGB) handelt, folgt die Anwendbarkeit von § 29a bereits aus Rn 14. Bei Untervermietung oder bei gewerbl Zwischenvermietung gilt § 29a – ebenso wie auch § 546 II BGB – auch im Verhältnis zwischen dem Hauptvermieter und dem Unter- bzw Endmieter (näher s Rn 8, 11). § 29a greift (in Konkurrenz mit § 24) auch ein, wenn der Räumungsanspruch als einheitl Streitgegenstand **zugleich** auf **§ 985 BGB** gestützt wird, ferner dann, wenn die Räumung mit der **Nichtigkeit** des Miet-/Pachtvertrags begründet und auf § 812 I 1 Alt 1 BGB gestützt wird; dies ist die Folge davon, dass es sich um eine Streitigkeit über Ansprüche „aus" dem Nichtzustandekommen (s Rn 12, 13) eines Miet-/Pachtverhältnisses handelt. Ist allerdings eine Herausgabeklage ohne eine (nichtige) miet- oder pachtvertragl Beziehung zwischen den Parteien **ausschließl** auf § 985 BGB gestützt, gilt § 29a **nicht** (OLG Braunschweig NdsRpfl 83, 225; E. Schneider MDR 92, 433; St/Roth Rn 123); daran ändert sich auch dann nichts, wenn der *Bekl* einen (früheren) Miet-/Pachtvertrag einwendet; Grund: s § 12 Rn 14 (KG NJW-RR 2008, 1465, str; aA OLGR Düsseldorf 2008, 223). 17

f) Abgrenzung. Nicht unter § 29a fallen Klagen wegen aus vom Vermieter/Verpächter mit *Dritten* abgeschlossenen Sicherungsgeschäften hinsichtl des Miet-/Pachtverhältnisses (s Rn 10). **Bsp:** Klagen auf Zahlung aus einer (zB im Grundstückskaufvertrag vereinbarten) **Mietgarantie** (BGHZ 157, 220; BayObLGR 2002, 276), auch wenn sie von einem Zwischenvermieter (Mieter iSv § 565 BGB) übernommen worden ist (BayObLGR 2002, 276, str; zur aA s Nw in BGHZ 157, 220, 222); Regressansprüche von Mietsicherheitsgebern (s Rn 11) gegen den Mieter gem §§ 675, 670 BGB). Ebenso gilt § 29a nicht für den Gesamtschuldnerausgleich unter Mitmietern (AG Bremen 28.4.2017 – 9 C 20/17; sa § 29 Rn 25.23) und nicht für die **insolvenzrechtl Rückgewähr** von Mietzinszahlungen gem § 143 InsO (OLG Frankfurt NJW-RR 2013, 824). 18

IV) Ausschließlicher Gerichtsstand am Ort der Raumbelegenheit. 1) Ausschließl örtl Zuständigkeit. Zuständigkeitsprüfung: s Rn 17 aE. Das Gericht, in dessen Bezirk sich der Raum befindet, ist (nur) **örtl** ausschließl zuständig. Eine Prorogation ist damit ausgeschlossen (§ 40 II Nr 2), außer bei Wohnraum iSv § 29a II. – **2) Sachl** zuständig ist (außer bei Wohnraum) nach dem Streitwert (nicht ausschließl) das AG oder LG (vgl § 23 Nr 1, § 71 GVG; Haftpflichtgefahr für RA: OLG Düsseldorf MDR 2005, 1292). **Sonderregelung für Wohnraum:** Sachl ausschließl zuständig ist das AG (§ 23 Nr 2a GVG). 19

§ 29b (weggefallen)

§ 29c Besonderer Gerichtsstand für Haustürgeschäfte

(1) [1]Für Klagen aus außerhalb von Geschäftsräumen geschlossenen Verträgen (§ 312b des Bürgerlichen Gesetzbuchs) ist das Gericht zuständig, in dessen Bezirk der Verbraucher zur Zeit der Klageerhebung seinen Wohnsitz, in Ermangelung eines solchen seinen gewöhnlichen Aufenthalt hat. [2]Für Klagen gegen den Verbraucher ist dieses Gericht ausschließlich zuständig.

(2) Verbraucher ist jede natürliche Person, die bei dem Erwerb des Anspruchs oder der Begründung des Rechtsverhältnisses nicht überwiegend im Rahmen ihrer gewerblichen oder selbständigen beruflichen Tätigkeit handelt.

(3) § 33 Abs. 2 findet auf Widerklagen der anderen Vertragspartei keine Anwendung.

(4) Eine von Absatz 1 abweichende Vereinbarung ist zulässig für den Fall, dass der Verbraucher nach Vertragsschluss seinen Wohnsitz oder gewöhnlichen Aufenthalt aus dem Geltungsbereich dieses Gesetzes verlegt oder sein Wohnsitz oder gewöhnlicher Aufenthalt im Zeitpunkt der Klageerhebung nicht bekannt ist.

I) Allgemeines. 1) Zweck und Bedeutung. Der unter der Überschrift „Haustürgeschäfte" gefasste Gerichtsstand verbessert den prozessualen Rechtsschutz des Verbrauchers bei außerhalb von Geschäftsräumen geschlossenen Verträgen (§ 312b BGB) dadurch, dass er bei Rechtsstreitigkeiten aus derartigen Geschäften vor einer wohnsitzfernen Inanspruchnahme geschützt wird (vgl BGH NJW 2003, 1190). § 29c gewährt einen **Verbrauchergerichtsstand**, enthält aber keine allg Regelung über den Gerichtsstand in Verbrauchersachen (zur rechtspolitischen Diskussion Abschlussbericht Reformkommission Zivilprozess der Zukunft, S 188 f; zur Rechtslage nach der Brüssel Ia-VO s § 29 Rn 3a), auch wenn II nF den Begriff des Verbrauchers für die ZPO definiert. Teilw wird Abhilfe dadurch geschaffen, dass § 29c auch auf Verbraucherdarlehensverträge (§§ 491-505 BGB) oder Finanzierungshilfen (§§ 506-509 BGB), die *zugleich* die Voraussetzungen des § 312b BGB erfüllen, angewandt wird (s Rn 4). 1

2) Besonderer Gerichtsstand. § 29c betrifft nur die örtl Zuständigkeit, nicht die sachl („Gerichtsstand"). Der Gerichtsstand ist für Klagen des Unternehmers gegen den Verbraucher **ausschließl** (I 2), aber auch als Kl-Gerichtsstand des Verbrauchers nur ausnahmsweise abdingbar (IV; s Rn 6, 11). 2

3 **3) Internationaler Rechtsstreit.** Im Anwendungsbereich der Brüssel Ia-VO kommen vorrangig die Gerichtsstände der Art 17, 18 zur Anwendung (s § 29 Rn 3a). Außerhalb des räuml Anwendungsbereichs der Brüssel Ia-VO ist der Gerichtsstand des § 29c doppelfunktional und begründet auch die internationale Zuständigkeit der dt Gerichte.

4 **II) Anwendungsbereich. 1) Sachlicher Anwendungsbereich.** Der Gerichtsstand gilt für alle Klagen (gleich welche Klageart und welche Anspruchsgrundlage), die auf **außerhalb von Geschäftsräumen geschlossenen Verträgen** beruhen (§ 312b BGB), uU auch gegen Dritte (Rn 5). Es handelt sich um Verträge zwischen Verbraucher (§ 13 BGB, nicht § 29c II) und Unternehmer (§ 14 BGB) über eine entgeltliche Leistung des Unternehmers (§ 312 I BGB), die außerhalb der Geschäftsräume des Unternehmers oder unter besonderen situativen Bedingungen geschlossen wurden (s Legaldefinition § 312b BGB); der Anwendungsbereich von § 312b BGB wird durch Einzelfallkataloge (§ 312 II BGB) und Bereichsbeschränkungen (§ 312 III-VIII BGB) präzisiert. Das obj Vorliegen der räumlich-situativen Voraussetzungen genügt, unerheblich ist, ob Kausalität zwischen Haustürsituation und Vertragsschluss besteht (anders noch bei § 312 I BGB aF) und ob das Widerrufsrecht des Verbrauchers ausgeschlossen ist (s § 312g II BGB; OLG Hamm 7.7.2016 – 32 SA 24/16). Unter § 29c fallen daher *Kapitalanlageverträge*, zB Fondsbeteiligungen (BGH NJW-RR 2011, 1137 = MDR 2011, 807; OLG Naumburg NJW-RR 2014, 957; Barta NJW 2011, 1778; sa § 312 V BGB: „Finanzdienstleistungen"); weiter auch Bankkredite, etwa Verbraucherdarlehensverträge (§§ 491-505 BGB; § 312 V BGB beachten) und Finanzierungshilfen (§§ 506-508 BGB), ferner in Geschäftsräumen des Unternehmers geschlossene Folgeverträge, die auf vorangegangenen Außergeschäftsraumverträgen beruhen (§ 312b I Nr 3 BGB entspr), **nicht** aber Verträge über Teilzeit-Wohnrechte usw (§§ 481-481b BGB; vgl § 312 II Nr 6 BGB; s § 29 Rn 25.59), ferner **nicht** Versicherungsverträge (§ 312 VI BGB; insoweit gilt § 215 VVG, s § 29 Rn 25.64). – Erfasst sind **alle Ansprüche**, die den Außergeschäftsraumvertrag betreffen, wie Erfüllungsansprüche (Zahlung des Entgelts, [Nach-]Erfüllung), vertragl Schadensersatzansprüche (§§ 280, 281 BGB), Ansprüche wegen Verschuldens bei Vertragsverhandlungen und aus unerlaubter Handlung (BGH MDR 2011, 807 mN), uU auch gegen Dritte (näher s Rn 5), Bereicherungsansprüche oder Klagen auf Herausgabe der unter Eigentumsvorbehalt gelieferten Ware. Insb erfasst sind (Folge-) Ansprüche, die sich aus dem Widerruf nach § 312g I, § 355 BGB ergeben, wie auf Rückgewähr der empfangenen Leistungen, Wertersatz (§ 346 II BGB), Herausgabe von Nutzungen (§ 347 BGB). In weiter Auslegung der Vorschrift fallen auch Klagen aus **Scheck oder Wechsel** unter § 29c, wenn das zugrundeliegende Kausalgeschäft unter § 312b BGB fällt; der allgemeinere Gerichtsstand des § 603 I tritt zurück (MskV/Heinrich Rn 9). Eine **entspr Anwendung** auf Fernabsatzverträge (§ 312c BGB) scheidet angesichts der klaren gesetzl Unterscheidung (§§ 312b/312c BGB) aus (OLG Stuttgart 25.3.2025 – 6 U 89/24; aA Woitkewitsch CR 2006, 284).

5 **2) Persönlicher Anwendungsbereich.** Der Gerichtstand gilt nicht nur für Streitigkeiten zwischen den **Parteien** des Verbrauchervertrags iS von **I** (Rn 4), sondern auch für Klagen gegen **Dritte**, die als Hilfspersonen des Unternehmers (s § 312b I 2 BGB), zB als Vertreter, Verhandlungsgehilfen, Treuhänder oder Vermittler in die Vertragsanbahnung, den Vertragsschluss oder die Vertragsabwicklung einbezogen waren (BGH NJW 2003, 1190 = JZ 2003, 1120 [zust Mankowski]; OLG Hamm 19.2.2020 – 32 SA 7/20; OLG Naumburg NJW-RR 2014, 957). Anspruchsgrundlagen: von Dritten im Zusammenhang mit Außergeschäftsraumvertrag verübte cic (§§ 280, 311 II, III BGB) oder begangene unerlaubte Handlung (BGH NJW 2003, 1190; OLG Celle NJW 2004, 2602). **I 1** gilt aber nicht für Klagen gegen am Vertragsschluss nicht beteiligte Dritte, zB gegen ein WP-Unternehmen als Mittelverwendungskontrolleur wegen Verletzung von Kontrollpflichten (BGH NJW-RR 2011, 1137 Tz 13 = MDR 2011, 807), oder gegen den Kommanditisten aus § 171 HGB, der seine Beteiligung als Haustürgeschäft erworben hat (Bork NJW 2018, 2985).

6 **III) Bestimmung der Gerichtsstände. 1) Klagen des Verbrauchers (§ 29c I 1).** Der Verbraucher hat die Wahl (§ 35), im bes Gerichtsstand des **I 1** oder im allg Gerichtsstand oder einem anderen bes Gerichtsstand (zB §§ 21, 23, 29) des Unternehmers zu klagen; ausschließl Gerichtsstände (§§ 32b, 767) gehen aber vor (s § 12 Rn 10). Zuständig nach I 1 ist das Gericht des Wohnsitzes (s § 13 Rn 4 f), in Ermangelung eines solchen das Gericht des gewöhnl Aufenthaltsorts des Verbrauchers. **Gewöhnl Aufenthalt** ist der Ort, wo sich der Verbraucher ständig, für längere Zeit und nicht nur vorübergehend (zB Reise, Besuch) aufhält (iE s § 122 FamFG Rn 3 ff). **I 1** gilt *nur*, wenn der Verbraucher selbst klagt, **nicht** auch für Klagen des **Zessionars** (OLGR München 2009, 332).

7 **2) Klagen des Unternehmers (§ 29c I 2).** Für Klagen des Unternehmers gegen den Verbraucher ordnet I 2 eine **ausschließl** Zuständigkeit des Gerichts des Wohnsitzes bzw am gewöhnl Aufenthaltsort des Verbrauchers an (s Rn 6). Für Verbraucher ohne Wohnsitz und ohne gewöhnl Aufenthaltsort fehlt ein ausschließl Gerichtsstand. Sie können im Gerichtsstand des § 16 (umfasst auch den vorübergehenden Aufenthalt) oder einem anderen bes Gerichtsstand (§§ 23, 29 I) verklagt werden. Sollen mehrere Verbraucher, die ihren Wohnsitz in verschiedenen Gerichtsbezirken haben, als Gesamtschuldner verklagt werden, muss eine Gerichtsstandbestimmung nach § 36 I Nr 3 erfolgen (s § 36 Rn 20).

8 ***3) Maßgeblicher Zeitpunkt.*** *Für* den Verbraucherwohnsitz usw (I 1) ist der Zeitpunkt der Klageerhebung (§ 253 I) maßgebl, auf Zeitpunkt des Vertragsschlusses kommt es nicht an (OLGR Celle 2003, 393). Im Mahnverf ist (im Fall des Widerspruchs oder des Einspruchs) auf den Zeitpunkt der Abgabe abzustellen (§ 696 I 1, § 700 III).

4) Grundlage der Zuständigkeitsprüfung. Die Zuständigkeit beurteilt sich nach dem Klagevortrag (s § 12 Rn 14; § 29 Rn 22). Bei *Verbraucherklage* (**I 1**) sind die Voraussetzungen gem Rn 4 darzulegen, ggf auch ggü Streitgenossen (vgl BGH NJW 2003, 1190, 1191). Wendet der Bekl ggü der *Unternehmerklage* im Hinblick auf I 2 die fehlende Zuständigkeit des angegangenen Gerichts ein, hat dieses im Rahmen seiner Amtsprüfung das Eingreifen der (entgegenstehenden) ausschließl Zuständigkeit zu prüfen. Kann das Vorliegen einer Außergeschäftsraumsituation nicht ausgeräumt werden, ist die Klage im „anderen" (von I 2 verschiedenen) Gerichtsstand unzulässig (verkannt von KGR Berlin 2008, 751). 9

IV) Verbraucherbegriff (§ 29c II). II erweitert den Verbraucherbegriff des § 13 BGB für die ZPO. Bedeutung hat er wegen der Bezugnahme auf das materielle Recht nicht für den Gerichtsstand des I, wohl aber für die Verbandsklagen nach VDuG (BTDrs 20/6520, 69). Verbraucher sind natürl Personen. Parteifähige Personenmehrheiten, die nicht jur Personen sind, können Verbraucher sein, wenn die Personen selbst Verbraucher sind (s iE Grüneberg/Ellenberger § 13 BGB Rn 2). Abweichend von § 13 BGB liegt Verbraucherhandeln nicht nur beim Abschluss von Rechtsgeschäften vor; nach § 29c II genügt jedes Handeln, das vertragl oder gesetzl, zB deliktische, Ansprüche oder Rechtsverhältnisse begründet (BRDrs 176/18, 19). II verzichtet indes nicht auf eine Handlung des Verbrauchers, so dass eine zufällige Betroffenheit nicht ausreicht, zB Schädigung bei einem Massenunglück außerhalb eines Vertragsverhältnisses (kritisch Halfmeier ZRP 2017, 201, 202). Das Handeln darf wie bei § 13 BGB nicht überwiegend der gewerbl oder selbständigen berufl Tätigkeit der natürl Person zuzurechnen sein. 9a

V) Widerklage (§ 29c III). Der Gerichtsstand des I gilt auch für die Widerklage (§ 33). Hinsichtl der ausschließl Zuständigkeit nach I 2 trifft III eine Ausnahme von § 33 II für den Fall, dass der Verbraucher den Unternehmer wegen eines Außergeschäftsraumgeschäfts nicht im Gerichtsstand des § 29c verklagt hat. Dann widerspricht es der prozessualen Waffengleichheit, den Unternehmer für die **konnexe Widerklage** auf den ausschließl Gerichtsstand des I 2 iVm § 33 II zu verweisen (BTDrs 14/6040, 278). Die örtl Zuständigkeit für die Widerklage ergibt sich in diesem Fall zumindest aus § 33 I. Entspr seinem Zweck ist III eng auszulegen. Nicht iSv § 33 I im Zusammenhang mit der Klage stehende Gegenansprüche des Unternehmers fallen nicht unter III; für sie bleibt es bei der ausschließl Zuständigkeit nach I 2, da der Verbraucher wegen solcher Ansprüche mit der Klageerhebung nicht auf den Schutz des I 2 verzichten konnte und der Unternehmer insoweit nicht schutzwürdig ist. **Bsp:** Der Unternehmer macht widerklagend einen Anspruch aus einem anderen Außergeschäftsraumgeschäft geltend, das mit dem in der Klage geltend gemachten Anspruch nicht im Zusammenhang steht. Auch wenn das Prozessgericht aus einem sonstigen Grunde für die Widerklage örtl zuständig wäre (s § 33 Rn 1), muss der ausschließl Gerichtsstand des I 2 in einschränkender Auslegung des III beachtet werden. 10

VI) Gerichtsstandsvereinbarung (§ 29c IV). IV ist eng und europarechtskonform (vgl Art 18 I, Art 19 Brüssel Ia-VO) auszulegen. Er deckt sich weitgehend mit § 38 III Nr 2, ist aber notwendig, da er (entgegen § 40 II) auch die ausschließl Zuständigkeit nach I 2 durchbricht. Wegen der Einzelheiten s § 38 Rn 42 f. Außerhalb der zugelassenen Fälle von Gerichtsstandsvereinbarungen (Wohnsitzverlegung, unbekannter Aufenthalt) besteht ein striktes *Prorogations-(Derogations-)verbot*, das sich auch auf I 1 bezieht; der *Kl-Gerichtsstand* des Verbrauchers kann daher nicht durch eine Gerichtsstandsvereinbarung abbedungen (derogiert) werden (BGHZ 203, 140 Tz 19 = NJW 2015, 169), ist also, ohne dass er auch als „ausschließlich" bezeichnet worden ist (vgl demggü I 2 iVm § 40 II Nr 2), gleichermaßen prorogationsfest (BGHZ 203, 140 Tz 24 = NJW 2015, 169). 11

§ 30 Gerichtsstand bei Beförderungen

(1) [1]Für Rechtsstreitigkeiten aus einer Güterbeförderung ist auch das Gericht zuständig, in dessen Bezirk der Ort der Übernahme des Gutes oder der für die Ablieferung des Gutes vorgesehene Ort liegt. [2]Eine Klage gegen den ausführenden Frachtführer oder ausführenden Verfrachter kann auch in dem Gerichtsstand des Frachtführers oder Verfrachters erhoben werden. [3]Eine Klage gegen den Frachtführer oder Verfrachter kann auch in dem Gerichtsstand des ausführenden Frachtführers oder ausführenden Verfrachters erhoben werden.

(2) [1]Für Rechtsstreitigkeiten wegen einer Beförderung von Fahrgästen und ihrem Gepäck auf Schiffen ist auch das Gericht zuständig, in dessen Bezirk sich der im Beförderungsvertrag bestimmte Abgangs- oder Bestimmungsort befindet. [2]Eine von Satz 1 abweichende Vereinbarung ist unwirksam, wenn sie vor Eintritt des Ereignisses getroffen wird, das den Tod oder die Körperverletzung des Fahrgasts oder den Verlust, die Beschädigung oder die verspätete Aushändigung des Gepäcks verursacht hat.

I) Allgemeines. 1) Bedeutung. § 30 schafft bes Gerichtsstände für Ansprüche aus Güterbeförderungsverträgen (**I**, früher: § 440 HGB aF) sowie für Verträge über die Fahrgastbeförderung auf Schiffen (**II**, Vorbild: Art 17 des Athener ÜbK 2002, dazu Rn 2). Er knüpft an die für diese Beförderungsverträge typischen beiden Erfüllungsorte (s § 29 Rn 25.10) an und begründet insoweit eine *einheitl* Zuständigkeit für beide Vertragsparteien, unabhängig vom geltend gemachten Anspruch, gleich, wer Gl oder Sch ist (s demggü § 29 Rn 24a). – **2) Weiter An-** 1

wendungsbereich. I umfasst Beförderungen auf dem Land, über See und in der Luft (vgl § 407 III Nr 1, §§ 481, 536 HGB; § 77 BinSchG; nicht gem §§ 44 ff, § 56 LuftVG). Durch die Streichung der in den Vorgängerbestimmungen enthaltenen Bezugnahmen auf bestimmte Vertragstypen gelten **I** und **II** für *alle Beförderungsverträge* unabhängig von ihrer mat-rechtl Ausgestaltung (s Rn 3, 5).

2 **3) Internationaler Rechtsstreit.** Der grenzüberschreitende **Güterverkehr** wird weitgehend von internat Abk und im EU-Bereich durch Art 7 Nr 1 lit b Brüssel Ia-VO bestimmt; sie enthalten idR Bestimmungen über die internat Zuständigkeit, die durch innerstaatl Vorschriften über die örtl Zuständigkeit ergänzt werden (iE s § 29 Rn 25.21). Die internationale Zuständigkeit im Anwendungsbereich des **II** regelt Art 17 Athener ÜbK von 2002 über die Beförderung von Reisenden und ihrem Gepäck auf See (Beitritt EU mit Beschl des Rates 2012/22/EU, ABl EU Nr L 8 v 12.1.2012, S 1).

3 **II) Gerichtsstand der Güterbeförderung (§ 30 I). 1) Besonderer Gerichtsstand des Übernahme- und Ablieferungsorts (§ 30 I 1).** Voraussetzung ist eine Rechtsstreitigkeit aus einer Güterbeförderung. – **a)** Umfasst ist jede **Güterbeförderung**, gleich ob über Land, See, auf Binnengewässern oder in der Luft (OLG Hamm TranspR 2016, 74: Transport innerhalb eines Hauses). Ohne Bedeutung ist das auf die Beförderung zur Anwendung kommende materielle Recht (prozessuale Auslegung, s G. u M. Vollkommer GS Helm, 2001, S 367 f); in Frage kommen: Frachtgeschäft (§§ 407 ff HGB), Seefrachtvertrag (§§ 481 ff, §§ 527 ff HGB), binnenschifffahrtsrechtl Frachtgeschäft (§ 26 BinSchG). Rechtsstreitigkeiten gem **I** sind alle Klagen, mit denen Ansprüche von den an der Beförderung Beteiligten gegeneinander geltend gemacht werden; gleichgültig ist, ob es sich um vertragl Ansprüche der Parteien des Beförderungsvertrags oder um ges, insb auch deliktische Ansprüche (zB bei Unfallschäden) handelt (OLG Hamm RdTW 2018, 429; sa §§ 434, 508 HGB). **Parteien** der Beförderungsstreitigkeiten sind als Vertragspartner Absender bzw Befrachter (§ 407 II, § 481 II HGB) und Beförderer (Frachtführer, Verfrachter, § 407 I, § 481 I HGB), aber auch der mit eigenen Rechten ausgestattete Empfänger (§§ 421, 494 HGB), nicht dagegen „Dritte"; zu diesen gehören vom vertragl Beförderer als Hilfspersonen eingeschaltete Unterbeförderer (s aber I 2; Rn 4). Gleichgültig für I 1 ist die Parteirolle (Stellung als Kl oder Bekl; OLG Hamm 23.5.2018 – 32 SA 9/18) und die Rechtsschutzform (Leistungs-, Feststellungs-, Gestaltungsklage). – **b) Örtl Zuständigkeit.** Zuständigkeitsbegründende Orte sind der **Übernahme-** und der **Ablieferungsort (§ 30 I 1)**. Der Übernahmeort ist (bei Abweichung vom vertragl Übergabeort) der Ort der tatsächl Übergabe des Gutes vom Absender an den Beförderer; bei der Seefracht ist der Übernahmeort der Abladeort (s § 486 HGB). Der **Ablieferungsort** ist der Ort, an dem nach der vertragl Regelung die Ablieferung des Gutes erfolgen soll; er bleibt auch dann maßgebl, wenn es tatsächl nicht zu einer Ablieferung des Gutes kommt (BGH NJW-RR 2004, 762). Bei Erteilung von Weisungen durch den Absender (§§ 418, 491 HGB) tritt der Ort der weisungsgemäßen Ablieferung an die Stelle des vertragl; bei der Seefracht entspricht der Bestimmungsort dem Ablieferungsort (§ 481 I HGB). Der Übernahme-/Ablieferungsort ist für jeden Beförderungsvertrag selbständig zu bestimmen; insb bei eingeschalteten Unter-Beförderern; übernimmt der Unterbeförderer das Gut erst im Lauf des Transports für eine Teilstrecke, können daher die Übernahme-/Ablieferungsorte für beide Beförderer auseinanderfallen (Teilfrachtführer, MK-HGB/Thume § 407 Rn 9; teils abw BGH MDR 2014, 1096 für CMR). Hilfe: I 2, 3 (s Rn 4). Zwischen den Gerichtsständen gem I 1 hat der Kl die Wahl (§ 35). – **c) Konkurrenzen.** Der Gerichtsstand bei Beförderungen ist nicht ausschließl (**§ 30 I 1:** „auch"); konkurrierende Gerichtsstände sind mögl: Bsp: §§ 12-17, 21, 29, 32, 38; § 20 StVG; ausschließl Zuständigkeiten bestehen in Binnenschifffahrtssachen (§ 3 I BinSchGerG) und bei grenzüberschreitenden Beförderungen (s Rn 2).

4 **2) Zuständigkeitskonzentration bei Beteiligung mehrerer Frachtführer oder Verfrachter (§ 30 I 2, 3).** Wird die Beförderung ganz oder teilw von einem Unter-Beförderer („ausführender Frachtführer" iSv § 437 HGB, „ausführender Verfrachter" iSv § 509 HGB) ausgeführt, erleichtern I 2, 3 die (gemeinsame) Rechtsverfolgung bei Beteiligung mehrerer Beförderer durch Erstreckung des für den einen gegebenen Gerichtsstands auch auf den anderen. Erfasst werden *alle* Gerichtsstände, die für *einen* der beiden mögl Bekl bestehen. Es handelt sich aber nicht um einen Fall des Gerichtsstands der Streitgenossenschaft (Bsp: Art 8 Nr 1 Brüssel Ia-VO), denn es kann auch eine Klage jew *isoliert* im Gerichtsstand des *anderen* erhoben werden. Nicht anwendbar sind I 2, 3 auf Streitigkeiten zwischen Beförderer und Unter-Beförderer (OLG Hamm RdTW 2016, 457). Nach I 2, 3 mögl „isolierte" Klagen in einem weit entfernten (beziehungsarmen) Gerichtsstand können uU rechtsmissbräuchl sein (allg s § 35 Rn 4).

5 **III) Gerichtsstand bei Beförderung von Fahrgästen und ihrem Gepäck auf Schiffen (§ 30 II). 1) Voraussetzungen.** Der Gerichtsstand des II gilt für Rechtsstreitigkeiten aus einer vertragl Fahrgastbeförderung auf See oder Binnengewässern. – **a)** Umfasst ist jede vertragl Fahrgastbeförderung auf einem Schiff. **Fahrgast** ist jede Person, die aufgrund eines Beförderungsvertrages befördert wird einschließl der gestatteten Begleitpersonen (§ 537 Nr 2 HGB); **Gepäck** ist jeder so beförderte Gegenstand, ausgenommen lebende Tiere (§ 537 Nr 3 HGB); **Schiff** ist sowohl das See- als auch das Binnenschiff (arg § 77 BinSchG iVm §§ 536 ff HGB). Jede vertragl Fahrgastbeförderung genügt, unabhängig von der mat-rechtl Ausgestaltung des **Personenbeförderungsvertrags** *(sog prozessuale Auslegung, s Rn 1)*; insoweit kommen in Frage: §§ 536-552 HGB, uU auch in entspr Anwendung gem § 77 BinSchG, ferner uU (bei Bejahung – auch – entspr internat Zuständigkeit, s Rn 2) auch internat Abk, etwa das Athener Übk von 2002. II umfasst alle **Klagen** auf Schadensersatz wegen Personenschäden (Tod,

Körperverletzung), Verlust u Beschädigung von Gepäck und Verspätungsschäden (s §§ 538, 539 HGB; ferner auch **II 2**). **Parteien** sind der Fahrgast oder sein Rechtsnachfolger als Kl, Bekl der (vertragl) Beförderer, der ausführende Beförderer sowie Hilfskräfte („Leute") der Beförderer als Haftende (§§ 546, 547 HGB). – **b) Besonderer Gerichtsstand (§ 30 II 1).** Anknüpfungspunkte für die örtl Zuständigkeit sind der vertragl **Abgangs- und Bestimmungsort**; diese Orte bezeichnen in räuml Hinsicht den Beginn und das Ende der Personenbeförderung. Beim Gerichtsstand des Abgangs-/Bestimmungsorts handelt es sich um einen **Gerichtsstand des Sachzusammenhangs**, in dem der Fahrgast *sämtl* Ansprüche aus einer bestimmten Beförderung, gleich aus welchem Rechtsgrund, gegen *sämtl* für das Schadensereignis *Haftenden* (s oben a) geltend machen kann. Bei einer Mehrheit von Haftenden (mehrere Bekl als *Streitgenossen*) bedarf es daher keiner Gerichtsstandsbestimmung gem § 36 I Nr 3. Dieses Verständnis von II 1 ist geboten, da es sich um eine **Schutzvorschrift** zugunsten des Fahrgasts (nicht nur) zur Erleichterung seiner Rechtsverfolgung handelt (s Rn 6) und es an einer bes angeordneten Zuständigkeitserstreckung (wie in I 2, 3) fehlt (iErg wie BGH NJW-RR 2002, 31, 32 zu CMR). Die **örtl Zuständigkeit** gem II 1 ist nicht ausschließl (II 1: „auch"), aber im Voraus unabdingbar (II 2); sie begründet zugleich (s § 1 Rn 8) die internat Zuständigkeit, wie umgekehrt bei gegebener internat Zuständigkeit der dt Gerichte II 1 das Vorhandensein einer örtl Zuständigkeit sichert (s Begr BTDrs 17/10309, 142 zu § 30). – **c) Konkurrierende Zuständigkeiten** folgen uU aus §§ 12-17, §§ 21, 29, 32; eine ausschließl Zuständigkeit besteht in Binnenschifffahrtssachen gem § 3 I iVm § 2 I a, c BinSchVerfG.

2) Gerichtsstandsvereinbarung (§ 30 II 2). a) Zeitabschnitt vor Eintritt des Schadensereignisses. Eine Vereinbarung zum Nachteil des Fahrgasts ist ausgeschlossen. Das antizipierte **Prorogationsverbot** sichert auch den Schutz des Fahrgasts vor einer Umgehung (Erschwerung) der mat-rechtl Schadenshaftung, die für ihn in gleicher Weise unabdingbar ausgestaltet ist (§ 551 HGB; übereinst Art 18 Athener ÜbK 2002, EU-Recht gem Anh I der VO [EG] Nr 392/2009). – **b) Zeitraum nach Schadenseintritt.** Ebenso wie eine nachträgl Vereinbarung über die Haftung (s oben a) ist auch die **nachträgl Prorogation** uneingeschränkt zulässig. Die bei § 38 III Nr 1 bestehenden subj Schranken (s § 38 Rn 37) sind gegenstandslos. 6

§ 30a Gerichtsstand bei Bergungsansprüchen

Für Klagen wegen Ansprüchen aus Bergung von Schiffen oder sonstigen Vermögensgegenständen in einem Gewässer gegen eine Person, die im Inland keinen Gerichtsstand hat, ist das Gericht zuständig, bei dem der Kläger im Inland seinen allgemeinen Gerichtsstand hat.

I) Allgemeines. 1) Bedeutung. Die mit dem Kl-Gerichtsstand verbundene **Erleichterung der Rechtsverfolgung** entspricht der mat-rechtl Begünstigung von Bergungsmaßnahmen, insb zur Verhütung oder Begrenzung von Umweltschäden (vgl §§ 575, 577 I Nr 2, § 578 III HGB). Bei einer Mehrheit von Passivbeteiligten begründet der Kl-Gerichtsstand zugleich einen **Zusammenhangsgerichtsstand** (s Rn 3 [b]). Für Klagen des Schiffseigentümers gegen den Berger gilt der Bergungsgerichtsstand beiderseitig (§§ 12, 13). – **2) Anwendungsbereich.** § 30a gilt nur für die seerechtl Bergung (§§ 574 ff HGB), und zwar sowohl für den Hauptsacheprozess als auch für das Verf der erleichterten einstw Verfügung (§ 618 HGB). Für die binnenschifffahrtsrechtl Bergung (§ 93 BinSchG iVm §§ 574 ff HGB) besteht eine ausschließl Zuständigkeit am Bergungsort (§ 3 I 2 iVm § 2 I e BinSchGerG). 1

II) Internationaler Rechtsstreit. Ist die Brüssel Ia-VO anwendbar, verdrängen deren Regeln § 30a (St/Roth Rn 3). IÜ erweitert der Kl-Gerichtsstand die dt internat Zuständigkeit. Er dient auch (s Rn 1) der effektiven Durchsetzung und weiten Verbreitung des im Inlandsprozess ohne Rücksicht auf die Regeln des IPR (vgl Art 8 I EGHGB) anwendbaren (umgesetzten) Bergungsübk, was bei einem Auslandsrechtsstreit in Ländern, in denen das Übk nicht gilt, nicht der Fall wäre (vgl näher die Begr BRDrs 573/00, 58). 2

III) Gerichtsstand der Bergung. Dieser hilfsw bes Gerichtsstand setzt voraus, dass mit der Klage Ansprüche eines inländischen Bergers aus Bergung (a) gegen einen nicht im Inland ansässigen Schiffseigentümer oder sonstigen Verpflichteten geltend gemacht werden (b). Die Anwendbarkeit dt Rechts (HGB) ist keine Voraussetzung für § 30a (Begr BTDrs 17/10309, 142), wird aber nach IPR vielfach der Fall sein (s Rn 2). – **a) Streitgegenstand.** Als Gegenstand der Klage kommen in Frage: der Anspruch des Bergers auf Bergelohn (§ 576 I, § 577 HGB) einschließl des Ersatzes der zum Zweck des Bergens gemachten Aufwendungen (§ 576 II 1 HGB) und der Bergungskosten (§ 576 II 2 HGB) sowie der Anspruch des Bergers auf Sondervergütung (§ 578 HGB); Ausgleichsansprüche der Schiffsbesatzung (§ 581 HGB). Gleichgültig ist, ob es sich um vertragl Ansprüche aus einem Bergungsvertrag (§ 584 HGB) oder um ges Ansprüche handelt (§§ 576 ff HGB). Für etwaige weiter gehende (zB deliktische) Schadensersatzansprüche (Behinderung bei Bergung) gilt der Gerichtsstand gem § 30a kraft Sachzusammenhangs (sa Rn 1 [1]) auch für sie. – **b) Parteien.** Kl ist der (inländische) Berger, Bekl der ausl Schiffseigentümer oder der Eigentümer von sonstigen geborgenen Vermögensgegenständen, zB der Schiffsladung (§ 576 III HGB). Im Fall passiver Streitgenossenschaft ersetzt § 30a die internat nicht mögl Bestimmung eines (gemeinsamen) Gerichtsstands der Streitgenossenschaft (vgl § 36 I Nr 3). Eine Mehrheit von Bergern (§ 582 3

HGB) kann in aktiver Streitgenossenschaft vorgehen. Insichprozess ist mögl bei Identität des Eigentümers von geborgenem und „bergendem“ Schiff (arg § 576 I 2, § 578 I 2 HGB); eine „Drittbeteiligung“ der ausgleichsberechtigten Schiffsbesatzung ergibt sich aus § 581 HGB. Gerettete Menschen scheiden (mangels Aktivlegitimation gem § 581 I HGB und Passivlegitimation gem § 583 I HGB) als Beteiligte des Bergungsrechtsstreits aus.

4 **IV) Bergungsgerichtsstand.** Er wird durch den allg Gerichtsstand am Sitz des Kl bestimmt (§§ 12, 17); die Hilfsanknüpfung gem § 16 scheidet für den Aktivprozess aus. Der Gerichtsstand ist nicht ausschließl; ebenso wie die (mit Einschr) mögl **Rechtswahl** in Bergungssachen (vgl Art 8 I 3 EGHGB) kann auch eine abw Gerichtsstandsvereinbarung getroffen werden, etwa gem § 38 im Bergungsvertrag (§ 584 HGB). § 30a gilt nicht, wenn der Bekl im Inland einen **allg Gerichtsstand** hat; Bsp: Der Eigentümer des geborgenen Schiffs hat einen inländischen Sitz; zuständig ist dann das Gericht gem §§ 12, 17. Auch bei einem inländischen **bes Gerichtsstand** scheidet § 30a aus. Die Hilfszuständigkeit gem § 23 ist ggü dem sachnäheren § 30a subsidiär (s § 23 Rn 5).

§ 31 Besonderer Gerichtsstand der Vermögensverwaltung

Für Klagen, die aus einer Vermögensverwaltung von dem Geschäftsherrn gegen den Verwalter oder von dem Verwalter gegen den Geschäftsherrn erhoben werden, ist das Gericht des Ortes zuständig, wo die Verwaltung geführt ist.

1 **I) Voraussetzungen.** Eine **Vermögensverwaltung** liegt nur vor, wenn die Befugnis zum selbständigen Abschluss von Geschäften und zur Einziehung der Gegenleistung sowie die Pflicht zur Rechnungslegung besteht; sie kann sich auch auf einen einzelnen Vermögensgegenstand beziehen (OLGR Brandenburg 2006, 455). Die Besorgung einzelner Angelegenheiten genügt aber nicht (OLG Hamburg ZinsO 2018, 2136). Die Verwaltung kann beruhen: auf Gesetz (elterl Sorge, Vormundschaft, Betreuung [Locher FamRB 2005, 308], Pflegschaft, Verwaltung eines Restitutionsgrundstücks [OLGR Brandenburg 2006, 455], Testamentsvollstreckung, Nachlassverwaltung), auf Vertrag (Dienstvertrag, Auftrag, Geschäftsbesorgungsvertrag, Gesellschaft [BAG NJW 74, 1016: Vermietervereinigung], Gütergemeinschaft [§§ 1422 ff BGB]) oder auf vertragsähnl Verhältnis (Geschäftsführung ohne Auftrag). Nicht unter § 31 fällt die Tätigkeit von einfachen Agenten, auch wenn ihnen ein Lager überlassen ist, wohl aber von Generalagenten einer Versicherungsgesellschaft, nicht notw die Tätigkeit von Banken u dgl bei Anlagegeschäften (dazu BGH WM 2007, 1586, 1588). Sonderregelung für den WE-Verwalter: § 43 II Nr 3 WEG.

2 **II) Rechtsfolgen.** Bes, nicht ausschließl (s § 12 Rn 9) Wahlgerichtsstand (§ 35). **Ort:** der der **Führung der Verwaltung**, wo der Verwalter regelmäßig tätig ist, insb wo sich der Geschäftsraum (Kasse; Buchführung) befindet (RGZ 50, 410). Sitz der Aufsichtsbehörde oder Lage des Vermögens sind gleichgültig. Der Gerichtsstand dauert nach Beendigung der Verwaltung fort.

3 **III) Internationaler Rechtsstreit.** Im Anwendungsbereich der Brüssel Ia-VO findet § 31 keine Anwendung (OLGR Stuttgart 2007, 632, 635).

§ 32 Besonderer Gerichtsstand der unerlaubten Handlung

Für Klagen aus unerlaubten Handlungen ist das Gericht zuständig, in dessen Bezirk die Handlung begangen ist.

I) Allgemeines. 1) Bedeutung. Der bes Gerichtsstand der unerlaubten Handlung (forum delicti commissi) beruht auf dem Gedanken der **Sachnähe**. Am Begehungsort (s Rn 19) kann die Sachaufklärung und Beweiserhebung am besten erfolgen (BGH NJW 2011, 2059 Tz 13 = MDR 2011, 812). Die in dem Wahlgerichtsstand (s Rn 21) liegende Begünstigung des Kl (Verletzten) rechtfertigt sich aus der geringeren Schutzwürdigkeit des Interesses des Deliktschuldners, an seinem allg Gerichtsstand (§§ 12, 13) verklagt zu werden. Für die Zuständigkeitsbegründung gem § 32 im Einzelfall ist ein Bezug zum Forum erforderl (BGHZ 184, 313 Tz 17: keine „beziehungsarmen" Gerichtsstände; s Rn 20.10, 20.13, 20.19); restriktive Auslegung der Ausnahmenorm (vgl §§ 12, 13, 17) daher geboten. 1

2) Abgrenzung. Dem § 32 inhaltl entspr Wahlgerichtsstände enthalten zahlreiche Vorschriften des **Haftpflichtrechts**, so § 14 HaftpflG, § 20 StVG, § 56 LuftVG, § 94a AMG, § 6 II ÖlSG. Die Anwendung des § 32 ist ausgeschlossen durch ausschließl **Spezial-Gerichtsstände** zB in § 32a (Umwelteinwirkung), § 32b (fehlerhafte Kapitalmarktinformationen, Prospekthaftung), § 104a UrhG (Urheberrechtsstreitsachen), § 131 VGG (urheberrechtl Verwertungsgesellschaft), § 15 II, III GeschGehG (iVm Länder-VOen; Geschäftsgeheimnisstreitsachen, dazu Alexander WRP 2019, 673), § 6 UKlaG (iVm Länder-VOen; Haftung aus verbraucherschutzwidrigen Praktiken) und § 44 BDSG (Datenschutzverstöße, internat Zuständigkeit s Rn 3 aE). In **Wettbewerbssachen** verdrängen § 14 II 2 u 3 UWG den Gerichtsstand nach § 32; näher s Rn 3, 10. 2

3) Internationaler Rechtsstreit. § 32 begründet neben der örtl auch die internat Zuständigkeit (s § 1 Rn 8; EuIZPR Rn 50). Im Anwendungsbereich der **Brüssel Ia-VO** gilt die Sondervorschrift des Art 7 Nr 2 Brüssel Ia-VO, die die internat und örtl Zuständigkeit am Gericht des Ortes begründet, an dem das schädigende Ereignis eingetreten ist. Maßgebl ist danach (zT abw von § 32) der Ort des ursächl Geschehens und des Schadenseintritts (s Art 7 Brüssel Ia-VO Rn 29 ff). Art 7 Nr 2 Brüssel Ia-VO gilt auch für Urhebervermögensrechtsverletzungen (EuGH NJW 2013, 3627; EuGH GRUR 2016, 927), Markenrechts- (BGH NJW-RR 2012, 943 Tz 18; zur Unionsmarke beachte aber Art 97 VO (EG) Nr 207/2009, s BGH WRP 2018, 1200), Wettbewerbsverstöße (BGH NJW 2014, 2504 Tz 16) und Geschäftsgeheimnisverletzungen (OLG Düsseldorf 25.11.2021 – 15 SA 1/21), nicht aber Gewinnzusagen (§ 661a BGB; EuGH NJW 2005, 811). Der Anwendungsbereich von Art 7 Nr 2 Brüssel Ia-VO ist autonom zu bestimmen und umfasst die gesamte vor- und außervertragl Haftung, wie aus **cic** (EuGH NJW 2002, 3159) oder Eingriffskondiktion (OLG München CR 2024, 270), jedoch besteht keine Annexkompetenz für zusammenhängende vertragl Ansprüche (s näher § 12 Rn 21). Die Zuständigkeit setzt „Begehung" einer unerlaubten Handlung nicht voraus; drohende Erstbegehungsgefahr genügt (vgl Art 7 Nr 2 aE Brüssel Ia-VO: „einzutreten droht" u EuGH NJW 2002, 3617, 3619). Für Unterlassungs- und Schadensersatzansprüche nach der **DSGVO** gilt ergänzend Art 79 II DSGVO (s Art 7 Brüssel Ia-VO Rn 24). 3

II) Anwendungsbereich. 1) Sachlicher Anwendungsbereich. Klagen aus **unerlaubter Handlung.** – **a)** Den **Begriff** bestimmt das bürgerl Recht; er ist im weiteren Sinn zu verstehen und umfasst jeden rechtswidrigen Eingriff in fremde Rechtssphäre (BGH NJW 56, 911; BGHZ 189, 320 Tz 9 = NJW 2011, 2518; OLG Hamm MDR 2013, 1187). 4

b) Fallgruppen. Unter § 32 fallen danach: **aa)** die Tatbestände der §§ 823-826, §§ 829, 831, 833-840 BGB, gleichviel also, ob der Täter usw (näher s Rn 16) je nach der Einzelbestimmung für schuldhaftes, vermutet schuldhaftes oder auch nur für nicht vorwerfbares, aber im Rechtssinn ursächl Handeln (Unterlassen) haftet. Ansprüche der Hinterbliebenen nach § 844 BGB unterfallen ebenso § 32 (OLG Frankfurt NJW-RR 2025, 64; zu § 844 III BGB). Über § 823 II BGB sind auch Verstöße gegen (zB strafrechtl) **„Schutzgesetze"** erfasst (dazu BGHZ 116, 13). Hierher gehören auch Ansprüche aus **Amtshaftung** (Art 34 GG iVm § 839 BGB; OLG Celle MDR 2010, 1485; zum Beamtenrückgriff s Rn 16), aus **Notarhaftung** (§ 19 BNotO), auf Geldentschädigung nach § 21 II 3 **AGG** (vgl OLG München NJW-RR 2020, 1061; aA wohl OLG Frankfurt IPrax 2019, 321: § 29 ZPO), aus **enteignungsgleichen** und **aufopferungsgleichen Eingriffen** (so WSch/Smid/Hartmann Rn 12; MskV/Heinrich Rn 3; St/Roth Rn 20, str; offen OLGR Karlsruhe 2004, 311, 312); 5

bb) die Tatbestände der ges **Gefährdungshaftung**, für die kein spezialgesetzl Gerichtsstand bestimmt ist (iE dazu Rn 2): § 115 I VVG (sa Rn 16); § 89 WHG (dazu BGHZ 80, 1, 3, zur aF); §§ 25 ff AtomG; § 1 ProdHaftG (s Rn 20.14); §§ 32 ff GenTG; 6

cc) die Fälle der sog **Störerhaftung**, so Ansprüche wegen Verletzung des **Eigentums** (§ 1004 BGB) bei bewegl Sachen (sonst s § 24 Rn 8 u dazu BGH NJW 2008, 3502), verbotener Eigenmacht (§§ 858 ff BGB), auf Schadensersatz gegen den deliktischen Verklagten oder bösgläubigen Besitzer aus §§ 992, 989, 990 BGB (s Spickhoff ZZP 109 [1996], 514); 7

dd) die Haftung aus Verletzung **sonstiger absoluter Rechte**, vor allem **gewerbl Schutzrechte** (Patent-, Gebrauchsmuster-, Marken-, Design-, Firmen-, Sortenschutz- und Halbleiterschutzrechte; auch Unionsmarke nach § 124 MarkenG iVm Art 125, 129 III VO (EG) Nr 207/2009), nicht aber Ansprüche nach § 33 PatG (Kühnen GRUR 97, 19 mN; aA LG Mannheim InstGE 13, 65). Sondervorschriften im Urheberrecht s Rn 2. Hierher gehören auch die Fälle der **Eingriffskondiktion**, weil sie sich durch eine einseitige Inanspruchnahme einer fremden vermögensrechtl nutzbaren Rechtsposition auszeichnen und so deliktsähnl geprägt sind (OLG München CR 2024, 270; MskV/Heinrich Rn 7), und der unerlaubten **Eigengeschäftsführung** gem § 687 II BGB (OLGR Hamm 2003, 82); 8

9 **ee)** Haftung aus **unberechtigter Zwangsvollstreckung.** § 302 IV 3, § 600 II, § 717 II u III (BGHZ 189, 320 Tz 8 ff, 11 ff = NJW 2011, 2518 = MDR 2011, 878), §§ 799a, 945, 1065 II 2 (obwohl hier nicht rechtswidrig gehandelt wurde: BGHZ 169, 314 zu § 717 II; BGH NJW 2011, 2518 Tz 14 = aaO zu § 717 III); sa Rn 20.16;

10 **ff)** Haftung **aus Wettbewerbsverstößen.** Insoweit ist die **Sonderregelung gem § 14 II 2 u 3 UWG** (sa Rn 2, 3) zu beachten. Danach besteht zwar grds der Gerichtsstand des Begehungsorts u damit ggf ein „fliegender Gerichtsstand". Soweit der Bekl im Inland einen allg Gerichtsstand hat, gilt dieser Gerichtsstand aber nur für zu dem Bekl in einem *konkreten Wettbewerbsverhältnis stehende Mitbewerber* (§ 8 III Nr 1 iVm § 2 I Nr 3 UWG) und nur dann, wenn es sich nicht um Rechtsstreitigkeiten wegen Zuwiderhandlungen im elektronischen Geschäftsverkehr (vgl § 312i I BGB) oder in digitalen Diensten (§ 1 IV Nr 1 DDG) handelt. Maßgebl ist die tatsächl Begehungsweise zB im TV oder Internet, einen „medienspezifischen" Verstoß setzt § 14 II 3 Nr 1 UWG aber nicht voraus (OLG Düsseldorf WRP 2021, 513; LG Stuttgart MMR 2022, 151; Wettig/Kiparski CR 2021, 177; aA OLG Frankfurt WRP 2021, 1611; LG Düsseldorf WRP 2021, 688). – **Verhältnis zu § 32:** Um die differenzierende Regelung des § 14 II 2, 3 UWG nicht zu unterlaufen, ist der Gerichtsstand des § 32 auch ausgeschlossen, wenn der Anspruch zugleich auf unerlaubte Handlung gestützt wird (Ring NJ 2021, 64, 67; vgl BTDrs 19/12084, 35; aA zu § 24 II UWG aF OLG Köln NJW 70, 476 u zu § 14 UWG aF LG Aurich MMR 2013, 249). Andernfalls würde Mitbewerbern bei Zuwiderhandlungen in digitalen Diensten der vom Gesetzgeber bewusst ausgeschlossene „fliegende Gerichtsstand" über § 32 wieder eröffnet (vgl Rn 20.10). Im Gerichtsstand des § 14 II 2 UWG besteht eine umfassende Prüfungskompetenz (s § 12 Rn 20);

11 **gg)** Haftung aus **Verstoß gegen kartellrechtliche Bestimmungen** („Kartelldelikte", vgl BGH RIW 2011, 564 Tz 10 zu Brüssel Ia-VO), zB Schadensersatzansprüche (§ 33a iVm zB §§ 1, 19, 20, 21 GWB) wegen verbotener Kartellbildung (LG Düsseldorf EWiR 2007, 237) oder Verhängung einer Liefersperre (BGH NJW 80, 1224; OLGR Hamburg 2008, 35), Beseitigungs- und Unterlassungsansprüche (§ 33 GWB; OLG Celle WuW 2017, 411) oder Belieferungsansprüche bei Diskriminierung (OLG München NJW 96, 2382 LS; KGR Berlin 2000, 181), sa Rn 20.22;

12 **hh)** aus **insolvenzrechtlicher Haftung** des InsVerwalters und Mitglieds des Gläubigerausschusses gem §§ 60, 61, 71 InsO (MskV/Heinrich Rn 8; Konsequenz aus BGHZ 93, 278). Hierher gehört auch die als Fall von § 826 BGB eingeordnete Haftung des Gesellschafters wegen existenzvernichtenden Eingriffs (s BGHZ 173, 246; BGHZ 176, 204, 210 Tz 10, 11; zur Einordnung näher Osterloh-Konrad JZ 2014, 45), **nicht** aber die Rückgewährhaftung aus Insolvenzanfechtung (s Rn 15) und die Haftung nach § 15b IV InsO als „Ersatzanspruch eigener Art" (MskV/Heinrich Rn 9, str; offen gelassen von BGH ZIP 2014, 1986; sa § 29 Rn 6a aE); für die **Haftung in Restrukturierungssachen** wird § 32 durch den ausschließl Gerichtsstand des § 19b verdrängt (s § 19b Rn 1);

13 **ii)** aus **konzernrechtlicher Haftung** des beherrschenden Unternehmensgesellschafters entspr §§ 302, 303 AktG bei Schädigung der abhängigen Gesellschaft durch missbräuchl Ausübung der Konzernleitungsmacht (vgl OLGR Köln 1998, 40; MskV/Heinrich Rn 3 u allg BGHZ 122, 123);

14 **jj)** der deliktische **Gesamtschuldnerregress** gem §§ 840, 426 BGB, § 116 VVG (OLG Stuttgart NJW-RR 2006, 1362, 1363; OLG Celle NZV 90, 390; MK/Patzina/Windau Rn 30 f, str; aA MskV/Heinrich Rn 9).

15 **c) Keine Klagen aus unerlaubter Handlung** iSd § 32 sind: Klagen auf Grund nur schuldhafter Verletzung **vertragsmäßiger** Verbindlichkeiten, auch Unterlassungsklagen aus Vertragsstrafen, die auf Verletzung deliktischer Unterlassungspflicht gestützt sind (LG Köln K&R 2023, 618: LG Mannheim BB 2010, 2382; sa § 29 Rn 25.66), wohl aber Ansprüche nach Anfechtung gem § 123 BGB, wenn dieser eine unerlaubte Handlung zugrunde liegt (BayObLG 31.7.2023 – 102 AR 128/23e; s Rn 18); Ansprüche aus Gewinnzusagen gem § 661a BGB (es gilt eine vertragsrechtl Qualifikation, s § 29 Rn 6 [cc]; überholt die abweichende Rspr BGHZ 153, 82, 92 = NJW 2003, 426, 428); Haftung des Gastwirts (§ 701 BGB, str; aA PG/Wern Rn 5); Klagen aus ungerechtfertigter Bereicherung (§§ 812 ff BGB), soweit vertragl Beziehungen abgewickelt werden (s § 29 Rn 6a; anders bei Eingriffskondiktion: s Rn 8); Ansprüche aus **ges Ausgleichsverhältnissen** (zB gem §§ 421, 426, §§ 677 ff BGB oder gem § 33 PatG, s Rn 8), außer bei deliktischer Gesamtschuld (s Rn 14); bei originären Rückgriffsansprüchen, die nicht aus dem Anspruch des Geschädigten abgeleitet sind, zB des Unfallversicherers gem § 110 SGB VII (OLG Hamm MDR 2013, 1187); Ansprüche aus beendetem Verlöbnis auf Rückgewähr oder Wertersatz (BGHZ 132, 115 = NJW 96, 1411; sa § 29 Rn 10); Verletzung der Pflichten des Betreuers, Vormunds und Pflegers (§§ 1826, 1794, 1813 I, § 1888 I BGB) sowie des TV (§ 2219 BGB); Ansprüche aus **Insolvenz- und Gläubigeranfechtung** gem §§ 129 ff InsO und §§ 3 ff AnfG (BGH NJW 90, 991 mN; St/Roth Rn 21 mwN; aA RGZ 84, 253; eingeh Henckel FS Deutsch, 1999, S 968 ff; Huber ZfIR 2008, 313, 316). Nicht gilt § 32 ferner für Ansprüche auf **Gegendarstellung** nach LandespresseG (BayObLGZ 58, 189; OLG Frankfurt NJW 60, 2059; Groß AfP 2003, 497, 508; aA OLG München AfP 1978, 27 [abl Soehring]; Stadler JZ 94, 642 ff; PG/Wern Rn 4). Zum **Zusammentreffen** der Verletzung einer Vertragspflicht mit einer unerlaubten Handlung näher s § 12 Rn 20 f.

16 **2) Persönlicher Anwendungsbereich. a) Kl** muss nicht notw der Verletzte selbst sein, nicht in Frage kommt aber der Verletzer (str, s Rn 18). § 32 gilt auch für den **Rechtsnachfolger** des Verletzten (BGH NJW 90, 2316 *mN), so beim Rückgriff des Versicherers* nach gesetzl Forderungsübergang gem § 86 VVG oder des Sozialversicherungsträgers gem § 116 SGB X, beim Gesamtschuldnerregress gem § 116 I VVG u beim Rückgriff des Dienstherrn gegen Beamte.

b) Einerlei ist, ob sich die Klage **gegen den Täter, Mittäter** (BGH NJW 95, 1226 mN = MDR 95, 519), Anstifter, **Gehilfen** (§ 830 I 1, II BGB; BGH NJW 2011, 1193 Tz 26), deren Rechtsnachfolger oder solche Personen richtet, die kraft Ges oder Vertrages für andere haften, wie zB Vereine, Verbände u rechtsfähige Personengesellschaften nach § 31 BGB (vgl – ohne Hinw auf § 32 – BGHZ 172, 169, 172 = NJW 2007, 2490 = MDR 2007, 1166), den **Geschäfts- oder Dienstherrn** nach § 831 BGB (BGH ZIP 89, 830), den **persönl haftenden Gesellschafter** (auch der GbR) im Fall der Inanspruchnahme gem § 126, § 161 II HGB (BayObLGZ 1980, 13; Haas/Keller ZZP 126 [2013], 340). Über § 830 II BGB hinaus gilt § 32 auch für die Haftung des **Störers** (Begriff: BGHZ 191, 219 Tz 21 = NJW 2012, 148; BGHZ 194, 339 Tz 19; BGHZ 197, 213 Tz 24 = NJW 2013, 2348; BGHZ 200, 76 Tz 22) für Rechtsgutverletzungen (Bsp: § 1004 BGB u dazu s Rn 7). § 32 gilt weiterhin für den Direktanspruch gegen den **Pflichtversicherer** gem § 115 I VVG (vgl BGH NJW 83, 1799; BayObLG NJW 88, 2184, sämtl noch zu § 3 Nr 1 PflVG). Bei **mehreren Haftenden** bestimmt sich der Gerichtsstand für jeden selbständig (BayObLGZ 95, 303 mN), jedoch muss sich jeder Beteiligte (Mittäter, Gehilfe) auch zuständigkeitsrechtl (§ 32) die Tatbeiträge der anderen (u damit auch deren Handlungsort) zurechnen lassen (BGHZ 184, 365 Tz 19 = MDR 2010, 807; OLG Hamburg MDR 2014, 1411; Thole FS Schilken, 2015, S 523; arg § 830 I 1 BGB; sa BGH NJW-RR 2010, 644 zu LugÜ; abw EuGH NJW 2013, 2099 für Art 7 Nr 2 Brüssel Ia-VO), so dass ein gemeinsamer Gerichtsstand bei Beteiligung Mehrerer besteht; das gilt auch für den Störer (BGH NJW 2012, 148 Tz 11; BGH NJW 2013, 3245 Tz 17, 18; OLG München WRP 2012, 501, 619). 17

3) Arten der Klagen. Gleichgültig ist, welches prozessuale Begehren aus der unerlaubten Handlung hergeleitet wird: Also Leistungs- oder Feststellungsklage des Verletzten, zB Klage auf Feststellung der Unwirksamkeit eines wegen Betrugs (§ 123 BGB) angefochtenen Vertrags (OLG Düsseldorf NJW-RR 2018, 573; BayObLG MDR 2003, 1311); Klage auf Schadensersatz, auf Beseitigung (Widerruf; BGHZ 31, 308; BGH NJW 61, 1914) oder Unterlassung (zB gem § 1004 I 2 BGB; § 97 I 1 UrhG; BGH WRP 2016, 1114 Tz 17 mN). § 32 gilt nur für Klagen des deliktisch Geschädigten, nicht auch des vermeintl *Verletzers*, denn die Wahl, ob Klage am Handlungsort oder Erfolgsort erhoben wird, soll dem Geschädigten zustehen (s Rn 1; zutr Gottwald MDR 2016, 936, 939; Eberl FS Schütze, 2014, S 51; für „fliegenden Gerichtsstand" LG Koblenz AfP 2023, 447; sa § 937 Rn 1, str; aA OLG Köln WRP 78, 917; Thole NJW 2013, 1193; EuGH NJW 2013, 287 zu [nunmehr] Art 7 Nr 2 Brüssel Ia-VO, jew für negative Feststellungsklage). § 32 gilt auch für die vorbeugende Unterlassungsklage (vgl BGHZ 184, 313 Tz 8 = NJW 2010, 1752; BGH MDR 95, 282; vgl auch § 8 I 2 UWG, Art 7 Nr 2 Brüssel Ia-VO: „das schädigende Ereignis … einzutreten droht"). 18

III) Gerichtsstand des Begehungsorts. 1) Begehungsort. a) Anknüpfungspunkt ist der Ort, an dem die unerlaubte Handlung begangen ist (**Tatort**). Grund: s Rn 1. Tatort ist jeder Ort, an dem auch nur eines der wesentl Tatbestandsmerkmale verwirklicht worden ist (VZS RGZ 72, 42, 44). Das ist bei den Begehungsdelikten sowohl der Ort, an dem der Täter gehandelt hat (**Handlungsort**), als auch der Ort, an dem in das geschützte Rechtsgut eingegriffen wurde (sog **Erfolgsort**; BGHZ 124, 245 = NJW 94, 1414; BGHZ 132, 111 = NJW 96, 1413; 176, 346 = NJW 2008, 2344; BGHZ 184, 313 Tz 8 = NJW 2010, 1752). Handlungsort beim *Unterlassungsdelikt* (Bsp: Insolvenzverschleppung, s Rn 12) ist der Ort, wo gehandelt werden musste (im Bsp: Mittelpunkt der wirtschaftl Tätigkeit des InsSchuldners, s § 3 I 2 InsO; sa EuGH ZIP 2013, 1932 Tz 54; Freitag ZIP 2014, 307 f). Bei *Handlungseinheit* liegt der Begehungsort überall dort, wo *eine* der Verletzungshandlungen begangen wurde (OLG Hamburg WRP 92, 805). Für *vorbeugende Unterlassungsklagen* (s Rn 18) sind Begehungsorte sowohl der Ort, von dem aus die Verletzungshandlung droht, als auch der Ort der Belegenheit des bedrohten Rechtsguts (BGHZ 184, 313 Tz 8; BGH MDR 95, 282). Kein Handlungsort ist der Ort, an dem bloße *Vorbereitungshandlungen* vorgenommen wurden. Der **Schadensort** als solcher ist ohne Belang (BGHZ 52, 111; BGHZ 176, 342 Tz 16); denn der Tatort ist nur der Begehungs-, nicht auch der Schadensort. Nur dann, wenn der Schadenseintritt selbst zum Tatbestand der Rechtsverletzung gehört, ist der Ort des Schadenseintritts Verletzungs- und damit Begehensort (BGHZ 40, 395). Bsp: Bei der *Körperverletzung* liegt der Erfolgsort am Ort der vollendeten Primärverletzung (BGHZ 176, 342 Tz 17), fortbestehende Beeinträchtigungen führen als bloße Folgeschäden nicht zu einem Kl-Gerichtsstand (BayObLG MDR 2022, 1284; OLG Köln MDR 2009, 222); bei *fehlerhafter Heilbehandlung* ist aber der Wohnort des Verletzten dann (auch) Erfolgsort, wenn dort schwere Nebenwirkungen (selbständige Gesundheitsschäden) eintreten (BGHZ 176, 342 Tz 17 f für LugÜ; BGH NJW 90, 1533; OLG Saarbrücken GesR 2021, 43; KG NJW 2006, 2336; zu restriktiv OLG Köln MDR 2009, 222), beim *Hinterbliebenengeld* (§ 844 III BGB) Ort, an dem der Tod eingetreten ist (OLG Frankfurt NJW-RR 2025, 64), bei *Betrug* am Belegenheitsort des geschädigten Klägervermögens (vgl BGHZ 132, 111 = NJW 96, 1413; BGH NJW-RR 2008, 516 Tz 23, 37; sa Rn 20.1, 20.2); ebenso idR die Vermögensbeeinträchtigung im Fall des *§ 826 BGB* (BGH NJW-RR 2011, 197 Tz 31 ff = MDR 2010, 1132 zu sittenw Anlagemodell; sa Rn 20.1, 20.16) oder bei einer *Amtspflichtverletzung* (OLG Celle MDR 2010, 1485; OLGR Frankfurt 2008, 4). Zwischen Handlungs- u Erfolgsort besteht Zuständigkeitswahl (s Rn 21). 19

b) Einzelfragen (alphabetisch) 20

• **Abgasskandal, Dieselverfahren.** Gericht am **Ort des Vertragsschlusses** ist zuständig, als dasj am Handlungsort, wenn Eingehungsbetrug durch Verkäufer behauptet wird (OLG Hamm NJW-RR 2019, 1398), und bei Klage gegen den Hersteller als dasj am Erfolgsort (KG MDR 2020, 1056; OLG München MDR 2019, 1404), 20.1

dann ist **Sitz des Herstellers** Handlungsort. Bei darlehensfinanziertem Kauf ist Erfolgsort auch Ort, an dem Käufer seine Willenserklärung auf Abschluss des Darlehensvertrags abgibt (OLG Hamm NJW-RR 2020, 60). Zuständig (ggf daneben) Gericht am Ort der Erfüllungshandlungen, also der Fahrzeugübergabe und Zahlung des Kaufpreises (OLG Hamm NJW-RR 2019, 1398; auch Veranlassung des Zahlungsvorgangs durch Überweisung oder Lastschrift; OLG Hamm 10.5.2019 – 32 SA 27/19), außerdem dasj am **Wohnsitz des Käufers** zur Zeit des Kaufs bei Klage gegen Hersteller, weil der zum Tatbestand des Betrugs bzw § 826 BGB gehörende Vermögensschaden dort eingetreten ist (BayObLG 18.11.2021 – 102 AR 151/21; OLG Rostock 28.9.2021 – 1 UH 9/21; KG MDR 2020, 1056; OLG München MDR 2020, 753; OLG Hamm 23.8.2021 – 32 SA 1/21; aA noch OLG Hamm [32. ZS] NJW-RR 2019, 1398; LG Stuttgart 28.10.2021 – 14 O 68/21; sa Rn 19).

20.2 • **Betrug und Untreue.** Zuständig beim Kreditbetrug (Krediterschleichung) ist (auch) Gericht am Ort der Darlehenshingabe (BGH NJW-RR 2005, 581, 582). Bei Erfüllungsbetrug ist Erfolgsort der Ort der schädigenden Kontobelastung (OLGR Karlsruhe 2006, 829, 831: Sitz der Bank; OLG Hamm NJW-RR 2019, 186: Ort der Auftragserteilung bei Online-Banking, sa Rn 19), ebenso beim **Anlagebetrug** (sa § 264a StGB; BayObLG MDR 2003, 893; für [nunmehr] Art 7 Nr 2 Brüssel Ia-VO auch BGH ZIP 2010, 1998 Tz 32; für LugÜ auch BGH ZIP 2014, 1997 Tz 37; eingeh Engert/Groh IPRax 2011, 458, 463 f) und bei **Veruntreuung** (§ 266 StGB) von **Anlagevermögen** (BGH NJW-RR 2008, 516, 518 für LugÜ/Brüssel Ia-VO; eingeh Wagner/Gess NJW 2009, 3481; ggf auch § 32b beachten). Bei § 264a StGB besteht auch Zuständigkeit am Ort des Prospektzugangs (vgl OLGR München 2004, 239).

20.3 • **Börsentermingeschäfte.** Spesenreiterei („Churning") im Zusammenhang mit kommissionsweiser Durchführung von Börsentermingeschäften ist (auch) am Ort des Vermögensschadens (arg § 826 BGB; s Rn 19) begangen (dazu BGH NJW 95, 1226); Erfolgsort bei sittenwidrigem Geschäftsmodell für Börsenhandel ist der Ort des (ersten) Kapitalabflusses (vgl BGHZ 184, 365 Tz 6, 13 aE, 16; BGH NJW-RR 2011, 197 Tz 32 = MDR 2010, 1132); den Handlungsort des (inländischen) Vermittlers muss sich auch der ausl Gehilfe (Broker) zurechnen lassen (vgl BGH NJW-RR 2011, 1193).

20.4 • **Boykottaufruf.** Er ist begangen am Ort der Verlautbarung und am Ort des Zugangs an den Boykottadressaten (OLG Frankfurt NJW-RR 86, 1189), aber auch am Sitz des Boykottierten (BGH NJW 80, 1225; OLGR Hamburg 2008, 35, 36; aA OLG Frankfurt NJW-RR 86, 1189; sa Rn 19).

20.5 • **Distanzdelikt.** Setzt sich der Tatbestand einer unerlaubten Handlung (zB Betrug) aus verschiedenen Handlungen und Vorgängen zusammen, die sich an verschiedenen Orten vollziehen, ist nicht nur das Gericht zuständig, in dessen Bezirk der letzte den Tatbestand vollendende Erfolg (zB beim Betrug der Vermögensschaden) eingetreten ist, sondern jedes Gericht, in dessen Bezirk eine dieser zum Tatbestand gehörigen Handlungen begangen wurde (RGZ 72, 42, 44). Bei der Widerrufsklage wegen **ehrverletzender unwahrer Behauptungen** liegt der Handlungsort dort, wo die fragl Äußerungen getan wurden, der Erfolgsort beim Sitz des Geschädigten (vgl BGHZ 89, 201 zu Art 12 EGBGB; sa Rn 3). Ein telefonisches Aussagedelikt ist (auch) am Vernehmungsort begangen (OLG München NJW-RR 94, 190 m bedenkl Einschränkung), zur Internetveröffentlichung s Rn 20.10.

20.6 • **„Existenzvernichtungshaftung"**. Ort des InsVerf (s Rn 12).

20.7 • **Finanzdienstleistungen.** Bei verbotswidrigem Betreiben (auch) Ort der Vertragsanbahnung (OLG Hamm 8.6.2017 – 32 SA 36/17; vgl BGH ZIP 2014, 1997 Tz 36 zu Art 7 Brüssel Ia-VO).

20.8 • **Heilbehandlung.** (Auch) Ort des Eintritts des Gesundheitsschadens (s Rn 19). Heilbehandlung ohne die erforderl Einwilligung genügt nicht als Gesundheitsschaden (BGHZ 176, 346 Tz 20).

20.9 • **Immissionsdelikt.** Handlungs-/Unterlassungsort ist der Ort der Anlage, Erfolgsort überall dort, wo schädl Umwelteinwirkungen eintreten (OLG Köln BB 93, 1387, 1388).

20.10 • **Internetdelikt.** Die bloße technische (im Gegensatz zur „bestimmungsgemäßen") Abrufbarkeit einer das Persönlichkeitsrecht verletzenden Internetseite (auch von Presseverlagen) genügt nicht als Begehungsort; hinzukommen muss noch ein hinreichender Bezug zum Gerichtsbezirk, zB Wohn-/Aufenthaltsort des Kl oder Bekl, bestimmungsgemäße Auswirkung, Möglichkeit von Interessenkonflikt (OLG Brandenburg MMR 2017, 261; OLG Schleswig NJW-RR 2014, 442; OLG Jena AfP 2014, 75; vgl BGHZ 184, 313 Tz 17 ff = NJW 2010, 1752 = MDR 2010, 744; BGHZ 191, 219 Tz 11 = NJW 2012, 148; auch BGH NJW 2011, 2059 [Brand] = MDR 2011, 812; BGH NJW 2014, 2504 = MDR 2014, 604, jew zur internat Zuständigkeit; iE str; näher Bach EuZW 2018, 68). Richtet sich die Veröffentlichung wegen allg Bekanntheit des Geschädigten erkennbar an ein bundesweites Publikum, begründet dies wie beim Pressedelikt aber einen sog fliegenden Gerichtsstand (OLG Dresden GRURPrax 2020, 416; s Rn 20.13). Die Notwendigkeit eines hinreichenden Bezugs zum Gerichtsstand gilt nicht bei behaupteter Verletzung im Inland geschützter Urheber- oder verwandter Schutzrechte (BGH WRP 2016, 1114 Tz 18 unter Aufgabe BGHZ 185, 291; OLG Frankfurt 30.4.2019 – 11 U 27/18); zu Wettbewerbsverstößen s Rn 10. Der Erfolgsort eines Anspruchs auf **Löschung und Sperre in sozialen Medien** liegt am Sitz des Nutzers, *nicht an Orten der bloßen Abrufbarkeit* (LG Frankfurt 30.6.2020 – 2-03 O 238/20). Für den Anspruch gegen Anbieter von digitalen Diensten auf Herausgabe der Bestandsdaten eines Rechtsverletzers besteht nach § 21 III 3, 4 TDDDG ein Gerichtsstand am Sitz des Verletzten; das Verf richtet sich nach FamFG.

• **Kartelldelikt.** S Rn 20.22. 20.1

• **Persönlichkeitsrecht.** Erfolgsort bei Verletzung des höchstpersönl Lebensbereichs durch Bildaufnahmen (s § 823 II BGB iVm § 201a StGB) ist der Lebensmittelpunkt (Wohn-, Aufenthalts-, Arbeitsort) des Geschädigten (BGHZ 184, 313 Tz 23; sa Rn 3), dh es besteht idR ein Opfer/Kl-Gerichtsstand (wie Rn 3). Zu Persönlichkeitsverletzungen im Internet s Rn 20.10, in Fernsehen und Hörfunk s Rn 20.13. 20.1

• **Pressedelikt.** Ist die unerlaubte Handlung durch **Verbreitung von Druckschriften**, zB ehrkränkende Presseberichterstattung, erfolgt, so ist der Gerichtsstand des § 32 außer am Erscheinungsort des Druckwerks auch an Orten begründet, an welche die Druckschrift der Bestimmung des Verbreiters gem gelangt ist (BGHZ 131, 335 mN = NJW 96, 1128; BGH NJW-RR 94, 190; OLG Frankfurt NJW-RR 89, 491; OLGR Düsseldorf 2009, 515, sog „fliegender Gerichtsstand" der Presse, s Jürgens NJW 2014, 3061, abl de lege ferenda; zurückhaltend Dölling NJW 2015, 124; bei Abrufbarkeit im Internet s Rn 20.10). § 7 II StPO ist nicht entspr anwendbar (hM, str; krit Jürgens NJW 2014, 3061). Die gleichen Grundsätze gelten bei (Persönlichkeits-)Rechtsverletzungen durch **Rundfunk- und Fernsehsendungen**; hier ist jedes Gericht zuständig, in dessen Bezirk die Sendung ausgestrahlt wurde (BGH NJW-RR 2012, 943 Tz 19 ff für Markenrecht; OLG München OLGZ 87, 217) oder werden soll (LG Hamburg NJW 2003, 1952). 20.1

• **Produkthaftung.** Zuständig ist das Gericht am Herstellungs- u am Schadensort (OLGR Frankfurt 1995, 119; OLG Stuttgart NJW-RR 2006, 1362, 1364; *abw* EuGH NJW 2014, 1166: *nur* Herstellungsort); bei fehlerhaftem Teilprodukt ist Handlungsort (s Rn 19) der Ort des Einbaus in das Endprodukt (OLG Stuttgart NJW-RR 2006, 1362), bei fehlerhaftem Zulieferprodukt ist Erfolgsort der der bestimmungsgemäßen Verarbeitung (EuGH NJW 2009, 3501 zu Brüssel Ia-VO), nicht jedoch Ort der Entwicklung und Planung des fehlerhaften Produkts, da bloße Vorbereitungshandlungen; droht bei Inverkehrbringen Schadenseintritt (vgl Art 7 Nr 2 aE Brüssel Ia-VO), ist der Vertriebsort vorgezogener Erfolgsort (so OLG Stuttgart NJW-RR 2006, 1362, 1365). Der Ort der Werbung ist auch für Haftung wegen Instruktionsmängeln kein Begehungsort (OLGR Frankfurt 1995, 119). 20.1

• **Schutzrechtsverletzung. Patent, Design, Marke** usw (s Rn 8). Besteht die Verletzungshandlung im Inverkehrbringen einer (schutzrechtswidrig hergestellten) Ware, ist die Handlung nicht nur am Ort des Verkaufs der Ware begangen, sondern überall, wo wesentl, auf Warenabsatz gerichtete Teilhandlungen vorgenommen worden sind (EuGH NJW 2013, 3627 Tz 37, 47 zu Brüssel Ia-VO); die Weiterverbringung der Ware durch den Empfänger ist unmaßgebl (OLG München RIW 95, 1026). Bei Kennzeichenrechtsverletzung ist das Gericht zuständig, in dessen Bezirk die Verletzungshandlung begangen worden ist, zur Zuständigkeit am Erfolgsort sa Rn 20.10. Zusammentreffen mit Ansprüchen nach UWG (s Rn 10): § 141 MarkenG, § 53 DesignG. 20.15

• **Sittenwidrige Ausnutzung von Vollstreckungstiteln.** § 826 BGB; s vor § 322 Rn 72 ff Als Begehungsorte kommen kumulativ (zutr OLG Koblenz NJW-RR 89, 1013; OLGR Köln 2001, 226, str; aA OLG Köln NJW-RR 87, 941) in Frage: Ort der Erwirkung des Titels (OLG Köln NJW-RR 87, 941), Sitz des Kl als Vollstreckungsschuldner (OLG Schleswig NJW-RR 92, 239; OLG München NJW-RR 93, 703; OLGR Köln 2001, 226, arg § 796 III), Ort von erfolgten oder drohenden VollstrMaßnahmen (OLG Koblenz NJW-RR 89, 1013 mwN; OLG Hamm NJW-RR 89, 305), bei der Lohnpfändung (§ 829 III) oder -abtretung also Sitz des Arbeitgebers (LG Lübeck NJW 90, 2892). 20.16

• **Spesenreiterei.** S Rn 20.3. 20.17

• **Telekommunikation.** S Rn 20.5. 20.18

• **Unlauterer Wettbewerb.** S Rn 2, 3, 10. Begehungsort (s Rn 19) ist auch der Ort der wettbewerbl Interessenkollision (BGHZ 40, 395; BGH NJW 2014, 2504 Tz 24 = MDR 2014, 604; sa Rn 20.10); bei unternehmensbezogenen Wettbewerbshandlungen ist der Sitz des geschädigten Unternehmens Erfolgsort (Klinkert WRP 2018, 1038 Rn 8). Unerwünschte Fax- und **E-Mail-Werbung** ist (auch) am Empfangsort begangen (LG Lübeck SchlHA 2006, 314; sa OLG Düsseldorf WRP 2022, 472), Werbung durch Versenden unlauterer **Gewinnzusagen** (nicht aber hinsichtl Ansprüchen aus § 661a BGB, s Rn 15, § 29 Rn 6 [cc]) auch am Empfangsort (s BGHZ 153, 82, 92 = NJW 2003, 426, 428, iÜ überholt). 20.19

• **Urheberrechtsverletzungen.** Bei diesen besteht für bestimmte Klagen gegen natürl Personen ausschließl Zuständigkeit nach § 104a UrhG (s Rn 2). Gilt § 32, ist Ort der Verletzungshandlung der der Vornahme der Handlung (OLGR München 2009, 523), zB der (unlizenzierten) Musikaufführung, nicht der des Sitzes der Verwertungsgesellschaft (zB der **GEMA**). Dass der Verletzer dort die Lizenz einzuholen gehabt hätte, ist für den Verletzungsort ebenso unerhebl wie ein Schadenseintritt am Gesellschaftssitz (BGHZ 52, 108 = NJW 69, 1532). Zu Verletzungen im Internet s Rn 20.10, in Druckerzeugnissen und Rundfunk s Rn 20.13. 20.20

• **Verkehrsunfälle.** Es gilt der Unfallort (sa § 20 StVG) auch für *Direkt-* u *Rückgriffsklagen* (s Rn 16, 17). 20.21

• **Wettbewerbsbeschränkungen** (s Rn 11). Beachte zunächst § 89 GWB iVm Zuständigkeits-VOen der Länder. Bei GWB-Verstößen ist der Erfolgsort (s Rn 19) überall dort, wo sich die wettbewerbswidrige Verhaltensweise bestimmungsgemäß ausgewirkt hat (OLGR Hamburg 2008, 35; Lettl WRP 2014, 654 Tz 53 mN), also am Sitz des geschädigten Unternehmens (BGH GRUR 2019, 213) oder, wenn sich das Kartell nicht nur gegen be- 20.22

stimmte Nachfrager richtet, idR überall (OLG Hamm WuW 2017, 292, 296). Zuständig ist iÜ das Gericht am Sitz eines mitbekl Kartellmitglieds auch für die übrigen (arg § 830 I 1 BGB, dazu s Rn 17; so LG Düsseldorf BB 2007, 847), bei wettbewerbswidriger Diskriminierung am Sitz des Diskriminierten (vgl BGH NJW 80, 1224; aA OLG Frankfurt DB 86, 1223); allg ist der „Marktort" der Erfolgsort bei Kartelldelikten; so eingeh Roth FS Schilken, 2015, S 427, 437 ff für EU-Bereich.

20.23 • **Wild- und Jagdschaden.** Landesgesetzl Sondervorschriften gem § 35 BJagdG, die vielfach ein Vorverfahren vorsehen (BGHZ 197, 346) und teils örtl Zuständigkeit bestimmen (Übersicht bei Düsing/Martinez/Gies/v. Bardeleben, Agrarrecht, § 35 BJagdG Rn 1 ff); sa § 23 GVG Rn 15.

20.24 • **Zwangsvollstreckung.** S Rn 20.16.

21 **2) Zuständigkeit. a) Allgemeines.** § 32 begründet einen nicht ausschließl Wahlgerichtsstand (§ 35), in dem umfassende Prüfung aller (auch vertragl) Klagegründe erfolgt (s § 12 Rn 20 f). Bei mehreren Begehungsorten (s Rn 19; häufig) besteht Zuständigkeit an jedem; § 35 gilt auch insoweit. **Derogation** der Zuständigkeit aus § 32 ist unter den Voraussetzungen der §§ 38 ff mögl, insb nachdem die unerlaubte Handlung begangen ist (vgl § 38 III Nr 1); dagegen ist zweifelhaft, ob für Klagen aus künftigen unerlaubten Handlungen (insoweit auch § 40 I zu beachten!) anstelle der Zuständigkeit gem § 32 eine andere vereinbart werden kann (idR verneinend OLG Stuttgart BB 74, 1270; aA OLG Stuttgart MDR 2008, 709; Ehricke ZZP 111 [1998], 163 ff; offen für vorsätzl unerlaubte Handlung BGH NJW 95, 1226 aE).

22 **b)** Zur **Begründung** der Zuständigkeit ist erforderl, dass der Kl schlüssig Tatsachen **behauptet**, aus denen sich das Vorliegen einer im Gerichtsbezirk begangenen unerlaubten Handlung ergibt (BGHZ 124, 241 mwN = NJW 94, 1413; BGHZ 132, 110, 114 = NJW 96, 1413; BGH MDR 2010, 943). Dies gilt zumindest insoweit, als zuständigkeits- und anspruchsbegründende Tatsachen zusammenfallen (s § 12 Rn 14). Werden diese Tatsachen nicht erwiesen, ist die Klage unbegründet, nicht etwa nur unzulässig (BGH MDR 2010, 943); nicht „doppelrelevant" ist der Handlungs- oder Erfolgsort als solcher; über ihn ist daher im Rahmen der Zuständigkeitsprüfung uU Beweis zu erheben (insoweit wie § 1 Rn 14; § 12 Rn 14). Bei Klage gegen Streitgenossen muss die unerlaubte Handlung für *jeden* dargelegt werden (BGH NJW 2002, 1425 = MDR 2002, 713; sa Rn 17); anderenfalls ist die Klage schon unzulässig (vgl St/Roth Rn 14; aA Würthwein ZZP 106 [1993], 54 ff, 60: unbegründet).

§ 32a Ausschließlicher Gerichtsstand der Umwelteinwirkung

[1]Für Klagen gegen den Inhaber einer im Anhang 1 des Umwelthaftungsgesetzes genannten Anlage, mit denen der Ersatz eines durch eine Umwelteinwirkung verursachten Schadens geltend gemacht wird, ist das Gericht ausschließlich zuständig, in dessen Bezirk die Umwelteinwirkung von der Anlage ausgegangen ist. [2]Dies gilt nicht, wenn die Anlage im Ausland belegen ist.

1 **I) Allgemeines. 1) Bedeutung.** Der bes „*Gerichtsstand der Umwelteinwirkung*" knüpft an die Art der Schadensentstehung („Umwelteinwirkung durch Anlage") an. Eine bestimmte mat-rechtl Einordnung des Klageanspruchs setzt er nicht voraus; § 32a gilt daher außer bei Schadensersatzansprüchen nach dem UmweltHG auch bei anderen Haftungsgrundlagen (§ 18 I UmweltHG), etwa aus Delikt (§§ 823 ff BGB), sonstiger Gefährdungshaftung (WHG; BImSchG; ArzneiMG) oder Eigentum (§ 906 II 2 BGB), **nicht** aber für die Haftung aus Atomschäden (s § 18 II UmweltHG).

2 **2) Zweck. Konzentration** von Verf bei einem sachkundigen Gericht zu einheitl Verh und Entscheidung; Kostenersparnis bei SV-Beweis. Schadensfälle durch Umwelteinwirkungen treten oft in größerer Entfernung von der schadensstiftenden Anlage auf (Distanzschäden) und betreffen uU eine Vielzahl von Geschädigten (Massenschäden). Durch § 32a soll gewährleistet werden, dass verschiedene Geschädigte ihre Ansprüche nicht bei verschiedenen Gerichten geltend machen und sämtl Verf bei einem einzigen Gericht „gebündelt" werden; dies ermöglicht gemeinsame Beweisaufnahme mit einem (einzigen) SV (vgl Landsberg/Lülling DB 90, 2211; Pfeiffer ZZP 106 [1993], 160; Stein/Roth Rn 1).

3 **3) Internationaler Rechtsstreit.** Die (ausschließl) örtl Zuständigkeit gem S 1 besteht nur bei **Inlandsbelegenheit** der emittierenden Anlage (arg S 2). Bei Schadenseintritt im Ausland begründet S 1 auch die internat Zuständigkeit (allg s § 1 Rn 8 mN); im Anwendungsbereich der Brüssel Ia-VO gehen die Art 4, 7 Nr 2 Brüssel Ia-VO vor. Ist die Anlage **im Ausland belegen**, greift bei Klagen inländischer Geschädigter die verdrängende Wirkung des S 1 nicht ein (S 2). Die inländische örtl Zuständigkeit richtet sich dann nach allg Regeln und besteht beim Sitz des Inhabers der Anlage (§§ 12, 17) und beim Ort im Inland, wo der Umweltschaden eingetreten ist (so Begr BTDrs 11/8134, 6; s § 32 Rn 19), also idR am Klägerwohnsitz.

4 ***II) Voraussetzungen.* 1) Anlage.** Zum Kreis der Anlagen (Begriff: § 3 II, III UmweltHG) gehören die im Anh 1 zu § 1 UmweltHG abschließend aufgeführten Anlagetypen aus dem Bereich der Industrie und des Gewerbes (zB Wärmeerzeugung, Bergbau und Energie, Steine und Erden, Stahl und Eisen, Chemie, Arzneimittel, Mine-

ralöl, Kunststoff, Holz, Abfälle, Reststoffe, Lagerung gefährl Stoffe). Anlagen iSd § 32a S 1 sind auch noch nicht und nicht mehr betriebene Anlagen (§ 2 UmweltHG).

2) Inhaber. Die Klage muss sich gegen den **Inhaber** der Anlage richten. Der Begriff ist im UmweltHG nicht be- 5
stimmt; er ist in Anlehnung an andere Anknüpfungen der zivilrechtl Gefährdungshaftung, insb Halter (§ 7 StVG) und Betriebsunternehmer (§ 1 HaftpflG), zu entwickeln. Wer Inhaber ist, richtet sich danach nicht allein nach formalen rechtl Gesichtspunkten; entscheidend ist, wer die Anlage auf eigene Rechnung benutzt, die Verfügungsgewalt besitzt und die Kosten für den Unterhalt trägt (OLG Düsseldorf 29.10.2010 – 22 U 70/10; OVG Münster AbfallR 2015, 37). Der Begriff des Inhabers ist nicht identisch mit dem des Betreibers (im öff-rechtl Sinn); jedoch ist der Betreiber stets auch Inhaber (MskV/Heinrich Rn 6).

3) Durch Umwelteinwirkung verursachter Schaden. Klagegrund muss ein Schadensverlauf iSd § 3 I Um- 6
weltHG sein; zudem muss die Umwelteinwirkung von der Anlage (s Rn 4) ausgegangen sein (S 1 aE). Die matrechtl Einordnung des Klageanspruchs ist für die Zuständigkeit ohne Bedeutung (iE s Rn 1, 8).

4) Klageform. Sie ist gleichgültig; § 32a umfasst auch vorbeugende Unterlassungsklagen (St/Roth Rn 14), ferner 7
(vorbereitende) Auskunftsklagen (zB gem § 8 UmweltHG), denn auch sie sind „Geltendmachung" von Umweltschäden iSv S 1 (St/Roth Rn 8; aA Pfeiffer ZZP 106 [1993], 159, 161 f).

III) Rechtsfolgen. Das Gericht, in dessen Bezirk sich die emittierende Anlage iSv **S 1** befindet, ist örtl **aus-** 8
schließl zuständig. Folgen: s § 12 Rn 8. Ist der Ersatzanspruch auf mehrere Klagegründe gestützt (Umwelthaftung, sonstige Gefährungshaftung, zB nach WHG, BImSchG, Delikt iSv §§ 823 ff BGB usw, s Rn 1), ist das Gericht zur *umfassenden* Entscheidung des Rechtsstreits zuständig (s § 12 Rn 20). Nimmt der Geschädigte *mehrere Inhaber* von verschiedenen Anlagen wegen eines Schadens als Teil- oder Gesamtschuldner in Anspruch, besteht kein einheitl Gerichtsstand (vgl BTDrs 11/7881, 39); hier wird in entspr Anwendung von § 36 I Nr 3 ein gemeinsam zuständiges Gericht bestimmt werden können (St/Roth Rn 20; MK/Jungmann Rn 8); bei „bezirksüberschreitender" schadensstiftender Anlage gilt § 36 I Nr 4 entspr. Die sachl Zuständigkeit richtet sich nach allg Grundsätzen.

§ 32b Ausschließlicher Gerichtsstand bei musterverfahrensfähigen Ansprüchen

(1) Für Klagen, in denen ein in § 1 Absatz 1 des Kapitalanleger-Musterverfahrensgesetzes genannter Anspruch geltend gemacht wird, ist das folgende Gericht ausschließlich zuständig:

1. in den Fällen des § 1 Absatz 1 Nummer 1 und 2 des Kapitalanleger-Musterverfahrensgesetzes das Gericht am inländischen Sitz des betroffenen Emittenten oder des betroffenen Anbieters von sonstigen Vermögensanlagen,

2. in den Fällen des § 1 Absatz 1 Nummer 3 des Kapitalanleger-Musterverfahrensgesetzes das Gericht am inländischen Sitz der Zielgesellschaft und

3. in den Fällen des § 1 Absatz 1 Nummer 4 des Kapitalanleger-Musterverfahrensgesetzes das Gericht am inländischen Sitz des betroffenen Anbieters von Kryptowerte-Dienstleistungen.

(2) [1]Die Landesregierungen werden ermächtigt, durch Rechtsverordnung die in Absatz 1 genannten Klagen einem Landgericht für die Bezirke mehrerer Landgerichte zuzuweisen, sofern dies der sachlichen Förderung oder schnelleren Erledigung der Verfahren dienlich ist. [2]Die Landesregierungen können diese Ermächtigung auf die Landesjustizverwaltungen übertragen.

I neugefasst durch Zweites G zur Reform des Kapitalanleger-MusterverfahrensG v 16.7.2024 (BGBl 2024 I Nr 240) mWv 20.7.2024.

I) Allgemeines. 1) Regelungszweck. Der **ausschließl Gerichtsstand** bündelt Streitigkeiten im Anwendungsbe- 1
reich des § 1 I KapMuG bei dem LG am Sitz des betroffenen Emittenten und des betroffenen Anbieters von sonstigen Vermögensanlagen, auch wenn diese nicht mitverklagt sind (anders noch § 32b idF bis 19.7.2024; zur Neuregelung BTDrs 20/10942, 47; krit Hettenbach WM 2024, 237, 242; Jungmann ZIP 2024, 973, 975), sowie übernahmerechtl Erfüllungsklagen am Sitz der Zielgesellschaft und Klagen wegen des Verlust von Kryptowerten am Sitz des Anbieters der Verwaltung. Er besteht unabhängig davon, ob tatsächl ein Antrag nach § 2 KapMuG gestellt wird. Mit der **starken Konzentration** soll die in diesen Verf typischerw notwendigen Beweiserhebungen erleichtert, eine einheitl Beurteilung von nämlichen öffentl Kapitalmarktinformationen gesichert (BGH NJW-RR 2013, 1302 Tz 15) und der Anlegerschutz verbessert werden. Gleichzeitig vereinfacht die Konzentration der Verf bei einem Ausgangsgericht (auch wenn mehrere Spruchkörper befasst sein können) die Vorbereitung eines Musterverf nach §§ 1, 7 KapMuG. Das nach § 32b zuständige Gericht ist zur umfassenden Entscheidung des Rechtsstreits unter allen in Betracht kommenden rechtl Gesichtspunkten zuständig (OLG München

NJW-RR 2007, 1644, 1645). – Im Anwendungsbereich des § 32b besteht eine **ausschließl sachl Zuständigkeit** der LG nach § 71 II Nr 3 GVG bzw § 66 I 1 WpÜG.

2 **2) Abgrenzung.** § 32b verdrängt als ausschließl Gerichtsstand andere Gerichtsstände (zB § 22, § 32). Das gilt auch für **§ 14 II UWG**, der bei lauterkeitsrechtl Schadensersatzansprüchen von Mitbewerbern zB nach § 9 S 1, § 3a UWG wegen Verwendung unrichtiger Kapitalmarktinformationen begründet ist (s § 12 Rn 10).

3 **3) Internationaler Rechtsstreit.** Im sachl und räuml **Anwendungsbereich der Brüssel Ia-VO** (s Art 6 I Brüssel Ia-VO) gehen deren Gerichtsstände (insb Art 4 I, Art 7 Nr 2 Brüssel Ia-VO) vor. Danach können Emittenten und Anbieter mit Sitz im Ausland im Inland in den Gerichtsständen der Brüssel Ia-VO (insb Art 7 Nr 2 Brüssel Ia-VO: Begehungsort) verklagt werden. Ein ausl Bieter kann im Anwendungsbereich des § 1 I Nr 3 KapMuG auch vor den Gerichten seines Heimatlandes verklagt werden (Art 4 I Brüssel Ia-VO); eine (zusätzl) inländische nicht ausschließl Zuständigkeit am Sitz der Zielgesellschaft folgt aus Art 7 Nr 1a Brüssel Ia-VO, da § 32b I Nr 2 zugleich eine (mat-rechtl zwingende) Regelung des Erfüllungsorts für die genannten vertragl Ansprüche enthält. Bei Sachverhalten mit Auslandsberührung können inländische Emittenten, Anbieter und Zielgesellschaften auch im Inland in einem von **I** abweichenden Gerichtsstand der Brüssel Ia-VO verklagt werden, soweit dieser auch die örtl Zuständigkeit bestimmt (zB bei Art 7 Nr 2 Brüssel Ia-VO am Ort des Schadenseintritts; MskV/Heinrich Rn 10). Gleiches gilt, wenn sie sich nach Art 26 Brüssel Ia-VO rügelos eingelassen haben (OLG Braunschweig 10.6.2020 – 3 W 6/18).

4 Auch **außerhalb des Anwendungsbereichs der Brüssel Ia-VO** begründet § 32b keine internationale Zuständigkeit, wenn Emittenten und Anbieter im Ausland ansässig sind. Die ausschließl internationale Zuständigkeit der dt Gerichte soll aber nach § 32b für inländische Emittenten, Anbieter und Zielgesellschaften bestehen, so dass Geschädigte (außerhalb des EU/EWR-Bereichs) dann stets im Gerichtsstand des § 32b klagen müssten, weil einem in ihrem Heimatland ergangenem Urteil die Anerkennung nach § 328 I Nr 1 versagt bliebe. Dies erscheint wegen der darin liegenden Diskriminierung der auch außerhalb ihres Sitzes gerichtspflichtigen ausl Emittenten und des bei internationalen Sachverhalten nur sehr eingeschränkt erreichbaren Regelungszwecks des § 32b bedenkl (v. Hein RIW 2004, 609; MskV/Heinrich Rn 10), soll aber mit dem Gesetz gewollt gewesen sein (Bachmann IPrax 2007, 77, 83 mN).

5 **II) Schadensersatzklage wegen falscher usw öffentlicher Kapitalmarktinformation (§ 32b I Nr 1). 1) Voraussetzungen. a) Öffentliche Kapitalmarktinformationen.** An sie knüpft I Nr 1 iVm § 1 I Nr 1, 2 KapMuG an (Begriff: § 1 II KapMuG). Darunter fallen zB Prospekte (§ 1 II 2 Nr 1, 3 KapMuG), Kryptowerte-Whitepaper (§ 1 II 2 Nr 5 KapMuG, s Buck-Heeb BKR 2023, 689), Bestätigungsvermerke von Abschlussprüfern (§ 1 II 2 Nr 9 KapMuG nF; die Neuregelung soll die frühere Rechtslage nur klarstellen: BTDrs 20/11787, 45) und Exposés für die beworbene Kapitalanlage (BGH NJW-RR 2014, 248 Tz 17: Eigentumswohnanlage).

6 **b) Schadensersatzanspruch – aa) wegen falscher, irreführender oder unterlassener öffentlicher Kapitalmarktinformation (§ 1 I Nr 1 KapMuG).** Er setzt **keine bestimmte Anspruchsgrundlage** voraus. Erfasst sind danach sowohl Schadensersatzansprüche auf Grund spezialges Regelungen wie nach §§ 97, 98 WpHG, §§ 9-11 WpPG, §§ 20-22 VermAnlG, Art 15 MiCAR (VO (EU) 1114/2023) als auch Schadensersatzansprüche nach § 823 II BGB iVm §§ 263, 264a StGB oder iVm nebenstrafrechtl Schutzgesetzen (zB § 400 AktG, § 331 HGB) sowie allg deliktische (§ 826 BGB) und vertragl oder vertragsähnl Haftungstatbestände (§ 280 BGB iVm § 311 I u II BGB), bei denen die Haftung des Bekl unmittelbar aus einer falschen, irreführenden oder unterlassenen öffentl Kapitalmarktinformation abgeleitet wird (BGH MDR 2022, 1496 Tz 46 ff; BGH NJW-RR 2012, 937 Tz 10; OLG Stuttgart MDR 2021, 1214; aA OLG München ZIP 2016, 1508). Erfasst sind auch Ansprüche nach § 9 S 1 UWG (Götz ZIP 2016, 351, 352, str; s aber Rn 2). Eine Prospektpflicht ist in § 1 I Nr 1, II KapMuG nicht vorausgesetzt (BGH NJW 2007, 1364 Tz 10). Die unrichtige öffentl Information muss sich auf eine Kapitalanlage irgendeiner Art beziehen, außer auf Wertpapiere (Aktien) zB auch Fondsbeteiligungen oder Eigentumswohnungen (§ 1 II 1 Hs 2 KapMuG: „sonstige“ Vermögensanlagen) des ungeregelten („grauen“) Kapitalmarkts (BGHZ 177, 88, 92 Tz 12 mwN).

7 **bb) wegen Verwendung usw von falscher oder irreführender öffentlicher Kapitalmarktinformation (§ 1 I Nr 2 KapMuG).** Eine bestimmte Form der **Verwendung** ist nicht erforderlich. Es genügt, dass Vermittlung oder Beratung auf der Grundlage einer falschen oder irreführenden öffentl Kapitalmarktinformation erfolgt sind; ausreichend ist Weitergabe von Prospektinhalten, egal in welcher Form (BGH NJW 2016, 1178 Tz 13 = MDR 2016, 293). Ebenso genügt das **Unterlassen einer gebotenen Aufklärung**. Als **Anspruchsgrundlage** für die fehlerhafte Anlageberatung kommt auch in Frage § 280 BGB iVm § 241 II, § 311 II, III BGB (sog Prospekthaftung iwS). Entspr gilt bei Nebenpflichtverletzungen, zB aus Darlehensverträgen (s OLG München ZIP 2013, 2077, 2080).

8 **c) Parteien des Rechtsstreits.** Unerhebl nach I Nr 1 ist, ob der **Kl** Kapitalanleger ist. Als **Bekl** können in Anspruch genommen werden der **Emittent** (s Rn 10), sein **Emissionsbegleiter** und die **Mitglieder des Verwaltungs- und Aufsichtsorgans** (ggf als Streitgenossen), die für die öffentl Kapitalmarktinformation persönl verantwortl sind, ferner die **Anbieter** (s Rn 10) von sonstigen Vermögensanlagen. Ebenfalls erfasst werden **sonstige Prospektverantwortliche**, wie die Initiatoren, Gründer und Gestalter der Gesellschaft, einschließlich der als **„Garanten“** des Prospekts auftretenden RA, StB oder WP. Bekl können auch der als Mittelverwendungs-

kontrolleur verpflichtete **Treuhänder** (BGH ZIP 2017, 298 Tz 13) sowie (freie) **Anlagevermittler und -berater** und vertragl Nebenpflichten treffende Personen, zB Darlehensgeber, sein (s Rn 7).

d) Klageform. IdR die Leistungsklage, soweit allg zugelassen auch die Feststellungsklage. Zweifelhaft ist die Klage auf Feststellung der in **I** genannten Ansprüche zur InsTabelle (§§ 179, 180 InsO). Um die bezweckte Konzentration (s Rn 1) zu erreichen, gilt I entspr auch für die negative Feststellungsklage von haftenden Unternehmern (LG Göttingen 26.7.2011 – 2 O 1096/11; Götz NJW 2016, 351, 355; Thole NJW 2013, 1194; WSch/Großerichter § 1 KapMuG Rn 15 ff; KK-KapMuG/Hess § 32b ZPO Rn 11; aA Mormann ZIP 2011, 1183 f; ThP/Hüßtege Rn 6a, str). 9

2) Gerichtsstand. Es besteht **ausschließl örtl Zuständigkeit** des LG (s Rn 1) am inländischen **Sitz** (§§ 12, 17 I 2) des Emittenten oder Anbieters von sonstigen Vermögensanlagen (zB Fondsbeteiligungen). Wer Bekl (s Rn 8) ist, ist nach der Neufassung des § 32b unerhebl (s Rn 1). **Emittent** ist, wer Wertpapiere begibt oder dies beabsichtigt (§ 2 Nr 5 WpPG iVm Art 2 Buchst h ProspektVO) oder sonstige Vermögensanlagen auf den Markt bringt (BGH NJW-RR 2013, 1302 Tz 10). Soweit es um Emittentenpublizität am Sekundärmarkt geht, ist Emittent derj, dem die haftungsbegründende Informationspflichtverletzung vorgeworfen wird (BGH MDR 2020, 1384). **Anbieter** ist, wer das öffentl Angebot der Vermögensanlage nach außen verantwortet (§ 2 Nr 6 WpPG iVm Art 2 Buchst i ProspektVO; BGH NJW 2007, 1364 Tz 11; BGH NJW 2009, 513 Tz 15; BGH NJW-RR 2013, 1302 Tz 12). Keine „Anbieter" sind sonstige Prospektverantwortliche (BGH NJW-RR 2013, 1302 Tz 16 f). – Fallen die Sitze von Emittent und Anbieter einer Vermögensanlage auseinander oder besteht ein Doppelsitz, sind die Gerichte an beiden Sitzen zuständig, es besteht ein Wahlrecht des Kl (KG MDR 2016, 847, 848; s § 35 Rn 1); bei ihrem Wegfall (zB bei Löschung) gilt der *frühere Sitz* (KG MDR 2016, 847, 848; OLG München NJW-RR 2007, 1644). Für verschiedene Kapitalanlagen begründet I Nr 1 keine gemeinsame Zuständigkeit am Sitz des Emittenten/Anbieters einer der Anlagen (BGH MDR 2020, 1384; OLG Braunschweig ZIP 2018, 348). 10

III) Übernahmerechtliche Erfüllungsklage (§ 32b I Nr 2). 1) Voraussetzungen. Die Zuständigkeit gilt für **Klagen**, mit denen von einem Aktionär der Zielgesellschaft (§ 2 III WpÜG) ein Erfüllungsanspruch aus Vertrag, der auf einem Angebot nach dem WpÜG beruht (vgl §§ 10 ff WpÜG), gegen den Bieter (§ 2 IV WpÜG) geltend gemacht wird (Cuypers WM 2007, 1451; Mormann ZIP 2011, 1187). In Frage kommen der vertragl Anspruch des Aktionärs gegen den Bieter auf angemessene Gegenleistung (§ 31 I 1 WpÜG), Zinsansprüche (§ 38 WpÜG) sowie die Nacherfüllungsansprüche nach § 31 IV, V 1 WpÜG. **Nicht erfasst** sind Klagen auf Abschluss entspr Verträge, da das WpÜG Individualansprüche von Anlegern auf Abschluss solcher Verträge nicht vorsieht (BTDrs 15/5091, 20), ebenso nicht Schadensersatzansprüche nach § 12 I WpÜG (Mormann ZIP 2011, 1182, 1188; str). Für die **Klageform** gilt das Gleiche wie bei I Nr 1 (s Rn 9). 11

2) Gerichtsstand. Es besteht eine **ausschließl örtl Zuständigkeit** des Gerichts am inländischen Sitz (§ 17) der Zielgesellschaft; iÜ gelten die Ausf zu I Nr 1 entspr (s Rn 10). **Sachl Zuständigkeit:** LG (s Rn 1). 12

IV) Schadenersatzklagen bei Verlust usw von Kryptowerten (§ 32b I Nr 3). 1) Voraussetzungen. Die Zuständigkeit gilt für **Schadenersatzansprüche nach Art 75 VIII MiCAR** (VO (EU) 2023/1114; anwendbar ab 30.12.2024, Art 149 II MiCAR) bei Verlust von Kryptowerten oder der Mittel für den Zugang zu diesen. Der Anspruch richtet sich gegen Anbieter von Kryptowerte-Dienstleistungen (Art 3 I Nr 15, 16 MiCAR), die Kryptowerte für Kunden verwahren oder verwalten (Beck WM 2024, 425). Auf nationales Recht gestützte Schadenersatzansprüche (zB § 280, § 823 BGB; zur europarechtl Überlagerung Beck WM 2024, 425, 433) erfasst § 32b I Nr 3 nicht; wird eine Klage *auch* auf diese gestützt, besteht eine umfassende Entscheidungskompetenz (s § 12 Rn 20). 13

2) Gerichtsstand. Es besteht eine **ausschließl örtl Zuständigkeit** des LG (s Rn 1) am inländischen Sitz (§ 17) des Anbieters. 14

V) Landesrechtliche Zuständigkeitskonzentration (§ 32b II). Die Länder können nach **II** die in **I** genannten Klagen einem LG für den Bezirk mehrerer LG zuweisen. Davon haben Gebrauch gemacht: Bayern (§ 37 GZVJu v 11.6.2012, GVBl 2012, 295: LG Augsburg, Landshut, München I u Nürnberg-Fürth), Hessen (§ 46 JuZuV v 11.6.2013, GVBl 2013, 386: LG Frankfurt/M für ganz Hessen), Nordrhein-Westfalen (§ 1 VO über die Konzentration der Verf nach § 32b u nach dem G über Musterverf in kapitalmarktrechtl Streitigkeiten v 16.11.2012, GVBl 2012, 617: LG Düsseldorf, Dortmund, Köln jew für den ganzen OLG-Bezirk), Sachsen (§ 11 II SächsJOrgVO v 7.3.2016, GVBl 2016, 103, geändert durch VO v 7.12.2018, GVBl 2018, 735: LG Dresden, Leipzig) und Thüringen (§ 5 III ThürGerZustVO v 17.11.2011, GVBl 2011, 511: LG Gera für ganz Thüringen). 15

§ 32c (weggefallen)

§ 32c wurde aufgehoben durch das Verbandsklagenrichtlinienumsetzungsgesetz – VRUG v 8.10.2023 mWv 13.10.2023 (BGBl 2023 I Nr 272; BTDrs 20/6520, BTDrs 20/7631). Zur örtl Zuständigkeit der Verbandsklage s nunmehr § 3 I, II VDuG. 1

§ 33 Besonderer Gerichtsstand der Widerklage

(1) Bei dem Gericht der Klage kann eine Widerklage erhoben werden, wenn der Gegenanspruch mit dem in der Klage geltend gemachten Anspruch oder mit den gegen ihn vorgebrachten Verteidigungsmitteln in Zusammenhang steht.

(2) Dies gilt nicht, wenn für eine Klage wegen des Gegenanspruchs die Vereinbarung der Zuständigkeit des Gerichts nach § 40 Abs. 2 unzulässig ist.

1 **I) Allgemeines. 1) Bedeutung.** Nach Ansicht des **BGH** begründet § 33 eine **bes Prozessvoraussetzung** für die Widerklage, indem er einen Sachzusammenhang (Konnexität) mit der Klage verlangt (BGHZ 40, 187; BGH NJW 75, 1228; BGHZ 147, 220, 224, str). Das ist mit der **hL** abzulehnen; aus der Stellung des § 33 im Abschnitt über den Gerichtsstand, auch aus § 145 II, vor allem aber aus dem Gesetzeswortlaut u der neuen amtl Überschrift ergibt sich, dass § 33 nur einen zusätzl **bes Gerichtsstand** des Sachzusammenhangs für die Widerklage schafft (St/Roth Rn 2 ff; MK/Patzina/Windau Rn 3 ff; MskV/Heinrich Rn 3; RSchwab/Gottwald § 97 Rn 21; ebenso OLG Frankfurt GRUR-RR 2012, 392, 394; LG Karlsruhe NJW 2024, 1669; vermittelnd Rimmelspacher FS Lüke, 1997, S 655, 660, 673). **Bsp:** A in München verklagt B in Bremen. Hat B gegen A einen konnexen Gegenanspruch, gibt § 33 den Gerichtsstand für die Widerklage in Bremen; ist der Gegenanspruch nicht konnex, muss B den A in München verklagen. Wohnen aber Kl und Bekl in Bremen, ist die Zuständigkeit für die Widerklage aus §§ 12, 13 gegeben, so dass § 33 nicht eingreift. Nach der hier abgelehnten Gegenmeinung wäre die nicht konnexe Widerklage deshalb unzulässig, auch wenn für die Klage und Widerklage Bremen zuständig wäre. Da der Sachzusammenhang weit verstanden (s Rn 4 f) und der Mangel des Zusammenhangs auch vom BGH als heilbar (§ 295) angesehen wird (BGH BB 54, 811; zur hL s Rn 37), hat der Meinungsstreit **keine allzugroße praktische Bedeutung** (so iErg auch Prütting ZZP 98 [1985], 154).

2 **2) Normzweck.** Der **bes Gerichtsstand** beruht auf dem Gedanken des **Sachzusammenhangs** (s Rn 4 f). Er sichert einheitl Verh und Entscheidung von Zusammengehörigem, Vermeidung einer Vervielfältigung und Zersplitterung der Prozesse und fördert dadurch den Entscheidungseinklang (BGHZ 40, 189; BGH NJW 2014, 1670 Tz 16, 21). Die durch ihn begründete **Privilegierung** des Bekl (Widerklägers) erklärt sich daraus, dass der Kl als Angreifer aufgetreten ist und als solcher auch die Lasten eines Gegenangriffs tragen soll (vgl Hau ZZP 117 [2004], 34 mwN); damit hat er als Ausprägung der **Waffengleichheit** Gerechtigkeitsgehalt (vgl Pfaff ZZP 96 [1983], 352; sa BGHZ 187, 112 Tz 12, 14 = NJW 2011, 460: „Proz Gleichgewicht"). Der Gerichtsstand des § 33 ist nicht ausschließl; er kann also im Rahmen der §§ 38 ff ausgeschlossen und durch rügeloses Verhandeln nach § 39 S 1 begründet werden (s Rn 37).

3 **3) Anwendungsbereich. a) Allgemeines.** Der bes Gerichtsstand des § 33 gilt nicht nur im Verhältnis zum widerbeklagten Kl, sondern in bestimmten Fällen der Drittwiderklage auch zu dem bisher am Rechtsstreit nicht beteiligten Dritten (s Rn 24 ff).

4 **b) Sachzusammenhang.** Der bes Gerichtsstand des § 33 ist nur eröffnet, wenn der Widerklageanspruch mit *dem Klageanspruch* oder mit den gegen ihn vorgebrachten Verteidigungsmitteln im Zusammenhang steht (sonst: Rn 1). – **aa) Zusammenhang mit dem Klageanspruch.** Ein solcher ist vorhanden, wenn die geltend gemachten Forderungen auf ein gemeinsames Rechtsverhältnis zurückzuführen sind, beide also aus dem gleichen

Rechtsverhältnis oder Lebenssachverhalt (iSv Einl Rn 67) hervorgehen, ohne dass gerade die völlige Identität des unmittelbaren Rechtsgrundes vorhanden sein muss. Ausreichend ist jedenfalls ein – in einem weiten Sinne zu verstehender – rechtl Zusammenhang (St/Roth Rn 27; MK/Patzina/Windau Rn 29; MskV/Heinrich Rn 2; BGHZ 149, 120, 127 = NJW 2002, 2182), der – wie bei § 273 BGB (vgl ThP/Hüßtege Rn 4) – bei Vorliegen eines **innerl zusammenhängenden, einheitl Lebensverhältnisses** zu bejahen ist (vgl BGHZ 92, 194 = NJW 85, 189). **Bsp:** Zusammenhang besteht zwischen dem Kaufpreisanspruch des Verkäufers und dem Anspruch des Käufers auf Erstattung des Mangelbeseitigungsaufwands (BGHZ 52, 34); zwischen dem Mieterhöhungsverlangen des Vermieters u dem Mängelbeseitigungsanspruch des Mieters (KGR Berlin 2004, 91); zwischen dem Honoraranspruch des Architekten und Gegenansprüchen des Auftraggebers auf Schadensersatz wegen Planungsfehlern (BGH NJW 2001, 2094); zwischen wechselseitigen Ansprüchen aus einer ständigen Geschäftsbeziehung (BGHZ 149, 120 = NJW 2002, 2182, 2184; Busse MDR 2001, 730); zwischen Ansprüchen aus selbständigen Verträgen im Rahmen eines Sukzessivlieferungs- oder bei Vorliegen eines Rahmenvertrags (vgl AG Trier NJW-RR 2005, 1013, 1014); zwischen wechselseitigen Schadensersatzansprüchen aus dem gleichen Verkehrsunfall (BGH NJW 2007, 1753); zwischen gegenläufigen Ansprüchen auf Auszahlung des Erlöses im Prätendentenstreit bei Hinterlegung (OLG Frankfurt NJW 2010, 3173); zwischen Recht zum Besitz bzw dem Recht zur Vornahme der störenden Handlung des Besitzstörers und den Besitzschutzansprüchen (§§ 861, 862 BGB) des Besitzers, trotz der Einwendungsbeschränkung des § 863 BGB (BGHZ 53, 169; BGHZ 73, 358; sa Rn 36); zwischen Grundbuchberichtigungsanspruch (§ 894 BGB) und Anspruch auf Ersatz von Hypothekenzinsen (MskV/Heinrich Rn 2). Wird auf Zahlung des Mietzinses geklagt, so ist die Widerklage aus Kauf nicht konnex.

bb) Zusammenhang mit Verteidigungsmitteln. Verteidigungsmittel ist alles, was zur Abwehr der Klage vorgebracht wird. **Rechnet** der Bekl gegen die Klageforderung mit einer auch nicht konnexen Gegenforderung **auf** (allg s Rn 11), so kann er wegen des überschießenden Restes dieser Gegenforderung im Gerichtsstand des § 33 Widerklage erheben, da die hiermit rechtshängig gemachte Forderung mit dem Verteidigungsmittel der Aufrechnung in Zusammenhang steht (zust Prütting/Weth ZZP 98 [1985], 153). Doch muss das Verteidigungsmittel prozessual *und* sachl zulässig sein (was es zB nicht ist in den Fällen der §§ 393 f BGB). 5

c) Einschränkung (§ 33 II). Der Anwendungsbereich von I wird durch II in doppelter Hinsicht begrenzt: I gilt nur für vermögensrechtl (s § 3 Rn 16.122) Widerklagen (§ 40 II Nr 1); auch bei solchen ist er ausgeschlossen, wenn für den Gegenanspruch eine ausschließl örtl oder sachl Zuständigkeit besteht (§ 40 II Nr 2), zB aus §§ 24, 29a, 32a; § 23 Nr 2c GVG iVm § 43 II WEG; § 71 II GVG; iÜ s § 40 Rn 8 ff. Besonderheit bei Klagen aus Außergeschäftsraum- u Versicherungsverträgen: II findet auf Widerklagen des Gegners des Verbrauchers bzw der anderen Partei keine Anwendung, § 29c III, § 215 II VVG. 6

d) Sonderregelung in Designstreitsachen: § 52b DesignG. Besonderheiten bestehen auch bei der Widerklage im schiedsrichterl Verf (§ 1046 III, s § 1046 Rn 4). 7

4) Gerichtsstand. Das Gericht, an dem die Hauptklage rechtshängig ist (sa Rn 20), ist nach I, II auch für die Widerklage zuständig. § 33 verlangt nicht, dass das Gericht für die Hauptklage zuständig ist (BayObLG NJW-RR 2020, 1006; aA LG Frankfurt 6.3.2018 – 3-09 O 77/16); auch der Kl, der ein unzuständiges Gericht anruft, muss einen Gegenangriff dort in Kauf nehmen. Eine Zuständigkeit für die Klage wird durch § 33 aber nicht begründet (BayObLG NJW-RR 2020, 1006; OLGR Hamburg 2006, 416). Wird der Rechtsstreit bei Unzuständigkeit für die Klage an das zuständige Gericht verwiesen, erfasst dies auch die Widerklage (BayObLG NJW-RR 2020, 1006; s § 281 Rn 8). 7a

5) Internationaler Rechtsstreit. Aus § 33 kann sich auch die internationale Zuständigkeit ergeben (BGH MDR 85, 911 mN, stRspr; eingeh Arnold FS Schütze, 2014, S 17). Im Anwendungsbereich der **Brüssel Ia-VO** ist das Gericht der Klage für (konnexe) Widerklagen, die auf dens Vertrag oder Sachverhalt wie die Klage gestützt sind, international und örtl zuständig (Art 8 Nr 3 u Art 18 III Brüssel Ia-VO; s Art 8 Brüssel Ia-VO Rn 8 ff). Für die parteierweiternde Widerklage gegen Dritte (s Rn 24) und die Prozessaufrechnung gilt Art 8 Nr 3 Brüssel Ia-VO nicht (s Art 8 Brüssel Ia-VO Rn 12 ff); zur Aufrechnungszuständigkeit s Rn 11. Zur Zulässigkeit der Derogation der internationalen Widerklagezuständigkeit s Rn 37. 8

II) Widerklage als besondere Klageart. 1) Begriff. Widerklage ist die während der Rechtshängigkeit (s Rn 20) einer Streitsache von dem Bekl (dem Widerkläger) idR gegen den Kl (den Widerbeklagten) bei dems Gericht in dem Verf über die Vorklage erhobene Gegenklage, mittels welcher ein von dem Anspruch der Vorklage verschiedener Anspruch geltend gemacht wird. – Soweit in Ehesachen und FamStreitsachen die „Allg Vorschriften" der ZPO entspr Anwendung finden (vgl § 113 I 2 FamFG), sind auch „Wideranträge" mögl (Terminologie: § 113 V Nr 2 FamFG); sa Rn 23. 9

2) Wesen. Die Widerklage ist Gegen**angriff**, nicht ein Angriffs- oder Verteidigungsmittel iSd §§ 282, 296, 530, 531 (BGH NJW 81, 1217; BGH NJW 95, 1224 = MDR 95, 408). Eine Zurückweisung der Widerklage selbst oder der zu ihrer Begründung vorgetragenen Tatsachen als *verspätet* gem § 296 ist daher nicht mögl (s § 296 Rn 4); auch durch ein – an sich mögl – *Teilurteil* über die Klage (vgl § 301 I) darf Vorbringen, das für die Widerklage relevant ist, nicht gem § 296 zurückgewiesen werden (s § 301 Rn 9; zu der dadurch eröffneten „Flucht 10 in die Widerklage“ s § 296 Rn 42). Die Widerklage ist eine **echte Klage bes Art**, daher erfordert ihre Zulässigkeit zusätzl das Vorliegen allg und bes Prozessvoraussetzungen (s Rn 15 ff). Ist sie erhoben (s Rn 12), ist ein selbständiges Prozessrechtsverhältnis begründet, das sein eigenes Schicksal hat (s Rn 20).

11 **3) Abgrenzung zur Aufrechnung.** Verschieden von der Widerklage ist die **Aufrechnung** (dazu ausführl § 145 Rn 11 ff). Sie ist ein Verteidigungsmittel und darauf gerichtet, die Klageforderung als erloschen ansehen zu lassen (§ 389 BGB). Der rechtl Zusammenhang ist für die Aufrechnung sachl-rechtl ohne Bedeutung; im Prozess vgl allerdings § 145 III, § 302 I. Bei fehlender internationaler Zuständigkeit für die zur Aufrechnung gestellte Gegenforderung folgt die **internationale Aufrechnungszuständigkeit** aus der Widerklagezuständigkeit analog § 33 (s § 145 Rn 19; anders für EU-Bereich: Art 8 Brüssel Ia-VO Rn 13 f).

12 **III) Erhebung und Behandlung der Widerklage. 1) Form und Inhalt.** Die Widerklage kann durch Einreichung eines zuzustellenden (Widerklage-)Schriftsatzes (§§ 253, 261 II, §§ 271, 496) oder durch Geltendmachung in der mündl Verh (§ 297; OLG Köln MDR 2004, 962) – auch bei Nichterscheinen des Kl (RGZ 28, 407) – erhoben werden. Ist bei handelsrechtl Widerklage zur Zivilkammer die Verweisung insgesamt an die KfH gem § 98 I GVG beabsichtigt, hat die Widerklageschrift bereits den Antrag gem § 96 I GVG zu enthalten (iE Gaul JZ 84, 63; s Rn 19). Die ausdrückl Bezeichnung als „Widerklage“ ist nicht erforderl, zur Gewährleistung der richtigen prozessualen Behandlung aber zweckmäßig.

13 **2) Zeitpunkt. a) 1. Instanz.** Die Widerklage kann ab Rechtshängigkeit der Vorklage (s Rn 20) bis zum Schluss der mündl Verh erhoben werden (BGH NJW-RR 92, 1085); dann keine Zurückweisung gem § 296 als verspätet (s Rn 10). Über eine erst später zugestellte Widerklage ergeht keine Entscheidung (OLG Hamburg MDR 95, 526; OLGR Stuttgart 2003, 395, 396, str; sa § 296a Rn 2a). Die Widerklage ist auch noch im Nachverf nach vorangegangenem Zwischen-, Grund- oder Vorbehaltsurteil (§§ 302, 599) mögl, im schriftl Verf aber nicht mehr nach dem dem Verhandlungsschluss entspr Zeitpunkt gem § 128 II 2 (s § 128 Rn 18). Zur Widerklage nach übereinstimmender Erledigungserklärung s Rn 20. – **b)** In der **Berufungsinstanz** (die Berufung muss statthaft sein) ist die Widerklage nur unter den Voraussetzungen des § 533 zulässig (s § 533 Rn 8 ff). Anschließung des Berufungsbeklagten (§ 524) zur Erhebung der Widerklage ist zulässig (BGHZ 4, 234; s § 524 Rn 37), nicht aber zur Parteierweiterung (iÜ s Rn 25 aE; § 533 Rn 8). Bei Zurückweisung der Berufung durch Beschluss gem § 522 II verliert die zweitinstanzl erhobene Widerklage entspr § 524 IV ihre Wirkung (BGHZ 198, 315 = NJW 2014, 151; s § 522 Rn 37), ebenso eine in erster Instanz noch hilfsweise und erst zweitinstanzl unbedingt erhobene Widerklage (BGH NJW 2020, 3038). – **c)** In der **Revisionsinstanz** ist wegen § 559 eine Widerklage grds ausgeschlossen (BGH MDR 2021, 225 Tz 7; BGHZ 24, 279; Ausnahmen: Inzidentanträge auf Schadensersatz nach § 302 IV, § 600 II, § 717 II u III, § 1065 II 2; s § 559 Rn 8).

14 **3) Rechtliche Behandlung der Widerklage im Übrigen. Wertberechnung.** Zuständigkeitswert: § 5; Gebührenwert: § 45 I GKG; **Trennung:** § 145 II; **Verweisung:** § 506 I, uU § 281 (s Rn 15); **Teilurteil:** § 301 (Bsp: s Rn 36); **kein Güteverf** nach § 15a II Nr 1 EGZPO. Bei den Voraussetzungen der Zulässigkeit der Widerklage ist zwischen den **allg Prozessvoraussetzungen**, die erfüllt sein müssen (s Rn 15 ff), und den **bes Prozessvoraussetzungen der Widerklage** (s Rn 20 ff) zu unterscheiden.

15 **IV) Allgemeine Prozessvoraussetzungen. 1) Rechtswegzuständigkeit.** Ist für den Gegenanspruch das **ArbG** zuständig (§ 2 I Nrn 2, 3 ArbGG), ist nach Trennung gem § 17a II, IV GVG zu verfahren (BGH NJW 96, 1532; sa § 1 Rn 3), im Fall von § 17a V GVG selbst zu entscheiden (BGH NJW 96, 1532).

16 **2) Sachliche Zuständigkeit.** Sie wird durch § 33 nicht berührt. **Das Gericht**, bei dem die Klage angebracht wurde, **muss für die Widerklage sachl zuständig** sein. Gehört die Widerklage als Klage vor ein Gericht gleicher Ordnung wie das Gericht der Vorklage, so ist sie zulässig. Würde die Widerklage, wenn sie als Klage erhoben würde, vor ein AG gehören, ist die Klage aber beim LG anhängig, so ist das LG auch für die Widerklage zuständig (arg § 10 aF; iErg allgM, s OLG Frankfurt NJW 2010, 3173, 3175; Riehm/Bucher ZZP 123 [2010], 349). Wird bei einem AG eine Widerklage erhoben, die als Klage vor das LG gehören würde, so kann das AG durch Vereinbarung der Parteien zuständig werden. Beantragt eine Partei vor weiterer Verh zur Hauptsache die Verweisung an das übergeordnete LG, so hat das AG dies durch Beschluss auszusprechen (§ 506; § 5 Hs 2 ist zu beachten); eine Verweisung an ein anderes, ebenfalls zuständiges LG scheidet aus (OLG Zweibrücken NJW-RR 2000, 590). Wird Verweisungsantrag nicht gestellt und die mangelnde Zuständigkeit auch nicht gem § 39 geheilt, so ist die Widerklage wegen Unzuständigkeit abzuweisen.

17 Ist das **AG** für die Klage **ausschließl zuständig** (s Rn 6), gehört die Widerklage aber vor das LG, ist zu trennen (§ 145) u gem § 281 zu verweisen; § 506 ist nicht anwendbar (OLG München 10.6.2008 – 31 AR 53/08; Hogenschurz NJW 2015, 1990, 1993). Ebenso ist zu verfahren, wenn für die vor dem LG erhobene Widerklage das AG ausschließl zuständig ist (zB nach § 23a GVG; sa § 1 Rn 10 f). Wird Verweisungsantrag nicht gestellt, ist die Widerklage als unzulässig abzuweisen.

18 **3) *Örtliche Zuständigkeit.*** Sie muss gewahrt sein. Ist das Gericht der Klage nicht bereits aus sonstigem Grunde für die Widerklage örtl zuständig (s Rn 1), kommt es darauf an, ob die Voraussetzungen für den bes Gerichtsstand gem § 33 (s Rn 3 ff) vorliegen. Widerspruchlose Einlassung auf die Widerklage (s § 39 S 1) begründet vor-

behaltl § 40 II 1 die Zuständigkeit (s § 40 II 2; s Rn 6 u näher s Rn 37). Besteht keine gemeinsame örtl Zuständigkeit, ist abzutrennen (§ 145 II) und auf Antrag nach § 281 an das örtl zuständige Gericht zu verweisen; unterbleibt der Antrag, ist die Widerklage als unzulässig abzuweisen.

4) Zuständigkeit besonderer Spruchkörper. Vgl § 1 Rn 4. Zur Übertragung vom Einzelrichter auf die Kammer s § 348 Rn 8. – **a) KfH.** Wird vor der Zivilkammer des LG eine Widerklage erhoben, die vor die KfH gehört, so ist die Zivilkammer für beide Klagen zuständig (Gaul JZ 84, 62 mN). Wird dagegen vor der KfH der Klage eine nichthandelsrechtl Widerklage entgegengesetzt, gilt § 99 GVG. 19

b) Spezialzuständigkeiten nach §§ 72a, 119a GVG. Ist Inhalt einer Widerklage eine Rechtsstreitigkeit iSd §§ 72a, 119a GVG, ist die Sache an den gesetzl zuständigen Spezialspruchkörper abzugeben (KG MDR 2020, 1464; sa § 348 Rn 8). Ist die Klage in einem nach §§ 72a, 119a GVG zuständigen Spruchkörper anhängig, verbleibt es bei dessen Zuständigkeit, auch wenn die Widerklage einen Gegenstand außerhalb des jew Sachgebiets betrifft. 19a

V) Besondere Prozessvoraussetzungen der Widerklage. 1) Rechtshängigkeit der Klage. Die nicht notwendig beim zuständigen Gericht erhobene (s Rn 7a) Klage muss zum Zeitpunkt der Widerklageerhebung (§ 253 I) bereits **rechtshängig** sein (OLG Celle FamRZ 81, 791; deshalb keine Widerklage im Mahnverf: AG Lübeck NJW-RR 90, 1152), die Verh darf nicht geschlossen sein (s Rn 13) und die Rechtshängigkeit in der Hauptsache muss noch fortdauern (BGH NJW 2009, 148, 150 Tz 17); daher keine Widerklage, wenn die Klage zurückgenommen (§ 269), über sie rechtskräftig (§ 705) entschieden oder sie anderweitig erledigt ist. Ebenso ist eine Widerklage nicht mehr zulässig, wenn nach übereinstimmender Erledigterklärung nur noch über die Kosten des Rechtsstreits zu entscheiden ist (BGH NJW-RR 2001, 60). – Ist die **Widerklage rechtswirksam erhoben**, so dauern ihre Rechtshängigkeit und ihr Gerichtsstand fort, auch nach Zurücknahme oder sonstiger (zB durch Zahlung in der Hauptsache bewirkter) Erledigung der Hauptklage (BayObLG NJW-RR 2020, 1006), auch nach deren Abweisung wegen Unzuständigkeit (vgl LG München I NJW 78, 953). Scheidet der Kl nach wirksamer Erhebung der Widerklage infolge Parteiwechsels als Kl aus, bleibt das Gericht gem § 261 III Nr 2 für die ursprüngl Widerklage gegen ihn zuständig (OLG Koblenz FamRZ 83, 939). 20

2) Parteien. Die Widerklage muss idR **von dem Bekl der Vorklage** erhoben und idR **gegen den Kl der Vorklage** gerichtet sein. Widerkläger oder Widerbeklagter können auch einzelne Streitgenossen oder die Hauptintervenienten (§ 64) sein; unzulässig ist die Widerklage von NI im Namen der unterstützten Hauptpartei (s § 67 Rn 10), auch im Fall des § 69. Eine Widerklage durch **Dritte** ist ausgeschlossen (s Rn 29). Auf Seiten des Widerbeklagten können hingegen unter gewissen Voraussetzungen auch Dritte (und damit auch NI) in den Rechtsstreit einbezogen werden (näher s Rn 24-28). Ebenso ist es möglich, die Widerklage **auch gegen Streitgenossen auf ders Parteiseite** zu richten (LG Freiburg VersR 91, 1431; Damrau Zerb 2009, 145; Kähler ZZP 123 [2010], 473; aA St/Roth Rn 41; RSchwab/Gottwald § 97 Rn 30); es handelt sich um keinen Fall der „parteierweiternden" Widerklage, weil keine „neue" Partei in das Verf hineingezogen wird. Eine isolierte „Widerklage" gegen einen Streitgenossen auf ders Parteiseite ist hingegen unzulässig (s § 263 Rn 4). 21

3) Verschiedene Streitgegenstände. Als echte Klage (§ 253; s Rn 10) muss die Widerklage einen selbständigen Streitgegenstand haben (§ 261 III Nr 1, BGHZ 149, 222, 225 = NJW 2002, 751). Beantragt daher der auf Leistung Verklagte festzustellen, dass er den geforderten Betrag nicht schulde, so ist dies als Widerklage unzulässig. Auslegung als Klageabweisungsantrag aber mögl (§ 139). Dagegen geht es über die bloße Verneinung des Klageantrags hinaus, wenn der Bekl ggü der Klage auf Feststellung des Eigentums (Erbrechts usw) des Kl Widerklage mit dem Antrag auf Feststellung seiner Berechtigung erhebt; Grund: Mit der Abweisung der positiven Feststellungsklage des Kl steht eine Berechtigung des Bekl noch nicht fest. Bei einer Teilklage ist eine negative Feststellungswiderklage hinsichtl der ganzen Forderung zulässig, da insoweit ein selbständiger Streitgegenstand vorliegt (iE s vor § 322 Rn 47 f); zu Sonderfällen s Rn 30. 22

4) Gleiche Prozessart für Klage und Widerklage. Die Widerklage muss (im Allg) in ders Prozessart wie die Hauptklage erhoben und in dieser zulässig sein (dazu klarstellend BGHZ 149, 227 = NJW 2002, 751 = MDR 2002, 406). Unzulässig ist die Widerklage im Urkunden- und Wechselprozess (§ 595 I); umgekehrt ist die **Urkunden-Widerklage** im ordentl Verf aber zulässig (BGHZ 149, 222 = NJW 2002, 751 = MDR 2002, 406, str; s § 595 Rn 1). Im Arrest- und einstw Verfügungsverf gibt es keine Widerklage, im Hauptsacheverf keinen Antrag auf einstw Verfügung (KGR Berlin 1998, 421). Da keine grundlegenden Verfahrensunterschiede bestehen, soll aber im Hauptsacheverf der Antrag auf Aufhebung einer einstw Verfügung nach § 927 als Widerklage zulässig sein (BGH GRUR 2017, 938 Tz 36; aA OLG Karlsruhe GRUR-RR 2014, 362, 368); auch ist im Verfügungsverf bei Sachzusammenhang ein **Gegenantrag** in engen Grenzen zulässig (s § 935 Rn 4), desgl im sBV (s § 485 Rn 3). Im **FamFG-Verf** kommt eine **entspr** Anwendung als Widerantrag (§ 113 I 2, V Nr 2 FamFG) nur in Ehesachen im Rahmen von § 126 I, II FamFG in Frage (OLG Schleswig MDR 2015, 954), nicht in Abstammungssachen (keine FamStreitsache iSv §§ 112, 113 I 2 FamFG). Zur Widerklage im Verf nach EuBagatellVO: § 1099. 23

VI) Parteierweiternde Widerklage. Lit: Dauner-Lieb FS Schilken, 2015, S 223; Leifeld ZZP 126 (2013), 509; Mantzouranis ZZP 127 (2014), 375; Riehm/Bucher ZZP 123 (2010), 347. **1) Parteierweiterung auf Widerbeklagtenseite. a)** Als **„streitgenössische" Drittwiderklage** wird eine Widerklage des Bekl gegen den Kl und **zugleich** gegen einen bisher am Rechtsstreit nicht beteiligten Dritten als Streitgenossen iSv §§ 59, 60 bezeichnet. 24

Dritte sind dabei auch Streitverkündete, selbst wenn sie dem Kl oder Bekl als Streithelfer beigetreten sind (BGHZ 131, 76, 78 = NJW 96, 196; BGH NJW 2014, 1670 Tz 17; sa Rn 21; § 67 Rn 10). **Bsp:** Im Bauprozess verlangt der auf Restwerklohn verklagte Bauherr vom klagenden Bauunternehmer und dem Architekten *gemeinsam* „widerklagend" Schadensersatz wegen Planungs- u Baumängeln (BGHZ 40, 185 = NJW 64, 44); im Verkehrsunfallprozess erhebt der verklagte Unfallbeteiligte Widerklage gegen den Kl *und* dessen Haftpflichtversicherer (vgl BGHZ 170, 181); im Erbschaftsprozess erhebt der verklagte Miterbe Widerklage unter Einbeziehung eines bisher nicht beteiligten Miterben (BGH NJW-RR 2008, 1516).

25 Die Rspr des **BGH** lässt die konnexe (vgl § 33 I; s Rn 4 f) „streitgenössische" Drittwiderklage seit Langem unter den Voraussetzungen der als **Klageänderung** behandelten Parteierweiterung zu (BGHZ 40, 189; BGHZ 56, 75; BGHZ 69, 44; BGHZ 131, 79 mwN = NJW 96, 196), also bei Einwilligung des Drittwiderbeklagten (rügelose Einlassung genügt: OLG Düsseldorf MDR 90, 728) oder „bei *Sachdienlichkeit* der subj Klagenhäufung" (BGH NJW 91, 2838 mN, in BGHZ 131, 79 = NJW 96, 196 als „gefestigte Rspr des BGH" bezeichnet). Auch im **Schrifttum** wird die „streitgenössische" Widerklage befürwortet (vgl dazu mit Unterschieden iE St/Roth Rn 43 ff; MK/Patzina/Windau Rn 49 ff). Dem ist beizutreten, allerdings stellt sich die Parteierweiterung mit der zutreffenden hL als Rechtsinstitut sui generis dar, so dass § 263 nicht (entsprechend) anwendbar ist (s § 263 Rn 3, 19). Ob eine einheitl (aber § 61) Verh und Entscheidung der Widerklage gegen den Kläger und der Klage gegen Dritten stattfindet, ist vielmehr nach den Regeln über die Streitgenossenschaft (§§ 59, 60) und die Prozessverbindung bzw -trennung (§§ 145, 147) zu entscheiden. Ein erhebl sachl Unterschied ist damit nicht verbunden, weil die nach §§ 59, 60 erforderl Gleichartigkeit (s § 60 Rn 7) mit Konnexität (s Rn 4 f) und Sachdienlichkeit iSd § 263 gleichbedeutend ist. – Bei Erhebung der parteierweiternden Widerklage in der **Berufungsinstanz** (s Rn 13) ist die Zustimmung des Drittwiderbeklagten oder deren rechtsmissbräuchl Verweigerung erforderl; Sachdienlichkeit ist nicht ausreichend (s § 533 Rn 8). Eine Einbeziehung Dritter im Wege der Anschlussberufung ist nicht mögl (BGH NJW 95, 198).

26 **b)** Die **„isolierte" Drittwiderklage** richtet sich **nur** gegen einen bisher am Rechtsstreit nicht beteiligten Dritten, ohne den Kl mitzuverklagen. Sie wird von der Rspr grds als unzulässig angesehen (BGH NJW 2014, 1670 Tz 14 u sogleich), allerdings werden unter den Voraussetzungen einer qualifizierten (gesteigerten) Konnexität („tats u rechtl enge Verknüpfung der Gegenstände von Klage und Drittwiderklage") und des Fehlens schutzwürdiger Interessen des Drittwiderbeklagten (auch durch Ausweitung des Prozessstoffes und längere Verfahrensdauer) *Ausnahmen* zugelassen (BGH NJW 2014, 1670 Tz 16; BGH FamRZ 2018, 681 Tz 24; BGH MDR 2021, 283 Tz 28). Unter Berufung darauf, dass es sich dogmatisch bei der isolierten Drittwiderklage um eine „echte" Klage mit der Anregung einer Prozessverbindung handele, wird im Schriftum teilw eine großzügigere Handhabung gefordert (Riehm/Bucher ZZP 123 [2010], 357). **Ausnahmsweise zulässig** soll die isolierte Drittwiderklage in folgenden Fällen sein: „Widerklage" des Bekl gegen den Zedenten auf Rückzahlung von überhöhtem Honorar (BGHZ 147, 220 = NJW 2001, 2094 = MDR 2001, 952 = BGHReport 2001, 614 [Vollkommer]); die gleiche Konstellation stellt sich bei wechselseitigen – auf Klägerseite abgetretenen – Schadensersatzansprüchen von Verkehrsunfallbeteiligten (s BGH NJW 2007, 1753 = MDR 2007, 969); Drittwiderklage gegen den Zedenten in Form einer negativen Feststellungsklage (BGH NJW 2019, 1610 Tz 20; OLG Stuttgart NJW-RR 2013, 63, 64; Regenfus JA 2017, 161, 162 f); bei Klage des Leasinggebers Drittwiderklage des Leasingnehmers gegen den Verkäufer aus vom Leasinggeber abgetretenem Gewährleistungsrecht (BGH MDR 2021, 283); bei Regressklage des Versicherers Drittwiderklage gegen den Versicherungsnehmer auf Feststellung, dass ihm kein Ersatzanspruch zusteht (BGH VersR 2022, 979); bei Klage in gewillkürter Prozessstandschaft, Widerklage gegen den materiellen Rechtsträger (s vor § 50 Rn 54 mN). Hier ist auch der Fall einzuordnen, dass im Wege des *Parteiwechsels anstelle* der zunächst widerbeklagten Kl (Personenhandelsgesellschaft) später die Gesellschafter in einer für die Klage verbindl zu entscheidenden Vorfrage „widerverklagt" werden sollen (vgl BGHZ 91, 132 = NJW 84, 2104; vgl auch LG Bonn NJW-RR 2002, 1400). **Unzulässig** ist die im Mängelprozess gegen den Hauptunternehmer erhobene „Widerklage" gegen die ihm regresspflichtigen Subunternehmer (s § 72 Rn 7), auch wenn diese dem Rechtsstreit als NI beigetreten sind (BGH NJW 2014, 1670 = MDR 2014, 296, str; aA Schweer/Todorow NJW 2013, 3006 ff). Hilfe: §§ 72, 74.

27 Dass bei der isolierten Drittwiderklage der Zedent oder materielle Rechtsträger **als Zeuge ausgeschaltet** wird, berührt keine schutzwürdigen Interessen des Drittwiderbeklagten und ist erst recht nicht rechtsmissbräuchl (BGH NJW 2007, 1753; St/Roth Rn 41; aA LG Koblenz MDR 99, 1020; sa Einl Rn 41). Beweisrechtl Nachteile sind durch Anhörung des Drittwiderbeklagten nach § 141 auszugleichen (s § 141 Rn 3b), soweit nicht vorab durch Teil-(Sach-)urteil (§ 301) entschieden werden kann (iE str, s OLG Karlsruhe BB 92, 97; zust Uhlmannsiek MDR 96, 116). Ist die Zeugenstellung des widerbekl „materiellen" Kl erst durch die „taktische" Zession geschaffen worden, stellt die parteierweiternde Drittwiderklage nur die natürl Rollenverteilung Partei/Zeuge wieder her (vgl BGH NJW 2007, 1753, 1754; Riehm JZ 2007, 1003; Dräger MDR 2008, 1373).

28 **c)** Noch nicht abschließend geklärt ist, ob bei zulässiger Drittwiderklage die **örtliche Zuständigkeit** gegen den Drittwiderbeklagten *nach § 33 begründet* ist. Relevant wird dies dann, wenn sonst kein allg oder bes (insb nach § 32) Gerichtsstand des Drittwiderbeklagten am Gerichtsort besteht. Der BGH hat dies ursprüngl bejaht (BGH NJW 66, 1028), später aber eine Gerichtsstandsbestimmung gem § 36 I Nr 3 für erforderl gehalten (BGH NJW

91, 2838; BGH NJW-RR 2008, 1516). Mit Beschl v 30.9.2010 hat der BGH seine Rspr wiederum geändert und erkennt „jedenfalls" für die Drittwiderklage **gegen den** bisher nicht am Verf beteiligten **Zedenten** der Klageforderung eine Zuständigkeit bei dem Gericht der Klage „entspr" § 33 an (BGHZ 187, 112 = NJW 2011, 460; iErg BGH MDR 2021, 283 Tz 31). Die Rspr-Änderung bezieht sich sowohl auf die „isolierte" als auch die „streitgenössische" Widerklage (so auch Beck WRP 2011, 414, 418). Eine entspr Anwendung von § 33 auf andere Fallgruppen ist dann gerechtfertigt, wenn keine schutzwürdigen Belange des Drittwiderbeklagten der Konzentration des Rechtsstreits entgegenstehen (MskV/Heinrich Rn 28; zweifelnd ThP/Hüßtege Rn 12), so insb bei Widerklagen **gegen den Rechtsinhaber**, wenn ein Prozessstandschafter klagt. Auch in den Fällen von Gemeinschaft und Gesellschaft müssen es die „im Lager" des Kl stehenden Mitberechtigten, Gesellschafter und dgl hinnehmen, dass der (zunächst begrenzte) Streit mit Hilfe der Drittwiderklage auf sie erstreckt wird. Bsp: Der von der Gesellschaft (§ 124 HGB) auf Leistung verklagte Gesellschafter erhebt Drittwiderklage **gegen die übrigen Gesellschafter** auf Feststellung seiner fehlenden Mitgliedschaft (s Mantzouranis ZZP 127 [2014], 375, 391; BGHZ 91, 132 = NJW 84, 2104). Zu weit geht es allerdings, in allen Fällen streitgenössischer Drittwiderklagen einen Gerichtsstand analog § 33 anzuerkennen (so BayObLG 12.3.2019 – 1 AR 10/19) oder eine „enge tatsächl und rechtl Verzahnung des Rechtsgrunds" der Klage und Widerklage ausreichen zu lassen (so OLG Frankfurt 17.11.2022 – 11 SV 39/22).

2) „Widerklage" durch Dritte. Darunter ist die Klage eines bisher am Rechtsstreit nicht als Partei Beteiligten 29
(auch Streithelfers, s Rn 21) gegen den Kl **allein** oder gegen den Kl **und** einen am Rechtsstreit bisher nicht beteiligten Dritten zu verstehen. Als Widerklage iSd § 33 ist sie unzulässig (BGH JR 73, 18; OLGR Hamburg 2003, 373; OLG Stuttgart MDR 2012, 1186; aA Uhlmannsiek MDR 96, 114; Schröder AcP 164 [1964], 517, 534; Fenge JR 73, 19). Bei der „Widerklage" durch Dritte handelt es sich vielmehr um eine eigenständige Klage (kein Fall von § 33) verbunden mit der Anregung zu Verbindung gem § 147 (OLG Stuttgart MDR 2012, 1186; MskV/Heinrich Rn 19; St/Roth Rn 55, iE str). § 33 findet keine Anwendung.

VII) Sonderfälle. 1) Feststellungs-Widerklage. Sie ist insb praktisch ggü einer **Teil**klage (s Rn 22 aE), ferner 30
bei Klagen des Zessionars (s Rn 26, 28). Mögl ist auch Zwischenfeststellungs-Widerklage (§ 256 II; s § 256 Rn 35 ff). Eine nicht mehr nach § 269 I einseitig rücknehmbare **Leistungs-Widerklage** erledigt die entspr *negative Feststellungsklage* (BGHZ 99, 343; s § 91a Rn 58.16; § 256 Rn 17).

2) Gegenangriff-Widerklage. Die Widerklage auf **Unterlassung** der *Behauptung* der klagebegründenden Tat- 31
sachen ist unzulässig; sie ist kein Fall identischen Streitgegenstands (so aber Walter NJW 87, 3140, s Rn 22), denn der mit der Widerklage geltend gemachte Unterlassungsanspruch ist nicht das kontradiktorische Gegenteil des Klageanspruchs, wohl aber fehlt das Rechtsschutzbedürfnis (BGH NJW 87, 3139 f = MDR 87, 999; allg sa § 940 Rn 8.27).

3) Titelschaffende Widerklage. Sie ist ein Mittel des VollstrGl als Bekl einer Vollstreckungsgegenklage gem 32
§§ 795, 767 I, um die unwirksame ZwV-Unterwerfung (§ 794 I Nr 5) durch einen urteilsmäßig zustande gekommenen Titel zu „ersetzen"; iE str; vgl Hau FS Lindacher, 2007, S 48 ff.

4) Hilfswiderklage. Sie kann allg unter einer (auflösenden oder aufschiebenden) innerprozessualen Bedingung 33
(zB Klagestattgabe, völlige oder teilw Klageabweisung) erhoben werden (BGHZ 132, 398 = NJW 96, 2307; BGH NJW 96, 2166 f; BGH NJW 2009, 149, 150 Tz 11 mN, hM); sie muss nicht in einem „echten" Eventualverhältnis zu dem primär verfolgten Klageabweisungsantrag stehen (BGHZ 132, 400 in Klarstellung zu BGHZ 21, 13) und kann sich auch im vollen Einklang mit dem – erfolgreichen – Verteidigungsvorbringen befinden (BGHZ 132, 397 f mN: „unechte" Eventual-Widerklage). Mögl ist auch eine Hilfswiderklage für den Fall, dass der primäre Widerklageantrag erfolglos oder erfolgreich ist; ebenso, dass der Bekl die Prüfungsreihenfolge des Gerichts festlegt, wenn zB der Gegenstand der Hilfswiderklage mit dem einer Hilfsaufrechnung übereinstimmt (BGHZ 147, 220, 224 = NJW 2001, 2094). Die allg Grundsätze über die eventuelle Antragstellung finden Anwendung (s § 260 Rn 4 ff).

Unzulässig ist idR die (parteierweiternde) **Hilfswiderklage gegen einen Dritten**. Als Fall einer echten Wider- 34
klage und damit Klage (s Rn 10) kann sie nicht unter einer Bedingung erhoben werden, da das gegen den Dritten begründete Prozessrechtsverhältnis nicht in der Schwebe gelassen werden darf (vgl BGHZ 147, 220, 224 = NJW 2001, 2094; MskV/Heinrich Rn 12; sa Einl Rn 45).

5) Wider-Widerklage. Sie ist eine Widerklage des Kl gegen eine Widerklage des Bekl. Sie folgt den Regeln der 35
Widerklage (s Rn 15 ff, 20 ff; BGH NJW-RR 96, 65), nicht denen der Klageerweiterung (§ 263), und ist auch hilfsw (s Rn 33) zulässig (BGH NJW 2009, 148 Tz 11). Mit ihr wird der Gerichtsstand des § 33 begründet; allerdings kann durch „taktische" Wider-Widerklage unter gleichzeitiger Rücknahme der Klage (zur Vermeidung doppelter Rechtshängigkeit, § 261 III Nr 1) der Kl den ursprüngl Zuständigkeitsmangel der Klage nicht mit Hilfe von § 33 überwinden (Fall von Zuständigkeitserschleichung).

6) Petitorische Widerklage. Sie ist ggü der **Besitzschutzklage zulässig** (BGHZ 73, 355 = NJW 79, 1358; BGH 36
NJW 1999, 425; krit Spieß JZ 79, 718; sa Rn 4). Bedenken wegen einer Beeinträchtigung des Besitzschutzprozesses bestehen nicht, denn auch die Erhebung der (petitorischen) Widerklage ändert nichts daran, dass Einwen-

dungen aus dem Besitzrecht nicht ggü dem Besitzschutzanspruch geltend gemacht werden können (§ 863 BGB). Ist aber die Besitzschutzklage entscheidungsreif, so kann und muss über sie sofort durch Teilurteil entschieden werden, § 301. Auch in dem Ausnahmefall gleichzeitiger Entscheidungsreife von Klage und Widerklage iS ihrer Stattgabe droht kein Konflikt einander widersprechender Verurteilungen, denn die Klage ist in entspr Anwendung von § 864 II BGB abzuweisen und der Widerklage ist stattzugeben (BGHZ 73, 359). Im Verfügungsverf sind petitorische Gegenanträge mögl (s § 940 Rn 8.19).

37 **7) Pro-/Derogation der Widerklagezuständigkeit.** § 33 begründet einen bes Gerichtsstand für die konnexe Widerklage (s Rn 1). Fehlt er, etwa bei mangelndem Zusammenhang (s Rn 4 f) oder bei der „Widerklage" ggü Dritten (s Rn 28), kann das Gericht der Hauptklage durch Prorogation oder rügelose Verh (§ 39) zuständig werden. Andererseits können der nicht ausschließl Gerichtsstand des § 33 und damit auch die aus ihm folgende internationale Zuständigkeit (s Rn 8) durch negative Prorogation (Derogation) abbedungen werden (BGHZ 52, 30; 59, 116; BGH NJW 81, 2644; BGH MDR 85, 911; BGH NJW-RR 87, 228; aA Eisner NJW 70, 2141; v. Falkenhausen RIW 82, 386). Ob der Gerichtsstand des § 33 abbedungen ist, ist durch Auslegung zu ermitteln (s § 38 Rn 18); an eine Derogation sind dabei strenge Anforderungen zu stellen, weil § 33 alteingewurzelten Gerechtigkeitsvorstellungen entspricht und zugleich im Gerichtsinteresse liegt (s Rn 2; vgl zB BGH WM 83, 1018; MskV/Heinrich Rn 30). Die schlichte Vereinbarung eines deutschen Gerichtsstands bei einem Liefergeschäft ins Ausland genügt dazu nicht (BGHZ 59, 116 = NJW 72, 2179). Auch bei Vereinbarung einer „ausschließl" Zuständigkeit dürfte bei anschließender prorogationswidriger Klageerhebung die Widerklagezuständigkeit idR nicht ausgeschlossen sein.

38 **VIII) Gebühren. 1) Gericht:** Werteaddition nach § 45 I 1, 3 GKG; beim Vergleich § 45 IV GKG. Rücknahme allein der Klage oder der Widerklage (OLG Stuttgart MDR 2002, 298) oder Vergleich über nur eine der Klagen (OLG Schleswig MDR 2003, 176) sind kein Ermäßigungstatbestand nach 1211 Nr 1 GKG-KV. Keine Vorauszahlungspflicht: § 12 II Nr 1 GKG. Die Kostenschuld des Widerklägers (§ 22 GKG) ist allerdings fällig (§ 6 GKG) und kann eingefordert werden; es darf nur ein Tätigwerden des Gerichts nicht bis zum Zahlungseingang zurückgestellt werden (OLG München MDR 2003, 1077 [Hartung]; OLG Jena MDR 2008, 593). – **2) RA:** Geb aus dem Wert des Gerichtsgebührenwertes (§ 23 I 1 RVG). Bei ders Angelegenheit von Klage und Widerklage: § 7 I, § 15 II RVG; daher zB nur einmaliger Gebührenanfall bei Vertretung auch eines Drittwiderbeklagten, der dem Kl seine Ansprüche abgetreten hat (BGH AGS 2016, 61; OLG Celle MDR 2015, 245; OLG Stuttgart JurBüro 2016, 415).

§ 34 Besonderer Gerichtsstand des Hauptprozesses

Für Klagen der Prozessbevollmächtigten, der Beistände, der Zustellungsbevollmächtigten und der Gerichtsvollzieher wegen Gebühren und Auslagen ist das Gericht des Hauptprozesses zuständig.

1 **I) Allgemeines. 1) Bedeutung.** § 34 enthält nicht nur einen bes (nicht ausschließl) Wahlgerichtsstand (§ 35) für Gebührenklagen (s Rn 4) des begünstigten Personenkreises (s Rn 3), sondern regelt auch die sachl Zuständigkeit (dazu näher s Rn 5). **Grund** der Regelung: Sachzusammenhang (BGHZ 97, 83 = NJW 86, 1178). Bedeutung für RA ist gering, da im Anwendungsbereich des Festsetzungsverf (§ 11 RVG; näher s Rn 4) die Gebührenklage ausgeschlossen ist (Rechtsschutzbedürfnis fehlt). Im Anwendungsbereich der **Brüssel Ia-VO** begründet § 34 keine internat Zuständigkeit (Roth ZZP 104 [1991], 459 zu BGH NJW 91, 3095); zur Anwendung kommt idR Art 7 Nr 1 lit b Brüssel Ia-VO (s § 29 Rn 25.2).

2 **2) Anwendungsbereich.** Die Honorarklage kann auch auf einer Vertretung in anderen Rechtswegen (Rechtsgebieten) beruhen (s Rn 5). § 34 gilt nicht für **Notare**; diese haben ihre Gebühren nach § 89 GNotKG geltend zu machen. Gegenstandslos ist § 34 für **GV**; für diese gelten nun § 1 I Nr 7, § 8 I JBeitrG, § 5 GvKostG.

3 **II) Voraussetzungen. 1) Personenkreis.** Kl der Gebührenklage (s Rn 4) können sein: ProzBev, auch Verkehrsanwälte (RGZ 58, 110) und Unterbevollmächtigte und sonstige Vertreter (§ 5 RVG), Beistände (§ 90) und Zustellungsbevollmächtigte (§ 184); **Bekl:** Vollmachtgeber und deren Bürgen (OLG Kiel OLGE 7, 273); ferner die Rechtsnachfolger dieser Personen. § 34 gilt **nicht** für Klagen des **Vollmachtgebers** gegen den ProzBev oder für Klagen gegen die kostenpflichtige **Gegenpartei** (MskV/Heinrich Rn 3).

4 **2) Klagegegenstand. Gebühren und Auslagen** (Vergütung iSv § 1 RVG) nebst Nebenforderungen (USt, Zinsen), die in dem Rechtsstreit (Prozess-, Mahn-, Arrest-, selbständiges Beweis-, ZwV- oder Aufgebotsverf) kraft Ges oder Vereinbarung entstanden sind. § 34 trifft nicht zu bei außergerichtl Tätigkeit (zB Scheidungsfolgenvereinbarung, vgl BGHZ 97, 84 = NJW 86, 1179), in Strafsachen oder in Angelegenheiten der fG (MK/Patzina/Windau Rn 8). – Bei RA kommen nur Streitigkeiten in Frage, die außerhalb des Gebührenrechts liegen (§ 11 V RVG), also Klagen, die im Wesentl den Grund des Gebührenanspruchs betreffen, nicht aber den Streit, welche Gebühren angefallen sind und in welcher Höhe; hier erfolgt **Festsetzung gem § 11 RVG.**

5 **III) *Rechtsfolgen.*** *Örtl u sachl nicht ausschließl* zuständig (§ 35 gilt für beides: OLG Brandenburg NJW 2004, 780) ist das **Gericht des Hauptprozesses**, das ist – ohne Rücksicht auf den Wert des Streitgegenstands – das Gericht, das in 1. Instanz mit der Sache befasst war. Bei einer **FamSache** (§ 111 FamFG) entscheidet das für

streitige Zivilsachen zuständige AG (§ 23 GVG), nicht das FamG (§ 23b GVG; so zum früheren Rechtszustand BGHZ 97, 79 = NJW 86, 1178), bei einem vor der **KfH** geführten Rechtsstreit die allg Zivilkammer (OLG Dresden AGS 2010, 309; aA MskV/Heinrich Rn 9; sa § 95 GVG Rn 17). Grund: § 34 betrifft nur die örtl und sachl Zuständigkeit, nicht aber die Rechtsweg- oder VerfZuständigkeit oder die Zuordnung zu einem bestimmten Rechtsgebiet. Ebenso wird nach einem **Arbeitsrechtsstreit** durch § 34 nicht die Zuständigkeit des ArbG begründet, sonst hinge der Rechtsweg (§ 13 GVG, § 2 ArbGG) von der Zuständigkeitswahl (s Rn 1) ab (so auch BAGE 87, 29 mwN = NJW 98, 1092; OLG Zweibrücken FamRZ 82, 85; MskV/Heinrich Rn 5; St/Roth Rn 11; aA LAG Hamburg MDR 95, 213). Hat die erstinstanzl Zuständigkeit infolge einer Verweisung (§ 281) gewechselt, ist das neue Gericht zuständig, auch wenn die Verweisung unberechtigt war (AG München AnwBl 74, 27). Beim Gericht des Hauptprozesses sind auch die in der höheren Instanz oder einem Wiederaufnahmeverfahren entstandenen Kosten einzuklagen.

§ 35 Wahl unter mehreren Gerichtsständen

Unter mehreren zuständigen Gerichten hat der Kläger die Wahl.

I) Allgemeines. § 35 stellt klar, dass die Wahl des zuständigen Gerichts bei Konkurrenz mehrerer (nicht ausschließl) allg oder bes Gerichtsstände dem Kl zusteht. § 35 gilt entspr im **EU-Bereich** (BGHZ 188, 373 Tz 29 = NJW 2011, 2515). 1

II) Anwendungsbereich. Auch bei **mehreren ausschließl** Gerichtsständen greift § 35 ein, nicht aber, wenn ein ausschließl zuständiges mit nicht ausschließl zuständigen Gerichten zusammentrifft (s § 12 Rn 10). In Mahnverf mit subj Antragshäufung können die mehreren ASt zwischen den gem § 689 II für sie zuständigen Gerichten wählen (s § 689 Rn 3); dies gilt allg bei **aktiver Streitgenossenschaft**, wenn die Zuständigkeit an den Klägerwohnsitz anknüpft (BGH NJW 91, 2910 mwN = MDR 92, 301). Fälle: § 29c; § 26 I FernUSG; § 797 V (BGH NJW 91, 2910 u s § 797 Rn 21); § 94a I AMG; sa § 36 Rn 20. 1a

III) Ausübung der Wahl. Sie erfolgt (erst) **durch Klageerhebung** (§ 253 I, § 261 I) beim zuständigen Gericht (BayObLG MDR 99, 1461, allgM), ebenso durch Widerklage gem § 33 (OLG Zweibrücken NJW-RR 2000, 590). Bei **Mahnverf** erfolgt Wahl bereits durch Angabe eines zuständigen Gerichts im Mahnantrag (§ 690 I Nr 5, § 692 I 1, § 696 I, § 700 III; s § 690 Rn 18). Ist die Klage beim **unzuständigen Gericht** erhoben oder ein unzuständiges Gericht im MB-Antrag bezeichnet, kann Kl noch durch **Verweisungsantrag** (§ 281 I 2) wählen (BayObLG 10.2.2021 – 101 AR 154/20; OLGR Karlsruhe 2007, 636). **Keine Wahlrechtsausübung** (mit Bindungswirkung) liegt in der Klageerhebung, wenn die Zuständigkeitskonkurrenz erst nach Verfahrenseinleitung entstanden (OLG Köln NJW-RR 2014, 319; OLG Schleswig MDR 2007, 1280) oder doch dem Kl erst nachträgl bekannt geworden ist (KG NJW-RR 2001, 62 = MDR 2000, 413; wohl auch OLG München MDR 2007, 1154, 1155, iE str, aA OLG Hamm MDR 2012, 307 mwN). 2

IV) Bindungswirkung. Die fehlerfrei getroffene Wahl ist unwiderrufl und bindend; die fehlerbehaftete hingegen insg unwirksam, auch wenn bei obj Klagenhäufung das angerufene Gericht für einzelne Ansprüche zuständig ist (LG Frankfurt NJW-RR 2018, 1216). Bei Bindungswirkung kann eine erneute Wahl nur noch bis Eintritt der Rechtshängigkeit (bei einem zuständigen Gericht) durch Erklärung ggü dem angegangenen Gericht erfolgen, danach gilt Grundsatz der Fortdauer der Zuständigkeit des angerufenen Gerichts (*perpetuatio fori*, § 261 III Nr 2; KG MDR 2016, 847 Tz 16; OLG Hamm MDR 2012, 307). Eine erneute Wahl ist daher nicht bei Parteierweiterung auf Beklagtenseite mögl (OLG Bamberg 8.8.2018 – 8 SA 27/18). Bei einem (vollständigen) Wechsel der Beklagtenpartei besteht das Wahlrecht hingegen erneut bis zur Rechtshängigkeit gegenüber dem neuen Bekl an einem zuständigen Gericht (OLG Saarbrücken 23.4.2024 – 5 Sa 1/24; BayObLG 10.2.2021 – 101 AR 163/20; sa § 263 Rn 25). Die Bindung besteht nur für den Kl, der Bekl ist bei der Zuständigkeitswahl für eine neue Klage umgekehrten Rubrums frei (OLGR Karlsruhe 2003, 246); daher kann der „natürl" Bekl durch Erhebung der negativen Feststellungsklage dem „natürl" Kl das Recht zur Wahl des Gerichtsstands für die Leistungsklage nicht nehmen. Die Antragstellung im **sBV** bindet nur für das sBV als solches (OLG Zweibrücken BauR 97, 885; OLGR Schleswig 2007, 158), dagegen nicht im nachfolgenden Hauptsacheverf (OLGR Jena 2008, 353; Fischer MDR 2001, 608, 611; sa § 39 Rn 2, § 486 Rn 4); das Wahlrecht erlischt auch nicht durch Gesuch um Arrest oder einstw Verfügung (OLG Karlsruhe NJW 73, 1509). Durch **Rücknahme** der erhobenen Klage endet die Bindungswirkung, so dass dem Kl anderweitige Wahl mögl ist (St/Roth Rn 6; uU aber missbräuchl: s Rn 4); auch bei späterer zuständigkeitsrelevanter *Klageerweiterung* gem §§ 263, 260 (OLGR Karlsruhe 2007, 636) oder *Klageänderung* gem § 263 entsteht das Wahlrecht neu (OLG Köln NJW-RR 2014, 319). 3

V) Schranken bei der Wahl. Bei der Ausübung der Wahl ist der Kl **frei** (Folge der in den bes Gerichtsständen zum Ausdruck kommenden Begünstigung des Kl); er braucht weder den Gerichtsstand zu wählen, in dem geringere Kosten entstehen (BGH MDR 2014, 807 Tz 10 ff; St/Roth Rn 5, str), auch nicht bei Inanspruchnahme von PKH (OLG Karlsruhe Rpfleger 2006, 23, 24), noch auf die Belange des Bekl Rücksicht zu nehmen (OLG 4

Hamm NJW 87, 138, 139); taktische Gesichtspunkte sind erlaubt, insbes darf er bei „fliegendem Gerichtsstand" (s § 32 Rn 10) bestehende Rspr- oder Qualitätsunterschiede zwischen zuständigen Gerichten ausnutzen (OLG Hamburg NJW-RR 2007, 763, 764; Möller NJW 2009, 3769, str); Klage am „dritten Ort" (abw vom Kl-Sitz bzw Kanzleisitz des Kl-ProzBev u vom Bekl-Sitz) ist grds zulässig (BGH MDR 2014, 807). Schranke erst bei **Rechtsmissbrauch** (§ 242 BGB; BGH MDR 2014, 807 Tz 9), dh der Inanspruchnahme eines Gerichtsstands aus sachfremden Gründen. Darlegungslast hat der Bekl (BGH MDR 2014, 807 Tz 12). **Bsp:** Wahl eines bes entlegenen, für den Bekl schwer zugängl Gerichts (OLG Schleswig NJW-RR 2014, 442, 443; KG WRP 2008, 511); planmäßige Antragswiederholung nach Rücknahme zum „Austesten" verschiedener Gerichte (s § 935 Rn 5); sachfremde Aufspaltung in mehrere Verf bei Wahl verschiedener Gerichte (vgl allg BGH NJW 2013, 1369 Tz 10). **Lit:** Lüttringhaus ZZP 127 (2014), 41 ff.

§ 36 Gerichtliche Bestimmung der Zuständigkeit

(1) Das zuständige Gericht wird durch das im Rechtszug zunächst höhere Gericht bestimmt:

1. **wenn das an sich zuständige Gericht in einem einzelnen Fall an der Ausübung des Richteramtes rechtlich oder tatsächlich verhindert ist;**
2. **wenn es mit Rücksicht auf die Grenzen verschiedener Gerichtsbezirke ungewiss ist, welches Gericht für den Rechtsstreit zuständig sei;**
3. **wenn mehrere Personen, die bei verschiedenen Gerichten ihren allgemeinen Gerichtsstand haben, als Streitgenossen im allgemeinen Gerichtsstand verklagt werden sollen und für den Rechtsstreit ein gemeinschaftlicher besonderer Gerichtsstand nicht begründet ist;**
4. **wenn die Klage in dem dinglichen Gerichtsstand erhoben werden soll und die Sache in den Bezirken verschiedener Gerichte belegen ist;**
5. **wenn in einem Rechtsstreit verschiedene Gerichte sich rechtskräftig für zuständig erklärt haben;**
6. **wenn verschiedene Gerichte, von denen eines für den Rechtsstreit zuständig ist, sich rechtskräftig für unzuständig erklärt haben.**

(2) Ist das zunächst höhere gemeinschaftliche Gericht der Bundesgerichtshof, so wird das zuständige Gericht durch das Oberlandesgericht bestimmt, zu dessen Bezirk das zuerst mit der Sache befasste Gericht gehört.

(3) [1]Will das Oberlandesgericht bei der Bestimmung des zuständigen Gerichts in einer Rechtsfrage von der Entscheidung eines anderen Oberlandesgerichts oder des Bundesgerichtshofs abweichen, so hat es die Sache unter Begründung seiner Rechtsauffassung dem Bundesgerichtshof vorzulegen. [2]In diesem Fall entscheidet der Bundesgerichtshof.

1 **I) Allgemeines. 1) Bedeutung.** Die §§ 36, 37 ergänzen die **ges** Zuständigkeitsordnung (§§ 12-35a) durch die Möglichkeit einer **gerichtl** Zuständigkeitsbestimmung in den Fällen, in denen aus tatsächl oder rechtl Gründen ein im Einzelfall zuständiges Gericht nicht (zweifelsfrei) feststellbar ist. Die §§ 36, 37 gewährleisten damit die Lückenlosigkeit des Rechtsschutzes; Zuständigkeitsstreitigkeiten sollen möglichst schnell und einfach beendet werden (BGHZ 71, 18; BGH NJW 2002, 1425, 1426 mN; BGH NJW 2003, 3278, 3279). Gesichtspunkten der **Prozessökonomie** kommt daher bei der Zuständigkeitsbestimmung große Bedeutung zu.

2 **2) Rechtsnatur.** Die gerichtl Zuständigkeitsbestimmung stellt einen Akt der Rspr dar (St/Roth Rn 2), nicht der Justizverwaltung; ihre Besonderheit besteht in dem die Hauptsache vorbereitenden Charakter (BGH NJW-RR 2014, 248 Tz 7); die Bestimmung ergeht außerhalb des Verf, für das das Gericht bestimmt wird (RSchwab/Gottwald § 38 Rn 1).

3 **3) Anwendungsbereich. a) Verfahren.** § 36 gilt **unmittelbar** für jedes der ZPO unterliegende Verf, gleich welcher Prozessart (RGZ 139, 351), zB im sBV (OLG Schleswig NJW-RR 2010, 533), in Verf einstw Rechtsschutzes (OLGR Zweibrücken 2008, 857), im Vollstreckungsverf der §§ 828 ff (vgl OLG Hamm MDR 2017, 1446; OLGR Köln 2005, 582; OLGR Karlsruhe 2004, 554; sa § 828 Rn 2) und der §§ 899 ff (vgl LG Berlin Rpfleger 99, 188), im Verf zur Festsetzung von Vollstreckungskosten (BGH NJW 2005, 1273 mN), im Verf zur Vollstreckbarerklärung eines ausl Schuldtitels oder Schiedsspruchs (BayObLG NJW 88, 2184 Nr 15; OLG Frankfurt 25.8.2022 – 11 SV 30/22), im PKH-Verf (BGH NJW-RR 91, 1342 mN; BGH NJW-RR 2010, 209 Tz 7; sa § 127 Rn 5) oder im Mahnverf (BGH NJW 93, 2752; OLG Naumburg Rpfleger 2010, 605; sa Rn 36; § 696 Rn 15; § 703d Rn 3 u 4). § 36 gilt ferner **entspr** in Ehe- u FamStreitsachen (§ 113 I FamFG) u im InsVerf (BGHZ 132, 196; BGH ZIP 2006, 442). Eine (§ 36 entspr) **Sonderregelung** gilt in Verf der freiw Gerichtsbarkeit (§ 5 FamFG).

4 **b) Zuständigkeiten *und Rechtswege.* § 36** wird **entspr** angewandt auf die Bestimmung der sachl und funktionellen Zuständigkeit (s Rn 20, 32 u 39 ff), ferner in Fällen mit Auslandsberührung der **internationalen Zuständigkeit** (Rn 6), schließl bei (nur noch seltenen) Zuständigkeitsstreitigkeiten zwischen **Gerichten verschiedener**

Verfahrensordnungen oder Rechtswege (BGH NJW 2001, 3631; s Rn 42, 43). Keiner Gerichtsstandsbestimmung bedarf es im Fall einer mehrfachen Klagebegründung bei ausschließl Spezialzuständigkeit (Grund: umfassende Entscheidungskompetenz entspr § 17 II 1 GVG, s § 12 Rn 20 f; str).

c) Abschließende Regelung in § 36 I. § 36 ermöglicht grds nur in den Fällen des I Nr 1-6 (zu deren Anwendungsbereich Rn 17-43) die Bestimmung eines einheitl Gerichts (Ausn s aber Rn 6). § 36 gilt daher **nicht** (entspr) bei fehlendem gemeinsamen Gerichtsstand für verschiedene Streitgegenstände (**obj Klagenhäufung**; OLG Frankfurt 10.11.2022 – 11 SV 32/22; BayObLG 3.12.2019 – 1 AR 112/19; OLG Hamm NJW-RR 2016, 1024; MK/Patzina/Windau Rn 11), nicht zur gemeinsamen Kostenfestsetzung aus verschiedenen KFB (OLG Karlsruhe Rpfleger 97, 19). Die hierbei anzuführenden Zweckmäßigkeitsüberlegungen rechtfertigen eine Durchbrechung der Zuständigkeitsordnung nicht. 5

4) Internationaler Rechtsstreit. Die Bestimmung der örtl Zuständigkeit eines Gerichts umfasst insb in den Fällen von **I Nr 5 u 6** zugleich auch die internat Zuständigkeit (s allg § 1 Rn 8). Bei (internat) Not- und Ersatzzuständigkeit der dt Gerichte (ohne örtl Zuständigkeit, s EuIZPR Rn 51) ist Bestimmung des im Einzelfall zuständigen dt Gerichts in entspr Anwendung von § 36 möglich (s aber Rn 33). Allg ist in Fällen mit Auslandsberührung (Beteiligung ausl Bekl als Streitgenossen) die Bestimmung eines dt Gerichts (niemals eines ausl) möglich (s Rn 21). Eine Frage der jew Fallkonstellation ist, ob im **EU-Bereich** für alle Bekl (Streitgenossen) EU-Gerichtsstände eingreifen oder ergänzend ein Bestimmungsverf gem **I Nr 3** erforderlich ist (s näher Rn 21). 6

II) Voraussetzungen. 1) Zuständigkeit. a) Grundsatz (§ 36 I). Zuständig ist das höhere **gemeinschaftl** Gericht. Entscheidend ist die Rechtsmittelzuständigkeit, nicht der Gerichtsaufbau (BGHZ 104, 363, 366 = NJW 1988, 2739). Für Zivilverfahren ist so das LG zuständig für die AG seines Bezirks und das OLG für die LG seines Bezirks. Weil das OLG außerhalb des Instanzenzugs bei erstinstanzl am AG liegenden Streitigkeiten liegt, ist der BGH das höhere gemeinschaftl Gericht nicht nur, wenn AG und LG verschiedener OLG-Bezirke, sondern auch, wenn AG verschiedener LG-Bezirke im selben OLG-Bezirk beteiligt sind (BayObLG 24.9.2019 – 1 AR 83/19). Eine Zuständigkeit des BayObLG als gemeinschaftl Gericht wird nur über § 36 II iVm § 9 EGZPO begründet; es ist daher nicht für Zuständigkeitskonflikte innerhalb eines bayer OLG-Bezirks zuständig (BayObLG 9.10.2019 – 1 AR 120/19; OLG München MDR 2020, 753; aA OLG München FamRZ 2019, 719; s Rn 8). Der **zuständige Spruchkörper** (Kammer, Senat) am gemeinschaftl Gericht richtet sich nach dem **GVP**; er kann allg für Kompetenzkonflikte oder nach der Art des Kompetenzkonflikts (zB FamSache) bestimmt werden (vgl BGH NJW-RR 99, 1081; OLG Rostock FamRZ 2004, 650). 7

b) Zuständigkeitsverlagerung auf OLG/BayObLG (§ 36 II). Soweit nach I der BGH für die Bestimmung zuständig wäre, ist **anstelle des BGH** das **OLG** (in Bayern gem § 9 EGZPO das BayObLG) zuständig, zu dessen Bezirk das zuerst mit der Sache befasste Gericht gehört (II, *Prioritätsprinzip*). Das gilt auch bei tatsächl Schwierigkeiten durch Beteiligung mehrerer OLG-Bezirke (BGH NJW 99, 221) oder bei Zuständigkeitskonflikten auf OLG-Ebene (BGH NJW-RR 99, 1081; näher s Rn 41), auch bei Beteiligung eines anderen ZS desselben OLG (OLG Oldenburg MDR 2004, 534). Die Entscheidung des OLG gem II setzt nicht voraus, dass das vorlegende Gericht zuständig war; das OLG kann aber gem II nur „anstelle" des BGH, nicht anstelle eines anderen gem I zuständigen OLG entscheiden (verkannt von OLGR Karlsruhe 1999, 380). **Befasst** mit der Sache ist das Gericht, sobald bei ihm ein Antrag auf Entscheidung eingegangen ist; Rechtshängigkeit ist nicht erforderl, gerichtl Tätigkeit braucht noch nicht entfaltet worden zu sein, eine räuml Beziehung der Sache zum Gerichtsbezirk (zB gem §§ 13, 17) ist nicht erforderl. Die Befassung entfällt auch bei § 36 I Nr 3 nicht desh, weil das angerufene Gericht einen Verweisungsbeschluss gefasst hat (OLG Rostock MDR 2020, 951). Ist noch kein Gericht mit der Sache befasst (was bei beabsichtigtem Vorgehen gegen Streitgenossen gem § 36 I Nr 3 vielfach der Fall sein wird, s Rn 11), so ist das OLG zuständig, das zuerst gem § 37 I (s § 37 Rn 1) um die Bestimmung angegangen wird (BGH NJW 2008, 3789 = MDR 2009, 46; OLG Saarbrücken GesR 2021, 43: auch bei späterer Antragsrücknahme); die vorherige Befassung eines nachgeordneten Gerichts wäre nicht nur reine Förmelei, sondern stünde iÜ im Widerspruch zur Regelung gem I. Bei *gleichzeitiger* Anhängigkeit der Ausgangsverf bei verschiedenen Gerichten entscheidet gleichfalls das OLG, bei dem der Bestimmungsantrag (zuerst) gestellt wird (OLGR Karlsruhe 2005, 171). Bei einem Zuständigkeitsstreit gem I Nr 6 nach vorangegangenem *Mahnverf* scheidet das tätig gewordene Mahngericht (§ 689 II) für die Anknüpfung gem II aus (BayObLG 26.7.2022 – 102 AR 65/22; OLGR Frankfurt 1998, 265; OLGR Köln 1999, 233), denn es war nicht mit der „Sache" (dem Streitverf) befasst; zuerst „befasst" ist das Streitgericht gem § 690 I Nr 5, § 696 I. 8

2) Bestimmtes Gericht. a) Vom übergeordneten gemeinschaftl Gericht kann gem **I** nur ein dem bestimmenden Gericht nachgeordnetes Gericht seines Bezirks bestimmt werden. Soweit das OLG/BayObLG nach dem Prioritätsprinzip **anstelle des BGH** als bestimmendes Gericht zuständig ist (s Rn 8), kann auch ein zu einem anderen OLG-Bezirk gehörendes Gericht bestimmt werden. Bei der Bestimmung besteht freie Wahl im Fall der Nr 1; eines der beteiligten Gerichte ist zu bestimmen bei Nrn 2-5 (zu Nr 3 s Rn 29); in den Fällen der Nr 6 kann uU auch ein am Kompetenzkonflikt nicht beteiligtes „drittes" Gericht zu bestimmen sein (dazu näher s Rn 37). 9

b) Nur ein (das) **Gericht** kann bestimmt werden, **nicht** ledigl funktionell (BayObLG 25.7.2022 – 101 AR 36/22) oder geschäftsverteilungsplanmäßig zuständige bestimmte „Abteilungen" (OLG München NJW-RR 2008, 1466 10 für „WE-Sachen“) oder einzelne (auch auswärtige) Spruchkörper des Gerichts (Fiebig NZA 95, 17; anders aber bei rechtssatzmäßiger Zuständigkeit, wie zB im Verhältnis ZivK zur KfH oder Spezialkammer nach § 72a GVG; s § 95 GVG Rn 2; BayObLGZ 94, 121; sa Rn 20, 33, 39).

11 **3) Zeitpunkt.** Die Bestimmung kann außer in den Fällen der Nrn 5 u 6 **vor** Klageerhebung erfolgen (vgl BGH NJW 80, 1281), im Mahnverf vor Erlass des MB (BayObLG Rpfleger 2002, 528), aber auch noch **nach Rechtshängigkeit** (allgM, vgl OLG Düsseldorf MDR 2013, 57; OLG Hamm MDR 2013, 489; St/Roth Rn 27); zu zeitlichen Grenzen in den Fällen des I Nr 3 s Rn 26, in den Fällen der Nrn 5 u 6 s Rn 31 u 36.

12 **4) Prüfung, Verfahren im Allgemeinen.** Zur Einleitung des Verf und Prüfungsumfang s allg § 37 Rn 1 ff; zu I Nr 3 auch Rn 28.

13 **III) Vorlageverfahren gem § 36 III. 1) Vorlagebefugnis.** Sie steht nur dem **OLG/BayObLG** zu; eine unmittelbare Anrufung des BGH durch die Parteien (vgl § 37 I) oder auf Vorlage eines beteiligten Gerichts (s § 37 Rn 2) scheidet aus, auch wenn das OLG/BayObLG seiner Vorlagepflicht zu Unrecht nicht nachgekommen ist (BGH 30.4.2002 – X AZR 59/02). Die Vorlage ist zudem nur statthaft, wenn das OLG/BayObLG nach II *anstelle* des BGH entscheidet (s Rn 8); Divergenz bei „originärer“ Bestimmungszuständigkeit des OLG (also als gemeinschaftl Gericht iSd Rn 7) genügt nicht (BGH NJW 2000, 3214; BGH NJW 2018, 2336; OLG Naumburg NJW 2008, 1238; OLG Braunschweig MDR 2019, 1531). Das folgt aus der inneren Einheit von III mit II.

14 **2) Voraussetzungen. a)** Es muss ein Kompetenzkonflikt iSv **I Nr 1-6** in der Auslegung durch die hRspr vorliegen (s Rn 17-42; s BGHZ 156, 147, 149 = NJW 2003, 3636, 3637). – **b)** Nur bei **Bejahung der Bestimmungszuständigkeit** durch das OLG (III: „bei der Bestimmung“) kommt die Vorlage in Frage (OLG München NJW 2007, 163, 165); dies umfasst auch rechtl Vorfragen (BGH NJW 2018, 2200: Streitgenossenschaft bei I Nr 3). – **c) Beabsichtigte Abweichung in einer Rechtsfrage**. Die Rechtsfrage kann die Bestimmungsvoraussetzungen oder den Inhalt der Bestimmungsentscheidung betreffen. Kein Raum für eine Vorlage besteht, soweit die Zuständigkeitsbestimmung nicht auf Rechtsgründen, sondern auf Ermessen, Zweckmäßigkeitsgesichtspunkten oder Gründen der Prozessökonomie beruht (s Rn 28, 37). Unerhebl ist, ob es sich um eine Rechtsfrage auf dem Gebiet des materiellen Rechts (zB zu Sitz, Niederlassung, Erfüllungsort, Begriff der unerlaubten Handlung usw) oder des Prozessrechts handelt (zB Wirksamkeit und Umfang der Bindungswirkung von Beschlüssen, Zulässigkeit der Bestimmung in zeitl Hinsicht, Vorliegen eines gemeinsamen Gerichtsstands bei Anspruchskonkurrenz; so auch BGH NJW 2008, 3789 Tz 9). Die Rechtsfrage muss für die Zuständigkeitsbestimmung **erhebl** sein, dh ihre Beantwortung muss den tragenden Grund für diese Entscheidung bilden und darf nicht nur beiläufig geäußert sein (sog *obiter dictum*; im Einzelfall uU zweifelhaft, vgl allg BVerfG NJW 98, 522); maßgebend ist dabei die nachvollziehbar begründete Rechtsauffassung des vorlegenden Gerichts (BGH NJW 2002, 1425, 1426 = MDR 2002, 713; BGH NJW 2003, 3201; BGH MDR 2015, 51). Für die **Divergenzentscheidung** bestehen keine zeitl Grenzen. Gleichgültig ist das Verf, in dem die Divergenzentscheidung ergangen ist, insb braucht es sich nicht um eine Bestimmungsentscheidung iSd § 36 zu handeln. Als **Divergenzgerichte** kommen der BGH und die OLG in Frage, ferner das (im Wortlaut von III nicht ausdrückl genannte) BayObLG (Folge § 9 EGZPO iVm § 36 II, auch hinsichtl Entscheidungen vor Auflösung und Neuerrichtung), nicht das RG (BayObLG MDR 2005, 589). „Anderes“ OLG kann (außer bei § 21e GVG) auch ein anderer Senat des vorlegenden OLG sein (BGH MDR 2017, 1383; aA OLG Schleswig BB 2000, 1321).

15 **3) Verfahren. a)** In den Gründen des **Vorlagebeschlusses** sind die entscheidungserhebl Rechtsfragen und die Divergenzentscheidung zu bezeichnen; ferner ist der abweichende Standpunkt vom vorlegenden Gericht zu begründen und die Erheblichkeit der Abweichung für die zu treffende Bestimmungsentscheidung aufzuzeigen (III 1). – **b)** Mit der Vorlage geht die Bestimmungskompetenz vom OLG/BayObLG auf den **BGH** über; der BGH entscheidet nicht nur über die (vorgelegte) Rechtsfrage, sondern trifft nunmehr als höchstes gemeinschaftl Gericht (vgl I, II) die Zuständigkeitsbestimmung selbst (III 2) oder weist den Bestimmungsantrag zurück; in diesem Fall trifft der BGH auch die Kostenentscheidung (BGH NJW-RR 2014, 248 Tz 19; s § 37 Rn 3a). Die Entscheidung ist abschließend (§ 37 II).

16 **4) Abgrenzung.** Neben der Vorlage gem I, III scheidet eine BGH-Zuständigkeit auf Grund vom OLG zugelassener Rechtsbeschwerde (§ 574 I Nr 2) zur „Sicherung einer einheitl Rspr“ (§ 574 II Nr 2) aus (s § 37 Rn 4; aA OLG Stuttgart NJW-RR 2003, 1706, 1707 f).

17 **IV) Die einzelnen Fälle der Zuständigkeitsbestimmung (§ 36 I Nr 1-6). 1) Verhinderung des zuständigen Gerichts (§ 36 I Nr 1). a) Rechtliche Verhinderung.** Der einzige bzw sämtl Richter des Gerichts und die Stellvertreter sind von der Ausübung des Amtes ausgeschlossen (§ 41; RGZ 44, 394) oder abgelehnt (§ 42; OLG Nürnberg FamRZ 2022, 1215); bei Kollegialgerichten ist ausreichend, dass eine ordnungsgemäße Besetzung des nach GVP zuständigen Spruchkörpers ausgeschlossen ist (BGH 23.8.2016 – X ARZ 292/16 Tz 8; OLG Schleswig SchlHA 2023, 196). Streit um die Stichhaltigkeit einer Ablehnungsannahme (§ 45 II 2) fällt unter I Nr 6 (s Rn 39 aE).

18 **b) Tatsächliche Verhinderung.** Bei Naturkatastrophen, Kriegseinwirkung (BGHZ 7, 310), Stillstand der Rechtspflege und dgl.

18a **c) Bestimmung des zuständigen Gerichts** erfolgt nach Zweckmäßigkeitsgesichtspunkten (wie I Nr 3; OLG Schleswig SchlHA 2023, 196; s Rn 38).

2) Ungewissheit der Zuständigkeit (§ 36 I Nr 2). Liegt vor, wenn zweifelhaft ist, in welchem Gerichtsbezirk der für die Zuständigkeit maßgebl Ort liegt, zB Ort der Grenze zweier Grundstücke (§ 24); Ort der unerlaubten Handlung (§ 32), nicht aber bei obj Klagenhäufung von Ansprüchen aus unerlaubter Handlung mit unterschiedl Tatorten (OLG Frankfurt 1.3.2019 – 13 SV 1/19). Sonderregelung in Binnenschifffahrtssachen: § 3 I 3 BinSchGerG. 19

3) Gerichtsstandsbestimmung bei Streitgenossenschaft (§ 36 I Nr 3). a) Anwendungsbereich. aa) Wegen der in Frage kommenden Verf gilt Rn 3. I Nr 3 bezieht sich nicht nur auf die **örtl** (insoweit allgM), sondern auch auf die **sachl** (BGHZ 90, 156 ff; BGH NJW 98, 685 f = MDR 98, 236; BayObLG ZMR 2025, 149) und die **funktionelle** Zuständigkeit (KG NZI 2024, 556: Kammer nach § 72a GVG u allg ZivK; BayObLG NJW-RR 99, 1010 f: KfH u allg ZivK: s Rn 39), ermöglicht aber **nicht** eine Bestimmung des (fehlenden gemeinsamen) **Rechtswegs** (BGH NJW 94, 2032 = MDR 95, 524; s Rn 43). Bei Zusammentreffen mit einem **Kompetenzkonflikt** gem I Nr 6 ist über Letzteren zuerst zu entscheiden (BayObLGZ 99, 96). Eine örtl oder sachl **ausschließl** Zuständigkeit hindert die Bestimmung nicht (BGHZ 90, 159 f; BGH NJW-RR 2008, 1514; OLG Hamm NZM 2016, 823; OLG Brandenburg WuM 2015, 367; s Rn 29). **Bsp:** Klage gegen Hauptschuldner/Mieter (§ 29a gilt) u Bürgen (§ 29a gilt nicht; vgl OLGR Brandenburg 2003, 273). – **bb)** I Nr 3 gilt für **alle Arten der Streitgenossenschaft**, nicht nur die notwendige gem § 62 (insoweit allgM), sondern auch die einfache gem §§ 59, 60 (BGH MDR 2007, 45). Er gilt auch, wenn der (zukünftige) Kl von verschiedenen Gl abgetretene Ansprüche gegen Streitgenossen geltend macht (BGH NJW-RR 2019, 238 Tz 22). Für eine entspr Anwendung von I Nr 3 – über seinen Wortlaut hinaus – auch auf die **aktive Streitgenossenschaft** besteht kein Bedürfnis, da die mehreren Kl in den in Frage kommenden Fällen (Vollstreckungsgegenklage gem § 797 V; § 29c I 1; § 26 I FernUSG) das (nicht notwendig ausschließl) zuständige Gericht entspr § 35 selbst bestimmen können (BGH NJW 91, 2910 mN; OLG Frankfurt NJW-RR 2018, 699; OLG München NJW-RR 2010, 645; St/Roth Rn 48; sa § 35 Rn 1); das Gleiche gilt bei subj Antragshäufung im Mahnverf (s § 689 Rn 3). 20

b) Internationaler Rechtsstreit. In Fällen mit **Auslandsberührung** setzt I Nr 3 voraus, dass ggü sämtl Streitgenossen die internationale Zuständigkeit (s § 1 Rn 8; EuIZPR Rn 42 ff) gegeben ist (BGH FamRZ 90, 1225; BayObLG 24.6.2021 – 101 AR 53/21; OLG Düsseldorf 25.11.2021 – 15 SA 1/21); diese kann sich aus der ZPO (zB §§ 23, 29, 32) oder aus der Brüssel Ia-VO (zB Art 4 I, Art 8 Nr 1, Art 18 Brüssel Ia-VO) ergeben. Fehlt sie für einzelne Streitgenossen, kann noch für die übrigen ein gemeinsamer Gerichtsstand bestimmt werden (BGH ZIP 2021, 209 Tz 55). Bei gegebener internationaler Zuständigkeit steht die Ansässigkeit von Streitgenossen in einem EU-Mitgliedstaat oder im Nicht-EU-Ausland der Bestimmung eines (inländischen) Gerichtsstands nicht entgegen (BayObLG NJW-RR 2006, 210, 211; OLG Hamm NJW-RR 2020, 878; KGR Berlin 2007, 154; OLG Zweibrücken IPRspr 2010, Nr 204); ausreichend ist, dass sämtl Streitgenossen ohne inländischen allg Gerichtsstand einen bes Gerichtsstand im Bundesgebiet haben (BGH NJW-RR 2013, 1399 Tz 16 = MDR 2013, 805; sa § 703d Rn 3). Unterfallen sämtl Streitgenossen dem Anwendungsbereich der **Brüssel Ia-VO** (EuGH NJW 2013, 1661; BGH NJW 2014, 604) scheidet Gerichtsstandsbestimmung nach I Nr 3 aus, wenn ein Streitgenosse einen inländischen Wohnsitz hat und für die übrigen der **Gerichtsstand der Streitgenossenschaft** (Art 8 Nr 1 Brüssel Ia-VO) gegeben ist (OLG München MDR 2013, 1424). Besteht kein gemeinsamer Gerichtsstand, kommt es auch im Anwendungsbereich der Brüssel Ia-VO zu einem Bestimmungsverf gem **I Nr 3**, wobei die EU-Gerichtsstände (zB Art 8 Nr 1, Art 18 I Brüssel Ia-VO) zu einer Einschränkung des Auswahlermessens des bestimmenden Gerichts führen (s Rn 29 aE; eingeh zum Verhältnis von Art 8 Nr 1 Brüssel Ia-VO und I Nr 3 Mann ZZP 127 [2014], 229; Kirschstein/Dornbusch RIW 2015, 193). 21

c) Voraussetzungen. aa) Verschiedene allg Gerichtsstände der Streitgenossen; der Wohnsitz bzw Sitz der Streitgenossen muss also in verschiedenen Gerichtsbezirken liegen (§§ 12, 13, 17). 22

bb) Fehlender gemeinsamer Gerichtsstand. I Nr 3 ist (idR) nur dann anwendbar, wenn für mehrere als Streitgenossen im allg Gerichtsstand zu verklagende Personen hinsichtl sämtl Klagegründe **kein gemeinschaftl allg oder bes Gerichtsstand** im Inland (OLG Hamm 15.1.2019 – 32 SA 64/18) gegeben ist. Zu beachten sind insoweit die (seltenen) Gerichtsstände der Streitgenossenschaft (§ 603 II, § 605a, § 30 I 2, 3; nicht aber § 703d II [BGH NJW 95, 3317]); für Klagen gegen mehrere Beteiligte an einer unerlaubten Handlung besteht ein gemeinsamer Gerichtsstand am Begehungsort (s § 32 Rn 19). Aus *prozessökonomischen Gründen* ist aber eine Bestimmung dann geboten, wenn das Gericht des gemeinschaftl bes Gerichtsstands bereits **erhebl Zweifel an seiner Zuständigkeit** geäußert hat (OLG Schleswig ErbR 2022, 727; OLG München NJW-RR 2017, 1536; OLG Naumburg NJW-RR 2014, 957; OLG Stuttgart MDR 2016, 179), diese nur mit erhebl Aufwand festzustellen ist (BGH NJW-RR 2008, 1514; OLG Frankfurt IPRspr 2014 Nr 206) oder nach förml Zuständigkeitsverneinung (Prozessurteil) erst ein Rechtsmittelverf durchgeführt werden müsste (OLG Hamm NZG 2016, 1388; KGR Berlin 2005, 723; allg s Rn 28). – Eine Bestimmung nach I Nr 3 scheidet hingegen aus, wenn ein gemeinschaftl Gerichtsstand **bestanden hat**, dieser *durch bindende Zuständigkeitswahl* (§ 35) eines anderen Gerichts aber verloren gegangen ist (BayObLG NJW-RR 2024, 119; OLG Hamm NZKart 2021, 701; OLG Karlsruhe NJW-Spezial 2016, 648), selbst wenn der Kl zum Zeitpunkt der Klageerhebung noch keine Kenntnis von dem gemeinschaftl Gerichtsstand hatte, weil er die Klage erst nachträgl auf einen Streitgenossen erweitert hat (OLG München Rpfleger 78, 185; Vossler NJW 2006, 120; aA OLGR Köln 2001, 388; Hilfe: § 281; s § 35 Rn 2). 23

24 **cc) Ausgeschlossen** ist die Anwendung des I Nr 3, wenn ihr der Regelungszweck der Zuständigkeitsnormen entgegensteht. Für I Nr 3 ist daher idR kein Raum, wenn der Kl mit einem der Streitgenossen eine **Gerichtsstandsvereinbarung** getroffen hat (BGH BB 57, 941; OLG Saarbrücken NJW-RR 2018, 638); der prorogierte Gerichtsstand kann dem begünstigten Streitgenossen nicht über eine Bestimmung gem I Nr 3 entzogen (BGH NJW 83, 996 = MDR 83, 466), andererseits aber auch den anderen Streitgenossen nicht aufgedrängt werden (BayObLGZ 1999, 75 = MDR 99, 760; BayObLG NJW-RR 2000, 1592 mN). Dieser Rechtsgedanke greift nicht, wenn ein nicht ausschließl (weiterer) Gerichtsstand vereinbart ist (OLG Stuttgart 1.4.2025 – 6 UH 3/25). Auch steht die mit *einem* Streitgenossen geschlossene Gerichtsstandsvereinbarung einer Bestimmung gem I Nr 3 nicht entgegen, wenn ein gemeinschaftl Gerichtsstand mit den übrigen Streitgenossen nie bestanden hat und das im Verhältnis zu *einem* Streitgenossen prorogierte Gericht auch für die übrigen Streitgenossen gem I Nr 3 „bestimmt" werden kann (BGH NJW 88, 646 = MDR 87, 735) und die Prozessführung im prorogierten Gerichtsstand auch für diese *zumutbar* ist (BayObLG NJW-RR 2000, 1592; OLG Zweibrücken NJW-RR 2000, 1084; KGR Berlin 2001, 218; KGR Berlin 2005, 880; OLG Frankfurt MDR 2015, 299, 300, str; aA OLGR Köln 2002, 187); daran fehlt es idR bei Begründung eines Klägergerichtsstands (BayObLGZ 99, 77; abw OLG Frankfurt MDR 2015, 299, 300) oder nach Klageerhebung gegen den andern Streitgenossen beim nicht prorogierten Gericht (BayObLG NJW-RR 2000, 1592); sa Rn 29. Erst recht ist Bestimmung nach I Nr 3 ausgeschlossen, wenn Kl mit *mehreren* Streitgenossen unterschiedl ausschließl Gerichtsstände vereinbart hat (BayObLG 28.10. 2020 – 1 AR 78/20).

25 **dd)** Soweit auf die „streitgenössische" **Drittwiderklage** (s § 33 Rn 24) § 33 keine entspr Anwendung findet (s § 33 Rn 28) und die Widerbeklagten auch sonst keinen gemeinsamen Gerichtsstand haben, kann ein gemeinsamer Gerichtsstand nach **I Nr 3** bestimmt werden (BGH NJW-RR 2008, 1516; BGH NJW 2000, 1871 = MDR 2000, 899). Bei der „isolierten" Drittwiderklage (s § 33 Rn 26) scheidet hingegen eine Bestimmung aus, wenn die Parteien – was nach der Rspr-Änderung zu § 33 (s § 33 Rn 28) die Ausnahme ist – keinen gemeinsamen Gerichtsstand haben (BGH MDR 92, 710; MskV/Heinrich Rn 17; aA OLG München MDR 2009, 709).

26 **ee) Zeitpunkt** (allg s Rn 11). Der Wortlaut („verklagt werden sollen") geht vom Regelfall einer Zuständigkeitsbestimmung **vor Anhängigkeit** des Rechtsstreits aus (vgl BayObLG Rpfleger 80, 436 mN); er ist, wie allg anerkannt, zu eng. I Nr 3 kann auch **nach Klageerhebung** angewendet werden (BGH MDR 2020, 1397 Tz 10 mwN; BayObLG 28.10.2020 – 1 AR 78/20), soweit Klage gegen alle Streitgenossen vor einem Gericht (idR in demselben Verf) erhoben wurde (BGH MDR 2011, 558; anders bei Mahnverf: s unten). Das gilt auch, wenn das angerufene Gericht für einen Streitgenossen zuständig ist; durch die in der Klageerhebung liegende bindende Wahl des Gerichtsstands diesem gegenüber (§ 35) wird das Antragsrecht gem I Nr 3 grds nicht „verbraucht"; anderes gilt nur, wenn vor Klageerhebung ein anderweitiger gemeinschaftl Gerichtsstand bestanden hat (s Rn 23; aA KG NJW 2006, 2336, 2337; KGR Berlin 2005, 1007). I Nr 3 ist auch noch anwendbar, wenn im anhängigen Rechtsstreit die **Einrede der örtl Unzuständigkeit** erhoben ist (BGHZ 88, 333; BayObLGR 2002, 276, stRspr), das Gericht vAw auf Zuständigkeitsbedenken hingewiesen hat (§ 139 III; OLG Karlsruhe NJW-RR 2014, 444, 445), eine mündl Verh stattgefunden hat (BGH MDR 2020, 1397), auch noch nach **Unterbrechung** gem § 240 (BGH NJW-RR 2014, 248 Tz 7; BayObLGZ 85, 315; OLG Naumburg MDR 2014, 1349; sa § 37 Rn 3), nach einem klageabweisenden VU (BGH GRUR 2019, 213), nach einem VB (OLG Hamm MDR 2013, 489), ebenso nach einem nicht bindenden Verweisungsbeschluss (BGH FamRZ 90, 1225; BayObLG BB 2005, 2265), dagegen **nicht** mehr nach **bindender Verweisung** hinsichtl eines Streitgenossen nach Verfahrenstrennung (OLG Karlsruhe NJW-RR 2014, 444) oder hinsichtl aller Streitgenossen (BGH MDR 2006, 1182; OLG Düsseldorf MDR 2002, 1209; OLG Karlsruhe MDR 2012, 544, 545), ferner idR nicht mehr nach (oder unmittelbar vor) Durchführung einer **Beweisaufnahme** zur Hauptsache (BGH NJW-RR 2019, 238 Tz 14; BayObLG NJW-RR 2020, 1263 [durchgeführte Parteianhörung genügt]; OLGR Schleswig 2007, 959; OLG Hamm NJW-RR 2018, 318 [auch bei sBV]; OLG Hamm 6.8.2019 – 32 SA 42/19 [gem § 358a]; anders bei Beweisaufnahme zur Zuständigkeit: OLGR Koblenz 1998, 71) oder nach Erlass einer **Sachentscheidung** gegen einen der Bekl (BGH NJW 78, 321; OLGR Koblenz 2005, 958), schließl allg dann nicht mehr, wenn wegen des fortgeschrittenen Prozessstadiums der Zweck der Gerichtsstandsbestimmung nicht mehr erreichbar wäre (OLG Bremen MDR 2011, 188). Bei vorangegangenem **Mahnverf** kann Bestimmung noch nach Widerspruch bzw Einspruch und sogar nach Abgabe an verschiedene Streitgerichte gem § 696 bis zum Zeitpunkt der Anspruchsbegründung gem § 697 II erfolgen (BGH MDR 2013, 1422; OLG Hamm MDR 2014, 1348; näher s § 696 Rn 15).

27 **d) Verfahrensfragen. aa) Bestimmendes Gericht** s Rn 7. Aus Gründen der Zweckmäßigkeit und Prozessökonomie ist im Fall des II das zuerst zur Bestimmung angegangene **OLG**/BayObLG zuständig (s Rn 8).

28 **bb) Prüfungsumfang** (allg s § 37 Rn 1 ff). Geprüft wird nicht Zulässigkeit oder Schlüssigkeit der Klage (BayObLG NJW-RR 2003, 134; OLG Frankfurt MDR 2015, 299), sondern nur **Zulässigkeit des Gesuchs**, also außer dem Rechtsschutzinteresse des ASt (BayObLG Rpfleger 80, 436 mN) vor allem, ob Streitgenossenschaft iSd §§ 59, 60 **schlüssig vorgetragen** ist (BayObLG 25.6.2020 – 1 AR 62/20; OLG Frankfurt AG 2022, 367; OLG Bremen MDR 2012, 490), dh es ist von den Behauptungen des ASt auszugehen (BayObLG WRP 2023, 496; aA OLG Zweibrücken MDR 83, 495; einschr OLGR Karlsruhe 2005, 678; offen lassend BGH NJW 86, 3209); das gilt auch für die internationale Zuständigkeit (näher BayObLG RIW 2003, 388). Eine Amtsermittlung findet

nicht statt (allg BGH NJW 95, 534; BGH NJW-RR 95, 507 mN; BayObLGZ 99, 96 f); es genügt, dass nach dem Parteivortrag zB ein der Bestimmung entgegenstehender gemeinsamer Gerichtsstand (s Rn 23) nicht einfach und zuverlässig feststellbar ist (BGH NJW-RR 2008, 1514 Tz 11; OLG München ZIP 2013, 435; einschr OLGR Karlsruhe 2005, 678). Vom Ag behauptete Zuständigkeitsgründe muss der ASt ausräumen (OLGR Karlsruhe 2005, 678). Ist nicht für alle Streitgenossen zu §§ 59, 60 schlüssig vorgetragen, erfolgt die Gerichtsbestimmung nur für die übrigen (BayObLG 16.12.2020 – 101 AR 113/20).

e) Zu bestimmendes Gericht. Das bestimmende Gericht hat idR nur die **Auswahl** unter den Gerichten, in denen der **allg Gerichtsstand** mindestens eines der (zukünftigen) Bekl liegt (BGH NJW 86, 3209; BGH NJW 87, 439 = MDR 87, 209; OLG Hamm MDR 2012, 799). Die Bestimmung erfolgt nach *Zweckmäßigkeitsgesichtspunkten* und gem der *Prozesswirtschaftlichkeit* (BGHZ 90, 157; BGH NJW 2007, 1365; BayObLGZ 2003, 217; OLG Hamm MDR 2012, 799); die damit verbundene Ermessensentscheidung ist verfassungsrechtl unbedenkl (BVerfG NJW 2009, 907). **Bsp:** Bedeutung des Rechtsstreits für die einzelnen Streitgenossen, Konzentration einer Mehrzahl von Verf gegen dens Bekl (BGH NJW 2007, 1364; BGH NJW 2007, 1365; BAGE 44, 225) oder von gleichartigen Verf (BayObLG NJW-RR 90, 742; BayObLG NJW-RR 90, 1020: Prospekthaftungsklagen), Ort der Anlageberatung (OLG Koblenz MDR 2010, 589), räuml „Schwerpunkt" des Rechtsstreits (OLG Hamm ZMR 2023, 335; KG NJW 2006, 2336), zB Ort des streitbefangenen Bauvorhabens (OLG Frankfurt BauR 2020, 692), der eine ausschließl Zuständigkeit begründende Sitz der Anlagegesellschaft oder des Emittenten, auch soweit ein Fall der Kapitalmarkt- oder Prospekthaftung (s § 22 Rn 8; § 32b) nicht (bei allen Streitgenossen) vorliegt (BGH NJW-RR 2008, 1514; BayObLG NJW-RR 2003, 134; OLG Frankfurt NJW-RR 2014, 120), Vertretung der (Mehrheit der) Streitgenossen durch dieselbe RA-Kanzlei (BayObLG NJW-RR 96, 53; BAGE 72, 64), Mehrheitswille der Streitgenossen (OLG Frankfurt NJW-RR 2006, 864), Einverständnis der Parteien (OLG München MDR 2011, 1068; abw OLGR Karlsruhe 2006, 29), Zumutbarkeit der Prozessführung für den Streitgenossen, dessen allg Gerichtsstand für die Bestimmung nicht maßgebend war (BayObLGR 2002, 425) und dgl. Besteht eine **ausschließl Zuständigkeit** (BVerfG NJW 2009, 907; Bsp: § 32b I Nr 1; § 43 II Nr 1 WEG), kann – auch ohne dass eine Partei dort ihren allg Gerichtsstand hat – das ausschließl zuständige Gericht bestimmt werden (BGH NJW-RR 2008, 1514; OLG Hamm NZM 2016, 823; OLG München NJW-RR 2008, 1466); zwingend ist dies aber nicht (BGHZ 90, 159 ff; BGH NJW 2007, 1365, 1366; BayObLG NZI 2022, 958 zu § 180 InsO). Auch die Bestimmung eines nicht ausschließl **bes Gerichtsstands**, in dem keiner der verklagten Streitgenossen seinen allg Gerichtsstand hat, ist aus Gründen der Zweckmäßigkeit und Prozessökonomie mögl (BGH NJW-RR 2008, 1516 Tz 19 zu § 33; aA OLG Frankfurt 16.6.2020 – 11 SV 25/20; OLG Hamm 10.10.2017 – 32 SA 50/17), zB bei Bestimmung des Gerichts am Ort des Bauwerks (BayObLGR 2004, 203; OLG Hamm BauR 2014, 602; abl noch OLG Hamm MDR 2012, 799; OLGR Hamburg 2006, 25: nur bei Einverständnis der Parteien). **Besonderheiten bei EU-Auslandsberührung** (s bereits allg Rn 21): Das Auswahlermessen des Gerichts gem I Nr 3 ist eingeschränkt, wenn der Streitgenosse ohne allg Gerichtsstand im Inland einen unionsrechtl abschließend bestimmten Gerichtsstand im Inland hat, der von den allg Gerichtsständen der übrigen Streitgenossen abweicht (BGH NJW-RR 2013, 1399 Tz 18 = MDR 2013, 805). **Bsp:** Hat in einer Verbrauchersache (Art 17 I lit c Brüssel Ia-VO) der EU-ausl Streitgenosse im Inland einen Gerichtsstand gem Art 18 I Alt 2 Brüssel Ia-VO, ist gem I Nr 3 das Gericht am Kl-(Verbraucher-)Wohnsitz als zuständiges Gericht zu bestimmen (vgl BGH MDR 2013, 805). 29

4) Bezirksüberschreitendes Grundstück (§ 36 I Nr 4). Bei Klagen, die im dingl Gerichtsstand erhoben werden sollen (§§ 24-26), setzt die Gerichtsstandsbestimmung nach dem – zu engen – Wortlaut des I Nr 4 voraus, dass es sich um ein Grundstück oder um mehrere gem § 890 BGB rechtl zu einer Einheit verbundene Grundstücke handelt, die in verschiedenen Gerichtsbezirken liegen. Dem bezirksüberschreitenden Grundstück sind aus Gründen der Prozessökonomie im Weg der Analogie mehrere in **„verschiedenen Bezirken"** gelegene selbständige **Grundstücke** gleichzustellen, die sich in der Hand desselben Eigentümers befinden (so zutr BayObLG MDR 2005, 589; OLG Frankfurt 14.10.2014 – 11 SV 97/14 gegen RGZ 91, 41). I Nr 4 trifft damit auch bei Gesamthaft anderer Grundstücke zu (RGZ 143, 295), ferner auch bei der Abwehr der Urkundsvollstreckung aus dem dingl Anspruch gem § 800 III, § 802 (s § 24 Rn 10) bei einer Mehrheit von in verschiedenen Bezirken gelegenen Grundstücken des Vollstreckungsgegenklägers (BayObLG MDR 2005, 589). Bei Kraftloserklärung eines Hypotheken- oder Grundschuldbriefes im Aufgebotsverf, wenn die belasteten Grundstücke in verschiedenen Bezirken liegen, ist das erste mit der Sache befasste Gericht nach §§ 466, 2 I FamFG zust, so dass es einer entspr Anwendung von I Nr 4 nicht bedarf (OLG München MDR 2014, 22; aA zur früheren Rechtslage BGH JZ 51, 151). Eine analoge Anwendung von I Nr 4 auf andere ausschließl Gerichtsstände (etwa § 29a) scheidet ebenfalls aus (aA OLG Hamm NJW-RR 2014, 332); dies würde zu einem Zweckmäßigkeitsgerichtsstand bei obj Klagenhäufung führen, der in der ZPO nicht vorgesehen ist (sa Rn 5). 30

5) Positiver Kompetenzkonflikt (§ 36 I Nr 5). Erklärung der sachl, örtl oder funktionellen Zuständigkeit durch rechtskräftiges Zwischen- oder Endurteil (RGZ 121, 21; OLG Hamburg ZInsO 2004, 624). Der Kompetenzkonflikt muss – ebenso wie im Fall der Nr 6 (s Rn 36) – **nach Rechtshängigkeit** bei beiden Gerichten entstanden sein (BGH NJW 80, 1281), im Rahmen der entspr Anwendung gem § 4 I InsO nach Anhängigkeit (OLG Brandenburg ZIP 2002, 1590; OLG München ZIP 2014, 741). Ist aber bereits rechtskräftig sachl entschieden, so ist für I Nr 5 kein Raum (Bornkamm NJW 89, 2724). 31

32 **6) Negativer Kompetenzkonflikt (§ 36 I Nr 6). a) Begriff.** Er ist gegeben, wenn sich mehrere Gerichte in einem rechtshängigen Verf (s Rn 36) durch rechtskräftige (unanfechtbare) Entscheidung (s Rn 34, 35) für örtl, sachl (BayObLG 14.2.2022 – 102 AR 190/21) oder funktionell (Bsp: s Rn 40) unzuständig erklärt haben, eines der beteiligten Gerichte aber in Wahrheit zuständig ist (BGH NJW 95, 534 = MDR 95, 632; BayObLGZ 88, 306; dazu näher s Rn 37).

33 **b) Anwendungsbereich.** I Nr 6 gilt unmittelbar (nur) für Zuständigkeitsstreitigkeiten der ordentl Gerichte in sämtl Verf nach der **ZPO** (s Rn 3), ebenso im InsVerf (BGHZ 132, 196 mN; BGH NJW 96, 3013; OLG Celle ZIP 2012, 1263, 1264). Zur **entspr** Anwendung auf Zuständigkeitskonflikte zwischen einzelnen Spruchkörpern desselben Gerichts, uU auch innerhalb eines Spruchkörpers (soweit kein Fall der Geschäftsverteilung) s Rn 39 f, im Instanzenzug s Rn 41. **Nicht** anwendbar sind die §§ 36, 37 idR bei **verfahrens- u rechtswegüberschreitenden** Zuständigkeitsstreitigkeiten (s Rn 42, 43). Ebenso unterfallen Konflikte über die **internationale Zuständigkeit** dt Gerichte nicht I Nr 6 (so OLG Schleswig MDR 2000, 721, zweifelnd Mankowski JZ 2000, 795, offen lassend BGH NJW-RR 2001, 1285; s aber Rn 6, 19).

34 **c) Voraussetzungen. aa) Unzuständigkeitserklärung durch die beteiligten Gerichte.** Ausdrücklichkeit ist nicht erforderl, soweit Zweifel nicht bestehen (BayObLGZ 2003, 189; KGR Berlin 2009, 306). Die Unzuständigkeitserklärung kann durch **Prozessurteil** (nicht: Sachurteil) oder Beschluss ausgesprochen sein, insb durch nach § 127 II 2 unanfechtbare Entscheidung im PKH-Verf (BGH NJW 94, 1416; BGH NJW-RR 94, 706) und durch bindende **Verweisungsbeschlüsse** gem § 281 (BGH NJW-RR 93, 1091), gem § 102 GVG (OLG Brandenburg NJW-RR 2001, 63; s Rn 39; § 102 GVG Rn 3), gem § 48 I Nr 1 ArbGG, § 17a II 3, § 17b I GVG (s Rn 43; LAG Nürnberg BB 95, 2432), aber auch die Ablehnung der Übernahme des Rechtsstreits ggü dem verweisenden Gericht durch (unzulässige) **Zurückverweisung** (BGHZ 102, 340 mN = NJW 88, 1794 = MDR 88, 470; BGH NJW 90, 54; BGH FamRZ 93, 49) oder Weiterverweisung (BGH NJW 64, 46); **nicht** Verweisungsbeschlüsse wegen anderweitiger Rechtshängigkeit mit Rücksicht auf § 261 III Nr 1 (BGH NJW 80, 290) oder Aufhebungen und Zurückverweisungen gem §§ 538, 563 (s Rn 41).

35 **bb) „Rechtskräftige" Unzuständigerklärung.** Rechtskraft ist nur bei einem Urteil erforderl. Bei anderen Entscheidungen ist nach Sinn u Zweck des I Nr 6 ausreichend, dass die Unzuständigerklärung (s Rn 34) **unanfechtbar und verbindl** ist; anderenfalls ist die Rechtsmittelentscheidung herbeizuführen (OLG Oldenburg Rpfleger 2024, 135). Bei Verweisungs-(Abgabe-)Beschlüssen folgt die Bindungswirkung idR aus einer bes ges Vorschrift, zB § 281 II 4, § 102 S 2 GVG ua. Der Abgabebeschluss gem § 696 I ist aber für das Empfangsgericht nicht bindend (§ 696 V) und damit keine Entscheidung iSd I Nr 6. Soweit im **Einzelfall** einem Verweisungsbeschluss ausnahmsw keine Bindungswirkung zukommt (so bei willkürl oder missbräuchl Verweisung, Verweisung unter Verletzung des rechtl Gehörs oder des ges Richters, vgl BVerfGE 61, 37 = NJW 82, 2367; BGHZ 71, 72; BGHZ 102, 341; BGH NJW 89, 462 mwN; BGH NJW 97, 325 f u näher s Rn 38; § 281 Rn 17 f), steht dies einer Bestimmung gem I Nr 6 nicht entgegen, vielmehr ist die fehlende Bindungswirkung bei der Bestimmung des zuständigen Gerichts zu beachten (BGH NJW 89, 461 f; näher s Rn 38). Dasselbe gilt auch bei sonstiger fehlender Bindungswirkung von Entscheidungen, wenn sich aus ihnen verbindl die **tatsächl beiderseitige Kompetenzleugnung** ergibt (BGHZ 104, 366 mwN = NJW 88, 2739 = MDR 88, 1029; BGH NJW-RR 2013, 764 Tz 5; BGH MDR 2015, 51 Tz 3). Erforderl für I Nr 6 ist aber zumindest, dass die Entscheidung den Verfahrensbeteiligten **bekannt gemacht** worden ist (BGH FamRZ 84, 37; BGH FamRZ 88, 1256 f; OLG Brandenburg NJW 2004, 780; OLG Düsseldorf MDR 2015, 419; KG MDR 2019, 186). Gerichtsinterne Vorgänge wie nicht mitgeteilte Verweisungen (auch bei Mitteilung an nur eine Partei: OLG Düsseldorf MDR 2015, 419; OLG Braunschweig NJW-RR 2020, 317), Ab- und Rückgabeverfügungen (BGH NJW-RR 95, 641 mwN; BGH NJW-RR 97, 1161; KGR Berlin 2008, 1001; BayObLG NJW-RR 2005, 1012), „Anregungen", ergangene Verweisungsbeschlüsse aufzuheben (OLG Köln ZIP 2000, 155), genügen daher nicht.

36 **cc) Anhängiger Rechtsstreit.** Die Unzuständigkeitserklärung (s Rn 34) muss in einem Rechtsstreit ergangen sein. „Rechtsstreit" setzt idR **Rechtshängigkeit** der Streitsache (§ 253 I, § 261 I) voraus, bloße Anhängigkeit genügt grds nicht (vgl BGH NJW 80, 1281; BGH NJW-RR 94, 1282; BGH NJW-RR 96, 254; OLG Hamm 18.9.2019 – 32 SA 57/19; Jauernig NJW 95, 2018 mN), anders aber, wenn sonst eine baldige Beilegung des Zuständigkeitsstreits nicht erwartet werden kann (BayObLGZ 91, 242 = NJW-RR 92, 569; ebenso OLG Jena MDR 2020, 1065; KG MDR 2020, 59 [beiderseitige Zuständigkeitsleugnung und Nichtbetrieb]; OLG Frankfurt NJW-RR 2013, 60 = MDR 2013, 300 [zweifelhafte Klagezustellung]; zu weitgehend BGH NJW 83, 1062). Soweit § 36 entspr anwendbar ist (Rn 3), bedarf es in sinngemäßer Anwendung grds der Mitteilung der Antragsschrift in gesetzl vorgeschriebener Form (BGH NJW-RR 95, 514; OLG Dresden NJW 99, 797 zum PKH-Verf). Das gilt nicht im *Mahnverf*; hier ist I Nr 6 bereits vor Erlass des MB anwendbar (BayObLG Rpfleger 2002, 528; OLGR Schleswig 2007, 960; OLG Naumburg Rpfleger 2010, 605). Soweit eine vorherige Mitteilung überhaupt zu unterbleiben hat (Bsp: § 834), kann diese auch nicht im Bestimmungsverf verlangt werden (BayObLGZ 85, 400 = NJW-RR 86, 421; sa § 37 Rn 3). Der Rechtsstreit darf auch zum Zeitpunkt der Einleitung des Bestimmungsverf **noch nicht abgeschlossen** *sein. Nach Klag*erücknahme ist Zuständigkeitsbestimmung daher ausgeschlossen, auch wenn noch nach § 269 III zu entscheiden ist (BGH 14.3.2023 – X ARZ 586/22); ebenso im Mahnverf (s Rn 3), wenn nur der erlassene VB (§§ 699, 700) noch – auch vAw (§ 699 IV) – zuzustellen ist (BAG NJW 83, 472).

dd) Zuständigkeit eines beteiligten Gerichts. Nach dem Wortlaut der I Nr 6 muss eines der Gerichte, die sich für unzuständig erklärt haben (s Rn 34), tatsächl zuständig sein (s Rn 32) oder doch jedes der beteiligten Gerichte das jew andere für zuständig halten (KGR Berlin 2009, 215). Unerhebl ist grds die Zuständigkeit weiterer, am Kompetenzkonflikt nicht beteiligter Gerichte. Die Rspr lässt von diesem Erfordernis aus Gründen der Prozessökonomie Ausnahmen zu, wenn ein **drittes** (am Kompetenzkonflikt nicht beteiligtes) **Gericht** ausschließl zuständig ist und der erforderl Verweisungsantrag bereits im Bestimmungsverf gestellt wird (BGHZ 71, 70 = NJW 78, 1163 = MDR 78, 650; BGH NJW 96, 3013; BayObLG NJW-RR 2000, 67; OLG Frankfurt 28.1.2015 – 11 SV 133/14) oder wenn bei Streitgenossen nur ein gemeinsamer bes Gerichtsstand an einem dritten Gericht besteht (OLG München 24.8.2017 – 34 AR 126/16), jedoch besteht keine Ermittlungspflicht darüber, ob ein drittes Gericht zuständig ist (BGH NJW 95, 534 = MDR 95, 632; BGH FamRZ 97, 171; OLGR Rostock 2005, 558). An der Zuständigkeit eines der beteiligten Gerichte fehlt es nach Verweisung (Abgabe) im Mahnverf nach Erlass des MB (BGH WM 89, 1910: keine Zuständigkeit zum Erlass des VB durch das gem § 689 II zuständige Gericht). 37

d) Bestimmung des zuständigen Gerichts. Zu bestimmen ist das wirkl zuständige Gericht (BVerfGE 29, 49). Ist ein drittes Gericht ausschließl zuständig, an das nicht ausnahmsweise verwiesen kann (s Rn 37), oder kann das zuständige Gericht nicht sicher ermittelt werden, ist der Rechtsstreit an das verweisende Gericht zurückzugeben, damit dieses ggf erneut verweisen kann (BGH NJW 95, 534; BayObLG 15.9.2020 – 101 AR 101/20; OLG Frankfurt 27.4.2018 – 13 SV 1/18). Bei der Bestimmung sind nicht nur die allg Zuständigkeitsvorschriften, sondern auch verfahrensrechtl Bindungswirkungen (**§ 281 II 4**) und Zuständigkeitsverfestigungen (**§ 261 III Nr 2**) zu beachten; die Bindungswirkung des 1. Verweisungsbeschlusses wirkt daher im Bestimmungsverf fort (BGH MDR 2015, 908, stRspr); desgl ist (zB bei nachträgl Wohnsitzwechsel) der Grundsatz der **perpetuatio fori** (§ 261 III Nr 2) zu beachten (BGH NJW-RR 94, 126; BGH NJW-RR 95, 513; einschr BayObLG NJW-RR 95, 635, 636). Bei **Verweisungsbeschlüssen** geht die Bindungswirkung nicht über den Verweisungsgrund hinaus (BGH NJW 64, 1417; BayObLG MDR 83, 322; BayObLG NJW-RR 96, 956; s § 281 Rn 16a), so bei nicht geprüfter örtl oder sachl Zuständigkeit (BayObLGZ 82, 381; 85, 387), nicht geprüftem Rechtsweg (BAG NJW 93, 1879) oder bei Angabe der Abteilung (s Rn 39) des sachl zuständigen Gerichts (OLG Zweibrücken FamRZ 2002, 1043). Der **Bindungswille** des verweisenden Gerichts u damit die Bindungswirkung der Verweisung kann aber auch innerhalb des Verweisungsgrunds **beschränkt** sein (OLG München NJW-RR 2013, 1016, 1017 = MDR 2013, 1120), zB bei übersehener Spezialzuständigkeit (zB gem § 29a; vgl OLG Oldenburg MDR 89, 1002 Nr 74 mN) oder Gerichtsstandsvereinbarung (BayObLGZ 85, 390). Umgekehrt kann der Bindungswille aber auch über die im Verweisungsbeschluss ausdrückl genannte Zuständigkeitsfrage **hinausgehen** (BayObLGR 2003, 186). Bsp: Verweisung gem § 98 I 1 GVG kann uU hinsichtl der (mitgeprüften) örtl Zuständigkeit binden (BayObLG NJW-RR 2003, 357). Verweisungsbeschlüsse sind auch zu beachten, wenn sie verfahrensfehlerhaft ergangen (vgl BGH NJW-RR 2013, 1398 Tz 19; OLG München MDR 2013, 243 zu § 504; OLG München MDR 2016, 179 bei fehlerhafter Übertragung auf Einzelrichter nach § 348a) oder inhaltlich **unrichtig** sind (BGH NJW-RR 94, 126; BGH NJW-RR 2013, 764 Tz 7 = MDR 2013, 481); bindend ist daher das („begründete") Abweichen von einer „hM" (vgl zB OLGR Karlsruhe 2005, 556; OLGR Brandenburg 2007, 560, 561) u Folge leisten einer („problematischen") aA (OLG München MDR 2013, 243, 244 Tz 2). **Ausnahmen** gelten aber für Beschlüsse, die unter **Verletzung rechtl Gehörs** (iE s § 281 Rn 17a) oder nicht durch den **ges Richter** ergangen (§ 281 Rn 17b) oder die **obj willkürl** (iE s § 281 Rn 17; § 696 Rn 14) sind (BGH NJW-RR 2015, 1016 Tz 9 mN; allgM). Die Bindungswirkung fehlt auch, wenn das Gericht einen Verweisungsbeschluss noch nicht oder nicht mehr erlassen durfte, so vor Rechtshängigkeit (BayObLGZ 99, 96), bei (erneuter) Verweisung, wenn der Rechtsstreit bei dem Gericht nicht mehr anhängig ist (BAG NZA 2016, 446), bei Verweisung nach Erlass einer Sachentscheidung (im Nachverf des Urkundenprozesses, vgl BGH NJW 76, 330; BAG NJW 72, 1216); ebenso bei Verweisungsbeschlüssen, die auf einem offensichtl Sachverhaltsirrtum (BAG NJW 97, 1091: Irrtum über Wohnsitz oder die Belegenheit von Wohnsitz in bestimmtem Gerichtsbezirk) oder auf einer *Täuschung* des Richters über die tatsächl Voraussetzungen der beantragten Verweisung (BayObLGZ 2003, 231) beruhen. 38

e) Kompetenzkonflikte innerhalb eines Gerichts. aa) Zuständigkeitskonflikte zwischen einzelnen Spruchkörpern desselben Gerichts. Grds erforderl ist ein Kompetenzkonflikt zwischen verschiedenen Gerichten, bei Streit über die ges nicht geregelte gerichtsinterne **Geschäftsverteilung** innerhalb desselben Gerichts greift idR § 21e GVG ein; zust ist das Präsidium (BGH NJW 2000, 80; BGH NJW 2003, 3636, 3637 unter II 2; BGH EWiR 2002, 211; aA Sangmeister MDR 88, 191 f bei offensichtl unhaltbarer Präsidiumsentscheidung; s § 21e GVG Rn 38), das gilt auch für das Verhältnis von Berufungskammer und erstinstanzl ZivK desselben (BGH NJW 2000, 80; aA OLG Oldenburg NJW 73, 810; KGR Berlin 1999, 289). Auch Zuständigkeitsstreitigkeiten zwischen technischen und jur Beschwerdesenaten des *BPatG* werden als Frage der Geschäftsverteilung behandelt (vgl BGH MDR 72, 397). Ausnahmen gelten aber bei **ges Regelung der Zuständigkeit** des Spruchkörpers, soweit diese im Streit steht (KG MDR 2023, 252). Gelten für die Spruchkörper unterschiedl Verfahrensordnungen, gilt § 17a GVG entspr, so bei Konflikt zwischen StVK und ZivK (OLG Saarbrücken NJW 94, 1423; OLG Hamm 13.11.2014 – 1 Vollz (Ws) 533/14), zum Konflikt zwischen Streit- u FamFG-Zust s Rn 42. I Nr 6, § 37 gelten dagegen entspr, wenn sich **ZivK** und **KfH** eines LG untereinander für unzuständig erklärt haben (BGHZ 71, 271; OLG Karlsruhe WM 2020, 1798; s § 102 GVG Rn 3); im Verhältnis von allg ZivK und Kammer mit **Spezialzuständigkeit nach § 72a GVG** (KG MDR 2018, 820; OLG Frankfurt NJW-RR 2018, 1274; OLG Nürnberg MDR 39

2018, 1015; OLG Bamberg WM 2018, 2243; sa § 72a GVG Rn 2) bzw entspr OLG-Senaten (BGH MDR 2022, 1432; OLG Frankfurt 14.8.2019 – 11 SV 28/19) sowie ZivK und **Kammer für Baulandsachen** (OLG Oldenburg MDR 77, 497); zwischen Prozess- und **Vollstreckungsgericht** (BGH NJW 2005, 1273 mN; KG Rpfleger 2008, 145; zur Zuständigkeitsfrage: s § 788 Rn 19a-19c); zwischen (auch hypothetischem) Prozess- und **Mahngericht** (BGH NJW-RR 2009, 860 = Rpfleger 2009, 392; zur Zuständigkeitsfrage s § 699 Rn 10a); zwischen ZS und **Kartellsenat**, soweit um Reichweite der §§ 91, 87 GWB Uneinigkeit besteht (BGH NJW-RR 2014, 573 = MDR 2014, 489; Zuständigkeit: OLG, s Rn 8). Ein Kompetenzkonflikt zwischen **einzelnen Richtern** desselben Gerichts (derselben Gerichtsabteilung) kann sich bei Streit über die Stichhaltigkeit einer Ablehnungsannahme im Fall des § 45 II 2 ergeben (OLG Frankfurt FamRZ 89, 519, str).

40 **bb) Spruchkörperinterne Zuständigkeitsstreitigkeiten** unterfallen nicht I Nr 6. Handelt es sich um einen Fall der spruchkörperinternen Geschäftsverteilung, entscheidet das Kollegium (s § 21g GVG Rn 17). Das gilt auch bei Streit um Zuständigkeit des originären Einzelrichters gem § 348 II, der im Beschwerdeverf entspr gilt (BGHZ 156, 147 = NJW 2003, 3636; aA Vollkommer BGHReport 2004, 192; s § 568 Rn 4).

41 **cc) Streit über die Zuständigkeit im Instanzenzug.** Bei Streit, ob LG oder OLG für die Berufung oder Beschwerde zuständig sind, gilt I Nr 6 (BGH NJW 85, 2537; BGH NJW-RR 96, 891; s Rn 32). Einen Kompetenzkonflikt zwischen dem Rpfleger des AG und dem des OLG im PKH-Verf entscheidet gem §§ 7, 28 RPflG der zuständige OLG-Senat (OLGR Karlsruhe 2000, 403: Aufhebungszuständigkeit gem § 124 Nr 4 nach Beschwerdeverf). **Keine** Zuständigkeitsbestimmung auch bei bloßen Meinungsverschiedenheiten zwischen Rechtsmittelgericht und Vorinstanz über die Statthaftigkeit eines Rechtsmittels überhaupt (KGR Berlin 2003, 374); über die bindende Wirkung einer Aufhebung und Zurückverweisung (BGH MDR 2013, 296). Das untere Gericht ist an den Zurückverweisungsbeschluss gebunden; das Bestimmungsverf dient nicht der Nachprüfung der Richtigkeit des Zurückverweisungsbeschlusses (BGH NJW 94, 2957; BGH FamRZ 98, 477; OLG Frankfurt NJW-RR 2020, 383; sa § 318 Rn 8).

42 **f) Zuständigkeitskonflikte unter Beteiligung von im FamFG-Verf zuständigen Gerichten (Spruchkörpern).** Bei Zuständigkeitskonflikten innerhalb von nach FamFG zuständigen Gerichten (Spruchkörpern) gilt grds § 5 FamFG, nur in Ehe- und Familienstreitsachen greift I Nr 6 ein (§ 113 I 1 FamFG, s Rn 2). Auf das Verhältnis zu den Streitgerichten sind I Nr 6, § 5 I Nr 4 FamFG grds nicht anwendbar (s Rn 33); es finden auf die in bürgerl Rechtstreitigkeiten, FamSachen und in Angelegenheiten der fG zuständigen Gerichte und Spruchkörper „in ihrem Verhältnis zueinander" **§ 17a I-V GVG entspr Anwendung** (§ 17a VI GVG; s § 17a GVG Rn 21). Eine Klärung von Zuständigkeitszweifeln kann durch die Parteien mit der sof Beschwerde (§ 17a IV 3 GVG, § 567) erreicht werden und entfaltet damit nicht nur Bindungs- (§ 17a II 3 GVG), sondern auch formelle Rechtskraftwirkung (§ 569). Bei Anfechtung erfolgt die Klärung der Zuständigkeitsfrage im Instanzenzug, ohne Anfechtung besteht aber – auch bei Zuständigkeitszweifeln des Empfangsgerichts – idR kein Bedürfnis für eine Überprüfung (OLG Hamm NJW 2010, 2740, 2741). Anders ist dies nur dann, wenn eine Bestimmung entspr I Nr 6 (§ 5 I Nr 4 FamFG) zur Wahrung einer funktionierenden Rechtspflege erforderl ist, weil keines der Gericht bereit ist, das Verf in der Sache zu betreiben (OLG Hamburg FamRZ 2024, 1048; OLG Nürnberg MDR 2022, 458; OLG Celle FamRZ 2021, 448; aA OLG Brandenburg MDR 2018, 1210; sa Rn 43); eines „extremen" Verstoßes gegen Zuständigkeitsregeln bedarf es daneben allerdings nicht (aA OLG Frankfurt FamRZ 2023, 536; betrifft Bindungswirkung des Verweisungsbeschlusses s Rn 38).

43 **g) Zuständigkeitskonflikte zwischen Gerichten verschiedener Rechtswege.** Die Zuständigkeitsbestimmung durch das zuerst darum angegangene **oberste Bundesgericht** nach dem **Prioritätsgrundsatz entspr I Nr 6** findet wegen des Vorrangs der Festlegung des Rechtswegs im Verf gem §§ 17a, 17b GVG nur ausnahmsw statt (vgl BGH NJW 2003, 2990, 2991; BAG NJW 2003, 1068 u näher s vor § 17 GVG Rn 9), soweit dies zur Wahrung einer funktionierenden Rechtspflege und der Rechtssicherheit notwendig ist (so BGH NJW-RR 2018, 250 Tz 7; BGH NJW 2002, 2474; BAG NJW 2016, 3469; vgl BGH 6.10.2021 – XII ARZ 36/21 zu § 5 I Nr 4 FamFG analog; krit Jacobs/Frieling ZZP 124 [2011], 244). Nicht entspr anwendbar ist § 36 II (BGH NJW 2001, 3632). Bei fehlendem *gemeinsamen* Rechtsweg für *Streitgenossen* scheidet eine Bestimmung des *ordentl* Rechtswegs aus (BGH NJW 94, 2032; OLG Frankfurt NJW-RR 95, 319; s Rn 20), **nicht** aber die des Arbeitsrechtswegs im Rahmen der Zusammenhangsklage gem § 2 III ArbGG (so BAGE 72, 63).

44 **V) Gebühren.** Für Bestimmungsverf (zu Anfechtung/Beschwerde s § 37 Rn 7): **1) Gericht:** keine. – **2) RA:** gehört zum Rechtszug, auch wenn Antrag vor Bestimmung zurückgenommen wird: § 16 Nr 3a RVG. Ist RA nicht ProzBev: 0,8 nach 3403 RVG-VV. Zur Kostenentscheidung s § 37 Rn 3a; § 91 Rn 13.23.

§ 37 Verfahren bei gerichtlicher Bestimmung

(1) Die Entscheidung über das Gesuch um Bestimmung des zuständigen Gerichts ergeht durch Beschluss.

(2) Der Beschluss, der das zuständige Gericht bestimmt, ist nicht anfechtbar.

I) Bestimmungsverfahren. 1) Einleitung. Allg zur gerichtl Zuständigkeitsbestimmung s § 36 Rn 7 ff – **a)** Regelmäßig durch Antrag (**„Gesuch", I**), schriftl (**Formulierungsvorschlag:** Vorwerk/Scheuer, PFB, M 12.1) oder zu Protokoll der GeschSt, uU auch konkludent (BayObLGR 2005, 345; allg s vor § 128 Rn 25; § 569 Rn 8); Bsp: gegen Verweisungsbeschl als nicht bindend eingelegte Beschwerde (s § 36 Rn 38 aE). Der Antrag unterliegt nicht dem Anwaltszwang (allgM, arg § 78 III); einer Vollmachtsrüge ist nicht nachzugehen, da die Zulässigkeit der Klage im Bestimmungsverf nicht zu prüfen ist (BayObLG WuW 2020, 95 Tz 13). Konkrete Bezeichnung des zu bestimmenden Gerichts ist nicht erforderl, die Auswahl kann auch ins Ermessen des Gerichts gestellt werden (BayObLGZ 91, 347; sa Rn 3a). In den Fällen des § 36 I Nrn 3 u 4 sollte mit dem notwendigen Antrag ein Klageentwurf vorgelegt werden (Bornkamm NJW 89, 2715), jedenfalls sind inhaltl Angaben (Anträge, Parteien) zur beabsichtigten Rechtsverfolgung unerlässl (OLGR Düsseldorf 2005, 553; OLG Bamberg MDR 2018, 762). **ASt** kann sein: stets der Kl oder ein NI, in den Fällen des § 36 I Nrn 1, 5 u 6 auch der Bekl oder sein Streitgehilfe (BayObLG 5.6.2024 – 101 AR 63/24 u OLG Hamm BauR 2017, 328 zu § 36 I Nr 6; nicht auch iÜ, vgl BGH NJW 90, 2751 mN = MDR 90, 987 zu § 36 I Nr 3 u dazu näher s Rn 2). **Verjährungshemmung**, die rückwirkend entfällt, wenn nicht innerhalb von drei Monaten nach Erledigung Klage usw erhoben wird: § 204 I Nr 13 BGB. 1

b) VAw durch Vorlage eines der am Kompetenzkonflikt beteiligten Gerichte in den Fällen des § 36 I Nrn 5 u 6 2
(BGH NJW-RR 91, 767; BayObLG ZIP 2020, 624, stRspr); dies in den neuen Verfahrensordnungen ausdrückl in diesem Sinn geregelt (vgl § 53 III VwGO; § 39 II FGO; § 58 II SGG). Gerichtl Vorlage ist hingegen im Fall des § 36 I Nr 3 unzulässig (BGH NJW-RR 91, 767; OLG München MDR 2018, 550). Im Rahmen seines Zuständigkeitsbereichs ist auch der Rpfleger zur Vorlage befugt (BayObLGZ 85, 399 = Rpfleger 86, 98; Meyer-Stolte Rpfleger 90, 348 mN).

2) Prüfungsumfang. Das Gericht prüft auf der Grundlage des Sachvortrags des ASt (s Rn 1; § 36 Rn 28) unter 3
– auch formlos mögl – **Anhörung des Gegners bzw** bei Einleitung vAw **der Parteien** (Art 103 I GG; BGHZ 160, 265 [idR]; St/Roth Rn 1; MK/Patzina/Windau Rn 7; zu Schranken sogleich) bei fakultativer mündl Verh (**I**, § 128 IV) und Freibeweis seine *Zuständigkeit* und die Voraussetzungen des § 36. Die allg Ausnahmen vom Grundsatz vorgängigen Gehörs in Vollstreckungs- und Eilsachen (vgl §§ 834, 921) gelten auch im Bestimmungsverf (vgl BayObLGZ 85, 400 = NJW-RR 86, 421 = Rpfleger 86, 98). Eine **Amtsermittlung** durch das bestimmende Gericht findet nicht statt (BGH NJW 95, 534; s § 36 Rn 28, 37), ggf erfolgt eine Rückgabe an das vorlegende Gericht zur weiteren Aufklärung (KGR Berlin 2008, 951, 956; KGR Berlin 2008, 1001, 1002), uU iVm der Aufhebung eines ergangenen Verweisungsbeschlusses (vgl BGH NJW 95, 534 = MDR 95, 632; OLGR Rostock 2005, 558). Die **Prozessvoraussetzungen** und die **Schlüssigkeit** der zu erhebenden Klagen sind in diesem Verf noch nicht zu prüfen (BGH MDR 2014, 609 Tz 7; BayObLG WRP 2023, 496; s § 36 Rn 28); bei Zweifeln an der Partei- u Prozessfähigkeit des ASt ist diese zu unterstellen (BGH NJW-RR 87, 757; BayObLG RIW 2003, 387; Bornkamm NJW 89, 2715, jew mwN, str), ebenso die Sachdienlichkeit einer Parteiänderung/-erweiterung. Allerdings muss für den Bestimmungsantrag ein **schutzwürdiges Interesse** bestehen (BayObLGZ 79, 294; BayObLGZ 80, 79); das fehlt, wenn offensichtlich ist, dass ein Hauptsacheverfahren nicht durchgeführt (OLG Hamm 20.5.2020 – 32 SA 3/20) oder das Rechtsschutzziel ohne ein solches erreicht werden kann (BGHZ 19, 108, 109 = NJW 56, 173). **Insolvenz** eines Ag steht aber nicht entgegen (s § 36 Rn 26; vor § 239 Rn 4). Eine **Verweisung** im Bestimmungsverf an das nach § 36 I, II zuständige Gericht findet in entspr Anwendung von § 281 statt (OLG München NJW 2007, 163, 164 unter Aufg von BayObLGZ 2003, 215, 217).

3) Entscheidung. Der **Beschluss (I)** ergeht in der Besetzung gem §§ 75, 122 GVG; das Bestimmungsverf kennt 3a
keinen ER (OLG Rostock FamRZ 2004, 650). Bestimmt wird das nach der Zuständigkeitsordnung zuständige Gericht, zu der freilich auch eingetretene Bindungen (zB gem § 281 II 4) gehören (zB s § 36 Rn 38), ggf nach Zweckmäßigkeit, Prozesswirtschaftlichkeit und Ermessen (§ 36 Rn 29). Bei Fehlen der Bestimmungsvoraussetzungen wird der Antrag zurückgewiesen bzw bei Vorlage durch ein Gericht die Bestimmung abgelehnt. Das bestimmende Gericht kann in diesem Fall auch einen fehlerhaften Verweisungsbeschl aufheben und die Sache an das verweisende Gericht zurückgeben (BGH NJW 95, 534; OLG Hamm 23.4.2019 – 32 SA 23/19). Eine **Antragsbindung** (iSv § 308 Rn 2) besteht auch bei notwendigem Antrag (s Rn 1, 2) nicht (OLG Hamm MDR 2012, 799, 800). Das Gericht kann auch ein anderes als das konkret bezeichnete Gericht bestimmen (BayObLGZ 91, 343, 347; aA Vossler NJW 2006, 118 f). Der *vor* Klagezustellung ergangene Beschluss ist dem ASt formlos **mitzuteilen** (§ 329 II); wird die Klage später zugestellt, ist begl Beschlussabschrift beizufügen. Erging der Beschluss *nach* Klageerhebung: Formlose Mitteilung an beide Parteien, soweit keine mündl Verh stattgefunden hat (§ 329 I 1, II). Eine **Kostenentscheidung** ergeht bei Bestimmung nicht, da die Kosten des Verf nach § 36 solche der Hauptsache sind (BayObLG NJW-RR 2000, 141 mwN, allgM; vgl § 16 Nr 3a RVG); das Gleiche gilt auch dann, wenn es zu keinem Hauptsacheverf kommt (OLG München MDR 2013, 1484; OLG München MDR 2016, 116), zB bei Erledigung (§ 91a) mit „hypothetischer" Bestimmung (KGR Berlin 2005, 885). Bei Zurückweisung oder Zurücknahme des Gesuchs ergeht dagegen im der Hauptsache vorgeschalteten Bestimmungsverf Kostenentscheidung nach § 91, § 269 III entspr, unabhängig davon, ob im Einzelfall erstattungsfähige Kosten angefallen sind (BGH NJW-RR 87, 757; BGH NJW-RR 2014, 248 Tz 19; OLG Hamm NJW-RR 2013, 1341, str; aA OLG München MDR 2007, 1153; OLG München MDR 2017, 1270; iE N. Schneider NJW-Spezial 2008, 187; s § 91 Rn 9 u § 91 Rn 13.23); Insolvenz (§ 240) eines Streitgenossen im Fall von § 36 I

Nr 3 (s § 36 Rn 26) und fehlende Rechtshängigkeit stehen entspr Anwendung des § 269 III 3 nicht entgegen. **Wert:** s § 3 Rn 16.47. **Vorlageentscheidung** § 36 III: s § 36 Rn 13.

4 **4) Anfechtung (§ 37 II) und Nachprüfung. Gegen die Zurückweisung des Gesuchs** durch das **LG** besteht die sof Beschwerde (§ 567 I Nr 2; MskV/Heinrich Rn 8, hM; vgl OLG Stuttgart NJW-RR 2003, 1706; aA Vossler NJW 2006, 122), nicht jedoch bei Ablehnung einer Bestimmung nach Vorlage eines AG (vgl § 567 I Nr 2: „Gesuch zurückgewiesen"). Gegen Zurückweisungsbeschlüsse des **OLG** findet keine Beschwerde statt; die Rechtsbeschwerde (§ 574 I Nr 2) kann nicht zugelassen werden (OLG Celle 21.11.2024 – 20 AR 13/24; BayObLG NJW 2002, 2888: arg § 36 III; aA OLG Stuttgart NJW-RR 2003, 1706, 1707; sa § 36 Rn 16). **Gegen den bestimmenden Beschluss** gibt es keine Beschwerde (II). Wenn der Bestimmungsbeschluss unter Verletzung des rechtl Gehörs (Art 103 I GG; s Rn 3) ergangen ist, findet die Anhörungsrüge gem § 321a statt.

5 **II) Rechtsfolgen der Bestimmung.** Das **bestimmte Gericht** wird durch den Beschluss **zuständig**, entgegenstehende „rechtskräftige" Zuständigkeitsentscheidungen iSv § 36 Rn 35 werden wirkungslos. Die bei einem beteiligten, nicht für zuständig erklärten Gericht bereits eingetretene Rechtshängigkeit (im Fall des § 36 I Nr 3 sind die Klagen gegen die – späteren – Streitgenossen bereits erhoben, s § 36 Rn 26) geht auf das für zuständig erklärte über (Stein/Roth § 36 Rn 29). Eine Rücknahme der Klage gegen den Streitgenossen, dessen allg Gerichtsstand für § 36 I Nr 3 bestimmend war (s § 36 Rn 29), ändert an der einmal begründeten Zuständigkeit nichts (§ 261 III Nr 2; OLG München NJW-RR 2002, 1722); anders aber bei Nichterhebung der Klage gerade gegen diesen Streitgenossen: s Rn 6.

6 Der Bestimmungsbeschluss **bindet** das als zuständig bestimmte Gericht (BGH FamRZ 80, 671; OLG München NJW-RR 2002, 1722) und das ihm übergeordnete Rechtsmittelgericht (BayObLG Rpfleger 87, 125; MskV/Heinrich Rn 9). Soweit der **Bindungswille** des bestimmenden Gerichts **beschränkt** ist (s § 36 Rn 38), ist aber das „bestimmte" Gericht an der – erneuten – Überprüfung seiner Zuständigkeit nicht gehindert (OLG München MDR 2013, 1120; Bsp: OLG Nürnberg NJW-RR 97, 379: noch Prüfung der örtl nach Bestimmung der funktionellen Zuständigkeit); das Gleiche gilt, wenn der erhobenen Klage ein anderer Tatbestand oder ein anderes Rechtsverhältnis zugrunde gelegt ist als im Gesuch angegeben oder eine andere Klage als die dem bestimmenden Gericht vorgelegte erhoben ist (OLG München NJW-RR 88, 128 = MDR 87, 851) oder wenn die Klage gegen *andere* als die ursprüngl vorgesehenen Streitgenossen gerichtet wurde, insb wenn nicht alle oder zusätzl Streitgenossen mitverklagt wurden (BayObLG WuW 2020, 95 Tz 19; OLG München NJW-RR 2013, 1016 = MDR 2013, 1120). Der Rechtswegbestimmung (s § 36 Rn 43) kommt keine weiter gehende Bindung als einem Verweisungsbeschluss (s § 17a II 3 GVG) zu (BAG MDR 93, 57; BAG MDR 94, 1815 Nr 29; sa § 17a GVG Rn 12 ff). Die **Grenze** der Bindung bildet die Entscheidungskompetenz im Bestimmungsverf (s § 36 Rn 10, 41).

7 **III) Gebühren.** Für die Anfechtung (s Rn 4); iÜ s § 36 Rn 44: **1) Gericht:** 1812 GKG-KV; – **2) RA:** 3500 RVG-VV (0,5 Verfahren), 3513 RVG-VV (0,5 Termin).

Titel 3
Vereinbarung über die Zuständigkeit der Gerichte (§§ 38-40)

Vorbemerkungen zu §§ 38-40

1 **I) Allgemeines. 1) Bedeutung.** Die §§ 38-40 regeln ein **grundsätzl Prorogationsverbot** (BGH NJW 83, 159, 162; St/Bork § 38 Rn 4). Soweit Gerichtsstandsvereinbarungen überhaupt zugelassen sind, besteht überdies idR **Formzwang** (§ 38 II u III); ledigl im Rahmen von § 38 I ist „stillschweigende" Prorogation mögl. Eine Umgehung der zwingenden und unabdingbaren Regelungen wird durch weitere **Schutzvorschriften** verhindert. So können nach § 29 II durch Abschluss einer Erfüllungsortsvereinbarung die Wirkungen einer unzulässigen Prorogation nicht erreicht werden. Zudem begründet die rügelose Einlassung zur Hauptsache im Parteiprozess keine Zuständigkeit, wenn die vorgeschriebene Belehrung über die örtl und sachl Unzuständigkeit unterblieben war (§ 39 S 2). Die bloße Behauptung einer Gerichtsstands- oder Erfüllungsortsvereinbarung reicht im Säumnisverf zur Zuständigkeitsbegründung nicht aus (§ 331 I 2). Schließlich verhindert § 38 II 3 Umgehungen durch (pseudo-)internationale Zuständigkeitsvereinbarungen.

2 **2) Zweck.** Das grundsätzl Prorogationsverbot bewirkt eine starke Aufwertung des allg Gerichtsstands, insb der §§ 12, 13. Es will damit die in diesen Regelungen zum Ausdruck kommende Vergünstigung für den Bekl (s § 12 Rn 2) vor Eingriffen durch einen „stärkeren" Vertragspartner sichern. Auch iÜ dient es der Erhaltung der mit Gerechtigkeitsgehalt ausgestatten Zuständigkeitsregeln. Die §§ 38-40 haben daher selbst Gerechtigkeitsgehalt (BGHZ 101, 275 = NJW 87, 2867 = MDR 88, 33; krit zur Regelung: Bettermann ZZP 91 [1978], 392 f).

3 **3) Anwendungsbereich.** Zum Gegenstand von Gerichtsstandsvereinbarungen s § 38 Rn 3. Die §§ 38-40 sind in jedem der ZPO unterliegenden **Verf** anwendbar, nicht nur im Urteils-, sondern auch im Beschlussverf, etwa

betr einstw Verfügung (OLG München NJW 52, 67). **Sondervorschriften:** § 29c IV; § 26 II FernUSG; § 53 III KWG; § 319 II KAGB, § 215 III VVG.

4) Abgrenzung. Die §§ 38-40 gelten nicht für die in **rechtl normierten Vertragsbedingungen** enthaltenen Gerichtsstandsbestimmungen. Hierher gehören die in § 22 StromGVV u GasGVV enthaltenen, nicht der AGB-Kontrolle unterliegenden (§ 310 II BGB) bes „Gerichtsstände" (s § 29 Rn 25.19). Für Gerichtsstandsvereinbarungen in Tarifverträgen gilt § 48 II ArbGG. 4

5) Internationaler Rechtsstreit. Handelt es sich nicht um einen reinen Inlandsfall ohne subjektive oder objektive Auslandsbezüge, richtet sich die Zulässigkeit der Prorogation (nur) nach der **Brüssel Ia-VO** (insb Art 19, 23, 25), soweit ihr Anwendungsbereich eröffnet ist (s Art 25 Brüssel Ia-VO Rn 6, § 38 Rn 29). Zu internationalen Zuständigkeitsvereinbarungen außerhalb dieses Anwendungsbereichs s § 38 Rn 28 ff. 5

II) Voraussetzungen für Gerichtsstandsvereinbarungen. 1) Prorogationsvereinbarung (s § 38 Rn 2 ff). **2) Allgemeine Zulässigkeitsvoraussetzungen. a)** Prorogationsfähiger Anspruch (§ 40 II Nr 1 u s § 40 Rn 5); **b)** bestimmtes Rechtsverhältnis (§ 40 I u s § 40 Rn 3); **c)** bestimmtes (bestimmbares) Gericht (s § 38 Rn 17); **d)** Fehlen eines ausschließl Gerichtsstands (§ 40 II Nr 2; s § 40 Rn 6 ff) oder eines bes Prorogationsverbots (s § 38 Rn 11). **3) Besondere Voraussetzungen** des jeweiligen Zulassungsgrunds (s § 38 Rn 21-45). 6

§ 38 Zugelassene Gerichtsstandsvereinbarung

(1) Ein an sich unzuständiges Gericht des ersten Rechtszuges wird durch ausdrückliche oder stillschweigende Vereinbarung der Parteien zuständig, wenn die Vertragsparteien Kaufleute, juristische Personen des öffentlichen Rechts oder öffentlich-rechtliche Sondervermögen sind.

(2) [1]Die Zuständigkeit eines Gerichts des ersten Rechtszuges kann ferner vereinbart werden, wenn mindestens eine der Vertragsparteien keinen allgemeinen Gerichtsstand im Inland hat. [2]Die Vereinbarung muss schriftlich abgeschlossen oder, falls sie mündlich getroffen wird, schriftlich bestätigt werden. [3]Hat eine der Parteien einen inländischen allgemeinen Gerichtsstand, so kann für das Inland nur ein Gericht gewählt werden, bei dem diese Partei ihren allgemeinen Gerichtsstand hat oder ein besonderer Gerichtsstand begründet ist.

(3) Im Übrigen ist eine Gerichtsstandsvereinbarung nur zulässig, wenn sie ausdrücklich und schriftlich
1. **nach dem Entstehen der Streitigkeit oder**
2. **für den Fall geschlossen wird, dass die im Klageweg in Anspruch zu nehmende Partei nach Vertragsschluss ihren Wohnsitz oder gewöhnlichen Aufenthaltsort aus dem Geltungsbereich dieses Gesetzes verlegt oder ihr Wohnsitz oder gewöhnlicher Aufenthalt im Zeitpunkt der Klageerhebung nicht bekannt ist.**

I) Vereinbarung über die Zuständigkeit der Gerichte (Prorogation). 1) Begriff. Prorogation ist die Vereinbarung (s Rn 5 ff) zwischen den Parteien (s Rn 13) eines künftigen oder gegenwärtigen Rechtsstreits über die Zuständigkeit (s Rn 3) eines erstinstanzl Gerichts (s Rn 17). Durch die Prorogation können (fehlende) Gerichtsstände begründet und vorhandene abbedungen werden. Die **positive** Prorogation begründet die Zuständigkeit eines Gerichts, die **negative** schließt sie aus **(Derogation)**. Zum Ausschluss der Widerklagezuständigkeit s § 33 Rn 37. 1

2) Arten. Kombination von positiver und negativer Prorogation ist zulässig. Wird neben der (positiven) Vereinbarung eines bestimmten Gerichtsstandes die Zuständigkeit aller übrigen (an sich zuständigen) Gerichte ausgeschlossen, ist **ausschließl Zuständigkeit** vereinbart; jedoch kann auch nur ein (zusätzl) **fakultativer Gerichtsstand** geschaffen werden (s Rn 18). Der Ausschluss der Zuständigkeit sämtl Gerichte, ohne dass noch ein zuständiges Gericht verbliebe, ist unzulässig (vgl MK/Jungmann Rn 34 f), ebenso Regelungen, die dem gleichkommen (s Rn 36). Die **nationale Prorogation** betrifft nur die Zuständigkeit der (untereinander gleichwertigen) innerstaatl Gerichte, unberührt lässt sie die inländische Gerichtsbarkeit. Die **internationale Prorogation** betrifft die internationale Zuständigkeit und damit die Entscheidungskompetenz der innerstaatl Gerichte überhaupt („Gerichtsbarkeitsvereinbarung"). Sie ist abweichend von der nationalen Prorogation geregelt (s Rn 28 ff). 2

3) Gegenstand. Gegenstand der Prorogation kann sein: die **örtl**, die **sachl** und die **internationale Zuständigkeit** (näher s Rn 18). **Nicht vereinbart** werden kann der Rechtsweg (BGH NJW 97, 328; zB ordentl, Verwaltungs- oder Arbeitsrechtsweg, Ausnahme: § 2 IV ArbGG), die freiw statt der streitigen Gerichtsbarkeit und umgekehrt (§ 17a VI GVG gilt), die funktionelle Zuständigkeit (BGH VersR 77, 430), insb der Instanzenzug, die Geschäftsverteilung (zB zwischen ZivK und KfH, s vor § 93 GVG Rn 4; § 95 GVG Rn 1; aA Schilken FS Musielak, 2004, S 450 mN), insb ein bestimmter einzelner Spruchkörper des Gerichts (s Lüke FS Baumgärtel, 1990, S 352 mN). Nicht mögl ist auch eine Beschränkung der Vereinbarung auf bestimmte Verfahrensarten oder -teile (OLGR Jena 2000, 59 für §§ 485 ff). – In Patentstreitsachen kann nur ein aufgrund landesrechtl Ermächti- 3 gung (§ 143 II PatG) zuständiges LG vereinbart werden (BGHZ 8, 16 = NJW 53, 262); entspr gilt für sonstige Fälle bundes- oder landesgesetzl Zuständigkeitskonzentration. Für Binnenschifffahrtssachen gilt § 6 BinSchGerG (sa § 14 GVG Rn 1); Landwirtschaftssachen: BGH LM § 1 LVO Nr 6.

4 **4) Rechtsnatur.** Die Prorogation ist **Prozessvertrag**, denn sie hat ausschließl prozessuale Wirkungen (s Rn 52), und ihre Voraussetzungen sind weitgehend durch das Prozessrecht geregelt (§§ 38-40; vgl auch §§ 1029 ff). Dass dieses in gewissem Umfang durch den verwendeten Begriff der „Vereinbarung" auf das materielle Recht verweist (s Rn 5 ff), steht einer prozessualen Qualifizierung nicht entgegen (St/Bork Rn 52; RSchwab/Gottwald § 37 Rn 2; Wagner, Prozessverträge, 1998, S 557 mwN, wohl auch BGHZ 59, 22, 26 = NJW 72, 1622; BGH NJW 97, 2885, 2886; krit MK/Jungmann Rn 110 ff; für internationale Vereinbarungen Schlosser FS Lindacher, 2007, S 112 ff; vermittelnd Gottwald FS Henckel, 1995, S 295).

5 **5) Abschluss und Wirksamkeit.** Zustandekommen und Rechtsbeständigkeit des Prorogationsvertrags richten sich, soweit nicht die zwingenden prozessrechtl Vorschriften eingreifen (s Rn 4, aber sa Rn 21 ff), weitgehend nach mat-rechtl Vorschriften. – **a) Anwendbares Recht.** Bei **Auslandsbeziehung** gilt bei *Vereinbarung* der Zuständigkeit eines dt Gerichts grds die lex fori (BGHZ 59, 26; BGH NJW 89, 1432; BGH NJW 94, 262), jedoch ist im Rahmen der Verweisung auf das materielle Recht (s Rn 4) auch Anwendung ausl Rechts als *lex causae* mögl (vgl BGHZ 49, 387; BGHZ 59, 27; BGH NJW 97, 2886). Das anzuwendende Recht richtet sich nach dem Zeitpunkt der Rechtshängigkeit (OLG Hamm RIW 2000, 382, str; offen lassend BGH NJW-RR 2005, 929, 931 = MDR 2005, 1126). Auch ein wirksamer *Ausschluss* der dt internationalen Zuständigkeit ist nur bei Wahrung der Prorogationsform (§ 38 II, III; § 40) „beachtl" (BGH NJW 89, 1431 = MDR 89, 335; BGH NJW 97, 2886), die Wirksamkeit der Zuständigkeitsvereinbarung selbst kann sich auch nach ausl (materiellem oder Prozess-) Recht richten (BGHZ 99, 208 = NJW 87, 1145; BGH NJW 89, 1432); die Art 3 III, Art 10 I Rom I-VO sind anwendbar (vgl BGHZ 99, 210; BGH NJW 89, 1432 zum früh IPR). Zur Bedeutung von Wirksamkeitsmängeln des **Hauptvertrags** s Rn 10.

6 **b) Zustandekommen.** Bei Anwendbarkeit dt Rechts gelten für die Einigung die §§ 145 ff BGB (BGH NJW 83, 2772, 2773) sowie für die Einbeziehung als AGB §§ 305 ff BGB (vgl AG München RdTW 2021, 27 zu kollidierenden Gerichtsständen; sa Rn 26). Die **Fähigkeit** zum vorprozessualen Abschluss richtet sich nach §§ 104 ff BGB, nicht § 52 (MK/Jungmann Rn 52; Gottwald FS Henckel, 1995, S 306, str). **Stellvertretung** ist zulässig, §§ 164 ff BGB gelten, nicht §§ 78 ff (wohl aber § 83 II: Vollkommer NJW 74, 196), auch bei Vereinbarung für Rechtsstreit im Zuständigkeitsbereich des LG; durch Auslegung zu ermitteln ist, ob die Vollmacht zum Abschluss eines mat-rechtl Vertrags auch zum Abschluss einer Gerichtsstandsvereinbarung ermächtigt (St/Bork Rn 54 gegen OLG München NJW 74, 195 [Vollkommer]). Handlungsvollmacht (§ 54 HGB) genügt nicht (vgl § 54 II HGB; OLG München NJW-RR 2009, 417, 419 zu § 1031; sa § 1031 Rn 14). **Gesetzliche Vertretung** ist mögl, aber keine Verpflichtungsbefugnis eines Ehegatten zu Lasten des anderen gem § 1357 BGB (AG München MDR 62, 572; aA LG Düsseldorf NJW 66, 553).

7 **c) Anfechtung** gem §§ 119 ff BGB ist möglich. Wird sie nach Rechtshängigkeit erklärt, beseitigt sie gem § 142 I BGB rückwirkend den vereinbarten Gerichtsstand; § 261 III Nr 2 steht nicht entgegen (MskV/Heinrich Rn 4; St/Bork Rn 63); nicht beseitigt wird durch die Anfechtung aber eine nach § 39 begründete Zuständigkeit.

8 **d)** Die Prorogation unterliegt teilw dem **Formzwang** (Schriftform; schriftl Bestätigung; Ausdrücklichkeit; vgl **II, III**; § 26 II FernUSG; Art 25 Brüssel Ia-VO); greifen die genannten bes Formvorschriften nicht ein, ist der Abschluss formfrei mögl (OLG Koblenz BB 83, 1635), auch wenn für den Hauptvertrag eine Form vorgeschrieben ist (RGZ 140, 149; vgl BGHZ 69, 260).

9 **e)** Gerichtsstandsvereinbarung **zugunsten Dritter** ist mögl (EuGH NJW 84, 2760 zu Art 17 EuGVÜ; OLGR Köln 2004, 65; allg Geimer NJW 85, 533; zur Schriftform s Rn 32).

10 **f) Mängel des Hauptvertrags.** Aus **§ 139 BGB** folgt, dass eine Gerichtsstandsvereinbarung auch für **Streit über die Nichtigkeit oder das Zustandekommen** des Vertrags gilt, dessen Bestandteil sie ist (BGH LM Nr 4; KG BB 83, 213; OLGR München 1995, 118; OLGR München 1999, 342; OLG Stuttgart MDR 2008, 709, stRspr; ebenso für EU-Bereich Art 25 V Brüssel Ia-VO sowie für Schiedsvereinbarung BGHZ 53, 315, 318; BGHZ 69, 260, 263 f u hier s § 1029 Rn 67), dagegen nicht bei Streit gerade über die Wirksamkeit der Gerichtsstandsklausel selbst (ThP/Hüßtege Rn 30).

11 **g) Inhaltliche Grenzen.** Ein **Verbot** von den Niederlassungsgerichtsstand gem § 21 ausschließenden Vereinbarungen enthält § 53 III KWG (s § 21 Rn 1; weitere Prorogations- und Derogationsschranken: s Rn 3, 27; § 32 Rn 21). Gerichtsstandsklauseln in **AGB** sind an §§ 305 ff BGB zu messen. Im nichtkaufmännischen Verkehr sind sie außerhalb von **II, III** idR gem § 307 BGB unwirksam (BGH NJW 83, 1320, 1322; zu II s Rn 36). Bereits wegen mangelnder **Bestimmtheit** ist die Klausel „Gerichtsstand ist X, soweit dies ges zulässig ist" unwirksam (LG München BB 79, 702), ebenso, wenn als Gerichtsstand ein Ort („Hamburg") bezeichnet wird und nicht durch Auslegung (s Rn 17) ermittelt werden kann, welches von mehreren dort ansässigen Gerichten zuständig *sein soll (AG Hamburg 26.1.2017 – 25b C 59/16)*; zum vollkaufmännischen Verkehr s Rn 26. **Schranken** bei Vereinbarung in vorgedruckter RA-Vergütungsvereinbarung: § 3a I 2 RVG (dazu OLGR Düsseldorf 1998, 63; aber schon III zu beachten).

h) Satzungsmäßige „Vereinbarung" von Gerichtsstandsklauseln ist uU mögl (BGHZ 123, 349 = NJW 94, 52 = MDR 94, 148 im Anschluss an EuGH NJW 92, 1671 zu Art 17 EuGVÜ [nunmehr: Art 25 Brüssel Ia-VO]; LG München I MittBayNot 2007, 142, 146; krit St/Bork Rn 62; Mülbert ZZP 118 [2005], 313, 338: § 1066 entspr); die Bestimmtheit (§ 40 I) ist bei Beschränkung insb auf mitgliedschaftsrechtl Streitigkeiten, die Prorogationsform durch die Satzung gewahrt (iE BGH NJW 94, 52; EuGH NJW 92, 1671; zur satzungsmäßigen Vereinbarung von Schiedsklauseln BGHZ 180, 221 Tz 20); Bedeutung: s § 17 Rn 1. 12

6) Parteien, Rechtsnachfolger und -ausübungsbefugte. Unbeschränkt prorogationsbefugt sind nur Kaufleute und diesen Gleichgestellte (**I**; s Rn 22). An die Zuständigkeitsvereinbarung gebunden sind außer den vertragsschließenden Parteien auch deren (Gesamt- oder Sonder-)**Rechtsnachfolger** (BayObLG NJW-RR 2002, 359), nicht dagegen am Vertrag nicht beteiligte Dritte. Die Bindung umfasst auch Rechtsnachfolger, die nicht zum Kreis der uneingeschränkt prorogationsfähigen Personen gehören und daher selbst die Vereinbarung nicht hätten abschließen können (OLG Köln NJW-RR 92, 571; St/Bork Rn 17; MK/Jungmann Rn 69; aA LG Trier NJW 82, 286); der Grund hierfür liegt darin, dass es für das Vorliegen der subj Voraussetzungen der Vereinbarung (nur) auf den Zeitpunkt ihres Abschlusses ankommt (s Rn 23). An die Zuständigkeitsvereinbarung gebunden ist daher der Erbe, Zessionar (BGH NJW 80, 2023; ebenso zu § 1031 BGHZ 162, 9, 12 = NJW 2005, 1125 u hier s § 1031 Rn 16), Dritterwerber eines Konnossements (s § 524 HGB) bei Eintritt in den Vertrag (EuGH NJW 2001, 501; BGHZ 171, 141, 148 Tz 28 = NJW 2007, 2036 = MDR 2007, 964). Außerdem gebunden werden **Dritte**, die unter die Vereinbarung fallende Rechte anstelle der beteiligten Parteien ausüben, zB gewillkürte Prozessstandschafter (vgl BGH MDR 2014, 980 Tz 30), InsVerwalter (BayObLGZ 99, 76; näher Keller Jura 2008, 527 f mN) und Pfändungsgläubiger. Ebenso werden (unselbständig) akzessorisch Haftende und in den Vertrag einbezogene Dritte gebunden, so wirkt die Prorogation im Vertrag mit der OHG gegen den persönl haftenden Gesellschafter (sa BGH MDR 91, 737 zu [jetzt] § 1031; Haas/Keller ZZP 126 [2013], 340), die im Vertrag gem § 328 BGB für den begünstigten Dritten (BayObLG AG 2024, 82), die im verbundenen Vertrag für und gegen die weitere Vertragspartei (OLG Köln NJW-RR 98, 1350). Dagegen bindet die Prorogation als Dritte **nicht selbständig** (auch akzessorisch) **Haftende**, wie Bürgen (OLG Stuttgart 1.4.2025 – 6 UH 3/25; auch im Fall des § 773 Nr 1 BGB), Schuld(mit)übernehmer (deshalb Prorogationsform für Beitritt erforderl: Geimer NJW 86, 1439), Garanten und den gem § 179 I BGB in Anspruch genommenen vollmachtlosen Vertreter, ferner nicht Streitgenossen (vgl BGHZ 68, 359; BGH MDR 91, 737, sämtl zu Schiedsklausel), desgl nicht spätere Erwerber in der Käufer-(Liefer-)kette, die der zwischen Hersteller und Ersterwerber getroffenen Gerichtsstandsvereinbarung nicht vertragl zugestimmt haben (EuGH NJW 2013, 3086 LS = RIW 2013, 245). 13

7) Zeitpunkt. a) Vorprozessual uneingeschränkt zulässig ist die Prorogation nur in den Fällen von I, II und III Nr 2; insoweit ist Abschluss bereits mit dem Hauptvertrag mögl. IÜ ist die Zeitschranke gem III Nr 1 zu beachten (s Rn 33). Im **Mahnverf** ist bis zur Rechtshängigkeit der Sache (s § 696 Rn 7) noch Prorogation auf ein „anderes" (als das im MB genannte) Gericht durch übereinstimmenden Abgabeantrag mögl (§ 696 I 1 Hs 2; § 700 III 1 Hs 2; sa § 696 Rn 5; § 700 Rn 12). 14

b) Nach Rechtshängigkeit ist die Prorogation auf das angegangene oder ein anderes Gericht nur zulässig, solange das angegangene Gericht (noch) nicht zuständig (geworden) ist (BGH NJW 76, 626; BAG BB 74, 1124; Grund: § 261 III Nr 2). Ist dagegen die Klage beim zuständigen Gericht erhoben worden (oder ist es nach § 39 oder § 281 zuständig geworden), so wird es durch die *nachträgl Prorogation* eines anderen nicht mehr unzuständig (BGH NJW-RR 2010, 891 Tz 9; BayObLG MDR 2023, 1476; OLG Frankfurt 28.11.2018 – 11 SV 109/18; s § 261 Rn 12, § 281 Rn 18; hM, str; aA MK/Becker-Eberhard § 261 Rn 92 mwN). Erlässt das Gericht in der unzutr Annahme, die Zuständigkeit könne noch durch eine Gerichtsstandsvereinbarung nach Rechtshängigkeit beseitigt werden, im Widerspruch zur „hM", aber iSd „aA" einen Verweisungsbeschluss, ist dieser gem § 281 II 4 dennoch bindend (BGH NJW-RR 2010, 891 Tz 16; sa § 281 Rn 17). 15

8) Inhalt und Auslegung. a) Allgemeines. Inhaltl Grenzen ergeben sich aus § 40 I, II, sonst zwingendem Recht (s Rn 11) und §§ 307 ff BGB (s Rn 11, 26, 34). IÜ ist der Inhalt der Gerichtsstandsvereinbarung nach §§ 133, 157 BGB auszulegen. Zur Geltung des vereinbarten Gerichtsstands für die Widerklage s Rn 48. 16

b) Zuständiges Gericht. Die Einigung muss sich auf ein **bestimmtes** oder zumindest durch Auslegung **bestimmbares** (St/Bork Rn 71; EuGH NJW 2001, 501 zu Art 17 EuGVÜ [jetzt Art 25 Brüssel Ia-VO]) erstinstanzl (s Rn 3) Gericht beziehen. Dies ist bei Anknüpfung des Gerichtsstands am Sitz eines „Vertragspartners" (zB Verfrachter) zu bejahen (OLG Bremen MDR 2012, 305), mag auch die Person des Vertragspartners aus der Vereinbarung (zB Konossement) allein nicht eindeutig bestimmbar sein (EuGH NJW 2001, 501); ebenso bei Vereinbarung des noch unbestimmten Wohnsitzes eines künftigen Zessionars als Gerichtsstand (OLG Frankfurt MDR 65, 582; aA WSch/Smid/Hartmann Rn 56). Trifft die örtl Bezeichnung ungewollt auf mehrere Gerichte zu (so „Gerichtsstand Berlin" auf AG-Ebene), ist zu prüfen, ob das als allein zuständig vereinbarte Gericht durch Auslegung zu ermitteln ist (instruktiv OLG Brandenburg NJW 2006, 3444; sa Rn 11). Das Bestimmtheitsgebot schließt die Vereinbarung von **Wahlgerichtsständen** („zuständig ist das LG X oder das LG Y" je nach Wahl einer Partei) nicht aus (OLGR Köln 2005, 255; OLGR Hamm 2006, 23 [zu Art 23 Brüssel Ia-VO aF]). Bei Wahlrecht des Kl (zB Lieferant) handelt es sich um eine *einseitig begünstigende* Gerichtsstandsvereinbarung (s OLG Dresden NJW-RR 2009, 1295 zu Art 17 IV LugÜ; s Rn 18); steht das Wahlrecht dem späte- 17 ren Bekl zu, so hat ihn der Kl vor Klageerhebung aufzufordern, dieses Recht in angemessener Frist auszuüben (BGH NJW 83, 996 = MDR 83, 466). Die **einseitige (freie) Bestimmung** des Gerichtsstands kann dagegen einer Vertragspartei nicht überlassen werden (OLG Karlsruhe OLGZ 1973, 479 = DB 74, 184). Bei Vereinbarung – *allein* – der internationalen Zuständigkeit (s Rn 18, 28 ff) entfällt die Angabe eines bestimmten (örtl zuständigen) Gerichts. Bsp: „Zuständig sind die Gerichte von England" (LG Mainz EWiR 2005, 825).

18 **c) Art der Zuständigkeit.** Die Parteien können vereinbaren, dass ein Gericht **ausschließl oder neben** dem ges zuständigen Gericht zuständig sein soll (s Rn 2). Was gewollt ist, ist im Einzelfall durch **Auslegung** zu ermitteln (OLG Bamberg NJW-RR 89, 371). Eine Vermutung spricht weder für die Ausschließlichkeit der Zuständigkeit des prorogierten Gerichts noch gegen sie (BGH NJW-RR 99, 137, 138; BayObLG AG 2024, 82). Mögl ist auch „einseitige" Ausschließlichkeit der Vereinbarung, bei der die begünstigte Partei das Recht behält, selbst in einem anderen Gerichtsstand zu klagen (vgl BayObLG NJW-RR 2002, 1152; OLG Schleswig NJW 2006, 3360 mN). Auch bei **internationalen** Gerichtsstandsvereinbarungen besteht – außer im EU-Bereich (Art 25 I 2 Brüssel Ia-VO; s Art 25 Brüssel Ia-VO Rn 13) – keine Vermutung zugunsten der Ausschließlichkeit. Ein vereinbarter Gerichtsstand am Sitz des Kl schließt aber iZw eine Klage am Sitz im Land des Bekl nicht aus (OLG Hamm 2.6.2015 – 32 SA 19/15; OLG Bamberg NJW-RR 89, 371; OLGR Frankfurt 1996, 95; aA OLG Koblenz NJW-RR 97, 328), desgl nicht ein nur im Interesse einer der Parteien vereinbarter ausl Gerichtsstand eine Inlandsklage (BGH NJW-RR 99, 137; sa EuIZPR Rn 47). Eine (wirksam) vereinbarte ausschließl Zuständigkeit ist auch dann zu verneinen, wenn das Urteil des prorogierten Gerichts im Staat des derogierten Forums mangels Verbürgung der Gegenseitigkeit nicht anerkannt wird (OLG München MDR 57, 45; aA BGHZ 49, 124; BGH NJW 71, 985). Allg darf die Derogation der inländischen Zuständigkeit nicht zu einer Rechtsverweigerung führen (BAG NJW 79, 1119; s Rn 36).

19 **d) Erfasste Streitigkeiten.** Durch Auslegung ist auch der Umfang der Prorogation zu ermitteln; bei ständiger Geschäftsverbindung wird die (wiederholte) Zuständigkeitsvereinbarung idR (auch bei Fehlen im Einzelfall) die **Folgeverträge** erfassen (vgl Busse MDR 2001, 733; sa Rn 25). Ist vereinbart, dass bei „allen Rechtsstreitigkeiten" aus einem Vertrag „nur" am Erfüllungsort geklagt werden kann, sind idR neben vertragl auch **konkurrierende deliktische** Ansprüche in den Grenzen des Streitgegenstandes (s Einl Rn 67) umfasst (OLG Stuttgart MDR 2008, 709; Busse MDR 2001, 733; sa Art 25 Brüssel Ia-VO Rn 14). Auslegungsfrage ist ferner, inwieweit sich die Vereinbarung (allein) der Zuständigkeit für die klageweise Geltendmachung einer Forderung auf einen (davon verschiedenen) **Widerklagegerichtsstand** und auf die Zulässigkeit der **Aufrechnung** vor einem anderen Gericht auswirkt (s Rn 48).

20 **e) Konkurrenz von Zuständigkeitsvereinbarung mit Schiedsklausel.** Auslegungsfrage ist, ob die (anscheinend bestehende) Widersprüchlichkeit (sa Rn 3 aE) im Einzelfall behoben werden kann (Bsp: BGHZ 52, 35) oder nicht (Bsp: SchweizBG SpuRt 2013, 160 Tz 4.4). Eine (insb AGB-mäßige) Gerichtsstandsklausel steht daher der Wirksamkeit einer Schiedsvereinbarung nicht notwendig entgegen (BGH NJW-RR 2007, 1719 = MDR 2007, 789). Die Vereinbarung eines einseitigen Wahlrechts zwischen staatl Gerichten und Schiedsgerichtsbarkeit in AGB ist idR unwirksam (BGH BB 98, 2335).

21 **II) Gerichtsstandsvereinbarung im kaufmännischen Verkehr („kaufmännische" Prorogation, § 38 I). 1) Grund.** Grund der Ausnahme vom Prorogationsverbot (s vor § 38 Rn 1): mangelnde Schutzwürdigkeit des beteiligten Personenkreises (OLG Köln NJW-RR 92, 571). Zur Anwendbarkeit bei internationaler Prorogation s Rn 30.

22 **2) Personenkreis.** Beide Parteien der Gerichtsstandsvereinbarung müssen Kaufleute, jur Personen des öffentl Rechts (s § 50 Rn 12 f) und öff-rechtl Sondervermögen (s § 50 Rn 14) sein, aber nicht notwendig ders Gruppe angehören. **Kaufleute** sind Einzelpersonen (auch juristische, zB Verein, Stiftung), die ein Handelsgewerbe iSd HGB in kaufmännischer Weise (vgl § 1 II HGB) betreiben, ferner die Handelsgesellschaften iSd § 6 HGB (zB OHG, KG, AG, GmbH, eG). Kein ges Merkmal ist die Eintragung als Kaufmann ins Handelsregister; auch der nicht eingetragene Kaufmann kann daher „kaufmännisch" prorogieren (zum erforderl Nachweis der Kaufmannseigenschaft s Rn 50 u § 331 Rn 6a). **I** unterfallen auch die eingetragenen Kaufleute gem § 2, § 3 II, § 5 HGB (Bezeichnung zB „e.Kfm.", „e.Kfr.", vgl § 19 I Nr 1 HGB) und (ohne Eintragung) kaufmännisch auftretende Nichtkaufleute (nicht eingetragene **Scheinkaufleute**), bei denen die Vermutung gem § 1 II HGB nicht widerlegt ist (OLG Karlsruhe MDR 2002, 1269; näher s Rn 50). Eine **BGB-Gesellschaft** ist **nicht** nach **I** prorogationsfähig (zu ihr s § 50 Rn 17; arg § 105 I HGB), auch nicht, wenn es sich um eine Bau-ARGE handelt (BGH NJW-RR 2009, 173; aA OLG Frankfurt NZBau 2005, 590); ebenso nicht die Gemeinschaft der Wohnungseigentümer (OLG Celle ZMR 2022, 235) und die Angehörigen **freier Berufe** (insb Arzt, Anwalt, Architekt, StB, WP; OLG Köln NJW-RR 2015, 1533; OLGR Hamburg 2008, 340; MK/Jungmann Rn 153 f; Blattner AnwBl 2012, 237, 243; aA Siems NJW 2003, 1297; Wagner, Prozessverträge, 1998, S 560 f). Eine Ausnahme besteht nur für RA-/StB-/WP-Gesellschaften (§ 59c BRAO, § 49 StBerG, § 27 WPO), die aufgrund der gewählten Rechtsform prorogationsfähig sind (§ 13 I GmbHG; § 1 I AktG; §§ 6, 105 HGB). Da jede Gesellschaftsform bestimmte Eigenarten aufweist, ist auch nicht nach Art 3 I GG eine Gleichstellung der einfachen Sozietät (GbR) oder gar des einzelnen Berufsangehörigen *geboten;* die Differenzierung entspricht gesetzgeberischen Willen, der für die PartG ausdrückl bestimmt hat, dass diese kein Handelsgewerbe ausübt (§ 1 I 2 PartGG). Die von einem **InsVerwalter** eines kaufmännischen Unternehmens abgeschlossenen Geschäfte sind aufgrund seiner Stellung als

Amtswalter Handelsgeschäfte (§ 343 HGB); er ist dann auch prorogationsbefugt (Wexler-Uhlich/Wagner ZIP 2015, 1213; iErg St/Bork Rn 16; MK/Jungmann Rn 155; Keller Jura 2008, 528 f mN, str; aA OLG Zweibrücken ZIP 2018, 2376; OLGR Bamberg 1998, 302; PG/Bey Rn 6).

Maßgebl Zeitpunkt für Vorliegen der Kaufmannseigenschaft: Abschluss der Gerichtsstandsvereinbarung (OLG Köln NJW-RR 92, 571 mwN; OLG Karlsruhe MDR 2002, 1269). Damit muss das Handelsgewerbe (die gewerbl Tätigkeit) bei Abschluss bereits *aufgenommen* sein (arg § 1 I HGB: „betreibt"), bloße Vorbereitung im Rahmen der **„Existenzgründung"** genügt nicht (arg § 513 BGB: „für die Aufnahme"; ebenso LG Stuttgart ZVertriebsR 2021, 375; Prasse MDR 2005, 961, 962; MskV/Heinrich Rn 11; aA OLG Düsseldorf NJW 98, 2978, 2981; OLG Schleswig SchlHA 2010, 119; St/*Bork* Rn 11). Der spätere Wegfall der Kaufmannseigenschaft ist unerhebl. 23

3) Vereinbarung. a) Form. Sie ist **formfrei** mögl und kann daher ausdrückl oder stillschweigend, gleichzeitig mit und im Hauptvertrag oder als bes Abrede getroffen werden (BayObLG NJW-RR 2022, 1605). 24

Eine **stillschweigende Vereinbarung** ist nur dann anzunehmen, wenn die übereinstimmende Willensmeinung irgendwie (durch schlüssige Handlungen) nach außen erkennbar geworden ist. **Bsp:** schlüssige Bezugnahme auf AGB des Rechtsvorgängers (vgl OLG Koblenz BB 83, 1635); Folgebestellung im Rahmen von laufender Geschäftsbeziehung bei früherer Gerichtsstandsvereinbarung (vgl LG Dortmund NJW-RR 87, 959); vorbehaltlose Leistungsentgegennahme nach durch Gerichtsstandsklausel modifiziertem Angebot iSv § 150 II BGB (LG Rottweil NJW-RR 92, 688); nicht aber durch Übermittlung eines Entwurfs des Hauptvertrags mit im Text enthaltener Gerichtsstandsklausel (BayObLG NJW-RR 2022, 1605). Bei der Auslegung der Willenserklärung können **Handelsbräuche** (§§ 157, 310 I 2 Hs 2 BGB; § 346 HGB; sa Art 25 I 3 Brüssel Ia-VO) heranzuziehen sein (OLGR Düsseldorf 1996, 144). Wo ausnahmsw **Schweigen** als Willenserklärung gilt, genügt auch dieses. Bsp: Schweigen auf kaufmännisches Bestätigungsschreiben (BGH NJW 71, 323 [Geimer]; zur Abgrenzung von der „Auftragsbestätigung" vgl LG Rottweil NJW-RR 92, 688; zur „schriftl Bestätigung" einer Gerichtsstandsvereinbarung s Rn 33). 25

b) Verwendung von AGB. Beim Vertragsschluss unter Verwendung von AGB (sa Rn 6) ist für den Personenkreis des **I** die die **Einbeziehung** beschränkende Formvorschrift des § 305 II BGB nicht anzuwenden, wenn die Gerichtsstandsvereinbarung ein Unternehmer- und damit ein Handelsgeschäft ist (§ 310 I BGB); für die Einbeziehung gelten die allg Grundsätze (BGH NJW-RR 90, 958; s Grüneberg/Grüneberg § 305 BGB Rn 49 ff). Bloße *Fakturenvermerke* (Gerichtsstandsklausel auf kaufmännischer Rechnung) genügen dabei idR nicht (OLG Karlsruhe NJW-RR 93, 567), anders aber uU bei ständiger Geschäftsverbindung (BGH NJW 78, 2243; aA OLG Karlsruhe NJW-RR 93, 567). Eine Gerichtsstandsklausel in einem nur schwer zu entziffernden Klauselwerk (Kleinstdruck) wird aber auch ggü einem Kaufmann nicht Vertragsinhalt (BGH NJW-RR 86, 1311 mN). Eine ausdrückl Beschränkung des Klauseltextes auf Vollkaufleute ist nicht erforderl (OLG Frankfurt MDR 98, 664; OLG München MDR 2017, 233). **Einzelfragen:** Im Verkehr mit einem *Spediteur* gilt kraft stillschweigender Unterwerfung die Gerichtsstandsklausel gem **ADSp** 2017 Nr 30.3 (OLGR Karlsruhe 2005, 543; allg BGHZ 96, 138; Abgrenzung zu **II:** BGH NJW 85, 560; zum Frachtführer: OLG Dresden RIW 99, 969 f), eine abw Gerichtsstandsklausel in den Transportbedingungen geht aber vor (AG Kehl RdTW 2014, 380); Teilnehmer am Seehandel müssen von Gerichtsstandsklausel im *Konnossement* ausgehen (BGHZ 171, 141, 148 f = NJW 2007, 2036 = MDR 2007, 964), Kapitalanleger von Gerichtsstandsklauseln in Anleihebedingungen (Thole WM 2014, 1205). Die Gerichtsstandsvereinbarung in VOB-Bauverträgen gem **VOB/B** § 18 I (dazu BGHZ 94, 158 = NJW 85, 2090; OLG Brandenburg NJW-RR 97, 1518; sa § 29 Rn 25.9 aE) gilt (nur) für öffentl Auftraggeber, wenn auch der Unternehmer zum prorogationsfähigen Personenkreis (s Rn 22) gehört (BGH NJW 2009, 1974 mN). – Im Hinblick auf ihre Verbreitung sind Gerichtsstandsklauseln idR **nicht überraschend** iSv § 305c BGB (Ehricke ZZP 111 [1998], 150 ff; OLG Hamburg MDR 2000, 170; OLG Hamm NJW 95, 2499). 26

Die wirksam einbezogene Gerichtsstandsklausel unterliegt der **Inhaltskontrolle** (§ 310 I 2 BGB), insb gem § 307 II Nr 1 BGB iVm §§ 12 ff ZPO (BGH NJW 83, 1322 mwN; OLG Hamburg MDR 2000, 170). Dies führt jedoch nicht schon im Hinblick auf den Gerechtigkeitsgehalt des allg Gerichtsstands (s § 12 Rn 2) dazu, dass die im Handelsverkehr seit langem gebräuchl AGB-Gerichtsstände am (nahe gelegenen) Sitz des Verwenders stets oder doch idR unwirksam wären (ganz hM, OLG Karlsruhe NJW 96, 2041; OLG Hamburg MDR 2000, 170; OLG Schleswig NJW 2006, 3361 = MDR 2007, 106; Ehricke ZZP 111 [1998], 160 ff; Fischer MDR 2000, 683; aA LG Karlsruhe NJW 96, 1417). Im Rahmen der Interessenabwägung gem §§ 307, 310 I BGB sind auch die Wertungen in den zahlr bes Gerichtsständen, die vielfach zu einer Bevorzugung des Kl führen, zu berücksichtigen (etwa Ort der Vertragsanbahnung, -durchführung, -abwicklung; Schwerpunkt der vertragl Beziehungen der Parteien; Art des geltend gemachten Anspruchs u dgl). Die Bestimmung des Gerichtsstands am **Sitz des Verkäufers** (Lieferanten, Unternehmers) ist zulässig (OLG Karlsruhe NJW 96, 2041; OLG Frankfurt MDR 98, 664; Stein/Bork Rn 21; aA LG Karlsruhe NJW 96, 1417), denn dieser erlangt idR bei Vergütungsansprüchen für bereits erbrachte Leistungen Bedeutung, der Kl ist dann als (idR) vorleistender Teil prozessual schutzwürdig (so die Wertung aus Art 57 CISG). Bedenkl ist aber die Vereinbarung des **AG** am Verwendersitz ohne Rücksicht auf die Höhe des Streitwerts (Heinrichs NJW 97, 1415; Fischer MDR 2000, 684; aA LG Frankenthal NJW 97, 203). Die Rspr versagt AGB-Gerichtsstandsklauseln die Anerkennung bei **Fehlen jegl Beziehung zum Prorogationsort** oder bei evident unsachl Anknüpfung. **Bsp:** Wahl eines Gerichts, das weder zum Hauptsitz noch zur 27

Niederlassung des Verwenders oder Kunden in Beziehung steht (OLG Bremen MDR 2009, 465); uU Wahl des Gerichts der nahegelegenen Großstadt, insb als Sitz des Hausanwalts (vgl aber OLG Hamburg NJW-RR 99, 1506 = MDR 2000, 171; OLG München MDR 2013, 243, 244 Tz 2); Wahl eines entfernten Gerichts, obwohl zwischen den Parteien ein gemeinsamer ges Gerichtsstand (Sitz im gleichen LG-Bezirk) besteht (OLG Köln ZIP 89, 1068); beim Leasingvertrag Wahl eines Gerichts, dessen Ort weder der Ort des Herstellers, des Leasingnehmers, der Vertragsanbahnung noch der Lage des Leasingguts ist (AG München NJW-RR 87, 241); Bestimmung eines ausl Gerichts in einem Fall ohne Auslandsbezug. Ist der örtl Bezug des vereinbarten Gerichtsstands *nachträgl entfallen* (zB durch Sitzverlegung), ist es treuwidrig, wenn sich die im allg Gerichtsstand verklagte Partei darauf beruft (KG MDR 2008, 465; sa Einl Rn 41).

28 **III) Gerichtsstandsvereinbarung mit Auslandsbeziehung („internationale" Prorogation, § 38 II). 1) Allgemeines. a) Zweck.** Der Ausnahmetatbestand des **II** wurde im Interesse der Erleichterung des internationalen Rechtsverkehrs geschaffen. Vorbild der Regelung war Art 17 EuGVÜ 1968 (entspr heute Art 25 Brüssel Ia-VO). Die zu dieser Vorschrift (aF zu beachten) ergangene Rspr kann daher auch zur Auslegung des II verwertet werden (so BGHZ 116, 81 = NJW 93, 1071 = MDR 92, 181, zust Bork ZZP 105 [1992], 337; Franzen RIW 2000, 86).

29 **b) Abgrenzung zur „europ" Prorogation nach der Brüssel Ia-VO.** Art 25 Brüssel Ia-VO geht den §§ 38 ff als **Spezialregelung** vor (allgM, vgl zB BGHZ 82, 114 f; BGH NJW 80, 2023; OLG Frankfurt ZIP 2022, 659; Mark/Gärtner MDR 2009, 839). II (und auch I, s Rn 30) findet daher im Anwendungsbereich des **Art 25 Brüssel Ia-VO** (s Art 25 Brüssel Ia-VO Rn 6) keine Anwendung (Schranken bei Verbrauchersachen: Art 19 Brüssel Ia-VO). Unanwendbar sind daher insb die Formerleichterungen für Kaufleute nach I (OLG Karlsruhe NJW 82, 1950 mwN) sowie die Beschränkung des II 3.

30 **c) Abgrenzung zur kaufmännischen Prorogation (I).** II stellt keine abschließende Sonderregelung für die internationale Zuständigkeitsvereinbarung dar; der unbeschränkt prorogationsfähige Personenkreis (s Rn 22) kann gem **I** (also stillschweigend und formlos, s Rn 24, 25) internationale Zuständigkeitsvereinbarungen treffen (so OLG Saarbrücken NJW 2000, 671 mN; OLGR München 2001, 27; MK/Jungmann Rn 19; St/Bork Rn 21). Die Gegenansicht, die II auch bei internationalen Zuständigkeitsvereinbarungen von Vollkaufleuten anwendet (so AG Berlin-Charlottenburg NJW 75, 502; für Derogation dt Zuständigkeit auch OLG Nürnberg NJW 85, 1296) oder die Formerfordernisse des II als Mindestform der internationalen Zuständigkeitsvereinbarung auch bei einem Abschluss durch Kaufleute entspr heranzieht (Vollkommer Rpfleger 74, 134), ist mit der systematischen Stellung des I nicht vereinbar; II und III erweitern den Anwendungsbereich des I und beschränken ihn nicht; auch der Schutzzweck des II 3 (s Rn 35) spricht gegen eine Anwendung des II auf Vollkaufleute.

31 **2) Anwendungsbereich und Personenkreis, maßgeblicher Zeitpunkt.** Alleiniger Anknüpfungspunkt der Regelung ist der Wohnsitz (Sitz) der vertragschließenden Parteien (Domizilprinzip). Dagegen spielen Staatsangehörigkeit und Kaufmannseigenschaft keine Rolle (BGH NJW-RR 2005, 929, 931; sa Rn 30). Erforderl ist ledigl, dass mindestens eine der Vertragsparteien bei Vertragsschluss **im Inland keinen allg Gerichtsstand** (§§ 12 ff, § 17) hat und ihr ausl (Wohn-)Sitz nicht im Anwendungsbereich der Brüssel Ia-VO liegt (sonst Vorrang Art 25 Brüssel Ia-VO, s Rn 29). II scheidet daher bei beiderseitigem inländischem allg Gerichtsstand aus (dann Inlandsfall), mag auch eine der Parteien (oder beide) noch zusätzl einen *weiteren* Wohnsitz im Ausland haben (BGH NJW 86, 1439; BGH NJW-RR 2005, 929, 931). Keine Anwendung findet II (mehr) auf die internationale Prorogation, wenn sämtl vertragschließenden Parteien **bei Rechtshängigkeit** ihren allg Gerichtsstand (wieder) im Inland haben (vgl OLGR Düsseldorf 1995, 241; Hemler IPRax 2022, 34; aA LG Frankfurt/M IPRax 2022, 52; St/Bork Rn 27: nur Vereinbarungszeitpunkt maßgebl). Dann gilt bei Beteiligung von Nichtkaufleuten III Nr 1 (so auch BGH NJW 86, 1439).

32 **3) Vereinbarung. a) Form.** „Schriftl" oder „mündl mit schriftl Bestätigung" (II 2), sog **halbe Schriftlichkeit** genügt (zur Formfreiheit im kaufmännischen Verkehr s Rn 25). – **aa) Schriftlichkeit** verlangt nicht unbedingt Einhaltung des § 126 BGB (zutr Bork ZZP 105 [1992], 337; MK/Jungmann Rn 176); Schriftwechsel der Parteien (s § 127 S 2 BGB) reicht aus (vgl Samtleben NJW 74, 1595 mN; Bork aaO; BGH NJW 2001, 1731 zu Art 17 EuGVÜ/LugÜ), auch noch nach Vertragsschluss (OLG Celle NJW-RR 2004, 575, 576). Die formlose Entgegennahme einer eine Gerichtsstandsvereinbarung enthaltenden unterzeichneten Urk soll aber nicht genügen (so BGH NJW 2001, 1731), desgl nicht Unterzeichnung und Rückgabe eines nicht unterschriebenen Vertragstextes (BGH NJW-RR 2005, 150, 151 = MDR 2004, 1371). Die Einhaltung der **Textform** (§ 126b BGB; zB per E-Mail, Telefax) genügt nach II 2 nicht, eine Art 25 II Brüssel Ia-VO entspr Regelung fehlt bisher. Das Formgebot schließt die Verwendung von **AGB**, in denen sich eine Gerichtsstandsklausel befindet, an sich nicht aus; eine „schriftl abgeschlossene" Zuständigkeitsvereinbarung verlangt aber, dass der (von beiden Parteien unterzeichnete) Vertragstext eine **ausdrückl Bezugnahme** auf die AGB enthält (EuGH ZIP 2018, 1754 Tz 27 zu Art 25 Brüssel Ia-VO; sowie zu Art 17 EuGVÜ BGH NJW 94, 2700; BayObLG BB 2001, 1498; OLGR Karlsruhe 2001, 313) oder sonst klar und deutlich wird, dass die Klausel Gegenstand der Einigung der Parteien war (BGH MDR 2021, 899 Tz 29 zu Art 25 Brüssel Ia-VO und Abrufbarkeit im Internet). *Einseitige* Bezugnahmen (Hinweise) auf AGB in Bestätigungsschreiben, *Lieferscheinen*, Rechnungen u dgl (BGH NJW-RR 2004, 1292 = MDR 2004, 897; OLGR Karlsruhe 2006, 714, 718) oder auf der eigenen Internetseite (OLG Köln IPRspr 2014 Nr 187) reichen nicht aus; eine stillschweigende Unterwerfung unter AGB genügt für II niemals (BGH NJW 85, 560 für

ADSp). Bei Bezugnahme im Vertragstext auf frühere Angebote, die ihrerseits auf AGB mit Gerichtsstandsklausel verweisen, ist Schriftlichkeit nur dann gewahrt, wenn der Hinweis ausdrückl erfolgt ist und die Partei ihm bei Anwendung normaler Sorgfalt nachgehen kann (EuGH NJW 77, 494; BGH RIW/AWD 77, 649; offen BGHZ 134, 208 mwN). Ist eine ausdrückl Bezugnahme erfolgt, ist die Beifügung der AGB zur Vertragsurkunde nicht zwingend; es genügt vorherige Aushändigung und – bei klarem Verweis – auch, dass die AGB auf der Internetseite des Verwenders enthalten sind (OLG Dresden NJW-RR 2009, 1295, 1296; aA OLG Celle NJW-RR 2010, 136; AG Geldern NJW-RR 2011, 1503, 1504).

bb) Schriftl Bestätigung ist eine schriftl Erklärung, die eine bereits zeitl früher fornlos (mündl, elektronisch) getroffene (vgl **II 2**) Zuständigkeitsvereinbarung voraussetzt und auf diese inhaltl (auch pauschal) Bezug nimmt (BGHZ 116, 77, 81 = NJW 93, 1070 = MDR 92, 180; BGH NJW 2001, 1731, 1732), die der anderen Partei zeitnah zugehen muss und der Letztere nicht widersprochen haben darf (s dazu OLG Düsseldorf NJW-RR 98, 1145). Die Bestätigung kann von jeder Partei vorgenommen werden, nicht erforderl ist, dass sie gerade vom späteren Bekl ausgeht (BGHZ 116, 77, 82). **Nicht** ausreichend ist das Schweigen auf eine als „Auftragsbestätigung" bezeichnete Annahmeerklärung (iSv § 150 II BGB), mit der *erstmals* eine Gerichtsstandsklausel enthaltende AGB eingeführt werden (vgl EuGH NJW 77, 495; BGH NJW 94, 2669, 2700 = MDR 95, 29; OLG Saarbrücken IPRspr 2011, Nr 214), idR auch nicht auf Rechnungen mit AGB-Verweis (EuGH ZIP 2018, 1754 zu Art 25 Brüssel Ia-VO; BGH NJW 2005, 3499, 3500 zu § 1031). 33

b) Inhalt. aa) Wahlfreiheit. Grds kann der internationale Gerichtsstand frei gewählt werden. Zulässig ist Derogation eines dt Gerichtsstands und Vereinbarung ausschließl Zuständigkeit eines ausl Gerichts, auch wenn dessen Urteil in Deutschland mangels Verbürgung der Gegenseitigkeit nicht anerkannt wird (BGHZ 49, 124, 126 = NJW 68, 356). Eine Gerichtsstandsvereinbarung des Inhalts, dass jede Partei vor ihrem Wohnsitzgericht zu verklagen ist, ist mögl (BGH NJW 79, 2478). 34

bb) Beschränkung bei inländischer Partei (II 3). Nur wenn eine Partei einen allg Gerichtsstand im Inland hat und eine inländische Zuständigkeit begründet werden soll, besteht keine Wahlfreiheit; dann muss an das Gericht angeknüpft werden, bei dem die inländische Partei ihren allg oder einen bes Gerichtsstand hat (II 3). Durch die zum Schutz des inländischen Verbrauchers eingeführte Vorschrift soll verhindert werden, dass das inländische Prorogationsverbot durch Gerichtsstandsvereinbarungen in Scheinauslandsgeschäften mit Briefkastenfirmen umgangen wird. 35

cc) Auslegung und inhaltliche Grenzen bestimmen sich zunächst nach dem anwendbaren Recht (s Rn 5; vgl BGH MDR 2021, 899 Tz 20; BGH NJW 89, 1431). Auch bei Anwendung ausl SachR kann eine internationale Gerichtsstandsklausel uU wegen **Verstoßes gegen die guten Sitten** (§ 138 BGB), gegen den inländischen **ordre public** (Art 6 EGBGB), **Rechtsmissbrauchs** (§ 242 BGB; § 1025 II entspr) oder **inhaltl Unangemessenheit** (§ 307 BGB) unwirksam sein (vgl BGH NJW 83, 2772 f; OLG Bremen VersR 85, 987 f; Gottwald FS Firsching, 1985, S 96 f; Schmidt in Ulmer/Brandner/Hensen, AGB-Recht, Teil 2 (20) Rn 6); sie unterliegt insoweit der **Inhaltskontrolle** (iE sehr str u zweifelhaft; vgl Kröll ZZP 113 [2000], 148 ff, 159; Leible/Röder RIW 2007, 481). **Bsp** für unzulässige Regelungen: Derogation des inländischen Gerichtsstands für Ansprüche aus vorsätzl sittenwidriger Schädigung (vgl OLG Hamburg VersR 82, 341); Bestimmung eines Gerichts, das den Rechtsstreit nicht entscheiden will oder kann; Verstoß gegen unabdingbaren Gerichtsstand (AG Geldern NJW-RR 2011, 1503, 1504); Gerichtsstandsvereinbarung zur Umgehung zwingender Schutzvorschriften des inländischen oder europ Rechts (BGH BB 2012, 3103; MskV/Heinrich Rn 21), etwa bei verbotenen Finanztermingeschäften (s näher § 100 WpHG), bei Handelsvertreter- (§ 89b HGB; BGH BB 2012, 3103; Emde BB 2013, 2635) oder Fluggastverträgen (vgl EuGH NZV 2021, 36 [Staudinger zu Art 25 Brüssel Ia-VO]). Allg darf eine internationale Gerichtsstandsvereinbarung, insb die Derogation der inländischen Zuständigkeit, nicht einem Verlust des Rechtsschutzes gleichkommen (Gottwald FS Firsching, 1985, S 98; BGH AWD 74, 222; BAG NJW 79, 1119; OLG Bremen MDR 2009, 465; sa Rn 18). 36

IV) Gerichtsstandsvereinbarung im nichtkaufmännischen Verkehr („Verbraucherprorogation", § 38 III Nr 1). 1) Personenkreis. Unter III Nr 1 fallen alle Personen, die nicht kaufmännisch prorogieren können (dazu s Rn 22, 23), also zB Privatpersonen, Freiberufler, Kleingewerbetreibende. Der schutzbedürftige Personenkreis erschließt sich damit (negativ) in Abgrenzung zu I. 37

2) Vereinbarung. Übereinstimmend: § 26 II Nr 1 FernUSG. Durch die Anforderungen an Form, Abschlusszeitpunkt und notwendigen Inhalt soll gewährleistet werden, dass Gerichtsstandsvereinbarungen in voller Kenntnis ihrer Tragweite und ohne Ausnutzung von wirtschaftl, sozialer oder „struktureller" Überlegenheit durch einen Partner zustande kommen. 38

a) Zeitschranke. Abschluss *„nach Entstehen der Streitigkeit"*. Der frühestzulässige Zeitpunkt liegt notwendig **nach** dem des Abschlusses des Hauptvertrags (BGH NJW 86, 1439), aber schon **vor** dem der Rechtshängigkeit (bei späterer Vereinbarung ist Rn 15 zu beachten). „Entstanden" ist eine Streitigkeit, sobald die Parteien über einen bestimmten Punkt des Hauptvertrags uneins sind und sich über diese Uneinigkeit ausgetauscht haben (MskV/Heinrich Rn 23; MK/Jungmann Rn 205), nicht zwingend ist hingegen, dass ein gerichtl Verf unmittelbar oder in Kürze bevorsteht (aA Vollkommer Rpfleger 74, 132; Wolf ZZP 88 [1975], 346). 39

40 **b) Form. „Schriftliche"** Vereinbarung verlangt nicht Schriftform iSd § 126 BGB (Grund; Prozessvertrag, s Rn 4; ebenso St/Bork Rn 40; RSchwab/Gottwald § 37 Rn 8). Getrennte Schriftstücke genügen, einseitige schriftl Bestätigung dagegen nicht (BayObLGZ 2003, 189). Formzwecke sind Warnung und Übereilungsschutz, ferner Sicherung einer Beweisurkunde (s § 331 Rn 6a). Das Gebot **„ausdrückliche"** Vereinbarung erschöpft sich nicht in dem Verbot stillschweigender Prorogation. Ausdrücklichkeit verlangt vielmehr, dass der Inhalt des Prorogationsvertrags (konkret zuständiges Gericht; bestimmtes Rechtsverhältnis) in der Prorogationsurkunde selbst klar und eindeutig niedergelegt ist (Ausdrücklichkeit iSv „Unmissverständlichkeit" – in anderem Zusammenhang BGHZ 104, 238; zur Einbeziehung von AGB s Rn 32). Die Urkunde soll auch den Zeitpunkt der Streitentstehung und ihrer Errichtung erkennen lassen (s Rn 39).

41 **3) Verhältnis zu § 38 I, II, § 39.** III Nr 1 wird von I mit umfasst. – **zu II:** Internationale Prorogation geht vor (s Rn 30 f); im Anwendungsbereich der **Brüssel Ia-VO** gilt für Zuständigkeitsvereinbarungen bei Verbraucherbeteiligung (nur) Art 19 Brüssel Ia-VO, iÜ Art 25 Brüssel Ia-VO; der Verbraucherbegriff ist dabei autonom auszulegen (BGH ZIP 2006, 1013, 1015); – **zu § 39:** selbständiger Zuständigkeitsgrund (§ 39 Rn 1, 11).

42 **4) Sondervorschriften für Verbraucher.** Bei bestimmten ausschließl Gerichtsständen zugunsten des Verbrauchers sind in Erweiterung zu III Nr 1 und entgegen § 40 II Nr 2 ausnahmsweise Gerichtsstandsvereinbarungen zulässig (s allg § 40 Rn 6, zu § 29c IV § 29c Rn 11). Daneben sind Abweichungen durch Vereinbarung von den sog „Verbrauchergerichtsständen" (§ 29c, § 26 FernUSG, § 215 VVG, auch § 319 II KAGB) unzulässig, das gilt auch für Zuständigkeitsvereinbarung **zugunsten des Verbrauchers** (anders als in Art 19 Nr 2 Brüssel Ia-VO). Dass ein vereinbarter Verbrauchergerichtsstand eine sinnvolle Ergänzung zu III bilden u die gleiche Zielsetzung verfolgen kann, ist angesichts der abschließenden Regelung der Prorogation des §§ 38, 39 unbehelfl.

43 **V) Gerichtsstandsvereinbarung bei erschwerter Rechtsverfolgung („subsidiäre" Prorogation, § 38 III Nr 2). 1) Voraussetzungen. a) Fälle** (alternativ). **(1)** Nachträgl Verlegung des (zur Zeit des Abschlusses des Hauptvertrags im Inland gelegenen) Wohnsitzes (§ 13) oder gewöhnl Aufenthaltsorts (§ 16) ins Ausland. Grund: bes Schutzwürdigkeit des Kl, dem bei reinem Inlandsgeschäft die *erschwerte Rechtsverfolgung im Ausland* nicht zuzumuten ist. Die Regelung ist auf Vertragsabschlüsse mit Gastarbeitern zugeschnitten. **(2)** Nachträgl *unbekannter Wohnsitz (Aufenthalt).* Grund der Zulassung der Prorogation in diesem Fall ist die mangelnde Schutzwürdigkeit des Bekl. **Sondervorschriften** (sie gelten auch bei ausschließl Gerichtsstand): s § 29c IV; § 215 III VVG.

44 **b)** Die **Vereinbarung** muss schriftl und ausdrückl getroffen werden, die Fälle des III Nr 2 **(„Zukunftsklausel")** müssen ausdrückl bezeichnet sein, uneingeschränkte Formulierung genügt nicht (LAG Düsseldorf Rpfleger 84, 360 mwN = BB 85, 340). Verwendung von Formularvordrucken ist zulässig, jedoch müssen die Voraussetzungen gem Rn 40 („schriftl" usw) erfüllt sein (OLG Stuttgart NJW-RR 87, 1076).

45 **2) Rechtsfolgen.** „Subsidiäre" Zuständigkeit, allg Gerichtsstand (§§ 13, 16) geht vor. Der vereinbarte **Hilfsgerichtsstand** greift daher nur ein, wenn der zur Zeit des Abschlusses des Hauptvertrags gegebene (inländische) allg Gerichtsstand nachträgl entfallen ist.

46-47 Einstweilen frei.

48 **VI) Rechtsfolgen der Zuständigkeitsvereinbarung. 1) Allgemeines. a) Klageforderung.** Die **Zuständigkeit** ist entweder **fakultativ** (tritt neben bestehende Gerichtsstände, § 35 gilt) oder **ausschließl** (bestehende Zuständigkeiten werden verdrängt; ges Fall: Art 25 I 2 Brüssel Ia-VO) oder **subsidiär** (inländischer allg Gerichtsstand geht vor; ges Fall: III Nr 2, s Rn 45). Was gewollt ist, bestimmt der Prorogationsvertrag und ist ggf durch dessen Auslegung zu ermitteln (s Rn 18, 36). – **b)** In der Vereinbarung eines (ausschließl) Gerichtsstands für die klagew Geltendmachung einer Forderung kann zugleich der Ausschluss eines (davon verschiedenen) **Widerklagegerichtsstands** liegen (BGH MDR 85, 911; BGH NJW 81, 2644); eine Vermutung dafür besteht aber nicht (s iE § 33 Rn 37; zur internationalen Prorogation Art 25 Brüssel Ia-VO Rn 14). – **c)** Die Zuständigkeitsvereinbarung kann auch für die von ihr erfasste Forderung als (vertragl) **Aufrechnungsverbot** vor dem unzuständigen Gericht auszulegen sein (BGH NJW 79, 2477; BGH NJW 2015, 1118). Ist das Heimatgericht (nur) eines Vertragspartners als ausschließl zuständig vereinbart, soll der Einwand der Aufrechnung mit einer Forderung aus dem Vertrag vor einem anderen (inländischen) Gericht idR ausgeschlossen sein (BGHZ 60, 85 = NJW 73, 421, str); dasselbe soll auch bei Vereinbarung der Zuständigkeit der Heimatgerichte der jew Gegenpartei gelten (BGH NJW 2015, 1118 Tz 23 ff); allerdings kann bei Konnexität von Forderung und Gegenforderung uU eine Einschränkung des Ausschlusses gewollt sein (BGH NJW 2015, 1118 Tz 25); ein Aufrechnungsverbot lässt die Einrede des nichterfüllten Vertrags gem § 320 BGB unberührt (BGH NJW 2015, 1118 Tz 27). Auch wenn ein Aufrechnungsverbot besteht, wird es durch rügelose Verh des Kl wirkungslos (so iErg EuGH NJW 85, 2893 zu Art 17, 18 EuGVÜ [Art 25, 26 Brüssel Ia-VO]; s § 39 Rn 4, 7).

49 **2) Amtsprüfung des vereinbarten Gerichtsstands und Nachweis.** Das Vorliegen der vereinbarten Zuständigkeit ist vAw zu prüfen, dh das Gericht ist (teilw abw von § 12 Rn 14) an das Zuständigkeitsvorbringen des Kl nicht gebunden (wie *§ 56 Rn 2 u 4; sa vor* § 253 Rn 9a), bei rügeloser Einlassung greift allerdings (uU nur bei *Belehrung*) § 39 ein (s § 39 Rn 10); bei Streit (auch) über das Zustandekommen des Hauptvertrags ist § 139 BGB zu beachten (s Rn 10). Im **Säumnisverf** genügt die substantiierte und schlüssige Behauptung einer zugelassenen

Gerichtsstandsvereinbarung zur Bejahung der Zuständigkeit nicht (§ 331 I 2), vielmehr ist die Gerichtsstands-(Erfüllungsorts-)Vereinbarung **nachzuweisen** (§ 335 I Nr 1; OLG Frankfurt ZIP 81, 664). Ist die Gerichtsstandsvereinbarung von einem Vertreter geschlossen, muss auch die Vertretungsmacht nachgewiesen sein. Die Darlegungs- und **Beweislast** für das Vorliegen einer formgerechten Prorogation (II u III) oder die uneingeschränkte Prorogationsfähigkeit der Parteien (I u § 29 II) trifft voll den Kl (BGH NJW-RR 2004, 935; näher s Rn 51).

Bei Geltendmachung **„kaufmännischer" Prorogation (I)** bedarf es idR keines weiteren Nachweises der Kaufmannseigenschaft der Parteien durch Vorlage eines Handelsregisterauszugs, wenn sich diese aus ihrer Rechtsform (OHG, KG, GmbH, AG usw; vgl § 6 HGB) oder (eingetragenen) Firma (§ 2 S 1, § 19 I Nr 1 HGB) ergibt. Bei Nachweis, dass Bekl als Kaufmann iSv Rn 22 aufgetreten ist, greift die widerlegbare Vermutung gem § 1 II HGB ein, dh es ist – zunächst – davon auszugehen, dass der Bekl ein Handelsgewerbe iSd HGB (vgl § 1 I, II Hs 1 HGB) betreibt und damit Kaufmann ist. Es handelt sich um eine tatsächl Vermutung, die erschüttert ist, wenn die ernsthafte Möglichkeit besteht, dass der Bekl zum nicht prorogationsfähigen Personenkreis der „Kleingewerbetreibenden" (§ 1 II Hs 2 HGB) gehört. Dann muss der Gl diese Zweifel durch weitere Nachweise, zB Vorlage eines Handelsregisterauszugs, ausräumen (OLG Karlsruhe MDR 2002, 1269, 1270; sa § 331 Rn 6a). 50

Ist der Bekl (möglicherw) **Verbraucher**, sind die Voraussetzungen des **II** (s Rn 31-35) vAw zu prüfen (vgl EuGH NJW 2010, 47 LS für Schiedsklausel). Der Nw der **„nachträgl" Prorogation (III Nr 1)** erfolgt durch Vorlage der hierfür geschaffenen Schriftstücke (Vollkommer Rpfleger 74, 139 u 252 m Fn 38, str; aA Reinelt NJW 74, 2313; s Rn 40). Beruft sich der Kl auf **„subsidiäre" Prorogation (III Nr 2)**, hat er das Fehlen eines inländischen Wohnsitzes durch Vorlage einer Bescheinigung der Meldebehörde nachzuweisen (MskV/Heinrich Rn 29). 51

3) Bindung. a) Prozessuale Wirkungen. An die Zuständigkeitsvereinbarung sind die Parteien bis zu einer (aufhebenden) Derogation gebunden; ab Rechtshängigkeit sind § 261 III Nr 2 (s Rn 15) u § 39 zu beachten. Im *einseitigen* Abgehen von der vereinbarten Zuständigkeit liegt idR kein Aufhebungsangebot (OLG Dresden MDR 2007, 854); uU liegt auch nur einseitig begünstigende Vereinbarung vor (s Rn 17). Richtiges Vorgehen nach MB: § 696 I 1 letzter Hs u s § 696 Rn 5. – **b) Materiell-rechtliche Wirkungen** kommen der Prorogation idR nicht zu; Grund: Prozessvertrag (s Rn 4 mN). Bei prorogationswidriger Klage treffen den Kl stets die entstehenden Mehrkosten (§ 281 III 2), aber kein mat-rechtl KE der begünstigten Partei (aA für internationale Prorogation Schlosser FS Lindacher, 2007, S 111), dgl kein Unterlassungsanspruch (s allg EuGH NJW 2009, 1655; § 940 Rn 8.27). 52

§ 39 Zuständigkeit infolge rügeloser Verhandlung

[1]Die Zuständigkeit eines Gerichts des ersten Rechtszuges wird ferner dadurch begründet, dass der Beklagte, ohne die Unzuständigkeit geltend zu machen, zur Hauptsache mündlich verhandelt. [2]Dies gilt nicht, wenn die Belehrung nach § 504 unterblieben ist.

I) Allgemeines. 1) Bedeutung. Durch § 39 soll verhindert werden, dass sich der Bekl zunächst auf eine Verhandlung vor dem an sich unzuständigen Gericht einlässt und die Rüge der Unzuständigkeit erst bei einem für ihn ungünstigen Fortgang des Verf erhebt (BGH NJW 1979, 1104). Die Vorschrift berücksichtigt damit Kl-Interessen, aber auch die Schutzwürdigkeit des Bekl, indem die Zuständigkeitsbegründung im Parteiprozess von der durch Belehrung nach § 504 vermittelten Kenntnis der Unzuständigkeit (s Rn 10) abhängig ist. Kein Fall von § 39 ist der (bindende) **Verzicht auf die Zuständigkeitsrüge** nach Klage beim unzuständigen Gericht (s Rn 8, 12). 1

Als **Fall der vereinbarten Gerichtszuständigkeit** entspricht der Gegenstand des § 39 dem der Prorogation (s § 38 Rn 3; OLG Düsseldorf DAR 2014, 322 zur Rechtswegzuständigkeit), ebenso gelten die Schranken aus § 40 auch für die Zuständigkeitsbegründung gem § 39 (§ 40 II 2; s Rn 11). 2

2) Anwendungsbereich. a) Verfahren § 39 gilt nicht im **sBV**; der ASt ist als Bekl im Hauptsacheverf (Passivprozess) zwar an die vorangegangene Zuständigkeitswahl im sBV gem § 486 II 2 gebunden, nicht aber als Kl (Aktivprozess), desgl nicht der Ag als Bekl an die unterbliebene Zuständigkeitsrüge im sBV (s § 486 Rn 4). Bei Verfahrenseinleitung im **Mahnverf** bestehen keine Besonderheiten; auf die Behelfe des **Mahnverf** (insb § 700) ist § 39 S 1 nicht anwendbar. § 39 S 1 gilt im Verf zur **Aufhebung eines Schiedsspruchs** (§§ 1059, 1062) für die örtl Zuständigkeit des OLG (OLG Stuttgart NJW-RR 2003, 496; OLG Köln 26.9.2013 – 19 Sch 15/11). 3

b) Internationaler Rechtsstreit. § 39 gilt im *inländischen* Rechtsstreit auch für die internationale Zuständigkeit (BGHZ 101, 301 = NJW 87, 3182; BGHZ 120, 337 mwN = NJW 93, 1073 = MDR 93, 473, hM; sa Rn 2). Rüge der örtl Unzuständigkeit umfasst idR auch die fehlende internationale Zuständigkeit (BGH NJW-RR 2005, 1518, 1519 mN = MDR 2006, 46, Auslegungsfrage, iE str; abw OLG Frankfurt NJW-RR 2005, 935). Im **EU-Bereich** begründet die rügelose Einlassung des Bekl vor dem angegangenen (unzuständigen) Gericht vorbehaltl bestehender ausschließl Zuständigkeiten gem Art 24 Brüssel Ia-VO, aber auch zB Art 17, 18 Brüssel Ia-VO die Zuständigkeit (**Art 26 I Brüssel Ia-VO**); § 39 wird insoweit verdrängt (BGHZ 173, 40 = NJW 2007, 3501; OLG Oldenburg 28.9.2018 – 11 U 41/17). An die rügelose **Einlassung** werden (im Gegensatz zu § 39 S 1) nur geringe 4

Anforderungen gestellt; zudem ist maßgebender Zeitpunkt das erste Verteidigungsvorbringen (s iE Art 26 Brüssel Ia-VO Rn 5 f). In Verbraucher-, Arbeits- und Versicherungssachen ist der Verbraucher, Arbeitnehmer, Versicherungsnehmer usw über die Unzuständigkeit und sein Rügerecht zu belehren (**Art 26 II Brüssel Ia-VO**). Ist die Zuständigkeitsrüge erhoben, ist hilfsw Verhandeln zur Sache unschädl (BGH NJW 2009, 148, 149 Tz 9; näher s Rn 5).

4a **II) Voraussetzungen.** Die Zuständigkeitsfolge (s Rn 11) tritt ein, wenn der ordnungsgemäß belehrte (s Rn 10) Bekl vor dem unzuständigen Gericht rügelos (s Rn 5) mündl zur Hauptsache verhandelt (s Rn 6 ff).

5 **1) Keine Rüge des Beklagten. a) Ausdrückl Rüge** ist idR geboten (kein RA-Zwang: s § 78 Rn 26, 28 [h]), jedoch kann uU – Geltendmachung in vorrangig behandelter Parallelsache – auch konkludente Erklärung in Frage kommen (Prütting MDR 80, 369). Zulässig und geboten (bei Bejahung der Zuständigkeit droht sonst VU) ist *Rüge und vorsorgl („hilfsw") Verhandeln zur Sache* (BGH NJW-RR 2005, 1518, 1520 = MDR 2006, 46), auch durch hilfsw Erhebung einer Widerklage (BGH NJW 2009, 148, 149 Tz 9); unzulässig ist dagegen *Rüge hilfsw* für den Fall der Bejahung der Sachlegitimation (offen lassend BGH NJW-RR 88, 172; Grund: Prüfungsreihenfolge, s vor § 253 Rn 10). *Nachweis* der Zuständigkeitsrüge ist zB gem § 314 S 1 mögl, Protokollierung (§ 160 II) ist keine Wirksamkeitsvoraussetzung (OLG Düsseldorf NJW 91, 1493). *Rücknahme* der erhobenen Zuständigkeitsrüge ist mögl (Künzl BB 91, 757), aber nicht mehr in der Berufungsinstanz (OLG München CR 2024, 270). – **b) Zeitpunkt.** Rügeloses Verhandeln liegt vor, wenn der Bekl die Zuständigkeitsrüge (vgl § 282 III) **bis zum Beginn der mündl Verh** zur Hauptsache (s Rn 6 ff) nicht geltend gemacht hat. Da andererseits die Zuständigkeitsrüge mit der Wirkung der Rn 11 stets bis zu diesem Zeitpunkt zulässig ist, verbleibt neben der Sonderregelung des § 39 für die § 282 III, § 296 III kein Anwendungsbereich (ebenso OLG Frankfurt OLGZ 83, 101 f mwN; OLG Oldenburg NJW-RR 99, 866 mN; LG Mannheim 23.2.2016 – 2 O 61/15; MskV/Heinrich Rn 3; Greger s § 296 Rn 8a; für internationale Fälle auch BGHZ 134, 134 f = NJW 97, 398, insoweit zust Pfeiffer ZZP 110 [1997], 367; ferner für § 1032 I wie hier BGHZ 147, 394, 397 = NJW 2001, 2176 = MDR 2001, 1071, str; aA MK/Prütting, § 296 Rn 156 f; St/Bork Rn 17). Die einmal erklärte Rüge bleibt bis zur Erklärung eines Verzichts wirksam, auch wenn sie in der mündl Verh nicht wiederholt und dort lediglich der Sachantrag gestellt wird (OLG Hamm 29.5.2017 – 32 SA 26/17). – **c) Treuwidrigkeit.** Zuständigkeitsrüge kann uU als widersprüchl Verhalten (§ 242 BGB) unbeachtl sein; Bsp: Rüge des beklagten Kaufmanns oder Verwenders von AGB, wenn die Klage bei dem gegenüber einem Verbraucher oder formularmäßig unwirksam vereinbarten Gerichtsstand erhoben ist (OLG Bremen 3.6.2021 – 3 AR 6/21). Der Bekl, der die Unzuständigkeit geltend macht, ohne sachl Einwendungen gegen den Anspruch zu haben, handelt allein deshalb aber idR noch nicht arglistig; die sachl Begründetheit des Anspruchs ist gerade vom zuständigen Gericht zu prüfen (so zutr OLG Frankfurt MDR 80, 318 für internat Zuständigkeit; OLG Düsseldorf BB 77, 1523 für Zuständigkeit eines Schiedsgerichts). – **d) Berufungsverfahren.** Wiederholung der im 1. Rechtszug erhobenen Rüge in der Berufungsinstanz ist für § 39 nicht erforderl (BGH NJW 87, 3081; unterscheidend für Art 26 Brüssel Ia-VO [usw] BGHZ 173, 40, 44 ff = NJW 2007, 3501).

6 **2) Mündliches Verhandeln zur Hauptsache. a) Mündl Verh** (nicht: Güteverhandlung iSv § 278 II, s Rn 8) ist nach S 1 erforderl; der Begriff ist nicht rein formal iSv § 137 I zu verstehen (vgl OLGR Saarbrücken 2002, 332; MK/Jungmann Rn 33 f). Gleich stehen: Im **schriftl Verf** (§ 128 II, III) und im Verf nach Aktenlage (§§ 251a, 331a) entscheidet rügelose schriftl Einlassung zur Hauptsache. Doch ist Vorbehalt der Zuständigkeitsrüge bei Beantragung des schriftl Verf zulässig (BGH NJW 70, 198).

7 **b) Verh zur Hauptsache** kann **auch ohne einleitende Antragstellung** (§ 137 I) vorliegen. Ausreichend sind tatsächl oder rechtl Erklärungen des Bekl zum Streitgegenstand (OLGR Dresden 1997, 187); bei obj oder subj Häufung – §§ 59, 60, 260 – ist dies für jeden einzelnen gesondert zu prüfen (OLGR Saarbrücken 2002, 332). **Bsp:** Antrag auf Klageabweisung oder auf Erlass eines klageabweisenden VU, wenn dieses aus sachl Gründen begehrt wird (BGH GRUR 2019, 213); Stellungnahme zu richterl Hinweis, der Hauptsache betrifft (OLG München ZIP 2019, 73); uU die bloße Bitte, sich nach § 283 äußern zu dürfen (BGH LM Nr 3). **Nicht** hierunter fällt Verhandeln über Prozessvoraussetzungen (zur abgesonderten Verhandlung nach § 280 I: LG Nürnberg-Fürth 22.12.2021 – 8 S 3349/21), Prozesshandlungen, Anträge zum Verfahrensgang, reine Vergleichsverhandlungen (OLG Bamberg MDR 88, 148; abw bei gerichtl Vergleichsförderung im Rahmen der Sacherörterung: OLGR Saarbrücken 2002, 332). In der **Erhebung einer Widerklage** liegt ein Verhandeln zur Hauptsache, wenn nur der Zusammenhang mit der Klage (§ 33) die Zuständigkeit für sie begründet (ThP/Hüßtege Rn 7; MK/Jungmann Rn 35; aA MskV/Heinrich Rn 4; PG/Wern Rn 5). Dem steht die sachl Einlassung des *Kl* auf eine **Widerklage** gleich, wenn für die Widerklageforderung eine (abweichende) vereinbarte ausschließl Zuständigkeit besteht (so EuGH NJW 85, 2893 zu Art 18 EuGVÜ für Aufrechnung; vgl auch BGH WM 85, 1509 – § 39 im Einzelfall verneinend – u allg s § 38 Rn 48). Auch die Erklärung der **Hauptsache** für **erledigt** (§ 91a) fällt darunter (OLGR Saarbrücken 2002, 332).

8 **3) Abgrenzung zu anderen Verfahren. a)** In allen **Verf ohne mündl Verh** iSv § 128 I mit Ausnahme der in Rn 6 genannten ist § 39 nicht anwendbar. § 39 gilt insb **nicht** in der *obligatorischen Güteverh* gem § 278 II u V (s § 278 Rn 6 u 28), *so ausdr § 54 II 3 ArbGG*, in internationalen Fällen auch nicht gem Art 26 I Brüssel Ia-VO (BAG MDR 2010, 641); ferner **nicht** im *schriftl Vorverf* gem § 272 II, § 276; Versäumung der Zuständigkeitsrüge gem § 282 III, § 296 III schadet nicht (s Rn 5 [a]). Unanwendbar ist § 39 auch in Verf mit fakultativer

mündl Verh mit bloßer Anhörung des Bekl. **Fälle:** Verweisung wegen örtl oder sachl Unzuständigkeit (§ 281 I 1, § 128 IV); Verf zur Zuständigkeitsbestimmung gem § 36 I Nr 3, § 37 (OLG Karlsruhe Rpfleger 2005, 270); einstw Verfügung (§ 937 II, KG GRUR-RR 2019, 34). Die Zuständigkeit des angerufenen Gerichts kann in diesen Verf aber durch **bindenden Rügeverzicht** begründet werden (s Rn 12).

b) § 39 gilt nicht im **Säumnisverf** gegen den Bekl. Gegen ihn kann VU nur ergehen, wenn das angegangene Gericht zuständig ist; eine behauptete Zuständigkeitsvereinbarung gilt nicht als zugestanden (s § 38 Rn 49). Beantragt der Bekl gegen den säumigen Kl VU, greift § 39 hingegen ein; da aber der Einspruch des Kl gem § 342 wirkt, kann der Bekl noch in der Verh gem § 343 die Unzuständigkeit des angerufenen Gerichts rügen. Statt VU zu beantragen, kann sich der Bekl aber auch darauf beschränken, die Unzuständigkeit des vom Kl angerufenen Gerichts zu rügen; dann ergeht streitiges Urteil auf Abweisung der Klage als unzulässig. 9

4) Zuständigkeitsbelehrung vor dem AG (§ 39 S 2 iVm § 504). Die Belehrungspflicht besteht vor dem AG schlechthin, auch wenn der Bekl durch einen Anwalt vertreten ist (s § 504 Rn 2). S 2 gilt sowohl für die von Anfang an fehlende als auch die erst **nachträgl eingetretene Unzuständigkeit**, umfasst also auch die Fälle des § 506 I; diese (ergänzende) Auslegung ist im Interesse der Erreichung des Gesetzeszwecks (Schutz des Bekl vor nicht gewollter Zuständigkeitsbegründung, s Rn 1) geboten (zutr MK/Jungmann Rn 63; aA LG Hamburg MDR 78, 940; wie hier Herget s § 506 Rn 3). **Verweisungsbeschluss ohne** die gebotene vorangegangene **Belehrung** kann Bindung fehlen (uU Verstoß gegen Art 103 I, 101 I GG, vgl BGH NJW-RR 2013, 1398 Tz 10 aE = MDR 2013, 1304). 10

III) Zuständigkeitsfolge. Die Zuständigkeit des angegangenen Gerichts ist die ges Folge der rügelosen Einlassung. Sie tritt unabhängig vom Willen und den Vorstellungen der Parteien und ihrer Vertreter ein. Dies gilt auch dann, wenn die Parteien eine abw Zuständigkeit vereinbart haben, mag es sich dabei auch um eine ausschließl Zuständigkeit iSv § 38 Rn 18 handeln (KGR Berlin 2005, 522; sa § 40 Rn 6). Ist Zuständigkeit gem S 1 begründet, ist für eine spätere Rüge der Unzuständigkeit gem § 296 III kein Raum. Ist dagegen die vorgeschriebene **Zuständigkeitsbelehrung** unterblieben (S 2; s Rn 10), kann die fehlende Zuständigkeit noch bis zum Schluss der mündl Verh 1. Instanz gerügt werden (in der höheren nur noch in sehr engen Grenzen, s § 12 Rn 16). **Keine Zuständigkeit** begründet die rügelose Einlassung – auch bei Belehrung – bei Bestehen eines ausschließl Gerichtsstands (**§ 40 II**). Im Einzelfall kann der rügelosen Einlassung die Zuständigkeitsfolge wegen **Rechtsmissbrauchs** zu versagen sein (Gegenstück zu Rn 5 [c]); dies kann uU in Frage kommen, wenn sie Teil einer (versuchten) Zuständigkeitsmanipulation ist, zB in internationalen Fällen ohne jeden Inlandsbezug iSv § 23 Rn 13 (zu weitgehend u abzulehnen LG Berlin NJW-RR 97, 378). 11

IV) Rügeverzicht vor mündlicher Verhandlung. Vorprozessualer Verzicht auf das Rügerecht ist nur in den Formen und Schranken der Prorogation (§ 38) zulässig. Nach Rechtshängigkeit bindet die bloße Ankündigung rügeloser Einlassung nicht; der Bekl kann so eine gerichtl Verweisung des Rechtsstreits nicht verhindern (BGH MDR 2013, 481 Tz 10). Einen Anspruch auf mündl Verh hat er nicht (OLG Zweibrücken MDR 2010, 832; aA OLG Stuttgart NJW-RR 2010, 792). Ohne mündl Verh kann die Zuständigkeit des zuerst angegangenen Gerichts nur durch **Vereinbarung** (zB gem § 38 III Nr 1) begründet werden (vgl OLG München MDR 2013, 243, 244 Tz 1 aE); dem steht ein in Form des § 38 (s § 38 Rn 24 u 40) erklärter **bindender Verzicht** des Bekl auf die Zuständigkeitsrüge gleich (vgl BGH MDR 2013, 481; KG VersR 2018, 634). *Darauf* muss bei Verweisungsantrag nicht hingewiesen werden (BGH MDR 2013, 481 Tz 10 aE; BGH MDR 2013, 1304 Tz 9). Eine trotz bindendem Verzicht erfolgende Verweisung nach § 281 ist willkürl (s § 281 Rn 18). 12

§ 40 Unwirksame und unzulässige Gerichtsstandsvereinbarung

(1) Die Vereinbarung hat keine rechtliche Wirkung, wenn sie nicht auf ein bestimmtes Rechtsverhältnis und die aus ihm entspringenden Rechtsstreitigkeiten sich bezieht.

(2) [1]Eine Vereinbarung ist unzulässig, wenn

1. **der Rechtsstreit nichtvermögensrechtliche Ansprüche betrifft, die den Amtsgerichten ohne Rücksicht auf den Wert des Streitgegenstandes zugewiesen sind, oder**
2. **für die Klage ein ausschließlicher Gerichtsstand begründet ist.**

[2]In diesen Fällen wird die Zuständigkeit eines Gerichts auch nicht durch rügeloses Verhandeln zur Hauptsache begründet.

I) Allgemeines. 1) Bedeutung. I, II S 1 enthalten allg Schranken für jede Art der Prorogation (Vereinbarung der örtl, sachl oder internat Zuständigkeit, für Letztere BGH MDR 85, 911 mN = WM 85, 1509, str, sa Rn 7). Auch bei Erfüllung der übrigen Voraussetzungen ist die Zuständigkeitsvereinbarung bei Verstoß gegen die Progationsschranken in I, II 1 unzulässig (dh verboten) und damit insg oder unter den Voraussetzungen des § 139 BGB teilw unwirksam (MK/Jungmann Rn 34), bei zu weit gefassten Vereinbarungen in AGB gilt das Verbot geltungserhaltender Reduktion (OLG Hamm NJW-RR 2024, 779). In § 40 geregelt sind: **bestimmtes** 1

Rechtsverhältnis (I; s Rn 3-4), **prorogationsfähiger Anspruch** (II 1 Nr 1; s Rn 5) und **Fehlen ausschließl Zuständigkeit** (II 1 Nr 2; s Rn 6-11). Die beiden zuletzt genannten Voraussetzungen gelten auch für die Zuständigkeitsbegründung durch rügeloses Verhandeln zur Hauptsache (II 2 iVm § 39).

2 **2) Zwingendes Recht.** § 40 ist zwingend. Die Unwirksamkeit der Zuständigkeitsvereinbarung und namentl das Vorliegen eines ausschließl Gerichtsstands sind (bis zum Schluss der mündl Verh in 1. Instanz) **vAw** zu beachten (§ 282 III, § 296 III gelten nicht, arg II 2); in der höheren Instanz sind Amtsprüfung und Zuständigkeitsrüge stark eingeschränkt (§ 513 II, § 545 II, § 571 II 2, § 576 II; dazu s § 1 Rn 13; § 12 Rn 18).

3 **II) Bestimmtes Rechtsverhältnis (§ 40 I). 1) Allgemeines.** Zum Rechtsverhältnis s § 256 Rn 4 ff; Bestimmtheit verlangt hinreichende Individualisierung der konkreten Rechtsbeziehung. Eine Vereinbarung, die sich auf alle Streitigkeiten aus einem bestimmten Vertrag (**Formulierungsvorschlag:** Vorwerk/Reichling, PFB, M 11.3) bezieht, ist wirksam, weil in ihr das Rechtsverhältnis und die daraus entspringenden Rechtsstreitigkeiten hinreichend bestimmt sind. Das gilt auch, wenn es sich bei dem Vertrag um ein Dauerschuldverhältnis handelt (MskV/Heinrich Rn 3). Bestimmbarkeit des streitbegründenden Einzelvertrags genügt bei Bestehen einer bestimmten **Rahmenvereinbarung** (Ehricke ZZP 111 [1998], 157 ff; Schilken FS Musielak, 2004, S 446). Eine umfassend formulierte Gerichtsstandsvereinbarung („Gerichtsstand ist …") ist ausreichend bestimmt, wenn sie sich nach **Auslegung** nur auf Streitigkeiten aus einem konkreten Vertrag bezieht, zB weil sie AGB dieses Vertrags ist (OLG Hamm 5.2.2016 – 32 SA 79/15).

4 **2) Einzelfälle.** Die Bestimmtheit (Bestimmbarkeit) fehlt bei Vereinbarung über ganze Kategorien von Klagen (Ehricke ZZP 111 [1998], 152 ff; St/Bork Rn 1). Bsp: „Für alle Streitigkeiten, die evtl zwischen uns entstehen, soll das AG X zuständig sein". Die Vereinbarung ist insgesamt ohne rechtl Wirkung (aA LG Bielefeld IHR 2001, 199: einschränkende Auslegung auf Hauptvertrag mögl). Unzulässig ist auch die Vereinbarung eines Gerichts „für alle aus der bestehenden Geschäftsverbindung entstehenden Streitigkeiten" (RGZ 36, 422; OLG München WM 89, 604; OLG Koblenz ZIP 92, 1235 mN; anders aber bei Erfassung durch Rahmenvertrag: s Rn 3). Eine (auch: satzungsmäßige, s § 38 Rn 12) Gerichtsstandsklausel für alle Streitigkeiten aus dem Mitgliedschaftsverhältnis („für alle Streitigkeiten mit der Gesellschaft oder deren Organen") ist hinreichend bestimmt (BGH NJW 94, 52; aA OLG Koblenz ZIP 92, 1234).

5 **III) Prorogationsfähiger Anspruch (§ 40 II 1 Nr 1).** Die Prorogation ist unzulässig in Rechtsstreitigkeiten über nicht vermögensrechtl Ansprüche bei wertunabhängiger Zuständigkeit des AG. Solche bestehen aber seit Inkrafttreten des FGG-RG am 1.9.2009 nicht mehr, II 1 Nr 1 hat daher derzeit **keinen praktischen Anwendungsbereich**.

6 **IV) Ausschließliche Zuständigkeit (§ 40 II 1 Nr 2). 1) Allgemeines.** „Gerichtsstand" iSv II 1 meint nicht nur die örtl, sondern auch die sachl und internat Zuständigkeit (s Rn 1; § 1 Rn 1); zum **Begriff** der ausschließl Zuständigkeit s § 12 Rn 8. Die **vertragsmäßige** Begründung eines ausschließl („alleinigen") Gerichtsstandes (s § 38 Rn 18) steht einer anderweitigen Vereinbarung (oder Zuständigkeitsbegründung nach § 39) nicht entgegen (allgM; St/Bork Rn 5; MK/Jungmann Rn 31; vgl auch BGHZ 60, 88).

7 **2) Arten der ausschließlichen Zuständigkeit.** Mögl ist ausschließl **örtl** Zuständigkeit (s Rn 8), ausschließl **sachl** Zuständigkeit (s Rn 9) und ausschließl **örtl und sachl** Zuständigkeit (s Rn 10). Soweit Ausschließlichkeit nur in einer bestimmten Richtung besteht (s Rn 8 u 9), ist Prorogation iÜ zulässig. Im Falle des § 23 Nrn 1, 2 [außer a] GVG ist das AG, in demj des § 71 I GVG das LG nicht ausschließl sachl zuständig; es kann daher für eine amtsgerichtl Sache die Zuständigkeit des LG und umgekehrt vereinbart werden (s Rn 5). Ein ausschließl inländischer Gerichtsstand begründet zugleich die ausschließl **internationale** Zuständigkeit (BGH MDR 1985, 911; St/Roth Rn 11). II gilt nur für die Derogation (Einschränkung) einer bestehenden ausschließl internationalen Zuständigkeit, steht aber deren Erweiterung nicht entgegen (OLG Köln OLGZ 86, 210 = MDR 86, 239 = Rpfleger 86, 96). Er schließt weiter gehende Schranken für die Derogation einer bestehenden nicht ausschließl internationalen Zuständigkeit nicht aus (s § 38 Rn 36 aE).

8 **3) Fälle von ausschließlichen Zuständigkeiten. a) Allein ausschließl örtliche Zuständigkeit:** dingl Gerichtsstand, § 24; Gerichtsstand bei Miet- und Pachträumen, § 29a (zu Wohnraummietsachen s Rn 10); Gerichtsstand der Umwelteinwirkung, § 32a; unrichtige öffentl Kapitalmarktinformation, § 32b; Haustürgeschäfte, § 29c; Versicherungsverträge, § 215 VVG; Fernunterrichtsverträge, § 26 FernUSG; Wettbewerbssachen; Ansprüche von Verwertungsgesellschaften, § 131 VGG; Feststellungsklagen von InsGläubigern, § 180 I InsO; Gerichtsstand bei nicht inländischen alternativen Investmentfonds, § 319 II KAGB; Gerichtsstand für grenzüberschreitenden Güterstraßentransport, Art 31 I CMR; Rückgriffshaftung der Eisenbahn nach Art 60 CIV u Art 63 CIM des Übk über den internationalen Eisenbahnverkehr (COTIF) v 9.5.1980 (BGBl II 1985, 133).

9 **b) Allein ausschließl sachliche Zuständigkeit** des LG: § 14 I UWG, § 71 II GVG und Aufzählung bei § 1 Rn 11.

10 **c) Ausschließl sachliche und örtliche Zuständigkeit:** Wohnraummietsachen, § 29a iVm § 23 Nr 2a GVG (s § 29a Rn 19); restrukturierungsbezogene Klagen, § 19b, § 71 II Nr 6 GVG; WE-Sachen, § 43 II WEG, § 23 Nr 2c GVG; Mahnverf, § 689 II (BGH NJW 85, 322 f); Hauptintervention, § 64; sBV, § 486 II (Ausnahme: § 486 III); Wieder-

aufnahmeverf, § 584; ZwV-Sachen, §§ 722, 731, 764, 767 ff, §§ 796, 797, 800, 802, 805, 828, 853 ff, §§ 873, 879, 887-890; FamS, §§ 122, 152, 170, 187, 201, 218, 232, 262, 267 FamFG, § 23a I 1 Nr 1 GVG, Verbandsklagen, § 3 I VDuG; InsVerf, §§ 2, 3, 180, 202, 315, 332 InsO; gesellschaftsrechtl Klagen, § 246 III, §§ 249, 275, 278 III AktG; § 61 III, § 69 II GmbHG; §§ 51, 109, 112 GenG; Unterlassungsklage gegen AGB-Verwender, § 6 UKlaG; fehlerhafte Kapitalmarktinformationen, § 32b, § 71 II Nr 3 GVG; § 15 GeschGehG; § 40a AtomG (s § 32a Rn 1).

d) Vorbehalte für **landesrechtl** ausschließl Gerichtsstände: Entschädigungsansprüche gegen den Staat, § 71 III 11
GVG; Klagen auf Feststellung der Entschädigungssumme im Zwangsenteignungsverf, § 15 Nr 2 EGZPO; s § 26 Rn 4 mwH.

Titel 4
Ausschließung und Ablehnung der Gerichtspersonen (§§ 41-49)

Vorbemerkungen zu §§ 41-49

Lit: *G. Vollkommer*, Der ablehnbare Richter, 2001 (dazu *Schwarze* ZZP 117 [2004], 249); *Schneider/Gronemann*, Befangenheitsablehnung im ZP, 4. Aufl 2017.

I) Anwendungsbereich. §§ 41-48 finden unmittelbar Anwendung in sämtl (Haupt- u Neben-)Verfahrensarten 1
der ZPO auf jeden Richter, auch Güterichter (§ 278 V; s § 41 Rn 13; § 42 Rn 15) sowie die ehrenamtl Richter der KfH (§§ 105 ff GVG, § 45a DRiG). Auf die ZPO-Regelung ist (teilw mit gewissen Modifikationen) verwiesen in § 6 I FamFG, § 81 II GBO, § 27 VI, § 86 PatG, §§ 57, 72 MarkenG, § 23 III DesignG, § 15 II 6, 7 UWG, § 72 Nr 2 GWB, § 46 II, § 49 ArbGG, § 54 VwGO, § 51 FGO, § 60 SGG; sie gilt über § 4 InsO für Gerichtspersonen auch im InsVerf (BGH ZIP 2007, 548 = Rpfleger 2007, 339; s iÜ sogleich). **Entspr Anwendung** finden die §§ 41-48 auf den Rpfleger (§ 10 RpflG, s § 49 Rn 2), den UrkB (§ 49) und den Sachwalter (§ 23 IV VDuG). **Sondervorschriften** gelten für den Schiedsrichter (§§ 1036 f), den Vors der Einigungsstelle gem § 76 BetrVG (s BAGE 99, 42; BAG MDR 2011, 922), den Gerichtsvollzieher (§ 155 GVG; sa § 49 Rn 6), den Sachverständigen (§ 406), den Dolmetscher (§ 191 GVG), den Notar (§ 3 I Nrn 1-5 BeurkG; § 16 II BNotO; näher OLG Hamm NJW-RR 95, 1338) u den Abschlussprüfer (s § 319 III HGB). Über die ges geregelten Fälle hinaus erscheint eine entspr Anwendung auf alle innerhalb eines justizförmigen Verf tätigen Amtsträger und Stellen mögl (so BGHZ 113, 277): Einigungsstelle; Verbraucherschlichtungsstelle (§ 6 III, § 7 VSBG); Schiedsamt (OLG Oldenburg NJW-RR 2016, 1408); nicht: InsVerwalter, §§ 56-59 InsO gelten (BGH ZIP 2007, 548, 550 = Rpfleger 2007, 339).

II) Abgrenzung. Eine selbständige Regelung enthalten §§ 22-31 StPO, die auch im Adhäsionsverf (§§ 403 ff 2
StPO) gelten (BVerfG NJW 2007, 1670), und (teilw) §§ 18, 19 BVerfGG; zum Verwaltungsverf s §§ 20, 21 VwVfG; §§ 16, 17 SGB X; §§ 82-84 AO (dazu BFH NJW 2002, 3799). Ges Tätigkeitsbeschränkungen u Offenbarungspflichten begründen § 3 MediationsG, § 7 VSBG.

§ 41 Ausschluss von der Ausübung des Richteramtes

Ein Richter ist von der Ausübung des Richteramtes kraft Gesetzes ausgeschlossen:

1. **in Sachen, in denen er selbst Partei ist oder bei denen er zu einer Partei in dem Verhältnis eines Mitberechtigten, Mitverpflichteten oder Regresspflichtigen steht;**
2. **in Sachen seines Ehegatten, auch wenn die Ehe nicht mehr besteht;**

2a. **in Sachen seines Lebenspartners, auch wenn die Lebenspartnerschaft nicht mehr besteht;**

3. **in Sachen einer Person, mit der er in gerader Linie verwandt oder verschwägert, in der Seitenlinie bis zum dritten Grad verwandt oder bis zum zweiten Grad verschwägert ist oder war;**
4. **in Sachen, in denen er als Prozessbevollmächtigter oder Beistand einer Partei bestellt oder als gesetzlicher Vertreter einer Partei aufzutreten berechtigt ist oder gewesen ist;**
5. **in Sachen, in denen er als Zeuge oder Sachverständiger vernommen ist;**
6. **in Sachen, in denen er in einem früheren Rechtszug oder im schiedsrichterlichen Verfahren bei dem Erlass der angefochtenen Entscheidung mitgewirkt hat, sofern es sich nicht um die Tätigkeit eines beauftragten oder ersuchten Richters handelt;**
7. **in Sachen wegen überlanger Gerichtsverfahren, wenn er in dem beanstandeten Verfahren in einem Rechtszug mitgewirkt hat, auf dessen Dauer der Entschädigungsanspruch gestützt wird;**
8. **in Sachen, in denen er an einem Mediationsverfahren oder einem anderen Verfahren der außergerichtlichen Konfliktbeilegung mitgewirkt hat.**

1 **I) Allgemeines. 1) Begriffe.** Ausschließung ist die kraft Ges eintretende Unfähigkeit des Richters zur Ausübung des Richteramts in einem bestimmten Rechtsstreit (s Rn 15). Die Aufzählung der Ausschlussgründe ist erschöpfend (hM, BGH NJW 2004, 163; BGH FamRZ 2017, 557 (zu § 6 FamFG); BVerwG NJW 80, 2722; BSG NJW 2018, 1122; MK/Stackmann Rn 15, str; **aA** LSG SchleswH NJW 98, 2925), den Ausschlussgründen ähnl Fallgestaltungen sind jedoch stets als Ablehnungsgrund zu würdigen (s § 42 Rn 11 ff).

2 **2) Abgrenzung.** Keine Ausschlussgründe iSv § 41 sind Hinderungsgründe, die der Ausübung richterl Tätigkeit überhaupt entgegenstehen, wie fehlende Richteramtsbefähigung (§§ 5 ff DRiG; LSG Essen NJW 57, 1455), bestimmte in der Person des Richters begründete körperl und geistige Gebrechen (Geisteskrankheit und -schwäche, vgl St/Bork vor § 41 Rn 1; uU Blindheit, vgl BGHSt 35, 168 mN; OLG Frankfurt MDR 2010, 1015; Schulze MDR 88, 736; Schulze MDR 95, 671; sa BVerfG NJW 92, 2075 = MDR 92, 595), nachgeburtlicher Mutterschutz gem § 3 II 1 MuSchG iVm RiG (BGH NJW 2017, 745; BGH NStZ 2021, 434 beide zur Berufsrichterin; BGH NJW 2022, 1111 zur Schöffin), fehlende geschäftsverteilungsplanmäßige Zuständigkeit (vgl OLG München MDR 75, 584), Besetzungsmängel (BGH MDR 2009, 159) oder unterlassene Protokollierung eines Ablehnungsgesuchs (BSG NJW 2024, 1535 Tz 9). In diesen Fällen ist das Gericht nicht ordnungsgemäß besetzt. Geltendmachung: Besetzungsrüge; § 538 II Nr 1, § 547 Nr 1, § 576 III, § 579 I Nr 1, uU auch §§ 42, 44, 48 entspr (so St/Bork vor § 41 Rn 1, str; aA BGH NJW-RR 2009, 210, 211 = MDR 2009, 159, 160; sa § 42 Rn 34; § 44 Rn 19).

3 **II) Voraussetzungen der Ausschließung. 1) Grundgedanke der Regelung.** Die Nrn 1-3 sichern die „Distanz" des Richters iSe fehlenden eigenen Beteiligung; der Ausschluss nach Nr 4 sichert seine „Neutralität". Aus prozessualen und gerichtsverfassungsrechtlichen Gründen unvereinbar sind die Funktionen von Richter und Beweismittel (Nr 5), als erkennender und Rechtsmittelrichter (Nr 6; Garantie des Rechtsmittelzuges), als Richter im überlangen Ausgangsverf und im Entschädigungsverf (Nr 7; keine Überprüfung des „eigenen" Verf) sowie als erkennender Richter und Mediator oder Schlichter (Nr 8). Andere Verfahrensordnungen schließen den Richter wegen seiner Beteiligung in einem vorangegangenen nicht gerichtl Verf als Ausfluss der Gewaltenteilung aus; Bsp: § 22 Nr 4 StPO (Tätigkeit als StA); § 86 II Nr 1, 2 PatG, § 72 II MarkenG; § 6 I 2 FamFG, § 54 II VwGO, § 51 II FGO (weit auszulegen: BFH BB 78, 1052), § 60 II SGG; § 18 I Nr 2 BVerfGG (eng auszulegen BVerfGE 47, 107; BVerfGE 72, 58 f). In Verallgemeinerung dieses Grundsatzes ist auch der Richter ausgeschlossen, der in der Sache zugleich als Behörde der Justizaufsicht zuständig ist (BayObLGZ 87, 228: LG-Präsident in Notarkostensachen) oder früher in der Sache als Verwaltungsbehörde tätig geworden ist (BGH FamRZ 63, 556; sa OLGR München 2001, 13 bei Amtshaftung); iÜ scheidet eine analoge Anwendung von Ausschlussgründen aus (BGH FamRZ 2017, 557).

4 **2) Ausschließungsgründe. a) Selbstbeteiligung des Richters (Nr 1).** Das **Verbot des Richters in eigener Sache** gilt als allg Rechtsgrundsatz (*nemo judex in sua causa*; sa BVerfGE 3, 381; BVerfGE 67, 68; BGH MDR 2018, 695 Tz 15) auch für private Amtsträger, die in einem justizförmigen Verf mit Neutralität tätig werden (BGHZ 94, 92 = NJW 85, 1903: Schiedsrichter; BGH NJW 91, 985: InsVerwalter; AG Hildesheim KTS 85, 130: Mitglied von Gläubigerausschuss iSv § 67 InsO). Ausgeschlossen von der Mitwirkung an der Ablehnungsentscheidung ist der abgelehnte Richter durch **§ 45 I** („ohne dessen Mitwirkung"), ausgeschlossen von der VDuG-Verbandsklage ist (ohne eigene Parteistellung) der Richter, der als Verbraucher gem § 46 I VDuG Ansprüche gegen den Bekl geltend gemacht hat, arg § 11 III VDuG; vgl G. Vollkommer MDR 2020, 549); nicht genügt die Anmeldung von Nähepersonen iSv Nr 2, 2a, 3 (dazu G. Vollkommer aaO). – **aa) Partei** ist iwS zu verstehen, sowohl formelle als auch materielle Parteistellung genügt, entscheidend ist der Umfang der Rechtskraftwirkung oder -erstreckung (§§ 265, 325, 727). Partei ist nicht nur die „Hauptpartei" (vgl §§ 67, 68, 69), sondern umfasst auch „Nebenparteien" (s vor § 50 Rn 3); bei Beitritt als Nebenintervenient (§ 66) ist daher der Richter nach Nr 1 ausgeschlossen (vgl Böckermann MDR 2002, 1349; Rickert/König NJW 2005, 1831; zum SV dagegen vgl BGH NJW-RR 2007, 1293); nicht genügt ein rechtl Interesse am Ausgang des Rechtsstreits (§ 66 I) ohne Beitritt (dann aber Ablehnungsgrund: s § 42 Rn 11), die (für Nr 1 auch nicht ausreichende Streitverkündung [§ 72 I]) ist ggü einem verfahrensbeteiligten Richter unstatthaft (§ 72 II; s Rn 5 aE); mit ihrer Hilfe kann ein Ablehnungsgrund nicht geschaffen werden (s § 42 Rn 29). Kein Fall der Nr 1 ist die „Selbstbetroffenheit" des Richters in Massenverf (§ 42 Rn 11a), die Mitgliedschaft bei einem (nicht) rechtsfähigen Verein (BGHReport 2001, 433; BGH NStZ 2006, 646 zu § 22 Nr 1 StPO; zur **Vertreter**-[Organ-]Stellung: s Rn 5, 8; § 42 Rn 11), einer AG (BayObLG ZIP 2002, 1038), eG (BVerwG NJW 2001, 2191) oder Körperschaft (s Rn 5 u § 42 Rn 11).

5 **bb) Mitberechtigung, Mitverpflichtung, Regresspflicht, unmittelbarer Vorteil oder Nachteil.** Zugehörigkeit zu einer Gläubiger- oder einer Schuldnermehrheit gem §§ 421 ff BGB; einer Gesellschaft, zB einer OHG oder GbR; Organstellung bei jur Person (*arg* § 455 I; sa Rn 4, 8; § 42 Rn 11). Keine Mitverpflichtung begründet die Mitgliedschaft in einem nicht rechtsfähigen Verein (zum e.V. s Rn 4), zumindest dann nicht, wenn ihn die auf den Anteil am Vereinsvermögen beschränkte Haftung nicht wirtschaftl belastet, so bei Zugehörigkeit eines ehrenamtl Richters am ArbG zu einer Gewerkschaft, die Prozesspartei ist (BAG NJW 61, 2371 = AP Nr 1; AP Nr 6 zu § 322 ZPO; MK/Stackmann Rn 17). Einer Beteiligung steht die sich aus dem Streitgegenstand ergebende Regresspflicht des Richters gleich (OLG Frankfurt NJW-RR 2017, 191 Tz 21; Bsp: Haftung als Bürge). Der Richter ist auch ausgeschlossen, wenn er durch das Verf oder die Entscheidung einen unmittelbaren Vorteil oder Nachteil erlangen kann (vgl § 20 I 2 VwVfG; § 16 I 2 SGB X); nicht genügt ein bloß mittelbares Inte-

resse des Richters am Ausgang des Verf (BGH NJW 91, 425 mN), dann aber uU Ablehnung wegen Besorgnis der Befangenheit (vgl BGHZ 113, 277; s § 42 Rn 11 u 30), etwa bei mögl Auswirkungen des Prozessausgangs auf den Wert eines Vermögensobjekts (vgl BVerfGE 108, 122, 128 f = NJW 2003, 3404, 3405 f – Fall Jentsch II). Regresspflicht des beteiligten Richters wegen fehlerhafter Verfahrensführung ist kein Fall der Nr 1 (s oben); eine „Ausschaltung" des Richters aus diesem Grund scheidet daher aus (arg § 72 II 1; OLG Frankfurt NJW-RR 2017, 191 Tz 21; § 42 Rn 29).

b) Beteiligung des Ehegatten oder Lebenspartners des Richters (Nrn 2, 2a). Wie Nr 1, nur ist auf die Verhält- 6
nisse des Ehegatten/Lebenspartners abzustellen; bei Verlöbnis oder nichtehelicher Lebensgemeinschaft gilt § 42 Rn 12, dgl, wenn der Ehegatte des Richters dem Vertretungsorgan einer Partei angehört (sa § 42 Rn 11). Ebenfalls kein Ausschlussgrund liegt vor, wenn der Ehegatte des Richters **ProzBev** der Partei ist (OLGR Jena 2000, 77; aA LSG SchleswH NJW 98, 2925) oder der Richter mit dem ProzBev in gerader Linie verschwägert ist (KG NJW-RR 2000, 1164; s § 42 Rn 13); das Gericht muss diese Umstände aber frühzeitig offen legen (KG NJW-RR 2000, 1164; s § 48 Rn 1). Im **Musterprozess** (KapMuG) ist der Richter ausgeschlossen, wenn sein Ehegatte (oder Person nach Nr 2a, 3) Kl der ausgesetzten (§ 10 I, II KapMuG) Verf und damit „Beteiligter" des Musterverf ist (§ 11 I KapMuG). Dagegen kommt bei der **Abhilfe- und Musterfeststellungsklage** (§§ 1, 14, 41 VDuG) nur dem klagenden Verband, nicht den angemeldeten geschädigten Verbrauchern (und damit ggf Ehegatten usw) Parteistellung zu; zur Ablehnung in diesem Fall s § 42 Rn 11a f.

c) Beteiligung von nahen Verwandten und Verschwägerten des Richters (Nr 3). Wie Nr 1, nur ist auf die 7
Verhältnisse des Verwandten (§ 1589 BGB u Anm zu § 383) oder Verschwägerten (§ 1590 BGB) abzustellen. Verwandtschaft ist auch die anerkannte und gerichtl festgestellte Vaterschaft (§ 1592 Nrn 2, 3 BGB) sowie die durch Adoption begründete Verwandtschaft (§§ 1754 ff BGB). Im 2. Grad in der Seitenlinie Verschwägerte: die Ehegatten der Geschwister des Richters und die Geschwister seines Ehegatten. Bei ges Vertretung schließt sowohl die Beziehung zur Partei als auch zur Person des ges Vertreters aus (MskV/Heinrich Rn 10), bei Parteien kraft Amtes sowohl die Beziehung zur Partei (zB InsVerwalter) als auch zum Rechtsträger (zB InsSchuldner; vgl OLG Köln NJW-RR 88, 254; Vollkommer EWiR 88, 619 zum InsVerf). Bei jur Person als Partei kann auch Durchgriff auf Mehrheitsgesellschafter in Frage kommen (BGH NJW 86, 1049 zu § 31 Nr 2 KO, jetzt § 133 II, § 138 InsO). Ebenso wie der abgelehnte Richter von der Mitwirkung im *eigenen* Ablehnungsverf ausgeschlossen ist (s Rn 4), ist es auch sein naher Angehöriger (OLG Celle MDR 2001, 767: Abgelehnter Richter u Kontrollrichter sind Brüder; allg sa Rn 11; § 42 Rn 13a). Kein Ausschließungsgrund ist Verwandtschaft oder Ehe mit ProzBev oder Beistand der Partei (OLG Bremen MDR 2008, 283), dann besteht aber eine *Offenbarungspflicht*, um den Parteien Gelegenheit zur Ablehnung zu geben (s § 1036 I; § 48 Rn 1). Bei Massenverf erscheint die Grenze der Ausschließung mit Verschwägerten bis zum 2. Grad (s Nr 3) mit der Gefahr des Übersehens (Folgen: Rn 14 ff) zu weit gezogen (§ 42 Rn 11a; G. Vollkommer MDR 2020, 548).

d) Parteivertretung in der gleichen Sache (Nr 4). Gewillkürte Vertretung. ProzBev (§§ 80 ff; s vor § 78 Rn 7, 8
7a, 8; § 78 Rn 6), Unterbev (s § 81 Rn 6), amtl bestellter Vertreter (§ 53 BRAO), Abwickler (§ 55 BRAO) oder Beistand (§ 49 I BRAO); bei RA-Gesellschaft als ProzBev (§ 59l BRAO) die handlungsberechtigte Person (§ 59l II BRAO; zu § 11 II Nr 5 ArbGG eingeh BAG NJW 2013, 1180 Tz 14 ff); **gesetzliche Vertretung** (§ 51): Stellung als Elternteil, Vormund, Betreuer, Pfleger und Organ einer jur Person; Gesamtvertretungsbefugnis genügt, auch Organmitgliedschaft (BGH MDR 2018, 695 zu § 1035; abw OLG Frankfurt NJW-RR 2018, 1404 für Handelsrichter als Aufsichtsratsmitglied einer eG, s § 42 Rn 14; auf ein Tätigwerden in der Vertretereigenschaft kommt es nicht an (BAG NJW 2013, 1180 Tz 14; MK/Stackmann Rn 20). Der gegenständlich beschränkt vertretungsbefugte (§ 83 I 2, § 84 BRAO) Schatzmeister der RA-Kammer ist zwar nicht deren ges Vertreter (s § 80 I BRAO), jedoch berufsrechtl als Richter der RA-Gerichtsbarkeit ausgeschlossen (vgl § 94 III 2 Nr 1, § 103 II, § 108 I 2 BRAO; abw zum früheren Schatzmeister BGH NJW-RR 2017, 187 = MDR 2017, 229 [Vollkommer]). Die bloße Kanzleizugehörigkeit eines ehrenamtl Richters/RA zur Kanzlei des ProzBev genügt als solche nicht (VerfGH BW NJW 2023, 205 Tz 19); ist aber die Kanzlei des ProzBev *insgesamt* mandiert, liegt ein Fall der Nr 4 vor (nicht beachtet in VerfGH BW NJW 2023, 205 Tz 20; sa § 42 Rn 13). **Kein** Ausschließungsgrund: Bestellung als Zustellungsbevollmächtigter (§ 171) oder Mitwirkung als Urkundsperson (§§ 2231, 2276 BGB) in dem dem Rechtsstreit zugrunde liegenden Geschäft oder als Schiedsrichter (OLG Hamburg BB 57, 378). Außer bei Gleichheit des Streitgegenstands (s BGH NJW-RR 2017, 189 Tz 12) genügt Tätigwerden in anderer Sache nicht (BGH NJW 79, 2160 zu § 22 Nr 4 StPO), dann aber uU Fall von § 42 (s § 42 Rn 15, 19), dgl bei Doppeltätigkeit des Richters (auch) für die Vertretungsbehörde des Bekl (s § 42 Rn 11). Im *sozialgerichtl Verf* (vgl § 60 I SGG) ist der zur gerichtl Vertretung einer kassenzahnärztl Vereinigung berechtigte Geschäftsführer ProzBev iSd Nr 4 (BSG NJW 93, 2070). **Abgrenzung:** Organstellung (s Rn 5); Interessenwahrnehmung für eine Partei (s § 42 Rn 14); dazu gehört auch die Tätigkeit als Bev in Parallelverf (s BAG NJW 2013, 1180 Tz 20; s § 42 Rn 19) vor einem anderen Gericht (§ 79 IV 1).

e) Richter als Beweismittel im gleichen Verf (Nr 5). Der Ausschluss beruht auf der Unvereinbarkeit von Rich- 9
teramt und Zeugenstellung (vgl Lipp, Das private Wissen des Richters, 1995, S 86 ff). Wirkl Vernehmung als Zeuge (SV) ist erforderl (**„vernommen ist"**), nicht genügend, dass er „vernommen werden soll" (zust OLG Saarbrücken NJW-RR 94, 765; zu § 22 Nr 5 StPO ebenso BGH NJW 2009, 1287). Beweisbeschluss auf eigene

Vernehmung ist daher zulässig (RGZ 44, 394), begründet aber den Ausschluss (Lipp aaO S 91 mN). Ausgeschlossen ist der Richter auch dann, wenn er in einem *anderen* Verf zu *demselben Sachverhalt* als Zeuge vernommen worden ist (BGH StV 2022, 794 zu § 22 Nr 5 StPO; Lipp aaO S 70 mN, 91; MK/Stackmann Rn 22; sa Rn 3; abw ThP/Hüßtege Rn 6: gleiches Prozessrechtsverhältnis). Schriftl Äußerung gem § 377 III steht Vernehmung gleich (OLG Frankfurt FamRZ 89, 519), nicht dagegen eine entspr § 44 II 2, III abgegebene dienstl Äußerung (Erklärung) eines nicht (mit-)abgelehnten beisitzenden Richters (OLG München MDR 2017, 234); die Abgabe einer dienstlichen Erklärung über amtl wahrgenommene Vorgänge ist auch kein Ablehnungsgrund (OLG München MDR 2017, 234; s § 42 Rn 25).

10 **f) Mitwirkung an der angefochtenen Entscheidung (Nr 6). aa)** Erforderl ist Mitwirkung beim **Erlass** (§ 309; nicht Verkündung) der mit einem (ordentl) Rechtsmittel (§§ 511 ff; §§ 542 ff; §§ 567 ff) **angefochtenen** Entscheidung. Die Vorschrift ist eng auszulegen, die Mitwirkung an einer der angefochtenen Entscheidung vorangehenden Entscheidung genügt nicht (BGH FamRZ 2017, 557; BVerfG NJW 2001, 3533; zB an einem VU (Rn 11), § 42 Rn 15 ff); gleiches gilt für andere frühere Befassung mit der Sache (BVerfG WM 2020, 1912). Ist der Vors-Richter am OLG wegen Vorbefassung gem **Nr 6** von der Mitwirkung an der Entscheidung ausgeschlossen, entscheidet der Senat iÜ unabhängig (Art 97 I GG) und unablehnbar (OLG Karlsruhe NJW-RR 2020, 636 = MDR 2020, 628; s § 42 Rn 12a, 17). Ein weitergehender Ausschluss des Richters gilt im Strafprozess (§ 22 Nr 4, § 23 II StPO), im verwaltungsgerichtl Verf bei Mitwirkung im vorausgegangenem Verwaltungsverf (§ 54 II VwGO, § 51 II FGO, § 60 SGG) und im richterdienstgerichtl Verf bei Mitwirkung am richterrechtl Prüfungsverf gem § 62 I Nr 3 u 4 DRiG (vgl § 66 I 1 DRiG iVm § 54 II VwGO; dazu BGH NJW-RR 2019, 883). Bei Verneinung von Ausschließung (Bsp Rn 11) kann Ablehnung wegen Vorbefassung in Frage kommen (dazu § 42 Rn 15, 17).

11 **bb) Einzelfragen (Fälle von Nr 6 verneint). Nicht ausgeschlossen** ist ein Richter, der ledigl das Urteil verkündet (OLGR Jena 2000, 77), nach Streitverh einen Beweisbeschluss erlassen oder ausgeführt hat (RGZ 105, 17); der (vorinstanzlich) an einem Berichtigungsbeschluss gem § 319 (OLG Braunschweig NJW-RR 2016, 1152 = MDR 2016, 1252 [Dötsch]), in der Vorinstanz an einem **1. VU** (OLG Frankfurt MDR 2024, 1067; BGH 27.3. 2025 – I ZB 40/24; **überholt** BAG NJW 1968, 814; sa § 42 Rn 15 f), einem Vorlagebeschluss an das BVerfG (gem Art 100 GG) oder den EuGH (gem Art 267 II AEUV) mitgewirkt hat (BFHE 129, 251); der das Urteil im Urkundenprozess in 1. Instanz (mit-)erlassen und in der 2. Instanz über das von einem anderen Richter erlassene angefochtene erstinstanzielle Urteil im Nachverf zu entscheiden hat (RGZ 148, 199); der in der Vorinstanz eine einstweilige Anordnung erlassen hat im Rechtsmittelverf gegen die von einem anderen Richter gefällte Endentscheidung (BGH FamRZ 2017, 557) oder der am Arrestbeschluss mitgewirkt hat im Berufungsverf gegen das von einem anderen Richter erlassene Arresturteil (OLG München MDR 2019, 442); der Richter, der nach einer **Restitutions- oder Nichtigkeitsklage** (BGHZ 125, 289; BGH NJW 81, 1273 = MDR 81, 481 mN, BVerwG NVwZ 2022, 884 Tz 23; hM, aber str; aA zB Jauernig/Hess § 14 Rn 2; ausgenommen hiervon ist aber der Fall des § 580 Nr 5; sa § 23 II StPO; § 42 Rn 18) oder nach **Rückverweisung durch das Rechtsmittelgericht** (§§ 538 f) erneut mit der Sache befasst wird (BGH NJW-RR 2015, 444 Tz 8); im Nachverf der Richter, der im Urkundenprozess mitgewirkt hat (RGZ 148, 200 f); von der Mitwirkung im Revisionsverf nicht ausgeschlossen ist der Richter, der an der Ausgangsentscheidung im 1. Rechtszug mitgewirkt hat (BGH NJW-RR 2012, 1341), etwa gem § 304 an der Entscheidung über den Grund (BGH NJW 60, 1762; OLG Karlsruhe FamRZ 92, 1194) oder gem § 301 über den Auskunftsanspruch (OLG Karlsruhe FamRZ 96, 556; sa § 42 Rn 17); von der Entscheidung im Regressprozess gegen den ProzBev nicht ausgeschlossen ist der Richter, der an der – beanstandeten – Entscheidung im Vorprozess mitgewirkt hat (BGH JZ 2015, 575 [krit Mäsch]; sa § 42 Rn 16); von der Entscheidung über Einwendungen gegen die Zulässigkeit der Erteilung der Vollstreckungsklausel ist nicht ausgeschlossen der Richter, der die Klausel erteilt hat (OLG Frankfurt OLGZ 68, 170); dgl nicht von der Entscheidung über die Vollstreckungsgegenklage der Richter, der am Verf wegen Einwendungen gegen die Zulässigkeit der Vollstreckungsklausel mitgewirkt hat (BGH NJW 76, 2135 = MDR 76, 838); nicht ausgeschlossen im Patentnichtigkeitsverf ist der Richter, der im Patentverletzungsverf entschieden hat (BGH NJW-RR 2003, 479; sa § 42 Rn 16 aE). Ein Fall der Ausschließung liegt ferner nicht vor, wenn nach Zurückweisung nunmehr beim unteren Gericht ein Richter tätig wird, der bei dem die Zurückweisung aussprechenden Urteil mitgewirkt hat (Bsp: Ein Richter am OLG wurde inzwischen als Vors Richter ans LG versetzt); hier liegt kein Fall der „Nachprüfung“ einer „angefochtenen Entscheidung“ vor. Hat der **Ehegatte** des im höheren Rechtszug zuständigen Richters an der angefochtenen Entscheidung mitgewirkt, ist der Rechtsmittelrichter zwar nicht ausgeschlossen (BGH NJW 2004, 163 = MDR 2004, 288; bestätigend BGH NJW 2008, 1672; BGH MDR 2016, 49), wohl aber idR ablehnbar (str, s § 42 Rn 13a).

12 **g) Mitwirkung an Verf mit überlanger Dauer (Nr 7).** Anwendungsbereich: Entschädigungsverf gem §§ 198-201 GVG). Es handelt sich um eine „ausschließende“ Vorbefassung (s Nr 6); dazu genügt jede (auch geringfügige) tatsächliche Befassung mit der Sache, nicht hingegen die bloße Zugehörigkeit zum Spruchkörper (BSG NJW 2018, 1122 Tz 15, 18, 20 f).

13 **h) Mitwirkung an vorangegangenem *Mediations*verf oder anderem Verf der außergerichtl Konfliktbeilegung (Nr 8).** Die Vertraulichkeit insb des Mediationsverf (vgl § 1 I MediationsG) wäre gefährdet, wenn dem Richter bei seiner Entscheidung als früherem Mediator (Schlichter) erlangtes Wissen zur Verfügung stünde.

Die Vorbefassung als Mediator (Schlichter) muss dieselbe Angelegenheit iSv Lebenssachverhalt betreffen (wie Rn 9). **Nr 8** gilt für die außergerichtl Mediation iSv § 278a, „andere" Verf der außergerichtl Konfliktbeilegung (s § 278a) sowie auch für den vom Gericht gem § 278 V bestellten **Güterichter** (ThP/Hüßtege Rn 10; aA VG Göttingen MDR 2015, 55; Künzl MDR 2016, 955); beim Güterichterverf handelt es sich zwar nicht mehr um einen Fall gerichtl Mediation (vgl § 9 MediationsG), der Ausschluss ist aber nur die Kehrseite der fehlenden Entscheidungsbefugnis des Güterichters (vgl § 278 V 1).

III) Rechtsfolgen der Ausschließung. 1) Allgemeines. Ausgeschlossen sein kann immer nur ein Richter als 14
natürl Person, niemals das Gericht als solches.

2) Sache. Der Ausschluss bezieht sich immer nur auf ein **einzelnes Verf**, bei Verbindung (§§ 59, 60, 147) auch 15
auf die verbundenen Verf, solange die Verbindung besteht. Kommt es auf **dieselbe** Sache an, ist nicht Gleichheit des Verf erforderl; Gleichheit des Streitgegenstandes (Streitpunktes) genügt (RGZ 152, 10; OLG Frankfurt FamRZ 89, 519, hM).

3) Geltendmachung. Der Richter ist kraft Gesetzes von der Ausübung seines Amtes ausgeschlossen; er muss 16
sich vom Verf fernhalten (s § 47 Rn 1). An die Stelle des ausgeschlossenen Richters tritt der nach dem GVP bestimmte Vertreter (§§ 21e, 21g GVG); ggf ist nach § 36 Nr 1 vorzugehen. Bestehen Zweifel an der Ausschließung, kann eine Entscheidung vAw herbeigeführt werden (§ 48 I letzter Hs); jede Partei kann den Ausschließungsgrund in Form eines Ablehnungsgesuchs geltend machen (§ 42 I).

4) Verstoß. Hat der ausgeschlossene Richter bei einer Entscheidung oder an anderen Prozesshandlungen mit- 17
gewirkt, sind diese nicht nichtig. Die Entscheidung ist anfechtbar (§ 547 Nr 2, § 579 I Nr 2, § 576 III); die Revision ist stets zuzulassen (vgl BGHZ 172, 250 = NJW 2007, 2702), wobei der Verstoß aber keinen Revisionsgrund gegen ein 2. VU darstellt (BGH NJW 2016, 642 Tz 14). Andere Prozesshandlungen müssen während der Instanz in ordnungsmäßiger Besetzung der Richterbank wiederholt oder zurückgenommen werden (OLG Düsseldorf DRiZ 80, 110 für Strafprozess); die Unterschrift des ausgeschlossenen Richters gilt als fehlend (dazu sogleich). Anderenfalls liegt ein wesentl Verfahrensmangel vor, der, wenn die Entscheidung auf ihm beruht (vgl § 545 I), zur Aufhebung und ggf zur Zurückverweisung führt (BGH StV 2022, 794). Nichtigkeitsklage (§ 579 Nr 2) ist aber nur dann gegeben, wenn der ausgeschlossene Richter bei der Entscheidung selbst mitgewirkt hat (BGH NJW-RR 2016, 1406 Tz 12). Eine Ausnahme besteht dann, wenn der Ausschließungsgrund mit für unbegründet erklärter Ablehnung (vgl § 42 I Hs 1) geltend gemacht war (vgl § 547 Nr 2 Hs 2; § 579 I Nr 2 Hs 2); dann scheidet ein absoluter Revisionsgrund (Nichtigkeitsgrund) aus (BGHZ 95, 305 = MDR 86, 493). Tritt der Ausschließungsgrund erst nach der Verkündung der Entscheidung ein (zB im Fall des § 41 Nr 5), kommt als Revisionszulassungsgrund § 547 Nr 6 in Frage: Fehlende (da unwirksame) Unterschrift des ausgeschlossenen Richters (s BGH StV 2022, 794 Tz 9 zu StPO). Unkenntnis des Richters vom Ausschließungsgrund ist belanglos. Da die Beachtung des § 41 im öffentl Interesse liegt, kann § 295 nicht gelten (OLG Frankfurt NJW 76, 1545; St/Bork Rn 5; RSchwab/Gottwald § 24 Rn 9). Geltendmachung von Verstoß gegen Art 101 I 2 GG: s § 46 Rn 25. **Prozesshandlungen der Partei** vor dem ausgeschlossenen Richter sind wirksam (zB § 794 I Nr 1, § 160 III Nr 1).

§ 42 Ablehnung eines Richters

(1) Ein Richter kann sowohl in den Fällen, in denen er von der Ausübung des Richteramts kraft Gesetzes ausgeschlossen ist, als auch wegen Besorgnis der Befangenheit abgelehnt werden.

(2) Wegen Besorgnis der Befangenheit findet die Ablehnung statt, wenn ein Grund vorliegt, der geeignet ist, Misstrauen gegen die Unparteilichkeit eines Richters zu rechtfertigen.

(3) Das Ablehnungsrecht steht in jedem Falle beiden Parteien zu.

I) Zweck. Die verfassungsrechtlich gebotene Unparteilichkeit des Richters (Art 101 I 2 GG; § 1036 I, II; allg Einl Rn 15) wird durch seine Ablehnung wegen des Vorliegens eines Ausschließungsgrundes (**I 1. Fall, § 41**) oder wegen Besorgnis der Befangenheit (**I 2. Fall, II**) erfüllt. 1

II) Ablehnungsrecht (§ 42 I, III). 1) Antragsberechtigung. Das Ablehnungsrecht steht den **Parteien** persönl zu (**III**), jedem **Streitgenossen** im Rahmen seines Prozessrechtsverhältnisses (§ 61; sa Rn 19; § 61 Rn 6), auch dem Streitgehilfen (Nebenintervenient, § 67; BGH MDR 2020, 1392 Tz 15; s § 67 Rn 3) und vom Verf betroffenen Drittbeteiligten (s vor § 64 Rn 1, 2), in Nebenverf den daran Beteiligten, zB dem Ag im PKH-Verf (OLGR Schleswig 2007, 575), dem SV im Verf gem §§ 3, 16 ZuSEG (OLGR Frankfurt 1997, 305), dem InsGläubiger (§ 38 InsO) im InsVerf (Preß FS Wehr, 2012, S 51), den einzelnen Genossen im Verf über die Nachschusspflicht gem §§ 105 ff GenG (OLG Brandenburg Rpfleger 97, 302); soweit einer **Behörde** Beteiligtenstellung zukommt, hat sie auch ein Ablehnungsrecht (OLG Celle NdsRpfl 85, 173). **Nicht** ablehnungsbefugt sind am Verf nicht beteiligte **Dritte** (BGH MDR 2020, 1392), zB der Interessenverband im Prozess seines Mitglieds (vgl BVerfG NJW-RR 2010, 1150 Tz 6), „hinter den Parteien (Streithelfer) stehende" Versicherung (vgl BGH MDR 2020, 1392 Tz 6). Der **ProzBev** hat kein selbständiges Ablehnungsrecht aus eigener Person (BayObLG NJW 75, 699 mwN; OLGR Rostock 2009, 350), dgl nicht der ges Vertreter (OLG Köln NJW-RR 88, 694) und idR auch nicht eine Partei kraft Amtes (InsVerwalter) im Verhältnis zum „repräsentierten" Rechtsträger (s BVerfG ZIP 88, 174 [Vollkommer EWiR 88, 619]; OLG Zweibrücken Rpfleger 2000, 265; anders bei persönl Betroffenheit: LG München II ZIP 2013, 2475; sa § 41 Rn 7); uU kann aber für die Partei selbst ein eigener Ablehnungsgrund vorliegen: s Rn 13. Das Ablehnungsrecht steht auch der **anderen** Partei zu, selbst wenn der Befangenheitsgrund nur die eine betrifft (MK/Stackmann Rn 3). Grund: Schutz vor dem Makel der Bevorzugung (OLGR Karlsruhe 2005, 446, 447), bestehende Interessengleichheit an der Entscheidung durch ein neutrales Gericht, präventive Vermeidung von Verfahrensfehler. 2

2) Zeitraum. a) Ablehnungsverfahren. Ablehnen kann die Partei bis zum vollständigen Abschluss der Instanz (BVerfG NJW 2011, 2191, 2192; BGH NJW-RR 2018, 1461; BGH NJW-RR 2022, 429 Tz 13; sa § 321a Rn 4 [e]). Das **selbständige Ablehnungsverf** ist auch nach Erlass der **instanzbeendenden** Entscheidung durchzuführen 3

(Bsp für Ablehnung nach Urteilszustellung: Ablehnungsgrund ergibt sich erst aus den Entscheidungsgründen, wie im Fall BGH NJW-RR 2022, 429 Tz 14), wenn von dem abgelehnten Richter noch weitere Entscheidungen in Nebenverf, zB Tatbestandsberichtigungsverf (BGH NJW-RR 2007, 1653 = MDR 2007, 1331; PKH-Verf), nicht von vorneherein unzulässige Anhörungsrüge (BGH NJW-RR 2022, 294) zu treffen sind. Das gilt auch bei nicht str Beendigung des Verf (BVerfG NJW 2011, 2191; s zum Ganzen näher § 44 Rn 1, 16). Nicht genügt dagegen eine Ablehnung zur Ausschaltung von der Urteilsabsetzung (BAG NJW 2024, 1835 Tz 14 = MDR 2024, 998; sa § 47 Rn 6).

4 **b) Verlust des materiellen Ablehnungsgrundes.** Hier ist zwischen Ausschlussgründen (§ 41) und Ablehnungsgründen nach § 42 II zu unterscheiden. Die Mitwirkung eines nach § 41 ausgeschlossenen Richters führt zu einem unheilbaren Verfahrensmangel, der in jedem Stadium des Prozesses vAw zu beachten ist (§ 48 Hs 2, § 41 Rn 16). Der Ablehnungsgrund der Besorgnis der Befangenheit (**II**) unterliegt dagegen der Heilung. Lässt sich die Partei in Kenntnis des Ablehnungsgrundes vor dem ablehnbaren Richter ein, führt dies zum Verlust des Ablehnungsrechts und zur Heilung des Verfahrensfehlers (§§ 43, 295). Ein gleichwohl auf diesen Ablehnungsgrund gestütztes Rechtsmittel gegen die instanzbeendende Entscheidung hat keinen Erfolg (BGH NJW 2006, 695, 696; sa § 43 Rn 1). Zu unterscheiden ist der Wegfall des Rechtsschutzbedürfnisses für das Ablehnungsgesuch; Bsp: Der abgelehnte Richter scheidet endgültig aus dem Spruchkörper aus (BGH NJW-RR 2022, 209 Tz 10; sa § 44 Rn 1, 16).

5 **c) Nicht erkannter Ablehnungsgrund nach II.** Der Erlass einer vom *ablehnbaren Richter erlassenen nicht mehr abänderbaren instanzbeendenden* Entscheidung lässt die verfahrensrechtl Bedeutung des materiellen Ablehnungsgrundes nicht entfallen (iErg BayObLGZ 86, 251; BayObLG MDR 88, 500). In diesem Fall muss der übersehene, sich erst uU aus den Entscheidungsgründen ergebende Ablehnungsgrund als VerfMangel mit dem *statthaften Rechtsmittel* (§§ 511, 542, 567, 574) ggü der instanzbeendenden Entscheidung (ggf nach vorheriger Zulassung auf Grund der NZB) geltend gemacht werden (OLG München NJW 2014, 3042). Die Mitwirkung eines gem § 42 II wegen Besorgnis der Befangenheit **ablehnbaren Richters** stellt (entgegen der ganz hM, die dessen Mitwirkung keine verfahrensrechtl Bedeutung beimisst, BGHZ 120, 14 mwN) einen **Verfahrensfehler** dar, der in der Form der § 520 III Nr 2, § 551 III Nr 2b geltend zu machen ist (OLG München NJW 2014, 3042, 3044 = MDR 2014, 492; aA BGHZ 120, 145; BGH NJW-RR 2007, 775 f; vgl näher G. Vollkommer aaO [s vor § 41] S 97 ff; 324 ff). Schon das tatsächl Vorliegen eines Ablehnungsgrundes nach II verletzt das (Grund-)Recht der Parteien auf einen unparteiischen Richter, ohne dass es noch auf die formelle Geltendmachung durch ein Ablehnungsgesuch ankommt. Die unerkannte Mitwirkung eines ablehnbaren Richters an der Entscheidung rechtfertigt auch die Zulassung der Revision auf Grund der NZB (§ 544, § 543 II 1 Nr 2; dazu G. Vollkommer aaO [s vor § 41] S 340 ff: Wertung der Art 20 III, Art 101 I 2, Art 103 I GG). Das Rechtsmittelgericht prüft, ob der behauptete Ablehnungsgrund vorliegt und die angegriffene Entscheidung auf ihm beruht (§§ 529, 545). Kann es in der Sache nicht selbst entscheiden (§ 538 II Nr 1, § 563 I), verweist es sie (uU an einen anderen Spruchkörper, § 563 I 2) zurück; das Rechtsmittelgericht kann eine dienstl Stellungnahme des betroffenen Richters entspr § 44 III einholen (vgl BGH NJW 95, 1677, 1679; G. Vollkommer aaO [s vor § 41] S 332).

6 **d) Abgrenzung.** Kein Ablehnungsgrund und kein relevanter Verfahrensfehler liegen vor, wenn dieser erst nach Fällung, Absetzung und Unterzeichnung, aber vor Verkündung des Urteils entsteht (BGH NJW 2001, 1503). **Äußerste Zeitgrenze** für die (nachträgl) Geltendmachung von Ablehnungsgründen nach § 42 II ist die abschließende Erledigung des Rechtsstreits durch eine *unanfechtbare* Entscheidung (BGHZ 141, 93; BGH NJW-RR 2022, 429 Tz 13; Grund: Übersehene Ablehnungsgründe nach II sind kein Wiederaufnahmegrund nach § 579 I). Durch eine unzulässige Anhörungsrüge lebt ein erloschenes Ablehnungsrecht nicht wieder auf (BGH NJW-RR 2018, 1461; sa Rn 3).

7 **3) Rechtsfolgen des Ablehnungsantrags.** Der Richter scheidet erst aus dem Prozess aus, wenn die Ablehnung gerichtl **für begründet erklärt** ist; nur dann steht der abgelehnte Richter dem ausgeschlossenen gleich (§ 547 Nr 3, § 579 I Nr 3). Bis zur rechtskräftigen Erledigung des Ablehnungsgesuchs (s § 47 Rn 3) trifft den Richter eine Wartepflicht (§ 47 Rn 1). Entscheidet das Gericht vor (ohne) Entscheidung über das Ablehnungsgesuch und ohne Mitwirkung des abgelehnten Richters in der Sache, ist es **nicht ordnungsgemäß besetzt** (§ 547 Nr 1, § 579 I Nr 1, Art 101 I 2 GG). Handlungen des (mit Erfolg) abgelehnten Richters sind fehlerhaft u zu wiederholen. Wurde das Ablehnungsgesuch zu Unrecht nach §§ 45, 46 zurückgewiesen, liegt kein Besetzungsmangel iSv § 547 Nr 1, § 579 I Nr 1 vor, da die Entscheidung nach §§ 45, 46 grds bindet und einer erneuten Überprüfung des dort verneinten Ablehnungsgrundes entgegensteht (vgl BGHZ 208, 75 Tz 19; s näher § 46 Rn 12 auch zu Ausnahmen). **Prozesshandlungen** der Partei vor dem abgelehnten Richter sind wirksam.

8 **III) Besorgnis der Befangenheit (§ 42 II). 1) Befangenheit.** Befangenheit des Richters ist gleichbedeutend mit **Parteilichkeit** und **Voreingenommenheit**. Befangenheit meint eine unsachl innere Einstellung des Richters, die sich störend auf seine Distanz, Neutralität u Unparteilichkeit gegenüber den Beteiligten des konkreten Verf auswirken kann (vgl Riedel, Das Postulat der Unparteilichkeit des Richters, 1980, S 86). **Besorgnis der Befangenheit** des Richters ist anzunehmen, *„wenn Umstände vorliegen, die berechtigte Zweifel an seiner Unparteilichkeit oder Unabhängigkeit aufkommen lassen“* (§ 1036 II 1). Die Generalklausel des **II** ist auch anhand der Rspr des EGMR zu Art 6 I EGMR näher zu konkretisieren (G. Vollkommer aaO [s vor § 41] S 44 f; 87 f). Der EGMR unterscheidet zwischen persönl Voreingenommenheit und (praktisch bedeutenderer) obj Befangenheit (EuGRZ

85, 409; EuGRZ 93, 122). In jedem Fall muss schon der äußere Anschein von Befangenheit, der „böse Schein" von Voreingenommenheit (BVerfG 3.3.2025 – 1 BvR 750/23, 1 BvR 763/23 Tz 119; BVerfGE 108, 122, 129; BVerfG NJW 2018, 1307 Tz 17; BGH NJW 2020, 3458 Tz 7, 10; BGH NJW-RR 2022, 209 Tz 15; BGH 15.3.2022 – II ZR 97/21 Tz 8, bei MDR 2022, 843 nicht abgedruckt) vermieden werden, auf die tatsächliche innere Haltung des Richters kommt es nicht an: „*Justice must not only be done, it must also be seen to be done*" (EGMR EuGRZ 93, 122). Die Richterablehnung enthält deshalb auch keine Herabsetzung des Richters (M. Schwab JZ 2019, 82; aA BayObLG NJW 2000, 3079). UU kann – im Rahmen der Zumutbarkeit – (auch präventiv) die Verpflichtung zur Ausräumung eines Ablehnungsgrundes bestehen. Bsp: Austritt aus Interessen-Vereinigung bei sich abzeichnendem Rechtsstreit (s dazu auch BVerfG NJW 93, 2230).

2) Befangenheitsgründe. Geeignet, **Misstrauen gegen eine unparteil Amtsausübung des Richters zu rechtfertigen**, sind nur obj Gründe, die vom Standpunkt des Ablehnenden aus bei vernünftiger Betrachtung die Befürchtung wecken können, der Richter stehe der Sache nicht unvoreingenommen und damit nicht unparteiisch ggü; rein subj, unvernünftige Vorstellungen des Ablehnenden scheiden aus (BGHZ 226, 350 Tz 34 = NJW 2021, 385; BGH NJW-RR 2022, 284 Tz 14; BAG NJW 2013, 1180 Tz 18; sa Rn 8). Nicht erforderl ist, dass der Richter tatsächl befangen ist; unerhebl ist, ob er sich für (un-)befangen hält (BVerfGE 73, 335; BVerfGE 99, 56; BVerfG NJW 2016, 2313; BVerfG NJW 2018, 1307 Tz 17) oder Verständnis für Zweifel an seiner Unbefangenheit aufbringt (BVerfGE 32, 290); entscheidend ist allein, ob aus der Sicht des Ablehnenden genügend obj Gründe vorliegen, die nach der Meinung einer ruhig und vernünftig denkenden Partei Anlass geben, an der Unvoreingenommenheit des Richters zu zweifeln (BVerfGE 88, 23; BVerfGE 102, 195; BVerfGE 108, 126; BVerfG NJW 2014, 1227 Tz 24, stRspr; BGHZ 226, 350 Tz 34 = NJW 2021, 385; BGH NJW-RR 2022, 284 Tz 14; BGH 15.3. 2022 – II ZR 97/21 Tz 8, bei MDR 2022, 843 nicht abgedruckt; Günther ZZP 105 [1992], 22 f; hM); demggü tritt eine abw Ansicht für einen mehr subj, an der Person des Ablehnenden orientierten Maßstab ein (so etwa Horn, Der befangene Richter, 1977, S 94 ff, 125, 127; WSch/Gerken Rn 5). Da für die Beurteilung der Befangenheitsbesorgnis von der *Person des Ablehnenden* auszugehen ist (BGH MDR 2019, 50 Tz 4, 5 [Conrad MDR 2019, 211]), enthält auch der zutr obj Maßstab bereits eine subj Komponente (OLG Köln NJW-RR 99, 288; OLG Bamberg FamRZ 97, 1223; Peters FS Lüke, 1997, S 603, 616; MskV/Heinrich Rn 5); zu weit gehen dürfte es aber, wenn die obj Prüfung vom Standpunkt einer „idealen Partei" aus vorgenommen wird (so VGH Mannheim NJW 86, 2068; OVG Hamburg NJW 94, 2779; zu Recht abl WSch/Gerken Rn 5; E. Schneider NJW 96, 2286). Ablehnungsgründe des Einzelfalls sind vom Gericht in ihrer **Gesamtheit** zu würdigen (BGH MDR 2018, 1522 Tz 12 ff: „Gesamtbetrachtung"; BGH 15.3.2022 – II ZR 97/21 Tz 8, bei MDR 2022, 843 nicht abgedruckt; Schneider/Gronemann aaO [s vor § 41] § 3 Rn 321 ff; sa Rn 24 [Häufung von Fehlern]); dabei ist auch eine bestehende anwaltl Vertretung der Partei zu berücksichtigen (OLG Karlsruhe OLGZ 87, 249). 9

IV) Fallgruppen. In Anlehnung an die Ausschlussgründe des § 41 lassen sich auch für die Besorgnis der Befangenheit entsprechende **Fallgruppen** fehlender Distanz und Neutralität bilden. 10

1) Mittelbare Beteiligung des Richters am Rechtsstreit und wirtschaftliches Eigeninteresse. a) Allgemeines. Zugehörigkeit des Richters als (einfaches) Mitglied zu einer jur Person, die Prozesspartei ist (kein Fall von § 41 Nr 1, s § 41 Rn 4, 5), kann die Besorgnis der Befangenheit begründen (vgl BGHZ 113, 277 = NJW 91, 985). Gehört der Richter einem Vertretungsorgan der jur Person an, greift bereits § 41 Nr 1, uU Nr 4 ein (s § 41 Rn 4, 8; weiter gehend § 54 III VwGO, § 51 III FGO, § 60 III SGG). **Bsp:** Richter ist Kreistagsabgeordneter bei Landkreis als Partei, vgl OLG Celle NdsRpfl 76, 91; anders bei lange zurückliegender früherer Zugehörigkeit: BGH NJW-RR 88, 766; zu Schranken bei kommunaler Betätigung s Rn 32 aE); Fälle von *Interessenkollision* sind allg Ablehnungsgrund (§ 54 III VwGO entspr; VerfGH BW NJW 2019, 2080; BGH NJW-RR 2014, 1469 Tz 7 ff = MDR 2014, 1465), desgl bestehendes *Eigeninteresse* des Richters, wenn echte wirtschaftl oder nicht unerhebl persönl Belange für ihn auf dem Spiel stehen (BGHZ 113, 277; BGH MDR 2020, 303 Tz 9, 548 [G. Vollkommer]; BVerwG NJW 2014, 953 Tz 17 = MDR 2014, 488; BayObLG ZIP 2002, 1039), wie bei wirtschaftl Wert des Mitgliedschaftsrechts oder wirtschaftl Abhängigkeit (OLG Stuttgart NJW-RR 95, 300; dazu Pfeiffer ZIP 94, 771); **Bsp:** Richter ist Großaktionär im Prozess der AG (KG NJW 63, 451); anders aber bei „einfachem" Aktionär (BayObLG ZIP 2002, 1038: auch bei Teilnahme an Hauptversammlungen), ferner bei bloßer Verbands- (LG Göttingen Rpfleger 76, 55: Sparkassenzweckverband) oder Vereinsmitgliedschaft, insb bei Mitgliedschaft in Massenorganisation (ThP/Hüßtege Rn 10), zB ADAC, in Gewerkschaft (s Rn 32), in Genossenschafts-Vertreterversammlung (vgl § 43a GenG; Bsp: BGHSt NJW 98, 550), in GRUR e.V., auch wenn dieser Partei des Prozesses ist (BGHReport 2001, 433; BGHReport 2003, 830; BGH NJW-RR 2003, 281 = NJW 2003, 1191 LS) oder in „Richterverein" als Hrsg bei Streit um Veröffentlichungspraxis (BVerwG NJW 2014, 953 Tz 18 = MDR 2014, 488). Das wirtschaftliche Interesse des Richters am Prozessausgang entfällt mit Abschluss eines Vergleichs (BGH 25.3.2021 – III ZB 57/20 Tz 9). Ist eine **politische Partei** Prozesspartei, kann die im allg für § 42 belanglose Parteimitgliedschaft (vgl OLG Koblenz NJW 69, 1177; VGH Mannheim NJW 75, 1048) uU eine Ablehnung rechtfertigen (näher zum Ganzen s Rn 30, 31). **b) Besonderheiten.** Im Prozess gegen den **Justizfiskus** begründet die Doppelfunktion als erkennender Richter u Referent der Vertretungsbehörde des Bekl in ders Angelegenheit (Amtshaftung) die Ablehnung (OLG Dresden MDR 2005, 106; sa § 41 Rn 8); iÜ kann bei Prozessen gegen den (Justiz- usw) Fiskus als Dienstherrn des Richters fehlende volle Unabhängigkeit (zB bei Beteiligung 11 von Proberichtern) die Ablehnung begründen (näher s Rn 12a; zum gegenteiligen Grundsatz: BGHZ 226, 350 Tz 37 = NJW 2021, 385); nicht genügt dagegen die Tätigkeit des Richters (auch) in der Justizverwaltung (OLGR Frankfurt 1998, 151; OLGR Frankfurt 1999, 73) oder die Anfechtung eines JustizVA des OLG-Präsidenten (BGH MDR 2022, 591 Tz 1; sa Rn 12a).

11a **2) Selbstbetroffenheit des Richters bei Massenschäden.** Es handelt sich um einen neuen vertypten Ablehnungsgrund, der im Zusammenhang mit Massenverf entwickelt wurde. **a) Entwicklung.** Seit 2018 sind bei einer Vielzahl von Instanzgerichten Verf anhängig, in denen Besitzer von Diesel-Kfz als Kl gegen verschiedene Hersteller Ansprüche wegen unzulässiger Abgaseinrichtungen geltend machen (sog Dieselskandal). 2020 erreichte die Klagewelle mit hunderten von Verf den BGH (VI. ZS). Die Behandlung der Massenverf – idR Zurückstellung von Verh und Entscheidung von einfachen Fällen – führte zur (erfolglosen) Ablehnung sämtlicher Richter des VI. ZS durch den Kl eines zurückgestellten Verf (BGH 9.12.2020 – VI ZR 885/20). Die Befürwortung der Übernahme der Zurückstellungspraxis auf OLG-Ebene durch den OLG-Präsidenten sorgte für die (erfolglose) Ablehnung sämtlicher Richter des OLG Dresden (s BGH NJW 2021, 385 = MDR 2020, 1395, 1397 [Dörr] gem § 45 III). Beide Pauschalablehnungen haben nichts mit der Ablehnung wegen „Selbstbetroffenheit“ zu tun (s § 44 Rn 2, 15). **b) Neuer Ablehnungsgrund.** Die vom Dieselskandal „betroffenen“ Richter, deren Ehegatten (Nahe-Personen) und die Kl in Dieselverf gehören zur Gruppe der durch dens Hersteller gleichartig geschädigten Kfz-Besitzer. Entscheidet der Richter über die Rechte von Gruppen-Mitgliedern gegen den gemeinsamen Schädiger, entscheidet er in einem materiellen Sinn „in eigener Sache“, mag auch ein Fall von § 41 Nr 1, 2 nicht vorliegen; dies genügt als Ablehnungsgrund (BGH NJW 2020, 1680 = MDR 2020, 303, 548 [G. Vollkommer]; BGH NJW 2020, 3458, 3460 [Schäfer] = MDR 2020, 1333 [Vossler MDR 2020, 1432]; BGH NJW 2021, 2368 = MDR 2021, 831; BGH 29.4.2021 – III ZR 311/20 Tz 9; hM; aA OLG Düsseldorf MDR 2020, 306). Die aA verkennt, dass es nicht um einen Fall (möglicherweise fehlenden) wirtschaftlichen Eigeninteresses des Richters geht (dazu Rn 11), sondern um eine rechtlich im Vorfeld von § 41 Nr 1 einzuordnende strukturelle Nähe zu einer Prozesspartei (Interessenparallelität zum Kl, gemeinsamer Gegner (iErg auch BGH 15.4.2025 – XI ZB 14/24 Tz 13, 16, s näher aE). Eigene Rechtsverfolgung des geschädigten Richters ist entbehrlich, solange er nur ernstlich erwägt, Rechte selbst geltend zu machen (BGH NJW 2020, 3458 Tz 8 = aaO); auch müssen nicht dieselben Rechte geltend gemacht werden; ausreichend ist, wenn der betroffene Richter seine Rechte als Verbraucher zur Feststellungsklage gem § 608 anmeldet (BGH NJW 2020, 1680 = aaO). Der Ablehnungsgrund bleibt bestehen, wenn der Richter mit dem Beklagten der Musterfeststellungsklage zeitnah einen Vergleich geschlossen hat (BGH 25.3.2021 – III ZB 57/20) und es gibt keine starre Frist, die zu einem Wegfall dieses Ablehnungsgrunds führt (BGH 9.4.2024 – VIa ZB 20/23, juris Tz 14: 3 Jahre nicht ausreichend). Es genügt auch, dass der zu beurteilende Sachverhalt nur teilw übereinstimmt (BGH NJW 2020, 1680 und 3458 = aaO). Führt der Richter einen Rechtsstreit in eigener Sache, ist daher (volle) Kongruenz mit dem „dienstlichen“ Ausgangsverf nicht erforderlich. Unschädlich sind Unterschiede in der Person des Bekl (Hersteller des VW-Konzerns; Dieselmotor-Zulieferer/Dieselmotor-Hersteller) im geltend gemachten Schaden (allg Vermögensschaden/Mangelschaden), im klagebegründenden Sachverhalt (Erwerb von Aktien des Herstellers am Kapitalmarkt/Erwerb von manipuliertem Kfz, der Baureihe (Motortyp) des manipulierten Motors, BGH 25.3.2021 – III ZR ZB 57/20 Tz 13; BGH 29.4.2021 – III ZR 317/20) usw. Es kommt allein darauf an, dass der Richter über eine gemeinsame Vorfrage zu entscheiden hat (BGH 8.1.2021 – III ZR 160/19). Entspr gilt, wenn der geschädigte **Ehegatte des Richters** als vom Dieselskandal betroffen eigene Rechte geltend macht (LG Stuttgart MDR 2019, 1067). Ein Sonderfall liegt vor, wenn der Ehegatte des Richters „im Lager“ des bekl Herstellers in leitender Funktion tätig ist, etwa als Zulieferer von Komponenten für Dieselmotoren (OLG München MDR 2021, 320 im Anschluss zu BGH NJW 2012.1890; sa Rn 13), anders bei untergeordneter Stellung (OLG Braunschweig NJW-RR 2021, 1440). **Abgrenzung:** An einem Ablehnungsgrund **fehlt** es, wenn die eigene Rechtsverfolgung des Richters und der Prozess des Ablehnenden voneinander unabhängig zu bewertende Sachverhalte ohne gemeinsame Vorfragen darstellen, so zB wenn es um Dieselmotoren unterschiedlicher Hersteller geht; keine unabhängig zu bewertende Klagen sollen jedoch bei unterschiedlichen Motoren desselben Herstellers vorliegen (BGH 25.3.2021 – III ZB 57/20 Tz 13). **Kein** Ablehnungsgrund liegt auch vor, wenn eine Nahe-Person des Richters bei der Partei eines Parallelprozesses mit der gleichen Problematik befasst ist (OLG Stuttgart NJW-RR 2021, 511), auch wenn Gespräche über die Rechtslage zwischen ihnen stattgefunden haben (s näher Rn 26) oder wenn der Richter in einer parallel gelagerten Sache nur eine Schlichtungsstelle angerufen hat (BGH MDR 2025, 875 Tz 13, 16 [Dörr MDR 2025, 905]).

11b **c) Kollektiver Rechtsschutz.** Bei der VDuG-Verbandsklage ist der Richter ablehnbar, wenn sein Ehegatte (oder andere Nahe-Person) als geschädigter Verbraucher Ansprüche zum Klageregister gem § 46 I VDuG angemeldet hat (sa Rn 11a); zum KapMuG s § 41 Rn 6.

12 **3) Besonderes Näheverhältnis des Richters. a) Nahe persönl oder geschäftl Verhältnisse (Beziehungen) zu einer Partei** (zum ProzBev oder leitendem Mitarbeiter s Rn 13). **Bsp:** Verlöbnis, auch früheres, mit der Partei; nichteheliche Lebensgemeinschaft; Liebesbeziehung; Ehe mit einem Mitglied des Vertretungsorgans einer Partei (vgl VGH Kassel AnwBl 91, 161) oder *mit einer* bei der Partei oder einem verbundenen Unternehmen tätigen *Führungskraft (BGH* NJW 95, 1679); Dienstverhältnis zwischen dem Ehegatten des Richters u der Partei (vgl LG Hanau NJW-RR 2003, 1368; zum ProBev s Rn 13); enge Freundschaft oder Feind-(Gegner-)schaft (vgl BVerfG

NJW 2022, 237; BayObLG NJW-RR 87, 127; OLG Stuttgart MDR 2011, 66; OLG Hamm NJW-RR 2012, 1209 = MDR 2012, 933; Günther ZZP 105 [1992], 27 f; zu Spannungen s Rn 13), auch zwischen dem Ehegatten des Richters und einer Prozesspartei (BGH NJW-RR 2021, 187) oder einer leitenden Persönlichkeit eines „im Lager" des Gegners stehenden Unternehmens (vgl OLG München MDR 2021, 320; sa Rn 11a), negative Einstellung, lange Familien-Verbundenheit, auch ohne pers Kontakt (BGH NJW-RR 2015, 445), idR nicht „lockere" (BGH 26.4.2022 – VIII ZR 355/20 Tz 7) oder Internet-„Freundschaften" (s Rojahn/Jerger NJW 2014, 1149), enge berufl oder wissenschaftl Zusammenarbeit (BGHReport 2005, 1350), nicht schon bloße Mitautorenschaft an jur Kommentar (BGH MDR 2019, 50 Tz 6), anders uU bei Beteiligung an FS (BGH MDR 2019, 50 Tz 4, 5), Mitwirkung (Teilnahme) an wissenschaftl Veranstaltung im Verhältnis zum Veranstalter (BGH NJW-RR 2022, 1222 = MDR 2022, 1235; dazu allg Rn 33), (Gefahr) wirtschaftl Abhängigkeit (zB bei ehrenamtl Richter; OLG Düsseldorf BB 2014, 1985 zu SV), uU Mitgliedschaft im gleichen Verein/Club (OLG Frankfurt NJW-RR 98, 1764, abl bei gemeinsamen Rotary-Club, dagegen ThP/Hüßtege Rn 10; OLG Hamm NJW-RR 2012, 1209, 1210 = MDR 2012, 933, 934, abl bei Heimatschutz- und Schützenverein); uU früheres Anstellungs-(Beschäftigungs-)verhältnis des Richters bei einer Partei, zB als angestellter RA (OLG München NJW 2014, 3042 = MDR 2014, 857; zur Anstellung beim ProzBev einer Partei s Rn 13; sa § 406 Rn 8; ferner § 20 I Nr 5 VwVfG; § 16 I Nr 5 SGB X); uU bestehende Geschäftsbeziehungen des ehrenamtl Richters (OLG Hamm NJW-RR 2024, 1389 = MDR 2025, 194), Mietverhältnis (vgl OLG Frankfurt NJW 2008, 1325, 1326; offen OLG Brandenburg MDR 2016, 1045); enge persönl Bekanntschaft (OLG Brandenburg MDR 2016, 1045), nicht frühere (LG Bonn NJW 66, 160 [Rasehorn NJW 66, 666]), nicht früherer (inzw abgeschlossener) Streit (BGH MDR 2015, 50), nicht Sympathie oder Antipathie (BVerfGE 73, 339), nicht ohne Weiteres das bloße Kollegialitätsverhältnis zwischen Richter und einem Verfahrensbeteiligten (s aber Rn 12a). Das Lehrauftragsverhältnis eines Richters begründet keine Besorgnis der Befangenheit im Prozess der betr Hochschule (OVG Münster NJW 75, 2119); dgl sind bloß allg geschäftl/berufl Beziehungen und Kontakte des Richters zu einer Partei kein Befangenheitsgrund (BGH NJW-RR 2013, 1211 Tz 8; OLG Brandenburg MDR 2009, 288 [für SV]); *anders* aber bei bes Intensität (bedenkl OLG Zweibrücken NJW-RR 98, 857) oder bei bes Vertrauensbeziehung. Bsp: Familiäre Verbundenheit (BGH 26.4.2022 – VIII ZR 355/20); Wettbewerbsverhältnis zwischen ehrenamtl Richter und einer Partei (OLG Brandenburg NJOZ 2014, 1027); Patientenverhältnis des Richters zum Bekl im Arzthaftungsprozess (OLG Bremen NJW-RR 2012, 637; OLG Koblenz MDR 2012, 428). Die Nichtoffenlegung des Näheverhältnisses kommt als selbständiger Ablehnungsgrund in Frage (OLG München NJW 2014, 3042, 3043 = MDR 2014, 857; sa Rn 24; § 48 Rn 11).

b) Dienstl Beziehungen. Bei Bestehen eines **Kollegialitätsverhältnisses** (s Rn 12) müssen für einen Befangen- 12a
heitsgrund darüber hinausgehende engere berufl oder private Beziehungen des Richters zu seinem Kollegen, der Partei, hinzutreten (BVerfG NJW 2004, 3550; BGH MDR 2019, 50); die gemeinsame Zugehörigkeit zum gleichen (größeren) Gericht genügt nicht (BGHZ 226, 350 Tz 19 = NJW 2021, 385; BGH NJW-RR 2022, 284 Tz 16; sa § 44 Rn 2, 15; § 46 Rn 2), wohl aber die (gegenwärtige) Zugehörigkeit zum gleichen Spruchkörper (BGH 8.1.2020 – III ZR 160/19 Tz 7; OLG Zweibrücken MDR 2014, 1171; OLG Brandenburg NJW-RR 2020, 635 Tz 12) oder zum gleichen kleineren Gericht (BVerfG NJW 2004, 3550; BGH ZZP 71 (1958), 447 = NJW 57, 1400 (LS); LAG Niedersachsen 6.8.2024 – 9 TaBVHa 41/24, juris; WSch/Gerken Rn 33) oder bei enger berufl Zusammenarbeit (BGH NJW-RR 2022, 284 Tz 16 = MDR 2022, 387), zB als „Ausbildungsrichter", die Parteistellung des Präsidenten (Vizepräsidenten) des Gerichts genügt nicht (BGH NJW-RR 2022, 284 Tz 16). Mit endgültiger Beendigung des Kollegialitätsverhältnisses entfällt idR auch der Ablehnungsgrund (BGH MDR 2021, 1285), kann aber uU fortbestehen zB bei „berufl Seitenwechsel" (idR zu verneinen: BVerwG JZ 2018, 730 Tz 17; näher s Rn 13); ist ein Handelsrichter Partei, persönl haftender Gesellschafter oder Geschäftsführer einer Partei, können sämtl Richter seiner KfH (auch die Handelsrichter) abgelehnt werden (OLG Karlsruhe MDR 2006, 1185; OLG Zweibrücken NJW-RR 2013, 383 = MDR 2013, 365; OLG Brandenburg NJW-RR 2020, 635 Tz 12 mN; Peters FS Lüke, 1997, S 608; MK/Stackmann Rn 17; aA OLG Schleswig MDR 88, 236), ebenso die Richter des Notarsenats des BGH, wenn der notarielle Beisitzer Partei ist (BGH 8.1.2020 – III ZR 160/19), desgl bei einem ehrenamtl Richter am ArbG als Partei der Vors seiner Kammer (ArbG Freiburg 17.12.2002 – 5 Ca 625/02, anders bei verhältnismäßig großer Zahl von ehrenamtl Richtern LAG Schleswig-Holstein LAGE § 49 ArbGG Nr 10). Es genügt, wenn das Kollegialitätsverhältnis nicht zur ProzPartei, sondern zu deren Ehegatten besteht (OLG Zweibrücken MDR 2014, 1171). **Kein Fall** der Kollegialität iS dieser Rn liegt vor, wenn bei Ausscheiden des VorsRichters wegen Vorbefassung (zB gem § 41 Nr 6; sa Rn 17) die übrigen Mitglieder des Spruchkörpers die Entscheidung ohne ihren Vorsitzenden treffen (OLG Karlsruhe NJW-RR 2020, 636 Tz 19) oder wenn die Mitglieder des Notarsenats über Anfechtung eines Bescheids des „eignen" OLG-Präsidenten entscheiden (BGH MDR 2020, 1535; BGH MDR 2022, 591 Tz 11). **Weitere Besonderheiten:** In Prozessen gegen ihren **Dienstherrn** (Justizfiskus usw, s Rn 11) schließt die richterliche Unabhängigkeit (Art 97 GG) eine Ablehnung aus (BGHZ 226, 350 Tz 37 = NJW 2021, 385; BGH NJW-RR 2022, 284 Tz 17); ablehnbar sind daher nur **Proberichter** (ebenso LG Berlin NJW 56, 1402, sehr str; aA KG MDR 95, 1164; offen BGH NJW-RR 2010, 493); Grund: „Es kann nicht ausgeschlossen werden, dass nicht planmäßige Richter sich bei ihren Entscheidungen von dem Gedanken an die Zustimmung der vorgesetzten Dienststelle beeinflussen lassen" (so BGH NJW 95, 2792 zu § 29 DRiG); das rechtfertigt aber nach der maßgebl Sicht der Partei (s Rn 9) die Befangenheitsbesorgnis (zutr LG Berlin NJW 56, 1402); dies trifft aber auf zur **Erprobung** abgeordnete Richter in Amtshaftungsprozes-

sen gegen den Dienstherrn nicht zu (BGH NJW-RR 2010, 493; WSch/Gerken Rn 35). Ablehnbar ist aber der **Richter auf Zeit** (§ 17 Nr 3, § 18 VwGO) im Prozess seiner Stammbehörde (BVerfG NJW 2018, 1935 Tz 109). **Abgrenzung:** Auch ein bestehendes **Dienstaufsichtsverhältnis** zu einer Partei als solches bildet idR keinen Ablehnungsgrund (BayObLG MDR 88, 970: nur bei Hinzutreten bes Umstände). Das Gleiche gilt für die Einnahme eines – von der bekannten Rechtsansicht des Dienstvorgesetzten – abweichenden Rechtsstandpunkts (Bsp: BGHZ 226, 350 Tz 37 = NJW 2021, 385: Schreiben von OLG-Präsident zu Dieselverf; sa Rn 34).

13 **c) Nahe persönl oder geschäftl Verhältnisse (Beziehungen) zum Prozessvertreter oder leitenden Mitarbeiter einer Partei**, zB nahe Verwandt- oder Schwägerschaft (KG NJW-RR 2000, 1164 = MDR 99, 1018; OLG Frankfurt NJW 2024, 3382), Ehe oder nichteheliche Lebensgemeinschaft mit Einzel-RA als ProzBev (OLGR Jena 2000, 77; OLGR Rostock 2005, 35) oder mit einem Mitglied der als ProzBev auftretenden RA-Sozietät iSv vor § 78 Rn 7 (BGH NJW 2012, 1890 = MDR 2012, 730; Ellbogen/Schneider JR 2012, 190); Hilfe: allg Mitwirkungsausschluss des Richters gem § 21g II GVG bei Beteiligung von RA-Sozietät mit Naheperson (so BGH NJW 2011, 1358 Tz 5) oder mit dem Justiziar einer Partei (BGHZ 181, 29 Tz 38); ferner Verlöbnis oder nichteheliche Lebensgemeinschaft (OLG Bremen MDR 2008, 283: Lebensgefährte von Tochter des ProzBev); zeitnahes früheres Anstellungsverhältnis des Richters in der RA-Kanzlei des ProzBev (OLG München NJW 2014, 1042, 1043 = MDR 2014, 857; OLG Brandenburg MDR 2024, 734 = NJW-RR 2024, 741; OLG Frankfurt NJW 2024, 3382; sa Rn 17 aE), uU Zugehörigkeit des ehrenamtl Richters/RA zur insgesamt mandatierten Kanzlei des ProzBev (abw VerfGH BW NJW 2023, 205 Tz 19; s § 41 Rn 8), Tätigkeit der Näheperson des Richters (Ehegatte, naher Verwandter) als RA in der Kanzlei des ProzBev (BGH NJW 2012, 1890 Tz 9 ff; OLG Celle MDR 2023, 660) oder – uU auch – als Sekretärin (BGH NJW-RR 2019, 516 = MDR 2018, 1522 Tz 17; zust Alpes MDR 2019, 83); bestehendes Mandatsverhältnis des Richters (oder seines Ehegatten) zum ProzBev einer Partei (KG NJW-RR 2014, 572 = MDR 2014, 367; OLG Köln NJW-RR 2019, 885; einschr OLG Düsseldorf NJW-RR 2018, 448; aA KG NJW-RR 2019, 256; OLG Karlsruhe MDR 2025, 59), bei berufl Seitenwechsel m Auftreten des ausgeschiedenen Richters als ProzBev vor „seinem" Senat (idR unerheblich, s BFH NJW 2019, 112; uU Untersagung des Auftretens für Übergangszeit, dazu BVerwG JZ 2018, 730 Tz 13 ff, **nicht** schon Freundschaft (KGR Berlin 2006, 545), Feindschaft, enge berufl oder wissenschaftl Zusammenarbeit (OLGR Frankfurt 2008, 739 [zu § 1036 II]; einschr OLG Hamburg MDR 2003, 287), nicht persönl Bekanntschaft (OLG Hamburg MDR 2003, 287), nicht gemeinsame sportl Betätigung im gleichen Verein (BFH NJW 2019, 112), nicht bloßes Duzverhältnis (BGH MDR 2007, 669, 670; anders bei Vertrauensverhältnis: BGH MDR 2018, 1522 Tz 19). Nichtoffenlegung des Näheverhältnisses als Ablehnungsgrund: wie Rn 12 aE; sa Rn 24. – Starke **persönl Spannungen** zwischen dem Richter und dem ProzBev können uU einen Ablehnungsgrund bilden, wenn die abl Einstellung des Richters in dem Verf selbst in Erscheinung getreten ist (BayObLGZ 74, 446 = NJW 75, 699; OLG Karlsruhe NJW-RR 87, 127; OLG Köln NJW-RR 88, 694; OLG Nürnberg OLGZ 94, 210; OLG Celle AnwBl 97, 295; OLG Jena BauR 2004, 1815); Entspr gilt für den InsVerwalter (BVerfG ZIP 88, 174; OLG Zweibrücken Rpfleger 2000, 265); jedoch genügen (sachl) Differenzen zwischen Richter und Anwalt über die Korrektheit des Verhaltens des ProzBev (zB sein Auftreten – gerade – als ehem Richter: OLG Nürnberg MDR 2009, 588) oder Fragen richterl Prozessleitung und Sitzungspolizei im Allg **nicht** (OLG Karlsruhe NJW-RR 87, 127 mwN; OLG Braunschweig NJW 95, 2113; KGR Berlin 2001, 236; abzulehnen LG Kassel AnwBl 86, 104; sa Rn 22, 22a, 23). Bsp: Verhandlungsausschluss von nicht in Berufstracht auftretendem RA (OLG Braunschweig NJW 95, 2113). **Abgrenzung:** Ist die Partei eine jur Person, genügt ein Näheverhältnis zu einem Mitarbeiter, der ein bes Interesse am Verfahrensausgang haben kann (zB Leiter der Rechtsabteilung, BGH 26.4.2022 – VIII ZR 355/20 Tz 9). In den Dieselfällen genügt die leitende Stellung des Ehegatten des Richters beim bekl Hersteller (OLG Braunschweig NJW-RR 2021, 1440).

13a **d) Nahe persönliche Verhältnisse (Beziehungen) zwischen als Rechtspflegeorgane an ders Sache beteiligten Richtern.** Die instanzüberschreitende Richterehe begründet einen Ablehnungsgrund. Der vertypte Ablehnungsgrund des § 41 Nr 6 sichert die personelle „Distanz" im Instanzenzug; in der Würdigung der Mitwirkung des Ehegatten des Rechtsmittelrichters an der angefochtenen Entscheidung liegt daher keine unzulässige Ausdehnung (ebenso Feiber NJW 2004, 650; Vollkommer EWiR 2004, 206). Dies entspricht der neueren Rspr des BGH (BGH MDR 2023, 591 = NJW-RR 2023, 431; BGH NJW-RR 2020, 633 Tz 13 = MDR 2020, 625). Die gegenteiligen früheren Entscheidungen (BGH NJW 2004, 163 = MDR 2004, 288; BGH NJW 2008, 1672; BGH MDR 2016, 49 [abl Vollkommer]) sind wohl überholt. Entspr gilt bei sonstigen ablehnungsrechtl erhebl Näheverhältnissen (Verlöbnis, nichteheliche Lebensgemeinschaft [OVG Bremen NJW 2015, 2828]) nicht aber nach Richterwechsel in der Instanz. Bsp: Bruder des abgelehnten Richters als Kontrollrichter im Ablehnungsverf (s § 41 Rn 7). Der GVP darf Richter-Ehegatten aber nicht dem gleichen Spruchkörper zuweisen (s Rn 34).

14 **4) Interessenwahrnehmung für eine Partei.** Das dem Gesellschaftswohl verpflichtete Aufsichtsratsmitglied ist als Handelsrichter im Gesellschaftsprozess fehl am Platz (OLG Frankfurt NJW-RR 2018, 1404 Tz 7). Die einseitige Erteilung von **Rat und Empfehlung außerhalb des Verf** ist Parteinahme zugunsten einer Partei und unvereinbar mit Neutralität und Distanz (vgl BayObLG WuM 97, 69; OLG Nürnberg MDR 2016, 113), ebenso vorprozessuale Rechtsauskunft (BezG Rostock LAGE § 49 ArbGG Nr 5; E. Schneider gegen LAG Sachsen MDR 2001, 516; *nicht* aber, wenn sie an alle betroffenen Beteiligten erfolgt ist: BayObLG NJW-RR 2000, 748), Privatgutachten durch den Richter (BVerfGE 88, 4; vgl auch Wertung aus § 41 DRiG) oder Vertretung einer Partei in

anderer Sache (vgl BVerfG NJW 97, 1500), zB in Parallelverf (BAG NJW 2013, 1180 Tz 20; sa § 41 Rn 8). Abgrenzung: **Richterliche Hinweise** im Rahmen der Prozessleitung (Rn 25), insb im einseitigen Eilverf: Rn 26.

5) Vorbefassung; Grundsatz. Lit: Sauer, Befangenheit wegen Vorbefassung im Strafprozess, NJW 2024, 931. 15
Die Mitwirkung des Richters an einem früheren Verf, auch über den gleichen Sachverhalt, das zu einer der Partei ungünstigen Entscheidung geführt hat, genügt regelmäßig nicht als Ablehnungsgrund (BGH MDR 2012, 363; BGH NJW-RR 2015, 444 Tz 10; BGH NJW-RR 2017, 189 Tz 8; meist sogar Fall des § 44 Rn 13; sa § 41 Nr 6 u § 41 Rn 11). Es ist iE zwischen prozessrechtl typischer und prozessrechtl atypischer Vorbefassung zu unterscheiden (BGH NJW-RR 2003, 479 f; BGH MDR 2012, 363; OLG Frankfurt MDR 2024, 1067; abl MK/Stackmann Rn 22; OLG Naumburg MDR 99, 824, 825; zweifelnd Schnabl, Die Anhörungsrüge, 2007, S 236). Einen **Ausschließungsgrund** bilden die Mitwirkung an einem *„vorangegangenem Verwaltungsverf"* ohne richterl Unabhängigkeit (§ 54 II VwGO; § 51 II FGO; § 60 II SGG), an einem *Ermittlungsverfahren* als StA im Strafprozess (§ 22 Nr 4 StPO) sowie die Tätigkeit als *Güterichter* (§ 278 V; § 41 Rn 13).

a) Prozessrechtl typische Vorbefassung. Die typische Vorbefassung rechtfertigt die Ablehnung nicht, außer 16
der abgelehnte Richter hat im Vorprozess nicht erforderliche Feststellungen und Wertungen zum Nachteil der Partei getroffen (OLG Oldenburg [StS] NJW 2022, 2631) oder wenn sonst bes Umstände darauf hindeuten, dass der Richter nicht bereit ist, seine frühere Beurteilung ergebnisoffen zu überprüfen (sa Rn 23 ff). So bei Mitwirkung des Richters an einem vorangegangenen VU (OLG Frankfurt MDR 2024, 1067; BGH 27.3.2025 – I ZB 40/24; sa § 41 Rn 11), im PKH- und Klageverf (EGMR NJW 2012, 3019; s Rn 15); im Arrest-(Verfügungs-)Erlass-, Widerspruchs- (OLG Rostock NJW-RR 99, 1445) und Hauptsacheverf (OLG Saarbrücken OLGZ 76, 473 mwN; OLG Saarbrücken NJW-RR 94, 765); im Urkunden- und Nachverf (Schmid NJW 74, 730); im Grund- und Betragsverf (§ 304); im Ausgangs-, Gegenvorstellungs- und Anhörungsrügeverf gem § 321a; an der Einstellung der ZwV oder anderen Entscheidungen im Vollstreckungsverf und in der Hauptsache (OLG Frankfurt Rpfleger 80, 300); an der Entscheidung über die Nichterhebung von Kosten wegen unrichtiger Sachbehandlung gem § 21 GVG und in der Hauptsache (BGHReport 2009, 844); bei Entscheidung nach Aufhebung und Zurückverweisung an denselben Spruchkörper gem **§ 563 I 1** (allgM; anders nur bei Hinzutreten bes Umstände, vgl BGH [StS] NJW 2005, 3436, 3438 mN; zur Zurückverweisung gem § 563 I 2 s Rn 17); bei Mitwirkung im früheren Verf und im Verf auf Vollstreckungsgegenklage und Abänderungsklage (Schmid NJW 74, 730); bei Mitwirkung am im späteren Verf angegriffenen ProzVergleich, es sei denn, es liegen wegen des Inhalts (BayVerfGH FamRZ 2011, 655) oder wegen der Art und Weise seines Abschlusses (ähnlich wie in den Fällen der Rn 18) bes Umstände vor (wohl aA OLG München MDR 2019, 889); im Vor- und Anwaltsvergütungsprozess (LG Köln NJW-RR 2022, 1290), im Vor- und im Regressprozess (BGH NJW-RR 2015, 444 Tz 10 ff; OLG Düsseldorf NJW-RR 98, 1763; aA LG Darmstadt NJW-RR 99, 289; Baur FS Larenz, 1973, S 1073; Stemmler NJW 74, 1546; Mäsch JZ 2015, 579); im Räumungsprozess gegen den Mieter und dem gegen den Untermieter (KGR Berlin 2008, 712); Mitwirkung im Patentverletzungsprozess und Nichtigkeitsberufungsverf (BGH NJW-RR 86, 738 = MDR 86, 670; BGHReport 2003, 353); Mitwirkung in „großen" und „erkennenden" Spruchkörper (§ 138 GVG); zur Mitwirkung im *Vor- und Wiederaufnahmeprozess* s Rn 18.

b) Prozessrechtl atypische Vorbefassung. Diese kann ein Ablehnungsrecht gegen den entscheidenden Richter 17
auch ohne Hinzutreten bes Umstände rechtfertigen. So bei Versetzung des in 1. Instanz in der Sache tätigen Richters an Berufungsgericht und den (später) mit der Entscheidung über die Berufung befassten Spruchkörper, auch wenn ein Fall des § 41 Nr 6 (Mitwirkung am angefochtenen Urteil) nicht vorliegt (offen lassend OLG Karlsruhe FamRZ 92, 1194 mN; aA BGH NJW-RR 2012, 1341: nur bei bes Umständen); bei Ausscheiden des Vors wegen § 41 Nr 6 sind die erkennenden Mitglieder des Spruchkörpers nicht ablehnbar (OLG Karlsruhe NJW-RR 2020, 636; sa Rn 12a, § 41 Rn 10); die Rückkehr des Rechtsmittelrichters zum Tatsachengericht (aA OLG Naumburg MDR 99, 824 mwN; sa § 41 Rn 11); Wechsel des am aufgehobenen Berufungsurteil mitwirkenden Richters in den „anderen Spruchkörper" im Fall des **§ 563 I 2** (Waldmann ZRP 2005, 220 für StPO, unterscheidend BGHSt 24, 336); die frühere Befassung des Zivilrichters mit dem gleichen Sachverhalt als ermittelnder StA (KGR Berlin 2007, 410; MK/Stackmann Rn 23) oder als Anklagevertreter (BGH NJW 67, 155, 156; LG Würzburg MDR 85, 850; OLG Nürnberg MDR 63, 602), anders bei untergeordneter formeller Mitwirkung an einzelnen Durchsuchungshandlungen (OLG München 7.12.2021 – 35 U 6569/21; OLG München 28.7.2022 – 19 W 1010/22: Audi-Dieselskandal), als Strafrichter (OLG Koblenz NJW 67, 2213; einschr OLG Hamm NJW 70, 568; aA MK/Stackmann Rn 22; WSch/Gerken Rn 28; OLG Zweibrücken Rpfleger 2000, 236: Ermittlungsrichter; OLGR Bamberg 2007, 630) oder in anderer berufl oder dienstl Eigenschaft, zB als RA, auch als wissenschaftlicher Mitarbeiter oder Referendar in der Kanzlei des ProzBev (BGH NJW-RR 2022, 209 Tz 13 = MDR 2022, 18; OLG Brandenburg NJW-RR 2024, 741 Tz 11), Behördenvertreter (sa § 54 II VwGO), Vertretungsorgan und dergl (BGH NJW 2021, 2368 Tz 10), sog nicht richterliche Vorbefassung (MK/Stackmann Rn 23, str; aA BGH NJW-RR 2017, 187 Tz 13 = MDR 2017, 229). Hierher gehört auch der „in eigener Sache" als Partei „vorbefasste" Richter (zB Parteistellung in – früherer – Parallelsache; vgl LG Aachen MDR 63, 602 [Teplitzky]; sa Rn 19).

c) Mitwirkung in Vorprozess und Wiederaufnahmeverfahren. Da eine dem § 23 II StPO entspr Vorschrift im 18
Zivilprozess fehlt, stellt die bloße Mitwirkung an der im Wiederaufnahmeverf angefochtenen Entscheidung für sich allein keinen Ablehnungsgrund dar (BVerwG NVwZ 2022, 884 Tz 23, hM, str; **aA** OLG Düsseldorf NJW

71, 1221; Stemmler NJW 74, 1545; offen geblieben in BGH NJW 81, 1273, 1274 = MDR 81, 481; Sauer NJW 2024, 931; BVerfG NJW 2024, 956 zu § 24 II, § 359 Nr 6 StPO; sa § 41 Rn 11). Je nach der Eigenart des vorgebrachten Restitutions-(Wiederaufnahme-)Grundes kann aber Besorgnis der Befangenheit vorliegen, so etwa bei Geltendmachung pflichtwidrigen Verhaltens des Richters (OLG Zweibrücken OLGZ 74, 293; Peters FS Lüke, 1997, S 610 unter Hinw auf § 580 Nr 5 und Nr 8, § 579 I Nr 4, Art 103 I GG, Art 6 EMRK iVm § 359 Nr 6 StPO) oder erfolgreicher Ablehnung im Erstverf (LAG München AuR 2010, 341). Bei der **Anhörungsrüge** (s § 321a Rn 14, 16) uU bei bewusster (rechtsirriger) Gehörsverkürzung (ähnl Schnabl aaO [s Rn 15] S 240, 242 ff).

19 **6) Parallelbefassung. a) Übergreifender Ablehnungsgrund.** Inwieweit ein in einem Verf gegebener Ablehnungsgrund auch auf andere fortwirkt, ist Frage des Einzelfalls und hängt vom konkreten Ablehnungsgrund ab (BGH MDR 2021, 1296; OLG Brandenburg MDR 2017, 1323; LG Stuttgart MDR 2019, 1087; sa § 41 Rn 8). War die erfolgreiche Ablehnung auf Voreingenommenheit gegen die Person des Ablehnenden gestützt, greift der Ablehnungsgrund auch in den anderen Verf durch (OLG Nürnberg MDR 65, 667; OLG Brandenburg MDR 2000, 47; OLG Brandenburg MDR 2017, 2323); andererseits begründet die Selbstablehnung (§ 48) des Richters in einem früheren Verf als solche nicht schon einen Befangenheitsgrund für ein späteres Verf zwischen den gleichen Parteien mit anderem Verfahrensgegenstand (OLG Frankfurt FamRZ 86, 291). Im Verf mit Streitgenossen wirkt die erfolgreiche Ablehnung eines Streitgenossen verfahrensübergreifend (s § 61 Rn 6); in selbständigen Parallelsachen kommen bei entspr Beziehung zum Streitgegenstand verfahrensübergreifende Ablehnungsgründe in Frage (Vollkommer EWiR 2003, 42), aus der Mitwirkung des Richters in dem Parallelverf, zB als Vertreter einer Partei, kann ein Ablehnungsgrund für das Folgeverf hergeleitet werden (BAG NJW 2013, 1180 Tz 20; sa § 41 Rn 8). Bsp zu § 24 II StPO: Aufspaltung eines einheitl Tatkomplexes in mehrere (nacheinander geführte) Verf mit gleichem Richter (s Sauer NJW 2024, 931 zu EMRK). Der in einem anderen Verf abgelehnte Richter darf bei identischen Ablehnungsgründen auch nicht gem § 45 an der Entscheidung über einen gegen einen anderen Richter gerichteten Ablehnungsantrag mitwirken (vgl BGH [StS] NStZ 2012, 45). **b) Richterübergreifende Ablehnung.** Diese ist unzulässig. Bei identischen („übergreifenden") Ablehnungsgründen ist ggf jedes Mitglied des Spruchkörpers oder Gerichts (§ 44 Rn 2; § 46 Rn 2) ablehnbar; insoweit ist ausnahmsweise eine pauschale Ablehnung zulässig (BAG NJW 2021, 385 Tz 19; sa § 44 Rn 15).

20 **7) Verstöße gegen das Sachlichkeitsgebot.** Der Richter ist zu unvoreingenommener und neutraler Amtsführung verpflichtet; dies verlangt auch **strenge Sachlichkeit** und Wahrung des gleichen **„Abstands"** zu den Parteien. Als Ablehnungsgründe kommen daher Verstöße gegen **die gebotene Objektivität, Neutralität und Distanz**, das Gleichbehandlungs- und Fairnessgebot sowie alle Fälle **unsachl**, auf **Voreingenommenheit oder Willkür** hindeutenden Verhaltens des Richters im laufenden Verf in Frage (iE s Rn 21-23); bes Bedeutung kommt dabei Verfahrensmängeln zu (Rn 24-25).

21 **a) Verstoß gegen die prozessuale Waffengleichheit; Gleichbehandlungsgebot.** Verstöße gegen diese grundlegenden Richteramtspflichten können den Verdacht der Befangenheit begründen. **Bsp:** Ungleichbehandlung der Parteien durch „einseitige" Verhandlung (s vor § 916 Rn 1a, 1e, 5a; § 937 Rn 7), durch „einseitige" Protokollierung (OLG Köln NJW-RR 99, 288), „einseitige" Information (dazu BVerfG NJW 2018, 3631 Tz 24), „einseitige" u pauschale Bezugnahme auf die Argumentation einer Partei in den Entscheidungsgründen (OLG Schleswig MDR 2007, 423) oder bei der Berücksichtigung von Terminswünschen (vgl OLG Brandenburg NJW-RR 99, 1291); Nichtrüge beleidigender Äußerungen des Bekl ggü dem Kl, aber Verhängung einer Ordnungsstrafe gegen den darauf beleidigend widerredenden Kl; Nichtentscheidung über den PKH-Antrag der einen Partei nach PKH-Bewilligung für die andere (s OLG Karlsruhe FamRZ 99, 445). Beachte: Bei Verletzung von Verfahrensgrundrechten und groben Verfahrensverstößen kommt es auf eine Ungleichbehandlung der Parteien nicht an. „Befangen ist nicht nur der Richter, der eine Partei zum Nachteil der anderen begünstigen will, sondern auch der Richter, der … einer Partei nicht das zukommen lassen will, was das Recht – und sei es auch ‚nur' das Verfahrensrecht – ihr zugesteht" (KGR Berlin 2001, 266, 268; sa die Rspr-Bsp Rn 23, 24).

22 **b) Unsachlichkeit und unangemessenes Verhalten. Negative Einstellung ggü einer Partei, Bevorzugung der anderen. Bsp:** Versehen der Schriftsätze einer Partei mit unsachl Randbemerkungen (OLG Koblenz NJW 59, 906); kränkendes Verhalten ggü einer Partei oder ihrem ProzBev, zB durch **unsachl Äußerungen** in der mündl Verh (BGH [StS] NJW 76, 1462; OLG Hamburg MDR 89, 71; OLG Köln NJW-RR 2013, 382), durch negative oder maßregelnde Formulierungen im Sitzungsprotokoll (OLG Celle MDR 88, 970), in den schriftl Entscheidungsgründen (vgl OLG Frankfurt MDR 79, 940; Berglar ZRP 84, 7), in der dienstlichen Stellungnahme gem § 44 III (OLG Stuttgart NJOZ 2024, 1374) oder in vorbereitenden internen Aufzeichnungen (OLG Frankfurt NJW 2007, 928); unverhältnismäßige Reaktion auf sachl vertretbare Ausführungen (OLG Stuttgart NJW-RR 95, 300); schroffer und ungehöriger Ton im Schriftverkehr (LG Bayreuth NJW-RR 86, 678: Eingabe gehöre in den „Papier-Abfalleimer"); Bezeichnung des Sachvortrages des ProzBev als „Unsinn" (OLG Stuttgart NJW-RR 2017, 1088) oder „Quatsch" (BGH [St] NJW 2018, 2578; OLG München NJW-RR 2010, 274); dgl Bezeichnung der Verhandlungsführung des ProzBev als „Geldverbrennen" des Mandanten (OLG Köln NJW-RR 2013, 382), als „Mätzchen" (OLGR Jena 2003, 147) *oder als „Kinkerlitzchen"* (OLG Hamburg NJW 92, 2036; abw bei „Brimborium"*: LSG Niedersachsen* DRiZ 2008, 90), wie allg **abwertende, abfällige, höhnische, ironische, kränkende oder beleidigende Wortwahl** (OLG Hamburg NJW 92, 2036; OLG Stuttgart MDR 2003, 50; OLG Frankfurt

NJW-RR 95, 890; OLG Brandenburg FamRZ 95, 1498; OLG Saarbrücken MDR 2005, 473; OLG Köln NJW-RR 2013, 382; verneinend OLG Saarbrücken NJW-RR 2009, 287; OLG Stuttgart NJOZ 2024, 1374), ungehöriger „Humor" (E. Schneider NJW 2000, 708 gegen OLG München NJW 2000, 748: Terminierung auf Faschingsbeginn) oder unangebracht **bissige Ironie**, giftiger **Zynismus** oder offen gezeigte **„Häme"** ggü der Partei oder dem Anwalt (OLG München Rpfleger 2018, 530, 532), den Parteivortrag lächerlich machende mehrfache Ironie (BVerfG 3.3.2025 – 1 BvR 750/23; 1 BvR 763/23, NJW 2025, 1939 Tz 106 f), ins Lächerliche ziehender **Spott** (KG NJW 2009, 96), verbale Entgleisungen (OLG Hamm MDR 2011, 1443) oder sonst **unangemessene Ausdrucksweise** (BGH MDR 2007, 669, 670), grob abwertende, rassistische Äußerungen in **sozialen Medien**, die den Schluss erlauben, dass sich der Richter (zB wegen der Herkunft einer Partei) von sachfremden Faktoren leiten lässt (SchwBG 4A 318/2020 zu einem Schiedsrichter), aber **nicht** schon salopper Tonfall (OLGR Brandenburg 2008, 755), flapsige Wendungen (OLGR Köln 2008, 535), derbe Redensarten (OLG Stuttgart NJW-RR 2012, 960 = MDR 2012, 732) oder auch drastische Formulierungen (OLG Naumburg MDR 2007, 794), ferner **nicht** notwendig schon die Würdigung des Verhaltens einer Partei als „tricky" (OLG Düsseldorf AnwBl 99, 236), ihrer Argumentation als „rabulistisch" (OLG Frankfurt NJW 2004, 621), ihres Vortrags als „wischiwaschi" (OLG München NJW-RR 2010, 274) oder die (nicht offenkundig abwertende) Hervorhebung von Parteivorbringen durch „..." (OLG Stuttgart MDR 2003, 50), die Kennzeichnung des Parteivertreters als „prozessunfähiger Psychopath" (vgl BGHZ 77, 73; abl Günther ZZP 105 [1992], 44 Fn 160) oder der Höhe der Klageforderung als „utopisch" (OLG Brandenburg FamRZ 95, 1498); **nicht** der Erlass einer der Partei unerwünschten Beweisanordnung (körperl Untersuchung: OLG Köln VersR 80, 93); desgl nicht fachl Kritik an der Leistung einer Partei (LG Bochum MDR 93, 1237). In Fällen dieser Art kann uU von Bedeutung sein, ob sich der Richter für seine Wortwahl umgehend **entschuldigt** hat (OLG Köln NJW-RR 2013, 382 f; BGH [St] NJW 2018, 2578 Tz 14; Ghassemi-Tabar/Nober NJW 2013, 3688 m Fn 29). Umfangr Fallmaterial erörtern Schneider/Gronemann, Befangenheitsablehnung, 4. Aufl, § 5 Rn 161 ff.

Hierher gehört auch die Verletzung richterl Verhandlungsstils durch Kundgabe **negativer Stimmungen (Gereiztheit, Ungeduld, Unmutsäußerungen)**. Eine durch das Prozessgeschehen provozierte „Unmutsaufwallung" genügt uU nicht (zur Abgrenzung BGH [St] NJW 2018, 2578 Tz 13). **Bsp:** unangemessene Mimik und Gestik während des Parteivortrags (OVG Lüneburg DRiZ 74, 194 [krit Koch DRiZ 74, 293]); Erkennenlassen von Verärgerung über Sachvortrag (OLG Naumburg NJW-RR 2014, 1472); Aggressivität bei der Verhandlungsführung (OLG Brandenburg MDR 2000, 47); Gebrauch ungehöriger Sprache ggü Prozessbeteiligten (aA OLG Köln MDR 96, 1182 [zutr Kritik E. Schneider dort u NJW 97, 1832]); grundloses „Anbrüllen" einer Partei (anders nach Ungehörigkeit KGR Berlin 2000, 311; sa OLG Brandenburg 2.9.2024 – 9 WF 149/24, juris = BeckRS 2024, 25032); abwertende Kritik ggü der Prozessführung eines RA (OLG Hamburg NJW 92, 2036; **nicht** schon Kritik in barschem und lauten Ton oder in derber Form, vgl OLG Stuttgart MDR 2012, 732; sa Rn 13, 22); aufbrausende und übertriebene Reaktion auf ein Ablehnungsgesuch des ProzBev (LG Berlin NJW-RR 97, 315: „Das nehme ich persönl") oder der Partei (OLG Karlsruhe Justiz 93, 54: „Frechheit"; OLG Brandenburg MDR 2009, 288 für SV: „Lüge"), wohl aber **Kritik an der Ausübung des Ablehnungsrechts** (BVerfG 3.3.2025 – 1 BvR 750/23, 1 BvR 763/23 Tz 101, 124; OLG Köln NJW-RR 2013, 1152; OLG Stuttgart NJOZ 2024, 1374); weitere Bsp Schneider/Gronemann aaO [s Rn 22 aE] § 5 Rn 142 ff, 184 ff. 22a

c) Voreingenommenheit und Verdächtigung. Bsp: Sachfremde Fragestellung ggü Drogensüchtigem (LG Essen NJW-RR 2003, 1719); ungeprüftes Sichzueigenmachen von massiven Vorwürfen der anderen Partei (OLG Köln FamRZ 95, 888); Bezeichnung des Handelns des Bekl als offensichtl betrügerische Schiebung (OLG Naumburg OLG 25, 61), das des Kl als (versuchten) Prozessbetrug (OLG Frankfurt NJW-RR 97, 1084) oder Bezichtigung einer Partei einer Straftat (OLG Koblenz NJW-RR 2009, 1653, 1654 für SV); Erstattung (Ankündigung) von **Strafanzeige** wegen Prozessbetrugs oder Steuerdelikts oder – uU – **Aussetzung** wegen Verdachts einer Straftat gem § 149 und **Zuleitung der Akten an die Staatsanwaltschaft** auf einseitiges Parteivorbringen und ohne hinreichende Prüfung der Verdachtsmomente (OLG Oldenburg 16.2.2024 – 6 W 16/24, BeckRS 2024, 33348; KG Rpfleger 2018, 192; OLG Frankfurt MDR 86, 943 = NJW-RR 86, 1319; OLG Hamburg MDR 89, 1000; OLG Hamm FamRZ 92, 575; WSch/Gerken Rn 9; Zurückhaltung geboten: BVerfG NJW 2012, 3228); **anders** aber bei vorheriger Anhörung der Partei zum Tatverdacht (KG Rpfleger 2018, 192; Knoche MDR 2000, 373), bei sorgfältiger Prüfung und Abwägung aller Umstände (BVerfG NJW 2012, 3228) oder bei Anhörung beider Parteien ohne Verdächtigung einer bestimmten Partei (OLG Brandenburg MDR 97, 780 [m unzutr LS S 799]; ähnl Nierwetberg NJW 96, 435; Knoche MDR 2000, 375) und ohne Druckausübung; nicht schon genügt die Ankündigung einer Einschaltung der StA im Zusammenhang mit der Wahrheitsermahnung der Partei (OLG Zweibrücken FamRZ 93, 576), die Äußerung von Zweifeln an der Wahrheit von Tatsachenvorbringen (OLGR Hamm 1996, 47), an der Glaubwürdigkeit einer Partei (OLGR Bamberg 2001, 89), von Straftatverdacht schlechthin (vgl Knoche MDR 2000, 375) oder die bloße Informationseinziehung bei der StA (OLGR Saarbrücken 2008, 28 betr § 185; sa Rn 25). **Abgrenzung:** Nicht hierher gehören Strafanzeigen(-anträge), mit denen sich der angegriffene Richter zur Wehr setzt (s Rn 29), desgl nicht vorgeschriebene Mitteilungen über das Verf zB gem § 193 GVG oder an Berufsorganisation der Partei (OLG Brandenburg NJW-RR 2011, 710 betr MiZi). 22b

8) Verfahrensmängel und Willkür. a) Behinderung in der Ausübung der Parteirechte, willkürl Benachteiligung. Durch die Verfahrensweise des Richters wird die Mitwirkung der Partei an der Verfahrensgestaltung 23

und ihre Einflussnahme auf die Entscheidungsgrundlagen sachwidrig beschnitten. *Einseitige* Rechtsverkürzung genügt, eine Ungleichbehandlung ist insoweit nicht erforderl (verkannt von KGR Berlin 2005, 291; KG MDR 2005, 708; sa unten). **Bsp:** Weigerung, den schriftsätzl angekündigten Antrag einer Partei „anzunehmen" und ihn im Protokoll festzuhalten (OLG Köln OLGZ 71, 376; nicht schon im RA-Prozess die Weigerung zur Protokollierung von Parteivorbringen über § 160 III, IV hinaus, OLGR Naumburg 2005, 830, 833), wie überhaupt die mangelnde Bereitschaft, das Prozessvorbringen einer Partei vollständig zur Kenntnis zu nehmen und entspr zu würdigen (OLG Köln MDR 98, 432 [E. Schneider]; OLG Frankfurt NJW-RR 2008, 1080; zur Strukturierung s nunmehr § 139 I 3), zB durch unberechtigte Vorgaben zum Umfang von Schriftsätzen (OLG Frankfurt NJW-RR 2008, 1080); sachwidrige Auswahl von Beweismitteln durch unzulässig vorweggenommene Beweiswürdigung (OLGR Rostock 2001, 130); das geflissentl Übergehen des zu protokollierenden eigenen Ablehnungsantrags der Partei (OLG Köln NJW-RR 98, 857 = MDR 98, 797 [E. Schneider]; dazu auch OLGR Schleswig 2006, 67); die Nichtweiterleitung eines einen Antrag enthaltenden Schriftsatzes an die Gegenseite (OLG Hamburg NJW-RR 2018, 831 Tz 7), auch wegen unsachl, den Gegner kränkender oder beleidigender Formulierungen (LG Frankenthal FamRZ 77, 562, zweifelhaft; s dazu Günther ZZP 105 [1992], 36 sowie eingeh Walchshöfer MDR 75, 11); Wortentziehung ggü dem Anwalt, der bittet, die Zeugenaussage wörtl zu protokollieren (OLG Nürnberg AnwBl 62, 282); wiederholte Unterbrechung der Partei und Wortentzug, da ihr beabsichtigtes Vorbringen bereits bekannt sei (BVerwG NJW 80, 1972 f); Zurückweisung von berechtigten Fragen an Zeugen und SV (vgl KG OLGZ 94, 86 = MDR 93, 797); **Zeugenvernehmung** ohne die gebotene (vgl § 185 GVG) Zuziehung eines Dolmetschers (OLGR Celle 2002, 35); Parteianhörung unter **Ausschluss ihrer ProzBev** (OLG Brandenburg FamRZ 97, 428); Anhörung von SV bei Beratung eines Vergleichsvorschlags im Beratungszimmer unter **Ausschluss der Parteien** (vgl E. Schneider NJW 97, 1832 gegen OLG Stuttgart NJW-RR 96, 1469); Ablehnung (Übergehen) eines Antrags auf **Vertagung** oder **Terminsverlegung** bei *offensichtl Vorliegen* erhebl Gründe iSv **§ 227** (s § 227 Rn 6; BGH NJW 2006, 2492, 2494; OLG Köln MDR 2003, 170; OLG Köln MDR 2010, 283; OLG Oldenburg NJW-RR 2013, 959; OLG Saarbrücken NJW 2019, 1084; OLG Brandenburg NJW-RR 2019, 448; bejaht von OLG Rostock FamRZ 2022, 1543 = MDR 2022, 1047: Coronabedingte Isolation; OLG Zweibrücken NJW-RR 2020, 1325 = MDR 2020, 1274 [abl Alpes MDR 2020, 1306] bei COVID-Risikoperson; nicht aber allein wegen der COVID-19-Pandemie OLG Dresden MDR 2021, 577; Schneider/Gronemann aaO [s Rn 22 aE] § 5 Rn 361 ff; aA KG NJW 2006, 2787: nur bei „augenfälliger Ungleichbehandlung" – dann müsste aber jede Partei einen Vertagungsantrag stellen, s dazu oben), insb iVm Beeinträchtigung des rechtl Gehörs und sachwidriger Benachteiligung (OLG Hamm MDR 2010, 1282), **nicht** aber bei unberechtigten (OLG Köln NJW-RR 97, 828; OLG Köln MDR 2005, 1188; OLG Brandenburg NJW-RR 99, 1291; OLG Brandenburg FamRZ 2002, 1042; KG MDR 2022, 1239; Trautwein DRiZ 96, 22) oder gar *missbräuchl* Anträgen (OLG Frankfurt NJW 2009, 1007, 1009; OLG Jena MDR 2017, 967, dazu Schultzky MDR 2017, 985; OLG Hamm MDR 2019, 750); willkürl **Terminierung** zur Manipulation der Richterbank (vgl BVerfG DRiZ 2008, 56, 58; sa § 46 Rn 2); Erlass eines **VU** nach unangemessen kurzer Wartefrist trotz angekündigter Verspätung (OLGR Frankfurt 2004, 312: 15 Minuten ausreichend) oder bei Vorliegen der Voraussetzungen von § 335 I Nr 3 (vgl OLG Frankfurt FamRZ 93, 1468; ferner allg BayObLG NJW-RR 88, 191; BFH BB 92, 1992 – jew im Einzelfall verneinend); rücksichtsloses Übergehen eines berechtigten Terminwunsches von auswärtiger Partei (OLG Koblenz NJW-RR 92, 191 = MDR 91, 448); Hinwegsetzen über Einigung gem § 404 IV (LG Mönchengladbach NJW-RR 2004, 1003); Aufforderung zur Abgabe von Parteierklärungen in ultimativer Form (VGH Kassel NJW 83, 901); unangemessen kurze **Fristsetzung** für Beweisanträge (BVerfG NJW 2010, 2036); **Verweigerung der Akteneinsicht** (BayObLG NJW-RR 2001, 642; OLG Köln MDR 2001, 891; sa OLG Brandenburg FamRZ 2002, 621 [krit Vollkommer]), Zurückweisung der NZB trotz Nichtbescheidung wiederholter Anträge auf Akteneinsicht (BGH MDR 2021, 712: alle Mitglieder des Senats), wie überhaupt jede Verkürzung des **rechtl Gehörs** mit einigem Gewicht (OLG Hamm MDR 2013, 1425, 1426; OLG Hamburg NJW-RR 2018, 831 Tz 7; Einzelfälle: Schneider/Gronemann aaO [s Rn 22] § 3 Rn 111 ff), oder Beeinträchtigung der Entscheidungsfreiheit der Parteien durch **Druckausübung** (BVerfG 3.3.2025 – 1 BvR 750/23, 1 BvR 763/23, NJW 2025, 1939 Tz 84; krit Nissen MDR 2025, 897 Rn 6 ff; OLG Köln NJW-RR 2019, 697), wie Anordnung des persönl Erscheinens bei Nichtrücknahme der Klage (OLG Köln NJW-RR 97, 1083) oder Ausübung unangemessenen Drucks (zu Vergleich, Klagerücknahme) bis hin zur „widerrechtl Drohung" iSv § 123 BGB (Bsp: BAG NZA 2010, 1250 Tz 34 ff; OLG Köln NJW-RR 2019, 697 Tz 10); uU liegt bei VerfFortsetzung ein Fall der atypischen Vorbefassung vor, wenn der ProzVergleich wegen eines zuvor erteilten richterlichen Hinweises nach § 123 BGB angefochten wird (s Rn 16); **Einschüchterung** durch unberechtigte Androhung von Ordnungsmitteln (OLGR Hamm 2007, 736), willkürlich überhöhte Auslagen- oder Gebührenvorschüsse (OLG München NJW-RR 2013, 123; OLG München Rpfleger 2018, 530; LG Mönchengladbach MDR 2008, 529), Darstellung eines übertriebenen Prozesskostenrisikos, Inaussichtstellen von „Problemen" mit Rechtsschutzversicherung (OLG Köln NJW-RR 2019, 697 Tz 10), unangebrachte Wachtmeisterzuziehung (LG Dessau-Roßlau NJW-RR 2015, 1471; sa Rn 29) oder Unmutsäußerungen (OLG Naumburg NJW-RR 2014, 1472; OLG Köln NJW-RR 2019, 697); **Verfahrensgestaltung zum Abschneiden von Parteirechten** (OLG Köln OLGZ 71, 380) und Rechtsmitteln (vgl BVerwG NJW 98, 325; vgl auch BVerfG NJW 97, 649); eingeh mN Schneider/Gronemann aaO (s Rn 22) § 5 Rn 410 ff.

24 **b) Grobe Verfahrensverstöße, unsachgemäße Verfahrensleitung, Untätigkeit.** Das prozessuale Vorgehen des Richters entbehrt einer ausreichenden ges Grundlage und entfernt sich so sehr von dem normalerw geübten

Verf, dass sich für die dadurch betroffene Partei der Eindruck einer sachwidrigen auf Voreingenommenheit beruhenden Benachteiligung aufdrängt (OLG Hamm MDR 2013, 1425, 1426; KG NJW 2004, 2104; OLG Hamburg NJW-RR 2018, 831). Bsp: Erklärtes Desinteresse an der *Wahrheitsfindung* (BVerfG MDR 2013, 294); „telefonische Beteiligung" eines Säumigen an der mündl Verh (aA OLG Köln MDR 96, 1180 [abl E. Schneider]; OLG Köln NJW 97, 1832); Nichterlass eines nach der Prozesslage gebotenen VU (OLG München NJW-RR 2024, 677 = MDR 2024, 464); vorweggenommene Beweiswürdigung, wie Annahme der Unglaubwürdigkeit noch nicht vernommener Zeugen (vgl OLG Frankfurt NJW 2007, 928, 929 [Kroppenberg]); unzulängl oder unsachl Stellungnahme des Richters zu den zum Ablehnungsantrag führenden Vorgängen in der **dienstl Äußerung** gem § 44 (BVerfG 3.3.2025 – 1 BvR 750/23, 1 BvR 763/23, NJW 2025, 1939 Tz 101; OLG Stuttgart 22.9.2022 – 23 W 9/21 Tz 44-juris; OLG Frankfurt NJW-RR 98, 858; OLG Köln NJW-RR 86, 420; OLG München NJW-RR 2024, 677 Tz 38 (einschr) = MDR 2024, 464; E. Schneider MDR 98, 455 ff; MDR 2001, 516; Nissen MDR 2025, 897 Rn 19 ff; sa § 44 Rn 6, 9), allg Äußerung von Kritik an der Ausübung des Ablehnungsrechts (s Rn 22a; § 44 Rn 9; wiederholter (uU auch einmaliger, dann schwerwiegender nicht nur versehentlicher) **Verstoß gegen die Wartepflicht gem § 47** (BVerfG 3.3.2025 – 1 BvR 750/23, 1 BvR 763/23, NJW 2025, 1939 Tz 116; BGH NJW-RR 2016, 1406 Tz 19 = MDR 2016, 1403; OLG Karlsruhe NJW-RR 2022, 1001; Nissen MDR 2025, 897 Rn 12 ff; s § 47 Rn 11) oder vor Erlass eines **VU** (OLGR Rostock 2003, 195), **gegen die Offenbarungspflicht gem § 48, § 1036 I** (BGHZ 141, 95; BGH MDR 2019, 629 [zum SV im Schiedsverf]; OLG München NJW 2014, 3042, 3043; sa Rn 12 aE; § 48 Rn 11); **unzulässige** (vgl § 45 I, § 47; s § 44 Rn 19) **Selbstentscheidung** über den Ablehnungsantrag (BVerfG NJW 2007, 3771, 3773; OLG Dresden MDR 2010, 951; OLG Frankfurt NJW-RR 2012, 1271, 1276); zur Rechtskraft führende Urteilsverkündung vor rechtskräftiger Erledigung des Ablehnungsgesuchs (OLG Bremen OLGZ 92, 487; zu weitgehend OLG Köln NJW-RR 86, 420, das bereits Terminsanberaumung genügen lässt; offen OLG Karlsruhe NJW-RR 97, 1350); **Verstoß gegen die Bindungswirkung** gem/entspr § 563 II (OLG Frankfurt MDR 88, 415; OLG München MDR 2003, 1070; Abgrenzung: OLGR Schleswig 2006, 22, 24; sa Rn 25) oder gem **§§ 318, 572 I** (KG NJW 2006, 1577); **Häufung prozessualer Fehler** (OLG Karlsruhe MDR 91, 1195; OLG Schleswig NJW 94, 1227; OLG München MDR 2016, 449 [Conrad]); **evident mangelnde Sorgfalt** (OLG Oldenburg FamRZ 92, 192; OLG Karlsruhe NJW-RR 2022, 1001); **Bsp:** VU trotz rechtzeitiger Verteidigungsanzeige (LG Karlsruhe MDR 2010, 464); Festhalten an Beweisbeschluss über unstr Tatsachen trotz Gegenvorstellung (OLG München NJW-RR 2020, 1406); protokollierte Verkündung von Urteils-„Entwurf" bei laufender Schriftsatzfrist ohne Verkündungstermin (verkannt von LG Traunstein NJW-RR 2005, 1088); fehlende Auseinandersetzung mit zentralen Punkten des Parteivorbringens in den Entscheidungsgründen (vgl OLGR Karlsruhe 2007, 958, 961 f; sa § 321a Rn 11); **Nichtbegründung von Entscheidung**, anders aber bei fehlender Begründungspflicht (Bsp Beweisbeschluss); durch (erfolglose) Gegenvorstellung kann die Partei eine nicht vorgeschriebene Begründung nicht erzwingen (OLG Dresden NJW-RR 2021, 59; sa Rn 29); **leichtfertiger Umgang** mit grundrechtl geschützten Positionen u **schwerwiegende Vernachlässigung** verfassungsrechtl geschützter Grundwerte (vgl BVerfG NJW 2006, 2248; OLG Hamm MDR 2019, 193); **Manipulation** bei der Besetzung der Richterbank (vgl BVerfG DRiZ 2008, 56, 58; OLG Saarbrücken NJW-RR 94, 764). Ablehnungsgrund kommt uU auch bei ungebührl **Verfahrensverzögerung** in Betracht (OLG Bamberg FamRZ 2000, 1287; OLG Düsseldorf 15.5.2024 – 11 W 34/23, juris = BeckRS 2024, 24604; WSch/Gerken Rn 18, abl OLG Brandenburg MDR 2015, 914), so bei bes Eilbedürftigkeit (OLG Karlsruhe FamRZ 94, 46; OLG Hamm NJW-RR 99, 1291; sa § 155 FamFG), Ignorieren (wiederholtes Übersehen) eines Antrags (OLG Bamberg FamRZ 97, 1223), Nichtverbescheidung von WE-Antrag trotz entspr Hinweises des Rechtsmittelgerichts (OLG Rostock NJW-RR 99, 1507), Entscheidung in der Hauptsache unter bewussten Übergehen von PKH-Antrag (OLG Hamm MDR 2018, 551); die Verzögerungsrüge (§ 198 III GVG) steht nicht entgegen (Kroppenberg ZZP 119 [2006], 187 f).

c) Beeinträchtigung des richterl Vertrauensverhältnisses. Der Richter muss seiner bes Vertrauensstellung gerecht werden (BGHZ 181, 36). Daran fehlt es vor allem bei Verstößen gegen das *Prinzip der Waffengleichheit und der Parteiöffentlichkeit* (MK/Stackmann Rn 41, 63). **Bsp:** Ermittlungen auf eigene Faust (OLG Düsseldorf NJW-RR 2021, 252: Auswertung des internen Verfahrensregisters); gezielte Informationseinziehung zur Sache außerhalb der Verh (OLG Frankfurt NJW 72, 2310; LG Göttingen NJW-RR 2001, 64; Gießler NJW 73, 981; unterscheidend OVG Hamburg NJW 94, 2780); Führung einseitiger Geheimverf (BVerfG NJW 2018, 3631 Tz 24; Schumann JZ 2019, 398); Führung von „nicht öff" Gesprächen mit einzelnen VerfBeteiligten (BGH [StS] NJW 2019, 793; abw LG Augsburg Rpfleger 2009, 40, 42; zu vorbereitenden telefonischen Hinw s sogleich); heiml Anhörung von Zeugen (OLGR Frankfurt 2001, 170); materielle Zeugenstellung des Richters (Lipp aaO S 92 ff; s § 41 Rn 9; verkannt von OVG Hamburg NJW 94, 2780); in den Prozess nicht eingeführtes „Vorwissen" (zB Internetrecherche, dazu sogleich); einseitige Beiziehung und Verwertung von (Ermittlungs-)Akten (BVerfG NJW 94, 1211; Vorbereitung genügt: BVerfG NJW 2019, 505 Tz 20 f), Registerauszügen und Auskünften (OLG Zweibrücken FamRZ 94, 908 [krit Gottwald]). *Abgrenzung:* Offenkundige u gerichtskundige Tatsachen (s § 291 Rn 1) darf der Richter von sich aus unter Beachtung von Art 103 I GG einführen (BGH NJW-RR 2022, 499 Tz 8; BGH NJW 2007, 3211), zB in Form einer dienstl Äußerung zu amtl wahrgenommenen Vorgängen in der mündl Verh (OLG München MDR 2017, 234); hierher gehören auch Internetrecherchen (BGH NJW-RR 2022, 499), proz gebotene Ermittlungen vAw hat er vorzunehmen, zB Aufenthaltsermittlungen im Rahmen von § 185 Nr 1 (vgl OLGR Saarbrücken 2008, 28; iE s § 185 Rn 3 f), interne SV-Kommunikation zu führen (OLG Hamm 25

NJW-RR 2016, 1206; s demggü § 404a V). Bei seiner Meinungsbildung in *rechtl Hinsicht* ist der Richter frei: *jura novit curia.* Meinungsaustausch („Beratung") mit nicht am Verf beteiligten Richtern ist daher unbedenkl (vgl OLG Karlsruhe NJW-RR 2013, 1535; sa Rn 28). Bei **Absprachen vorbereitender Art oder sonstigen Erörterungen zur Sache** (per Telefon oder E-Mail) muss der Gegner zeitnah unterrichtet werden (BGH WRP 2013, 1608 Tz 23; BGH 1.4.2025 – 1 StR 434/24 zu § 24 II StPO). **Hinweise an den ASt** kommen als Ablehnungsgrund in Frage, wenn sie als einseitige Übernahme des Rechtsstandpunkts des Gegners erscheinen und zur Unzeit (vor Klageerwiderung) erfolgen (BVerfG NJW 2024, 2107 Tz 22).

– **Weitere Bsp für Ablehnbarkeit:** Entfaltung von unangebrachtem, die Grenzen von § 139 missachtendem richterl Aktivismus (OLG München NJW-RR 2012, 309); Praktizieren von schnellem („kurzen") Prozess ohne Eingehen auf die Besonderheiten des Einzelfalls (s Dietrich ZZP 127 [2014], 169, 200; s Rn 34); Teilnahme an Strafverh als Zuhörer in gleicher Unfallsache (abw OLG Karlsruhe MDR 2008, 466); einseitige Raterteilung außerhalb der mündl Verh (OLG Brandenburg MDR 2019, 125; s Rn 14) oder bei telefonischer Rückfrage bei Nichterscheinen einer Partei (OLG Brandenburg MDR 2012, 429); beharrl („stures") Festhalten an früherer, im Rechtsmittelzug für unrichtig erklärter Rechtsansicht (OLG Frankfurt MDR 84, 408; OLG Frankfurt MDR 88, 415 [zust Schneider]; Press FS Wehr, 2012, S 64; einschr OLG Hamm MDR 2015, 296; OLGR Köln 1998, 281: nur bei Willkür; nicht schon offene Kritik an der Rechtsauffassung des Rechtsmittelgerichts: OLG Karlsruhe OLGZ 84, 104; zu Verstoß gegen § 563 II s Rn 24); anders für Äußerungen im Rahmen von § 44 III (OLG Stuttgart 22.9.2022 – 23 W 9/21 Tz 52 f-juris; sa § 44 Rn 9); grundlose Missbilligung des Verhaltens des ProzBev als standes-(berufsrechts-)widrig (OLGR München 1998, 209; LG Kassel AnwBl 86, 104; unterscheidend OLG Braunschweig NJW 95, 2114; aber sa Rn 13); das Vertrauensverhältnis zu einer Partei schwer belastende Ungeschicklichkeiten und Missgriffe des Richters (OLG Frankfurt MDR 78, 409); persönlichkeitsminderndes Vorgehen bei Zweifeln an der Prozessfähigkeit (OLGR Frankfurt 2004, 99; s § 56 Rn 8 [b]) oder am Nachweis der Verhandlungsfähigkeit (LG Mönchengladbach MDR 2008, 529); Bruch der Amtsverschwiegenheit ggü interessiertem Dritten (BFH NJW-RR 95, 1534); Sichbewirtenlassen durch eine Partei mit einem gewissen Aufwand anlässl eines Ortstermins (MK/Stackmann Rn 63 mN); anders für das Verhältnis des BVerfG zur Bundesregierung s BVerfG NJW 2021, 2797); nicht aber allein die Mitnahme des Richters zum Beweisaufnahmetermin im Kfz des gegnerischen RA (OLG Frankfurt NJW 60, 1622 gegen LG Kassel NJW 56, 1761); einseitige Kontaktaufnahme des Richters zur Justizverwaltung in Rspr-Angelegenheit (OLG Schleswig OLGZ 93, 479). Die Beeinträchtigung der richterl Unabhängigkeit (Art 97 I GG) durch **politische Einflussnahme** begründet wegen der Gefahr sachfremder Erwägungen (s Rn 20) die Befangenheitsbesorgnis (s Rn 8; vgl betr InsEröffnungsbeschl AG Duisburg ZIP 2002, 1636, 1640 f; dazu Uhlenbruck NJW 2002, 3219).

26 **V) Abgrenzung. 1) Richterliche Aufklärungspflicht und materielle Prozessleitung.** Ein im Rahmen der richterl Aufklärungspflicht (§ 139, § 273, § 278 II 2, § 522 II 2; Art 103 I GG: Führung eines Rechtsgesprächs) gebotenes richterl Verhalten begründet niemals einen Ablehnungsgrund, selbst wenn dadurch die Prozesschancen einer Partei verringert werden (BVerfGE 42, 78 = NJW 76, 1391; BSG MDR 86, 85; OLG Düsseldorf NJW 93, 2542; MK/Stackmann Rn 33, 57 ff; hier s § 139 Rn 1; iE str; restriktiv zB Prütting FS Musielak, 2004, S 396); dabei ist vom Rechtsstandpunkt des Gerichts auszugehen (s Rn 28 mN). Das Gleiche gilt für Hinweise im Rahmen der *richterlichen Fürsorgepflicht* (Spickhoff FS H Roth, 2021 S 531; sa Einl Rn 26). Die Herstellung der „materiellen" Waffengleichheit durch richterl Verhandlungsführung (s Einl Rn 27) ist keine Parteilichkeit (sa Hök MDR 95, 778). Bei allg Hinweisen und Belehrungen, Maßnahmen zur Aufklärung, Förderung und Fürsorge in der mündl oder Güteverh im Rahmen der „offenen" Erörterung des Sach- und Streitverhältnisses (§ 139 I, § 278 II 2) und im Rahmen der Vorbereitung der mündl Verh (BGH NJW-RR 2016, 887 Tz 21 = MDR 2016, 1005 [zust Conrad MDR 2016, 1006]), fehlt es an einer Einseitigkeit und damit einer Nahe-Situation zu einer Partei (Aufgabe der „Distanz"). Zur sachwidrigen Benachteiligung (Bevorzugung) einer Partei im laufenden Verf kommt es erst bei einer Parteinahme des Richters für eine Partei (BVerwG NVwZ 2018, 181 Tz 6 ff, 20; OLG Brandenburg MDR 2019, 125); im **einseitigen Verfügungsverf** (s § 922 Rn 27) sollen einseitige **Hinweise** (Rechtsauskünfte in Hinweisform) besser ganz unterbleiben; erfolgen sie doch, sind sie zu dokumentieren und der Gegenseite umgehend mitzuteilen (BVerfG NJW 2022, 1083 Tz 29; Mantz WRP 2020, 423 Tz 23 ff). Erfolgen sie fälschlich im Rahmen einer st Praxis, kann Befangenheit idR zu verneinen sein (OLG Köln MDR 2022, 660; Elzer MDR 2022, 807). **Keinen Ablehnungsgrund bilden daher vorläufige Meinungsäußerungen**, durch die sich der Richter noch nicht abschließend festgelegt hat (BayObLG DRiZ 80, 432; BayObLG Rpfleger 2000, 151; OLG Karlsruhe NJW-RR 2013, 1535, 1536; BFH NJW 96, 216; OLG Hamm MDR 2010, 1282). **Bsp:** Äußerungen zur Erfolgsaussicht eines Antrags (BGHZ 77, 73; OLG Köln NJW 75, 788; OLG Stuttgart NJW 2001, 1145; OLG Karlsruhe MDR 2008, 1235) oder zum – mögl – Verfahrensausgang (OLG Naumburg MDR 2007, 794), den uU entstehenden weiteren Kosten (OLGR Köln 2008, 535) wie überhaupt die Äußerung von Rechtsansichten (OLG Karlsruhe OLGZ 78, 224; OLG Frankfurt Rpfleger 78, 100; KG FamRZ 79, 322; MK/Stackmann Rn 33, 57; allgM, s BVerfG NJW 98, 370), zB im Rahmen eines Hinweisbeschlusses gem § 522 II 2 (OLG Oldenburg NJW 2004, 3194; KG MDR 2007, 1216); Ausarbeitungen zur Entscheidungsvorbereitung (BFH NJW 96, 216); *dabei kommt es auf die konkrete Formulierung, insb einen ausdr Vorbehalt („eventuell"* udgl) nicht entscheidend an (OLG München MDR 2004, 52; OLG Naumburg MDR 2007, 794). Dies gilt auch für Äußerungen außerhalb des Verf gegenüber Nahe-Personen des Richters (OLG

Stuttgart NJW-RR 2021, 511 Tz 14). IdR **keine Ablehnung** begründen weiter **richterl Initiativen** im Zusammenhang mit der umfassenden Erörterung des Rechtsstreits, wie die Entschließungsfreiheit nicht beeinträchtigende **Anregungen, Hinweise, Aufforderungen, Belehrungen, Ratschläge und Empfehlungen** an eine Partei (vgl OLG Düsseldorf NJW 93, 2542; MK/Stackmann Rn 57 f; sa Rn 14). **Bsp:** Anregungen zur Formulierung, Stellung oder Rücknahme auch völlig neuer Anträge (BGHZ 165, 223, 226 = NJW 2006, 695; OLG Köln NJW-RR 93, 1277; E. Schneider MDR 77, 972 mwN; Vollkommer Rpfleger 76, 394 f, iE str), zur Klageänderung, zur Klageerweiterung ggü einem Dritten (aA OLG Brandenburg NJW-RR 2009, 1224 = MDR 2009, 586) u zum „richtigen" Rechtsbehelf (BGHZ 165, 223, 226; s § 323 Rn 13), zur Anschlussberufung (Deubner JuS 2002, 686; aA OLG Rostock NJW-RR 2002, 576, dagegen Rensen MDR 2002, 1175), zur Klage- oder Rechtsmittelrücknahme (OLG München MDR 2004, 52; OLG Stuttgart MDR 2000, 50; offen OLG Oldenburg NJW 63, 451), von Erledigungserklärungen (aA VGH Kassel NJW 83, 901), zur Vorlage einer Abtretungserklärung zur Klärung der **Aktivlegitimation** (BGH NJW 2007, 2414, 2416; OLG Frankfurt MDR 2007, 674, str; hier Greger s § 139 Rn 17), zur Erteilung einer **Genehmigung** gem § 185 BGB (BGH NJW-RR 2016, 887 Tz 21 = MDR 2016, 1005 [Conrad]), zur Vorlage von in Bezug genommenen Schriftstücken (BGH NJW-RR 2014, 318 Tz 8; sa § 134 I), zur Klarstellung oder Änderung der Anspruchsgrundlagen (OLG Koblenz NJW-RR 2000, 1376), zur Substantiierung von Vorbringen (Hök MDR 95, 778; zur „Schlüssigkeit" sogleich), zu – weiteren – Beweisantritten (OLG Frankfurt NJW 76, 2025; OLG Köln VersR 92, 380); zu zulässigen und allg bekannten Gegenstrategien bei drohender Präklusion (zB „Flucht in die Säumnis": s § 296 Rn 40; aA OLG München NJW 94, 60); weiter Vergleichsvorschlag (OLG Bremen NJW-RR 2013, 573), auch im Rahmen telefon Terminsvorbereitung (s Rn 25); Hinweis auf neue (andere) vom Streitgegenstand umfasste (s Einl Rn 67) Anspruchsgrundlagen („rechtl Gesichtspunkte": Einl Rn 84, vor § 322 Rn 42), auf die (fehlende) Schlüssigkeit des Klagevorbringens (OLG Karlsruhe NJW-RR 98, 1446; OLG Köln NJW-RR 2019, 697 Tz 9 f; umgekehrt Ablehnungsgrund bei Unterdrückung (Unterbleiben) von entspr Hinweis: KGR Berlin 2000, 67; sa § 139 Rn 17, 20), auf die Schonfrist des Wohnungsmieters gem § 569 III Nr 2 BGB (OLG Hamburg ZMR 88, 225); telefon Rückfrage im Büro des RA vor Erlass eines VU (LG Berlin AnwBl 78, 419) oder bei Nichterscheinen im Termin (OLG Brandenburg MDR 2012, 429); Wiedereröffnung der mündl Verh gem § 156 II Nr 1 bei Verstoß gegen § 139 (OLGR Köln 2001, 175).

Kein Ablehnungsgrund ist auch der Hinweis auf bestehende **Einreden, Gegen- und Gestaltungsrechte**, zB 27
Verjährung, Aufrechnung, Zurückbehaltungsrecht (sehr str, aA die wohl hM, zB BGHZ 156, 269 [ohne abschließende Stellungnahme: 273] = NJW 2004, 164, 165 = MDR 2004, 167 = BGHReport 2004, 119 [krit Laumen; zust Becker-Eberhard LMK 2004, 32]; OLG Bremen NJW 86, 999 mN; OLG Hamburg NJW 84, 2710; OLG Rostock NJW-RR 2002, 576; OLG Hamm MDR 2013, 1121; OLG Stuttgart 22.5.2020 – 1 W 20/20; Prütting NJW 80, 364/365 mwN in Fn 55 u FS Musielak, 2004, S 496 ff; Reischl ZZP 116 [2003], 111; Meller-Hannich JZ 2005, 662; Stürner, Die richterl Aufklärung im ZP, 1982, Rn 80; MK/Stackmann Rn 61; PG/Grasnack Rn 49 aE; WSch/Gerken Rn 13; MskV/Heinrich Rn 12; Hk-ZPO/Bendtsen Rn 20; ferner hier Greger s § 139 Rn 17; Begr BTDrs 14/4722, 77; wie hier dagegen BGH NJW 98, 612 [für Einzelfall]; BayObLG NJW 99, 1875 [WEG-Verf]; KG NJW 2002, 1732; OLGR Frankfurt 2001, 146; OLG Köln NJW-RR 90, 192; OLGR Naumburg 2002, 105 [für Einzelfall]; Schack ZZP 129 [2016], 401; E. Schneider MDR 79, 974; E. Schneider MDR 84, 945; E. Schneider NJW 86, 1316 u Schneider/Gronemann aaO [s Rn 22 aE] § 5 Rn 233; Wacke/Seelig NJW 80, 1170; Waldner FG Vollkommer, 2006, S 275; Riedel aaO [s Rn 8] S 170 ff, 184; RSchwab/Gottwald § 24 Rn 13; Grüneberg/Ellenberger § 214 BGB Rn 3). Der Hinweis auf einen rechtl „Gesichtspunkt", über den sich eine Partei „erkennbar" im Irrtum befindet, ist keine Verletzung der richterl Neutralitätspflicht (vgl **§ 139 II 1**). Hätte der Bekl bei einem Hinweis auf den Eintritt der Verjährung die Einrede gem § 214 BGB erhoben, beruht die (ohne Hinweis) erfolgte Verurteilung zu einer verjährten Schuld auf seinem Irrtum. Keine Partei hat aber ein Recht auf „günstige" Entscheidung als Folge eines Irrtums der Gegenpartei (*arg* § 139 II 1). Selbst mit einem *unzulässigen* Hinweis folgt der Richter einem *vertretbaren* Rechtsstandpunkt, was keine Befangenheit befürchten lässt (Hermisson NJW 85, 2562; Spickhoff FS H. Roth, 2021, S 530 f; Rensen MDR 2004, 491 u Die richterl Hinweispflicht, 2002, S 175, 316, 363; BGH NJW 98, 612, str; s Rn 28). Irgendeine Einflussnahme auf die Entscheidung der Partei ist damit nicht verbunden (verfehlt daher Begr BTDrs 14/4722, 77: „hinwirken"); es ist allein ihr überlassen, ob sie von ihrer Einrede Gebrauch macht (vgl BGHZ 184, 128 Tz 28: „freies Belieben"); die Aufklärung dient vielmehr der Waffengleichheit der Parteien, indem sie den gleichen Kenntnisstand sichert. Hat der Gegner auf den Hinweis des abgelehnten Richters die Einrede der Verjährung erhoben, hat sie auch der neue Richter zu beachten (Spickhoff FS H. Roth, 2021, S 530). Droht umgekehrt einem Anspruch der Klagepartei der Eintritt der Verjährung, hat der Richter gem § 139 geeignete Hemmungshandlungen (zB Klageerweiterung, s Rn 26) anzuregen (zutr Arens FS Schwab, 1990, S 32).

2) Rechtsauffassung des Richters, Rechtsanwendung und richterliche Entscheidungstätigkeit; Mitwirkung 28
an Entwicklung und Aufrechterhaltung von stRspr. Vertretbare Rechtsanwendung ist kein Ablehnungsgrund (BVerwG NVwZ 2022, 884 Tz 35); das Ablehnungsverfahren dient nicht der Richtigkeitskontrolle (s unten). Einer Partei ungünstige Ausführungen im Rahmen der richterl *Begründungspflicht* oder bei einem Vergleichsvorschlag (§ 278 VI) rechtfertigen keine Befangenheitsbesorgnis, insb wenn sie eine erst vorläufige Beurteilung darstellen (BGH NJW 98, 612; BGH NJW-RR 86, 738; BGH NJW-RR 2012, 61 = MDR 2012, 49), ohne dass dies jew bes betont werden müsste (OLG München MDR 2004, 52 = BauR 2004, 121); dasselbe gilt bei Verfesti-

gung der bish Spruchpraxis zu einer **stRspr** (BGH WM 2003, 848; BAG NJW 2019, 3403) und bei Absprachen innerhalb eines Spruchkörpers oder Gerichts zur einheitl Behandlung von Parallelsachen (OLG Karlsruhe NJW-RR 2013, 1535 = MDR 2014, 109; sa Rn 25). Auf die Fehlerhaftigkeit der Rechtsauffassung kommt es grds nicht an (BGH NJW-RR 2012, 61 = MDR 2012, 49; BAG NJW 2024, 781 Tz 11). Die Befangenheitsablehnung ist grds kein Instrument zur Fehler- und Verfahrenskontrolle (BGH NJW 2002, 2396; BVerwG NVwZ 2022, 884 Tz 35; OLG Stuttgart NJW-RR 2020, 1323 [wiederholte EuGH-Vorlage]; aber s Rn 24; Vollkommer FamRZ 2002, 623). Auch **Verfahrensverstöße** im Rahmen der Prozessleitung oder **fehlerhafte Entscheidungen** sind grds kein Ablehnungsgrund (BGH NJW-RR 2012, 61 Tz 9 = MDR 2012, 49; BayObLGZ 86, 253; BayObLGZ 87, 217; BAG NJW 93, 879 = MDR 93, 383; OLG Hamm MDR 2013, 1425, 1426; OLG Frankfurt NJW-RR 2017, 191; OLG München Rpfleger 2018, 530; sa Rn 24), dgl nicht schon ein **Verstoß gegen Denkgesetze** (OLG Hamburg OLGZ 89, 204). Dies gilt auch bei einer **Überschreitung** der richterl Befugnisse gem **§ 139** (aA BGHZ 156, 269, 273 = NJW 2004, 164, 165 = MDR 2004, 162, dagegen m Recht krit Rensen MDR 2004, 491; insoweit zutr Hermisson NJW 85, 2562; Peters FamRZ 90, 1007, ferner Laumen, Rensen, jew aaO, s Rn 27) oder gem **§ 495a.** Etwas anderes gilt nur dann, wenn Gründe dargetan werden, die dafür sprechen, dass die Fehlerhaftigkeit auf Voreingenommenheit des Richters ggü der ablehnenden Partei (OLG Zweibrücken MDR 82, 940; OLG Brandenburg FamRZ 95, 1498; OLG Bamberg FamRZ 98, 172; OLG Frankfurt NJW-RR 2017, 191 Tz 16) oder **Willkür** beruht (BGH NJW-RR 2012, 61 Tz 7 = MDR 2012, 49; BayObLGZ 87, 218; BayObLG MDR 88, 1063, jew mN; BAG NJW 93, 879 = MDR 93, 383; BVerwG NVwZ 2022, 884 Tz 35; dazu sa Rn 20 ff, 24); Entspr gilt von der einer **Gehörsverweigerung** gleichkommenden Nichtkonkretisierung von Hinweisen (LG Karlsruhe MDR 2009, 1067). UU kann sich auch aus dem Zusammenhang ergeben, dass prozessleitende Entscheidungen, die für sich betrachtet dem Gesetz entsprechen, geeignet sein können, das Misstrauen einer Partei zu rechtfertigen (OLG Nürnberg BayJMBl 54, 162; OLG Köln NJW-RR 86, 420). Gerade der in Wirklichkeit parteiische Richter wird um ein äußerl einwandfreies Verf bemüht sein (vgl Moll ZRP 85, 244 m weiterf Hinw).

29 **3) Kein „Ausschalten" des Richters.** Das **eigene Verhalten der ablehnenden Partei** begründet als solches nie einen Ablehnungsgrund. Durch **Angriffe auf den Richter**, wie Dienstaufsichtsbeschwerden, Strafanzeigen wegen Rechtsbeugung (oder Vorlage entspr Rechtsgutachten, vgl das Bsp bei Strecker ZRP 84, 123), Anträge auf Einleitung von Disziplinarmaßnahmen, Streitverkündungen, (Regress-)Drohungen (s aber § 72 II 1; s § 41 Rn 5; § 72 Rn 1) oder Druckausübung (Bsp: OLG Stuttgart NJW-RR 2013, 960; OLG Karlsruhe MDR 2014, 242) und -klagen (OLG Frankfurt NJW-RR 2017, 191; sa § 41 Rn 5), wiederholte (erfolglose) Ablehnungsgesuche in früheren Prozessen, kann eine Partei einen ihr unbequemen Richter nicht ausschalten (zutr OLG München NJW 71, 384; OLG München NJW-RR 88, 1535; OLG Saarbrücken NJW-RR 94, 766; OLG Dresden FamRZ 2002, 830; LSG Rh-Pfalz ZAP EN-Nr 540/2009; auch BVerfG NJW 96, 2022; BAG AP Nr 2 zu § 42 ZPO [zust Vollkommer]; MK/Stackmann Rn 24; Knoche MDR 2000, 374 f; aA LG Aachen MDR 65, 667; differenzierend OLG Frankfurt Rpfleger 80, 300 = NJW 80, 1805 LS; OLG Zweibrücken MDR 94, 832; LG Ulm MDR 79, 1028 mN; Günther ZZP 105 [1992], 33 ff; sa § 48 Rn 3). Grund: Ablehnung als Manipulationstaktik ist Rechtsmissbrauch (OLG Karlsruhe MDR 2014, 242; OLG Stuttgart NJW-RR 2013, 960; OLG Jena MDR 2017, 967; sa § 44 Rn 12, 13); der **ges Richter** (Art 101 I 2 GG) darf nicht der Manipulation preisgegeben werden (vgl OLG Braunschweig NJW 95, 2113). Dies muss idR auch dann gelten, wenn sich der Richter oder sein Dienstvorgesetzter durch eine Strafanzeige oder einen Strafantrag gegen die Partei zur Wehr gesetzt haben (OLG Koblenz MDR 2003, 524; sa § 194c III StGB; OLG Rostock 24.1.2022 – 3 W 144/21; einschr BGH [StSen] bei Holtz MDR 92, 634 f; zur Abgrenzung bei Strafanzeigen *ex officio* s Rn 22b) oder wenn der sich bedroht fühlende Richter Schutzvorkehrungen (zB Wachtmeisterpräsenz) veranlasst (LG Dessau-Roßlau NJW-RR 2015, 1471). Auch die Mitwirkung des Richters an einer dienstaufsichtl Tätigkeit in Bezug auf eine Partei (Anwalt) begründet keine Befangenheitsbesorgnis (LG Bonn NJW 73, 2069). Anders ist aber zu entscheiden, wenn reale Befangenheit des Richters glaubhaft gemacht ist (Günther ZZP 105 [1992], 33, 34), wenn sich der verunglimpfte Richter selbst für befangen erklärt (OLG Zweibrücken MDR 94, 832; OLG Zweibrücken FamRZ 94, 1182), er den Angriff selbst als „Ungebühr" (§ 178 GVG) ahndet (vgl Fallgestaltung in EMRK NJW 2006, 2901) oder sich der Angriff als Reaktion auf ein vorangegangenes zur Ablehnung berechtigendes (s Rn 22) eigenes beleidigendes Verhalten des Richters darstellt (vgl Knoche MDR 2000, 375).

30 **4) Gesellschaftl Standort und Person des Richters.** Die Ablehnung setzt einen in der Person des zur Entscheidung berufenen Richters liegenden „individuellen" Ablehnungsgrund voraus (s Rn 9 ff); dafür genügt eine allg *„Sozialbefangenheit"* des Richters nicht (vgl OLG Frankfurt NJW-RR 98, 1764; WSch/Gerken Rn 35), dh die Zugehörigkeit des Richters zu einer Berufs- oder Bevölkerungsgruppe, deren gemeinsame Interessen durch den Rechtsstreit berührt werden (vgl die Umschreibung in § 20 I 3 VwVfG, § 16 I 3 SGB X; sa § 18 II BVerfGG) oder seine allg Einstellung zu bestimmten gesellschafts- oder wirtschaftspolitischen Fragen (OLG Köln NJW-RR 2006, 64). Vom Richter wird erwartet (vgl § 38 DRiG), dass er sich bei der Entscheidung des Einzelfalls von sich daraus ergebenden Einflüssen freihält (BayVerfGH NJW 97, 3163; sa die Wertung in § 18 II BVerfGG). **Keine Ablehnungsgründe** sind daher idR (uU anders bei Hinzukommen bes Umstände, s Rn 31) die Mitgliedschaft des Richters in einer **politischen Partei** (BVerfGE 11, 3; BVerfGE 43, 128; BVerfGE 88, 23; OLG Koblenz NJW 69, 1177; VGH Mannheim NJW 75, 1048; iE Vollkommer FS Hubmann, 1985, S 457 mwN; s Rn 11 u zur politischen Betätigung s Rn 31) oder rechtspolitischen Vereinigung (BVerfGE 88, 23 = NJW 93, 2230); Zugehö-

rigkeit zu bestimmter **Kirche**, Religion oder Weltanschauung (*arg* Art 4 GG; vgl BVerfG NJW 2013, 3360 LS; BayVerfGH NJW 97, 3163; BayVerfGH NJW 2001, 2963; BayVerfGH NJW 2011, 211; zur Betätigung in kirchl Organisation s Rn 31), auch bei öffentl Bekenntnis (zB durch Kopftuch; aA MK/Stackmann Rn 62); die Zugehörigkeit eines *nicht hauptberufl* tätigen Richters zu einem bestimmten **Beruf**, zB dem der **RAe** (vgl § 18 II BVerfGG; BerlVerfGH NJW 2014, 3015); Mitgliedschaft eines *ehrenamtl Richters* am ArbG in einer **Gewerkschaft** (BAGE 20, 274 = NJW 68, 862 LS = AP Nr 2 zu § 41 ZPO [zust Wieczorek] = SAE 69, 134 [zust Baumgärtel/Mes]; BAGE 83, 281; eingeh Riedel aaO [s Rn 8] S 98 ff) oder Arbeitgebervereinigung (BAGE 86, 184 = MDR 98, 164; sa § 20 ArbGG); Mitgliedschaft eines *Berufsrichters*, auch der Arbeitsgerichtsbarkeit, bei einer Gewerkschaft (BVerfG NJW 84, 1874; näher s Rn 32); die Mitgliedschaft des Richters im GRUR eV und seinen Fachausschüssen (s Rn 11); die berufl Stellung eines ehrenamtl Richters (Handelsrichter) zB als AG-Vorstand (Pfeiffer ZIP 94, 769; OLG Stuttgart NJW-RR 95, 300); Zugehörigkeit eines Richters zu einer sozialen Gruppe, um deren gemeinsame Belange es im Verf geht (BayVerfGH MDR 2000, 659); Einstellung eines ehrenamtl Richters in Landwirtschaftssache zu bestimmten landwirtschaftl Produktionsmethoden (OLG Köln NJW-RR 2006, 64); Zugehörigkeit des Berufsrichters zum gleichen Gericht oder zur gleichen Justizbehörde wie die Partei oder deren naher Angehöriger (s Rn 12a); Zugehörigkeit zur Gruppe der Raucher (vgl Benda ZRP 2007, 268). Das **Geschlecht** des Richters bzw der Richterin als solches bildet auch bei sexualbezogenem Verfahrensgegenstand keinen Ablehnungsgrund (BayObLG DRiZ 80, 432; vgl auch LSG Hessen NJW 2003, 1270). **Abgrenzung. Keinen Fall** der „Sozialbefangenheit" bildet die „Selbstbetroffenheit" des Richters bei Massenschäden, zB Dieselskandal (s BGH NJW 2020, 3458 Tz 11 [Schäfer]; sa Rn 11a).

5) Politische Betätigung des Richters. Bei der ihm als Staatsbürger freistehenden politischen Betätigung sind 31 dem Richter durch die Pflicht zur Wahrung seiner Unabhängigkeit (§ 39 DRiG) und die Notwendigkeit der Erhaltung einer funktionsfähigen Rechtspflege (BVerfG NJW 83, 2691) Grenzen gezogen (allg MK/Stackmann Rn 26, 30 mwN; Wassermann NJW 95, 1653). Ein Verstoß gegen die Grenzen der Meinungsfreiheit eines Richters (vgl BVerwG NJW 88, 1748; Nds DienstGH NJW 90, 1497) begründet allerdings für sich allein noch keinen Ablehnungsgrund (nicht genügend beachtet von VGH Kassel NJW 85, 1105; dagegen zutr Göbel NJW 85, 1057; Moll ZRP 86, 31; Dieterich RdA 86, 6). Maßgebend für die „individuelle" Befangenheitsbesorgnis (s Rn 8, 30) sind stets die Umstände des Einzelfalls (dazu näher Vollkommer FS Hubmann, 1985, S 458 f). Bei allg- und gesellschaftspolitischen Stellungnahmen des Richters (öffentl Initiative; Unterschriftsaktion; offener Brief; Diskussionsbeitrag in öffentl Veranstaltung; Engagement in Bürgerinitiative, rechtspolitischer Vereinigung, Glaubensgemeinschaft) wird sie idR zu verneinen sein, mag im Einzelfall auch die gebotene Mäßigung außer Acht gelassen sein und der Prozessgegenstand eine gewisse „Nähe" zu dem betr Thema aufweisen (VGH Mannheim NJW 86, 2068; zur Betätigung in kirchl Organisation s BayVerfGH NJW 97, 3163; de Wall NJW 94, 843); nicht ausreichen dürften idR auch ein gemeinsames umweltpolitisches Engagement von Richter und einer Prozesspartei (ArbG Frankfurt NJW 84, 142 = EzA § 49 ArbGG 1979 Nr 4 [zust Vollkommer]; aA wohl Rüthers DB 84, 1623 u Schmidt-Jortzig NJW 84, 2057, 2059), *anders* aber ausgeprägte politische Gegnerschaft (RSchwab/Gottwald § 24 Rn 11; Moll ZRP 85, 245), Besorgnis der Ausländerfeindlichkeit in Verf mit Ausländerbeteiligung (OLG Karlsruhe NJW 95, 2504), dgl auch das Bestehen eines *inneren Zusammenhangs* zwischen der öffentl Meinungsäußerung des Richters und dem Verfahrensgegenstand (vgl BVerfG NJW 2016, 2313 Tz 18; VGH Kassel NJW 85, 1105; MK/Stackmann Rn 30; aA Göbel NJW 85, 1058 ff).

6) Betätigung des Richters in (bei) Interessenverbänden und öffentlichen Körperschaften. Eine **gewerkschaftl Betätigung** ist dem Berufsrichter, auch der Arbeitsgerichtsbarkeit, grds gestattet (BVerfG NJW 84, 1874; 32 zust zB Dieterich RdA 86, 6; krit etwa Rüthers DB 84, 1622; Hanau ZIP 84, 1165; Dütz JuS 85, 753). Im Hinblick auf die von den Gewerkschaften im Arbeits-(Rechts-)Leben eingenommene Gegnerschaftsstellung gelten die für die politische Betätigung des Richters gezogenen Grenzen (s Rn 31) in gesteigertem Maß für gewerkschaftl Engagement (iE sehr str; stark einschr außer Rüthers, Hanau, Dütz, je aaO, ferner etwa Berglar ZRP 84, 8; weiter gehend etwa Schuldt DB 84, 2509; Fangmann/Zachert, Gewerkschaftl u politische Betätigung von Richtern, 1986; zusammenfassend zum Ganzen Vollkommer FS Ernst Wolf, 1985, S 659 ff). Für eine Ablehnung kommt es wieder auf die Einzelumstände an. Unbedenkl ist im Allg die Mitarbeit des Richters in einem gewerkschaftl Arbeitskreis „Arbeitsrecht" (BVerfG NJW 84, 1874), anders aber uU je nach Organisation, Teilnehmerkreis und Thematik des Arbeitskreises, insb bei einseitiger Kontaktaufnahme zwischen Richter und Anwalt eines anhängigen oder bevorstehenden konkreten Rechtsstreits (vgl Rüthers DB 84, 1624 f; Moll ZRP 85, 245 f; Dieterich RdA 86, 6; Wieser, Arbeitsgerichtsverf, 1994, Rn 6). Auch gegen die Mitarbeit des Richters in Vereinen und Verbänden mit rechtspolitischer Zielsetzung (über eine bloße Mitgliedschaft [s Rn 11] hinaus) bestehen keine Bedenken. Bsp: GRUR e.V. (BGHReport 2001, 433); Juristen-Vereinigung Lebensrecht e.V. (BVerfG NJW 93, 2230); s allg Vollkommer Anm WuB VII A. § 42 ZPO 1.04, S 87 f. Unbedenkl vereinbar mit dem Richteramt ist die Betätigung im Hochschulbereich (ausdr gestattet: § 4 II Nr 3 DRiG; sa Rn 33), im Hinblick auf § 4 I DRiG umstr dagegen die kommunalpolitische Betätigung (s Schmidt ZRP 2008, 242; sa Rn 11).

7) Wissenschaftliche Betätigung des Richters, öffentliche Kundgabe von Rechtsansichten. Die **frühere** 33 **Kundgabe einer Rechtsansicht**, insb die *Äußerung einer wissenschaftl Meinung zu einer Rechtsfrage* in einer Fachzeitschrift oder Kommentierung, in einem Vortrag oder auf einem Seminar (auch bei „interessengebundenem" Veranstalter) oder als SV im *Gesetzgebungsverf* bildet idR keinen Ablehnungsgrund (BVerfGE 98, 137; BVerfGE 102, 125; BVerfG NJW 2011, 3637 Tz 18; BGH NJW 2002, 2396; BGH NJW 2011, 1358 Tz 21; BGH NJW 2016, 1022 = MDR 2016, 634 [Vollkommer]; *arg* Wertung aus § 18 III BVerfGG), anders aber bei Hinzutreten bes Umstände (BVerfG NJW 2014, 1272 Tz 25), so bei Bestehen von unübersehbarer „Nähe" der Äußerung zu der konkreten „Sache" und dem von einer Partei vertretenen Rechtsstandpunkt, als deren wissenschaftl Unterstützung sie erscheinen kann (BVerfG NJW 2011, 3637 Tz 22; BVerfG NJW-RR 2010, 1150) oder die „Nähe" zum Veranstalter (s unten). **Bsp:** (frühere) Gutachtertätigkeit (BVerfGE 98, 134; BVerfGE 102, 122; BVerwG DRiZ 2008, 91); Vortragstätigkeit (BGH NJW 2002, 2396; BGH NJW-RR 2013, 1211 Tz 8). Stellungnahme zu anhängigem oder bevorstehenden Verf hat stets zu unterbleiben (vgl BVerfGE 35, 253; BVerfGE 37, 268; BVerfGE 73, 337; BGH NJW 2002, 2396, 2397; E. Schneider EWiR 2003, 393; Vollkommer EWiR 2003, 41; WuB VII A § 42 ZPO 1.04; eingeh Schwab/Hawickenbrauck JZ 2019, 80), mögen sie auch nicht strikt auf „die bereits vorliegende Rspr" beschränkt sein (vgl BGH NJW 2011, 1358 Tz 21). Die Presseinformation über eine *getroffene* Entscheidung, auch durch Mitwirkung im Fernsehen (vgl OLG Köln NJW-RR 2000, 456) sowie Interpretation einer früheren Entscheidung durch einen mitwirkenden Richter begründet im Allg nicht die Besorgnis der Befangenheit in einem ähnl liegenden Fall (BVerfGE 46, 16; dazu allg Sendler in Freiheit u Verantwortung im Verfassungsstaat, 1984, S 428 ff; zum Ganzen auch Riedel aaO [s Rn 8] S 137 ff mwN; Löffler BB 93, 938; Weth NZA 98, 685 mwN sowie – krit – Lamprecht NJW 93, 2224); dagegen bildet ein Pressegespräch über einen *anhängigen* Rechtsstreit einen Ablehnungsgrund (OLG Celle MDR 2001, 767), ebenso die über § 18 III Nr 1 BVerfGG hinausgehende Übernahme einer „Art Urheberschaft" der gesetzl Regelung (BVerfG NJW 2014, 1227 Tz 26 ff) oder deren Initiierung (BVerfG NJW 2018, 1307 Tz 24 f). **Abgrenzung:** Bei einer Beteiligung an einer FS entscheidet im Verhältnis zum Empfänger (Partei) die damit verbundene Ehrung (BGH MDR 2019, 50), bei einer Teilnahme des abgelehnten Richters an einer wissenschaftlichen Veranstaltung entscheidet das Verhältnis zum Veranstalter (BGH NJW-RR 2022, 1222 Tz 12 = MDR 2022, 1235). **Lit:** Schwab/Hawickenbrauck, Die Ablehnung eines Richters wegen wiss Stellungnahmen usw, JZ 2019, 77.

34 **8) Behinderung und Beeinträchtigung des Richters. Kein** Ablehnungsgrund ist nach allgM die **fehlende Dienstfähigkeit** des Richters oder eindeutige fachliche Überforderung durch das konkrete Verf (sa OLG Brandenburg MDR 2015, 914, 915). Kein Ablehnungsgrund sind auch zeitw Behinderungen durch Schlaf (BSG NJW 2017, 3183), Übermüdung oder Ablenkung durch Aktenstudium, private Telekommunikation und dgl (vgl BGH NJW 2015, 2986); derartige Vorgänge und teilw auch persönl Gebrechen (wie zB Blindheit), können aber uU Grund zur **Besetzungsrüge** (§ 547 Nr 1, § 579 I Nr 1) geben (vgl BGH NJW-RR 2009, 210, 211 = MDR 2009, 159, 160; BSG NJW 2017, 3183; § 41 Rn 2; § 547 Rn 2). Mit der Ablehnung können auch nicht Mängel oder Verstöße der **Geschäftsverteilung** (§§ 21e, 21 f, 21g II GVG) gerügt werden (BGH [StS] MDR 2012, 991 Tz 7), uU kann fehlerhafte Geschäftsverteilung eine Befangenheitsbesorgnis begründen (Bsp Zuweisung von Richter-Ehegatten in den gleichen Spruchkörper, OLG Jena OLGSt StPO § 30 Nr 1). Auch bei einer Beeinträchtigung der **Unabhängigkeit des Richters** (Art 97 I GG; § 1 GVG) durch Maßnahmen des Präsidiums (§ 21a GVG) oder der Gerichtsverwaltung (Gerichtsvorstand) steht den Parteien kein Ablehnungsrecht zu, außer bei Einflussnahme auf den Inhalt der Entscheidung (vgl BGH [StS] MDR 2012, 991; BVerfG NJW 2012, 2334 Tz 19, 30 zu Vb); dasselbe dürfte für Beeinträchtigung der richterl Unabhängigkeit durch Maßnahmen der **Dienstaufsicht** (§ 26 DRiG) gelten (BGH NJW-RR 2013, 1215); Bsp: Aufbau von sachwidrigem Erledigungsdruck (BGH NJW 2020, 3320 Tz 27; krit Münchbach NJW 2020, 3283, 3287 f); Aufforderung zu „Schnelligkeit vor Gründlichkeit" (s Dietrich ZZP 127 [2014], 169, 200), Behelf: nur § 26 III DRiG, § 42 setzt Befolgung voraus (s Rn 25). Allg Äußerungen des OLG-Präsidenten zur Behandlung von „Dieselskandal-Sachen" sind kein Ablehnungsgrund im Verhältnis zu OLG-Richtern (BGHZ 226, 350 Tz 35 = NJW 2021, 385).

§ 43 Verlust des Ablehnungsrechts

Eine Partei kann einen Richter wegen Besorgnis der Befangenheit nicht mehr ablehnen, wenn sie sich bei ihm, ohne den ihr bekannten Ablehnungsgrund geltend zu machen, in eine Verhandlung eingelassen oder Anträge gestellt hat.

1 **I) Allgemeines. 1) Bedeutung.** Die Vorschrift enthält einen ggü § 295 spezielleren **Heilungstatbestand** (BGHZ 165, 223/7 = NJW 2006, 695; BGH NJW-RR 2014, 382 Tz 21 = MDR 2014, 492; OLG Karlsruhe MDR 2022, 977; G. Vollkommer aaO [s vor § 41] S 99 f; MK/Stackmann Rn 1, str; nach aA Ausdruck der Prozessförderungspflicht, BGH MDR 2022, 843 Tz 11; Vossler MDR 2007, 992 mN). Die Rechtsfolgen entsprechen denen des § 295 (s Rn 7); der in der Mitwirkung des ablehnbaren Richters liegende Verfahrensfehler wird (rückwirkend) geheilt (s § 295 Rn 8). Ein später gestelltes Ablehnungsgesuch ist unbegründet (OLG Karlsruhe MDR 2022, 977; aA unzulässig – „verfristet" –, so *BVerfG NJW* 2018, 3438 Tz 3; sa § 44 Rn 11a); die instanzbeendende *Entscheidung kann* wegen des nach § 43 geheilten Ablehnungsgrundes nicht mehr angefochten werden (§§ 534, 556; s § 42 Rn 4).

2) Anwendungsbereich. § 43 gilt nur für § 42 II, nicht für § 41; anwendbar sowohl im mündl als auch im schriftl Verf (§ 128 II, III; hier aber Rn 3 beachten), bei Anwaltszwang (§ 78) auch für die **Partei** selbst (*arg* § 44 I, § 78 III; s Rn 4 aE), in **zeitl** Hinsicht bis zur abschl Endentscheidung der Instanz (BGH NJW-RR 2007, 1653; sa § 42 Rn 3). Wegen im Laufe des Prozesses entstandener Ablehnungsgründe s Rn 7. Entspr anwendbar auf Ablehnung von SV (OLG Bamberg MDR 2016, 789; OLG Stuttgart MDR 2024, 1199), ferner im FamFG-Verf (§ 6 I 1 FamFG) sowie im verwaltungsgerichtl Verf (§ 54 I VwGO). 2

II) Voraussetzungen. 1) Bekanntsein des Ablehnungsgrunds. Kenntnis des ProzBev wirkt gegen die Partei (BGH MDR 2020, 1392 Tz 18; OLG Celle MDR 2023, 660, 661), Kennenmüssen (vgl § 122 II BGB) des Ablehnungsgrunds genügt zur Ausschließung der Ablehnung nicht (BGH MDR 2020, 1392 Tz 18). Kenntnis muss den gesamten Komplex (OLGR Frankfurt 2001, 169; sa Rn 8) einschließl der Person des Richters umfassen (BGH MDR 2020, 1392); daran kann es im schriftl Verf (s Rn 2) uU fehlen (vgl OLG Köln OLGZ 1974, 422). Jede ablehnungsberechtigte Partei hat das Recht auf Bekanntgabe der Namen der am Verf mitwirkenden Richter (BayObLG Rpfleger 78, 17; vgl auch § 24 III 2, § 222a StPO), aber kein „Ausfragerecht" nach möglichen Befangenheitsgründen (BGH (St) NJW 2020, 2741 Tz 20, 21). 3

2) Einlassung in eine Verhandlung. Die **Verh** kann mündl oder schriftl sein (BGH MDR 2022, 843 Tz 11), die Hauptsache oder einen prozessualen Streitpunkt betreffen. Als **Einlassen** in eine Verh genügt jedes prozessuale und der Erledigung eines Streitpunkts dienende Handeln der Parteien unter Mitwirkung des Richters (BGH NJW-RR 2008, 800; BGH NJW-RR 2014, 382 Tz 20 = MDR 2014, 492), zB Abgabe von mündl Erklärungen u Antragstellung in der mündl Verh (BGHZ 165, 223, 226 = NJW 2006, 695; OLG Saarbrücken MDR 2009, 1066), Vergleichsverhandlungen und -abschluss (BAG NZA 2010, 1250 Tz 43; OLG Frankfurt FamRZ 91, 839), Ausführungen in Schriftsätzen im schriftl Verf wegen der Auslösung der Abhilfeprüfung (§ 572) auch Einlegung der Beschwerde (OLG Koblenz MDR 86, 60; aA für Widerspruch OLGR Koblenz 1998, 292) und dgl. Die Einreichung von Schriftsätzen ledigl zur Vorbereitung (§ 129) einer Entscheidung des (später abgelehnten) Richters ist noch **kein** Einlassen (BGH NJW-RR 2014, 382 Tz 21 mN = MDR 2014, 492; aA OLG Düsseldorf MDR 2010, 517 mwN), desgl nicht die Anzeige der Verteidigungsbereitschaft im schriftl Vorverf (vgl § 276 I 1); die Ablehnung in der Klageerwiderung (§ 276 I 2, § 277) ist daher rechtzeitig (aA LG Rostock NJW-RR 2002, 356), ebenso bei der Begründung der NZB (BGH MDR 2022, 843 Tz 11). Handeln eines Vertreters steht dem persönl Handeln der Partei gleich; die aktive Teilnahme an einer Beweisaufnahme reicht aus (OLG Köln OLGZ 74, 424; OLG Köln NJW-RR 96, 1339); in Ehesachen genügt die Mitwirkung des anwaltl nicht vertretenen Gegners (OLG Bamberg FamRZ 95, 100). 4

3) Antragstellung. Mündl oder schriftl zur Sache (vgl aber § 297; dazu BGH MDR 2022, 843 Tz 11), Einverständniserklärung mit Entscheidung im schriftl Verf nach § 128 II (OLG München MDR 80, 146), auch zu prozessualen Fragen, **nicht** Anträge, mit denen sich eine Partei gegen eine Rechtsbeeinträchtigung zur Wehr setzt (zB Gegenvorstellung, str), dgl **nicht** bloße Formalanträge, wie Vertagungsantrag (OLG Düsseldorf MDR 2010, 517; OLG München NJW-RR 2024, 677 Tz 26; MK/Stackmann Rn 5; ThP/Hüßtege Rn 5; St/Bork Rn 5, str; aA OLG Hamburg MDR 61, 152; LG Tübingen MDR 82, 411; offen lassend BGH NJW 92, 984) oder Gesuch um Akteneinsicht (BayObLG NJW-RR 2001, 642). Vorgänge im Zusammenhang mit der Antragstellung liegen **nicht vor** dieser (OLG Köln OLGZ 74, 424); durch die gegenteilige Auslegung des § 43 würde das Ablehnungsrecht für die Partei in unzumutbarer Weise beschränkt (OLG Köln OLGZ 71, 376). 5

4) Nichtgeltendmachung des Ablehnungsgrundes. Die Partei oder in ihrem Namen der ProzBev (vgl § 42 III u s § 42 Rn 2) darf den Ablehnungsgrund nicht geltend gemacht haben (Rn 8). Eine Einlassung *nach* erfolgter Ablehnung ist dagegen unschädlich (s Rn 8). Die Frist (s Rn 1) gilt nicht bei Unterbrechung/Aussetzung des Verf (§ 46 Rn 4 [d]). 6

III) Rechtsfolgen. Verlust des Ablehnungsrechts. Geheilt werden nur Ablehnungsgründe, die **vor** dem maßgebenden Zeitpunkt (s Rn 4, 5) liegen (vgl OLG Dresden MDR 2011, 1261, uU einschr), nicht solche, die **später** entstanden oder bekannt geworden sind (§ 44 IV 1; vgl OLG Frankfurt OLGZ 79, 453 = MDR 79, 762), Ablehnungsgründe, die während der Verh entstehen, müssen bis zum Schluss der mündl Verh (Ablauf der Handlungsfrist im schriftlichen Verf) „unverzüglich" geltend gemacht werden (§ 44 IV 2; § 44 Rn 11a). **Alle** der ablehnenden Partei bekannten Ablehnungsgründe sind *gleichzeitig* vorzubringen (vgl § 25 I 2 StPO entspr; offen lassend BGH NJW-RR 2019, 123 Tz 14); ein „Nachschieben" mit der sof Beschwerde oder einem späteren neuen Ablehnungsgesuch ist unzulässig (s § 44 Rn 4; § 46 Rn 18). Die Heilung ist nach teilw vertretener Meinung auf den **anhängigen Rechtsstreit** beschränkt und hindert die Partei nicht, den Ablehnungsgrund in einem anderen späteren Verf geltend zu machen (OLG Karlsruhe NJW-RR 92, 572 mwN = MDR 92, 409; MK/Stackmann Rn 9; MskV/Heinrich Rn 6; ThP/Hüßtege Rn 1, str; **aA** OLG Karlsruhe MDR 2022, 977; Vossler MDR 2007, 994; vermittelnd BGH NJW 2006, 2776 = MDR 2007, 44: „tatsächl u rechtl Zusammenhang" zwischen den beiden Verf entscheidend; dem folgend OLG Celle MDR 2023, 660 bei Unterhaltsklage und Abänderungsverfahren im Abstand von sieben Jahren; OLG Koblenz MDR 86, 60 für das Verhältnis PKH-Verf/Hauptprozess; OLGZweibrücken NJW-RR 2013, 383 = MDR 2013, 365 für das Verhältnis sBV/Hauptsacheprozess). 7

IV) Abgrenzung. Verhandeln nach Ablehnung. Hat die Partei den Ablehnungsgrund mit einem Ablehnungsantrag iSv § 44 geltend gemacht, kommt es nicht dadurch zu einem Verlust des Ablehnungsrechts, dass sie sich 8 auf eine Verhandlung vor dem abgelehnten Richter eingelassen oder Anträge gestellt hat (grdl BGH NJW-RR 2016, 887 = MDR 2016, 902 und 1005 [Conrad]; OLG Köln NJW-RR 2019, 697 Tz 3); es besteht dann kein Verhandlungsverbot.

§ 44 Ablehnungsgesuch

(1) Das Ablehnungsgesuch ist bei dem Gericht, dem der Richter angehört, anzubringen; es kann vor der Geschäftsstelle zu Protokoll erklärt werden.

(2) [1]Der Ablehnungsgrund ist glaubhaft zu machen; zur Versicherung an Eides statt darf die Partei nicht zugelassen werden. [2]Zur Glaubhaftmachung kann auf das Zeugnis des abgelehnten Richters Bezug genommen werden.

(3) Der abgelehnte Richter hat sich über den Ablehnungsgrund dienstlich zu äußern.

(4) [1]Wird ein Richter, bei dem die Partei sich in eine Verhandlung eingelassen oder Anträge gestellt hat, wegen Besorgnis der Befangenheit abgelehnt, so ist glaubhaft zu machen, dass der Ablehnungsgrund erst später entstanden oder der Partei bekannt geworden sei. [2]Das Ablehnungsgesuch ist unverzüglich anzubringen.

1 **I) Voraussetzungen eines Ablehnungsgesuchs. 1) Bestimmter Richter.** Die Ablehnung muss sich auf einen **einzelnen** (oder mehrere einzelne) mit dem Verf (schon und noch) befasste **Richter** beziehen; die denkbare Befassung als Vertreter begründet keine gegenwärtige Ablehnungsmöglichkeit (BGH NJW-RR 2022, 1222 Tz 6). **a)** Keine Ablehnung findet (mehr) statt, wenn der abgelehnte Richter endgültig ohne Mitwirkung an einer Sachentscheidung aus dem Verf ausscheidet (zB durch Versetzung oder Abordnung an anderes Gericht, BGH NJW-RR 2016, 127 = MDR 2016, 176, Änderung des GVP, Ausscheiden aus dem Richteramt, Tod u dgl, vgl BGH NJW 2011, 1358 Tz 10; BGH NJW-RR 2020, 633 Tz 6, 9; sa § 42 Rn 3) oder gegen einen mit dem Verf nicht befassten Richter des Spruchkörpers (BGH NJW-RR 2022, 1222 Tz 6: Nichtzugehörigkeit zur zuständigen „Sitzgruppe").

2 **b)** Der **Richter** muss **namentl bezeichnet** oder sonst zweifelsfrei **bestimmbar** sein (BGHZ 226, 350 Tz 18 = NJW 2021, 385; Auskunftsrecht der Partei: s § 43 Rn 3). Die Rspr lässt **Ausnahmen** zu, wenn der Ablehnungsgrund nur nach Gattungsmerkmalen („generell") umschrieben ist (Zuständigkeit für „Diesel-Verf", BGHZ 226, 350; Kollegialitätsverhältnis zum Gerichtsvorstand, BGH NJW-RR 2022, 284 Tz 15; Zugehörigkeit zu einer Gewerkschaft, einem bestimmten Gericht und dgl; vgl BAGE 20, 271 = NJW 68, 862) oder wenn der Ablehnungsgrund aus konkreten, in einer Kollegialentscheidung enthaltenen Anhaltspunkten hergeleitet wird (BVerfG NJW-RR 2021, 1436 Tz 24; BGHZ 226, 350 Tz 19; Günther NJW 86, 283). **Nicht ablehnbar** ist das Gericht als solches (BGHZ 226, 350 Tz 19 = NJW 2021, 385; s Rn 15) oder ein ganzer Spruchkörper (BGHZ 226, 350 Tz 19 = NJW 2021, 385; sa § 42 Rn 11a). Zulässig ist aber die Ablehnung aller Richter bei identischem Ablehnungsgrund (BVerfG NJW-RR 2021, 1436 Tz 24; BGHZ 226, 350 Tz 19; § 42 Rn 11a; **Bsp:** Absprache unter Richtern (Hilfe: § 44 III; sa § 42 Rn 25, 28). Zur Entscheidung über Gesamtablehnung mehrerer Richter: s § 46 Rn 2). Im Einzelfall kann die Ablehnung eines Spruchkörpers als Ablehnung bestimmter Mitglieder zu verstehen sein, eine wohlwollende Auslegung ist geboten (BVerfG NJW 2007, 3771, 3773; BVerfG NJW-RR 2008, 72, 74; BGH NJW-RR 2012, 61 Tz 8).

3 **2) Form.** Schriftl, zu Protokoll der GeschSt **(I Hs 2)** und mündl: Anbringung auch in der mündl Verh vor dem zur Entscheidung zuständigen Gericht durch Erklärung zu (gerichtl) Protokoll (§ 160 II, IV 1; OLGR Schleswig 2002, 307); die Protokollierung in der mündl Verh darf nicht verweigert, die Partei nicht auf Einreichung eines Schriftsatzes verwiesen werden (OLG Hamm MDR 2011, 1443, 1444; E. Schneider MDR 2005, 671). Die Nichtprotokollierung des Ablehnungsgrundes geht nicht zu Lasten des Ablehnenden (BSG NJW 2024, 1535 Tz 8). Die Ablehnung muss **unbedingt** erfolgen (OLG Stuttgart NJW-RR 2013, 960); die Wartepflicht (§ 47) verträgt keinen Schwebezustand. **Kein Anwaltszwang**, § 78 III, auch nicht im Revisions-(Rechtsbeschwerde-)Verf (BGH MDR 95, 520; BAG NJW 2012, 1531); anders aber im Beschwerdeverf s § 46 Rn 17. Der RA bleibt aber ProzBev (§ 172) auch im Ablehnungsverf (s § 46 Rn 5). Bis zur Entscheidung (§ 46 II) ist das Gesuch widerrufl (RSchwab/Gottwald § 24 Rn 17). **Empfangszuständigkeit** gem **I** ist Zulässigkeitsvoraussetzung (KG FamRZ 86, 1024). **I** steht aber Abgabe gem § 129a I nicht entgegen (vgl § 129a III 2).

4 **3) Begründung.** Die Begründung des **Ablehnungsgrundes** ist sogleich erforderl (BVerwG NJW 97, 3327; OLG München MDR 2006, 1010); die bloße Erklärung einer Partei, sie lehne den Richter ab, werde die Begründung nachbringen, ist kein Ablehnungsgesuch (OLG Köln NJW-RR 96, 1339; OLG Hamburg NJW-RR 2018, 831; BFH NJW-RR 96, 702; arg § 26a I Nr 2 StPO); die bloße Aktenkundigkeit des Ablehnungsgrundes ohne nähere Kennzeichnung genügt nicht (OLG Hamburg NJW-RR 2018, 831). Der fehlenden Begründung steht eine völlig ungeeignete gleich (Behandlung: Rn 14). Bei einem zulässigen Gesuch dürfen weitere Ablehnungsgründe nachgeschoben werden (OLG Köln NJW-RR 2019, 698 Tz 4; E. Schneider MDR 2005, 672). Bei der ablehnenden

Partei bekannten Ablehnungsgründen sind zur Vermeidung von Rechtsverlusten alle gleichzeitig und unverzüglich (IV 2) geltend zu machen (vgl § 25 I 2 StPO; s Rn 11a; § 43 Rn 7; § 46 Rn 18).

II) Glaubhaftmachung (§ 44 II). Gegenstand: die Tatsachen, die den Ablehnungsgrund ergeben. **Mittel:** insb eidesstattl Versicherung (§ 294), aber auch schriftl Erklärung (Zimmermann Rn 4, 5); die Einschränkung gem **II 1 Hs 2** gilt für die ablehnende Partei und auch nur für den Ablehnungsgrund, nicht iÜ (s Rn 11); sie ist nur historisch erklärbar u in der Sache überholt (s G. Vollkommer, Der ablehnbare Richter, 2001, S 170; E. Schneider ZAP F. 13, S 1273). „Zeugnis des abgelehnten Richters" **(II 2)** ist die dienstl Äußerung gem **III** (s Rn 6). Stillschweigende Bezugnahme darauf (vgl **II 2**) soll bei anwaltl Ablehnungsgesuch nicht ohne weiteres zu unterstellen sein (so OLG Frankfurt OLGZ 77, 24 = NJW 77, 767; dagegen zutr WSch/Gerken Rn 17). Glaubhaftmachung entfällt bei Offenkundigkeit (§ 291) und bei Unterstellung der geltend gemachten Tatsachen als wahr (VGH Mannheim NJW 75, 1048). Eine Ergänzung der Beweismittel ist bis zur Entscheidung möglich (ThP/Hüßtege Rn 2), auch noch im Rechtsmittelzug (§ 42 Rn 5 aE). 5

III) Dienstliche Äußerung „über den Ablehnungsgrund" (§ 44 III). 1) Erklärungspflicht; Ausnahmen. 6
a) Die Äußerung gem **III** ist **Dienstpflicht** des abgelehnten Richters (E. Schneider MDR 98, 454), auch im Verfahren gem § 48 (OLG Frankfurt FamRZ 98, 378). Sie dient der Tatsachenfeststellung (BVerfG 3.3.2025 – 1 BvR 750/23, 1 BvR 763/23, NJW 2025, 1939 Tz 103; BGH MDR 2022, 843 Tz 13; BVerwG NVwZ 2022, 884 Tz 13; OLG Stuttgart 22.9.2022 – 23 W 9/21 Tz 38). Die Äußerung ist bis zur abschließenden Entscheidung möglich (OLG Stuttgart aaO). Die ablehnende Partei kann auf deren gesetzmäßiger Abgabe gem **II 2** bestehen (zum Erfordernis des **rechtl Gehörs** s § 46 Rn 4).

b) Die Erklärungspflicht **entfällt** bei Aktenkundigkeit des Ablehnungsgrundes (BGH NJW-RR 2017, 189 Tz 14; BAG NJW 2024, 781 Tz 14) zB bei protokollierten (§ 139 IV 1) Hinweis (OLG Bremen NJW 86, 999) oder bei der Mitwirkung an einer Entscheidung (BVerfGK 11, 73; BGH MDR 2012, 363; eingeh Ghassemi-Tabar/Nober NJW 2013, 3688), bei einer eindeutig unzulässigen Ablehnung (s Rn 12; weiter gehend auch bei unschlüssigen Gesuchen BGH MDR 2022, 843 Tz 13; BVerwG NVwZ 2022, 884 Tz 13) sowie bei generellen Ablehnungsgründen (Rn 2) ohne individuellen Aufklärungsbedarf (BGHZ 226, 350 Tz 43 = NJW 2021, 385). 7

c) Abw von **III** kann eine dienstl Erklärung zum Ablehnungsgrund auch von einem selbst nicht (mit-)abgelehnten Richter abgegeben werden; ein Verlust der Entscheidungskompetenz gem § 45 I ist damit nicht verbunden (s § 41 Rn 9; § 42 Rn 25). 8

2) Inhalt. Die Äußerung gem **III** besteht in einer zusammenhängenden Stellungnahme zu den (äußeren u inneren) Tatsachen des im Ablehnungsgesuch geltend gemachten Ablehnungsgrundes (arg „Zeugnis" in **II** iVm § 396 I; BGH NJW-RR 2012, 61 Tz 11; Schneider/Gronemann aaO [s vor § 41] § 3 Rn 271 ff). Sie kann auch auf im Ablehnungsgesuch nicht genannte, entscheidungserhebl Umstände eingehen, insb darf der abgelehnte Richter auch die zur Ablehnung führenden Vorgänge mit der gebotenen Zurückhaltung wertend beurteilen (vgl BGHZ 77, 73); Ausführungen zur Zulässigkeit oder Begründetheit des Gesuchs haben jedoch zu unterbleiben (BGH NJW-RR 2012, 61 Tz 11; OLG München NJW-RR 2024, 677 Tz 37 = MDR 2024, 464; Fleischer MDR 98, 757; sa § 42 Rn 24, 26), insb jede Kritik an der Ablehnung (OLG Köln NJW-RR 2013, 1152), auch an Ablehnungsentscheidungen in Parallelverfahren (OLG Stuttgart 22.9.2022 – 23 W 9/21 Tz 53). Eine nachträgliche Ergänzung ist möglich (OLG Stuttgart aaO Rn 41, 43; sa Rn 6). Überflüssig ist die Erklärung, sich nicht befangen zu fühlen. Sie steht einer unterbliebenen (nachzuholenden) Erklärung gleich (BFH BFH-NV 2023, 43). **Mögliche** vorhandene Befangenheitsgründe sind zu offenbaren (s § 42 Rn 12, 13, 24; § 48 Rn 1, 11); Mängel der Stellungnahme können für § 42 bedeutsam sein (s § 42 Rn 24 mwN aus der Rspr). 9

3) Form. Die dienstl Äußerung hat idR schriftl zu erfolgen (Grund: Nachprüfbarkeit), jedoch ist mündl Anhörung des abgelehnten Richters durch das beschließende Gericht (s § 45 Rn 3, 4) oder das Beschwerdegericht (s § 46 Rn 17) mögl (MK/Stackmann Rn 8); dgl kann es die (fehlende) dienstl Äußerung nachträgl anfordern (Rn 5). 10

IV) Unverzügliche Ablehnung nach Einlassung oder Antragstellung. 1) Nachträgliche Entstehung des Ablehnungsrechts (§ 44 IV 1). Verhandlung meint nicht nur mündl Verh, umfasst sind auch schriftl Verf zB der fG (OLG Hamburg FamRZ 2020, 1289 LS). Zur Glaubhaftmachung bei nachträgl Entstehung (Kenntnis) des Ablehnungsgrundes (s § 43) gilt § 294 uneingeschränkt; die Beschränkung gem II 1 Hs 2 ist für die Tatsachen gem IV nicht anzuwenden. 11

2) Unverzügliche Geltendmachung (§ 44 IV 2). Satz 2 ergänzt die Zeitschranke gem § 43 und verhindert damit, dass das Ablehnungsrecht aus prozesstaktischen Gründen (Rn 13) zur Verfahrensverzögerung möglichst spät eingesetzt wird (Bsp BGH NJW-RR 2020, 779 Tz 27 ff). Die Ablehnungsfrist gem **IV 2** setzt Einlassung oder Antragstellung (IV 1) voraus (OLG Stuttgart 22.9.2022 – 23 W 9/21 Tz 19). „Unverzüglich" heißt ohne schuldhafte prozessordnungswidrige Verzögerung nach Kenntniserlangung (BGH NJW-RR 2022, 429 Tz 12 = MDR 2022, 719; Schultzky MDR 2020, 1 Tz 9; Vossler MDR 2021, 656; ThP/Hüßtege Rn 8), nicht „sofort" (s BGH (St) NStZ 2021, 56 Tz 16). Der ablehnenden Partei steht eine angemessene Überlegungsfrist zur Verfügung. Die konkrete Verfahrenssituation des Einzelfalls entscheidet. Bei einer auf die Entscheidungsgründe ge- 11a stützten Ablehnung genügt die Einhaltung der Rechtsmittelfrist (BGH NJW-RR 2022, 429) ggf der Begründungsfrist (vgl BGH MDR 2022, 843 Tz 11 zu § 43 für NZB). Die teilw vertretene allg Bemessung der Frist auf wenige Tage (ThP/Hüßtege, Rn 10 mwN) ist abzulehnen. Die Unverzüglichkeit ist nach § 294 glaubhaft zu machen. Die nicht unverzügliche Ablehnung ist unzulässig (OLG Hamburg NJW-RR 2020, 698; hM; **aA** Vossler MDR 2021, 657: unbegründet; sa Rn 13). Das verspätete Ablehnungsgesuch kann der abgelehnte Richter aber selbst verwerfen (§ 26a I Nr 1 StPO analog), da ein gesetzlich geregelter Fall der Verschleppung vorliegt und diese Prüfung kein Eingehen auf den Ablehnungsgrund verlangt (s Rn 13, 17). Ein nach IV 2 verspätetes Ablehnungsgesuch kann ein zulässiges Gesuch des Gegners (§ 42 III) oder eine Prüfung des Ablehnungsgrundes nach § 48 auslösen. **Keine Frist** läuft während der Unterbrechung/Aussetzung des Verf (s § 46 Rn 4 [d]).

12 **V) Unzulässige Ablehnungsgesuche.** Das Ablehnungsgesuch ist in entspr Anwendung von § 26a I StPO unzulässig, wenn es rechtsmissbräuchlich erhoben wird, seine Begründung zu seiner Rechtfertigung völlig ungeeignet, es gar nicht begründet ist, die Ablehnung verspätet ist oder wenn das Rechtsschutzbedürfnis offenkundig zu verneinen ist (BVerfG NJW-RR 2021, 1436 Tz 21; Übersicht m Fallgruppenbildung: Ghassemi-Tabar/Nober NJW 2013, 3686). Ein offensichtlich unbegründetes Gesuch steht nicht gleich (BVerfG NJW-RR 2021, 1436 Tz 26).

13 **1) Rechtsmissbrauch.** Das Ablehnungsgesuch ist **rechtsmissbräuchl**, wenn durch die Ablehnung das Verf offensichtl nur **verschleppt** oder mit ihr **verfahrensfremde Zwecke** verfolgt werden sollen (dazu BVerfG NJW 2005, 3412; BVerfG NJW 2007, 3771; BGH NJW-RR 2020, 779 Tz 24 ff, 27; BAG NJW 2016, 2765 LS 3 f; näher Günther ZZP 105 [1992], 26). So bei der Ablehnung als taktisches Mittel für verfahrensfremde Zwecke (BGH NJW-RR 2020, 779 Tz 24 ff, 27; OLG Karlsruhe MDR 2014, 242; OLG Jena MDR 2017, 967), bei einem nicht ernsthaft gemeinten, querulatorischen (OLG München Rpfleger 2017, 379) oder unter einem Vorwand gestellten Ablehnungsgesuch (Bsp: Ausschaltung eines nicht genehmen Richters als taktische Manipulation, vgl BAG NJW 2012, 1531 = MDR 2012, 656; BVerwG NJW 97, 3327; OLG Karlsruhe MDR 2014, 242; näher s § 42 Rn 29), zur Druckausübung auf Entscheidungstätigkeit, zur Erzwingung einer mit Recht abgelehnten Terminsverlegung (OLG Frankfurt NJW 2009, 1007; s § 42 Rn 23); nur der Verschleppung dienende Ablehnung (BGH NJW 92, 984; BGH NJW-RR 2005, 1226 = MDR 2005, 943; BGH NJW-RR 2020, 779 Tz 28; stRspr; abw BAG NJW 2016, 2765 LS 4); seit 1.1.2020 genügt nach Einlassung etc Verspätung der Ablehnung (s Rn 11a). Bei verunglimpfenden Gesuchen, die grobe Beleidigungen und Beschimpfungen der beteiligten Richter enthalten, kommt darauf an, ob sie einen „sachl Kern" haben (OLG Frankfurt NJW-RR 2012, 1271, 1273).

14 **2) Wiederholung; ungeeignete Gründe.** Das Ablehnungsgesuch ist unzulässig bei **fehlender Angabe eines Ablehnungsgrundes** (Rn 4), bei der **Wiederholung** eines schon zurückgewiesenen Ablehnungsgesuchs ohne neue Gründe (KG FamRZ 86, 1022; LAG Köln EzA 23/2019, 16) oder wenn seine **Begründung gänzlich ungeeignet** ist. Letzteres ist der Fall, wenn sie die angebliche Befangenheit ohne nähere Prüfung und losgelöst von den konkreten Umständen des Einzelfalls von vornherein nicht belegen kann, wenn also für die Verwerfung als unzulässig jedes Eingehen auf den Gegenstand des Verfahrens oder das eigene Verhalten des abgelehnten Richters selbst entbehrl ist, jede Sachprüfung also entbehrl ist (BVerfG NJW 2007, 3771, 3772 f; BVerwG NJW 2014, 953 Tz 5; BAG NJW 2012, 1531 = MDR 2012, 656; BAG NJW 2016, 2765 LS 3; einschr für Sonderfall BVerwG NJW 2014, 953 Tz 11). Dies ist insb der Fall, wenn die Ablehnung auf die Mitwirkung des abgelehnten Richters in einem anderen Verfahren oder wegen einer dem Ablehnenden ungünstigen Rechtsauffassung gestützt wird (BVerfG 18.12.2018 – 2 BvR 1265/18). Ein begründungsloses Gesuch kann **nachträglich ergänzt**, ein deshalb verworfenes Gesuch wiederholt werden, solange das Ablehnungsrecht (noch) besteht (s Rn 11 f). Bei Einlegung sofortiger Beschwerde ist die Beschwerdebegründung in ein Ablehnungsgesuch umzudeuten (OLG Hamburg NJW-RR 2018, 831 Tz 6).

15 **3) Pauschalablehnung.** Unzulässig ist die Ablehnung eines ganzen Gerichts (Spruchkörpers) als solchen (BGHZ 226, 350 Tz 19 = NJW 2021, 385; Rn 2 mit Ausnahmen; BAG NJW 2024, 781 Tz 14; sa § 46 Rn 2) oder die Ablehnung eines Richters (nur) wegen seiner Zugehörigkeit zu einem bestimmten Gericht oder Spruchkörper (BVerwG NJW 2014, 953 Tz 7; BGH NJW 2021, 385 Tz 19).

16 **4) Fehlendes Rechtsschutzbedürfnis.** Das Rechtsschutzbedürfnis fehlt bei der Ablehnung durch eine Nichtpartei (s § 42 Rn 2), bei einem Gesuch außerhalb des zulässigen Zeitraums (s Rn 11a; § 42 Rn 3) oder wenn der abgelehnte Richter endgültig aus dem Verfahren ausgeschieden ist (s Rn 1). Es erlischt dagegen nicht, wenn der abgelehnte Richter noch mit Folgeverfahren befasst sein kann, zB Tatbestandsberichtigung (§ 320), Anhörungsrüge (§ 321a), Abhilfeentscheidung (§ 572 I; dazu BGH NJW-RR 2022, 138 Tz 6; BGH NJW-RR 2022, 429 Tz 13). Bei der Tatbestandsberichtigung soll das Rechtsschutzbedürfnis allerdings dann entfallen, wenn sämtliche Richter einer Kollegialentscheidung abgelehnt werden, so dass nach § 320 III 2 im Falle der Stattgabe keine Berichtigung mehr möglich ist (BFH/NV 2023, 43). Dies ist abzulehnen, da dann das Ablehnungsgesuch als unzulässig zu verwerfen wäre, die abgelehnten Richter ohne inhaltliche Prüfung des Ablehnungsgrundes am Folgeverfahren mitwirken könnten. Bei der **Kettenablehnung** (s § 45 Rn 10) entfällt das Rechtsschutzbedürfnis für die Ablehnung des das (1.) Ablehnungsgesuch zurückweisenden (selbst in der Sache nicht zuständigen) Richters *mit Rechtkraft (§ 46 II)* des *Zurückweisungsbeschlusses* (OLG Frankfurt NJW-RR 2017, 191 Tz 14). Ohne Bedeutung ist der Wegfall des konkreten Ablehnungsgrundes (Bsp: Der willkürlich nicht verlegte Termin (s § 42 Rn 23) findet aus anderen Gründen nicht statt).

VI) Behandlung; insb Selbstablehnung. Lit: Sangmeister, Überprüfung richterlicher Selbstentscheidung bei Ablehnungsgesuchen, AnwBl Online 2020, 524. **1) Selbstentscheidungsrecht.** In klaren Fällen eines **unzulässigen oder missbräuchlichen Ablehnungsgesuchs** entscheidet der Spruchkörper **in alter Besetzung unter Mitwirkung des abgelehnten Richters** und in den Fällen der §§ 348, 348a durch den abgelehnten **Einzelrichter** (BVerfG NJW-RR 2021, 1436 Tz 23; BGH NJW-RR 2012, 61 Tz 8; BGHZ 226, 350 Tz 30 = NJW 2021, 385; BAG NJW 2024, 781 Tz 14; sa § 26a I Nr 3, II 1 StPO). Die Selbstentscheidung scheidet aus, wenn auch nur ein – geringfügiges – Eingehen auf den Verfahrensgegenstand erforderlich ist (BVerfG NJW-RR 2021, 1436 Tz 26: nur „Formalprüfung") oder das eigene Verhalten des abgelehnten Richters zu beurteilen wäre (NRWVerfGH NJW-RR 2020, 631 Tz 18; BGH NJW-RR 2020, 779 Tz 27; OLG Stuttgart 22.9.2022 – 23 W 9/21 Tz 45). Die unzulässige Selbstentscheidung bildet als Fall der Willkür (BGH NJW-RR 2020, 779 Tz 27; BFH NJW 2019, 2647 Tz 4) einen selbständigen Ablehnungsgrund (s § 42 Rn 23). Bei Zweifeln ist das Regelverf gem § 45 einzuhalten (vgl BVerfG NJW 2007, 3771; sa Rn 18). Nicht zulässig ist die Verwerfung von Ablehnungsanträgen als „offensichtl unbegründet" (BVerfG NJW 2007, 3771, 3772 f; BVerwG NJW 2014, 953 Tz 5). 17

2) Verfahren. Über das (klar) unzulässige Gesuch wird außerhalb der §§ 45, 46 entschieden; **§ 44 III und § 47** finden **keine Anwendung** (BGH NJW-RR 2012, 61 Tz 12; BGH NJW-RR 2020, 779 Tz 27; BAG NJW 2024, 781 Tz 14). **Einzelne Ablehnungsgründe** können nicht durch Teilentscheidung als unzulässig verworfen werden (BGH [StSen] NJW 90, 3031 f). Es gilt ein qualifizierter Begründungszwang (OLGR Brandenburg 2000, 23); bei Verwerfung durch Beschluss mit Rechtsbehelfsbelehrung gem § 232. Die querulatorische Wiederholung der zurückgewiesenen Ablehnung kann überhaupt unberücksichtigt bleiben (vgl BVerfGE 11, 5 = MDR 61, 26; OLG Braunschweig NJW-RR 2014, 250; jedoch ist Zurückhaltung geboten: Engel Rpfleger 81, 84 f mN; Günther NJW 86, 290). Ebenso bei missbräuchl Ablehnung eines ganzen Gerichts oder Senats ohne ernsthafte Gründe (BVerfGE 72, 59 mwN; BGH NJW-RR 2012, 61 Tz 8; BVerwG NJW 88, 722; BayVerfGH MDR 2000, 659; BGH WM 2003, 847 [Vollkommer WuB VII A. § 42 ZPO 1.04]). Anstelle einer Vorlage gem § 45 III hat das abgelehnte Gericht auch in zweifelhaften Fällen (Globalablehnung) eine Selbstentscheidung jedenfalls in Betracht zu ziehen (BGH NJW 2021, 385 Tz 30). 18

3) Unzulässige Selbstentscheidung. Rechtsbehelfe. a) Besetzungsmangel. Die unzulässige Selbstentscheidung über ein Ablehnungsgesuch führt zu einem Besetzungsmangel iSv § 547 Nr 1, § 579 Nr 1, Art 101 I 2 GG (s § 41 Rn 2), macht aber die Revision gegen ein 2. VU nicht statthaft (BGH NJW 2016, 642 Tz 7 ff). Die Verwerfung (un-)begründeter Anträge unter Mitwirkung des abgelehnten Richters verletzt Art 101 I 2 GG (BVerfG NJW 2007, 3771, 3772; BVerfG NJW-RR 2008, 72, 73; BSG NJW 2024, 1535 Tz 4; NRWVerfGH NJW-RR 2020, 631 Tz 18 ff), was mit Rechtsmitteln im Hauptsacheverf (s § 41 Rn 17) oder Verfassungsbeschwerde (s § 46 Rn 25) geltend gemacht werden kann. 19

b) Sof Beschwerde. Gegen den Verwerfungsbeschluss, an dem der abgelehnte Richter selbst mitgewirkt hat, ist die sof Beschwerde unmittelbar nach § 567 I statthaft. Es **beschränkt** sich die Prüfung auf die Zulässigkeitsfrage. Hält das Beschwerdegericht das Ablehnungsgesuch für zulässig, hat es an das Ausgangsgericht (AG, LG) zur Ermöglichung einer Entscheidung nach gehörigen Verf (§ 44 II, § 45 I, II 1; Art 101 I 1 GG) zurückzuverweisen (BVerfG stRspr hM, s NRWVerfGH NJW-RR 2020, 631 Tz 23 mN, selbst zweifelnd, s Tz 24 ff; **aA** bei Stattgabe OLG Stuttgart 22.9.2022 – 23 W 9/21 Tz 26). Durch eine Selbstentscheidung des Beschwerdegerichts über den Ablehnungsgrund entspr § 538 II Nr 3 würde der abl Partei endgültig der ges Richter (§ 45 I) entzogen (Sangmeister aaO [Rn 17] 529; iE str s § 46 Rn 18). Der Ausschluss der Beschwerde in § 49 III ArbGG (ebenso § 146 II VwGO, § 128 II FGO) erfasst die Selbstentscheidung, die den Ablehnungsgrund gerade nicht prüft, nicht (näher Vollkommer Anm EzA § 49 ArbGG Nr 2; zust LAG Köln LAGE § 49 ArbGG 1979 Nr 6; iErg auch LAG Düsseldorf MDR 2002, 476, str). 20

c) Gegenvorstellung. Gegen eine Verwerfungsentscheidung ist die Gegenvorstellung zulässig, da das Gericht diese nicht verfahrensgestaltende Entscheidung vAw ändern darf (Ziel: Einleitung Verfahren nach §§ 45, 46; allg BGH WM 2018, 2144). 21

§ 45 Entscheidung über das Ablehnungsgesuch

(1) Über das Ablehnungsgesuch entscheidet das Gericht, dem der Abgelehnte angehört, ohne dessen Mitwirkung.

(2) [1]Wird ein Richter beim Amtsgericht abgelehnt, so entscheidet ein anderer Richter des Amtsgerichts über das Gesuch. [2]Einer Entscheidung bedarf es nicht, wenn der abgelehnte Richter das Ablehnungsgesuch für begründet hält.

(3) Wird das zur Entscheidung berufene Gericht durch Ausscheiden des abgelehnten Mitglieds beschlussunfähig, so entscheidet das im Rechtszug zunächst höhere Gericht.

I) Anwendungsbereich. Das Ablehnungsverf ist ein *selbständiges Zwischenverf*, in dem über den mit dem Ablehnungsgesuch geltend gemachten Ablehnungsgrund abschließend *(bindend)* entschieden wird (BayObLGZ 1

86, 367; KG MDR 88, 237; Günther MDR 89, 691). Dazu sehen **I, II 1** eine eigene Zuständigkeitsregelung vor. Sie gilt auch für die Entscheidung über die Zulässigkeit des Ablehnungsgesuchs, soweit nicht ausnahmsweise das Verfahren der Selbstentscheidung (§ 44 Rn 17) zur Anwendung kommt. Führt die Ersatzzuständigkeit gem **I, II** zur Beschlussunfähigkeit des Gerichts, dem die abgelehnten Richter angehören, tritt die Zuständigkeit des übergeordneten Gerichts an ihre Stelle (**III**, Ersatzzuständigkeit „2. Grades"; s Rn 10).

2 **II) Ablehnung beim Kollegialgericht (§ 45 I). 1) Anwendungsbereich. I** bezieht sich auf sämtl Kollegialgerichte, also LG, auch KfH, OLG und BGH.

3 **2) Zuständigkeit (§ 45 I). a) Regel.** Zuständig ist **das Gericht**, dem der **abgelehnte Richter angehört**. Gericht iSv **I** ist grds der durch den geschäftsplanmäßigen Vertreter ergänzte **Spruchkörper** (ZK, KfH, Senat) des Kollegialgerichts (BGH NJW 2006, 2492 = MDR 2006, 1246; BGH NJW-RR 2007, 932 = MDR 2007, 789 LS). Bei Verhinderung des Vertreters (zB gem §§ 42 II, 48) tritt nach entspr Feststellung (zB s § 48 Rn 10) dessen Vertreter an seine Stelle (§ 21g IV GVG) usw. Im **GVP** kann ein **anderer** Spruchkörper als zuständig gem **I** bestimmt sein (BGH NJW 2006, 2492; WSch/Gerken Rn 2; allgM). Der Spruchkörper gem **I** entscheidet auch bei der Ablehnung eines **Einzelrichters** im Fall der §§ 348, 348a, 526, 527, 568 (BGH NJW 2006, 2492 = MDR 2006, 1246; BGH NJW-RR 2007, 776; OLGR Saarbrücken 2007, 509; MK/Stackmann Rn 4; arg kollegiale Besetzung als Regelfall, §§ 72, 122 GVG), des Vors einer **KfH** (BayObLG MDR 80, 237; OLGR Celle 2009, 392) u eines Handelsrichters (OLG Brandenburg NJW-RR 2020, 635 Tz 5). Die Zusammensetzung des „aufgefüllten" Spruchkörpers (aus nicht abgelehnten verbleibenden u neu eintretenden Richtern) richtet sich iE nach GVP u Mitwirkungsgrundsätzen iSv § 21g GVG (BGH NJW-RR 2007, 932 = MDR 2007, 789 LS). Beim ArbG entscheidet die vollbesetzte Kammer (§ 49 I ArbGG), beim BAG der Senat in voller Besetzung (BAG AP Nr 2 zu § 42 ZPO [Vollkommer]). **Ausnahme:** Selbstentscheidung des abgelehnten Richters: § 44 Rn 17.

4 **b) Abgrenzung.** Die Zuständigkeit des ergänzten Spruchkörpers ist auf das Ablehnungsgesuch (Ablehnungsverf) beschränkt, eine Entscheidung in der Sache (zB Zurückweisung von Rüge gem § 321a) verletzt den gesetzl Richter (Art 101 I 2 GG: BWVerfGH NJW 2020, 603), der abgelehnte Richter scheidet erst mit Rechtskraft der Begründeterklärung des Ablehnungsgrundes aus (s § 42 Rn 7); vorher liegt kein Vertretungsfall iSd GVP vor (BWVerfGH aaO).

5 **III) Ablehnung beim AG (§ 45 II). 1) Zuständigkeit (§ 45 II 1).** Es ist zu unterscheiden, ob das AG durch das Ausscheiden des abgelehnten Richters beschlussunfähig wird (unten b) oder nicht (unten a). – **a) Vertreterentscheidung. Abgelehnter Richter** kann jeder Richter beim AG sein. Der zur **Entscheidung** zuständige **andere Richter** ist der nach dem GVP *hierfür* berufene Richter; fehlt eine Sonderregelung im GVP, ist dies der geschäftsverteilungsplanmäßige Vertreter. Entspr der Regelung beim LG (s Rn 3) ergeht die Entscheidung durch den bisher befassten Spruchkörper, ledigl in der Besetzung tritt ein (vorläufiger) Richterwechsel ein; erst bei Begründeterklärung der Ablehnung tritt der geschäftsplanmäßig zuständige Vertreter an die Stelle des abgelehnten Richters.

6 **b) Ersatzzuständigkeit beim AG.** Eine (Erst-)Entscheidung über das Ablehnungsgesuch durch das im (konkreten) Rechtszug übergeordnete LG gibt es nur noch in dem Fall der durch das Ausscheiden des abgelehnten Richters eingetretenen **Beschlussunfähigkeit des AG (III)**; es darf also kein einziger Richter mehr als geschäftsplanmäßiger „anderer" Richter zur Verfügung stehen; beim einstelligen AG muss auch der nach § 22b I GVG bestellte Vertreter verhindert sein. Bei Ersatzzuständigkeit des LG entscheidet aus den Gründen gem Rn 2 nicht der ER, sondern die ZK (OLGR Karlsruhe 2006, 832).

7 **2) Vereinfachtes Verfahren bei Stattgabe nach § 45 II 2.** Das Verf nach **II 2** befreit nur davon, die Entscheidung des „anderen Richters" nach **II 1** einzuholen (WSch/Gerken Rn 8). Der Richterwechsel ist aber kein interner Vorgang (BVerfGE 89, 36 ff; Streichung von § 48 II) und berührt die Verfahrensgrundrechte der Parteien (Art 101 I 2 GG). Daher ist immer sowohl die **Anhörung der Parteien** als auch eine **förml Entscheidung** mit Begründung erforderl (OLG Frankfurt FamRZ 98, 378 mwN; OLG Oldenburg MDR 2010, 651). Darüber hinaus scheidet eine Entscheidung nach **II 2** aus, wenn der Richter selbst das Ablehnungsverf gem § 48 eingeleitet hat und über sein eigenes Gesuch entscheiden müsste (arg § 41 Nr 6; OLG Oldenburg MDR 2010, 651). Bei einer Fremdablehnung darf eine Entscheidung nach **II 2** nur ergehen, wenn sich beide Parteien zuvor mit der Entscheidung durch den abgelehnten Richter einverstanden erklärt hatten, anderenfalls würde ihr Recht auf Entscheidung durch einen unparteiischen Richter verletzt (dazu G. Vollkommer, Der ablehnbare Richter, 2001, S 184 ff). Liegen diese Voraussetzungen vor, ist der Stellvertreter an die Stattgabe gebunden, sonst kommt es zum regulären Ablehnungsverf (s Rn 5, 6).

8 **3) Ablehnung des Rechtspflegers.** Bei Ablehnung des Rpflegers entscheidet der Amtsrichter in 1., das LG in 2. Instanz; § 46 II gilt entspr, § 10 S 2, § 28 RpflG (iE s § 49 Rn 5).

9 **IV) Zuständigkeit des übergeordneten Gerichts bei Beschlussunfähigkeit (§ 45 III). 1) Übergeordnetes Gericht. a) Zuständigkeit.** Maßgeblich für die **Zuständigkeit** als übergeordnetes Gericht iSv III ist die Rechtsmit*telzuständigkeit in der Hauptsache* (BGH NJW-RR 2022, 284 Tz 5 = MDR 2022, 387), nicht der allg Gerichtsaufbau. Dieses ist im Verhältnis zum AG (Streitgericht) das LG (ZK; § 72 I GVG; sa Rn 6), zum AG (Fam-Gericht) das OLG (§ 119 I GVG), zum LG (ZK, KfH) das OLG (§ 119 GVG), zum OLG und zum LG als Rechts-

mittelgericht (§ 574 I; § 76 I FamFG; § 72 I 2, § 119 I Nr 1 b GVG) sowie bei erstinstanzlicher OLG/BayObLG-Zuständigkeit (§ 119 III GVG) der BGH (§ 133 GVG), zum ArbG das LAG (§ 49 II ArbGG; s LAG Köln EzA 2019, 16), zum LAG das BAG (BAG NJW 2024, 781 Tz 8); eine Regelung für die obersten Bundesgerichte besteht nicht (s aber Rn 10 aE). **b) Beschlussunfähigkeit** ist gegeben, wenn ein „beschlussfähiger" Spruchkörper infolge der Ablehnung nicht mehr gebildet werden kann (§§ 22, 75, 115, 122 GVG); die Vertretungsregelung (GVP) muss erschöpft sein. Eine Vorlage gem III scheidet daher an sich aus, wenn das Ablehnungsgesuch unzulässig ist (so uU bei Globalablehnung, s § 44 Rn 2) und eine Verwerfung durch Selbstentscheidung (s § 44 Rn 17) in Frage kommt (BGHZ 226, 350 = NJW 2021, 385 Tz 30). Aus Gründen der **Prozessökonomie** kommt allerdings eine Vorlage gem **III** auch bei unzulässigen Gesuchen in Frage (BAG NJW 2024, 781 Tz 8). Es liegt im Ermessen des BGH usw, über welche Ablehnungsgesuche er entscheidet, um die Entscheidungsfähigkeit des OLG usw wiederherzustellen (BAG NJW 2024, 781 Tz 7). Ist die Unzulässigkeit des Ablehnungsgesuchs zweifelhaft, steht aber die Erfolglosigkeit der Ablehnung fest, kann das gem III zuständige Gericht die Zulässigkeit offenlassen und das Ablehnungsgeruch als „jedenfalls unbegründet" zurückweisen (BGHZ 226, 350 Tz 14, 21 = NJW 2021, 385; BGH NJW-RR 2022, 284 Tz 9). Weist das übergeordnete Gericht die Ablehnung zurück, lebt die Beschlussfähigkeit des vorlegenden Gerichts wieder auf; das übergeordnete Gericht kann die Zurückweisung auf einen Teil der Ablehnungsanträge beschränken und so die Beschlussfähigkeit des vorlegenden Gerichts teilweise wiederherstellen (näher BGHZ 226, 350 = NJW 2021, 385 Tz 22 ff; BGH NJW-RR 2022, 284 Tz 11). Erklärt das übergeordnete Gericht die Ablehnungsanträge für begründet, hat es auch das zuständige Gericht gem § 36 I Nr 1 zu bestimmen (OLG Brandenburg NJW-RR 2020, 635 Tz 13).

2) Abgrenzung und Sonderfälle. Bei der *wiederholten Ablehnung* (Kettenablehnung) ist zu beachten: Werden 10
nach der Entscheidung über den 1. Ablehnungsantrag auch die an ihr mitwirkenden Richter („Vertreterbesetzung") abgelehnt, ist nach Rechtskraft (iSv § 47 Rn 3) der die 1. Ablehnung zurückweisenden Entscheidung der Spruchkörper in der ursprüngl Besetzung zuständig (vgl OLG Frankfurt NJW-RR 2017, 191 Tz 14; s § 44 Rn 16), nicht zuständig sind die Vertreter der Vertreter (s § 47 Rn 5). **Sonderfall:** Werden *sämtl* Richter eines obersten Bundesgerichts abgelehnt, ohne dass ein Fall von § 44 Rn 12 vorliegt (dann Vorgehen gem § 44 Rn 17), lässt das BVerwG eine Einschränkung des Verbots der Selbstentscheidung zu (BVerwG NJW 2014, 953 Tz 6, 11). Ist aber dieser Weg nicht gangbar, liegt ein Fall von § 36 I Nr 1 vor; die erforderliche Bestimmung eines zuständigen obersten Bundesgerichts erfolgt analog § 36 I Nr 1 durch den GemS OGB oder das BVerfG (nicht beachtet von BVerwG NJW 2014, 953 Tz 8).

§ 46 Entscheidung und Rechtsmittel

(1) Die Entscheidung über das Ablehnungsgesuch ergeht durch Beschluss.

(2) Gegen den Beschluss, durch den das Gesuch für begründet erklärt wird, findet kein Rechtsmittel, gegen den Beschluss, durch den das Gesuch für unbegründet erklärt wird, findet sofortige Beschwerde statt.

I) Verfahren (§ 46 I). 1) Anwendungsbereich. Das Verf nach **I**, die Besetzung gem § 45 und die sof Beschw 1
gem **II Hs 2** schaffen ein selbständiges Zwischenverfahren, in dem über den Ablehnungsgrund bindend entschieden wird (s § 45 Rn 1). Im Unterschied dazu wird im Ausgangsverfahren (unter Beteiligung des abgelehnten Richters) über klar unzulässige Ablehnungsgesuche entschieden (dazu § 44 Rn 17).

2) Verfahren. a) Über jedes – nicht klar unzulässiges (s § 44 Rn 17) – Ablehnungsgesuch *muss* das Gericht in 2
der Besetzung gem § 45 entscheiden. Es darf nicht deshalb unbeschieden bleiben, weil sich das Gericht vertagt und im neuen Termin ohne den abgelehnten Richter tätig wird (BVerfG DRiZ 2008, 56, 58; BAGE 14, 48 = MDR 63, 533; AP Nr 1 zu § 45 ZPO [Pohle]). Bei Ablehnung *mehrerer Richter eines Spruchkörpers* wegen gleichartiger Ablehnungsgründe ist *einheitl* (nicht einzeln und nacheinander) zu entscheiden (BGHZ 226, 350 Tz 31 = NJW 2021, 385; OLG Karlsruhe NJW-RR 2020, 636 Tz 9; vgl auch BVerfG NJW 2004, 2514; BGHSt 44, 27; BVerwG NJW 2014, 953 Tz 9).

b) Fakultative (freigestellte) **Mündlichkeit** (I iVm **§ 128 IV**; dazu s § 128 Rn 5). Mündl Verh ist idR entbehrl 3
(BVerwG NVwZ 2022, 884 Tz 15), aber auch nicht ermessensfehlerhaft (BFH DB 92, 2122). – **c)** Grundsatz der **Amtsermittlung** (OLG Frankfurt OLGZ 80, 109; OLG Hamm Rpfleger 74, 404; St/Bork Rn 1; ThP/Hüßtege Rn 1; WSch/Gerken Rn 1, allgM). – **d) Verfahrensbeteiligung beider Parteien.** Der Gegner der ablehnenden Partei hat die Stellung eines Verfahrensbeteiligten (*arg* Art 101 I 2 GG; BGH NJW 2005, 2233, 2234 = MDR 2005, 1016; eingeh Kroppenberg NJW 2005, 3113 f; G. Vollkommer, Der ablehnbare Richter, 2001, S 120 f).

e) Rechtliches Gehör. Den Verfahrensbeteiligten ist rechtl Gehör (Art 103 I GG) zu gewähren. Zu der dienstl 4
Äußerung (§ 44 III) muss die ablehnende Partei und der Gegner Stellung nehmen können, anderenfalls ist sie nicht verwertbar (vgl BVerfGE 24, 62 = MDR 68, 820; 89, 37 = NJW 93, 2229, 2230); eine Ausnahme bei nur formelhafter Äußerung des abgelehnten Richters (so OLG Köln MDR 73, 57) oder wenn diese keine neuen Angaben zu einem unstreitigen Sachverhalt enthält (so OLG Karlsruhe OLGZ 84, 101, 102) ist nicht anzuerkennen

(E. Schneider MDR 98, 454; Kroppenberg NJW 2005, 3114). Hat die ablehnende Partei in der Beschwerdeinstanz Gelegenheit zur Stellungnahme gehabt, ist der Verfahrensfehler **geheilt** (OLG Koblenz OLGZ 77, 111; VGH Kassel NJW 83, 901).

4a **f) Besondere Verfahrenssituationen.** Im Fall der Unterbrechung (§ 239) oder Aussetzung des Verf (§ 246) darf über ein Ablehnungsgesuch nicht entschieden werden (§ 249 II). Ist gleichwohl entschieden worden, ist der (unwirksame) Beschluss aufzuheben (OLG Stuttgart MDR 2022, 661), das Verfahren wird in den Stand vor dem Ablehnungsbeschluss zurückversetzt.

5 **II) Entscheidung (§ 46 I). 1) Form und Verlautbarung.** Die Entscheidung ergeht stets (auch nach mündl Verh; dann gilt § 329 I) durch **Beschluss**. Der stattgebende Beschluss wird, wenn nicht verkündet, beiden Parteien formlos übersandt; der zurückweisende dem Gesuchsteller zugestellt (§ 329 III iVm § 46 II). § 172 ist zu beachten, auch bei Ablehnung durch die Partei persönl (s § 44 Rn 3; vgl OLGR Köln 2005, 381).

6 **2) Beweislast. Beweismaß.** Verbleibende Zweifel (*„non liquet"*) sollen zu Lasten der ablehnenden Partei gehen (BGH NJW-RR 2011, 136 Tz 10 mN = MDR 2011, 68; Vossler MDR 2014, 12; MK/Stackmann Rn 9; PG/Graßnack Rn 5; str; aA OLG Stuttgart MDR 2007, 545; Schneider/Gronemann aaO [s vor § 41] § 3 Rn 139 ff). Nach dem Sinngehalt des § 42 **II** sollte in **Zweifelsfällen** aber iSe Stattgabe des Ablehnungsgesuchs zu entscheiden sein (so BayObLGZ 74, 131; KG MDR 99, 1019; ThP/Hüßtege Rn 9; MskV/Heinrich Rn 9; WSch/Gerken Rn 4). **Beweismaß:** Überwiegende Wahrscheinlichkeit genügt (Vossler MDR 2014, 12 mN), Grundsatz der freien Würdigung gilt (BGH NJW-RR 2007, 776; BGH NJW-RR 2011, 136 Tz 7; näher s § 294 Rn 6).

7 **3) Inhalt. a) Formel. aa)** Ist das Gesuch unzulässig (inhaltl: § 44 Rn 12 ff; der Gesuchsteller ist prozesshandlungsunfähig), so wird es **„als unzulässig verworfen"** (vgl Schellhammer Rn 1334); ist es zulässig, aber nicht begründet, so wird es **„als unbegründet zurückgewiesen"** oder für unbegründet erklärt (zB der Ablehnungsgrund ist nicht schlüssig vorgebracht oder nicht glaubhaft gemacht). Andernfalls wird es **„für begründet erklärt"** (vgl auch § 547 Nr 3). Greift von mehreren Ablehnungsgründen auch nur *einer* durch, ist für eine Teilentscheidung (zB Zurückweisung iÜ) kein Raum (s § 44 Rn 18). **Ausnahmsweise** kann das übergeordnete Gericht im Fall des § 45 III die Zulässigkeit von „jedenfalls unbegründeten" Ablehnungen offenlassen (s § 45 Rn 9).

8 **bb)** Für eine **Kostenentscheidung** ist kein Raum; die Kosten sind solche des Rechtsstreits (BGH NJW-RR 2022, 209 Tz 10; Stollenwerk NJW 2007, 3751; ThP/Hüßtege Rn 4; aA bei Zurückweisung des Gesuchs St/Bork Rn 10: § 97 I entspr). Im **Beschwerdeverf** ergeht eine Kostenentscheidung bei erfolgloser (oder erledigter) Beschwerde (s Rn 22).

9 **b) Begründungszwang.** Für den **zurückweisenden** Beschluss besteht Begründungszwang nach allg Grundsätzen (s § 329 Rn 24 ff). Auch der **stattgebende** Beschluss ist wegen der Schwere des Eingriffs in die normative Vorausbestimmtheit des ges Richters (vgl BVerfGE 31, 165) und wegen der Rücksichtnahme auf die Rechtsstellung des Gegners, für den sonst leicht der Eindruck entstehen könnte, ihm werde „grundlos" der ges Richter entzogen, zu begründen (OLG Oldenburg NJW-RR 95, 830; Msk/Heinrich Rn 2; Folgen bei schwerwiegenden Begründungsmängeln: s Rn 13; aA Zimmermann Rn 2).

10 **c) Rechtsbehelfsbelehrung**. Über die sofortige Beschwerde gem **II Hs 2** (Rn 14) ist zu belehren (§ 232 S 1); zur Ausnahme bei RA-Zwang (§ 232 S 2) s Rn 17. Beim stattgebenden Beschluss (II Hs 1; Rn 11) scheidet eine (negative) Rechtsbehelfsbelehrung aus.

11 **4) Bindungswirkung. a)** Der **stattgebende** Beschluss ist **sofort** wirksam und für das Gericht bindend (§ 318 Rn 11). Seine Wirkungen sind – auch bei übergreifendem Ablehnungsgrund (s § 42 Rn 19) – auf das einzelne Verf, in dem er ergangen ist, beschränkt (BayObLG Rpfleger 80, 194). Der mit Erfolg abgelehnte Richter steht dem ausgeschlossenen gleich (s § 42 Rn 7). Mitwirkung an der Entscheidung ist absoluter Revisions- und Nichtigkeitsgrund (§ 547 Nr 3; § 579 I Nr 3). Entspr gilt bei Stattgabe auf sof Beschwerde.

12 **b)** Der **zurückweisende Beschluss** ist für das Gericht ebenfalls bindend (§ 318 Rn 11); das Gericht ist nicht befugt, ihn vAw zu ändern. Er entfaltet Rechtswirkungen erst mit Eintritt der (formellen) Rechtskraft (**II** iVm § 567; WSch/Gerken Rn 5), also mit ungenutzten Ablauf der Notfrist (§ 569 I) oder mit Zurückweisung der sof Beschwerde (BGH NJW-RR 2020, 779 Tz 20 ff). Der abgelehnte Richter darf daher nach Zurückweisung des Ablehnungsgesuchs **nicht** sofort wieder tätig werden, insb nicht im Zeitabschnitt zwischen der Zurückweisung des Gesuchs und der Einlegung der sof Beschwerde (s § 47 Rn 3). Die **Bindung** an die Ablehnungsentscheidung als **„Vorentscheidung"** (§§ 512, 557 II) gebietet eine **Ausnahme**, wenn der abgelehnte Richter an der Entscheidung mitgewirkt hat; die naheliegende Verletzung des gesetzlichen Richters (Art 101 I 2 GG; § 44 Rn 19) muss gerügt und geprüft werden können (so auch BGH NJW-RR 2020, 779 Tz 22 in den Gründen), in dem „überschießenden" LS 1 kommt dies nicht zum Ausdruck (mR krit daher Sangmeister aaO [§ 44 Rn 17] 525, 527). Sa Rn 25.

13 **III) Rechtsmittel. 1) Unanfechtbarkeit.** Der **stattgebende Beschluss** (s Rn 11), durch den die Ablehnung für begründet erklärt wird, ist (auch für die Gegenpartei) grds **unanfechtbar (II Hs 1)**, auch wenn er erst im Beschwerdeverf ergeht (RGZ 51, 146; St/Bork Rn 3); dgl findet eine Nachprüfung in der Revisionsinstanz grds nicht statt (BGH NJW 95, 403). Anders nur bei unterbliebener Beschlussfassung und formlosem Eintritt des

Stellvertreters beim AG (s § 45 Rn 7). Wurde der **Gegenpartei im Fall des II Hs 1** kein rechtl Gehör (Art 103 I GG) gewährt, besteht die Anhörungsrüge gem § 321a (WSch/Gerken Rn 6, s allg § 321a Rn 4).

2) Anfechtbarkeit von im I. Rechtszug ergangenen Beschlüssen. Der im **1. Rechtszug** ergangene **zurückweisende Beschluss** des **AG, FamG** oder **LG** gem § 45 unterliegt der **sof Beschwerde** (**II Hs 2** iVm § 567 I Nr 1). Die Regelung gilt entspr in Ehesachen und FamStreitsachen (§ 113 I 1, 2 FamFG) u allg in FamG-Sachen (§ 6 II FamG). Über sie entscheidet das im konkreten Rechtszug berufene Rechtsmittelgericht in der Besetzung gem § 568. Bei zurückweisenden Beschlüssen des AG entscheidet das LG durch den ER (§ 568); eine OLG-Zuständigkeit besteht in Fam- u FG-Sachen (§ 119 I Nr 1 GVG). Über zurückweisende Beschlüsse des **LG** im 1. Rechtszug (vgl § 567 I Nr 1) entscheidet das OLG in der Besetzung gem § 122 GVG. Gegen die Beschwerdeentscheidung gem §§ 567, 572 findet die Rechtsbeschwerde zum BGH (§ 133 GVG) statt, wenn sie vom Beschwerdegericht zugelassen wurde (§ 574 I 1 Nr 2, III). 14

3) Rechtsbeschwerde gegen im II. Rechtszug ergangene Beschlüsse. Gegen zurückweisende Beschlüsse nach § 45 über die Ablehnung eines seiner Mitglieder des **LG oder OLG** in der **Berufungs- und Beschwerdeinstanz** findet (nur) die **Rechtsbeschwerde** zum BGH (§ 133 GVG) statt (§ 574 I Nr 2, der § 46 II vorgeht; BGH NJW-RR 2005, 294 = MDR 2005, 409); diese muss vom Berufungs- oder Beschwerdegericht **zugelassen** (§ 574 III) werden. Gleiches gilt im KapMuG-MusterVerf (BGH MDR 2009, 338), im Verfahren der Abhilfeklage und Musterfeststellungsklage (§§ 14, 41 VDuG) und im InsVerf (BGH ZIP 2011, 1169). 15

4) Beschwerdeverfahren (§ 46 II, § 567 I Nr 1, § 572). a) Beschwerdeberechtigung. Beschwerdeberechtigt ist stets der ASt, der Streitgehilfe (s § 42 Rn 2), aber auch der Gegner, der nicht auf ein neues Ablehnungsgesuch zu verweisen ist (zutr WSch/Gerken Rn 8); daraus folgt aber formelle Beteiligung des Gegners. 16

b) Verfahren; Frist; Form; Abhilfe. Die **sof Beschwerde** wird beim Ausgangs- oder beim Beschwerdegericht eingelegt (§ 569 I 1). Es besteht eingeschränkter und aufgelockerter **Anwaltszwang** nach § 569 III Nr 1, § 78 III; § 571 IV 1; also dann *nicht*, wenn der Richter (der allg Zivilabteilung) beim AG abgelehnt wurde (OLG Hamburg MDR 63, 140), nicht bei Ablehnung im PKH-Verf (OLG Stuttgart MDR 2025, 275; OLG Brandenburg OLG-NL 2000, 46), *wohl aber* bei Ablehnung eines (Einzel-)Richters des erstinstanzl tätigen LG (OLG Köln MDR 96, 1182; OLG Zweibrücken MDR 2008, 102; OLG Frankfurt NJW-RR 2009, 415, hM), ferner bei Richterablehnung im Scheidungsverf (OLG Dresden NJW 2013, 1749). **Frist:** Sie beginnt (s § 569 I 2) bei anwaltl Vertretung mit der Zustellung der Ablehnungsentscheidung (§ 45) an den ProzBev (§ 172), auch bei Ablehnung durch die Partei: *persönl* (OLGR Köln 2005, 381). Die **Abhilfeprüfung** (§ 572 I) erfolgt in der Besetzung gem § 45 Rn 3 (arg BGH NJW-RR 2022, 429 Tz 13, 14); wird der nach § 45 entscheidende Richter nachträglich abgelehnt, entfällt die Abhilfeprüfung und die Beschwerde wird (als Fall des § 47 I) dem Beschwerdegericht vorgelegt. 17

c) Gegenstand; Entscheidung. Mit der Beschwerde können idR keine **neuen** Ablehnungsgründe geltend gemacht werden (BayObLGZ 1985, 307, 313 f mwN = MDR 86, 60; OLG Brandenburg NJW-RR 2019, 448 Tz 8; LG Dessau-Roßlau NJW-RR 2015, 1472, 1472; allg s § 571 Rn 3), soweit sie nicht gerade in einem fehlerhaften Verf nach der Ablehnung bestehen (OLG Karlsruhe Justiz 93, 54); sie sind dann mit einem neuen Ablehnungsantrag (§ 44 I) geltend zu machen. Die **Entscheidung** des Beschwerdegerichts (§ 572 III) ist bindend (§ 318 I) und kann von diesem nicht geändert werden (wie Rn 11, 12). **Abgrenzung:** Bei Mitwirkung des abgelehnten Richters an der angefochtenen Entscheidung (s § 44 Rn 17) ist der Gegenstand des Beschwerdeverf beschränkt auf die Nachprüfung einer Verletzung von Art 101 I 2 GG (s § 44 Rn 20). Das Beschwerdegericht darf (auch) keine stattgebende Entscheidung über den Ablehnungsgrund treffen (so aber OLG Stuttgart 22.9.2022 – 23 W 9/21 Tz 30), sondern muss an das Ausgangsgericht zurückverweisen, das eine Ablehnungsentscheidung nach § 45 herbeizuführen hat (arg Art 101 I 2 GG; § 44 Rn 20). 18

d) Rechtsschutzbedürfnis. Soweit das Rechtsschutzinteresse für das Ablehnungsgesuch oder den Ablehnungsgrund nachträgl entfällt (s § 44 Rn 16), wirkt sich dies auch im (Rechts-)Beschwerdeverf aus (iE umstr). – **aa)** Die Beschwerde wird unzulässig bei **nachträgl Wegfall des Ablehnungsrechts**, insb weil der abgelehnte Richter endgültig und ohne Mitwirkung an einer Sachentscheidung aus dem Verfahren ausscheidet (s näher § 44 Rn 16) oder weil die abschließende Sachentscheidung ohne seine Mitwirkung ergeht (BFH NJW-RR 96, 57). 19

bb) Prozessuale Überholung des Beschwerdeverfahrens. Inzidentprüfung. Wurde trotz Beschwerde gegen den das Gesuch zurückweisenden Beschluss (regelmäßig entgegen § 47) die Instanz durch Endentscheidung unter Mitwirkung des abgelehnten Richters abgeschlossen (Fallgestaltung in BVerfG NJW-RR 2021, 1436), lässt dies zwar den geltend gemachten Ablehnungsgrund nicht entfallen (s § 42 Rn 5), führt aber zur Überholung des Beschwerdeverfahrens, wenn der Ablehnungsgrund mit dem gegen die (End-)Entscheidung statthaften Rechtsmittel (als Verfahrensfehler, § 529 II, § 545 I) geltend gemacht werden kann und muss. Das Berufungs- oder Revisionsgericht **prüft** dann **inzident**, ob der geltend gemachte Ablehnungsgrund bei Erlass der angefochtenen Entscheidung (vgl BGH NJW 2001, 1503) vorlag (BGH NJW-RR 2007, 411 = MDR 2007, 288; OLG Frankfurt NJW 2009, 1007, 1008; OLG Zweibrücken MDR 2008, 102; MskV/Heinrich Rn 10; MK/Stackmann Rn 9; ebenso bei übergangener Ablehnung s § 47 Rn 12); im Ablehnungsverf unterlaufene Verfahrensfehler sind unerhebl (BFH NJW-RR 2000, 1733; str, aA KG MDR 88, 237 mwN; OLG Koblenz NJW-RR 92, 1464 mwN; Kahlke ZZP 95 [1982], 288, 295 ff: Fortsetzung Beschwerdeverfahren). Über den Ablehnungsgrund liegt 20 keine bindende zurückweisende Entscheidung (Rn 12) vor, da das Ablehnungsverf nicht rechtskräftig abgeschlossen wurde. Für dieses Verf spricht, dass ein Berufungs- oder Revisionsverf ohnehin durchgeführt werden muss, um die instanzbeendende Entscheidung aufzuheben oder abzuändern (KG MDR 2005, 890, 891; sa GS BFHE 134, 531: Waren im Zeitpunkt der Beschwerdeentscheidung die Rechtsmittelfristen bereits abgelaufen, kommt WE [§ 233] in Frage). Es ist prozessökonomischer (BGH NJW-RR 2007, 411), darin auch die gebotene Prüfung des geltend gemachten Ablehnungsgrundes vorzunehmen, anstatt parallel das Beschwerdeverf fortzusetzen oder ggf ein Verfassungsbeschwerde-Verf durchzuführen (BVerfG NJW-RR 2007, 409, 410; BVerfG NJW-RR 2021, 1436 Tz 29 f); wie hier BGHZ 222, 44 = NJW 2019, 3001 zur SV-Ablehnung „in den Gründen" (entgegen § 406 IV) unter Hinweis auf die Parallele zur Richterablehnung (BGHZ 222, 44 Tz 14). Zur Inzidentkontrolle und prozessualen Überholung im Rechtsmittelverfahren bei unanfechtbarer Zurückweiung des Ablehnungsgesuchs näher Rn 23.

21 **cc) Notwendiges Beschwerdeverfahren**. Das Beschwerdeverf ist in 2 Konstellationen notwendig **fortzusetzen:** Kann der abgelehnte Richter in der Instanz noch einmal mit der Sache befasst werden, wie bei Tatbestandsberichtigung (BGH LM Nr 4 zu § 42; § 42 Rn 3), Rechtsbehelfen ohne Devolutiveffekt (Einspruch, § 342; Widerspruch, § 924; Erinnerung), Nachverf nach Verkündung eines Vorbehaltsurteils im Urkundenprozess (OLG Frankfurt OLGZ 79, 453 = MDR 79, 762; OLG Frankfurt OLGZ 85, 377 = NJW 86, 1000 = MDR 85, 1032), muss das Beschwerdeverf wegen seiner Ausschlusswirkung im Fall der Stattgabe des Gesuchs fortgesetzt werden (s § 42 Rn 7). Das Beschwerdeverf ist auch fortzusetzen, wenn zwischenzeitl unter Mitwirkung des (erfolglos) abgelehnten Richters eine **nicht rechtsmittelfähige Entscheidung** erlassen wurde. Wird in diesem Fall der Ablehnungsgrund nachträgl im Ablehnungsverf *festgestellt*, kann die (rechtskräftige) Entscheidung darauf gestützt mit außerordentl Rechtsbehelfen (§ 579 Nr 3) angefochten werden; zwar liegt ein Fall der Nr 3 nach dem Wortlaut nicht vor (für begründet „erklärt war"), jedoch ist eine entspr Anwendung geboten (BFHE 134, 531; G. Vollkommer, Der ablehnbare Richter, 2001, S 352; ferner BGH NJW 95, 1679 gegen [offen lassend] BGHZ 120, 144 = NJW 93, 400; vgl auch beiläufig BVerfG NJW 2007, 3771, 3773 unter 2b bb).

22 **e) Kosten der Beschwerde. Streitwert.** Eine Kostenentscheidung ergeht gem § 97 I nur bei *erfolgloser* (Rechts-) Beschwerde; Festsetzung und Erstattung der außergerichtl Kosten des Beschwerdegegners findet wegen der Beteiligtenstellung des Beschwerdegegners statt (BGH NJW 2005, 2233 = MDR 2005, 1016; OLG Hamburg NJW-Spezial 2024, 251; Kroppenberg NJW 2005, 3113 f). Dagegen sind die Kosten der *erfolgreichen* Beschwerde solche des Rechtsstreits (BGH NJW-RR 2022, 209 Tz 10; OLG Stuttgart 22.9.2022 – 23 W 19/21 Tz 57), eine Kostenentscheidung ist nicht zu treffen. Bei *Erledigung* des Rechtsmittels gelten § 91a (BGH NJW-RR 2020, 633 Tz 9) bzw die Grundsätze der einseitigen Erledigungserklärung (BGH NJW-RR 2022, 209 Tz 10). Zur Bemessung des **Streitwerts** s § 3 Rn 16.6.

23 **5) Sonstige Rechtsbehelfe. a) Inzidentkontrolle.** Hat das OLG im Ablehnungsverf die Rechtsbeschwerde zugelassen, bindet seine dort getroffene Entscheidung im weiteren (ggf auch Revisions-)Verf, auch wenn das Rechtsbeschwerdeverf nicht durchgeführt wurde. Wurde die Rechtsbeschwerde nicht zugelassen, kann der erstmalig vor dem OLG (bzw LG als 2. Instanz) gegen eines seiner Mitglieder geltend gemachte Ablehnungsgrund im Revisionsverf gegen die instanzbeendende Entscheidung **inzident geprüft** werden (§ 557 II), wenn der Rechtsstreit in die höhere Instanz gelangt (G. Vollkommer NJW 2001, 1830; MskV/Heinrich Rn 10; MK/Stackmann Rn 5; BVerfG NJW-RR 2007, 409, 410, BVerfG NJW 2024, 2107 Tz 16, 17 str; aA BGH NJW-RR 2020, 779 Tz 20 [mit „überschießenden" LS 1, s Rn 12]; BGH NJW-RR 2007, 775, 776 = MDR 2007, 599; BAG NJW 2009, 1693; für Inzidentprüfung in der Berufungsinstanz dagegen auch BGH NJW-RR 2007, 411 = MDR 2007, 288); überholt BVerfG NJW 2019, 505 durch BVerfG NJW 2024, 2107 Tz 17. Abgrenzung Rn 20.

24 **b) Anhörungsrüge; Gegenvorstellung; Wiederaufnahmeklage.** Bei nicht anfechtbaren Ablehnungsentscheidungen ist die **Anhörungsrüge** gem § 321a möglich (BVerfG NJW 2009, 833, 834; BVerfG NJW 2010, 2421 LS); dies gilt auch bei Zurückweisung eines Ablehnungsgesuchs durch den **BGH**, § 321a I 2 steht nicht entgegen (BVerfGE 119, 292 = MDR 2008, 223; BVerfG NJW 2010, 2421 LS = NVwZ-RR 2010, 545; BGH [St] NJW 2009, 1092; BAG NJW 2009, 1693). **Unzulässig** ist die **Gegenvorstellung**, da die zurückweisende Ablehnungsentscheidung sowohl für das Ausgangs- als auch für das Beschwerdegericht grds bindend ist (s Rn 12, 18; allg BGH WM 2018, 2144; überholt BGH NJW 95, 403; BGH WM 2003, 848; str; aA OLG Hamburg FamFZ 2020, 1289 LS: § 321a II entspr), soweit kein Fall der Inzidentprüfung (Rn 23) vorliegt (s BVerfG NJW 2024, 2107 Tz 16, 17). Eine gesonderte Wiederaufnahmeklage hinsichtlich des Ablehnungsverfahrens findet nicht statt (BGH 18.6.2024 – AnwZ (Brfg) 16/21, juris = BeckRS 2024, 30621 Tz 9).

25 **c) Verfassungsbeschwerde.** Ein Verstoß gegen Art 101 I 2 GG ist gegen fehlerhafte Ablehnungsbeschlüsse im Ablehnungsverf nur gegeben, wenn sie auf willkürl Erwägungen (BVerfGE 11, 6; BVerfGE 31, 164; BVerfG NJW 2007, 3771, 3773; BVerfG NJW 2019, 505 Tz 19; BVerfG NJW 2021, 1156 Tz 11 ff) oder auf einer grundlegenden Verkennung der Verfahrensgarantie des Art 101 I 2 GG beruhen (BVerfG NJW 2024, 2107 Tz 21 u außerdem mit Bindungswirkung für das weitere Verf über den Ablehnungsgrund entschieden wurde (BVerfG *NJW 2009, 833, 834 Tz 21;* BVerfG NJW 2019, 505 Tz 9; BVerfG NJW 2024, 2107 Tz 13 sa Rn 12). Mit der Aufhebung der fehlerhaften Ablehnungsentscheidung ist auch eine ergangene Sachentscheidung aufzuheben (BVerfG NJW-RR 2021, 1436 Tz 30). Das Ablehnungsverf (auch Rn 23) ist Rechtsweg iSv § 90 II BVerfGG

(BVerfG NJW 2024, 2107 Tz 12 ff); eine Verfassungsbeschwerde gegen die (spätere) Endentscheidung setzt daher ggf die vorh Durchführung eines mögl Ablehnungsverf voraus, das auch zur Korrektur gerügter anderer Grundrechtsverstöße geführt hätte (BVerfG NJW 2010, 669). **Abgrenzung:** Im PKH-Verf scheidet die Vb aus, da die Ablehnungsentscheidung im Beschwerdeverf gem § 127 II 2, § 567 I (iGgS zum Urteilsverf: §§ 512, 557 II) keine bindende Zwischenentscheidung darstellt (Brdbg VerfG NJW 2019, 2015; sa Rn 20).

6) Sonderbestimmungen. Unanfechtbar sind die zurückweisenden Beschlüsse des **Bundespatentgerichts** 26
(Nichtzitat von § 46 in § 86 I PatG; vgl BGHZ 95, 305; BGHZ 110, 26 = MDR 90, 544). Auch im **arbeitsgerichtl Verf** findet gegen Entscheidungen im Ablehnungsverf gem §§ 46, 49 ArbGG kein Rechtsmittel statt (§ 49 III ArbGG; ebenso § 146 II VwGO, § 128 II FGO, dazu G. Vollkommer NJW 2001, 1827). Im **sozialgerichtl Verf** sind Ablehnungsentscheidungen unanfechtbar (§ 60 I (Nichtzitat von § 46 II], § 172 II [Beschwerdeausschluss] SGG); Bindung des LSG an unanfechtbare Entscheidungen (§ 202 S 1 SGG iVm § 512). Bei Verstößen gegen Verfahrensgrundrechte (Willkür; Art 101 I 2 GG) wird Inzidentkontrolle im Rahmen v § 144 II Nr 3 SGG zugelassen (BVerfG NJW 2024, 2107 Tz 14, 16).

IV) Gebühren. 1) Gericht: keine; Beschwerde: 1812 GKG-KV. – **2) RA:** gehört zum Rechtszug, § 19 I 2 Nr 3 RVG; ist er nicht 27
ProzBev: 0,8 nach 3403 RVG-VV; Beschwerde: 0,5 nach 3500 RVG-VV. Für den Gebührenanfall ausreichend, wenn dem RA die Beschwerde mit der Gelegenheit zur Prüfung übersandt wird (OLG Saarbrücken NJW-RR 2012, 766), denn schon die Prüfungstätigkeit löst bei entsprechendem Auftrag die Geb aus (OLG Koblenz JurBüro 2013, 306).

§ 47 Unaufschiebbare Amtshandlungen

(1) Ein abgelehnter Richter hat vor Erledigung des Ablehnungsgesuchs nur solche Handlungen vorzunehmen, die keinen Aufschub gestatten.

(2) [1]Wird ein Richter während der Verhandlung abgelehnt und würde die Entscheidung über die Ablehnung eine Vertagung der Verhandlung erfordern, so kann der Termin unter Mitwirkung des abgelehnten Richters fortgesetzt werden. [2]Wird die Ablehnung für begründet erklärt, so ist der nach Anbringung des Ablehnungsgesuchs liegende Teil der Verhandlung zu wiederholen.

I) Zweck und Anwendungsbereich. Die **Wartepflicht** besteht unabhängig vom (ungewissen) Ausgang des Ab- 1
lehnungsverf und sichert das rechtl Gehör der Parteien (ausf G. Vollkommer aaO [s vor § 41] S 191 f; 194 f). § 47 gilt nur für die **Ablehnung** wegen Befangenheit, ein **ausgeschlossener** Richter darf keinerlei Amtshandlungen vornehmen (s § 41 Rn 17); die Wartepflicht besteht auch im Fall der Selbstablehnung des Richters gem § 48 (sa § 48 Rn 4; abw BGH NJW 2023, 3442 = MDR 2023, 1607 zu § 29 I St PO [krit Wachter JZ 2024, 154]; aA Seggewiße MDR 2023, 1559). **Keine Wartepflicht** besteht dagegen, wenn das Gericht analog § 1036 I zur Information der Parteien auf einen möglichen Ablehnungssachverhalt hinweist (§ 48 Rn 1); erst ein daraufhin gestelltes Ablehnungsgesuch (§ 44 I) löst die Wartepflicht aus. Keine Wartepflicht besteht zudem bei klar unzulässigen *Ablehnungsgesuchen* (Behandlung: s § 44 Rn 18). Die Wartepflicht kann daher auch nicht rückwirkend entfallen (aA BGH ZVI 2004, 753; unterscheidend nach der (Un-)Statthaftigkeit des Rechtsmittels).

II) Handlungsverbot (Wartepflicht). 1) Beginn. Die Wartepflicht beginnt mit der Stellung (Anbringung) des 2
Ablehnungsantrags (BGH NJW 2001, 1503; BGH NJW-RR 2016, 1406 Tz 16 = MDR 2016, 1403; s § 44 Rn 3). Auf die Kenntniserlangung des abgelehnten Richters kommt es nicht an (OLG Frankfurt – StSen – NJW 98, 1238; LAG Düsseldorf EzA 24/2023, 15).

2) Ende. Die Wartepflicht endet mit der rechtskräftigen Erledigung des Ablehnungsgesuchs (BGH NJW-RR 3
2011, 427 = MDR 2010, 945; RSchwab/Gottwald § 24 Rn 33; St/Bork Rn 1; MK/Stackmann Rn 3; MskV/Heinrich Rn 3; ghM). Durch die Einlegung einer zulässigen Anhörungsrüge (s § 46 Rn 24) wird trotz eingetretener Rechtskraft (s § 321a Rn 2) das Ende der Wartepflicht hinausgeschoben (BGH NJW-RR 2011, 427 = MDR 2010, 945; zur Heilung s Rn 11), nicht dagegen durch Einlegung unstatthafter Rechtsmittel (BGH ZIP 2005, 45; BGH NJW-RR 2018, 1461) oder außerordentlicher Rechtsbehelfe, desgl nicht durch die Verfassungsbeschwerde (BGH NJW 2018, 3252 Tz 11, 14 = MDR 2018, 1204, 1257 [Bacher]).

3) Folgen. Die Wartepflicht bewirkt iErg einen **Verfahrensstillstand** (BayVerfGH BayVBl 2000, 508), führt aber 4
nicht zur Hemmung von Notfristen (BAG BB 2000, 148). Eine über die *Unterlassungspflicht* hinausgehende Verpflichtung zur *aktiven Mitwirkung* an der Beseitigung früherer Verfahrenshandlungen soll nicht bestehen (so BGH NJW 2001, 1503; uU Fall von § 156 II Nr 3 entspr), insb soll in den Fällen gem § 42 Rn 23, 24 eine „Abhilfebefugnis" ausscheiden (so E. Schneider ZAP 2002, 665). Die Verpflichtung zur Enthaltung von weiterer Amtstätigkeit **beschränkt** sich auf das Verf, in dem der Antrag gestellt ist; schweben mehrere Verf, bedarf es entspr weiterer Ablehnungsgesuche (BayObLG Rpfleger 80, 193). Rechtsfolgen bei **Verletzung der Wartepflicht:** s Rn 10-13.

III) Unaufschiebbare Amtshandlungen (§ 47 I). Der abgelehnte Richter darf Handlungen vornehmen, die we- 5
gen ihrer Dringlichkeit keinen Aufschub dulden. Unaufschiebbar sind nur solche Handlungen, die einer Partei

wesentl Nachteile ersparen oder bei deren Unterlassung Gefahr im Verzug ist (OLG Celle NJW-RR 89, 569). Dazu gehören: Maßnahmen der Sitzungspolizei (§§ 177-180 GVG; LSG Essen NJW 73, 2224); Terminaufhebungen, nicht aber: Terminsbestimmung (vgl OLG Köln NJW-RR 86, 420; OLG Hamburg NJW 92, 1463; OLG Karlsruhe MDR 2008, 1235, str; sa § 42 Rn 24), uU aber Zu-Ende-Führung eines Termins (vgl OLG Celle NJW-RR 89, 569 mwN für Versteigerungstermin); **Eilentscheidungen**, zB Einstellung der ZwV gem § 719, Arrest und einstw Verfügung (auch durch Urteil), Beweissicherung, Vorlage der eingelegten sofortigen Beschwerde gegen die (1.) Ablehnungsentscheidung ohne Abhilfeprüfung (§ 44 Rn 16) bei (Ketten-)Ablehnung auch des gem § 45 entscheidenden (2.) Richters, in Ausnahmefällen auch Endurteile (ThP/Hüßtege Rn 1b; aA WSch/Gerken Rn 5). Die zulässig gem **I** vorgenommenen Amtshandlungen verstoßen nicht gegen die Wartepflicht, sind **wirksam** (ThP/Hüßtege Rn 2, hM) und bleiben es auch dann, wenn die Ablehnung später für begründet erklärt wird; sie sind von dem an die Stelle des ausgeschiedenen Richters (s § 42 Rn 7) getretenen neuen Richter nicht zu wiederholen.

6 **IV) Erweiterte Handlungsbefugnis bei Ablehnung während der mündlichen Verhandlung (§ 47 II 1) und nach Urteilsverkündung. 1) Voraussetzungen. Ablehnung während der mündl Verh.** Aufruf der Sache (§ 220 I) genügt (so auch ThP/Hüßtege Rn 5; Vossler MDR 2006, 1384, str; aA: § 137 I maßgebend); „Verh" iSv II 1 ist aber nicht technisch zu verstehen (*arg* II 1: Fortsetzung des „Termins"); von II 1 umfasst sind daher auch vor der Antragstellung (§ 137 I) liegende Verfahrensteile, wie informelle Erörterung des Rechtsstreits oder Güteverh (§ 278 II; OLG Karlsruhe MDR 2007, 795), auch Verf gem §§ 361, 362). **Abgrenzung.** Durch eine Ablehnung nach Urteilsverkündung (§ 311; dazu § 42 Rn 3) wird der abgelehnte Richter nicht an der Absetzung der Urteilsgründe gehindert (BAG NJW 2024, 1835).

7 **2) Vermeidung einer Vertagung der mündlichen Verhandlung als Folge der Ablehnung.** Diese Voraussetzung dürfte *stets* erfüllt sein; selbst wenn eine Entscheidung über den Ablehnungsantrag während einer Unterbrechung der Verh "sofort" herbeigeführt werden könnte, könnte doch vor „rechtskräftiger" Erledigung des Beschwerdeverf (§ 46 II) nicht weiter verhandelt werden (s Rn 1), so dass eine Vertagung auch dann unumgängl ist.

8 **3) Folgen. a) Verfahrensfortsetzung.** Der abgelehnte Richter **kann** bis zum Verhandlungsschluss (§ 136 IV) alle Handlungen im Rahmen der formellen und materiellen Prozessleitung (§ 139) vornehmen und insoweit auch (prozessleitende) Entscheidungen treffen. Hauptanwendungsfall ist die Durchführung einer beschlossenen Zeugen- oder SV-Beweisaufnahme. Zulässig ist auch die Anberaumung eines Verkündungstermins, dessen (wiederholte) Verlegung allerdings nur gem **I** (OLG Hamburg MDR 2017, 1263). Nur „der" begonnene Termin darf zu Ende geführt (II 1: „fortgesetzt") werden; **II 1** gestattet kein Tätigwerden in einem neu anzuberaumenden Fortsetzungstermin, keine *außerhalb* der mündl Verh vorzunehmenden Amtshandlungen und keine *endgültigen*, einer Wiederholung iSv II 2 unzugängl Sachentscheidungen (§§ 300 ff), auch bei Entscheidungsreife insb nicht den Erlass eines Endurteils (BGH NJW-RR 2008, 216 = Rpfleger 2007, 619; Vossler MDR 2006, 1384 f, str). Ob der abgelehnte Richter von der Möglichkeit der Terminsfortsetzung Gebrauch macht, steht in seinem pflichtgemäßen (Art 103 I GG zu beachten) Ermessen (**II 1:** „kann"; OVG Bremen NJW 2011, 3259).

9 **b) Wirksamkeit und Wiederholung (II 2).** Die Wirksamkeit des Verf gem **II 1** hängt vom Ausgang des Ablehnungsverf ab; wird die Ablehnung für *begründet erklärt*, steht fest, dass sich der Verfahrensmangel (Mitwirkung eines mit Erfolg abgelehnten Richters, vgl § 579 Nr 3) auf das Verf ausgewirkt hat; die „fortgesetzte" Verh ist keine taugl Urteilsgrundlage und muss **wiederholt** werden (**II 2**). Hinsichtl der unter Mitwirkung des abgelehnten Richters zustandegekommenen Beweisurkunden besteht ein Verwertungsverbot (Knauer/Wolf NJW 2004, 2860 für Vernehmungsprotokolle); die Prozesshandlungen der Parteien sind dagegen wirksam (s § 41 Rn 17; § 42 Rn 7; wichtig für § 794 I Nr 1, § 160 III Nr 1); wegen der entstehenden Mehrkosten u -auslagen ist § 21 I 1, 2 GKG zu beachten (vgl auch Zimmermann Rn 4 aE). Bei *Zurückweisung des Ablehnungsgesuchs* war das Verfahren fehlerfrei, ohne dass es „geheilt" werden müsste.

10 **V) Rechtsfolgen bei Verletzung der Wartepflicht. 1) Allgemeines.** Entgegen dem Handlungsverbot (s Rn 2) vorgenommene Amtshandlungen sind nicht unwirksam (nichtig iSv § 579 I Nr 3; BGH NJW-RR 2007, 775 = MDR 2007, 599; BGH NJW-RR 2016, 1406 Tz 12, 17 f = MDR 2016, 1403; sa § 41 Rn 17; § 47 Rn 1). Im Einzelnen ist zu unterscheiden:

11 **2) Unbegründetes Ablehnungsgesuch.** Wird das Ablehnungsgesuch später als unbegründet zurückgewiesen oder ein schon zuvor gefasster Verwerfungsbeschluss nach Erlass der unter Verletzung der Wartepflicht ergangenen instanzbeendenden Entscheidung zugestellt (BSG NVwZ 2001, 472), soll damit der in der Verletzung der Wartepflicht liegende Verfahrensfehler nachträgl **geheilt** werden (BAG BB 2000, 1948; BAG NJW 2024, 1835 Tz 13; OLG München MDR 93, 892 mwN LAG Düsseldorf EzA 24/2023, 15; MK/Stackmann Rn 8); dies beachtet nicht, dass die Wartepflicht unabhängig von Vorliegen eines Ablehnungsgrundes besteht (s Rn 1) und der Verstoß gegen § 47 uU einen selbständigen Ablehnungsgrund bilden kann (s § 42 Rn 24).

12 **3) Begründetes Ablehnungsgesuch.** Wird dem Ablehnungsgesuch später stattgegeben (bzw wird der Ablehnungsgrund im anschließenden Berufungs- oder Revisionsverf erkannt, zum Konkurrenzverhältnis s § 46 Rn 19 f), leidet das Verf und eine Entscheidung, an der der (im Nachhinein) zu Recht abgelehnte Richter mitgewirkt hat, an 2 schweren Mängeln (Verstoß gegen § 42 II *und* § 47), die mit ordentl Rechtsmitteln geltend ge-

macht werden können (s § 42 Rn 5; sa BayObLG FamRZ 98, 635). Ist kein Rechtsmittel statthaft, Nichtigkeitsklage entspr § 579 I Nr 3 (OLG Bremen OLGZ 92, 486 mN; Vollkommer MDR 98, 363). Entspr gilt beim übergangenem Ablehnungsgesuch (s § 46 Rn 20).

4) Die Wartepflicht begründende (s Rn 3) **Anhörungsrüge.** Wird sie später als unbegründet zurückgewiesen (§ 321a IV 3), kommt Heilung des Verfahrensfehlers entspr Rn 11 in Frage.

§ 48 Selbstablehnung; Ablehnung von Amts wegen

Das für die Erledigung eines Ablehnungsgesuchs zuständige Gericht hat auch dann zu entscheiden, wenn ein solches Gesuch nicht angebracht ist, ein Richter aber von einem Verhältnis Anzeige macht, das seine Ablehnung rechtfertigen könnte, oder wenn aus anderer Veranlassung Zweifel darüber entstehen, ob ein Richter kraft Gesetzes ausgeschlossen sei.

I) Sog Selbstablehnung (§ 48 Hs 1). 1) Zweck. Die Anzeige nach Hs 1 leitet wie bei einer Fremdablehnung (§ 42 III) das reguläre Ablehnungsverf ein (§§ 42 ff). Die darin ergehende Entscheidung (§ 46) stellt (deklaratorisch) das Vorliegen eines Ausschlussgrundes fest oder bewirkt bei Bejahung der Besorgnis der Befangenheit (konstitutiv) das Ausscheiden des Richters aus dem Prozess. Unabhängig von der in § 48 enthaltenen Einleitungsmodalität ist das *Gericht* als Ganzes (dh auch die nicht von dem Ablehnungsgrund betroffenen Richter des Kollegialgerichts) in *entspr Anwendung des § 1036 I verpflichtet, den Parteien bis zum Ende des Verf alle Umstände offen zu legen, die Zweifel an der Unparteilichkeit oder Unabhängigkeit eines mitwirkenden Richters wecken können* (G. Vollkommer aaO [s vor § 41] S 144 ff; ebenso Rechtsgedanke aus § 407a II; dieser Hinweis löst die Wartepflicht nicht aus, § 47 Rn 1). 1

2) Voraussetzungen. a) Ablehnungsgrund. Der Richter hält einen Ablehnungsgrund (vgl § 42 I), also entweder einen Ausschließungsgrund (§ 41) oder Umstände, die die Besorgnis der Befangenheit (§ 42 II) begründen können, für vorliegend oder zweifelhaft; *obj* Befangenheitsverdacht genügt (BGHZ 181, 29 Tz 38); es gelten die gleichen Maßstäbe wie bei der Fremdablehnung (BGH NJW 95, 1679 = MDR 95, 816; OLGR Brandenburg 2009, 307); unerhebl ist, ob sich der Richter selbst für befangen hält (BVerfGE 95, 191 = NJW 97, 1500; BVerfG NJW 96, 2022; einschr OLG Karlsruhe NJW-RR 2000, 591 = MDR 99, 956, dazu s Rn 3), idR erhebl ist aber die Verneinung der Befangenheitsbesorgnis durch beide Parteien (OLGR Brandenburg 2009, 307; Ausnahmen: s Rn 3). 2

b) Anzeige. Die Mitteilung des Richters nach § 48 ist die Anzeige von Tatsachen (auch Rechtsverhältnissen). Es handelt sich um eine **echte**, den Parteien ggü bestehende **verfahrensrechtl Pflicht** (BGHZ 141, 94; BGH NJW 95, 1679 = MDR 95, 816; OLG München NJW 2014, 3042 Tz II1a = MDR 2014, 857); den Parteien steht aber kein „Ausfragerecht" wegen denkbarer Ablehnungsgründe zu (BGH (St) NJW 2020, 2741 Tz 20, 21; sa § 43 Rn 3). Die Anzeige hat vor oder spätestens bei der ersten richterl Handlung zu erfolgen und erlischt erst, wenn alle Verfahrensbeteiligten (s § 42 Rn 2) ihr Ablehnungsrecht gem § 43 verloren haben und damit der in der Mitwirkung des ablehnbaren Richters liegende Verfahrensfehler geheilt ist (§ 42 Rn 4). **Nicht** genügt, dass dem Richter aus sonstigen Gründen eine Entscheidung in der Sache unangenehm ist (OLGR Frankfurt 1996, 55; **Bsp:** Kollegialitätsverhältnis zu Partei oder deren nahem Angehörigen; vgl OLG Celle NdsRpfl 63, 231, dort auch S 37: Vater einer Partei ist Dienstvorgesetzter der Richter eines LG; sa § 42 Rn 12a), wohl aber **Unzumutbarkeit** weiteren Tätigseins in der Sache (OLG Karlsruhe NJW-RR 2000, 591 = MDR 99, 956); Vorbefassung; ferner **ernstl Gewissenskonflikt** (WSch/Gerken Rn 3; Lipp, Das private Wissen des Richters, 1995, S 98 f), bei massiver Kritik an früherer Entscheidung des Richters in ders Sache (OLG Saarbrücken NJW-RR 94, 766 f; abw OLG Zweibrücken MDR 94, 832) oder bei Beleidigung und Drohung mit Strafanzeige (OLG Dresden FamRZ 2002, 830; sa § 42 Rn 29). 3

3) Rechtsfolgen. Die **Wartepflicht** gem § 47 gilt bis zur Entscheidung (s Rn 10) entspr (St/Bork Rn 5; § 47 Rn 1; aA Seggewiße MDR 2023, 1559). Die (stets mitzuteilende) Selbstablehnung hindert die Parteien nicht, ein Ablehnungsgesuch anzubringen (s Rn 9 aE). Formloses Ausscheiden des Richters und Tätigwerden seines Vertreters scheidet auch bei Selbstablehnung aus (OLGR Hamburg 2008, 871). 4

II) Amtsprüfung der Ausschließung (§ 48 Hs 2). 1) Zweck. Das Gericht hat vAw in jedem Stadium des Verf zu prüfen, ob ein mitwirkender Richter kraft Gesetzes ausgeschlossen ist (Art 101 I 2 GG), um Nichtigkeitsgründe zu vermeiden (§ 551 Nrn 1, 2; § 579 I Nrn 1, 2). 5

2) Voraussetzungen. Es bestehen Zweifel daran, ob in der Person des Richters ein Ausschließungsgrund (§ 41) gegeben ist. Bsp: Anregungen von anderen Richtern oder Prozessbeteiligten. **Nicht** genügt, dass Anhaltspunkte für die Befangenheit eines Richters bestehen; lehnt es in diesem Fall der Richter ab, eine Anzeige gem Rn 3 abzugeben, kann nicht vAw über seine Befangenheit entschieden werden (vgl BVerfGE 46, 38; aber s Rn 1). 6

3) Rechtsfolgen. Ist der Ausschließungsgrund **evident**, erübrigt sich eine Entscheidung (s Rn 10); der Richter scheidet ohne weiteres aus dem Verf aus, und an seine Stelle tritt der geschäftsplanmäßige Vertreter. Ist die Ausschließung des Richters zweifelhaft, ist (deklaratorisch) zu entscheiden. 7

8 **III) Verfahren und Entscheidung. 1) Zuständigkeit.** Es gilt § 45. Über die Anzeige eines Amtsrichters ist immer nach § 45 II 1 zu entscheiden, ein formloses Ausscheiden ohne Entscheidung (OLGR Jena 2000, 77; OLGR Hamburg 2008, 871) oder nach § 45 II 2 ist nicht mögl (§ 45 Rn 7). Die unterbliebene Mitteilung eines nach vorh Anhörung des Beteiligten gefassten Beschlusses nach §§ 48, 45 begründet einen Verfahrensfehler nur, wenn dies vom Beteiligten rechtzeitig gerügt (§ 295) wird (BGH NJW-RR 2000, 1665 für Verf nach § 111 BNotO).

9 **2) Verfahrensgrundsätze.** Es gelten die gleichen Grundsätze wie bei der Fremdablehnung (s § 46 Rn 2, 3). Das Verf stellt keinen rein innerdienstl Vorgang dar; die **Parteien** sind an ihm beteiligt und haben Anspruch auf **rechtl Gehör** (BVerfGE 89, 36 ff = NJW 93, 2229; BGH NJW 95, 403; BGH NJW 95, 1679; Kroppenberg NJW 2005, 3113), die Ablehnungsanzeige ist beiden Parteien mitzuteilen, und sie haben das Recht zur Stellungnahme (s § 44 Rn 6; s § 46 Rn 4).

10 **3) Entscheidung.** Die Entscheidung ergeht stets durch Beschluss (§ 46 I, § 48). In ihm wird das (Nicht-)Vorliegen eines Ausschließungsgrundes festgestellt oder die Besorgnis der Befangenheit für (un)begründet erklärt. Dass der Richter mit der Selbstablehnung selbst Zweifel an seiner Unparteilichkeit geäußert hat, ist unerheblich, weil es nicht darauf ankommt, ob er sich selbst für befangen hält (BVerwG 17.9.2024 – 1 WB 8.24, BeckRS 2024, 25630 Tz 8). Für eine Kostenentscheidung ist kein Raum. Der Beschluss ist dem Richter auf dem Dienstweg zu eröffnen. Den Parteien ist er mitzuteilen (Konsequenz aus BVerfGE 89, 36 ff = NJW 93, 2229; s Rn 9). Der die Selbstablehnung für unbegründet erklärende Beschluss unterliegt entspr § 46 II Hs 2 der sof Beschwerde (OLG Karlsruhe NJW-RR 2000, 591 = Rpfleger 99, 381; MskV/Heinrich Rn 5; ThP/Hüßtege Rn 3). § 232 ist zu beachten (wie § 46 Rn 10).

11 **4) Verletzung der Offenlegungspflicht.** Unterbleibt die Anzeige gem Rn 3, kann das in der Sache ergangene Urteil mit der Begründung **angefochten** werden, dass einer der unter Verstoß gegen die Offenlegungspflicht mitwirkenden Richter wegen Besorgnis der Befangenheit hätte abgelehnt werden können und er von dem Sachverhalt, der die Ablehnung rechtfertigte, keine Anzeige gemacht habe (OLG München NJW 2014, 3042, 3044 = MDR 2014, 857; BGH NJW 95, 1679 obiter; BVerwG NJW 1998, 324 „naheliegend"; aA die früher hM, vgl BGHZ 120, 144 f = NJW 93, 400; krit Vollkommer NJW 94, 2008). Der Verletzung der Offenlegungspflicht kommt aber idR keine selbständige Bedeutung zu, da das Urteil unmittelbar wegen der unerkannten Mitwirkung eines ablehnbaren Richters angefochten werden kann (s § 42 Rn 5). Sie kann aber uU im Rahmen der Prüfung des § 42 II Bedeutung erlangen (sa § 42 Rn 12, 13, 24).

§ 49 Urkundsbeamte

Die Vorschriften dieses Titels sind auf den Urkundsbeamten der Geschäftsstelle entsprechend anzuwenden; die Entscheidung ergeht durch das Gericht, bei dem er angestellt ist.

1 **I) Urkundsbeamter der Geschäftsstelle.** § 49 findet auf den UrkB, auch Referendare in ihrer Eigenschaft als (stellvertretende) UrkB Anwendung und gilt für jede Tätigkeit, insb die Aufnahme von Protokollen (§§ 159-165) und Erteilung vollstreckbarer Ausfertigungen (§ 724). § 41 Nr 6 kann zutreffen, wenn der UrkB in der Sache früher als Rpfleger tätig war. Kein Ausschließungsgrund: Verwandtschaft oder sonstiges engeres Verhältnis zwischen Richter und UrkB, möglicherw aber Ablehnungsgrund. Das Ablehnungsgesuch kann vor dem abgelehnten UrkB selbst zur Niederschrift erklärt werden. Die Entscheidung trifft der nach dem GVP zuständige Spruchkörper des Gerichts, dem der UdG angehört (**Hs 2**; vgl BVerfG NJW 2007, 3200), im Verf gem §§ 348 ff der Einzelrichter. Ablehnungsverf: **Hs 1** iVm § 46 II entspr, uU Verfassungsbeschwerde (vgl BVerfG NJW 2007, 3200). Bei Verstoß besteht gegen die Amtshandlung des UrkB kein Rechtsbehelf (der Behelf des § 584 II betrifft den Rpfleger, vgl § 20 I Nr 1 RPflG; außer bei Übertragung gem § 689 Rn 1). Wird ein **Urteil** angefochten, weil ein kraft Gesetzes ausgeschlossener UrkB Protokoll geführt habe und dieses beweisunkräftig sei, so ist das Urteil aufzuheben und die Sache zurückzuverweisen (OLG Dresden OLG 23, 159).

2 **II) Rechtspfleger. 1) Allgemeines.** Gem § 10 RPflG sind für die Ausschließung und Ablehnung des Rpflegers die für den Richter geltenden Vorschriften (also §§ 41-48) entspr anzuwenden. **Bsp** für **Ausschluss des Rpflegers** (§ 41 Nr 6 entspr): Wer als Kostenbeamter die Kostenrechnung aufgestellt hat, kann nicht in der gleichen Sache als Rpfleger Geschäftswert festsetzen (OLG München NJW-RR 2015, 639) oder über Erinnerung gegen Kostenansatz entscheiden (BayObLGZ 74, 329 = Rpfleger 74, 393); über einen *von ihm selbst aufgenommenen* Antrag kann der Rpfleger nicht entscheiden (Müller-Engelmann Rpfleger 87, 493).

3 Für die **Besorgnis der Befangenheit** (s § 42 Rn 8 ff) gilt der gleiche Maßstab wie beim Richter (OLG München Rpfleger 2018, 530, 531. Sie ist etwa gegeben bei unüblicher und ordnungswidriger Sachbehandlung von Eingaben (LG Bayreuth NJW-RR 86, 678; sa § 42 Rn 22, 24), einseitiger Kontaktaufnahme mit einer Partei hinter dem Rücken der anderen (vgl Marx Rpfleger 99, 520 ff; Bsp in LG Bamberg Rpfleger 72, 111, 112), die Öffentlichkeit der Verh beeinträchtigende Verfahrensgestaltung (s § 42 Rn 25; aA LG Augsburg Rpfleger 2009, 40, 42), persönl Voreingenommenheit ggü dem ASt als Rechtsstudent (vgl BVerfG Rpfleger 2008, 124), Zuleitung

der Akten an die StA ohne vorherige Anhörung der Partei (KG Rpfleger 2018, 192; sa § 42 Rn 22b); Verstöße gegen die Pflicht den in ihren Rechten Betroffenen Gehör zu gewähren (AG Mannheim MDR 2023, 209; Marx Rpfleger 99, 520 ff; allg s § 42 Rn 23); gem § 139 gebotene Hilfestellungen im Insolvenz- und Zwangsversteigerungsverf, auch für den ASt, begründen idR keine Besorgnis der Befangenheit des Rpflegers (vgl auch LG Göttingen Rpfleger 76, 55 u allg s § 42 Rn 26); bei der Teilungsversteigerung ist der Rpfleger sogar verpflichtet, vor der Erteilung des Zuschlags die Einstellungsbewilligung oder Antragsrücknahme anzuregen, wenn die Durchführung des Versteigerungsverf zu wesentl Vermögensverlusten für den rechtl unerfahrenen ASt führen würde (BVerfGE 42, 65, 76 = Rpfleger 76, 389 [Stöber u Vollkommer]). Im InsVerf hat der Rpfleger jede Beeinträchtigung der Dispositionsfreiheit der Beteiligten zu vermeiden (allg s § 42 Rn 25); Bsp: Einflussnahme auf das Abstimmungsverhalten in der Gläubigerversammlung (LG Düsseldorf ZIP 85, 631); dgl jede Ungleichbehandlung der Gl durch Verfahrensgestaltung (LG Göttingen Rpfleger 99, 382). Offensichtl **missbräuchl Ablehnungsgesuche** kann der Rpfleger ausnahmsw selbst verwerfen (BVerfG Rpfleger 2008, 124, 125 = WM 2008, 134; BGH NJW-RR 2005, 1226 = MDR 2005, 943 = Rpfleger 2005, 415; BGH NJW-RR 2008, 216 = Rpfleger 2007, 619; LG Heilbronn Rpfleger 2019, 282; Voraussetzungen wie § 44 Rn 17).

Den abgelehnten Rpfleger trifft die **Wartepflicht** gem § 47 (BGH NJW-RR 2005, 1226, 1227; OLG München Rpfleger 2018, 530); zu den unaufschiebbaren Amtshandlungen gehört die Durchführung eines Versteigerungstermins ohne Zuschlagsentscheidung (vgl BGH NJW-RR 2008, 216, 217 = Rpfleger 2007, 619; AG/Göertz Rn 7, str; § 47 II 1 ist wenig hilfreich: G. Vollkommer Anm WuB VI E. § 42 ZPO 1.03, S 905 f). 4

2) Verfahren. Über Ablehnung des Rpflegers entscheidet der nach § 28 RPflG zuständige **Richter,** § 10 S 2 RPflG. Ein Rechtsmittel gegen die Entscheidung des Rpflegers (§ 11 I RPflG) lässt das **Rechtsschutzbedürfnis** für die Ablehnung nicht entfallen (OLG München Rpfleger 2018, 530). Gegen den Beschluss des Richters am AG, durch den das Gesuch für unbegründet erklärt wird, findet in ZPO-Sachen die sof Beschwerde zum **LG** statt, über die der originäre Einzelrichter entscheidet (§ 568 S 2); gegen die Beschwerdeentscheidung nur die Rechtsbeschwerde, wenn diese zugelassen wurde (§ 568 S 2; § 574 I Nr 2; sa § 46 Rn 14), ferner ggf Verfassungsbeschwerde (Bsp: BVerfG Rpfleger 2008, 124). Über die Verwerfung eines Ablehnungsgesuchs als missbräuchl (s § 44 Rn 13-16) findet nach allg Grundsätzen die sof Beschwerde statt (§ 567 I 1 Nr 2; § 11 I, II 1 RPflG; sa § 44 Rn 20). In **Nicht-ZPO-Sachen** (§ 23a I Nr 1, 2 u II GVG; § 72 GBO) entscheidet das **OLG** (§ 119 I Nr 1 u 2 GVG) über die (Ablehnungs-)Beschwerde (§ 6 II FamFG, §§ 567 ff; OLG Karlsruhe MDR 2018, 836). 5

III) Gerichtsvollzieher. Nur Ausschließung, vgl § 155 GVG, keine Ablehnung wegen Befangenheit (BGH NJW-RR 2005, 149 = MDR 2005, 169 = Rpfleger 2005, 36; zust BVerfG NJW-RR 2005, 365; Gaul/S/B-E § 25 Rn 79, hM; s § 155 GVG Rn 1). 6

Abschnitt 2
Parteien (§§ 50-127)

Titel 1
Parteifähigkeit; Prozessfähigkeit (§§ 50-58)

Vorbemerkungen zu §§ 50-58

1 **I) Parteibegriff. 1) Formeller und materieller Parteibegriff. Lit:** Adolphsen, Parteibegriff – Prozessrecht und materielles Recht, ZZP 135 (2022), 299; Costede, Zur Parteilehre im Zivilprozeßrecht, FS Henckel, 2015, S 33; Berger, Prozessuale Fragen zur actio pro socio bei der BGB-Gesellschaft (§ 715b BGB), ZZP 135 (2022), 407; Flöck/Kiemle, Die Erbengemeinschaft im Erkenntnis- und Zwangsvollstreckungsverfahren der ZPO – Teil I: Aktivprozess der Miterben, JA 2023, 585; Hess, Grundfragen u Entwicklungen der Parteifähigkeit, ZZP 117 (2004), 267, 270 ff; Heßeler, Die Aktiv- und Passivlegitimation – alles ganz einfach!?, NJW 2021, 996; Meyer, Rechtsweg und Klagegegner bei Schadensersatzklagen nach Art 82 DSGVO, ZD 2025, 200; Noack, Die GbR als Prozesspartei im Erkenntnis-, Vollstreckungs- und Schiedsverfahren – Kontinuitäten und Diskontinuitäten nach dem MoPeG, GmbHR 2024, 11 u 71; Scheikholeslami-Sabzewari, Die Kostenfestsetzung bei einer nicht existenten Partei, Rpfleger 2023, 70; Stamm, Zur Frage der Existenzberechtigung der Prozessführungsbefugnis – Ihre Rückführung auf das materielle Recht, ZZP 132 (2019), 411; Stamm, Das Mysterium der gesetzlichen Prozessstandschaft bei Abtretung oder Veräußerung der streitbefangenen Sache, ZZP 131 (2018), 143; Stieper, Die nicht existente Partei im Passivprozess, ZZP 121 (2008), 351; M. Stürner, Die gesetzlich angebahnte Prozessstandschaft nach dem LkSG. Rückenwind für strategische Prozessführung?, FS Schack, 2022, S 856; Sunaric, Die richtige Partei im zivilprozessualen Erkenntnisverfahren, 2018.

2 Partei ist diej (natürl oder jur) Person, von welcher oder gegen welche im eigenen Namen staatl Rechtsschutz begehrt wird (vgl RSchwab/Gottwald § 40 Rn 1). Der Parteibegriff der ZPO ist im Gegensatz zum Beteiligten des FamFG-Verf (vgl § 7 II Nr 1 FamFG; zur Terminologie s § 113 V Nr 5 FamFG) **rein formell** (BGHZ 86, 164) und unabhängig vom sachl Recht zu verstehen (zum materiellen Parteibegriff Costede aaO S 35 f; Braun LB d ZPR § 22 I 2). **Bsp:** Der Kl klagt auf Herausgabe einer Sache nach § 985 BGB; dadurch wird er Partei, auch wenn in Wahrheit ein Dritter Eigentümer ist. Steht ihm der behauptete Anspruch nicht zu, ist seine Klage unbegründet. Auf Beklagtenseite gilt Entsprechendes. Der formelle Parteibegriff bedarf aber der Ergänzung durch die **Prozessführungsbefugnis** (allg s Rn 16-20; krit zur hM Hoffmann ZZP 130 (2017), 403 ff: Rematerialisierung des Parteibegriffs; tendenziell ebenso Stamm ZZP 132 (2019), 411 ff, 460: „prozessualer Irrweg“).

3 **2) Abgrenzung.** Partei ist nicht der **Bevollmächtigte**, da nicht in seinem Namen prozessiert wird; ebenso wenig der **ges Vertreter**; wohl aber die Partei kraft Amtes; auch bestimmte Behörden (s § 50 Rn 25; weiter gehend § 8 Nr 3 FamFG). Im Zusammenhang mit Fällen der Drittbeteiligung am Rechtsstreit (s §§ 64 ff) spricht die ZPO von **Hauptpartei** (§§ 67, 68, 69); als Komplementärbegriff findet sich die (nicht ges) Bezeichnung **Nebenpartei** (RSchwab/Gottwald § 50 Rn 2; krit Schilken FS Krüger, 2017, S 471).

4 **3) Bedeutung der Parteistellung.** Da die Partei Trägerin des Prozessrechtsverhältnisses ist, kann sie in dessen Rahmen nicht NI oder Zeugin sein (zum „Zeugenausschalten“ durch Klage s Foerste FS Henckel, 2015, S 103). Wohl aber kann der Streitgenosse jeder Partei des Prozessrechtsverhältnisses beitreten und in diesem auch – beschränkt – Zeuge sein (iE s § 61 Rn 4). Die Parteieigenschaft als einer der Zentralbegriffe des Zivilprozesses ist von Bedeutung für Gerichtsstand, PKH, Rechtshängigkeit, Rechtskraft und ZwV.

5 **II) Zweiparteienprinzip.** Der Zivilprozess setzt eine angreifende und eine den Angriff abwehrende Partei voraus (**Zweiparteien-Verhältnis**). Diese Gegnerstellung der Parteien kann vom Gesetzgeber auch künstl geschaffen werden, um die Möglichkeit eines prozessrechtl Streitverf mit spruchrichterl Entscheidung zu gewährleisten (Parteistellung kraft Amtes, als Interessenverband, Musterkläger u dgl). Ohne Gegnerstellung ist kein Prozess mögl. Ein **unzulässiger Insichprozess** liegt vor, wenn die eine fiskalische Stelle eines Staates gegen die andere klagt; dies gilt auch bei Identität des ges Vertreters und der Gegenpartei oder einem Auftreten des ges Vertreters auf beiden Seiten (s § 57 Rn 1a; BGH NJW 1996, 658; OLG Celle GmbHR 2017, 875; sa OLG Stuttgart NJW-RR 2015, 1226: nicht aber, wenn Verwalterin als gewillkürte Vertreterin namens der Wohnungseigentümergemeinschaft gegen sich selbst klagt; zum Problem bei der „verwalterlosen Gemeinschaft“ wegen § 9b I 2 WEG (gemeinschaftliche Vertretung) s Bruns ZWE 2022, 69 u näher Rn 8). Ebenso erlischt der Prozess, wenn **durch Erbgang** die Parteistellung von Kl und Bekl sich in einer Hand vereinigt (BGH NJW-RR 2011, 488; iE M. Stöber MDR 2007, 757; sa § 239 Rn 3). Hingegen sind Streitigkeiten zwischen Organen und Organmitgliedern jur Personen (sog **Organstreitigkeiten**) eingeschränkt mögl (im Grundsatz abl BGHZ 106, 54; BGH NJW 2008, 69, 74 Tz 55 f; sa näher § 50 Rn 25a). Auch kann eine Partei zugleich Mitglied der aus einer Personenmehrheit gebildeten selbst parteifähigen Gegenpartei sein (Gesellschafter klagt gegen seine OHG und umgekehrt; Untergliederung eines Vereins verklagt den Gesamtverband u umgekehrt, s BGH NJW 2008, 69, 73; s § 50 Rn 21). **WE-Streitigkeiten** untereinander (§ 43 II Nr 1 WEG; Abschaffung der Beiladung nach § 48 WEG aF) werden – anders als Streitigkeiten zwischen der Gemeinschaft und einzelnen Wohnungseigentümern (§ 43 II Nr 2 WEG; sa § 50 Rn 24) – nach der Neukonzeption durch das WEMoG v 16.10.2020 seltener vorkommen (BTDrs 19/18791, 79; neu: Streitigkeiten über sachenrechtl Grundverhältnis, s BeckOK/Elzer § 43 WEG Rn 149). Ein **Prozessverhältnis** besteht stets aus 2 Personen. Klagen daher Streitgenossen oder wird gegen Streitgenossen geklagt, so liegen ebenso viele Prozessrechtsverhältnisse vor (s § 60 Rn 9). Dritte, die sich am Rechtsstreit beteiligen (NI, § 66), sind nicht (Haupt-)Partei (sa Rn 3; zur mögl Beteiligung am Vergleich s § 794 Rn 6, 7). Mit dem Zweiparteien*prinzip unvereinbar ist ein* **Mehrparteienprozess** mit unklarer Rollenzurechnung (vgl W. Lüke, Die Beteiligung Dritter im ZP, 1993, S 430, 432 ff); in engen Grenzen (Sachzusammenhang, Sachdienlichkeit, Zumutbarkeit) sind spezielle Formen der Drittbeteiligung anzuerkennen (zur parteierweiternden Widerklage s § 33 Rn 24 ff,

insb Rn 26). Im geltenden „individualistischen" ZP stößt die Verfolgung einer Vielzahl „gebündelter" Interessen, zB bei sog „Streu- u Distanzschäden", auf funktionale Grenzen; deren Überwindung dient die Zusammenfassung von Kläger-„gruppen" in „Muster-", Sammel- u Verbandsklageverf als Formen **„kollektiven" Rechtsschutzes**; bei der MFK (§ 41 VDuG) wird die qualifizierte Einrichtung aufgrund einer **gesetzlichen Prozessstandschaft** im „Kollektivinteresse" tätig (MskV/Stadler Vor § 1 VDuG Rn 20; sa Rn 55 f). Bei der Verbandsabhilfeklage (§ 14 VDuG) stellt sich die Frage, ob dem Verband ein eigener Anspruch zusteht (abl BTDrs 20/6520, 76). Neu zu beobachten ist eine **Kollektivierung des individuellen ZP** durch Formen der **„strategischen Prozessführung"**, bei welcher die Individualklage durch Gruppeninteressen angereichert wird (Koch KJ 2014, 432; AnwBl 2015, 454; zur Instrumentalisierung staatlicher ZP in diesem Zusammenhang s Althammer/Roth, Instrumentalisierung von Zivilprozessen, 2018; Egidy ZUM 2023, 725 (speziell zum Zusammenspiel Kollektivrechtsschutz und *strategic litigation*); G. Wagner JöR 73 (2025), 353 f; zu **„SLAPP-Klagen"** näher Althammer/Bauer ZZPInt 28 (2023), 81 u nunmehr RefE zur Umsetzung der Richtlinie (EU) 2024/1069 v 20.6.2025.

III) Bestimmung der Partei. 1) Parteibezeichnung. a) Wichtig ist **genaue** Parteibezeichnung: vgl § 130 Nr 1, § 253 II Nr 1, IV; § 690 I Nr 1; § 313 I Nr 1; § 750 I. Der Kl, der ASt (im Mahn-, Arrest-, Verfügungs-, ZwV-Verf) bestimmt in der Klage (bzw im entspr Antrag) den Bekl (Ag, Sch). Die Bezeichnung ist **auslegungsfähig** (BGH MDR 2013, 420; BGH NJW 2021, 1818 Tz 10 f; BGH NJW-RR 2022, 1718 Tz 20; BAG NJW 2009, 1293; OLG Karlsruhe 7.10.2016 – 9 W 25/16); Anhaltspunkte sind Angabe des Klagegrundes und zutr Bezeichnung des Vertreters oder persönl haftenden Gesellschafters (BGH Rpfleger 78, 439) sowie der Klageschrift beigefügte Unterlagen/Anlagen (BGH NJW 2021, 1818 Tz 10 f; BAG NJW 2009, 1293, 1294; OLG Köln GRUR-RR 2017, 441), der vorprozessuale Schriftverkehr (OLG Stuttgart Rpfleger 2009, 688, 689 f) u spätere Prozessvorgänge (BGH NJW-RR 2006, 1569, 1570; OLGR Köln 2004, 107: Einlassung zur richtigen Partei; RSchwab/Gottwald § 41 Rn 3). Für gegen eine **Firma** erhobene Klagen s § 50 Rn 26. 6

b) Ungenaue oder **unrichtige Parteibezeichnungen.** Sofern die **Identität** der Partei **gewahrt** bleibt, sind diese unschädl und können jederzeit vAw **berichtigt** werden (LAG Düsseldorf MDR 2005, 999, 1000; OLG Hamm DStR 2012, 820: nicht existente „Einmann-GbR"; LG Duisburg 13.4.2017 – 21 O 93/13 Tz 124; OLG Düsseldorf ZIP 2023, 600; Heßeler NJW 2021, 997; sa BVerfG NJW 2014, 205; s § 319 Rn 17). Das Gericht hat die **Amtspflicht** (§ 139), auf die Berichtigung hinzuwirken (sa BVerfG NJW 2014, 205). Bei unrichtiger (mehrdeutiger) äußerer Parteibezeichnung ist grds die Person als Partei anzusehen, die **erkennbar** durch die Parteibezeichnung betroffen sein soll (BGH NJW 2003, 1043; BGH MDR 2013, 420 Tz 13; OLG Brandenburg ZMR 2016, 87 Tz 11 f; OLG Brandenburg BauR 2020, 1205, stRspr), bei unternehmens-(betriebs-)bezogenem Handeln also iZw der wahre Rechtsträger (BGH NJW-RR 2004, 501), bei Hypothekenklage der namensgleiche Grundstückseigentümer; nicht entscheidend ist, ob die irrtüml bezeichnete Partei tatsächl existiert oder nicht (BGH MDR 2013, 420 Tz 13; BAG NJW 2007, 2877; Clasen NJW 2007, 2887; Abgrenzung: s Rn 9, 13). **Bsp** für mögl Parteiidentifizierung: Deckname statt wahrer Name (LAG Köln 4.9.2015 – 10 Sa 176/15, juris Tz 18); einzelne Bruchteilseigentümer statt (nicht parteifähiger) Bruchteilsgemeinschaft (BGH NJW-RR 2022, 1718 Tz 20 [Elzer FD-ZVR 2022, 452452]; anders KG 9.2.2022 – 20 U 60/21 Tz 13); GmbH statt GmbH & Co KG (BFH BB 87, 398); Gesellschafter statt Gesellschaft (GbR, KG, GmbH; s BGH NJW 2003, 1043; BAG NJW 2007, 2877; im Einzelfall abw BayVerfGH ZIP 2012, 1151; sa § 50 Rn 17); Einzelfirma statt Gesellschaftsfirma; Unternehmensinhaber statt (nicht existierende) GmbH (BGH NJW-RR 2004, 501); „GmbH i.G." statt Vorgründungsgesellschaft (BGHZ 91, 152; sa § 50 Rn 19); *anderes* im Konzern verbundenes Unternehmen statt des erkennbar gemeinten (OLG Hamm NJW-RR 91, 188; OLG Hamm NJW-RR 94, 1509; LG Marburg VersR 93, 1424); Krankenhaus statt Trägerstiftung (BAG NJW 2009, 1293); (Vertretungs-)Behörde statt des Fiskus (OLG Schleswig NJW-RR 2013, 1151; sa § 18 Rn 4); Insolvenzmasse oder Nachlass statt entspr Partei kraft Amtes oder der unbekannten Erben (nicht bei Insolvenzschuldner statt Insolvenzverwalter, s Rn 9, 10). 7

c) Abgrenzung. Anders als bei der Parteiberichtigung (s Rn 7; § 319 Rn 17) bleibt bei einer **Parteiänderung** (s § 263 Rn 3, 9) die durch Auslegung (s Rn 6 f) zu ermittelnde Identität der Partei nicht gewahrt (BGH NJW 2022, 3003 Tz 15). Bei Klagen gegen eine von mehreren nach Sparten gegliederten Versicherungsgesellschaften mit gleicher Konzernangehörigkeit entscheidet für die Zurechnung das aus der Klageschrift ersichtl Versicherungsverhältnis (LG Marburg VersR 93, 1429). Ist als Bekl wegen vermeintl Umfirmierung eine als solche zutr bezeichnete existierende GmbH benannt, kommt Berichtigung (§ 319) auf die tatsächl gemeinte, ähnl firmierende GmbH in Frage; ist die Klage dagegen gegen die als solche zutr bezeichnete GmbH als vermeintl Rechtsnachfolgerin gerichtet, scheidet eine Berichtigung auf die (von ihr verschiedene) unverändert firmierende GmbH aus (BGH MDR 2013, 420 Tz 17; sa Rn Rn 9, 13). War bei § 46 I WEG aF die WE-Gemeinschaft als Bekl genannt, konnte dies eine (unschädl) Kurzbezeichnung für die „übrigen Wohnungseigentümer" sein (vgl BGH NJW 2010, 446 Tz 9 ff, 11, im Einzelfall verneinend; für einen Fall notwendigen Parteiwechsels s BGH NJW 2011, 1453; OLG Brandenburg ZMR 2016, 87 Tz 11 f; eindeutig für notw Beklagtenwechsel nunmehr BGH NJW 2022, 3003 Tz 15: Beschlussersetzungsklage (§ 44 II 1 WEG) gegen die übrigen Wohnungseigentümer anstelle der WE-Gemeinschaft; großzügiger für Übergangszeitraum: LG München I ZWE 2022, 186 Tz 35; sa § 50 Rn 24; § 319 Rn 19). Nach § 44 I WEG sind Beschlussklagen zwingend gegen die **WE-Gemeinschaft** zu richten (s § 50 Rn 24), die durch den Verwalter bzw die *übrigen* Wohnungseigentümer (§ 9b I 2 WEG, so BGH 8

NJW 2022, 3003 Tz 35: auch bei Zweiergemeinschaft; BGH NJW 2022, 3577 Tz 10; Bestellung eines Prozesspflegers (§ 57) kommt nicht in Betracht, s. BGH aaO; krit Greiner ZWE 2022, 423: „kupierte Gesamtvertretung"; Bruns ZWE 2022, 69; zur Verhinderung eines Insichprozesses s Rn 5) vertreten wird. – **Lit:** Kempe/Antochewicz NJW 2013, 2797; Drasdo NJW 2020, 3681.

9 **2) Falsche Partei.** Hier ist zu unterscheiden: **a)** Die Klage ist gegen den richtigen Bekl gerichtet, sie wird aber **versehentl oder irrtüml einem Dritten** zugestellt (sa BGH MDR 95, 687; OLG Hamm NJW-RR 99, 217). Da die **Zustellung** nicht die Aufgabe hat, die Partei zu bestimmen (OLG Stuttgart NJW-RR 99, 217; RSchwab/Gottwald § 41 Rn 5), ist der Dritte nicht Partei geworden (BGHZ 127, 163; BGH NJW-RR 95, 765 mwN; OLG Brandenburg MDR 96, 317); er ist ein außerhalb des Prozessrechtsverhältnisses stehender **Scheinbeklagter** (OLG Hamm NJW-RR 99, 217; OLG München NJW-RR 2017, 256; OLG München NJW 2019, 1470; LG Nürnberg-Fürth NZM 2024, 993: Abgrenzung zur Zustellung an „falschen Vertreter"; MskV/Weth § 50 Rn 10). Dieser kann aber notwendige Prozesshandlungen (ohne Anwaltszwang, s § 78 Rn 15, str; zust MK/Hau vor § 50 Rn 21, aA RSchwab/Gottwald § 41 Rn 18) vornehmen: Antrag, dass er – durch Beschluss – aus dem Rechtsstreit entlassen werde und der Kl bei Veranlassung der falschen Zustellung die ihm bish entstandenen **Kosten zu erstatten** habe (BGH NJW-RR 95, 765 mwN; BGH MDR 2008, 524; OLG München NJW-RR 2017, 256; OLG München NJW 2019, 1470: Erstattung nur von zur Richtigstellung notwendigen Anwaltskosten; OLGR Brandenburg 2008, 807; Stieper ZZP 121 (2008), 375 f; Abgrenzung zur vom Kl *nicht* veranlassten fehlgegangenen Zustellung: OLG Düsseldorf NJW-RR 96, 892), aber auch **Rechtsmittel** bzw **Einspruch** einlegen, wenn gegen ihn schon ein Urteil (VB) ergangen ist (BGH NJW-RR 95, 765; sa OLG Hamm NJW 99, 917; Abgrenzung zur umgehend berichtigten offenkundigen Falschbezeichnung: OLG Koblenz NJW-RR 97, 1352; sa § 319 Rn 33; § 511 Rn 4). Durch seine Einlassung auf die Klage wird der Scheinbeklagte nicht zur Partei, weil insoweit eine entspr Erklärung des *Kl* erforderl ist (vgl BGHZ 127, 164; OLG München NJW-RR 2017, 256); **Heilung des Zustellungsmangels** gem § 295 durch rügelose Einlassung des „Sollbeklagten" ist möglich (BGHZ 127, 164).

10 **b)** Die Klage ist irrtüml gegen den **falschen Bekl** gerichtet. Dieser wird Partei, da der Willensakt des Kl entscheidet (BGH NJW-RR 2008, 582, 583; OLG Köln WRP 2017, 593). Der „falsche Bekl" ist zwar „*richtig*" verklagt, jedoch fehlt bei ihm die Passivlegitimation (BGH NJW 2011, 1453 Tz 15; BGH NJW-RR 2013, 394 Tz 18; OLG Brandenburg BauR 2020, 1205; Kempe/Antochewicz NJW 2013, 2797); die Klage gegen ihn muss daher als unbegründet abgewiesen werden (Ausnahme bei treuwidriger Geltendmachung: BGH MDR 90, 616), sofern nicht ein gewillkürter Parteiwechsel in Frage kommt (s Rn 8 u § 263 Rn 23 ff; nicht bei Ablauf bestehender Klagefrist: LAG Düsseldorf MDR 2005, 999); **nicht** zulässig bei zweifelhafter Passivlegitimation der potentiellen Bekl ist eventuelle subj Klagenhäufung (s Brandenburg BauR 2020, 1205 u § 60 Rn 10); auch eine einseitige Erledigungserklärung scheidet aus, wenn sich nachträgl die „falsche" Parteistellung des Bekl herausstellt (allg s § 91a Rn 5 aE; zu Sonderfall auch BGHZ 127, 163). Die im Prozess unterlegene Partei ist zur Rechtsmitteleinlegung stets die „richtige" Partei (BGH NJW-RR 2005, 118).

11 **c)** Die im Prozess als Partei auftretende Person ist mit der wahren Partei **nicht identisch**, was im Parteiprozess stets vAw, im Anwaltsprozess nur auf Rüge zu beachten ist (OLG Nürnberg OLGZ 87, 485 mN; aA MK/Hau vor § 50 Rn 26; sa § 88 II). Bei Einigkeit der Beteiligten über fehlende Identität des Handelnden mit der wahren Partei sind die vorgenommenen Prozesshandlungen unbeachtl (OLG Hamm MDR 91, 1201); der Rechtsstreit wird mit der wahren Partei fortgesetzt u die falsche Partei entspr § 56 durch (klarstellenden) Beschluss auf ihren Antrag aus dem Rechtsstreit entlassen. Bei Streit über die Identität ist entspr § 71 durch unechtes Zwischenurteil zu entscheiden (LG München I 9.9.2021 – 36 T 6514/21 Tz 26; dageg sof Beschwerde, s Kempe/Antochewicz NJW 2013, 2797, 2802; MK/Hau vor § 50 Rn 28); bei Identität des Handelnden mit der wahren Partei wird hingegen der Rechtsstreit mit ihm fortgesetzt (Feststellung der Identität durch [echtes] Zwischenurteil [§ 303]). Prozesshandlungen der falschen Partei wirken nur bei Genehmigung für oder gegen die wahre Partei. Ein trotz Handelns der falschen Partei auf den Namen der wahren ergangenes Urteil wirkt aber nach formeller Rechtskraft für und gegen diese (Zustellung an die falsche Partei, Rechtsmittelverzicht durch diese, RSchwab/Gottwald § 41 Rn 20). Hilfe für die wahre Partei: § 547 Nr 4; § 579 I Nr 4 (MK/Hau vor § 50 Rn 27).

12 **d) Die nichtexistente Partei.** Sollte die Partei nicht existieren, in deren Namen geklagt oder die verklagt wird, ist die Klage als unzulässig abzuweisen (BGH NJW 2011, 778; zur Unterscheidung von nicht parteifähiger (aber existenter) Organisation s RSchwab/Gottwald § 41 Rn 21; § 43 Rn 5; Vermischung bei BGH ZIP 2017, 493), im Aktivprozess auf Kosten dessen, der das Verf in Gang gebracht hat (BGHZ 146, 341, 357 = NJW 2001, 1056, 1060), im Passivprozess auf Kosten des Kl (OLGR Stuttgart 2005, 525; sa BGH NJW 2008, 528; s näher § 91 Rn 2). Die Kostenentscheidung *gegen den Dritten* als Veranlasser kann von der – insoweit als existent geltenden (s § 50 Rn 8; § 56 Rn 13) – Partei mit dem Ziel angefochten werden, eine Kostenbelastung des Prozessgegners zu erreichen, ohne dass § 99 entgegen steht (BGH MDR 94, 511; näher s § 91 Rn 2). Zur Kostenentscheidung gegen den aufgetretenen ProzBev als Veranlasser s näher § 88 Rn 11. In dem gegen sie gerichteten Prozess ist die nichtexistente Partei parteifähig, soweit sie ihre Nichtexistenz geltend macht (BGH NJW-RR 2008, 1443, 1446 Tz 37; BGH NJW 2010, 3100; OLG Koblenz MDR 2013, 1243; OLG Koblenz MDR 2016, 610; sa § 50 Rn 8; § 56 Rn 13); insoweit ist auch eine **Kostenfestsetzung** (§§ 103, 104) zu ihren Gunsten mögl (BGH NJW 2008, 528, 529 mN; OLG Koblenz MDR 2013, 1243, iE str; Scheikholeslami-Sabzewari Rpfleger 2023, 70; aA

Stieper ZZP 121 [2008], 373 f; sa § 104 Rn 21.64). Für die Zulässigkeit eines Rechtsmittels der nichtexistenten Partei ist unerheblich, ob sie ihre Nichtexistenz (Parteiunfähigkeit) geltend macht oder ein anderes, ihr günstiges Sachurteil erstrebt (BGH NJW 2010, 3100; sa § 56 Rn 14). Die Zustellung an eine nichtexistente Partei ist wirkungslos (BGH NJW 2002, 3111). Ein gegen sie dennoch ergangenes Urteil (s vor § 300 Rn 18 ff) kann nicht nur durch vollstreckungsrechtliche Rechtsbehelfe (§§ 732, 766: BGHZ 177, 12, 24), sondern auch durch Rechtsmittel (vgl § 547 Nr 4, § 579 I Nr 4) angegriffen werden (BGHZ 177, 12, 24 Tz 37; BGH NJW 2010, 3100 Tz 11; St/Jacoby § 50 Rn 57). Häufig wird in diesen Fällen aber nur eine falsche Parteibezeichnung zu berichtigen sein (vgl Weimann/Terheggen NJW 2003, 1298; zu einer identitätswahrenden Umwandlung s OLG Köln ZIP 2004, 238; sa § 50 Rn 4, 4b).

Der Fall der **nichtexistenten Partei** liegt auch vor, wenn die Klage gegen einen schon **Verstorbenen** oder eine gelöschte GmbH erhoben wird (OLGR Stuttgart 2005, 525; keine Umdeutung in Klage gegen die Erben mögl: BGH WM 2000, 260, 261, oder bei Löschung gegen die Nachfolge-GmbH: BGH WM 2000, 260, 261). Tod einer Partei während Rechtshängigkeit: §§ 239, 246. Tod des Kl nach Klagevollmacht: § 86 (dazu BGHZ 121, 265; OLG Brandenburg 23.9.2016 – 11 Bauland U 2/15); die Klage ist also tatsächl für den Erben erhoben, somit genügt bloße Parteiberichtigung (OLG München MDR 91, 672; LG Düsseldorf 9.6.2017 – 6 O 175/15; Abgrenzung zur Klageerhebung für einen Verstorbenen iÜ: s § 319 Rn 18). – Zu Klagen gegen den vermeintl Rechtsnachfolger einer (noch existierenden) Partei s Rn 8. 13

IV) Eigenschaften der Partei und ihre Bedeutung. 1) Eigenschaften. Hierzu rechnen neben der **Parteifähigkeit** (s näher § 50 Rn 1 u § 56 Rn 1, 13) die **Prozessfähigkeit** (s ausf § 52 Rn 1 u § 56 Rn 1, 13; sa § 79 Rn 3) und die **Postulationsfähigkeit**, also die Fähigkeit in eigener Person rechtswirksam prozessual handeln zu können (BGH 14.12.2017 – V ZB 38/17). Postulationsfähig sind im Parteiprozess (§ 79) die Parteien selbst, RAe u bestimmte befugte Vertreter (§ 79 II), im Anwaltsprozess vor dem LG und OLG (vgl § 78 I) jeder RA, vor dem BGH jeder dort zugelassene RA (§ 78 I 3). Zu den Voraussetzungen der Postulationsfähigkeit der (neuen) **Berufsausübungsgesellschaft** (§§ 59b, 59l BRAO) u RA-Gesellschaft (59p BRAO, s BRDrs 55/21, 393; BTDrs 19/27670, 326; BTDrs 19/30516, 48) s näher vor § 78 Rn 7; § 80 Rn 6 u zum „europ“ RA s vor § 78 Rn 8. 14

2) Bedeutung. Alle drei Eigenschaften sind **Prozesshandlungsvoraussetzungen:** Fehlen sie einer Partei, ist die von ihr oder ihr ggü vorgenommene Prozesshandlung unwirksam (BGH NJW 2007, 2124, 2125; sa § 78 Rn 11). Partei- und Prozessfähigkeit sind darüber hinaus **Prozessvoraussetzungen** („Voraussetzungen der Zulässigkeit der Klage“, vgl § 282 III): Fehlen sie, so ist das ganze Verf unzulässig und die Klage deshalb abzuweisen (vgl BGH NJW 2004, 2523; OLG Rostock MDR 2020, 369). Sa § 50 Rn 5, 6, § 52 Rn 1 u 11 ff, § 56 Rn 10 ff; § 78 Rn 3. Der Mangel der Prozessfähigkeit ist Nichtigkeitsgrund iSv § 579 I Nr 4 (BGH NJW 2022, 3003, sa § 52 Rn 1). Eine unter **Verstoß gegen die Postulationsfähigkeit** eingereichte Klageerhebung ist unwirksam und hemmt (trotz Klagezustellung) die Verjährung nicht (OLG Zweibrücken MDR 2025, 340). 15

V) Gesetzliche Prozessstandschaft. 1) Prozessführungsbefugnis. a) Verhältnis zu Sachbefugnis und Verfügungsbefugnis. Der Gl einer Forderung ist aktiv-, ihr Sch passivlegitimiert (**materielle Sachbefugnis**). Steht die Klageforderung nicht dem Kl zu, wird die Klage wegen mangelnder Aktivlegitimation als unbegründet abgewiesen; ist nicht der Bekl sondern ein Dritter Sch der Forderung, wird die Klage wegen mangelnder Passivlegitimation ebenfalls als unbegründet abgewiesen. Grds ist der Inhaber eines Rechts befugt, es in eigenem Namen einzuklagen. Im Prozess entspringt diese **Prozessführungsbefugnis** der **behaupteten** Inhaberschaft des geltend gemachten Rechts. Soweit eine Partei im Prozess fremde Rechte im eigenen Namen geltend macht (Konsequenz des formellen Parteibegriffs, s Rn 2, 3), ist die Prozessführungsbefugnis – das prozessuale Seitenstück zur mat-rechtl **Verfügungsbefugnis** – bes festzustellen (iE s Rn 19 ff). **Prozessführungsbefugnis** ist somit die Fähigkeit, über das behauptete (streitige) Recht einen Prozess als die *richtige* Partei im eigenen Namen zu führen, ohne dass eine (eigene) mat-rechtl Beziehung zum Streitgegenstand vorzuliegen (behauptet zu werden) braucht (sa BGH MDR 2019, 1395; Braun LB d ZPR § 22 II 1; Picht ZZP 131 (2018), 93, 94; Adolphsen ZZP 135 (2022), 299, 304, 315 f: sehr einschr in der Bedeutung; grds abl dagegen Stamm ZZP 132 [2019], 411 ff). 16

b) Bedeutung. Die Prozessführungsbefugnis ist **Prozessvoraussetzung** (Zulässigkeitsvoraussetzung der Klage, § 282 III; BGHZ 100, 219; BGHZ 187, 10 Tz 7 = NJW 2010, 3033; BGH MDR 2019, 1395) und vAw zu prüfen (iE s Rn 44), wobei sie am Schluss der letzten mündl Verh vorliegen muss (BGHZ 187, 10 Tz 7; BGH NJW-RR 2021, 667 Tz 10 f; BGH WM 2024, 1618). Ihr Fehlen führt zur Abweisung der Klage als unzulässig (BGH NJW 2000, 738 f; OLG Hamburg 12.1.2023 – 15 U 29/21 Tz 93; Dethloff VuR 2022, 300; Folge: s § 322 Rn 1 f). Klagt somit der Kl eine Forderung ein, die nach seinem Vortrag nicht ihm, sondern einem Dritten zusteht, muss er seine Prozessführungsbefugnis dartun und sie notfalls beweisen (OLG Stuttgart 17.1.2025 – 5 U 107/24 Tz 25). Sie ist nicht Prozesshandlungsvoraussetzung; allerdings wirken die von oder ggü der nicht prozessführungsbefugten Partei vorgenommenen Prozesshandlungen nicht ggü der in Wahrheit prozessführungsbefugten. Daher auch nur Rechtskrafterstreckung unter bestimmten Voraussetzungen (näher s Rn 27 f). Soweit es auf die Stellung als Partei (s Rn 2 f, 29) u die Eigenschaften der Partei ankommt (s Rn 5), ist grds auf die Person des Prozessstandschafters abzustellen (s Rn 29). Bei einer **Änderung** der Prozessführungsbefugnis und einem Wechsel von Prozessstandschafter und Rechtsinhaber während des Prozesses liegt ein Fall des **Parteiwechsels** vor (s § 263 Rn 9; näher s Rn 20 aE, 29 aE). 17

18 **c) Arten der Prozessstandschaft.** Soweit jemand befugt ist, ein fremdes Recht in eigenem Namen einzuklagen (Picht ZZP 131 [2018], 93, 94 f), unterscheidet man **ges** (s Rn 19 ff) und **gewillkürte** Prozessstandschaft (s Rn 38 ff), **aktive** und **passive** Prozessstandschaft (zu Letzterer s Rn 28). Hauptfallgruppen der ges Prozessstandschaft sind die Prozessführung kraft Amtes (s Rn 19) und kraft ges Ermächtigung, wobei sich die ges Ermächtigung aus dem Prozessrecht, aus dem materiellen Recht oder aus einem Richterakt (iE str) ergeben kann (s Rn 20, 21 ff, 27); wichtiger Sonderfall der gewillkürten Prozessstandschaft (s Rn 38 ff) ist die Einziehungsermächtigung (s Rn 48). Ges und gewillkürte Prozessstandschaft können bei der Geltendmachung von massefremden Rechten durch den InsVerwalter mit Ermächtigung der Sicherungsgeber zusammentreffen (vgl OLGR Düsseldorf 2005, 688; sa Rn 46).

19 **2) Fälle der gesetzlichen Prozessstandschaft. a) Prozessführung kraft Amtes.** Hierher gehören: der InsVerwalter, § 80 InsO (BGHZ 127, 156; BGH MDR 2008, 1183; im Fall von § 22 I 1 InsO auch der vorläufige InsVerwalter; näher s Rn 27 [cc], § 51 Rn 7), im Fall von § 259 III InsO auch der frühere InsVerwalter (BGH NJW-RR 2010, 629); der Zwangsverwalter, § 152 ZVG (BGHZ 187, 10 Tz 8 = NJW 2010, 3033; Drasdo NJW 2010, 1796; s § 51 Rn 7), im Fall von § 82 ZVG der frühere Zwangsverwalter (BGH NJW 2010, 3033); der Nachlassverwalter, § 1985 I, § 1984 I 3 BGB; der TV, §§ 2212, 2213 I 1 BGB (BGH NJW-RR 87, 1091; Grenzen: BGH MDR 2003, 284; OLG München ZErB 2025, 223: Erbe ist hinsichtlich der Rückforderung der Testamentsvollstreckervergütung selbst pozessführungsbefugt); der Nießbrauchsverwalter, § 1052 BGB; s § 51 Rn 7. Diesen Fällen ist gemeinsam, dass die Partei kraft Amtes (krit insoweit Stamm KTS 2016, 279 ff) das Vermögen oder eine bestimmte Vermögensmasse des materiellen Rechtsträgers an dessen Stelle allein verwaltet und darüber verfügt (BGH ZIP 84, 83 für Konkursverwalter; abl OLG Frankfurt 13.6.2013 – 6 U 187/12 für Art 90 II GG: Selbstverwaltungskörperschaften für Bundesautobahnen). Dem Rechtsträger selbst ist insoweit die Prozessführungsbefugnis entzogen (BGH NJW 81, 1097; verfassungsrechtl unbedenkl: BVerfGE 51, 408; BayObLG ZIP 2021, 2543; Picht ZZP 131 [2018], 93, 94). Hier eingeordnet werden könnte auch die Zuständigkeit von Ämtern im Rahmen der (eigenen) Selbstverwaltung aufgrund gemeindlichen Übertragungsaktes (§ 104 I SchulG MV, s OLG Rostock LKV 2022, 527). **Nicht** hierher gehört der gem § 1960 II BGB bestellte Nachlasspfleger (vgl BGH NJW 89, 2134; teilw unklar OLG Köln NJW-RR 97, 1091) sowie der Sequester gem § 938 II (BGHZ 172, 98, 102 = NJW-RR 2008, 487: uU ges Vertreter; sa § 938 Rn 8, 11). Bei der Geltendmachung von Truppenschäden nach dem NTS-AG ist die BRep Dtl Prozessstandschafter des Entsendestaats (s § 18 Rn 13 m Rn 4). **Keine** Partei kraft Amtes ist der Verwalter gem §§ 27, 9b WEG, der die WE-Gemeinschaft vertritt (s § 50 Rn 24), aber nicht selbst als (ges) Prozessstandschafter in Frage kommt (zur Gemeinschaft selbst s aber Rn 21, 46 f); auch der gemeins Vertreter nach § 7 SchVG ist keine Partei kraft Amtes, sondern rechtsgesch Vertreter (BGH WM 2016, 1589; BGH WM 2018, 853; sa § 116 Rn 3).

20 **b) Prozessführung kraft prozessrechtlicher Ermächtigung.** Hierher gehört insb **§ 265**. Bsp: Der Kl tritt die rechtshängige Forderung ab und führt den Rechtsstreit trotz fehlender Aktivlegitimation in Prozessführungsbefugnis fort, wobei er aber den Antrag auf Leistung an den Zessionar umstellen muss (sog Relevanztheorie, vgl BGH JZ 2019, 310 Tz 7; BGH MDR 2019, 1395; BGH WM 2023, 79; generell abw Stamm ZZP 131 (2018), 14; s näher § 265 Rn 6a); im Insolvenzfall führt der InsVerwalter den die Masse berührenden Prozess in **doppelter Prozessstandschaft** (BGH NJW 86, 3206); ebenso der gewillkürte Prozessstandschafter bei Veräußerung nach § 265 I, II (BGH NJW-RR 2018, 719 Tz 28, 34). Von § 265 wird auch erfasst, dass der streitbefangene Gegenstand **während des Rechtsstreits** verpfändet, mit einem Nießbrauch belastet oder die rechtshängige Forderung für einen Gl des Kl gepfändet und diesem überwiesen wird (§§ 1074, 1077, 1281, 1282 BGB; §§ 829, 835 ZPO). Soweit hier die Belastung die volle Sachbefugnis des Verpfänders einschränkt, führt der Kl gleichwohl den Rechtsstreit in Prozessstandschaft fort (BGH NJW 86, 3206); ebenso ist § 325 I anwendbar (BGH NJW 83, 887; zum Fall der Überweisung der gepfändeten Forderung s Rn 27). Weitere Bsp bilden die Fälle des ges Übergangs von Unterhaltsforderungen nach § 94 I SGB XII nach Rechtshängigkeit (BGH NJW-RR 95, 1219; OLG Nürnberg NJW-RR 95, 262; sa Rn 46); aber auch die aktienrechtl Anfechtungsklage nach *squeeze out* (BGHZ 169, 221; s für OHG/KG nach MoPeG v 10.8.2021, BGBl I 2021, 3436, mWv 1.1.2024: §§ 110, 111 II HGB, sa BRDrs 59/21, 265; BTDrs 19/27635, 230; Meyer/Schwiete NZG 2022, 1035); zur Ausgliederung nach § 123 III UmwG s BGH MDR 2019, 1395. **Kein Fall** des § 265 ist aber Wechsel oder Beendigung der Prozessführungsbefugnis (s Rn 17 aE), etwa einer Partei kraft Amtes (BGH MDR 2008, 1183, 1184; RSchwab/Gottwald § 46 Rn 50 f; StJ/Roth § 265 Rn 13; für § 325 s BGH NJW 2019, 517; BGH NZI 2017, 910: zwischen InsSch u InsVerwalter; sa Rn 29 aE) oder das Ausscheiden des Gesellschafters im Fall der actio pro socio (s nach MoPeG seit 1.1.2024 § 715b BGB; OLG Frankfurt/M GmbHR 2024, 256; Berger ZZP 135 (2022), 407). In diesen Zusammenhang gehört auch die Prozessführungsbefugnis des Zedenten im Fall des **§ 407 II BGB** (RSchwab/Gottwald § 46 Rn 31 f).

21 **c) Prozessführung kraft materiellrechtlicher Ermächtigung. aa) Prozessführung Mitberechtigter bei Rechtsgemeinschaften. Fälle von Gesamthandsgemeinschaften:** Zu nennen sind hier etwa **§§ 1422, 1428, 1429 S 2; § 1487 I; § 2039 BGB** (sa Soergel/Gaul/Althammer 13. Aufl, § 1422 BGB Rn 10, 11). Bsp: Vollstreckungsgegenklage *des einzelnen* ***Miterben*** gem **§ 2039** bei ZwV in Nachlassgegenstand (BGH MDR 2006, 1291; BGH 4.11.2020 – VII ZB 69/18: Recht auf vollstreckbare Ausfertigung). Die Ausübung der Einzelklagebefugnis darf nicht **missbräuchl** sein (BGH NJW-RR 2010, 1123). Für **Gestaltungsrechte** gilt § 2039 BGB nicht

(s Grüneberg/Weidlich § 2039 BGB Rn 4; anders für Gestaltungsklagen, zB gem § 767: BGHZ 167, 150, 154). Bei der **Bruchteilsgemeinschaft** (§§ 741 ff BGB) ist der einzelne Mitberechtigte hinsichtl des gemeinsamen Gegenstandes (zB gemeinsame Forderung) als Prozessstandschafter prozessführungsbefugt, soweit die Klageerhebung eine notwendige Verwaltungsmaßnahme iSd **§ 744 II BGB** darstellt (BGHZ 110, 224 = NJW 90, 1106; OLG Düsseldorf ZfIR 2017, 73 Tz 22; OLG Naumburg NotBZ 2021, 73); dies gilt auch bei der **GbR** (ausdrücklich nach MoPeG v 10.8.2021, BGBl I 2021, 3436, seit 1.1.2024: **§ 715a BGB**, BTDrs 19/27635, 152; dazu Noack GmbHR 2024, 71 f; s bereits BGH 7.7.2021 – VII ZR 52/20 Tz 36; OLG Düsseldorf BB 2012, 2126; OVG Greifswald 2.11.2021 – 2 LZ 496/21 OVG; Bergmann WM 2019, 189). Wegen **§ 432 I 2, § 1011 BGB** s Rn 24. Trotz (nunmehriger) Aufgabe des Gesamthandsprinzips gehört die **actio pro socio** („Gesellschafterklage"; nach MoPeG seit 1.1.2024 kodifiziert: **§ 715b I 1 BGB**, s BRDrs 59/21, 110, 136, 171 f, 173; Berger ZZP 135 (2022), 407) hierher, welche eine (gesetzliche) Prozessstandschaft eines **Gesellschafters** einer Personengesellschaft (GbR, OHG, KG) auf Leistung an die Gesellschaft beinhaltet (s bereits BGH NJW-RR 2010, 1123 = MDR 2010, 940; Lutz NZG 2015, 424; zur GmbH s Berger ZHR 149 [1985], 604 ff mwN; für die Beendigung der Klagebefugnis s Rn 20), und (unter strengeren Voraussetzungen, s nach MoPeG seit 1.1.2024 § 715b I 2 BGB für „externe Gesellschafterklage", näher Henssler ZPG 2024, 260) grds **auch ggü Dritten** (Nichtgesellschaftern) greift (**„Sozial und Drittansprüche"**; teilw noch abw BGHZ 39, 14; BGHZ 102, 154; BGH MDR 2018, 350; K. Schmidt JuS 2018, 1105; s zu § 715b I BGB OLG Frankfurt/M GmbHR 2024, 256). Der Klageantrag muss auf Leistung an die Gesellschaft lauten (wie bei § 432 I 1, § 2039 S 1 BGB; sa BRDrs 59/21, 171 f; § 715b III BGB nach MoPeG seit 1.1.2024 statuiert Informationspflicht). § 715b I BGB nach MoPeG seit 1.1.2024 gewährt aber keine Vergleichsbefugnis; § 715b IV BGB seit 1.1.2024 ordnet überdies Rechtskrafterstreckung für und gegen die Gesellschaft an. Eine ges Prozessstandschaft von **Wohnungseigentümern** für die Gemeinschaft kommt aufgrund deren eigener Klagebefugnis nicht in Betracht (§ 9a I WEG); früher konnte diese im Rahmen ihrer Rechtsausübungs- u -wahrnehmungskompetenz (§ 10 VI 3 WEG aF) gemeinschaftsbezogene Rechte der Wohnungseigentümer „an sich ziehen" und in ges Prozessstandschaft geltend machen (BGHZ 172, 42; BGH NJW 2010, 933 Tz 13; BGH NJW 2010, 3089 Tz 22; BGH NJW 2015, 1020 Tz 7 f). Anstelle dieser komplizierten Befugnis (§ 10 VI 3 WEG aF, s dazu Hogenschurz NZM 2020, 730, 733) ist die **gesetzliche Ermächtigung und Prozessstandschaft** der Gemeinschaft nach § 9a II WEG getreten (keine Untersch zwischen geborener und gekorener Ausübungsbefugnis, s Becker ZWE 2020, 210 f; sa näher § 50 Rn 24); sa Rn 46 [g], 57 aE. Eine Ausnahme gilt nach BGH NJW 2023, 217 für Mängelbeseitigungsansprüche. Zur Fortgeltung eines Vergemeinschaftungsbeschlusses s OLG Nürnberg ZWE 2023, 30. Bei **Auslandsberührung** gilt grds *lex fori*-Prinzip (sa Rn 40, 41, 45 für gewillkürte Prozessstandschaft). Nach BGH WM 2024, 1618 ist für Inzidentprüfung der sachlichen Verfügungsbefugnis das nach deutschem IPR berufene Sachrecht maßgeblich (materiell-rechtliche Vorfrage).

bb) Güter- und unterhaltsrechtl Fälle. Das Verfahrensführungsrecht des **Ehegatten** geht auch bei **§§ 1368, 1369 I, III BGB** über seine jew Sachbefugnis hinaus (hL; BGH NJW 2013, 1156; OLG Frankfurt FamRZ 2004, 1105; MK-BGB/Koch § 1368 Rn 3, 7 mwN; Picht ZZP 131 [2018], 93, 95). Bsp: Grundbuchberichtigungsanspruch des (anderen) Ehegatten gem § 894 BGB gegen den Erwerber (BGHZ 106, 255 f). **§ 1629 III BGB** begründet während des Getrenntlebens oder der Anhängigkeit einer Ehesache bzw Lebenspartnerschaftssache eine Verfahrensstandschaft des (vertretungsberechtigten) **Elternteils** ggü (minderj) Kind für die Geltendmachung von Unterhaltsansprüchen (OLG Brandenburg NJW-RR 2019, 1480 Tz 5; Wolf/Lecking MDR 2010, 1299; Althammer JZ 2019, 287). Zur Terminologie (Verfahrensführungsbefugnis etc) bei ZPO-nahen Fam-Streitsachen (§ 112 Nr 1, 2, § 113, §§ 231 ff, §§ 261 ff FamFG) s § 113 V Nr 1 FamFG u Johannsen/Henrich/Althammer, FamR, 7. Aufl, § 113 FamFG Rn 16. 22

cc) Streitig ist, ob hierher auch die Fälle der §§ 1074, 1077, 1281, 1282 BGB gehören, wenn der **Pfandgläubiger** oder **Nießbraucher** seine Rechtsstellung vor Rechtshängigkeit (sonst Fall der Rn 20) des belasteten Gegenstandes erworben hatte. Entgegen RSchwab/Gottwald § 46 Rn 23 f ist eine **Frage der Sachbefugnis** gegeben, da die Prozessführungsbefugnis der beschränkt dingl Berechtigten auf ihrem materiellen Recht beruht, mit dem sie sich deckt. Dessen Bestehen ist keine Prozessvoraussetzung (MK/Hau vor § 50 Rn 59; zum Pfändungsgläubiger s Rn 27). 23

dd) Die (zutreffende) hL sieht ferner in dem Recht eines von **mehreren Gl einer unteilbaren Leistung** (§ 432 I 2 BGB) und dem eines von mehreren **Miteigentümern**, die Ansprüche aus dem Eigentum **Dritten ggü** hinsichtl der ganzen Sache geltend zu machen (**§ 1011 BGB**), Fälle ges Prozessstandschaft (BGH NJW 85, 2825; MskV/Weth § 51 Rn 23; Mantzouranis ZZP 127 [2014], 394; Picht ZZP 131 [2018], 93, 96; aA MK/Hau vor § 50 Rn 63: eingeschränkter, auf Leistung an alle gerichteter mat-rechtl Anspruch). Hinsichtlich des Umfangs der Rechtskraft der Entscheidung über die Einzelklage (s Rn 33 f) ist die Streitfrage bedeutungslos. 24

ee) Hierher gehören auch die Fälle, in denen Urheberrechte durch **Verwertungsgesellschaften** (zB Gema) geltend zu machen sind (zB § 27 III UrhG; § 2 VGG; vgl BVerfG MDR 88, 285), die Schutzklage des Verlegers anonymer Werke für den Urheber (§ 10 II 2 UrhG), die Ersatzklage der Gemeinde wegen Beschädigung von Bundeseinrichtungen im Rahmen der Auftragsverwaltung (BGHZ 73, 1) und die Klage der obersten Landesbehörde auf Nachzahlung an den Heimarbeiter (§ 25 HArbG; sa LAG Köln 14.2.2012 – 11 Sa 1380/10). 25

ff) Abgrenzung. Kein Fall von ges Prozessstandschaft liegt vor, soweit die **WE**-Gemeinschaft (anders als in den Fällen von Rn 21 aE) *eigene* Rechte geltend macht (s § 9a I WEG nF, etwa bei Verträgen mit Dritten; sa § 50 26

Rn 24). – An einem Fall von ges Prozessstandschaft **fehlt** es – wegen der sachl Anspruchsinhaberschaft – auch, wenn der Kl Ersatz des **Drittschadens** durch Klage auf Leistung an den Drittgeschädigten (aber s Rn 46 [e]) oder wenn der Versprechensempfänger bei **Vertrag zugunsten Dritter** auf Leistung an den Begünstigten klagt (§ 335). Dagegen besteht im Fall der frachtrechtl Doppellegitimation von **Empfänger und Absender** gem § 421 I 2 HGB Prozessstandschaft, soweit der im Innenverhältnis Nichtberechtigte klagt (Becker AcP 202 [2002], 739 ff; sa § 325 Rn 30). **§ 11 I LieferkettensorgfaltspflichtenG** (Geltung seit 1.1.2023) sieht aus Gründen des Menschenrechtsschutzes eine **besondere Prozessstandschaft** für inländ Gewerkschaften und Nichtregierungsorganisationen vor. Diese – nach der Gesetzesbegründung – ges Prozessstandschaft (BTDrs 19/28649, 15, 52; BTDrs 19/30505, 15, 42) verlangt die (konkludente) Ermächtigung durch eine Person, die die Verletzung in einer überragend wichtigen geschützten Rechtsposition iSv § 2 I LieferkettensorgfaltspflichtenG geltend macht. Das Ermächtigungserfordernis (sa Rn 51) und der Hinweis auf BGH 31.7.2008 – I ZR 21/06 Tz 52 (zur gewillkürten Prozessstandschaft) machen diese dogmatische Einordnung zweifelhaft. Näherliegend ist die Annahme einer *gesetzlich typisierten* Form der gewillkürten Prozessstandschaft (s Wagner/Ruttloff/Wagner/Hahn CB 2021 89, 92; Voß ZVglRWiss 122 [2023], 172; Steinbrück/Traub MDR 2023, 1083, 1088).

27 **d) Prozessführungsbefugnis kraft Überweisungs- und Übertragungsbeschlüssen. aa)** Die Überweisung einer gepfändeten Forderung **zur Einziehung** (s § 835 Rn 7) stellt richtigerw keinen Fall der Prozessstandschaft dar (so aber hM, str; eingeh mwN Schur KTS 2001, 74, 83 ff), sondern eine Spaltung des materiellen Rechts, die dem Pfändungsgläubiger (wie dem Pfandgläubiger und Nießbraucher: s Rn 23) eine materielle Verfügungsmacht mit entspr Prozessführungsbefugnis gibt (aA MK/Hau vor § 50 Rn 59; BGHZ 102, 296 f; zu einer rein materiellen Deutung Stamm ZZP 132 [2019], 411 ff, 416). Bei mehrfacher Pfändung ist auch der nachrangige Pfändungsgläubiger prozessführungsbefugt (s LAG Berlin BB 91, 144; § 856 m Anm). Der Rechtsinhaber (VollstrSchuldner) bleibt beschränkt prozessführungsbefugt (BGHZ 114, 141; BGH NJW 2001, 2179 f); er kann auf Leistung an den Pfändungspfandgläubiger klagen (sa Rn 20; § 829 Rn 18; § 836 Rn 5); das Urteil wirkt nicht Rechtskraft gegen ihn (BGH NJW 2001, 2179). – **bb)** Die Überweisung **an Zahlungs statt** (s § 835 Rn 8) überträgt das Recht selbst, so dass der Gl mit der Überweisung die volle Sach- und Prozessführungsbefugnis erlangt. – **cc)** Das **InsGericht** kann den vorläufigen Verwalter (§ 22 InsO) zur Einziehung einer (bestimmten) Forderung **ermächtigen** (BGH ZIP 2012, 737 [Schröder EWiR 2012, 459]). Mit einem **allg Verfügungsverbot** ggü dem Sch (§ 21 II 1 Nr 2 Fall 1 InsO) geht die Verwaltungs- und Verfügungsbefugnis einschließlich der prozessualen Kompetenzen für Aktiv- und Passivprozesse schon vor InsEröffnung (§ 80 InsO) auf den vorläufigen InsVerwalter über (§ 22 I 1 InsO) (BGH NJW-RR 2013, 1461; s § 51 Rn 7).

28 **e) Passive Prozessführungsbefugnis.** – **Lit:** van Zwoll, Die Prozessstandschaft auf der Beklagtenseite, Bochum 1993. – Sie ist bedeutsam, wenn auf der Beklagtenseite Prozessführungsbefugnis und Passivlegitimation auseinanderfallen. **Bsp:** Prozesse gegen Parteien kraft Amtes; gegen prozessführungsbefugte Verwalter gemeinschaftl Vermögens (§ 1422 BGB) oder von Sondervermögen (zB § 1984 I 3 BGB); gegen die WEG-Gemeinschaft bei „gemeinschaftl zu erfüllenden" Pflichten der Mitberechtigten (vgl § 9a II WEG; sa BGH NJW 2016, 1735 Tz 21; Schmidt-Räntsch ZWE 2016, 429, 439); gegen (soweit anerkannt) prozessführungsbefugte Teilberechtigte (s § 62 Rn 17 f gegen BGHZ 36, 187); Veräußerung der streitbefangenen Sache durch den auf Herausgabe Verklagten während des Rechtsstreits (§ 265 I); Abänderungsantrag (§ 238 FamFG) gegen den verfahrensführungsbefugten Elternteil (s Rn 22) zur Herabsetzung von Kindesunterhalt (s BGH NJW 83, 685); gegen selbständiges Schadensabwicklungsunternehmen nach § 126 II 1 VVG (BGH NJW 2017, 1245 Tz 10; BGH NJW 2018, 3389: Klage gegen Versicherer unzulässig; § 126 II 1 VVG gilt nicht analog für Aktivklagen gegen RA: OLG Karlsruhe MDR 2021, 422, s aber Rn 46); eine passive Prozessführungsbefugnis weist § 113 II 2 HGB seit 1.1.2024 (MoPeG) den Gesellschaftern (der passivlegitimierten OHG/KG, BTDrs 19/27635, 233) im Fall der Anfechtungsklage (§ 110 I HGB) zu.

29 **3) Rechtsfolgen bei gesetzlicher Prozessstandschaft. a) Parteistellung. – aa)** Die ges Prozessführungsbefugnis ist **vAw** zu prüfen (s Rn 17, 44). Die **Parteistellung** (s zu den Konsequenzen Rn 5) besitzt nur der Prozessstandschafter (OLG Köln FamRZ 95, 1497). Der Rechtsträger (alleiniger Rechtsinhaber oder ggf Mit- oder Teilberechtigter) ist im Prozess Dritter (s Rn 3) und damit **mögl Zeuge** (BGH NJW-RR 88, 127; Foerste FS Henckel, 2015, S 103). Die grundsätzl Anknüpfung an die Person des Prozessstandschafters als Partei (s Rn 17) schließt jedoch die Mitberücksichtigung der Vermögensverhältnisse des Rechtsträgers nicht aus (BGHZ 96, 153; zu Einzelheiten s § 114 Rn 6 f, iE str); im Fall von § 1629 III BGB (s Rn 22) entscheiden die Vermögensverhältnisse der Partei über VKH (Elternteil: BGH MDR 2005, 928; OLG Bamberg MDR 2005, 1056), bei einer Partei kraft Amtes (s Rn 19) kommt es grds auf die verwaltete Vermögensmasse an (vgl § 116 Nr 1 u s § 116 Rn 4). – **bb)** Die Folgen der Prozessführung durch den Rechtsfremden für den Rechtsinhaber (u weitere Mit- oder Teilberechtigte) sind allg nicht geregelt (s zu Rechtskraft, Vollstreckbarkeit, Rechtshängigkeit Rn 30-37). Ob das Urteil, das für oder gegen den Prozessführungsbefugten erging, für den Rechtsträger selbst **Rechtskraftwirkung** besitzt, ist einzelfallabhängig zu entscheiden; sa Rn 34). Bei Annahme einer Rechtskraftwirkung gegen den Rechtsinhaber soll dieser nach hM auch an einen im Rahmen des Streitgegenstandes liegenden **Prozessvergleich** gebunden sein (so RSchwab/Gottwald § 131 Rn 43 u BGH JZ 2019, 310, für eine aus § 265 II 1 resultierende prozessuale *Drittwirkung; Würdinger* NJW 2019, 314, str), was in dieser Generalität abzulehnen ist (näher Althammer JZ 2019, 286, 292: aber im Einzelfall Bindung aus materiell-rechtlichen Gründen; beipflichtend Schilken FS H. Roth, 2021, S 515; Klinck WM 2006, 417, 421 ff; Sondervorschrift: § 1629 III 2 BGB; sa Rn 51;

§ 794 Rn 6, 8). **Endet** mit dem Amt (zB nach § 259 I InsO) die ges Prozessführungsbefugnis während des Prozesses, kommt es zu einem Parteiwechsel unter Nachfolge des Rechtsträgers (s Rn 17); eine Fortführung gem § 265 II scheidet aus (s Rn 20). Hilfe: Ermächtigung zur Prozessführung gem Rn 41 (s BGH MDR 2008, 1183, 1184). **Gibt** der InsVerwalter *während des InsVerf* insbefangenes Vermögen **frei** (zB gem § 35 II InsO), fällt die Prozessführungsbefugnis an den Sch zurück (BAG NJW 2014, 1037) mit der Folge eines Parteiwechsels (zur Zwangsvollstreckung s näher Wolf/Lecking MDR 2011, 1 f).

b) Eine **Rechtskrafterstreckung** im Verhältnis zwischen Prozessführungsbefugtem und Rechtsträger wird von der hL bejaht in folgenden Fällen: – **aa)** bei Prozessführung durch eine **Partei kraft Amtes**, und zwar uneingeschränkt beim InsVerwalter (BGHZ 88, 334; BGH MDR 2008, 1183 u Picht ZZP 131 [2018], 93, 96 ff) und beim Nachlassverwalter, eingeschränkt gem § 327 I beim TV; 30

bb) auf Grund ges Anordnung (§ 325) in den Fällen des **§ 265**, s Rn 20; hierher gehören auch Pfändung, Verpfändung, Belastung mit Nießbrauch der **schon rechtshängigen** Forderung. Beachte den abw Fall in Rn 23, ferner für den Sonderfall der Mehrfachpfändung (§§ 853, 856 I) die Rechtskraftwirkung der Beiladung in § 856 IV, V. Bei Abtretung (Forderungsübergang) **vor Rechtshängigkeit** der Forderung gilt die Urteilswirkung gem **§ 407 II BGB** (Stamm NJW 2016, 2369; Schilken ZZP 130 [2017], 271 ff); zu ähnl Fällen s § 325 Rn 27a); **§ 9a II WEG** führt bei Störungen des Gemeinschaftseigentums zur Rechtskrafterstreckung auf die Eigentümer (Dötsch/Schultzky/Zschieschack, WEG-Recht 2021, Kap 14 Rn 180; BGH NJW 2015, 1020 Tz 16; sa Rn 34), die nach Beitritt streitgenössische NI (§ 69) darstellen; im Fall der Gesellschafterklage *(actio pro socio)* auf Leistung an die Gesellschaft (s Rn 21) erstreckt **§ 715b IV BGB** seit 1.1.2024 (MoPeG v 10.8.2021, BGBl I 2021, 3436; Berger ZZP 135 [2022], 407) die Rechtskraft eines Sachurteils auf die Gesellschaft (Möglichkeit: § 69), und nicht auf die übrigen Gesellschafter (s BRDrs 59/21, 172 f, 174; BTDrs 19/27635, 155); 31

cc) bei der Geltendmachung von **Unterhaltsansprüchen des Kindes** durch einen Elternteil im eigenen Namen während des Getrenntlebens oder bei Anhängigkeit einer Ehesache bzw Lebenspartnerschaftssache gem § 1629 III BGB (s § 1629 III 2 BGB u s Rn 22; Vogel FPR 2013, 517; zudem existiert eine Drittwirkung des Prozessvergleichs nach § 1629 III 2 BGB, sa Rn 22). 32

c) Keine Rechtskrafterstreckung. Die Frage wird nur bei zuungunsten des Prozessstandschafters ergangenen Entscheidungen praxisrelevant; hat der Prozessstandschafter obsiegt, kann sich der materielle Rechtsträger die Urteilsrechtskraft noch durch Genehmigung der Prozessführung zunutze machen (allg zur Zustimmung des Rechtsträgers s Rn 41). – **aa) Fälle.** Sind an einem gemeinschaftl Vermögen oder Recht mehrere beteiligt, so erstreckt sich nach hM (s Rn 34 mN) die Rechtskraft des gegen den Prozessstandschafter ergangenen Urteils nicht auch auf die übrigen Mit-(Teil-)Berechtigten (krit aus prozessökonomischer Sicht Picht ZZP 131 [2018], 101, 108, 110 f). So wirkt das Urteil zuungunsten des klagenden Gesamtleistungsgläubigers im Falle des § 432 BGB nicht auch gegen den anderen Gesamtleistungsgläubiger (sa § 432 II u s Rn 24); im Fall der Klage eines Mitberechtigten gem § 744 II BGB nicht auch gegen den anderen Mitberechtigten; im Fall der Herausgabeklage eines Miteigentümers gem § 1011 BGB nicht auch gegen den anderen Miteigentümer (BGHZ 79, 247 f; BGHZ 92, 354; sa Rn 24); im Fall der Klage eines einzelnen Miterben auf „Leistung an alle Erben" gem § 2039 BGB nicht auch gegen die übrigen Miterben (BGH MDR 2006, 1291; BGH 4.11.2020 – VII ZB 69/18; sa § 62 Rn 16); bei einem Verfahrensantrag eines Ehegatten im Güterstand der Zugewinngemeinschaft gem §§ 1368, 1369 III BGB nicht auch gegen den anderen. Soweit eine Rechtskrafterstreckung verneint wird, führt dies zwangsläufig zu Zweitprozessen durch klagende (Mit-)Berechtigte, die dem (im Vorprozess siegreichen) Prozessgegner auferlegt werden. 33

bb) Rechtfertigung der unterschiedl Behandlung. Die hM (BGHZ 79, 245, 248; RSchwab/Gottwald § 46 Rn 58 f; Lehmann-Richter ZWE 2014, 388, 389 zu § 10 VI 3 WEG aF/§ 9a II WEG nF, sa Rn 29) sieht den Grund für die unterschiedl Behandlung darin, dass in den zu b) aufgeführten Fällen (s Rn 30-31) die Prozessführungsmacht des Prozessstandschafters gleichzeitig zum **Ausschluss einer Prozessführung durch den Rechtsträger** selbst führt, was in den übrigen Fällen nicht zutreffe. Insoweit ist **§ 715b IV BGB** mWv 1.1.2024 (MoPeG v 10.8.2021, BGBl I 2021, 3436) ein **Sonderfall**, da trotz Rechtskrafterstreckung (s Rn 31) eine (spätere) Klage der Gesellschaft nicht ausgeschlossen ist (BRDrs 59/21, 172; BTDrs 19/27635, 155 f: Wegfall der Prozessführungsbefugnis des Gesellschafters). 34

cc) Abhilfe. Drittwiderklage gegen Miteigentümer usw (weitere Fälle: s Rn 33 [aa]). Der von einem Miteigentümer gem § 1011 BGB verklagte Besitzer (usw) kann im Wege der (auf negative Feststellung gerichteten) Drittwiderklage weitere (sämtl) Miteigentümer als Parteien in den Streit einbeziehen und damit eine einheitl Entscheidung sichern (s § 33 Rn 24; eingeh Mantzouranis ZZP 127 [2014], 393 ff; Picht ZZP 131 [2018], 101, 108, 110 f). 35

d) Vollstreckbarkeit. Der obsiegende Prozessstandschafter kann aus dem Urteil die Vollstreckung betreiben (er ist Klauselberechtigter nach § 724, s § 724 Rn 3 mwN; sa BGH 4.11.2020 – VII ZB 69/18: Recht auf vollstreckbare Ausfertigung des einzelnen Miterben nach § 2039 BGB) und ist als **Vollstreckungsgläubiger** gem § 2 AnfG anfechtungsberechtigt (BGH NJW 83, 1678). Im Falle der Rechtskraftwirkung auf den Rechtsträger (s Rn 30-32) ist die **Vollstreckungsklausel** in entspr Anwendung von § 727 (§ 731) auf diesen umzuschreiben, 36 wenn der Prozessstandschafter die Vollstreckung ablehnt (sa BGH NJW 83, 1678; Heintzmann ZZP 92 [1979], 67 ff; Wolf/Lecking MDR 2011, 1 f; Bonifacio ZfIR 2012, 276; sa § 727 Rn 13 mwN).

37 **e) Rechtshängigkeit.** Soweit Rechtskrafterstreckung auf den Rechtsträger anzunehmen ist, steht der Klage des Rechtsinhabers entspr § 261 III Nr 1 die Einrede der Rechtshängigkeit entgegen, wenn der Prozessstandschafter klagt (BGH NJW 80, 2463). – Die **Verjährung** wird durch die Klage des Prozessstandschafters gem § 204 I Nr 1 BGB gehemmt (BGH NJW 2010, 2270 Tz 38; BGH NJW 2011, 2193; OLG Hamburg 12.1.2023 – 15 U 29/21 Tz 93; vgl auch Althammer NJW 2011, 2172; sa Rn 52).

38 **VI) Gewillkürte Prozessstandschaft. 1) Allgemeines. Lit:** Berger, Zum Widerruf der Prozessführungsermächtigung bei der gewillkürten Prozessstandschaft, FS Prütting, 2018, S 221; Dasser/Uzun, The Admissibility of Representative Standing by Agreement (gewillkürte Prozessstandschaft) under the Swiss lex arbitri, SchiedsVZ 2023, 325; Hoffmann, Gewillkürte Prozessstandschaft und materiell-rechtliche Ausübungsermächtigung, ZZP 130 (2017), 403; Klesse, Gesellschafterklagen in der zweigliedrigen GmbH: Bedürfnis nach effizienter Rechtsdurchsetzung vs. Einhaltung interner Kompetenzregeln, NZG 2025, 545; Koch, Die grenzüberschreitende Prozessführungsbefugnis, ZZP 127 (2014), 493; Kunz Die Prozessstandschaft – Eine Untersuchung der Klagebefugnisse Dritter im österreichischen Zivilverfahren, 2019; Kurzweil, Zur Entbehrlichkeit des rechtl Interesses bei der Prozessführungsbefugnis kraft Ermächtigung, 2008; Leyendecker, Widerruf einer (ausgeübten) gewillk Prozessstandschaft, ZZP 122 (2009), 465; Pfeiffer, Gewillkürte Prozessstandschaft im Schiedsverfahren, SchiedsVZ 2017, 135; Rimmelspacher, Vollstreckungsstandschaft in Fällen der Drittermächtigung, FS Henckel, 2015, S 269; Schumann FS Musielak, 2004, S 457; Stamm, Zur Frage der Existenzberechtigung der Prozessführungsbefugnis – Ihre Rückführung auf das materielle Recht, ZZP 132 (2019), 411; Sunaric, Die richtige Partei im zivilprozessualen Erkenntnisverfahren, 2018. – **a) Begriff.** Gerichtl Geltendmachung fremder Rechte (idR schuld- oder sachenrechtl Ansprüche, s Rn 42) im eigenen Namen auf Grund Ermächtigung (s Rn 41) durch den Rechtsinhaber. – **b) Zulässigkeit.** Die gewillkürte Prozessstandschaft wird teilw mit § 185 BGB gerechtfertigt (vgl Grunsky FG BGH Bd III, 2000, S 116 ff), wenngleich daraus noch nicht das obj Erfordernis eines berechtigten Eigeninteresses des Ermächtigten an der Prozessführung (als das zentrale Element zur Verhinderung einer „willkürl" Verschiebbarkeit der Parteirollen) folgt (s Rn 40). Auch wenn grundsätzl Bedenken gegen die gewillkürte Prozessstandschaft erhoben werden (Stamm ZZP 132 [2019], 411 ff, 418 ff, 461: Lehre sei angesichts § 185 BGB entbehrlich; Rückkopplung der Einziehungsermächtigung an das materielle Recht; aus schweizerischer Sicht: Sunaric aaO S 131 ff), ist ein dogmatischer Ersatz nicht in Sicht (wenig überzeugend als Alternativen sind: Vollrechtsübertragung; Eigenprozessführung mit Hilfe eines ProzBev; iE auch Hoffmann ZZP 130 [2017], 403 ff); Parallele: gewillkürte Verfahrensstandschaft (s in Grundbuchsachen OLG Brandenburg NJW-RR 2018, 77).

39 **c) Arten.** Anzuerkennen ist die gewillkürte **aktive Prozessstandschaft**, bei der der Kl (Widerkläger) „offen" (s Rn 43) als Prozessstandschafter auftritt; nur soweit der Prozessstandschafter der bish Rechtsinhaber ist, kommt (wegen § 407 II BGB) auch eine „verdeckte" Prozessstandschaft in Frage (s Rn 43, 48). Eine gewillkürte **passive Prozessstandschaft** ist dagegen unzulässig (zur ges s Rn 28), da ein schutzwürdiges Interesse des ermächtigten Bekl ausnahmslos fehlt (Jauernig/Hess § 22 Rn 20, str; Stamm ZZP 132 [2019], 411 ff, 416 f: keine Verpflichtungsermächtigung; aA van Zwoll [s Rn 28] S 164 ff; offen BGH GRUR 95, 506; OLG Stuttgart 5.11.2013 – 1 Sch 1/11); nicht zu verwechseln mit der (zulässigen) aktiven Prozessstandschaft auf der Beklagtenseite (BGH GRUR 95, 506: verteidigungsw Geltendmachung von Drittrecht unter den Voraussetzungen der Rn 40 ff; BGH ZIP 2006, 2321 Tz 18; anders bei ZwV-Gegenklage: Rn 47 aE). Eine (isolierte) **Vollstreckungsstandschaft** – Vollstreckungsermächtigung des Titelgläubigers an einen Dritten ohne Übertragung des titulierten Anspruchs – scheitert an § 727 und ist abzulehnen (BGHZ 92, 349; BGHZ 120, 396; BGH 28.7.2011 – VII ZR 126/10 Tz 7; OLG Hamm 11.6.2018 – 5 U 4/17; LG Köln 3.12.2019 – 31 O 184/19; Gaul/S/B-E ZwVR § 16 Rn 107 ff; großzügiger Rimmelspacher FS Henckel, 2015, S 269 ff, str; dazu näher s § 727 Rn 13; § 767 Rn 12.49); davon zu unterscheiden ist die Vollstreckungsbefugnis des einziehungsbefugten Prozessstandschafters in den Rückermächtigungsfällen (dazu BGHZ 120, 395 f; OLG Schleswig NJW-RR 94, 1418; Rimmelspacher FS Henckel, 2015, S 269 f; sa Rn 53).

40 **2) Voraussetzungen.** Außer der Ermächtigung durch den Rechtsinhaber (s Rn 41) muss ein schutzwürdiges rechtl Interesse an der Prozessführung sowohl beim Dritten (Prozessstandschafter) als auch beim Ermächtigenden (Rechtsinhaber) gegeben sein (zust OLG Hamm NZG 2020, 986; für Schiedsverf sa Pfeiffer SchiedsVZ 2017, 135 ff, 140 ff); der Gegner darf durch die Prozessführung des rechtsfremden Dritten nicht unzumutbar in seinen schutzwürdigen Belangen beeinträchtigt werden (unten aa-cc). Die weiteren Erfordernisse gem Rn 42, 43 müssen vorliegen. Bei Auslandsberührung gilt die *lex fori* (s Rn 41; abw Koch ZZP 127 [2014], 493). – **a) Schutzwürdiges Eigeninteresse des Kl u des Rechtsinhabers, Fehlen schutzwürdiger Belange des Bekl: aa)** Für eine wirksame Übertragung der Prozessführungsbefugnis auf einen Dritten verlangt die hM und stRspr zu Recht außer Ermächtigung des Rechtsinhabers (s Rn 41, 43) einschr ein **eigenes schutzwürdiges Interesse des Ermächtigten** an der Prozessführung im eigenen Namen (so BGH NJW 87, 1210; BGH NJW 2012, 3032 Tz 15; BGH NJW 2017, 486 Tz 5; BGH MDR 2018, 225; BGH 27.11.2020 – V ZR 71/20 Tz 10; OLG Hamburg TranspR 2019, 21, *ganz hM u stRspr; Dethloff* VuR 2022, 300; krit Hoffmann ZZP 130 [2017], 403, 407 f m rechtsvergleichenden Überlegungen; **aA** Grunsky FG BGH Bd III, 2000, S 116 ff, s Rn 46, 49), weil die Bestimmung der Parteirollen wegen der Rechtsfolgen (s Rn 50) nicht der unkontrollierten Parteidisposition überlassen

bleiben kann. Ein schützenswertes Eigeninteresse an der Prozessführung ist gegeben, wenn die Entscheidung Einfluss auf die *eigene Rechtslage des Prozessführungsbefugten* hat (BGH NJW 2009, 1213, 1215; BGH NJW 2017, 486 Tz 5; LG Aachen ZMR 2016, 543; RSchwab/Gottwald § 46 Rn 35); auch ein *wirtschaftl Interesse* kann uU genügen (vgl BGHZ 119, 242; BGH NJW 2016, 2335 Tz 20; BGH MDR 2017, 701, str; AG Ludwigshafen 5.7.2019 – 2h C 92/19: nicht bei (erfolgsabhängiger) Inkassotätigkeit); weiter einschr verlangt BGH NJW 2017, 486 Tz 10 (zust Gruber) einen **konkreten Bezug** des schutzwürdigen Eigeninteresses **auf das Recht**, für dessen Geltendmachung die Ermächtigung erteilt wurde; bei Unterlassungsansprüchen aus §§ 1004, 862 BGB muss sich das Eigeninteresse „auf die Beseitigung der Beeinträchtigung des Eigentums bzw des Besitzes an dem Grundstück beziehen" (BGH NJW 2017, 486 Tz 10); aus Gründen der Grenzziehung zum bes Wettbewerbsrecht ist dies sinnvoll (sa Gruber NJW 2017, 487); die Prozessführungsbefugnis besteht bei Veräußerung (§ 265 I) fort (BGH NJW-RR 2018, 719 Tz 28, 34: doppelte Prozessstandschaft); **weitere Bsp:** Alleingesellschafter als Prozessstandschafter für GmbH, Konzernmutter für vollbeherrschte Tochter-GmbH (BGH MDR 95, 60; OLG Stuttgart WRP 96, 64), Dachverband für Landesverband (BGH WRP 2008, 1537), KFZ-Halter für Sicherungseigentümer (BGH MDR 2017, 701), InsGl für InsVerwalter (LG Hamburg WRP 2012, 1169), Versicherter für Versicherer nach § 86 VVG (OLG Rostock 11.2.2021 – 5 U 130/18), Interesse des Prozessstandschafters an Provision (BGH NJW 88, 1210, str; s Rn 49); nicht genügen sollen aber Interessen der Prozesswirtschaftlichkeit und technischen Erleichterung der Prozessführung (BGH NJW 2009, 1213 Tz 20 f; BGH NJW 2017, 487 Tz 19; OLG Düsseldorf ZfIR 2017, 73 Tz 26; s Rn 47 aE), dgl nicht allein die Sachnähe der prozessführenden Partei (BGH NJW 2009, 1213, 1215), auch nicht im Verhältnis von Eltern und Kind (OLG Braunschweig NJOZ 2023, 83 Tz 46; OLG Hamm 16.7.2015 – 10 U 38/14). – **bb)** Ein eigenes schutzwürdiges Interesse des **Ermächtigenden** (Rechtsinhabers) wird idR nicht selbständig geprüft; richtigerw handelt es sich um ein zusätzl Erfordernis (RGZ 91, 397; MK/Hau vor § 50 Rn 76 ff; Hoffmann ZZP 130 [2017], 403, 407 ff), das eigens zu prüfen ist; transmortale Vollmacht erlaubt nicht (automatisch) Rechtsberühmung für Erben, s OLG Hamm NZG 2020, 986 Tz 40, 41, 43. – **cc) Fehlen ungerechtfertigter Nachteile beim Prozessgegner.** Die hM prüft den gebotenen „Beklagtenschutz" nicht als eigenständiges Erfordernis (so zutr Schumann aaO S 472, 477 ff, 492; Sunaric aaO S 137 f), sondern nur im Rahmen des „schutzwürdigen Eigeninteresses des Ermächtigten" mit (BGHZ 96, 155; BGH MDR 2012, 182 Tz 20; s Rn 50); dies führt leicht zu einer Vernachlässigung der schutzwürdigen Interessen des Bekl. IdR nicht ausreichen sollen zB eine Gefährdung von dessen Kostenerstattungsanspruch (vgl BGHZ 100, 221; BGH NJW 99, 1717 in Abgrenzung zu BGHZ 96, 153; aA Schumann aaO S 488 f) oder eine Verschlechterung seiner Beweislage (vgl BGH NJW 88, 1587; BGH NJW-RR 88, 127; s weiter Rn 50; s vor § 373 Rn 6); nur ausnahmsw kommt es zu einem Durchgriff auf den Rechtsinhaber; Bsp: PKH (s § 114 Rn 7; sa Rn 29, 50), Rechtshängigkeit u Rechtskrafterstreckung (s Rn 51). – Einzelheiten aus der Rspr: s Rn 46, 47.

b) Ermächtigung. Die Zustimmung des Rechtsinhabers ist Prozesshandlung, nicht bürgerl-rechtl Rechtsge- 41
schäft (BGH NJW 89, 1933 mN, str), jedoch richten sich **Erteilung, Bestand und Mangel** der Ermächtigung – vergleichbar dem Fall von § 38 Rn 4, 5 – im Allg nach bürgerl-rechtl Grundsätzen (BGH NJW 2015, 2425 Tz 21; MskV/Weth § 51 Rn 26), bei Auslandsberührung nach der *lex fori* (vgl BGH NJW 1994, 2549; MskV/Weth § 51 Rn 25; abw im Einzelfall Koch ZZP 127 [2014], 493 f: *lege causae*; Abgrenzung: s Rn 44), für den **Nachweis** im Prozess gilt § 80 entspr (OLG Düsseldorf ZfIR 2017, 73). Die Erteilung der Ermächtigung ist auch – ggf nach Auslegung (BGHZ 145, 386) – *stillschweigend* mögl (BGH NJW-RR 2002, 1377, 1378; BGH WRP 2008, 1537, 1542; BGH MDR 2021, 1204 Tz 43; OLG München 24.2.2021 – 10 U 6484/20; Schmitt-Gaedke/Arz JA 2016, 770, 772; zur Erkennbarkeit s Rn 46); Bsp: Geltendmachung von Gesellschaftsansprüchen durch einen Gesellschafter (BGH NJW-RR 2002, 1377); Prozessführung im offenkundigen Einverständnis mit dem Rechtsinhaber (BGH NJW-RR 1988, 127); Klage des Zedenten bei Sicherungszession (BGHZ 117, 161; BGHZ 128, 379; s Rn 46, 49). *Umdeutung* (§ 140 BGB) kann bei unwirksamer Abtretung helfen (BGH MDR 2003, 145; OLG Stuttgart BB 2002, 2086; s Rn 48). Die Ermächtigung muss sich auf einen **bestimmten bzw bestimmbaren Anspruch** (eine bestimmte Rechtsstreitigkeit) beziehen; eine Generalermächtigung für alle Rechtsstreitigkeiten einer bestimmten Art ist aber **unwirksam** (LG Kassel NJW-RR 1991, 529; LG Berlin NJW-RR 1993, 1234; zulässig aber Ermächtigung im Rahmen einer Globalzession: s Rn 46; satzungsmäßige Ermächtigung: s Rn 57). **Rechtsmissbräuchl u verbotswidrige Ermächtigung** ist gem §§ 134, 138 I BGB **nichtig** (dazu BGHZ 96, 154 f; OLG Nürnberg 18.3.2009 – 6 U 2259/08; dafür maßgebender Zeitpunkt ist der der Erteilung: OLG Karlsruhe WM 1993, 357), Vermögenslosigkeit des Kl genügt für **§ 138 BGB** aber idR nicht (BGH NJW 1999, 1717; Stadler JZ 2014, 615 ff gegen LG Düsseldorf JZ 2014, 635 Tz 100 f; G. Vollkommer WuB VII A. § 50 ZPO 1.03; s Rn 40, 47, 58). Bsp für Verstoß gegen ges Verbot: **unerlaubte Inkassodienstleistung** iSv § 2 II 1, § 3, § 10 I S 1 Nr 1 **RDG** (vgl BGH NJW 2011, 2581 betr Rechtsverfolgungsgesellschaft zu RBerG; zum RDG s BGH MDR 2013, 76 (Inkasso als Haupt- oder Nebentätigkeit entscheidend); OLG Brandenburg AG 2015, 752; OLG Köln EWiR 2016, 191 (einmalige Inkassotätigkeit in konkretem Schadensfall zulässig); LG Düsseldorf JZ 2014, 635 Tz 98 f; LG Hannover 1.2.2021 – 18 O 34/17 Tz 168: Nichtigkeit der Abtretung betrifft auch Einziehungsermächtigungen; AG Ludwigshafen 5.7.2019 – 2h C 92/19; diff Freitag/Lang ZIP 2020, 1201, 1208; sa Rn 55, 58; vor § 78 Rn 16). **Erteilung** vor Rechtshängigkeit ist nicht erforderl, vielmehr auch noch während des (vom Rechtsinhaber begonnenen) Prozesses mögl (OLG Naumburg NJW-RR 2003, 212; Folge: s Rn 50). **Widerruf** (§ 183 BGB) ist (einseitig) mit mat-rechtl Wirkung (vgl § 185 BGB) auch nach Klageerhebung *jederzeit* zulässig

(BGH NJW 2015, 2425 Tz 23; Dötsch ZfIR 2015, 500; Hoffmann ZZP 130 [2017], 403, 421 ff mit Vergleichen zu § 87 beim Widerruf der Prozessvollmacht), mit proz-rechtl Wirkung (vgl § 81 entspr) bis zur Einlassung des Bekl zur Hauptsache (arg § 269 I), danach nur noch gemeinsam mit dem Bekl, der den Widerruf zum Anlass für einen Antrag auf Abweisung der Klage als unzulässig nehmen kann (BGH NJW 2015, 2425 Tz 29 ff, 32 – Rspr-Änderung – früher sehr str; überw zust Berger FS Prütting, 2018, S 221 f, 233: bei Weigerung des Bekl gelte für Prozessfortführung § 265 II). **Nachträgl** erteilte Ermächtigung **wirkt** bei *offen gelegter* Prozessstandschaft (entspr § 184 I BGB) auf den Zeitpunkt der Klageerhebung **zurück** (vgl BGH NJW-RR 93, 670 f; BGH MDR 2021, 1204 Tz 43; näher s Rn 43, 44). Eine wirksam erteilte Ermächtigung **besteht fort**, wenn der Anspruch vom Rechtsinhaber (Zessionar) nach Rechtshängigkeit weiter abgetreten wird (§ 265 II 1 gilt: BGH MDR 89, 537; anders aber iÜ, s sogleich unten); vom späteren Vermögensverfall **(Insolvenz)** des Ermächtigten wird sie grds nicht berührt (so BGH NJW 95, 3187; im Einzelfall weiter gehend BGH NJW 89, 1933), zwischenzeitl Suspendierung gem § 166 II InsO steht nicht entgegen (OLGR München 2006, 768, 769); die Ermächtigung **erlischt** (entspr § 168 S 1, § 673 S 1 BGB) iZw mit dem **Tod des Ermächtigten** (BGH NJW 93, 3073 = ZZP 107 [1994], 524 [Schilken]), entspr § 168 S 1 BGB, § 115 I InsO mit der **Insolvenz** des **Ermächtigenden** (BGH NJW 2000, 739; sa Rn 50), ferner mit der Beendigung des der Ermächtigung zugrundeliegenden Vertrags (zB §§ 662 ff, § 675 BGB), der Abtretung des geltend zu machenden Rechts sowie der Offenlegung der zunächst „stillen" Abtretung (s BGH NJW 2014, 1970 Tz 9, 12, 13). Die Ermächtigung eines Kindes an seine Eltern, eine Forderung in gewillkürter Prozessstandschaft geltend zu machen, ist lediglich rechtlich vorteilhaft (§ 107 BGB), trotz der Gefahr ungenügender Prozessführung (OLG Braunschweig NJOZ 2023, 83 Tz 41 f; aA AG Frankfurt/M 14.5. 2019 – 31 C 3652/18; möglicherweise fehlt schutzw Eigeninteresse der Eltern, s OLG Braunschweig aaO Tz 45 f).

42 **c) Übertragbarkeit.** Voraussetzung ist idR **Abtretbarkeit** des geltend zu machenden Rechts, was bei **höchstpersönl Rechten**, die ihrem Wesen nach nur vom Rechtsinhaber geltend gemacht werden können, idR ausscheidet (vgl BGH MDR 78, 1019; BGH NJW 2008, 2586; OLG Hamm 16.7.2015 – 10 U 38/14; St/Jacoby Rn 57; Hoffmann ZZP 130 [2017], 403, 417 ff); dies gilt nicht, soweit der Rechtsträger die kommerzielle Auswertung von Namensrechten gestatten kann (BGH NJW 93, 919 f) oder für Ansprüche aus Beeinträchtigung der Persönlichkeit nach dem Tod des Rechtsträgers (so BGH NJW 90, 1987). Die Übertragbarkeit der Prozessführungsbefugnis durch den Berechtigten setzt aber *nicht notwendig* auch Übertragbarkeit der Forderung voraus (BGH NJW 2012, 3032 Tz 23; BGH NJW 2017, 486: Überlassungsfähigkeit der Rechtsausübung genügt); eine Weiterübertragung der Prozessführungsbefugnis durch den *Ermächtigten* auf Dritte scheidet dagegen aus (BGH NJW 98, 3205). Bsp für Übertragbarkeit bei fehlender Abtretbarkeit: Grundbuchberichtigungsanspruch gem § 894 BGB (BGHZ 145, 386; BGH NJW 2002, 1038 mN; s Rn 46); Eigentumsherausgabeanspruch gem § 985 BGB (BGH WM 95, 1855; BGH MDR 2018, 225 Tz 30, 31, dazu s Rn 46); Unterlassungsansprüche aus §§ 1004, 862 BGB (BGH NJW 2017, 486); Namensrecht gem § 12 BGB (BGHZ 119, 240 ff); firmen- und kennzeichnungsrechtl Ansprüche (BGH MDR 95, 60; BGH WRP 2008, 1537); aktienrechtl Anfechtungsrechte (OLG Stuttgart ZIP 2003, 2024); presserechtl Gegendarstellungsanspruch (offen OLG Koblenz NJW-RR 93, 697); Mietsicherheitsanspruch des Grundstückserwerbers im Verhältnis zum früheren Eigentümer/Vermieter (BGH NJW 2012, 3032); Mieterhöhungsanspruch der GbR gem §§ 558 ff BGB im Verhältnis zum Gesellschafter (vgl KGR Berlin 2002, 356; aA LG Berlin NJW-RR 2002, 1378; allg sa Rn 46). Bei **Abtretungsverboten** (-ausschlüssen) entscheidet deren **Zweck** (BGH NJW 99, 3707, 3708; BGH NJW-RR 2004, 595, 597). § 400 BGB, § 850b I Nr 2 steht Prozessführungsermächtigung des eintretenden Sozialhilfeträgers für künftigen Unterhalt nicht entgegen (§ 94 IV 2 SGB XII; sa Rn 49); ein (auch AGB-)vertragl Abtretungsausschluss (§ 399 Alt 2 BGB) darf durch gewillkürte Prozessstandschaft nicht umgangen werden (BGH NJW 97, 3434, 3437; anders bei bestehender Zweckbindung gem § 399 Alt 1 BGB und entspr Antrag OLG Hamm NJW-RR 92, 23); bei Geltendmachung von Ansprüchen für (aufgelöste) ARGE als deren früheres Mitglied (BGH MDR 99, 1437; s Rn 43). *Umdeutung* unwirksamer Abtretung: s Rn 41, 48. In **Schiedsverf** muss der Anspruchsinhaber zudem an Verfahrensergebnis gebunden sein (Pfeiffer SchiedsVZ 2017, 135, 140 f).

43 **d) Offenlegung.** Im Prozess muss sich der Prozessstandschafter – mangels Offenkundigkeit (BGHZ 108, 58) – auf die ihm erteilte Ermächtigung berufen u deutlich machen, wessen Recht er geltend macht (BGH NJW 94, 2550; OLG Hamburg NJW 2019, 1005; Dethloff VuR 2022, 300, str; aA Grunsky FG BGH Bd III, 2000, S 113 ff). Erkennbarkeit der Prozessstandschaft genügt (BGH NJW-RR 2004, 1480, 1481). Die Offenlegung muss in der *Tatsacheninstanz* erfolgen (BGH MDR 2008, 1183, 1184; OLG Hamburg NJW 2019, 1005; sa Rn 44). Anderes gilt, wenn der Kl nach außen hin befugt als Rechtsinhaber auftritt (Bsp: Zedentenklage bei stiller Sicherungszession; vgl BGH NJW 99, 2111; s Rn 48 f; OLG Stuttgart 17.1.2025 – 5 U 107/24 Tz 25, 37 f) oder ein eigenes Klagerecht als Mitberechtigter mitverfolgt (BGH NJW 85, 2825) oder erkennbar für eine Mehrheit von Berechtigten handelt (BGH NJW 99, 3707: ARGE). Fehlt die Offenkundigkeit, macht der Kl – zunächst – ein eigenes Recht geltend mit der Folge, dass ein Fall der Prozessstandschaft (s Rn 38) nicht vorliegt; erst nach Offenlegung greifen die Grundsätze gem Rn 44 ein. Die Erteilung der Ermächtigung (s Rn 41) nach Klageerhebung ohne Offenlegung der Prozessstandschaft wirkt nicht auf den Zeitpunkt der Klageerhebung/-einreichung (vgl § 167) zurück (BGH NJW-RR 93, 670 f; BGH *27.11.2020* – V ZR 71/20 Tz 15, da kein Fall von § 185 BGB entspr), wohl aber die *„spätere" Offenlegung* der bei Klageerhebung erteilten Ermächtigung (BGH NJW 99, 2111: zur Sicherungszession; aA BGH ZLR 2014, 162; OLG Hamburg NJW 2019, 1006; LG Hannover 1.2.2021 – 18 O 34/17;

wichtig für § 204 I, s Rn 49, 52). Nach BGH 27.11.2020 – V ZR 71/20 Tz 17 muss die Offenlegung innerhalb der **Klagefrist** (nicht Begründungsfrist) nach § 46 I WEG aF/§ 45 I WEG nF erfolgen.

e) Amtsprüfung und **Entscheidung** bei **Streit** um die Prozessführungsbefugnis: Das Vorliegen der Voraussetzungen der gewillkürten Prozessstandschaft (s Rn 40-43) ist in jeder Lage des Verf *vAw* zu prüfen und festzustellen (vgl BGH NJW 94, 2550), auch in der *Revisionsinstanz* (BGH MDR 2011, 1373; BGH NJW 2012, 1812 Tz 10; BGH NJW 2012, 3032 Tz 16; BGH NJW 2017, 487 Tz 18; sa Rn 43); dabei müssen die Tatsachen bis zum Zeitpunkt der letzten mündl Verh der Tatsacheninstanz vorliegen (BGH NJW 2000, 739; für Klagefristen [etwa § 45 I WEG] s BGH MDR 2021, 669 Tz 17), bei Auslandsberührung gilt idR die *lex fori* (BGH NJW 1994, 2891; OLG Hamburg NJW-RR 1996, 511; aA Koch ZZP 127 [2014], 493; sa Rn 41). Für Bestand der Ermächtigung soll das von deutschem IPR berufene Sachrecht gelten (BGH 12.12.2013 – III ZR 102/12). Bei Bejahung Zwischenurteil (§ 303) oder in den Gründen des Endurteils, bei Verneinung: Endurteil, dagegen ges Rechtsmittel; iÜ s Rn 17. 44

f) Abgrenzung. Keine Fälle der Prozessführung über fremde Rechte sind: **Treuhandzession**, da Treuhänder formal sachberechtigt und daher notwendig auch prozessführungsbefugt ist; das Gleiche gilt für die (grds erlaubnispflichtige: §§ 2, 3, 10 RDG) **Inkassozession** (BGH NJW 80, 991; BGH ZIP 2014, 1032 Tz 18 f), die wirtschaftlich weitgehend der Einziehungsermächtigung (Rn 48) entspricht; Auslegungsfrage, was gewollt ist (BGH ZIP 2014, 1032 Tz 11; abw MK/Hau vor § 50 Rn 87: Prüfung des Eigeninteresses dennoch erforderl, mindestens in der Person des Zedenten). Ferner nicht die **Inkassovollmacht** und das **offene Prokuraindossament** (Art 18 WG). Wird die stille Sicherungszession mit entspr Rückermächtigung verbunden, kommt Prozessstandschaft in der Person des Zedenten in Frage (s Rn 48). 45

3) Fallgruppen zulässiger gewillkürter Prozessstandschaft. S Kurzweil (s Rn 38) S 53 ff. Die hier vorgenommene Fallgruppenbildung ersetzt nicht die Prüfung der Zulässigkeit im Einzelfall (instruktiv LG Augsburg MDR 2011, 1501 zu Rückermächtigungsfall). – **a) Nutznießung von Rechten, nicht abtretbare Rechte:** Der zur Ausübung Berechtigte macht **Namens-(Firmen-, Marken-, Kennzeichnungs-)Rechte** eines anderen geltend (s Rn 42); er erhebt anstelle des Aktionärs die aktienrechtl Anfechtungsklage (OLG Stuttgart ZIP 2003, 2024). Pflichtteilsberechtigter macht einverständl den nicht abtretbaren **Grundbuchberichtigungsanspruch** des Erben geltend (BGH NJW-RR 88, 126; arg § 2303 I 2 BGB). Pächter klagt mit Zustimmung des Eigentümers in Prozessstandschaft gegen den nicht berechtigten Besitzer auf **Herausgabe** an sich selbst gem § 985 BGB (BGH NJW-RR 86, 158; BGH MDR 2018, 225 Tz 30, 31). Vermächtnisnehmer klagt mit Ermächtigung des Alleinerben auf Herausgabe (BGH WM 95, 1855). **Sicherungsgeber** klagt mit Ermächtigung des Sicherungsnehmers (-eigentümers) auf Herausgabe der sicherungsübereigneten Gegenstände (BGH NJW 86, 424; BGH MDR 2017, 701 Tz 10). Der Gl einer GmbH macht deren (nicht abtretbare) **Einlageforderung** (§ 19 GmbHG) gegen einen ihrer Gesellschafter geltend (OLG Stuttgart BB 2002, 2086 = EWiR 2002, 1067 [v. Gerkan]). – **b) Geltendmachung von abgetretenen (übergegangenen) Forderungen durch den ursprüngl Gl** (sa § 79 Rn 4). Verkäufer einer Forderung macht die dem Käufer (Zessionar) **abgetretene Forderung** gerichtl geltend (BGH MDR 79, 288; OLG Köln MDR 2008, 165 [G. Vollkommer WuB I E 5-1.08]), desgl Zedent bei der **Sicherungszession** (BGH NJW 95, 3186; BGH NJW 99, 2111 mN; OLG Brandenburg ZIP 2002, 1444; uU anders bei vermögensloser GmbH als Zedent, zusammenf G. Vollkommer WuB VII A § 50 ZPO 1.03 u s Rn 47); unzulässig soll Prozessstandschaft aber bei **unentgeltlicher Forderungsabtretung** sein (BGH NJW 2017, 487 Tz 19; OLG Brandenburg 12.6.2019 – 7 U 16/17: Freistellungsanspruch wegen anfallender Prozesskosten genügt nicht, da dies erst Folge der Prozessführung ist; krit Wilke LMK 2016, 384196). Der gewährleistungspflichtige **Bauunternehmer** (Zedent) klagt die dem Bauherrn (Zessionar) zur Sicherheit abgetretenen Gewährleistungsansprüche mit dessen Ermächtigung selbst ein (BGH NJW 2003, 2232 – Abgrenzung bei Vermögenslosigkeit des Zedenten: s Rn 47); der Versicherungsnehmer klagt nach Forderungsübergang gem § 86 VVG auf den **Versicherer** mit dessen Ermächtigung (OLG Köln NJW-RR 94, 27). Für Aktivklagen des **Schadensabwicklungsunternehmens** (zu § 126 II VVG s Rn 28) ist Eigeninteresse § 164 VAG zu entnehmen (OLG Karlsruhe MDR 2021, 422). Weitere Bsp: Der Verkäufer eines angebl lastenfrei verkauften Grundstücks klagt als der urspr Rechtsinhaber für den Käufer auf **Berichtigung** (§ 894 BGB) gegen den buchberechtigten Dritten (BGH NJW 86, 1676); der Verkäufer eines vermieteten Grundstücks für den Erwerber auf Leistung der Mietsicherheit gegen den Mieter (BGH NJW 2012, 3032); der vom leistenden Rückbürgen ermächtigte Darlehensgeber macht den **Regressanspruch des Rückbürgen** gegen den Regelbürgen (vgl § 774 I, §§ 412, 401 BGB) im eigenen Namen geltend (s OLG München WM 2012, 938; Fall von Rn 40 zweifelhaft: G. Vollkommer WuB IF1a-3.12). – **c) Rückermächtigungsfälle:** Der **Nachlassverwalter** kann den Erben ermächtigen, Nachlassansprüche im eigenen Namen geltend zu machen (BGHZ 38, 281; Rimmelspacher FS Henckel, 2015, S 269 f). Der **Pfändungsgläubiger**, der die Forderung gepfändet hat und dem sie zur Einziehung überwiesen wurde (§§ 829, 835), kann den Gl ermächtigen, die Forderung klageweise geltend zu machen (BGH NJW 86, 423; OLGR Düsseldorf 1995, 87), der **InsVerwalter** den Insolvenzsch, der eine natürl Person ist, zur Geltendmachung eines zur Masse gehörenden Rechts (BGH MDR 87, 824 [klarst Brehm JR 88, 14]; aber sa Rn 47), dgl einen zur vorzugsweisen Befriedigung berechtigten **Insolvenzgl** (BGH NJW 94, 2550), aber auch der **Sicherungsgl** (s § 51 Nr 1 InsO) den InsVerwalter zur Geltendmachung von dessen Forderung über die Einziehungsbefugnis gem § 166 II InsO hinaus (BGH MDR 2003, 1259; BGH ZIP 2008, 929; zu Sonderfall sa Rn 50 aE). – **d) Vertragsketten und Finanzierungshilfen.** Beim **Leasingvertrag** 46 ermächtigt der Leasinggeber (Käufer) den Leasingnehmer (Mieter) zur Geltendmachung kaufrechtlicher Gewährleistungsansprüche gegen seinen Lieferanten (s näher BGH MDR 2014, 556 Tz 12; OLG Saarbrücken NJW 2015, 117 Tz 21; OLG Hamm 10.12.2019 – 13 U 86/18; für abw Konstellation OLG München 1.6.2022 – 10 U 8722/21: eigene Schadensersatzansprüche des Leasingnehmers). Eigene deliktische, unfallbedingte Ansprüche u solche des Leasinggebers sind unterschiedliche Streitgegenstände (BGH NJW 2024, 3069 Tz 10 ff). Die **Einziehungsermächtigung** (Rn 48) findet bei verschiedenen Formen der Kreditsicherung Anwendung (s Rn 49 m Bsp). – **e) Wirtschaftliche Identität.** Der beherrschende Gesellschafter einer **GmbH** macht eine Forderung der Gesellschaft geltend (BGH NJW 65, 1962; BGH NJW-RR 87, 57), der vom Rechtsträger verschiedene **Treuhänder** Rechte des Sondervermögens (s § 50 Rn 29 [c]). Im Fall der **Drittschadensliquidation** klagt der ermächtigte (wirtschaftl) Geschädigte den Anspruch des formell berechtigten Vertragspartners des Schädigers ein (BGH NJW 57, 1838; OLG München ZIP 2010, 2118, 2122); zu § 421 I 2 HGB s Rn 26 aE. – **f) Mitberechtigte, Mitgesellschafter.** Ein **Miteigentümer** eines Grundstücks klagt mit Zustimmung des anderen gem § 1011 BGB (BGH NJW 85, 2825; Picht ZZP 131 [2018], 93, 107 f, Abgrenzung zur ges Prozessstandschaft: s Rn 24). Gesellschafter einer BGB-Gesellschaft macht im Einverständnis mit den übrigen Gesellschaftern einen **Gesellschaftsanspruch** im eigenen Namen geltend (BGH NJW 96, 2860; BGH NJW 99, 3707; BGH NJW-RR 2002, 1377, 1378; BGH MDR 2021, 1204 Tz 42); im Einzelfall ebenso bei stiller Gesellschaft: BGH NJW 95, 1355; soweit ein Fall der *actio pro socio* bzw *actio pro societate* (s seit 1.1.2024 § 715b I 1, 2 BGB, sa OLG Frankfurt/M GmbHR 2024, 256) oder der Notgeschäftsführung (bish: § 744 II BGB entspr, s BGH MDR 2021, 1204 Tz 35; OVG Greifswald 2.11.2021 – 2 LZ 496/21 OVG; s ab 1.1.2024 § 715a BGB) vorliegt (BRDrs 59/21, 170 ff; BTDrs 19/27635, 152), kommt ges Prozessstandschaft der Fallgruppe Rn 21 in Frage (Berger ZZP 135 [2022], 407, 427). – **g) WE-Gemeinschaft.** Aufgrund der Parteifähigkeit der WE-Gemeinschaft (§ 9a I WEG; s § 50 Rn 24) scheidet eine *gewillkürte* Prozessstandschaft des Verwalters (§ 9b WEG) bei der Gemeinschaft selbst zustehenden Rechten aus (BGHZ 188, 157 = NJW 2011, 1361 Tz 10), während iFv **§ 9a II WEG** (bei gemeinschaftsbezogenen Rechten der Wohnungseigentümer) eine *ges* Prozessstandschaft der WE-Gemeinschaft vorliegt (s Rn 21). Im Einzelfall ist „Rückermächtigung" an Wohnungseigentümer durch *gewillkürte* Prozessstandschaft denkbar (Dötsch/Schultzky/Zschieschack, WEG-Recht 2021, Kap 3 Rn 148; sa BGHZ 172, 42 = NJW 2007, 1952; BGH NJW 2015, 2874 Tz 7, str). Umgekehrt ist bei interessensgleichen Ansprüchen von **Sondereigentümern** (§ 14 II Nr 1 WEG) *gewillkürte* Prozessstandschaft der *Gemeinschaft* (bei engem Zusammenhang mit Verwaltung des gemeinschaftl Eigentums) nicht ausgeschlossen (sa BTDrs 19/18791, 47). Eine *gewillkürte* Prozessstandschaft kann dem **Nießbraucher** (§ 1030 BGB) bei Beschlussklagen zustehen (s zu § 46 WEG aF BGH 27.11.2020 – V ZR 71/20 Tz 10: (offengelegte) Ermächtigung muss innerhalb Klagefrist vorliegen). – **h) Verbandsklage:** s Rn 56 ff.

47 **4) Fälle von Unzulässigkeit der gewillkürten Prozessstandschaft.** Bei missbräuchl Verwendung, insb **„gezielter Verschiebung der Prozessrollen"** zur unbilligen Benachteiligung der Gegenpartei, etwa um das Kostenrisiko auszuschließen oder zu mindern (BGH MDR 2012, 182 Tz 20 f; BGH NJW 2017, 487 Tz 11 f; OLG Brandenburg ZIP 2002, 1444; s Rn 38, 40); bejaht für Rückermächtigung des InsVerwalters (s Rn 46), wenn die Insolvenzschuldnerin eine jur Person ist und eine Betriebsfortsetzung nach Prozessende ausscheidet (BGHZ 35, 184; BGHZ 96, 153 f; anders bei natürl Person: BGHZ 100, 220; zur Unterscheidung krit Schumann FS Musielak, 2004, S 489 f); uU für Rückermächtigung des Pfändungsgläubigers (s Rn 46) oder Abtretungsempfängers an den vermögenslosen ursprüngl Forderungsinhaber bei drohender Beklagtenbenachteiligung (OLG Hamm NJW-RR 92, 763; OLG Saarbrücken NJW-RR 98, 1605); für die Geltendmachung von abgetretenen Kundenforderungen für die Hausbank mit deren Ermächtigung, wenn die **Sicherungszedentin** eine verschuldete **vermögenslose GmbH** ist und keine Aussicht auf eine Geschäftsfortführung besteht (BGH NJW 86, 850; BGH NJW-RR 2011, 1690 Tz 20; BGH MDR 2024, 384 = BB 2024, 975 Tz 10) oder wenn die GmbH bereits gelöscht ist (BAG ZIP 2002, 1947; sa § 50 Rn 4b; *anders* aber bei bloßen wirtschaftl Schwierigkeiten der GmbH: OLG Brandenburg ZIP 2002, 1444, dazu G. Vollkommer WuB VII A § 50 ZPO 1.03 mwN u Fallgruppenbildung, bei natürl Person als Zedent: BGH NJW 99, 1717 oder bei nachträgl Eintritt der Vermögenslosigkeit: BGH MDR 2012, 182 Tz 20 f; BGH MDR 2024, 384 = BB 2024, 975 Tz 11, uU auch bei ursprüngl: BGH NJW 2003, 2232); für die Geltendmachung abgetretener Ansprüche ohne Einstandspflicht des Zedenten ggü dem Zessionar (OLG Hamburg NJW-RR 1996, 511; *sonst* Fall von Rn 46). **GmbH in Liquidation** kann abgetretene Ansprüche auf Ersatz verbotener Zahlungen **(§ 64 S 1 GmbHG aF)** in Prozessstandschaft einklagen (BGH MDR 2024, 384 = BB 2024, 975 Tz 11 f, 13: Erhöhung des Gesellschaftsvermögens). Eine **Personengesellschaft** kann nicht in gewillkürter Prozessstandschaft der übrigen Gesellschafter gem § 134 HGB nach MoPeG seit 1.1.2024 auf (Feststellung der) Ausschließung eines Gesellschafters klagen (BGH BB 91, 371; sa § 62 Rn 19); eine Personengesellschaft kann nicht „zur Vereinfachung der gerichtl Durchsetzung" in Prozessstandschaft des Gesellschaftsgläubigers die akzessorische Haftung der Gesellschafter für Gesellschaftsschulden geltend machen (vgl OLG München 29.11.2006 – 3 U 1840/05, EWiR 2007, 319 m abw Begr). Stehen Ansprüche mehreren Mitberechtigten anteilsmäßig zu (wie zB den Vertragserben im Fall des § 2287 BGB), genügt das bloße Kosteninteresse und die technische Erleichterung bei der Teilung nicht (so BGH NJW 80, 2462; BGH NJW 88, 1210), desgl nicht das Interesse eines RA an der Führung einer „Sammelklage" *in* Prozessstandschaft (LG Hamburg ZIP 2010, 2532; sa RSchwab/Gottwald § 47 Rn 16; s Rn 55). Gleiches gilt bei rechtsmissbräuchlichem Verhalten eines „Abbruchjägers bei eBay" (BGH NJW 2017, 487); krit dazu Jerger GWR 2017, 14, s Rn 49: unentgeltliche Forderungsabtretung. Die Vollstreckungsgegen-

klage (§ 767) zur Abwehr der ZwV wegen einer Forderung aus Schuldversprechen (§ 780 BGB) kann nur vom Sch persönlich, nicht für ihn in Prozessstandschaft erhoben werden (BGH BB 2014, 129; sa Rn 39).

5) Einziehungsermächtigung. a) Begriff. Hierunter versteht man die – iZw frei widerrufl – Ermächtigung eines anderen zur Einziehung und zur gerichtl Geltendmachung einer Forderung in der Weise, dass der Ermächtigte befugt ist, die (ihm nicht übertragene) Forderung im eigenen Namen geltend zu machen, dh die Leistung vom Sch an sich selbst zu verlangen (vgl BGH ZIP 2014, 1032 Tz 18 f; BGH NJW 2019, 2156 Tz 20 f; sa Schmitt-Gaedke/Arz JA 2016, 770). Zur Abtretung der Forderung ist der Ermächtigte grds nicht befugt (BGHZ 8, 165; BGHZ 88, 288; BGH ZIP 2014, 1032 Tz 18; zum Ausschluss von § 402 BGB s BGH NJW 2019, 2156 Tz 20 f). – **b) Abgrenzung.** Im Gegensatz zur bloßen Einziehungsermächtigung wird der Zessionar bei der **treuhänderischen Zession** (zur **Sicherung**, zum **Inkasso**) Inhaber des Vollrechts (zur Auslegung und Abgrenzung BGH ZIP 2014, 1032 Tz 11, 18, 19; BGH NZI 2021, 45: Regelung im Insolvenzplan; unterscheidend zur Einziehungsermächtigung: § 79 I 2; § 2 II 1 RDG); klagt er das Recht ein, beruht seine Prozessführungsbefugnis auf seiner Sachlegitimation (s Rn 45); eine unwirksame Abtretung kann in eine Einziehungsermächtigung *umgedeutet* (BGH MDR 87, 910; zur Umdeutung in Ermächtigung iSv Rn 41 s BGH MDR 2003, 145; LG Hannover 1.2.2021 – 18 O 34/17 Tz 168), die Einziehungsermächtigung *hilfsw* (neben primärer Zession) geltend gemacht werden (BGH NJW 99, 3707, 3708). Einziehungsermächtigung kann mit (insb „stiller" Sicherungs-) Zession kombiniert werden (BGH NJW 99, 2111; iE s Rn 49). 48

c) Die **Zulässigkeit** der Einziehungsermächtigung ist inzwischen als Rechtsinstitut ges anerkannt (vgl § 79 I 2 Alt 1; § 2 II 1 Alt 1 RDG; ausf Kensy JuS 2015, 501; Fest WM 2015, 508 f; Freitag/Lang ZIP 2020, 1201, 1208; vgl zuvor BGHZ 82, 288). Hier wird die Ausübung des (idR übertragbaren: s Rn 42) Forderungsrechts dem Ermächtigten überlassen, der Überlassende bleibt aber Rechtsinhaber; der Ermächtigte klagt in eigenem Namen, also in (gewillkürter, uU aber „verdeckter") Prozessstandschaft (s Rn 39); deren Zulässigkeit setzt aber (s Rn 40) ein Eigeninteresse des Ermächtigten voraus (vgl zB BGHZ 82, 288; BGH MDR 2018, 225 Tz 30, 31; Schmitt-Gaedke/Arz JA 2016, 770, 772, str. **Bsp** für Eigeninteresse: Erzielung von Provision (BGH MDR 88, 402, str); Sicherung für eigene Ansprüche (OLG Hamm NJW-RR 92, 23); Befreiung von sonst bestehender Unterhaltspflicht (BGH WM 85, 615); bei Klage des ermächtigten Zedenten für den Zessionar folgt das Eigeninteresse aus dem erteilten Geschäftsbesorgungsauftrag (sa BGH NJW 99, 2111); Entspr gilt für die „einvernehml" Rückermächtigung des Hilfeempfängers zur Geltendmachung von übergegangenen Unterhaltsansprüchen (vgl § 94 V 1 SGB XII; sa Rn 46). Soweit *Offenkundigkeit* nicht verlangt wird (s Rn 43), bleiben die Voraussetzungen der Prozessführungsbefugnis praktisch ungeprüft („verdeckte" Prozessstandschaft; vgl Brehm KTS 85, 5 ff). **Anwendungsfälle:** Ermächtigung des Zedenten im Fall der (stillen) Sicherungszession (vgl BGHZ 120, 395; OLG Stuttgart 17.1.2025 – 5 U 107/24 Tz 37 f; Pfeiffer SchiedsVZ 2017, 135, 140: im Schiedsverf); Bsp: Im Rahmen einer **Globalzession** ermächtigt der Treuhand-(Sicherungs-)Zessionar (Bank) den Treugeber (Darlehensnehmer), die zedierte Forderung im eigenen Namen geltend zu machen (Münzberg NJW 92, 1867). Ist bei der **stillen Sicherungszession** der Zedent (wie idR) prozessführungsbefugt (BGHZ 128, 377 f; BGHZ 140, 181 f; OLG Stuttgart 17.1.2025 – 5 U 107/24 Tz 37 f), so wird durch seine Klage die Verjährung auch dann gehemmt, wenn die Sicherungszession nicht offen gelegt wird (BGH NJW 99, 2110; s Rn 43). Dies ist die notwendige prozessuale Konsequenz der Anerkennung der „verdeckten" Prozessstandschaft (so iErg auch Brehm KTS 85, 14). Weitere Bsp: Ermächtigung des **InsVerwalters** über die Befugnisse gem § 166 II InsO hinaus (s Rn 46 [c]); Ermächtigung des **Bauträgers** zur Geltendmachung abgetretener Gewährleistungsansprüche (BGHZ 70, 394; Ermächtigung des **Vorbehaltskäufers** beim verlängerten Eigentumsvorbehalt zur Einziehung des Kaufpreises für gelieferte und weiterveräußerte Ware (BGHZ 72, 15; BGHZ 82, 60; BGHZ 98, 310); Ermächtigung des **Vorbehaltsverkäufers** zur Geltendmachung des Herausgabeanspruchs hinsichtl der der Hausbank sicherungsübereigneten Vorbehaltsware (BGH NJW 86, 424; s Rn 46); Ermächtigung des **Leasingnehmers** zur Geltendmachung kaufrechtl Gewährleistungsansprüche des Leasinggebers (sa OLG Hamm 10.12.2019 – 13 U 86/18 u Rn 46 [d]). 49

6) Rechtsfolgen bei gewillkürter Prozessstandschaft. a) Allgemeines. Die gewillkürte Prozessstandschaft führt zu einer Verschiebung der Prozessrechtsverhältnisse und damit der Parteirollen (vgl BGHZ 96, 153; Hoffmann ZZP 130 [2017], 403 ff; Schmitt-Gaedke/Arz JA 2016, 770, 773) mit den sich daraus ergebenden Konsequenzen für Zeugenstellung (BGHZ 94, 123; BGHZ 108, 58; BGH NJW-RR 88, 127; Hoffmann ZZP 130 [2017], 403 ff; sa vor § 373 Rn 5 f), Prozesskostentragungspflicht (BGHZ 96, 153) und PKH (zur Problematik: BGHZ 96, 153 f; sa Rn 29; § 114 Rn 7). Diese Auswirkungen sind bei der Bejahung des schutzwürdigen Eigeninteresses des Ermächtigten an der Prozessführung (s Rn 40) zu berücksichtigen (BGH MDR 86, 311; BGH NJW-RR 88, 127; sa Rn 38 aE). Der **Klageantrag** lautet bei der offenen (s Rn 43) Prozessstandschaft auf Leistung an den Rechtsträger (ThP/Hüßtege § 51 Rn 39; sa Rn 53), bei der verdeckten, insb im Fall der Einziehungsermächtigung (s Rn 48 f), auf Leistung an den Kl (§§ 185, 362 II BGB). Bei nachträgl Offenlegung der Prozessstandschaft ist der Antrag umzustellen (kein Fall der Änderung des Streitgegenstands: BGH NJW 99, 2110). **Beginn** der Prozessstandschaft während des Prozesses des Rechtsinhabers ist mögl (Fall von Parteiwechsel, s OLG Naumburg NJW-RR 2003, 212). **Endet** die Prozessstandschaft während des Rechtsstreits, etwa durch **Tod** des Prozessstandschafters (nicht aber bei Widerruf der Ermächtigung: s Rn 41) oder durch **Insolvenz des Rechtsinhabers** (s Rn 41), wird der Rechtsstreit nach Parteiwechsel mit dem Rechtsinhaber (BGH NJW 93, 3072: Fall von 50

§ 263, nicht § 265 II) oder dessen InsVerwalter fortgesetzt (vgl BGH NJW 2000, 738), sofern dieser nicht eine *neue* Ermächtigung erteilt (BGH NJW 2000, 739). Die **Insolvenz des Prozessstandschafters** berührt den Bestand der Ermächtigung nicht (s Rn 41), jedoch kann es uU (§ 240, § 35 InsO) zu einem Parteiwechsel bei Eintritt seines InsVerwalters in den Rechtsstreit kommen (s G. Vollkommer MDR 98, 1269; OLG München MDR 2000, 602; OLG Rostock ZIP 2004, 1523 für Prozessstandschaft des Sicherungszedenten).

51 **b) Rechtshängigkeit. Rechtskrafterstreckung.** Während des Prozesses des Prozessstandschafters ist der Gegner vor einem – 2. – Prozess des Rechtsinhabers durch die Einrede der **Rechtshängigkeit** (§ 261 III Nr 1) geschützt (BGH NJW 93, 3073 mN; BGH NJW-RR 2002, 20); zum Widerruf der Ermächtigung s Rn 41. Das im Rechtsstreit des Prozessstandschafters ergangene Urteil wirkt für und gegen den Rechtsinhaber **Rechtskraft** (BGH NJW 93, 3073; BGH MDR 2008, 1183, 1184; RSchwab/Gottwald § 46 Rn 62); iE ist dies Folge davon, dass die Prozessführung auf dem Willen des Rechtsträgers beruht (gleichwohl krit Stamm ZZP 132 [2019], 411 ff, 418 ff, 445). Rechtskrafterstreckung tritt auch dann ein, wenn ein Mit-(Teil-)Berechtigter der Prozessführung des (ges) Prozessstandschafters *zugestimmt* hat (BGH NJW 85, 2825 mwN; krit Picht ZZP 131 [2018], 93, 107 f, sa Rn 43). In den Fällen der „Rückermächtigung" an den selbst nicht prozessführungsbefugten Rechtsträger erstreckt sich die Rechtskraft auf den Träger der Verwaltungs- und Verfügungsbefugnis (vgl BGHZ 38, 287). Der Rechtskrafterstreckung entspricht die Bindung an einen **Prozessvergleich** (hM; sa Klinck WM 2006, 422; Hoffmann ZZP 130 [2017], 403, 419 ff unter Bezugnahme auf § 81 analog; sa Rn 29).

52 **c) Hemmung der Verjährung** (Wahrung einer Ausschlussfrist) tritt idR nur bei zulässiger – also „offener" (s Rn 43) – Prozessstandschaft ein (BGH NJW 89, 2751; BGH NJW 2010, 2270 Tz 38 f; OLG Hamburg NJW 2019, 1005; OLG Hamburg 12.1.2023 – 15 U 29/21 Tz 93; sa Althammer NJW 2011, 2172, 2173 zur Klage des Zessionars), Erkennbarkeit genügt (BGH NJW 99, 3707, 3708); Mangel des Eigeninteresses (s Rn 40) ist unschädl (BGHZ 78, 5). Spätere Offenlegung der bei Klageerhebung bereits erteilten Ermächtigung heilt (s Rn 43; aA OLG Hamburg NJW 2019, 1005 Tz 27; BGH MDR 2021, 669 Tz 17: Offenlegung innerhalb der Klagefrist gem § 45 I WEG nF), ferner spätere Nachholung der richtigen Antragstellung (s Rn 50). Einschränkung bei Sicherungszession: s Rn 49.

53 **d) Vollstreckbarkeit.** Vollstreckungsbefugt ist der Prozessstandschafter (BGHZ 92, 349; BGHZ 148, 398; BGH NJW 91, 840 mwN), auch bei Verurteilung zur Leistung an den Rechtsinhaber (Becker-Eberhard ZZP 104 [1991], 425). Eine Titelumschreibung auf den Rechtsinhaber ist in entspr Anwendung von § 727 (§ 731) wie bei ges Prozessstandschaft (s Rn 36) mögl (OLG Köln VersR 93, 1382; iE s Rn 39; § 727 Rn 13); war Einziehungsermächtigung erteilt, muss diese widerrufen oder sonst entfallen sein, da sonst kein Fall der Rechtsnachfolge iSd § 727 vorliegt (Becker-Eberhard ZZP 104 [1991], 443 mwN, str).

54 **e) Aufrechnung, Widerklage. aa)** Der Prozessgegner besitzt, da der Ermächtigende weiterhin Forderungsinhaber bleibt, auch im Verf mit dem Prozessstandschafter eine Aufrechnungsbefugnis mit Forderungen gegen den Ermächtigenden, nicht aber gegen den Prozessstandschafter (Schumann aaO S 482 f). Darüber hinaus ist die Aufrechnung mit dem gegen den Prozessstandschafter erworbenen Kostenerstattungsanspruch gegen den Ermächtigenden zulässig (KG MDR 83, 752). – **bb)** Der Prozessgegner kann gegen den Prozessstandschafter persönl Widerklage erheben (OLG Köln FamRZ 95, 1497; Hoffmann ZZP 130 [2017], 403, 428 f; Grund: Formelle Parteistellung entscheidet, s Rn 5, 29, 38), gegen den Rechtsträger jedenfalls unter den Voraussetzungen von § 33 Rn 20, 23 (Leifeld ZZP 126 [2013], 509, 517 ff; Schmitt-Gaedke/Arz JA 2016, 770, 773), im Hinblick auf Rn 51 auch „isoliert" (s § 33 Rn 21, 23, 24).

55 **VII) Kollektiver Rechtsschutz. 1) Überblick. Lit:** Althammer FS Roth, 2021, S 657 (Grenzüberschreitende Musterfeststellungsklage); André/Weißenberger, ZIP 2023, 1402 (Trennung „improvisierter Sammelklagen"); Berger ZZP 133 (2020), 3 (Musterfeststellungsklage); Bruns NJW 2018, 2753 (Kollektivinteresse und Gruppenklagen); Burgi DVBl 2020, 471 (Verfassungsrecht); Fest ZfPW 2016, 173 (Rechtsverfolgungsgesellschaften); Geiger, Kollektiver Rechtsschutz im Zivilprozess, 2015; Greger MDR 2018, 897 („Legal Tech"); Gottwald FS Klamaris, 2016, S 305 (Überblick); Grothaus/Haas ZIP 2020, 1797 („Sammelklagen" als Inkassodienstleistung); Gsell NJW 2025, 38 (Verbandsabhilfe- u Musterfeststellungsklage); Heiß NJW 2025, 1625 (Massenverfahren); Lerch/Valdini NJW 2023, 420 (Herausforderungen bei Massenverfahren); Lühmann NJW 2020, 1706 (Überblick); Mann NJW 2010, 2391 (Rechtsverfolgungsgesellschaften); Mekat/Amrhein RAW 2023, 23 (Umsetzung der Verbandsklagen-RL); Meller-Hannich, 72 DJT 2018, Gutachten A 1 ff (rechtspolitisch); Schultes FS Schilken, 2015, S 469 (Musterverfahren); Petrasincu/Unseld NJW 2022, 1200 (Sammelklage-Inkasso und RDG-Reform); Petrasincu/Unseld NZKart 2023, 9; Stadler JZ 2014, 613 (Inkassozession); Stackmann NJW-Sonderbeil 2025, 29 (KapMuG-Reform); Stadler ZHR 182 (2018), 623 (rechtsvergleichend); Stadler VuR 2021, 123 (Verbraucherschutz durch Reform des RDG); Thönissen NJW 2023, 945 (ESG-Klagen); Voigt, Europäische Verbandsklage – Anpassungsbedarf der ZPO bei Parteistellung und Prozessbeteiligung von Verbänden und Verbrauchern, ZZP 134 (2021), 343; G. Vollkommer MDR 2021, 129 (EU-Verbandsklage). – Unter **kollektivem Rechtsschutz** versteht man die „gebündelte" Rechtsverfolgung durch eine Vielzahl gleichartig Betroffener in einem einzigen Verf mit Zuständigkeitskonzentration. Hauptanwendungsfälle sind Massen-, Streu- und Bagatellschäden. Mit den Instrumenten des *geltenden* Prozessrechts lässt sich kollektiver Rechtsschutz bish kaum wirkungsvoll *verwirklichen*. Die gemeinschaftl Klage (§§ 59 ff) stößt bei Massenverf („Sammelklage", „Gruppenklage") an *tatsächl* Grenzen (s § 60 Rn 3). Hilfen: gemeinsame Vertretung, Prozessverbindung zB gem § 246

III 6 AktG. Der „Beitritt" der parallel Betroffenen als NI an einem als Musterverf geführten Einzelverf soll am fehlenden *rechtl* Interesse scheitern (aber s § 66 Rn 13c); eine **Verbandsklage** (s Rn 56) kommt nur bei bes gerichtl Klage-(Vertretungs-)befugnis des Verbands oder der Einrichtung in Betracht (Rn 57), wie etwa die Einziehungsklage von Verbraucherzentralen und -verbänden gem § 79 II 2 Nr 3 (s § 79 Rn 8; dazu BGHZ 170, 18; zur Umsetzung der europäischen Verbandsklagenrichtlinie (EU) 2020/1828 durch das **VRUG** als möglichem „Quantensprung" s näher im Folgenden u Rn 56. Die **Umsetzungsfrist** war zunächst am 25.12.2022 ergebnislos verstrichen. – Die Rechtsdienstleistungstätigkeit von privaten „Interessenvereinigungen" (Bsp: Aktionärsvereinigung) und Rechtsverfolgungsgemeinschaften (GbR) gleichartig Geschädigter (iE str, s Mann aaO; aA BGH ZIP 2011, 1202) sollte bish auf den außergerichtl Bereich beschränkt sein (vgl § 2 II, § 7 I Nr 1, § 8 I Nr 4 RDG; sa vor § 78 Rn 16; zur Parteifähigkeit einer Abwicklungs-GbR sa OLG Köln 11.3.2015 – 13 U 149/13; Eckhard EWiR 2016, 191). Das **Abtretungs-(Inkasso-)modell** (BGH NJW 2013, 59) hat als Mittel des kollektiven Rechtsschutzes aber zunehmend an Bedeutung gewonnen (sa Fest, Stadler, Langen/Teigelack, jeweils aaO); aA – Fall von § 138 BGB – OLG Düsseldorf NJW 2015, 2129 [krit Armbrüster JZ 2015, 733]; krit zu **prozessfinanzierenden Rechtsdienstleistern** („myRight"; „Legal Tech"-Modelle) wegen Verstoßes gegen § 134 BGB iVm §§ 3, 4 RDG Henssler NJW 2019, 545 f (Umgehung von § 49b II BRAO; Folge: fehlende Aktivlegitimation); sa LG Berlin NJW 2018, 2901: „Flucht in die Inkassolizenz"; für Zulässigkeit dagegen Römermann/Günther NJW 2019, 551; Fries NJW 2018, 2904; Morell JZ 2019, 809, 812 ff; zu Regelungsempfehlungen Riehm NJW 2024, 2713, 2717: „professionelle" Dienstleister u Organisationen helfen; Domej, Gutachten 74. DJT I/A/S 17 ff; zur verfassungsrechtlichen Einschätzung Burgi DVBl 2020, 471. Eine **Zäsur** stellte **BGH NJW 2020, 208 – „Mietpreisrechner"** dar: Geschäftsmodell eines Legal Tech-Inkassodienstleisters (§ 10 I 1 Nr 1 RDG), das schwerpunktmäßig auf *gerichtliche* Rechtsdurchsetzung abzielt, sei von gesetzlicher Befugnis „(noch) gedeckt" (treuhänderische Abtretung gegen Erfolgshonorar zulässig, bestätigt durch BGH NJW-RR 2020, 779; BGH NJW-RR 2024, 14; weitgeh zust Ruster NZM 2020, 26; Fries NJW 2020, 193, 195: „Momentaufnahme"; Jost LMK 2020, 428168; krit hingegen Prütting ZIP 2020, 49; s für Sammelklageninkasso bei ausländischen Forderungen BGH NJW 2200, 3350 – financialright; Augenhofer NJW 2022, 3323: kein Inkasso-Ausschluss von Rechtsgebieten; keine zahlenmäßige Begrenzung der Forderungen); für Einzelfall abw bei gebündelter Durchsetzung äußerst heterogener Ansprüche LG München I EuZW 2020, 279 – LKW-Kartell, sofern nicht außergerichtliche Tätigkeit im Vordergrund steht; ebenso LG Hannover 18.1.2021 – 18 O 34/17 Tz 271, 274 – Zucker-Kartell; sa LG Stuttgart 20.1.2022 – 30 O 176/19; ebenso Grothaus/Haas ZIP 2020, 1797: „Sammelklagen" sind keine Inkassodienstleistung; krit zum „materiell-rechtlichen" Ansatz Prütting ZIP 2020, 197, 203; aA LG Braunschweig 30.4.2020 – 11 O 3092/19 Tz 80: wirtschaftl sinnlose Maßnahmen als reine Förmelei. Der Gesetzgeber hat mit dem **„Gesetz zur Förderung verbrauchergerechter Angebote im Rechtsdienstleistungsmarkt"** v 10.8.2021 mWv 1.10.2021 reagiert (BGBl I 2021, 3415; BTDrs 19/27673, 7; BTDrs 19/30495, 7): Nivellierung berufsrechtlicher Wettbewerbsnachteile für RA durch beschr zulässige Erfolgshonorare (§ 4a I Nr 1 RVG: Geldforderungen bis 2.000 Euro; § 4a I Nr 2 RVG: außergerichtliches Inkasso nach § 2 II 1 RDG u iRv § 79 II 2 Nr 4; krit gleichwohl Fries NJW 2021, 2537); neuer Inkassobegriff nach § 2 II 1 RDG erfasst auch **rechtl Prüfung** und **Beratung** (BTDrs 19/27673, 39), zudem Nebenleistungen nach § 5 RDG; § 4 S 2 RDG (Prozessfinanzierung ohne Verfahrenseinflußnahme unproblematisch) entschärft Konflikt mit § 134 BGB (BTDrs 19/27673, 40), sa Stadler VuR 2021, 123, 124 f, 127: Nichtigkeit des Verpflichtungsgeschäfts ergreife idR nicht (abstrakte) Inkassozession; großzügig auch BGH NJW 2020, 208 Tz 58 f; krit zur Reform Prütting ZIP 2021, 269, 272: Untersagung der *gerichtlichen* Rechtsdienstleistung iRv § 10 I 1 Nr 1 RDG geboten; s § 79 Rn 9a; s zur **„Sammelklage österreichischer Prägung"** EuGH NJW 2018, 1003 – Schrems/Facebook (keine Anwendbarkeit von Art 17 f Brüssel Ia-VO bei Mehrfachabtretung an Verbraucherkläger; zust Pfeiffer LMK 2018, 405956). Durch eine **Musterprozessabrede** kann dem Urteil keine Rechtskrafterstreckung verschafft werden (str, s § 325 Rn 43a). Zur Idee eines **Musterbeweisaufnahmeverfahrens** s Mehring ZRP 2025, 10; krit dazu Althammer/Bauer ZRP 2025, 157. Für einen Teilbereich kapitalmarktrechtl Streitigkeiten ist mit G v 16.8.2005 (BGBl I 2005, 2437) ein Musterverf eingeführt worden (KapMuG idF v 19.10.2012, BGBl I 2012, 2182; geänd d G v 16.10.2020, BGBl I 2020, 2186; Geltung bis 19.7. 2024; die Neufassung des KapMuG gilt seit 20.7.2024, sa für Übergangsfragen § 30 KapMuG 2024); auch ist ein **ausschließl Gerichtsstand** für bestimmte kapitalmarktrechtl Klagen geschaffen worden (s § 32b Rn 5 ff). Zum kollektiven Rechtsschutz auf EU-Ebene s Stadler FS Schilken, 2015, S 482 (s zur Verbandsklage auch Rn 56). Pläne zur Einführung einer **Gruppenklage** (s den Gesetzentwurf v 21.5.2014, BTDrs 18/1464; Montag ZRP 2013, 172) wurden nicht verwirklicht. Am 1.11.2018 war das **„Gesetz zur Einführung einer zivilprozessualen Musterklage"** in Kraft getreten (s dazu 34. Aufl §§ 606 ff); sa Berger ZZP 133 [2020], 3 ff). Danach war die Klagebefugnis nur bestimmten (qualifizierten) Einrichtungen eingeräumt. Diese waren aufgrund einer gesetzlichen Prozessstandschaft im „Kollektivinteresse" tätig (Althammer FS Roth, 2021, S 657 f; sa Rn 5). Für die Geltendmachung von Streuschäden war die MFK aufgrund des individuellen Durchsetzungsdefizits ungeeignet (Meller-Hannich, 72 DJT 2018, Gutachten A 60 f). Mit § 32c aF war eine ausschließliche örtliche Zuständigkeit am allg (inländischen) Gerichtsstand eingeführt worden. Die genannten Vorschriften der ZPO zur **MFK** (§§ 606-614 aF; § 32c aF) sind mit Inkrafttreten des **Verbandsklagenrichtlinienumsetzungsgesetzes („VRUG"**, s dazu BTDrs 20/6520, BTDrs 20/7631; BRDrs 413/23 v 29.9.2023 (Beschluss)) – der Umsetzung der **europäischen Verbandsklagenrichtlinie (EU) 2020/1828** – aufgehoben worden und haben teilweise einen neuen Standort im Verbraucherrechtedurchsetzungsgesetz („VDuG") (s §§ 41, 42 VDuG; § 3 I, II VDuG; s. dazu ausführlich die Kommentierung des VDuG, §§ 1 ff VDuG; dazu auch Gsell NJW 2025, 38; Sossna BB 2025, 329; Röthemeyer BKR 2024, 977; Gsell GRUR 2024, 979; Vollkommer RAW 2024, 2). Einen weiteren Ansatz zur Bewältigung von Massenverfahren enthält das Gesetz zur Einführung eines **„Leitentscheidungsverfahrens beim BGH"** v 24.10. 2024 mWv 31.10.2024 (BGBl 2024 I Nr 328): Leitentscheidung durch Beschluss nach §§ 552b, 565 nF mit neuer Aussetzungsmöglichkeit nach § 148 IV nF (dazu Ring NJ 2025, 198); sa Einl Rn 11.

56 **2) Verbandsklage.** – **Lit:** Gsell Verbands-Abhilfe- und Musterfeststellungsklagen – Herausforderung und Chance richterlicher Konturierung, NJW 2025, 38; Guski Konfliktermöglichung durch überindividuellen Rechtsschutz: Funktion und Dogmatik der Verbandsklage, ZZP 131 (2018), 353; Mekat/Amrhein Die Umsetzung der Verbandsklagen-RL in Deutschland nach dem Referentenentwurf, RAW 2023, 23; Prütting Neue Litigation-Risiken – Massenverfahren und EU-Verbandsklage, RAW 2023, 3; Stadler Die neue Verbands(abhilfe)klage – Umsetzung der Richtlinie 2020/1828, ZZP 136 (2023), 129; Thönissen ESG-Klagen und kollektiver Rechtsschutz, NJW 2023, 945; sa Rn 55. – **a) Allgemeine Einordnung.** Inwieweit **Verbände**, die satzungsgemäß Rechte (Interessen) ihrer Mitglieder wahrnehmen, in ges Prozessstandschaft auftreten oder eigene Rechte bzw Interessen der Allgemeinheit wahrnehmen, ist seit langem Gegenstand eines (für die Praxis nur eingeschr relevanten) Streits (hierzu Guski ZZP 131 [2018], 353, 364 f); für die wichtigsten Fälle der **Verbandsklage**, die der Verbände zur Förderung gewerbl oder selbständiger berufl Interessen (§ 8 III Nr 2 iVm § 8b UWG; § 3 I 1 Nr 2 UKlaG; § 33 IV Nr 1 GWB) und der (qualifizierten) Verbraucherverbände (§ 8 III Nr 3 UWG; § 3 I 1 Nr 1 UKlaG, § 4 UKlaG; § 8 I Nr 4 RDG; § 79 II 2 Nr 3, §§ 606 ff aF, nunmehr §§ 14, 41 VDuG), wird ein rein prozessuales Verständnis (so etwa MK/Hau vor § 50 Rn 91: „Aufgreifzuständigkeit") überwiegend verneint und von der hM eine mat-rechtl Anspruchsberechtigung befürwortet (s Greger ZZP 113 [2000], 399; Guski ZZP 131 [2018], 353, 364 f; Stadler VuR 2010, 83, 85 [aus grenzüberschreitender Sicht], str; vermittelnd BGHZ 133, 319: „Doppelnatur"; BGH GRUR 2012, 415 Tz 10). – **b) Arten und Abgrenzung.** Fehlt ein ges Verbandsklagerecht (s Rn 57), kann sich das Klagerecht des Verbands aus einer *gewillkürten* Prozessstandschaft kraft bes Ermächtigung oder aus *treuhänderischer Abtretung* ergeben (s Rn 55, 58). Darüber hinaus ist eine Verbandsklagebefugnis zur „gebündelten" Geltendmachung kollektiv gestreuter Einzelinteressen nicht allg anerkannt (keine Popularklage; s RSchwab/Gottwald § 47 Rn 10 ff, 16 ff; Tilp/Schiefer NZV 2017, 14, 17); die Gewinnabschöpfung gem § 10 UWG, § 34a GWB ist kein Fall von Individualrechtsschutz (sa BGH NJW 2018, 3581, zur Rechtsmissbräuchlichkeit finanzierter Klagen nach § 10 UWG; bei Drittfinanzierung muss Erlösbeteiligung des Verbands ausgeschlossen sein, s Harnos GRUR 2020, 1034, 1043). Zur prozessualen Verbindung von Individual- und Verbandsklage s EuGH EuZW 2016, 505 [Ebers]: unzulässiger Aussetzungszwang für Individualklagen. – **c) Datenschutz.** Durch § 2 II 1 Nr 4, 13, 14 UKlaG wird die Verbandsklage auch auf **datenschutzrechtliche Aspekte** erstreckt (eingef d G v 17.2.2016 [BGBl I 2016, 233]). Von der nach **Art 80 II DSGVO** möglichen Einführung (echter) datenschutzrechtlicher Verbandsklagen (s Jotzo ZZPInt 22 [2017], 225 f; Hess FS Geimer, 2017, S 263) wurde bisher kein Gebrauch gemacht. – **d) VRUG/VDuG.** Der europäische Gesetzgeber hatte die Mitgliedstaaten mit der **Verbandsklagenrichtlinie (EU) 2020/1828** v 25.11.2020 zur Einführung kollektiver Rechtsschutzinstrumente im Dienste des Verbraucherschutzes verpflichtet (Röthemeyer VuR 2021, 43, 44: Klage auf Unterlassungsentscheidung (Art 8) u Abhilfeentscheidung (Art 9)). Die Umsetzungsfrist war bereits am 25.12.2022 verstrichen (sa Rn 55). Bis zu diesem Zeitpunkt kursierte lediglich ein „inoffizielles Papier" aus dem BMJ (Stadler ZZP 136 [2023], 130). Am 30.3.2023 wurde der offizielle Regierungsentwurf **VRUG** (Verbandsklagenrichtlinienumsetzungsgesetz) bekannt. Das **Verbandsklagenrichtlinienumsetzungsgesetz** sieht neben mehreren Gesetzesänderungen auch die Einführung des **VDuG** (Verbraucherrechtedurchsetzungsgesetz) vor, das Vorschriften zur neuen Verbandsabhilfeklage (§§ 14 f VDuG) und zur weiter möglichen MFK (§ 41 VDuG) enthält. Das VRuG v 8.10.2023 (BGBl 2023 I Nr 272) u das in dessen Art 1 enthaltene VDUG sind (überwiegend) mWv 13.10.2023 in Kraft getreten. Die Umsetzung der Richtlinie ist außerhalb des zivilprozessualen Stammgesetzes erfolgt und kam verspätet (dazu Meller-Hannich DB 2023, 628; Sossna BB 2025, 329; Röthemeyer BKR 2024, 977; Vollkommer RAW 2024, 2). Zum Verhältnis zur MFK s bereits G. Vollkommer MDR 2021, 129 u Gsell/Meller-Hannich, Gutachten über die Umsetzung v 4.2.2021, VZBV; Gsell NJW 2025, 38; näher § 14 VDuG Rn 1 f u § 41 VDuG Rn 1 f.

57 **d) Gesetzliches Klagerecht. Wirtschafts-** u (qualifizierte) **Verbraucherverbände** sind im Rahmen ihres satzungsmäßigen Aufgabenbereichs kraft Gesetz klagebefugt auf dem Gebiet des Wettbewerbsrechts (§ 8 III Nr 2 u 3 UWG; § 33 IV GWB idF des VRUG), des Verbraucher-(schutz-)rechts (§ 3 I 1 Nr 1 u 2 UKlaG idF des VRUG, BTDrs 20/6520, 37 f; BTDrs 20/7631, 7; sa Ast/Klocke VuR 2016, 410) und (in begrenztem Umfang) des Urheberrechts (§§ 2c, 3a UKlaG idF des VRUG; § 95b UrhG). Die Verbandsklagebefugnis setzt allg „Rechtsfähigkeit" (s § 50 Rn 11 f) des Wirtschaftsverbands voraus und hängt im Einzelfall von der Art und Ausrichtung seiner Mitgliedsunternehmen und von deren wirtschaftlicher Betätigung ab (s näher § 8 III Nr 2 UWG; Bsp: OLG Nürnberg MDR 2014, 238). Bei Verbraucherverbänden ist die Registrierung des Verbands als „qualifizierter Verbraucherverband" Klagevoraussetzung (§§ 3, 4 UKlaG iVm § 8 III Nr 3 UWG; s BGH NJW 2012, 1812 Tz 10; s zu den Änderungen des VRuG BTDrs 20/6520, 111, 114 für grenzüberschreitende Unterlassungsklagen, § 4d UKlaG). Für die **MFK** u die neue **Verbandsabhilfeklage nach § 14 VDuG** müssen ebenso die Voraussetzungen *einer qualifizierten* Einrichtung nach § 606 I aF/eines qualifizierten Verbraucherverbandes nach § 2 I Nr 1 VDuG bzw einer qualifizierten Einrichtung aus einem anderen EU-Mitgliedstaat vorliegen (zur unwiderl Vermutung s § 2 III VDuG). Vgl für die Frage, ob der Verband nach § 14 VDuG in **gesetzlicher**

bzw **gewillkürter Prozessstandschaft** für die Verbraucher tätig wird, § 14 VDuG Rn 4 f; abl Adolphsen ZZP 135 (2022), 299, 322 ff. Im Rechtsstreit kann die Klagebefugnis eines eingetragenen Verbandes nicht mehr verneint werden. Den Verbänden sind in bestimmten Fällen berufsständische **Kammern** gleichgestellt. **Bsp:** IHK, Handwerkskammern (§ 8 III Nr 4 UWG; § 3 I 1 Nr 3 UKlaG) und -innungen (BGH NJW-RR 93, 363); Kreishandwerkerschaft (OLG Hamm MDR 90, 555); RA-Kammern (BGHZ 109, 156 f; BGH NJW 2002, 2039; Huff NJW-Spezial 2004, 381); Steuerberaterkammern (BVerfG NJW 2004, 3765); Zahnärztekammern (BGH NJW 2006, 2481); die öff-rechtl Aufgabenstellung steht nicht entgegen (BGHZ 109, 156 f). Das Verbandsklagerecht gem § 33 I, IV Nr 1 **GWB** setzt eine Betroffenheit von Mitgliedern nicht voraus (BGH MDR 96, 491).

e) Klagerecht auf Grund Ermächtigung und Abtretung. Mögl ist, dass ein Verband auf Grund einer Ermächtigung sämtl Mitglieder in *gewillkürter Prozessstandschaft* (BGHZ 48, 12; BGH MDR 2011, 1373) oder einer Abtretung als *Rechtsinhaber* vorgeht (BGHZ 170, 26 [s Rn 55]). Für ein schutzwürdiges Eigeninteresse des Verbandes (s Rn 40) muss die Rechtsverfolgung der satzungsmäßigen Wahrnehmung der geschäftl Belange der Verbandsmitglieder entsprechen (BGH MDR 2011, 1373; MK/Hau vor § 50 Rn 91 f); überdies ist eine Ermächtigung der Mitglieder erforderlich (BGHZ 170, 26 f), die im Einzelfall auch satzungsmäßig erteilt werden kann, sofern die Bestimmtheit (s Rn 41) keine bes Erklärung verlangt (uneinheitl die BGH-Rspr: einschr zB BGHZ 89, 3 f, großzügig BGHZ 48, 15 f; BGH WPR 2008, 1542). **Bsp:** Ein örtl *Anwaltverein* kann gem §§ 3, 8 III Nr 2 UWG u aus § 823 II BGB in gewillkürter Prozessstandschaft *Unterlassungsansprüche* seiner Mitglieder geltend machen (BGHZ 48, 15; sa BGH GRUR 2004, 346: Rechtsanwaltsgesellschaft); der ermächtigte Dachverband kann kennzeichenrechtl Unterlassungsansprüche seines Landesverbands geltend machen (BGH WPR 2008, 1537), der ermächtigte gewerbl Interessenverband markenrechtl Abwehransprüche seiner Mitglieder (BPatG WPR 2009, 472, 480); bei der Geltendmachung von *Schadensersatzansprüchen* der Mitglieder ist grds eine entspr (nicht nur in der Satzung enthaltene) *Ermächtigung* durch die Mitglieder erforderl (BGH NJW 84, 2220 – „Binnenschiffahrts-Verband"). Die Forderungseinziehung durch einen Verband für seine Mitglieder aufgrund Ermächtigung oder (treuhänderischer) Abtretung ist erlaubnispflichtige Rechtsdienstleistung (zur Neufassung von § 2 II 1, § 3 RDG seit 1.10.2021 s Rn 55); erlaubt sind insb Rechtsdienstleistungen (nachgeordneter Bedeutung) von Berufs- u Interessenvereinigungen sowie Genossenschaften für ihre Mitglieder (§ 7 RDG), Verbraucherverbände u -zentralen (§ 8 I Nr 4 RDG; § 79 II 2 Nr 3 u s § 79 Rn 8), Verbände der freien Wohlfahrtspflege (§ 8 I Nr 5 RDG), Behindertenverbände (§ 85 SGB IX 2018), Antidiskriminierungsverbände (§ 23 AGG), in Grenzen auch Rechtsverfolgungsgesellschaften gleichartig Geschädigter (s Mann NJW 2010, 2391; Fest ZfPW 2016, 173, str; sa Rn 41, 55) usw. § 4 S 2 RDG mWv 1.10.2021 verhindert bei externer Prozessfinanzierung ohne Verfahrenseinflussnahme Verstoß gegen § 134 BGB (BTDrs 19/27673, 40, sa Stadler VuR 2021, 123, 124 f, 127, sa Rn 55). **Im Prozess** müssen sich Verbände (außer Verbraucherverbände u -zentralen) auch vor dem AG durch einen RA vertreten lassen (§ 79 I 2, II Nr 3). 58

§ 50 Parteifähigkeit

Parteifähig ist, wer rechtsfähig ist.

II aufgehoben durch G zur Modernisierung des Personengesellschaftsrechts (MoPeG) v 10.8.2021 (BGBl I 2021, 3436) mWv 1.1.2024.

1 **I) Allgemeines. 1) Begriff der Parteifähigkeit.** Durch das **MoPeG** v 10.8.2021 (BGBl I 2021, 3436) **mWv 1.1. 2024** und die damit verbundenen Änderungen (sa Rn 21) wurde die (klarstellende) Sonderregel in **II** gestrichen (BRDrs 59/21, 36, 230; BTDrs 19/27635, 201; Schmidt ZPG 2023, 81). – **Parteifähigkeit** ist die Fähigkeit, Aktiv- oder Passivsubjekt (Haupt- oder Nebenpartei) eines Prozesses zu sein, also die Fähigkeit, im Urteilsverf Kl, Bekl oder NI, im Beschlussverf ASt oder Ag, im VollstrVerf Gl oder Sch sein zu können. Die Parteifähigkeit orientiert sich an der **Rechtsfähigkeit** des materiellen Rechts (§ 50), ist aber weiter als diese, insb soweit Spezialgesetze greifen (vgl auch § 61 VwGO, § 70 SGG). Fehlende Parteifähigkeit bedeutet aber stets fehlende Rechtsfähigkeit („Nichtexistenz") der Partei (s vor § 50 Rn 12 f; s Rn 4 aE). Parteifähig sind insb **natürliche** und **juristische Personen** (s Rn 10 u 11), **Gesellschaften** und **Vereinigungen**, soweit ihnen das Recht zusteht, zu klagen (s Rn 16 ff, 21 ff), sowie in bestimmten Einzelfällen **Behörden** (s Rn 25). – **Lit:** S vor § 50 Rn 1.

2 **2) Ausländische Partei.** Deren Rechts- und Parteifähigkeit richtet sich nach ausl Recht (§ 50 iVm dem Personalstatut, Art 7 I EGBGB; BGHZ 51, 28; Kindler NZG 2016, 1337, allgM; sa näher EuIZPR Rn 25, 62; abw Brinkmann ZZP 129 [2016], 488 f: „ungeschriebene Kollisionsregel"; nicht eindeutig BGH GRUR 2023, 1561; sa Hau IPRax 2024, 125). Rechtsfähige **juristische Personen** und **Handelsgesellschaften** des **Auslands** werden daher im Inland auch als parteifähig anerkannt (iE s Rn 31 f). Gleiches gilt, wenn das Personalstatut nur die Parteifähigkeit gewährt (OLG Karlsruhe NZG 2018, 757: *general partnership* irischen Rechts). Zur Parteifähigkeit **ausl Stiftungen:** BGH LM Nr 13 zu § 50; OLGR Köln 1999, 377.

3 **3) Beginn und Ende der Parteifähigkeit. a) Beginn.** Maßgebend ist grds der Beginn der Rechtsfähigkeit (zur beschränkten Parteifähigkeit des *nasciturus* als Ausnahme: s Rn 10; Vorgesellschaften u Gründervereinigungen: s Rn 18).

4 **b) Ende. aa) Grundsatz.** Die Parteifähigkeit endet mit dem **Verlust der Rechtsfähigkeit**, beim *Menschen* also mit Tod (zur Wirkung der transmortalen Vollmacht s OLG Hamm NZG 2020, 986 Tz 38) oder Todeserklärung (s § 9 VerschG); bei *jur Personen* (und den ihnen gleichgestellten Gesellschaften ohne Rechtspersönlichkeit) mit ihrem Erlöschen, also bei Handelsgesellschaften und Vereinen (dazu s Rn 11, 16a ff, 21 ff) noch **nicht** mit der *Auflösung* (§ 262 AktG; § 60 GmbHG; § 78 GenG; § 138 HGB; §§ 41, 49 II, §§ 729 ff BGB; s BGH NJW 2007, 589), nicht mit der *Eröffnung des InsVerf* (§ 27 I InsO iVm zB § 138 I Nr 2 HGB, § 60 I Nr 4 GmbHG, s OLG Zweibrücken ZIP 2003, 1954) oder mit der *Löschung* der Gesellschaft usw in dem jew (Handels-, Genossenschafts-, Vereins-, Gesellschafts-)Register (zB gem § 273 I 2 AktG; § 74 I 2 GmbHG; § 394 I, IV FamFG, sa § 707a IV, § 729 III Nr 2 BGB), bei Anstalten und Stiftungen noch **nicht** mit der Aufhebung, sondern **erst mit der Vollbeendigung** nach Abwicklung (BGH NJW 95, 196; BGH NJW 96, 2035; BGH GRUR 2020, 738 Tz 14, hM, str), uU mit liquidationsloser Vollbeendigung (s Rn 4b – „KG"); maßgebend ist hierfür weder allein die *Vermögenslosigkeit* der (aufgelösten, gelöschten) Gesellschaft (so die früher hM u 33. Aufl, s BGHZ 94, 108; OLG Hamburg GmbHR 1996, 860; zweifelnd BAG NJW 88, 2637 u § 56 Rn 10), noch allein die *Registerlöschung* als solche (sa BAG NJW 88, 2637; BGH MDR 2012, 1176; BGH MDR 2015, 780 Tz 19 = NJW 2015, 2424), sondern nach zutr hM: **Vermögenslosigkeit *und* Registerlöschung** – sog Lehre vom Doppeltatbestand; ebenso OLG Celle NZG 2008, 271; OLG Koblenz ZIP 2016, 1799; sa BGH NJW-RR 2011, 115 Tz 22; BGH MDR 2015, 780 Tz 19; BGH GRUR 2020, 738 Tz 14: potent Kostenerstattungsanspruch; zur Löschung einer engl „Ltd" sa BGH MDR 2017, 346 Tz 13; BPatG 3.4.2024 – 29 W (pat) 70/20 Tz 18 („ Streitmarke ersichtlich löschungsreif"); OLG Brandenburg MDR 2016, 1273 Tz 20). Bei Verlust ihrer Parteifähigkeit endet zugleich ihre „Existenz" als Partei (s Rn 1; Bsp: BGH NJW-RR 2011, 115 Tz 22, 31). Zur Vollbeendigung *während des Rechtsstreits* sa Rn 4a, 4b u insb Rn 5.

4a **bb) Fortbestehende und fingierte Parteifähigkeit.** Auch die beendete Gesellschaft gilt insoweit als **aktiv parteifähig**, als sie ein Vermögensrecht in Anspruch nimmt (BGHZ 48, 307; BGH MDR 2015, 780; BGH WRP 2016, 1242), zB als Kl das eingeklagte Recht (BGHZ 75, 182 f; OLG Köln 30.11.2017 – 3 U 147/16 Tz 87 f: bei abgetretener Forderung; sa das Bsp in Rn 4b) oder als passiv parteifähig, soweit bei ihr als Bekl nach dem Kl-Vorbringen noch **Vermögen vorhanden** ist (BGH NJW-RR 2011, 115 Tz 22; BGH MDR 2015, 780 Tz 19: nicht bei wertlosen Aktiva und nicht vollstreckbaren Forderungen; OLG München NZG 2017, 1071); str ist, ob hierfür der ihr bei von Anfang an unbegründeter Klage zustehende Kostenerstattungsanspruch genügt (abl BGHZ 74, 213 f; BayObLGZ 95, 12 f; aA BGH NJW 2004, 2523, 2524; BGH GRUR 2020, 738 Tz 14: bei Rechtsmitteleinlegung; offen lassend OLG Köln 30.11.2017 – 3 U 147/16). Die Parteifähigkeit bleibt weiter bestehen bei einem sonstigen nachträgl **Abwicklungsbedarf** (BGH MDR 95, 529: Schuldentilgung; BGH NZG 2012, 916 Tz 27; iE str, s Rn 5); fiktive Parteifähigkeit besteht auch im Zulassungsstreit (s Rn 8); ein nicht aktiv parteifähiges Gebilde ist insoweit **passiv parteifähig**, als gegen es Rechte geltend gemacht werden sollen, die anderweit nicht durchsetzbar wären (BGHZ 97, 270 zu **§ 50 II aF entspr**; s Rn 30). **Abgrenzung.** Bei insrechtl Nachtragsverteilung (§ 211 III InsO) besteht die Verwaltungs- und Verfügungsbefugnis des InsVerwalters fort (BFH ZIP 2012, 933 Tz 13, 14; s zum Verlust der Prozessführungsbefugnis FG Berlin-Brandenburg 23.5.2007 – 3 K 1407/03 B).

4b **cc) Einzelfragen bei verschiedenen Vereinigungen. (1) GmbH** und **UG.** – **Lit:** v. Gergen, Partei- und Prozessfähigkeit einer aus dem Register gelöschten Gesellschaft in Frankreich, ZErb 2013, 197; Bernert, Liquidation und Löschung der GmbH, MittBayNot 2021, 309. – Eine **GmbH *in Liquidation*** („i.L."; vgl §§ 60, 66 GmbHG) ist nach Ablehnung des Antrags auf Eröffnung des Insolvenzverf mangels Masse gem § 26 InsO, § 60 I Nr 5 GmbHG oder Einstellung des Verf mangels Masse gem § 207 I InsO solange parteifähig, als sie noch verteilungsfähiges Vermögen hat (BGH NJW 96, 2035; BGH MDR 2015, 780; BAG NZA 2003, 1050; OLG Koblenz NJW-RR 1991, 808; OLG Koblenz NJW-RR 94, 500; LAG Hessen 31.7.2015 – 10 Sa 702/15: zu § 73 III GmbHG). Unerheblich ist, dass Gesellschaftszweck der GmbH gegen gesetzliches Verbot verstößt, wenn keine **Nichtigerklärung** (§ 75 GmbHG) erfolgt (OLG Schleswig ZInsO 2025, 1129). Ist eine GmbH *wegen Vermögenslosigkeit vAw gelöscht* (§ 394 I FamFG), so ist sie dennoch in einem Rechtsstreit parteifähig, der Ansprüche zum Gegenstand hat, die sich nach der Löschung als vorhanden herausstellen (BGH NJW 2003, 2232 mN; BGH MDR 2015, 780 Tz 19; BGH NJW-RR 2011, 115 Tz 22; BPatG NZI 2024, 192 Tz 10 f; zur Vollbeendigung während des Rechtsstreits s Rn 5, zur Vertretung vgl BAG ZIP 2002, 1949; OLG Hamburg NJW-RR 97, 1400 u s § 51 Rn 4a, 4b), oder wenn Ansprüche gegen die Gesellschaft geltend gemacht werden, die kein Aktivvermögen voraussetzen (BAG NJW 1982, 1831 – Zeugnisanspruch). Das Gleiche gilt, wenn die wegen Vermögenslosigkeit gelöschte GmbH ernstl ein Recht für sich in Anspruch nimmt (BayObLG NJW-RR 1994, 230; OLG Koblenz NJW-RR 2004, 1222); das mit der Klage geltend gemachte Recht genügt (BGHZ 75, 182 f; BGH NJW-RR 2011, 115 Tz 22). Ergibt sich dessen Nichtbestehen, ist der Rechtsstreit durch Sachurteil, nicht durch Prozessurteil zu erledigen (BGH DB 59, 110). Eine nicht ins Handelsregister eingetragene ***in Gründung* befindl GmbH („iG")** ist nicht nur passiv, sondern auch aktiv parteifähig (iE s Rn 18); wird die „GmbH iG" *aufgelöst*, ändert sich an deren Parteifähigkeit nichts, solange noch Vermögen vorhanden ist (OLG Hamm WM 85, 659); in diesem Fall wird die GmbH „iG iL" durch den (vorgesehenen) Geschäftsführer, nicht durch die Gesellschafter vertreten (dazu näher s Rn 18). Eine formwechselnde *Umwandlung* der GmbH in eine KG lässt ihre Parteifähigkeit unberührt (OLG Köln ZIP 2004, 238). Für die ebenfalls nach § 13 I GmbHG rechtsfähige Unternehmergesellschaft – **UG (haftungsbeschränkt)** – gelten insoweit keine Besonderheiten, § 5a GmbHG (Kießling/Markgraf JuS 2010, 312, 314). – **(2) KG.** Die KG bleibt auch nach Ablehnung der Eröffnung des InsVerf mangels Masse idR parteifähig (BGH NJW 1995, 196). Bei der 2-gliedrigen KG führt das Ausscheiden eines Gesellschafters (zB gem § 130 I Nr 3 HGB) zur liquidationslosen Vollbeendigung: Das Gesellschaftsvermögen geht im Wege der Gesamtrechtsnachfolge auf den verbleibenden Gesellschafter über (BVerwG NJW 2011, 3671 Tz 15 mwN; OLG Brandenburg 11.10.2016 – 6 U 51/15 Tz 44). – **(3) GmbH & Co KG.** Werden während des Rechtsstreits sowohl die Komplementär-GmbH als auch die KG wegen Vermögenslosigkeit im Handelsregister gelöscht, endet wegen Vollbeendigung die Existenz und damit die Parteifähigkeit der KG (BGH NJW 82, 238; OLG Hamm NJW-RR 88, 1307; sa § 91a Rn 58.31). Das Gleiche gilt, wenn die Komplementär-GmbH wegen Vermögenslosigkeit gelöscht wird und damit der vorletzte Gesellschafter der KG entfällt (BGH NJW-RR 88, 478); dann aber uU Fall von (liquidationsloser) Gesamtrechtsnachfolge auf den Kommanditisten als letzten Gesellschafter (vgl Herchen EWiR 2005, 809; sa Rn 16b aE). – **(4) Genossenschaft.** Ist eine eGen nach Rechtshängigkeit aufgelöst und in der Folge nach Beendigung der Liquidation während des Berufungsverf gelöscht worden, ist der Rechtsstreit wegen Vollbeendigung (s Rn 4) erledigt, sofern nicht die Klage von Anfang an unbegründet war (vgl BGH NJW-RR 86, 394). – **(5) Aktiengesellschaft.** Nachträgl Abwicklungsbedarf: § 273 IV AktG. – **(6)** Die **GbR** besteht bei Tod eines Gesellschafters abh vom Gesellschaftsvertrag (s § 723 I Nr 1, § 730 I, § 733 II, § 735 BGB) uU als Liquidationsgesellschaft fort (sa OLG München BB 2010, 2314). Für Vollbeendigung ist vollständige Abwicklung des Gesellschaftsvermögens erforderlich (Erledigung auch nicht vermögensrechtlicher Ansprüche/Verbindlichkeiten, s OLG München 22.12.2023 – 15 W 1340/23 Tz 17, ZInsO 2024, 461); Unmöglichwerden des Gesellschaftszwecks bewirkt keine Vollbeendigung, s OLG Brandenburg 6.6.2023 – 6 U 12/21. Ausscheiden vorletzten Gesellschafters beendet GbR ohne Abwicklung (OLG Dresden 24.10.2023 – 6 U 2544/22). – **(7)** Der **Verein** verliert seine Rechts- und Parteifähigkeit mit der Eröffnung des InsVerf, § 42 I BGB (dazu KG ZIP 90, 1144); wird sein Name während des Rechtsstreits im Vereinsregister gelöscht, verliert er dadurch seine Parteifähigkeit noch nicht (BGH MDR 84, 118). Die Amtslöschung nach § 395 FamFG führt ohne Mitgliederbeschluss nicht zum identitätswahrenden Fortbestand als **„Verein ohne Rechtspersönlichkeit"** (s für § 50 II aF OLG Frankfurt GRUR-RR 2018, 345: Existenz als Liquidationsverein). Der voll abgewickelte im Register gelöschte Verein kann als Sch im ZwV-Verf kein Rechtsmittel mehr einlegen (OLG Düsseldorf OLGZ 66, 129).

4) Bedeutung der Parteifähigkeit, maßgebender Zeitpunkt. Die Parteifähigkeit ist **Prozessvoraussetzung** und **Prozesshandlungsvoraussetzung** (s vor § 50 Rn 15). – **a)** Als **Prozessvoraussetzung** muss sie spätestens im Zeitpunkt der letzten mündl Verh, sei es auch in der Revisionsinstanz, gegeben sein, da ansonsten die Klage als unzulässig abzuweisen ist (s vor § 253 Rn 9; anders dagegen beim Wegfall der Parteifähigkeit bei der NZB: s BGH MDR 2016, 1165). Das soll auch bei **Wegfall** der Parteifähigkeit **während des Passivprozesses** (Vollbeendigung der Liquidation tritt zB ein, s Rn 4) gelten, soweit nicht einer der anerkannten Fälle fingierter – fortbestehender – Parteifähigkeit (s Rn 4a, 4b u 8; § 56 Rn 10) vorliegt (so BGH MDR 2017, 346 Tz 18 f: engl „Ltd"; OLG Oldenburg NJW-RR 96, 161; OLG Rostock ZIP 2001, 1590; RSchwab/Gottwald § 43 Rn 33); solange der **Passivprozess schwebt**, fehlt es jedoch an einer Vollbeendigung der Abwicklung (zutr BAG NJW 82, 1831; OLG Koblenz ZIP 98, 967; offen lassend BAG NJW 88, 2637; zum Ganzen sa § 51 Rn 4b; § 56 Rn 10 mwN; § 86 Rn 9, 12). Entspr scheidet während des **Aktivprozesses** ein Wegfall der Parteifähigkeit aus (BGH NZG 2012, 916 Tz 27; Leuering/Simon NJW-Spezial 2007, 27). Der Mangel der Parteifähigkeit kann nachträgl (auch in der Revisionsinstanz) durch Genehmigung geheilt werden (BGHZ 51, 27; OLG Brandenburg BauR 2020, 1205). 5

b) Als **Prozesshandlungsvoraussetzung** muss sie bei Erhebung der Klage und während des ganzen Rechtsstreits, auch bei Rechtsmitteleinlegung und in der höheren Instanz, vorliegen (s zur NZB aber BGH MDR 2016, 6

1165: Unzulässigkeit allein der NZB). Beim Fehlen der Parteifähigkeit ist die Prozesshandlung unwirksam, sofern nicht ausnahmsw eine (rückwirkende) Genehmigung durch die parteifähig gewordene Partei erfolgt (BGH WM 72, 1129, 1131; OLG Brandenburg BauR 2020, 1205; RSchwab/Gottwald § 43 Rn 37). Der nachträgl **Wegfall** der Parteifähigkeit unterbricht den Rechtsstreit gem § 239, nicht aber bei anwaltl Vertretung gem § 246 I (BGH NJW-RR 86, 394); eine wirksam erteilte Prozessvollmacht bleibt uU entspr § 86 bestehen (näher s § 86 Rn 8).

7 **c)** Die Rüge des Mangels der Parteifähigkeit ist **unverzichtbar** (§ 295 II) u unterliegt **nicht** der **Präklusion** (BGH NJW 2004, 2523 f). Sie kann auch noch mit einem Rechtsmittel oder der **Nichtigkeitsklage** (§ 579 I Nr 4 entspr) geltend gemacht werden (BGH MDR 59, 121; BGH NJW 2022, 3003 Tz 6, s vor § 50 Rn 12; § 579 Rn 5 ff).

8 **d) Zulassungsstreit, Amtsprüfung. aa)** Im Streit über die Parteifähigkeit (sog Zulassungsstreit) ist auch der Parteiunfähige parteifähig (BGH MDR 2010, 1279 Tz 9; BGH 7.6.2018 – V ZB 252/17 Tz 10; RSchwab/Gottwald § 43 Rn 40, allgM; sa § 56 Rn 13; § 511 Rn 6). Entspr gilt auch beim Streit über die Existenz einer Partei (BGH WM 94, 1213; OLG Koblenz MDR 2013, 1243); zur **Nichtexistenz** der Partei s vor § 50 Rn 12, 13. Macht ein Parteiunfähiger geltend, er sei parteifähig, kann er hierzu einen Anwalt bestellen und Rechtsmittel einlegen (BGHZ 74, 212, 215; BGH MDR 2010, 1279 Tz 9), einer (auf Wegfall der Parteifähigkeit gestützten) Erledigungserklärung des Gegners widersprechen und Klageabweisung beantragen (BGH NJW-RR 86, 394; BGH NJW-RR 96, 806); dgl kann der Parteiunfähige gegen das gegen ihn ergangene Sachurteil Rechtsmittel einlegen (BGH MDR 94, 511; BGH MDR 2010, 1279 Tz 9: Klarstellung). – **bb)** Zur **Prüfung** der Parteifähigkeit vAw sa BGH NJW 2004, 2523; KG ZMR 2018, 306 u Anm zu § 56.

9 **II) Parteifähigkeit von Personen.** In den Fällen der Rn 10-15 ergibt sich die Parteifähigkeit (s Rn 1) aus der **Rechtsfähigkeit (§ 50)**, dh aus der Fähigkeit, Träger von Rechten und Pflichten zu sein (zur Anknüpfung bei Auslandsberührung s Rn 2, 31 f); in den Fällen der Rn 16-23 handelt es sich zwar um rechtsfähige Personengesellschaften/Personenvereinigungen, aber „ohne eigene Rechtspersönlichkeit" bzw die Parteifähigkeit ist durch Ges bes verliehen worden. Parteifähig sind:

10 **1) Natürliche Personen.** Alle Menschen sind mit der Vollendung der Geburt (§ 1 BGB), wenn sie in diesem Augenblick gelebt haben, parteifähig; Lebensfähigkeit ist nicht erforderl. Die **Leibesfrucht (nasciturus)** ist nach dem BGB nicht allg rechtsfähig (s Neuner JuS 2019, 1: mit Abgrenzung zum *nondum conceptus*), wird jedoch durch zahlreiche Einzelvorschriften (zB § 844 II 2, § 1594 IV, §§ 1712-1714, §§ 1912, 1923 II, §§ 2043, 2108 BGB) in vielfacher Hinsicht (vgl auch § 247 I FamFG) rechtl geschützt (s BVerfGE 39, 41; BGHZ 58, 49; OLG Schleswig MDR 2000, 397 [zust Born]), so dass im Wege der Rechtsanalogie eine beschränkte Rechts- (und damit Partei-)Fähigkeit des nasciturus anzuerkennen ist (Beckmann ZfL 2011, 109; Vertretung und Beistand: s § 51 Rn 3). Verschollene sind rechtsfähig, solange sie nicht für tot erklärt sind. Die Rechtsfähigkeit des Menschen endet mit seinem Tod (OLG Brandenburg 23.9.2016 – 11 Bauland U 2/15; OLG Celle DV 2017, 190: keine Verjährungshemmung bei Klage gegen Verstorbenen). **Tiere** sind zwar seit 1.9.1990 keine Sachen mehr (§ 90a S 1 BGB), aber nicht parteifähig (VG Hamburg NVwZ 88, 1058);

11 **2) Juristische Personen.** Alle **juristischen Personen** des öffentl (s Rn 12 ff) und privaten Rechts (s Rn 15 ff) und **rechtsfähigen Personengesellschaften** (§ 14 II BGB) sind parteifähig. Die einmal entstandene Parteifähigkeit besteht fort, solange noch Vermögen der jur Person vorhanden ist (näher s Rn 4, 4a, 4b). **Abgrenzung** zu Behörden und Stellen: s Rn 25.

12 **a) Juristische Personen des öffentlichen Rechts.** Hierher gehören: **aa)** die Bundesrepublik Deutschland und die Länder – soweit Träger privater Rechte und Verbindlichkeiten, spricht man hier vom **Fiskus** (s § 18 Rn 1; sa LG Karlsruhe NVwZ-RR 2014, 750; OLG Brandenburg FamRZ 2012, 1329: für den ehem Staat Preußen agiert die BRD) – sowie als weitere **Gebietskörperschaften** des öffentl Rechts die Gemeinden und Kreise. Partei ist stets die jur Person des öffentl Rechts, nicht – bei Gliederung in einzelne Verwaltungszweige – die einzelne Behörde, sofern ihr nicht Parteifähigkeit kraft bes ges Regelungen zuerkannt ist (näher s Rn 25); ein rechtlich unselbständiger **kommunaler Eigenbetrieb** (§ 46 EnWG) ist nicht deswegen partiell parteifähig (s wg Art 76 I LKrO auch BayObLG 6.6.2023 – Verg 8/23e Bf Tz 20 f), weil er am Vergabeverf teilnimmt (BGH MDR 2017, 541);

13 **bb)** sonstige rechtsfähige **Körperschaften, Anstalten und Stiftungen** des öffentl Rechts: Bundesagentur für Arbeit (§ 367 SGB III); Bundesanstalt für Immobilienaufgaben (BImA, s § 18 Rn 6 aE); die Träger der Sozialversicherung nach RVO (vgl § 29 SGB IV); kommunale Versorgungskassen (vgl OLG Hamm VersR 87, 145), nicht aber Zusatzversorgungskassen (OLGR Dresden 2007, 151); Betriebskrankenkassen (§ 29 SGB IV, § 4 SGB V, sa BAG NJOZ 2015, 1548); Religionsgemeinschaften iSv Art 140 GG iVm Art 137 V WRV (dazu eingeh BGHZ 197, 61 Tz 22 ff; LG Osnabrück 27.5.2020 – 3 O 3593/19; Pieroth/Görisch JuS 2002, 937) u Glaubensgemeinschaften wie die traditionellen Kirchen (vgl List BB 97, 18), zB die Katholische Kirche, ihre Untergliederungen (zu § 50 II s BGHZ 197, 61 Tz 17, 19) und uU nachgeordneten Einheiten (BGH NJW 94, 245: Bistum; BGH NJW 2005, 978: Diözese; dazu Renck NJW 2005, 1470; OLG Köln NJW 95, 3319: Hohe Domkirche), Heilsarmee Deutschland (BVerfGE 102, 372; BGHZ 154, 309; „anerkannte Glaubensgemeinschaft des öffentl Rechts"), uU Synagogen*gemeinden* (vgl BVerwG NJW 98, 253), auch „Zeugen Jehovas" (vgl BGHZ 197, 61 Tz 27); die IHK; Handwerksinnungen (§ 53 HandwO); Kreishandwerkerschaften (§§ 86 ff HandwO); Kreissparkassen (s BGHZ 127, 381); Deutsche Nationalbibliothek (§ 1 II DNBG); Stiftung des Bundes „Humanitäre Hilfe für

durch Blutprodukte HIV-infizierte Personen" (G v 24.7.1995, BGBl I 1995, 972); „Conterganstiftung für behinderte Menschen" (G v 13.10.2005, BGBl I 2005, 2967); die Universitäten (vgl BGHZ 77, 15; BGHZ 96, 363; BGH ZIP 92, 1779; OLG Karlsruhe NJW 91, 1487); selbständige Universitätskliniken in der Rechtsform von landesrechtl rechtsfähigen Anstalten des öffentl Rechts (zB Bay UniversitätsklinikaG v 23.5.2006, GVBl 2006, 285); die Jagdgenossenschaften; Handwerksinnungen und -kammern; die Studierendenschaft (nicht aber der AStA, OLG Frankfurt NJW 2018, 1106; OLG Frankfurt NJW-RR 2016, 1381).

cc) Teilrechtsfähige Sondervermögen des Bundes. Parteifähig ist auch das **Bundeseisenbahnvermögen** (Art 1 § 4 I ENeuOG). Parteifähig ist auch das vom *Bundesamt für zentrale Dienste und offene Vermögensfragen* verwaltete **Sondervermögen des Bundes** (Art 1 § 9 EntschädigungsG v 27.9.1994, BGBl I 1994, 2624); Gerichtsstand: s § 18 Rn 6; dgl der vom BMFin verwaltete *Aufbauhilfefonds* (§§ 1, 3 AufhFG v 19.9.2002, BGBl I 2002, 3652); Gerichtsstand: Berlin (s § 3 I 2 AufhFG) und der *Klima- u Transformationsfonds* (§ 3 I KTFG, zuvor: *Energie- u Klimafonds*, s §§ 1, 3 G v 8.12.2010, BGBl I 2010, 1807; Umbenennung durch G v 12.7.2022 (BGBl I 2022, 1144); Gerichtsstand: Berlin (s § 3 I KTFG). 14

b) Juristische Personen des Privatrechts. Dazu rechnen **eingetragene Vereine** (§§ 21 ff BGB) und **Stiftungen** (§ 80 BGB, s Werner ZStV 2018, 203; zur Nichtanerkennung einer „Vor-Stiftung" s Rn 18), auf Grund anderer Gesetze: die **AG** (s zur europ SE Rn 21) und **KGaA** (§§ 1, 278 I AktG), die Erwerbs- und Wirtschaftsgenossenschaften (§ 17 GenG), die **GmbH** (§ 13 GmbHG; vgl zur zweigliedrigen GmbH Keßler GmbHR 2015, 342; Klesse NZG 2025, 545 u BGH ZIP 2025, 201: Keine *actio pro socio* des Gesellschafters gegen Fremdgeschäftsführer einer GmbH), die **UG (haftungsbeschränkt)** nach § 5a GmbHG mit eingeschr Mindeststammkapital, der Versicherungsverein auf Gegenseitigkeit. Dagegen folgen die **Vor-GmbH** und die **Vor-AG** als Vorstufen zur jur Person eigenen Regeln (zur (beschränkten) Parteifähigkeit der Vorgesellschaften s Rn 18). Zur Parteifähigkeit von **Liquidationsgesellschaften** s Rn 4b, zu **europ Vereinigungen** und Gesellschaften s Rn 20. **Organe von jur Personen** treten im Prozess als ges Vertreter (s § 51 Rn 4) auf, sind aber nicht selbst Partei (s näher Rn 25a; dort auch zum Sonderfall der „Organstreitigkeit"). 15

III) Parteifähigkeit von Gesellschaften ohne Rechtspersönlichkeit. Rechtsfähige Personengesellschaften (vgl § 14 II BGB; § 8 Nr 2 FamFG; § 11 II Nr 1, § 15 InsO) ohne eigene Rechtspersönlichkeit sind die Handelsgesellschaften des HGB (s Rn 16a, 16b), die rechtsfähige BGB-Gesellschaft (§ 705 II Alt 1 BGB idF des MoPeG v 10.8. 2021, BGBl I 2021, 3436, seit 1.1.2024, s BTDrs 19/27635, 99) (s Rn 17) und die ges bes ausgestalteten Vereinigungen von berufl Selbständigen (s Rn 18, 19). 16

1) Handelsgesellschaften nach HGB. a) Offene Handelsgesellschaft (§§ 105-152 HGB; durch **MoPeG** v 10.8. 2021 mWv 1.1.2024 sind auch freiberufliche Gesellschaften möglich, § 107 HGB, sa BTDrs 19/27635, 223 f; zu Rechtsanwaltsgesellschaften s BTDrs 19/27670, 177; BTDrs 19/30516, 8, 48: § 59b II Nr 1, § 59p BRAO seit 1.8. 2022, G v 7.7.2021, BGBl I 2021, 2363). Die OHG kann Rechte erwerben und Verbindlichkeiten eingehen, Eigentum und andere dingl Rechte an Grundstücken erwerben, vor Gericht klagen und verklagt werden, § 105 II, III HGB iVm § 705 II Alt 1 BGB (rechtsfähige Gesellschaft, s näher Rn 17; sa BTDrs 19/31105, 8 zu § 105 II HGB: „redaktionelle Ergänzung"); krit insof zum „Baukastenprinzip" (BRDrs 59/21, 113): Bachmann NZG 2020, 613: Rechtsklarheit notwendig. Die **rechts-** (vgl § 14 II BGB, § 105 II HGB) und **parteifähige OHG** ist keine jur Person (BRDrs 59/21, 107, 114, 136). Seit dem **1.1.2024** ist sie selbst (nicht mehr die Gesellschafter) Trägerin des Gesellschaftsvermögens (nach MoPeG: § 105 III HGB iVm § 713 BGB: Aufgabe des Gesamthandprinzips, BRDrs 59/21, 163, 253; BTDrs 19/27635, 147; Heinze DStR 2020, 2107; zur Öffnung der OHG für **Freiberufler** s § 107 I 2 HGB u Rn 16b). Ein Rechtsstreit zwischen OHG und ihren Gesellschaftern ist mögl. Im Prozess der OHG kann ein Gesellschafter **Nebenintervenient** sein; der nicht vertretungsberechtigte Gesellschafter wird als Zeuge, der vertretungsberechtigte wegen § 455 I als Partei vernommen. Zur **ZwV** ins OHG-Vermögen ist ein Titel gegen sie notwendig, ohne dass dieser zugleich die Vollstreckung ins Vermögen der Gesellschafter ermöglichen würde (§ 129 I, II HGB; sa BGHZ 62, 133 zu § 124 II HGB aF). Der einzelne Gesellschafter kann die Forderung seiner OHG grds nicht als **Prozessstandschafter** geltend machen (BGHZ 10, 103; BGHZ 12, 310), da eine analoge Anwendung der §§ 432, 2039 BGB nicht systemgerecht ist; möglich sind aber Gesellschafterklage (§ 715b BGB) und Notgeschäftsführung (§ 715a BGB iVm § 105 II HGB) (BRDrs 59/21, 170), sa vor § 50 Rn 21. **Gesellschafterwechsel** während des Rechtsstreits ist auf diesen ohne Einfluss (BGHZ 62, 133; MK/Hau Rn 28). **Auflösung der OHG** während des Rechtsstreits (Eintritt ins Abwicklungsstadium, nicht Vollbeendigung: s Rn 4b) ändert nichts an der Parteifähigkeit der OHG, da die Abwicklungsgesellschaft mit ihr identisch ist (BGH MDR 95, 163 zur KG; sa § 143 HGB); beeinflusst werden kann wegen § 144 I HGB nur die Vertretungsmacht, was über § 170 III, §§ 241, 246 prozessuale Auswirkungen haben kann; wird die OHG während des Rechtsstreits **voll beendet**, so gilt: **Im Passivprozess** hat sich der Rechtsstreit gegen die OHG erledigt (§ 91a), der Kl hat aber die Möglichkeit, im Wege der Parteiänderung (§ 263) den Prozess gegen einen oder alle Gesellschafter fortzusetzen (BGH NJW 82, 238; MK/Hau Rn 49); **im Aktivprozess:** die bish Gesellschafter führen den Prozess als notwendige Streitgenossen fort mit dem Antrag, den Bekl zur Leistung an den Gesellschafter zu verurteilen, dem der Gegenstand des Rechtsstreits bei der Auseinandersetzung zugeteilt worden war; insoweit klagen die anderen gem § 265 als Prozessstandschafter. Bei Vollbeendigung durch **Übernahme** der OHG durch einen Gesellschafter mit Aktiven und Passiven: hier keine Sonderrechtsnachfolge wie bei der Auseinan- 16a dersetzung, sondern Gesamtrechtsnachfolge. Es gilt also nicht § 265, sondern § 239 analog (ThP/Hüßtege § 239 Rn 3, str). – **Streitgenossenschaft** bei Klage gegen OHG und ihre Gesellschafter (§ 126 HGB) s Anm zu § 62.

16b **b) Kommanditgesellschaft.** Sie hat grds dieselbe rechtl Natur wie die OHG (§ 161 II, § 105 II, III HGB iVm § 705 II Alt 1 BGB). Sie ist keine jur Person (RGZ 32, 399), kann jedoch unter ihrer Firma Rechte erwerben, Verpflichtungen eingehen, klagen und verklagt werden (s insoweit zur OHG Rn 16a). Nunmehr steht das Modell der KG auch Rechtsanwälten offen (nach MoPeG: § 107 I 2, § 161 II HGB, BRDrs 59/21, 108, und seit 1.8. 2022: §§ 59b, 59c, 59p BRAO, sa Rn 19).

16c c) Die (überholte) **Partenreederei** (§§ 489-509 HGB aF) wurde durch das SeehandelsRRG v 20.4.2013 (BGBl I 2013, 831) abgeschafft (s Begr BTDrs 17/1039, 1); noch bestehende Mitreedereien bleiben in ihrer Rechtsform bestehen (Art 71 I EGHGB idF des SeehandelsRRG).

17 **2) Rechtsfähige BGB-Gesellschaft.** Seit der Entscheidung des BGH v 29.1.2001 (II. ZS) war die Rechtsfähigkeit u Parteifähigkeit der **Außen-GbR** (§§ 705 ff BGB) als Gesamthandsgemeinschaft anerkannt (BGHZ 146, 341; BGHZ 172, 169, 172; BGHZ 179, 102 Tz 10; dazu Heinemann JR 2010, 31). Gleichgültig war, ob sie unternehmerisch, vermögensverwaltend oder freiberufl tätig war, einen Gesamtnamen führte und welche Größe sie hatte (s LG Detmold NJW 2015, 3176 [Hippeli]: Abiturjahrgang als GbR; LG Zwickau 22.12.2021 – 7 O 1019/21 Tz 4: Zusammenschluss von ehrenamtlich arbeitenden Journalisten; aA AG Menden NZG 2014, 661: Facebook-Gruppe); Zusammenschluss von Rechts- und Patentanwälten ist Außen-GbR (BPatG 30.5.2018 – 19 W (pat) 72/17); keine Außen-GbR ist die ARD als Verbund öffentlich-rechtlicher Rundfunkanstalten (BGH NJW-RR 2016, 557; Wimmer/Nawrath ZUM 2016, 127; gleichwohl ist nach OLG Stuttgart 28.6.2023 – 4 U 31/23 Bindung an Schlichtungsvereinbarung möglich). Darüber hinaus hatte der Gesetzgeber 2009 bes grundbuchrechtl Vorschriften für die GbR als Verband, insb § 47 II GBO u § 899a BGB (Vorschriften galten bis 31.12. 2023), eingeführt (s BGH NJW 2011, 1958; s zur **Grundbuchfähigkeit** auch BGH MDR 2016, 1272 Tz 10). Der Eintragungszwang für *sämtl* Gesellschafter wirkte sich früher auf den Titel (§ 750 I) bei der ImmobiliarZwV (s BTDrs 16/13437, 27; dazu s § 750 Rn 5) u auf die Bezeichnung der GbR in Klagen und Urteil aus (BGHZ 187, 344 Tz 11; sa noch LG Flensburg 26.1.2024 – 12 O 101/23 Tz 24).

17a Mit dem **MoPeG** v 10.8.2021 (BGBl I 2021, 3436) hat der Gesetzgeber **mWv 1.1.2024** die Unterscheidung zwischen Außen- und Innen-GBR in § 705 II BGB mittels Legaldefinition nachvollzogen (**„rechtsfähige Gesellschaft“** u **„nicht rechtsfähige Gesellschaft“**; Denga ZfPW 2021, 73; näher zur GbR als Prozesspartei im Erkenntnis-, Vollstreckungs- und Schiedsverf Noack GmbHR 2024, 11 u 71). Damit wurde das Leitbild der „Gesellschaft bürgerlichen Rechts in Gestalt der rechtsfähigen Gesellschaft als auf eine gewisse Dauer angelegte … Personengesellschaft“ unter **Aufgabe des bish Gesamthandsprinzips** (sa § 713 BGB) neu festgeschrieben (s BRDrs 59/21, 110; BTDrs 19/27635, 102). Rechts- und parteifähig ist die Gesellschaft (keine jur Person), die beabsichtigt, am Rechtsverkehr teilzunehmen (für Unternehmensbetriebe: **Vermutung** nach § 705 III BGB, s BTDrs 19/31105, 6), und nicht diejenige, welche allein der Ausgestaltung des Rechtsverhältnisses unter den Gesellschaftern dient. Im **Gesellschaftsprozess** ist *nur* die Gesellschaft Partei, nicht die Gesellschafter in Streitgenossenschaft (§§ 59, 62, s BGH MDR 2016, 401 Tz 28; sa § 62 Rn 13); ansonsten ist Rubrumsberichtigung auf die Gesellschaft denkbar (BGH NJW 2003, 1043; BGH NZG 2006, 17). Kein Bedürfnis existiert für gewillk Prozessstandschaft der Gesellschafter (LG Regensburg ZMR 2020, 757; sa § 62 Rn 13). Der Gesellschafterwechsel während des Prozesses bedingt keinen Parteiwechsel (BGH NJW 2011, 615 Tz 13). Zur **ZwV in das Gesellschaftsvermögen** war früher (§ 736 aF; anders als bei der OHG: § 124 II HGB aF, sa Rn 16a) ein gegen alle Gesellschafter ergangenes Urteil ausreichend (BGH NJW 2007, 1813, 1815; s § 736 Rn 1). Seit **1.1.2024** bedarf es nach **§ 722 I BGB** eines Titels gegen die Gesellschaft (BRDrs 59/21, 187 f, 230; Schmidt ZPG 2023, 81, 88). Mit Aufgabe des Gesamthandsprinzips will **§ 736** lediglich den Identitätsnachweis unter Verzicht auf eine Titelumschreibung erleichtern, wenn die Gesellschaft nachträglich in das **(neue) Gesellschaftsregister** eingetragen werden wird (s BRDrs 59/21, 230; Wertenbruch GmbHR 2021, 1; zur früheren Rechtslage Wertenbruch ZIP 2019, 2082). **§ 707 BGB** gibt seit 1.1. 2024 ein anreizgesteuertes Eintragungswahlrecht, was iFv § 47 II GBO bei Grundbuchrechten zu einem **mittelbaren Eintragungszwang** führt (sa BRDrs 59/21, 40, 116, 144, 219, 235; BTDrs 19/27635, 107, 131, 192: § 899a BGB aF wird obsolet). Die „eingetragene Gesellschaft“ wird dann einen entspr Zusatz (**„eGbR“**, s § 707a II BGB) führen. Als Partei zu bezeichnen ist **bereits bish** die Gesellschaft nach Name und Sitz (§ 253 II Nr 1), dazu sind auch die vertretungsberechtigten Gesellschafter zu benennen (§ 130 Nr 1), s bereits Begr zum ERVGBG (vgl BTDrs 16/13437, 27; Noack GmbHR 2024, 11 f). IÜ empfiehlt es sich, zur Erweiterung der Haftungsmasse neben der Gesellschaft auch die Gesellschafter persönl mitzuverklagen (s künftig § 721 BGB; s bereits bish BGH NJW 2001, 1056, 1060). Für die (aktive) Parteifähigkeit allein wird auch künftig die Eintragung der (ansonsten) rechtsfähigen Gesellschaft nicht erforderlich sein, da anstelle der Registerpublizität hohe Voraussetzungen zur Parteibezeichung gelten, was uU die Benennung der Gesellschafter verlangt (sa BRDrs 59/21, 230; BTDrs 19/ 27635, 201; Schmidt ZPG 2023, 81, 82). Insoweit besteht wie früher auch jetzt die Möglichkeit, die **„nicht eingetragene GbR“** durch Angabe aller Gesellschafter zu bezeichnen („GbR bestehend aus A, B und C“; Grundbucheintragung ist wegen *§ 47 II GBO* seit 1.1.2024 ausgeschlossen). Die *generelle Angabe sämtl* Gesellschafter der GbR im Titel ist hier empfehlenswert (vgl BGHZ 187, 344 Tz 10 f; OLG Karlsruhe NZG 2018, 757 Tz 32; aA Bestelmeyer ZfIR 2011, 119). Bei Veränderungen im Gesellschafterbestand (so) kann Titelumschreibung gem § 727 entspr nicht verlangt werden (s § 750 Rn 5 gegen BGHZ 187, 344). Hilfe für Nachweis von Gesellschafterbestand und Vertretungsverhältnissen: Urteilsrubrum (§ 313 I Nr 1) bei vorangegangenem Prozess (BGHZ 179, 102 Tz 25 = NJW 2009, 594; BGH NJW-RR 2012, 532; sa § 51 Rn 4). Ungenauigkeiten und Unvollständigkeiten bei der Bezeichnung schaden nicht, solange nur die Gesellschaft zweifelsfrei identifiziert ist (Wertenbruch NJW 2002, 326; s § 253 Rn 8a). Fehlt es an einem ermittelbaren Sitz der Gesellschaft (s § 17 Rn 5 u 10) und haben die Gesellschafter verschiedene allg Gerichtsstände und sollen sie ggf mit verklagt werden, ist § 36 I Nr 3 entspr anzuwenden (OLGR Celle 2001, 198; s § 36 Rn 20). Vertretung der GbR: s § 51 Rn 4.

3) Vorgesellschaften und Gründervereinigungen. – Lit: de Lousanoff, Partei- und Prozessfähigkeit der unechten und fehlgeschlagenen Vor-GmbH, NZG 2008, 490; Kunz, Die Vorgesellschaft im Prozess und in der ZwV, 1994. – Die **Vorgesellschaft** (Vor-GmbH, Vor-AG, Vor-eGen) ist eine notwendige Vorstufe zur jur Person (BGHZ 80, 136 ff; BGHZ 117, 326 f; BGHZ 120, 105 f), auf die weitgehend die für die spätere Rechtsform gültigen Rechtsgrundsätze anzuwenden sind (BGH NJW 2007, 589, 590, stRspr, auch iSv Art 19 III GG: BVerfG NJW 2014, 613 Tz 50, 59). Eine Vorgesellschaft entsteht erst mit Abschluss eines wirksamen Gesellschaftsvertrags oder eines gleichstehenden Errichtungsakts (vgl §§ 1, 2 I GmbHG); auf die „Vorgründungs-"Gesellschaft ist in gewissem Umfang bereits das GmbH-(usw)Recht anwendbar (vgl BGHZ 120, 105 f mwN). Die *Vorgesellschaft* ist bei Teilnahme am Rechtsverkehr nicht nur **passiv** (BGHZ 79, 241 mwN), sondern wie die Außen-GbR (s Rn 17) auch **aktiv parteifähig** (für **Vor-GmbH** so bereits BGH MDR 98, 338, zu Vb-Verf s BVerfG NJW 2014, 613 Tz 50; zur unechten (fehlgeschlagenen) Vor-GmbH BGH NJW 2008, 2441, 2442; für **Vor-AG** BGHZ 169, 270, 272; de Lousanoff NZG 2008, 490 f). Die Vor-GmbH endet, sobald die Eintragung ins Handelsregister nicht mehr betrieben wird (BGH NJW 2008, 2441, 2442; BFH NJW-RR 2010, 1124 Tz 20) oder rechtskräftig abgelehnt wurde (OLG Köln NJW-RR 98, 1047), besteht aber als parteifähige Abwicklungs- oder Personengesellschaft fort (BGH NJW 2008, 2441). Als **Abwicklungsgesellschaft** (s Rn 4b) wird sie entspr § 66 I GmbHG, § 265 I AktG durch die Geschäftsführer (Vorstandsmitglieder) als Liquidatoren (Abwickler) vertreten (BGHZ 169, 279, 281; BGH NJW 2008, 2441; s § 51 Rn 4a). Entspr Grundsätze – rechtsfähiges Sondervermögen, Vertretung entspr GmbH/AG – gelten bei der Vorgesellschaft im Fall der Einmanngründung (vgl Drygala JZ 2007, 997, iE str). **Abgrenzung:** Die **„unechte"** (fehlgeschlagene) **Vorgesellschaft** (dazu BGHZ 169, 270, 277 f; BGH NJW 2008, 2441, 2442; teils abw de Lousanoff NZG 2008, 490 f) ist GbR (s Rn 17) oder OHG (s Rn 16a, 16b). Eine **„Vor-Stiftung"** existiert nicht (OLG Braunschweig ZEV 2020, 565: fehlende Beteiligtenfähigkeit; abw Schwalm ZStV 2021, 10, 23: Parteifähigkeit der „Stiftung iGr" mit externem Vertreter). 18

4) Partnerschafts-, Berufsausübungs- und RA-Gesellschaft. Die **„Partnerschaft" iSd PartGG**, eine Gesellschaftsform mit Registerpublizität, übt kein Handelsgewerbe aus und hat nur natürl Personen (Freiberufler) als Mitglieder (§ 1 I PartGG), verfügt über einen eigenen Namen (§ 2 PartGG: nach MoPeG seit 1.1.2024 auch „Phantasienamen", s BRDrs 59/21, 319; BTDrs 19/27635, 274), ist voll rechtsfähig (§ 705 II Alt 1 BGB, sa BTDrs 19/27635, 278: Wegfall v § 7 II PartGG iVm § 124 HGB aF) und kann als ProzBev oder VerfahrensBev beauftragt werden (§ 7 IV PartGG aF; § 59l BRAO, s BTDrs 19/27670, 327; näher s vor § 50 Rn 14; § 78 Rn 20, 22; § 80 Rn 6). Das Modell der **Berufsausübungsgesellschaft** (seit 1.8.2022: §§ 59b, 59l BRAO, s BRDrs 55/21, 10 ff, 151, 205 f) ist für alle relevanten Gesellschaftsformen (auch OHG/KG) offen (sa § 107 I HGB, BRDrs 59/21, 108, 256 f), wobei die Bezeichnung **„RA-Gesellschaft"** bei entspr Mehrheitsverhältnissen weiterhin existiert (§ 59p BRAO, s BRDrs 55/21, 236). – **Lit:** Henssler/Prütting, BRAO, 6. Aufl 2024, PartGG; Dahns, Reform des Rechts der anwaltlichen Berufsausübungsgesellschaften, NJW-Spezial 2020, 766; NJW-Spezial 2021, 95. 19

5) Europäische Vereinigungen und Gesellschaften. a) Europ wirtschaftl Interessenvereinigung (EWIV). Die durch die EWIV-VO geschaffene supranationale Vereinigungsform gilt als Handelsgesellschaft iSd HGB (§ 1 Hs 2 EWIV-AG), obwohl sie auch nichtgewerbl (frei-)berufl tätigen Mitgliedern, von denen mindestens eines einem anderen EU-Mitgliedstaat angehören muss, offen steht (Art 4 EWIV-VO). Die EWIV hat von der Eintragung an *„die Fähigkeit, im eigenen Namen Träger von Rechten und Pflichten jeder Art zu sein, Verträge zu schließen oder andere Rechtshandlungen vorzunehmen und vor Gericht zu stehen"* (Art 1 III EWIV-VO). Durch die Unterstellung der EWIV unter das subsidiär geltende OHG-Recht (§ 1 Hs 1 EWIV-AG) soll klargestellt sein, dass die EWIV „keine Rechtspersönlichkeit" hat (so Entw-Begr BTDrs 11/352, 12); sie ist damit gem § 105 II HGB iVm § 705 II BGB nF aktiv und passiv parteifähig (s Rn 16a) und ZwV-Subjekt (§ 129 HGB nF; s BRDrs 59/21, 232, 279; iE s § 736 Rn 8). – **b) Europ Gesellschaft (SE).** Sie besitzt eigene Rechtspersönlichkeit (Art 1 III, Art 16 I SE-VO) und damit Parteifähigkeit. Vor Eintragung ist auch die Existenz einer „Vor-SE" denkbar, worüber das Recht des Sitzstaates entscheidet (Art 15 I SE-VO). Rechtsgrundlagen: G zur Einführung der Europ Gesellschaft (SEEG) v 22.12.2004 (BGBl I 2004, 3675); zugleich Umsetzung der EU-VO v 8.10.2001 (SE-VO). – **Lit:** Herrmanns MittBayNot 2016, 297. – **c) Europ Genossenschaft (SCE).** Sie besitzt eigene Rechtspersönlichkeit (Art 1 V SCE-VO) und Parteifähigkeit. Rechtsgrundlagen: SCEAG v 14.8.2006 (BGBl I 2006, 1911) iVm EG-VO v 22.7.2003 über das Statut der Europ Genossenschaft (SCE). – **Lit:** Jannott/Rode NZG 2019, 90. 20

IV) Parteifähigkeit von Verbänden. 1) Vereine. Lit: Bachmann NJW 2025, 1369; Noack BB 2021, 643; Schmidt ZPG 2023, 81; Sauter/Schweyer/Waldner, Der eingetragene Verein, 22. Aufl 2025; Stöber/Otto, Hdb zum Vereinsrecht, 12. Aufl 2021. – **a) Rechtslage bis 31.12.2023.** Die Unterscheidung zwischen **rechtsfähigem** (eingetragenen: §§ 21, 55 BGB) und **nicht rechtsfähigem** (nicht eingetragenen) Verein (§ 54 S 1 BGB aF) fand 21 sich bis 31.12.2023 mit **II** auch in der ZPO wieder (s ausführlich 33. u 34. Aufl Rn 21). Nach Anerkennung der Parteifähigkeit der GbR (s Rn 17), der WE-Gemeinschaft (s Rn 24) und auch des nicht rechtsfähigen Vereins durch die Rspr (BGH MDR 2007, 1446 Tz 55) hatte der Gesetzgeber mWv 30.9.2009 den Norminhalt von **II Hs 2 aF** durch die Gleichstellung von rechtsfähigen und nicht rechtsfähigen Verein im Aktiv- und im Passivprozess der Rechtsentwicklung angepasst (BTDrs 16/12813, 15). Probleme bereitete weiter die **Grundbucheintragung des nichtrechtsfähigen Vereins** unter seinem Namen (abl BGH MDR 2016, 704 Tz 16: § 47 II GBO analog). Zulässig war nach OLG Frankfurt/M ZIP 2023, 2148 bis 31.12.2023 die Eintragung unter Angabe aller Mitglieder; KG FGPrax 2023, 99: Ab 1.1.2024 ergeben sich mit Blick auf die Aufhebung von § 899a BGB aF Beweisschwierigkeiten. – **b) Reform.** Mit Inkrafttreten des **MoPeG** v 10.8.2021 zum **1.1.2024** konnten die (deklaratorische) Sonderregel in **II** sowie die Bezeichnung **I** entfallen. Die Parteifähigkeit knüpft nun als Folge von **§ 54 I BGB („Verein ohne Rechtspersönlichkeit")** an die Rechtsfähigkeit an (BRDrs 59/21, 36, 133, 230; s für (schwierige) Abgrenzung zur GbR Bachmann NJW 2025, 1369, 1371). Insoweit ergibt sich die Rechtsfähigkeit des (nicht eingetragenen) Idealvereins und des (nicht konzessionierten) Wirtschaftsvereins durch Gleichstellung mit dem eingetragenen Verein bzw durch Verweisung auf § 705 II BGB, § 105 II HGB (BTDrs 19/27635, 202; Schmidt ZPG 2023, 81). Im Vollstreckungsverfahren entfällt konsequenterweise § 735 aF seit 1.1.2024, da ein Titel gegen den Verein nicht mehr nur „genügt", sondern zwingend ist (BRDrs 59/21, 230; BTDrs 19/27635, 202). – **c) Begriff.** Im Gegensatz zur Gesellschaft (§§ 705 ff BGB) sind für den Vereinsbegriff die Veränderlichkeit des Personenbestandes der Mitglieder und die körperschaftl Struktur wesentl Merkmale (vgl Grüneberg/Ellenberger vor § 21 BGB Rn 13; sa BRDrs 59/21, 133). – **d) Untergliederungen eines Vereins.** Unabhängig von der Rechtsform des Hauptverbandes sind auch selbständige, wenngleich weisungsabhängige Untergliederungen als Vereine mögl (BGH MDR 84, 737; BGH MDR 2007, 1446). Voraussetzung ist nur, dass die Untergliederung eine eigene Organisation (zB eigenen Vorstand; eigene Mitgliederversammlung) besitzt, selbständig bestimmte satzungsgemäße Aufgaben im Interesse der Mitglieder wahrnimmt und über „wirtschaftl Selbständigkeit" verfügt (LG Berlin 8.12.2014 – 28 O 25/14); Zweck und Organisation der Untergliederung können sich auch aus der Satzung des Hauptvereins ergeben (BGHZ 90, 333 f). **Bsp:** Orts- und Kreisverbände eines Gesamtverbandes, zB Ortsverein („Ortsgruppe") eines Gebietsverbandes (BGHZ 90, 331; BGH NJW 90, 905); örtl Untergliederungen einer politischen Partei (Bezirks-, Unterbezirks-, Kreis-, Ortsverbände; s OLG Stuttgart ZIP 88, 674; LG Arnsberg NJW 87, 1412; LG Berlin 25.10.2021 – 26 S 8/20 Tz 5; näher s Rn 22), einer Gewerkschaft (zB Kreisverwaltung, s Rn 23 u LG Berlin 8.12.2014 – 28 O 25/14) oder eines Sportverbandes (zB Ruderabteilung, dazu BGH NJW 2008, 69, 73; Tennisabteilung, dazu LG Regensburg NJW-RR 88, 184).

22 **2) Politische Parteien. Lit:** Hientzsch JR 2010, 185. – **Parteien** (s Art 21 I GG) sind, gleich ob als eingetragener Verein (§ 21 BGB) oder als **„Verein ohne Rechtspersönlichkeit"** (§ 54 I BGB, s BRDrs 59/21, 134), organisiert, aktiv und passiv parteifähig (§ 3 S 1 PartG als „überflüssige Klarstellung", s Hientzsch JR 2010, 185, 187); dies gilt auch für Gebietsverbände der jew höchsten Stufe (§ 3 S 2 PartG; zB Landesverband, LG Frankfurt aM GRUR-RS 2018, 20491). Für die in § 3 S 2 PartG nicht genannten nachgeordneten Gebietsverbände (Bezirks-, Kreis-, Ortsverbände) gelten die allg Grundsätze (sa Rn 21 [d]; RSchwab/Gottwald § 43 Rn 23); anders als unselbständige Verwaltungsstellen sind Untergliederungen von Parteien als „Vereine ohne Rechtspersönlichkeit" auch aktiv parteifähig (s zum früheren Recht Hientzsch aaO 188; s Rn 21 [d]). Dies soll auch für selbständige (politische) **Jugendorganisationen** einer Partei gelten (LG Köln NJW-RR 2025, 22). Parteifähig sind auch Bundes- (vgl § 46 AbgG) und Landtagsfraktionen (LG Bremen NJW-RR 92, 447; OLG Stuttgart NJW-RR 2004, 619; LG Berlin 25.10.2021 – 26 S 8/20 Tz 5: „BVV-Fraktion"). Mit Auflösung verlieren sie ihre Rechts- und Parteifähigkeit (NdsStGH 8.12.2020 – StGH 1/20, zum Organstreitverf).

23 **3) Interessenverbände. Gewerkschaften** und Arbeitgebervereinigungen sowie Zusammenschlüsse solcher Verbände sind im arbeitsgerichtl Verf unabhängig von der Rechtsform des Verbands parteifähig (§ 10 1 Hs 1 ArbGG). Im Zivilprozess sind Arbeitnehmer- und Arbeitgebervereinigungen (unabhängig von § 2 I TVG) als **„Vereine ohne Rechtspersönlichkeit"** (s § 54 I BGB mWv 1.1.2024 (s Rn 21 [a])) unbeschränkt parteifähig (BRDrs 59/21, 133, 134, 230), ohne dass es auf deren bes verfassungsrechtl Schutzwürdigkeit (Art 9 III GG) ankäme (s hierzu noch BGHZ 50, 325; BGH MDR 90, 141; BAG NZA 2019, 1596; LAG Niedersachsen 4.11.2019 – 8 Sa 460/19). Körperschaftl organisierte Untergliederungen von Gewerkschaften sind nach allg Grundsätzen aktiv parteifähig (s Rn 21 [d]; ausdr zust LG Berlin 8.12.2014 – 28 O 25/14). Bei sog **Nichtregierungsorganisationen** iSv § 11 LieferkettensorgfaltspflichtenG ist im Einzelfall zu entscheiden (gilt seit 1.1.2023; s dazu BRDrs 239/11, 11, 56; BTDrs 19/28649, 15, 52).

24 **V) Weitere parteifähige Gebilde. 1) Wohnungseigentümergemeinschaft.** Die **Verbandsstruktur** der WE-Gemeinschaft (vgl BGHZ 163, 154, 172 = MDR 2005, 1156) ist durch die **WEG-Reform** (WEMoG v 16.10.2020, BGBl I 2020, 2187; sa BTDrs 19/18791, 45) **mWv 1.12.2020** verfestigt worden. Die WE-Gemeinschaft ist **vollrechtsfähig** (§ 9a I 1 WEG), die früheren Beschränkungen (s § 10 VI 1 WEG aF) sind entfallen (Dötsch/Schultzky/Zschieschack, WEG-Recht 2021, Kap 3 Rn 3; Zschieschack NJW 2025, 1390). Die **Parteifähigkeit** folgt unmittelbar aus § 50 (§ 9a I 1 WEG *ist nur deklaratorisch*). Als Partei (Kl, Bekl) zu bezeichnen ist nach § 9a V 3 WEG *wahlweise* die vom Wechsel der Mitglieder unabhängige „WE-Gemeinschaft" oder „Gemeinschaft der Wohnungseigentümer" iVm der bestimmten Angabe des gemeinschaftl Grundstücks. Die nach § 44 I WEG aF für die

Bezeichnung *sämtl Wohnungseigentümer* als Partei geltenden **Erleichterungen** (s 34. Aufl u BGH NJW 2011, 3237) sind mWv 1.12.2020 ersatzlos entfallen (krit Elzer MDR 2021, 334: „Nicht alles … war dumm"; s für Altverfahren die Übergangsfrist § 48 V WEG). Ebenso besteht kein Bedarf mehr für die Möglichkeit der nachträgl fristwahrenden Klageumstellung (§ 46 I 2 WEG aF) bei (früher) falscher Parteiangabe (WE-Gemeinschaft statt „übrige Wohnungseigentümer", § 46 I 1 WEG aF) (allg s § 263 Rn 19) (BGH NJW 2010, 446; BGH NJW 2010, 3376; Dötsch NJW 2010, 911). Die „Beschlussklage" (neue Terminologie für Anfechtungs-, Nichtigkeits- und Beschlussersetzungsklage) richtet sich nunmehr gegen die „Gemeinschaft der Wohnungseigentümer" (§ 44 II 1 WEG, s BTDrs 19/18791, 79 u Drasdo NJW 2020, 3681; umstr ist die Prozessfähigkeit einer verwalterlosen Gemeinschaft, s Elzer MDR 2021, 334 f Tz 46; LG Frankfurt/M NZM 2021, 239 Tz 10 f, aber iErg zu bejahen; s nunmehr BGH NJW 2022, 3003 Tz 35; BGH NJW 2022, 3577 Tz 10: Vertretung durch die übrigen Wohnungseigentümer (§ 9b I 2 WEG, auch bei Zweiergemeinschaft); krit Greiner ZWE 2022, 423: „kupierte Gesamtvertretung"; Bruns ZWE 2022, 69). Vor Entstehung der WE-Gemeinschaft mit GB-Eintragung von Wohnungs-(Mit-)Eigentum bestand nach bish Terminologie eine *werdende WE-Gemeinschaft* (BGH MDR 2008, 1088; BGH NJW 2012, 2650; BGH NZM 2020, 563). Nach § 9a I 2 WEG wird die **WE-Gemeinschaft** mit **Anlegung der Wohnungsgrundbücher** begründet („Ein-Personen-WEG" denkbar, s Dötsch/Schultzky/Zschieschack, WEG-Recht 2021, Kap 2 Rn 10); sie erlischt idR mit Untergang des Wohnungseigentums durch Schließung der Wohnungsgrundbücher (BTDrs 19/18791, 46; Drasdo NZM 2020, 13 f). Für den Eintritt des Erwerbers in die Rechtsstellung des teilenden Eigentümers ist § 8 III WEG maßgeblich (s Zschieschack NZM 2020, 898; BTDrs 19/18791, 45). Die Gemeinschaft kann **PKH** beantragen (BGH ZMR 2019, 514). Eine *Untergemeinschaft* von Wohnungseigentümern ist nicht rechts- u parteifähig (OLG Koblenz 18.10.2010 – 5 U 934/10; OLG Nürnberg BauR 2016, 1366; OLG Brandenburg ZWE 2020, 202: keine Möglichkeit der Rubrumsberichtigung). **Ausschließl zuständig** für WE-Sachen gem § 43 II Nrn 1-5 WEG ist das AG der Belegenheit des Grundstücks (§ 23 Nr 2c GVG); für Klagen **gegen Wohnungseigentümer** gem § 43 I 2 WEG ist weder die örtl noch sachl Zuständigkeit ausschl. Nach § 18 I WEG obliegt die Verwaltung des gemeinschaftlichen Eigentums nunmehr dem Verband als **eigene Aufgabe** (Skauradszun ZRP 2020, 35: „Verwaltungsmonopol"). Vergleichbares gilt nach § 9a III iVm § 18 I WEG für das Gemeinschaftsvermögen (BTDrs 19/18791, 47 f). Als eigener Anspruch der Gemeinschaft hat diese nach § 14 I Nr 1 WEG die Einhaltung der ges Regelungen und Vereinbarungen zu überwachen (s bereits LG Frankfurt aM NJW 2021, 643: gegen *actio pro societate*; sa LG Frankfurt aM 24.2.2022 – 2-13 T 85/21 Tz 10: Anspruch auf Unterlassung einer Eigentümerversammlung; Elzer ZMR 2021, 953). Anstelle der komplizierten Rechtsausübungsbefugnis (§ 10 VI 3 WEG aF, s BGHZ 172, 42, 47 = NJW 2007, 1952, 1953; BGH NJW 2016, 1735 Tz 21; Hogenschurz NZM 2020, 730, 733, näher Rn 21, vor § 50 Rn 46 [g]) ist die **gesetzliche Ermächtigung und Prozessstandschaft** der „WE-Gemeinschaft" nach § 9a II WEG getreten (keine Untersch zwischen geborener und gekorener Ausübungsbefugnis, s Becker ZWE 2020, 210 f; zur Fortdauer des Vergemeinschaftungsbeschlusses s OLG Nürnberg 30.3.2022 – 2 U 2777/21). Alt 1 betrifft die auf dem **gemeinschaftlichen Eigentum** fußenden Rechte (LG Karlsruhe 17.5.2024 – 11 S 162/23 Tz 5 f: möglich bleibt selbstständige Geltendmachung von Persönlichkeitsrechtsverletzungen). Alt 2 erübrigt die „Vergemeinschaftung" einzelner Rechte der Wohnungseigentümer (etwa § 1004 BGB) durch Beschluss, wenn einheitliche Rechtsverfolgung geboten ist (s BGH 24.1.2020 – V ZR 295/16; BTDrs 19/18791, 46 f; Elzer FD-ZVR 2020, 429759; BGH NJW 2023, 217 erlaubt Vergemeinschaftung für Mängelbeseitigungsansprüche). Die Vorschrift führt nach eA mit **ex nunc-Wirkung** zum Wegfall der Prozessführungsbefugnis auch für (vor dem 1.12.2022) laufende Verfahren (s Dötsch/Schultzky/Zschieschack, WEG-Recht 2021, Kap 3 Rn 165: gewillk Parteiwechsel; LG Frankfurt aM NJW 2021, 643 Tz 8, 14 f: Erledigungserklärung; Rückermächtigung; nicht § 265 ZPO analog). BGH NJW-RR 2021, 1170 = MDR 2021, 803, wendet hingegen **§ 48 V WEG analog** an, mit der Folge, dass die Prozessführungsbefugnis eines Wohnungseigentümers fortbesteht, bis Gericht eine gegenteilige schriftliche Äußerung des nach § 9b WEG vertretungsberechtigten Organs mitgeteilt wird. Widerspruch des Verwalters kann auch noch in Revisionsinstanz erfolgen, sa BGH NJW-RR 2022, 733 Tz 10. Bezogen auf das **Sondereigentum** sind die Wohnungseigentümer – trotz der Möglichkeit, nach § 18 II Nr 2 WEG vorzugehen – weiter selbst prozessführungsbefugt (s BGH 24.1.2020 – V ZR 295/16; Elzer FD-ZVR 2020, 429759). Nach **§ 9b I WEG 2020** bedarf der Verwalter sowohl bei Passiv- als auch Aktivprozessen keiner Legitimation der Wohnungseigentümer durch Beschl (sa BGH NJW 2022, 3577 zur verwalterlosen Gesellschaft). Beschränkungen der Vertretungsmacht im Innenverhältnis, welche die Befugnis zur Klageerhebung einschränken, sind grds vor Gericht nicht zu prüfen (BAG 21.3.2024 – 2 AZR 113/23 Tz 6; BGH 8.3.2024 – V ZR 119/23 Tz 5 f: unbeschränkte Vertretungsmacht des Verwalters nach außen). Zur Prozessführung im eigenen Namen ist Verwalter nur ausnahmsweise berechtigt (kein schutzwürdiges Eigeninteresse für gewillk Prozessstandschaft, s BGH NJW 2011, 1361 Tz 15; BGH NZM 2015, 81; sa § 62 Rn 13). Bei **verwalterlosen Zweiergemeinschaften** sind Ansprüche nach § 9a II Alt 1 WEG wg Beeinträchtigung des gemeinschaftlichen Eigentums allein von der Gemeinschaft geltend zu machen (keine *actio pro socio* eines Eigentümers, s BGH MDR 2024, 629). Zu Rechtskraftfragen bei Urteilen für und gegen die Gemeinschaft s § 325 Rn 6, 35. – **Lit:** Hogenschurz NZM 2020, 730; Kappus NJW 2020, 3617; Wobst ZWE 2021, 17; Zschieschack NJW 2025, 1390. – **Materialien:** RegE BTDrs 19/18791.

2) Behörden und Stellen. Diese sind nur kraft bes ges Bestimmungen Partei und insoweit auch parteifähig (vgl § 8 Nr 3 FamFG; § 10 S 2, 3 ArbGG; § 61 Nr 3 VwGO; § 70 Nr 3 SGG; § 44b SGB II (dazu sogleich); § 10 Nr 3 SGB X; zum gegenteiligen Grundsatz s Rn 12). **Bsp:** Das Jugendamt; „Behörden u jur Personen des öffentl Rechts" (vgl § 78 II; § 79 II 2 Nr 1 u s § 79 Rn 6); zur Betreuungsbehörde, Unterbringungsbehörde u zum Standesamt sa Jo- 25 hannsen/Henrich/Althammer, FamR, 7. Aufl, § 8 FamFG Rn 8; die klagebefugten „Kammern“ (§ 8 III Nr 4 UWG; § 3 I 1 Nr 3 UKlaG; s vor § 50 Rn 56); die den VA erlassende Stelle in Baulandsachen, § 222 I 2 BauGB; die gemeinsamen Einrichtungen iSv § 44b SGB II (BGH MDR 2010, 167; gerichtl Vertretung: § 44d I 2 SGB II); oberste Arbeitsbehörden in TVG-Verf (§ 10 ArbGG); das Finanzamt im finanzgerichtl Verf, § 63 I FGO (OLG Düsseldorf NJOZ 2023, 245 Tz 2); die Universitätsfakultät in Promotionssachen (VGH Mannheim VerwRSpr 21, 251; **nicht:** beliehene Unternehmer (OVG Bremen NJW 2011, 3802); Amts- und Landgericht (OLG München MDR 2017, 1387); „ASTA“ (OLG Frankfurt NJW 2018, 1106); die Strafverfolgungsbehörde (LG Trier 8.12.2023 – 1 T 56/23). **Abgrenzung:** Nicht Partei sind (ges oder gewillk) Vertreter in Behördenform (sa Rn 25a). Bsp: Bezirksrevisor (s § 78 Rn 15a); Bundesamt für Justiz; Generalbundesanwalt (s BGHZ 188, 121 Tz 7). – Als *Parteien* können sich Behörden (selbst) auf die Justizgrundrechte (Art 101 I 2, Art 103 I GG) berufen (BVerfG NVwZ 2015, 510).

25a **3) Organe von juristischen Personen.** Diese handeln im Prozess als ges Vertreter (s § 51 Rn 4), sind aber – von der teilw tatsächl Behandlung abgesehen – nicht selbst Partei (s § 51 Rn 14). Soweit das Organ (Organmitglied) dagegen eigene Rechte aus seiner Organstellung ggü einem anderen Organ oder der jur Person geltend macht (zB Informationsrechte, vgl § 90 I-III, V, § 111 II, § 170 AktG; Unterlassung von Kompetenzstörungen, sog „Kompetenzschutz“), tritt das Organ im *eigenen Namen als Partei* auf (LG Gießen 11.7.2018 – 3 O 250/18; für bes Vertreter iSv § 147 II AktG: im Abberufungsstreit LG München I NJW 2009, 3794; einschr OLG München NJW-RR 2009, 108; LG Heidelberg BB 2017, 980; s dagegen BGH NJW 2022, 3077: Vertretungsbefugnis für Geltendmachung von Ersatzansprüchen gegen Vorstands- und Aufsichtsratsmitglieder; sa § 66 Rn 7), so dass **Organstreitigkeiten** nicht an der Parteifähigkeit scheitern (BGH MDR 2015, 842 Tz 14 für NI von Organmitglied [obiter]; offen lassend für „ASTA“ OLG Frankfurt NJW 2018, 1106; sa vor § 50 Rn 5), möglicherw aber am fehlenden „Klagerecht“ (grds abl BGHZ 106, 62; MskV/Weth Rn 19; dafür Hess ZZP 117 [2004], 285 f; St/Jacoby vor § 50 Rn 38; aber § 256 beachten); zum einstw Rechtsschutz s OLG Celle ZIP 89, 1552. Die Kosten des Organstreits trägt grds die Gesellschaft, andernfalls der Veranlasser (vgl Hess aaO u S 378; s § 88 Rn 11). **Hilfe:** Kompetenzüberschreitung eines Organs kann uU Gegenstand einer gegen die Gesellschaft zu richtenden allg Feststellungsklage eines Gesellschafters sein (BGH NJW 2006, 374, 375). **Abgrenzung.** Das einzelne Organmitglied kann auf Seiten der bekl Gesellschaft als NI am Organstreit (Bsp: § 112 AktG) auftreten (s § 66 Rn 7, 13b). **Besonderheiten beim Betriebsrat.** Soweit er im Rahmen seines ges Wirkungskreises im Verh zu Dritten handelt, ist er partiell rechtsfähig (BGH NJW 2013, 464 Tz 16; krit Fischer NZA 2014, 343, 347: „relative“ Parteifähigkeit) und parteifähig. Bsp: Freistellungsanspruch gem § 40 I, § 80 III, § 111 S 2 BetrVG.

26 **VI) Nichtparteifähige Gebilde. 1) Firma des Einzelkaufmanns.** Der in das Handelsregister eingetragene Einzelkaufmann (Vollkaufmann – „e.K.“) kann in Angelegenheiten seines Handelsgeschäfts unter seiner Firma **klagen** und **verklagt** werden, § 17 HGB, wenngleich als Rechtsträger und Partei nicht die Firma, die kein selbständiges Rechtsgebilde ist, sondern nur der Inhaber der Firma, von dem oder gegen den der Anspruch im Zeitpunkt der Rechtshängigkeit geltend gemacht wird, in Betracht kommt (OLG Frankfurt BB 85, 1219; s bereits RGZ 157, 375; sa vor § 50 Rn 6). Bezieht sich ein Rechtsstreit auf den Geschäftsbetrieb einer Filiale, kann er unter deren Firma geführt werden (BGH BB 52, 42; zur Klage gegen unbekannte Domain-Inhaber Mantz NJW 2016, 2846; allg zu Klagen gegen „Unbekannt“ s Hilgard IWRZ 2018, 250). Bei Erlöschen der Firma während des Prozesses führt der Inhaber diesen unter seinem bürgerl Namen fort. Das gegen einen Kaufmann unter seiner Firma ergangene Urteil ist in dessen gesamtes Vermögen vollstreckbar. Veräußert der unter seiner Firma verklagte Kaufmann sein Geschäft während des Prozesses, so bleibt er Partei (OLG Frankfurt BB 85, 1219; OLG München NJW 71, 1615; sa vor § 50 Rn 6), selbst wenn die Schuld auf den Erwerber übergegangen ist (Bsp: § 25 II HGB). Das Urteil ist nur gegen den Inhaber der Firma im Zeitpunkt der Klageerhebung vollstreckbar (näher s § 750 Rn 10). Zur Vollstreckbarkeitserstreckung bei Veräußerung nach Rechtskraft des Urteils iE s § 729 Rn 8, 9. Stirbt der unter seiner Firma verklagte Kaufmann während des Prozesses, so finden die §§ 239-252 Anwendung. Stirbt er nach rechtskräftiger Verurteilung, so ist zur ZwV gegen die Erben – auch in das Geschäftsvermögen – Vollstreckungsklausel gegen die Erben gem §§ 727 ff erforderl.

26a **2) Zweigniederlassung.** Sie ist als Teil des jew Unternehmens idR nicht parteifähig (BGHZ 4, 65; s aber sogleich unten); Träger des der Zweigniederlassung zugewiesenen Vermögens ist der Unternehmensträger (Einzelkaufmann oder jur Person). Der Unternehmensträger kann unter der Firma der Zweigniederlassung (vgl §§ 13 ff HGB) klagen und verklagt werden (BGHZ 4, 65; s § 21 Rn 2); zum Gerichtsstand s § 21 m Anm. Zweigniederlassungen ausl Banken und Versicherungen werden in bestimmter Hinsicht wie selbständige Rechtspersonen behandelt (§ 53 I KWG, §§ 106 ff VAG); nicht abdingbarer Gerichtsstand: § 53 III KWG. Soweit der Niederlassung (ausnahmsw) rechtl Selbständigkeit zukommt (zB bei voll „beherrschter“ Tochter-GmbH: s § 21 Rn 2 u 6), gilt im Passivprozess am Ort der Niederlassung für *diese* § 17. Die Löschung ausländischer Zweigniederlassung im Handelsregister lässt die Parteifähigkeit der Gesellschaft grds unangetastet (OLG Rostock NZG 2020, 267: Maßstab in Europa ist die Gründungstheorie, s näher Rn 31).

27 **3) Nichtrechtsfähige Gesellschaften u Gemeinschaften. a) Innengesellschaft.** Im Gegensatz zur rechtsfähigen „BGB-Außengesellschaft“ (s *BGHZ 146, 341*; s seit 1.1.2024: § 705 II Alt 1 BGB, s näher Rn 17) ist eine Gesellschaft, welche lediglich die Ausgestaltung der Gesellschafterverhältnisse untereinander bezweckt (s § 705 II Alt 2 BGB durch MoPeG v 10.8.2021 mWv 1.1.2024: „BGB-Innengesellschaft“; zur weiteren Ausgestaltung vgl

§§ 740-740c BGB), nicht rechtsfähig und somit weder aktiv noch passiv parteifähig (s bereits BGHZ 80, 227; s zur „Tippgemeinschaft" Fleischer/Hahn NZG 2017, 1). Die **Feststellung des (konkludenten) Gesellschafterwillens** bleibt dem Einzelfall vorbehalten (sa deutlich BRDrs 59/21, 136; BTDrs 19/27635, 125 zur MoPeG-Reform: konkreter Gesellschaftszweck, tatsächliche Teilnahme am Rechtsverkehr, gemeinsame gewerbliche bzw freiberufliche Tätigkeit als Indizien). Mangels Parteifähigkeit kann gegen die nichtrechtsfähige Gesellschaft **kein Titel** erstritten werden (Wertenbruch ZIP 2019, 2082, 2091). IÜ ist die Klage aller Gesellschafter und gegen alle Gesellschafter aber denkbar (BGH NJW 2000, 292 Tz 9, 10; sa BAG NJW 2020, 1456 Tz 18). Auch die Bezeichnung der Gesellschaft als Partei unter einer Sammelbezeichnung (vgl BGHZ 163, 166 f Tz 30) ist unschädl (BGHZ 136, 258) und der Rubrumsberichtigung zugängl (BGHZ 146, 350 f Tz 20, 37). Für eine **ZwV** in das Gesellschaftsvermögen war früher ein Titel gegen alle Gesellschafter erforderlich (§ 736 aF; anders nach **§ 740 BGB nF:** fehlende Vermögensfähigkeit der Innengesellschaft, MoPeG mWv 1.1.2024, s BRDrs 59/21, 215 f; BTDrs 19/27635, 190: Schutz der Privatgläubiger; aA noch Beuthien NZG 2017, 201, 204; bei Gegenständen im Bruchteilseigentum ist Anteilspfändung nach § 857 vorstellbar, sa BRDrs 59/21, 215; möglich ist ZwV in das persönliche Vermögen [§ 427 BGB]). Aktiv- und Passivprozesse der Gesellschafter: s § 62 Rn 13, 17 f; Einzelklagebefugnis: s vor § 50 Rn 21. Zur (beschränkten) Parteifähigkeit von **Vorgesellschaften** (Gründervereinigungen) s Rn 18. Nicht parteifähig ist auch die **stille Gesellschaft** (§§ 230 ff HGB, s Beuthien NZG 2011, 161; BRDrs 59/21, 215 f, 232, 253). **b) Gemeinschaften.** Schlichte **Bruchteilsgemeinschaften** iSv §§ 741 ff BGB sind nicht rechts- und parteifähig (BGH NJW-RR 2022, 1718 Tz 20: nach Auslegung sind „einzelne Bruchteilseigentümer" verklagt; KG 9.2.2022 – 20 U 60/21 Tz 13: Bruchteilsgemeinschaft ist bei Verwaltungsbedarf nicht automatisch Außen-GbR; s aber zur InsFähigkeit gem § 11 InsO AG Göttingen ZIP 2001, 580; Bork ZIP 2001, 545; Auslegung kann ergeben, dass Bruchteilsgemeinschaft in Wahrheit Außen-GbR darstellt, s OLG Schleswig 28.8.2024 – 12 U 15/24 Tz 171 f). Das Gleiche gilt für andere Gemeinschaften, bei denen es an einer verbandsmäßigen Ausgestaltung des Verhältnisses der Mitberechtigten fehlt (s zur **Erbengemeinschaft** gem §§ 2032 ff BGB näher Rn 29 mN). Gleichwohl existiert hier – anders als iFv § 740 BGB seit 1.1.2024 – ein **gesamthänderisch gebundenes Vermögen** (s BTDrs 19/27635, 119). Bei zunehmender Verfestigung von organisatorischen Strukturen, insb bei Verwaltungsorganisationen von Miteigentümern mit korporativer Verfassung (BGHZ 25, 311: Waldinteressentenschaft) kann eine abw Beurteilung der Parteifähigkeit geboten sein (sa Rn 30). S iÜ zur Ausgestaltung der WE-Gemeinschaft Rn 24.

4) Vermögensmassen. a) Die **Insolvenzmasse** ist kein selbständiges Sondervermögen mit eigener Rechtspersönlichkeit (BGHZ 88, 335; überholt die – ältere – „Organtheorie"). Prozessführungsbefugt für die Masse ist der Insolvenzverwalter als Partei kraft Amtes (s § 19a Rn 4a; vor § 50 Rn 19; § 51 Rn 7). 28

b) Der **Nachlass** als solcher kann nicht Partei sein, da er nicht rechtsfähig ist (Marotzke ZEV 2002, 507); das Gleiche gilt für die **Erbengemeinschaft** (BGH NJW 2006, 3715; LG Berlin NJOZ 2003, 2918; OLG München WM 2017, 406: zu Zustellungs- und Auslegungsfragen, str; sa BRDrs 59/21, 160, 232 zum MoPeG; **aA** Wagner ZZP 117 [2004], 355 f, 374; Wolf FS Canaris I, 2007, S 1318; Wendt notar 2016, 364 ff: „zur Handlungsunfähigkeit verdammt"). Behandlung: § 2059 II BGB (s § 62 Rn 18); der Nachlass wird auch nicht durch den TV vertreten, sondern Letzterer ist Partei kraft Amtes (s vor § 50 Rn 19; § 51 Rn 7). Nicht rechts- und parteifähig ist auch die **Gütergemeinschaft**. – **c) Sondervermögen** ohne eigene Rechtspersönlichkeit sind die dt **Treuhand** und der engl **Trust**; prozessführungsbefugt aus eigenem Recht und in eigenem Namen ist der Treuhänder (Trustee; näher Wilske/Meyer ZIP 2012, 459, 461). 29

VII) Beschränkt parteifähige Gebilde. Aktive und passive Parteifähigkeit können im seltenen Einzelfall divergieren (sa Rn 21 [a]). Von Bedeutung ist die Rspr zu **§ 50 II aF** (in der bis 29.9.2009 geltenden Fassung) allenfalls noch für Klagen auf Zustimmung (§ 888 BGB) oder Duldung der ZwV (§§ 1147, 1148 BGB) gegen im GB als Eigentümer eingetragene (nicht rechtsfähige) ausl Gesellschaften (BGHZ 97, 269; vgl näher 31. u 33. Aufl). Bei im EU-Gründungsstaat gelöschten Gesellschaften wird für die im Inland (noch) tätigen **„Rest- u Spaltgesellschaften"** dagegen volle Parteifähigkeit als OHG oder GbR angenommen (BGH MDR 2017, 346 Tz 19 f; OLG Hamm NJW-RR 2014, 995 [zust Fröhlich EWiR 2014, 679]; OLG Brandenburg MDR 2016, 1273 Tz 25: engl „Ltd"; s näher Rn 31). 30

VIII) Internationaler Rechtsstreit. 1) Europäische Gründungstheorie. Verlegte eine im Ausland wirksam als jur Person (Handelsgesellschaft) gegründete Gesellschaft ihren tatsächl Verwaltungssitz ins Inland, verlor sie nach der **früher herrschenden *Sitztheorie*** (vgl BGH NJW-RR 2010, 1364; sa OLG Düsseldorf 17.12.2015 – 2 U 87/04: Schweizer Gesellschaft; krit Lieder/Kliebisch BB 2009, 338) mit ihrer Rechtsform zugleich ihre Rechts- und (aktive) Parteifähigkeit. Bei Geschäftstätigkeit im Inland wurde die (nicht rechtsfähige) ausl Handelsgesellschaft allerdings – entspr **§ 50 II aF** (in der bis 29.9.2009 geltenden Fassung, s Rn 21 [a], 30) – als passiv parteifähig behandelt (BGH MDR 86, 743) u sie war gem **§ 17 I 2** gerichtspflichtig. Im **EU-Bereich** ist die Sitztheorie im Hinblick auf die **Niederlassungsfreiheit** der Gesellschaften (Art 49, 54 AEUV) und im Anschluss an die Rspr des EuGH (EuGH MDR 2003, 96 – „Überseering"; NJW 2003, 3331 – „Inspire Art") auch in der Rspr des BGH durch die **europ Gründungstheorie** abgelöst worden (BGHZ 154, 185 = MDR 2003, 825; BGHZ 190, 242 Tz 16-22 = NJW 2011, 3372; BGHZ 198, 14 Tz 11 = NJW 2013, 3656; OLG Rostock NZG 2020, 267; OLG Braunschweig 10.6.2020 – 3 W 6/18 Tz 80, 82). Eine **Teilkodifikation** ist mWv 1.8.2022 in § 59b II Nr 1, § 59p BRAO enthalten 31

(BTDrs 19/27670, 176). Die Voraussetzungen von **§ 50** liegen in den sog **„Zuzugsfällen“** vor, wenn die Gesellschaft nach dem Recht ihres Gründungsstaates rechtsfähig erscheint (oder zumindest parteifähig, s OLG Karlsruhe 24.1.2018 – 6 U 56/17 Tz 13, 16; Rauscher NJW 2018, 3428). **Ausl Gesellschaften** aus **EU-Mitgliedstaaten** behalten somit nach Sitzverlegung auch im Inland ihre Rechtspersönlichkeit und damit ihre Parteifähigkeit; sie haben einen allg inländischen Gerichtsstand (s § 17 Rn 8, 8a [2b]). Innerhalb der EU ist die identitätswahrende grenzüberschreitende Sitzverlegung zulässig, soweit sie im Einklang mit dem Recht des Wegzugstaats steht (s EuGH NJW 2009, 569 – „Cartesio“: „Wegzugsfall“; Leible/Hoffmann BB 2009, 58). Auch eine grenzüberschreitende Sitzverlegung einer Gesellschaft unter Wechsel der Rechtsform ist denkbar (EuGH NJW 2012, 2715 – „VALE“; OLG Nürnberg ZIP 2014, 128; zust Neye EWiR 2014, 45; eingeh Schaper ZIP 2014, 810; Herrmanns MittBayNot 2016, 297; Teichmann/Ptak RIW 2010, 817; Weller LMK 2012, 336113: „europaweite Unternehmensmobilität“); §§ 190 ff UmwG gelten entspr (OLG Nürnberg ZIP 2014, 128). Dabei soll sogar die reine Satzungssitzverlegung (ohne Verlegung des tatsächlichen Sitzes) den Rechtsformwechsel ermöglichen (EuGH NJW 2017, 3639 – „Polbud“ [zust Kieninger NJW 2017, 3624: Niederlassungsfreiheit als (nachträgl) Rechtswahlfreiheit; Schall ZfPW 2018, 176]). Ist die ausl Gesellschaft im Gründungsstaat erloschen, verfügt sie aber noch über Vermögen im Inland (auch: Kostenerstattungsanspruch), besteht sie als **parteifähige „Restgesellschaft“** fort (BGH MDR 2017, 346; KG NJW 2014, 2737; OLG Brandenburg MDR 2016, 1273; LG Hamburg 12.7.2016 – 328 O 415/15; LG Arnsberg 16.8.2016 – 5 T 21/16 Tz 10: texanische Gesellschaft; OLG Düsseldorf 5.3.2024 – 15 U 59/23 Tz 3; sa Rn 30, 32). Zur Vertretung: s § 51 Rn 6. Von der so **modifizierten Sitz-/Gründungstheorie** ist hier auszugehen. Von der Erfüllung der gem §§ 13d ff HGB vorgeschriebenen Registrierung (dazu Werner MDR 2005, 1034 ff) darf die Parteifähigkeit nicht abhängen (BGH NJW 2005, 1648, 1649 f; sa BGH 16.2.2021 – II ZB 25/17). – **Lit:** Franz EuZW 2016, 931; Kieninger ZeuP 2018, 309; Kindler NZG 2018, 1; Schall ZfPW 2018, 176; Henssler NJW 2021, 503 (zur UK-LLP nach dem Brexit). – Einer Kodifizierung des Internationalen Gesellschaftsrechts (vgl zum RefEntw des BJM Köster ZRP 2008, 214) darf die Rspr nicht vorgreifen (BGH NJW 2009, 289 Tz 22).

32 **2) Drittstaaten.** Im Verhältnis zu **Nicht-EU-Staaten** ist zu unterscheiden: **a)** Im Bereich der **EFTA-Staaten** besitzen die nach dem Recht eines Mitgliedstaates gegründeten Gesellschaften mit satzungsmäßigem Sitz im Vertragsgebiet volle Niederlassungsfreiheit (Art 31, 34 EWR-Abk), so dass die Rechtslage der im EU-Bereich (s Rn 31) entspricht (BGHZ 164, 148 = MDR 2006, 105 [Haack] – Liechtenstein AG). – **b)** Bei **zweiseitigen Abkommen** sind deren bes Regelungen maßgebend. Im Verhältnis zu den **USA** ist im Vertrag (Text MK-BGB/Kindler, 8. Aufl, IntGesR Rn 337) eine Anknüpfung an die Gründungstheorie vorgesehen, die EU-Rechtslage (s Rn 31) gilt damit entspr (BGH MDR 2003, 647; BGH NJW 2004, 2523, 2524; BGH JZ 2005, 303 [Rahm]; OLG Hamburg GRUR-RS 2021, 14197; OLG Celle NJW-RR 2017, 1511; LG Stuttgart WM 2018, 671 f; Rauscher NJW 2018, 3428); das gilt bei inländischem Verwaltungssitz auch dann, wenn praktisch keine nennenswerte Geschäftstätigkeit in den USA stattfindet (BGH JZ 2005, 298 [Ebke]). – **c)** IÜ hat sich im **Verhältnis zu anderen Staaten** (**Drittstaaten**) an der **Geltung der Sitztheorie** (s Rn 31) nichts geändert (so BGHZ 178, 192 Tz 19 = NJW 2009, 289; BGH NJW-RR 2010, 1364 Tz 15; OLG Düsseldorf 17.12.2015 – 2 U 87/04: Schweizer Gesellschaft; KG NZG 2024, 1049 (nach Recht der *British Virgin Islands* gegründete Gesellschaft mit Sitz in Hongkong); Jung EuZW 2012, 863, str; krit u aA St/Jacoby Rn 53) mit der Folge fehlender Rechtsfähigkeit (als jur Person) von Scheinauslandsgesellschaften mit tatsächl Verwaltungssitz im Inland. Allerdings ist zu beachten, dass der Gesellschaft als „rechtsfähiger Personenvereinigung“ iSv § 14 II BGB wie einer **Außen-GbR** (s Rn 17) oder **OHG** (s Rn 16a, 16b) aktive Parteifähigkeit im Inland zukommen kann (so BGHZ 151, 204 = NJW 2002, 3539; BGHZ 178, 192 Tz 23 = NJW 2009, 289); sa Rn 30. Im Verhältnis zum **Vereinigten Königreich** ist seit **1.1.2021** (zum vorherigen Übergangszeitraum s G v 27.3.2019, BGBl I 2019, 402) aufgrund des Handelsübereinkommens v 24.12.2020 die **Sitztheorie** heranzuziehen (so überzeugend Gutachten DnotI-Report 2021, 9, 11; KG NZG 2024, 1049; Fischer NZG 2021, 483; bereits gegründete Gesellschaften sollten temporären Bestandsschutz genießen: so Schmidt ZIP 2019, 1093, 1098). Die Niederlassungsfreiheit (Art 49, 54 AEUV) gilt nicht mehr (BGH ZIP 2021, 566; Schollmeyer NZG 2021, 692, 696: Bestandsgesellschaften mit Verwaltungssitz in Deutschland sind Drittstaatengesellschaften). Zur Situation für die **engl „Ltd“ nach dem „Brexit“** sa KG NZG 2024, 1049; OLG München EuZW 2021, 955 [Habighorst]; Heckschen GWR 2022, 1; krit Großerichter ZEuP 2022, 724: „vollständige Wende zur Gründungstheorie“ sinnvoll; ebenso Zwirlein-Forschner IPRax 2021, 360; AG Berlin-Kreuzberg 6.9.2022 – 4 C 66/21 Tz 19; Behme ZIP 2021, 2557; Fischer NZG 2021, 1497; Lieder/Hoffmann NZG 2017, 332: Notwendigkeit eines Formwechsels; zu sog „pseudo-englischen Gesellschaften“; s zur „Hereinverschmelzung“ einer Kapitalgesellschaft britischen Rechts näher § 306 I Nr 2 UmwG nF (§ 122m UmwG aufgeh mWv 1.3.2023; Schollmeyer NJW-Spezial 2023, 207), was für Analogien zur „Rettung“ der Parteifähigkeit wenig Raum lässt (s Gutachten DNotI-Report 2021, 9, 11); zu ausländ **Berufsausübungsgesellschaften** s § 207a BRAO (seit 1.8.2022), näher Dahns NJW-Spezial 2025, 382; bei mitgliedstaatlichen Gesellschaften sieht § 59m V BRAO (seit 1.8.2022) eine Pflicht zur Schaffung einer inländischen Zweiniederlassung vor, s BTDrs 19/30516, 9, 49). **Inländischer Gerichtsstand:** BGH NJW-RR 2008, 551; s § 17 Rn 8a [2c].

33 **3) Einzelfälle parteifähiger Auslandsgesellschaften.** Niederl „BV“ (s BGH NJW 2003, 1461); **bis 31.12.2020:** engl „private limited company“ *(BGH MDR 2005, 1000;* s dazu ferner BGHReport 2007, 1138; OLGR Nürnberg *2007, 1020;* Pannen/Riedmann MDR 2005, 496; **danach:** OLG München EuZW 2021, 955 [Habighorst]: „out means out“; LG Berlin 28.11.2022 – 101 O 57/22 Tz 31; AG Berlin-Kreuzberg 6.9.2022 – 4 C 66/21 Tz 19; Heck-

schen GWR 2022, 1: „Wechselbalgtheorie“: Behandlung als GbR, OHG, Einzelkaufmann denkbar; Behme ZIP 2021, 2557); irische „general partnership“ (OLG Karlsruhe 24.1.2018 – 6 U 56/17); „Ltd“ der brit Virgin Islands (BGH JR 2011, 88 Tz 15; nunmehr KG NZG 2024, 149); schweiz AG (verneinend BGH NJW 2009, 289 Tz 21, str, s Rn 32 [c]); schweiz eV (BGH NJW-RR 2010, 1364); schweiz GmbH (OLG Düsseldorf 17.12.2015 – 2 U 87/04); luxemb S.a.r.l.; Liechtenstein AG (BGH MDR 2006, 105 [Haack]); US-amerik „Inc.“ (BGH NJW-RR 2004, 1618; sa Pfeiffer Rpfleger 2006, 173); US LLC (Nodoushani RIW 2014, 336); singapor „Ltd“ (BGH ZIP 2009, 2385); bei einer „Private Company limited by shares“ der Isle of Man ist deren Nichtzugehörigkeit zum EU-Bereich iSv Rn 32 zu beachten (KG ZIP 2005, 989, 990; OLG Hamburg BB 2007, 1519; das Gleiche gilt für die Kanalinseln, s Art 355 Vc AEUV). **Beachte:** inländischer Gerichtsstand von Auslandsgesellschaften: s § 17 Rn 8, 8a, 10; § 21 Rn 4; Nachweis der Vertretungsverhältnisse: s § 51 Rn 6. – **Lit:** Gutachten DNotI-Report 2021, 9; Franz EuZW 2016, 930; Hoger/Lieder ZHR 180 (2016), 613; Jaschinski/Wentz WM 2019, 438.

§ 51 Prozessfähigkeit; gesetzliche Vertretung; Prozessführung

(1) Die Fähigkeit einer Partei, vor Gericht zu stehen, die Vertretung nicht prozessfähiger Parteien durch andere Personen (gesetzliche Vertreter) und die Notwendigkeit einer besonderen Ermächtigung zur Prozessführung bestimmt sich nach den Vorschriften des bürgerlichen Rechts, soweit nicht die nachfolgenden Paragraphen abweichende Vorschriften enthalten.

(2) Das Verschulden eines gesetzlichen Vertreters steht dem Verschulden der Partei gleich.

(3) Hat eine nicht prozessfähige Partei, die eine volljährige natürliche Person ist, wirksam eine andere natürliche Person schriftlich mit ihrer gerichtlichen Vertretung bevollmächtigt, so steht diese Person einem gesetzlichen Vertreter gleich, wenn die Bevollmächtigung geeignet ist, gemäß § 1814 Absatz 3 Satz 2 Nummer 1 des Bürgerlichen Gesetzbuchs die Erforderlichkeit einer Betreuung entfallen zu lassen.

I) Anwendungsbereich. § 51 I regelt die Prozessführung wenig systematisch unter Hinweis auf die Vorschriften des BGB und den Vorrang der ZPO. Zu unterscheiden sind: **1)** die **Prozessfähigkeit** (näher s § 52), – **2)** die **ges Vertretung Prozessunfähiger** (s Rn 2 ff) und – **3)** die **Prozessführungsbefugnis** (näher s vor § 50 Rn 16 ff). – **4) Internationaler Rechtsstreit.** Die Prozessfähigkeit von **Ausländern** richtet sich gem **I** iVm Art 7 I EGBGB nach ausl Recht (s § 52 Rn 3), soweit nicht § 55 eingreift (s dort u OLG Braunschweig 10.6.2020 – 3 W 6/18 Tz 81), die von Staatenlosen auch nach dt Recht (s § 55 Rn 1). Die ges Vertretung von **ausl jur Personen** bestimmt ihr Recht (BGHZ 40, 197; Grüneberg/Thorn Anh zu Art 12 EGBGB Rn 13). Einzelne Gesellschaften: s Rn 6. 1

II) Gesetzliche Vertretung von Personen und rechtsfähigen Personenvereinigungen. 1) Begriff. Die **Vertretungsmacht des ges Vertreters** (dessen Stellung bei jur Personen ihre Organe einnehmen) beruht (grds) nicht auf dem rechtsgeschäftl Willen des Vertretenen (Vollmacht, § 80), sondern auf dem Ges oder staatl Anordnung; eine Einschränkung besteht bei der Vorsorgevollmacht (s Rn 3a). 2

2) Gesetzliche Vertreter natürlicher Personen. Für **unter elterl Sorge stehende Minderj** sind dies die Eltern gemeinsam (§ 1629 I 2 BGB; s LSG Sachsen NZS 2015, 636: Auftreten eines Elternteils genügt nicht), auch bei Getrenntleben mit alleinigem Betreuungsrecht eines Elternteils gem § 1687 I 4 BGB (BSG NJW 2010, 1306 Tz 24), uU ein Elternteil (zB gem § 1629 I 3, § 1628, § 1680 BGB; s für Obhutswechsel nach § 1629 II 2 BGB: Roßmann jM 2015, 55), bei nicht miteinander verheirateten Eltern idR die Mutter (s § 1626a III BGB). Eine Prozessvertretung durch das Jugendamt existiert im ZP nicht. – Für **nicht unter elterl Sorge stehende Minderj:** der Vormund (§§ 1773 ff BGB), in Verhinderungsfällen der Pfleger (§ 1809 BGB); für **prozessunfähige Vollj:** der **Betreuer** (s OLG Karlsruhe NJW 2017, 415; § 1823 BGB), soweit nicht **III** eingreift (s Rn 3a). Ges Vertreter sind ferner der Betreuer prozessfähiger Personen (s § 52 Rn 9) und der Pfleger einer **Leibesfrucht** (§ 1810 BGB; iE Born MDR 2000, 398 [Anm]; sa § 50 Rn 11), der Pfleger eines Abwesenden (§ 1884 II BGB), des unbekannten Beteiligten (s OLG Hamm NJW 74, 505; § 1884 I BGB), sowie für Erben der Nachlasspfleger (§ 1885 BGB). In den genannten Fällen beruht die teilw Änderung zivilrechtl Vorschriften auf dem **G zur Änderung des Vormundschafts- und Betreuungsrechts** v 4.5.2021 mWv 1.1.2023 (BGBl I 2021, 882; s Bartels FamRB 2021, 204). 3

3) Gesetzliche Vertretung Volljähriger bei Erteilung einer Vorsorgevollmacht (§ 51 III). a) Bedeutung. III bezweckt die Bestellung eines Betreuers für prozessunfähige Vollj (s Rn 3) dadurch zu vermeiden, dass der Inhaber einer Vorsorgevollmacht (unten b aa) bei Vorliegen der Voraussetzungen für eine Betreuerbestellung (unten b bb) ausdr einem ges Vertreter gleichgestellt wird (BGH MDR 2015, 711 Tz 14, 15; OLG Düsseldorf ZEV 2019, 422; Zimmer ZEV 2021, 295, 296). Die Bestellung eines **Prozesspflegers** scheidet dann aus (OLG Koblenz FamRZ 2016, 1864 Tz 4). Die wirksame Vorsorgevollmacht allein würde nicht genügen, den Mangel der ges Vertretung (s Rn 17) im späteren Verf auszuschließen (vgl BayObLG FamRZ 98, 920). III erlaubt Stellvertretung auch bei der **Abgabe der Vermögensauskunft** in der formalisierten ZwV einschließlich **eidesstattlicher Versicherung** nach § 802c (BGH MDR 2020, 244 Tz 43: § 53 steht nicht entgegen; Danylak/Hoffmann DGVZ 2018, 199; Sahm NJW 2017, 1207, 1208; aA LG Berlin MDR 2018, 1147; sa § 802c Rn 6; vermittelnd 3a

Hergenröder DGVZ 2019, 1, 4: nur bei notariell beurkundeter Vorsorgevollmacht). Anders als bei gerichtlich bestellten Betreuern besteht hierzu aber keine Verpflichtung, so dass gegen den Vorsorgebevollmächtigten Ersatzhaft und Ersatzzwangshaft unzulässig sind (BGH MDR 2020, 244 Tz 50; abw Damrau ZEV 2022, 121, 125: Bestellung des Vorsorgebevollmächtigten zum Betreuer sinnvoll). Auch bei der zwangsweisen Erwirkung einer **unvertretbaren Handlung** nach § 888 I darf gegen den Bevollmächtigten des Schuldners keine Zwangshaft verhängt werden, jedoch gegen den Betreuer (BGH MDR 2022, 141 Tz 25, 50 [Schörnig]; Hintzen WuB 2022, 88; abw Damrau ZEV 2022, 121, 125). § 51 III ist nicht auf materiell-rechtl Erklärungen (§ 2282 II BGB) anwendbar (OLG Brandenburg 10.3.2020 – 3 W 67/19; zweifelnd Zimmer ZEV 2020, 419; ablehnend Zimmer ZEV 2021, 295, 296 f; für Anwendung im ErbscheinsVerf: OLG Düsseldorf ZEV 2019, 422); aber auf den Erbscheinsantrag (OLG Düsseldorf ZEV 2019, 422: entspr). – **b) Voraussetzungen. aa) Wirksame Erteilung einer Vollmacht zur Vermeidung einer Betreuung.** Der vollj Vollmachtgeber muss im Zeitpunkt der Vollmachtserteilung geschäftsfähig (§§ 105, 167 I BGB) gewesen sein („*wirksam … bevollmächtigt*") und die Geschäftsfähigkeit in der Folge verloren haben („*nicht prozessfähige Partei*"). Bevollmächtigter kann nur eine natürl Person sein, jur Personen sind ebenso ausgeschlossen wie Personen, die zum Kreis des Personals des Heims bzw der versorgenden Einrichtung zählen (§ 1814 III BGB iVm § 1816 VI BGB). Die Vollmacht muss „schriftl" erteilt sein (§ 126 BGB) und sich auf die „gerichtl Vertretung" beziehen (nicht gegeben in: BGH MDR 2015, 711 Tz 15); eine Einschränkung auf konkrete Rechtsstreitigkeiten scheidet aus (dann uU §§ 80, 86), mögl ist aber eine Begrenzung iSe Aufgabenbereiches (*arg* § 1823 BGB). Bei Generalvollmacht ist gesonderte Prozessvollmacht (§ 80) nicht erforderlich (OLG Brandenburg ZEV 2020, 493). – **bb) Gleichwertigkeit von Bevollmächtigung und Betreuerbestellung.** Erforderl ist, dass die Bevollmächtigung geeignet ist, die Erforderlichkeit einer Betreuung entfallen zu lassen (III iVm § 1814 III 2 Nr 1 BGB; **redakt Änderung** durch Art 7 Nr 2 des Gesetzes zur Änderung des Vormundschafts- und Betreuungsrechts v 4.5.2021 mWv 1.1.2023 (BGBl I 2021, 882), s BTDrs 19/27287, 27): Der Bevollmächtigte muss „die Vertretung des Betroffenen ebenso gut wie ein Betreuer besorgen" können (s Begr BTDrucks 15/4874, 28; zu den Schwierigkeiten der Einzelfallprüfung s Sonnenfeld FamRZ 2005, 945); ggf wird das Familien- und Betreuungsgericht zu benachrichtigen sein (§ 22a FamFG, s Plum JR 2018, 490); zur Prüfung vAw näher v. Sachsen Gessaphe FS Bienwald, 2006, S 289; sa Rn 12; § 56 Rn 2, 10 ff.

4 **4) Gesetzliche Vertreter juristischer Personen des Privatrechts, von rechtsfähigen Personengesellschaften und von Verbänden.** Die **AG** vertritt der Vorstand (§ 78 I 1 AktG; uU ein gem § 85 AktG bestellter Notvorstand), der Aufsichtsrat ggü (auch früheren) Vorstandsmitgliedern u deren Witwen (§ 112 AktG; dazu BGHZ 103, 213; BGH NJW-RR 2007, 98; BGH NJW-RR 2009, 690; Born/Ghassemi-Tabar/Gehle NJW 2015, 2216; auch bei wirtschaftl Identität von Vorstandsmitglied und Geschäftsgegner (OLG Saarbrücken ZIP 2014, 822, 824), bei Verschmelzung auch ggü ehem Geschäftsführern der untergegangenen GmbH (BGH ZIP 2004, 92, krit Ziemons EWiR 2004, 97), uU (nur passiv) bei Führungslosigkeit (§ 78 I 2 AktG), in Anfechtungs- und Nichtigkeitsprozessen der Vorstand und Aufsichtsrat gemeinsam (§ 246 II 2, § 249 I AktG; dazu BGH NJW 92, 2099; § 170 III gilt nicht: Tielmann ZIP 2002, 1881; s § 170 Rn 5), bei Klagen einzelner Aufsichtsratsmitglieder der Vorstand (§ 246 II 3, § 249 I AktG; BGHZ 122, 344 f; iE Bork ZIP 91, 143 ff); die **KG** (§ 170 II HGB nach MoPeG v 10.8.2021 seit 1.1.2024, BTDrs 19/27635, 255, für atyp KG iFd „Einheits-Kapitalgesellschaft") und **KGaA** (§ 278 AktG) vertreten die persönl haftenden Gesellschafter, die KG vertritt ein bes Vertreter ggü diesen (BGH MDR 2011, 56 f), die **KGaA** der Aufsichtsrat ggü Komplementären (BGH ZIP 2005, 348); die **OHG** vertreten die nach dem Gesellschaftsvertrag erforderl Anzahl von vertretungsberechtigten Gesellschaftern (§ 124 HGB nach MoPeG seit 1.1.2024; dazu BGHZ 17, 181; BGH NJW 2008, 2441 Tz 9; Schmidt ZPG 2023, 81, 82), dgl die **Partnerschaft** (§ 7 II PartGG iVm § 124 II HGB; seit 1.8.2022: § 59l BRAO, s BTDrs 19/27670, 326); die **Außen-GbR** (s § 50 Rn 17) alle Gesellschafter, denen die Geschäftsführungsbefugnis zusteht (§§ 715, 720 BGB nach MoPeG seit 1.1.2024: organschaftl Vertretung; § 170 III), soweit der Gesellschaftsvertrag keine abw Regelung enthält (BGH NJW 2010, 2886); das gilt auch für die GbR als Vertreter (KG ZIP 2014, 683); bei Einzelvertretungsermächtigung oder rechtsgeschäftl Vertreter ist Vollmachtsnachweis erforderl (Hilfe: Rubrum in vorangegangenem Urteil, vgl BGH NJW 2009, 594 Tz 25; BGH NJW-RR 2012, 532 [Heckschen EWiR 2012, 111]), außer bei konkludenter Erteilung der Vollmacht (BGH BB 2005, 792); die **RA-GbR/(-Sozietät)** ihre Partner und Vertreter, in deren Person die für die Rechtsbesorgung erforderl Voraussetzungen im Einzelfall vorliegen (**seit 1.8.2022: § 59l II BRAO**, s BTDrs 19/27670, 326; die **GmbH** der/die Geschäftsführer (§ 35 I 1 GmbHG), idR gemeinsam (§ 35 II 1 Hs 1 GmbHG) oder einzeln (§ 35 II 1 Hs 2 GmbHG; Bsp: BGH ZIP 2007, 1406), nicht der Gesellschafter/Geschäftsführer im Prozess als Gesellschafter (OLG München ZIP 2004, 1778; Lutz NZG 2015, 424), die Gesellschafter ggü den Geschäftsführern (§ 46 Nr 8 GmbHG; dazu BGH GmbHR 2016, 545; klarstellend BGH ZIP 2016, 2413 Tz 10; Lutz NZG 2015, 424), ferner (passiv) bei Führungslosigkeit (§ 35 I 2 GmbHG; ermöglicht keine Prozessvertretung: BGH MDR 2011, 56; AG Hannover NZI 2022, 270; AG Ludwigshafen NZI 2023, 82) oder der (fakultative) Aufsichtsrat (§ 52 I GmbHG iVm § 112 AktG; dazu BGH MDR 99, 1397; BGH MDR 2004, 284; s oben „AG"); zur Zwei-Personen GmbH s § 62 Rn 20 u BGH NJW 2023, 3164; die **GmbH & Co KG** die Komplementär-GmbH, diese wiederum der Geschäftsführer (nicht die externe Kapitalverwaltungsgesellschaft nach *KAGB: OLG* München ZIP 2015, 2224; Boxberger GWR 2016, 1; Klett WM 2018, 892); die **RA-GmbH** durch ihre Organe oder (rechtsgeschäftl) Vertreter (für **Berufsausübungsgesellschaften** s **§ 59l II BRAO** (seit 1.8.2022), BRDrs 55/21, 231; zur allg Kanzleipflicht s § 59m BRAO); die **UG** (haftungsbe-

schränkt; s § 5a GmbHG) der (einzige) Geschäftsführer (§ 2 Ia GmbHG); die **eGen** der Vorstand (§§ 24, 26 II GenG), uU mit dem Aufsichtsrat (§ 51 III GenG u dazu BGH NJW 78, 1325; OLG Düsseldorf NJW 87, 2523), der Aufsichtsrat ggü (auch früheren) Vorstandsmitgliedern (§ 39 I GenG; dazu BGHZ 130, 114; BGH NJW 97, 318; BGH NJW 98, 1646), auch bei Rechtsnachfolge auf Grund von Verschmelzung ggü dem Vorstandsmitglied allein der früheren eGen (BGH ZIP 2005, 900), und **Vereine** der Vorstand (§ 26 II BGB; uU ein bes Vertreter gem § 30 BGB), ggü (früheren) Vorstandsmitgliedern das anstellende (abberufende) Organ (zB Aufsichtsrat, OLGR Zweibrücken 2005, 159; OLG Köln npoR 2018, 169). Die **EWIV** (s § 50 Rn 20) wird idR durch ihre Geschäftsführer (einzeln) vertreten (Art 20 EWIV-VO); §§ 116, 124 HGB (nach MoPeG seit 1.1.2024) sind nicht anwendbar (vgl Begr zu § 5 EWIV-AG, BTDrs 11/352, 9). Aufgrund der durch das **WEMoG v 16.10.2020** bedingten Änderungen (mWv 1.12.2020) vertritt ein (existierender) Verwalter die parteifähige **WE-Gemeinschaft** gerichtlich und außergerichtlich weitgehend unbeschränkt (s näher § 9b I WEG u § 50 Rn 24). Zweifelhaft ist die Prozessfähigkeit der verwalterlosen Gemeinschaft bei Beschlussklagen (Elzer MDR 2021, 334 f Tz 46; sa § 50 Rn 24 u § 69 Rn 2, 3). Diese wird jedoch durch die übrigen Wohnungseigentümer vertreten (§ 9b I 2 WEG, so BGH NJW 2022, 3003 Tz 35; BGH NJW 2022, 3577 Tz 10; § 57 gilt insoweit nicht; s krit Greiner ZWE 2022, 423: „kupierte Gesamtvertretung"; s vor § 50 Rn 8). § 18 III WEG hilft als reine Notmaßnahme nicht bei der Rechtsverteidigung (Dötsch/Schultzky/Zschieschack, WEG-Recht 2021, Kap 14 Rn 74; zur Rüge d Anwaltsvollmacht in diesem Kontext s § 88 I, II). Ein verteidigungswilliger Eigentümer kann nach § 69 der Gemeinschaft beitreten, was iSv § 44 IV WEG geboten ist.

5) Gesetzlicher Vertreter im Gründungs- und Abwicklungsstadium. a) Bei **Vorgesellschaften** und Gründervereinigungen (s § 50 Rn 18) richtet sich die Vertretung nach den Vorschriften der angestrebten Gesellschaftsform (vgl BGH NJW 2007, 589; BGH NJW 2008, 2441), bei der Vor-GmbH nach § 35 GmbHG (BGH NJW 2008, 2441, 2442). Nach Aufgabe der Eintragungsabsicht gelten die Regeln für Abwicklungs- (unten b) oder Personengesellschaften (dazu s Rn 4, 4b aE). – **b)** Während der **Abwicklung** der Handelsgesellschaften, Genossenschaften und Vereine treten an die Stelle des Vorstands die Abwickler (RGZ 116, 118). Eine **aufgelöste AG** wird durch die bish Vorstandsmitglieder als Abwickler vertreten (§ 265 I, § 269 I AktG; BGHZ 169, 270, 281), im Fall der Nachtragsabwicklung einer **gelöschten AG** durch die gerichtl ernannten Abwickler (§ 264 II 2, § 273 IV AktG); dies gilt auch bei Nachtragsliquidation einer Publikums-KG (BGH MDR 2003, 1122). Eine **aufgelöste GmbH** (vgl § 60 GmbHG; § 394 I FamFG) wird idR durch die – gem § 67 GmbHG anzumeldenden (BayObLGZ 87, 222) – bish Geschäftsführer als geborene Liquidatoren vertreten (§ 66 I, § 68 I 2, § 70 GmbHG; s § 50 Rn 18), auch nach zwischenzeitl Einstellung eines InsVerf mangels Masse (OLG Zweibrücken ZIP 2003, 1954); mehrere, auch „geborene" Liquidatoren mit früherer Einzelvertretungsbefugnis vertreten stets gemeinsam (§ 68 I 2 GmbHG; BGH ZIP 2009, 34, ges Gesamtvertretung; Bertold RNotZ 2024, 133, 137). Zur Vertretung einer gem § 394 I FamFG wegen Vermögenslosigkeit **gelöschten GmbH** sind nur die vom Gericht gem § 66 V GmbHG neu bestellten Liquidatoren befugt (BGH MDR 86, 139; BayObLG ZIP 2002, 1845; BAG ZIP 2002, 1947, 1949; KGR Berlin 2004, 548, str; OLG Düsseldorf MDR 2024, 1200: nach § 86 fortgeltende Prozessvollmacht kann organschaftliche Vertretung durch Liquidatoren nicht ersetzen; abw noch BGH NJW-RR 1994, 542 wg § 246 I Hs 2; richtigerweise stellt § 66 V GmbHG lex specialis dar, s OLG Düsseldorf MDR 2024, 1200), im Vermögensversicherungsverf gem §§ 802c ff aber die letzten Geschäftsführer oder die letzten Liquidatoren (KG NJW-RR 91, 934 mN; sa § 802c Rn 8). Zur analogen Anwendung von § 394 I FamFG, § 66 V GmbHG auf die GmbH & Co KG s K. Schmidt BB 80, 1500. Der Umfang der Vertretungsmacht der Liquidatoren einer GmbH ist nicht beschränkt (OLG Stuttgart ZIP 86, 647). Bei Abwicklungsbedarf **nach** Durchführung der Liquidation erfolgt die Vertretung durch gerichtl bestellte **Nachtragsliquidatoren** (vgl § 29 BGB entspr, s OLG Stuttgart MDR 96, 198, § 273 IV AktG entspr, s KGR Berlin 2007, 547), uU (Fehlen von ges Vertreter) durch **Notgeschäftsführer** (§ 29 BGB entspr; OLG München BB 2007, 2311; sa Rn 13 [c]), uU (Gefahr im Verzug) durch Prozesspfleger (str, s § 57 Rn 3 mN). Die aufgelöste **OHG** wird idR durch sämtl Gesellschafter als Liquidatoren vertreten (§ 146 I HGB [nach MoPeG seit 1.1.2024]); Ernennung von Liquidatoren durch das Gericht ist bei wichtigen Gründen mögl (§ 145 I HGB nach MoPeG seit 1.1.2024). Bei der Auflösung der **GbR** erlöschen die Einzelvertretungsbefugnisse (§ 736b I BGB), es gilt gemeinsame Vertretung aller Gesellschafter (BGH MDR 2011, 1246; sa zur Liquidation: § 735 III, § 736 I, IV BGB); aus wichtigem Grund können Liquidatoren durch das Gericht entspr § 736a I BGB (nach MoPeG seit 1.1.2024) ernannt werden (BGH MDR 2011, 1246 Tz 19 für Publikums-GbR; anders bei Publikums-KG s oben). Dem InsVerwalter obliegt die Nachtragsverteilung gem § 211 III InsO (s § 50 Rn 4a). 4a

c) Tritt **während des Rechtsstreits** Vollbeendigung einer jur Person (s § 50 Rn 4, 5) ein, bedeutet das (unabhängig von der Bejahung fortbestehender fiktiver Parteifähigkeit: s Rn 12; § 50 Rn 4a, 5; § 56 Rn 13) zugleich Beendigung der ges Vertretung und damit Verlust der „Prozessfähigkeit" (vgl OLG Hamm MDR 97, 972; OLG Hamburg NJW-RR 97, 1400; OLG Koblenz ZIP 98, 967), die aber bei erteilter Prozessvollmacht nach hM ohne Einfluss auf den Prozess bleiben soll (vgl §§ 56, 86, 241, 246 u dazu s § 86 Rn 12). Entspr gilt bei Wandel von Vor-Gesellschaft in Abwicklungs- oder Personengesellschaft (dazu BGH NJW 2008, 2241; sa Rn 4a [a]). Vertretung nicht (fiktiv) partei-(prozess-)fähiger Gebilde: s § 57 Rn 1a; § 80 Rn 3. 4b

6) Gesetzlicher Vertreter juristischer Personen des öffentlichen Rechts. Insoweit kommen Bund, Land (Fiskus: s § 18 Rn 1), Körperschaften, Anstalten, Stiftungen (s § 50 Rn 12, 13) in Betracht: Wer sie vertritt, bestimmt die Organisationsnorm für die jew Person (BayObLGZ 95, 68), also zB die Vertretungsordnung des jew 5

Bundeslandes (§ 18 Rn 16 ff), die Gemeindeordnung usw. Bsp für GemO NRW: BGH NJW 95, 3389; Bay SparkassenG: LG Nürnberg-Fürth Rpfleger 2002, 632; Sächs SparkassenG: BGH DtZ 97, 357; BayUnivKlinikaG: Ärztl Direktor (Art 10 III 1 des G, s § 50 Rn 13). Auf bestehende Gesamtvertretung hat eine öff-rechtl Körperschaft hinzuweisen (BGHZ 164, 166, 174). Die für die örtl Zuständigkeit maßgebende Vertretungsbehörde (s § 18 m Anm) ist auch **ges Vertreter** des **Fiskus** (BayObLGZ 1995, 68; s § 18 Rn 3); Vertretung des Fiskus: s § 18 Rn 5 ff, 16 ff; Schmieder ZZP 126 (2013), 359.

6 **7) Gesetzlicher Vertretung bei europäischen und ausländischen Gesellschaften.** Allg s Rn 1 [d]. Die SE u die SCE (s § 50 Rn 20) werden durch ihre geschäftsführenden Direktoren vertreten (§ 41 SEAG; § 23 SCEAG; sa Rockstroh BB 2012, 1620). Die Vertretung einer engl **„Ltd"** erfolgt durch den/die *director(s)* (LAG Stuttgart ZIP 2010, 1619 [Mankowski EWiR 2010, 513]; Bsp: BGH [St] JR 2011, 88; für den Umfang der Vertretungsmacht gilt engl Recht (OLG München ZIP 2005, 1826; sa Möser RIW 2010, 850; Dierksmeier BB 2005, 1516; zum „Brexit" s Schall ZfPW 2016, 407; Jaschinski/Wentz WM 2019, 438); Hilfe für Nachweis: Vertretungsbescheinigung durch engl Notary Public entspr § 21 I Nr 1 BNotO (s Otte BB 2012, 1311; KG DNotZ 2012, 604: Einsichtnahme in beim *Companies House* geführte Register nicht genügend; OLG Düsseldorf FGPrax 2019, 259); die „ständigen Vertreter" inländischer EU-Auslandsgesellschaften (s § 50 Rn 33) sind beim Handelsregister für den Bereich ihrer inländischen Zweigniederlassung anzumelden; näher s § 13e II 5 Nr 3, § 13f III, § 13g III HGB; OLG München ZIP 2008, 552; OLG Hamm RIW 2006, 63; Werner MDR 2005, 1034 ff. Zur Vertretung der „Restgesellschaft" einer gelöschten ausl Gesellschaft (s § 50 Rn 30, 31) ist Bestellung eines Pflegers gem §§ 1883, 1884 BGB erforderl (Mock EWiR 2011, 67, 68; sa BGH MDR 2017, 346 Tz 20). Eine ausl Gesellschaft hat ihre Vertretungsverhältnisse nachzuweisen (OLG Stuttgart NJW 2009, 3524; näher s § 56 Rn 9).

7 **8) Abgrenzung. Parteien kraft Amtes, also nicht ges Vertreter** und auch nicht Organe – zB der Insolvenzmasse (zum Theorienstreit vgl St/Jacoby vor § 50 Rn 65-70; MK/Hau vor § 50 Rn 34 f) – sind: **InsVerwalter** (hM, zB BGH MDR 97, 494; AG Berlin-Spandau 30.1.2018 – 12 C 227/17, str; aA die Vertretertheorie: ThP/Hüßtege Rn 29; ausf Stamm KTS 2016, 279 ff: dogmatischer Bankrott der Amtstheorie): Er vertritt weder den Sch noch die Insolvenzgläubiger noch die Masse; seine ihm im öffentl Interesse übertragene Funktion ist es, das InsVerf abzuwickeln; in eigener Parteistellung wahrt er die Rechte des Sch und die der Insolvenzgläubiger an der Insolvenzmasse; er entnimmt seine Legitimation unmittelbar aus dem Gesetz, nicht aus fremden Rechten (BGHZ 88, 334 mwN); er führt den Prozess im eigenen Namen (s vor § 50 Rn 19). Ist dieselbe Person für mehrere InsVerf zum InsVerwalter bestellt, bildet sie für jede Insolvenzmasse eine selbständige Amtspartei (s § 66 Rn 5). Unter den Voraussetzungen von § 22 I 1 InsO ist auch der (bes ermächtigte) vorläufige InsVerwalter Amtspartei (vor § 50 Rn 27 [cc]); der **TV**, §§ 2197 ff BGB: er ist nicht Vertreter des Nachlasses, der Erben oder des Erblassers. Er bekleidet ein Amt privatrechtl Natur und handelt vermöge eigenen, durch dieses Amt ihm übertragenen Rechtes (RGZ 46, 298; sa OLG München MDR 2025, 936 Tz 20 zur Verhinderung des TV); der **Nachlassverwalter**, §§ 1981 ff BGB: Die Rechtsstellung des Nachlassverwalters ist gleich der des Insolvenzverwalters (vgl BGHZ 38, 282); der **Zwangsverwalter**, § 152 ZVG (vgl BGH NJW 2010, 3033 Tz 8; BGH NJW 2019, 3651, 3652; LG Stade ZfIR 2015, 734); der **Nießbrauchsverwalter**, § 1052 BGB; Sachpfleger ist auch der Pfleger eines **Sammelvermögens** gem § 1883 BGB; er macht Ansprüche der Veranstalter hinsichtl des Sammelvermögens im eigenen Namen geltend; will er daneben den Klageanspruch hilfsw als Pfleger für unbekannte Beteiligte (§ 1883 BGB), also als deren Vertreter, geltend machen, so ist dies als eventuelle subj Klagenhäufung unzulässig (BGH NJW 72, 2302 LS). Eine Klage ist gegen … als Insolvenzverwalter, Zwangsverwalter, TV usw zu richten, da sonst auf Grund des Urteils gegen den Bekl persönl, also in sein Privatvermögen, vollstreckt werden könnte (BGH NJW 2019, 3651, 3652). Die Partei kraft Amtes ist somit kraft Gesetzes prozessführungsbefugt; s vor § 50 Rn 19.

8 **III) Voraussetzungen einer wirksamen gesetzlichen Vertretung. 1) Vertretungsmacht.** Die ges Vertretungsmacht der in Rn 3-7 Genannten muss als **Prozessvoraussetzung** zur Zeit der letzten mündl Verh, als **Prozesshandlungsvoraussetzung** im Zeitpunkt der Prozesshandlung vorliegen (wie vor § 50 Rn 15, § 50 Rn 5, § 52 Rn 12). Andernfalls ist die Klage unzulässig bzw sind die vorgenommenen Prozesshandlungen wie bei einem Prozessunfähigen unwirksam; wie dort können sie aber vom wahren Vertreter zB durch Eintritt (vgl BGH NJW 98, 384, 385; BGH NJW 2010, 2886) oder (§ 108 III BGB) von der während des Rechtsstreits selbst prozessfähig gewordenen Partei genehmigt werden. Dies ist auch noch in der Berufungs- und Revisionsinstanz möglich (BGH VRS 32, 330; OLG Stuttgart NJW-RR 94, 811; s Rn 17; § 56 Rn 11 aE). Die Anhörung des ges Vertreters ist erforderlich, um dem Prozessunfähigen rechtl Gehör zu gewähren (BayVerfGH Rpfleger 76, 350 [zust Kirberger]). Die fälschliche Behandlung durch das Gericht als ges Vertreter kann mit der Beschwerde angefochten werden (BGH ZIP 2005, 900; sa Rn 12).

9 **2) Umfang.** Die Vertretung muss auch gerade den Wirkungskreis erfassen, auf den sich der Prozess bezieht. Den **Umfang** der Vertretungsmacht wie auch ihr **Ende** bestimmt das materielle Recht.

10 **3) Prozessfähigkeit.** Der ges Vertreter muss seinerseits **prozessfähig** (§ 52) sein (OLG Zweibrücken ZIP 83, 941 mN). Meist wird schon nach materiellem Recht die Bestellung eines Prozessunfähigen zum ges Vertreter unwirksam sein, so dass *die Vertretungsmacht* fehlt. Geht die Prozessfähigkeit hingegen während des Rechtsstreits verloren (OLG Zweibrücken ZIP 83, 941), sind seine Prozesshandlungen die eines Prozesshandlungsunfähigen, da die Bestellung nicht prozesshandlungsfähig macht (iE hM; abw St/Jacoby Rn 25).

Tritt als ges Vertreter, was mögl ist (sa § 52 Rn 2), eine **jur Person** oder **Behörde** auf (Bsp: Komplementär-GmbH einer Handelsgesellschaft; die Behörde im Fall von § 50 Rn 25 aE), muss der ges Vertreter selbst durch eine prozess-(handlungs-)fähige Person ges vertreten sein, so die Komplementär-GmbH durch den Geschäftsführer, die Behörde durch den mit der Aufgabe konkret betrauten Beschäftigten (OLG Frankfurt 28.8.2018 – 8 WF 54/18; s § 78 Rn 15a; § 79 Rn 6). 11

4) Die Prüfung der gesetzlichen Vertretungsmacht und die Folgen ihres Fehlens. Dazu iE s § 56 (s § 56 Rn 2 ff, 10 ff); beachte auch § 57 (s § 57 Rn 5). Soweit die Bestellung als ges Vertreter (zB als Vormund, Betreuer, Pfleger) auf staatl Hoheitsakt beruht, ist die *Legitimationsprüfung* auf Nichtigkeitsgründe beschränkt (BGH NJW-RR 2010, 629 Tz 13; näher s § 56 Rn 4). Im Streit um die „richtige" **ges Vertretung** einer Partei ist der vermeintl ges Vertreter vertretungsbefugt (BGHZ 111, 220; BGH ZIP 2005, 900, 901 [Röhrich EWiR 2005, 639]; BGH NJW 2022, 3003; sa Rn 8 aE; zum sog Zulassungsstreit näher s § 56 Rn 13). Liegt ein Vertretungsmangel vor, kann ihn die prozessunfähige Partei stets geltend machen, ohne durch Rechtsscheingrundsätze (zB gem § 15 III HGB) daran gehindert zu sein (OLG Hamm NJW-RR 98, 470; offen lassend BGH NJW-RR 2011, 115 Tz 15). Bsp: unrichtige Eintragung von GmbH-Geschäftsführer im HR (vgl OLG Hamm, BGH, je aaO). 12

5) Besondere Vertretungsformen. a) Bei **Einzelvertretung** ist jeder Einzelne zur Vertretung befugt, aber auch gemeinschaftl Vertretung aller Einzelvertreter ist mögl. – **b)** Bei **Gesamtvertretung** müssen alle Gesamtvertreter bei der Vornahme von Prozesshandlungen gemeinsam handeln (AG Berlin-Mitte 9.11.2017 – 4 C 138/16); Folge bei Divergenz: Unwirksamkeit von Antragstellung (BGH NJW-RR 2004, 275, 276; aber § 139 beachten: Heilung durch Neuvornahme); Nichtverhandeln iSv § 333 (vgl ArbG Düsseldorf NJW-RR 92, 366); dagegen können Prozesshandlungen auch einem *einzelnen* Gesamtvertreter ggü vorgenommen werden (vgl § 170 III; OLG München NJW-RR 2015, 33, 35 Tz c/bb). Der Wegfall eines (von 2) gesamtvertretungsberechtigten Vertretern führt nicht zur Alleinvertretungsbefugnis des anderen (OLG München NJW-RR 2015, 33, 35. Hilfe: § 57 (§ 57 Rn 1). – **c)** Bei **Wegfall** eines gesetzl Vertreters einer jur Person (Vorstand, Geschäftsführer) kann gem/entspr § 29 BGB ein Notvorstand/Notgeschäftsführer bestellt werden (s Rn 4a aE; § 57 Rn 1); *anders* bei Personengesellschaft, arg §§ 715, 720 BGB seit 1.1.2024 (vgl BGH NJW 2014, 3779 Tz 12 ff für GbR). 13

IV) Wirkungen der gesetzlichen Vertretungsmacht. 1) Parteistellung. Für den Prozessunfähigen handelt im Prozess der ges Vertreter – entweder selbst oder durch postulationsfähigen Bevollmächtigten; Handlungen gegen den Prozessunfähigen sind ggü dem ges Vertreter vorzunehmen (s § 170 I 1; Verstoßfolge: § 170 I 2; sa Rn 17). **Partei** ist allein der **Vertretene**, für den die Handlungen und Unterlassungen des Vertreters unmittelbar und ausschließl wirken. Dem Vertretenen fallen auch die Kosten des Rechtsstreits zur Last; in sein Vermögen kann allein vollstreckt werden. Allerdings wird der ges Vertreter im Prozess wie eine Partei behandelt; zB bei Parteivernehmung (§ 455 I), Richterausschließung (§ 41 Nr 3, s § 41 Rn 7), Verschuldenszurechnung (**II**; s Rn 18 f). 14

2) Bezeichnung. Zur **Bezeichnung** des ges Vertreters im vorbereitenden Schriftsatz s § 130 Nr 1, in der Klage § 253 IV, im Urteil § 313 I Nr 1, im MB u VB § 690 I Nr 1, § 692 I Nr 1, § 699 I 1. Sofern der gesetzliche Vertreter erkennbar irrtümlich fehlerhaft angegeben ist, die Klage aber an den richtigen gesetzlichen Vertreter zugestellt wird, ist sie ordnungsgemäß erhoben (BGH MDR 2017, 656). 15

3) Unterbrechung. Der **Tod des Vertreters** oder das **Ende** seiner Vertretungsmacht unterbricht gem § 241 (§ 246); bei Vertretung durch einen ProzBev ist § 86 zu beachten (s § 86 Rn 9, 12). Ist der ges Vertreter verhindert, sein Amt auszuüben (er soll zB von dem Minderj selbst verklagt werden), ist vom FamG ein anderer Vertreter zu bestellen (bei Gefahr im Verzug: § 57). 16

4) Mängel in der gesetzlichen Vertretung und Heilung. Zur heilenden **Genehmigung** von Vertretungsmängeln s bereits Rn 8 u näher s § 52 Rn 14 u bes § 56 Rn 12; ferner § 547 Nr 4, § 579 I Nr 4 u die Erl dort; **Zustellungsmangel:** § 170 I 2 u s § 170 Rn 6; s § 52 Rn 13; § 56 Rn 15; Heilung: s § 189 Rn 6, 8. 17

V) Verschuldenszurechnung (§ 51 II). 1) Allgemeines. a) Das **Verschulden des ges Vertreters** während der Prozessführung wird der Partei als eigenes Verschulden zugerechnet (**II**), dem Fiskus daher das seiner Vertretungsbehörde (s Rn 5 aE). Nicht zugerechnet wird das Verschulden unselbst Hifspersonen (OVG Weimar NJW 2020, 3610). Für gewillkürte Vertretung gilt § 85 II. – **b) Grund** für diese Regelung ist, das Prozessrisiko nicht zu Lasten des Gegners der ges vertretenen Partei zu verschieben (BGH NJW-RR 93, 131). Die Partei soll so behandelt werden, als wenn sie den Prozess selbst geführt hätte (BGHZ 2, 205; 66, 124). **Betreuerverschulden** kann nur zugerechnet werden, wenn dieser Verfahren tatsächlich für Vertretenen führt (bloße Unterstützungshandlungen genügen nicht, s BGH NJW-RR 2025, 443 f; sa BGH NJW 2020, 1143 Tz 43 f). Seit 1.1.2023 ist nach § 53 II Ausschließlichkeitserklärung des Betreuers erforderlich (s § 53 Rn 5 f). 18

c) Anwendungsbereich. Der Grundsatz des II gilt für **jedes Verschulden** (auch für Verf ohne Verhandlungsmaxime) und ist verfassungsgemäß (BVerfG NJW 73, 1315; BGH NJW 72, 584; BGH NJW-RR 93, 131 mwN [abl Bosch FamRZ 93, 308 mwN]). II gilt in Entschädigungssachen (BGH VersR 64, 284) und im verwaltungsgerichtl Verf über § 173 VwGO (BVerwG NJW 62, 459) sowie nach **§ 118d III BRAO** im anwaltsgericht Verfahren gegen Berufsausübungsgesellschaften (BTDrs 19/27670, 220). Eine entspr Vorschrift enthält § 9 IV FamFG. S für das Verf der Privat- und Nebenklage im Strafprozess Kohlhaas NJW 67, 191. Strittig ist die Anwendbarkeit dieses Grundsatzes im arbeitsgericht Kündigungsschutzprozess (s § 85 Rn 11). 19

20 **2) Begriff des Verschuldens. a)** Verschulden liegt vor, wenn die übliche, von einer ordentl Prozesspartei zu fordernde Sorgfalt außer Acht gelassen wurde (BGH VersR 85, 139; BPatG 22.1.2019 – 29 W (pat) 542/18; sa § 85 Rn 12, 13; § 233 Rn 12; § 296 Rn 23; Huber JuS 2010, 201). Handelt es sich bei der Partei um eine in prozessualen Angelegenheiten **unerfahrene Person**, dürfen an ihr Beurteilungsvermögen *nicht allzu hohe* Anforderungen gestellt werden (BGH VersR 81, 834; OLG Celle NJW-RR 2014, 899), anders bei sach- u rechtskundiger Behörde (BGH NJW 2012, 453 Tz 13). Verschulden setzt Verschuldensfähigkeit iSv § 276 I 2, §§ 827, 828 BGB voraus; Geschäfts-(Prozess-)Unfähigkeit iSv § 104 Nr 2 BGB (s § 52 Rn 7 ff) schließt Verschulden aus (BGH MDR 87, 315). – **b) Einzelheiten.** An die Unvermeidbarkeit eines Rechtsirrtums sind strenge Anforderungen zu stellen (BGH NJW 2014, 2947 Tz 24). Rechtsunkenntnis ist nicht unverschuldet, wenn eine Pflicht zur Erkundigung bestand, wie über Form (Anwaltszwang) und Frist eines Rechtsmittels (BGH NJW 97, 1989; VGH Mannheim NJW 97, 2698; sa § 78 Rn 3); Inanspruchnahme von öffentl Rechtsberatung genügt (Scheuerl NJW 2014, 2923). Der durch gerichtl Fehlverhalten hervorgerufene Rechtsirrtum ist **nicht verschuldet** (BGHZ 129, 289); auf eine falsche gerichtl Rechtsmittelbelehrung (s § 232; § 39 FamFG) darf die Partei daher idR vertrauen (BGHZ 140, 217); fehlt eine vorgeschriebene Rechtsmittelbelehrung, ist fehlendes Verschulden zu vermuten (§ 233 S 2; § 17 II FamFG); auf wirtschaftlichem Unvermögen beruhende Fristversäumnis ist unverschuldet (BGH NJW 2015, 1312); Fristausnutzung bis zum letzten Tag ist kein Verschulden (BGHZ 139, 308), dgl nicht Unterlassung von Vorkehrungen für Kenntnisnahme von Zustellungen bei Urlaubsabwesenheit (OLGR Braunschweig 1997, 146), **wohl aber** Nichterreichbarkeit während des Verf (BGH NJW 93, 667; BGH NJW 2003, 903; sa § 233 Rn 23.1), Nicht-(verzögerte) Reaktion im Zusammenhang mit Rechtsmitteleinlegung (OLGR Koblenz 2008, 995), Nichtbeachtung von strafbewehrtem gerichtl Unterlassungsgebot (BGHZ 180, 72 Tz 17), ferner bewusste Unterlassung der Einzahlung als fällig angeforderter Gebühren (BGHZ 122, 30).

§ 52 Umfang der Prozessfähigkeit

Eine Person ist insoweit prozessfähig, als sie sich durch Verträge verpflichten kann.

1 **I) Begriff der Prozessfähigkeit. 1) Inhalt.** § 52 (bisheriger Absatzzähler **mWv 1.1.2023** durch Art 7 Nr 2 des G zur Änderung des Vormundschafts- und Betreuungsrechts v 4.5.2021 weggefallen) regelt den Umfang der Prozessfähigkeit. Dies ist die Fähigkeit, Prozesshandlungen selbst oder durch selbst bestellte Vertreter wirksam vorzunehmen oder entgegenzunehmen (*„prozessuale Handlungsfähigkeit“*, vgl BGH ZIP 2007, 144 mwN; BGH DNotZ 2015, 543; sa vor § 50 Rn 14; § 56 Rn 1, 13). Bei ihrem Fehlen liegt, sofern die Partei deswegen nicht ordnungsgemäß vertreten ist, ein Nichtigkeitsgrund (§ 579 I Nr 4; zur Beweislast s LAG Schleswig-Holstein NZA-RR 2018, 382) und zugleich Versagung des **rechtl Gehörs** (Art 103 I GG) vor (BVerfG NJW 98, 745; BGH MDR 82, 1004, 1005; BGH FamRZ 2005, 200; BGH ZIP 2007, 144), ohne dass es auf ein Verschulden des Gerichts ankäme. Prozessfähigkeit wird auch im PKH-Verf geprüft (OLG Hamm FamRZ 2012, 1318 LS).

2 **2) Einzelheiten.** Ist ein Rechtssubjekt (natürl oder jur Person) parteifähig (s § 50 Rn 1), so ist damit nur gesagt, dass in seinem Namen ein Prozess geführt werden kann. Offen bleibt, ob es selbständig vor Gericht auftreten (dh Prozesshandlungen vornehmen) darf oder zur Führung des Prozesses eines ges Vertreters bedarf. Der Hinweis in § 51 I auf die Vorschriften des bürgerl Rechts ist durch die selbständige Regelung in § 52 überlagert (hM). Danach ist nur **prozessfähig**, wer **sich (selbständig)** durch Verträge **verpflichten kann**, gleichgültig, ob er den Prozess für sich oder als Vertreter für einen anderen (§ 79) führen will. Auch der ProzBev muss selbst prozessfähig sein (arg §§ 51 ff, §§ 78 ff, § 244; BVerfGE 37, 67, 76, 78; iE s § 78 Rn 20). Richtigerweise kommt gem der sog Organtheorie auch **jur Personen** eigene Handlungs- (und damit: Geschäfts-)fähigkeit zu (Beuthien NJW 99, 1143; sa Art 54, 55 SchwZGB: Handlungsfähigkeit), und damit auch Prozessfähigkeit (dafür Jauernig/Hess § 20 Rn 5 mwN; BGHZ 121, 265 f; BGH NJW-RR 2011, 115 Tz 12 zu GmbH). Nach ges Anerkennung der Prozessfähigkeit jur Personen durch Zulassung der RA-GmbH als ProzBev (s Rn 10a; sa vor § 78 Rn 7; s nunmehr allg für Berufsausübungsgesellschaften § 59l BRAO, seit 1.8.2022) ist die Prozessfähigkeit ohnehin auf alle jur Personen und ihnen gleichgestellte rechtsfähige Personengesellschaften (s § 51 Rn 4-6) zu übertragen.

2a **3) Rechtsänderungen nach BtG.** S § 51 Rn 3a. An Stelle der früheren Entmündigung und Gebrechlichkeitspflegschaft ist die Betreuung für Vollj getreten; der Betreute bleibt vorbehaltl des § 104 Nr 2 BGB voll geschäftsfähig (OLG Brandenburg 19.2.2020 – 1 U 25/19). Sofern die Betreuung aber mit einem Einwilligungsvorbehalt verbunden ist (§ 1825 BGB), ist der Betreute einem partiell beschränkt Geschäftsfähigen gleichgestellt (s Rn 4, 8); diese Beschränkung bezieht sich aber nur auf den festgelegten Aufgabenkreis des Betreuers, iÜ bleibt der Betreute (partiell) voll geschäftsfähig und insoweit auch prozessfähig (Bork MDR 91, 98). Durch Vorsorgevollmacht gem § 51 III wird ges Vertretung gesichert u Betreuung vermieden (s § 51 Rn 3a).

3 **II) Prozessfähige Personen. 1) Unbeschränkte volle Prozessfähigkeit von natürlichen Personen.** Die unbeschränkt Geschäftsfähig*en sind idR* voll prozessfähig. Dabei wird die Geschäftsfähigkeit einer natürl Person *nach den Gesetzen* des Staates beurteilt, dem sie angehört (Art 7; 4, 5 EGBGB; vgl KG FamRZ 91, 1456; s näher

EuIZPR Rn 25, 63); bei **Ausländern** ist § 55 zu beachten (BayObLGZ 2002, 101 u näher s § 55 Rn 1). **Besonderheiten** gelten bei betreuten Vollgeschäftsfähigen: s Rn 2a, 9.

2) Gegenständlich beschränkte Prozessfähigkeit. Die zum selbständigen Betrieb eines Erwerbsgeschäfts mit Zustimmung des ges Vertreters und Genehmigung des FamG ermächtigten Minderj über 7 Jahre (§ 112 BGB) und die in § 113 BGB bezeichneten Personen sind für die betriebs- bzw dienstbezogenen Streitigkeiten voll geschäfts- und damit prozessfähig; ebenso betreute Vollj bei Anordnung eines Einwilligungsvorbehalts (§ 1825 I 3 iVm §§ 112, 113 BGB, sa BSG 24.8.2016 – B 5 R 208/16 B; BGH 9.11.2021 – X ZA 2/20 Tz 10 f). Der ZP kennt aber keine Entsprechung zur VerfFähigkeit Minderj über 14 Jahre in persönl Angelegenheiten (vgl § 9 I Nr 3, § 60 FamFG). 4

3) Besonderheiten. Im **FamFG-Verf** ist die sog **VerfFähigkeit** (vgl §§ 9, 60 FamFG; sa BVerfG FamRZ 2004, 86) maßgebend; in Ehesachen ist die Verfahrensfähigkeit erweitert (§ 125 I FamFG), in Betreuungssachen ist sie unbeschränkt (§ 275 FamFG), in Kindschafts- und Abstammungssachen besteht die Pflicht zur persönl Anhörung des Kindes (§§ 159, 175 II FamFG) u damit gem § 60 S 2 FamFG Verfahrensfähigkeit. 5

4) Erweiterte Prozessfähigkeit im Zulassungsstreit. Im Streit um die Prozessfähigkeit einer Partei wird diese als prozessfähig behandelt (BGHZ 110, 295 f = ZZP 103 [1990], 465 [zust Bork]; BGH NJW 2000, 289 mN, 291; BGH MDR 2011, 63; BGH 9.11.2021 – X ZA 2/20 Tz 10 f; BGH Rpfleger 2010, 548 Tz 12; LAG Nürnberg 26.3. 2025 – 2 Ta 7/25; Kahlke ZZP 100 [1987], 16 ff mN; iE s § 56 Rn 13). 6

5) Prozessfähige juristische Personen oder rechtsfähige Personengesellschaften (§ 14 II BGB). Sie müssen im Einzelfall durch ihre ges Vertreter oder durch bes Beauftragte handeln (sa § 9 III FamFG; § 11 Nr 3 SGB X entspr). Entspr gilt für Handlungen *ggü* jur Personen (rechtsfähigen Personengesellschaften); Zustellungen müssen an den ges Vertreter (s § 51 Rn 4-5) erfolgen, § 170 I 1, III u s § 170 Rn 3. 6a

III) Prozessunfähige Personen. Prozessunfähig sind sowohl Geschäftsunfähige (s Rn 7a) als auch beschränkt Geschäftsfähige (s Rn 8), in bestimmten Fällen auch voll Geschäftsfähige (s Rn 9, 10). 7

1) Geschäftsunfähigkeit. Prozessunfähig, weil geschäftsunfähig (OLG Koblenz MDR 2015, 1152), sind: Minderj unter 7 Jahren (§ 104 Nr 1 BGB) sowie Vollj unter den Voraussetzungen von § 104 Nr 2 BGB („natürl Geschäftsunfähigkeit"); bei bloßer Geistesschwäche idR nicht der Fall (BAG NJW 2009, 3051 Tz 9); bei psychischer Erkrankug ist Einzelfall entscheidend (LAG Mecklenburg-Vorpommern 28.5.2019 – 5 Sa 41/18). Zur Annahme der – ggf partiellen – Prozessunfähigkeit eines Geisteskranken (§ 104 Nr 2 BGB) genügt die Feststellung des tatsächl Vorhandenseins der Geisteskrankheit (BGH NJW-RR 86, 157; BGH NJW-RR 2021, 1648 Tz 13); das Prozessgericht hat deren Vorliegen – idR nach Einholung von SV-Beweis – selbständig festzustellen (BGH NJW 90, 1735; Bork ZZP 103 [1990], 468; Plum JR 2018, 487). Zum Beweisverf (sog Freibeweis) und zur Beweislast s LAG Rheinland-Pfalz 2.2.2017 – 2 Sa 203/16 Tz 20 u § 56 Rn 8, 9. Geschäfts-(Prozess-)Unfähigkeit gem § 104 Nr 2 BGB kann auch bei ausgeprägtem **Querulantenwahn** zu bejahen sein (vgl BGH NJW 2000, 289; OLG Saarbrücken ZMR 98, 312; LG Bonn NJW-RR 2014, 1476; LG Saarbrücken 13.10.2009 – 5 T 427/09; LAG Hamburg 28.4.2018 – 6 Sa 13/15; LAG Hamburg 9.8.2017 – 3 Sa 50/16: querulatorische AGG-Klagen; ebenso LAG München 23.5.2019 – 7 Sa 683/17; LAG Schleswig-Holstein 22.10.2020 – 6 Sa 103/20; OLG Hamm 16.7.2024 – 3 Ws 165/24: Querulant kann trotz Prozessunfähigkeit strafprozessuale Verhandlungsfähigkeit besitzen; Überblick: Lube MDR 2009, 63; Meier VR 2018, 301; Abgrenzung zu Querulanz als Rechtsmittelmissbrauch: Einl Rn 31 mwHinw), aber auch bei unfallbedingter längerer Bewusstlosigkeit (OLG München NJW-RR 89, 255). Nicht hierher gehören jur Personen und rechtsfähige Personengesellschaften (s Rn 2). 7a

2) Beschränkte Geschäftsfähigkeit. a) Prozessunfähig, weil beschränkt geschäftsfähig, sind: **Minderj über 7 Jahre** (§§ 107 ff BGB) für andere als die aus §§ 112, 113 BGB sich ergebenden Prozesse (s Rn 4). – **b)** Das Gleiche gilt für **betreute Vollj bei Anordnung eines Einwilligungsvorbehalts** (§ 1825 I 3 iVm §§ 108 ff BGB) im Aufgabenkreis des Betreuers und des (uU engeren, s § 286 II FamFG) Einwilligungsvorbehalts (BGH 9.11. 2021 – X ZA 2/20 Tz 10 f; BSG 24.8.2016 – B 5 R 208/16 B, s Rn 2a; OLG München NJW 2020, 159 = MDR 2020, 6). Abgesehen von den Fällen der §§ 112, 113 BGB (s Rn 4) gibt es keine durch Einwilligung des ges Vertreters (vgl §§ 107, 183 BGB) *im Voraus* herstellbare Prozessfähigkeit (RSchwab/Gottwald § 44 Rn 11, hM; krit Lipp FS Roth, 2020, S 429, 439); der ges Vertreter kann die Prozessführung des Prozessunfähigen *nachträgl* genehmigen (s Rn 14). 8

3) Geschäftsfähige Pflegebefohlene. Betreute (§§ 1814 ff BGB) und Abwesende (§ 1884 BGB) sind trotz Bestellung eines Betreuers oder Pflegers prozessfähig (BGH NJW 88, 51; OLG Brandenburg 19.2.2020 – 1 U 25/19; s Rn 2a). In vom Betreuer und Pfleger geführten Prozessen wurden sie jedoch früher wie Prozessfähige behandelt (iE s § 53 Rn 4; anders seit 1.1.2023: s § 53 Rn 4). 9

4) Gegenständlich beschränkte Prozessunfähigkeit. Die Geschäftsfähigkeit und damit die Prozessfähigkeit kann auch für einen beschränkten Kreis von Angelegenheiten wegen Vorliegens einer geistigen Störung ausgeschlossen sein (BGH NJW 2000, 290; OLG Hamm MDR 2014, 1044 f; Kahlke ZZP 100 [1987], 28 f; *„partielle"* Prozessunfähigkeit; sa Rn 7a); dies auch bei einem RA (BGHZ 30, 117). Nicht anerkannt ist eine *„relative"*, auf den Schwierigkeitsgrad des Geschäfts bezogene Geschäftsunfähigkeit (vgl BayObLG NJW 89, 1678; Grüneberg/Ellenberger § 104 BGB Rn 6; Plum JR 2018, 484). 10

10a **5) Gesetzlicher Vertreter.** Tritt für die prozessunfähige Partei (s Rn 7-10) ein **ges Vertreter** auf, muss dieser entweder *selbst* prozessfähig sein oder (im Fall einer Behörde) durch eine prozessfähige Person ordnungsgemäß vertreten sein (iE s § 51 Rn 11). Das Erfordernis der Prozessfähigkeit gilt auch für den **ProzBev** (BGHZ 30, 112; Kahlke ZZP 100 [1987], 18 ff; iE s § 78 Rn 20; § 79 Rn 2, 3; § 80 Rn 2); daran hat sich durch Zulassung der RA-GmbH sowie der **Berufsausübungsgesellschaften** (§§ 59i, 59l BRAO seit 1.8.2022 mit Wegfall von § 7 IV PartGG, BRDrs 55/21, 231; sa Rn 2) nichts geändert.

11 **IV) Bedeutung der Prozessfähigkeit.** Die Prozessfähigkeit ist **Prozessvoraussetzung** (s Rn 12), **zugleich aber Prozesshandlungsvoraussetzung** (s Rn 13; vor § 50 Rn 15); sie ist Voraussetzung für die wirksame Gewährung **rechtl Gehörs** (s Rn 1).

12 **1) Zeitpunkt des Vorliegens.** Als **Prozessvoraussetzung** (§ 282 III) muss sie spätestens im Zeitpunkt der letzten mündl Verh gegeben sein; anderenfalls erfolgt kostenpflichtige (s § 56 Rn 11) Abweisung der Klage als unzulässig (BGHZ 110, 296 ff [s Rn 6]; BGH NJW 2000, 290), soweit nicht Behebung des Mangels in Frage kommt (BGH NJW-RR 86, 119; s § 56 Rn 11, 13 ff). Die Rüge dieses Mangels ist unverzichtbar (§ 295 II, § 296 III). **Verliert** eine Partei die Prozessfähigkeit während des Rechtsstreits, führt dies zur Unterbrechung (§§ 241, 249; OLG München MDR 89, 361; BGH 4.5.2020 – AnwZ (Brfg) 54/18: bei sich selbst vertretendem RA) oder Aussetzung (§ 246); es handelt der ges Vertreter in prozessualer Hinsicht (§ 455). Zweifelhaft OLG München 23.6. 2021 – 20 U 6587/20 Tz 10: bei anwaltlich vertretener (prozessunfähiger) Partei sei Sachentscheidung möglich (entspr § 86). **Erwirbt** eine Partei die Prozessfähigkeit während des Rechtsstreits, führt sie ihn nunmehr selbst weiter (BGH NJW 83, 2084, 2085 mwN). Stirbt die prozessunfähige Partei vor der Entscheidung, greifen §§ 239, 246 ein (ebenso LG Berlin 8.8.2022 – 83 O 9/22 Tz 30). Ein (zu Unrecht) gegen einen Prozessunfähigen ergangenes Urteil (zur Frage der Rechtskraft s Rn 13) ist vollstreckbar. Auch bei der **ZwV** ist Partei- und Prozessfähigkeit stets Voraussetzung des Vollstreckungsverf (näher s vor § 704 Rn 16). Die bloße Mitwirkung des Sch (OLG Frankfurt JurBüro 76, 658; offen BayObLGZ 90, 323 mN) ist ebenso wenig ausreichend wie die Zustellung an ihn (dh gem § 170 an seinen ges Vertreter; s LG Frankfurt NJW 76, 757).

13 **2) Abgrenzung.** Als **Prozesshandlungsvoraussetzung** muss sie (teilw abw von Rn 12) *auch* bereits früher (bei Vollmachtserteilung, Klageerhebung usw) vorliegen (BGH NJW 2000, 290; BGH NJW 2022, 3003 Tz 5). Andernfalls sind die von oder ggü einer prozessunfähigen Partei vorgenommenen Prozesshandlungen unwirksam (vgl BGHZ 110, 296 [s Rn 6]). **Bsp:** Erteilung von Prozessvollmacht (s § 80 Rn 3); Zustellung von Klageschrift an einen Prozessunfähigen (§ 170 I 2; zur Heilungsmöglichkeit nach § 189 s BGH NJW 2015, 1760 Tz 15). Ist ein Urteil (VB) ergangen, ohne dass die Prozessunfähigkeit einer Partei bemerkt wurde, so soll nach hM die Rücknahme eines Rechtsmittels durch die prozessunfähige Partei (oder ihren gesetzl Vertreter) gleichwohl die Rechtskraft des Urteils (VB) bewirken (BGH NJW 2014, 937 Tz 13, 25; St/Jacoby § 56 Rn 3, str); dgl soll die Zustellung an den (unerkannt) Prozessunfähigen die Rechtsmittel-(Rechtsbehelfs-)Frist in Lauf setzen (so BGH NJW 2008, 2125 [krit Sujecki], bestätigend BGH NJW 2014, 937 Tz 24). Diese bedenkliche Einschränkung der Unwirksamkeitsfolge (arg Art 103 I GG) steht im Widerspruch zu **§ 170 I 2** (Eyinck MDR 2008, 1255). Nach zutr Auffassung (s § 56 Rn 15) tritt Rechtskraft erst nach Ablauf der absoluten Rechtsmittelfristen ein (§§ 517, 548), bei einem VU (VB) überhaupt nicht, da keine Einspruchsfrist läuft (so AG Hamburg NJW-RR 98, 791; RSchwab/Gottwald § 73 Rn 4 f; ThP/Hüßtege § 170 Rn 3; sa § 56 Rn 15; § 170 Rn 6; § 699 Rn 17).

14 **3) Mangel und Heilung.** Der **Mangel** ist **heilbar** durch die **Genehmigung** oder rügelose Einlassung (§ 184 BGB entspr, § 295) des – uU erst zu bestellenden (vgl OLG Frankfurt Rpfleger 84, 101) – ges Vertreters oder der nachträgl prozessfähig gewordenen Partei (BGH NJW 2000, 290); Eintritt in den Prozess als ges Vertreter steht gleich (BGH NJW 2014, 937 Tz 27; BGH NJW 2010, 2886). Bei Gesamtvertretung (s § 51 Rn 13 [b]) muss die Genehmigung von *sämtl* (Mit-)Vertretern gemeinsam ausgehen (BGH NJW 2010, 2886 Tz 8 zu GbR; AG Berlin-Mitte 9.11.2017 – 4 C 138/16 Tz 16). Die Genehmigung kann konkludent in der Fortführung oder Steuerung des Rechtsstreits gesehen werden (BGH NJW 99, 3263 f), bei Handeln durch das „falsche" Vertretungsorgan (s § 51 Rn 4) durch das „richtige" (BGH NJW-RR 2004, 330, 331; LG Offenburg 16.6.2021 – 4 O 109/19 Tz 18; sa § 56 Rn 12). Die Genehmigung erfasst die Prozessführung im Ganzen, nicht nur einzelne Prozesshandlungen (BGH NJW 87, 130). Im Einzelfall kann das Verf freilich an so schweren Mängeln leiden (Art 103 I GG; s Rn 1, 11), dass dieses einer nachträgl Genehmigung nicht zugängl sind (BGH FamRZ 2005, 200 für stillschweigende Genehmigung des Betreuers in ZVG-Sache). Die Genehmigung wirkt auf den Zeitpunkt der Vornahme der einzelnen Prozesshandlung zurück (allgM, arg § 184 I BGB; iE s § 56 Rn 11). Schranken für die **Rückwirkung** ergeben sich nach Ablauf prozessualer Notfristen (s LG Paderborn NJW 75, 1748), dagegen treten mat-rechtl Wirkungen der Rechtshängigkeit (§ 262 S 1 iVm zB § 286 I 2 BGB; iE s § 262 Rn 2) bei zunächst unzulässiger, später genehmigter Klageerhebung von Anfang an (§ 262 S 2, §§ 261, 253 I) ein (s MK/Becker-Eberhard § 262 Rn 3). Der ges Vertreter bedarf zur Genehmigung als solcher nicht der Genehmigung des FamG (vgl BGH FamRZ 2005, 200; sa § 54 Rn 1). Bei § 51 III genügt Genehmigung des Inhabers einer Vorsorgevollmacht (OLG München ErbR 2017, 449).

15 **4) Ermittlung. Prüfung** der Prozessfähigkeit, Folgen und Geltendmachung ihres Fehlens, sog **Zulassungsstreit**, s Rn 6; § 56 Rn 13.

§ 53 Prozessfähigkeit bei rechtlicher Betreuung

(1) Bei Personen, für die ein Betreuer bestellt ist, richtet sich die Prozessfähigkeit nach den allgemeinen Vorschriften.

(2) [1]Wird ein Betreuter in einem Rechtsstreit durch einen Betreuer vertreten, kann der Betreuer in jeder Lage des Verfahrens gegenüber dem Prozessgericht schriftlich oder zu Protokoll der Geschäftsstelle erklären, dass der Rechtsstreit fortan ausschließlich durch ihn geführt wird (Ausschließlichkeitserklärung). [2]Mit Eingang der Ausschließlichkeitserklärung steht der Betreute für den weiteren Rechtsstreit einer nicht prozessfähigen Person gleich. [3]Der Betreuer kann die Ausschließlichkeitserklärung jederzeit mit Wirkung für die Zukunft zurücknehmen.

I) Gesetzesreform. Das Institut der rechtl Betreuung (§§ 1814-1881 BGB) für Vollj findet in § 53 eine **prozessuale Fortsetzung**. Im Einzelfall erschien in der Vergangenheit die Vereinbarkeit mit Art 12 Abs. 2 UN-BRK problematisch (sa Beschl 90. JuMiKo, 7.11.2019, TOP I 15). Der **Reformgesetzgeber** hat desw das Selbstbestimmungsrecht des Betreuten durch § 53 nF **mWv 1.1.2023** gestärkt (s Art 7 Nr 4 des G zur Änderung des Vormundschafts- und Betreuungsrechts v 4.5.2021, s BTDrs 19/27287, 27, BGBl I 2021, 882; s dazu Rn 4). Die frühere Gesetzesfassung galt bis 31.12.2022 (s 34. Aufl Rn 2-5). – **Lit:** Lipp, Prozessfähigkeit und Menschenrechte – Zur Diskussion um § 53 ZPO, FS H. Roth, 2021, S 427; Beetz, Die Prozessfähigkeit betreuter Personen – zur Neuregelung des § 53, BtR 2022, 22; Mroß, Zwangsvollstreckung bei Prozessunfähigkeit, gesetzlicher Betreuung und Vorsorgevollmacht: Alles klar?, DGVZ 2024, 121; Beetz, Zwangsvollstreckung bei Prozessunfähigkeit von betreuten Personen als Vollstreckungsschuldner, BtR 2024, 29. 1

II) Prozessfähigkeit des Betreuten. 1) Anwendungsbereich. § 53 betrifft alle Fälle, in denen der Aufgabenkreis des Betreuers die Prozessführung für den Betroffenen umfasst (s zum maßgeblichen Bestellungsbeschluss § 286 I Nr 1 FamFG; ansonsten ist Genehmigung der Prozessführung durch Betroffenen möglich, s OLG Hamm NJOZ 2022, 1539 Tz 7, 10); zur Anwendung von § 53 im Vollstreckungsverf s Hergenröder DGVZ 2021, 185; Mroß DGVZ 2024, 121; Beetz BtR 2024, 29; AG Calw 25.5.2023 – 9 M 950/23 Tz 5: zur Abgabe der Vermögensauskunft durch Betreuer (§ 802c). § 53 ist auch im FamFG-Verf entspr anwendbar (§ 9 V FamFG, s OLG Frankfurt NJW 2014, 1393; OLG Brandenburg 7.3.2017 – 10 UF 54/15; zu weiteren Verweisungen s Beetz BtR 2022, 22). In den Fällen der § 494 II, § 779 II ist § 53 sinngemäß anzuwenden. § 53 gilt **nicht** für den nach § 57 bestellten Vertreter (BSG NJW 94, 215; St/Jacoby Rn 14), wenn dieser untätig bleibt. Die Partei kann in diesem Fall selbst Rechtsmittel einlegen (BGH NJW 1966, 2210; BSG NJW 1994, 215; allg sa § 56 Rn 13). § 53 findet bei § 51 III keine Anwendung (BGH NJW 2020, 1143 = MDR 2020, 244 Tz 43, 44). 2

2) Bedeutung der Geschäftsfähigkeit. § 53 I verweist auf die allg Vorschriften und stellt klar, dass für die Prozessfähigkeit betreuter Personen allein deren **Geschäftsfähigkeit** maßgeblich ist (§ 51; Sonderregeln: §§ 275, 316 FamFG). Wird für eine geschäftsfähige Person ein Betreuer oder Pfleger bestellt (s Rn 1), ändert dies an ihrer Geschäftsfähigkeit (Prozessfähigkeit) grds nichts (BGH MDR 1988, 37; FG Düsseldorf DStR 2025, 230; BTDrs 19/24445, 258); der Betreute kann selbständig klagen und verklagt werden (der RA des Betreuten ist ggf zur Kontaktaufnahme mit dem Betreuer verpflichtet, OLG München NJW 2020, 159 Tz 37) und auch Rechtsmittel einlegen (OLG Frankfurt NJW 2014, 1393, 1394; BSG 24.8.2016 – B 5 R 208/16 B; LG Konstanz 7.12. 2015 – C 12 T 179/15). Bei Prozessführung des Betreuten *selbst* ist dessen Prozessunfähigkeit festzustellen (§ 56 I; LSG NRW MDR 85, 701 für Pflegschaft; Geschäftsfähigkeit gilt als Regel, s OLG München NJW-RR 2015, 1043; AG Calw 25.5.2023 – 9 M 950/23 Tz 5; Plum JR 2018, 485; für Prozessfähigkeit bei ernsthaften Zweifeln restriktiver BGH NJW-RR 2021, 1648 Tz 18). Bei bestehendem Einwilligungsvorbehalt (§ 1825 BGB) bedarf die Prozessführung durch den Betreuten jedoch der Einwilligung des Betreuers (s § 52 Rn 8). Der Betroffene kann in dessen Umfang weder als Partei noch als ProzBev auftreten (§ 1825 I 3 BGB iVm §§ 108 ff BGB, § 52; OLG München NJW 2020, 159, LG Konstanz 7.12.2015 – C 12 T 179/15: kein Anfall der VerfGeb). S zum Verzicht auf die Eintragung in die Bestellungsurkunde § 290 II FamFG. Der Betreuer kann Prozesshandlungen des Betreuten jedoch heilend **genehmigen** (BGHZ 41, 106; BSG NZS 2017, 264, 265; OLG Brandenburg FamRZ 2017, 1747), auch schlüssig durch Fortführung des ohne ihn begonnenen Verf (OLG Köln Rpfleger 71, 30). Eine **Regelung der Pflegschaft** ist im Kontext der Neufassung von § 53 mWv 1.1.2023 für entbehrlich empfunden worden (näher BTDrs 19/27287, 27, 28; BTDrs 19/24445, 449: „Relikt“). Minderjährige Pfleglinge (§§ 1809 f BGB) besitzen bereits keine Prozessfähigkeit. 3

3) Prozessuale Selbstbestimmung des Betreuten. Das Auftreten des Betreuers im Prozess als Vertreter lässt die Prozessfähigkeit des Betreuten (zur Überprüfung s § 56) **abw zur bis 31.12.2022 geltenden Rechtslage** grds unbeeinflusst (BTDrs 19/27287, 28; Bartels FamRB 2021, 204, 209; Beetz BtR 2022, 22). Das **Selbstbestimmungsrecht** des Betreuten gewinnt folglich an Bedeutung (sa Rn 1). Unter § 53 aF (s 34. Aufl) verlor dagegen der Vertretene die Fähigkeit, den Prozess in eigener Person weiterzuführen (BGH NJW 88, 51; BGH 9.11.2021 – X ZA 2/20 Tz 10 f; OLG Hamm FamRZ 97, 302), wenngleich nicht rückwirkend (BSG 24.8.2016 – B 5 R 208/16 B; Lipp FS H. Roth, 2021, S 438, 439). Bei einem Dissens galten nur die Prozesserklärungen des Betreuers (BSG FamRZ 2013, 1801). Lediglich soweit der Betreuer (Pfleger) nur eine unterstützende Rolle wahrnahm 4

(Abgabe von Stellungnahmen, keine Antragstellung), blieb der Betreute prozessfähig (OLG Frankfurt NJW 2014, 1393; VG Würzburg 20.1.2021 – W 6 K 20.827 Tz 28; Lipp FS H. Roth, 2021, S 438).

5 **4) Auftreten des Betreuers im Prozess.** Der im Prozess auftretende Betreuer besitzt eine (unbeschränkte) gerichtliche ges Vertretungsbefugnis im Außenverhältnis (§ 1823 BGB); seine Erklärungen sind wirksam (Kersting BtPrax 2022, 115, 117, soweit sein Aufgabenkreis reicht (Prozessvollmacht nicht erforderlich, s BTDrs 19/24445, 258 f). Als RA (§ 78 I) kann er den Betreuten auch selbst vertreten (OLG Karlsruhe NJW-RR 99, 1700). Eine Klagerücknahme bleibt bei nachtr Aufhebung der Betreuung wirksam (LSG Sachsen 15.5.2019 – L 6 R 236/19). Zur Vertretung des Sch im Verf der eidesstattl Versicherung ist der Betreuer nur berufen, wenn sein Aufgabenkreis (§ 1815 I BGB) die Verwaltung des Schuldnervermögens umfasst (KG OLGZ 68, 428; OLG Celle FamRZ 69, 492; BGH MDR 2020, 244). Die Stärkung des Selbstbestimmungsrechts (s Rn 4) bewirkt jedoch uU ein stärkeres „Nebeneinander" des Betreuten und des Betreuers, der im Prozess auftritt (sa § 1821 I 2 BGB). Wenn kein Einwilligungsvorbehalt (§ 1825 BGB) besteht, kann es nunmehr zur **prozessualen Doppelkompetenz** von Betreuer und (prozessfähigem) Betreuten und im Einzelfall auch zu widersprüchlichen Prozesshandlungen kommen (sa BTDrs 19/27287, 28). Nach der Gesetzesbegr soll jedoch bei Prozessfähigkeit des Betreuten die gerichtliche Vertretung (§ 1823 BGB: „kann"; anders § 1902 BGB aF) durch den Betreuer grds nicht erforderlich (§ 1821 I 2 BGB) sein.

6 **5) Ausschließlichkeitserklärung.** Die Problematik wird entschärft (auch durch gerichtl Vorgehen nach § 22a FamFG), weil der Betreuer den Rechtsstreit einer prozessfähigen betreuten Person – für seinen Aufgabenkreis – durch **Ausschließlichkeitserklärung (II 1)** an sich ziehen kann (BTDrs 19/27287, 28: Erklärung, dass die Prozessführung „fortan" (entbehrlich) ausschließlich durch ihn erfolge; Alternative: Vorgehen nach § 1825 BGB; sa OVG Lüneburg 24.6.2025 – 11 PA 105/25). Dadurch wird der Betreute vor selbstschädigenden Prozesshandlungen bewahrt (sa Kersting BtPrax 2022, 115, 117: Konsequenz der Stärkung der Selbstbestimmung; weiter möglich sind selbstschädigende Willenserklärungen, s krit Gottwald FamRZ 2022, 334). In Achtung seines Selbstbestimmungsrechts ist auf eine „erhebliche Gefährdung" seiner Interessen iSv § 1821 III Nr 1 BGB abzustellen (Prozessgegenstand als Maßstab; Feststellung des mutmaßlichen Willens nach § 1821 IV BGB, sa BTDrs 19/24445, 450; Gottwald FamRZ 2022, 331, 334: nicht bei „kleinen" Verfahren). Die **Wirksamkeit** des Ausschlusses ist aber gleichwohl nicht an die Erforderlichkeit der Erklärung nach § 1821 BGB im **Innenverhältnis** geknüpft (sa Beetz BtR 2022, 22: haftungsrechtliche Konsequenzen). Bei Pflichtverletzung des Betreuers entscheidet das Betreuungsgericht gem § 1826 BGB auf Antrag des Betreuten (BTDrs 19/27287, 28). **Wirkung:** Mit Erklärungseingang gilt der Betreute *ex nunc* als nicht prozessfähig (**I 2**). Seine früheren Prozesserklärungen bleiben wirksam; ein nachträglicher Widerruf dieser scheidet aus (Ausnahme: § 290 für Geständnis). Insoweit wird auch ein sachgemäßer Verfahrensablauf garantiert (dazu bereits BGHZ 41, 303 Tz 30). Die Ausschließlichkeitserklärung gilt für alle Instanzen und kann nicht auf einzelne Erklärungen begrenzt werden. Klarstellend kann eine Ausschließlichkeitserklärung auch bei Prozessunfähigen abgegeben werden. **Form:** Die Erklärung ist gegenüber dem Prozessgericht abzugeben, sie ist in jeder Verfahrenslage, schriftlich oder zu Protokoll der Geschäftsstelle (§ 78 III) möglich. Sie ist auch bei prozessunfähigen Betreuten erlaubt (BTDrs 19/27287, 28, sa Rn 3). Nach **I 3** ist eine **Rücknahme** der Ausschlusserklärung durch den Betreuer mW für die Zukunft möglich, sofern eine Veränderung in der Schutzbedürftigkeit des Betreuten eingetreten ist (BTDrs 19/27287, 28). **Wirkung:** Mit Erklärungseingang gilt wieder § 53 I. **Form:** entspr den für die Erklärung geltenden Grundsätzen. **Betreuerverschulden** wird nach § 51 II nur zugerechnet, wenn dieser Verfahren führt (BGH NJW-RR 2025, 443 f). Nach § 53 II ist dafür Ausschließlichkeitserklärung erforderlich (s § 51 Rn 18).

7 **6) Zustellung von Schriftstücken.** Für die **Zustellung** von Schriftstücken gilt seit 1.1.2023 **§ 170a** (s § 170a Rn 2). Für die Zustellung maßgeblich ist danach, wer den Prozess führt (der Betreute oder der Betreuer als gesetzl Vertreter, s § 170a Rn 2). § 170a ordnet eine Information der jeweils anderen Person über den Zustellungsvorgang an (zur berechtigten Kritik an der Vorschrift s Kersting BtPrax 2022, 115, 118).

8 **7) Legitimationsprüfung.** Der Betreuer hat seine Bestellung durch Vorlage der Bestellungsurkunde oder einer beglaubigten Abschrift nachzuweisen (Brandenburg VerfG FamRZ 2015, 1123). Die Voraussetzungen der Bestellung sind nicht nachzuprüfen (BGHZ 33, 201; BGHZ 41, 106); ergeben sich insoweit Zweifel, kann Aussetzung des Verf (§ 148) in Frage kommen (s § 56 Rn 4 aE).

§ 53a (aufgehoben)

Die Vorschrift wurde durch Art 29 Nr 2 des FGG-RG aufgehoben. Die „Vertretung eines Kindes durch einen Beistand" in Kindschafts- und Unterhaltssachen richtet sich seit dem 1.9.2009 nach den §§ 158, 173, 234 FamFG.

§ 54 Besondere Ermächtigung zu Prozesshandlungen

Einzelne Prozesshandlungen, zu denen nach den Vorschriften des bürgerlichen Rechts eine besondere Ermächtigung erforderlich ist, sind ohne sie gültig, wenn die Ermächtigung zur Prozessführung im Allgemeinen erteilt oder die Prozessführung auch ohne eine solche Ermächtigung im Allgemeinen statthaft ist.

§ 54 gilt nur für den ges Vertreter, entspr im FamFG-Verf (§ 9 V FamFG); die Beschränkung des § 83 greift 1
also hier nicht ein. Zu reinen Prozesshandlungen ist eine bürgerlich-rechtl Ermächtigung nicht notwendig (RSchwab/Gottwald § 54 Rn 19). Mat-rechtl Willenserklärungen, die im Verlauf eines Rechtsstreits abgegeben werden, unterstehen umgekehrt wieder an sich dem bürgerl Recht (St/Jacoby Rn 2). Die Vorschrift wird deswegen weitgehend als gegenstandslos angesehen (MskV/Weth Rn 1; St/Jacoby Rn 1: obsolet). § 54 ist nur von Bedeutung für den Prozessvergleich, der aber Prozesshandlung ist und materielle Willenserklärungen enthält (s § 794 Rn 3); hier ist also zB im Fall des § 1854 Nr 6 BGB die Genehmigung des FamG nötig (sa § 52 Rn 14 aE). Anders bei Anerkenntnis und Verzicht (§§ 306, 307), da sie reine Prozesshandlungen sind (s zum Verzicht: BGH LM § 306 ZPO Nr 1 = JZ 56, 62 [Pohle JZ 56, 53]; iE s § 306 Rn 1; § 307 Rn 2).

§ 55 Prozessfähigkeit von Ausländern

Ein Ausländer, dem nach dem Recht seines Landes die Prozessfähigkeit mangelt, gilt als prozessfähig, wenn ihm nach dem Recht des Prozessgerichts die Prozessfähigkeit zusteht.

Anwendbares Recht. Es genügt, wenn ein Ausländer entweder nach dem Recht seines Heimatstaats (s LG 1
München I 14.5.2012 – 21 O 14914/09) oder dt Recht prozessfähig ist (OLG Braunschweig NZG 2020, 1182 Tz 81); praktisch geht damit die *lex fori* vor (iE Oda FS Konzen, 2006, S 603, 617 f; sa OVG Hamburg FamRZ 2011, 932: „unbegleiteter Flüchtling"; Hau FamRZ 2009, 821 ff); entspr Anwendung: § 9 V FamFG. Der Umstand, dass Art 7 I EGBGB aF mWv 1.1.2023 geändert wurde und Art 7 II EGBGB nF die Geschäftsfähigkeit dem Recht des gewöhnlichen Aufenthaltsortes unterstellt, hat richtigerweise keine Auswirkungen (Hau FamRZ 2024 126, 127). Denn § 55 spricht vom „Recht seines Landes", so dass die Prozessfähigkeit weiter dem Heimatrecht unterliegt. Zur Streitfrage, wie der Verweis auf die *lex fori* (§ 52) und die Ermittlung der Geschäftsfähigkeit (§§ 104 f BGB) zu verstehen ist, s Brinkmann ZZP 129 (2016), 488 f. Abzulehnen in ihren Konsequenzen ist die Ansicht, die Beurteilung der ausl Prozessfähigkeit an § 52 ZPO iVm Art 7 II 1 EGBGB auszurichten (so jedoch BGH JZ 1956, 535). Bei Betreuung mit Einwilligungsvorbehalt (Art 24 I 2 EGBGB aF; nunmehr Art 24 II EGBGB nF, § 1825 BGB), welche im Heimatstaat nicht anerkannt wird, ist der Betreute prozessunfähig (MskV/Weth Rn 1). Dagegen richtet sich **Parteifähigkeit** nur nach ausl Recht (s EuIZPR Rn 25, 62; § 50 Rn 2, 31, 32; sa BGH GRUR 2023, 1561 Tz 10; Wagner ZZP 117 [2004], 305, 362 f; abw Brinkmann ZZP 129 [2016], 488 f). Für Staatenlose gilt Art 5 II EGBGB entspr, doch kommt auch ihnen § 55 zugute, wenn sie nur nach dt Recht prozessfähig wären (MskV/Weth Rn 3). – **Lit:** Hau, Prozessfähigkeit von Auslandsansässigen und Ausländern: geltendes Recht und Reformbedarf, IPRax 2024, 125.

§ 56 Prüfung von Amts wegen

(1) Das Gericht hat den Mangel der Parteifähigkeit, der Prozessfähigkeit, der Legitimation eines gesetzlichen Vertreters und der erforderlichen Ermächtigung zur Prozessführung von Amts wegen zu berücksichtigen.

(2) [1]Die Partei oder deren gesetzlicher Vertreter kann zur Prozessführung mit Vorbehalt der Beseitigung des Mangels zugelassen werden, wenn mit dem Verzug Gefahr für die Partei verbunden ist. [2]Das Endurteil darf erst erlassen werden, nachdem die für die Beseitigung des Mangels zu bestimmende Frist abgelaufen ist.

I) Allgemeines. Die Parteifähigkeit, die Prozessfähigkeit, die ges Vertretungsmacht und die nur ausnahmsw er- 1
forderl (ges oder gewillkürte) Prozessführungsbefugnis (diese ist mit der „Ermächtigung zur Prozessführung" [im Ganzen!] gemeint) sind **Prozessvoraussetzungen** (§ 282 III); zunächst s vor § 50 Rn 15, 17 u 44; § 50 Rn 5; § 52 Rn 12. Für diese – nicht nur die in I ausdrückl aufgeführten – Prozessvoraussetzungen (BVerwG 27.1.2016 – 8 B 7/15 Tz 7: nicht Antrag nach § 30 VermG) stellt § 56 I den **Grundsatz der Amtsprüfung** auf (s Rn 2 ff). Zur Amtsprüfung der **Vollmacht** s § 88 II, der **Postulationsfähigkeit** (s § 78 Rn 6, 11).

II) Prüfung von Amts wegen (§ 56 I). 1) Anwendungsbereich des Grundsatzes der Amtsprüfung. Die Pro- 2
zessvoraussetzungen hat das Gericht **in jeder Verfahrenslage und in jedem Rechtszug** vAw zu prüfen (§ 56;

s vor § 253 Rn 9a), auch in der **Berufungsinstanz** (s BGH NJW 2000, 290; BGH NJW 2004, 2523) und in der **Revisionsinstanz** (s BGHZ 86, 188 f mN; BGH NJW 97, 658; BGH NZKart 2016, 371; BGH 24.4.2025 – RiZ(R) 2/24 Tz 22, auch für Dienstgerichte); auch im **Klauselerteilungsverf**, soweit vollstreckungsrechtliche Spezialregelungen nicht engegen stehen (BGH NJW-RR 2025, 425 Tz 16 ff, 20 ff zur Parteifähigkeit, beschränkt auf „Offensichtlichkeit"); die höhere Instanz ist an die Tatsachenfeststellungen der unteren zu den Prozessvoraussetzungen nicht gebunden (BGH NJW 1960, 523; BGH FamRZ 1969, 477; OLG Frankfurt/M 11.3.2025 – 9 U 54/24; Rheinschifffahrtsobergericht Karlsruhe 15.1.2024 – 22 U 1/21 RHSch Tz 20 f). Auch neues Tatsachenvorbringen (ohne die Beschränkungen des § 559) ist zu berücksichtigen (BGH NJW-RR 86, 157; BAG NJW 2015, 269 Tz 13); eine Zurückweisung als verspätet (vgl §§ 530, 531) scheidet aus (BGH NJW 2004, 2523; OLG Frankfurt/M 11.3.2025 – 9 U 54/24), § 78 führt nicht zur Unbeachtlichkeit von Parteiangaben (s Rn 5). Vielmehr ist insoweit eine Beweisaufnahme möglich (BAG AP Nr 5 zu § 56 ZPO [teilw krit Rimmelspacher]). Das Revisionsgericht kann die Prozessfähigkeit einer Partei auch für den Zeitpunkt der letzten mündl Verh vor dem Berufungsgericht feststellen (BGH NJW 70, 1683) oder das Berufungsurteil aufheben und dem **Berufungsgericht** die erforderl Prüfung übertragen (vgl BGH NJW 2004, 2523, 2524; sa Rn 14). Bsp: Einholung von SV-Gutachten über (fehlende) Prozessfähigkeit (vgl BGH NJW 1996, 1059, 1060); Zuziehung von Betreuungsakten (OLG Hamm 11.10. 2016 – 9 U 68/15 Tz 8). Analog soll § 56 I auch für die Ermittlung der Klagebefugnis eines Verbands nach § 8 III Nr 2 UWG gelten (OLG Rostock GRUR-RS 2021, 6357). Zur Anwendung von § 56 im Zwangsvollstreckungsverf s Hergenröder DGVZ 2021, 185: „keine bloße Fiktion" der Prozessfähigkeit nach Sachurteil; Hintzen WuB 2022, 88. Gem **§ 148 III nF 2023** ist bei Gutachtenerstellung in anderem Verfahren Aussetzung möglich (Vermeidung doppelter Beweisaufnahme u Verwertung nach § 411a, s LG Frankfurt/M NJW-RR 2024, 1128 Tz 5). Nicht erforderlich ist, dass Entscheidung nur von Sachverständigengutachten abhängt (BTDrs 20/6520, 105). Einwendungen gegen Gutachten sind nach § 411 IV möglich (LG Frankfurt/M NJW-RR 2024, 1128 Tz 5, sa Rn 11).

3 Im **FamFG-Verf** gilt der Grundsatz entspr (§ 9 V FamFG, s VG München 14.02.2024 – M 18 E 23.5867; sa allg §§ 26, 29 FamFG), ebenso im Klageerzwingungsverf nach § 172 StPO (KG 9.11.2015 – 3 Ws 554/15). Im **Wiederaufnahmeverf** (§ 579 I Nr 4) ist das Gericht an die Beurteilung der Prozessfähigkeit im Hauptprozess nicht gebunden (BGHZ 84, 24; krit Gaul FS Kralik, Wien 1986, S 158, 171 ff).

4 **2) Bedeutung der Amtsprüfung. a) Befugnisse und Pflichten des Gerichts.** Amtsprüfung bedeutet nicht, dass das Gericht vAw (iSd Untersuchungsmaxime) ermittelt und aufklärt (RSchwab/Gottwald § 77 Rn 49 f; Oda ZZP 110 [1997], 114; Fendt NJ 2020, 473, 476; s vor § 128 Rn 12; **aA** BGH NJW 96, 1059, 1060: „Amtsermittlungsgrundsatz gilt"; BGH NJW 2000, 290: Pflicht zur „Erschöpfung aller erschließbaren Erkenntnisquellen"; ebenso BGH MDR 2011, 63; unterscheidend Engelmann-Pilger NJW 2005, 716; Möller JA 2010, 47; Plum JR 2018, 483). Die Pflicht zur Überprüfung einer Prozessvoraussetzung setzt erst ein, wenn **hinreichende Anhaltspunkte** für ihr Fehlen vorliegen (BGH FamRZ 2014, 553 Tz 8; ähnl BAG NJW 2015, 269 Tz 13; BAG 14.2.2017 – XI ZR 283/16; BGH NJW-RR 2021, 1648 Tz 13; KG ZMR 2018, 306; LG Stuttgart WM 2018, 667; LG Ravensburg 5.1.2024 – 3 T 43/23 (zu unbestimmten Attesten des VollstrSchuldners); Plum JR 2018, 483, 486), die etwa auf „Anregungen" (s Rn 5) der Parteien zurückgehen können (OLG Brandenburg 5.9.2017 – 6 U 129/15: im Strafverfahren vorgelegtes Gutachten allein genügt nicht); dann macht der Vors im Rahmen seiner **Hinweispflicht gem § 139 III auf** die **Bedenken aufmerksam**, fordert die Parteien auf, die Zulässigkeitsvoraussetzungen darzutun, notfalls die erforderl Nachweise (§ 335 I Nr 1) zu beschaffen (BGH MDR 2006, 1250 für ges Vertretung) und etwa vorhandene – auch nachträgl gerügte (s Rn 9) – **Mängel zu beheben** (s Rn 10, 11); ist aber eine Beweisaufnahme vAw wegen zulässig (s vor § 128 Rn 11; iE s Rn 8), hat ggf eine Amtsaufklärung zu erfolgen; **Bsp:** SV-Begutachtung bei Zweifeln an der **Prozessfähigkeit** (BGH NJW 96, 1059; BGH MDR 2011, 63; BAG MDR 2000, 781, str; aA Oda ZZP 110 (1997), 115; sa Rn 8 u zur **Parteifähigkeit** s Rn 9 aE). Zur **Prüfung der Legitimation** des ges Vertreters gehört, ob ihn die zuständige Behörde bestellt oder abberufen hat (OLG Hamm OLGZ 84, 343); keine Verneinung der Vertretungsmacht aber im Allg, weil nicht alle mat-rechtl Voraussetzungen für die Anordnung zB einer Pflegschaft gegeben waren (BGHZ 33, 195, 201; BGH NJW-RR 2010, 629 Tz 13; näher s § 51 Rn 12). Ergibt sich die Fehlerhaftigkeit einer Pflegerbestellung während des Rechtsstreits, ist das Verf auszusetzen (§ 148), damit die Parteien sie aufheben (BGHZ 41, 303). Bei ges Vertretung einer jur Person (s § 51 Rn 4-5) umfasst die **Legitimationsprüfung** auch die Vertretungsbefugnis der für sie auftretenden (natürl) Person (LG Nürnberg-Fürth Rpfleger 2002, 632; sa § 88 II).

5 **b) Ausschluss der Parteidisposition.** Die in § 56 genannten Prozessvoraussetzungen sind **unverzichtbar** (vgl § 296 III; BGH NJW 2004, 2523; BGH NJW 2010, 3100 Tz 11), ihr Mangel unterliegt **nicht** der **Heilung** durch Anerkenntnis, Verzicht oder rügelose Einlassung (§ 295 II; s BGH NJW 95, 1032), ein ausdrückl oder fingiertes (§ 331 I 1) Geständnis der die Prozessvoraussetzung begründenden Tatsachen **bindet nicht**. Die Parteien können die Prüfung vAw durch Anregungen oder Rügen beeinflussen (sa Schmitt-Gaedke/Arz JA 2016, 770); § 78 gilt insoweit nicht (s § 78 Rn 4, 26a, 30). Partei- und Prozessfähigkeit sind **keine doppelrelevanten Tatsachen**, die im Rahmen der Zulässigkeitsprüfung offenbleiben könnten, sondern in jeder Verfahrenslage vAw zu prüfen (OLG Frankfurt/M 11.3.2025 – 9 U 54/24; *sa Rn 2*).

6 *c) Die* ***Reihenfolge*** **der Prüfung** der verschiedenen Prozessvoraussetzungen ist umstr (s etwa OLG Koblenz NJW 77, 56). Zum Vorrang der Prüfung der Prozessvoraussetzungen ggü den sachl-rechtl Voraussetzungen

s MK/Becker-Eberhard vor § 253 Rn 3; Hau FS Klamaris, 2016, S 357, 362, u hier s vor § 253 Rn 9 ff. Der Schutz Nichtprozessfähiger gebietet einen Prüfungsvorrang der Prozessfähigkeit und der ges Vertretung (zutr MK/Hau §§ 51, 52 Rn 51; Rimmelspacher FS Paulus, 2022, S 617).

d) In dem **Sonderfall** der Prüfung der Prozessfähigkeit eines Anwalts als ProzBev verlangt das BVerfG ein bes Verf mit bestimmten Rechtsschutzgarantien (BVerfGE 37, 67; hierzu sa § 52 Rn 1; iE s § 78 Rn 20). Allg sa Rn 8 [b]. 7

3) Beweis und Feststellung. a) Bei der Prüfung ist das Gericht an die allg Beweisvorschriften nicht gebunden; es ist von Beweisanträgen unabhängig (keine subj Beweisführungslast) und überzeugt sich im Wege des **Freibeweises** (stRspr, vgl BGH NJW 2000, 290; BGH MDR 2011, 63; BGH NJW-RR 2021, 1648 Tz 13; BAG NZA 2014, 799; KG NZG 2024, 777 Tz 45 f; OLG Braunschweig 10.6.2020 – 3 W 6/18; LAG Rheinland-Pfalz 2.2.2017 – 2 Sa 203/16 Tz 20; LG Itzehoe 11.6.2020 – 10 O 84/20; AG Berlin-Kreuzberg 6.9.2022 – 4 C 66/21 Tz 25 f, str; aA MK/Hau §§ 51, 52 Rn 46; Greger hier s § 284 Rn 1b; generell krit Greger FS Gottwald, 2014, S 210 ff); dieser unterliegt nur eingeschränkt den Grundsätzen der Unmittelbarkeit und Parteiöffentlichkeit (vgl § 355 I, §§ 357, 397, s ebenso KG NZG 2024, 777 Tz 46); das Gericht ist in der Auswahl und Verwertung (§ 383 III gilt nicht: BGH NJW 90, 1735) seiner Beweismittel frei: Einholung amtl Auskünfte und schriftl Zeugenaussagen; Beiziehung von Registerauszügen (KG NZG 2024, 777 Tz 47: Handelsregisterauszug); Anordnung von Urkundenvorlage; Berücksichtigung von Parteiangaben; Verwertung von Zeugenaussagen (Gutachten) aus einem anderen Rechtsstreit im Wege des Urkundenbeweises (BGH NJW 2000, 290, sa § 411a); Legalisation ausl Urkunde (§ 438 II) nicht erforderlich (OLG Braunschweig 10.6.2020 – 3 W 6/18); Bestellungsbeschluss zum Verwalter (§ 26 IV WEG); eidesstattl Versicherung (BGH NJW 92, 628); Begutachtung durch SV (BGH NJW 96, 1059; BGH MDR 2011, 63; BAGE 93, 248; VGH Mannheim 2.5.2019 – 1 S 552/19); **alles vAw**, ohne Beweisbeschluss (BGH NJW 51, 441) und ohne Kostenvorschuss (OLGR München 2002, 75; sa § 379 Rn 3). – **b)** Vor der **Feststellung der Prozessunfähigkeit** einer Partei ist diese persönl anzuhören (BGH NJW-RR 2009, 1223; BGH FamRZ 2014, 553 Tz 15 ff; sa BVerfG NZA-RR 2016, 495 Tz 14; § 34 I, III 2; § 278 I FamFG gelten entspr: OLG Hamm 11.10.2016 – 9 U 68/15 Tz 8). Alle erschließbaren Erkenntnisquellen sind zu erschöpfen (BVerfG NJW 2021, 3387 Tz 10 f; BGH NJW 96, 1059; BGH MDR 2011, 63; BGH FamRZ 2014, 553 Tz 10, insb Begutachtung durch SV); dies gilt auch im PKH-Verfahren: BVerfG NZA-RR 2016, 495 Tz 14; das Gericht hat durch Hinweise (§ 139 III) Vorlage entspr Materials (vgl Lube MDR 2009, 64), insb die Bestellung eines Betreuers (§ 1814 BGB) anzuregen (BGH FamRZ 2014, 553 Tz 20; BAG NJW 2015, 269 Tz 32; Schewe NZFam 2014, 334; anderes gilt bei seit langem bekannter Prozessunfähigkeit: OLG Karlsruhe FamRZ 2015, 131 Tz 10). Erst bei „nicht aufklärbaren Zweifeln“ und Ablauf einer Wartefrist (arg § 280 FamFG) ist eine Beweislast-Entscheidung (s Rn 9) zulässig (BGH NJW 96, 1060; BGH FamRZ 2014, 553 Tz 10 f; BAG MDR 2000, 781). – **c) Rechtsbehelf.** Die Anordnung der Begutachtung durch SVe zur Überprüfung der Prozessfähigkeit unterliegt ausnahmsw der (außerordentl) Beschwerde, soweit sie einen Grundrechtseingriff darstellt; Bsp: psychiatrische Untersuchung ohne vorh persönl Anhörung (vgl BGH NJW 2007, 3575; BGH NJW-RR 2009, 1223; s aber BVerfG NJW 2003, 1924: Grundsatz der Rechtsmittelklarheit). 8

4) Objektive Beweislast. Grundsatz: Wer aus behaupteten Prozessvoraussetzungen Rechte für sich herleitet, trägt für ihr Vorliegen die obj Beweislast (BGH MDR 2005, 1306, 1307; nicht die subj: s Rn 8 [a]); regelmäßig trägt also der ein Sachurteil begehrende Kl dafür die Beweislast, dass er selbst und der Bekl partei- und prozessfähig, prozessführungsbefugt und ggf ordnungsgemäß ges vertreten sind (s BGH NJW 96, 1059; BGH NJW 2000, 290; BGH MDR 2005, 1306, 1307; auch im PKH-Verfahren: s OLG Karlsruhe MDR 2015, 1033; instruktiv und krit de Lousanoff NZG 2008, 490, 491; aA Musielak NJW 97, 1736 ff). Umgekehrt liegt die obj Beweislast beim Bekl, wenn er ein VU oder ein Verzichtsurteil (ThP/Seiler vor § 253 Rn 13; Plum JR 2018, 483, 488) gegen den Kl begehrt. Nach BGH NJW 96, 1060 sind nach der Lebenserfahrung Störungen der Geistestätigkeit Ausnahmeerscheinungen, so dass es der sich hierauf berufenden Partei obliegt, entspr Tatsachen darzulegen; anderenfalls ist von der Prozessfähigkeit der betr Partei auszugehen (BGH FamRZ 2014, 553 Tz 8), dgl von der fortbestehenden Parteifähigkeit einer jur Person (BGHZ 159, 194, 199). Lässt sich aber nach Erschöpfung aller erschließbaren Erkenntnisquellen im Wege der Amtsermittlung nicht klären, ob die Partei geschäftsfähig ist (s Rn 8 [b]), muss sie iErg als nicht prozessfähig angesehen werden (BGHZ 110, 297 f; BGH MDR 2011, 63; BGH FamRZ 2014, 553 Tz 10 f; OLG Hamm MDR 2014, 1044; Bork ZZP 103 [1990], 468 f; Lube MDR 2009, 64; Schewe NZFam 2014, 334, str; aA Musielak NJW 97, 1736 ff). Ob der ges Vertreter im Rahmen seiner **Vertretungsmacht** handelt, muss er nachweisen (BGH NJW 52, 818). Eine beklagte **ausl jur Person** oder Gesellschaft (s § 50 Rn 33) muss zur Auslösung der Prüfung vAw den Mangel oder späteren Verlust ihrer Parteifähigkeit substantiiert dartun (BGH NJW 2004, 2523, 2524; KG ZMR 2018, 306; OLGR Koblenz 2008, 30); soweit es dafür nach dem maßgebl ausl Recht auf gesellschaftsinterne Vorgänge ankommt, trifft sie eine *Mitwirkungspflicht* (Engelmann-Pilger NJW 2005, 718). 9

III) Folgen eines Mangels. 1) Späterer Mangel. Als **Mängel** in Frage kommen Nichtigkeitsgründe (§ 579 I Nr 4) und Fälle von (aus Rechtsgründen) fehlenden rechtl Gehörs (Art 103 I GG; vgl BAG NJW 2009, 3051 Tz 5); Sondervorschrift: § 170 I 2 (dazu Rn 15). Das Gericht hat durch geeignete Hinweise (zB auf §§ 1814 ff BGB) und entspr Verfahrensgestaltung (s Rn 11, 19) auf Mangelbeseitigung hinzuwirken (BVerfG NJW 98, 745; BGH MDR 2011, 63; ArbG Gelsenkirchen 30.8.2016 – 5 BV 19/16: erforderlicher Betriebsratsbeschluss; sa Rn 11, 10

19). IÜ ist nach dem **Zeitpunkt** zu unterscheiden: Soweit der Mangel erst **während des Rechtsstreits** eintritt, gilt: Unterbrechung nach §§ 239, 241, 246, und zwar auch dann, wenn eine jur Person ohne Abwicklung durch Gesamtnachfolge (zB durch Verschmelzung gem §§ 2 ff, 20 UmwG) erlischt (s § 239 Rn 3, 6; sa OLG München OLGZ 94, 90; ebenso nach BGH MDR 2017, 346 Tz 24 f, wenn engl „Ltd" im Gründungsstaat gelöscht wird, aber ihre Wiedereintragung betrieben werden kann), ferner wenn eine prozessunfähige Person stirbt (RG JW 17, 295). Wird eine jur Person während des Rechtsstreits aufgelöst, tritt sie in Liquidation, was an ihrer Parteifähigkeit nichts ändert; tritt Vollbeendigung ein, kann § 265 eingreifen, wenn bei der Liquidation der streitbefangene Gegenstand einem Dritten (Mitglied, Gesellschafter) zugeteilt wurde; die Parteifähigkeit der (vollbeendeten) jur Person bleibt insoweit aufrechterhalten (BAG NJW 1982, 1831; BFHE 125, 110; St/Jacoby § 50 Rn 43, 44; aA BGHZ 74, 212 u dazu s § 50 Rn 5); eine wegen Vermögenslosigkeit vAw gelöschte GmbH (§ 394 I FamFG) ist ausnahmsw in einem Rechtsstreit parteifähig, dessen Gegenstand ein Anspruch ist, der sich nach der Löschung als vorhanden herausstellt (vgl BGH NJW-RR 2011, 115 Tz 22; näher s § 50 Rn 4b), idR hat sich der Rechtsstreit erledigt (§ 91a; BGH NJW 82, 238, str; näher s § 50 Rn 5; § 91a Rn 58.31). Zur Vertretung einer derartig gelöschten Gesellschaft s § 51 Rn 4a, 4b. Zur Vertretung der gelöschten GmbH durch bereits vor der Löschung bestellten ProzBev s § 86 Rn 12. Zum Verlust der Parteifähigkeit der OHG bei Vollbeendigung: s § 50 Rn 4.

11 **2) Anfänglicher Mangel.** Anderes gilt bei **anfänglichen Mängeln:** Die Klage ist hier (bei Unbehebbarkeit des Mangels) als unzulässig abzuweisen (BGH NJW 2004, 2523; aber Rn 8 [b] beachten); die Kosten trägt grds die (auch zB prozessunfähige) Partei (BGHZ 121, 399 [s § 88 Rn 11]; OLG Koblenz MDR 2007, 422), uU der von ihr verschiedene **Veranlassende**, so etwa der falsche ges Vertreter (BGH VersR 75, 344; BGH MDR 55, 468; OLG München MDR 55, 176; OLGR Hamm 1999, 388; Abgrenzung zum ProzBev: s § 88 Rn 11). Zur **Behebung des Mangels** ist den Parteien durch Vertagung (§§ 227, 335 II) Gelegenheit zu geben (BGH MDR 2011, 63, 64; BGH FamRZ 2014, 553 Tz 19 ff; BAG NJW 2015, 269 Tz 32), wobei uU nach §§ 148 ff auch Aussetzung mögl ist (BGH FamRZ 2010, 548 Tz 21 = Rpfleger 2010, 548). Nach § 148 III nF kommt dies bei Gutachtenerstellung in anderem Verfahren in Betracht (Verwertung nach § 411a, s LG Frankfurt/M NJW-RR 2024, 1128 Tz 5, sa Rn 1). Einstw Zulassung nach § 56 II oder Bestellung von ProzPfleger entspr § 57 s Rn 18. In **höherer Instanz** ggf Aufhebung der Entscheidung und Abweisung der Klage als unzulässig (BGH NJW 2000, 289, 291), anderenfalls Zurückverweisung an die untere Instanz (OLG Köln Rpfleger 76, 102; s Rn 14). Ist die Instanz durch **Prozessvergleich** beendet, so ist der Antrag der prozessunfähigen Partei auf Verfahrensfortsetzung wegen Unwirksamkeit des Vergleichs unzulässig (BGH NJW 83, 997, str; aA MK/Hau §§ 51, 52 Rn 45, jedoch mit nicht überzeugender Parallele).

12 **3) Heilung.** Mögl ist die Heilung der Nichtigkeit (nur) der **ganzen** Prozessführung (BGHZ 92, 141) durch **rückwirkende Genehmigung** (vgl § 547 Nr 4) des wahren ges Vertreters (s § 51 Rn 17; § 52 Rn 14), der parteioder prozessfähig gewordenen Partei ohne Zustimmung des Gegners (BGH NJW 96, 1060; BGH NJW-RR 2009, 690; Urbanczyk ZZP 95 [1982], 355; sa § 52 Rn 14), iZw auch konkludent (BGH NJW 99, 3263; BGH NJW-RR 2009, 690, 691). Bsp: Einflussnahme auf Prozess. Verweigerung der Genehmigung durch wahren ges Vertreter ist (idR) nicht missbräuchl (BGH MDR 2004, 284; BGH ZIP 2005, 900, 901). Bei **Säumnis** erfolgt Abweisung der Klage durch unechtes VU (s vor § 330 Rn 11), wenn Unheilbarkeit des Mangels feststeht; sonst Ablehnung des VU, wenn nur der Nachweis fehlt (§ 335 I Nr 1). Das Gericht muss auf Heilung **hinwirken** (s Rn 10, 11).

13 **4) Zwischenurteil.** Bei **Streit, ob ein Mangel iSv I vorliegt**, ist gem § 280 durch Zwischenurteil (wenn er verneint wird) oder durch klageabweisendes Endurteil (wenn Mangel unheilbar) zu entscheiden. Bei ordnungsgemäßer Klageerhebung wird ein falscher *ges Vertreter* in der Verh durch beschwerdefähigen Beschluss zurückgewiesen (KG NJW 68, 1635), was ein VU gegen die nicht mehr vertretene Partei ermöglicht. Ist die *Partei- oder Prozessfähigkeit*, die *Existenz* einer Partei oder ihre *ges Vertretung* im Streit, gilt sie bis zur rechtskräftigen Feststellung des Mangels als partei- bzw prozessfähig, existent oder gesetzl vertreten (BGHZ 132, 355; BGH NJW 2008, 528; BGH MDR 2010, 1279 Tz 9; BGH 7.6.2018 – V ZB 252/17 Tz 10; VerfGH BW VBlBW 2018, 368; sa vor § 50 Rn 12; § 50 Rn 8; § 52 Rn 6); sie ist also in der Lage, in diesem Streit ProzVollmacht zu erteilen (BGH NJW-RR 2004, 1505; s § 80 Rn 3) oder einen Richter als befangen abzulehnen (OLG Koblenz JurBüro 77, 113; OLG Köln NJW 71, 569), und kann auch **Rechtsbehelfe**, insb mit dem Ziel, eine andere Beurteilung ihrer Partei- oder Prozessfähigkeit zu erreichen, einlegen (BGHZ 70, 215; BGH MDR 2010, 1279 Tz 9; BGH FamRZ 2014, 553 Tz 4; OLG Karlsruhe ZIP 2018, 627; Plum JR 2018, 483, 486, allgM), aber auch zur Erreichung eines ihr günstigen Sachurteils (BGH MDR 2010, 1279 Tz 9; s Rn 14). Bei Streit um die Parteifähigkeit kann **Kostenentscheidung** ergehen (BGHZ 121, 397, 399), so dass auch Prozesskostensicherheit (**§ 110**) möglich ist („libyscher Staatsfonds", BGH 16.1.2024 – XI ZR 49/23 Tz 11 f [Schütze BKR 2024, 441, 443 f]). Die Rechtsbehelfsbefugnis von Prozessunfähigen umfasst auch außerordentl Rechtsbehelfe (zB gem §§ 732, 797 IV, so Hager ZZP 97 [1994], 174 ff, teilw krit zu BGHZ 86, 184 betr Fortsetzungsantrag nach Vergleich). Erging Urteil gegen den falschen *ges Vertreter*, ist es durch ihn und durch den wahren Vertreter anfechtbar (BGHZ 40, 198 f; 111, 220 f; BGH NJW 2022, 3003 Tz 7; BayObLGZ 90, 337; *MK/Hau* §§ 51, 52 Rn 52; RSchwab/Gottwald § 54 Rn 12). Jedoch steht dem falschen *ges Vertreter* – bei deswegen abgewiesener Klage – das Rechtsmittel nur insoweit zu, als *er die Verneinung* seiner Vertretungsmacht angreift (BGHZ 111, 220 f).

5) Rechtsmittelinstanzen. Zeigt sich in der oberen Instanz, dass der in der Sache verurteilte Rechtsmittelkläger nicht partei- oder prozessfähig ist, so ist nicht das Rechtsmittel als unzulässig zu verwerfen, sondern die Klage vom Revisionsgericht als unzulässig abzuweisen (BGHZ 18, 106; BGH NJW 2000, 289; BGH WM 2017, 950). Gleiches gilt, wenn schon im 1. Rechtszug ein Mangel in der ges Vertretung vorlag (BGHZ 40, 198 f; BGHZ 111, 220 f; OLG Düsseldorf MDR 97, 500; zur gewillkürten Vertretung s § 88 Rn 6). Dieselbe Konsequenz ist zu ziehen, wenn gegen den nicht prozessfähigen (parteifähigen, existenten) Rechtsmittelführer in 1. Instanz ein Sachurteil ergangen ist (BGHZ 110, 294 = NJW 90, 1734 [Bork ZZP 103 (1990), 468]; BGH NJW 2000, 289); darauf, ob die (uU) prozessunfähige (nicht parteifähige, existente) Partei mit ihrem Rechtsmittel eine Sach- oder Prozessentscheidung erstrebt, kommt es nicht an (zutr BGH NJW 2000, 289, 291 gegen BGHZ 110, 296; BGH MDR 2010, 1279 Tz 9; BGH FamRZ 2010, 548 Tz 12 = Rpfleger 2010, 548). Hatte das Erstgericht die Klage wegen Mangels der Partei- oder Prozessfähigkeit abgewiesen, so ist das Rechtsmittel der hierwegen beschwerten Partei zulässig (BGHZ 110, 295 f; BGH NJW 96, 1059 f), wird also als unbegründet abgewiesen, wenn das Zweitgericht zum gleichen Ergebnis kommt (BGH NJW 2010, 3100 Tz 8, 11); bei ungenügender Amtsaufklärung durch die Vorinstanz (s Rn 8) erfolgt Aufhebung und Zurückverweisung (§ 539; vgl BGH NJW 96, 1059). 14

6) Nichtigkeitsklage. Bleibt der Mangel **unentdeckt**, kommt nach § 579 I Nr 4 die Nichtigkeitsklage gegen das rechtskräftige Urteil in Betracht (BGH NJW 74, 2283; AG Kleve 25.9.2020 – 36 C 25/2), bei Fehlen der Parteifähigkeit in analoger Anwendung (s § 579 Rn 6, str; teilw aA Lindacher JZ 89, 377); sie ist zum Schutze des Prozessunfähigen u zur Wahrung rechtl Gehörs auch dann zulässig, wenn im Urteil des Hauptprozesses ein Mangel der Prozessfähigkeit geprüft, aber verneint wurde (BGHZ 84, 27 ff; zust MK/Hau §§ 51, 52 Rn 53; MskV/Weth § 52 Rn 6; MskV/Spohnheimer § 579 Rn 10; hier Greger s § 579 Rn 6). Die Rspr erachtet mitunter mangelhafte Prozesshandlungen im Interesse der Rechtssicherheit u des Eintritts der formellen Rechtskraft als wirksam: So soll die Rechtsmittel-(Einspruchs-)frist mit Zustellung an den unerkannt Partei- oder Prozessunfähigen bzw an den falschen ges Vertreter beginnen (s BGH NJW 88, 2049; BGH NJW 2008, 2125 [krit Sujecki]; BGH NJW 2014, 937); Rechtsmittelverzicht oder -rücknahme durch den Prozesshandlungsunfähigen oder den falschen ges Vertreter sollen die Rechtskraft eintreten lassen (BGH NJW 2014, 937 Tz 25; MK/Hau §§ 51, 52 Rn 52; abw OLG Zweibrücken FamRZ 99, 27: rügelose Einlassung); dies steht aber im Widerspruch zu § 170 I 2 u schränkt den prozessualen Schutz von Prozessunfähigen allzu sehr ein (näher s § 52 Rn 13; sa § 170 Rn 6). Bleibt unentdeckt, dass der Mangel erst während des Rechtsstreits eintrat (s Rn 10), soll nach hM gleichwohl Rechtskraft eintreten können, obwohl nach §§ 241, 246 zu verfahren gewesen wäre u § 249 I den Lauf der Rechtsmittelfrist ausschließt; die Nichtigkeitsklage gem § 579 I Nr 4 ist dann das Mittel zur Aufnahme des nunmehr als unterbrochen geltenden Rechtsstreits. 15

IV) Vorläufige Zulassung unter Fristsetzung (§ 56 II). 1) Form der Entscheidung. Die Zulassung mit Vorbehalt der Mangelbeseitigung erfolgt schon wegen der notwendig damit verbundenen Fristsetzung (s **II 2**), die verlängerbar ist (§ 224 II), stets durch **Beschluss** (ThP/Hüßtege Rn 4; MK/Hau Rn 6, hM; abw AG/Vogt-Beheim Rn 34: uU auch formlos). Der (stattgebende) Beschluss ist unanfechtbar, gegen die Zurückweisung des Antrags findet sof Beschwerde statt (§ 567 I Nr 2). Die zur Verhandlung zugelassene Partei kann alle Prozesshandlungen vorläufig wirksam vornehmen (aber s Rn 18 [b]). In **Eilverfahren** kann Fristsetzung zur Beseitigung des Mangels der Prozessfähigkeit untunlich sein (so OVG Bremen 28.11.2023 – 2 B 239/23). 16

2) Voraussetzungen der vorläufigen Zulassung (§ 56 II 1). a) Behebbarer Mangel hinsichtl einer Prozessvoraussetzung iSv I. – **b)** Gefahr im Verzug für die betr Partei (wie § 57 Rn 4). – **c)** Beseitigung des Mangels oder Nachweis der Prozessvoraussetzung ist in angemessener Zeit mögl. Das Ermessen (**II 1:** „kann") ist idR iSd Zulassung auszuüben; Grund: Ermöglichung der Mangelbeseitigung, Vermeidung von Formalentscheidungen (s Einl Rn 48). 17

3) Verfahren nach Fristablauf. Es bestehen folgende Möglichkeiten: **a)** Bei Beseitigung des Mangels und ggf Beibringung der erforderl Genehmigung (bei Prozesshandlungsvoraussetzungen) bis zum Schluss der auf den Ablauf der Frist folgenden mündl Verh: Verh zur Sache. – **b)** Bei vorläufiger Zulassung, aber Nichtbeseitigung des Mangels bis zum Schluss der auf den Ablauf der (nicht ausschließl) Frist folgenden (ggf vertagten oder wiedereröffneten) mündl Verh: Abweisung der Klage als unzulässig durch Endurteil (**II 2**). In die Parteibezeichnung des Urteils ist der Name der unvertretenen prozessunfähigen Partei bzw des nicht legitimierten ges Vertreters aufzunehmen. Alles zwischenzeitl prozessuale Geschehen ist unwirksam. 18

V) Abweichende Verfahrensgestaltung. Stellt sich nachträgl die Prozessunfähigkeit des Bekl heraus (s § 57 Rn 2), kommt statt Vorgehen gem **II** Pflegerbestellung gem § 57 in Frage; beim prozessunfähigen Kl scheidet diese Möglichkeit grds aus (BGH MDR 2011, 63, 64; BAG NJW 2009, 3051 Tz 6), jedoch ist der Kl auf die eigene Herbeiführung seiner ordnungsgemäßen Vertretung hinzuweisen (BGH, BAG, je aaO; s Rn 10, 11); ausnahmsw kann entspr Anwendung von § 57 auf den Kl in Frage kommen (so BAG NJW 2009, 3051 Tz 12; ThP/Hüßtege § 57 Rn 10; offenlassend BGH FamRZ 2014, 553 Tz 23; dazu sa § 57 Rn 2). 19

§ 57 Prozesspfleger

(1) Soll eine nicht prozessfähige Partei verklagt werden, die ohne gesetzlichen Vertreter ist, so hat ihr der Vorsitzende des Prozessgerichts, falls mit dem Verzug Gefahr verbunden ist, auf Antrag bis zu dem Eintritt des gesetzlichen Vertreters einen besonderen Vertreter zu bestellen.

(2) Der Vorsitzende kann einen solchen Vertreter auch bestellen, wenn in den Fällen des § 20 eine nicht prozessfähige Person bei dem Gericht ihres Aufenthaltsortes verklagt werden soll.

1 **I) Allgemeines. 1) Bedeutung u Abgrenzung.** Der Kl hat den ges Vertreter des Bekl zu ermitteln oder dessen Bestellung durch den Richter der freiw Gerichtsbarkeit herbeizuführen (OLG Koblenz NJW-RR 2008, 1384), zB § 29 BGB (weiter Anwendungsbereich; Schranke: GbR, s § 51 Rn 4a aE und § 51 Rn 13 [c]), § 1814 I BGB (Kl kann nur „anregen", vgl BGH MDR 2011, 314 Tz 10), § 1961 BGB; § 85 AktG; § 300 FamFG (Schatz/Lüttenberg NZG 2022, 1473, 1475). Falls für den Kl **Gefahr in Verzug ist** (s Rn 4), ihm also durch die verzögerte Bestellung des ges Vertreters unverhältnismäßig hoher Schaden entstünde, so **muss für den Bekl zwecks Klageerhebung ein bes Vertreter** (**Prozesspfleger** oder Notvertreter) bestellt werden (sa BFH 10.3.2016 – X S 47/15 Tz 14; Notgeschäftsführerbestellung nach § 29 BGB ist nicht vorrangig, s OLG Dresden GmbHR 2020, 954; OLG Dresden NZG 2020, 958; aA Meyer/Schwiete NZG 2022, 1040). Denn die prozessuale Rechtsdurchsetzung soll nicht an der Vertretungslosigkeit des prozessunfähigen *Gegners* scheitern (BGHZ 93, 10; verallg BAG NJW 2009, 3051 Tz 12; sa Rn 2 u § 56 Rn 12). Für den **Kl** kann idR kein bes Vertreter nach § 57 bestellt werden (BGH NJW 2022, 3577 Tz 10; OVG Lüneburg FamRZ 2018, 1522; Schatz/Lüttenberg NZG 2022, 1477; s zu Ausnahmen BFH 10.3.2016 – X S 47/15 Tz 14; VG Hannover 7.10.2024 – 3 A 4062/24; sa Rn 1a). Die Bestellung scheidet auch im Falle von **§ 51 III** aus (OLG Koblenz FamRZ 2016, 1864 Tz 4; sa BGH DNotZ 2015, 543, 544). § 57 ist Vorbild für **§ 118d BRAO** (seit 1.8.2022; BTDrs 19/27670, 220: vertreterlose Berufsausübungsgesellschaft). Analoge Anwendung von § 57 für vertreterlosen **Streitverkündungsempfänger** ist denkbar, wobei personeller Ausgangspunkt (Kl, Bekl) der Streitverkündung unherblich ist (Schatz/Lüttenberg MDR 2023, 268). **Lit:** Schatz/Lüttenberg, Bestellung eines Prozesspflegers in gesellschaftsrechtlichen Streitigkeiten, NZG 2022, 1473; Schatz/Lüttenberg, Die Bestellung eines Prozesspflegers für einen prozessunfähigen Streitverkündungsempfänger, MDR 2023, 268; Bruns, Verwalterbestellung mittels gerichtlicher Anordnung, ZWE 2022, 67; Meyer/Schwiete, Totgesagte leben länger – ein Plädoyer für das „Feststellungsmodell" als Gestaltungsoption im Beschlussmängelrecht, NZG 2022, 1035; Wenninger/Schmidt, Die führungslose GmbH, NZG 2025, 241.

1a **2) Anwendungsbereich. a) Mögl Passivparteien.** § 57 gilt auch für **jur Personen** und **parteifähige Gebilde**; **Bsp:** Identität von ges Vertreter und Gegenpartei (OLG München NJW-RR 2015, 33, 35), zB Geschäftsführer einer GmbH und Alleingesellschafter (vgl auch OLG Frankfurt NJW-RR 97, 31); Identität der ges Vertreter auf beiden Seiten (arg § 181 BGB; sa OLG Celle GmbHR 2017, 875); Ausscheiden des Vorstandes und Aufsichtsrates einer AG (RG JW 26, 2899); wirksame Amtsniederlegung nur der Aufsichtsratsmitglieder im Fall von § 246 II AktG (OLG Dresden ZIP 2005, 1845); Klage gegen führungslose (§ 35 I 2 GmbHG, einschr Knauth NZI 2018, 55; Wenninger/Schmidt NZG 2025, 241; LG Kleve NZI 2017, 997: nicht bei Schuldnerantrag auf Eröffnung des InsVerf; AG NZI 2022, 270 Tz 13 [krit Sternal: Verfahrensfähigkeit gegeben]), gelöschte (§ 394 I FamFG), aber nicht (völlig) vermögenslose GmbH (dazu BGH NJW-RR 2011, 115 Tz 14, 21 ff; BGH MDR 2015, 780; Baumann EWiR 2015, 629; sa § 50 Rn 4a) oder nicht parteifähiges (existentes) Gebilde (s vor § 50 Rn 12, 13; § 51 Rn 4b; § 80 Rn 3); nicht bei der verwalterlosen Eigentümergemeinschaft (§ 9b I 2 WEG), s BGH NJW 2022, 3577 Tz 10, 35, 47 f; aA Bruns ZWE 2022, 69; s vor § 50 Rn 5, 8. Gleichgültig ist, ob es sich um eine inländische oder ausl jur Person usw (s § 50 Rn 31, 32, 33) handelt. – **b) Erfasste Verf.** § 57 gilt in allen kontradiktorischen ZPO-Verf (s Rn 2), ferner **entspr** im FamFG-Verf (§ 9 V FamFG; Sondervorschriften: § 276 [dazu BGH NJW 2014, 785], § 419 FamFG), Ins-(Eröffnungs-; AG München ZIP 2008, 95) und verwaltungsgerichtl Verf (§ 62 IV VwGO, s VG Freiburg 14.4.2022 – 10 K 217/22 Tz 17 f; ohne die Beschränkung auf den Bekl aber § 72 I SGG; dazu BSG NJW 2014, 1039), schon seinem Wortlaut nach aber nicht in der ZwV (str, aA Hergenröder DGVZ 2021, 185, 190: „Vollstreckungspfleger" denkbar), insb kann im Verf der Vermögensauskunft gem § 807 kein bes Vertreter bestellt werden (BGH MDR 2021, 449; KG OLGZ 68, 428, 430; Mroß DGVZ 2024, 121; MK/Hau Rn 5 m Fn 3). Bei der Teilungsversteigerung (§ 180 ZVG) ist auf gegen den prozessunfähigen Teilhaber gerichtete Aufhebungsanträge § 57 anwendbar (BGH WM 2021, 346 Tz 14 f; für die Bestellung zuständig ist der Rechtspfleger, § 3 Nr 1 i RpflG, sa BGH aaO).

2 **II) Voraussetzungen der Bestellung eines besonderen Vertreters. 1) Bestellung nach § 57 I. a)** Es muss eine **Klage** oder ein Gesuch um Arrest, einstw Verfügung (Schatz/Lüttenberg NZG 2022, 1476) oder MB **beabsichtigt** sein. **I** ist aber **entspr** anwendbar, wenn sich die Prozessunfähigkeit des Bekl oder das Fehlen der ges Vertretung erst nach Erhebung der Klage (zB im Fall gem § 35 I 2 GmbHG) auswirkt (BGH NJW-RR 2011, 115 Tz 13 f) oder sich im Prozess herausstellt (BGH FamRZ 2010, 548 Tz 16 = Rpfleger 2010, 548) oder diese Umstände erst dann eintreten (näher *s Rn 3*). *Können* außerhalb des Prozesses die Voraussetzungen für die Bestel*lung eines* ges Vertreters für den **Kl** nicht geklärt werden und kommt es zu einer unterschiedl Beurteilung durch die beteiligten Gerichte, kann § 57 gleichfalls entspr angewendet werden (BGH NJW 62, 1510; BAG

NJW 2009, 3051 Tz 12; s § 56 Rn 19). Die Möglichkeit der Bestellung eines ges Notvertreters gem § 29 BGB usw schließt die Vertreterbestellung gem § 57 nicht aus, soweit die Voraussetzungen iÜ (s Rn 3-5) vorliegen (OLG München GmbHR 2007, 1108; OLG Frankfurt NJW-RR 2012, 510, str; iE St/Jacoby Rn 7 mwN; nach OLG Saarbrücken ZStV 2017, 22 ist das Rangverhältnis stattdessen umgekehrt; ebenso Meyer/Schwiete NZG 2022, 1040; zum (angeblichen) Vorrang des § 1896 I BGB aF/§ 1814 BGB seit 1.1.2023 s AG Ludwigslust FamRZ 2015, 1051; LG Mönchengladbach NJOZ 2008, 1185; sa BGH MDR 2016, 1089).

b) Die beabsichtigte oder erhobene (s Rn 2) Klage muss nach dem (zu engen) Normwortlaut gegen einen **vor** Rechtshängigkeit **Prozessunfähigen ohne ges Vertreter** gerichtet sein (dazu s bereits Rn 2). Wird der Bekl erst **im Laufe des Prozesses** prozessunfähig oder fällt sein ges Vertreter weg, so kommt es häufig zu einer Unterbrechung (§ 241) oder Aussetzung (§ 246) des Verf; dies schließt jedoch wegen der Gleichheit der Interessenlage die Bestellung eines Prozesspflegers nicht aus (ebenso OLG Stuttgart MDR 96, 198; OLG Dresden ZIP 2005, 1845 mN; OLG Frankfurt NJW-RR 2012, 510; St/Jacoby Rn 5; Schatz/Lüttenberg NZG 2022, 1473, str; **aA** ThP/Hüßtege Rn 3); sa Rn 2. Bei bestehender ges Gesamtvertretung genügt auch der Wegfall *eines* Gesamtvertreters (OLG München NJW-RR 2015, 33, 35); der andere Mitverklagte kann der nicht vertretenen Partei als NI beitreten und so eine Vertreterbestellung (Rn 7) erübrigen (OLG München aaO). 3

c) Für den Kl muss **Gefahr im Verzug** sein, dh die Verwirklichung seiner Rechte würde ohne die Pflegerbestellung ernstl gefährdet, wenn nicht gar vereitelt (BGH FamRZ 2010, 548 Tz 17 [s Rn 2]; LG München I ZIP 2017, 1950); es genügt, dass ein Aufschub bis zur Bestellung eines ges Vertreters durch die zuständige Stelle (s Rn 1) mit erhebl Nachteilen für den Kl verbunden wäre (BGH aaO; St/Jacoby Rn 7). Bsp: drohende Zuwiderhandlung gegen Unterlassungspflicht, auch bei ausgeschlossener Verschuldensfähigkeit (s §§ 20 f StGB); Erschwerung der Sachverhaltsaufklärung bei Auskunftsklage. 4

d) Der Kl muss die Maßnahme beantragt haben (auch im Mahn- und Arrestverf, nicht auch bei Wiederaufnahmeklage), ohne dabei dem Anwaltszwang (§ 78 I) zu unterliegen (Glaubhaftmachung genügt, RGZ 105, 402). Das Gericht muss darauf hinweisen (§ 139 I 2) und gem § 156 die mündl Verh wieder eröffnen (BGH NJW-RR 2011, 115 Tz 19). 5

2) Bestellung nach § 57 II. Bei beabsichtigter Klage am Aufenthaltsort (§ 20) gegen eine prozessunfähige Person, deren (uU vorhandener) ges Vertreter sich nicht an diesem Ort (§ 20) befindet, ist Bestellung nur in *dringenden Fällen* gestattet. Gefordert werden ebenfalls die Voraussetzungen von Rn 2 u 5 sowie des § 20 (s § 20 Rn 3, 5). 6

III) Vertreterbestellung. 1) Entscheidung über die Bestellung. Diese ergeht ohne mündl Verh, aber nach rechtl Gehör des zu Verklagenden (Art 103 I GG; BSG NJW 94, 215; MskV/Weth Rn 4) bei Stattgabe durch Entscheidung des Vors des Prozessgerichts (der Kammer, die der Kl anrufen will) bzw des Amtsrichters, sonst durch Beschluss des Gerichts (OVG Lüneburg FamRZ 2018, 1522). Die **Bestellung** ist vom (künftigen) Bekl mit der sofortigen Beschwerde nicht anfechtbar (BGH MDR 2016, 1286 Tz 10 f; BGH MDR 2021, 449 Tz 30 f; BGH NJW-RR 2025, 105 Tz 10; OLG Bremen MDR 2023, 1126 Tz 44: auch nicht bei Gehörsverletzung (Rechtsbeschwerde zugelassen); OLG Bremen FamRZ 2015, 2077; aA OLG München NJW-RR 2015, 33, 34 u 33. Aufl; Schatz/Lüttenberg NZG 2022, 1473, 1478), da der Zurückweisungsantrag des Beklagten iSv § 567 I Nr 2 unbeachtlich ist. Der den Prozessunfähigen betreffende Rechtseingriff (sa Rn 10) kann mit der Hauptsache zur Überprüfung gestellt werden (BGH MDR 2016, 1286 Tz 10 f; BGH MDR 2021, 449 Tz 30 f). Hingegen ist die **Ablehnung der Bestellung** vom Kl/ASt gem § 567 I Nr 2 überprüfbar (BGH NJW 2011, 1739 Tz 8 ff zu FamFG-Verf). Unterschied zwischen **I u II:** Bei Vorliegen der Voraussetzungen **hat** im Falle des **I** der Richter den Vertreter zu bestellen; im Falle des **II kann** er es. Es erfolgt eine formlose Mitteilung an die Beteiligten, § 329 II 1. Als zu bestellender Vertreter kommt jede geeignete prozessfähige Person, idR – aber auch im Fall des § 78 I nicht notwendig – ein RA in Frage (zur Unterscheidung: s Rn 8). Der bestellte bes Vertreter braucht das Amt nicht anzunehmen (Born/Ghassemi-Tabar/Gehle NJW 2015, 2218); deshalb kein Beschwerderecht für ihn. **Abberufung:** s Rn 9. Einem im Verfahren ergangenen Verweisungsbeschluss (§ 17a II 3 GVG) kommt keine Bindungswirkung für das Hauptverfahren zu, da beide zu trennen sind (BAG NJW 2022, 1189 Tz 10 f: ansonsten Rechtswegbeschränkung für prozessunfähige Person). 7

2) Vergütung. Ist, wie im Regelfall (s Rn 7), ein **RA** zum Prozesspfleger bestellt worden, richtet sich sein **Vergütungsanspruch** gegen den Bekl und die Staatskasse nach dem **RVG** (s § 1 I 2, § 41 S 1, § 45 I, § 49 RVG u näher s Rn 11; sa OLG Düsseldorf MDR 2009, 415). **IÜ** gilt: Dem **nichtanwaltl** Vertreter haftet der Bekl kraft Gesetzes (iErg allgM), nach hM aus einem ges Schuldverhältnis entspr § 1808 II, § 1877 I BGB und neben ihm der zu den Kosten Verurteilte (Schatz/Lüttenberg NZG 2022, 1475). UU besteht ein Anspruch gegen die Staatskasse entspr § 1877 IV BGB (so St/Jacoby Rn 19, str). 8

IV) Rechtsfolgen der Vertreterbestellung. 1) Rechtsstellung des Vertreters. Der bestellte Vertreter nimmt – gegenständl beschränkt auf den konkreten Prozess (s Rn 2) – die Stellung eines **ges Vertreters** ein (BGH ZIP 2017, 2767 Tz 13; OLG München MDR 72, 155); für Abgabe und Entgegennahme mat-rechtl Erklärungen gilt § 81 Rn 10 entspr (LG Hamburg FamRZ 96, 173). Bei seiner Prozessführung hat der Prozesspfleger den Vorstellungen des Vertretenen nach Möglichkeit Rechnung zu tragen (BSG NJW 2014, 1039; § 1821 III, IV BGB; sa 9

Rn 10). Sein **Amt endet** mit Eintritt (nicht schon mit Bestellung) des ordentl ges Vertreters, mit Widerruf der Bestellung bzw **Abberufung** (auch Enthebung auf Antrag oder vAw), aber **nicht automatisch** mit dem Eintritt der Prozessfähigkeit des Bekl (BGH MDR 2021, 449 Tz 20: „erst mit Wirksamwerden der gerichtlichen Aufhebung der Bestellung"; unklar noch BGHZ 182, 293 Tz 19; § 579 I Nr 4 greift nicht, s BGH MDR 2021, 449 Tz 30 f). Die Prozesshandlungen des Prozesspflegers sind wirksam und bleiben es, auch wenn seine Bestellung zurückgenommen wird, sogar dann, wenn der Pflegebefohlene selbst prozessfähig war oder wenn der wahre ges Vertreter den Rechtsstreit übernimmt (RGZ 105, 402 ff). **Rechtsbehelfe:** Gegen die Zurücknahme der Bestellung (Abberufung) hat der Kl die sof Beschwerde (St/Jacoby Rn 12), nicht aber gegen die Ablehnung der Abberufung des Prozesspflegers (OLGR Düsseldorf 2008, 677).

10 **2) Rechtsstellung des Vertretenen.** Wird der bestellte Vertreter nicht tätig, kann der Vertretene selbst Rechtsmittel einlegen (sa BGH MDR 2016, 1286 Tz 10 f, 19); § 53 gilt dann nicht (BGH NJW 95, 404; BSG NJW 94, 215). Der Vertretene nach § 57 kann nach Nachweis seiner Prozessfähigkeit die Prozessführung wieder an sich ziehen; für die Prüfung ist er insoweit prozessfähig (BSG NJW 94, 215; OLG Celle ZZP 79 [1966], 151; sa § 56 Rn 13). Im Interesse effektiven Rechtsschutzes ist die Partei persönl nach Möglichkeit durch Ladung u Information am Verf zu beteiligen (BSG NJW 2014, 1039 Tz 10; ThP/Hüßtege Rn 7). **Vergütungspflicht:** s Rn 8, 11.

11 **V) Gebühren. 1) Gericht:** keine; Beschwerde: 1812 GKG-KV. – **2) RA:** Auf Bestellung gerichtete Tätigkeit gehört zum Rechtszug, § 19 I 2 Nr 3 RVG. Vergütung als Prozesspfleger s Rn 8; der Vergütungsanspruch besteht gegen die Staatskasse (§ 45 I, § 49 RVG), außerdem Beitreibungsrecht beim Gegner entspr § 126 (§ 41 S 3 RVG). Gegen die eigene Partei kein Vorschussanspruch (§ 41 S 2 RVG), Festsetzung nach § 11 RVG.

§ 58 Prozesspfleger bei herrenlosem Grundstück oder Schiff

(1) Soll ein Recht an einem Grundstück, das von dem bisherigen Eigentümer nach § 928 des Bürgerlichen Gesetzbuchs aufgegeben und von dem Aneignungsberechtigten noch nicht erworben worden ist, im Wege der Klage geltend gemacht werden, so hat der Vorsitzende des Prozessgerichts auf Antrag einen Vertreter zu bestellen, dem bis zur Eintragung eines neuen Eigentümers die Wahrnehmung der sich aus dem Eigentum ergebenden Rechte und Verpflichtungen im Rechtsstreit obliegt.

(2) Absatz 1 gilt entsprechend, wenn im Wege der Klage ein Recht an einem eingetragenen Schiff oder Schiffsbauwerk geltend gemacht werden soll, das von dem bisherigen Eigentümer nach § 7 des Gesetzes über Rechte an eingetragenen Schiffen und Schiffsbauwerken vom 15. November 1940 (RGBl. I S. 1499) aufgegeben und von dem Aneignungsberechtigten noch nicht erworben worden ist.

1 **I) Allgemeines. 1) Antrag auf Vertreterbestellung.** Die Aufgabe des **Grundstückseigentums** erfolgt durch Verzicht ggü dem Grundbuchamt und Eintragung in das Grundbuch, § 928 BGB. Die Befugnis zur Aneignung des Grundstücks hat der Fiskus oder der gem Art 129 EGBGB Berechtigte. Will jemand ein Recht an dem Grundstück (Hypothek, Grundschuld usw) während der Zeit der Herrenlosigkeit durch Klage geltend machen, muss der Vors des nach § 24 zuständigen Gerichts auf Antrag (§ 78 gilt nicht) einen Vertreter bestellen, dem bis zur Eintragung des neuen Eigentümers die Vertretung der Rechte desselben obliegt. Gefahr im Verzug braucht nicht vorzuliegen. Formlose Mitteilung der Bestellung an den ASt, § 329 II 1. Tritt der Fall des § 928 BGB nach Klageerhebung ein, bleibt der bish Eigentümer legitimiert, § 265. Der Vertreter ist nicht Partei kraft Amtes, sondern ges Vertreter des künftigen Eigentümers (hL, str, s MskV/Weth Rn 4). Keine Pflicht zur unentgeltl Annahme des Vertreteramtes (s § 57 Rn 7, 8). Die **Bestellung** gilt uU auch für das Vollstreckungsverf (s § 787 Rn 1). **Entspr** Anwendung: § 9 V FamFG.

2 **2) Schiff.** Der Verzicht auf das Eigentum an einem **Schiff** muss dem Registergericht ggü erklärt und in das Schiffsregister eingetragen werden (§ 7 G v 15.11.1940).

3 **II) Rechtsmittel und Kosten.** Gegen **Antragszurückweisung** ist die sof Beschwerde, § 567, gegeben (§ 57 Rn 7). Für die Kosten des Vertreters haftet der ASt, ihm haftet das Grundstück, Schiff oder Schiffsbauwerk, § 1118 BGB; §§ 10 II, 162 ZVG; zur persönl Haftung des Erstehers des Grundstücks s Goedeke DR 40, 48; zu § 41 S 1 RVG s OLG Düsseldorf MDR 2009, 415: keine subsidiäre Inanspruchnahme der Staatskasse nach § 45 I RVG. Das Amt des Vertreters endet mit der Eintragung des neuen Eigentümers (Fiskus, Erstehers), mit Aufhören der Herrenlosigkeit oder Widerruf durch den Vors.

4 **III) Gebühren.** Wie bei § 57 Rn 11.

Titel 2
Streitgenossenschaft (§§ 59-63)

Vorbemerkungen zu §§ 59-63

Lit: *Geiger*, Kollektiver Rechtsschutz im Zivilprozess, 2015; *Kähler*, Widerklage und Erweiterungsklage unter Streitgenossen, ZZP 123 (2010), 473; *Mayer*, Die notwendige Streitgenossenschaft, Jura 2015, 1095; *Mantzouranis*, Die notwendige Streitgenossenschaft, 2013; *Pieronczyk/Pieronczyk*, Die Streitgenossenschaft gem. §§ 59 ff ZPO, JuS 2020, 319; *Regenfuß*, Teilurteile gegen einfache Streitgenossen, JA 2018, 888; *Schneider*, Prozesskostenhilfe und Streitgenossen, JurBüro 2025, 113; *Skauradszun*, Strategische Streithelfer und zuständigkeitsrelevante Streitgenossen nach dem VDuG, ZIP 2024, 1761; *Stadler*, Ist die Streitgenossenschaft ein taugliches Bündelungsmodell für Massenschäden?, VuR 2014, 445.

§ 59 Streitgenossenschaft bei Rechtsgemeinschaft oder Identität des Grundes

Mehrere Personen können als Streitgenossen gemeinschaftlich klagen oder verklagt werden, wenn sie hinsichtlich des Streitgegenstandes in Rechtsgemeinschaft stehen oder wenn sie aus demselben tatsächlichen und rechtlichen Grund berechtigt oder verpflichtet sind.

Kommentierung zu §§ 59 und 60 zusammengefasst im Anschluss an § 60 Rn 1 ff.

§ 60 Streitgenossenschaft bei Gleichartigkeit der Ansprüche

Mehrere Personen können auch dann als Streitgenossen gemeinschaftlich klagen oder verklagt werden, wenn gleichartige und auf einem im Wesentlichen gleichartigen tatsächlichen und rechtlichen Grund beruhende Ansprüche oder Verpflichtungen den Gegenstand des Rechtsstreits bilden.

I) Allgemeines. 1) Überblick. §§ 59, 60 enthalten den **Begriff** der Streitgenossenschaft; §§ 61, 62 die Grundsätze, 1
die bei der nicht notwendigen und der notwendigen Streitgenossenschaft gelten, und § 63 Gemeinsames für beide Arten von Streitgenossenschaften. Die Haftung der Streitgenossen für die Kostenerstattung richtet sich nach § 100; für Gebühren des Gerichts gilt § 32 GKG; für Gebühren des RA § 7 RVG. **Rechtsverfolgung in Streitgenossenschaft** statt durch Mehrheit von Einzelklagen kann kostenrechtl geboten sein (s BGH NJW 2014, 2285 Tz 7; s § 91 Rn 13.93), desgl „Mehrfachvertretung" der Streitgenossen durch dens ProzBev (s § 61 Rn 8); „Mehrfachverfolgung" statt Streitgenossenschaft ist uU missbräuchl (BGHZ 144, 164 – „Missbräuchl Mehrfachverfügung"; BGH MDR 2006, 585; OLG Hamburg NJW-RR 2013, 1404; sa OLG Braunschweig NJW 2013, 2442 [Althammer/Lorenz] zur obj Klagenhäufung). **§ 7 I, II VDuG** idF des Verbandsklagenrichtlinienumsetzungsgesetzes (VRUG) erklärt §§ 59-63 bei Verbandsklagen (§ 1 VDuG) für anwendbar (s § 7 VDuG Rn 5; BTDrs 20/6520, 73; BTDrs 20/7631, 110). Mehrere klageberechtigte Stellen können gemeinschaftlich klagen, mehrere Unternehmer können gemeinschaftlich verklagt werden (zu strategischen Fragen s Skauradszun ZIP 2024, 1761, 1764).

2) Begriff und Entstehung der Streitgenossenschaft. Streitgenossenschaft besteht, wenn die Prozesse mehrerer 2
Kl oder gegen mehrere Bekl äußerl verbunden sind. Entscheidend ist, dass mindestens **auf einer Seite mehrere Parteien** stehen; dagegen kommt es nicht darauf an, ob ein parteifähiges Gebilde, zB eine AG, ein rechtsfähiger Verein, eine rechtsfähige Gesellschaft, aus mehreren Personen besteht oder von mehreren Personen vertreten wird. **Streitgenossenschaft entsteht: a)** durch Klage durch oder gegen mehrere Parteien (§§ 59, 60 aktive bzw passive Streitgenossenschaft); ferner durch „parteierweiternde" Widerklage (s § 33 Rn 21, 24); – **b)** durch Eintritt eines weiteren Kl oder Bekl während des Prozesses (s Anm zu § 263); – **c)** durch Eintritt mehrerer Gesamtrechtsnachfolger an die Stelle einer Partei; – **d)** durch Verbindung mehrerer Prozesse (§ 147); – **e)** im Fall des § 856 II.

3) Anwendungsbereich und Abgrenzung. a) Die §§ 59-63 gelten in allen Prozessarten der ZPO, insb auch bei 3
Arrest und einstw Verfügung (OLG Nürnberg 22.5.2015 – 6 W 227/15), im Mahnverf (s vor § 688 Rn 6), ferner in der ZwV; sie sind entspr anwendbar im arbeitsgerichtl Verf (§ 46 II ArbGG), **dagegen** können im FamFG-Verf weitere Beteiligte auch **vAw** hinzugezogen werden (§ 7 II, III FamFG). – **b) Sammelklagen(-verf)** bedürfen wegen der Vielzahl der an ihnen, Beteiligten („Massenverf") näherer ges Regelung (s vor § 50 Rn 55); für den Teilbereich fehlerhafter Kapitalmarktinformation existiert seit dem 1.11.2005 das (inzwischen reformierte) **Musterverf nach dem KapMuG** (aF, Außerkrafttreten: 19.7.2024, § 30 II KapMuG nF; die **Neufassung des KapMuG** gilt seit 20.7.2024, sa Halfmeier ZBB 2024, 85; s § 32b Rn 1; sa unten Rn 7 aE); die bereits seit 1.11.2018 eingeführte **MFK** (§§ 606 ff aF; jetzt §§ 41, 42 VDuG) verspricht (breiteren) kollektiven Rechtsschutz für

Verbraucher; das **VRUG** (Verbandsklagenrichtlinienumsetzungsgesetz) hat iRv §§ 14 ff **VDuG** (Verbraucherrechtedurchsetzungsgesetz) die Einführung von Verbandsabhilfeklagen bewirkt (s vor § 50 Rn 55 f).

4 **II) Voraussetzungen der Streitgenossenschaft.** Eine **einheitl Klage** durch oder gegen mehrere Parteien ist nur unter bestimmten **Voraussetzungen zulässig** (§§ 59, 60), die aber weit auszulegen sind, weil die äußerl Verbindung mehrerer Prozesse prozessökonomisch oft zweckmäßig ist (BGH NJW 92, 981, 982; BayObLG 26.2.2019 – 1 AR 13/19). **Geboten** ist eine gemeinsame Klageerhebung aus prozessualen Gründen niemals; über den matrechtl Zwang zu einheitl Klageerhebung s § 62 Rn 11 ff. Die Zulässigkeitsvoraussetzungen der §§ 59, 60, von denen mindestens eine gegeben sein muss, sind:

5 **1) Rechtsgemeinschaft in Ansehung des Streitgegenstandes (§ 59).** Darunter wird hier das materielle Recht verstanden, um das gestritten wird, wie etwa bei Miteigentum und sonstigen Rechtsgemeinschaften (s § 50 Rn 27), s zur Auskehr von Mietkaution bei Verkäufermehrheit in Erbengemeinschaft (OLG Saarbrücken NZM 2022, 592 Tz 9, 10), uU Gesamthandsgemeinschaften (s § 50 Rn 18, 27), Gesamtschuld (§§ 421, 427, 769, 830, 840 BGB; § 115 I 4, § 116 VVG; sa OLG Hamm NZV 2017, 49; OLG Hamm NZKart 2017, 79; BayObLG 25.6. 2020 – 1 AR 62/20: schlüssige Darlegung der tatsächl Voraussetzungen; BayObLG NJW-RR 2022, 274 Tz 18; BayObLG 30.4.2025 – 101 AR 32/25 e; OVG Bautzen 11.7.2022 – 3 E 31/22 Tz 9, 10: nicht Fortschreibung des Genesenenstatus bei Eltern/Kind; BayObLG 19.3.2025 – 101 AR 15/25 e: Erben als Gesamtschuldner vor Teilung, § 2060 BGB; LG Bremen ErbR 2024, 894: Klage der Erben auf Feststellung der Testamentsvollstreckervergütung), Teilschuld (§ 420 BGB) sowie Fällen akzessorischer Haftung, wie die Verhältnisse von Hauptschuldner und Bürgen (OLG Hamm MDR 2012, 799; BayObLG 12.3.2019 – 1 AR 10/19; OLG Brandenburg 2.10.2024 – 1 AR 24/24), OHG und persönl haftendem Gesellschafter (§ 105 II HGB iVm § 705 II BGB, § 126 HGB; s § 62 Rn 7), rechtsfähige GbR (s § 50 Rn 17 u § 705 II Alt 1 BGB) und Gesellschafter (BGHZ 146, 341), Haupt- und Untermieter gem § 546 II BGB, Schädiger/Versicherungsnehmer und Pflichtversicherer (s § 62 Rn 8a), Fluggesellschaft (§ 328 BGB) und Reiseveranstalter (BayObLG NJW-RR 2022, 274 Tz 13-18, nicht jedoch im Falle von Erstattung nach Art 8 II Fluggastrechte-VO), persönl Sch und Eigentümer einer dingl haftenden Sache; hierher gehört auch die gemeinschaftl vertragl Verpflichtung gem § 427 BGB, etwa mehrerer Gesellschafter einer GbR-Innengesellschaft (vgl BayObLG NJW 1986, 389); mehrere RA, zB ProzBev und Verkehrsanwalt (BayObLG MDR 92, 296); anteilige Haftung mehrerer „Bauherren" einer Bauherrengemeinschaft (Werner/Pastor, Bauprozess, 17. Aufl 2020, Rn 1294, 1372); gemeinsame Inanspruchnahme des Bauherrentreuhänders bei Pflichtverletzung (vgl Wunderlich DB 93, 2269); Hauptschuldner und Mitübernehmer (OLG Düsseldorf MDR 2015, 394 Tz 4); Klage auf Freigabe eines für mehrere Beteiligte hinterlegten Betrags (vgl BGHZ 88, 332). **Nicht** hierher gehören „primäre" und „subsidiäre" Haftung von Sch (s Rn 10 aE).

6 **2) Identität des tatsächlichen und rechtlichen Grundes.** Insoweit genügt die Identität eines präjudiziellen Rechtsverhältnisses (OLG Hamm 26.2.2020 – 32 SA 17/20). Ein Bsp bildet die Gl- oder SchStellung aus einem einheitl Vertrag (sa BayObLG 14.4.2025 – 102 AR 20/25 e Tz 25 f).

7 **3) Gleichartigkeit.** Die Gleichartigkeit von Ansprüchen ergibt sich auf Grund eines im Wesentl gleichartigen tatsächl und rechtl Grundes (§ 60, s BGH NJW 92, 982; Pieronczyk/Pieronczyk JuS 2020, 319, 320). Der Tatsachenstoff muss nicht (auch nur) teilw identisch sein, vielmehr genügt Gleichartigkeit; bei Ansprüchen aus einer Mehrheit von gleichartigen (selbständigen) Lebenssachverhalten muss auf der *Beklagtenseite* ein **innerer Zusammenhang** bestehen (BGH MDR 2011, 807; BGH NJW-RR 2014, 248 Tz 9; BGH MDR 2020, 1364; BayObLG NJW-RR 2020, 1134; OLG Düsseldorf MDR 2015, 394 Tz 4; OLG Düsseldorf NZI 2020, 388; OLG Hamm 15.9.2016 – 32 SA 57/16; OLG Hamm NJW-RR 2020, 878; OLG Hamm 29.9.2021 – 32 SA 28/21 Tz 18, 20; OLG Brandenburg 2.10.2024 – 1 AR 24/24: für Bürge u Hauptschuldner, s jedoch auch Rn 5; KG 19.3.2024 – 18 AR 38/23; BayObLG 3.7.2024 – 101 AR 86/24 Tz 18: Gewährleistungsbürgschaft), ein mögl Zusammenhang auf der *Klägerseite* genügt nicht (OLGR Celle 2005, 663, 664, sa unten aE „Bsp"). Vgl zur Eigenart des sBV BayObLG NJW-RR 2023, 355 Tz 32: Standpunkt des ASt entscheidend. **Bsp:** die Ansprüche mehrerer Geschädigter aus einem Verkehrsunfall (OLG Brandenburg 17.10.2023 – 1 AR 29/23 Tz 7) oder sonst aus dem gleichen Schadensereignis oder in innerem Zusammenhang stehenden verschiedenen Schadensereignissen (vgl KG MDR 2000, 1394; OLG Frankfurt aM NJW-RR 2022, 1719 Tz 15), Ansprüche gegen mehrere Verantwortl für Mängel an dems Bauwerk (BayObLG NJW-RR 98, 209; OLG Zweibrücken AG 2024, 672: Wirtschaftsprüfungsgesellschaft u bei Prüfung des Jahresabschlusses tätige Wirtschaftsprüfer (§ 323 I HGB). BayObLG NJW-RR 98, 815; OLG Frankfurt aM BauR 2020, 692: für Freitstellungsanspruch des Architekten); Schadensersatzansprüche bei gemeinsamer Preisabsprache der Beklagten (OLG Hamm 29.9.2021 – 32 SA 28/21 Tz 18, 20); Ansprüche mehrerer Käufer oder Versicherungsnehmer, die Kauf- bzw Versicherungsverträge unter gleichartigen Bedingungen abgeschlossen haben (St/Jacoby § 60 Rn 3); Abänderungsantrag (§ 238 FamFG) gegen mehrere Unterhaltsgläubiger; Geschwister als Unterhaltsschuldner (BayObLG 26.2.2019 – 1 AR 13/19); Klage des Maklers gegen beide Kaufvertragsparteien auf Maklerlohn auf Grund jew gesonderter Beauftragung (BGH MDR 91, 222, str); Klage des Drittberechtigten gegen VollstrGläubiger und -schuldner gem § 771 II (s § 771 Rn 13); Klage gegen mehrere Ärzte *auf einheitliches* Schmerzensgeld (OLG Hamm 16.6.2015 – 32 SA 17/15); mehrere Ärzte, *die* unabhängig voneinander wegen fehlerhafter Behandlung für denselben Schaden einstehen sollen (BayObLG MDR 2022, 1284 Tz 9, 10); Klagen geschädigter Kapitalanleger bei unrichtiger Anlageberatung oder

unrichtigem Anlageprospekt gegen den Emittenten der Kapitalanlage, die Prospektverantwortlichen und die auf der Grundlage des Prospekts tätigen Anlageberater (s BayObLG NZI 2019, 732; BayObLG 19.5.2020 – 1 AR 34/20 u § 32b Rn 8) oder des geschädigten Anlegers gegen Anlagegesellschaft und -vermittler, Treuhänder, eingeschaltete Wirtschaftsprüfer, Finanzierungsbanken u dgl (BGH NJW-RR 2011, 1137 Tz 18; BGH NJW-RR 2013, 1399; OLG Hamm 15.8.2017 – 32 SA 47/17; BayObLG NJW-RR 2003, 134); Klage des KFZ-Käufers gegen Verkäufer und Hersteller wegen abgeschalteter Abgasreinigungseinrichtungen (BGH NJW 2018, 2200, 2201 [Vossler]; OLG Köln MDR 2018, 25; OLG Hamm 11.12.2017 – 32 SA 62/17; OLG Hamm NJW-RR 2020, 878; Longrée MDR 2018, 1348, 1349; Pieronczyk/Pieronczyk JuS 2020, 321; aA OLG Nürnberg 25.4.2017 – 1 AR 749/17; nicht für Klage gegen KFZ-Kauf finanzierende Bank, OLG Braunschweig NJOZ 2020, 1141). Unerhebl ist, ob gegen alle beklagten Streitgenossen dieselben Anträge gestellt (BayObLG NJW-RR 90, 1020; BayObLG NJW-RR 2003, 134; OLG Düsseldorf NZI 2020, 388: Zahlungsanspruch und Antrag auf Feststellung der Forderung zur Insolvenztabelle; ebenso BayObLG NZI 2022, 958 Tz 18) und auf dieselben Anspruchsgrundlagen (Vertrag, Delikt) gestützt werden (BayObLGR 2005, 900, 901; OLG Hamm NJW-RR 2020, 878 Tz 20). Ob beklagte Streitgenossen in voller Höhe oder nur hälftig haften sollen, ist unerheblich, sofern „Mehrforderung" auf demselben Sachverhalt u rechtlichen Grund beruht (BayObLG NJW-RR 2024, 411). **Abgrenzung:** Die Voraussetzungen des § 60 sind **weit auszulegen** und im Interesse der Prozesswirtschaftlichkeit immer dann zu bejahen, wenn eine gemeinsame Verh und Entscheidung zweckmäßig ist (BGH MDR 2011, 807 Tz 18; OLG Hamm ZIP 2015, 2247 Tz 13; OLG Hamm 15.9.2016 – 32 SA 57/16; OLG Frankfurt aM NJW-RR 2022, 1719 Tz 15) und wenn keine Unübersichtlichkeit oder Verwirrung der Prozessführung droht (vgl BGH NJW 92, 981). Bloße sachl Ähnlichkeit des Geschehensablaufs und des wirtschaftl Hintergrunds (ohne inneren Zusammenhang) genügt nicht (OLG Düsseldorf NJW-RR 2011, 572, 573; BayObLG ZIP 2024, 2161). **Bsp:** InsAnfechtung ggü Vielzahl von Gegnern (BGHZ 160, 260 m Hinw auf OLGR Dresden 2003, 91; sa BayObLG ZIP 2024, 2161: Rückerstattungsklage für verschiedene anfechtbare Zahlungen gegen Vielzahl von Gläubigern); Schädigung durch 2 zeitl und räuml verschiedene Verkehrsunfälle mit verschiedenen Unfallgegnern (OLGR Celle 2005, 663); Vermittlung unterschiedl Kapitalanlagen durch identischen Anlageberater (OLG Hamm ZIP 2015, 2247 Tz 13); Verstöße einer Vielzahl von Autohändlern gegen § 5 PkwEnVKV, sofern Verletzungshandlungen nur teilweise übereinstimmen (OLG Frankfurt/M 23.2.2023 – 11 UH 3/23 Tz 10 f, 14).

III) Folgen bei Nichtvorliegen der Voraussetzungen einer Streitgenossenschaft. Ist eine einheitl Klage erhoben worden, ohne dass eine der Voraussetzungen der Verbindung vorliegt, so ist das Gericht auf Rüge (§ 295 I) verpflichtet, die **Verf zu trennen**, falls nicht § 147 eine Verbindung zulässt. Trennt das Gericht, weil die einheitl Klage unzulässig war, so ist für das weitere Verf die sachl Zuständigkeit des LG zu verneinen, wenn sie bis dahin nur auf Streitwertaddition beruht hatte; § 261 III Nr 2 ändert daran nichts, denn § 5 gilt – um eine Gerichtsstandserschleichung zu verhindern – nur bei **zulässigerw verbundenen** Klagen (OLG Düsseldorf NJW-RR 2011, 572, 573; St/Jacoby vor § 59 Rn 10). 8

IV) Streitgenossenschaft als Prozessverbindung. Die Streitgenossenschaft umfasst die **subj** (s Rn 4-7) und die **obj** Klagenhäufung (vgl § 260), dh es besteht eine Mehrheit von Prozessrechtsverhältnissen (s § 61 Rn 8). Dies hat Auswirkungen für die Zuständigkeit (vgl § 260) und allg die Zulässigkeit des Einzelprozesses (s unten 1), die Art der Verknüpfung der Verf (s Rn 10) und die Verfahrensart (s § 260 aE; s Rn 11). – **1) Gesonderte Zulässigkeitsprüfung.** Da zu jedem Streitgenossen ein gesondertes Prozessrechtsverhältnis besteht und die mehreren Verf nur äußerl verbunden sind, ist für jeden Prozess gesondert (vgl aber §§ 5, 603 II) zu prüfen, ob alle **Prozessvoraussetzungen** (s vor § 253 Rn 9 ff) vorliegen (BGH NJW 94, 3103; BGH NJW-RR 2010, 1725 Tz 11). Ist das bzgl eines der Streitgenossen nicht der Fall, so ist die Klage insoweit als unzulässig abzuweisen, soweit nicht Verweisung (§ 281, § 17a II GVG) oder Zuständigkeitsbestimmung (§ 36 I Nr 3) in Frage kommen (BGH NJW 2018, 2200, 2201; BayObLG 3.12.2019 – 1 AR 112/19; Longrée MDR 2018, 1348, 1349; sa § 36 Rn 29). Einer Zuständigkeitsbestimmung kann nach Hinzukommen eines weiteren Streitgenossen bei Klageerweiterung der erreichte Verfahrensstand entgegenstehen (BayObLG NJW-RR 2025, 444: Entscheidung nach § 17a V GVG keine Zäsur). In der Rechtsmittelinstanz beschränkt sich die Überprüfung auf den Prozess des Rechtsmittelführers, wenn nur *ein* Streitgenosse gegen die *einheitl* Entscheidung Rechtsmittel eingelegt hat (s für Überprüfung der Rechtswegentscheidung gem § 17a IV 3 GVG BGH MDR 2006, 530). **Internationaler Rechtsstreit:** Im **EU-Bereich** besteht der bes Gerichtsstand der Streitgenossenschaft gem Art 8 Nr 1 Brüssel Ia-VO (sa Hau Art 8 Brüssel Ia-VO Rn 2 ff; näher BAG NJW 2008, 2797 Tz 22 ff; OLG Hamm NZKart 2017, 79). 9

2) Keine eventuelle Streitgenossenschaft. Kein Fall einer zulässigen Prozessverbindung (s Rn 9) liegt vor, wenn die **Klage** für oder gegen einen Streitgenossen oder ein Klageantrag **unzulässigerw von einer außerprozessualen Bedingung abhängig** gemacht ist. Unzulässig ist es vor allem, die Klage gegen einen der Bekl von dem Ausgang des (selbständigen) Verf gegen einen anderen Bekl abhängig zu machen (OLG München NJOZ 2020, 1449 Tz 29; BayObLG 13.3.2023 – 101 AR 139/22 Tz 10, 25; ThP/Hüßtege Rn 5, str; näher hier Greger s § 260 Rn 4 f). Unzulässig ist daher die **eventuelle subj Klagenhäufung** (OLG Hamm MDR 2005, 533 mwN; BAGE 73, 39 mwN). Möglicherweise ist aber die „bedingte Klage" gegen einen angebl weiteren Sch als zulässige Streitverkündung an diesen auszulegen (näher 31. Aufl). **Einzelfragen:** Ein Sammlungspfleger (§ 1883 BGB) kann den Klageanspruch nicht zugleich in eigener Person (s § 51 Rn 7), hilfsw als Pfleger für unbekannte Beteiligte (§ 1882 BGB), also als deren ges Vertreter geltend machen (BGH NJW 72, 2302 LS). **Kein** Fall zulässiger 10

Streitgenossenschaft liegt auch bei Klagen gegen *primär* und *subsidiär* haftende Sch vor (OLG Bremen MDR 2012, 480); Fälle: § 839 I 2 BGB iVm Art 34 GG; § 19 I 2 BNotO; Hilfe: s § 72 Rn 8.

11 **3) Gleiche Verfahrensart.** Außerdem muss im Verhältnis zu jedem Streitgenossen die **gewählte Verfahrensart** zulässig sein (s § 260 Rn 2); soweit das zu verneinen ist, muss das Gericht das Verf abtrennen. Eine Trennung (§ 145 I) aus sachlichen Gründen kommt bei passiver Streitgenossenschaft von zwei verschiedenen Gebietskörperschaften in Betracht (s BVerwG 8.9.2022 – 6 B 6.22, BeckRS 2022, 30701 Tz 10 f: getrennte Zulässigkeitsprüfung).

§ 61 Wirkung der Streitgenossenschaft

Streitgenossen stehen, soweit nicht aus den Vorschriften des bürgerlichen Rechts oder dieses Gesetzes sich ein anderes ergibt, dem Gegner dergestalt als Einzelne gegenüber, dass die Handlungen des einen Streitgenossen dem anderen weder zum Vorteil noch zum Nachteil gereichen.

1 **I) Verbindung der Verfahren.** Die **Verf** für oder gegen alle Streitgenossen sind **äußerl verbunden** (s § 60 Rn 9).

2 **1) Gemeinsamer Prozessbevollmächtiger.** Die Streitgenossen können sich durch ihn vertreten lassen; so dass **Schriftsätze** des Gegners nur in einem Exemplar zuzustellen sind. § 189 I aF ist zwar gestrichen, gilt aber in der Sache fort (OLG Düsseldorf NJOZ 2004, 35, 37; StJ/Roth § 170 Rn 10). Die Streitgenossen können gemeinschaftl Schriftsätze einreichen.

3 **2) Behauptungen und Beweisantritte eines Streitgenossen.** Diese sind, soweit in der mündl Verh abgegeben mangels gegenteiliger Umstände allen Streitgenossen zuzurechnen (BGH NJW 2015, 2125 Tz 14; St/Jacoby Rn 9). Der Vortrag zur Kenntnis der anspruchsbegründenden Tatsachen bei der Verjährungseinrede (§ 214 I, § 199 I BGB) wirkt für alle (OLG Oldenburg 20.2.2020 – 14 U 219/19).

4 **3) Begrenzte Parteistellung.** Die Parteistellung ist nur auf das eigene Prozessrechtsverhältnis bezogen. Der Streitgenosse kann im Prozess des anderen (auf jeder Seite) Streitgenossen **Streithelfer** sein (iE s § 66 Rn 6; § 67 Rn 10). Solange die Streitgenossenschaft besteht, kann keiner der Streitgenossen im Prozess eines anderen Streitgenossen **Zeuge** sein, außer für nur den anderen betreffende Beweisthemen (BGH NJW-RR 91, 256; BGH MDR 99, 47, 48 aE; BayObLG MDR 98, 180; MK/Schultes Rn 8; Pieronczyk/Pieronczyk JuS 2020, 319, 321, hM; aA – uneingeschränkte Zeugenstellung – Jauernig/Hess § 81 III; sa vor § 373 Rn 8). Mit Ausscheiden als Streitgenosse lebt die Zeugenstellung wieder auf (OLG Koblenz NJW-RR 2003, 283). Für eine **Parteivernehmung** gilt § 449.

5 **4) Beweisaufnahme.** Diese erfolgt für alle Verf einheitl (BGH NJW-RR 2003, 1002); die **Beweiswürdigung** über eine in allen Verf entscheidungserhebl Behauptung kann, wenn gleichzeitig entschieden wird, nur einheitl ausfallen (BGH NJW-RR 92, 254; OLG München NJW-RR 94, 1278).

6 **5) Notwendige Zustimmung.** Bedarf es für eine bestimmte Form der Entscheidung der **Zustimmung der Streitgenossen** (s § 128 II, § 349 III, § 520 II 2), so ist die Zustimmung aller Streitgenossen nötig; will das Gericht von der Zustimmung Gebrauch machen, die nur ein Streitgenosse erteilt hat, so muss es dieses Verf nach § 145 abtrennen; zust WSch/Loyal Rn 37; zu Einzelheiten StJ/Althammer § 145 Rn 5, 19. Die **Richterablehnung** steht jedem Streitgenossen *einzeln* zu (s § 42 Rn 2), die erfolgreiche Ablehnung eines Streitgenossen wirkt sich über sein Prozessrechtsverhältnis hinaus auf das *gesamte* Verf aus (s § 42 Rn 19).

7 **6) Entscheidung.** Die Entscheidung kann ggü allen Streitgenossen durch einheitl **Urteil** ergehen; zur vorläufigen Vollstreckbarkeit des Urteils näher s § 708 Rn 13. Feststellungsurteile besitzen **im internen Verhältnis der Streitgenossen** keine Rechtskraftwirkung (BGH MDR 2017, 971; BGH MDR 2019, 291: für Gesamtschuldnerausgleich; OLG Düsseldorf NJW-RR 1992, 922, 923).

8 **II) Selbständigkeit der Prozessrechtsverhältnisse. 1) Ausprägungen des Grundsatzes.** Soweit nicht notwendige Streitgenossenschaft (§ 62) vorliegt, ist das **Verf eines jeden Streitgenossen selbständig** (BGH NJW 2008, 2187 Tz 8), dh die Prozessführung des einen Streitgenossen wird durch die des anderen weder beeinträchtigt noch begünstigt (s BGH NJW-RR 1989, 1099; BGH MDR 2019, 1188: Klage gegen Haftpflichtversicherung u Versicherungsnehmer; OLG Frankfurt/M ZIP 2024, 2371: Schädiger u freiwilliger Haftpflichtversicherer; Elzer ZWE 2012, 119; näher s § 60 Rn 9). Das gilt auch für die Güteverh (Greger s § 278 Rn 20). Jeder Streitgenosse kann sich durch einen anderen („eigenen") **ProzBev** oder Streitgenossen (§ 79 II 2 Nr 2 u s § 79 Rn 7 [c]) vertreten lassen; Kostennachteile sind damit idR nicht verbunden (BGH NJW 2012, 319); Grenze: § 242 BGB (BGH NJW 2013, 2826 Tz 10; OLG Oldenburg NJOZ 2017, 985: RA aus ders Partnergesellschaft; LG Mainz NJOZ 2018, 1510). Sondervorschrift: § 69 AktG; näher s § 91 Rn 13.93; sa § 60 Rn 1; zu Schranken bei PKH s § 121 Rn 3. Jeder Streitgenosse kann **tatsächl Behauptungen** usw unabhängig von und auch im Widerspruch zu anderen Streitgenossen vorbringen (*LAG Hamm MDR* 2001, 531); Erklärung mit Nichtwissen (§ 138 IV) ist bei *pflichtgem Nachforschung* zulässig (BGH MDR 2019, 1188 Tz 10 f; Kehrberger LMK 2019, 421924). Behauptungen des gemeinsamen Gegners können im Verhältnis zu einem Streitgenossen nach § 331 I 1 als zuge-

standen gelten, während sie iÜ bestritten bleiben. Gesteht ein Streitgenosse, so wirkt § 288 nur gegen ihn; bestreitet ein anderer, so ist im Verhältnis zu ihm gem § 286 frei – und damit ggf abw – zu würdigen (MK/Schultes Rn 4). Als „Dritter" iSv § 66 kann er uU einem anderen Streitgenossen (LG Landshut 30.9.2016 – 73 O 3421/14) oder dem gemeinsamen Gegner als NI beitreten (s § 66 Rn 14; § 67 Rn 10). Streitverkündung zwischen Streitgenossen ist wg Selbständigkeit der Prozessverhältnisse möglich (OLG Frankfurt/M 18.3.2024 – 21 W 13/24 Tz 11, 14 f; sa § 72 Rn 1). Jeder Streitgenosse kann über seinen **Prozess frei verfügen**, insb durch Klageänderung, Klagerücknahme, Anerkenntnis, Verzicht und Vergleich, ebenso über das umstrittene materielle Recht. Streitgenossen des Beweisführers sind Dritte iSv § 428. Alle **Fristen** laufen für jeden Streitgenossen gesondert (KG VersR 75, 350). **Zustellungen** erfolgen an sämtl Streitgenossen (näher s § 63 Rn 2). Fragen der **Verjährungshemmung**, der **Säumnis** (Schilken FS Krüger, 2017, S 474; Petzold JuS 2021, 646) und der **Unterbrechung** oder **Aussetzung** des Verf sind ggü jedem Streitgenossen gesondert zu beurteilen (BGH NJW-RR 2010, 911 Tz 22 für § 204 BGB; BGH NJW-RR 2003, 1002 für § 240; gemeinsame Gerichtsstandsbestimmung bleibt aber möglich, BayObLG NZI 2019, 732 [Meyer]; sa § 62 Rn 29; § 240 Rn 7). Bei **Insolvenz** eines (einfachen) Streitgenossen kann das Verf gegen die übrigen fortgesetzt und idR durch Teilurteil abgeschlossen werden (BGH NJW 2008, 1214; BGH MDR 2011, 935; OLG Koblenz MDR 2010, 281; LAG Hamm 16.9.2021 – 8 Sa 148/21 Tz 23; Regenfus JA 2018, 888; hier Greger s § 240 Rn 7; sa § 62 Rn 29; § 301 Rn 16). Besonderheiten gelten bei Insolvenz der Personengesellschaft im Fall von § 62 Rn 7.

2) Entscheidung und Rechtsmittel. Die **Entscheidung** kann ggü den einzelnen Streitgenossen unterschiedl ausfallen. Das gilt insb auch für die Revisionszulassung gem § 543 (s BGH NJW 2012, 2435 Tz 11; s § 543 Rn 21). – **a)** Für **gesonderte Entscheidungen** ggü den Streitgenossen gilt § 301 (BGH NJW 2018, 623 Tz 7 = MDR 2018, 210: Teilurteil bei auf einen Streitgenossen begrenzten Gründen zulässig; OLG Düsseldorf 8.5.2019 – U (Kart) 12/18). – **b)** Wird ggü allen Streitgenossen in einem **einheitl Urteil** entschieden, so wirkt das **Rechtsmittel eines jeden Streitgenossen** nur für ihn. Das **Rechtsmittel des gemeinsamen Gegners** kann zwar, muss aber nicht gegen alle Streitgenossen gerichtet werden: Bezeichnet der gemeinsame Gegner nur einen der siegreichen Streitgenossen als Rechtsmittelbeklagten, etwa den im Urteilsrubrum an 1. Stelle Stehenden, richtet sich das Rechtsmittel iZw ohne erkennbare Beschränkung gegen alle gegnerischen Streitgenossen (BGH NJW-RR 2011, 281; BGH NJW-RR 2011, 359, stRspr; näher s § 519 Rn 32). Der rechtskräftig ausgeschiedene Streitgenosse 1. Instanz ist bei Berufung des gemeinsamen Gegners (nur) gegen den anderen Streitgenossen mit der **Anschlussberufung** ausgeschlossen (BGH NJW-RR 89, 1099; StJ/Althammer § 524 Rn 20). – **c)** Die **Rechtsmittelbefugnis** von als Partei unterlegenen Streitgenossen (sa vor § 50 Rn 10) richtet sich allein nach dem ergangenen Urteil, nicht nach der „richtigen" Rechtslage (BGH NJW-RR 2005, 118 – im Einzelfall bej für Gesellschafter im Prozess einer GbR). – **d)** Legen mehrere Streitgenossen gegen das sie beschwerende Urteil Rechtsmittel ein, so werden für den Wert des Beschwerdegegenstands bei fehlender wirtschaftlicher Identität die auf die einzelnen Streitgenossen entfallenden Beschwerdewerte **zusammengerechnet** (BGH MDR 2015, 1149 Tz 5 f – XI. ZS: abweichende Ansicht des II. und XII. ZS auf Anfrage aufgegeben; Rimmelspacher WuB 2015, 670; sa § 5 Rn 6; § 511 Rn 25 f). Kostenerstattungsansprüche zwischen den Streitgenossen werden nicht mittituliert (OLG Saarbrücken NJOZ 2022, 1048 Tz 7). – **e) Besonderheiten bei WE-Sachen**. War das Verf 1. Instanz für einen Streitgenossen eine WE-Sache (gem § 43 II WEG), nicht dagegen für den anderen (sog asymmetrische Streitgenossenschaft), besteht die zentrale WE-Berufungszuständigkeit gem § 72 II GVG auch für den anderen Streitgenossen (s bereits BGH MDR 2014, 1287; sa § 72 GVG Rn 4 – Ausnahme vom Grundsatz der Selbständigkeit). 9

§ 62 Notwendige Streitgenossenschaft

(1) Kann das streitige Rechtsverhältnis allen Streitgenossen gegenüber nur einheitlich festgestellt werden oder ist die Streitgenossenschaft aus einem sonstigen Grund eine notwendige, so werden, wenn ein Termin oder eine Frist nur von einzelnen Streitgenossen versäumt wird, die säumigen Streitgenossen als durch die nicht säumigen vertreten angesehen.

(2) Die säumigen Streitgenossen sind auch in dem späteren Verfahren zuzuziehen.

I) Allgemeines. § 62 enthält eine Ausnahme von dem Grundsatz des § 61, dass Handlungen eines Streitgenossen den übrigen weder zum Vorteil noch zum Nachteil gereichen (zust BayObLG NZG 2024, 1413). Das kann prozessuale (s Rn 2 ff) oder mat-rechtl Gründe (s Rn 11 ff) haben. Man spricht dann – uneinheitl – von bes oder zufällig notwendiger (I Alt 1, s Rn 2) bzw von echter oder eigentl notwendiger (I Alt 2, s Rn 11) Streitgenossenschaft, klarer wohl von **notwendiger Streitgenossenschaft aus prozessualen** bzw aus **mat-rechtl** Gründen (so auch Mantzouranis Die notwendige Streitgenossenschaft, 2013, S 93, 206; Pieronczyk/Pieronczyk JuS 2020, 322). Der Grundsatz der Selbständigkeit der Verf ggü den einzelnen Streitgenossen gilt zwar auch hier (s Rn 22 ff), aber stark eingeschränkt: Ggü notwendigen Streitgenossen muss einheitl entschieden werden (näher s Rn 30 ff). Die ges Regelung ist **abschließend** und **zwingend** (BAGE 42, 401); eine *Erweiterung* der Fälle notwendiger Streitgenossenschaft im Wege der **Parteivereinbarung** oder durch Tarifvertrag ist **nicht** mögl 1

(BAGE 42, 400, auch nicht für die Haftung von Gesamtschuldnern, sa Rn 10, 17). **Abgrenzung Streitgenossenschaft/parteifähige Gebilde.** Ist eine Personengemeinschaft als solche Partei (sa § 705 II Alt 1 BGB), wird die notwendige Streitgenossenschaft durch den Gesellschafts- und Gesellschafter-Prozess abgelöst (s Rn 7, 13).

2 **II) Notwendige Streitgenossenschaft aus prozessualen Gründen (§ 62 I Alt 1). 1) Begriff. Aus prozessualen Gründen** ist die Streitgenossenschaft eine **(„zufällig") notwendige** („zufällige" „uneigentl" Streitgenossenschaft, BayObLG BB 73, 959), wo die Rechtskraft der ggü nur einem Streitgenossen ergangenen Entscheidung sich auch auf den anderen Streitgenossen erstrecken würde (zur Rechtskraft OLG Köln VersR 74, 64; OLG Brandenburg 30.3.2011 – 3 U 131/10; BayObLG NZG 2024, 1413). Hier müsste aus prozessualen Gründen auch einheitl entschieden werden, wenn die Prozesse nacheinander durchgeführt werden; somit ist bei gleichzeitigen Prozessen notwendige Streitgenossenschaft anzunehmen (BGHZ 92, 354; BAG NZA 2018, 933, 937); kein solcher Fall liegt bei parallelen Normenkontrollanträgen wegen der Allgemeinverbindlichkeit des Urteils vor (§ 47 V 2 VwGO: OVG Berlin-Brandenburg 16.3.2015 – OVG 2 A 7/15).

3 **2) Fallgruppen der notwendig einheitl Entscheidung. a)** Hierher gehören zunächst die ges geregelten Fälle der **Rechtskrafterstreckung** der §§ 326, 327 (Vor- und Nacherbe, s aber OLG Hamburg FamRZ 2020, 543 Tz 46; OLG Hamm 7.10.2021 – 10 W 54/21 Tz 15; Erbe und TV; nicht aber bei § 325, s BAG NZA 2018, 933, 937); § 856 II, IV (mehrere Pfändungsgläubiger), §§ 179, 183 InsO (Feststellungsklagen wegen bestrittener Ins-Forderungen oder im schifffahrtsrechtl Verteilungsverf streitig gebliebener Forderungen: BGH MDR 91, 128), § 111 II GenG (Feststellungsklagen wegen Beitragspflicht), §§ 246, 248 AktG (Anfechtungsklage gegen Hauptversammlungsbeschluss; näher s Rn 4), § 249 I 1 AktG (Feststellungsklage wegen Nichtigkeit eines Hauptversammlungsbeschlusses); §§ 110 ff aF; § 113 VI HGB nF (Beschlussanfechtungsklage bei Personenhandelsgesellschaften nach MoPeG seit 1.1.2024, BTDrs 19/27635, 51, 227); § 44 I, II 3, III WEG 2020 (gemeinsame Kläger einer Beschlussklage gegen die WE-Gemeinschaft). Für die notwendige Streitgenossenschaft ist unerhebl, ob die Rechtskrafterstreckung – allseitig – sowohl bei Verurteilung als auch Klageabweisung eintritt oder – einseitig – entweder bei Klagestattgabe oder Klageabweisung (RSchwab/Gottwald § 49 Rn 5 ff, 13 ff). Wegen der Erörterung weiterer – problematischer – Fälle s Rn 6-8; sa § 69 Rn 2; § 325 Rn 13 ff.

4 **b) Gestaltungsklagen** zugunsten mehrerer Interessenten können häufig schon nach materiellem Recht nur durch die mehreren Personen als Streitgenossen erhoben werden (dazu s Rn 19). Aus prozessualen Gründen ist die Streitgenossenschaft darüber hinaus eine notwendige, wo zwar auch einer der Kl allein hätte klagen können, das Gestaltungsurteil aber zugunsten der mehreren Personen wirkt, die tatsächl gemeinsam geklagt haben, so bei Erbunwürdigkeitsklage (§ 2342 BGB), bei der Aufhebungsentscheidung in der fortgesetzten Gütergemeinschaft (§ 1496 S 2 BGB; Antragsverf nach § 112 Nr 2, § 113 V Nr 2 FamFG), bei Beschlussanfechtungsklage gem § 113 VI HGB (nach MoPeG seit 1.1.2024, BTDrs 19/27635, 51, 227), bei Anfechtungs- und Nichtigkeitsklage gegen Hauptversammlungsbeschlüsse (§ 248 I 1, § 249 I 1 AktG [BGHZ 180, 10 Tz 55; BGHZ 189, 32 Tz 13], § 51 V GenG; auch GmbH [OLG Karlsruhe WM 95, 668] u § 44 I WEG (Beschlussklage mehrerer Kläger, sa Rn 3) [zu § 46 I WEG aF BGH MDR 2009, 796 Tz 20]), so bei der Nichtigkeitsklage gegen AGs, Genossenschaften und GmbHs (§ 275 IV AktG, § 96 GenG, § 75 II GmbHG), uU bei der gemeinschaftl Vollstreckungsabwehrklage gem § 767 (Thümmel NJW 86, 53, 536). Bei der gesellschaftsrechtl Auflösungsklage ist zu unterscheiden: Bei Personengesellschaften sind sämtl Gesellschafter als Kl oder Bekl notwendig am Prozess beteiligt (§ 139 HGB; Kleine-Lopp/Witt NZG 2020, 1089, 1090); bei der AG ist ein Beschluss der Hauptversammlung erforderl (§ 262 AktG); bei der GmbH muss bei der Auflösungsklage eines Gesellschafters gegen die GmbH (§ 61 II GmbHG) den Mitgesellschaftern rechtl Gehör gewährt werden (BVerfGE 60, 15 u dazu s vor § 64 Rn 2).

5 **c)** Zur Notwendigkeit einheitl Entscheidung wegen **Identität oder Unteilbarkeit des Streitgegenstandes** s Rn 16.

6 **d) Erstreckung sonstiger Urteilswirkungen.** Schwierigkeiten bereiten die Fälle, in denen das rechtskräftige Urteil ggü einem Streitgenossen zwar gegen die Übrigen wirken würde, aber nur bzgl einer **Vorfrage** des ihnen ggü rechtshängigen Streitgegenstandes (abl MK/Schultes Rn 17). Dies gilt nach § 128 I, § 161 II HGB bei Klagen gegen eine OHG oder KG und gegen deren Gesellschafter; die Schuld der Gesellschaft ist Vorfrage im Prozess gegen die Gesellschafter (ebenso § 721b I BGB, s Rn 7). Gleiches gilt für Klagen gegen Hauptschuldner und Bürgen sowie sonst akzessorisch Haftende (Verpfänder; Eigentümer des Hypothekengrundstücks; Pflichtversicherer; s Rn 8, 8a). Die Entscheidung über einzelne **„Feststellungsziele"** im Musterverf nach dem KapMuG (s § 2 I, § 9 II Nr 1, § 10 I KapMuG 2024) bindet die Prozessgerichte der Einzelverf (§ 25 I, II KapMuG 2024; § 325a; dazu näher s § 325a Rn 2, 3 u BGH 22.11.2016 – XI ZB 9/13). Vergleichbares gilt nach § 11 III VDuG (Verbraucherrechtedurchsetzungsgesetz) hinsichtlich der Bindungswirkung rechtskräftiger Urteile über Verbandsklagen für ein zur Entscheidung des Rechtsstreits zwischen einem angemeldeten Verbraucher und dem verklagten Unternehmer berufenes Gericht (Verbraucherrechtedurchsetzungsgesetz; s vor § 50 Rn 55 f).

7 **aa) OHG und Gesellschafter als Streitgenossen.** Einfache Streitgenossenschaft liegt zwischen der OHG und ihren mitverklagten Gesellschaftern auch dann vor, wenn der Gesellschafter sich nur mit den Einwendungen der OHG, nicht auch mit solchen *verteidigt*, die in seiner Person begründet sind (BGHZ 63, 54; BGH NJW 88, *2113, hM, vgl* St/Jacoby Rn 13; aA RGZ 163, 206). Da die OHG durch *Rechtsgeschäft* die Haftung des Gesellschafters erweitern kann (§ 126 HGB), muss sie auch *prozessual* von der Prozessführung des Gesellschafters un-

abhängig sein (sa ThP/Hüßtege Rn 8; MK/Schultes Rn 14). Die gleichen Grundsätze gelten für die Klage gegen eine **GbR-Außengesellschaft** (s § 50 Rn 17 u § 705 II Alt 1 BGB nF mWv 1.1.2024) und die (akzessorisch haftenden) **Gesellschafter** als Streitgenossen (§§ 721, 721b I BGB nach MoPeG seit 1.1.2024; sa BGH NJW 2001, 1056, 1058 ff; BGH NJW 2012, 2435) sowie für die Klage (nur) gegen die Gesellschafter (OLG Frankfurt ZIP 2001, 1884; sa Rn 10, 13 u allg s § 50 Rn 17). Die Gesellschaftsinsolvenz führt wegen § 93 InsO zur Unterbrechung das Verf gegen die persönl haftenden Gesellschafter (OLG Koblenz ZIP 2010, 448; s § 240 Rn 7).

bb) Hauptschuldner und Bürge als Streitgenossen. Vergleichbar wird bei Klagen gegen Hauptschuldner und Bürgen (§§ 767, 768 BGB) sowie gegen den persönl **Sch** und den **Eigentümer** der dingl haftenden bewegl (§ 1211 BGB) oder unbewegl (§ 1137 BGB) Sache und in ähnl Rechtslagen eine notwendige Streitgenossenschaft abgelehnt (BGH NJW 69, 1480; St/Jacoby Rn 12; RSchwab/Gottwald § 49 Rn 11). Inhaltlich wird im Schrifttum teils von materieller Tatbestandswirkung, teils von Präklusion gesprochen, während BGHZ 76, 230; BGH NJW 70, 279; BGH WM 71, 614 eine Rechtskrafterstreckung erkennen wollen, wenn dem Bürgen der Prozesssieg des Hauptschuldners zugutekommt; abweichend BGH NJW 2016, 3158 Tz 20 f bei Verurteilung des Hauptschuldners (§ 768 I 1 BGB); krit Leitmeier NJW 2017, 1274. 8

cc) Pflichtversicherer und Versicherungsnehmer als Streitgenossen. Im Prozess gegen den Pflichtversicherer (Direktklage § 115 I VVG) und Schädiger/Versicherungsnehmer (Haftpflichtklage) sind beide Haftende, obwohl ihnen wechselseitig die Klageabweisung gegen den anderen Verpflichteten zugute kommt (§ 124 VVG), nur *einfache* Streitgenossen (BGH NJW 82, 999; BGH NJW 2019, 1188 Tz 10 f; BGH NJW-RR 2010, 1725 Tz 11; BGH NJW-RR 2012, 233 Tz 4; RSchwab/Gottwald § 49 Rn 17; MK/Schultes Rn 16, hM; sa OLG Frankfurt/M ZIP 2024, 2371: Schädiger u freiwilliger Haftpflichtversicherer). Die **Drittwirkung** zugunsten des akzessorisch haftenden Versicherers ist – wie beim Bürgen – Folge der mat-rechtl Abhängigkeit; die Drittwirkung zugunsten des Versicherungsnehmers will einem Regressprozess gegen den Versicherer nach Abweisung der Direktklage vorbeugen (sa § 69 Rn 2, § 325 Rn 39). 8a

3) Abgrenzung. a) Allgemeines. Zufällig notwendige Streitgenossenschaft besteht grds, wenn aus *prozessualen Gründen* einheitl entschieden werden muss (Rechtskrafterstreckung des im Verhältnis zu einem Streitgenossen ergehenden Urteils im Verhältnis auch zum anderen Streitgenossen). **Keine** zufällige **notwendige Streitgenossenschaft** besteht idR dagegen, wo nur das anzuwendende *materielle Recht* oder Gründe der *Logik* die einheitl Entscheidung erzwingen (BGH NJW 89, 2134; BGH MDR 2017, 1432; BSG FamRZ 2011, 1943 Tz 9; BGH ZIP 2025, 308, krit Wieser NJW 2000, 1163). Sofern bei nacheinander geführten Prozessen die Rechtskraft des 1. Urteils im 2. Verf nicht bindet (sondern allenfalls eine einheitl Entscheidung wünschenswert ist), dort besteht bei gleichzeitigen Prozessen nur einfache Streitgenossenschaft (BGH NJW-RR 2014, 903 Tz 6; BAG NZA 2018, 933, 937); hier gibt es keinen Grund, § 62 anzuwenden und zB ein VU gegen einen Streitgenossen zu verbieten. Eine **Einschränkung** gilt in den Fällen der **Identität** oder Unteilbarkeit des Streitgegenstandes, wo aus Gründen des *materiellen Rechts* nur *einheitl* entschieden werden kann (iE s Rn 16). 9

b) Fälle nicht notwendig einheitl Entscheidung. Keine notwendige Streitgenossenschaft existiert, wo ggü mehreren Streitgenossen ledigl über eine einheitl **Vorfrage** zu befinden ist, so bei Klagen gegen mehrere **Gesamtschuldner** (arg § 425 II BGB; BGH NJW 1992, 2413 f; BGH NJW-RR 2010, 911 Tz 22; zust BayObLG NZG 2024, 1413), auch wenn sie Träger einer Gesamthandsgemeinschaft sind (Passivprozesse der gesamten Hand), wie bish bei Prozessen gegen mehrere Gesellschafter (OLG Hamm NJW-RR 96, 1083; OLG Frankfurt ZIP 2001, 1884; sa § 126 S 1 HGB; § 721 BGB nach MoPeG seit 1.1.2024: zur Aufgabe des Gesamthandsprinzips vgl BTDrs 19/27635, 103, 124; sa Rn 7) oder Miterben bei der Gesamtschuldklage (§ 2058 BGB); anders aber bei der Gesamthandklage nach § 2059 II BGB (s Rn 17, 18). Keine notwendigen Streitgenossen sind Miterben bei Feststellung der Unwirksamkeit des Teilungsplans des Testamentsvollstreckers (OLG Karlsruhe NJW-RR 1994, 905; OLG Hamburg ZEV 2024, 302: Bindungswirkung auch über Streitverkündung erreichbar); keine notwendige Streitgenossenschaft ferner bei Aktivprozessen mehrerer Unterhaltsberechtigter gegen den Schädiger nach § 844 BGB, mehrerer durch eine einzige unerlaubte Handlung (Amtspflichtverletzung) geschädigter Mit-Vertragsparteien (BGH NJW 93, 649), mehrerer **Gesamtgläubiger** (arg § 429 III BGB) oder im Feststellungsstreit zwischen mehreren Gesellschafter-Miterben und einem *Dritten* über die Mitgliedschaft in der Gesellschaft (OLG Hamburg ZIP 84, 1226; *anders* bei Entschädigungsklage mehrerer Miteigentümer: s Rn 16; bei Mitgliedsschaftsstreit *nur* unter Gesellschaftern: s Rn 21). Keine notwendige Streitgenossenschaft wird allein durch die **Hauptintervention** begründet (BGH MDR 2012, 1105; BGH 6.7.2018 – V ZR 39/17; s § 64 Rn 5). 10

III) Notwendige Streitgenossenschaft aus materiell-rechtlichen Gründen (§ 62 I Alt 2). 1) Allgemeines. a) Begriff. Aus mat-rechtl Gründen ist die Streitgenossenschaft eine „echte" oder „eigentl" notwendige (§ 62 I Alt 2: „aus sonstigem Grunde"), wo die Klage nur Erfolg haben kann, wenn sie durch oder gegen mehrere Parteien erhoben wird, wo also die Klage durch oder gegen nur eine Partei mangels Prozessführungsbefugnis unzulässig (BGHZ 92, 353; BGH NJW 1984, 2210; OVG Münster 23.4.2018 – 11 A 1221/14; zust BayObLG NZG 2024, 1413; einschr MK/Schultes Rn 47) wäre. Von Bedeutung ist, dass die notwendige Gemeinsamkeit hier nicht erst im Zeitpunkt der Entscheidung, sondern schon **bei Verfahrensbeginn** einsetzt (maßgebl Zeitpunkt: § 253 I, § 261 I); erst recht muss hier die Entscheidung einheitl sein. Zwischenzeitl Änderungen in der Rechtszuständigkeit sind grds unbeachtlich (iE s Rn 13 aE). 11

12 **b) Überblick** über die in Frage kommenden **Fallgruppen**. Eigentl notwendige Streitgenossenschaft kommt sowohl bei Leistungs- (s Rn 13 ff u 17 f), Gestaltungsklagen (s Rn 19 f) als auch bei Feststellungsklagen (s Rn 21) vor. Hauptanwendungsfälle sind die Aktivprozesse von Gesamthandsberechtigten (s Rn 13 u 16) und die aktiven Gestaltungsklagen (s Rn 19), ferner die Innenprozesse zwischen Gesellschaftern aus dem Gesellschaftsverhältnis (s Rn 19, 20) sowie Bestandsstreitigkeiten über ein Rechtsverhältnis zwischen mehreren an ihm Beteiligten (s Rn 21).

13 **2) Aktivprozesse von Gesamthändern und sonstigen Mitberechtigten. a) Notwendigkeit gemeinschaftl Klageerhebung.** Mehrere Kl müssen gemeinsam auf Leistung klagen, wenn das Recht einer von ihnen gebildeten **Gesamthandsgemeinschaft** zusteht (Aktivprozesse der gesamten Hand), soweit nicht eine *actio pro socio* (kodifiziert nach MoPeG seit 1.1.2024: § 715b BGB, s für eine KG auch OLG Frankfurt/M GmbHR 2024, 256) oder ein Fall des § 432 BGB vorliegt (BGH NJOZ 2020, 229 Tz 5; dann Fall von Rn 14, 15). So die gemeinsam verwaltenden Ehegatten bei **Gütergemeinschaft** (BGH MDR 94, 254), mehrere für einen Nachlass ernannte TV (OLG Hamburg MDR 78, 1031), die eine gemeinsame Forderung ggü Dritten geltend machenden Mitglieder einer nicht parteifähigen (s § 50 Rn 27) **„schlichten" Bruchteilsgemeinschaft** (§ 744 I BGB; für die nichtrechtsfähige GbR § 50 Rn 27 u § 705 II Alt 2, § 740 BGB nach MoPeG seit 1.1.2024, sa BTDrs 19/27635, 119: schuldrechtlich gebundene „Bruchteilsrechte"), bei gemeinsamer Inanspruchnahme eines Miteigentümers ohne diesen (BGH NJW 99, 3713); ferner auch Miterben (VG München 6.7.2016 – M 23 K 15.4389, sofern keine Nachlassansprüche geltend gemacht werden (§ 2039 BGB, s BGH 4.11.2020 – VII ZB 69/18 Tz 11), s dazu Rn 16); nach VG Cottbus 30.12.2016 – 5 L 685/16.A auch bei familiärem Asylantrag mit einheitlicher Überstellungsentscheidung; Vertreter eines Bürgerbegehrens (OVG Münster NVwZ 2017, 1027 Tz 41). ***Nachträgl Änderungen*** (Zeitpunkt: s Rn 11 aE) im Bestand der Mitberechtigten haben auf die notwendige Streitgenossenschaft keinen Einfluss; ausgeschiedene Mitglieder bleiben Partei (§ 265 II 1), neue werden es nur bei Beitritt (§ 265 II 2; iE BGH NJW 2000, 291, 292; zum Problem auch BGH NJW 2001, 1059). **Kein** Fall eines **Aktivprozesses von Gesamthändern** liegt vor bei der ***parteifähigen* GbR** (s § 50 Rn 17; s aber noch BGH NJW 2001, 1056, 1058; BGH NJW 91, 101; „rechtsfähige Gesellschaft", § 705 II Alt 1 BGB nach MoPeG seit 1.1.2024; zur Aufgabe des Gesamthandsprinzips BTDrs 19/27635, 103, 124 u § 713 BGB; sa Rn 1, § 50 Rn 17, 27). Die Gesellschafter können nicht (mehr) an deren Stelle als Streitgenossen klagen (BGH MDR 2016, 401). Auch eine gemeinsame Klage als Prozessstandschafter scheidet aus, weil kein schutzwürdiges Eigeninteresse vorliegt (LG Regensburg ZMR 2020, 757; s vor § 50 Rn 40, § 50 Rn 17). Das Gleiche gilt für die Klage der ***parteifähigen*** (§ 9a I WEG) **WE-Gemeinschaft** (s § 50 Rn 24). Bei Aktivprozessen ist die Hilfskonstruktion einer Prozessstandschaft des Verwalters überholt (vgl BGHZ 163, 154, 170; s vor § 50 Rn 26, 46).

14 **b) Fälle bestehender Einzelprozessführungsbefugnisse von Mit- und Teilberechtigten.** Teilweise erlaubt das Gesetz jedem einzelnen Rechtsinhaber, den aus der Rechtsgemeinschaft erwachsenden Anspruch geltend zu machen: **aa)** Hierzu räumt es ihm idR eine über seine Sachbefugnis hinausgehende Prozessführungsbefugnis ein: so in den Fällen der §§ 1011, 1422, 2039 BGB (vgl BGHZ 121, 24; BGH NJW 1992, 1101; BGH NJOZ 2020, 229 Tz 5; BVerwG NJW 1998, 522; Grüneberg/Herrler § 1011 BGB Rn 2; Mayer Jura 2015, 1095; s vor § 50 Rn 21, 24), der Not- (§ 715a BGB, § 744 II, § 1455 Nr 10; § 1472 III Hs 2 BGB) und der Schutzprozessführung, des Revokationsrechts nach § 1368 BGB. Hier eingeordnet werden kann auch das Widerspruchsrecht des Nacherben gem § 2115 BGB, § 773 S 2, obwohl zwischen den Nacherben vor Eintritt des Nacherbfalls noch keine Erbengemeinschaft besteht (vgl BGH MDR 1993, 657). Bei der (parteifähigen) WE-Gemeinschaft sind Einzelklagebefugnisse idR ausgeschlossen (BGHZ 163, 154, 166; s vor § 50 Rn 24).

15 **bb)** Das Gesetz kann aber auch jedem in einer Rechtsgemeinschaft mit anderen Stehenden einen eigenen **matrechtl Anspruch** einräumen (für den er dann auch prozessführungsbefugt ist), dessen sachl Inhalt aber mit Rücksicht auf die Mitberechtigung der anderen Gemeinschafter beschränkt ist. IE ist vieles str; vgl St/Jacoby vor § 50 Rn 36; s § 62 Rn 8. Hierunter können eingeordnet werden (sa vor § 50 Rn 24): der Fall des **§ 432 BGB** (vgl Jauernig/Stürner § 432 BGB Rn 3, sa Rn 13), die gemeinsame Legitimation nach **§ 1077; § 1011** (soweit nicht Fall der Rn 14); **§ 1281 S 2; § 1128 III BGB**; sa noch § 18 WEG aF, anders nunmehr **§ 17 WEG:** Entziehungsklage der Gemeinschaft. In Frage kommen weiter die Mitberechtigung von Pfändungspfandgläubiger und VollstrSchuldner bei zur Einziehung **(§ 835 I)** überwiesener Forderung (s vor § 50 Rn 27) und die Mitgläubigerstellung von Ehegatten bei Geschäften zur Deckung des Lebensbedarfs iSv **§ 1357 BGB** (sa Rn 16 aE).

16 **c) Notwendige Streitgenossenschaft bei Identität oder Unteilbarkeit des Streitgegenstands?** Klagen nun in solchen Fällen mehrere in der Rechtsgemeinschaft gebundene Anspruchsinhaber gemeinsam, was sie nicht müssen (keine echte notwendige Streitgenossenschaft iSd Alt 2 des § 62 I, s Rn 11), so erscheint aufgrund der **Identität des Streitgegenstandes** eine einheitl Entscheidung, also die Annahme einer zufällig notwendigen Streitgenossenschaft iSd § 62 I Alt 1 gerechtfertigt (so auch St/Jacoby Rn 9 mN in Fn 22; ThP/Hüßtege Rn 13, str; **aA** BGH MDR 1985, 218; OLG Koblenz MDR 2010, 281; MK/Schultes Rn 20 mwN, wohl hM). Da in diesen Fällen – anders als bei der Alt 2 des § 62 I – kein Zwang zur gemeinsamen Rechtsverfolgung besteht (s Rn 2, 9), kann ein zunächst beteiligter notwendiger *Streit*genosse später einseitig aus dem Prozess ausscheiden (s Rn 25 [Kläger*rücknahme*]; s Rn 30 [Prozessurteil]). **Bsp:** Die hM misst dem Urteil im Rechtsstreit des nach **§ 2039 BGB** prozessführenden **Miterben** keine Rechtskraftwirkung für und gegen die Übrigen bei (s vor § 50 Rn 33).

Dementspr nehmen BGHZ 23, 207, 212 f; BGHZ 92, 351, 353 f; BGH FamRZ 2024, 1642; OLG Nürnberg 28.2. 2025 – 1 U 2451-23 Erb Tz 18; MK/Schultes Rn 20 im Falle der gemeinsamen Klage der Miterben einfache Streitgenossenschaft an. Für notwendige Streitgenossenschaft in diesem Fall aber (mit Recht): OLG Düsseldorf OLGZ 79, 459; VG München 6.7.2016 – M 23 K 15.4389; RSchwab/Gottwald § 49 Rn 20; AG/Bünnigmann Rn 10 f. Auch das auf die Prozessführung gem **§ 1011 BGB** gegen einen **Miteigentümer** ergangene Urteil entfaltet keine Rechtskraft gegen die übrigen Miteigentümer (s vor § 50 Rn 33); jedoch üben die gemeinsam vorgehenden Miteigentümer nicht ihre *Einzelprozessführungsbefugnis* (s Rn 14 f) aus, sondern machen das ihnen zu ideellen Bruchteilen (§ 1008 BGB) gemeinsam zustehende *identische Recht* geltend, womit eine notwendige Streitgenossenschaft vorliegt (so früher RGZ 60, 270; RGZ 163, 168; weiterhin MK-BGB/K. Schmidt § 1011 Rn 7 mN; **aA** BGH MDR 85, 218; MK/Schultes Rn 12, 20; sa Rn 13); dasselbe gilt, wenn mehrere Grundstücksmiteigentümer Entschädigung für die planungsbedingte Wertminderung des gemeinsamen Eigentums verlangen (aA BGH NJW 97, 2116; Wieser NJW 2000, 1164). Ebenso verhält es sich bei der (zulässigen) gemeinsamen Klage mehrerer **Mitgläubiger** gem **§ 432 BGB** (aA OLG Koblenz MDR 2010, 281), die gemeinsame Klage von **Gl und Pfändungspfandgläubiger** gegen den Drittschuldner auf Leistung an den Pfändungspfandgläubiger (StJ/Würdinger § 835 Rn 21 f, 32 f) sowie von Schutzrechtsinhaber u Lizenznehmer gegen den Verletzer auf Herausgabe des Verletzergewinns (BGH MDR 2012, 481). **Weitere Bsp:** Die Annullierung einer sportl Wettkampfbewertung kann nur einheitl ggü allen von der Bewertung betroffenen Teilnehmern u Beteiligten erfolgen (öOGH SpuRt 2009, 245). Bei Entziehungsklagen nach § 17 WEG bilden mehrere Eigentümer auf Beklagtenseite notwendige Streitgenossenschaft (AG Kaufbeuren 27.6.2024 – 5 C 1012/23 Tz 17 f).

3) Passivprozesse von Mitberechtigten, Gesamtschuld- und Gesamthandsklagen. a) Gegen mehrere Bekl 17
braucht nach richtiger Ansicht (differenzierend St/Jacoby Rn 22; vgl auch BGHZ 23, 73; BAGE 42, 402) niemals notwendig gemeinsam auf Leistung geklagt zu werden. Geschieht es doch, so liegt außer im Fall der Rn 16 einfache Streitgenossenschaft vor (BAG NJW 2004, 2848: für Gesamtschuldner; Gottwald JA 82, 69 mN; sa Rn 18). Dass es zur Vollstreckung eines Titels gegen mehrere bedarf (zB nach § 740 II, § 747; anders nunmehr für GbR: § 722 I BGB nach MoPeG seit 1.1.2024), ändert daran nichts, denn diese Titel können auch nacheinander erstritten werden. Das gilt zB für die **Räumungsklage** gegen mehrere Mieter (RGZ 68, 221) oder gegen Mieter und Untermieter gem § 546 II BGB (vgl BGH NJW 96, 516), für Klagen gegen **Miterben** zur Vollstreckung in den ungeteilten Nachlass (so die ganz hM: Lange, Erbrecht, § 50 IV 2b mwN; OLG Hamm ZEV 2017, 430), für Klagen gegen Miterben auf die von ihnen gemeinsam geschuldete und zu erklärende **Auflassung** (BGH NJW 63, 1611; BGH 29.3.2023 – IV ZR 70/22 Tz 3; Bötticher JZ 64, 724 zu § 2058 BGB; anders bei § 2059 II BGB: s Rn 18), für Klagen gegen Miterben auf Feststellung der Unwirksamkeit des Teilungsplans (OLG Hamburg ZEV 2024, 302), für **Aufhebungsklage** nach § 749 BGB (OLG Celle ZMR 2013, 492; OLG Hamburg 28.2.2020 – 9 U 173/19), für die **Gesamtschuldklage** gegen die Gesellschafter einer parteifähigen (s Rn 1; § 50 s Rn 17) GbR (hM, vgl BGHZ 146, 341, 358; Müther MDR 98, 627; Grüneberg/Sprau § 714 BGB Rn 24; allg s Rn 10) sowie nach zutr Ansicht (anders hM) für Klagen auf **Unterlassung** (zB von Immissionen; Benutzung von Einrichtungen) und **Duldung** (zB von Notweg) gegen **Grundstücksmiteigentümer** (OLG Karlsruhe NJW-RR 86, 1342; LG Nürnberg-Fürth NJW 80, 2478, insoweit zust Wieser JuS 2000, 1000; zur **abw hM** mN s Rn 18).

b) Dagegen nimmt die **Rspr** eigentl notwendige Streitgenossenschaft (also mit dem Zwang zur Klage gegen sie 18
gemeinsam, bei Gefahr der Abweisung als unzulässig) an: so bei der **Gesamthandsklage** nach § 2059 II BGB (im Gegensatz zur Gesamtschuldklage: s Rn 17); **Bsp:** Klage gegen mehrere Miterben, durch die eine dingl Belastung eines Nachlassgrundstücks geltend gemacht wurde (RGZ 157, 33); weiter bei der Klage gegen Miterben auf Löschung eines Widerspruchs im Grundbuch (vgl BGH NJW 63, 1612) oder auf Zustimmung zur Grundbuchberichtigung (OLG Naumburg NJW-RR 98, 308). Ebenso (s § 747 S 2 BGB) bei Klage gegen mehrere **Bruchteilseigentümer**, durch die eine **Verfügung über das ganze Grundstück** erzwungen werden soll (BGH NJW 96, 1061; anders gelagert deswegen OLG Hamburg 28.2.2020 – 9 U 173/19); **Bsp:** Bestellung oder Duldung eines Notwegs (BGHZ 36, 187; BGH NJW 84, 2210); Einräumung oder Ausübung einer Grunddienstbarkeit (BGH NJW 92, 1102); Übernahme einer Baulast (BGH NJW-RR 91, 333); Erklärung der **Auflassung** (BGH NJW 94, 1471; BGH NJW 96, 1061; OLG Brandenburg 28.9.2023 – 5 U 233/22); Herausgabe des gemeinschaftl (im Gegensatz zur „Rückgabe" des gemieteten: BGH NJW 96, 516) Gegenstands (vgl auch BGH WM 93, 1554, 1556); bei Verf gegen eine Bruchteilsgemeinschaft bildende Inhaber einer Marke (BGH WRP 2014, 1196 Tz 11 iVm § 747 S 2 BGB; BGH 24.9.2018 – 26 W (pat) 547/17); bei Klage auf **Zustimmung zur Mieterhöhung** gem § 558b BGB gegen mehrere Mieter als Mietvertragsparteien (KG WuM 86, 108). Doch besteht in all diesen Fällen kein Zwang zur einheitl Klage, sondern nur zur einheitl Entscheidung, *wenn* einheitl gegen die Verpflichteten geklagt wurde; so zutr Müther MDR 98, 628; LG Nürnberg-Fürth NJW 80, 2478 gegen die üA, die bei **Gesamthandsschuld** („echte Gesamthandsverbindlichkeit") Zwang zur gemeinschaftl Klage gegen die Gesamthänder annimmt (vgl St/Jacoby Rn 22; MK/Schultes Rn 32 mwN in Fn 105; MskV/Weth Rn 11, 12; Wieser JuS 2000, 998, offen lassend BGH NJW-RR 90, 867 mwN; BSG FamRZ 2011, 1943 Tz 7). **Ausnahme:** Von dieser Notwendigkeit sieht jedoch auch der BGH ab, wenn die nicht mitverklagten Sch vor Klageerhebung erklärt hatten, zur Leistung verpflichtet und erfüllungsbereit zu sein (BGH NJW 92, 1102; BGH NJW-RR 91, 334 mN; sa Rn 30). Bei Klagen gegen **Mitgesellschafter** auf *Mitwirkung* bei Aufstellung von Bilanzen liegt daher nur einfache Streitgenossenschaft vor (BGH WM 83, 1279 f), notwendige aber bei Klage auf *Feststellung* der Bilanz

(BGH WM 83, 1279, 1280). Im Prozess über **Gesellschaftsschulden** sind Gesellschaft und persönl haftende Gesellschafter einfache Streitgenossen (s Rn 7).

19 **4) Gestaltungsklagen. a)** Sie müssen **durch mehrere Kl** gemeinsam erhoben werden, wenn das materielle Recht den gestaltenden Ausspruch nur auf Antrag mehrerer Parteien gestattet. Dies gilt nach §§ 134, 139 HGB (nach MoPeG seit 1.1.2024), wenn das Gericht eine OHG für **aufgelöst** oder einen Gesellschafter für **ausgeschlossen** erklären soll (zum Ausschluss durch Gesellschaftsbeschluss s Rn 21 u zum MoPeG auch BTDrs 19/27635, 244 f; zur Anfechtungslast nach §§ 110 ff HGB nF m Recht krit Altmeppen ZIP 2021, 213, 217); hier müssen alle Gesellschafter entweder auf der Kläger- oder auf der Beklagtenseite beteiligt sein (BGHZ 68, 84; BGH NJW-RR 2011, 115 Tz 30; Leonhard WuB 2018, 64; Neumann ZIP 2017, 1141; sa Rn 20 sowie zur Feststellungsklage BGHZ 91, 133 u dazu s Rn 21). Allerdings genügt es, wenn die **Ausschließungsklage** gegen mehrere Gesellschafter gerichtet ist, dass sie von den nicht auszuschließenden (klagewilligen) Gesellschaftern erhoben wird (BGHZ 64, 253) und die widersprechenden auf Zustimmung (§ 894) mitverklagt werden (s Rn 20). Einheitl Klageerhebung ist geboten, wenn das Gericht nach § 116 V, § 124 V HGB (nach MoPeG seit 1.1.2024; sa BTDrs 19/27635, 237, 241) die **Geschäftsführungsbefugnis** oder **Vertretungsmacht** eines Gesellschafters **entziehen** soll (BGHZ 30, 197). Notwendige Streitgenossenschaft liegt auch vor bei Klage auf **Nichtigerklärung** einer Gesellschaft, auch einer faktischen (BGHZ 3, 285; BGHZ 6, 133; BGHZ 9, 157). **Abgrenzung.** Aus Klagen mehrerer Berechtigter aus (vollzogenen) **Gestaltungsrechten** gem §§ 351, 461, 472 BGB besteht keine notwendige Streitgenossenschaft (s BGH MDR 1991, 45; MK/Schultes Rn 27). Erbunwürdigkeitsklage (§ 2341 BGB) gegen einen von mehreren Erben muss von den Übrigen nicht gemeinsam erhoben werden; klagen aber mehrere, sind sie wegen Identität des Streitgegenstandes notwendige Streitgenossen (s Rn 16).

20 **b) Eine Gestaltungsklage**, die notwendig **gegen mehrere Bekl** erhoben werden muss, ist die **Auflösungsklage** nach § 139 HGB (nach MoPeG seit 1.1.2024) gegen mehrere widersprechende Gesellschafter (sa Rn 19); wer einverstanden ist, braucht nicht mitverklagt zu werden (BGH NJW 58, 418; zur Auflösung durch (qualifizierten) Mehrheitsbeschluss s § 140 HGB). Das Gleiche gilt für die **Ausschließungsklage** (§ 134 HGB) gegen mehrere auszuschließende Gesellschafter (BGHZ 64, 253; sa Rn 19); der Ausschließung widersprechende (selbst nicht auszuschließende) Gesellschafter sind auf Zustimmung (§ 894) mitzuverklagen (BGHZ 68, 84; zust Merle ZGR 79, 69 ff mwN, str). **Abgrenzung.** Bei Kapitalgesellschaften (GmbH, AG) sind die Auflösungsklage u die Klage auf Nichtigerklärung gegen die Gesellschaft zu richten (§ 61 II GmbHG; § 275 IV, § 246 II, § 248 AktG; Stefanink/Punte GWR 2018, 403; sa § 325 Rn 37). Bei **Zwei-Personen GmbH** soll – nach Grundsätzen der *actio pro socio* – Ausschließungsklage gegen den anderen Gesellschafter zu erheben sein (so BGH 11.7.2023 – II ZR 116/21, NJW 2023, 3164 [Lüttenberg/Fischer]). Auch die Beschluss-Anfechtungsklage nach § 110 I HGB (nach MoPeG seit 1.1.2024) ist nach § 113 II, § 161 II HGB gegen OGH und KG zu erheben (BTDrs 19/27635, 232; sa Rn 20a).

20a **c) Beschlussklagen.** Frühere Beschlussanfechtungsklagen waren gegen die „übrigen Wohnungseigentümer" iSv § 46 I 1 WEG aF als notwendige Streitgenossen zu richten (BGH MDR 2015, 1355 Tz 7; BGH MDR 2016, 176 Tz 13; Folge für NI: s § 66 Rn 6; für mehrere Kl galt § 47 S 2 WEG aF, BGH NJW 2013, 65 Tz 10). Bei **nunmehr** gegen die **WE-Gemeinschaft** gerichteten Beschlussklagen (§ 44 I WEG 2020) erfolgt der Beitritt einzelner Eigentümer als streitgenöss NI nach § 69 (s § 44 III WEG: Rechtskrafterstreckung; BGH NJW 2024, 1419; BGH NJW 2024, 1183 Tz 20; LG Berlin II 29.2.2024 – 85 S 52/23 Tz 10; LG Frankfurt/M 22.11.2023 – 2-13 T 584/23; Dötsch/Schultzky/Zschieschack, WEG-Recht 2021, Kap 14 Rn 82). Mehrere Kläger sind (auch bei § 44 II 3 WEG) weiter notwendige Streitgenossen (BGH NJW 2024, 3157). Gleiches gilt für **Beschluss-Anfechtungsklagen** bei **Personenhandelsgesellschaften** (§§ 110 ff; § 113 VI, § 115 HGB [nach MoPeG seit 1.1.2024, BTDrs 19/27635, 51, 227, 232]; Tröger/Happ NZG 2021, 133, 136). Die anderen Gesellschafter können sich als streitgenöss NI beteiligen (§ 113 III HGB, BTDrs 19/27635, 233, 234). Bei **Kapitalgesellschaften** sind diese Klagen ebenfalls gegen die Gesellschaft zu richten (vgl § 246 II AktG; § 75 II GmbHG). Zwischen den Kl besteht eine prozessrechtl notwendige Streitgenossenschaft (s BGHZ 180, 9 Tz 55; BGH NJW-RR 2011, 618 Tz 15, 20). Steht ein GmbH-Anteil in ungeteilter Erbengemeinschaft, sind die eine Anfechtungs-/Nichtigkeitsklage erhebenden Miterben notwendige Streitgenossen gem **I** Alt 2 (OLG Nürnberg ZIP 2014, 2081, 2083, 2084; notwendige Streitgenossen iSv **I** Alt 1 sind mehrere Kl einer **Patentnichtigkeitsklage** (BGH GRUR 2014, 911 Tz 26; arg § 69; BGH GRUR 2021, 1382 Tz 10; BGH GRUR 2017, 520 Tz 20: ebenso bei **markenrechtlicher Nichtigkeitsklage**) bzw bei Verbindung verschiedener Klageverfahren über dasselbe Patent (BGH GRUR 2016, 361 Tz 48: Gestaltungswirkung gem Art 68 EPÜ). Dies gilt auch auf Beklagtenseite (BGH 28.1.2016 – X ZR 130/13 Tz 4). Der Beklagte kann das Urteil mit der Berufung nur einheitlich gegen alle Streitgenossen anfechten (BGH GRUR 2021, 1171 Tz 9, 10). Zwischen den Streitgenossen findet grds keine gerichtliche Kostenfestsetzung statt (BPatG GRUR-RS 2022, 23676 Tz 37). § 62 gilt auch im **Einspruchsbeschwerdeverf**, wenn nicht der Patentinhaber Beschwerde einlegt (BGH MDR 2020, 49 = NJW 2020, 110; aA: BPatG 27.9.2017 – 19 W (pat) 16/17). Bei Patentnichtigkeitsklagen ist wegen richterlichen Ermessens (§ 99 PatG) ausnahmsw Teilurteil ohne Abtrennung möglich (BGH 2.2.2016 – X ZR 146/13 Tz 7; BGH 24.8.2021 – X ZR 59/19 (BPatG) Tz 10, 11: bei Unterbrechung gegen einen Streitgenossen nach § 240).

21 **5) Feststellungsklagen.** *Bei ihnen ist eine* notwendige Streitgenossenschaft in beiden Alternativen des § 62 I mögl, wenn sich das Feststellungsbegehren **auf das gesamte Recht** bezieht und das Prozessführungsrecht für die Leistungsklage den Mitberechtigten nur gemeinsam zusteht (St/Jacoby Rn 26, 27; RSchwab/Gottwald § 49

Rn 30; MskV/Weth Rn 10; vgl auch BGH FamRZ 92, 1056; offenlassend BGH NJW-RR 2014, 903 Tz 6). **Bsp:** Am Feststellungsstreit *zwischen den Gesellschaftern* einer **Personenhandelsgesellschaft** über die *Mitgliedschaft* einer Partei müssen – wie bei der Ausschließungsklage (s Rn 19) – *sämtl* Gesellschafter beteiligt sein (BGHZ 91, 133 mN); das muss auch für den Prozess gelten, in dem von einem (Teil der) Gesellschafter auf Feststellung geklagt wird, dass ein anderer Gesellschafter ausgeschieden sei (**Identität des Streitgegenstandes**, Wieser NJW 2000, 1164; Kleine-Lopp/Witt NZG 2020, 1089, 1090, str; aA BGHZ 30, 195; BGH MDR 2017, 1432 Tz 20; BGH NZG 2025, 402 Tz 37 (vermeintliche Gründe der Logik genügten nicht) – insoweit abzulehnen aus den in Rn 16 genannten Gründen), sowie für die (an die Stelle der abbedungenen Ausschließungsklage gem § 134 HGB [nach MoPeG seit 1.1.2024] tretende) Klage des ausgeschlossenen Gesellschafters auf Feststellung der Unwirksamkeit des Ausschließungsbeschlusses (aA BGH ZIP 2010, 2444, 2445 Tz 30; BGH NZG 2025, 402 Tz 37 [Fischer], womit jeder Gesellschafter ein Feststellungsinteresse besitze; die (neue) fristgebundene Beschluss-Anfechtungsklage (§§ 110 ff HGB) ist nach § 113 II HGB (nach MoPeG seit 1.1.2024) unmittelbar gegen die Gesellschaft zu richten (BTDrs 19/27635, 232 f; Rechtskrafterstreckung nach § 113 VI HGB), womit den ausgeschlossenen Gesellschafter die Anfechtungslast trifft, krit Altmeppen ZIP 2021, 213, 217 u Rn 19). Werden (absolute) **Beschlussmängel** mittels **Feststellungsklage** gegenüber den Mitgesellschaftern gerügt, sind diese idR notwendige Streitgenossen (OLG Düsseldorf 13.10.2011 – 14 U 32/11; Kleine-Lopp/Witt NZG 2020, 1089, 1090; aA OLG Jena 10.8.2016 – 2 U 500/14 Tz 30). **Seit 1.1.2024** ermöglicht **§ 115 HGB** die Verbindung von Anfechtungs- und Feststellungsklage, welche jeweils gegen die Gesellschaft zu erheben sind (§ 113 II, VI HGB (analog) mit Rechtskrafterstreckung, BTDrs 19/27635, 235 f). Im Streit über Sonder-/Gemeinschaftseigentum von Teilen einer Wohnanlage mussten bish sämtl Miteigentümer/WE beteiligt sein (offenlassend BGH NJW-RR 2014, 903 Tz 6; nach dem WEMoG 2020 ist im Einzelfall die Gemeinschaft zu verklagen); beim Streit über die Wirksamkeit eines Mietvertrags mit einer **Mehrheit von Vermietern** müssen entweder sämtl Vermieter Kl sein (nach OLG Celle NJW-RR 94, 854 Fall von notwendiger Streitgenossenschaft gem § 62 I Alt 2 2. Fall, abl Wieser JuS 2000, 1000; sa LG Berlin 25.4.2023 – 67 S 223/20: Vermietermehrheit bei Zustimmungsklage nach § 558b II BGB als notwendige Streitgenossen) oder – bei Widerspruch eines Vermieters – der widersprechende Vermieter neben dem Mieter weiterer Bekl (verkannt von OLG Celle NJW-RR 94, 854; sa Rn 19, 20); Gleiches gilt bei Betriebsübergang (§ 613a BGB) im Verhältnis von Veräußerer und Erwerber (BAG 24.9.2015 – 2 AZR 563/14; aA BAG NZA 2018, 933, 938). Dagegen sind mehrere Gesellschafter-Miterben, die mit einem *Dritten* über ihre Mitgliedschaft in der Gesellschaft streiten, **keine notwendigen Streitgenossen** (OLG Hamburg ZIP 84, 1229); dgl nicht die GmbH und der Käufer eines GmbH-Anteils beim Streit um die Gesellschafterstellung des Kl (BGH WM 64, 265, str). Keine notwendigen Streitgenossen sind auch die testamentarischen Erben im Feststellungsstreit über die Wirksamkeit des Testaments mit dem ges Erben (BGHZ 23, 75; BGH ZEV 2010, 468 Tz 17, 19; OLG München NJW-RR 2021, 1307; allgemein zum Erbprätendentenstreit Adam ZEV 2016, 233, 236); die (zB als Miterben) in Rechtsgemeinschaft stehenden Forderungsprätendenten im Feststellungsstreit (s § 75 Rn 1) mit einem „dritten" Forderungsprätendenten (BGH FamRZ 92, 1056). **Musterbeklagte** eines KapMuG-Verf sind einfache Streitgenossen, sofern nicht unabhängig davon die Voraussetzungen von § 62 vorliegen (BayObLG NZG 2024, 1413: Dass über gemeinsame Feststellungsziele einheitlich entschieden wird, genügt nicht). **Abgrenzung.** Klagen auf Feststellung der Nichtigkeit von Hauptversammlungsbeschlüssen sind bei der AG gegen die Gesellschaft zu richten (§§ 249, 246 II AktG; zu Nichtigkeitsklagen s Rn 20 aE), Beschlussklagen sind nach § 44 I WEG 2020 gegen die WE-Gemeinschaft (und nicht mehr gegen „die übrigen Wohnungseigentümer", § 46 I 1 WEG aF) zu richten (dazu s Rn 3, 20a; s allg Dötsch NJW 2010, 911 zu BGH NJW 2010, 446 u s Einl Rn 48).

IV) Die Wirkungen der notwendigen Streitgenossenschaft. 1) Allgemeines. Die **Wirkungen der notwendigen Streitgenossenschaft** sind in § 62 nicht erschöpfend geregelt (Mayer Jura 2015, 1095). Auch notwendige Streitgenossen sind gesonderte Streitparteien, die zu dem gemeinsamen Gegner in je einem bes Prozessrechtsverhältnis stehen (BGH NJW 96, 1061; RSchwab/Gottwald § 49 Rn 36; abw BGHZ 189, 32 Tz 13). Aber § 62 will eine einheitl Entscheidung ermöglichen. Im Allg gibt bei Divergenzen und **zur Lösung von Einzelfragen** die Stellung desj Streitgenossen den Ausschlag, dessen Position dem gemeinsamen Gegner ggü die Bessere ist (**Günstigkeitsprinzip**). Dieser Grundsatz hilft etwa bei dem Problem, wie zu verfahren ist, wenn ein Unterbrechungsgrund in der Person nur eines Streitgenossen eingetreten ist. IE können die unterschiedl Grundlagen der beiden Alternativen (s Rn 2, 11) unterschiedl Rechtsfolgen hervorrufen; Bsp: s Rn 24, 25, 31. 22

2) Zulässigkeit der Klage. Sie ist im Verhältnis zu jedem Streitgenossen gesondert zu prüfen. Ist die Klage eines notwendigen Streitgenossen als unzulässig abzuweisen, so ist bei **zufällig notwendiger** Streitgenossenschaft der Prozess auf Grund der zulässigen Klagen weiterzuführen; bei **eigentl notwendiger** Streitgenossenschaft führt die Unzulässigkeit einer Klage zur Unzulässigkeit auch der übrigen Klagen (sa Rn 30). Die Wirkungen der **Rechtshängigkeit** (zB gem § 204 I BGB) treten bei der Alt 2 (s Rn 11) nur im Verhältnis zum verklagten Streitgenossen ein (vgl BGH NJW 96, 1061). 23

3) Prozesshandlungen. Die Handlungen des gemeinsamen Gegners und jedes einzelnen Streitgenossen sind für jedes Prozessrechtsverhältnis gesondert wirksam und zu beurteilen (BGH NJW 96, 1061). Jeder Streitgenosse kann sich durch einen anderen ProzBev vertreten lassen; **Zustellungen** sind an jeden Streitgenossen zu bewirken; die **Verh** nur eines Streitgenossen **zur Hauptsache** wirkt nicht auch gegen die anderen nach §§ 39, 24

267, 282 III; die **Behauptungen** oder das **Bestreiten** durch einen Streitgenossen wirken nur für und gegen diesen, soweit nicht die Übrigen sich ausdrückl oder konkludent anschließen; günstige Tatsachen kommen daher dem notwendigen Streitgenossen idR zugute (vgl BGHZ 189, 32 Tz 13; sa Rn 22). Das **Geständnis** eines Streitgenossen, das nach § 290 ihn bindet, ist nach § 286 ggü den anderen frei zu würdigen (St/Jacoby Rn 37; zum Ganzen BGH NJW 2001, 1056, 1058).

25 Bei der **Klagerücknahme** ist zu unterscheiden: In den Fällen der notwendigen Streitgenossenschaft aus prozessualen Gründen (§ 62 I Alt 1; s Rn 2) kann jeder Streitgenosse die Klage mit der Wirkung zurücknehmen, dass er aus dem Prozess ausscheidet (BGH MDR 2009, 796 Tz 22; RSchwab/Gottwald § 49 Rn 37, allgM); bei der Streitgenossenschaft aus mat-rechtl Gründen (§ 62 I Alt 2, s Rn 11) schließt dagegen der Zwang zur gemeinsamen Klage eine einseitige Rücknahme durch einen Streitgenossen aus (OLG Nürnberg ZIP 2014, 2081, 2084 Tz II; AG/Bünnigmann Rn 16, 20; Jauernig/Hess § 82 Rn 18; Tsikrikas ZZP 108 [1995], 513, sehr str; **aA** OVG Münster 23.4.2018 – 11 A 1221/14; RSchwab/Gottwald § 49 Rn 38). An die in der gemeinsamen Ausübung der Prozessführungsbefugnis liegende *Verfügung* ist jeder mitverfügende Streitgenosse gebunden (sa PG/Gehrlein Rn 19); die in der Rücknahme liegende Entziehung der (gemeinsamen) Prozessführungsbefugnis nach Rechtshängigkeit ist unbeachtl (entspr vor § 50 Rn 41; Rechtsgedanke aus § 265 II 1); die Bindung der prozesswilligen Streitgenossen an den „prozessmüden" widerspricht dem Vertretungsprinzip bei Säumnis und Rechtsmitteleinlegung (s Rn 28, 32). Darauf, ob die Klagerücknahme im Verhältnis zwischen den Streitgenossen vertrags- (pflicht-)widrig ist (OLG Rostock NJW-RR 95, 382 mN), kommt es nicht an. Entspr muss für die **Erledigung des Rechtsstreits** gelten. Bei einer Streitgenossenschaft aus prozessualen Gründen (s Rn 2) kann die Erledigung auch nur von einem Teil der Kläger erklärt werden (BGH NJW-RR 2011, 618 Tz 19; sa § 91a Rn 58.43). Dies muss auch für die Zustimmung zur Erledigungserklärung auf Beklagtenseite gelten (AG Dortmund ZMR 2016, 652; aA LG Frankfurt ZMR 2016, 723 Tz 9). Rechtsmittelrücknahme: s Rn 32.

26 **Anerkenntnis, Verzicht und Klageänderung** entfalten ihre Wirkung nur, wenn sie durch alle (anwesenden) Streitgenossen erfolgen. Hatte nur der von mehreren Streitgenossen allein Verhandelnde anerkannt, ergeht zwar AU gegen alle (AG Dortmund ZMR 2016, 652; OLG Karlsruhe ZInsO 2018, 934; OLG Düsseldorf 20.12. 2018 – 6 U 215/16; sa BGH MDR 2016, 176 Tz 13, 14: „günstige oder nachteilige" Erklärungen); die Wirkung des Anerkenntnisses entfällt aber gegenüber den übrigen Streitgenossen, wenn diese Berufung eingelegt haben; dann ist das Anerkenntnis in seiner Beweiskraft nach § 286 frei zu würdigen (sa BGH MDR 2016, 176 Tz 13 f, 19, 20: Widerruf der Prozesshandlung durch säumige Streitgenossen in nachfolgender mündl Verh aufgrund teleologischer Reduktion von § 62; sa Schuschke NZM 2016, 103).

27 Die Wirksamkeit eines durch einen einzelnen abgeschlossenen **Prozessvergleichs** hängt von dessen materieller Verfügungsmacht über den Streitgegenstand im Ganzen ab (St/Jacoby Rn 38; sa BGH MDR 2016, 176 Tz 14); fehlt diese, beendet der Vergleich den Rechtsstreit nicht (RSchwab/Gottwald § 131 Rn 13).

28 **4) Vertretung bei Säumnis (§ 62 I letzter Hs). a) Termine. Säumnis** eines notwendigen Streitgenossen in der Güteverh (§ 278) führt idR (aber s Rn 27) zu deren Scheitern (Greger s § 278 Rn 20). Bei **Säumnis** eines der Streitgenossen in der mündl Verh wirkt das Verhalten des oder der (auch nur für sich, OLG Köln VersR 70, 678) verhandelnden Streitgenossen auch für und gegen den Abwesenden (BGH NJW 2016, 716 Tz 13). Der Antrag auf Erlass eines VU gegen den Säumigen ist daher gem § 335 I Nr 1 als unzulässig durch Beschluss zurückzuweisen (BGHZ 180, 155 Tz 5; AG Kassel 17.5.2018 – 800 C 4100/17 Tz 17; Schilken FS Krüger, 2017, S 473 f; Petzold JuS 2021, 646). Eine Entscheidung ergeht gegen alle als kontradiktorische und berücksichtigt das prozessuale Verhalten (auch in früheren Verh) nur des oder der anwesenden Streitgenossen. Bei Säumnis aller Streitgenossen darf VU nur (str; richtig St/Jacoby Rn 36) ergehen, wenn die Voraussetzungen hierfür ggü allen Streitgenossen vorliegen. Der **Tod** eines notwendigen Streitgenossen (§§ 239, 246) steht der Säumnis nicht gleich; die Vertretungswirkung gem **I** aE gilt nicht (MK/Schultes Rn 50 mN, str; aA BAG NJW 72, 1388). – **b) Fristen.** Fristen laufen zwar grds getrennt (s Rn 24, 32), die Vertretungsfiktion bewirkt aber, dass sie durch die rechtzeitige Handlung eines Streitgenossen gewahrt werden, selbst wenn sie für die übrigen schon abgelaufen waren. **Folgen** für Rechtsmittel: **II** u s Rn 32. **Abgrenzung:** Die Vertretungsfiktion beschränkt sich auf die Prozessführung als solche, dh auf *prozessuale* Fristen (insbes Rechtsmittel- u Rechtsmittelbegründungsfristen), sie gilt **nicht** für (durch Klageerhebung zu wahrende) **materielle Ausschlussfristen**, wie die Fristen für die Beschlussanfechtung (BGH MDR 2009, 796 Tz 21; sa Rn 3, 4).

29 **5) Besondere Verfahrenssituationen. Unterbrechung oder Aussetzung eines Verf** wirkt nicht unmittelbar auf die der übrigen notwendigen Streitgenossen; wegen des Zwangs zur einheitl Entscheidung darf aber bei Stillstand *eines* Verf auch im anderen nicht entschieden werden (RSchwab/Gottwald § 49 Rn 52 f). Bei Eröffnung des **InsVerf** gegen *einen* notwendigen Streitgenossen wird das Verf nicht *insgesamt* unterbrochen (aA OLG Frankfurt ZIP 2001, 1884; OLG Koblenz NJOZ 2010, 1483; hier Greger s § 240 Rn 7), sondern ist entspr § 148 auszusetzen (RSchwab/Gottwald § 49 Rn 53; sa § 61 Rn 8 aE; § 301 Rn 4, 6, 16); s zur Patentnichtigkeitsklage BGH 2.2.2016 – X ZR 146/13 Tz 7 u s Rn 20.

30 **6) Entscheidung.** Diese muss gegen alle *Streitgenossen* einheitl (s BGHZ 122, 240; BGH NJW 2000, 292; Mayer *Jura 2015, 1095)* und darf nicht durch **Teilurteil** gegen nur einen Streitgenossen ergehen (s BGH NJW 96, 1061; BGH NJW 2000, 292; Zschieschack ZWE 2017, 24; Pieronczyk/Pieronczyk JuS 2020, 319, 321 f; s § 301 Rn 4, 6).

Ausnahme: wenn der andere Sch leistungsbereit ist, BGH NJW 92, 1102 mN; OLG Brandenburg 28.9.2023 – 5 U 233/22 u s Rn 18. Sowohl bei prozessual als auch bei materiell notwendiger Streitgenossenschaft ist nur die *Sach*entscheidung notwendig einheitl. Die Klage gegen einen von mehreren zufällig notwendigen Streitgenossen (s Rn 2) kann daher wegen Fehlens einer Prozessvoraussetzung als unzulässig abgewiesen, iÜ aber zugesprochen werden. **Bsp:** Versäumung der Klagefrist (BGHZ 180, 9 Tz 55; BGH NJW-RR 2011, 618 Tz 15 zu § 246 AktG); Verlust der Parteifähigkeit (Existenz; s Rn 29). In den Fällen von § 62 I Alt 2 (s Rn 11) führt die Unzulässigkeit einer Klage aber zur Abweisung der übrigen (BGHZ 30, 195). **Verliert** ein notw Streitgenosse während des Rechtsstreits seine **Parteifähigkeit** und endet damit seine **Existenz** als Partei (s § 50 Rn 4), bleibt das Verf iÜ zulässig (BGH NJW-RR 2011, 115 Tz 31).

7) **Rechtsmittel. a) Rechtskräftig** wird ein Urteil so lange nicht, als der Gegner oder auch nur ein notwendiger Streitgenosse ein Rechtsmittel (auch Einspruch und Wiederaufnahmeklage) einlegen können (BGH NJW 96, 1060, 1062; s Rn 32). Das unter Verstoß gegen § 62 nicht gegenüber *allen* notwendigen Streitgenossen ergangene Teil- (Rn 30) oder Endurteil ist deshalb nicht unwirksam, sondern erwächst im Verhältnis zu den *beteiligten* notwendigen Streitgenossen im Fall des § 62 I Alt 2 (s Rn 11) in Rechtskraft (§ 322 I, § 325 I Fall 1), entfaltet aber keine Rechtskraftwirkung für und gegen die *anderen* Streitgenossen (BGH NJW 96, 1062; BGH MDR 2014, 1168 Tz 11; RSchwab/Gottwald § 49 Rn 54, str; aA – nicht zwischen den beiden Alt unterscheidend – zB MK/Schultes Rn 53); Grund: kein Fall von Rechtskrafterstreckung, zugleich Unterschied zu § 62 I Alt 1 (dazu BGH NJW 96, 1062). Dagegen kann im Fall der Alt 2 eine im Verhältnis zu einem Streitgenossen eingetretene günstige Prozesslage auch den anderen Streitgenossen zu Gute kommen (s Rn 22). Daher muss der gemeinsame **Gegner** ein Urteil zugunsten aller Streitgenossen ggü *sämtl* Streitgenossen mit einem **Rechtsmittel** anfechten (BGH NJW 2012, 1224 Tz 9). Ansonsten wird das Rechtsmittel gegen nur einen (Teil) der notwendigen Streitgenossen wegen der Rechtskraft zugunsten der übrigen Streitgenossen als unzulässig zurückgewiesen (BGH NJW 2012, 1224 Tz 9; RSchwab/Gottwald § 49 Rn 41). 31

b) Das **Rechtsmittel eines jeden Streitgenossen** ist gesondert zu beurteilen (s Rn 24, 31). So kann ein Streitgenosse die durch Zustellung an ihn in Lauf gesetzte Frist wahren, während ein anderer die gegen ihn laufende versäumt (BGH NJW 98, 376). Die Prozessführung des tätigen Streitgenossen wird dadurch nicht gehindert (OLG Koblenz NJW-RR 98, 64), sie kommt *allen* Streitgenossen zugute **(II):** Auch der säumige Streitgenosse, der selbst kein Rechtsmittel eingelegt hat, wird Partei im Rechtsmittelverf (BGH MDR 2012, 481 Tz 22; BGH NJW 2016, 716 Tz 13; BGH 6.7.2018 – V ZR 39/17). Durch die Rücknahme des eingelegten Rechtsmittels geht, solange nur *ein* Streitgenosse als Rechtsmittelführer auftritt, die Parteistellung nicht verloren (s BGH NJW 91, 101). Sie alle müssen geladen werden und können selbst Prozesshandlungen vornehmen. Dies gilt (vgl MK/Schultes Rn 52) auch, wenn die Rechtsmittelfrist gegen den Untätigen schon abgelaufen war, als der Tätige sein noch zulässiges Rechtsmittel eingelegt hatte. Aus diesem Grund erübrigt sich eine gesonderte Verwerfung des verspäteten Rechtsmittels des untätigen Streitgenossen. Erst wenn das Rechtsmittel des Tätigen zurückgenommen oder als unzulässig verworfen wird, muss auch über das des Untätigen entschieden werden (St/Jacoby Rn 46; ThP/Hüßtege Rn 25); fehlt es an einem eigenen Rechtsmittel des Untätigen, endet seine abhängige Parteistellung ipso iure (BGH NJW-RR 99, 285, 286). Die durch § 62 II dem Untätigen zukommende Parteistellung auch im Rechtsmittelzug ändert nichts daran, dass die Kostenlast nach § 97 nur den trifft, der das Rechtsmittel rechtzeitig eingelegt hat. Bei § 520 II 2 müssen alle Streitgenossen zur Fristverlängerung einwilligen (Zschieschack ZWE 2017, 22, 24). 32

§ 63 Prozessbetrieb; Ladungen

Das Recht zur Betreibung des Prozesses steht jedem Streitgenossen zu; zu allen Terminen sind sämtliche Streitgenossen zu laden.

I) Anwendungsbereich. § 63 gilt für die **einfache** wie für die **notwendige Streitgenossenschaft**. Das Recht, den Prozess zu betreiben, folgt aus der Selbständigkeit des Prozessrechtsverhältnisses eines jeden Streitgenossen ggü dem gemeinsamen Gegner (s § 61 Rn 8). Die rechtskräftige Entscheidung ggü einem einfachen Streitgenossen schließt diesen von dem weiteren Verf aus; die Rechtskraft der Entscheidung ggü einem notwendigen Streitgenossen ändert nichts daran, dass er auch weiterhin zuzuziehen ist (s § 62 Rn 32). 1

II) Ladung sämtlicher Streitgenossen. Soweit danach nicht einzelne (einfache) Streitgenossen ausgeschieden sind, müssen zu Terminen alle Streitgenossen geladen und müssen die Termine in den Fällen der §§ 341a, 523, 553 allen Streitgenossen bekannt gemacht werden. Bei Verstoß gegen § 63 kann gegen einen nicht erschienenen Streitgenossen, der nicht geladen war, kein VU ergehen; dagegen hindert ein Verstoß gegen § 63 ein VU gegen den gemeinsamen Gegner nicht, wenn nur dieser ordnungsgemäß geladen war und ein erschienener Streitgenosse das VU beantragt. **Zustellungen**, insb von Schriftsätzen, haben entspr § 63 an sämtl (gegnerischen) Streitgenossen zu erfolgen (MskV/Weth Rn 2; LAG Hamm MDR 2001, 531 einschr für die auf der gleichen Parteiseite stehenden Streitgenossen). 2

Titel 3
Beteiligung Dritter am Rechtsstreit (§§ 64-77)

Vorbemerkungen zu §§ 64-77

Lit: *Ahrens*, Streitverkündung und Nebenintervention im Kartellschadensprozess, FS Prütting, 2018, S 181; *Gottwald*, Interventionswirkung und Rechtskraftwirkung im Vergleich, FS K. Schmidt, 2019, S 357; *Günther/Achleitner*, Streitverkündung und Passing-on-Defence beim kartellrechtlichen Schadensersatz nach neuem Recht gemäß §§ 33a, 33c GWB, WuW 2025, 17; *König*, Streitverkündung im Drittstaat und Wirkungserstreckung im Mitgliedstaat am Beispiel Liechtenstein/Österreich, FS H. Roth, 2021, S 763; *W. Lüke*, Die Beteiligung Dritter im ZP, 1993; *Peters*, Streitverkündung u Gebot der Waffengleichheit, ZZP 123 (2010), 321; *Petersen*, Die Beteiligung Dritter am Rechtsstreit durch Haupt- und Nebenintervention, Jura 2017, 1271; *Pörnbacher/Reschke*, Die neuen Ergänzenden Regeln der DIS für Streitverkündungen in Schiedsverfahren, BB 2024, 1667; *Sacher*, Die Streitverkündung – ausgewählte Rechtsprobleme, BauR 2024, 384; *Schäfer*, Nebenintervention u Streitverkündung, 1990; *Schilken*, NI u Beiladung, FS Picker, 2010, S 709; *Schilken*, Die Abwendung der Säumnis durch den NI, FS Krüger, 2017, S 472; *Schumann*, Die Wirksamkeit von Prozesshandlungen des Nebenintervenienten trotz dessen Zurückweisung, ZZP 133 (2020), 401; *Thelen*, Die beschränkten Interventionsmöglichkeiten des Gesellschafters in Außenrechtsstreitigkeiten seiner Gesellschaft, ZfPW 2019, 385; *Thomas*, Die Streitverkündung im kartellrechtlichen Schiedsverfahren, FS Geimer, 2017, S 735; *Vollkommer*, Streitgenössische NI u Beiladungspflicht, FG BGH Bd III, 2000, S 127; *Wach*, Die Münchener Regeln zur Beteiligung Dritter am Schiedsverfahren, SchiedsVZ 2020, 228; *Werner*, Die Organhaftung, das Schiedsverfahren und die Streitverkündung, NZG 2023, 458; *Wieser*, Voraussetzungen der streitgenössischen NI, ZZP 112 (1999), 439; *Windel*, Der Interventionsgrund gem § 66 Abs 1 ZPO als Prozessführungsbefugnis, 1992; *Zeyns*, Streitverkündung und Streitbeitritt im Forderungsfeststellungsverfahren gem. §§ 174 ff. InsO, NZI 2024, 751; *Ziegert*, Die Interventionswirkung, 2003.

1 **I) Formen der Drittbeteiligung.** Nimmt ein Dritter den Gegenstand eines Rechtsstreits ganz oder teilw für sich in Anspruch, so muss er klagen. Nach § 64 ist es mögl, diese Klage gegen die beiden Parteien des schon schwebenden Hauptprozesses bei dem Gericht des Letzteren zu stellen (**Hauptintervention**; praktisch äußerst selten, vgl Koussoulis ZZP 100 [1987], 211 ff). Hat ein Dritter ein rechtl Interesse daran, dass in einem Rechtsstreit eine Partei obsiegt, so kann er dem Prozess beitreten; er wird dadurch Streithelfer der von ihm unterstützten Partei (**Nebenintervenient**), §§ 66-71. Erfolgt dieser Beitritt nicht, so hat die Hauptpartei die Möglichkeit, den Dritten (am Rechtsstreit Interessierten) zum Beitritt durch **Streitverkündung** zu veranlassen, §§ 72-77. Dagegen sieht die ZPO (im Gegensatz zu § 7 II, III FamFG, § 65 II VwGO, § 75 II SGG, § 60 III FGO; sa ferner §§ 54, 67 GWB) keine *allg* Vorschriften über eine Zuziehung von Dritten vAw („notwendige Beiladung") vor (s Rn 2); eine **gerichtl Beiladungspflicht** kann sich aber unmittelbar aus Art 103 I GG ergeben (iE str; Einzelfälle: s Rn 2). Die Einbeziehung von (regresspflichtigen) Dritten als Hauptparteien im Wege einer **Garantieklage** (vgl Art 8 Nr 2 Brüssel Ia-VO) ist dem dt Recht (bisher) unbekannt (Schlosser FS Coester-Waltjen, 2015, S 733; Ausgleich: §§ 72 ff; sa § 33 Rn 24 ff; § 72 Rn 2).

2 **II) Notwendige Beiladung von Amts wegen. 1) Voraussetzungen.** § 640e I 1 aF wurde durch das FGG-RG als „Verf in Abstammungssachen" in das FamFG überführt (s § 111 Nr 3, §§ 169 ff, § 172 FamFG). Verbliebene Fälle **gerichtl Beiladungspflicht** im ZP: § 856 III; § 44 II, § 48 WEG aF (aufgeh mWv 1.12.2020, s BTDrs 19/18791, 79); § 11 IV 1 KapMuG 2024. Das BVerfGE 60, 15 verlangt aber, den von einer Entscheidung betr Dritten zumindest von der Klageerhebung in Kenntnis zu setzen (Art 103 I GG); **Bsp:** Mitgesellschafter bei Auflösungsklage eines Gesellschafters gegen die GmbH; ist dies versäumt worden, ist ihm das Urteil zuzustellen, um ihm die Anfechtung zu ermöglichen (BGH NJW 86, 2052 für Anfechtungs- und Beschlussfeststellungsklage nach GmbHG; anders bei AG: BGH ZIP 2010, 1822 Tz 5). Allgemein wird das Gericht Dritte, die erkennbar vom Verf keine Kenntnis haben, dann beiladen müssen, wenn ihnen im Fall ihres Beitritts die Stellung als streitgenössischer NI (§ 69) zukäme (Vollkommer FG BGH Bd III, 2000, S 128; Schilken aaO S 717; offen lassend BGH ZIP 2005, 45; anders BGH ZIP 2010, 1822 Tz 5 bei gesellschaftsrechtl Informationspflicht; weitergehend BGHZ 199, 207 Tz 27: auch einfachen NI eines vorangegangenen sBV im Hinblick auf § 101 I; eingeh MskV/Weth vor § 64 Rn 4 ff u s § 69 Rn 5 u 6). Im **Musterverf** nach dem KapMuG sind die Kl der Ausgangsverf Beigeladene (§ 11 IV 1 KapMuG 2024), die Bekl Musterbekl (§ 11 III KapMuG 2024; sa § 325a Rn 3); bei der bisherigen **MFK** fand keine Beiladung der Forderungsanmelder statt (s § 610 VI aF, krit wegen Art 103 I GG Merkt/Zimmermann VuR 2018, 367); Gleiches gilt für Verbandsabhilfeklagen (§ 14 VDuG) und die MFK (§ 41 VDuG) nach **13 II VDUG** (s dazu vor § 50 Rn 55 f). Die Begrenzung der Beteiligten dient einem effektiven Verfahren (BTDrs 20/6520, 76). In bestimmten **aktienrechtl Klage-(zulassungs-)verf** besteht Beiladungspflicht für die AG bzw die bish VerfBeteiligten (§ 148 II 9, III 3 AktG); in Verf mit **öff-rechtl Streitgegenstand** (s § 13 GVG Rn 42 ff) kommt Beiladung entspr § 65 VwGO in Frage (BGHZ 171, 71; sa § 66 Rn 3). Im **FamFG-Verf** ist eine Einbeziehung von weiteren Beteiligten **vAw** oder auf **Antrag** mögl. Fälle: §§ 7, 139, 172, 188, 204, 212, 219 FamFG; sa Feskorn § 7 FamFG Rn 2 ff; Johannsen/Henrich/Althammer, FamR, § 7 FamFG Rn 23 f; H. Roth GS Wolf, 2011, S 503. Mögliche Beteiligte (§ 7 II, III FamFG) sind – soweit gerichtsbekannt – von der Einleitung des Verf zu *benachrichtigen* und über ihr Antragsrecht zu belehren (§ 7 IV FamFG, sa Bruns *NJW 2009, 2797*). Über die Ablehnung eines Antrags auf Zuziehung zum Verf als Beteiligter ist in beschwerdefähiger Form zu entscheiden (§ 7 V FamFG).

2) Folgen unterbliebener Beiladung. IErg str, s Schmitt/Wagner JR 2014, 381 mN. Die Entscheidung ist nicht 3
wegen des Verstoßes gegen Art 103 I GG unwirksam, aber iVm dem Beitritt des Dritten als (streitgenössischer) NI (§ 66 II) mit Rechtsmitteln anfechtbar; die Rechtsmittelfrist beginnt im Fall der streitgenössischen NI (Rn 2) mit der Zustellung an den Dritten (s § 69 Rn 5, 6), aber auch iÜ, denn der NI nimmt mit dem Beitritt eigene Rechte wahr (vgl BGHZ 199, 207 Tz 12; s § 67 Rn 7); im Fall der Unanfechtbarkeit gilt § 321a (s § 321a Rn 6 [b]), Fristbeginn iSv § 321a II 1 erst mit Kenntnis des Dritten (wie § 67 Rn 7); nach Erschöpfung der Rüge verbleibt die Vb (sa BVerfGE 60, 7, 12 f).

§ 64 Hauptintervention

Wer die Sache oder das Recht, worüber zwischen anderen Personen ein Rechtsstreit anhängig geworden ist, ganz oder teilweise für sich in Anspruch nimmt, ist bis zur rechtskräftigen Entscheidung dieses Rechtsstreits berechtigt, seinen Anspruch durch eine gegen beide Parteien gerichtete Klage bei dem Gericht geltend zu machen, vor dem der Rechtsstreit im ersten Rechtszug anhängig wurde.

I) Voraussetzungen der Hauptintervention. 1) Allgemeines. Hauptprozess ist der zwischen den Erst-Parteien 1
(Erst-Kl, -Bekl) geführte Rechtsstreit, **Interventionsprozess** ist der zwischen dem Dritten (Interventionskläger) und den Parteien des Hauptprozesses als Streitgenossen auf Beklagtenseite geführte Rechtsstreit (**Einmischungsklage**). Der Interventionskläger muss eine mit der des Hauptprozesses unvereinbare Rechtsposition geltend machen. Bsp: Interventionskl und Erst-Kl sind Forderungsprätendenten (sa Rn 3). **Zweck:** Verfahrenskonzentration, Vermeidung einander widersprechender Entscheidungen (RSchwab/Gottwald § 52 Rn 3; Petersen Jura 2017, 1271; weiter gehend Koussoulis ZZP 100 [1987], 226). Haupt- und Interventionsprozess sind *selbständige* Verf (hM); wenn sie in ders Instanz schweben, können sie *verbunden* werden, § 147 (BGH NJW 88, 1205; BGH 16.7.2015 – IX ZR 136/14 Tz 7 f: Zusammenrechnung bei Gebührenstreitwert). Zur *Aussetzung* des Hauptprozesses bis zur rechtskräftigen Entscheidung des Interventionsprozesses: § 65. Die Klagezustellung erfolgt an die ProzBev des Hauptprozesses (vgl § 82; RGZ 15, 428).

2) Hauptprozess. Der zwischen 2 Personen schwebende Rechtsstreit kann auch ein Urkunden- oder Wechsel- 2
prozess sein. Keine Hauptintervention aber im Arrest- und Mahnverf (hinsichtl des Letzteren aA MK/Schultes Rn 4, str). Der Rechtsstreit darf nicht durch Klagerücknahme, Vergleich oder Urteil bereits abschließend erledigt sein (MK/Schultes Rn 4).

3) Interventionsrecht und Interventionsgrund. Der Hauptintervenient (Dritte), der im Hauptprozess auch NI 3
(Streitgehilfe) der einen Partei gewesen sein kann (RGZ 46, 404), muss die **strittige Sache** (das Recht an ihr oder das strittige Recht) ganz oder teilw **für sich in Anspruch nehmen**. Für die Inanspruchnahme des Rechts ist **Identität der Klageforderung** erforderl (BAGE 43, 316, str; krit WSch/Mansel Rn 26 f; weiter gehend OLGR Oldenburg 2008, 591). Nicht nötig ist Identität der Rechtsschutzform der Interventionsklagen: Die Hauptintervention kann durch Leistungsklage gegen die eine Partei des Hauptprozesses und Feststellungsklage gegen die andere Partei erhoben werden (zust MK/Schultes Rn 8, 15; sa OLGR Oldenburg 2008, 591; Koussoulis ZZP 100 [1987], 229), sofern beide Klagen dasselbe Ziel (Interesse) verfolgen (BAGE 43, 317). Bsp Hauptprozess: Zahlungsklage des Zessionars gegen den Sch; Interventionsprozess: Klage des InsVerwalters des Zedenten (Gemeinschuldner) gegen den Zessionar auf Rückzession (§§ 129 ff, § 143 InsO), gegen den Sch auf Zahlung (OLG Frankfurt NJW-RR 94, 957; sa § 67 Rn 11 aE). Schlüssige Darlegung des Interventionsgrundes gehört nicht zur Zulässigkeit der Hauptintervention (iE Pfeiffer ZZP 111 [1998], 131, str).

4) Zuständigkeit. Das Gericht 1. Instanz ist **ausschließl** örtl und sachl zuständig (nicht der befasste Spruchkör- 4
per funktionell: St/Jacoby Rn 20), auch wenn der Hauptprozess in der Rechtsmittelinstanz schwebt (**anders** ist dies aber nach OLG Celle NdsRpfl 2015, 231 Tz 31, 32 **im Falle von § 265 II**; dann sei Hauptintervention des Rechtsnachfolgers als subjektive Klaghäufung in der Berufungsinstanz analog § 267 zulässig). Statt Interventionsklage ist die Klage im allg Gerichtsstand gegen die Parteien des Hauptprozesses mögl (RGZ 64, 322). Mit Verweisung des Hauptprozesses ist auch der Einmischungsprozess zu verweisen (LG München I NJW 67, 787; aA MK/Schultes Rn 11).

II) Rechtsfolgen der Hauptintervention. In dem Interventionsprozess werden die beklagten Parteien **Streitge-** 5
nossen, auch ohne Vorliegen der Voraussetzungen der §§ 59, 60. Ob eine notwendige oder einfache Streitgenossenschaft vorliegt, muss im Einzelfall entschieden werden (RGZ 100, 61; BGH MDR 2012, 1105; BGH 6.7. 2018 – V ZR 39/17; Bsp für einfache Streitgenossenschaft: BGH NJW 88, 1205). Zur Hauptintervention bei Veräußerung des Streitgegenstandes (§ 265 II) und zur Umdeutung in eine Nebenintervention s OLG Düsseldorf 7.3.2006 – 24 U 112/05.

Das **Urteil** im Interventionsprozess wirkt zwischen dem Hauptintervenienten und den Parteien des Hauptpro- 6
zesses, nicht dagegen zwischen den Parteien des Hauptprozesses. Bei § 1086 BGB kann der Eigentümer, der

nicht Nießbrauchsbesteller ist, nach §§ 64, 771 vorgehen (Grüneberg/Herrler § 1086 BGB Rn 3). Der TV kann als unbeteiligter Dritter Hauptinterventionsklage erheben, wenn ein Nichtberechtigter gegen einen anderen Nichtberechtigten verbot Eigenmacht übt (OLG Düsseldorf MDR 70, 1017). Bei Abweisung der Interventionsklage muss das Rechtsmittel, wenn umfassende Anfechtung gewollt ist, gegen *beide* Parteien des Hauptprozesses (s Rn 1) gerichtet werden (BGH NJW 88, 1205).

7 **III) Kosten. 1) Gericht:** VerfGeb nach 1210 GKG-KV, da es eine selbständige Klage ist. Auslagen für Zustellungen werden nach 9002 GKG-KV erhoben. – **2) RA:** Verf- und Terminsgeb nach Vorbem 3 II, III RVG-VV, 3100, 3104 RVG-VV; Anrechnung der Geschäftsgeb nach Vorbem 3 IV 1 RVG-VV.

§ 65 Aussetzung des Hauptprozesses

Der Hauptprozess kann auf Antrag einer Partei bis zur rechtskräftigen Entscheidung über die Hauptintervention ausgesetzt werden.

1 **Die Aussetzung** erfolgt **auf Antrag einer Partei** des Hauptprozesses, nicht auch des Hauptintervenienten (hM; aA MK/Schultes Rn 1; WSch/Mansel Rn 1). Unabhängig davon ist die Aussetzung vAw, § 148. Umgekehrt steht § 65 (Ermessensvorschrift, s LG Düsseldorf 31.8.2017 – 9 O 404/16) einer Aussetzung des *Interventionsprozesses* im Hinblick auf den Hauptprozess idR entgegen (OLGR Düsseldorf 2003, 14). Die Zuerkennung des Anspruchs im Interventionsprozess erledigt den Hauptprozess. Wurde im Hauptprozess zuerst ein Urteil erlassen, so kann es ohne Rücksicht auf die Interventionsklage vollstreckt werden; keine Einstellung der Vollstreckung mit Rücksicht auf den Interventionsprozess. Mögl ist aber Arrest oder einstw Verfügung. Damit besteht auch die Möglichkeit, zur Einstellung der ZwV zu gelangen (§ 938), denn das Urteil des Interventionsprozesses wirkt nicht zwischen den Parteien des Hauptprozesses. Gegen die Ablehnung des Antrags ist sof **Beschwerde** gegeben, ebenso gegen die nach mündl Verh erlassene Anordnung der Aussetzung, § 252.

§ 66 Nebenintervention

(1) Wer ein rechtliches Interesse daran hat, dass in einem zwischen anderen Personen anhängigen Rechtsstreit die eine Partei obsiege, kann dieser Partei zum Zwecke ihrer Unterstützung beitreten.

(2) Die Nebenintervention kann in jeder Lage des Rechtsstreits bis zur rechtskräftigen Entscheidung, auch in Verbindung mit der Einlegung eines Rechtsmittels, erfolgen.

1 **I) Voraussetzungen der Zulässigkeit einer Nebenintervention (Streithilfe). 1) Überblick.** Ein Rechtsstreit (s Rn 2) muss zwischen anderen Parteien (s Rn 5) anhängig sein (s Rn 4); der NI muss am Obsiegen einer Partei ein rechtl Interesse haben (s Rn 8 ff). Für den Beitritt (s Rn 14 ff) müssen die allg Prozesshandlungsvoraussetzungen vorliegen (s Rn 14). Die bes Zulassungsvoraussetzungen der Nebenintervention (s Rn 1 ff, 8 ff) werden nur auf Rüge geprüft (s Rn 14; zum Verf: s § 71).

2 **2) Anhängiger Rechtsstreit. a) Rechtsstreitigkeiten** sind primär Klageverf jeder Art (nicht nur mit vermögensrechtl Gegenstand), darüber hinaus aber sämtl Verf, in denen die ergehende Entscheidung die Rechtslage des NI rechtl beeinflussen kann (RSchwab/Gottwald § 50 Rn 13), so zB im Arrest- und Verfügungsverf (St/Jacoby Rn 7; OLG Düsseldorf NJW 58, 794); im Mahnverf (BGH MDR 2006, 826; Seggewiße NJW 2006, 3037; **aA** AG/Bünnigmann Rn 9, 10; St/Jacoby Rn 10); im Verf nach §§ 722, 731, 767, 768, 771, 805, 891 (OLG Schleswig SchlHA 60, 343); im arbeitsgerichtl Verf (vgl BAGE 42, 356 zu § 110 ArbGG; BVerfG 11.12.2024 – 1 BvR 1109/21, 1 BvR 1422/23 Tz 122a, DB 2025, 730). **Entspr anwendbar** sind die §§ 66 ff in kontradiktorischen selbständigen Hilfs- und Nebenverf, so im **sBV** (BGH MDR 2014, 293; BGH NJW 2015, 559 Tz 14 [zust Schäfer]; BGH NJW 2016, 1020 Tz 9; OLG Köln 21.2.2024 – 17 W 13/24, NJW 2024, 1661; Schwenker NJW 2016, 989; Weingart BauR 2016, 1692; St/Jacoby Rn 9, § 72 Rn 10b; MskV/Weth Rn 3, hM; sa § 72 Rn 3; § 487 Rn 3); Grund: umfassende Verwertung der erhobenen Beweise im Folgeprozess (vgl § 493) bei Drittbeteiligung (krit Schröder NZBau 2015, 285 f, sa § 68 Rn 10); ferner auch im **KFV**, insb bei Streithilfe bereits im vorangegangenen Hauptverf (überzeugend OLG Celle MDR 2013, 298; OLG Schleswig NJW-RR 2015, 638; OLG Frankfurt 20.12.2018 – 6 W 94/18). Im **FamFG-Verf** hat der Beteiligte (s § 7 II FamFG) ein „Antragsrecht" (vgl § 7 IV FamFG) auf Zuziehung zum Verf (s vor § 64 Rn 1 u sogleich Rn 3). Im **KapMuG-Verf** haben die Beigeladenen (§ 11 I Nr 3 KapMuG 2024) die Rechtsstellung von NI (§ 11 IV 2 KapMuG 2024). Das Musterverf selbst lässt keine Intervention Dritter zu (BGH MDR 2017, 1439, sa Rn 13c). Auch § 610 VI aF schloss für die **MFK** eine Intervention von Verbrauchern *ausdrücklich* aus (BTDrs 19/2507, 25, 26; krit Fölsch DRiZ 2018, 214, 216f; sa Rn 13c u 34. Aufl § 610 Rn 13). Gleiches gilt nunmehr für **Verbandsabhilfeklagen** nach § 14 VDuG und MFK nach §§ 41, 46 VDuG: **§ 13 II VDuG** will durch eine Begrenzung der Beteiligten die Effektivität des Verfahrens

fördern (BTDrs 20/6520, 76) (s dazu auch vor § 50 Rn 55 f). Allerdings lässt Vorschrift Spielraum für Beitritt auf Seiten des beklagten Unternehmens (zB durch Berufsverband, s näher Skauradszun ZIP 2024, 1761 f: strategische Streithelfer des Unternehmens).

Die Vorschriften über die Nebenintervention (und Streitverkündung) sind **nicht anzuwenden** im Insolvenz- (OLG Frankfurt Rpfleger 78, 417), Erinnerungs- (§ 766; OLG Oldenburg NdsRpfl 55, 35) oder im PKH-Verf (OLG Karlsruhe NJOZ 2020, 908), ferner nicht in öff-rechtl Streitigkeiten (dann uU § 65 VwGO entspr, s vor § 64 Rn 2 aE) und grds im **FamFG-Verf** (s Rn 2; anderes gilt aber für „echte Streitsachen", sa Keidel/Sternal § 1 FamFG Rn 37, und Familienstreitsachen wegen § 113 S 2 FamFG, sa St/Jacoby Rn 8). Im **schiedsrichterl** Verf ist Drittbeteiligung (idR nur) bei entspr (auch stillschweigender: OLG Stuttgart NJW-RR 2003, 496) Vereinbarung mögl (iE hier s § 1042 Rn 41 u 43), für Streitverkündung ist entspr Bindung erforderl (iE s § 74 Rn 7; § 1042 Rn 42; Schlosser FS Geimer, 2002, S 947; Werner NZG 2023, 458 f). Art 2 und Art 4 DIS-ERGeS 2018 erlauben eine Beteiligung für bestimmte Schiedsverf (sa § 69 Rn 1; zu den „Munich Rules" zur Beteiligung Dritter Wach SchiedsVZ 2020, 228, 241; Werner NZG 2023, 458 f; zu den neuen „Ergänzenden Regeln" der DIS für Streitverkündungen Pörnbacher/Reschke BB 2024, 1667). 3

b) Der Rechtsstreit muss **anhängig** sein (Begriff: s § 253 Rn 4); Rechtshängigkeit ist nicht erforderl (BGH MDR 85, 222; ThP/Hüßtege Rn 4; MK/Schultes Rn 3; AG/Bünnigmann Rn 4; aA St/Jacoby Rn 7), denn ein Interesse an einem Beitritt kann bereits vor Rechtshängigkeit gegeben sein, zB im Mahnverf zwecks Einlegung des Widerspruchs (BGH MDR 2006, 826). Der Rechtsstreit darf **noch nicht beendet** sein (BVerfGE 60, 13; BGH NJW 84, 353); nach Urteilszustellung besteht die Anhängigkeit (zunächst) noch in der unteren Instanz fort (s Rn 15). Folgen für den Zeitpunkt des Beitritts und zuständiges Gericht: s Rn 15 f. 4

3) Rechtsstreit zwischen anderen Personen. a) Der NI (Streitgehilfe) muss eine **von den Parteien verschiedene Rechtspersönlichkeit** („Dritter" iSv § 72 Rn 1) sein (OLG Dresden 7.1.2021 – 6 W 832/20 Tz 20 f; Müller/Behnke NJW 2023, 2080 u Rn 7). Also können beitreten einer jur Person, dem verklagten oder klagenden nicht eingetragenen Verein (s § 50 Rn 21) die jew Mitglieder; der AG ihre Aktionäre (OLG Neustadt NJW 53, 1266); der OHG ihre Gesellschafter (BGHZ 62, 133), und zwar auch die vertretungsberechtigten (str; **aA** RSchwab/Gottwald § 50 Rn 11 f; wie hier St/Jacoby Rn 12), dementspr auch der KG ihr persönl haftender Gesellschafter (OLG Hamburg ZIP 88, 663) u der GmbH der Gesellschafter-Geschäftsführer (KGR Berlin 2005, 150; s Rn 7). Dies gilt auch dann, wenn im InsVerf von KG und Komplementär-GmbH jew dieselbe Person als InsVerwalter bestellt ist (OLG Hamburg ZIP 88, 663; Grund: s § 51 Rn 7). Der Rechtsinhaber kann der Partei kraft Amtes beitreten, also der Erbe dem Nachlassverwalter oder TV usw (s vor § 50 Rn 19) und jew umgekehrt. Zu Besonderheiten bei ges Vertretern u Organmitgliedern s Rn 7, 13b. 5

b) Bei **Streitgenossenschaft** liegen in Wahrheit mehrere selbständige, aber verbundene Prozesse vor (s § 60 Rn 9; § 61 Rn 8). Somit kann ein einfacher Streitgenosse dem anderen (BGHZ 68, 85; OLG Frankfurt NJW-RR 2010, 140; Müller/Behnke NJW 2023, 2080), aber auch dem Gegner beitreten (BGHZ 8, 72; WSch/Mansel Rn 28; vgl auch umgekehrt BGH NJW 96, 196), selbst wenn er noch nicht rechtskräftig aus dem Rechtsstreit ausgeschieden ist (BGH VersR 85, 80); umgekehrt verliert der NI seine Stellung als solcher (§ 67) nicht dadurch, dass er später mitverklagt wird (BAGE 72, 98; vgl auch umgekehrt § 61 Rn 8), gleich auf welcher Seite der Beitritt erfolgt ist (BGH NJW 96, 196; sa § 67 Rn 10). Bei notwendiger Streitgenossenschaft auf Passivseite kann ein Streitgenosse nicht dem gemeinsamen Gegner beitreten (s zu § 46 WEG aF BGH NJW 2013, 65 Tz 10 u § 62 Rn 20a; Dötsch NZM 2013, 67). 6

c) Der **ges Vertreter** einer Partei kann dieser nicht als NI beitreten (hL, vgl MK/Schultes Rn 4; offen lassend BGH MDR 2015, 842 Tz 15; OLG Köln MDR 2015, 1321 Tz 3; aA LG Frankfurt/M 22.11.2023 – 2-13 T 584/23), soweit er nicht *zugleich* Gesellschafter der vertretenen Partei ist (str, s Rn 5), dgl nicht ein **„bes Vertreter"** gem § 147 II AktG in Angelegenheiten seines Aufgabengebiets (s OLG München NJW-RR 2009, 108; aA Mock AG 2015, 652; sa Rn 13b, 13c; § 50 Rn 25a); dagegen kann das einzelne Organmitglied (zB Mitglied des Aufsichtsrats im Fall von § 112 AktG) im Rechtsstreit der bekl Gesellschaft dieser als NI beitreten (BGH MDR 2015, 842 Tz 10 ff; zum rechtl Interesse s Rn 13b), desgl der „bes Vertreter" der bekl AG, soweit er *nicht* als gesetzl Vertreter auftritt (BGH MDR 2015, 842 Tz 15 f; OLG Düsseldorf 20.12.2018 – 6 U 215/16 Tz 37), ferner das Vorstandsmitglied dem e.V. (s BGHZ 197, 61 Tz 8, 10). Bei Beschlussanfechtungsklagen nach § 44 I, II WEG kommt auch der **Verwalter** (§ 9b WEG) als (einfacher) NI in Betracht (Dötsch/Schultzky/Zschieschack, WEG-Recht 2021, Kap 14 Rn 82, 124; bei **verwalterloser Gemeinschaft** nach LG Frankfurt/M 22.11.2023 – 2-13 T 584/23; LG Düsseldorf 25.4.2022 – 25 S 74/21 auch der einzige vertretungsbefugte Eigentümer). Eigentümer sind wegen § 44 III WEG überdies streitgenössische NI nach § 69 (BGH NJW 2024, 1183 Tz 20; LG Berlin II 29.2.2024 – 85 S 52/23 Tz 10). Wer mangels Stellung als **„Dritter"** iSv § 72 Rn 1 nicht Streitverkündungsempfänger sein kann, kann auch nicht NI sein; zum „eigenen" ProzBev s § 72 Rn 1. Der **InsVerwalter** kann dem Prozessgegner der Insolvenzmasse nicht beitreten (AG Dortmund ZInsO 2018, 2705: § 181 BGB analog; sa § 72 Rn 3). Insolvenzgläuber besitzen nur ausnahmsweise Interventionsinteresse (OLG Oldenburg ZIP 2024, 357: zB bei § 183 InsO, § 18 AnfG). 7

II) Das rechtliche Interesse (Interventionsgrund, § 66 I). 1) Begriff und Abgrenzung. a) Rechtl Interesse am Obsiegen einer Partei hat jemand dann, wenn die Entscheidung des Rechtsstreits (durch Inhalt oder Vollstre- 8 ckung) mittelbar oder unmittelbar auf seine privat- oder öff-rechtl Verhältnisse rechtl günstig oder ungünstig einwirkt (BGH NJW-RR 2011, 907 Tz 10; BGH NJW 2016, 1020 Tz 11; BGH NJW 2016, 1018 Tz 13; BGH NZG 2018, 1151 Tz 14; OLG Koblenz NJW-RR 2009, 963; OLG Köln 28.11.2014 – 19 U 87/14 Tz 4 f, hM; auch begrenzt auf Teil der Hauptsache: OLG Düsseldorf MDR 66, 852). Der Begriff ist **weit** auszulegen (BGHZ 166, 18, 20; BGH NJW 2016, 1020; BGH MDR 2025, 547 Tz 10; OLG Frankfurt 26.11.2020 – 26 Sch 14/20 Tz 40; grenzwertig: OLG Frankfurt/M NJW-RR 2025, 446: Aufrechnung des Beklagten mit (möglichen) Schadensersatzansprüchen des Streitverkündeten), Grenze: Rechtsbeziehungen zu Nichtparteien („Vierten") genügen idR nicht (WSch/Mansel Rn 49 mN; OLG Köln aaO). „Freundliche Gesinnung" ist nicht erforderlich (OLG Hamburg 15.11.2016 – 14 W 70/16; OLG Nürnberg DAR 2022, 458: Beitritt des Haftpflichtversicherers zu Gunsten des Anspruchstellers wegen § 103 VVG (Vorsatz)). Die Zulässigkeit des Beitritts zu Klage und Widerklage ist jeweils getrennt zu ermitteln (BGH NJW 2018, 3016 Tz 18; K. Schmidt JuS 2019, 265; OLG München NZG 2022, 1548 Tz 13: keine streitgegenstandsübergreifende Wirkung). Bei vorangegangener Streitverkündung (§ 72) genügt die Tatsache der Streitverkündung als solche nicht als Interventionsgrund (BGH NJW-RR 2011, 907 Tz 12, arg: Prüfung gem § 74 I, § 71 I; OLG München MDR 2016, 1046 Tz 27; OLG Karlsruhe NZKart 2016, 595; Schwenker NJW 2016, 989, 991), wohl aber eine drohende **Interventionswirkung** (§ 74 I, III, § 68). Dass der NI auch vertragliche Prozessführungsbefugnis für den unterstützten Bekl besitzt, steht nicht entgegen (OLG Frankfurt VersR 2016, 1010 Tz 16; OLG Hamm 19.8.2019 – 8 W 6/19 Tz 10 f: prozessuale Dispositionsfreiheit der D&O-Versicherung; Fortmann r+s 2019, 700). Eigenes **Kosteninteresse** des NI (zB an Entscheidung gem § 101 I) kann rechtl Interesse sein (BGHZ 199, 207 Tz 27, 29; für schiedsvertragl Kostenerstattung im Aufhebungsverf nach § 1059 s OLG Frankfurt 26.11.2020 – 26 Sch 14/20 Tz 40, 43). Das Interesse des NI kann vom Interesse der Hauptpartei abweichen (OLG Dresden MDR 2018, 893: für § 31 I RVG; Deckers ZfBR 2017, 316 f; sa zum Gegenstandswert § 3 Rn 16.121).

9 **b) Nicht** genügt also ein **ideales** oder **rein wirtschaftl Interesse** (BGHZ 199, 207 Tz 21; BGH NJW 2018, 3016, 3017; BGH MDR 2025, 547 Tz 10; OLG Frankfurt 13.12.2016 – 11 U 96/14 Tz 18; OLG Frankfurt 26.11.2020 – 26 Sch 14/20 Tz 40), zB im Fall des Beitritts des Vergütungsgläubigers im Prozess des Vergütungsschuldners gegen seinen Freistellungsschuldner (OLGR Celle 2002, 308), wie allg nicht das Interesse des Gl am Obsiegen seines Sch im Prozess mit einem konkurrierenden anderen Gl im Hinblick auf eine uU drohende Schmälerung der Haftungsmasse bei ZwV (vgl OLGR Frankfurt 2008, 997, 998). Es genügt auch nicht das Interesse des Aktionärs am Obsiegen seiner AG im Hinblick auf seine steigende Dividende (BGH NJW 2018, 3016, 3017; OLG Schleswig NJW-RR 2000, 43; entgegen BGH WM 2006, 1252 *anders* aber beim Interesse eines „parallel" geschädigten Aktionärs am Obsiegen seines klagenden Mitaktionärs im Schadensersatzprozess gem § 317 I 2, III AktG; s insoweit zur Unterscheidung von Aktiv- und Passivprozessen einer Personengesellschaft Thelen ZfPW 2019, 385, 391 f, 407; sa Rn 13); nicht das Interesse des Mieters am Obsiegen des Vermieters im Streit um die Wirksamkeit des Verkaufs des vermieteten Grundstückes (OLGR Hamm 2003, 346); beitrittsberechtigt sind hier aber die InsGläubiger; dgl in Massestreitigkeiten des InsVerwalters (OLG Frankfurt NJW-RR 2000, 348) und Feststellungsprozessen (arg § 183 I InsO; s WSch/Mansel Rn 72). In **sBV** zwischen Erwerber und Bauträger kann Architekt nicht ersterem beitreten (OLG Köln NJW 2024, 1661).

10 Ein rein **tatsächl Interesse**, etwa an der Entscheidung einer Rechts- oder Tatfrage in einem bestimmten Sinn, genügt nicht (OLG Frankfurt 13.12.2016 – 11 U 96/14; OLG Frankfurt 26.11.2020 – 26 Sch 14/20 Tz 40; OLG Frankfurt GRUR-RS 2022, 41505); auch nicht die bloß mögliche Heranziehung eines im sBV erstellten Gutachtens nach § 411a (BGH NJW 2016, 1018 Tz 22); nicht das Interesse, zur Vorbereitung von Schadensersatzansprüchen (§ 60 InsO) Wertgutachten einzusehen (BGH MDR 2025, 547 Tz 10 f); nicht das Geheimhaltungsinteresse des NI als Gesellschafter an den Gesellschafts-(Geschäfts-)Verhältnissen im Auskunftsprozess eines Gl gegen einen anderen Gesellschafter (OLG Braunschweig NJW-RR 2005, 589). Klagt der Geschädigte gegen den Schädiger den Teil seines Anspruchs ein, der nicht gem § 116 SGB X auf den Sozialversicherungsträger des Geschädigten übergegangen ist, so kann der Sozialversicherungsträger in diesem Prozess nicht als NI beitreten (OLG Koblenz NJW-RR 2009, 963; dazu auch BAG NJW 68, 73). Entgegen der hL ist der Sch berechtigt, seinem InsVerwalter im Rechtsstreit nach §§ 179 ff InsO beizutreten (so auch St/Jacoby Rn 18); zum Kosteninteresse als rechtl Interesse s Rn 8 aE. Ausreichend kann auch die **faktische Präzedenzwirkung** des Urteils in einer Musterprozesssituation sein, str (rechtl Interesse am Beitritt für von der streitigen Fallgestaltung gleichartig Betroffene; aA BGH NJW-RR 2011, 907 Tz 11; LG Ansbach 29.3.2023 – 2 O 20/23 Tz 51, 52; Mehring ZRP 2025, 10, 11 zur Idee eines Musterbeweisaufnahmeverf; krit dazu Althammer/Bauer ZRP 2025, 157; näher mN s Rn 13c). Die mWv 13.10.2023 neu geschaffene Aussetzungsmöglichkeit gem § 148 III, § 411a (s BTDrs 20/6520, 105) stärkt die Verrechtlichung des Interesses.

11 **2) Hauptfallgruppen. a)** Das Urteil wirkt gegen den NI **Rechtskraft. Bsp:** §§ 325, 325a, 326, 327, 727 ZPO; § 113 VI, § 128 I HGB nach MoPeG seit 1.1.2024; § 407 II BGB; § 183 InsO (sa BGH 5.12.2024 – IX ZB 42/23, MDR 2025, 547 Tz 10 f); § 248 I (sa KG 26.9.2023 – 2 AR 39/23; KG ZIP 2023, 853), § 249 I AktG; sa § 69 Rn 2. Das Gleiche gilt, wenn der NI von der **Gestaltungswirkung** eines Urteils betroffen wird (BGHReport 2006, 748); nach BGHZ 68, 85 kann zB der auf Zustimmung zur Ausschließung eines Gesellschafters verklagte Mitgesellschafter dem in dems Verf Auszuschließenden als Streithelfer gem § 66 beitreten (sa § 62 Rn 20; § 69 Rn 3).

Im Anfechtungs-(Nichtigkeits-)streit gegen die Gesellschaft kann der Aktionär auf Kl-Seite nur noch innerhalb der Interventionsfrist gem § 246 IV 2 AktG (s Rn 17) beitreten (BGHZ 172, 136 = NJW-RR 2007, 1634; OLG Nürnberg MDR 2009, 1401), für den Beitritt auf Bekl-Seite besteht keine Interventionsfrist (BGH MDR 2009, 1176). Ist im Anfechtungsstreit gegen die Gesellschaft zugleich die Feststellung begehrt, dass bei Nichtberücksichtigung der Stimmabgabe eines Gesellschafters ein bestimmter Beschluss zustande gekommen ist, und ist der betr Gesellschafter nicht bereits als Streitgenosse mitverklagt worden (s § 62 Rn 21), kann er jedenfalls der beklagten Gesellschaft als Streithelfer beitreten (BGHZ 88, 320, 330 f). Mangels Rechtskrafterstreckung (BGH NJW 2015, 3235 f) besteht kein Beitrittsinteresse eines Gesellschafters an „einfachen Feststellungsklagen" (§ 256) gegen eine Beschlussfassung (KG GmbHR 2018, 361). Bei Beschluss-Anfechtungsklagen gegen Personenhandelsgesellschaften ermöglicht §§ 110, 113 III, VI HGB (nach MoPeG seit 1.1.2024) die Beteiligung als (streitgenöss) NI (s BTDrs 19/27635, 233, 234: Frist gem § 246 IV 2 AktG gilt nicht entspr, sa § 62 Rn 20a).

b) Aus dem Urteil droht **Vollstreckung** in das Vermögen des NI (BGH MDR 2025, 547 Tz 10, 14 f: auch zu Ordnungsgeld; OLG Frankfurt 24.8.2016 – 11 U 123/15 (Kart)): **Bsp:** § 729 II ZPO iVm § 25 HGB; §§ 740 ff ZPO iVm dem Güterrecht der Gütergemeinschaft (s die Anm dort). Zum Beitrittsrecht eines Gatten im Prozess des anderen in den Fällen der §§ 1365, 1369 BGB vgl Baur FamRZ 58, 257. **Abgrenzung zu a, b:** Nicht genügt eine bloße **Reflexwirkung** des Urteils (näher s Rn 10, 13a). 12

c) Das streitige Rechtsverhältnis ist für die rechtl Beziehungen des NI zu einer Partei **vorgreifl**. Hierher gehören zunächst die Fälle von **akzessorischer Schuld und Haftung**. Im Prozess gegen den persönl (Haupt-)Sch kann daher NI sein: der Bürge (§ 767 I 1 BGB), der Verpfänder (§ 1210 BGB), der Hypothekenbesteller (§ 1113 BGB), der Schuldmitübernehmer; ferner der Gesellschafter im Prozess gegen die OHG (§ 126 HGB nach MoPeG seit 1.1.2024) oder die parteifähige GbR (BGH NJW 2018, 3016, 3017; näher Thelen ZfPW 2019, 385, 391 f, 407; s § 50 Rn 17), der persönl haftende Gesellschafter im Prozess gegen die KG (§ 126 HGB nach MoPeG seit 1.1. 2024; OLG Hamburg ZIP 88, 663), der Untermieter im Prozess gegen den Hauptmieter (§ 546 II BGB), der Haftpflichtversicherer im Haftpflichtprozess (OLG Frankfurt NJW-RR 2010, 140; OLG Brandenburg NJW-RR 2010, 245; OLG Nürnberg DAR 2022, 458; vgl auch § 124 VVG u dazu näher Bayer NVersZ 98, 12; sa § 69 Rn 2 aE; § 325 Rn 39). Ein Hauptfall der Vorgreiflichkeit ist weiter gegeben, wenn der NI einen **Regressanspruch** behauptet oder befürchtet (OLG München MDR 2016, 1046 Tz 28; LG Mannheim 27.5.2016 – 7 O 211/15; LG Berlin 27.5.2021 – 16 O 241/17 u s § 72 Rn 7; anders nur, wenn Regress sicher aussichtslos wäre, s OLG Karlsruhe NJW 2018, 1103 Tz 16; sa LG Regensburg 22.3.2023 – 81 O 2004/22: höchstrichterliche Entscheidung genügt nicht). **Bsp:** Wurde eine Forderung zediert, kann der Altgläubiger dem Neugläubiger in seinem Rechtsstreit gegen den Sch beitreten (mögl Haftung nach § 437 Nr 3, § 311a II BGB), umgekehrt auch der Neugläubiger dem prozessführungsbefugten Altgläubiger im Fall des § 265 II 3. Der Verkäufer einer Ware kann seinem Käufer beitreten, wenn dieser vom Drittkäufer wegen eines Sachmangels belangt wird (vgl § 438 IV BGB; zum Rückgriff des Unternehmers s §§ 478, 479 BGB); zum Regress wegen Patentverletzung s OLG Düsseldorf GRUR-RS 2022, 223 Tz 9, 10; der Hauptschuldner im Prozess des Gl gegen den Bürgen wegen dessen Rückgriffsrecht (BGHZ 86, 272); der beurkundende Notar der auf Vertragserfüllung klagenden Partei im Hinblick auf seine Amtshaftung (§ 19 BNotO) bei Formunwirksamkeit; der Eigentümer einer Pfandsache im Rechtsstreit zwischen Verpfänder und Pfandgläubiger (RG JW 10, 190); ein Gesamtschuldner oder Gesamtgläubiger im Prozess seines Mitverpflichteten bzw Mitberechtigten (*arg* § 426 II 1, § 430, § 840 BGB, sa BGH NJW 2019, 1751 f; LG Berlin 27.5. 2021 – 16 O 241/17 Tz 34), aber auch dem Gl im Prozess gegen einen weiteren Gesamtschuldner (BGHZ 182, 116 Tz 38; BGH NJW 2016, 1020 Tz 17, 19: auch im **sBV**, obwohl kein „eigentliches Obsiegen" existiert, weil Wirkung nach § 485 II ausreichend ist; OLG München NJW 2017, 3312 Tz 13 f: anders bei bloßem Subunternehmer; Fischer LMK 2016, 375976; Meier NZBau 2016, 270; einschr Schwenker NJW 2016, 989, 992; sa § 61 Rn 8); der VollstrSchulder im Interventionsprozess nach § 771 oder im Verf nach § 805; der Geschädigte im Deckungsprozess des Versicherungsnehmers gegen den Haftpflichtversicherer (OLG München NJW 67, 635); der Geschäftsführer im Prozess gegen die GmbH (§ 43 GmbHG; s BGH NJW 2006, 773); der Gesellschafter bei Ersatzansprüchen der Gesellschaft gegen den Geschäftsführer nach § 46 Nr 8 GmbHG (LG München I 17.3.2022 – 12 HK O 7622/20 Tz 10 f). Beim rechtl Interesse am Beitritt in **Patentnichtigkeits- und Gebrauchsmusterlöschungsverf** bestehen keine bes Anforderungen (vgl BGHZ 166, 18, 20 ff; BGH WRP 2008, 128, 134 Tz 44; BGH GRUR 2020, 1178 Tz 7, 10: eigene Nichtigkeitsklage des NI nicht hinderlich; ebenso BGH GRUR-RS 2021, 43779; krit Gröning GRUR 2020, 1170: Prozesshindernis analog § 261 III Nr 1). Für rechtliches Interesse genügt wegen § 30 III 2 PatG Eintragung als neuer Patentinhaber, auch wenn wegen § 265 I 1 keine Übernahme des bish Streits stattfindet (BGH GRUR 2022, 813 Tz 7). S zur rechtl Bedeutung der Kostenentscheidung (§ 91a) im Gebrauchsmusterlöschungsverf für NI: BpatG GRUR-RS 2022, 1786 Tz 36. **Nicht ausreichend** für ein rechtl Interesse ist der Hinweis auf die Veröffentlichungsmöglichkeit nach § 7 UKlaG (OLG Frankfurt 24.8. 2016 – 11 U 123/15 (Kart)) oder ein Akteneinsichtsrecht nach § 406e I StPO (BGH NJW 2018, 3016, 3017). 13

d) Ein rechtl Interesse besteht für den **Träger des materiellen Rechtsverhältnisses** ohne formelle Parteistellung im Prozess (Fälle von **Prozessstandschaft**). **Bsp:** Beitreten kann immer der Rechtsinhaber, wenn ein Dritter den Prozess im eigenen Namen führt, so der Treugeber im Prozess des Treuhänders (RGZ 145, 188); so in den Fällen der §§ 1074, 1285 BGB; § 841 ZPO. Ein rechtl Interesse kann sich auch aus **ges begründeten Mitwirkungs- und** 13a

Aufsichtsrechten ergeben. NI können etwa sein: das Versorgungsamt, das die Rente der Kl bei Unterliegen des unterhaltspflichtigen Bekl kürzen könnte (LG Flensburg FamRZ 74, 534); der Rechtsträger der staatl Kommunalaufsicht auf Seiten eines mit Eingruppierungsfeststellungsklage überzogenen Landkreises (BAG RdA 79, 191 LS).

13b **e)** Ein rechtl Interesse des **einzelnen Organmitglieds** (s Rn 7) ergibt sich aus seiner **Organstellung** für Rechtsstreitigkeiten der Gesellschaft, in denen es auf die (Un-)Wirksamkeit von Organbeschlüssen ankommt (BGH ZIP 2013, 483 Tz 13; BGH MDR 2015, 842 Tz 14; sa Deiß EWiR 2013, 301; Bsp: s Rn 7). Soweit der **„bes Vertreter“** gem § 147 AktG der bekl AG als NI beitreten kann (Rn 7), ergibt sich sein rechtl Interesse ggf aus dem Gegenstand des konkreten Verf; Bsp: Beschlussanfechtungsklage gegen seine Bestellung (BGH MDR 2015, 842 Tz 19; OLG Dresden NZI 2016, 149 Tz 19; OLG Düsseldorf 20.12.2018 – 6 U 215/16 Tz 37). Ähnliches gilt für den **Verwalter** gem § 9b WEG (Rn 7).

13c **f) Rechtl Interesse bei Massenschäden.** Bei einer Vielzahl von gleichartig Geschädigten ist die Führung eines Einzelverf als Musterprozess mit Beitritt der Übrigen als NI zwecks bindender Klärung von gemeinsamen Vorfragen für die Parallel- und Folgeprozesse umstr (s Rn 9, 10). Auch wenn der im „Musterverf“ ergehenden Entscheidung keine rechtl Bindungswirkung („Musterwirkung“) für die Parallel- und Folgeprozesse der „gleichartig Geschädigten“ zukommt (anders bei § 25 I KapMuG 2024; sa BGH NJW-RR 2024, 1495 Tz 22 f, zu § 613 I aF; nun § 11 III VDuG), so begründet sie doch als Grundsatzentscheidung (vgl BVerfG NJW 2013, 1869; s § 543 Rn 11) eine Erleichterung der späteren individuellen Rechtsverfolgung (§ 543 I, II Nr 1), die für ein rechtl Interesse genügt (Schilken FS Picker, 2010, S 715 f mwN gegen BGH ZIP 2006, 1218; aA ferner BGH NJW-RR 2011, 907 Tz 10 f für „Parallelverwender“ inhaltsgleicher AGB; sa vor § 50 Rn 55). Dafür spricht mWv 13.10.2023 auch § 148 III nF iVm § 411a; aA jedoch Mehring ZRP 2025, 10, 11. Im **Musterverf nach dem KapMuG** haben die Parteien der ausgesetzten (Parallel-)Verf (ohne Beitritt) als Beigeladene (§ 11 I Nr 3 KapMuG 2024) die Rechtsstellung von NI (s § 11 IV 2 KapMuG 2024). NI des Ausgangsverf können sich gem § 14 I 1 KapMuG 2024 iVm § 67 Hs 2 beteiligen (BGH MDR 2017, 1439 Tz 7, 9: Bezeichnung als NI im Aussetzungsbeschluss notw; näher OLG Hamburg NJOZ 2024, 375 Tz 10 f zur anwaltl Terminsgebühr). Das Musterverf selbst als bloßer zeitlicher Abschnitt der Ausgangsstreitigkeit ist nicht interventionsfähig (BGH MDR 2017, 1439 Tz 16; BGH WM 2017, 327 Tz 52; H. Roth JZ 2018, 151, 153: verselbstständigter ordnungspolitischer Aspekt; Prütting EWiR 2017, 713 f; aA Vollkommer NJW 2007, 3094, 3098; Giesen NJW 2017, 3691; zur Anwendbarkeit von § 101 s OLG München 29.9.2022 – 3 W 1315/22). Neben einer Verschlankung des Musterverf spricht dafür (Zoller BB 2017, 2707), dass die Entscheidung des Ausgangsverf von über den Musterentscheid hinausreichenden Fragen abhängt. Bei **Verbandsabhilfeklagen** nach §§ 1, 14 ff VDUG bzw der **Musterfeststellungsklage** (§ 41 VDuG) ist die Intervention von Verbrauchern ebenfalls ausgeschlossen (sa BTDrs 20/6520, 76): § 13 II VDuG. Nur Unternehmer (Zulieferer) können dem Beklagten, nicht jedoch dem Kläger beitreten, um Verfahrenskonzentration auf klagebefugten Verband zu gewährleisten (s näher Skauradszun ZIP 2024, 1761 f; Beckmann/Waßmuth WM 2019, 45: faktische Präzedenzwirkung nach § 148 II genüge für Intervention nicht).

14 **III) Beitritt des Nebenintervenienten (§ 66 II). 1) Zulässiger Beitritt und Prüfung. a)** Sind die Voraussetzungen in Rn 2-13b erfüllt, ist der Beitritt in der Form des § 70 zulässig – evtl auch streitgegenständlich beschränkt (OLG Düsseldorf MDR 66, 852; iE str, s OLGR Hamm 2001, 146, 148 mN; ThP/Hüßtege Rn 8). Der Streithelfer darf **nicht** zugleich auf **beiden** Seiten des Verf beitreten (KG NJW-RR 2000, 514), wohl aber zunächst der einen und dann der anderen Partei (dazu näher s Rn 18). Eine „Interventionsfrist“ existiert grds nicht (s Rn 17). – **b)** Hinsichtl der Überprüfung der Zulässigkeit des Beitritts ist zwischen der **Amtsprüfung der Prozesshandlungsvoraussetzungen** und dem **Rügeverf** gem § 71 (s Anm dort) zu unterscheiden. Der Beitritt ist **Prozesshandlung**, also muss der NI die persönl **Prozesshandlungsvoraussetzungen** (Partei-, Prozessfähigkeit, ges Vertretung, Postulationsfähigkeit, Vollmacht) erfüllen (s § 70 Rn 1; vor § 128 Rn 16 ff); sie sind **vAw** zu prüfen (BGH MDR 2006, 826; Schumann ZZP 133 [2020], 401, 404; Einschränkung: § 88 II). Fehlen sie, wird die Nebenintervention durch nach § 567 anfechtbaren Beschluss zurückgewiesen (zust RSchwab/Gottwald § 50 Rn 16; ThP/Hüßtege Rn 10, str; aA St/Jacoby Rn 33: § 71 entspr). Jedenfalls kann der unwirksame Beitritt dann keine Interventionswirkungen nach § 68 entfalten (iE str, s § 68 Rn 3). Die übrigen Voraussetzungen der Nebenintervention, insb das Vorliegen des rechtl Interesses (s Rn 8 ff) und einer – ausnahmsw mögl – Rechtsmissbräuchlichkeit des Beitritts (Bsp: s § 71 Rn 2), werden dagegen **nur auf Rüge** im Verf gem § 71 geprüft (BGH MDR 2006, 826; BGH 24.11.2022 – V ZB 29/22 Tz 7; OLG Hamm 25.9.2017 – 18 U 69/17; ArbG Bielefeld 18.8.2021 – 2 Ca 2898/20). Mängel können durch rügelose Verh nach § 295 heilen (s OLG Köln NJOZ 2020, 1367 u § 70 Rn 2). Bei Streit ist nach § 71 zu verfahren. Zur notw Prüfung der Voraussetzungen von § 70 I 2, wenn der Beitritt mit der Rechtsmitteleinlegung erfolgt, s Rn 15 u § 70 Rn 2.

15 **2) Zeitpunkt des Beitritts (§ 66 II).** Der Prozess muss schon und noch anhängig (s Rn 4) sein, auch in der höheren Instanz, auch noch nach Revisionseinlegung (BGH NJW 99, 2046, 2047). Auch nach Urteilszustellung erfolgt der Beitritt (bis zur Rechtsmitteleinlegung) noch in der unteren Instanz (BGH NJW 95, 1096). **II** stellt klar, dass der Beitritt (iE s § 70 Rn 1) auch iVm der **Einlegung eines Rechtsmittels** erfolgen kann (BGH MDR 82, 650); dann muss die Rechtsmitteleinlegung *zugleich* § 70 genügen (BGH NJW 97, 2385; BGH 13.9.2018 – I ZB 100/17 Tz 8: Wirksamkeit jeweils gesondert zu beurteilen; BGH 24.11.2022 – V ZB 29/22 Tz 5 f; BPatG München 31.5. 2016 – 35 W (pat) 435/13 Tz 36; OLG Karlsruhe 7.12.2020 – 9 U 34/19; Tank MietRB 2021, 113). § 70 I 2 ist

auch dann zu prüfen, wenn Beitritt bereits in erster Instanz mit Einspruchseinlegung (§ 339) erfolgt ist (BGH 24.11.2022 – V ZB 29/22 Tz 7; Elzer FD-ZVR 2023, 455529; s § 70 Rn 2). Rechtsmitteleinlegung als (vermeintl) Partei kann entspr § 140 BGB in Beitritt iVm Rechtsmitteleinlegung als NI umzudeuten sein (BGH NJW 2001, 1217; restriktiv BPatG München 31.5.2016 – 35 W (pat) 435/13 Tz 41, 44 in Abgrenzung zur Übernahme nach § 265 II 2). „Rechtsmittel" iSv **II** stellen auch **Rechtsbehelfe** dar wie Einspruch (RGZ 102, 189; LG München I 25.4.2022 – 1 S 95/22 WEG Tz 13 f), Widerspruch gem §§ 694, 924, Antrag auf WE in den vorigen Stand (RSchwab/Gottwald § 50 Rn 9 f, 35, str; **aA** MskV/Weth Rn 14; BGH NJW 91, 230), NZB (BGH NJW-RR 2012, 1042 Tz 6), aber auch die Wiederaufnahmeklage (St/Jacoby Rn 11, hM; aA RGZ 89, 425; vermittelnd BayObLG NJW 74, 1147: bei Beitritt im Vorprozess). War die Rechtsmittelfrist versäumt (maßgebender Zeitpunkt: s § 67 Rn 5) und liegen die WE-Voraussetzungen für das Rechtsmittel vor (zB verzögerter Postlauf), so erstreckt sich die Fristenrestitution auch auf die mit dem Rechtsmittel „verbundene" (s § 70 I 1 Hs 2) Beitrittserklärung („Einheitstheorie" gegen BGH NJW 91, 230); so wird bei vorangegangener Streitverkündung vermieden, dass den Beitretenden im Hinblick auf § 74 III, § 68 Zufallsrisiken treffen (zu WE-Gründen in der Person des NI s § 67 Rn 5). Entgegen dem Wortlaut von **II** steht daher die **formelle Rechtskraft** einer ergangenen Entscheidung dem Beitritt nicht notwendig entgegen (RSchwab/Gottwald § 50 Rn 9 f, 35; aA BGH NJW 91, 230; offen BVerfGE 60, 13).

Der Beitritt kann auch (noch) **nach Schluss der mündl Verh** mit dem Ziel ihrer Wiedereröffnung (§ 156) wirksam erklärt werden (OLG Dresden NJ 2020, 220: Rechtsmissbrauch bei Wissen um Unterliegen der Hauptpartei denkbar); § 296a findet keine Anwendung (s § 296a Rn 2); unterbleibt die Wiedereröffnung der Verh (kein entspr Anspruch des Streithelfers, vgl OLG Köln MDR 83, 409), entfällt wegen §§ 67, 68 Hs 2 Alt 1 auch die Interventionswirkung; der Beitritt kann ggf zusammen mit einem Rechtsmittel wiederholt werden (**II**, § 70 I 1; s Rn 15; zur uU beschr Interventionswirkung s § 68 Rn 12). Kostenfolgen eines „fehlgeschlagenen" Beitritts: s OLG Bamberg MDR 2023, 256 Tz 10 f (Verweisung an Verwaltungsgericht) u § 101 Rn 2. 16

IV) Dauer der Nebenintervention, Zeitpunkt des Beitritts. 1) Beginn. Die Nebenintervention beginnt (sofort) mit dem wirksam erklärten Beitritt (s Rn 14-16; § 70), eine vorh (gerichtl) „Zulassung" findet nicht statt (ebenso LG Trier 18.7.2024 – 7 HK O 41/23, s Rn 14). Der Beitritt wirkt im gesamten Rechtsstreit, insb auch in der Rechtsmittelinstanz, bis zum Eintritt eines Beendigungsgrundes (s Rn 18). Bis dahin hat der Beitretende die Rechtsstellung eines NI (BGH NJW 2006, 773, 774; s § 71 Rn 8). Eine **Zeitschranke** für den Beitritt besteht nicht, auch nicht in Verf mit Klagefrist (BGHZ 172, 136, 141 = NJW-RR 2007, 1634); eine **ausnahmsw Befristung** gilt für die NI des Aktionärs auf Seiten des Kl bei der aktienrechtl Anfechtungs- u Nichtigkeitsklage gem § 246 IV 2, § 249 AktG (s Rn 11), nicht auf Seiten der bekl AG (BGH MDR 2009, 1176); weitere Voraussetzungen (s Rn 14 [a]) bestehen nach der derzeitigen Rechtslage nicht (vgl BGHZ 172, 136, 141 ff [vor UMAG] u BGH MDR 2008, 1110 [nach UMAG], str; dazu näher Goslar/Linden WM 2009, 492, 497 f; Gärtner/Thiel BB 2008, 2089). Gegen die Frist bestehen keine verfassungsrechtl Bedenken (OLG Frankfurt ZIP 2010, 1153). 17

2) Beendigungsgründe. a) Die **Rücknahme** des Beitritts ist in der Form des § 269 II mit der Kostenfolge des § 269 III 2 mögl (KG MDR 59, 401). Nach Rücknahme kann der Streithelfer der anderen Partei beitreten (BGHZ 18, 110 = NJW 55, 1316; OLGR Köln 2000, 205; Bischof MDR 99, 790). Zustimmung ist nicht nötig, da die Interventionswirkung des § 68 durch die Rücknahme nicht beseitigt wird (MK/Schultes Rn 25; sa § 68 Rn 3). Prozesshandlungen des NI bleiben gleichwohl wirksam (Bischof MDR 99, 790; ThP/Hüßtege Rn 12; Schumann ZZP 133 [2020], 401, 418). – **b)** Die Streithilfe **endet** durch **rechtskräftige Zurückweisung** (s Rn 14 u § 71 Rn 8), durch Klagerücknahme (BGH NJW 65, 760), übereinstimmende Erledigungserklärung (§ 91a), Prozessvergleich (§ 794 I Nr 1), rechtskräftiges Urteil, endgültiges Ausscheiden der unterstützten Partei aus dem Prozess, ohne dass ein Fall der Rechtsnachfolge (zB gem § 211 I InsO) vorliegt (OLG München MDR 2014, 805; RSchwab/Gottwald § 50 Rn 29) und Erlangung der Parteistellung durch Rechtsnachfolge des NI (BGHZ 8, 78; s § 67 Rn 9 aE). 18

V) Kostenentscheidung. S § 101 I m Anm. Bei der einfachen NI gilt der Grundsatz der *Kostenparallelität* (BGHZ 154, 351, 354 = NJW 2003, 1948; BGH NJW 2009, 3240; BGH 8.10.2019 – II ZR 94/17 Tz 10). Abw Rechtslage: streitgenössische NI: s § 101 II m Anm u § 69 Rn 9, 10; sa § 91a Rn 58.43. Die bei **Klagerücknahme** zu tragenden Kosten (§ 269 III 2 Hs 1) umfassen auch die Kosten des auf Seiten des Bekl beigetretenen NI (s BGH NJW 2015, 557 Tz 3); entspr gilt auch bei anderer Prozessbeendigung ohne Urteil: Vergleich (§ 101 I 1 iVm § 98; vgl BGH NJW 2014, 1021; OLG Koblenz NJW-RR 2015, 191); Erledigung (§ 101 I 1 iVm § 91a; vgl OLG Köln MDR 2014, 1107; sa § 91a Rn 58.43). Keine Kostenerstattung findet bei Verweisung an das Verwaltungsgericht statt (§ 17a II GVG, OLG Bamberg MDR 2023, 256 Tz 10 f). Übergangene Kosten der NI bei Urteil: Ergänzungsantrag gem § 321 I (BGH NJW 2014, 1018; sa § 67 Rn 7; § 321 Rn 3, 5); bei Vergleich: Antrag auf Nachholung der Kostenentscheidung (s BGH NJW 2014, 1021 Tz 6). Sonderproblem: NI im vorangegangenen sBV ohne Beitritt im Hauptsacheverf: BGH NJW 2014, 1018; LG Magdeburg 13.3.2017 – 2 O 1326/15). Rechtsmittelinstanz: s § 67 Rn 6; § 101 Rn 5. 19

VI) Kosten. 1) Gericht: Die Nebenintervention löst keine zusätzl VerfGeb aus; Auslagen für Zustellungen werden nach 9002 GKG-KV erhoben – **2) RA:** Den ProzBev der Hauptparteien entstehen keine zusätzl Geb (MskV/Grandel § 71 Rn 9). Der ProzBev des NI erhält die Gebühren nach 3100 ff RVG-VV. Zur Einigungsgeb und 1008 RVG-VV s § 101 Rn 17; zum Streitwert s § 3 Rn 16.121. 20

§ 67 Rechtsstellung des Nebenintervenienten

[1]Der Nebenintervenient muss den Rechtsstreit in der Lage annehmen, in der er sich zur Zeit seines Beitritts befindet; er ist berechtigt, Angriffs- und Verteidigungsmittel geltend zu machen und alle Prozesshandlungen wirksam vorzunehmen, insoweit nicht seine Erklärungen und Handlungen mit Erklärungen und Handlungen der Hauptpartei in Widerspruch stehen. [2]Für ihn gelten die §§ 141 und 278 Absatz 3 entsprechend.

1 **I) Rechtsstellung. Allgemeines.** Der NI (Streitgehilfe, Streithelfer) ist weder Partei noch ges Vertreter der Hauptpartei, sondern *Dritter* (s Überschrift vor § 64): **Gehilfe der Hauptpartei** kraft eigenen Rechts (BGH NJW 2010, 1377 Tz 7; Deckenbrock/Dötsch JR 2004, 10 ff). Im „Rubrum" des Urteils (§ 313 I Nr 1) erscheint er im Anschluss an die unterstützte Hauptpartei (s § 313 Rn 4), ausgenommen die Kostenentscheidung nicht im entscheidenden Teil. Der NI kann sich in der Hauptsache weder eine Verurteilung erstreiten, noch kann er (mit Ausnahme des Kostenpunkts, § 101 I, § 100) verurteilt werden. Der einfache NI (nicht der nach § 69) kann Zeuge sein (BayObLGZ 87, 253; LG Karlsruhe 4.2.2022 – 6 O 280/19 Tz 31; einschr OLG Düsseldorf MDR 2015, 178). **§ 67 S 2** (iVm §§ 141, 278 III) sieht seit 1.1.2020 generell die richterl Befugnis vor, das persönliche Erscheinen des NI anzuordnen, um die **Sachverhaltsaufklärung** oder die **gütliche Einigung** zu fördern, was in Streitigkeiten über Bau- und Architektenverträge Bedeutung gewinnt (BRDrs 366/19, 13). S 2 ändert an der Rechtsstellung des NI nichts (MskV/Weth Rn 3b). Da die Parteianhörung teilw in der Praxis dazu dient, das Beweismittel der Parteivernehmung zu ersetzen (zu berechtigten Bedenken s BGH NJW-RR 2018, 249 Tz 11 f; Kockentiedt/Windau NJW 2019, 3348; Lange NJW 2002, 476), ist hier die Abgrenzung zum Zeugenbeweis von besonderer Bedeutung. Der Streitgehilfe kann im Prozess **Streitgenosse** sein (s Rn 10; § 66 Rn 6); den durch den Tod des Gegners der unterstützten Partei unterbrochenen Rechtsstreit (§ 239) kann der NI aufnehmen (s § 250 Rn 2; zum Tod der unterstützten Hauptpartei s Rn 8), durch den Tod des Streithelfers oder die Eröffnung des InsVerf wird das Verf nicht unterbrochen (OLGR Naumburg 2003, 478; anders im Fall des § 69; näher s § 240 Rn 5). Das prozessuale Wahrheitsgebot gilt auch für den NI (BGH NJW 82, 281, 282). Die Rechtsstellung des **Beigeladenen** im **Musterverf** (s vor § 64 Rn 2) entspricht der des NI (vgl KK-KapMuG/Renschle § 14 Rn 15 ff). NI der Ausgangsverf können sich gem § 14 I 1 KapMuG 2024 iVm § 67 Hs 2 im Musterverf beteiligen (BGH MDR 2017, 1439 Tz 9, 10; OLG Hamburg NJOZ 2024, 375 Tz 10 f; H. Roth JZ 2018, 151, 153), wobei das Rechtsbeschwerdeverf der Begrenzung durch § 23 IV KapMuG untersteht.

2 **II) Einzelne Befugnisse. 1) Rechtliches Gehör.** Als Beteiligter bes Art (s Rn 1) hat er gem Art 103 I GG einen eigenen („originären") **Anspruch auf rechtl Gehör** (BGH NJW 2009, 2679, 2680 Tz 14; BAG NZA 2018, 809, 810; OLG Hamburg NJOZ 2024, 375); ihm sind die Schriftsätze mitzuteilen u er ist zu den Terminen zu laden (§ 71 III u s § 71 Rn 8; für vom gericht1 SV anberaumten Ortstermin s OLG München 29.10.2020 – 9 W 1171/20; ferner s § 68 Rn 11; § 321a Rn 6 [b]); er hat ein Recht auf Akteneinsicht (§ 299 I; s OLG Düsseldorf 20.7.2020 – 2 U 33/18 Tz 10; OLG Düsseldorf 25.4.2018 – 2 W 8/18), sofern nicht eine Geheimhaltungsvereinbarung grundlos verweigert wird (s LG München I 13.8.2019 – 7 O 3890/19 Tz 6; vor Beitritt gilt § 299 II, sa OLG Frankfurt GRUR-RS 2022, 41505 Tz 2: bei offensichtlichem Missbrauch ist Gesuch erst mit Entscheidung über Zulässigkeit der NI zu bescheiden; Müller/Aldick ZIP 2020, 9, 11); iÜ sind seine **Befugnisse** verschieden, je nachdem, ob er einfacher (unselbständiger; § 67) oder streitgenössischer (§ 69) NI ist; iE s Rn 3-7; § 69 Rn 6-7. Schranken: s Rn 8-11; § 69 Rn 7.

3 **2) Vornahme von Prozesshandlungen.** Der NI kann zur Wahrung seiner eigenen Interessen am Ausgang des Rechtsstreits alle der Hauptpartei selbst zustehenden Prozesshandlungen wirksam vornehmen, insb Angriffs- und Verteidigungsmittel geltend machen (vgl **§ 67 S 1 Hs 2**). Er kann Tatsachen behaupten und bestreiten (Maßstab für Erklärung mit Nichtwissen iSv § 138 IV ist Hauptpartei, s BGH MDR 2021, 199 Tz 25; zust Meixner/Schröder DStR 2021, 375; Schwaiger NZFam 2021, 82), alle Beweismittel geltend machen, durch sein Auftreten in der mündl Verh von der unterstützten säumigen Partei ein VU abwenden (BGH ZIP 94, 788; BGH NJW 2010, 3522, 3523; ausf Schilken FS Krüger, 2017, S 471, 478; Skauradszun/Hamm JR 2009, 7, 9 – zu Unrecht krit), einem Dritten den Streit verkünden, für die Hauptpartei den Richter oder SV ablehnen (nicht gegen Willen der Hauptpartei, s KG 15.2.2023 – 10 W 22/23, NJW-RR 2023, 1232). Widerruft allerdings die Partei in der mündl Verh sofort die Erklärung des Streithelfers, so verliert diese ihre Wirkung (sa OLG München JurBüro 77, 94). Dem NI ist grds Antrag nach § 494a I möglich (LG Karlsruhe NZI 2024, 744: zum fehlenden Rechtsschutzbedürfnis, wenn über unterstützte Partei das Insolvenzverf eröffnet wurde). Der NI kann für die Hauptpartei den Antrag nach § 317 I 3 auf Hinausschiebung der Zustellung stellen, wenn die Hauptpartei zumindest teilw unterlegen ist, im **sBV** (s § 66 Rn 2) für den Ag Fristsetzungs-, Kosten- und Gegenanträge im Rahmen des Beweisthemas stellen (OLG Karlsruhe MDR 2008, 1354) und sof Beschwerde einlegen (§ 494a I, II; BGH MDR 2009, 1296 Tz 8, 9, 10; OLG Frankfurt IBR 2015, 464 Tz 10; OLG Stuttgart 24.7.2018 – 13 W 14/18: keine weitergehenden Rechte als die Hauptpartei; sa § 485 Rn 3; § 494a Rn 2). Auch kann er das Ruhen des *Verfahrens (§ 251a I) beantragen (BGH 27.6.2023 – II ZR 86/22)*. Eine Gleichstellung mit Streitgenossen iSv § 79 II 2 Nr. 2 kommt nicht in Betracht (BGH NJW 2022, 2336 Tz 20 [krit Markworth, sa § 79 Rn 7). Zur umstr Frage des **Widerrufs eines Geständnisses** der Partei durch den Streithelfer vgl BGH NJW 76, 293 f; OLG

Schleswig NJW-RR 2000, 356; OLG Saarbrücken MDR 2002, 843 u s § 68 Rn 12 [b]; § 288 Rn 5 mwN, zum **unstr** Parteivortrag s Rn 9 aE, § 68 Rn 12 [b].

Bei der **Präklusion verspäteten Vorbringens** ist allg auf die Hauptpartei abzustellen (BGH NJW 90, 191; BGH NJW-RR 2012, 1042 Tz 5; OLG Köln 14.12.2018 – 19 U 27/18; Schulze NJW 81, 2664). Fristsetzende Verfügungen sind der **Partei** zuzustellen (s § 329 Rn 55) und dem Streithelfer formlos gem § 329 II 1 mitzuteilen (Bischof JurBüro 84, 982, str). Eine Zurechnung von Verspätungsverschulden des Streithelfers scheidet mangels einer Zurechnungsnorm aus (§ 278 BGB ist unanwendbar; MK/Schultes Rn 5). 4

3) Rechtsmitteleinlegung. Der NI kann namens der Hauptpartei (BGH NJW 90, 190; BGH NJW 97, 2386 mN; BGH NJW-RR 2020, 942; BGH 17.9.2024 – II ZR 223/22; auch zusätzl: s vor § 511 Rn 24) **Rechtsmittel** (§ 66 II; auch Einspruch und Anhörungsrüge) **einlegen und begründen** (BGH WM 2016, 1955 f; OLG Hamm 16.7. 2018 – 8 U 119/17; OLG Brandenburg 27.1.2021 – 11 U 128/20; LG München I 25.4.2022 – 1 S 95/22 WEG Tz 13), dabei einen Antrag nach § 717 I, § 707 I stellen (OLG Düsseldorf WuW 2016, 442), sich den vom Gegner der Hauptpartei eingelegten Rechtsmitteln anschließen (RGZ 68, 14), auch wenn die Hauptpartei es nicht tut, sich insb am Verf nicht aktiv beteiligt (BGH MDR 2013, 1240; sa Rn 8). Eine Rechtsmitteleinlegung durch den NI ist nach hM aber nur solange mögl, als **die Rechtsmittelfrist für die Hauptpartei** läuft (BGH NJW 2014, 3521 Tz 6; BGH NJW-RR 2012, 1042 Tz 3, stRspr; OLG Brandenburg 11.12.2018 – 11 U 72/16); *anders* im Falle von § 69 (s § 69 Rn 6), ferner, wenn der NI eigene Rechte verfolgt (BGH NJW 2014, 1018, wie im Fall von § 321, s dazu Rn 7); zum Sonderfall bei alleiniger Prozessführung des NI s Rn 8); die Streithilfe darf auch nicht rechtskräftig zurückgewiesen sein (BGH MDR 82, 650; OLG Köln 15.1.2015 – 19 U 87/14 Tz 7). Das Urteil muss nach hM *nur* der Partei nicht aber dem NI vAw zugestellt (BGH NJW 90, 190), jedenfalls aber formlos mitgeteilt werden (arg § 71 III; zutr OLGR Frankfurt 2005, 641, 642, str; sa § 69 Rn 6, 7; § 317 Rn 1). Der NI kann zwar *in seiner Person* liegende WE-Gründe geltend machen (so OLG Frankfurt aaO; Windel ZZP 104 [1991], 340; Deckenbrock/Dötsch JR 2004, 7; **aA** MskV/Weth Rn 6 aE; BGH NJW 91, 229 f mN, anders nur bei § 69: BGH ZIP 2008, 942, 943; s § 69 Rn 6, 7), jedoch trifft ihn eine Erkundigungspflicht (BGH NJW 86, 257), deren Verletzung WE ausschließt (BGH VersR 88, 417). Für die **Zulässigkeit** ist die Höhe der **Beschwer der Partei** maßgebend (BGH NJW 97, 2386; BGH 17.9.2024 – II ZR 223/22; MK/Schultes Rn 6). Es bedarf keiner ausdrückl Erklärung des NI, das Rechtsmittel namens der Hauptpartei einlegen zu wollen (BGH NJW 90, 190; OLG Hamm NJW-RR 91, 1093 u s § 70 Rn 1). Im Rechtsmittelverf ist der NI nicht als Partei beteiligt, die Parteirolle kommt allein der Hauptpartei zu (BGH NJW 95, 197, 199; BGH NJW-RR 2012, 1042 Tz 6). In dem ergehenden Urteil ist die Hauptpartei aufzuführen. Haben Hauptpartei und NI ein Rechtsmittel eingelegt, so handelt es sich um ein *einheitl* **Rechtsmittel** (BGH MDR 2006, 944; BGH GRUR 2022, 59 Tz 7: anders für § 69, s vor § 511 Rn 24), aber nur bei übereinstimmender Antragstellung; anders, wenn der Streithelfer – zulässig (s Rn 9) – einen weiter gehenden Antrag stellt (OLG Hamm NJW-RR 97, 1156). Die Hauptpartei, die neben dem NI Rechtsmittel eingelegt hat, aber in der Rechtsmittelinstanz nicht mündl verhandelt, gilt als durch den NI vertreten (kein VU). **Nimmt** die Hauptpartei lediglich ihr **Rechtsmittel zurück**, ist der NI, der selbständig ein Rechtsmittel eingelegt hat, idR in dessen Durchführung nicht gehindert (BGH NJW 93, 2944; Pantle MDR 88, 925; s vor § 511 Rn 24), es sei denn, die Hauptpartei hat ausdrückl oder schlüssig **das Gegenteil** erkennen lassen (BGH NJW 93, 2944: ausdrückl Widerspruch; BGH 21.7.2015 – II ZR 177/14 Tz 7, 8: kein Anwaltszwang für Widerspruch; BGH WM 2016, 1955, 1958 Tz 25; OLG Dresden NJW-RR 94, 1550: entgegenstehender gerichtl oder außergerichtl Vergleich, sa BGH 11.4.2017 – VI ZR 636/15; BGH WM 2017, 1430, 1432: nicht die Erfüllung des titulierten Auskunftsanspruchs durch die Hauptpartei); dann ist das Rechtsmittel als unzulässig zu verwerfen (BGHZ 92, 279; BGH NJW 93, 2944; bei **Abschlusserklärung** der Hauptpartei ist Berufung des NI unzulässig, OLG Frankfurt 12.12.2019 – 11 U 151/19 Tz 20) bzw gegenstandslos (§ 516 III; so BGH NJW 88, 712; krit Pantle MDR 88, 924). Rechtsmittelverzicht (§ 515) steht Rechtsmittelrücknahme gleich (OLG Hamburg NJW 89, 1362). Ist die Hauptpartei in der Rechtsmittelinstanz untätig, kann der NI sowohl das von ihm als auch das von der Hauptpartei eingelegte Rechtsmittel beschränken oder zurücknehmen (BGH NJW-RR 99, 285, 286; BayObLG NJW 64, 302); allg zur Untätigkeit (Säumnis) der Hauptpartei als Widerspruch iSv § 67 aE näher s Rn 9a, 9b. 5

Unterliegt der NI in der Rechtsmittelinstanz, so sind ihm die **Kosten** des Rechtsmittels allein aufzuerlegen (s § 101 Rn 5). Hat auch die Hauptpartei ein Rechtsmittel eingelegt, so gelten die §§ 97, 101. Zur Kostentragungspflicht des NI näher s § 66 Rn 10; s § 101 Rn 4, 5. 6

Die Frist nach § 320 II (**Tatbestandsberichtigung**) beginnt für den NI mit der Zustellung des vollständigen Urteils an eine der Parteien zu laufen (BGH NJW 63, 1251), dagegen beginnt die nach § 321 II (**Urteilsergänzung**) für den *selbst* antragsbefugten NI mit der Zustellung an ihn, wenn im Kostenpunkt die Streithilfe übergangen wurde (s BGH NJW 2014, 1018 = MDR 2014, 293; s § 321 Rn 5). 7

III) Schranken der Befugnisse. 1) Bindung an die Prozesslage. Sowohl der unselbständige (§ 67) als auch der streitgenössische (§ 69) NI ist an die zur Zeit des Beitritts vorgefundene Prozesslage gebunden (Klose MDR 2022, 743). **Bsp:** durch Teil- oder Zwischenurteil bereits erledigte Streitpunkte. Hat die Hauptpartei auf Angriffs- oder Verteidigungsmittel verzichtet oder diese versäumt, können weder der unselbständige noch der streitgenössische NI darauf zurückkommen. Eingetretene Verspätungs- u Präklusionslagen (zB gem §§ 296, 8

529, 531; §§ 43, 406 II) muss der NI hinnehmen (s Rn 4). Eine wirksame Gerichtsstandsvereinbarung bindet auch den NI (OLG Hamburg VersR 67, 1173). Bereits **verwirkte Prozesshandlungen** kann der NI nicht vornehmen. Eine versäumte Notfrist kann nicht nachgeholt, ein Urteil nur innerhalb der Parteifristen angefochten werden (keine eigene Rechtsmittelfrist für den NI, sa Rn 5, Ausnahme: s Rn 7; aA Windel ZZP 104 [1991], 342 ff; zu den Konsequenzen s § 68 Rn 12); die hM erscheint insb im Fall der NZB (Rechtsbeschwerde) nach alleiniger Rechtsmitteleinlegung und -führung durch den NI übertrieben formal (**aA** BGH NJW-RR 2012, 1042; BGH MDR 2013, 1240). Der Tod der unterstützten Hauptpartei oder die Eröffnung des InsVerf über ihr Vermögen (§§ 239, 240) beendet auch die Rechtsstellung des NI (BGH MDR 2014, 794); der NI kann den unterbrochenen Rechtsstreit nicht aufnehmen, weder auf Seiten der (bish) Hauptpartei (kein Aufnahmerecht) noch auf Seiten des InsVerwalters gegen dessen Widerspruch (s BGH MDR 2010, 836 Tz 22, 25; aA OLG Köln 26.2. 2018 – 16 W 6/18 für Unterbrechung nach § 239); anders bei Tod (Insolvenz) des Gegners (s Rn 1).

9 **2) Vorrang des Willens der Hauptpartei, keine prozessuale Dispositionsbefugnis. a)** Der NI darf sich grds nicht in **Widerspruch** zu Erklärungen der unterstützten Partei im Prozess stellen (BGH MDR 2007, 1442; OLG Hamm MDR 98, 286; OLG Brandenburg 18.12.2024 – 4 U 218/21; Schilken FS Matsumoto, 2016, S 807 f; zu Ausnahmen s Rn 10). Der Sachvortrag der Partei geht vor (OLG Stuttgart 28.6.2017 – 4 U 36/17; BGH NJW-RR 2022, 1432 Tz 13, 14: anders nur bei § 69; zur Ablehnung des Sachverständigen BGH NJW-RR 2006, 1312; OLG Hamburg IBR 2016, 64 Tz 4; zur Ablehnung nach § 42 III s BGH NJW-RR 2020, 1321 Tz 14 f; KG NJW-RR 2023, 1232: kein Verstoß Art 101 I 2 GG; Klose NJ 2022, 262; Schumann ZZP 133 [2020], 401, 413). Der NI darf Prozesshandlungen (s Rn 3) nur vornehmen, solange sich ein gegenteiliger Wille der Hauptpartei nicht feststellen lässt (BGH MDR 2015, 1142 Tz 24; BGH WM 2016, 1955, 1958 Tz 27); insoweit kann er seinen eigenen Standpunkt nicht zur Geltung bringen (BGH NJW 82, 282; OLG Düsseldorf 14.12.2016 – 2 U 31/16: kein Verzicht auf rechtl Gehör durch NI bei Geheimhaltungsantrag), wohl aber dann, wenn es an einem entgegenstehenden Willen der Hauptpartei (überhaupt) fehlt (Bischof MDR 99, 789; OLG Bamberg NZM 2024, 289 Tz 61 f). Der Widerspruch kann grds ausdrücklich oder schlüssig erkärt werden, was vAw geprüft wird (BGH WM 2016, 1955 f Tz 25; BGH MDR 2018, 161 Tz 37; BGH NJW-RR 2022, 1432 Tz 13: kein Anwaltszwang für Widerspruch; Fellner MDR 2022, 873). Bloßes Unterlassen (auch „bewusste" Säumnis) der Hauptpartei steht einem (Ver-)Handeln des Streithelfers (zB Einspruch) noch nicht entgegen (BGH WM 2016, 1955, 1958 Tz 27: „bloße Untätigkeit"; OLG Bremen ZIP 2023, 2412; OLG Bamberg NZM 2024, 289 Tz 61 f: „nicht beteiligt"); sa Rn 9a), dgl nicht ein prozessual nicht bindendes Geständnis (s § 288 Rn 3b, 7) einem Klageabweisungsantrag des Streithelfers (OLGR Celle 2002, 88; OLG Hamm 6.7.2010 – 9 U 34/10; LG Detmold 18.10.2019 – 4 O 243/18: Nachweis kollusiven Zusammenwirkens der Parteien bei Unfallmanipulation); unstr Parteivorbringen hindert abw Vortrag des NI nicht, denn die Hauptpartei kann sich ihn zu Eigen machen (OLGR Saarbrücken 2007, 376, 378; OLG Köln 14.12.2018 – 19 U 27/18 Tz 87; Werres NJW 84, 210).

9a **b)** Er darf vor allem den **Prozessgegenstand** nicht ändern oder durch **Dispositionsakte** auf ihn einwirken wie durch: **Klagerücknahme**, -änderung (OLG Brandenburg NJW-RR 2019, 1358 Tz 49), -beschränkung und -erweiterung, es sei denn, ein entgegenstehender Wille der Partei ist nicht feststellbar (BGH MDR 2017, 1439; OLG Hamm NJW-RR 97, 1156); durch Zustimmung zur Klageänderung durch den Gegner gegen seine Partei; durch **Verzicht, Anerkenntnis** (sa Rn 11); er kann weder **Wider-** noch **Zwischenfeststellungsklage** erheben (s Rn 10) oder Inzidentantrag nach § 302 IV 4, § 600, § 717 II, III stellen. Die Klagerücknahme durch die Hauptpartei muss er hinnehmen (s § 66 Rn 17), ebenso einen ihm (im Kostenpunkt) ungünstigen **Vergleich** (BGH NJW-RR 2005, 1159; OLG Karlsruhe 23.11.2018 – 6 W 73/18; aA OLG Jena NJW-RR 2018, 510: Titulierung eines Kostenerstattungsanspruchs gegenüber dem Gegner; sa § 91a Rn 58.43, 58.49). Entspr gilt für die Rechtsmittelinstanz; eine **Rechtsmittelrücknahme** durch den NI ist idR keine Unterstützung der Partei (WSch/Mansel Rn 66; Ausnahme: s Rn 5) und eine Überschreitung seiner Befugnisse (BGH NJW-RR 99, 286). Doch kann der NI die Klage ändern, wenn er allein Rechtsmittel eingelegt hat und wenn er der **Rechtsnachfolger der Hauptpartei** geworden ist (OLG München MDR 72, 616).

9b **c)** Hat die Partei (nur) ihr Rechtsmittel zurückgenommen, setzt sich der NI mit der Prozessfortsetzung nicht in Widerspruch zur Hauptpartei (BGH NJW 80, 1693; **anders bei ausdrückl Widerspruch**, dazu näher s Rn 5), dgl nicht bei weiter gehendem Rechtsmittelantrag, soweit er sich im Rahmen des erstinstanzl Antrags hält (OLG Hamm NJW-RR 97, 1156; iE s Rn 5). Säumnis (Untätigkeit) der Hauptpartei allein genügt als Widerspruch (§ 67 aE) idR nicht (WSch/Mansel Rn 17; s Rn 9). Gegen die säumige Partei darf daher idR kein VU ergehen, wenn der Streithelfer verhandelt (KG NJW-RR 96, 103, str; aA OLGR Hamm 1996, 143).

10 **3) Handeln im eigenen Namen.** Der NI darf nicht im eigenen Namen **(als Partei)** vorgehen (OLG Karlsruhe 7.12.2020 – 9 U 34/19 Tz 20, 26). Im eigenen Namen kann er ein Rechtsmittel oder einen Rechtsbehelf (zB gem § 321a) nur dann einlegen, wenn eine Entscheidung gegen ihn selbst ergangen ist, zB ihm die Kosten auferlegt sind (OLG Oldenburg NJW-RR 95, 829; OLG Hamm 16.7.2018 – 8 U 119/17 Tz 25: aber auslegungsbedürftig; Tank MietRB 2021, 113), sein Beitritt zurückgewiesen worden ist (s § 71 Rn 6) oder seine Beteiligungsrechte *gem § 71 III, insb sein Anspruch* auf rechtl Gehör (s Rn 2) verletzt ist; insoweit darf sich der NI auch in Widerspruch zu seiner Partei setzen (BGH MDR 2009, 1173; sa § 71 Rn 8; § 321a Rn 6 [b]). Anträge gegen den NI und Rechtsmittel, die nur gegen ihn gerichtet sind, sind unzulässig. Die Erhebung **einer parteierweiternden**

Widerklage gegen den NI ist aber zulässig, auch wenn er auf der Seite des Bekl beigetreten ist (BGH NJW 96, 196; s § 33 Rn 24, 26; zur Widerklage **durch** den NI als Dritten sogleich unten). Einem vom NI für die Hauptpartei eingelegten Rechtsmittel kann sich der Gegner anschließen. Aus der Stellung als Streithelfer erwächst nicht das **Recht** zur **Widerklage** (BGH LM § 33 Nr 12, s § 33 Rn 21; OLG Hamburg NJW-RR 2004, 62, 63, hM) oder **Zwischenfeststellungsklage** (§ 256 II), etwa über das Fehlen einer eigenen Einstandspflicht als NI (BAG AP Nr 3 [insoweit zust Leipold]; sa § 69 Rn 7), uU kann aber der NI als **Dritter** im *eigenen Namen* (parteierweiternd) klagen (näher s § 33 Rn 24 ff). Der NI kann den in der Person der unterstützten Partei unterbrochenen Prozess **nicht aufnehmen** (s Rn 8). Der Beitritt eines NI eröffnet nicht den (grenzüberschr) Anwendungsbereich nach **Art 2 u 3 VO (EU) Nr 861/2007** (EuGH 22.11.2018 – C-627/17).

4) Keine materielle Verfügungsbefugnis. Der NI darf **materiell** über den **Streitgegenstand nicht verfügen**; er kann nicht mit Wirkung für und gegen die Hauptpartei einen Vergleich abschließen oder mit einer Forderung der Hauptpartei aufrechnen (BGH NJW 66, 930; OLG Düsseldorf MDR 74, 406; OLG Naumburg 12.9.2013 – 2 U 183/12), aber materielle Einreden der Hauptpartei (Verjährung, Vorausklage, Zurückbehaltung) vorbringen (BGH VersR 85, 80; OLG München NJW-RR 98, 422). Ein Streithelfer kann ohne Ermächtigung der unterstützten Partei deren Rechtsstellung zugleich mat-rechtl verändernde Prozesshandlungen nicht vornehmen (OLG Düsseldorf MDR 74, 406). In seiner *eigenen Person* begründete Einreden und Einwendungen des Streithelfers sind idR mat-rechtl unerhebl (zB § 387 BGB); trifft das ausnahmsw nicht zu, kann der Streithelfer das Recht ausüben und die eingetretene Rechtsänderung prozessual geltend machen. Bsp: Aufrechnung mit eigener Gegenforderung bei bestehender Gesamtschuld gem §§ 421, 422 I 2 BGB (MK/Schultes Rn 15; ThP/Hüßtege Rn 15, str). Dagegen kann der InsVerwalter als Streithelfer des Sch einer abgetretenen Forderung idR nicht die Anfechtbarkeit (iSd §§ 130 ff; § 146 II InsO) des Erwerbs der geltend gemachten Forderung einredeweise geltend machen (BGH MDR 89, 349, zust Bork JR 89, 494, str); Hilfe für InsVerwalter: § 64, s § 64 Rn 3. 11

§ 68 Wirkung der Nebenintervention

Der Nebenintervenient wird im Verhältnis zu der Hauptpartei mit der Behauptung nicht gehört, dass der Rechtsstreit, wie er dem Richter vorgelegen habe, unrichtig entschieden sei; er wird mit der Behauptung, dass die Hauptpartei den Rechtsstreit mangelhaft geführt habe, nur insoweit gehört, als er durch die Lage des Rechtsstreits zur Zeit seines Beitritts oder durch Erklärungen und Handlungen der Hauptpartei verhindert worden ist, Angriffs- oder Verteidigungsmittel geltend zu machen, oder als Angriffs- oder Verteidigungsmittel, die ihm unbekannt waren, von der Hauptpartei absichtlich oder durch grobes Verschulden nicht geltend gemacht sind.

I) Allgemeines. 1) Überblick. § 68 bestimmt, welche Wirkung der Beitritt eines NI in einem späteren Rechtsstreit (meist Regressprozess, s § 66 Rn 13) zwischen ihm und der von ihm unterstützten Hauptpartei hat. Die Interventionswirkung (s Rn 8 ff) besteht in einer rechtskraftähnl (s Rn 9) Bindungswirkung im Folgeprozess an das im Hauptprozess ergangene Urteil (Ausnahmen: s Rn 11). Versuche, die Bindungswirkung – unter Berufung auf die histor Wurzeln – rein materiellrechtl einzuordnen (so Riehm ZZP 134 [2021], 3 ff), sind iE abzulehnen. Die Interventionswirkung gem Hs 1 ist als Urteilswirkung **vAw** zu beachten (BGHZ 16, 228; BGHZ 96, 54; BGH MDR 2015, 289 Tz 15; BGH MDR 2015, 459 Tz 7, hM, einschr BGHZ 100, 263 str; aA Meier NZBau 2016, 271; sa Rn 13, 14; zur Rechtskraft s vor § 322 Rn 9, 18), die Einrede mangelhafter Prozessführung (Hs 2) dagegen nur bei Geltendmachung (Bischof JurBüro 84, 1147 mwN; aA MK/Schultes Rn 19). Sondervorschrift (bis 30.11.2020): § 48 III WEG aF (s Lehmann-Richter ZWE 2014, 385, 387). Zur entspr Anwendung von § 68 mittels Vereinbarung bei Prozessgemeinschaft s BGH NJOZ 2023, 17 Tz 46. Zur Bedeutung des **„Justizstandort-Stärkungsgesetzes“** s § 184a IV GVG-E (s zum Wortlaut § 74 Rn 3). 1

2) Internationaler Rechtsstreit. Im EU-Bereich werden die Wirkungen, welche die in der Bundesrepublik Deutschland ergangenen Entscheidungen nach den §§ 68, 72-74 ggü Dritten haben, auch in den anderen Vertragsstaaten anerkannt (Art 65 I 2, II 2 Brüssel Ia-VO); zur Streitverkündung sa § 72 Rn 2; § 73 Rn 1. 2

II) Voraussetzungen der Interventionswirkung. 1) Wirksamer Beitritt. Es muss ein wirksamer, nicht gem § 71 zurückgewiesener Beitritt erfolgt sein (Schumann ZZP 133 [2020], 401, 413; Klose MDR 2022, 744); s **Formulierungsvorschlag:** Vorwerk/Freyberger, PFB, M 30.1. Eine spätere Rücknahme (s § 66 Rn 17; § 70 Rn 1) schadet nicht (RGZ 61, 289; St/Jacoby Rn 4; aA WSch/Mansel Rn 128). Unschädl ist es auch, wenn der Beitritt verfahrenstechnisch (§ 70) fehlerhaft war, ferner, wenn es an den Voraussetzungen für den Beitritt überhaupt gem § 66 mangelte (s § 74 Rn 3), so bei ungerügtem Fehlen des rechtl Interesses (BGH WM 1976, 56). Keine Interventionswirkung tritt aber ein, wenn ein Mangel in den Prozesshandlungsvoraussetzungen (s § 66 Rn 14) vorlag. 3

2) Rechtskräftiges Sachurteil. Dieses muss **zuungunsten der Hauptpartei** ergangen sein (wie § 74 III, s § 74 Rn 7; näher s Rn 6; Besonderheiten gelten für das **sBV**, s näher Rn 10 [kk]); genügend ist auch ein Grundurteil 4

(§ 304; RGZ 123, 95) oder ein Teilurteil (§ 301), und zwar auch für den noch nicht mitentschiedenen Teil der eingeklagten Forderung (BGH NJW 69, 1480 = ZZP 83 [1970], 220 [Wieser]), wenn es insoweit tragende Feststellungen enthält (iE s Rn 10 unter ee). **Keine** Interventionswirkung entfaltet das bloße Prozessurteil (MK/Schultes Rn 5, hM), ferner nicht der Prozessvergleich (BGH BB 2005, 1763; BGH 24.1.2019 – IX ZR 233/17; ThP/Hüßtege Rn 4; Gottwald FS K. Schmidt, 2019, S 357, 359: Vertrag zu Lasten Dritter); anders, wenn die Parteien ihre Rechtsmittel vergleichsw zurückgenommen haben, da dann das hierdurch rechtskräftige Ersturteil inhaltl bestehen bleibt (BGH NJW 69, 1480; Thora NJW 2019, 3624; zweifelnd BGH NJW 88, 712, 713). Interventionswirkung entfaltet das Urteil auch bei einseitiger Rechtsmittelrücknahme (OLGR Koblenz 2001, 243; uU dann aber Fall von Hs 2, s Rn 12 [b]).

5 **3) Keine Beseitigung der Interventionswirkung.** Möglich ist dies dem NI, der im Vorprozess gehindert war, seinen Standpunkt zur Geltung zu bringen (BGH NJW 88, 712, 713; BGH 19.11.2020 – I ZR 110/19 Tz 55 f; iE s Rn 11, 12). Die *Hauptpartei* ist nicht gehindert, sich (uneingeschränkt) auf die Unrichtigkeit der Entscheidung zu berufen (BGHZ 100, 263; iE s Rn 6). **Vereinbarungen** über die Interventionswirkung: s Rn 13 f.

6 **III) Subjektiver Umfang der Interventionswirkung. 1) Von der Bindungswirkung betr Parteien.** Die Interventionswirkung als Folge des Beitritts entfaltet sich **nur zwischen** dem NI und der von ihm **unterstützten** Hauptpartei **(Hs 1)**, nicht aber der Gegenpartei (BGH NJW 93, 123; OLG Frankfurt 13.12.2016 – 11 U 96/14 Tz 20; Gottwald FS K. Schmidt, 2019, S 357, 361); entspr für die Interventionswirkung als Folge der Streitverkündung gem § 74 II, III (BGH NJW-RR 90, 121 f; Wechsel auf Gegenseite ist grds möglich, s OLG München NJW 2017, 3312 Tz 7); Versuche, die subj Grenzen der Interventionswirkung mit Hilfe mat-rechtl Erwägung (§ 242 BGB) zu erweitern, sind abzulehnen (iE s § 74 Rn 7). Die Interventionswirkung wirkt immer nur **zuungunsten des NI** (Streitverkündeten), nicht zuungunsten der unterstützten (den Streit verkündenden) Hauptpartei (BGH NJW 97, 2386; BGH MDR 2015, 459 Tz 6, 7 [jew für § 74 III; s § 74 Rn 7]; Meier NZBau 2016, 270, 271; Nissen KTS 2018, 44, str; **aA** RSchwab/Gottwald § 50 Rn 56; Gottwald FS K. Schmidt, 2019, S 357, 359 f; Peters ZZP 123 [2010], 326, 340 [arg „Waffengleichheit"]). Dies folgt für den Fall vorangegangener Streitverkündung aus § 74 III („gegen") und dem Zweck der Streitverkündung (s § 72 Rn 1 u 7). Ein unterschiedl Inhalt der Interventionswirkung ohne und bei Streitverkündung ist aber ausgeschlossen, weil es bei § 74 III nicht darauf ankommt, ob der Dritte beigetreten ist (BGH NJW 87, 1894 f; einschr BGH MDR 87, 841). Allerdings ist die Interventionswirkung insoweit **unteilbar**, als sie dem NI nur uneingeschränkt oder überhaupt nicht entgegengehalten werden kann; eine Aufspaltung in der Hauptpartei günstige Teile unter Weglassung der übrigen ist nicht mögl (BGH NJW 2019, 1750; OLG Köln NJW-RR 95, 1085; Meier NZBau 2016, 270, 271). Keine Streitverkündungswirkung bei Streitverkündung gegenüber Gesellschaftern und späterer Klage gegen die GbR (OLG Düsseldorf 16.5.2024 – 2 U 75/23).

7 **2) Erstreckung der Interventionswirkung.** In subj Hinsicht gilt § 325 entspr für **Rechtsnachfolger** der Beteiligten (s Rn 6) (WSch/Mansel Rn 143; OLG Hamm 8.7.2020 – 12 U 74/19 Tz 76 für § 86 VVG; Bsp: BGH WM 97, 1757: Abtretung; ebenso BGH 13.1.2015 – XI ZR 179/13; BGH 19.11.2020 – I ZR 110/19 Tz 37); vereinbarte Erstreckung: s Rn 13.

8 **IV) Objektiver Umfang der Interventionswirkung. 1) Allgemeines.** Nach **Hs 1** ist der NI mit dem Einwand der „unrichtigen Entscheidung" des Vorprozesses („Rechtsstreit, wie er dem Richter vorgelegen" hat) ausgeschlossen; ggü der damit auch im Verhältnis zu sich selbst als „richtig" zugrunde zu legenden Vorentscheidung hat der NI (anders als bei Rechtskraft) die *Einrede der mangelhaften Prozessführung durch die Hauptpartei* (**Hs 2** Satzteil 1). Diese greift grds nur insoweit, als der NI selbst durch das prozessuale Verhalten der Hauptpartei an einer Beeinflussung des Entscheidungsinhalts gehindert war; dies ist der Inhalt von Hs 2 Satzteil 2 (Einzelheiten: s Rn 11, 12).

9 **2) Umfang der Bindungswirkung (§ 68 Hs 1). a) Beschränkung auf tragende Feststellungen des Ersturteils.** Die Bindungswirkung des rechtskräftigen Urteils des Vorprozesses beschränkt sich nicht nur (wie die Rechtskraft) auf den Entscheidungssatz (die im Tenor der Entscheidung ausgesprochenen Rechtsfolge), sondern erstreckt sich auch auf den beurteilten *Tatsachenkomplex* und die inhaltl „Richtigkeit" der Entscheidung und damit auf deren **tatsächl und rechtl Grundlagen.** Insoweit werden auch die tragenden Feststellungen des Ersturteils („Entscheidungselemente") einbezogen (BGHZ 100, 262; BGHZ 103, 278; BGHZ 116, 102; BGH NJW 2015, 559 Tz 20; BGH MDR 2015, 459 Tz 7; BGH 19.11.2020 – I ZR 110/19 Tz 37 f; OLG Köln 28.11.2014 – 19 U 87/14: zur Abgrenzung der „Urteilselemente" von bloßen Nebenfolgen; KG NJOZ 2018, 1450; OLG Saarbrücken NJW-RR 2024, 528; RSchwab/Gottwald § 50 Rn 59, 64; Klose MDR 2022, 744). „Tragende Feststellungen" sind jedoch nur die hinreichenden und notwendigen Bedingungen der Erstentscheidung (vgl KGR Berlin 2006, 150, 151; OLGR Saarbrücken 2007, 376, 378). Nicht dazu gehört alles „überflüssige Beiwerk" wie etwa außer bloßen Rechtsansichten, unmaßgebl Hilfserwägungen, *obiter dicta* und dgl (iE s Rn 10). Was zu den „tragenden Feststellungen" des Ersturteils gehört, beurteilt sich ausschließl danach, worauf die Entscheidung *obj* nach zutr Rechtsauffassung *beruht* (BGH MDR 2004, 464; OLGR Karlsruhe 2005, 629, 630); dabei ist von dem vom Erstgericht gewählten Begründungs*ansatz auszugehen (BGH MDR* 2004, 464, 465; BGH NJW 2015, 559 Tz 20). In der Erstreckung auf die Entscheidungselemente zeigt sich ein wesentl Unterschied der Interventionswirkung ggü der Rechtskraftwirkung (BGH NJW 83, 2033); zum Einwand mangelhafter Prozessführung s Rn 8 u näher s Rn 11, 12.

b) Einzelfragen. aa) Keine Bindungswirkung entfalten sog **überschießende Feststellungen**, welche im Erstprozess nicht erhebl sind und daher bei korrektem Verf im Erstprozess gar nicht zu klären waren (BGH MDR 2004, 464; BGH NJW 2015, 559 Tz 20; näher zur Abgrenzung BGH 19.11.2020 – I ZR 110/19 Tz 39, 41 f; dazu Tolani NJW 2021, 1247; OLG Düsseldorf 29.10.2021 – 22 U 33/21: Auftraggeber/Baubeteiligte; OLG Saarbrücken NJW-RR 2024, 528: subjektive Sichtweise unerheblich). Bsp: Stellt das Gericht im Vorprozess gegen den Geschäftsherrn iSv § 831 I BGB irrig Verschulden der Hilfsperson fest, so kann diese im Regressprozess (vgl § 840 II BGB) ihr Verschulden (zB gem § 823 I BGB) bestreiten, da es im Vorprozess auf diese Tatsache überhaupt nicht ankam (vgl Grüneberg/Sprau § 831 BGB Rn 1, 3, 10). Die Streitverkündung gegenüber dem RA des Vorprozesses berührt nur die Pflichtwidrigkeit seines Handelns, während die Feststellung des normativen Schadens allein dem Regressgericht obliegt (Gehrlein ZInsO 2018, 763 f). – **bb)** Auch bei **fehlenden Feststellungen**, die das Gericht an sich bei gehöriger Ausschöpfung des Prozessstoffs **hätte treffen müssen**, ist kein Raum für eine Bindungswirkung (BGHZ 85, 256; OLGR Karlsruhe 2005, 629). – **cc)** Auch belastende **„Mehrfachbegründungen"** des Ersturteils entfalten keine Bindungswirkung, weil der NI sie nicht isoliert im Rechtsmittelweg mit Erfolg anzugreifen kann (iE WSch/Mansel Rn 101 ff m Bsp). – **dd)** Mögl ist eine Interventionswirkung auch bei **Unaufklärbarkeit von Tatsachen** (sog *non liquet*-Entscheidung; sa BGHZ 85, 258; MK/Schultes Rn 16, str). Daraus ergeben sich im Folgeprozess nachteilige Konsequenzen für den (nunmehr) beweisbelasteten NI: Der im Folgeprozess für die gleiche Tatsache (wie die im Vorprozess unterlegene Hauptpartei) beweispflichtige NI kann nicht mehr zum Beweis dieser Tatsachen zugelassen werden (BGHZ 16, 218; BGHZ 85, 258 mN; OLG Düsseldorf NJW 92, 1177 str). Trägt dagegen im Folgeprozess nicht der NI, sondern die *Hauptpartei* die Beweislast, kann es zu einer 2-maligen non liquet-Entscheidung zuungunsten der Hauptpartei kommen (vgl BGHZ 99, 52 f; OLGR Karlsruhe 2005, 629, dazu Deubner JuS 2005, 798 f; Gottwald FS K. Schmidt, 2019, S 357, 362 f). Dies gilt auch dann, wenn die Hauptpartei im Erstprozess zu Unrecht als beweispflichtig behandelt wurde (ausf BGHZ 85, 252; WSch/Mansel Rn 116, str). S dazu die Fallgestaltung von BGH NJW-RR 2005, 1585 (zu § 179 I BGB). – **ee) Teilklagenproblematik.** Richtigerweise ist die Interventionswirkung nicht auf den *Streitgegenstand* (s Einl Rn 60 ff) des Erstprozesses beschränkt, so dass bei *Teilklagen* keine der Rechtskraft (s vor § 322 Rn 47) entspr Beschränkung der Interventionswirkung existiert (so BGH NJW 69, 1480 = ZZP 83 [1970], 220; OLGR Saarbrücken 2007, 376, 378; St/Jacoby Rn 10, str; **aA** MK/Schultes Rn 17; zu Bedenken auch Eibner JurBüro 88, 287 f). Dafür spricht die „Unteilbarkeit" der getroffenen Feststellung (zB der Wirksamkeit einer Vollmacht). – **ff) Vertragsketten.** Bei gestaffelten Vertragsverhältnissen („Käuferkette"; Werk- und Subunternehmervertrag usw; vgl auch § 478 BGB) entfaltet die Entscheidung über für beide (sämtl) Vertragsverhältnisse identische Streitpunkte (zB Sach-, Rechts-, Werkmangel) Bindungswirkung im Folgeverf (Bsp: BGH WM 97, 1755; OLG Frankfurt 24.7.2017 – 24 U 64/16 Tz 47; iE Martens ZZP 85 [1972], 91 ff; sa § 72 Rn 6). – **gg)** Mit den Feststellungen im Vorprozess (s Rn 9) **nicht im Widerspruch** stehende Einwendungen bleiben unberührt (LG Stuttgart NJW-RR 93, 296). – **hh)** Keine Interventionswirkung entfaltet die Entscheidung über **Prozessvoraussetzungen**; diese sind für jeden Prozess selbständig festzustellen. – **ii)** Eine beschränkte Interventionswirkung ist grds auch mögl, soweit der Folgeprozess in einem **anderen Rechtsweg** (zB Verwaltungs-, Sozialgerichtsbarkeit) zu führen ist (BSG NJW 2012, 956 Tz 12 mwN [zust Regenfus], str; eingeh Schilken FS Klamaris, 2016, S 667, 677; Althammer FS Schack, 2022, S 1037, 1045; aA Gehrlein ZInsO 2018, 763: Eingriff in fremde Zuständigkeitssphäre; LAG Nürnberg 29.3.2011 – 7(4) Sa 702/07 m widersprüchl Bejahung von § 204 I Nr 6 BGB, krit dazu Althammer aaO S 1042, sa § 74 Rn 9). – **jj)** Im **schiedsgerichtl** Folgeverf hängt die Beachtung der Interventionswirkung vom Inhalt der Schiedsvereinbarung ab (Bartels RPS 2001 [Beil 7 zu BB Nr 43/2001], 20; Kraft/Looks BB 2002, 1171; Stretz SchiedsVZ 2013, 193, 196; Thomas FS Geimer, 2017, S 735 f); sa Rn 14). – **kk)** Dem am **sBV** als NI (s § 66 Rn 2) oder Streitverkündeten (s § 72 Rn 3) Beteiligten kann das Ergebnis der Beweisaufnahme in einem nachfolgenden Prozess entgegengehalten werden, soweit es im Verhältnis zum Ag von „rechtl Relevanz" ist (BGH NJW 2015, 559 = MDR 2015, 350, hM; aA Schröder NZBau 2015, 285 f mit Vergleich zur Rechtskraft; iErg wie Rn 9 bei Urteil), ohne dass es dafür noch einer Hauptsacheentscheidung bedürfte (vgl OLG München NJW-RR 98, 576; aA St/Jacoby § 66 Rn 9 mN in Fn 36). 10

V) Einrede schlechter Prozessführung (§ 68 Hs 2). 1) Keine Bindung an Feststellungen, die der NI nicht beeinflussen konnte. Soweit der NI im Vorprozess gehindert war, auf die Feststellungen des Gerichts Einfluss zu nehmen, bleiben ihm seine Einwendungen im Folgeprozess gem **Hs 2** erhalten. Dies ist eine Ausprägung von Art 103 I GG und korrespondiert mit den **Beschränkungen** des NI im Vorprozess gem § 67 (sa BGH 19.11.2020 – I ZR 110/19 Tz 55 f zur Streitverkündung; OLG Hamm NJOZ 2022, 795; Thöne ZZP 132 [2019], 297 ff; Klose MDR 2022, 743: bereits abgeschlossene Beweisaufnahme). 11

2) Fallgruppen. Die Einrede der (angebl) mangelhaften Prozessführung der Hauptpartei setzt voraus (BGH NJW 76, 292; Krüger/Rahlmeyer JA 2017, 202, 204 m Bsp; Schilken FS Klamaris, 2016, S 670 f: rechtswegübergreifend), dass der NI im Vorprozess aus einem der folgenden Gründe an einer seine Interessen wahrenden Prozessführung gehindert war: – **a) Unabänderl Lage des Rechtsstreits vor dem mögl Beitritt (Hs 2 Alt 1).** Sofern zum maßgebl Zeitpunkt bereits den NI *bindende Prozesslagen* enstanden waren (s § 67 Rn 4, 8), scheidet eine Bindung im Folgeprozess aus oder ist eingeschränkt. Bsp: Streitverkündung nach Verhandlungsschluss bei nicht rechtsmittelfähiger Entscheidung (OLG Köln MDR 83, 409; OLG Köln 14.12.2018 – 19 U 27/18 Tz 87), erst in der Berufungsinstanz (Grunsky FS Schwerdtner, 2003, S 683). Bei Streitverkündung erst in der Rechts- 12 mittelinstanz (s § 72 Rn 3) ist der Streitverkündete nicht gehindert, im Regressprozess noch – in der Rechtsmittelinstanz ausgeschlossene – tatsächl Einwendungen geltend zu machen (vgl RGZ 158, 133 f; s Grunsky aaO). – **b) Hypothetischer Widerspruch zur Prozessführung der Hauptpartei (Hs 2 Alt 2).** Der NI vermag noch diej Einreden, Rechtsbehelfe usw erfolgreich vorbringen, die er im Vorprozess wegen drohenden *Widerspruchs* zum Vorbringen der Hauptpartei (s § 67 Rn 9) nicht (mehr) geltend machen konnte (BGH NJW 82, 282; s zur Streitverkündung BGH 19.11.2020 – I ZR 110/19 Tz 55 f: außer bei Beitritt auf Seiten des Gegners; Tolani NJW 2021, 1247). Somit kann er im Folgeprozess vorbringen, dass er durch die zeitl oder sachl *Begrenzung* seiner Tätigkeit im Vorprozess zur Unterstützung der Hauptpartei (s § 67 Rn 9, 11) gehindert war, Angriffs- oder Verteidigungsmittel vorzubringen, Beweismittel einzuführen, Rechtsbehelfe zu ergreifen oder seinen eigenen Standpunkt darzustellen (BGH NJW 82, 282). Die Wirkung eines Geständnisses der Hauptpartei bindet den NI im Folgeprozess idR nicht (OLG Hamm NJW 55, 873), uU aber dann, wenn der NI dieses Geständnis nach § 290 noch hätte erfolgreich (mit Rechtsmittel: BGH NJW 76, 293) widerrufen können (OLG Saarbrücken 23.11.2006 – 8 U 611/05; OLG München NJW 56, 1927, str; s Bischof MDR 99, 789 mN; s § 67 Rn 3 aE); bei *unstr Vorbringen* kommt es darauf an, ob sich die Hauptpartei den abw Vortrag des NI zu Eigen gemacht hätte (s § 67 Rn 9 aE). **Rechtsmittel** mit geringen Erfolgsaussichten braucht aber der NI nicht zu ergreifen (BGH NJW 76, 292, 294). Hat die Partei das – einheitl – Rechtsmittel für den NI bindend (s § 67 Rn 5) zurückgenommen, steht diesem die Einrede gem **Hs 2** zu (BGH NJW 88, 712, 713; ebenso BGH NJW-RR 2022, 405 Tz 15); anders aber, wenn der Streitverkündete in der Berufungsinstanz nicht beigetreten ist und die Partei das von ihr allein eingelegte Rechtsmittel (auf Empfehlung des Gerichts) zurücknimmt (OLGR Koblenz 2001, 243; sa Rn 4). – **c)** Auch **unzumutbar erschwerte Rechtsmittel** braucht der NI nicht einzulegen, etwa wenn das den Vorprozess rechtskräftig abschließende Urteil dem NI erst zu einem Zeitpunkt zugestellt worden ist (s § 317 Rn 1), zu dem bereits ein wesentl Teil der Rechtsmittelfrist für die Partei abgelaufen war (s § 67 Rn 5). Sofern man dem NI keine eigene – volle – Rechtsmittelfrist gewährt (s § 67 Rn 5, 8), muss dieser „Verkürzung von Rechtsmittelfristen" zu Lasten einer sachgerechten Rechtswahrung des NI durch entspr Einschränkung der Interventionswirkung abgemildert werden (grundl Deckenbrock/Dötsch JR 2004, 6, 8 ff). – **d)** Dem NI **unbekannte Angriffs- und Verteidigungsmittel**, die von der Hauptpartei absichtl oder aus grobem Verschulden nicht geltend gemacht wurden (**Hs 2 Alt 3**; selten). Bsp: Für Hauptpartei präkludierte Befangenheitsablehnung (BGH MDR 2007, 103). – **e)** Beim **streitgenössischen NI** (§ 69) ist ledigl Hs 2 Alt 2 (oben b) unanwendbar (Bischof JurBüro 84, 1148 f). – **f)** Besonderheiten bei **doppelter Streitverkündung** s § 72 Rn 11.

13 **VI) Vereinbarungen über die Interventionswirkung und Sonderregelung. 1) Drittwirkung.** Die **Erstreckung der Interventionswirkung auf Dritte** ist zulässig (OLG Düsseldorf NJW-RR 93, 1471 mwN; St/Jacoby Rn 24; zu konkreten Bsp s Thora NJW 2019, 3625), da darin nur eine Verfügung der Parteien über die prozessuale Tatsachengrundlage liegt (Verhandlungsmaxime); iE kann auf die Gewährung rechtl Gehörs, welche in der vom Gesetz (nicht notwendig: vgl § 74 II, III) vorgesehenen Beteiligung des Dritten ihre Spezialausprägung findet, verzichtet werden. Schließl wird auch uU eine Rechtskrafterstreckung durch Parteivereinbarung zugelassen (s § 325 Rn 43; näher Ziegert, Die Interventionswirkung, 2003, S 249 ff). Bsp: s Rn 10 [jj].

14 **2) Abdingung der Interventionswirkung.** Die Parteien können die eingetretene Interventionswirkung einverständl beseitigen (MK/Schultes Rn 23; BeckOK/Dressler Rn 2, str; aA St/Jacoby Rn 26). Das folgt daraus, dass ein Zwang zum Beitritt nicht besteht und die Interventionswirkung überwiegend im Parteiinteresse liegt (s näher § 72 Rn 1a).

15 **3) Interventionswirkung im Musterverfahren.** Der rechtskräftige Musterentscheid (§§ 19, 25 KapMuG 2024) entfaltet *auch* (s ferner § 325a iVm § 25 I 2, II KapMuG 2024: „Rechtskraft") eine interventionsähnl Bindungswirkung: Die im Musterverf getroffenen „Feststellungen" und geklärten „Rechtsfragen" sind für die Prozessgerichte verbindl (§ 25 I 1 KapMuG 2024); der Musterentscheid wirkt für und gegen alle Beigeladenen des Musterverf (§ 25 I 2 KapMuG 2024); in ihren Rechtsstreiten ggü dem Gegner können die Beigeladenen nur noch in engen Grenzen geltend machen, dass die Hauptpartei das Musterverf mangelhaft geführt habe (§ 25 III KapMuG 2024); zum Ganzen s vor § 50 Rn 55 f; § 325a Rn 2 ff; ein entsprechender Einwand existiert bei Verbandsabhilfeklagen (§ 14 VDuG) und MFK (§§ 41, 42 VDuG) nicht.

§ 69 Streitgenössische Nebenintervention

Insofern nach den Vorschriften des bürgerlichen Rechts die Rechtskraft der in dem Hauptprozess erlassenen Entscheidung auf das Rechtsverhältnis des Nebenintervenienten zu dem Gegner von Wirksamkeit ist, gilt der Nebenintervenient im Sinne des § 61 als Streitgenosse der Hauptpartei.

1 ***I) Voraussetzungen der streitgenössischen Nebenintervention.*** Es müssen die zu § 66 dargelegten Voraussetzungen vorliegen, weiter die in § 69 geforderten Urteilswirkungen (iE s Rn 2-4): Das Urteil wirkt in bestimmten Fällen nach bürgerl Recht oder nach Verfahrensrecht – der Gesetzeswortlaut („Rechtskraft", „Vorschriften des

bürgerl Rechts") ist zu eng (BGH MDR 2016, 1280 Tz 17; OLG Schleswig MDR 94, 460) – unmittelbar auf die Rechtsbeziehungen des NI **zum Gegner** der von ihm unterstützten Partei ein (BGH NJW 2001, 1355; zT krit Wieser ZZP 112 [1999], 441 ff). Wegen dieser unmittelbaren Rechtsbetroffenheit des Dritten ist seine Beteiligung am Rechtsstreit in selbständiger Stellung (s Rn 6) gem Art 103 I GG geboten; bei erkennbarer Unkenntnis des Dritten vom Verf trifft daher das Gericht entspr § 65 VwGO, § 75 SGG, § 60 FGO eine **Beiladungspflicht** (Vollkommer FG BGH Bd III, 2000, S 127, 142 ff; sa vor § 64 Rn 2). Art 2, Art 4 DIS-ERGeS (s DIS-SchO 2018, Anlage 5) sehen eine § 69 entspr Beteiligungsmöglichkeit für **Schiedsverf** vor (Folge: Wirkungserstreckung (Art 11); Wolff SchiedsVZ 2018, 253 f; Werner NZG 2023, 458 f). Zu den ergänzenden Regeln für Streitverkündungen (DIS-ERS 2024) s Covi/Brunstamp NZBau 2025, 346.

1) Rechtskrafterstreckung. Zunächst allg s § 62 Rn 6 ff; § 325 Rn 28 ff; § 325a Rn 2 ff. Die Einwirkung der Rechtskraft muss gerade das Rechtsverhältnis (Begriff: BGHZ 92, 278; s § 256 Rn 4) zwischen dem Streithelfer und dem *Prozessgegner* der unterstützten Partei betreffen (BGH NJW 2001, 1355; BGH NJW 2014, 3521; BGH WM 2016, 1955, 1957; BGH NJW-RR 2022, 1432 Tz 13, 14; OLG Celle 16.11.2022 – 14 U 30/22; hM; **aA** WSch/Mansel Rn 13), *nicht* genügt das Verhältnis zur unterstützten Partei (insoweit schützt idR § 68 Hs 2, s § 68 Rn 11, 12). **Bsp:** § 76 IV, §§ 326, 327, 728, 856 IV ZPO; § 183 InsO; § 111 II GenG; § 61 II GmbHG (BVerfGE 60, 9; BGH NJW-RR 93, 1254); §§ 248, 249, 256 VII AktG (BGH NJW-RR 2007, 1634; BGH MDR 2007, 1102 = JZ 2008, 254 [Althammer]; BGH MDR 2014, 1356 Tz 6; BGH 8.10.2019 – II ZR 94/17 Tz 3; OLG Celle 16.11.2022 – 14 U 30/22 Tz 23, sa Rn 3); § 407 II, § 408, § 613a (BAG ZIP 2012, 192; sa § 325 Rn 26) BGB; §§ 126, 128 HGB (s § 62 Rn 7; § 325 Rn 35; offen lassend Thelen ZfPW 2019, 385, 391 f) sowie §§ 110, 113 III, VI HGB (nach **MoPeG seit 1.1.2024**; Wertenbruch NZG 2024, 419, 420; s BTDrs 19/27635, 233, 234: § 246 IV 2 AktG gilt nicht entspr); § 86 VVG (s § 325 Rn 18); § 44 III WEG (s Rn 3). Der Haftpflichtversicherer, der im Haftpflichtprozess dem beklagten Schädiger/Versicherungsnehmer beitritt, ist streitgenössischer NI (BGH MDR 2012, 181; BGH MDR 2019, 1188 Tz 16; van Bühren r+s 2019, 6); das gilt auch bei gemeinsamer Haftpflicht- und Direktklage (§ 115 I 1 Nr 1 VVG) gegen beide Sch (§ 115 I 4 VVG) als Streitgenossen (BGH MDR 2012, 181; sa § 62 Rn 8a). Unerheblich ist, dass die Rechtskrafterstreckung – einseitig – nur auf das die Klage gegen einen Sch *abweisende* Urteil beschränkt ist (§ 124 I VVG) und nicht auch das *stattgebende* Urteil ergreift (sa § 325 Rn 39). Nicht streitgenössischer NI ist die Tierhalterversicherung (BGH NJW-RR 2022, 1432 Tz 13, 14, 16: keine Rechtskrafterstreckung, nur vertragliches Leistungsversprechen). Mangels Rechtskrafterstreckung gilt Gleiches für Privathaftpflichtversicherer (BGH NJW-RR 2022, 405 Tz 10 f), weil das materiell-rechtliche Leistungsversprechen für § 69 nicht ausreichend ist (BGH aaO Tz 14). Streitgenössischer NI ist dagegen auch der im Patentnichtigkeitsverf auf Kl-Seite beitretende von dem Patent Betroffene (BGH WRP 2008, 128, 134 Tz 44; sa BGH GRUR 2020, 1178 Tz 7, 10: eigene Nichtigkeitsklage des NI nicht hinderlich; krit Gröning GRUR 2020, 1170). **Abgrenzung:** In den Fällen der §§ 265, 325 ist der der Partei beitretende (materielle) Rechtsnachfolger nur ein *einfacher NI* (§ 265 II 3), ebenso bei Rechtsnachfolge vor Rechtshängigkeit (kein Fall von § 325 I), ferner – trotz § 546 II BGB – der Untermieter im Rechtsstreit zwischen Vermieter und Hauptmieter (BGH NJW 2001, 1355; sa Rn 4; § 325 Rn 38), der eine Gesamtschuldner im Rechtsstreit gegen den anderen, arg § 425 II BGB (BayObLG NJW-RR 87, 1423), der Übernehmer einer „dingl Schuld" (zB gem § 1105 BGB) im Rechtsstreit zwischen Gl und Alt-Sch über die Erhöhung der gesicherten Forderung gem § 313 BGB (BGH MDR 2014, 1044 LS; sa § 325 Rn 25). Behandlung des einfachen NI als streitgenössischer iRd Kostenentscheidung ist unerheblich (OLG Celle 16.11.2022 – 14 U 30/22). 2

2) Gestaltungswirkung. Bsp: §§ 1313, 1496, 2342 BGB; §§ 246, 248, 249, 275 AktG (iE Gehrlein AG 94, 103 ff; entspr zur GmbH: BGH NJW-RR 93, 1254; BGH DtZ 94, 29; KG 26.9.2023 – 2 AR 39/23, MDR 2023, 1600; sa Rn 2); § 51 V, §§ 75, 96 GenG (BGHZ 7, 383); § 61 I GmbHG (soweit nicht schon Fall der Rn 2); überdies seit 1.1.2024: §§ 110, 113 III, VI HGB im Fall der Beschluss-Anfechtungsklage bei OHG/KG (ausdrücklich BTDrs 19/27635, 233, 234; näher Wertenbruch NZG 2024, 419, 420; s Rn 2); ferner die Fälle, in denen das Gesetz zur Gestaltungsklage durch oder gegen mehrere Personen zwingt, zB § 116 V, § 124 V, §§ 134, 139 HGB (BGH NJW 58, 418; näher Vollkommer FG BGH Bd III, S 132 ff); ebenso für Beschlussklagen gegen die WE-Gemeinschaft (**§ 44 III WEG**; BGH NJW 2024, 1183 Tz 20; LG Berlin II 29.2.2024 – 85 S 52/23 Tz 10; sa BTDrs 19/18791, 83). § 69 hat bei verwalterlosen Gemeinschaften an prakt Bedeutung gewonnen (Elzer MDR 2021, 334 f Tz 46; Dötsch/Schultzky/Zschieschack, WEG-Recht 2021, Kap 14 Rn 74 f, 82; Beitritt geboten iSv § 44 IV WEG; sa § 51 Rn 4). Mit Wegfall von § 48 III WEG aF ist ggü dem (existierenden) Verwalter eine Streitverkündigung zur Auslösung seiner Bindung geboten. 3

3) Erweiterte Vollstreckbarkeit. Bsp: §§ 729, 740, 741, 742, 743. **Nicht** hierher gehören die Fälle, in denen zur ZwV gegen den Dritten ein bes *Duldungstitel* erforderl ist, wie zB bei der ZwV gegen den Untermieter bei Titel gegen den Hauptmieter (vgl BGH NJW 2001, 1355, 1356); **nicht** genügt eine (bloße) *Tatbestandswirkung* (zum Begriff s vor § 322 Rn 5); Bsp: subsidiär Verpflichteter im Prozess des Gl mit dem Primärschuldner (OLGR Frankfurt 2005, 641). 4

II) Rechtsstellung des streitgenössischen Nebenintervenienten. Unter den in Rn 1 genannten Voraussetzungen „gilt" der beigetretene NI als Streitgenosse der unterstützten Partei, und zwar hat er – soweit sich die Voraussetzungen des § 69 mit denen des § 62 decken – *regelmäßig* die Stellung eines **notwendigen Streitgenossen** (MskV/Weth Rn 6, str; aA MK/Schultes Rn 11: *stets*). Gleichzeitig aber ist er NI. Aus dieser Doppelstellung er- 5 geben sich (ggü § 67 Rn 2) erweiterte Befugnisse. Der einfache Streitgehilfe wird nicht dadurch zum streitgenössischen, dass ihn das Gericht fälschl als solchen behandelt (BayObLG NJW-RR 87, 1423). UU besteht aber Pflicht zur gerichtl **Beiladung** vAw (s vor § 64 Rn 2) bzw zur **Urteilszustellung** vAw (s Rn 6), soweit nicht bereits eine gesellschaftsrechtl Informationspflicht (zB gem § 246 IV AktG) erfüllt worden ist (vgl Vollkommer FG BGH III, 2000, S 144; einschr BGH ZIP 2005, 45; BGH ZIP 2010, 1822 Tz 5; sa Rn 6).

6 **1) Befugnisse als Streitgenosse.** Da er **als Streitgenosse** gilt, kann er selbständig – anders als bei der gewöhnl Nebenintervention (s § 67 Rn 2, 9, 10, aber sa § 71 III iVm Rn 7) – auch gegen den Widerspruch der von ihm unterstützten Partei Angriffs- und Verteidigungsmittel vorbringen und **Prozesshandlungen** vornehmen (BGH NJW-RR 99, 285; BGH VersR 2012, 434; BGH NJW-RR 2022, 1432 Tz 13, 14: eigenes Prozessführungsrecht; OLG Bamberg NZM 2024, 289 Tz 61 f; van Bühren r+s 2019, 9). Ein wirksames Anerkenntnis der Hauptpartei (§ 307) kann er durch seinen Widerspruch verhindern (BGH NJW-RR 93, 1254; BGH ZIP 2008, 943; OLG Schleswig MDR 94, 460; OLG Düsseldorf 20.12.2018 – 6 U 215/16 Tz 49: auch iRd Berufungseinlegung; s § 307 Rn 4). Hat die Hauptpartei eine Frist oder einen Termin versäumt, genügt es, dass der streitgenössische NI diese gewahrt hat bzw im Termin anwesend war (Schilken FS Krüger, 2017, S 471). Die Einspruchs- und Rechtsmittelfrist wird ihm ggü nur durch die **Zustellung des Urteils an ihn** (nicht schon durch diej an die Hauptpartei) in Lauf gesetzt (BGH NJW 2014, 3521 Tz 6; einschr BGH ZIP 2010, 1822; BGH MDR 2016, 1280: nur bei schon vorher erfolgtem Beitritt, str; uU aA BGHZ 89, 121; sa vor § 64 Rn 2; § 517 Rn 11). Der NI des § 69 kann selbständig ohne und gegen den Willen der unterstützten Partei im eigenen Namen Einspruch oder ein Rechtsmittel einlegen (BGH ZIP 2001, 1734 f; BGH WM 2016, 1955 f Tz 18 f: getrenntes Rechtsmittel, aber ohne eigene Parteistellung; BGH NJOZ 2020, 461 Tz 17; Wertenbruch NZG 2024, 419, 420 zu § 113 VI HGB; anders bei § 67 Rn 5); die Zulässigkeit der Rechtsmittel ist getrennt zu beurteilen (BGH GRUR 2022, 59 Tz 7, sa § 67 Rn 5); bei Versäumung kann er aus in seiner Person liegenden Gründen WE verlangen (BGH ZIP 2008, 942, 943; demggü s § 67 Rn 5, ferner s § 317 Rn 1). Er kann nur als Partei vernommen werden; seine Vernehmung als Zeuge ist unzulässig. Die Regeln des Parteiwechsels gelten jedoch nicht, wenn der Streithelfer zunächst als streitgenössischer und später als einfacher Streithelfer auftritt (BGH WM 2016, 1955 f Tz 20 f, 22). Er kann von einem Kl aus dem Nicht-EU-Ausland Sicherheitsleistung verlangen, wie er selbst als Nicht-EU-Ausländer Sicherheit für die Prozesskosten leisten muss; **Unterbrechungsgründe** (§§ 239, 240) in seiner Person wirken auf den Rechtsstreit ein; er kann **WE** auch für sich, dann aber nur aus Gründen in seiner Person beantragen (St/Jacoby Rn 10; WSch/Mansel Rn 80 u Rn 21 vor § 64); insoweit kann die Verletzung einer gesellschaftsrechtl Informationspflicht (s Rn 5) Bedeutung erlangen (vgl BGH ZIP 2005, 45).

7 **2) Beschränkungen als Nebenintervenient.** Als NI führt er einen fremden Prozess und muss den Rechtsstreit so annehmen, wie er im Zeitpunkt des Beitritts liegt (RGZ 93, 92); er **kann keine** Widerklage erheben und keine Anträge für sich stellen, er kann weder für sich in der Hauptsache etwas erreichen noch, abgesehen von den Kosten, verurteilt werden, da er als Streitgenosse gilt und nicht selbst Partei ist. Eine bei seinem Eintritt bereits laufende Frist ist für ihn verbindlich (BGH ZIP 2010, 1822 Tz 3, 7; sa Rn 6). Eine Klagerücknahme kann er nicht verhindern (BGH GRUR 2014, 911 Tz 26; WSch/Mansel Rn 53; sa § 62 Rn 25). Er selbst **darf nicht** die Klage zurücknehmen, den Streitgegenstand ändern, Zwischenfeststellungsklage (§ 256 II) erheben (RSchwab/Gottwald § 50 Rn 71; St/Jacoby Rn 9, hM, str; sa § 67 Rn 10 aE). Das von der Hauptpartei (oder von ihm selbst) eingelegte Rechtsmittel darf er nicht gegen deren Widerspruch zurücknehmen (s § 67 Rn 5 aE, 10), einer Rechtsmittelrücknahme der Partei nur widersprechen, wenn er selbständig Rechtsmittel eingelegt hat (BGH NJW-RR 99, 285, 286; BGH WRP 2011, 244 = MDR 2011, 181 LS, str; weiter gehend M. Vollkommer Anm WuB A § 69 ZPO 1.99; ferner s § 67 Rn 5; § 62 Rn 32; § 91a Rn 58.43). Ein Patentnichtigkeitsverf kann er nach Klagerücknahme durch die Hauptpartei nicht fortführen (BGH NJW 65, 760; BGH GRUR 2014, 911 Tz 26), dgl nicht ein **aktienrechtl Anfechtungsverf** (OLGR Köln 2003, 313). Ein Antrag nach § 246a I AktG (Freigabeverfahren) ist gegen ihn unzulässig (OLG Brandenburg NZG 2024, 1507 Tz 41 f = AG 2024, 437: keine faktische Registersperre). Er kann anerkennen und verzichten, auch zugestehen, doch nimmt der Widerspruch der Hauptpartei diesen Prozesshandlungen ihre Wirkungskraft, so dass nach § 286 frei zu würdigen ist (ebenso umgekehrt, s Rn 6 mN; möglich sind Anerkenntnis und Verzicht insb bei Säumnis der Hauptpartei, s RSchwab/Gottwald § 50 Rn 71).

8 **3) Bindungswirkung.** Die **Interventionswirkung des § 68** gilt auch für den NI nach § 69; soweit ihn aber die Rechtskraft des Urteils auch im Verhältnis zur Hauptpartei (aber s Rn 1) erfasst, kann er diese nicht gem § 68 Hs 2 beseitigen (iE WSch/Mansel Rn 84).

9 **4) Kostenentscheidung.** Wegen § 101 II, § 100 ist eigenständige Entscheidung (ggf iVm § 91a) erforderl (BGH NJW-RR 2007, 1577 [Althammer JZ 2008, 255]), der Grundsatz der Kostenparallelität (s § 66 Rn 19; § 101 Rn 13) gilt nicht (BGH NJW-RR 2010, 1476 Tz 9; BGH MDR 2014, 1356 Tz 6; BGH 8.10.2019 – II ZR 94/17 Tz 10 f); bei Billigkeitsentscheidung gem § 91a kann der vom streitgenössischen NI geleistete Beitrag zur Prozessführung berücksichtigt werden (OLGR Oldenburg 2007, 832). Für NI auf BeklSeite gilt § 269 III 2 (BGH NJW 2015, 557 Tz 3), dagegen trägt der NI auf KlSeite seine Kosten selbst (BGH ZIP 2007, 1337 Tz 9); dies gilt auch bei Nichtberücksichtigung der NI-Kosten im Vergleich (so BGH MDR 2014, 1356 = EWiR 2014, 697 [v.d. Linden] für Aktionärsbeitritt zur aktienrechtl Anfechtungsklage, str; nach aA § 91a entspr; sa § 91a Rn 58.49).

10 **III) Kosten.** Es gelten die § 101 II, § 100; Kostenentscheidung wie bei Streitgenossenschaft (s § 101 Rn 15).

§ 70 Beitritt des Nebenintervenienten

(1) [1]Der Beitritt des Nebenintervenienten erfolgt durch Einreichung eines Schriftsatzes bei dem Prozessgericht und, wenn er mit der Einlegung eines Rechtsmittels verbunden wird, durch Einreichung eines Schriftsatzes bei dem Rechtsmittelgericht. [2]Der Schriftsatz ist beiden Parteien zuzustellen und muss enthalten:

1. **die Bezeichnung der Parteien und des Rechtsstreits;**
2. **die bestimmte Angabe des Interesses, das der Nebenintervenient hat;**
3. **die Erklärung des Beitritts.**

(2) Außerdem gelten die allgemeinen Vorschriften über die vorbereitenden Schriftsätze.

I) Form des Beitritts. Der **Beitritt** (als Prozesshandlung: s § 66 Rn 14) kann im **Parteiprozess** schriftl oder zur Niederschrift der GeschSt erklärt werden (vgl die Erleichterung des § 496). Mögl ist auch ein Beitritt zwecks Abschluss eines Vergleichs (s § 78 Rn 18); dann ist die Aufführung des NI im Rubrum der Vergleichsniederschrift notwendig, damit eine vollstreckbare Ausfertigung gegen ihn erteilt werden kann. Im **Anwaltsprozess und Rechtsmittelverf** muss der Beitrittsschriftsatz (bestimmender Schriftsatz gem § 129 I) von einem RA unterzeichnet sein (BGH NJW 2014, 1018 Tz 22; OLG Stuttgart 7.10.2024 – 13 W 7/24; Klose MDR 2022, 744, ganz hM, s Schilken GS M. Wolf, 2011, S 539; aA Prechtel DRiZ 2008, 84), nicht aber im **sBV**, auch nicht vor dem LG (BGH MDR 2012, 1242 Tz 11; sa § 78 Rn 15, 28 [l]; vor § 485 Rn 3). Erklärung zu Protokoll der mündl Verh(in **I** nicht erwähnt) steht gleich (§ 126 IV BGB entspr; sa OLG Stuttgart NJOZ 2014, 17 bei Nichtrüge gem § 71). Die (zur Wirksamkeit des Beitritts nicht erforderl: OLGR Karlsruhe 2003, 298; OLG Rostock 22.12. 2022 – 3 U 12/21) Zustellung an die Parteien bzw ihre Anwälte, § 172 I, erfolgt vAw, vgl § 166 II, § 174; beachte auch § 133. Der Beitritt ist sowohl **ausdrücklich** (BAG NJW 2015, 973 Tz 16; OLGR Köln 2009, 599) als auch durch **konkludente** Erklärung (vgl §§ 133, 157 BGB) etwa im Rechtsmittel- oder Einspruchsschriftsatz möglich (vgl § 66 II u s § 66 Rn 15), wie bei Einlegung „im eigenen Namen" des Vorstandsmitglieds im Prozess des e.V. (BGHZ 197, 61 Tz 7, 8, 10) oder bei Einlegung „namens des Streitverkündeten" (so zutr BGH MDR 94, 1240; BGH NJW 97, 2385); im 1. Fall Einreichung beim Rechtsmittelgericht; das Instanzgericht muss Beitritt aber nicht als solchen erkennen (BAG NJW 2015, 973 Tz 16). Auch eine gescheiterte Prozessübernahme (vgl § 265 II 2) kann als Beitritt auszulegen sein (KG ZMR 98, 514 f; sa § 265 II 3), dgl eine Rechtsmitteleinlegung vermeintl als Partei (BGH NJW 2001, 1217; BPatG 31.5.2016 – 35 W (pat) 435/13 zur Umdeutung; s § 66 Rn 15; Rspr-Überblick: Karwatzki ZAP 2010, 161). **Akteneinsichtsgesuchen** ist idR keine konkludente Beitrittserklärung zu entnehmen (OLG Bamberg 31.3.2010 – 1 W 11/10: Vorbereitungshandlung; OLG Brandenburg 27.11. 2024 – 2 U 26/23). Die **Zurücknahme** des Beitritts ist jederzeit in der Form des § 269 II mögl, aber ohne Zustimmung der Partei (s § 66 Rn 17). Nach erfolgter Zurücknahme kann der NI auch dem Gegner der von ihm bish unterstützten Partei oder erneut der zuerst unterstützten Partei beitreten (BGHZ 18, 110; sa § 66 Rn 17). **Zeitpunkt** des Beitritts und **Dauer** der Nebenintervention: s § 66 Rn 15-18. 1

II) Notwendiger Inhalt des Beitrittsschriftsatzes und Mängel. Genügt der Beitritt nicht den förml (Schriftsatz) oder inhaltl Anforderungen von **I 2 Nrn 1-3**, so erfolgt grds keine Berücksichtigung eines Mangels **vAw** (OLG Stuttgart NJOZ 2014, 17; ArbG Bielefeld 18.8.2021 – 2 Ca 2898/20; anders LG München I 25.4.2022 – 1 S 95/22 WEG Tz 13; anders auch BGH 24.11.2022 – V ZB 29/22 Tz 7; Elzer FD-ZVR 2023, 455529, für **Beitritt mit Berufungseinlegung/Einspruch**); ein – selbst stillschweigender – Verzicht auf die Rüge des Mangels ist mögl, § 295 (OLG Nürnberg MDR 2005, 473). Die Mängel sind heilbar (§ 295; BGH NJW 76, 292; OLG Hamm NJW-RR 94, 1277, 1278; LG München I 25.4.2022 – 1 S 95/22 WEG Tz 15). Werden sie gerügt, ergeht eine Entscheidung gem § 71. Nach **I 2 Nr 1** ist die Angabe der **Parteien** erforderlich (WSch/Mansel Rn 16). Zur **bestimmten Angabe des Interesses (I 2 Nr 2)** genügt Bezugnahme auf die Streitverkündung oder anderes im Besitz beider Parteien befindl Schriftstück (BGH NJW 97, 2385; BGH 13.9.2018 – I ZB 100/17 Tz 10: geringe Anforderungen; OLG Hamm 25.9.2017 – 18 U 69/17 Tz 20). Überzogene Anforderungen sind zu vermeiden (OLG Naumburg 22.8.2023 – 12 W 51/23). Die Glaubhaftmachung ist erst im Verf nach § 71 I erforderl. Die (unbedingte) **Beitrittserklärung (I 2 Nr 3)** muss die Parteiseite, auf der der Beitritt erfolgt, eindeutig erkennen lassen (vgl § 66 I), erforderlichenfalls nach Auslegung (BAG NJW 2015, 973 Tz 16). Die Rüge des Mangels aus § 70 I Nrn 1-3 ist ein Antrag auf Zurückweisung der Nebenintervention. Zur Zuziehung des NI bis zur rechtskräftigen Zurückweisung der Intervention s § 71. Die Erfordernisse des § 70 sind nachholbar, auch noch nach Mängelrüge, aber vor rechtskräftiger Zurückweisung. S iÜ **Formulierungsvorschlag:** Vorwerk/Freyberger, PFB, M 19.16. 2

§ 71 Zwischenstreit über Nebenintervention

(1) [1]Über den Antrag auf Zurückweisung einer Nebenintervention wird nach mündlicher Verhandlung unter den Parteien und dem Nebenintervenienten entschieden. [2]Der Nebenintervenient ist zuzulassen, wenn er sein Interesse glaubhaft macht.

(2) Gegen das Zwischenurteil findet sofortige Beschwerde statt.

(3) Solange nicht die Unzulässigkeit der Intervention rechtskräftig ausgesprochen ist, wird der Intervenient im Hauptverfahren zugezogen.

1 **I) Der Antrag auf Zurückweisung einer Nebenintervention (§ 71 I). 1) Zurückweisung der Nebenintervention.** Diese kann **jede Partei** und **jeder Streitgenosse beantragen**. Im Falle des Beitritts nach Streitverkündung hat der Streitverkünder (§ 72 ff) ein Antragsrecht nur, wenn der NI dem Gegner beitritt (OLGR Düsseldorf 2008, 156; OLG München MDR 2016, 1046 Tz 22: Widerspruchsrecht gegen zweckfremde Reaktion; für Antragsrecht **weiterer NI** im Kartellschadensersatzprozess Ahrens FS Prütting, 2018, S 181, 194). Nach rügeloser Verh mit dem Beitretenden (§ 295) kann dessen Zurückweisung nicht mehr beantragt werden (OLG Köln NJW-RR 2010, 1680, 1681; LG München I 14.12.2017 – 5 HK O 17464/16; OLG Köln NJOZ 2020, 1367). Kein Widerspruchsrecht hat der (nicht beitretende) Streitverkündete (Bischof MDR 99, 787, 788 f), es sei denn, er macht das Fehlen einer Streitverkündung im Rechtssinn geltend (s § 72 Rn 1 [a, c]). Im Anwaltsprozess ist der Antrag aus dem vorbereitenden Schriftsatz zu verlesen (§ 297). Wird der (stillschweigenden) Zulassung nicht widersprochen, ergeht keine Entscheidung über die Zulässigkeit der Nebenintervention als solche (BGHZ 38, 111), ggf aber über die (Zulässigkeit der) vom NI vorgenommene Prozesshandlung (zB Rechtsmitteleinlegung; vgl BGHZ 76, 302).

2 **2) Mündliche Verhandlung.** Über den Antrag ist in mündl Verh zu entscheiden; § 78 I greift ein; ein schriftl Verf gem § 128 II u IV ist mögl; es gilt § 297. § 71 ist auch im schriftlichen Verf nach § 522 II anwendbar, ohne dass terminiert werden müsste: OLG München MDR 2016, 1046 Tz 21. Der NI muss sein **rechtl Interesse** (s § 66 Rn 8-13b) schlüssig begründen (OLG Frankfurt NJW-RR 2000, 348; OLG Dresden ZIP 2016, 87 Tz 22), der Beitritt darf **nicht rechtsmissbräuchl** sein (BGHZ MDR 2006, 826; Bsp: „räuberische" Aktionärs-NI, dazu Gärtner/Thiel BB 2008, 2089); Tatsachenvorbringen ist **glaubhaft** zu machen (**I 2**; § 294); anderenfalls ist die Nebenintervention unzulässig (BAG NJW 68, 73). Es genügt, wenn der angedrohte Rückgriff nicht mit Sicherheit als aussichtslos erscheint (OLG Frankfurt NJW 70, 817). Die Streitverkündung ersetzt nicht den Interventionsgrund (BGH NJW-RR 2011, 907; Bischof MDR 99, 788). Die Zulassung des Beitritts ist auch dann nicht beschränkt, wenn sich das rechtl Interesse nur auf einzelne Streitpunkte bezieht. **Erscheint der NI nicht**, kann gegen ihn kein VU ergehen; es ist auf Grund einseitigen Parteivortrags und der Beitrittsschrift zu entscheiden (BAG NJW 68, 73). Gleiches gilt bei Säumnis der widersprechenden Partei. Beim Ausbleiben des NI und der widersprechenden Partei ergeht, wenn nicht Vertagung erfolgt, eine Entscheidung nach Aktenlage, § 251a.

3 **3) Vorliegen persönlicher Prozesshandlungsvoraussetzungen.** Dies ist vAw zu prüfen (zB Prozessfähigkeit). Bei deren **Fehlen** ist die Nebenintervention ohne Zwischenstreit vAw durch Beschluss zurückzuweisen, der nach § 567 anfechtbar ist (BGH MDR 2015, 842 Tz 6; OLG Köln ZIP 2017, 1211; RSchwab/Gottwald § 50 Rn 16; Giesen MDR 2019, 1355 f, str; sa Rn 5; § 66 Rn 14).

4 **II) Das Zwischenurteil (§ 71 II). 1) Inhalt.** Das Zwischenurteil **lautet auf Zulassung oder Zurückweisung des Beitritts** u Tragung der Kosten des Zwischenstreits, § 91. Die Zustellung des Urteils erfolgt vAw, § 166 II. Aussetzung und Unterbrechung (§ 249) des Hauptverfahrens stehen Zwischenurteil nicht entgegen (OLG Frankfurt 13.12.2016 – 11 U 96/14). Zulässig ist auch eine Entscheidung über die (Nicht-)Zulassung des Beitritts im Endurteil (BGH NJW 82, 2070; BGH 14.4.2021 – IV ZA 7/20 Tz 5; KG NJW-RR 2010, 142; OLG Rostock 28.3.2019 – 3 U 76/17; OLG Hamm 28.1.2020 – 9 U 125/19; OLG Düsseldorf 20.7.2020 – 2 U 33/18; OLG Frankfurt 26.11.2020 – 26 Sch 14/20 Tz 44: für 1063 I), die bis zum Eintritt der Rechtskraft (s Rn 5) ebenfalls mit der sof Beschwerde anfechtbar ist (BGH VersR 85, 551; OLG Karlsruhe NJW-RR 2017, 91; OLG Karlsruhe NJW 2018, 1103; OLG München ZIP 2018, 2369; OLG Hamm 28.1.2020 – 9 U 125/19; sa die Fallgestaltung in BGH NJW-RR 2006, 644); ein Zwischenurteil ist auch im **sBV** möglich (LG München I 2.2.2017 – 11 OH 5865/13 Tz 28 ff; aA BGH NJW 2016, 1020: Beschluss).

5 **2) Anfechtung.** Die **Beschwerdefrist** beträgt 2 Wochen nach Urteilszustellung, § 569 I. **Beschwerdeberechtigt (II iVm § 567 I Nr 1)** ist bei Zurückweisung des Beitritts neben dem NI jedenfalls nach Streitverkündung (arg § 74 I, III, § 68) auch die unterstützte Hauptpartei (MK/Schultes Rn 10; ThP/Hüßtege Rn 7, str), bei Zulassung der Nebenintervention beide Hauptparteien, wenn die Zulassung nach vorausgegangener Streitverkündung (§§ 72, 74) erfolgte, nur der Gegner der unterstützten Partei. Gegen die Entscheidung des Beschwerdegerichts über die Nebenintervention ist die (zugelassene) Rechtsbeschwerde zum BGH gegeben (§ 574 I Nr 2; § 133 GVG); dagegen soll das als (Erst-)Entscheidung des LG im Berufungsverf u als Entscheidung des OLG ergangene Zwischenurteil nach hM unanfechtbar sein (BGH MDR 2013, 485; BGH NJW 2015, 2425 Tz 5; BGH 30.3. 2016 – IX ZB 4/16 Tz 1; BGH 14.4.2021 – IV ZA 7/20 Tz 5: Nichtzulassungsbeschwerde unzulässig; MskV/Ball § 574 Rn 2a; Toussaint FD-ZVR 2020, 432262, str; aA MK/Lipp § 574 Rn 19; Giesen MDR 2019, 1355 f, sieht über eine analoge Anwendung von §§ 567, 574 hinausreichenden Handlungsbedarf, um die Anfechtung „unechter Zwischenurteile" zu ermöglichen). Nach Klagerücknahme oder Rechtskraft des Endurteils ist keine Anfechtung der *Entscheidung über die Zulassung* des Beitritts mögl (BGH MDR 2015, 842; OLG Karlsruhe NJW-RR 2017, 91: für NI u Hauptpartei). Nach rechtskräftiger Zurückweisung der Nebenintervention ist Wiederholung bei neuem rechtl Interesse mögl (RGZ 23, 341).

3) Kosten des Zwischenstreits aus § 71. Diese hat bei *Zulassung* der Nebenintervention ohne Rücksicht auf den Ausgang des Prozesses die widersprechende Partei (MK/Schultes Rn 9 mN; Bischof MDR 99, 789; OLG Frankfurt/M NJW-RR 2025, 446, str; aA: § 101), bei *Zurückweisung* des Beitritts der NI zu tragen (BAG NJW 68, 73). In der Entscheidung über die Kosten des Zwischenstreits im Endurteil liegt eine stillschweigende Zulassung des Beitritts (BGH NJW 63, 2027; Anfechtung gem vor § 511 Rn 29). Für die Entscheidung über die **Nebeninterventionskosten** im **Endurteil** (§ 101) gilt **II** nicht (RGZ 19, 413; OLG Nürnberg MDR 94, 834; aber nach OLG Karlsruhe NJW 2018, 1103: sofortige Beschwerde gem § 99 II analog [bei nicht rechtskräftigem Zwischenurteil]). Durch die Streitverkündung entstandene Kosten: s § 91 Rn 13.95; zur fehlenden Kostenregelung im **Vergleich** s § 91a Rn 58.49 u 58.43. 6

4) Streitwert. Er bemisst sich grds nach dem *eigenen* Interesse des Streithelfers, auch wenn er die gleichen Anträge wie die unterstützte Partei stellt (OLG München AnwBl 85, 646, str; aA OLG München NJW-RR 98, 420; iE s § 3 Rn 16.121). 7

III) Prozessbeteiligung des Nebenintervenienten (§ 71 III). Sie ist eine Ausprägung des Anspruchs auf rechtl Gehör (Art 103 I GG, s; s § 67 Rn 2). Der NI kann verlangen, dass ihm alle Schriftsätze, Terminsbekanntmachungen und Ladungen zugestellt werden (BGH NJW 2009, 2679, 2680; BAG MDR 88, 346; OLG Düsseldorf 20.7. 2020 – 2 U 33/18; s § 67 Rn 2). Zum Akteneinsichtsrecht (§ 299 I, II) s § 67 Rn 2. Bei Missbrauch ist Gesuch erst mit Entscheidung über Zulässigkeit der NI zu bescheiden (OLG Frankfurt GRUR-RS 2022, 41505 Tz 2). Ist der NI nicht oder nicht richtig geladen (BAG NZA 2018, 809, 810: § 547 Nr 4 gilt analog), können die erschienenen Parteien nicht verhandeln; es kann gegen die vom NI unterstützte nicht erschienene Partei kein VU ergehen, auch wenn sie ordnungsgemäß geladen ist. **Gleiches gilt**, wenn im Termin die unterstützte Partei ausbleibt, der NI aber für sie auftritt. Nicht erforderl ist die Zustellung des im Prozess zwischen den Parteien ergehenden Urteils an den NI; es ist ihm aber formlos mitzuteilen (s § 67 Rn 5; § 317 Rn 1); Ausnahme im Falle des § 69 (s § 69 Rn 6). Solange der NI **nicht** rechtskräftig (s Rn 5) **zurückgewiesen** ist, hat er die Stellung und Befugnisse eines NI (s § 66 Rn 17; § 67 Rn 2) und kann noch wirksam Prozesshandlungen vornehmen (BGH NJW 2006, 773; BGH NJW-RR 2020, 942 Tz 10 f; BGH 24.11.2022 – V ZB 29/22 Tz 5 f; BGH 9.2.2024 – V ZR 33/23 Tz 5). Bsp: Rechtsmitteleinlegung gegen das Urteil zugleich mit sof Beschwerde gegen die Zurückweisung gem **II** (BGH NJW-RR 2006, 644; sa Rn 4). Im Fall der **rechtskräftigen Zurückweisung** des Beitritts des NI bleiben die bis zu diesem Zeitpunkt von ihm vorgenommenen Prozesshandlungen wirksam (BGH MDR 2013, 858 Tz 19; BGH MDR 2019, 1069 Tz 53; BGH NJW-RR 2020, 942 Tz 10 f: Berufungseinlegung; ebenso BGH 24.11.2022 – V ZB 29/22 Tz 6). Sie werden auch ohne deren Genehmigung der Hauptpartei zugerechnet, sofern die Prozesshandlungsvoraussetzungen vorlagen (aA Schumann ZZP 133 [2020], 401, 413, 418: genereller Vertrauensschutz für Hauptpartei). Der Zurückweisung kommt somit – mit dieser Einschränkung – keine Rückwirkung zu (BGH NJW-RR 2020, 942 Tz 10 f). Für erst nach der Entscheidung gem § 71 III bei Gericht eingegangene Erklärungen des NI gilt § 130 II BGB (Schumann ZZP 133 [2020], 401, 410). Wurde der NI entgegen der Vorschrift **nicht zugezogen**, darf ein Urteil zu Ungunsten der von ihm unterstützten Partei nicht ergehen (Behelf dagegen: s § 321a Rn 6 [b]); die Gehörsverletzung bleibt dagegen unbeachtlich, soweit die Entscheidung dem Antrag der Hauptpartei entspricht (OGHZ 1, 253). Die Frist nach § 320 II (Tatbestandsberichtigung) beginnt für den NI mit Zustellung des vollständigen Urteils an eine der Parteien, nicht erst mit Zustellung an den NI (BGH LM § 320 Nr 5; sa § 67 Rn 7). 8

Ist der Beitritt in der *unteren* Instanz erklärt, ist der NI auch in der *höheren* beizuziehen; einer Wiederholung des Beitritts für jede Instanz bedarf es nicht (s § 66 Rn 17). **Ausnahme:** Rechtsbeschw in Musterverf gem § 23 IV KapMuG 2024 analog (s bereits BGH MDR 2017, 1439). 9

IV) Gebühren. 1) Gericht: keine für das Zwischenurteil; Beschwerdeverf: 108 Euro nach 1810 GKG-KV; Ermäßigung: 1811 GKG-KV; Rechtsbeschwerde: 216 Euro nach 1823 GKG-KV; Ermäßigung: 1824 GKG-KV. – **2) RA:** gehört zum Rechtszug, § 19 I 2 Nr 3 RVG. Der ProzBev des NI erhält die Geb nach Vorbem 3 II, III RVG-VV; 3100 ff RVG-VV. Beschwerde: 0,5 nach 3500 RVG-VV. Rechtsbeschwerde: 1,0 nach 3502 RVG-VV. 10

§ 72 Zulässigkeit der Streitverkündung

(1) Eine Partei, die für den Fall des ihr ungünstigen Ausganges des Rechtsstreits einen Anspruch auf Gewährleistung oder Schadloshaltung gegen einen Dritten erheben zu können glaubt oder den Anspruch eines Dritten besorgt, kann bis zur rechtskräftigen Entscheidung des Rechtsstreits dem Dritten gerichtlich den Streit verkünden.

(2) [1]Das Gericht und ein vom Gericht ernannter Sachverständiger sind nicht Dritter im Sinne dieser Vorschrift. [2]§ 73 Satz 2 ist nicht anzuwenden.

(3) Der Dritte ist zu einer weiteren Streitverkündung berechtigt.

I) Allgemeines. 1) Bedeutung der Streitverkündung. Lit: Ahrens FS Prütting, 2018, S 181 (Kartellschadensersatzprozess); Clasen NJW-Spezial 2021, 236 (Rspr-Übersicht); Giesen NJW 2017, 3691 (KapMuG-Verf); 1

Ghassemi-Tabar/Eckner MDR 2012, 1136 (Rspr-Überblick); Günther/Achleitner WuW 2025, 17 (*Passing-on-Defence* bei §§ 33a, 33c GWB); Klose MDR 2022, 742; Kocher/v. Falkenhausen AG 2016, 848 (Organhaftungsprozesse); Müller/Behnke NJW 2023, 2080 (Streitverkündung zwischen Streitgenossen); Kraft GWR 2016, 47 (Spruchverfahren); Thora NJW 2019, 3624 (Haftungsfragen); Wintermeier JA 2016, 528; Wust NJW 2017, 2886 (sBV); Zeyns NZI 2024, 751 (Streitverkündung u Verf nach §§ 174 ff InsO). – **a) Begriff und Abgrenzung. Streitverkündung** (Prozesshandlung; Folgen: s § 73 Rn 2) **ist die Benachrichtigung** eines am Prozess **nicht beteiligten Dritten** vom Schweben des Prozesses, um ihm die Möglichkeit der Prozessbeteiligung zu geben (§ 74 I, § 67) und sich selbst den nachfolgenden Rückgriffprozess gegen den Dritten wegen § 68 zu erleichtern. **Dritter** (Streitverkündungsempfänger, Streitverkündeter) kann auch der Streitgenosse des Verkünders oder des Gegners (BAGE 72, 98; OLG Hamm NJW-RR 1996, 969; OLG Frankfurt/M 18.3.2024 – 21 W 13/24 Tz 11 f, 15: Streitverkündung zwischen Gesamtschuldnern; s § 66 Rn 6) und der ProzBev des Gegners sein (BGH MDR 2011, 504 Tz 9 ff); **keine Dritten** sind die **Parteien** selbst (s § 66 Rn 5; Sonderfall: OLG Dresden 7.1.2021 – 6 W 832/20 Tz 20: Streithelfer des Klägers erklärt Beklagtem den Streit; krit dazu Pohl IBR 2021, 223; Streitverkündung zwischen Streitgenossen bleibt jedoch möglich, sa OLG Frankfurt/M 18.3.2024 – 21 W 13/24 Tz 11, 14 f; OLG Stuttgart NJW-RR 2024, 1019 u § 66 Rn 5 f; Clasen NJW-Spezial 2021, 236; Müller/Behnke NJW 2023, 2080; Sacher BauR 2024, 284, 286; zum Wegfall der Parteistellung s BAG NZA 2018, 809 Tz 5) und ihre ges Vertreter (s § 66 Rn 7), ferner alle, die am Rechtsstreit bereits in einer mit Streithilfe unvereinbaren Funktion beteiligt sind (vgl **II 1**), also befasste Richter (s § 41 Rn 4, 5), auf Seiten des Gerichts stehende neutrale Amtsträger, namentl *gerichtl bestellte Sachverständige* (s Rn 7 aE, § 406 I 1, § 410 I 2); durch das 2. JuMoG ist mit **II 1** die bereits frühere hM in Rspr u Lit klargestellt worden (BGH NJW 2011, 1078 Tz 11; OLG Köln MDR 2015, 1321 Tz 2; sa Kaiser NJW 2007, 123). Eine Erweiterung des Personenkreises der Nicht-Dritten über **II 1** hinaus iW der Analogie ist (restriktiv auch BGH NJW 2011, 1078 Tz 12; OLG Köln MDR 2015, 1321 Tz 2 zu II 2) entgegen OLGR Frankfurt 2008, 244 zu verneinen für den sachverständigen Zeugen (keine Geltung von § 406: s § 414 Rn 1), nach der Rspr des BGH auch für den eigenen ProzBev des Streitverkünders (BGH NJW 2011, 1078 Tz 14 mN; uU fehlt aber rechtl Interesse am Beitritt: s § 66 Rn 10). Eine Streitverkündung ggü einem Nicht-Dritten iSv **II 1** ist im Rechtssinn nicht mögl; zur prozessualen Behandlung einer „nicht statthaften" Streitverkündung s Rn 1a. Der Streitverkündete ist nicht verpflichtet beizutreten; unterlässt er es aber, wird er gem § 74 II, III iVm § 68 in dem späteren Prozess mit allen Ausführungen tatsächl und rechtl Art nicht mehr gehört, die im Vorprozess geltend gemacht hätten werden können (RGZ 45, 354; iE s § 68 Rn 8 ff, 11 f). – **b) Zweck.** Das Institut der Streitverkündung dient **im Interesse des Streitverkünders** dazu, diesem durch die im Folge-(Regress-)Prozess eintretende Bindungswirkung das Risiko eines doppelten Prozessverlustes in den Fällen abzunehmen, in denen er wegen der mat-rechtl Abhängigkeit der im Erst- und Folgeprozess geltend gemachten Ansprüche jedenfalls in *einem* Prozess obsiegen muss (BGH NJW 2012, 928 Tz 73; BGH NJW-RR 2012, 674 Tz 12; BGH MDR 2015, 667 Tz 22, 23). Der **Zweck** besteht also darin, im Verhältnis zu einem Dritten die Streitverkündungs-(Interventions-)Wirkung (§ 74 III, § 68) herbeizuführen. Zur **isolierten Drittwiderklage** als (möglicher) Alternative Boldt BauR 2013, 287 f; Pfuhl NJOZ 2015, 521; Dauner-Lieb FS Schilken, 2015, S 223; sa BGH 11.10.2018 – I ZR 114/17. Zur **Pflicht** des pfändenden Gl zur Streitverkündung s § 841. Die Streitverkündung bedeutet keine Inanspruchnahme auf Schadensersatz iSv Ziffer 1.1 AHB (OLG Nürnberg 9.8.2021 – 8 U 1012/21 Tz 20). – **c) Anwendungsbereich:** s Rn 3. – **d) Ausschluss der** Streitverkündung durch (Prozess-)Vertrag ist mögl, dgl **Beschränkung** ihrer Zulässigkeit auf das Verf vor einem bestimmten Gericht (näher Mansel ZZP 109 [1996], 61 ff mwN). Eine „Derogation" der Streitverkündung liegt iZw in der Vereinbarung einer ausschließl Zuständigkeit (s § 38 Rn 2, 18) im Verhältnis der Streitverkündungsbeteiligten (Mansel aaO S 68 ff). **Rechtsfolgen abredewidriger Streitverkündung:** Nichteintritt der Interventionswirkung (sa § 68 Rn 14). – **e)** Wegen der **mat-rechtl Folgen** der (zulässigen) Streitverkündung s § 74 Rn 8.

1a **2) Prüfung der Zulässigkeit der Streitverkündung.** Diese (s Rn 3 ff) erfolgt idR (aber s Rn 2) nicht im Hauptverf, sondern im Folgeprozess (BGHZ 100, 259; BGHZ 160, 263; BGH NJW 2011, 1078 Tz 7; LG Hanau 16.1.2024 – 1 O 570/23 Tz 5 f, 10, stRspr, hM; s § 73 Rn 1; § 74 Rn 3 u 5; zT abw Bischof MDR 99, 787 f); allerdings können im Fall eines Beitritts Heilungs- (§ 295) und Bindungswirkungen (vgl § 71 II) zu beachten sein (s § 73 Rn 2). **Verfahrensrechtl Besonderheit nach II 2:** Fehlt es an einer Streitverkündung im Rechtssinn (s Rn 1 [a], ist die unstatthafte Verkündung **ohne Zustellung (s II 2)** im Ausgangsverf **vAw zurückzuweisen** (BGH MDR 2007, 733; OLG Dresden 7.1.2021 – 6 W 832/20 Tz 20; LG Hanau 16.1.2024 – 1 O 570/23 Tz 5 f, 10: Streitverkündung des Nebenintervenienten gegenüber Beklagten; OLG Köln MDR 2015, 1321 Tz 2: nicht analogiefähig für ges Vertreter; krit Kaiser NJW 2015, 3318; die Frage der Analogiefähigkeit offen lassend OLG Frankfurt NJOZ 2017, 189 Tz 10 zu §§ 127 ff GNotKG: allenfalls bei Rechtsmissbrauch, s hierzu bejahend OLG Braunschweig NJOZ 2019, 1139 bei mittelbarer Beeinflussung von Sachverständigen; VGH München 7.11.2023 – 22 A 22.40045 Tz 7: zum Vorrang der Beiladung nach § 65 VwGO). Ist gleichwohl zugestellt worden, werden dadurch keine Wirkungen einer Streitverkündung (§ 74 II, III; § 204 I Nr 6 BGB) ausgelöst; der Streitverkündete kann gegen seine *Hereinziehung in den Prozess* mit der sof Beschwerde vorgehen (vgl BGH NJW 2007, 919), ohne sich der Gefahr der Befangenheitsablehnung als SV auszusetzen (s § 406 Rn 9). Nach BGH MDR 2017, 1439 ist II 2 bei einem nicht interventionsfähigem **KapMuG-Verf** entspr anwendbar (sa Rn 3 u § 66 Rn 13c).

3) Internationaler Rechtsstreit. In Deutschland kann jede Person, die ihren Wohnsitz in einem anderen EU-Mitgliedstaat hat, aufgefordert werden, nach den Vorschriften über die Streitverkündung einem inl Verf beizutreten (Art 65 I 2 Brüssel Ia-VO, s § 68 Rn 2; s zur Bedeutung des Beitritts für die Anwendung von Artt 2, 3 VO (EU) Nr 861/2007 EuGH 22.11.2018 – C-627/17; sa § 67 Rn 10). Im Anwendungsbereich der Brüssel Ia-VO folgt das Zustellungserfordernis (s § 73 Rn 1) schon daraus, dass die Streitverkündung die (ausl) Gewährleistungsklage (vgl Art 8 Nr 2 Brüssel Ia-VO) ersetzt (Art 65 I aaO [s § 68 Rn 2]). Findet der Regress-(Folge-) Prozess im Ausland statt, sind bei einem schutzwürdigen Interesse des Streitverkündeten die Voraussetzungen der Zulässigkeit der Streitverkündung (entgegen § 74 II, entspr § 71) bereits im (inländischen) Hauptprozess zu prüfen (v. Hoffmann/Hau RIW 97, 92 ff, str; einschr – im Einzelfall aA OLG Köln RIW 2003, 73; kritisch Geimer MDR 2016, 928, 930: keine Bindungswirkung mangels Sachentscheidung; sa Hau Art 65 Brüssel Ia-VO Rn 1, 2); s zur Bindung chinesischer Gerichte durch Streitverkündung in Deutschland Hansmeyer IPRax 2015, 173 f; zur Wirkung einer in Liechtenstein (Drittstaat) erfolgten Streitverkündung für Österreich (Mitgliedstaat) König FS Roth, 2021, S 763. 2

II) Voraussetzungen der Streitverkündung. 1) Verfahrensart. Die Streitverkündung ist in einem **anhängigen Rechtsstreit** bis zu seiner rechtskräftigen Entscheidung **zulässig** (s Überschrift vor § 64: „am Rechtsstreit"; wie § 66 Rn 4, 15-18), also auch in der Rechtsmittelinstanz, insb auch im Verf der NZB (BGH MDR 2010, 323, 325), u selbst dann trotz § 68 Rn 12 nicht notw nutzlos (s nur § 204 I Nr 6 BGB; eingeh Grunsky FS Schwerdtner, 2003, S 686 ff; BGH MDR 2010, 323, 325). Nicht erledigte Kostenentscheidung genügt nicht (OLG Stuttgart NJW-RR 2024, 1019). **Anwendungsbereich: Arrest und einstw Verfügung** (s § 66 Rn 2), **Mahnverf** (Seggewiße NJW 2006, 3037; sa § 66 Rn 2), **sBV** (s § 66 Rn 2), ferner wie § 66 (s § 66 Rn 3); Verf nach **§§ 127 ff GNotKG** (OLG Frankfurt NJOZ 2017, 189); § 72 gilt **nicht** entspr im Grundbuchverf (BayObLG Rpfleger 80, 153), ebenso wenig im **Spruchverf** wegen §§ 1, 13 S 2 SpruchG (Kraft GWR 2016, 47, 49 mit Blick auf § 198 I GVG); im **FamFG** gilt § 72 aber entspr für „echte Streitverfahren"; nicht anwendbar ist § 72 im **KapMuG-Verf** (BGH MDR 2017, 1439 Tz 22 f; aA Giesen NJW 2017, 3691: wünschenswert zur Vermeidung von Streitverdoppelungen); § 610 aF schloss die Streitverkündung im **Musterverf** gegenüber Verbrauchern aus (sa § 66 Rn 13c); Gleiches gilt nunmehr für Verbandsabhilfeklagen und MFK nach §§ 14, 41 VDuG (s § 13 II VDuG; BTDrs 20/6520, 76); möglich ist die Streitverkündung jedoch auf Beklagtenseite gegenüber Zulieferern aus Regressgründen (Waßmuth/Asmus ZIP 2018, 657, 663); unzulässig ist die Streitverkündung des Prozessgegners der Insolvenzmasse ggü dem **InsVerwalter** (AG Dortmund ZInsO 2018, 2705; s § 66 Rn 7); **rechtswegüberschreitend** ist sie grds denkbar (str, s § 68 Rn 10 [ii]). 3

2) Verhältnis zum Dritten. a) Allgemeines. Die Partei muss gegen den **Dritten** (Begriff und Abgrenzung: s Rn 1 [a]) im Fall eines ihr **ungünstigen Ausgangs** des Rechtsstreits einen zum eingeklagten Anspruch in einem bestimmten Abhängigkeitsverhältnis stehenden Anspruch (s Rn 5) erheben können, oder es muss ihr ein Anspruch des Dritten drohen (s Rn 9). Ungünstiger Ausgang des Rechtsstreits meint das **Unterliegen** in der Sache iSd Ergehens einer ungünstigen rechtskraftfähigen Sachentscheidung; ein Misserfolg in der ZwV genügt nicht (WSch/Mansel Rn 65; teilw aA Lüke aaO [s vor § 64] S 320 f; sa Rn 8 [subsidiäre Haftung]). Die Streitverkündung ist unzulässig für den Fall des **günstigen** Prozessausgangs (OLG Düsseldorf NJW-RR 95, 1122), jedoch schadet es im Fall der Abwehr-Streitverkündung (s Rn 9) nicht, dass der Anspruch *auch* bei günstigem Ausgang des Vorprozesses droht, denn auch dann besteht für den Streitverkünder die *Gefahr* des doppelten Prozessverlusts iSv Rn 1 (iE BGH WM 97, 1757; WSch/Mansel Rn 42). – **b) Subj Sicht des Streitverkünders.** Für die Wirksamkeit der Streitverkündung ist allein die **berechtigte Annahme** des Streitverkünders ausschlaggebend, bei ungünstigem Ausgang des Rechtsstreits die erwähnten Ansprüche zu haben oder befürchten zu müssen (BGHZ 36, 214; BGHZ 65, 131; BGH VersR 2006, 533, 534; OLG Schleswig 9.2.2018 – 14 U 16/16); die Anforderungen an die Prognose des Streitverkünders dürfen nicht überspannt werden (BGHZ 179, 361 Tz 37). Unerheblich ist, ob der Drittanspruch (s Rn 5) wirkl besteht und welchen tatsächl Ausgang der Rechtsstreit nimmt (BGHZ 65, 131; BGH VersR 62, 952); dgl, ob der zur Zeit der Streitverkündung angenommene Anspruch später überh geltend gemacht wird (BGHZ 65, 132; BGHZ 116, 101 [s Rn 1]). 4

3) Streitverkündung zur Sicherung von Ansprüchen gegen Dritte. a) Erweiternde Auslegung von I. Art des Drittanspruchs. Die in **I** genannten Ansprüche *„auf Gewährleistung oder Schadloshaltung"* sind nicht als abschließende Aufzählung, sondern nur als beispielhafte Umschreibung zu verstehen. Nach allg Meinung ist der Wortlaut von **I** zu eng (BGHZ 116, 100 u 101: weite Auslegung geboten; ebenso KG NJW 2017, 3530, 3535 Tz 58: beschr Interventionswirkung bei nur teilw identischen Vertragsinhalten ausreichend; krit Kandel NZBau 2018, 92, 94), Gleichheit des wirtschaftl Ziels (Interesses iwS) der Ansprüche genügt (BGHZ 179, 361 = NJW 2009, 1488, 1490 Tz 36). Wesentl ist, dass der Drittanspruch, dessentwegen die Streitverkündung erfolgt, mit dem im Erstprozess (vom Streitverkünder) geltend gemachten Anspruch in einem Verhältnis der wechselseitigen Ausschließung (*Alternativverhältnis*) steht (iE BGH NJW 2015, 559 Tz 15; OLG Köln NJW-RR 91, 1535; Wintermeier JA 2016, 528; eingeh s Rn 8). Für das Verhältnis zwischen Partei und Dritten kommen damit iE folgende **Ansprüche** in Frage: Gewährleistungsansprüche (s Rn 6), Regressansprüche und Ansprüche auf Schadloshaltung (s Rn 7) und sonstige Ansprüche aus (rechtl) Alternativverhältnissen (s Rn 8); gleichsteht eine drohende **Verpflichtung** ggü dem Dritten (s Rn 9). 5

6 **b) Ansprüche auf Gewährleistung** wegen Sach- und Rechtsmängeln: §§ 434, 435, 437, 441 (BGH NJW 2009, 1488, 1489), §§ 453; 523; 365 (Leistung an Erfüllungs statt); §§ 536, 536a, 581; §§ 633, 634; § 651m; §§ 2182, 2376 BGB; §§ 377, 378 HGB. Gleichgültig ist, ob der den Streitverkündungsgrund bildende Gewährleistungsanspruch im Folgeprozess klagew geltend gemacht oder einredew abgewehrt werden soll (BGH NJW 2009, 1488, 1489 Tz 23). Bsp (sa § 68 Rn 10 [ff]): Wird eine Sache von A an B und von diesem weiter an C verkauft („Lieferkette", s § 478 III BGB) und wendet der auf Zahlung des Kaufpreises verklagte B kaufrechtl Gewährleistungsansprüche ein (vgl § 438 IV BGB), kann er für den Fall der Verurteilung zur Abwehr entspr Ansprüche des C diesem den Streit verkünden (s Rn 9). Klagt zunächst B gegen C, der Mängelansprüche einwendet, kann B dem A den Streit verkünden, wenn er ihm ggü im Folgeprozess Gewährleistungsansprüche geltend machen will (**I** Alt 1). Weiteres Bsp: „Weitergabe" der Mietminderung bei nacheinandergeschalteten Mietverhältnissen (Fallgestaltung in BGH NJW 2009, 1488, 1489); zu Freistellungsansprüchen beim Unternehmenskauf ausf Hilgardt BB 2016, 1218.

7 **c) Regressansprüche**, also Ansprüche des Streitverkünders gegen den Verkündeten auf Ersatz des Schadens, den der Prozessverlust für den Verkünder zur Folge hat; zB Rückgriffsansprüche des verurteilten Bürgen gegen den Hauptschuldner, § 774 BGB, des Beauftragten (Geschäftsführers) gegen den Auftraggeber (Geschäftsherrn; §§ 670, 677, 683 BGB), des Hauptunternehmers gegen seinen Subunternehmer (§ 634 BGB; Bsp: BGH MDR 2014, 296; Segger NZBau 2017, 397); des Verkäufers gegen seinen Lieferanten (§§ 445a, 445b, 478 BGB); des versicherten Schädigers gegen den Versicherer (s Koch AnwBl 88, 99), des öffentl Dienstherrn gegen den Beamten (Art 34 S 2, 3 GG); des wegen nicht rechtzeitiger Unterbrechung der Verjährung unterliegenden Mandanten gegen den RA (Gehrlein ZInsO 2018, 762); Ersatzansprüche des Versenders gegen den Spediteur oder Lagerhalter wegen Verlustes, Minderung, Beschädigung oder verspäteter Lieferung des Gutes, §§ 414, 424, 439 HGB; der Ausgleichsanspruch des Gesamtschuldners nach § 426 (BGH MDR 2015, 667 Tz 25). **Ansprüche auf Schadloshaltung** (Bsp s bei BGH VersR 74, 1028) umfassen außer den Fällen, in denen die Partei selbst einen Schadensersatz- oder Regressanspruch gegen den Dritten in Anspruch nimmt, auch auf einem selbständigen Grund beruhende alternative Erfüllungsansprüche (s Rn 9; vgl OLG Köln NJW-RR 91, 1535). **Abgrenzung.** Ansprüche gegen gerichtl SV gem § 839a BGB scheiden schon wegen **II 1** (s Rn 1 [a]) als taugl Regressansprüche aus (vgl ferner BGH MDR 2011, 504 Tz 11; OLG Braunschweig NJOZ 2019, 1139 Tz 30: Streitverkündung kein Rechtsbehelf iSv § 839 III BGB; Kaiser NJW 2007, 124); untauglich ist auch ein Anspruch wegen überlanger Verfahrensdauer (§ 198 I GVG), da dieser unabhängig vom Ausgang des Vorprozesses ist (Kraft GWR 2016, 47, 49).

8 **d)** Erfasst sind in Erweiterung des Wortlauts von **I** (s Rn 5) auch **Ansprüche aus Alternativverhältnissen**, also Ansprüche des Streitverkünders gegen Dritte, die *alternativ* statt des zuerst Verklagten als Sch der eingeklagten Leistung oder von Schadensersatz in Betracht kommen (BGHZ 85, 254 f; BGH NJW 2015, 559 Tz 15; Häsemeyer ZZP 84 [1971], 188; Smid NZI 2013, 817, 821: „leugnender Anfechtungsprozess des InsVerwalter"). **Bsp:** Streitverkündung ggü dem Baubetreuer durch den Bauherrn im Prozess gegen den Bauunternehmer wegen behaupteter Baumängel (BGH NJW 78, 643 [teilw krit Häsemeyer NJW 78, 1165]); Auftraggeber u mehrere Baubeteiligte (Architekt, Estrichleger und Fliesenleger, s OLG Düsseldorf 29.10.2021 – 22 U 33/21 u § 68 Rn 10); ggü der alternativ in Frage kommenden Vertragspartei (BGHZ 85, 254 f); zB bei Vertragsübernahme (BGH NJW 2010, 3576) oder Betriebsübergang (§ 613a BGB); Mieter/Vermieter wegen Werklohns (vgl OLG Bamberg OLGZ 79, 209); Vertretener [§ 164 I BGB]/Vertreter [§ 164 II, § 179 BGB] (s BGH NJW 82, 282; OLG Köln NJW-RR 92, 120; zur Reihenfolge Klage/Streitverkündung: BGH NJW-RR 2005, 1585); Bauherr/Baubetreuer im Verhältnis zum klagenden Subunternehmer (OLG Schleswig bei Deubner JuS 2001, 270; s § 68 Rn 10 [dd]); streupflichtige Ortsgemeinde (BGH MDR 86, 127). Besteht dagegen von vornherein nur eine *kumulative Haftung* von Partei und Dritten und scheidet auch eine wenigstens teilw alternative Schuldnerschaft aus, ist § 72 nicht anwendbar (BGHZ 65, 131). **Bsp:** Mehrere haften als Gesamtschuldner (BGH NJW 2008, 519, 520; BGH NJW 2015, 559 Tz 15; BGH MDR 2015, 667 Tz 25); Haftung von Kasko-Versicherer u Schädiger (OLGR Saarbrücken 2005, 371, 372). Haften die Gesamtschuldner aber nicht im gleichen Umfang, ist insoweit Alternativität zu bejahen (BGH NJW 78, 643). Die alternativ in Betracht kommenden Ansprüche müssen nicht auf ders Rechtsgrundlage beruhen oder ihrem sonstigen Inhalt und Umfang nach identisch sein (BGHZ 65, 132; St/Jacoby Rn 11 Fn 29). Eine nur **tatsächl** („natürl") Alternativität (entweder ist A oder B der Sch) **genügt**, „rechtl" Alternativität ist nicht erforderlich (BGH NJW 2015, 559 Tz 16, stRspr, str). – An einem Fall (echter) **Alternativität fehlt** es dann, wenn (zunächst nur) ein *Primärschuldner* (wie der „andere" in den Fällen der § 839 I 2 BGB, § 19 I 2 BNotO) haftet und ein Zweitschuldner nur *subsidiär* in Anspruch genommen werden kann (BGH MDR 2008, 281 Tz 17; ausf zur Notarshaftung Schäfer NotBZ 2016, 211 f; für Sonderfall abw BGH NJW 89, 522); da immerhin ein *gleichzeitiges* Vorgehen gegen die beiden Sch ausscheidet (s § 60 Rn 5 aE, 10 aE), ist der Gl bei Klage gegen den primär Haftenden ebenso schutzwürdig wie bei Alternativität (so BGH NJW 2008, 519 Tz 19; BGH NJW 2019, 1953, 1955, str; aA Eibner JurBüro 88, 159; unterscheidend WSch/Mansel Rn 65). Bei Erstprozess gegen den subsidiär Haftenden scheidet dagegen eine zulässige Streitverkündung ggü dem Primärschuldner aus (BGH NJW 2008, 519 Tz 17). Bei **Parallelität** der Haftung ist dagegen eine Streitverkündung unzulässig (OLG Schleswig 9.2.2018 – 14 U 16/16: mangelfreie Lieferung eines Hauses und mangelfreie Begutachtung). Ebenso wenig kommt im Verhältnis des Gl zum Bürgen eine Streitverkündung in Frage: Bei selbst-

schuldnerischer Bürgschaft ist gemeinsame Klage mögl (s § 60 Rn 5), bei Einrede der Vorausklage (§ 771 BGB) haftet nach Klageabweisung auch der Bürge nicht (§ 768 I 1 BGB; s § 325 Rn 6), für den Fall der Verurteilung des Hauptschuldners scheidet aber Streitverkündung aus (§ 72 I, s Rn 4). S iÜ **Formulierungsvorschlag:** Vorwerk/Freyberger, PFB, M 19.12.

4) Streitverkündung zur Abwehr drohender Drittansprüche (§ 72 I Hs 2). Der Fall der **Besorgung des Anspruchs eines Dritten** liegt vor bei Drohen einer (eigenen) Schadensersatzpflicht der Partei; das trifft immer dann zu, wenn die Partei den Prozess über ein fremdes Recht führt, gleichviel ob in eigenem Interesse (Pfandgläubiger, Überweisungsgläubiger) oder in fremdem Interesse (BGHZ 116, 100 [s Rn 5]); hierher gehören zur Drittschadensliquidation berechtigte Parteien (BGHZ 116, 102, wie Kommissionär, Spediteur, Frachtführer (BGH aaO) und Lagerhalter, ferner die Fälle der drohenden (eigenen) Gewährleistungshaftung in Vertragsketten (m Bsp s Rn 6) sowie der §§ 75, 76 (Regenfus JA 2017, 161, 162: Gläubigeralternativität; teilw abw Göbel BauR 2004, 1533 für „umgekehrte" Vertragsketten im Baumängelprozess). Weiteres Bsp: Bei einem Kartelldelikt klagt von mehreren alternativ Geschädigten (Abnehmer verschiedener Marktstufen) nur einer aus § 33a GWB; der Bekl verkündet den nicht klagenden Geschädigten den Streit (vgl BGHZ 190, 145 Tz 73 = NJW-RR 2012, 928 u dazu Lübbig/Mallmann WRP 2012, 166, 170 ff; s Hoffmann NZKart 2016, 9, 10 f zur Umsetzung von **Art 15 Kartellschadensersatz-RL:** Vermeidung widersprechender Entscheidungen beim Einwand der Schadensabwälzung; s dazu § 33c GWB). Vergleichbares gilt im Fall mehrerer Anfechtungsgläubiger (BGH NZI 2016, 307 f; Regenfus JA 2017, 161, 162). Ob das Institut der Streitverkündung aber hierzu das Mittel erster Wahl sein sollte, ist zweifelhaft. 9

III) Weitere Streitverkündung (§ 72 III). Das Recht des Dritten zur weiteren Streitverkündung ist unabhängig davon, ob er dem Prozess beigetreten ist (BGH WM 1997, 1757 f), so etwa im Fall des mehrstufigen Warenabsatzes mit Käuferregress (s Cuypers MDR 2004, 316). Weitere Bsp: werkvertragl Leistungsketten im Bauvertragsrecht (Segger NZBau 2017, 397; näher Sacher BauR 2024, 385, 389 f); Regressketten im Mietrecht (s Regenfus NZM 2010, 226). Die weitere Streitverkündung erfolgt aus **eigenem** Interesse des Verkünders (Regenfus NZM 2010, 226, 227, str, nicht dem der Hauptpartei des Vorprozesses), die Streitverkündungswirkungen gem **III** treten zwischen Weiterverkünder und Dritten (Empfänger der weiteren Streitverkündung) ein (BGH WM 1997, 1757 f mN, str). Stand es einer Partei frei, im Wege weiterer Streitverkündung **(III)** einen Dritten an die Entscheidung auch in einem nachfolgenden Rechtsstreit gem § 74 zu binden und machte sie von diesem Recht keinen Gebrauch, besteht idR keine Notwendigkeit, ihr auf mat-rechtl Weg (unzulässige Rechtsausübung) zum gleichen Ergebnis zu verhelfen (BGH LM § 242 BGB [D] Nr 9; sa § 74 Rn 7). Auch nach § 72 III kann Streitverkündung **nur gegenüber Dritten** erklärt werden (nicht: Partei bzw Personen nach § 72 II, OLG Frankfurt/M 18.3.2024 – 21 W 13/24 Tz 11 f; s näher Rn 1, 4). 10

IV) Doppelte Streitverkündung. Liegen die Voraussetzungen der Streitverkündung (s Rn 3 ff) im Verhältnis einer jeden Partei des Vorprozesses zu dem Dritten vor (Bsp: Der Kl des Vorprozesses möchte bei Klageabweisung den Dritten gem § 179 BGB in Anspruch nehmen, der Bekl bei Verurteilung wegen schuldhafter Überschreitung des Auftragsverhältnisses gem §§ 276, 662, 675 BGB), so kann **jede Partei** dem Dritten den Streit verkünden (sa Schäfer NotBZ 2016, 211 f; aA Werres NJW 84, 210); der Dritte kann hier allerdings stets nur *einer* Partei beitreten. War der Streitverkündete der (später) *obsiegenden* Partei beigetreten, ist bei der Bestimmung der Interventionswirkung im Folgeprozess der unterlegenen Partei der eingeschränkte Umfang gem § 68 Hs 2 iVm § 67 zu beachten (offen lassend OLG Dresden MDR 2020, 950). Ist der Streitverkündete dagegen der (später) unterlegenen Partei beigetreten, ergeben sich keine Besonderheiten. Das Gleiche gilt, wenn der Streitverkündete überhaupt keiner Partei beigetreten ist; dann ist die Streitverkündung der (später) obsiegenden Partei belanglos (s Eibner Möglichkeiten und Grenzen der Streitverkündung, 1986, S 107 ff). 11

V) Kosten. 1) Gericht: Auch Zustellungen an Streitverkündete fallen unter die Auslagenfreiheit nach der Anm zu 9002 GKG-KV (OLG Stuttgart RVGreport 2019, 308; OLG Hamburg AGS 2016, 518). – **2) Gebühren des RA:** Die Streitverkündung wird mit der VerfGeb (3100 RVG-VV) abgegolten (§ 19 I 2 Nr 1b RVG). Erfasst wird nicht nur die Einreichung der Streitverkündungsschrift, sondern die gesamte mit der Streitverkündung zusammenhängende Tätigkeit (hierzu Mayer NJW 2021, 345 Rn 6: unbefriedigende Regelung), aber auch nur diese, weshalb weitere Tätigkeiten im Rahmen der Streitverkündung, zB bei einer umfassenden Einigung, gesondert zu vergüten sind. 12

§ 73 Form der Streitverkündung

Zum Zwecke der Streitverkündung hat die Partei einen Schriftsatz einzureichen, in dem der Grund der Streitverkündung und die Lage des Rechtsstreits anzugeben ist. Der Schriftsatz ist dem Dritten zuzustellen und dem Gegner des Streitverkünders in Abschrift mitzuteilen. Die Streitverkündung wird erst mit der Zustellung an den Dritten wirksam.

I) Allgemeines. 1) Zweck. § 73 enthält eine Formvorschrift (ähnl § 253 II) für die Streitverkündung als Rechtsbehelf zur vorbeugenden Rechtswahrung (vgl § 74 III, § 68; § 204 I Nr 6 BGB; zum Verhältnis zur Klageerhe- 1 bung s BGH ZIP 2021, 1542 Tz 20). Die inhaltl Anforderungen (s Rn 3) dienen (auch) dem Schutz des Streitverkündungs-Empfängers, dem eine Entscheidung über den Beitritt (§§ 74 I, 66) ermöglicht werden soll (OLG Frankfurt NJW 2021, 1825 Tz 32; Müller/Behnke NJW 2023, 2080). – **2) Voraussetzungen im Allg und Prüfung.** Als **Prozesshandlung** (s § 72 Rn 1) ist die Streitverkündung bedingungsfeindl (BGH MDR 89, 539); sie kann (entspr § 269 I) bis zur Beendigung des Vorprozesses **zurückgenommen** werden (WSch/Mansel Rn 23; Folge der Rücknahme: s § 74 Rn 9). Über die **Zulässigkeit der Streitverkündung** wird im Prozess der Hauptparteien nicht entschieden (s § 72 Rn 1; § 74 Rn 3 u 5). Sie hat nur für einen späteren Prozess Bedeutung. Dort wird ggf auch die Notwendigkeit eines Gesellschafterbeschlusses (§ 46 Nr 8 Alt 1 GmbHG) überprüft (Horn GmbHR 2017, 1024 f). – **3) Kosten.** Die Kosten einer Streitverkündung, die von dem Streitverkünder zu tragen sind und nicht zu den Kosten des Rechtsstreits gehören (OLG Stuttgart NJOZ 2020, 922), können, soweit sie notwendig waren, nur in dem späteren Prozess gegen den Dritten als Nebenforderung geltend gemacht werden; nach erfolgtem Beitritt gelten für die seit dem Beitritt entstandenen Kosten die § 101 I, § 100 (OLG Zweibrücken MDR 2015, 913: nicht bei „grundloser" Streitverkündung). – **4) Reform.** Bereits der Entwurf eines **G zur Stärkung der Gerichte in Wirtschaftsstreitigkeiten** (Gesetzentwurf des BR, BTDrs 19/30745, 8, 21, 22; sa BTDrs 20/1549, 8, 22) bezweckte mit **§ 73 II-E** einen Schutz des Empfängers von in **engl Sprache** abgefassten Streitverkündungsschriftsätzen (Recht zur Annahmeverweigung/Recht auf Übersetzung). Beabsichtigt war seit längerem die Einführung von (beim OLG angesiedelten) *Commercial Courts* (zuständig nach schriftlicher Parteivereinbarung; sa § 74 Rn 4), was nunmehr durch das G v 7.10.2024 (**Justizstandort-Stärkungsgesetz,** BGBl 2024 I Nr 302) mWv 1.4.2025 verwirklicht wurde (s für Bremen und Hamburg: NordÖR 2025, 259; Wolff NJW 2025, 1081). § 184a I GVG nF enthält eine entsprechende Verordnungsermächtigung für die Landesregierungen (iVm §§ 606 f nF). § 184a III 1 GVG nF verlangt für eine Verfahrensführung in englischer Sprache das Einvernehmen der Parteien, § 184a IV GVG nF lautet: „*Wird ein Dritter in ein Verfahren, das nach Absatz 3 vollständig in englischer Sprache zu führen ist, als Nebenintervenient oder im Wege der Streitverkündung einbezogen oder soll das Urteil Rechtskraft für und gegen einen Dritten entfalten, so ist auf Antrag des Dritten ein Dolmetscher hinzuzuziehen. § 185 dieses Gesetzes und § 142 Absatz 3 der Zivilprozessordnung sind anzuwenden.*" § 184a IV GVG nF (s dazu BTDrs 20/8649, 30) wird durch § 607 I nF ergänzt und die Rechte des Dritten durch ein fristgebundenes **Widerspruchsrecht** erweitert (BTDrs 20/8649, 34), auf das das Gericht hinzuweisen hat (Folge: Schriftsatz gilt als nicht zugestellt, sa § 607 Rn 1).

2 **II) Form der Streitverkündung (§ 73 S 1 Hs 1) und Zustellung (§ 73 S 2, 3).** Der Streit wird verkündet im Partei- und Anwaltsprozess durch Einreichung eines Schriftsatzes bei Gericht oder Erklärung zu Protokoll des UrkB. Es handelt sich um einen **bestimmenden Schriftsatz** (BGHZ 92, 253), der **nicht** dem **Anwaltszwang** unterliegt (BGH NJW 85, 328; Meier NZBau 2021, 470; MK/Schultes Rn 2). Auch bei anwaltlicher Beteiligung sollten desw nicht die für bestimmende Schriftsätze entwickelten Formanforderungen herangezogen werden (s § 130 Rn 7 ff): Wirksamkeitsvoraussetzung ist jedoch bei anwaltlichem Auftreten nach hRspr die *eigenhändige Unterzeichnung des Anwalts* (BGHZ 92, 255 f; MskV/Weth Rn 2; Meier NZBau 2021, 470; vgl aber BGHZ 144, 162), während bei der unvertretenen *Partei* keine gleiche Formstrenge gilt. Unnötig ist diese Differenzierung (krit WSch/Mansel Rn 5) auch desw, weil der Formzwang durch Anerkennung von Heilungsmöglichkeiten wieder aufgelockert wird (BGHZ 92, 256; s Rn 4). Die förml **Zustellung an den Dritten** (Begriff: s § 72 Rn 1 [a]) erfolgt vAw (**S 2** iVm § 166 II); soweit die Streitverkündung unstatthaft ist (§ 72 II 1, s § 72 vor Rn 1), darf auch keine Zustellung erfolgen (§ 72 II 2: nach OLG Köln MDR 2015, 1321 Tz 2 grds nicht analogiefähig; krit Kaiser NJW 2015, 3318; großzügiger OLG Braunschweig NJOZ 2020, 1139; sa BGH MDR 2017, 1439 für nicht interventionsfähiges KapMuG-Verf im Wege eines *argumentum a fortiori*; zum Vorrang der Beiladung VGH München 7.11.2023 – 22 A 22.40045 Tz 7, sa § 72 Rn 1a); gegen die „verbotswidrige Zustellung" ist sof Beschwerde (§ 567) gegeben (BGH MDR 2007, 733). Die Frist (§ 569 I) beginnt für den StrV erst mit der Zustellung des Ablehnungsbeschlusses (BGH MDR 2007, 733 Tz 7), nicht schon mit der Zustellung der Streitverkündungsschrift. Zur Frage, ob Zustellung **rechtsmissbräuchlich** ist, s LG Dortmund 25.1.2023 – 8 O 7/20 (Kart). – Im Hinblick auf § 74 III, § 68 steht der Schriftsatz einer Klageschrift gleich (Hess JZ 98, 1029 Fn 153; wichtig für § 68 Rn 2; verkannt in OLG Köln NJW 81, 2263, 2264); dagegen genügt innerprozessual eine formlose Mitteilung an den Gegner des Streitverkünders. Die Unterlassung der Mitteilung berechtigt im Falle des § 74 I den Gegner lediglich zum Antrag auf Vertagung (aA WSch/Mansel § 74 Rn 11). *Beachte:* Eine „formlose" Streitverkündung genügt bei der Haftpflichtversicherung (s § 104 II VVG, s näher Peters ZZP 123 [2010], 322 f).

3 **III) Inhalt der Streitverkündung (§ 73 S 1 Hs 2).** Überflüssig ist es, in den Schriftsatz bzw die Niederschrift den ganzen Akteninhalt, eine Ladung oder die Aufforderung, sich am Rechtsstreit zu beteiligen, aufzunehmen (sa Thora NJW 2019, 3624, 3625: Informationsfunktion für Dritten). Eine Pflicht, Ablichtungen aus Gerichtsakten beizufügen, existiert nicht (eingeh Seibel BauR 2014, 456 f: Akteneinsichtsrecht nach § 299 II; strenger OLG Frankfurt MDR 2023, 253 [Sohn]: wesentlicher Akteninhalt in Kopie; OLG Frankfurt NJW 2021, 1825 Tz 35: bloße Bezugnahme auf Gerichtsakte (§ 131) nicht genügend; Müller/Behnke NJW 2023, 2080; einschr m Recht Clasen NJW-Spezial 2021, 236). Wesentl ist – auch mit Blick auf § 204 I Nr 6 BGB (großzügiger insoweit OLG Frankfurt *MDR 2023, 253;* offen Meier NZBau 2021, 470 f) – nur die **Erklärung**, dass der Streit verkündet werde (unter Bezeichnung des Dritten), die Angabe des **Grundes der Streitverkündung** (Kaiser NJW 2017, 1224; s § 72 Rn 5 f) und der **Lage des Rechtsstreits** (Parteien, Aktenzeichen, Anspruch des Vorprozesses; res-

triktiv OLG Frankfurt NJW 2021, 1825: Geltung von § 130 Nr 1 u volles Rubrum erforderlich; OLG Frankfurt/M 20.6.2024 – 15 U 230/22 Tz 45 f; krit Meier NZBau 2021, 470; „Kurzrubrum" kann uU genügen, so LG Stuttgart 1.8.2023 – 19 S 13/23; großzügiger auch WSch/Mansel Rn 11): Zum **Grund** der Streitverkündung gehört die Angabe der tatsächl Grundlagen des Rechtsverhältnisses, aus dem sich der Klage- u Regress-(usw)anspruch (s § 72 Rn 5-9) ergibt (BGH NJW 2002, 1414; BGH MDR 2012, 211 Tz 14; OLG München 1.4.2015 – 28 U 4167/14 Tz 17; OLG Brandenburg NJW 2021, 78 Tz 20 f). Bei Bauprozessen genügt Beschreibung der Mangelsymptome (OLG München NJW 2016, 2510). Geht der Streitverkünder aus abgetretenem Recht vor, muss die Abtretung aus der Streitverkündungsschrift (ggf iVm Akteneinsicht) erkennbar sein (BGH NJW 2008, 519, 522 Tz 28 ff; OLG Köln 11.10.2018 – 3 U 45/16: „wesentliche Umstände"); bei Einführung neuen Sachvortrags ist ggf ohne Beitritt des Dritten weitere Streitverkündung geboten (sa Thora NJW 2019, 3624, 3625); Erleichterungen bei der Kennzeichnung der **Lage** des Rechtsstreits ergeben sich aus § 299 (sa BGH NJW 2008, 519, 522 Tz 28); Angaben zur Höhe des Anspruchs sind nicht erforderl (BGH NJW 2012, 674 Tz 14; OLG Köln 11.10. 2018 – 3 U 45/16); Anforderungen von § 253 II gelten nicht (OLG Köln 11.10.2018 – 3 U 45/16). Mitteilung des (bevorstehenden) Verhandlungstermins/Beweistermins ist notwendig (so OLG Düsseldorf 16.5.2024 – 2 U 75/23). Die Angaben sollen die Prüfung eines Beitritts ermöglichen (s § 74 I, II, sa OLG Brandenburg NJW 2021, 78 bei vorangegangener außergerichtlicher Inanspruchnahme), aber auch die Herbeiführung der matrechtl Wirkungen sicherstellen (§ 204 I Nr 6 BGB; s § 74 Rn 8 f). Als **Prozesshandlung** (s § 72 Rn 1) ist die Streitverkündung bedingungsfeindl (BGH NJW-RR 89, 767); sie kann (entspr § 269 I) bis zur Beendigung des Vorprozesses **zurückgenommen** werden (vgl WSch/Mansel Rn 23; Folge der Rücknahme: s § 74 Rn 9). S iÜ **Formulierungsvorschläge:** Vorwerk/Freyberger, PFB, M 19.6, 19.7, 19.8.

IV) Heilung von Mängeln. Für die **Heilung von Mängeln** der **Form** des Streitverkündungsschriftsatzes gelten 4
die allg Grundsätze (s § 130 Rn 12); Bsp: Bezugnahme auf mangelhaften Streitverkündungsschriftsatz in ordnungsgemäß unterzeichnetem Schriftsatz (BGHZ 92, 256). Eine Heilung von **Mängeln** nach § 295 kommt außer beim Beitritt auch bei der Streitverkündung in Frage (s näher BGH NJW 2008, 519, 522 Tz 32). Im Falle des Beitritts ist die 1. auf ihn folgende Verh im Erstprozess entscheidend (BGH NJW 2008, 519, 522 Tz 32), andernfalls die 1. Verh im Folgeprozess (BGHZ 96, 53). BGH 12.6.2025 – VII ZR 14/24 Tz 27, 28 verbietet jedoch Heilung inhaltlicher Mängel durch „rügelose Einlassung" für § 204 I Nr 6 BGB. Zur Heilung von Mängeln durch ein Verhalten des Streitverkündeten im Folgeprozess (BGH NJW 76, 293; Bischof JurBüro 84, 1314 f).

§ 74 Wirkung der Streitverkündung

(1) Wenn der Dritte dem Streitverkünder beitritt, so bestimmt sich sein Verhältnis zu den Parteien nach den Grundsätzen über die Nebenintervention.

(2) Lehnt der Dritte den Beitritt ab oder erklärt er sich nicht, so wird der Rechtsstreit ohne Rücksicht auf ihn fortgesetzt.

(3) In allen Fällen dieses Paragraphen sind gegen den Dritten die Vorschriften des § 68 mit der Abweichung anzuwenden, dass statt der Zeit des Beitritts die Zeit entscheidet, zu welcher der Beitritt infolge der Streitverkündung möglich war.

I) Beitritt nach Streitverkündung (§ 74 I). 1) Voraussetzungen. a) Der Beitritt muss **formell** den Anforderun- 1
gen des § 70 entsprechen (RGZ 124, 145); s § 70 Rn 1, 2, im Anwaltsprozess durch Einreichung eines Schriftsatzes bei Gericht (Anwaltszwang); s § 70 Rn 1. Der Dritte kann statt dem Streitverkünder dessen Gegner als NI beitreten (BGHZ 103, 278; BGH 19.11.2020 – I ZR 110/19 Tz 36; LG München I NJOZ 2016, 1008; OLG München MDR 2016, 1046; OLG Nürnberg DAR 2022, 458; sa Rn 5); widerspricht der Verkünder, genügt nicht der Hinweis auf die Verkündung, vielmehr muss der Beitretende gem § 66 I ein rechtl Interesse am Beitritt auf der Gegenseite dartun (OLGR Düsseldorf 2008, 156 Tz 9; OLG München MDR 2016, 1046 Tz 31); im Verhältnis zum Streitverkünder genügt die Streitverkündung für sich noch nicht (s § 66 Rn 8). Der Beitritt enthält keine Haftungsanerkennung.

b) Darüber hinaus müssen die **materiellen** Voraussetzungen des § 66 erfüllt sein, dh der Dritte muss ein rechtl 2
Interesse am Obsiegen einer Partei haben (iE s § 66 Rn 8 ff).

2) Prüfung und Verfahren. Tritt der Verkündete bei, wird die Zulässigkeit der *Nebenintervention* wie sonst ge- 3
prüft (s § 66 Rn 14; § 71 Rn 1 ff); für die Zuziehung des Beigetretenen zum Verf gilt § 71 III. Eine Prüfung der Zulässigkeit der *Streitverkündung* findet nach nicht zurückgewiesenen Beitritt auch im Folgeprozess nicht mehr statt (BGH MDR 2008, 281 Tz 13), auch nicht für § 68 (BGH MDR 2008, 281 Tz 13; sa § 68 Rn 3). Ist der Beitritt zurückgewiesen worden, treten die (prozessualen) Rechtsfolgen des § 74 III nicht ein, da der Streitverkündete keine Einflussmöglichkeit auf das Verf hat (arg Art 103 I GG). Zur Zulässigkeitsprüfung wegen der *matrechtl* Folgen s Rn 9.

3) Rechtsstellung des Beitretenden. Nach erfolgtem Beitritt hat der Dritte die Stellung eines NI; es gelten die 4
Regeln der Nebenintervention (§§ 66, 67, 68, 69, 71). Ein zunächst nicht verwirklichter Gesetzgebungsvorschlag

sah in **engl Sprache** geführte Verf vor (künftigen) Kammern für internationale Handelssachen vor (s Entwurf G zur Stärkung der Gerichte in Wirtschaftsstreitigkeiten, BTDrs 19/30745, 7, 20 f; sa BTDrs 20/1549, 7, 20 f; zum früheren Reformvorhaben: BTDrs 19/1717, 6, 7, 17; sa § 73 Rn 1). Das nunmehr verwirklichte **„Justizstandort-Stärkungsgesetz"** v 7.10.2024 (dazu BTDrs 20/8649, 30; Rühl ZfPW 2024, 397) enthält mWv 1.4.2025 in § 184a IV GVG nF für vollständig englischsprachige Verfahren bei den (neu geschaffenen) *Commercial Chambers* und *Commercial Courts* eine Regelung zur Einbeziehung Dritter („*Wird ein Dritter in ein Verfahren, das nach Absatz 3 vollständig in englischer Sprache zu führen ist, einbezogen und soll das Urteil Rechtskraft oder die Interventionswirkung nach § 68 der Zivilprozessordnung für und gegen ihn entfalten, so ist auf Antrag des Dritten ein Dolmetscher hinzuzuziehen. § 185 dieses Gesetzes und § 142 Absatz 3 der Zivilprozessordnung sind anzuwenden*"). § 607 I nF ergänzt die Rechte des Dritten durch ein fristgebundenes **Widerspruchsrecht** (BTDrs 20/8649, 34), mit der Folge, dass der einbeziehende Schriftsatz als nicht zugestellt gilt (sa § 607 Rn 1; § 73 Rn 1).

5 **II) Nichtbeitritt (§ 74 II).** Tritt der Dritte nicht bei, so wird der Rechtsstreit ohne Rücksicht auf ihn fortgeführt. Die Zulässigkeit der Streitverkündung muss dann grds im Folgeprozess geprüft werden, um feststellen zu können, ob die Verkündung die prozessualen und sachl-rechtl Folgen ausgelöst hat (BGHZ 65, 131; BGHZ 70, 189; BGHZ 100, 259; Bischof MDR 99, 788). Ein Nichtbeitritt im Verhältnis zum Streitverkünder liegt auch dann vor, wenn der Streitverkündete (unter Beachtung von § 66 I) der **anderen Partei** beitritt (BGH NJW 2004, 1521, 1522; BGH 19.11.2020 – I ZR 110/19 Tz 36; OLG München MDR 2016, 1046; LG Bremen 13.11.2018 – 3 O 1653/17). Zur Zulässigkeit einer negativen Feststellungsklage gegen den Streitverkünder genügt Streitverkündung allein idR nicht (OLG Stuttgart BauR 2000, 923, 924; s § 256 Rn 24).

6 **III) Nebeninterventionswirkung (§ 74 III). 1) Voraussetzungen der Interventionswirkung.** Die Streitverkündung entfaltet *im Verhältnis zum Streitverkünder* nur dann Interventionswirkung (I, III, § 68), wenn sie **a)** formgültig erklärt wurde (§ 73), **b)** gem § 72 zulässig war und nicht zurückgenommen wurde (s Rn 9), **c)** der Dritte die Möglichkeit hatte, auf den Erstprozess Einfluss zu nehmen (BGH NJW 82, 281, 282; iE s § 68 Rn 5, 11, 12), was beim Beitritt auf Gegnerseite auch im Widerspruch zum Streitverkünder anzunehmen ist (BGH NJW 2021, 1242 Tz 55 f; Tolani NJW 2021, 1247), **d)** der Erstprozess durch eine rechtskräftige Sachentscheidung beendet ist (iE s § 68 Rn 4), **e)** der Erstprozess für den Streitverkünder ungünstig ausgegangen ist (RSchwab/Gottwald § 51 Rn 23; MK/Schultes Rn 8, str; aA BGHZ 65, 131; BGHZ 70, 189 – aber § 68 Rn 4, 6 zu beachten; Knöringer JuS 2007, 339), **f)** der Erstprozess *vor* dem Folgeprozess entschieden wird; Hilfe bei gleichzeitiger Anhängigkeit: Aussetzung gem § 148 (OLG Düsseldorf 8.5.2019 – VI-W (Kart) 3/19; OLG München 11.6.2019 – 14 W 1613/18; Erstprozess kann auch ein sBV sein: OLG München NJW-RR 98, 576; s § 68 Rn 10 aE), **g)** und der Klagegrund nicht nachträglich ausgetauscht wurde (§ 263; s dazu Thora NJW 2019, 3625). *Im Verhältnis zum Gegner* hat sie keine Interventionswirkung (s § 68 Rn 6) zur Folge (BGH NJW-RR 90, 121 f); Beitritt auf der Seite des Gegners ist Fall von §§ 66, 68 (s OLG München NJW 2017, 3312 Tz 7 u § 68 Rn 6; OLG Nürnberg DAR 2022, 458; zur Geltung von § 74 II, III im Verhältnis zum Streitverkünder s BGH NJW 2021, 1242 Tz 36 u oben c). Unerheblich ist, ob die Akten des Vorprozesses ordnungsgemäß beigezogen wurden (OLG Dresden MDR 2020, 950).

7 **2) Inhalt und Umfang der Interventionswirkung.** Im Folgeprozess kann der NI bzw der nicht Beitretende der streitverkündenden Partei (Hauptpartei iSd § 68) ggü ohne deren Zustimmung Einwendungen tatsächl und rechtl Art nicht mehr geltend machen, wenn sie im Vorprozess vorgebracht werden konnten, es sei denn, es liegt einer der in § 68 Hs 2 (s § 68 Rn 11, 12) bezeichneten Fälle vor (RGZ 123, 95; RGZ 120, 297). Die Interventionswirkung besteht **nur zugunsten, nicht aber zuungunsten** der streitverkündenden Partei (arg III: „gegen"; s § 68 Rn 6), gleichgültig, ob der Streitverkündete beigetreten ist oder nicht (BGHZ 100, 260 ff; BGH NJW 97, 2386; BGH MDR 2015, 459 Tz 7; Meier NZBau 2016, 270). Beachte den vorverlegten **Zeitpunkt** in **III**. Ggü einem anderen als dem Streitverkünder, insb ggü dem Gegner der Hauptpartei, hat die Streitverkündung des Vorprozesses keine Wirkung (OLGR Düsseldorf 1999, 404; sa Rn 6 aE). Zwischen dem Streitverkündeten und dem Gegner der Hauptpartei existiert keine mat-rechtl Präklusionswirkung aus § 242 BGB (so aber K. Schreiber Jura 80, 81 ff; zu Recht abl WSch/Mansel § 68 Rn 10); das ist jedenfalls dann bedenkl, wenn die Gegenpartei des Vorprozesses ihrerseits den Streit verkünden und damit die Interventionswirkung gem **III**, § 68 herbeiführen konnte (s § 72 Rn 10). S zu einem Beispielsfall im Zusammenhang mit § 179 BGB etwa OLGR Düsseldorf 1999, 403 u 31. Aufl (allg s § 68 Rn 10 [dd]). Die Streitverkündung im **Schiedsgerichtsverf** hat die Wirkung des § 68 nur bei entspr Bindung des Streitverkündungsempfängers an die Schiedsvereinbarung (s § 1032 Rn 22; § 1042 Rn 42; sa § 66 Rn 3; zur Wirkung der Streitverkündung im *späteren* schiedsgerichtl Verf: s Thomas FS Geimer, 2017, S 735 f; Wolff RInPrax 2024, 26; Theune SchiedsVZ 2024, 68 f, 70 u § 68 Rn 10 [jj]); Untätigbleiben im schiedsgerichtl Verf ersetzt sie nicht (BGH BB 64, 1397). Zu den DIS-ERS 2024 (Ergänzende Regeln für Streitverkündungen, insb Artt 2, 3) s Pörnbacher/Reschke BB 2024, 1667; Borris/Quinke/Kaehlbrandt/Wolff SchiedsVZ 2024, 61 (sa § 69 Rn 1); diese sind überwiegend §§ 72 ff nachgebildet u gelten, wenn die Parteien ihre Anwendung nach Art 1.1 vereinbart haben. Die Interventionswirkung kann sich immer nur auf das Urteil beziehen, das zwischen Streitverkünder *und seiner Gegenpartei* ergeht (BGH VersR 69, 1039). Zur Inlandswirkung der Streitverkündung im ausl Verf s Milleker ZZP 80 (1967), 288. Streitverkündungswirkung im EU-Bereich: s § 72 Rn 2. Zur Bindung chinesischer Gerichte durch Streitverkündung in Deutschland Hansmeyer IPRax 2015, 173 f.

IV) Materiell-rechtliche Folgen der Streitverkündung. 1) Verjährungshemmung. Die Zustellung (§ 73 S 2 u 3) der (zulässigen: s Rn 9) **Streitverkündung** (s § 72 Rn 3-9; § 73 Rn 1) hemmt die **Verjährung** (§ 204 I Nr 6 BGB) und die **Ersitzung** (§ 939 I iVm § 204 I Nr 6 BGB). Die Hemmung tritt unter den Voraussetzungen des § 167 bereits mit der *Einreichung* des Verkündungsschriftsatzes (§ 73 S 1) ein (Thora NJW 2019, 3624: Beantragung der Zustellungsbescheinigung nach § 169 I geboten); dies soll auch dann gelten, wenn die „Demnächst-Zustellung" in unverjährter Zeit erfolgt (BGH MDR 2010, 587). § 73 S 1 wird – anders als bei Interventionswirkung – teilw großzügiger interpretiert (OLG Frankfurt MDR 2023, 253; offen Meier NZBau 2021, 470 f, sa § 73 Rn 3). Hemmung tritt auch dann ein, wenn der Verkünder im Vorprozess wider Erwarten obsiegt (BGHZ 36, 212; BGHZ 65, 131; OLG Hamburg VersR 84, 1049; sa § 72 Rn 4 [b]). Die Hemmung setzt voraus, dass die Streitverkündung vom **Berechtigten** ausgeht (KGR Berlin 2009, 263; Klose MDR 2022, 745); Streitverkündung wegen eigener Ansprüche begründet keine Hemmung wegen abgetretener Ansprüche (BGH NJW 2008, 519 Tz 28); ihr Umfang richtet sich nach dem Streitverkündungsgrund (BGHZ 179, 361 Tz 20 u 31; BGH MDR 2010, 323, 324; LG München I 29.4.2015 – 28 U 4167/14 Bau); die Hemmung erfasst aber den *ganzen* Anspruch des Streitverkünders, auch wenn im Vorprozess nur ein *Teilanspruch* (zB Teilschaden) verfolgt wurde (BGHZ 179, 361 Tz 38; BGH MDR 2012, 211 Tz 9; BGH NJW 2019, 1953: „das gleiche wirtschaftliche Ziel"; Lembcke LMK 2012, 328637; RSchwab/Gottwald § 51 Rn 24). Die Verjährungshemmung greift in *beiden* Alternativen von § 72 I ein (s § 72 Rn 5 ff u Rn 9), insb auch bei Streitverkündung zur Abwehr von Drittrechten (BGHZ 179, 361 Tz 26 ff; dazu s § 72 Rn 9); sie gilt dann freilich nicht für Ansprüche des Drittgläubigers (Peters ZZP 123 [2010], 344), sondern die den Gegenstand von Gegenrechten bildenden eigenen Ansprüche des Streitverkünders (iE BGHZ 179, 361 Tz 36 ff). Die Hemmung der Verjährung durch Streitverkündung endet 6 Monate nach der rechtskräftigen Entscheidung oder anderweitigen Beendigung des Verf (§ 204 II 1 BGB); bis dahin bleibt sie auch dann aufrechterhalten, wenn die Klage zurückgenommen oder als unzulässig abgewiesen worden ist (ebenso MK/Schultes Rn 11; aA RSchwab/Gottwald § 51 Rn 32). Im Versicherungsrecht kann die Streitverkündung uU den *Beginn* der versicherungsrechtl Verjährung auslösen (näher BGH MDR 2003, 1179; iErg abl Schwintowski LMK 2003, 167; zust Reiff EWiR 2003, 1107). Ob eine **Klagefrist** durch Streitverkündung gewahrt wird, kann nicht allg, sondern nur für die jew Frist beantwortet werden (zu Fristen gem §§ 3, 4, 6, 6a AnfG s St/Jacoby § 72 Rn 16). Eine *Pflicht* zur Streitverkündung mit Haftungsfolgen kann sich aus materiellen Rechtsbeziehungen ergeben (vgl WSch/Mansel § 68 Rn 10), insb aus einem RA-Vertrag mit Prozessführungsauftrag (BGH NJW 2012, 674 Tz 7; sa Gehrlein ZInsO 2018, 763 f). 8

2) Unzulässige Streitverkündung. In diesem Fall kommen ihr nach herrschender, aber nicht überzeugender Ansicht keine mat-rechtl Wirkungen gem § 204 I Nr 6 BGB zu (BGHZ 175, 1 = MDR 2008, 281 Tz 22 ff; BGHZ 179, 361 Tz 19 f = NJW 2009, 1488, 1489; BGH MDR 2015, 667 Tz 21; BGH NJW 2019, 1953; OLG Dresden 17.10.2013 – 10 U 350/13 Tz 30; OLG Frankfurt/M 20.6.2024 – 15 U 230/22; Clasen NJW-Spezial 2021, 236, str; **aA** Althammer/Würdinger NJW 2008, 2620; MK/Schulte Rn 12; Schmidt FS Eichele, 2013, S 341, 344 ff; Verjährungshemmung bei unzulässiger Klage: s § 262 Rn 2). Die hM betreibt eine in der Sache nicht gerechtfertigte (versteckte) teleologische Reduktion (Althammer/Würdinger NJW 2008, 2620). (Widersprüchliche) Folge: Prüfung der Zulässigkeit der Streitverkündung trotz Beitritts des Verkündeten im Gegensatz zu Rn 3 noch im Folgeprozess (BGHZ 175, 1 Tz 14; BGHZ 179, 361 Tz 18; Lühl JA 2017, 703). Zur Heilung von Mängeln s § 73 Rn 4 u BGH 12.6.2025 – VII ZR 14/24 Tz 27, 28. Ist der Beitritt **als unzulässig zurückgewiesen** worden (s Rn 3), fehlt es mangels zulässiger Streitverkündung an einem Hemmungstatbestand iSv § 204 I Nr 6 BGB. Ist die Streitverkündung **zurückgenommen** (s § 73 Rn 1) worden, entfällt eine Interventionswirkung (OLG Zweibrücken MDR 2015, 913 Tz 5; WSch/Mansel § 68 Rn 129). Verfahrensübergreifende Streitverkündung: OLG Hamm NJW-RR 96, 335 (WEG). Rechtswegübergreifende Streitverkündung: LAG Nürnberg 29.3.2011 – 7(4) Sa 702/07 (sa § 68 Rn 10). Ausl Streitverkündung: s § 72 Rn 2. **Abgrenzung:** Interventionswirkung bei unzulässiger Streitverkündung: BGHZ 175, 1, 4 = NJW 2008, 519 Tz 13 u dazu s Rn 3). 9

3) Anspruch auf Kostenerstattung. Ein **mat-rechtl Kostenerstattungsanspruch** des Streitverkündungsempfängers gegen den Verkünder (zB gem §§ 670, 683 BGB) besteht idR nicht (WSch/Mansel § 67 Rn 96). 10

§ 75 Gläubigerstreit

[1]Wird von dem verklagten Schuldner einem Dritten, der die geltend gemachte Forderung für sich in Anspruch nimmt, der Streit verkündet und tritt der Dritte in den Streit ein, so ist der Beklagte, wenn er den Betrag der Forderung zugunsten der streitenden Gläubiger unter Verzicht auf das Recht zur Rücknahme hinterlegt, auf seinen Antrag aus dem Rechtsstreit unter Verurteilung in die durch seinen unbegründeten Widerspruch veranlassten Kosten zu entlassen und der Rechtsstreit über die Berechtigung an der Forderung zwischen den streitenden Gläubigern allein fortzusetzen. [2]Dem Obsiegenden ist der hinterlegte Betrag zuzusprechen und der Unterliegende auch zur Erstattung der dem Beklagten entstandenen, nicht durch dessen unbegründeten Widerspruch veranlassten Kosten, einschließlich der Kosten der Hinterlegung, zu verurteilen.

1 **I) Formen des Prätendentenstreits. 1) Inanspruchnahme der Forderung durch einen Dritten.** Beansprucht ein **Dritter** die – durch Leistungs-, nicht schon durch Feststellungsklage (BGH KTS 81, 218) –, bereits rechtshängig gewordene Forderung ganz oder teilw für sich, so steht **ihm** der Weg der *Hauptintervention* (**§ 64**) offen. **Inanspruchnahme** der streitbefangenen Forderung ist auch die Geltendmachung als Mit- und Teilberechtigter bei streitigem Beteiligungsverhältnis (LG München I MDR 2007, 606 [G. Vollkommer]) oder als Pfand- oder Sicherungsgläubiger (vgl RGZ 34, 403). Einen möglichen Anwendungsfall von § 75 stellt auch die **mehrfache Inanspruchnahme des Kartellteilnehmers** durch den direkten u den indirekten Abnehmer dar (s Kirchhoff WuW 2012, 927; Kirchhoff WuW 2015, 952). Für den erforderl **Eintritt** als Hauptpartei genügt der bloße Beitritt als NI iSv §§ 66 f nicht (BGH NJW 97, 1501). – **2) Reaktion des Bekl.** Der Bekl kann sich dem Risiko des Prozesses gegen den Kl bei Ungewissheit über dessen Gläubigerstellung gem **§ 372 S 2 BGB** entziehen. Dem entspricht als prozessuale Möglichkeit (mit geringer praktischer Bedeutung) die *Entlassung* aus dem Rechtsstreit nach **§ 75** (BGH NJW-RR 87, 1440; Klose NJ 2011, 491; Regenfus JA 2017, 161, 162; Jauß Jura 2020, 365). **Bsp:** Wird der Sch nach Mehrfachzession wegen ders Forderung von zwei Zessionaren in Anspruch genommen und von einem verklagt, kann er dem anderen den Streit verkünden, nach dessen Eintritt den eingeklagten Betrag der Hauptforderung einschließl der geltend gemachten Nebenforderungen (hierunter fallen nicht die dem Kl entstandenen Prozesskosten) unter Verzicht auf das Recht der Zurücknahme (§§ 376, 378 BGB) hinterlegen und Entlassung aus dem Rechtsstreit beantragen. – **3) Feststellungsklage.** Mögl ist auch, die Rechtszuständigkeit im Wege der Feststellungsklage gem **§ 256** zu klären (BGH NJW 93, 2540; BGH NJW 92, 1151; Brechtel JuS 2017, 498); dass das Urteil im Feststellungsstreit der Prätendenten dem Sch ggü keine Rechtskraft wirkt (s § 325 Rn 4), steht dem Feststellungsinteresse nicht entgegen (BGH NJW-RR 87, 1440); hat der Sch hinterlegt, kann der im Feststellungsstreit Unterlegene dem obsiegenden Gegner ggü nicht mehr geltend machen, der Hinterlegungsbetrag stehe ihm zu (BGH aaO). Auch eine Feststellungsklage zwischen **2** mögl **Sch** bei Streit darüber, wer von ihnen für eine bestimmte Verbindlichkeit haftet, ist mögl (BGH MDR 93, 1121).

2 **II) Voraussetzungen. 1) Gegenstand des Rechtsstreits.** Dies muss eine Forderung auf Leistung hinterlegungsfähiger Gegenstände sein (**S 1**; § 372 S 1 BGB). Das Recht zur Hinterlegung regelt § 75 aber selbständig und unabhängig von § 372 BGB (str, vgl BGH NJW 97, 1501; Regenfus JA 2017, 161, 162). Zwischen der streitbefangenen und der von dem Dritten beanspruchten Forderung muss (mindestens Teil-) Identität bestehen (BGH NJW 96, 1673; LG München I MDR 2007, 606 [G. Vollkommer]; MK/Schultes Rn 5); die Forderung muss von dem Dritten ganz oder teilw (wie § 64; s Rn 1 [1]), voll (als Rechtsinhaber) oder beschränkt (als Mit-/Teilberechtigter usw, s Rn 1 [1]) für sich beansprucht werden. – **2) Streitverkündung.** Es muss eine **Streitverkündung gem §§ 72-74** erfolgen. – **3) Eintritt u Hinterlegung.** Der Dritte muss in den Streit (als Hauptpartei) **eintreten**, der Bekl den str Betrag (s Rn 1 [2]) **hinterlegen** (iE Fest JA 2009, 260 ff). Liegen die Voraussetzungen des § 75 nur hinsichtl eines Teils der Forderung vor (s oben), ist der Bekl zur **Teilhinterlegung** berechtigt (LG München I, G. Vollkommer aaO [s Rn 1]. **Tritt der Dritte nicht ein** und erhebt er auch keine – an sich mögl – Hauptintervention, so geht der Prozess zwischen den bish Parteien weiter. Die Streitverkündung wirkt gegen den Dritten im Rahmen der §§ 74, 68. Statt als neue Partei **einzutreten**, kann der Dritte aber auch als streitverkündeter NI dem Verkünder beitreten (BGH KTS 81, 217, 218).

3 **III) Rechtswirkungen. 1) Entlassung aus dem Rechtsstreit. a) Einzelheiten.** Tritt der Dritte in den Rechtsstreit ein, so ist **vom Bekl der Antrag auf Entlassung aus dem Rechtsstreit** in der mündl Verh in Gegenwart des Kl und beigetretenen Dritten zu stellen (§ 297); eine schriftl Entscheidung (§ 128 II) ist bei allseitigem Einverständnis zulässig. Wird dem Antrag stattgegeben, so ergeht ein Endurteil: Der Bekl wird aus dem Rechtsstreit entlassen; die Entlassung erfolgt durch End-, nicht durch Zwischenurteil (RSchwab/Gottwald § 133 Rn 4; St/Jacoby Rn 10; MK/Schultes Rn 9; MskV/Weth Rn 3), da wie im Fall des § 239 (s § 239 Rn 11 f) die Entscheidung für den ausscheidenden Bekl den Rechtsstreit endgültig beendet (so auch St/Jacoby Rn 10); im Fall einer Teilhinterlegung (s Rn 3) erfolgt Teilentlassung durch Teilurteil (LG München I MDR 2007, 606). Wird der Bekl aus dem Rechtsstreit entlassen, so sind ihm in dem Entlassungsurteil die **Kosten aufzuerlegen**, die er dem Kl durch unbegründeten Widerspruch (also das unbegründete Bestreiten der Forderung) verursacht hat. IÜ ist über die sonstigen gesamten Kosten des Rechtsstreits im **Schluss-Endurteil** zu entscheiden. – **b) Folgeanträge.** Bei Entlassung des Bekl kann der **Kl** etwa **beantragen:** I) Es wird festgestellt, dass der von … bei … hinterlegte Betrag dem Kl zusteht. II) Der Bekl hat in die Auszahlung des hinterlegten Betrages an den Kl einzuwilligen (s RGZ 63, 322). **Antrag des Bekl:** I) Die Klage wird abgewiesen. II) Der Kl hat in die Auszahlung des von … bei … hinterlegten Betrages an den Bekl einzuwilligen (iE WSch/Mansel Rn 57 ff). Die Antragskombination auf Klägerseite ist entbehrl (vgl Fest JA 2009, 260, 263), notwendig dagegen die Widerklage gem dem Bekl-Antrag II (s Rn 5). Die Auszahlung durch die Hinterlegungsstelle erfolgt erst nach Rechtskraft des Urteils.

4 **2) Zurückweisung des Antrags auf Entlassung.** Denkbar ist dies, wenn der Dritte nicht eingetreten bzw die Hinterlegung nicht nachgewiesen ist, so geschieht dies nicht durch gem § 567 anfechtbaren Beschluss, sondern durch Zwischenurteil (St/Jacoby Rn 10), das wie ein unechtes Zwischenurteil (analog § 71, § 135 III, § 387 III) für den Bekl und den *vergebl seinen Eintritt* Erklärenden anfechtbar ist; allein die Notwendigkeit baldiger Rechtskraft dieser Entscheidung zwingt zur sofortigen Beschwerde. Die Zulassung des Eintritts führt zu einem Parteiwechsel, ist also in der Revisionsinstanz nicht mehr mögl (zust MK/Schultes Rn 7).

3) Schlussurteil. Darin muss zwischen den beiden Prätendenten nun auch über die Kosten entschieden werden, soweit dies nicht schon nach § 75 S 1 (s Rn 3) geschehen ist. Sie sind dem unterliegenden Prätendenten aufzuerlegen; hierüber muss das Gericht entscheiden, notfalls gem § 321. Für die Rechtskraftwirkung des Urteils gelten keine Besonderheiten. Mit der Abweisung der Klage des einen Prätendenten ist die Auszahlungsberechtigung des anderen noch nicht rechtskräftig festgestellt (s vor § 322 Rn 20 f; so auch BGH NJW 2000, 291, 294; Picker FS Flume, S 718, 719); soll über die Auszahlungsberechtigung beider Parteien rechtskraftfähig entschieden werden, muss der Bekl Widerklage erheben (so OLG Zweibrücken OLGZ 80, 238 f; aA St/Jacoby Rn 13), sofern man beim stattgebenden Urteil keinen Fall der Rechtskrafterstreckung annimmt (so wohl BGH NJW 2000, 291, 294: „anders als umgekehrt bei Klagestattgabe"; zum Problem näher Jauernig FG BGH Bd III, 2000, S 318 ff, 320). Antragsfassung des Bekl gem Rn 3 genügt als Widerklage. 5

IV) Gebühren des Gerichts. Keine zusätzl Urteilsgeb für das Zwischenurt (s Rn 4), das Endurteil (s Rn 3) und das Schlussurteil (Rn 5). Bereits das Zwischenurteil sperrt eine spätere Gebührenermäßigung nach 1211, 1213, 1222, 1223 GKG-KV (s § 303 Rn 12). 6

§ 76 Urheberbenennung bei Besitz

(1) [1]Wer als Besitzer einer Sache verklagt ist, die er auf Grund eines Rechtsverhältnisses der im § 868 des Bürgerlichen Gesetzbuchs bezeichneten Art zu besitzen behauptet, kann vor der Verhandlung zur Hauptsache unter Einreichung eines Schriftsatzes, in dem er den mittelbaren Besitzer benennt, und einer Streitverkündungsschrift die Ladung des mittelbaren Besitzers zur Erklärung beantragen. [2]Bis zu dieser Erklärung oder bis zum Schluss des Termins, in dem sich der Benannte zu erklären hat, kann der Beklagte die Verhandlung zur Hauptsache verweigern.

(2) Bestreitet der Benannte die Behauptung des Beklagten oder erklärt er sich nicht, so ist der Beklagte berechtigt, dem Klageantrag zu genügen.

(3) [1]Wird die Behauptung des Beklagten von dem Benannten als richtig anerkannt, so ist dieser berechtigt, mit Zustimmung des Beklagten an dessen Stelle den Prozess zu übernehmen. [2]Die Zustimmung des Klägers ist nur insoweit erforderlich, als er Ansprüche geltend macht, die unabhängig davon sind, dass der Beklagte auf Grund eines Rechtsverhältnisses der im Absatz 1 bezeichneten Art besitzt.

(4) [1]Hat der Benannte den Prozess übernommen, so ist der Beklagte auf seinen Antrag von der Klage zu entbinden. [2]Die Entscheidung ist in Ansehung der Sache selbst auch gegen den Beklagten wirksam und vollstreckbar.

I) Voraussetzungen der sog Urheberbenennung (laudatio auctoris). 1) Fälle. Dem unmittelbaren Besitzer einer bewegl Sache oder eines Grundstücks muss eine Klage auf Herausgabe (§§ 985, 1007 II, § 1227 BGB), Vorlegung (§§ 809, 810 BGB) oder Aufsuchung (§ 867 BGB, sa MskV/Weth Rn 2, str; aA WSch/Mansel Rn 17) zugestellt sein. § 76 ist nicht anwendbar bei rein schuldrechtl Herausgabeklage. Der Besitz als solcher muss passiv legitimieren, was bei §§ 861, 1007 I BGB nicht gegeben ist. 1

2) Behauptete Besitzberechtigung. Der Bekl muss **behaupten**, dass er die Sache zB als Nießbraucher, Pfandgläubiger, Pächter, Mieter, Verwahrer, Entleiher, Beauftragter, Nachlasspfleger, Nachlassverwalter, TV usw (§ 868 BGB) besitzt. 2

3) Schriftsatz des Beklagten. Der Bekl muss vor der Verh zur **Hauptsache** (nicht schon bei Rügen, die die Zulässigkeit der Klage betreffen) einen Schriftsatz einreichen, in dem er den mittelbaren Besitzer benennt, diesem den Streit verkündet und die Ladung des mittelbaren Besitzers zur Erklärung beantragt. Die Zustellung des bei Gericht einzureichenden Schriftsatzes und der Ladung erfolgt vAw. Form: grds wie zu § 73, also im Anwaltsprozess durch Schriftsatz (ohne Anwaltszwang; s § 73 Rn 1), im amtsgericht1 Prozess gilt § 496. Terminsbestimmung, Zustellung und Ladung des Benannten erfolgen vAw (§§ 214, 215, 216, 497). Mängel der Benennung heilt § 295. **Bsp** zu Rn 1-3 (nach KG MDR 93, 1234): Hat der Eigentümer nach Aufhebung der Beschlagnahme (§ 111k StPO) die StA auf Herausgabe verklagt, kann diese den letzten Gewahrsamsinhaber, für den sie besitzt (vgl BGHZ 72, 304), durch Streitverkündung iVm Benennung als mittelbarer Besitzer zur Übernahme des Verf auffordern. Entspr gilt im Fall des § 885 II, III im Verhältnis GV (Bekl) zum Vollstr-(Räumungs-)Sch (Benannter), wenn der Kl die Herausgabe eingelagerter Gegenstände verlangt (vgl AG Essen DGVZ 2000, 125; sa § 885 Rn 34 aE). 3

II) Bestreiten oder Schweigen des Benannten (§ 76 II). Der Bekl kann wählen, ob er den Prozess fortsetzen oder dem Klageantrag genügen will. Im letzteren Fall setzt er sich dem mittelbaren Besitzer ggü keiner Haftung aus. 4

III) Übernahme des Prozesses (§ 76 III). Es besteht keine Verpflichtung des Benannten zur Prozessübernahme. *„Erkennt"* er das Vorbringen des Bekl zu den Besitzverhältnissen *„als richtig an"* (Fall von § 288, auch schlüssig mögl: OLG Zweibrücken JurBüro 83, 1865), so kann er diesem als Streitgehilfe beitreten und als solcher seine Rechte geltend machen (RGZ 32, 31); weiter kann er Hauptintervention (§ 64) erheben oder den 5

Prozess **übernehmen (III 1)**; der Parteiwechsel vollzieht sich dann ohne bes gerichtl Entscheidung (OLG Zweibrücken JurBüro 84, 1866). Im letzteren Fall ist die Zustimmung des Kl nur nötig, insoweit er Ansprüche geltend macht, bei denen die Passivlegitimation des Bekl nicht oder nicht *nur* auf seinem Besitz beruht (zB mit § 985 BGB konkurrierende Herausgabeansprüche auf Grund von Leihe, Verwahrung usw; Schadensersatzansprüche aus §§ 823, 989 ff BGB; wegen Vertragsverletzung; Ansprüche auf Herausgabe von Früchten der streitbefangenen Sache).

6 **IV) Ausscheiden des Beklagten (§ 76 IV).** Über den Antrag des Bekl ist mündl zu verhandeln. Die (für den Parteiwechsel gem **III** idR nicht erforderl: s Rn 5) **Entbindung von der Klage** erfolgt durch ein mit **Berufung anfechtbares Endurteil**. Der Prozess geht nun zwischen dem Kl und dem Prozessübernehmer weiter. Eine Bindung an die bish Prozessergebnisse besteht nicht (so WSch/Mansel Rn 68, str; allg s § 263 Rn 25). Über die Gesamtkosten des Rechtsstreits ist im Schlussendurteil zu entscheiden (so auch OLG Köln NJW 54, 238). Das Schlussendurteil **wirkt auch gegen den ausgeschiedenen Bekl**; gegen ihn kann auf Grund der Vollstreckungsklausel, in die er aufzunehmen ist (§ 750), vollstreckt werden. Die Abweisung des Antrags erfolgt durch Zwischenurteil gem § 303 (OLG Düsseldorf OLGZ 92, 255 mN; aA MK/Schultes Rn 10: Zwischenurteil entspr § 71 II).

7 **V) Gebühren des Gerichts.** Das Zwischenurteil (Rn 6) sperrt eine spätere Gebührenermäßigung (s § 303 Rn 12).

§ 77 Urheberbenennung bei Eigentumsbeeinträchtigung

Ist von dem Eigentümer einer Sache oder von demjenigen, dem ein Recht an einer Sache zusteht, wegen einer Beeinträchtigung des Eigentums oder seines Rechts Klage auf Beseitigung der Beeinträchtigung oder auf Unterlassung weiterer Beeinträchtigungen erhoben, so sind die Vorschriften des § 76 entsprechend anzuwenden, sofern der Beklagte die Beeinträchtigung in Ausübung des Rechtes eines Dritten vorgenommen zu haben behauptet.

1 **§ 77 trifft zu**, wenn wegen Beeinträchtigung des Eigentums, die in anderer Weise als durch Entziehung oder Vorenthaltung des Besitzes erfolgt, § 1004 BGB, oder wegen Beeinträchtigung eines sonstigen dingl Rechts, zB einer Dienstbarkeit (§ 1027 BGB), geklagt wird. Durch § 77 wird nicht die Reichweite des materiell-rechtlichen Anspruchs erweitert (LG Baden-Baden NJOZ 2023, 335).

2 **§ 77 findet keine Anwendung** bei persönl Klagen auf Schadensersatz oder Feststellungsklagen. Die Benennung des Urhebers wird nicht dadurch ausgeschlossen, dass Benennender (Dienstverpflichteter) und Urheber (Dienstberechtigter) als Streitgenossen verklagt sind.

Titel 4
Prozessbevollmächtigte und Beistände (§§ 78-90)

Vorbemerkungen zu §§ 78-90

Lit: *Ahrens*, Berufsrecht für Rechtsanwälte, 2017; Beck'sches Rechtsanwalts-Hdb (Hrsg *Hamm*), 12. Aufl 2022; *Ewer*, Erste Gedanken und Schritte zu einer konzeptionellen Neuausrichtung des anwaltlichen Berufsrechts auf die gemeinschaftliche Berufsausübung, FS Prütting, 2018, S 927; *Fontana* Der Anwaltszwang im Zivilprozess – Grundlagen und Probleme, JA 2023, 409; *Gaier/Wolf/Göcken*, Anwaltliches Berufsrecht, 3. Aufl 2020; *Hartung/Scharmer*, Berufs- u Fachanwaltsordnung, 8. Aufl 2022; *Henssler/Prütting*, BRAO, 6. Aufl 2024; *Hollwitsch* Prozessvertretung durch juristische Hochschullehrer, NJ 2021, 253; *Kilian*, Die Rechtsdienstleistungsbefugnis ausländischer Anwaltsgesellschaften, BB 2021, 323; *Kleine-Cosack*, BRAO, 9. Aufl 2022; *Meier*, Professoren als Prozessvertreter – auch im Zivilprozess?, ZfPW 2022, 477; *Nierhoff*, Die Vertretung der öffentlichen Verwaltung in Verfahren der Zivilgerichtsbarkeit, NJW 2025, 543; *Schauer*, Die Rechtsanwalts-GmbH & Co. KG im Gesetzgebungsverfahren, NZG 2021, 473; *Schneider/Nitschke*, Postulationszwang im Güterichterverfahren, NJW-Spezial 2022, 155; *E. Schumann*, Der Of Counsel im deutschen Anwaltsrecht, FS H. Roth, 2021, S 1119; *Vollkommer/Greger/Heinemann*, Anwaltshaftungsrecht, 5. Aufl 2021.

1 **I) Arten von Vertretern im Prozess. 1) Gesetzlicher Vertreter einer Partei.** Bsp: Eltern, Vormund, Pfleger, Betreuer, Jugendamt als Beistand. Die Vertretungsmacht beruht hier auf dem Gesetz; s § 51; der Prozesspfleger des § 57 hat einstw die Stellung eines ges Vertreters. Die **Organe** von jur Personen (Vorstand, Geschäftsführer usw) haben die Stellung von ges Vertretern, s § 26 II 1 Hs 2 BGB (s § 51 Rn 4); das gilt auch für vertretungsberechtigte **Behörden** (s § 51 Rn 5);

2 **2) Bevollmächtigter Vertreter.** Dieser ist durch den Willen des Vertretenen auf Grund seiner Vollmacht zur Vertretung berufen, bei ProzVollmacht (§ 80) der ProzBev (s Rn 5). Hierher gehören auch die richterl beige-

ordneten Vertreter, soweit ihnen Prozessvollmacht erteilt wurde (BGHZ 60, 258); Fälle (vgl § 48 BRAO): PKH-Anwalt (§ 121, s § 121 Rn 12); Notanwalt (§§ 78b, 78c); auf einer Vollmacht des bevollmächtigten Vertreters beruht die Vertretungsmacht des **Untervertreters** (s § 78 Rn 8; § 81 Rn 6; § 157). Bev, die keine natürl Personen sind, handeln durch ihre Organe und mit der Prozessvertretung beauftragten Vertreter (vgl § 79 II 3; sa Rn 7);

3) Sonstige Vertreter. Für einzelne Prozesshandlungen bevollmächtigt sind die Terminsvertreter (§ 83 II), die Zustellungsbevollmächtigten (§ 184 ZPO, § 30 BRAO mWv 1.8.2021: Zugang zu beA), der GV in den Fällen der §§ 192, 193, 193a (BTDrs 19/31119, 4) bei der Zustellung (auch elektron Dokumente) (s § 192 Rn 1, 3), nicht dagegen bei der ZwV (s § 753 Rn 4; § 754 Rn 1 u 6; Gaul/S/B-E § 25 Rn 66 ff, str); 3

4) Abgrenzung. Der **Beistand** (vgl § 90; § 12 FamFG; § 23 II AGG) ist kein Vertreter (s § 90 Rn 1); nur noch übergangsrechtl aufrecht erhalten sind der **Kammerrechtsbeistand** (§ 3 I Nr 1 RDGEG iVm § 79 I 2, II 1, s BTDrs 19/20348, 69; sa Rn 7) und der frühere **Prozessagent** gem § 157 III aF (vgl § 3 II Nr 2 RDGEG iVm § 79 II 1). 4

II) Prozessvollmacht. 1) Wirksamkeitsvoraussetzungen. Ihre **Erteilung** ist Prozesshandlung (s näher § 80 Rn 5; zur Geltung der *lex fori* s § 80 Rn 3). Die wirksame Erteilung ist Prozesshandlungsvoraussetzung (BGHZ 111, 221 mN; BGH NJW 2007, 772, 773 Tz 12; s § 88 Rn 1), nicht Prozessvoraussetzung (RSchwab/Gottwald § 56 Rn 3; Klimke ZZP 122 [2009], 107). Wird sie während des Rechtsstreits unwirksam, so ist der nunmehr vollmachtlose Vertreter zurückzuweisen; gegen die dann säumige Partei kann VU ergehen. Die Prozessvollmacht ist in der **ZPO bes** geregelt (§§ 80-89), insb zum **Erlöschen** s § 86 Rn 1. Die Vorschriften des BGB über die Stellvertretung (§§ 164 ff BGB) sind nur ausnahmsweise anwendbar (näher s § 80 Rn 1, 4). Wirksames Vertreterhandeln setzt Postulationsfähigkeit voraus (zum Begriff s vor § 50 Rn 14; sa Rn 7); in Prozessen mit Anwaltszwang (§ 78 I) müssen sich die Parteien durch einen postulationsfähigen RA oder eine RA-Gesellschaft vertreten lassen (s § 78 Rn 6). Bei Verstoß ist Klageerhebung unwirksam: keine Verjährungshemmung (OLG Zweibrücken 4.12.2024 – 2 U 10/23; vor § 50 Rn 15). Die **Beiordnung** eines RA oder einer RA-Gesellschaft (s Rn 7) begründet noch kein Mandats- oder Vertretungsverhältnis iSd Rn 5, 6 (BGHZ 60, 258; sa Rn 2). 5

2) Außen- und Innenverhältnis. Bei der Vollmacht ist zu unterscheiden zwischen dem **Außenverhältnis** zum Gericht und zum Gegner (s näher § 87 Rn 2 u LAG Schleswig-Holstein 30.9.2019 – 5 Sa 157/19) und dem **Innenverhältnis** zwischen Vollmachtgeber und ProzBev (idR Geschäftsbesorgungsvertrag (§ 675 BGB) bzw Auftrag, Dienst- oder Werkvertrag). Ggü Mängeln des Innenverhältnisses ist die Prozessvollmacht grds abstrakt (BGH NJW 93, 1926; OLG Hamm NJW 92, 1175), anderes gilt bei Verstoß gegen ges Verbote (§ 134 BGB iVm RDG) und bei Sittenverstoß (§ 138 BGB; s näher § 80 Rn 1; allg zu Mängeln s § 88 Rn 1). Bei einem Gesellschaftsverhältnis ist die Prozessvollmacht häufig Bestandteil einer umfassenderen mat-rechtl Vollmacht, wie beim Prokuristen (§ 49 HGB), Handlungsbevollmächtigten (§ 54 HGB), Gesellschafter (§ 720 BGB); zur RA-Sozietät und sonstigen Zusammenschlüssen s Rn 7, § 80 Rn 6. Der Geschäftsbesorgungsvertrag zwischen dem RA (der Berufsausübungsgesellschaft) und seinem Mandanten wird durch das anwaltl Berufsrecht nach der (reformierten) **BRAO** (s oben „Lit") und der **Berufsordnung** und Fachanwaltsordnung für RA (s oben „Lit") mitgestaltet. Besonderheiten der Vertragsgestaltung bei berufl Zusammenarbeit von RA: s § 80 Rn 6. 6

III) Prozessbevollmächtigte. 1) Rechtsanwälte und Berufsausübungsgesellschaften. Der RA ist als freiberufl tätiges, unabhängiges Organ der Rechtspflege der berufene unabhängige Berater und Vertreter in allen Rechtsangelegenheiten (§§ 1-3 BRAO). **a) Interprofessionelle Zusammenarbeit.** Der **Zusammenschluss zur gemeinschaftl Berufsausübung** (Formen: s § 80 Rn 6) ist bereits (mit Einschränkungen) seit längerem mit Angehörigen weiterer rechts- u steuerberatender sowie wirtschaftsprüfender Berufe mögl (s §§ 59a, 59e BRAO aF bis 31.7.2022), dgl die Zulassung von RA-Gesellschaften (§§ 59c, 59g BRAO aF bis 31.7.2022). **§ 59a I 1 BRAO** war jedoch **mit Art 12 I GG unvereinbar**, soweit RA eine gemeinschaftliche Berufsausübung mit Ärzten oder Apothekern im Rahmen einer Partnerschaftsgesellschaft verboten wurde (BVerfG NJW 2016, 700, 708 Tz 94 f; nachfolgend BGH WM 2016, 1177). Das Ziel der Sicherung der Geheimhaltungsinteressen der Mandanten ist durch das **strafbewehrte Schweigegebot** dieser Berufsgruppen zu erreichen (BVerfG aaO; Kilian WuB 2016, 658; Kilian AnwBl 2016, 217 f). **§ 59c I Nr 4 BRAO** erlaubt nun – durch G v 7.7.2021 (BGBl I 2021, 2363) seit 1.8.2022 und über die Fälle von Nr 1-3 hinaus – **generell** die interprofessionale Zusammenarbeit von RA mit Personen, die einem **freien Beruf** (§ 1 II PartGG, Bsp: Mediatoren, s BTDrs 19/27670, 177 f) nachgehen, in einer **gemeinsamen Berufsausübungsgesellschaft** (§ 59b BRAO seit 1.8.2022; Zulassungspflicht iSv § 59f BRAO, mit Ausnahme für Mandatsgesellschaft wegen § 59e V BRAO 2024; Verzeichniseintrag iSv § 31 IV Nr 4 BRAO; Kanzleipflicht iSv § 59m I BRAO; § 59m V BRAO: Pflicht zur Schaffung einer inländischen Zweigniederlassung, s BTDrs 19/30516, 9, 49) bzw **RA-Gesellschaft** (Bezeichnung ist für entspr Mehrheitsverhältnisse reserviert, s § 59p BRAO, BTDrs 19/27670, 199), sofern dadurch nicht die Stellung des RA als unabhängiges Organ der Rechtspflege beeinträchtigt oder das Vertrauen in seine Unabhängigkeit gefährdet wird. Dies wollen § 59d/§ 59e BRAO durch besondere Berufspflichten der Gesellschafter (differenzierend nach anwaltlicher und nichtanwaltlicher Tätigkeit) bzw der Berufsausübungsgesellschaft sicherstellen (insb Schweigepflicht nach § 59d II BRAO); zur Beteiligung an einer Mandatsgesellschaft s § 59d VI u § 59e V BRAO 2024. **ProzBev** kann im Anwaltsprozess der (nicht notwendig selbst) postulationsfähige (s § 81 Hs 2) RA oder eine Berufsausübungs- bzw RA-Gesellschaft sein (§ 59l BRAO, s BTDrs 19/27670, 173 f, 196 f). – **b) Relevante Organisationsformen.** Als **RA-Gesellschaften** kamen früher nur in Frage: RA-Kapitalgesellschaften (GmbH, AG) und rechtsfähige Personengesellschaften ohne Rechtspersönlichkeit (PartG, 7

GbR/Sozietät), seit 19.7.2013 auch PartG mit beschränkter Berufshaftung (PartGmbB; s § 8 IV PartGG). Wegen der **Rechtsgrundlagen** war zu unterscheiden: RA-GmbH (§ 59l S 1, 3 BRAO aF); RA-AG (BGH NJW 2005, 1568; BGH ZIP 2006, 282, 284); PartG (§ 7 IV 1, 2 PartGG aF); RA-GbR/Sozietät (BGH NJW 2012, 2435). Für **Berufsausübungs-/RA-Gesellschaften** (§§ 59b, 59l BRAO) stehen seit 1.8.2022 **alle relevanten Gesellschaftsformen** offen, insb auch **Handelsgesellschaften** (zur OHG/KG s § 107 I, II HGB [nach MoPeG v 10.8.2021 seit 1.1.2024, BTDrs 19/27635, 223], und § 59b II Nr 1, 59p BRAO [seit 1.8.2022, BTDrs 19/27670, 130, 176 f; BTDRs 19/30516, 8, 9]; Schauer NZG 2021, 473, sa § 50 Rn 19). Liegen die für die Erbringung der rechtsbesorgenden Leistung vorgeschriebenen Voraussetzungen in der Person des für die RA-Gesellschaft handelnden Organs oder Vertreters (s Rn 2) vor, ist die **Berufsausübungs-/RA-Gesellschaft selbst postulationsfähig** (seit 1.8.2022 gilt **§ 59l BRAO:** ohne Beschränkung auf bestimmte Gesellschaftsformen, § 7 IV PartGG ist entfallen). Das gilt auch bei einer interprofessionell iSv § 59c I BRAO (S 1 Nr 2 u 3 geändert mWv 16.3.2023 durch G v 10.3.2023) zusammengesetzten *gemischten* Gesellschaft (BVerfG NJW 2014, 613 zu RA/Patentanwalt GmbH; BGH NJW 2013, 2674 zu RA/Arzt-PartG; sa Rn 10). **Gesellschafter** einer RA-Gesellschaft nach § 59c I BRAO aF konnten früher nur die in § 59e I 1 iVm § 59a I 1 BRAO aF genannten natürlichen Personen sein, nicht aber eine PartG (BGH NJW 2017, 1682; aA: BGHZ 148, 270 für § 52e I 1 PAO aF zu einer Anteile haltenden GbR; s dazu seit 1.8.2022: § 59i I 3 BRAO). Eine Öffnung für **RA-Konzerne** hatte früher nicht stattgefunden (krit zum Verbot der „Mehrstöckigkeit“ Römermann GmbHR 2017, 572; zum Vorschlag einer Zulassung der GmbH & Co KG als Berufsausübungsgesellschaft von RA s bereits Westermann NZG 2019, 1 ff; begrüßend Römermann NZG 2018, 1041 f). **§ 59i I BRAO** erlaubt nun seit 1.8.2022 **mehrstufige Berufsausübungsgesellschaften** (Bsp: RA-GmbH & Co. KG, s Schauer NZG 2021, 473), sofern mind ein RA persönlich Gesellschafter ist (§ 59b I 2 BRAO, BTDrs 19/27670, 191 f). Anwaltliche Mehrheitsverhältnisse (s früher § 59e II BRAO aF) sind dagegen nicht mehr gefordert. Jedoch kommen nur (durch die Kammer) *zugelassene* Berufsausübungsgesellschaften (§§ 59b ff BRAO) als Gesellschafter einer Berufsausübungsgesellschaft in Betracht. Nicht möglich ist weiter eine Beteiligung von Gesellschaften an Partnerschaftsgesellschaften (§ 1 I 3 PartGG, BTDrs 19/27670, 191). Für die inländische Tätigkeit **ausländischer Berufsausübungsgesellschaften** s Rn 8. – **Lit:** Dahns, Reform des Rechts der anwaltlichen Berufsausübungsgesellschaften, NJW-Spezial 2020, 766; NJW-Spezial 2021, 95; Günther, Reform des Berufsrechts der Rechts- und Patentanwälte, GRUR-Prax 2021, 191. – Zur **Abgrenzung:** Im *Parteiprozess* (§ 79 I 1) sind außer RA und RA-Gesellschaften (Regelfall: § 79 II 1) „nur“ noch bestimmte Personen (Verbände) vertretungsbefugt (iE s § 79 Rn 6 ff). Den RA in der mündl Verh vor dem AG (BGH NJW 2003, 3765) gleichgestellt sind *Rechtsbeistände*, die Mitglieder einer RA-Kammer sind (s Rn 4; § 78 Rn 6; § 79 Rn 5); sie sind von den früheren *Prozessagenten* gem § 157 III aF (zur Fortgeltung vgl § 3 II 1 Nr 2 RDGEG nF) zu unterscheiden (s Rn 4; § 79 Rn 5). Einen *Nichtanwalt* kann das Gericht unter den Voraussetzungen des § 79 III zurückweisen (s § 79 Rn 11). Zu Besonderheiten im Rahmen der EU s Rn 8.

7a **2) Syndikusanwälte.** Die früh berufsrechtl Stellung der Syndikusanwälte geriet durch BSG NJW 2014, 2743 ins Wanken (s Merkt NJW 2014, 2310). Das am 1.1.2016 in Kraft getretene **G zur Neuordnung des Rechts der Syndikusanwälte** v 21.12.2015 (BGBl I 2015, 2517; BTDrs 18/5201, 2: Beibehaltung der Befreiung von der Rentenversicherungspflicht; s zu Einzelheiten Pohlmann DB 2016, 1299; Hartmann/Horn DStR 2016, 972) hat zu einem Systemwechsel geführt. Die **frühere Doppelberufstheorie** ist aufgegeben worden (Henssler/Deckenbrock NJW 2016, 1345). Nach § 46 II, § 46a BRAO ist seitdem eine **spezielle Zulassung als Syndikusanwalt** vorgesehen (Entscheidung der RA-Kammer nach Anhörung des Trägers der Rentenversicherung, näher Römermann/Günther NZA 2016, 71, 73; sa BVerfG NZA 2016, 1069: zur Übergangsregelung des § 231 IV b S 5 SGB VI). Möglich ist sie auch für im öffentlichen Dienst tätige Syndikusrechtsanwälte (BGH 14.1.2019 – AnwZ (Brfg) 25/18: kein Verstoß gegen § 7 Nr 8 BRAO). Für die Zulassung iSv § 46a I BRAO muss die Tätigkeit den Vorgaben von § 46 II-V BRAO entsprechen. Die anwaltliche Tätigkeit in Angelegenheiten des Arbeitgebers muss prägend sein (zur Prägung iSv § 46 III BRAO s BGH NZA 2021, 207. GmbH-Geschäftsführer kann damit mangels Arbeitsverhältnis iSv § 46 II, III BRAO nicht Syndikusrechtsanwalt werden (BGH NJW 2025, 584; Özman NJW 2025, 546). Die Betreuung von **Rechtsangelegenheiten von Dritten** (etwa Arbeitgeberkunden) stand früher der Zulassung entgegen, § 46 V Nr 3 BRAO, s BGH WM 2018, 2001 Tz 36, 37; BGH WM 2020, 1648; vgl auch noch BTDrs 19/27670, 170 f; anders nun **§ 46 VI BRAO** mWv 1.8.2022; s dazu BTDrs 19/30516, 8, 47: Rechtsdienstleistungen nach RDG, die nicht RA vorbehalten sind, werden gestattet). Zu Einzelheiten der fachlichen Unabhängigkeit nach § 46 III BRAO s BGH NJW 2017, 2835 u Dahns NJW-Spezial 2025, 318. Keine Zulassungspflicht soll für **Alt-Syndizi** mit gültigem Befreiungsbescheid bestehen (so Henssler/Deckenbrock NJW 2016, 1345; Grunewald NJW 2017, 3629 f; Posega DStR 2017, 2680). Von ihrer Tätigkeit freigestellte Betriebsratsmitglieder erhalten trotz § 78 S 2 BetrVG keine Zulassung (BGH NJW 2018, 791 [Rolfs]). Ein (partielles) Vertretungsverbot folgt für Verf mit Anwaltszwang aus § 46c II BRAO (s BTDrs 18/5201, 21; Römermann/Günther NZA 2016, 71, 74). Syndikusanwälte dürfen sich nach § 53 I 1 Nr 3 Hs 2 StPO nicht (mehr) auf ein Zeugnisverweigerungsrecht stützen (krit Siegmund MDR 2016, 374; Hustus NStZ 2016, 65). Vgl speziell zum Schadensanwalt Theus BB 2017, 73. Für eine Anwendung von § 46 II BRAO auf Rechtsanwälte bei steuerberatenden und wirtschaftsprüfenden Gesellschaften spricht sich Posegga NJW 2016, 1911, aus. Für den Erwerb der Fachanwaltsbezeichnung durch Syndikusanwälte s Posegga DStR 2025, 914. Zur Frage, inwieweit ein Verbandsvertreter mit Anwaltszulassung, der nicht als Syndikusrechtsanwalt zugelassen ist, verpflichtet ist, den **ERV** zu nutzen, s BAG NZA 2023, 1351 = MDR 2024, 177.

3) Europäische Rechtsanwälte und RA-Gesellschaften. Rechtsgrundlagen: Seit 14.3.2000 gilt das G zur Umsetzung von RL der EG auf dem Gebiet des Berufsrechts der Rechtsanwälte, hier: **EuRAG** (Kommentierung: Gaier/Wolf/Göcken, Anwaltliches Berufsrecht, 3. Aufl 2020). **Unterscheidungen: Europ RA** sind EU-Angehörige, die in einem Mitgliedstaat den Rechtsanwaltsberuf unter der Bezeichnung ihres Herkunftsstaats auszuüben berechtigt sind (§ 1 EuRAG iVm Anl zu § 1 EuRAG). **Niedergelassener europ RA** ist der in die für den Ort seiner Niederlassung zuständige Rechtsanwaltskammer aufgenommene europ RA (§ 2 I EuRAG). **Dienstleistender europ RA** ist der vorübergehend (zum Begriff: BVerfG NJW 2014, 619) u gelegentlich in Deutschland die Tätigkeit eines RA ausübende europ RA (§ 25 I EuRAG; abl OLG Köln ZInsO 2020, 418: bei Vielzahl gerichtlicher Verfahren; krit Kämmerer DStR 2020, 742). **Vertretung durch europ RA**. Als Mitglieder einer RA-Kammer üben europ RA die Tätigkeit eines RA unter der Berufsbezeichnung des Herkunftsstaates aus (§ 2 I EuRAG); ihre Rechtsstellung richtet sich im Wesentl nach der BRAO (§§ 3 ff BRAO). Nach idR **mindestens 3-jähriger Tätigkeit** kann der niedergelassene europ RA unter bestimmten Voraussetzungen (oder mit dem Bestehen einer Eignungsprüfung) zur Rechtsanwaltschaft zugelassen werden (§§ 11-24 EuRAG; zu den Auswirkungen des **Brexit** s § 4 II 1 EuRAG mWv 1.1.2021: Widerrufsmöglichkeit bei Verlust des Status als europ RA für „Advocate", „Barrister" und „Solicitor", BTDrs 19/20348, 34, 67). Der dienstleistende europ RA hat im Zusammenhang mit der Vertretung eines Mandanten im Bereich der Rechtspflege die Stellung eines RA, insb dessen Rechte und Pflichten, soweit diese nicht die Zugehörigkeit zu einer RA-Kammer sowie die Kanzlei betreffen (§ 27 I 1 EuRAG); von der Vertretung vor dem BGH ist er ausgeschlossen (§ 27 I 2 EuRAG). § 27 III EuRAG sieht die Verpflichtung zum **Abschluss einer Berufshaftpflichtversicherung** vor. Mit dem **„besonderen elektronischen Anwaltspostfach"** beschäftigt sich § 27a EuRAG (sa § 78 Rn 17). In Verf mit Anwalts-(Vertretungs-)Zwang darf er nur im Einvernehmen mit einem RA (Einvernehmensanwalt) handeln, der bei dem Gericht zur Vertretung befugt ist (§ 28 I, II 1 EuRAG; BGH NJW 2025, 2165 Tz 20 f; zur Postulationsfähigkeit s § 78 Rn 6 [b aE]). Zwischen Einvernehmensanwalt und Mandanten besteht idR kein Vertragsverhältnis (§ 28 III EuRAG). Dem Einvernehmensanwalt obliegt, auf die Beachtung der Erfordernisse einer geordneten Rechtspflege hinzuwirken. Das Einvernehmen ist bei der 1. Handlung ggü dem Gericht schriftl nachzuweisen (§ 29 I EuRAG; keine bes Anforderungen: s § 78 Rn 6 [b aE]); fehlt der Nachweis, ist die Handlung unwirksam (§ 29 III EuRAG); eine nachträgl Heilung scheidet aus (BFH DStR 99, 1564 zu § 4 RADG; zur Anwendung des Meistbegünstigungsgrundsatzes jedoch BGH NJW 2025, 2165 Tz 20, 25 f). Bei Tätigwerden vor Gerichten hat der europ RA einen (inländischen) RA als Zustellungsbevollmächtigten zu benennen (§ 31 I EuRAG), der auch der Einvernehmensanwalt sein kann (iE § 31 II EuRAG). Die Eintragung als RA in anderem Mitgliedstaat nach kurzer Zulassung ist mit europ Recht vereinbar (EuGH NJW 2014, 2849 Tz 49). Eine voraussetzungslose Zulassung ausländischer RA wird durch europ Recht nicht verlangt (OLG Dresden NJOZ 2018, 500). Eine ges Regelung für die Betätigung EU-ausl **RA-Gesellschaften** im Inland fehlte bisher (Henssler NJW 2009, 950, 952 ff: Schließung der Regelungslücke durch allg Grundsätze). Im Einzelfall wird iZw die Vollmacht für die ausl RA-Gesellschaft *zugleich* die Bevollmächtigung des handelnden (postulationsfähigen) inländischen Vertreters umfassen (BGH MDR 2009, 822, iE str). **Bsp:** RA-LLP (BGH NJW 2009, 3162, dazu Henssler NJW 2014, 1761). Eine **Teilkodifikation** gibt es in **§ 59b II Nr 2, 3, § 59p BRAO** seit 1.8.2022 (Gesellschaftssitz innerhalb der EU; Gründungstheorie; § 59m V BRAO ordnet für RA-Gesellschaft Pflicht zur Schaffung inländischer Zweigniederlassung an, s BTDrs 19/30516, 9, 49) sowie für sog Auslandsgesellschaften in **§ 207a BRAO** seit 1.8.2022 (Gesellschaftssitz außerhalb der EU, BTDrs 19/27670, 176; BTDrs 19/30516, 10; dazu Dahns NJW-Spezial 2025, 382) (s zu den **Brexit-Folgen** Henssler NJW 2021, 503 Tz 20: von der UK-LLP geschlossener Mandatsvertrag wegen Kompetenzüberschreitung unwirksam; keine Postulationsfähigkeit der UK-LLP für Übergangszeit; aA Hartung/Uwer EuZW 2020, 1007: unproblematisch zulässig; Kilian BB 2021, 323: mit Vergleich zu (zulässigen) US-LLPs). Im Falle von § 207a BRAO ist die Bezeichnung als RA-Gesellschaft (s § 59p BRAO) zum Schutz vor Irreführung ausgeschlossen (s BTDrs 19/27670, 239 f). – **Lit:** Ahrens ZZP 115 (2002), 281; Henssler NJW 2021, 503; Schnabl AnwBl 2010, 394. – **Ausl RA** aus WTO-Staaten: §§ 206, 207 BRAO seit 1.8.2022 (G v 7.7.2021, BGBl I 2021, 2363); zu Berufsausübungsgesellschaften s § 207a BRAO (BTDrs 19/27670, 238 f; II 3 angef mWv 16.3.2023 durch G v 10.3.2023; VII 2 angef mWv 26.10.2024 durch G v 22.10.2024). 8

IV) Andere Rechtsvertreter. Außer den in Rn 7-8 genannten Personen und Gesellschaften sind im ZP grds keine anderen Bevollmächtigten vertretungsbefugt. IE gilt für „andere" Rechtsvertreter: 9

1) Patentanwälte und Berufsausübungsgesellschaften. Sie können als Vertreter der Parteien vor dem deutschen Patent- und Markenamt oder dem Bundespatentgericht auftreten, vor Schiedsgerichten und Verwaltungsbehörden (§ 3 II Nr 2, III Nr 2 PAO seit 1.8.2022 (s BTDrs 19/27670, 45, 245 f), in Verf wegen Erklärung der Nichtigkeit oder Zurücknahme des Patents oder wegen einer Zwangslizenz auch vor dem BGH (§ 3 II Nr 3 PAO; § 113 PatG) sowie bei der Verlängerung der Schutzfrist eines Designs vor dem AG (§ 3 III Nr 2 PAO). In sämtl Rechtsstreitigkeiten, in denen ein gewerbl Schutzrecht, ein Design, eine nicht geschützte Erfindung oder eine sonstige die Technik bereichernde Leistung, ein Sortenschutzrecht oder eine nicht geschützte Leistung auf dem Gebiet der Pflanzenzüchtung Streitgegenstand oder entscheidungserhebl ist, ist der Patentanwalt auf Antrag als *Beistand* der Partei zuzulassen (vgl § 4 I, II PAO); im Parteiprozess (§ 79 I) kann er insoweit auch *Bevollmächtigter* sein (§ 4 III PAO). **Interprofessionelle Berufausausübungsgesellschaften** sind mWv 1.8.2022 unter den Voraussetzungen von §§ 52b, 52c PAO gestattet (BTDrs 19/27670, 257 f; zur interprofessionellen GmbH s bereits BVerfG NJW 2014, 613; sa Rn 7). 10

11 **2) Steuerberater, Steuerbevollmächtigte und Berufsausübungsgesellschaften (mit anderen Berufen).** Sie sind zur geschäftsmäßigen Hilfeleistung in Steuersachen befugt (§ 3 Nr 1, §§ 49 ff StBerG seit 1.8.2022; s BTDrs 19/27670, 275); dies gilt auch für **Wirtschaftsprüfer**, WP-Gesellschaften (§§ 1, 2 II, §§ 27 ff WPO; sa BTDrs 19/27670, 324), vereidigte Buchprüfer und Buchprüfungsgesellschaften (§ 3 Nr 3 StBerG); mitumfasst ist eine damit in *Zusammenhang* stehende (allg) Rechtsdienstleistungstätigkeit, die als Nebenleistung zum Berufs- oder Tätigkeitsbild des StB, Steuerbevollmächtigten oder Wirtschaftsprüfers gehört (vgl § 5 I RDG). Im verwaltungs- u finanzgerichtl Verf sind StB, Steuerbevollmächtigte u Wirtschaftsprüfer u deren Vereinigungen (Berufsausübungsgesellschaft, WP-Gesellschaft) auch als Bevollmächtigte und Beistände zugelassen (§ 67 II Nr 3, VII VwGO; § 62 II, VII FGO).

12 **3) Verbandsvertreter.** Rechtsdienstleistungen von Berufs- u Interessenvereinigungen, von Genossenschaften für ihre Mitglieder sowie Verbraucherzentralen und mit öffentl Mitteln geförderten Verbraucherverbänden sind außergerichtl in erhebl Umfang erlaubt (§§ 7, 8 I Nr 4 RDG). Im ZP (Parteiprozess) zur Vertretung zugelassen sind nur **Verbraucherzentralen** u **Verbraucherverbände** (§ 79 II 2 Nr 3 u s § 79 Rn 8); weiter gehend ist eine Verbandsvertretung für ihre Mitglieder in den übrigen VerfOrdnungen zugelassen; das gilt insb für Gewerkschaften und Vereinigungen von Arbeitgebern u Zusammenschlüssen solcher Verbände oder Zusammenschlüssen mit vergleichbarer Ausrichtung (§ 11 II 2 Nr 4 ArbGG; § 73 II 2 Nr 7 SGG; § 67 II 2 Nr 5 VwGO; § 62 II 2 Nr 6 FGO).

13 **4) Öffentliche u öffentlich anerkannte Stellen.** Dazu gehören ua Behörden und jur Personen des öffentl Rechts u deren Zusammenschlüsse, Verbände der freien Wohlfahrtspflege u Antidiskriminierungsverbände (§ 8 I RDG); ihnen sind Rechtsdienstleistungen erlaubt. **Bsp:** Beistandschaft des *Jugendamts* gem §§ 1712 ff BGB, insb bei der Geltendmachung von Unterhaltsansprüchen (s § 173 FamFG); Schuldnerberatung durch *Schuldnerberatungsstelle* (vgl § 11 IV SGB XII). Für die Vertretung von Behörden oder jur Personen des öffentl Rechts besteht ein Behördenprivileg (s Nierhoff NJW 2025, 543, 545 f u § 79 Rn 6, 10).

14 **5) Referendare.** Zu unterscheiden sind der bei einem RA im Vorbereitungsdienst beschäftigte Referendar (§ 5b DRiG, § 59 BRAO) und andere Referendare (s § 157 Rn 1). Der Stationsreferendar kann den RA als Unterbev in der Verh in Fällen vertreten, in denen eine Vertretung durch einen RA nicht geboten ist (§ 157), so vor dem AG (§ 79); er kann vor dem LG die Ausführung der Parteirechte übernehmen (§ 90 S 2 iVm § 157). Auch andere Referendare können gem § 53 II 2 BRAO für einen bestimmten Zeitraum zum Vertreter bestellt werden (Gruschwitz DRiZ 2012, 239; St/Jacoby Rn 79, 86, sa § 78 Rn 7; § 85 Rn 18 [bb]). Eine weiter gehende Vertretungstätigkeit ist ausgeschlossen (§ 79 II 2: „nur"; ebenso zum früh Rechtszustand BVerfG NJW 2005, 966). – **Lit:** Breßler JuS 2004, 307.

15 **6) Hochschullehrer.** Soweit nicht Rechtslehrer an dt Hochschulen ausdrückl als ProzBev und Beistände zugelassen sind (so gem § 138 I StPO [dazu BGH – StS – NJW 2003, 3573], § 67 II, IV 3 VwGO, § 73 II, IV 2 SGG, § 22 I 1 BVerfGG), sind sie nicht als Bev vertretungsbefugt (so BVerwG NJW 88, 220; 97, 2399; VGH Mannheim NJW 91, 1196; St/Jacoby Rn 86, str; aA Meier ZfPW 2022, 477, 499: Verstoß gegen Berufsfreiheit; Hollwitsch NJ 2021, 253); eine gewohnheitsrechtl Vertretungsbefugnis auf dem Gebiet des Zivilprozesses besteht nicht (BVerfG NJW 88, 2535; VGH München NJW 88, 2553; Willms NJW 87, 1302; OLG Chemnitz NJW 87, 2421, str; sa § 91 Rn 13.44; zu Recht kritisch Braun, Lb d Zivilprozessrechts, 2014, S 380: „Absurdität"; näher Schumann FS H. Roth, 2021, S 1119, 1139 f); die Möglichkeit einer Zulassung als RA besteht für ihn als Beamter nicht (§ 7 Nr 10, § 14 II Nr 5, § 47 BRAO; BGHZ 92, 1; BGH NJW-RR 95, 888); zur möglichen Tätigkeit als „Of Counsel" s Schumann FS H. Roth, 2021, S 1119, 1144 f.

16 **V) Außergerichtliche Vertretung als Rechtsdienstleistung.** Soweit nach dem **RDG** die Erbringung von „Rechtsdienstleistungen" (§ 2 RDG) zulässig ist (**Verbot mit Erlaubnisvorbehalt** gem § 3 RDG), sind sie auf den außergerichtl Bereich beschränkt (§ 1 I RDG), dh der Rechtsdienstleister muss sich im Prozess eines RA bedienen. Der Inkassobegriff nach § 2 II 1 RDG mWv 1.10.2021 erfasst aber auch die rechtl Prüfung und Beratung (BTDrs 19/27673, 39). Die Nichtigkeit des auf eine nicht erlaubte Rechtsdienstleistung gerichteten Geschäftsbesorgungs-(Dienst-)vertrags (§ 134 BGB) soll sich auch auf das Verfügungsgeschäft (BGH NJW 2014, 847 Tz 31; krit wegen der Abstraktheit Stadler VuR 2021, 123, 125 f u vor § 50 Rn 55) und auf die Vollmacht erstrecken (s § 80 Rn 1). **Bsp:** über eine bloße „Nebenleistung" (sa § 5 I RDG mWv 1.10.2021) hinausgehende Unfallschadensregulierung durch gewerbl Unternehmer (s näher BGH NJW 2012, 1005; Römermann NJW 2011, 3061); unter den gleichen Voraussetzungen Hilfen bei Umschuldung durch Finanzdienstleister (s BGH NJW 2012, 1589); **Inkassozession** von Forderungen aus Versicherungsverträgen (BGH NJW 2014, 847) und von Forderungen aus Verkehrsunfällen (BGH NJW 2015, 397). Durch Einschaltung eines RA kann der Dienstleister das Verbot gem § 3 RDG nicht umgehen (zum RBerG BGH NJW 2012, 2435 Tz 34; krit Kleine-Cosack NJW 2010, 1553). Zu Verstößen **prozessfinanzierender Rechtsdienstleister** („myRight"; „Legal Tech"-Modelle) gegen § 134 BGB iVm §§ 3, 4 RDG s näher vor § 50 Rn 55 (sa LG München I EuZW 2020, 279 – LKW-Kartell: Vorgehen unzulässig, sofern nicht außergerichtliche Tätigkeit im Vordergrund steht; großzügiger im Einzelfall BGH NJW 2020, 208 – Mietpreisrechner; BGH NZG 2021, 1175; BGH NJW-RR 2024, 14; Stadler VuR 2021, 123, 125 f; krit Prütting ZIP 2020, 49). Das **„Gesetz zur Förderung verbrauchergerechter Angebote im Rechtsdienstleistungsmarkt"** v 10.8.2021 (BGBl I 2021, 3415; BTDrs 19/27673, 7, 39 f; BTDrs 19/30495, 7) stärkt **seit 1.10.2021** „Legal Tech"-Angebote, insb auch mit § 4 S 2 RDG, s näher vor § 50 Rn 55; krit dazu Prütting ZIP 2021, 269, 272, s § 79 Rn 9a. – **Lit:** Grunewald/Römermann (= BeckOK), RDG, 2019.

§ 78 Anwaltsprozess

(1) [1]Vor den Landgerichten und Oberlandesgerichten müssen sich die Parteien durch einen Rechtsanwalt vertreten lassen. [2]Ist in einem Land auf Grund des § 8 des Einführungsgesetzes zum Gerichtsverfassungsgesetz ein oberstes Landesgericht errichtet, so müssen sich die Parteien vor diesem ebenfalls durch einen Rechtsanwalt vertreten lassen. [3]Vor dem Bundesgerichtshof müssen sich die Parteien durch einen bei dem Bundesgerichtshof zugelassenen Rechtsanwalt vertreten lassen.

(2) Behörden und juristische Personen des öffentlichen Rechts einschließlich der von ihnen zur Erfüllung ihrer öffentlichen Aufgaben gebildeten Zusammenschlüsse können sich als Beteiligte für die Nichtzulassungsbeschwerde durch eigene Beschäftigte mit Befähigung zum Richteramt oder durch Beschäftigte mit Befähigung zum Richteramt anderer Behörden oder juristischer Personen des öffentlichen Rechts einschließlich der von ihnen zur Erfüllung ihrer öffentlichen Aufgaben gebildeten Zusammenschlüsse vertreten lassen.

(3) Diese Vorschriften sind auf das Verfahren vor einem beauftragten oder ersuchten Richter sowie auf Prozesshandlungen, die vor dem Urkundsbeamten der Geschäftsstelle vorgenommen werden können, nicht anzuwenden.

(4) Ein Rechtsanwalt, der nach Maßgabe der Absätze 1 und 2 zur Vertretung berechtigt ist, kann sich selbst vertreten.

Lit: S das vor § 78 genannte Schrifttum.

I) Allgemeines. 1) Gesetzgebungsgeschichte: Deregulierung des Anwaltszwangs. In der Vergangenheit ist die frühere Verknüpfung des verfahrensrechtl Vertretungszwangs (vgl § 78 I aF: *„bei dem Prozessgericht zugelassenen RA als Bev"*) mit dem berufs- *und* verfahrensrechtl Lokalisierungsgrundsatz (§ 18 BRAO aF) schrittweise beseitigt worden (**Deregulierung des Anwaltszwangs** v 1999-2007; s näher 29. Aufl). Ebenso wurde das grundsätzl *Verbot der Simultanzulassung* beim OLG (§§ 25, 226 II BRAO aF) durch das BVerfG für unwirksam erklärt (NJW 2001, 353). Der Gesetzgeber hat in Folge den Anwaltszwang in 1. und 2. Instanz angeglichen (vgl **I 1:** „LG und OLG"). S näher zur (älteren) Gesetzgebungsgeschichte **33. Aufl.** Die „Vertretung durch einen RA" in **FamSachen** ist mWv **1.9.2009** (FGG-RG) in § 114 I-IV FamFG kodifiziert worden (Verf im Allg: s § 10 IV 1 FamFG). 1

2) Anwaltszwang vor dem BGH. Unverändert geblieben ist der Anwaltszwang vor dem **BGH (I 3)**, s dazu Nassall JZ 2009, 1086. Die – bei anderen obersten Gerichten nicht bekannte – *„Singularzulassung"* beim BGH (vgl §§ 164 ff BRAO; zu den fachlichen Anforderungen s BGH AnwBl 2016, 600) ist nicht verfassungswidrig (BVerfG MDR 2003, 118; BVerfG NJW 2017, 2670; BGH NJW-RR 2014, 174; BGH 14.1.2016 – IX ZB 76/15; BGH 9.8.2017 – IX ZB 30/17; BGH 23.7.2020 – I ZR 73/20 Tz 10 f; BGH 10.1.2023 – II ZR 145/22 Tz 4; auch nicht konventionswidrig: EGMR NJW 2008, 2317), aber rechtspolitisch umstr (s Baumert NJ 2016, 402, 404: „überholtes Weltbild bei der Singularzulassung"). Nach **§ 173a BRAO** dürfen beim BGH zugelassene RA seit 1.8.2022 nur untereinander eine Berufsausübungsgesellschaft (BTDrs 19/27670, 230: Erweiterung auf Kapitalgesellschaften; Vertretung: § 59l BRAO seit 1.8.2022) eingehen. 2

3) Terminologie. Seit dem 1.6.2007 gibt es keinen *bei (einem) Gericht* zugelassenen RA mehr (einzige Ausnahme gem **I 3:** RA beim BGH); auch der Begriff „zugelassener RA" ist an sich entbehrl, da die Zulassung zur RAschaft für die Stellung als RA konstitutiv ist (§ 12 III, IV BRAO). 3

II) Anwaltsprozess und Anwaltszwang. 1) Begriff, Arten und Grenzen des Anwaltszwangs. a) Anwaltszwang ist die Notwendigkeit der Vertretung (idR nur) der Parteien (iE s Rn 15) durch einen RA (s Rn 6); er ist ein Unterfall des *Vertretungszwangs*, bei dem Vertretung durch einen Anwalt oder einen sonstigen bes qualifi- 4 zierten Vertreter (Bsp: Verbandsvertreter gem § 79 II 2 Nr 3; Behördenvertreter gem II, § 79 II 2 Nr 1; sa Rn 6, 14) vorgeschrieben bzw zugelassen ist. Im Gegensatz zum **Anwaltsprozess** (vgl Überschrift § 78) mit Anwaltszwang steht der **Parteiprozess**, in dem die Parteien den Rechtsstreit selbst führen (§ 79 I 1) oder sich durch einen RA oder einen vertretungsbefugten Bev vertreten lassen können (§ 79 II). Besteht kein Anwaltszwang, handelt es sich auch dann um einen Parteiprozess, wenn beide Parteien im Prozess durch RA vertreten sind (s § 79 Rn 2). Im Anwaltsprozess fehlt der Partei die **Postulationsfähigkeit** (Begriff: s vor § 50 Rn 14), die allein dem Vertreter gem Rn 6 ff zukommt (aber s Rn 16). Jedoch ist die Partei selbst nicht von der **Mitwirkung** am Verf ausgeschlossen (s näher unten c). – **b) Arten.** Beim **einfachen Anwaltszwang** müssen sich die Parteien durch (irgend) einen RA als Bev vertreten lassen (vgl **I 1**). Beim **qualifizierten Anwaltszwang** ist die Vertretung durch einen beim Prozessgericht zugelassenen RA notwendig, was nur noch beim BGH vorgesehen ist (**I 3**; sa Rn 2). Beim **BGH** zugelassene RAe können im Wesentl nur bei diesem Gericht auftreten (§ 172 BRAO), ferner auch zB beim EuGH (BGH NJW 2012, 2118). Der umfassenden Postulationsfähigkeit beim einfachen Anwaltszwang entspricht die beschränkte Postulationsfähigkeit beim qualifizierten Anwaltszwang (zum Zulassungserfordernis gem §§ 164 ff BRAO näher s Rn 6 [c]). Eine Ausnahme besteht im Rahmen von **II** (s Rn 15a). – **c) Grenzen.** Der Anwaltszwang bedeutet nicht den Ausschluss der **Partei** von der **Mitwirkung am Verf** (vgl RSchwab/Gottwald § 53 Rn 21: nicht mundtot). Sie ist im Innenverhältnis weiter Herr des Verf (BGHZ 8, 235, 237; BGHZ 129, 108, 110; LAG Schleswig-Holstein 30.9.2019 – 5 Sa 157/19). Die Partei verfügt über zahlreiche Erklärungs-, Kontroll- und Korrekturrechte (eingeh Stackmann JuS 2008, 509). Sie kann in der mündl Verh neben ihrem RA das Wort verlangen (§ 137 IV) und so ihr Gehörsrecht (Art 103 I GG) auch persönl ausüben. Sie kann insb Erklärungen zu Tatsachen abgeben (§ 137 IV, § 279 III), selbst Tatsachenbehauptungen aufstellen (§ 142) und insoweit auch Geständnisse abgeben (§ 288 I; BGHZ 8, 235, 237; BGHZ 129, 108, 112, str; sa Rn 16, § 288 Rn 3c, 5; vgl zum Anerkenntnis in der Revisionsinstanz BGH WM 2014, 1553; BGH WuB 2015, 605), weiter Geständnisse und Tatsachenbehauptungen ihres ProzBev sofort widerrufen oder – auch später – berichtigen (§ 85 I 2, s § 85 Rn 7-9); sie kann auch selbst Urkunden vorlegen (§ 134; s Rn 30). Im Rahmen der Prüfung vAw kann sich die Partei von sich aus mit „Rügen“ und „Anregungen“ unmittelbar an das Gericht wenden (s Rn 26a; § 56 Rn 5). Das Gericht soll die Partei zuziehen und persönl anhören (§ 278 II 3), in der Beweisaufnahme kann es ihr das Fragerecht gestatten (§ 397 II). Es kann ihr persönl Erscheinen anordnen; dann besteht eine Pflicht zum Erscheinen (§§ 141, 273 II Nr 3, IV). Soweit die Partei selbst handeln kann, ist sie auch postulationsfähig und von ihrem ProzBev unabhängig (s Rn 16). Die tatsächl Angaben der Partei können die Grundlage der richterl Verhandlungs- und Beweiswürdigung bilden (§ 286; RSchwab/Gottwald § 53 Rn 21). – **d) Sonstiges. Prüfung** der Postulationsfähigkeit: s Rn 6, 11; **Fehlen** der Postulationsfähigkeit: s Rn 6, 12. – Eine **Pflicht zur Belehrung** über den Anwaltszwang wird verneint (BGH NJW 2002, 3410; BGH NJW-RR 2005, 1726; zweifelhaft, s Rn 12 [c]).

5 **2) Bedeutung. a) Zwecke des Anwaltszwangs.** Der Anwaltszwang dient einer geordneten Rechtspflege und liegt zugleich im Interesse der Prozessparteien (sa BGH NJW-RR 2005, 1237; Heiß ZZP 128 [2015], 109; rechtsvergleichend Graef ZRP 1995, 450 ff). Verfahrensbezogene Zwecke sind ua: Prozessvorbereitung und Prozessverhütung; Filterung und Aufbereitung des Prozessstoffes in tatsächl und rechtl Hinsicht (strukturierte Schriftsätze; Beibringungsgrundsatz!); effektive Mündlichkeit der Verh; Herstellung von Chancengleichheit zwischen den Parteien; Förderung der gütl Streitbeilegung. Parteibezogene Zwecke sind der Schutz der Parteien vor Rechtsverlusten durch unsachgemäße Prozessführung, vor Fehlentscheidungen durch Gerichte (s § 1 III BORA) und die Kontrolle des gerichtl Verf, Warn-, Beratungs- und Kontrollfunktion (MskV/Weth Rn 1; Meier ZfPW 2022, 478; teilw krit Stürner JZ 86, 1090 f; Stackmann JuS 2008, 509; Bsp: BGH NJW 2009, 987, 988 Tz 14; BGH MDR 2012, 928 Tz 8). – **b)** Der Anwaltszwang bildet eine **wesentl Verfahrensgarantie** des sog Anwaltsprozesses (s oben a). – **c) Anwaltszwang als „formale Ordnungsvorschrift“**. Der Zweck des Anwaltszwangs verbietet Ausnahmen im Einzelfall mit der Begründung, dass die konkrete Verfahrensgestaltung eine Anwaltsmitwirkung erübrige; als formale Ordnungsvorschrift ist § 78 vielmehr strikt anzuwenden (BGHZ 86, 163; BGH NJW 2000, 3357; BGH 23.7.2020 – I ZR 73/20 Tz 15; BGH NJW 2025, 2165 Tz 20, 24 f; Schilken GS M. Wolf, 2011, S 549). Das bedeutet freilich keine „starre“ bzw „überspitzte“ Durchführung des Anwaltszwangs (BGHZ 14, 210, 212; BGH NJW 2001, 1581; BGH NJW-RR 2012, 8); in Zweifelsfragen ist eine Berücksichtigung der Zwecke des Anwaltszwangs und prozessökonomischer Gesichtspunkte bei der wertenden Bestimmung seines Umfangs geboten (zutr BGHZ 14, 211; BGH NJW 2015, 557 Tz 5; BGH NJW-RR 2012, 8; BGH NJW-RR 2014, 831 Tz 5, 8; Nobbe WuB 2015, 605; Bsp: s Rn 19 f; nicht genügend beachtet von BGH NJW 2000, 3357).

6 **3) Postulationsfähigkeit des Anwalts und von Berufsausübungsgesellschaften. a) Postulationsfähigkeit des RA als ProzBev.** Postulationsfähig (Begriff: s vor § 50 Rn 14) sind in Verf mit Anwaltszwang nur zur Vertretung vor dem ProzGericht befugte **RA**; eine Ausnahme besteht, soweit die Partei selbst handeln kann (s Rn 4 [c], 16). Postulationsfähig in Verf vor dem **LG** und **OLG** ist *jeder* RA (**I 1**). Die Regelung für das Verf vor einem **obersten Landesgericht** (**I 2**) ist nach Wiedererrichtung des BayObLG zum 15.9.2018 (GVBl 2018, 545) erneut praxisrelevant. Postulationsfähig in Verf vor dem **BGH** sind nur die beim BGH zugelassenen RA (**I 3**; §§ 164 ff, § 172 BRAO). Die Postulationsfähigkeit vor dem LG u OLG beginnt in vollem Umfang mit der **Zulassung zur Rechtsanwaltschaft** (§ 6 I, § 12 I BRAO) u endet mit deren Erlöschen (vgl § 13 BRAO). Ehemalige RA sind nicht postulationsfähig, auch nicht im Fall des § 17 II BRAO (sa Rn 37). Die Postulationsfähigkeit ist „horizontal“ – dh auf der Ebene gleichgeordneter Prozessgerichte – nicht begrenzt („ubiquitär“) und kennt auch „verti-

kal" – dh im Instanzenzug – außer beim BGH keine Schranken. Bei einem Wechsel des Prozessgerichts in gleicher (zB bei § 281) oder höherer Instanz (zB bei § 511) besteht keine Notwendigkeit eines Anwaltswechsels (zur früheren Rechtslage s Rn 2). Eine Ausnahme besteht für das Verf mit dem **BGH** als Prozessgericht (**I 3**). Revision (§ 542), NZB (§ 544) und Rechtsbeschwerde (§ 574) sind jew samt ZwV-Schutzanträgen (§§ 719, 544 VII 2) durch einen beim BGH zugelassenen RA einzulegen (BGH NJW 2016, 1827; BGH NJW-RR 2019, 72; BGH 27.5.2020 – I ZB 5/20; BGH 18.7.2022 – V ZB 22/21 Tz 5; sa Rn 14; § 575 Rn 4). Die Regelung gem §§ 164-170 BRAO ist nicht verfassungswidrig (BGH GRUR 2020, 509 Tz 19, 20, sa Rn 2 aE). Bei dem berufsrechtl Verbot, „vor einem anderen Gericht aufzutreten" (vgl § 172 BRAO), handelt es sich nicht um eine Beschränkung der Postulationsfähigkeit (*arg* **I 1**: durch „einen" RA; str, s Reinelt ZAP 2008, 180; sa § 155 V BRAO). – **b) Einzelfragen.** Die Postulationsfähigkeit des RA erstreckt sich auch auf **eigene Sachen** (iwS, s Rn 37 zu **IV**). Der nach § 46a BRAO zugelassene **Syndikusanwalt** (zur Reform s vor § 78 Rn 7a) ist als RA nur mit den Einschränkungen von § 46c II BRAO (s Römermann/Günther NZA 2016, 71, 74) postulationsfähig. – Die Postulationsfähigkeit des dienstleistenden EuRA (s vor § 78 Rn 8) setzt Nachweis des Einvernehmens mit dem postulationsfähigen RA voraus (BAG NJW 2013, 1620 Tz 21); an den Nachweis des Einvernehmens sind keine bes Anforderungen zu stellen (BAG NJW 2013, 1620 Tz 22: Mitunterzeichnung des ersten an das Gericht gerichteten Schriftsatzes genügt). – **c) Postulationsfähigkeit von Berufsausübungs- u RA-Gesellschaften.** Als solche kamen früher sowohl Kapital-(RA-GmbH, RA-AG) als auch rechtsfähige Personengesellschaften ohne Rechtspersönlichkeit (PartG, RA-GbR/Sozietät; nicht auch: RA-LLP) in Frage (sa vor § 78 Rn 7 u 8). Für **Berufsausübungs-/RA-Gesellschaften** nach **§§ 59b, 59p BRAO nF** stehen **alle relevanten Gesellschaftsformen** offen, insb auch Handelsgesellschaften (zur OHG/KG s § 107 I, II HGB nach MoPeG seit 1.1.2024, zum MoPeG s BTDrs 19/27635, 223, und § 59b II Nr 1, 59p BRAO mWv 1.8.2022, BTDrs 19/27670, 130, 176 f, sa § 50 Rn 19). Bei der Beauftragung einer solchen Gesellschaft ist diese *selbst* ProzBev (seit 1.8.2022 für alle Gesellschaftsformen: **§ 59l BRAO**, s BTDrs 19/27670, 196); die Voraussetzungen der Postulationsfähigkeit müssen in der Person des für sie handelnden Organs oder Vertreters vorliegen (BGH NJW 2010, 3661 Tz 14; OLG Nürnberg MDR 2002, 1219; s § 59l II BRAO; sa vor § 50 Rn 14; vor § 78 Rn 7, 8; § 80 Rn 6). Der postulationsfähige RA muss als natürl Person **prozessfähig** sein (BGH FamRZ 2010, 548 Tz 13). Die Prüfung der Prozessfähigkeit (§ 52) eines RA muss in einem verselbständigten Verf erfolgen, in dem der RA Hauptbeteiligter ist und das mit einer rechtsmittelfähigen Entscheidung (Zwischenurteil analog §§ 71, 387) endet (BVerfGE 37, 82 = NJW 74, 1279; dazu auch Rath ZZP 80 [1967], 450). – **d) Abgrenzung.** Der sog **Kammerrechtsbeistand** (s vor § 78 Rn 4, 7; § 79 Rn 5) ist im Anwaltsprozess nicht postulationsfähig (s § 3 I Nr 1 RDGEG; BGH MDR 2003, 819; BAG NZA 2016, 380 Tz 30 zu § 11 IV 1 ArbGG; ebenso für Vertretungszwang gem § 73 IV 1, 2 SGG BSG NJW 2010, 1166); dies gilt auch für die Selbstvertretung gem **IV** (s Rn 37). Postulationsfähigkeit des **Bezirksrevisors** als Vertreter der Staatskasse: s Rn 15a.

4) Postulationsfähigkeit von Vertretern des Anwalts. Vertreter des RA sind der Vertreter, Untervertreter u 7
Abwickler (sa § 85 Rn 18, 19). – **a) Vertreter** (§ 53 BRAO: „allgemein" gestrichen). Dem bevollmächtigten RA steht sein **Vertreter** (General-Substitut) gleich, den er, soweit es sich um einen RA handelt, für alle Verhinderungsfälle selbst bestellen kann (§ 53 II BRAO seit 1.8.2021 durch G v 25.6.2021 [BGBl I 2021, 2154]; näher BTDrs 19/26828, 200 f). In anderen Fällen bestellt die RAK den Vertreter auf Antrag des RA (§ 53 III 2 BRAO) oder uU auch vAw (§ 53 IV 1, § 161 BRAO). Der von der RAK bestellte Vertreter muss nicht notwendig RA sein (vgl § 53 II 1 BRAO), wohl aber die Befähigung zum Richteramt haben oder seit mindestens 12 Monaten im Vorbereitungsdienst beschäftigter Referendar sein (§ 53 II 2 BRAO; sa vor § 78 Rn 14); er ist im gleichen Umfang wie der Vertretene postulationsfähig (§ 53 I BRAO seit 1.8.2021); er muss aber nach außen erkennbar als solcher handeln (BGH NJW 99, 365 mN), wenn auch nicht notwendig ausdrückl (BGH MDR 2006, 108; OLG Zweibrücken MDR 2005, 1132); Vertretungshinweise u sonstige Umstände (zB „wir"-Form bei Sozietät) sind iSd Zulässigkeit der Vertretung auszulegen (BGH MDR 2006, 108; BGH NJW-RR 2000, 1446); dem Vertreter ist nach § 54 II BRAO Zugang zum beA zu gewähren; keine Geltung (trotz § 46c III BRAO) von § 53 BRAO für Syndikusrechtsanwälte (s Martina NJW-Special 2020, 126). Überblick: Offermann-Burckart AnwBl 2019, 342.

b) Untervertreter. Der bevollmächtigte RA kann einen anderen RA als **Untervertreter** bestellen (Untervoll- 8
macht: s § 81 Rn 6); der Untervertreter muss selbst postulationsfähig sein (BeckOK/Piekenbrock Rn 17); im Fall des **I 3** muss daher auch der Untervertreter beim BGH als RA zugelassen sein. Im Parteiprozess (§ 79) kann dagegen auch der Stationsreferendar (§ 59 BRAO) Unterbev sein (§ 157 u s § 157 Rn 1; sa § 79 Rn 5). Voraussetzung einer wirksamen Untervollmacht ist einzelfallbezogene Weisung und Möglichkeit der Aktenkenntnis (fehlt bei „Kartellanwalt": OLG Düsseldorf NJW 76, 1324; Voß AnwBl 86, 185). Das gilt auch in Entschädigungssachen (BGH LM § 224 BEG 1956 Nr 5). **Einzelfragen.** Unterzeichnung bei Untervertretung: s § 81 Rn 6 aE; Prüfung der Postulationsfähigkeit des Unterbev: s Rn 11.

c) Abwickler der Kanzlei. Stirbt ein RA (s Holling ErbR 2020, 789), wird seine Zulassung zur Rechtsanwalt- 9
schaft zurückgenommen oder erlischt sie, kann ein **Abwickler** bestellt werden (§ 55 I, V BRAO; sa AnwGH OLG Celle 28.1.2016 – AGH 13/13; Kruth DStR 2020, 1340), der die gleichen Befugnisse (Postulationsfähigkeit) hat wie der RA, für den er tätig wird (§ 55 II 3 BRAO; er tritt als Partei kraft Amtes auf (St/Jacoby Rn 81); zu Einzelheiten im Erbfall s Joachim ZEV 2014, 236); für Zustellungen gilt folgl § 172 (BayObLGZ 2004, 153).

10 **d) Abgrenzung. Kein** Vertreter ist der RA als **Beistand** nach § 90. Dies ist ein (uU auch europ: s vor § 78 Rn 8) RA, dem der ProzBev im Anwaltsprozess (§ 90 gilt: s § 90 Rn 3) in der mündl Verh den Vortrag und die Antragstellung überträgt. Neben der praktisch unbeschränkt mögl Untervertretung (s Rn 8) dürfte eine Beistandschaft durch RA kaum noch sinnvoll sein (sa AG Kerpen ZfIR 2014, 266 L). Bsp: zur Verh zugezogener EU-Anwalt (§ 90 gilt unmittelbar, s § 90 Rn 4). Beistand in diesem Sinne kann auch der dem RA zur Ausbildung zugewiesene Stationsreferendar sein (§ 157 iVm § 90 S 2), aber nur ein solcher, nicht etwa ein nur nebenberufl beim Anwalt arbeitender Referendar (s vor § 78 Rn 14).

11 **5) Prüfung der Postulationsfähigkeit.** Sa Rn 12. Die Postulationsfähigkeit ist als Prozesshandlungsvoraussetzung (s vor § 50 Rn 15) **vAw** zu prüfen (allgM, zB BGH NJW 2005, 3773, 3774; Klimke ZZP 122 [2009], 107). Sie muss im Zeitpunkt der Vor-[Entgegen-]nahme der Prozesshandlung gegeben sein (BGH MDR 2012, 796 Tz 11; BGH 23.7.2020 – I ZR 73/20 Tz 8; Saenger/Sandhaus NJW 2014, 419 f; sa Rn 12 [b]; maßgebender Zeitpunkt bei Zweifeln an der Postulationsfähigkeit (zB bei fristgebundener Prozesshandlung eines Unterbev) ist der Erkenntnisstand bei Verhandlungsschluss (BGH NJW 2005, 3773, 3774; BGH MDR 2012, 796 Tz 11 f). Der erforderl Nachweis (Kopie der Zulassungsurkunde [§ 12 I BRAO], der Vertreterbestellung, Briefausdruck, Einsicht in elektron bundesweites RA-Verzeichnis [„www.rechtsanwaltsregister.org"]) steht im Ermessen des Gerichts. § 56 gilt entspr (BGHReport 2002, 706). § 753a nF (Versicherung genügt) ist in Vollstreckungsfällen zu beachten. Im **Streit** um die Postulationsfähigkeit ist sie zu unterstellen (BSG NJW 2010, 3388 Tz 4; BGH FamRZ 2010, 548 Tz 13; BGH NJW-RR 2012, 1336 Tz 8 f). **Fehlt** die Postulationsfähigkeit, so ist die vorgenommene (entgegengenommene) Prozesshandlung unwirksam (BGH NJW-RR 2007, 278; näher s Rn 12; vor § 50 Rn 15), **fällt** sie später, zB durch strafgerichtl Berufsverbot gem § 70 StGB, durch Ausschließung aus der RA-schaft (§§ 13, 114 I Nr 5, § 204 I BRAO seit 1.8.2022) oder bestandskräftigen Verlust der RA-Zulassung (§§ 13, 14 BRAO) u Sperrung/Löschung im RA-Verzeichnis (§ 31 VI BRAO seit 1.8.2022) **weg** oder verliert der RA die Prozessfähigkeit (§§ 241, 244; s Rn 6) bei Selbstvertretung gem IV (vgl BGHReport 2002, 706), führt dies zur Unterbrechung des Verf (BGH MDR 90, 702; s § 244 Rn 3; einschr BGH NJW-RR 2015, 628 Rn 8: keine Unterbrechung, wenn Zulassung bereits vor dem Tätigwerden verloren wurde; zur Auswirkung auf die Vollmacht näher s § 86 Rn 5). Ein **vorläufiges Berufs- oder Vertretungsverbot nach der BRAO** (s §§ 150 ff, § 155 II 1 BRAO seit 1.8.2022; bei **Berufsausübungsgesellschaften:** § 155 II 2 BRAO, zur Aberkennung deren Rechtsdienstleistungsbefugnis vgl § 114 II Nr 5 BRAO, sa BTDrs 19/27670, 227 f) führt zur Zurückweisung des „Mitglieds der Rechtsanwaltskammer", wenn es vor Gericht auftreten will (§ 156 II BRAO seit 1.8.2022), macht aber die von ihm vorgenommenen Prozesshandlungen (Annahme von Zustellungen) bis zur Zurückweisung nicht unwirksam (vgl § 155 V BRAO seit 1.8.2022; BGH MDR 2010, 779; Dahns NJW-Spezial 2010, 254), desgl nicht berufsrechtl Verstöße (§ 114a II BRAO; Deckenbrock AnwBl 2010, 224 mN); mit der Zurückweisung des RA/der Berufsausübungsgesellschaft („Mitglied der Rechtsanwaltskammer" nach § 59f I, III BRAO) als Vertreter (§ 156 II BRAO) endet in der konkreten Sache die Postulationsfähigkeit (BGH MDR 2012, 1258 Tz 8, wie § 79 Rn 11) und damit die Vertretungsbefugnis (s § 86 Rn 5). In den Fällen eines Berufs- oder Vertretungsverbots bestellt die RAK bei Bedarf vAw einen Vertreter (§ 161 iVm § 53 IV usw BRAO; sa Rn 7). Der – zB als **Vertreter eines RA** (s Rn 7 ff) – handelnde RA muss seine **eigene** Postulationsfähigkeit **prüfen** (BGH MDR 2003, 480; BGH MDR 2007, 371), zB bei zeitl befristeter Vertreterbestellung gem § 53 II, III BRAO (s BTDrs 19/26828, 201); zu den Anforderungen an die Erkennbarkeit des Vertreterhandelns s Rn 7.

12 **6) Rechtsfolgen bei Verstößen gegen den Anwaltszwang. a) Allgemeines.** Aufgrund der Beseitigung der Lokalisierung des Anwaltszwangs u der Singularzulassung in 1. u 2. Instanz (s Rn 2) sind mögl Verstöße im Anwaltsprozess auf das Handeln der Partei persönl oder das Auftreten nichtanwaltl Vertreter (zB Referendar; zusammenf Klimke ZZP 122 [2009], 107) beschränkt. – **b) Verstoßfolgen.** Zur Behandlung der – fehlenden – Postulationsfähigkeit s bereits Rn 11. IÜ gilt: Die – zwingenden – Vorschriften über den Anwaltszwang sind **vAw** zu beachten (BGH MDR 92, 1179) und unterliegen nicht dem Parteiverzicht oder Rügeverlust gem § 295 I (Grund: § 295 II). Die **Postulationsfähigkeit** ist Prozesshandlungsvoraussetzung (nicht: Prozessvoraussetzung; s vor § 50 Rn 15); sie muss daher (bereits) im Zeitpunkt der *Vornahme* der Prozesshandlung vorliegen (sa BGH NJW 2005, 3773, 3774; BGH 23.7.2020 – I ZR 73/20 Tz 8; näher s Rn 11 mN). Handelt im Anwaltsprozess die nicht postulationsfähige Partei selbst oder ihr nicht postulationsfähiger Vertreter, sind ihre Prozesshandlungen **unwirksam** (BGH MDR 91, 131; BGH NJW 92, 1700 f), erscheint sie im Termin ohne bevollmächtigten Anwalt, ist sie säumig iSd §§ 330 ff (MskV/Weth Rn 6; aber s Rn 4, 30). Die von einem nicht postulationsfähigen Vertreter vorgenommene Prozesshandlung kann durch einen postulationsfähigen Bevollmächtigten **heilend (ex nunc) genehmigt** werden (BGH MDR 2007, 371; BGH 23.7.2020 – I ZR 73/20 Tz 8; BAG NJW 2014, 247; Saenger/Sandhaus NJW 2014, 419); bei fristgebundenen Prozesshandlungen muss aber die Genehmigung – die auch in der Bezugnahme auf die Schriftsätze des nichtpostulationsfähigen Anwalts liegen kann – vor Fristablauf erfolgen (BGH NJW-RR 2007, 278, 279; BAG NJW 2014, 247 Tz 15). Eine rückwirkende Heilung durch nachträgl Genehmigung kommt aber nicht in Betracht (BGHZ 90, 253; BGHZ 111, 344 mwN; BGH NJW 2007, 2124, 2125; MskV/Weth Rn 7). Der Mangel der Postulationsfähigkeit ist für die Wirksamkeit der Entscheidung unschädl (BGH NJW-RR 99, 286 für Fristverlängerung; abzulehnen daher OLG Karlsruhe NJW-RR 2000, 1519; s Rn 22). Bei Schriftsatz eines nicht Postulationsfähigen kann Weiterleitung oder Hinweis geboten sein (arg BVerfGE 93, 99; sa Einl Rn 25 f, 33). Der nachträgl **Wegfall** der Postulationsfähigkeit beendet grds die Hand-

lungsbefugnis (dazu BGH MDR 2006, 1076; Sonderregelungen bei Vertretungs-[Berufs-]verbot: § 114a II, § 155 V BRAO; sa Rn 11), idR auch die Prozessvollmacht (s § 86 Rn 5) und unterbricht das Verf (s § 244 Rn 3; näher s Rn 11; einschr BGH NJW-RR 2015, 628 Rn 8: keine Unterbrechung, wenn Zulassung bereits vor dem Tätigwerden verloren wurde). Folge der nachträglichen **Erlangung** der Postulationsfähigkeit ist das Wirksamwerden der Handlung (Saenger/Sandhaus NJW 2014, 420). Bsp: s § 79 Rn 3 aE. – **c) Belehrung über Anwaltszwang.** Über das Bestehen des Anwaltszwangs muss sich die Partei ggf **erkundigen** (s § 51 Rn 20). Es besteht **keine** allg **Hinweispflicht** des Gerichts (so BGH NJW 97, 1989; BGH MDR 2006, 286: nur *nobile officium*). **Sondervorschriften:** Im RA-Prozess besteht positive Belehrungspflicht bei der Ladung zur mündl Verh (§ 215 II), im AG-Prozess negative Belehrungspflicht bei der Klagezustellung (§ 499 I). Die in Verf außerhalb des Anwaltszwangs (s § 232 S 2) eingeführte Verpflichtung zur *Rechtsbehelfsbelehrung* umfasst auch die Information über bestehenden Anwaltszwang (arg § 232 S 1: „Form"; s Begr BTDrs 17/10490, 13; sa BGH NJW-RR 2010, 1297 = MDR 2010, 1073; BGH NJW-RR 2012, 1473 zum FamFG; Bernau NJW 2016, 1999; s § 39 FamFG Rn 14).

III) Geltungsbereich des Anwaltszwangs. 1) Gerichte mit Anwaltszwang (§ 78 I). a) Allgemeines. Anwalts- 13
zwang herrscht in allen Verf (Ausnahmen für bestimmte Prozesshandlungen und Verf s Rn 27 ff) vor dem **LG, OLG** und **BGH**. Der Anwaltszwang vor diesen Gerichten ist idR unabhängig von der Verfahrensart, zB Erkenntnis- oder Vollstreckungsverf (vgl §§ 887, 888; dazu näher mwN s Rn 24; sa § 887 Rn 4; § 891 Rn 1; Besonderheiten im Beschwerdeverf: s Rn 21, 27), ferner davon, ob es sich um eine „bürgerl Rechtsstreitigkeit" (§ 13 GVG) oder um eine Zivilprozesssache kraft Zuweisung (s § 13 GVG Rn 42 ff) mit öff-rechtl Streitgegenstand handelt (vgl BGH NJW-RR 93, 1022 zu § 13 StrEG; sa Rn 32).

b) Einzelne Gerichte. Gleichgültig ist beim **LG**, ob es sich um eine erstinstanzl oder eine Berufungskammer 14
handelt, ob die vollbesetzte Zivilkammer oder der Einzelrichhter (§§ 348, 348a) tätig wird (BGH 8.11.2021 – IX ZB 44/21; anders beim beauftragten und ersuchten Richter, **III**, dazu s Rn 27 [b]), ob der Vors der KfH allein entscheiden kann (§ 349 II) oder nicht. Besonderheiten bestehen bei der Baulandkammer (s Rn 31) und der Wiedergutmachungskammer (s Rn 32). Beim **OLG** gilt Anwaltszwang auch für das Verf vor dem Einzelrichter (§§ 526, 527). Beim **BGH** besteht qualifizierter RA-Zwang (**I 3**; s Rn 4), auch für die Rechtsbeschwerde in PKH-Sachen (BGH MDR 2010, 1073; s § 127 Rn 63). Eine Ausnahme normiert **II** (s Rn 15a); zu weiteren Ausnahmen s Rn 19 f, 28 [f]. Das **arbeitsgerichtl Verf** ist in 1. Instanz Parteiprozess (§ 11 I 1 ArbGG), in den höheren Instanzen (BAG u LAG) besteht Vertretungszwang (näher § 11 IV ArbGG; sa Rn 34).

2) Dem Anwaltszwang unterliegender Personenkreis. a) Grundsatz. Dem Anwaltszwang unterliegen die 15
(aber auch nur die) Parteien (Begriff: s vor § 50 Rn 2; BGHZ 86, 164), und zwar sowohl Haupt- als auch Nebenparteien, nicht dagegen Dritte. Bsp: Parteien sind Kl und Bekl, ASt und Ag, NI (§ 66; BGH NJW 2012, 2810 Tz 24; s § 70 Rn 1), Streitverkündete ab Beitritt (s § 74 Rn 1), ferner die in den §§ 75-77 bezeichneten Personen sowie Anmelder von Ansprüchen im Musterverf (§ 13 II KapMuG 2024), nicht dagegen der unbeabsichtigt in den Prozess gezogene Dritte (s vor § 50 Rn 9), dgl nicht der einem Prozessvergleich beitretende Dritte (BGHZ 86, 160 str; s Rn 18). Auch im Anwaltsprozess ist die Partei persönl neben dem ProzBev in bestimmtem Umfang selbst handlungsfähig (s Rn 4 [c], 6). – **b)** Behörden und jur Personen des öffentl Rechts genießen im Rahmen von **II** das Behördenprivileg (s Nierhoff NJW 2025, 543, 545 f u Rn 15a). Eine (weitere) **Ausnahme** besteht für die sich selbst **als RA** vertretende Partei (**IV**, iE s Rn 37).

3) Beschränktes Behördenprivileg (§ 78 II). Die ZPO kennt – im Gegensatz zum FamFG (s § 114 III FamFG) 15a
– kein allg Behördenprivileg, so dass der Fiskus (Begriff: s § 18 Rn 1) im Anwaltsprozess (Parteiprozess: § 79 II 2 Nr 1; s § 79 Rn 6) gem **I 1, 3** durch einen RA vertreten sein muss, sofern nicht in Verf vor dem **BGH** die Ausnahme gem **II** eingreift. Danach können sich Behörden (s § 50 Rn 25) und jur Personen des öffentl Rechts (usw) als **„Beteiligte"** (Begriff: § 7 FamFG) für die NZB (§ 544) durch eigene (uU auch fremde) Beschäftigte mit Befähigung zum Richteramt vertreten lassen (für Ausweitung des Behördenprivilegs Nierhoff NJW 2025, 543, 545 f: haushaltsrechtlich geboten). Die Vorschrift gilt aber nicht für Behörden mit Parteistellung als Kläger oder Beklagter (BGH 18.2.2020 – XI ZR 224/19; aA wohl StJ/Jacoby Rn 48; ThP/Hüßtege Rn 10). Nach der Ausgliederung der FamSachen aus der ZPO durch das FGG-RG und der Einführung eines umfassenden Behördenprivilegs in allen Instanzen des familiengerichtl Verf (§ 114 III FamFG) dürfte **II** kaum prakt Bedeutung zukommen (krit MskV/Weth Rn 22, der zu einer Streichung von II rät). Dem **Bezirksrevisor** (sa RSchwab/Gottwald § 27 Rn 7 ff) kommt keine allg Sonderstellung mehr zu (so noch BGH MDR 2005, 928, teilw überholt). Als Vertreter der Staatskasse bei § 127 III (s § 127 Rn 51, 63) ist er in Verf mit (einfachem) Anwaltszwang zwar selbst postulationsfähig, nicht aber vor dem **BGH**; insoweit gilt **II** (übereinstimmend § 114 III 2 FamFG), dh der behördl Vertreter muss die Befähigung zum Richteramt haben (BGH NJW-RR 2011, 76). Folge: Vertretung der Staatskasse vor dem BGH durch den LG-Präsidenten (s allgemein Feskorn § 10 FamFG Rn 4).

4) Dem Anwaltszwang unterliegende Prozesshandlungen. a) Vornahme von Prozesshandlungen. Vom An- 16
waltszwang umfasst ist idR das **gesamte** Verf vor dem Prozessgericht; er gilt also grds für **alle Prozesshandlungen**, soweit keine Ausnahmen vom Anwaltszwang eingreifen (s Rn 27 ff) oder es um Mitwirkungsrechte der Partei selbst geht (s Rn 4 [c], 6). Unter den Anwaltszwang fallen daher alle verfahrensgestaltenden Handlungen, wie bestimmende und vorbereitende Schriftsätze (vgl § 130 Nr 6 iVm § 253 IV, § 520 V (s BGH 27.2.2025 – IX ZB 46/23), § 549 II, § 551 IV; § 250 usw), Anträge, Erklärungen, Rügen (vgl § 321a, BGH 24.2.2025 – I ZB 63/

24; BGH 19.12.2024 – III ZR 68/24; § 198 III 1 GVG), Geständnis als Prozesshandlung (s § 288 Rn 3c; als Parteierklärung: s Rn 4 [c]), aber auch mat-rechtl Rechtsgeschäfte (zB gem §§ 119, 123, 388 BGB), soweit sie im Prozess abgegeben werden (Musielak JuS 94, 817 zu § 388 BGB; Einzelfragen: s Rn 19). Dagegen steht § 78 der Wirksamkeit *außergerichtl Verträge* über die Verpflichtung zur Vornahme von Prozesshandlungen nicht entgegen (BGH NJW 84, 805; BGH NJW-RR 89, 802; BGH NJW-RR 92, 567 f, stRspr); **Bsp:** Klage-(Rechtsmittel-) Zurücknahmeversprechen (BGH NJW-RR 89, 802; OLGR Frankfurt 1995, 275); vertragl Rechtsmittelverzicht (s Rn 19); Verpflichtung zur Zustimmung zur Sprungrevision (BGH MDR 86, 313; sa Rn 20, 23); § 78 gebietet, dass der RA die notwendigen Prozesshandlungen unter *eigener Verantwortung* selbst vornimmt (BGH NJW-RR 2014, 378 Tz 12; BGH 13.5.2025 – V ZR 138/24: „nicht zu eigen gemacht"); wegen „distanzierender" Unterzeichnung und Einreichung einer von der Partei selbst stammenden Rechtsmittelschrift durch RA s BGH [StS] NJW 2014, 2664 u für Zusatz („Unterzeichnend für den vom Kollegen verfassten und verantworteten Schriftsatz als Kammervertreter") BGH NJW-RR 2023, 209 Tz 10 f; Toussaint FD-ZVR 2023, 455237; s § 520 Rn 5; näher zur sog nur „formellen" Unterzeichnung von Schriftsätzen s § 130 Rn 6 f mwN.

17 **b)** Was die **Entgegennahme von Prozesshandlungen** betrifft, so gilt Anwaltszwang für die mündl Verh, während der Erklärungen nur an den postulationsfähigen RA zu richten sind. Außerhalb der mündl Verh kann die Partei selbst Erklärungen entgegennehmen; ist aber in einem anhängigen Rechtsstreit schon ein ProzBev bestellt, muss ihm zugestellt werden (§ 172 I), wobei auch die Zustellung an den nicht postulationsfähigen Anwalt wirksam ist (arg § 172 II 1, s § 172 Rn 22; kaum noch praktisch). Nach Verweisung (§ 281) und Abgabe (§ 696) erfolgt die Zustellung an den beim (neuen) Prozessgericht (Streitgericht) bestellten ProzBev. Zur Einrichtung und Nutzung des **besonderen elekronischen Anwaltspostfachs (beA)** bei Schriftsätzen s § 31a BRAO u § 130a IV (sa BGH NJW 2018, 2645; Delhey NJW 2016, 1274; einschr Interpretation aus verfassungsr Gründen: AnwGH Berlin NJW 2016, 2195); zur passiven Nutzungspflicht s **§ 173 I, II** (G v 5.10.2021; BTDrs 19/28399, 8, 34); eine aktive Nutzungspflicht existiert seit 1.1.2022 (§ 130d); zur Rechtmäßigkeit der beA-Umlage s BGH NJW 2016, 1025; keine Einrichtung war früher für RA-Gesellschaften möglich, AnwGH Berlin BRAK-Mitt 2018, 269; s zur Einführung des **beA für Berufsausübungsgesellschaften** § 31b BRAO durch G v 7.7.2021 (BGBl I 2021, 2363) mWv 1.8.2022, das auch einen sicheren Übermittlungsweg nach § 130a IV 1 Nr 2 gewährt (keine Notwendigkeit einer elektronischen Signatur, s BTDrs 19/30516, 32, 70; sa § 130a Rn 16). Zur anwaltlichen Prüfungspflicht des Eingangs u der Eingangsbestätigung nach § 130a V 2 bei fristgebundenen Schriftsätzen s BGH 11.3.2025 – XI ZB 17/24.

18 **5) Anwaltszwang in Zweifelsfällen.** Sa Rn 5 aE. Bei verschiedenen Prozesshandlungen herrscht Streit, ob sie überhaupt unter den Anwaltszwang fallen oder ob sie doch von einem nicht postulationsfähigen Anwalt vorgenommen werden können (Einschränkung der Postulationsfähigkeit; zB s Rn 12, 13). **Überblick** (sa Rn 27 [b], 28 [l], 29 zu **III**): – **a)** Der **Prozessvergleich** (§ 794 I Nr 1) unterliegt dem Anwaltszwang (OLG Schleswig MDR 99, 252; StJ/Jacoby Rn 60; MK/Toussaint Rn 43; Zimmermann ZAP 2016, 1135: zu Haftungsfallen), und zwar auch der vor dem **Einzelrichter** (OLG Hamm NJW 72, 1998, str; **aA** OLG Koblenz MDR 76, 940 mN; OLG Köln NJW 73, 907; Lindacher FG BGH III, 2000, S 267 f [arg § 91a I]; sa Rn 27 [b], Anm zu § 278 u zu §§ 348, 348a; offen gelassen BGHZ 86, 163) und gem § 278 VI geschlossene. Kein Anwaltszwang besteht aber für den dem Vergleich beitretenden **Dritten** (BGH MDR 83, 573 [abl Bergerfurth JR 83, 371 f]; hier s § 794 Rn 7; MK/Toussaint Rn 25; aA Schilken GS M. Wolf, 2011, S 549); differenzierend StJ/Jacoby Rn 43; analoge Anwendung im Einzelfall; zur Verlängerung der Widerrufsfrist s § 794 Rn 10c, zum sBV s § 486 Rn 1; § 492 Rn 7; sa Rn 28 [l]. Der im **PKH-Verf** geschlossene Prozessvergleich (§ 118 I 3) unterliegt nicht dem Anwaltszwang (s § 118 Rn 3, 14).

19 **b) Klage-(Rechtsmittel-)Zurücknahme-, -verzichts- und Erledigungserklärungen.** Der qualifizierte RA-Zwang gem **I 3** wird teilw einschr interpretiert. Im Revisions- und NZB-Verf kann auch der noch nicht vertretene Revisionsbekl (Ag der NZB) die **Klage** noch durch den Anwalt der Vorinstanz **zurücknehmen** lassen (BGHZ 14, 210; 146, 373 = NJW 2001, 1581; BGH NJW-RR 2010, 934 Tz 11; BGH MDR 2014, 982 Tz 5). Bei Verweisung des Rechtsstreits vom AG an das LG gem § 506 kann der Kl die ohne Anwalt erhobene Klage auch noch vor dem LG anwaltsfrei zurücknehmen (OLG Koblenz MDR 2000, 225). Hat die Partei selbst ein Rechtsmittel eingelegt, kann sie es in gleicher Weise wieder zurücknehmen (BGH NJW-RR 94, 759 mwN; BVerwG NVwZ 2009, 192). Wie die Klagerücknahme kann auch der **Klageverzicht** (§ 306) vom Vorprozess-RA des in der Revisionsinstanz noch nicht vertretenen Kl wirksam erklärt werden (BGH NJW 2022, 790 Tz 20 f; **aA** BGH NJW-RR 2014, 831 Tz 6, nunmehr aufgegeben; Elzer FD-ZVR 2022, 447294). Dafür spricht die Gleichbehandlung mit dem Anerkenntnis gem § 307 (s Rn 20); die Unterschiede in der Erklärung (BGH NJW-RR 2014, 831 Tz 8) sind für den Umfang des Anwaltszwangs nicht entscheidend (BGH NJW 2022, 790 Tz 20 f (analoge Anwendung von § 555 IV offen lassend); aA Toussaint FD-ZVR 2015, 365379). Wird der Rechtsstreit in der Revisionsinstanz für erledigt erklärt (s § 91a Rn 18), kann die Zustimmung des Rechtsmittelgegners zur Erledigungserklärung auch durch den RA der Vorinstanz erklärt werden (BGHZ 123, 266; BGH NJW-RR 2009, 422; BGH NJW-RR 2012, 688; StJ/Jacoby Rn 23, 56; weitere Bsp s Rn 20). Dem (qualifizierten) Anwaltszwang unterliegt aber die Rechtsmittelrücknahme und der Rechtsmittelverzicht (sa StJ/Althammer § 515 Rn 7; StJ/Jacoby Rn 23, 56, str, aA s hier Heßler § 515 Rn 10). Gleiches (Geltung des I 3) gilt im Revisionsverf vor dem BGH für die Einlegung der Anhörungsrüge bzw der Gegenvorstellung (BGH NJW-RR 2018, 1461; BGH 14.12.2017 – I

ZR 195/15; BGH 5.8.2020 – VIII ZB 46/20; BGH 16.2.2022 – IX ZB 49/21), die nicht durch den zweitinstanzlichen ProzBev geschehen kann (BGH NJW-RR 2017, 187). **Abgrenzung:** Die *außergerichtl* einseitig oder vertragl erklärten Rechtsmittel-(Klage-)rücknahmen oder Rechtsmittel-(Klage-)verzichte sind keine Prozesshandlungen iSv § 78 (s Rn 16) und unterliegen damit nicht dem Anwaltszwang (BGH ZZP 100 [1987], 78; BGH NJW 86, 198; BGH NJW 89, 39; BGH NJW 2019, 2479; OVG Münster NJW 2012, 872; s § 515 Rn 10, str; aA RSchwab/Gottwald § 136 Rn 45).

c) Kostenanträge und Beendigungserklärungen in der Rechtsmittelinstanz durch den ProzBev der Vorinstanz. Im Falle des Kostenantrags des Bekl gem § 269 III 2, IV 1 entfällt der qualifizierte Anwaltszwang; bei Rücknahme der Klage im Revisions-(NZB-)Verf kann der Kostenantrag auch vom 2. instanzl ProzBev des auf Seiten des Bekl beigetretenen NI gestellt werden (BGH NJW 2015, 557); ist der Revisionsbekl in der Revisionsinstanz noch nicht vertreten, kann er bis zur RevBegründung (BGH NJW 2015, 2193) ein **Anerkenntnis** gem § 307 auch durch seinen 2. instanzl ProzBev (s § 81 Hs 1 aE) abgeben (BGH NJW-RR 2014, 831 = ZZP 128 [2015], 107 [Heiß]; BGH NJW 2015, 2193 = MDR 2015, 1151 Tz 5 f; BGH NJW 2022, 790 Tz 20 f), da es nach einem AU nicht mehr zur Durchführung eines Revisionsverf kommt (§ 307). Hingegen soll der qualifizierte Anwaltszwang (I 3) nach Eingang der RevBegründung gelten, da es für deren Beurteilung spezieller Rechtskenntnisse bedürfe, die sich nur die beim BGH zugelassenen Anwälte angeeignet hätten (BGH MDR 2015, 1151 Tz 5 f). Der besondere Antrag des Klägers auf Erlass eines AU nach § 555 IV muss durch einen BGH-Anwalt erfolgen (beschränkt auf Anerkenntnisse nach Beginn der mündl Verh, s Winter NJW 2014, 267). Zulässig ist dagegen die vom Anwalt der Vorinstanz unter dem früheren Rechtszustand in der Revisionsinstanz vor der Annahme erklärte Aufnahme (§ 240) eines unterbrochenen Prozesses (BGH NJW 2001, 1581). Ebenso kann im geltenden NZB-Verf der ProzBev der Vorinstanz den unterbrochenen Rechtsstreit aufnehmen, wenn seine (frühere) Partei noch nicht durch einen beim BGH zugelassenen RA vertreten war (BGH NJW-RR 2012, 8). Dagegen soll der ProzBev der Vorinstanz bei beabsichtigter NZB (PKH-Antrag gestellt) den ZwV-Schutzantrag (§ 544 VII 2, § 719 II, § 769) beim BGH nicht stellen können (bedenkl, s Rn 28 [f]). 20

d) Kein Anwaltszwang besteht für die Einlegung der **sof Beschwerde** gegen **KFB** vom Rpfleger des LG gem § 11 I, § 13 RPflG, § 104 III, § 569 III Nr 1, § 572 I (BGH NJW 2006, 2260, 2261 = MDR 2006, 1076; OLG Frankfurt MDR 2014, 1227, str; näher s § 104 Rn 21.11; s § 569 Rn 11) und für die **sof Beschwerde** von Zeugen, SV und gem § 141 geladene Parteien gegen Ordnungsgeldbeschlüsse (§ 380 II, § 381 II, § 569 III Nr 3; § 141 III 1; sa § 141 Rn 15) sowie für die Zuschlagsbeschwerde (§ 98 ZVG, §§ 869, 793; BGH MDR 2009, 829). Gleiches gilt für die **sof Beschwerde** gegen Ablehnung eines **Arrestes** und einer **einstw Verfügung**, die beim LG beantragt waren (§ 920 III, § 936, § 569 III Nr 1, sehr str, aA OLG Braunschweig 13.3.2020 – 9 W 13/19 Tz 19, 20; OLG Frankfurt/M 23.4.2025 – 11 W 6/25, sa Rn 28; iE s § 922 Rn 19). Anwaltsfrei mögl sind **Fristsetzungen** zur Klageerhebung gem § 494a (str, s Rn 28 [l]; § 494a Rn 6) u § 926 (s § 926 Rn 8) sowie der **Beitritt** als NI im sBV (BGHZ 194, 68 Tz 7 ff; s Rn 28 [l]). 21

e) Anwaltszwang besteht für den **Fristverlängerungsantrag** gem § 520 II 2, § 551 II 5 (BGH NJW 85, 1559; OLG Karlsruhe NJW-RR 2000, 1519, wohl Überspitzung iSv Rn 5 [c]), doch hängt die Wirksamkeit der Verlängerung **nicht** von seiner Einhaltung ab (BGH NJW 98, 1155); im Anwaltsprozess ferner für die **Ablehnungsbeschwerde** gem § 46 II (str, s § 46 Rn 17) und die **Kostenbeschwerde** gem § 269 V 1 (OLGR Köln 1994, 167); im **Rechtsbeschwerdeverf** gem **I 3** (BGH 27.5.2020 – I ZB 5/20) auch für die im Verf erhobene **Anhörungsrüge** (BGH MDR 2005, 1182; BGH NJW-RR 2018, 1461; BGH 14.12.2017 – I ZR 195/15; BGH 10.1.2023 – II ZR 145/22 Tz 4; sa § 321a Rn 13); zu Erleichterungen im Beschwerdeverf sa Rn 27 (h) u § 569 III, § 571 IV 2 m Erl. 22

f) Die Einwilligung in die **Sprungrevision** (§ 566 II 4) kann von einem vor dem Revisionsgericht nicht postulationsfähigen RA erklärt werden (BGH NJW 75, 830; BGH MDR 86, 313; im arbeitsgerichtl Verf besteht kein Vertretungszwang (BAGE 48, 237 ff; sa Rn 14, 34). 23

g) Für das **Vollstreckungsverf nach §§ 887 ff** besteht Anwaltszwang, wenn im Vorprozess erstinstanzl Anwaltszwang herrschte (s OLG Köln NJW-RR 95, 644, 645 mN; OLG Hamm 9.11.2021 – 9 W 38/21 Tz 8; ThP/Hüßtege § 887 Rn 5; § 891 Rn 3), und zwar auch, wenn der Titel eine einstw Verfügung ist, die ohne mündl Verh ergangen ist (OLG Frankfurt FamRZ 87, 1292; OLG Köln NJW-RR 95, 645; OLG Dresden 8.10.2020 – 4 W 744/20; StJ/Brehm § 891 Rn 1; hier s § 887 Rn 4; § 891 Rn 1, str). **Abgrenzung:** zum ZwV-Verf iÜ s Rn 27 [c]. 24

h) Das Verf auf **Benennung eines Schiedsrichters** durch das zuständige OLG (§ 1035 III, §§ 1062 ff) unterliegt außerhalb der mündl Verh nicht dem Anwaltszwang (vgl § 1063 IV iVm **III**). 25

i) Kein Anwaltszwang besteht für Anträge und Erklärungen zur **Zuständigkeit des Gerichts** (s § 12 Rn 12 f; § 281 II 1; iE s Rn 28 [h]) sowie für eine **Anspruchsbegründung** gem § 697 I im Zeitraum zwischen Abgabe und Terminsbestimmung (BGHZ 84, 136 ff; StJ/Jacoby Rn 54, str; aA Klimke ZZP 122 [2009], 114 f). 26

j) Verf mit Amtsprüfung. Soweit das Gericht bestimmte Umstände **vAw** zu berücksichtigen hat (s § 56 Rn 2; vor § 128 Rn 12), hat es das Vorbringen von Beteiligten unabhängig von deren Postulationsfähigkeit zu beachten (sa Rn 4 [c], 6; § 56 Rn 5). Bsp: Erklärung des – vor dem BGH nicht vertretenen – InsVerw zur Unterbrechung des Verf (BGH ZIP 2010, 646 Tz 10); Partei persönl rügt Fehlen von Prozessvoraussetzungen iSv § 56 I. 26a

27 **IV) Ausnahmen vom Anwaltszwang (§ 78 III). 1) Vom Anwaltszwang befreite Verfahren.** Kein Anwaltszwang herrscht **a)** vor dem **AG** in Zivilsachen; – **b)** im Verf vor dem **beauftragten** (Schneider DRiZ 77, 14) oder **ersuchten Richter (III Alt 1**, zu unterscheiden vom Einzelrichter, §§ 348, 348a, s Rn 14) sowie dem ihnen gleichgestellten **Güterichter** (§ 278 V), zB im Rahmen einer Güteverh (vgl Rn 29 mwN, str; dies soll nach Schneider/Nitschke NJW-Spezial 2022, 155 u Windau jM 2019, 52, 56 auch für Vergleichsschluss gelten; aA OLG Frankfurt aM 17.12.2019 – 11 U 56/17 Tz 31: nur materiell wirksam), Erledigung eines Beweisbeschlusses (§§ 361, 362) oder Anhörung und Vernehmung einer Partei (§ 308a I 2, § 445, § 361). Ist ein Richter beauftragt (zB gem § 375 I), so begründet die irrtüml Bezeichnung als „Einzelrichter" keinen Anwaltszwang (BGH MDR 80, 915; s Rn 14-18). Das Gericht kann in jeder Lage des Verf die Parteien dorthin mit der Folge des § 78 III verweisen (OLG Düsseldorf NJW 75, 2298, str; zu Recht angezweifelt in BGH FamRZ 86, 458; vgl auch § 278 V 1); jedoch ist bei Abschluss eines Prozessvergleichs ohne (s Rn 18) Anwaltsmitwirkung wegen möglicher Umgehung von I Vorsicht geboten (offen lassend BGH FamRZ 86, 458); – **c)** vor dem **Rpfleger** (§ 13 RPflG; zu den Folgen für die Rechtsbehelfe s Rn 21), so zB im **Mahnverf** bis zur Überleitung ins streitige Verf einschließl bestimmter Rücknahmeerklärungen beim LG (s Schneider NJW-Spezial 2024, 475 u § 696 Rn 2), im **PKH**- und **Kostenfestsetzungsverf** (§§ 20, 21 RpflG; sa Rn 28 [d, f]); im **ZwV**-Verf vor dem Vollstreckungsgericht (§ 764; § 20 I Nr 17 RPflG; anders bei Zuständigkeit des Prozessgerichts: s Rn 24); – **d)** im Zustellungsverf vor dem **GV** (§ 192). Postulationsfähigkeit ist nicht erforderl für die **Zustellung von Anwalt zu Anwalt** gem § 195 (vgl früher BGHZ 31, 32, 35; BGH VersR 67, 395, 398; allg s Rn 17); das Gleiche gilt für die Beglaubigung gem § 169 II 2; – **e)** für Erklärungen und Anträge ggü **Dritten**, zB Streitverkündung (s § 73 Rn 1); – **f)** im **Justizverwaltungsverf**; – **g)** für Prozesshandlungen, die vor dem **UrkB** vorgenommen werden können (zB Erklärungen zu Protokoll; Überblick s Rn 28), auch wenn sie tatsächl nicht vor ihm, sondern durch Schriftsatzeinreichung vorgenommen worden sind; – **h)** im schriftl geführten **Beschwerdeverf** (nicht Rechtsbeschwerde: s Rn 6) außerhalb einer mündl Verh, wenn der Rechtsstreit im 1. Rechtszug nicht als Anwaltsprozess zu führen ist oder war (§ 569 III Nr 1, § 571 IV; auch ergänzende Erklärungen, s Rn 21, 29) oder gerade diese Frage geklärt werden soll (OLG Braunschweig NdsRpfl 83, 226), wenn es die **PKH** betrifft oder durch einen **Zeugen** oder **SV** eingeleitet wurde (§ 569 III Nr 2, 3); ferner s § 569 Rn 13 f; § 571 Rn 8; § 922 Rn 19. Die Beschwerde im Verf betr die Festsetzung der Rechtsanwaltskosten gegen die eigene Partei unterliegt nicht dem Anwaltszwang, § 11 VI RVG; – **i)** im Verf zur **Beiordnung** eines **Notanwalts** gem § 78b (s § 78b Rn 7).

28 **2) Zugelassene Protokollerklärung (§ 78 III Alt 2). Fälle.** Vom Anwaltszwang sind danach **befreit: a)** das Gesuch um **Bestimmung des zuständigen Gerichts** (§ 37), auch wenn für die Klage Anwaltszwang besteht (vgl MK/Toussaint Rn 49; St/Roth § 37 Rn 1, 4; sa § 37 Rn 1, oben s Rn 26 u unten [h]); – **b)** die **Ablehnung** eines Richters oder SV (§ 44 I [dazu BGH MDR 95, 520], § 406; Konsequenzen für Verlust des Ablehnungsrechts: s § 43 Rn 4), auch im RA-Prozess durch die Partei persönl (s § 44 Rn 1); – **c)** die **Erklärung der Erledigung** in der Hauptsache (§ 91a I 1, s BGH 13.7.2022 – VII ZR 485/21; zur Formerleichterung in der Revisionsinstanz s Rn 19 aE), entgegen wohl hM nicht nur außerhalb, sondern auch in der mündl Verh (OLG Schleswig MDR 99, 252; OLG München 13.4.2016 – 15 W 390/16 Rae u näher s § 91a Rn 10); im Fall der privilegierten Klagerücknahme gem § 269 III 3 gilt § 91a I 1 iVm **III** entspr (abw die hM: § 78, s zB ThP/Reichold § 269 Rn 7; hier § 269 Rn 19a; offen OLGR Düsseldorf 2007, 735); – **d)** der Antrag auf **Kostenfestsetzung** und die sof Beschwerde gegen die Letztere (§§ 103, 104 III, § 107; s Rn 21); – **e)** der Antrag auf **Rückgabe einer Sicherheit** (§§ 109, 715); – **f)** der Antrag auf Bewilligung von **PKH** (§ 117 I, § 118 I 2) u die sof Beschwerde gem § 127 II 2 (§ 569 III Nr 2; s § 127 Rn 28); die Befreiung soll für den während des PKH-Verf gestellten **ZwV-Schutzantrag** (§ 544 VII 2, § 719 II) nicht gelten (so BGH NJW-RR 2004, 936; BGH MDR 2012, 1432 [krit Vollkommer]; s Rn 6, 20); dann ist aber die nichtvermögende Partei vor PKH-Bewilligung ohne Eilrechtsschutz (bedenkl, s Einl Rn 27, 33); – **g)** das Gesuch um **Aussetzung** des Verf (§ 248; auch Zust zum Antrag nach § 251 S 1: BGH 11.3.2025 – II ZR 23/23); – **h)** Anträge auf **Verweisung** und sonstige **Erklärungen zur Zuständigkeit** (§ 281 II 1), zB Zuständigkeitsrügen (OLGR Koblenz 2001, 72); – **i)** die **Entschuldigung eines Zeugen** oder einer gem § 141 geladenen **Partei** für Ausbleiben (§ 381 II; § 141 III 1; sa § 141 Rn 15); – **j)** die **Zeugnis- oder Gutachtenabgabeverweigerung** (§§ 386, 387 II, § 408); – **k)** der Antrag auf **selbständige Beweiserhebung** (§ 486 IV; s § 486 Rn 1 u vor § 485 Rn 3), auch ergänzende Anträge (OLGR Naumburg 1997, 356; OLGR Nürnberg 2002, 426), wie der Kostenantrag nach Antragsrücknahme (OLG Frankfurt MDR 99, 1223) sowie ohne ausdrückl Vorschrift der Antrag auf Fristsetzung zur Klageerhebung gem § 494a (OLG Düsseldorf NJW-RR 99, 509; OLGR Jena 2000, 160; wie § 926 Rn 8, str; **aA** OLG Zweibrücken MDR 95, 744; hier s § 494a Rn 6) sowie der Beitritt als NI (BGH MDR 2012, 1242; BGH NJW 2014, 1018 Tz 22); Anwaltszwang besteht aber für den im Erörterungstermin geschlossenen Vergleich (s § 492 Rn 7) u allg in einer mündl Verh (s Rn 29); – **l)** die Klage und alle Erklärungen im **Parteiprozess** (§ 79 I 1, § 496); – **m)** die Erklärung der sof **Beschwerde** bei 1. instanzl Verf ohne RA-Zwang usw (§ 569 III) und **Gegenerklärungen** gem § 571 IV (s Rn 21); Erklärung der **Streitwertbeschwerde** (§ 66 V 1, § 68 II 7 GKG; OLG Naumburg NJW-RR 2012, 1213); für die Einlegung einer **isolierten Beschwerde in einer Folgesache der freiwilligen Gerichtsbarkeit** besteht dagegen trotz § 64 II 2, § 114 IV Nr 6 FamFG iVm § 78 *III* ein Anwaltszwang (BGH NZFam 2017, 556 Tz 10 f, sehr str); kein Anwaltszwang im Beschwerdeverf gegen Vollstreckbarerklärung nach Artt 26, 28 EuUntVO: § 114 IV Nr 6 FamFG iVm § 78 III, § 43 II 1 AUG (OLG Schleswig NJOZ 2025, 553); – **n) Erinnerung** gegen eine Entscheidung des **beauftrag-**

ten oder **ersuchten Richters** oder **UdG** (§ 573 I 2) in allen Instanzen; – **o) Rücknahme** des Antrags auf Durchführung des Streitverf (§ 696 IV 2) und der Klage (OLG Koblenz MDR 2000, 225; näher s Rn 16, 19); – **p)** Gesuche um Erlassung von **Arresten und einstw Verfügungen** (§§ 920, 936) und ihre Rücknahme vor Widerspruch (s § 920 Rn 13); zur Beschwerde gegen Zurückweisung s aber Rn 21; Einreichung von **Schutzschriften** (s § 945a Rn 2).

Rechtsfolgen. In den Fällen der Rn 28 gilt **III** unabhängig davon, in welcher konkreten Erklärungsform (zB Schriftsatz, Erklärung in der mündl Verh) die Prozesshandlung tatsächl vorgenommen wird (MskV/Weth Rn 25; s zB § 91a Rn 10). Die Befreiung vom Anwaltszwang ist **nicht strikt** auf die betr Handlung beschränkt (so idR aber BGH NJW 2012, 2810 Tz 16, 18 ff; LG Saarbrücken JurBüro 2015, 585 für sBV), sondern erstreckt sich auch auf das durch sie eingeleitete **anschließende Verf** in ders Instanz außerhalb einer mündl Verh (OLG Nürnberg NJW 2011, 1613, 1614; OLG Stuttgart NJW-RR 2012, 511; OLG Köln MDR 2012, 934; arg § 571 IV iVm § 569 III), dagegen nicht ohne weiteres auf ein anschließendes Beschwerdeverf (OLG Saarbrücken NJW-RR 98, 1611; OLGR Naumburg 2004, 149; s § 46 Rn 17; § 91a Rn 28; § 569 Rn 10; § 922 Rn 19). **Bsp:** Eilverf, zB gem §§ 916 ff, §§ 935 ff (s § 920 Rn 7, § 922 Rn 19; sBV, s Rn 28 [l] u OLG Nürnberg NJW 2011, 1613; OLG Stuttgart NJW-RR 2012, 511; OLG Köln MDR 2012, 934). **Abgrenzung:** Bei RA-Vertretung der selbst handelnden Partei (zB gem § 42 III, § 44 I Hs 2) bleibt es für die Zustellung der beantragten Entscheidung bei § 172 (OLGR Köln 2005, 381); Bsp: s § 46 Rn 5. 29

3) Sonstige Fälle. Kein Anwaltszwang besteht bei Eingreifen des Behördenprivilegs gem **II** (s Nierhoff NJW 2025, 543, 545 f u Rn 15a); er gilt ferner **nicht** für Handlungen, die keine Prozesshandlungen im engeren Sinne sind, wie die **Niederlegung von Urkunden** nach § 134, die Niederlegung von RA-Vergleichen gem § 796a (s § 796a Rn 18), die Einreichung von Schriftsätzen bei der GeschSt (vgl jedoch § 130 Nr 6 u s Rn 1), die Einreichung von Urkunden durch die Partei selbst im Anwaltsprozess (OLG Brandenburg MDR 95, 1263; wichtig für § 138 I, § 331 I, II 2; s allg Henckel JZ 92, 649; sa Rn 4 [c]), die Gesuche um Erteilung von Ausfertigungen und Abschriften, vor allem nicht für den Auftrag zur Zustellung (s Rn 27 [d]); die Streitverkündung an einen Dritten (s § 73 Rn 1; § 76 Rn 3). Für das **Beschwerdeverf:** s § 569 III, § 571 IV 2 u s Rn 21, 27 [h], 28 [n]. 30

4) Einschränkungen des Anwaltszwangs in subjektiver oder objektiver Hinsicht. a) Das Verf in **Baulandsachen** ist Anwaltsprozess (BGH NJW-RR 94, 1021) mit Ausnahmen vom Anwaltszwang für den Beteiligten, der keine Anträge zur Hauptsache gestellt hat, vor dem **LG** und **OLG** (§ 222 III 2 BauGB; zB bei Beschwerde gegen Kostenentscheidung, s OLG Koblenz NJW 83, 2036). Anwaltsfrei sind damit zB der an die Verwaltungsbehörde gerichtete Antrag auf gerichtl Entscheidung gem § 217 BauGB (BGHZ 41, 183), der Antrag auf Aktenlageentscheidung gem § 227 II BauGB (KG NJW 70, 614) und auf Anordnung der aufschiebenden Wirkung der Anfechtung einer vorzeitigen Besitzeinweisung (OLGR Naumburg 2005, 645); dem Anwaltszwang unterliegen dagegen alle Anträge zur Hauptsache (vgl BGH MDR 86, 30) wie zB schriftsätzl Ankündigung von Sachanträgen (OLG München MDR 69, 61), Einlegung der Berufung (OLG Hamm MDR 96, 636) und Beschwerde (BGH NJW-RR 94, 1021). Vor dem **BGH** besteht uneingeschränkt Anwaltszwang (**I**; die Einschränkung in § 222 III 2 BauGB gilt nicht). 31

b) In **Entschädigungssachen** besteht vor dem LG (Entschädigungskammer) **kein** Anwaltszwang (§ 224 I BEG). **Anwaltsprozess** ist dagegen trotz seines öff-rechtl Streitgegenstands (s Rn 4) das Verf zur Geltendmachung von Entschädigungsansprüchen nach dem StrEG (§ 13 I StrEG iVm § 78 I; BGH NJW-RR 93, 1022). 32

c) In **Patentsachen** müssen die Parteien stets durch einen RA oder Patentanwalt vertreten sein (s vor § 78 Rn 10). 33

d) Das **arbeitsgerichtl Verf** ist in 1. Instanz Parteiprozess (§ 11 I 1 ArbGG), vor dem BAG und dem LAG besteht Vertretungszwang (§ 11 IV 1 ArbGG). In allen Instanzen sind als Bev außer **RAen** auch **Verbandsvertreter** zugelassen (Einzelheiten: § 11 II 1 u 2 Nrn 4, 5, IV 2 ArbGG); vor dem BAG müssen diese durch Personen mit Befähigung zum Richteramt handeln (§ 11 IV 3 ArbGG). Maßgebl für die Postulationsfähigkeit von Verbandsvertretern ist, dass sie kraft Satzung oder Vollmacht des Verbands zur Vertretung befugt sind und die vertretene Partei Verbandsmitglied ist (BAG NZA 90, 666; LAG Hamm BB 98, 1216). Der Verbandsvertreter kann als **Rechtsschutz-GmbH** verselbständigt sein (Einzelheiten: § 11 II 2 Nr 5 ArbGG; sa Schmid BB 2001, 1198, 1200 f). Das Mandatsverhältnis besteht zum *Verband*, nicht zum -svertreter (OLG Düsseldorf MDR 2012, 356 LS; OLGR Düsseldorf 2002, 251; OLGR Düsseldorf 2004, 203) bzw der (nicht bevollmächtigten) Fachgewerkschaft (s § 85 Rn 22). Vor dem ArbG können sich konzernangehörige Unternehmen auch durch einen Beschäftigten der Konzern-Rechtsabteilung vertreten lassen (§ 11 II 2 Nr 1 Hs 1 ArbGG; Bürkle BB 2002, 1538). 34

e) In Streitverf nach dem **WEG** bestehen nach ihrer Einordnung als ZPO-Verf (§ 23 Nr 2c, § 72 II GVG iVm § 43 II WEG) keine Besonderheiten mehr. Das Verf in **streitigen Landwirtschaftssachen** (Landpachtsachen iSv § 1 Nr 1a LwVG) ist FG-Angelegenheit (§ 23a II Nr 9 GVG). 35

f) Im **kartellrechtl Beschwerdeverf** gilt Anwaltszwang vor dem Beschwerdegericht (§ 64 I 1 GWB, s OLG Düsseldorf 20.4.2015 – VI Kart/14 (V) Tz 5), außer für Kartellbehörde (§ 64 I 2 GWB: Behördenprivileg). 36

V) Selbstvertretungsrecht des Rechtsanwalts (§ 78 IV). Der RA kann sich selbst vertreten in eigenen Sachen (etwa Honorarklagen) und solchen Angelegenheiten, in denen er in Parteistellung kraft Amtes, zB als InsVer- 37 walter, TV usw handelt, ferner als ges Vertreter, Betreuer (§ 1823 BGB) oder als Organ (OLGR Köln 2003, 173); er handelt auch hier grds „als RA" und damit als ProzBev (KG NJW 55, 593; Robrecht MDR 2004, 979). Es gelten dieselben Sorgfaltsanforderungen (BGH MDR 2019, 1270 Tz 8 f: zur Fristenwahrung; BGH NJOZ 2022, 1495). Verschulden der Kanzleiangestellten wird ihm aber als eigenes zugerechnet (OLG Brandenburg 4.3.2020 – 11 U 169/19). Zustellung nach § 195 ist möglich (LG Berlin WRP 2018, 1540). Anstelle der Selbstvertretung kann sich der RA auch durch einen anderen RA vertreten lassen, auch durch die eigene Sozietät (LG Bielefeld ZIP 2005, 1095 [Jacoby ZIP 2005, 1060]; sa § 80 Rn 6; § 84 Rn 2). Die Grundsätze für die fiktive Prozessfähigkeit als Partei (s § 56 Rn 13) gelten auch für die Postulationsfähigkeit (BGH FamRZ 2010, 548 Tz 13; sa Rn 11). Bei Angelegenheiten aus eigener neben-(zweit-)berufl Tätigkeit bestehen uU berufsrechtl Schranken (§§ 45 f BRAO durch G v 7.7.2021, BGBl I 2021, 2363, mWv 1.8.2022), zB für Syndikus-RA (§ 46c II BRAO); Verstöße berühren die Vertretungsfähigkeit nicht (OLG Hamm NJW-RR 89, 442; s Rn 22). Die Unterbrechungswirkung bei Tod (§§ 239, 244) oder bei Berufsverbot (s Rn 11) gilt auch in eigenen Sachen (BGH MDR 90, 702). § 246 ist im Fall des IV nicht anwendbar (BGH NJW-RR 2018, 567; KG NJW-RR 2008, 142, 143; KG NJW-RR 2007, 967; s § 246 Rn 2a), bei Vertretung gem § 53 BRAO trat Unterbrechung wegen § 54 BRAO aF aber erst mit Löschung/Sperrung im RA-Verzeichnis (s § 31 VI BRAO) ein; mit Streichung der Vorschrift ist die Annahme sofortiger Unterbrechung vorzugswürdig (BGH NJW-RR 2018, 567; BTDrs 16/11385, 37; s Rn 11; § 85 Rn 25; § 244 Rn 4). **IV** ist auf andere Rechtskundige, Behörden, ehemalige RAe, insb RA „i.R." (vgl BSG NJW 2010, 3388 Tz 8 zu § 17 II BRAO), oder sog Kammerrechtsbeistände (s Rn 6) nicht auszudehnen; Patentanwälte können sich jedoch im Patentnichtigkeitsberufungsverf vor dem BGH selbst vertreten (**IV** entspr: BGH MDR 87, 668). **IV** ist auch mit Blick auf II verfassungsgemäß (sa BSG NJW 2010, 3388 Tz 9, 10: „dienstl" Handeln erforderl); schon im Hinblick auf die erforderl **Zulassung** und ihre Voraussetzungen (§ 12 BRAO) fehlt es gerade an einer Vergleichbarkeit mit anderen volljur Berufen. **Kostenerstattung** bei (auch konkludenter) Selbstvertretung findet statt: § 91 II 3 (OLG Köln MDR 2018, 1085: auch in Verf ohne Anwaltszwang); s § 91 Rn 13.76.

§ 78a (weggefallen)

§ 78b Notanwalt

(1) Insoweit eine Vertretung durch Anwälte geboten ist, hat das Prozessgericht einer Partei auf ihren Antrag durch Beschluss für den Rechtszug einen Rechtsanwalt zur Wahrnehmung ihrer Rechte beizuordnen, wenn sie einen zu ihrer Vertretung bereiten Rechtsanwalt nicht findet und die Rechtsverfolgung oder Rechtsverteidigung nicht mutwillig oder aussichtslos erscheint.

(2) Gegen den Beschluss, durch den die Beiordnung eines Rechtsanwalts abgelehnt wird, findet die sofortige Beschwerde statt.

1 **I) Allgemeines. 1) Zweck.** Gewährleistung der Rechtsverfolgung/verteidigung (s Einl Rn 30 ff). Besteht Anwaltszwang, darf der Rechtsschutz nicht am Fehlen eines postulationsfähigen Vertreters scheitern (BVerwG NJW 79, 2117; BVerfG 27.12.2002 – 1 BvR 1710/02; StJ/Jacoby Rn 1). § 78b ergänzt die Vorschriften über den RA-Zwang. Beim Verf gem §§ 78b, 78c handelt es sich (*anders* als beim PKH-Verf, dazu § 118 Rn 2) nicht um staatl Sozialhilfe. **Bedeutung.** Nach Abschaffung der Lokalisierung des Anwaltszwangs (§ 78 Rn 2) liegt die (gleichwohl geringe) Hauptbedeutung von § 78b bei § 78 I 3 (Zahlen: Nassall AnwBl 2014, 499).

2 **2) Anwendungsbereich.** § 78b gilt nicht, soweit keine Vertretung durch einen Anwalt geboten ist (§ 78 I), also nicht im Parteiprozess (weitergehend § 121 II, V, sa OVG Bautzen 25.1.2019 – 5 E 520/18; VGH München 3.4.2018 – 22 C 18.687 Tz 10). § 78b gilt auch für den NI. In PKH-Verf gilt § 121 I. § 78b gilt über § 555 im Verf vor dem BGH und (iVm § 72 V ArbGG) dem BAG (BAG JR 2012, 311); er ist **entspr** anwendbar in Verf mit Vertretungszwang vor dem BFH (BFH NJW 78, 448), ebenso im Klageerzwingungsverf nach § 172 StPO (OLG Bamberg NJW 2007, 2274; aA OLG Düsseldorf MDR 88, 165; offenlassend OLG Hamm NJW 2008, 245, 246), nicht aber somit im dienstgericht Verf gem § 26 III DRiG (BGH MDR 89, 257).

3 **II) Voraussetzungen. 1) Verfahren mit RA-Zwang.** S bereits Rn 1, 2; § 78 Rn 13-26. Das Verf beim ProzGericht braucht noch nicht anhängig zu sein (Rn 7). Bei Rechtsmittelverf sind laufende Fristen zu beachten (Rn 6).

4 **2) Bestehende Notsituation.** „Nichtfinden" von RA iSv **I.** Die Partei muss trotz zumutbarer Anstrengungen einen zu ihrer Vertretung bereiten RA (RA-Gesellschaft) **nicht gefunden** haben. Gleichgültig ist, ob die Partei von vornherein keinen zu ihrer Vertretung bereiten RA findet, oder ob sie später, zB infolge von Mandatsniederlegung *in diese Lage* gerät. *Die* Anforderungen an die Feststellung dürfen wegen Rn 1 nicht überspannt werden (OVG Lüneburg NJW 2005, 3303, 3304; OVG Berlin-Brandenburg 16.7.2015 – OVG 11 S 49/15). Der BGH verlangt zumindest **mehr als 4 Mandatsersuchen** (BGH MDR 2015, 540; BGH NZS 2016, 759; BGH

19.12.2019 – III ZB 69/19; die Ansichten in den Senaten divergieren, sa MK/Toussaint Rn 5 Fn 11; BSG 12.10. 2018 – B 2 U 127/18 B: **mindestens 5 Mandatsersuchen**; ebenso BGH 27.3.2025 – V ZA 11/24; BSG 18.6.2020 – B 3 P 6/20 B: bloßer Hinweis auf **„Corona-Krise"** wirkt nicht entlastend). Die Partei muss ihre Bemühungen substantiiert darlegen und glaubhaft machen (BGH MDR 2014, 978 Tz 2; BGH NJW-RR 95, 1016; BGH NJW-RR 2004, 864; BGH MDR 2014, 613 Tz 9; BGH 14.4.2021 – IV ZA 7/20 Tz 5; BGH 16.4.2024 – VIII ZR 55/24; BGH 27.3.2025 – V ZA 11/24; OLG Dresden 5.12.2018 – 4 W 1098/18; OLG Dresden 21.10.2024 – 4 W 665/24). Die Partei darf die Notlagesituation nicht selbst geschaffen haben (sa BAG NJW 2015, 1712 Tz 4: Mandatsanfrage erst am Tag des Fristablaufs; BSG 12.10.2018 – B 2 U 127/18 B; OLG München 29.7.2019 – 22 AR 83/19: Mandatsanfrage ist zwingend an rein elekronisch stattfindende Kommunikation geknüpft). § 78b greift nicht ein, wenn die Vertretungsbereitschaft eines RA an der Nichtzahlung des Vorschusses (auch gem § 78c II) scheitert (BGH MDR 2000, 412; BGH ZInsO 2010, 1662; sa OVG Münster NJW 2003, 2624: nicht bei einer die gesetzliche Vergütung übersteigenden Vergütungsvereinbarung; BSG 30.4.2013 – B 5 RS 15/13 B Tz 5: nur unzumutbar, wenn Honorarforderung unangemessen hoch ist iSv § 3a II RVG; aA MskV/Weth Rn 4; Waldner MDR 2016, 983, 985); desgl nicht, wenn die Partei selbst mutwillig (s Rn 5) das Mandat kündigt (BSG 28.7. 2020 – B 8 SO 1/19) oder die Niederlegung durch den RA provoziert (BGH NJW-Spezial 2013, 703); die Beiordnung darf aber nicht schon dann verweigert werden, wenn der mandatierte RA nach **Differenzen über die Begründung eines Rechtsmittels** das Mandat frei (§ 627 I BGB) niederlegt (so aber BGH MDR 2014, 613; BGH MDR 2014, 677; BGH MDR 2015, 540; BGH FamRZ 2020, 118; BGH 12.5.2020 – II ZB 7/20; BGH 15.5.2025 – V ZB 1/25; dazu krit Vollkommer MDR 2014, 570; Vollkommer MDR 2015, 540; Waldner MDR 2016, 983, 985; Baumert MDR 2014, 1185 f; sa BGH MDR 2016, 47 Tz 4 f: jedenfalls keine Bestellung, wenn Mandatsbeendigung von Partei zu vertreten ist, welche die Darlegungslast trägt, arg § 48 II BRAO; BGH 21.8. 2018 – VIII ZR 75/18; BGH 8.7.2020 – V ZR 178/19; BGH 7.9.2020 – IX ZR 93/20; BAG NJW 2017, 1498 [krit Fölsch, der auf Unterschiede zw einfachem und qualifizierten Anwaltszwang hinweist]; BFH 9.3.2016 – IV S 2/16 (NV): Verlangen nach Aufnahme evident unerheblicher Ausführungen in den Revisionsschriftsatz). Die Gründe für den RA-Zwang (insb gem § 78 I 3) sollten keine Möglichkeit zur Ablehnung der Notanwaltsbestellung bieten (tendenziell abw BGH MDR 2014, 613 Tz 12; BGH NJW-RR 2017, 187: Zweck der Zulassungsbeschränkung und Eigenverantwortung des Revisionsanwalts; BGH 10.10.2018 – IV ZR 161/18; mit Recht krit Stempfle AnwBl 2014, 301: „Schutzzaun um die BGH-Anwaltschaft"). Der Notanwalt muss die Unterzeichnung nicht verantwortbarer Schriftsätze ggf ablehnen und gem § 78c Rn 9 vorgehen.

3) Keine Mutwilligkeit oder Aussichtslosigkeit. Die Rechtsverfolgung darf nicht mutwillig oder aussichtslos 5 sein (sa BGH 15.7.2020 – IX ZB 34/20). „Hinreichende" Aussicht auf Erfolg (so § 114 S 1) ist nicht erforderl (BGH NJOZ 2016, 1707 Tz 5), Fehlen offenbarer Aussichtslosigkeit genügt (BAG JR 2012, 311; BGH NJW-RR 2018, 1461; BGH 14.12.2017 – I ZR 195/15). Wirtschaftl Gesichtspunkte haben außer Betracht zu bleiben. Maßgebend ist die Zumutbarkeit der Übernahme des Mandats für den RA (so etwa MK/Toussaint Rn 5; MskV/Weth Rn 6). Aussichtslosigkeit besteht, wenn ein günstiges Ergebnis auch bei anwaltl Beratung ganz offenbar nicht erreicht werden kann (BGH NJW-RR 2012, 84 Tz 4: Schutz vor nicht zumutbarer Vertretung; BGH NJOZ 2016, 1707 Tz 5; BGH 19.12.2019 – III ZB 69/19: unstatthafte Rechtsbeschwerde; BGH 26.9.2019 – III ZR 85/19; BSG NJW 2012, 2685; BSG NZS 2018, 749; VerfGH RhPf 9.1.2019 – VGH A 26/18: aber keine unzumutbare Beschränkung der Rechtsschutzgarantie; zum Ganzen sa § 114 Rn 43 ff), Unzumutbarkeit zB bei querulatorischem Antrag (BGH NJW 95, 537), bei willkürl (früheren) Verhalten (s § 78c Rn 9) oder bei Verfolgung verfahrenswidriger Zwecke (BGH NJW 2013, 1011; BGH NJW-RR 98, 575).

4) Rechtzeitiger Antrag. S dazu näher Rn 7. Eigenständige Antragsfristen bestehen nicht, über die Rechtzeitig- 6 keit der Antragstellung entscheiden die im Hauptsacheverf laufenden Fristen, insb Rechtsmittel-(begründungs-)fristen. Rechtzeitige Antragstellung ist Voraussetzung für die WE in die versäumte Frist (Rn 7).

III) Verfahren. 1) Antrag u Entscheidung durch Beschluss. Erforderl ist ein Antrag ohne Anwaltszwang 7 schriftl oder zur Niederschrift der GeschSt – Erleichterung gem § 129a – an das zuständige Prozessgericht, bei dem der Rechtsstreit anhängig ist oder anhängig werden soll (BVerwG NJW 2013, 711 Tz 28; OLG Dresden 21.10.2024 – 4 W 665/24; OLG Hamm 9.11.2021 – 9 W 38/21 Tz 9). Zu den Anforderungen an die Begründung des Vorbringens des ASt, er finde keinen RA zu seiner Vertretung, vgl BGH MDR 2014, 978 Tz 2, 5; BGH MDR 2014, 613 Tz 8, 9; BGH 14.4.2021 – IV ZA 7/20 Tz 5; sa Rn 4. Bei beabsichtigter Rechtsmittel-(-behelfs-)einlegung muss der Antrag rechtzeitig, dh in laufender Frist mit ordnungsgem Darlegung und Glaubhaftmachung gestellt sein; in diesem Fall ist WE zu erteilen (BGH NJW 2014, 3247 Tz 5). Nach Beiordnung eines Notanwalts kann WE nicht mehr wegen Fehlens ihrer Voraussetzungen gem Rn 4, 5 versagt werden (aA BGH aaO; s aber Rn 9 aE). Die Entscheidung ergeht bei fakultativer mündl Verh durch **Beschluss** (**I 1**, § 128 IV) des (vollbesetzten) Prozessgerichts (nicht: des Vors; sa Rn 8); er ist den Parteien formlos mitzuteilen (§ 329 II 1). Es handelt sich um ein einseitiges Verf, an dem der Gegner nicht beteiligt ist (MskV/Weth Rn 8, 10; StJ/Roth § 329 Rn 12); er hat weder ein Recht auf Gehör noch ein Anfechtungsrecht bei Stattgabe (Rn 9); Vertreterverschulden ist nicht zurechenbar, § 85 II nicht anwendbar (Vollkommer MDR 2014, 570 gegen BGH MDR 2014, 613 Tz 9; sa § 85 Rn 11).

2) Beiordnung. Sind die **Voraussetzungen erfüllt, muss** dem Antrag stattgegeben werden, ggf iVm WE 8 (s Rn 7). Es besteht kein Ermessen (Grund: s Rn 1). Beiordnung erfolgt auch, wenn die Partei selbst RA ist

(BGH Rpfleger 2002, 463 zu § 121 I). Der stattgebende Beschluss lautet nur auf Beiordnung „eines" RA, auch einer RA-GmbH (§ 59e BRAO), einer RA-AG (s vor § 78 Rn 7), einer RA-GbR (Sozietät: BGH NJW 2009, 440 zu § 121) oder **mWv 1.8.2022** einer **anderen RA-Gesellschaftsform** (§ 59b I, II Nr 1, § 59p BRAO, etwa RA-OHG); auch eines einzelnen Sozietäts-RA (Rspr zu § 121 trifft nicht zu, s BGH MDR 2010, 1159) **(Grundentscheidung)**. Er ist unanfechtbar. Die Auswahl eines bestimmten RA obliegt dem Vors im Verf nach **§ 78c** (s § 78c Rn 3). Im **Revisionsverf** vor dem BGH kommt die Beiordnung eines **zweitinstanzlichen ProzBev** zur Einlegung der Anhörungsrüge nicht in Betracht (BGH NJW-RR 2017, 187; BGH NJW-RR 2018, 1461; BGH 14.12.2017 – I ZR 195/15). Aufhebung oder Änderung sind mögl: s § 78c Rn 5.

9 **3) Anfechtbarkeit.** Gegen die **Ablehnung des Antrags** ist sof Beschwerde (ohne Anwaltszwang: BGH MDR 2011, 748) gegeben (**II**, § 567 I Nr 1). Es besteht voller Prüfungsumfang (§ 571 II 1; s § 571 Rn 3, 4). Hat das Beschwerdegericht, das Berufungsgericht oder das OLG im 1. Rechtszug entschieden, findet nur die zugelassene Rechtsbeschwerde statt (§ 574 I Nr 2), die zur rechtl Überprüfung führt (s §§ 576, 546), gegen unanfechtbare Entscheidungen nur die Anhörungsrüge (§ 321a, s BSG 17.8.2017 – B 1 KR 6/17 C Tz 4; kein Anwaltszwang: BGH FamRZ 2012, 1865; BGH 30.6.2016 – IX ZR 49/16; MskV/Weth Rn 10 f). Der dem Antrag *stattgebende* Beschluss ist unanfechtbar (arg **II**), Überprüfung vAw findet nicht statt.

10 **IV) Gebühren. 1) Gericht:** keine; Beschwerdeverf: 1812 GKG-KV. – **2) RA:** Erteilt die Partei dem beigeordneten RA Prozessvollmacht, ist er gewillkürter ProzBev. Er wird nach 3100 ff RVG-VV vergütet. Er hat Anspruch auf Vorschuss: § 78c II. Kein Vergütungsanspruch gegen die Staatskasse.

§ 78c Auswahl des Rechtsanwalts

(1) Der nach § 78b beizuordnende Rechtsanwalt wird durch den Vorsitzenden des Gerichts aus der Zahl der in dem Bezirk des Prozessgerichts niedergelassenen Rechtsanwälte ausgewählt.

(2) Der beigeordnete Rechtsanwalt kann die Übernahme der Vertretung davon abhängig machen, dass die Partei ihm einen Vorschuss zahlt, der nach dem Rechtsanwaltsvergütungsgesetz zu bemessen ist.

(3) [1]Gegen eine Verfügung, die nach Absatz 1 getroffen wird, steht der Partei und dem Rechtsanwalt die sofortige Beschwerde zu. [2]Dem Rechtsanwalt steht die sofortige Beschwerde auch zu, wenn der Vorsitzende des Gerichts den Antrag, die Beiordnung aufzuheben (§ 48 Abs. 2 der Bundesrechtsanwaltsordnung), ablehnt.

1 **I) Allgemeines. 1) Anpassung von § 78c I. a) Beiordnungsfähiger Personenkreis.** Seit der Beseitigung des berufs- und verfahrensrechtl Lokalisierungsgrundsatzes (s § 78 Rn 2) entspricht der Kreis der beiordnungsfähigen RA dem der im Bezirk des Prozessgerichts niedergelassenen RAe (**I**); maßgebend dafür ist der Kanzleisitz (s Rn 4; Ausnahme: OLG München FGPrax 2011, 203 zu § 7 I 2 ThUG: Beiordnung eines nicht am Gerichtsort niedergelassenen Anwalts (Spezialisten) bei ausdr Einverständnis; ebenso OLG Nürnberg NStZ 2011, 588, 589). Dies ist damit eine Folgeänderung zu § 78 I (s § 78 Rn 1-3). – **b) Bedeutung: Ergänzung** von § 78b, der nur zu einer Grundentscheidung führt, die noch der näheren Ausführung bedarf (s § 78b Rn 8). § 78c regelt die **Auswahl** des in Betracht kommenden Anwalts (I; s Rn 3, 5), teils die **Voraussetzungen**, unter denen der Anwalt zum Tätigwerden verpflichtet ist (**II**; s Rn 12), und die zugehörigen Rechtsbehelfe (**III**; s Rn 6 ff).

2 **2) Anwendungsbereich.** § 78c gilt **unmittelbar** in sämtl Fällen der Beiordnung eines Notanwalts gem § 78b (vgl I Hs 1) und **entspr** im PKH- und VKH-Verf (§ 121 V; § 78 V FamFG; s § 121 Rn 35). Die Nichterwähnung von § 78c in § 121 beruht auf einem Redaktionsversehen (vgl BTDrs 8/3068, dort § 119). § 78c I u III gilt ferner **entspr** bei der amtswegigen Beiordnung eines RA an den nicht vertretenen Ag in einer Scheidungs- oder Kindschaftsfolgesache (s § 138 I 1 Hs 2 FamFG). Weiterer Fall von entspr Anwendung: s OLG München NJW-RR 2011, 1151; OLG Nürnberg MDR 2011, 1006.

3 **II) Auswahlverfahren (§ 78c I). 1) Voraussetzungen. a) Zuständig** ist beim Kollegialgericht der Vors, beim AG der Richter. Es handelt sich um ein reines **Amtsverf**, das keine Anträge kennt, wie denn auch die Partei kein Recht auf Beiordnung eines bestimmten RA oder eines Fachanwalts hat (s OVG Münster NJW 2003, 2624). Der Vors trifft die Auswahl nach **pflichtgemäßem Ermessen**, wobei er etwaige Wünsche oder Bedenken der Partei oder des als Notanwalt auszuwählenden RA zu berücksichtigen hat. Da im unmittelbaren Anwendungsbereich der Vorschrift (s Rn 2) die Partei einen übernahmebereiten Anwalt nicht gefunden haben darf (s § 78b Rn 4), wird es idR an einem geeigneten Parteivorschlag fehlen; ein RA, der die Übernahme bereits abgelehnt hat, wird mangels Vertrauensverhältnis nicht in Frage kommen.

4 Der **Personenkreis** beschränkt sich auf die im Bezirk des Prozessgerichts „niedergelassenen" RAe, dh die RAe mit Kanzleisitz (§ 27 BRAO) im Gerichtsbezirk (s aber OLG München FGPrax 2011, 203 zu § 7 I 2 ThUG; sa Rn 1). *Mitumfasst sind auch die RA-Gesellschaften* (s § 78b Rn 8). Bei der Beiordnung einer RA-GmbH bzw Berufsausübungsgesellschaft (s § 78b Rn 8) bestimmt diese selbst über das für sie auftretende Organ oder den für sie auftretenden qualifizierten Vertreter (s OLG Nürnberg Rpfleger 2002, 628).

b) Die **Auswahlentscheidung** ergeht grds durch Verfügung (vgl **III 1**) oder Beschluss und lautet stets auf Bei- 5
ordnung eines namentl bestimmten RA oder eine RA-Gesellschaft (zB GmbH, s § 78b Rn 8, oder GbR/Sozietät, s BGH NJW 2009, 440), nicht jedoch auf eine Anwaltsgemeinschaft (Sozietät; dazu näher s § 80 Rn 6) als solche; eine Ablehnung der Beiordnung kann der Vors niemals aussprechen (da Beschluss des Prozessgerichts gem § 78b erforderl). Die Beiordnungsverfügung wird den Parteien und dem ausgewählten Anwalt formlos mitgeteilt (§ 329 II 1) und kann nicht eher Wirksamkeit erlangen als die Beiordnungs-Grundentscheidung nach § 78b (s § 78b Rn 8). Eine **Aufhebung** oder **Änderung** der Auswahlentscheidung ist bei Zustimmung aller Beteiligten jederzeit mögl, auch auf Antrag der Partei (str, s OLG Nürnberg MDR 2003, 712 mN; OLG München FGPrax 2011, 203; offenlassend BGH NJOZ 2010, 239 Tz 4, 9), auf Antrag des RA nur bei Vorliegen wichtiger Gründe (vgl §§ 45, 48 II BRAO seit 1.8.2022 u s Rn 9), unter diesen Voraussetzungen auch auf Antrag der Partei (s OVG Berlin-Brandenburg NJW 2010, 954 zu § 121; s § 121 Rn 37 f). Während des Bestehens einer Beiordnung ist keine weitere möglich (OLG München FGPrax 2011, 203).

2) Rechtsbehelfe gegen die Auswahl (§ 78c III 1). a) Sof Beschwerde (§ 567 I Nr 1) der **Partei** mit dem Ziel, 6
ihr einen anderen Anwalt beizuordnen. Fälle: Bei der Auswahl ist ein Wunsch der Partei nicht berücksichtigt worden (aber s Rn 3), oder das Ermessen ist sonst nicht sachgemäß ausgeübt worden; der Fall, dass eine Auswahl überhaupt abgelehnt wurde, dürfte praktisch nicht vorkommen (s Rn 5).

b) Sof Beschwerde des **beigeordneten Anwalts** mit dem Ziel der Aufhebung der Beiordnung. Fälle: Beiordnung 7
ohne ausreichende Gründe gegen den Wunsch einer Partei (RGZ 35, 369); Bestehen sonstiger eigener wichtiger Gründe gegen seine Beiordnung, zB Kollision mit anderen Berufspflichten oder Gründe gem § 45 BRAO.

c) Ein **nicht beigeordneter RA** hat kein eigenes Beschwerderecht. 8

3) Aufhebung der Beiordnung (§ 78c III 2). a) Ein Anwalt kann nach **§ 48 II BRAO** die **Aufhebung** der Bei- 9
ordnung beantragen, wenn ein (noch nicht geprüfter) **wichtiger Grund** vorliegt, etwa nachhaltige Störung des Vertrauensverhältnisses zwischen Partei und Anwalt (BGH 10.8.1998 – VI ZR 174/97; BGH 10.11.2010 – IV ZR 240/08: abgelehnt). Bsp: Verweigerung des Abschlusses von RA-Vertrag, der Erteilung einer Prozessvollmacht, der Vorschussleistung (BSG 3.11.2009 – B 13 R 23/09 B; s Rn 12) uä mutwilliges Verhalten, wie Bestehen auf Einreichung einer Rechtsmittelbegründung entspr den eigenen Vorstellungen (BGH MDR 2014, 613; BGH NJW-RR 2017, 187; s aber § 78b Rn 4), aber auch der Abschluss einer Erfolgshonorarvereinbarung (OLG Hamm AnwBl 2018, 170). Der Aufhebungsantrag kann jederzeit gestellt werden. **Zuständig** für die **Aufhebung** ist bei Verbindung mit einer Ablehnungsentscheidung gem § 78b II das vollbesetzte Prozessgericht (s § 78b Rn 7), sonst der Vors (vgl **III 2**; ebenso MK/Toussaint Rn 11; MskV/Weth Rn 8, str). Gegen die **Ablehnung des Aufhebungsantrags** hat in jedem Fall der RA die **sof Beschwerde (III 2)**, daneben auch die Partei (OLG Düsseldorf FamRZ 95, 241 für PKH; sa § 127 Rn 58). Wird dem Aufhebungsantrag stattgegeben, gibt es kein Rechtsmittel (OLGR Karlsruhe 2001, 143 für PKH). – **b)** Bei Aufhebung der Beiordnung eines RA ohne dessen Antrag und gegen seinen Willen ist in **entspr Anwendung von III 2** ebenfalls die sof Beschwerde zulässig (OLGR Naumburg 2005, 644; PG/Burgermeister Rn 7; aA MskV/Weth Rn 8: kein berechtigtes Interesse an Mandat).

4) Weitere Verfahren. Ist in den Fällen der Rn 6-9 die Auswahl-, Ablehnungs- oder Aufhebungsverfügung von 10
dem Vors des Berufungsgerichts (sowohl Berufungskammer beim LG als auch Senat beim OLG) erlassen worden, findet nur bei Zulassung durch das Berufungsgericht die **Rechtsbeschwerde** statt (§ 574 I Nr 2); das Gleiche gilt für das Beschwerdegericht bei einer entspr Beschwerdeentscheidung (§ 574 I Nr 2).

III) Rechtsfolgen bei Beiordnung. 1) Übernahmepflicht. Als **Folge** der Beiordnung ist der ausgewählte RA 11
verpflichtet, die Vertretung der Partei zu übernehmen (§ 48 I Nr 2 BRAO). Neben einer Berufspflicht des RA (BGHZ 60, 258) liegt auch ein zivilrechtl Abschlusszwang vor; sa § 121 Rn 36. Die Beiordnungsentscheidung des Prozessgerichts und Auswahlverfügung des Vors ersetzen nicht den Vertrag zwischen RA und der Partei (BGHZ 60, 258; OLGR Düsseldorf 2001, 191). ProzBev wird der beigeordnete RA erst mit der Erteilung der **Prozessvollmacht** durch die Partei (BGH MDR 87, 315; s § 80 Rn 1 u 5). Ab Zugang der Beiordnungsverfügung treffen ihn bereits bestimmte Betreuungspflichten (RGZ 115, 66; MK/Toussaint Rn 7). Hat die Partei innerhalb der Rechtsmittelfrist ohne Verschulden keinen vertretungsbereiten RA gefunden (s § 78b Rn 4-5), ist ihr WE zu erteilen (BGH MDR 2014, 978; s § 78b Rn 7).

2) Vorschuss (§ 78c II). Dieser bemisst sich nach § 9 RVG und kann für bereits entstandene als auch voraus- 12
sichtl noch entstehende Gebühren und Auslagen gefordert werden. Weigert sich die Partei, die Vorschusszahlung zu leisten, ist die Beiordnung auf Antrag des RA aufzuheben (s Rn 9). Evtl kommt eine Anwaltsbeiordnung im Prozesskostenhilferecht in Betracht (BGH 8.7.2010 – IX ZB 45/10).

§ 79 Parteiprozess

(1) [1]Soweit eine Vertretung durch Rechtsanwälte nicht geboten ist, können die Parteien den Rechtsstreit selbst führen. [2]Parteien, die eine fremde oder ihnen zum Zweck der Einziehung auf fremde Rechnung abgetretene Geldforderung geltend machen, müssen sich durch einen Rechtsanwalt als Bevollmächtig-

ten vertreten lassen, soweit sie nicht nach Maßgabe des Absatzes 2 zur Vertretung des Gläubigers befugt wären oder eine Forderung einziehen, deren ursprünglicher Gläubiger sie sind.

(2) [1]Die Parteien können sich durch einen Rechtsanwalt als Bevollmächtigten vertreten lassen. [2]Darüber hinaus sind als Bevollmächtigte vertretungsbefugt nur

1. **Beschäftigte der Partei oder eines mit ihr verbundenen Unternehmens (§ 15 des Aktiengesetzes); Behörden und juristische Personen des öffentlichen Rechts einschließlich der von ihnen zur Erfüllung ihrer öffentlichen Aufgaben gebildeten Zusammenschlüsse können sich auch durch Beschäftigte anderer Behörden oder juristischer Personen des öffentlichen Rechts einschließlich der von ihnen zur Erfüllung ihrer öffentlichen Aufgaben gebildeten Zusammenschlüsse vertreten lassen,**
2. **volljährige Familienangehörige (§ 15 der Abgabenordnung, § 11 des Lebenspartnerschaftsgesetzes), Personen mit Befähigung zum Richteramt und Streitgenossen, wenn die Vertretung nicht im Zusammenhang mit einer entgeltlichen Tätigkeit steht,**
3. **Verbraucherzentralen und andere mit öffentlichen Mitteln geförderte Verbraucherverbände bei der Einziehung von Forderungen von Verbrauchern im Rahmen ihres Aufgabenbereichs,**
4. **Personen, die Inkassodienstleistungen erbringen (registrierte Personen nach § 10 Absatz 1 Satz 1 Nummer 1 des Rechtsdienstleistungsgesetzes), und Kreditdienstleistungsinstitute mit einer Erlaubnis nach § 10 Absatz 1 des Kreditzweitmarktgesetzes im Mahnverfahren bis zur Abgabe an das Streitgericht und im Verfahren der Zwangsvollstreckung wegen Geldforderungen in das bewegliche Vermögen mit Ausnahme von Handlungen, die ein streitiges Verfahren einleiten oder innerhalb eines streitigen Verfahrens vorzunehmen sind.[3]Bevollmächtigte, die keine natürlichen Personen sind, handeln durch ihre Organe und mit der Prozessvertretung beauftragten Vertreter.**

(3) [1]Das Gericht weist Bevollmächtigte, die nicht nach Maßgabe des Absatzes 2 vertretungsbefugt sind, durch unanfechtbaren Beschluss zurück. [2]Prozesshandlungen eines nicht vertretungsbefugten Bevollmächtigten und Zustellungen oder Mitteilungen an diesen Bevollmächtigten sind bis zu seiner Zurückweisung wirksam. [3]Das Gericht kann den in Absatz 2 Satz 2 Nr. 1 bis 3 bezeichneten Bevollmächtigten durch unanfechtbaren Beschluss die weitere Vertretung untersagen, wenn sie nicht in der Lage sind, das Sach- und Streitverhältnis sachgerecht darzustellen.

(4) [1]Richter dürfen nicht als Bevollmächtigte vor einem Gericht auftreten, dem sie angehören. [2]Ehrenamtliche Richter dürfen, außer in den Fällen des Absatzes 2 Satz 2 Nr. 1, nicht vor einem Spruchkörper auftreten, dem sie angehören. [3]Absatz 3 Satz 1 und 2 gilt entsprechend.

II 2 Nr 4 geändert durch KreditzweitmarktförderungsG v 22.12.2023 (BGBl 2023 I Nr 411) mWv 30.12.2023.

1 **I) Allgemeines. 1) Reformen.** § 79 wurde zugleich mit § 157 u § 90 durch Art 8 des **RBerNeuregelungsG** v 12.12.2007 geändert (BGBl I 2007, 2840; Begr des RegE, BTDrs 16/3655), mit dem Ergebnis einer **einheitl Regelung der Prozessvertretung** im Parteiprozess ohne Trennung des Verf innerhalb (so früher § 157) und außerhalb der mündl Verh (früher umfasst vom RBerG). Der Ausschluss professioneller Vertretung unterhalb der Ebene der Rechtsanwaltschaft dient dem Schutz der Parteien vor unqualifizierter Rechtsberatung und dem reibungslosen Verfahrensablauf mit dem Gericht (BVerfG NJW 2010, 3291 Tz 12, 13; BGH NJW 2009, 3242 Tz 20; BGH NJW 2011, 929 Tz 23; Schwill MDR 2015, 1161: KFZ-Haftpflichtversicherung als unzulässiger Vertreter; Meyer-Abich NJW 2017, 1529, 1530). **II** ist als **Marktverhaltensregel** iSv § 3a UWG zu verstehen (BGH NJW 2011, 929 Tz 17 ff, 25 ff: Immobilienmakler als unzulässiger Vertreter; BGH NJW 2022, 2336 Tz 10; OLG Düsseldorf DV 2016, 14), stellt jedoch **kein Verbraucherschutzgesetz** iSv § 2 I UKlaG dar (OLG Frankfurt GRUR-RR 2015, 474). Die Ausnahmen vom Regelfall der Anwaltsvertretung (s Rn 5) betreffen die im Unternehmens- und Behördenbereich wichtige Vertretung durch Beschäftigte (s Rn 6), die unentgeltl Vertretung im familiären Bereich (s Rn 7 [a]) und die jur qualifizierte altruistische Vertretung (s Rn 7 [b]), die Verbrauchervertretung durch Verbände und Zentralen (s Rn 8) und die Beitreibung unstreitiger Forderungen durch Inkassounternehmen im Mahnverf und in der ZwV (s Rn 9). II ist mit **Art 56 AEUV** vereinbar (OLG Köln ZInsO 2020, 418 Tz 20) u verfassungsgemäß (BGH NJW 2011, 929 ff: Zumutbarkeit der Beeinträchtigung der Berufsausübungsfreiheit). **II 2 Nr 4** wurde zunächst inhaltlich erweitert mWv 26.11.2016 durch Art 1 Nr 2 **EuKoPfVODG** (BGBl I 2016, 2591), sodann **neugefasst mWv 1.1.2021** durch Art 8 Nr 2 d G v 22.12.2020 (BGBl I 2020, 3320), s näher Rn 9. Zum (gescheiterten) Entwurf eines G zur **Reform des Rechtsdienstleistungsrechts** (BTDrs 19/9527, 1 ff) u zum **G zur Förderung verbrauchergerechter Angebote im Rechtsdienstleistungsmarkt mWv 1.10.2021** s Rn 9a. **Parallelvorschriften:** § 10 FamFG; § 11 ArbGG. **Übergangsrechtl** aufrechterhaltene nicht (voll-)anwaltl Vertreter: s Rn 5. II 2 Nr 4 wurde wiederum geändert mWv 30.12.2023 durch Art 3 d G v 22.12.2023 (**Kreditzweitmarktförderungsgesetz**, s BGBl 2023 I Nr 411; Rn 9).

2 **2) Parteiprozess.** Der Parteiprozess, bei dem **eine Vertretung durch Rechtsanwälte nicht geboten** ist (vgl § 79 I 1), bildet das Gegenstück zum „Anwaltsprozess“ (§ 78). Verf ohne Anwaltszwang ist das gesamte Verf vor dem **AG**, ferner das Verf gem § 78 III (s § 78 Rn 27 ff; zu „anwaltsfreien“ Nebenverf s § 78 Rn 27 [c]; sa § 78b Rn 9). Außer für das Erkenntnisverf (einschließl Arrest u einstw Vfg) u das Mahnverf (*arg* II Nr 4) gilt **II** (m

Einschränkungen für die in Nr 4 genannten Vertreter) für die Verf der ZwV vor dem Vollstreckungsgericht (§§ 828; 732, 766; § 1 ZVG; MK/Toussaint Rn 3; zum ZVG-Verf näher BGH NJW 2011, 929 Tz 19 ff; Ertle ZfIR 2013, 9; sa BVerfG WM 2011, 989) u dem GV (§§ 808 ff). Auch soweit einzelne Prozesshandlungen „isoliert" außerhalb eines gerichtl Verf durch einen Vertreter vorgenommen werden (s § 80 Rn 1; § 83 Rn 4), muss der Bevollmächtigte idR gem **II** vertretungsbefugt sein. **Abgrenzung:** Im **GB-Verf** können sich die Beteiligten auch durch Personen vertreten lassen, die nicht nach § 10 II FamFG vertretungsbefugt sind (§ 15 I GBO, s Weber Rpfleger 2009, 83); keine Vertretungsbeschränkung besteht auch im **BeurkVerf** (LG Bielefeld Rpfleger 2008, 636; Stöber NotBZ 2008, 209, 212 f); § 79 II 2 gilt auch nicht für die ZwV-Unterwerfung gem § 794 I Nr 5 (LG Bielefeld, Stöber je aaO; MK/Toussaint Rn 3; Lindenmeier RNotZ 2009, 37; Müller RNotZ 2010, 167, 173; sa § 794 Rn 33). Das Verf vor dem **ArbG** ist Parteiprozess (§ 11 I 1 ArbGG; sa § 78 Rn 34); Besonderheit: Vertretung durch Verbandsvertreter, auch in der Form von jur Person (§ 11 II 2 Nrn 4, 5 ArbGG); Bsp: „Rechtsschutz-GmbH" von Gewerkschaft. **Kein** Vertreter („Bev") iSv **II** war der WEG-Verwalter insb bei „Hausgeldklagen" (§ 27 II Nr 2, 3, III Nr 2 WEG aF; OLG Düsseldorf NJW-RR 2014, 1387; abw BeckOK/Piekenbrock Rn 20); durch die organschaftliche Vertretungsbefugnis nach § 9b WEG hat die Frage praktisch an Bedeutung verloren. Es gilt **I 1** (s auch § 51 Rn 4 aE). Die Hausverwaltung kann den Vermieter nicht vertreten (Meyer-Abich NJW 2017, 1529, 1530; Meyer-Abich NZM 2019, 159; OLG Düsseldorf NZM 2015, 134: Verstoß gegen § 5 RDG).

3) Postulationsfähigkeit im Parteiprozess. Grundsatz (I 1). Im Parteiprozess können die Parteien **den Rechtsstreit selbst führen** (sa § 90 I 2 Hs 2), dh in eigener Person rechtswirksam handeln; bei Prozessfähigkeit (gesetzl Vertretung, §§ 51, 52) kommt ihnen auch die volle **Postulationsfähigkeit** zu (Begriff: s vor § 50 Rn 14); diese ermöglicht den Parteien, „ihr Recht" *in Person* als **eigene Angelegenheit** wahrzunehmen; nicht aber bedeutet sie, „den Rechtsstreit durch *jede prozessfähige Person als Bevollmächtigten zu führen*" (so § 79 aF); vielmehr besteht insoweit auch im Parteiprozess gem **II** ein **bedingter Vertretungszwang** (vgl **II 2:** *„darüber hinaus … nur"*). Die Postulationsfähigkeit knüpft an die Parteistellung an (**formeller Parteibegriff**, s vor § 50 Rn 2). Bei einem Auseinanderfallen von prozessualer Parteistellung und Rechtsträgerschaft können sich **Einschränkungen** der Postulationsfähigkeit ergeben (s Rn 4). Eine Untersagung weiteren Vortrags bei fehlender Fähigkeit zu geeignetem Vortrag (so früher allgemein § 157 II aF) kommt nach **III 3** bei den genannten Bevollmächtigten in Betracht; immer denkbar sind sitzungsleitende(-polizeil) Maßnahmen (§ 136, §§ 176, 178 GVG). Maßgebl **Zeitpunkt** für die Postulationsfähigkeit ist der der Vornahme der Handlung (§ 78 Rn 11, 12); bei Verweisung vom AG an das LG bleiben somit die Parteihandlungen wirksam (Saenger/Sandhaus NJW 2014, 419 f; sa § 281 Rn 15a). 3

4) Besonderheiten des Parteiprozesses bei Inkassozession und Inkassoermächtigung. a) RA-Vertretung als Grundsatz (I 2 Hs 1). Die *Notwendigkeit der Bevollmächtigung eines RA* besteht für die Klagepartei, die eine zur Einziehung abgetretene Geldforderung oder eine Geldforderung auf Grund einer Einziehungsermächtigung (s vor § 50 Rn 48) gerichtl geltend macht; dem Ausschluss der Postulationsfähigkeit entspricht die Beschränkung der Inkassodienstleistungen (Begriff: § 2 II 1 RDG) auf den außergerichtl Bereich durch das RDG (§ 1 I 1 RDG) und den nichtstr Teil des Mahnverf (II 2 Nr 4); möglich ist auch (wieder) Vertretung durch **Kammerrechtsbeistand**, sa § 3 I Nr 1 RDGEG (durch G v 22.12.2020, BGBl I 2020, 3320, mWv 1.1.2021) iVm § 79 I 2, II 1 (s BTDrs 19/20348, 69); wiederum geänd mWv 1.1.2022 durch G v 7.5.2021 (BGBl I 2021, 850). – **b) Postulationsfähigkeit der Parteien als Ausnahmen (I 2 Hs 2).** Eine Ausnahme von der notwendigen Anwaltsvertretung besteht, als die Partei (fiktiv) zur Vertretung des (wirtschaftl oder rechtl) Forderungsinhabers gem **II** befugt wäre (**I 2 Hs 2 Alt 1**). Verbraucherzentralen und -verbände können daher gem **II 2 Nr 3** Verbraucherforderungen im Weg der Abtretung oder der gewillkürten Prozessstandschaft *selbst* als Partei *ohne RA* geltend machen (s Rn 8); Entspr gilt gem **II 2 Nr 4** – beschränkt auf das Mahnverf – für Personen, die Inkassodienstleistungen erbringen, so dass die Notwendigkeit zur Einschaltung eines RA erst im Streitverf besteht (OLG Frankfurt 12.1.2016 – 18 W 249/15; OLG Frankfurt 30.12.2015 – 10 W 59/15; AG Ludwigshafen 5.7.2019 – 2h C 92/19). Weitergehend können unentgeltl tätige Familienangehörige als Inkassozessionare und -ermächtigte selbst im streitigen Verf auftreten (Fall von **II 2 Nr 2**). Postulationsfähig ist der **ursprüngl Gl**, der nach einer **Sicherungsabtretung** die Forderung als Prozessstandschafter des Sicherungszessionars einzieht (**I 2 Hs 2 Alt 2**; zur Fallgestaltung s vor § 50 Rn 46 [b]); dieser Fall stellt auch außergerichtl keine Inkassodienstleistung dar (vgl § 2 II 2 RDG). – **c) Abgrenzung.** Keine Einschränkung der Postulationsfähigkeit besteht in den (von **I 2** nicht erfassten) Fällen der Vollabtretung einer Forderung. Im Wege des Vollerwerbs erlangte Forderungen (Forderungskauf) kann das Inkassounternehmen als Rechtsinhaber ohne Anwalt im Parteiprozess gerichtl geltend machen (AG Ludwigshafen 5.7.2019 – 2h C 92/19). Das Gleiche gilt für zur Sicherung abgetretener Forderungen durch den Zessionar nach Eintritt des Sicherungsfalls (s Begr, BTDrs 16/3655, 86). 4

II) Vertretung durch Rechtsanwälte (§ 79 II 1 und 3). 1) RA-Vertretung als Regelfall. Wird die Einschaltung eines Vertreters erforderl, weil die Partei selbst den Rechtsstreit nicht führen kann oder will, ist die Bevollmächtigung eines RA **auch im Parteiprozess** der Regelfall der Prozessführung. **II 1** enthält eine entspr Klarstellung (s Begr, BTDrs 16/3655, 87). Auf dem Gebiet des gewerbl Rechtsschutzes, des Design- und Sortenschutzrechts usw sind auch **Patentanwälte** als Bevollmächtigte vertretungsbefugt (§ 4 III PAO). – **2) Umfang.** Der **Personenkreis** der **RA** umfasst auch „europäische" im Rahmen von § 27 I 1, II EuRAG und Berufsausübungs-/RA- 5

Gesellschaften (RA-GmbH, RA-AG, RA-Partnerschaft (mbB), RA-GbR/Sozietät, RA-Ltd, s zu RA-OHG/RA-KG: § 59b II Nr 1, p BRAO durch G v 7.7.2021, BGBl I 2021, 2363, mWv 1.8.2022 vor § 78 Rn 7, 8); übergangsrechtl den RA gleichgestellt sind die Kammerrechtsbeistände (§ 209 I BRAO, § 3 I Nr 1 RDGEG (durch G v 22.12.2020, BGBl I 2020, 3320, mWv 1.1.2021) iVm § 79 I 2, II 1; sa BTDrs 19/20348, 69; sa Rn 4 u § 78 Rn 6 [d]; BAG NZA 2016, 380 Tz 30 (zu § 11 IV 1 ArbGG)) und Prozessagenten, denen durch Anordnung der Justizverwaltung gem § 157 III aF das mündl Verhandeln vor Gericht gestattet wurde (§ 3 II Nr 2 RDGEG). Bevollmächtigte RA können sich gem §§ 80 f in der mündl Verh durch **Unterbevollmächtigte** vertreten lassen, (s § 81 Rn 6), im Parteiprozess nicht nur durch RA, sondern auch nicht iSv **II 2** vertretungsberechtigte (eigene) Beschäftigte des ProzBev, wie Assessoren (aA OLG Celle NJW-RR 2014, 1530, aber III 2 nicht beachtet), Referendare [auch außer iSv § 157, sa Gruschwitz DRiZ 2012, 239; StJ/Jacoby Rn 12, § 85 Rn 17], Diplom-Juristen (s § 17 II JAPO v 17.10.2003, Bay GVBl 2003, 758), Bürovorsteher und Kanzleiangestellte (AG Marburg Rpfleger 2008, 591 zur aF; iE str, in Übereinstimmung mit der bish Praxis wie hier Witte/Jähne Rpfleger 2010, 65; einschr PG/Dörr § 157 Rn 3; **aA** OLG Hamburg VersR 2013, 1278: für selbstständige Tätigkeit des nichtanwaltlichen Untervertreters; Sabel AnwBl 2008, 390; MskV/Weth Rn 6; BL § 157 Rn 1; Greger hier s § 157 Rn 1). Zur Vertretung von Berufsausübungs- u RA-Gesellschaften durch „beauftragte Vertreter" s **II 3** und dazu Rn 10.

6 **III) Weitere im Parteiprozess vertretungsberechtigte Personen (§ 79 II 2 Nrn 1-4). 1) Prozessvertretung durch Beschäftigte (§ 79 II 2 Nr 1).** Jede Partei, gleich welcher Rechtsform (natürl Person, Einzelfirma, Personengesellschaft, jur Person des Privatrechts, jur Person des öffentl Rechts) kann einen „Beschäftigten" mit ihrer Prozessvertretung betrauen (§ 80). „Beschäftigter" (weite Auslegung) kann – unabh vom Charakter des Beschäftigungsverhältnisses – ein Arbeitnehmer oder ein Beamter der Partei sein. Die Vertretungsbefugnis (vgl **II 2** vor Nr 1) besteht nur ggü dem Arbeitgeber (Dienstherrn). Ist die Partei ein verbundenes Unternehmen (§ 15 AktG), kann sie sich durch einen Beschäftigten eines anderen verbundenen Unternehmens vertreten lassen (ungenau sog **Konzernvertretung**). Aus der Vollmacht (§ 80) muss sich ergeben, dass der Vertreter für ein Verbundunternehmen auftritt. Entspr ist die Situation bei der **Behördenvertretung**; die Behörde, jur Person des öffentl Rechts usw als Partei (s § 50 Rn 25) kann sich durch einen Beschäftigten einer anderen Behörde, Körperschaft des öffentl Rechts oder ihrer Zusammenschlüsse vertreten lassen.

7 **2) Unentgeltliche Prozessvertretung (§ 79 II 2 Nr 2).** Die Vertretung darf nicht im Zusammenhang mit einer entgeltl Tätigkeit stehen, was inhaltlich der Legaldefinition der **Unentgeltlichkeit** in § 6 RDG entspricht. Der Begriff ist ggü § 516 I BGB eigenständig u enger; bloße Vergütungsfreiheit als solche genügt nicht, die Prozessvertretung darf auch nicht Teil einer entgeltl Vertragsbeziehung (s für Versicherungen §§ 100, 101 VVG; s § 80 Rn 5) sein (Zschieschack NJW 2010, 3275; BGH NJW 2022, 2336 Tz 20 f, 28 f: zur Nichtanwendung auf **Haftpflichtversicherung**); auch Entgelte, die auf Veranlassung des Dienstleistenden **einem Dritten zukommen**, sind zu berücksichtigen (OLG Hamburg VersR 2013, 1278: Missbrauchsschutz). Erleichterungen bestehen aber bei Streitgenossenschaft (unten c). IE ist zwischen verschiedenen Formen zu unterscheiden: – **a) Unentgeltl Prozessvertretung durch vollj Familienangehörige.** Der vertretungsberechtigte Personenkreis (weite Auslegung) umfasst (Aufzählung in § 15 AO, ferner § 11 LPartG): Verlobte, Ehegatten, Lebenspartner, Verwandte u Verschwägerte in gerader Linie, Geschwister u deren Ehegatten, Kinder der Geschwister, Geschwister der Eltern, Pflegeeltern u Pflegekinder. Unerhebl ist, ob die Vertretung einmalig oder wiederholt (geschäftsmäßig) erfolgt. – **b) Unentgeltl Prozessvertretung durch Volljuristen.** Zur Vertretung qualifiziert sind die in § 5 I DRiG genannten Personen, ohne dass Berufsrecht entgegensteht. Bsp: pensionierte Richter, uU aber auch RA (sa Bälz ua NJW 2008, 3385 ff; s zu den Motiven der Vertretung OLG Frankfurt NJOZ 2023, 573). Anders als im außergerichtl Bereich (vgl § 6 II RDG) sind familiäre, nachbarschaftl oder enge persönl Beziehungen zur Partei nicht Voraussetzung; die Vertretung kann auch im Rahmen eines (altruistischen) Ehrenamts erfolgen. Unerhebl ist, ob die Vertretung einmalig oder wiederholt stattfindet. – **c) Unentgeltl Prozessvertretung durch Streitgenossen.** Die Bevollmächtigung ist vor allem bei der einfachen Streitgenossenschaft (§§ 59, 60) von Bedeutung, bei der die Vertretungsfiktion gem § 62 I (s § 62 Rn 28) nicht eingreift. Insoweit ist allerdings zu berücksichtigen, dass ein Streitgenosse dem anderen als NI beitreten kann (s § 66 Rn 6) und der unterstützte Streitgenosse dem NI die Prozessführung praktisch überlassen kann (s § 67 Rn 1, 3-5), was iErg einer (ggü oben vor a) erleichterten Vertretung bei Streitgenossenschaft gleichkommt (sa § 62 Rn 8a u die Fallgestaltung in BGH NJW 2010, 3522 u näher s § 80 Rn 5). Bsp: Schädiger und Haftpflichtversicherer als gemeinsam Bekl (aA Zschieschack NJW 2010, 3275; Gegenbsp: Anzeige einer nicht verklagten Kfz-Haftpflichtversicherung, bei Vollmacht gem § 10 IV AKB die Verteidigung für den Bekl zu übernehmen, s OLG Düsseldorf DV 2016, 14; aA Nugel/Thiele VRR 2016, Nr 3, 7-9). Eine Bevollmächtigung unter Streitgenossen dient auf sinnvolle Weise prozessökonomischen Zwecken. § 172 I setzt aber einen konkreten Zustellungswillen voraus (BGH NJW-RR 2017, 1086). Bloße Nebeninterventionsberechtigung genügt für analoge Anwendung von § 79 II 2 Nr 2 nicht (BGH NJW 2022, 2336 Tz 20 f: für Haftpflichtversicherer [krit Markworth]: Dieser müsse Versicherten überreden, Einspruch einzulegen (§ 3a UWG!), um beizutreten (§ 67); zust Toussaint FD-ZVR 2022, 449413; Fortmann r+s 2023, 20; aA OLG Naumburg 31.3.2021 – 9 U 85/20, sa § 67 Rn 2.

8 **3) Vertretungs-(Klage-)befugnis von Verbraucherzentralen und -verbänden (§ 79 II 2 Nr 3).** Der Vertretungsbefugnis entspricht unter den zusätzl Voraussetzungen von **I 2 Hs 2 Alt 1** ein eigenes Klagerecht (s Rn 4 [b]).

Die *Vertretungsbefugnis* setzt voraus: Verbrauchereigenschaft (iwS) der Partei (nicht nur gem § 13 BGB), Geldforderung aus Vertrag oder Delikt als Gegenstand des Rechtsstreits (*arg* „Einziehung"), Zugehörigkeit der gerichtl Vertretung von Verbrauchern zum Aufgabenbereich des Verbands (der Zentrale). Jedoch muss die Forderungseinziehung nicht (mehr) einem kollektiven Verbraucherinteresse dienen (BGHZ 170, 18 für RBerG). Die *Klagebefugnis* setzt weiter voraus, dass der Verbraucher der Zentrale (dem Verbund) Geldforderungen treuhänderisch abgetreten oder entspr Einziehungsermächtigungen erteilt hat; der Einschaltung eines RA bedarf es nicht (vgl **I 2 Hs 2 Alt 1, II 2 Nr 3**). Die Einbeziehung auch deliktischer Verbraucherforderungen eröffnet die Möglichkeit von Sammelklagen (sa BGH NJW 2007, 593; Micklitz/Hüttner JZ 2008, 151; Bien NZKart 2013, 12; für die Liquidierung von Kartellschäden Oechsler/Ricard NZKart 2019, 308, 311 f, der für diesen „Fremdkörper im System" eine analoge Anwendung der Regeln zur MFK favorisiert). Fehlende Kapazitäten der Verbraucherschutzverbände bilden eine Rechtsverfolgungshürde (Stadler VuR 2018, 83, 84; Stadler JZ 2018, 799: „Markt für Rechtsverfolgungsgesellschaften"; Stadler VuR 2021, 123, 128: „LegalTech-Sektor überlassen"; Meller-Hannich, 72 DJT 2018, Gutachten A 29, 50: organisatorische Schwierigkeiten; Meller-Hannich ZEuP 2019, 210). **Abgrenzung:** Für *andere Verbände* besteht, auch wenn für deren außergerichtl Rechtsdienstleistungen § 7 RDG eingreift, keine gerichtl Vertretungsbefugnis, für sie gilt **II 1**. Ob **I 2 Hs 1** eine Verbandsklage von Interessenvereinigungen oder Rechtsverfolgungsgemeinschaften aufgrund treuhänderischer Abtretung oder Einziehungsermächtigung von geschädigten (zB) Anlegern ermöglicht, ist umstr (sa vor § 50 Rn 55, vor § 78 Rn 16; s dort auch zur Vereinbarkeit neuer Abtretungsmodelle („MyRight") mit §§ 2, 4 ff RDG seit 1.10.2021, BTDrs 19/27673, 39; vgl auch Römermann/Günther NJW 2019, 551 u LG Berlin NJW 2018, 2898 [bejahend]); sa BGH NJW 2020, 208 [im Einzelfall bejahend] – Mietpreisrechner; krit zur großzügigen Einordnung von *Legal tech*-Geschäftsmodellen Prütting ZIP 2020, 49; Prütting ZIP 2021, 269: § 3 RDG iVm § 134 BGB). Mit Blick (allein) auf die Postulationsfähigkeit bestehen bei Einschaltung eines RA (I 2 Hs 1) keine Bedenken (zum Verbandsklagerecht s vor § 50 Rn 56 f; s aber auch LG Braunschweig 30.4.2020 – 11 O 3092/19: notw Rechtskenntnisse nach § 11 I RDG werden dadurch nicht substituiert). Vollmachtsnachweis ist im Fall des § 753a mWv 1.1. 2021 entbehrlich (s näher Rn 9).

4) Eingeschränkte Vertretungs-(Einziehungs-)befugnis von Inkassounternehmen (§ 79 II 2 Nr 4). Sie ergänzt die im außergerichtl Bereich für Inkassounternehmen als „registrierte Personen" (§ 10 I 1 Nr 1, § 11 I RDG, s dazu LG Braunschweig 30.4.2020 – 11 O 3092/19) zugelassenen Inkassodienstleistungen (Legaldefinition: § 2 II RDG seit 1.10.2021 bezieht auch rechtl Prüfung und Beratung (BTDrs 19/27673, 39) mit ein, zudem Erweiterung der Nebenleistungen nach § 5 RDG, s näher vor § 50 Rn 55, vor § 78 Rn 16) um eine auf unstreitige Verfahrensabschnitte in Erkenntnis- und ZwV-Verf beschränkte Vertretungsbefugnis (Prütting ZIP 2020, 197, 199; Prütting ZIP 2020, 1434, 1439: Gerichtliche Anspruchsdurchsetzung mittels Erfolgshonorar ist als Kernaufgabe ausgeschlossen, s aber Rn 8 u 9a: Erfolgshonorar nach § 4a I Nr 2 RVG seit 1.10.2021 erlaubt; Schneider NJW-Spezial 2021, 603; Schneider ErbR 2025, 190). Ihr entspricht unter den Voraussetzungen von **I 2 Hs 2** ein eigenes Einziehungsrecht als Berechtigter (s Rn 4). – **a) Vertretung des ASt bei der Durchführung des gerichtl Mahnverf.** Die Befugnis zur Antragstellung umfasst: MB-Antrag (§§ 688, 690), VB-Antrag (§ 699), Antrag auf Durchführung des streitigen Verf vor (§ 696 I 2; aA MskV/Weth Rn 15) und nach Widerspruch (§ 696 I 1), Antrag im Zusammenhang mit der Zustellung des VB (§ 699 IV 1), weiter die Rücknahme des Mahnantrags (s § 690 Rn 26) sowie die Entgegennahme der Mitteilung über den Widerspruch (§ 695) u die Abgabe nach Einspruch (§ 700 III 2 iVm § 696 I 3). Die Vertretungsbefugnis ist auf das Mahnverf beschränkt; sie endet mit der **Abgabe an das Streitgericht** (s § 696 Rn 5), also im Zeitpunkt der Anhängigkeit des Streitverf mit Eingang der Akten beim Streitgericht (§ 696 I); dann Einschaltung von RA erforderl (I 2 Hs 1; RSchwab/Gottwald § 45 Rn 7; Ahrens FS Geimer, 2017, S 1, 5). – **b) Vertretung des Gl in der ZwV.** Umfasst sind die VerfHandlungen bei der ZwV wegen Geldforderungen in das bewegl Vermögen des Sch (körperl Sachen, Forderungen und andere Vermögensrechte) einschließl des Verf zur Abnahme der Vermögensauskunft (§§ 802f und 807), zur Abnahme von eidesstattl Vers (etwa § 836 III 2, s BTDrs 18/7560, 34) und des Antrags auf Erlass eines Haftbefehls; die Erweiterung von **II 2 Nr 4** ist den Änderungen des Gesetzes zur Reform der Sachaufklärung in der Zwangsvollstreckung geschuldet gewesen (BTDrs 18/7560, 34; LG Memmingen 8.3.2017 – 44 T 1513/16); wiederum neugefasst wurde die Vorschrift durch **Art 8 Nr 2 d G v 22.12.2020** (BGBl I 2020, 3320; „Verbraucherschutz im Inkassorecht", s BTDrs 19/20348, 72). Unklar war insb, ob auch die Einholung der Auskünfte Dritter durch Gerichtsvollzieher nach § 802l gestattet ist. Dass dies zulässig ist, soll durch den Verzicht auf die bish normierten Beispiele („einschließlich"), die keinerlei Beschränkung für nicht genannte Fälle mit sich bringen dürfen (kein Umkehrschluss), klargestellt werden (BTDrs 19/20348, 72; zulässig ist auch Vorpfändung nach § 845; offenlassend für Verf nach § 829a I LG Hamburg 13.8.2020 – 304 T 10/20 Tz 17; abl BGH MDR 2022, 121 wegen § 88 II; nunmehr gilt § 753a). Die Vollstreckungsanträge können an den GV oder das Vollstreckungsgericht (Rpfleger) gerichtet sein, zB gem §§ 754, 829 (s AG Hannover NJW 2010, 3313), §§ 835, 845; Vollmachtsnachweis war bish erforderlich: s § 80 Rn 11 u AG Celle DGVZ 2009, 113; AG Hannover NJW 2010, 3313 (Vorlage einer Originalvollmacht im Hinblick auf das „Massengeschäft" zumutbar); mWv 1.1.2021 genügt nach **§ 753a** bei der ZwV wegen Geldforderungen in das bewegliche Vermögen bloße Versicherung, G v 22.12.2020 (Ausn: Antrag nach § 802g); sa BGH NJW-RR 2022, 1508 Tz 10 (zur Übergangszeit). § 753a erübrigt auch Nachweis einer isolierten „Geldempfangsvollmacht", da Versicherung genügt (BGH NJW 2023, 9

3170 [Würdinger]: Verweis auf Ablieferung nach § 815 I; AG München DGVZ 2023, 51; AG Düren 3.4.2023 – 31 M 577/23; aA: AG Brake 29.12.2022 – 6 M 865/22: nur Prozessvollmacht entbehrlich). Bei vorliegender Vollmachtsurkunde (§ 80) ist (weitere) Versicherung unnötig (AG Landau a d Isar 28.3.2024 – 801 M 556/24). Ausgeschlossen sind Inkassounternehmen von der Vertretung des Gl in **„streitigen Verf"** (auch bei Verfahrenseinleitung, s auch BTDrs 19/20348, 72), wie zB im Verf der Vollstreckungserinnerung (§ 766, sa LG Arnsberg 18.10.2019 – 5 T 223/19; AG Heilbronn 9.2.2020 – 7 M 10321/19; AG Heilbronn 2.3.2021 – 6 M 1243/21; anders für Erinnerung nach § 5 Abs 2 GvKostG: AG Donaueschingen 11.1.2022 – M 13/22). Nicht von **II 2 Nr 4** umfasst soll auch der Antrag auf Eintragung einer Zwangshypothek sein (OLG Celle NJOZ 2018, 210). Gleiches gilt für einen Antrag als Gäubigervertreter auf Versagung der Restschuldbefreiung (LG Frankenthal NZI 2017, 399; AG Göttingen ZInsO 2016, 1593; aA AG Coburg NZI 2017, 155, wegen § 305 IV, § 174 I 3 InsO); für Feststellungsprozesse nach §§ 180, 184 InsO s Goebel FMP 2019, 210; Vertretungsbefugnis insoweit verneinend AG Bad Iburg 12.10.2023 – 4 C 388/23. Die **jüngste Änderung** von II 2 Nr 4 beruht auf Art 3 des G v 22.12.2023 (Kreditzweitmarktförderungsgesetz, s Rn 1). **Kreditdienstleistungsinstituten** (mit einer Erlaubnis nach § 10 I KrZwMG) werden dieselben Vertretungsbefugnisse wie „registrierten Personen" nach § 10 I 1 Nr 1 RDG verliehen. Grund für die Gleichstellung ist der erforderliche Nachweis eines qualifizierten Geschäftsleiters (§ 15 IV KrZwMG) bzw anderer qualifizierter Personen (§ 12 IV RDG, BTDrs 20/9093, 141). – **c) Erstattung der Vertretungskosten.** Seit 1.10.2021 ist anstelle von § 4 IV RDGEG aF die Kostenerstattung über § 13b RDG nF getreten (G v 22.12.2020, BGBl I 2020, 3320). Die frühere Begrenzung für Mahnverf entfällt (BTDrs 19/20348, 51). Bei (zusätzlicher) Beauftragung eines RA gilt § 13c I RDG. § 4 II RVG erlaubt in Abweichung von § 49b I BRAO eine Unterschreitung der gesetzl Vergütung (G v 10.8.2021, BGBl I 2021, 3415).

9a **5) Einbeziehung automatisierter Rechtsdienstleistungen.** IRd ursprünglich geplanten G zur Modernisierung des Rechtsdienstleistungsrechts (s BTDrs 19/9527, 1 ff) wollte der Entwurf des **II 2 Nr 5 nF** Anbieter von **Legal-Tech-Dienstleistungen** registrierten Inkassodienstleistern gleichstellen (Ausschussempfehlung v 24.9.2020, BTDrs 19/22807, 4: Ablehnung). Das **G zur Förderung verbrauchergerechter Angebote im Rechtsdienstleistungsmarkt** v 10.8.2021 (BGBl I 2021, 3415; BTDrs 19/27673, 7; BTDrs 19/30495, 7) fördert seit **1.10.2021** „Legal Tech"-Inkasso ua durch (erlaubte) **Erfolgshonorare** (§ 4a I Nr 1 RVG: Geldforderungen bis 2.000 Euro; § 4a I Nr 2 RVG: iRv § 10 I Nr 1 RDG u insb § 79 II 2 Nr 4; s BTDrs 19/27673, 34) sowie gleicht – in Reaktion auf BGH NJW 2020, 208 (s Rn 8; vor § 50 Rn 55) – berufsrechtliche Wettbewerbsnachteile für RA aus (BTDrs 19/27673, 6, 7, 11, 14 f; krit dazu Prütting ZIP 2021, 269, 272: Untersagung der *gerichtlichen* Rechtsdienstleistung iRv § 10 I 1 Nr 1 RDG erforderlich, sa vor § 50 Rn 55; vor § 78 Rn 16). Das Gesetz hat zudem neue **Informationspflichten** (§ 13f RDG seit 1.10.2021) eingeführt. Informationspflichten beinhaltet auch das G v 22.12. 2020 (BGBl I 2020, 3320; „Verbraucherschutz im Inkassorecht", s BTDrs 19/20348, 48) in § 13a RDG seit 1.10. 2021 („klassisches Inkasso"), sowie § 43d BRAO seit 1.10.2021 bei Inkassodienstleistungen von RA. Die Grenzen zur anwaltlichen Berufsausübung werden gleichwohl nivelliert.

10 **IV) Juristische Person/Gesellschaften als Bevollmächtigte (§ 79 II 3).** Bev können im ZP auch jur Personen bzw Berufsausübungsgesellschaften sein (s §§ 59b, 59p BRAO seit 1.8.2022). Bsp: RA-GmbH, RA-AG, RA-Partnerschaft und auch RA-OHG/RA-KG (sa § 107 I HGB nach MoPeG v 10.8.2021 seit 1.1.2024, vor § 78 Rn 7; § 80 Rn 6). Vertretungsbefugte Bev sind des Weiteren: Verbraucherzentralen und Verbraucherverbände (**II 2 Nr 3**) sowie (registrierte) Inkassounternehmen (**II 2 Nr 4**), die als natürl Person, jur Person und als Gesellschaft ohne Rechtsperson betrieben werden können (vgl § 10 I RDG). **II 3** enthält eine Klarstellung zur Postulationsfähigkeit von Bev, „die keine natürl Personen sind" (Vorbild: § 59l II BRAO seit 1.8.2022, s BTDrs 19/27670, 196): Im Prozess handlungsbefugt sind außer ihren Organen (nur) die innerhalb des Unternehmens oder Verbands **„mit der Prozessvertretung beauftragten Vertreter"**; dies geschieht durch Prokura, Einzelvollmacht oder durch Satzung; keine Anforderungen an die persönl Qualifikation des Vertreters (strenger: § 59l II BRAO seit 1.8.2022).

11 **V) Prüfung der Vertretungsbefugnis (§ 79 III). 1) Grundsatz.** Die Vertretungsbefugnis der als Vertreter auftretenden Person ist **vAw zu prüfen** (s § 78 Rn 11). In den Fällen von **II 2 Nrn 1, 2** wird sich das persönl Verhältnis zur Partei häufig aus dem Inhalt der zu den Gerichtsakten gereichten Prozessvollmacht (§ 80 S 1) ergeben (bei II 2 Nr 3, 4 ist § 753a zu beachten: Versicherung genügt). Für die Feststellung gilt **Freibeweis** (s § 56 Rn 8; § 284 Rn 1 f). – **2) Entscheidung bei Zurückweisung.** Steht das Fehlen der Vertretungsbefugnis fest oder sind Zweifel verblieben, hat das Gericht den Bevollmächtigten durch konstitutiven **Beschluss** als Vertreter **zurückzuweisen (III 1)**. Mit dessen Wirksamkeit verliert der Vertreter *ex nunc* seine Handlungsbefugnis (§ 172!); postulationsfähig ist entweder die Partei selbst oder ihr neuer Vertreter. Der Zurückweisungsbeschl entfaltet keine Rückwirkung (BGH NJW-RR 2010, 1361 = MDR 2010, 958; BGH GRUR 2018, 223; OLG Celle NJOZ 2018, 210); vorgenommene Prozesshandlungen bleiben wirksam (**III 2**). Der Zurückweisungsbeschluss ist **unanfechtbar (III 1)**, seine Fehlerhaftigkeit nur bei Verstoß gegen Art 103 I GG inzident im Rechtsmittelverf überprüfbar; § 512 steht nicht entgegen (s Begr, BTDrs 16/3655, 89; VG München 25.1.2019 – 30 K 18.2754: kein Justizverwaltungsakt). Bei Zurückweisung (erst) im Termin darf kein VU ergehen (§ 335 I Nr 5). Ist der Mangel der Vertretungsbefugnis unerkannt geblieben und keine Zurückweisung gem **III 1** erfolgt, sind die Prozesshandlungen des Vertreters wirksam (**III 2**; BGH NJW-RR 2010, 1361; sa AG Pirmasens 10.8.2018 – 1 IN 20/18: nicht anwendbar bei fehlender Vollmacht); der Mangel der Vertretungsbefugnis ist mit Beendigung der

Instanz geheilt. Ein Rechtsmittel wegen zu Unrecht unterbliebener Zurückweisung existiert nicht (s Begr, BTDrs 16/3655, 89). – **3) Untersagung weiterer Vertretung.** Liegen die Voraussetzungen für eine Vertretung gem **II 2 Nrn 1-3** vor, fehlt aber dem Bev die Fähigkeit zur sachgerechten Prozessführung, kann das Gericht durch Beschluss die **weitere Vertretung untersagen** (**III 3**; entspr § 157 II aF; zur Anwendung nach § 38 StaRUG s AG Hamburg 4.11.2024 – 61h RES 1/24); ab Wirksamkeit des (konstitutiven) Beschlusses endet die Postulationsfähigkeit des Vertreters (keine Rückwirkung, s BGH NJW-RR 2022, 1430). Der Beschluss ist unanfechtbar (**III 3**), eine fehlerhafte Vertretungsuntersagung kann als Verfahrensmangel auf Rechtsmittel inzident überprüft werden (s Begr, BTDrs 16/3655, 89). Keine Vertretungsuntersagung erfolgt bei registrierten Inkassounternehmen (Nichtzitat von **II 2 Nr 4** in **III 3**). Grund: auf das formalisierte Mahnverf beschränkte Vertretungsbefugnis (s Rn 9). **Übergangsrecht.** Die RAen gleichgestellten Kammerrechtsbeistände und Prozessagenten (s Rn 5) fallen nicht unter **III**; zur Zurückweisung von Rechtsbeiständen iÜ s BVerfG NJW 2011, 3285.

VI) Vertretungsverbot für Richter (§ 79 IV). Die Trennung von Richteramt und Prozessvertretung soll den Anschein von Voreingenommenheit des Gerichts und Interessenkollisionen vermeiden. **IV** ist erforderl, weil der Richter als unentgeltl tätiger Volljurist gem **II 2 Nr 2** über den Kreis von Familienangehörigen hinaus als Prozessvertreter in Frage kommt (s Rn 7 [b]). Der Ausschluss als *Richter* bei Parteivertretung gem § 41 Nr 4 bezieht sich nur auf das Tätigwerden in der gleichen Sache (s § 41 Rn 8); dagegen bewirkt das Vertretungsverbot gem **IV** („darf nicht") den Ausschluss des Richters *als Vertreter* in sämtl Verf vor dem AG, dem er angehört; vor *anderen* AGen kann er Prozessvertreter gem **II 2 Nr 2** sein. Der Vertretungsausschluss gilt **für das gesamte Verf**, nicht nur für das „Auftreten" in der mündl Verh (Nichtzitat von **III 3** in **IV 2**; s unten u s Rn 1). Die der Verfahrensangleichung geschuldeten Besonderheiten für ehrenamtl Richter sind im ZP ohne Bedeutung (s Begr, BTDrs 16/3655, 90). Der von der Vertretung ausgeschlossene Richter ist als Vertreter zurückzuweisen, von ihm vorher vorgenommene Prozesshandlungen bleiben wirksam (**IV 2** iVm III 1, 2, sa Rn 11). Die Vertretung durch ehem Richter vor dem Gericht, dem sie früher angehört haben, ist nach **II 2 Nr 2** uneingeschränkt zulässig, ebenso gem **II 1** bei Zulassung des ehem Richters als RA (uU aber fortwirkende „Kollegialität", s § 42 Rn 12a, 13; nach BVerwG NVwZ 2017, 1208 ist eine Karenzzeit notwendig). 12

VII) Kosten. 1) Die Partei (I 1) wird nach dem JVEG entschädigt (§ 91 I 2; §§ 16 ff JVEG; s § 91 Rn 13.79, 13.116). – **2)** RA (II 1) wird nach dem RVG vergütet. – **3)** Beschäftigte (II 2 Nr 1): s § 91 Rn 13.18, 13.19. – **4)** Für Inkassodienstleister (II 2 Nr 4) gelten §§ 13e, 13f RDG für die Erstattung (dazu Salten MDR 2022, 69); § 13 II RVG, 2300 II RVG-VV für die Gebühren (s § 91 Rn 13.46). 13

§ 80 Prozessvollmacht

[1]Die Vollmacht ist schriftlich zu den Gerichtsakten einzureichen. [2]Sie kann nachgereicht werden; hierfür kann das Gericht eine Frist bestimmen.

I) Prozessvollmacht und Person des Bevollmächtigten. 1) Prozessvollmacht. a) Begriff und Regelung. Die Prozessvollmacht (s vor § 78 Rn 5 f) ermächtigt zur Prozessführung im Namen der vertretenen Partei (vgl § 85 I 1) für das ganze Verf (§§ 81-83 I), nur im Parteiprozess kann sie auf eine einzelne Prozesshandlung beschränkt sein (§ 83 II), außerhalb eines anhängigen Prozesses (idR im Zusammenhang mit einem mat-rechtl Vertrag) auch auf eine „isoliert" vorzunehmende Prozesshandlung (s § 83 Rn 4 u sogleich unten). Auf die Prozessvollmacht findet grds **nur Prozessrecht** Anwendung (§§ 78-89), materielles Recht (§§ 164 ff BGB) nur, soweit auf es **verwiesen** ist oder es **allg Rechtsgedanken** enthält (BGH MDR 2009, 996, 997; BGH NJW-RR 2010, 67 ff Tz 13; BGH 11.5.2021 – II ZB 32/20 Tz 14 f, stRspr), wozu die §§ 171 ff BGB betr die **Vollmacht kraft Rechtsscheins** nicht gehören (s Rn 5); als allg Rechtsgedanke (§ 242 BGB) anwendbar sind aber die Grundsätze der *Duldungsvollmacht* (BGHZ 40, 197, 204) u der *unzulässigen Rechtsausübung* (BGH WM 2007, 1648, 1650 mN). Nicht anwendbar ist § 68 BGB (BGH 11.5.2021 – II ZB 32/20). Die Regelung der Prozessvollmacht gilt auch für die „isolierte" Vornahme einer Prozesshandlung außerhalb eines gerichtl Verf (s oben); Hauptanwendungsfall: Vollstreckungsunterwerfung gem § 794 I Nr 5 durch einen Vertreter im Zusammenhang mit Grundstücksgeschäft (s § 79 Rn 2; § 83 Rn 4; näher s § 794 Rn 33). Die Erteilung der Vollmacht (s Rn 3 f) ist von ihrem *Nachweis* (s Rn 7 f) zu unterscheiden; zur Prüfung auf Rüge und vAw vgl § 88 m Anm; zu vollmachtlosem Handeln und seiner Genehmigung s Rn 11 f; §§ 88, 89 m Anm. – **b) Abgrenzung.** Die Vollmacht ist abstrakter Natur und von dem ihr zu Grunde liegenden **Grundgeschäft** (Auftrag, Geschäftsbesorgung nach § 675 BGB) zu trennen (s vor § 78 Rn 6). Bei Beauftragung einer Berufsausübungs- bzw RA-Gesellschaft (s vor § 78 Rn 7) bezieht sich die Prozessvollmacht idR auf die GbR als solche (s vor § 78 Rn 7), wenngleich sich aus dem Grundverhältnis Abw ergeben kann (s Rn 6; § 85 Rn 16). Verstößt das Innenverhältnis (zB Treuhandvertrag) gegen ein auch zum Schutz des Vertretenen bestimmtes **ges Verbot**, so erstreckt sich die Nichtigkeit (**§ 134 BGB**) idR auch auf die (Prozess-)Vollmacht (BGH NJW-RR 2010, 1361 Tz 6 = MDR 2010, 958; iE Stöber NotBZ 2008, 209 u hier s § 794 Rn 32). Dies dürfte auch auf Verstöße gegen das **RDG** zutreffen (vgl Begr aaO [s § 79 Rn 1] S 31; MK/Toussaint Rn 8; sa vor § 78 Rn 16; § 794 Rn 32; zu prozessfinanzierenden Legal Tech-Rechtsdienstleistern s vor § 50 Rn 55). Auf die Nichtigkeit der Vollmacht kann sich der Vertretene jedenfalls beim Verbrau- 1 cherdarlehensvertrag (§§ 13, 491 BGB) stets ohne Treueverstoß (§ 242 BGB) berufen (G. Vollkommer NJW 2004, 818; teilw aA BGH NJW 2004, 62, 63; BGH WM 2007, 1648, 1650; Basty LMK 2004, 106; krit Zimmer NJW 2008, 2268). Verstöße gegen **berufsrechtl Verbote** (s § 14 IV, § 43a IV, § 43b, § 150, § 114a II, IV, § 155 II, III BRAO seit 1.8.2022) lassen die Vollmacht (zunächst) unberührt (BGH NJW-RR 2010, 67; BGH MDR 2010, 779; OLG München NJW-RR 2010, 131; LG Lüneburg ZIP 2014, 1538; OLG Frankfurt 21.4.2016 – 1 U 222/15 zu § 45 Nr 1 BRAO; aA, aber nicht überzeugend, OLG Hamm NJOZ 2013, 1139; sa § 78 Rn 11; § 79 Rn 11; § 86 Rn 5; § 88 Rn 1). Missbrauch der Vollmacht (Gebührenerzielung als Hauptzweck) kann **Sittenverstoß (§ 138 BGB)** begründen (LG Lüneburg ZIP 2014, 1537, 1539).

2 **2) Person des Bevollmächtigten.** ProzBev ist der von der Partei für den Rechtsstreit bestellte Vertreter, bei Vollmachtserteilung auch der nach den §§ 78b, 78c, 121 beigeordnete Anwalt (iE s Rn 5; § 78c Rn 11). Der Bevollmächtigte kann ein Einzel-RA oder eine RA-Gesellschaft sein (s vor § 78 Rn 7); der als ProzBev (ggf als sein Organ oder Vertreter) auftretende RA (Abgrenzung zum Unterbev: s § 81 Rn 6) muss prozessfähig sein (RSchwab/Gottwald § 55 Rn 19, 21, allgM; zur Prüfung der Prozessfähigkeit eines Anwalts s § 78 Rn 6), andernfalls ihn das Gericht zurückweist. Postulationsfähig (s vor § 50 Rn 14) braucht der Bevollmächtigte nicht für den gesamten Rechtsstreit zu sein (s § 86 Rn 11, auch sogleich unten), wenngleich nach Beseitigung der Zulassungsbeschränkungen (s § 78 Rn 2) bei einem RA idR (Ausnahme: § 78 I 3) Postulationsfähigkeit gegeben ist. **Bestellung** zum ProzBev (s § 172) ist die – ggf auszulegende – Verlautbarung der Vollmachtserteilung durch die Partei oder den Bevollmächtigten (KG MDR 87, 329; OLGR Bamberg 2001, 27; s § 172 Rn 6); Bestellungsanzeige durch den *Gegner* erfolgt auf sein Risiko (BGH MDR 2011, 620; zust Eyinck MDR 2011, 1389, str; s § 172 Rn 7). Die (erstmalige) Bestellung zum ProzBev setzt Postulationsfähigkeit für das betr Verf voraus (BGH MDR 2007, 1033; BGH FamRZ 2006, 1263; s § 87 Rn 2 aE).

3 **II) Erteilung der Vollmacht. 1) Allgemeines.** Die Erteilung der Vollmacht durch den Vollmachtgeber an den Bevollmächtigten ist nach hL eine Prozesshandlung (näher s Rn 5 mwN), so dass der Vollmachtgeber daher prozessfähig (geschäftsfähig) sein muss (BGH MDR 87, 315 für § 104 Nr 2 BGB; LG Dortmund 22.12.2016 – 1 S 33/15). In den Ausnahmefällen erweiterter (fiktiver) Prozessfähigkeit (insb s § 52 Rn 6) ist natürl Bevollmächtigungswille des Geschäftsunfähigen erforderl (BayObLG AnwBl 92, 234). § 275 FamFG verzichtet als betreuungsrechtliche Sondervorschrift auch hierauf (BGH MDR 2014, 297 zu § 11 FamFG). In den Fällen fiktiver Parteifähigkeit (Existenz) kann auch ein „hinter" der Partei stehender Dritter für sie handeln u Prozessvollmacht erteilen (s vor § 50 Rn 12; § 51 Rn 4b; § 56 Rn 13: Zulassungsstreit). Die im **Ausland** erteilte Prozessvollmacht wird für einen Inlandsprozess nach dt Recht beurteilt (BGHZ 40, 203; BGH LM § 325 Nr 10; BGH NJW 90, 3088; KG JurBüro 2011, 321 L; MskV/Weth Rn 5; Art 8 EGBGB nF hat keinen Einfluss, Becker DNotZ 2017, 835, 848). Bei Vertretungsbefugnis für verschiedene Staaten gilt die jeweilige *lex fori* (OLG München WM 1969, 731). Für die Vertretungsmacht zur Erteilung der Prozessvollmacht ist dagegen das Recht der (ausl) Niederlassung maßgeblich (Wirkungslandprinzip, s BGH NJW 90, 3088).

4 **2) Wirksame Erteilung.** Sie wird erteilt durch **einseitige empfangsbedürftige Willenserklärung** (§ 167 BGB) ggü dem Bev, dem Prozessgegner oder dem Gericht (vgl BGH FamRZ 95, 1484; OLG Frankfurt NJW 70, 1886; insoweit wird sie auch ohne Kenntnisnahme des Bevollmächtigten wirksam, BGH VersR 74, 548); sie wird wirksam mit Zugang (§ 130 BGB). Die Wirksamkeit und Rechtsbeständigkeit der Vollmacht richtet sich entspr der Regel (s näher Rn 1 [a]) nicht nach bürgerl Recht, sondern nach prozessualen Grundsätzen (BGH NJW-RR 2010, 67 ff Tz 13: für kollusives Zusammenwirken; StJ/Jacoby vor § 80 Rn 7 ff; MskV/Weth Rn 5, hM; sa Rn 5), ihr Fortbestand insb nach den §§ 86, 87; Überblick über die **Erlöschensgründe** der Prozessvollmacht: s § 86 Rn 1-7; **Sonderregelung** für die Außenwirkung des Erlöschens der Vollmacht: s § 87. Ist die Vollmacht wirksam erteilt, wird ihr **Fortbestand** idR vermutet (s § 86 Rn 11a). **Besonderheiten bei Vertretung des Vollmachtgebers durch Kollegialorgan**. Der ProzVollmacht des Aufsichtsrats im Prozess der AG ggü dem Vorstand (§ 112 AktG) muss ein (Mehrheits-)Beschluss der Aufsichtsratsmitglieder (§ 108 I AktG) zugrunde liegen (BGH MDR 2013, 858 Tz 22). Vollmacht des Aufsichtsratsvorsitzenden genügt nicht (s aber § 89 Rn 9).

5 **3) Nachweis.** Die **Erteilung** (nach hM Prozesshandlung, StJ/Jacoby vor § 80 Rn 6; RSchwab/Gottwald § 55 Rn 5; BGH NJW 2007, 772; str) ist **formlos wirksam** (§ 89 II; vgl BGHZ 40, 203; BGH MDR 2002, 773, 774; BGH NJW 2004, 844 f; OLG Frankfurt ZIP 2017, 179; OLG Brandenburg ZEV 2020, 493), kann deshalb auch stillschweigend (BGH FamRZ 95, 1484; BGH NJW 2004, 844; KG JurBüro 2011, 321 L; OLG Brandenburg ZEV 2020, 493) oder mittels moderner Kommunikationsmittel (Telefax usw) *erteilt* werden (BGH MDR 94, 938; BGH MDR 2002, 773, 774; BFH NJW 96, 2183 [Bork JZ 97, 256]; LG Hamburg 13.8.2020 – 304 T 10/20; Karst NJW 95, 3278); doch wird sie wegen des erforderl **Nachweises** gem **S 1** idR **schriftl** erfolgen (s Rn 8; sa § 88), soweit nicht ausnahmsw eine strengere Form eingreift (s § 794 Rn 33). Dies gilt auch im einstw VerfügungsVerf (LG Bochum 4.10.2017 – 13 O 136/17). Zulässig ist auch die Vollmachtserteilung zu Protokoll der GeschSt oder zum Sitzungsprotokoll. Dann ist eine entspr Feststellung erforderl. In dem Antrag auf Bewilligung von PKH, in dem nicht um die Beiordnung eines bestimmten RA gebeten wird, liegt keine Bevollmächtigung des später Beigeordneten (*BGHZ 2, 228*); hiernach ist die Benennung eines Anwalts im PKH-Antrag mit der Bitte um Beiordnung schlüssig als Vollmachtserteilung anzusehen (offenlassend BGH VersR 86, 580). Die **Beiordnung allein** begründet noch **kein Vertretungsverhältnis** zwischen dem beigeordneten Anwalt und der Partei (BGHZ

60, 258; BGH MDR 87, 315), ansonsten würde die Entscheidung der Partei über die Prozessvollmachtserteilung unzulässig vorweggenommen (sa § 78c Rn 11; § 85 Rn 19). Der **Haftpflichtversicherer** hat im Rahmen seiner Prozessführungsverpflichtung gem §§ 100, 101 I VVG dem Versicherungsnehmer einen RA zu stellen, dem nach AHB/AKB auf Verlangen Vollmacht zu erteilen ist (BGH NJW 2010, 1377 Tz 5; BGH NJW-RR 2010, 1725 Tz 12); eine vermutete Bevollmächtigung des Versicherers besteht nach AKB 2015 (s Stiefel/Maier, Kraftfahrtversicherung, AKB A.1.1.4, 19. Aufl 2017, Rn 91 ff). Der Versicherer ist aber gegen den Willen des Versicherungsnehmers zur Vollmachtserteilung nicht berechtigt (Bremen VersR 91, 1281; OLGR Koblenz 99, 487; vgl auch BVerfGE 81, 127; ferner s § 83 Rn 3; § 85 Rn 17); bei Vorliegen bes Gründe – zB Interessenkollision – kann der Versicherungsnehmer auf Vertretung durch einen *eigenen* RA bestehen (BGH NJW 2010, 3522 Tz 10 f); allg muss die freie Anwaltswahl (§ 127 I 1, § 129 VVG; § 3 III BRAO) gewährleistet bleiben (EuGH NJW 2010, 355 Tz 46 ff; BGH MDR 2014, 157; Cornelius-Winkler NJW 2014, 588). Durch die Vorlage einer Vollmachtsurkunde wird *kein Rechtsschein einer Prozessvollmacht* begründet, §§ 171 ff BGB (einschließl der Grundsätze der Anscheinsvollmacht) sind nicht anwendbar (BGH NJW 2004, 59, 60 f; BGH NJW 2004, 839, 843 f; BGH ZIP 2007, 169, 171; AG Mannheim 4.5.2015 – 2 Ha XVII 523/11; krit Stöhr JuS 2009, 107 f; sa Rn 1 [a]; § 794 Rn 32).

4) Besonderheiten bei beruflicher Zusammenarbeit von RAen u Angehörigen sonstiger Beratungsberufe (§§ 59b, 59c, 59d BRAO). a) RA-Sozietät. Sind mehrere Anwälte in einer (örtl) **Sozietät** mit gemeinschaftl Kanzlei verbunden, ist Auslegungsfrage, ob der Anwaltsvertrag nur mit dem das Mandat entgegennehmenden Anwalt **oder mit der rechtsfähigen Sozietät als solcher** (Konsequenz aus BGH NJW 2001, 1056 u [nach MoPeG mWv 1.1.2024] § 705 II Alt 1 BGB, s § 50 Rn 17; dazu klarst BGH NJW 2012, 2435 Tz 16; Abgrenzung zur Untervollmacht: s § 81 Rn 6) bzw mit den der Sozietät angehörenden Sozien zu Stande kommt (BGHZ 124, 48; BGH NJW 2000, 1334; LAG Niedersachsen 15.12.2008 – 9 Sa 478/08); zu den Kriterien vgl BGHZ 56, 359 f. Dies gilt auch für eine gemischte Sozietät zwischen RA, Steuerberater und Wirtschaftsprüfer (BGHZ 83, 330; BGHZ 193, 193 Tz 15; § 59c I Nr 4 BRAO erlaubt seit 1.8.2022 weitergehend die interprofessionale Zusammenarbeit von RA mit Personen, die einem freien Beruf (§ 1 II PartGG, s BTDrs 19/27670, 177 f) nachgehen, in einer Berufsausübungsgesellschaft (§ 59b BRAO, Günther GRUR-Prax 2021, 121); sa vor § 78 Rn 7), idR aber früher nicht bei berufl Zusammenarbeit in einer **überörtl** oder **Sternsozietät** (§ 59a BRAO) für Sozien am entfernten Kanzleiort (so noch KG NJW 94, 3111 f; OLG Düsseldorf NJW-RR 95, 376; einschr OLG Karlsruhe NJW-RR 95, 377), was aber nach Änderung von § 79 I zweifelhaft geworden ist, s näher § 84 Rn 1, 2; sa § 172 Rn 4, 6; § 85 Rn 14 u 17). Infolge der Rspr-Änderung von 2001 u § 705 II Alt 1 BGB nach MoPeG seit 1.1.2024 (s § 50 Rn 17) ist **idR** von der **Beauftragung der RA-Sozietät als solcher (GbR)** auszugehen (sa BGH NJW 2009, 440 [Horn]). Das gilt auch bei einer gemischten Sozietät (s vor § 78 Rn 7; Römermann NJW 2009, 1561 f; offenlassend BGH NJW 2012, 2435 Tz 15 f) und im Fall der Beiordnung einer Sozietät, zB gem § 121 (BGH NJW 2009, 440 [Horn]). Zumindest die Empfangsbefugnis nach § 172 I besteht auch im Falle der überörtlichen Sozietät ohne Einschränkungen, weil dies den verbesserten Kommunikationsmitteln entspricht (sa Schultzky § 172 Rn 4; aA: KG MDR 94, 833l). Kann sich ein Mitglied der Sozietät selbst vertreten (§ 78 IV), kann es auch einem anderen Mitglied oder der Sozietät ohne Verstoß gegen § 181 BGB Prozessvollmacht erteilen (LG Bielefeld ZIP 2005, 1095; s § 78 Rn 37). – **b)** Bei der Beauftragung einer **RA-GmbH** ist diese bereits *selbst* ProzBev (§ 59l S 1 BRAO), die Vollmacht lautet (nur) auf sie, eine zusätzl Vollmacht auf den für die GmbH auftretenden RA (vgl § 59l S 3 BRAO aF) ist nicht erforderl (Begr zu § 59l BRAO BTDrs 13/11035, 25); zur – vermittelten – *eigenen* Postulationsfähigkeit der RA-GmbH s vor § 50 Rn 14; vor § 78 Rn 7. Bei einer Vertretung durch eine **RA-AG** (BGH NJW 2005, 1568; dazu Passarge NJW 2005, 1835) als ProzBev ist § 59l S 3 BRAO aF entspr anzuwenden. Der rechtsfähigen (s § 50 Rn 19) und prozessfähigen (s § 52 Rn 2) **Partnerschaftsgesellschaft** ist als solcher (s § 2 PartGG) als ProzBev Prozessvollmacht zu erteilen (§ 7 IV 1 PartGG aF; nunmehr § 59l I BRAO); sie ist bei Tätigwerden von im Einzelfall postulationsfähigen Partnern oder Vertretern selbst postulationsfähig (§ 7 IV 2 PartGG aF; nunmehr § 59l II BRAO). – **c)** Seit **1.8.2022** stehen **Berufsausübungsgesellschaften** (§ 59b II Nr 1, § 59p BRAO) alle Gesellschaftsformen offen (s BTDrs 19/27670, 130, 176 f; zur OHG s § 107 I, II HGB nach MoPeG seit 1.1.2024, zum MoPeG s BTDrs 19/27635, 223; sa § 50 Rn 19). Bei Vorliegen der für die Erbringung der rechtsbesorgenden Leistung vorgeschriebenen Voraussetzungen in der Person des handelnden Vertreters ist die Berufsausübungs- bzw RA-Gesellschaft selbst postulationsfähig (seit 1.8.2022: § 59l I, II BRAO für alle Gesellschaftsformen). – **d)** Tritt ein **europ RA** (s vor § 78 Rn 8) im Einvernehmen mit einem postulationsfähigen dt RA vor einem Gericht mit Anwaltszwang auf, bedarf es idR neben der Prozessvollmacht keiner weiteren Vollmacht für den Einvernehmensanwalt (arg § 28 III EuRAG [s vor § 78 Rn 8]: „kein Vertragsverhältnis“). 6

III) Nachweis der Vollmacht. 1) Umfang. Nachzuweisen sind **Haupt-** und **Untervollmacht** (BGH NJW 2007, 772; BGH NJW-RR 2002, 933; BGH NJW-RR 2022, 1508 Tz 20 f: jedoch nicht organschaftl Vollmacht; allg s § 81 Rn 6). Bei einer „Kette“ von nacheinandergeschalteten Vollmachten muss der Vollmachtsnachweis bis zur Partei selbst geführt werden (BGH NJW-RR 2002, 933; BGH MDR 2024, 834 Tz 9, 10; LAG Düsseldorf 15.8.2016 – 9 Sa 318/16 Tz 43; OLG Koblenz 12.11.2009 – 5 U 599/09; OVG Bremen 21.9.2018 – 1 LA 63/17: zum Nachweis der Urkundenechtheit gem § 440 I; zu allg Vertretungstatbeständen s Rn 9). Bei **Vertretung durch einen RA** erfolgt (nicht nur im Anwaltsprozess: s § 88 Rn 2) eine Vollmachtsprüfung nur auf eine Rüge des Gegners hin (§ 88 I), im **Parteiprozess** (s § 79 Rn 2) **ohne** Auftreten eines **anwaltl Vertreters** vAw (§ 88 II; 7

s § 88 Rn 4). Kein Nachweis im Mahnverf: § 703 (iE s § 703 Rn 1). Vollmachtsnachweis nach Aussetzung oder Aufnahme des **unterbrochenen** Rechtsstreits: s § 86 Rn 13.

8 **2) Form und Notwendigkeit (§ 80 S 1). a)** Zum Nachweis **erforderl** und **ausreichend** ist **schriftl (Prozess-) Vollmacht** in dt Sprache oder in sie übersetzt (§ 142 III). Vorzulegen ist idR das **Original** oder eine öffentl Beglaubigung (BGH NJW 2008, 2266 Tz 9; BGH 19.12.2019 – IX ZR 37/19: erstinstanzlich erteilte Vollmacht im Rechtsmittelzug genügend; BVerwG NVwZ 2011, 947 Rn. 5; OLG Saarbrücken MDR 2008, 1233; KG 1.4.2021 – 8 U 1099/20 Tz 32; KG 12.1.2024 – 1 Ws 122/23; LG Berlin 10.7.2017 – 67 S 371/16; LG Düsseldorf 20.5.2019 – 5 O 288/17; LG Köln 5.11.2019 – 31 O 185/19: Glaubhaftmachung im Verfügungsverf (§ 920 III) evtl ausreichend; LG Hamburg 13.8.2020 – 304 T 10/20); die Streichung von **II aF** hat daran nichts geändert (Begr BTDrs 16/3655, 90). Die Erleichterungen für die Wirksamkeit der *Erteilung* (s Rn 5) gelten für den *Nachweis* nicht (BGH NJW 2007, 772; BGH MDR 2002, 773; BFH NJW 96, 2183; BFH NJW 96, 3366); ggf ist eine bestätigende (zusätzl) Vollmachtsurkunde einzureichen (vgl BGHZ 126, 269; BGH MDR 2024, 834 Tz 9, 10; sa § 89 Rn 9), dagegen genügen Telefax, Fotokopie usw *als Nachweis* nicht (BGH, BFH, je aaO; OLG Frankfurt/M 19.8.2022 – 26 Sch 2/22; Laghzaoui/Wirges MDR 96, 232; Töpperwien DRiZ 99, 242; sa für Betreuer-Ausweis LG Potsdam NZI 2022, 446). Auch reine **elektronische Übermittlung** als „Scan" nach **§ 130a** genügte bish für Nachweis trotz Transfer-Vermerk nicht (deutlich KG 12.1.2024 – 1 Ws 122/23 Tz 19 [Krug FD-StrafR 2024, 807270]; OLG Koblenz 5.12.2023 – 16 U 484/23 Tz 20; LG Bochum 4.10.2017 – 13 O 136/17; OLG Köln 29.9.2022 – 15 U 43/22: bloße anwaltliche Versicherung nicht ausreichend, wenn **§ 126a BGB** nicht erfüllt; ebenso noch Striebel NJW 2024, 1992, 1995; aA LG Bonn 7.2.2022 – 9 O 202/21; OLG Brandenburg 11.2.2021 – 12 U 202/20: Scan als Nachweis ausreichend; LG Berlin II 6.1.2025 – 2 O 325/24 Tz 10 f: Vollmachtswiderruf könne ohnehin nicht ausgeschlossen werden). **§ 130a III 3 nF** mWv 17.7.2024 soll nunmehr partielle Erleichterung bei eingescannter Originalvollmacht bewirken, wenn **qualifizierte Signatur des Vertreters** vorliegt bzw sicherer Übermittlungsweg gewählt wird (so BTDrs 20/10943, 57; bei Rüge der Echtheit gilt § 88 I). Die Vollmachtsurkunde muss die Erteilung der Vollmacht als Willenserklärung enthalten (BGH JZ 97, 855 f; OLG Stuttgart 3.2.2020 – 44 O 30/19 KfH: kein bloßes Indiz). **Eigenhändige Namensunterschrift** des Ausstellers oder Unterzeichnung mittels gerichtl oder notariell beglaubigten Handzeichens sind ausreichend (OLG Braunschweig 10.6.2020 – 3 W 6/18), auch qualifizierte **elektronische Signatur** gem § 126 III, § 126a BGB genügt (s zu § 130a III LG Hamburg 13.8.2020 – 304 T 10/20: elektronische beglaubigte Abschrift nach §§ 39, 39a BeurkG nicht genügend; sa § 130a Rn 7). Bei Firmen genügt die Unterzeichnung mit ihrem Namen (vgl § 17 I, § 19 HGB). Fremdsprachl Schriftzeichen sind möglich (VGH München NJW 78, 510; sa § 184 GVG Rn 5); bei ausl Partei genügt Unterzeichnung des (in dt Sprache abgefassten) Vollmachtsformulars auch ohne Übersetzung (BGH NJW 2014, 1242). Erforderl ist die Angabe des Bevollmächtigten, doch ist Ergänzung aus einem beigehefteten Schriftsatz mögl (BFH NJW 98, 264). Die ausdrückl schriftsätzl Bezeichnung eines für sie tätig gewordenen Anwalts als „Prozessbevollmächtigter" durch die Partei kann genügen (BGH VersR 84, 851). Keine bes Formerfordernisse bestehen für die Prozessvollmacht beim Verbraucherdarlehensvertrag (s § 492 IV 2 BGB) u bei der ZwV-Unterwerfung (BGH NJW 2008, 2266 [Zimmer]: erst für Nachweis gem § 726, str; aA hier Herget s § 794 Rn 33). Die **Bezugnahme** auf eine zu *anderen Akten* eingereichte (General-)Vollmacht genügt idR nicht als Vollmachtsnachweis (BGH NJW-RR 86, 1253), wohl aber auf eine hinterlegte allg Prozessvollmacht (s Rn 11); bei Missbrauchsverdacht kann **Neuvorlage** einer verfahrensbezogenen Vollmacht verlangt werden (BFH NJW 97, 1029; sa § 88 II). Im ZwV-Verf genügt für den im Titel angeführten ProzBev die Berufung auf die Prozessakten (vgl StJ/Jacoby Rn 13; s § 88 Rn 2; § 867 Rn 2). **Nicht genügt** im Hinblick auf die gebotene Formalisierung (vgl **I**) ein Nachweis durch Zeugen- oder Freibeweis (OLG München OLGZ 93, 225, str; andere Beweismittel sind nicht zugelassen, s OLG Stuttgart 3.2.2020 – 44 O 30/19 KfH).

9 **b) Keine bes Prozessvollmacht** brauchen – bei Vorzeigung einer entspr Urkunde, zB eines Auszugs aus dem Handelsregister – vorzulegen: **Generalbevollmächtigte** für ihren Ermächtigungskreis, **Prokuristen** für alle den Betrieb des Handelsgewerbes betr Streitigkeiten (§ 49 HGB), **Handlungsbevollmächtigte**, wenn ihnen allg die Prozessführung übertragen ist (§ 54 HGB), die geschäftsführenden **Gesellschafter** (§§ 715, 720 BGB nach MoPeG seit 1.1.2024), außer bei Einzelvertretung (s § 51 Rn 4), der **Vorstand** des nicht rechtsfähigen Vereins (§ 54 BGB nach MoPeG seit 1.1.2024) und der ges Vertreter einer jur Person (zB § 26 II BGB; s § 51 Rn 4); eine auch weitgehende Vollmacht zur Vornahme von Rechtsgeschäften umfasst idR nicht die Prozessführung (OLG Saarbrücken NJW 70, 1464; OLG München OLGZ 93, 224). Wer **ges Vertreter** ist (s § 51 Rn 3 ff) oder kraft Gesetzes einen Prozess führen kann (zB § 1422 BGB), bedarf keiner Vollmacht. Der **Sachwalter** gem § 274 InsO hat nicht notwendig Prozessvollmacht (BGH NJW 76, 2602).

10 **3) Keine Rückgabe.** Mit **Abgabe zu den Gerichtsakten** (s zur Vollmachtskette BGH 23.1.2024 – VI ZB 16/22, MDR 2024, 834 Tz 9, 10) wird die Vollmacht deren dauernder Bestandteil, daher erfolgt keine Zurückgabe. Mögl ist die Hinterlegung **allg Prozessvollmacht** beim AG und die Bezugnahme hierauf in der einzelnen Akte. Generalvollmachten sind nach Feststellung in den Akten zurückzugeben (OLG Karlsruhe GRUR 92, 877).

11 ***IV)* Fehlender Vollmachtsnachweis. 1) Überblick.** Hat sich für die Partei – auch im Parteiprozess – ein RA bestellt (s Rn 2), lässt die Nichteinreichung einer Vollmachtsurkunde zdA (**S 1**) noch keinen Schluss auf einen Vollmachtsmangel zu (*arg* § 88 II Hs 2; sa BayVerfGH NJW-RR 2013, 893). Anders verhält es sich, wenn der

Bev trotz einer **Rüge** des Gegners (§ 88 I; sa BGH NJOZ 2017, 16; BAG NZA 2020, 329) keine auf sich lautende Vollmachtsurkunde zdA reicht. Tritt dagegen ein im Parteiprozess gem § 79 II 2 Nrn 1-2 (für Nrn 3-4 gilt in Vollstreckungsfällen seit 1.1.2021 § 753a: Versicherung genügt, s BTDrs 19/20348, 72) zugelassener nichtanwaltl Vertreter als Bev auf, wird bereits die fehlende Vollmachtseinreichung Grund für eine **Rückfrage vAw** sein (§ 88 II Hs 1; Bsp: AG Hannover NJW 2010, 3313; OLG Frankfurt 28.8.2018 – 8 WF 54/18). Ist der Vertreter unter diesen Umständen zu einem Vollmachtsnachweis gem **S 1** nicht – ohne weiteres – in der Lage, bestehen für das Gericht 3 Möglichkeiten: Bei einem (feststehenden) *nicht behebbaren* Vollmachtsmangel, hat das Gericht ohne Fristsetzung die nach der jeweiligen Prozesssituation gebotene Entscheidung zu treffen (Bsp: Abweisung der Klage als unzulässig, s vor § 253 Rn 14, Verwerfung des Rechtsmittels als unzulässig). Bei einer möglichen „Nachreichung" der Vollmacht (**S 2 Hs 1**) bzw anderweitig möglicher nachträgl Mangelbeseitigung entscheidet das Gericht nach pflichtgemäßem Ermessen wie folgt: Es kann nach **§ 89** den vollmachtlosen Vertreter einstw zur Prozessführung zulassen und ihm zugleich eine Frist zur nachträgl Beibringung der Genehmigung setzen (§ 89 I 2; näher s § 89 Rn 2 ff); es kann auch von einer einstw Zulassung des Vertreters zur Prozessführung absehen und eine Frist zur Nachreichung der Vollmacht bestimmen (**S 2 Hs 2**; s Rn 12).

2) Fristsetzung gem § 80 S 2 Hs 2. Die Fristsetzung an die vertretene Partei lautet auf Nachreichung einer Vollmachtsurkunde zu den Gerichtsakten (vgl S 1, 2 Hs 2; s BGH NJW-RR 2022, 1508 Tz 20); freilich genügt zur Fristwahrung auch jede der nachträgl Mangelbehebung dienende Handlung, etwa die Ausstellung einer neuen Vollmacht durch die Partei iVm einer Genehmigung der Prozessführung durch die Partei oder ihren neuen Vertreter (sa BGH NJW-RR 2022, 1430 Tz 17). Die Fristbestimmung erfolgt in mündl Verh unter Vertagung auf einen neuen, nach dem Fristende liegenden Termin (s § 89 Rn 8), im schriftl Verf unter entspr Bestimmung des Zeitpunkts des Verhandlungsschlusses gem § 128 II 2. Die Frist ist keine Ausschlussfrist (BGH NJW 2007, 772 Tz 8; BGH NJW-RR 2012, 515 Tz 8; s § 89 Rn 5). Auch nach Fristablauf ist die Mangelbeseitigung noch mögl, letzter Zeitpunkt ist der des Schlusses der mündl Verh bzw der gem § 128 II 2 (BGH NJW-RR 2012, 515 Tz 8). Verbleibende Zweifel an der Bevollmächtigung gehen zu Lasten der vertretenen Partei (Begr BTDrs 16/3655, 90; s § 89 Rn 7). Nach einer instanzbeendenden Entscheidung sind eine Einreichung der Vollmacht und Genehmigung in der höheren Instanz grds ausgeschlossen (vgl GmS BGHZ 91, 111 u dazu näher s § 89 Rn 11 f). 12

V) Gebühr. 1) Gericht: für Anordnung der öffentl Beglaubigung (s Rn 8) keine. – **2) Notar** (Rn 8; § 129 I 1 BGB): Beglaubigungsgeb 25100 GNotKG-KV; Geschäftswert: § 121 GNotKG. 13

§ 81 Umfang der Prozessvollmacht

Die Prozessvollmacht ermächtigt zu allen den Rechtsstreit betreffenden Prozesshandlungen, einschließlich derjenigen, die durch eine Widerklage, eine Wiederaufnahme des Verfahrens, eine Rüge nach § 321a und die Zwangsvollstreckung veranlasst werden; zur Bestellung eines Vertreters sowie eines Bevollmächtigten für die höheren Instanzen; zur Beseitigung des Rechtsstreits durch Vergleich, Verzichtleistung auf den Streitgegenstand oder Anerkennung des von dem Gegner geltend gemachten Anspruchs; zur Empfangnahme der von dem Gegner oder aus der Staatskasse zu erstattenden Kosten.

I) Allgemeines. Die Prozessvollmacht ist im Anwaltsprozess **Generalvollmacht** mit ges bestimmtem Umfang (§§ 81, 83 I). Eine Einzelfallprüfung widerspricht der Sicherheit des Prozessrechtsverkehrs (sa § 50, § 124 IV HGB; § 82 AktG); nur im Parteiprozess ist eine **Spezialvollmacht** mögl (§ 83 II; sa VG Köln DVBl 2014, 802: Die auf ein Akteneinsichtsgesuch beschränkt erteilte Vollmacht ist unwirksam). Bei der Prozessvollmacht zur Vornahme von Prozesshandlungen **außerhalb eines gerichtl Verf** (s § 80 Rn 1; § 83 Rn 4) fehlt es an einer ges Festlegung ihres Umfangs; er ist in der Vollmacht selbst zu bestimmen (s § 794 Rn 33 zur ZwV-Unterwerfung). 1

II) Prozesshandlungen. Die Prozessvollmacht ermächtigt zur Führung des ganzen Prozesses („Rechtsstreit") in allen Instanzen (BGH NJW 94, 320: Vollmacht wirkt über Instanz hinaus; enthält jedoch nicht automatisch „Ermächtigung" iSv § 141 III 2, s OLG Bremen 22.11.2021 – 1 W 22/21; sa BAG NZA 2015, 954: fehlender Betriebsratsbeschluss für die zweite Instanz; LAG Sachsen 8.11.2016 – 3 TaBV 16/16; OLG Koblenz MDR 2015, 1152 Tz 3; s § 86 Rn 11), also 2

1) Verfahrensbetrieb. Alle Handlungen, die sich auf den **Verfahrensbetrieb** beziehen, sind umfasst; **Bsp:** Vereinbarung der Zuständigkeit eines Gerichts, Antrag auf schriftl Entscheidung oder Entscheidung nach Aktenlage, Geständnis, Erklärung auf einen Antrag betr die Parteivernehmung, Klagerücknahme (VG Bremen 12.8.2019 – 6 K 1365/19), -erweiterung, -änderung, Widerklage, Zustellungsauftrag, Abgabe und Empfang von Erklärungen, insb Entgegennahme von **Zustellungen** (§ 172; sa BVerfG NJW 2017, 318: ansonsten Verletzung von Art 103 GG; nicht aber während eines InsVerf, s BAG NZA 2015, 1331 Tz 30 u § 86 Rn 6), **ZwV**-Handlungen (Hs 1 aE; s Rn 4), Rückforderung einer Sicherheit; 2a

2) Rechtsmittel. Sie ermächtigt zur **Rechtsmitteleinlegung** und **-begründung**, zur **Rechtsmittelrücknahme** (BAG NZA 2024, 1660; OLG Frankfurt NJW 2014, 1678, 1679; OLG München WM 2017, 1415) und zum 3

Rechtsmittelverzicht (BGH FamRZ 94, 301: auch bei Widerspruch zu Weisung im Innenverhältnis; s § 83 Rn 2); ferner zur Bestellung eines **Bevollmächtigten für die höheren Instanzen** (BGH NJW 94, 320; BGH 28.4. 2022 – IX ZR 165/21 Tz 3) einschließl der Revisionsinstanz (Hs 2; sa BGH GRUR-RR 2013, 360; kein Fall von § 78 I 3) u zugleich der Begründung des Vertragsverhältnisses mit der Partei (BGH NJW 2006, 2334; s § 85 Rn 12); zur **Instanzvollmacht** u zur „instanzüberschreitenden" Untervollmacht sa Rn 6;

4 **3) Wiederaufnahmeverfahren.** Sie ermächtigt zur Vertretung im **Wiederaufnahmeverf** (§§ 578-591), im Verf der **Anhörungsrüge** gem § 321a und in den durch die **ZwV** hervorgerufenen Verf (nach §§ 731, 767, 771, sa OLG München NJOZ 2016, 753), vgl Hs 1, § 172 I 2. Die Drittwiderspruchsklage nach § 771 gehört aber nicht zur Instanz iSd § 172 (zur Frage des Zustellungsadressaten näher s § 172 Rn 16, 17);

5 **4) Dispositionsbefugnis.** Sie ermächtigt zum (gerichtl) **Vergleich, Anerkenntnis, Verzicht** und Erlass des Anspruchs (Hs 3, sa BGH MDR 2020, 403; OLG Frankfurt/M 14.5.2024 – 20 W 213/23; LAG Schleswig-Holstein 30.9.2019 – 5 Sa 157/19). Grenzen zieht der Streitgegenstand („Beilegung" des Rechtsstreits). Bsp für Überschreitung: BGH NJW 92, 1964; BGH Rpfleger 94, 29 (Einzelheiten dazu s Rn 11); dass Vollmacht im Vergleichsprotokoll enthalten ist (§ 127a BGB), genügt (entgegen § 29 GBO) auch für Grundbucheintragung der im Prozessvergleich enthaltenen Auflassung (näher OLG Frankfurt/M 14.5.2024 – 20 W 213/23).

6 **5) Unterbevollmächtigung.** Sie ermächtigt zur **Bestellung eines Vertreters** für einzelne (Komplexe [s § 83 Rn 4] von) Prozesshandlungen (**Unterbevollmächtigten; Hs 2**). Für die Person des Unterbevollmächtigten gilt das Gleiche wie für die Person des ProzBev (s § 80 Rn 2), im Parteiprozess (§ 79) gelten die für den „Bev" (das ist der ProzBev) in persönl Hinsicht bestehenden Beschränkungen gem § 79 II 2 für den *Unterbevollmächtigten nicht* (s § 79 Rn 5). Bsp: Untervollmacht zur Wahrnehmung eines Termins („Terminsvollmacht", s BGH NJW-RR 2007, 356); dann ist Untervollmacht für den einzelnen Rechtsstreit erforderl, unwirksam ist eine allg „Kartellabsprache" zwischen Anwälten (OLG Düsseldorf NJW 76, 1324; C. Schneider MDR 2000, 437, str); zulässig ist auch die (Unter-)Bevollmächtigung für das (ganze) **Verf vor den höheren Instanzen** (sog **Instanzvollmacht**; s dazu BGH NJW 2006, 2334 u s Rn 11; zur unzulässigen *Beschränkung* der Vollmacht auf eine Instanz s § 83 Rn 1), aber auch die „instanzüberschreitende" Untervollmacht für einen bestimmten Termin (BGH NJW-RR 2003, 51, 52), **nicht:** Weitergabe der Bevollmächtigung als Ganzes (BGH NJW 81, 1727, 1728). Das Grundverhältnis (Anwaltsvertrag) besteht zwischen dem Unterbevollmächtigten und dem Hauptvollmachtgeber (Partei; sa Rn 3). Bei nicht als solcher beauftragter Sozietät (s aber § 80 Rn 6) haben ihre Anwälte iZw Untervollmacht zur wechselseitigen Entgegennahme von Zustellungen (s § 84 Rn 1 mN). Das Recht zur Bestellung eines Untervertreters endet nicht schon mit der Kündigung des Mandats, sondern erst mit wirksamer (vgl § 87) Beendigung der Prozessvollmacht (BGH NJW 80, 999). Dagegen bedarf der für die RA-Gesellschaft als solche „auftretende" sachbearbeitende Vertreter (RA) *keiner Untervollmacht*, vielmehr handelt dann der ProzBev durch ihn *selbst*. Der Unterbevollmächtigte vertritt idR die Partei (Hauptvollmachtgeber), nicht den ProzBev (BGH MDR 2003, 145; anders bei *Vertretung in der Unterschrift*, dazu BGH NJW 2005, 3773, 3774; BGH NJW 2014, 3320 [StS]: „für" RA XY; BGH MDR 2012, 796: „i.V."; BGH MDR 2012, 1114: idR bei „nach Diktat außer Haus"; BGH NJW-RR 2012, 1269: idR nicht „i.A."; Bsp für Ausnahmefall: BGH NJW 2013, 237; näher mwBsp Conrad MDR 2014, 877; sa § 78 Rn 7 ff; § 130 Rn 13); *abw* gilt für die Unterzeichnung durch *Behördenvertreter* (BGH MDR 2013, 1463; sa § 18 Rn 3);

7 **6) Empfangsermächtigung.** Sie ermächtigt zur **Empfangnahme** der von dem Gegner oder aus der Staatskasse zu erstattenden **Kosten** (Hs 4). **Beachte:** Insoweit ist auch im RA-Prozess als Hauptsache eine Beschränkung der „Ermächtigung" mögl (s zur nachträglichen Beschränkung OLG Celle 16.1.2024 – 2 W 1/24 Tz 5 u Rn 12; § 83 Rn 5). Die Vollmacht umfasst auch die Aufrechnung mit einem Kostenerstattungsanspruch u die Entgegennahme der Aufrechnungserklärung des Kostenschuldners (BFH ZAP EN-Nr 112/2008). Zur Empfangnahme des Streitgegenstandes oder anderer Leistungen – auch im ZwV-Verf – ermächtigt die Vollmacht (im Umkehrschluss) nur, wenn sie sich ausdrückl darauf erstreckt (OLG Düsseldorf MDR 2013, 428; OLG München 24.10.2024 – 23 U 3874/22: für Entgegennahme eines Buchauszugs; Scherer DGVZ 94, 104 mwN, hM; krit Christmann DGVZ 91, 132; sa Rn 11, 12). § 753a ermöglicht jedoch Bevollmächtigten nach § 79 II 2 Nr 4 die Versicherung einer **„Geldempfangsvollmacht"**, ohne Vorlage der Vollmacht (BGH NJW 2023, 3170 [Würdinger]; sa § 79 Rn 9).

8 **7) Nebenverfahren.** Sie ermächtigt zur Vertretung im **Kostenfestsetzungs-** (BVerfGE 81, 127 f; OLG Koblenz 15.3.2017 – 14 W 112/17), **Streitwertbeschwerde-** (OLG Stuttgart JurBüro 75, 1102), **Ablehnungsbeschwerde-** (BGH MDR 2005, 1016), **PKH-Verf** (OLG Brandenburg Rpfleger 2008, 265; LAG Köln 22.6.2015 – 1 Ta 145/15; Reckin AnwBl 2014, 322, iE str) und **sBV** und in dem mit dem Hauptprozess zusammenhängenden Verf betr einen **Arrest** (s § 82; gilt auch für das Innenverhältnis, vgl MK/Toussaint § 82 Rn 1, str) oder eine **einstw Verfügung** (s § 82, vgl insoweit zur Zustellung OLG Oldenburg NJOZ 2002, 14; OLG Nürnberg NJOZ 2002, 1175 f; LG Münster NZG 2006, 833), im **Nachverf** (§ 302 IV, § 600) und in den durch **Inzidentantrag** eingeleiteten Verf (§ 302 IV 4, § 717 II), **nicht** jedoch für selbständige Prozesse aus §§ 323, 324, 893, 945 und für Vergütungsfestsetzungs*verf nach § 11 RVG (OLG Hamm JurBüro 92, 394).*

9 **8) Nebenintervention.** Die vom **NI** des Bekl erteilte Prozessvollmacht umfasst auch dessen Vertretung als Bekl, wenn die Klage auf den NI erstreckt wird (BGH NJW 72, 52).

III) Materiell-rechtliche Erklärungen. 1) Grundsatz. Die Prozessvollmacht ermächtigt den Bev ferner zur Abgabe und Entgegennahme **rechtsgeschäftl** empfangsbedürftiger Willenserklärungen **mat-rechtl Inhalts**, soweit sie sich im Rahmen des Streitgegenstands (s Einl Rn 60 ff) halten und das Prozessziel fördern (BGH MDR 2003, 451; OLG Karlsruhe MDR 2016, 261; BAG NZA 2021, 75 Tz 48), so zB zur Abgabe einer Anfechtungserklärung wegen Irrtums oder Betrugs (RGZ 48, 218), zur Aufrechnung (RGZ 50, 426; Musielak JuS 94, 822), zur Erklärung des Rücktritts von einem Vertrag (BGHZ 31, 209), zur Beseitigung des Annahmeverzugs durch Annahmeerklärung und zur Ausübung des Wahlrechts (RGZ 53, 81), zur Auflassung (OLG Saarbrücken OLGZ 69, 210), zur Kündigung (BAG BB 78, 207) und deren Entgegennahme (BAG NJW 88, 2693; LG Hamburg 15.10.2018 – 318 O 330/18; iE s Rn 11), zur Abgabe und Entgegennahme (weiterer) Mieterhöhungsverlangen gem §§ 558 f BGB (BGH MDR 2003, 451 zu MHRG), zur wettbewerbsrechtl Abmahnung (ThP/Hüßtege Rn 6); zur Kündigung im Kündigungsschutzprozess (BAG NZA 2021, 75 Tz 48); weitere Einzelheiten: s Rn 11. Gleichgültig ist dabei, ob diese Erklärung im Prozess oder außerhalb abgegeben wird (BAG BB 78, 207 = AP Nr 2 [Rimmelspacher]). Bei Erklärung in einem bestimmenden Schriftsatz (s § 129 Rn 3) genügt, dass die Vollmachtsurkunde zu den Akten gereicht ist. Das Zurückweisungsrecht gem § 174 BGB gilt für Erklärungen iSd § 81 nicht (BGH MDR 2003, 451). 10

2) Einzelfragen. Sie ermächtigt als **Prozessvollmacht** nicht zu einem abstrakten (§ 781 BGB) bzw deklaratorischen *Anerkenntnis* des **sachl** Anspruchs (BGH NJW 82, 1810), nicht zu einer *außergerichtl* ZwV-Unterwerfung (s Rn 1), nicht zu einem Erlass (§ 397 BGB), auch nicht zu einem *außergerichtl Vergleich* (**aA** BAG NJW 63, 1469; RSchwab/Gottwald § 55 Rn 26; MskV/Weth Rn 8, hM); im Einzelfall ist anderes nur ausnahmsweise nach Auslegung denkbar (sa BGH MDR 92, 712: zum vergleichsweisen Verzicht). Sie ermächtigt nicht dazu, ggü einer *Behörde* mat-rechtl Willenserklärungen abzugeben, deren Wirksamkeit von der Vorlegung einer öffentl beglaubigten Vollmacht abhängt (BGHZ 31, 206). Auftrag und Prozessvollmacht zur Erhebung einer *Räumungsklage* ermächtigen den RA zur Kündigung (LG Hamburg MDR 71, 578), die Prozessvollmacht des Räumungsbeklagten zu deren Entgegennahme (BGH NJW-RR 2000, 745, str), die des Räumungsklägers zur Entgegennahme der Verpflichtungserklärung des Sozialamts gem § 569 III Nr 2 BGB (LG Hamburg ZMR 96, 331); die Prozessvollmacht im *Kündigungsschutzprozess* ermächtigt im Rahmen des Streitgegenstands (s Einl Rn 78) zur Erklärung und Entgegennahme von Wiederholungskündigungen (BAG NJW 88, 2693; BAG NZA 2021, 75 Tz 48; Weidemann NZA 89, 246). Aus § 81 folgt **nicht automatisch** die Vertretungsmacht zum Widerruf eines Verbraucherdarlehensvertrages (OLG Karlsruhe MDR 2016, 261; Lechner WuB 2016, 523). **Nicht** ermächtigt die Prozessvollmacht zu **Rechtsgeschäften mit Dritten**, die keine bloßen Hilfsgeschäfte darstellen. Bsp: Zustimmung zur Abtretungserklärung hinsichtl der eingeklagten Forderung (BGH Rpfleger 94, 29). **Nicht** von der Prozessvollmacht umfasst ist auch der Abschluss von **Schiedsvereinbarungen** (MskV/Weth Rn 8, hM); insoweit ist eine **bes** Vollmacht (s Rn 12) erforderl; dagegen sind auf den Prozess beschränkte **Gerichtsstands-** (MskV/Heinrich § 38 Rn 4) und **Rechtswahlvereinbarungen** von der Prozessvollmacht gedeckt (MskV/Weth Rn 8; zweifelnd Schack NJW 84, 2739). 11

IV) Beschränkung und Erweiterung der Vollmacht. Zur Zulässigkeit und Wirkung der **Beschränkung** des ges Umfangs der Prozvollmacht dem Gegner ggü s § 83. Bsp für **Einschränkung:** Empfangnahme von überflüssigen Gerichtskosten (OLG Brandenburg NJW 2007, 1470, str; aA MK/Toussaint Rn 23; s Rn 7 u § 83 Rn 5). Einer (formularmäßigen) **Erweiterung** der Prozvollmacht über den Umfang des § 81 (Ermittlung gem § 133 BGB: BAG BB 78, 207) kann § 305c BGB und Berufsrecht entgegenstehen (OVG Münster NJW 87, 3029). Bsp: **Abtretung** von Kostenerstattungsansprüchen (OVG Münster NJW 87, 3029, str). **Sondervollmacht** in Ehesachen: § 114 V FamFG. 12

§ 82 Geltung für Nebenverfahren

Die Vollmacht für den Hauptprozess umfasst die Vollmacht für das eine Hauptintervention, einen Arrest oder eine einstweilige Verfügung betreffende Verfahren.

§ 82 ist wegen § 83 I im Anwaltsprozess unabdingbar. Die Vorschrift gilt auch für das FamFG-Verf: § 11 S 5 FamFG. Die Hauptinterventionsklage muss (RGZ 15, 428, str; aA: kann), die begl Abschrift des Arrests und der einstw Verfügung können (nicht müssen) dem für den Hauptprozess bestellten Gegenanwalt zugestellt werden (OLG Frankfurt MDR 84, 58; Oldenburg MDR 2002, 290; LG Hamburg RdTW 2018, 225; MK/Toussaint Rn 3; sa § 922 Rn 14; § 929 Rn 13, 14); dies gilt allg auch für verfahrenseinleitende Anträge in Eilverf (LG Münster BB 2006, 2322). Die (beschränkt erteilte) Vollmacht zur Erwirkung eines Arrests usw umfasst nicht die Vertretung im Hauptprozess (MskV/Weth Rn 3). Die Prozessvollmacht für die Scheidungssache erstreckt sich auf die Folgesachen (§ 114 V 2 FamFG), die für das aktienrechtl Anfechtungsverf (§ 246 AktG) auf das Freigabeverf (§ 246a I AktG). 1

§ 83 Beschränkung der Prozessvollmacht

(1) Eine Beschränkung des gesetzlichen Umfanges der Vollmacht hat dem Gegner gegenüber nur insoweit rechtliche Wirkung, als diese Beschränkung die Beseitigung des Rechtsstreits durch Vergleich, Verzichtleistung auf den Streitgegenstand oder Anerkennung des von dem Gegner geltend gemachten Anspruchs betrifft.

(2) Insoweit eine Vertretung durch Anwälte nicht geboten ist, kann eine Vollmacht für einzelne Prozesshandlungen erteilt werden.

1 **I) Beschränkung der Vollmacht im Anwaltsprozess (§ 83 I).** Im **Innenverhältnis** zwischen Vollmachtgeber und Bevollmächtigtem kann die Vollmacht beliebig beschränkt werden (Bsp: s Rn 3). Die nach **I** für den **Anwaltsprozess** (s § 78 Rn 4) zulässige Beschränkung ist **ggü dem Prozessgegner** – und auch dem **Gericht** – nur wirksam, wenn sie diesem unzweideutig mitgeteilt wird (BGHZ 16, 167; OLG Celle MDR 2009, 1186, 1187; OLG Düsseldorf FGPrax 2015, 46; OVG Bremen NVwZ-RR 2017, 167 Tz 7; LAG Schleswig-Holstein 30.9.2019 – 5 Sa 157/19); dies geschieht durch schriftl oder auch mündl gesonderte Mitteilung oder Aufnahme in die dem Gegner mitzuteilende Vollmachtsurkunde. **Andere** als die in **I** genannten Beschränkungen haben dem Gegner und Gericht ggü grds (Ausnahme: s Rn 3) keine rechtl Wirkung (BGH MDR 2020, 403; OLG München 17.5. 2023 – 38 W 533/23 e; LG Lübeck 1.3.2023 – 10 O 281/16 Tz 20), auch wenn sie in die Vollmachtsurkunde aufgenommen sind; so zB die Beschränkung der Prozessvollmacht auf eine (die 1.) Instanz (BGH NJW 2001, 1356; BGH VersR 2002, 1303; OLG Koblenz MDR 2015, 1152, sa § 81 Rn 2); die Beschränkung auf einzelne Anträge (BGH NJW 87, 131); die Beschränkung auf das Hauptsacheverf (s § 82 Rn 1; demggü s Rn 5).

2 **Überschreitet** der Bev die ihm im **Innenverhältnis** gezogenen **Schranken** (s Rn 1), kann er sich seinen Vollmachtgebern ggü schadensersatzpflichtig machen, die vorgenommene Prozesshandlung ist jedoch ggü dem Prozessgegner und dem Gericht voll wirksam. **Bsp:** weisungswidrige(r) Rechtsmittelrücknahme oder -verzicht (BGH FamRZ 88, 496; BGH FamRZ 94, 301); weisungswidrige Bestellung eines ProzBev für die höhere Instanz (BGH VersR 2002, 1303). Überschreitet der ProzBev dagegen **die nach I wirksame Beschränkung**, ist diese seine Prozesshandlung mangels einer Prozesshandlungsvoraussetzung unwirksam (Prozessvergleich, s insoweit Anm zu § 88); Anerkenntnis- oder Verzichtsurteil sind in diesem Fall nach § 547 Nr 4 oder § 579 I Nr 4 anfechtbar.

3 Über den zu engen Wortlaut von **I** hinaus ist weiter eine **Vollmachtsbeschränkung bei Interessenkollision** und **Vollmachtsmissbrauch** anerkannt. Die Vollmacht ist (entgegen **I**) entspr dem Innenverhältnis beschränkt, wenn sonst der Bev in eine Interessenkollision gedrängt würde und dem Vollmachtgeber nach Treu und Glauben eine Zurechnung seines Handelns nicht zuzumuten ist (BGH MDR 91, 234). Bsp: Beschränkung der Vollmacht des Weiteren vom Haftpflichtversicherer bestellten ProzBev entgegen **I** entspr dem Innenverhältnis allein auf die Abwehr der Widerklage bei wechselseitig aus einem Kfz-Unfall erhobenen Ansprüchen, für die auf beiden Seiten ders Haftpflichtversicherer einzutreten hat (BGHZ 112, 345, 350; sa § 80 Rn 5). Bei offenbar missbräuchl Verwendung der Prozessvollmacht zum Nachteil der Partei wird diese nicht gebunden (BFH NJW 97, 1030; VG Bremen 12.8.2019 – 6 K 1365/19: kollusives Handeln; sa §§ 85, 88, 89).

4 **II) Beschränkung der Vollmacht im Parteiprozess (§ 83 II). 1) Vollmacht für einzelne (Komplexe von) Prozesshandlungen (Spezialvollmacht). II** gilt nicht im Anwaltsprozess, der nur eine Prozessvollmacht für das ganze Verf erlaubt. Eine Vollmacht für einzelne Handlungen ist nur als Untervollmacht (s § 81 Rn 6) oder außerhalb des Anwaltszwangs (s § 78 I, II) mögl. Im **Parteiprozess** (§ 79) dagegen ist eine Terminsvollmacht, die zu allen im Termin vorkommenden Prozesshandlungen, also auch zu Vergleich u Anerkenntnis ermächtigt, mögl (sa BGH NJW 2019, 2397; OLG Brandenburg AnwBl 2014, 363: Vollmacht für einzelne Prozesshandlungen (beliebig) beschränkbar, um mittelbaren Anwaltszwang zu verhindern; ebenso MskV/Weth Rn 3); ferner etwa eine Vollmacht zur Einlegung eines Rechtsbehelfs (zB gem §§ 694, 700), zur Vornahme von ZwV-Anträgen (LG Augsburg Rpfleger 2006, 90); beschränkt auf Zustellungen (zB einer Abmahnung, s § 172 Rn 5; § 929 Rn 13) oder VKH-Nachverfahren (OLG Brandenburg AnwBl 2014, 363). Die Beschränkung muss aber eindeutig zum Ausdruck kommen (OVG Bremen NVwZ 2017, 168; LAG Schleswig-Holstein 30.9.2019 – 5 Sa 157/19). Mit Vornahme der Einzelhandlung(en) ist das Vollmachtsverhältnis erloschen. § 84 S 2 (Fall der Gesamtvertretung) hebt § 83 II nicht auf (BGH NJW 2019, 2397 Tz 20; sa § 84 Rn 3). Eine Prozesshandlung kann auch **außerhalb eines gerichtl Verf** für einen anderen vorzunehmen sein (s § 80 Rn 1; § 81 Rn 1). **Bsp:** vorprozessuale Gerichtsstandsvereinbarung (s § 38 Rn 4, 6); ZwV-Unterwerfung gem § 794 I Nr 5 durch einen Vertreter (BGH NJW 2008, 2266 [Zimmer]; sa § 79 Rn 2; § 80 Rn 1; § 794 Rn 33). Geltendmachung von Vollmachtsmangel: §§ 767, 797 III, IV analog; Kündigung anlässlich Kündigungsschutzprozess (BAG NZA 2021, 75 Tz 48, 49).

5 **2) Vollmachtsbeschränkung.** Die Grenzen der Vollmachtsbeschränkung (**I**) gelten im Parteiprozess nicht (BGHZ 92, 137, 143; StJ/Jacoby Rn 5) und zwar auch nicht in „anwaltsfreien" Nebenverf bei Hauptsacheverf mit Anwaltszwang (s § 78 Rn 27 [c], 28; § 87 Rn 3 [b]). Die Vollmachtsbeschränkung (-entziehung) kann auch *nachträgl* erfolgen, wenn dies eindeutig erfolgt (BGH NJW 2019, 2397; BVerwG NVwZ 2022, 1292; LSG Nordrhein-Westfalen 6.2.2015 – L 17 U 791/12; OVG Lüneburg 8.3.2021 – 12 LA 163/20), zB im Laufe eines Kostenerstattungsverf; instruktiv OLG Brandenburg NJW 2007, 1470.

II ermöglicht keine beschränkte **Genehmigung** einzelner Prozesshandlungen bei gleichzeitiger Nichtgenehmigung der Prozessführung im Ganzen; dies ist unvereinbar mit der prozessualen Rechtsklarheit (zutr BGH NJW 87, 130; allg sa § 89 Rn 10). 6

§ 84 Mehrere Prozessbevollmächtigte

[1]Mehrere Bevollmächtigte sind berechtigt, sowohl gemeinschaftlich als einzeln die Partei zu vertreten. [2]Eine abweichende Bestimmung der Vollmacht hat dem Gegner gegenüber keine rechtliche Wirkung.

I) Allgemeines. 1) Mehrere Bevollmächtigte. Die Vertretungsbefugnis mehrerer Bevollmächtigter ist im **Außenverhältnis** zwingend als Einzelvertretungsmacht ausgestaltet. Beschränkungen einer Gesamtvollmacht beziehen sich nur auf das **Innenverhältnis** (OVG Saarlous NJW 2010, 1473: interne Sachbearbeitungskompetenz unerheblich: zur Unterscheidung: s vor § 78 Rn 6), was der **Sicherheit bzw Einfachheit des Prozessrechtsverkehrs** dient. Gleichwohl bringt dies Risiken für den mehrfach Vertretenen mit sich (s Rn 3). Das **Urteil** hat sämtl Hauptbevollmächtigte aufzuführen, welche dem Gericht bekannt gegeben sind (s § 313 Rn 4). – **2) Anwendungsbereich.** § 84 gilt entspr in Ehe- und FamStreitsachen (§§ 112, 113 I 2 FamFG) u allg in FamSachen (§ 11 S 5 FamFG). – **3) Abgrenzung.** Beruht die Prozessvollmacht auf einer **umfassenden mat-rechtl Ermächtigung**, die nur mehreren gemeinschaftl zusteht (Gesamtprokura, § 48 II HGB oder in den Fällen des § 28 BGB, § 35 II GmbHG, § 715, § 720 I BGB), so wird § 84 durch die sachl-rechtl Vorschrift verdrängt (BGH 14.1. 2019 – AnwZ (Brfg) 25/18). Das ist im Rechtsstreit wenig praktikabel (s § 51 Rn 13 [bb]). 1

II) Vollmachtserteilung an mehrere Rechtsanwälte. Die Erteilung der Vollmacht kann gleichzeitig oder nacheinander erfolgen (dann kommt auch Widerruf der 1. Vollmacht in Betracht: s unten; sa § 87 Rn 2), eine zahlenmäßige Begrenzung besteht nicht (anders § 137 I 2 StPO). Bei berufl Zusammenarbeit mehrerer RAe (s G v 7.7.2021, BGBl I 2021, 2363, mWv 1.8.2022 § 59b BRAO; zur Zusammenarbeit mit anderen Berufen s mWv 1.8.2022 § 59c BRAO) ist zu beachten: Bei einer **Anwaltssozietät** (GbR, s vor § 78 Rn 7; § 80 Rn 6) liegt kein Fall von § 84 vor, wenn diese selbst ProzBev ist (Konsequenz aus BGH NJW 2009, 440 [Horn]); ist dies nicht der Fall, sind idR sämtl Sozien ProzBev (s § 80 Rn 6); bei der **überörtl Sozietät** erscheint für den auswärtigen (gleichfalls postulationsfähigen) Sozius keine Ausnahme (so noch KG MDR 94, 833 [zust Boin MDR 95, 882]; sa § 80 Rn 6; § 172 Rn 4) mehr angebracht (*arg* § 78 I). Bei der **Berufsausübungs- bzw RA-Gesellschaft** (s § 59b, § 59p BRAO mWv 1.8.2022) ist nur diese ProzBev (s § 80 Rn 6 [b, c]), bei der **Bürogemeinschaft** (s § 59q I BRAO mWv 1.8.2022; sa BTDrs 19/27670, 199) nur der allein beauftragte RA (OLG Stuttgart Justiz 69, 224). **Nachträgl** Eintritt des Falls von § 84 ist mögl; die Bevollmächtigung eines *weiteren* Vertreters bedeutet nicht notwendig den Widerruf einer bereits *erteilten* Vollmacht (BGH NJW 2007, 3640, 3642 ff; BAG JR 2011, 137; OLG Brandenburg 16.2.2021 – 9 WF 28/21. Auslegungsfrage: s § 87 Rn 2) und ist deswegen vom Gericht nach § 139 zu klären. Anwendungsfall von § 84 im **Haftpflichtprozess**; Bestellung von „eigenem" ProzBev durch die Partei neben dem des Haftpflichtversicherers (s § 80 Rn 5; § 83 Rn 3). 2

III) Rechtsfolgen. Jeder der mehreren ProzBev besitzt im Prozess (Außenverhältnis) allein („einzeln") volle Vertretungsbefugnis (**S 1**; s Rn 1), eine Beschränkung der Vollmacht iSe **Gesamtvertretung** („beide Anwälte können nur gemeinschaftl handeln") ist dem Gegner (und dem Gericht) ggü unwirksam (**S 2**, sa BGH NJW 2019, 2397 Tz 20: Mehrere beschränkte Vollmachten im Parteiprozess bleiben aber möglich [83 II]). Zur (fehlenden) Substantiierung bei Nichtübergabe von Unterlagen an Untervertreter s OLG München 17.5.2023 – 38 W 533/23 e Tz 13. Bei einander inhaltlich **widersprechenden Erklärungen** der Anwälte gilt im Falle zeitlicher Divergenz die Letzte, sofern die Partei an die 1. Erklärung oder Prozesshandlung nicht gebunden ist (zB gem §§ 288, 307, 516 udgl), bei Gleichzeitigkeit sind beide wirkungslos (BAG JR 2011, 137 LS; iE MskV/Weth Rn 4). Das durch mehrere ProzBev eingelegte **Rechtsmittel** kann durch einen von ihnen wirksam **zurückgenommen** werden (BGH NJW 2007, 3640, 3642; BVerwG 11.7.2024 – 8 B 66.23; OLG Frankfurt NJW 2014, 1678; OLG Hamm 22.7.2011 – 19 U 82/11; für zusätzl Unterschrift (nicht postulationsfähiger) Kanzleiangestellten s BGH NJW 2020, 618; sa § 516 Rn 4; zu § 87 I s § 87 Rn 2 aE). Bei mehreren Bevollmächtigten ist die **Zustellung an einen** ausreichend (BVerwG NJW 75, 1796; OLG Koblenz NJW-RR 97, 1023; OVG Bremen 27.2.2020 – 2 B 54/20; s § 172 Rn 22), womit für den Beginn der Rechtsmittelfrist, wenn mehreren ProzBev zugestellt wird, die 1. Zustellung maßgeblich ist (BGH NJW 2003, 2100; BGH FamRZ 2004, 865; OVG Bremen NVwZ-RR 2017, 167 Tz 6: spätere weitere Zustellung ändert nichts mehr; s § 172 Rn 22; zur Verschuldenszurechnung s § 85 Rn 21). Eine Gehörsverletzung liegt darin nicht (OVG Bremen 27.2.2020 – 2 B 54/20). Bei der Anwaltssozietät ist jeder RA als berechtigt anzusehen, für einen Sozius Zustellungen entgegenzunehmen (BGH MDR 69, 1001; BGH NJW 80, 999 mwN). 3

IV) Gebühren des RA. § 6 RVG. Auf die Sozietät trifft § 6 RVG nicht zu. Sie ist „ein RA". Zur überörtl Sozietät s § 91 Rn 13.105, zum (notwendigen?) Anwaltswechsel s § 91 Rn 13.7, 13.59. 4

§ 85 Wirkung der Prozessvollmacht

(1) [1]Die von dem Bevollmächtigten vorgenommenen Prozesshandlungen sind für die Partei in gleicher Art verpflichtend, als wenn sie von der Partei selbst vorgenommen wären. [2]Dies gilt von Geständnissen und anderen tatsächlichen Erklärungen, insoweit sie nicht von der miterschienenen Partei sofort widerrufen oder berichtigt werden.

(2) Das Verschulden des Bevollmächtigten steht dem Verschulden der Partei gleich.

1 **I) Bedeutung. 1) Repräsentationsprinzip. I** entspricht dem Repräsentationsprinzip (s etwa § 164 I BGB); Regelungsinhalt sind nicht die bürgerl-rechtl Verpflichtungen einer Partei durch Handlungen ihres ProzBev (sa Rn 4), sondern nur die prozessualen Wirkungen solcher Handlungen als **Prozesshandlungen** für den Rechtsstreit (RGZ 96, 477). Insoweit gilt er aber auch für rechtsgeschäftl Willenserklärungen, soweit diese von der Prozessvollmacht mit umfasst sind, s § 81 Rn 10. Keine Bindung besteht an **rechtl** Ausführungen des ProzBev, vielmehr sind diese jederzeit widerrufbar (RGZ 32, 407). *Reine* Rechtsausführungen des ProzBev dürften auch nicht für eine – uU mat-rechtl erhebl – Rechtsberühmung der *Partei* ausreichen (Traumann DB 86, 262 f; MskV/Weth Rn 3).

2 **2) Verschuldenszurechnung. II** enthält – ähnlich wie § 51 II für den ges Vertreter – eine bes prozessuale Zurechnungsnorm für das Verschulden des **rechtsgeschäftl Vertreters:** Die Partei, die ihren Rechtsstreit durch einen Vertreter ihres Vertrauens (BGH NJW 82, 2325) führen lässt, muss sich grds so behandeln lassen, als wenn sie den Prozess selbst geführt hätte (BGHZ 66, 124; BAG NZA 2009, 695; OLG Saarbrücken 2.10.2019 – 5 U 106/18; LG Saarbrücken 22.11.2018 – 14 O 221/17). Andernfalls könnte die Partei die Folgen von prozessualen Fehlern abwenden und das Prozessrisiko zu Lasten des Prozessgegners verschieben (BAG NJW 2009, 2841 Tz 31; OLG Saarbrücken 2.10.2019 – 5 U 106/18). Die Verfassungsgemäßheit der Verschuldenszurechnung ist auch in Statussachen (s Rn 11) unzweifelhaft gegeben (BVerfG NJW 2001, 814; BGH NJW-RR 93, 131 mwN; sa § 51 Rn 20 mN; abw v. Schlabrendorff BVerfGE 35, 51 ff). Zur entspr Anwendung von **II** im Anwendungsbereich des FamFG sa Rn 11).

3 **3) Wissenszurechnung.** Der Partei zuzurechnen ist auch die **Kenntnis** des Bev, wobei **§ 166 I BGB** sinngemäß anwendbar ist (BGH WM 93, 973; OLG Braunschweig 15.1.2020 – 9 U 31/19 Tz 27; LG Saarbrücken 22.11.2018 – 14 O 221/17; Thöne ZZP 132 (2019), 297 ff; abl OLG Celle MDR 2009, 1186). Der dieser Vorschrift innewohnende allg Rechtsgedanke (s näher BGH NJW 2014, 1294 Tz 10 f) trifft auf den ProzBev als **Wissensvertreter** voll zu (BGHZ 169, 314 Tz 17). Bsp: Kenntnis des Ablehnungsgrundes (s § 43 Rn 3). Insoweit rechnet die Rspr das Verschulden des ProzBev der Partei auch bei der Wahrung mat-rechtl Fristen zu. Bsp: Anfechtungsfrist gem § 1600b BGB (BGHZ 81, 353, 356); Verjährungsfrist gem § 199 I Nr 2 iVm § 166 I BGB (OLG Celle BB 2012, 1037; OLG Braunschweig 15.1.2020 – 9 U 31/19 Tz 27 f); aber sa Rn 10.

4 **4) Keine Generalzurechnungsnorm.** § 85 II erlaubt **keine** Generalzurechnung des (deliktischen) sittenwidrigen Verhaltens des Bevollmächtigten anlässlich seiner Prozessführung ggü der Partei (VG Stade NJW 83, 1509 arg: Rechtspflegeorgan; sa Rn 13 u § 83 Rn 3 aE), zB von Beleidigungen; für die Partei besteht daher keine Notwendigkeit zu einer umgehenden Distanzierung gem **I 2** (aA BAG NJW 2010, 3796; dagegen zutr Adam MDR 2012, 445; zur haftungsrechtl Privilegierung von Prozessvorbringen s § 940 Rn 8.27). **II** gilt auch nicht bei (bewusster) Hinwegsetzung über berufsrechtl Tätigkeitsverbote (BGH MDR 2012, 1258 Tz 11; sa Rn 25). Bei sittenwidriger Urteilserschleichung kommt eine Zurechnung nur über § 831 BGB in Frage (OLG Düsseldorf FamRZ 57, 222); zu den Voraussetzungen der Klage aus § 826 BGB allg s vor § 322 Rn 72 ff. **II** findet generell keine Anwendung im vor- und außerprozessualen Bereich (vgl MskV/Weth Rn 10; sa Rn 11).

5 **II) Bindung der Partei an Prozesshandlungen des Bevollmächtigten und Widerruf (§ 85 I). 1) Prozesshandlungen. a)** Prozesshandlungen können im **Parteiprozess** durch die Partei selbst erfolgen. Doch ist sie auch hier an die sog Bewirkungshandlungen ihres ProzBev gebunden, dh an Prozesshandlungen, die das Prozessrechtsverhältnis gestalten. Bei gleichzeitiger und widersprechender Vornahme entscheidet die Handlung der Partei.

6 **b)** Im **Anwaltsprozess** ist idR allein der ProzBev postulationsfähig (s § 78 Rn 6 ff, 16). Es gelten also nur die Prozesshandlungen des Anwalts, und zwar nicht nur die Be-, sondern auch die Erwirkungshandlungen. Anderes gilt nur für die in **I 2** genannten Erklärungen (s Rn 7).

7 **2) Widerruf tatsächlicher Erklärungen. a)** Die miterschienene Partei kann, wenn sie mit dem Erklärungsinhalt bzw einem Geständnis ihres ProzBev nicht einverstanden ist, sowohl im **Parteiprozess**, wo sie postulationsfähig ist, wie im **Anwaltsprozess** (§ 137 IV) widersprechen. Sie muss allerdings **sofort widerrufen** oder **berichtigen**; dann gilt nur die Parteierklärung. Ihr Inhalt sind nach **I 2** Geständnis, eigene tatsächl Erklärungen u Stellungnahmen zu solchen des Gegners (näher s § 78 Rn 4 [c]).

8 **b)** Jedoch steht § 85 I 2 auch einem späteren Widerruf der Partei nicht entgegen, soweit sie eigene Erklärungen ***widerrufen*** *könnte. Im* Partei*prozess* gilt dann nur die Erklärung der Partei; widerspricht diese im Anwaltsprozess der ihres Bev, muss das Gericht nach § 286 abwägen; es wird meist zugunsten der Partei entschieden, da der Bevollmächtigte seine Information von ihr erhielt (BGH LM § 141 Nr 2; BGH VersR 69, 58; ThP/Hüßtege § 78 Rn 7).

c) Die Partei kann auch im Anwaltsprozess Tatsachen **zugestehen**, die ihr Anwalt vorher bestritten hatte (arg **I 2**, s § 78 Rn 4 [c], 16; § 288 Rn 3c); kein Geständnis enthalten aber im Rahmen der Parteivernehmung nach § 445 abgegebene Erklärungen; sie sind gem §§ 286, 453 frei zu würdigen (BGH NJW 95, 1432; zust Vollkommer/Schwaiger EWiR 95, 621, str). 9

III) Zurechnung des Verschuldens des Bevollmächtigten (§ 85 II). 1) Allgemeines. a) Bedeutung. Grds stehen das Verschulden des (jedes: s Rn 16 ff, 21) Bev im Rahmen der Prozessführung und seine Säumnis dem der Partei gleich. Zum Verschulden des Bev s Rn 2 u 12 ff. **Abgrenzung:** Für die Zurechnung des Verschuldens des *ges Vertreters* gilt § 51 II (s § 51 Rn 18 f), dergl für das der Vertretungsbehörde (s § 51 Rn 5), für die *Wissenszurechnung* des Bev gilt § 166 BGB entspr (s Rn 3). **II** ist nicht anzuwenden, soweit es auf das *eigene* Verschulden der Partei ankommt, zB bei § 141 (BGH NJW-RR 2011, 1363) oder § 890 (s Rn 11). Bei **eigenem Verschulden der Partei** (Bsp: OLG Koblenz MDR 2011, 1498 zu § 345; Verschuldensmaßstab: s § 51 Rn 20) kommt es aber auf ein Vertreterverschulden nicht mehr an. 10

b) Anwendungsbereich. § 85 gilt im FamFG-Verf entspr (§ 11 S 5 FamFG), in Ehesachen u FamStreitsachen gem § 113 I 2 FamFG (BGH FamRZ 2012, 106 Tz 8), dgl gem § 173 VwGO auch im **Asylverf** (BVerfGE 60, 253 = NJW 82, 2425) und gem § 93 II 6 BVerfGG teilw im verfassungsgerichtl Verf. Zur Geltung dieser Vorschrift auch im Rahmen von § 10 StrEG s BGHZ 66, 122. Auch bei einer Dritteinziehung (§ 73b StGB) kann für den Einziehungsbeteiligten § 85 II analog zur Anwendung kommen (BGH NJW 2023, 3304). Zur Verzögerungsgebühr (§ 38 GKG) im Säumnisverf s KG 9.4.2025 – 21 U 108/22. Kritikwürdig erscheint dagegen, dass die **hM** die Regelung des **II** teilw auf den *vorprozessualen* Bereich erstrecken will. Dies betrifft die Wahrung von Klage- und Anfechtungsfristen, insb die **Klagefrist gem § 4 KSchG** (so BAG NJW 2009, 2841 Tz 25 ff; BAG NJW 2009, 2971 Tz 12; BAG NJW 2012, 1467 Tz 15: nicht aber für Angestellte des ProzBev; BAG NJW 2020, 3192 Tz 37; OLG Hamm BRAK-Mitt 2015, 30; LAG Hamm 22.3.2017 – 2 Sa 1186/16; Schrader BB 2010, 1155; **mit Recht ablehnend:** LAG Hamburg NZA-RR 2005, 489; MskV/Weth Rn 10). Im Unterschied zu echten Prozessfristen, bei denen einmaliger Rechtsschutz bereits erfolgt ist, wird bei Klagefristen der ***Zugang* zum Rechtsschutz** unzumutbar erschwert (sa Einl Rn 34; Vollkommer FS Stahlhacke, 1995, S 599: zum Nachteil sozial schutzwürdiger Rechtsuchender). Auf das **PKH-Verf** ist § 85 II seiner Zweckbestimmung als Schutzvorschrift zugunsten des Gegners (s Rn 2) und im Interesse der Rechtsschutzgleichheit von Unbemittelten und Bemittelten (BVerfGE 22, 86; Einl Rn 27) desgl **nicht** anwendbar (OLG Düsseldorf FamRZ 92, 457; OLG Koblenz MDR 97, 103; **aA** BGH MDR 2001, 1312; OLG Bamberg MDR 2010, 833, hM; Schultzky § 119 Rn 15). Versäumnisse des im PKH-Verf auftretenden RA (an der Erteilung einer Prozessvollmacht wird es idR fehlen, s Rn 16) dürfen aber nicht durch die anschließende Versagung der WE im Rechtsmittelverf zu einer gleichheitswidrigen (Art 3 I GG) Schlechterstellung der unbemittelten Partei führen (vgl BVerfGE 22, 86). Eine entspr Einschränkung ist daher auch beim **WE-Verf** nach vorangegangenem PKH-Verf geboten (arg BVerfGE 22, 87 ff; aA BGH NJW 2001, 2720). Auch bei Inanspruchnahme von **Beratungshilfe** nach dem BerHG ist dem Rechtsuchenden das Verschulden des gewählten RA (s § 3 I BerHG) nicht zuzurechnen (ebenso Scheuerl NJW 2014, 2923 für öffentl BerHilfe). Im einseitigen Verf zur Beiordnung eines **Notanwalts** (s § 78b) gilt **II** nicht (§ 78 Rn 7). Im **Bestrafungsverf** gem § 890 entscheidet das eigene Verschulden des Zuwiderhandelnden (s § 890 Rn 6); desgl scheidet im **InsVerf** eine entspr Anwendung von **II** (vgl § 4 InsO) bei persönl Angaben des Sch (zB gem § 290 InsO) aus (BGH MDR 2011, 510). 11

c) Voraussetzungen. Die Verschuldenszurechnung setzt voraus (Überblick): **aa) Wirksame Bevollmächtigung** (s Rn 16; § 80 Rn 3) des wirksam beauftragten ProzBev (unten dd); sie fehlt bei Prozess-(Geschäfts-)Unfähigkeit des Vollmachtgebers (s § 52 Rn 7) zum maßgebenden Zeitpunkt, zB gem § 104 Nr 2 BGB (vgl BGH MDR 87, 315); – **bb) Verschuldensfähigkeit** des Bevollmächtigten (§ 276 I 2, § 827 S 1 BGB), fehlt bei Prozess-(Geschäfts-)Unfähigkeit des Vertreters, zB gem § 104 Nr 2 BGB (BGH NJW 87, 440; OLG München MDR 89, 361); – **cc) Verschulden** des Bevollmächtigten, dh Vorliegen einer der Schuldformen Vorsatz oder Fahrlässigkeit (§ 276 I 1, II BGB); näher s Rn 13 ff, 16 ff; § 233 Rn 13; § 296 Rn 23, 27. – **dd)** bestehendes **Vertrags-(Mandats-)- und Vertretungsverhältnis** (s vor § 78 Rn 5; § 80 Rn 3; § 86 Rn 5) mit dem Bev (BGH MDR 2006, 1366; OVG Münster NVwZ-RR 2021, 422 Tz 9, 10; näher s Rn 22-25). Ein bloßes Beratungsmandat ohne Erteilung von ProzVollmacht ist nicht ausreichend (OLG Hamm EzA 25/2014, 13, 15). 12

2) Verschulden des Bevollmächtigten und Zurechnung. a) Der **Verschuldensbegriff** muss zum Schutz des Vertretenen eingeschränkt werden (abw von § 276 I 1 BGB): Der Partei nicht zugerechnet werden kann die vorsätzl sittenwidrige Schädigung durch den prozessbevollmächtigten RA und eine bes leichtfertige, an „Gewissenlosigkeit“ grenzende Außerachtlassung der anwaltl Berufspflichten (VG Stade NJW 83, 1509; BPatG 31.7.2019 – 7 W (pat) 2/19; s Rn 4; **aA** hM: *jedes* Verschulden iSv § 276 BGB, vgl OLG Köln 25.10.2013 – 19 U 156-13; LAG Düsseldorf 24.4.2006 – 14 Sa 57/06; Hk-ZPO/Bendtsen Rn 20; MK/Toussaint Rn 20; offen lassend BPatG 4.6.2018 – 7 W (pat) 2/17). Denn ein solch grob berufswidriges Verhalten ist auch von der Pflicht-Berufshaftpflichtversicherung nicht umfasst (§ 51 III Nr 1 BRAO; § 103 VVG; Bsp: OLGR Köln 2009, 683); wertungsmäßig ist zu berücksichtigen, dass die Partei bei offenbarem Missbrauch der Vollmacht nicht gebunden wird (s § 83 Rn 3 aE), somit treffen sie auch keine sonstigen Nachteile (einschr BPatG 31.7.2019 – 7 W (pat) 2/19 auf nicht kontradikt Verfahren); auch die Zurechnung des Gehilfenverschuldens kennt ähnl Schranken (BGH NJW 13

91, 3209 f). Entscheidend für das Verschulden ist ein **obj-typisierter Maßstab** (BGH NJW-RR 2012, 122 Tz 12; BGH NJW-RR 2020, 940 Tz 10; StJ/Jacoby Rn 20, 22; StJ/Roth § 233 Rn 47; hier Greger s § 233 Rn 12 f; Vollkommer/Greger/Heinemann, Anwaltshaftungsrecht, 4. Aufl, § 17 Rn 10 ff). Verschuldensmaßstab bei anwaltl Vertretung ist damit nicht „äußerste" und „größtmögl Sorgfalt" (zutr BGH NJW 2007, 1453, 1454; BGH MDR 2014, 107 Tz 13; BAG NJW 2013, 1467 Tz 24), sondern die **von einem ordentl RA zu fordernde übliche Sorgfalt** (BGH MDR 2014, 107; BGH NJW-RR 2016, 126; BAG NJW 2013, 1467; hier Greger s § 233 Rn 13; **aA** u insoweit abzulehnen die Rspr: zB BAG NJW 2012, 1021 Tz 17: „äußerster Sorgfaltsmaßstab"; ebenso BGH NJW-RR 2018, 1325; BGH 12.5.2020 – XI ZB 19/19; sa hier § 51 Rn 19 u § 233 Rn 12 f). Die Anforderungen an die Sorgfaltspflicht des RA dürfen *nicht überspannt* werden (BGHZ 151, 221, BGH NJW 2010, 2287 Tz 7; BGH NJW 2014, 226 Tz 9; BGH NJW 2015, 1027 Tz 19; BAG NJW 2013, 1467 Tz 25, 30; sa BVerfG NJW 97, 2941; BVerfG NJW 2001, 3473; BVerfG NJW 2004, 2583; MK/Toussaint Rn 23 ff; sa Einl Rn 33 u 48), dh die Beachtung der Sorgfalt muss im Einzelfall auch **zumutbar** sein (BVerfGE 79, 378; BGH NJW 85, 1711; BAG NJW 2013, 1467 Tz 24; Thöne ZZP 132 [2019], 297 ff: schwer überschaubare Kasuistik). Durch überzogene Anforderungen an die prozessuale Sorgfalt wird das *Recht auf wirkungsvollen Rechtsschutz* und *zumutbaren Zugang zu den Gerichten* (s Einl Rn 32, 33) verletzt (BVerfG NJW 2007, 3342; BGH NJW 2007, 1455, 1456; BGH NJW 2012, 2443 Tz 4; BGH NJW-RR 2012, 122 Tz 12). Mit in der höchstrichterl Rspr nicht geforderten Sorgfaltsanforderungen kann ein Verschulden nicht begründet werden (BGH NJW 2014, 226 Tz 6; BGH NJW-RR 2014, 701 Tz 6), wobei überobligationsmäßige Anstrengungen nicht zu einer Verschärferung des Verschuldensmaßstabs führen (Rn 13b [dd]). Der obj Fahrlässigkeitsbegriff ermöglicht es bei verschiedenen **Gruppen von Bevollmächtigten** unterschiedl Verschuldensmaßstäbe anzulegen. **Bsp:** An den Referendar als amtl bestellten Vertreter des RA (Rn 18) sind geringere Anforderungen zu stellen als an den RA selbst (Vollkommer AP Nr 62 zu § 233 ZPO Anm unter III gegen BAG; zust Thöne ZZP 132 [2019], 297 ff. Abgrenzung: Referendar als jur Hilfskraft: s Rn 20), an die in die Erhebung der Kündigungsschutzklage eingeschaltete Einzelgewerkschaft geringere als an einen RA (aA BAG NJW 2010, 2971 Tz 15; OLG Düsseldorf MDR 2012, 356; sa Rn 17 aE), an einen generalbevollmächtigten jur Laien geringere als an einen Rechtskundigen (BGH VersR 85, 1185; verallgemeinernd Wreesmann ua NJW 2008, 3390); an den ausl RA sind bei der Fristwahrung geringere Anforderungen zu stellen als an den inländischen (BGH NJW 89, 1433), anders als an die sachkundige Behörde (BGH NJW 2012, 453; zur berufsspezifischen Sorgfalt s Vollkommer/Greger/Heinemann, Anwaltshaftungsrecht, 4. Aufl, § 17 Rn 10 ff, 20).

13a **b) Fehlendes Vertreterverschulden. aa)** Das Verschulden kann aus persönlichen Gründen ausgeschlossen sein bei unvorhergesehener **Erkrankung** des ProzBev selbst (BGH NJW 2014, 228 Tz 10; BGH MDR 2014, 1463 Tz 19; BGH MDR 2014, 558; BGH NJW-RR 2016, 60; s jedoch BGH 19.2.2025 – XII ZB 420/24: grds Verantwortung für Fristenkontrolle; BGH NJW-RR 2021, 635 = MDR 2021, 575; Überblick: Toussaint NJW 2014, 200; nicht schon bei wiederkehrenden (fortbestehenden) Erkrankungen: BGH NJW 96, 1541; s § 233 Rn 23.24 f, desgl idR nicht bei Arbeitsüberlastung: BGH MDR 2013, 804 oder uU bei Verletzung von Benachrichtigungspflicht: BGH MDR 2009, 355) oder eines nahen Angehörigen (BGH VersR 85, 47), in physischen und psychischen Ausnahmesituationen (BGH VersR 84, 988; BGH VersR 85, 394 mN; BAG NJW 2013, 1467 Tz 39, 43; Gegenbeispiel: BGH MDR 2018, 1077; vgl auch allg § 276 I 2 iVm § 827 BGB) sowie bei Verhinderung infolge unvorhersehbarer Ereignisse (BGH VersR 88, 249: Reifenpanne; vgl auch BGH NJW 89, 2393: Blockierung von Pkw des RA). **Unerhebl** ist für **II**, ob die Partei selbst ein Verschulden trifft, insb ob sie den ProzBev überwachen und kontrollieren konnte (BGH VersR 84, 850 f: in Strafhaft befindl Partei). – **bb)** Fehlendes Verschulden wird bei unterbliebener oder fehlerhafter **Rechtsbehelfsbelehrung** vermutet (§ 233 S 2). Die Vermutung gilt auch für anwaltlich vertretene Parteien (BGH NJW 2012, 2443 Tz 10) und damit auch für den sie vertretenden RA (arg **II**). Unerhebl ist, ob Anwaltszwang besteht oder nicht (vgl die Unterscheidung in § 232 S 1, 2). Auch der ProzBev kann daher grds ohne Verschulden auf die Richtigkeit einer Rechtsbehelfsbelehrung vertrauen (so BGH NJW 2020, 1525, allerdings zur Einordnung einer WEG-Sache (§ 72 II GVG); OLG Celle MDR 2014, 1226; OLG Karlsruhe MDR 2014, 860; gleichwohl ist in der jüngeren Rspr eine strengere Tendenz erkennbar, so Borgmann NJW 2020, 3567 Tz 38; Köhler FamRZ 2021, 574), außer bei offenkundiger Fehlerhaftigkeit (BGH MDR 2014, 559; BGH NJW-RR 2014, 1 Tz 14 ff; BGH NJW-RR 2014, 2 Tz 19; BGH NJW 2018, 166; BGH 8.5.2020 – LwZB 1/19; BGH NJW 2021, 784 Tz 7: „nicht einmal Anschein der Richtigkeit"; BVerfG NJW 2021, 915; m Recht krit aber Köhler FamRZ 2021, 574, 577: „Offenkundigkeit nahezu immer angenommen").

13b **c) Einschränkung der Verschuldenszurechnung. aa) Trifft** RA-Verschulden mit vorangegangenem oder nachfolgendem **Fehlverhalten des Gerichts zusammen** (*„mitursächl" Fehler* des Gerichts), kann es unter wertenden Gesichtspunkten unbeachtl sein (vgl BVerfGE 93, 99, 115 f; BGH NJW 2011, 683 Tz 15, 20; OVG Bautzen NJW 2009, 3385; E. Schneider MDR 99, 1034 f; Thöne ZZP 132 [2019], 297 ff; hier Greger s § 233 Rn 20: *fehlende Kausalität*); allg kann früheres Verschulden durch nicht zuzurechnende spätere Ereignisse (zB fehlerhafte Sachbehandlung des Gerichts, Postverzögerung) entfallen (sog *überholende Kausalität:* BGH NJW 2007, 2778). Anwaltsfehler, die sich bei einem prozessordnungsgemäßen Verhalten des Gerichts nicht nachteilig ausgewirkt hätten, sind nicht nur haftungsrechtl unbeachtl (so BVerfG MDR 2002, 1339), sondern können der Partei auch nicht prozessual als Vertreterverschulden iSv **II** zugerechnet werden. **Bsp:** Vertrauen auf eine (nicht offenkundig) unrichtige Rechtsmittelbelehrung des Gerichts (Rn 13a [bb]); Rücknahme (Nichteinlegung) eines zulässigen Rechtsmittels auf richterl Rat (BGH MDR 89, 621; sa BGH MDR 94, 722); Vertrauen auf „Gegenstandslosigkeit" der 1. (UdG-Hinweis) bei 2. Urteilszustellung (BGH NJW 2011, 522 Tz 32 ff); Nichtweiterleitung oder fehlerhafte Weiterleitung von rechtzeitig eingereichtem Schriftsatz an das zuständige Gericht (BVerfG NJW 95, 3175; BGH NJW-RR 2014, 1 Tz 15 ff; BGH NJW-RR 2014, 2 Tz 19; sa Einl Rn 26, 33); Unterbleiben gebotener Rückfrage bei offensichtl Versehen (BGH NJW 98, 2291; einschr BGHZ 159, 135, 141) oder leicht erkennbaren Formmängeln (BGH MDR 2009, 286: fehlende Unterschrift; zu streng BGH MDR 2019, 565: „nicht sichtbare Unterschrift" auf Telekopie; zu Recht krit M. Vollkommer MDR 2019, 567: „formalistischer Exzess"; Klöpfer MDR 2019, 723; Ahn-Roth FamRB 2019, 269). – **bb) Störungen „in der Sphäre des Gerichts"** ohne gerichtl „Verschulden" dürfen der Partei nicht zu einem Nachteil gereichen (BGH NJW 2014, 2047 Tz 8; BGH NJW 2018, 314 Tz 5). – **cc)** Ebenso kann bei einem **mitursächl Büroversehen/-versagen** ein „Rückgriff auf Anwaltsverschulden ausgeschlossen" sein, wenn durch die büromäßige Sicherungsvorkehrung die Auswirkung des Anwaltsfehlers gerade verhindert werden sollte (BGH NJW 2012, 856 Tz 12; BGH NJW-RR 2019, 175). **Bsp:** Ausfall der Unterschriftskontrolle bei Unterzeichnungsmangel (BGH NJW 2014, 2961 Tz 9; BGH MDR 2020, 1202; OLG Stuttgart NJOZ 2015, 1089 Tz 20); Versagen der Postausgangskontrolle bei Organisationsverschulden (BGH MDR 2010, 710; anders OLG Brandenburg NZFam 2019, 839). – **dd) Abgrenzung.** Die „ordentl", dh sich prozessordnungsgemäß verhaltende Partei bzw ihr ProzBev darf nicht über die Konstruktion von Überwachungs- und Kontrollpflichten für die **fehlerhafte Sachbehandlung des Gerichts** verantwortl gemacht werden (BGH MDR 2007, 167; BGH NJW 2011, 522 Tz 36; sa Rn 15 u Einl Rn 38). Durch *überobligationsmäßige* Vorkehrungen (zB Nutzung jur Datenbanken; nicht gebotene Einzelanweisung) wird der Sorgfaltsmaßstab nicht verschärft (BGH NJW 2014, 226 Tz 10; BGH NJW 2015, 2266 Tz 14; Schnabl AnwBl 2008, 867). – **Lit** zum Anwaltsverschulden: Vollkommer/Greger/Heinemann, Anwaltshaftungsrecht, 4. Aufl, § 17 Rn 10 ff, § 28 Rn 15 ff, 39 ff, 149 ff. **Rspr-Übersichten:** Bernau NJW 2016, 1999; NJW 2017, 2001; Rohwetter NJW 2018, 2019; NJW 2019, 1950; NJW 2020, 210; Müller ZIP 2016, 1368; Vossler MDR 2020, 573.

d) Typische **Bsp** aus der neueren Rspr (näher s Rohwetter-Kühl NJW NJW 2023, 2010 (Übersicht) u § 233 Rn 23): **Verschulden** wurde bejaht bei Einreichung einer **nicht unterzeichneten Berufungsbegründungsschrift** (BGH NJW 2016 Tz 10), uU aber unschädl bei ausreichender Unterschriftskontrolle des Büros (s Rn 13b), ferner bei Verwendung **elektron Signatur** gem § 130a unter unberechtigter Überlassung der Signaturkarte an Hilfskraft (BGH NJW 2011, 1294 Tz 11; vgl zu „sicheren Übermittlungswegen" § 130a IV [mWv 1.1.2022, BTDrs 19/28399, 7, 33]: insb das beA nach § 31a BRAO, näher zu Übermittlungswegen § 130a Rn 13 f; § 31b BRAO mWv 1.8.2022 [beA für Berufsausübungsgesellschaften] u § 27a EuRAG, sa näher § 78 Rn 17); zur beA-Nutzung detailliert BGH NJW-RR 2023, 1737 (Fristverlängerungsantrag); BGH NJW 2025, 753 = MDR 2025, 470: zur Überprüfung einer umgewandelten Datei vor Versendung; BGH 11.3.2025 – XI ZB 17/24: **Prüfung des Eingangs** nach § 130a V 2 bei fristgebundenen Schriftsätzen stets geboten; BVerwG 16.5.2025 – 5 B 4.25; BGH 6.9. 2023 – IV ZB 4/23: Vorgabe an Mitarbeiter über Ort u Inhalt der Eingangsbestätigung; BGH NJW-RR 2025, 757: zur Einplanung einer Zeitreserve bei Internetstörung; OLG Frankfurt/M 16.12.2024 – 3 U 90/24; Sorgfaltspflichten iZm mit beA-Nutzung nicht geringer als bei FAX-Übersendung (BGH 14.2.2022 – VIa ZB 6/21 Tz 10; BGH NJW-RR 2023, 351 Tz 10; zur Überprüfung des „Übermittlungsprotokolls" bei beA sa BGH NJW-RR 2022, 1069); sa OLG Dresden NJW 2025, 1353: Nichtbeachtung der gem § 130a VI eingeräumten Möglichkeit unverzüglicher Nachreichung; zu den Voraussetzungen für eine Ersatzeinreichung nach § 130d S 2, 3 s OLG Braunschweig NJOZ 2022, 1497; zur Verwendung elektronischer „Anwaltssoftware" s OLG Braunschweig NJW-RR 2023, 283; **mangelnder Überwachung** neu beschäftigter Büroangestellter (BGH NJW 96, 319; BGH 2.7.2020 – VII ZB 46/19: durch Stichproben) bzw unzuverlässigen Personals (BGH MDR 2016, 344); Überlassung der **Berechnung** ungewöhnl **Fristen** an Büroangestellte (BGH NJW-RR 2004, 350; Ermittlung von Fristbeginn; zu gewöhnl Fristen s Rn 15); Mängel in der **Organisation des Fristenwesens**, insb unzureichende **End- oder Ausgangskontrolle** (BGH MDR 2016, 1040 Tz 15: allg Einzelanweisung an Büropersonal grds kein Ersatz; BGH MDR 2016, 293 Tz 10; BGH NJW-RR 2019, 175; BGH 14.1.2020 – II ZB 7/19: „allabendliche Ausgangskontrolle fristgebundener Schriftsätze"; BGH MDR 2023, 1402; BGH NJW 2023, 1969; BGH 25.2.2025 – VI ZB 36/24: pauschaler Hinweis auf Einhaltung nicht genügend; BGH 1.3.2023 – XII ZB 483/21 Tz 10 f: elektronische Fristenübertragung; s zum Verhältnis von erster und zweiter Stufe der Ausgangskontrolle BGH NJW 2023, 1224), zB Fehlen organisatorischer Vorkehrungen für **Fax-Versand** (BGH NJW-RR 2018, 1529 Tz 10), fehlende Kontrolle des **EDV-Kalenders** (BGH NJW 2018, 2511; BGH NJW 2019, 1456: Fertigung eines Kontrollausdrucks erforderlich; BGH 1.3.2023 – XII ZB 483/21 Tz 10 f); Umstellung auf EDV-Kalender (BGH NJW-RR 2021, 445; iE s § 233 Rn 23.7, 23.13, 23.18, 23.37) oder für Fristensicherung vor Rückgabe von EB (BGH NJW 2010, 1080 = MDR 2010, 586; Koch NJW 2014, 2391); unterbliebene Anordnung der Notierung von **Vorfristen** (BGH NJW-RR 2018, 1451; BGH NJW-RR 2022, 1717; näher zu ihrer Bedeutung BGH NJW 2023, 368); fehlende organisatorische Vorkehrungen bei Bearbeitung der Sache in einer **überörtl Sozietät** (BGH NJW 94, 1878); Anfertigung von **Rechtsmittelschriften** durch **Büropersonal** (BGH MDR 2016, 842: Bestimmung des statthaften Rechtsbehelfs); Unterzeichnung einer **fehlerhaft** oder **unvollständig** adressierten **Rechtsmittelschrift** (BGH MDR 2012, 425); **Unterschriftsmängel** (BGH NJW 2012, 856; aber Rn 13b [cc] beachten; fehlende Unterschrift bei Computerfax: BGH NJW 2021, 373); Rechtsmitteleinlegung beim (funktionell) unzuständigen Gericht (dazu iE BGH NJW 2010, 1818 Tz 9 ff); Unterzeichnung der **Rechtsbeschwerde** durch einen beim BGH nicht zugelassenen RA 14

(BGH NJW-RR 2002, 1721; BGH 18.7.2022 – V ZB 22/21 Tz 5); Unterlassung der eigenverantwortl Nachprüfung des **Fristablaufs** bei Vorbereitung einer fristgebundenen Prozesshandlung (BGH NJW 2015, 411 Tz 8; BGH NJW-RR 2020, 939); Nichtbeschreiten des **sichersten Weges** bei zweifelhafter Rechtslage (BGH MDR 2016, 1108 Tz 26: Bedeutung des PKH-Verf für Säumnis im Hauptsacheverf; Skamel NJW 2016, 3250; Thöne ZZP 132 (2019), 297 ff); unterlassene Vergewisserung von der Annahme eines erteilten **Rechtsmittelauftrags** (BGH MDR 2014, 917); ungeprüfte **Fristmitteilung** durch den ProzBev und unbesehene Übernahme durch den Rechtsmittelanwalt (BGH NJW-RR 91, 91 mN); Unkenntnis veröffentlichter einschlägiger BGH-Rspr (BGH NJW 2012, 2523 Tz 11). Ein **Rechtsirrtum** des RA ist idR nicht unverschuldet (BGH NJW 2014, 1454 Tz 10; zu Ausnahmen s Rn 15 u näher s § 233 Rn 23.32; sa BGH NJW 2017, 3002 zu § 72 II GVG; BGH NJW 2017, 2123 Tz 27); dies gilt auch bei landesrechtl Vorschriften zur **Zuständigkeitskonzentration** in WE-Sachen (BGH NJW 2014, 2503 Tz 9) und bei neu in Kraft getretenen Rechtsänderungen (BGH NJW 2012, 78: § 119 I GVG) u **Übergangsrecht** (BGH NJW 2011, 386 Tz 18 ff); für **Obliegenheitsverletzung nach § 86 II 2 VVG** im Prozessvergleich s LG Saarbrücken 22.11.2018 – 14 O 221/17; Fristverlängerungsantrag bei einstw Verfügung: KG 30.6.2025 – 7 W 3/25.

15 Dagegen **kein Verschulden** bei durch gerichtl Fehlverhalten hervorgerufenem Rechtsirrtum (vgl BGHZ 129, 289; näher s Rn 13b); bei Ausnutzung von Fristen bis zu ihrer Grenze (BVerfGE 52, 207; BGH NJW 2012, 617 Tz 27); bei Vertrauen darauf, dass einem nach der bestehenden Gerichtspraxis (iSv § 520 II 3) **begründeten** 1. Verlängerungsantrag stattgegeben wird (BVerfGE 79, 377 f; BVerfG NJW 98, 3703; BGH MDR 2010, 645; BGH NJW 2017, 2041; BGH NJW-RR 2018, 569 Tz 10: keine weiteren Erkundungspflichten; OLG Koblenz 11.5.2020 – 13 UF 128/20 Tz 32: **„Corona-Pandemie"** macht Angabe einer Begründung nicht entbehrlich); bei Vertrauen auf die Maßgeblichkeit einer wiederholten – 2. – Urteilszustellung (BGH NJW 2011, 522; sa Rn 13b); wenn der RA bei einer höchstrichterl noch nicht geklärten Rechtslage einen auch in der OLG-Rspr und im Schrifttum vertretenen Standpunkt einnimmt (BGH NJW 2014, 1454 Tz 11 ff; sa Rn 14); wenn sich der RA bei rechtzeitiger Absendung von Rechtsbehelfen auf normalen Postlauf (BGH NJW 2008, 587; BGH NJW 2012, 2522 Tz 9; auch in der **Corona-Pandemie**, s BGH 19.11.2020 – V ZB 49/20 Tz 8; einschr bei Poststreik BVerfG NJW 95, 1211; BGH NJW 93, 1333; unterscheidend BAG NJW 95, 549), auf die Auskunft über die Beförderungsdauer (BGH NJW-RR 90, 508), auf einen privaten Kurierdienst (BVerfG NJW 99, 3701; BGH NJW 2008, 667) oder bei entspr organisatorischen Vorkehrungen (BGH FamRZ 99, 21 f; OVG Berlin-Brandenburg 13.4. 2016 – OVG 10 B 10.15 Tz 11 f; sa Rn 14) auf das Funktionieren moderner Kommunikationsmittel verlässt (BVerfG NJW 96, 2857; BGH NJW-RR 2004, 283: Telefax-Störung; BGH MDR 2016, 543 Tz 18, 20: Sendebericht mit Vermerk „OK"; nicht bei Bedienungsfehlern: OLG Schleswig 19.5.2016 – 7 U 17/16; sa BGH MDR 2016, 846 Tz 9; BGH NJW-RR 2018, 1529 Tz 10: rechtzeitiger Beginn des Übermittlungsvorgangs mit Zeitreserve; Gegenbeispiel: BGH FamRZ 2015, 323; BGH NJW-RR 2017, 253: keine technische Überprüfungspflicht; BGH NJOZ 2018, 869: „Laptop-Absturz"; BGH NJOZ 2020, 1235: anders bei früherem Versagen des Telefax-Systems; ebenso BGH NJOZ 2023, 437); sa Rn 13b [bb]); wenn sich der RA nicht nach dem Eingang von rechtzeitig abgesandten Schriftsätzen erkundigt (BGH NJW 2014, 226 Tz 8; sa Rn 13b [dd]); wenn der RA darauf vertraut, dass sein sonst zuverlässiges Personal seine konkrete Einzelanweisungen befolgt (BVerfG NJW 96, 309; BGH MDR 2012, 424 Tz 31; BGH MDR 2014, 107 Tz 11); die Berechnung, Eintragung und Überwachung üblicher und rechtl einfach zu ermittelnder **Fristen** darf der RA seinem gut ausgebildeten und sorgfältig überwachten Büropersonal überlassen (BGH NJW-Spezial 2011, 223; BGH NJOZ 2019, 345; BGH 14.1.2020 – II ZB 7/19; BGH NJW-RR 2020, 939; BGH NJW-RR 2020, 940 (Anweisungen hinsichtlich Fristenkalender/Handakte; Eintragung im Fristenkalender muss Vermerk in Handakte vorausgehen); nicht genügend beachtet von BGH NJW 2007, 1751: Unterfrankierung); zur **Abgrenzung** s BGH NJOZ 2025, 247: Richtigkeit der Fristvermerke bei vorgelegter Handakte selbst zu überprüfen; ebenso BGH NJW 2014, 3452; BGH 10.12.2024 – VIa ZR 388/ 24: Fristen im Fristenkalender erst nach Durchführung der Maßnahme als erledigt kennzeichnen; außergewöhnliche Fälle müssen mittels Anweisung dem RA vorbehalten sein (BGH 12.2.2020 – IV ZB 23/19). Bei **Zusammentreffen** mit gerichtl Verschulden oder Büroversehen kann die **Zurechnung von Anwaltsverschulden ausgeschlossen** sein (sa Therstappen AnwBl 2015, 520; näher s Rn 13b, Einl Rn 38).

16 **3) Personenkreis. Bevollmächtigte iSv II** sind **rechtsgeschäftl bestellte Vertreter** jeder Art, die in eigenverantwortl Weise für die Partei in einem Rechtsstreit tätig werden (BGH VersR 84, 239; BAG NJW 2009, 2971; sa allg Rn 12). Nicht entscheidend für die Bevollmächtigteneigenschaft ist Postulationsfähigkeit (s § 78 Rn 6 ff) des Vertreters (BGHZ 124, 51; BGH NJW 2001, 1575 f) und der Umfang der erteilten Vollmacht (iE s Rn 17); Mehrheit von Bev ist mögl (s Rn 21); die Bevollmächtigteneigenschaft besteht während der gesamten Dauer der Vertretung (iE s Rn 22-25). Zum Kreis der Bev gehören die von der Partei selbst oder von ihrem ProzBev für die höhere Instanz bestellten Vertreter (s Rn 17), nach der **ausdehnenden Auslegung von II** durch die Rspr auch Vertreter des Bev (s Rn 17) und zugezogene Hilfskräfte von einer gewissen Selbständigkeit (s Rn 18-19), nicht dagegen sonstige Hilfskräfte, insb nicht das Büropersonal (s Rn 20).

17 **a) Von der Partei selbst u ihrem ProzBev beauftragte Bevollmächtigte.** Unmittelbar von der Partei beauftragt ist insb der **ProzBev** (nicht nur der RA, RGZ 156, 208), der als **Sozius** einer „örtl" Sozietät mitbeauftragte RA (BGH NJW 95, 1841; BGH FamRZ 2003, 231; OLG Koblenz NJW-RR 97, 953, stRspr; anders frühere hM bei überörtl Sozietät, s § 84 Rn 1), soweit nicht der Ausnahmefall (BGH NJW 95, 1841) eines Einzelmandats an einen

Sozietätsanwalt vorliegt (BGH NJW 91, 2294 für PKH-Verf; aA OLG Köln ZIP 93, 520); der **Verkehrs-(Korrespondenz-)Anwalt** (BGH NJW 97, 3245; BGH NJW-RR 91, 91 mN; auch der ausl: BGH NJW-RR 86, 288); der **Zustellungsbevollmächtigte** so lange, bis der RA das Erlöschen der Vollmacht dem Gericht anzeigt (RG JW 35, 2431; nicht genügt die gem § 87 fortbestehende [Zustellungs-]Vollmacht: s Rn 24); der vom ProzBev bestellte **Instanzbev** (BGH NJW 2006, 2334; sa § 81 Rn 3, 6); der vom Haftpflichtversicherer gem AKB/AHB für die Partei (Versicherungsnehmer) **bestellte RA** (BGH NJW 91, 1177; sa § 80 Rn 5; § 83 Rn 3); der einstw **ohne Vollmacht zugelassene Vertreter**, wenn später genehmigt wird (RGZ 138, 354); wer als **Nichtanwalt** die Korrespondenz mit dem ProzBev führt (BGH VersR 85, 1186 mN; dazu näher s Rn 19 aE); eine **Versicherungsgesellschaft**, die für die Partei den Schriftwechsel mit dem ProzBev führt, nach Übernahme der Handakten (BGH LM § 233 Nr 30); im Parteiprozess der zu fristwahrenden Maßnahmen befugte Sachbearbeiter einer **Rechtsschutzversicherung** als Beschäftigter der Partei (bei Fall von § 79 II 2 zweifelhaft wegen fehlender Unentgeltlichkeit, s Sabel AnwBl 2008, 392), im Arbeitsgerichtsprozess die **DGB-Rechtsschutz-GmbH** (ProzBev) und uU die betreuende Einzelgewerkschaft (entspr Korrespondenzanwalt; so BAG NJW 2009, 2971 Tz 14, 15, iE str; sa Rn 20).

b) Vertreter des Bevollmächtigten (s allg § 53 BRAO; dazu Überblick: Sassenbach AnwBl 2008, 872; sa § 78 Rn 7). Die Vertretungsbefugnis kann auf einer (Unter-)Bevollmächtigung des ProzBev oder auf einer amtl Bestellung beruhen. Hierher werden gerechnet: – **aa) Unterbevollmächtigte eines RA** (s § 81 Rn 6) nur dann, wenn sie zur Anwaltschaft zugelassen sind (im Interesse der Partei, die die Gewähr haben muss, dass ihr Prozess in für sie verbindl Weise, wenn schon nicht vom beauftragten RA selbst, so doch mindestens von einem berufsrechtl gebundenen Vertreter geführt wird) und ihnen die Sache zur selbständigen Bearbeitung übertragen ist (BGH NJW 65, 1020; BGH NJW-RR 2004, 993; BGH MDR 2019, 178), daher zB **nicht** der unterbevollmächtigte Terminsvertreter (BGH VersR 79, 255; allg BGH NJW-RR 2007, 356) oder angestellte Assessoren und Referendare (vgl BGH LM § 232 Nr 22; iE s Rn 20). **Einzelfragen:** Vertretereigenschaft wurde bejaht für RA, der als Entgelt für die Mitbenutzung der Kanzlei einzelne Sachen für den beauftragten RA bearbeitet (BGH LM § 233 Nr 72); der als **freier Mitarbeiter** eines anderen RA regelmäßig Fristsachen zur Nachprüfung vorgelegt bekommt (OLG München NJW 74, 755); der auf Grund allg Vereinbarung für eilige Fälle für einen Kollegen tätig wird (BGH NJW 62, 1248); desgl der vom ProzBev selbst gem § 53 III 1 BRAO bestellte **Urlaubsvertreter** (BGH NJW 2001, 1575 mwN; OLG Stuttgart MDR 2001, 238), auch ohne förml Untervollmacht (BGH VersR 75, 1150), **nicht** jedoch der mit der Bearbeitung der Sache nicht befasste, ledigl in *Bürogemeinschaft* mit dem ProzBev arbeitende RA (BGH VersR 79, 160). *Unterbevollmächtigte* (*Terminsvertreter*) sind nicht empfangsberechtigt iSv § 172 (BGH NJW-RR 2007, 356; sa § 172 Rn 4; § 81 Rn 6). – **bb) Amtl bestellte Vertreter** eines RA gem § 53 BRAO (BGH VersR 82, 145; BGH VersR 84, 585; Thöne ZZP 132 [2019], 297 ff; Sorgfaltsmaßstab: s Rn 13), insoweit auch der Stationsreferendar (arg § 157; sa vor § 78 Rn 14), bei Einschränkung der Bestellung gem § 53 II 3 BRAO aF, sofern ein Verhinderungsfall vorliegt (BGH VersR 82, 770); ein (deutl) Hinweis auf die „amtl Bestellung" des Referendars ist nicht entscheidend (BVerfG NJW 94, 930; allg s § 78 Rn 7); der **Kanzleiabwickler** gem § 55 BRAO (vgl § 55 II 3, 4 BRAO; BayObLG NJW 2004, 3722; sa § 86 Rn 4, 5). 18

4) Abgrenzung und Einzelfragen. S bereits Rn 18. Für die Frage, wann ein vom beauftragten RA mit der Sache befasster **anderer RA** als Bev der Partei und wann als bloßer jur **Hilfsarbeiter** der Praxis anzusehen ist (dazu s Rn 20), stellt die Rspr darauf ab, ob er die Sache oder einen wesentl Teilbereich *selbständig bearbeitet* (s BGH NJW 65, 1020; BGH NJW 2001, 1575; BGH NJW-RR 92, 1020 mwN; BGH MDR 2004, 719, stRspr) oder ob er zu einer *untergeordneten Mitwirkung* bei einzelnen Handlungen zugezogen wurde (BGH VersR 79, 232; BVerwG NVwZ 2004, 1008; Heiderhoff EWiR 2003, 1060). Auch das Verschulden eines **selbstständigen anwaltlichen Sachbearbeiters** wird zugerechnet (BGH NJW-RR 2023, 698 Tz 19). Gleichgültig ist aber, aus welchem Grund der andere RA tätig wird, ob er **Sozius** des ProzBev (BGHZ 124, 49), **angestellter RA** (BGH NJW 2001, 1575; BGH NJW-RR 92, 1020; BGH NJW-RR 2004, 993; OVG Schleswig NJW 2008, 3800) oder **freier Mitarbeiter** ist (BGH MDR 2004, 1253) und welche *allg Stellung* er in der Kanzlei des prozessbevollmächtigten RA einnimmt; Bsp: **Assessor** (BGH MDR 2004, 1253); auf den zur Bearbeitung erforderl Zeitaufwand soll es nicht ankommen (OLG Karlsruhe NJW-RR 2000, 1519: Einziger Tag genügt). Beim Sozietätsmitglied genügt auch Verschulden bei untergeordneter Tätigkeit (BGHZ 124, 51 f; BGH NJW-RR 2003, 995). Auch beauftragte **Nicht-RA** können Vertreter sein (BGH NJW-RR 95, 825 mN: betraute Familienangehörige; BGH NJW-RR 2001, 247: Absprache zwischen Streitgenossen über gemeinsamen Rechtsmittelauftrag; Abgrenzung: s Rn 20 aE); Mitarbeiter von sach- u rechtskundigen Behörden (s Rn 10, 13) unterliegen den gleichen (strengen) Maßstäben (BGH NJW 2012, 453 Tz 13). 19

Nicht unter II fallen die **Angestellten** (für den Fall des unterbevollmächtigten jur Mitarbeiters: BGH NJW 74, 1512; KG NJW 95, 1435) des von der Partei beauftragten RA (die ZPO kennt keine dem § 278 BGB entspr Vorschrift: BAG NJW 90, 2707 mN; Thöne ZZP 132 [2019], 297 ff), **Assessoren** (sofern nicht freie Mitarbeiter iSv Rn 19, s dort) und **Referendare** (sofern nicht amtl bestellt [s Rn 18] oder im Rahmen von § 157 [s § 79 Rn 5]) als „jur Hilfskraft" (BGH NJW-RR 2014, 315 Tz 12 f), der als bloßer (weisungsgebundener) **jur Hilfsarbeiter** der Praxis zugezogene RA (BGH NJW 65, 1020; BGH NJW-RR 92, 1020 mN; OLG Hamm FamRZ 2006, 1686), der mit dem bevollmächtigten RA (ledigl) in **Bürogemeinschaft** (s § 84 Rn 2) arbeitende RA (BGH MDR 2019, 178); das (ordnungsgemäß ausgewählte und überwachte) **Büropersonal** (Bürovorsteher, RA-Gehilfen, Fachan- 20 gestellte [BGH MDR 2014, 610 Tz 7 ff; BGH NJW-RR 2019, 175; BGH NJOZ 2023, 382], Kanzleiangestellte [BGH NJW 2020, 3041 Tz 10; OVG Saarlouis 10.12.2018 – 2 B 297/18], Auszubildende [BGH NJW 2007, 3497; BGH NJW 2014, 225], Schreib- u Bürokräfte [BGH NJW 2010, 3134; BGH NJW 2010, 2287; BAG NJW 2012, 1467 Tz 19], Büroboten [BGH NJW 2010, 1378 Tz 11 = MDR 2010, 710], sonst Organisationsverschulden des Anwalts selbst; hier Greger s § 233 Rn 23.13) und sonstige **Hilfspersonen** (OVG Weimar NJW 2020, 3610; iE Schmid BB 2001, 1198), wie die Hilfskräfte der Einzelgewerkschaft im Fall von Rn 17 aE (verkannt von BAG NJW 2009, 2971 Tz 22). Ferner fällt **nicht** unter **II** der **amtl bestellte Vertreter** eines RA nach dessen Tod (BGH VersR 82, 190; allg s Rn 18) und der vom Gericht ausgewählte **im PKH-Verf** (§ 121) oder gem §§ 78b, 78c der Partei **beigeordnete** RA (BGHZ 60, 258 zum alten Recht), solange ihm die Partei noch keine Prozessvollmacht erteilt hat (s § 78c Rn 11; § 80 Rn 5; weitergehend BSG BB 78, 502: auch bei Vollmachtserteilung; unklar insoweit OLG Düsseldorf FamRZ 86, 288; sa Rn 11 u 22). **Keine Vertreter** nach **II** sind ferner zugezogene **Berater** ohne Vertretungsbefugnis, wie Mitarbeiter öffentl Beratungsstellen (Rn 11), gerichtl Rechtsantragsstellen, von (lediglich beratenden) Rechtsschutzstellen von Gewerkschaften (Abgrenzung: s Rn 17 aE), Beratungshilfe leistende RAe nach dem BerHG (s Rn 11) und schließl alle sonstigen **Dritten**, wie zB eingeschaltete Familienangehörige (LAG Köln MDR 2005, 157), ferner wer ledigl als **Bote** für die Partei oder den ProzBev tätig wird (OLG Bremen MDR 2007, 855: „externer" Bote), GV (RGZ 48, 409); überhaupt, wer keine Verfügungsmacht in der Sache selbst hat, zB Ersatzperson nach § 178 (BSG NJW 63, 1645; OLGR Braunschweig 97, 147), bei der Niederlegung nach § 181 die Abholperson (LAG München NJW 87, 2542: Ehegatte) oder der Briefkastenleerung Mitbewohner und Lebensgefährten (OLG Karlsruhe NJW-RR 95, 954).

21 **5) Mehrere Vertreter.** Hat die Partei **mehrere Vertreter** (gleichzeitig oder nacheinander, insb für verschiedene Instanzen), so haftet sie für das Verschulden eines jeden von ihnen (BGH NJW 2003, 2100; OVG Saarlouis NJW 2010, 1473), vorausgesetzt, dass es in die Vertretungszeit fällt (BGH NJW 2008, 2713, 2714 Tz 13); daher auch für Verschulden des früheren ProzBev gleichgültig, in welchem Stadium der Prozess sich jetzt befindet (BGHZ 2, 205; BGH NJW 90, 2823, sa § 233 Rn 23.26; ferner s § 84 Rn 3).

22 **6) Vertretungsdauer.** Zunächst s Rn 12 [aa, dd]. – **a)** Die **Vertretung beginnt** (erst) mit der Annahme des Mandats durch den Vertreter (BGHZ 47, 322 mwN; BGHZ 50, 83; LAG Bremen MDR 2003, 1059), nicht schon mit der Auftragserteilung (BGH NJW 67, 1567; BGH VersR 82, 950) oder mit (früherem) Tätigwerden *ohne* Mandat (BGH FamRZ 96, 408, 409: Auskunftserteilung), bei *Verbandsvertretung* (s § 78 Rn 34) also nicht schon mit der Informationseinziehung der – vom ProzBev verschiedenen – Fachgewerkschaft (str, vgl BAG NJW 2009, 2971 mN in Tz 14, selbst aA, s Tz 18 ff). Hat sich der RA fernmündl mit der Übernahme des Mandats einverstanden erklärt, ist er damit Vertreter (BGH NJW 80, 2261: späterer Eingang des Auftragsschreibens ist unerheblich). Der im PKH-Verf **beigeordnete** RA wird Vertreter nicht schon mit der Beiordnung, sondern erst mit der Vollmachtserteilung durch die Partei und die Annahme des RA (BGH MDR 87, 315; sa § 78c Rn 11; § 121 Rn 12). Noch keine Vertretereigenschaft hat der RA, dem das an einen anderen RA gerichtete Auftragsschreiben auf dessen Weisung ledigl wiedergegeben wird (BGH NJW 63, 296).

23 **b)** Die **Vertretung endet** im Normalfall (zur Kündigung gem § 87 s Rn 24, 25) mit der **Erledigung** des erteilten Auftrages (ggf erst mit Annahme des Mandats durch den Rechtsmittelanwalt; s BGH VersR 93, 502; sa § 86 Rn 1); in diesem Fall besteht die Pflicht des Erstanwalts, das Zustellungsdatum richtig mitzuteilen (BGH NJW 85, 1709; BGH FamRZ 97, 673; zur Fortdauer der Vertretung durch den Berufungsanwalt bis zur Mitteilung des Zustellungsdatums des Berufungsurteils an Mandanten s BGH VersR 85, 90). Bei einer **Bestellung für die Instanz** obliegt dem RA jedenfalls noch die Mitteilung an die Partei über die Urteilszustellung (BGHZ 2, 205; BGH NJW-RR 97, 55; BGH VersR 93, 631), in bes Fällen auch danach noch die Pflicht zur Rückfrage (BGH LM § 233 Fc 23; BGH VersR 92, 898, 899) und Belehrung über Fristen (BGH LM § 233 Fd 18; NJW 77, 1198). Die Fristwahrung obliegt den Anwälten beider Instanzen gleichermaßen (BGH NJW 90, 2823; BGH NJW-RR 93, 957; sa § 233 Rn 23.26). Ist das Mandat beendet, so entsteht nicht dadurch ein neues Vertretungsverhältnis iSv **II**, dass der RA von der Partei nochmals um Rat befragt wird (BGH LM § 232 Nr 9).

24 **c)** Endet das Mandat vorzeitig durch **Kündigung** oder **Mandatsniederlegung** (s Ritter NJW 2015, 2008), kommt es für **II** allein auf das *Innenverhältnis* an (BGH NJW 2006, 2334, 2335; BGH NJW 2008, 2713, 2714 Tz 13 ff; OLG Schleswig NJW-RR 2020, 124; OVG Münster NVwZ-RR 2021, 422 Tz 9, 10; Ritter NJW 2015, 2008, 2009); die Fortdauer der Außenvollmacht gem § 87 I (s § 87 Rn 4) und zugleich gewisser nachwirkender Schutzpflichten zugunsten der Partei gem § 87 II (s § 87 Rn 6) genügt für eine Verschuldenszurechnung nicht mehr (BGH MDR 2007, 1444). Der Grund hierfür liegt darin, dass bereits mit – noch nicht zum Erlöschen der Vollmacht führenden – Vollmachtswiderruf das die Zurechnung rechtfertigende Vertrauensverhältnis (s Rn 2) gestört ist (vgl BGHZ 47, 322; BGH NJW 2008, 234; OVG Münster NVwZ-RR 2021, 422 Tz 9, 10). Bei **Mandatsniederlegung** (s § 87 Rn 6) im schwebenden Verf ist noch Belehrung hinsichtl der ggf zu verlängernden Begründungsfrist erforderl, wenn nach Rechtsmitteleinlegung niedergelegt wurde (BGH NJW 53, 504; OLGR Schleswig 2005, 410); dagegen besteht keine Mitteilungs- und Belehrungspflicht bei Niederlegung vor Urteilserlass; § 87 steht nicht entgegen (BGH LM § 232 Nr 14; bedenkl BGH NJW 53, 703). Zuzurechnen ist das in der **Kündigung zur Unzeit** (Fristablauf steht unmittelbar bevor) und damit vor Mandatsende liegende Verschulden (BGH NJW 2006, 2334, 2335).

d) Wegen der Streichung von § 54 BRAO aF ist nach dem **Tod** des ProzBev nicht automatisch wirksames Handeln eines vorher bestellten Vertreters mögl (BTDrs 16/11385, 37); vielmehr wird dieser als Vertreter ohne Vertretungsmacht tätig (§ 177 BGB), während der Prozess unterbrochen wird (§ 244), sa § 78 Rn 37. „Postmortales" Verschulden des Vertreters ist ohnehin nicht gem **II** zurechenbar (s § 86 Rn 4). Auch bei Beendigung der Vollmacht aus **berufsrechtl Gründen** (Fälle: s § 86 Rn 5) scheidet eine Verschuldenszurechnung gem **II** aus (BAG MDR 2007, 1459; zust BGH MDR 2008, 873). Bsp: Ende der Zulassung als RA (§§ 13, 14 BRAO); ebenso bei Zuwiderhandlung gegen berufsrechtl Tätigkeitsverbot: s Rn 4. Die Vertretung **endet** schließl mit der Eröffnung des **InsVerf** über das Vermögen der Partei (§ 117 InsO; BAG NZA 2015, 1331 Tz 30; BAG NZA 2013, 1303 Tz 9; s § 86 Rn 6). 25

§ 86 Fortbestand der Prozessvollmacht

Die Vollmacht wird weder durch den Tod des Vollmachtgebers noch durch eine Veränderung in seiner Prozessfähigkeit oder seiner gesetzlichen Vertretung aufgehoben; der Bevollmächtigte hat jedoch, wenn er nach Aussetzung des Rechtsstreits für den Nachfolger im Rechtsstreit auftritt, dessen Vollmacht beizubringen.

I) Erlöschen der Prozessvollmacht. § 86 dient dem Schutz des Prozessgegners, nimmt aber nicht abschließend zu möglichen Erlöschenstatbeständen Stellung (sa MskV/Weth Rn 1). Die Prozessvollmacht erlischt: **1) mit der endgültigen Prozessbeendigung**, dh durch endgültige Sachentscheidung (nicht bei Abweisung der Klage wegen Unzuständigkeit). ZwV und Wiederaufnahme des Verf gehören zum Prozess (§ 81 Hs 1). Hat der ProzBev der 1. Instanz für die Rechtsmittelinstanz einen anderen RA bevollmächtigt (§ 81 Hs 2), endet seine Vertretung mit der Annahme des Vertretungsauftrags durch den Rechtsmittelanwalt (BGH VersR 78, 722; sa zu dessen Wegfall RGZ 103, 336); an ihn können noch alle nicht unter § 172 I fallenden Zustellungen erfolgen; nach Beendigung der Rechtsmittelinstanz kann er Kostenfestsetzung, ZwV usw beantragen; 1

2) Durch Widerruf des Vollmachtgebers. Dieser kann auch durch schlüssige Handlungen erfolgen (§ 168 S 3, § 167 I BGB); er wirkt dem Gegner ggü mit Anzeige des Erlöschens (§ 87 Rn 1), im Anwaltsprozess durch Anzeige der Bestellung eines anderen Anwalts (s § 87 Rn 1, 2), so auch im anschließenden ZwV-Verf (OLG Celle NdsRpfl 71, 135), aber nicht im Kostenfestsetzungsverf (kein Anwaltszwang, KG NJW 72, 543; sa § 87 Rn 3); 2

3) Durch Beendigung des der Vollmacht zugrunde liegenden Kausalverhältnisses. So kann ein Geschäftsbesorgungsvertrag uÄ (§ 168 S 1 BGB; sa ThP/Hüßtege § 87 Rn 2) durch Kündigung (Widerruf) des *Vollmachtgebers* oder des *Bevollmächtigten* (§ 671 I, §§ 675, 627 BGB) enden; § 87 I, uU II gilt es zu beachten, vgl BGHZ 43, 137; 3

4) Durch den Tod des Prozessbevollmächtigten. Hierdurch (sa §§ 673, 675, 168 S 1 BGB) wird bestellter Vertreter (§ 53 BRAO) als Vertreter ohne Vertretungsmacht tätig; zudem ist eine Unterbrechung des Verf (§ 244) möglich. § 54 BRAO aF (iVm § 31 V BRAO aF), welcher für die Handlungsbefugnis an die Löschung des verstorbenen RA im RA-Verzeichnis anknüpfte, ist aufgehoben worden (BGH NJW-RR 2018, 567; sa § 85 Rn 25). Wegen der Möglichkeit, einen Abwickler zu bestellen, vgl § 55 BRAO; dem Tod gleich steht zur Rücknahme der Zulassung führende **Insolvenz** (vgl § 14 II Nr 7 BRAO; dann Fall von Rn 5); 4

5) Durch Verlust der Vertretungsfähigkeit des Prozessbevollmächtigten. Hierher gehören (sa § 244 Rn 3): **a) Verlust der Prozessfähigkeit** (s § 52 Rn 2, 7; § 78 Rn 20); Folge im Anwaltsprozess: § 244 (einschr BGH NJW-RR 2015, 628 Tz 8: keine Unterbrechung, wenn Zulassung bereits vor dem Tätigwerden verloren wurde); OLG München NJW-RR 89, 255 zu § 78 IV; – **b) Verlust der Postulationsfähigkeit** als RA (s vor § 50 Rn 14; § 78 Rn 6 u 11) **aus berufsrechtl Gründen. Fälle: Erlöschen** (§§ 13, 114 I Nr 5, § 204 I BRAO), **Rücknahme** oder **Widerruf** der Zulassung (§§ 14 ff BRAO) zur RAschaft (BGH MDR 2008, 873, 874 Tz 9; BGH NJW 2013, 2438 Tz 14, str; aA VGH Baden-Württemberg VBlBW 2001, 231; MskV/Weth Rn 7); die Unterscheidung zwischen Anwalts- und Parteiprozess (BGH NJW 2006, 2260, 2261) für § 244 ist durch § 79 nF überholt (s § 79 Rn 3, 5; verkannt von AG Ludwigslust NJW-RR 2012, 1279); Hilfe uU: Genehmigung (s § 89 Rn 11). **Abgrenzung.** Verstöße gegen **berufsrechtl Tätigkeitsverbote** führen (zunächst) nicht zu einem (allg) Verlust der Postulations- und Vertretungsfähigkeit (arg § 114a, § 155 V BRAO; Deckenbrock AnwBl 2010, 221, 224; sa § 78 Rn 11; § 80 Rn 1). **Bsp:** Verstoß gegen § 43a IV-VI BRAO (BGH NJW-RR 2010, 67; OLG München NJW-RR 2010, 131; KG 29.11.2017 – 25 U 32/15); Verstoß gegen § 45 Nr 1 BRAO (OLG Frankfurt 21.4.2016 – 1 U 222/15); Verstoß gegen sofort vollziehbares **Berufs-(ausübungs-)verbot** iSv §§ 150, 155 BRAO (s bereits BAG NJW 2007, 3226; BGH MDR 2008, 873; BGH MDR 2010, 779; kein Fall von § 134 BGB, dazu s § 80 Rn 1); Handeln trotz sofort vollziehbaren Widerrufs der RA-Zulassung (BGH MDR 2012, 1258; BGH NJW-RR 2012, 1336 Tz 6). Erst mit der Zurückweisung als Vertreter (§ 156 II BRAO; wie § 79 Rn 11) endet für den konkreten Rechtsstreit seine Postulationsfähigkeit und damit seine Vertretungsbefugnis (s BGH MDR 2012, 1258 Tz 11). – Die Unterbrechungsfolge rechtskräftiger Ausschließung (§ 204 I BRAO, § 244 I) wird mit Erteilung von WE im Ausschließungsverf nicht rückwirkend beseitigt (so aber BGH MDR 87, 230, dazu krit Vollkommer JR 87, 225 ff); 5

6 **6) Durch Insolvenz und Verlust der Parteifähigkeit des Vollmachtgebers. – a) Eröffnung des InsVerf** über das Vermögen des Vollmachtgebers: vgl § 117 InsO (sa BGH BB 98, 2177; BAG NZA 2015, 1331 Tz 30; BAG NZA 2013, 1303 Tz 9; OLG Karlsruhe MDR 2005, 231; MskV/Weth Rn 8; Schilken FS Henckel, 2015, S 301 ff; eine Ausnahme gilt für die im Eröffnungsverf erteilte Vollmacht, s BGH ZIP 2011, 1014, 1015). **Folge:** § 240 (s Stiller ZInsO 2015, 15 u s § 240 Rn 3). Während des InsVerf über das Vermögen des Beklagten können Zustellungen an dessen ProzBev nicht mehr bewirkt werden (BAG NZA 2015, 1331 Tz 30; BAG NZA 2013, 1303 Tz 9). Die (erloschene) Prozessvollmacht kann aber nach InsEröffnung erneut erteilt werden (BGH NJW-RR 2009, 566, 568 Tz 14), etwa nach Freigabe durch den InsVerwalter (Bsp: BGH NJW 2010, 3779 Tz 11); nach aA besteht sie fort, soweit ein entgegen § 240 ergangenes Urteil angefochten werden soll (BAG ZIP 2009, 1134: einschr Auslegung von § 117 InsO). Bei Anordnung vorläufiger InsVerwaltung (§ 22 InsO) gilt § 117 InsO nicht entspr (FG Hamburg ZIP 2011, 2275). – **b) Verlust der Parteifähigkeit** (OLG Oldenburg NJW-RR 96, 161; BFH 1.10.2020 – IV R 4/18 Tz 40, 43) bei Vollbeendigung einer (vermögenslos gewordenen) jur Person (s § 50 Rn 4 f, 5; Abgrenzung: s Rn 8a, 9).

7 **7) Besonderheit.** Die – im Parteiprozess! – auf einzelne Prozesshandlungen beschränkte Vollmacht (s § 83 Rn 4) erlischt, wenn ihr **Zweck erfüllt** ist (MskV/Weth Rn 3; hier s § 83 Rn 4).

8 **II) Kein Erlöschen der Prozessvollmacht.** Die Fälle der Rn 8, 8a, 9 entsprechen denen der Nichtunterbrechung bei Vertretung durch einen ProzBev (s § 246 I iVm §§ 239, 241, 242; s Anm dort). Keine Erlöschungsgründe sind demnach: **1) Der Tod des Vollmachtgebers.** Dieser lässt die Vollmacht bestehen (zum Tod der vertretenen Partei: vgl § 239 I, § 246 I Hs 1 u näher s Rn 12, 13; zum Abstammungsverf s OLG Oldenburg 13.1.2020 – 11 WF 397/19; anders bei gesetzlicher Betreuung, s LG München I ZMR 2017, 812). War dem Bev bei Klageerhebung oder Rechtsmitteleinlegung der Tod seines Vollmachtgebers unbekannt, so wirken beide für und namens der Erben (BGHZ 121, 265; LG Düsseldorf 9.6.2017 – 6 O 175/15; OLG Düsseldorf 20.4.2023 – 2 U 58/22). Ein gegen eine verstorbene Partei erlassenes Urteil wirkt für und gegen die Erben (RGZ 124, 150; BGHZ 40, 203). Mit Blick auf die Erben liegt kein Fall von § 579 I Nr 4 vor (OLG Schleswig MDR 86, 154; s Rn 12). **Abgrenzung.** Kein Fall von § 86 ist bei § 51 Rn 3a anzunehmen, ebenso nicht in der Situation von § 78 IV (OLGR Köln 2003, 173; Robrecht MDR 2004, 979; sa § 78 Rn 37).

8a **2) Besonderheiten für juristische Personen.** Das Erlöschen einer **jur Person** oder **parteifähigen Personengesellschaft** durch übertragende Verschmelzung ohne Abwicklung (§§ 2-122 UmwG) lassen die Vollmacht bestehen. Bsp: Verschmelzung einer durch einen ProzBev vertretenen GmbH während des Rechtsstreits auf eine AG (BGH NJW 2004, 1528); Übernahme des Vermögens einer GbR durch den letzten verbliebenen Gesellschafter ohne Liquidation (§§ 239, 246, 86 entspr, s BGH NJW 2002, 1207; BGH 7.6.2018 – V ZB 252/17; BGH NZI 2019, 460 zur OHG);

9 **3) Wegfall der Prozessfähigkeit.** Der Wegfall der **Prozessfähigkeit der Partei oder die Veränderung** in ihrer **ges Vertretung** (§ 246; BGHZ 121, 265 f mN; BGH ZIP 2019, 609; BGH 11.5.2021 – II ZB 32/20; OVG Lüneburg 11.12.2024 – 12 LA 91/24) sind unbeachtlich; ferner Beendigung einer Parteistellung kraft Amtes und Wechsel einer Partei kraft Amtes. **Bsp:** der ges Vertreter des minderj X hat Prozessvollmacht erteilt; während des Prozesses wird X vollj (vgl OLGR Karlsruhe 2004, 533, 534; BGH NJW-RR 2022, 1430 Tz 22); ebenso, wenn bei gesamtvertretungsberechtigten GmbH-Geschäftsführern, die Prozessvollmacht erteilt haben, ein Geschäftsführer vor Klageerhebung wegfällt (sa BGHZ 121, 263; entspr BGH MDR 2019, 887 Tz 23 f: Prokura ermächtigt zur nachtr Bestellung eines RA; Koch WuB 2019, 319; sa OLG Dresden MDR 2020, 1083); die GmbH wird nach Vollmachtserteilung durch ihren Geschäftsführer gem § 394 I FamFG ohne Verlust ihrer Parteifähigkeit gelöscht (BGH NJW-RR 94, 542; BFH NJW-RR 2001, 244; BayOblG Rpfleger 2004, 707; OLG Köln 30.11.2017 – 3 U 147/16; OLG Brandenburg MDR 2016, 1273; BSG 13.12.2022 – B 12 BA 23/22 B; unterscheidend OLG Oldenburg NJW-RR 96, 161; Abgrenzung: s Rn 6). Durch die Aufhebung des InsVerf wird im Prozess des Verwalters der Sch Partei (sa MskV/Weth Rn 9): Die vom Verwalter einem Anwalt erteilte Prozessvollmacht dauert dann bis zur Kündigung des Geschäftsbesorgungsvertrags fort (Markgraf/Hertelt ZIP 2018, 1480, 1483);

10 **4) Das Erlöschen der PKH.** S § 124 Rn 25, 26. Ist an Stelle eines früheren im PKH-Verf beigeordneten Anwalts, dessen Vollmacht widerrufen worden ist, vom Gericht ein neuer Anwalt beigeordnet worden, so müssen bis zur Anzeige der neuen Vollmacht alle Zustellungen an den früheren Anwalt erfolgen (näher RGZ 95, 338);

11 **5) Die Beendigung der Instanz.** Dies (vgl BGH NJW-RR 91, 1214; OLG Koblenz MDR 2015, 1152) gilt auch dann, wenn der ProzBev für den höheren Rechtszug nicht mehr postulationsfähig ist (Grund: Recht des ProzBev zur Bestellung eines Vertreters für die höhere Instanz, s § 81 Rn 3).

11a **6) Zeitablauf.** Kein Erlöschensgrund ist der Zeitablauf als solcher; ist die Vollmacht wirksam erteilt, wird ihr Fortbestand vermutet; nur ausnahmsw kann eine Aktualisierung der Vollmacht verlangt werden (OLGR Hamm 2005, 385).

12 ***III) Rechtsfolgen bei Fortbestand der Vollmacht.*** **1) Fortsetzung des Verfahrens.** In den unter II Nrn 1-5 (s Rn 8-11) angeführten Fällen tritt **keine Unterbrechung** des Verf ein (zu den Fällen der Rn 8, 8a, 9 vgl § 239 I, § 241 I, § 246 I Hs 1); der Prozess wird von dem ProzBev weitergeführt (Konsequenz aus **Hs 1**; s § 246 Rn 2).

Ist im Fall der Rn 8 der Erbe nicht bekannt, wird der Rechtsstreit ggf (s Rn 13) für und gegen den unbekannten Rechtsnachfolger fortgesetzt (OLG München MDR 91, 673 mN), auch in Nebenverf (OLG Koblenz Rpfleger 2012, 267: KFV), bei entspr Umfang der Vollmacht des ProzBev (s § 81 Rn 3) auch in der höheren Instanz (OVG Münster NJW 86, 1707); fehlt dem Bev insoweit die Postulationsfähigkeit, kann er auch einen Vertreter für die Rechtsmittelinstanz bestellen (OLG Schleswig MDR 86, 154, str; offen lassend OVG Münster NJW 86, 1707). Im Fall der Verschmelzung (s Rn 8a) ist das Rubrum auf den übernehmenden Rechtsträger zu berichtigen (BGH NJW 2004, 1528; s § 319 Rn 18). Der übernehmende Rechtsträger als neue Partei ist in ders Instanz durch den bish ProzBev ordnungsgemäß vertreten, in der höheren durch den gem § 81 bestellten bei Genehmigung (BGH NJW 2004, 1528, 1529). Der Fortbestand der Vollmacht im Fall der Rn 9 ändert nichts daran, dass die prozessunfähige Partei ohne *ges* Vertreter nicht iSv § 579 I Nr 4 nach Vorschrift der Gesetze vertreten ist (s § 52 Rn 1); bis zur Behebung dieses vAw zu beachtenden Mangels (vgl § 56 I; zum Erfordernis einer Fristsetzung s § 56 II 2) darf kein Sachurteil erlassen werden (Bork MDR 91, 99; Greger hier s § 246 Rn 2b; **aA** BGH MDR 93, 1238 [abl Vollkommer EWiR 93, 616]; BGH MDR 2011, 314; BAG MDR 2000, 781; BFH NJW-RR 2001, 244; OLG Koblenz ZIP 98, 967; v. Sachsen Gessaphe ZZP 113 [2000], 36 ff; *gegenstandslos* bei § 51 III: v. Sachsen Gessaphe FS Bienwald, 2006, S 290 f). Hilfe für ProzBev: Antrag auf Aussetzung des Verf (§ 246 I Alt 2; OLG München BB 2005, 2436; s § 246 Rn 3).

2) Verfahren nach Aussetzung. Hat im Fall des Todes des Vollmachtgebers der Bev oder der Gegner die Aussetzung des Verf beantragt (vgl § 246 I Hs 2), erlischt die Vollmacht nicht (Folge: Alle Zustellungen haben an den Bev zu erfolgen); vor Aufnahme der Sache hat aber der Bev – im Anwaltsprozess (§ 88 I) und bei Auftreten eines RA (§ 88 II aE) auf Verlangen des Gegners, ansonsten vAw (§ 88 II) – die Vollmacht des Rechtsnachfolgers nachzuweisen (**Hs 2**). Andernfalls gilt sie mit der Aussetzung als erloschen (LG Berlin ZMR 92, 26 mN). Eine einstw Zulassung nach § 89 ist aber mögl. **Hs 2** gilt entspr, wenn die Vollmacht nach Aufnahme (ohne Aussetzung) gerügt (§ 88 II) wird (BGH NJW-RR 2012, 8 Tz 7). 13

§ 87 Erlöschen der Vollmacht

(1) Dem Gegner gegenüber erlangt die Kündigung des Vollmachtvertrags erst durch die Anzeige des Erlöschens der Vollmacht, in Anwaltsprozessen erst durch die Anzeige der Bestellung eines anderen Anwalts rechtliche Wirksamkeit.

(2) Der Bevollmächtigte wird durch die von seiner Seite erfolgte Kündigung nicht gehindert, für den Vollmachtgeber so lange zu handeln, bis dieser für Wahrnehmung seiner Rechte in anderer Weise gesorgt hat.

I) Wirkung der Kündigung der Partei ggü dem Gegner und dem Gericht (§ 87 I). 1) Anzeigeerfordernis. 1
a) Parteiprozess (§ 79). Der unklare Wortlaut der Vorschrift ist zu präzisieren (sa OVG Greifswald 17.1.2013 – 2 L 138/12). Entzieht die **Partei** ihrem ProzBev das Mandat, so bedeutet das rechtl Kündigung (Widerruf) des der Vollmacht zugrunde liegenden Kausalvertrags (Auftrag, Geschäftsbesorgung; s aber VGH München 24.8. 2017 – 11 ZB 17.30963: nicht bereits durch Auftreten eines neuen ProzBev). Mit ihm **erlischt** grds auch **die Vollmacht** (§ 168 S 1 BGB; sa § 86 Rn 2, 3). Doch gilt dies nicht, wenn die Bevollmächtigung dem Gegner oder dem Gericht mitgeteilt worden oder der Bev als solcher aufgetreten war. Dann besteht die Vollmacht solange fort, bis ihr Widerruf dem Gericht und dem Gegner mitgeteilt ist (**Anzeige**), sa BAG NZA 2021, 75; Entspr gilt für die Empfangszuständigkeit gem § 172 (BGH MDR 91, 342; s Rn 6; § 172 Rn 9). Die Anzeige ist durch die Partei selbst oder den bish ProzBev mögl (OLG Schleswig JurBüro 87, 1548; BGH MDR 2020, 403), auch stillschweigend (LG Trier Rpfleger 88, 29; OLG Koblenz NJW-RR 97, 1023: nicht schon Auftreten eines anderen RA in Nebenverf; sa Rn 2). Einer besonderen Form bedarf die Anzeige nicht, jedoch Eindeutigkeit (BGH NJW-RR 2023, 701 Tz 20: für „Kündigung"). Wird der Widerruf nur dem Gericht oder nur dem Gegner mitgeteilt, erlischt die Vollmacht auch nur im Verhältnis zu diesem Empfänger (sa LAG Köln 19.3.2015 – 4 Ta 105/15). Das Gericht kann im Einzelfall auch der UdG sein, so, wenn ein Urteil bereits verkündet und nur noch vAw zuzustellen ist. Das Anzeigeerfordernis gem I gilt **nicht** für andere Erlöschungsgründe (s § 86 Rn 1, 4-6), wird aber für einverst Aufhebungsvertrag für anwendbar erklärt (OLG Rostock 8.2. 2021 – 2 U 6/1 Tz 4). Entspr gilt, wenn der **ProzBev** das Mandat niederlegt (s Rn 6). Ist das Mandats-(Vollmachts-)Verhältnis in Wirklichkeit nicht beendet, zB mangels Zugangs einer Kündigung an die unerreichbare Partei, so bleibt die Vollmacht trotz der (unrichtigen) Niederlegungsanzeige ggü dem Gericht bestehen (OLG Karlsruhe BB 2004, 2324; BVerwG MDR 84, 170 f; VGH München 24.8.2017 – 11 ZB 17.30963; MskV/Weth Rn 4, str).

b) Im **Anwaltsprozess** (s § 78 Rn 4, 13 ff, 27 ff) muss zur Mitteilung des Widerrufs noch die Anzeige der **Bestellung eines neuen Anwalts** als ProzBev (s § 172 Rn 9) hinzukommen, um die Vollmacht zu beendigen (BGH MDR 2007, 1033; BGH MDR 2007, 1330; BFH 10.11.2015 – VII B 91/15: bei eigener Vertretungsmöglichkeit als Steuerberater; BFH 8.10.2014 – I B 197/13). Auslegungsfrage, ob in der (schlichten) Bestellungsanzeige des 2 neuen ProzBev die Widerrufsanzeige hinsichtl des bish liegt (idR verneinend BGH NJW 2007, 3640 Tz 29 f; BAG JR 2011, 137; OLG Brandenburg 16.2.2021 – 9 WF 28/21 Tz 7; abw BSG NJW 90, 600; OLG Frankfurt NJW 2014, 1678, 1679; sa § 84 Rn 2). Für die Anzeige iSv **I Hs 2** ist unerlässl, dass der *anstelle* des bish ProzBev bestellte neue (postulationsfähige) Anwalt (s § 78 Rn 6) *namentl* bezeichnet ist (BGH VersR 85, 1185, 1186); Grund: § 172. Rücknahme der Bestellung als Prozessbevollmächtigter ist nicht möglich (OLG Brandenburg 12.6.2024 – 6 W 46/24 Tz 8).

3 **2) Anwendungsbereich. a) I** betrifft – über den zu engen Wortlaut hinaus (sa Rn 1) – nicht nur das Verhältnis zum **Gegner**, sondern auch das zum **Gericht** (BGH NJW 80, 999; BGH VersR 85, 1185, 1186; BGH MDR 2020, 403; BGH 7.6.2023 – IV ZR 28/22, allgM). Dies folgt aus dem **Sinn** von § 87, der darin besteht, einen zügigen Prozessfortgang im Interesse von Gegner und Gericht sicherzustellen (vgl OLG Köln FamRZ 85, 1278; Schmellenkamp AnwBl 85, 15 u 16). **I** umfasst auch die Mandatsniederlegung (s Rn 6). – **b) I Hs 2** gilt nur für das eigentl dem Anwaltszwang (§ 78 I, II) unterliegende Hauptverf, **nicht** dagegen für **selbständige Nebenverf, in denen die Partei selbst handeln kann**. Zur Beendigung der Vollmacht genügt daher die bloße Erlöschungsanzeige gem Rn 1 im *Kostenfestsetzungsverf* (arg § 103 II; so OLG München Rpfleger 79, 465 mwN; OLG Köln Rpfleger 92, 242; OLGR Karlsruhe 98, 56; s § 104 Rn 7; MK/Toussaint Rn 10, str; aA OLG Bremen NJW-RR 86, 358), im *Streitwertbeschwerdeverf* (arg § 66 V 1, § 68 I 5 GKG; vgl auch OLG Stuttgart JurBüro 75, 1102) und *ZwV-Verf* (LG Trier Rpfleger 88, 29; sa § 78 Rn 24, 27 [c]; § 887 Rn 4; nicht aber im Verf nach § 890, s OLG Frankfurt aM NJW-RR 2020, 384), im *PKH-* und *VKH-Überprüfungsverf* gelten Besonderheiten (BGH NJOZ 2011, 1638; BGH NJOZ 2012, 813; sa MK/Toussaint Rn 10). Stellt der Gl oder Sch im ZwV-Verf selbst die Anträge oder gibt er als Ag persönl Stellungnahmen ab, so ist daraus zu entnehmen, dass die Vertretungsmacht des Bevollmächtigten nicht mehr besteht (LG Trier Rpfleger 88, 29; s § 172 Rn 17 mwN). Andererseits gilt die im Arrestverf einem RA ausgestellte Vollmacht weiter, wenn im Hauptprozess ein anderer RA bevollmächtigt wurde (OLG München OLG 29, 86).

4 **3) Rechtsfolgen.** Im *Außenverhältnis* ist bish Bev befugt, bis zum Zeitpunkt des Erlöschens der Vollmacht gem **I** (s Rn 1, 2) seinen Mandanten im Prozess weiterhin sowohl **passiv** als auch **aktiv** zu vertreten. – **a)** Da die **passive** Vertretungsmacht fortdauert, müssen im RA-Prozess (§ 78 I) zB alle **Zustellungen**, Ladungen, Hinw gem Art 103 I GG, § 139 usw an den bish Anwalt erfolgen (BGH MDR 2007, 1330; BGH 1.2.2018 – I ZB 73/17; OLG Rostock 8.2.2021 – 2 U 6/19; OVG Magdeburg 21.4.2020 – 2 L 119/19), auch bei einer zwischenzeitl Verweisung des Rechtsstreits an ein anderes Gericht (OLG Köln FamRZ 85, 1278; BayObLG 19.5.2020 – 1 AR 28/20); im Parteiprozess (§ 79) kann ab Kenntnis der Mandatsbeendigung an die Partei zugestellt werden (BGH NJW 91, 295; s § 172 Rn 9). Nimmt der Anwalt Zustellungen entgegen, hat er die Partei unverzügl davon zu unterrichten (BGH NJW 80, 999; vgl auch § 11 I BORA; sa § 85 Rn 24); bei Weigerung der Entgegennahme scheitert (trotz § 14 S 1 BORA) im Fall des § 175 nF die Zustellung (vgl BGHZ 30, 305; OLGR Düsseldorf 2001, 280; s § 175 Rn 4); zur Geltung des § 87 auch im Rahmen des **§ 172** s § 172 Rn 9 u ferner OLG Hamm FamRZ 95, 101; eingeh Schmellenkamp AnwBl 85, 14 ff. Die *vor* Erlöschen der Vollmacht dem Vertreter ggü vorgenommenen Prozesshandlungen bleiben wirksam; eine Wiederholung ist nicht geboten; uU kann im Parteiprozess unter dem Gesichtspunkt des Art 103 I GG ausnahmsw eine erneute Ladung der Partei in Betracht kommen (vgl BVerfG Rpfleger 83, 116, für Terminsladung im Einzelfall verneinend). Zur Frage, ob die Voraussetzungen für die Bestellung eines Notanwalts wegen § 87 I ausscheiden, s BVerwG 23.12.2024 – 2 B 20.24 Tz 10 (iE offen lassend). **Abgrenzung.** Bei Verlust der Postulationsfähigkeit aus berufsrechtl Gründen (s § 85 Rn 5) gilt der Fortbestand der Empfangszuständigkeit des ProzBev gem **I nicht** (OLG Köln MDR 2008, 1300).

5 **b)** Der bish Anwalt ist weiterhin auch zur **aktiven** Vertretung befähigt (BGHZ 31, 36; BVerwG NJW 2013, 711 Tz 9; BAG NZA 2016, 1015; OVG Bremen NVwZ-RR 2017, 167 Tz 9, str; aA OLG Hamm JMBlNRW 78, 88), denn § 87 differenziert ledigl danach, wer das Vollmachtsverhältnis kündigt. Aus Gründen der Rechtssicherheit ist auch ein Umkehrschluss aus II abzulehnen (BAG NJW 82, 2519 im Anschluss an Rspr des BGH). Eine Rechtsmittelrücknahme durch den bish RA im Zeitraum zwischen Mandatsentziehung und dem Zeitpunkt gem I (s Rn 1, 2) bleibt daher wirksam (BGH FamRZ 90, 388 mN; aA OLG Hamm JMBlNRW 78, 88). Eine entspr Handlungsverpflichtung kann sich uU aus dem *Innenverhältnis* ergeben (s Rn 1; § 85 Rn 24).

6 **II) Fortdauer der Handlungsbefugnis bei Kündigung (Mandatsniederlegung) durch Bevollmächtigten (§ 87 II). II** enthält eine **Ausnahme** von **I**, durch die im Fall wirksamer Erlöschensanzeige die *Rechte* des ProzBev *erweitert* werden (vgl Schmellenkamp AnwBl 85, 16). **II** begründet keine Verpflichtung (BGHZ 43, 137); wird der bish ProzBev aber tätig, treffen ihn die gleichen Verpflichtungen wie bei fortbestehender Prozessvollmacht (OLG Bremen NJW-RR 86, 358, 359); trotz der abzulehnenden Einschränkung seiner Handlungsbefugnis (vgl BGH MDR 2007, 1444; vgl auch BVerfG NJW 2013, 711; VGH München 8.5.2014 – 10 C 11.2672: nicht nur für die Parteien günstige Handlungen) ist der Schutz der vertretenen Partei durchaus gesichert (zutr MskV/Weth Rn 10). Ein Handeln des Vertreters kann zweckmäßig sein zur Abwendung der Haftung für unzeitige Kündigung gem §§ 671, 675 BGB. Abw vom Anwaltsprozess (s Rn 4) dürfen (nicht: müssen) Zustellungen weiter an den Bevollmächtigten erfolgen *(BGH NJW 2008, 234)*; jedoch braucht der (bish) ProzBev Zustellungen nicht entgegenzunehmen (OLG Bremen NJW-RR 86, 358, 359; OLG Schleswig JurBüro 87, 1547, 1548); bei Entgegennahme sind sie aber wirksam (BGH NJW 2008, 234; BGH 27.2.2025 – III ZR 82/24). Nach OLG Köln

5.3.2018 – 18 U 50/17 sei mit Blick auf Art 103 I GG auch eine Entscheidung nach § 522 II erlaubt. Legt ein Anwalt die Vertretung einer Partei nieder, indem er das Vertragsverhältnis kündigt, ist er nicht mehr ihr Vertreter iSd § 85 II (vgl BGHZ 47, 322; BGH NJW 2008, 234), womit eine Verschuldenszurechnung ausscheidet (BGH NJW 2008, 234; s § 85 Rn 24).

Einzelfragen: Vorher schriftsätzl angekündigte Anträge sind im **schriftl Verf** wirksam (BGH LM Nr 2). Der ProzBev kann noch eine (von der Partei nicht gebilligte) Rechtsmittelbegründung einreichen (vgl BGH NJW 95, 537). Das **Kostenfestsetzungsverf** kann der ProzBev für die gem § 394 FamFG wegen Vermögenslosigkeit gelöschte Partei betreiben (OLG Hamburg MDR 86, 324; näher s § 86 Rn 9). 7

§ 88 Mangel der Vollmacht

(1) Der Mangel der Vollmacht kann von dem Gegner in jeder Lage des Rechtsstreits gerügt werden.

(2) Das Gericht hat den Mangel der Vollmacht von Amts wegen zu berücksichtigen, wenn nicht als Bevollmächtigter ein Rechtsanwalt auftritt.

I) Vollmachtsmangel. Das Vorliegen der Vollmacht ist keine *Prozessvoraussetzung* (mittelbar aber wegen der Ordnungsmäßigkeit der Klageerhebung, s vor § 253 Rn 14), sondern eine *Prozesshandlungsvoraussetzung* (s vor § 78 Rn 5; vor § 128 Rn 16; nicht differenzierend: BGH NJW 2002, 1957, 1958). Vollmachtsmangel ist auch ein Fall nicht ordnungsgemäßer Vertretung iSv § 547 Nr 4, § 579 Nr 4 (s Rn 8 f; § 547 Rn 8; § 579 Rn 5, 6). Ein solcher kann vorliegen, weil Vollmacht überhaupt nicht erteilt wurde, sie unwirksam ist, widerrufen wurde oder sonst erloschen ist, ihr Umfang überschritten wird (§ 83), oder sie (nach Ablauf der Beibringungsfrist) nicht nachgewiesen ist (KG 1.4.2021 – 8 U 1099/20 Tz 31; BGH NJW-RR 2022, 1508 Tz 16), nicht aber im Fall widerstreitender Interessen (§ 43a IV BRAO, s LG Düsseldorf 19.12.2019 – 4a O 71/18). Das Rügeerfordernis bei Anwaltsvertretung der Partei im Partei- und RA-Prozess (**II Hs 2**) berücksichtigt die bes Vertrauensstellung des RA im Verf (§ 1 BRAO) und dient der VerfVereinfachung (BGH Rpfleger 2013, 632). Besonderheiten gelten bei internationalem Rechtsstreit: s Rn 3. 1

II) Prüfung der Vollmacht. 1) Rügeerfordernis. Bei **Vertretung durch RA** (nicht nur im **Anwaltsprozess**, s Rn 4) erfolgt eine Prüfung des Mangels – in jeder Lage des Rechtsstreits – **stets auf unverzichtbare Rüge** des Gegners (**I**), der vertretenen Partei selbst (vgl BGH NJW 2007, 3640, 3644; BAG NZA 2020, 329; OLG Bamberg 8.1.2025 – 8 U 1/24 Tz 76) oder ihres Vertreters (OLG Köln NJW-RR 92, 1162, allgM), **idR** nicht vAw (BGH 19.9.2019 – IX ZR 37/19; sa BSG 9.8.2018 – B 5 R 148/18 B; BPatG 24.1.2023 – 25 W (pat) 10/21; LG Düsseldorf 16.2.2023 – 12 O 8/22; LG Braunschweig 11.11.2022 – 6 O 2378/21; Berchtold ASR 2023, 201 für den Sozialgerichtsprozess (§ 73 VI 5 SGG); zu den Ausnahmen sogleich u). **Inkassodienstleister** steht RA nicht gleich (BGH MDR 2022, 121; BGH NJW-RR 2022, 1508 Tz 14 f, s Rn 4). Seit 1.1.2021 gilt jedoch die Erleichterung nach **§ 753a S 1** (s näher § 79 Rn 9). Im FamFG-Verf gilt **I** nicht (Nichtzitat in § 11 S 5 FamFG), **II** entspricht § 11 S 4 FamFG. Geprüft wird die **Vollmacht** (auch Untervollmacht: BGH NJW-RR 2002, 933, ggf die Vollmachts-„Kette“; iE s § 80 Rn 7) ledigl auf Rüge (ThP/Hüßtege Rn 5), auch in den Verfahrenslagen, in denen eine anwaltschaftl Vertretung nach § 78 III nicht notwendig ist, zB im Verf vor dem beauftragten oder ersuchten Richter oder im Kostenfestsetzungsverf (BGH NJW 2011, 3722 Tz 6; OLG Braunschweig 10.6.2020 – 3 W 6/18 Tz 73; OLG Koblenz MDR 2015, 1152); das Gleiche gilt für selbständige Verf außerhalb des Klageverf, wie zB PKH-Verf, Arrest und einstw Verfügung (LG Darmstadt 30.6.2025 – 18 O 20/25; ZwV-Verf, zB ZVG-Verf, BGH Rpfleger 2013, 632 Tz 7 f), uU auch im Gütestellenverf (BGH NJOZ 2017, 16 Tz 7). Im Kostenfestsetzungsverf ist die Rüge auf das KFV beschränkt, womit keine Prüfung der Vollmacht für das vorausgegangene Hauptsacheverf erfolgt (BGH NJW 2011, 3722 Tz 6). Grund: Bindungswirkung der Kostengrundentscheidung im KFV (§ 318; allg s § 318 Rn 11). Die wiederholte Rüge ist überhaupt ausgeschlossen, wenn im Hauptsacheverf der Vollmachtsmangel geprüft und verneint worden ist (BGH NJW 2011, 3722 Tz 7). Im Festsetzungsverf betr die PKH-Vergütung (§ 45 I, § 55 RVG) ist ein erstmaliger Vollmachtsnachweis idR entbehrl, wenn der Anwalt im Hauptverf als ProzBev aufgetreten ist (LG Berlin Rpfleger 78, 269). Im Mahnverf braucht weder ein RA noch ein sonstiger Bev seine Vollmacht nachzuweisen (§ 703), auch nicht auf Rüge. Bei begründeten Zweifeln ist aber **ausnahmsw Amtsprüfung** mögl (BGH NJW 2001, 2095; BGH 19.9.2019 – IX ZR 37/19; OVG Lüneburg NJW 2014, 566, 567); ein anderer Anwalt als der ProzBev beantragt Kostenfestsetzung; offenbar interessewidrige Prozessführung (BFH NJW 97, 1029); Identität der Partei und damit des Vollmachtgebers zweifelhaft (OVG Lüneburg NJW 2014, 566, 567). Die (bloße) „Bezeichnung“ des ProzBev im Urteilsrubrum (§ 313 I Nr 1) ist noch keine für die vollziehenden Gerichte (Vollstreckungsgericht, GV, Insolvenzgericht) bindende Feststellung der Vollmacht; Bedeutung für Vollmachtsnachweis: s § 80 Rn 8, 10; einschr für GB-Verkehr vgl Grüneberg/Herrler § 925 BGB Rn 30. Im Zuständigkeitsbestimmungsverf (§ 36 I) erfolgt keine Prüfung (BayObLG 19.12.2019 – 1 AR 110/19). Tritt ein Anwalt als Bev auf, so ist die **Rüge** regelmäßige Voraussetzung für die **Vollmachtsprüfung (II Hs 2)**. Dies gilt auch für das ZwV-Verf (OLG München NJOZ 2016, 753 Tz 16). Die Rüge (und Prüfung) ist in **jeder Lage des Rechtsstreits** (auch in der Rechtsmittelinstanz) zulässig (BGH 2

NJW 2002, 1957, 1958; BAG 18.3.2015 – 7 ABR 6/13 Tz: auch im arbeitsgerichtlichen Beschlussverf; BAG NZA-RR 2016, 256) und kann den Mangel auch zu einem früheren Zeitpunkt geltend machen (BGH MDR 86, 1021; BayVerfGH NJW-RR 2013, 893; LG Würzburg 24.1.2018 – 14 O 2197/17 [ex tunc-Wirkung]; aA BGH MDR 77, 1006); in diesem Fall ist aber uU Heilung durch Genehmigung eingetreten (§ 88 II, BGH Rpfleger 2013, 632 Tz 11, 16); Grenze: **Missbrauchsverbot** (BayVerfGH NJW-RR 2013, 893, 894; missbräuchliches Zuwarten mit Rüge unmittelbar vor Schluss mündlicher Verhandlung, KG 2.6.2023 – 7 U 127/21 Tz 10; spontane Vollmachtsrüge am Morgen des Termins nach § 128a I (LG Frankfurt/M 6.7.2023 – 2-03 O 204/23); die Vollmachtsrüge selbst unterliegt dem **Anwaltszwang** (BGH 25.1.2016 – I ZB 15/15 zur Rechtsbeschwerde; BGH 19.9.2019 – IX ZR 37/19: § 78 I 3 zu beachten). **Rücknahme** der Rüge ist mögl (OLG Köln NJW-RR 92, 1162; BayVerfGH NJW-RR 2013, 893, 894), ein **Verzicht auf das Rügerecht** ist unwirksam, eine Zurückweisung der Rüge als verspätet ausgeschlossen (arg § 547 Nr 4, § 579 I Nr 4; s BayVerfGH NJW-RR 2013, 893, 894). Die in der **unteren Instanz** erklärte Rüge wirkt in der höheren automatisch fort (BGH MDR 86, 1021). Die Rüge betrifft **alle** von dem RA vorgenommenen **Prozesshandlungen** (s § 81 Rn 2-8, 10), insb auch eine Rechtsmitteleinlegung (BGH MDR 86, 1021). Die in der unteren Instanz *bestrittene* Vollmacht kann in der höheren *unstreitig* gestellt werden (KGR Berlin 2005, 26).

3 **2) Auslandsbezug.** Im **internationalen Rechtsstreit** gilt **II Hs 2** nicht: Der Mangel der Vollmacht der beklagten ausl Partei ist vAw zu berücksichtigen (BGH 25.1.2016 – I ZB 15/15 Tz 20; OLG Saarbrücken 5.4.2023 – 5 U 54/21: nur bei ausländischem Anwalt; Heß JZ 98, 1029 m Fn 150 f); Grund: Vermeidung von im Auftreten eines vollmachtlosen Vertreters liegenden Anerkennungshindernisses (vgl Art 45 I b Brüssel Ia-VO; zur früh F EuGH EuZW 96, 732; allg sa § 579 I Nr 4 u s § 579 Rn 5). Der im Anwaltsprozess auftretende EU-Anwalt muss das Einvernehmen mit dem dt „Einvernehmens-RA" nachweisen (so iSe Wirksamkeitsvoraussetzung BFH DStR 99, 1564; s vor § 78 Rn 8; § 80 Rn 6 [d]).

4 **3) Parteiprozess.** Hier ist zu unterscheiden: Bei fehlender RA-Vertretung (sa für Inkassodienstleister BGH NJW-RR 2022, 1508 Tz 14 f: nunmehr § 753a S 1; LG Hamburg 13.8.2020 – 304 T 10/20) erfolgt die Prüfung der Vollmacht vAw (**II Hs 1**; zum Begriff s Anm zu § 56; zur Ausnahme im Mahnverf s § 703 u s Rn 2), wenn nicht ein **RA als Bev auftritt** (**II Hs 2**). In diesem Fall gilt Rn 2. Ein vereinf Vollstreckungsantrag nach § 829a kommt desw bei Inkassodienstleistern nicht in Betracht (Vollmacht als „andere Urkunde" iSv § 829a I 1 Nr 2; s BGH MDR 2022, 121: keine Gleichstellung mit RA). Im **FamFG-Verf** ist **II Hs 2** entspr § 11 S 4 Hs 2 FamFG wegen des geltenden Untersuchungsgrundsatzes (§ 26 FamFG) nur *mit Einschränkungen* anwendbar: Auch bei Auftreten eines RA als ProzBev ist das Vorliegen der Vollmacht ausnahmsw vAw zu prüfen, wenn begründete Zweifel an der Bevollmächtigung des RA bestehen (OLG Schleswig NJW-RR 2012, 199; s näher Rn 2), die dieser etwa selbst gesät hat; Gleiches gilt im verwaltungsgerichtl, sozialgerichtl und finanzgerichtl Verf (s § 67 VI 4 VwGO, § 73 VI 5 SGG, § 62 VI 4 FGO). Die Prüfung vAw erfolgt bereits bei Klageeinreichung, wenn Einstellung der ZwV beantragt ist, sonst bei „ungewöhnl Prozessführung" (BFH NJW 97, 1030) oder in der 1. mündl Verh. Steht schon fest, dass der Mangel unbehebbar ist, darf eine Terminsansetzung unterbleiben (RSchwab/Gottwald § 56 Rn 4).

5 **4) Prüfung durch den Urkundsbeamten und Notar.** Ist im Urteil der Bev als Vertreter aufgeführt, darf der UrkB die Erteilung von Protokollen, Urteilsabschriften und der vollstreckbaren Ausfertigung und die Erlassung des KFB nicht von der Vorlage der Vollmacht abhängig machen. Der Notar hat bei der Beurkundung einer ZwV-Unterwerfung (§ 794 I Nr 5) u der Erteilung einer Vollstreckungsklausel (§ 797 II) das Vorliegen der Prozessvollmacht (s § 80 Rn 1; § 794 Rn 33) zu prüfen (s §§ 12, 17 II 2, II a BeurkG). Ist die Vollmacht im Rahmen eines umfassenden Treuhandvertrages erteilt worden und bestehen begründete Zweifel (s Rn 2, 4), ob ein Verstoß gegen das RDG vorliegt (s § 80 Rn 1; § 794 Rn 34), erstreckt sich die Vollmachtsprüfung auch ausnahmsw auf das Grundgeschäft (sa § 794 Rn 38).

6 **III) Verfahren und Entscheidung. 1) Einzelfragen.** Hatte ein **vollmachtloser Vertreter** die **Klage erhoben** und ist der **Mangel nicht zu beheben**, so dass ein Verf nach § 89 ausscheidet (s § 89 Rn 1), ist die Klage sofort als unzulässig abzuweisen (GemS OGB BGHZ 91, 114; OLG Braunschweig 18.1.2019 – 3 W 5/18; LG Braunschweig 11.11.2022 – 6 O 2378/21). Im Fall der Säumnis einer Partei kann nur ein „unechtes VU" ergehen. Legt der vollmachtlose Vertreter ein Rechtsmittel ein, so ist dieses als unzulässig zu verwerfen (BGHZ 111, 221; BGH NJW 91, 1176). Stand aber die Vertretungsbefugnis schon in der Vorinstanz in Streit und ist gegen die nicht (richtig) vertretene Partei ein Sachurteil ergangen, so ist auf das Rechtsmittel des Scheinbevollmächtigten das Ersturteil aufzuheben und die Klage als unzulässig abzuweisen (RSchwab/Gottwald § 56 Rn 6; OLG Köln MDR 82, 239, bish hM; **aA** BGH MDR 90, 910). Grund: Soweit der in den Prozess gezogene Scheinbevollmächtigte mit dem Rechtsmittel gerade den Vollmachtsmangel geltend macht, ist wegen „Fehleridentität" die Vollmacht für das Rechtsmittel zu unterstellen, da anderenfalls der Mangel (Nichtigkeitsgrund gem § 579 Nr 4, s Rn 8; idR Mangel der Prozessvoraussetzung ordnungsgemäßer Klageerhebung, s vor § 253 Rn 14, 24) nicht behoben würde (wie § 56 Rn 14). Eine ausdrückl Bevollmächtigung *gerade* des vollmachtlosen Vertreters ist der Partei nicht anzusinnen (so auch BGHZ 102, 334 für Formmangel), die Einschaltung eines neuen ProzBev für die Rechtsmittelinstanz (so BGH NJW 90, 3152) ist nach dem hier vertretenen Standpunkt nicht notwendig.

7 **2) Unwirksamkeit von Prozesshandlungen.** War die **Klage ordnungsgemäß erhoben**, so sind die **von oder ggü dem vollmachtlosen Vertreter vorgenommenen Prozesshandlungen** unwirksam. Sein Rechtsmittel ist als

unzulässig zu verwerfen (GemS OGB BGHZ 91, 114 f = MDR 84, 732), dem er aber mit einer (möglichen) Rücknahme entgehen kann (BAG NZA 2005, 1076, 1077; zur Kostentragungspflicht s Rn 11). Die von ihm vertretene Partei ist säumig, und der Vertreter selbst wird durch – mit sof Beschwerde anfechtbaren – Beschluss oder in den Gründen des Endurteils **zurückgewiesen** (vgl OLG München OLGZ 93, 223 f; MK/Toussaint § 89 Rn 3; StJ/Jacoby Rn 13, 14), falls der Mangel unbehebbar ist. Die Genehmigung lässt die Hinausweisung des vollmachtlosen Vertreters unberührt (BAG NJW 65, 1041). Anderenfalls kann das Gericht – auch ohne nach § 89 zu verfahren – vertagen oder (im schriftl Verf) eine angemessene **Beibringungsfrist** bestimmen, um dem Vertreter die Möglichkeit zu geben, seine Vollmacht nachzubringen (OLG Frankfurt OLGZ 80, 281; s § 80 Rn 12; § 89 Rn 7 f). Dann erfolgt eine Zurückweisung des Antrags auf VU nach § 335 I Nr 1. Zur mündl Verh über seine Vollmacht muss der Vertreter zugelassen werden (BGH NJW 2002, 1957; StJ/Jacoby Rn 3, 7). Ihm obliegt es hierbei, die Vollmacht nachzuweisen; eine Amtsermittlung findet nicht statt. Mit der endgültigen Zurückweisung (s oben) scheidet der falsche Vertreter auch als **Zustellungsempfänger** aus (OLG Zweibrücken MDR 82, 586; StJ/Jacoby Rn 11). Aus § 172 ergibt sich nichts anderes, denn die „erfolgte Bestellung" iSd § 172 liegt dann nicht mehr vor; dagegen genügt die bloße Rüge (II) nicht (str). Der vom Gegner erfolgreich gerügte Vollmachtsmangel kann, wenn der Berufungskläger keine schriftl Vollmacht zu den Akten gibt, im Revisionsverf nicht durch nachträgl Genehmigung geheilt werden (BGH MDR 71, 483, str; vgl BSG NJW 2001, 2652; StJ/Jacoby § 89 Rn 14). Eine bereits erfolgte Zurückweisung kann nicht für die Vergangenheit durch Genehmigung beseitigt werden. Jedoch ist der *Nachweis* der (bereits erteilten) Vollmacht auch nach der Verwerfung der Berufung noch in der Revisionsinstanz mögl (GemS OGB BGHZ 91, 115; BGH JZ 97, 855; BGH NJW 2002, 1957; sa § 89 Rn 11 aE). Erstmaliger Vortrag zur (bereits in der Berufungsinstanz erfolgten) Vollmachtserteilung ist zulässig u unterliegt nicht der Zurückweisung wegen Verspätung (BGH NJW 2002, 1957).

3) Urteil/Rechtsmittel. Sie ergehen **auf den Namen der nicht vertretenen Partei** (s BFH BB 74, 449; LG Itzehoe NJOZ 2019, 12, 15). Sie hat alle statthaften Rechtsmittel, nach Rechtskraft die Nichtigkeitsklage nach **§ 579** I Nr 4 (s § 579 Rn 6 u BVerfG NJW 98, 745 mwN). Nach OLG Köln Rpfleger 70, 355 soll aber der vollmachtlose Vertreter im Eingang der Entscheidung als solcher angeführt werden. Zur Rechtsmittelbefugnis des mit den Kosten belasteten vollmachtlosen Vertreters (s Rn 11) s Rn 12. 8

4) Rechtsmittelfrist. Bleibt der Mangel verborgen, erfolgt die Zustellung an den „bestellten" vollmachtlosen Vertreter (s § 317 Rn 1), womit die Rechtsmittelfrist zu laufen beginnt. Die Partei kann dann selbst Rechtsmittel ergreifen, um den Mangel der Vollmacht zu rügen, nach Rechtskraft Nichtigkeitsklage erheben (§ 579 I Nr 4; Bsp: BGH NJW 83, 883). Sie kann aber auch die Prozessführung genehmigen – § 89 II (OLG Frankfurt NJW-RR 2016, 1270, 1271 Tz 23: Die Einleitung des Mahnverf durch den Vertreter wird nicht durch die Erklärung der Klagerücknahme genehmigt), s § 89 Rn 9 ff. 9

IV) Vergleich ohne Vollmacht. Ist die Wirksamkeit eines Vergleichs von der Nachbringung der Vollmacht innerhalb einer bestimmten Frist abhängig, so ist er bei deren Nichteinhaltung rechtsunwirksam und muss neu geschlossen werden. Ist keine Frist zur Beibringung der Vollmacht bestimmt worden, aber die Rechtswirksamkeit von der Vollmachtsvorlage abhängig gemacht, kann eine vollstreckbare Ausfertigung erst erteilt werden, wenn die Vollmacht zu den Akten gebracht ist. Bei Verzögerung ist vAw ein neuer Termin zu bestimmen. Wird die Vollmacht nachgebracht, so ist der Termin aufzuheben und auf Antrag eine vollstreckbare Ausfertigung zu erteilen. Gleiches gilt, wenn sich eine Partei im Vergleich nur „verpflichtet, Vollmacht nachzubringen", die Wirksamkeit des Vergleichs aber nicht davon abhängig gemacht worden ist, was wegen der Pflicht des Richters, vAw zu prüfen, nicht zu empfehlen ist. Stimmt ein nichtvertretungsberechtigter Geschäftsführer dem Anwaltsvergleich zu, gelten für die Erteilung der Prozessvollmacht die Grundsätze der Anscheinsvollmacht (BGH MDR 70, 41). 10

V) Kosten des Rechtsstreits bei vollmachtloser Vertretung. 1) Kostenverteilung nach dem Veranlassungsprinzip. Ergeht gegen die wegen eines Vollmachtmangels (s Rn 1) nicht wirksam vertretene Partei eine Endentscheidung (idR iSe Prozessabweisung der Klage, aber auch bei bloßer Kostenentscheidung, s OLG Frankfurt NJW-RR 2016, 1270, 1271 Tz 14, 16), so sind die Kosten des Rechtsstreits – zu unterscheiden von den durch die einstw Zulassung entstandenen Kosten (dazu s LSG Baden-Württemberg 21.3.2024 – L 2 AS 1041/23; LG Braunschweig 11.11.2022 – 6 O 2378/21 Tz 39 u § 89 Rn 8) – abw vom Wortlaut des §§ 91 ff, aber in Übereinstimmung mit dem sog **Veranlassungsprinzip** – demj Verfahrensbeteiligten aufzuerlegen, der das Auftreten des falschen Vertreters veranlasst hat, also ggf auch dem (vollmachtlosen) Vertreter selbst (hM, str; vgl BGH NJW-RR 2009, 333 Tz 16; BGH NJW 2017, 2683; BAG NZA 2005, 1076, 1077; BayObLG 4.5.2020 – 1 VA 21/20 für Verf nach § 23 EGGVG; OLG Koblenz MDR 2015, 1155; OLG Frankfurt NJW-RR 2016, 1270, 1271 Tz 14, 16, 24: keine Veranlassung durch Unterzeichnung bloßer Inkassovollmacht; OLG Frankfurt MDR 2016, 115 Tz 10, 11; OLG Frankfurt 30.12.2015 – 10 W 59/15; OLG Karlsruhe ZEV 2020, 492; OLG München 19.12.2019 – 9 U 4679/19; LG Braunschweig 11.11.2022 – 6 O 2378/21 Tz 31; LG Itzehoe NJOZ 2019, 12, 16 [abw aber für Klage nach § 46 I WEG aF]; LSG Berlin-Brandenburg 19.7.2016 – L 10 AS 334/16 B; Vollkommer MDR 97, 1004; ebenso im Insolvenzeröffnungsverf AG Pirmasens 10.8.2018 – 1 IN 20/18); ges Bsp-Fall: § 49 II WEG. Die formelle Parteistellung wird somit bei der Kostenverteilung durch das Veranlassungsprinzip überlagert (ähnlich StJ/Jacoby Rn 16). Unerheblich ist das Fehlen einer Regelungslücke, da keine analoge Anwendung von § 89 I 3 vorliegt (OLG Frankfurt NJW-RR 2016, 1270, 1271 Tz 14, 16, aber str). Zur Möglichkeit eines **iso-** 11

lierten Kostenvergleichs s VG Schwerin 28.6.2024 – 4 A 126/23 SN Tz 10. **Einzelfragen:** Die angebl (unwirksam) vertretene *Partei* trägt die Kosten, wenn sie das Auftreten des vollmachtlosen Vertreters selbst veranlasst hat (BGHZ 121, 400; BGH MDR 92, 713; OLG Frankfurt NJW-RR 2016, 1270, 1271 Tz 16). Kostenpflichtig als Veranlasser ist die Partei, wenn sie die Prozessführung hätte erkennen und verhindern müssen (BGH NJW-RR 97, 510; OLG Köln NJW-RR 2003, 66, 67); auch eine geschäfts-/prozessunfähige Partei und nicht ihren gutgläubigen Vertreter treffen die Kosten, wenn sich der Mangel der unwirksam erteilten Vollmacht erst im Laufe des Prozesses herausstellt (BGHZ 121, 399 f); das Gleiche gilt bei (unerkannter) Nichtexistenz der Partei (OLG Frankfurt MDR 97, 303; dazu näher unten). Ist der Vertreter dagegen *in Kenntnis* des Fehlens (der Unwirksamkeit) der Vollmacht für die Partei aufgetreten, sind ihm persönl (und nicht der Partei) die Kosten aufzuerlegen (BGHZ 121, 400; BGH ZIP 2009, 34, 36 Tz 16; OLG Karlsruhe MDR 2005, 231; StJ/Jacoby Rn 14 f, 16); bloße Fahrlässigkeit bei der Beurteilung der Wirksamkeit der Vollmacht genügt nicht (BGHZ 121, 401; BAG NZA 2005, 1076, 1077; OLG Frankfurt NJW-RR 97, 31), das Kostenrisiko der (Un-)Wirksamkeit der von ihr erteilten Vollmacht trägt die Partei (BGHZ 121, 399 f). Kostenschuldner als vollmachtloser Vertreter kann dagegen der frühere Komplementär einer liquidationslos vollbeendeten KG sein (BVerwG NJW 2011, 3671 Tz 30). Den *Vertreter* treffen die von ihm veranlassten Kosten auch, wenn er die Klage zurückgenommen hat (OLG München MDR 55, 176; OLG Hamburg MDR 56, 431), und auch in der höheren Instanz, wenn er ein Rechtsmittel eingelegt hat (BGH MDR 88, 37; BayObLG NJW-RR 99, 1686) oder bei einem wegen des Vollmachtmangels erfolgreichen Rechtsmittel des Gegners (OLGR Naumburg Brandenburg usw 1998, 377). Ein vollmachtloser Vertreter kann sich der Prozesskostenpflicht nicht dadurch entziehen, dass er sein Mandat niederlegt (BFH BB 75, 1142) oder das Rechtsmittel zurücknimmt (BFHE 128, 25; KG WuM 96, 337). Hat allerdings die vollmachtlos vertretene *Partei* die Klage oder ein Rechtsmittel zurückgenommen, so trägt immer sie nach den § 269 III 2, § 516 III, § 555 V Nr 2 die Kosten (KG WuM 96, 337; aA MskV/Weth Rn 15); eine (regelmäßige) Kostenbelastung des Vertreters liefe auf eine der ZPO unbekannte „privilegierte Klagerücknahme" mit dem Vertreter als „Kostenpartei" hinaus (s Vollkommer MDR 97, 1004); Entspr gilt für den durch den Vollmachtsmangel motivierten Klageverzicht (OLG Schleswig NJW 2013, 2765, 2766 Tz 2c). Der vollmachtlose Vertreter ist auch nicht Kostenschuldner iSe „Ausfallhaftung" bei Fehlen einer anderen Kostenpartei (so aber OLGR Bamberg 2005, 683). Zwischen Partei und Vertreter sind die Kosten *aufzuteilen*, wenn *beide* – nach Zeitabschnitten – als Veranlasser in Frage kommen (OLGR Köln 2005, 649). Kostenpflichtig kann auch der nicht legitimierte *ges Vertreter* der Partei sein (OLG Karlsruhe FamRZ 96, 1335 [Vollkommer/Schwaiger]; offen BGH ZIP 2009, 34, 36 Tz 16; sa § 56 Rn 11 mwN), ferner der *Gegner*, wenn er die Klage einem vollmachtlosen Vertreter hat zustellen lassen, **nicht** aber der die Prozessvollmacht erteilende vollmachtlose Vertreter der Partei (OLG München NJW-RR 98, 788; LG Heidelberg MDR 91, 449), der Hintermann einer nicht existenten Partei (insoweit zutr Zimmermann/Damrau MDR 97, 304 gegen OLG Frankfurt MDR 97, 303 aE) oder ein sonst am Prozessrechtsverhältnis nicht beteiligter *Dritter* (BGH NJW 92, 1458 f; OLGR Bamberg 2005, 683; ThP/Hüßtege § 89 Rn 11; aA Deubner JuS 98, 540; auch § 81 IV FamFG: nur bei grobem Verschulden). **Missbrauch der Vertretungsmacht** steht vollmachtlosem Handeln gleich (BFH NJW 97, 1030 unter 5; sa § 80 Rn 8); dies gilt auch bei ges Vertretung (AG Brakel FamRZ 88, 852 aE).

12 **2) Form der Entscheidung und Anfechtbarkeit.** Die Kostenentscheidung gegen den Vertreter kann in Form eines bes Beschlusses (LG Braunschweig 11.11.2022 – 6 O 2378/21 Tz 32 f; MK/Toussaint § 89 Rn 11; sa § 89 Rn 8) oder als Bestandteil des Endurteils ergehen (BGH NJW 88, 51; StJ/Jacoby Rn 15). Gleich in welcher Form die Entscheidung ergangen ist, steht dem **Vertreter** entspr § 91a II 1, § 99 II 1, § 269 V 1 die **sof Beschwerde** zu (BGH NJW 88, 50; OLG Koblenz MDR 2015, 1155); gegen die Entscheidung des Beschwerdegerichts findet bei Zulassung die Rechtsbeschwerde statt (§ 574 I Nr 2); eine außerordentl Beschwerde zum BGH wegen „greifbarer Gesetzwidrigkeit" der Kostenbelastung eines gutgläubigen Vertreters (vgl BGHZ 121, 398 f mN) ist unter dem ZPO-RG abzulehnen (allg verneinend BGH MDR 2002, 901; näher s Einl Rn 35; vor § 567 Rn 6 ff) und verträgt sich insb nicht mit dem Grundsatz der Rechtsmittelklarheit (BVerfG NJW 2003, 1924). Eine **Partei** hingegen, die geltend macht, der Rechtsstreit sei durch einen vollmachtlosen und deshalb kostenpflichtigen Vertreter geführt worden, muss zur Beseitigung ihrer Beschwer (Sach- statt Prozessabweisung) **Berufung** einlegen (BGH NJW-RR 2001, 929).

§ 89 Vollmachtloser Vertreter

(1) [1]Handelt jemand für eine Partei als Geschäftsführer ohne Auftrag oder als Bevollmächtigter ohne Beibringung einer Vollmacht, so kann er gegen oder ohne Sicherheitsleistung für Kosten und Schäden zur Prozessführung einstweilen zugelassen werden. [2]Das Endurteil darf erst erlassen werden, nachdem die für die Beibringung der Genehmigung zu bestimmende Frist abgelaufen ist. [3]Ist zu der Zeit, zu der das Endurteil erlassen wird, die Genehmigung nicht beigebracht, so ist der einstweilen zur Prozessführung Zugelassene zum Ersatz der dem Gegner infolge der Zulassung erwachsenen Kosten zu verurteilen; auch hat er dem Gegner die infolge der Zulassung entstandenen Schäden zu ersetzen.

(2) Die Partei muss die Prozessführung gegen sich gelten lassen, wenn sie auch nur mündlich Vollmacht erteilt oder wenn sie die Prozessführung ausdrücklich oder stillschweigend genehmigt hat.

1 **I) Allgemeines.** Zeigt sich ein Vollmachtmangel (s § 88 Rn 1) eines ProzBev, dessen Behebbarkeit nicht ausgeschlossen ist (sonst Verf gem § 88 Rn 6, 7), so existieren zwei Handlungsoptionen. Das Gericht kann vertagen (s § 88 Rn 7) oder den ProzBev einstw nach § 89 zulassen und damit unverzügl in die Sachverh eintreten.

2 **II) Einstweilige Zulassung (§ 89 I 1). 1) Voraussetzungen.** Der **Nichtbeibringung** der Vollmacht steht die **bewusst vollmachtlose** Vertretung gleich (**I 1:** „GoA"). **Abgrenzung** zur „vermeintl berechtigten" Vertretung: s § 88 Rn 11 (zur Unterscheidung: OLG Köln NJW-RR 2003, 66, 67). Ein Fall der Nichtbeibringung ist auch die Nichtvornahme von sonstigen der nachträgl Mangelbehebung dienenden Handlungen (s § 80 Rn 12).

3 **2) Verfahren. a)** Die **Zulassung zur Prozessführung** geschieht durch unanfechtbaren Beschluss (OLG Braunschweig NdsRpfl 73, 253) oder stillschweigend, wenn der Gegner nicht widerspricht (OLG Koblenz NJW-RR 2006, 377 mN; OLG Frankfurt NJW-RR 2015, 1384 Tz 41). Die Zulassung liegt im pflichtgemäßen Ermessen des Gerichts (BGH NJW 2002, 1957 [sub 1 b]; BAG AP § 89 Nr 1). § 89 I 1 gilt nicht im InsolvenzeröffnungsVerf (AG Pirmasens 10.8.2018 – 1 IN 20/18). Für **einstw Rechtsschutz** strittig (abl OLG München NVwZ-RR 1999, 548; aA OLG Frankfurt/M GRUR-RR 2017, 229; offen lassend OLG Brandenburg 7.2.2023 – 6 U 55/22 Tz 10 f).

4 **b) Sicherheitsleistung.** Soll die Zulassung gegen Sicherheitsleistung erfolgen, was nicht üblich ist, so wird zunächst bis zu deren Beibringung vertagt (§ 108). Die Rückgabe der Sicherheitsleistung erfolgt nach § 109; mit Beibringung der Vollmacht und Genehmigung der bish Prozessführung ist die Veranlassung weggefallen.

5 **c) Fristsetzung** zur Beibringung der Vollmacht: §§ 224, 225, 231 II. Sie ist wegen **I 2** erforderl (KG BB 2002, 2151, 2152). Die Frist muss nach Zeitabschnitten (Tag, Woche, Monat) bemessen sein (vgl OVG Koblenz NJW 93, 2457: „umgehend" genügt nicht); zu kurze Frist kann den Anspruch des prozessbeteiligten Vollmachtgebers auf rechtl Gehör verletzen (BFH DB 80, 2020). Die Frist hat keine Ausschlusswirkung (BGH NJW 2007, 772 Tz 8; BGH NJW-RR 2012, 515 Tz 8; sa § 80 Rn 12). Folge für Nachholung: s Rn 7.

6 **3) Rechtsfolgen.** Während der Dauer der Zulassung ist der Zugelassene ebenso zu behandeln, wie wenn er die Vollmacht nachgewiesen hätte (OLG Frankfurt NJW-RR 2015, 1384 Tz 51, 53; LG Berlin 10.7.2017 – 67 S 371/16); es kann Beweisbeschluss und Beweisaufnahme erfolgen, aber keine Entscheidung (auch kein VU oder Vorbehaltsurteil, kein Zwischenurteil nach § 280 und keine Verweisung nach § 281) ergehen (vgl **I 2**), um keine vollendeten Tatsachen zu schaffen. Zum Vergleich und zur Nachbringung der Vollmacht s § 88 Rn 10.

7 **III) Verfahren nach Zulassung: mündliche Verhandlung und Endurteil (§ 89 I 2). 1) Beibringung der Vollmacht.** Wird **innerhalb** der Frist oder – auch noch **nach ihrem Ablauf** (s Rn 5) bis zum Schluss der darauf folgenden notwendigen mündl Verh, auf die das Urteil ergeht (BGH NJW-RR 2012, 515 Tz 8; LG Braunschweig 11.11.2022 – 6 O 2378/21) – eine **ordnungsgemäße Vollmacht beigebracht**, so steht der Verkündung des Endurteils nichts mehr im Weg. Verbleibende Zweifel gehen zu Lasten der nachweispflichtigen Partei (s § 80 Rn 12). Die Berücksichtigung der beigebrachten Vollmacht bzw erteilten Genehmigung ist ohne Wiedereintritt in die mündl Verh möglich (OLG Frankfurt NJW-RR 2015, 1384 Tz 49, 50; LG Köln 5.11.2019 – 31 O 185/19; aA MK/Toussaint Rn 7). Andernfalls ist ein Wiedereintritt erforderlich (OLG Frankfurt NJW-RR 2015, 1384 Tz 49, 50; aA LG Frankfurt aM 1.8.2019 – 3/09 O 61/17, da Fristsetzung Wirkung eines Schriftsatznachlasses habe).

8 **2) Kosten- und Schadensersatzpflicht (§ 89 I 3).** Wird die Vollmacht **nach** Fristablauf (**I 2**) u bis zum Schluss der darauf folgenden mündl Verh, auf die das Urteil ergeht (s Rn 7), **nicht nachgebracht**, so ist die vom vollmachtlosen Vertreter erhobene Klage als unzulässig abzuweisen (s LG Braunschweig 11.11.2022 – 6 O 2378/21 u § 88 Rn 6). Der einstw zur Prozessführung Zugelassene ohne Rücksicht auf ein Verschulden seinerseits (OLGR Frankfurt 95, 250) vAw durch (in 1. Instanz bei entspr Beschwerdewert, vgl § 567 I Nr 1, II) mit sof Beschwerde analog **§ 99 II** (StJ/Jacoby Rn 9, 10) anfechtbaren *Beschluss* zu den **Kosten** zu verurteilen (**I 3**), die dem Gegner **durch die einstw Zulassung** entstanden sind (OLG Frankfurt Rpfleger 52, 432; OLG Nürnberg BayJMBl 55, 65; OLG Koblenz MDR 2015, 1155; BVerwG 14.11.2024 – 11 A 25.24 Tz 3; OVG Saarlouis 11.11.2020 – 1 A 301/20; OVG Bautzen 18.12.2024 – 3 A 497/24; OVG Münster 22.10.2024 – 4 B 697/24; OVG Münster 8.7.2024 – 4 B 473/24; VG Schwerin 28.6.2024 – 4 A 126/23 SN Tz 6; VG München 19.4.2023 – M 31 K 22.4603; zur Abgrenzung: OLG Frankfurt NJW-RR 2016, 1270, 1271 Tz 16: keine analoge Anwendung von § 89 I 3 in Fällen allg Veranlasserhaftung erforderlich, aber str, sa auch § 88 Rn 11). Mehrere Prozessvertreter einer Sozietät sind Gesamtschuldner (§ 100 IV 1, s OVG Lüneburg 8.3.2021 – 12 LA 163/20). Gegen in den höheren Instanzen ergangene Entscheidungen gibt es keine sof Beschwerde mehr (vgl § 567 Rn 2), unter den Voraussetzungen des § 574 findet die Rechtsbeschwerde statt. Damit sind nicht zu verwechseln die **Kosten des Rechtsstreits** selbst, über die gem den Grundsätzen zu § 88 Rn 11, 12 im *Endurteil* zu entscheiden ist (VGH Mannheim NJW 82, 842; LSG Baden-Württemberg 21.3.2024 – L 2 AS 1041/23; deutlich unterscheidend LG Braunschweig 11.11.2022 – 6 O 2378/21 Tz 39). Fallen diese hierdurch dem falschen Vertreter insgesamt zur Last und erlässt das Gericht über die Zulassungskosten keinen gesonderten Beschluss, so muss dem falschen

Vertreter (neben der Möglichkeit, die Kosten mit der Hauptsache anzufechten, § 99 I) auch die sof Beschwerde analog **§ 99 II** insofern eröffnet sein, als im Kostenausspruch auch die Zulassungskosten enthalten sind (vgl OLGR Frankfurt 95, 249; StJ/Jacoby Rn 9, 10). Dies gilt nicht, wenn der vollmachtlose Vertreter bereits hinausgewiesen war (BAG NJW 65, 1041); § 574 ist auch hier anwendbar (BGH NJW 88, 51; sa oben u s § 88 Rn 8); zum Umfang der Nachprüfung s Rn 11 aE. Auch bei Vollmachtsmangel in der „Kette" (s § 80 Rn 7) treffen die Kosten stets den im Verf aufgetretenen *Vertreter* (vgl **I 3**), nicht den (von der Partei verschiedenen) Vollmachtgeber (zutr LG Heidelberg NJW-RR 92, 317; E. Schneider Rpfleger 76, 230 f). Der **Schadensersatz nach I 3 Hs 2** umfasst etwa Verzögerungsschäden, ferner Verjährungsschäden, die infolge der Zustellung an den vollmachtlosen Vertreter entstanden sind (MskV/Weth Rn 11). Der Anspruch muss in einem eigenen Rechtsstreit gegen den Vertreter als Partei geltend gemacht werden (vgl AG Hamburg NJW-RR 86, 1120), uU gem § 33 Rn 26. Im *Innenverhältnis* zu „seiner" Partei gem §§ 683, 670 BGB entfaltet die Kostenentscheidung gem I 3 keine Rechtskraft (vgl OLGR Hamm 2004, 373, 375).

9 **IV) Genehmigung der Prozessführung (§ 89 II). 1) Allgemeines.** Die von oder ggü einem Vertreter ohne Vollmacht vorgenommenen Prozesshandlungen können von der Partei nachträgl genehmigt werden (BGH 28.4.2022 – IX ZR 165/21 Tz 2; KG NJW 2024, 3731; Zeitpunkt: s Rn 11). Dies setzt voraus, dass der Genehmigende die Unwirksamkeit der bish Prozessführung kennt oder zumindest mit ihr rechnet, und mit seinem Verhalten den Willen zum Ausdruck bringt, sie verbindl zu machen (BGHZ 154, 283, 288; BGH MDR 2024, 834 Tz 9, 10; BGH NJW 2004, 59, 61; BGH 23.2.2021 – II ZR 200/19; BGH NJW-RR 2022, 1430 Tz 17, 18; BAG NZA 2020, 331; OLG Koblenz MDR 2015, 1155; OVG Bautzen 18.12.2024 – 3 A 497/24 Tz 10 f). **Bsp:** Gegen ein Urteil wird ohne Vollmacht Rechtsmittel eingelegt und erst nach Ablauf der Rechtsmittelfrist diese nachgereicht (BGHZ 128, 282 f; BGH 14.12.2017 – V ZB 38/17; s zu möglichen Bestätigungshandlungen BGH MDR 2024, 834 Tz 9, 10). Ein Geschäftsunfähiger erteilt einem RA Vollmacht, der gegen ein Urteil Berufung einlegt; der nachträgl bestellte ges Vertreter des Geschäftsunfähigen kann die Prozessführung durch den Anwalt nachträgl genehmigen, indem er ihm Prozessvollmacht erteilt (vgl GemS BGHZ 91, 115; LG Konstanz NJOZ 2023, 1008 Tz 29, 30). Der ProzBev erteilt dem Anwalt, der Rechtsmittel eingelegt hat, Untervollmacht (BGH VersR 84, 781). Der Aufsichtsrat als Ganzes genehmigt durch Mehrheitsbeschluss die vom Aufsichtsratsvorsitzenden allein erteilte ProzVollmacht (BGH MDR 2013, 858 Tz 23; sa § 80 Rn 4). Bsp für konkludente Genehmigung: s § 56 Rn 12. § 89 II gilt wegen fehlender Verweisung (§ 73 VI 7 SGG) in der Sozialgerichtsbarkeit nicht (Berchtold ASR 2023, 201 f, 203).

10 **2) Gegenstand der Genehmigung.** Dies kann nur die Prozessführung im Ganzen sein, eine Beschränkung auf einzelne Prozesshandlungen unter gleichzeitiger Nichtgenehmigung der Prozessführung iÜ ist nicht mögl (BGH NJW 87, 130; ThP/Hüßtege Rn 15, iE str; einschr Saarbrücken NJW 70, 1465; für Ausnahme hinsichtl des Verf beendigenden Akts StJ/Jacoby Rn 16; für Teilbarkeit Fenger NJW 87, 1183; sa § 83 Rn 5). Die Genehmigung deckt daher die **gesamte** bish erfolgte Prozessführung, von der die Partei **im Allg Kenntnis** hatte, nicht aber einen Rechtsmittelverzicht durch den falschen Vertreter, der der Partei bei Erteilung der Genehmigung unbekannt war (BGHZ 10, 147 = LM Nr 12 [Lersch]). Schließl muss die Partei die Prozessführung des falschen Vertreters auch dann gegen sich gelten lassen, wenn der Mangel unentdeckt blieb und die Nichtigkeitsklage gem § 579 I Nr 4 versäumt wurde.

11 **3) Zeitpunkt.** Die Genehmigung der Prozessführung kann nur bis zum Schluss der mündl Verh erfolgen, auf Grund deren ein wegen fehlender Vollmacht des Vertreters die Klage zurückweisendes oder das Rechtsmittel verwerfendes Urteil ergeht (BGH NJW 2006, 2260, 2262; BGH 14.12.2017 – V ZB 35/17; BAG NZA 2016, 1015; BAG NZA 2020, 331: keine Bindung an Verfahrensfristen; OLGR Celle 2005, 64; BayObLG 4.5.2020 – 1 VA 21/20). Eine genehmigende Nachreichung der Vollmacht für die Klage ist deshalb in der Rechtsmittelinstanz nicht mehr mögl, wenn die Vorinstanz die **Klage** wegen des Mangels zu Recht als unzulässig abgewiesen hatte (BGH LM Nr 3 zu § 80; BAG NJW 65, 1041; OVG Lüneburg NJW 2014, 566; KG NZG 2015, 1241; wohl aber bei Klagestattgabe: BGH Rpfleger 2013, 632 Tz 13, 16 betr ZVG-Verf; ebenso BPatG GRUR 2020, 194 Tz 16); ist die **Berufung zu Recht als unzulässig verworfen** worden, kann der Vollmachtsmangel nicht mehr in der Revisionsinstanz durch rückwirkende Genehmigung geheilt werden (GemS OGB BGH MDR 84, 732; BGH MDR 2006, 1076; zur Abgrenzung näher sogleich unten). Ist der Mangel **dagegen** in der unteren Instanz **unentdeckt** geblieben oder verneint worden, so ist auch noch in der Rechtsmittelinstanz eine Genehmigung mögl (vgl § 547 Nr 4, § 579 I Nr 4); in diesen Fällen kann die Genehmigung sogar noch nach Eintritt der Rechtskraft erklärt werden (s § 579 Rn 8). Ist die **Zurückweisung** in der Vorinstanz **zu Unrecht** erfolgt, da im Zeitpunkt der letzten mündl Tatsachenverh eine wirksam erteilte Vollmacht vorlag oder bei der Entscheidung die Nachweisfrist noch nicht abgelaufen war, kann dies im Rechtsmittelweg noch erfolgreich geltend gemacht werden (vgl BGHZ 91, 115 mN; BGH NJW-RR 2012, 515 Tz 8 f); dann kann auch die früher erteilte Vollmacht noch in der höheren Instanz **nachgereicht** werden (BGH NJW 2002, 1957 f; OLG Koblenz NJW-RR 2006, 377; sa § 88 Rn 7 aE). Nach Rechtskraft der Zurückweisungsentscheidung kann im Beschwerdeverf (entspr § 99 II, s Rn 8) der – *nunmehr verspätete – Vollmachtsnachweis nicht* mehr berücksichtigt werden (OLGR Frankfurt 1995, 249). Eine Genehmigung ist auch im ZVG-Verf möglich, ohne dass § 74a II ZVG entgegensteht (so überzeugend BGH Rpfleger 2013, 632 Tz 16).

4) Rückwirkung. Die Genehmigung **wirkt** auf den Zeitpunkt der Vornahme der Prozesshandlung (zB Klageerhebung, Rechtsmitteleinlegung) **zurück** (BGH NJW 87, 130; BGH MDR 96, 65; BGH FGPrax 2014, 43 (Nichtübersetzung der Vollmacht in Muttersprache); BAG NZA 2020, 329, 331; BayObLG 4.5.2020 – 1 VA 21/20; KG NJW 2024, 3731; OLGR Celle 2005, 64; OLG Frankfurt NJW-RR 2015, 1384 Tz 52); zweifelnd BSG MDR 71, 615, für den Fall der (absichtlichen oder grob nachlässigen) Prozessverschleppung; dann sind aber §§ 296, 531 zu beachten. Zur nicht rückwirkenden Genehmigung bei fehlender Postulationsfähigkeit s § 78 Rn 3. Wird die Genehmigung „verweigert", ist gem § 89 zu verfahren; eine entspr Anwendung von § 182 I BGB scheidet aus (OLGR Rostock 2000, 455). 12

5) Rechtsfolgen. a) Prozessuale Rechtsfolgen. Rückwirkende Genehmigung **heilt** grds **nur die prozessualen Folgen** des Vollmachtsmangels (s Rn 11, 12 zum vollmachtlos eingelegten Rechtsmittel; BGH 23.2.2021 – II ZR 200/19: aber insoweit umfassend; KG NJW 2024, 3731; sa OLG Frankfurt NJW-RR 2015, 1384 Tz 86: abl zur Willenserklärung des ProzBev für Aufsichtsrat einer AG (§ 164 BGB). Ist die Klage einem nicht bevollmächtigten RA zugestellt worden, heilt die nachträgl Genehmigung der Partei die nicht ordnungsgemäße Klageerhebung (BGHZ 101, 281). Hat ein Nichtbevollmächtigter eine Pfändungsankündigung zustellen lassen und wird sie nachträgl dem Gericht, Gegner oder Vertreter ggü ausdrückl oder stillschweigend genehmigt, geht diese Vorpfändung der in der Zwischenzeit für einen anderen erfolgten Pfändung vor (RGZ 64, 217; RGZ 86, 246). Auch kann eine ohne Vertretungsmacht erteilte grundbuchrechtliche Löschungsbewilligung nachträglich rückwirkend genehmigt werden (OLG Köln FGPrax 2013, 153). 13

b) Mat-rechtl Folgen. Mit dem Antrag auf Erlass eines demnächst zugestellten Mahnbescheids wird die **Verjährung** auch dann gehemmt (§ 204 I Nr 3 BGB), wenn dieser ohne Vollmacht des Gl beantragt worden ist, aber später seine Genehmigung erfolgt (BGH LM § 209 BGB Nr 10). Das Gleiche gilt für die Klage selbst (MskV/Weth Rn 15). Hat dagegen ein sachl nicht Berechtigter eine Forderung eingeklagt, wird die Verjährung auch dann nicht gehemmt/unterbrochen, wenn die Forderung während des Rechtsstreits vom wahren Gl abgetreten und die Prozessführung genehmigt wird (BGH LM § 185 BGB Nr 8, arg: § 185 II BGB gilt nicht entspr; die Worte in § 209 I BGB aF „… wenn der *Berechtigte* … Klage erhebt" sind in § 204 I Nr 1 BGB nF zwar nicht mehr enthalten, damit geht nach BGH NJW 2011, 2193 aber keine Rechtsänderung einher; krit Althammer NJW 2011, 2172: teleologische Reduktion; sa vor § 50 Rn 43, 49 zur Zedentenklage bei nicht offen gelegter Sicherungszession). 14

§ 90 Beistand

(1) [1]In der Verhandlung können die Parteien mit Beiständen erscheinen. [2]Beistand kann sein, wer in Verfahren, in denen die Partei den Rechtsstreit selbst führen kann, als Bevollmächtigter zur Vertretung in der Verhandlung befugt ist. [3]Das Gericht kann andere Personen als Beistand zulassen, wenn dies sachdienlich ist und hierfür nach den Umständen des Einzelfalls ein Bedürfnis besteht. [4]§ 79 Abs. 3 Satz 1 und 3 und Abs. 4 gilt entsprechend.

(2) Das von dem Beistand Vorgetragene gilt als von der Partei vorgebracht, insoweit es nicht von dieser sofort widerrufen oder berichtigt wird.

I) Allgemeines. 1) Zweck. Die auf Art 8 Nr 5 RBerNeuregelungsG (BGBl I 2007, 2840; BTDrs 16/3655, 90, 91; sa § 79 Rn 1) beruhende nF von I enthält eine Angleichung und Ergänzung zu § 79 und macht § 157 II aF überflüssig; der weite Anwendungsbereich der Beistandschaft wird ausdrückl klargestellt (s Rn 3). Eine entspr Regelung enthalten § 12 FamFG, § 11 VI ArbGG, § 67 VII VwGO, § 73 VII SGG und § 62 VII FGO. 1

2) Begriff und Abgrenzung. Beistand ist, wer im Parteiprozess *neben* der anwesenden Partei, im Anwaltsprozess *neben* dem anwesenden ProzBev *in der mündl Verh* auftritt, um sie (ihn) durch Ausführung der Parteirechte zu unterstützen (zust KGR Berlin 2002, 116). Der Beistand ist **kein Vertreter** (s Titelüberschrift vor § 78; *arg* I 4: Verweisung sonst überflüssig) und bedarf daher keiner Vollmacht; seine Legitimation ergibt sich aus der Gegenwart der Partei bzw ihres ProzBev. **Abgrenzung. Keine Beistände** iSv § 90 sind die von der Partei/dem ProzBev *zur eigenen Unterstützung* bei der Prozessführung zugezogenen Hilfskräfte. **Bsp:** Erscheinen des ProzBev „im Beistand" eines Fachmanns, insb eines Privatgutachters zum Beweisaufnahmetermin (stets zulässig: s § 357 Rn 1) oder eines „techn Beistands" (s § 113 S 2 PatG). Beistand iSv § 90 hat mit der Beistandschaft des Jugendamts (§§ 173, 234 FamFG, §§ 1712, 1713 BGB, § 55 SGB VIII) ledigl den Namen gemeinsam. Kein Beistand ist der Verfahrensbeistand in Kindschaftssachen (§ 158 FamFG) und der Verfahrenspfleger in Betreuungssachen (§ 276 FamFG). 2

3) Anwendungsbereich. Beistandschaft ist nicht auf den Parteiprozess (§ 79) beschränkt (vgl Normwortlaut **I 1:** „in der Verh"; Begr BTDrs 16/3655, 91), im Anwaltsprozess tritt der anwesende prozessbevollmächtigte RA an die Stelle der Partei; Beistand ist auf die der erschienenen Partei zustehenden Rechte (vgl § 85 I 2, § 137 IV), „die Ausführung der Parteirechte" (vgl § 52 II BRAO aF), beschränkt (Begr BTDrs 16/3655, 91); auch ein Referendar 3 kommt als Beistand in Betracht (StJ/Jacoby Rn 6). Antidiskriminierungsverbände können auch außerhalb des Parteiprozesses (§ 79) als Beistand von Benachteiligten auftreten (§ 23 II AGG; dazu Bericht RAusschuss BTDrs 16/6634, 125; sa Rn 4). Auch ein NI kann durch einen Beistand Unterstützung erfahren (StJ/Jacoby Rn 4).

4 **II) Voraussetzungen. 1) Beistand.** Dieser kann grds nur sein, wer im Parteiprozess als Bevollmächtigter vertretungsbefugt ist (**I 2**), der Personenkreis entspricht damit dem gem § 79 II (s § 79 Rn 5-8); dabei dürfte die Beistandschaft für **RAe** (§ 79 II 1 u s § 79 Rn 5) auf Grund ihrer umfassenden Postulationsfähigkeit kaum noch praktisch sein; anders uU bei EU-RA, für den **I 2** (iVm § 79 II 1) nach Streichung von § 28 IV EuRAG, § 52 BRAO unmittelbar gilt (Ber RAusschuss BTDrs 16/6634, 125). Nicht vertretungsbefugte Personen kann das Gericht bei obj Sachdienlichkeit und individuellem Bedürfnis als Beistand **zulassen** (**I 3**; sa Begr BTDrs 16/3655, 90, 91: Voraussetzungen, bewusst eng ausgestaltet in Anlehnung an Beistand iSv § 22 BVerfGG; KG NJ 2024, 548: „nur in Ausnahmefällen"). Bsp: Vorliegen eines bes Nähe- und Vertrauensverhältnisses über § 79 II 2 Nr 2 hinaus (restriktiv VG Freiburg NJW 2009, 3738; AG Gelsenkirchen 27.1.2014 – 5 K 181/08: nicht genügend sind bloße Behauptungen; StJ/Jacoby Rn 7, 8; sa BVerfG NJW 1994, 1272 zu § 22 BVerfGG). Der Hinweis auf jur Kenntnisse ist nicht ausreichend (sa Begr BTDrs 16/3655, 91). Die Zulassung als Beistand kann sich schließl aus **bes ges Vorschrift** ergeben, zB für Antidiskriminierungsverbände aus § 23 II AGG; für Beistand, der keine natürl Person ist, gilt § 79 II 3 entspr. Nicht vertretungsberechtigte Personen können als Beistand unanfechtbar **zurückgewiesen** werden (**I 4** iVm § 79 III 1, IV); Personen, denen die Fähigkeit zu sachgerechtem Vortrag fehlt, kann der weitere Vortrag **untersagt** werden (**I 4** iVm § 79 III 3; näher s § 79 Rn 11, 12). Der **RefE v 20.6.2025** zur Umsetzung der RiLi (EU) 2024/1069 zur Bekämpfung von SLAPP-Verfahren verweist für Möglichkeit der Unterstützung durch „Verbände, Nichtregierungsorganisation, Gewerkschaften oder sonstige Einrichtungen" mit berechtigtem Interesse auf Institut der Beistandschaft (§ 90) u lehnt insofern weiteren Umsetzungsbedarf ab (RefE, S 10): Bedürfnis nach § 90 I 3 regelmäßig gegeben. – **2) Gleichzeitige Anwesenheit.** Partei bzw (im Anwaltsprozess) ProzBev müssen in der Verh anwesend sein (s Rn 2, 3). Der ges Vertreter steht der Partei gleich. – **3) Auftreten als Beistand** in der Verh.

5 **III) Rechtsfolgen.** Der Beistand darf **alle Prozesshandlungen** für die Partei erklären, zu denen die mündl Verh Anlass gibt. Der **Vortrag des Beistands** ist der der Partei, wenn diese nicht sofort widerspricht (**II**, weiter gehend als § 85 I 2). Zustellungen erfolgen an die Partei selbst (BGH NJW 95, 1225). Erstattung der durch die Zuziehung des Beistands entstandenen Kosten nach § 91 I 1.

6 **IV) Vergütung des Beistands.** Ist der Beistand RA, wird die Beistandsleistung nach 3100 ff RVG-VV vergütet (Vorbem 3 I RVG-VV). Andere Beistände werden nicht entschädigt, insb ist der Anwendungsbereich des JVEG nicht eröffnet (§ 1 JVEG).

Titel 5
Prozesskosten (§§ 91-107)

Vorbemerkungen zu §§ 91-107

1 **I) Prozesskosten.** Das sind Aufwendungen der Parteien aus Anlass der Prozessführung. In einem Rechtsstreit entstehen **Gerichtskosten** nach dem GKG, die die Staatskasse für die Tätigkeit der Gerichte erhebt, und **außergerichtl Kosten** (Anwaltsgebühren, Auslagen der Parteien, Reisekosten usw; BGH MDR 2021, 1031). Die ZPO bestimmt nur, **wem** die Kosten aufzuerlegen sind, „wer sie zu tragen hat"; sie regelt nicht, **welche** gerichtl und außergerichtl Kosten der Höhe nach anfallen.

2 **II) Kostenschuldner.** Wer der Staatskasse die Kosten schuldet, bestimmt allein das GKG (§§ 22-33 GKG). Zu unterscheiden sind:

3 **1) Antragstellerhaftung.** Kostensch ist, wer das Verf der Instanz beantragt, im Mahnverf mit VB, wer den VB beantragt hat (§ 22 I 1, 2 GKG). Unter „Antrag" ist diejenige Prozesshandlung zu verstehen, die das Verf einleitet, also die Einreichung der Klageschrift, des Scheidungsantrags, der Rechtsmittelschrift, des Antrags auf Erlass eines Arrests oder einer einstw Verfügung usw.

4 **2) Entscheidungsschuldnerhaftung.** Danach haftet, wem durch gerichtl Entscheidung die Kosten des Verfahrens auferlegt sind (§ 29 Nr 1 GKG). Diese Haftung erlischt, soweit die sie begründende Entscheidung durch eine andere gerichtl Entscheidung aufgehoben oder abgeändert wird (§ 30 S 1 GKG). Ein Prozessvergleich hat diese Wirkung nicht (BGH NJW-RR 2001, 285), wohl aber eine Klagerücknahme (Kostenbeschluss nach § 269 IV, jedoch nicht die durch Vergleich veranlasste Klagerücknahme, OLG Schleswig JurBüro 92, 403) und die Erledigungserklärung in der Rechtsmittelinstanz, die das Urteil der Vorinstanz wirkungslos werden lässt.

5 **3) Übernahmeschuldnerhaftung.** Auch haftet, wer die Kosten in bestimmter Form ggü dem Gericht übernommen hat (zB ProzBev, der sich für Auslagenvorschuss „stark" sagt, OLG Düsseldorf MDR 91, 161), insb durch

Prozessvergleich oder dem Gericht mitgeteilten außergerichtl Vergleich. Bei fehlender Kostenvereinbarung gilt § 98 (§ 29 Nr 2 GKG).

4) Drittschuldnerhaftung. Die Staatskasse kann nach § 29 Nr 3 GKG den kraft Gesetzes haftenden Dritten ohne weiteres in Anspruch nehmen, also ohne Feststellung der Haftpflicht durch eine gerichtl Entscheidung, auch wenn nur auf Duldung gehaftet wird. 6

5) Haftung des Vollstreckungsschuldners. Für notw Kosten der ZwV s § 29 Nr 4 GKG. 7

6) Mehrere Kostenschuldner. Sie haften als Gesamtsch (§ 31 I GKG); soweit aber einer Partei die Kosten durch gerichtl Entscheidung auferlegt oder von ihr gem § 29 Nr 2 GKG übernommen worden sind, soll die Haftung anderer Kostensch, zB des siegreichen Kl, nur geltend gemacht werden, wenn die ZwV in das Vermögen der primär Haftenden erfolglos geblieben ist oder aussichtslos erscheint (§ 31 II 1 GKG). Zur Rechtslage, wenn der in die Prozesskosten verurteilten Partei PKH bewilligt war, s § 122 Rn 15, 16; § 125 Rn 5; zur Kostenübernahme einer PKH-Partei durch Vergleich s § 123 Rn 5. 8

III) Kostentragung (ZPO). Die ZPO berührt diese Fragen nicht, sondern regelt nur, inwieweit die Parteien in ihrem Verhältnis zueinander verpflichtet sind, die eigenen Prozesskosten endgültig zu tragen oder die dem Gegner entstandenen zu erstatten, und wie dieser KE geltend zu machen ist (Kostenfestsetzung: §§ 103-107). Die Erstattungsvorschriften der §§ 91 ff gelten für alle in der ZPO geregelten Verf, in denen ein Streit zwischen Parteien vorliegt. Das Wort „Rechtsstreit" ist daher weit auszulegen (§ 91 Rn 9). Zum PKH-Verf s § 118 Rn 19. 9

IV) Prozessualer Kostenerstattungsanspruch. Er kann nur in demj Rechtsstreit geltend gemacht werden, in dem er erwächst (BGH NJW 83, 284); der Anspruch kann zugleich aus materiellem Recht (dazu Rn 11) begründet sein (BGH MDR 2011, 1139 Tz 16; BGH NJW 2021, 468 Tz 23; OLG Dresden NJW 2018, 2274 Tz 10). Er entsteht als aufschiebend bedingter Anspruch mit Klageerhebung (Rechtshängigkeit), auch bei Klagen Prozessunfähiger (insoweit ist die uneingeschränkte Genehmigung der Prozessführung durch den ges Vertreter keine weitere aufschiebende Bedingung, BGH MDR 93, 1249 = ZZP 106 [1993], 531 [Schlosser], Aufg v BGH MDR 92, 911; Kempter NJW 93, 2158). Er wandelt sich mit Erlass des Kostenausspruchs zum auflösend bedingten Anspruch und wird mit Eintritt der Rechtskraft oder in den Fällen der § 269 III 2, 3, § 516 III 1 kraft Gesetzes unbedingt. Fällig wird er schon vor Rechtskraft, wenn das Urteil vorläufig vollstreckbar ist (BGH MDR 2023, 1005). Bereits während des Rechtsstreits kann er als aufschiebend bedingter Anspruch zwar abgetreten (BGH MDR 88, 857), gepfändet und im InsVerf angemeldet, es kann mit ihm aber nicht aufgerechnet werden (BGH WM 81, 792, 795). Als auflösend bedingter Anspruch ist er aufrechenbar (OLG Brandenburg 18.7.2012 – 7 U 135/11 Tz 29), auch gegen bereits rechtskräftig beschiedene Ansprüche im Rechtsstreit selbst (OLG Karlsruhe NJW 94, 593; Schmitz NJW 94, 567 allg zur Aufrechnung „neben" dem Prozess). – Nach Rechtskräftigwerden der Kostengrundentscheidung **verjährt** er in 30 Jahren (s näher § 104 Rn 21.97); Hemmung der Verjährung nach § 91 V (s § 91 Rn 12a). 10

V) Materiell-rechtlicher Kostenerstattungsanspruch. Neben dem prozessualen KE kann ein mat-rechtl Anspruch auf Kostenersatz bestehen. Er entsteht nicht kraft Veranlassung, wie der prozessuale KE, sondern setzt stets eine mat-rechtl Anspruchsgrundlage voraus (BGH MDR 2007, 654; Arz NJW 2019, 1858), zB Delikt (BGH NJW-RR 2008, 656 Tz 13), Geschäftsführung ohne Auftrag (BGH MDR 2007, 654; MskV/Flockenhaus vor § 91 Rn 15), §§ 280, 311 BGB (BGH NJW 2009, 1262 [Deckenbrock NJW 2009, 1247]), unberechtigte Kündigung (LG Duisburg JurBüro 2010, 256), Verzug (OLG Oldenburg FamRZ 2009, 1238 [Melchers FamRZ 2009, 1856]). Das unberechtigte Behaupten/Bestreiten eines Anspruchs alleine löst einen KE nicht schon aus (ausf Wolf JurBüro 2008, 396; Jordans/Müller-Sartori MDR 2009, 779; Vossler MDR 2009, 300). Keine analoge Anwendung des § 91 zur Begründung eines mat-rechtl KE (BGH MDR 2007, 654; MskV/Flockenhaus vor § 91 Rn 15). Ausschluss seiner Geltendmachung durch Gesetz ist mögl. Er entfällt aber nicht schon wegen der Möglichkeit, Beratungshilfe in Anspruch zu nehmen (BGH MDR 2011, 697). Die Sätze des RVG begrenzen die Höhe des mat-rechtl KE nicht (Schlosser NJOZ 2009, 2376; Krüger/Raap MDR 2010, 422; zur Erstattung bei Honorarvereinbarungen Mediger MDR 2017, 245), aber es kann § 254 BGB (hierzu krit Knott/Gottschalk/Ohl AnwBl 2010, 749) einschlägig sein. – Der mat-rechtl KE erfasst **nicht** die **reinen Prozesskosten**, die wegen und ab Einleitung eines Gerichtsverf durch bloße Veranlassung ausgelöst werden und deren Erstattung sich nur nach prozessrechtl Grundsätzen richtet (BGH NJW 2021, 468 Tz 23); dsgl nicht reine Schadenspositionen wie zB Reparaturkosten usw. Er ist beschränkt auf vor- oder außerprozessuale Kosten, die in Bezug auf einen mögl oder geführten Rechtsstreit aufgewendet worden sind und kraft Verschuldens-, evtl auch Gefährdungshaftung ersetzt werden müssen. 11

Man spricht insoweit von **Vorbereitungskosten** (Fischer JuS 2013, 694). Die Rspr hat mit Hilfe dieses Begriffs den Anwendungsbereich des § 91 wesentl erweitert, um das einfache und schnellere KFV mit dem Ziel zur Verfügung zu stellen, einen gesonderten Rechtsstreit entbehrl zu machen. Vorbereitungskosten haben daher eine **Doppelnatur** (BGHZ 111, 168, 178): Werden sie im KFV verfolgt, dann macht der Gl einen prozessualen KE geltend; werden sie außerhalb des KFV verfolgt, kann er nur nach materiellem Recht vorgehen. Auch die **Verfahrensweisen** sind **grundverschieden:** summarisches Verf mit Glaubhaftmachung und Rpflegerprüfung bei §§ 103 ff; Strengbeweisverf bei Geltendmachung im Prozess mit Richterzuständigkeit. – Wie der Berechtigte vorgeht, steht ihm grds frei; für das Einklagen des mat-rechtl KE kann aber das **Rechtsschutzbedürfnis** fehlen (BGH NJW 2021, 468 Tz 22, 23 mwN: Vorrang des prozessualen KE bei sich deckenden Ansprüchen). – Mögl 12 ist auch das Einklagen in einem eigenen Rechtsstreit, etwa nach Rücknahme der Klage. – Erledigt sich die Hauptsache durch Erfüllung nach Klageeinreichung, aber noch vor Zustellung, gilt bei Klagerücknahme § 269 III 3 (ausf s hier § 269 Rn 18c-18e). – Auch übereinstimmende Erledigungserklärungen sind mögl, mit der Folge, dass das Gericht dann im Rahmen der Billigkeitsprüfung nach § 91a das Bestehen eines mat-rechtl KE zu Lasten des Bekl berücksichtigen darf (hier § 91a Rn 24 mwN). Ob nach § 91a oder § 269 III 3 verfahren wird, ist für die Gerichtskosten gleich. Gebührenbegünstigung tritt in beiden Fällen nur ein, wenn keine Kostenentscheidung ergeht oder sie ungeprüft dem Parteiwillen folgt (1211 Nr 1, Nr 4 GKG-KV). Will der Kl eine Entscheidung nach billigem Ermessen (§§ 91a, 269 III 3) vermeiden, kann er weiterhin den Klageantrag umstellen auf eine Kostenfeststellungsklage (OLG Frankfurt NJW 2019, 1158; Elzer/Nissen NJW 2019, 1116 zu § 91a; Schmitt MDR 2023, 277; aA KG MDR 2018, 559 = ZMR 2018, 410 [zu Recht abl Elzer]; näher s § 269 Rn 18e) oder, wenn die Kosten bereits bezifferbar sind, Kostenzahlungsklage erheben (BGH MDR 2013, 814 zu § 269 III 3).

13 Die Doppelnatur der Vorbereitungskosten ist auch bei der **Rechtskraftabgrenzung** zu beachten (Fischer JuS 2013, 694). Werden solche Kosten im Rechtsstreit oder im KFV zuerkannt, ist ein dahin gehender Anspruch endgültig erledigt (OLG Karlsruhe Rpfleger 98, 174); ebenso, wenn solche Kosten in einen Vergleich einbezogen werden (KG JurBüro 2004, 436). Werden solche Positionen aberkannt, können sie innerhalb eines gleichen Verf nicht weiterverfolgt werden, zB keine neue Prüfung in einem KFV nach Absetzen in einem früheren, keine neue Klage nach Aberkennung in einem Erkenntnisverf (anders bei Prozessurteilen, OLG Nürnberg JurBüro 95, 592 oder Abweisung wegen fehlender Fälligkeit). – Dagegen hindert die Aberkennung im KFV nicht die gesonderte Einklagung, wenn der Prozessbezug und/oder die Notwendigkeit verneint wurden (MK/Schulz § 91 Rn 31), und die Aberkennung im Erkenntnisverf hindert nicht die nachträgl Festsetzung (OLG Koblenz MDR 2009, 471; LAG Berlin MDR 2002, 238; aA BGH MDR 2012, 493 [abl Hansens RVGreport 2012, 228]), es sei denn, im Sachurteil wurde bereits die Notwendigkeit der Kosten verneint (MK/Schulz § 91 Rn 32). – Nach einer prozessualen Kostenentscheidung lässt der BGH zwar noch Raum für die Durchsetzung mat-rechtl Ansprüche (BGH MDR 2022, 525 [Fölsch MDR 2022, 875] betr § 269 III 2). Das soll aber nicht gelten, wenn der Lebenssachverhalt, der zur prozessualen Kostenentscheidung führte, dabei unverändert bleibt (BGH MDR 2023, 1005 [Beschränkung durch Vorrang der prozessualen Kostenerstattung]), wenn also keine Umstände hinzukommen, die bei der prozessualen Kostenentscheidung nicht berücksichtigt werden konnten (aA Greger hier § 269 Rn 18a mwN). Die BGH-Rspr argumentiert damit, der mit der ersten Entscheidung eingetretene Rechtsfriede solle bei unverändertem Sachverhalt nicht beseitigt werden. Nicht aufgelöst wird der Widerspruch, dass im KFV nicht mat-rechtl und im Erkenntnisverf nicht nach den Kriterien des § 91 geprüft werden darf.

14 **VI) Parteiabreden.** Sie binden nur intern; das Gericht muss nach den §§ 91 ff entscheiden (BGHZ 5, 251). Für die Frage der Erstattung von Verfahrenskosten ist stets darauf abzustellen, ob kostenauslösende Maßnahmen gerechtfertigt (= notwendig) waren, wobei der BGH dafür auf eine „verobjektivierte" ex-ante-Sicht abstellt (zB BGH MDR 2019, 1091).

15 **VII) Beteiligte.** Die nach § 308 II vAw zu treffende Kostenentscheidung, die auch bei erfolglosem Rechtsmittel abgeändert werden darf (s § 524 Rn 33), kann nur zwischen Kl und Bekl als den Prozessparteien ergehen. Dritte sind nur in Sonderfällen kostenerstattungspflichtig; vgl §§ 89, 380, 390, 409. Sie müssen selbständig auf Zahlung der Kosten verklagt werden.

§ 91 Grundsatz und Umfang der Kostenpflicht

(1) [1]Die unterliegende Partei hat die Kosten des Rechtsstreits zu tragen, insbesondere die dem Gegner erwachsenen Kosten zu erstatten, soweit sie zur zweckentsprechenden Rechtsverfolgung oder Rechtsverteidigung notwendig waren. [2]Die Kostenerstattung umfasst auch die Entschädigung des Gegners für die durch notwendige Reisen oder durch die notwendige Wahrnehmung von Terminen entstandene Zeitversäumnis; die für die Entschädigung von Zeugen geltenden Vorschriften sind entsprechend anzuwenden.

(2) [1]Die gesetzlichen Gebühren und Auslagen des Rechtsanwalts der obsiegenden Partei sind in allen Prozessen zu erstatten, Reisekosten eines Rechtsanwalts, der nicht in dem Bezirk des Prozessgerichts niedergelassen ist und am Ort des Prozessgerichts auch nicht wohnt, jedoch nur insoweit, als die Zuziehung zur zweckentsprechenden Rechtsverfolgung oder Rechtsverteidigung notwendig war. [2]Die Kosten mehrerer Rechtsanwälte sind nur insoweit zu erstatten, als sie die Kosten eines Rechtsanwalts nicht übersteigen oder als in der Person des Rechtsanwalts ein Wechsel eintreten musste. [3]In eigener Sache sind dem Rechtsanwalt die Gebühren und Auslagen zu erstatten, die er als Gebühren und Auslagen eines bevollmächtigten Rechtsanwalts erstattet verlangen könnte.

(3) Zu den Kosten des Rechtsstreits im Sinne der Absätze 1, 2 gehören auch die Gebühren, die durch ein *Güteverfahren vor einer durch die* Landesjustizverwaltung eingerichteten oder anerkannten Gütestelle entstanden sind; dies gilt nicht, wenn zwischen der Beendigung des Güteverfahrens und der Klageerhebung mehr als ein Jahr verstrichen ist.

(4) Zu den Kosten des Rechtsstreits im Sinne von Absatz 1 gehören auch Kosten, die die obsiegende Partei der unterlegenen Partei im Verlaufe des Rechtsstreits gezahlt hat.

(5) Wurde in einem Rechtsstreit über einen Anspruch nach Absatz 1 Satz 1 entschieden, so ist die Verjährung des Anspruchs gehemmt, bis die Entscheidung rechtskräftig geworden ist oder der Rechtsstreit auf andere Weise beendet wird.

1 **I) Kostenentscheidung. 1) Von Amts wegen.** Wer die Kosten des Rechtsstreits zu tragen hat, muss Gericht vAw entscheiden, § 308 II. Fehlt der Kostenausspruch, ist Entscheidung auf Antrag zu ergänzen, § 321, sofern eine Korrektur nach § 319 ausscheidet (zur Abgrenzung BGH 25.5.2022 – XII ZR 58/20 Tz 3; hier § 319 Rn 2).

2 **2) Kostenpflicht.** Kostenpflichtig ist der Unterliegende ohne Rücksicht darauf, ob er geschäftsfähig oder prozessfähig ist (BGH ZIP 93, 621), wie auch der prozessuale KE der obsiegenden Partei durch deren Geschäftsunfähigkeit nicht berührt wird (OLG München Rpfleger 70, 290). Haftungsbeschränkung in der Hauptsache erstreckt sich nicht auf die Kostenpflicht. Auch wenn der Kl nur auf Grund einer Gesetzesänderung siegt, trägt der Bekl die Kosten (BGHZ 37, 233), der auch dann unterlegen ist, wenn der letztl siegreiche Kl seine Klage ohne Streitwertminderung zulässig geändert hatte. Ein vollmachtloser Vertreter kann selbst mit den Kosten belastet werden, wenn er den Mangel der Vertretung kannte (Veranlasserprinzip; BGH NJW 2017, 2683; ausf s § 88 Rn 11), aber auch die Partei bei eigener Veranlassung (OLG Frankfurt MDR 2016, 115) und letztlich kommt auch eine Quotelung zwischen Partei u RA in Frage (OLGR Köln 2005, 649).

Auch gegen eine nichtexistente Partei (s vor § 50 Rn 12; OLG Koblenz MDR 2013, 1243) können Prozesse eingeleitet werden. Davon zu unterscheiden ist der Fall, dass eine existente Person nur unter einer obj unrichtigen Bezeichnung (zB der einer nicht existenten GmbH oder der einer zwar existierenden, am Rechtsverhältnis aber nicht beteiligten Person) verklagt wird. Partei ist dann, wer erkennbar verklagt werden sollte (BGH NJW-RR 2004, 501; BGH MDR 2008, 524; sa Burbulla MDR 2007, 439). – Ist die Partei tatsächl nicht existent und wird das nicht bemerkt, ist die rechtskräftige Kostenentscheidung nicht vollstreckbar. Wird es bemerkt, muss die Klage abgewiesen werden, und zwar mit einer Kostenentscheidung gegen den Kl. Zur Kostenfestsetzung s § 104 Rn 21.64. – Prozesshandlungen kann die nicht existente Partei nicht vornehmen; das wäre ein Widerspruch in sich. Ihr können auch keine Kosten auferlegt werden (OLG Karlsruhe MDR 2020, 759 [Noack MDR 2020, 716]). – Wer das Bestehen einer nichtexistenten Partei behauptet und für sie unwirksame Anträge stellt, wird entspr den Grundsätzen über vollmachtlose Vertretung selbst kostenpflichtig (s § 88 Rn 11). – Davon zu unterscheiden sind die Fälle, in denen zB wegen unvollständiger Namensangabe unklar ist, wer verklagt werden soll; derj, dem wegen seines Namens zugestellt wird (**Scheinpartei**), ist durch Zwischenurteil aus dem Prozess zu entlassen mit einer Kostenentscheidung zu seinen Gunsten (allgM; zB OLG Köln JurBüro 2012, 202; OLG München MDR 2016, 1469; abw OLG Karlsruhe MDR 2019, 1155, wenn der Kl die Beteiligung des Scheinbeklagten nicht veranlasst hat). Ein klageabweisendes Urteil ergeht jedoch in derartigen Fällen nicht (BGH NJW-RR 2008, 582). – Für irrtüml als Vertreter einer Partei benannte Personen soll der zur Scheinpartei entwickelte Kostenerstattungsgrundsatz nach OLGR Naumburg 1997, 131 aber nicht gelten. Dies ist so allg nicht zutr (s Rn 13.15). – Wegfall der Parteifähigkeit im Verlaufe des Verf führt zur Unzulässigkeit; jedoch ist für die Kostenentscheidung Parteifähigkeit zu fingieren (BGH NJW 82, 238). Unerhebl sind spätere Veränderungen der Parteistellung; daher entfällt der KE einer zwischenzeitl gelöschten GmbH nicht (OLG Koblenz JurBüro 2004, 321). Klagt die bereits gelöschte jur Person, steht die Löschung ihrer Kostenhaftung nicht entgegen (BGH 26.9. 2018 – VII ZB 54/16 zum GKG-Kostenansatz). – Versehentl Urteilszustellung an unbeteiligten namensgleichen Dritten macht diesen nicht zur Partei, berechtigt ihn jedoch, durch entspr Prozesshandlungen den falschen Rechtsschein zu beseitigen (OLG München JurBüro 85, 1345).

3 **3) Kostengrundsatz.** Nach § 91 sind der unterliegenden Partei die gesamten Kosten des Rechtsstreits aufzuerlegen. Warum die Partei unterliegt, ist gleichgültig. Bei teilw Unterliegen: § 92. Ausnahmen enthalten §§ 93, 93b, 94, 96, 97 II, § 238 IV, § 281 III 2, § 344. Zur Einspruchsverwerfung (§ 341 I 2) s § 97 Rn 1.

4 **4) Aufrechnung.** Wirksame Hilfsaufrechnung des Bekl nach Klageerhebung führt zur Kostenteilung (s § 92 Rn 3; § 145 Rn 27). Zur Erledigung durch Aufrechnung s § 91a Rn 58.6; § 145 Rn 17.

5 **5) Rechtsmittel.** Der **Kostenausspruch des Rechtsmittelgerichts** umfasst auch die Kosten der Vorinstanz, wenn das angegriffene Urteil abgeändert wird, sonst § 97. Um Auslegungszweifeln vorzubeugen, kann tenoriert werden, dass die belastete Partei die „gesamten Kosten des Rechtsstreits" oder die „Kosten beider Rechtszüge" zu tragen hat.

6 **II) Anfallende Kosten. 1) Prozessbezogene Kosten.** Die unterlegene Partei hat die noch nicht erhobenen Gerichtskosten zu zahlen (§ 29 Nr 1 GKG) und dem obsiegenden Gegner zu ersetzen: Die gegen ihn zu Recht (OLG Frankfurt JurBüro 2020, 141 Tz 12) angesetzten, von ihm gezahlten, ihn aber nach der Kostengrundentscheidung nicht oder nicht im vollen Umfang treffenden Gerichtskosten u die ihm entstandenen außergerichtl Kosten im Rahmen des § 91. Sind im Kostenausspruch die Kosten gegeneinander aufgehoben und wird eine Prozesspartei nach § 22 I 1, § 31 I GKG von der Staatskasse auf Zahlung der vollen Gerichtskosten in Anspruch genommen, hat sie gegen den Gegner nach § 92 I 2 einen Erstattungsanspruch iHd sie nicht treffenden Teiles (idR der Hälfte) der Gerichtskosten.

7 **2) Prozessfremde Kosten.** Kosten, die eine hinter der Partei stehende Stelle im eigenen Interesse für den Prozess geltend gemacht hat, stellen grds keine eigenen Kosten der Partei dar und sind nicht zu erstatten. Sa Rn 13.106.

8 **3) Parteien kraft Amtes.** Sie (TV, Nachlassverwalter usw) haften für die Prozesskosten nicht persönl. Sch ist die Vermögensmasse, für die der Rechtsstreit geführt wurde.

III) Kosten des „Rechtsstreits". 1) Zugehörige Kosten. Ein Rechtsstreit muss stattfinden; auf die Kosten zu seiner Abwendung ist § 91 unanwendbar (BGH MDR 2019, 378 [Seggewiße MDR 2019, 853]; jedoch kommt ein mat KE in Betracht, s vor § 91 Rn 11). Zum Rechtsstreit gehört zB das sBV (OLG Brandenburg BauR 2024, 676; s § 490 Rn 7). – Weiter auch die Kosten der Verf vor Gütestellen (III). Die Vorschrift erfasst aber nur die Geb der Gütestelle (BGH WM 2019, 302 Tz 10). Auch § 15a IV EGZPO erklärt für das obligatorische Güteverf nur die Kosten der Gütestelle zu Kosten des Rechtsstreits. Anwaltsgeb sind nicht erfasst, werden im obligatorischen Verf aber regelmäßig notw Vorbereitungskosten u damit erstattungsfähig sein (OLG Köln MDR 2010, 295; OLG Düsseldorf JurBüro 2009, 366; Allgaier JurBüro 2010, 340; aA BGH MDR 2021, 1221); im freiwilligen Güteverf hingegen nicht (BGH WM 2019, 302 Tz 15). – Zugehörig sind weiter: die Verf nach § 101 II 1 Nr 3, IX 1 UrhG (BGH GRUR-Prax 2017, 339 [Hermes] = MDR 2017, 909); Widerklage; Mahnverf (§§ 688 ff); Urteilszustellung (MK/Schulz Rn 50), jedoch nicht die Zustellung im Parteibetrieb zum Vollzug einer einstw Verfügung (OLG Celle NJW-RR 2009, 575); Richterablehnungsverf; ggfs Kosten für die sachgemäße Vorbereitung des Prozesses (zB Rn 13.73; § 104 Rn 21.17); Bestimmung des zuständigen Gerichts (§ 36); das mit Verweisung oder Abgabe endende Verf vor einem nicht (oder nicht mehr) zuständigen Gericht (§§ 281, 506, 696, 700); Verf über Berichtigung oder Ergänzung eines Urteils (§§ 319 ff); einstw Anordnung in Prozessen nach §§ 767, 771; Schutzanträge gem §§ 711 ff sowie die Anordnungen der §§ 707, 719. Das Verf vor den Rechtsmittelgerichten (OLG Hamburg MDR 2002, 479; auch bei Rücknahme des Rechtsmittels: BGH MDR 2016, 239), es sei denn, es ist über diese Kosten eine bes Entscheidung ergangen. Das Verf vor dem Güterichter (§ 278 V; Ahrens NJW 2012, 2465 III 3) sowie ein betreuungsgerichtl Genehmigungsverf (OLG Dresden MDR 2023, 1141). – Zu den festsetzbaren Kosten des Rechtsstreits gehören die vom letzl obsiegenden Sch im Lauf des Rechtsstreits an den nur zur vorläufigen Vollstreckung befugten Gl gezahlten Kosten (IV), auch soweit der Sch durch Aufrechnung „gezahlt" hat (zutr Hansens RVGreport 2015, 448). Es handelt sich um **Rückfestsetzung** (s § 104 Rn 21.78), die ein Vorgehen nach – dem wenig Praktikablen – § 717 II 2 überflüssig macht, in ihrem Anwendungsbereich das Rechtsschutzbedürfnis für eine solche Klage entfallen lässt (OLG Düsseldorf JurBüro 2010, 648; Jungbauer JurBüro 2005, 347). Entspr anwendbar ist IV auf die Fälle des § 126 I (BGH MDR 2013, 122). 9

2) Nicht erfasste Kosten. Dazu gehören vorangegangene Verf vor Einigungsstellen der IHK (OLG München MDR 99, 380), schiedsgerichtl Verf (OLG Koblenz MDR 2015, 1322), ein während des Verf für die Partei eingeleitetes Betreuungsverfahren (OLG Saarbrücken FamRZ 2022, 884) sowie das ZwV- und das Arrestvollzugsverf. Die im Eilverf ergangene Kostenentscheidung umfasst nicht die Kosten der Vollstreckung (OLG Düsseldorf MDR 90, 344). Siegt der im Verf der einstw Verfügung Unterlegene im Hauptprozess, kann er die ihm im Verf der einstw Verfügung rechtskräftig auferlegten Kosten nicht ersetzt verlangen (BGHZ 45, 251; abl Baur JZ 66, 530). Zu § 926 s § 926 Rn 26; zu § 927 s § 927 Rn 12. 10

3) Einzelheiten zur Erstattung und Festsetzung. S Rn 13 und § 104 Rn 21 ff. 11

IV) Kostenfestsetzung. Sie obliegt dem Rpfleger, der an die auslegungsfähige Kostengrundentscheidung gebunden ist. Er hat vor allem zu prüfen, ob angemeldete Kosten entstanden sind und ob sie zur zweckentsprechenden Rechtsverfolgung oder Rechtsverteidigung notwendig waren und deshalb erstattungsfähig sind (allgM; s zB OLG München NJW-RR 2020, 760 Tz 10). **Zweckentsprechend** ist eine Maßnahme, die eine verständige Prozesspartei bei der Führung des Rechtsstreits in dieser Lage als sachdienl ansehen musste. **Notwendig** sind dann alle Kosten (s BVerfG 31.1.2017 – 1 BvR 2710/16 zur Einbeziehung von Art 3 III 2 GG und Art 20 UN-Behindertenrechtskonvention), ohne die die zweckentsprechenden Maßnahmen nicht getroffen werden könnten. Es gibt also auch notwendige Kosten für nicht zweckentsprechende Maßnahmen, und für zweckentsprechende können überflüssige Kosten aufgewandt werden. Zu beachten ist, dass jede Partei die Kosten ihrer Prozessführung, die sie im Falle ihres Sieges vom Gegner erstattet verlangen will, so niedrig zu halten hat, wie sich dies mit der vollen Wahrung ihrer berechtigten prozessualen Belange vereinbaren lässt (BVerfG NJW 2024, 1331; BGH MDR 2013, 1493; BAG MDR 2024, 1205; allgM); dies gilt auch in der ZwV (BGH DGVZ 2019, 58 Tz 6). Die aus der Sicht einer wirtschaftl denkenden Partei nicht als erforderl erscheinenden Aufwendungen sind daher grds nicht erstattbar. Dabei ist auf den Zeitpunkt ihrer Entstehung abzustellen (OLG Koblenz FamRZ 2020, 187 [Gottwald FamRZ 2020, 188]: keine ex-post-Betrachtung). Die Pflicht, die Prozesskosten niedrig zu halten, beruht letztl auf Treu und Glauben (OLG Karlsruhe FamRZ 99, 175). Das Gebot zum kostensparenden Vorgehen gilt auch im Verhältnis des RA zu seinem Mandanten und kann dazu führen, dass der Gebührenanspruch zu kürzen ist (OLG Düsseldorf JurBüro 86, 387). Nicht entstandene Kosten sind nie zu erstatten. Zu fiktiven Kosten s aber § 104 Rn 21.37. 12

V) Verjährungshemmung. Ab rechtskräftiger Kostengrundentscheidung verjährt der KE in 30 Jahren (§ 197 I Nr 3 BGB; s näher § 104 Rn 21.97). Bis dahin gilt die Regelverjährungsfrist von drei Jahren (§ 195 BGB; Fristbeginn: § 199 I BGB). – Stellen die Parteien, um das Verfahrensende abzuwarten, einen Kostenfestsetzungsantrag zunächst zurück, kann Verjährung eintreten, wenn nämlich die Regelfrist schneller endet als das Verfahren (BTDrs 19/31119, 3). – Wird ein Kostenfestsetzungsantrag gestellt, auch zugestellt, dann aber ruhend gestellt, wirkt die Hemmung der Verjährung durch die Zustellung (§ 204 I Nr 1 BGB; OLG Hamburg JurBüro 2016, 28) nur temporär (§ 204 II BGB). Durch die in V ausgesprochene Hemmung der Verjährung (angefügt durch G v 5.10.2021, BGBl I 2021, 4607, mWv 1.1.2022) wird also erreicht, dass die Parteien das KFV nicht schon vor Ab- 12a schluss des Hauptsacheverfahrens und nur deshalb betreiben müssen, um den Eintritt der Verjährung zu verhindern. – V nimmt dabei nur Bezug auf I 1, gilt aber seinem Sinn nach für alle Fälle, in denen einer Partei aus einer gerichtl Entscheidung ein prozessualer KE erwächst (zB auch § 92 I 1 Alt 2, § 96).

13 **VI) Einzelfälle (alphabetisch).** Sa den Schlüssel zu § 104 Rn 21 ff.

13.1 • **Abmahnung.** Im WettbewerbsR werden anwaltl Kosten für die Abmahnung (§ 13 I UWG) außerhalb des Rechtsstreits nach materiellem Recht erstattet (§ 13 III, IV UWG); jedoch nicht bei einem Selbstauftrag, wenn der Verstoß unschwer zu erkennen war (BGH NJW 2004, 2448 Tz 12). Diese Rspr hat der BGH ausgedehnt auf Fälle außerhalb des UWG (§§ 823, 249 BGB; zB BGH MDR 2007, 587: unerbetene Telefonwerbung). – Festgesetzt werden sie nicht; sie sind nicht Kosten des Rechtsstreits (BGH JurBüro 2006, 140). Das gilt ebenso für die **Abwehrschreiben**, mit denen der Abmahnung entgegengetreten wird (§ 13 V UWG). – In einem Durchschnittsfall beträgt die Regelgeb 1,3 nach 2300 RVG-VV (BGH AnwBl 2010, 879). – Anrechnung nach § 15a I, II RVG (OLG Karlsruhe RVGreport 2010, 457). – Besteht von vornherein Klage-/Verfahrensauftrag, entsteht für die Abmahnung keine Geschäftsgeb (§ 19 I 2 Nr 1 RVG). – Abmahnung u **Abschlussschreiben** sind gebührenrechtl idR zwei Angelegenheiten (BGH NJW 2009, 2068). Zur gebührenrechtl Anrechnung N. Schneider NJW 2009, 2017. – Abmahnung im Urheberrecht: § 97a UrhG = vergleichbar § 13 UWG, aber Gegenstandswertobergrenze in § 97a III 2 UrhG.

13.2 • **Abschlussschreiben.** Sein Zweck ist es, einen Streit dadurch außergerichtl zu beenden, dass der Gegner zu einer Verzichtserklärung aufgefordert wird und ihm bei erfolglosem Anschreiben das Kostenrisiko der Hauptsacheklage nach § 93 zugeschoben wird. Vor dem Anschreiben ist eine Wartefrist einzuhalten (idR 2 Wochen; BGH NJW-RR 2023, 1214) und es ist vor Fristablauf überflüssig, wenn der Sch bereits seine Stellungnahme angekündigt hat (OLG München WRP 2020, 1632 [zust Stoll GRUR-Prax 2020, 599]). – Das Schreiben gehört nicht mehr zum Verf der einstw Verfügung, sondern zur Hauptsacheklage (BGH NJW 2011, 2509 Tz 20). Kommt es dazu nicht, kommt ein einzuklagender mat-rechtl KE in Frage, und zwar sowohl bei dem berechtigten Abschlussschreiben (OLG Stuttgart WRP 2007, 688, auch zu Ausnahmen) als auch bei einem objektiv nicht mehr erforderl (BGH NJW-RR 2023, 1214). – IdR entsteht eine Geb nach 2300 RVG-VV iHv 1,3 (Conrad MDR 2017, 68), in einfachen Fällen kann auch 2302 RVG-VV einschlägig sein (OLG Frankfurt 8.5.2018 – 6 U 147/17). Zur gebührenrechtl Anrechnung N. Schneider NJW 2009, 2017.

13.3 • **Aktenauszug.** Erstattungsfähig, wenn er notwendig zur gerichtl Abwehr eines Anspruchs gefertigt wurde (OLG Naumburg Rpfleger 2011, 119).

13.4 • **Allgemeine Geschäftskosten.** Aus dem Gebot kostensparender Prozessführung folgt, dass Erstattungsfähigkeit nicht begründet werden kann, indem die Rechtsabteilung juristisch verselbständigt oder ein Mitglied der Abteilung als angestellter RA zugezogen wird. Auch keine anteilige Umlegung allg Geschäftskosten, etwa in der Höhe, die bei anwaltl Vertretung entstanden wäre.

13.5 • **Allgemeiner Prozessaufwand.** Er ist für RA mit den ges Geb abgegolten (Vorbem 7 I vor 7000 RVG-VV). – Eine Partei, die nicht RA ist, kann nicht auf der Grundlage des RVG abrechnen (BVerfG Rpfleger 2005, 164). Kasuistik: keine Erstattung an Einkommenseinbuße durch Ausfall einer Maschinenanlage wegen Beweisaufnahme (OLG Stuttgart Justiz 81, 204), der Verwahrungskosten für ein Zug um Zug zurückzugebendes Kfz (s Rn 13.84), Durcharbeitung eines Gutachtens (OLG Koblenz Rpfleger 2003, 384), Zeitaufwand des Verwalters einer WEG zur Verteidigung gegen eine Beschlussanfechtungsklage (§ 44 WEG nF; BGH MDR 2014, 888), Unterrichtung des Haftpflichtversicherers (OLG Stuttgart Rpfleger 82, 233). – Dagegen Erstattung für Abschleppkosten anlässl der Begutachtung eines PKW (OLG Frankfurt JurBüro 83, 274), Zeitungsanzeige zum Auffinden von Zeugen (LG Mönchengladbach MDR 2004, 298), Kauf von erforderl Beweismitteln (OLG Düsseldorf GRUR-RR 2020, 603 Tz 3, auch zur Erstattungsfähigkeit nur Zug-um-Zug gegen Herausgabe und Übereignung der Kaufsache). – Verdienstausfall der Partei durch Terminswahrnehmung (Rn 13.116) grds erstattungsfähig, nicht aber Prozessvorbereitung wie Durcharbeiten des Prozessstoffs oder Anfertigung von Schriftsätzen (zB OLG Naumburg NJW-RR 2012, 430; OLG Hamm 5.1.2021 – 25 W 282/20 Tz 3), grds auch nicht bei entgeltl Beauftragung Dritter (BGH MDR 2015, 184), etwa mit der Sammlung und Sichtung von Tatsachen- und Beweismaterial (OLG München BauR 2019, 863 Tz 16) oder Teilnahme an einem Ortstermin (OLG Bamberg JurBüro 91, 1659), es sei denn, dass die Eigenleistung der Partei nicht zumutbar ist (bezahlte Schreibkraft für ungewöhnl umfangreichen Schriftsatz: OVG Hamburg Rpfleger 84, 329) oder der Partei die erforderl bes Kenntnisse und Fähigkeiten fehlen (KG MDR 85, 414; abgelehnt bei Fachbetreuung durch ein Ingenieurbüro: OLG Hamburg MDR 2001, 1439). Aber kein Anspruch, wenn die Tätigkeit des Dritten gegen das RDG verstößt (OLG Hamburg JurBüro 93, 157; ausf Vogl Rpfleger 98, 144 X). Vorbereitende Hilfsarbeiten einer Partei für den gerichtl SV, etwa Grabungsarbeiten (OLG Koblenz MDR 2004, 1025), sind zu erstatten, wenn sie der Berufstätigkeit der Partei zuzuordnen sind, den übl Prozessaufwand übersteigen (KG JurBüro 81, 1388; OLG Schleswig JurBüro 84, 1403) oder der SV dadurch den Einsatz von Hilfskräften erspart (OLG Koblenz FamRZ 2006, 51). Da es sich dabei aber nicht um Gerichtskosten, sondern um Parteikosten handelt, hat es zur Folge, dass sie bei Kostenaufhebung (im Vergleich oder nach § 92 I 1 Alt 1) bei der Partei verbleiben, der die Kosten entstanden sind (BGH MDR 2021, 1031 zu Kosten durch Vor- und Nacharbeiten für den Ortstermin eines SV; OLG Bremen NJW-RR 2024, 934).

• **Angestellte.** Der RA schuldet die Tätigkeit persönl; was seine Angestellten leisten, wird durch die gesetzl Geb mit abgegolten (Vorbem 7 I vor 7000 RVG-VV). Davon macht § 5 RVG Ausnahmen bei Vertretung durch einen RA, einen allg Vertreter, einen Assessor bei einem RA oder einen Referendar, der gerade dem vertretenen RA oder einem anderen aus dessen Kanzlei zur Ausbildung zugewiesen sein muss. 13.6

• **Anwaltswechsel.** Die dadurch hervorgerufenen Kosten sind insoweit zu erstatten, „als in der Person des RA ein Wechsel eintreten musste" (II 2), was nur angenommen werden kann (grds abl Henssler/Deckenbrock MDR 2005, 1321 III), wenn weder die Partei noch den 1. RA ein Verschulden daran trifft. So liegt es aber zB, wenn der ProzBev sich infolge eigener Nachlässigkeit gezwungen sieht, das Mandat niederzulegen (OLG Hamburg JurBüro 85, 1871) oder ihm schuldhaft die Zulassung entzogen wird (OLG Koblenz Rpfleger 2004, 184). II 2 ist Ausdruck des Grundsatzes, dass jede Partei die Kosten ihrer Prozessführung so niedrig zu halten hat, wie es sich mit einer ihre Rechte wahrenden Prozessführung verträgt (s Rn 12). Da jeder RA vor dem FamG, LG, OLG postulationsfähig ist (s § 78 Rn 6), besteht zunächst einmal kein Grund für einen Anwaltswechsel, wenn sich die Gerichtszuständigkeit ändert (Verweisung), das Verf wechselt (sBV und Hauptsache) oder die Instanz (Berufung); Ausnahme § 78 I 3. Ebenso nicht bei Mandatsentziehung wegen Schlechterfüllung (OLG Koblenz JurBüro 2017, 260) oder wegen Differenzen mit hinter dem Mandanten stehender Versicherung (OLG Nürnberg JurBüro 90, 726) oder mit den Erben beim Tod der Partei (OLG Hamburg MDR 79, 762). Die Eröffnung des InsVerf über das Vermögen der vertretenen Partei ist grds kein Anlass für einen Anwaltswechsel (OLG Brandenburg NZI 2023, 396 [auch zu einem Ausnahmefall]). – **Tod des Anwalts** macht Wechsel notwendig, auch wenn ein Abwickler bestellt wird (OLG Hamburg JurBüro 85, 1870), es sei denn, dass von vornherein eine Sozietät beauftragt war (OLG München AnwBl 95, 109; OLG Frankfurt JurBüro 90, 1180; abw OLG Düsseldorf AnwBl 87, 98, wenn der Verstorbene der alleinige Sachbearbeiter gewesen war), zu der auch der Abwickler gehört. Wechsel des Abwicklers grds nicht notwendig (OLG Hamburg MDR 2005, 839). Keine Erstattung, wenn der Abwickler die Praxis kauft und das Mandat fortführt (OLGR München 1993, 275). Notwendigkeit aber zu bejahen, wenn ein sachbearbeitender angestellter Anwalt nach dem Tode des Kanzleiinhabers die Kanzlei als selbständiger RA fortführt. – **Krankheit des Anwalts** reicht für sich nicht aus, allenfalls bei langer Dauer u insb bei dadurch eintretender Berufsunfähigkeit (OLG Nürnberg JurBüro 2003, 647). Zulassungsaufgabe bei mangelnder Vorhersehbarkeit u aus achtenswerten Gründen, für die es auf den Einzelfall ankommt, rechtfertigt Erstattung der Kosten zweier RA (BGH MDR 2013, 1436; BGH NJW 2012, 3790 [abl Deckenbrock]; s zB OLG Koblenz JurBüro 2012, 258: altersbedingt). Grds nicht notwendig bei freiw Aufgabe (OLG Naumburg AGS 2006, 45; aA OLG München JurBüro 2007, 596, Aufg der früheren Rspr). Bei **Interessenkollision** kommt es darauf an, ob sie voraussehbar war oder veranlasst wurde (OLG Celle NJW-RR 2011, 485: Veranlassung nur durch den niederlegenden ProzBev; teilw abw OLG Bamberg MDR 2024, 941 [beide OLG zum RA-Wechsel in die Kanzlei des ProzBev des Gegners]). Die Benennung des ProzBev als Zeugen kann (zeitweise) einen Wechsel notwendig machen (BAG NZA 2014, 55). – Anwaltswechsel nach **Zurückverweisung:** Keine Geb-Anrechnung nach Vorbem 3 VI RVG-VV, aber Erstattung beider VerfGeb nur bei Notwendigkeit (OLG Celle AGS 2015, 492 [zu Recht abl N. Schneider NJW-Spezial 2015, 668]). – II 2 gilt bei Anwaltswechsel zwischen **Mahn-/Streitverf** (BGH NJW 2018, 871 [Mayer] = MDR 2018, 431 [Schörnig MDR 2018, 580] und zwischen **sBV/Hauptsacheverf** (BGH MDR 2018, 116 [Fölsch MDR 2018, 390]; OLG Brandenburg JurBüro 2022, 26). – Keine Anrechnung der Geschäfts- auf die VerfGeb (§ 15a RVG), wenn sie nach Anwaltswechsel jew von verschiedenen RA verdient wurden (BGH MDR 2014, 1293). – Bei nicht notwendigem Anwaltswechsel kann die Partei wählen, die Kosten welches Anwalts sie zur Erstattung anmeldet (aA OLG Celle MDR 2023, 1277 [abl Reichl EWiR 2023, 703]). 13.7

• **Arbeitsgerichtsverfahren.** Im Urteilsverf 1. Instanz ist die Kostenerstattung teilweise ausgeschlossen (§ 12a I 1 ArbGG), auch für den **Streithelfer** (LAG Berlin-Brandenburg 7.6.2021 – 26 Ta (Kost) 6023/21), ein Betriebsratsmitglied (BAG MDR 94, 387) und bei Kostenübernahme im Prozessvergleich (LAG Düsseldorf MDR 2004, 1147). Nach der Rspr des BAG ist auch ein mat-rechtl KE ausgeschlossen (BAG NZA 2021, 127 zu § 288 V BGB; BAG MDR 2020, 677 zu außer- und vorgerichtl RA-Kosten); anders im Beschlussverf (BAG MDR 95, 936). – § 12a ArbGG gilt nicht in den Rechtsmittelinstanzen und im Beschwerdeverf vor dem BAG nach § 72a ArbGG (BAG NJW 2020, 3612 Tz 7). – Wenn im Urteilsverf im 2. und 3. Rechtszug gequotelt wird, gilt neben § 92 I auch § 12a II 1 ArbGG. – Die Kosten für die Vertretung durch einen Verbandsvertreter sind erstattungsfähig, wenn sie tatsächlich erwachsen sind und nicht höher sind als die eines beauftragten RA (BAG NJW 2020, 3612 Tz 11, 19). – Vor dem ArbG entstandene Kosten eines ProzBev sind insoweit erstattungsfähig, als die Partei durch die Beauftragung eigene Reisekosten erspart hat (BAG NJW 2015, 3053; LAG Mecklenburg-Vorpommern NZA 2016, 320; zur Berechnung dieser Kosten LAG Nürnberg NJW 2021, 1897 Tz 13 ff). Reisekosten des Arbeitgebers zum Termin, die grds dem Erstattungsverbot nicht unterfallen (vgl § 12a I 1 ArbGG), sind, wenn er am Erfüllungsort verklagt wird, nur erstattbar, wenn sich vor Ort keine zur Prozessführung geeignete Person befand (LAG Frankfurt JurBüro 2012, 369). – Zur Erstattung nach Verweisung s § 12a I 3 ArbGG und Rn 13.109. 13.8

• **Aufenthaltsermittlung** (EMA-Anfrage). Sowohl im Prozessverf (BGH MDR 2004, 538) als auch im ZwV-Verf (BGH NJW 2004, 1101) erhält der RA keine zusätzl Geb 2302 RVG-VV für die Ermittlung der Schuldneranschrift (EMA-Anfrage). Seine Tätigkeit ist mit der jew VerfGeb abgegolten (3100 RVG-VV, 3309 RVG-VV). 13.9

13.10 • **Ausfertigungen, Kopien, Ausdrucke.** Auslagen (Dokumentenpauschale nach VV 7000 RVG-VV), die zu den allg Geschäftskosten des RA rechnen (Vorbem 7 I vor 7000 RVG-VV können dem Mandanten nicht berechnet werden, so dass sich die Frage der Erstattungsfähigkeit nicht stellt. Hierzu gehören außer der für das Gericht bestimmten Urschrift vornehml: Kopien davon für die Handakten, den Mandanten und den Gegner (§ 133; BVerfG NJW 96, 382); ferner Abschriften (der Begriff in § 133 ist in RGV u GKG ersetzt durch „Kopien", „Ausdrucke") jeder gerichtl Entscheidung einschl Prozessvergleich für Handakten und Mandanten. Werden Kopien gefertigt, um an sich notwendigen Sachvortrag zu ersetzen, sind diese Kosten nicht erstattungsfähig (BVerfG NJW 96, 382; BVerfG NJW 97, 2668; OLG München MDR 2010, 114). IÜ gilt § 91 II 1, wonach die ges Auslagen des RA zu erstatten sind. Einschlägig ist 7000 RVG-VV. Die in 7000 RVG-VV aufgelisteten Kopien u Ausdrucke sind bereits erstattungsfähig, wenn der Mandant sie seinem ProzBev als ges Auslagen schuldet. Es handelt sich um eine abschließende Regelung (OLG Hamburg MDR 2007, 244). IE: **Zu 7000 Nr 1a RVG-VV:** Hat der RA nicht gerade wahllos und ungeprüft kopiert, ist sachgemäße Bearbeitung und damit Erstattungsfähigkeit zu bejahen. Die 100-Kopien-Grenze gilt nicht! Der RA hat ex nunc einen weiten Ermessensspielraum, der nicht ex ante auf Grund besserer Sachkenntnis verkürzt werden darf. Bei Veröffentlichungen in allg zugängl Datenbanken u Fachzeitschriften wird die Erstattungsfähigkeit idR dennoch zu verneinen sein (OLG Koblenz NJW-RR 2008, 375); ebenso OLG Jena für Kopien aus dem sBV (RVGreport 2012, 390 [Hansens]). Dabei ist „geboten sein" in Nr 1a zu verstehen wie „notwendig sein". – **Zu 7000 Nr 1b RVG-VV:** In vielen Fällen wird schon die 100er Grenze nicht überschritten werden. Falls doch, ist vorrangig die Gebühren*entstehung* nach dem RVG (gefertigt aufgrund einer Rechtsvorschrift oder nach Aufforderung) zu prüfen (OLG Hamburg MDR 2017, 972 [Fölsch MDR 2017, 1170]). Wird das bejaht, ist Erstattung uneingeschränkt zu bejahen, denn hier indiziert die Gebührenentstehung schon die Erstattungsfähigkeit (LG Memmingen Rpfleger 2007, 288 zu § 131; ähnl OLG Oldenburg JurBüro 2007, 208, das auch auf einen Ermessensspielraum abstellt). – **Zu 7000 Nr 1c RVG-VV:** Es ist eine Notwendigkeitsprüfung gefordert, wobei ein kleinlicher Maßstab nicht angebracht ist, zumal auch hier die ersten 100 Kopien keinen Anspruch auslösen. Notwendigkeit verneint von OLG Koblenz (JurBüro 2006, 86) für Unterrichtung aller WEG-Mitglieder anstelle des Verwalters. – **Zu 7000 Nr 1d RVG-VV:** Das Einverständnis des Auftraggebers macht diesen zum Sch. Die Erstattungsfähigkeit ist idR zu verneinen, denn „zusätzl" Kopien (über die notwendigen nach Nr 1a-c hinaus) werden kaum erforderl sein; die Unterrichtung Dritter ist dabei regelmäßig kein notwendig innerprozessualer Vorgang. Wird ausnahmsw Erstattungsfähigkeit bejaht, gilt die 100er Grenze nicht! – In den Fällen Nr 1b, 1c sind erst und nur die 101. u die folgenden Seiten zu vergüten (OLG Hamburg MDR 2011, 1014). – **Farbkopien:** 7000 Nr 1 aE RVG-VV; 9000 Nrn 1, 2 aE GKG-KV. – Überlassung **elektron** gespeicherter Daten: 7000 Nr 2 RVG-VV (für die in 7000 Nr 1d RVG-VV genannten Kopien u Ausdrucke); 9000 Nr 3 GKG-KV. – **Telefax** wie Kopien: 7000 Anm 1 S 2 RVG-VV. – Zu **Fotos** s Rn 13.57. – **Einscannen** von Dokumenten ist in 7000 RVG-VV nicht erwähnt; keine Vergütung hierfür (OLG Bamberg MDR 2024, 1273).

13.11 • **Auskunft.** Einholung über den Sch. Kosten sind nur bei bes Anlass zu erstatten, zB solche der polizeil Wohnungsauskunft oder der Ermittlung der unbekannten genauen Anschrift des Bekl (LG Bonn WuM 90, 585). Sa Rn 13.75, 13.9.

13.12 • **Ausländische Partei.** Der BGH hat Grundsätze zur Erstattung der Kosten des ausl Verkehrsanwalts aufgestellt, an denen sich die Praxis orientieren kann (BGH MDR 2012, 192). Die jew Einzelfallprüfung muss sprachl Barrieren, kulturelle Unterschiede und mangelhafte Vertrautheit mit dem deutschen Rechtssystem berücksichtigen, was für die Beauftragung des ausl RA sprechen kann. Dennoch kann die Notwendigkeit verneint werden, wenn der inländische RA bereits alle Informationen hat oder wenn es mögl, zumutbar u kostengünstiger ist, ihn direkt zu informieren. – Reisekosten der ausl Partei zur Information des deutschen ProzBev müssen im KFV geltend gemacht werden (OLG Köln MDR 81, 763). Bedient sich die ausl Partei zur Prozessführung ihrer inl Vertriebsgesellschaft, sind die für inl Parteien geltenden Erstattungsgrundsätze anzuwenden (OLG Düsseldorf AnwBl 83, 560). Auf die Einschaltung eines Verkehrsanwalts zur Vermeidung von Reisekosten für eine Informationsreise kann die Partei nicht verwiesen werden (OLG Düsseldorf JurBüro 2006, 485), auch wenn die Reisekosten höher sind als die RA-Geb. Eine inländische Partei ist nicht fiktiv als ausländische zu behandeln, wenn sie ihre Rechtsabteilung im Ausland angesiedelt hat (OLG Stuttgart 18.11.2021 – 8 W 324/21 Tz 14). – Reisekosten des RA: Die Partei im Ausland muss die Wahl des deutschen RA im Hinblick auf die diesem entstehenden Reisekosten nicht am Sitz des Prozessgerichts ausrichten (BGH MDR 2017, 1087 [Fölsch MDR 2017, 1288; krit Hansens RVGreport 2017, 422]).

13.13 • **Ausländischer Anwalt.** Die Höhe der zu erstattenden Kosten für den ausl RA, Verkehrs- oder Einvernehmensanwalt, richtet sich nach dem RVG (BGH MDR 2005, 895 für den Verkehrsanwalt [abl Mankowski AnwBl 2005, 705]; BGH MDR 2005, 1375 für ausl Beweisanwalt; BGH NJW 2013, 1310), auch wenn die Kosten tatsächlich höher sein sollten (OLG München ErbR 2023, 228). – Keine Verkehrsgeb, wenn der ausl RA nur örtl Ansprechpartner einer überörtl Sozietät ist (OLG Rostock MDR 2011, 394). – Auch bei der USt ist die Fiktion der Beauftragung eines nach RVG abrechnenden RA zu berücksichtigen (OLGR Celle 2008, 543 gegen OLGR Stuttgart 2008, 74). – Die dem Einvernehmensanwalt erwachsende Geb nach 2200 RVG-VV ist ohne Einzelfallprüfung erstattungsfähig (OLG München MDR 2004, 841).

• **Auslobungskosten.** Für die Benennung eines Unfallzeugen rechnen sie zu den erstattungsfähigen Kosten, wenn während des Rechtsstreits ausgelobt wird. Vorprozessuale Auslobung auf Grund eines Entschlusses zur Rechtsverfolgung (OLG München JurBüro 92, 335) kann dem Bereich der zu erstattenden Vorbereitungskosten zugewiesen werden. Nicht erstattungsfähig aber die Belohnung für einen Mittäter, um ihn zur Aussage zu bewegen (OLG Hamburg MDR 98, 496). 13.14

• **Ausscheiden.** Einer zu Unrecht in den Prozess gezogenen Partei. Erstattung richtet sich nach der Kostenentscheidung, wobei für Rücknahme und Parteiwechsel § 269 III 2 gilt. Mögl die Abwälzung der Kostenlast durch Umstellung der Klage gegen den Ausscheidenden auf mat-rechtl Anspruchsgrundlage, aber nur zwischen den Prozessparteien, nicht soweit Dritter haftet (s Schneider MDR 81, 355). Sa Rn 13.69. Wird zunächst irrtüml ein Dritter als vermeintl **ges Vertreter** in den Prozess einbezogen, ist für die Erstattung von dessen Kosten entscheidend, ob er schon Veranlassung hatte, den Rechtsstreit aufzunehmen (OLG Bamberg JurBüro 89, 538; OLG Brandenburg MDR 96, 317; grds abl OLGR Naumburg 1997, 131). Dies verneint OLG Frankfurt NJW-RR 98, 1534 zu Recht bei Zustellung an ausgeschiedenen GF der verklagten – existierenden – GmbH; OLG München NJW-RR 99, 1264 bejaht es zu Recht, weil dort der ehemalige GF, dem zugestellt war, nur die Nichtexistenz der – gelöschten – GmbH angezeigt hatte. 13.15

• **Aussetzung.** Keine Kostenentscheidung (s § 148 Rn 7a), nach BGH auch nicht im Beschwerderechtszug (§§ 252, 574; stRspr; zB BGH ZfSch 2022, 43; BGH MDR 2021, 636; BGH 23.1.2025 – I ZB 39/24 Tz 29 mN [zu § 574]; zust hier § 252 Rn 5, § 572 Rn 37; MskV/Ball § 572 Rn 24; aA StJ/Jakobs § 572 Rn 47; BeckOK/Jaspersen § 97 Rn 10; LSG Rheinland-Pfalz 20.1.2022 – L 3 U 202/21B; OLG Frankfurt AGS 2025, 184 [für erfolglose Beschwerden], zust N. Schneider NJW-Spezial 2025, 284; gegen OLG Frankfurt OLG Braunschweig 28.4.2025 – 10 W 19/25 Tz 45). Die BGH-Rspr ist abzulehnen, denn sie führt dazu, dass die in der Hauptsache unterliegende Partei auch die Kosten eines von ihr erfolgreich geführten Beschwerdeverf zu tragen hat und die in der Hauptsache obsiegende Partei von der Kostenbelastung durch ein von ihr erfolglos geführtes Beschwerdeverf frei wird (sa N. Schneider NJW-Spezial 2022, 123; N. Schneider ErbR 2023, 589 unter VII; Hansens AGS 2022, 41). 13.16

• **Auswärtiger Anwalt.** Die Notwendigkeitsprüfung (II 1) betrifft jeden RA, der am Ort des Prozessgerichts nicht wohnt und der sich im Bezirk des Prozessgerichts auch nicht niedergelassen hat (s hierzu Rn 13.79 unter b). 13.17

• **Bearbeitung.** Bearbeitung des Prozesses durch die Partei, Angestellte, auch wenn diese mittlerweile nicht mehr bei der Partei beschäftigt sind, oder Verwandte begründet grds keinen prozessualen KE (OLG Schleswig JurBüro 81, 122), schon gar nicht eine Entschädigung analog RVG (BVerfG NJW 94, 1525, noch zur BRAGO). Wohl aber Erstattung von Auslagen, die der Partei zur Vorbereitung eines gerichtl SV-Gutachtens entstehen (OLG Brandenburg JurBüro 2009, 143: Inbetriebnahme einer Anlage) oder wenn dadurch Hilfskräfte des SV überflüssig werden, zB bei Aufbau eines Baugerüstes (OLG Schleswig JurBüro 80, 1589); dsgl Aufwendungen zur Beseitigung von Schäden, die der SV anlässl der Besichtigung angerichtet hat, um Begutachtung vornehmen zu können, zB Abschlagen von Verputz an der Hauswand (OLG Düsseldorf NJW-RR 97, 1360). Sa Rn 13.5, Rn 13.6. 13.18

• **Behörde.** Auch Behörden dürfen einen RA einschalten. Für dessen Reisekosten gelten die allg Grundsätze (OLG Oldenburg 27.11.2012 – 6 W 102/12); s Rn 13.79. Wird eine Behörde an ihrem allg Gerichtsstand oder an dem Gerichtsstand des in ihrem Bezirk liegenden Tatorts verklagt, lässt sie aber aus Zweckmäßigkeitsgründen die Prozesse zentral durch eine Behörde an einem anderen Ort bearbeiten, sind Reisekosten eines Beamten der Zentralbehörde zu den Terminen nur zu erstatten, soweit sie auch entstanden und zu erstatten wären, wenn ein Beamter der regulären Vertretungsbehörde erschienen wäre (LAG Berlin JurBüro 95, 38 mwN). Dem kann sich die Behörde nicht dadurch entziehen, dass sie einen Beamten eigens zur Wahrnehmung von Gerichtsterminen bestimmt (LG Berlin MDR 89, 917; aA AG Essen MDR 84, 500). Ob die Behörde sich durch einen Anwalt hätte vertreten lassen dürfen, ist entgegen VG Stade (Rpfleger 86, 278) unbeachtl. Ebenso hat der Unterliegende nur die Kosten eines ProzBev zu erstatten, wenn in einem Rechtsstreit der Fiskus/eine Gebietskörperschaft durch mehrere in ihrem Geschäftsbereich betroffene Behörden vertreten wird und diese je einen eigenen ProzBev beauftragen, selbst wenn die einander widerstreitenden Interessen der verschiedenen Geschäftsbereiche des Fiskus aus rechtl Gründen die Beauftragung eines gemeinsamen ProzBev nicht erlauben (BGH MDR 2011, 391) oder wenn mehrere Minister sich durch jew eigene Anwälte vertreten lassen. Nicht erstattungsfähig sind anteilige Personalkosten für Zeitversäumnis eines Behördenbediensteten infolge Unterrichtungen innerhalb der Behörde (OLG München JurBüro 92, 170) und des ProzBev (OLG Schleswig JurBüro 90, 622), für die Fertigung eines Schriftsatzes (OLG Köln MDR 2012, 315) oder Terminswahrnehmung (BGH MDR 2014, 867). 13.19

• **Berichtigung.** Berichtigung der Kostenentscheidung wegen Unrichtigkeit auf Grund nachträgl Änderung der Streitwertfestsetzung ist nicht zulässig (BGH NJW 2016, 1021; OLG Stuttgart NJW 2015, 421 [krit Proske]; s § 319 Rn 31). Anders bei einem Berechnungsfehler (BGH MDR 2015, 52). 13.20

• **Berufung.** Erst ab förml Zustellung können überhaupt erstattungsfähige Kosten entstehen. – Neben- und Abwicklungstätigkeiten des erstinstanzl ProzBev (§ 19 RVG; s dazu LAG Berlin-Brandenburg NZA-RR 2021, 614 m Bsp) lösen noch keine Geb 3200 RVG-VV aus (BGH MDR 2013, 123 m Bsp). Anders, wenn er dabei bereits auftragsgem die Erfolgsaussichten des Rechtsmittels prüft. Für die Gebührenentstehung ist dabei nicht erforderl, dass die Tätigkeit nach außen sichtbar wird (BGH MDR 2013, 123). Der Vertretungsauftrag muss bei Be- 13.21

streiten aber glaubhaft gemacht werden (OLG Koblenz JurBüro 2016, 150). – Der Berufungsbekl darf grds sofort nach Rechtsmitteleinlegung einen RA erstattungsfähig mit seiner Vertretung im Berufungsverf beauftragen (BGH NJW-RR 2014, 240). Ist die Berufung erklärtermaßen nur zur **Fristwahrung** eingelegt, kann der Berufungsbekl dennoch grds sofort einen RA einschalten (BGH MDR 2003, 530; MskV/Flockenhaus Rn 16 mN). Bei einem Zurückweisungsantrag und dann vor Begründung zurückgenommener Berufung ist nur eine Geb iHv 1,1 erstattungsfähig (3201 RVG-VV; BGH MDR 2007, 1397; LAG Niedersachsen NZA 2022, 1704; aA LAG Berlin-Brandenburg NZA-RR 2021, 614: überhaupt keine Geb). In Höhe von 1,6 (3200 RVG-VV) fällt sie an, wenn dem verfrühten Zurückweisungsantrag dann doch noch die Begründung des Rechtsmittels durch den Gegner folgt u sich das Verf durch Rücknahme, Sachentscheidung (BGH MDR 2009, 771) oder in sonstiger Weise erledigt (BGH MDR 2014, 57; bei diesem Verlauf Abweichung von MDR 2007, 1397). Sonderfälle, bei denen die Rspr trotz noch fehlender Begründung, die volle Geb zubilligte, zB wenn sich der Berufungskl die Begründungsfrist verlängern lässt (OLG Karlsruhe NJW-RR 2000, 512), sind damit die Ausnahme. – Der nach Zurücknahme der Berufung zu erlassende Kostenbeschluss (§ 516 III 2) ergeht vAw u löst keine Geb aus, selbst wenn Kostenantrag gestellt wurde (KG JurBüro 2004, 91). – Nicht erforderl ist die Bestellung eines Berufungsanwalts durch die hilfsbedürftige Partei, wenn der ebenfalls hilfsbedürftige Gegner Berufung eingelegt hat mit dem Antrag, für das Verf PKH zu bewilligen; das PKH-Verf ist abzuwarten. Das gilt aber nicht, wenn zugleich die Berufung begründet wird (KG MDR 2008, 113). – Einschaltung eines Verkehrsanwalts kann immer erst ab Zustellung der Berufungsbegründung erforderl werden (OLG Hamm JurBüro 84, 1835). – **Rücknahme:** Nach kritisierten Entscheidungen des BGH (III. und in der Folge I. Senat) sind die Kosten eines RA iHv 1,6-Geb nicht erstattungsfähig, wenn er eine Berufungserwiderung erst nach Berufungsrücknahme einreicht, wobei es auf Kenntnis/Unkenntnis oder Verschulden nicht ankomme; allenfalls könne eine 1,1-Geb (3201 RVG-VV) entstehen, wenn der RA schon vor Berufungsrücknahme auftragsgemäß das Geschäft betrieben habe (BGH FamRZ 2018, 620 Tz 9, 13 [krit Hansens RVGreport 2018, 143]; BGH MDR 2016, 487 Tz 10, 14 [abl Fölsch MDR 2016, 503] = NJW 2016, 2751 [abl Möller NJW 2016, 2753] = RVGreport 2016, 186 [krit Hansens]; aA BAG AGS 2013, 98; Müller-Rabe JurBüro 2017, 3; ausf Möller NJW 2018, 3060). Der BGH (III. Senat) hat zu MDR 2016, 487 dann auf Anfrage des XII. Senats erklärt, er sei wohl teilweise missverstanden worden, die Entscheidung beruhe darauf, dass dort Rechtsmittelrücknahme anheimgestellt worden war (§ 522 II), ohne dem Gegner eine Erwiderungsfrist zu setzen (vgl Tz 30 in MDR 2018, 618). 1,6-Geb entsteht nach BGH in den Fällen von § 80 S 1 FamFG (BGH MDR 2017, 365), weil hier ein anderes Regelungskonzept zugrunde liege als in § 91, sowie dann, wenn mit dem Hinweis nach § 522 II zugleich dem Gegner eine Erwiderungsfrist gesetzt ist (BGH MDR 2018, 618 = NJW 2018, 1403 [Overkamp NJW 2018, 1406]); dabei wird kein rein objektiver Maßstab, sondern eine „verobjektivierte" ex-ante-Sicht angelegt (zust BAG NJW 2024, 460). Auch in BGH MDR 2018, 1407 wird dann als unerheblich angesehen, dass es objektiv der Prozesshandlung nicht mehr bedurfte. – **Kasuistik:** Geb iHv 1,6 erstattungsfähig, wenn bei Rücknahme vor Begründung der RA einer Erledigterklärung widerspricht (OLG Rostock JurBüro 2008, 260); wenn der Verwerfungsantrag nach Ablauf der Berufungsbegründungsfrist gestellt wird (KG Rpfleger 2008, 537); wenn zu verfahrensrechtl Problemen Stellung genommen werden muss (OLG Frankfurt RVGreport 2015, 148). – Nur eine Geb iHv 1,1 erstattungsfähig, wenn die Berufung zwar begründet, aber vor einem Zurückweisungsantrag zurückgenommen wird (OLG Bremen MDR 2009, 56); wenn der ProzBev der Verlängerung der Berufungsbegründungsfrist widerspricht (KG JurBüro 2008, 646); wenn ein **Stillhalteabkommen** vor Rücknahme der Berufung abgelaufen war (OLG Karlsruhe JurBüro 2008, 540). – Wird die Berufung nur **teilweise begründet:** 1,6-Geb aus dem begründeten Teil; iÜ 1,1-Geb (OLG Koblenz RVGreport 2015, 465 [Hansens]). – Die Erstattung von **Reisekosten** des zweitinstanzl ProzBev richtet sich nach dens Grundsätzen wie in der 1. Instanz (BGH MDR 2004, 1136; s Rn 13.79). **Zurückweisung nach § 522 II:** Nach Begründung der Berufung kann sich der ProzBev des Berufungsbekl erstattungsfähig am Hinweisverf beteiligen u Sachanträge stellen (BGH MDR 2018, 58). Er kann Zurückweisung beantragen u verdient eine 1,6 Geb, auch wenn er sich nicht inhaltl mit der Berufungsbegründung befasst (BGH NJW-RR 2009, 859) oder wenn ihm noch keine Erwiderungsfrist gesetzt ist (BGH MDR 2010, 1287). Wird ihm mit dem Hinweis nach § 522 II eine Erwiderungsfrist gesetzt und von ihm eine Erwiderung in nicht vorwerfbarer Unkenntnis einer zwischenzeitlichen Berufungsrücknahme eingereicht, ist eine 1,6-Geb erstattungsfähig (BGH MDR 2018, 618). – **Verwerfung (§ 522 I 2):** Volle Geb (3200 RVG-VV) für den Verwerfungsantrag grds erstattungsfähig (str; s GS/Müller-Rabe VV 3201 Rn 60 mN). Da das Gericht vAw entscheidet, wird dies aber nur gelten können, wenn bes Gründe, zB ergebnisloser Zeitablauf (OLG München NJW-RR 2009, 862), die Notwendigkeit des Antrags rechtfertigen. Daran wird es idR zunächst fehlen, wenn das Gericht schon die Verwerfung ankündigt (BGH MDR 2010, 165). Anders, wenn der RA bei einer str Frage zur Zulässigkeit berechtigte Interessen des Mandanten an einer schnellen Verfahrensbeendigung wahrnimmt (BGH MDR 2009, 1195 [betr Unzuständigkeit]; OLG München MDR 2023, 191 [betr Berufungsfrist]) oder der Kl dem gerichtl Hinweis entgegentritt (BAG NJW 2024, 460).

13.22 • **Besprechung.** In Mahn- u Streitverf können Besprechungen ohne Beteiligung des Gerichts eine Terminsgeb des RA auslösen (Vorbem 3 III RVG-VV).

13.23 • **Bestimmung des zuständigen Gerichts**. Keine Gerichtsgeb. – Für den RA gilt § 16 Nr 3a RVG, und zwar gleichgültig, wie der Antrag beschieden wird. Das Verf ist Teil der Hauptsache u bedarf keines eigenen Kostenausspruchs (BayObLG NJW-RR 2019, 957; BFH AGS 2023, 559). – Kommt es nicht zur Hauptsache, bleibt nur der mat-rechtl KE (N. Schneider NJW-Spezial 2019, 476). – RA-Geb: 3100, 3101 RVG-VV und bei Einzeltätigkeit 3403 RVG-VV.

• **Beweistermin.** Die Terminsgeb (Vorbem 3 III RVG-VV) entsteht ua auch für die Vertretung in der Beweisaufnahme, jedoch grds keine zusätzl Beweisgebühr. Aber Zusatzgebühr nach 1010 RVG-VV mögl bei 3 gerichtl Termine mit Vernehmung von SV und/oder Zeugen; keine entsprechende Anwendung von 1010 RVG-VV auf andere besonders umfangreiche Beweisaufnahmen (OLG Hamburg MDR 2024, 740). – Nimmt die Partei selbst neben ihrem Anwalt am Beweistermin teil, sollten ihre Kosten regelmäßig erstattungsfähig sein, da sich so gut wie nie ausschließen lässt, dass die Anwesenheit der Partei und ihre nicht delegierbare Detailkenntnis den Verlauf einer Zeugenvernehmung beeinflusst (OLG Frankfurt AnwBl 86, 539); enger die wohl hM (zB OLG Hamm JurBüro 94, 475), die verlangt, dass das Beweisthema auch die Partei betrifft (KG JurBüro 82, 1247; OLG München JurBüro 81, 1022). – Die Kosten des ausl Beweisanwalts sind nur nach RVG erstattungsfähig (s Rn 13.13). 13.24

• **Bruchteilsgemeinschaft.** Die VerfGeb erhöht sich (1008 RVG-VV), wenn die Eigentümer nicht als „Verband" auftreten (OLG Köln MDR 2012, 1256). 13.25

• **Datenbankkosten.** Bei abgelegenen Rechtsgebieten und bei hohen Streitwerten kann die Recherche der sicherste Weg sein, so dass Erstattungsfähigkeit anzunehmen ist (MskV/Flockenhaus Rn 45). Das gilt aber nicht, wenn die Datenbank wie ein Zeitschriftenabonnement, ohnehin zur notwendigen Büroausstattung gehört (OLG Stuttgart JurBüro 98, 424). 13.26

• **Deckungszusage**, Einholung. Vom RA bes abzurechnende Angelegenheit, aber keine Erstattungspflicht des Gegners im KFV (Hansens RVGreport 2010, 241); denkbar ist eine mat-rechtl Anspruchsgrundlage (Hansens RVGreport 2010, 321; aA OLG Celle AGS 2011, 152), sofern anwaltl Hilfe erforderl war (BGH MDR 2011, 512). 13.27

• **Detektivkosten.** Sie sind nur erstattungsfähig, als sie sich, gemessen an den wirtschaftl Verhältnissen der Parteien und der Bedeutung des Streitgegenstandes, in vernünftigen Grenzen halten, prozessbezogen waren (OLG Bremen NJW 2016, 509 Tz 3, 6), also nicht als Geschäftskosten zur Prüfung der Einstandspflicht angefallen sind (OLG Saarbrücken r+s 2020, 542 Tz 10), die erstrebten Feststellungen wirkl notwendig waren (zB OLG Koblenz JurBüro 2004, 34: um überhaupt vortragen zu können; LG Köln WuM 2000, 616 betr Eigenbedarfskündigung) und die Ermittlungen nicht einfacher und/oder billiger erfolgen konnten (OLG Brandenburg NZFam 2022, 515). Diese Voraussetzungen fehlen bspw, wenn Detektiv für konkrete Testkäufe eingeschaltet wird (OLG Schleswig JurBüro 84, 920). Die vorher angebotenen Beweismittel müssen ausgeschöpft sein (OLGR Frankfurt 1993, 290: Zeugen). Es kommt dabei nicht darauf an, ob die Ermittlungen den Prozessausgang beeinflusst haben, sondern, ob eine vernünftige Partei berechtigten Grund gehabt hätte, einen Detektiv einzuschalten (OLG Stuttgart FamRZ 89, 888: Fehlverhaltensnachweis im Trennungsunterhaltsverf; OLG Schleswig JurBüro 92, 471: Verschweigen von Einkommen im Unterhaltsprozess; OLG Bremen NJW 2016, 509 Tz 6 u OLG Saarbrücken r+s 2020, 542 Tz 12: Verdacht vorgetäuschten Unfalls; OLG Koblenz Rpfleger 91, 338: Vorbereitung eines Verfügungsantrags im WettbewerbsR; OLG Koblenz MDR 99, 384: Ermittlung der Zeugenanschrift; OLG Koblenz Rpfleger 2002, 482: Ermittlung der Anschrift des Bekl; OLG Koblenz NJW-RR 2003, 75 = JuS 2003, 408 [Hohloch] u OLG Düsseldorf MDR 2009, 1015: Verschweigen einer Lebensgemeinschaft im Unterhaltsprozess; OLG Schleswig MDR 2006, 174: Verwirkung eines Unterhaltsanspruchs; OLG Koblenz MDR 2007, 619: Entfallen eines Unterhaltsanspruchs; OLG Koblenz JurBüro 2011, 202: Konkurrenzschutzverstoß; OLG Köln VersR 2018, 761: Verdacht auf Versicherungsbetrug), wohl ist die Beeinflussung des Prozessausgangs Indiz für die Notwendigkeit (KG FamRZ 2009, 1699). Das Beweisergebnis muss verwertbar sein (BGH MDR 2013, 1006 verneint für den Einsatz eines GPS-Senders). Immer ist nötig, dass der Auftrag zur Bestätigung eines bestimmten festen Verdachts erteilt worden ist (OLG Frankfurt r+s 2019, 297) und der Aufwand nachvollziehbar belegt wird (KG JurBüro 2004, 32); bei Erfolgshonoraren ist strenge Prüfung nötig. Erstattungsfähigkeit scheitert nicht daran, dass der nicht am Rechtsstreit beteiligte Versicherer für die Partei die Kosten bezahlt hat (OLG Karlsruhe MDR 96, 1078). 13.28

• **Dokumentenpauschale.** S Rn 13.10. 13.29

• **Dolmetscher.** Für den Verhandlungstermin nicht notw, wenn der ProzBev die Fremdsprache beherrscht, mit der Partei kommunizieren kann (OLG Düsseldorf RVGreport 2016, 350 [Hansens]) und die Partei nicht mit ihrer Vernehmung rechnen muss (OLG Köln JurBüro 2002, 591). 13.30

• **Drittschuldnererklärung.** Festsetzung der Kosten des Drittschuldnerprozesses gegen Sch im Verf nach § 788 möglich (s näher § 840 Rn 15). 13.31

• **Eidesstattliche Versicherung.** Der Partei, von ihrem ProzBev aufgenommen, ist durch die VerfGeb abgegolten. 13.32

• **Einstweilige Verfügung.** Der ProzBev des Ag im eV-Verf kann im Hauptsacheverf bevollmächtigt bleiben, auch wenn der ASt für die Klage dann einen anderen Gerichtsstand wählt (s § 78 Rn 2, 3, 6, 12); dadurch anfallende Reisekosten sind erstattungsfähig (OLG München MDR 2004, 907). – Bei Antragsrücknahme kann Geg- 13.33

ner Kostenbeschluss beantragen, falls eine einstw Verfügung noch nicht erlassen war, aber nur, wenn er am Verf beteiligt war (s Rn 13.54). Wurde der Antrag auf Erlass einer einstw Verfügung ohne Anhörung des Gegners zurückgewiesen, hatte dieser jedoch anderweitig von dem Verf Kenntnis erlangt, so hat er Anspruch auf Erstattung der Kosten seiner Rechtsverteidigung (KG MDR 93, 481). – Kosten, die nach Erlass der eV für die Rechtsbehelfsprüfung entstehen, werden von der Kostengrundentscheidung nicht erfasst, wenn Widerspruch dann nicht eingelegt wird (OLG Koblenz JurBüro 2010, 146). – Die Kosten gestellter, aber nicht vernommener Zeugen sind nur erstattungsfähig, wenn Partei davon ausgehen durfte, dass eidesstattl Versicherungen nicht genügen und das Gericht die Zeugen vernehmen werde (OLG Schleswig JurBüro 81, 760). Da präsente Beweismittel erforderlich sind, sind Kosten für Privatgutachten erstattungsfähig, wenn ohne das Gutachten eine effektive Rechtsverfolgung/-verteidigung nicht möglich war (OLG Nürnberg 25.3.2021 – 3 W 727/21 Tz 15 mN).

13.34 • **Erben.** Die Erbengemeinschaft hat keine Rechtspersönlichkeit (BGH NJW 2006, 3715), ist also eine Auftraggebermehrheit (OLG Köln MDR 2014, 1052). Der RA, der sie vertritt, verdient erstattungsfähig die erhöhte Geb (1008 RVG-VV; BGH MDR 2004, 905). – Beim Erbfall wird der Eintritt des/der Erben, obwohl Rechtsnachfolge, gebührenrechtlich dem Parteiwechsel gleichgestellt, so dass auch bei nur einem Erben Auftraggebermehrheit (Erblasser und Erbe) anzunehmen ist. Die Erhöhung gilt nur für die Instanz, in der die Mehrheit entsteht (OLG Hamburg JurBüro 2024. 241). Strenge Anforderungen an die Erstattungsfähigkeit, wenn jeder Erbe einen eigenen RA beauftragt (OLG Koblenz MDR 2013, 430).

13.35 • **Erbschein.** Kosten erstattungsfähig, wenn Vorlage vom Gericht angeordnet (LAG Düsseldorf JurBüro 89, 811).

13.36 • **Erfolgshonorar.** § 4a RVG (hierzu Kilian MDR 2021, 1297). Für die Kostenerstattung stellen die gesetzl Geb die Obergrenze dar (MK/Schulz Rn 92 mwN; MskV/Flockenhaus Rn 47a; krit, aber unentschieden Fölsch MDR 2008, 728, 713 IV 5). Erstattung nur des Erfolgshonorars, wenn die fiktiven gesetzl Geb darüber liegen (hierzu Fölsch aaO; zur Problematik anschaulich Overkamp NJW 2022, 998, 999 unter V). Zum Erfolgshonorar in Schiedsverf s Wilske/Markert FS Geimer, 2017, S 795.

13.37 • **Europäisches Verfahren für geringfügige Forderungen.** Zur Notwendigkeit der Kosten muss hinzukommen, dass sie nicht unverhältnismäßig sind (Erw 29 und Art 16 EuBagatellVO; zu Recht krit Wedel JurBüro 2010, 286).

13.38 • **Forderungsabtretung.** Hierdurch veranlasste Kosten dürfen den Bekl nicht belasten, zB nicht durch Abtretung an einen Dritten, der einen Verkehrsanwalt in Anspruch nehmen muss, oder bei Abtretung durch Ausländer an inländischen Kl (MskV/Flockenhaus Rn 37).

13.39 • **Geld.** Erhebung und Ablieferung ist nicht erstattungsfähig; grds auch nicht die Hebegebühr nach 1009 RVG-VV (StJ/Muthorst Rn 26; BGH MDR 2007, 743; OLG München DGVZ 2007, 43: Auszahlung einer Sicherheitsleistung an den ProzBev; AG Cloppenburg DGVZ 2008, 15: Überwachung von 5 Zahlungseingängen). Erstattungsfähigkeit wird hingegen bejaht, wenn der Sch unaufgefordert an Gläubiger-RA zahlt (allgM; zB LG Frankfurt/M 7.4.2022 – 2-15 O 74/20; N. Schneider NJW 2022, 2318) oder sogar entgegen anders lautender Weisung (OLG Frankfurt JurBüro 95, 321); wenn Gl ein schutzwürdiges Interesse an der Einschaltung eines RA hat, zB zur Überwachung (AG Eisenhüttenstadt Rpfleger 2005, 383 [Winkler]), in Eilfällen (OLG Frankfurt Rpfleger 52, 445). Eine entspr Verpflichtung im Vergleich lässt der BGH (BGH MDR 2007, 743) alleine noch nicht ausreichen; jedoch dann, wenn der rechtzeitige Zahlungseingang über die Wirksamkeit des Vergleichs entscheidet.

13.40 • **Geschäftsunfähigkeit.** Sie hindert Kostentragungspflicht nach Klagerücknahme oder wegen Klageabweisung nicht (OLG München 27.12.2011 – 5 W 2316/11).

13.41 • **Gesellschaft bürgerlichen Rechts.** Als rechtsfähige Außengesellschaft ist sie parteifähig (§ 50 I; Erman/Lieder § 713 BGB Rn 10). **1)** Aktivprozess: keine Erhöhung der VerfGeb nach 1008 RVG-VV, wenn nur die GbR klagt. – **2)** Passivprozess: auch hier keine Erhöhung, wenn nur die GbR verklagt wird. Anders, wenn daneben noch Gesellschafter in Anspruch genommen werden (OLG Stuttgart NJW-RR 2006, 1005).

13.42 • **Grundbuchauszug.** Kosten hierfür als notw Aufwendungen erstattungsfähig (OLG Düsseldorf Rpfleger 2009, 344).

13.43 • **Hinterlegungskosten.** Sie gehören nicht zu den Kosten des Rechtsstreits (MskV/Flockenhaus Rn 49), auch nicht die Kosten eines Verf nach § 25 HinterlG (OLG Koblenz JurBüro 88, 1690 zu § 16 HinterlO aF).

13.44 • **Hochschullehrer als Prozessbevollmächtigter.** S vor § 78 Rn 15 zur Vertretungsmacht. Seine Kosten sind entgegen LG Münster (MDR 95, 1175 [abl Deumeland ZMR 96, 386]) erstattungsfähig (OLG München MDR 2001, 958 mN = JurBüro 2002, 201); bei Selbstvertretung gilt II 3 (AG Starnberg RVGreport 2008, 320).

13.45 • **Honorarvereinbarung.** § 3a RVG; Mediger MDR 2017, 245. Keine prozessuale Kostenerstattungspflicht über *die gesetzl Geb hinaus (BGH MDR 2018, 557 Tz 20, 21;* aA Krüger/Raap MDR 2010, 422, 424 mit § 254 BGB als Korrektiv; nach Erforderlichkeit differenzierend GS/Mayer § 3a Rn 75), es sei denn, in einem Vergleich hat der Gegner auch die Mehrkosten übernommen (MK/Schulz Rn 91; zu Zeithonoraren näher Saenger/Uphoff

NJW 2014, 1412). Keine Anrechnung einer Honorarvereinbarung auf die VerfGeb (BGH NJW-RR 2010, 359); aber Ausnahme, wenn bei einem Vergleich der Anfall einer anrechenbaren Geschäftsgeb unterstellt wurde (BGH RVGreport 2015, 72 [Hansens]). – Der mat-rechtl KE (vor § 91 Rn 11) kann höher sein als die gesetzl Gebühren und eine Honorarvereinbarung erfassen (BGH NJW 2015, 3447). – Ist die Vereinbarung formunwirksam, können dennoch die gesetzl Geb gefordert werden (BGH MDR 2014, 931). Zum Transparenzerfordernis und den Folgen fehlender Transparenz auf die Honorarvereinbarung s EuGH ZIP 2023, 360 [von Westphalen EWiR 2023, 109]; von Westphalen ZIP 2023, 2177).

• **Inkassokosten.** Das sind Mahn- und Beitreibungskosten für Rechtsdienstleistungen (§ 2 II RDG; ausf Salten MDR 2022, 69; Uhl DGVZ 2021, 205). Es kommt ein – einzuklagender – mat-rechtl KE (idR Verzugsschadensersatz) in Betracht (zB BGH ZIP 2023, 531). Erstattungsfähigkeit: § 13e I RDG verweist auf das RVG (s § 13 II RVG zur Gebührenhöhe; § 31b RVG zum Gegenstandswert; 1000 Nr 2 RVG-VV zur Einigungsgeb; 2300 II RVG-VV zur Geschäftsgeb); § 13e II RDG verweist für die ZwV auf § 788. – Bei Doppelvertretung (Inkassodienstleister und RA) gilt § 13f RDG mit einer Kostendeckelung (Ausnahme § 13f S 3 RDG). – Sonderregelung für Rentenberater (§ 13d RDG) und den in § 4 EG-RDG genannten Personenkreis. – Ein ersatzfähiger Verzugsschaden besteht auch bei Abtretung des mat-rechtl KE an Erfüllungs statt an den Inkassodienstleister (BGH ZIP 2025, 893 = MDR 2025, 644; zust Prütting ZIP 2025, 1198; aA Vorinstanz OLG Hamburg MDR 2023, 1441; krit zu Hamburg Osterloh-Konrad ZIP 2024, 218 und Uwer/Steinert/Struth ZIP 2024, 8). – Die frühere Kostenregelung für das gerichtl Mahnverf (§ 4 IV 2 EG-RDG aF) wurde nicht übernommen (BTDrs 19/20348, 51). Sa § 104 Rn 21.46. 13.4

• **Insolvenzverfahren.** Während des InsVerf dürfen keine Entscheidungen zur Hauptsache ergehen (§§ 240, 249 II; BGH ZInsO 2005, 372). Bleibt die Kostenentscheidung, weil ein Teil der früheren Hauptsache erhalten bleibt, aber Nebenentscheidung, kann sie eine Unterbrechung nicht begründen. Es kann in diesem Fall also über die Kosten entschieden werden (LAG Berlin-Brandenburg NZA-RR 2025, 106). 13.4

• **Juristische Person.** Sie kann keine Entschädigung für zeitl Aufwand ihrer Organe oder sonstiger Mitarbeiter aus Anlass der Bearbeitung eines Rechtsstreits verlangen; jedoch für terminsnotwendige Zeitversäumnis (OLG Frankfurt JurBüro 2020, 32; OLG Stuttgart JurBüro 2001, 484; AG/Gehle Rn 124). IdR muss ein Organ mit jur Kenntnissen den RA ausschließl schriftl informieren (OLG Koblenz JurBüro 87, 1835); dem RA als Vereinsvorstand kann aber eine Verkehrsgeb erwachsen (KG MDR 87, 679). 13.4

• **Kennzeichenstreitsachen.** Die Kosten des Patentanwalts sind nach § 140 IV MarkenG zu erstatten, auch bei Personenidentität von Rechts- und Patentanwalt. § 140 IV MarkenG ist allerdings unionswidrig, soweit keine Prüfung der Notwendigkeit der Zuziehung eines Patentanwaltes vorgesehen ist (EuGH GRUR 2022, 853). Die Vorschrift bedarf daher der entsprechenden Auslegung (BGH MDR 2023, 448 [Hauck GRUR 2023, 544]). – Es reicht Glaubhaftmachung der Mitwirkung (OLG Hamburg MDR 2007, 369). Vorgerichtl Tätigkeit reicht aus. Sie muss aber einen engen Bezug zum Rechtsstreit gehabt haben (OLG Stuttgart GRUR-RR 2007, 96; aA OLGR Düsseldorf 2001, 424). Vorausgesetzt ist weiter, dass nach dem Klägervortrag ein zeichenrechtl Anspruch ernstl in Betracht kam (OLG Köln GRUR-RR 2006, 350), und bei Hilfsansprüchen, dass hierüber (zu Gunsten des ASt) entschieden ist (BGH MDR 2019, 1343). Patentanwalt aus **EU-Staat** kann bei hinreichender Vergleichbarkeit mit inländischem Patentanwalt wie dieser vergütet werden (BGH JurBüro 2007, 596: consulente in marchi). – Patentanwalt nicht notwendig im Beschwerdeverf nach §§ 93, 99 (OLG Zweibrücken GRUR-RR 2009, 327). 13.48

• **Klageabweisungsantrag.** Nach RVG entsteht eine Terminsgeb 3104 RVG-VV, und zwar unabhängig, ob im Termin str oder unstr verhandelt wurde. Der Klageabweisungsantrag hat daher keine gebührenrechtl Auswirkung. Ausnahme bei der VerfGeb 3100 RVG-VV, wenn der Auftrag endet, bevor der Beklagtenvertreter einen Schriftsatz mit Klageabweisungsantrag (= Sachantrag iSd RVG) eingereicht hat. Die Geb ermäßigt sich dann von 1,3 auf 0,8 (3101 Nr 1 RVG-VV); vergleichbare Regelung in 3200, 3201 RVG-VV; 3206, 3207 RVG-VV. 13.49

• **Klageänderung. 1) objektive:** Kostenentscheidung entspr des beschiedenen Antrags nach §§ 91 ff (AG/Anders § 263 Rn 18), ggf § 96. § 269 III 2 ist grds nicht anzuwenden (OLG Stuttgart JurBüro 2023, 48); zu einer Ausnahme s § 263 Rn 18. – **2) subjektive:** Die Kosten werden zwischen den Parteien verteilt, zwischen denen das Urteil ergeht (AG/Anders Rn 39). Sa Rn 13.69. 13.50

• **Klageerweiterung** mit der Folge des Zuständigkeitswechsels vom AG zum LG muss in keinem Fall einen Anwaltswechsel nach sich ziehen. Die Pflicht der Partei, bereits frühzeitig einen (kostenrechtlich) geeigneten RA zu mandatieren, besteht allenfalls noch unter dem Gesichtspunkt vermeidbarer Reisekosten des RA (II 2; s Rn 13.79). 13.51

• **Klagerücknahme.** Der RA des Bekl verdient erstattungsfähig die VerfGeb VV 3100, wenn er in **entschuldbarer** (vorwerfbar, wenn Partei ihn [OLG Hamburg AGS 2013, 441] oder ihren Versicherer [OLG Köln JurBüro 2017, 251] nicht sogleich informiert) **Unkenntnis** der Rücknahme die Klagerwiderung einreicht (BGH MDR 2019, 1091 Tz 6 mwN; OLG Brandenburg AGS 2024, 283 betr Teilrücknahme), weil auf eine „verobjektivierte" ex-ante-Sicht des Bekl abzustellen ist (s hierzu auch Rn 13.21). Ebenso verdient er für einen in dieser Unkenntnis wahrgenommenen Termin die Terminsgeb (OLG Frankfurt 9.5.2023 – 6 WF 53/23 [N. Schneider NZFam 13.52

2023, 666]). – Der ProzBev des Kl muss bei ganz kurzfristiger Klagerücknahme u zur Vermeidung erstattungsfähiger Terminsreisekosten selbst den ProzBev des Bekl informieren (OLG Koblenz NJW-RR 2007, 1563). – Bei **Teil**klagerücknahme ist am Streitwert orientiert zu quoteln (§ 92 I; str, s § 92 Rn 3 aE; Greger s § 269 Rn 20). – Klagerücknahme gegen einen von mehreren Bekl mit gemeinsamen ProzBev führt idR zur Erstattung nach Kopfteilen (wie Rn 13.93). – Zur Klagerücknahme vor Zustellung s § 269 Rn 18e. – Hat Kl ein in ges Weise ergangenes **VU** erwirkt, nimmt er dann im Einspruchsverf die Klage (oder Berufung: OLG Köln MDR 90, 256) zurück, hat Bekl dennoch die Kosten seiner **Säumnis** zu tragen (BGH MDR 2004, 1082; hierzu Timme JuS 2005, 705). – Zur Kostentragungspflicht, wenn der vollmachtlose Vertreter oder die vollmachtlos vertretene Partei die Klage zurücknimmt, s § 88 Rn 11. – Ist die Klage vor Aufruf der Sache ganz zurückgenommen und stellt der ProzBev des Bekl im Termin den Kostenantrag: Terminsgeb iHv 1,2 (3104 RVG-VV) aus dem Kostenwert (OLG Stuttgart MDR 2021, 711), bei Teilklagerücknahme vor Aufruf der Sache: Terminsgeb nur aus dem restl Hauptsachewert, da die Teilrücknahme mit Eingang bei Gericht wirksam wird (Hansens AGS 2021, 60).

13.53 • **Klagezustellung.** Einschaltung eines RA bei nur zufälliger Kenntnis von Klageeinreichung vor Zustellung nicht notw (OLG Koblenz MDR 2013, 300).

13.54 • **Kostenantrag.** Der Kostenantrag (§ 269 IV) löst als Sachantrag die Geb 3100 RVG-VV – berechnet aus dem Kostenwert – aus (OLG Düsseldorf JurBüro 2005, 473). – In höherer Instanz ergeht die Kostenentscheidung vAw, weshalb kein Kostenantrag gestellt werden muss. – War der Ag im Eilverf nicht beteiligt, kann er nach Rücknahme keinen Kostenbeschluss erwirken (so OLG Brandenburg MDR 99, 570) bzw, wenn ein Kostenbeschluss ergeht, keine Geb für den Kostenantrag erstattet verlangen (OLG Hamburg NJW-RR 2007, 791).

13.55 • **Kostenwiderspruch.** Nach Einlegung in Eilsachen fällt für ProzBev des Ag keine erstattungsfähige VerfGeb aus dem Wert des Verfügungsverf an (BGH MDR 2013, 1253, Aufhebung v OLG München JurBüro 2013, 33). Gebührenwert ist das Kosteninteresse (OLG Hamburg MDR 2009, 174). Sa § 93 Rn 6.32.

13.56 • **Kreditkosten.** Zinsen und Kosten eines Kredits zur Finanzierung des Rechtsstreits sind nicht erstattungsfähig (OLG Koblenz JurBüro 2006, 205); mat-rechtl Verfolgung nicht ausgeschlossen (s vor § 91 Rn 11). Darlehenszinsen oder Zinseinbußen (OLG München MDR 99, 1466: § 717 II) infolge Einsatzes eigenen Kapitals sind nicht erstattungsfähig.

13.57 • **Lichtbilder.** Vorlage von Fotografien zur Vermittlung optischer Eindrücke über entscheidungserhebl Sachverhalte fördern erfahrungsgemäß das Verf, zB Bilder über die Straßenführung im Verkehrsunfallprozess, Grundstückslage im Nachbarstreit, Zustand einer Sache im Gewährleistungsprozess, äußere Verletzung in Schmerzensgeldverf (LG Flensburg JurBüro 85, 777). Erstattungsfähigkeit grds zu bejahen, zumal es sich fast immer um verhältnismäßig geringe Kosten handelt; Erstattung der Höhe nach in Anlehnung an § 12 I 2 Nr 2 Alt 2 JVEG.

13.58 • **Mahnschreiben.** Sie verursachen keine Kosten des Rechtsstreits (BGHReport 2006, 1070); sie können jedoch als Verzugsschaden mit eingeklagt werden. Welche Geb (RDG/RVG) entsteht, entscheidet der Auftrag (Hansens Anm zu OLG Nürnberg RVGreport 2010, 459).

13.59 • **Mahnverfahren.** Kein Kl muss es wählen. Deshalb sind die Kosten des Erkenntnisverf auch dann erstattungsfähig, wenn Kl im Mahnverf zum Ziel gekommen wäre. – **Anwaltswechsel** beim Übergang ins Streitverf: **Rechtslage bis 31.12.1999:** Bsp zur seinerzeit notwendigen **Widerspruchsprognose** (s GS/Müller-Rabe VV 3305-3308 Rn 87 ff), die darüber entschied, ob die Kosten zweier RAe erstattbar waren: Mit einem Widerspruch (auch einem verspäteten: OLG Schleswig JurBüro 88, 1523) zu rechnen ist zB, wenn der Bekl bestritten hat (OLG Braunschweig MDR 99, 570), ein rechtserhebl Einwand erhoben wurde (OLGR Frankfurt 1994, 12), ein Scheck nicht eingelöst wurde (OLG Bamberg JurBüro 82, 233), der Gl übersetzte oder zweifelhafte Ansprüche, auch hinsichtl Zinsen oder Inkassokosten in das Mahnverf einbringt, wenn nur einer der Gesamtsch vorprozessual Einwendungen erhebt (OLG Koblenz JurBüro 86, 1835) oder diese sich auf einen Teil der Forderung beschränken (OLG München MDR 88, 416; aA OLG Koblenz JurBüro 84, 436; OLG Schleswig JurBüro 96, 94: nur Teilwiderspruch ist zu erwarten). Nicht zu rechnen war mit einem Widerspruch, wenn der Sch zur Forderung schweigt oder Teilzahlungen erbracht hat, Sicherungspapiere (Scheck, Wechsel) hingegeben hat (OLG Düsseldorf AnwBl 85, 590) oder VU gegen sich ergehen lässt (OLG Hamburg JurBüro 96, 38). Auch mit einem Widerspruch aus bloßen **Verzögerungsgründen** braucht nicht gerechnet zu werden (Schneider MDR 79, 442; aA zB OLG Düsseldorf AnwBl 84, 626). Die **Beweislast** liegt beim Gl (OLGR Saarbrücken 1997, 134; aA [Beweislast beim Sch] Riecke MDR 99, 81; KG JurBüro 99, 30). – **Rechtslage seit 1.1.2000:** Ausgangspunkt ist, dass eine Partei, die vor einem auswärtigen Gericht klagt/verklagt wird, idR in erstattungsfähiger Weise einen RA mit Kanzlei in der Nähe ihres Wohn- oder Geschäftssitzes beauftragen kann (s Rn 13.79). – Hieraus folgt, dass dem Gl, der stattdessen zunächst das Mahnverf wählt und an seinem Sitz einen Mahnanwalt mandatiert, eine Widerspruchsprognose idR nicht mehr obliegt, weil er gebührenrechtl der Partei gleichzustellen ist, die sogleich das Streitverf betreibt (GS/Müller-Rabe VV 3305-3308 Rn 88). – **Ausnahme:** Hätte die Partei bei einer Klage keinen RA mit Kanzlei in ihrer Nähe beauftragen dürfen (zu diesen Fällen Rn 13.79), sondern einen RA am Ort des Prozessgerichts schriftl informieren können, kann sie durch die Wahl des Mahnverf nicht bessergestellt sein. War hier mit einem Widerspruch zu rechnen, sind nur die Kosten eines ProzBev mit Kanzlei am Ort des Prozessgerichts zu erstatten (OLG Koblenz MDR 2004, 473). Diese Partei muss also nach wie vor eine **Widerspruchsprognose** vornehmen

(GS/Müller-Rabe VV 3305-3308 Rn 96 ff m Bsp), wenn sie Kostennachteile vermeiden will (zust Karczewski MDR 2005, 486 f VI; grds aA Henssler/Deckenbrock MDR 2005, 1321, 1323 III 3). – Für **Inkassodienstleister** (§ 79 II 2 Nr 4) gelten §§ 13e, 13f RDG (s Rn 13.46). – **Höhe:** Erstattungsfähig sind die Geb des Mahnanwalts, der nach Abgabe dann als ProzBev den Rechtsstreit führen kann, aber Gebührenanrechnung nach 3305 RVG-VV Anm, so dass durch die Wahl des Mahnverf insoweit keine ausscheidbaren Mehrkosten entstehen. Zur Gebührenanrechnung im Fall des **Anwaltswechsels** beim Übergang vom Mahn- ins Streitverf s BGH MDR 2018, 431: Es gilt II 2 (Rn 13.7; GS/Müller-Rabe Anhang X Rn 208; aA MskV/Flockenhaus Rn 24). – **Rücknahme 1)** des Mahnantrags s § 690 Rn 26; **2)** des Streitantrags s § 696 Rn 2; **3)** des Widerspruchs s § 697 Rn 11.

• **Mahnverfahrenskosten.** Es sind Kosten des nachfolgenden Rechtsstreits (§ 696 I 5). Häufig geht nicht der volle Streitgegenstand vom Mahnverf in das Streitverf über, zB weil der ASt das Prozessrisiko scheut, insb aber wegen erfolgter (Teil-)Zahlung des Ag. Eine Teilkostenentscheidung ergeht dann im Mahnverf nicht. – **Rücknahmefiktion:** Nach § 697 II 2 gilt die Klage, soweit der Antrag in der Klagebegründung hinter dem Mahnantrag zurückbleibt, als zurückgenommen, sofern diese Folge bekannt gemacht wurde (§ 695 S 2). Die Vorschrift ist zumindest missverständlich formuliert (s N. Schneider NJW 2020, 2454; Gaub NJW 2023, 3615: komplizierte Vereinfachung). Für die Kostenentscheidung ist die fingierte Teilklagerücknahme über § 269 zu berücksichtigen (MskV/Voit § 697 Rn 3). Sinnvoller bleibt, in solchen Fällen den Mahnantrag ausdrücklich zurückzunehmen (§ 269 III; s dazu BGH MDR 2023, 251 [Schmitt MDR 2023, 277]). – **Erledigung:** Wird nach Zustellung des MB erfüllt, das Verf nach Widerspruch alsbald an das Prozessgericht abgegeben, kann der Kl auch für erledigt erklären (BGH MDR 2023, 251 [Schmitt MDR 2023, 277]), der Bekl sich anschließen. – **Kostenentscheidung:** Je nachdem, was alles zur Verfahrensbeendigung beiträgt, kann sie teils aus §§ 91, 92 ff, teils aus § 91a und teils aus § 269 III folgen (Kostenmischentscheidung; MK/Schulz Rn 62; Gaub NJW 2023, 3615 Rn 24; s § 99 Rn 7; zur Quotelung nach § 92 Schultzky MDR 2020, 1 ff Rn 28; § 92 Rn 3). Das ist bei ihrer Anfechtung (§ 91a II 1, § 99 I, § 269 V) zu berücksichtigen. – **Keine Kostenentscheidung**, wenn nur der Streitantrag (§ 696 IV) zurückgenommen wird (MK/Schulz Rn 63). 13.6

• **Markensachen.** § 140 IV MarkenG. S Rn 13.48, 13.70. 13.6

• **Mehrheit von Prozessen.** Wird ein Anspruch oder werden mehrere Ansprüche oder der Hauptanspruch u die Nebenforderungen durch **mehrere Klagen** verfolgt oder werden mehrere Streitgenossen in getrennten Prozessen belangt, so sind die dadurch entstandenen Mehrkosten nur erstattungsfähig, wenn zureichende Gründe (bej bei Fehlen eines gemeinsamen Gerichtsstandes, OLG Koblenz MDR 90, 159; bei Klagen gegen Hauptsch und Bürgen, OLG Koblenz Rpfleger 91, 80; bei Klagen mehrerer Geschädigter gegen einen Schädiger, Meyer JurBüro 2002, 70; nicht aber bei Klagen gegen zwei Bürgen, OLG Koblenz Rpfleger 91, 81) für die Notwendigkeit dieses Vorgehens gegeben sind (OLG Hamburg MDR 2003, 1381; OLG Hamburg MDR 2004, 778; OLG München MDR 2001, 652; KG NJW-RR 92, 1298); verneint bei mehreren gleich gerichteten Unterlassungsklagen gegen dens Wettbewerbsverletzer (OLG München MDR 87, 677), bei jew selbständigen WEG-Anfechtungsklagen mehrerer durch dens RA vertretenen Kl (BGH MDR 2010, 1286) oder bei nachträgl Geltendmachung eines zusätzl Anspruchs aus einem einheitl Lebensverhältnis in einem selbständigen Prozess statt im bereits anhängigen Rechtsstreit (OLGR Düsseldorf 1996, 94). Überprüfung der Notwendigkeit getrennten Vorgehens im KFV mögl (OLG Köln JurBüro 2011, 536; str); offen gelassen vom BGH, der hier auf den Gesichtspunkt des Rechtsmissbrauchs abstellt (BGH MDR 2013, 247 Tz 7, 8). 13.6

• **Mehrkosten.** Mehrkosten nach § 281 III s Rn 13.104, Rn 13.109 oder Mehrkosten infolge „Mehrheit von Prozessen" s Rn 13.62. Nicht kürzen kann man die Erstattung mit der Begründung, das Unternehmen hätte, um Mehrkosten zu vermeiden, sich zweckmäßiger organisieren müssen (BGH NJW 2006, 3008 Tz 11; s aber auch Rn 13.59). Zu Mehrkosten durch die Wahl des Kl unter mehreren Gerichtsständen s Rn 13.79 unter 2; Rn 13.113. 13.63

• **Mehrwertsteuer.** S Rn 13.101. 13.64

• **Meinungsumfrage.** Wird sie zur Vorbereitung eines Eilverf (OLG Hamburg JurBüro 89, 812) von einer Partei veranlasst, kommt Erstattungsfähigkeit in Betracht, wenn die Partei annehmen durfte, das Gericht werde in der mündl Verh von ihr Glaubhaftmachung von Tatsachen verlangen, die nur durch Meinungsumfrage aufklärbar seien (MK/Schulz Rn 164; OLG München Rpfleger 87, 331; OLG Köln JurBüro 95, 475: zu ½ erstattungsfähig, wenn die Umfrage auch im Hauptsacheverf benutzt wird) oder das Verf werde durch das Gutachten gefördert (KG MDR 87, 677). Dann kommt es nicht darauf an, ob die Umfrage Entscheidungsgrundlage wird (OLG Hamm MDR 79, 234). 13.65

• **Mieterhöhungsverlangen.** Kosten eines zur Begründung des Verlangens eingeholten SV-Gutachtens gehören nicht zu den Kosten des Rechtsstreits (hM; zB StJ/Muthorst Rn 38 mN). 13.66

• **Notanwalt. Erfolgloser Antrag auf Bestellung eines –.** Kein Kostenerstattungsanspruch des Gegners, auch wenn die Beschwerde „kostenpflichtig" zurückgewiesen wurde (OLG München MDR 93, 484). 13.67

• **Ordnungsgeld.** Beschwerde: Partei: s § 141 Rn 15; Zeuge: s § 380 Rn 11; SV: s § 409 Rn 3. – Im Ordnungsgeldverf nach § 890 gilt § 891 S 3. Der Gl kann mit Kosten belastet werden, zB wenn er einen übersetzten Betrag fordert (BGH MDR 2015, 674). 13.68

13.69 • **Parteiwechsel. Gebühren**anfall: § 7 I, § 15 II RVG; 1008 RVG-VV, wenn der ProzBev sowohl die ausscheidende als auch die eintretende Partei, sei es auf Kläger- oder auf Beklagtenseite, sei es zeitw zugleich oder nur nacheinander vertritt (OLG Oldenburg AGS 2018, 323; OLG Stuttgart Rpfleger 2010, 241; OLG Nürnberg MDR 2010, 532: wenn der zunächst Bekl nicht existiert; zum Beklagtenwechsel BGH MDR 2007, 365 [Hansens ZfS 2007, 189]). – Kostenentscheidung bei **1) Wechsel des Kl:** Der bisherige Kl hat die ausscheidbaren Mehrkosten zu tragen (ganz hM; BGH GRUR 2015, 159 [entsprechend § 269 III]; MskV/Foerste § 263 Rn 22 [entsprechend § 269 III], AG/Anders § 263 Rn 41 [nach § 96]; aA OLG Brandenburg MDR 2004, 842; MK/Schulz Rn 165 [quotale Beteiligung]). Hierüber ist auf Antrag durch Beschluss zu befinden (Greger § 263 Rn 31; aA MK/Schulz Rn 165 [Vorabentscheidung unzulässig]). – **2) Wechsel des Bekl:** Der Ausscheidende kann Kostenbeschluss analog § 269 III beantragen (s § 263 Rn 25; AG/Anders Rn 40); auch § 269 III 3 ist anwendbar (OLG Schleswig SchlHA 2010, 178). Über die übrigen Kosten wird im Endurteil entschieden. – Beim gesetzl Parteiwechsel und bei § 266 wird dem ausscheidenden Bekl ein Kostenbeschluss versagt (OLG Naumburg ZIP 2015, 793 [Veranlasserprinzip greift hier nicht]). Sa Rn 13.50.

13.70 • **Patentanwaltskosten.** § 143 III PatG regelt nur die Kosten in Patentstreitsachen; keine analoge Anwendung (BPatG JurBüro 2007, 652 LS), aber Anwendung auf einen beim europäischen Patentamt zugelassenen Vertreter (BGH MDR 2020, 939). – Der Begriff Patentsache ist weit auszulegen: BGH MDR 2011, 280 LS; OLG Düsseldorf RVGreport 2011, 31: Klage auf Abgabe der eidesstattl Vers; OLG Düsseldorf RVGreport 2010, 394: Herausgabevollstreckung. – In Patent-, Design-, Gebrauchsmuster- und Kennzeichensachen (§ 27 III GebrMG; § 140 IV MarkenG; § 52 IV DesignG) ist die Prüfung erforderlich, ob die Zuziehung des Patentanwalts notwendig war (BGH MDR 2023, 448 [zu § 140 IV MarkenG]; OLG Saarbrücken 5.1.2023 – 4 W 17/22 Tz 98 [zu § 27 GebrMG aF]; OLG Düsseldorf GRUR-RR 2022, 356 [zu § 143 III PatG] mit Hinweis auf EuGH GRUR 2022, 853 [zu § 140 IV MarkenG]; ganz hM). Diese Notwendigkeit wird zB bejaht, wenn ein technischer Sachverhalt in patentrechtl Zusammenhang zu beurteilen ist (OLG Düsseldorf GRUR 2024, 1566); wenn der Patentanwalt prüft, ob überhaupt eine Patentverletzung vorliegt (OLG Frankfurt GRUR-Prax 2024, 343); verneint, wenn in einer Markensache der Rechtsbestand str ist (OLG Frankfurt WRP 2023, 1244). – Keine Erstattung in reinen Wettbewerbsstreitigkeiten (OLG Hamburg MDR 2007, 1224). Ebenso nicht zwangsläufig in Honorarklagen (BGH NJW 2013, 2440), jedoch anders, wenn es dabei auch auf das Verständnis der Erfindung ankommt (OLG Hamburg RVGreport 2019, 70 [Hansens]). Dass der Patentanwalt der Sozietät des ProzBev angehört, ist unerhebl (OLGR Hamburg 1998, 18). – Zur **Doppelvertretung** in Löschungsverf und Verletzungssrechtsstreit s ausf BPatG GRUR-Prax 2023, 301 [Albrecht]; in zeitgleichen Nichtigkeitsverf und Verletzungsrechtsstreit BGH MDR 2024, 50). – Auslagen werden auf Notwendigkeit geprüft (OLG Köln Rpfleger 2010, 112; ausf zu Auslagen Albrecht/Hoffmann GRUR-Prax 2024, 257). **Reisekosten** erstattbar (KGR Berlin 1996, 83; aA OLGR München 1994, 180, wenn eine überörtl Patentanwaltssozietät mit einem am Gerichtsort ansässigen Sozius beauftragt wird). Nicht überzeugend Frankfurt (OLG Frankfurt GRUR-Prax 2019, 72 [Gruber]); es bejaht Erstattungsfähigkeit bei getrennter Anreise von RA und Patentanwalt derselben Sozietät. Terminsgeb nicht zu erstatten, wenn sich der Patentanwalt im Termin von einem nicht Patentanwalt vertreten lässt (OLG Braunschweig NJW-RR 2012, 242). Kosten für Eigenrecherchen des Patentanwalts sind erstattbar (OLG Hamm AnwBl 2003, 156). Für den Patentanwalt in eigener Sache fehlt eine dem § 91 II 3 entspr Vorschrift; keine analoge Anwendung (OLG München MDR 98, 308; aA BPatG GRUR 82, 293). Kosten der Mitwirkung als Patentanwalt sind dem ProzBev, der selbst Patentanwalt ist, neben den allg Geb zu erstatten (BGH NJW-RR 2003, 913; OLG Saarbrücken 5.1.2023 – 4 W 17/22 Tz 70). Fachanwalt für gewerbl Rechtsschutz steht aber Patentanwalt nicht gleich (OLG Köln MDR 2012, 1500). Keine Anwendung des § 140 IV MarkenG auf außer-/vorgerichtl Tätigkeiten (BGH RVGreport 2011, 386 [Hansens]: Abmahnung). Bei Klagenhäufung Beschränkung der Erstattungspflicht (§ 140 IV MarkenG) auf die kennzeichenrechtl Ansprüche (OLG Stuttgart GRUR 2009, 79). – Glaubhaftmachung der Mitwirkung durch anwaltl Versicherung (OLG Braunschweig NJW-RR 2012, 242) oder Anzeige zu Verfahrensbeginn u Vorlage einer Rechnung (OLG Frankfurt MDR 2012, 727 LS). – **Höhe** der Geb: wie die des RA. Dass die einschlägigen Vorschriften (s oben) nur auf § 13 RVG verweisen, ist unschädl (OLG Frankfurt JurBüro 2005, 202; OLG Hamburg MDR 2005, 1196).

13.71 • **Post- und Telekommunikationsdienstleistungen.** 7001, 7002 RVG-VV. Bei mehreren gebührenrechtl Angelegenheiten fallen Pauschbeträge mehrfach an (7002 RVG-VV Anm). Zum Begriff der Angelegenheit: §§ 17, 18 RVG. Die Pauschale beträgt 20 % der Geb, höchstens 20 Euro (7002 RVG-VV). Sie setzt eine Tätigkeit voraus, bei der Auslagen überhaupt anfallen können, also zB nicht bei einer „Auge-in-Auge"-Beratung, nicht aber, dass Auslagen tatsächlich angefallen sind (Franz/Dardat NJW 2018, 11; str). Kommunikation mit elektron Medien reicht für den Anfall der Pauschale aus (OLG Frankfurt RVGreport 2017, 300 [zust Hansens]). Beim Ansatz fiktiver Geb anstelle tatsächl angefallener Reisekosten entsteht die Pauschale nicht. Die Gebührenanrechnungsbestimmungen des RVG (zB Vorbem 3 IV RVG-VV) erfassen nicht die Pauschale.

13.72 • **Postulationsfähigkeit.** Einem nicht postulationsfähigen RA (§ 78 I 3) kann eine erstattungsfähige VerfGeb erwachsen (3403 RVG-VV), vorausgesetzt, seine Tätigkeit ist sinnvoll und dem Mandanten nützl (zB der Kostenantrag eines Nebenintervenienten, BGH MDR 2015, 183; sa Rn 13.80; § 78 Rn 20).

13.73 • **Privatgutachten.** Grds nicht erstattungsfähig sind Privatgutachten, wenn der Amtsermittlungsgrundsatz gilt (OLG Koblenz FamRZ 2020, 186) und **Rechtsgutachten** (BVerfG NJW 93, 2793; BVerwG Rpfleger 91, 388;

Ausnahmen im Rahmen des § 293 mögl: OLG Hamburg MDR 2024, 67; OLG München Rpfleger 2000, 425: span Urheberrecht). – Zu den Kosten am Rechtsstreit nicht beteiligter **Dritter** für ein Privatgutachten (s Rn 13.106). – **Sachgutachten: 1)** Die Kosten eines **vor dem Rechtsstreit** eingeholten Privatgutachtens sind ausnahmsw erstattungsfähig, wenn eine ausreichende Klage- oder Rechtsmittelgrundlage nur durch einen SV beschafft werden konnte, das Gutachten also zur Rechtsverfolgung (OLG Jena MedR 2023, 485: Arzthaftung; OLG Düsseldorf NJW-RR 96, 572: Baumängel; OLG Karlsruhe JurBüro 2005, 544: med Gutachten; OLG München MDR 86, 324: Zugewinnausgleich; OLG Rostock MDR 2005, 754: Kfz-Schaden; OLG Koblenz JurBüro 2006, 87: SteuerR; OLG Köln RVGreport 2014, 196: Einverständnis beider Parteien u Verwertung durch den gerichtl SV) oder -verteidigung (OLG Saarbrücken MDR 2010, 839) erforderl („**prozessbezogen**" BGH MDR 2019, 961 Tz 9) war, vorausgesetzt, dass die Sachkunde der Partei nicht ausreicht (BGH MDR 2018, 1406 Tz 17, 23). – In der Bejahung der Erstattungsfähigkeit liegt kein Verstoß gegen das Willkürverbot (BayVerfGH 24.2. 2017 – Vf 59-VI-15). – Gutachten zur Beurteilung der Prozessaussichten (OLG Hamm 8.2.2022 – 25 W 214/21 Tz 7, NJW-RR 2022, 787; OLG Saarbrücken ZVI 2018, 126), der Einstandspflicht (BGH NJW 2008, 1597; OLG Köln AGS 2022, 269), der Anspruchsmöglichkeiten (OLG Düsseldorf ZInsO 2018, 2602) oder des Streitwerts (OLGR Düsseldorf 1995, 102) sind nicht erstattungsfähig; idR auch nicht die Kosten für eine komplette Prozessbegleitung (KG NJW-RR 2019, 1085 Tz 5).- Ob Privatgutachten Erfolg gehabt hat, ist nicht entscheidend, da es auf die obj Erforderlichkeit und Geeignetheit aus der Sicht der Partei im Zeitpunkt der Kostenveranlassung ankommt (BGH MDR 2018, 1406 Tz 17). Vorprozessual vom Haftpflichtversicherer eingeholtes Gutachten zur außergerichtl Schadensabwicklung selbst dann nicht erstattungsfähig, wenn es im späteren Prozess für die Darlegung Bedeutung gewinnt (OLG München MDR 92, 415). Anders aber zu Recht bei einem schon konkreten (OLG Frankfurt NJW-RR 2022, 1005) Verdacht des Versicherungsbetrugs (BGH MDR 2009, 231; OLG Köln NZV 2016, 576). – Erstattungsfähigkeit zu bejahen, wenn Privatgutachten als präsentes Beweismittel zur Glaubhaftmachung im Eilverf benötigt wird (KG AnwBl 87, 239). – Eingeklagt, nehmen die Kosten als matrechtl Anspruch an der Quotelung teil (BGH MDR 2012, 398). Bei teilweiser Klageabweisung soll dieser Teil dann nicht mehr im KFV geltend gemacht werden können (so Hansens RVGreport 2013, 457 mwN, auch zur aA; s hierzu vor § 91 Rn 13). – **2)** Die Kosten des **während des Rechtsstreits** von einer Partei eingeholten Privatgutachtens sind nur ausnahmsw zu erstatten (BGH RVGreport 2012, 303 [Hansens]: Partei hat selbst Sachkunde). Dabei ist keine pauschale Bewertung vorzunehmen; vielmehr sind die einzelnen Tätigkeiten des SV zu prüfen (OLG Naumburg AnwBl 2017, 333; OLG Saarbrücken NJW 2017, 2919 [Hille]). Lässt die Partei ihr erstes Gutachten durch einen 2. SV überprüfen, sind die Kosten dafür nicht erstattungsfähig (OLG Stuttgart 5.12. 2017 – 8 W 412/17). – Insb aus den Gesichtspunkten der Waffengleichheit oder fehlender eigener Kenntnis kann Erstattungsfähigkeit zu bejahen sein. **Bsp für Erschütterung oder Widerlegung** des gerichtl eingeholten Gutachtens: OLG Hamm NZFam 2023, 809: komplexe Bewertung von Unternehmensanteilen; OLG Schleswig VersR 91, 117: Rechtsmedizin; OLG Stuttgart BauR 2002, 665: Bauschaden; OLGR Saarbrücken 2001, 437: Brandursache; OLG Frankfurt JurBüro 90, 1010: Baumschäden; OLG Koblenz MDR 94, 522: Sturmschaden; OLG Brandenburg AGS 2022, 517: Planung einer Biogasanlage; OLG Köln AGS 2022, 269: versicherungsmathematische Berechnung. **Bsp für Waffengleichheit:** Gegner ist Fachfirma (OLG Bamberg JurBüro 87, 1403) oder verfügt über spezielle Sachkunde (OLG Koblenz MDR 2006, 56). Bei sehr fachspezifischen Themen kann auch eine an sich fachkundige Partei einen SV zuziehen (OLG München BauR 2019, 863; OLG Köln MDR 2024, 1114: medizinisch anspruchsvolle Fragestellung). – Notw ist eine **ex-ante**-Betrachtung (BGH MDR 2019, 961 Tz 9) u die Entscheidung des Gerichts muss durch das Gutachten nicht beeinflusst werden (BGH MDR 2012, 464; OLG Köln MDR 2018, 1254). Es ist nicht einmal zwingend, dass das Gutachten vorgelegt wird (BGH NJW 2013, 1823 [krit Vuia]), auch nicht im KFV (BGH NJW 2013, 1823), es sei denn, dort kann der Kostenanfall anders nicht glaubhaft gemacht werden (OLG Hamburg BauR 2024, 1569). – Notwendigkeit stets zu bejahen, wenn Gericht Substantiierung verlangt, die ohne Gutachten nicht mögl ist (OLG Brandenburg JurBüro 2009, 434), zB bei Klärung technischer Vorgänge (OLG Düsseldorf JurBüro 2009, 318: Patentverletzung). Ebenso beim Verdacht eines fingierten Unfalls (OLGR Frankfurt 1996, 216) – Kein Parteigutachten, weil es höheres Gewicht haben könnte als sachkundiger Parteivortrag (BPatG GRUR-RR 2018, 272; BGH NJW 2017, 1397 [Hille] = MDR 2017, 487). Noch abzuwarten ist mit einem Parteigutachten, wenn das Gericht über dies Frage schon Beweis erhebt (OLG München JurBüro 2023, 364). – Beim **vorläufigen Rechtsschutz** kann ein Privatgutachten grds notwendig sein, weil das Gericht idR (§ 294 II) kein Gutachten einholt (OLG Nürnberg 25.3. 2021 – 3 W 727/21 Tz 15; OLG Bamberg NJW-RR 2010, 1681: verneint, weil sachverständiger Zeuge zur Verfügung stand). – Zuziehung eines Privatgutachters zum Ortstermin des gerichtl SV kann notwendig sein (OLG Köln ZfS 2016, 707 [Hansens]; aA OLGR Koblenz 2006, 224). – Im **Urkundenverf** sind Kosten für ein Privatgutachten nicht erstattungsfähig (OLG Koblenz NJW 2012, 941). – In der **ZwV** gelten dieselben Grundsätze wie für die während des Rechtsstreits eingeholten Gutachten (OLG Brandenburg JurBüro 2008, 271); Gleiches gilt für das **sBV** (BGH MDR 2013, 494 [Fischer LMK 2013, 344730]). – **Höhe der Kosten** richtet sich nicht nach JVEG (BGH NJW 2013, 1820 Tz 30); Angemessenheit ist vielmehr nach freiem Ermessen zu beurteilen (OLG Frankfurt NJW-RR 2009, 1076: idR die Honorarvereinbarung maßgebl). – Bei Verwendung des Gutachtens in **mehreren Verf** sind die Kosten im Verhältnis der Streitwerte zu verteilen, es sei denn, es lässt sich nach Streitgegenständen und dafür erforderl Gutachtenaufwand differenzieren. OLG Stuttgart VersR 2019, 901 quotelt dann ebenfalls nach den Streitwerten, prüft aber vorab, ob überhaupt und wenn ja, unter welchen Voraussetzungen zu quoteln ist. – Die Partei muss dem Gegner nicht vorab die Höhe (voraussichtl Kostenrahmen) der Gutachterkosten mitteilen (BGH MDR 2007, 803).

13.74 • **Prozessstandschaft.** Bei gewillkürter Prozessstandschaft erstattungsfähig nur die Kosten der Partei, nicht die des hinter ihr stehenden Rechtsträgers (OLG Saarbrücken JurBüro 2005, 424).

13.75 • **Ratsgebühr.** Für eine Beratung **(Rat oder Auskunft)**. Anrechnung nach § 34 II RVG. – Grds nicht erstattungsfähig (OLG Brandenburg 25.3.2021 – 9 WF 61/21 Tz 3; OLG Celle RVGreport 2014, 115; aA GS/Müller-Rabe Anh X Rn 175). Der RA soll bei einer Beratung auf eine Gebührenvereinbarung hinwirken (§ 34 RVG). Diese Geb muss dann allerdings eingeklagt werden (mat-rechtl KE). Das KFV eignet sich grds nicht für die Festsetzung von Beträgen aus Honorarvereinbarungen (OLG Rostock JurBüro 2008, 371; aA Hansens RVGreport 2008, 245). – Ist keine Vereinbarung getroffen, erhält der RA die Geb nach BGB (§ 34 I 2 RVG; §§ 315, 316 BGB). Auch mit deren Festsetzung ist das KFV überfordert. – Festsetzbar sind allerdings fiktive Kosten (hierzu § 104 Rn 21.37), die erstattungsfähig wären, aber wegen der Gebührenvereinbarung nach § 34 RVG nicht angefallen sind (GS/Müller-Rabe Anh X Rn 178). – Neben der Gebühr nach § 34 I RVG können die Geb nach Vorbem 1 RVG-VV, 1000 ff RVG-VV anfallen, jedoch nicht beim schriftl Gutachten oder der Tätigkeit als Mediator (Mayer NJW 2021, 345, 348) und nicht der Mehrvertretungszuschlag 1008 RVG-VV (Klüsener JurBüro 2020, 505, 509).

13.76 • **Rechtsanwalt.** In eigener Sache, II 3. Keine Erstattung der Verkehrsgeb oder von Informationskosten (OLG Rostock MDR 2001, 115; OLG Koblenz MDR 87, 852: Ausschluss gilt aber nicht für notw Auslagen). Dem sich selbst vertretenden RA sind Reisekosten zu erstatten (BGH NJW 2003, 1534; OLG München MDR 2012, 939). Bei nur fristwahrend eingelegter u dann zurückgenommener **Berufung** steht ihm keine VerfGeb zu (BGH MDR 2008, 350; aA OLG Düsseldorf MDR 2010, 115: 3201 RVG-VV). – OLG Köln JurBüro 2012, 204 wendet diese BGH-Rspr auch an auf den RA, der Geschäftsführer der Partei ist. – In berufsrechtl Verf (BGH JurBüro 2003, 207 Tz 5) und bei der Selbstvertretung in Spruchverf (OLG München WM 2020, 2395 Tz 7) hat der RA keinen Erstattungsanspruch. S auch hier § 80 FamFG Rn 4 aE.

13.77 • **Rechtsnachfolge.** Keine Entscheidung nach § 269 oder § 91a (str; aA MK/Schulz Rn 165: § 91a analog); s § 265 Rn 8).

13.78 • **Rechtswegverweisung.** Im Beschwerdeverf ist über die Kosten nach §§ 91 ff ZPO zu entscheiden (BGH MDR 94, 96).

13.79 • **Reisekosten. Lit:** Hansens RVGreport 2011, 411 Terminsreisekosten der Partei; Hansens RVGreport 2012, 212 Verf mit geringem Streitwert. **1) Reisekosten der Partei:** Erstattungsfähig sind Fahrtkosten (LG Karlsruhe JurBüro 2000, 480 bei Verbindung mit Dienstreise), Reiseaufwand (OLG Celle RVGreport 2009, 193, LG Potsdam NZV 2014, 23 zu den Übernachtungskosten) und Zeitversäumnis (OLG Brandenburg JurBüro 2019, 305). Maßgebend sind die Bestimmungen des JVEG; § 91 I 2 Hs 2 (BVerwG Rpfleger 84, 158 [Hellstab]; zu der missglückten Verweisung auf das JVEG Lappe NJW 2006, 270, 275 XII aE). PKW-Kosten erstattungsfähig, wenn Benutzung der Bahn (zur Pflicht, 2. Klasse zu fahren: OLG Koblenz MDR 87, 852; aA OLG Hamm MDR 97, 207, das 1. Klasse zubilligt; zu Recht nach Entfernung differenzierend: OLG Celle RVGreport 2009, 193) nicht viel billiger gewesen wäre. „Flexpreis"-Tarife der Bahn sind stets erstattungsfähig (BVerwG NJW-Spezial 2020, 59). Bei erhebl Verkürzung der Reisedauer können auch die Kosten einer Flugreise erstattungsfähig sein (OLG Hamm NJW-RR 97, 768), wenn sie in einem angemessenen Verhältnis zur Bedeutung der Sache stehen (BGHReport 2008, 410); zu wählen ist dann die günstigste Fluglinie u Economy-Class (LAG JurBüro 2010, 309). – Begriff der „Reise" setzt voraus, dass Partei die Grenzen der politischen Gemeinde überschreitet, in der sie wohnt; tatsächl Entfernung ist dann unerhebl (OLG Stuttgart JurBüro 84, 762; aA OLG Koblenz JurBüro 90, 1472). Reisekosten zur Teilnahme am Verhandlungstermin auch bei anwaltl Vertretung grds erstattungsfähig (N. Schneider NJW-Spezial 2023, 283; OLG Koblenz JurBüro 2010, 210, auch ohne Anordnung des pers Erscheinens; KG AnwBl 87, 239 betr einstw Verfügung; OLG Braunschweig MDR 2012, 472 für Anreise aus dem Ausland; OLG Stuttgart JurBüro 2002, 536: BGH-Termin). Notwendig entstanden sind die Reisekosten der Partei immer, wenn das Gericht ihr persönl Erscheinen angeordnet hatte (OLG Brandenburg JurBüro 2009, 434) oder aus sonstigen Gründen, zB wegen verwickelter Sachlage (OLG Karlsruhe JurBüro 90, 209), die Wahrnehmung des Termins durch die Partei neben ihrem RA zweckmäßig war und schriftsätzl Vorbringen nicht genügt hätte, wobei zu beachten ist, dass die Anwesenheit der Partei im Verhandlungstermin in aller Regel die rasche Erledigung des Rechtsstreits fördert und damit der Gesetzestendenz zur Prozessbeschleunigung entspricht (OLG München NJW-RR 2003, 1584, abw v der früheren Rspr; OLG Celle MDR 2004, 235). Teilnahme am Beweistermin neben dem ProzBev regelmäßig sachdienl und damit Reisekosten zum Termin erstattungsfähig (OLG Frankfurt AnwBl 86, 539). Es darf aber nicht ledigl auf den subj Standpunkt der Partei abgestellt werden. Hat die Partei bei dems Gericht mehrere Termine in verschiedenen Sachen wahrgenommen, so haftet ihr zwar jeder unterlegene Gegner für die Reisekosten des Tages (aA LG Berlin Rpfleger 89, 127); sie können aber nur einmal verlangt werden. Zweckmäßig ist die Verteilung der Reisekosten auf die verschiedenen Sachen u neuer Kostenfestsetzungsantrag, falls Beitreibung bei einem Sch erfolglos war. Die Reisekosten der Partei zur einmaligen, ersten **Information** ihres nicht an ihrem Wohnort befindl RA sind erstattungsfähig (OLG Düsseldorf

NJW-RR 97, 128; OLG Bamberg JurBüro 93, 98 stellt für die Zahl der Reisen auf den Einzelfall ab), es sei denn, es handelt sich um eine ganz einfache Sache aus ihrem Lebens- und Geschäftsbereich (OLG Nürnberg MDR 2001, 597), in der schrifl Information mögl war (OLG Koblenz JurBüro 81, 1071) oder ein RA aus einer **überörtl Sozietät** hätte am Wohnsitz der Partei die Information entgegennehmen können (OLG Frankfurt MDR 99, 385). Grds keine Reisekosten neben einer erstattungsfähigen Verkehrsgeb (OLG München MDR 87, 333). – Klagt die Partei grundlos am **dritten Ort**, sind Reisekosten nicht erstattungsfähig (LG Hamburg JurBüro 2008, 655). – Reisekosten der Partei sind grds von dem Ort aus zu berechnen, von dem die Partei tatsächl anreist, aber keine Erstattung bei Anreise von ausl Zweitwohnsitz (OLG Düsseldorf NJW-RR 97, 190). Anreise von einem anderen als dem in der Ladung angegebenen Ort muss angezeigt werden (LG Leipzig RVGreport 2015, 346 [Hansens]). Wie Parteireisekosten zu erstatten sind die einer Vertrauensperson (OLG Koblenz MDR 95, 424) oder eines Mitarbeiters (OLG Düsseldorf AnwBl 98, 284 für GmbH).

2) Reisekosten des Anwalts: Regelung in § 91 II 1. Die Zulassung spielt keine Rolle (Ausnahme § 78 I 3). – Als Grundregel gilt: Die Reisekosten sind erstattungsfähig, wenn die Zuziehung des RA zur zweckentspr Rechtsverfolgung oder -verteidigung notwendig war. Die Partei, die vor einem auswärtigen Gericht klagt/verklagt wird, kann idR einen an ihrem **Wohn- oder Geschäftsort** ansässigen RA beauftragen (BGH MDR 2003, 233 [Schütt] mit Ausnahmen in Tz 20; BGH NJW 2007, 2048: rechtsunkundige Partei), selbst wenn sie sich mitunter am Ort des Prozessgerichts aufhält (BGH NJW-RR 2004, 1216; aA OLG Celle MDR 2013, 1307 bei einem Zweitwohnsitz), später in die Nähe des Prozessgerichts zieht (OLG München RVGreport 2012, 388 [Hansens]; OLG Bamberg MDR 2014, 870: Sitzverlegung), ein Eilverf vorausging (OLG Frankfurt JurBüro 2018, 429) oder sie dort eine **Zweigniederlassung** hat (BGH MDR 2005, 896). – Die allg Betriebsorganisation ist entscheidend. Erfolgt die vorangegangene unternehmensinterne Bearbeitung der Angelegenheiten nicht nur im Einzelfall an einem Ort, an dem die Partei weder Hauptsitz noch Zweigniederlassung unterhält, oder wenn die verwaltende Stelle sogar extern beauftragt wurde, kann dort auch der RA beauftragt werden (BGH WuM 2024, 99). So kann auch der Verwalter einer GdWE an seinem Geschäftssitz einen dort residierenden RA beauftragen, dessen Kosten dann erstattungsfähig sind (Drasdo NJW-Spezial 2025, 161). – Keine Erstattung, wenn die Partei eine **Rechtsabteilung** hat (BGH NJW-RR 2004, 856; OLG Bamberg NJW-RR 2013, 1469: Rechtsabteilung des Tochterunternehmens), es sei denn, es handelte sich nicht um ein Routinegeschäft (BGH JurBüro 2003, 427; OLG Frankfurt NJW-RR 2007, 214). Es besteht aber keine Pflicht, vorausschauend eine entspr Rechtsabteilung aufzubauen (BGH NJW-RR 2004, 857) oder sich so zu organisieren, dass der RA von Mitarbeitern der Partei schriftl informiert werden kann (BGH NJW 2006, 3008 [Mayer]). Der Prozessgegner hat die tatsächl Organisationsform hinzunehmen, auch wenn sie ihm kostenmäßig nachteilig ist (so BGH NJW 2006, 3008). – Erstattung eingeschränkt, wenn die Partei im eigenen Gerichtsstand klagt/verklagt wird und einen auswärtigen RA beauftragt (RA am 3. Ort, s unten), es sei denn, die Partei beauftragt einen an ihrem auswärtigen Arbeitsort ansässigen RA (LG Rostock Rpfleger 2004, 63), oder es ist ein Anwalt mit **Spezialkenntnissen** erforderl (BGH MDR 2012, 312; OLG Hamm ErbR 2017, 441), aber kein Wechsel von einem Spezialanwalt vor Ort zu einem anderen am dritten Ort (OLG Schleswig MDR 2015, 914). Ein bes Vertrauen in einen RA rechtfertigt dessen Zuziehung hingegen nicht schon (BGH 22.4.2008 – XI ZB 20/07; BGH NJW-RR 2007, 1071; OLG Frankfurt RVGreport 2017, 147 [Hansens]); ebensowenig eine langjährige Zusammenarbeit (BGH MDR 2008, 946). – RA **am 3. Ort:** Immer erstattungsfähig sind die Reisekosten des RA, der zwar am 3. Ort, aber noch **im Gerichtsbezirk** niedergelassen ist (Reck Rpfleger 2012, 419; PG/Schneider Rn 5). Ist er außerhalb des Bezirks niedergelassen, erfolgt eine Notwendigkeitsprüfung (BGH MDR 2007, 984): War seine Hinzuziehung **nicht** notw gewesen, stehen ihm Reisekosten zu für die Entfernung vom Gericht bis **zur Bezirksgrenze** (BGH MDR 2019, 251 [Seggewiße MDR 2019, 402]: Partei im Gerichtsbezirk ansässig; BGH MDR 2018, 1022: Partei außerhalb des Gerichtsbezirks ansässig); im Berufungsverf also bis zur Bezirksgrenze des Rechtsmittelgerichts (OLG Frankfurt AGS 2018, 481 Tz 6); im Fall des § 13a GVG bis zur höchstmöglichen Entfernung innerhalb des Zuständigkeitsbereichs (LG Dortmund NJW-Spezial 2019, 701); im Freigabeverf bis zur Bezirksgrenze des OLG (OLG München AG 2024, 594). – War seine Zuziehung hingegen notwendig, gilt diese Einschränkung bei den Reisekosten nicht (BGH 30.8.2022 – VIII ZB 87/20 Tz 16; BGH NJW-RR 2022, 1436, Fortführung von BGH MDR 2021, 1486 [Fölsch MDR 2022, 82]; zust Hansens AGS 2021, 506); Bsp für Notwendigkeit OLG Dresden JurBüro 2023, 139 bei Mehrheit von Rechtsstreiten. – Erstattungsfähig sind die Kosten eines Hausanwalts beim **Outsourcing** (stRspr des BGH; zB BGH VersR 2016, 1089); aber nicht, wenn der Versicherer, dessen Hausanwalt tätig wird, am Rechtsstreit nicht beteiligt ist (BGH NJW 2011, 3521 [Winkler]). Beim Outsourcing mit Hausanwälten an verschiedenen Orten ist die Pflicht zur Kostengeringhaltung zu beachten (OLG Rostock MDR 2023, 704). – **Fallgruppen**, bei denen der Partei die schriftl Information des ProzBev am Ort des Prozessgerichts zugemutet werden kann: GEMA (OLG Hamburg 25.1.2018 – 8 W 5/17); Studentenwerk (KG MDR 2013, 931); Verband zur Verfolgung gewerbl Interessen (BGH MDR 2004, 839; aA OLG Düsseldorf NJW-RR 2005, 709); Leasingunternehmen (OLG München JurBüro 2003, 478); InsVerwalter (BGH MDR 2012, 614; OLG Frankfurt MDR 2023, 598 [mit Ausnahme im Fall der Aufnahme eines bereits laufenden Verf]); Verbraucherverband (BGH MDR 2013, 183 Tz 14); auf dem Gebiet des echten Factoring tätiges Unternehmen (OLG Dresden MDR 2024, 1207); StB (BGH BGHReport 2008, 410); Unternehmen mit rechtskundigem Fachpersonal (OLG Celle NJW-RR 2009, 557); Wechselprozess eines Formkaufmanns (OLG Brandenburg NJW-RR 2010, 69). – Teilnahme an einem

Verkündungstermin ist grds nicht notwendig; auch nicht die an einem Verhandlungstermin, wenn das Gericht bereits auf seine **Unzuständigkeit** hingewiesen hatte (OLGR Bremen 2005, 766). Informationsreise zur Klagevorbereitung (OLG Koblenz JurBüro 91, 85) oder Besichtigung eines streitbefangenen Grundstücks zur Vorbereitung der Klageerwiderung (OVG Rh-Pf Rpfleger 2001, 373) können notw sein. – Durch **Unterbev/Terminsvertreter** entstandene Kosten sind regelmäßig nur im Umfang ersparter eigener Reisekosten des ProzBev erstattungsfähig (BGH NJW 2003, 898 mit 10 % Überschreitungstoleranz; s Rn 13.102). Diese 10 % sind zwar nicht mathematisch oder gar aus dem Gesetz begründbar, aber nachvollziehbar zweckmäßig für das KFV und tragen dem Prognoserisiko der Partei angemessen Rechnung. – Begrenzt werden nur die Kosten des Unterbev; die Reisekosten des ProzBev unterliegen nicht der Einschränkung, dass sie sich an den fiktiven Kosten eines Unterbev messen lassen müssen (BGH JurBüro 2010, 369; BGH MDR 2008, 350). – Reisekosten des RA einer **überörtl Sozietät** sind zu erstatten, auch wenn am Gerichtsort Anwälte der Kanzlei residieren (BGH MDR 2008, 829; OLG Frankfurt JurBüro 2020, 254 zum RA am dritten Ort), weil die Partei nicht darauf verwiesen werden kann, einen dort residierenden RA mit der Terminsvertretung zu betrauen (BVerwG NJW 2017, 3542 Tz 4). Vom BGH nicht problematisiert wird die Frage, ob es sich für den anreisenden RA dann überhaupt um eine „Geschäftsreise" (s dazu unten) handelt. – Das **Gerichtsstandswahlrecht** (§ 35) kann die Partei frei ausüben, ohne dass die Reisekostenerstattung deswegen zu versagen ist (BGH Rpfleger 2014, 396: Kl im Ausland ansässig; OLG Celle AGS 2024, 401); s Rn 13.113. – Erstattung, auch wenn der Termin wegen unvorhersehbaren **Verkehrshindernissen** nicht wahrgenommen werden kann (OLG Celle NJW-RR 2004, 716) oder wenn eine **Klagerücknahme** erst kurzfristig erklärt worden war (OLG Koblenz NJW-RR 2007, 1563) oder wenn eine Umladung nicht bekannt war (KG NJW-RR 2022, 1356) oder eine Teilnahme per Video gestattet war (OLG Zweibrücken 9.10.2023 – 6 W 47/23). – Keine Erstattung, wenn bei einer **Inkassozession** Reisekosten beim Zedenten nicht angefallen wären (OLG Nürnberg MDR 2011, 573). – Für Reisekosten im **Berufungs**verf gelten dieselben Grundsätze wie in der 1. Instanz (BGH MDR 2004, 1136). – Zu den Reisekosten, wenn eine **ausl Partei** den RA beauftragt, s Rn 13.12.

3) Geschäftsreise: Vorbem 7 II vor 7000 RVG-VV. Kanzlei iSd Vorbem ist auch eine Zweigstelle (BVerwG AGS 2023, 323). Befindet sie sich am Gerichtsort, sind Reisekosten nicht zu erstatten, auch wenn der mandatierte RA dort nicht arbeitet (OLG Dresden NJW 2011, 869; OLG Koblenz MDR 2015, 860); dagegen stellt OLG Düsseldorf NJW-RR 2012, 764 auf den Ort der tatsächl Anreise ab. – Für die Reise darf der RA das für ihn bequemste und zeitgünstigste Verkehrsmittel wählen; diese Wahl ist grds auch für die Erstattungspflicht beachtl (LG Berlin JurBüro 99, 526: **Taxikosten**). – **Kraftfahrzeug:** Neben der Kilometerpauschale können anlässlich einer Geschäftsreise regelmäßig anfallende bare Auslagen berechnet werden: 7006 RVG-VV (GS/Müller-Rabe VV 7003-7006 Rn 37), Parkgebühren daher auch, aber nicht bei Reisezielen innerhalb der Gemeinde (OLG Düsseldorf 29.10.2018 – 2 Ws 531/18). Bei **Flugreisen** sind die Kosten zu denen einer Bahnreise ins Verhältnis zu setzen; Kriterien sind die Höhe der Mehrkosten, die Bedeutung des Rechtsstreits u die Zeitersparnis (BGH NJW-RR 2015, 761). Keine Erstattung der Kosten der „business-class" (OLG Celle MDR 2013, 1119; OLG Brandenburg MDR 2014, 118; OLG Zweibrücken 6.5.2014 – 6 W 20/14). – Kosten einer **Bahncard** (ausf N. Schneider NJW-Spezial 2017, 603) sind allg Geschäftskosten und nicht (anteilig) zu erstatten (OLG Celle MDR 2004, 1445; OVG Münster NJW 2006, 1897; LG Bochum AGS 2025, 125 [zum Deutschlandticket]; aA OLG Frankfurt JurBüro 2006, 429). **Übernachtungskosten** sind notwendig, wenn entweder die Reise zur Nachtzeit (s § 758a IV) hätte angetreten werden müssen (OLG Naumburg MDR 2016, 1475; OLG Frankfurt JurBüro 2018, 429), Hin- und Rückfahrt mehr als 10 Stunden dauern (OLG Dresden Rpfleger 98, 444) oder vor dem Termin Rücksprachen vorgesehen und erforderl waren (OLG Frankfurt JurBüro 85, 1090). Reise**dauer** ist auf Notwendigkeit zu überprüfen (OLGR München 1996, 83).

13.80 • **Revisionsverfahren.** Verkehrsanwalt grds überflüssig (OLG Hamburg JurBüro 2012, 371; OLG Rostock RVGreport 2010, 395 [Hansens zu Ausnahmen]); ebenso die Überprüfung der Revisionsschriftsätze durch weiteren RA (Geb nach 3403 RVG-VV; OLG Nürnberg MDR 2011, 264). – Erstattungsfähig, wenn der Verkehrsanwalt Übersetzer- u Dolmetscherkosten erspart u seine Kenntnisse des ausl Rechts gebraucht werden (OLG Köln JurBüro 2010, 37). – Einzeltätigkeiten lösen schon keine Geb nach 3403 RVG-VV aus, wenn sie noch zum Berufungsrechtszug gehören (§ 19 I 2 Nr 9 RVG; OLG Frankfurt JurBüro 2024, 355 m Bsp; OLG Brandenburg 27.3.2024 – 6 W 59/23 Tz 11 mwN [sind „eine Art Annex" der bish Tätigkeit]). Andere Einzeltätigkeiten eines beim BGH nicht zugelassenen RA (§ 78 I 3) im Verf nach § 544 können die Geb 3403 RVG-VV auslösen und erstattungsfähig sein (BGH NJW 2006, 2266: § 91 II 1; N. Schneider ErbR 2024, 194), jedoch nicht bei Einschaltung zur Prüfung der Erfolgsaussichten einer gegnerischen NZB vor deren Begründung (BGH MDR 2013, 1493 Tz 16 [Verstoß gegen das Kostenschonungsgebot]) u nicht, wenn dann auch noch ein BGH-RA als ProzBev bestellt wird (BGH MDR 2012, 1003; OLG Bremen 11.1.2024 – 1 W 30/23 Tz 12, MDR 2024, 531; OLG München MDR 2025, 133); sa § 78 Rn 20. – Die Gebührensätze liegen bei 1,6 (3206 RVG-VV) und – bei vorzeitiger Beendigung (3207 RVG-VV iVm VV 3201) – bei 1,1; bzw bei 2,3 (3208 RVG-VV) und 1,8 (3209 RVG-VV), wenn sich die Parteien nur durch einen BGH-Anwalt vertreten lassen können (§ 78 I 3). Mit der Kostenerstattung beim verfrühten Zurückweisungsantrag verhält es sich wie bei der Berufung (s Rn 13.21). – Da die Kostenentscheidung bei Revisionsrücknahme vAw ergeht (§§ 555 V, 516 III 2), keine Antragsgeb aus dem Kostenwert. IÜ kennt das RVG keine im Revisionsverf durch Antrag entstehenden Geb.

• **Richterablehnung.** 1. Instanz: s § 46 Rn 8. – Rechtsmittel: Erfolgreiche Beschwerde: keine Kostenentscheidung; die Kosten sind solche des Rechtsstreits (BGH 27.2.2020 – III ZB 61/19 Tz 9); bedenklich, weil dadurch die letztlich unterlegene Partei evtl die Kosten ihrer erfolgreichen Beschwerde tragen muss. – Erfolglose Beschwerde: Kostenentscheidung im Beschwerdeverf (§ 97 I; s § 46 Rn 22). 13.8

• **Sachverständigenablehnung.** Wie „Richterablehnung" (s Rn 13.81; OLG Hamburg AGS 2024, 268). 13.8

• **Sachverständigengebühren.** S § 104 Rn 21.80. 13.8

• **Schäden.** Lagergeld, Futterkosten, Zinsverluste, Verwahrungskosten (OLG München MDR 88, 869) usw sind, weil keine Aufwendungen für die Prozessführung, keine Prozesskosten und müssen eingeklagt werden; anders, wenn die Sachen als Beweismittel aufbewahrt werden (OLG Koblenz JurBüro 2010, 536; krit Meyer JurBüro 2000, 10; Meyer JurBüro 2001, 402 wegen der Möglichkeit nach §§ 485 ff zu verfahren). 13.8

• **Schiedsgutachten.** Die Kosten eines vor oder nach Prozessbeginn eingeholten Schiedsgutachtens zählen nicht zum Rechtsstreit (BGH NJW-RR 2006, 212). 13.8

• **Schutzschrift.** Sie wird zur Abwehr eines befürchteten Verfügungsantrags eingereicht oder unmittelbar nach Eingang des Verfügungsantrags und soll dem Richter des Eilverf Kenntnisse verschaffen, die ihn davon abhalten, eine Entscheidung ohne mündl Verh zu treffen (§ 945a I 2). RA ist verpflichtet (s näher § 945a Rn 2), Schutzschriften beim Register einzureichen (§ 49c BRAO). So vorzugehen, verhindert, dass von ihm Schutzschriften beim falschen Gericht oder bei mehreren Gerichten eingereicht werden. – Kostenerstattung ist zu bejahen (BGH MDR 2003, 655; BGH WRP 2008, 951), wenn ein Verfügungsantrag eingereicht und damit ein Prozessrechtsverhältnis begründet wird, gleichgültig ob die Schutzschrift vor oder nach ihm eingereicht wird (OLG Düsseldorf MDR 95, 859; OLGR Frankfurt 1996, 58 mwN, Aufg der bish Rspr). Unerhebl, ob die Schrift tatsächl oder nur rechtl Ausführungen enthält (KG JurBüro 80, 1357) und wie der Ag vom Eingang der Antragsschrift Kenntnis erlangt hat (OLG Hamburg JurBüro 85, 401). Entgegen OLG Düsseldorf WRP 80, 561 Kostenerstattung auch, wenn der Verfügungsantrag vor Zustellung an den Gegner zurückgenommen wird (OLG München JurBüro 94, 632), jedoch dann nicht, wenn die Schutzschrift erst nach Zurücknahme des Verfügungsantrags eingereicht wird (BGH MDR 2007, 1163); nach OLG Hamburg JurBüro 90, 732 auch dann nicht, wenn bei ihrer Einreichung über den Verfügungsantrag bereits entschieden ist. Unerhebl ist: ob das Gericht die Schutzschrift zur Kenntnis genommen hat (OLG Hamburg AGS 2016, 546); ob sie dem ASt zur Kenntnis gebracht wurde (OLG München JurBüro 93, 154); ob der Sch vor Einleitung des Verf in Anspruch genommen wurde (OLG Hamburg AGS 2016, 34). – Kosten: 1) Landesjustizverwaltung: § 15a JVKostG; 1160 JVKostG-KV; mehrfacher Gebührenanfall bei Einreichung mehrerer Einzeldokumente einer einheitl Schutzschrift (OLG Frankfurt NJW 2022, 881); 2) ProzBev: § 19 I 2 Nr 1a RVG, 3100 RVG-VV (N. Schneider NJW-Spezial 2022, 411); bei Einzeltätigkeit: 3403 RVG-VV. – Keine Geschäftsgeb neben der Geb 3100 RVG-VV (Hansens Anm zu OLG München RVGreport 2016, 22) 13.8

• **Selbständiges Beweisverfahren.** Außerhalb des Anwendungsbereichs von § 494a kann über die Kosten im sBV entschieden werden: **1)** Bei Zurückweisung des Antrags als **unzulässig** (allgM; OLG Saarbrücken NJW-RR 2017, 573 Tz 3 mN); § 321, wenn die Kostenentscheidung unterbleibt (OLG Nürnberg JurBüro 2022, 25). – **2)** Bei **Antragsrücknahme** entspr § 269 III 2 u auch die Kosten des **Streithelfers** des Gegners durch Ausspruch nach § 101 erfassend; bei anhängiger Hauptsache hingegen ergeht kein gesonderter Beschluss im sBV (BGH MDR 2015, 974 Tz 8). § 269 III 3 ist nicht entsprechend anwendbar (BGH MDR 2021, 126 Tz 10 [Seggewiße MDR 2021, 84]). Keine Teilkostenentscheidung nach § 269 wegen Änderung der Beweisfragen (OLG Stuttgart NJW-RR 2010, 1679). Das Nichtzahlen des **Vorschusses** im sBV steht der Antragsrücknahme gleich (BGH MDR 2017, 598 Tz 22). Ebenso das **nicht Betreiben** des Verf (OLG Koblenz MDR 2005, 291 mN; aA OLG Köln NJW-RR 2001, 1650), aber nur, wenn es rücknahmegleich zu verstehen ist (OLG Schleswig BauR 2018, 1466). Im sBV keine **einseitige Erledigungserklärung**. Stattdessen idR **Umdeutung** in eine **Antragsrücknahme** mit der Kostenfolge aus § 269 III 2 (BGH MDR 2005, 227 Tz 11; BGH MDR 2011, 503 Tz 8: auch wenn durch Mängelbeseitigung das Interesse am sBV weggefallen ist). – Nach BGH (BGH MDR 2021, 126 Tz 13) auch keine **übereinstimmende** Erledigterklärung der Parteien (§ 91a) wegen mangelnder Vergleichbarkeit einer Erledigung der Hauptsache und einer „Erledigung" im sBV. Looff (NJOZ 2007, 5595) schlägt deshalb Anlehnung an § 98 vor. Wenn mögl, sollte der ASt seinen Beweisantrag anpassen und beantragen festzustellen, dass das Ereignis, das zum Wegfall seines ursprüngl Interesses geführt hat, Mängelbeseitigung war (s § 494a Rn 5). – **3)** Bei **Anerkenntnis** der Pflicht zur Kostentragung (OLG Dresden BauR 2005, 347). – **4)** Eine **Einigung** der Parteien über die Kosten ist bei der Entscheidung zu berücksichtigen (OLG Bremen BauR 2024, 177). – **5)** Für die Einbeziehung der Kosten des sBV in die Kosten des Rechtsstreits erforderl ist **Identität** der Parteien u des Streitgegenstandes (BGH NJW 2006, 2557; Ahrens Beweis § 194 Rn 95 zur Terminologie: des „Gegenstandes"). Zur Feststellung der Identität ist nicht allein auf den Streitwert abzustellen (OLGR Zweibrücken 2008, 280). Ausreichend ist, wenn von mehreren Ag nur einer verklagt wird (BGH NJW-RR 2004, 1651); wird er verurteilt, hat er die Gerichtskosten des sBV in voller Höhe (nicht nur anteilig entspr seinem Kopfteil) zu tragen (BGH MDR 2005, 87); nicht verklagte Ag können für ihre außergerichtl Kosten aber eine Entscheidung nach § 494a I, II erwirken (OLG Frankfurt NJW 2014, 3256). Ausreichend, wenn für den Ast des sBV dann ein Dritter in gewill- 13.87

kürter Prozessstandschaft klagt (BGH r+s 2015, 102) oder, wenn von mehreren ASt nur einer, zugleich aus abgetretenem Recht, klagt; es ergeht dann keine Teilkostenentscheidung im sBV (BGH MDR 2007, 1445). Ausreichend, wenn die WEG das sBV betreibt u die Wohnungseigentümer einzeln ihre Mängelbeseitigungsklagen erheben (OLG Koblenz Rpfleger 2007, 685). Ebenso, wenn der spätere Gemeinsch das sBV betreibt, der InsVerwalter dann den Rechtsstreit (OLG München 15.4.2016 – 11 W 641/16). Identität liegt letztlich auch vor, wenn sich das sBV auf die Rechtsverteidigung bezieht (OLG Hamburg NJW-RR 2014, 1535) oder wenn neben dem Ag weitere Personen verklagt werden (KG MDR 2009, 954). Keine Identität dagegen, wenn der Ag des sBV im Rechtsstreit dann lediglich als Streithelfer des Bekl beitritt oder wenn der Streithelfer des sBV im Rechtsstreit Partei wird (BGH NJW 2024, 2403). – **6)** Ob das Gericht das Gutachten verwertet, ist für die Einbeziehung der Kosten des sBV unerhebl (BGH MDR 2003, 1130; OLG Düsseldorf JurBüro 2010, 430). – **7)** Bei **Abtretung** sind die Kosten im Rechtsstreit des Zessionars als Vorbereitungskosten erstattungsfähig (KG JurBüro 81, 1392; aA OLG Schleswig JurBüro 91, 1357, wenn die Klage nur hilfsw auf Abtretung gestützt wird); anders, wenn der vom Zessionar verklagte Sch das sBV noch gegen den Zedenten beantragt (OLG Köln JurBüro 93, 684). – **8) Teilidentität** der Streitgegenstände reicht aus (BGH MDR 2007, 744; OLG Koblenz NZBau 2020, 445). Es ergeht dann keine Teilkostenentscheidung im sBV (BGH MDR 2004, 1373). Hierüber wird im Hauptsacheverf mitentschieden, wobei § 96 zu beachten ist (BGH MDR 2004, 1373; OLG Stuttgart MDR 2005, 358). Bei den Auslagen (SV-Kosten) kann es dabei schwierig sein, den auf § 96 entfallenden Anteil zuverlässig zu ermitteln; fehlt jeder Anhaltspunkt, muss zunächst gequotelt werden entspr des mit der Klage identischen u des nicht identischen Teils des Streitwerts im sBV (§ 96), und sodann hinsichtl des identischen ggf (§ 92 I) noch einmal, bezogen auf den Ausgang des Rechtsstreits (OLG Hamm NZM 2008, 262). Wird § 96 bei der Kostengrundentscheidung übersehen, kann das im KFV nicht korrigiert werden (BGH BauR 2006, 865). – **9)** Sind **mehrere** Rechtsstreitigkeiten Hauptsachen eines einzigen Beweisverf, dann sind dessen Kosten entspr den Hauptsachestreitwerten aufzuteilen (OLG Düsseldorf NJW-RR 2018, 355 Tz 7). – **10)** Wird ein Rechtsstreit nicht geführt oder das Beweisergebnis in einem anderen Prozess verwendet, gibt § 494a einen prozessualen KE. – **11)** Die Kosten sind solche des 1. Rechtszugs (OLG Hamburg MDR 90, 159) des Hauptprozesses oder auch die einer einstw Verfügung (OLG Koblenz JurBüro 95, 481; aA OLG Düsseldorf 26.9.2016 – 2 W 23/16; OLG München NJW-RR 99, 655 wegen nicht abschließender Entscheidung; Ahrens Beweis § 194 Rn 100), aber nur, wenn keine Klage folgt. Folgt eine, werden die Kosten anteilig der einstw Vfg und der Klage zugeordnet. Kosten der Klage sind sie nicht bei nicht rechtskräftig beschiedener (Hilfs-)Aufrechnung, für die der Beweis gesichert wurde (OLG Hamburg JurBüro 90, 1470). – **12)** Der Kostenausspruch (§ 269 III 2) nach **Klagerücknahme** erfasst die Kosten des sBV (BGH MDR 2007, 554). Das gilt nur dann nicht, wenn im Zeitpunkt der Klagerücknahme das sBV noch nicht abgeschlossen ist (BGH ZfBR 2005, 790). – **13)** Werden im Urteil (oder Vergleich, OLG Saarbrücken NJW-RR 2013, 316) die Kosten gegeneinander aufgehoben, hat jede Partei die Gerichtskosten des sBV hälftig zu tragen, denn es handelt sich dabei um Gerichtskosten des nachfolgenden Prozesses, nicht um Auslagen der Partei (BGH BauR 2006, 865).

13.88 • **Sozietät.** Als rechtsfähige Gesellschaft ausgestaltet (§ 705 II Alt 1, § 713 BGB idF seit 1.1.2024) ist sie weder auf der Aktiv- noch auf der Passivseite als Auftraggebermehrheit zu behandeln. Anders aber, wenn die einzelnen Mitglieder der Sozietät als Gesamtsch in Anspruch genommen werden, wobei es dann aber idR gegen Treu und Glauben verstößt, wenn jeder der verklagten RA sich selbst vertritt oder je einen eigenen ProzBev mandatiert, so dass die VerfGeb mehrfach entsteht (OLG Karlsruhe NJW-RR 2018, 569); zulässig ist dies nur bei unterschiedl Interessenlage der Bekl (BGH MDR 2007, 1160; OLG Koblenz MDR 2010, 1158; MskV/Flockenhaus Rn 68).

13.89 • **Spezialanwalt.** Erstattung der dadurch anfallenden Mehrkosten problematisch (BVerfG NJW 93, 1460). Grds muss ein RA sich die erforderl Kenntnisse für das übernommene Mandat selbst verschaffen (OLG Frankfurt MDR 92, 193: Bierbezugsvertrag; OLG Koblenz NJW 2006, 1072: Arzthaftung; OLG Stuttgart AnwBl 98, 540: Lebensmittel-, Bedarfsgegenstände- und HeilmittelwerbeG; OLG Karlsruhe JurBüro 2006, 35: ausl Recht). Der Kl ist zwar an einem qualifizierten Rechtsschutz interessiert; er darf ihn aber nicht auf Kosten seines Gegners finanzieren. Sa Rn 13.79.

13.90 • **Standesrecht.** Verstöße beeinflussen die Wirksamkeit von Prozesshandlungen nicht; soweit diese gebührenrechtl Tatbestände erfüllen, fallen auch die entspr Kosten erstattungsfähig an (LG Bonn Rpfleger 90, 435).

13.91 • **Steuerberaterkosten.** Erstattungsfähig nur, soweit es sich um die übliche Vergütung (§ 612 II, § 632 II BGB; OLG Hamm JurBüro 2002, 648: Vorlage der Rechnung) handelt. Das Honorar ist insb dann erstattbar, wenn durch die Zuziehung des Steuerberaters der Partei ihre Darlegungspflicht ermöglicht wurde (KG FamRZ 2008, 1200) oder sie nur so zu einem gerichtl Gutachten Stellung nehmen konnte (OLG Düsseldorf JurBüro 2011, 139), jedoch nicht schon dann, wenn der Steuerberater nur beim Zusammentragen des konkreten Sachverhalts hilft (OLG Hamm AGS 2015, 493).

13.92 • **Strafanzeige.** Kosten sind als Vorbereitung erstattungsfähig, wenn sie dazu dienten, Ermittlungen in Gang zu setzen, ohne die der Kl eine unerlaubte Handlung des Bekl nicht hätte nachweisen können (N. Schneider NJW-Spezial 2011, 219) oder wenn sie für die Verteidigung in einem Ermittlungsverf angefallen sind (OLG Bamberg JurBüro 2003, 145), nicht aber die für eine Anzeige gegen einen am Rechtsstreit nicht Beteiligten (KG MDR 2009, 114).

• **Streitgenossen. 1) Zwischen Streitgenossen**, die gemeinsam auf der Kläger- oder der Beklagtenseite stehen, kommt es zu keiner internen Kostenerstattung (OLG Saarbrücken BauR 2022, 824), es sei denn auf Grund eines entspr Vergleichs (OLG Köln FamRZ 93, 724). – **2)** Es steht jedem Streitgenossen frei, einen **eigenen Anwalt** mit seiner Vertretung zu beauftragen (StJ/Muthorst Rn 142; BVerfG NJW 90, 2124; BGH NJW 2013, 2826 Tz 10; BGH MDR 2011, 1506). Der Gegner ist grds erstattungspflichtig (OLG Brandenburg AGS 2022, 222), gleichgültig ob von vornherein oder nachträgl verschiedene ProzBev bestellt werden, sofern nur nicht mehr Anwälte als Streitgenossen beauftragt werden. Das BVerfG und der BGH (zB BGH MDR 2018, 117) machen zu Recht die Einschränkung, die mehrfache Beauftragung sei bei Rechtsmissbrauch unbeachtl (zB OLG Koblenz MDR 94, 416: KG und Komplementär; OLG Nürnberg NJW-RR 2011, 1560: Komplementär-GmbH und Geschäftsführer; OLG Düsseldorf ZEV 2019, 158: Pflichtteilsberechtigte ohne Gefahr einer Interessenkollision [im konkreten Fall aber zu Recht abl Schons ZEV 2019, 159, da § 3 II 2 BORA falsch ausgelegt wurde]). Der Erstattungsberechtigte muss daher sachl Gründe für die Aufspaltung des Mandats darlegen und glaubhaft machen (Bsp: OLG Köln MDR 2010, 1428 Tz 12: nein, weil keine Berufung auf einen Interessenkonflikt möglich; OLG Koblenz JurBüro 2012, 533: ja bei getrenntlebenden Eheleuten und Interessenkonflikt; OLG Karlsruhe NJW 2015, 1698 u OLG Saarbrücken JurBüro 2019, 524 Tz 16: ja bei von § 426 I 1 BGB abweichender Ausgleichspflicht). Diese Grundsätze sind auch im Rechtsstreit mit Fahrzeughalter/Fahrer und Haftpflichtversicherer als Streitgenossen zu beachten (BGH MDR 2004, 569; OLG Saarbrücken AGS 2012, 155 [ausf Jahnke jurisPR-VerkR 5/2012 Anm 1]; MK/Schulz § 100 Rn 23). Dabei wird auch zu unterscheiden sein für die Zeit bis und die Zeit, nachdem der Versicherer den Rechtsstreit aufgenommen hat (OLG Frankfurt 13.5.2022 – 18 W 67/22 Tz 9); diesen Gesichtspunkt übersieht OLG Brandenburg AGS 2023, 224. Es ist immer gleichermaßen einerseits das Interesse der Parteien u andererseits das Gebot, kostengünstig zu prozessieren, zu berücksichtigen, dabei das Fehlen eines sachlichen Grundes mit Rechtsmissbrauch gleichzusetzen ist. – Erhebt der gemeinsam mit seinem Versicherer verklagte Halter **Wider- und Drittwiderklage**, ist er dabei in der Anwaltswahl aber frei (OLG Saarbrücken 27.4.2021 – 9 W 24/20 Tz 16). Der widerbeklagte Kl hingegen darf für die Verteidigung gegen diese Widerklage idR nur den RA beauftragen, der schon für die Klage das Mandat hat (OLG Stuttgart MDR 2020, 1342 Tz 2; OLG Nürnberg MDR 2011, 1284 Tz 15 [Verf ohne Drittwiderklage gegen den Versicherer]; anders OLG Saarbrücken 27.4.2021 – 9 W 24/20 Tz 18 [Verf mit Drittwiderklage gegen den Versicherer]). Eine Ausnahme gilt bei Klage und Widerklage jedenfalls dann, wenn Kl und Bekl bei derselben Haftpflichtversicherung versichert sind (OLG Stuttgart MDR 2020, 1342; MK/Schulz § 100 Rn 23). Bei der isolierten Drittwiderklage besteht schon keine Streitgenossenschaft; hier gelten die allg Erstattungsgrundsätze ohne Einschränkung (OLG Stuttgart NJW-RR 2013, 63). – **3)** Bei Beauftragung eines **gemeinsamen Anwalts** kann der siegreiche Streitgenosse nur eine **seinem Kopfteil entspr Erstattung** verlangen (OLG Köln AGS 2024, 230; sa § 104 Rn 21.85), es sei denn, er legt dar und macht glaubhaft (OLG Koblenz JurBüro 2011, 646), dass der unterlegene Streitgenosse zahlungsunfähig ist (ganz hM; zB BGH MDR 2023, 395). Voraussetzung ist aber immer, dass an sich ein Ausgleichsanspruch besteht (OLG Köln NJW-RR 2012, 1019 betr Eheleute). – Zu **Ausnahmen:** OLG Koblenz MDR 2007, 686: mittelloses Kind; OLG Hamburg Rpfleger 2014, 287: Verfahrenstrennung. – Der hM ist zuzustimmen, weil der Zusammenhang zwischen der Fassung der Kostenentscheidung und der Ausgestaltung des darauf aufbauenden KFV zu beachten ist. Wer die Baumbach'sche Formel in der Kostengrundentscheidung verwendet, muss sie folgerichtig im KFV durchhalten. Abzulehnen ist dabei OLGR Frankfurt 2000, 85, wonach der Kl nur die außergerichtl Kosten des obsiegenden Streitgenossen zu tragen hat. Wer mehrere Parteien verklagt, kann dadurch nicht sein Risiko, Gerichtskosten tragen zu müssen, reduzieren. – Sind Streitgenossen am Gesamtstreitwert **unterschiedl beteiligt**, kann bei unterschiedl Prozessausgang jeder Genosse vom Gegner nur Erstattung entspr seiner wertmäßigen Beteiligung verlangen (OLG Koblenz MDR 2014, 859). – Sind zwei RA **derselben Partnerschaft** beauftragt, kann ein RA im Rechtssinne vorliegen (OLG Oldenburg MDR 2017, 179). – **4)** Einfluss von **Freistellungsansprüchen:** Obsiegender Streitgenosse ist intern vom unterlegenen Streitgenossen freizustellen: Er kann dennoch eine seinem Kopfteil entsprechende Erstattung verlangen (OLG München JurBüro 2013, 144 Tz 9 [zust Hansens RVGreport 2013, 279]; OLG Brandenburg NJW-RR 2019, 574 Tz 9). – Obsiegender Streitgenosse muss intern den unterlegenen Streitgenossen freistellen: Er kann trotzdem nicht mehr als seinen Kopfteil erstattet verlangen (GS/Müller-Rabe VV 1008 Rn 312 ff, 324, 335; str; aA OLG Schleswig JurBüro 2019, 207 Tz 4 mit Verweis auf BGH NJW 2006, 774). – **5) Abtrennung** und Verweisung: Der verbleibende Streitgenosse kann volle Erstattung verlangen (KG NJW-RR 2019, 1084). 13.9

• **Streithelfer.** Beitritt zu mehreren Verf setzt Notwendigkeit voraus (BGH MDR 2010, 959: mehrere aktienrechtl Anfechtungsverf). S § 101. 13.94

• **Streitverkündungskosten.** Sie sind nicht erstattungsfähig (OLG Hamburg TranspR 2024, 34). Auch dann nicht, wenn der Gl den Streit verkünden muss (§ 841), weil dies nicht das Verhältnis zum Gegner betrifft. – Kosten des Zwischenstreits: s § 71 Rn 6. 13.95

• **Streitwertfestsetzung.** Gerichtsgeb fallen nicht an, weder für die Festsetzung nach § 63 GKG noch im Beschwerdeverf (§ 68 III GKG). Außergerichtl Kosten werden nicht erstattet. Schätzungskosten nach § 64 GKG werden entweder einer Partei auferlegt (§ 64 S 2 GKG) bzw ihrem ProzBev (s § 3 Rn 15), oder sie werden von der Staatskasse getragen, so dass Erstattung nicht in Betracht kommt. 13.96

13.97 • **Stufenklage.** Keine Kostenentscheidung im Teilurteil (OLG Frankfurt NJW-RR 98, 1536). Der in der Leistungsstufe obsiegende Bekl, der den Auskunftsanspruch anerkannte (OLG Koblenz JurBüro 90, 1473) oder zur Auskunft verurteilt wurde (OLGR Düsseldorf 1996, 70), kann die Kosten für die Erteilung der Auskunft nicht erstattet verlangen. Es sind nicht Kosten des Rechtsstreits (OLG München Rpfleger 97, 453). Erfolg in der Auskunftsstufe u Klageabweisung (oder Klagerücknahme) iÜ führt zur Kostenquotelung (OLG Rostock JurBüro 2008, 265). Sa § 91a Rn 58.44; § 93 Rn 6.39; § 254 Rn 6, 15.

13.98 • **Terminswahrnehmung.** Teilnahme an einem vom gerichtl bestellten SV durchgeführten Besichtigungstermin ist Termin iSv Vorbem 3 III RVG-VV und löst dem anwesenden RA die Terminsgeb 3104 RVG-VV aus. Bei der zwangsweisen Durchsetzung eines Besichtigungsanspruchs mit Teilnahme des RA am Termin, sind seine Kosten im Rahmen der Kostenerstattung oder als mat-rechtl KE geltend zu machen (BGH MDR 2020, 1276 Tz 25 [Schwenker jurisPR-BGHZivilR 11/2021 Anm 6]: Abgrenzung dieser Kosten zu Kosten der ZwV). Da die Sachverhaltsfeststellung durch den SV idR anwaltl Rechtstätigkeit nicht voraussetzt, im Tatsächl vom RA selbst regelmäßig keine Nachfragen des SV beantwortet werden können, wird die Erstattungsfähigkeit die Ausnahme bleiben, wenn zB der Termin den ProzBev erst zu sachgerechter Beweiswürdigung befähigt. IdR wird der ProzBev aber die Geb bereits aus anderen Gründen verdient haben (s Vorbem 3 III RVG-VV u 3104 I Nr 1 RVG-VV) und für die Wahrnehmung eines Besichtigungstermins mit dem SV fällt die Geb jedenfalls nicht zusätzl an (§ 15 II RVG). Sa § 104 Rn 21.88.

13.99 • **Testkauf.** Seine Kosten werden den Prozesskosten zugerechnet (BGH 11.12.2014 – I ZB 7/14 Tz 8), auch denen eines Verf der einstw Vfg (OLG Frankfurt WRP 2024, 746). Einzelheiten umstr. Nicht erstattungsfähig (OLG Hamm MDR 85, 414); dann erstattungsfähig, wenn im Rahmen eines schon vorher gefassten Entschlusses zur Rechtsverfolgung getestet wird (OLG Düsseldorf JurBüro 86, 99) und Kosten schonende Maßnahmen getroffen worden sind (OLG Frankfurt WRP 85, 349); strenge Maßstäbe an die Erforderlichkeit des Testkaufs (OLG Frankfurt GRUR 88, 791); Anlass zur Überprüfung muss berechtigt sein (OLG Stuttgart JurBüro 95, 37); Aufwendungen hierzu müssen verhältnismäßig, notw und fallbezogen sein (OLG Frankfurt JurBüro 2001, 259). – Str ist auch die Behandlung des Testkauf-Vermögenswertes in der Festsetzung: 1) dem Erstattungspflichtigen Zug-um-Zug zu übertragen (KG Rpfleger 91, 80); 2) keine Berücksichtigung (OLG München GRUR-RR 2004, 190); 3) Zug-um-Zug, wenn der Gegner alle Kosten zu tragen hat und der obsiegende Testkäufer die Herausgabe anbietet (OLG Düsseldorf JurBüro 2009, 199; MK/Schulz Rn 193). Die zutr Auffassung c) vermeidet es, das KFV mit sachfremden Fragen zu überfrachten u schafft zugleich den notw Vermögensausgleich.

13.100 • **Übersetzung. 1)** aus der dt Sprache: Es sind einer der dt Sprache nicht kundigen ausl Prozesspartei die Kosten der Übersetzung aller wesentl Schriftstücke, vorzulegenden Urkunden, gerichtl Entscheidungen und Verfügungen zu erstatten (OLG Brandenburg NJW-RR 2024, 344; sehr weitgehend OLG Hamburg Rpfleger 2016, 504 [Wedel JurBüro 2016, 454] bei juristischen und technischen Fachbegriffen und OLG Nürnberg 16.7.2020 – 8 W 2303/20, wenn der Vertrag in dt Sprache geschlossen und dt Recht vereinbart ist); – **2)** in die dt Sprache: Gehört der Text zum schlüssigen/erheblichen Vortrag, sind die Kosten der Übersetzung, auch wenn sie vom Gericht nicht angeordnet wurde (§ 142 III; OLG Koblenz AGS 2017, 251), zu erstatten. – Allerdings obliegt es den Parteien, die Kosten für Übersetzungen niedrig zu halten (BVerfG NJW 90, 3072). Übersetzt der RA selbst (oder ein Mitarbeiter, KG RVGReport 2014, 400), sind solche Übersetzungskosten erstattungsfähig (OLG Brandenburg NJW-RR 2024, 344). Substantiierungspflicht, wenn Übersetzung korrigiert werden soll (BPatG 17.5. 2017 – 1 ZA (pat) 2/16). Entschädigt wird nach § 11 JVEG.

13.101 • **Umsatzsteuer.** Vorrangig und unabhängig von der Erklärung nach II 3 ist, ob die anwaltl Tätigkeit der deutschen USt unterliegt (OLG Brandenburg MDR 2024, 399) und ob überhaupt USt angefallen ist (Hansens Anm zu BGH RVGreport 2017, 37). Von dieser Prüfung ist das KFV nicht entlastet. – Ist danach USt angefallen, genügt zu deren Berücksichtigung die Erklärung des ASt, dass er die Beträge nicht als Vorsteuer abziehen kann, denn mat-rechtl Einwendungen werden an dieser Stelle grds nicht geprüft (§ 104 II 3). Damit ist das KFV von steuerrechtl Fragen entlastet. Allerdings: Die Erklärung nach § 104 II 3 genügt zur Festsetzung, das Unterlassen der Erklärung rechtfertigt aber nicht schon die Absetzung. Es muss zunächst nachgefragt werden. Die Rspr lässt die Erklärung grds ausreichen (BVerfG NJW 96, 382, das nicht zwischen Innen- und Außengeschäft des RA unterscheidet; BGH NJW 2003, 1534; OLGR Celle 1995, 124: bloßer Ansatz ist nicht konkludente Erklärung), verlangt sie aber auch ausdrückl (OLG Saarbrücken AGS 2016, 356), versagt Erstattung nur bei zweifelsfrei unrichtiger Erklärung (allgM; zB KG AGS 2023, 82). Aus der Rechtsform der Partei kann nicht zweifelsfrei auf Vorsteuerabzugsberechtigung geschlossen werden (OLG Brandenburg AGS 2023, 127: GmbH), auch nicht daraus, dass dem ASt eine USt-Identifikationsnummer erteilt wurde (OLG Düsseldorf RVGreport 2017, 189 [Hansens]). – Nachliquidation ist zulässig (OLG Hamburg JurBüro 2010, 596; OLG Naumburg RVGreport 2014, 242; s § 104 Rn 21.61). – Verwirkung ist mögl (LAG Düsseldorf JurBüro 2001, 146). – Zur Festsetzung bei **Streitgenossen:** Entscheidend ist, welche Partei im Innenverhältnis welche Kosten tragen muss (BGHReport 2006, 202: Kfz-Haftpflichtversicherer; OLG Hamburg AGS 2024, 180). – Keine USt auf fiktive **Reisekosten** (OLGR Brandenburg 1997, 194). Zur Abrechnung der Reisekosten-USt BGH MDR 2012, 810. – Ein Streit über festgesetzte, noch nicht gezahlte USt ist dann im Klageverf nach § 767 auszutragen (s § 767 Rn 20). Wurde die festgesetzte USt gezahlt, kann Rückzahlung im Klageweg (§ 812 BGB) verlangt werden (BGH VersR 2016,

1593). – Auch der BRD ist als obsiegender Partei die USt zu erstatten (OLG Hamm JurBüro 94, 429). Vertritt der RA eine Privatperson, die ihren Wohnsitz nicht in der EG hat, darf er ihr USt nicht in Rechnung stellen (OLG Schleswig JurBüro 95, 198; zum ausl Unternehmen mit inländischer Betriebstätte: OLG Koblenz Rpfleger 89, 477); anders, wenn der RA die obsiegende inländische Partei vertritt (OLG Koblenz MDR 92, 307) oder die vertretene Partei Privatperson ist und in einem Mitgliedstaat der EU wohnt (OLG Zweibrücken Rpfleger 99, 41). Maßgebend ist der Steuersatz bei Fälligwerden der Vergütung (OLG Koblenz JurBüro 99, 304). Vertritt sich der RA **in eigener Sache**, ist zwischen berufl und privaten Angelegenheiten (nur Letztere sind umsatzsteuerpflichtig) zu differenzieren (BGH NJW-RR 2005, 363). Keine USt auf die Zinsen für die festgesetzten Kosten (SG Kiel AnwBl 84, 571; aA LG Baden-Baden AnwBl 83, 240).

• **Unterbevollmächtigter.** Unterbev u **Terminsvertreter** (hierzu ausf N. Schneider NZFam 2023, 490; Reckin NJW 2023, 1413) werden nach dem RVG gleichbehandelt (Enders JurBüro 2004, 627, 630; GS/Müller-Rabe VV 3401 Rn 10). – Im KFV ist für den Gebührenanfall vorab zu klären, ob der ProzBev selbst oder seine Partei den Unterbev/Terminsvertreter beauftragt hat (BGH JurBüro 2012, 29). **1) Auftrag durch die Partei.** Der Terminsvertreter verdient die Geb nach 3401, 3402 RVG-VV (s zB OLG München MDR 2022, 1504); die Höhe der Erstattungsfähigkeit ergibt sich aus einem Vergleich mit den fiktiven Reisekosen des Hauptbev. Bestellt die Partei einen in ihrer Nähe residierenden Anwalt als Hauptbev und einen Unterbev/Terminsvertreter am Sitz des Prozessgerichts, sind die Kosten des Unterbev/Terminsvertreters nämlich notw Kosten des Rechtsstreits und damit erstattungsfähig, soweit durch den Gebührenanfall Terminsreisekosten des Hauptbev erspart wurden, die ansonsten notwendig angefallen wären (BGH in stRspr; BGH MDR 2014, 499). Die Sachdienlichkeit ist dabei „ex ante" zu beurteilen (BGH MDR 2014, 499). **2) Auftrag durch den Hauptbev im eigenen Namen.** Der Terminsvertreter verdient die Terminsgeb für den Hauptbev (§ 5 RVG; OLG Bamberg 29.9.2022 – 1 W 43/22 Tz 13; OLG Köln NJW-RR 2022, 283); dieser kann Kosten, die ihm für den Terminsvertreter entstehen, dem Mandanten nicht als Auslagen berechnen (BGH MDR 2023, 1073; BGH MDR 2023, 1072 [zust Schwenker MDR 2023, 1299]; BGH MDR 2024, 803 [zust Schwenker jurisPR-BGHZivilR 19/2024 Anm 5]). Die Praxis muss sich auf diese gefestigte Rspr einstellen, auch wenn sie krit gesehen werden kann (zB N. Schneider NJW-Spezial 2024, 443; MK/Schulz Rn 113; sa 35. Aufl). – **3) Kostenerstattung.** Ist absehbar, dass ein eingehendes Mandantengespräch nicht erforderl sein wird, ist ein Hauptbev am Ort des Prozessgerichts zu mandatieren. Die Kosten eines Unterbev sind dann nicht erstattungsfähig. Es ist also immer erst zu prüfen, ob die Partei einen RA an ihrem Wohn-/Geschäftssitz beauftragen durfte (s dazu Rn 13.79). Nur wenn dies bejaht wird, sind die Kosten des Unterbev erstattungsfähig, und zwar in Höhe der ersparten Reisekosten des Hauptbev zzgl der Überschreitungstoleranz (Berechnungsbsp N. Schneider NJW-Spezial 2024, 155). – Die Kosten des Unterbev sind grds auch dann erstattungsfähig, wenn es nicht zum Verhandlungstermin kommt (OLG Celle JurBüro 2014, 27), es sei denn, das war bei seiner Bestellung schon absehbar. – **4) Höhe.** Der Höhe nach sind die Kosten des Unterbev zu vergleichen mit den notwendigen Reisekosten des Hauptbev; diese sind nach 7003 ff RVG-VV zu ermitteln (OLG Jena RVGreport 2015, 146 [Hansens]). Überschreiten die Kosten des Unterbev die fiktiven Reisekosten danach um mehr als 10 %, kann die Partei 110 % (nicht nur 100 %) der fiktiven Reisekosten geltend machen (BGH 30.8.2022 – VIII ZB 87/20 Tz 19; BGH NJW-RR 2015, 761; stRspr; aA GS/Müller-Rabe VV 3401 Rn 126), denn die Überschreitungstoleranz iHv 10 % ist in diesen Fällen Bestandteil der fiktiven, aber erstattungsfähigen Reisekosten. – OLG Bamberg JurBüro 2006, 541 folgt dem, allerdings mit der Einschränkung, dass der Hauptbev vorausschauend mit keinen höheren Kosten für den Unterbev rechnen musste (abl Madert/Müller-Rabe NJW 2007, 1920, 1928). Das OLG überspannt die Anforderungen an die notw Prozessverlaufsprognose. – Hätte der Hauptbev den Termin nicht wahrnehmen können, sind die Kosten des Unterbev ohne die 110 %-Begrenzung zu erstatten (OLG Dresden JurBüro 2008, 653: Verlegungsantrag nicht stattgegeben). Diese Rspr darf aber nicht für jeden Fall der Verhinderung verallgemeinert werden. – Der mögl Anfall doppelter Einigungsgeb ist in die Vergleichsrechnung nicht einzubeziehen (OLG München JurBüro 2007, 595). 13.1

• **Verbindung.** Verklagt der Kl, durch verschiedene Anwälte vertreten, in getrennten Prozessen denselben Bekl und kommt es nachher zur Verbindung dieser Verf, dann sind ab Prozessverbindung nur noch die neu erfallenden Kosten eines Anwalts erstattungsfähig. Die Anwaltskosten vor Verbindung sind nur dann insgesamt zu erstatten, wenn für den Kl Anlass bestand, zwei getrennte Verf einzuleiten und sich durch verschiedene Anwälte vertreten zu lassen. – Verbindung, nachdem beim Übergang vom Mahn- in das Streitverf versehentl mehrere Verf angelegt wurden: Die GKG-Geb werden nur einmal erhoben (OLG Frankfurt NJW-Spezial 2010, 28); Gleiches gilt bei unzulässiger **Trennung** (OLG Zweibrücken JurBüro 2007, 322). 13.10

• **Vergleich.** ZPO (zB §§ 98, 794 I Nr 1), GKG (zB § 22 I 4) und das GKG-KV (zB 1900 GKG-KV) benutzen noch den Begriff „Vergleich". Im RVG ist an die Stelle des Vergleichs die Einigung getreten, die eine Einigungsgeb (1000 Nr 1 RVG-VV) auslöst für das Mitwirken beim Abschluss eines Vertrages, der den Streit oder die Ungewissheit über ein Rechtsverhältnis beseitigt. Anders als beim Vergleich ist ein gegenseitiges Nachgeben dabei nicht erforderlich (GS/Müller-Rabe VV 1000 Rn 55). § 98 ist an diese Gesetzesänderung im RVG nicht angepasst; er ist aber entsprechend anwendbar auf Einigungen iSd RVG (BGH MDR 2007, 609; GS/Müller-Rabe VV 1000 Rn 309, Rn 314). – Umfang der Kostenübernahme bei Zweifeln durch Auslegung zu ermitteln (s § 104 Rn 21.71 unter 5). Beim Vergleich ohne Kostenregelung gilt § 98 (s dort). 13.10

105 • **Verkehrsanwalt.** Wohnt eine Partei nicht im Bezirk oder in der Nähe des Gerichts und ist sie nicht fähig, einen dort residierenden RA sachgemäß zu informieren, dann darf sie einen an ihrem Ort oder in dessen nächster Nähe befindl RA damit betrauen, den Prozessstoff zu sichten und den am Prozessgericht wohnenden oder niedergelassenen RA zu informieren. Dieser ist dann der ProzBev, der andere der Verkehrsanwalt, der nach 3400 RVG-VV vergütet wird. Ob die Gegenpartei dessen Gebührenanspruch erstatten muss, richtet sich nach § 91 I 1 (BGH NJW-RR 2006, 1563). OLG Brandenburg MDR 2009, 174 begrenzt die Erstattungsfähigkeit bis zur Höhe fiktiver Reisekosten eines ProzBev am Wohnort der Partei. Neben der Kombination Verkehrsanwalt/ProzBev kommt häufig in Betracht, dass der Hauptbev zur Terminswahrnehmung einen Unterbev/Terminsvertreter einschaltet oder der ProzBev selbst zu den auswärtigen Gerichtsterminen anreist. Die Frage der Erstattung wird dann durch Ermittlung der kostengünstigsten Lösung beantwortet (s Rn 13.79, 13.102). Auf Grund der umfassenden Postulationsfähigkeit (s § 78 Rn 2, 3, 6) u begünstigt durch die Rspr des BGH zur Erstattung von Reisekosten (s Rn 13.79) des ProzBev ist die Bedeutung des Verkehrsanwalts sehr stark zurückgegangen (MK/Schulz Rn 201). Die nachgewiesene ältere Rspr ist daher nur eingeschränkt verwertbar. – **1) Erstattungsgrundsätze.** Die Mehrkosten sind nur ausnahmsw erstattungsfähig. Richtlinien dafür sind: Soweit eine Partei in der Lage ist, den ProzBev unmittelbar schriftl zu informieren, hat sie keinen Anlass, auf Kosten des Gegners einen Verkehrsanwalt zwischenzuschalten (OLG München MDR 93, 1130; OLG Bamberg JurBüro 91, 705: ProzBev kann sich aus Parallelsache selbst informieren). Außer Rechtsunerfahrenheit (OLG Hamburg JurBüro 91, 1516: Kl war volkseigener Betrieb) und Schreibungewandtheit können zB auch Alter (OLG Hamburg JurBüro 90, 888), Krankheit (OLG Koblenz JurBüro 91, 243) oder Körperbehinderung Zuziehung eines Verkehrsanwalts rechtfertigen. Auch im gewerbl Rechtsschutz kommt es darauf an, ob die Partei den RA selbst informieren konnte, was bei einem kaufmännisch geführten Unternehmen (OLGR Düsseldorf 1995, 76: auch bei einem ausl; anders bei schwierigem Sachverhalt: OLG Hamburg JurBüro 2002, 319) und damit auch bei Wettbewerbsverbänden idR anzunehmen ist (OLG Karlsruhe JurBüro 89, 102; OLG München Rpfleger 90, 313). Das gilt auch für Haftpflichtversicherungsgesellschaften (OLG Schleswig JurBüro 82, 411), Leasinggeber (OLG Koblenz JurBüro 88, 875), Lohnsteuerverein (OLG Bamberg JurBüro 87, 1701), Inkassobüro (LG Saarbrücken JurBüro 87, 753), Teilzahlungsbank (OLG Saarbrücken JurBüro 87, 895). Geht es im Rechtsstreit um Spezialmaterien, kann Zuziehung eines RA mit Spezialkenntnissen erstattungsfähig sein (s Rn 13.89). – **2) Einzelheiten** (in alphabetischer Reihenfolge). **Ausl Verkehrsanwalt** wird nach den allgemeinen Grundsätzen zur Notwendigkeit beurteilt (sa Rn 13.13). – **Betreuer**, keine Verkehrsanwaltsgebühr für den RA als – (OLG München NJW-RR 97, 1286; OLG Stuttgart JurBüro 98, 487). – **Beweisanwalt.** Kostenerstattung nur in der Höhe, wie durch seine Einschaltung Reisekosten des ProzBev vermieden worden sind (OLG Düsseldorf JurBüro 92, 34). – **Dolmetscher.** Erstattungsfähigkeit bejaht, wenn durch Verkehrsanwalt Zuziehung eines Dolmetschers vermieden werden kann (OLG Hamburg VersR 2014, 766 Tz 4). – Für Kosten des Verkehrsanwalts **am dritten Ort** verneinen OLG Hamburg MDR 2003, 1019 und OLG Koblenz MDR 2004, 966 zu Recht die Erstattungsfähigkeit. Der Verkehrsanwalt muss gerade vor Ort notwendig sein, was durch seine Einschaltung am dritten Ort schon widerlegt ist. – **Eheleute.** Klagt ein Ehegatte, ist die ihm vom anderen Ehegatten in Rechnung gestellte Verkehrsgeb nicht erstattungsfähig (OLG Koblenz JurBüro 84, 758; OLG Köln JurBüro 83, 1047); dies gilt aber nicht bei verwandtschaftl Beziehungen (OLG Schleswig JurBüro 92, 170: Sohn ist Verkehrsanwalt). Auch die Ehefrau eines Richters kann einen Verkehrsanwalt einschalten (OLG Hamburg MDR 92, 616). – **Eilverf** werden von der Rspr hinsichtl der Prüfung der Notwendigkeit eines Verkehrsanwalts begünstigt wegen der Eilbedürftigkeit und Haftung nach § 945 (zB OLG Hamburg JurBüro 88, 1191), ohne dass die Einzelfallprüfung übergangen werden darf (OLG Hamburg JurBüro 88, 1031). – **Hausanwalt.** Ständige Beratung durch ihn rechtfertigt nicht die Einschaltung als Verkehrsanwalt (OLG Bamberg JurBüro 89, 1284; Ausnahmen lassen zu OLG München JurBüro 88, 491, wenn der RA besser als die Partei in tatsächl Hinsicht informieren kann; OLG Bamberg JurBüro 88, 1362, wenn durch den Hausanwalt die Korrespondenz in fremder Sprache geführt werden kann). – **Liquidator** als Vertreter der Partei bedarf keines Verkehrsanwalts (OLG Naumburg NJW-RR 2012, 430). – **RA in eigener Sache** kann weder Verkehrsgeb (s Rn 13.76) noch Kosten einer ersparten Informationsreise verlangen, auch nicht als **Partei kraft Amtes** (OLGR München 1994, 36). – **Rechtsmittelverf.** Da der Sachverhalt regelmäßig bereits weitgehend im 1. Rechtszug geklärt wird und darüber ein Urteil vorliegt, braucht der erstinstanzl ProzBev grds nicht zum Verkehrsanwalt für den 2. Rechtszug (oder das Revisionsverf OLG Hamburg 20.8.2013 – 8 W 50/13) bestellt zu werden, so dass auch eine Verkehrsgeb nur ganz ausnahmsw erstattungsfähig ist (BGH MDR 2015, 184 zu Berufung u Revision; OLG Frankfurt WRP 92, 312: neue Probleme; JurBüro 92, 407: Alter und schlechte Gesundheit der Partei; OLG Frankfurt Rpfleger 99, 463: neuer Streitstoff; OLG Frankfurt RVGreport 2017, 460: Auflage des Revisionsgerichts; OLG Hamburg MDR 2002, 542: Gegner substantiiert einen Anspruch erstmals; OLG Hamburg VersR 2014, 766 Tz 4: wenn Dolmetscher/Übersetzerkosten eingespart werden). – **Scheckprozess/Wechselprozess** macht Zuziehung eines Verkehrsanwalts regelmäßig nicht nötig. – **Streithelfer.** Notwendigkeit, einen Verkehrsanwalt einzuschalten, kann auch bei ihm gegeben sein. – **Streitverkündung.** Kürze der Entschließungszeit und Einarbeitungsumfang können Verkehrsanwalt notwendig sein lassen (OLG Koblenz JurBüro 87, 1790). – **Überörtl Sozietät.** Der auswärtige RA, der in einer überörtl Sozietät mit dem am Prozessgericht zugelassenen RA verbunden ist, verdient keine Verkehrsgeb (aA OLG Frankfurt MDR 94, 213; OLG Düsseldorf MDR 94, 1253). Er ist nur als der örtl Ansprechpartner des Mandanten für die Sozietät anzusehen (OLG München MDR 95, 646; 752; KG Rpfleger 95, 433; KG MDR 2000, 669 für **internat**

Sozietät; OLG Brandenburg MDR 99, 635; OLG Karlsruhe JurBüro 95, 31; ebenso OLG Hamburg MDR 96, 532, wenn die Mitglieder der Sozietät vor verschiedenen Gerichten auftreten).

• **Versicherungsgesellschaft.** Aufwendungen an Stelle der Partei sind erstattungsfähig, soweit sie auch die Partei aus eigenen Mitteln hätte aufwenden dürfen (StJ/Muthorst Rn 79; BGH MDR 2017, 119 Tz 6 [Fölsch MDR 2017, 262]: Privatgutachten; aA MskV/Flockenhaus Rn 59a). Ein Forderungsübergang (zB § 86 VVG) ist dabei zu beachten (BGH MDR 2019, 961). – Kosten zur Prüfung der Einstandspflicht (Betriebskosten; zum matrechtl Anspruch BGH MDR 2018, 1495: kein Fall des § 86 I VVG) sind unstr nicht erstattungsfähig (StJ/Muthorst Rn 39 und MskV/Flockenhaus Rn 59a; OLG Koblenz JurBüro 91, 88 für Aktenauszug; Neuhaus MDR 2012, 1135 VII für Detektivkosten). 13.1

• **Vertreter.** Ist das persönl Erscheinen einer Partei zur Sachverhaltsaufklärung angeordnet und entsendet diese gem § 141 III 2 einen Vertreter, dann werden die Vertreterkosten wie Parteikosten erstattet. 13.1

• **Verwaltungsvorverfahren.** Ist es ges vorgeschrieben, sind die dort erwachsenen Anwaltskosten im nachfolgenden Prozess erstattungsfähig, sofern Vertretung durch einen RA iSd § 91 I 1 ZPO geboten war (OLG München MDR 90, 1020). Prozessbezogenheit verneint von OLG Stuttgart JurBüro 87, 269 für Verwaltungsverf über Entschädigung des Fischereiberechtigten; OLG Stuttgart JurBüro 91, 84 für Verf nach § 43 II BauGB; OLG Stuttgart Justiz 96, 85 für Verf nach § 10 StrEG; OLG Schleswig JurBüro 92, 170 für Enteignungsverf nach §§ 24 ff PREnteignG; OLG Hamburg JurBüro 92, 336 für Verf vor Kartellbehörde; OLGR Hamburg 1999, 100 für Beschlagnahmeverf vor Finanz-/Zollbehörden; Schifffahrtsobergericht Nürnberg BinSchiff 2016, 72 u OLG Köln JurBüro 95, 208 für Verklarungsverf nach § 11 BinSchG. 13.1

• **Verweisung.** Im Verhältnis der ordentl Gerichtsbarkeit zur Arbeitsgerichtsbarkeit gilt § 4 GKG: Wenn der Rechtsstreit **vom ArbG an das ordentl Gericht** verwiesen wird, bleiben die beim ArbG angefallenen RA-Kosten von der Erstattung ausgeschlossen (allgM; § 12a I 1 ArbGG; OLG Dresden MDR 2024, 942). Sie sind aber erstattungsfähig, soweit durch die Beauftragung des RA höhere Reisekosten der Partei erspart wurden (OLG München AnwBl 64, 264). Wird nach Verweisung an das ordentl Gericht der ursprüngl ProzBev nunmehr als Verkehrsanwalt tätig, hängt die Erstattungsfähigkeit der Verkehrsanwaltskosten davon ab, ob seine Einschaltung für das weitere Verf notwendig war (OLG Hamburg JurBüro 83, 771); bleibt er ProzBev, wird die bereits entstandene VerfGeb erstattungsfähig (OLG Schleswig AnwBl 95, 316). Reisekosten des bisherigen RA sind erstattungsfähig, wenn dadurch höhere Geb eines neuen RA erspart werden (OLG Hamburg MDR 2016, 242). – Wird ein Rechtsstreit **vom ordentl Gericht an das ArbG** verwiesen, dann hat der Kl die dem Bekl vor dem ordentl Gericht entstandenen Kosten zu tragen (nach § 91 beim Unterliegen, nach § 281 III 2 beim Obsiegen; s N. Schneider NJW-Spezial 2017, 539), auch wenn sie, weil der ProzBev des Bekl Vertreter bleibt, vor dem ArbG erneut anfallen (BAG NZA 2013, 395). – **Innerhalb der ordentl Gerichtsbarkeit:** Verweisung auf derselben Ebene stellt eine Gebühreninstanz dar (§ 20 S 1 RVG; OLG Brandenburg 28.11.2022 – 6 W 63/22 Tz 2); also kein mehrfacher Gebührenanfall. – Der im Mahnverf und später nach der Verweisung im Verfahrensabschnitt vor dem AG/LG als Verkehrsanwalt tätige RA verdient die Geb 3400 RVG-VV; die Geb für das Mahnverf (3305 RVG-VV) wird ihm angerechnet (3305 RVG-VV Anm). Bei Mehrkostenauferlegung kann der letztl obsiegende Kl die Kosten der Einschaltung des früheren ProzBev als Verkehrsanwalt bei Notwendigkeit erstattet verlangen (OLG Hamburg MDR 97, 888). – Unterbleibt der Kostenausspruch nach § 281 III 2 versehentl, kommt zum einen auf Antrag eine Ergänzung nach § 321 in Betracht (§ 321 Rn 5), aber auch eine Korrektur im KFV (OLG Rostock JurBüro 2001, 591; str, aA die hM, zB OLG Stuttgart JurBüro 2015, 254; OLG Düsseldorf MDR 99, 568). Das KG JurBüro 90, 1183 bejaht eine Notwendigkeitsprüfung jedenfalls in Fällen der formlosen Abgabe. Nach OLG Hamm JurBüro 89, 1694 kann der Bekl aus der Entscheidung nach § 281 keinen Erstattungsanspruch ableiten, wenn die Unzuständigkeitsrüge nur der Prozessverzögerung diente. Sa § 104 Rn 21.60. 13.1

• **Vollstreckungsbescheid.** Die Geb für die Vertretung des ASt im Verf über den Antrag auf Erlass eines VB ist erstattungsfähig, wenn innerhalb der Widerspruchsfrist kein Widerspruch erhoben wurde oder der Widerspruch beschränkt (§ 703a II Nr 4) war (3308 RVG-VV). 13.11

• **Vorbereitungskosten.** Sie sind nur erstattungsfähig, wenn sie in unmittelbarer Beziehung auf einen bestimmten Rechtsstreit entstanden sind (BGH MDR 2019, 378 [Seggewiße MDR 2019, 853]; StJ/Muthorst Rn 39). Das ist nicht der Fall, wenn sie nur aufgewandt worden sind, um die Einstandspflicht des Versicherers zu prüfen (s Rn 13.106), um das durchzusetzende Recht erst zu beschaffen (OLG Düsseldorf JurBüro 93, 224), um die Entschließung vorzubereiten, ob ein Rechtsstreit eingeleitet werden soll (OLG Hamm JurBüro 85, 1401), um die Prozessaussichten besser beurteilen zu können (OLG Koblenz JurBüro 91, 88: Aktenauszug für Haftpflichtversicherer; OLG Karlsruhe JurBüro 95, 31: Stoffsammlung durch RA), wenn sie zur Abwendung eines Rechtsstreits aufgewendet worden sind (OLG Schleswig JurBüro 81, 582), wenn sie von einem selbständigen Verf mit eigener Kostenentscheidung erfasst werden oder sich dieses Verf gegen einen Dritten richtete (OLG München JurBüro 92, 105). In Betracht kommt aber die Geltendmachung eines mat-rechtl KE (s vor § 91 Rn 11). 13.11

• **Vorprozesse.** Nicht selten liegt es so, dass nach einem schädigenden Ereignis, insb bei Straßenverkehrsunfällen, vorab Straf- oder Zivilprozesse geführt werden, bevor es zu dem die endgültige Regulierung einleitenden 13.11

Hauptprozess kommt. Die Erstattung der dafür aufgewandten Kosten ist nur auf Grund mat-rechtl Anspruchsgrundlage mögl (Klimke VersR 81, 17 ff).

.113 • **Wahl des Gerichtsstandes.** Nach hM (s § 35 Rn 4) darf der Kl bei der Gerichtsstandswahl frei verfahren, ohne dass dies die Kostenerstattung von Reisekosten seines ProzBev schon ausschließen kann (BGH MDR 2014, 807 [Grenze: Rechtsmissbrauch]; MskV/Heinrich § 34 Rn 5; aA OLG Stuttgart MMR 2008, 749). Das Kostenschonungsgebot (s dazu Rn 12) tritt also solange zurück, bis Rechtsmissbrauch angenommen werden kann. Wenn dem Kl durch die Wahl eines Gerichtsstandes, bei dem geringere Kosten entstehen werden, keinerlei Nachteile drohen, ist es aber regelmäßig sachfremd (und damit Rechtsmissbrauch), wenn er dennoch in einem anderen Gerichtsstand Klage erhebt. Dann sollte er zumindest die Darlegungslast dafür haben, warum er bei Gleichwertigkeit zweier Wege den teureren gewählt hat, zumal zu seinen Motiven nur er konkret vortragen kann (aA BGH MDR 2014, 807; Schultzky § 35 Rn 4).

.114 • **Widerspruch.** Der Ag muss sich zur Kostengeringhaltung zunächst auf den Widerspruch beschränken (OLG Köln JurBüro 2000, 77; OLG Koblenz JurBüro 2010, 257), darf nicht Durchführung des Streitverf beantragen (anders dann, wenn der ASt das Verf nicht weiterbetreibt, OLG Hamburg Rpfleger 2014. 228). Ein anwaltl Mandat darf er nur unter der aufschiebenden Bedingung erteilen, dass es zum str Verf kommt (KG MDR 2002, 1028 mN auch zur aA).

.115 • **Wohnungseigentümer.** Kostenentscheidung nach §§ 91 ff; an Stelle von § 49 I WEG aF soll bei Ermessenentscheidungen § 92 II Nr 2 zur Anwendung kommen (BTDrs 19/18791, 80). Obsiegt der klagende Wohnungseigentümer, hat er dennoch und zwar im Umfang seiner Beteiligung an der GdWE die Kosten mitzutragen, soweit die GdWE vorher keine abw Regelung getroffen hat (BGH MDR 2024, 1039; hierzu Letzner ZWE 2024, 401; Skauradszun ZWE 2024, 398; zu Lösungsansätzen Noack ZIP 2023, 1169). – Eine kostenrechtliche Besonderheit besteht durch § 44 IV WEG (= Kosten einer Nebenintervention; s § 101 Rn 15) beim Beitritt eines Eigentümers auf Seiten der Gemeinschaft. Notwendigkeitsprüfung iSv § 91 im KFV (s § 104 Rn 21.112); die Nebenintervention muss „geboten" gewesen sein. Diese Voraussetzung wirkt einschränkend auf den KE beitretender Wohnungseigentümer. Dass dieses Ergebnis gewollt ist, ist im Rahmen der Auslegung, was „geboten" ist, zu berücksichtigen. – Streitwert: § 49 GKG (s § 3 Rn 16.216). – Kosten interner Kommunikation der GdWE im Prozess sind nicht erstattungsfähig (BGH MDR 2017, 1048 Tz 10). – Zum entfallenden Mehrvertretungszuschlag (1008 RVG-VV) bei den RA-Geb im Passivprozess s Drasdo NZM 2020, 953; Drasdo NJW 2020, 3681; Schultzky MDR 2020, 1473, 1477.

3.116 • **Zeitversäumnis.** Zeitversäumnis der Partei ist nur erstattungsfähig, soweit es sich um solche durch notwendige Reisen oder notwendige Wahrnehmung von Terminen handelt (OLG Köln JurBüro 96, 94), nicht auch für Bearbeitung des Prozesses (BGHZ 66, 114; OLG Hamm 5.1.2021 – 25 W 282/20 Tz 9; s Rn 13.5). Gleiches gilt bei jur Personen für den Zeitaufwand ihrer ges oder sonstigen Vertreter (§ 91 II 2; §§ 20, 22 JVEG; BGH MDR 2009, 230). Der Geschäftsführer, der selbst Partei ist, kann aber nicht einen Verdienstausfall der Gesellschaft geltend machen (OLG Frankfurt JurBüro 2024, 362). Macht eine Partei Überstunden oder nimmt sie bezahlten Urlaub, kommt Nachteilsentschädigung gem § 20 JVEG in Betracht (BGH MDR 2012, 374). – Bemessung der Entschädigung unter Berücksichtigung des von der Partei versäumten Erwerbs gem § 91 I 2 iVm §§ 19 ff JVEG. Der Verweis (§ 91 I 2) ist missglückt, weil damit ungewollt Verdienstausfall (§ 22 JVEG) aus der Erstattung genommen ist (Lappe NJW 2006, 275); dies wird von der Rspr aber korrigiert (vgl BGH MDR 2009, 230 Tz 9). – Im Parteiprozess kann die Partei sich selbst vertreten. Hat die Partei einen ProzBev, sind ihre Zeitversäumniskosten für Terminswahrnehmung zu erstatten, wenn ihr persönl Erscheinen angeordnet und sie geladen war oder wenn ihr Erscheinen im Termin aus anderen Gründen als notwendig zu erachten war (s Rn 13.79).

3.117 • **Zeugenauslagen.** Auslagen für von der Partei gestellten Zeugen sind erstattungsfähig, wenn (zB auf Grund Terminsnähe oder Prozesslage) Gestellung erforderl war (OLG Nürnberg MDR 2011, 889; OLG Hamburg MDR 2000, 666: Gericht regt Sistierung an), was insb in Verfügungssachen der Fall sein kann (OLG Hamburg MDR 95, 210; OLG Koblenz MDR 97, 888), aber nur, wenn die Gefahr bestand, eine eidesstattl Versicherung werde nicht genügen (OLG Schleswig JurBüro 81, 760). Verzichtet Zeuge ggü dem Gericht auf Zeugengeb, verzichtet er dadurch nicht ohne weiteres auch ggü der Beweis führenden Partei auf Erstattung seiner Auslagen (KG JurBüro 82, 1247). Die in einem solchen Fall von der Partei an den Zeugen geleisteten Zahlungen gehören zu den notw Parteiauslagen bis zur Höhe des Betrags, der dem Zeugen aus der Staatskasse zu erstatten wäre.

3.118 • **Zurücknahme des Rechtsmittels.** §§ 516, 565. Erstattung, wenn die Mandatierung des zur Abwehr des zurückgenommenen Rechtsmittels zugezogenen RA durch den Rechtsmittelbekl nach Zustellung des Rechtsmittels erfolgt ist. S näher Rn 13.21. Der Kostenbeschluss ergeht vAw (§ 516 III 2, § 555 V). Ein Antrag ist daher überflüssig (OLG Hamburg MDR 2003, 1261 für die Rücknahme einer NZB) und löst keine Geb aus.

3.119 • **Zustellung.** Kosten der öffentl Zustellung (§ 187) sind erstattungsfähig, der Auslandszustellung nur, wenn im Inland nicht zugestellt werden kann (OLG Hamburg RVGreport 2017, 462 [Hansens]). – Erstattungsfähig sind die Kosten der Zustellung durch Vermittlung des GV (100, 101 GvKostG-KV) oder durch einen RA (KG MDR *2010, 55; OLG Karlsruhe 29.1.2015* – 13 W 130/14), wenn Partei berechtigtes Interesse an schneller und zuverlässiger Zustellung hat. – Für den RA, der umfassend beauftragt ist, gehört die Zustellung zum Verf (§ 19 I 2 Nr 9, Nr 16 RVG); ist die Zustellung ein Einzelauftrag: 3309 RVG-VV (OLG Celle NJW-RR 2008, 1600).

• **Zwangsvollstreckungskosten.** Prozessbürgschaft zur Ermöglichung der ZwV (zB § 709 S 1) = Kosten der ZwV (§ 788 I, BGH MDR 2016, 485 [Elzer MDR 2016, 504]); findet dann aber keine ZwV statt, Festsetzung durch das Prozessgericht (BGH MDR 2008, 286). – Kosten zur Abwehr einer ZwV (zB § 711 S 1 Alt 1) = Kosten des Rechtsstreits (BGH MDR 2006, 886). 13.1

§ 91a Kosten bei Erledigung der Hauptsache

(1) [1]Haben die Parteien in der mündlichen Verhandlung oder durch Einreichung eines Schriftsatzes oder zu Protokoll der Geschäftsstelle den Rechtsstreit in der Hauptsache für erledigt erklärt, so entscheidet das Gericht über die Kosten unter Berücksichtigung des bisherigen Sach- und Streitstandes nach billigem Ermessen durch Beschluss. [2]Dasselbe gilt, wenn der Beklagte der Erledigungserklärung des Klägers nicht innerhalb einer Notfrist von zwei Wochen seit der Zustellung des Schriftsatzes widerspricht, wenn der Beklagte zuvor auf diese Folge hingewiesen worden ist.

(2) [1]Gegen die Entscheidung findet die sofortige Beschwerde statt. [2]Dies gilt nicht, wenn der Streitwert der Hauptsache den in § 511 genannten Betrag nicht übersteigt. [3]Vor der Entscheidung über die Beschwerde ist der Gegner zu hören.

Lit: *Assmann*, Die hilfsweise Erledigungserklärung, FS Merle, 2010, S 39; *Becker-Eberhard*, Die Entwicklung der höchstrichterl Rspr zur Erledigung der Hauptsache, FS BGH Bd III, 2000, S 273; *Brießmann*, Kostenfolge bei übereinstimmender Erledigungserklärung wegen Verjährung, NJW 2018, 2988; *El-Gayar*, Die einseitige Erledigungserklärung des Kl im Zivil-, Arbeits- und Verwaltungsgerichtsprozess, 1998; *Elzer/Nissen*, Die Kostenfeststellungsklage trotz Erledigung?, NJW 2019, 1116; *Felske*, Die „feindliche" Erledigungserklärung, NJW 2023, 2323; *Foerste*, Zur Notwendigkeit reziproker Anwendung des § 93 ZPO, FS Stürner, 2013, S 273; *Gaschler*, Kostenentscheidung bei Erledigung durch Einreden und Gestaltungsrechte – ein Beitrag zum „Unterliegensprinzip" und zur „Veranlasserhaft", ZZP 134 (2021), 93; *Gehle*, Teilerledigung: Gemischte Kostenentscheidung des Berufungsgerichts in der Revision, MDR 2024, 816; *Hausherr*, Die Erledigung „zwischen den Instanzen", MDR 2010, 973; *Hoffmann*, Defizite usw – Erledigung u „mat-rechtl" Kostenerstattungspflichten, ZZP 125 (2012), 345; *Hofmann*, Einseitige und übereinstimmende Erledigungserklärungen vor unzuständigem Gericht, NJW 2020, 1117; *Jost/Sundermann*, Reduzierung des Verfahrensaufwands nach der einseitigen Erledigungserklärung, ZZP 105 (1992), 261; *Klawonn/Rohner*, Die Erledigung der Hauptsache in der zivilprozessrechtlichen Klausur, JuS 2019, 22; *Knöringer*, Die Erledigung der Hauptsache im Zivilprozess, JuS 2010, 569; *Matusch*, Die Erledigung des Rechtsmittels im ZPR, 2010; *Mohr*, Von der (Teil-)Erledigung bis zum (Versäumnis)Schlussurteil – Die Kostenentscheidung im arbeitsgerichtlichen Verfahren in besonderen Konstellationen, NZA 2019, 815; *Musielak*, Zur Kostenentscheidung bei übereinstimmender Erledigungserklärung, FS Krüger, 2017, S 409; *Petzold*, Die Erfüllung im Mahnverfahren, NJW 2019, 822; *Scheikholeslami-Sabzewari*, Die Kosten der Nebenintervention bei Abschluss eines Prozessvergleichs, NJW 2023, 878; *N. Schneider*, Kostenentscheidung bei Erledigung der Hauptsache durch Erhebung der Verjährungseinrede, NJW 2017, 2874; *N. Schneider*, Gerichtskostenermäßigung bei Anerkenntnis unter Verwahrung gegen die Kostenlast?, ErbR 2023, 202; *N. Schneider*, Erledigung durch Zahlung vor Rechtshängigkeit; Kostenentscheidung nach § 269 Abs. 3 S. 3 ZPO bei Veranlassung zur Klage, ErbR 2023, 759; *Schumann*, Erledigungserklärung u Klagerücknahme nach Erledigung der Hauptsache, FG Vollkommer, 2006, S 155; *Schwab*, Die einseitige Erledigungserklärung, ZZP 82 (1969), 127; *Stuckert*, Die Erledigung in der Rechtsmittelinstanz, 2007; *Vossler*, Die Erledigung der Hauptsache im Arrest- oder einstweiligen Verfügungsverfahren, MDR 2009, 667; *Wagner*, Die Erledigung im Mahnverfahren, 2015; *Westermeier*, Die Erledigung der Hauptsache im Dt VerfR, 2005.

1 **I) Überblick. 1) Abgrenzung der Institute.** Erfüllt der Bekl nach Rechtshängigkeit die Klageforderung, so ist die zunächst zulässige und begründete Klage dadurch gegenstandslos geworden, der Rechtsstreit ist in der Hauptsache erledigt. Um eine Klageabweisung zu vermeiden, kann der Kl sie zurücknehmen oder auf den geltend gemachten (prozessualen) Anspruch verzichten, was aber idR zu Kostennachteilen führt: § 269 III 2, aber auch III 3, § 306, § 91. Hier greift *zum Schutz des Kl* § 91a ein: Haben beide Parteien die Hauptsache für erledigt erklärt, so ist diese der Entscheidung des Gerichts entzogen, das nach den ges Grundsätzen des § 91a durch Beschluss über die Kosten befindet (**übereinstimmende Erledigungserklärung der Parteien**, s Rn 9 ff). Der Bekl ist frei darin, sich der Erledigungserklärung des Kl anzuschließen. Ist er der Ansicht, dass nicht ein nach Einreichung der Klage eingetretenes Ereignis den Rechtsstreit erledigt hat, sondern dass die Klage schon von Anfang an abweisungsreif (unzulässig oder unbegründet) war, so kann er die Abweisung der auf die Feststellung der Erledigung „umgestellten" (§ 264 Nr 2) Klage beantragen, um den Schutz der Urteilsrechtskraft zu erlangen. Hat er Recht, wird die Klage abgewiesen; andernfalls stellt das Gericht die Erledigung durch Urteil fest. Die Kostenentscheidung folgt dann nach hM nicht § 91a, sondern § 91 (**einseitige Erledigungserklärung des Kl**, s Rn 34 ff). Tritt das erledigende Ereignis im Zeitabschnitt ab Anhängigkeit der Klage (nach aA auch schon vorher) und **vor Rechtshängigkeit** (nach aA wegen § 269 I bis zum Beginn der mündl Verh) ein, ermöglicht seit 1.1.2002 die **privilegierte Klagerücknahme** gem § 269 III 3 eine Kombination von einseitiger Prozessabstandnahme des Kl und der Rechtsfolge gem § 91a (s § 269 Rn 18c f; sa Becker-Eberhard FS Gerhardt, 2007, S 25 ff; N. Schneider ErbR 2023, 759; zur Entstehungsgeschichte BGH NJW 2021, 941). Dagegen hat die **einseitige Erledigungserklärung des Bekl** auf den Prozess keinen Einfluss (s Rn 52). Besonderheiten bestehen, wenn die Hauptsache – übereinstimmend oder nur einseitig – **teilw**, auch „beschränkt für die Zukunft" (*ex nunc*) für erledigt erklärt wird (dazu s Rn 53 ff). Ist der Bekl der Meinung, die ursprüngl unbegründete Klage sei *nachträgl* begründet geworden (wie zB bei Fälligwerden der Klageforderung während des Rechtsstreits), so kann er noch im Prozess **„sofort" anerkennen** und damit der Kostenbelastung entgehen (§ 93); das Vorliegen (Nichtvorliegen) der Voraussetzungen des § 93 kann mit der Kostenbeschwerde nachgeprüft werden (§ 99 II).

2 **2) Erledigungserklärung und erledigendes Ereignis, Erledigungsbegriff. a)** Die **Erledigungserklärung** ist stets Prozesshandlung, und zwar (bei übereinstimmender Abgabe) Bewirkungshandlung (s Rn 9), bei einseitiger Vornahme durch den Kl Erwirkungshandlung (Antrag; s Rn 35). Sie ist **auslegungsfähig** und -bedürftig (BGH NJW 2004, 506, 509; BayObLG 6.5.2024 – 101 Sch 40/24 e Tz 10 f (in Antrag nach § 269 III 3), s Rn 10, 32 [a], 35, 37, 53; zur Abgrenzung näher Prütting/Wesser ZZP 116 [2003], 293 ff, 302 f; anders BGH NJW 2007, 1460 für die Klagerücknahme; offen lassend für Umdeutung: OLG Stuttgart s Rn 32). Die **Anschließung** durch den Bekl kann der Kl nicht ausschließen; eine Auslegung als „nicht anschließungsfähige Erledigungsfeststellungserklärung" scheidet aus; will der Kl das „summarische" Verf über die Kostentragung ausschließen, muss er den Klageweg wählen (s Rn 32 [b]).

3 **b)** Das **Erledigungsereignis** ist eine Tatsache mit Auswirkungen auf die mat-rechtl Voraussetzungen der Zulässigkeit oder Begründetheit der Klage (BGHZ 155, 392, 398; BGH NJW 2007, 3721, 3722; N. Schneider NJW 2017, 2874), **nach verbreiteter Umschreibung** eine Tatsache, die eine ursprüngl zulässige und begründete Klage nachträgl gegenstandslos (unzulässig oder unbegründet) macht (BGHZ 135, 62; BGH NJW 2010, 2422; BGH NJW 2014, 2199 Tz 7; BGH NJW 2015, 699 Tz 18; OLG Karlsruhe 2.3.2023 – 14 U 443/22 Tz 13, 21; Röß

NJW 2019, 1983, 1987; StJ/Muthorst Rn 5). Für eine **Erledigung** ist daher an sich (Einschränkungen folgen aus Rn 12, 16; vgl auch § 269 III 3: „Wegfall des Klageanlasses", s § 269 Rn 18c) **kein** Raum, wenn die Klage bereits vor (ohne den) Eintritt des Erledigungsereignisses unzulässig (BGH NJW 91, 1116 mN; BGH NJW 96, 2730; OLG Hamburg NJW-RR 96, 1065; aA OLG Frankfurt MDR 81, 676) oder unbegründet gewesen ist (BGH NJW-RR 2005, 1135; BGH NJW 2021, 941 Tz 20 f, hM, str; sa Rn 43). Einen **abw Erledigungsbegriff** (ursprüngl Zulässigkeit und Begründetheit der Klage nicht erforderl) vertritt der BGH im Kartellverwaltungsverf (BGH MDR 86, 560; dazu näher Rn 58.24), das BAG für das arbeitsgerichtl Beschlussverf (BAG NJW 2008, 1977, 1978 Tz 10; BAG NZA 93, 1054; BAG 24.10.2018 – 7 ABR 1/17; BAG 29.7.2020 – 7 ABR 27/19; LAG Düsseldorf stRspr; zust Schumann FS Richardi, 2007, S 413 ff; sa Rn 58.4) u allg das BVerwG (BVerwGE 20, 146 = NJW 65, 1035; BVerwG 19.1.2006 – 10 B 10/05; sa OLG Rostock 9.1.2025 – 17 Verg 3/24 für **Vergabenachprüfungsverf:** Rechtsschutzziel erreicht oder hinfällig; näher zur Rspr Westermeier aaO S 130 ff mwN) sowie zT das Schrifttum (Assmann FS Merle, 2010, S 48); eine Divergenz iSd RsprEinhG verneint BGH NJW 92, 2236. *Unerhebl* für den Erledigungsbegriff ist, ob es sich beim Erledigungsereignis um ein *obj* Geschehen, oder um ein einer Partei-„Sphäre" zuzurechnendes *subj* Verhalten handelt (s BGHZ 184, 128 Tz 23, 30 u die Bsp in Rn 4, 5). Mit dem **Erledigungsbegriff** ist richtigerweise über den frühestmögl **Zeitpunkt**, von dem an der Eintritt des Erledigungsereignisses zu berücksichtigen ist, noch nichts ausgesagt (s Rn 6). Nach BGH u hL verbietet es sich, den Erledigungsbegriff im Einzelfall nach **Wertungsgesichtspunkten** einzuschränken, auch wenn die Schutzbedürftigkeit des Kl zweifelhaft erscheint (MK/Schulz Rn 5: nur Kostenentscheidung lässt Raum für Billigkeitserwägungen; abw Althammer/Löhnig NJW 2004, 3077 für Prozessaufrechnung; Cziupka JR 2010, 372 für Verjährungseinrede; Gaschler ZZP 134 [2021], 93). Dass der Bekl mit seiner Anschlusserklärung eine Billigkeitsentscheidung erreichen kann, steht aber einem differenzierenden Erledigungsbegriff bei der einseitigen Erledigungserklärung nicht entgegen.

Bsp für Erledigung: Erfüllungshandlungen jeder Art (s Rn 58.15), zB Zahlung der eingeklagten Schuld (OLG Saarbrücken 28.3.2019 – 4 U 18/17: Tilgungszweckbestimmung nicht notwendig), Herausgabe des geforderten Gegenstands (OLG Celle NJOZ 2018, 1179 für eV), Räumung des herausverlangten Wohnraums, Abdruck der verlangten Gegendarstellung durch das Presseorgan (vgl OLG Koblenz NJW-RR 2006, 484), Erteilung der verlangten Auskunft (BGHZ 141, 318), Abgabe einer strafbewehrten Unterlassungserklärung unter Ausräumung der Wiederholungsgefahr (BGH NJW-RR 2006, 566; sa § 13 I 1 aE UWG: „beilegen"), Abschluss eines die Kostenfrage offen lassenden gerichtl oder außergerichtl Vergleichs (s Rn 58.49), unter bestimmten Voraussetzungen die Erklärung der Aufrechnung (§§ 388, 389 BGB) mit einer Gegenforderung (näher s Rn 58.6); die erstmalige Erhebung der Einrede der Verjährung (§ 214 I BGB; iE str, s Rn 58.50), offen gelassen für (erstmalige) Kürzungseinrede nach Art 7 II lit c Fluggastrechte-VO (BGH NJW-RR 2024, 1373); Hinweis auf günstigere Reparaturmöglichkeit (§ 254 II BGB, s LG Bonn r+s 2016, 641); Ausschlagung der Erbschaft durch den vom Vermächtnisnehmer in Anspruch genommenen Erben (BGHZ 106, 366); Tod einer Partei in Ehe- u Statussachen (§§ 131, 181 S 2 FamFG; abw Fallgestaltung s Rn 5) sowie bei höchstpersönl Ansprüchen (BGH NJW-RR 86, 369) und Angelegenheiten (BGHZ 163, 195, 197 = NJW 2005, 2385 = MDR 2005, 1413: Sterbehilferechtsstreit); kraft Gesetzes eintretender Verlust der Aktivlegitimation (OLG Karlsruhe NJW-RR 2000, 626: Ausscheiden als Gesellschafter) oder (soweit kein Fall von §§ 240 ff) der Prozessführungsbefugnis (vgl BGHZ 155, 38, 45; Drasdo NJW 2005, 1553; sa Rn 58.56), zB des InsVerwalters gem § 259 InsO; Verlust der Passivlegitimation des ausscheidenden Bekl im Fall von § 265 Rn 7 (BGH NJW 2006, 1351); Zeitablauf bei Ausschlussrechten (vgl BGH MDR 84, 665); Bestätigung von nichtigem Rechtsgeschäft (§ 141 BGB) oder anfechtbarem Beschluss (§ 244 AktG); Rücktritt des Gewählten bei Wahlanfechtungsklage (BGHZ 196, 195); Erlöschen des geltend gemachten Anspruchs aus Rechtsgründen, etwa durch eine nachträgliche Änderung der Rechtslage (BGH WRP 2005, 126; BayObLGZ 92, 57; sa Rn 24, 58.20); Wegfall des Rechtsschutzinteresses, wie bei Erhebung der gegenläufigen Leistungsklage nach negativer Feststellungsklage (s Rn 58.16); rechtskräftige Feststellung der Forderung zur Insolvenztabelle (§ 178 III InsO, s BGH NJW 2017, 3521 Tz 33; hier Greger s § 240 Rn 14); Erteilung der Restschuldbefreiung (§§ 286, 301 InsO). 4

Keine Erledigungsereignisse stellen dagegen dar: *Erfüllungshandlungen* zur Abwendung der ZwV (BGHZ 106, 6; BGHZ 203, 257 Tz 19; BGH MDR 2014, 921; Krüger NJW 90, 1210; Gegenbeispiel: OLG Celle NJOZ 2018, 1179 für eV; sa Rn 58.15), zB Zahlung unter Vorbehalt (vgl BGH WM 77, 1307, 1308; nicht notwendig ausdrückl, vgl BGH NJW 94, 943; BGH NZM 2016, 445: Vorbehalt wird im Zweifel nach Meistbegünstigungsgrundsatz fingiert; LG Aschaffenburg 29.5.2018 – 33 O 437/17; VG Frankfurt 8. 4. 2022 – 7 KE 27/20); ZwV aus einem vorläufig vollstreckbaren Urteil (hM, vgl BGHZ 203, 257 Tz 19; BGH MDR 2014, 921; OLG Hamburg 27.5.2016 – 6 U 7/15); Rechtsverzicht und bewusst herbeigeführter Rechtsverlust (str, aA BGH NJW-RR 93, 1320 mN); Wegfall des *wirtschaftl Interesses* an der Durchsetzung des verfolgten Anspruchs (BGHReport 2006, 119); erst im Laufe des Schadensersatzprozesses getroffene Feststellung des Fehlens eines Schadens von Anfang an (BGH NJW-RR 2005, 1135; s Rn 58.40); im Verf erfolgte Mitteilung des Beklagten über Täterschaft eines Dritten (Röß NJW 2019, 1983, 1987 f); Beerbung der Gegenpartei (BGH NJW-RR 2011, 487; BGH ZEV 2018, 393; unzulässiger Insichprozess, sa Rn 7); die Erledigung nur eines von **mehreren Klagegründen** ist keine Erledigung des Rechtsstreits (OLG Düsseldorf MDR 78, 763); die Feststellung der Zuständigkeit des ausländischen Gerichts nach **Art 29 III Brüssel Ia-VO** führt nicht zur Erledigung des ausgesetzten (von Anfang an un- 5 zulässigen) inländischen Verfahrens (BGH WM 2018, 2104; Antomo LMK 2018, 406, 708). Zu zahlr Einzelheiten aus der Rspr s Rn 58 ff.

6 **c) Zeitpunkt.** Das **Erledigungsereignis** (s Rn 3) ist beachtl, wenn es nach Anhängigkeit (Einreichung von Klage, Mahnantrag, Antrag auf Arrest oder einstw Verfügung) und vor rechtskräftiger Beendigung des Rechtsstreits eingetreten ist (OLG Dresden 16.7.2020 – 4 W 510/20: nach Schluss d mdl Verh; AG Brandenburg 16.7. 2021 – 31 C 79/21); eine Erledigung ist damit auch im **Zeitabschnitt zwischen Anhängigkeit und Rechtshängigkeit** (§§ 261, 696 III) und auch noch in der **Rechtsmittelinstanz** (s Rn 18) mögl. Bei der übereinstimmenden Erledigungserklärung wird dieses Ergebnis mit Rücksicht auf die Dispositionsbefugnis der Parteien und die eingeschränkte Prüfungsaufgabe des Gerichts allg anerkannt (iE s Rn 16) und sogar – weiter gehend – eine Erledigung vor Anhängigkeit für mögl gehalten (vgl OLG Frankfurt NJW-RR 2014, 1406 zu § 269 III 3; sa Rn 16). Bei der **einseitigen Erledigungserklärung** gebieten der Schutz des Kl und die Prozessökonomie das gleiche Ergebnis (ebenso BAG NJW 2008, 1977, 1978 f; LAG Düsseldorf 19.2.2019 – 3 TaBV 112/16 für arbeitsgerichtl Beschlussverf [s Rn 58.4]; iErg auch BGH NJW 2004, 1530; **aA** BGHZ 155, 395; BGHZ 203, 257 Tz 18, durch Gesetzesänderung praktisch überholt, s § 269 III 3, IV, § 269 Rn 18c ff; sa näher Rn 41 f). Im Eilverf und allg in den modernen Verfahrensordnungen stellt sich die Frage nach einer Erledigung **vor Rechtshängigkeit** nach Anhängigkeit nicht, da hier die beiden Zeitpunkte zusammenfallen (Eintritt der Rechtshängigkeit schon mit Einreichung der Klage: §§ 81, 90 VwGO; §§ 64, 66 FGO; §§ 90, 94 SGG bzw des Verf einleitenden Antrags: s vor § 916 Rn 5; zweifelhaft für die Brüssel Ia-VO wegen Art 32). Besteht das Erledigungsereignis (s Rn 3, 4) in einer Gestaltungserklärung mit mat-rechtl Rückwirkung auf einen früheren Zeitpunkt (vgl zB §§ 142, 389 BGB), ist es Frage der Auslegung (sa Gaschler ZZP 134 [2021], 93, 103 ff), auf welchen Zeitpunkt (auch) prozessual abzustellen ist (s Rn 58.6 u 58.50). Nach Eintritt des Erledigungsereignisses (s Rn 3, 4) sollte die **Erledigungserklärung** zur Vermeidung von Rechtsnachteilen möglichst **umgehend** abgegeben werden (zu Kostennachteilen bei Verzögerung: s Rn 25 aE); eine Nachholung in der höheren Instanz auf (unbegründetes) Rechtsmittel gegen eine klageabweisende Sachentscheidung ist zweifelhaft (verneinend BGH NJW-RR 2006, 566; sa Rn 39, 51). Entsprechend der Dispositionsmaxime wird grds nur das „erledigende Ereignis" in seinen Wirkungen geprüft, welches der Kläger bei der Erklärung dem Gericht benennt (s OLG Düsseldorf GRUR 2023, 672); andere Ereignisse bleiben unbeachtet.

7 **3) Anwendungsbereich. a)** § 91a gilt für alle kontradiktorischen Verf der **ZPO**, in denen eine Kostengrundentscheidung mögl ist (BGH NJW 2007, 2993; BGH MDR 2010, 521 Tz 7). Seine Anwendbarkeit wurde **bejaht** in folgenden Verf: *Arrest und einstw Verfügung* (s Rn 58.5). *Zwischenstreit* nach § 71 (OLG Oldenburg VersR 66, 1173; sa Rn 58.59). *ZwV-Verf* (außerhalb des Anwendungsbereichs von § 788 (BGHZ 170, 378, 380; hier § 788 Rn 20), insb in den Vollstreckungsverf der §§ 887, 888, 890 (BayObLG NJW-RR 97, 489; OLG München 14.2. 2017 – 13 W 108/17; LG Köln 10.1.2017 – 18 O 69/15; OLG Köln 23.9.2022 – 24 W 56/22; OLG Saarbrücken 31.1.2025 – 5 W 84/24 Tz 8, s Rn 58.58), Erinnerungsverf nach § 766 (OLG Hamburg MDR 57, 234; LG Frankenthal Rpfleger 84, 361), Beschwerdeverf im Zwangsversteigerungsverf bei kontradiktorischer Struktur (vgl BGHZ 170, 378, 381; BGH DGVZ 2019, 79; BGH 28.04.2022 – V ZB 12/20, s Rn 58.58), im Verfahren nach § 1060 (OLG Frankfurt/M NJW 2025, 1423; sa OLG Frankfurt/M 28.9.2023 – 26 Sch 10/23) und im InsEröffnungsVerf (hM, s Rn 58.23). **Nicht allg** und nur unter bes Voraussetzungen anwendbar ist § 91a im *sBV* ohne nachfolgenden Hauptprozess (s Rn 58.42), im *PKH-Verf* (s Rn 58.34). **Ausgeschlossen** ist § 91a im ZwV-Verf, soweit § 788 Anwendung findet (s oben), im *Mahnverf* (str, s Rn 58.27), im Zuständigkeitsbestimmungsverf (s § 37 Rn 3a aE), im *Vorabverf* über den Rechtsweg (BGH NJW-RR 2001, 1007), im Ausgangsverf der Richterablehnung (s Rn 58.38; zum Beschwerdeverf s § 46 Rn 22), im Verf der Vollstreckbarerklärung *ausl Urteile* gem AVAG oder der Versagung der Vollstreckung (vgl Art 36, 46 Brüssel Ia-VO) bzw nach §§ 36, 58 AuG (offen lassend BGH 31.3.2021 – XII ZB 102/20 Tz 10, aber die Anwendbarkeit bejahend für das Beschwerdeverf), im Vergabeverf (BGH NZBau 2004, 285; aA KG IBR 2000, 213; jedoch im späteren Beschwerdeverf: KG 25.11. 2014 – Verg 17/13). § 91a findet im **KapMuG-Verf** keine Anwendung (Arg: § 19 II KapMuG 2024; sa Begr BTDrs 17/8799, 22). Für die Erledigung selbst ist § 18 VI KapMuG 2024 eine Spezialregelung. Die zu § 91a entwickelten Grundsätze sind beim KapMuG-Vergleich nach § 26 III KapMuG 2024 hinsichtlich der Kosten der ausgesetzten Verf heranzuziehen (BTDrs 17/8799, 26). Ein Antrag auf Aussetzung steht Entscheidung nach § 91a nicht entgegen (LG Fulda 28.1.2021 – 5 T 212/20: § 249 III entspr). Im **VDuG-Verfahren** sind nach § 13 I 1 VDuG die §§ 91 ff anwendbar. Sofern die Parteien den Rechtsstreit übereinstimmend für erledigt erklären, muss das OLG/BayObLG nach § 91a durch Beschluss entscheiden (s Vollkommer § 13 VDuG Rn 20; Folge: keine Sperrwirkung für Verbraucher nach § 11 VDuG). Für Vergleich gem § 9 VDuG kommt § 13 I 1 VDuG iVm § 98 zur Anwendung; sa Skauradszun/Skauradszun § 13 VDuG Rn 20.

8 **b)** Einen **Sonderfall** betrifft § 269 III 3, IV (s Rn 1, 42). Dem § 91a **entspr Regelungen** enthalten: § 161 II VwGO; § 138 I FGO; § 193 I 3 SGG; § 83a ArbGG (arbeitsgerichtl Beschlussverf, dazu Schumann FS Richardi, 2007, S 410 ff; BAG NJW 2015, 3680); § 78 GWB (kartellrecht [Rechts-]Beschwerdeverf; sa Rn 58.24); § 182 III 5, IV 3 GWB (Verf vor der Vergabekammer, s OLG Düsseldorf 13.9.2018 – Verg 35/17). Das **FamFG** kennt keine allg Regelung der „Kostenpflicht bei Erledigung"; vielmehr gelten insoweit die allg Grundsätze des FamFG entspr (§ 83 II, § 81 FamFG; sa KG FGPrax 2012, 207: keine analoge Anwendung von § 91a; OLG

Brandenburg NZFam 2022, 557 (Kindschaftssache: § 22 III FamFG; sa Rn 58.17). In **Ehe- und FamStreitsachen** wird aber auf die ZPO-Maßstäbe verwiesen (§ 113 I 2 FamFG iVm § 91a I und II, § 567 statt § 58 I FamFG (BGH MDR 2011, 1439; OLG Stuttgart FamRZ 2016, 488 Tz 13; OLG Köln JurBüro 2013, 101; OLG Brandenburg NZFam 2019, 408; Neumann FPR 2013, 163); s näher Rn 58.17; für **Unterhaltsverf** ist indes § 243 FamFG als Sonderregelung zu beachten, s BGH 31.3.2021 – XII ZB 102/20; OLG München 12.3.2019 – 33 WF 1581/18; OLG Hamm NJW-RR 2019, 69; OLG Karlsruhe FamRZ 2018, 1829). Eine **entspr Anwendung** der ZPO-Grundsätze über die Hauptsacheerledigung **außerhalb des Zivilprozesses** ist – zT mit Modifikationen – auch in folgenden Verf anerkannt: *patentamtl (-gerichtl) Verf* (BGH NJW 97, 3241 f); *Patentnichtigkeitsverf* (BGH MDR 84, 665; s Rn 58.32); *Patent-Rechtsbeschwerdeverf* (BGH MDR 94, 265); *verwaltungsrechtl Anwaltssachen* (§§ 112a ff, § 112c I BRAO; s Rn 58.52); *Kartellverwaltungsverf* (BGH MDR 86, 560; s Rn 58.24); (mit Einschränkungen) *verfassungsgerichtl Verf* (BVerfG NJW 2011, 3081).

II) Übereinstimmende Erledigungserklärung der Parteien (Fall des § 91a). 1) Allgemeines. a) Wesen. Die Erledigungserklärung ist Ausprägung der Dispositionsmaxime (vgl BGHZ 135, 61 f). Als **Prozesshandlung** ist sie **auslegungsfähig** (BayObLG 6.5.2024 – 101 Sch 40/24 e: entgegen anwaltlicher Formulierung, s Rn 2, uU iSv Rn 35), jedoch müssen zu ihrer Wirksamkeit die Prozesshandlungsvoraussetzungen vorliegen (allg s vor § 50 Rn 15; ferner s Rn 58.31). Sie ist **Bewirkungshandlung**, da die übereinstimmende Erklärung beider Parteien den Prozess gestaltet (Dispositionsakt, sa LG Frankfurt aM NZM 2021, 239; BAG NJW 2023, 467): Die Rechtshängigkeit der Hauptsache endet (Klagerücknahme scheidet dann aus, Mohr NZA 2019, 817), anhängig bleibt nur der Kostenpunkt (BGH NJW 89, 2886). Einfache Streitgenossen müssen der Erklärung nicht zustimmen, NI können ihr nicht widersprechen (iE s Rn 58.43). Eine nachträgliche übereinstimmende Beseitigung der Erledigungserklärungen aus Gründen der Prozessökonomie kommt nicht in Betracht (BAG NJW 2023, 467). Bei Nichtanschließung des Bekl ist sie **Erwirkungshandlung** (s Rn 35). 9

b) Form. aa) Allgemeines. Die Erklärung ist **dem Gericht ggü** abzugeben; zugelassene Erklärungsformen sind: mündl, schriftl und Protokollerklärung (**I 1**), für die Zustimmungserklärung des Bekl uU auch Schweigen (**I 2**; dazu näher unten bb). Mögl ist auch, dass die eine Partei die Erledigung mündl in einem Termin erklärt und die andere schriftsätzl zustimmt (zutr MK/Schulz Rn 31) oder die Parteien ihre Erklärungen in einem Parallelprozess gem § 129a abgeben (OLGR Düsseldorf 2008, 23). Unabhängig von der konkreten Erklärungsform besteht auch im Anwaltsprozess (§ 78) **kein Anwaltszwang** (arg § 78 III; s § 78 Rn 28), gleich, ob die Erklärungen im Verf ohne und außerhalb der mündl Verh (BGHZ 123, 266; BGH DGVZ 2019, 79; BGH 13.7.2022 – VII ZR 485/21 Tz 2) oder in der mündl Verh mündl abgegeben werden (OLG Schleswig MDR 99, 252; OLG München 13.4.2016 – 15 W 390/16 Rae; RSchwab/Gottwald § 132 Rn 14; ThP/Hüßtege Rn 10; zur Abgabe in der höheren Instanz s Rn 18), was übereinstimmende Erledigungserklärungen (§ 91a) begünstigt. IE gilt: In der mündl Verh sind die Erklärungen mündl abzugeben; im Verf ohne und außerhalb der mündl Verh (I 1 iVm § 128 III; s Rn 23) können die Erklärungen durch Einreichung eines (bestimmenden) Schriftsatzes oder zu Protokoll der GeschSt abgegeben werden (sa § 129a). Nach „schriftsätzl" Einigung hat die Wiederholung in der mündl Verh nur deklaratorische Bedeutung (OLG Hamm JurBüro 96, 85). Die Erklärung braucht **nicht ausdrückl**, sondern kann auch **schlüssig** (konkludent) erfolgen (BGH NJW-RR 91, 1211; BGH NJW-RR 95, 1090), etwa dadurch, dass die Parteien keine Anträge mehr zur Hauptsache stellen, nach einer Antrags-„Rücknahme" streitig über die Kostentragung verhandeln (OLG Köln NJW-RR 98, 143) oder dass der Bekl der Erklärung des Kl nicht widerspricht (BGHZ 21, 298; KG FamRZ 94, 910; BayObLG NJW-RR 99, 1687; Müther MDR 97, 528) oder den Eintritt der Erledigung oder die Kostenlast „anerkennt" (BGH MDR 2015, 51; BAG NJW 2004, 533; zur Kostentragung s Rn 22, 25, auch Rn 37). Auch in der Aufrechterhaltung eines eingeschränkten Klageantrags kann uU eine konkludente Erledigungserklärung liegen (BGH NJW-RR 91, 1211ggf Hinweis gem § 139); ferner in einem Vergleichsabschluss ohne Kostenregelung (vgl OLG Düsseldorf MDR 93, 1120; OLGR Frankfurt 2004, 202; s Rn 58.49). – **bb) Erleichterungen beim Bekl (I 2). Schweigen** des Bekl gilt unter den Voraussetzungen von **I 2** als Zustimmung zur Erledigungserklärung des Kl. Insoweit existiert eine Parallele zur (fiktiven) Zustimmung zur Klagerücknahme (§ 269 II 4; s § 269 Rn 15). Erforderl ist, dass dem Bekl eine schriftsätzl Erledigungserklärung des Kl mit einem Hinweis auf die Zustimmungsfiktion u die Möglichkeit der Kostenentscheidung gem I 1 Hs 2 bei ungenutztem Fristablauf zugestellt wird (vgl BGH NJW 2009, 1973) und er innerhalb einer Notfrist von 2 Wochen (WE mögl) ab Zustellung nicht widerspricht (BGH 24.7.2019 – XII ZB 562/18; OLG Celle 14.6.2018 – 5 U 17/18). Bei RA-Vertretung genügt als Hinweis das ausdrückl Zitat von „§ 91a I 2 ZPO" iVm einer Fristsetzung zur Stellungnahme; nicht erforderlich ist die wörtliche Wiedergabe des Gesetzestextes oder des Norminhalts (OLG Hamm MDR 2014, 424; OLG Zweibrücken MDR 2022, 1151; aA MK/Schulz Rn 29). Ohne Belehrung gem **I 2** fehlt es an einer Zustimmung (BGH MDR 2009, 706; OLG Stuttgart MDR 2010, 1078). Bis zur Zustimmung des Bekl ist die Erklärung frei **widerrufl** (str, mN s Rn 35). Wegen § 78 III ist für die Rechtsfolge des § 91 I 2 keine Vertretung durch BGH-Anwalt erforderlich (BGH 13.7.2022 – VII ZR 485/21 Tz 2; BGH 25.4.2022 – VIa ZR 452/21). 10

c) Die übereinstimmende Erledigungserklärung gestaltet das Prozessrechtsverhältnis und ist somit als Bewirkungshandlung grds **unwiderrufl** (BGH MDR 2013, 927 zur Abgrenzung *vor* Anschließung des Bekl: s Rn 35), nur beschränkt einer (innerprozessualen) **Bedingung** zugänglich (KG NJW-RR 98, 1074; StJ/Muthorst Rn 17, 11

18; iE s Rn 13, 18) und grds **nicht anfechtbar** (BGH NJW 2007, 1460, 1461 zu § 269 III 3; StJ/Muthorst Rn 22; aA OLG München JurBüro 76, 971; uU Umdeutung mögl: s Rn 32 [a]). Eine Ausnahme gilt, wenn ein Restitutionsgrund vorliegt (BGH MDR 2013, 927; StJ/Muthorst Rn 22; sa allg hier vor § 128 Rn 24); dann muss auch ein übereinstimmender Widerruf bis zur gerichtl Entscheidung mögl sein (RSchwab/Gottwald § 132 Rn 16).

12 **2) Wirkung der Erklärung.** Haben die Parteien übereinstimmend für erledigt erklärt, ist das **Gericht** an diesen Parteidispositionsakt (s Rn 9) **gebunden:** Es muss nach § 91a verfahren, ohne Rücksicht darauf, ob tatsächl ein Fall der Erledigung vorliegt (allgM, vgl BGHZ 83, 14 f; BPatG 23.1.2018 – 35 W (pat) 406/15; OLG Köln 14.1. 2021 – 15 U 60/20 Tz 18; OLG Hamm 22.11.2019 – 9 U 93/19; Gehle MDR 2024, 817). Aus diesem Grund kommt es weder auf Zeitpunkt der tatsächl Erledigung an (iE s Rn 16), noch ist der Kl gehalten, den Grund der Erledigung anzugeben (KG NJW 63, 1408). Die **Rechtshängigkeit** endet (s Rn 9), bereits ergangene, noch nicht rechtskräftige **Entscheidungen** werden bei *uneingeschränkter* Erklärung ex tunc **wirkungslos** (§ 269 III 1 u IV entspr; BGH NJW 2004, 506, 508; BGH GRUR-RS 2015, 10416; OLG Hamburg 5.4.2024 – 13 U 140/23; einschr BGH 14.12.2016 – IV ZR 423/12: Rechtsschutzbedürfnis für § 269 IV aber nur bei drohender ZwV; OLG München WRP 2015, 102 Tz 17; KG 6.3.2023 – 26 U 37/21 Tz 30, str; aA OLG Hamburg NJW-RR 87, 1024 mN; sa Rn 23), jede (weitere) Fortsetzung des Verf (s Rn 9 u 58.53) oder der ZwV ist (idR) unzulässig (iE str, s § 890 Rn 11), § 775 Nr 1, § 776 gelten (OLGR Frankfurt 2000, 320; s Rn 23); bei auf die Zukunft (ex nunc) *beschränkter* Teilerledigung (s Rn 53) bleibt ein Unterlassungstitel für die Vergangenheit bestehen und ist weiter Grundlage für die ZwV (BGH NJW 2004, 506, 508; s Rn 53, 58.58; BGH GRUR 2016, 421 Tz 25: str Urteil für die Vergangenheit ist nur bei entspr Parteiantrag möglich). Im noch im Kostenpunkt anhängigen Rechtsstreit (s Rn 9) tritt eine **Streitwertermäßigung** auf das Kosteninteresse ein (s BGH MDR 2015, 51; BGH 14.6.2022 – XI ZR 571/21; näher s § 3 Rn 16.67; maßgebender Zeitpunkt ist der der Abgabe der Erledigungserklärung des Kl, nicht der Anschlusserklärung des Bekl (OLG Karlsruhe NJW-RR 2013, 444, str).

13 **3) Hilfsweise Erledigungserklärung.** Sie wird vor allem im Zusammenhang mit der **einseitigen** Erledigungserklärung (BGH ZIP 2011, 637; Piekenbrock ZZP 112 [1999], 353; Assmann FS Merle, 2010, S 39) erörtert (s Rn 35, 52). Die hilfsw übereinstimmende Erledigungserklärung ist unbedenkl zulässig, wenn die innerprozessuale Bedingung, von der sie abhängig ist, nicht in der Entscheidung über einen Hauptantrag besteht. Bsp: bedingte Erledigungserklärung für den Fall, dass ein widerrufl geschlossener Prozessvergleich widerrufen wird (OLG Frankfurt MDR 78, 499; zu weitgehend Teubner/Prange MDR 89, 588 aE). Erklären dagegen beide Parteien unter **primärer Aufrechterhaltung** ihrer streitigen Anträge den Rechtsstreit nur **hilfsw** für erledigt, hat das Gericht eine Entscheidung in der Sache zu treffen, was mit den typischen Wirkungen als Parteidispositionsakt (s Rn 9, 12) unvereinbar ist. Die hilfsw übereinstimmende Erledigungserklärung wird daher zu Recht überwiegend für unzulässig (unwirksam) gehalten (BGHZ 106, 369; BGH NJW-RR 98, 1572; OLG Dresden 5.10. 2018 – 4 U 1257/18; LG Frankfurt aM 11.2.2021 – 2-13 S 46/20; OLG Hamm 14.8.2023 – 31 U 125/21; RSchwab/Gottwald § 132 Rn 13, 22; aA Bergerfurth NJW 92, 1660 mN; Felske NJW 2023, 2325; OLG Koblenz ZIP 87, 1417; näher s Rn 35). Die Annahme, darin sei eine im Rahmen der Dispositionsmaxime (s vor § 128 Rn 9) mögl Ermächtigung des Gerichts zu sehen, im Fall „streitiger Erledigungsfeststellung" über die Kosten **entspr § 91a** zu entscheiden (offen OLG Düsseldorf NJW-RR 97, 1567), überzeugt nicht.

14-15 Einstweilen frei.

16 **4) Zeitpunkt der Erledigungserklärung und Eintritt der Erledigung.** Hier ist zwischen dem Zeitpunkt des Eintritts des erledigenden Ereignisses (s Rn 3, 4, 31) und dem Zeitpunkt der Abgabe der Erledigungserklärung (s Rn 2, 6) zu unterscheiden. Das **erledigende Ereignis** kann bei der übereinstimmenden Erledigungserklärung, da das Gericht die Zulässigkeit und Begründetheit der Klage nicht zu überprüfen hat (s Rn 12, sa Rn 41 zur einseitigen Erledigungserklärung), auch nach hM (s Rn 6) bereits vor Rechtshängigkeit (so BGHZ 83, 14; OLG Köln MDR 96, 208; OLG Koblenz NJW-RR 2000, 1092; KG 15.10.2020 – 12 U 49/18; LG Meiningen 4.8.2020 – 4 T 119/20), ja sogar vor Anhängigkeit eingetreten sein (OLG Hamm MDR 2001, 470; OLG Karlsruhe NJW 2012, 1373, 1374; ThP/Hüßtege Rn 22; RSchwab/Gottwald § 132 Rn 10; Knöringer JuS 2010, 569, 573; **aA** OLG Köln MDR 92, 410; Bonifacio MDR 2002, 499). Im Hinblick auf die Dispositionsbefugnis der Parteien und die **beschränkte Prüfungsaufgabe** des Gerichts besitzt der Zeitpunkt des Eintritts des Erledigungsereignisses hier praktisch keine Bedeutung für die Kostenentscheidung (BPatG 20.2.2018 – 2 Ni 18/16; OLG Karlsruhe 22.2. 2018 – 4 W 73/17; anders aber bei Zugrundelegung des engen Erledigungsbegriffs der hM, wenn Bekl die Zustimmungserklärung verweigert, s Rn 17, 41 f). Der maßgebl Zeitpunkt für die Erfolgsprognose (s Rn 24) bei Erledigung im „Zwischenstadium" ist der der *Einreichung der Klage*, nicht der der Zustellung (LG München I ZMR 86, 125 unter Hinweis auf – richtig – BGHZ 21, 301; OLG Karlsruhe Justiz 85, 52; aA OLG Hamm FamRZ 98, 444; allg s Rn 24, 26).

17 Die **Erledigungserklärung** bedarf dagegen zu ihrer Wirksamkeit der Begründung eines Prozessrechtsverhältnisses, dh des Eintritts der Rechtshängigkeit (so auch ThP/Hüßtege Rn 23; RSchwab/Gottwald § 132 Rn 11; OLG Nürnberg NJW 75, 2206; OLG Brandenburg NJW-RR 2001, 1436; KG 16.12.2022 – 7 W 15/22, NZG 2023, 287, hM, str; **aA** Bergerfurth NJW 92, 1657). Die Streitfrage hat bei der übereinstimmenden Erledigung kaum praktische Bedeutung, da auf die förml Klagezustellung (§ 253 I, § 261) heilend (§ 295) verzichtet werden kann (s § 253 Rn 27) und in der Zustimmungserklärung des Bekl gem § 91a idR ein entspr Verzicht liegt (OLG

Köln NJW-RR 96, 1023; KG NZG 2023, 287; OLG München NJW-RR 2017, 1152; ebenso nun LG Meiningen 4.8.2020 – 4 T 119/20 Tz 10 f; MK/Schulz Rn 30; Einschränkung: PKH-Verf, vgl OLG Brandenburg MDR 2000, 1393; s Rn 58.34); der Kl kann idR nicht auf die Geltendmachung seines mat-rechtl Kostenerstattungsanspruchs in einem neuen Verf verwiesen werden, wenngleich er diesen Weg beschreiten darf (s näher zur Wahlfreiheit Rn 32); für eine privilegierte Klagerücknahme (§ 269 III 3, IV) würde nur prakt Bedarf bestehen, wenn der Bekl seine Zustimmungserklärung verweigert (dann Frage der Auslegung oder Umdeutung, s MK/Schulz Rn 18; sa hier Rn 2). Die zeitliche Reihenfolge, in der Kl und Bekl ihre Erledigungserklärungen abgeben, ist unerheblich. Ist das erledigende Ereignis eingetreten, hat der Kl die Erklärung zur Vermeidung von Rechtsnachteilen (s Rn 6) *alsbald* abzugeben (s zur Bedeutung des Zeitpunkts Rn 25 aE). Eine um Monate spätere Abgabe ist unschädl, wenn das Verf inzwischen geruht hat (OLG Nürnberg JurBüro 64, 835). Bei einer „reziproken" Anwendung von § 93 (s Rn 25) muss die Erledigung „sofort" erklärt werden. Die Erklärung und damit im Zusammenhang stehender Vortrag ist bis zum Schluss der mündl Verh mögl, auch noch danach ohne § 156 (Rn 21 aE), ja sogar noch nach Verkündung einer instanzabschließenden Entscheidung vor Einlegung eines Rechtsmittels in der unteren Instanz (s Rn 21), in der höheren Instanz ggü dem Rechtsmittelgericht (Rn 18); äußerste Zeitschranke ist die Rechtskraft (Rn 21). Die Erledigungserklärung ist gegenstandslos, wenn die Hauptsache **nicht mehr anhängig** ist (OLG Hamm MDR 79, 407). Zur einseitigen Erledigungserklärung bei Hauptsacheerledigung vor Rechtshängigkeit s Rn 41 ff.

5) Erledigungserklärung in der Rechtsmittelinstanz. Lit: Stuckert, Die Erledigung in der Rechtsmittelinstanz, 2007, S 36 ff; Hausherr MDR 2010, 973. – **a) Allgemeines.** Ist das Rechtsmittelgericht zulässigerw angegangen (BGH NJW-RR 2012, 688 Tz 7; BGH 10.3.2020 – AnwZ (Brfg) 67/19; BAG NZA 2016, 64 Tz 7; BAG 29.7.2020 – 7 ABR 27/19; OLG München 1.7.2019 – 26 UF 521/19), sind die übereinstimmenden Erledigungserklärungen in allen **Rechtsmittelzügen** mögl, so in der Berufungsinstanz (BGH MDR 85, 125), Beschwerdeinstanz (OLG München NJW 69, 617; KG MDR 78, 498), auch in der Revisionsinstanz (BGH NJW 2007, 3429; BGH 15.12. 2015 – II ZR 144/14; BGH 20.4.2021 – II ZR 387/18 Tz 10; Formerleichterung: BGH NJW-RR 2012, 688; s § 78 Rn 19 aE) u im Verf der NZB (BGH WRP 2010, 759; BGH MDR 2016, 1172 Tz 5; BGH MDR 2018, 423; BGH 9.2.2021 – VIII ZR 346/19: mutmaßlicher Ausgang des Beschwerde- und Revisionsverf maßgebend). Richtigerweise kann die Erledigungserklärung auch bedingt für den Fall der Zulässigkeit der Berufung abgegeben werden (OLG Düsseldorf NJW-RR 98, 776, 777; sa Rn 20). Erklären die Parteien den *Rechtsstreit* im Umfang des *Hauptrechtsmittels* für erledigt, wird wegen § 524 IV analog eine (unselbständige) Anschlussberufung wirkungslos, da eine dem Berufungsbeklagten ungünstige Hauptsacheentscheidung nicht mehr droht (OLG München MDR 1984, 320; StJ/Althammer § 524 Rn 55; aA BGH MDR 85, 125 zu § 522 aF; s Rn 58.3). Nur diese Sichtweise kann hinsichtlich des Zwecks der unselbständigen Anschlussberufung überzeugen. Um keinen Fall der „Erledigung" des Anschlussrechtsmittels handelt es sich, wenn es gem § 524 IV seine Wirkung verliert (BGH FamRZ 2005, 513, str, s OLG Frankfurt FamRZ 95, 945; OLGR Frankfurt 2005, 327; iE s Rn 58.3; § 524 Rn 43, 44). Zur Frage, ob die Hauptsache auch **zwischen den Instanzen** für erledigt erklärt werden kann, s Rn 21. 18

b) Erledigung des Rechtsmittels. Nicht nur die **Hauptsache** kann (noch) in der Rechtsmittelinstanz für erledigt erklärt werden (s Rn 18, 20), sondern auch das **Rechtsmittel** selbst (ebenso BGHZ 170, 378, 381 f = NJW 2007, 2993; BGH NJW-RR 2010, 19; BGH MDR 2018, 1213; BGH NJW-RR 2019, 317; BGH DGVZ 2019, 79; BGH MDR 2023, 794: Berufung; BGH NJW-RR 2024, 1185 Tz 10: Revision; BAG NZA 2018, 325: Revision; OLG Schleswig 8.7.2022 – 1 U 68/21 Tz 10; OLG Brandenburg 25.8.2020 – 3 U 66/19; MK/Schulz Rn 110; bei Bedürfnis für bes Fälle auch BGH NJW 98, 2454; BGH NJW-RR 2001, 1008; OLGR Brandenburg 2008, 63; OLGR Naumburg 2007, 970, str; aA OLG Karlsruhe FamRZ 91, 464 mN; einschr ThP/Hüßtege Rn 8; offen BGHZ 127, 82 = MDR 94, 1142; eingeh Matusch aaO S 97 ff). Dies ist der Fall, wenn das (idR vom Bekl eingelegte) ursprüngl zulässige und begründete Rechtsmittel nachträgl unzulässig oder unbegründet wird. **Bsp:** Wegfall der Rechtsmittelbeschwer durch nachträgl Berichtigung (§ 319) oder Ergänzung (§ 321) der angefochtenen Entscheidung (BGH NJW-RR 2010, 19 Tz 10; BGH MDR 2023, 794; OLG Schleswig 8.7.2022 – 1 U 68/21 Tz 10; LG Bochum ZZP 97 [1984], 215 [zust Waldner]; aA BGHZ 127, 82 wegen § 319; Behandlung: § 21 GKG) oder durch Zeitablauf (KG MDR 86, 592); klagestattgebendes Urteil wird durch Eintritt der Fälligkeit richtig; nachträgl Beseitigung eines zwingend zur Aufhebung des Urteils führenden VerfMangels (zB gem § 160 III, § 163 I 1, § 557 III, vgl die Fallgestaltung in RGZ 148, 151; iErg zu weitgehend OLG Frankfurt NJW-RR 89, 63; aA OLGR Karlsruhe 2002, 56 u eing Stuckert, Die Erledigung in der Rechtsmittelinstanz, 2007, S 226); kein Wegfall der Beschwer bei Umstellung der neg Feststellungsklage auf Leistungsklage und beidseitiger Erledigungserklärung (KG 6.3.2023 – 26 U 37/21); Wegfall der angefochtenen Entscheidung gem § 269 III 1 (BGH NJW 98, 2454) oder Gegenstandsloswerden durch „prozessuale Überholung" (OLG Frankfurt MDR 98, 550), wie uU bei Wegfall des Rechtsschutzbedürfnisses (BGH NJW-RR 2007, 411; Bsp: s § 46 Rn 19 ff) oder bei nachträgl Übermittlung von Unterlagen im Erinnerungsverf (OLG Koblenz NJW-RR 2015, 446 Tz 13); Rücknahme des Zwangsversteigerungsantrags während des gegen die Zwangsversteigerung gerichteten Rechtsmittelverf (BGHZ 170, 378, 378 ff); Erteilung von WE nach Rechtsbeschwerde gegen die Verwerfung des Rechtsmittels wegen Fristversäumung (BGH MDR 2006, 44; BGH 24.7.2019 – XII ZB 562/18); das angefochtene Vorbehaltsurteil (§ 599) wird im Nachverf unter Abweisung der Klage aufgehoben (Deubner JuS 2000, 582 gegen Braunschweig; abw auch hier s § 600 Rn 28); der durch die angefochtene Entscheidung bejahte ordentl Rechtsweg 19 wird nachträgl durch Gesetz begründet (BGH MDR 2001, 647). UU kann auch das (mehrere Rechtsmittel umfassende) gesamte Rechtsmittelverf für erledigt erklärt werden (BGH MDR 2009, 104). Die Rechtsmittelerledigung als solche lässt (abw von Rn 12) den Bestand der angefochtenen Entscheidung unberührt, setzt ihn aber nicht voraus (s oben zu § 269 III 1); das Rechtsmittelgericht hat nur noch über die Kosten des Rechtsmittels in entspr Anwendung von § 91a zu entscheiden (BGHZ 170, 378, 381 f). Sa Rn 58.10. Einseitige Rechtsmittelerledigungserklärung: s Rn 40.

20 **c) Erledigung der Hauptsache.** Die übereinstimmende Erledigungserklärung im Rechtsmittelzug setzt zunächst voraus, dass das **Rechtsmittel statthaft und zulässig** ist (BGHZ 50, 197; BGH WM 86, 534; OLG Brandenburg 25.8.2020 – 3 U 66/19; Hausherr MDR 2010, 973). Das **unzulässige Rechtsmittel** ist trotz beiderseitiger Erledigterklärung zu verwerfen (BGHZ 50, 198). IÜ kommt es auf die **zeitl Reihenfolge** von Rechtsmitteleinlegung und Eintritt des Erledigungsereignisses nicht an. Allg anerkannt ist dies für den Fall, dass sich die **Hauptsache nach der Einlegung des Rechtsmittels** (etwa durch Erfüllung, Räumung) **erledigt** hat (hM, vgl BGH MDR 67, 300; BAG 25.6.2019 – 3 AZR 435/17 Tz 23; StJ/Muthorst Rn 60, 61). Aber auch im umgekehrten Fall, dass das **Rechtsmittel erst nach Erledigung eingelegt** worden war, kann nach richtiger Auffassung nichts anderes gelten (ebenso BGH NJW 75, 539; OLG Frankfurt NJW-RR 92, 493; OLG Düsseldorf NJW-RR 98, 776; OLG Düsseldorf NJW-RR 2001, 1028; MK/Schulz Rn 39, hM, str); abw davon wird allerdings eine Rechtsmittelbeschwer verneint, wenn der Verurteilte „zwischen den Instanzen" (s Rn 21) die zugesprochene Leistung selbst oder durch einen Dritten vorbehaltslos erbracht hat (so BGH NJW 2000, 1120; ThP/Hüßtege Rn 28; zum Ganzen sa vor § 511 Rn 23). Die hier vertretene Auffassung ist die logische Folge davon, dass der Eintritt des Erledigungsereignisses für die (formal zu bestimmende) Rechtsmittelbeschwer ohne Bedeutung ist (OLG Düsseldorf BB 92, 2173; Bergerfurth NJW 92, 1656, str; aA MskV/Flockenhaus Rn 33). IErg ermöglicht daher eine **Erledigung zwischen den Instanzen** auch (sa Rn 21) eine isolierte Anfechtung der Kostenentscheidung unabhängig von den Schranken des § 99 I (OLG Frankfurt OLGZ 94, 93; OLG Düsseldorf NJW-RR 98, 776 mwN).

21 **6) Erledigungserklärung zwischen den Instanzen.** Bei Eintritt des Erledigungsereignisses **nach Urteilserlass** muss nicht (soweit überhaupt eröffnet) der Weg der Rechtsmitteleinlegung (s Rn 20) beschritten werden, vielmehr besteht für die Parteien auch die Möglichkeit, die Hauptsache **„zwischen den Instanzen"** für erledigt zu erklären (vgl BGH MDR 95, 952; sa OLG Celle 16.6.2025 – 3 W 13/25, wenn Aktenvorlage an Beschwerdegericht ausstehend; Hausherr MDR 2010, 973; RSchwab/Gottwald § 132 Rn 18; MK/Schulz Rn 40). Zu diesem Zweck können sie bis zum Eintritt der Rechtskraft (ebenso BGH NJW 95, 1096; Hausherr MDR 2010, 973) dem Erstgericht schriftsätzl die Erledigung anzeigen (vgl I 1 Alt 2 u s Rn 10; sa Rn 23), zulässig ist auch die Anberaumung eines Termins zur mündl Verh vor dem Erstgericht nach Urteilserlass vor Rechtsmitteleinlegung, in dem die Parteien dann die Hauptsache für erledigt erklären können, wie dies für die Urteilsergänzung etwa § 321 vorsieht. Ein Verstoß gegen § 318 (hinsichtlich des schon erlassenen Urteils) liegt hierin nicht, da die Kostenentscheidung nach § 91a auf Grund einer neuen VerfEntwicklung (Erledigterklärung) erfolgt (OLGR Düsseldorf 2008, 23). **Abgrenzung:** Bei Eintritt des Erledigungsereignisses nach Verhandlungsschluss **vor** Urteilsverkündung ist (ohne § 156) schriftsätzl Erledigungserklärung mögl (vgl LAG Berlin MDR 2006, 57; OLG Dresden 16.7.2020 – 4 W 510/20), iÜ gilt Rn 17. Zur *einseitigen* Erledigungserklärung s Rn 38.

22 **7) Verfahren und Entscheidung. a)** Durch die übereinstimmende Erledigungserklärung ist die Rechtshängigkeit in der Hauptsache beendet (s Rn 9), jedoch ist der Streit im Kostenpunkt mit ermäßigtem Streitwert noch anhängig (s Rn 12, 58.53). Bes Kostenanträge sind nicht erforderl (aber üblich), die **Kostenentscheidung** ergeht **vAw** (§ 308 II), s BGH NJW-RR 97, 510 [m Einschr für Sonderfall]; BGH 17.11.2011 – IX ZR 113/11 Tz 3; OLG Frankfurt/M 17.4.2025 – 3 W 2/25; ThP/Hüßtege Rn 26; Smid ZZP 97 [1984], 273; MK/Schulz Rn 41; Musielak FS Krüger, 2017, S 409; sie erübrigt sich aber, wenn **beide Parteien** eine Kostenentscheidung nicht wollen (KG 3.11.2010 – 26 W 42/10: „Verzicht"; OLG Hamm 7.10.2021 – 10 W 54/21 Tz 18: § 101 I Hs 2 als Kostenfolge für NI; Musielak FS Krüger, 2017, S 409), etwa, weil sie sich auch insoweit verglichen haben. Kostenübernahmeerklärung **einer Partei** erübrigt nicht Kostengrundentscheidung, jedoch sind ihr diese ohne Sachprüfung aufzuerlegen (BGH NJW-RR 2006, 929, 930; LG Bochum 29.8.2017 – I-17 O 27/17; zur Berücksichtigung von § 307 s Rn 25). Kostengrundentscheidung kann bei Restschuldbefreiung entfallen, s OLG Schleswig 11.6.2025 – 10 W 9/25. **Form** der Entscheidung: Beschluss (**I**; dazu näher s Rn 23). Begründungspflicht: OLG München NJW 2015, 3728 (sa Rn 28); Pape/Notthoff JuS 95, 1018 mN u allg s § 329 Rn 24. Bei Rechtsmittelverzicht gilt § 313a II entspr (OLGR München 2003, 352; OLGR Hamburg 2005, 454); zur Bedeutung eines Verzichts allein auf Begründung s Rn 28; § 313a Rn 6. Nach **Unterbrechung** des Verf (zB gem § 240) darf eine Kostenentscheidung gem § 91a als in der „Hauptsache" iSv § 249 II nicht mehr ergehen (LSG Berlin ZIP 2009, 2360).

23 **b) Freigestellte mündl Verh (I iVm § 128 III, IV).** Die Entscheidung über die Verteilung der Kosten kann ohne mündl Verh ergehen (§ 128 IV; § 128 III nF). Die Verfahrensgestaltung bestimmt das Gericht. Wirft die Entscheidung schwierige, mit den Parteien zu erörternde Fragen auf, wird eine mündl Verh anzuberaumen sein (Mohr NZA 2019, 816). Eine Partei kann mündl Verh erzwingen, indem sie die Erledigungserklärung erst im Termin abgibt (zum Ganzen sa Rn 10). Die Entscheidung ergeht durch **Beschluss (I)**. Im arbeitsgerichtl Verf entscheidet nach mündl Verh die vollbesetzte Kammer (LAG Hamm 15.12.2005 – 4 Sa 1613/04), iÜ der Vors allein (I 2 iVm § 53 I 1 ArbGG), beim BAG entspr der Senat ohne die ehrenamtl Richter (§ 72 VI ArbGG;

BAG NZA 2000, 279; BAG BB 2005, 2083, 2084). Der **notwendige Inhalt** des Beschlusses beschränkt sich auf die Kostenentscheidung. Der Zusatz: Der Rechtsstreit ist in der Hauptsache erledigt oder für erledigt erklärt worden, ist überflüssig (vgl Wallisch/Spinner JuS 2000, 378 m Fn 11). Einer ausdrückl Aufhebung der im Rechtsstreit schon ergangenen Entscheidungen (VU, Urteil 1. Instanz) bedarf es nicht, da sie von selbst wirkungslos werden (§ 269 III 1 entspr; BGH 14.12.2016 – IV ZR 423/12: Ausspruch nach § 269 IV nur bei drohender ZwV; sa Rn 12 aE). Zur Aufhebung bereits ergangener Vollstreckungsakte gem § 775 Nr 1, § 776 ist Vorlage eines „Aufhebungsbeschlusses" erforderl (iE Münzberg WRP 90, 425; BGH 14.12.2016 – IV ZR 423/12). Der Beschluss ist ein „Urteil in einer Rechtssache" gem § 839 II BGB (BGHZ 13, 142). Fehlerhafte Entscheidung durch **Urteil:** s Rn 28.

c) Entscheidungsgrundlagen. Der Beschluss (s Rn 23) entscheidet über die Kostentragung auf der Grundlage der vor Eintritt des erledigenden Ereignisses geltenden Rechtslage (BGH WRP 2004, 350; BGH 24.7.2019 – XII ZB 562/18) „nach billigem Ermessen" (s Rn 24-25) „unter Berücksichtigung des bish Sach- und Streitstandes" (s Rn 26). Das Gericht ist damit sowohl bei der Ermittlung der Rechtslage (s Rn 27) als auch bei der Bindung an diese freier gestellt (iE s Rn 24, 25) als beim Urteil (ebenso OLG Köln 1.9.2015 – 7 W 28/15; KG 18.3.2025 – 5 W 114/24 Tz 15, NJOZ 2025, 530). – **aa)** Die Entscheidung nach § 91a ist eine **Ermessensentscheidung** (vgl **I 1** aE). Da bei Ausübung des Ermessens der **bish Sach- und Streitstand** zu berücksichtigen ist (zum maßgebl Zeitpunkt und zur Zulässigkeit weiterer Beweisaufnahme s Rn 26), sind in **diesem** Zusammenhang die näheren Umstände und die Motive, die zur Abgabe der Erledigungserklärung geführt haben, zu berücksichtigen (OLG Brandenburg MDR 95, 958), etwa ein vorangegangener Vergleich (OLG Schleswig MDR 2005, 1437) und dessen inhaltl Ausgestaltung (sa Rn 25 u Rn 58.49). Als Folge hiervon wird im Allg der **ohne die Erledigung zu erwartende Verfahrensausgang** bei der Kostenentscheidung den Ausschlag geben (BGHZ 67, 345 mN; BGH NJW 2007, 3429; BGH NJW-RR 2020, 1440 Tz 13; BGH 9.2.2021 – VIII ZR 346/19 [Erledigung im NZB-Verf]; BGH 6.2.2024 – VIa ZR 382/22; KG 10.3.2023 – 5 W 3/23; OLG Saarbrücken 12.1.2017 – 4 U 4/15; OLG München 3.8.2015 – 18 U 1787/15 Tz 5: Berücksichtigung aller zu den Akten gereichten Urkunden; OLG München 11.10.2024 – 33 W 1443/24 e: zum Arrest), dh, es wird idR der die Kosten zu tragen haben, dem sie auch nach den **allg kostenrechtl Bestimmungen der ZPO** aufzuerlegen gewesen wären (§§ 91-97, 100, 101; OLG Saarbrücken NJW-RR 2016, 764; OLG Saarbrücken ZInsO 2019, 261; OLG München 13.4.2018 – 7 W 311/18; OLG Dresden 11.10.2024 – 5 W 647/24; KG 1.4.2021 – 8 U 1099/20 Tz 126, 127; KG 22.2.2021 – 5 W 1024/20); BayObLG 8.1.2024 – 102 Sch 170/23e Tz 8 (für Antragsverf nach §§ 1060 f); Einzelheiten: s Rn 25. Auch der Rechtsgedanke der fehlenden Klageveranlassung des Bekl aus **§ 93** ist anzuwenden (BGH NJW-RR 2006, 773, 774; BGH MDR 2016, 1172 Tz 6 f: für InsVerwalter; OLG Dresden MDR 2015, 358 Tz 14; OLG Schleswig NJW-RR 2016, 1536; OLG Saarbrücken NJW-RR 2023, 407 Tz 7; OLG Saarbrücken 5.12.2016 – 4 W 19/16: auch bei Kostenmischentscheidung; OLG Koblenz 6.3.2019 – 6 W 50/19; OLG Karlsruhe 13.6.2018 – 4 W 22/18: Abmahnung des Unterlassungspflichtigen; OLG München 26.11.2020 – 6 W 1146/20; OLG München 14.9.2020 – 7 W 1129/20: Verteidigung gegen unschlüssigen Klageantrag; auch im Aufhebungsverf nach § 927, s näher OLG Düsseldorf 29.1.2021 – 2 W 26/20; BayObLG 16.12.2020 – 101 Sch 126/20; OLG Saarbrücken 2.2.2021 – 5 W 55/20; OLG Saarbrücken 1.10.2024 – 3 W 7/24 Tz 13: Leistung nur wegen Gegenanspruch zurückbehalten; sa BGH NJW-RR 2024, 1373: Kl musste vor Rechtshängigkeit mit Erhebung einer Einrede rechnen; zur sog „reziproken" Anwendung des § 93 zugunsten des Kl s Rn 25), dgl der des **§ 97 I, II** (OLG Frankfurt WRP 84, 692). Hinsichtlich des Nachweises einer vorprozessualen Zahlungsaufforderung (EMail) gelten Grundsätze sekundärer Darlegungslast (OLG Karlsruhe 1.12.2021 – 9 W 35/21 Tz 20). Der InsVerwalter kann sich aber auf § 93 nur berufen, wenn dies der Sch kann (BGH MDR 2016, 1172). Das Gericht ist bei der Entscheidung nach § 91a jedoch nicht schlechthin gehalten, die Grundsätze der §§ 91 ff anzuwenden. Insb braucht es in rechtl schwierig gelagerten Fällen nicht jede für den Ausgang bedeutsame Rechtsfrage zu überprüfen (BGH 7.2.2017 – II ZR 28/15; BGH 27.10.2020 – KVR 64/19; BGH 28.1.2025 – VIII ZB 39/24; OLG Celle 25.3.2021 – 6 U 74/20; OLG Frankfurt NJW-RR 2021, 304; KG 1.4.2021 – 8 U 1099/20); eine *summarische Prüfung* der Erfolgsaussichten ist ausreichend (BGHZ 163, 195, 197; BVerfG NJW 93, 1061; BAG BB 2005, 2083, 2084; KG 22.2.2021 – 5 W 1024/20; OLG Zweibrücken 25.6.2025 – 8 U 18/25; OLG Frankfurt/M 17.6.2025 – 30 W 73/25; zust MK/Schulz Rn 52; sa Rn 27). Steht nach einem außergerichtl Vergleich auf Grund des bish Sach- und Streitstandes nicht endgültig fest, wer obsiegt hätte, kann uU der Grundgedanke des **§ 98** mit herangezogen werden (hier Herget s § 98 Rn 4 mwN; sa Rn 26; zur Abbedingung von § 98 durch Wunsch nach „sachorientierter Kostenentscheidung" s LG München I ZMR 2016, 79 Tz 8); bei einem Kostenantrag gem § 91a ist das aber idR nicht gewollt (OLG München 25.6.2019 – 24 W 700/19). Das Gericht ist bei einer Kostenverteilung im Vergleich an diese Bestimmung nicht gebunden (OLG Hamm MDR 76, 148; zum Ganzen sa Rn 58.49). Unter bes Umständen (arg „Billigkeit") kann von den für die prozessuale Erstattungspflicht geltenden Grundsätzen abgegangen werden, wenn die mitzuberücksichtigende **materielle Kostenerstattungspflicht** davon abweicht (BGH MDR 2013, 814; OLG Braunschweig 21.2.2025 – 10 W 1/25 Tz 29). Dies gilt insb dann, wenn sich die *materielle Kostenerstattungspflicht* des Bekl ohne bes Schwierigkeiten feststellen lässt (BGH MDR 2002, 473; BGH ZWE 2017, 55, 56; LG Hamburg NJW-RR 2014, 1263; OLG Karlsruhe 20.12.2017 – 9 W 36/17; für § 269 III 3 auch BGH MDR 2013, 814 u hM, str; **aA** OLG Hamm FamRZ 98, 444; Musielak FS Krüger, 2017, S 414 f, 416); eine entspr Pflicht des Gerichts zur Berücksichtigung besteht aber nicht (BGH MDR 2002, 473; sa Rn 31). Dies galt auch für die Kostenhaftung des Verwalters nach § 49 II WEG aF (BGH ZWE 2017, 55 f [Scheuer]; Vorschrift gestr zum 1.12. 24

2020, nunmehr: Verweis auf materielle Schadensersatzansprüche, s BTDrs 19/18791, 80). Wegen der Kostenentscheidung bei Erledigung der Hauptsache durch *Gesetzesänderung* s BGH WRP 2004, 350; BGH WRP 2005, 126; dazu näher s Rn 58.20; hiernach trifft die Kostenlast nach § 91a auch in diesem Fall den, der ohne die Gesetzesänderung unterlegen wäre (BGH WRP 2005, 126; aA BFHE 119, 407). **§ 93b** ist zu beachten (LG Frankenthal ZMR 91, 303; s § 93b Rn 10), desgl **§ 101** (OLG Stuttgart MDR 99, 116; OLG Hamm 29.4.2021 – 18 W 4/20; sa zu § 321 entspr Rn 28), **§ 281 III 2** (s Rn 58.53) u **§ 344** (OLG Braunschweig WRP 92, 487). Auch § 788 III wird herangezogen (BGH 31.3.2021 – XII ZB 102/20 Tz 14: für Exequaturverfahren; krit Mankowski NZFam 2021, 473).

25 **bb)** Im Rahmen der **Billigkeitsentscheidung** gem **I** darf im Einzelfall auch berücksichtigt werden, ob eine Partei das Erledigungsereignis willkürl herbeigeführt hat (MK/Schulz Rn 45; OLG Hamm NJW-RR 93, 1280; OLG Düsseldorf 7.3.2017 – 1 U 97/16 Tz 54; OLG Frankfurt 9.2.2016 – 6 U 109/07; OLG Frankfurt 27.4.2022 – WpÜG 2/21 Tz 25; vgl auch BGH NJW-RR 93, 1320), zB der Kl sich durch Aufgabe (vgl OLG München NJW-RR 93, 1279: „ergebnisloser" Prozessabbruch) oder der Bekl sich durch Abgabe einer Unterwerfungserklärung in einem Unterlassungsprozess oder durch „Anerkenntnis" (auch der Kostenlast; s BGH MDR 2015, 51; zu den Gefahren s Golz/Schneidenbach JA 2019, 291; sa unten „§ 307") freiw in die Rolle des Unterlegenen begeben hat (BAG NJW 2004, 533; BAG BB 2025, 1395; BAG NZA 2025, 952; BGH NJW-RR 2012, 688 Tz 12; BGH 8.6. 2021 – VI ZR 1232/20; BGH 22.3.2023 – V ZR 268/21; BGH 23.10.2024 – I ZR 13/24; KG MDR 2015, 855; OLG Saarbrücken 7.4.2025 – 1 W 31/24; OLG München 23.3.2017 – 3 U 4316/16; OLG Karlsruhe 6.7.2020 – 6 W 49/19; LG Köln 9.10.2020 – 18 O 353/19; StJ/Muthorst Rn 36), jedoch ist ein allg Grundsatz, wonach die Kosten stets der Partei aufzuerlegen seien, die sich freiw in die Rolle des Unterlegenen begibt, nicht anzuerkennen (zutr OLG Hamm MDR 2011, 1319; OLG Düsseldorf 21.2.2017 – 1 U 97/16; OLG München 23.3.2017 – 3 U 4316/16; BPatG 11.11.2019 – 35 W (pat) 418/17 (Erlöschen eines Gebrauchsmusters); nach Fallgruppen unterscheidend BGH NJW-RR 2012, 688 Tz 12; OLG München 23.3.2017 – 3 U 4316/16; AG Frankfurt/M 7.7. 2023 – 383 C 373/22 (43); Petzold NJW 2019, 823). **Bsp:** Erfüllungshandlung zur Vermeidung unwirtschaftl und zeitaufwendiger Auseinandersetzungen (vgl OLG Koblenz MDR 99, 500: plausible wirtschaftl Motive; LG Köln 9.10.2020 – 18 O 353/19); Freigabe von Pfandobjekt trotz berechtigter Zweifel am Eigentum des Kl (OLGR Düsseldorf 99, 479; Verzicht des Bekl auf das Streitpatent (BGHReport 2004, 990; BPatG 13.3.2017 – 2 Ni 8/15 (EP); Erfüllung durch Dritten (AG Marbach MDR 89, 72), zB Zahlung durch Haftpflichtversicherer (LG Berlin MDR 95, 638); Rücknahme des KFZ bei „Schummel-Software" und Finanzierungsablösung (OLG München 23.3.2017 – 3 U 4316/16); Datenauskunft durch Übersendung von Schadensakte (LG Köln 24.6.2020 – 20 O 241/19); freiwilliger Auszug aus Mietwohnung (BGH NJW-RR 2024, 1272); zur Unterwerfungserklärung im Wettbewerbsprozess näher s Rn 58.56. Der Grundsatz des **§ 93** (zu dessen Heranziehung s bereits Rn 24) ist auch anzuwenden, wenn der Bekl während des Rechtsstreits erfüllt, so dass der Kl wegen der folgenden Erledigungserklärung zu keinem AU mehr gelangt (KG MDR 80, 942; OLG Karlsruhe NJW-RR 90, 978; OLG Frankfurt 15.2.2021 – 13 W 6/21). Zu berücksichtigen ist auch im Rahmen einer **„reziproken" Anwendung** des Grundgedankens von **§ 93** (eingeh Foerste FS Stürner, 2013, S 273), ob der **Bekl dem Kl Veranlassung zur Klage gegeben** (BGH WRP 2004, 350; KG NJW-RR 2012, 446 f; OLG Dresden NJW 2015, 497 Tz 15; OLG München 26.11.2020 – 6 W 1146/20; OLG Hamburg 5.12.2019 – 12 EK 2/19; OLG Frankfurt 5.7.2019 – 17 W 20/19; OLG Frankfurt/M 20.11.2024 – 9 W 23/24; LG Karlsruhe 1.6.2022 – 11 T 22/22; OLG Saarbrücken 31.1.2025 – 5 W 84/24 Tz 8; OLG Saarbrücken 11.10.2024 – 5 W 62/24; aA OLG Koblenz NJW-RR 86, 1443; sa Rn 24 zu „§ 93" u s § 93 Rn 3; § 269 III 3, § 269 Rn 18c) oder der (Rechtsmittel-)Kl **mutwillig** Klage erhoben oder ein Rechtsmittel eingelegt hat (OLG Hamm NJW-RR 93, 1279; OLG Bamberg Rpfleger 95, 289). Auch das kooperative bzw obstruktive Verhalten bei einer vorangegangenen Streitschlichtung kann ein Abweichen von der regelmäßigen Kostenverteilung aus Billigkeitsgründen rechtfertigen (s näher Althammer JZ 2006, 74 f: „mediationsfreundliche Auslegung" von Kostenregeln; zust Bercher/Engel ZRP 2010, 126; Anhaltspunkte bieten auch § 81 II Nr 5, § 150 IV 2 FamFG). Bsp: Nichtreaktion bei deliktischer Auskunftspflicht (LG Hamburg NJW-RR 2014, 1263, 1265), Nichtreaktion auf wettbewerbsrechtl Abmahnung (§ 13 I UWG, s OLG Karlsruhe 13.6.2018 – 4 W 22/18), Verletzung vorprozessualer Auskunftspflichten, s Rn 58.12 (LAG Berlin-Brandenburg 9.11.2017 – 17 Ta 1310/17: § 840 II 2), zu lange vom beklagten Kraftfahrzeughaftpflichtversicherer in Anspruch genommene Prüffrist (OLG Hamm 12.6.2015 – 11 W 47/15). Hat der Bekl nach gemeinsamer Erledigungserklärung die Kostenpflicht anerkannt, sind ihm entspr dem allg Rechtsgedanken aus **§ 307** im Kostenbeschluss nach § 91a die Kosten aufzuerlegen (BGH MDR 2015, 51; BAG NJW 2004, 533; zur Kostenübernahme sa Rn 22 und den Rechtsgedanken gem § 243 Nr 4 FamFG). Bei der **„Billigkeitskorrektur"** zu beachten ist auch der (frühestmögl) **Zeitpunkt** der Erledigungserklärung (BGH WRP 2008, 252 Tz 11; Frankfurt 19.12.2016 – 6 U 185/16; OLGR Düsseldorf 99, 296; KGR Berlin 2006, 74, 75); so ist die Entstehung zusätzl Kosten bei *verspäteter Abgabe* der Erklärung zu berücksichtigen (ebenso BGH MDR 2010, 1342; OLG Schleswig NJOZ 2016, 194; OLG Frankfurt 19.12.2016 – 6 U 185/16: Verteilung nach Instanzen; BGH NJW 2023, 3239: verzögert abgegeben; OLG Düsseldorf 8.7.2024 – 20 W 68/23 Tz 25; KG 28.3.2025 – 2 W 9/25 Tz 9, 10 (Kosten d Beschwerdeverf, wenn Abgabe erstinstanzlich möglich); Tegeder NJW 2003, 3328 m Fn 22; sa Rn 48 aE; abw Frankfurt WRP 2018, 361 (bei „zweifelhafter Erledigung" und Bitte um richterl Hinweis). Das Gleiche gilt bei Entstehung zusätzl Kosten durch prozessual nicht sinnvolles Vorgehen des Kl (OLG Frankfurt NJW-RR 2007, 788: Parteierweiterung), wie allg durch eine schuldhaft verursachte erhebl Verfahrensverzögerung (Rechtsgedanke gem § 83 II, § 81 II Nr 4 FamFG). Eine Kostenverteilung nach den in verschiedenen *VerfAbschnitten entstandenen*

Kosten kommt bei Erledigung eines späteren VerfAbschnitts in Frage (KG NJW-RR 2012, 1215). Bei erfolgreicher sof Beschwerde nach § 72b ArbGG sind die Kosten des erledigten Revisionsverf nach Zurückweisung vom LAG mitzuberücksichtigen (BAG MDR 2018, 1213). **Nicht** zu berücksichtigen ist uU (Kosten erhöhendes) Vertreterverschulden gem § 51 II (vgl OLG Köln FamRZ 98, 443 f) und sind die wirtschaftl Verhältnisse der Parteien (aA LG Traunstein MDR 62, 827; Wegfall der Sondervorschrift § 93a I 2 Nr 1, teilw ersetzt durch § 132 FamFG). Zur (Nicht-)Berücksichtigung von Hilfsanträgen im Einzelfall s BPatG GRUR-RS 2022, 2137.

cc) Berücksichtigung neuer Tatsachen und Beweismittel. Da vom *bish Sach- und Streitstand* auszugehen ist (vgl **I**; **maßgebl Zeitpunkt** bei schriftsätzl Erledigung [s Rn 10] ist der Eingang der letzten Erklärung: Hamm WRP 93, 339; OLG München 6.12.2021 – 6 W 1610/21; aA KG 18.3.2025 – 5 W 114/24 Tz 10 f: nur wenn kein erledigendes Ereignis vorausgegangen, ansonsten sei dieses relevant; offen gelassen: BGH NJW 2022, 3378 Tz 10 f), sollen zwar idR **neue Tatsachen und Beweismittel** in den Rechtsstreit nicht mehr eingeführt werden (Musielak FS Krüger, 2017, S 413 m Ausnahme für unstrittigen neuen Tatsachenvortrag; ebenso LG Lübeck 16.11.2020 – 14 T 47/20 Tz 5: Rechtsbeschwerde zugelassen; Milde NJW 2021, 1543; Heiß/Heiß JA 2018, 499, 501); fehlt ledigl ergänzender Vortrag zur Schlüssigkeit der Klage, mit dem nach einem gebotenen Hinweis mit Sicherheit zu rechnen war, ist dieser aber zu berücksichtigen (OLGR Köln 2005, 587; OLG Hamburg 30.1.2020 – 5 U 6/08); Entspr gilt für die Antragstellung (s Rn 26 aE). Auch eine **Beweisaufnahme** durch Vorlage von Urkunden oder Beiziehung von Akten oder die Verwertung von Beweisergebnissen aus anderen Prozessen ist nicht grds ausgeschlossen (BGHZ 13, 145; BGH NJW-RR 2020, 1440: auf Ausnahmefälle beschränkt; OLG Frankfurt/M 17.4.2025 – 3 W 2/25; OLG Düsseldorf MDR 93, 1120; OLG Düsseldorf JR 95, 205; MK/Schulz Rn 49, 51; StJ/Muthorst Rn 31, str; gegen die Zulässigkeit jeder weiteren Beweisaufnahme OLG Hamm AnwBl 90, 48 [auch keine Vernehmung „präsenter" Zeugen]; OLG Karlsruhe NJW-RR 90, 978; wohl auch OLG Karlsruhe 4.11.2020 – 9 W 48/20 Tz 20). Aber auch über die Notwendigkeit dieser Maßnahmen entscheidet das Gericht nach billigem Ermessen. Jedenfalls ist das **rechtl Gehör** zu gewähren (BVerfGE 34, 159; 60, 317 = NJW 82, 1691; BVerfGE 67, 99 f; eingeh Smid ZZP 97 [1984], 274 ff). Auch wird einem Beweisantrag insb dann stattzugeben sein, wenn eingewandt wird, das Verf nach § 91a sei unzulässig, weil sich die Parteien wegen der Kosten außergerichtl geeinigt hätten (OLG Frankfurt/M 2.2.2021 – 24 W 38/20). Auch kann noch in der **Beschwerdeinstanz** neues Beweismaterial (zB Vorlage einer Urkunde) berücksichtigt werden, wenn es für eine angemessene Kostenentscheidung von Bedeutung ist (arg § 571 II; so auch OLG Düsseldorf JR 95, 205; dazu s Rn 28; aA OLG Karlsruhe NJW-RR 90, 978). Kommt es **nicht** mehr zur Durchführung einer (ohne die Erledigung gebotenen) **Beweisaufnahme**, so sind die Kosten idR gegeneinander aufzuheben (BGH NJW-RR 2012, 688 Tz 14; BGH NJW-RR 2020, 1440; zust OLG Saarbrücken NJW-RR 2016, 764; OLG Saarbrücken NJW-RR 2017, 1149; OLG München 13.4.2018 – 7 W 311/18; LG Frankfurt/M 3.5.2021 – 2/13 S 116/20; OLG Saarbrücken 6.8.2021 – 5 W 42/21, 5 W 47/21); dies kann auch dann gelten, wenn in einem vorangegangenen Eilverf eine bestimmte Glaubhaftmachung nicht gelungen ist; steht dagegen die Unaufklärbarkeit einer Tatsache fest (*non liquet*-Situation), sind die Kosten nach allg Grundsätzen (s Rn 24) der beweisbelasteten Partei aufzuerlegen (wie hier nunmehr BGH NJW-RR 2020, 1440; vgl auch BGH NJW 2007, 3429). Im Rahmen des hypothetischen Prozessausgangs ist davon auszugehen, dass – vom Gericht gem **§ 139** angeregte – sachdienl **Anträge** gestellt worden wären (OLG Frankfurt NJW-RR 99, 980; im Einzelfall auch BGH MDR 2010, 888 Tz 13 f; StJ/Muthorst Rn 31). Bsp: s Rn 58.53. **Allg** sind naheliegende hypothetische Entwicklungen zu berücksichtigen (vgl BGH NJW 2006, 1351; BGH MDR 2010, 888; OLG Frankfurt 20.4.2016 – 6 W 37/16; OLG Saarbrücken NJW-RR 2016, 764, 765; OLG Saarbrücken NJOZ 2015, 1931: „Beweisantizipation" zu Lasten des Beweispflichtigen ausnahmsweise zulässig; LG Karlsruhe 21.11.2023 – 10 O 111/23: Prognose über Verfahrensausgang; OLG Dresden 24.1.2017 – 4 U 420/16: antizipierte Beweiswürdigung; OLG Saarbrücken NJW-RR 2017, 1149; StJ/Muthorst Rn 31; krit Musielak FS Krüger, 2017, S 411 für die „wahrscheinliche" Wiederholung im Strafverf erfolgter Zeugenaussagen); **Bsp:** Realisierung von vorgemerktem Recht gem § 888 I BGB (BGH NJW 2006, 1351, 1354); Reaktion auf Rspr-Änderung zur Passivlegitimation (s Fallgestaltung in OLG Frankfurt NJW-RR 2007, 788); Verweisungsantrag bei unzuständigem Gericht (BGH MDR 2010, 888; s Rn 58.53); sonst bleibt es bei den allg Grundsätzen (nach LG Duisburg MDR 2011, 567: § 98 entspr; sa Rn 24). 26

dd) Summarische Prüfung von schwierigen ungeklärten Rechtsfragen. Das Verf gem § 91a dient nicht der Klärung schwieriger Rechtsfragen grundsätzl Art (BGHZ 197, 147 Tz 13 = MDR 2013, 814; BGH 24.1.2017 – KVR 10/16; BGH 7.2.2018 – VII ZB 28/17; BGH NJW-RR 2020, 1440: zum Insolvenzgrund; BGH 27.3.2023 – VIa ZR 660/22; BGH 5.7.2022 – VIII ZR 110/21 Tz 7, 10; BGH 28.1.2025 – VIII ZB 39/24 (auch nicht im Rechtsbeschwerdeverf); BAG 30.7.2024 – 8 AZB 2/24 Tz 9, 10; OLG Saarbrücken 12.1.2017 – 4 U 4/15; OLG Frankfurt NJW-RR 2021, 304; OLG Düsseldorf 10.8.2022 – 3 Kart 1203/16 Tz 85 (mit Ausnahme für umfassend vorgeklärte Rechtslage); Gehle MDR 2024, 817; MK/Schulz Rn 52: nicht der geeignete Ort; krit hierzu Musielak FS Krüger, 2017, S 414 f: kein richterlicher Freibrief); Folge für Zulassung der Rechtsbeschwerde: s Rn 29 (Korrespondenzverhältnis); die Beurteilung der Erfolgsaussichten der Parteien nach „überwiegender Wahrscheinlichkeit" genügt (BGH BB 2000, 482, 483; BGH NJW-RR 2020, 1440; BGH 25.4.2022 – VIa ZR 452/21; OLG Stuttgart MDR 97, 1138; OLGR München 1999, 281); Rechtsfragen sind nach einer summarischen Prüfung zu entscheiden (BGHZ 163, 195, 197 = MDR 2005, 1413; BGHZ 197, 147 Tz 13; BGH 28.1.2025 – VIII ZB 39/24; KG 22.2.2021 – 5 W 1024/20; KG 10.12.2024 – 5 U 154/19 Tz 10 f; OLG Düsseldorf 2.12.2024 – 16 W 93/23; sa 27

Rn 29); bei nicht hinreichend geklärter Rechtslage sind die Kosten gegeneinander aufzuheben (BGHZ 163, 195; BGH NJW-RR 2020, 1440; BGH NZI 2023, 480 (unbeantwortete Revisionszulassungsfrage); BGH 4.4.2022 – VIa ZR 360/21; BGH 21.3.2022 – VIa ZR 475/21; OLG Schleswig WRP 2014, 879 Tz 7, 15; OLG Saarbrücken FamRZ 2018, 1104; OLG München 13.4.2018 – 7 W 311/18; LG Karlsruhe 26.4.2016 – 9 S 308/15; LG Berlin NJW-RR 2020, 1093: „Mietendeckel").

27a **ee) Streitwert** und **Kostenentscheidung:** s Rn 12, 22.

28 **8) Anfechtung der Entscheidung. a)** Sie erfolgt durch **sof Beschwerde** nach **II 1, § 567 I Nr 1, II 1**; für sie besteht im RA-Prozess – anders als im Parteiprozess (§ 569 III Nr 1; s § 78 Rn 27 [h]) – Anwaltszwang (OLGR Naumburg 2004, 149; OLG München 13.4.2016 – 15 W 390/16 Rae; OLG Brandenburg 9.7.2019 – 13 WF 141/19; OLG München NZG 2021, 423: zur Umdeutung einer Berufung), die Formerleichterungen gem **I 1** (s Rn 10) ändern daran nichts (s § 78 Rn 29); sie ist ausgeschlossen, wenn der *Streitwert der Hauptsache* die Berufungssumme von 600 Euro nicht übersteigt (**II 2**, § 511 II Nr 1; zur Ermittlung sogleich unten). Anfechtbar sind nur Beschlüsse des AG oder LG in *1. Instanz*, nicht solche des LG/OLG im *Berufungs- und Beschwerdeverf*; insoweit kommt nur die (zugelassene) **Rechtsbeschwerde** gem § 574 I Nr 2, III in Frage (zu den dabei zu beachtenden Schranken s Rn 29). Die Kostenentscheidung des OLG nach § 91a ist dann nicht voll überprüfbar, wenn sie in einem streitigen Urteil über einen anderen Streitgegenstand (Widerklage) steckt (BGH WM 67, 533) oder wenn das OLG über eine Kostenmischentscheidung der unteren Instanz entschieden hat (vgl BGH NJW-RR 2007, 1591, 1593; iE s Rn 56). Die *Anschlussbeschwerde* ist zulässig (§ 567 III m Anm). **Allg** gelten für die **sof Beschwerde** die Schranken des Rechtsmittelzugs in der Hauptsache (**II 2**), dh außer dem Beschwerdewert im Kostenpunkt (§ 567 II) muss daher auch der Berufungsbeschwerdewert in der Hauptsache überschritten sein (**II 2** iVm **§ 511 II Nr 1**); die sof Beschwerde ist daher **nur statthaft**, wenn der Streitwert der Hauptsache im Zeitpunkt der Entscheidung die Berufungssumme gem § 511 II Nr 1 übersteigt (vgl Begr BTDrs 14/4722, 74); dabei ist für die Höhe vom voraussichtl Unterliegen auf der Grundlage der vorgenommenen Kostenquotierung auszugehen (BGH MDR 2004, 45); bei der Mischentscheidung entscheidet die Situation beim für erledigt erklärten Teil (s Rn 56). *Neues Vorbringen* in der Beschwerdeinstanz ist in Abweichung von § 571 II 1, aber im Einklang mit der Rechtslage im 1. Rechtszug (s Rn 26) eingeschränkt (OLGR Hamm 1999, 316 mN; Musielak FS Krüger, 2017, S 418; nicht abw OLG Hamm MDR 2011, 1319, 1320: ohne zeitraubende Beweisaufnahme; nach OLG Köln 7.5.2018 – 24 W 1/18 ist unstreitiger Tatsachenvortrag zu berücksichtigen; ebenso OLG Karlsruhe NJW-RR 2022, 436). Jedenfalls muss der Gegner unter Gewährung einer angemessenen Frist (1½ Arbeitstage sind zu kurz, s BVerfGE 60, 317 f) **gehört** werden (**II 3**; Art 103 I GG; vgl BVerfGE 34, 159; BVerfGE 64, 227; OLG Schleswig JurBüro 63, 718), es sei denn, die Beschwerde bleibt erfolglos. Darauf, dass das Gericht 1. Instanz sachl zur Sachentscheidung nicht zuständig gewesen sei, kann die Beschwerde nicht gestützt werden (§ 571 II 2). Ist die Kostenentscheidung **unvollständig** (zB sind Kosten der Streithilfe – § 101 – oder des ausgeschiedenen Bekl im Fall von § 265 Rn 7 übergangen), kommt **Ergänzung** entspr **§ 321** in Frage (OLG Stuttgart MDR 99, 116; s § 321 Rn 1 u 3). Sofern der Kostenbeschluss aufgrund fehlender Darstellungen **überhaupt nicht rechtlich überprüfbar** ist, kann die Beschwerdeinstanz keine eigene Sachentscheidung treffen und muss **zurückverweisen** (OLG München NJW 2015, 3728, str). Zweitinstanzlicher Prüfungsmaßstab sind nicht nur Ermessensfehler, vielmehr trifft das Beschwerdegericht eine eigene Billigkeitsentscheidung (so MK/Schulz Rn 25; aA OLG Koblenz MDR 2015, 836: zu § 243 FamFG; OLG Köln 7.5.2018 – 24 W 1/18; offenlassend OLG Hamm 29.4.2021 – 18 W 4/20; offen gelassen: OLG Braunschweig 21.2.2025 – 10 W 1/25 Tz 31). Wird über die Kosten nach übereinstimmender Erledigungserklärung fehlerhaft durch Urteil statt durch Beschluss entschieden, dann ist sowohl sofortige Beschwerde als auch Berufung gegeben (BGH MDR 59, 554; OLG Köln MDR 63, 60 – **Meistbegünstigungsgrundsatz**; dazu s vor § 511 Rn 34 mwN; sa StJ/Althammer vor § 511 Rn 52 ff); über eine solche Berufung darf das Rechtsmittelgericht durch Beschluss entscheiden, der gem § 574 der Rechtsbeschwerde unterliegt. Zum **Beginn der Frist** zur Einlegung der sof Beschwerde: s Rn 31 u näher s § 569 Rn 4 u § 329 Rn 31. Der Beschluss ist **Titel für die Kostenfestsetzung** gem § 794 I Nr 3. – Für den **Verzicht auf Rechtsmittel** gelten die allg Grundsätze (s § 515 m Anm u s § 313a Rn 6 mN). Im **Verzicht** (allein) **auf die Begründung** (s Rn 22) liegt idR **kein Rechtsmittelverzicht** (BGH MDR 2007, 290; OLG Frankfurt 22.8.2019 – 6 W 64/19); dies gilt auch bei Erklärung des Begründungsverzichts in einem gerichtl Vergleich (BGH MDR 2007, 290). Eine entspr Klarstellung („ohne Verzicht auf Rechtsmittel") ist sinnvoll (s Schneider MDR 2000, 988). Der (isolierte) Begründungsverzicht ist mit keiner Gebührenvergünstigung verbunden (vgl 1211 Nr 2 GKG-KV entspr iVm 313a II; s § 313a Rn 2, 5, 13; sa Rn 59). Von der Begründung darf daher trotz Verzichts nicht abgesehen werden (Bonifacio Anm BGHReport 2006, 1496 f; sa § 329 Rn 24 ff).

29 **b)** Die **Rechtsbeschwerde** sieht § 91a nicht vor (**II 1:** nur sof Beschwerde, dazu s Rn 28), so dass ein Fall der zulassungsfreien Rechtsbeschwerde (§ 574 I Nr 1) auch bei groben Mängeln der Entscheidung ausscheidet (vgl die Fallgestaltung in BGH NJW-RR 2006, 566, 567). Gänzl ausgeschlossen ist die Rechtsbeschwerde im Eilverf (§ 574 I 2 iVm § 542 II, OLG Frankfurt/M 17.4.2025 – 3 W 2/25 Tz 31, sa vor § 916 Rn 11), iÜ aber bei **Zulassung** statthaft (§ 574 I Nr 2, III; BGH NJW-RR 2009, 188; BGH NJW-RR 2009, 425; BGH 15.7.2020 – IV ZB 11/20 Tz 5; BGH 9.1.2019 – VIII ZB 26/17; vgl auch BGH MDR 2006, 830 zu § 269 III 3 Hs 2), nicht zulassungsbefugt (s § 568 S 2) ist aber der ER (BGH NJW 2014, 3520 Tz 5; BGH NJW-RR 2004, 1717; BGH 15.7.

2020 – IV ZB 11/20 Tz 5: Verstoß gegen Art 101 I 2 GG; hier Feskorn s § 574 Rn 14). Anders als zur Klärung prozessualer Fragen zu § 91a (Bsp: Berücksichtigung naheliegender hypothetischer Entwicklungen, s Rn 26 aE) kommt wegen Fragen des **materiellen Rechts** aus den in Rn 27 genannten Gründen eine Zulassung der Rechtsbeschwerde nicht in Frage (BGH NJW 2007, 1591, 1593; BGH NJW-RR 2009, 425, 422; BGH NZKart 2018, 320; BGH 9.1.2019 – VIII ZB 26/17; BGH NJW-RR 2021, 737 Tz 10; BGH 30.1.2024 – VIII ZB 43/23; BGH 23.4.2024 – VIII ZB 75/23; OLG Brandenburg 14.11.2018 – 11 U 124/17; LG Berlin NJW-RR 2020, 1093; aA wohl Musielak FS Krüger, 2017, S 418). Die Zulassung besitzt Bindungswirkung (§ 574 III 2), s BGH 30.1.2024 – VIII ZB 43/23; BGH 9.1.2019 – VIII ZB 26/17; Konsequenz für die Überprüfbarkeit von „gemischten" Kostenentscheidungen im Revisionsverf: s Rn 56.

c) Abgrenzung. Die 6-Monatsfrist der **Streitwertbeschwerde** gem § 68 I 3, § 63 III 2 GKG beginnt nicht mit 30 der übereinstimmenden Erledigungserklärung, sondern erst mit Rechtskraft der Kostenentscheidung gem § 91a (OLGR Frankfurt 2008, 700, str).

9) Rechtskraft. Die formelle Rechtskraft des Beschlusses nach § 91a folgt allg Regeln. Auch bei Verkündung 31 nach mündl Verh beginnt die Beschwerdefrist mit der Amtszustellung zu laufen, § 569 I 2; § 329 III. Der Beschluss entfaltet keinerlei materielle Rechtskraft hinsichtl der erledigten Hauptsache, über die nicht entschieden wurde (BGH NJW-RR 92, 999; LG Hamburg 15.7.2020 – 318 S 10/20), so dass der Rechtsstreit vom Kl **wieder erneuert** werden kann (BGH NJW 91, 2281; BGH NJW 99, 1337; OLG Celle FamRZ 98, 684; Becker-Eberhard FG BGH Bd III, S 284 ff; MskV/Flockenhaus Rn 19, str; **aA** Rschwab/Gottwald § 132 Rn 20: Zweitklage als widersprüchl Verhalten). Der Schutz des Bekl steht nicht entgegen: Hat er der Erledigung zugestimmt, so ist diese auch regelmäßig eingetreten und eine neue Klage daher aussichtslos; anderenfalls kann er eine sachl Entscheidung über die Frage der Erledigung erzwingen, indem er sich der Erklärung des Kl nicht anschließt. Dann schützt ihn die Rechtskraft des nun ergehenden Urteils – hierzu s Rn 46. Eine andere Frage ist, ob der Beschluss gem § 91a Rechtskraft hinsichtl der Kostentragungspflicht entfaltet, so dass die beschwerte Partei keine Korrektur der Kostenentscheidung mit einer späteren Schadensersatzklage erreichen könnte. Da die Rechtskraft des Beschlusses gem § 91a (dazu Becker-Eberhard Anm LM Nr 74 u eingeh Grundlagen der Kostenerstattung bei der Verfolgung zivilrechtlicher Ansprüche, 1985, S 369 ff, 374 ff; OLG Frankfurt/M 22.3.2024 – 5 U 22/22 Tz 10: Gegenvorstellung unzulässig) nicht weiter reicht als der Streitgegenstand (s vor § 322 Rn 35) und damit die Prüfungsaufgabe des Gerichts, der mat-rechtl KE aber vom Gericht (nur) in seine Billigkeitsentscheidung einbezogen werden *kann*, nicht aber muss (s Rn 24), ist ein mat-rechtl Erstattungsanspruch durch die Rechtskraft des Beschlusses nicht ausgeschlossen (Becker-Eberhard Anm LM Nr 74), jedenfalls dann nicht, wenn das Gericht eine Prüfung ausdrückl abgelehnt hat (so BGH MDR 2002, 473; sa vor § 322 Rn 43; generell verneinend Musielak FS Krüger, 2017, S 414 f).

10) Alternativen der Kostenerstattung bei Erledigung vor Rechtshängigkeit. S zunächst Rn 16, 41. **a) Kostenantrag gem § 269 III 3, IV.** Das Gericht prüft sachlich in einem kontradiktorischen Verf, ob ein Fall der Erledigung vor Rechtshängigkeit eingetreten ist (sa BayObLG 6.5.2024 – 101 Sch 40/24 e Tz 10 f, s § 269 Rn 19a). 32 Das Antragsverf steht damit – trotz des abw Maßstabs bei der Kostenverteilung (wie § 91a) – dem der einseitigen Erledigungserklärung nahe (sa deutlich BGH NJW 2021, 941 Tz 20 f). Nach Abgabe der Klagerücknahmeerklärung soll einem Übergang zur übereinstimmenden Erledigungserklärung die fehlende Auslegungsfähigkeit (und Umdeutbarkeit) der Rücknahmeerklärung entgegenstehen (so BGH NJW 2007, 1460 Tz 10 f; BGH NJW 2014, 3520 Tz 6 aE; aA mR Schumann FG Vollkommer, 2006, S 195; krit auch MK/Schulz Rn 18; sa § 269 Rn 18c aE). – **b) Kostenerstattungsklage.** Der Eintritt eines Erledigungsereignisses vor Rechtshängigkeit schließt die Möglichkeit, den mat-rechtl KEA (etwa §§ 280, 286 BGB) mit einer selbständigen Klage geltend zu machen, nicht aus. Der BGH billigt im Verhältnis zum Kostenentscheidungsverf gem § 269 III 3, IV dem Kl die *Wahlfreiheit* zu (BGHZ 197, 147 Tz 17 = MDR 2013, 814; BGH NJW 2012, 1291 Tz 11; **aA** etwa Lindacher JR 2005, 92; krit auch Gaschler ZZP 134 (2021), 93, 110 f; sa § 269 Rn 18e; nach OLG Frankfurt NJW 2019, 1158 sei auch eine Klageänderung auf Feststellung der Kostentragung möglich). Für das Verf der **übereinstimmenden Erledigungserklärung (§ 91a I)** kann nichts anderes gelten (Elzer NJW 2013, 2203; Elzer/Nissen NJW 2019, 1116; Bredemeyer JA 2010, 535, 537; auch MK/Schulz Rn 20, str; aA OLG München 3.8.2015 – 18 U 1787/15 Tz 4; KG MDR 2018, 559: Vorrang des flexiblen Kostenverf; sa Rn 2, 42). Niemand ist somit zu einem Vorgehen nach § 91a und zur Inkaufnahme einer Billigkeitsentscheidung gezwungen (Elzer NJW 2013, 2203; **aA** OLG München 3.8.2015 – 18 U 1787/15: Rechtsschutzbeschränkung vom Gesetzgeber im Interesse der Prozessökonomie gewollt). Anderes wird wegen der Beweismittelbeschränkung für die Erledigung in Eilverf gelten (OLG München 3.8.2015 – 18 U 1787/15).

11) Einzelfälle. Zu Besonderheiten der Erledigungserklärung in Einzelfällen s die alphabetische Übersicht in 33 Rn 58 ff.

III) Einseitige Erledigungserklärung des Klägers. 1) Allgemeines. Erklärt der Kl allein – „einseitig" – die 34 Hauptsache für erledigt, während der Bekl seinen Klageabweisungsantrag ausdr aufrechterhält und nicht auf die Erledigungserklärung des Kl schweigt (s Rn 10, Konsequenz aus I 2), so endet die Rechtshängigkeit der Klage nicht (BGH NJW 90, 2682; BGH NJW 2010, 2270 Tz 47, str; aA Piekenbrock ZZP 112 [1999], 356 ff; Assmann FS Merle, 2010, S 47 f), wie bei der übereinstimmenden Erledigungserklärung der Parteien (s Rn 9).

Nach der in der Lit und Rspr vorherrschenden M ist die einseitige Erklärung eine nach § 264 Nr 2 stets zulässige Beschränkung (und damit Änderung) des Klageantrags (MskV/Flockenhaus Rn 29; MK/Schulz Rn 78 f; PG/Hausherr Rn 46; Knöringer JuS 2010, 569, 570; Huber JuS 2013, 977; BGH NJW 2008, 2580 Tz 8; BGH NJW 2017, 3521 Tz 30; BGH MDR 2019, 226 Tz 57; OLG Köln NJW-RR 2016, 1342 Tz 5; OLG Frankfurt 18.11.2019 – 23 U 89/18 Tz 68; OLG Brandenburg 4.2.2021 – 12 W 2/21, sog **Klageänderungstheorie**; **krit** zB Schwab ZZP 72 [1959], 130 ff; Prütting/Wesser ZZP 116 [2003], 287 ff; eingeh El-Gayar aaO S 189 ff; Westermeier aaO S 250 ff; gänzl aA Hoffmann ZZP 125 [2012], 345, 368 ff; sa Rn 35, 51). Das Gericht hat in der „Hauptsache" darüber zu entscheiden, ob die (urspr) Klage – tatsächl (iSd Rn 3 ff) – erledigt ist (BGH NJW 97, 3242; BGH NJW 99, 2516; BGH WM 2017, 474, stRspr), und dies ggf festzustellen (BGH WRP 2011, 637 Tz 20, 22; sa Rn 45). **Abweichende Einordnungsversuche** der Erledigungserklärung als Verzicht des Kl auf eine Sachentscheidung nach § 306 (dafür aber iVm § 93 „reziprok" Foerste FS Stürner, 2013, S 280 ff; sa Rn 25) oder als privilegierte Form der Klagerücknahme (Sonderfall dafür § 269 III 3, dazu s Rn 32) sind abzulehnen. Dies entspricht regelmäßig nicht dem Willen des Kl, der sich ja gerade der Kostenlast nach den §§ 91, 306 oder 269 III 2 entziehen will (vgl BGH NJW 61, 775; OLG Saarbrücken OLGZ 67, 181). Nach einem im Weg der Lückenschließung gewonnenen *eigenständigen Institut* der Prozessbeendigung (Jost/Sundermann ZZP 105 [1992], 282 f, 284; Assmann FS Merle, 2010, S 47 ff) hätte das Gericht dagegen den „Zwischenstreit" über den Eintritt der Hauptsacheerledigung durch Zwischenurteil (§ 303) zu entscheiden; sei erledigt, ergehe Kostenentscheidung entspr § 91a, andernfalls sei über die ursprüngl – *nicht eine geänderte* – Klage mit der Kostenfolge gem § 91 zu entscheiden. Diese Lösung nähert übereinstimmende und einseitige Erledigung einander an und kann an die jüngere Gesetzgebung anknüpfen (s § 269 III 3, IV von 2002 u dazu BGH NJW 2021, 941 Tz 20 [Vossler]). Unabhängig von der bestehenden Uneinigkeit im Ausgangspunkt ist der neueren Rspr auch eine abschließende Klärung von wesentl Einzelfragen noch nicht gelungen (s Rn 40 f). Für einen Teilbereich der einseitigen Erledigungserklärung geht die **Sonderregelung gem § 269 III 3** neue Wege (dazu s § 269 Rn 18c ff).

35 **2) Wesen der einseitigen Erledigungserklärung.** Die einseitige Erledigungserklärung ist (ausgelegte: s Rn 2) **Prozesshandlung**, und zwar als **Feststellungsantrag** (s Rn 37) Erwirkungshandlung (Rschwab/Gottwald § 132 Rn 26, 35), also frei **widerrufl** (BGH MDR 2002, 413; BGH NJW 2014, 2199; BGH NJW 2015, 699, 700; OLG Düsseldorf MDR 2020, 852; Pape/Notthoff JuS 95, 914 f, str; offen BGH NJW 90, 2682). Der Kl kann gem § 264 Nr 2 im Laufe des Rechtsstreits wieder zu seinem ursprüngl Klageantrag zurückkehren (BGH MDR 2002, 413) oder diesen **hilfsw aufrechterhalten** (BGH MDR 65, 641; OLG Frankfurt 30.8.2019 – 5 U 35/18; BAG NJW 2023, 467, allgM; sa Rn 13). Auch eine **hilfsw Erledigungserklärung** des Kl wird zT für mögl gehalten (BGH NJW 75, 539; BGH NJW-RR 98, 1571 [zust Piekenbrock ZZP 112 (1999), 353]; LG Hanau NJW-RR 2000, 1233 [abl Lange NJW 2001, 2150]; Knöringer JuS 2010, 572 f; Becker-Eberhard FG BGH Bd III, S 300 ff), um bei Zweifelhaftigkeit des Erledigungseintritts dem Entscheidungsrisiko des Kl Rechnung tragen zu können. Da bei hilfsw Antragstellung das Gericht den Hauptantrag prüfen und bei Erledigung notwendig zurückweisen muss (s § 260 Rn 4), ist das Ziel des Hilfsantrags einer Erledigungsfeststellung *anstelle* der Abweisung des Hauptantrags aber nicht erreichbar; eine hilfsw Erledigungserklärung ist daher abzulehnen (ebenso BGHZ 106, 368 ff = NJW 89, 2887; BGHZ 196, 195 Tz 32; BGH NJW-RR 2006, 1378 Tz 20; BGH NJW-RR 2011, 618 Tz 22; BGH AG 2010, 749; OLG Frankfurt 30.8.2019 – 5 U 35/18; Rschwab/Gottwald § 132 Rn 26, 37; StJ/Muthorst Rn 19, 52; MskV/Flockenhaus Rn 31, str; **aA** BGH NJW-RR 98, 1572 f: Klageabweisung schließt Erledigungsfeststellung nicht aus, bedenkl: Feststellungsinteresse fehlt, da das Unterliegen in der Hauptsache einer günstigen Kostenentscheidung iSv Rn 47 entgegensteht, vgl BGH NJW-RR 2006, 1378; BGH NJW-RR 2011, 618 Tz 22; zust Ruppert EWiR 2011, 443; OLG Hamm 14.8.2023 – 31 U 125/21 Tz 35). Stattdessen empfiehlt es sich, den urspr Klageantrag bei unbedingter Erledigungserklärung (s oben) hilfsw aufrechtzuerhalten, notfalls nach gerichtl Hinweis gem § 139 (wie Rn 46 aE).

36 **3) Zeitpunkt der Erledigungserklärung.** Die Erledigungserklärung muss **nach Rechtshängigkeit** abgegeben werden (vorher fehlt es an einem zu erledigenden „Rechtsstreit"; abw für Sonderfall § 269 III 3 Hs 2: sa Rn 41) und kann es noch in der **höheren Instanz** (s Rn 37) einschließl der Revisionsinstanz (s Rn 39). Eine zeitl Grenze für die Abgabe der Erklärung besteht nicht (OLG Düsseldorf NJW-RR 2001, 1029; zu mögl Kostennachteilen bei verzögerter Abgabe: s Rn 47). Vom Zeitpunkt der Abgabe der Erklärung scharf zu unterscheiden ist der des Eintritts des Erledigungsereignisses, der auch früher liegen kann (s Rn 40). Erfolgt eine „Erledigungserklärung" vor Zustellung der Klage, wird mit Zustellung nur der Anspruch auf Erstattung der bis dahin entstandenen Kosten rechtshängig (KG MDR 82, 941; ebenso für § 269 III 3 OLG Köln NJW-RR 2003, 1509; Tegeder NJW 2003, 3327; sa Rn 42).

37 **a)** In **1. Instanz** ist einseitige Erledigungserklärung bis zum Schluss der mündl Verh (s § 128 Rn 18) in der für Sachanträge (s Rn 35) geltenden Form (s § 270 Rn 3) mögl (BGH NJW 84, 1901). Antrag lautet auf Feststellung der Erledigung (s Rn 45) und (wegen § 308 II an sich entbehrl) auf Verurteilung des Bekl in die Kosten. Bei Säumnis des Bekl kann über diesen Antrag sofort durch **VU** entschieden werden (OLG Köln MDR 95, 103), § 335 Nr 3 steht nicht entgegen (s § 335 Rn 4), dgl bei Anerkenntnis iSv § 307 (aber s § 307 Rn 6) durch **AU** (so LG Hanau NJW-RR 2000, 1233, dazu krit Lange NJW 2001, 2150: Fall von § 91a, abw Auslegung widersprüchl); die Gebührenvergünstigung (1211 Nr 2 GKG-KV) setzt freilich ein vorbehaltloses Anerkenntnis voraus

(Schneider ErbR 2018, 135), entfällt also bei Kostenentscheidung nach § 93 (so Herget MDR 95, 785 gegen Seutemann MDR 95, 122). Ist Erledigungsereignis erst im Berufungsrechtszug eingetreten, gilt das Gleiche für die **Berufungsinstanz** (OLG Rostock MDR 2006, 947; OLG Köln ZInsO 2018, 2824); fehlt es an einer Erledigung der Hauptsache, ist die Berufung des Kl zurückzuweisen (OLG München MDR 2011, 447). Zur Erledigung im Beschwerdeverf s OLG Dresden 18.12.2020 – 4 W 842/20.

b) Zwischen den Instanzen ist die einseitige Erklärung (anders als im Fall der Rn 21) nicht mögl (arg § 318; vgl Hausherr MDR 2010, 974), jedoch ist Rechtsmitteleinlegung zum Zweck der Erklärung der Erledigung in der höheren Instanz unter den allg Voraussetzungen zulässig (BGH NJW-RR 92, 1033; BGH MDR 2016, 482: auch bei in erster Instanz mögl Erklärung; OLG Schleswig MDR 97, 1160; OLG Nürnberg FamRZ 2000, 1025; OLG Dresden 16.7.2020 – 4 W 510/20, str; einschr für Sonderfall BGH NJW 2004, 1173). Die Beschwer als Rechtsmittelvoraussetzung wird durch die Erledigung als solche idR nicht berührt (Bergerfurth NJW 92, 1656; sa Rn 20, 49; iE s vor § 511 Rn 21), außer für den vorbehaltlos leistenden Bekl (OLGR Köln 2004, 181; dazu näher s vor § 511 Rn 23, 27). Bei Erledigung nach VerhSchluss vor Urteilserlass schließt die Möglichkeit gem § 156 das Rechtsschutzbedürfnis für das Rechtsmittel nicht aus (Hausherr MDR 2010, 974). 38

c) Auch in der **Revisionsinstanz** ist die einseitige Erledigungserklärung bei unstr Erledigungsereignis – trotz der für Klageänderungen bestehenden Beschränkungen (s § 559 Rn 8) – zulässig (BGHZ 106, 368 = NJW 89, 2887; BGH ZIP 2008, 2239; BGH WM 2012, 1631; BGH NJW 2017, 3521; BGH MDR 2019, 226; BGH 11.1. 2024 – V ZR 163/22; BAG NJW 96, 1981), und zwar auch dann, wenn die Erklärung bereits in der Berufungsinstanz hätte abgegeben werden können (BGHZ 106, 368; verkannt von BGH NJW-RR 2006, 566, dagegen zutr krit Deubner JuS 2006, 229), und ferner bereits in der Zeitspanne vor Entscheidung über die NZB (BGH NJW-RR 2007, 639; BGH MDR 2018, 423; BGH 15.9.2022 – I ZR 5/22), dazu näher s Rn 51 aE); wegen bestehender Besonderheiten näher s Rn 51. 39

d) Abgrenzung. Bei einseitiger Erklärung (zur übereinstimmenden s Rn 19) ist die **Rechtsmittelerledigung** auf Antrag ggf durch Urteil oder Beschluss festzustellen (BGH NJW-RR 2009, 855; BGH DGVZ 2019, 79; OLG Frankfurt MDR 98, 559; OLGR Brandenburg 2008, 63; näher Matusch aaO S 115 ff; Stuckert, Die Erledigung in der Rechtsmittelinstanz, 2007, S 220 ff). Dies ist der Fall, wenn das zunächst zulässige und begründete Rechtsmittel während der Rechtsmittelinstanz unzulässig oder unbegründet wird (BGH NJW-RR 2010, 19 Tz 10; BGH 2.5.2019 – IX ZR 347/18); Bsp: s Rn 19; nicht Entscheidung von Vorfrage durch anderes Gericht (BGH NJW-RR 2010, 19 Tz 10). Für die Kostenentscheidung gilt Rn 47, nach aA § 91a (so OLG Rostock NJW-RR 2007, 429), uU § 97 I (so OLGR Naumburg 2007, 970, 972). 40

4) Zeitpunkt des Eintritts der Erledigung. Anders als bei übereinstimmender Erledigungserklärung (s Rn 16) ist im Fall der einseitigen Erledigungserklärung die tatsächl Erledigung vom Gericht zu ermitteln (s Rn 34, 44), so dass der Entscheidungsinhalt samt der Kostenfolge (s Rn 47) maßgeblich von der zeitl Grenzziehung beim Erledigungsereignis abhängt (s Rn 6). Vom Standpunkt des engeren, auf den Zeitpunkt der Begründung der **Rechtshängigkeit** (§ 261 I) abstellenden Erledigungsbegriffs aus kommen als Erledigungsereignisse nur Vorgänge **nach** diesem Zeitpunkt in Frage, so dass für eine **Erledigung vor Rechtshängigkeit** kein Raum ist (so die **hM**, s BGHZ 127, 156, 163; BGHZ 156, 392, 395; BGHZ 197, 147 Tz 19). In dieser Situation musste der Kl früher, wollte er eine kostenpflichtige Klageabweisung (s Rn 47) vermeiden, andere „prozessuale Alternativen" nutzen: Rücknahme der Klage mit der Kostenfolge des § 269 III 2 und Geltendmachung der bezifferten Kosten in einem neuen Prozess (s BGHZ 83, 16) oder Geltendmachung des mat-rechtl KE durch Klageänderung im ursprüngl Prozess (s näher 31. Aufl). Mit Einführung von **§ 269 III 3, IV** (s sogleich Rn 42) besteht hierfür kein Bedarf mehr (BGH NJW 2021, 941 f Tz 20). Auch ein Rückgriff auf den hier vertretenen *weiten* Erledigungsbegriff (s bereits Rn 6: Feststellung der Erledigung im Zeitabschnitt zwischen **Einreichung** (Anhängigkeit) und **Zustellung** (Rechtshängigkeit) **der Klage** mit der Folge einer Kostenentscheidung nach den Grundsätzen der Rn 47, s zust OLG Naumburg FamRZ 2002, 1042), ist praktisch kaum erforderlich. 41

Für die einseitige Erledigung vor Rechtshängigkeit (s Rn 32 [a]) existiert seit 2002 eine **Sonderregelung** in **§ 269 III 3, IV** (dazu näher s Rn 2, 32; § 269 Rn 18c-18e; s BGH NJW 2021, 941 Tz 20; Stein JA 2018, 936, 938), die auch im Eilverf gilt (s § 920 Rn 12) und sogar entspr, wenn der Wegfall des Klageanlasses und die Rechtshängigkeit am selben Tag eintreten, ohne dass die zeitliche Reihenfolge bestimmt werden kann (LG Wuppertal NJW 2020, 693). Dies schließt aber ein Rechtsschutzbedürfnis für eine mat-rechtl Kostenerstattungsklage (einschr für Kostenfeststellungsklage ThP/Hüßtege Rn 36) nicht aus. Der BGH gesteht dem Kl im Verhältnis zum Kostenentscheidungsverf gem § 269 III 3, IV (mgl: keine Gebührenermäßigung gem Nr 1211 Ziff 1 KV GKG) mit Recht eine Wahlfreiheit zu (BGHZ 197, 147 Tz 13, 14, 17 f = MDR 2013, 814; OLG Frankfurt NJW 2019, 1158; Elzer NJW 2013, 2203: mit Hinweisen zur Anwaltstaktik; Elzer/Nissen NJW 2019, 1116; Bredemeyer JA 2010, 535, 537; sa § 269 Rn 18e; aA etwa Lindacher JR 2005, 92; OLG München 3.8.2015 – 18 U 1787/15 Tz 4 für § 91a, sa näher Rn 2, 32). 42

5) Gerichtliche Prüfung. a) Allgemeines. Nur die einseitige Erklärung zwingt Gericht zur Prüfung, ob tatsächl erledigt ist: **ob also die zunächst zulässige und begründete Klage nachträgl gegenstandslos geworden ist** (BGHZ 106, 366 f; BGHZ 141, 316 = NJW 99, 2520, 2522; BGHZ 155, 392, 395 mN = NJW 2003, 3134; BGH 43

10.1.2017 – II ZR 10/15 Tz 8; BGH 1.6.2017 – VII ZR 277/15 Tz 30, stRspr; OLG Düsseldorf 30.8.2022 – 1 UF 45/22; OLG Dresden 3.1.2022 – 4 U 2189/21 Tz 10; Hofmann NJW 2020, 1117, 1118; einschr Jost/Sundermann ZZP 105 [1992], 276 ff; zum Erledigungsereignis s Rn 3, zum maßgebl **Zeitpunkt** s Rn 44). Der **Bekl seinerseits** ist nicht gehalten, dieser Erklärung zuzustimmen, kann vielmehr weiter Sachabweisung der geänderten Klage beantragen, nicht aber auch hilfsw für erledigt erklären (str, s Rn 13, 34, 52). Er hat **stets ein berechtigtes Interesse** daran, eine rechtskraftentfaltende klageabweisende Entscheidung zu bekommen (BGH MDR 76, 568 = ZZP 90 [1977], 185 mwN; BGH MDR 79, 1000; BGH NJW 92, 2236).

44 **b) Prüfung der Erledigung.** Das Gericht muss nun im ordentl Streitverf – notfalls durch Beweisaufnahme (vgl BGH NJW 69, 237; BGH NJW 92, 2236) – prüfen, ob die Hauptsache erledigt ist, ob also die eingereichte Klage zulässig und begründet war (s Rn 3), aber durch ein nach Anhängigkeit eingetretenes Ereignis gegenstandslos geworden ist (BGHZ 91, 127; BGHZ 106, 366 f; BGH NJW 99, 2516, 2517; BGH 10.1.2017 – II ZR 10/15 Tz 8; BGH 1.6.2017 – VII ZR 277/15 Tz 30; iE s Rn 3 ff, 34, 43). Der maßgebl **Zeitpunkt** ist der des Eintritts des erledigenden Ereignisses (BGH NJW 92, 2236; OLG Rostock ZIP 2008, 582). Der Kl hat nach allg Grundsätzen Zulässigkeit und Begründetheit der Klage zum maßgebl Zeitpunkt, soweit streitig, auch den Eintritt des erledigenden Ereignisses zu beweisen (vgl OLG Düsseldorf NJW-RR 91, 138, krit zum Ganzen u teilw abw Prütting/Wesser ZZP 116 [2003], 287 ff, 299). Zur Möglichkeit eines VU gegen den Bekl auf Feststellung der Erledigung näher s Rn 37. Ist die Klage von Anfang an **unzulässig** oder **unbegründet**, muss sie auch dann abgewiesen werden, wenn die Hauptsache als erledigt erklärt wurde (BGH NJW 92, 2236 mN; BAG ZIP 96, 558; OLG Dresden 3.1.2022 – 4 U 2189/21 Tz 10; einschr Jost/Sundermann ZZP 105 [1992], 276 ff im Anschluss an BAG NJW 91, 192 [s Rn 3]); dies gilt auch dann, wenn der Bekl den Klageanspruch vorbehaltlos erfüllt hat (BGH MDR 81, 399; OLG Dresden 16.7.2020 – 4 W 510/20). War die Klage im maßgebl Zeitpunkt unzulässig, kommt eine **Verweisung** (auch auf hilfsw gestellten Verweisungsantrag) nicht mehr in Frage (OLG München MDR 86, 61 f; aA WSch/Smid/Hartmann Rn 25); dies ist die Folge der Beziehung der Entscheidung auf den Zeitpunkt des Eintritts des erledigenden Ereignisses.

45 **6) Entscheidung. a) Über die Erledigung.** Gelingt dem Kl der Nachweis der Erledigung (s Rn 44), so ergeht ein streitiges Feststellungsurteil: Es wird **festgestellt**, dass der Rechtsstreit in der Hauptsache erledigt ist. Dies ist eine **Sachentscheidung** (BGHZ 37, 142; BGH NJW 68, 2243; OLG Frankfurt 18.11.2019 – 23 U 89/18; MK/Schulz Rn 83), die bei Säumnis des Bekl auch durch VU ergehen kann (s Rn 37; § 331 Rn 5). Mit dieser Feststellung wird ein über den ursprüngl Klageantrag ergangenes Sachurteil ders Instanz von selbst ex nunc (Teplitzky WRP 2012, 831 Tz 2) wirkungslos (vollstreckungsrechtl Konsequenzen: s Rn 53); doch erscheint die nicht notwendige Aufhebung desselben zur Klarstellung zweckmäßig (OLG Düsseldorf DB 70, 771; StJ/Muthorst Rn 41; abw ThP/Hüßtege Rn 38; sa Rn 50). Anderenfalls wird der Kl mit seiner Klage abgewiesen (BGHZ 37, 137), und zwar mit seiner jetzigen Feststellungsklage (OLG Nürnberg NJW-RR 89, 444). Zum Urteilstenor s Ostendorf DRiZ 73, 388 f; Klawonn/Rohner JA 2019, 22, 25. Um dies zu vermeiden, kann der Kl seinen ursprüngl Sachantrag **hilfsw** aufrechterhalten (BAG NJW 2023, 467, sa Rn 35, 46 aE).

46 **b) Rechtskraft.** Als Sachentscheidung entfaltet das Urteil materielle Rechtskraft (BGH NJW 91, 2281 mN; offen lassend LAG Berlin-Brandenburg 1.7.2022 – 21 Ta 392/22; Bergerfurth NJW 92, 1659; MK/Schulz Rn 83; eingeh Westermeier aaO S 372 ff): Die **Feststellung der Erledigung** spricht aus, dass die bis zur Erledigungserklärung anhängig gewesene Hauptsache (BGH NJW 61, 1210) gegenstandslos geworden ist (Jost/Sundermann ZZP 105 [1992], 284, str; weiter gehend für Rechtskrafterstreckung auf Erledigungsfähigkeit und Erledigungsgrund die hM, so ThP/Hüßtege Rn 51; MskV/Flockenhaus Rn 46; Knöringer JuS 2010, 575; Eickert JA 2018, 52, 56: offen lassend BGH NJW 2001, 2262). Hieran ist das Gericht bei einer neuen Klage gebunden (Deppert FS Wenzel, 2005, S 31 ff, hM). Die Rechtskraftwirkung der Klageabweisung ist wie auch sonst aus den (nicht an der Rechtskraftwirkung teilnehmenden) Gründen zu erschließen (s vor § 322 Rn 31, 33); nicht rechtskraftfähig entschieden ist daher (wie hier Deppert FS Wenzel, 2005, S 31 ff; abw die im Folgenden genannte Rspr), dass die Klage entgegen dem Feststellungsbegehren deshalb nicht erledigt ist, weil sie entweder von Anfang an unzulässig (OLG München MDR 86, 61) oder unbegründet gewesen war (vgl OLG München NJW-RR 96, 957), oder aber dass die Klage zwar zulässig und begründet war, dass sie sich aber nachträgl nicht erledigt hat (vgl OLG Nürnberg NJW-RR 89, 444). Im letzteren Fall ist es angebracht, den Kl gem § 139 zu befragen, ob er seinen **ursprüngl Sachantrag** nicht **hilfsw aufrechterhalte** (s Rn 35 aE). Weiter gehende Rechtskraftwirkungen bedürfen eines konkreter gefassten Feststellungsantrags, was nicht unbillig ist (aA Rschwab/Gottwald § 132 Rn 36).

47 c) Die **Kostenentscheidung** folgt **§ 91** (BGHZ 83, 12, 15 mN; OLG München NJW-RR 93, 571; OLG Frankfurt 18.11.2019 – 23 U 89/18; Rschwab/Gottwald § 132 Rn 35), **nicht § 91a; hM**, aber **str** (aA Jost/Sundermann ZZP 105 [1992], 285; Assmann FS Merle, 2010, S 49; MK/Schulz Rn 85), da es sich um ein **streitiges Sachurteil** handelt (einen Fall der Angleichung bildet § 269 III 3, IV, s Rn 42). § 91 ist auch dann anzuwenden, wenn der auf Klageabweisung beharrende Bekl den Klageanspruch vorbehaltlos erfüllt hat (s Rn 44 aE; sa OLG Dresden 16.7.2020 – 4 W 510/20); für eine Heranziehung des Grundgedankens aus § 307 zum Nachteil des Bekl ist bei der Kostenentscheidung des Erledigungsfeststellungsstreits kein Raum (BGH MDR 81, 399; aber § 781 BGB zu beachten: LG Leipzig NJW-RR 97, 571). Hat nach Eintritt der Erledigung der Kl „sofort" den Klageverzicht (§ 306) erklärt, ist **§ 93** zum Nachteil des Bekl entspr anwendbar (so LG Hamburg NJW-RR 87, 381 mwN; ein-

gehend nunmehr Gaschler ZZP 134 (2021), 93, 111 f: „materiellrechtsoffen zu interpretieren", str; aA OLG Koblenz NJW-RR 86, 1443 mN; sa Rn 41), verzögert der Kl die Abgabe der Erledigungserklärung, soll es dagegen bei § 91 verbleiben (so OLG Düsseldorf NJW-RR 97, 1566; OLGR Stuttgart 2003, 137, 139, arg: Bekl konnte Entscheidung gem § 91a [mit Kostenfolge nach Rn 25 aE] herbeiführen). Bei einer erledigungsbedingten Klagerücknahme gem § 269 III 3 ergeht ein Beschluss (§ 269 IV), der inhaltl dem gem § 91a entspricht (s Rn 42).

d) Streitwert. Äußerst umstr ist, ob das **Kosteninteresse** (so idR BGH stRspr, zB BGH NJW-RR 93, 766 mwN; BGH MDR 2010, 1342 Tz 8; BGH 10.4.2018 – II ZR 149/17; BGH 23.3.2021 – XI ZR 640/20; BGH 17.9.2024 – II ZR 223/22 Tz 8, 9, 10; OLG Dresden NJW-RR 2001, 428 mN; LG Karlsruhe ZWE 2016, 181; KG 21.1.2021 – 4 U 1033/20 Tz 3: Ausnahme bei Vorgreiflichkeit für weitere Begehren), der **bish Wert der Hauptsache** (so BGH NJW 82, 768 [für Sonderfall]; allg OLG München NJW-RR 96, 957; OLG Köln MDR 95, 103; LG Duisburg MDR 2004, 962; OVG Magdeburg NVwZ-RR 2018, 828) oder ein davon **ermäßigter Betrag** (zB 50 %: OLG München MDR 95, 642 mwN; OLG Frankfurt MDR 95, 207; OLGR Brandenburg 2000, 490) maßgebend ist; zur **Teilerledigungserklärung** s OLG München MDR 76, 759; OLGR Zweibrücken 2003, 256 u BGH NJW-RR 2019, 189, 190, sa Rn 57); zum Ganzen eingeh s § 3 Rn 16.67. **Stellungnahme:** Die Streitgegenstände im ursprüngl Klageverf und im Erledigungsstreit sind nicht identisch und können damit auch nicht wertgleich (§ 3) sein. Das ist die Konsequenz aus der *Klageänderung* (s Rn 34) und der Entscheidung über den *geänderten* Antrag (s Rn 45, 46). Dass das Gericht *als Vorfrage* Zulässigkeit und Begründetheit der ursprüngl Klage noch zu prüfen hat (s Rn 44), ändert daran nichts (allg s vor § 322 Rn 28). Den Vorzug verdient daher die zuerst genannte Auffassung. *Abgrenzung*: übereinstimmende Erledigungserklärung: s Rn 12. Maßgebender **Zeitpunkt** für die Höhe des Streitwertes ist grds (sa Rn 12) der der Abgabe der Erledigungserklärung (OLG Karlsruhe NJW-RR 2013, 444; s Rn 36), abw von Rn 44 nicht der des Eintritts des Erledigungsereignisses (BGH MDR 2010, 1342 Tz 8); bei Verzögerung der Erklärung ist auf den (früheren) Zeitpunkt der Abgabemöglichkeit abzustellen (BGH MDR 2010, 1342 Tz 11; allg sa Rn 25 aE). 48

7) Rechtsmittel. Aus Rn 47 folgt, dass dieses Sachurteil nach allg Regeln anfechtbar ist (OLG Köln NJW-RR 97, 956). Wird also die Klage entgegen dem Antrag des Kl auf Feststellung der Erledigung abgewiesen, ist er hierdurch beschwert, bei Erledigungsfeststellung der Bekl (BGHReport 2005, 1471). Die **Beschwerdesumme** richtet sich nach dem Streitwert des Feststellungsantrags, s Rn 48; § 3 Rn 16.67. Einer Anfechtung durch Berufungseinlegung steht § 99 I nicht entgegen (BGHZ 57, 224; BGH NJW-RR 93, 766; BGH NJW-RR 2009, 188 Tz 5). Hat das Gericht dagegen die Erledigung (ggf nach Beweisaufnahme: s Rn 44) festgestellt, über die Kosten aber iSd aA (s Rn 47) nach den Grundsätzen des § 91a entschieden – und dadurch den Kl im Kostenpunkt beschwert –, so muss diesem hiergegen ein Rechtsmittel eröffnet werden: Da sich die Anfechtung des in der Hauptsache zu seinen Gunsten ergangenen Urteils wegen § 99 I verbietet, muss ihm in Anwendung der Grundsätze zur Anfechtung einer fehlerhaften Entscheidung (allg s vor § 511 Rn 30 ff) jedenfalls (auch) die sof Beschwerde in dem oben Rn 28 dargelegten Umfang zugestanden werden (zutr OLG Oldenburg NJW-RR 93, 1340; OLG Köln NJW-RR 97, 956; OLGR Köln 1998, 151; *nur* sof Beschwerde: Fischer JuS 2005, 995; offen BGH NJW 63, 48; verkannt in OLGR Celle 1995, 239); damit ist ggf auch die Rechtsbeschwerde statthaft (s BGH NJW-RR 2009, 188 Tz 3; StJ/Althammer Allg Einl vor § 511 Rn 58 ff). Dasselbe gilt, soweit das Gericht in „reziproker" Anwendung des § 93 (s Rn 41) zum Nachteil des Bekl entschieden hat (OLG Stuttgart NJW-RR 97, 1222). Bei übersehender Zustimmungsfiktion nach § 91a I 2 kann die Kostenentscheidung nach § 91 I mit Berufung/Anschlussberufung angegriffen werden (OLG Celle NZI 2018, 643). Zur Anfechtung der **„Kostenmischentscheidung"** s Rn 56. 49

Wird **in der 2. Instanz** auf Berufung hin die Hauptsache für erledigt erklärt, so ist das Ersturteil stets aufzuheben (OLG Rostock 24.8.2020 – 3 U 18/19; ThP/Hüßtege Rn 40). Hatte das Gericht irrig durch Beschluss nach § 91a entschieden (s Rn 47), so muss das Beschwerdegericht diesen aufheben und die Sache an das Erstgericht zurückverweisen (OLG Neustadt MDR 63, 1019; s zur Zurückverweisung im Beschlussverf OLG München NJW 2015, 3728). Auch eine Entscheidung gem § 522 II ist nach einseitiger Erledigungserklärung möglich (OLG München NJW 2011, 1088). 50

In der Revisionsinstanz kann die Erledigung der Hauptsache jedenfalls berücksichtigt werden, wenn die erledigenden Tatsachen unstreitig (BGH NJW 99, 2520, 2522; BGH NJOZ 2016, 1793; BGH NJW 2017, 3521; BGH MDR 2019, 226 Tz 57, stRspr) oder bereits in der Vorinstanz festgestellt sind (vgl BGH NJW 58, 98; zum Widerruf der Erledigungserklärung als Klageänderung sa BGH NJW 2015, 699; BGH NJW 2014, 2199), aber auch dann, wenn die Erledigungserklärung bereits in der Berufungsinstanz abgegeben werden konnte (BGHZ 106, 368; BGH NJOZ 2016, 1793; verkannt von BGH NJW-RR 2006, 566; sa Rn 39). Diese Sichtweise ist zwar vom Standpunkt der Klageänderungstheorie (§ 264 Nr 2) aus (s Rn 34) problematisch (vgl § 559; s bereits Putzo NJW 65, 1018). Trotz dogmatischer Bedenken ist die einseitige Erledigungserklärung des Kl in der Revisionsinstanz aber anzuerkennen (sa Walchshöfer ZZP 79 [1966], 299 in Anm zu BGH NJW 65, 537; StJ/Muthorst Rn 15 u 60; MK/Schulz Rn 97; offen BGH NJW-RR 93, 1124). Bei einseitiger Erledigungserklärung des Kl in der Revisionsinstanz ist zu prüfen, ob die Klageforderung bis zu dem die Erledigung begründenden unbestrittenen Ereignis bestanden hat oder nicht (BGH NJW-RR 2007, 639). Ist das erledigende Ereignis bestr, bleibt es ohne Nachteil für den Kl unberücksichtigt (vgl Smid ZZP 97 [1984], 299; MK/Schulz Rn 97). Vor der Entscheidung über die NZB des Gegners ist eine einseitige Erledigungserklärung nur beachtl, wenn die NZB zulässig u 51 begründet war (BGH NJW-RR 2007, 639; BGH MDR 2018, 423: nur in diesem Fall ist die tatsächliche Erledigung zu ermitteln; BGH 15.9.2022 – I ZR 5/22; BGH 1.6.2022 – I ZR 62/21).

52 **IV) Einseitige Erledigungserklärung des Beklagten.** Der Bekl kann den Rechtsstreit nicht für erledigt erklären (BGH MDR 95, 91; BGH NJW-RR 95, 1090; BGH NZM 2008, 498 Tz 8; BAG NJW 2010, 3595 Tz 13; Bergerfurth NJW 92, 1659; Huber JuS 2013, 977, 978; MK/Schulz Rn 100, str), da er über den Streitgegenstand nicht verfügen kann (anders bei Widerklage, s LG Kaiserslautern 13.4.2021 – 4 O 284/20 Tz 40). Falls seine Erklärung nicht als Anerkenntnis zu deuten ist (§ 139) und der Kl ihr widerspricht, stellt sie eine weitere Einwendung dar; über den Rechtsstreit ist nach Maßgabe der Sachanträge des Kl zu entscheiden; hatte sich die Klage tatsächl erledigt, ist sie abzuweisen (BGH MDR 61, 125 = ZZP 74 [1961], 210 – abl Schwab; OLGR Karlsruhe 2002, 167), nach Ansicht von BFH NJW 80, 1592; BFH BStBl II 1979, 407, 408 wegen fehlenden Rechtsschutzbedürfnisses als unzulässig (bedenkl, denn die Sachprüfung – s Rn 43, 45 f – hat bereits stattgefunden). Wie hier StJ/Muthorst Rn 59; ThP/Hüßtege Rn 42. Eine hilfsw Anschließung des Bekl an die Erledigungserklärung des Kl ist unzulässig (OLG Düsseldorf MDR 89, 72; Piekenbrock ZZP 112 [1999], 360, str; aA Bergerfurth NJW 92, 1660; allg s Rn 13).

53 **V) Teilweise Erledigung. 1) Begriff und Unterscheidung. a)** Die Erledigungserklärung erstreckt sich nicht auf den Rechtsstreit *im Ganzen*, sondern ist auf einen Teil des Streitgegenstandes *beschränkt*. Die Abgrenzung zur *uneingeschränkten* Erledigungserklärung ist uU schwierig (vgl OLG Braunschweig NJW-RR 96, 380; OLG Nürnberg WRP 96, 145) und dann Auslegungsfrage (näher BGH NJW 2004, 506, 509). Als *weitere* Auslegungsmöglichkeiten kommen auch Teilrücknahme u -verzicht in Frage (näher s § 264 Rn 4a). – **b)** Die beschränkte Erledigungserklärung kann einen von mehreren Klageansprüchen (BGH NJW 2007, 1591: Räumungs- u Zahlungsanspruch; zum Auskunftsanspruch bei der Stufenklage s Rn 58.44) oder einen Teil eines Klageanspruchs (des Streitgegenstandes) betreffen (OLG Köln GRUR 2014, 1032; dazu Kefferpütz GRUR-Prax 2014, 426); **Teilbarkeit** iSv § 301 Rn 4 ff genügt (*vertikale* Teilerledigung; bei Streitgenossenschaft auf Passivseite mit unterschiedl Ansprüchen Abgrenzung zweifelhaft: BGH MDR 2013, 671 Tz 18; keine Teilbarkeit bei Datenauskunft: LG Bonn 1.7.2021 – 15 O 372/20; BGH NJW 2021, 765 Tz 43). Bei **Unterlassungsansprüchen** ist auch eine eingeschränkte übereinstimmende Erledigungserklärung in der Weise mögl (ggf Auslegungsfrage), dass der Rechtsstreit nur **für die Zukunft** (*ex nunc*) für erledigt erklärt wird (*horizontale* Teilerledigung); ist bereits ein Titel ergangen (s Rn 12), bleibt er für die Vergangenheit bestehen (BGH NJW 2004, 506, 508 f; s darüber hinaus BGH GRUR 2016, 421 Tz 25: nur bei entspr Parteiantrag ist auch str Entscheidung für Vergangenheit möglich; ebenso OLG Frankfurt 13.7.2017 – 6 W 51/17 Tz 3) und ist weiter Grundlage für die ZwV (BGH NJW 2004, 506, 508 [Teplitzky LMK 2004, 53]; OLG Köln WRP 2014, 1093 Tz 10; OLG München WRP 2015, 102 Tz 17; OLG Hamburg GRUR-RS 2018, 26427; iE Heiß/Heiß JA 2018, 499, 504; sa Rn 12, 58.58); dies ist ggf durch Auslegung zu ermitteln (OLG München WRP 2015, 102 Tz 18). Zur Kostenentscheidung in diesem Fall s Rn 54. Nach einseitiger Erklärung scheidet eine datumsmäßig-beschränkte Erledigungsfeststellung idR aus (BGH NJW-RR 2011, 618 Tz 23), jedoch kann der bis zur Erledigungsfeststellung fortbestehende Titel (s Rn 45) uU die Grundlage für die ZwV bilden (s Fallgestaltung BGH WRP 2012, 829 [Teplitzky]; sa Rn 58.58). Zum **Streitwert** bei Teilerledigung vgl BGH FamRZ 95, 1137 f; OLG Karlsruhe MDR 96, 1298 mwN u hier s § 3 Rn 16.67; iE str; zu Zinsen und Kosten beim Streitwert nach teilw Hauptsacheerledigung s E. Schneider JurBüro 79, 1589 u allg BGH MDR 2012, 738; zur Tenorierung der **vorläufigen Vollstreckbarkeit** s Wagner JA 2019, 217. – **c) Abgrenzung.** Zur Erklärung des Rechtsstreits *insgesamt* für erledigt bei Anhängigkeit eines *Teils* in der höheren Instanz s Rn 55 aE.

54 **2) Übereinstimmende Erledigungserklärung. a) Kostenmischentscheidung.** Erklären die Parteien einen Teil der Hauptsache übereinstimmend für erledigt, ist insoweit über die Kosten sachlich nach den Grundsätzen des § 91a (s Rn 24, 27), über den streitig gebliebenen Teil aber nach § 91 zu entscheiden (Kostenmischentscheidung). Formal ist die Kostenentscheidung nach § 91a in das Urteil einzubeziehen, so dass über die gesamten Kosten äußerl **einheitl** im Kostenpunkt des Urteils entschieden wird und kein gesonderter Beschluss nach § 91a ergeht (BGH MDR 2011, 810, 811; BGH MDR 2013, 671 Tz 19; BGH NJW 2015, 1762 Tz 7: Sonderfall; BGH MDR 2024, 709; OLG Hamm 6.6.2024 – 18 W 32/23; OLG Köln WRP 2014, 1093 Tz 11; OLG Köln 22.9.2020 – 9 U 130/19 Tz 71; Gehle MDR 2025, 26). Soweit die Kostenmischentscheidung auf § 91a gestützt ist, kann sie **angefochten** werden, sowohl selbständig („isoliert") gem **II** mit den Kostenrechtsmitteln (**sof Beschwerde**, zugelassene Rechtsbeschwerde) als auch „einheitl" mit den Hauptsacherechtsmitteln (**Berufung**, Revision); näher s Rn 56. Zur Ermittlung der Kostenquote s OLG Hamm NJOZ 2014, 1076 (Differenzrechnung); OLG Hamm 6.6.2024 – 18 W 32/23 Tz 7: „Mehrkostenmethode".

55 **b) Besonderheit bei Teilrechtsmittel:** Legt gegen ein Urteil, durch das ein Teil der **Klageforderung abgewiesen** worden ist, nur der Kl Berufung ein und wird dann dieser Teil der Klageforderung für erledigt erklärt, so ist über die **gesamten** Kosten des Rechtsstreits durch Beschluss zu entscheiden (vgl BGH MDR 76, 379; Celle MDR 78, 234; MK/Schulz Rn 106); Entspr gilt, wenn der nur zum Teil verurteilte Bekl insoweit Berufung einlegt und der Gegenstand des Berufungsverf übereinstimmend für erledigt erklärt wird (OLGR München 2000, 311; MskV/Flockenhaus Rn 52). Vgl weiter für die Kosten eines in der Berufung erledigten Teilurteils OLG Frankfurt NJW 70, 334, wonach über die Kosten des Rechtsmittels dann getrennt gem § 91a zu entscheiden ist,

wenn dieses ansonsten auch nur teilw Erfolg gehabt hätte (ebenso LG Nürnberg-Fürth 25.1.2018 – 2 S 5297/11). Entspr entscheidet das Revisionsgericht bei Teilerledigung in der Revisionsinstanz durch Beschluss (s BGH MDR 76, 379). Wird der – zT in der RevInstanz anhängige – Rechtsstreit *insgesamt* für erledigt erklärt (s Rn 53 [c]), hat das RevGericht über die Kosten des bei ihm anhängigen *Teils* instanzübergreifend zu entscheiden (BGH NJW 2015, 1762 Tz 6).

3) Anfechtung der Kostenmischentscheidung. Zunächst s Rn 54 aE u allg s Rn 28, 29. – **a)** Die in **1. Instanz** ergangene gemischte Kostenentscheidung kann jedenfalls selbständig („isoliert") mit der *sof Beschwerde* angefochten werden (BGHZ 40, 265, 269 ff mN; BGH NJW-RR 2003, 1504; BGH MDR 2013, 671 Tz 19, 20; BGH NJW 2015, 2125 Tz 6, 7; BAG 30.7.2024 – 8 AZB 2/24 Tz 9, 10; OLG Frankfurt 12.10.2022 – 17 U 125/21; OLG Karlsruhe NJW-RR 2016, 390 Tz 13; OLG München NZG 2021, 423, stRspr; StJ/Muthorst Rn 40 f; MK/Schulz Rn 103; Mohr NZA 2019, 818), und zwar auch dann, wenn in der einheitl Kostenentscheidung die Aufteilung nach § 91 und § 91a nicht ersichtl gemacht war (s § 99 Rn 14). Doch kann das Beschwerdegericht nur die Kostenentscheidung für den erledigt erklärten Teil der Hauptsache, der auf § 91a beruht, nachprüfen. Umgekehrt ergreift die („einheitl") *Berufung* gegen das Urteil in der Hauptsache auch die Kostenentscheidung, soweit sie den nach § 91a erledigten Teil betrifft (BGH MDR 2013, 671 Tz 20; OLGR Rostock 2003, 388; OLG Köln VersR 2024, 32; ThP/Hüßtege Rn 56, hM, str; aA OLG München NJW 70, 761: Aufspaltung gem II 1, § 511; zum Ganzen sa § 99 Rn 7, 13) und falls insoweit den § 567 II, § 511 II Nr 1 genügt ist (BGH MDR 2011, 810; BGH NJW 2014, 3249). Das Beschwerdeverf ist im Falle einer Berufung der Gegenpartei nach Anhörung der Parteien gem § 147 zum Berufungsverf hinzuzuverbinden (OLG Stuttgart NJW-RR 2018, 1276). Nach OLG Karlsruhe NJW 2022, 631 Tz 25 (krit auf der Heiden) soll hingegen ein gegen die Hauptsacheentscheidung eingelegtes Rechtsmittel nicht automatisch den auf § 91a I beruhenden Teil der gemischten Kostengrundentscheidung erfassen (nur nach Auslegung und entspr Begründung; ebenso OLG Brandenburg 25.7.2024 – 12 U 160/23 Tz 28; iE offen lassend OLG Karlsruhe 14.12.2022 – 6 U 255/21), was kaum mit § 308 II vereinbar erscheint (aA Gehle MDR 2024, 816 f). **Besonderheiten bei Streitgenossenschaft:** Hat ein (einfacher) Streitgenosse die Mischentscheidung zulässig mit der Berufung angefochten, muss auch dem anderen zur „isolierten" Anfechtung der Kostenentscheidung die *Berufung* zur Verfügung stehen (OLG Hamburg NJOZ 2018, 1587). Grund: Keine Aufspaltung des einheitl Berufungsverf. Das isolierte (BGH NJW-RR 2003, 1504; s oben) und das einheitl Rechtsmittel führen nicht zu einer Erweiterung des Instanzenzugs (**II 2** u s Rn 28). – **b)** Die vom OLG in der **Berufungsinstanz** zugelassene Rechtsbeschwerde findet in den in Rn 29 genannten Grenzen auch bei Kostenmischentscheidungen statt; die für die Zulassung der Rechtsbeschwerde bestehenden Schranken (s Rn 29) gelten bei „einheitl" Anfechtung auch für die revisionsrechtl Überprüfung der Kostenentscheidung über den erledigten Teil (BGH NJW 2007, 1591, 1593; BGH 19.5.2020 – KZR 8/18 Tz 34; BGH NJW-RR 2024, 1373: Verkennen der Voraussetzungen von § 91a). Bei „isolierter" Anfechtung gibt es keine NZB (§ 574 ggü § 544). Zu einer Überprüfung der Mischentscheidung in entspr Umfang (vgl BGH MDR 2010, 377) kommt es bei umfassender Anfechtung des Berufungsurteils mit (zugelassener) Revision (BGH WRP 2011, 1606 Tz 30; offen gelassen wird von BGH NJW-RR 2024, 1373 die (erstmals) aufgeworfene Frage der **„Fehleridentität"** von Hauptsache- u Kostenentscheidung nach § 91a; dazu Gehle MDR 2025, 26: „dogmatisches Neuland" u inhaltlicher Widerspruch zu BGH MDR 2024, 709 Tz 33; sa Gehle MDR 2024, 816); die NZB kann nicht gegen die den erledigten Teil betr Kostenentscheidung gerichtet werden (BGH NJW-RR 2010, 640 = MDR 2010, 342 zu § 99 II). Wegen der Unsicherheiten der Revisionskontrolle ist gegen die Kostenentscheidung ggf (auch) die Anhörungsrüge (§ 321a) gegeben (so Piekenbrock JR 2007, 183). 56

4) Einseitige Erledigungserklärung des Klägers. Hat nur der Kl teilw für erledigt erklärt, ist über die gesamten Kosten nach § 91 zu entscheiden. Die Kostenentscheidung kann nach der hier vertretenen Auffassung nicht selbständig angegriffen werden, weder mit der Berufung (§ 99 I) noch der sof Beschwerde, da weder ein Fall des § 91a II 1 noch ein Fall des § 99 II vorgelegen haben (sa OLG Köln NJW-RR 2016, 1342). Zur **Berechnung der Rechtsmittelbeschwer** (s Rn 49) des Bekl: BGH NJW-RR 88, 1465; zur Beschwer des Kl: nach BGH NJW-RR 2019, 189 ist der „restliche Betrag der Hauptsache unter Hinzurechnung der auf den erledigten Teil entfallenden Kosten der Vorinstanzen" maßgebend; letzterer wird durch Differenzrechnung ermittelt (BGH NJW-RR 2019, 189, 190; BGH 17.9.2024 – II ZR 223/22 Tz 9, 10; abw aber bei zuvor ergangenem Teilurteil BGH NJW-RR 2018, 571). *Abgrenzung*: Hat bei einseitiger Erledigungserklärung das Gericht irrtüml (unter Annahme eines Falles der Rn 54, 56) gem § 91a entschieden, ist nach dem Meistbegünstigungsgrundsatz die Kostenentscheidung *auch* mit dem gegebenen Rechtsmittel anfechtbar (BGH MDR 2002, 534). 57

VI) Einzelfälle (alphabetisch). Im Folgenden finden wichtige Einzelfälle nähere Darstellung: 58

• **Ablehnung.** S Rn 58.38. 58.1

• **Anfechtung.** Wird Anfechtung (§§ 119, 123, 2078 f BGB) eines (vor Rechtshängigkeit) vorgenommenen Rechtsgeschäfts erklärt, tritt wegen § 142 I BGB keine Erledigung ein (BGH NJW 2003, 3268, 3270; abw aber bei § 389 BGB, s Rn 58.6). Bejaht man hingegen Erledigung, indem auf die spätere Anfechtungserklärung abgestellt wird, ist nach Anfechtungsgründen zu unterscheiden: So ist eine Kostenbelastung des Bekl im Falle von § 119 BGB gerechtfertigt, nicht aber bei § 123 BGB (näher Althammer/Löhnig NJW 2004, 3080 f; zust MK/Schulz Rn 116; ähnlich Gaschler ZZP 134 (2021), 93, 104: Rechtsgedanke von § 93). Zur InsAnfechtung s Rn 58.23. 58.2

58.3 • **Anschlussberufung.** Wird die Hauptsache im Berufungsverf im Umfang des Hauptrechtsmittels übereinstimmend für erledigt erklärt, wird wegen § 524 IV analog eine Anschlussberufung wirkungslos, da eine dem Berufungsbeklagten ungünstige Hauptsacheentscheidung nicht mehr zu erwarten ist (StJ/Althammer § 524 Rn 55: auf die Bewertung der Erfolgsaussichten der Hauptsache iRv § 91a kommt es nicht an; OLG München MDR 84, 320; aA BGH MDR 85, 125; BGHZ 139, 12, 15; s auch Rn 18; § 524 Rn 24); bei Rücknahme des Hauptrechtsmittels ist für eine Erledigung des Anschlussrechtsmittels aber kein Raum, soweit der Rechtsmittelführer auch die Kosten der Anschließung trägt (BGH MDR 2005, 704; BGH MDR 2007, 788; Katzenstein NJW 2007, 739; StJ/Althammer § 524 Rn 56, str; aA – § 91a entspr – OLGR Frankfurt 2005, 327; LAG Sachsen MDR 2005, 719; iE s Rn 18, § 524 Rn 41).

58.4 • **Arbeitsgerichtliches Beschlussverfahren.** Gemeinsame Erledigungserklärung durch alle Beteiligten: § 83a I, § 90 II, § 95 S 4 ArbGG; die Zustimmung eines Beteiligten gilt als erteilt, wenn er sich nicht innerhalb einer gesetzten Frist gegenteilig äußert (§ 83a III 1 ArbGG). Da im Beschlussverf eine Kostenentscheidung nicht ergeht, prüft das Gericht bei der einseitigen Erledigungserklärung nur, ob ein erledigendes Ereignis eingetreten ist, nicht dagegen die ursprüngl Zulässigkeit und Begründetheit des Antrags (BAG NJW 2008, 1977; BAG ZIP 2009, 1442 Tz 17; BAG EzA 5/2011, S 22; BAG NZA 2018, 1640, 1642 (keine Erstellung eines Rechtsgutachtens); LAG Düsseldorf 19.2.2019 – 3 TaBV 112/16; zust Schumann FS Richardi, 2007, S 410 ff; iE Jost/Sundermann ZZP 105 [1992], 268 ff); Erledigung vor Rechtshängigkeit ist mögl (BAG NJW 2008, 1977; s Rn 3, 6).

58.5 • **Arrest und einstweilige Verfügung. Lit:** Vossler MDR 2009, 667; Kellermann-Schröder JA 2018, 535. – Als **Erledigungsereignis** kommt der Wegfall der Dringlichkeitslage (Bsp: LAG Rheinland-Pfalz 1.9.2016 – 5 SaGa 6/15) oder der Wiederholungsgefahr (Bsp: BGH NJW-RR 2006, 1378) in Frage (Bsp: Abgabe von Unterlassungserklärung bei Antrag auf Unterlassungsverfügung [iE Bernreuther GRUR 2007, 660]), grds aber nicht der fruchtlose Ablauf der Vollziehungsfrist nach § 929 II (OLG Düsseldorf WRP 85, 642; abw OLG Frankfurt OLGZ 94, 95 für dem Arrestkläger nicht zuzurechnende Gründe); dgl ist der Ablauf des Verbotszeitraums keine Erledigung bei einem befristeten Verbot (OLG Nürnberg WRP 96, 145; zur eingeschränkten Erledigung s Rn 53). **Übereinstimmende Erledigungserklärung:** Hauptsache ist nicht der zu sichernde materielle Anspruch, sondern die begehrte Rechtsfolge auf einstw Regelung oder Sicherung (AG Brandenburg 5.7.2018 – 31 C 107/18; OLG Köln 18.7.2019 – 15 W 21/19); für die Kostenentscheidung kommt es darauf an, ob ein Verfügungsgrund vorgelegen hat oder Veranlassung iSv § 93 für die einstw Vfg gegeben war (OLG Stuttgart 22.2. 2018 – 2 W 37/17; KG 30.6.2025 – 7 W 3/25 Tz 9, 10; sa Rn 3; sa § 924 Rn 5). Bei Erledigterklärung nach Ablauf der Vollziehungsfrist des § 929 II trägt der ASt die Kosten (OLG Neustadt JurBüro 61, 567; OLG Hamburg NJW 64, 600). Zur Kostentragung des Gl im Arrestaufhebungsverf s OLG Frankfurt MDR 82, 328; OLG Frankfurt MDR 2018, 1150. Zum Ganzen sa § 922 Rn 5; § 926 Rn 26. Eine auf das Widerspruchsverf beschränkte übereinstimmende Erledigungserklärung ist möglich (OLG Hamburg NJW-RR 2019, 361). **Einseitige Erledigungserklärung:** Wird ein ursprüngl zulässiger und begründeter Arrest-(Verfügungs-) Antrag durch ein erledigendes Ereignis unzulässig oder unbegründet, ist dies durch Urteil festzustellen (AG Bonn 6.5.2010 – 106 C 94/10; AG Brandenburg 16.7.2021 – 31 C 79/21; OLG Brandenburg 30.11.2020 – 1 U 37/19: Erledigung durch Hauptsacheentscheidung). Erledigt sich der Verfügungsantrag nach Eingang beim Gericht aber vor Zustellung an den Gegner, liegt zwar ein erledigendes Ereignis vor (OLG Köln GRUR 2001, 425), anders als im Klageverf (s Rn 41) aber unmittelbar kein Fall von § 269 III 3, IV (abl daher KG MDR 2009, 765; anders im Fall OLG Karlsruhe MDR 2012, 540; s § 922 Rn 5). Zur Beschwerde bei Erledigung nach Nichterlass der einstw Verfügung s § 922 Rn 5. Im **Aufhebungsverf** (§ 926) ist die Erhebung der Hauptsacheklage erledigendes Ereignis (OLG Frankfurt GRUR 87, 651; OLGR Frankfurt 2005, 605; OLG Frankfurt 5.12.2016 – 6 W 110/16; OLG Düsseldorf 29.1.2021 – 2 W 26/20: Die Anwendung von § 93 setzt neben Verzicht auf titulierten Anspruch auch Übernahme der Kosten des Anordnungsverfahrens voraus). Erklären die Parteien – auch nach *verspäteter* – Erhebung der Hauptsacheklage das Aufhebungsverf für erledigt, treffen die Kosten den Gl (s § 926 Rn 26); Grund: § 93 entspr Umfang der zu erstattenden Kosten: OLG Frankfurt Rpfleger 86, 281.

58.6 • **Aufrechnung.** Eine Aufrechnung führt zur Erledigung der Hauptsache, wenn die Gegenforderung erst nach Rechtshängigkeit der Klage entstanden oder (durch nachträglichen Erwerb) aufrechenbar geworden ist (RGZ 57, 384). Der Streit, ob für das Erledigungsereignis (wegen § 389 BGB) auf die Aufrechnungslage oder (wegen § 388 BGB) auf die Aufrechnungserklärung abzustellen ist (vgl BGHZ 155, 392, 396 ff mN = NJW 2003, 3134 [Lindacher LMK 2004, 13]; BGHZ 184, 128 Tz 24 = NJW 2010, 2422; Althammer/Löhnig NJW 2004, 3077; Wolf/Lange JZ 2004, 416), spielt bei der *übereinstimmenden* Erledigungserklärung keine Rolle (Grund: s Rn 6, 16) und betrifft allein die *einseitige* Erledigungserklärung (s Rn 34; Fallgestaltung in BGHZ 155, 392). Vom weiten – auch Ereignisse vor Rechtshängigkeit (Eintritt der Aufrechnungslage) einbeziehenden – Erledigungsbegriff (s Rn 41 f) käme es allerdings auf die mat-rechtl Rückwirkungsfiktion (§ 389 BGB) nicht an, weil die Rechtsstreiterledigung auch dann eintritt, wenn die Aufrechnungslage bereits vorprozessual bestanden hat (iErg auch mit abw Begr BGHZ 155, 398 f = NJW 2003, 3134; **aA** Althammer/Löhnig NJW 2004, 3077 f aus der Sicht *des engen Erledigungsbegriffes). Bei der Billigkeitsentscheidung* über die Kosten gem **§ 91a I** sind Gesichtspunkte der Zumutbarkeit und der Risikotragung entscheidend (iE str; Lindacher LMK 2004, 13; MK/Schulz Rn 118: Aspekte der Veranlasserhaftung); bei der *einseitigen Erledigungserklärung* gilt § 91 (vgl Wolf/Lange JZ

2004, 418), aber auch § 93 entspr (Heyers JR 2004, 243; Gaschler ZZP 134 (2021), 93, 109). Bei Erledigung mit vorprozessualer Aufrechnungslage ist auch Raum für § 269 III 3 (so Wolf/Lange JZ 2004, 417; aA Schröcker NJW 2004, 2204; offen BGHZ 155, 400). Kein Erledigungsereignis ist die sog **Eventualaufrechnung**, bei der der Bekl mit einer Gegenforderung hilfsw die Aufrechnung erklärt, denn das Gericht muss über die (weiter) bestr Klageforderung noch entscheiden (s Althammer/Löhnig NJW 2004, 3079; abw Gaschler ZZP 134 (2021), 93, 109, s § 145 Rn 13); der Kl kann aber die Gegenforderung anerkennen und den Prozess einseitig für erledigt erklären (OLG Braunschweig MDR 63, 767); die Kostenentscheidung gem § 91 richtet sich dann danach, ob die Klage ursprüngl begründet war und durch die Aufrechnung erloschen ist (vgl Wolf/Lange JZ 2004, 418).

• **Auskunft.** S Rn 58.44. 58.7

• **Ausländisches Urteil.** In (einseitigen) Exequaturverfahren ist § 91a nicht anwendbar (BGH NJW-RR 2010, 571 = MDR 2010, 521, arg s Rn 7; offen lassend BGH 31.3.2021 – XII ZB 102/20 Tz 10). 58.8

• **Baulandsache.** Die Anwendbarkeit der Erledigungsgrundsätze (vgl § 221 I, § 222 III, § 228 BauGB iVm § 91a) ist nur ggü denj Beteiligten gegeben, welche Anträge zur Hauptsache gestellt haben (OLG Koblenz NJW 83, 2036). 58.9

• **Beschwerdeverfahren.** Erklärt der Beschwerdeführer die Beschwerde mit Zustimmung des Gegners für erledigt, ist über die Kosten nach § 91a zu entscheiden, ansonsten nach § 91 (OLG Frankfurt MDR 98, 559; s Rn 40). Auslegungsfrage, ob die Erledigung nur das Rechtsmittel selbst (s Rn 19) oder die Hauptsache in der Beschwerdeinstanz umfasst (Bsp: BGH NJW-RR 86, 369 – Tod des Ag bei unvererbl Anspruch). Kein Fall des § 91a liegt vor, wenn während des Beschwerdeverf die Klage zurückgenommen wird (OLG Frankfurt NJW-RR 95, 956; § 269 III 2 gilt). 58.10

• **Beweissicherungsverfahren.** S Rn 58.42. 58.11

• **Drittschuldnererklärung.** Die Drittschuldnerklage gem § 840 ist nicht erledigt, wenn – erst – die prozessuale Einlassung des beklagten Drittschuldners im Zahlungsprozess ergibt, dass die gepfändete Forderung von Anfang an nicht bestanden hat (BAG NJW 90, 2644). Eine Erledigung liegt auch dann nicht vor, wenn der auf Auskunft verklagte Drittschuldner eine (negative) Erklärung iSv § 840 I abgibt; Grund: § 840 I gewährt keinen einklagbaren Anspruch auf Auskunft (BGHZ 91, 130). Bei einseitiger Erledigungserklärung ist für eine Kostenentscheidung nach § 91a und damit für eine Berücksichtigung der mat-rechtl Kostenerstattungspflicht des Bekl gem § 840 II 2 im Rahmen der Kostenentscheidung kein Raum (BGH MDR 79, 1000); der Kl kann jedoch den mat Erstattungsanspruch gem §§ 263, 264 Nr 3 im anhängigen Rechtsstreit mit der Feststellungsklage (BGH MDR 81, 493) oder mit der bezifferten Leistungsklage (BAG NJW 90, 2643) geltend machen (abw Foerste FS Stürner, 2013, S 286 f: § 93 „reziprok“). 58.12

• **Drittwiderspruchsklage.** Die Freigabe der gepfändeten Sache ist ein Erledigungsereignis (OLG Neustadt MDR 61, 65); sa Rn 58.58. 58.13

• **Einstweilige Verfügung.** S Rn 58.5. 58.14

• **Erfüllungshandlungen.** Sie sind idR Erledigungsgrund (OLG Saarbrücken 28.3.2019 – 4 U 18/17, s Rn 4), insb bei „Anerkenntnis“ (s § 307 Rn 2; zur Abgrenzung OLG Dresden MDR 2018, 178; Golz/Schneidenbach JA 2019, 291), bei Wiedergutmachung im Rahmen von Auflagen gem § 56b II Nr 1 StGB (vgl OLGR Koblenz 2007, 517). Maßgebend ist der Zeitpunkt des Eintritts des Leistungserfolgs, nicht der der Vornahme der Leistungshandlung, im Überweisungsverkehr entscheidet also die Gutschrift, nicht der Eingang des Überweisungsauftrags (vgl OLGR Hamm 1995, 80). Erledigung tritt jedoch nicht ein, wenn der Bekl nur zur Abwendung der ZwV leistet (BGHZ 203, 257 Tz 19; BGH MDR 2014, 921; BGH MDR 2015, 76 Tz 20; Gegenbeispiel: OLG Celle NJOZ 2018, 1179 für eV; allg s Rn 5) oder wenn eine ZwV aus einem vorläufig vollstreckbaren Titel erfolgt (BGHZ 203, 257 Tz 19; BGH MDR 2014, 921; Becker-Eberhard JuS 98, 884; s Rn 5). Dagegen schließt *Leistung unter Vorbehalt* eine Erledigung nicht notwendig aus; Bsp: Vorbehalt der Rückforderung gem § 812 BGB (Ausschluss von § 814 BGB), BGH FamRZ 88, 263; keine Rückwirkung aber bei Zahlung unter Vorbehalt und späterer Ausübung eines vorbehaltenen Tilgungsbestimmungsrechts (LG Aschaffenburg 29.5.2018 – 33 O 437/17). Die Leistung durch einen verklagten *Gesamtschuldner* erledigt bei streitiger Gesamtschuld nicht auch für den anderen (BGH MDR 2000, 471). 58.15

• **Feststellungsklage.** Die negative Feststellungsklage wird durch die gegenläufige (nicht mehr einseitig rücknehmbare) Leistungsklage erledigt (BGHZ 99, 343; BGHZ 165, 305, 308 = NJW 2006, 515, 516; OLG Düsseldorf 3.11.2022 – 2 U 51/22, hM; näher s § 256 Rn 17; dazu krit Herrmann JR 88, 376; Zeuner FS Lüke, 1997, S 1011; Thole NJW 2013, 1192; einschr für EuGVÜ und EuGVVO-Bereich BGHZ 134, 211). Erledigendes Ereignis ist auch der Wegfall des Feststellungsinteresses (BGHZ 37, 142 = NJW 62, 1723; BGHZ 165, 305, 308 = NJW 2006, 515, 516). Nach OLG Düsseldorf 3.11.2022 – 2 U 51/22 gilt dies auch im Verhältnis zur nachträglichen positiven Feststellungsklage (offen gelassen von BGH NJW-RR 2010, 640). 58.16

• **Freiwillige Gerichtsbarkeit und Familiensachen (FamFG-Verf).** Die „Kostenpflicht bei Erledigung“ ist nicht eigenständig geregelt (vgl § 83 II FamFG), vielmehr gelten (auch) insoweit die flexibel ausgestalteten allg 58.17

Grundsätze gem § 81 FamFG (sa OLG Brandenburg 8.12.2020 – 9 WF 252/20 Tz 7: elterliche Kostenteilung in Sorge- und Umgangsverf). Erklären sämtl Beteiligte eines Antragsverf das Verf für erledigt (s § 22 III FamFG, Bsp: OLG Brandenburg NZFam 2022, 557 (Kindschaftssache), stellt das Gericht die Erledigung fest (OLG Brandenburg MDR 2013, 1105). Bei einseitiger Erledigungserklärung hat das Gericht zu prüfen, ob Hauptsacheerledigung tatsächl eingetreten ist (OLG Brandenburg MDR 2013, 1106). Mit Hauptsacheerledigung wird ein eingelegtes, nicht auf die Kosten beschränktes Rechtsmittel unzulässig, wenn kein Fall des § 62 I FamFG vorliegt (BGHZ 196, 118 Tz 6 ff; BGH NJW 2015, 1449; BGH MDR 2021, 181). Die Anfechtung von isolierten Kostenentscheidungen richtet sich nach den §§ 58, 61, 70 FamFG (OLG Zweibrücken FamRZ 2012, 238; näher hier Feskorn s § 58 FamFG Rn 4, § 61 FamFG Rn 7, § 70 FamFG Rn 4). Eine Ausnahme gilt für **Ehesachen und FamStreitsachen** (Begriff: § 112 FamFG); insoweit ist § 91a I, II iVm § 567 grds entspr anwendbar (§ 113 I FamFG); **Sondervorschriften:** §§ 131, 243 FamFG (sa Rn 58.44, 58.49); iRd Kostenverteilung nach billigem Ermessen gem § 243 FamFG darf auf die Rechtsprechung zu § 91a zurückgegriffen werden (OLG Hamm FamRZ 2013, 1510; OLG München 12.3.2019 – 33 WF 1581/18; OLG Frankfurt FamRZ 2021, 543 Tz 10, 17: Anwendung von § 98; sa BGH MDR 2011, 1439 Tz 30); sa Rn 8 mwN.

58.18 • **Gegendarstellung.** Zur Erledigung durch erzwungenen Abdruck einer Gegendarstellung nach § 11 PresseG (OLG München NJW 88, 349; OLG Koblenz NJW-RR 2006, 484); sa Rn 4.

58.19 • **Genehmigung, Gestaltungserklärungen.** Inwieweit die mat-rechtl Rückwirkung auf vorprozessual entstandene Rechtsgeschäfte oder Rechtslagen (zB gem §§ 142, 184, 389 BGB) ein Erledigungsereignis ausschließt (wie bei Aufrechnung, dazu oben), bedarf differenzierender Prüfung. Die Genehmigung eines vollmachtlos geschlossenen Vertrags wirkt im Erfüllungsprozess (nur) *ex nunc.*

58.20 • **Gesetzesaufhebung, -änderung, -nichtigerklärung. Gesetzesaufhebung** und **Gesetzesänderung** können ein Erledigungsgrund sein (s BGH WRP 2005, 126; BGH WRP 2008, 252; BGH GRUR 2016, 421 [zur Einführung von § 78 I 4 AMG; maßgeblich sei erst die Schuldnererklärung; sa LG Frankfurt NZM 2021, 239] u näher s Rn 4, 24; instruktiv mw Bsp von Verfahrensrechtsänderungen Schumann FS Bub, 2007, S 567). Hierfür bestehen häufig bes ges Kostenregelungen (Überblick: StJ/Muthorst Rn 63) des Inhalts, dass jede Partei ihre außergerichtl Kosten trägt, die Gerichtskosten geteilt und die gerichtl Geb niedergeschlagen werden. Bei **Nichtigerklärung eines Gesetzes** gilt: Wird während des Rechtsstreits das der Klage zugrunde liegende Gesetz vom BVerfG für ungültig erklärt (Art 100 I GG), ist dies kein Fall nachträgl Erledigung der Hauptsache, vielmehr ist der Kl mit seiner Klage abzuweisen, da sie von Anfang an unbegründet war (BGH NJW 65, 296; Schumann FG BGH Bd III, 2000, S 39 f). Ebenso wenig ist § 91a bei Nichtigerklärung eines Gesetzes auf Grund einer Verfassungsbeschwerde anwendbar (BVerfGE 66, 152, 153); auch eine **Änderung der Rspr** stellt (idR) kein Erledigungsereignis dar (BGH NJW 2004, 1665).

58.21 • **Hinterlegung.** Der Forderungsprätendentenstreit um eine hinterlegte Geldsumme wird durch die Zustimmung des einen Prätendenten zur Auszahlung an den anderen und die dementspr Auszahlung erledigt (BGH NJW-RR 97, 495).

58.22 • **Insichprozess.** Bei Vereinigung von Gl- und Sch-Stellung durch **Konfusion** erlischt der Prozess (s vor § 50 Rn 1); auch eine Entscheidung gem § 91a scheidet grds aus (BGH MDR 2011, 509; BGH ZEV 2018, 393). Bsp: Beerbung des alleinigen Prozessgegners.

58.23 • **Insolvenzverfahren. a)** Die Grundsätze über die **übereinstimmende Erledigungserklärung** sind im quasi-kontradiktorischen **Insolvenzeröffnungsverf** (Endzeitpunkt: § 27 InsO, vgl BGHZ 168, 27 mN) entspr anwendbar (§ 4 InsO iVm § 91a I und II, § 567; so BGH MDR 2002, 416; BGH NJW-RR 2009, 188 Tz 6, 7); bei **einseitiger Erledigungserklärung** gelten die allg Grundsätze (s Rn 34, 43 f) nur modifiziert; die Kostenentscheidung ergeht nach § 91; Rechtsbehelf bei Antragsabweisung: sof Beschwerde idR des ASt gem §§ 6, 34 I InsO, bei Erledigungsfeststellung: sof Beschwerde des Sch gem §§ 6, 34 II InsO (BGH NJW-RR 2009, 188 Tz 8). Ein vorläufiger InsVerwalter muss der Erledigung gem § 21 II Nr 2 InsO zustimmen (AG Göttingen ZIP 2007, 1282). Erledigung ist auch möglich, wenn auf Antrag eines *Dritten* das Verf eröffnet wird (BGH NJW-RR 2005, 418, 419). § 269 III 3 ist bei Zahlung nach Zustellung des InsAntrags nicht entspr anwendbar (AG Köln ZIP 2003, 1213). Bei Zahlung auf einen ursprüngl zulässigen und begründeten, gehörig glaubhaft gemachten **Eröffnungsantrag (§ 14 I 1 InsO)** trafen die Kosten früher den Schuldner. Seit **5.4.2017** (§ 14 I 2 InsO neu gef durch G v 29.3.2017, BGBl I 2017, 654; BTDrs 18/7054, 16) soll die Erfüllung (generell) kein erledigendes Ereignis (mehr) darstellen (so Webel ZInsO 2017, 2261; Folge: Kostenauferlegung bei „unzulässigem Druckantrag" des Gläubigers, s LG Köln NZI 2018, 355; AG Köln NZI 2018, 68: Kostenaufhebung; LG Wuppertal ZIP 2020, 1528; krit Frind NZI 2018, 70). **Richtigerweise** besteht die **Möglichkeit der Erledigungserklärung (§ 91a)** bzw der Rücknahme des (zulässigen) Antrags weiter (BGH NJW-RR 2020, 1440 Tz 10, 11: keine automatische Druckantragsmotivation; AG Hannover ZInsO 2019, 158; Foerste ZInsO 2017, 1263; Spiekermann ZIP 2019, 754: Kostentragung durch Schuldner). Denn die Aufrechterhaltung des Antrags nach § 14 I 2 InsO ist keine Pflicht *(BGH NJW-RR 2020, 1440:* Geltung der Dispositionsmaxime; Wilmer/Berner NZI 2019, 259; NZI 2020, 1045). Auch trägt der Sch die Kosten, wenn der (zulässige) Antrag als unbegründet abgewiesen wird (§ 14 III InsO), dh das Risiko der Masseunzulänglichkeit (§ 26 InsO) geht zu Lasten des Sch. – **b)** In dem vom InsVerwalter betriebenen **Anfechtungsprozess** tritt mit Beendigung des InsVerf die Erledigung der Hauptsache ein (RGZ 58, 414; StJ/Muthorst Rn 6; offen bei BGH NJW 82, 1766). – **c) Feststellung** der Forderung zur Tabelle (§§ 178 III, 201 II 1 InsO) erledigt den (unterbrochenen) Passivprozess (vgl BGH NJW 61, 1066, 1067; BGH DZWIR 2005, 253; OLG Köln NJW-RR 2003, 265; StJ/Roth § 240 Rn 27; hier Greger s § 240 Rn 14 m Hinw zur Aufnahme wegen der Kostenentscheidung), ferner die (aufgenommene) Feststellungsklage (vgl OLG Karlsruhe ZIP 89, 791), ebenso erledigt das spätere Anerkenntnis der „vorläufig bestr" Forderung (OLG München ZIP 2005, 2227).

• **Kartellverwaltungsverfahren.** §§ 54 ff, § 78 GWB. Hier ist nicht erforderl, dass im Falle einer einseitigen **Erledigungserklärung** die (Rechts-)Beschwerde bis zum Eintritt des Erledigungsereignisses zulässig und begründet war (allg s Rn 3). Tritt eine Erledigung deswegen ein, weil der zugrunde liegende VA gegenstandslos wird, ist nur noch zu prüfen, ob der VA keine Wirkungen mehr äußern kann und damit gegenstandslos wird (BGH MDR 86, 560). § 91a ist nicht entspr anwendbar (OLG München GRUR 87, 316; OLG Düsseldorf 24.1.2019 – Verg 30/18). 58.24

• **Klagerücknahme.** „Erledigungs"erklärung nur wegen des Kostenrisikos ist als Klagerücknahme zu werten (VGH Mannheim NJW 74, 964; aA Czermak NJW 74, 1478; sa § 269 Rn 4); zur „privilegierten" Klagerücknahme gem § 269 III 3 s Rn 32 [a] u § 269 Rn 18c-18e. 58.25

• **Kündigungsschutzklage.** Bei Rücknahme der Kündigung durch Arbeitgeber, welche kostenrechtlich einer freiwilligen Erfüllung gleichsteht, sind ihm idR die Kosten aufzuerlegen (LAG Nürnberg 15.10.2015 – 4 Ta 135/15; LAG Hessen 14.5.2008 – 8/15 Ta 490/07). 58.26

• **Mahnverfahren. Lit:** Wagner, Die Erledigung im Mahnverf, 2015; Petzold, Die Erfüllung im Mahnverfahren, NJW 2019, 822. – Die (teilw) Zahlung auf einen MB führt nicht zur „Erledigung", sondern nur zur (teilw) Beendigung des Mahnverf (arg § 699 I 2 Hs 2; so KG MDR 83, 323; Jooß JR 2010, 510 f; aA MskV/Flockenhaus Rn 4; OLG Stuttgart MDR 84, 673, hM; sa § 690 Rn 27). – Zahlungen im Mahnverf erfolgen (trotz der Rückwirkungsfiktion gem § 696 III, § 700 II) *vor Rechtshängigkeit* und lassen damit den „Anlass" der Verfahrenseinleitung entfallen (wie § 269 III 3; LG Rottweil 22.5.2018 – 1 T 66/18; krit Petzold NJW 2019, 823; abw BGH NJW-RR 2023, 439: nur bei Rücknahme des Mahnantrags; iÜ erledigendes Ereignis wg Rückwirkungsfiktion, was Feststellungsantrag ermögliche; Schmitt MDR 2023, 277). Im mit Abgabe (§ 696 I, § 700 III) rechtshängig gewordenen (s § 696 Rn 5 ff) Streitverf kann der Kl die Klage – anders als bei der Erledigung *nach* Rechtshängigkeit (dazu BGH NJW 2004, 223; s § 269 Rn 18 aE) – „privilegiert" **gem § 269 III 3, IV** (auch) mit einer Kostenbelastung des Bekl zurücknehmen (krit Jooß JR 2010, 512). Dafür ist wegen § 269 III 3 („bish Sach- und Streitstand") eine dem Bekl formlos mitzuteilende Anspruchsbegründung (§ 697 I 1) erforderl (Petzold NJW 2019, 823). Eine Rücknahme des *Mahnantrags* (s § 690 Rn 26) gem/entspr § 269 III 3 *nach* Rechtshängigkeit scheidet aus (allgM); auch bei einer „Rückkehr" ins Mahnverf (iVm Rücknahme des Streitantrags, s § 690 Rn 26, § 696 Rn 2) sind in diesem Verf wegen seiner Besonderheiten (kein Sach- und Streitstand, kein Gehör des Ag) streitige Kostenentscheidungen gem § 269 III 3 nicht mögl, zuständig dafür ist das Streitgericht (BGH NJW 2005, 512, 513 u 513, 514, iE str; befürwortend aber Jooß JR 2010, 508 ff, für Anwendbarkeit von § 91a PG/Hausherr Rn 79, arg s Rn 12; näher s § 690 Rn 26). Der Streitwert im Streitverf nach Widerspruch gegen den MB bemisst sich dann nach dem Restanspruch (OLGR München 2003, 395; Liebheit NJW 2000, 2237 ff; allg s Rn 48). Will der Sch geltend machen, dass er keinen Anlass zur Einleitung des Mahnverf gegeben habe, muss er zum Zweck eines Anerkenntnisses (§ 93) auf die Kosten beschränkten Widerspruch einlegen (OLG Schleswig MDR 2006, 228; OLG Naumburg NJOZ 2011, 1937; Sonnentag MDR 2006, 188; Herget hier s § 93 Rn 6.33, str); ein unbeschränkter Widerspruch genügt nicht (so aber Fischer MDR 2001, 1336). Hat der Ag die Hauptforderung mit Ausnahme der Kosten vor Erhebung eines Widerspruchs voll beglichen, erfolgt Überleitung ins streitige Verf nur noch in Höhe der Verfahrenskosten (vgl LG Bielefeld ZIP 2005, 1095); in der einseitigen Erledigterklärung der Hauptsache liegt idR eine entspr Rücknahme des Streitantrags (s § 696 Rn 2); zur Kostenentscheidung bei Rücknahme des Mahnantrags s § 690 Rn 26). Zur Abtretung des Mahn-Anspruchs als Erledigungsgrund näher s vor § 688 Rn 8. 58.27

• **Mieterhöhungsverfahren.** Zur Erledigung im Zusammenhang mit § 558b BGB s AG Düren 31.3.2011 – 47 C 185/10; AG Osnabrück WuM 2011, 474; AG Lübeck WuM 2017, 200; LG Stuttgart 14.8.2015 – 19 T 330/15. 58.28

• **Nebenintervention.** S Rn 58.43, 58.59, 58.49 (Kosten der Streithilfe). 58.29

• **Neues Vorbringen im 2. Rechtszug.** Im Rahmen der Kostenentscheidung nach § 91a ist auch der Rechtsgedanke des § 97 II (Obsiegen auf Grund eines neuen Vorbringens in 2. Instanz) anwendbar (OLG Frankfurt WRP 84, 692; vgl auch BGH NJW-RR 86, 369; LG Freiburg 2.5.2019 – 3 S 168/18). 58.30

• **Parteifähigkeit.** Verliert der Bekl während des Rechtsstreits seine Rechts- und Parteifähigkeit, ist die Hauptsache erledigt, sofern die Klage bis zu diesem Zeitpunkt zulässig und begründet war (BGH NJW 82, 238 = JZ 82, 843; BGH NJW-RR 96, 806; sa MK/Schulz Rn 124, str; aA OLG Hamm NJW-RR 88, 1307: keine Sachentscheidung – auch gem § 91a – mehr zulässig; noch aA OLG Koblenz ZIP 98, 967: Sachentscheidung infolge fiktiver Parteifähigkeit; sa § 50 Rn 8). Das Gleiche gilt bei Erlöschen einer rechts- u parteifähigen Personengesellschaft (§ 14 II BGB) mit Gesamtnachfolge ohne Liquidation (BGH NJW 2002, 1207; zur Fortwirkung der Vertretung bei § 91a s § 86 Rn 8a). Weiterhin können aber Erledigungserklärungen abgegeben und Kostenanträge 58.31

gestellt werden (KG 21.12.2018 – 5 U 138/17). **Nicht** hierher gehören die als Parteiwechsel zu behandelnden Fälle der Beendigung der gesetzl oder gewillkürten Prozessführungsbefugnis (s vor § 50 Rn 20, 50).

58.32 • **Patentnichtigkeitsverfahren.** § 91a ist über § 84 II, § 110 V PatG entspr anwendbar, ohne dass es darauf ankommt, ob die Klage durch das erledigende Ereignis unzulässig oder unbegründet geworden ist (BGH MDR 84, 665 = LM Nr 3 zu § 110 PatG 1981; BPatG 13.3.2017 – 2 Ni 8/15 (EP); BPatG 14.11.2012 – 3 Ni 16/12; dazu näher Jestaedt WRP 94, 680). § 91a gilt entspr in kontradiktorisch ausgestalteten *patentamtl (-gerichtl) und Rechtsbeschwerdeverf* (BGHZ 135, 58 u s Rn 8).

58.33 • **Presserecht.** S Rn 58.18.

58.34 • **Prozesskostenhilfeverfahren.** Das PKH-Verf ist kein kontradiktorisches Verf (BGH NJW 2004, 1805, 1806; BGH 15.7.2009 – I ZB 118/08: „der staatlichen Daseinsfürsorge zuzurechnendes Antragsverfahren"; s Rn 7; sa § 118 Rn 2). Der nach § 118 zu hörende (spätere) Prozessgegner ist nicht Partei dieses Verf (s § 118 Rn 2). Nur die Staatskasse steht dem Antragsteller ggü (vgl OLG Düsseldorf FamRZ 86, 288; einschr BGH MDR 2001, 1312; dazu krit s § 85 Rn 11; vgl auch BGH NJW 2004, 1806). Erklären die (späteren) Prozessparteien im PKH-Verf die Hauptsache (unzulässig: VGH München NJW 2013, 891) übereinst für erledigt, darf keine Entscheidung nach § 91a ergehen (OLG Brandenburg MDR 2000, 1393; OLGR Hamm 2007, 149, 150; LG Wiesbaden 6.11.2013 – 9 T 5/13; Tschischgale JurBüro 61, 111); das soll auch dann gelten, wenn gleichzeitig mit dem PKH-Antrag bereits für den Fall der PKH-Bewilligung die Klage eingereicht und noch vor ihrer Zustellung für erledigt erklärt wird (so OLGR Bamberg 2001, 122; abw im Hinblick auf die eingetretene Anhängigkeit [s Rn 17] Deubner JuS 2000, 1198 f). Kommt es aber noch zu einer Zustellung der mit eingereichten Klageschrift, ist die Erledigungserklärung als Antrag gem § 269 III 3 auszulegen (s Rn 42); im PKH-Verf *selbst* ist § 269 III 3 nicht anwendbar; eine *einseitige* Erledigungserklärung gilt als Antragsrücknahme (OLG Koblenz NJW-RR 2010, 500), desgl eine unzulässige (s oben) übereinst Erledigung (VGH München NJW 2013, 891).

58.35 • **Räumungsklage.** Zieht der Mieter, der die Berechtigung der Kündigung im Räumungsschutzprozess bestreitet, während des Prozesses (vorbehaltslos) aus, erledigt sich der Rechtsstreit in der Hauptsache (*anders* bei Zwangsräumung: BGH NJW 2014, 2199 Tz 8; sa Rn 5 u Rn 58.58). Zum Eilrechtsschutz s OLG München NZM 2015, 167. Die Herbeiführung des Erledigungsereignisses geht nicht notwendig zu Lasten des Mieters (so LG Stuttgart ZMR 76, 92; LG Hanau 28.12.2020 – 8 T 29/20, 8 T 36/20: vertragswidrige Tierhaltung; anders OLG Karlsruhe 4.3.2019 – 16 WF 32/18: Herausgabe der Ehewohnung, allg s Rn 25). Werden die Mietrückstände nach Einreichung aber *vor Zustellung* der auf Räumung u Zahlung gerichteten Klage beglichen, kommt nunmehr anstelle einer – einseitigen – Erledigungserklärung die privilegierte Klagerücknahme gem **§ 269 III 3** in Frage (s Rn 42). Nicht erforderl ist, dass es noch zu einer förml Zustellung der Klage kommt (BGH NJW 2004, 1530); formlose Mitteilung an den Bekl zur Stellungnahme im Verf gem § 269 III 3, IV genügt (LG Düsseldorf NJW-RR 2003, 213; sa § 269 Rn 18d). Im Rahmen der Billigkeitsentscheidung ist zu berücksichtigen, ob der Mieter die Fortsetzung des Mietverhältnisses verlangen konnte; dabei ist gehörige Geltendmachung zu unterstellen (verkannt von LG Berlin MDR 99, 1436). Zur Kostenentscheidung gem **§ 91a** bei Räumungsstreit wg Eigenbedarfskündigung s LG Berlin 5.7.2018 – 9 C 167/17.

58.36 • **Rechtsmittelverfahren.** S Rn 58.3, 58.10, ferner allg s Rn 19.

58.37 • **Rechtsnachfolge.** S Rn 58.22.

58.38 • **Richterablehnung.** Erledigungsereignisse sind die Fälle des endgültigen Ausscheidens des abgelehnten Richters aus dem Verf; idR ohne Mitwirkung an einer Sachentscheidung (s § 46 Rn 19), uU aber auch dann (vgl BGH MDR 2007, 288; StJ/Muthorst Rn 6 Fn 39). Eine Erledigung des Ausgangsverf soll mangels kostenrechtl Selbständigkeit ausscheiden (s Rn 7), im Beschwerdeverf ist sie dagegen mögl (BGH MDR 2007, 288; OLG Rostock NJW-RR 2007, 429; iE Stollenwerk NJW 2007, 3753 f). Die Kostenentscheidung ergeht – ohne Unterscheidung zwischen übereinstimmender und einseitiger Erledigungserklärung – gem § 91a (OLG Rostock NJW-RR 2007, 429).

58.39 • **Säumnisverfahren.** S Rn 58.51.

58.40 • **Schadensersatzansprüche nach § 302 IV 3, § 600 II, § 717 II.** Die Wirkungslosigkeit eines erstinstanziellen Urteils infolge übereinstimmender Erledigungserklärung in einer Rechtsmittelinstanz (allg s Rn 12, 18 ff) stellt keine „Aufhebung" eines für vorläufig vollstreckbaren Urteils iSd § 717 II dar (BGH MDR 72, 765 = NJW 72, 1283). Dies gilt auch im Falle einer einseitigen Erledigungserklärung (BVerwG NJW 81, 699). Grund: Es wird keine Entscheidung über die Richtigkeit des erstinstanzl Urteils getroffen. Kein Fall einer Erledigung liegt vor, wenn während des Schadensersatzprozesses (§ 302 IV 3, § 600 II) der titulierte Anspruch rechtskräftig bestätigt wird; Grund: von Anfang an kein Vollstreckungsschaden (BGH NJW-RR 2005, 1135; allg sa Rn 5).

58.41 • **Schuldübernahme.** Befreiende Schuldübernahme erledigt (BGHZ 61, 140, 141, hM) wegen Beendigung der Passivlegitimation des AltSch (s § 325 Rn 24).

58.42 • **Selbständiges Beweisverfahren.** Nach Auffassung des BGH scheidet im sBV sowohl eine einseitige (BGH MDR 2011, 317 Tz 9; BGH FamRZ 2017, 392) als auch eine **übereinstimmende Erledigungserklärung** aus

(BGH MDR 2007, 1150; BGH MDR 2011, 502; zust OLG Koblenz NJW 2015, 1896 [dazu Seibel IBR 2015, 230]; LG Dessau-Roßlau 10.11.2008 – 5 T 231/08; sa Looff NJOZ 2007, 5595; aA AG Wittenberg 7.7.2008 – 8 H 7/07: § 91a I analog). Damit zwingt der BGH zur Führung von (Erledigungs-)Feststellungsprozessen (vgl OLG Hamm MDR 2007, 621) oder von mat-rechtl Kostenerstattungsprozessen (vgl OLGR Schleswig 2009, 444; Fischer ZZP 121 [2008], 95). Dass § 494a II keine abschließende Kostenregelung enthält, zeigt sich schon daran, dass der BGH selbst eine Kostenentscheidung gem § 269 III 2 nach Antragsrücknahme bejaht (BGH MDR 2007, 1150 Tz 7 mN; OLG Braunschweig BauR 2018, 1467), in die idR auch eine einseitige Erledigungserklärung umzudeuten sein soll (BGH MDR 2011, 317 Tz 10; BGH FamRZ 2017, 392; OLG Koblenz NJW 2015, 1896, str; aA zB OLG Schleswig NJW-RR 2009, 1437); dann muss aber auch eine **Kostenentscheidung gem § 269 III 3** in Frage kommen (ohne Begr aA BGH NJW 2011, 1292 Tz 15; mit dedizierter Begr nunmehr BGH MDR 2021, 126 = ZfBR 2021, 145: Analogie scheitere an (planwidriger) Regelungslücke und vergleichbarer Interessenlage; zust Fischer LMK 2021, 435918; Seggewiße MDR 2021, 84; sa LG Lübeck NJW 2016, 963), wenn der „Anlass für das sBV" nachträgl entfallen und damit ein Erledigungstatbestand „vor Rechtshängigkeit" eingetreten ist (iErg m abw Begründung auch OLG München MDR 2014, 1346: Kostenentsch bei Störungsbeseitigung im sBV u zugleich Erfüllungshandlung hins des fiktiven Hauptsacheverf). Aus **prozessökonomischer Sicht** ist der Hinweis auf (Erledigungs-)Feststellungsklagen und mat-rechtl Kostenerstattungsprozesse (so BGH MDR 2021, 126 Tz 10 f, 16; Fischer LMK 2021, 435918) keinesfalls zufriedenstellend. Ob im konkreten Einzelfall Erwägungen maßgeblich sein *könnten*, „für die im selbstständigen Beweisverfahren kein Platz ist" (BGH MDR 2021, 126 Tz 16), darf einem Gericht nicht generell den Weg zu § 269 III 3 versperren, der gesetzessystematisch als Ausnahme zu § 269 III 2 konzipiert ist; sa allg Herget s § 91 Rn 13.87; § 494a Rn 5.

• **Streitgenossenschaft und Nebenintervention.** Bei einfacher Streitgenossenschaft wirkt die Erklärung für je- 58.43 des Prozessrechtsverhältnis gesondert (s § 61 Rn 8). Bei notwendiger ist zu unterscheiden (s § 62 Rn 25 aE): Im Fall von § 62 Alt 2 (s § 62 Rn 11) müssen sämtl Streitgenossen für erledigt erklären, da die Erledigung nur einheitl eingetreten sein kann (Pape/Notthoff JuS 95, 914 mN; s § 62 Rn 25); allerdings muss die Kostenregelung selbst nicht notwendig einheitl sein (BGH MDR 85, 914, 915); iÜ kann dagegen auch von einem (Teil der) notwendigen Streitgenossen für erledigt erklärt werden (BGH NJW-RR 2011, 618 Tz 19). Zur Kostenverteilung, wenn von 2 beklagten Streitgenossen einer durch Klagerücknahme ausscheidet und iÜ die Hauptsache für erledigt erklärt wird: OLG Frankfurt MDR 63, 317; sa Schneider/Schneider MDR 87, 462. Der **einfache NI** kann der Erklärung der Partei nicht widersprechen (arg § 67, s § 67 Rn 9a, allgM); dies gilt aber auch für den **streitgenössischen Nebenintervenienten** (§ 69), denn durch die Rechtsstreiterledigung ohne Entscheidung in der Hauptsache wird seine Rechtsposition nicht berührt (OLG München MDR 2000, 1152; OLGR Köln 2003, 313, 314; ThP/Hüßtege Rn 18, str; aA MskV/Flockenhaus Rn 58). Wird der Hauptprozess für erledigt erklärt, ist über die **Kosten der Nebenintervention** unter Berücksichtigung der Erfolgsaussicht des Klagebegehrens zu entscheiden (so BGH MDR 85, 914, 915 für streitgenössische NI; bei einfachem NI ist § 101 I Hs 2 als Kostenfolge zu bedenken, OLG Hamm 7.10.2021 – 10 W 54/21 Tz 14, 18, sa § 66 Rn 19). Bei einer streitgenössischen Nebenintervention braucht die Entscheidung über die Kosten der NI nicht der auf dem Anerkenntnis des Bekl beruhenden Kostenregelung zu folgen (BGH MDR 85, 914, 915). Schließen die Parteien ohne Mitwirkung des (einfachen) Streithelfers einen **Vergleich** über die Kosten des Rechtsstreits, ist für die Entscheidung über die Kosten der Streithilfe grds der Inhalt des Vergleichs maßgebend (vgl auch BGHZ 154, 351, 354; Scheikholeslami-Sabzewari NJW 2023, 878 f [für Prozessvergleich]); sofern ein Kostenvergleich, **dem der NI zugestimmt hat**, die Kosten der Nebenintervention nicht thematisiert, steht dies einem KE regelmäßig entgegen (BGH NJW 2016, 1893: § 98 entspr; Elzer FD-ZVR 2016, 377092: Anwaltsverschulden); dagegen ermöglicht bei der streitgenössischen Streithilfe die fehlende Kostenparallelität (s § 66 Rn 19; § 69 Rn 9) im Fall der Erledigung bei der Berücksichtigung des bish Sach- und Streitstands auch eine Kostenentscheidung zu Lasten des NI, zB bei der „räuberischen" AktionärsNI (s Goslar/Linden WM 2009, 492, 500 f u BGH 8.10.2019 – II ZR 94/17 Tz 10 f; s § 69 Rn 9; § 101 Rn 15); **bei Kostenaufhebung** (ohne Beteiligung des NI) steht diesem regelmäßig kein KE zu (BGHZ 154, 351; BGH NJW-RR 2005, 1159; OLG Köln MDR 2014, 1107; s aber auch OLG Hamm 29.4.2021 – 18 W 4/20: Vergleich unter Ausschluss von § 98 mit Geltung von § 101 I, sa Rn 58.49; OLG Nürnberg MDR 2020, 1150: Vergleich nennt nur die für die Kostenentscheidung zuständige Stelle); das gilt auch bei vergleichsw Klagerücknahme (BGH NJW-RR 2004, 1506; s näher Rn 58.49 unter a aE), dgl bei Klagerücknahme iVm Kostenverzicht des Bekl (OLG Karlsruhe NJW-RR 2009, 1078). Für eine Anwendung des § 91a ist allenfalls bei einer Ausklammerung dieser Kosten Raum (zweifelhaft; s Rn 58.49 u näher s § 101 Rn 10, 12).

• **Stufenklage.** Nicht mehr hierher gehören seit 1.9.2009 **Unterhaltssachen** (FamStreitsache iSv § 112 Nr 1, 58.44 § 113 I, V Nr 2, 3, §§ 231 ff FamFG), für welche ein bes Antragsverf mit verfahrensrechtl Auskunftspflicht (§ 235 FamFG) und Kostenverteilung nach billigem Ermessen (§ 243 FamFG, sa OLG Frankfurt FamRZ 2018, 1929) geschaffen wurde. Auch wenn dadurch ein Rückgriff auf ZPO-Grundsätze nicht ausgeschlossen ist (vgl BGH MDR 2011, 1439 Tz 23 ff; sa Rn 8 u Rn 58.17 u Rn 58.49), ist für eine Erledigung einzelner „Stufen" kein Raum. – Bei der Erledigung der Stufenklage ist zu berücksichtigen, dass der Auskunfts-(Wertermittlungs-, Richtigkeitsversicherungs-)anspruch ledigl ein Hilfsmittel zur Herbeiführung der fehlenden Bestimmtheit des Leistungsanspruchs ist (BGH MDR 2000, 717; OLG Brandenburg JurBüro 2023, 479; hier Greger s § 254 Rn 5), umgekehrt der Zahlungsanspruch (idR) nicht vor Erteilung der Auskunft (usw) beziffert werden kann. Daraus folgt: Der Kl kann im Laufe des Rechtsstreits jederzeit unter Abstandnahme von vorbereitenden Ansprüchen (1., 2. usw. Stufe) auf die bezifferte Leistungsklage übergehen (§ 264 Nr 2); für eine (übereinstimmende oder einseitige) **Erledigungserklärung** ist insoweit (idR) **kein Raum** (BGHZ 94, 275; BGH MDR 2001, 408 mwN; OLG Düsseldorf FamRZ 96, 493; hier s § 254 Rn 12; einschr BGH NJW 99, 2520, 2522 für Auskunfterteilung in der Rechtsmittelinstanz; sa MK/Schulz Rn 131). Wird bei einer Stufenklage **nach Erteilung der Auskunft** die Hauptsache hinsichtl des *Zahlungsantrags* übereinstimmend für erledigt erklärt, muss im Rahmen einer Kostenentscheidung nach § 91a auf den (unbestimmten) Zahlungsantrag des Kl abgestellt werden. War der Auskunfts- und Rechnungslegungsanspruch begründet, hat der Bekl die Kosten zu tragen, auch wenn kein Zahlungsanspruch besteht (so auch OLG Nürnberg MDR 2001, 590; OLG Brandenburg MDR 2003, 893 LS; OLG Frankfurt NJW-RR 2006, 1581; OLG Düsseldorf MDR 2012, 1492, str). Nach OLG Braunschweig 21.2.2025 – 10 W 1/25 Tz 30 sei eine **kalkulatorische Einzelbetrachtung** der Stufen geboten. Bei der einseitigen Erledigungserklärung des Kl treffen den Bekl die Kosten gem § 91, weil durch die – negative – Auskunft eine *prozessuale* Erledigung des Leistungsanspruchs eingetreten ist: Die ursprüngl zulässig unbeziffert erhobene Klage (vgl § 254) ist nachträgl (durch die Negativauskunft) als solche unzulässig geworden (s Rn 3, 43); auf die (anfängl) Unbegründetheit kommt es im Hinblick auf die Vergünstigung des § 254 nicht an (zutr OLGR München 98, 260; AG München 5.11.2018 – 132 C 14777/18, str); nach aA hat der Kl eine Klage auf Feststellung der Pflicht zur Kostentragung umzustellen (so BGH MDR 94, 717; MK/Schulz Rn 131; Klawonn/Rohner JuS 2019, 22, 26; zust Greger s § 254 Rn 15). Eine entspr Anwendung von **§ 269 III 3** bei Klagerücknahme erlaubt eine Kostenentscheidung zum Nachteil des Bekl, da mit der Erteilung der – zunächst verweigerten – Auskunft der „Anlass" für den Leistungsantrag weggefallen ist; die Stufenklage ist zwar zu diesem Zeitpunkt auch insoweit rechtshängig (s § 254 Rn 1), jedoch fehlt noch die erforderl Bezifferung und bestand bish das Verfahrenshindernis der „sukzessiven Verh" (s § 254 Rn 7, 11), so dass die Rechtsähnlichkeit zum Fall gem § 269 III 3 besteht (so iErg auch MskV/Foerste § 254 Rn 7; s § 269 Rn 18; Foerste FS Stürner, 2013, S 287 f: § 93 „reziprok"; in Unterhaltssachen „hilft" § 243 Nr 2 FamFG). Hier Herget s § 91 Rn 13.97, § 93 Rn 6.39.

58.45 • **Ungeklärter Sachverhalt (Prozessausgang).** Es erfolgt eine Kostenaufhebung (BGH WM 84, 64, 65; OLG Koblenz NJW-RR 99, 943; LG Stuttgart ZZP 74 [1961], 132). Zur Frage der Beweiserhebung s Rn 26.

58.46 • **Unterlassungsanspruch.** Erledigungsgründe sind: Zeitablauf (s Rn 4), Abgabe einer Unterlassungserklärung (s § 13 I UWG mWv 2.12.2020: „beilegen"), Wegfall der Wiederholungsgefahr (s Borck WRP 87, 8; sa Rn 58.56, 58.58); gem § 93 ist iRv § 91a I das Fehlen einer Abmahnung zu berücksichtigen, OLG Karlsruhe 13.6.2018 – 4 W 22/18.

58.47 • **Unzuständiges Gericht.** Durch die Anrufung des unzuständigen Gerichts entstandene ausscheidbare Kosten sind stets dem Kl als Veranlasser aufzuerlegen (OLGR Frankfurt 2005, 647); sa Rn 58.53.

58.48 • **Verfassungsbeschwerde.** Bei in der Hauptsache erledigten Vb-Verf kommt eine Auslagenerstattung gem § 34a III BVerfGG in Frage (s näher BVerfG NJW 2011, 3081; BVerfG NJW 2016, 2731; BVerfG 23.1.2019 – 1 BvR 2066/18). Andere verfassungsgerichtl Verf: s Rn 8 aE, 10 aE.

58.49 • **Vergleich. a)** Haben sich die Parteien in einem **gerichtl Vergleich** über die Hauptsache und die Kosten geeinigt, ist für eine Entscheidung nach § 91a idR kein Raum (BGH MDR 2014, 1336 Tz 10, 12; BAG NJW 2014, 3741 Tz 42 f; BAG 22.10.2019 – II ZR 136/19; vgl aber sogleich unten). Auch wenn mangels anderer Vereinbarung § 98 eingreift, besteht kein der Entscheidung bedürftiger (zugänglicher) Kostenstreit (OLG Naumburg NJW 2012, 1522); dies gilt iZw auch bei einem Teil-Vergleich (OLG Stuttgart MDR 2008, 1246). Anders, wenn der Vergleich keine (vollständige) Kostenregelung enthält und die Parteien durch (konkludent mögl) Ausschluss des § 98 kundgetan haben, dass der Kostenstreit nicht beigelegt ist („negative Kostenregelung": s OLG Naumburg NJW 2013, 3255, 3256; sa § 98 Rn 3). Dann ist Raum für eine Entscheidung nach § 91a (BGH NJW 2007, 835; BGH 23.6.2022 – VII ZR 133/21 Tz 1; OLG Naumburg NJW 2013, 3255, 3256; OLG Saarbrücken ZfSch 2016, 26 Tz 7; LG Essen WuM 2016, 108; OLG Saarbrücken NJW-RR 2017, 1149; OLG Saarbrücken FamRZ 2018, 1104; OLG München 25.6.2019 – 24 W 700/19; AG München 27.5.2020 – 473 C 20883/19; aA OLG Karlsruhe MDR 2010, 1079); dabei kann uU auch der Inhalt des Vergleichs (Bsp sogleich unten) und der Umfang des wechselseitigen Nachgebens mit berücksichtigt werden (BGH NJW 2007, 835, 837; BGH 1.2.2017 – VII ZR 125/14; OLG Schleswig MDR 2005, 1437; OLG Saarbrücken 12.1.2017 – 4 U 4/15; allg s Rn 24; § 98 Rn 3); insoweit ist aber Zurückhaltung geboten (zutr OLG Stuttgart MDR 2011, 1066; LG Karlsruhe 12.9.2022 – 11 T 17/22 Tz 9, 10; idR aA OLG Bremen OLGZ 89, 100: Kostenverteilung nach dem Vergleichsinhalt; das ist aber von den Parteien uU gerade nicht gewollt: zutr OLG Stuttgart NJW 2011, 1439, 1440; OLG München 25.6.2019 – 24 W 700/19; OLG Saarbrücken 6.8.2021 – 5 W 42/21, 5 W 47/21). In der Kostenentscheidung gem § 91a zu berücksichtigen sind zB im Vergleich enthaltene Anregungen zur Kostenverteilung (BGH NJW 2007, 835, 836; BGH 1.2.2017 – VII ZR 125/14: als angemessen erachtete Kostenregelung; OLG Saarbrücken FamRZ 2018, 1104), wie etwa eine angestrebte Kostenregelung (BGH NJW 2007, 835), eine erklärte Kostenübernahme (s Rn 22) oder ein Anerkenntnis der Kostentragungspflicht (s Rn 25). Besteht Streit über die Auslegung einer *im Vergleich* getroffenen Kostenregelung, gelten I, II 1, § 99 II entspr (OLG Köln NJW-RR 95, 509; OLG Hamm MDR 88, 325; sa § 104 Rn 21.71 unter d, e). Sind in der Kostenregelung eines Vergleichs die Kosten der **Säumnis** ausgenommen, so erfolgt über diese eine Entscheidung gem § 91a (OLGR Düsseldorf 2002, 414). Sind bei einem Vergleich mit Kostenaufhebung gem § 98 die Kosten der (einfachen) **Streithilfe** (s § 101 I) nicht berücksichtigt, gelten für die Kostenverteilung die §§ 98, 101 I unmittelbar (KGR Berlin 2008, 885; s aber auch OLG Hamm 29.4.2021 – 18 W 4/20: Vergleich unter Ausschluss von § 98); ein KE des NI gegen den Gegner der unterstützten Partei (auch) mit Hilfe von § 91a scheidet aus (s BGH NJW 2003, 1948; BGH NJW 2006, 3498, 3499 mwN; sa BGH NJW 2016, 1893; dazu krit Otto/Hollands BauR 2004, 1528; anders OLG Nürnberg MDR 2020, 1150: Vergleich nennt nur das für die Kostenentscheidung zuständige Gericht, sa § 66 Rn 19; § 101 Rn 10, 13). Sind im Vergleich mit Kostenregelung die Kosten eines streitgenössischen NI (§ 101 II, § 100) übergangen, scheidet auch „analoge" Anwendung von § 91a aus (BGH MDR 2014, 1356 Tz 9 ff). Ein Dritter, der einem Räumungsvergleich beigetreten ist, ist evtl zur anteiligen Tragung der Vergleichskosten verpflichtet (OLG Düsseldorf NZM 2017, 292: Zustimmung zur gerichtlichen Entscheidung nach § 91a). **Besonderheiten in Fam-Streitsache:** Bei einem Vergleich in Unterhaltssache ohne Kostenregelung ist im Rahmen der Ermessensentsch gem § 243 FamFG auch § 98 mit zu berücksichtigen (BGH MDR 2011, 1439 Tz 27 ff, 32 f; sa Rn 58.17 u 58.44). – **b)** Zum **außergerichtl Vergleich** zunächst s § 98 Rn 5. Haben sich die Parteien außergerichtl – mit oder ohne Kostenregelung – verglichen und die Erledigung angezeigt, ist der Rechtsstreit (für das Gericht bindend: s Rn 12) erledigt, und es muss auf jeden Fall – nach aA: nur bei bes Antrag (str, vgl BGH NJW-RR 97, 510 mN; Elzer FD-ZVR 2019, 422756: Kostenklarheit) – eine Entscheidung gem § 91a getroffen werden (so insoweit zutr OLG Frankfurt MDR 84, 674; OLG Schleswig JurBüro 93, 746 detailliert N. Schneider ErbR 2022, 892, str; **aA** zB BGH 22.10.2019 – II ZR 136/19; OLG Hamm AnwBl 82, 73 mN; OLG Saarbrücken NJW-RR 96, 320; ThP/Hüßtege Rn 20: bei fehlender Kostenregelung). Im Rahmen der Ermessensentscheidung (s Rn 24) ist allerdings der Vergleichsinhalt (BGH 1.2.2017 – VII ZR 125/14; KG MDR 2018, 559) und (bei fehlender Kostenregelung) uU auch der Grundgedanke des § 98 zu berücksichtigen (idR aber nicht gewollt: OLGR Bremen 1995, 16 u dazu Rn 24), str; **aA:** mutmaßl Prozessausgang auf der Grundlage des Vergleichs (so OLG München NJW 70, 1329) oder (noch aA) ohne den Vergleich entscheidet (so OLG Frankfurt MDR 99, 148; aber: freiw Unterwerfung im außergerichtl Vergleich ist mitzuberücksichtigen, s Rn 25). Eine Kostenregelung im Vergleich ist im Beschluss zu übernehmen (OLG Brandenburg MDR 99, 188).

• **Verjährung.** Die *erstmalige* Erhebung der Einrede der Verjährung (§ 214 BGB) ggü einer bei Klageerhebung bereits verjährten Forderung stellt nach der Rspr des BGH und hM ein **erledigendes Ereignis** dar (grdl BGH MDR 2010, 650 im Anschluss an die Rechtslage bei der Aufrechnung, s dort; OLG Karlsruhe 4.11.2020 – 9 W 48/20; LG Karlsruhe NJOZ 2016, 1233: nicht bei vorangegangenem Hinweis der Bekl im sBV „auf großen Zeitraum"); der Rückwirkung der Verjährungseinrede auf den Verjährungseintritt soll keine entscheidende Bedeutung zukommen (BGH MDR 2010, 650 Tz 29; OLG Karlsruhe 4.11.2020 – 9 W 48/20; LG Karlsruhe NJOZ 2016, 1233; MK/Schulz Rn 133; **aA** die Gegenansicht: OLG Schleswig NJW-RR 86, 38, 39; Cziupka JR 2010, 372). Bei der **übereinstimmenden Erledigungserklärung** besteht iErg kein wesentl Unterschied, da gem **I** zum Nachteil des Kl zu berücksichtigen ist, ob (dass) mit der Geltendmachung der Einrede im Prozess zu rechnen u damit – ggf keine – Klageveranlassung gegeben war (OLG Dresden MDR 2018, 1215 für Fristberechnungsfehler; OLG Köln NJW 2017, 2922; Brießmann NJW 2018, 2988; differenzierend Schneider NJW 2017, 2874, 2875; Gaschler ZZP 134 (2021), 93, 105 f: Veranlassungsgedanke; ebenso nun OLG Stuttgart 17.3.2023 – 6 U 163/22 Tz 32 (für **Einrede nach § 357 IV 1 BGB**); abw zu Gunsten des Kl indes OLG Karlsruhe 4.11.2020 – 9 W 48/20 Tz 29 f, 31 (bei zweifelhafter Verjährung); allg s Rn 26 aE mN); dagegen führt die Nichtanschließung (Fall der **einseitigen Erledigungserklärung**) wegen § 91 zu einer Kostenfalle für den Bekl (vgl Fallgestaltung BGH MDR 2010, 650 Tz 30 aE). Hinweis gem § 139 ist geboten. Tritt dagegen die Verjährung erst im laufenden Verf ein, bewirkt die Erhebung der Einrede unproblematisch die Erledigung (vgl OLG Köln WRP 2014, 875 Tz 5). Praktische Bedeutung erlangte dies früher wegen fehlender Hemmungswirkung eines Verfügungsantrags bei kurzen Verjährungsfristen (vgl § 11 UWG), was durch § 204 I Nr 9 BGB geändert wurde (s vor § 916 Rn 5a); darauf, dass die Verjährung durch Erhebung der Hauptsacheklage hätte gehemmt werden können, kam es iRv § 91a nicht entscheidend an (OLG Köln WRP 2014, 875 Tz 5 f). Eine nach Erledigungserklärung eingetretene Verjährung bleibt unberücksichtigt (AG Hannover NdsRpfl 68, 103; allg s Rn 44). 58.50

• **Versäumnisverfahren.** Eine übereinstimmende mündl Erklärung der Parteien, dass die Hauptsache erledigt sei, scheidet im Versäumnisverf aus; in Frage kommt aber eine schriftsätzl Erledigungserklärung (s Rn 10). Erklärt der Kl im Versäumnisverf die Hauptsache für erledigt, ist dies eine einseitige Erledigungserklärung. Im Rahmen der Schlüssigkeitsprüfung muss geprüft werden, ob die Klage zum Erledigungszeitpunkt zulässig und begründet war. Im Rahmen eines VU ist über Erledigungsfeststellung und Kosten zu entscheiden (Mertins DRiZ 89, 288). Soweit sich eine verbreitete Praxis mit bloßer Kostenentscheidung begnügt, ist dies unbedenkl, wenn darin eine stillschweigende Erledigungsfeststellung gesehen wird (s Rn 37, 44, 45; § 331 Rn 5). Der Bekl kann zusammen mit dem Einspruch (§ 338) der Erledigungserklärung des Kl zustimmen (I 1 Alt 2); bei dessen Wiederholung seiner eigenen Erklärung ist (ohne mündl Verh) gem § 91a zu entscheiden; das VU wird wirkungslos (s Rn 12). 58.51

• **Verwaltungsstreitverfahren.** Anstelle des § 91a regelt § 161 II VwGO inhaltl entspr nur die Beendigung des Verf durch übereinstimmende Erklärung der Beteiligten, dass das Verwaltungsverf in der Hauptsache erledigt sei (Bünnigmann JuS 2017, 650). Jedoch ist diese Vorschrift auch analog anwendbar, wenn *nur* der Kl die 58.52

Hauptsache für erledigt erklärt (Kopp/Schenke, VwGO, 30. Aufl 2024, Rn 20 zu § 161; aA Niedzwicki JA 2011, 543). Bes Kostenregelungen sind im Rahmen der Entscheidung nach § 161 II VwGO zu berücksichtigen (zur Verletzung des Willkürverbots s VerfGH Bln 14.4.2021 – VerfGH 62/20). IÜ gelten die zu § 91a entwickelten Grundsätze (vgl BayVGH BayVBl 84, 501). Zur Erledigung eines Rechtsmittels im Verwaltungsprozess s **Beschwerdeverfahren** (sa VGH München 3.4.2019 – 9 CS 18.2483). In verwaltungsrechtl Anwalts- u Notarsachen gilt § 161 VwGO entspr (s § 112c I BRAO; § 111b I BNotO); Bsp: AnwGH Frankfurt NJW-RR 2012, 1403.

58.53 • **Verweisung (unzuständiges Gericht).** Haben die Parteien **übereinstimmend** die Erledigung der Hauptsache vor einem unzuständigen Gericht erklärt, ist eine Verweisung des Rechtsstreits allein wegen der Kosten nicht mehr mögl, da durch die Erledigungserklärung ein Rechtsstreit in der Hauptsache nicht mehr rechtshängig ist (OLG Frankfurt ZVI 2005, 368; s Rn 9; § 281 Rn 3). Über die Kosten hat das Gericht zu entscheiden, bei dem die Hauptsache anhängig war (BGH MDR 2010, 888 = WPR 2010, 776; BGH NJW 2019, 2544). Hat der Bekl, bevor er der Erledigungserklärung des Kl zugestimmt hat, die Unzuständigkeit des Gerichts gerügt, muss das Gericht im Rahmen einer Kostenentscheidung seine Zuständigkeit prüfen (abw MskV/Flockenhaus Rn 11); allerdings erscheint im Rahmen der Beurteilung der Erfolgsaussichten (s Rn 24 ff) die Berücksichtigung einer hypothetischen Verweisung geboten, so dass ggf auch eine Belastung des Bekl mit den vollen Kosten in Frage kommt (BGH MDR 2010, 888; BGH NJW 2019, 2544 Tz 18; OLG Düsseldorf 16.7.2019 – 20 W 59/19; ThP/Hüßtege Rn 47; MK/Schulz Rn 200; krit Schäfer NJW 2019, 2547). § 281 III wirkt sich dann nicht zu Lasten des Kl aus (BGH WRP 2010, 776 Tz 17; sa sogleich unten). Eine Verweisung ist auch dann ausgeschlossen, wenn nur **der Kl** den Rechtsstreit in der Hauptsache für **erledigt erklärt** (OLG München MDR 86, 61, 62). Durch den Widerspruch des Bekl zur Erledigungserklärung des Kl muss das Gericht zwar eine Sachentscheidung treffen, diese ist jedoch notwendig begrenzt auf die Prüfung der Zulässigkeit des Antrags zum maßgebl Zeitpunkt (OLG München MDR 86, 61, 62, str; aA Vossler NJW 2002, 2373 – aber Verweisung ohne Auswirkung auf den Entscheidungsinhalt ist sinnlos; s allg Rn 45). Eine Feststellung der Erledigung ist somit nicht möglich, wenn bei örtlicher Unzuständigkeit der Verweisungsantrag **erst nach Klageerledigung** gestellt wird (BGH MDR 2017, 1441 Tz 11; BGH NJW 2019, 2544 Tz 19, 20: keine Sonderstellung gerichtlicher Zuständigkeit; BGH NJW-RR 2020, 125; Schäfer NJW 2019, 2547; aA BGH 28.2.2019 – III ZR 16/18, Anfragebeschluss gem § 132 III GVG: Unerheblich sei, ob die Erledigungserklärung vor oder nach dem Verweisungsantrag abgegeben wurde [aufgegeben durch BGH NJW-RR 2020, 125 Tz 10]; Hofmann NJW 2020, 1117, 1119). Sofern dem rechtzeitig gestellten Verweisungsantrag erst nach Klageerledigung entsprochen wird, ist die Erledigungsfeststellung jedoch zulässig (§ 269 III 3 entspr, s BGH NJW 2019, 2544; BGH NJW-RR 2020, 125 Tz 13: §§ 878, 892 II BGB entspr). Bei übereinstimmender Erledigung **nach** Verweisung hat der Kl die durch Anrufung des unzuständigen Gerichts verursachten Kosten zu tragen (vgl OLG Stuttgart ZZP 74 [1961], 135; OLG Hamburg GRUR 84, 62: arg § 281 III 2).

58.54 • **Wechselprozess.** Wird das *Vorverf* eines Wechselprozesses in der Hauptsache für erledigt erklärt, ist der mutmaßl Ausgang des Nachverf im Rahmen einer Kostenentscheidung nach § 91a zu berücksichtigen (OLG Hamm MDR 63, 317). Wird im *Nachverf* der Rechtsstreit übereinstimmend für erledigt erklärt, wird das (formell rechtskräftige) Vorbehaltsurteil wirkungslos (OLGR Frankfurt 1996, 69; allg sa Rn 12).

58.55 • **WEG-Verfahren.** Das Verf ist seit 1.7.2007 Teil der str Gerichtsbarkeit (§§ 43 ff WEG aF), das WEMoG v 16.10.2020 (BGBl I 2020, 2187) **mWv 1.12.2020** hat daran – trotz weitreichender anderer Reformen – nichts geändert; für die Erledigung gelten grds die allg Grundsätze; Sondervorschrift: § 49 I WEG aF wurde gestr zum 1.12.2020 (s BTDrs 19/18791, 80: § 92 II 2 genügend). Zur Erledigung der früheren Beschluss-Anfechtungsklage gem § 43 I Nr 4, § 46 WEG aF näher Bonifacio ZMR 2010, 163. Eine Kostenbelastung des Verwalters nach § 49 II WEG aF war iRv § 91a nur ausnahmsweise denkbar (BGH ZWE 2017, 55; LG Frankfurt ZWE 2014, 337; Vorschrift ebenfalls gestr zum 1.12.2020, nunmehr: Verweis auf materielle Schadensersatzansprüche, s BTDrs 19/18791, 80; Hogenschurz NZM 2020, 736, sa Rn 24).

58.56 • **Wettbewerbsprozess.** Im Wettbewerbsprozess sind die Grundsätze über die ein- und beidseitige Erledigungserklärung anwendbar (vgl Ahrens/Bornkamm, Wettbewerbsprozess, 9. Aufl 2021, Kap 33 u Kap 54 Rn 5 ff). Häufigster Fall einer Erledigung ist der Wegfall des Rechtsschutzinteresses (Frankfurt NJW 91, 49: Wegfall der Eilbedürftigkeit; LG Frankfurt 3.4.2014 – 2-03 O 95/13) und der Wiederholungsgefahr (ausf Ulrich GRUR 82, 16; sa OLG Nürnberg 22.1.2021 – 3 W 101/21 Tz 27; KG 22.2.2021 – 5 W 1024/20 Tz 16) bzw auch der Wegfall der Klagebefugnis gem § 8 III Nr 2 UWG (BGH NJW 96, 2730; Ahrens/Bornkamm, Wettbewerbsprozess, 9. Aufl 2021, Kap 33 Rn 11; sa Rn 4). Das Rechtsschutzinteresse für eine Hauptsacheklage entfällt dann, wenn Verletzer die einstw Verfügung durch Abschlusserklärung (s § 926 Rn 4) als endgültige Regelung anerkennt (OLG Hamm MDR 86, 241; zur Abschlusserklärung im Widerspruchsverf s aber OLG Frankfurt 12.9.2017 – 6 W 58/17). Eine durch eine angemessene Vertragsstrafe gesicherte Unterwerfungserklärung (vgl § 13 I UWG) beseitigt die Wiederholungsgefahr (BGH NJW-RR 2006, 566; OLG Hamburg WRP 2015, 377, im Einzelfall verneinend; OLG Nürnberg 22.1.2021 – 3 W 101/21 Tz 27; zur Teilerledigung s OLG Frankfurt 2.10.2014 – 6 W 48/14). Dies gilt auch dann, wenn der Verletzer wegen der Verletzungshandlung ggü einem Dritten eine strafbewehrte Unterwerfungsverpflichtung eingegangen ist (OLGR Celle 2004, 129; zur Abgabe einer Unterwerfungserklärung bei unterbliebener Abmahnung s KGR Berlin 2003, 337). Die Kosten können dem (Verfügungs-)Bekl nicht schon deshalb auferlegt werden, weil er eine Unterwerfungserklärung abgegeben hat (OLG Celle NJW-RR 86, 1061; OLG Karlsruhe WRP 85, 103; KG 22.2.2021 – 5 W 1024/20 Tz 5; zur Anwendung von § 93 s OLG München 26.11.2020 – 6 W 1146/20 Tz 20 f; allg s Rn 25). Zur Kostenverteilung im Falle wiederholter Unterwerfungserklärung s OLG Frankfurt GRUR-RR 2016, 264. Zur Frage der Verjährung von Unterlassungsansprüchen s Rn 58.50, zum Fortfall von Unterlassungstiteln für die Zukunft s Rn 58.58, zur Erledigung von Eilverf im allg s Rn 58.5.

• **Zwangsversteigerungsverfahren.** Ein Zwangsversteigerungsverf erledigt sich grds nicht schon dadurch, dass der Sch den betreibenden Gl befriedigt. Jedoch ist über die Kosten des Verf nach § 91a selbständig zu entscheiden, wenn der Beitritt des Gl und damit die Anordnung der Zwangsversteigerung wegen dessen geltend gemachten Anspruchs abgelehnt worden war und dem Rechtsmittel des Gl gegen den ihm nachteiligen Beschluss des AG dadurch die Beschwer genommen wird, dass der Sch den Gl befriedigt (OLG Schleswig Rpfleger 62, 430). 58.57

• **Zwangsvollstreckung.** Zur Anwendbarkeit von § 91a auf kontradiktorisch ausgestaltete Verf der ZwV zunächst allg mN s Rn 7; dazu gehört das **Erinnerungsverf** (BGH MDR 2010) u das **Rechtsbehelfsverf** (BGH NJW 2007, 2993; BGH DGVZ 2019, 79; BGH NJW-RR 2019, 317). Der Richtervorbehalt des § 20 I Nr 17 S 2 RpflG gilt auch für eine (isolierte) Kostenentscheidung nach § 91a (LG Frankenthal Rpfleger 84, 361). Bei der „Erledigung" von (allg und bes) **Vollstreckungsschutzverf** (§ 765a; vgl ferner die Aufzählung in § 788 IV) schließt § 788 die Anwendung von § 91a idR aus (OLG Düsseldorf NJW-RR 96, 637; s § 788 Rn 20, 26). Auch soweit iÜ eine Kostenbelastung des Gl nicht vorgesehen ist, ist eine solche auf Antrag des Sch uU auszusprechen (OLGR Karlsruhe 2004, 533 für Erteilungsverf gem § 733). – Im **Verf nach § 767** stellt die Aufrechnung ein erledigendes Ereignis dar, wenn die Aufrechnungslage erst nach Schluss der letzten Tatsachenverh des Vorprozesses eingetreten ist (allg s vor § 322 Rn 64 ff). Rechnet der Vollstreckungsabwehrkläger (Vollstreckungsschuldner) mit einer Forderung auf, die nach Rechtshängigkeit der Vollstreckungsabwehrklage fällig wurde, hat er die Verfahrenskosten entspr § 91a zu tragen. Grund: Zum Zeitpunkt der Erhebung der Vollstreckungsabwehrklage war diese unbegründet (arg § 389 BGB; OLG Nürnberg JurBüro 64, 835). – Erledigt sich eine ZwV-Hauptsache vor Entscheidung über einen Vollstreckungsantrag nach **§§ 887, 888, 890**, so muss eine Kostengrundentscheidung ergehen. Sie ist vom Prozessgericht selbst nach materiellen Gesichtspunkten und nicht vom Kostenrechtspfleger zu treffen (OLG Koblenz AnwBl 84, 217). Im Rahmen der Kostenentscheidung entspr § 91a (sa Göppinger NJW 67, 180) hat das Gericht zu prüfen, inwieweit der Vollstreckungsantrag zulässig und begründet gewesen wäre (vgl BayObLG NJW-RR 97, 489 zu § 888; ebenso LG Köln 5.3.2021 – 26 O 360/16), bei einseitiger Erledigungserklärung, ob er sich erledigt hat (vgl OLG Stuttgart MDR 2010, 1078; OLG München 14.2.2017 – 13 W 108/17). – Ein **Ordnungsmittelverf** gem **§ 890** verliert seine Rechtsgrundlage, wenn der zu vollstreckende Titel seinerseits wegen Erledigung der Hauptsache rückwirkend wegfällt (s Rn 12, 23; iE s § 890 Rn 11). Getroffene Vollstreckungsakte sind aufzuheben (§ 775 Nr 1, § 776). Der Gl kann allerdings seine Erledigungserklärung auf die Zeit nach dem Erledigungsereignis (*ex nunc*) beschränken, um sich die ZwV wegen Zuwiderhandlungen, die vor dem Erledigungsereignis begangen worden sind, zu erhalten (BGH NJW 2004, 506, 508 f; näher mwN s Rn 53). Bei der einseitigen Erledigungserklärung scheidet diese Möglichkeit idR aus (näher s Rn 45, 53). – Bei gebotener **Schuldneranhörung** (zB gem § 850b III) kann sich auch das Forderungs-Pfändungsverf erledigen (Bsp: LG Fulda Rpfleger 93, 172). Wegen Leistungen zur **Abwendung** der **ZwV** und der **ZwV** aus vorläufig vollstreckbaren Titeln s Rn 58.15, zu ZwV-Maßnahmen als Erledigungsereignisse s ferner Rn 58.35 sowie BGH MDR 2014, 921 u allg s Rn 5. 58.58

• **Zwischenstreit nach § 71.** § 91a findet auch in einem selbständigen Zwischenverf nach § 71 Anwendung (OLG Oldenburg VersR 66, 1173). Zur Nebenintervention s näher Rn 58.43 u Rn 58.49 unter a [aE]. 58.59

VII) Gebühren. 1) Gericht: Der Beschluss ist gebührenfrei, auch im Rechtsmittelverf. Es gelten für den 1. Rechtszug 1211 Nr 4 GKG-KV, für die Berufung und bestimmte Beschwerden KV 1221, 1222 Nr 4 GKG-KV, für die Revision 1231, 1232 Nr 4 GKG-KV. Entspr Regelungen bestehen im Hauptabschnitt 4 (Einstw Rechtsschutz). Danach ermäßigen sich die VerfGeb durch Erledigungserklärungen, wenn keine Entscheidung über die Kosten ergeht oder die Entscheidung einer zuvor mitgeteilten Einigung der Parteien über die Kostentragung oder der Kostenübernahmeerklärung einer Partei folgt. Dies gilt auch bei der Teilerledigung, wenn weitere Ermäßigungstatbestände hinzukommen und sie in der Summe das Verf beenden. In den Rechtsmittelverf hängt die Höhe der Ermäßigung dann davon ab, zu welchem Zeitpunkt die Erklärungen abgegeben werden; sie ist höher, wenn die Verfahrensbeendigung eintritt vor Eingang der Rechtsmittelbegründungsschrift (zB bei der Berufung von 4,0 nach 1220 GKG-KV auf 1,0 nach 1221 GKG-KV; bei späterer Beendigung nur noch auf 2,0 nach 1222 GKG-KV). – Besonderheit für str Kostenentscheidung nach § 91a beim *Arrest und der einstw Verfügung:* Zwar keine Urteilsgeb, aber die VerfGeb erhöht sich („versteckte" Entscheidungsgeb) von 1,5 auf 3,0 (1412 GKG-KV)! – Beim *Rechtsmittelverzicht* (§ 313a II) tritt eine Gebührenermäßigung ein. 1211 [1222 GKG-KV] Nr 2 Alt 3 GKG-KV erwähnt zwar nur das Urteil, ist aber auf Beschlüsse wie die nach § 91a analog anwendbar (OLG Celle NJW-RR 2011, 1293; LG Kiel 16.11.2020 – 6 O 245/19; LG Itzehoe 10.12.2019 – 6 O 380/18; Petershagen JurBüro 2013, 118; aA OLG Oldenburg JurBüro 2012, 486; OLG Braunschweig BauR 2016, 542; OLG Hamm MDR 2019, 1345; OLG Düsseldorf NJW 2024, 2123). Tatbestand u Entscheidungsgründe hindern die Ermäßigung nicht, wenn sie nur deshalb veranlasst sind, weil zu erwarten ist, dass das Urteil im Ausland geltend gemacht wird (§ 313a IV). – Festgeb fallen an im Beschwerdeverf. Sof Beschwerde: 108 Euro, 1810 GKG-KV; Ermäßigung: 1811 GKG-KV; Rechtsbeschwerde: 216 Euro, 1823 GKG-KV; Ermäßigung: 1824, 1825 GKG-KV. **Konfusion** ist nicht analog § 91a gebührenbegünstigt (OLG Stuttgart MDR 2015, 1103). – **2) RA:** VerfGeb 3100 RVG-VV. Daneben die Terminsgeb 3104 RVG-VV, der Höhe nach 1,2 ohne Rücksicht darauf, ob über die Kosten str oder nichstr verhandelt wird. Die Terminsgeb 59 kann auch in Verf, bei denen, wie beim Kostenbeschluss nach § 91a, ohne mündl Verh entschieden werden kann, durch Mitwirkung an Besprechungen entstehen (Vorbem 3 III 3 Nr 2 RVG-VV; s § 104 Rn 21.88). Ohne Termin u ohne Besprechungen keine Terminsgeb nach 3104 I Nr 1 RVG-VV, da für den Kostenbeschluss mdl Verh nicht vorgeschrieben ist (OLG Köln JurBüro 2016, 467 Tz 8). – Beschwerdeverf: Die Empfangnahme der Beschwerdeschrift gehört noch zum Rechtszug (§ 19 I 2 Nr 9 RVG). Die Geb VV 3500 entsteht erst mit dem Auftrag für das Beschwerdeverf (OLG Koblenz JurBüro 2013, 306), wobei die Tätigkeit des RA dann nicht nach außen erkennbar sein muss. – Wert: § 23 II 1, III 2 RVG: Höhe der erstrebten Abänderung der Kostenlast (OLG Brandenburg JurBüro 2019, 315).

§ 92 Kosten bei teilweisem Obsiegen

(1) [1]Wenn jede Partei teils obsiegt, teils unterliegt, so sind die Kosten gegeneinander aufzuheben oder verhältnismäßig zu teilen. [2]Sind die Kosten gegeneinander aufgehoben, so fallen die Gerichtskosten jeder Partei zur Hälfte zur Last.

(2) Das Gericht kann der einen Partei die gesamten Prozesskosten auferlegen, wenn

1. die Zuvielforderung der anderen Partei verhältnismäßig geringfügig war und keine oder nur geringfügig höhere Kosten veranlasst hat oder

2. der Betrag der Forderung der anderen Partei von der Festsetzung durch richterliches Ermessen, von der Ermittlung durch Sachverständige oder von einer gegenseitigen Berechnung abhängig war.

1 **I) Kostenentscheidung beim Teilerfolg. 1) Kostenaufhebung.** Werden in einem Urteil oder Vergleich die Kosten gegeneinander aufgehoben (I 1 Alt 1), so hat jede Partei ihre eigenen Kosten (für Vertretung, Zeitversäumnis usw) und die Hälfte der Gerichtskosten zu tragen (BGH MDR 2021, 647; zum Vergleich: s § 98). Lautet der Kostenausspruch: „Jeder Teil trägt seine Kosten", treffen jede Partei die ihr erwachsenen Kosten und damit auch die von ihr bezahlten Gerichtskosten. Für eine Kostenfestsetzung ist dann kein Raum. Aufhebung gegeneinander ist insb dann geboten, wenn nur eine Partei anwaltl vertreten ist, weil sonst die andere Partei für ihre sparsame Prozessführung bestraft würde (Fischer DRiZ 93, 317; aA die hM; LG Köln NJW 2018, 1891 [zust Gemmer NJW 2018, 1892; krit N. Schneider NJW-Spezial 2018, 541]; LG Hamburg Rpfleger 85, 374 [abl Schneider]; Gemmer NJW 2012, 3479; StJ/Muthorst Rn 7). Zur Kostenquotierung bei **Teilvergleich** s § 98 Rn 2.

2 **2) Kostenteilung.** Werden die Kosten verhältnismäßig geteilt (§ 92 I 1 Alt 2), so hat grds das Verhältnis der Kostenteile dem der Prozesserfolge umgekehrt zu entsprechen. Verteilungsmaßstab ist der Gebührenstreitwert (MskV/Flockenhaus Rn 4), der wiederum vom Streitgegenstand abhängt. Sind keine eindeutigen Anhaltspunkte für den Umfang des beiderseitigen Unterliegens vorhanden, ist Kostenaufhebung gegeneinander angebracht (BGH 1.12.69 – VII ZR 198/69). Streitwertrelation im Verhältnis zwischen rückständigen und laufenden Renten maßgebend, auch wenn die Rückstände voll anzusetzen sind. Dabei kann unter Anwendung des § 9 gequotelt werden (OLG Brandenburg FamRZ 2007, 67 beim Unterhalt); ebenso AG München 6.9.2016 – 452 C 30045/14 beim Mieterhöhungsverlangen (§ 9 anstatt § 41 V GKG). – Überhaupt kein Teilunterliegen (und daher auch keine Beschwer, BGH MDR 2016, 1162), wenn Kl nur mit einem von mehreren mat-rechtl Ansprüchen durchdringt, da nicht diese maßgebend sind, sondern allein auf den prozessualen Anspruch (Streitgegenstand) abzustellen ist. Erstreckt sich die Kostenentscheidung zur Hauptsache auch auf die Kosten eines Vorverf (zB ein sBV), dann ist bei der Quotierung darauf zu achten, ob die Streitwerte beider Verf gleich sind. Falsche Kostenverteilung ist möglichst als Bruchteilsverteilung auszulegen (sa Rn 5 u § 104 Rn 21.16), kann aber nicht mit § 319 berichtigt werden (Schneider MDR 80, 762). **Verhältnismäßige Teilung** kann nach Bruchteilen (Quoten) oder Prozentsätzen vorgenommen werden (dann Festsetzungsverf nach § 106) oder nach bestimmten Beträgen (zB von den Gesamtkosten hat Kl 50 Euro, den Rest der Bekl zu tragen) erfolgen. Zugrundelegung eines genauen mathematischen Verhältnisses ist nicht nötig. Teilung nach anderen Gesichtspunkten (es werden zB dem Kl die durch Mehrforderung von 90 Euro entstandenen Kosten auferlegt) ist ungesetzl und muss durch Auslegung in quotenmäßige Belastung umgesetzt werden. Damit nicht zu verwechseln sind die Fälle, in denen Mehrkosten ausgerechnet und einer Partei alleine oder beiden Teilen, aber mit einer eigenen Quote, auferlegt werden, oder einzelne Geb anders zwischen den Parteien verteilt werden als die übrigen Kosten. Hierin liegt kein Verstoß gegen den sog Grundsatz der **Einheitlichkeit der Kostenentscheidung**, der nicht besagt, dass *alle* Kosten mit *einer* Quote verteilt werden müssen (s Rn 5), sondern nur, dass grds über alle Kosten in einer und zwar in der das Verf abschließenden Entscheidung zu entscheiden ist. Eine Ausnahme macht der BGH für § 91a, wenn bei ihm ein Teil des Rechtsstreits anhängig ist und dieser übereinstimmend für erledigt erklärt wird (BGH MDR 2023, 1406). – Der Anwendung von § 92 I 1 kann ein Kl nicht entgehen, indem er einen Antrag auf **Feststellung der Kostentragungspflicht** stellt (OLG Karlsruhe 24.7.2024 – 4 U 98/22 Tz 56).

3 **3) Teilunterliegen.** Es ist vor allem gegeben, wenn der Kl mit einem Teil des (teilbaren) prozessualen An*spruchs oder bei* ***Klagenhäufung*** (§ 260) einschließl **Stufenklage** (s § 254 Rn 6; OLG Köln NJW-RR 2012, 640) mit einem der prozessualen Ansprüche abgewiesen ist. Ob Haupt- oder **Nebenforderung** ist gleichgültig (allgM; BGH ZIP 2021, 1015 [Zinsen]; OLG Köln 2.9.2022 – 20 U 266/21 Tz 70 [vorgerichtl Kosten]). Die

Quote wird dann ermittelt unter Einschluss der nicht streitwertrelevanten Nebenforderung (OLG Saarbrücken 6.7.2023 – 4 U 18/22 Tz 64 [Bildung eines sog fiktiven Streitwerts]; AG/Gehle Rn 17). – Quotelung, wenn der Kl sein Rechtsschutzziel zwar erreicht, dabei aber vorrangige oder gleichrangige prozessuale Ansprüche (Streitgegenstände) aberkannt werden (BGH MDR 2016, 1344 Tz 72). Zu quoteln ist weiter, wenn der Klageabweisung beantragende Bekl zu Freistellung statt Zahlung, bedingt, befristet, Zug um Zug (OLG Celle 16.11.2022 – 14 U 30/22 Tz 46) verurteilt wird, obwohl uneingeschränkte Klage erhoben worden ist; wenn mehrere Bekl nach Kopfteilen statt gesamtverbindl verurteilt werden. – Vorbehalt der beschränkten Erbenhaftung: Kein Teilunterliegen, wenn der Vorbehalt unstr (OLGR Celle 1995, 204) oder entbehrlich (§ 780 II; BGH NJW-RR 2017, 1040 Tz 9 zur Beschwer) war; anders, wenn nur der Vorbehalt str war (BayObLG NJW-RR 2000, 306 Tz 33) und iÜ idR bei dem Ausspruch nach § 780 I (OLG München 12.6.2019 – 21 U 1295/18 Tz 122; zur Beschwer BGH MDR 2021, 103). – Da nicht der Streitwert, sondern das Obsiegen/Unterliegen entscheidet, ist zu quoteln, wenn bei der Klage auf **künftige Leistung** dem Kl der eingeklagte Zeitraum nicht voll zugesprochen wird (PG/Schneider Rn 36). – Kein Teilunterliegen bei Zubilligung einer Räumungsfrist (§ 721, OLGR München 1994, 172; MskV/Flockenhaus Rn 2; aA AG/Gehle Rn 11 „Mietsache“). – Kein Teilunterliegen, wenn von 2 Kündigungen nur eine zum Erfolg führt (OLG Köln 21.9.2021 – 22 U 63/21). – Der Bekl hat auch dann einen Teil der Kosten zu tragen, wenn der Kl mit seiner str **Klageforderung wegen Hilfsaufrechnung** mit einer str Gegenforderung ganz oder teilw abgewiesen wird (BGH 26.11.1984 – VIII ZR 217/83 Tz 58; s § 145 Rn 27; PG/Schneider Rn 25). Die Quotierung ist dabei auf den Gesamtstreitwert zu beziehen, § 45 III GKG, so dass auch mehrfache Aufrechnungserklärungen über die Höhe des Streitwerts erfasst werden können (Java-Programm zur Entscheidung bei Hilfsaufrechnung und der vorläufigen Vollstreckbarkeit: Schuster JurPC Web-Doc 0141/2020). – § 92 gilt auch in **Ordnungsmittelverf** (BGH MDR 2015, 674 zu § 890), wenn deutlich wird, dass das Rechtsschutzziel nicht erreicht ist (OLG Frankfurt 22.7.2024 – 26 W 11/22 Tz 55). – § 92 ist auf **Teilrücknahmen** anwendbar (BGH WuM 2019, 309; Greger § 269 Rn 20). Str ist, wie dabei die Quote zu bilden ist. Um die Gebührendegression zu beachten, ist der sog Quotenmethode der Vorzug zu geben (MskV/Flockenhaus Rn 4; OLG Stuttgart 18.6.2024 – 3 W 20/24 Tz 18 mwN; aA AG/Gehle Rn 11; OLG Schleswig JurBüro 2022, 356: Mehrkostenmethode). Dabei bedarf es keines Kostenantrags nach § 269 IV. – Bei der übereinstimmenden **Teilerledigung** soll § 92 nicht gelten (OLG Hamm 18.11.2013 – 20 W 27/13 Tz 7: Differenzrechnung; § 91a Rn 54); damit wird aber auch hier die Gebührendegression ausgeblendet.

4) EU-Verfahren. Zur Vereinbarkeit einer Regelung wie in § 92 mit Art 16 VO (EG) Nr 861/2007 s EuGH NJW 2019, 1427. 4

5) Teilungsverbote/-möglichkeiten. Unzulässig ist die Kostenverteilung nach Verfahrensgegenständen (OLG Hamm JurBüro 86, 106: bei einer Stufenklage) oder **Verfahrensabschnitten** oder prozessbeendigenden Vorgängen (OLG Hamm WRP 81, 111: Verurteilung des Bekl in die Kosten, „soweit das Klagebegehren anerkannt ist“ oder „soweit die Hauptsache für erledigt erklärt worden ist“), sowie nach Zeitabschnitten (PG/Schneider Rn 4; AG/Gehle Rn 13; aA BFH AGS 2023, 365; 35. Aufl). – Werden **Klage und Widerklage** abgewiesen, dürfen nicht dem Kl die Kosten der Klage, dem Widerkl die der Widerklage auferlegt werden; vielmehr ist nach dem Verhältnis der Streitwerte zu quotieren (allgM; zB PG/Schneider Rn 4; OLG Naumburg 30.12.2015 – 12 W 92/15 Tz 10). – Bei **Beweisaufnahme** nur zu einem Anspruchsteil oder bei Klage und Widerklage nur zu einer der Klagen können, unabhängig von der Kostenentscheidung für den Rechtsstreit, die Kosten der Beweiserhebung bei Teilerfolg selbständig gequotelt (OLG Hamm 19.12.2022 – 22 U 211/21 Tz 74) oder bei Erfolglosigkeit einer Partei ganz auferlegt werden (MskV/Flockenhaus Rn 2). Offen kann nach BGH bleiben, ob dieses Ergebnis aus § 92 I 1 folgt oder aus dem Grundgedanken der § 92 II, § 96 (BGH NJW 1956, 182; sa OLG Stuttgart MDR 2006, 1317 [für Klagerücknahmen]; OLG Rostock BauR 2016, 143; Schmitt MDR 2023, 193 Rn 27 ff plädiert dafür, die Beweiskosten generell analog § 96 zu verteilen). – Ebenso können auch andere Kosten als die einer Beweisaufnahme ausgeklammert und selbständig verteilt werden, wenn sie ausschließl zu einem Anspruchsteil angefallen sind. Die Quote ist dann bezogen auf diesen Streitwertteil zu ermitteln (OLG Saarbrücken 28.9.2016 – 1 U 21/16 Tz 144). Die Kostengrundentscheidung wird dadurch einfacher, als wenn der Richter die auf einzelne Prozessabschnitte/-ergebnisse entfallenden Kosten zunächst wenigstens überschlägig berechnet (Fehlerquelle! Schmitt MDR 2023, 193 Rn 16) und aus den Einzelbeträgen eine Gesamtquote bildet. – Kann ein Obsiegen/Unterliegen iSd § 92 insofern nicht festgestellt werden, als zB ein Teil des Streitwertes eines sBV schon nicht ins Klageverf und damit nicht zur Entscheidung gelangt ist, dann gilt insoweit § 96 analog (s § 96 Rn 3). 5

6) Streitgenossen. § 92 ist auch anzuwenden, wenn von mehreren Streitgenossen der eine obsiegt, der andere unterliegt (s § 100 Rn 5 ff). Nimmt der Kl die Klage gegen einen Streitgenossen zurück, dann können ihm sofort durch Beschluss die außergerichtl Kosten dieses Streitgenossen auferlegt werden (§ 269 Rn 20), über alle sonstigen Kosten ist im Schlussurteil zu entscheiden (s § 100 Rn 2). Hat der Ausscheidende einen Teil der Gerichtskosten zu tragen, kann der Gegner aber ein berechtigtes Interesse an vorzeitiger Bescheidung haben (OLG Zweibrücken JurBüro 83, 1881). 6

7) Teilurteil. Mit ihm kann grds keine Kostenentscheidung verbunden werden (BAG NJW 2023, 2299; zu einer Ausnahme s § 269 Rn 20). Geschieht dies doch, ist sie idR unbestimmt und wirkungslos, bindet also nicht für eine abschließende Quotelung im Endurteil (LAG Berlin-Brandenburg AGS 2023, 367). – Nach einem Teilurteil 7 mit vorbehaltener Kostenentscheidung ist für die Gesamtkostenverteilung im Schlussurteil auch dann vom Ergebnis der Teil-Sachentscheidung auszugehen, wenn ein Restitutionsgrund geltend gemacht wird, da offenbleibt, ob mit seiner Hilfe das Teilurteil beseitigt werden kann (BGHZ 76, 50).

8 **8) Haupt-/Hilfsantrag.** Wird der Hauptantrag des Kl abgewiesen, seinem Hilfsantrag aber stattgegeben, dann sind die Kosten zu quoteln, wenn der Hilfsantrag einen geringeren Wert hat oder wenn die Werte beider Anträge zu addieren (s § 45 I 2, 3 GKG) sind. Sind die Anträge wirtschaftl identisch, trägt der Bekl die Kosten alleine (OLG Stuttgart 18.12.2018 – 6 U 145/15 Tz 33). Unterliegt der Kl mit seinem **Hauptantrag**, während er mit einem erst im 2. Rechtszug zulässigerw gestellten **Hilfsantrag** obsiegt, dann sind ihm die Kosten des 1. Rechtszugs voll aufzuerlegen, auch wenn sie in höherer Instanz quotiert werden (aA StJ/Muthorst Rn 3). – Ein nicht beschiedener Hilfsantrag beeinflusst die Kostenentscheidung nicht, auch nicht über § 96, da er keine Mehrkosten auslöst.

9 **9) Kosten einer Anschließung. Anschlussberufung** s § 524 Rn 41; **Anschlussrevision** s § 554 Rn 10.

10 **II) Kostenbelastung nur einer Partei. 1) § 92 II Nr 1.** Beide Voraussetzungen des II Nr 1: „verhältnismäßig geringfügige Zuvielforderung" und „Veranlassung keiner oder nur geringfügig höherer Kosten" müssen zusammentreffen. Hinsichtl der Zuvielforderung soll die Geringfügigkeitsgrenze bei 10 % des Streitwertes liegen (MskV/Flockenhaus Rn 6; ThP/Hüßtege Rn 8; BGH 10.4.2019 – VIII ZR 12/18 Tz 56). Das erscheint recht hoch, lässt sich aber nicht besser oder schlechter begründen als zB 5 %. „Geringfügig" ist allerdings ein Betrag, der eher gegen null geht, so dass 5 % als Grenze „näher dran" sind (StJ/Muthorst Rn 11; OLG Frankfurt 29.8.2018 – 4 U 183/17 Tz 57). OLG Karlsruhe FamRZ 2004, 1392 bewertet den Wert des Anspruchs auf Titelherausgabe neben der Vollstreckungsgegenklage (§ 767) als geringfügig iSd II. – Hinsichtl der „nur geringfügig höheren Kosten" werden in der BRDrs 536/00 als Bsp Mehrkosten durch eine Beweisaufnahme oder durch Überschreiten einer Gebührenstufe angeführt. Zu beachten ist aber, dass erst im KFV geklärt wird, in welchem Umfang Kosten erstattungsfähig sind, so dass im Zeitpunkt der Kostenentscheidung mitunter noch nicht abzusehen ist, ob die erstattungsfähigen „höheren Kosten" nur geringfügige Kosten sind. – Faustregel: Sowohl die Zuvielforderung als auch die Mehrkosten müssen mindestens unter 10 % liegen, bei Zweifeln muss gequotelt werden.

11 Wird der Kl mit einem Teil seiner **Nebenforderungen** abgewiesen, so trifft § 92 I zu (s Rn 3), auch wenn dieselbe Wertstufe vorliegt, aber die streitwertmäßig nicht zu berücksichtigenden (§ 4 I ZPO, § 43 I GKG) Kosten und Zinsen der Höhe nach 5 % des – fiktiven (KG 23.8.2021 – 5 U 121/19 Tz 14; s Rn 3) – Streitwerts (Hauptforderung, Zinsen, vorgerichtl Kosten) überschreiten oder gar an die Hauptforderung heranreichen (MskV/Flockenhaus Rn 2 u Rn 6, aber mit 10 % als Maßstab; OLG Koblenz 30.6.2020 – 3 U 123/20 Tz 68 bei mehr als 10 %). Da es nur auf Obsiegen/Unterliegen ankommt, nicht auf den Rechtsgrund hierfür, ist unerhebl, worauf die Abweisung im Zinspunkt beruht (aA OLG Saarbrücken NJW-RR 2007, 426: keine Berücksichtigung, wenn die Abweisung nur notw Folge der Abweisung des Hauptanspruchs ist). Nicht nur zugunsten des Kl, sondern auch sinngemäß zugunsten des Bekl kann II angewendet werden (ThP/Hüßtege Rn 8). Entspr Anwendung in der Rechtsmittelinstanz. Dort kann Quotierung auf die 1. Instanz zurückwirken. **Ganz geringfügige Beträge** können zu einem Staffelsprung in der Gebührentabelle führen und lösen dann Mehrkosten aus, zum Teil erhebliche (Bsp bei Seutemann DRiZ 95, 225), so dass II Nr 1 nicht anwendbar ist.

12 **2) § 92 II Nr 2. Vom richterl Ermessen abhängig, von der Ermittlung durch SV, von einer gegenseitigen Berechnung:** zB nach § 287 (bei Schadensermittlung) oder § 315 BGB, und insb bei Schmerzensgeldklagen. Zuvielforderungen/Mehrkosten iSd Nr 1 spielen grds keine Rolle. Wird aber ein Mindestbetrag genannt und mehr als geringfügig unterschritten, ist zu quoteln (OLG Celle NJW-RR 2020, 506 Tz 7); ebenso, wenn ein bestimmter Betrag genannt und nicht nur geringfügig unterschritten wird. Unzulässig ist es hier, unter Bezugnahme auf II Nr 2 dem Bekl alle Kosten aufzuerlegen mit der Begründung, der Betrag der Forderung sei von der Ermittlung durch SV oder Festsetzung durch richterl Ermessen abhängig (aA MskV/Flockenhaus Rn 7 in Fällen nachvollziehbarer Fehleinschätzung). Doch berechtigt eine Erklärung des Kl zB über die Höhe des ins Ermessen gestellten Schmerzensgeldes (s § 3 Rn 16.171) alleine noch nicht, ihm einen Teil der Kosten aufzuerlegen, wenn weniger zugesprochen als begehrt wird (s § 253 Rn 14a). Zur Beschwer s vor § 511 Rn 17 ff.

§ 93 Kosten bei sofortigem Anerkenntnis

Hat der Beklagte nicht durch sein Verhalten zur Erhebung der Klage Veranlassung gegeben, so fallen dem Kläger die Prozesskosten zur Last, wenn der Beklagte den Anspruch sofort anerkennt.

I) Geltungsbereich. 1) Unmittelbare Anwendung. § 93 ist in allen Verf anwendbar, in denen anerkannt werden kann, also bei Leistungs- und Feststellungsklagen. Auch bei Gestaltungsklagen (OLG Hamburg MDR 2025, 201), sofern die Beteiligten über den Verfahrensgegenstand verfügen können (OLG Frankfurt 21.12.2023 – 6 WF 169/23 Tz 15); in den Eilverf (OLG Stuttgart 1.9.2023 – 2 W 15/22 Tz 17) sowie bei Klagen aus §§ 257, 259, 767, 771, 878; in Familienstreitsachen; in Patentnichtigkeitsverf (BGH GRUR 2023, 1675); in Gebrauchsmusterlöschungsverf (BGH GRUR 2023, 1526); nach BPatG GRUR-Prax 2021, 258 in Designnichtigkeitsverf. Dass AU ergeht, ist nicht vorausgesetzt (BGH MDR 2016, 232 Tz 8); anwendbar daher auch in Beschlussverf, allerdings nicht im Mahnverf vor Widerspruch. 1

2) Analoge Anwendung. In „sinngemäßer Umkehrung" wird die Geltung des § 93 auch für den Kl bejaht (Foerste FS R. Stürner, 2013, S 273 ff: zum Schließen von Regelungslücken unverzichtbar; AG/Göertz Rn 23; aA OLG Dresden MDR 2003, 1079; OLG Düsseldorf 19.12.2019 – 2 U 41/19 Tz 33; § 269 Rn 18), zB beim Klageverzicht (so OLG Schleswig NJW 2013, 2765; zu Recht abl § 306 Rn 12). Hierbei handelt es sich aber idR um andere Fälle; entweder Klageänderung auf den materiellen KE (s vor § 91 Rn 11 f), bei der §§ 91, 92, 97 anzuwenden sind. Oder in der Beschränkung liegt eine Erledigungserklärung, die bei Einverständnis des Gegners **nach § 91a** zu beurteilen ist, wobei dann allerdings im Rahmen des billigen Ermessens der Grundgedanke des § 93 zu berücksichtigen ist (OLG Frankfurt NJW-RR 2025, 575; § 91a Rn 24 mwN), und zwar auch in reziproker Anwendung (OLG Saarbrücken NJW 2025, 379; § 91a Rn 25 mN). – Bei Wegfall der Klageveranlassung vor Rechtshängigkeit, stellt sich die Frage einer reziproken Anwendung des § 93 nicht. Der Bekl kann bei Klagerücknahme nach § 269 III 3 mit Kosten belastet werden. 2

II) Veranlassung. Zur Klageerhebung = zur Anrufung des Gerichts, also Klageeinreichung (hM; MskV/Flockenhaus Rn 3; OLG Saarbrücken 31.1.2025 – 5 W 84/24 Tz 13 mN) hat der Bekl Veranlassung gegeben, wenn sein Verhalten vor Prozessbeginn (BGH MDR 2020, 505) ohne Rücksicht auf Verschulden (OLG Düsseldorf 7.7.2022 – 12 W 15/22 Tz 12 mN) gegenüber dem Kl so war, dass dieser annehmen musste, er werde ohne Klage nicht zu seinem Recht kommen (BGH MDR 2016, 232; Bsp: OLG Hamm NJW-RR 2013, 767: unzureichendes Zugeständnis; OLG Saarbrücken NJW-RR 2015, 25: nur formularmäßiger Einwendungsverzicht zum Haftungsgrund; OLG Karlsruhe ZMR 2021, 80 Tz 7: Aufforderung zum Handeln trotz angemessener Fristsetzung erfolglos geblieben; OLG Frankfurt 3.3.2022 – 26 Sch 2/22 Tz 10: Beharren auf fehlerhafter Rechtsansicht). Veranlasst zur Klage ist der Kl, wenn er davon ausgehen konnte, ohne Klage werde er sein Ziel nicht erreichen, insb keinen Titel erlangen (OLG Karlsruhe MDR 2022, 1183; OLG Düsseldorf WuM 2023, 50; sa Rn 6.22). – Zur Veranlassung bei unschlüssiger Klage s Rn 6.42. – Maßgebender Zeitpunkt für die Prüfung der Klageveranlassung ist nicht die Abgabe des Anerkenntnisses, sondern die letzte mündl Verh, auf die hin das AU ergeht. Dabei ist auf das vorprozessuale Verhalten des Bekl abzustellen. Verhalten im Prozess kann aber herangezogen werden und Indiz für Veranlassung sein (OLG Saarbrücken NJW-RR 2021, 646 Tz 9). Damit wird nicht der 3

Grundsatz aufgehoben, dass ledigl das vorprozessuale Verhalten maßgebend ist, ein Grund für Klageveranlassung nicht „nachwachsen" kann (OLG Saarbrücken VersR 2018, 696 Tz 17). Aber wer nicht einmal nach Klageerhebung erfüllt, von dem war die freiw Leistung idR auch nicht früher zu erwarten. Die Klageveranlassung durch einen Rechtsvorgänger oder Vertreter des Bekl muss sich dieser zurechnen lassen (s Rn 6.19). Eine bestehende Klageveranlassung kann bis zum entscheidenden Zeitpunkt, der Klageerhebung, wieder entfallen (OLG Frankfurt NJW 2022, 3300 [B. Waruschewski JuS 2023, 271]) und dadurch § 93 wieder anwendbar werden.

4 **III) Sofortiges Anerkenntnis.** Unabhängig von der Verfahrenswahl müssen zunächst einmal erst alle Gründe entfallen sein, die es dem Bekl vorprozessual erlaubten, die Erfüllung zu verweigern (s hierzu die Stichworte Rn 6 ff). Solange sie fortbestehen, bleibt ein sofortiges Anerkenntnis, wenn diese Gründe dann entfallen, immer noch mögl (Leuschner AcP 207 [2007], 64 ff, 84, insb zu den Darlegungsobliegenheiten des Kl; OLG Karlsruhe MDR 2012, 460), wobei OLG Saarbrücken GRUR-RR 2018, 171 Tz 16 und OLG Düsseldorf MDR 2018, 53 = NJW 2018, 1764 [Leube]) zu Recht erklären, der Bekl könne sich aber nicht beliebig lange Zeit lassen. Ausreichend ist ein Anerkenntnis unter einer innerprozessualen Bedingung (OLG München BB 2018, 1937 Tz 120), nicht aber eines erst „unter dem Druck" eines gerichtl Hinweises (OLG Köln MDR 2006, 226). – IÜ gilt: **1)** Ist eine **Güteverhandlung** vorgeschaltet, ist das Anerkenntnis bereits hier abzugeben (OLG Hamm NJW-RR 2024, 752). – **2) Schriftliches Vorverfahren.** Die Verteidigungsanzeige ist noch unschädl. Es kann dann innerhalb der Klagerwiderungsfrist noch sofort anerkannt werden. – Wird mit der Anzeige jedoch ein uneingeschränkter Klageabweisungsantrag angekündigt oder wird dem Anspruch in sonstiger Weise entgegengetreten, ist ein nachfolgendes Anerkenntnis kein sofortiges mehr (BGH NJW 2019, 1525 [Vossler] = MDR 2019, 701; Schwenker jurisPR-BGHZivilR 14/2019 Anm 4). Das gilt nur dann nicht, wenn der Bekl zugleich einschränkt, der Klageanspruch müsse aber erst noch auf seine Berechtigung geprüft werden. – **3) Früher 1. Termin.** Die Erklärung muss grds innerhalb der Klagerwiderungsfrist abgegeben werden (ThP/Hüßtege Rn 9; Vossler NJW 2006, 1034), jedenfalls aber in einer verlängerten Frist, wenn sich herausstellt, dass die gesetzte Frist (§ 275 I 1, § 277 III) für eine sachgerechte Reaktion des Bekl zu kurz war u allein deshalb versäumt wurde (OLG Zweibrücken MDR 2008, 354: sogar noch in der Verhandlung; MK/Schulz Rn 14). In solchen Fällen ist allerdings ein rechtzeitiger Fristverlängerungsantrag (§ 224 II) zu empfehlen. – Für den Sonderfall der Unterwerfung kann nach KG (KG NJW-RR 2007, 647) die Erklärung trotz Klageabweisungsantrag noch sofort sein.

5 **IV) Entscheidung.** Im AU ist einheitl über Hauptsache und – mit Begründung (OLG Brandenburg MDR 2000, 233; OLG Brandenburg FamRZ 2004, 651) – die Kosten zu entscheiden. Bei Teil-AU zur Hauptsache ist über die Kosten nach § 93 im Schlussurteil zu befinden. Wird nach Teil-AU die restl Klage zurückgenommen, ist durch Schlussurteil über die Kosten zu entscheiden (BGH NJW-RR 99, 1741; s § 269 Rn 20). Auch in Mischfällen, zB bei teilw Anerkenntnis, teilw Erledigungserklärung zur Hauptsache, teilweise str Entscheidung, ist eine einheitl Kostenentscheidung zu treffen, wobei tunlichst die Quotenanteile in den Entscheidungsgründen offen zu legen sind, damit die Anfechtbarkeit festgestellt werden kann (s § 99 II, § 91a II). Fehlerhaft ist Verurteilung des Bekl in die Kosten, „soweit er anerkannt hat" oder „soweit die Hauptsache für erledigt erklärt worden ist". – § 96 ist bei der Entscheidung nach § 93 nicht mit anwendbar (Streit/Schade JurBüro 2004, 120). Zum einen obsiegt der Bekl nicht in der Hauptsache, zum anderen wird er kaum die Voraussetzungen eines sof Anerkenntnisses erbringen, wenn er zuvor und erfolglos Angriffs- oder Verteidigungsmaßnahmen ergriffen hatte. **Rechtsmittel:** § 99 II. Bei Quotelung (§ 92) ist der auf § 93 entfallende Kostenanteil isoliert anfechtbar (s § 99 Rn 8). Soweit im Fall des § 94 auch die Voraussetzungen des § 93 gegeben sind und AU ergeht, ist ebenfalls sofortige Beschwerde zulässig, auch wenn bei der Kostenentscheidung im AU – zulässigerweise! – § 94 mitberücksichtigt ist.

6 **V) Einzelheiten (alphabetisch).** Im Folgenden werden in übersichtlicher ABC-Form einzelne Sachverhalte dargestellt.

6.1 • **Abgabe einer Erklärung.** Das Anerkenntnis, zur Abgabe verpflichtet zu sein, macht dann nicht kostenfrei, wenn geschuldete Erklärung selbst nicht abgegeben wird (MskV/Flockenhaus Rn 7), dgl nicht die Abgabe einer formlosen Erklärung anstelle der geschuldeten formbedürftigen (KGR Berlin 1995, 276). – Der Gl seinerseits hat die Obliegenheit, die Aufforderung rechtl einwandfrei zu formulieren (OLG Karlsruhe FamRZ 2004, 960: Zustimmung zum Realsplitting). – Fristverlängerungsbegehren des ansonsten vertragstreuen Gegners muss beantwortet werden (OLG Hamburg MDR 2010, 1211); ansonsten gibt der Sch keine Klageveranlassung. – Nach fehlender Reaktion auf begehrte Zustimmung kann nicht mehr sofort anerkannt werden (OLG Koblenz FamRZ 2010, 399: Erbauseinandersetzung). – Unschädl ist, wenn die Erklärung (zB Zustimmung) von einer Kostenübernahme abhängig gemacht wird (OLG Hamburg MDR 2015, 201 [Aufhebung der Zugewinnausgleichsgemeinschaft]), sofern eine entsprechende Pflicht zur Übernahme besteht.

6.2 • **Abmahnung.** S Rn 6.59 und § 91 Rn 13.1.

6.3 • **Abtretung.** Der verklagte Zedent hat Kosten nur zu tragen, wenn er sich vorgerichtlich des Anspruchs berühmt hatte (OLG Celle BauR 2015, 1546 LS). – Der Sch, der sich vorprozessual auf § 410 I 1 BGB beruft, gibt keine Klageveranlassung (OLG München 22.10.2018 – 7 W 1592/18).

6.4 • **Anfechtung.** Klageveranlassung grds nur, wenn der nach AnfG Verpflichtete trotz Aufforderung die Duldung erkennbar verweigert (OLG Saarbrücken NJW-RR 2000, 1667); sie liegt aber bereits in der Vornahme anfechtbarer, den Gl absichtl benachteiligender Rechtshandlungen mit dem Sch (OLG Schleswig MDR 77, 321). Würde die Aufforderung zur freiw Erfüllung des Rückgewähranspruchs den Anfechtungszweck möglicherw vereiteln, ist dem zunächst durch (nur) vorläufigen Rechtsschutz zu begegnen (OLG Nürnberg 17.7.2015 – 13 W 484/15).

• **Aufforderung.** Bei anderen Ansprüchen als Forderungen, mit denen sich der Sch in Verzug befindet, ist vor Klageerhebung zur Vermeidung der Kostenfolge des § 93 eine Aufforderung an den Bekl zur Leistung oder Unterlassung erforderl (KG NJW-RR 2019, 1087 Tz 7; OLG Hamburg 5.12.2019 – 12 EK 2/19 Tz 6). Zu **dingl Rechten** s Rn 6.14. Dabei ist eine hinreichende Überlegungsfrist zu setzen, es sei denn, dass wegen der dadurch bedingten Verzögerung dem Gl Rechtsnachteile drohen. Auch der aus- oder absonderungsberechtigte Kl hat vorab den Bekl unter Glaubhaftmachung seines besseren Rechts aufzufordern. 6.5

• **Auskunftsklage.** Erforderl, dass die Auskunftspflicht nicht nur anerkannt, sondern die Auskunft auch kurzfristig erteilt wird (OLG Nürnberg MDR 2003, 287; OLG Schleswig 11.3.2016 – 3 W 92/16). 6.6

• **Auslandsaufenthalt.** Er allein gibt noch keinen Anlass zur Klage (OLG Köln FamRZ 92, 831 LS). 6.7

• **AVAG.** § 26 S 3 AVAG verlangt lediglich fehlende Veranlassung zur Antragstellung. 6.8

• **Befreiung von einer Verbindlichkeit.** Eine Zusage, die Freistellung vorzunehmen, genügt grds nicht (sa Rn 6.22). Um die Veranlassung auszuräumen, muss vielmehr befreit werden (OLG Jena OLG-NL 2006, 47). Soweit dies nicht durch Geldzahlung geschehen soll, sondern durch Maßnahmen, die zeitaufwendige Vorbereitungen erfordern (zB Grundbuchberichtigung, Sicherheitsleistung, Umschuldung usw), entfällt Veranlassung erst nach Ablauf eines entsprechenden Zeitraums ab Aufforderung. 6.9

• **Behörde.** Eine angemessene Bearbeitungszeit ist einzuräumen; die Behörde kann Klageveranlassung ausräumen, indem sie kurzfristig einen Zwischenbescheid erteilt und danach in angemessener Zeit reguliert; formlose telefonische Mitteilung reicht nicht (OLGR Frankfurt 1996, 215). 6.10

• **Beweislast.** Sie ist unabhängig von derj des mat-rechtl Anspruchs und obliegt für die Voraussetzungen des § 93 dem Bekl (hM; OLG Karlsruhe MDR 2022, 270 [Laumen MDR 2022, 350 mN]). Dies gilt auch für vorprozessuale Abmahnungen. Den Kl trifft hier nur die sekundäre Darlegungslast (BGH MDR 2007, 1162), den Bekl die Beweislast für fehlenden Zugang (OLG Koblenz MDR 2016, 728; aA OLG Saarbrücken 17.5.2019 – 4 W 4/19 Tz 23 für den Zugang des eine Prüffrist auslösenden Anspruchsschreibens). Diese Beweislastverteilung erklärt sich dadurch, dass mit der Verurteilung entspr dem Anerkenntnis die Voraussetzungen des § 91 erfüllt sind und § 93 dazu ein dem Bekl günstiger Ausnahmetatbestand ist. – Anders nur, wenn auf künftige Leistung (§§ 257-259) geklagt wird. Hier muss der Kl die Klageveranlassung beweisen (OLG Düsseldorf WuM 2023, 50; Greger § 257 Rn 6). 6.11

• **Darlegungen ggü Beklagtem.** Der Bekl muss deutlich machen, welche Leistungshindernisse er sieht. Keine Klageveranlassung, wenn der Kl dann seine Ansprüche nicht beziffert und belegt. Dagegen wird der bestr Bekl nicht deshalb kostenfrei, weil der Kl Berechnungszweifel des Bekl ausräumt, die unbegründet sind (OLG Köln MDR 79, 941) und auch nicht, wenn der Bekl überzogene/unbegründete Anforderungen an die Darlegung stellt (OLG Zweibrücken JurBüro 2022, 467). 6.12

• **Drittschuldnerprozesse.** Gibt Drittsch erst während des Prozesses eine die Klage aussichtslos machende Auskunft nach § 840, kann Gl vom Hauptanspruch durch Klageänderung zum materiellen KE übergehen (BGH NJW-RR 2006, 1566). Näher hier s § 840 Rn 14. 6.13

• **Duldungsklage.** Um der eigenen Kostenbelastung über § 93 vorzubeugen, muss der Gl, der einen Duldungstitel benötigt (§ 1147 BGB; §§ 737, 743, 745 II, § 748 II), den Duldungsschuldner vorher abmahnen. Der Sch hat dann die Möglichkeit, auf eigene Kosten eine vollstreckbare Urkunde nach § 794 I Nr 5 aufnehmen zu lassen und dem Gl anzubieten; der Gl wiederum muss ihm dazu durch Abmahnung Gelegenheit geben (hM; OLG Hamm MDR 99, 956; OLG Karlsruhe Justiz 99, 445; aM OLGR Frankfurt 1999, 175, wenn bereits in anderem Zusammenhang Hinweis auf die beabsichtigte Klage gegeben wurde). Wenn der Grundstückseigentümer nur zur Duldung verpflichtet ist, ist das Erfüllungsverlangen des Gl keine § 93 ausräumende Abmahnung (OLG Saarbrücken MDR 82, 499). 6.14

• **Ehre.** Abwehr ehrverletzender Äußerung durch Klage oder einstw Rechtsschutz setzt grds Abmahnung voraus (KG NJW-RR 2000, 516; ähnl OLGR Karlsruhe 1998, 320: Konsequenzen deutl machen). 6.15

• **Eidesstattliche Versicherung.** Erklärung der Bereitschaft reicht aus; die notwendige Terminsbestimmung muss der Sch nicht veranlassen, OLG Nürnberg FamRZ 86, 87. 6.16

• **Einreden.** Werden Einreden vom Sch vorprozessual nicht ausgeübt, kann das Klageveranlassung auslösen (KG NJW 2024, 517 [Vorleistungseinrede]). Wer dagegen bereits vorgerichtl behauptet, die Forderung des Kl sei nicht fällig oder er habe ein Gegenrecht, wird kostenfrei, wenn sein Vorbringen zutrifft und er sein Anerkenntnis entspr fasst, zB den Klageanspruch mit der Maßgabe anerkennt, dass er erst an einem späteren Fälligkeitstag zu zahlen habe oder nur Zug um Zug gegen eine Gegenleistung. – Der Kl wiederum muss in solchen Fällen entscheiden: Entweder alter Antrag mit dem Risiko der Kostenbelastung, wenn die Einschränkung des 6.17

Bekl sich als berechtigt erweist; oder dem Anerkenntnis angepasster neuer Antrag mit der Rechtsfolge des § 93 zugunsten des Bekl. – Keine Kostenbefreiung des Bekl, wenn er den Kl befriedigt, dabei aber ausdrückl die Begründetheit des Anspruchs bestreitet (OLG Schleswig GRUR 86, 840). Entgegen OLG Bamberg JurBüro 82, 1884 kommt es nicht darauf an, ob sich das Bestreiten prozessverzögernd ausgewirkt hat, sondern allein darauf, ob die Verteidigung des Bekl die Veranlassung zur Klageerhebung indiziert. Ggü zunächst unschlüssigen Klagen (s Rn 6.42) ist Wechsel von Verteidigung zu Anerkenntnis unschädl. Sa Rn 6.64.

6.18 • **Einstweilige Verfügung.** § 93 ist anwendbar; grds muss vor der gerichtl Geltendmachung abgemahnt werden (OLG München NJW-RR 2001, 42; KG 25.4.2023 – 10 W 94/22 Tz 3 mN [auch im Äußerungsrecht]). Die Abmahnfrist muss dabei eine angemessene Überlegungszeit einräumen (KG MDR 2023, 1550). – Ein bestehender Verfügungsgrund indiziert nicht automatisch die Klageveranlassung (OLG Karlsruhe 31.1.2023 – 9 W 71/22 Tz 35). Bei Erlass ohne mündl Verh muss der Gegner seinen Widerspruch auf die Kosten beschränken, wenn er die Entscheidung in der Hauptsache akzeptiert, aber kostenfrei werden will (s Rn 6.32). Im **Aufhebungsverf** trägt derj, der die Aufhebung beantragt, die Kosten, wenn dem Aufhebungsbekl vorab nicht die Gelegenheit gegeben wurde, das Aufhebungsverlangen anzuerkennen, und er sofort anerkennt (OLG Hamm 5.2.2024 – 10 W 9/24 Tz 26 mN; OLG Frankfurt 11.6.2024 – 16 W 26/20 Tz 10). **Hauptklage:** Bekl veranlasst sie, wenn er zunächst Widerspruch gegen die einstw Verfügung einlegt, dann aber die ihm gesetzte Frist, diese anzuerkennen und auf die Rechte aus §§ 924, 926 zu verzichten, fruchtlos verstreichen lässt (KG WRP 81, 277, 583). Unterbliebene **Vollziehung** kann im **Rechtfertigungsverf** zur Kostenbelastung des ASt führen, es sei denn, der Verfügungsanspruch ist nachträgl entfallen.

6.19 • **Erbe.** Als Nachfolger des Erblassers hat er die Möglichkeit, sofort anzuerkennen. Da jedoch die Klageveranlassung des Erblassers als des Rechtsvorgängers – ebenso wie beim ges oder rechtsgeschäftl Vertreter – zu Lasten des Nachfolgers wirkt, kommt Anwendung des § 93 nur in Betracht, wenn Erblasser noch keine Gelegenheit zum Anerkenntnis gehabt hatte. Jedoch ist § 93 selbständig anwendbar für nach Aufnahme des Rechtsstreits entstehende Kosten. Der aufnehmende Kl muss deshalb dem Erben Gelegenheit geben, Fortführung des Rechtsstreits durch Anerkenntnis, bei dürftigem Nachlass auch unter Vorbehalt der beschränkten Erbenhaftung (OLG München JurBüro 95, 659), auf die sich der Erbe sofort berufen muss, zu verhindern. – Kein sofortiges Anerkenntnis, wenn der verklagte Erbe im Hinblick auf ungewisse Verbindlichkeiten (§ 2313 I 1, II 1 BGB) Zahlung an den Pflichtteilsberechtigten zunächst zurückgehalten hat (OLG Koblenz NJW-RR 2020, 1274 Tz 7) oder wenn er den eingeklagten Pflichtteilsanspruch anerkennt, zugleich Stundung beantragt (OLG Düsseldorf ErbR 2023, 879 [Thien]). – Der **Vorerbe** muss den Nacherben zunächst nach § 2120 BGB auffordern, anderenfalls hat dieser keine Veranlassung zur Klageerhebung gegeben (OLG Düsseldorf FamRZ 96, 315). Der **Sch** des Erblassers muss an den Erben erst nach Vorlage des Erbscheins leisten; bis zur Vorlage gibt er keine Klageveranlassung (OLGR Hamburg 2003, 101; KG MDR 2009, 523). – **Erbauseinandersetzung** (§ 2042 BGB): Vorprozessuales Hinhalten verhindert sof Anerkenntnis (OLG Koblenz FamRZ 2010, 399). Die verzögerte Vorlage des **Nachlassverzeichnisses** schließt ein sof Anerkenntnis aus (OLG Düsseldorf 3.2.2020 – 7 W 92/19), umgekehrt kann der Bekl bei verfrühter Klage auf Vorlage noch sofort anerkennen (OLG Brandenburg 16.6.2023 – 3 W 57/23 Tz 13). Hier gilt, den richtigen Zeitrahmen zu finden.

6.20 • **Fälligkeit.** Eine verfrühte Klage braucht der Bekl nicht sofort anzuerkennen, auch nicht zum Grund; er kann damit bis zum Eintritt der Fälligkeit zuwarten (allgM; sa Rn 6.42), sofern nicht auf künftige Leistung geklagt werden darf (zur Beweislast s Rn 6.11; § 257 Rn 6). – Wird in einer Beweisaufnahme nicht die Fälligkeit bewiesen, sondern durch sie erst ein zur Fälligkeit führender Nachweis erbracht, kann der Bekl noch sofort anerkennen (OLGR Frankfurt 2004, 314). Eine Klage kann, ungeachtet von Fälligkeit, auch dann verfrüht sein, wenn eine gesetzte Frist unangemessen kurz war (KG 3.12.2008 – 17 WF 245/08). Rechtsirrtümer über die Fälligkeit gehen zu Lasten des Bekl (OLG Düsseldorf MDR 2009, 562).

6.21 • **Feststellungsklage.** Vor Erhebung einer negativen Feststellungsklage ist grds keine Abmahnung nötig, da die Berühmung des Bekl seine fehlende Bereitschaft zum Nachgeben zeigt (OLGR Celle 2009, 879; OLGR Hamm 1992, 38). Anders, wenn im Rechtsstreit neue Klagegründe vorgebracht werden.

6.21a • **Freigabeverfahren (§ 246a AktG).** § 93 setzt voraus, dass der AG die Eintragung in das Register auch ohne das Freigabeverf mögl und dieses Verf daher nicht erforderl gewesen wäre (KG 7.5.2025 – 12 AktG 1/25 Tz 5; aA OLG Köln MDR 2018, 101).

6.22 • **Geldschulden.** Bei fälligen Geldschulden genügt Anerkenntnis allein nicht, sofern der Prozess nicht erst in der mündl Verh eine überraschende Wendung nimmt (zB Abtretung zur Herstellung der Aktivlegitimation; Änderung des Klageantrags u dgl) oder bei Leistung Zug um Zug. – Es handelt sich im Rahmen des § 93 dabei nicht um die Frage, ob „sofort" anerkannt wurde (OLG Düsseldorf 7.7.2022 – 12 W 15/22 Tz 8), sondern um die der Klageveranlassung (PG/Schneider Rn 4; OLG Karlsruhe MDR 2022, 1183). Wer eine Forderung sofort anerkennt, sie aber unter dem Druck der Klageerhebung nicht auch sofort erfüllt, zeigt, dass der Gl Veranlassung zur Klage gehabt hat (PG/*Schneider Rn* 4; AG/Göertz Rn 19 „Erfüllung"; OLG Brandenburg WM 2020, 260). – Der Sch mit Geldschulden ist idR auch in Verzug, sodass er jedenfalls auch deshalb Klageveranlassung gegeben hat (OLG Hamm MDR 2022, 464; s Rn 6.54). – Bei zahlungsunfähigen, aber grds erfüllungsbereiten Sch, die anerkennen, kann § 93 ausnahmsweise Anwendung finden, wenn der klagende Gl hat annehmen können, er werde auch ohne Klage zu einem Titel kommen (OLG Karlsruhe MDR 2022, 1183), denn die Klageveranlassung wird durch die Notwendigkeit, einen Titel schaffen zu müssen, begründet (OLG Düsseldorf WuM 2023, 50).

• **Geschäftsunfähigkeit.** Bloß verbale Aufforderung des Sch, Gl möge ihn wegen Geschäftsunfähigkeit aus der rechtsgeschäftl Haftung entlassen, hebt Veranlassung zur Klage nicht auf, solange diese Aufforderung nicht durch Vorlage ärztl Zeugnisse oder anderer Urkunden belegt wird (KG VersR 81, 464). 6.23

• **Gesellschafterbeschluss.** § 93 ist auf Anfechtungsklagen anwendbar (OLG Naumburg NJW-RR 98, 1195). 6.24

• **Gesetzesänderung.** Ist sie dem Bekl nachteilig, kann er sich nur durch sof Anerkenntnis kostenfrei machen (BGHZ 37, 233; OLG Hamm 4.5.2017 – 22 U 137/16 Tz 3). 6.25

• **Gewährleistungsansprüche.** Keine Klageveranlassung ohne vorherige Gelegenheit zur Nacherfüllung (OLG Hamm 15.12.2015 – 28 W 21/15). 6.26

• **Haftpflichtversicherung.** Jedem Kfz-Haftpflichtversicherer, von dem nach einem Verkehrsunfall Zahlung verlangt wird, ist eine angemessene, vom Einzelfall abhängige (OLG Saarbrücken 17.7.2019 – 4 W 11/19 Tz 21; OLG Koblenz 10.9.2020 – 12 W 326/20: Fall mit Auslandsberührung) Prüfungsfrist zuzubilligen, vor deren Ablauf eine Klage nicht iSd § 93 veranlasst ist (allgM, zB OLG Saarbrücken NJW-RR 2018, 208 Tz 19; ausf zur Dauer der Frist Ziegenhardt NJW-Spezial 2021, 201). Auch bei zügiger Schadensbearbeitung ist dem Versicherer eine Prüfungszeit von etwa 4 bis 6 Wochen einzuräumen (OLG Hamm MDR 2022, 464) und eine Fristsetzung von 2 Wochen ab Unfall immer zu kurz, eine Prüfzeit von fast vier Monaten aber zu lang (OLG Düsseldorf MDR 2018, 53). Macht der Haftpflichtversicherer die sof Zahlung zunächst von der Einreichung von Schadensbelegen abhängig oder verweigert er Regulierung, weil es an ordnungsgemäßer Vorlage fehlt, dann gibt er dadurch noch nicht Anlass zur Klageerhebung, sofern er mitteilt, was er konkret noch benötigt (OLG Saarbrücken 1.10.2024 – 3 W 7/24 Tz 14 mN). – Unabhängig von einer Prüffrist besteht Klageveranlassung, wenn der Versicherer auf mehrere Anwaltsschreiben nicht reagiert (OLG Karlsruhe MDR 2020, 191), und umgekehrt keine Klageveranlassung, wenn der Anwalt auf Schreiben des Versicherers nicht reagiert (OLG Frankfurt NJW-RR 2025, 575). Der Versicherer in Verzug (s hierzu Rn 6.54) gibt Klageveranlassung (OLG Frankfurt 31.10.2024 – 30 W 7/24 Tz 19). – Bei vorprozessualem Anerkenntnis zu einer Haftungsquote ist in deren Höhe die Klage nicht veranlasst (OLG Karlsruhe VersR 70, 1112). Wegen der noch nicht anerkannten Restquote muss vom Schädiger die Prüfzeit beachtet werden. – Prüfzeit kann sich bei komplexen Unfallhergängen und/oder Verf mit Auslandsberührung verlängern (OLG Saarbrücken 28.3.2019 – 4 U 18/17 Tz 77). Hemmung der Prüffrist bis Akteneingang, deren Einsicht der Geschädigte anbietet, und Verlängerung der Frist, wenn der Geschädigte seine Ansprüche erweitert (OLG Dresden 26.10.2020 – 4 W 640/20 Tz 11). – Klageveranlassung kann vom Geschädigten nicht durch Zurückweisung von Teilleistungen, § 266 BGB, geschaffen werden. Da § 93 nur den prozessualen KE betrifft, kann trotz zu kurzer Fristsetzung ein mat-rechtl KE bleiben (s vor § 91 Rn 11). 6.27

• **Hilfsanspruch.** Da der Hilfsantrag auflösend bedingte Rechtshängigkeit begründet (s § 260 Rn 4a), kann der Bekl nur bis zum Ablauf der Klageerwiderungsfrist (s Rn 4) „sofort" anerkennen, sofern er aufgefordert war, auch hierzu vorzutragen; anderenfalls kann er abwarten, bis das Gericht über den Hilfsanspruch verhandeln will (s § 260 Rn 7). – Nimmt der Kl nach sof Anerkenntnis des Hilfsantrags den Hauptantrag zurück, ist der Bekl kostenfrei. 6.28

• **Insolvenzverfahren.** Der Gl muss zur Tabelle schlüssig und mit hinreichenden Belegen (§ 174 I 2 InsO) vortragen, um im Feststellungsstreit § 93 zu seinen Lasten vermeiden zu können (BGH ZIP 2020, 1561); kommt der Gl dem nach, muss ein zunächst bestreitender Gl die erste sich bietende Gelegenheit nutzen, um „sofort" anzuerkennen (OLG Stuttgart 25.3.2025 – 3 W 11/25 Tz 25 ff). – Trotz „vorläufigen" Bestreitens im Prüfungstermin Kostenbelastung des Kl nach Aufnahme des unterbrochenen Rechtsstreits (§ 180 II InsO), wenn er zuvor nicht noch einmal beim Verwalter Rückfrage gehalten hat (BGH ZIP 2006, 576 Tz 10); enger OLG Frankfurt (NZI 2021, 510 Tz 22 [zu Recht krit Marquardt/Hoffmann]), wonach die Pflicht zur Nachfrage voraussetzt, dass der Verwalter aus zutr Gründen „vorläufig" bestr und dies gegenüber dem Gl zum Ausdruck gebracht hat. Entscheidend sollte sein, ob der Gl im konkreten Fall von einem endgültigen Bestreiten ausgehen muss (OLG Celle ZIP 2025, 653 = NZI 2025, 398 [Marquardt/Hoffmann]). – Der Verwalter kann aber nicht mehr kostenfrei anerkennen, wenn der Sch diese Möglichkeit bereits nicht mehr hatte (BGH NZI 2016, 829 [zust Froehner]), denn er muss die Prozessführung des Sch gegen sich gelten lassen (zur Abgrenzung § 86 II InsO – § 93 s Hoffmann ZIP 2021, 16 ff IV). – Nach der erstmaligen Veröffentlichung eines Verteilungsverzeichnisses (§ 188 InsO) ist § 93 nicht mehr anwendbar (BGH MDR 2006, 1188 Tz 12). – Obsiegt der Kl in Streitigkeiten nach § 86 I InsO auch im Kostenpunkt (§ 91), wird der KE des Kl zur einfachen InsForderung, wenn der Verwalter sofort anerkannt hat (§ 86 II InsO); str, ob § 86 II InsO analoge Anwendung finden kann bei Feststellungsprozessen über Insolvenzforderungen (s Hoffmann ZIP 2021, 16 ff II 3). – Wird eine Masseschuld-Zahlungsklage erst im Verf zulässig, kann der Verwalter dann noch sofort anerkennen (OLG Rostock NZI 2008, 750). 6.29

• **Klageänderung.** Maßgebend für sof Anerkenntnis ist der Zeitpunkt, in dem sie erstmals erklärt wird, also idR der nächstfolgende Verhandlungstermin (KG MDR 2008, 164); zB bei Übergang von behaupteter vereinbarter Vergütung auf geringere ges Geb der HOAI (OLG Frankfurt MDR 84, 238), von Abschlagszahlung auf Schluss- 6.30

rechnung (OLG Stuttgart NJW-RR 2011, 1591) oder beim Parteiwechsel auf der Klägerseite (KGR Berlin 1996, 127). Nach OLGR Celle 2009, 350 muss das Anerkenntnis sogleich schriftl abgegeben werden. Dem ist zu folgen, wenn das Gericht eine Frist zur Stellungnahme auf den geänderten Antrag setzt oder der Bekl von sich aus erwidert. § 93 verlangt jedoch nicht, dass ein Bekl so schnell reagiert, dass ein bereits angesetzter Termin überflüssig wird, auch wenn schriftl anerkannt werden kann (so aber OLGR Celle 2009, 350); andererseits kann sich der Bekl aber auch nicht beliebig Zeit lassen (s Rn 4).

6.31 • **Klagerücknahme.** Klagerücknahme wegen Erledigung vor Rechtshängigkeit: Für eine reziproke Anwendung des § 93 besteht wegen § 269 III 3 kein Bedürfnis (s Rn 2).

6.32 • **Kostenwiderspruch.** In Arrest- u Verfügungsverf kann der Ag die Hauptsache anerkennen und nur wegen der Kosten Widerspruch einlegen (allgM). Der sog Kostenwiderspruch muss von vornherein und unmissverständl als solcher erklärt werden (OLG Nürnberg GRUR-Prax 2018, 454 Tz 14; OLG Hamburg MDR 89, 1002), darf also nicht mit einem Aufhebungsantrag (LG Braunschweig WRP 84, 363) oder (bei Beschlussverfügungen) mit der Ankündigung des Anerkenntnisses der Hauptsache (OLG Hamm MDR 89, 1001) verbunden werden. Eine Unterwerfungserklärung muss schon mit dem Widerspruch gegen eine Beschlussverfügung abgegeben werden (OLG Düsseldorf MDR 91, 257). Danach kann der Ag nicht mehr beachtl bestreiten, sondern nur noch vorbringen, dass er das Verf nicht iSd § 93 veranlasst habe (OLG Stuttgart WRP 81, 116). Zur **Beschwerde** s § 99 Rn 19. Sa § 91 Rn 13.55.

6.32a • **Künftige Leistung.** §§ 257-259. Schweigen des Sch über seine Erfüllungsbereitschaft, veranlasst noch nicht zur Klage. Sein aktives Verhalten muss vielmehr objektiv Zweifel daran begründen, er werde erfüllen (BGH MDR 2023, 1373 [betr gewerbl Miete, Räumungsverlangen]). Zur Beweislast s Rn 6.11.

6.33 • **Mahnverfahren. 1)** Auf die Kosten beschränkter Widerspruch schließt das sof Anerkenntnis nicht aus (allgM; OLG Schleswig MDR 2006, 228; Fischer MDR 2001, 1336 III; ThP/Hüßtege Rn 7b). – **2)** Bei unbeschränktem Widerspruch gilt dies nicht (Sonnentag MDR 2006, 188 II; aA Fischer MDR 2001, 1336, 1337 III mit einer Ausnahme, wenn der Widerspruch bereits mit einem Bestreiten des Anspruchs verbunden wird). – **3)** Sonderfall: War Bekl zur Überprüfung des Anspruchs (unverschuldet) nicht in der Lage, kann er ohne Kostennachteil zunächst unbeschränkt Widerspruch einlegen (Sonnentag MDR 2006, 190b; Fischer MDR 2001, 1338 V; idS auch BGH 17.3.2009 – VI ZB 14/08 Tz 7: Einzelfallabwägung).

6.34 • **Mietsachen.** Klageveranlassung gegeben, wenn der Mieter bei der Terminsabsprache zur Durchführung von Arbeiten in seiner Wohnung nicht mitwirkt (AG Hamburg MDR 87, 768), wenn er auf ein begründetes Mieterhöhungsverlangen nicht reagiert (LG Berlin NJW-Spezial 2020, 124), wenn er der Kündigung unter Berufung auf eine Mindermeinung in der Rspr widerspricht (LG Köln WuM 93, 541), wenn er zu erkennen gibt, dass er nicht räumen will (OLG Koblenz WuM 2004, 621) oder eine Anfrage wegen der Räumung nicht beantwortet (OLG Stuttgart WuM 99, 414 [abl Breckerfeld NZM 2000, 328]); dagegen nicht, wenn der Mieter innerhalb der Schonfrist zahlt (LG Baden-Baden WuM 96, 472), vor Zustellung der Räumungsklage bereits ausgezogen ist (LG Baden-Baden WuM 96, 473) oder vor Klageerhebung glaubhaft seine Räumung zu einem Termin ankündigt, der kurz nach Klageeinreichung liegt (OLG Dresden ZMR 2015, 122). – Verknüpft der Vermieter die Ankündigung einer Baumaßnahme mit der Aufforderung, eine Duldungserklärung abzugeben, besteht Klageveranlassung allenfalls dann, wenn der Vermieter nach Ablauf einer angemessenen Frist erneut und vergeblich die Abgabe der Erklärung angefordert hat (BGH MDR 2021, 839 Tz 15 [Börstinghaus jurisPR-BGHZivilR 13/2021 Anm 3]). – Stimmt der Mieter vorgerichtlich einem formell ordnungsgemäßen Erhöhungsverlangen nicht zu, kann er sich nicht auf § 93 berufen, wenn der Vermieter dann einen geringeren Betrag einklagt, den der Mieter sofort anerkennt (Börstinghaus jurisPR-BGHZivilR 14/2022 Anm 1). – Sonderregelung in § 93b. – Sa Rn 6.32a.

6.35 • **Prozesskostenhilfe.** Der Bekl muss sich grds am PKH-Verf überhaupt nicht beteiligen, kann danach noch mit der Kostenfolge des § 93 anerkennen (OLG Bremen NJW 2009, 2318; OLG Karlsruhe FamRZ 2009, 1932). Dies gilt nicht, wenn er sich beteiligt u mit einem Zurückweisungsantrag verteidigt (OLG Naumburg FamRZ 2007, 1584) oder den Anspruch sachl bestr (OLG Oldenburg FamRZ 2012, 326). – Zur Frage, ob einem Bekl PKH zu bewilligen ist, wenn er anerkennt und sich nur gegen die Kostenbelastung wendet, s § 114 Rn 16.

6.36 • **Räumungsklagen.** Sonderregelung in § 93b III.

6.37 • **Rechtsprechung, Änderung der –.** § 93 kann eingreifen, wenn der BGH eine seit jeher einhellige Rspr ändert (OLGR Celle 2002, 125).

6.38 • **Rechtsvorgänger.** Versäumnisse von Rechtsvorgängern wirken nach; sa Rn 6.19.

6.38a • **Schulden.** Es ist zu unterscheiden: Bei der Holschuld gibt der Bekl keine Klageveranlassung, wenn er passiv bleibt, die Sache zur Abholung bereithält (OLG Frankfurt 30.5.2022 – 22 W 22/22 Tz 22 [Herausgabe einer Bürgschaftsurkunde]). – Bei der Bring- oder Schickschuld muss er aktiv werden. Klageveranlassung besteht, wenn der Bekl mit der für das Bringen/Schicken geschuldeten Leistung in Verzug gerät. Sa Rn 6.54.

6.39 • **Stufenklage. 1)** Für die Frage der **Klageveranlassung** entscheidet das Verhalten des Bekl vor Klageerhebung, nicht das vor den einzelnen Stufen (s § 254 Rn 11; OLG Stuttgart 24.10.2022 – 19 W 30/22 Tz 10 mN zur aA;

OLG Bremen MDR 2022, 526; OLG Bamberg MDR 2020, 1021; MskV/Flockenhaus Rn 25; aA MK/Schulz Rn 42: stellt erst auf die Leistungsstufe ab). – **2) Sofort** anerkannt werden kann auf jeder Stufe, was alleine dann aber nicht rechtfertigt, § 93 anzuwenden. – **3)** Zur Kostenfolge, wenn die Auskunft ergibt, dass der **Leistungsanspruch nicht besteht** s § 254 Rn 15. § 93 ist dann nicht entsprechend anwendbar (BGH MDR 1994, 717).

• **Teilleistungen.** Da der Sch zu Teilleistungen nicht berechtigt ist (§ 266 BGB), wird er nur kostenfrei, wenn er den gesamten begründeten Anspruch anerkennt (Erman/Artz § 266 BGB Rn 5); anders, wenn Gl Teilleistung nach § 242 BGB nicht hätte ablehnen dürfen (OLG Hamm FamRZ 97, 1413). Bei Teilanerkenntnis keine Teilkostenentscheidung. Bei einem Schuldverhältnis mit selbständigen Ansprüchen, zB im Haftpflichtprozess, ist § 266 BGB nicht anwendbar (Erman/Artz § 266 BGB Rn 4); hier ist § 93 zu jedem Anspruch einzeln zu prüfen. 6.40

• **Überschuldung.** Ein Anerkenntnis ist nicht kostenabwendend, wenn der Bekl überschuldet oder unpfändbar ist (OLG Brandenburg WM 2020, 260; AG/Göertz Rn 13 „Überschuldung“). Die Notwendigkeit der Titulierung ist auch hier Klageveranlassung. Deshalb eine Ausnahme: Wenn die Titulierung einfacher und/oder kostengünstiger möglich gewesen wäre und der Kl ohne Vorwarnung klagte (OLG Karlsruhe MDR 2022, 1183). 6.41

• **Unschlüssige Klage.** Erkennt der Bekl eine unschlüssig begründete Klage an, dann nimmt er damit das Unterliegen im Rechtsstreit auf sich (BGH MDR 2020, 504 [Schwenker jurisPR-BGHZivilR 21/2020 Anm. 6] = NJW 2020, 1442 [Vossler]). In solchen Fällen, also wenn der Kl unschlüssig vorträgt (OLG München 23.1.2025 – 23 W 1954/24 Tz 16), Falsches fordert, wenn er einen noch nicht fälligen Anspruch geltend macht (OLG Köln MDR 2000, 910), erhöhte Verzugszinsen beansprucht (OLG Zweibrücken JurBüro 79, 445), schadet fehlendes Anerkenntnis dem Bekl nicht. Er kann zuwarten, ob der Kl sein Begehren richtigstellt (OLG Nürnberg NJW-RR 97, 636) bzw substantiiert darlegt (OLG Schleswig JurBüro 2000, 657), und dann noch „sofort“ anerkennen, auch wenn er zuvor Verteidigungsbereitschaft angezeigt hatte (BGH MDR 2007, 858). Er kann sich dazu aber nicht beliebig lange Zeit lassen (s Rn 3). – Dagegen fällt es in den Risikobereich des Bekl, wenn er bestr, weil er unberechtigte Berechnungszweifel hat (OLG Dresden 13.4.2018 – 4 U 896/17), oder bestr Tatsachen bewiesen werden (OLG Hamm MDR 88, 971). 6.42

• **Unterhaltssachen.** Geregelt in § 243 FamFG, dort unter S 2 Nr 4. Entscheidung nach billigem Ermessen. 6.43

• **Unzuständigkeit.** Verzichtet der Bekl auf die Einrede, dann wird er bei der Kostenentscheidung nicht damit gehört, der Kl habe vor dem unzuständigen Gericht geklagt. – Verzichtet er nicht, kann er mit dem Anerkenntnis grds abwarten, bis der Kl die Zuständigkeit hinreichend begründet hat (AG/Göertz Rn 19 „Verweisung“) oder die Zuständigkeit durch Änderung der höchstrichterl Rspr eintritt (OLG Koblenz 15.11.2012 – 6 W 557/12 Tz 17). Kann er selbst die Zuständigkeit nach § 39 herbeiführen, kann er mit dem Anerkenntnis bis dahin warten (OLG Bremen NJW 2005, 228). Nach aA muss er sich – die Zuständigkeit begründend – einlassen, wenn dies möglich ist (so MskV/Flockenhaus Rn 34); dies kann aber nur gelten, wenn er kein schützenswertes Interesse an der Verweisung haben kann (so richtig Metz MDR 2020, 391 Tz 22). Sa Rn 6.52 zur Verweisung nach § 98 GVG. 6.44

• **Urkundenprozess.** Ist das Urkundenverf unstatthaft, kann nach Abstandnahme davon noch anerkannt werden, wenn der Anspruch noch nicht bestr war (OLG Stuttgart JurBüro 2011, 542). S näher § 599 Rn 3, Rn 4. 6.45

• **Vergabeverfahren.** § 93 unanwendbar (OLG Frankfurt NZBau 2015, 794). 6.46

• **Verjährung.** Vor Klageerhebung muss der Sch nicht zum Verzicht auf die Einrede aufgefordert werden (OLG Hamm GRUR 92, 563). 6.47

• **Versäumnisurteil. 1)** Erwirken eines VU gegen den Kl schließt sofortiges Anerkenntnis im Einspruchsverf aus (StJ/Muthorst Rn 8 mN, auch zur aA). – **2)** Ein Bekl, gegen den VU erging, kann im Einspruchsverf idR (MskV/Flockenhaus Rn 32) nicht mehr sofort anerkennen (offen, aber in der Tendenz BGH NJW 2019, 1525 Tz 9 [Vossler] = MDR 2019, 701; Schwenker jurisPR-BGHZivilR 14/2019 Anm 4). 6.48

• **Vertagung.** § 93 zugunsten des Bekl unanwendbar, wenn im 1. Termin auf seinen Antrag hin vertagt wird, vorausgesetzt, er hätte sich im Termin schon einlasssen können. 6.49

• **Verteidigungsabsicht.** S Rn 4. 6.50

• **Verwahrung gegen die Kosten.** Soweit damit das Bestreiten des Anspruchs aufrechterhalten wird, bleibt der Bekl kostenpflichtig. Soweit darin nur ein Hinweis auf seine ges Kostenfreistellung nach § 93 liegt, ist der Zusatz unerhebl (OLG Karlsruhe ZMR 2021, 80 Tz 6). – Str, ob die Verwahrung gegen die Kosten, eine Gebührenermäßigung (1211 Nr 2 GKG-KV) hindert (bej OLG München MDR 2023, 326; s näher § 307 Rn 19). 6.51

• **Verweisung.** Kein sof Anerkenntnis, wenn es erst nach der vom Bekl beantragten Verweisung an die KfH (§ 98 GVG) erklärt wird, da bereits die Zivilkammer zuständig ist (MskV/Flockenhaus Rn 34; AG/Göertz Rn 19 „Handelssache“; aA MK/Schulz Rn 47). Sa Rn 6.44. 6.52

• **Verzicht.** S Rn 2. 6.53

• **Verzug.** Ohne Verzug grds keine Klageveranlassung (OLG Saarbrücken JurBüro 2022, 253). – Ein in Verzug gesetzter Sch hat zur Klage Veranlassung gegeben (OLG Frankfurt 31.10.2024 – 30 W 7/24 Tz 19). S auch OLG 6.54

Köln MDR 2019, 697 zum Verzugseintritt ohne Mahnung bei Geldentziehung durch Straftat. – Wird der Schuldnerverzug beendet, besteht ab dann keine Klageveranlassung mehr (LG Bonn MDR 2020, 572). Sa Rn 6.38a.

6.55 • **Vollstreckbarerklärung.** § 537 I 1 (Urteil); § 1060 I (Schiedsspruch). § 93 grds anwendbar (BayObLG 16.12. 2020 – 101 Sch 126/20 Tz 27; zu § 1060 OLG Frankfurt NJW 2025, 1423).

6.56 • **Vollstreckungsabwehrklage.** Keine Klageveranlassung, solange Gl noch Vergleichsbereitschaft signalisiert (OLG Köln MDR 96, 197) oder wenn er nach Erhebung der Verjährungseinrede (betr Zinsen) die ZwV aus dem Titel insoweit sofort beendet (OLG Nürnberg 19.1.2016 – 2 W 8/16). Hier ist aber schon das Rechtsschutzbedürfnis für die Klage zweifelhaft. – Klageveranlassung, wenn Gl aus nichtiger Unterwerfungserklärung vollstreckt (OLGR Hamm 1996, 27), unberechtigte ZwV-Maßnahmen einleitet (OLG Köln NJW-RR 99, 1520) oder trotz rechtskräftiger Scheidung eine 2. vollstreckbare Ausfertigung des Trennungsunterhaltstitels beantragt (OLG Hamm FamRZ 99, 725).

6.57 • **Vormerkung (§ 885 BGB).** Oft wird als Grundsatz angenommen, der Bauunternehmer sei zur Vermeidung der Kostenlast gehalten, den Bauherrn vor Anrufung des Gerichts zur Bewilligung der Vormerkung aufzufordern (zB OLGR Frankfurt 1992, 150; Erman/Artz § 885 BGB Rn 16); ebenso für den vormerkungsfähigen Anspruch auf Eigentumsverschaffung OLG Celle 25.5.2016 – 16 W 38/16 (Gödike/Jördening EWiR 2016, 779). Ob vorherige Aufforderung geboten ist, darf jedoch wegen der Ranggefahr für den Gl nicht nach abstrakter Regel, sondern nur anhand der Einzelfallumstände beurteilt werden.

6.58 • **Wechselforderung.** Solange der Gl dem Sch den Wechsel nicht vorlegt, wird die Forderung nicht fällig (Art 38 I WG) und kann der Sch keine Veranlassung zur Klage geben (OLG Saarbrücken MDR 81, 676).

6.59 • **Wettbewerbsstreitigkeiten.** Bei ihnen hat § 93 große Bedeutung, vor allem bei einstw Verfügungen, mit deren Hilfe die meisten Wettbewerbsstreitigkeiten erledigt werden; in Verf nach dem **UKlaG** ist § 93 entsprechend anwendbar (OLG Frankfurt WRP 2018, 235 Tz 9). – **1) Grundzüge der Anwendung des § 93:** Der Kl oder ASt ist im eigenen Interesse gehalten, den wettbewerbswidrig Handelnden vorher abzumahnen (§ 13 I UWG: „sollen … abmahnen"; zu ihrem notw Inhalt § 13 II UWG), aber keine weitere Abmahnung beim Fehlschlagen der ersten (OLG Frankfurt MDR 2014, 742) u überhaupt keine, wenn sie von vornherein nutzlos erscheint (OLG Frankfurt GRUR-RR 2018, 392 LS). – Abmahnung notw, wenn bereits eine strafbewehrte Unterlassungsverpflichtungserklärung vorliegt (OLG Köln NJW-RR 87, 1448), ggf den Gegner über ihm bekannte einschlägige Rspr zu unterrichten (OLG Frankfurt JurBüro 84, 1087), ein Erwiderungsschreiben des Ag zu beantworten (OLG Frankfurt JurBüro 90, 1217) und den Ablauf der mit der Abmahnung gesetzten Frist abzuwarten (OLG Düsseldorf JurBüro 87, 1407). Dem Ag muss dabei eine ausreichende Frist gesetzt sein (KG 20.11. 2024 – 5 W 144/24, MD 2025, 181). Bei zu kurz bemessener Frist, die eine angemessene in Lauf setzt (OLG Köln WRP 96, 1214), kann dann schon die fernmündl Ankündigung der Abgabe einer strafbewehrten Unterlassungserklärung ausreichend sein (OLG Stuttgart WRP 90, 777). – Ohne Abmahnung läuft der Ast/Kl Gefahr, dass ihm bei sof Anerkenntnis des Gegners die Kosten nach § 93 auferlegt werden, selbst wenn der Gegner einer nach Erlass der Verfügung, aber noch vor deren Zustellung ausgesprochenen Abmahnung nicht nachgekommen ist (OLG Frankfurt NJW-RR 2012, 1018). – Auf eine erbetene Fristverlängerung kann der Gegner nicht vertrauen (OLG Frankfurt 10.11.2016 – 6 W 101/16). – **2) Zugang** der Abmahnung: Als E-Mail zugegangen, sobald abrufbereit zur Verfügung (BGH ZIP 2022, 2301); als Dateianhang zu einer E-Mail idR erst, wenn der Anhang geöffnet wird (OLG Hamm MDR 2022, 781; ausf Hengstberger NJW 2022, 1780). Die **Beweislast** für den fehlenden Zugang trägt der Bekl (s Rn 6.11). – **3) Abmahnung**. Sie muss die konkrete Verletzungshandlung und den Wettbewerbsverstoß eindeutig bezeichnen (§ 13 II Nr 4 UWG); weitere Nachweise sind dann nicht erforderlich, wenn der Ag die Verstöße selbst unschwer im eigenen Bereich nachprüfen kann (KG 20.11.2024 – 5 W 144/24, MD 2025, 181). Die Abmahnung muss nicht wiederholt zu werden, wenn der Verletzer eine früher abgegebene Unterwerfungserklärung einschränkungslos widerruft (OLG Nürnberg WRP 81, 229). Bei zu unbestimmt vorformulierter Unterlassungserklärung hat der Abgemahnte eine auf die konkrete Verletzungshandlung beschränkte Unterlassungserklärung abzugeben (OLG München WRP 93, 42), jedoch muss er nicht selbst eine pauschale und zu weite Verallgemeinerung auf ihren Kern einschränken (KGR Berlin 2007, 1045). Ein über die Abmahnung hinausgehender Verfügungsantrag kann für den Kl im Einzelfall unschädl sein (OLGR Hamburg 2007, 108; § 242 BGB). Versucht der Bekl, mit Einlegung des Widerspruchs sein Verhalten sachl zu rechtfertigen, dann zeigt er damit, dass er Veranlassung zum gerichtl Vorgehen gegeben hat (OLG Stuttgart WRP 83, 713). Zunächst nur rein formelle Reaktionen sind für den Ag aber noch unschädlich (KG MDR 2021, 573; OLG Rostock 6.5.2021 – 2 W 6/21 Tz 20 [Zweifel an der Vertretungsmacht]). – Im Anwendungsbereich von § 13a II UWG keine Klageveranlassung, wenn der Gl in der Abmahnung kein Verhalten verlangt, das dem Gl ein gerichtl Verf entbehrl machen würde, und der Sch auf die Abmahnung hin keinen weiteren Verstoß begangen hat (OLG Stuttgart 1.9.2023 – 2 W 15/22 Tz 32). – **4) Entbehrl** ist die Abmahnung, wenn neben anderen Ansprüchen auch Sequestration verlangt wird (OLG Frankfurt WRP 2022, 342, auch zu Ausnahmen), wenn der Ag im gleichzeitig geführten Hauptsacheverf bestr hat (OLG Frankfurt GRUR 92, 565), bei wiederholtem Wettbewerbsverstoß *nach vorh Unterwerfung* (OLGR Frankfurt 1997, 47), bei vorsätzl Verletzungshandlung (OLG Karlsruhe WRP 81, 542; OLG Köln WRP 83, 118; aA OLG Oldenburg WRP 91, 193), bei bes Dringlichkeit, zB bei Sonderveranstaltungen (OLGR Hamm 1993, 139), Räumungsverkäufen usw, bei einstw Verfügungen, die zusätzl auf eine Sicherstellung gehen (so OLG Nürnberg WRP 81, 342; aA zu Recht OLG Braunschweig NJW-RR 2005, 508 in Fällen fehlender Gefahr des Beiseiteschaffens), bei kurzfristig angekündigten, zeitgebundenen Werbemaßnahmen (OLG Nürnberg WRP 81, 290) oder eine Partnergesellschaft ihn schon erfolglos abgemahnt hatte (OLG Saarbrücken WRP 90, 548). Der Verletzer kann sich auf die fehlende Abmahnung nur berufen, wenn davon auszugehen ist, dass er in diesem Fall eine Unterwerfungserklärung abgegeben hätte (OLG Stuttgart WRP 81, 116). Der ASt muss zur Kostenfreistellung darlegen und beweisen, dass er ausnahmsw nicht abzumahnen brauchte (OLG München WRP 96, 930: vorauszusehende Erfolglosigkeit) oder die Kürze der Verwarnungsfrist berechtigt war (OLG Stuttgart WRP 83, 305: 2 ½ Stunden, um Wiederholung ganzseitiger Zeitungsanzeige zu verhindern; OLG Frankfurt WRP 96, 1194: 39 Minuten). Abmahnung erfolgt schriftl (zB per Telefax, KG NJW 93, 3336), nicht telefonisch (OLGR Hamm 1993, 139). Unter Anwesenden, zB auf einer Messe, kann mündl Abmahnung geboten sein (OLG Frankfurt JurBüro 95, 324). Reagiert der Verletzer auf ein Abmahnschreiben nicht oder gibt er nur eine nicht ausreichende Unterlassungserklärung ab, dann gibt er Veranlassung zur Klageerhebung (OLG Hamburg NJW 86, 2119), es sei denn, eine „Nachfasspflicht" ist anzunehmen (KG 16.6.2017 – 5 W 60/17 Tz 8). – **5) Wahlrecht.** Der Gl kann zwischen Hauptsacheklage u einstw Vfg wählen. Es besteht idR kein schützenswertes Interesse, dass er beide Verf gleichzeitig betreibt (OLGR Dresden 1996, 151; aA OLG Hamm MDR 91, 545); anders, wenn die Absicht des Sch, sich nicht zu unterwerfen, schon eindeutig ist. – Das Erg eines Verfügungsverf muss der Gl vor Einleitung eines Hauptsacheverf abwarten, jedenfalls wenn die Entscheidung unmittelbar bevorsteht (OLGR Frankfurt 2007, 717). Hat er eine einstw Verfügung erwirkt, muss er vor **Erhebung der Hauptklage** erneut verwarnen, weil die Abmahnung vor Einleitung des Verfügungsverf nicht auch für das Hauptverf wirkt (ausf BGH MDR 2015, 859). Dieses Schreiben nach Erlass einer einstw Verfügung nennt man **Abschlussschreiben**, das grds nicht entbehrl ist (OLG Düsseldorf 3.3.2016 – 15 U 30/15 Tz 162; s § 91 Rn 13.2). Der Verletzer wird dadurch gezwungen, seinen Standpunkt im Hinblick auf die gegen ihn erlassene einstw Verfügung erneut zu überdenken, und hat die Möglichkeit, sich ohne kostspieligen Hauptprozess zu unterwerfen (nach OLG Stuttgart WRP 96, 152 auch konkludent). Damit dieser Erfolg erreicht werden kann, muss ihm im Abschlussschreiben eine angemessene **Überlegungsfrist** gesetzt werden; eine zu kurze Frist setzt eine angemessene in Gang. Nach OLG Hamm MDR 99, 372 ist ein Abschlussschreiben entbehrl, wenn der Sch den Widerspruch gegen eine Beschlussverfügung zurückgenommen hat.

• **Widerklage.** Bis alle Voraussetzungen für die Zulässigkeit u Begründetheit gegeben sind, kann noch rechtzeitig anerkannt werden (OLG Koblenz 15.11.2012 – 6 W 557/12). 6.60

• **Widerspruchsklage nach § 771.** Zur Vermeidung seiner Kostenlast muss der Kl dem Bekl/Gl das die Vollstreckung hindernde Recht so rechtzeitig vor Klageerhebung ausreichend glaubhaft machen, dass der Bekl, der an der vorprozessualen Aufklärung mitzuwirken hat (OLGR München 1992, 111), dies noch nachprüfen kann (Leuschner AcP 207 [2007], 99). Schriftl Aufforderung zur Freigabe ohne begl Abschriften oder Ablichtungen von Urkunden (Vertrag, Rechnung usw), die das Eigentumsrecht belegen, genügt nicht, auch nicht bloße privatschriftl eidesstattl Vers oder Bezugnahme auf Schriftstücke, die sich in Händen Dritter befinden, wohl aber begl Abschrift einer vor dem Vollstreckungsgericht abgegebenen eidesstattl Vers. Abgabe einer eidesstattl Vers erst in oder mit der Klageschrift macht den Kl kostenpflichtig, wenn der Bekl nach Zustellung die gepfändeten Gegenstände freigibt. Stets ist zu berücksichtigen, dass eidesstattl Vers des Widerspruchskl oder gar des Vollstreckungssch nur ganz schwache Beweiskraft haben und deshalb häufig nicht zur Glaubhaftmachung hinreichen (OLGR Düsseldorf 1998, 126). Ist Interventionsklage erhoben worden und wird das Recht des Dritten erst durch Vernehmung der von ihm benannten Zeugen nachgewiesen, kann bei gleichzeitiger Freigabe noch sofort anerkannt werden (OLG Düsseldorf NJW-RR 98, 790). 6.61

• **Wiederaufnahmeverfahren (§ 580).** § 93 ist nicht anwendbar (OLG Düsseldorf 19.12.2019 – 2 U 41/19 Tz 33). 6.62

• **Wohnungseigentum.** Kein § 93 bei Anfechtungsklagen (LG Stuttgart 19.2.2021 – 10 T 47/21; AG Wiesbaden ZMR 2012, 66 wegen der Monatsfrist des § 46 WEG aF zur Klageerhebung; ebenso AG Recklinghausen 11.4.2018 – 91 C 1/18; zust MK/Schulz Rn 56; aA AG/Göertz Rn 19 „Wohnungseigentümer"). Die Monatsfrist gilt weiterhin (§ 45 S 1 WEG). Bei der Frage einer Klageveranlassung ist allerdings auf das vorprozessuale Verhalten der Bekl abzustellen (s Rn 3) und die Klagefrist im WEG ist keinem Verhalten der verklagten Partei zuzurechnen. Dennoch ist den Entscheidungen im Ergebnis zuzustimmen, denn die Klageveranlassung durch die Gemeinschaft liegt bereits in der Beschlussfassung, weshalb § 93 nicht anwendbar wird (AG Hamburg-St. Georg ZMR 2019, 224 Tz 12 mN). – Kann ein WE sein Rechtsschutzziel nur durch Klage erreichen, kann er auch bei einem sof Anerkenntnis nicht mit Kosten nach § 93 belastet werden (LG Frankfurt/M ZWE 2024, 425 [zu § 24 III WEG]). 6.63

• **Zurückbehaltungsrecht.** Klageveranlassung fehlt, wenn der Sch vorprozessual zu erkennen gegeben hat, dass er die Leistung nur wegen eines Gegenanspruchs zurückhält und dieser Anspruch besteht (BGH MDR 2016, 232). – Bringt der Kl das Gegenrecht während des Rechtsstreits zum Erlöschen, fehlte es bis dahin an der Klageveranlassung u der Bekl kann dann noch sofort anerkennen (BGH MDR 2005, 1068), sofern er vorher eine Zug-um-Zug-Verurteilung beantragt hatte. Sa Rn 6.17. 6.64

VI) Kosten des Gerichts. S ausf § 307 Rn 19. 7

§ 93a (weggefallen)

§ 93b Kosten bei Räumungsklagen

(1) [1]Wird einer Klage auf Räumung von Wohnraum mit Rücksicht darauf stattgegeben, dass ein Verlangen des Beklagten auf Fortsetzung des Mietverhältnisses auf Grund der §§ 574 bis 574b des Bürgerlichen Gesetzbuchs wegen der berechtigten Interessen des Klägers nicht gerechtfertigt ist, so kann das Gericht die Kosten ganz oder teilweise dem Kläger auferlegen, wenn der Beklagte die Fortsetzung des Mietverhältnisses unter Angabe von Gründen verlangt hatte und der Kläger aus Gründen obsiegt, die erst nachträglich entstanden sind (§ 574 Abs. 3 des Bürgerlichen Gesetzbuchs). [2]Dies gilt in einem Rechtsstreit wegen Fortsetzung des Mietverhältnisses bei Abweisung der Klage entsprechend.

(2) [1]Wird eine Klage auf Räumung von Wohnraum mit Rücksicht darauf abgewiesen, dass auf Verlangen des Beklagten die Fortsetzung des Mietverhältnisses auf Grund der §§ 574 bis 574b des Bürgerlichen Gesetzbuchs bestimmt wird, so kann das Gericht die Kosten ganz oder teilweise dem Beklagten auferlegen, wenn er auf Verlangen des Klägers nicht unverzüglich über die Gründe des Widerspruchs Auskunft erteilt hat. [2]Dies gilt in einem Rechtsstreit wegen Fortsetzung des Mietverhältnisses entsprechend, wenn der Klage stattgegeben wird.

(3) Erkennt der Beklagte den Anspruch auf Räumung von Wohnraum sofort an, wird ihm jedoch eine Räumungsfrist bewilligt, so kann das Gericht die Kosten ganz oder teilweise dem Kläger auferlegen, wenn der Beklagte bereits vor Erhebung der Klage unter Angabe von Gründen die Fortsetzung des Mietverhältnisses oder eine den Umständen nach angemessene Räumungsfrist vom Kläger vergeblich begehrt hatte.

1 **I) Anwendungsbereich.** Begrenzt auf Wohnraummietverhältnisse und dabei eng auszulegen (allgM; zB MskV/Flockenhaus Rn 1; AG/Göertz Rn 3); keine analoge Anwendung. Räumungsklage/-widerklage erfolgreich (I 1), erfolglos (II 1); Klage/Widerklage auf Fortsetzung des Mietverhältnisses erfolgreich (II 2), erfolglos (I 2). – Bei Anerkenntnis und Räumungsfrist: III mit Anbindung an § 721. Neben III bleibt § 93 anwendbar (StJ/Muthorst Rn 38), zB wenn anerkannt wird ohne Räumungsfrist (PG/Schneider Rn 30). – Bei einer Klagenhäufung gilt § 93b für seinen Bereich, daneben kommen die anderen Kostenvorschriften zur Anwendung (Kostenmischentscheidung).

2 **II) Ratio.** Kostenbelastung der obsiegenden Partei aus sozialen Gründen (I, II); „Kostenstrafe" für die Partei, die vorprozessual sich der gütlichen Einigung widersetzt hat, ohne hierfür hinreichende Gründe gehabt zu haben (III). Die Eröffnung des Ermessens („kann") und die Möglichkeit, § 93b in jedem seiner Fälle ganz, aber auch nur teilweise anzuwenden, machen deutlich, dass, anders als zB bei § 91, der Gedanke der Einzelfallgerechtigkeit im Vordergrund steht.

3 **III) Mieter im Verfahren unterlegen (§ 93b I). 1) Klage.** Vermieter muss auf Räumung von Wohnraum geklagt (I 1) oder Mieter muss die Fortsetzung des Mietverhältnisses gem §§ 574-574b BGB verlangt haben (I 2); Form und Frist des Widerspruchs: § 574b BGB. Begründung: bloße Bezugnahme auf § 574 I 1 BGB genügt nicht, vielmehr müssen vorgerichtlich konkrete Gründe angegeben worden sein.

4 **2) Entscheidung.** Mieter muss zur Räumung verurteilt worden sein (I 1), bzw seine Fortsetzungsklage muss deshalb abgewiesen worden sein, weil die berechtigten Interessen des Vermieters stärker waren als die des Mieters (I 2). In Abweichung von § 91 kann die obsiegende Pareti dann mit Kosten belastet werden.

5 **3) Erfolgreiche Räumungsklage (§ 93b I 1).** Hatte der Vermieter nur aus **nachträgl**, also nach Absendung des Kündigungsschreibens (§ 573 III 2, § 574 III BGB) eingetretenen Gründen den Prozess gewonnen, so können dem siegreichen Vermieter die Kosten ganz oder teilw auferlegt werden (I 1; zB LG Kaiserslautern WuM 90, 446). Hätten allerdings die Gründe des Mieters die Fortsetzung des Mietverhältnisses schon ohne Berücksichtigung der berechtigten Interessen des Vermieters nicht gerechtfertigt, so scheidet § 93b I aus (LG Hagen ZMR 65, 141 [Linke]). Dies gilt ganz allg, wenn der Mieter mit seinem Fortsetzungsbegehren aus anderen Gründen unterliegt als wegen des Überwiegens der berechtigten Interessen des Vermieters zB, wenn der Mieter selbst das Mietverhältnis gekündigt hat.

6 **4) Erfolglose Klage auf Fortsetzung des Mietverhältnisses (§ 93b I 2).** Klageabweisung auf Grund berechtigter Interessen des Bekl, wobei die Gründe erst so spät entstanden sein dürfen, dass er sie vorprozessual nicht bereits hat vorbringen können. Bei jeder anderen Begründung der Klageabweisung ist I 2 unanwendbar.

7 **IV) Vermieter im Verfahren *unterlegen* (§ 93b II).** II ist das Gegenstück zu I. Der Mieter soll bei Abweisung der Räumungsklage/der Verurteilung des Vermieters zur Fortsetzung des Mietverhältnisses nicht ohne Kostenfolgen bleiben, wenn er die vom Vermieter verlangte Auskunft über die Gründe seines Widerspruchs (§ 574b I 2

BGB) nicht oder nicht unverzügl (§ 121 I 1 BGB) oder nur unvollständig erteilt hat (II 1; Meyer-Abich NZM 2016, 329, 342). Unter denselben Voraussetzungen können dem Mieter als siegreichem Kl in einem Rechtsstreit wegen Fortsetzung des Mietverhältnisses ganz oder teilw die Kosten auferlegt werden (II 2).

V) Anfechtung. Nach § 99 I sind die Entscheidungen nach I, II nur anfechtbar, wenn auch gegen die Entscheidung in der Hauptsache ein Rechtsmittel eingelegt wird. Zum Anerkenntnis (III) s Rn 12 aE. 8

VI) Anerkenntnis des Räumungsanspruchs (§ 93b III). 1) Gegenstand. Der Anspruch muss auf Räumung von Wohnraum gerichtet sein; nicht vorausgesetzt ist ein bestehendes (PG/Schneider Rn 29) Mietverhältnis. Verlangt der Bekl eine angemessene Räumungsfrist, kann Wohnraum auch auf Grund Pacht oder eines anderen Vertragstyps überlassen worden sein. Gesetzeswortlaut und -zweck erfassen auch diese Fälle. III hat Strafcharakter (AG Hamburg WuM 93, 549): Der Kl, der auf Räumung klagt, soll Kosten tragen, wenn Bekl für seinen freiw Auszug nur noch etwas Zeitaufschub benötigt hatte. III korrespondiert hier mit § 721, der nicht nur für Mietverhältnisse gilt (s § 721 Rn 3). 9

2) Sofortiges Anerkenntnis. Bekl muss den Räumungsanspruch sofort (§ 93; s § 93 Rn 4) vorbehaltl der Räumungsfrist anerkannt haben; ob er Anlass zur Klage gegeben hat, ist ohne Belang (LG Freiburg NJW-RR 90, 382). Anzeige der Verteidigungsbereitschaft im schriftl Vorverf schließt ein folgendes sof Anerkenntnis nach überwiegender Rspr nicht aus (LG Freiburg WuM 93, 553; LG Köln WuM 96, 567; LG Stuttgart WuM 2004, 620; AG Hannover WuM 93, 551: Anerkenntnis in der Klageerwiderung reicht; ähnl LG Flensburg WuM 93, 553: innerhalb Frist für die Verteidigungsanzeige; aA LG Lübeck u LG Regensburg WuM 93, 552: im 1. Schriftsatz). Tritt Fälligkeit des Räumungsanspruchs erst während des Prozesses ein, reicht ein sof Anerkenntnis im folgenden Termin aus (LG Köln WuM 93, 542). Auch nach Einspruch gegen ein Räumungs-VU (LG Kiel WuM 93, 550; AG/Göertz Rn 26; PG/Schneider Rn 31; aA MskV/Flockenhaus Rn 5) und noch im Berufungsverf (LG Karlsruhe WuM 93, 461) kann sofort anerkannt werden. Nach übereinstimmenden Erledigterklärungen wird über die Kosten unter Berücksichtigung des Rechtsgedankens des III nach § 91a entschieden (StJ/Muthorst Rn 39). 10

3) Zeitpunkt. Vor Klageerhebung muss der Bekl unter Angabe von Gründen (LG Kassel DWW 71, 94) eine **Fortsetzung** des Mietverhältnisses oder den Umständen nach angemessene **Räumungsfrist** vergebl vom Kl begehrt haben; die Räumungsfrist kann auch auf Grund Kündigung durch den Mieter notwendig geworden sein (LG Freiburg WuM 96, 716; AG Kassel WuM 93, 541). Der Mieter darf nicht nur ganz unbestimmte Äußerungen zur Frage seines Auszugs machen (LG Frankenthal WuM 93, 547; AG Langenfeld WuM 93, 459; AG Hannover WuM 93, 547; zu weit AG Münster WuM 93, 550). Es reicht aber aus, wenn die Frist bestimmbar ist (LG Freiburg WuM 93, 553), wobei bei angespannter Wohnungsmarktsituation regelmäßig auch längere Fristen angemessen sind (AG Recklinghausen WuM 93, 545; AG Köln WuM 93, 546), jedenfalls solche, die auch das Gericht bewilligen würde (LG Regensburg WuM 93, 545; AG Recklinghausen WuM 93, 546). Die Parteien sollen das Gespräch suchen (LG Arnsberg WuM 95, 322), der Vermieter auch dann, wenn das Fristverlangen unangemessen ist (LG Wuppertal WuM 93, 548; AG Hamburg WuM 93, 549). Nach Gewährung einer angemessenen Frist ist der Vermieter grds nicht verpflichtet, um Kostennachteile im folgenden Prozess zu vermeiden, eine weitere Frist zu gewähren (LG Stuttgart WuM 93, 544); für nachgewiesene Notsituationen muss er aber Verständnis zeigen (AG Lörrach WuM 93, 543). Wenn der Mieter wegen wahrscheinl Auszugs keine Räumungsfrist beantragt, kann gleichwohl zu seinen Gunsten III angewendet werden (LG Essen ZMR 72, 16). Bei einem Auszug vor gerichtl Entscheidung kommt es darauf an, ob voraussichtl eine Räumungsfrist gewährt worden wäre (AG Bergheim WuM 93, 546); vorausgesetzt, der Räumungsanspruch war anerkannt (LG Köln ZMR 70, 366). Erhebt der Vermieter zunächst auf fristlose Kündigung gestützte Räumungsklage und stellt er im Verlauf des Rechtsstreits sein Klagebegehren auf Räumung wegen ordentl Kündigung um, kommt es für die Kostenverteilung nach III nicht darauf an, ob fristlose Kündigung zulässig und begründet war; ein Klageanerkenntnis des Mieters nach der Umstellung der Klage ist dann noch rechtzeitig u ein vorprozessuales Räumungsfristbegehren nicht erforderl (LG Mannheim MDR 72, 695). Ein Begehren des Mieters, das Mietverhältnis auf **unbestimmte Zeit** fortzusetzen, steht Räumungsfristverlangen nicht gleich (LG Stuttgart WuM 93, 550; LG Kiel WuM 93, 550; MK/Schulz Rn 20; ThP/Hüßtege Rn 13; aA Harsch WuM 95, 246, 247). Die „Kostenstrafe" für Kl ist ja nur damit begründet, dass er dem räumungswilligen Bekl keine Frist gewährte, was nicht zutrifft, wenn dieser überhaupt nicht ausziehen wollte. Ist der Widerspruch gegen Kündigung nach § 574 BGB nicht fristgerecht (§ 574b II BGB) erhoben, können die Widerspruchsgründe uU als Räumungsfristbegehren gem III gewertet werden (AG Wetter-Ruhr ZMR 65, 143). Für das Begehren einer Räumungsfrist genügt die Bitte um „Nachsicht" nicht (LG Lübeck SchlHA 70, 141), hingegen kann ein „Kündigungswiderspruch" reichen, wenn daraus eindeutig hervorgeht, dass nur Räumungsfrist gemeint ist (LG Köln WuM 98, 499). 11

4) Räumungsfrist. Ist sie (§ 721 I 1) im Urteil bewilligt worden, so können die Kosten ganz oder teilw dem Kl auferlegt werden. Die beantragte Frist muss der gewährten nicht genau entsprechen (LG Osnabrück MDR 66, 151; aA StJ/Muthorst Rn 28 mN: „einigermaßen bestimmt sein"). Es genügt, dass der Bekl zu erkennen gegeben hat, er sei mit jeder angemessenen Zwischenlösung einverstanden. Bei der Bemessung des Kostenanteils ist der Bereitschaft des Vermieters zur Rücksichtnahme und dessen Verständnis für die Situation des Mieters Rechnung zu tragen (LG Köln WuM 93, 460). Da auf Grund des sof Anerkenntnisses nur die Räumungsfrist in Frage 12 steht, hat der Kl idR alle Kosten zu tragen, wenn er keine oder eine nur unangemessen kurze Frist hatte gewähren wollen. War zugleich das vorprozessuale Verlangen des Bekl überzogen, kommt grds Kostenaufhebung in Betracht. Anfechtung: § 99 II 1 (StJ/Muthorst Rn 36; MskV/Flockenhaus § 99 Rn 14; AG/Göertz Rn 37).

§§ 93c, 93d (weggefallen)

§ 94 Kosten bei übergegangenem Anspruch

Macht der Kläger einen auf ihn übergegangenen Anspruch geltend, ohne dass er vor der Erhebung der Klage dem Beklagten den Übergang mitgeteilt und auf Verlangen nachgewiesen hat, so fallen ihm die Prozesskosten insoweit zur Last, als sie dadurch entstanden sind, dass der Beklagte durch die Unterlassung der Mitteilung oder des Nachweises veranlasst worden ist, den Anspruch zu bestreiten.

1 **I) Kostentrennung.** § 94 ist ein Fall der Kostentrennung, wenn der Kl den Bekl nicht auf den vor Klageerhebung erfolgten (MskV/Flockenhaus Rn 2; aA StJ/Muthorst Rn 3: Zeitpunkt unerheblich) Anspruchsübergang hingewiesen hatte. Die Entscheidung ergeht ohne Antrag (ThP/Hüßtege Rn 1), dem Gericht ist kein Ermessensspielraum eingeräumt (allgM; MskV/Flockenhaus Rn 4). Nur insoweit sind dem sonst siegreichen Kl die genau auszusondernden Kosten aufzuerlegen, als sie durch seine Unterlassung (der Mitteilung oder des Nachweises) veranlasst wurden. Das können die bes Kosten für eine bestimmte Beweisaufnahme, uU aber auch die gesamten Prozesskosten sein, wenn näml der Bekl zunächst nur die Sachbefugnis des Kl im schriftl Vorverf (§ 272 II, § 276) oder in der mündl Verh (§§ 275, 279) bestr, nach deren Klärung aber den Anspruch sofort anerkennt. Verlangt der Bekl den Nachweis lange nach Rechtshängigkeit erst kurzfristig vor dem Termin, in dem er dann anerkennt, findet § 94 keine Anwendung (OLG München MDR 2007, 1394). Dem Kl kann nämlich nicht der Vorwurf nicht rechtzeitiger Reaktion gemacht werden. Zur **sof Beschwerde** bei AU s § 93 Rn 5 aE.

2 **II) Prozessführungsbefugnis.** Deren Übergang genügt ebenfalls zur Anwendung des § 94 (MskV/Flockenhaus Rn 2). Hier darf aber nur das Bestreiten dieser Befugnis durch die Unterlassung der Mitteilung verursacht sein (StJ/Muthorst Rn 5).

§ 95 Kosten bei Säumnis oder Verschulden

Die Partei, die einen Termin oder eine Frist versäumt oder die Verlegung eines Termins, die Vertagung einer Verhandlung, die Anberaumung eines Termins zur Fortsetzung der Verhandlung oder die Verlängerung einer Frist durch ihr Verschulden veranlasst, hat die dadurch verursachten Kosten zu tragen.

1 **I) Zweck.** Der Prozessverschleppung in der Instanz entgegenzuwirken.

2 **II) Voraussetzungen. 1) Versäumung.** Das kann einen Termin (§§ 216 ff; versäumt: s § 220 II), eine gesetzliche oder eine richterliche Frist (§ 221) betreffen, auch ohne Verschulden. Entspr Anwendung bei Verlegung eines vom SV angesetzten Termins. § 238 IV, § 344 gehen vor.

3 **2) Verschulden.** In den übrigen Fällen ist Verschulden (vgl § 276 BGB) erforderl; Maßstab die im Prozess zu beobachtende Sorgfalt. OLG Hamburg WRP 2015, 647 Tz 10 bejaht Verschulden, wenn es zu einem Termin kommt, weil der ASt eine Erledigungserklärung unterlässt. Für ihren Bevollmächtigten muss die Partei einstehen (§ 51 II, § 85 II).

4 **III) Entscheidung.** Sie ergeht nicht in isoliertem Beschluss, sondern im Kostenausspruch des Urteils. Hierbei ist genau auszusondern und das jew kostenverursachende Verhalten der Partei konkret zu bezeichnen. Anfechtung nur der Kostenentscheidung, soweit sie auf § 95 beruht, wegen § 99 I unzulässig; anders, wenn die Kostenentscheidung, unabhängig von § 95, insgesamt beschwerdefähig ist, zB nach § 91a (PG/Schneider Rn 14). – Der (fehlerhafte) isolierte Beschluss ist analog § 91a, § 99 II anfechtbar (MskV/Flockenhaus Rn 3; aA 35. Aufl). – Das Unterlassen der Trennung kann ggf nach § 321a gerügt werden.

5 **IV) Verzögerungsgebühr (§ 38 GKG). 1) Voraussetzungen.** § 38 GKG (§ 32 FamGKG) hat Strafcharakter, ist eine Sanktion für schuldhaften (§ 276 BGB) Verstoß gegen die Prozessförderungspflicht (KG NJW-RR 2025, 127 = MDR 2025, 279). Er wird *ebenso* wie § 95 in der Praxis nur selten angewendet. Das Gericht kann in jedem Verf, das sich nach der ZPO richtet, einem Beteiligten (§ 38 S 1, 3 GKG) eine sog Verzögerungsgeb auferlegen (vgl KV 1901; § 38 S 2 GKG), wenn durch dessen Verschulden (hierzu OLG Stuttgart NJW-RR 2018,

1471; OLG Frankfurt MDR 2023, 186 [zum Verschulden nicht überzeugend]) die Vertagung einer mündl Verh oder die Anberaumung eines neuen Termins zur mündl Verh veranlasst wurde (OLG Celle MDR 2007, 1345 zur „Flucht in die Säumnis"; Beckmann MDR 2004, 430). Dies gilt auch, wenn die Rechtsstreiterledigung durch schuldhaftes nachträgl Vorbringen von Angriffs- oder Verteidigungsmitteln, Beweismitteln oder Beweiseinreden, zu deren Vortrag die Partei ohne weiteres früher in der Lage gewesen wäre, verzögert worden ist. Verzögerung ist ausgeschlossen, wenn Vorbringen nach §§ 282, 296, 530 zurückgewiesen wird, nicht jedoch, wenn dies mögl gewesen wäre, aber nicht geschehen ist. Hätte das Gericht ohnehin vertagen müssen (§ 335) oder muss auf Grund nachvollziehbaren Verhaltens des ProzBev vertagt werden (OLG Naumburg NJW-RR 2023, 359), scheidet die Verhängung einer Verzögerungsgeb aus; ebenso, wenn das Gericht die Verzögerung hätte abwenden können (OLG München NJW-RR 2001, 71).

2) Verfahren. Vor der Verhängung der Geb ist in jedem Fall die Anhörung der Partei notwendig (OLG Hamm 6 NJW-RR 95, 1406). Eine wiederholte Festsetzung der Geb ist zulässig. Mögl ist auch das Festsetzungsverf gegen beide Parteien. Bei Streitgenossen kann die Geb nicht einheitl, sondern nur gegen jeden Streitgenossen nach dem für ihn maßgebenden Streitwert gesondert festgesetzt werden. Die Geb ist ohne Rücksicht auf bewilligte PKH oder Gebührenfreiheit einzuziehen. Der Beschluss über die Auferlegung der Verzögerungsgeb ist zu begründen. Er kann bei hinreichender Beschwer oder Zulassung nach § 69 GKG angefochten werden.

3) Kosten. Wie der erstinstanzl Beschluss über Verzögerungsgeb ist auch das **Beschwerdeverf** gerichtsgebüh- 7 renfrei. Außergerichtl Kosten werden in keiner Instanz erstattet (§ 69 S 2, § 66 VIII GKG).

§ 96 Kosten erfolgloser Angriffs- oder Verteidigungsmittel

Die Kosten eines ohne Erfolg gebliebenen Angriffs- oder Verteidigungsmittels können der Partei auferlegt werden, die es geltend gemacht hat, auch wenn sie in der Hauptsache obsiegt.

I) Geltungsbereich. § 96 gilt in allen Verf der ZPO und auch in FamStreitsachen (§§ 112, 113 I 2 FamFG; AG/ 1 Göertz Rn 3).

II) Kostentrennung. § 96 ist ein Fall der **Kostentrennung** (ausf Schmitt NJW 2021, 1131), hat Sanktionscha- 2 rakter und ist eng auszulegen (BGH MDR 2019, 983). – Die Partei muss in der Hauptsache obsiegen, nicht zwingend vollständig. Ausreichend ist ein vollständiges Obsiegen nur hinsichtl des Teils der Klage, auf den sich das erfolglose Angriffs- oder Verteidigungsmittel bezogen hat (AG/Göertz Rn 6 mN, auch zur aA; Schmitt NJW 2021, 1131 Tz 18). – Antrag des Gegners ist nicht erforderl. – Angriffs- und Verteidigungsmittel (sa die Beispielliste in § 282 I): einfaches Bestreiten (OLG Frankfurt BauR 2019, 282 Tz 44), Einwendungen, Einreden, zB der fehlenden Prozesskostensicherheit, aber auch Beweismittel. – Einsprüche, Widerklagen und Rechtsmittel sind keine Angriffsmittel iSv § 96.

III) Analoge Anwendung. Entsprechend anwendbar ist § 96 jedenfalls, wenn zwischen den Gegenständen von 3 Klage u sBV nur Teilidentität besteht, weil ein Teil des Wertes des sBV nicht in das Klageverf gelangt (OLG Karlsruhe 5.4.2018 – 12 U 175/17 Tz 67, Tz 68 mwN; MskV/Flockenhaus Rn 3), wobei hier dann auch eine doppelte Kostenquotelung (erst nach Identität und dann nach Obsiegen/Unterliegen) denkbar ist (OLG Köln 7.12.2016 – 19 W 31/16 Tz 8; Schmitt NJW 2021, 1131 Tz 25 ff, Tz 29). Auch bei Rücknahme von Klage und Widerklage kann § 96 über den Wortlaut hinaus zur Anwendung kommen (s Rn 5). Weitergehend befürwortet Schmitt MDR 2023, 193 Rn 27 ff eine Verteilung der Beweisaufnahmekosten generell analog § 96. Sa § 92 Rn 5.

IV) Ermessen. Ermöglicht ist eine **Ermessenentscheidung**. Verschulden der Partei ist nicht Voraussetzung 4 (allgM; zB StJ/Muthorst Rn 1 mN). Das Mittel muss ohne Einfluss auf die Sachentscheidung geblieben sein (OLG Hamm 30.5.2017 – 28 U 198/16 Tz 38); ist das Mittel auch nur teilweise brauchbar, ist § 96 nicht anzuwenden (OLG Stuttgart 16.2.2023 – 2 U 226/21 Tz 42). – Die Erfolglosigkeit des Mittels alleine reicht aber noch nicht aus, um nach § 96 vorzugehen. Es kommt darauf an, inwieweit sie für die Partei voraussehbar gewesen ist (BGH MDR 2019, 983; OLG Stuttgart 16.2.2023 – 2 U 226/21 Tz 41). – Dem Kl können hiernach zB, wenn er zunächst aus einem anderen Grund klagt und nach der Beweisaufnahme die Klage mit Erfolg ändert oder aus anderen rechtl Gesichtspunkten obsiegt, im Urteil die Kosten der Beweisaufnahme auferlegt werden (OLG Nürnberg 25.3.2021 – 3 W 727/21 Tz 14). – Dem Bekl können die Kosten einer Beweisaufnahme auferlegt werden, wenn sie wegen einer unbegründeten prozesshindernden Einrede, wegen falscher Angaben (KG 10.2.2021 – 25 U 160/19 Tz 18 betr Vortrag zum Hergang eines Verkehrsunfalls) oder wegen unbegründeten Bestreitens (OLG Düsseldorf 6.9.2018 – 20 U 42/17 Tz 62) entstanden sind, selbst wenn die Klage abgewiesen wird.

V) Konkurrenzen, Anfechtung. Die Kostenregelungen der § 75 S 2, § 238 IV, § 344 haben Vorrang (MskV/ 5 Flockenhaus Rn 1). Bei der Ermessensentscheidung nach § 91a wird der Rechtsgedanke des § 96 ggfs mitberücksichtigt. Neben § 93 ist § 96 unanwendbar (Streit/Schade JurBüro 2004, 120; ähnl PG/Schneider Rn 4: Anwendung „kaum denkbar"). Bei der Rücknahme (§ 269 III 2) ist § 96 grds nicht anwendbar (str; s Greger § 269

Rn 18; aA MskV/Foerste § 269 Rn 12); bei wechselseitigen Rücknahmen (Klage und Widerklage) sollte dies aber wegen des Gedankens der Kostengerechtigkeit nicht gelten (zutr OLG Stuttgart MDR 2006, 1137). – Keine isolierte Anfechtung des allein auf § 96 beruhenden Teils der Kostenentscheidung (Schmitt NJW 2021, 1131 Tz 31); es gilt § 99 I.

6 **VI) Kostenfestsetzungsverfahren.** Wird die Anwendung des § 96 bei der Kostengrundentscheidung übersehen, kann dies im KFV nicht korrigiert werden (BGH BauR 2006, 865).

§ 97 Rechtsmittelkosten

(1) Die Kosten eines ohne Erfolg eingelegten Rechtsmittels fallen der Partei zur Last, die es eingelegt hat.

(2) Die Kosten des Rechtsmittelverfahrens sind der obsiegenden Partei ganz oder teilweise aufzuerlegen, wenn sie auf Grund eines neuen Vorbringens obsiegt, das sie in einem früheren Rechtszug geltend zu machen imstande war.

1 **I) Erfolglose Rechtsmittel. 1) Erfolglos.** Das Rechtsmittel ist erfolglos, wenn es als unbegründet zurückgewiesen oder als unzulässig verworfen oder nur in einem Nebenpunkt (§ 4 I Hs 2) abgeändert wird, zB wegen der Kosten (BGH NJW 92, 2969) oder der Zinsen. Führt das Rechtsmittel aber zu einer nicht nur verhältnismäßig geringfügigen (hierzu s § 92 Rn 10) Abänderung im Zinspunkt, liegt Teilerfolg vor (MskV/Flockenhaus Rn 3). Kostenrechtl erfolglos ist das Rechtsmittel, wenn der Kl in 2. Instanz antragsgemäß Klageabweisung als unzulässig statt, wie erstinstanzl, als unbegründet erreicht (OLG Zweibrücken NJW-RR 99, 1666). – Bei Teilerfolg ist § 92 anwendbar (OLG München 31.7.2019 – 20 U 624/19 Tz 35 zu § 92 II Nr 1). – „Rechtsmittel" ist auch die Erinnerung nach § 103 III (s § 104 Rn 21.50). – Zur Kostenentscheidung bei der Anschließung s § 524 Rn 41, 42; § 554 Rn 10. – Entspr Anwendung bei Einspruchsverwerfung gem § 341 I 2; Entscheidung gem § 91 führt zum selben Ergebnis. Keine Kostenentscheidung nach § 97, wenn eine Partei während des Verf **Alleinerbe** des Prozessgegners wird (str; s Greger § 239 Rn 3).

2 **2) Grundurteil.** § 97 greift ein, wenn die Berufung gegen ein Grundurteil nach § 304 erfolglos blieb (OLG Oldenburg JurBüro 92, 492 gegen OLG Frankfurt NJW-RR 88, 1213), auch wenn Bekl im Nachverf obsiegt. Es ist daher nicht zulässig, die Entscheidung über die Kosten des Rechtsmittelverf dem Schlussurteil über das Betragsverf zu überlassen. Erstreitet der Kl mit der Anschlussberufung ein ihm günstigeres Grundurteil nach § 304, ist die Kostenentscheidung dem Schlussurteil im Betragsverf vorzubehalten (BGH VRS 16, 404; MskV/Flockenhaus Rn 3). Das Revisionsgericht hat Bekl die Kosten beider Rechtsmittel aufzuerlegen, wenn das LG den Anspruch dem Grunde nach für gerechtfertigt erklärt, das OLG aber die Klage abgewiesen hatte und die Revision des Kl dazu führt, dass unter Aufhebung des OLG-Urteils die Berufung des Bekl zurückgewiesen wird (BGH MDR 70, 663).

3 **3) Gesetzesänderung.** Obsiegt der Kl in der Rechtsmittelinstanz nur wegen einer Gesetzesänderung nach Erlass des angefochtenen Urteils, so trägt der Bekl die Kosten aller Instanzen, wenn er nicht sofort anerkennt (BGHZ 37, 233).

4 **4) Einzelfälle.** Der sich an einem Rechtsmittel nicht beteiligende (notwendige) **Streitgenosse** ist nicht Rechtsmittelpartei u daher auch nicht kostenrechtl als solche zu behandeln. – Legt ein **RA ohne Vollmacht** der Partei in deren Namen ein Rechtsmittel ein u wird die Einlegung auch nicht nachträgl von ihr genehmigt, so ist das Rechtsmittel auf Kosten des RA als unzulässig zu verwerfen (BGH LM ZPO § 97 Nr 4). Ausnahmsw ist der Vertretene in die Kosten zu verurteilen, wenn er das Auftreten des vollmachtlos handelnden RA veranlasst hat (s § 88 Rn 11). – Werden zwei **Streitgenossen** als Gesamtschuldner verklagt und obsiegt der Kl, dann hat bei Unterliegen der Gesamtschuldner auch im 2. Rechtszug die Kostenentscheidung auf Gesamtschuldnerschaft zu lauten, da materielles Recht maßgebend ist; fehlt im Berufungsurteil ein Gesamtschuldausspruch, schlägt der der 1. Instanz durch. – Nach einem **Teilurteil** mit Vorbehalt der Kostenentscheidung ist für die Gesamtkostenverteilung im Schlussurteil das Ergebnis der Teil-Sachentscheidung auch dann maßgebend, wenn ein Restitutionsgrund geltend gemacht wird, da offenbleibt, ob mit seiner Hilfe das Teilurteil beseitigt werden kann (BGH NJW 80, 839). – Kosten des Rechtsmittels des **NI**; s § 101 Rn 5.

5 **5) Wechselseitige Erfolglosigkeit.** Haben beide Parteien ein erfolgloses Rechtsmittel eingelegt, so sind die Kosten des Rechtsmittelverf im Verhältnis der beiden Rechtsmittelstreitwerte quotenmäßig aufzuteilen (StJ/Muthorst Rn 4).

6 **6) Kostenentscheidung.** Übersehen wird häufig, dass das Rechtsmittelgericht **vAw** (§ 308 II) zu prüfen hat, ob der Kostenausspruch der angefochtenen Entscheidung richtig ist (ganz hM; zB BGH NJW 81, 1453 [Belastung einer nicht beteiligten Partei mit Kosten]; OLG Schleswig 11.9.2019 – 9 U 103/15 Tz 76 [betr nicht mehr beteiligten Streitgenossen]; OLG Nürnberg MDR 2023, 532 [zu § 81 FamFG]; s § 524 Rn 33; § 528 Rn 35). Es muss also ggf trotz erfolglosen Rechtsmittels die falsche Kostenentscheidung korrigieren (KG 9.3.2023 – 2 U 56/19

Tz 39; OLG Celle 16.11.2022 – 14 U 30/22 Tz 38; § 308 Rn 9); auch im Beschlussverf nach § 522 II (OLG Köln 21.9.2021 – 22 U 63/21; § 522 Rn 41), wobei sogar ein beschränkter Rechtsmittelangriff als hinreichender Grund angesehen wird, die **gesamte Kostenentscheidung** der Vorinstanz zu überprüfen (BGH GRUR 92, 625). – Die Berufung gegen ein Streiturteil erfasst eine darin enthaltene Teilkostenentscheidung nach § 91a, soweit sie erkennbar ebenfalls angegriffen wird (s § 99 Rn 14; § 91a Rn 56). – Aber keine Korrektur der Kostenentscheidung des Berufungsurteils durch den BGH, wenn eine NZB zurückgewiesen wird (BGH NJW 2004, 2598; § 308 Rn 9). – Der nicht mehr beteiligten Partei ist rechtl Gehör zu gewähren (OLG Düsseldorf MDR 2010, 1487).

II) Erfolgreiche Rechtsmittel. 1) Voller Erfolg. Es ist nach § 91, nicht nach I über die Kosten zu entscheiden (II kann anwendbar sein). Bei Zurückverweisung (§ 538 II, § 563 I 1, § 566 VIII 2) bleibt der Erfolg offen; deshalb ist die Kostenentscheidung des Rechtsmittelverf dem unteren Gericht zu übertragen, das nach §§ 91 ff, nicht nach § 97 urteilen muss; anders bei der Stufenklage, wenn das Rechtsmittelgericht die Stufe abschließend bescheidet, OLGR Hamm 1994, 72. 7

2) Teilerfolg. Es ist nach § 92 zu verteilen, wobei das Obsiegen und Unterliegen am gesamten Rechtsmittelstreitwert zu messen ist; soweit der Rechtsmittelführer unterliegt, gilt § 97 I. Entscheidet das Rechtsmittelgericht teilw selbst zur Sache, verweist es aber iÜ zurück, so muss die Kostenentscheidung der unteren Instanz vorbehalten bleiben, soweit nur zurückverwiesen worden ist. Es darf aber auch die ganze Kostenentscheidung übertragen werden, wobei jedoch abzuwägen ist, ob dadurch nicht schutzwürdige Interessen der erstattungsberechtigten Partei verletzt werden. Hat eine **NZB** nur teilw Erfolg, ergeht zum erfolglosen Teil Kostenentscheidung nach § 97 (BGH NJW 2004, 1048, auch zur Berechnung). 8

III) Beschwerdeverfahren. Ist **kein Gegner** vorhanden, so ist auch für das Beschwerdeverf, soweit sich die Beschwerde als begründet erweist, keine Kostenentscheidung zu treffen. 9

In Beschwerdeverf **mit Gegner** sind die Kosten bei erfolgloser Beschwerde gem I dem Beschwerdeführer aufzuerlegen (zum Sonderfall, wenn beide Parteien Beschwerde einlegen, die denselben Gegenstand betreffen: BGH NZM 2016, 180), während bei erfolgreicher Beschwerde § 91 gilt (s § 572 Rn 36), aber auch § 97 II. – Nach hRspr (zB BGH 22.9.2022 – V ZB 22/21 Tz 15 mwN [Aussetzung]; BGH MDR 2021, 636 [Aussetzung]; OLG Köln NJW-RR 2022, 719 [sBV]) aber keine Kostenentscheidung im Beschwerdeverf, wenn die angefochtene Entscheidung selbst keine Kostenentscheidung enthält. Die durch die Beschwerde entstandenen Kosten sind dann Teil der Kosten des Rechtsstreits. Das ist abzulehnen, s § 91 Rn 13.16; § 490 Rn 5. – In kontradiktorischen **ZwV-Verf** gelten bei Beschwerden §§ 91 ff, § 97 (BGH DGVZ 2019, 79 Tz 8). – Im Verf auf Bewilligung von **PKH** gibt es keine Kostenerstattung, auch nicht in der Beschwerdeinstanz (§ 127 IV). Daher ist eine Kostenentscheidung nur notwendig, und auch dann nur über die Gerichtskosten, wenn bei **Teilerfolg** der Beschwerde die Geb (1812 GKG-KV) zugunsten des Beschwerdeführers ermäßigt werden oder nicht erhoben werden soll. 10

IV) Kostenlast trotz Obsiegens (§ 97 II). 1) Neues Vorbringen. Eine – nicht notw in 1. Instanz unterlegene (ThP/Hüßtege Rn 10) – Partei kann in der Rechtsmittelinstanz obsiegen, weil sie in ihr neue Klagegründe oder neue Klageanträge, neue Angriffs- und Verteidigungsmittel, neue Beweismittel oder Erklärungen vorgebracht hat, die nicht zurückgewiesen worden sind (vgl § 531 II) und die sie schon im früheren Rechtszug nach der Prozesslage vom Standpunkt einer vernünftigen, gewissenhaften Prozessführung aus oder, wie es § 282 I ausdrückt: „bei sorgfältiger und auf Förderung des Verf bedachter Prozessführung“ hätte geltend machen müssen (OLG Schleswig 2.8.2022 – 12 U 185/21 Tz 23), aber aus irgendeinem Grund (Verschleppungsabsicht oder grobe Fahrlässigkeit braucht nicht vorzuliegen: BGHZ 31, 350) nicht geltend gemacht hat. Dann sind ihr die Kosten des Rechtsmittelverf ganz oder teilw aufzuerlegen. Das gilt für den Rechtsmittelkläger, der mit neuem Vorbringen obsiegt, aber auch für den Rechtsmittelbeklagten, wenn dieser die erstinstanzliche Entscheidung, also sein Obsiegen, nur mit neuem Vorbringen erfolgreich verteidigt (allgM; zB MskV/Flockenhaus Rn 8). Amtswegige zweitinstanzl Beweiserhebungen, die zu Prozesserfolg führen, fallen nicht unter II (OLG Karlsruhe OLGZ 80, 384); kostenmäßig unerhebl ist auch eine neue rechtl Beurteilung in höherer Instanz (OLG Köln FamRZ 2009, 449). Rüge des Fehlens einer Prozessvoraussetzung erst in 2. Instanz belastet die rügende Partei nicht nach II, wenn ohnehin Prüfung vAw geboten war. Darauf, ob die Gegenpartei das unterlassene Vorbringen bereits gekannt hat, kommt es nicht an. Mit OLG Köln (MDR 73, 324) ist jedoch davon eine Ausnahme zu machen, wenn der Kl erstinstanzl wider besseres Wissen eine schriftl übernommene Verpflichtung bestreitet und dadurch bewirkt, dass der letztl obsiegende Bekl erst im 2. Rechtszug den Schriftvertrag zum Beweis vorlegt; sein Vertrauen auf wahrheitsgemäße Prozessführung (§ 138 I) ist schutzwürdig (ebenso OLG Karlsruhe FamRZ 99, 726: erstinstanzl wahrheitswidriges Bestreiten des Zugangs eines Mahnschreibens). II gilt nur für die Rechtsmittelinstanz (dort aber auch im Fall der Rücknahme, OLG Nürnberg MDR 2012, 932), nicht für die Kosten der Vorinstanz. – Aus der Formulierung „wenn sie auf Grund eines neuen Vorbringens obsiegt“, ist zu schließen, dass II nur angewandt werden kann, wenn feststeht, dass die Partei anderenfalls verloren hätte; schon Zweifel daran, machen II unanwendbar (StJ/Muthorst Rn 13; AG/Göertz Rn 40; ThP/Hüßtege Rn 10; aA BGH NJW-RR 2009, 254; BGH MDR 2005, 916; MK/Schulz Rn 26; MskV/Flockenhaus Rn 8). Der BGH liest § 97 so, dass II immer eingreift, „es sei denn, dass das Rechtsmittel auch ohne das neue Vorbringen erfolgreich gewesen wäre“. – Bei in 2. Instanz erhobener, sachdienl **Widerklage**, die ohne Auswirkungen auf das Klageverf bleibt, wendet der BGH (FamRZ 2009, 224) II nicht an. 11

12 **2) Kostentrennung.** Werden die Instanzkosten mit Rücksicht auf II unterschiedl verteilt, dürfen die Kosten sämtl Rechtszüge nicht gegeneinander aufgehoben werden, weil in der höheren Instanz höhere Geb anfallen (MskV/Flockenhaus Rn 8). Entweder müssen die Gesamtkosten beider Instanzen gequotelt werden, oder es ist zu tenorieren, dass Kl die erstinstanzl, Berufungskl die zweitinstanzl Kosten trägt. Bei **Zurückverweisung** kann schon das Rechtsmittelgericht nach II entscheiden, wenn dessen Anwendung bereits feststeht (OLG München MDR 2012, 117).

13 **3) Praktisch wichtige Anwendungsfälle.** Eintritt der **Fälligkeit** (OLG Düsseldorf NZBau 2017, 278); **Umstellung** auf Feststellungsantrag (BGH MDR 2016, 482; KG 28.3.2025 – 2 W 9/25 Tz 9 [Feststellung der Erledigung]). **Ausschlagung** der Nacherbschaft (OLG Karlsruhe MDR 2014, 1155). Verspätete Geltendmachung eines **Zurückbehaltungsrechts** durch den Verkäufer mit sof Beschränkung des Klageantrages durch den Käufer nach Erhebung der Einrede (OLG Saarbrücken MDR 2004, 412). Erhebung der **Verjährungseinrede** erstmals im 2. Rechtszug (OLG Hamm VersR 82, 1080); anders, wenn anzunehmen ist, dass der Kl sich auch bei Erhebung der Einrede schon im 1. Rechtszug nicht mit Klageabweisung zufriedengegeben hätte (OLG Hamm WRP 79, 327). Die Partei obsiegt erst auf Grund eines erstmals im Berufungsrechtszug gestellten **Hilfsantrages** (OLGR Saarbrücken 2008, 746 Tz 5). **Klageänderung** (OLG Düsseldorf WRP 85, 644), etwa durch **Übergang zur Leistungsklage** in 2. Instanz nach erstinstanzl Abweisung mangels Rechtsschutzbedürfnisses. In 1. Instanz unterlassene/verweigerte Erklärungen werden abgegeben (OLG Düsseldorf GRUR-RR 2002, 369 [Auskunft]).

14 **4) Entsprechende Anwendung.** II ist der entsprechenden Anwendung fähig (OLG Karlsruhe ZIP 2013, 990). Er gilt deshalb nicht nur für neu vorgetragene Tatsachen, sondern in analoger Anwendung auch für neu geschaffene (OLG Celle 10.11.2021 – 14 U 136/20 Tz 58). Nach BGH (BGH NJW 1954, 1200 LS; zu Recht abl MskV/Flockenhaus Rn 11) ist II allerdings nicht analog anwendbar, wenn der Berufungskl erst im 2. Rechtszug eine materielle Voraussetzung für sein Obsiegen schafft, etwa eine behördl Genehmigung zu einem Rechtsgeschäft erwirkt, obwohl dies schon vorinstanzl mögl gewesen wäre. Das ist mit dem Grundgedanken der Vorschrift nicht zu vereinbaren; jedenfalls dann nicht, wenn es um eigene Erklärungen der Partei geht (OLG Karlsruhe ZIP 2013, 990 [Kündigung]; OLG Köln 4.10.2019 – 1 U 83/18 Tz 197 [Kündigung]), wenn Rechnungsangaben von ihr erst nachgeholt werden müssen (OLG Düsseldorf AnwBl 2023, 48) oder wenn sie Befugnisse noch beschaffen muss (OLG Celle ZfSch 2022, 260 mwN [Prozessführungsbefugnis]; OLGR Karlsruhe 2000, 128 [durch Genehmigung oder Abtretung]). Die Beschaffung einer Prozessführungsbefugnis erst in 2.Instanz fällt auch nach BGH in den Anwendungsbereich von II. Er sieht hierin keinen Widerspruch zur Entscheidung von 1954 (s oben), weil hier die materielle Voraussetzung erstinstanzlich schon besteht, nur noch nicht in der Person des Kl (BGH MDR 1992, 762).

15 **5) Belastungsumfang.** Zu den nach § 97 aufzuerlegenden Kosten gehören alle diej, die nur durch das zum Obsiegen führende neue Vorbringen ausgelöst worden sind, also auch die nach der vom Revisionsgericht ausgesprochenen Zurückverweisung (§ 563 I) in die Berufungsinstanz dort entstehenden Kosten (BGH NJW 67, 203).

§ 98 Vergleichskosten

[1]Die Kosten eines abgeschlossenen Vergleichs sind als gegeneinander aufgehoben anzusehen, wenn nicht die Parteien ein anderes vereinbart haben. [2]Das Gleiche gilt von den Kosten des durch Vergleich erledigten Rechtsstreits, soweit nicht über sie bereits rechtskräftig erkannt ist.

1 **I) Geltungsbereich.** § 98 gilt für den **Prozessvergleich** (§ 794 I Nr 1), für außergerichtl Vergleiche (s Rn 4), aber auch für „Einigungen" iSd 1000 Nr 1 RVG-VV (BGH MDR 2007, 609; s näher § 91 Rn 13.104). Vereinbarungen der Parteien über die Kosten sind vorrangig (S 1 Hs 2; BGH MDR 2006, 1125; OLG Brandenburg AGS 2022, 564), für die Kosten des Rechtsstreits mit der Einschränkung nach S 2 Hs 2. – Wegen der Kosten einer **Streithilfe** s § 101 Rn 8 ff. S 1 gilt auch in **ZwV-Verf** (BGH MDR 2007, 609). Die Kostenfolge aus § 98 muss nicht tituliert werden (MskV/Flockenhaus Rn 7; OLG Naumburg NJW 2012, 1522); sie entsteht kraft Gesetzes und ist **vAw** zu beachten. Sie kann zur Klarstellung aber deklaratorisch ausgesprochen werden (AG/Göertz Rn 39 mN; OLGR Frankfurt 2007, 962); hiergegen ist dann sof Beschwerde zulässig (BGH MDR 2011, 1439; ThP/Hüßtege Rn 11).

2 **II) Vergleich/Rechtsstreit.** § 98 unterscheidet zwischen den Kosten des Vergleichs (S 1; sa § 779 BGB) und denj des Rechtsstreits (S 2). Erledigt ein Teilvergleich die iÜ str bleibende Hauptsache nur teilw, greift hinsichtl des Teilvergleichs nur § 98 S 1 ein; anders, wenn ein Restvergleich, zB etwa nach Teilurteil, den Rechtsstreit völlig beendet; dann gelten § 98 S 1 u S 2 (OLG Zweibrücken OLGZ 83, 80). Unklare Vereinbarungen sind auszulegen (s § 104 Rn 21.71), bei ergänzungsbedürftigen ist nach § 91a zu entscheiden (OLG Köln NJW-RR 95, 509). Enthält ein *gerichtl Vergleich keine Bestimmung* über die Kosten, gelten sie als gegeneinander aufgehoben (OLGR Naumburg 1996, 103). Wird ein abschließender Vergleich fälschl als „Zwischenvergleich" bezeichnet, dann erledigt er ungeachtet der irrigen Benennung die Hauptsache. In der darauf gestützten Klageabweisung ist

über die Kosten nach § 91 zu entscheiden; § 98 gilt dann nur für die anwaltl Einigungsgeb (1003, 1004 RVG-VV). Kommt es nach **Teilvergleich** zur urteilsmäßigen Entscheidung über die restl Hauptsache, sind die Gesamtkosten gem § 92 I auszuquoteln (OLG Brandenburg 19.9.2016 – 13 WF 167/16 Tz 8; MskV/Flockenhaus Rn 2). Dabei ist zu unterscheiden: Haben die Parteien zum Teilvergleich keine Kostenvereinbarung getroffen, dann ist in der Gesamtkostenentscheidung jede Partei gem § 98 mit dem halben Kostenanteil zu belasten, der auf den Vergleichswert entfällt; haben sie eine Kostenvereinbarung getroffen, sind die vereinbarten Übernahmequoten zu übernehmen.

III) Kostenregelung. Regeln die Parteien im Vergleich die Kostentragungspflicht, ist für § 91a kein Raum (BGH 22.10.2019 – II ZR 136/19 Tz 2; § 91a Rn 58.49). Vergleichen sich die Parteien im Rechtsstreit, gilt bei fehlender Kostenregelung nicht § 91a, sondern S 2 (BGHReport 2003, 1046 LS). Die Parteien können aber den Vergleich durch sog **negative Kostenregelung** im protokollierten Vergleichstext (nicht mehr danach, OLG Brandenburg JurBüro 2003, 323; AG/Göertz Rn 34) ausdrückl (OLG Celle NdsRpfl 97, 13) oder konkludent (OLG Naumburg NJW 2013, 3255: Kostenregelung offensichtl vergessen) auf die Hauptsache beschränken. Da diese damit erledigt ist, muss das Gericht über die Kosten nach § 91a entscheiden (hM: StJ/Muthorst Rn 10 mN; ThP/Hüßtege Rn 4; BGH MDR 2007, 644; OLG Saarbrücken FamRZ 2018, 1104 Tz 5), wobei dann nicht das vergleichsw Nachgeben den Maßstab der Verteilung bildet, sondern der bish Sach- und Streitstand, insb also die danach zu beurteilende Erfolgsaussicht (OLG Hamm MDR 2003, 116), aber auch, welche Kostenregelung die Parteien angestrebt haben (BGH MDR 2007, 644). – Da ein entspr Wille der Parteien festgestellt werden muss, führen allein das Fehlen einer Vereinbarung (OLG Brandenburg FamRZ 2008, 529; OLGR Frankfurt 2007, 962), das Vorbehalten einer Kostenregelung in einem Teilvergleich (OLG Stuttgart MDR 2008, 1246) oder die Erklärung, dass die Kosten von der Einigung nicht erfasst sind (OLG Brandenburg MDR 2008, 234), nicht schon zur Anwendung des § 91a; vielmehr ist dann § 98 anwendbar (OLG Naumburg NJW 2012, 1522; MskV/Flockenhaus Rn 3). Ausreichend ist aber, wenn die Parteien sich vergleichen, für erledigt erklären, sich über die Kosten streiten u selbst auf § 91a hinweisen (OLG Saarbrücken MDR 2013, 794). – Auch die Vergleichskosten allein können ungeregelt bleiben; dann gilt für sie § 98. 3

IV) Außergerichtlicher Vergleich. Es kann dem Parteiwillen entsprechen, § 98 sinngemäß auch auf außergerichtl Vergleiche anzuwenden (hM; BGH RVGreport 2018, 194; MskV/Flockenhaus Rn 2); für § 91a bleibt dann kein Raum. Doch ist dies sorgfältig zu ermitteln (StJ/Muthorst Rn 6). IdR erledigt der außergerichtl Vergleich den Rechtsstreit, so dass über die Kosten nach § 91a zu entscheiden ist (str, BGH NJW-RR 97, 510: jedenfalls, wenn Kostenanträge gestellt werden; s ausf § 91a Rn 58.49). IErg ist diese Kontroverse allerdings nicht von großer Bedeutung, da auch bei Anwendung des § 91a aus Billigkeitsgründen Kostenaufhebung nach § 98 bejaht wird (BGH NJW-RR 97, 510; OLG Schleswig JurBüro 93, 745; OLG Köln FamRZ 2007, 1583). Zuzustimmen ist der vermittelnden Auffassung, dass es den Parteien freisteht, einen außergerichtl Vergleich kostenmäßig dem § 98 oder dem § 91a zu unterstellen (OLGR Rostock 2006, 734) oder die Kostenverteilung im Vergleich selbst und dann vorrangig zu regeln (MK/Schulz Rn 32). Was gewollt ist, muss durch Auslegung ermittelt werden; ergibt sie, dass eine sachbezogene Klärung gewollt ist, spricht dies für die Anwendung des § 91a, da die Kostenverteilung nach § 98 diese Voraussetzungen nicht erfüllt. Sa Rn 5. 4

V) Klagerücknahme/Rechtsmittelrücknahme. Verpflichtet sich der Kl in einem **Prozessvergleich** ohne Kostenregelung zur Zurücknahme der Klage oder der Rechtsmittelführer zur Zurücknahme des Rechtsmittels, dann liegt darin noch nicht die prozessual beachtl Erklärung gem § 269 II 1, § 516 II 1, so dass die § 269 III 2, § 516 III 1 unanwendbar sind. Da der Vergleich nach dem Parteiwillen den Rechtsstreit beenden soll, gilt nur § 98 (MskV/Flockenhaus Rn 6). – Grds gilt das auch für die Rücknahmeverpflichtung in einem **außergerichtl Vergleich** (BGH MDR 2006, 1125; Rn 4), wenn mit der Erklärung nur noch die Einigung auf Beendigung des Verf prozessual umgesetzt wird. Dabei wird ein Gesamtvergleich in einem Verf, der andere Verf miterledigt, hinsichtl der Anwendung von § 98 wie ein außergerichtl Vergleich behandelt (LAG Berlin- Brandenburg ArbR 2024, 450). – Jedoch können die Parteien (auch konkludent) eine abweichende und der gesetzlichen Regelung vorgehende Kostenregelung treffen (BGH MDR 2006, 1125 Tz 2; OLG Köln 12.7.2016 – 7 U 35/13; MK/Schulz Rn 34). So liegt es idR, wenn die vergleichsw vereinbarte Rücknahmeverpflichtung im Wesentl eine dem Kl oder dem Rechtsmittelführer ungünstige Entscheidung vorwegnimmt, wenn dieser also ohne die Zurücknahme der Klage oder des Rechtsmittels voraussichtl unterliegen würde. Dann ist davon auszugehen, dass statt des § 98 kraft stillschweigender Vereinbarung der Parteien die § 269 III, § 516 III gelten sollen (BGH MDR 88, 1053; OLG Stuttgart MDR 2004, 717; MK/Schulz Rn 33). § 269 III ist hingegen ausgeschlossen, wenn sich der Bekl bei der Klagerücknahme verpflichtet, keinen Kostenantrag zu stellen (OLG Jena NJW-RR 2018, 510 Tz 27). – Bleiben bei ausdrückl Einigung auf Klagerücknahme und Kostenantrag die Vergleichskosten ungeregelt, gilt für sie trotz ergehendem Kostenbeschluss S 1 (OLG Dresden Rpfleger 2002, 98). 5

VI) Festsetzung. Im Anwendungsbereich des § 98 bedarf es keiner Kostenentscheidung, da sich die Regelung bereits aus dem Gesetz ergibt und vom Rpfleger ohne Weiteres zu beachten ist (s Rn 1); in Frage kommt hier die hälftige Festsetzung der Gerichtskosten, wie in S 2 ausgesprochen. – Die sich aus einem außergerichtl Vergleich ergebende Kostenbelastung ist durch Beschluss deklaratorisch zu titulieren und wirkt für das KFV konstitutiv (MK/Schulz Rn 35 ff; OLG Frankfurt NJW-RR 2021, 648 Tz 6; str; aA die hM; StJ/Muthorst Rn 19 6 schlägt entsprechende Prozesserklärungen vor). An diesen Beschluss ist der Rpfleger gebunden. – Sind nur die „Kosten des Rechtsstreits“ tituliert, sind zwar regelmäßig auch die Kosten eines Prozessvergleichs festsetzbar, die eines außergerichtl Vergleichs aber nur, wenn die Parteien dies vereinbart haben (BGH MDR 2011, 571; s § 104 Rn 21.71 unter 5). Dann können diese Vergleichskosten festgesetzt werden, auch wenn keine Protokollierung des Vergleichs erfolgte (§ 104 Rn 21.71 unter 3).

7 **VII) Gebühren. 1) Gericht:** Der Vergleich ist Ermäßigungstatbestand (1211 Nr 3 GKG-KV). Er muss aber das gesamte Verf beenden, also auch die Kosten des Verf erfassen (OLG Celle NJW-RR 2011, 1293 Tz 7; OLG Karlsruhe JurBüro 2001, 315 Tz 7). Weiter darf kein (Teil-)Urteil iS 1211 aE GKG-KV vorausgegangen sein (OLG Hamburg MDR 2024, 807 zum fehlerhaften VU), kein Zwischenurteil (s § 303 Rn 12), keine Sicherungsanordnung (§ 283a) und auch kein zurückverweisendes Urteil (OLG Köln AGS 2018, 273). – Keine zusätzl Geb, wenn der Vergleich nur den Streitgegenstand abdeckt; werden nicht gerichtl anhängige Gegenstände einbezogen, eine Geb von 0,25 (1900 GKG-KV; § 36 III GKG), es sei denn, der zusätzl einbezogene Vergleichswert ist bereits in einem anderen Verf mit der allg VerfGeb belegt. Kostensch: Jeder, der an dem Vergleich beteiligt ist (§ 22 I 5 GKG). 1900 GKG-KV gilt nicht in PKH-Verf (1900 GKG-KV Anm). – Der außergerichtl Vergleich allein ist noch nicht Ermäßigungstatbestand; hinzukommen muss die Beendigung des Verf durch einen der Tatbestände des 1211 Nr 1, 4 GKG-KV. – **2) RA:** Ein gegenseitiges Nachgeben iSd § 779 BGB ist für den Anfall der Einigungsgeb nicht erforderl, sondern nur das Mitwirken an einem Vertrag zwischen den Parteien (OLG Brandenburg 20.3.2024 – 6 W 115/23: nicht mit einem Dritten), mit dem der Streit oder die Ungewissheit der Parteien über ein Rechtsverhältnis beseitigt wird (1000 Nr 1 RVG-VV; Hellstab Rpfleger 2018, 590, 591 m Bsp; sa § 91 Rn 13.104). Wie die Einigung formuliert wird, ist gleichgültig (OLG Stuttgart MDR 2011, 636; OLG Jena RVGreport 2017, 139 [Hansens]; OLG Frankfurt JurBüro 2018, 465, alle: Teilanerkenntnis und Klagerücknahme). Die Verfahrenserledigung muss aber vereinbart sein; es darf sich nicht um Prozesshandlungen unabhängig von der Erklärung der anderen Partei handeln (OLG München JurBüro 2019, 186 Tz 9). Das bewusste Absehen vom Vergleich hin zu einer anderen Erledigungsform hindert also nicht die Gebührenentstehung, wohl aber liegt darin idR ein Verzicht der Parteien auf deren Erstattung (OLG Stuttgart NJW 2020, 1823 Tz 9). – Die Geb beträgt 1,0 (1003 RVG-VV), ohne gerichtl Verf und im sBV 1,5 (1000 Nr 1 RVG-VV [Einschränkung beim Gebührenanfall durch 1000 I 1 RVG-VV; Reduzierung der Gebühr auf 0,7 bei der Zahlungsvereinbarung, 1000 Nr 2 RVG-VV]). Im PKH-Verf gilt 1003 I RVG-VV; in den Rechtsmittelverf 1004 RVG-VV. Für mitverglichene, nicht rechtshängige Ansprüche bleibt es in allen Instanzen bei dem Gebührensatz nach 1000 Nr 1 bzw Nr 2 Alt 1 RVG-VV. – Für den Anfall einer Terminsgeb (3104 I Nr 1 RVG-VV) ist nicht erforderl, dass das Gericht am Abschluss eines Vertrages nach 1000 RVG-VV mitwirkt. – **3) Anfechtung des Vergleichs: a)** die ursprüngl Gerichtsgebührenermäßigung entfällt, es kann dann im Anfechtungsverf 1211 GKG-KV wieder eintreten. – **b)** Das Verf vor dem Vergleich und das nach Anfechtung sind für den ProzBev eine Angelegenheit (Folge: § 15 II RVG). Aber erneuter Gebührenanfall mögl durch Zeitablauf, § 15 V 3 RVG.

§ 99 Anfechtung von Kostenentscheidungen

(1) Die Anfechtung der Kostenentscheidung ist unzulässig, wenn nicht gegen die Entscheidung in der Hauptsache ein Rechtsmittel eingelegt wird.

(2) [1]Ist die Hauptsache durch eine auf Grund eines Anerkenntnisses ausgesprochene Verurteilung erledigt, so findet gegen die Kostenentscheidung die sofortige Beschwerde statt. [2]Dies gilt nicht, wenn der Streitwert der Hauptsache den in § 511 genannten Betrag nicht übersteigt. [3]Vor der Entscheidung über die Beschwerde ist der Gegner zu hören.

1 **I) Ausschluss isolierter Anfechtung (§ 99 I).** Die Rechtsmittelsperre soll verhindern, dass das Gericht bei der Überprüfung der Kostenentscheidung erneut die Hauptsache beurteilen muss (allgM; zB OLG Dresden MDR 2020, 1405 Tz 2 [falscher LS]). Dieser Fall kann nur dann eintreten, wenn der Kostenpunkt nicht selbst zur Hauptsache geworden ist. – Mit einer Verfassungsbeschwerde kann die Kostenentscheidung aber selbständig angegriffen werden (BVerfG NJW 2010, 1349; BVerfG NJW 2009, 3779); ebenso u vorrangig mit der **Gehörsrüge** (§ 321a; OLG Frankfurt NJW 2005, 517; OLG Bamberg NJW-Spezial 2015, 252), u hier gerade wegen des Ausschlusses in I (s § 321a I 1 Nr 1). – **1)** Ist **über Hauptsache und Kosten entschieden**, kann die Kostenentscheidung nur zusammen mit dem Urteil angefochten werden. Kein Fall des I jedoch, wenn die Kostenentscheidung **bewusst unterlassen** (OLG Zweibrücken GRUR 2021, 995 Tz 10, 11: kein Fall des § 321) oder der Erlass einer Kostenentscheidung **ausdrücklich abgelehnt** wird (BGH 10.1.2019 – V ZB 19/18 Tz 3), da es dann um Nachholen, nicht um Abänderung einer Entscheidung geht. Dem steht gleich, dass die Kosten einem Dritten auferlegt werden, weil dadurch der KE des Kl gegen den Bekl ausgeschlossen wird (Schneider MDR 87, 724). Unanwendbar ist I weiter, wenn eine reine Kostenentscheidung ergeht (Schneider MDR 87, 724; OLG Zweibrücken FamRZ 83, 1154: Kostenschlussurteil statt Klageabweisung). Ledigl wegen der Kosten ist auch eine Wiederaufnahme nicht zulässig (BGHZ 43, 239, 245). Das Rechtsmittel der sof Beschwerde „wegen greifbarer Gesetzwidrigkeit“ ist nach BGH nicht mehr statthaft (stRspr; zB BGH 29.4.2021 – I ZB 49/20 Tz 18, 19 mwN; s vor § 567 Rn 6). – Ist die Kostenentscheidung nur vergessen worden, muss Urteilsergänzung beantragt werden (§ 321 I; OLG Brandenburg 8.10.2018 – 13 UF 107/18 Tz 20). – Wird im Prozessvergleich die Kostenregelung ausgeklammert, gelten § 98 oder § 91a (s § 98 Rn 3).

2 **2) Hauptsacheentscheidung.** Das ist ein Urteil oder Beschluss über den Streitgegenstand, auch über Nebenforderungen (§ 4), Prozessvoraussetzungen oder Vollstreckbarkeit. Ist die Entscheidung in der Hauptsache wegen

Nichterreichung der Erwachsenheitssumme unanfechtbar, gilt dies auch für die Kostenentscheidung (II 2). – Ist die (Gesamt-)Kostenentscheidung nur teilw durch die str Hauptsacheentscheidung veranlasst, kann sie iÜ angefochten werden (s Rn 7 ff); I sperrt dann die sof Beschwerden nicht. – Betrifft ein Ergänzungsbeschluss/-urteil nur die Kostenentscheidung, ist er in diesem Punkt nur anfechtbar, wenn auch gegen die Hauptsache Rechtsmittel eingelegt ist (BGH MDR 2017, 105 [Fölsch MDR 2017, 508]; § 321 Rn 14); iÜ besteht aber Anfechtbarkeit nach allg Regeln (vgl N. Schneider NJW-Spezial 2017, 219). – Keine isolierte Anfechtung der Kostenentscheidung in einem stattgebenden Berichtigungsbeschluss (wegen § 319 III; OLG Karlsruhe NJW-RR 2000, 730) und in einem reinen Kostenbeschluss, der auf Gegenvorstellung ergeht (BGH MDR 2015, 668 Tz 10).

3) Anwendungsbereich. a) I gilt ggü allen mit **einem Rechtsmittel** anfechtbaren Entscheidungen, nicht dagegen, wenn gegen eine Entscheidung ein Rechtsbehelf (Einspruch gegen ein VU, Widerspruch gegen einen MB 3
oder eine einstw Verfügung, Erinnerung gegen KFB) gegeben ist (OLG Hamburg 21.5.2019 – 7 U 109/18 Tz 87). Es kann also gegen ein VU nur im Kostenpunkt Einspruch eingelegt, gegen den MB nur wegen der Kosten Widerspruch erhoben werden. Ist über die Hauptsache durch VU/VB und über die Kosten nach Einspruch durch kontradiktorisches Urteil entschieden, so ist ein Rechtsmittel nach I ausgeschlossen (OLGR Naumburg 2004, 395); die Beschwerde analog II sollte hingegen zugelassen werden (str; OLGR Naumburg 2004, 395). – Die isolierte Anfechtung analog II ist nicht bereits möglich, wenn die Kostenentscheidung sachlich falsch ist, sondern nur dann, wenn sie auch verfahrensrechtlich nicht hätte ergehen dürfen (OLG Celle 16.11.2022 – 14 U 30/22 Tz 36 mN; sa § 97 Rn 6 zur Korrektur vAw). – Da I nur richterl Entscheidungen meint, ist die Kostenentscheidung des Rpflegers im KFV isoliert anfechtbar; über diese hat der Richter, wenn ihm vorgelegt wird (§ 11 II RPflG; s § 104 Rn 21.50), abschließend zu entscheiden (OLG Brandenburg NJW-RR 2000, 1593). – I ist in Ehe- u Famstreitsachen anwendbar (BGH MDR 2019, 243; OLG Frankfurt NZFam 2019, 646 Tz 15 zum Verhältnis eines Beteiligten zum Nebenintervenienten). – Zur auf den Kostenpunkt beschränkten **Anschlussberufung** s § 524 Rn 33; **Anschlussbeschwerde** s § 567 Rn 17.

b) Das Rechtsmittel zur Hauptsache, das automatisch die zugehörige Kostenentscheidung ergreift, muss zulässig eingelegt sein (BGH 13.10.2021 – IX ZB 43/21 Tz 3), setzt insbesondere eine Beschwer voraus, die nicht al- 4
lein in der Kostenlast begründet ist (BGH WuM 2021, 122; OLG Düsseldorf MDR 2024, 1408). Dann darf die Zulässigkeit des Rechtsmittels nicht mit der Erwägung angezweifelt werden, es gehe dem Rechtsmittelführer letztl nur darum, mit Hilfe eines Rechtsmittels in der Sache die Korrektur der Kostenentscheidung zu ermöglichen (BGH JR 76, 246 [Schreiber]). Es ist nämlich nicht Aufgabe des Rechtsmittelgerichts, nach Motiven einer Rechtsmitteleinlegung zu forschen (OLG Schleswig MDR 2003, 51). Anders aber, wenn der Rechtsmittelführer dies ausdrücklich zum alleinigen Zweck erklärt (OLG Schleswig FamRZ 2017, 1596 Tz 30) oder wenn der Angriff nur des Kostenpunktes „mit den Händen" zu greifen ist (OLG Frankfurt 8.5.2019 – 17 U 197/18 Tz 33; OLG Stuttgart NZBau 2025, 301).

c) § 99 gilt grds nur bei Kostenentscheidungen gegen die Parteien; aber auch gegen **Dritte**, wenn sie in einem 5
unechten Zwischenstreit Parteistellung haben (§ 71 II, § 135 III, § 372a II iVm § 387 III sowie § 402). Nicht bei anderen Kostenentscheidungen gegen Dritte (OLG Düsseldorf NJW-RR 93, 828 [Deubner JuS 93, 493]), zB nach § 380 III, § 409 II oder gegen den Vertreter ohne Vollmacht (BGH MDR 83, 292). Diese haben die sof Beschwerde analog II (BAG NJW 2006, 461), aber nicht, wenn das LG im Berufungs- oder Beschwerdeverf entschieden und die Rechtsbeschwerde nicht zugelassen hat (Sperrwirkung des § 567 I, OLG Nürnberg 28.12.2016 – 8 W 2550/16).

II) Isolierte Anfechtung (§ 99 II). Sie erfolgt durch Beschwerde (**Formulierungsvorschlag:** Vorwerk/Schnei- 6
der, PFB, M 43.125) ohne vorgeschaltetes Abhilfeverf (KG 30.11.2020 – 5 W 1120/20 Tz 12) und ist außer in den Fällen der § 91a II, § 269 V nach II beim AU nach § 307 zulässig, selbst wenn der Bekl einen Zug-um-Zug-Vorbehalt erklärt, der str beschieden wird (BGH MDR 2016, 232 Tz 7), oder „ohne Anerkennung einer Rechtspflicht unter Verwahrung gegen die Kostenlast" anerkennt (OLG Dresden MDR 2018, 178). Zulässig auch, wenn ein Teil-AU fälschl eine Kostenentscheidung enthält (OLG Stuttgart NJW 63, 1015) oder zwar anerkannt war, das Gericht aber fälschl str Urteil erließ (OLG Düsseldorf MDR 89, 825). Obsiegt eine Partei, werden ihr aber dabei die Kosten eines Streitwertteils des sBV auferlegt, bei dem **keine Identität** der Hauptsache mit dem sBV besteht, kann sie diesen Teil der Kostenentscheidung isoliert anfechten. Die Partei ist beschwert und I sperrt nicht, weil es insoweit eine Kostenentscheidung ohne Hauptsache ist. – Die Beschwerde setzt voraus, dass ein Rechtsmittel statthaft ist; sie ist also nicht gegeben, wenn die **Kostenbeschwer** nicht erreicht ist (§ 567 II; BGH MDR 2010, 944). Hinzukommen muss, dass auch ein Rechtsmittel in der nicht angefochtenen Hauptsache zulässig gewesen wäre, also die Berufungssumme des § 511 II Nr 1 erreicht ist (II 2). – **Analoge** Anwendung: Bei streitloser Hauptsacheentscheidung, da es einem Anerkenntnis sogar beider Seiten vergleichbar ist (aA MskV/Flockenhaus Rn 3; StJ/Muthorst Rn 2); bei auf analoger Anwendung des § 93 gestützter Kostenentscheidung, da sich die Analogie beim Rechtsmittel fortsetzen muss. Bei jeder Kostenentscheidung, die nicht hätte ergehen dürfen, rechtfertigt das Rechtsschutzziel, sie nur aufzuheben, nicht zu ersetzen, die analoge Anwendung von II 1 (MK/Schulz Rn 10), zB bei vorzeitiger (isolierter) Kostenentscheidung einer Stufenklage (OLG Brandenburg FamRZ 2007, 161). Dabei sollten II 2 und § 567 II die Anfechtung nicht hindern, da keine Sachentscheidung erstrebt wird. – Die **Rechtsbeschwerde** (§ 574 I Nr 2) ist statthaft (BGH MDR 2004, 896),

eine Mindestbeschwer (§ 567 II) dafür nicht erforderl (BGH MDR 2005, 237), jedoch muss die vorangegangene Beschwerde zulässig (§ 567 II) gewesen sein (BGH MDR 2010, 944). – Ein zulässiger Fall der isolierten Anfechtung des Kostenpunktes ist auch die Anschließung, was aber idR weder sinnvoll noch notwendig ist (§ 524 Rn 33).

7 **III) Sonder- und Mischfälle. 1) Gemischte Kostenentscheidung/Rechtsmittel.** Kostentrennung liegt vor, wenn das Gericht einer Partei bestimmte Kosten abweichend von den übrigen auferlegt; gesetzlich ist das zB bestimmt in § 281 III 2, § 344. Eine Kostenmischentscheidung hingegen liegt vor, wenn die einheitliche Kostenentscheidung sich aus verschiedenen Rechtsgrundlagen herleitet. Das hat zur Folge, dass diese Kostenentscheidung, je nachdem, worauf sie beruht, entweder nur mit der Hauptsache angreifbar ist (§ 99 I) oder mit der sofortigen Beschwerde (§ 91a II 1, § 99 II 1, § 269 V 1). – Ein Urteil mit Kostenmischentscheidung kann im Kostenpunkt also isoliert mit Beschwerde anfechtbar sein, aber auch einheitl mit der **Berufung** angefochten werden, wenn neben dem Kostenpunkt auch die Entscheidung zur restl Hauptsache angegriffen wird (s Rn 14; § 91a Rn 56). – In die 3. Instanz kann der nicht auf der str Entscheidung beruhende Kostenteil nur bei Zulassung der Rechtsbeschwerde (§ 574) oder der Revision (§ 543) gelangen, also keine Korrektur im Verf der NZB (BGH NJW-RR 2017, 763).

8 **2) Kostenaufhebung.** Sind in einem Rechtsstreit die Kosten wegen Abweisung der Klage u wegen sof Anerkenntnisses des Widerklageanspruchs gegeneinander aufgehoben worden (§ 92 I 1), so kann der Bekl diese Kostenentscheidung gesondert mit der **sof Beschwerde** anfechten (II 1). Sie ist dann aber nur zulässig hinsichtl der Kosten, die auf den anerkannten Anspruchsteil entfallen.

9 **3) Teilurteil.** Eine Teilkostenentscheidung im Zwei-Parteien-Prozess ist nicht zulässig. – Der Vorbehalt im Teilurteil, über die Kosten werde im Schlussurteil entschieden, ist selbst keine Kostenentscheidung und schon deshalb unanfechtbar.

10 **4) Teil-/Schlussurteil.** Ergeht streitiges Teilurteil ohne, und dann streitiges Schlussurteil mit einheitlicher Kostenentscheidung, kann mit Berufung die Kostenentscheidung im Schlussurteil, soweit sie das Teilurteil betrifft, angegriffen werden, wenn gegen das Teilurteil ein Rechtsmittel anhängig ist (OLG Hamm MDR 2000, 1397). Ist das Teilurteil aber nicht angegriffen, ist eine isolierte Anfechtung der dieses Urteil betreffenden Kostenentscheidung nicht möglich (BGH 29.2.1984 – VIII ZB 41/83). Davon ist eine Ausnahme zu machen, wenn das Schlussurteil erst nach Rechtskraft des Teilurteils ergeht, also eine Anfechtung der Kostenentscheidung des Schlussurteils vorher nicht möglich gewesen ist (OLG Karlsruhe FamRZ 2002, 681). – Lässt das Gericht im Teilurteil ohne Kostenentscheidung die Revision zu, erstreckt sich die Anfechtbarkeit auf die einheitliche Kostenentscheidung im Schlussurteil, soweit darin die Kosten des Teilurteils betroffen sind. Dem liegt die Überlegung zugrunde, dass die Kostenentscheidung im Schlussurteil insoweit nur eine Ergänzung des Hauptsache(teil-)urteils darstellt und mit diesem „ein einheitl, untrennbares Ganzes" bildet (BGH BauR 2019, 699).

11 **5) Teil-Anerkenntnisurteil/Schlussurteil.** Das Teilurteil enthält keine Kostenentscheidung (§ 301 Rn 21 zu Ausnahmen). Wird dagegen verstoßen, kann nach II Beschwerde eingelegt werden (MskV/Flockenhaus Rn 10), aber nur mit dem Ziel, die Entscheidung aufzuheben (MK/Schulz Rn 35; sa Rn 6). – Die einheitliche Kostenentscheidung im Schlussurteil kann, soweit sie auf dem Anerkenntnis beruht, nach II 1 angefochten werden, und zwar ohne Rücksicht darauf, ob das Schlussurteil diese Kosten getrennt ausgeworfen hat oder nicht (OLG Bamberg JurBüro 1989, 1740). – Wird gegen ein Teilanerkenntnis- und Schlussurteil (Hauptforderung anerkannt; str Urteil über Zinsen und Kosten) Berufung eingelegt, die deshalb unzulässig ist, weil hinsichtl der angegriffenen Zinsentscheidung die Berufungssumme nicht erreicht wird, kann das Rechtsmittel als sof Beschwerde nach II gegen die auf § 93 beruhende Kostenentscheidung behandelt werden, sofern die 2-wöchige Frist des § 569 I durch Berufungseinlegung gewahrt ist (OLG Dresden MDR 2018, 1017 zu Grenzen der entsprechenden Auslegung), denn die sof Beschwerde ist gegen ein Schlussurteil zulässig, das einheitl über die Kosten eines Teilanerkenntnisses und sonstiger Verfahrenskosten entschieden hat, wenn der Beschwerdeführer nur den Kostenpunkt, der das Anerkenntnis betrifft, nachprüfen lassen will (OLG München AnwBl 1984, 313). – Berufungsrücknahme erfasst nicht eine daneben gegen die Kostenentscheidung eingelegte Beschwerde (OLG Hamm AnwBl 1989, 614). – Keine Anschlussbeschwerde (§ 567 III) bezüglich des Teils der Kostenentscheidung, der den str entschiedenen Teil betrifft (OLGR Köln 1994, 115; MskV/Flockenhaus Rn 10).

12 **6) Teil-Anerkenntnisurteil/Erledigung, Teil-Erledigung/Anerkenntnisurteil.** Die dann ergehende Kostenentscheidung ist sowohl nach II 1 als auch nach § 91a II mit sof Beschwerde anfechtbar, wobei jeder Teil der Kostenentscheidung, also der auf §§ 91, 93 wie der auf § 91a beruhende, selbständig anfechtbar ist. Ebenso umgekehrt bei Teilerledigung und Schluss-AU (BGH MDR 1963, 295).

13 **7) Berufung.** Hat das erstinstanzl Gericht im angefochtenen Urteil über die **Kosten eines erledigten (oder anerkannten)** und eines **nichterledigten Teils** entschieden, so ist gegen die Kostenentscheidung, die den durch übereinstimmende Erklärung der Parteien (oder durch Anerkenntnis) erledigten Teil betrifft, zum einen die sof Beschwerde gegeben, aber auch das Rechtsmittel der **Berufung**, wenn auch die Entscheidung zur Hauptsache mit der Berufung *angefochten wird* (BGH MDR 2010, 342 für das Teilanerkenntnis); aA OLGR Düsseldorf 1997, 135 für den Sonderfall, dass gegen einen Bekl stattgebendes Urteil erging, in Bezug auf den 2. über die Kosten nach § 91a entschieden wurde.

8) Teilurteil/Erledigung. Treffen ein streitiges Teilurteil und eine teilw übereinstimmende Erledigungserklärung zusammen, so kann die Kostenentscheidung des über die Gesamtkosten einheitl befindenden Schlussurteils nach § 91a II angefochten werden, soweit sie sachl auf § 91a I beruht (BAG NZA 2024, 1231; OLG Hamm MDR 2022, 464). – Bei Berufung gegen die Hauptsacheentscheidung wird der auf § 91a I beruhende Teil der einheitl Kostenentscheidung nur dann miterfasst, sofern er erkennbar mit angegriffen wird (OLG Karlsruhe NJW 2022, 631 [auf der Heiden]; AG/Gehle § 91a Rn 188; Gehle MDR 2024, 816 und MDR 2025, 26; Msk/Flockenhaus § 91a Rn 53; ThP/Hüßtege § 91a Rn 56; aA hier § 91a Rn 56). Einer – zusätzl – sof Beschwerde bedarf es dann nicht (OLG Hamburg 10.5.2017 – 8 U 46/16 Tz 34). Wird sie eingelegt, sind die Verf zu verbinden (OLG Stuttgart 25.6.2018 – 19 U 66/18, 19 W 22/18). 14

9) Teil-Anerkenntnisurteil/Klagerücknahme. Es wird über die Kosten einheitl durch (Schluss-)Urteil entschieden (BGH NJW-RR 1999, 1741), das im Kostenpunkt mit § 269 V 1 (Klagerücknahme) und II 1 (Anerkenntnis), also mit sof Beschwerde, angefochten werden kann (OLG Nürnberg NJW-RR 2023, 212). 15

10) Verfügungs-/Aufhebungsverfahren. Wird eine einstweilige Verfügung einschließlich Kostenentscheidung im Verf nach § 927 aufgehoben, kann hiergegen auch isoliert gegen die Entscheidung über die Kosten des Verfügungsverf (nicht des Aufhebungsverf!) Berufung eingelegt werden; das ist kein Fall von I, denn die Kosten des Verfügungsverf sind hier selbst Teil der Hauptsache (OLG Karlsruhe 7.2.2022 – 6 W 39/21 Tz 11). 16

11) Begründungszwang. In all den Fällen, in denen (gegen einen Teil der Kostenentscheidung) sof Beschwerde eingelegt werden kann (s Rn 7 ff), ist die Entscheidung über diese Kosten gesondert zu begründen, um die Nachprüfung zu ermöglichen (KG MDR 2008, 45). 17

12) Kostenwiderspruch. Über den auf die Kosten beschränkten Widerspruch gegen eine einstw Verfügung ist durch Kostenendurteil zu entscheiden (OLG Düsseldorf 9.6.2022 – 16 W 15/22 Tz 5). Hat erst das Beschwerdegericht die Verfügung erlassen, ist es auch für die Entscheidung über den Kostenwiderspruch zuständig (OLG Dresden MDR 2024, 597; str; aA § 924 Rn 6). – Gegen dieses Urteil ist analog II die sofortige Beschwerde gegeben (hM; MskV/Flockenhaus Rn 9; OLG Koblenz WRP 2017, 1522 Tz 1). – Bei falscher Wahl der Entscheidungsform gilt der Meistbegünstigungsgrundsatz (s vor § 511 Rn 30). Sa § 91 Rn 13.55, § 93 Rn 6.32, § 924 Rn 5, § 925 Rn 9. 18

IV) Rechtsbeschwerde. Ist im Gesetz nicht ausdrücklich bestimmt (§ 574 I 1 Nr 1); erforderlich ist also Zulassung (§ 574 I 1 Nr 2) und zwar auch dann, wenn die Hauptsache zulassungsfrei ist, aber nur die Kostenentscheidung angegriffen wird (BGH ZIP 2008, 382). Ohne Zulassung bleibt noch die Gehörsrüge (§ 321a; BGH WM 2022, 2147). 19

V) Gebühren. 1) Gericht: Beschwerde: Festgeb von 108 Euro, 1810 GKG-KV; Ermäßigung: 1811 GKG-KV; Rechtsbeschwerde: Festgeb von 216 Euro, 1823 GKG-KV; Ermäßigung: 1824, 1825 GKG-KV. – **2) RA:** Gebührensatz von 0,5 nach 3500 RVG-VV; ggf 3513 RVG-VV, falls ein Termin stattfindet. – Wert: § 23 II 1, III 2 RVG (N. Schneider NJW-Spezial 2019, 379). 20

§ 100 Kosten bei Streitgenossen

(1) Besteht der unterliegende Teil aus mehreren Personen, so haften sie für die Kostenerstattung nach Kopfteilen.

(2) Bei einer erheblichen Verschiedenheit der Beteiligung am Rechtsstreit kann nach dem Ermessen des Gerichts die Beteiligung zum Maßstab genommen werden.

(3) Hat ein Streitgenosse ein besonderes Angriffs- oder Verteidigungsmittel geltend gemacht, so haften die übrigen Streitgenossen nicht für die dadurch veranlassten Kosten.

(4) [1]Werden mehrere Beklagte als Gesamtschuldner verurteilt, so haften sie auch für die Kostenerstattung, unbeschadet der Vorschrift des Absatzes 3, als Gesamtschuldner. [2]Die Vorschriften des bürgerlichen Rechts, nach denen sich diese Haftung auf die im Absatz 3 bezeichneten Kosten erstreckt, bleiben unberührt.

I) Geltungsbereich. 1) Wortlaut. § 100 regelt die Kostenlast nur für den Fall, dass alle Streitgenossen ganz unterliegen, gilt jedoch auch bei vollem oder teilw Obsiegen und für jede Art Streitgenossenschaft (einfache, notwendige, anfängl oder über § 147 nachträgl). 1

2) Einheitliche Kostenentscheidung. Endet die Streitgenossenschaft während des Rechtsstreits durch Ausscheiden eines Streitgenossen (Teilurteil, Teilerledigung, Rücknahme der Klage gegen einen Bekl), wird über die Kosten einheitl im Schlussurteil entschieden. Eine Ausnahme gilt, wenn ein Bekl durch Teilurteil aus dem Rechtsstreit ausscheidet. Hier kann über seine außergerichtl Kosten vorab entschieden werden (s § 301 Rn 21). Gleiches gilt für die Rücknahme der Klage gegen einen von mehreren Bekl (s § 269 Rn 20). 2

3 **II) Haftung.** Sie tritt nach I ein, ohne dass sie in der Urteilsformel besonders festgestellt ist (OLG Bamberg FamRZ 93, 588: Auslegungskorrektur). Nicht geregelt in § 100 sind die wichtigen Prozesslagen des Obsiegens aller Streitgenossen sowie des Unterliegens eines oder einzelner von mehreren Streitgenossen.

4 **1) Gemeinsames Obsiegen.** Die Kl sind grds nicht Gesamt-, sondern Anteilsgläubiger (§ 420 BGB; BGH MDR 2023, 395 Tz 16, zu einer möglichen Ausnahme s BGH MDR 2023, 395 Tz 21 [Schwenker jurisPR-BGHZivilR 5/2023 Anm 6]). Zur Kostenfestsetzung s § 91 Rn 13.93, § 104 Rn 21.85.

5 **2) Unterliegen.** Unterliegt einer oder unterliegen einzelne von mehreren Streitgenossen, sind die Kosten analog § 92 nach Quoten zu verteilen (BGHZ 8, 327), wobei Gerichtskosten und außergerichtl Kosten getrennt werden müssen.

6 **Bsp:** – **a)** A und B sind auf Zahlung von 1.000 Euro verklagt. B wird verurteilt, die Klage gegen A abgewiesen: „Die Gerichtskosten tragen der Kl und B je zur Hälfte. Der Kl trägt die außergerichtl Kosten des A voll, B die des Kl zur Hälfte; iÜ tragen die Parteien ihre außergerichtl Kosten selbst." – **b)** Klage gegen A, B, C als Gesamtsch auf Zahlung von 1.000 Euro. A wird voll, B zur Hälfte verurteilt, die Klage gegen C wird abgewiesen (s Herget DRiZ 81, 144): „Von den Gerichtskosten tragen der Kl die Hälfte, A und B 2⁄6 (als Gesamtsch), A weitere 1⁄6 alleine. Der Kl trägt die außergerichtl Kosten des C und die Hälfte der außergerichtl Kosten des B. A und B tragen 2⁄6 der außergerichtl Kosten des Kl (als Gesamtsch), der A weitere 1⁄6 alleine; iÜ trägt jede Partei ihre außergerichtl Kosten selbst." Bei A und B führt die teilw gesamtsch Haftung in der Hauptsache (500 Euro) zu einem entspr hohen gesamtsch Kostenanteil (IV; s Rn 11). Soweit der A weitergehend unterlegen ist (500 Euro), haftet er anteilig alleine.

7 Diese sog **Baumbach'sche Formel** beherrscht die Praxis völlig (StJ/Muthorst Rn 16; Herget DRiZ 81, 144; Herr DRiZ 89, 86; Stegemann-Boehl JuS 91, 320; ausf Gemmer JuS 2012, 702; Berechnungsprogramm von Schuster www.kostentenor.de). Sie kommt nicht nur zur Anwendung, wenn ein Bekl unterliegt, der andere obsiegt, sondern auch, wenn gegen einen Bekl die Klage zurückgenommen wird, der andere Bekl anerkennt (OLG Hamm JurBüro 2025, 142). – Abweichungen in der Judikatur finden sich nur ganz vereinzelt (zB OLGR Koblenz 2004, 201). – Dass die Berechtigung der Baumbach'schen Formel angezweifelt wird und ihre Tragweite kontrovers ist, geht darauf zurück, dass unbillige Auswirkungen der Formel im KFV nicht ausgeglichen werden können. Das hat zu einer Erstattungskontroverse geführt (s § 91 Rn 13.93).

8 Die Baumbach'sche Formel kann insb dann zu Schwierigkeiten führen, wenn im Streitgenossenprozess nur ein Streitgenosse als Rechtsmittelkl oder Rechtsmittelbekl in den höheren Rechtszug gelangt. Streng genommen darf dann das Rechtsmittelgericht die Kostenentscheidung der Vorinstanz nicht abändern, soweit sie den rechtskräftig aus dem Rechtsstreit ausgeschiedenen Streitgenossen betrifft (s hierzu § 97 Rn 6; § 524 Rn 33). Im Hinblick darauf, dass sich die Formel seit Jahrzehnten bewährt hat, ist aber schon aus Gründen einer einheitl Praxis und der Berechenbarkeit des Rechts daran festzuhalten. Abweichende Kostengrundentscheidungen sind notfalls entspr umzudeuten.

9 **III) Verschiedenheit der Beteiligung (§ 100 II).** Die Anwendung der Vorschrift steht im gerichtl Ermessen, das um der gerechten Kostenbelastung willen entspr dem Grundsatz des § 92 tunlichst ausgeübt werden sollte (Bsp bei OLG Bremen 19.4.2018 – 1 W 40/17). Unterbleibt dies, kommt Korrektur im KFV nicht in Betracht (BGH NZI 2024, 554).

10 **IV) Besondere Angriffs- oder Verteidigungsmittel (§ 100 III).** Das sind solche, die sich die übrigen Streitgenossen nicht zu Eigen gemacht haben. Die Aussonderung ist im Urteil auszusprechen. Geschieht dies versehentl nicht, kann der Fehler nicht im KFV berichtigt werden (OLG München MDR 89, 166; MskV/Flockenhaus Rn 4; aA KG WM 2012, 527). In Betracht kommt aber eine Auslegungskorrektur (KG MDR 2002, 722; s § 104 Rn 21.16). Keine Anfechtung des Urteils durch einen Streitgenossen, weil die Kosten unrichtig verteilt sind (§ 99 I).

11 **V) Gesamtschuldnerische Haftung (§ 100 IV).** IV gilt nur für Bekl. Voraussetzung ist, dass ihre gesamtschuldnerische Haftung bzgl der Hauptsache in der Urteilsformel ausgesprochen oder wenigstens in den Gründen erkennbar gemacht ist (OLG Brandenburg NJW-Spezial 2009, 91). Zweckmäßig, aber nicht zwingend, ist es, sie auch im Kostentenor auszuweisen (s Rn 6). – Die Gesamtschuldnerhaftung für die Kosten des Rechtsstreits erfasst auch die der ZwV (§ 788 I 3).

12 Ist gegen einen von mehreren Gesamtsch VU, gegen den anderen AU erlassen, kann in dem 1. Urteil die gesamtverbindl Haftung nicht zum Ausdruck kommen; wohl aber ist sie in dem AU auszusprechen. – Str, ob in Fällen fehlender gesamtschuldnerischer Verurteilung in der Hauptsache IV entsprechend angewandt werden kann. Das ist bei gesamtschuldähnlichen Verhältnissen zu bejahen, bei Hauptsch und selbstschuldnerischem Bürgen als Streitgenossen (OLG München MDR 98, 623; aA BGH NJW 55, 1398; ThP/Hüßtege Rn 11; MskV/Flockenhaus Rn 5) und bei einer Gesellschaft und ihren Gesellschaftern (OLG Dresden NJW 2025, 518; ThP/Hüßtege Rn 11; MskV/Flockenhaus Rn 5). – Bei Hauptsch und Bürgen lehnt OLG Saarbrücken die Anwendung von IV (nur) in einem Sonderfall ab, *in dem eine doppelte Analogie* notw gewesen wäre (OLG Saarbrücken NJW-RR 2017, 62). – *Die V*orschrift des III wird durch IV nicht berührt. Auch bei gesamtschuldnerischer Verurteilung muss daher das Gericht prüfen, ob nicht einem der Streitgenossen gem III die Kosten allein aufzuerlegen sind.

Auf mehrere unterliegende Kl ist IV nicht anwendbar (allg M); dies gilt wegen I auch, wenn das str Rechtsverhältnis ggü allen Kl zwingend nur einheitl festgestellt werden kann (aA Deckenbrock/Dötsch JurBüro 2004, 181, die auf das Veranlasserprinzip abstellen). 13

§ 101 Kosten einer Nebenintervention

(1) Die durch eine Nebenintervention verursachten Kosten sind dem Gegner der Hauptpartei aufzuerlegen, soweit er nach den Vorschriften der §§ 91 bis 98 die Kosten des Rechtsstreits zu tragen hat; soweit dies nicht der Fall ist, sind sie dem Nebenintervenienten aufzuerlegen.

(2) Gilt der Nebenintervenient als Streitgenosse der Hauptpartei (§ 69), so sind die Vorschriften des § 100 maßgebend.

I) Einfache Nebenintervention (§ 101 I, § 67). I gilt für die **einfache** (unselbständige) **Nebenintervention** des § 67. Geregelt ist nur die Kostenpflicht zwischen NI und dem Gegner der von ihm unterstützten Hauptpartei (OLG Brandenburg 6.7.2023 – 6 W 48/23 Tz 5), weshalb die unterstützte Partei nicht nach I mit Kosten des NI belastet werden kann (OLG München 4.2.2015 – 11 W 95/15 Tz 9). Eine Rücknahme der Streitverkündung nach Beitritt ist nicht möglich, weil sie als Prozesshandlung unwiderruflich ist (OLG Naumburg 17.1.2012 – 1 U 73/11 Tz 4), kann daher auch keinen Anspruch des Streitverkündeten gegen den Streitverkünder schaffen (OLG Köln 21.3.2002 – 1 W 13/02 Tz 2). Ob und inwieweit der NI von der von ihm unterstützten Partei Ersatz verlangen kann oder die Partei von ihm, ist in einem bes Rechtsstreit zu entscheiden. Anders ist es nur dann, wenn gegen den NI selbst eine Kostenentscheidung ergeht (s Rn 5); desgl für den Zulassungsstreit selbst, der bei ungünstigem Ausgang für den NI mit einer Kostenentscheidung nach § 91 gegen diesen endet (OLG Brandenburg JurBüro 2024, 21). Darüber, was iE zu den besonderen Kosten der NI im Gegensatz zu den allg Kosten des Rechtsstreits gehört, befindet die Kostengrundentscheidung nicht; das wird im KFV geklärt. 1

II) Beitritt. Der Beitritt muss wirksam erfolgt sein (BGH MDR 2023, 593; enger OLG Zweibrücken MDR 2015, 913: darf nicht „grundlos“ erfolgen; zust ThP/Hüßtege Rn 2) und wirksam bleiben (OLG Bamberg MDR 2023, 256: zum Umwirksamwerden durch Rechtswegverweisung). Erklärt der NI erst nach der Schlussverh, aber vor dem Verkündungstermin seinen Beitritt, ist über seine Kosten im Urteil nicht mehr zu entscheiden, wenn der Beitritt nur noch den rechtsmissbräuchl Zweck haben kann, sich einen Kostentitel zu verschaffen (MskV/Flockenhaus Rn 5; OLG Düsseldorf JurBüro 1980, 282 zum Beitritt nach Vergleichsabschluss). Das gilt auch für einen Beitritt nach Schluss der mündl Verh mit dem Ziel der Wiedereröffnung nach § 156 (OLG Schleswig SchlHA 99, 102; OLG Dresden 28.1.2020 – 4 U 559/17 Tz 4: Missbrauch denkbar, aber nicht immer zwingend) und für einen Beitritt nach Rücknahme der Berufung (OLG Zweibrücken 7.8.2006 – 4 U 63/05 Tz 7); jedenfalls sind seine Kosten, wenn dann doch ein Beschluss ergeht, nicht erstattungsfähig (OLG Koblenz MDR 2007, 866; OLG Koblenz MDR 2007, 865 für den Beitritt nach einem Hinweis nach § 522 II). – Beim **Wechsel** von der zunächst unterstützten zur obsiegenden Partei ist die Kostenentscheidung str. Quotelung: OLGR Dresden 2008, 589 mN; OLG Hamburg 28.9.2018 – 11 U 128/17 Tz 132 (mehrfacher Wechsel); aA OLG Hamm JurBüro 89, 401: Nur die nach Beitrittswechsel entstandenen „Mehrkosten“ treffen den unterlegenen Gegner. Ähnlich OLG Köln 29.6.2022 – 22 W 16/22 Tz 7: Kosten des Erstbeitritts trägt der NI nach § 269 III selbst, nur die danach entstandenen Kosten werden von § 101 I erfasst; zutr PG/Schneider Rn 21: Es kommt nur auf die zuletzt unterstützte Partei an und ob deren Gegner unterliegt. Im KFV erfolgt dann hinsichtl der vor dem Wechsel entstandenen Kosten die Notwendigkeitsprüfung. – Unterstützt der NI im **sBV** die später unterliegende Partei, im Hauptprozess aber die obsiegende Partei, trägt der NI seine Kosten des sBV selbst (OLG Hamburg MDR 89, 825). Beitritt im Hauptsacheverf ist für den Streithelfer, der im sBV beigetreten war, nicht erforderl, um Erstattung seiner Kosten zu erlangen (BGH MDR 2014, 293; OLG Hamm 24.3.2020 – 21 W 11/20 Tz 11). Das gilt auch für eine Beendigung des Rechtsstreits durch Vergleich (BGH MDR 2014, 292). – Tritt der Streithelfer der Partei nur in Bezug auf einen **Streitwertteil** (oder nur der Klage/Widerklage) bei, hat der Gegner alle Kosten des Streithelfers zu tragen, wenn die unterstützte Partei insoweit voll obsiegt, iÜ unterlegen ist (BGH 8.10.2019 – II ZR 94/17 Tz 11; MskV/Flockenhaus Rn 3; PG/Schneider Rn 19). 2

III) Kostenentscheidung. 1) Kostenbelastung des Gegners. Über die Kosten der Nebenintervention muss ausdrücklich entschieden werden, entweder im Urteil oder in gesondertem Beschluss. Sie werden nämlich vom Begriff „Kosten des Rechtsstreits“ nicht erfasst (ThP/Hüßtege Rn 3; PG/Schneider Rn 5: entsprechende Auslegung aber eventuell denkbar, wenn die Entscheidungsgründe dies belegen). Der zu titulierende KE des NI entspricht dabei inhaltlich dem der von ihr unterstützten Partei (OLG Düsseldorf GRUR-RR 2022, 424). Es gilt der Grundsatz der Kostenparallelität, der besagt, dass der Gegner der Hauptpartei die Kosten der Nebenintervention trägt, soweit er allg die Kosten des Rechtsstreits nach §§ 91-98 tragen muss (so der Wortlaut des § 101 I); aber nach allgM sind auch § 269 III 2 bzw 3, § 516 III 1, § 555 V anwendbar (OLG München JurBüro 2022, 583). Kostentrennungstatbestände wie § 281 III 2, § 344 sollten ebenfalls berücksichtigt werden können (PG/Schnei- 3 der Rn 15, Rn 16). Tritt der NI der letztl siegenden Partei, die die Kosten aber nach § 97 II zu tragen hat, erst in 2. Instanz bei, hat der Gegner der Hauptpartei dennoch die Kosten des NI zu tragen (OLG Hamm MDR 1994, 311; MskV/Flockenhaus Rn 3; AG/Göertz Rn 22; aA ThP/Hüßtege Rn 2); dem OLG Hamm ist nur zuzustimmen, wenn der Streit erst in 2. Instanz verkündet wurde.

4 **2) Kostenlast beim Nebenintervenienten.** Die Kosten der Nebenintervention trägt der NI selbst, soweit nicht der Gegner haftet; also nie die unterstützte Partei, weil im Verhältnis zwischen ihr und dem NI nie eine Kostengrundentscheidung erlassen werden darf (OLG Celle 16.11.2022 – 14 U 30/22 Tz 49), da zwischen beiden kein Rechtsstreit begründet worden ist (OLG München 4.2.2015 – 11 W 95/15 Tz 9; ThP/Hüßtege Rn 1). Zu diesen Kosten, die der NI zu tragen hat, gehören dann auch die einer von ihm allein veranlassten Beweisaufnahme (Berding/Deckenbrock NZBau 2006, 337; zweifelnd ThP/Hüßtege Rn 6). – Hebt das Gericht nach § 92 I 1 Alt 1 oder in einem Beschluss nach § 91a die Kosten gegeneinander auf, trägt der NI seine selbst; dass der Gegner der unterstützten Partei bei dieser Formulierung die Hälfte der Gerichtskosten zu tragen hat, spielt dabei keine Rolle. Erscheint die Konsequenz, den NI von der Kostenerstattung auszuschließen, wie wohl idR unbillig, sollte hier hälftig gequotelt werden (PG/Schneider Rn 8 zu § 91a). – Nimmt der NI den Beitritt zurück, bedarf es keines Ausspruchs zu seinen Kosten (PG/Schneider Rn 20; aA OLG Köln 29.6.2022 – 22 W 16/22 Tz 7; StJ/Muthorst Rn 6, MskV/Flockenhaus Rn 3: § 269 III 2 analog).

5 **3) Rechtsmittel.** Legt NI allein ein Rechtsmittel ein, wozu er befugt ist (§ 66 II), ergeht die Kostengrundentscheidung unmittelbar ihm ggü (KG 11.10.2004 – 22 U 380/03 Tz 37). – Legt er neben der Hauptpartei ein Rechtsmittel ein, hat diese bei Unterliegen als die prozessführende Partei die Kosten zu tragen, während der NI nur mit den allein durch ihn verursachten Kosten (zB bes Angriffs- und Verteidigungsmittel) analog § 96 belastet wird (OLG Düsseldorf 13.8.2020 – 5 U 343/19 Tz 77, Tz 78). Das können auch die Mehrkosten sein, wenn er alleine eine Gerichtsgebührenermäßigung verhindert (OLG Nürnberg BauR 2017, 2210). – Beteiligt er sich nicht am Rechtsmittelverf, ergeht keine Kostenentscheidung zu seinen Gunsten, obwohl die Intervention fortwirkt (OLG Schleswig 25.10.2021 – 12 U 4/21). – War die Berufung des NI erfolgreich, führt aber die Revision des Gegners zur Wiederherstellung des Ersturteils, treffen den NI die Kosten beider Rechtsmittel.

6 **4) Unterlassene Kostenentscheidung.** Befindet das Urteil nur über die Kosten des Rechtsstreits, so liegt ein Titel über die Kosten der NI nicht vor, weshalb diese nicht festgesetzt werden können (OLG Bamberg 21.2.2008 – 8 U 78/07 Tz 15; MskV/Flockenhaus Rn 5; sa Rn 3). – Berichtigung (§ 319) ist nur mögl, wenn das Versehen des Gerichts „offenbar" ist (BGH AGS 2023, 174 zu Anhaltspunkten für ein offenbares Versehen; BGH 23.8. 2021 – V ZB 205/20 Tz 3, Tz 4 mwN: Erwähnung der NI im Rubrum reicht nicht). – Beim rechtsirrigen Übersehen nur Urteilsergänzung nach § 321 (BGH MDR 2013, 807; OLG Rostock MDR 2016, 362). Die 2-wöchige Antragsfrist (§ 321 II) für die Ergänzung beginnt für Streithelfer erst mit Urteilszustellung an ihn (BGH MDR 2005, 526), bei einem Kostenbeschluss, zB einem nach § 269 III (OLG Köln JurBüro 2021, 367), auf den § 321 entsprechend anwendbar ist, mit formloser Mitteilung (BGH MDR 2019, 438). – Kein **Rügeverf** (§ 321a), wenn Antrag nach § 321 versäumt wurde, denn dann ist auch die Rügefrist abgelaufen (§ 321a II), es sei denn, die Kenntnis iSd § 321a II wird nicht schon mit Zustellung (§ 321 II) erlangt.

7 **5) Anfechtung der Kostenentscheidung.** Im streitigen Urteil nur mit der Hauptsache (§ 99 I; OLG Köln 29.6. 2022 – 22 W 16/22 Tz 4). Ist Beschwerde gegen die Kostenentscheidung zulässig (§ 91a II 1, § 99 II 1, § 269 V 1), gilt dies auch für den NI (PG/Schneider Rn 29).

8 **IV) Prozessvergleich.** Beenden die Parteien den Rechtsstreit vergleichsw (ausf Scheikholeslami-Sabzewari NJW 2023, 878), gilt wegen der Bezugnahme in I die Regel des § 98 sinngemäß auch für die Kosten des NI im Verhältnis zum Gegner der unterstützten Partei (OLG Hamm 10.10.2019 – 24 U 89/18 Tz 19). Zwischen NI und unterstützter Partei selbst gibt es nur eine Kostenerstattung, wenn sie im Vergleich vereinbart wird; jedoch kann im Innenverhältnis ein mat-rechtl KE bestehen, der aber selbständig eingeklagt werden muss (OLG Düsseldorf BauR 2007, 148). Ob der NI am Vergleich beteiligt ist, ist durch Auslegung zu ermitteln (OLG Stuttgart BauR 2020, 1366 Tz 9). Die Formulierung in einem Vergleich, das Gericht solle nach § 91a entscheiden, schließt dabei die Kosten der Nebenintervention nicht zwingend aus (OLG Hamm 29.4.2021 – 18 W 4/20 Tz 20; OLG Nürnberg MDR 2020, 1150 Tz 8). Für das Verhältnis des NI zum Gegner gilt Folgendes:

9 **1) Beteiligung des Nebenintervenienten.** Ist er am Vergleich beteiligt worden, dann ist die Kostenregelung des Vergleichs maßgebend; hier können auch Ansprüche zwischen dem NI und der unterstützten Partei begründet werden. Stimmt der NI dem Vergleich zu, obwohl sein KE unberücksichtigt bleibt oder gar ausgeklammert wird, dann verbleibt es dabei (BGH MDR 2016, 421 [Alpes MDR 2016, 573]; Folge: kein prozessualer KE). Ob er beteiligt ist oder nicht, ist ggf durch Auslegung zu ermitteln (BGH MDR 2016, 421 Tz 11).

10 **2) Nichtbeteiligung des Nebenintervenienten.** Wird er nicht am Vergleich beteiligt, dann beeinträchtigt das nicht den Erstattungsanspruch des NI, und zwar unabhängig davon, ob die Hauptparteien ihn übersehen oder bewusst ausgeklammert haben (OLG Oldenburg BauR 2022, 542). Denn der KE des NI ergibt sich unmittelbar aus dem Gesetz (I) und unterliegt deshalb nicht der prozessualen Disposition der Hauptparteien (OLG München MDR 98, 989). Das Übergehen des KE des NI besagt nur, dass insoweit zwischen den Hauptparteien keine vergleichsw Einigung zustande gekommen ist, der Vergleich den KE des NI nicht tituliert (OLG München

MDR 2011, 755). Im Ergebnis steht dem Nebenintervenienten aber ein Kostenanspruch zu, der dem entspricht, den die von ihm unterstützte Partei gegen ihren Gegner hat (OLG Koblenz NJW-RR 2015, 191 mwN). – Im **sBV** bedeutet dies, dass der NI keine Kostenentscheidung zu seinen Gunsten erwirken kann, da § 494a nicht einschlägig ist und über § 494a hinaus im sBV keine Kostenerstattung stattfindet (OLG München 8.2.2016 – 9 W 2453/15 Tz 10). – Vereinbaren die Parteien Kostenaufhebung, kann auch der NI keine Erstattung verlangen, weil er insoweit das Schicksal der von ihm unterstützten Partei teilt (OLG Oldenburg BauR 2022, 542; sa Rn 5). Zwar ist der Anspruch aus § 101 I der Disposition der Parteien entzogen (s oben), sie können den Anspruch des NI aber mittelbar „manipulieren", indem sie den Umfang der Kostenbelastung der unterstützten Partei vereinbaren (OLG Düsseldorf GRUR-RR 2022, 424; s Rn 13 aE).

3) Antrag. Auf (beim Prozessvergleich nicht fristgebundenen, OLG Hamm MDR 2020, 313 Tz 7) Antrag (Msk/ 11
Flockenhaus Rn 9; **Formulierungsvorschlag:** Vorwerk/Schneider, PFB, M 43.124; nach OLG Frankfurt OLGR 97, 71 wegen § 308 II vAw) des NI muss sein KE durch Beschluss (BGH NJW 2014, 1021) vom Gericht **tituliert** werden. Bei einem Vergleich der Parteien kann der NI aber keinen davon abweichenden Kostenantrag stellen (BGH MDR 2007, 1442 zu § 269 III 2; OLG Karlsruhe JurBüro 2009, 319; OLG Rostock OLGR 2009, 592). Die Zulässigkeit des Beitritts wird nicht mehr nachgeprüft. Lehnt das Gericht eine Kostenentscheidung ab, hat der NI sof Beschwerde (OLG Celle NJW-RR 2003, 1509; OLG Hamburg OLGR 2009, 73); entscheidet es, dann hat der beschwerte NI oder sein Gegner sof Beschwerde (§ 91a II, § 99 II analog; OLG Karlsruhe NJW 2018, 1103 Tz 11, 12 [zust N. Schneider]). Wird der Prozessvergleich im Berufungsrechtszug abgeschlossen, ist das Berufungsgericht zur Entscheidung über die Kosten des NI zuständig, auch wenn dieser am Berufungsverf nicht mehr beteiligt war (OLG Frankfurt MDR 90, 929).

4) Quotierung. Sie hat der Kostenverteilung im Vergleich zu folgen (ganz hM; BGH MDR 67, 392; OLG Zwei- 12
brücken NJW-RR 2003, 142). Dabei ist nur auf die Regelung der außergerichtl Kosten abzustellen, nicht auf die der Gerichtskosten (OLG Düsseldorf GRUR-RR 2022, 424). Bei Klagerücknahme nach gerichtl oder außergerichtl Vergleich geht Kostenregelung im Vergleich dem § 269 III 2 vor (BGH MDR 2004, 1251; OLG Frankfurt NJW-RR 2015, 1023). Soweit der Vergleich die Kosten eines weiteren Prozesses mitregelt, sind auch die NI-Kosten des mitverglichenen Rechtsstreits zu titulieren.

Kostenaufhebung gegeneinander. Der BGH billigt dem NI nicht bei Kostenaufhebung, sondern nur bei hälfti- 13
ger Kostenteilung einen titulierbaren KE zu (sog „Kostenparallelität"; BGH NJW 2003, 3354; inzwischen ganz hM; s zB OLG Dresden 2.12.2019 – 6 U 395/10 Tz 4). Dies auch, wenn infolge eines Vergleichs mit Kostenaufhebung der Gegner der unterstützten Partei die Klage zurücknimmt (OLG Karlsruhe NJW 2019, 943 [Wendtland]; OLG Jena NJW-RR 2018, 510). Ist es gerade Zweck der Vereinbarung, den KE des Streithelfers auszuschließen, gilt nichts anderes (OLG Düsseldorf GRUR-RR 2022, 424). Der BGH (BGH MDR 2005, 957) verweist dann auf mat-rechtl Ansprüche.

Kostenquote. Übernimmt der Gegner der unterstützten Partei mehr als die Hälfte, so muss er diese höhere 14
Quote auch ggü dem NI tragen (BGH MDR 2011, 1442). Die Bindung des NI an die vergleichsw Kostenregelung zwischen den Hauptparteien gilt auch, wenn die **unterstützte Partei** mehr als die Hälfte der Kosten oder gar alle übernommen hat, weil nach dem Zweck des I der NI hinsichtl der Kosten genauso behandelt werden soll wie die unterstützte Hauptpartei (OLG Dresden 2.12.2019 – 6 U 395/19 Tz 4). Bei Schädigungsabsicht der Parteien quotelt OLG Zweibrücken (NJW-RR 2003, 142; zu Recht abl BGH MDR 2005, 957; PG/Schneider Rn 13) die Kosten des NI entspr dem Nachgeben des Gegners der unterstützten Partei.

V) Streitgenössische Nebenintervention (§ 101 II, §§ 100, 69). 1) Keine Kostenparallelität. Der Grundsatz 15
der Kostenparallelität gilt hier **nicht**. Der streitgenössische Nebenintervenient ist kostenrechtl einem Streitgenossen der Hauptpartei gleichgestellt (KG ZIP 2023, 853). Es sind ausschließlich § 101 II; § 100 anzuwenden (BGH 8.10.2019 – II ZR 94/17 Tz 12). Ein Rückgriff auf § 101 I, § 98 ist nicht mögl, wenn sich die Hauptparteien (ohne Beteiligung des NI) vergleichen (BGH MDR 2014, 1356). – Bei einer Entscheidung nach § 91a ist nicht das Verhalten der Hauptpartei (zB Anerkenntnis) zu berücksichtigen, sondern es ist auf die mutmaßl Erfolgsaussichten der Klage abzustellen (BGH JZ 85, 853; OLGR Oldenburg 2007, 832, das bei der Billigkeitsentscheidung dem Umstand Gewicht gibt, dass der Nebenintervenient in der Position des abwartenden Beobachters geblieben ist).

2) WEG. Der bei Beschlussklagen (§ 44 WEG) beitretende Eigentümer ist streitgenössischer Nebenintervenient 16
(§ 44 III WEG; Elzer MDR 2021, 334 Tz 58), für den die Ausführungen zu 1) gelten (ausf Dötsch/Schultzky/Zschieschak Kap 14 Rn 82 ff), also Kopfteilhaftung (§ 100 I), aber auch die Möglichkeiten von § 100 II, III (*Noack ZIP 2023, 1169 unter II 1; Dötsch/Schultzky/Zschieschak Kap 14 Rn 96*). Beim Beitritt auf Seiten der Bekl (Gemeinschaft) kann die Kopfteilhaftung zu unbilligen Ergebnissen führen (so zutr Dötsch/Schultzky/Zschieschak Kap 14 Rn 98). Eine Besonderheit gegenüber 1) ist die Erstattungsschranke in § 44 IV. Selbst beim Obsiegen kann der der Bekl beitretende Eigentümer mit seinen Kosten belastet bleiben, denn im KFV erfolgt dann die Prüfung des Vortrags zur Notwendigkeit (§ 91) des Beitritts (Elzer MDR 2021, 334 Tz 33 m Bsp).

VI) Gebühren. 1) Gericht: Entscheidung über Nebeninterventionskosten nach Hauptsachevergleich hindert Gebührenermäßi- 17
gung nach 1211 Nr 3 GKG-KV nicht (OLG München MDR 98, 739). – **2) RA:** Dem ProzBev des Streithelfers entsteht die VerfGeb (Vorbem 3 II RVG-VV) und die Terminsgeb (Vorbem 3 III RVG-VV; BGH NJW 2006, 3571), auch im schriftl Verf (3104 I Nr 1 RVG-

VV; OLG Hamburg MDR 2007, 181). Die Einigungsgeb (1003 RVG-VV) erhält er nur, wenn er an der Regelung von Gegenständen mitwirkt, an denen auch der Streithelfer beteiligt ist (OLG Hamm JurBüro 2002, 194; OLG Koblenz MDR 2002, 296; zum Wert s § 3 Rn 16.105). Dazu reicht es, wenn er mit dem Vergleich einen KE gegen die von ihm unterstützte Partei erhält (KG JurBüro 2007, 360). In diesem Fall erwächst die Geb aus dem Wert seiner Kosten (OLG Düsseldorf JurBüro 2009, 26). Dies soll aber nicht gelten, wenn die Kostenregelung nur das Gesetz wiederholt (so OLG München RVGreport 2013, 148 [zu Recht abl Hansens]; aA OLG Düsseldorf JurBüro 2012, 301). – Nur eine Angelegenheit (§ 15 I RVG), wenn der Streithelfer zum Bekl wird (OLG Köln AGS 2010, 287), u keine Werteaddition, sondern nur Auftraggebermehrheit (1008 RVG-VV), wenn der RA die Partei u den Streithelfer vertritt, sofern ein innerer Zusammenhang besteht (OLG Bremen 19.4.2018 – 1 W 40/17 Tz 22 mN).

§ 102 (weggefallen)

Der RefE eines G zur Änderung des Zuständigkeitsstreitwerts der Amtsgerichte, zum Ausbau der Spezialisierung der Justiz in Zivilsachen sowie zur Änderung weiterer prozessualer Regelungen sieht vor, die Leerstelle in der ZPO (§ 102) zu füllen. Nach § 102 ZPO-E soll möglich werden, bei nachträglich geänderter Festsetzung des Gebührenwertes die Kostenentscheidung vAw korrigierend dem neuen Wert anzupassen. Zur derzeitigen Rechtslage s § 91 Rn 13.20 und § 319 Rn 31. Zeitnah zum Inkrafttreten des G finden Sie eine Kommentierung der Änderung in der Online-Version des Zöller (Ihre persönlichen Zugangsdaten s zu Beginn des Werkes).

§ 103 Kostenfestsetzungsgrundlage; Kostenfestsetzungsantrag

(1) Der Anspruch auf Erstattung der Prozesskosten kann nur auf Grund eines zur Zwangsvollstreckung geeigneten Titels geltend gemacht werden.

(2) [1]Der Antrag auf Festsetzung des zu erstattenden Betrages ist bei dem Gericht des ersten Rechtszuges anzubringen. [2]Die Kostenberechnung, ihre zur Mitteilung an den Gegner bestimmte Abschrift und die zur Rechtfertigung der einzelnen Ansätze dienenden Belege sind beizufügen.

Kommentierung zu §§ 103 und 104 zusammengefasst im Anschluss an § 104. S § 104 Rn 1 ff.

§ 104 Kostenfestsetzungsverfahren

(1) [1]Über den Festsetzungsantrag entscheidet das Gericht des ersten Rechtszuges. [2]Auf Antrag ist auszusprechen, dass die festgesetzten Kosten vom Eingang des Festsetzungsantrags, im Falle des § 105 Abs. 3 von der Verkündung des Urteils ab mit fünf Prozentpunkten über dem Basiszinssatz nach § 247 des Bürgerlichen Gesetzbuchs zu verzinsen sind. [3]Die Entscheidung ist, sofern dem Antrag ganz oder teilweise entsprochen wird, dem Gegner des Antragstellers unter Beifügung einer Abschrift der Kostenrechnung von Amts wegen zuzustellen. [4]Dem Antragsteller ist die Entscheidung nur dann von Amts wegen zuzustellen, wenn der Antrag ganz oder teilweise zurückgewiesen wird; im Übrigen ergeht die Mitteilung formlos.

(2) [1]Zur Berücksichtigung eines Ansatzes genügt, dass er glaubhaft gemacht ist. [2]Hinsichtlich der einem Rechtsanwalt erwachsenen Auslagen für Post- und Telekommunikationsdienstleistungen genügt die Versicherung des Rechtsanwalts, dass diese Auslagen entstanden sind. [3]Zur Berücksichtigung von Umsatzsteuerbeträgen genügt die Erklärung des Antragstellers, dass er die Beträge nicht als Vorsteuer abziehen kann.

(3) [1]Gegen die Entscheidung findet sofortige Beschwerde statt. [2]Das Beschwerdegericht kann das Verfahren aussetzen, bis die Entscheidung, auf die der Festsetzungsantrag gestützt wird, rechtskräftig ist.

I) Erstattungstitel (§ 103 I). Das KFV ist unabhängig vom Kostenansatzverf und ein KFB wird nicht vAw abgeändert (OLG Frankfurt JurBüro 2020, 141; Aufg der bish Rspr). Das KFV baut als Höheverf alleine auf der bindenden Kostengrundentscheidung auf, weshalb der KFB hinsichtl Entstehung und Bestand von einer wirksamen u vollstreckbaren Kostengrundentscheidung abhängig ist u bleibt (BGH MDR 2018, 366 Tz 8), wobei diese den Verfahrensabschnitt, für den Kosten angemeldet werden, auch erfasst haben muss (BGH MDR 2017, 607). – Der **vollstreckbare Titel** als Grundlage der Festsetzung sagt aus, *wer* die Verfahrenskosten zu tragen hat (Kostenpflicht). Der noch unbestimmte Betrag der zu erstattenden Kosten wird erst im Verf nach §§ 103 ff ermittelt und festgesetzt; unzulässig ist es, diese Kosten vorab im laufenden Verf einzuklagen (OLG Dresden JurBüro 2017, 640 Tz 2). – Da §§ 91 ff nur die Erstattungspflicht des Gegners regeln, scheidet eine Kostenerstattung zwischen Kl oder Bekl aus, es sei denn, es sind in einem Prozessvergleich entspr Quoten für die Streitgenossen untereinander festgelegt (OLG Bremen MDR 2003, 1080; s Rn 21.85). 1

Zur ZwV geeignete Titel. Alle dasselbe Verf (OLG Koblenz JurBüro 85, 620) betr rechtskräftigen oder vorläufig vollstreckbaren (OLG Köln MDR 2010, 104; OLG Jena RVGreport 2015, 69) Urteile und Vergleiche (BGH NJW-RR 91, 1021), §§ 118, 704, 708-712, §§ 800-801; alle anderen zur Vollstreckung geeigneten Titel (zB § 794; 2

§ 86 FamFG), auch ein in Unkenntnis des eröffneten Insolvenzverf ergangenes Urteil (OLG Brandenburg MDR 2010, 840). Ein Titel, zB gerichtl Vergleich, mit **bedingter Kostenregelung** ist geeignet, aber problematisch bei der Festsetzung (s N. Schneider NJW-Spezial 2022, 282). – Zum KFV im FamFG s § 85 FamFG. – Ein VB ist kein geeigneter Titel, s Rn 21.104. Keine Kostenerstattung aus einem außergerichtl Vergleich (s Rn 21.71), aus einer Entscheidung durch Schiedsgutachter (OLG Hamburg JurBüro 82, 769), Schlichterbeschluss (LG Bielefeld NJW-RR 2002, 432), auf Grund eines Protokollvermerks des Richters (OLG München JurBüro 96, 261), aus einer Kostengrundentscheidung für die im Wege der Klageänderung ausgeschiedene Partei (LG Berlin JurBüro 2003, 531). Nicht in Frage kommen Titel, die mangels wirksamer Zustellung nicht zur ZwV geeignet sind (BGH MDR 2013, 669; OLG Düsseldorf Rpfleger 2024, 563 [betr Beschlussverfügung]). Unschädl ist es, wenn Vollstreckbarkeit des Hauptanspruches fehlt, zB bei Klageabweisung oder Feststellungsurteil. Vollstreckbare Ausfertigung entbehrl, solange nicht Wechsel auf Gläubiger- oder Schuldnerseite eingetreten ist, § 727. **Fehlen des Titels** (der Kostengrundentscheidung) macht eine Festsetzung nichtig (MK/Schulz Rn 147), weshalb ein KFB schon nicht ergehen darf (OLG Brandenburg 10.11.2022 – 6 W 52/22 Tz 7: Zustellung eines VU im schriftl Vorverf an Bekl nur im Parteibetrieb) bzw ein ergangener KFB keine rechtl Wirkung entfaltet (BGH WRP 2008, 955: VU im schriftl Vorverf nicht an beide Parteien zugestellt).

3 **II) Antrag auf Festsetzung (§ 103 II 1).** Einreichung (**Formulierungsvorschläge:** Vorwerk/Schneider, PFB, M 43.110-113) zu Protokoll der GeschSt oder schriftl mit eigenhändiger Unterschrift. Ein RA muss das beA nutzen (OLG Frankfurt MDR 2024, 596 [Beck MDR 2024, 756]). Bei Einreichung per beA mit elektron Signatur bedarf es nicht noch der einfachen Signatur (LG Hamburg NJW-RR 2021, 717; PG/Schneider § 103 Rn 19). – ASt ist der aus dem Vollstreckungstitel Berechtigte (OLG Brandenburg 26.11.2019 – 5 W 89/1 Tz 7), also nicht der Verpflichtete; eine 3. Person dann, wenn der Titel sie als Rechtsnachfolger legitimiert, § 727, oder wenn sie am Vergleich (§ 794 I Nr 1) teilgenommen hat. Nicht der Wahlanwalt, wohl der PKH-Anwalt, § 126 (OLGR Naumburg2008, 592). Bei Zweifeln ist aufzuklären (OLG Rostock MDR 2006, 418; OLG Koblenz JurBüro 2006, 646: Antrag des ProzBev in der Ich-Form regelmäßig unschädl). Antrag ist unerlässl Verfahrensvoraussetzung (OLG München JurBüro 95, 427). Antragsfristen sind nicht vorgesehen. Abändernde Berufungsentscheidung macht bei sich deckenden Entscheidungen (Msk/Flockenhaus § 103 Rn 11) vorinstanzl Feststellungsantrag nicht wirkungslos (AG/Bünnigmann § 103 Rn 14 „Höhere Instanz"). Kein Anwaltszwang (s § 78 Rn 28; § 78 III; § 13 RPflG).

4 **III) Festsetzungsunterlagen (§ 103 II 2).** Titel, Vollmacht (s Rn 21.102), Rechtskraftzeugnis, wenn sonst Vollstreckung aus dem Urteil nicht mögl ist; bei Wechsel auf der Gläubiger- oder Schuldnerseite **Umschreibung** (§ 727; BGH MDR 2010, 838; OLG Köln JurBüro 2013, 89); hierzu Vorlage öffentl oder öffentl beglaubigter Urkunden über die Rechtsnachfolge, es sei denn, der bish Gl stimmt zu u der Sch gesteht die Rechtsnachfolge zu (§ 288; BGH MDR 2006, 52; § 138 III ist unanwendbar, Peters ZZP 118 [2005], 47, 56), und Stellung des Klauselumschreibungsantrags. Unerlässl ist weiter eine Kostenberechnung, aufgeschlüsselt nach den einzelnen Posten (s BGH MDR 2019, 127 Tz 6, 7 = NJW 2019, 679 [Overkamp] zu den formalen Anforderungen), die nicht unterschrieben werden muss. Bezugnahme auf Prozessakten ersetzt die Kostenrechnung nicht. Nur bei Gerichtskosten genügt der Antrag auf Mitfestsetzung, wenn sich die Zahlung aus den Akten ergibt. Der Rpfleger ist nicht gehalten, bei der Gerichtskasse wegen der Kosten Erkundigungen einzuziehen (OLG Karlsruhe JurBüro 92, 747).

5 **IV) Festsetzungsentscheidung (§ 104 I 1).** Der Rpfleger prüft das Vorliegen der Festsetzungsunterlagen (s Rn 4), ob die verlangten Kosten entstanden sind, zweckentspr und notwendig waren (s § 91 Rn 12) und glaubhaft gemacht sind (s Rn 8). Grobe Festsetzungsfehler können das verfassungsrechtl Willkürverbot verletzen und die Verfassungsbeschwerde rechtfertigen (BVerfG MDR 83, 372). Als selbständiger Schuldtitel muss der KFB ein vollständiges Rubrum enthalten, er muss selbständig begründet werden, wenn er durch Abweichung den Gl oder den Sch beschwert (s Rn 21.21). Die Kostenberechnung des RA darf nicht kurzerhand als Entwurf übernommen werden. Der Erstattungsbetrag ist zu beziffern. Wenn mehrere Personen als Gl oder Sch beteiligt sind, muss auch ziffernmäßig erkennbar sein, wie viel jeder von ihnen zu fordern oder zu zahlen (KG JurBüro 2014, 420; s aber auch Rn 21.85) hat und ob Gesamtgläubigerschaft oder Gesamtschuldnerschaft besteht. – Einschränkungen bei der Hauptsacheentscheidung sind in den KFB zu übernehmen, wenn sie auch den Kostenausspruch erfassen (s Rn 21.44; Rn 21.83; Rn 21.105; MskV/Flockenhaus Rn 14). – Der Beschluss ist zu unterschreiben (OLG Karlsruhe NJW-RR 2004, 1507: keine Paraphe). Er erwächst formell und materiell in Rechtskraft (BGH MDR 2023, 395).

6 **V) Verzinsung (§ 104 I 2). Lit:** Stamm NJW 2019, 3473; H. Schneider AGS 2021, 193 m Bsp. – Nur auf Antrag. Beginn: ab dem Tag des Antragseingangs (aA ab dem folgenden Tag: LG Hamburg AGS 2020, 148 [zu § 464b StPO]), im Fall des III ab Verkündung des Urteils. Nach rechtskräftiger Entscheidung über einen Verzinsungsantrag kann der Zinssatz nicht nachträgl (durch Ergänzung/Nachfestsetzung) erhöht werden (BGH MDR 2003, 476). Festgesetzte Vollstreckungskosten sind verzinsl (§ 788 II 1; s § 788 Rn 19; MK/Schulz Rn 71). – Verzinsung des **Gerichtskostenvorschusses** für die Zeit vor Eingang des Festsetzungsantrags kann nicht im KFV ausgesprochen werden; es besteht hierfür kein prozessualer Verzinsungsanspruch (Saenger/Uphoff MDR 2014, 192; ausf Lüttringhaus NJW 2014, 3745). Die Verzinsung eines mat-rechtl KE scheidet aus, soweit dieser nicht durchgesetzt werden kann wegen des Vorrangs des prozessualen KE (BGH MDR 2023, 1005).- Der Antrag auf Verzinsung kann noch nachträglich gestellt und nach Rechtskraft des KFB noch nachgeholt werden (PG/

Schneider Rn 30) und ist auch dann ab Eingang des Kostenfestsetzungsantrags zu verzinsen (KGR Berlin 2003, 293 Tz 10 aE; AG/Bünnigmann Rn 26; aA H. Schneider AGS 2021, 193 unter II: ab Eingang des nachträglichen Verzinsungsantrags). Antrag idS ist nur der Erstantrag, weil es hier noch an einer Entscheidung überhaupt fehlt, nicht aber der auf weitere Festsetzung einer durch Gesetzesänderung nachträgl entstandenen Zinsdifferenz (OLG Düsseldorf JurBüro 2003, 87). Die Höhe des Zinssatzes richtet sich nach der Fassung des I 2 im Zeitpunkt der Antragstellung (OLG München MDR 2002, 605; OLG Düsseldorf JurBüro 2002, 587). Bei Einreichung des Antrags, ehe der Titel vorliegt, entsteht der Zinsanspruch erst ab Erlass des Titels (Hansens RVGreport 2008, 208; MskV/Flockenhaus Rn 12). Ein **Prozessvergleich** in 2. Instanz nimmt dem angefochtenen Urteil zwar die Eigenschaft als Kostengrundentscheidung. Soweit sich die erstinstanzl Kostenentscheidung und die in 2. Instanz im Vergleich getroffene Kostenregelung decken, können Zinsen bereits ab Eingang des ursprünglich gestellten Antrags verlangt werden (Stamm NJW 2019, 3473, 3476 III 2; OLG Nürnberg JurBüro 2018, 358; OLG Dresden MDR 2019, 1346); aA BGH (BGH MDR 2021, 196 Tz 18 = NJW 2021, 863 [Ulrici], Aufhebung von OLG Nürnberg) und hM (zB StJ/Muthorst Rn 27): Verzinsung erst von einem Antragszeitpunkt nach dem Vergleichsabschluss, soweit die Parteien nichts anderes vereinbaren. Wird zweitinstanzl die erstinstanzl Kostenentscheidung **abgeändert** (Kostenquote reduziert), setzt der Verzinsungsbeginn ein ab Einreichung des 1. Festsetzungsgesuchs, aber nur in Höhe des bestätigten Erstattungsanspruchs (BGH NJW 2006, 1140; Stamm NJW 2019, 3473, 3475 III 1a, der dies auch befürwortet, wenn die Kostenquote erhöht wird). Das gilt auch bei der **Klagerücknahme**, soweit eine inhaltsgleiche Entscheidung (§ 269 IV) ergeht (BGH MDR 2016, 57 Tz 21). Bei **Aufhebung** u Zurückverweisung Beginn mit Verkündung des neuen Urteils (OLG Düsseldorf MDR 2009, 1407). Bei Wiederherstellung einer aufgehobenen/abgeänderten Kostengrundentscheidung Verzinsungsbeginn erst mit Verkündung der wiederherstellenden Entscheidung (BGH MDR 2016, 57 Tz 28 [zust Fischer LMK 2015, 374579]; aA Stamm NJW 2019, 3473, 3475 III 1e: durchgängige Verzinsung). Bei der **Rückfestsetzung** Verzinsung ab Eingang des Rückfestsetzungsantrags (OLG Koblenz MDR 2012, 51). Im Fall der **Kostenausgleichung** (§ 106) wird nur der letztl festgesetzte Erstattungsbetrag verzinst (OLG Düsseldorf NJW-RR 2006, 359). Zu erstattende Gerichtskosten sind vom Unterliegenden auch dann zu verzinsen, wenn er **Kostenfreiheit** (§ 2 GKG) genießt (LG Stuttgart NJW-RR 98, 1691). – Zur **Verjährung** des Zinsanspruchs eines KE Stamm NJW 2019, 3473, 3476 V mwN. – Entsprechende Anwendung in Spruchverfahren für den nach § 6 II 2 SpruchG festgesetzten Betrag (BGH ZIP 2022, 371).

VI) Zustellung (§ 104 I 3, 4). Dem zahlungspflichtigen Sch ist eine begl Abschrift des KFB mit Abschrift der Kostenrechnung vAw zuzustellen (I 3). Wird zur Gewährung rechtl Gehörs die Kostenrechnung dem Gegner schon formlos zur Stellungnahme zugesandt, muss mit dem KFB eine Abschrift des Kostenfestsetzungsantrages zugestellt werden, sofern der Beschluss darauf Bezug nimmt. Bei anwaltl Vertretung ist dem ProzBev 1. Instanz zuzustellen (OLG Jena RVGreport 2014, 477), es sei denn, dass die Partei selbst Erinnerung oder Beschwerde eingelegt hat (str, s § 172 Rn 12). Hat sie zwei ProzBev, läuft die Rechtsmittelfrist mit Zustellung an nur einen der beiden, wobei die frühere Zustellung maßgebend ist (OLG Koblenz MDR 2017, 1452). Nach Anzeige des Erlöschens der Vollmacht oder der Niederlegung des Mandats, auch ohne Neubestellung eines anderen RA, ist nur noch der Partei selbst zuzustellen (OLG München MDR 80, 146; aA OLG Bremen Rpfleger 86, 99), die aber zur Benennung eines Zustellungsbev verpflichtet ist, wenn sie im Ausland wohnt, § 184 I 1. Nach Rücklauf der Zustellungsurkunde ist wegen § 798 auf der vollstreckbaren Ausfertigung (zu beachten: § 317 II 1, § 329 I 2) der Tag der Zustellung an den Sch zu vermerken, die vollstreckbare Ausfertigung zu erteilen und dem ASt oder seinem ProzBev formlos zu übersenden. Wird der Antrag teilw zurückgewiesen, ist Amtszustellung geboten (§ 104 I 4, § 329 III). Kosten der Zustellung fallen nur an, wenn in der Instanz der Auslagenfreibetrag (9002 aE GKG-KV) überschritten ist (MskV/Flockenhaus Rn 16; aA AG Kiel JurBüro 96, 261); dann kann Vorschuss verlangt werden (§ 17 III GKG; aA LG Berlin Rpfleger 86, 73), aber die Durchführung des Verf darf nicht von der Zahlung abhängig gemacht werden (OLG Frankfurt AGS 2018, 93 = RVGreport 2017, 466 [Hansens]). Wegen öffentl Zustellung s § 186 Rn 1. 7

VII) Glaubhaftmachung (§ 104 II). Beweisverf: § 294 (ausf Marx Rpfleger 99, 157). Belege sind im Original (aA OLG Köln MDR 2009, 345), nicht in Ablichtung, beizufügen, wenn sie sich nicht bereits in den Akten befinden. Das Sitzungsprotokoll hat wegen seiner Zielsetzung, den erhebl Verfahrensverlauf festzuhalten, für die kostenrechtl Beurteilung keine entscheidende Bedeutung. Die Kosten müssen tatsächl angefallen sein. Zur Feststellung reicht überwiegende Wahrscheinlichkeit (BGH JurBüro 2012, 29; OLG München ErbR 2023, 228); dazu sind alle Beweismittel zu verwenden (BGH MDR 2007, 1034 Tz 9: keine Beschränkung auf präsente Beweismittel; OVG Lüneburg AGS 2021, 85 [Hansens]: Zeugenvernehmung). Die anwaltl Versicherung ist geeignetes Mittel (OLG Brandenburg JurBüro 2021, 31), aber nicht zwangsläufig stets ausreichend (OLG Bamberg AGS 2023, 123). Bei den Postgeb belegt die Versicherung des RA (§ 104 II 2) nur das Entstehen, nicht die Höhe. Wird die Notwendigkeit (und damit die Höhe) der Aufwendungen bestr, ist Einzelnachweis erforderl (OLG München MDR 92, 1004: § 287), wobei jedoch der anwaltl Versicherung Indizwert beizumessen ist, wenn die Kosten im Verhältnis zum Prozessstoff angemessen erscheinen (VGH BadWürtt JurBüro 90, 1001; OLG München MDR 82, 760). 8

VIII) Rechtsbehelfe (§ 11 I, II RPflG). 1) Sofortige Beschwerde (§ 104 III 1). Formulierungsvorschlag: Vorwerk/Schneider, PFB, M 43.116. Ledigl in Fällen des § 11 II 1 RPflG ist anstelle eines Rechtsmittels die – befris- 9 tete – **Erinnerung** (**Formulierungsvorschlag:** Vorwerk/Schneider, PFB, M 43.117) als Rechtsbehelf zulässig, über die in der Instanz entschieden wird. Ob ein Fall des I oder II gegeben ist, lässt sich aus der Entscheidung allein nicht schon ableiten. Wegen § 567 II (Wert des Beschwerdegegenstandes über 200 Euro) muss hierzu immer deutl gemacht werden, in welchem Umfang die Entscheidung angegriffen wird. Aber immer nur Erinnerung, wenn der Rpfleger am OLG entschieden hat (OLG Hamburg AGS 2018, 464 Tz 7; OLG München Rpfleger 2017, 184 Tz 7; § 567 I Hs 1).

10 **2) Übersicht zu Beschwerde, Erinnerung, Abhilfe in der Instanz, Vorlage an den Richter**

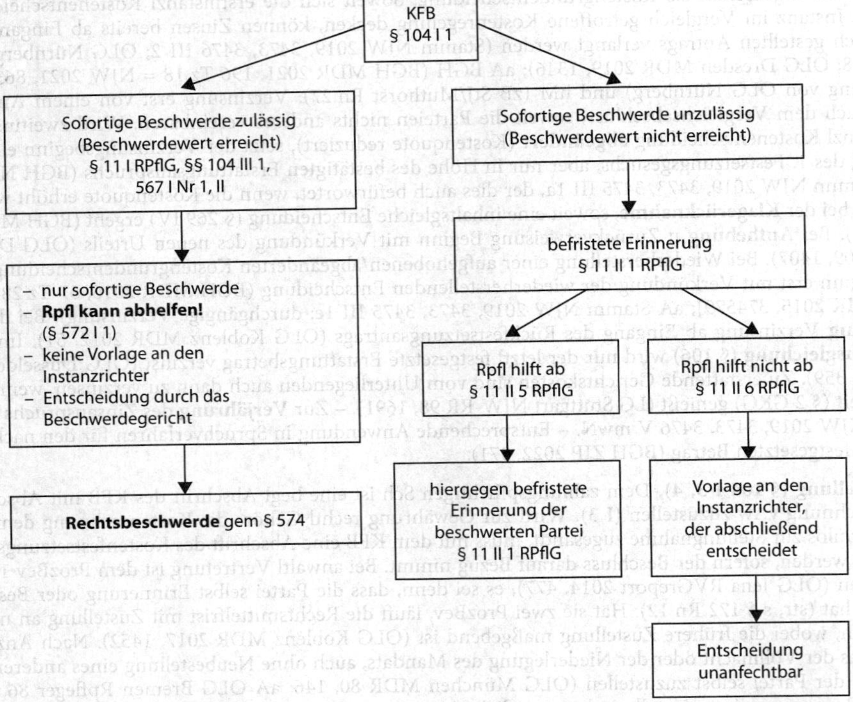

11 **IX) Erinnerung/Sofortige Beschwerde/Rechtsbeschwerde. 1) Beschwerdewert.** Gegen die Entscheidung des Rpflegers sind je nach dem Beschwerdewert Beschwerde/Erinnerung gegeben, die keine aufschiebende Wirkung haben (§ 570). In Betracht kommen sie gegen Zubilligung, Nichtzubilligung oder nur teilw Zubilligung eines verlangten Betrags. Beschwerde/Erinnerung stehen nur der beschwerten Partei zu, nicht dem ProzBev (OLG Brandenburg FamRZ 2002, 253) oder der Staatskasse. Wegen eigenen Beitreibungsrechts kann der PKH-Anwalt selbständig Beschwerde/Erinnerung einlegen (ausf s § 126 Rn 7).

12 **2) Zulässigkeit.** Zulässig sind Beschwerde/Erinnerung erst ab Hinausgehen des unterschriebenen KFB aus dem internen Geschäftsbetrieb (OLG Hamm JurBüro 83, 934; OLG Koblenz Rpfleger 82, 295), also nie vor Entscheidung des Rpfleger. Soweit **Rechenfehler** zu berichtigen sind, genügt Anregung nach § 319. „Erinnerung" gegen Höhe des Streitwertes ist als Anregung auf amtswegige Änderung der Wertfestsetzung (§ 63 III 1 GKG) umzudeuten.

13 **3) Erinnerung (§ 11 II RPflG). a) Einlegung** auch im Anwaltsprozess durch die Partei selbst mögl. Sie ist Prozesshandlung; unzulässig sind deshalb bedingte Erklärungen, unschädl hingegen eine fehlerhafte Bezeichnung, zB als Beschwerde oder Gegenvorstellung (BGH NJW-RR 2013, 1020). Inhaltsverändernde Umdeutungen sind unzulässig. Auslegung ist aber mögl. Auch eine Bezugnahme reicht; der in Bezug genommene Schriftsatz und die Bezugnahme müssen aber innerhalb der Frist eingereicht werden (OLG Frankfurt JurBüro 1984, 287). Telefonische Mitteilung, ein vor der Erinnerung abgefasster Schriftsatz solle als Erinnerung behandelt werden, reicht hingegen nicht (OLG Celle Rpfleger 94, 290).

14 **b)** Die Erinnerung ist **befristet** (§ 11 II 1 RPflG; s Rn 16), also binnen einer Notfrist von 2 Wochen ab Zustellung des Beschlusses einzulegen; gleichgültig ist, aus welchem Grund der Rpfleger dem Antrag – ganz oder teilw – nicht entsprochen hat. Nach Abhilfe durch den Rpfleger erneut die befristete Erinnerung, jetzt durch die nunmehr beschwerte Partei. Die Frist beginnt mit Zustellung des KFB (bzw Abhilfeentscheidung), beim KFB auch, wenn die Kostenrechnung nicht zuvor oder zugleich mitgeteilt wurde (OLG München MDR 91, 61).

c) Eine **Mindestbeschwer** ist nicht Voraussetzung (Schütt MDR 98, 458). Allerdings ist der Anwendungsbereich der Erinnerung auf Beträge bis 200 Euro begrenzt (Hansens Rpfleger 99, 105 Nr 2; aA v. König Rpfleger 2000, 7, wonach hier überhaupt kein Rechtsbehelf gegeben ist; dies ist wegen Art 19 IV GG aber falsch, s zB BVerfG NJW-RR 2001, 1077; BVerfG NJW 2000, 1709). Eine Erweiterung der Erinnerung muss sich innerhalb dieser Wertzone bewegen und ist dann weiterhin nicht fristgebunden. Erweiterung über 200 Euro hinaus führt während laufender Notfrist zur Behandlung als – soweit die übrigen Voraussetzungen vorliegen: zulässige – Beschwerde und bei Nichtabhilfe zur Vorlage an das Beschwerdegericht. Nach Fristablauf auf über 200 Euro erweitert, wird die Erinnerung schon deshalb unzulässig, weil ein Rechtsmittel an sich gegeben war: sof Beschwerde; diese ist dann aber ebenfalls unzulässig, weil verfristet, denn die Einhaltung der Erinnerungsfrist (für einen Teilbetrag) wahrte nicht die Frist zur Einlegung der sof Beschwerde (für den Gesamtbetrag). Dies ist Konsequenz der Neuregelung, nach der für die Erinnerung eine **„Maximalbeschwer"** eingeführt wurde, von der ab sie unzulässig ist, weil ein Rechtsmittel eingelegt werden kann, so dass die Erinnerung nur in diesen Grenzen erweitert werden kann (PG/Schneider Rn 40; Hk-ZPO/Gierl Rn 30; aA MskV/Flockenhaus Rn 22; MK/Schulz Rn 129). – Die Verfristung beim an sich zulässigen Rechtsmittel (Beschwerde) eröffnet nicht (wieder) den Weg in das Erinnerungsverf (MK/Schulz Rn 128; OLG Nürnberg MDR 2005, 534), weshalb nur Antrag auf WE bleibt. – Zu Wertreduzierungen durch Teilabhilfe s Rn 21.3. 15

d) Darüber, wem zuzustellen ist, s Rn 7. Berichtigungen, die sachl Änderungen enthalten, zB nachträgl Einsetzung des ProzBev der Partei (§ 126), verlangen neue Zustellung mit neuem Fristlauf. Ist der KFB auf das Urteil oder den Vergleich gesetzt worden (§ 105), läuft die Frist ab Zustellung des Titels; Berechnung nach § 222. Keine Abkürzung oder Verlängerung mögl. WE nach §§ 233 ff. Wird die Erinnerung vor einem unzuständigen Geschäftsbeamten zu Protokoll genommen, muss das Protokoll zur Fristwahrung rechtzeitig bei dem zuständigen Gericht, näml dem, dem der Rpfleger angehört (OLG München JurBüro 92, 613), eingehen (§ 129a III 2). Einlegung beim Beschwerdegericht ist nicht Frist wahrend (OLG Hamm AnwBl 95, 270). Da die befristete Erinnerung immer in der Instanz erledigt wird (BGH RVGreport 2016, 30), besteht allerdings kein Anlass, den Rechtsbehelf an das Beschwerdegericht zu adressieren. 16

e) Legt eine Partei sof Beschwerde ein, hat die andere die Möglichkeit der **Anschlussbeschwerde** (§ 567 III), für die § 567 II nicht gilt. Bei Beträgen bis 200 Euro hat die Partei aber ein Wahlrecht. Sie kann auch befristete Erinnerung einlegen, denn die Anschlussbeschwerde ist kein Rechtsmittel, durch das deshalb die Erinnerung auf Grund § 11 I RPflG ausgeschlossen wäre (PG/Schneider Rn 52; aA OLG Stuttgart MDR 2020, 1209; zust N. Schneider NJW-Spezial 2020, 701, der aber empfiehlt, hilfsweise Erinnerung einzulegen). Nach Fristablauf bleibt nur die unselbständige Anschlussbeschwerde. 17

f) **Erinnerungsgericht** ist Gericht, dessen Rpfleger den KFB erlassen hat (s Rn 21.107). 18

4) Sofortige Beschwerde (§ 104 III 1; § 11 I RPflG). Die Kostenbeschwerde (Wert des Beschwerdegegenstandes: § 567 II; s § 567 Rn 13 ff) hat keine aufschiebende Wirkung, § 570. Beschwerdeerweiterung zulässig bei unverändertem Sachverhalt u nur, wenn das Rechtsmittel schon zulässig war (BGH MDR 2011, 199). Änderungswille ist maßgebend, nicht Wortwahl; deshalb ist „Erinnerung" gegen die Höhe bereits festgesetzten Streitwerts und der darauf beruhenden Kostenfestsetzung als Streitwertbeschwerde zu behandeln (KGR Berlin 2009, 799). 19

Beschwerdegericht ist das LG, wenn der Rpfleger des AG, das OLG, wenn der Rpfleger des LG entschieden hat. In FamSachen ist immer der FamSenat des OLG Beschwerdegericht. 20

Entschieden wird **ohne mündl Verh** (§ 572 IV, § 128 IV), jedoch nach Gewährung rechtl Gehörs (Art 103 I GG; s Rn 21.73, Rn 21.22). Die Beschwerdeentscheidung ist zuzustellen (§ 329 III). 20a

5) Rechtsbeschwerde (§ 574). Sie setzt die Zulassung durch das Beschwerdegericht voraus, § 104 III, § 574 I 1 Nr 2 (BGH NJW 2008, 2040), und zwar nicht nur durch den Einzelrichter (BGH NJW 2022, 1395). Ein Mindestbeschwerdewert ist nicht erforderl (BGH MDR 2005, 237). Die Zulassung kann auf einen selbständigen Teil des Streitstoffes beschränkt werden (BGH JurBüro 2011, 492). Einen gesetzl nicht vorgesehenen Instanzenzug kann die Zulasssung nicht eröffnen (BGH RVGreport 2016, 30). – Die Nichtzulassung ist nicht anfechtbar (BGH 17.2.2022 – IX ZB 55/21 Tz 2; s § 574 Rn 3). – Eine Ausnahmebeschwerde wegen „greifbarer Gesetzwidrigkeit" lässt der BGH nicht zu (stRspr; zB BGH 17.2.2022 – IX ZB 55/21 Tz 2 mit Hinweis auf BVerfGE 107, 395; s vor § 567 Rn 6). 20b

X) Einzelheiten zum Verfahren (alphabetisch). Sa den Schlüssel zu § 91 Rn 13 ff. 21

• **Abänderung.** Der KFB darf nie den Kostenausspruch des Urteils verändern (OLG Frankfurt JurBüro 82, 744). Der Titel ist für den Rpfleger bindend (s Rn 21.25), selbst wenn die Parteien durch außergerichtl Vergleich eine andere Regelung getroffen haben. Unzulässig ist auch Überprüfung der sachl Richtigkeit einer Entscheidung im Kostenpunkt oder in der Wertfestsetzung, selbst hinsichtl der Begründungselemente. Der Rpfleger darf einen nicht angefochtenen KFB oder seine Nichtabhilfeentscheidung (§ 11 II 6 RPflG) nicht mehr ändern, wenn er die Akten dem Richter vorgelegt hat (OLG München Rpfleger 82, 196). Der Richter darf den KFB abändern oder zur anderweitigen Festsetzung an den Rpfleger zurückverweisen (§ 572 III; § 11 II 7 RPflG). Die Abänderung ist nur im Umfang der Anfechtung zulässig (OLG München MDR 2000, 665). 21.1

21.2 • **Abgabe.** Gibt das angegangene Gericht vor Zustellung der Klage an das zuständige Gericht ab, dann können die bei dem unzuständigen Gericht erfallenen Kosten des Kl nicht zu dessen Gunsten festgesetzt werden; das Fehlen einer Kostenentscheidung nach § 281 III 2 ist unerhebl, da diese Vorschrift auf die „Abgabe" unanwendbar ist (vgl KG JurBüro 90, 1183).

21.3 • **Abhilfe.** Der Rpfleger darf in den Fällen des **§ 11 II RPflG** der Erinnerung abhelfen, auch soweit sie sich nur gegen seine Kostenentscheidung richtet (OLG Stuttgart Rpfleger 84, 199), und er muss es, soweit er sie für begründet hält (OLG Frankfurt Rpfleger 79, 388). Bei teilw Abhilfe darf der angefochtene Beschluss nicht insgesamt aufgehoben, sondern muss so gefasst werden, dass der bestätigte Teil des Titels vollstreckungsfähig bleibt (OLG München Rpfleger 84, 285). Unzulässig ist Vorlage an den Richter unter Offenlassen der Frage, ob abzuhelfen ist (OLG Düsseldorf MDR 86, 503). Der Richter, dem vom Rpfleger vorgelegt wurde, hat in der Sache abschließend zu entscheiden; er kann dabei den KFB auch aufheben und an den Rpfleger zurückverweisen. Unzulässig ist eine Abhilfe nach „formloser Rückgabe" durch den Richter. Der Richter kann nicht mehr Nichtabhilfe beschließen und dem Beschwerdegericht vorlegen. Da die – auch teilw – Abhilfe zugleich Neufestsetzung ist, hat die dadurch beschwerte Partei, wenn der Rpfleger entschieden hat, wieder die befristete Erinnerung (OLG Saarbrücken 22.1.2015 – 9 W 3/15). Hat bei Erinnerung beider Parteien der Rpfleger nur einer Erinnerung abgeholfen und neu festgesetzt, bleibt der Rechtsbehelf der anderen Partei wirksam, richtet sich aber nicht ohne weiteres gegen die Neufestsetzung. – Kostenentscheidung notw bei Abhilfe (OLG Zweibrücken Rpfleger 2003, 101), aber nicht bei Teilabhilfe (OLG München Rpfleger 77, 70). Die Kostenentscheidung im Abhilfebeschluss ist Festsetzungsgrundlage (Lappe Rpfleger 2005, 134). – In den Fällen des **§ 11 I RPflG** darf der Rpfleger abhelfen (s Rn 10; § 572 I 1). Der Rpfleger darf aber das Rechtsmittel/den Rechtsbehelf gegen seine Entscheidung nicht selbst zurückweisen (OLG München Rpfleger 2001, 98). Die Nichtabhilfe hat durch Beschluss zu erfolgen (OLG Düsseldorf MDR 2011, 1500). – Bei **Teilabhilfe** durch den Rpfleger und hiermit verursachtem Absinken des Beschwerdewertes auf einen Betrag von nur noch bis zu 200 Euro, also unter die Wertgrenze des § 567 II, wird aus der bis dahin zulässigen sof Beschwerde die befristete Erinnerung (LAG Berlin-Brandenburg 27.11.2020 – 26 Ta [Kost] 6066/20 Tz 7). Das Verf ist im Umfang der Nichtabhilfe nicht dem Beschwerdegericht vorzulegen, sondern in der Instanz zu entscheiden (KG MDR 2007, 235; OLG Celle RVGreport 2010, 468 [Hansens]).

21.4 • **Abtretung.** Mögl aufschiebend bedingt ab Klageerhebung, auflösend bedingt ab vorläufiger Vollstreckbarkeit, unbedingt ab Rechtskraft (BGH MDR 88, 857). Der Zessionar des KE kann Festsetzung als Gl nur nach Titelumschreibung gem §§ 727 ff verlangen (OLG Koblenz JurBüro 2008, 91). Ohne Titelumschreibung ist die Kostenfestsetzung auf den Zessionar wirkungslos (OLG Brandenburg 26.11.2019 – 6 W 89/19 Tz 8). Zur „Überschreibung" auf den PKH-Anwalt s § 126 Rn 14.

21.5 • **Amtspflichtverletzung.** Hierdurch entstandene Mehrkosten sind gegen den Erstattungspflichtigen festzusetzen, jedoch nur Zug um Zug gegen Abtretung eines etwaigen Anspruchs aus Amtspflichtverletzung (KG NJW-RR 2022, 1356; aA OLG Koblenz JurBüro 1987, 128). – Zur Amtshaftung wegen verspäteter Bearbeitung eines Kostenfestsetzungsantrags: KG NJW 2006, 1292.

21.6 • **Anschließung.** Erinnerungsgegner kann sich nach Fristablauf anschließen (Anschlusserinnerung). Der Rechtszug geht nicht weiter als der für den Hauptrechtsbehelf (LG Berlin Rpfleger 96, 397).

21.7 • **Anschlussberufung.** Wenn die Kosten von Berufung und Anschließung zu quoteln sind (§ 92 I; s § 524 Rn 41, Rn 42), ist ein Verstoß hiergegen durch Auslegung in Kostenquotierung umzusetzen.

21.8 • **Anschlussbeschwerde (§ 567 III).** Sie ist zulässig (s Rn 17). Mit der unselbständigen Anschlussbeschwerde können auch Posten nachgeschoben werden (ThP/Hüßtege Rn 46; OLGR Koblenz 2000, 246).

21.9 • **Anwaltssozietät.** Ein von einer Sozietät als rechtsfähiger Gesellschaft erwirkter KFB steht der Gesellschaft zu (§ 705 II Alt 1, § 713 BGB idF seit 1.1.2024).

21.10 • **Anwaltsvergleich.** Er kann für vollstreckbar erklärt werden (§§ 796a, 796b, 796c I 1) und ist dann Vollstreckungstitel (§ 794 I Nr 4b), aber nicht Grundlage einer Kostenfestsetzung (PG/Schneider § 103 Rn 6 mN), weshalb anzuraten ist, die Kostenregelung in den Vergleich aufzunehmen.

21.11 • **Anwaltszwang.** Im **Erinnerungsverf** (§ 11 II RPflG) kein Anwaltszwang (§ 13 RPflG; OLG Frankfurt MDR 2014, 1227). **Beschwerdeverf** (§ 11 I RPflG): – **1)** Wird die Entscheidung des AG angegriffen und ist das LG Beschwerdegericht, besteht kein Anwaltszwang (§ 78 III, § 569 III Nr 1), auch nicht für im Beschwerdeverf abzugebende schriftl Erklärungen (§ 571 IV). Ausnahme: mündl Verh (ThP/Hüßtege Rn 44, 47); – **2)** Wird die Entscheidung des Rpflegers des LG angegriffen und das OLG ist Beschwerdegericht, besteht ebenfalls kein Anwaltszwang (§ 569 III, § 571 IV; MK/Schulz Rn 102; BGH Rpfleger 2006, 416; s § 569 Rn 10; § 78 Rn 21), weil der Rechtsstreit im 1. Rechtszug – abzustellen ist auf das KFV – ohne Anwaltszwang geführt wurde (§ 13 RPflG; § 569 III Nr 1). Im **Rechtsbeschwerde**verf muss sich die Partei durch einen beim BGH zugelassenen RA vertreten lassen (s § 575 Rn 4; § 78 I 3). – Entspr Regelung im FamFG, § 114 IV Nr 6 FamFG.

21.12 • **Arrestbefehl.** Ist Vollstreckungstitel. Zur Kostenentscheidung s § 922 Rn 10; im Aufhebungsverf (§ 927) wird erneut u selbständig tituliert (OLG Schleswig JurBüro 95, 308; s § 927 Rn 12); anders im Verf nach § 926 II

(OLGR München 1997, 95; s § 926 Rn 26). – Notwendigkeitsprüfung erst im KFV. – Kosten des ehemaligen Sch für die Aufhebung des Arrestvollzugs sind nicht von der Kostengrundentscheidung (§ 91) erfasst, sowie weder nach § 788 III noch nach § 788 II iVm §§ 103 ff festsetzbar; es bleibt nur § 945 (BAG NJW 2021, 257).

• **Aufhebung/Änderung der Kostengrundentscheidung.** Damit wird ein darauf basierender KFB im Umfang der Aufhebung/Änderung wirkungslos (allgM; zB BGH MDR 2022, 333). Grund: die Akzessorietät. Im nachfolgenden KFB ist deutlich zu machen, ob und, wenn ja, inwieweit der 1. KFB noch vollstreckbar ist (OLG München NJW-RR 2025, 319). – Aufhebung/Abänderung der Kostengrundentscheidung während des Beschwerdeverf erledigt die Beschwerde (Kosten nach § 717 II, BGH MDR 2007, 742 zur Rechtsbeschwerde). Sa Rn 21.110. 21.1

• **Aufrechnung. 1) Im KFV:** Grds ist es unzulässig, dass der Kostenschuldner im KFV gegen den Erstattungsanspruch aufrechnet (StJ/Muthorst Rn 16; OLG Celle BauR 2016, 1965; s Rn 21.56). – **2) Mit dem KFB/KE:** Zulässig ist die Aufrechnung mit einem rechtskräftig festgesetzten oder einem dem Grund und der Höhe nach unbestrittenen KE (BGH MDR 2013, 1310 Tz 11), und zwar auch schon vor Leistung der die Vollstreckbarkeit des Urteils erst herbeiführenden Sicherheit. Nach OLG Karlsruhe NJW 94, 593 Tz 16 und OLG Düsseldorf NZBau 2017, 278 Tz 49 mit der zutr hM keine Aufrechnung mit dem KFB gegen die im selben Verf geltend gemachte Forderung; zwingend ist dies aber nicht immer (vgl die Differenzierung bei OLG Karlsruhe NJW 94, 593 Tz 17 [Aufrechnung gegen ein rechtskräftiges, innerprozessuales Teilurteil] sowie Schmitz NJW 94, 567). Eine Kostenquotierung steht der Aufrechnung nicht entgegen (OLG Celle JurBüro 83, 1698; aA OLG Saarbrücken JurBüro 78, 1089). Ein Aufrechnungsverbot (§ 393 BGB) erstreckt sich auch auf den KE. Die Abwendungsbefugnis durch Sicherheitsleistung, zB §§ 711, 712, beeinflusst die mat-rechtl Aufrechnungswirkung nicht (OLG Hamm WM 88, 517). Außerprozessuale Aufrechnung ist schon ab Erlass der Kostengrundentscheidung mögl, da die fällige Gegenforderung nun bestimmbar ist. Geltendmachung mit Klage aus § 767 (s § 767 Rn 6 „Kostenfestsetzungsbeschlüsse“) mögl. – **3)** Beim **Kostenausgleich** nach § 106 ist ein aufrechenbarer KE erst mit der Festsetzung bestimmbar (OLG Düsseldorf Rpfleger 96, 373). – OLG München MDR 2000, 850 lässt in den Fällen des § 106 ab Einreichung der Festsetzungsanträge die Aufrechnung gegen den KE zu. Nach § 106 II 1 führt die verspätete Anmeldung des Erstattungsanspruchs des Gegners nicht zur Änderung der Erstfestsetzung. Die Parteien können sich nur durch Aufrechnung oder Klage nach § 767 schützen (s Lappe MDR 83, 992). 21.1

• **Auslagenpauschale.** Sie fällt in jeder Angelegenheit erstattungsfähig an (BGH MDR 2005, 237). 21.15

• **Auslegung.** Die Kostenfestsetzung soll nur die Grundentscheidung im Titel höhenmäßig konkretisieren. Deshalb muss auch eine unrichtige Kostenentscheidung hingenommen werden (OLGR Düsseldorf 2009, 816). Statthaft ist nur die Beseitigung von Unklarheiten durch Auslegung entspr dem wirkl Willen des Gerichts (KG MDR 2002, 722) oder der Parteien (OLG Koblenz NJW 2017, 3666; OLG München Rpfleger 2025, 245: Vergleich). Dabei ist die Heranziehung und Würdigung anderer Umstände als des Textes des Kostentitels nicht statthaft (OLG Nürnberg MDR 2021, 774), insb keine Beweisaufnahme (OLG Koblenz JurBüro 2016, 150). Auslegung kann ergeben, dass nur eine Mehrkostenbelastung gewollt war oder dass gesamtschuldnerisch verurteilte Streitgenossen nur für Kosten haften, deren Entstehung sie mitveranlasst haben, zB wenn nur zur Verteidigung eines Streitgenossen Beweis erhoben worden ist (OLG Frankfurt JurBüro 81, 1400; zu eng OLG Schleswig JurBüro 83, 1883). Durch Auslegung ist auch zu klären, welche einzelnen Geb in eine Kostenvereinbarung einbezogen sind (OLG Koblenz JurBüro 82, 1683: Verkehrsanwalt). Sa Rn 21.71 unter d) und e). 21.16

• **Außergerichtliche Anwaltskosten.** Die Festsetzung von Geb, die durch außergerichtl Anwaltstätigkeit entstanden sind, wird überwiegend abgelehnt (OLG Frankfurt NJW 2005, 759; OLG Dresden JurBüro 2008, 372 für eine Anfechtungserklärung). Sie unterfallen, wie alle anderen Kosten, dem Begriff der „Prozessbezogenheit“. Sind sie prozessbezogen, sind sie zu erstatten; kann dies nicht festgestellt werden, sind sie nicht zu erstatten (s vor § 91 Rn 12 zu den sog Vorbereitungskosten). **Vorprozessual** wird man das zB bejahen müssen, wenn eine Partei Rat einholt (§ 34 RVG) für ihr Vorgehen, den RA dann nicht als ProzBev beauftragt. Die Rechtslage ist vergleichbar mit der einer Partei, die sich mit einem Privatgutachten (s § 91 Rn 13.73) auf den Rechtsstreit vorbereitet. Bei der **Ratsgeb** wird die Festsetzung aber trotz grds Entstehung/Erstattungsfähigkeit idR daran scheitern, dass es eine *vereinbarte* Geb sein soll (§ 34 RVG; s § 91 Rn 13.75). – Die **Geschäftsgeb** (2300 RVG-VV) entsteht für eine Tätigkeit, die idR zunächst der Prozessvermeidung dient. Hier kommt eine Festsetzung nicht in Frage (BGH MDR 2019, 378 [Seggewiße MDR 2019, 853]: Vertretung in freiwilligem Güteverf), denn damit ist der Bereich der Vorbereitungskosten noch nicht erreicht, Vermeidung kann nicht mit Vorbereitung gleichgesetzt werden. Ist bereits unbedingter Auftrag für das gerichtl Verf erteilt, können vorbereitende außergerichtl Tätigkeiten des RA die Geschäftsgebühr schon gar nicht mehr auslösen, da bereits die Geb 3100 RVG-VV entsteht (OLG Koblenz MDR 2022, 1438). – **Innerprozessual** muss festgestellt werden, ob eine Tätigkeit der Prozessführung diente; dann ist die Geb erstattungsfähig. Die Schwierigkeit liegt nicht in der Beantwortung dieser Rechtsfrage, sondern in der Feststellung und Bewertung der konkreten Anwaltstätigkeit, ihrer Interpretation durch den Kostenbeamten. Sa Rn 21.43, Rn 21.108. 21.17

• **Außergerichtliche Vereinbarungen.** Sie sind im KFV nur zu beachten, wenn sie unstr und prozessbezogen sind. 21.18

• **Aussetzung.** Nicht deshalb zulässig, weil Verfassungsbeschwerde gegen die Streitwertfestsetzung eingelegt worden ist. – Aussetzung in der Hauptsache erstreckt sich auf das KFV (PG/Schneider Rn 9; OLG Koblenz Jur- 21.19

Büro 2004, 658; OLG Karlsruhe FamRZ 2009, 1702; krit OLG München MDR 90, 252; differenzierend MskV/Flockenhaus Rn 11); jedoch hindert Verfahrensaussetzung in 2. Instanz nicht die Kostenfestsetzung aus dem erstinstanzl Urteil (LG Berlin JurBüro 85, 619). – Aussetzung beim Tod des Kostenschuldners auch in Verf der freiwilligen Gerichtsbarkeit (OLG München JurBüro 2020, 36). – Aussetzung nach III 2 hindert die ZwV aus dem KFB nicht (OLG Koblenz MDR 2015, 1264; MskV/Flockenhaus Rn 31). – Ist die Bestimmung des Gebührenstreitwerts erforderlich, ist das KFV solange auszusetzen (BGH MDR 2014, 566; OLG Brandenburg AGS 2023, 229 betr Gegenstandswertfestsetzung) oder jedenfalls bis zur Entscheidung hierüber nicht weiter zu betreiben (OLG München FamRZ 2020, 1028 Tz 13). – Keine Beschwerde gegen die Weigerung, die Vollziehung des KFB auszusetzen (OLG Frankfurt 14.10.2020 – 26 W 24/20 Tz 15).

21.20 • **Austauschen von Kosten.** Eine nicht beantragte, aber begründete Position kann in den Grenzen des Gesamtbetrages an Stelle einer geforderten, aber unbegründeten Position zuerkannt werden (BGH NJW 2020, 2196 Tz 28; OLG Brandenburg AGS 2023, 417 [Geschäfts-/Verfahrensgebühr]). Sa Rn 21.38.

21.21 • **Begründungszwang. 1)** Beschwerde gegen einen KFB ist auch ohne Begründung zulässig (OLG Dresden 12.12.2024 – 12 W 658/24 Tz 10; § 571 Rn 1). – **2)** Für den Rpfleger besteht Begründungszwang, wenn er den gestellten Anträgen nicht oder nicht vollständig entspricht oder umstrittene Positionen festsetzt (OLG Brandenburg BauR 2024, 308; OLG Bremen AGS 2021, 87). Bsp: OLG Hamm MDR 2000, 174: floskelhafte Begründung steht fehlender gleich; OLG Frankfurt JurBüro 99, 494: auch wegen vorgebrachter Einwendungen; LAG Düsseldorf JurBüro 99, 536: hinsichtl str Positionen. Bei zweifelhaften oder schwierigen Fragen entspr eingehende Auseinandersetzung mit den Argumenten nötig (OLG München JurBüro 90, 630). Verstöße gegen den Begründungszwang sind Verfahrensfehler, die eine Aufhebung und Zurückverweisung rechtfertigen können (OLG Saarbrücken NJW-RR 2019, 702; s Rn 21.115). Entbehrl ist eine Begründung, wenn der KFB aus sich heraus iVm der beigefügten Kostenrechnung verständl und überprüfbar ist (MK/Schulz Rn 54). – Der Rpfleger kann in den Fällen des § 11 I RPflG abhelfen (§ 572 I 1). Eine Begründung kann – und soll – spätestens im Nichtabhilfebeschluss (OLG Rostock JurBüro 2012, 196) erfolgen.

21.22 • **Benachrichtigung.** In den Fällen des § 11 I RPflG sind die Parteien von einer Nichtabhilfe und der Vorlage an das Beschwerdegericht (§ 572 I 1 Hs 2) zu informieren. Die Vorlage an den Richter (§ 11 II 6 RPflG) ist den Parteien mitzuteilen, wenn mit der Nichtabhilfe die Rechtspflegerentscheidung erstmals oder neu begründet wird.

21.23 • **Berichtigung.** § 319 I, III ist auf den KFB entspr anzuwenden (allgM; s § 319 Rn 3). Keine Berichtigung bei vergessener Bescheidung angemeldeter Kosten (s Rn 21.35) u keine bei durch falsche Willensbildung versäumter Kostenentscheidung (OLG Koblenz MDR 2015, 236). – Die Rechtsmittelfrist für Erinnerung/Beschwerde beginnt bei offenkundigen Unrichtigkeiten schon mit Zustellung des zu berichtigenden Beschlusses (s § 319 Rn 38, Rn 39). Es kann dann aber das Rechtsschutzbedürfnis für eine Erinnerung/Beschwerde fehlen, wenn nämlich Berichtigung beantragt werden kann (OLG Köln JurBüro 2011, 530). – Im Beschwerdeverf kann die inhaltl Richtigkeit der Berichtigung nicht überprüft werden (OLG Düsseldorf FamRZ 2020, 470).

21.24 • **Beschwer.** Beschwert ist der Unterliegende, aber auch die Partei, der nicht angemeldete Kosten abgesetzt werden (OLG Hamm AnwBl 2002, 437). Scheinbeschwer durch Zustellung an einen namensgleichen Dritten berechtigt zu prozessualen Maßnahmen, um diesen Schein zu beseitigen. Zur Beschwer, wenn eine erstrebte Geb entweder gar nicht oder für beide Parteien angefallen ist, s § 106 Rn 8. Kein Beschwerdegrund, dass die Festsetzung nicht in der Form des § 105 vorgenommen worden ist. Bei Anfechtung mehrerer KFB in einer Sache ist für jedes Rechtsmittel eine selbständige Beschwer nötig (OLG Stuttgart JurBüro 79, 609 gegen OLG Nürnberg JurBüro 75, 191). Die sof Beschwerde ist nur zulässig, wenn der Wert des Beschwerdegegenstandes, also des beanstandeten Betrages, die in § 567 II (200 Euro) gesetzte Grenze übersteigt. Anspruchserweiterung im Beschwerdeverf nur mögl, wenn die Beschwerde auch ohne Erweiterung zulässig ist (BGH MDR 2011, 199). Zinsen nach I 2 und die USt (OLG Koblenz MDR 92, 196) sind bei der Berechnung der Beschwerdesumme zu berücksichtigen. Eine allein auf Nachliquidation beschränkte Beschwerde ist wegen fehlender Beschwer zu verwerfen (OLG Hamm JurBüro 96, 262). Zulässig ist es, die Begründung der Kostenansprüche im Erinnerungs- oder Beschwerdeverf zu ändern. – Vorbehaltlose Zahlung durch den Sch oder mit dessen Billigung durch einen Dritten beseitigt die Beschwer (OLG Düsseldorf GRUR 2022, 424). – Bei **Teilabhilfe** ist die Partei nur noch nach dem Wert des nicht abgeholfenen Teils ihrer Erinnerung beschwert (OLG Düsseldorf Rpfleger 98, 103). Zur Teilabhilfe im Beschwerdeverf nach § 11 I RPflG s Rn 21.3.

21.25 • **Bindung.** Über die allein zulässige und gebotene Auslegung (s Rn 21.16) hinaus ist die Kostengrundentscheidung im KFV unkorrigierbar bindend (BGH BGHReport 2006, 687: § 96 übersehen; OLG Brandenburg RVGreport 2020, 312 [Hansens]), mag ihre sachl Richtigkeit auch Bedenken ausgesetzt sein (OLG Bamberg JurBüro 86, 108; OLG Hamm MDR 1992, 813). Das gilt zB für Zuständigkeitsverstöße (OLG Koblenz JurBüro 86, 112) ebenso wie für die Streitwertfestsetzung oder die rechtl Qualifizierung. Ob Verfahrensfehler unterlaufen sind, ist nicht überprüfbar; zu mat-rechtl Einwendungen s Rn 21.56. Prüffähig ist aber, ob protokollierte Erklärungen einen als Kostentitel geeigneten Prozessvergleich darstellen (s Rn 21.71). Stellungnahmen des Richters binden den Rpfleger nicht (OLG München MDR 90, 936). Die einem Aufhebungsbeschluss zugrunde liegende Rechtsauffassung ist bei Anfechtung des neuen KFB weiterhin bindend (OLG Stuttgart JurBüro 87, 269).

Beiordnung eines PKH-Verkehrsanwalts nach § 121 III entbindet nicht von der Notwendigkeitsprüfung (OLG Hamm Rpfleger 83, 328); der Bewilligungsbeschluss als solcher ist jedoch bindend, auch wenn er trotz Fehlens der formellen und inhaltl Voraussetzungen ergangen ist (OLG München Rpfleger 83, 503).

• **Bundesverfassungsgericht.** Rpfleger darf nicht vorlegen (BVerfGE 30, 170). 21.2

• **Darlegung.** Der Erstattungsgläubiger ist darlegungspflichtig. Es gelten dieselben Grundsätze wie im Rechtsstreit (BGH RVGreport 2020, 18 Tz 12 [Hansens]). 21.2

• **Dritte.** Ihre Kosten sind nicht „Kosten des Rechtsstreits" (OLG Köln NJW-RR 2015, 446). Sind sie aber in der Kostenregelung eines Prozessvergleichs erwähnt und der Dritte beigetreten, kann von ihnen und gegen sie (OLG Düsseldorf ZMR 2017, 443: § 91a) das KFV betrieben werden. 21.2

• **Duldung der Zwangsvollstreckung.** Die dahin gehende Verpflichtung eines Ehegatten darf nur in den KFB übernommen werden, wenn sie auch im Schuldtitel ausgesprochen ist. 21.2

• **Einigungsgebühr.** 1000, 1003, 1004 RVG-VV. Ihr Entstehen setzt nicht eine Entlastung des Gerichts voraus (BGH 17.9.2008 – IV ZB 11/08 Tz 9). – Die Geb entsteht für das auftragsgemäße Mitwirken beim Abschluss eines Vertrages, der Streit oder Ungewissheit über ein Rechtsverhältnis beseitigt (1000 Nr 1 RVG-VV) oder in dem eine Zahlungsvereinbarung getroffen wird (1000 Nr 2 RVG-VV). Das Rechtsverhältnis muss aber bereits vorher bestehen oder sein Bestehen behauptet werden (BGH MDR 2024, 1477). – Einschränkung bei reinem Anerkenntnis oder vollständigem Verzicht, den Hauptanspruch betreffend (1000 I 1 RVG-VV), selbst wenn den Erklärungen eine Einigung zugrundeliegt, Erweiterung auf ursächliches Mitwirken an Vertragsverhandlungen (1000 II RVG-VV). – Regelung für bedingte Verträge, allerdings nicht für auflösend bedingte, in 1000 III RVG-VV. – Honoriert wird das Mitwirken an gütlichen Lösungen, an einem Vertrag oder an Verhandlungen darüber. Der Vertrag muss kein Vergleich (§ 779 BGB) sein, Einigung genügt (GS/Müller-Rabe VV 1000 Rn 55); str, ob noch ein, wenn auch geringfügiges, Nachgeben/Entgegenkommen erforderlich ist (abl GS/Müller-Rabe VV 1000 Rn 174 ff; aA Schneider/Kurpat/Kurpat Rn 2. 5066, weil anderenfalls die Einschränkung 1000 I 1 RVG-VV greift). – Nicht ausreichend sind zB rein prozessuale, einseitige Gestaltungserklärungen (zB OLG Düsseldorf JurBüro 2009, 25 u OLG Köln RVGreport 2012, 28: Klagerücknahme und Zustimmung), eine Unterlassungserklärung (OLG München JurBüro 2019, 186) oder die telefonisch besprochene Korrektur von Tippfehlern (OLG Frankfurt JurBüro 2019, 527). – Reduzierung der 1000 Nr 1 RVG-VV in 1003, 1004 RVG-VV, also in gerichtl Verf (Ausnahme: das sBV). – Bei Vergleichen in Parallelverf entsteht die Geb in jedem Verf, nicht eine Gesamteinigungsgebühr (OLG Düsseldorf MDR 2021, 584). – Auch ein **Zwischenvergleich** kann die Geb auslösen (BGH NJW-RR 2023, 1553). – Zum Gegenstandswert bei Zahlungsvereinbarungen s § 3 Rn 16.133. – **Mahnverf:** Bewilligt der ASt Raten u verzichtet der Ag auf die Rechtsbehelfe des Mahnverf, entsteht die Einigungsgeb u ist in den VB aufzunehmen (BGH NJW 2009, 234). 21.3

• **Einstweilige Aussetzung/Einstellung. 1)** Nach III 2 ist es zulässig, das KFV in der Beschwerdeinstanz auszusetzen; Kriterium hierfür sind Gründe der Prozessökonomie, nicht des Schuldnerschutzes (MK/Schulz Rn 111). Die Entscheidung ist nicht rechtsmittelfähig; in Frage kommt bei Ablehnung aber § 321a. – Daneben kann die Vollziehung aus dem angegriffenen KFB einstweilen ausgesetzt werden (§ 570 III Hs 2). – **2)** Einstellung in der Hauptsache, hindert die Kostenfestsetzung nicht (MskV/Flockenhaus § 103 Rn 5; KGR Berlin 2001, 85); dann aber die ZwV aus dem KFB. Str, ob ein entsprechender Hinweis auf die Einstellung in den KFB aufzunehmen ist (zutr bej OLG Stuttgart Rpfleger 88, 39; MskV/Flockenhaus Rn 14; PG/Schneider Rn 31; aA KGR Berlin 2001, 85). 21.31

• **Einstweilige Verfügung.** Die im Rechtmäßigkeitsverf (§ 942 I) ergehende Kostenentscheidung deckt auch die vor dem AG angefallenen Kosten (OLG Zweibrücken JurBüro 85, 1715). Hauptsache u einstw Verfügung sind kostenrechtl 2 verschiedene Verf (OLG Karlsruhe MDR 89, 826), beide also selbständig Festsetzungsgrundlage. Zu §§ 926, 927 s Rn 21.12. 21.32

• **Einwendungen.** Berücksichtigung nur, soweit sie unstreitig oder rechtskräftig tituliert sind (OLG Bamberg JurBüro 85, 621). 21.33

• **Erben.** Festsetzung zugunsten unbekannter Erben ist mögl (StJ/Muthorst § 103 Rn 8; OLG Koblenz MDR 2011, 1480). Ein Miterbe, der Gegner der verstorbenen Partei war, behält im KFV seine prozessuale Stellung (BGH MDR 2014, 567); kein Fall der Konfusion. Sa Rn 21.48a. 21.34

• **Ergänzung des Beschlusses.** Wurde im KFV ein Antrag übersehen/vergessen, ist der KFB lückenhaft. Er kann analog § 321 ergänzt werden (§ 329 Rn 48 mN; MK/Schulz Rn 60). – Soll gegen den ersten (noch unvollständigen) KFB sof Beschwerde eingelegt werden, gilt hierfür § 518 S 1 entsprechend (OLG Bamberg JurBüro 2020, 253). 21.35

• **Festsetzungsverfahren nach § 11 RVG.** §§ 103 ff gelten sinngemäß (§ 11 II 3 RVG). Der Bewilligungsbeschluss ist bindend (OLG Düsseldorf FamRZ 2008, 1767). Einwendungen oder Einreden des Sch, die nicht im Gebührenrecht ihren Grund haben, machen Klage notwendig. 21.36

• **Fiktive Kosten.** Zu erstatten sind immer nur tatsächl entstandene Kosten, nicht auch fiktive. Nicht erstattungsfähige entstandene Kosten dürfen durch erstattungsfähige nicht entstandene – fiktive – Kosten ersetzt 21.37

werden, wenn diese nur durch den Anfall der nicht erstattungsfähigen erspart wurden (s StJ/Muthorst § 91 Rn 29; ähnlich MK/Schulz Rn 68, der hierin keinen Austausch sieht, sondern nur die Rechtfertigung für die Erstattungsfähigkeit).

21.38 • **Gebührenauswechslung.** Es gilt § 308 I 1. Austausch mögl, sofern beide Kosten auf dens Sachverhalt bezogen sind (OLG Stuttgart MDR 2021, 711), wie zB Mahn- und Verkehrsanwaltsgeb (OLG München MDR 87, 419). Nicht austauschbar wegen fehlender Wesensgleichheit sind die Verkehrsanwaltsgeb und nicht angemeldete Parteireisekosten (OLG Koblenz JurBüro 92, 610); die Verfahrensgeb u die Terminsgeb (OLG Koblenz MDR 2011, 1323). – Denkbar ist auch der **Verzicht** auf an sich erstattungsfähige Kosten und dafür die Festsetzung einer nicht erstattungsfähigen Geb (OLG Koblenz NJW-RR 2012, 1017). Sa Rn 21.20.

21.39 • **Gebührenverzicht.** Verzichtet der ProzBev wirksam auf eine Geb, ist dies im KFV zu berücksichtigen.

21.40 • **Gerichtskostenansatz.** Im KFV kann der (Erstattungs-)Sch, wenn er auch auf Gerichtskosten in Anspruch genommen wird, regelmäßig einwenden, der Kostenansatz (GKG) sei überhöht; es seien im Kostenansatzverf nicht notwendige Kosten angesetzt worden (BGH MDR 2013, 1008; OLG Hamburg Rpfleger 2024, 353). Eine Ausnahme davon besteht, wenn nur der (Erstattungs-)Sch als alleiniger Kostensch des Ausgangsrechtsstreits den Kostenansatz Im Wege der Erinnerung (§ 66 GKG) angreifen kann (BGH MDR 2013, 1008 im Anschluss an BGH MDR 2011, 1376).

21.41 • **Gerichtskostenfreiheit.** Gegen eine nach § 2 GKG gerichtskostenfreie Partei gibt es keinen Erstattungsanspruch wegen Gerichtskosten, sondern für die obsiegende Partei nur Rückforderung gegen die Staatskasse; auch kein Gerichtskostenansatz gegen einen Streitgenossen, den die gerichtskostenfreie Partei im Innenverhältnis freizustellen hat (aA OLGR Jena 2003, 123).

21.42 • **Gesamtschuldner.** Festsetzung gegen sie nur, wenn sich die gesamtschuldnerische Haftung aus dem Titel (Tenor oder Gründen) ergibt, also unerhebl, ob sie hätte ausgesprochen werden müssen. Bei Streitgenossen-Teilurteilen, zB erst VU, später Anerkenntnis- oder Streiturteil, ist bei KFV gegen beide im KFB klarzustellen, dass Gesamthaftung nur bzgl des gemeinschaftl betriebenen Verfahrensabschnittes, darüber hinaus also Einzelhaftung besteht.

21.43 • **Geschäftsgebühr** (2300 RVG-VV). Gebührenrahmen von 0,5-2,5; Sonderregelung für Inkassodienstleistungen in 2300 II RVG-VV mit Regelbeispiel für einfache Fälle (idF des KostBRÄG v 7.4.2025, BGBl 2025 I Nr 109). – Ob eine Geschäftsgeb angefallen ist oder schon die Verfahrensgeb (3100 RVG-VV), ist eine Frage des Innenverhältnisses, nämlich des Inhalts des Mandats. Ist Mandat für ein gerichtl Verf erteilt, lösen vorgerichtl und außergerichtl Tätigkeiten des ProBev, zB eine Zahlungsaufforderung, eine Geschäftsgeb nicht mehr aus (unstr; zB BGH MDR 2022, 599). Darlegungs- und Beweislast liegen bei der Partei, die eine Geschäftsgeb geltend macht (OLG Dresden 24.8.2023 – 4 U 444/23). – **1)** Die Schwellengeb iHv 1,3 (2300 I RVG-VV) ist in einem durchschnittl Verkehrsunfallverf angemessen (BGH MDR 2007, 491). Diese Aussage lässt sich für alle Durchschnittsfälle verallgemeinern (sa Enders JurBüro 2007, 621 unter 5.3). Beurteilungsmaßstab ist § 14 I RVG (BGH MDR 2022, 917). – **2)** Ob angerechnet wird (Vorbem 3 IV RVG-VV zu 3100 RVG-VV), entscheidet sich nach § 15a RVG. Es können beide Geb gefordert werden, insges aber nur der gekürzte Betrag; ein Dritter kann sich nur unter den Voraussetzungen des § 15a III RVG auf die Anrechnung berufen (OLG Frankfurt WRP 2020, 771). Zur Anrechnung, wenn VerfGeb im Mahn- und Streitverfahren anfallen N. Schneider NJW-Spezial 2020, 91. – **3)** Keine Anrechnung, wenn Geschäfts- und VerfGeb von jew **verschiedenen RA** verdient wurden (BGH MDR 2010, 293). – Anrechnung, wenn der RA nacheinander für **verschiedene Auftraggeber** (Zedent vorgerichtl/Zessionar im Rechtsstreit) tätig war (BGH MDR 2012, 313; BGH RVGreport 2012, 272 [abl Hansens]). – Zur Anrechnung, wenn eine nach 1008 RVG-VV erhöhte Geschäftsgeb angefallen ist, N. Schneider NJW-Spezial 2023, 667. – Keine Anrechnung, wenn der RA vorprozessual u im Rechtsstreit gegen **verschiedene Ag** vorgeht (aA OLG München MDR 2012, 1129 = RVGreport 2012, 150 [abl Hansens]; KG RVGreport 2013, 202 [abl Hansens]). – Erfüllung iSd § 15a III RVG kann auch durch **Aufrechnung** eintreten (OLG Köln JurBüro 2012, 22). – Wird die Geschäftsgeb nur teilw tituliert, wird sie nur insoweit angerechnet (OLG München FamRZ 2010, 831). – Keine Anrechnung, wenn eine Vergütung **vereinbart** wurde u deshalb keine Geschäftsgeb anfällt (allgM; BGH NJW 2009, 3364; OLG Hamburg MDR 2024, 468), jedoch dann, wenn rechtsmissbräuchlich der Vortrag wechselt (OLG Frankfurt AGS 2017, 428 Tz 12). – Der mit dem Mandanten vereinbarte Ausschluss der Anrechenbarkeit ist im KFV unbeachtl (KG JurBüro 2010, 527 [zust Enders]; krit Hansens RVGreport 2010, 345; aA KG JurBüro 2010, 528). Sonst könnte die Geschäftsgeb eingeklagt u tituliert (evtl bezahlt), dann die VerfGeb festgesetzt werden, beide in voller Höhe, was § 15a III Alt 2 RVG widerspricht. Bei **Verzicht** auf den Anspruch auf eine Geschäftsgeb kann die volle VerfGeb verlangt werden (OLG Frankfurt AGS 2018, 354). – **4)** Die Geschäftsgeb selbst gehört nicht zu den Kosten des Rechtsstreits (BGH MDR 2008, 592 betr Anspruchsabwehr; BGH MDR 2006, 1436 betr Mahnschreiben; BGH MDR 2006, 776 betr Abmahnung; BGH NJW 2008, 2040 betr die Abwehr einer Abmahnung). Sie muss neben der Hauptsache mit eingeklagt werden. Trotz künftiger Anrechnung fehlt nicht das **Rechtsschutzbedürfnis**, sie in voller Höhe einzuklagen (aA OLG Düsseldorf RVGreport 2012, 226 [abl Hansens]). – **5)** Das erfolgreiche Einklagen der Geschäftsgeb setzt einen mat-rechtl KE voraus (s vor § 91 Rn 11). Auf Klägerseite dürfte häufig Verzug als Anspruchsgrundlage in Frage kommen. Problematischer ist es auf Beklagtenseite, da die Abwehr einer Inanspruchnahme nicht ohne weiteres einen mat-rechtl KE auslöst (BGH MDR 2007, 654; Streppel MDR 2007, 930 unter III). Diese Benachteiligung ist gesetzl begründet u somit nicht zu korrigieren (BGH NJW 2008, 1323). – Wird die vorprozessual als Nebenforderung angefallene Geschäftsgeb dann isoliert als Hauptsache eingeklagt, erfolgt nach BGH auch hier eine Anrechnung auf die in diesem Rechtsstreit anfallende Verfahrensgeb (BGH MDR 2024, 126 [zust Fölsch MDR 2024, 213]; Klüsener JurBüro 2024, 57; abl N. Schneider NJW-Spezial 2024, 91). – **6)** Hat die Klage nur teilw Erfolg, errechnet sich die zuzusprechende Geschäftsgeb aus dem Wert des erfolgreichen Teils (BGH JurBüro 2008, 190 [Enders 2008, 169]). – **7)** Wird eine Geschäftsgeb eingeklagt und die Parteien **vergleichen** sich, verlangt der BGH zu Recht (BGH MDR 2011, 135 Tz 9), dass der Vergleich eindeutig zu erkennen gibt, ob u in welcher Höhe (Bezifferung) Zahlung auf die Geschäftsgeb erfolgen soll; nur dann wird angerechnet. Eine Einigung im Vergleich über Gebührensatz und Gegenstandswert kann (OLG Bamberg AGS 2018, 295) genügen, wenn sich daraus die Bezifferung leicht errechnen lässt. – **8)** Die eingeklagte Geschäftsgeb erhöht als Nebenforderung den Streitwert nicht; zu Ausnahmen s § 4 Rn 13. – **9)** Nur **eine Geschäftsgeb** aus dem Gesamtstreitwert bei teilweise vorprozessualer Erfüllung und Einklagen des Restes (BGH RVGreport 2014, 391 [zust Hansens]). – **10)** Zur Anrechnung bei **Prozesstrennung** BGH MDR 2014, 1414. – **11) Keine doppelte Anrechnung** (OLG Hamburg AGS 2016, 564: Hauptsache u einstw Vfg). – **12) Mehrere Geschäftsgeb** werden nach § 15a II RVG angerechnet (Klüsener JurBüro 2020, 505, 506; N. Schneider NJW-Spezial 2020, 731 m Bsp; Mayer NJW 2021, 345, 346; überholt BGH MDR 2017, 670). – **13) Gutachten der RAK** s § 4 Rn 13.

• **Haftungsbeschränkung.** Sie kann in den KFB nur aufgenommen werden, wenn sie bereits im Urteil (und dort auch für die Kostengrundentscheidung) ausgesprochen wird (OLG Köln MDR 2010, 998; ThP/Hüßtege Rn 19). 21.44

• **Hinweispflicht.** Auch der Rpfleger muss § 139 beachten. 21.45

• **Inkassokosten** sind nicht festsetzbar (OLG München Rpfleger 89, 301; MskV/Flockenhaus Rn 49). Denkbar ein einzuklagender mat-rechtl KE, idR aus Verzug. Die Sonderregelung in § 4 IV 2 EG-RDG aF für das gerichtl Mahnverf wurde nicht in das RDG (§ 13e RDG) übernommen (BTDrs 19/20348, 51). – Wurden Inkassokosten (§ 13f S 1 RDG) im Umfang einer Geschäftsgeb (1,3; VV 2300) als Schadensersatz tituliert, erfolgt im KFV eine Anrechnung auf die VerfGeb (3100 RVG-VV) des ProzBev, sofern der Sch die Forderung von Anfang an bestr hatte (OLG Dresden MDR 2023, 127 [Seggewiße MDR 2023, 421]); aber keine Anrechnung bei einer der beiden Gebühren, wenn, nachdem der Gl einen Inkassodienstleister eingeschaltet hatte, der Sch dann erstmalig bestreitet (BGH ZIP 2023, 531). – Sa § 91 Rn 13.46 und zur Zahlungsvereinbarung § 3 Rn 16.133. 21.46

• **Insolvenzverfahren.** Bei Unterbrechung (§ 240; s Rn 21.92) bleibt die Kostenfestsetzung zwischen den nicht insolventen Parteien möglich (OLG Frankfurt ZIP 2018, 2329 Tz 3). – Bei aufgenommenem Rechtsstreit (§ 180 II InsO) in derselben Instanz keine Kostenaufteilung in vor und nach der Eröffnung entstandene Kosten; es sind insgesamt Masseforderungen (BGH NZI 2016, 829 Tz 10 [Froehner NZI 2016, 830] = MDR 2016, 1172; „Einheitlichkeit der Kostenentscheidung"; hierzu und zu ausscheidbaren Kosten ausf Hoffmann ZIP 2021, 16 ff III); der KE aus einer abgeschlossenen Instanz ist dagegen Insolvenzforderung. – Zur Frage, wann ein KE Masseforderung (§ 55 I Nr 1 InsO)/Insolvenzforderung (§ 38 InsO) ist, ausf Froehner NZI 2016, 425. Die Differenzierung ist bereits in der Kostengrundentscheidung zu treffen (KG NZI 2021, 1083). – Restschuldbefreiung hindert Festsetzung, jedenfalls dann, wenn der Hauptanspruch Insolvenzforderung ist (OLG Köln Rpfleger 2012, 588 Tz 9); auf den Zeitpunkt, wann die Kostengrundentscheidung ergeht, kommt es dabei nicht an (OLG Nürnberg Rpfleger 2012, 714 Tz 18). – Der Gl eines KE ist Neugl, wenn der Rechtsstreit erst nach Eröffnung des InsVerf begonnen wurde (BGH RVGreport 2014, 280 [Hansens]); sein KE ist daher Masseverbindlichkeit (Hoffmann ZIP 2021, 16 ff II 2). – Der KE ist keine InsForderung, wenn nach Eröffnung des InsVerf ein Parteiwechsel auf den InsSch stattfindet (BGH NZI 2017, 62). Zur Masseunzulänglichkeit s Rn 21.55. 21.47

• **Klage und Widerklage.** Bei fälschl Kostentrennung ist die korrekte Verteilungsquote durch Auslegung zu ermitteln. Werden die Kosten der Widerklage dem Bekl zu 1 auferlegt, die Kosten der Klage zwischen Kl und Bekl zu 2 gequotelt, ist der Bekl zu 1 iZw nur mit den Mehrkosten der Widerklage zu belasten. 21.48

• **Konfusion.** Wird eine Partei Rechtsnachfolger (zB Alleinerbe) ihres Gegners (prozessuale Konfusion), endet das Verf in der Hauptsache. Eine bereits ergangene Kostenentscheidung, an der ein Dritter beteiligt ist, wird aber den Dritten betreffend nicht wirkungslos, denn Gl und Sch dieses KE sind nicht identisch geworden (BGH MDR 2024, 602). Sa Rn 21.34. 21.48a

• **Kosten der Zwangsvollstreckung.** Gl kann sie als Nebenforderung auf Grund des Hauptsachetitels beitreiben oder festsetzen lassen (§ 788 II; s § 788 Rn 14). Nicht festsetzbar, weil keine Kosten der ZwV, sind diej zur Eintragung des Rechts oder der Vormerkung nach §§ 894, 895. Auch die Kosten einer eigenmächtigen Ersatzvornahme sind keine Kosten der ZwV (OLG Brandenburg AGS 2025, 129). – Bei vorläufiger Vollstreckung mit anschließender Überholung des Urteils durch Prozessvergleich (oder durch abänderndes Rechtsmittelurteil: BGH MDR 2011, 1381) kann der Gl die Vollstreckungskosten so festsetzen lassen, wie sie bei einer Vollstreckung wegen der geringeren Forderung entstanden wären (BGH NJW-RR 2014, 1149). – Erstattung der Kosten des Sch: § 788 III (s § 788 Rn 22). 21.49

21.50 • **Kostentragung.** Der KFB muss im Erinnerungs- (AG Siegburg AGS 2022, 520), Beschwerde- (BGH NJW 2018, 1169 Tz 24) und Rückfestsetzungsverf (OLG Düsseldorf MDR 91, 449) über die Kosten nach §§ 91 ff mitentscheiden. § 91a ist anwendbar, OLG Koblenz JurBüro 95, 208. Rechtsbehelf gegen die Kostenentscheidung: sof Erinnerung, § 11 II RPflG (OLG Koblenz NJW-RR 2000, 362); § 99 I gilt dabei nicht. Bei Erstattungsbereitschaft ohne Festsetzung ist § 93 analog anwendbar (OLG Brandenburg 19.5.2022 – 6 W 76/21 Tz 4). Die der Erinnerung nicht entgegentretende Partei bleibt nach einer Meinung unbelastet (OLG Koblenz JurBüro 84, 446); dem ist nicht zu folgen (OLG Nürnberg MDR 99, 1407), denn §§ 91, 97 stellen auf das Obsiegen/Unterliegen ab (zutr AG Bünde NJW-Spezial 2021, 317). Eine Ausnahme kann gelten bei Beschwerden nur wegen Berechnungsfehler (OLG Frankfurt NJW-RR 2000, 362). – Bei Zurücknahme der Erinnerung gilt § 516 III 1 entspr (OLG Köln 31.3.2015 – 17 W 85/15). Bei Wegfall des Kostentitels wird das Rechtsbehelfsverf gegenstandslos und die antragstellende Partei kostenpflichtig (§ 717 II; BGH MDR 2007, 742). Erfolgreiches verspätetes Vorbringen einer Kostenvereinbarung führt zur teilw Belastung nach § 97 II. Keine Teilkostenentscheidung bei **teilw Abhilfe** (§ 11 II 5 RPflG oder § 11 I RPflG iVm § 572 I 1); der Richter hat zu entscheiden (§ 11 II 6 RPflG) bzw das Beschwerdegericht (§ 572 II, III, IV). Wird auch die Teilabhilfeentscheidung angefochten, fallen 2 Rechtsbehelfe an, über die je eigene Kostenentscheidungen zu treffen sind. Wird die unanfechtbare Nichtabhilfeentscheidung aus Rechtsunkenntnis „angefochten", sollte darin kein Rechtsbehelf gesehen, sondern der „Beschwerdeführer" ohne Kostenentscheidung über sein Versehen aufgeklärt werden.

21.51 • **Lex-fori-Prinzip.** Ob ein geeigneter Titel (§ 103 I) vorliegt, ist immer nach dt ZivilprozessR zu entscheiden (OLG Stuttgart NJW-RR 2008, 1599).

21.52 • **Mängel des Antrags.** Rpfleger hat sie durch Rückfragen und Zwischenverfügungen unter Fristsetzung zu beheben, § 139. Offensichtl Versehen sind amtswegig zu berichtigen (§ 319).

21.53 • **Mahnantrag.** Die im Mahnantrag geltend gemachten Kosten des Mahnverf, insb die Auslagen des ASt, fallen nicht unter den Hinweis nach § 692 I Nr 2, sondern sind entspr §§ 103 ff auf Schlüssigkeit zu prüfen (s § 691 Rn 3 aE; § 692 Rn 8; vereinfachte Kostenfestsetzung). Nach Rücknahme des Widerspruchs kann VB mit Kostenausspruch gem § 699 III ergehen; s Rn 21.104 und § 699 Rn 10. Wegen der Mehrkosten eines Mahnanwalts s § 91 Rn 13.59.

21.54 • **Mandatsniederlegung.** Sie wird schon durch die Anzeige des ProzBev wirksam, so dass fortan an die Partei zuzustellen ist (OLG Köln JurBüro 92, 245; s Rn 7).

21.55 • **Masseunzulänglichkeit.** Nach Anzeige kein Rechtsschutzbedürfnis mehr für Erlass eines KFB, wenn der KE Altmasseverbindlichkeit ist (BGH MDR 2019, 829 Tz 9). Ist glaubhaft gemacht, dass ggü den Neumassegl Masseunzulänglichkeit eingetreten ist, fehlt dieses Rechtsschutzinteresse ebenfalls (BGH ZIP 2019, 1075 Tz 11). Ebenso begründet Widerklage des InsVerwalters nach Anzeige der Masseunzulänglichkeit kein Rechtsschutzinteresse an Festsetzung der Widerklagekosten (OLG Naumburg 30.12.2015 – 12 W 92/15 Tz 9). Ein bereits ergangener KFB, aus dem noch nicht im Wege der ZwV ein Sicherungsrecht erwirkt wurde, ist, wenn nach seinem Erlass Masseunzulänglichkeit angezeigt wird, aufzuheben (BGH ZIP 2019, 1075 Tz 15). OLG Frankfurt ändert beim Wegfall des Rechtsschutzinteresses den Zahlungstitel ab in einen Feststellungstitel (OLG Frankfurt ZInsO 2019, 1483 Tz 10). – Fehlt es an der Darlegung (KGR Berlin 2007, 977) oder an der Glaubhaftmachung der Masseunzulänglichkeit (BGH MDR 2008, 108), ist festzusetzen. Der InsVerwalter ist auf die Klage (§ 767) zu verweisen (OLG Koblenz JurBüro 2008, 427). Sa Rn 21.47.

21.56 • **Materiell-rechtliche Einwendungen.** Das KFV hat nur den Zweck, die Kostengrundentscheidung der Höhe nach zu beziffern (OLG München Rpfleger 2025, 245). Außerhalb dieser Zielsetzung liegende sonstige Streitigkeiten zwischen den Parteien werden nicht mitentschieden (BGH MDR 2006, 1316). Deshalb sind mat-rechtl Einwendungen gegen den KE grds nicht zu berücksichtigen (BGH MDR 2014, 888). Bsp: OLG Saarbrücken MDR 2011, 572: Verletzung des § 49b V BRAO; – BGH NJW-RR 2007, 422, OLG Frankfurt 19.2.2025 – 30 W 20/25 Tz 10 und OLG Celle MDR 2023, 1481 (Klarstellung zu OLG Celle NJW 2017, 1557); MK/Schulz Rn 52: Nichtigkeit eines Anwaltsvertrags; – OLG Bremen FamRZ 2013, 147 LS: Unwirksamkeit eines Vergleichs mangels Genehmigung; – OLG Oldenburg MDR 2015, 1385: Dürftigkeitseinrede des Erben; – BAG Rpfleger 2015, 670: Abgeltungsklausel; – OLG Brandenburg NZFam 2019, 454 (N. Schneider): Einwendungen gegen den Fortbestand des Kostentragungstitels; – OLG Brandenburg AGS 2022, 454: Verzicht; – OLG Frankfurt 11.4.2025 – 30 W 38/25 Tz 7: Auslegung eines Vergleichs). – Es gibt keinen „Austausch" des prozessualen KE gegen matrechtl Ansprüche (OLG Brandenburg JurBüro 2009, 144 Tz 14 für den Einwand, der KE bestünde wegen Gewährleistungsansprüchen nicht). – Für mat-rechtl Einwendungen und Einreden steht nur der Weg über § 775 Nr 4, 5 oder die Vollstreckungsabwehrklage (§ 767) offen (BGH 14.5.2014 – XII ZB 548/11: Aufrechnung), wobei die Sperre des § 767 II nicht gilt (MskV/Flockenhaus Rn 8). – Aus prozessökonomischen Gründen macht die Rspr davon eine Ausnahme, wenn die tatsächl Voraussetzungen einer Einwendung feststehen, zB durch rechtskräftige Entscheidung (OLG München MDR 2000, 850), oder zugestanden sind (allgM; zB BGH NJW 2007, 1213: Verzicht; OLG Koblenz MDR 2015, 1264: Erfüllung; OLG Koblenz FamRZ 2020, 859: Aufrechnung). Eine unstr Erfüllung berücksichtigt OLG Koblenz über das dann fehlende Rechtsschutzinteresse für einen KFB (OLG Koblenz 2.6.2020 – 13 WF 313/20 Tz 2). – Die Geständnisfiktion des § 138 III reicht aus (KG NJW-RR 2020, 508 Tz 25), „ausdrückl Zugestehen" ist nicht erforderl.

• **Materiell-rechtlicher Kostenerstattungsanspruch** kann im Verf nach §§ 103 ff nicht festgesetzt werden 21.5
(OLG Koblenz MDR 2002, 357; OLG Brandenburg JurBüro 2009, 144).

• **Mehrere Mandanten.** Wenn mehrere Personen in ders Angelegenheit Auftraggeber sind (BGH JurBüro 2006, 21.5
138), erhöht sich die Verfahrens- oder Geschäftsgeb für jede weitere Person um 0,3 (§ 7 I RVG; 1008 RVG-VV). Es wird nicht die Ausgangsgeb erhöht. Dies führt zu völlig willkürl Ergebnissen (zu Recht krit Lappe Rpfleger 2006, 583: verfassungswidrig). Für die Erhöhung hinzukommen muss bei den Wertgeb, dass die anwaltl Tätigkeit denselben Gegenstand betrifft (1008 I RVG-VV); anderenfalls werden ohne Erhöhung die Werte der Gegenstände adddiert (§ 22 RVG; KG AGS 2023, 82). – Keine Erhöhung, wenn der RA für eine Person in zwei Rollen (Partei u Streithelfer) tätig wird (BGH NJW 2010, 1377). – Keine Erhöhung, wenn es während des Verf zur Verschmelzung einer Partei auf eine aufnehmende Gesellschaft kommt (OLG Dresden MDR 2021, 1295). – Erhöhung der Geb, aber keine Erstattung, wenn Wohnungseigentümer gegen den Bauträger einzeln Mängel am Gemeinschaftseigentum geltend machen (OLG Stuttgart ZWE 2021, 378 [krit N. Schneider NJW-Spezial 2021, 483]). – Sa § 91 Rn 13.34 (Erben), § 91 Rn 13.41 (GbR), § 91 Rn 13.88 (Sozietät), § 91 Rn 13.115 (GdWE) zur Frage der Erstattungsfähigkeit der im Innenverhältnis angefallenen Erhöhung der Geb.

• **Mehrere Prozesse.** Getrennte Geltendmachung von Ansprüchen in verschiedenen Prozessen erhöht die Geb. 21.5
Darin kann rechtsmissbräuchl Vorgehen liegen (BGH MDR 2014, 864). Im Erkenntnisverf kann dies nur im Rahmen der Zulässigkeitsprüfung zur Klage gewertet werden (sog Erschleichung der Zuständigkeit). Die Notwendigkeit lässt sich nur im KFV verneinen und muss dort auch verneint werden (OLG Köln JurBüro 2011, 536; str). Der BGH lässt die Frage der Notwendigkeit offen, stellt stattdessen auf die Prüfung von Rechtsmissbrauch (s Rn 21.75) ab (aA KG Rpfleger 2012, 178 LS).

• **Mehrkosten wegen Unzuständigkeit.** Bei Abtrennung der Mehrkosten im Urteil/Beschluss Entscheidung 21.60
durch einheitl KFB (OLG Hamm AnwBl 82, 384). Unterbleibt ihre Abtrennung gem § 281 III 2 versehentl, dann lehnt die hM eine Korrektur im Festsetzungsverf ab. Diese Unbilligkeit kann manchmal durch Auslegung verhindert werden. Auch soweit dieser Weg verschlossen ist, sollte die Erstattungsfähigkeit der Mehrkosten mangels Notwendigkeit verneint werden (OLG Rostock JurBüro 2001, 591; OLG München MDR 2000, 542; OLG Hamm Rpfleger 91, 267 [abl Schlaap/Ebmeier]; aA die hM zB OLG Stuttgart JurBüro 2015, 254 Tz 8; OLG Düsseldorf JurBüro 99, 315; OLG Hamm NJW-RR 2000, 1524; MK/Schulz Rn 62). Für Prüfungskompetenz der Festsetzungsinstanzen in Fällen der formlosen Abgabe: KG JurBüro 90, 1183. Sa Rn 21.71 und s § 91 Rn 13.109.

• **Nachliquidation.** Hansens JurBüro 2023, 283. Bei versehentl übergangenen Posten kann Ergänzung analog 21.61
§ 321 oder, wenn die Frist § 321 II abgelaufen ist (OVG Bremen 1AGS 2024, 503), erneute Festsetzung beantragt werden (**Formulierungsvorschlag:** Vorwerk/Schneider, PFB, M 43.118). Bei vergessenen oder zu niedrig geltend gemachten Positionen ist Nachliquidation ungeachtet der Rechtskraft eines früheren KFB zulässig (BVerfG NJW 95, 1886; BGH MDR 2011, 136; BPatG AGS 2022, 521). Bsp: OLG Koblenz JurBüro 90, 735 für den Rückfestsetzungsbeschluss; OLG München MDR 2003, 55: RA- und Parteireisekosten; OLG Brandenburg AGS 2023, 326: USt; OLG Köln NJW-RR 2016, 1085 = RVGreport 2016, 380 [zu Recht krit Hansens]: Erhöhung der Gebührensätze; OLG Nürnberg 8.4.2016 – 6 W 618/16: Kosten des sBV, wobei auch eine Erinnerung wegen gestrichener Posten gleichzeitig zur Nachliquidation benutzt werden kann (KG MDR 91, 356). Keine Anmeldung fiktiver Reisekosten, wenn die Festsetzung der Verkehrsanwaltskosten rechtskräftig abgelehnt wurde (OLG Karlsruhe MDR 94, 413; s Rn 21.74). Keine Nachfestsetzung wegen Änderung des Gegenstandswertes (BGH AGS 2011, 566); hier bleibt § 107 mögl. Über im Erinnerungsverf zulässig nachberechnete Kosten kann das Gericht ohne Vorabentscheidung des Rpflegers entscheiden. – Bei zulässiger Nachfestsetzung fehlt für Erinnerung/Beschwerde das Rechtsschutzbedürfnis.

• **Nebenintervention.** Im KFV mögl (str; OLG Celle MDR 2013, 298; OLG Schleswig NJW-RR 2015, 638 Tz 6; 21.62
OLG Frankfurt ZInsO 2019, 463), wenn der Beitritt schon im Hauptsacheverf erfolgte. – Der NI des Rechtsstreits ist nur erstattungsberechtigt, wenn dies im Urteil ausgesprochen wird, notfalls nach Ergänzungsverf gem § 321 (s § 101 Rn 6); schließen die Parteien einen Vergleich ohne Beteiligung des Streithelfers, muss er für die Festsetzung seiner Kosten diese vorher titulieren lassen (OLG Koblenz JurBüro 97, 259; s § 101 Rn 11). Zum Kostentitel bei Rechtsmittel ledigl des Streithelfers s § 101 Rn 5; zur Erstattungsfähigkeit bei „verspätetem" Beitritt s § 101 Rn 2.

• **Örtliche Zuständigkeit.** Nichtbeachtung ist analog § 513 II folgenlos. 21.63

• **Partei, nichtexistente.** Sie ist nur insoweit als parteifähig zu behandeln, als sie ihre Nichtexistenz vorträgt 21.64
(OLG Köln NJW 2022, 709; s vor § 50 Rn 12) und nur die dadurch entstandenen Kosten können festgesetzt werden, also keine Festsetzung, wenn für die nichtexistente Partei nur in der Sache vorgetragen wird, anstatt die Nichtexistenz geltend zu machen (OLG Düsseldorf MDR 2008, 1308). Die nicht mehr existente Partei ist berechtigt, zu ihren Gunsten Festsetzung zu beantragen (OLG Brandenburg AGS 2023, 222; BGH MDR 2008, 171 Tz 12 ff mN zu allen Ansichten). Hat die Partei nie existiert, sieht OLGR Brandenburg 2002, 193 nur einen

mat-rechtl KE und verweist den handelnden Dritten auf den Klageweg. – Bei Verurteilung einer nichtexistenten Partei in die Kosten haftet der tatsächl Handelnde und ist auch im KFV Kostensch (Veranlasserprinzip; zB OLG Frankfurt MDR 1997, 303; s § 88 Rn 11).

.65 • **Parteifähigkeit.** Wird die Klage wegen Parteiunfähigkeit des Bekl als unzulässig abgewiesen oder wird sie zurückgenommen, berührt das nicht die Erstattungspflicht des Kl (OLGR Oldenburg 1998, 284). – Eine GmbH bleibt trotz Löschung und Liquidation für das KFV parteifähig, jedenfalls, wenn sie einen prozessualen KE geltend macht (OLG Koblenz MDR 2016, 610).

1.66 • **Parteiwechsel.** IZw wirkt die Kostenentscheidung nur für oder gegen die nach Parteiwechsel im Rubrum noch aufgeführten Parteien. Sa § 91 Rn 13.69, Rn 13.77.

1.67 • **Post- und Telekommunikationsdienstleistungen.** Die anwaltl Versicherung nach II 2 macht nur die Entstehung glaubhaft, nicht auch die Höhe, so dass bei Bedenken gegen die Notwendigkeit Einzelnachweis gefordert werden kann (OLG Hamburg JurBüro 81, 454), wozu bei angemessenen Ansätzen aber kein Anlass besteht (OLG München MDR 82, 760). Andererseits ist die Versicherung des RA für die Anerkennung der Auslagen nicht unbedingt erforderl, zB nicht bei geringen Beträgen. Erklärt wird sie schriftl oder zu Protokoll. Unterzeichnung der Kostenberechnung ist keine Versicherung nach II 2. Rpfleger muss vor Entscheidung auf Bedenken hinweisen, ggf Auflagen machen. Soweit nur der Pauschsatz nach 7002 RVG-VV verlangt wird, handelt es sich um ges Kosten (§ 91 II), deren Ansatz nicht versichert zu werden braucht. Versicherung der Partei fällt nicht unter II 2.

1.68 • **Prozessfähigkeit.** Die nicht prozessfähige Partei gilt für den Streit über ihre Prozessfähigkeit und deshalb auch für das sich anschließende KFV als prozessfähig (OLG Frankfurt JurBüro 82, 452; OLGR Köln 1994, 320). Anwaltsgeb entstehen jedenfalls nach GoA oder Bereicherungsrecht (OLG Hamburg MDR 98, 1123).

1.69 • **Prozesskostenhilfe.** Anwaltsvergütung: s § 121 Rn 40 ff. – Kosten des Bewilligungsverf: s § 118 Rn 17 ff. – Sowohl der Hilfsbedürftige als auch der PKH-Anwalt können die Kosten von dem unterlegenen und in die Kosten verurteilten Gegner beitreiben (s § 126 Rn 2). – Zum KE des obsiegenden Gegners des Hilfsbedürftigen und zur Kostenübernahme im Vergleich s § 123. – Festsetzungsverf gegenüber der Staatskasse: §§ 55, 56 RVG. Die Bewilligung als solche bindet dabei den UrkB (s § 121 Rn 45). Jedoch ist die Notwendigkeit einzelner Ansätze zu überprüfen.

21.70 • **Prozesskostenvorschuss/Verfahrenskostenvorschuss.** Vorschüsse, die ein Ehegatte dem anderen gezahlt hat, sowie PKV für Unterhaltsklagen zwischen unterhaltsberechtigten Kindern und ihren Eltern oder sonstigen Verwandten (§ 246 FamFG) können im KFV als Einwendung der Erfüllung grds nicht geltend gemacht werden; ausnahmsw aber doch, wenn keine Tatsachenaufklärung erfoderlich ist, weil die Zahlung zB unstr ist (BGH MDR 2010, 412) oder die erstattungspflichtige Partei die Zahlung offensichtl unbegründet bestreitet (KG MDR 79, 401) oder die erstattungsberechtigte Partei die Verrechnung selbst beantragt (OLG Zweibrücken Rpfleger 81, 455). – Eine Verpflichtung zur Rückerstattung von PKV kann dabei nicht angeordnet werden (BGH MDR 2010, 412). – Volle Anrechnung erfolgt, wenn der Vorschusszahler die Kosten des Rechtsstreits alleine zu tragen (unstr; zB Msk/Flockenhaus Rn 10). – Kostenquotelung: Nur in den Fällen, in denen der PKV den KE des Empfängers übersteigt, kommt eine Anrechnung in Betracht, und zwar insoweit, als PKV und KE in der Summe die dem Vorschussempfänger entstandenen Kosten übersteigen (BGH MDR 2010, 412 Tz 19-Tz 21 mN zu allen Ansichten; OLG Celle JurBüro 2024, 31; MK/Schulz Rn 51; aA MskV/Flockenhaus Rn 10). – Die Anrechnung ist beschränkt auf die Kosten der Instanz, für die der PKV gezahlt wurde (BGH MDR 2010, 412).

21.71 • **Prozessvergleich** (zur Terminologie ZPO „Vergleich" und RVG „Einigung" s § 91 Rn 13.104). Der Prozessvergleich hat eine Doppelnatur (s dazu § 794 Rn 2 ff). **1) Titel.** Er ist Vollstreckungstitel (§ 794 I Nr 1) und erfüllt damit die Voraussetzungen des § 103 I. Ein geeigneter Titel entsteht auch, wenn das Gericht den Inhalt der vergleichsweisen Kostenregelung nur deklaratorisch oder auf Antrag nach § 278 VI feststellt (OLG Brandenburg AGS 2022, 564). – Ein Vergleich ohne Kostenregelung ist Festsetzungstitel für die hälftigen Gerichtskosten (§ 98 S 2 iVm § 92 I 2). – Festsetzung erst bei Bedingungseintritt, wenn eine aufschiebende Bedingung auch für die Kosten vereinbart ist (OLG München MDR 1999, 1156); bei auflösenden Bedingungen sollte sofortige Festsetzung möglich sein (PG/Schneider § 103 Rn 6; zu allem N. Schneider NJW-Spezial 2022, 283). Vor Entscheidung des Prozessgerichts können die Parteien die zu erwartende Kostenentscheidung des Urteils nicht mit Wirkung ggü dem Gericht vergleichsweise titulieren (§ 308 II), so dass insoweit nur eine rein mat-rechtl Abmachung getroffen werden kann. – **Nach Rechtskraft** einer Entscheidung kann über dessen Kostenregelung kein Prozessvergleich mehr abgeschlossen werden, der über die weiter mögliche mat-rechtl Wirkung hinaus die rechtskräftige Kostengrundentscheidung als Festsetzungstitel wirkungslos werden lässt und ersetzt (BGH MDR 2017, 547; PG/Schneider § 103 Rn 6; AG/Göertz § 98 Rn 27; str; aA OLG Koblenz 9.9.1986 – 14 W 688/06, MDR 1987, 852; MskV/Flockenhaus § 98 Rn 4; SchWKT/Gomille § 794 Rn 4; offengelassen von BGH MDR 2022, 333). Der **vor Rechtskrafteintritt** abgeschlossene Prozessvergleich macht ein früheres Urteil als Vollstreckungstitel aber ungeeignet (s § 794 Rn 13). – Überprüfung des Vergleichstitels anhand prozessualen oder materiellen Rechts ist dem Rpfleger verwehrt. Wohl hat er zu prüfen, ob überhaupt ein Vergleichstitel vorliegt (s Rn 21.25), so zB ob formwirksam protokolliert wurde (LG Berlin Rpfleger 88, 110) oder die Partei dem Vergleich zugestimmt hat (OLG Koblenz NJW 2017, 3666). Bei Vergleich über Arrest- und Hauptverf vor dems Gericht ist gemeinsame Festsetzung mögl (KG MDR 1984, 590). Der Vergleich kann nicht vom Gericht im

Kostenpunkt ergänzend der Rechtslage angepasst werden (OLG Nürnberg MDR 2003, 652 [Verstoß mit sof Beschwerde anfechtbar]).

2) Mehrere Verfahren. Bei einem Vergleich im Arrestprozess, wonach die Kostenentscheidung der Hauptsache folgen soll, und späterem Vergleich in der Hauptsache ist dessen Kostenregelung auch Grundlage für die Festsetzung der Arrestkosten. Wird die Hauptsache nicht verglichen, ist Festsetzung erst nach Rechtskraft der Hauptsacheentscheidung mögl (KG MDR 79, 1029), sofern es überhaupt zu einem eindeutigen Titel kommt, zB nicht, wenn später Widerklage erhoben und deren Kostenanteil ungetrennt in die Kostenentscheidung übernommen wird (OLG Hamm NJW 69, 2149) oder wenn auf Hauptklage verzichtet wird (KG Rpfleger 80, 232). Wird im Prozessvergleich ein anderer Rechtsstreit mitverglichen, dann findet die Kostenfestsetzung in jedem Verf getrennt statt; die Vergleichskosten werden in dem Verf, in dem der Vergleich geschlossen wurde, festgesetzt (OLG Hamm JurBüro 2007, 200).

3) Außergerichtlicher Vergleich (s § 98 Rn 4; § 794 Rn 17). **a)** Er ist – anders als der Prozessvergleich – kein zur Festsetzung geeigneter Titel iSd § 103 I (allgM; zB ThP/Hüßtege § 103 Rn 2b). MK/Schulz § 98 Rn 35 ff schlägt die Übernahme der Kostenregelung des Vergleichs in einem Gerichtsbeschluss vor (str; s § 98 Rn 6), der dann Titelwirkung hat. – **b)** Kosten des außergerichtl Vergleichs: Es muss für die Festsetzung ledigl glaubhaft gemacht werden (hierzu Bischof JurBüro 2009, 120), dass die Voraussetzungen eines Einigungsvertrages iSv 1000 Nr 1 RVG-VV erfüllt sind, also die Einigungsgeb überhaupt entstanden ist, und die Parteien sie ausdrücklich oder konkludent den Kosten des Rechtsstreits zugeordnet haben (OLG Frankfurt AGS 2022, 374). Unter diesen Voraussetzungen kann Festsetzung auch bei Vereinbarungen, die zu Verfahrensbeendigungen wie zB durch Klagerücknahme, durch Teilklagerücknahme und AU über den Rest sowie zu Kostenbeschlüssen nach § 91a führen, erfolgen (OLG Brandenburg JurBüro 2012, 475: zu Recht verneint bei Einigung erst nach Kostenbeschluss; OLG Brandenburg ZfS 2021, 285 zur Verpflichtung, die Einigungsgeb nicht geltend zu machen). Lässt sich ein entsprechender Parteiwille nicht feststellen, gilt § 98 auch für den außergerichtl Vergleich (OLG Hamm NJW 2021, 3063; s § 98 Rn 4). – Nicht erforderlich ist für die Festsetzung, dass der außergerichtl Vergleich protokolliert wird (allgM; zB OLG Brandenburg ZfSch 2022, 466).

4) Die **Tragweite des Prozessvergleichs** ist ggf durch Auslegung zu ermitteln. Der erkennbare Wille der Parteien ist maßgebend und – soweit er prozesszugehörige Kosten betrifft – auch für den Rpfleger bindend (OLG Brandenburg RVGreport 2020, 312). Bezeichnung ist nicht entscheidend. Wird etwa ein abschließender Vergleich fälschl als „Zwischenvergleich" überschrieben, dann erledigt er ungeachtet der irrigen Benennung die Hauptsache; wird dementspr die Klage zutr kostenfällig abgewiesen, ist der Kostentenor des Urteils Erstattungstitel; ledigl für die Einigungsgeb gilt § 98. Mit der Funktion des KFV ist es jedoch nicht mehr zu vereinbaren, den zweifelhaften Inhalt eines Prozessvergleichs durch eine Vertragsauslegung nach Treu und Glauben zu bestimmen (aA OLG Koblenz MDR 82, 854). Grds gilt, dass die Übernahme der Kosten sich mangels Einschränkung auf alle notwendigen Kosten erstreckt, also nicht ledigl auf die, die dem Übernehmer bekannt sind (OLG Düsseldorf MDR 2002, 174). Dass eine Partei von vorangegangenen Kosten weiß, ist jedoch ein wichtiger Auslegungsumstand. – Die Kostenentscheidung in **rechtskräftig abgeschlossenen** Verfahrensteilen wird ohne ausdrückliche Regelung der Parteien im Vergleich nicht abgeändert, soweit man das überhaupt für möglich hält (s dazu oben unter 1), bleibt also Titel für die Kostenfestsetzung (BGH MDR 2017, 547 m Hinweis auf § 98 S 2; BGH MDR 2022, 333 zu § 494a II 1; OLG Hamm NJW 2021, 3063 zu § 516 III; aA OLG Koblenz JurBüro 2012, 251: Es müsse gerade Anhalt geben, der ursprüngliche Titel solle aufrechterhalten bleiben). – Vergleichsweise Kostenübernahme erstreckt sich nicht auf die Kosten des KFV selbst. Ist nicht festzustellen, dass der Vergleich eine auslegungsfähige Kostenregelung enthält, dann ist die Festsetzung abzulehnen. Nach OLG München AnwBl 86, 542 soll dann ein klärender Feststellungsprozess geführt werden; richtig erscheint, den Streit im alten Verf analog § 91a zu entscheiden (OLG Köln Rpfleger 87, 429).

5) Auslegungen. Übernimmt eine Partei die „Kosten des Rechtsstreits", umfasst diese Formulierung nicht zwingend die Kosten eines gerichtl oder außergerichl Vergleichs (BGH MDR 2009, 112); man kann aber bei einem Prozessvergleich, der zum Prozessgeschehen gehört, regelmäßig davon ausgehen, dass er erfasst sein soll (BGH MDR 2009, 112; hM; aA OLG Hamm BauR 2024, 175, Aufg der bish Rspr). Die Kosten eines außergerichtl Vergleichs werden aber nur dann erfasst, wenn der entspr Parteiwille erkennbar ist (BGH MDR 2011, 571; OLG Brandenburg RVGreport 2014, 161: idR nein, weil sie nicht zu den Kosten des Verf gehören). – Die Kosten eines Prozessvergleichs sind auch dann einbezogen, wenn die Partei „sämtl Kosten" übernimmt (OLG Düsseldorf MDR 99, 119). „Kosten des Rechtsstreits" erfasst ein prozessbezogenes Privatgutachten (OLG Karlsruhe JurBüro 2008, 208). Bei „Kosten des Rechtsstreits mit Ausnahme der Vergleichskosten" in einem Vergleich nach § 278 VI über rechtshängige Ansprüche gehört die Terminsgeb zu den Kosten des Rechtsstreits (BGH MDR 2007, 917 Tz 10; OLG Naumburg JurBüro 2010, 644). Im Vergleich können auch an sich nicht festsetzbare außergerichtl Kosten einbezogen sein, die dadurch festsetzbar werden (OLG Naumburg 1.11.2011 – 10 W 58/11). Hat vereinbarungsgemäß der **Widerkl** die Kosten der Widerklage zu tragen, während die übrigen Kosten gegeneinander aufgehoben sind, so bedeutet das iZw, dass auf den Widerkl vorweg die Mehrkosten der Widerklage entfallen, die es kostenrechtl an sich wegen der Streitwertaddition nicht gibt und die deshalb nur als Spitzenbetrag abgeschöpft werden können (OLG Koblenz VersR 80, 433). Ein **Teilvergleich** des Inhalts, dass die Parteien „von den Kosten dieses Vergleichs" bestimmte Anteile zu tragen haben, ist wegen mangelnder Klarheit auslegungsbedürftig. IZw sind nur die Kosten gemeint, die durch den Teilvergleich angefallen sind, nicht etwa die bish Kosten des Rechtsstreits. Vergleichsw Übernahme der Gerichtskosten erfasst auch diej, die durch eine Widerklage angefallen sind. Bei Einbeziehung **nicht rechtshängiger** Ansprüche gehören die wegen dieser Ansprüche entstandenen RA-Kosten insgesamt zur Regelung über die Vergleichskosten (BGH MDR 2017, 1330 [N. Schneider NJW-Spezial 2017, 699], Abgrenzung zu MDR 2007, 917). Übernimmt der Kl nur die außergerichtl **Kosten eines Streitgenossen**, während der andere Streitgenosse seine Kosten selbst zu tragen hat, dann entspricht es dem Parteiwillen, dass dieser Streitgenosse nur den auf ihn entfallenden Kopfteil erstattet verlangen kann (OLG Koblenz JurBüro 81, 1399; ebenso OLG München MDR 88, 679 bei quotenmäßiger Regelung der Kosten mehrerer Streitgenossen; OLG München MDR 93, 804). Beim gewillkürten **Parteiwechsel** sind nur die Kosten der neu eintretenden Partei zu erstatten (OLG Hamburg MDR 90, 1019). Über die Kosten des **Streithelfers**, der nicht am Prozessvergleich beteiligt wird, s § 101 Rn 10. Übernimmt eine Partei die „Kosten des Rechtsstreits", ist str, ob davon auch an sich **nicht notwendige** Kosten (insb die der §§ 281, 344) erfasst werden; die wohl hM bejaht dies: Mehrkosten einer **Verweisung:** OLG Bamberg JurBüro 79, 1713; OLG Schleswig SchlHA 80, 219; **Säumniskosten:** OLG Düsseldorf MDR 80, 233. Richtig dürfte sein, die Notwendigkeitsprüfung zuzulassen, Mehrkosten nur festzusetzen, wenn Anhaltspunkte dafür bestehen, die Partei habe sogar Kosten übernehmen wollen, die ihr bei str Entscheidung auf keinen Fall überbürdet worden wären (OLG Düsseldorf JurBüro 89, 1127). Übernimmt eine Partei ausdrückl **nur die Kosten der Säumnis** bei Kostenaufhebung iÜ, dann sieht OLG Koblenz MDR 2008, 112 darin nur die Übernahme der Mehrkosten, die durch das Fernbleiben im 1. Termin entstanden sind. Die Säumnis mit der Folge eines 1. VU hat aber auch die beim Vergleich an sich eintretende Gerichtsgebührenermäßigung verhindert, weshalb 2/3 der Gerichtskosten wegen der Säumnis „stehen blieben". Sie sind daher Mehrkosten der Säumnis (sehr str; s § 344 Rn 3 zum RVG u s § 344 Rn 5 zum GKG). Wegen des Vertrauensschutzes hat sich die Auslegung auch zu orientieren an einer allseits akzeptierten gerichtl Übung in Erstattungsfragen (KG JurBüro 2009, 81). Zu bereits entstandenen **Vollstreckungskosten** s Rn 21.49.

21.72 • **Rechenfehler.** Der KFB ist analog § 319 in jeder Lage des Verf, auch nach Rechtskraft, amtswegig zu berichtigen (s Rn 21.23; § 319 Rn 3).

21.73 • **Rechtliches Gehör.** Gewährung durch schriftl oder mündl Anhörung der Partei unter Berücksichtigung aller Eingänge ist verfassungsrechtl geboten (OLG Dresden NJW-RR 2001, 861; OLG Celle AGS 2008, 367), auch in einfachen Fällen (KG MDR 2024, 863; aA OLG Bamberg JurBüro 90, 1478); zur Form der Anhörung: BVerfG Rpfleger 90, 155. Unterbleiben einer Gegenerklärung trotz Aufforderung ist frei zu würdigen und darf als Zugeständnis behandelt werden. Soweit vom Richter ergänzende Erklärungen eingeholt werden, müssen sie den Parteien bekannt gegeben werden. Stillschweigendes oder begründungsloses Absetzen beantragter Positionen ist unzulässig. Bei Versagung rechtl Gehörs kommt insb Selbstkorrektur in der Instanz in Betracht (Gegenvorstellung, s vor § 567 Rn 8; zum Rügeverf s § 321a Rn 3a), aber auch Heilung im Abhilfe-/Beschwerdeverf (KG MDR 2024, 863). Auf übersehene Gesichtspunkte ist hinzuweisen (§ 139). Völlig fehlerhafte Festsetzung kann gegen das Willkürverbot verstoßen (BVerfG MDR 83, 373), aber keine beachtliche Verletzung des rechtl Gehörs, wenn die Entscheidung nicht auf diesem Verfahrensfehler beruht (BVerfG RVGreport 2018, 350).

21.74 • **Rechtskraft.** KFB werden hinsichtl zu- oder aberkannter Kosten formell und materiell rechtskräftig (allgM; BGH MDR 2023, 395; OLG Bamberg AGS 2022, 570). Aufhebung des Titels macht den KFB wirkungslos (s Rn 21.13). Vorbehaltl des § 107 gelten auch die §§ 308, 322. Die materielle Rechtskraft erstreckt sich nur auf festgesetzte oder gestrichene Posten, nicht auf den Gesamtbetrag (OLG Düsseldorf JurBüro 96, 592). Rechtskräftige Absetzung einer Korrespondenzgeb steht aber dem ersatzw Ansatz fiktiver Reisekosten in einem neuen KFB entgegen (OLG Koblenz JurBüro 95, 92). Absetzung eines Betrages wegen Beweisfälligkeit steht späterer Festsetzung nach Nachweis der Bezahlung nicht entgegen. Teilanfechtung eines KFB hemmt die Rechtskraft auch hinsichtl des nicht angefochtenen Entscheidungsteils, so dass im höheren Rechtszug erweitert werden darf (OLG Köln JurBüro 86, 927; MK/Schulz Rn 100 u Rn 144; aA OLG Koblenz JurBüro 2007, 534 hinsichtl zunächst nicht angegriffener Einzelpositionen). Rechtskräftige sachl-rechtl Aberkennung im **Erkenntnisverf** hindert nicht Geltendmachung im KFV und umgekehrt (str; teilw aA der BGH; s dazu vor § 91 Rn 13). Außerhalb der Rechtskraft bleibt Nachliquidation (s Rn 21.61) zulässig.

21.75 • **Rechtsmissbrauch.** Der Einwand ist im KFV zu prüfen (BGH MDR 2013, 247); dabei Zurückhaltung bei der Annahme sachfremder Erwägungen für eine getrennte Rechtsverfolgung (KG GRUR-Prax 2025, 343 [auch zur Darlegungslast und der Glaubhaftmachung]). BGH MDR 2014, 807: Kein Missbrauch durch den im Ausland ansässigen Kl, der sein Wahlrecht nach § 35 ausübt; BGH MDR 2014, 864: Kein Missbrauch, wenn die Antragsteller beabsichtigen, das Prozessrisiko zu reduzieren. – Der Anfall von Gerichtskosten und die Haftung hierfür bleiben vom Rechtsmissbrauch aber immer unberührt (OLG Köln RVGreport 2018, 356 [Hansens]). Zum Rechtsmissbrauch, wenn **mehrere Parteien** je einen eigenen RA beauftragen, s § 91 Rn 13.93; wenn eine Partei **mehrere Klagen** erhebt, s § 91 Rn 13.62 und hier Rn 21.59.

21.76 • **Rechtsschutzbedürfnis.** Sein Fehlen im titelschaffenden Erkenntnisverf ist als Angriff auf die Kostengrundentscheidung unbeachtl. Im KVF selbst (u für die Erinnerung: OLG Koblenz JurBüro 90, 629) muss es gegeben sein, was zB nicht der Fall ist, wenn für den Fall der Klagerücknahme Verzicht auf Kostenerstattung erklärt wurde (OLG Bremen NJW-RR 2014, 189), wenn die unterlegene Partei gezahlt hat (OLG Düsseldorf JurBüro 2004,

321) oder der Gl die Annahme einer angebotenen Barzahlung verweigert (LG Berlin JurBüro 89, 1703). Ist der obsiegenden Partei ratenfreie PKH/VKH bewilligt, besteht dennoch ein Rechtsschutzbedürfnis für den Kostenfestsetzungsantrag (OLG Brandenburg AGS 2025, 175). – Für die Beschwerde fehlt es, wenn nach § 106 II vorgegangen werden kann (OLG Hamburg MDR 2005, 138). Zum Rechtsschutzbedürfnis in der Insolvenz s Rn 21.55.

• **Reformatio in peius.** Das Verschlechterungsverbot gilt im KFV (OLG Bamberg AGS 2022, 570), aber nur für den festgesetzten Gesamtbetrag (§ 572 Rn 32), nicht für die Einzelpositionen (BGHReport 2006, 687, 688) und nicht, wenn eine Anschließung (§ 567 III) erfolgt. – Fehlen eines zur Festsetzung geeigneten Titels führt in höherer Instanz zur Aufhebung des KFB, weil dieser Fall dem Verschlechterungsverbot nicht unterliegt (OLG München Rpfleger 82, 196). 21.7

• **Rückfestsetzung. Formulierungsvorschlag:** Vorwerk/Schneider, PFB, M 43.120. Geregelt in **§ 91 IV** (hierzu Schmidt-Räntsch MDR 2004, 1329; Knauer/Wolf NJW 2004, 2857; sa § 91 Rn 2 aE) und wurde eingeführt, damit der zahlungsbereite Sch, ohne später über § 717 gehen zu müssen, **nach Aufhebung oder Änderung** (BTDrs 15/1508, 16; BGH MDR 2013, 122 Tz 12; OLG Frankfurt AGS 2013, 597 Tz 9) der Kostengrundentscheidung seinen Rückzahlungsanspruch im vereinfachten KFV geltend machen kann (PG/Schneider § 91 Rn 9). Daher im Ergebnis zutr die eine Rückfestsetzung ablehnende Entscheidung von OLG Celle (OLG Celle MDR 205, 1261 Tz 9: Rückforderung einer Doppelzahlung), weil dort Rückfestsetzung trotz unveränderter Kostengrundentscheidung verlangt wurde (zu diesem Aspekt Hansens zu OLG Celle RVGreport 2015, 471 III 3). – Anwendbar ist § 91 IV ohne Rücksicht auf den Zeitpunkt, zu dem das Verf anhängig oder rechtskräftig abgeschlossen ist (BGH NJW-RR 2005, 79); zB bei nachträgl Änderung des Streitwerts (OLG Düsseldorf Rpfleger 2005, 696) und auch im KFV selbst (SG Berlin RVGreport 2017, 430 [Hansens]). Unerhebl ist, ob die Zahlung unter Vorbehalt erfolgt war (OLG München JurBüro 2005, 598); sie muss aber unstr erfolgt sein (PG/Schneider § 91 Rn 79). – Unstr Einwendungen des ehemaligen Gl sind zuzulassen (ThP/Hüßtege § 91 Rn 68), da damit nur der Parteiwille umgesetzt wird. Für seine str mat-rechtl Einwendungen gilt im Rückfestsetzungsverf das Gleiche wie für die des Sch im KFV; sie bleiben unberücksichtigt (OLG Bamberg JurBüro 2012, 198; OLG Frankfurt NJW-RR 2024, 415; Schmidt-Räntsch MDR 2004, 1329, 1331; PG/Schneider § 91 Rn 79; MskV/Flockenhaus § 91 Rn 34a; aA OLG Celle MDR 2015, 1261 [Fall einer Aufrechnung]; AG/Bünnigmann Rn 15, die dann die Rückfestsetzung nicht zulassen). Zu mat-rechtl Einwendungen s Rn 21.56. – Auch gegen einen beigeordneten RA ist Rückfestsetzung mögl (BGH NJW-RR 2013, 186) und sie ist möglich, wenn der ehemalige Sch nicht mit Zahlung, sondern mit Aufrechnung erfüllt hatte (StJ/Muthorst Rn 66; Hansens RVGreport 2015, 448). 21.7

• **Ruhen des Verfahrens.** Es steht der Festsetzung nur bei entsprechendem Parteiwillen entgegen (str; Greger § 251 Rn 1; PG/Schneider Rn 9; MskV/Flockenhaus Rn 11; OLG Brandenburg JurBüro 2010, 203; aA MK/Schulz § 103 Rn 47 [wegen der Annexfunktion des KFV]). 21.79

• **Sachverständigenkosten.** Wegen Nichtbeteiligung an der Entschädigungsfestsetzung (§ 4 JVEG) darf noch gerügt werden, die Staatskasse habe den SV zu hoch oder zu Unrecht vergütet (OLG Naumburg MDR 2019, 832 mwN). Sa Rn 21.35. 21.80

• **Schiedsgutachten.** Kein geeigneter Vollstreckungstitel (OLG Hamburg JurBüro 82, 769). 21.81

• **Sequestration.** Kosten können im Anordnungsverf (§ 938 II) festgesetzt werden (BGH MDR 2007, 178; OLG Brandenburg Rpfleger 2024, 557; ThP/Seiler § 938 Rn 9; PG/Schneider § 103 Rn 2). 21.82

• **Sicherheitsleistung.** Die im Hauptsachetitel als Vollstreckungsvoraussetzung bestimmte Sicherheit ist in den KFB aufzunehmen, wenn sie, wie idR, auch die Kostenvollstreckung sichert (unstr; zB MskV/Flockenhaus Rn 14). 21.83

• **Spruchverfahren.** Kostenentscheidung: § 15 SpruchG. Ob die Kosten der Partei für ihre anwaltliche Vertretung notwendig waren, wird erst und nur im KFV geprüft (OLG München JurBüro 2020, 370 Tz 10 [zust Noack EWiR 2020, 639]). – Keinen Erstattungsanspruch hat der RA, der in eigener Sache tätig war (OLG München JurBüro 2020, 370 Tz 7). 21.84

• **Streitgenossen.** Lit: N. Schneider ZAP 2024, 361. – Sa § 91 Rn 13.93. Zwischen ihnen findet keine gerichtl Kostenfestsetzung statt (OLG Hamburg AGS 2017, 204), es sei denn, dass Ausgleichsansprüche im Innenverhältnis eindeutig mittituliert worden sind (OLG Bremen MDR 2003, 1080). – **Obsiegende** Streitgenossen. Ihr mat-rechtl Verhältnis wird von § 100 nicht geregelt. Sie sind Anteilsgläubiger nach § 420 BGB (BGH MDR 2023, 395 [Schwenker jurisPR-BGHZivilR 5/2023 Anm 6]). Das Festsetzungsgesuch muss erkennen lassen, zugunsten welchen ASt welcher Erstattungsbetrag verlangt wird (OLG Frankfurt JurBüro 2020, 254; OLG Köln AGS 2024, 230). Für die Berechtigung dieses Verlangens kommt es auf das Innenverhältnis der Streitgenossen an (OLG Bremen 23.11.2023 – 1 W 23/23 Tz 47), für das bei gemeinsamen Prozesskosten die Vermutung des § 426 I 1 BGB gilt. Sind sie danach im Innenverhältnis zu gleichen Anteilen Sch (zB gegenüber ihrem gemeinsamen ProzBev), sind sie im Zweifel dann im Außenverhältnis zu ihrem Sch ebenso zu gleichen Anteilen berechtigte Gl (§ 420 BGB; OLG Düsseldorf MDR 2012, 494; MskV/Flockenhaus § 103 Rn 7a; aA OLG Frankfurt 13.5.2022 – 18 W 67/22 Tz 15). – **Unterliegen** die Streitgenossen, besteht Kopfteilhaftung kraft Gesetzes (§ 100 I; Ausnahme: § 100 IV) und daher ohne besonderen Ausspruch in der Kostenentscheidung (OLG Saarbrücken MDR 2018, 1151). Dabei sind für die Festsetzung die Beträge der Höhe nach je Streitgenosse einzeln zu bean- 21.85

tragen und festzusetzen (OLG Frankfurt JurBüro 2016, 204 Tz 3; s Rn 5). – Eine Kostenaussonderung nach § 100 III kann nur im Titel, nicht im KFB ausgesprochen werden. – **Gesamtsch** (§ 100 IV) können einzeln oder anteilig in Anspruch genommen werden (§ 421 BGB). – Aufrechnung des Sch ggü einem die Vollstreckung betreibenden Streitgenossen bewirkt bei Gesamtgläubigerschaft (§ 428 BGB) Erlöschen der Kostenforderung auch ggü dem anderen Genossen (OLG Schleswig JurBüro 85, 298: Fall der Rechtskrafterstreckung auf Dritte).

1.86 • **Streitwert.** Rpfleger darf keinen selbständigen Wertfestsetzungsbeschluss erlassen (allgM; zB KG AGS 2023, 82). Er ist gebunden an die vAw zu erfolgende Wertfestsetzung (§ 63 II 1 GKG). Aussetzung des KFV, solange der Wert str ist (BGH NJW-RR 2014, 892). Da das KFV sich am Streitwert des Rechtsstreits orientieren muss, bleibt eine im Streitwert weitergehende vorprozessuale Tätigkeit des Anwalts außer Betracht. – Änderung der Wertfestsetzung: § 107 (sa Rn 21.61).

1.87 • **Teilklagen.** S Rn 21.59.

1.88 • **Terminsgebühr.** Die Geb entsteht für die Teilnahme an einem Gerichtstermin (Vorbem 3 III RVG-VV, 3104 RVG-VV), außer einem Verkündungstermin, für die Beteiligung an einem schriftl Verf, wenn an sich eine mündl Verh oder ein Erörterungstermin vorgeschrieben ist (3104 I Nr 1 RVG-VV idF des KostBRÄG v 7.4. 2025, BGBl 2025 I Nr 109). Wird ein Vertrag iSd 1000 RVG-VV geschlossen, entsteht die Gebühr 3104 I Nr 1 RVG-VV unabhängig davon, ob das Gericht dabei mitwirkt. Sie entsteht weiter für die Teilnahme an außergerichtl Terminen, zB dem Untersuchungstermin eines SV (OLG Zweibrücken NJW-RR 2017, 63, wobei dann aber noch die Notwendigkeit iSd § 91 zu prüfen ist, Hansens RVGreport 2017, 57) u für Besprechungen, unabhängig davon, ob für das Verf eine mündl Verh vorgeschrieben ist oder nicht (Vorbem 3 III 3 Nrn 1, 2 RVG-VV), wobei eine tel Besprechung ausreicht (BGH AGS 2010, 164) und es unerheblich ist, dass das zuständige Gericht das Telefonat vermittelt hat (OLG Hamm MDR 2021, 128). – Entstehen kann die Terminsgeb, sobald ein Prozessauftrag erteilt ist; ob auch der Gegner schon Prozessauftrag erteilt hatte, ist unerhebl (Vorbem 3 I Satz 1 RVG-VV). Anhängigkeit oder gar Rechtshängigkeit einer Klage ist nicht Voraussetzung (BGH MDR 2010, 1219), denn die Geb fällt ua auch an, wenn die Besprechung auf die Vermeidung des Verf gerichtet ist. Eine Terminsgeb, die hinsichtl nicht rechtshängiger Gegenstände angefallen ist, kann aber nicht festgesetzt werden (BGH MDR 2009, 53), da sie von der Kostengrundentscheidung nicht erfasst wird. – Der RA, der ProzBev u zugleich Unterbev ist, verdient die Terminsgeb nur einmal (OLG Brandenburg MDR 2010, 898). Der Hauptbev und der Terminsvertreter können aber je eine Terminsgeb verdienen (OLG Celle MDR 2018, 1278). – Bei Besprechungen in Parallelverf fallen so viele Terminsgeb an, wie es Verf gibt, keine Addition der Werte (OLG München MDR 2010, 531; aA KG JurBüro 2009, 80). Werden Verf verbunden, wird die Terminsgeb aus dem Gesamtwert berechnet; vorher in einem Einzelverf entstandene Terminsgeb wird angerechnet (BGH MDR 2010, 776). – Gegenständl ist die Gebührenentstehung beschränkt: Das Gespräch muss auf die Vermeidung oder Erledigung des Verf abzielen, weshalb bei Gesprächsbeginn eine Einigung noch nicht erzielt worden sein darf (BGH MDR 2017, 852 Tz 9 mit Abgrenzung zur reinen Sachinformation). – **Für das Entstehen/die Festsetzbarkeit der Geb gilt: 1)** Sie **entsteht**, auch wenn die Besprechung erfolglos bleibt (BGH MDR 2007, 557); wenn eine tel Zahlungsabrede zur Erledigung des Rechtsstreits führt (KG DAR 2012, 456); im Termin erst dann, wenn er zumindest konkludent „begonnen" hat (BGH MDR 2011, 74), wobei es aber weder auf eine förmliche Ladung noch einen ausdrücklichen Aufruf ankommt (OLG Koblenz FamRZ 2020, 859). Durch Aufruf, auch wenn die Klage zurückgenommen ist (OLG Brandenburg Rpfleger 2024, 635), es sei denn, die Teilnahme des ProzBev an der Verhandlung war nicht notw (OLG Dresden NJW-RR 2025, 502); durch Entgegennahme einer auf Erledigung gerichteten mündl Erklärung zur Prüfung und Weiterleitung an die Partei (BGH MDR 2024, 1138); durch Abklären von Rahmenbedingungen und Austausch unterschiedl Vorstellungen (BGH MDR 2007, 862); durch Besprechungen mit Dritten im Einverständnis des Gegners (OLG Frankfurt 23.2.2024 – 15 W 70/23 Tz 11); durch tel Besprechung nach Einspruch gegen VU (OLG Karlsruhe JurBüro 2008, 416) oder über die Rücknahme einer Berufung (OLG Frankfurt AGS 2018, 548). – **2)** Sie ist **festzusetzen**, wenn die tatbestandl Voraussetzungen unstr sind (BGH NJW 2007, 1214). Es ist aber nicht erforderl, dass sich alle Tatsachen ohne weiteres aus der Gerichtsakte ergeben oder unstr sind (BGH MDR 2007, 1034; OLG Brandenburg AGS 2019, 106). Festsetzung sogar mögl, wenn die Tatsachen zwischen den Parteien str sind (BGH MDR 2007, 1160; aA OLG Koblenz RVGreport 2016, 111, wenn eine verlässliche Sachaufklärung scheitert); wenn der Tatsachenvortrag nach § 138 III als zugestanden gilt (BGH MDR 2008, 1126); wenn unsubstantiiert bestr wird (OLG Koblenz Rpfleger 2014, 632). Bei Verfahrenstrennung ist eine bereits entstandene Terminsgeb streitwertanteilig auf die getrennten Verf zu verteilen (N. Schneider Anm zu OLG Frankfurt NZFam 2016, 374). – **3) Nicht ausreichend** für die Gebührenentstehung sind nur klärende Anrufe (OLG Koblenz JurBüro 2011, 589), ein Anruf über ein Ruhen des Verf (BGH MDR 2014, 627), ein Telefongespräch zwischen einem ProzBev und dem Richter (OLG Bamberg MDR 2024, 529) oder wenn ein Vorschlag sofort abgelehnt wird (OLG Brandenburg MDR 2014, 1476); außerdem reine Informationen (OLG Hamburg AGS 2016, 507: Nachfrage wegen Klagerücknahme; OLG Köln JurBüro 2011, 264), die Abstimmung des Vorgehens (OLG Stuttgart JurBüro 2019, 468 [krit N. Schneider NJW-Spezial 2019, 572]), der Austausch von E-Mails (BGH FamRZ 2010, 26 [zu Recht krit Gottwald]; aA OLG Koblenz MDR 2007, 985), Einigungsgespräche zwischen Streithelfern oder Streithelfer und unterstützen Partei, wenn die Gegenpartei nicht vorab Vergleichsbereitschaft bekundet hat (OLG Hamburg AGS 2018, 547) oder ein Verf nach § 358a mit Klagerücknahme und Beschluss nach § 269 (OLG Köln JurBüro 2016, 467). – **4)** Die **Beweislast** hat der, der die Geb anmeldet (OLG Koblenz NJW 2005, 2162; OLG Naumburg JurBüro 2007, 483); melden beide an, wird es kaum zur Beweisbedürftigkeit kommen. – **5) Höhe:** 1,2 in 1. Instanz (3104 RVG-VV), 1,2 im Berufungsverf (3202 RVG-VV), 1,5 im Revisionsverf (3210 RVG-VV); 0,3 im ZwV-Verf (3310 RVG-VV), 0,5 im Beschwerdeverf (3513 RVG-VV). – Nach Erörterung im Termin kann sich die Geb iHv 1,2 nicht mehr durch „Flucht in die Säumnis" auf 0,5 reduzieren (KG MDR 2024, 1408); anders, also Reduzierung von 1,2 auf 0,5, wenn sich die Erörterung vor dem Antrag auf Erlass eines VU nur auf eine Nebenforderung bezog (OLG Hamburg MDR 2024, 738). – **6) Wert:** Grds der Wert des Streitgegenstandes, jedoch beschränkt auf den Wert, auf den sich die anwaltl Tätigkeit nur bezieht (OLG Hamburg MDR 2017, 609). Sa OLG Jena RVGreport 2014, 312 zur einseitigen Erledigungserklärung im Termin; OLG Frankfurt JurBüro 2020, 245 zur Teilrücknahme nach Aufruf des Termins; OLG Celle AGS 2023, 179 zur Teilklagerücknahme vor dem Termin; OLG Bremen 27.11.2024 – 2U 18/22 Tz 12 zur teilw Rücknahme der Berufung vor Beginn der mündl Verhandlung. Bei Tilgung der Klageforderung kurz vor dem Termin berechnet der BGH den Wert für die Terminsgeb nur aus dem Kostenwert, wenn dem Kl die Einreichung eines Erledigungsschriftsatzes noch mögl gewesen wäre (BGH MDR 2010, 1342 = RVGreport 2010, 427 [zu Recht krit Hansens]); das LG Nürnberg-Fürth (22.4.2015 – 8 T 1936/15) nimmt hier einen Fall der Kostentrennung (§ 95) an, überbürdet dem Kl die Mehrkosten des Termins (s hierzu § 91 Rn 12). Dem ist zuzustimmen. – Zur Terminsgeb in einstw Verfügungsverf N. Schneider NJW-Spezial 2024, 731; zur Terminsgeb bei Verwerfung eines Einspruchs N. Schneider NJW-Spezial 2023, 475.

• **Tilgung.** Zahlungen oder Verrechnungen können nur berücksichtigt werden, soweit sie unstr sind; unbeachtl ist indessen das Anzweifeln unstr Zahlungen mit offensichtl verfehlten Gründen. Substantiiert behauptete Erfüllung ist als unstr zu behandeln, wenn der Erstattungsberechtigte sich trotz Aufforderung dazu nicht äußert (OLG Oldenburg Rpfleger 92, 407; enger OLG Hamm MDR 77, 408, das ausdrückl Geständnis verlangt). Berücksichtigte gezahlte Kosten sind im KFB abzusetzen oder es ist ein Tilgungsvermerk anzubringen. 21.89

• **Tod einer Partei.** Unterbrechung: § 239 I; bei Vertretung durch ProzBev: Aussetzung auf Antrag, § 246 I; Wirkung: § 249. – Kostenfestsetzung ist im Fall der Unterbrechung auch für abgeschlossene Instanzen nicht mögl (str; aA MskV/Stadler § 249 Rn 5; s näher Rn 21.92). – Notw Titelumschreibung, wenn die erstattungsberechtigte Partei verstorben ist (OLG Köln MDR 2014, 1052). 21.90

• **Treu und Glauben.** Die Notwendigkeit von Prozesskosten ist auch an dem Grundsatz von Treu und Glauben zu messen. So ist zB der Bekl verpflichtet, sofort darauf hinzuweisen, wenn, für ihn erkennbar, der Kl ihn mit einer anderen Person verwechselt hatte (OLG Koblenz NJW-RR 90, 960). Durch das Unterlassen veranlasste Mehrkosten sind nicht erstattungsfähig. Sa § 91 Rn 12. 21.91

• **Unterbrechung.** §§ 239 ff. Unterbrechung im Hauptverf erfasst auch das KFV (PG/Schneider Rn 9; aA MskV/Flockenhaus Tz 11: nur, wenn der Kostentitel betroffen ist); ein KFB darf nicht mehr ergehen (OLG Brandenburg AGS 2024, 125). Wird ein Verf erst in einem späteren Rechtszug unterbrochen (§ 240), unterbricht dies auch ein KFV für die Kosten der Vorinstanz, selbst wenn die Kostengrundentscheidung im Zeitpunkt der Unterbrechung schon rechtskräftig ist (BGH MDR 2012, 990). Der BGH argumentiert, die Beteiligten sollen sich auf die Veränderung der Sachlage einstellen können. – Auf die Verzinsung des Erstattungsbetrages ab Antrag hat die Unterbrechung keinen Einfluss (OLG Hamm Rpfleger 81, 243). Die Unwirksamkeit eines nach Unterbrechung erlassenen KFB ist durch Erinnerung/Beschwerde (§ 11 I, II RPflG) geltend zu machen. Sa Rn 21.47 zum Insolvenzverf. 21.92

• **Verbindung.** Unzulässig für KFV aus getrennt geführten Prozessen. 21.93

• **Verfahren.** Das KFV ist ein selbständiges, zur 1. Instanz gehörendes Nachverf, das den allg Verfahrensgrundsätzen unterliegt. Als ZPO-Verf unterliegt es dem Gebot der Schlüssigkeitsprüfung mit der verfahrensrechtl Aufklärungspflicht (OLG Köln JurBüro 99, 256). Rechtl Gehör (s Rn 21.73) ist zu gewähren. Sind im Festsetzungsantrag Beträge versehentl nicht berücksichtigt oder zu niedrig angesetzt, ist darauf hinzuweisen (§ 139 III). Bei tatsächl Unklarheiten ist aufzuklären und ggf eine dienstl Erklärung des Prozessgerichts einzuholen (OLG Frankfurt MDR 80, 233). Alle Aufklärungsmöglichkeiten stehen dem Rpfleger zur Verfügung: schriftl oder mündl Anhörung der Parteien, Zeugen, SV (OLG Köln Rpfleger 2014, 390), Beiziehung von Akten; bei unverhältnismäßig schwierigen Feststellungen zur Höhe darf nach § 287 geschätzt werden. Praktisch gilt der Untersuchungsgrundsatz. Stillschweigende oder begründungslose Absetzung beantragter Posten ist unzulässig. § 308 I muss beachtet werden, so dass kein höherer Betrag als der verlangte festgesetzt werden darf, was jedoch auf den Gesamtbetrag der verlangten Kosten zu beziehen ist, nicht auf einzelne Ansätze, hinsichtl deren ein sog „Austausch" gestattet wird. Zur willkürlichen Festsetzung s Rn 21.73. Nach Erinnerungseinlegung gelten bei der Abhilfeprüfung des Rpflegers (§ 11 RPflG) dieselben Verfahrensgrundsätze. Führen sie zu dem Ergebnis, dass Abhilfe geboten ist, muss Rpfleger den Erstattungsbetrag neu festsetzen oder den festgesetzten Betrag ergänzen. Bei geänderter Kostengrundentscheidung braucht der alte KFB im neuen Beschluss nicht aufgehoben zu werden. Ist der Beschwerdewert (§ 567 II) erreicht: keine Erinnerung, sondern nur sof Beschwerde (§ 11 I RPflG; § 104 III 1; Übersicht s Rn 10). 21.94

21.95 • **Verfahrensgebühr.** Vorbem 3 II RVG-VV. Sie entsteht in 1. Instanz in erstattungsfähiger Höhe von 1,3 (3100 RVG-VV) u reduziert sich nicht mehr, sobald ein Schriftsatz mit Sachvortrag (KG JurBüro 2009, 478) oder einem Sachantrag (OLG Karlsruhe AGS 2021, 116 Tz 8: Ankündigung eines Klageabweisungsantrags) eingereicht wurde. – Ermäßigung nach 3101 RVG-VV auf 0,8. – Berufung 1,6 (3200 RVG-VV), Revision 1,6 (3206 RVG-VV), ZwV 0,3 (3309 RVG-VV), Beschwerdeverf 0,5 (3500 RVG-VV). – Durch die teilw Anrechnung der Geschäftsgeb 2300 RVG-VV vermindert sich die Verfahrensgeb (s Rn 21.43). – Wird über die „Kosten des Rechtsstreits" entschieden, kann die Verfahrensgeb nach 3101 Nr 2 RVG-VV nicht festgesetzt werden (BGH MDR 2009, 53). – Bei der Zurückverweisung (§ 538) ist nach Vorbem 3 VI RVG-VV anzurechnen, aber nicht in Fällen § 15 V 2 RVG (N. Schneider NJW-Spezial 2025, 155 m Bsp).

21.96 • **Verfassungsbeschwerde.** Keine Festsetzung der Kosten einer erfolglosen Beschwerde im Ausgangsverf und die Entscheidung nach § 34a II BVerfGG erfasst nicht die Kosten des Ausgangsverf (BVerfG NJW 92, 3157).

21.97 • **Verjährung.** Nach Rechtskräftigwerden der Kostengrundentscheidung verjährt der KE in 30 Jahren (§ 197 I Nr 3 BGB; ThP/Hüßtege Rn 13; ausf Stamm NJW 2020, 873 mwN). Eine Konkretisierung der Höhe nach durch den KFB ist dafür nicht erforderl (BGH MDR 2006, 1316 Tz 6). – Nicht titulierte KE verjähren hingegen in 3 Jahren (§ 195 BGB; OLG Hamburg JurBüro 2008, 479; s aber § 91 V); ebenso der im Beschlusswege (einstw Vfg) entstandene prozessuale KE (OLG Hamburg NJW 2016, 167; GS/Müller-Rabe Anhang X Rn 307). – Der Erstattungssch kann vorbringen, der Gl selbst habe sich ggü seinem eigenen RA auf Verjährung berufen (BayVGH Rpfleger 2004, 65), nicht hingegen, dass der Anspruch des RA gegen die erstattungsberechtigte Partei verjährt sei, ohne dass diese sich darauf berufen habe (BSG NJW-Spezial 2020, 315 [zust N. Schneider NJW-Spezial 2020, 316]; OLG Koblenz MDR 2008, 1179 für Privatgutachterkosten; OLG Frankfurt NJW-RR 2011, 499 für Auslagen im sBV). – Droht Verjährung im KFB festgesetzter Zinsen, ist dem mit Feststellungsklage zu begegnen (OLG Stuttgart NJW 2018, 1554). – Die Verjährungseinrede ist mit Klage (§ 767) geltend zu machen (N. Schneider NJW-Spezial 2015, 411, auch zur Unterscheidung des KE, der kraft Gesetzes entsteht, und dem durch gerichtl Entscheidung), es sei denn, über die Tatsachen und ihre Rechtswirkungen besteht kein Streit (s Rn 21.56). – **Zinsen** aus dem KE: Verjährung in 30 Jahren ab Rechtskraft der Kostengrundentscheidung bzw des KFB für bis dahin angefallene Zinsen, Regelverjährung für die erst danach fällig werdenden (§ 197 II, § 195 BGB; Stamm NJW 2019, 3473, 3476 V). – Hemmung der Verjährung: § 91 V, wodurch die dreijährige Verjährungsfrist (§ 195 BGB) idR „leerläuft" (s § 91 Rn 12a).

21.98 • **Versäumnisurteil.** Es kann auch nach übereinstimmender Erledigterklärung zunächst noch Festsetzungsgrundlage sein (AG/Bünnigmann § 103 Rn 6 „Versäumnisurteil"; PG/Schneider § 103 Rn 4).

21.99 • **Verweisung.** Wird der Rechtsstreit nach Kostenfestsetzung verwiesen, dann ist das neue Gericht auch Erinnerungsgericht und damit für ein Wiedereinsetzungsgesuch zuständig. Dies gilt auch für Kosten einer Partei, die vor Verweisung durch Parteiwechsel aus dem Rechtsstreit ausgeschieden ist (OLG Zweibrücken JurBüro 1982, 1730). Zur Verweisung vom ArbG an ordentl Gericht s § 91 Rn 13.8. Umstr ist, ob eine vergessene Kostentrennung (§ 281 III 2) im KFV korrigiert werden darf (s Rn 21.60).

21.100 • **Verwirkung.** Das Recht, den Festsetzungsantrag zu stellen, kann nicht verwirken (KGR Berlin 1994, 95). Beim KE ist der Einwand zu beachten, wenn er offensichtlich (MskV/Flockenhaus Rn 9 mN) begründet ist, was verlangt, dass über die maßgebl Tatsachen und deren Rechtsfolgen kein Streit besteht (KGR Berlin 1994, 95; PG/Schneider Rn 21), und an diesen Voraussetzungen wird seine Berücksichtigung im KFV idR scheitern (OLG Braunschweig JurBüro 2018, 481 Tz 8; OLG Karlsruhe AGS 2024, 42). Zum Umstandsmoment OLG Koblenz NJW-RR 2016, 1216; zum Zeitmoment OLG Düsseldorf FamRZ 2019, 63. – Der Einwand ist dann mit der Klage nach § 767 zu verfolgen.

21.101 • **Verzicht.** Mat-rechtl Einwand, der im KFV nicht zu berücksichtigen ist (OLG Nürnberg MDR 2000, 908), es sei denn, dass er unstr ist (MskV/Flockenhaus Rn 9) oder erkennbar konkludent aus den Parteierklärungen folgt (LG Saarbrücken NJW-RR 2013, 638).

21.102 • **Vollmacht.** Wird sie im Hauptverf (auf Rüge) geprüft, kann die Rüge im KFV nicht wiederholt werden (BGH JurBüro 2012, 31; OLG Köln JurBüro 92, 421: Fortdauer wird vermutet, auch wenn sich ein 2. RA meldet). Bei Vertretung ledigl im KFV gilt für den RA § 88 II; andere Bevollmächtigte müssen die Vollmacht, wenn sie sich nicht bei den Akten befindet, vorlegen. Ihre Prüfung erfolgt vAw (OLG Koblenz MDR 2015, 1152). – Prozessvollmacht des zweitinstanzl RA erstreckt sich nicht auf das KFV, auch soweit es um die Erstattung der Kosten des Berufungsverf geht (MskV/Flockenhaus § 103 Rn 8). Erlöschen durch Anzeige nach § 87 I Hs 1.

21.103 • **Vollstreckbare Ausfertigung.** Sie ist dem Gl auf Antrag zu erteilen (§ 317 II 1, § 329 I 2), auch wenn die Zustellung des KFB gem I 3 noch nicht ausgeführt worden ist.

21.104 • **Vollstreckungsbescheid.** In den VB sind die Kosten aufzunehmen (§ 699 III 1; s § 699 Rn 10); das kann auch eine zwischenzeitl entstandene Einigungsgeb sein (KG Rpfleger 2005, 697). Mangels Kostengrundentscheidung ist der VB aber keine Grundlage für eine Kostenfestsetzung (KG MDR 95, 530; aA OLG Koblenz JurBüro 85, 780). Vielmehr müssen die noch nicht erfassten Kosten in Ergänzung des VB festgesetzt werden (BGH MDR 2009, 589). **Teil-VB:** s § 699 Rn 10a mN.

• **Vollstreckungsbeschränkung.** Ist sie im Titel enthalten, muss sie in den KFB aufgenommen werden, wenn sie sich auch auf die Kostenentscheidung erstreckt (AG/Bünnigmann vor § 103 Rn 21). Verstoß ist mit Erinnerung/sof Beschwerde geltend zu machen. 21.104

• **Vollstreckungsgegenklage.** Sie ist auch gegen einen KFB gegeben (BGHZ 5, 251), und zwar ohne die Beschränkung des § 767 II (allgM; BGHZ 3, 381, 382). Zuständig ist das Gericht, dessen Rpfleger den KFB erlassen hat. – Wird eine Vollstreckungsgegenklage abgewiesen, schafft dies keinen Titel für die Festsetzung von Kosten aus früheren Vollstreckungsversuchen, weil diese nicht zur Durchsetzung des neuen Titels aufgewandt worden sind (OLG Frankfurt Rpfleger 80, 194), und auch keinen Titel für Kosten, die dem Bekl auf Grund Geltendmachung seines titulierten Anspruchs ggü dem vom Kl gestellten Bürgen entstehen (OLG München NJW-RR 2001, 936). – Wird einer Vollstreckungsgegenklage stattgegeben, dann ist damit nur die Vollstreckbarkeit des titulierten Anspruchs beseitigt, nicht aber die Eignung des abgewehrten Titels als ZwV-Grundlage im KFV (BGH NJW 95, 3318 [Münzberg NJW 96, 2126]). 21.105

• **Vorlage an den Richter.** Zuvor hat der Rpfleger abschließend zu entscheiden, ob er der Erinnerung abhelfen muss (s unter Rn 21.3). – § 11 II 1 RPflG: Vorzulegen ist sie dem Richter des Gerichts, dem der Rpfleger angehört. Dieser entscheidet abschließend in der Instanz. – § 11 I RPflG, § 572 I 1: Vorzulegen ist dem Beschwerdegericht; dort entscheidet der Einzelrichter (§ 568 I 1; Übertragung nach § 568 I 2). Übersicht s Rn 10. 21.106

• **Vorprozessuale Kosten.** Die Frage stellt sich regelmäßig bei der **Geschäftsgeb** (VV 2300). Festsetzung wird überwiegend abgelehnt (zB BGH MDR 2005, 656; OLG Frankfurt JurBüro 2003, 201; OLG München MDR 2002, 237). Sa Rn 21.17, 21.43. 21.107

• **Wegfall des Anwalts.** Da das Festsetzungsgesuch nicht dem Anwaltszwang unterliegt (§ 13 RpflG), ist der Wegfall des RA (§ 244) bedeutungslos. Zustellungen sind dann an die Partei zu richten. 21.108

• **Wegfall des Titels.** Dadurch und auch durch jede Änderung der Kostengrundentscheidung verliert ein KFB seine Wirkung (BGH MDR 2007, 742; OLG Köln MDR 2010, 104). Kostenpflichtig ist dann diej Partei, die die Festsetzung betrieben hat. Bei mehreren Betreibern der, zu dessen Gunsten der Ausgleich (§ 106) erfolgte (OLG Hamm JurBüro 89, 1419). Zu beachten ist, dass der Festsetzungsantrag durch eine neue Kostenentscheidung nicht zwangsläufig wirkungslos wird (s Rn 3). 21.109

• **Wiedereinsetzung.** Für die Entscheidung zuständig ist der Rpfleger, soweit er die Erinnerung/sof Beschwerde sowie das WE-Gesuch für begründet erachtet (OLG Koblenz AnwBl 2003, 315). Legt er dem Richter vor, so ist dieser auch zur Entscheidung über das WE-Gesuch zuständig, wenn er dieses und die Erinnerung für begründet erachtet (OLG Düsseldorf Rpfleger 83, 29). Bei vorgelegter sof Beschwerde hat das Beschwerdegericht über das mit dem Rechtsmittel verbundene WE-Gesuch zu entscheiden. 21.110

• **Wohnungseigentum.** Bei der Kostengrundentscheidung soll bei richterlichen Ermessensentscheidungen § 92 II Nr 2 (an Stelle von § 49 I GKG aF) zum Einsatz kommen (BTDrs 19/18791, 80). – Bei der Nebenintervention auf Beklagtenseite (der GdWE) enthält § 44 IV WEG eine Einschränkung zu § 101, indem der Rpfleger im KFV eine Notwendigkeitsprüfung vornehmen muss, ob die Intervention „geboten war" iSd § 91, also ob die Rechtsverteidigung nicht der WEG-Gemeinschaft alleine überlassen werden konnte (hierzu Elzer MDR 2021, 334 Rn 33 m Bsp). Sa § 91 Rn 13.115. 21.111

• **Zeuge als Schuldner**. Bei der Festsetzung der von dem Zeugen zu erstattenden Mehrkosten (§ 380 I 1) gilt § 91 I 2 sinngemäß (OLG Bamberg NJW-RR 2024, 679). 21.112

• **Zug-um-Zug-Leistung.** Diese Leistungsbeschränkung im Urteilstenor betrifft regelmäßig nur die Hauptsache und wird deshalb nicht in den KFB übernommen (allgM). 21.113

• **Zurücknahme des Kostenfestsetzungsantrags.** (Völlige oder teilw) Rücknahme bis zur Rechtskraft des Beschlusses mögl. Nach Erlass des KFB ist Zustimmung des Gegners erforderl. Rechtsfolgen der Rücknahme: § 269 III 1, 2. Die Rücknahmeerklärung ist unwiderrufl, selbst wenn sie durch eine unrichtige Mitteilung des Gerichts motiviert war. – Neuer Antrag: Es gilt § 269 VI analog (PG/Schneider § 103 Rn 26; MskV/Flockenhaus § 103 Rn 10). 21.114

• **Zurückverweisung.** Angebracht bei schweren Mängeln des Verf, insb ungenügender oder fehlender Begründung (allgM; zB OLG Bremen AGS 2021, 87 Tz 3; sehr deutlich OLG Koblenz AGS 2017, 245 Tz 4). Der Rpfleger hat bei Zurückverweisung an ihn auch über die Kosten des Beschwerdeverf zu beschließen. – Zurückverweisung an das Erstgericht bei nicht statthafter Beschwerde (BGH NJW-RR 2013, 1020). 21.115

• **Zuständigkeit.** Über die Kostenfestsetzung entscheidet immer der Rpfleger des Gerichts 1. Instanz, auch über die Kosten des 2. und 3. Rechtszugs (§ 21 Nr 1 RPflG), der Rpfleger des Beschwerdegerichts dann, wenn das Beschwerdegericht die 1. mit der Sache befasste Instanz ist (OLGR Köln 2009, 60). Die Zuständigkeit erfasst weiter: Die Kosten von Arrest- oder Verfügungsbeschlüssen des Berufungsgerichts sowie des dort verhandelten Wiederaufnahmeverf. Kosten, die auf Grund eines Titels des ersuchten Richters (§§ 380, 400) zu erstatten sind; Kosten eines Nebenverf (OVG Lüneburg Rpfleger 86, 319). Wird beim LG X ein beim LG Y anhängiger Rechts- 21.116

streit mitverglichen, dann müssen die Kosten jew bei dem LG festgesetzt werden, bei dem sie entstanden sind, ausgenommen die Einigungsgeb, deren Festsetzung beim LG X zu beantragen ist (OLG München AnwBl 90, 172). – Bei **Verweisung** vom ordentl Berufungsgericht an ein ArbG obliegt diesem auch die Festsetzung der Kosten des Berufungsverf, über die das Berufungsgericht entschieden hat. Hat das LG ein Vorbehaltsurteil erlassen und verweist es dann zur Durchführung des Nachverf an das ArbG, ist das ArbG zuständig für die Festsetzung der Kosten aus dem Vorbehaltsurteil (OLG Köln Rpfleger 2024, 710), – Ist die Hauptsache eine **FamSache**, dann ist es auch das zugehörige KFV. – **Mahnverf:** Das Mahngericht ist zuständig im Fall § 699 III 1, insoweit eine Abweichung von § 104 II 1. Vor Abgabe an das Streitgericht, verbleibt es bei dieser Zuständigkeit, wenn Kosten, die bei Erlass des VB nicht berücksichtigt wurden, nachträglich geltend gemacht werden (BGH MDR 2009, 589). – Nach Rücknahme des Mahnbescheidsantrags ist das (fiktive) Streitgericht für die Festsetzung zuständig (OLG Hamm MDR 2014, 1412), unabhängig, ob die Kostenentscheidung noch vom Mahngericht analog § 269 III 2 (OLG Köln JurBüro 1999, 365) getroffen wurde oder das Streitgericht, an das im Fall des § 269 III 3 abzugeben ist (BGH NJW-RR 2023, 703) über die Kostentragung entschieden hat (BGH MDR 2023, 251 [Schmitt MDR 2023, 277]). – Die Kosten eines Verf auf Titelumschreibung (VB ohne nachfolgendes Streitverf) setzt das Mahngericht, das den VB erlassen hat, fest (OLG München Rpfleger 2006, 418). – **ZwV-Verf:** § 788 II 1 begründet die Zuständigkeit des Vollstreckungsgerichts. Vor Beendigung der ZwV hat der Gl dabei ein Wahlrecht unter den Vollstreckungsgerichten (OLG Oldenburg NZI 2024, 96). § 788 II 2 begründet die Zuständigkeit des Prozessgerichts. Bei den Kosten für eine Sicherheitsleistung wird differenziert: Dient sie der Durchführung der ZwV, sind es Kosten der ZwV mit der Folge der Zuständigkeit des Vollstreckungsgerichts (BGH MDR 2016, 485); dient sie der Abwehr der ZwV, sind es Kosten des Rechtsstreits u damit ist das Prozessgericht zuständig (BGH MDR 2006, 886). Das Prozessgericht ist auch zuständig, wenn die Kosten Vorbereitungshandlungen betreffen, die zwar die ZwV ermögl sollen, dann aber keine Vollstreckungshandlung vorgenommen wird (BGH MDR 2008, 286; KG MDR 2019, 186 [Fellner MDR 2019, 275]) oder erst vorbereitet wird u dann im Ausland stattfinden soll (OLG Düsseldorf Rpfleger 2010, 435). – Im Verf der **Vollstreckbarerklärung ausl Titel** ist, solange nicht vollstreckt wird/wurde, das Prozessgericht zuständig (OLG Hamm RVGreport 2012, 32; OLG München NJW-RR 2008, 1665). – Die Kosten der Vollstreckung aus einer **notariellen Urkunde** werden vom Rpfleger des Vollstreckungsgerichts festgesetzt (§ 788 II); ebenso die Vollziehungsgeb gem § 18 I Nr 2 RVG; 3309 RVG-VV (OLG Hamm JurBüro 2002, 588).

1.117 • **Zwangsverwalter.** Bei einer titulierten Kostengrundentscheidung zu seinen Gunsten/Lasten bleibt er im folgenden KFV aktiv/passiv legitimiert, unabhängig vom Stand der Zwangsverwaltung (BGH MDR 2019, 1471 Tz 9 = ZfIR 2019, 769 [Schmidberger]).

1.118 • **Zwangsvollstreckung aus Kostenfestsetzungsbeschluss.** Dieser ist Titel nach § 794 I Nr 2. Vollstreckungsvoraussetzungen (Klausel, Zustellung, §§ 750, 795, 724 ff) müssen deshalb erfüllt sein. Klauselerteilung ab Erlass, nicht erst ab Rechtskraft, jedoch in den Fällen des § 798 Wartepflicht. Bei vereinf Kostenfestsetzung nach § 105 bilden Urteil und Beschluss einen einheitl Titel, so dass der Beschluss keiner bes Vollstreckungsklausel bedarf und deshalb auch die Wartepflicht des § 798 entfällt.

1.119 • **Zwischenstreit.** Die darin ergangene Kostenentscheidung trägt die Festsetzung der bes Kosten des Zwischenstreits, nicht die des Hauptverf (OLG München JurBüro 70, 45).

22 **XI) Kosten. 1) Gericht:** Kostenfestsetzung und Entscheidung über die Erinnerung (§ 11 IV RPflG) sind gerichtsgebührenfrei; etwaige Auslagen (9000 ff GKG-KV) sind zu erheben. – Sof Beschwerde: Festgeb von 72 Euro, 1812 GKG-KV. – Rechtsbeschwerde: Festgeb von 144 Euro, 1826 GKG-KV, jew wenn die Beschwerde verworfen oder zurückgewiesen wird; Ermäßigung auf 72 Euro bei Rücknahme vor Ablauf des Tages, an dem die Entscheidung der GeschSt übermittelt wird: 1827 GKG-KV. Beide Geb können bei Teilerfolg auf die Hälfte ermäßigt werden oder ihre Erhebung kann unterbleiben. – **2) RA:** War der RA ProzBev, entsteht ihm keine zusätzl Geb im KFV (§ 19 I 2 Nr 14 RVG); Abgeltung durch 3100 RVG-VV. – Jede Erinnerung/Beschwerde ist grds eine bes Angelegenheit: § 18 I Nr 3 RVG, hier jedoch mit der Einschränkung aus § 16 Nr 10 RVG, die mehrere Erinnerungen sowie mehrere Beschwerden, nicht aber Erinnerung und Beschwerde zu ders Angelegenheit zusammenfasst. – Geb im Erinnerungs-/Beschwerdeverf: 0,5 nach 3500 RVG-VV. Eine Terminsgeb kann nach 3513 RVG-VV entstehen, in der Praxis wird aber wohl nie nach mündl Verh entschieden. War der RA nicht ProzBev, erwächst ihm zusätzl die Geb 3403 RVG-VV (Kostenfestsetzung) iHv 0,8 (mit der mögl Ermäßigung auf 0,5 in entspr Anwendung von 3405 RVG-VV).

§ 105 Vereinfachter Kostenfestsetzungsbeschluss

(1) [1]Der Festsetzungsbeschluss kann auf das Urteil und die Ausfertigungen gesetzt werden, sofern bei Eingang des Antrags eine Ausfertigung des Urteils noch nicht erteilt ist und eine Verzögerung der Ausfertigung nicht eintritt. [2]Erfolgt der Festsetzungsbeschluss in der Form des § 130b, ist er in einem gesonderten elektronischen Dokument festzuhalten. [3]Das Dokument ist mit dem Urteil untrennbar zu verbinden.

(2) [1]Eine besondere Ausfertigung und Zustellung des Festsetzungsbeschlusses findet in den Fällen des Absatzes 1 nicht statt. [2]Den Parteien ist der festgesetzte Betrag mitzuteilen, dem Gegner des Antragstel-

lers unter Beifügung der Abschrift der Kostenberechnung. [3]Die Verbindung des Festsetzungsbeschlusses mit dem Urteil soll unterbleiben, sofern dem Festsetzungsantrag auch nur teilweise nicht entsprochen wird.

(3) Eines Festsetzungsantrags bedarf es nicht, wenn die Partei vor der Verkündung des Urteils die Berechnung ihrer Kosten eingereicht hat; in diesem Fall ist die dem Gegner mitzuteilende Abschrift der Kostenberechnung von Amts wegen anzufertigen.

I) Voraussetzung. Vereinfachte Kostenfestsetzung nach **I** ist **zulässig** auf Grund eines zur ZwV geeigneten Titels, also auch vollstreckbare Beschlüsse und Vergleiche oder VU nach § 331 III. Voraussetzung, dass bei Entscheidung des Antrags noch keine Urteilsausfertigung (s § 317 II 1) erteilt ist und durch die Verbindung der Kostenfestsetzung mit der Erteilung der Urteilsausfertigung keine Verzögerung eintritt. Sie ist **unzulässig** bei Kostenteilung nach Quoten (§ 106 I 2) und wenn bereits eine Urteilsausfertigung erteilt ist. Sie ist unter folgenden Voraussetzungen **zulässig, aber unzweckmäßig:** Verlangte Kosten werden abgesetzt (II 3 „soll"); die Vollstreckung des Urteils hängt vom Eintritt einer vom Gl zu beweisenden Tatsache ab (§ 726 I); die Verbindung verzögert; es ist noch keine Urteilsausfertigung bestellt; bei Arrest- oder Verfügungstiteln, da diese ohne vollstreckbare Ausfertigung vollstreckt werden, § 929 I, § 936. 1

II) Verfahren. Auf Antrag kann (Ermessen) der Rpfleger dem Titel (Urteil etc; s Rn 1) den Beschluss über die zu erstattenden Kosten beifügen; Urteil u KFB werden ausgefertigt (§ 317 III, IV; PG/Schneider Rn 4), die Vollstreckungsklausel umfasst beide (§ 795a), keine Wartefrist (§ 798). Formlose Übersendung der Kostenrechnung an den Antragsgegner mit entspr Vermerk bei der Urschrift des Beschlusses, Mitteilung des festgesetzten Betrags an beide (II 2). Verzögert sich die Urteilsausfertigung oder stellt sich nachträgl die Unzulässigkeit der Festsetzung heraus, so kann der Rpfleger die Verbindung des KFB mit dem Urteil lösen. Der Rpfleger kann auch den auf das Urteil gesetzten KFB vAw (zB bei Rechenfehlern, § 319) oder nach Erinnerung ändern; dann Beschluss und Verf nach § 104. – Beim KFB in elektronischer Form (I 2) kann dieser nicht auf ein in ders Form vorliegendes Urteil gesetzt werden. Die Dokumente sind daher untrennbar zu verbinden (I 3). – Fristbeginn für Erinnerung/Beschwerde: mit Ablauf des Tages der Zustellung der vollstreckbaren Ausfertigung von Urteil/KFB an den Sch. 2

III) Verfahren ohne Antrag. Das Verf nach III ist unabhängig von I (MskV/Flockenhaus Rn 5). Vorteil: Festsetzung ohne Antrag, das Gericht fertigt die Abschrift für den Gegner kostenlos. Unanwendbar bei Kostenverteilung nach Quoten (§ 106 I 2). 3

§ 106 Verteilung nach Quoten

(1) [1]Sind die Prozesskosten ganz oder teilweise nach Quoten verteilt, so hat nach Eingang des Festsetzungsantrags das Gericht den Gegner aufzufordern, die Berechnung seiner Kosten binnen einer Woche bei Gericht einzureichen. [2]Die Vorschriften des § 105 sind nicht anzuwenden.

(2) [1]Nach fruchtlosem Ablauf der einwöchigen Frist ergeht die Entscheidung ohne Rücksicht auf die Kosten des Gegners, unbeschadet des Rechts des letzteren, den Anspruch auf Erstattung nachträglich geltend zu machen. [2]Der Gegner haftet für die Mehrkosten, die durch das nachträgliche Verfahren entstehen.

I) Zweck. 1) Einheitliche Entscheidung. Der Kostenausgleich soll einheitl über Ansprüche und Gegenansprüche entscheiden, sofern beide Parteien ihre Kosten anmelden. Es handelt sich dabei nicht um Aufrechnung gem § 387 BGB, sondern um die Ermittlung eines einzigen Erstattungsanspruchs, der per saldo übrigbleibt. Deshalb **muss** der Kostenausgleich ohne Ermessensspielraum in einem Beschluss durchgeführt werden, wenn Festsetzungsanträge beider Parteien vorliegen. Ein besonderer Kostenausgleichsantrag ist dafür nicht zu stellen (N. Schneider NJW-Spezial 2019, 347). – Kein Rechtsverlust, wenn eine Partei bewusst nicht am Ausgleichsverf teilnehmen will (OLG Schleswig 30.9.2021 – 9 W 93/21) oder die Wochenfrist versäumt. – Ausgleich auch mögl, wenn Bekl für die auf sie entfallende Quote gesamtschuldnerisch haften (aA OLG Köln Rpfleger 92, 269 [abl Schmitz]). Kein Ausgleich zwischen einer Partei und dem NI (LAG Düsseldorf MDR 96, 644). Zur Berücksichtigung unstr gezahlter Prozesskostenvorschüsse s § 104 Rn 21.70. – **a) Quotenverteilung liegt vor:** Wenn die außergerichtl Kosten gegeneinander aufgehoben, aber die Gerichtskosten nach Bruchteilen verteilt sind oder wenn die Kosten der 1. Instanz nach Quoten geteilt, die der Berufungsinstanz aber einer Partei ganz auferlegt wurden. Ebenso, wenn die gesamten Kosten gegeneinander aufgehoben werden (StJ/Muthorst Rn 2; MskV/Flockenhaus Rn 2; MK/Schulz Rn 3: wegen des Ausgleichs der Gerichtskosten; AG/Bünnigmann Rn 5 „Kostenaufhebung"), was nur Sinn macht, wenn beide Seiten Gerichtskosten gezahlt haben (PG/Schneider Rn 2). – **b)** Dagegen **keine Quotenverteilung**, wenn die Kosten nach Instanzen verteilt werden (OLG Hamburg MDR 79, 942; StJ/Muthorst Rn 2; ThP/Hüßtege Rn 2a; aA MskV/Flockenhaus Rn 2 mN; PG/Schneider Rn 2) oder 1 sonst nach Verfahrensabschnitten oder nach Festbeträgen verteilt wird, auch nicht, wenn Kosten ausgesondert werden, zB gem § 281 III 2 oder wenn ledigl die Kosten der Säumnis (§ 344) einer Partei auferlegt worden sind und der Gegner die übrigen Kosten trägt (StJ/Muthorst Rn 2; OLG Köln Rpfleger 92, 448; ThP/Hüßtege Rn 2a; aA MskV/Flockenhaus Rn 3; PG/B. Waruschewski Rn 2). Fehlende Quotierung liegt auch in der fälschl Verteilung der Kosten nach Berufung und Anschlussberufung oder nach Klage und Widerklage. In diesen Fällen kann allerdings eine „berichtigende Auslegung" zur Bejahung einer Quotierung führen. Ein außergerichtl Vergleich mit Kostenregelung kann nicht Grundlage eines Kostenausgleichs nach § 106 sein. Ein unangefochtener Kostenausgleichsbeschluss darf bei unveränderter Kostengrundentscheidung nicht aufgehoben werden, weil eine Partei nachträgl weitere Kosten zur Festsetzung anmeldet; über nachliquidierte Kosten ist in einem gesonderten KFB zu befinden (s § 104 Rn 21.61).

2 **2) Kostenfestsetzungsantrag.** Der Rpfleger hat nach Eingang des Antrags (**Formulierungsvorschlag:** Vorwerk/Schneider, PFB, M 43.109) dem Gegner bzw seinem ProzBev eine Aufforderung zuzustellen (§ 329 II 2), die Berechnung seiner Kosten nebst Abschrift u Belegen binnen Wochenfrist ab Zustellung einzureichen. Auf die Folge der Fristversäumnis ist hinzuweisen. – In jedem Fall ist im Kostenausgleichsverf dem Gegner **rechtl Gehör** zu gewähren, indem mit der vom Gesetz vorgeschriebenen Aufforderung zur Einreichung eigener Kosten auch eine Abschrift des Kostenausgleichsantrags übersandt wird (Art 103 I GG). – Unterlassen der Aufforderung kann zur Aufhebung und Zurückverweisung führen (OLG Naumburg FamRZ 2007, 1350). Ist eine Geb auf beiden Seiten angefallen, aber nur von einer Partei angemeldet, muss sie der Rpfleger auch für die Gegenpartei berücksichtigen (OLG Hamm JurBüro 2002, 318).

3 **II) Verfahren.** Die Kosten der Aufforderung gehören zu den Kosten des KFV.

4 **1) PKH.** Bei bewilligter PKH sind Parteikosten zunächst so zu berechnen, als sei keine PKH bewilligt (AG/Bünnigmann Rn 10; MskV/Flockenhaus Rn 5; OLG Brandenburg JurBüro 2007, 259 Tz 9). War beiden Parteien PKH bewilligt worden, ist also zunächst zu ermitteln, welche Kosten jeder Partei überhaupt entstanden sind; danach ist der Gesamtbetrag der Kosten nach Maßgabe des Urteils zu verteilen und durch Feststellung des Unterschieds des auf jede Partei entfallenden Kostenbetrags der erstattungsfähige Betrag zu ermitteln. Im Ergebnis darf dann aber die Summe aus diesem KE und den PKH-Zahlungen der Staatskasse die der Partei entstandenen Kosten nicht übersteigen (MskV/Flockenhaus Rn 5). Hierfür ist zu rechnen: KE der Partei + PKH-Zahlung der Staatskasse – Wahlanwaltsvergütung = Betrag des KE, der auf die Staatskasse übergeht (Berechnungsbeispiel bei GS/Müller-Rabe § 59 Rn 31) und in diesem Umfang den KE der Partei reduziert. Kann die hilfsbedürftige Partei außer den PKH-Anwaltskosten noch eigene Auslagen erstattet verlangen, sind diese bei der vorzunehmenden Ausgleichung verhältnismäßig (OLG München Rpfleger 82, 119 = JurBüro 1982, 417 [Mümmler]) mit in Ansatz zu bringen. – Zur Kostenausgleichung bei **Teil-PKH** s Lappe MDR 84, 638. – Genießt eine Partei **Gebührenfreiheit**, sind die gerichtl Geb (anders bei Auslagen) bei der Festsetzung nicht zu berücksichtigen.

5 **2) Beschlussfassung.** Der KFB kann nach fruchtlosem Ablauf der **1-wöchigen Frist** erlassen werden ohne Rücksicht auf die Kosten des Gegners (II 1 Hs 1). Geht der Ausgleichsantrag des Gegners aber noch ein, solange der KFB noch nicht hinausgegangen ist, ist ein Ausgleichungsbeschluss zu fassen (MskV/Flockenhaus Rn 5; MK/Schulz Rn 10; OLG Koblenz MDR 2013, 675: jedenfalls, wenn zu diesem Zeitpunkt der KFB-Antrag noch nicht beschieden ist und keine weiteren Ermittlungen erforderl sind; StJ/Muthorst Rn 9 stellt für den Zeitpunkt ab auf den **Erlass** des KFB). Zuzustellen ist beiden Parteien bzw ihren ProzBev vAw. Die säumige Partei kann ihre Kosten nachträgl festsetzen lassen (OLG Frankfurt AGS 2025, 185). Jedoch ist die nachträgl Berücksichtigung entgegen § 106 nicht rechtzeitig zur Ausgleichung gestellter Prozesskosten im Erinnerungs- u Beschwerdeverf nicht zulässig (KG FamRZ 2019, 303 Tz 4). Es fehlt dann an einer Beschwer. OLG Frankfurt AGS 2025, 185, OLG Hamburg MDR 2005, 1138 und OLG Koblenz NJW-RR 2000, 519 verneinen hier dann das Rechtsschutzbedürfnis.

6 **3) Ausgleich.** Bei der Kostenausgleichung muss der Anspruch einer Partei auf Erstattung verauslagter Gerichtskosten mit dem Anspruch der anderen Partei auf Erstattung außergerichtl Kosten verrechnet werden; eine getrennte Festsetzung der beiderseitigen Ansprüche ist unzulässig. Bei zwei Rechtszügen, in denen jeweils gequotelt wurde, wird insgesamt in einem Beschluss ausgeglichen, nicht für jeden Rechtszug gesondert (OLGR Schleswig 2008, 717). Werden Streitgenossen, die unterschiedl hohe Klageansprüche geltend gemacht haben, von einem gemeinsamen Anwalt vertreten, so ist beim Kostenausgleich zu ihren Gunsten insgesamt kein höherer Betrag zu berücksichtigen, als sie nach dem zusammengerechneten Gesamtstreitwert (§ 22 I RVG) ihrem gemeinsamen Anwalt tatsächl zu zahlen haben (§ 7 II 2 RVG).

7 **III) Kostentragung.** Wer die **Kosten des Ausgleichsverf** zu tragen hat, richtet sich nach dem jew Unterliegen mit dem beanspruchten Kostenbetrag. – Mehrkostenregelung in II 2 beim nachträglichen Verf (II 1 Hs 2).

8 **IV) Anfechtung.** Da in dem einheitl KFB, dessen Entscheidungsformel sich auf das Ergebnis der Verrechnung der gesamten Prozesskosten beider Parteien beschränkt, 2 Entscheidungen hinsichtl der Anträge beider Parteien getroffen werden, kann auch jede Entscheidung selbständig nach § 11 I RPflG; § 104 III (sof Beschwerde) oder § 11 II RPflG (befristete Erinnerung) angefochten werden, soweit und je nachdem in welcher Höhe eine Beschwer vorliegt. Der Beschwerdeführer ist nur beschwert in Höhe der Quote der nicht berücksichtigten Geb

oder sonstiger Kosten, in deren Höhe der Gegner ihm erstattungspflichtig ist (MK/Schulz Rn 13; PG/Schneider Rn 8). Wenn mit der Erinnerung/sof Beschwerde die Berücksichtigung einer Geb erstrebt wird, die entweder auf beiden Seiten oder gar nicht erwachsen ist, dann ist die Partei beschwert, die weniger als 50 % der Kosten zu tragen hat (OLGR Saarbrücken 2006, 895). Eine auf Anfechtung zugesprochene, beiden Seiten entstandene Geb wird auch ohne Antrag beim Gegner mitberücksichtigt (OLG Oldenburg MDR 93, 390; OLG Köln JurBüro 94, 601; aA OLG Stuttgart JurBüro 87, 1092; sa Rn 2 aE).

§ 107 Änderung nach Streitwertfestsetzung

(1) [1]Ergeht nach der Kostenfestsetzung eine Entscheidung, durch die der Wert des Streitgegenstandes festgesetzt wird, so ist, falls diese Entscheidung von der Wertberechnung abweicht, die der Kostenfestsetzung zugrunde liegt, auf Antrag die Kostenfestsetzung entsprechend abzuändern. [2]Über den Antrag entscheidet das Gericht des ersten Rechtszuges.

(2) [1]Der Antrag ist binnen der Frist von einem Monat bei der Geschäftsstelle anzubringen. [2]Die Frist beginnt mit der Zustellung und, wenn es einer solchen nicht bedarf, mit der Verkündung des den Wert des Streitgegenstandes festsetzenden Beschlusses.

(3) Die Vorschriften des § 104 Abs. 3 sind anzuwenden.

I) Streitwertfestsetzung. Setzt das Gericht nach Erlass des KFB den Streitwert anders als vom Rpfleger angenommen fest, ist *vor* Rechtskraft des KFB gegen ihn wahlweise Erinnerung/Beschwerde (§ 11 I, II RPflG) oder Antrag aus § 107, nach Rechtskraft nur Antrag aus § 107 gegeben, mit dem die Rechtskraft des KFB durchbrochen werden kann (OLG Hamm JurBüro 2017, 154). Bei Festsetzung gem § 106 braucht der Gegner nicht mehr zur Einreichung einer Kostenberechnung aufgefordert zu werden, wenn seine Kosten nach dem neuen Streitwert berechnet werden können. Denn es sind nur Änderungen gestattet bei Positionen, die streitwertabhängig sind. Darüber hinaus bindet die Rechtskraft, so dass keine Nachprüfung betroffener Geb dem Grunde nach in Betracht kommt, da § 107 ledigl ermöglicht, die feststehenden Kostenpositionen der Streitwertänderung anzupassen (allgM; zB OLG Hamburg MDR 2016, 1356 Tz 8 mN). 1

Verfahren. Vollstreckung aus dem 1. KFB kann gem § 775 Nr 1 verhindert werden. Bereits geleistete Überzahlungen können im Änderungsbeschluss rückfestgesetzt werden (s § 104 Rn 21.78; § 91 IV). Ist der Streitwert auf einen **höheren** als den bei Kostenfestsetzung angenommenen Betrag festgesetzt worden, so ist es zweckmäßig, in dem Änderungsbeschluss „die von dem Sch weiter zu erstattenden Kosten auf … Euro festzusetzen". Zustellung einer beglaubigten Abschrift des Beschlusses an den Gegner des ASt bzw dessen ProzBev (§ 172 I), formlose Übersendung einer vollstreckbaren Ausfertigung an den ASt unter Vermerk des Tages der Zustellung des Beschlusses an den Gegner, wobei die Ausfertigung nur auf Antrag erteilt wird (§ 317 II 1; § 317 Rn 2; § 329 Rn 44). 2

II) Antrag. Der nicht dem Anwaltszwang unterliegende Antrag (**Formulierungsvorschlag:** Vorwerk/Schneider, PFB, M 43.119), der auch in einem bloßen Rückfestsetzungsbegehren gesehen werden kann (OLG Koblenz Rpfleger 89, 40), auf Änderung des KFB ist innerhalb 1 Monats nach Verkündung oder Zustellung (formlose Mitteilung reicht nicht: OLG München Rpfleger 91, 340) des Streitwertbeschlusses beim Rpfleger des erstinstanzl Gerichts anzubringen (abw OLG Hamburg MDR 90, 253 in einem Ausnahmefall). Die nicht verlängerungsfähige (§ 224 II) Frist läuft unabhängig davon, ob eine Partei Streitwertbeschwerde oder Gegenvorstellung gegen den Wertansatz erhoben hat. Sie bezieht sich nur auf die erneute Festsetzung (OLG München MDR 83, 137). Ist die Frist versäumt, ist keine Wiedereinsetzung möglich (OLG Brandenburg 5.2.2019 – 6 W 15/19 Tz 2). Folgen der versäumten Frist: Der KFB kann nicht mehr abgeändert werden. Der Gl kann aber Nachfestsetzung beantragen (N. Schneider NJW-Spezial 2024, 411). Der Sch kann, wenn der nicht geänderte KFB noch nicht vollstreckt ist, Klage aus § 767 erheben; nach Vollstreckung ist nur noch die Bereicherungsklage (§ 812 BGB) zulässig (OLG Frankfurt JurBüro 2020, 141). 3

III) Rechtsmittel. Der Änderungsbeschluss ist binnen 2 Wochen ab Zustellung (Notfrist) mit Erinnerung/Beschwerde (§ 11 I, II RPflG) bei dem Gericht anfechtbar, dessen Rpfleger ihn erlassen hat. Verf wie bei § 104. 4

IV) Gebühren. 1) Gericht: keine. – **2) RA:** Abgeltung durch die VerfGeb 3100 RVG-VV; § 19 I 2 Nr 14 RVG. 5

Titel 6
Sicherheitsleistung (§§ 108-113)

§ 108 Art und Höhe der Sicherheit

(1) [1]In den Fällen der Bestellung einer prozessualen Sicherheit kann das Gericht nach freiem Ermessen bestimmen, in welcher Art und Höhe die Sicherheit zu leisten ist. [2]Soweit das Gericht eine Bestimmung nicht getroffen hat und die Parteien ein anderes nicht vereinbart haben, ist die Sicherheitsleistung durch die schriftliche, unwiderrufliche, unbedingte und unbefristete Bürgschaft eines im Inland zum Geschäftsbetrieb befugten Kreditinstituts oder durch Hinterlegung von Geld oder solchen Wertpapieren zu bewirken, die nach § 234 Abs. 1 und 3 des Bürgerlichen Gesetzbuchs zur Sicherheitsleistung geeignet sind.

(2) Die Vorschriften des § 234 Abs. 2 und des § 235 des Bürgerlichen Gesetzbuchs sind entsprechend anzuwenden.

1 **I) Geltungsbereich.** Die §§ 108 ff gelten für die vom Gericht angeordneten **prozessualen Sicherheitsleistungen**, die in der ZPO vorgesehen sind, zB in § 89 (vollmachtlose Vertretung), §§ 110-113 (Prozesskostensicherheit), §§ 707 etc (ZwV mit Vollstreckungs-, Einstellungs- und Abwendungssicherheit), § 890 (s § 890 Rn 26); auch § 283a ist erfasst (sehr str; Greger § 283a Rn 6; aA PG/Börstinghaus § 283a Rn 20). Ihr Zweck ist es, Ansprüche der Gegenpartei abzusichern, nicht solche der Staatskasse auf Zahlung der Gerichtskosten (OLG Stuttgart Rpfleger 85, 375). Mat-rechtl Sicherheitsleistungen richten sich nach §§ 232-240 BGB, durch deren sinngemäße Anwendung Lücken in der ZPO-Regelung ausgefüllt werden dürfen. – Die Bedeutung des § 108 erschöpft sich darin, dem Gericht das Ermessen zu eröffnen, über die Art und die Höhe der Sicherheitsleistung zu bestimmen, und regelt den Fall unterlassener Bestimmung. Die Parteien können sich über das Ob, die Art oder die Höhe einer Sicherheit aber auch verständigen. Die Anordnung des Gerichts über Art und Höhe der Sicherheitsleistung kann deshalb durch gerichtl und außergerichtl Parteivereinbarung jederzeit ergänzt oder abgeändert werden. Soweit Parteivereinbarungen in der gerichtl Anordnung noch nicht berücksichtigt sind, können sie durch neue Klage bzw bei der Vereinbarung über die Art durch entspr Abänderungs- oder Ergänzungsantrag geltend gemacht werden (MskV/Foerste Rn 14).

2 **II) Zuständigkeit.** Zuständig ist das Prozessgericht, das die Sicherheitsleistung angeordnet hat. Bei der KfH der Vorsitzende (§ 349 II Nr 9; § 349 Rn 13). Auch das Gericht höherer Instanz ist Prozessgericht. Deshalb kann auch seine Zuständigkeit begründet sein (BGH MDR 2024, 734 [Schmitt MDR 2024, 753], aber nur die Art der Sicherheitsleistung betreffend, nicht die Höhe; PG/B. Waruschewski Rn 3), vorausgesetzt jedoch, dass die beschwerte Partei dies beantragt. In eiligen Sachen kann die Zuständigkeit des Berufungsgerichts auch aus prozessökonomischen Gründen gegeben sein kann. In den Fällen der einstw Einstellung (§§ 707, 719, 732 II, § 769) ordnet das Gericht, das die Einstellung verfügt hat, die Sicherheitsleistung an; in Eilfällen das Vollstreckungsgericht (§ 769 II 1).

3 **III) Höhe der Sicherheit. 1) Ermessen.** Die **Höhe** der Sicherheit **muss** das Gericht nach freiem, pflichtgemäßem, durch das Rechtsmittelgericht nachprüfbarem Ermessen in Geld bestimmen (Ausnahme: § 709 S 2, § 711 S 2). Irriges Unterbleiben der Höhebestimmung oder fehlerhafte Berechnung kann über §§ 716, 321 (BGH NJW-RR 99, 213) oder über § 319 (MK/Schulz Rn 62) korrigiert werden, aber keine Heraufsetzung/Reduzierung der Sicherheit durch das Revisionsgericht (BGH MDR 2024, 734 [Schmitt MDR 2024, 753]).

4 **2) Ermessensausübung.** Bei der **Festsetzung der Höhe** der Sicherheit hat das Gericht von dem auszugehen, was nötig ist, um denj, in dessen Interesse die Sicherheit zu leisten ist, vor mögl Nachteilen oder Schäden zu bewahren. **a)** Bei der Vollstreckungssicherheit (**Schuldnerschutz**) ist dies meist der tatsächl Wert des vollstreckbaren Hauptanspruchs zzgl Zinsen und Kosten (Hk-ZV/Giers/Scheuch § 709 Rn 4) und eines zusätzlich mögl Vollstreckungsschadens (s § 717 II 1; § 709 Rn 4; PG/B. Waruschewski Rn 4). Nach § 752 ist **Teilsicherheit** zulässig, wenn nur wegen eines Teilbetrags vollstreckt werden soll (s § 752 Rn 2-4), der somit auch die Höhe der Sicherheitsleistung bestimmt. Bei Verurteilung des Bekl (Hauptforderung, Zinsen, Kosten) muss der Gl dann aber erklären, wegen welcher Forderung er vollstrecken will. Wegen der jetzt grds zulässigen Teilvollstreckung steht nichts entgegen, dass das Prozessgericht schon bei der Tenorierung für einzelne Posten, zB nur für die Kosten, Teilsicherheiten festlegt. – Von der Vollstreckung eines Teilbetrags zu unterscheiden ist die Vollstreckung des vollen fälligen Anspruchs bei **wiederkehrenden Leistungen** (s § 709 Rn 6), hier ist es zulässig, das Urteil in Höhe des jew beizutreibenden Betrags für vorläufig vollstreckbar zu erklären (s § 709). Wird auch hier nur wegen eines Teilbetrags der wiederkehrenden Leistungen vollstreckt, gilt § 752 S 1. – **b)** Bei der Einstellungs-/Abwendungssicherheit (**Gläubigerschutz**) wird die Höhe idR an der Erfüllungsgefährdung gemessen. Wenn nur die Verzögerung schädigen kann, ist nur dieser Schaden abzusichern (PG/B. Waruschewski Rn 5; OLG Nürnberg MDR 2024, 599 zu titulierten Auskunfts- und Unterlassungsansprüchen). Ist gepfändet und wird die ZwV einstw eingestellt, so wird bei aufrechterhaltener Pfändung die Höhe der Sicherheitsleistung idR niedriger zu bemessen sein, denn das Pfandstück kann bei Bewertung der Höhe wertmäßig berücksichtigt wer-

den (MskV/Foerste Rn 4). – **c)** Vollziehungssicherheit (Antragsgegnerschutz): Der sich aus § 945 ergebende Haftungsumfang ist abzusichern (OLG Düsseldorf GRUR 2020, 1126).

IV) Art der Sicherheit. 1) Bestimmung. Vorrangig kann sie von den Parteien bestimmt werden (I 2 Alt 2; s Rn 1), dann vom Gericht (I 1) und letztlich nach I 2. Änderungen/Ergänzungen bleiben möglich (MskV/Foerste Rn 21). Das Gericht ist frei, ob und welche Sicherheit es anordnet; begrenzt wird diese Freiheit nur durch II (PG/B. Waruschewski Rn 6). Falls der Fall keine Besonderheiten aufweist, bietet sich an, dass das Gericht sein Ermessen dahin ausübt, die in I 2 vorgesehene Art der Sicherheit zu bestimmen (ThP/Hüßtege Rn 5). Den Parteien bleibt dann überlassen, eine aus ihrer Sicht zweckmäßigere Art zu vereinbaren und zu beantragen, wenn dies nicht schon vor der Entscheidung geschehen ist. 5

2) Fehlende Bestimmung. Hat das Gericht die Art der Sicherheitsleistung nicht bestimmt, geschieht sie durch **Hinterlegung von Geld/Wertpapieren** (Rn 13) oder durch **Bankbürgschaft** nach I 2 (Rn 8 ff). Eine Verrechnung der Sicherheitsleistung mit Gerichtskosten ist nicht zulässig (OLG Stuttgart Rpfleger 85, 375). Stets muss die Art der Sicherheit dem Berechtigten die Befriedigung ermöglichen oder geeignet sein, einen möglichen Schaden auszugleichen. Deshalb reicht zB nicht die Hinterlegung eines Hypothekenbriefs; als Sicherheit ungeeignet sind ferner Pfandstücke, da der Gl nach Aufhebung der Pfändung die Sicherheit verlieren könnte (OLG Schleswig SchlHA 69, 121). 6

3) Wahlfreiheit. Das Gericht kann auf Antrag oder vAw auch **die Art einer anderen Sicherheitsleistung** als durch Geld und Wertpapiere anordnen, zB Hinterlegung von Wertpapieren, die nicht in § 234 BGB aufgeführt sind (PG/B. Waruschewski Rn 8), von ausl Geld und von Kostbarkeiten (§ 6 HinterlG des jew Landes); jedoch nicht mit einem Pfandstück, das der Gl durch eine Vollstreckungsmaßnahme erlangt hat (s Rn 6 aE) u nicht mit Sparbüchern (MK/Schulz Rn 17). 7

V) Bürgschaft. 1) Bürge. Besonders zweckmäßig ist Sicherheitsleistung durch Bürgschaft (I 2; § 232 II BGB). Der Bürge muss in der schriftl Bürgschaftserklärung (§ 766 BGB) auf die Einrede der Vorausklage (§ 771 BGB) verzichten (§ 239 II BGB analog). Eine sog Ausfallbürgschaft genügt daher nicht. Der Bürge ist taugl, wenn er ein der Höhe der Sicherheit angemessenes Vermögen besitzt (§ 239 I BGB analog). Bedenken hiergegen muss der Sicherheitsgläubiger vorbringen. – Ausl Kreditinstitute sind taugl Bürgen, wenn sie durch eine inländische Niederlassung oder Tochtergesellschaft handeln dürfen (Foerste ZBB 2001, 483 ff; MskV/Foerste Rn 7; allgM), ohne Zweigniederlassung im Inland hingegen nicht, wobei das Gericht dennoch im Rahmen seines Ermessens die Bürgschaft solch einer Bank zulassen kann (MK/Schulz Rn 41), jedoch sinnvoll nur unter Bedingungen (hierzu MskV/Foerste Rn 16). Das freie Ermessen des Gerichts wird durch § 239 BGB nämlich nicht eingeschränkt (OLG Hamburg NJW 95, 2859; Foerste ZBB 2001, 483, 487). 8

Geeignet sind grds ohne Differenzierung alle im Inland zum Geschäftsbetrieb befugten Kreditinstitute (I 2; Falkenkötter MDR 2002, 622; ausf Foerste ZBB 2001, 483, insb auch zu Auslandsbanken) und Kreditversicherer (OLG Brandenburg 17.4.2019 – 11 U 137/17 Tz 28). Versicherungsgesellschaften sind keine tauglichen Bürgen iSd KWG (StJ/Muthorst Rn 26; aA Grams AnwBl 2002, 356 für Berufshaftpflicht-Versicherungen), können aber nach I 1 zugelassen werden. Notarielle Form der Bürgschaftserklärung, Beglaubigung der Unterschriften, Nachweis der Vertretungsmacht der Unterzeichner usw statt der idR ausreichenden Schriftform des § 766 BGB (s OLG Hamm DGVZ 76, 117 ff) können durch das Gericht bes angeordnet werden. 9

2) Bürgschaftserklärung. Die **Bürgschaftserklärung muss** grds **unbedingt und unbefristet, schriftl** und **unwiderrufl** (§ 108 I 2) sein. Die Bürgschaft nach § 350 HGB ist wegen ihrer Formfreiheit nicht nach I 2, allenfalls nach I 1 zulässig, aber wegen des Nachweises ohnehin nicht zweckmäßig. Zulässig ist die auflösende Bedingung, dass die Bürgschaftsurkunde wieder in den Besitz des Bürgen gelangt, sofern sichergestellt ist, dass die Bürgschaft nicht ohne oder gegen den Willen des Sicherungsberechtigten zum Erlöschen gebracht werden kann, ehe die Veranlassung für die Sicherheitsleistung weggefallen ist (MskV/Foerste Rn 9). Unwirksam daher die Sicherheitsleistung mit einer Bürgschaft, die durch Rückgabe der Bürgschaftsurkunde an die Bank erlischt, wenn der Gl dem Sch nicht die Urkunde, sondern nur eine begl Abschrift zustellt (OLG Hamm WM 93, 2050); unzulässig die auflösende Bedingung des Erlöschens, sobald die Veranlassung zur Sicherheitsleistung wegfalle (LG München I 8.12.2015 – 15 T 20239/15; MK/Schulz Rn 31; aA OLG Nürnberg MDR 86, 241); zulässig jedoch der Vorbehalt der Bank, befreiend hinterlegen zu dürfen (OLG Koblenz Rpfleger 95, 32; aA StJ/Muthorst Rn 28), weil ein Austausch nicht grds ausgeschlossen ist (BGH NJW 94, 1351; MskV/Foerste Rn 5) und der Sicherungszweck nicht gefährdet wird; str; wie hier MskV/Foerste Rn 9 mN auch zur aA; aA zB OLG Düsseldorf DGVZ 90, 156; ausf Treber WM 2000, 343 (zu § 108 aF). Mehrere Sicherungsberechtigte soll die Bürgschaft als Mitgläubiger (§ 432 BGB) ausweisen, nicht als Gesamtgläubiger (MskV/Foerste Rn 8); unabhängig davon darf sie nicht die Geltendmachung nur durch alle Bürgschaftsgl vorsehen (OLG Düsseldorf 26.9.2017 – 15 U 68/17 Tz 22). Wird für den Fall einer Vorausabtretung eines gesicherten, aufschiebend bedingten KE der Übergang der Bürgschaft von der Zustimmung des Sicherungsgebers abhängig gemacht, ist die Bürgschaft nicht unbedingt (BPatG GRUR 2023, 757). 10

3) Annahmeverpflichtung. Ist **Prozessbürgschaft** zugelassen (was auch bei der Sicherungsvollstreckung, § 720a, mögl ist, OLG München Rpfleger 91, 67), so ist der Sicherungsberechtigte zur Annahme der Bürg- 11 schaftserklärung, die der gerichtl Anordnung entspricht, verpflichtet (Zwangsvertrag: OLG Hamburg WM 82, 915). Erleichterung für Vertragsschluss gem § 151 S 1 BGB, wenn man sie nicht ohnehin für entbehrlich hält (vgl MskV/Foerste Rn 12). Wegen des Annahmezwanges kann die Sicherheit wirksam auch durch Hinterlegung der Bürgschaftsurkunde bei der Hinterlegungsstelle des AG geleistet werden, wenn dies vom Gericht gestattet worden ist (OLG Hamburg WM 82, 915). Entspricht indes die Bürgschaftserklärung nicht den gerichtl Erfordernissen, so besteht insoweit keine Annahmeverpflichtung.

12 Die **Bürgschaft entsteht** demnach, wenn die Bürgschaftserklärung dem Sicherungsberechtigten in **Urschrift** zugeht (§ 130 BGB) oder nach § 132 I BGB iVm §§ 192 ff ZPO durch Vermittlung des GV in **begl Abschrift** zugestellt wird (hM; aA MskV/Foerste Rn 10; Foerste NJW 2010, 3611; OLGR Köln 2007, 481). Damit ist der Nachweis der Sicherheitsleistung (§ 751 II) erbracht (BGHReport 2009, 36). – Die **Aushändigung** der **Urschrift** der Urk an den Zustellungsadressaten ist erforderl, wenn nach dem Inhalt des Vertrages die Bürgschaft durch die Rückgabe der Urk auflösend bedingt ist, also das Erlöschen der Bürgschaft von der Rückgabe des Originals abhängt (OLG München MDR 79, 1029). In diesem Fall kann nur dadurch, dass der Sicherungsberechtigte in den Besitz der Originalurkunde gelangt, verhindert werden, dass die Bürgschaft vorzeitig ohne oder gegen den Willen des Sicherungsberechtigten durch Rückgabe der Originalurkunde erlischt. Die Zustellung kann auch an den ProzBev erfolgen, sofern dessen Vollmacht, wie idR, den Abschluss des Bürgschaftsvertrages mitumfasst, weil es sich dabei um eine Maßnahme innerhalb des Prozessmandats handelt (OLG Koblenz JurBüro 2001, 213). **Zustellung** von **Anwalt zu Anwalt** (§ 195): grds § 130 I 1 BGB; sie genügt auch nach § 132 I BGB (str; AG/Bünnigmann Rn 15; aA MskV/Foerste Rn 11; StJ/Muthorst Rn 32, da die Mitwirkung eines GV fehlt).

13 **VI) Hinterlegung. Geld** grds in Euro, aber auch in anderen gesetzlichen inländischen Zahlungsmitteln (ThP/Hüßtege Rn 6). Ihre Ausführung richtet sich nach dem jew landesrechtlichen HinterlegungsG. Überweisung an die Zahlstelle des Gerichts genügt nicht (BGH NJW 2002, 3259; PG/B. Waruschewski Rn 7; aA StJ/Muthorst Rn 14: Frage der richtigen Adressierung). – **Wertpapiere** müssen Inhaber- oder blanko indossierte Orderpapiere sein, einen Kurswert haben und mündelsicher sein (§ 1807 I Nr 2-5 BGB; Art 212 EGBGB). Mit Wertpapieren kann Sicherheit nur in Höhe von ¾ des Kurswerts geleistet werden (§ 234 III BGB); mit zu hinterlegen sind Zins-, Renten-, Gewinnanteil- u Erneuerungsscheine. Der Umtausch hinterlegter Wertpapiere gegen andere, geeignete Wertpapiere oder gegen Geld ist nach § 235 BGB zulässig; ebenso von Geld in Wertpapiere (MskV/Foerste Rn 13). Dem Gericht stehen alle Mittel der Sicherheitsleistung zur freien Wahl, und zwar ohne die in §§ 234 ff BGB gezogenen Grenzen.

14 **VII) Umtausch.** Ist eine **„andere Art** der Sicherheitsleistung“ genehmigt, zB Hinterlegung von Geld auf ein Anderkonto eines RA oder Notars, Verpfändung von Sparguthaben (RGZ 124, 220) usw, so ist der Umtausch der Sicherheitsmittel nur mit Genehmigung des Sicherungsberechtigten zulässig, da dieser an der Sicherheit ein Pfandrecht erworben hat.

15 **VIII) Verfahren. 1) Antrag und Verhandlung.** Grds ist kein Antrag erforderlich; Entscheidung vAw. Ausnahmen: § 110 I, § 712 I (Schutzantrag des Sch), § 927 I (Erbieten zur Sicherheitsleistung), § 939 (Aufhebung gegen Sicherheitsleistung). – Die Entscheidung ergeht idR ohne mündl Verh (§ 128 IV und in den Fällen §§ 251a, 331a). In den Antragsverfahren ist mdl zu verhandeln, wenn Streit besteht (PG/Waruschewski Rn 14; MskV/Foerste Rn 19).

16 **2) Entscheidung.** Anordnung durch Urteil in den Fällen der §§ 709, 711, 712, 925, 927, 939; bei § 110 durch Zwischenurteil nach § 280 II; bei §§ 921, 923, 936, 937 II durch Arrestbefehl oder einstw Verfügung. In den Fällen einstweiliger Einstellungen/Anordnungen, zB §§ 707, 719, 769, durch Beschluss. – Über die **Art der Sicherheitsleistung** kann ohne mündl Verh durch Beschluss entschieden werden (MskV/Foerste Rn 19). Es kann demgemäß durch Beschluss auch eine bereits getroffene Entscheidung vor und nach Einlegung eines Rechtsmittels ergänzt oder geändert werden (BGH MDR 2024, 734 [Schmitt MDR 2024, 753]; BGH NJW 94, 1351: Austausch der Bürgschaft; hierzu ausf Treber WM 2000, 343). Zuständig zu solchen nachträgl Änderungen ist das Gericht, das die zu ändernde bzw zu ergänzende Entscheidung erlassen hat, und zwar die untere Instanz auch dann, wenn die höhere Instanz die Entscheidung der unteren ledigl bestätigt hat. Dies gilt auch, wenn die Sache in der Revisionsinstanz hängt; hier kann aber ausnahmsw auch das Revisionsgericht eine Anordnung über die Art der Sicherheit erlassen (BGH MDR 2024, 734 [Schmitt MDR 2024, 753]).

17 **IX) Wirkung.** Wird Sicherheit geleistet, erlangt der Sicherungsberechtigte ein **Pfandrecht** am hinterlegten oder verpfändeten Gegenstand und ein solches am Rückforderungsanspruch des Hinterlegers (OLG Frankfurt NZI 2017, 733 Tz 33), wenn hinterlegtes Geld oder Wertpapiere in das Eigentum der Landeskasse übergegangen sind (§ 233 BGB; BGH MDR 2015, 1327 Tz 11). Herausgabe kann verlangt werden aufgrund eines originären Anspruchs nach dem HintG der jew Länder, sobald die Empfangsberechtigung nachgewiesen ist; ist dabei der vollstreckteTitel eine Masseverbindlichkeit, steht Anzeige der Masseunzulänglichkeit nicht entgegen (BGH NZI 2018, 353 [zust Ruland]). – Bei der **Bürgschaft** erlangt er einen direkten Anspruch gegen den Bürgen. Im Schadensfall kann sich der Sicherungsberechtigte aus PfandR/Bürgschaft befriedigen (§ 22 HinterlG des jew Landes, §§ 1233, 765 BGB). Der Bürge haftet im Rahmen des jew Sicherungszwecks (BGH MDR 2005, 1121 [Fellner]). – **1)** S § 112 Rn 2, wenn Zweck die **Prozesskostensicherheit** ist. – **2)** Wird die Bürgschaft zur **Abwendung** der

Vollstreckung geleistet (vgl § 711), hat sie die Realisierbarkeit des titulierten Anspruchs zu sichern (BGH MDR 2005, 1121; s hierzu OLG Nürnberg MDR 2024, 599, wenn Auskunft und Unterlassung tituliert sind). Der Umfang der Haftung ergibt sich also aus dem gewährten Vollstreckungsaufschub (MK/Schulz Rn 59; BGH NJW 2015, 351) u einem daraus entstehenden Schaden durch Verhinderung oder Verzögerung der Erfüllung des Anspruchs. Gleiches gilt auch bei **Einstellungssicherheiten** (zB § 707). – **3)** Soll die Bürgschaft die **Vollstreckung ermöglichen** u sichern (vgl § 709), haftet der Bürge für Schäden im Umfang des § 717 II, III für den Fall, dass der nur vorläufig vollstreckbare Titel am Ende aufgehoben/abgeändert wird. Er haftet auch, wenn Ansprüche aus § 717 II verjährt sind, die Klage jedoch rechtskräftig abgewiesen wurde (BGH MDR 2007, 549). – **4)** Dient die Bürgschaft als Vollziehungssicherheit im Verf einer einstw Vfg, muss sie den Haftungsumfang des § 945 abdecken (OLG Düsseldorf GRUR 2020, 1126 Tz 10, 11). – Einer Haftung steht nicht entgegen, dass der Titelgl, für den die Bürgschaft bestellt wurde, die Forderung zu diesem Zeitpunkt bereits abgetreten hatte (BGH MDR 2005, 1121 [zust Fellner]). – Zur Fälligkeit der Bürgschaft u der dreijährigen Regelverjährung s BGH NJW 2015, 351 (iErg zust Stamm LMK 2015, 365737): Fall der Bürgschaft zur Abwendung der Sicherungsvollstreckung.

X) Rechtsmittel/Abänderungsanträge. Über das Ob der Sicherheitsleistung und ihre Höhe entscheidet das Gericht mit Selbstbindung nach § 318 im Urteil (MskV/Foerste Rn 21). Soweit nicht § 319 wegen offenbarer Unrichtigkeit oder §§ 321, 716 wegen Ergänzung des Urteils eingreifen, gibt es nur die Berufung, die sich auf die Vollstreckbarkeitsentscheidung beschränken darf (str; aA OLG Köln NJW-RR 2006, 66; s § 718 Rn 1), was aber praktisch nicht vorkommt. Bei nur vorläufigen Entscheidungen des Gerichts, insb den Einstellungen/Anordnungen nach §§ 707, 719, 769, besteht diese Selbstbindung nicht. – Die Entscheidung über die **Art** der Sicherheitsleistung ist unanfechtbar, wenn dazu **kein Parteiantrag** gestellt worden ist (Schneider MDR 83, 905; aber Änderungsantrag immer mögl; s Rn 16). Ist ein **Antrag gestellt** worden, dann fehlt es bei **Stattgeben** für den ASt an einer Beschwer, für den Ag an den Voraussetzungen des § 567. Auch § 793 ist unanwendbar, weil die Bestimmung der Art der Sicherheitsleistung noch nicht Beginn der ZwV ist (OLG München MDR 69, 581; aA OLG Frankfurt MDR 75, 323). Wird ein Antrag auf Gestattung einer bes Art der Sicherheitsleistung **abgelehnt**, dann hat der ASt die sof Beschwerde. Die Ermessensfreiheit bei Bestimmung der Sicherheitsleistung (I 1) geht auf das Beschwerdegericht über (MskV/Foerste Rn 20). Der Ag ist nicht beschwert und hat deshalb kein Rechtsmittel, sondern allenfalls die Möglichkeit der Gegenvorstellung. Er kann jedoch gegen die Zulassung der Sicherheitsleistung in bestimmter Art einen **Abänderungsantrag** stellen (der auch in einer unzulässigen Beschwerde liegen kann) und hat dann gegen dessen Zurückweisung seinerseits die sof Beschwerde. OLG Nürnberg MDR 86, 241 lässt Abänderungsantrag nur zu, wenn er auf neue Umstände gestützt wird. Demgegenüber verneint OLG München MDR 84, 321 ein Abänderungsrecht und verweist auf die §§ 707, 719. OLG Frankfurt MDR 81, 677 will § 718 I anwenden, übersieht dabei aber, dass diese Vorschrift nur die Höhe der Sicherheitsleistung betrifft und deshalb auch nach Einlegung der Berufung die Vorinstanz für die Bestimmung der Art der Sicherheitsleistung zuständig bleibt (Schneider MDR 83, 905; s § 718 Rn 1). 18

XI) Gebühren des RA. Die Tätigkeit bei der Erbringung der Sicherheit u deren Rückgabe gehören für den ProzBev zum Rechtszug (§ 19 I 2 Nr 7 RVG). Das betrifft aber nur das Tätigwerden im gerichtl Verf und die Beratung des Mandanten. Ist der RA nicht ProzBev: 3403 RVG-VV. – Beschaffung der Sicherheit: **1)** Tätigkeit ggü der Hinterlegungsstelle: 2300 RVG-VV. – **2)** ggü dem Kreditinstitut (Beschaffung einer Bankbürgschaft): 2300 RVG-VV. – Die Zustellung der Bürgschaftsurkunde löst neben den oa Geb keine gesonderte zusätzl Geb aus. – Hebegeb: 1009 RVG-VV. 19

§ 109 Rückgabe der Sicherheit

(1) Ist die Veranlassung für eine Sicherheitsleistung weggefallen, so hat auf Antrag das Gericht, das die Bestellung der Sicherheit angeordnet oder zugelassen hat, eine Frist zu bestimmen, binnen der ihm die Partei, zu deren Gunsten die Sicherheit geleistet ist, die Einwilligung in die Rückgabe der Sicherheit zu erklären oder die Erhebung der Klage wegen ihrer Ansprüche nachzuweisen hat.

(2) [1]Nach Ablauf der Frist hat das Gericht auf Antrag die Rückgabe der Sicherheit anzuordnen, wenn nicht inzwischen die Erhebung der Klage nachgewiesen ist; ist die Sicherheit durch eine Bürgschaft bewirkt worden, so ordnet das Gericht das Erlöschen der Bürgschaft an. [2]Die Anordnung wird erst mit der Rechtskraft wirksam.

(3) [1]Die Anträge und die Einwilligung in die Rückgabe der Sicherheit können vor der Geschäftsstelle zu Protokoll erklärt werden. [2]Die Entscheidungen ergehen durch Beschluss.

(4) Gegen den Beschluss, durch den der im Absatz 1 vorgesehene Antrag abgelehnt wird, steht dem Antragsteller, gegen die im Absatz 2 bezeichnete Entscheidung steht beiden Teilen die sofortige Beschwerde zu.

I) Allgemeines. Die Sicherheitsleistung dient der Sicherung eines bereits entstandenen oder erst entstehenden Anspruches. Sie soll verhindern, dass ein Sch, der durch eine vorläufige Maßnahme (zB durch die Vollziehung eines Arrestes, durch die Vollstreckung eines noch nicht rechtskräftigen Urteils) einen Schaden erlitten hat, 1 nach Aufhebung dieser Maßnahme seine Schadensersatzansprüche nicht verwirklichen kann (zB OLG Frankfurt Rpfleger 93, 410). Sie kann aber auch den Zweck haben, einem bereits zur vorläufigen Vollstreckung berechtigten Gl umfassend Sicherheit zu bieten gegen durch einstw Einstellung der ZwV (zB §§ 707, 711, 719, 769, 771) drohende Schäden (KG 9.1.2014 – 8 W 85/13 Tz 14). Das gilt, solange die Veranlassung zur Sicherheitsleistung besteht; ist sie weggefallen, ist das Interesse des Sicherheitsleistenden schutzwürdig, möglichst bald u einfach die Sicherheit zurückzubekommen (BGH Rpfleger 2006, 205). § 109 regelt das dazu einzuschlagende Verf, auch bei Bürgschaftssicherung (BGH MDR 1994, 1037: entspr bei beantragtem **Austausch** von Bürgschaften). Nicht analog anwendbar ist § 109, wenn die Sicherheit aufgrund interner Abreden der Parteien gestellt ist (OLG Celle JurBüro 2015, 201). Für eine Klage auf Einwilligung in die Rückgabe fehlt das Rechtsschutzbedürfnis, soweit § 109 eingreift (PG/B. Waruschewski Rn 24; anders, wenn der Erfolg zweifelhaft ist, BGH MDR 1994, 1037; OLG Nürnberg MDR 2024, 599). Zugelassen wird die Klage immer dann, wenn zwischen den Parteien sachl Streit über die Inanspruchnahme der Sicherheit besteht. Das Verf nach § 109 wird zugelassen, wenn dem Gegner weitere Ansprüche nicht mehr entstehen können und der Geltendmachung bereits entstandener Ansprüche keine Hindernisse entgegenstehen (OLGR Frankfurt 2009, 182). Für die Fälle der vorläufigen Vollstreckbarkeit nach § 709 S 1, §§ 711, 712 II 2 gilt zugunsten des Gl, der Sicherheit geleistet hat, die Sonderregelung des **§ 715**. Danach ist auf Antrag durch einen Beschluss die Rückgabe der Sicherheit bzw das Erlöschen der Bürgschaft anzuordnen, wenn ein Rechtskraftzeugnis (§ 706) für ein zunächst nur vorläufig vollstreckbares Urteil vorgelegt wird. Dieses bedeutend einfachere Verf steht nur für den Gl und erst ab Rechtskraft zur Verfügung, nimmt ihm ab dann das Rechtsschutzbedürfnis für das Verf nach § 109 (MskV/Foerste Rn 2 mN; PG/B. Waruschewski Rn 24), während der Sch, der nach § 711 S 1, § 712 I 1 Sicherheit geleistet hat, nur die Möglichkeit aus § 109 hat.

2 **II) Voraussetzung für die Fristbestimmung (§ 109 I).** Wegfall der Veranlassung für Sicherheitsleistung (s Rn 3-5) sowie ein Antrag des Sicherungsverpflichteten (s Rn 6).

3 **1) Veranlassung.** Sie ist für die Sicherheitsleistung weggefallen, wenn der unsichere Zustand beendet ist, der bei Sicherheitsleistung vorgelegen hat, wenn also Ansprüche, deren Verwirklichung gesichert werden sollte, nicht oder nicht mehr entstehen können (OLG Düsseldorf Rpfleger 96, 165) und der abgesicherten Geltendmachung bereits entstandener Ansprüche kein Hindernis mehr entgegensteht (OLGR Frankfurt 2009, 182). Ist die Veranlassung zur Sicherheitsleistung nur für einen Teil des Streitgegenstandes weggefallen, dann gilt § 109 für diesen Teil (OLGR München 1997, 23). Eine derartige Reduzierung kann auch dann geboten sein, wenn die Höhe der Sicherheit unzumutbar übersetzt ist (OLG Hamm MDR 2013, 935 zur Vollstreckungssicherheit u teilw Überholung durch Einstellungssicherheit). Nach Wegfall der Veranlassung für die Sicherheitsleistung kann der Sch auf die Rückgabe eines zur Abwendung der ZwV hinterlegten Geldbetrages verzichten und diesen Betrag schuldbefreiend auf die titulierte Forderung anrechnen (BGH WM 83, 1337). Die Veranlassung für eine Sicherheitsleistung des Gl entfällt in 1. Linie durch ein bestätigendes unanfechtbares Berufungsurteil oder Eintritt der Rechtskraft (OLG Stuttgart Rpfleger 85, 375). – Für den wichtigen Fall, dass ein bestätigendes **revisibles Berufungsurteil** ergeht, ist für die **Vollstreckungssicherheit** (§ 709) zu unterscheiden: – **a)** Der Kl hat noch nicht vollstreckt; dann darf er jetzt sicherheitslos vollstrecken (§ 708 Nr 10). Leistet der Bekl Abwendungssicherheit gem § 711 S 1, die der Kl durch Gegensicherheitsleistung wirkungslos macht, dann entfällt für den Bekl die Sicherungsveranlassung, da der Kl nunmehr vollstrecken kann, ohne dass der Bekl noch abwenden könnte (OLG Köln MDR 93, 270). Bei doppelter Sicherung, näml des Gl zur Vollstreckung des erstinstanzl Urteils und des Sch nach einstw Einstellung gem §§ 707, 719 I, fällt mit der Einstellung nicht die Veranlassung für die Gläubigersicherheit weg, weil sie auch den mögl Schaden durch Leistung der Abwendungssicherheit deckt (PG/B. Waruschewski Rn 5; MskV/Foerste Rn 4 [Wegfall aber meist zu großem Teil]; aA Haakshorst/Comes NJW 77, 2344). – **b)** Der Kl hat erfolgreich vollstreckt; dann bleibt die Veranlassung bis zur Rechtskraft des Berufungsurteils bestehen (BGH LM § 109 ZPO Nr 1 [Johannsen]; PG/B. Waruschewski Rn 6). – **c)** Der Kl hat nur die Sicherungsvollstreckung gem § 720a betrieben, etwa die Eintragung einer Sicherungshypothek erwirkt (§ 720a I 1 Buchst b, §§ 866 ff); dann bekommt er seine Sicherheit zurück, weil § 708 Nr 10 vorrangig bleibt (MskV/Foerste Rn 4; OLG München OLGZ 85, 457). – Weitere Fälle der Vollstreckungssicherheit: § 719 I 1 iVm § 707 I 1 Alt 2, § 732 II Alt 2, § 769 I 1 Alt 2, § 771 III 1 iVm § 769 I 1 Alt 2.

4 **2) Einzelfälle.** Die Veranlassung der Sicherheit ist weggefallen. **§ 89:** mit der Beibringung der Genehmigung (s § 89 Rn 4). – **§ 110:** mit der rechtskräftigen Verurteilung des Bekl zur Tragung der Prozesskosten (PG/B. Waruschewski Rn 11); oder wenn sich die Beurteilungssituation änderte (OLG Hamburg WM 91, 925), ein Befreiungsgrund entstand (MskV/Foerste Rn 7) oder die zunächst gegebene Veranlassung zur Stellung der Sicherheit entfiel. So kann ein Kl einwenden, er habe jetzt seinen gewöhnl Aufenthalt in der EU/im EWR genommen (BGH Rpfleger 2006, 205). – **§§ 711, 712, 720a III (Abwendungssicherheit):** mit der Aufhebung des Urteils oder seiner vorläufigen Vollstreckbarkeit, auch wenn Revision eingelegt wird (OLGR München 1994, 226), oder mit Sicherheitsleistung des Gl gegen die vom Sch gestellte Abwendungssicherheit (OLG Köln MDR 93, 270). Beim Prozessvergleich ist auszulegen; idR wird die Sicherheit nicht wegfallen sollen, soweit sich titulierte Forderung und Vergleichsbetrag decken (MskV/Foerste Rn 5; sa OLG Jena NJW-RR 2002, 1505). – **§§ 707, 719, 732, 769, 771 (Einstellungssicherheit): a) Mit rechtskräftiger Abweisung** der Klage (MskV/Foerste Rn 6); aber

auch schon, sobald über das Rechtsmittel, die Einwendung gegen die VollstrKlausel, VollstrGegenklage oder Widerspruchsklage oder in dem weiteren Verf nach Einspruch zugunsten des Bestellers der Sicherheit eine Entscheidung ergangen ist, die den Titel, dessen Vollstreckung gegen Sicherheit eingestellt wurde, aufhebt. Rechtskraft dieser aufhebenden Entscheidung ist dann nicht erforderlich (OLG Düsseldorf NJW-RR 2002, 1292 zur Aufhebung eines VB und Klageabweisung; PG/B. Waruschewski Rn 9). Nicht ausreichend ist ein in 2. Instanz geschlossener Vergleich (OLG Frankfurt MDR 87, 239), weil dann das Rechtsmittel gerade nicht zu Gunsten des Bestellers der Sicherheit ausgegangen ist u die Befriedigung des Vergleichsgläubigers noch aussteht; aber die Sicherheit kann auf die Vergleichssumme reduziert werden. OLG Stuttgart Rpfleger 2011, 40 hingegen misst nach Rechtskraft dem Gesichtspunkt der Befriedigung des Gl keine Bedeutung mehr zu. – Hat der Sch nach VU Sicherheit geleistet (§ 719) und kann der Gl nach Bestätigung des VU gem § 709 S 3 weiter vollstrecken, ist die Veranlassung für die Sicherheitsleistung des Sch nicht entfallen (MskV/Foerste Rn 6). – Die Veranlassung entfällt bei Aufhebung und Zurückverweisung durch Berufungsgericht oder Revisionsgericht, weil rechtskräftige Abweisung nicht erforderl ist. Fortbestehen der Veranlassung hat der BGH MDR 82, 310 jedoch in dem Fall angenommen, dass nach Revision gegen ein die ZwV für unzulässig erklärendes Berufungsurteil im Revisionsverf die ZwV aus einer vollstreckbaren Urk gegen Sicherheitsleistung einstw eingestellt und sodann zurückverwiesen worden war, weil noch nicht feststehe, dass die ZwV aus der Urk unzulässig sei (zust PG/B. Waruschewski Rn 9; aA MskV/Foerste Rn 6). – Beim AU im Vorverf mit Einstellungssicherheit nach § 707 entfällt die Veranlassung schon mit Klageabweisung im Nachverf, auch wenn dagegen Rechtsmittel eingelegt wird (OLG Hamm 25.2.2022 – 8 W 3/22 Tz 4). – **b) Mit rechtskräftiger Verurteilung** des Bestellers der Sicherheit, wenn kein Verzögerungsschaden eingetreten ist (MskV/Foerste Rn 6). – **§§ 921, 936:** Arrest oder einstw Verfügung (sa § 943 Rn 6-8), sobald im ordentl Verf wegen des Anspruchs selbst eine rechtskräftige Verurteilung ergangen ist (nicht schon mit der Bestätigung des Arrests, RGZ 72, 27), ferner in allen Fällen bei Verzicht seitens des Berechtigten, in Arrestsachen auch dann, wenn es nicht zur Vollziehung des Arrestbefehls gekommen und die Frist dafür (§ 929 II, III) abgelaufen ist (RGZ 97, 130). – **§ 720a:** Wegfall der Veranlassung einer vom Sch nach § 720a III geleisteten Sicherheit: s § 720a Rn 12. – Zur Vollstreckungssicherheit des Kl, **§ 709**, s Rn 3 aE.

Die **Veranlassung für Sicherheitsleistung entfällt nicht**, wenn der Sch zur Abwendung der ZwV eines für vorläufig vollstreckbar erklärten Urteils hinterlegt hat, dieses Urteil rechtskräftig geworden ist und der Gl nunmehr Auszahlung der Sicherheit zu seiner Befriedigung verlangt. Besteht der gesicherte Anspruch nicht, so kann die Hinterlegungsstelle auf Grund der schriftl oder zu Protokoll erklärten Bewilligung des Gesicherten die Sicherheit ohne weiteres herausgeben, s § 22 III Nr 1 HinterlG des jew Landes. Genügt ihr die Einwilligung nicht, erfolgt Anordnung der Hinausgabe erst auf Grund rechtskräftiger Entscheidung durch das Gericht. Mögl ist auch hier das Verf nach § 109. 5

3) Antrag. Der Sicherungsverpflichtete muss einen Antrag (**Formulierungsvorschlag:** Vorwerk/Goldbach, PFB, M 46.9) auf Fristsetzung schriftl, elektronisch (§ 130a) oder zu Protokoll der GeschStelle (III 1) stellen, Anwaltszwang besteht nicht (§ 78 III). Die Prozessvollmacht umfasst auch Anträge und Erklärungen nach § 109. Antrag ist Prozesshandlung. Antragsberechtigt ist auch der Überweisungsgläubiger nach § 835, nicht ein Dritter, der zugunsten der sicherungspflichtigen Partei die Sicherheit geleistet hatte. Der Sicherungsnehmer kann den Antrag nicht stellen (OLG Brandenburg MDR 2016, 114 Tz 10). Dem Bürgen sollte aber das Antragsrecht zugestanden werden (Schreiber JR 79, 249; aA die ganz hM; MK/Schulz Rn 16; AG/Bünnigmann Rn 20; StJ/Muthorst Rn 17). Der Antrag richtet sich gegen den ursprüngl Gegner oder dessen Rechtsnachfolger. Der ASt hat den Wegfall darzulegen und notfalls zu beweisen. 6

4) Fristbestimmung. Sie erfolgt durch Gerichtsbeschluss (III 2). Die Fristbestimmung ist ausnahmsweise entbehrlich, wenn der durch die Sicherheit Begünstigte nicht mehr angehört werden kann (KG 18.3.2020 – 5 W 9/20 Tz 14). – **Zuständig** für die Fristbestimmung und die Rückgabeanordnung ist der Rpfleger (§ 20 I Nr 3 RPflG) des Gerichts, das die Bestellung der Sicherheit angeordnet hat oder infolge Verweisung des Rechtsstreits zuständig geworden ist. Hat die Bestellung der Sicherheit das Rechtsmittelgericht angeordnet, ist es auch für das Verf nach § 109 zuständig. Hat es nur die Anordnung des Gerichts 1. Instanz bestätigt, ist dieses zuständig. – Für Arrestverf und einstw Verfügung besteht in § 943 II eine Sonderregelung. Ist die Hauptsache iSd § 943 bei einem Schiedsgericht anhängig, ist das AG/LG zuständig, das nach allg Regeln zuständig wäre (OLG Frankfurt 10.7.2023 – 26 SchH 5/23 Tz 19). – Die Frist ist nach freiem Ermessen zu bestimmen. Beginn und Ende: §§ 221, 222. Fristverlängerung zulässig, § 224. – Inhalt: Auflage an Gegner, innerhalb der Frist dem Gericht die Einwilligung in die Rückgabe der Sicherheit oder Lösung des Bürgschaftsverhältnisses zu erklären oder die Klageerhebung wegen seiner Ansprüche nachzuweisen. Die Folgen müssen nicht angedroht werden (§ 231 I). Beglaubigte Abschrift des Beschlusses (s § 317 Rn 2; § 329 Rn 44) ist vAw an den Gegner des ASt zuzustellen, dem ASt formlos zu übersenden (§ 329 II, III). 7

III) Verfahren nach Fristablauf (§ 109 II). 1) Rückgabeanordnung. Sie setzt voraus, dass Klagezustellung oder Einwilligung nicht nachgewiesen wird. Ausreichend ist aber, wenn die Klage gegen den selbstschuldnerisch haftenden Bürgen erhoben wurde (OLG Köln OLGZ 91, 216). – **2) Antrag.** Er kann als bedingter bereits mit dem Fristsetzungsantrag verbunden werden. Dem Antrag ist durch **Beschluss** (ohne Kostenentscheidung) zu entsprechen, wenn die Voraussetzungen für die Fristsetzung vorliegen, wenn der Fristsetzungsbeschluss ord- 8 nungsgemäß zugestellt worden und die Frist abgelaufen ist ohne Nachweis von Klagezustellung (§ 696 III, § 717 II genügen) oder Einwilligung. Klage gegen den selbstschuldnerich haftenden Prozessbürgen reicht (allgM; MskV/Foerste Rn 11a; AG/Bünnigmann Rn 16). – Der Fristablauf ist unschädl, wenn bis zu dem Zeitpunkt, in dem das Gericht die Anordnung der Rückgabe hinausgibt, der Nachweis der Klageerhebung erfolgt ist oder Einwilligung zur Freigabe erteilt wird (OLGR München 1995, 155). Auch wenn Klageerhebung während des Erinnerungs- und Beschwerdeverf nachgeholt und nachgewiesen wird, ist Rückgabe der Sicherheit unzulässig (OLG München OLGZ 66, 549). Die Prozessvoraussetzungen und die sachl Aussichten der Klage sind im Verf nach § 109 nicht zu prüfen. Umgekehrt unterliegt deren Nachprüfung nicht dem Prozessgericht. Auch die Frage, ob der Klagegegenstand den von der Sicherheit geschützten Anspruch überhaupt betrifft, ist im Verf nach § 109 nicht zu prüfen (OLG Stuttgart NJW-RR 1995, 1148; PG/B. Waruschewski Rn 20; aA OLGR Celle 1994, 325). – Die Einwilligung in die Rückgabe (Prozesshandlung) ist in der Form der § 22 III 1 Nr 1, § 23 HinterlG des jew Landes zu erklären.

9 **3) Wirkung.** Der rechtskräftige Beschluss ist Nachweis iSv § 22 III 1 Nr 2, § 23 HinterlG des jew Landes und er ersetzt, wenn Löschung einer Sicherungshypothek angeordnet ist, die Löschungsbewilligung nach § 19 GBO (KG MDR 2020, 851). Keine Rückgabe der Sicherheit vor Rechtskraft des Beschlusses, der die Hinterlegungsstelle bindet. Nicht nötig ist neben dem Beschluss Herausgabeanweisung an die Hinterlegungsstelle. Hat ein **Dritter** in eigenem Namen hinterlegt, ist die Sicherheit an den Dritten zurückzugeben. Bei **Sicherheitsleistung durch Bürgschaft** ist ebenfalls nur auf Antrag auszusprechen: „Die Bürgschaft ist erloschen" oder „Das Erlöschen der Bürgschaft wird angeordnet" (II 1 Hs 2). Auf Grund des rechtskräftigen Beschlusses ist die Bürgschaftsurkunde an den Sch zurückzugeben oder hat der Gl den Bürgen zu entlassen (RGZ 156, 166). Beglaubigte Abschrift des Beschlusses (§ 317 Rn 2; § 329 Rn 44) über die Rückgabe oder das Erlöschen der Bürgschaft ist beiden Parteien bzw deren ProzBev zuzustellen (§ 329 II 2, III).

10 **IV) Anfechtung.** Der stattgebende Fristsetzungsbeschluss des Richters ist unanfechtbar, der des Rpflegers anfechtbar (IV) nach § 11 II RPflG (ThP/Hüßtege Rn 18; OLGR Köln 2005, 449). – Der ablehnende Fristsetzungsbeschluss (I) sowie der Beschluss über die Rückgabe bzw das Erlöschen (der Bürgschaft) (II) sind mit sof Beschwerde für den ASt (Fall des IV Alt 1) bzw für beide Parteien (Fall des IV Alt 2) anfechtbar (11 I RPflG; § 567 I). Jede Anfechtung ist ohne aufschiebende Wirkung (§ 570). In der Beschwerde über den Rückgabe- bzw Erlöschensbeschluss (II) kann auch die Rechtmäßigkeit der Fristsetzung (OLGR Frankfurt 2009, 182), also deren Voraussetzungen, nicht aber die Angemessenheit der Fristdauer nachgeprüft werden. Gegen die Entscheidung des Beschwerdegerichts Rechtsbeschwerde unter den Voraussetzungen des § 574. Im Beschwerdeverf kein Anwaltszwang, wenn die Sache im 1. Rechtszug nicht als Anwaltsprozess zu führen war, § 569 III Nr 1, § 571 IV 2.

11 **V) Kosten. 1) Gericht:** keine; Beschwerdeverf: 1812 GKG-KV. – **2) RA:** beim ProzBev mit der VerfGeb abgegolten, § 19 I 2 Nr 7 RVG. Ist der RA nicht ProzBev: 0,8 nach 3403 RVG-VV. – Im Erinnerungs-/Beschwerdeverf: 0,5 nach 3500 RVG-VV, ggf Terminsgeb von 0,5 nach 3513 RVG-VV. Zur Beschaffung der Sicherheit s § 108 Rn 19.

§ 110 Prozesskostensicherheit

(1) Kläger, die ihren gewöhnlichen Aufenthalt nicht in einem Mitgliedstaat der Europäischen Union oder einem Vertragsstaat des Abkommens über den Europäischen Wirtschaftsraum haben, leisten auf Verlangen des Beklagten wegen der Prozesskosten Sicherheit.

(2) Diese Verpflichtung tritt nicht ein:

1. **wenn auf Grund völkerrechtlicher Verträge keine Sicherheit verlangt werden kann;**
2. **wenn die Entscheidung über die Erstattung der Prozesskosten an den Beklagten auf Grund völkerrechtlicher Verträge vollstreckt würde;**
3. **wenn der Kläger im Inland ein zur Deckung der Prozesskosten hinreichendes Grundvermögen oder dinglich gesicherte Forderungen besitzt;**
4. **bei Widerklagen;**
5. **bei Klagen, die auf Grund einer öffentlichen Aufforderung erhoben werden.**

1 **I) Verpflichtungstatbestand. 1) Zweck.** Bezweckt ist die Absicherung des Bekl, nicht der Gerichtskasse, so dass diese auch nicht befugt ist, eine Einzahlung zur Gerichtskasse mit Gerichtskosten zu verrechnen (OLG Stuttgart Rpfleger 85, 375). Dem obsiegenden Bekl sollen Probleme bei der Vollstreckung seines KE erspart werden. Auf diesen Schutz kann der Bekl verzichten (PG/B. Waruschewski Rn 3; MskV/Foerste Rn 8 mN), wodurch er die Einrede verliert.

2 **2) Personenkreis.** § 110 knüpft nur an den **gewöhnl Aufenthalt** des Kl an. Das ist nicht gleichbedeutend mit Wohnsitz, sondern der faktische Lebensmittelpunkt (MskV/Foerste Rn 3; MK/Schulz Rn 12; bei Rechten des geistigen Eigentums fordert Dornis neben dieser formalen Anknüpfung noch eine Notwendigkeitsprüfung,

ZVglRWiss 114 [2015], 93 ff). – Nationalität oder Aufenthalt des Bekl sind ohne Bedeutung. – Bei Personenvereinigungen und jur Personen entscheidet der Sitz (§ 17; § 24 BGB). Keine Pflicht zur Sicherheitsleistung, a) wenn sowohl der satzungsmäßige Sitz als auch alle Anknüpfungspunkte für den tatsächl Verwaltungssitz in der EU/dem EWR liegen (BGH MDR 2016, 1109 Tz 14); b) wenn der Verwaltungssitz in der EU/dem EWR liegt (BGH MDR 2017, 1382 Tz 10, 15; OLG Karlsruhe ZIP 2018, 1179 Tz 38, 39). – **Brexit:** Das Vereinigte Königreich wird seit Januar 2021 nicht mehr als Mitglied der EU behandelt (OLG Frankfurt NJW-RR 2022, 71; Ungerer NJW 2021, 1270, 1273 Rn 21). Schutz eines Bekl in zuvor begonnenen Verf durch § 111 (BGH 1.3.2021 – X ZR 54/19 Tz 6 ff; hierzu Brambrink GRUR-Prax 2021, 257; krit Ungerer NJW 2021, 1270 Fn 47). – Befreiung für eine Person mit der britischen Staatsangehörigkeit über II Nr 1 iVm Art 9 I, Art 30 I des Europäischen Niederlassungsabkommens v 13.12.1955 (BGH MDR 2023, 16 = ZIP 2022, 2463 [Reeg EWiR 2023, 94]). Befreiung für Personen mit gewöhnl Aufenthalt im UK ohne britische Staatsangehörigkeit, wenn das Verf vor Ablauf der Übergangsfrist des Brexit-Abkommens eingeleitet ist (Art 67 II Buchst a Brexit-Abkommen iVm Art 66 II Brüssel Ia-VO, Art 38 ff Brüssel I-VO, BGH MDR 2024, 458). Gute Gesamtübersicht: Reeg ZIP 2024, 1321.

3) Prozesskostensicherungspflicht. Pflichtig ist nur der Kl der 1. Instanz, auch wenn er später Rechtsmittelbeklagter ist (BGH WM 2023, 443), der Bekl, soweit er Drittwiderkläger ist, der Hauptintervenient (§ 64), der NI des Kl, und zwar der einfache für die Kosten der Nebenintervention, der nach § 69 auch für die der Klage; der Nichtigkeitskl und der Restitutionskl (§§ 579, 580). Keine Sicherungspflicht besteht in den Fällen des II sowie für den Bekl, der ein Rechtsmittel oder den Einspruch eingelegt hat, oder den Widerkl (s hierzu Rn 6). – Die Vermögensverhältnisse des Kl sind belanglos (Ausnahme: II Nr 3). **§ 110 gilt nicht** im Mahnverf (anders nach Übergang ins Streitverf: §§ 696, 697), im amtsgerichtl Aufgebotsverf und im sBV (PG/B. Waruschewski Rn 6). Im Verf über einen Arrest oder eine einstw Verfügung ist die Anwendung von § 110 str: abl OLG Hamburg 12.10.2023 – 3 U 60/22 Tz 52 mN; zu Recht bej, wenn Termin bestimmt wird, unabhängig, ob von vornherein oder erst auf Widerspruch, OLG Düsseldorf GRUR 2022, 1383; bej Horst IWRZ 2024, 115, aber nur nach Widerspruch. – **Analoge Anwendung**, wenn die Beteilgten wie Kl und Bekl anzusehen sind und Sinn und Zweck des § 110 für eine analoge Anwendung sprechen; das ist in Verf auf Vollstreckbarerklärung von inländischen und ausländischen Schiedssprüchen der Fall (BGH MDR 2023, 451: ASt wie Kl anzusehen; hierzu Schütze DZWir 2023, 281; s aber auch Rn 6 unter „Widerklage"). – § 110 gilt in Ehe- u FamStreitsachen (§ 113 I 2 FamFG), nicht aber in den fG-FamSachen. 3

4) Antrag. Pflicht zur Sicherheitsleistung für die Prozesskosten (nicht auch für die Hauptsache oder Prozessschäden) tritt **nur auf Verlangen** des Bekl ein. Für Streithelfer und deren Kosten kann er keinen Antrag stellen, da ihm das Sicherungsbedürfnis fehlt, denn es droht ihm keine Kostenbelastung (vgl § 101). Mit Einverständnis des Bekl kann der Streithelfer Sicherheitsleistung für die Prozesskosten des Bekl und, bei der streitgenössischen Nebenintervention (§ 69), für seine eigenen verlangen (PG/B. Waruschewski Rn 9 mN). Der einfache Sreitgenosse hat diese Einrede nicht (str; MskV/Foerste Rn 8; OLG Frankfurt NJW 2020, 1231; aA PG/B. Waruschewski Rn 9 mwN [Schutzzweckerwägung]). Geltend zu machen ist die Sicherheitsleistung als prozesshindernde Einrede. Die begründet erhobene Einrede führt aber nicht zur Unzulässigkeit der Klage, sondern zur Anordnung nach § 113 (OLG Hamburg 10.6.2021 – 5 U 83/18 Tz 63). Wer unberechtigt Sicherheitsleistung verlangt, ist Kostennachteilen nach §§ 96, 97 ausgesetzt (BGH NJW 80, 839). Die Einrede ist wegen § 282 III grds vor der ersten Verhandlung zur Hauptsache und für alle Rechtszüge zu erheben (BGH 8.3.2022 – II ZR 41/21 Tz 5). Erhebung ist auch noch im Rechtsmitttelverf mögl, wenn die Rüge in der Vorinstanz ohne Verschulden nicht erhoben wurde oder wenn die Voraussetzungen der Sicherheitsleistung erst in dieser Instanz eintraten (BGH MDR 2023, 126 = ZIP 2022, 2463 [Reeg EWiR 2023, 94]). Ein klageabweisendes VU, gegen das zulässig Einspruch eingelegt ist, hindert nicht den Erlass eines Zwischenurteils, durch das über die Einrede der mangelnden Sicherheit für die Prozesskosten entschieden wird, und – nach fruchtlosem Fristenablauf – eines Urteils dahin, dass die Klage als zurückgenommen gilt (OLG Bremen NJW 62, 1822). 4

5) Rechtsmittel. Ein Zwischenurteil (s § 112 Rn 1), das a) das Verlangen des Bekl zurückweist, unterfällt den Rechtsmitteln der Endurteile (§ 280 II 1; allgM); – b) Sicherheitsleistung anordnet (§ 303), ist nicht selbständig anfechtbar (BGH AGS 2018, 522 Tz 6); Überprüfung erst zusammen mit einem Endurteil, § 113 S 2 (KG MDR 2024, 252). Ebenso ein Zwischenurteil, das der Einrede der mangelnden Sicherheit für die Prozesskosten zwar stattgibt, aber den Betrag der vom Kl zu leistenden Sicherheit geringer bemisst, als der Bekl begehrt (BGH NJW-RR 90, 378; ThP/Hüßtege § 113 Rn 3; aA MskV/Foerste § 112 Rn 2; sa § 112 Rn 2). Bei Revision gegen ein Zwischenurteil, durch das die Einrede der mangelnden Sicherheit für die Prozesskosten verworfen würde, kann der Rechtsmittelkl zunächst die Einrede der fehlenden Prozesskostensicherheit des Revisionsverf erheben. Hierüber ist durch Zwischenurteil zu entscheiden, wenn die Verpflichtung zur Sicherheitsleistung bestritten wird und sie für begründet zu erachten ist (BGHZ 37, 264). In der Revisionsinstanz darf die prozesshindernde Einrede der mangelnden Prozesskostensicherheit nach §§ 555 V, 532 als sog verzichtbare Rüge nur zugelassen werden, wenn die Partei, die die Einrede schon in der Berufungsinstanz hätte vorbringen können, die Verspätung genügend entschuldigt. Genügende Entschuldigung für die Verspätung ist auch für „neue", erstmals in der Rechtsmittelinstanz erhobene Rügen erforderl. Grds ausgeschlossen ist die Rüge in der Revisionsinstanz, wenn die Voraussetzungen für eine Sicherheitsleistung bereits in der Berufungsinstanz vorgelegen haben, dort 5 aber nur Sicherheit für die Kosten 1. und 2. Instanz verlangt worden sind (BGH MDR 81, 1011) oder es unterlassen wurde, weitere Sicherheitsleistung (§ 112 III) zu beantragen (BGH MDR 90, 432). – Keine Beschwerde, wenn das Gericht statt durch Zwischenurteil fälschl durch Beschl Sicherheit angeordnet hat (OLGR Frankfurt 2005, 415: keine Meistbegünstigung, da auch ein Urteil nicht anfechtbar gewesen wäre).

6 **II) Ausnahmen.** Sie ergeben sich aus II.

1) Zu II Nr 1. In den Verträgen muss ausdrückl vereinbart sein, dass Prozesssicherheit nicht verlangt werden kann (BGH WM 2018, 2242 Tz 14; zum Brexit s Rn 2 aE). So ist zB eine US-Corporation befreit, wenn sie auf dem Gebiet der BRD über eine Zweigniederlassung verfügt (OLG München MDR 2021, 1159 zum Deutsch-Amerikanischen Vertrag vom 29.10.1954). Keine Rolle spielt, wenn in dem Staat bürgerkriegsähnl Zustände herrschen oder dem Staat auf Teilen seines Gebietes die Staatsgewalt fehlt (OLG Brandenburg 8.4.2016 – 11 U 44/14). Gegenüber Angehörigen der Russischen Föderation ist auf eine Sicherheitsleistung zu verzichten (Art 17 HZPÜ), weil es auf die innerstaatl Umsetzung der HZPÜ nicht ankommt (KG 22.4.2024 – 2 U 16/22 Tz 27).

2) Zu II Nr 2. Der obsiegende Bekl ist hinsichtl seines KE durch die völkerrechtl Verträge hinreichend geschützt, wenn diese die Vollstreckung unzweifelhaft gewährleisten (so zB BGH MDR 2023, 126 = ZIP 2022, 2463 [Reeg EWiR 2023, 94] zum LugÜ II). Nr 2 gilt auch für auslandsdeutsche Kl im Bereich des HZPÜ (str; ausf Burrer IPRax 2017, 254).

3) Zu II Nr 3. „Besitz" meint Vollrechtsinhaberschaft, Werthaltigkeit ist erforderl (StJ/Muthorst Rn 42). Dann ist ausreichend, dass das *Inlands*vermögen des Kl für die Prozesskosten haftet. Sicherheiten iSd II Nr 3 in der EU/dem EWR genügen also nicht (MskV/Foerste Rn 6). Veräußert oder verliert der Kl in sonstiger Weise während des Rechtsstreits dieses Vermögen: § 111. Dadurch wird dem Bekl eine fortdauernde Überprüfung auferlegt. – Keine analoge Anwendung von Nr 3 auf Ansprüche nach § 459h II 1 StPO (BGH BKR 2024, 441 [Schütze/Klötzel]).

4) Zu II Nr 4. Der Widerkläger ist privilegiert, Grund ist hier die fehlende Schutzwürdigkeit des Kl (BGH WM 2023, 443 = ZIP 2023, 715; Schütze DZWir 2023, 281). Der Kl einer Drittwiderklage ist nicht privilegiert (ThP/Hüßtege Rn 13); hier gelten die Regeln des § 110 wie im Klageverf. – Nach Abtrennung (§ 145) ist der Widerkl nicht wie ein Kl zu behandeln (hM; zB PG/B. Waruschewski Rn 17 mN); auch nicht im Fall rechtskräftiger Klageabweisung (allgM; OLG München MDR 2010, 1079; MK/Schulz Rn 29). – Wie ein Widerkläger zu behandeln ist ein Antragsgegner, der in einem Verf auf Vollstreckbarerklärung einen Gegenantrag auf Aufhebung des Schiedsspruchs stellt (BGH MDR 2022, 191 [Ruster EWiR 2022, 94]) oder der, der durch eine Feststellungsklage gegen sich hierzu veranlasst, einen Gegenantrag auf Vollstreckbarerklärung des Schiedsspruchs stellt (BGH MDR 2023, 451; Schütze DZWir 2023, 281).

5) Zu II Nr 5. betrifft das Aufgebotsverf (§ 433 FamFG).

6) PKH. Bewilligung befreit (§ 122 I Nr 2), auch wenn eine vor Bewilligung durch Zwischenurteil gesetzte Frist schon abgelaufen war (OLG Brandenburg MDR 2003, 288); ebenso, wenn der Sicherheit verlangende Bekl der Kl für diese Leistung Verfahrenskostenvorschuss (§ 246 FamFG) leisten müsste, weil er dann seine Sicherung selbst zu finanzieren hätte (OLGR Düsseldorf 1997, 278). – Dagegen ist die **Deckungszusage** eines Rechtsschutzversicherers kein Befreiungstatbestand (BGH 21.2.2014 – IV ZR 350/13 Tz 1).

7 **III) Beweislast.** Der Bekl, der Sicherheit verlangt, muss beweisen, dass der Kl seinen gewöhnl Aufenthalt nicht in dem in I beschriebenen Gebiet hat (BGH NJW-RR 2017, 1320 Tz 17), jedoch keine überspannten Anforderungen an die Vortragslast (OLG Düsseldorf 16.3.2017 – 15 U 67/16 Tz 34). Der Kl muss seine Befreiung nach II beweisen. Dazu genügt nicht die Berufung auf Kommentare zur ZPO (BGH WM 82, 880).

8 **IV) Gebühren des Gerichts.** Das Zwischenurteil (s Rn 5) schließt eine Ermäßigung der VerfGeb nach 1211 GKG-KV aus (s § 303 Rn 12).

§ 111 Nachträgliche Prozesskostensicherheit

Der Beklagte kann auch dann Sicherheit verlangen, wenn die Voraussetzungen für die Verpflichtung zur Sicherheitsleistung erst im Laufe des Rechtsstreits eintreten und nicht ein zur Deckung ausreichender Teil des erhobenen Anspruchs unbestritten ist.

1 **I) Zeitpunkt.** Prozesskostensicherheit kann auf Antrag des Bekl (MK/Schulz Rn 9) nachträgl verlangt werden, wenn erst dann die Pflicht zur Sicherheitsleistung eintritt (zB für die eintretende Partei nach Parteiwechsel, OLG Nürnberg 4.7.2016 – 4 U 612/15 Tz 38) oder Befreiungen nach § 110 II wegfallen (zB § 110 II Nr 3). Das Sicherheitsverlangen muss dabei rechtzeitig (§ 282 III, § 532) erfolgen (MK/Schulz). Verspätungen sind nach § 296 III zu beurteilen (MskV/Foerste Rn 9). Nicht ausreichende Entschuldigung der Verspätung der Rüge der mangelnden Prozesskostensicherheit sowie vorausgegangener Verzicht bewirken auch bei nachträgl Geltendmachung den Verlust der Einrede (PG/B. Waruschewski Rn 3).

II) Einbehalt. Soweit der Bekl die Klageforderung nicht bestreitet, darf er diesen Forderungsteil zur Deckung ihm erwachsender Kosten einbehalten (MskV/Foerste Rn 3; sa § 112 III). 2

§ 112 Höhe der Prozesskostensicherheit

(1) Die Höhe der zu leistenden Sicherheit wird von dem Gericht nach freiem Ermessen festgesetzt.

(2) [1]Bei der Festsetzung ist derjenige Betrag der Prozesskosten zugrunde zu legen, den der Beklagte wahrscheinlich aufzuwenden haben wird. [2]Die dem Beklagten durch eine Widerklage erwachsenden Kosten sind hierbei nicht zu berücksichtigen.

(3) Ergibt sich im Laufe des Rechtsstreits, dass die geleistete Sicherheit nicht hinreicht, so kann der Beklagte die Leistung einer weiteren Sicherheit verlangen, sofern nicht ein zur Deckung ausreichender Teil des erhobenen Anspruchs unbestritten ist.

I) Entscheidungsform. Das Gericht setzt die Höhe der Sicherheit fest (I) und bestimmt dabei eine Leistungsfrist (§ 113 S 1). Sind die Verpflichtung zur Sicherheitsleistung und die Höhe der Sicherheit dabei unbestritten, wird durch unanfechtbaren Beschluss entschieden (allgM). – Ist die Verpflichtung zur Sicherheitsleistung oder auch nur die Höhe str, so ist durch Zwischenurteil zu entscheiden (MskV/Foerste Rn 2; aA StJ/Muthorst Rn 2: Beschlussform zulässig). S § 113 Rn 1. 1

II) Höhe. Sie ist nach freiem Ermessen zu schätzen. Sie richtet sich grds nach den bereits aufgewendeten und voraussichtl noch aufzuwendenden gerichtl und außergerichtl Prozesskosten, die dem Bekl in allen Instanzen erwachsen werden (BGH ZIP 81, 780). Dass auch Gerichtskostenvorschüsse zu berücksichtigen sind, berechtigt die Gerichtskasse nicht zu einer späteren Verrechnung mit Gerichtskosten; denn die Sicherheit bezweckt nur den Schutz des Prozessgegners, nicht der Staatskasse (OLG Stuttgart Rpfleger 85, 375). Das Gericht ist nicht verpflichtet, von vornherein die Kosten aller mögl Instanzen zu berücksichtigen. Es wird vielmehr für gewöhnl genügen (aA LG Nürnberg-Fürth IPRax 1990, 109 [abl Schütze IPRax 1990, 87]), neben den Kosten der 1. Instanz diej Kosten der höheren Instanz zugrunde zu legen, die entstehen, bevor in der höheren Instanz erneut wegen der weiteren Kosten die Einrede der mangelnden Sicherheit für die Prozesskosten erhoben werden kann (OLGR Karlsruhe 2008, 307; Primozic/Broich MDR 2007, 188). Ist Sicherheit geleistet für die Kosten der 1. und 2. Instanz, kommt im Berufungsverf nur die Anordnung einer weiteren Sicherheit für die Kosten des Verf über die Zulassung der Revision in Betracht (OLG Frankfurt NJW 2020, 1231 Tz 11). Kosten der Widerklage scheiden aus (II 2). Einrede nach § 282 III ist vor der 1. Verh zur Hauptsache im 1. Rechtsweg vorzubringen, anderenfalls bei mangelnder Entschuldigung der Ausschluss nach § 296 III eingreift. Deshalb ist in der höheren Instanz die Rüge nicht mehr zulässig, wenn sie in der Vorinstanz schuldhaft nicht erhoben worden ist (BGH NJW 2001, 3630 betr die weitere Sicherheit nach III). 2

III) Korrekturen. 1) Nachträgliche Erhöhung. Erweist sich Sicherheitsbetrag nachträgl als zu niedrig, weil zB durch ein eingelegtes Rechtsmittel oder eine NZB (BGH BKR 2024, 441 [Schütze/Klötzel]) höhere Prozesskosten zu erwarten sind oder der Wert der Sicherheitsleistung sich gemindert hat, kann der Bekl nachträgl Erhöhung durch das jew Gericht verlangen (III), bei dem der Prozess gerade anhängig ist, sofern die Einrede in 1. Instanz rechtzeitig, uneingeschränkt und für alle Rechtszüge erhoben war (BGH 20.2.2017 – IX ZR 195/16; OLG Frankfurt NJW-RR 2022, 71). – **2) Nachträgliche Herabsetzung.** Entspr einer Erhöhung kann der Kl Herabsetzung der Sicherheit und insoweit Rückgabe nach § 109 verlangen, wenn sich die Sicherheit nachträgl als zu hoch erweist. Eine Anordnung nach III ist aufzuheben, wenn sie sich als überhöht erweist (BGH 1.6.2016 – I ZR 101/15). – **3) Einbehalt.** Ist ein die sich nachträglich ergebenden Mehrkosten deckender Teil des Klageanspruchs unbestritten, ist III nicht anwendbar, da der Bekl im Wege des Einbehalts schon geschützt ist (wie § 111 Rn 2). 3

IV) Gebühren. 1) Gericht: keine. – **2) RA:** beim ProzBev mit der VerfGeb 3100 RVG-VV abgegolten; als Einzeltätigkeit nach 3403 RVG-VV zu vergüten (ggf ermäßigt in entspr Anwendung von 3405 RVG-VV). 4

§ 113 Fristbestimmung für Prozesskostensicherheit

[1]Das Gericht hat dem Kläger bei Anordnung der Sicherheitsleistung eine Frist zu bestimmen, binnen der die Sicherheit zu leisten ist. [2]Nach Ablauf der Frist ist auf Antrag des Beklagten, wenn die Sicherheit bis zur Entscheidung nicht geleistet ist, die Klage für zurückgenommen zu erklären oder, wenn über ein Rechtsmittel des Klägers zu verhandeln ist, dieses zu verwerfen.

I) Fristbestimmung. 1) Verfahren: Abgesonderte Verhandlung (§ 280 I). Schriftl Verf möglich (§ 128 II), auch eine Videoverhandlung (§ 128a). – Fristverlängerung durch Gericht zulässig: § 224 II, III (BGH 15.10.2020 – 1

I ZR 9/20 Tz 4). Gegen Fristversäumung keine WE (§ 233); doch kann der Kl die Sicherheit auch nach Fristablauf noch bis zur Entscheidung leisten (S 2; OLG Köln 8.5.2013 – 19 U 200/12; MK/Schulz Rn 9). – **2) Entscheidung:** Wenn Verpflichtung zur Sicherheitsleistung u Höhe unstr sind, durch unanfechtbaren Beschluss (BGH 24.3.2016 – III ZR 140/15; MK/Schulz Rn 7; MskV/Foerste § 110 Rn 9 aE), sonst durch Zwischenurteil (s § 112 Rn 1; OLGR Jena 2008, 480). Fehlerhafte Entscheidung durch Beschluss unanfechtbar, wenn, wie richtig, Entscheidung durch Urteil auch nicht anfechtbar gewesen wäre (OLGR Jena 2008, 480). – **3) Rechtsmittel:** s § 110 Rn 5.

2 **II) Terminsbestimmung.** Nach Sicherheitsleistung oder Fristablauf ist Termin vAw zu bestimmen und hierzu zu laden. Im Termin kann der Bekl bei nicht geleisteter Sicherheit nur beantragen, die Klage für zurückgenommen zu erklären (oder: das Rechtsmittel des Kl zu verwerfen), nicht aber die Verh zur Hauptsache verweigern; sonst ergeht gegen ihn VU.

3 **III) Termin. 1) Sicherheit nicht geleistet:** Die Entscheidung ergeht im Termin auf Grund mündl Verh durch Endurteil, das die Klage für zurückgenommen erklärt (mit Folgen des § 269 III 2) oder das Rechtsmittel des Kl verwirft. Entscheidet das Gericht statt in der allein zulässigen Form eines Urteils lediglich durch Beschluss, so kann dagegen nach dem Grundsatz der Meistbegünstigung (s vor § 511 Rn 30) sof Beschwerde mit dem Ziel eingelegt werden, die Aufhebung des Beschlusses zu erreichen und damit den Weg für die Entscheidung in richtiger Form freizumachen. Gegen das Endurteil, das die Klage für zurückgenommen erklärt, gibt es die gewöhnl Rechtsmittel (Berufung, Sprungrevision bei Einwilligung und Zulassung, § 566 I; gegen Berufungsurteile Revision bei Zulassung, § 543 I). Dasselbe gilt in der Rechtsmittelinstanz, wenn der Bekl Rechtsmittelkl ist und seinen Antrag erstmals in dieser Instanz gestellt hat oder wenn beide Parteien Rechtsmittel eingelegt haben. Hat nur der Kl dies getan, so ist sein Rechtsmittel zu verwerfen. Bei Nichterscheinen des Kl hat der Bekl die Wahl zwischen VU über die Hauptsache (§ 330) oder Urteil nach § 113, das nicht als VU gilt (RGZ 50, 383). Soweit der Bekl säumig und gegen ihn VU erlassen ist, kann der Kl die Sicherheitsleistung nach Einspruch (§§ 338 ff) noch bis zur neuen Entscheidung nachholen. – **2) Sicherheit geleistet:** Das Verf wird im Termin ohne Besonderheiten weiter betrieben.

4 **IV) Gebühren. 1) Gericht:** Fristbestimmung, Zwischen- und Endurteil sind gebührenfrei. – **2) RA:** Seine Tätigkeit ist durch die VerfGeb 3100 RVG-VV abgegolten.

Titel 7
Prozesskostenhilfe und Prozesskostenvorschuss (§§ 114-127)

Vorbemerkungen zu §§ 114-127

1 **I) Bedeutung.** §§ 114-127 regeln Voraussetzungen und Wirkungen der PKH im ZP. Sie gelten kraft Verweisung auch in anderen gerichtl Verfahrensordnungen (§ 11a ArbGG; § 166 VwGO; § 73a SGG; § 142 FGO; § 379 III, § 397a II, § 404 V StPO). In FamFG-Verf tritt die VKH an Stelle der PKH, die teils eigenen Regelungen unterliegt (§ 76 FamFG, s § 76 FamFG Rn 3). Die PKH verwirklicht das aus Art 3 I, Art 20 III GG abzuleitende **Gebot der Rechtsschutzgleichheit**, das verlangt, dass dem Bedürftigen die Wahrnehmung seiner subjektiven Rechte in weitgehend gleicher Weise wie dem Bemittelten ermöglicht wird (s Einl Rn 27). Eine vollständige Angleichung des Zugangs zu Gericht ist hingegen nicht zwingend. Der Bedürftige braucht nur einem solchen Bemittelten gleichgestellt zu werden, der seine Prozessaussichten vernünftig abwägt und dabei auch das Kostenrisiko berücksichtigt (BVerfGE 81, 347, 357). Dem genügt die gesetzl Regelung; zulässig ist insb, dass § 114 die Gewährung von PKH von der Erfolgsaussicht der beabsichtigten Rechtsverfolgung oder -verteidigung und fehlendem Mutwillen abhängig macht (BVerfGE 81, 347, 357). Die §§ 114 ff stehen auch mit Art 6 I EUV iVm **Art 47 III EuGRC** in Einklang. Bedürftigen Personen ist danach PKH zu bewilligen, soweit diese Hilfe erforderl ist, um den Zugang zu Gericht wirksam zu gewährleisten. Das Unionsrecht garantiert so zwar auch jur Personen PKH; die Beschränkungen in § 116 S 1 Nr 2 sind damit aber vereinbar (s § 116 Rn 16).

2 **II) Internationaler Rechtsstreit.** PKH nach §§ 114 ff wird nicht für Verf im Ausland gewährt (OLG Frankfurt RVGReport 2016, 198; KG FamRZ 2006, 1210); zur PKH für Verf vor Gerichten in anderen EU-Staaten s §§ 1076 f. Eine ausl Partei, auch wenn im Ausland wohnhaft, erhält PKH für einen Rechtsstreit vor dt Gerichten nach §§ 114 ff (s § 114 Rn 2), für EU-Parteien modifiziert durch § 1078. Die Regelungen in Art 20 ff HZPÜ, § 11 S 2 HAuslG sind insoweit ledigl deklaratorisch.

3 **III) Anwendungsbereich. 1) ZPO-Verfahren.** §§ 114 ff sind anwendbar auf die in der ZPO geregelten Streitigkeiten, nicht aber auf Verwaltungsverf, zB Gesuche zur Geltendmachung von Unterhaltsansprüchen im Ausland (KG FamRZ 2006, 1210). Zur Anwendbarkeit in FamFG-Verf s § 76 FamFG Rn 2; zu anderen Verfahrensordnungen s Rn 1. Für **außergericht Mediationsverf** ist außerhalb von § 7 II MediationsG keine PKH vorgesehen, ebenso nicht für die obligatorische Streitschlichtung iSd § 15a EGZPO; für diese kann aber BerH gewährt

werden (s § 15a EGZPO Rn 26). Die für den Rechtsstreit bewilligte PKH erstreckt sich auch nicht auf eine nach § 278a veranlasste „gerichtsnahe" Mediation (OLG Dresden NJW-RR 2007, 80; MK/Wache § 114 Rn 23; aA OLG Köln MDR 2011, 1497). Da es sich nicht um staatl Verfahren handelt, wird für Verf vor **Schiedsgerichten** (s § 1042 Rn 39), für **Anwaltsvergleiche** (§§ 796a ff) und **notarielle Vereinbarungen**, auch wenn sie im Gerichtsverf vorzulegen sind, keine PKH bewilligt.

2) Selbständige Gerichtsverfahren. PKH kann für alle selbständigen Gerichtsverf bewilligt werden, zB für **Mahnverf** (BGH MDR 2017, 1261), **europ Mahnverf, sBV** (OLG Hamm MDR 2015, 727: auch für Ag; s § 490 Rn 5a), für die **ZwV** im Inland (vgl § 119 II), für Verf nach § 36 I Nr 6, für **Arreste und einstw Verfügungen**, auch für die Schutzschrift (OLG Jena MDR 2009, 932; LG Lübeck JurBüro 2005, 265) und für Entschädigungsverf nach § 198 GVG (BAG NJW 2018, 724). 4

Ausgeschlossen ist die Bewilligung von PKH für **einzelne Prozesshandlungen**, zB für den Antrag auf Erlass eines VU (OLG Köln MDR 88, 588), oder für einzelne Gebührentatbestände (OLG Bremen OLGZ 1989, 365). Eine fehlerhafte Bewilligung für eine einzelne Prozesshandlung schafft allerdings Vertrauensschutz und ist wirksam. PKH darf nicht allein für **Antrag auf Beschränkung der Erbenhaftung** bewilligt werden, sondern nur für die gesamte Rechtsverteidigung, da der Streitgegenstand nicht teilbar ist (OLG Düsseldorf FamRZ 2011, 659). Dasselbe gilt für den Antrag auf Gewährung einer **Räumungsfrist** (LG Würzburg 7.8.2019 – 3 T 1317/19; AG Hamburg 18.9.2020 – 49 C 89/20; MskV/Fischer § 119 Rn 4; aA AG Ludwigslust WuM 2013, 608; AG Kerpen 30.8.2010 – 104 C 374/09; MK/Wache § 119 Rn 22). 5

Im anhängigen Rechtsstreit gibt es keine PKH nur für den **Abschluss eines Vergleichs**, sondern ausschließl für den Rechtsstreit oder einen Teil desselben (OLG Düsseldorf MDR 2022, 1246). Soweit PKH bewilligt worden ist, erstreckt sie sich auf den Vergleichsschluss, auch wenn dieser nach § 278 VI geschlossen wird. Zum Vergleich im PKH-Verf s Rn 10. Eine **Ausnahme** von dem Ausschluss der PKH für einzelne Prozesshandlungen gilt aber, wenn im Hauptsacheverf nicht anhängige Gegenstände oder anderweitig anhängige Streitigkeiten in den Vergleich über die Hauptsache einbezogen werden (sog **Mehrvergleich**). Die PKH für das Verf umfasst nicht den Vergleichsmehrwert; es bedarf einer gesonderten Bewilligung (BAG NJW 2012, 2828; **Formulierungsvorschlag für Antrag:** Vorwerk/Fischer, PFB, M 10.11; sa § 114 Rn 15), die sich dann auf sämtl ausgelösten (Differenz-)Gebühren bezieht (§ 48 I 2 RVG; früher str, vgl BGH MDR 2018, 691 = NJW 2018, 1679 Tz 12 mwN). Die Prüfung der Erfolgsaussichten ist insoweit entbehrl (s § 114 Rn 38); Versagung wegen Mutwillens ist aber mögl. 6

3) Insolvenzverfahren. Wenn der **mittellose Sch** einen Insolvenzantrag stellen und die Stundung der Verfahrenskosten und Restschuldbefreiung beantragen will, kann ihm hierfür keine PKH, sondern nur BerH gewährt werden (BGH MDR 2007, 976). Für das InsVerf als solches ist PKH mögl (§ 4 InsO), jedoch ist Stundung für natürl Personen nach §§ 4a-d InsO vorrangig, so dass PKH für solche InsSchuldner nach §§ 114 ff im gesamten Insolvenzverf, einschließl des Widerrufsverf nach § 303 InsO (aA MK/Wache § 114 Rn 19), nicht in Betracht kommt. Das gilt auch für den Antrag der Erben, das Nachlassinsolvenzverf zu eröffnen (LG Coburg FamRZ 2017, 1335; LG Kassel FamRZ 2014, 2015; aA LG Göttingen Rpfleger 2001, 95). Ausnahmen gelten für die Rechtsbehelfsverf, die § 4a InsO nicht unterfallen (BGH MDR 2005, 58). Jur Personen als InsSchuldner haben keinen Anspruch auf PKH; auch § 116 S 1 Nr 2 ist nicht anwendbar (BGH MDR 2006, 113). – Der **InsVerwalter** erhält keine PKH für das InsVerf. Über PKH für den InsVerwalter in Masseprozessen s § 116 Rn 2 ff. 7

Soweit es um Gerichts- und Anwaltskosten der **InsGläubiger** geht, sind die §§ 114 ff auch im InsVerf anwendbar (§ 4 InsO; BGH NJW 2004, 3260 = MDR 2005, 50). PKH ist dabei nicht für das gesamte Verf zu bewilligen, sondern nur für einzelne Verfahrensabschnitte, die gesonderte Rechtszüge iSd § 119 sind (s § 119 Rn 3.14; BGH NJW 2004, 3260 = MDR 2005, 50). Für die Anmeldung einer Insolvenzforderung ist idR mangels Erforderlichkeit kein RA beizuordnen (BVerfG NJW 89, 3271). 8

4) PKH-Verfahren. Für das PKH-Verf selbst kann grds weder dem ASt noch dem Ag PKH bewilligt werden (BGH NJW 2004, 2595; allgM; verfassungsrechtl unbedenkl: BVerfG NJW 2018, 449 Tz 21), auch nicht für das Verf nach § 120a (OLG Brandenburg FamRZ 2015, 1311), das PKH-Beschwerdeverf (OLG Nürnberg NJW 2011, 319; VGH Kassel NJW 2013, 1690) oder die Anhörungsrüge nach § 321a im Anschluss an dieses (OLG Köln NJW-RR 2015, 576), wohl aber für die zugelassene (§ 574 I Nr 2) Rechtsbeschwerde im PKH-Verf (BGH MDR 2003, 405; zur NZB BSG NJW 2012, 2685), weil diese nur durch einen beim BGH zugelassenen RA eingelegt werden kann (s § 127 Rn 63). **Ausnahmsw** kann PKH für das PKH-Verf bewilligt werden, wenn das Gericht (fehlerhaft) den **Hauptsacheprozess ins PKH-Verf verlagert** (KG FamRZ 2006, 1284; aA OLG Nürnberg FamRZ 2002, 758), namentl wenn bereits im PKH-Verf eine Beweisaufnahme durchgeführt wird (OLG Köln OLGZ 83, 312) oder schwierige Tat- oder Rechtsfragen abschließend beantwortet werden (OLG Bamberg MDR 2005, 826). 9

PKH für das (gesamte) PKH-Verf ist dem ASt und ggf dem Ag auch zu bewilligen, wenn in diesem Verf ein **Vergleich** (s § 118 Rn 15) geschlossen wird, der die Hauptsache erledigt (OLG Köln MDR 2009, 947; OLG Hamm MDR 2004, 832; OLG Bamberg FamRZ 95, 939; Fischer MDR 2008, 477). Dadurch wird vermieden, dass der ASt von einem Vergleichsschluss im PKH-Verf absieht und diesen erst im Hauptsacheverf nach PKH-Bewilligung schließt. Die hM in der Rspr bewilligt in diesen Fällen allerdings nur PKH **für den Vergleichs-** 10

schluss, mithin beschränkt auf die Einigungsgebühr (BGH NJW 2004, 2595; OLG Naumburg MDR 2016, 791; OLG Karlsruhe FamRZ 2015, 1920; OLG Frankfurt MDR 2012, 869; OLG Celle FamRZ 2011, 835; OLG München FamRZ 2010, 143; gebilligt durch BVerfG NJW 2012, 3293). Dies widerspricht jedoch dem Umfang der PKH-Bewilligung in den sonstigen Fällen der Verlagerung des Hauptsacheverf ins PKH-Verf. Einer Beschränkung der PKH auf einen Verfahrensabschnitt steht auch eine richtlinienkonforme Auslegung des § 114 entgegen, weil die Erw 20 und 23 RL 2003/8/EG eine Erstreckung der PKH auf das gesamte Verf sowie ihre allg Geltung verlangen (vgl Nickel MDR 2016, 438, 439; MskV/Fischer § 118 Rn 6). Zur Prüfung der Erfolgsaussicht s § 114 Rn 38.

§ 114 Voraussetzungen

(1) ¹Eine Partei, die nach ihren persönlichen und wirtschaftlichen Verhältnissen die Kosten der Prozessführung nicht, nur zum Teil oder nur in Raten aufbringen kann, erhält auf Antrag Prozesskostenhilfe, wenn die beabsichtigte Rechtsverfolgung oder Rechtsverteidigung hinreichende Aussicht auf Erfolg bietet und nicht mutwillig erscheint. ²Für die grenzüberschreitende Prozesskostenhilfe innerhalb der Europäischen Union gelten ergänzend die §§ 1076 bis 1078.

(2) Mutwillig ist die Rechtsverfolgung oder Rechtsverteidigung, wenn eine Partei, die keine Prozesskostenhilfe beansprucht, bei verständiger Würdigung aller Umstände von der Rechtsverfolgung oder Rechtsverteidigung absehen würde, obwohl eine hinreichende Aussicht auf Erfolg besteht.

1 **I) Bedeutung.** § 114 I 1 bestimmt die persönl und sachl Voraussetzungen, unter denen der bedürftigen Partei PKH zu bewilligen ist. Zu den Verf, für die die §§ 114 ff gelten, s vor § 114 Rn 3. Ledigl deklaratorisch ist die Regelung in I 2 (s vor § 114 Rn 2). Mit der gesetzl Definition des Mutwillens in II soll die eigenständige Bedeutung dieser Voraussetzung betont werden (BTDrs 17/11472, 29).

2 **II) Partei. 1) Natürliche Person.** Partei in § 114 I 1 meint nur **natürl Personen**, auch Staatenlose und **Ausländer**, selbst wenn sie im Ausland leben (BFH Rpfleger 1997, 171; OLG Brandenburg FamRZ 2007, 2003; sa vor § 114 Rn 2). PKH erhält auch eine Partei, über deren Vermögen das InsVerf eröffnet ist (OLG Zweibrücken FamRZ 2006, 436; sa § 120a Rn 11.9). Inländische und europ jur Personen und parteifähige Vereinigungen (OHG, KG, rechtsfähige GbR iSd § 705 II Alt 1) können nach § 116 S 1 Nr 2 PKH beantragen. Andere ausl jur Personen erhalten keine PKH (sa § 116 Rn 16).

3 **2) Beteiligung am Verfahren.** § 114 beschränkt PKH nicht auf eine bestimmte Stellung der Partei im Verf. Alle Verfahrensbeteiligten sind PKH-berechtigt, auch der **Nebenintervenient** (BGH MDR 1966, 318). Die Stellung als Partei endet mit dem **Tod** (s § 118 Rn 6, § 119 Rn 8) oder bei einem gesetzl oder gewillkürten Parteiwechsel im Hauptsacheverf (sa Rn 11). Nicht beteiligt als Partei ist ein **Zeuge**; benötigt er den Rat eines RA für die Frage, ob er das Zeugnis nach den § 384 ZPO, § 55 StPO verweigern soll, so kann ihm hierfür BerH, aber keine PKH bewilligt werden (Böhmer IPRax 93, 223; aA OLG Düsseldorf MDR 93, 71; OLG Stuttgart NStZ 92, 340, jew zum Strafverf).

4 Einfache und notwendige **Streitgenossen** sind je für sich Partei. Für jeden von ihnen sind die PKH-Voraussetzungen selbständig zu prüfen und ist gesondert PKH zu bewilligen. Allerdings kann die Beiordnung desselben RA erforderl sein (s § 121 Rn 3). Wird von mehreren Genossen nur einem PKH bewilligt, bewirkt dessen Befreiung von den Gerichtskosten, dass von den vermögenden Streitgenossen nur der im Innenverhältnis auf sie entfallende Anteil zu zahlen ist (s § 122 Rn 2). Beauftragen die Streitgenossen dens RA mit der Wahrung ihrer

Interessen, soll nach umstr Ansicht die PKH-Bewilligung auf die Mehrvertretungsgeb beschränkt werden (s § 121 Rn 43).

3) Vertretung. Bei gesetzl oder gewillkürter **Vertretung** der Partei entscheiden die Einkommens- und Vermögensverhältnisse des Vertretenen (BGH MDR 2011, 445). Die wirtschaftl Verhältnisse eines gesetzl Vertreters können allerdings einen Anspruch auf Prozesskostenvorschuss, zB des minderj Kindes gegen seine Eltern, begründen, der dann als einzusetzendes Vermögen der Partei nach § 115 III zu berücksichtigen ist (OLG Frankfurt MDR 2015, 402; s § 115 Rn 59 ff). Die Verhältnisse des Vertretenen sind bei einem **Vormund** als gesetzl Vertreter auch dann maßgebl, wenn dieser selbst Verfahrensbeteiligter ist, zB im Umgangsrechtsverf als Inhaber der Personensorge (BGH MDR 2011, 445). Führt der **Nachlasspfleger** einen Prozess für die unbekannten Erben, kommt es darauf an, ob der Nachlass die Prozesskosten deckt (BGH NJW 64, 1418; OLG Saarbrücken FamRZ 2010, 1358). Ist ein Erbe bekannt, die anderen aber noch nicht, erhält der Nachlasspfleger bei Dürftigkeit des Nachlasses ebenfalls PKH. Da er die Interessen der unbekannten Erben wahrnehmen soll, kommt es auf die Einkommens- und Vermögensverhältnisse des bekannten Erben nicht an (BVerfG ZEV 98, 98). Werden die Erben sämtl bekannt und nehmen sie die Erbschaft an, ist die PKH-Bewilligung nach § 124 I Nr 3 aufzuheben, falls sie imstande sind, die Prozesskosten aufzubringen. 5

4) Prozessstandschaft, Einziehungsermächtigung. a) Die **gesetzl Prozessstandschaft** infolge Veräußerung der streitbefangenen Sache oder Abtretung des geltend gemachten Anspruchs hat auf den Prozess (§ 265 II 1) und die PKH keinen Einfluss. Klagt ein **Miterbe gem § 2039 BGB** auf Leistung an die Erbengemeinschaft, kommt es für die PKH nur auf seine Einkommens- und Vermögensverhältnisse an, es sei denn, der bedürftige Miterbe ist nur vorgeschoben (OLG Koblenz ZEV 2011, 326; OLG Saarbrücken MDR 2009, 1003; aA MskV/Fischer Rn 4; sa Rn 9). Auch wenn ein Elternteil gem § 1629 III 1 BGB in Prozessstandschaft für sein Kind Unterhalt geltend macht, ist allein die Vermögenslage des Prozessstandschafters, nicht diej des Kindes entscheidend (BGH FamRZ 2006, 1164; OLG Nürnberg MDR 2007, 159). Macht die GdWE nach § 9a II WEG Rechte der WE als Kl geltend oder nimmt sie für sie Pflichten als Bekl wahr, kommt es auf ihr Vermögen an (s § 116 Rn 17 u 21). 6

b) Bei **gewillkürter Prozessstandschaft** scheidet grds die Bewilligung von PKH aus, denn § 114 soll die Durchsetzung eigener Rechtspositionen ermöglichen, aber nicht fremdnützige Prozesse finanzieren (BGH NJW 2015, 234 Tz 10 f). Kein Anlass zur Verweigerung von PKH besteht aber, wenn sowohl in der Person des Prozessstandschafters als auch der des Rechtsinhabers die persönl und wirtschaftl Voraussetzungen für die Bewilligung von PKH vorliegen (BGH VersR 92, 594). PKH bei Bedürftigkeit nur des Prozessstandschafters kann ausnahmsw bewilligt werden, wenn der materiell Berechtigte kein Interesse an der Rechtsverfolgung hat und die Durchsetzung des Rechts deshalb zum Nachteil des Bedürftigen unterbleiben würde (OLG Celle NJW 87, 783; MK/Wache Rn 46). 7

c) Will die Partei ein fremdes Recht, für das ihr eine **Einziehungsermächtigung** (s vor § 50 Rn 48) erteilt wurde, durchsetzen, gilt dasselbe wie bei gewillkürter Prozessstandschaft: Grds muss Bedürftigkeit in Person der Partei und des Ermächtigenden vorliegen (OLG Hamm NJW 90, 1053; OLG Hamm VersR 82, 381). PKH ist zu verweigern, wenn die Partei mit der Einziehung beauftragt wurde und gegen ihren Auftraggeber einen durchsetzbaren Anspruch nach §§ 670, 669 BGB auf einen Vorschuss auf die Prozesskosten hat (KG FamRZ 96, 37). Diese Grundsätze gelten auch, wenn die Einziehungsermächtigung im Rahmen einer **Sicherungsabtretung** erteilt wurde (OLG Hamm NJW 90, 1053) und für das Bezugsrecht in Versicherungsverträgen (OLG Saarbrücken 17.12.2024 – 5 U 72/24). Nur auf die wirtschaftl Verhältnisse des Kl (Darlehensnehmers) kommt es aber an, wenn der Inhaber der Klageforderung (Bank) ausreichend gesichert ist und den Prozess daher selbst nicht führen würde (OLG Saarbrücken NJW-RR 2019, 960). Die **Pfändung und Überweisung** der Klageforderung zur Einziehung durch einen Gl des Kl hat auf den Prozess keinen Einfluss. Da die Forderung im Vermögen des Kl verbleibt und dieser auch ein eigenes Interesse hat, seine Schulden ggü dem Gl zu verringern, kommt es nur auf die Vermögensverhältnisse des Kl an (BGH MDR 62, 396; einschr OLG Hamm JurBüro 92, 621). 8

5) Vorschieben einer hilfsbedürftigen Partei. Grds begründet die formelle Parteistellung die PKH-Berechtigung. PKH darf nicht deshalb verweigert werden, weil hinter einem hilfsbedürftigen Kl vermögende Gl stehen, denen letztl ein erstrittener Betrag zufließen würde und die daher ein eigenes wirtschaftl Interesse am Rechtsstreit haben (OLG Düsseldorf NJW 58, 2021). Die Grenze zum Rechtsmissbrauch ist idR auch noch nicht überschritten, wenn eine Interessengemeinschaft von einem hilfsbedürftigen Interessenten einen sog unechten **Musterprozess** führen lässt (aA OVG Lüneburg JurBüro 86, 604; MK/Wache Rn 50). Ist aber bereits ein Rechtsstreit über die entscheidungserhebl Rechtsfrage in einem anderen Verf anhängig und dort eine höchstrichterl Klärung zu erwarten, kann der Partei ein Zuwarten mit der eigenen Klage zumutbar sein, solange sie keinen Rechtsverlust (Verjährung, Verwirkung) zu befürchten hat (BGH JurBüro 2014, 203; vgl BVerfG NJW 2010, 988). 9

PKH kann auch für die Durchsetzung **abgetretener Ansprüche** bewilligt werden (BGHZ 47, 289, 292 = NJW 67, 1566; KGR Berlin 2009, 314), selbst wenn nur erfüllungshalber abgetreten wird (LG Hannover JurBüro 88, 1711). Allerdings entfällt die Hilfsbedürftigkeit, wenn der Kl von dem Zedenten einen **Prozesskostenvorschuss** verlangen kann (s Rn 8). Ein solcher Vorschussanspruch besteht auch, wenn der ASt nach § 33 IV 1 SGB II, § 94 V SGB XII und § 7 IV 2 UVG vom Sozialhilfeträger bzw dem Unterhaltsvorschuss zahlenden Land auf 10 den Hilfeempfänger zur Rechtsdurchsetzung **zurückübertragene Zahlungsansprüche** durchsetzen will (BGH NJW 2008, 1950; OLG Köln FamRZ 2009, 135; LAG SchlH 7.3.2018 – 1 Ta 16/18). PKH ist iÜ nur zu verweigern, wenn die hilfsbedürftige Partei **rechtsmissbräuchl** von einer vermögenden Partei vorgeschoben wird, weil außer der Möglichkeit PKH zu erlangen kein triftiger Grund für die Abtretung zu erkennen ist (OLG Hamm FamRZ 2016, 929; KG MDR 2004, 710), zB wenn der vermögenslose Gesellschaftergeschäftsführer einer GmbH selbstkontrahierend Ansprüche der GmbH zur Umgehung des § 116 S 1 Nr 2 an sich abtritt (OLG Hamburg MDR 88, 782). Wie bei der gewillkürten Prozessstandschaft (s Rn 7) besteht ledigl dann kein Anlass zur Verweigerung von PKH, wenn sowohl Partei als auch Zedent die persönl und wirtschaftl Voraussetzungen für die Bewilligung erfüllen (BGH VersR 84, 989).

11 **6) Parteiwechsel.** Kommt es während des Rechtsstreits zu einem Parteiwechsel durch **Tod** der Partei oder aus einem anderen Grund, zB Insolvenz einer Partei (§ 239 I 1, § 240), Aufhebung des InsVerf, Veräußerung des Streitgegenstandes (§ 265 II, § 266 I), beim Prätendentenstreit (§ 75) oder Beendigung der gesetzl Prozessstandschaft gem § 1629 III 1 BGB (OLG München FamRZ 96, 422), scheidet die Bewilligung von PKH für die ausgeschiedene Partei aus (s § 118 Rn 6). Ist der Partei vor ihrem Ausscheiden bereits PKH bewilligt worden, wirkt diese nicht zugunsten der neu eintretenden Partei fort. Die PKH-Bewilligung erlischt mit dem Ausscheiden mit Wirkung für die Zukunft (s § 119 Rn 8). Die neu eintretende Partei rückt insoweit nicht in die Rechtsstellung der ausgeschiedenen Partei ein; ihr kann aber erneut PKH bewilligt werden, wenn sie in ihrer Person die Voraussetzungen des § 114 und ggf des § 116 S 1 Nr 1 erfüllt (BGH MDR 2007, 851).

12 **III) Unvermögen der Kostentragung.** Prozesskosten sind Anwaltskosten (§ 1 I RVG), gerichtl Geb und Auslagen (§ 1 I GKG) des Rechtszugs (§ 119 I 1), nicht aber Vollstreckungskosten (s § 119 Rn 23). Zu berücksichtigen sind die Kosten, die der ASt ab Wirksamwerden der PKH (s § 119 Rn 4) voraussichtl aufzuwenden hat, auch wenn sie erst später fällig werden (OLG Karlsruhe MDR 2022, 792). Gemeint sind die eigenen Kosten, nicht aber die gesamten Kosten für den Fall des Unterliegens, weil die PKH die außergerichtl Kosten des Gegners nicht umfasst (§ 123; OLG Hamm MDR 2014, 366; Dölling NJW 2016, 207). Kosten einer Beweisaufnahme, auch im Ausland, sind zu berücksichtigen, wenn diese bereits vom Gericht angeordnet wurde (BayVGH 25.1.2019 – 22 C 18.2625). Als Arbeitserleichterung für die Praxis sind in Anlage 1 der DB-PKH die **voraussichtl entstehenden Verfahrenskosten** für die 1. Instanz mit und ohne Mahnverf und die 2. Instanz jew für den Fall berechnet, dass die PKH alle Kosten der Instanz umfasst. Diese Kosten sind auch maßgebl, wenn einer von mehreren Streitgenossen bedürftig ist und diese durch einen gemeinsamen RA vertreten werden. Da auch der bedürftige Streitgenosse nach § 7 II 1 RVG die vollen RA-Kosten (mit Ausnahme der Erhöhungsgeb) schuldet, kann nicht nur auf die Erhöhungsgeb nach 1008 RVG-VV abgestellt werden (LSG Sachsen-Anhalt 31.5.2023 – L 5 AS 95/22; aA KG JurBüro 2018, 267; sa § 121 Rn 43).

13 Das Unvermögen, die Prozesskosten zu tragen, fehlt nicht deshalb, weil der ASt diese vor PKH-Bewilligung bereits teilw oder vollständig **bezahlt hat**, denn aus der Zahlung allein lässt sich nicht auf die fehlende Bedürftigkeit schließen (OLG Koblenz MDR 2005, 349). Maßgebl sind ausschließl die persönl und wirtschaftl Verhältnisse des ASt, die nach **§ 115** zu beurteilen sind. Zum zu berücksichtigenden Vermögen des ASt gehören dabei auch Ansprüche gegen Dritte, insb eine **Rechtsschutzversicherung** oder Unterhaltspflichtige (s § 115 Rn 58 ff, sa Rn 10). Ebenso sind Aufwendungsersatzansprüche für Prozesskosten gegen den Staat als Vermögen zu berücksichtigen, zB als Verfahrenspfleger nach § 276 I, § 277 I 2, IV FamFG (BGH MDR 2022, 52) oder Mitglied des Personalrats nach § 46 I BPersVG (BVerwG ZTR 2024, 658). Auch einer Partei, die teilw in der Lage ist, selbst die Prozesskosten aufzubringen, ist PKH zu bewilligen; eine Beschränkung auf einen Teil der Kosten oder bestimmte Kosten eines Rechtszugs sehen die §§ 114 ff nicht vor (s § 115 Rn 99). Ihr Einkommen und Vermögen wird aber in der Weise berücksichtigt, dass sie nach § 120 gerichtlich festzusetzende Zahlungen an die Landeskasse zu leisten hat. Ist die Partei zum Zeitpunkt der PKH-Bewilligung unvermögend, erlangt aber die Fähigkeit, die Prozesskosten selbst aufzubringen, später teilw oder vollständig zurück, ist der Bewilligungsbeschl nach § 120a abzuändern. **Unerhebl** ist idR, **aus welchem Grund** eine Partei die Prozesskosten nicht aufbringen kann. Auch wenn sie ihr Unvermögen verschuldet hat, steht ihr PKH zu (BGH NJW 59, 884). Anderes gilt nur, wenn die Partei in Kenntnis eines bevorstehenden Prozesses ihre Bedürftigkeit mutwillig herbeigeführt hat, mithin die Inanspruchnahme staatlicher Hilfe **missbräuchl** erscheint. In diesen Fällen ist ihr ein fiktives Einkommen bzw Vermögen zuzurechnen (s § 115 Rn 8, 66). Dasselbe gilt, wenn sie nach PKH-Bewilligung erworbenes Vermögen missbräuchl ausgibt, um so eine Abänderung der Bewilligung nach § 120a zu verhindern (s § 120a Rn 8).

14 **IV) Antrag. 1) Erforderlichkeit.** PKH wird nur auf Antrag bewilligt, der mit der Klage bzw der Verteidigungsanzeige oder der Klageerwiderung verbunden, aber auch isoliert gestellt werden kann. Eine Ausnahme vom Antragserfordernis besteht ledigl für VKH nach § 24 AUG. Der Antrag ist wegen § 119 I 1 in jedem Rechtszug erneut zu stellen. Da sich die PKH-Bewilligung auf den beantragten Streitgegenstand beschränkt, muss PKH auch im Fall der Klageerweiterung oder -änderung gesondert beantragt werden (s § 119 Rn 3.15). Wird PKH für ein anhängiges *Verf bewilligt*, obwohl sie **nicht beantragt** worden ist, so ist die Bewilligung nicht nichtig, sondern wirksam und darf nur unter den Voraussetzungen des § 124 aufgehoben werden (OLG Zweibrücken FamRZ 2003, 1021). Zu **Zuständigkeit**, **Voraussetzungen** und **Wirkungen** des Antrags s § 117.

2) Auslegung. Ausdrückl Verlangen nach Prozesskostenhilfe ist nicht zwingend (s vor § 128 Rn 25). Ein konkludenter Antrag kann zB in der Einreichung der Erklärung über die persönl und wirtschaftl Verhältnisse liegen. Auch ein als „Berufung" überschriebenes Schreiben einer Naturalpartei kann als PKH-Antrag auszulegen sein, wenn der ASt Anwaltsbeiordnung begehrt und seine Mittellosigkeit darlegt (BGH NJW 2019, 3727 = MDR 2019, 1399). Der PKH-Antrag muss aber stets beim zuständigen Gericht gestellt werden (s § 117 Rn 2) und den Formerfordernissen (s § 117 Rn 3) genügen. Ein gestellter PKH-Antrag ist **iZw großzügig auszulegen.** Der ASt erstrebt idR PKH für die gesamte Instanz. Ein mit oder vor Klageeinreichung gestellter PKH-Antrag kann aber nicht erweiternd dahin ausgelegt werden, dass er sich auch auf eine spätere Klageerweiterung oder -änderung oder die Verteidigung gegen eine Widerklage beziehen soll (OLG Karlsruhe AnwBl 87, 340; MskV/Fischer § 117 Rn 3; aA LAG Mecklenburg-Vorpommern JurBüro 2013, 256; sa § 119 Rn 3.15, § 119 Rn 3.32). Dasselbe gilt bei einem Prozessvergleich, der über den gerichtl Streitgegenstand hinausgeht (Mehrvergleich), selbst wenn das Gericht ihn angeregt oder befürwortet hat (BAG 11.2.2015 – 4 AZB 26/24, MDR 2025, 618; aA KG FamRZ 2019, 1633; OLG Zweibrücken NJW-RR 2007, 6). Reicht ein RA einen Antrag ein, so beantragt er zugleich konkludent, ihn beizuordnen (OLG Hamm JurBüro 78, 1565; OLG Düsseldorf MDR 81, 502). Der Beiordnungsantrag eines nicht im Bezirk des Prozessgerichts niedergelassenen RA enthält idR sein Einverständnis mit einer dem Mehrkostenverbot des § 121 III entsprechenden Einschränkung der Beiordnung (s § 121 Rn 25). 15

V) Beabsichtigte Rechtsverfolgung und Rechtsverteidigung. Rechtsverfolgung und Rechtsverteidigung meint die Wahrnehmung von grds eigenen (s Rn 6 ff) Rechten in einem inländischen staatl Gerichtsverf (MK/Wache Rn 16; ähnl BGH MDR 2017, 1074 Tz 4). Ein Bekl, der das Klagebegehren **anerkennt**, verteidigt sich nicht und erhält keine PKH (OLG Brandenburg FamRZ 2002, 1270 mwN; OLG Karlsruhe FamRZ 2004, 1659 mwN; OLG Hamm MDR 2006, 890); Gleiches gilt, wenn der Bekl VU gegen sich ergehen lässt und dieses hinnimmt (OLG Koblenz FamRZ 2020, 1020). Wenn er jedoch sofort anerkennt und sich auf § 93 beruft, ist ihm PKH zu gewähren, weil er sich dann gegen die gerichtl Durchsetzung der Forderung wendet (OLG Karlsruhe FamRZ 2009, 1932); wobei eine Beschränkung der PKH „auf das Kosteninteresse" nicht mögl ist (Zimmermann FamRZ 2013, 1323; aA OLG Stuttgart FamRZ 2013, 1323). Zur Verteidigung gegen Begehren, die mangels Klagezustellung **noch nicht rechtshängig** geworden sind, darf PKH nicht bewilligt werden, auch wenn der ASt im PKH-Verf des Gegners zur Stellungnahme nach § 118 I 1 aufgefordert wurde (BGH NJW 2004, 2595 = MDR 2004, 1312; OLG Rostock FamRZ 2008, 67; OLG Karlsruhe FamRZ 88, 1182; aA OLG Karlsruhe FamRZ 2000, 1022). 16

Zugleich beschränkt § 114 die PKH auf die „**beabsichtigte**" Rechtsverfolgung bzw -verteidigung. Zweck der PKH ist, der Partei die Prozessführung zu ermöglichen, nicht aber, ihr nachträgl die Kosten für einen bereits geführten Prozess oder ihrem RA das Honorar zu beschaffen (KG NJ 2023, 79; OLG Frankfurt JurBüro 94, 177). Für vor Antragstellung bereits erfolgte Prozesshandlungen kann PKH daher nicht bewilligt werden (s § 119 Rn 5). Wird der PKH-Antrag in einem Verfahrensstadium eingereicht, in dem keine weiteren Kosten mehr entstehen können, ist PKH zu verweigern (BFHE 145, 28; OLG Karlsruhe MDR 2007, 1447; OVG Münster NJW 2007, 1484). Dieser Fall ist nicht gegeben, wenn die PKH erst im Verhandlungstermin beantragt wird (OLG Karlsruhe MDR 2006, 1195), wohl aber, wenn dies **nach Beendigung der Instanz** geschieht (BAG NJW 2012, 2828; OLG Jena FamRZ 2011, 1885; OLG Düsseldorf FamRZ 2006, 628). Die Instanz endet durch Endentscheidung, Rücknahme der Klage oder des Rechtsmittels, übereinstimmende Erledigungserklärung oder Vergleich (s § 127 Rn 13). 17

Entscheidend dafür, ob noch eine Rechtsverfolgung oder -verteidigung beabsichtigt ist, ist der Zeitpunkt der Bewilligungsentscheidung. Über einen vor oder während des Verf gestellten PKH-Antrag kann zwar noch **nach Abschluss der Instanz** entschieden werden; PKH kann aber nur bewilligt werden, wenn der formgerechte Antrag bereits vor Abschluss des jeweiligen Rechtszugs beim zuständigen Gericht vorlag (dazu § 127 Rn 12 f). Dieser Grundsatz gilt nur dann nicht, wenn er dazu führen würde, der hilfsbedürftigen Partei von vornherein jede Aussicht auf sachl Prüfung ihres PKH-Antrags abzuschneiden (OLG Frankfurt JurBüro 94, 177: Ag einer einstw Verfügung). PKH ist auch zu bewilligen, wenn das Gericht gestattet, fehlende Unterlagen innerhalb einer Frist nachzureichen, und diese gewahrt wird (OLG Hamburg FamRZ 2021, 1395; OLG Karlsruhe FamRZ 2011, 1608). Bei schuldloser Fristversäumung kann entspr dem Rechtsgedanken des § 233 rückwirkend PKH bewilligt werden (LAG Hamm NZA-RR 2019, 436; iErg Gottwald FamRZ 2004, 1218; aA OLG Karlsruhe FamRZ 2004, 1217; Seggewiße MDR 2022, 138 Tz 3). Gleiches gilt, wenn die Unvollständigkeit des PKH-Gesuchs für den ASt unverschuldet nicht erkennbar war und das Gericht einen Hinweis unterlassen hat (zu weitgehend OLG Hamm MDR 2024, 1547). **Erledigt** sich der Streit zwischen den Parteien **vor Einleitung des Hauptsacheverf**, ist eine PKH-Bewilligung nicht mehr mögl, weil keine Rechtsverfolgung mehr beabsichtigt ist (OLG Brandenburg NJ 2017, 114); geschieht dies durch Vergleich im PKH-Verf, kann allerdings ausnahmsw dafür PKH bewilligt werden (s vor § 114 Rn 10). 18

VI) Hinreichende Erfolgsaussicht. 1) Allgemeines. PKH wird grds nur bewilligt, wenn hinreichende Aussicht auf Erfolg besteht; zur Ausnahme im Rechtsmittelverf für den Rechtsmittelgegner gem § 119 I 2 s § 119 Rn 19. Bei **Anspruchshäufung** oder **Klage und Widerklage** sind die Erfolgsaussichten für jeden Anspruch selbständig zu beurteilen. Entbehrl ist die Prüfung der Erfolgsaussicht von **Nebenforderungen**, die den Streitwert nicht erhöhen, oder bei einer **geringfügigen Zuvielforderung**, wenn die Überhöhung des beabsichtigten Klageantrags 19 nicht dazu führt, dass eine Stufe der Gebührentabellen zum GKG und zum RVG überschritten wird (OLG Brandenburg 19.8.2010 – 12 W 27/10; OLG Dresden WM 2003, 2137). Zur Entscheidung bei teilw Erfolgsaussicht s § 127 Rn 21.

20 **Erfolg** bezieht sich auf das verfolgte Rechtsschutzziel (zB Klageanspruch, Klageabweisung) und meint deshalb den Erfolg **in der Sache** selbst (BGH MDR 2017, 1441). Es genügt daher nicht, wenn das Rechtsmittel, für das PKH begehrt wird, zwar zur Aufhebung und Zurückverweisung der angefochtenen Entscheidung führen, der ASt aber mit seinem Begehren im Erg nicht durchdringen wird (BGH MDR 2017, 1441; BGH NJW 1994, 1160; sa BVerfG NJW 97, 2745). Ein Erfolg ist ebenfalls ausgeschlossen, wenn PKH für ein (fiktives) Verf, welches das Gesetz gar nicht vorsieht, begehrt wird (OLG Zweibrücken MDR 2014, 110) oder wenn das Hauptsacheverf gar nicht betrieben wird, zB weil dessen Ruhen angeordnet (OLG Stuttgart FamRZ 2005, 810; OLG Brandenburg FamRZ 2019, 300) oder der Kostenvorschuss für das Betreiben von der Gegenseite nicht einbezahlt wurde (OLG Hamburg FamRZ 2022, 1953). Rechnet der Bekl mit einem unstreitigen Anspruch gegen die streitige Klageforderung auf, ist ein Erfolg der Klage aber nicht deshalb ausgeschlossen, weil sie auf jeden Fall abzuweisen ist; denn der ASt hat ein Interesse daran, durch die Aufrechnung von seiner Schuld ggü dem Gegner befreit zu werden (OLG Hamm FamRZ 98, 1603; OLG Karlsruhe FamRZ 2000, 1585; s § 145 Rn 13). Im **Mahnverf** findet keine Schlüssigkeitsprüfung statt; Erfolgsaussichten bestehen daher bereits, wenn der Erlass eines MB mögl ist (BGH NJW 2019, 3079 = MDR 2019, 1326 Tz 8). Der Mahnantrag kann aber bei angekündigtem Widerspruch mutwillig sein (s Rn 44).

21 **Aussicht** bedeutet zunächst, dass Erfolg **noch möglich** sein muss. Maßgebl ist dabei grds nicht der **Zeitpunkt** der Antragstellung, sondern der der gerichtl Entscheidung über den PKH-Antrag (s § 127 Rn 15). Entfällt die Erfolgsaussicht während des PKH-Verf, ist daher grds PKH zu verweigern (s iE § 127 Rn 16 ff, auch zu den Ausnahmen). Wegen PKH-Anträgen, die erst nach Abschluss der Instanz gestellt werden s Rn 18.

22 Erfolgsaussicht besteht nach einer in der Rspr verwendeten Formel, wenn das Gericht den Rechtsstandpunkt der PKH begehrenden Partei auf Grund ihrer Sachdarstellung und der vorhandenen Unterlagen für vertretbar hält und von der Möglichkeit der Beweisführung überzeugt ist (BGH NJW 88, 266; BGH NJW 94, 1160; OLG Karlsruhe FamRZ 2015, 1413). Es empfiehlt sich daher eine **dreischrittige Prüfung:** Zunächst ist festzustellen, ob die eingenommene Rechtsposition haltbar ist, wobei die Klärung zweifelhafter Rechtsfragen im PKH-Verf ausscheidet (s Rn 24 f). Damit eng verbunden ist die Prüfung, ob die tatsächl Grundlagen, die die eingenommene Rechtsposition begründen, vorgetragen sind; also für den ASt, der PKH für eine Klage begehrt, ob das Klagevorbringen schlüssig ist (s Rn 26 ff). Schließl muss der ASt sein tatsächl Vorbringen auch beweisen können (s Rn 33 ff). Die Erfolgsaussichten sind für jeden ASt gesondert zu prüfen. PKH kann daher beiden Parteien im selben Verf bewilligt werden, wenn die beiderseits schlüssigen Ausführungen durch Beweisanträge gestützt sind.

23 **Hinreichend** bestimmt den an die Prüfung der Erfolgsaussicht anzusetzenden **Maßstab**. Dieser darf nicht überspannt werden, weil andernfalls die grundgesetzl verbürgte Rechtsschutzgleichheit verletzt würde (BVerfGE 81, 347, 357; s vor § 114 Rn 1). Hinreichende Erfolgsaussicht darf daher nicht mit Erfolgsgewissheit gleichgesetzt werden; auch darf keine – ohnehin kaum objektiv zu bemessende – überwiegende Wahrscheinlichkeit für den Erfolg verlangt werden (OLGR Frankfurt 2007, 787). Die Erfolgsaussicht darf umgekehrt auch keine nur „entfernte" sein (BVerfG NJW 2015, 2173 Tz 12). Der Ausdruck einer „gewissen" Erfolgswahrscheinlichkeit (OLG München FamRZ 89, 199) bringt den so zu bestimmenden Maßstab treffend zum Ausdruck. Die Anforderungen unterscheiden sich dabei nicht für die Rechtsverfolgung und -verteidigung; § 114 I differenziert insoweit nicht (aA OLG Karlsruhe FamRZ 91, 1458: weniger streng für Bekl).

24 **2) Vertretbarkeit des Rechtsstandpunkts.** Die rechtl Grundlagen für die beabsichtigte Rechtsverfolgung bzw -verteidigung hat das Gericht grds vollständig zu prüfen. Es darf sich nicht auf eine überschlägige Einschätzung der Rechtslage beschränken (aA OLG Dresden VersR 2018, 1441; OLG Koblenz WM 2018, 1525: summarische Prüfung). Vortrag des ASt zur Rechtslage ist nicht erforderl. Die **Prüfungstiefe** unterscheidet sich insoweit grds nicht von der des Hauptsacheverfahrens. Das gilt auch für die Geltendmachung von **Schmerzensgeldansprüchen**, wobei allerdings das Ermessen des Gerichts bei dessen Bestimmung zu berücksichtigen ist: Liegt das geltend gemachte Schmerzensgeld bei wahr zu unterstellendem Sachvortrag außerhalb des denkbaren Rahmens, ist dem Kl PKH für einen noch vertretbar erscheinenden Betrag zu bewilligen (BVerfG MDR 2020, 632; OLG Braunschweig NJW-RR 2015, 239; aA OLG Karlsruhe MDR 2011, 625; OLG Frankfurt MDR 2017, 1182: PKH bis zum doppelten des angemessenen Betrags). Der **Bekl** erhält in diesem Fall PKH auch ohne Sachvortrag zum Umfang des Schmerzensgelds für die Rechtsverteidigung, soweit die Zuvielforderung des Schmerzensgelds reicht (OLG Hamm 1.2.2023 – 11 W 1/23; OLG Frankfurt MDR 2011, 65). Keine Erfolgsaussicht hat seine Rechtsverteidigung hingegen, soweit sie sich gegen ein unterhalb des denkbaren Rahmens liegendes Schmerzensgeld richtet; für diesen Teil kann keine PKH bewilligt werden (OLG Stuttgart MDR 2020, 1208; aA OLG Saarbrücken NJW-RR 2013, 448). – Die rechtl Würdigung ist stets Aufgabe des Gerichts, auch wenn es um **ausl Recht** geht (OLG Frankfurt FamRZ 2000, 37). Ist ausl Recht erst zu ermitteln, zB durch Einholung eines SV-Gutachtens, bleibt das Vorgehen nach § 293 aber dem Hauptsacheverf vorbehalten (BVerfG AGS 2010, 494).

Die Prüfung der Rechtslage hat auch bei rechtl schwierigen Fragen im PKH-Verf zu erfolgen, wenn diese aufgrund einer feststehenden Rspr eindeutig zu beantworten sind. Ebenso ist das PKH-Gericht nicht gehindert, einen Rechtsstandpunkt in einer höchstrichterl nicht geklärten Rechtsfrage einzunehmen, wenn sich diese durch Auslegung des Gesetzes ohne Schwierigkeiten eindeutig beantworten lässt (BVerfGE 81, 347, 359; BVerfG NJW 2008, 1060; BGH MDR 2013, 1066). Anders ist dies aber bei zugleich **schwierigen und bisher ungeklärten Rechtsfragen**. Art 3 I GG und das Rechtsstaatsprinzip gebieten es, dem Rechtssuchenden dann den Zugang zum Hauptsacheverf zu eröffnen, in dem eine vertiefte Erörterung der Rechtsfragen stattfinden kann (BVerfG NJW 2012, 2722; BGH NJW 2012, 1964 Tz 14; BGH NJW 2012, 2663 Tz 16). Insb darf PKH nicht verweigert werden, wenn wegen grundsätzl Bedeutung der Sache die Revision/Rechtsbeschwerde zugelassen wird oder werden müsste (BGH MDR 2020, 1333). Dem ASt ist auch dann PKH zu bewilligen, wenn das Instanzgericht in der Sache zuungunsten des ASt entscheiden möchte (BGH MDR 2013, 1799), selbst wenn es bereits Hauptsacheentscheidungen zu der Rechtsfrage in anderen Verf getroffen hat (BVerfG 4.10.2017 – 2 BvR 846/17). PKH ist in diesem Fall nicht nur für die unteren Instanzen, sondern auch für das letztinstanzl Verf, in dem die Grundsatzfrage geklärt wird, zu bewilligen (BVerfG NJW 2014, 2173 = MDR 2015, 723). Erst recht darf die Erfolgsaussicht nicht verneint werden, wenn ein Instanzgericht in einer Rechtsfrage von der **höchstrichterl Rspr abweichen** will (BVerfG FamRZ 2007, 1876). Hinreichende Erfolgsaussicht ist stets zu bejahen, wenn ernstl **Bedenken gegen die Verfassungsmäßigkeit** eines entscheidungserhebl Gesetzes bestehen (OLG Frankfurt FamRZ 90, 315); es erübrigt sich dann, im PKH-Verf eine Entscheidung des BVerfG einzuholen (OLG Hamburg VersR 71, 835). Gleiches gilt, wenn eine Vorlage zum EuGH erforderl ist. Hinreichende Erfolgsaussicht ist bei Anwendbarkeit **ausl Sachrechts** anzunehmen, wenn der Rechtsstandpunkt des ASt nur mit einem Rechtsgutachten (§ 293) sicher beurteilt werden kann (KG FamRZ 2023, 1951; OLG Saarbrücken FamRZ 2021, 612). Bei **Gesetzesänderungen** ist PKH zu gewähren, wenn bei vernünftiger Betrachtungsweise fragl ist, ob die Rspr zum alten Recht auch auf die lex nova anzuwenden ist (OLGR Bremen 2008, 990). 25

3) Tatsächliche Begründung der Rechtsposition. a) Rechtsverfolgung. Begehrt der ASt PKH für die Rechtsverfolgung, ist zu prüfen, ob das von ihm beabsichtigte Verf (Klage, Rechtsbehelf) **zulässig** ist und sein Sachvortrag seine Rechtsposition unter Berücksichtigung zu erwartenden Verteidigungsvorbringens **schlüssig** begründet. 26

aa) Zulässigkeitsprüfung. Das Gericht hat zunächst die **Prozessvoraussetzungen** zu prüfen (OLG Karlsruhe FamRZ 98, 486). Dem Kl darf die PKH nicht mit der Begr verweigert werden, dass er die **Prozessfähigkeit** des Bekl nicht nachgewiesen habe. Hier muss das Gericht PKH bewilligen und anschließend die Prozessfähigkeit im ordentl Prozess vAw klären (OLG Frankfurt FamRZ 94, 1125). Erfolgsaussicht fehlt, wenn ein obligatorisches Schlichtungsverf (§ 15a EGZPO) nicht durchgeführt wurde (LG Itzehoe MDR 2003, 472; sa vor § 114 Rn 3), aber nicht, solange offen ist, ob der Bekl möglicherw die Einrede der **Schiedsabrede** (§ 1032 I) erheben wird. Für eine Klage, deren **öffentl Zustellung** beantragt ist, darf PKH nicht desh verweigert werden, weil die Voraussetzungen für eine solche Zustellung nicht hinreichend dargelegt worden sind (OLG Karlsruhe FamRZ 98, 486; OLG Saarbrücken MDR 2018, 697 für Abstammungssache; aA OLG Hamm MDR 2013, 97). Steht **anderweitige Rechtshängigkeit (§ 261 III Nr 1)** im Inland entgegen, fehlt grds Aussicht auf Erfolg. Anders ist es im internat Kontext, wenn die Anerkennung der ausl Entscheidung unsicher ist oder wenn es voraussichtl im Ausland gar nicht zu einer Sachentscheidung kommen wird (s OLG Stuttgart MDR 2016, 905). Zur Zulässigkeit des **Rechtsmittels** s Rn 39. 27

Ist das Gericht **internat unzuständig**, so ist die PKH mangels Erfolgsaussicht zu verweigern (OLG Schleswig SchlHA 93, 92), sofern nach Lage der Dinge eine zuständigkeitsbegründende Einlassung (§ 39; Art 26 Brüssel Ia-VO/Art 24 LugÜ) nicht in Betracht kommt. Die nicht auf tatsächl Anhaltspunkte gegründete bloße Hoffnung, der Bekl werde sich ohne Zuständigkeitsrüge einlassen, reicht idR nicht. Bei Eröffnung eines anderen **Rechtswegs** oder **sachl oder örtl Zuständigkeit** eines anderen Gerichts fehlt es auch an der vorrangig zu prüfenden Zuständigkeit zur Entscheidung über die PKH, so dass das angerufene Gericht nicht in die Prüfung der Erfolgsaussichten eintritt (s § 127 Rn 4 f, auch zur Verweisung). Anders ist es, wenn der PKH-Antrag beim LG gestellt wird, dieses für die beabsichtigte Klage sachl zuständig ist, aber der Erfolg versprechende Teil der beabsichtigten Klage die **Zuständigkeitsgrenze des LG unterschreitet**. Das LG ist dann für die PKH-Entscheidung zuständig und hat auch die Erfolgsaussichten zu prüfen. Ist die Klageschrift zugestellt und damit Klage erhoben (§ 253 I 1), darf die PKH nicht mit der Begr gänzl verweigert werden, dass der aussichtsreiche Teil die Zuständigkeitsgrenze unterschreite. Denn das LG bleibt auch dann zuständig, wenn der Kl den aussichtslosen Teil der Klage zurücknimmt (§ 261 III Nr 2; BGH MDR 2004, 1435). Es muss deshalb für den aussichtsreichen Teil der Klage PKH bewilligen. Bei einem isolierten PKH-Antrag muss das LG die PKH hingegen insgesamt verweigern, weil es für den aussichtsreichen Teil der Klage nicht zuständig ist (BGH MDR 2004, 1435; OLG Düsseldorf ZVI 2018, 488; OLG Schleswig MDR 2009, 346), oder es muss auf Antrag das PKH-Verf verweisen (s § 127 Rn 5; LG Hamburg MDR 98, 799; aA OLG Dresden MDR 95, 202), es sei denn, der ASt erklärt, die Klage iÜ auf eigene Kosten betreiben zu wollen. 28

bb) Schlüssigkeitsprüfung. Erfolgsaussichten hat eine beabsichtigte Klage nur, wenn und soweit das Tatsachenvorbringen – als richtig unterstellt – das Klagebegehren rechtfertigt (zum bezifferten Schmerzensgeldanspruch s Rn 24). Lässt das Klagevorbringen nicht eindeutig erkennen, ob und in welchem Umfang die Klage schlüssig 29 ist, gilt § 139 auch im PKH-Verf (BVerfG FamRZ 2008, 131, 133; OLG Naumburg FamRZ 2016, 842). Auch bei einem anwaltl nicht vertretenen ASt darf das Gericht aber nicht den erforderl Sachvortrag, zB aus in Bezug genommenen Anlagen oder dem Akteninhalt von Vorverf, selbst ermitteln. Einen Klageantrag muss der ASt nicht ankündigen, wenn sich das Begehren aus dem PKH-Antrag ergibt (OLG Naumburg FamRZ 2008, 68). Der **Umfang der Darlegung**, die vom ASt zu erwarten ist, entspricht grds der des Kl für die Klage (s vor § 253 Rn 23). Allerdings ist eine weitere Substantiierung durch Vortrag näherer Einzelheiten erforderl, wenn ein bestimmtes Verteidigungsvorbringen des Gegners naheliegt (s Rn 30) oder durch ihn im Bewilligungsverf vorgebracht wird. Die Anforderungen an den Sachvortrag werden aber überspannt, wenn im **Arzthaftungsprozess** der Vortrag der genauen medizinischen Zusammenhänge verlangt wird (OLG Frankfurt GesR 2018, 698); die bloße Berufung auf einen negativen Ausgang der Behandlung genügt jedoch nicht (OLG Dresden 26.11.2020 – 4 W 733/20).

30 **cc) Verteidigungsmöglichkeiten des Gegners** sind über die eigentl Schlüssigkeitsprüfung hinaus zu berücksichtigen, und zwar auch, wenn er sich noch nicht verteidigt hat (OLG Brandenburg FamRZ 98, 1521), die Verteidigung aber aufgrund vorprozessualen Verhaltens oder anderer Umstände naheliegt. Dies erfordert, dass der ASt Sachvortrag, dessen Bestreiten zu erwarten ist, **unter geeigneten Beweis stellt**. Das Angebot der **Parteivernehmung des ASt** als einziges Beweismittel genügt dazu idR nicht, weil grds nicht von dem nach § 447 erforderlichen Einverständnis des Ag ausgegangen werden kann, und wegen fehlenden Anbeweises die Einvernahme vAw nach § 448 auch nicht in Betracht kommen wird (OLGR Saarbrücken 2008, 245; OLGR Brandenburg 2007, 108). Ebenso wenig genügt die Benennung eines „Zeugen NN" (OLG Koblenz JurBüro 90, 100; s § 356 Rn 4). Bei der PKH-Prüfung zu berücksichtigen sind zB ein bereits aus dem Sachvortrag erkennbares **Mitverschulden** des Kl im Schadensersatzprozess (KG MDR 79, 672; OLG Düsseldorf JurBüro 88, 1057) und die **Verjährungseinrede**, es sei denn, dass sich der Gegner voraussichtl nicht auf sie berufen wird (OLG Stuttgart NJW-RR 2010, 883). Verteidigungsmöglichkeiten sind auch dann zu berücksichtigen, wenn sich der Ag in seiner Stellungnahme nach § 118 darauf beruft, zB auf unstreitige oder nicht widerlegbare Haftungsausschlüsse (§ 831 I 2, § 832 I 2 BGB; § 18 I 2 StVG usw). Unzulässig ist es aber, vom ASt über das einfache Bestreiten hinaus die antizipierte Widerlegung von Einwendungen zu verlangen, für die der Ag die Beweislast trägt (VerfGH Berlin FamRZ 2015, 593).

31 **dd)** Hat der Kl **Prozesskostensicherheit** (§§ 110 ff) zu leisten und beantragt er nunmehr PKH, darf diese nicht aus dem Grunde verweigert werden, weil die Sicherheit nicht fristgerecht geleistet worden und die Klage nach § 113 S 2 für zurückgenommen zu erklären sei, also aussichtslos sei. Denn der Kl würde nach § 122 I Nr 2 von der Verpflichtung zur Sicherheitsleistung befreit, wenn ihm PKH bewilligt würde (OLG Brandenburg NJW-RR 2003, 209).

32 **b) Rechtsverteidigung.** Die Verteidigung gegen eine Klage hat auch ohne entspr Sachvortrag Erfolgsaussichten, soweit die Klage unschlüssig ist (OLG Frankfurt MDR 2011, 65). IÜ bedarf es der Schlüssigkeit des Sachvortrags. Obliegt dem Kl die Beweislast, genügt dazu ein gem § 138 II-IV wirksames Bestreiten des klägerischen Vortrags. Verteidigt sich der Bekl mit einer **Eventualaufrechnung** oder einer Primäraufrechnung auf Grund hilfsw gestaffelter Gegenforderungen, ist die Erfolgsaussicht hinsichtl jeder Gegenforderung gesondert zu beurteilen. Begehrt der Sch im **Vollstreckungsverf**, namentl im Zwangsversteigerungsverf PKH, so lassen sich die Erfolgsaussichten seiner Rechtsverteidigung nur beurteilen, wenn er darlegt, gegen welche Vollstreckungsmaßnahme er sich wenden oder wie er sich sonst konkret am Verf beteiligen will (BGH WM 2003, 2432).

33 **4) Möglichkeit der Beweisführung.** Eine Beweisaufnahme findet im PKH-Prüfungsverf nicht statt (s § 118 Rn 1). PKH ist vielmehr idR bereits dann zu bewilligen, wenn der Erfolg der Rechtsverfolgung oder -verteidigung vom Ausgang einer Beweisaufnahme abhängt; dabei genügt es, dass die Beweisaufnahme ernsthaft in Betracht kommt (BVerfG NJW 2008, 1060 = MDR 2008, 518; BVerfG FamRZ 2020, 1559). Das gilt auch, wenn es wenig wahrscheinl ist, dass der Beweis erbracht werden wird, denn es widerspricht dem Gebot der Rechtsschutzgleichheit, in diesem Fall die Rechtsverfolgung für aussichtslos zu erklären (BVerfG NJW 2003, 2976). Anders ist es aber, wenn die Gesamtwürdigung aller schon feststehenden Umstände und Indizien eine positive Beweiswürdigung zugunsten des Hilfsbedürftigen als nahezu ausgeschlossen erscheinen lässt (BVerfG NJW 2020, 534 Tz 27; BGH NJW 1994, 1160; OLG München ZIP 2023, 2532; OLG Düsseldorf ZIP 2023, 600) und wenn eine vernünftige wirtschaftl denkende Partei, die die Kosten selbst bezahlen müsste, wegen des absehbaren Misserfolgs der Beweisaufnahme von einer Prozessführung absehen würde (OLG Köln NJW-RR 2001, 791; sa OLGR Koblenz 2009, 297). Hier kann das Gericht aufgrund einer sog **Beweisantizipation** die Erfolgsaussichten verneinen.

34 Der Inhalt einer **Zeugenaussage** darf grds nicht vorweggenommen werden (OLG Braunschweig NJW-RR 2015, 239; OLG Köln FamRZ 95, 940), es sei denn, der Zeuge hat bereits gerichtl ausgesagt oder die Aussage verweigert und wird danach erneut benannt, ohne dass dargetan wird, weshalb er bei nochmaliger Vernehmung anders aussagen wird (OLG Köln FamRZ 93, 215) oder warum seiner Aussage nunmehr Glauben zu schenken sein soll (OLG Bamberg VersR 2008, 986). Auch Aussagen des angebotenen Zeugen in einem Ermittlungsverf können berücksichtigt werden (BVerfG NJW-RR 2004, 61; OLG Hamm NJW-RR 2000, 1669). Vom Ag vorgelegte eidesstattl Versicherungen oder in anderen Verf getätigte schriftl Äußerungen des Zeugen ersetzen hingegen eine gerichtl Beurteilung der Glaubwürdigkeit idR nicht (MskV/Fischer Rn 22).

Die Erfolgsaussicht kann fehlen, wenn sich aus Erkenntnissen eines strafrechtl **Ermittlungsverf**, die im Wege des Urkundenbeweises verwertet werden können, ergibt, dass eine Beweiswürdigung zu Gunsten des ASt ausgeschlossen erscheint, so zB bei einer dort ermittelten entgegenstehenden Spurenlage (OLG Hamm 23.9.2015 – 20 W 18/15), in Anbetracht dort vernommener Zeugen oder eingeholter SV-Gutachten (OLG München 28.9. 2011 – 1 W 1728/11) oder wenn sich der ASt zu seinen Angaben im Ermittlungsverf in Widerspruch setzt (OLG München MDR 2010, 1342). Dies darf allerdings nicht dazu führen, dass das Gericht die Prüfung der Erfolgsaussichten dadurch ersetzt, dass es sich ledigl das Ergebnis eines Strafprozesses oder Ermittlungsverf zu eigen macht (OLGR Bremen 2006, 301). Das gilt insb in einer „Aussage-gegen-Aussage"-Konstellation; die Würdigung der Aussagen in einem Strafurteil darf nicht unbesehen übernommen, wohl aber dürfen dort getroffene Erkenntnisse über die Glaubhaftigkeit der Aussagen berücksichtigt werden (OLG Saarbrücken MDR 2009, 1242). 35

Wenn die Erfolgsaussicht von der **Parteivernehmung** des Gegners (zur Vernehmung der eigenen Partei s Rn 30) abhängt, zwingt das Verbot der mündl Verh (§ 127 I 1) dazu, die Aussicht verhältnismäßig großzügig zu beurteilen (OLG Karlsruhe FamRZ 92, 1198). Wenn aber die Gegenpartei die Behauptung, über die sie vernommen werden soll, bereits schriftsätzl substantiiert bestritten hat und keine konkreten Anhaltspunkte für die Unrichtigkeit ihrer Darstellung bestehen, besteht keine hinreichende Erfolgsaussicht, weil eine abweichende Aussage bei ihrer Vernehmung nicht zu erwarten ist (OLG Köln MDR 97, 105; OLG Köln MDR 2007, 605). 36

Der Richter darf keine Beweisprognosen stellen, soweit ihm die erforderl **Sachkunde** fehlt, zB bei der Unfallanalyse, in bautechnischen Angelegenheiten oder Arztprozessen (OLG Celle VersR 82, 553). Die Erfolgsaussicht ist daher anzunehmen, wenn über die Richtigkeit des Klagevorbringens erst nach Einholung eines **SV-Gutachten** entschieden werden kann. Ein bereits **vorhandenes Gutachten**, insb wenn es nach § 411a im Hauptsacheverf herangezogen werden könnte, kann aber die Erfolgsaussichten ausschließen, wenn nicht substantiiert dargelegt wird, dass es mangelhaft ist (OLG Karlsruhe 12.6.2013 – 7 W 26/13; OLGR Bamberg 2008, 110) oder dass nicht sämtl Anknüpfungstatsachen zugrunde gelegt wurden, zB weil der Gutachter den ASt nicht persönl untersucht hat (OLG Frankfurt GesR 2010, 365). Die Notwendigkeit einer substantiierten Darlegung der Mangelhaftigkeit gilt trotz der abgesenkten Anforderungen an die Substantiierung des Klagevorbringens (s Rn 29) auch im **Arzthaftungsprozess**, wenn in einem vorgerichtl Schlichtungsverf ein Gutachten eingeholt wurde, das keinen Behandlungsfehler feststellt (OLG Dresden ZMGR 2022, 85). 37

5) Besonderheiten in bestimmten Verfahren. a) Vergleich. Eine isolierte Bewilligung von PKH für einen Vergleich im Hauptsacheverf ist grds ausgeschlossen; eine Ausnahme gilt nur für den sog Mehrvergleich (s vor § 114 Rn 6). Zum Vergleichsabschluss im PKH-Bewilligungsverf s vor § 114 Rn 10. Zum Wegfall der Erfolgsaussichten bei Vergleichsschluss in der Hauptsache während des PKH-Verf und beim Mehrvergleich s § 127 Rn 16. 38

b) Rechtsmittelverfahren. Die Prüfung der Erfolgsaussicht richtet sich nach der Parteirolle. Gem § 119 I 2 wird zugunsten des Rechtsmittelgegners (Berufungs-, Revisionsbekl, Beschwerdegegners) die Erfolgsaussicht ohne Prüfung grds unterstellt (dazu § 119 Rn 19 ff). Für den Rechtsmittelführer bestehen hingegen keine Erleichterungen. Der BGH kann ihm PKH für eine Revision auch dann verweigern, wenn das OLG sie zugelassen hat (BGH MDR 2008, 98). Da sich die Erfolgsaussicht bereits aus dem vorinstanzl Vorbringen ergeben kann, ist eine Begründung des PKH-Antrags nicht zwingend erforderl (s § 117 Rn 7 f). Die Prüfung der Erfolgsaussicht umfasst auch die **Zulässigkeit des Rechtsmittels**, insb der Beschwer gem § 511 IV Nr 2, § 544 II Nr 1 (BGH WuM 2020, 738; sa § 119 Rn 18). Wird vor Ablauf der Rechtsmittelfrist PKH für ein Rechtsmittel beantragt, ohne dass zugleich das Rechtsmittel selbst eingelegt wird, und wird erst nach Fristablauf über die PKH entschieden, so ist das Rechtsmittel nur erfolgversprechend, wenn WE in den vorigen Stand gewährt werden kann (s § 119 Rn 14 f; § 233 Rn 23.29). Hinsichtl der Begründetheit ist ein **eingeschränkter Rechtsmittelgegenstand** zu beachten (vgl §§ 529, 531, 545, 576). Für eine Berufung, die sich in Angriffen auf die Beweiswürdigung der Vorinstanz erschöpft, darf PKH nur bewilligt werden, wenn sie konkrete Anhaltspunkte bezeichnet, die Zweifel an der Richtigkeit der Tatsachenfeststellungen im angefochtenen Urteil begründen (§ 529 I Nr 2; OLG Dresden MDR 2003, 289). Erfolgsaussichten fehlen, wenn das eingelegte Rechtsmittel zwar zur Aufhebung und Zurückverweisung führen würde, in der Sache selbst aber kein Erfolg zu erwarten ist (s Rn 20). 39

c) Stufenklage. Da sich die Bewilligung von PKH einheitl auf alle Stufen der PKH bezieht (s § 119 Rn 3.24), ist die Erfolgsaussicht aller Stufen zu prüfen. Erteilt der Bekl die geforderte Auskunft während des PKH-Verf, erledigt sich der Auskunftsanspruch; PKH kann dem **Kl** insoweit nicht mehr gewährt werden (s § 127 Rn 16). Das gilt auch, wenn der Bekl den Auskunftsanspruch anerkannt hat. Die Erfolgsaussichten sind dann nach dem vom ASt gestellten Zahlungsantrag zu beurteilen (OLG Saarbrücken ZEV 2020, 297; OLG Köln FamRZ 85, 623). Der **Bekl** einer Stufenklage erhält grds keine PKH, wenn er die Auskunft grundlos verweigert. Solange er dies tut, bietet seine Rechtsverteidigung auch ggü dem noch unbestimmten Zahlungsantrag keine Aussicht auf Erfolg. Nur wenn er die Auskunft erteilt, lässt sich feststellen, dass er keine Zahlung schuldet (OLG Brandenburg FamRZ 98, 174). Anders ist es aber dann, wenn seine Einwendungen den Grund des noch zu beziffernden Zahlungsanspruchs betreffen und diese Aussicht auf Erfolg haben (OLG Stuttgart FamRZ 2014, 1478). Erkennt der Bekl die Auskunftspflicht an, kann er PKH zur Verteidigung gegen die Zahlungsklage erst verlangen, sobald der Kl seinen Zahlungsantrag beziffert hat. Erst dann lässt sich erkennen, ob seine Rechtsverteidigung Aussicht auf Erfolg hat (OLG Hamm FamRZ 2000, 429). 40

41 **d) Wiederaufnahme.** Da PKH nur bei möglichem Erfolg in der Sache bewilligt werden kann (s Rn 20), fehlt die Erfolgsaussicht eines Wiederaufnahmeantrags auch dann, wenn der Rechtsstreit, der wiederaufgenommen werden soll, iErg richtig entschieden worden ist. Ob der Antrag zulässig ist und ob Wiederaufnahmegründe hinreichend dargetan und für das frühere Urteil ursächl geworden sind, kann dann offenbleiben (BGH NJW 93, 3140 = MDR 94, 841).

42 **e) Selbständiges Beweisverfahren.** Ein Antrag auf PKH für ein sBV (s vor § 114 Rn 4) hat Aussicht auf Erfolg, wenn dem sBV-Antrag voraussichtl stattzugeben ist (OLG Hamm MDR 2020, 1529; OLG Saarbrücken MDR 2003, 1436; sa § 490 Rn 5). Der ASt braucht nicht darzulegen, weshalb er nicht gleichzeitig Klage erhebt (LG Stade MDR 2004, 469). Es kommt auch nicht darauf an, ob die später beabsichtigte Klage im Hauptprozess aussichtsreich ist (OLG Stuttgart MDR 2010, 169; OLG Oldenburg MDR 2002, 910). Die Rechtsverteidigung des Ag verspricht Erfolg, wenn er ein berechtigtes Interesse daran hat, bei den Feststellungen durch einen SV einen RA hinzuzuziehen (OLG Hamm MDR 2015, 727; OLG Saarbrücken MDR 2003, 1436).

43 **VII) Kein Mutwillen. 1) Begriff.** Legaldefinition in § 114 II. Vorrangig ist nach dem Gesetzeswortlaut die Prüfung der Erfolgsaussicht (aA BGH NJW-RR 2017, 1469 Tz 11). Maßstab für die Mutwilligkeit ist das hypothetische Verhalten einer selbstzahlenden Partei in der Situation des ASt. Würde diese von der Durchsetzung ihrer Rechtsposition absehen, erscheint die Prozessführung der bedürftigen Partei auf Kosten der Allgemeinheit als mutwillig (BGH MDR 2017, 1261 Tz 6). Entscheidend ist grds der Zeitpunkt der gerichtl Entscheidung (s § 127 Rn 15). Einzelheiten zu Familiensachen s § 76 FamFG Rn 12 ff.

44 **2) Überflüssige Prozessführung.** Die Rechtsverfolgung und -verteidigung, von der eine vernünftige Partei gänzl absehen würde, ist mutwillig. Das ist zB der Fall, wenn lediglich um des Prinzips willen ohne Auswirkung auf die konkret begehrte Rechtsposition gestritten wird (BGH FamRZ 2022, 601 Tz 21) oder die Rechtsverfolgung sachfremden, nicht schützenswerten Zwecken dienen soll (OLG Karlsruhe 18.6.2020 – 2 Vas 19/19). Hierzu gehört auch das Beschreiten eines prozessualen Wegs, der **erkennbar aussichtslos** ist, auch wenn ein Erfolg in der Sache selbst mögl ist, zB der **Antrag auf Erlass eines MB**, wenn der Gegner den Widerspruch bereits angekündigt hat (BGH MDR 2017, 1261; BGH FamRZ 2018, 601), anders aber, wenn Verjährung gehemmt werden soll (zu weitgehend BGH NJW 2019, 3079 = MDR 2019, 1326 Tz 15 ff: idR keine Mutwilligkeit auch bei erwartbarem Widerspruch).

45 Überflüssig ist die Rechtsverfolgung zudem, wenn eine **prozessuale Durchsetzung nicht erforderl** ist. So ist es mutwillig, wenn der ASt den Ag nicht außergerichtl zur Erfüllung aufgefordert hat (OLG Hamburg FamRZ 2020, 1021). Zeigt sich allerdings durch das Verhalten des Ag bis zur Entscheidung des PKH-Antrags, dass ein solches Vorgehen erfolglos gewesen wäre, kann PKH nicht aus diesem Grund versagt werden (OLG Brandenburg FamRZ 2018, 1339). Mutwillig ist zB eine Widerklage auf Zahlung, falls der Bekl gegen die unbestr Klageforderung **aufrechnen** kann (OLG Naumburg NJW-RR 2003, 210), nicht jedoch die Klage, wenn der Bekl hilfsweise mit einer unstreitigen Gegenforderung aufrechnet (OLG Köln MDR 2016, 1266; sa Rn 20). Durch **Beitritt des anwaltl vertretenen Haftpflichtversicherers als Streithelfer** des Kfz-Halters sind dessen Interessen grds hinreichend gewahrt, so dass ihm keine PKH und keine Beiordnung eines eigenen RA zu bewilligen ist (OLG Brandenburg NJW-RR 2010, 245). Mutwillen liegt idR auch dann vor, wenn ein Rückgriff des Versicherers droht (OLG Frankfurt 5.11.2021 – 4 W 29/21; aA OLG Frankfurt MDR 2017, 941), nicht aber, wenn der Versicherer den Verdacht der Unfallmanipulation äußert (BGH MDR 2010, 248). Der PKH-Antrag für einen sog **Mehrvergleich** (s vor § 114 Rn 6) ist mutwillig, wenn eine nicht bedürftige Partei vernünftigerw wegen der Kostenfolgen von der Aufnahme der zusätzl Gegenstände abgesehen hätte, zB wenn die aufgenommenen Regelungen überflüssig sind, weil die Forderungen unstr sind und kein Titulierungsinteresse besteht (BAG NJW 2012, 2828). Keine PKH ist für eine **Vollstreckungsabwehrklage** zu bewilligen, wenn der Gegner nicht mehr vollstrecken will und bisher nicht aufgefordert worden ist, den Vollstreckungstitel herauszugeben (OLG Bamberg FamRZ 92, 456). Mutwillig ist die Einleitung der **ZwV**, obwohl der Sch beanstandungslos leistet (LG Schweinfurt DAVorm 85, 507). Eine **Teilungsversteigerung** ist mutwillig, wenn absehbar ist, dass sich kein Bieter findet, der ein nach §§ 182, 44 ZVG zulässiges Gebot abgibt (BGH NJW-RR 2011, 708).

46 Die **Geltendmachung geringer Beträge** ist für sich genommen **nicht** mutwillig (BTDrs 17/11472, 29). Anders kann es allerdings sein, wenn bei zweifelhaften Erfolgsaussichten das Prozesskostenrisiko unverhältnismäßig ist, zB aufgrund der Notwendigkeit teurer SV-Gutachten (LG Ulm NJW-RR 90, 637). Nicht mutwillig ist im Hinblick auf eine künftige Restschuldbefreiung die negative Feststellungsklage des InsSchuldners, dass zur Tabelle angemeldete Unterhaltsrückstände nicht auf einer vorsätzl unerlaubten Handlung beruhen (KG FamRZ 2016, 147). PKH für ein **sBV** kann nicht wegen Mutwillens versagt werden, wenn ein etwaiger Hauptsacheprozess keine Erfolgsaussicht hat (s Rn 42).

47 **3) Einfacherer Weg.** Mutwillig handelt, wer von zwei gleichwertigen prozessualen Wegen denjenigen beschreitet, von dem er von vornherein annehmen muss, dass er für ihn der kostspieligere ist (BGH FamRZ 2005, 786 = NJW 2005, 1497; OLG Naumburg FamRZ 2008, 432; OLG Zweibrücken FamRZ 2015, 349). Fehlt es an der **Gleichwertigkeit** der Rechtsschutzmöglichkeiten, verbietet es das Gebot der Rechtsschutzgleichheit (s vor § 114 Rn 1), den ASt auf den kostengünstigeren Weg zu verweisen; ihm darf nicht verwehrt werden, den si-

chersten Weg oder weitest gehenden Rechtsschutz zu wählen (OLG Schleswig 25.7.2023 – 15 WF 158/23). Da die Möglichkeiten **alternativer Streitbeilegung** bei Scheitern einen Zeitverlust bedeuten und idR eine vollständige Rechtsdurchsetzung bei einer dort getroffenen Einigung nicht mögl ist, ist es grds nicht mutwillig zu klagen, ohne zuvor die Schlichtung zu versuchen (OLG Karlsruhe FamRZ 2002, 1712; OLG Hamm FamRZ 2004, 1116; Hau FS Lindacher, 2017, S 139, 148; Ausnahme s Rn 54). Der Kl handelt nicht mutwillig, wenn er im ZP Klage erhebt, statt Schadensersatz im **Adhäsionsverf** zu verlangen (OLG Frankfurt MDR 2007, 1389). Mutwillig ist aber eine Klage statt eines **Mahnverf**, wenn der Sch seine Schuld anerkannt oder erklärt hat, keinen Widerspruch einzulegen (OLG Düsseldorf MDR 2008, 880; sa Rn 44). Besteht **internat Zuständigkeit** im Inland, kann der ASt wegen des Justizgewährleistungsanspruchs nicht auf ein einfacheres Verf im Ausland verwiesen werden (OLG Karlsruhe FamRZ 2010, 2095); das gilt auch, wenn es sich um einen Ausländer und einen nach ausl Recht zu beurteilenden Sachverhalt handelt (OLG Celle FamRZ 2024, 957). Zum Mutwillen des **Rechtsmittelbekl**, wenn er sich ohne Not verteidigt, s § 119 Rn 21.

Auf die Erhebung einer **Teilklage** soll der ASt verwiesen werden können, wenn keine unbehebbaren Nachteile zB Verjährung drohen und zu erwarten sei, dass das Teil-Urteil den Bekl veranlassen werde, seine gesamte Schuld zu tilgen (Schlößer/Mucke MDR 98, 754; MskV/Fischer Rn 42). Bei einem Rechtsstreit mit weitreichender Bedeutung soll PKH aber jedenfalls in einem Umfang bewilligt werden müssen, dass eine Rechtsverfolgung über drei Instanzen mögl sei (OLGR Hamm 1998, 238). Diese Beschränkungen der PKH auf einen Teil der Forderung überzeugen aber nicht, denn eine bemittelte Partei verzichtet idR nicht auf einen Vollstreckungstitel. Dem fiskalischen Interesse wird zudem bereits durch die Deckelung der RA-Gebühren nach § 49 RVG ausreichend Rechnung getragen. Erhebt der Bekl auf eine Teilklage hin **Widerklage auf Feststellung**, dass er überhaupt nichts schuldet, dann handelt er nur dann mutwillig, wenn zu erwarten ist, dass der Kl auf die Restforderung verzichtet, falls er mit seiner Teilklage unterliegt. Da mit ihr die Vorschusspflicht des § 116 S 1 Nr 1 umgangen werden kann, ist die **Teilklage des InsVerwalters** mutwillig, wenn dieser keine nachvollziehbaren Gründe für die Beschränkung der Rechtsverfolgung vorbringt (BGH MDR 2011, 321; OLG Düsseldorf ZIP 2023, 1861); das Gleiche gilt, wenn der InsVerwalter sich ohne vernünftige Gründe auf die Anfechtung einzelner Zahlungen eines gleichgelagerten Sachverhalts beschränkt (OLG Saarbrücken ZIP 2022, 2031). 48

Können mehrere Ansprüche in einer **gemeinsamen Klage** oder kann ein Anspruch durch **Klageerweiterung** in einem bereits anhängigen Rechtsstreit geltend gemacht werden, ist das Betreiben eines weiteren Prozesses mutwillig, es sei denn, es bestehen ernsthafte Gründe für die 2. Klage (BGH JurBüro 2014, 203; OLG Nürnberg ZfSch 2024, 393; zum sog unechten Musterverf sa Rn 9). Dasselbe gilt, wenn dem Bekl die Erhebung einer kostengünstigeren (§ 45 I GKG, § 23 I 1 RVG) **Widerklage** mögl ist (OLG Koblenz NJW-RR 2005, 672). Mutwillig ist es auch, Gesamtsch getrennt zu verklagen (OLG Hamm MDR 2005, 350), trotz Sachzusammenhangs einzelne Ansprüche in bes Gerichtsständen zu verfolgen, statt sie gemeinsam im allg Gerichtsstand einzuklagen (OLG Karlsruhe Justiz 89, 192) oder vor einem Gericht zu klagen, das nur für einzelne der geltend gemachten Ansprüche zuständig ist, so dass ein weiterer Prozess vor einem anderen Gericht geführt werden muss (OLG Karlsruhe MDR 88, 972). 49

Grds nicht mutwillig handelt der Bekl, der zum PKH-Antrag des Kl **keine Stellungnahme (§ 118 I 1)** abgibt, sondern sich erst verteidigt, nachdem PKH bewilligt und Klage erhoben worden ist (OLG Hamm MDR 2024, 1547; OLG Koblenz FamRZ 2019, 1876; OLG Oldenburg FamRZ 2013, 59; aA OLG Köln FamRB 2012, 11; OLG Celle FamRZ 2012, 47). Das gilt auch dann, wenn der Bekl durch die Stellungnahme ein Hauptsacheverf verhindern könnte, weil er ein berechtigtes Interesse an einer Kostenerstattung (§ 91) hat, die im PKH-Verf ausgeschlossen ist (§ 118 I 4). Mutwillen kann allenfalls im Einzelfall anzunehmen sein, wenn der Bekl durch einfachen Vortrag ohne Kostenaufwand den geltend gemachten Anspruch ganz oder teilw zu Fall hätte bringen können (OLG Köln MDR 2014, 285) oder wenn erkennbar ist, dass ein Anspruch auf Kostenerstattung gegen den Kl nicht durchsetzbar ist, weil dann eine bemittelte Partei ein Hauptsacheverf vermeiden würde (Fischer MDR 2006, 664). 50

4) Fehlende Aussicht auf Erfüllung. Dass die titulierte Forderung beim Gegner nicht beigetrieben werden kann, kann die Rechtsverfolgung mutwillig machen. Ist nur eine Verurteilung **Zug-um-Zug** zu erwarten, muss der ASt finanziell in der Lage sein, die Gegenleistung zu erbringen (OLG Düsseldorf VersR 82, 776). 51

Steht wegen dauerhafter Vermögenslosigkeit des Gegners fest, dass ein gegen ihn erwirktes Urteil nicht vollstreckt werden kann, kann die Klageerhebung im Einzelfall mutwillig sein (OLG Oldenburg FamRZ 2010, 2095). Jedoch ist bei der Annahme **fehlender Vollstreckbarkeit** äußerste Zurückhaltung geboten (KG ZInsO 2020, 2714; OLG Karlsruhe FamRZ 2005, 1099; OLG Hamm NJW-RR 2005, 723), insb wenn sonst die Verjährung oder Verwirkung des Anspruchs droht. Das gilt auch, wenn der Aufenthalt des Bekl unbekannt ist (OLG Köln FamRZ 2005, 460). Die Verwirklichung des Anspruchs muss auf lange Sicht aussichtslos erscheinen (OLG Düsseldorf NJW-RR 98, 503; OLG Hamm NJW-RR 99, 1737). Mutwillen kann danach zB angenommen werden, wenn ein Ausländer in Dt kein pfändbares Vermögen besitzt, er sich dauerhaft nicht im Inland aufhält und das dt Urteil im Heimatstaat nicht vollstreckbar wäre (LG Tübingen FamRZ 64, 318). Es besteht aber keine allg Vermutung, dass ZwV-Maßnahmen gegen im (europ) Ausland ansässige Unternehmen grds keine Erfolgsaussichten haben. Anders, wenn die Umstände des Einzelfalls ein zu betrügerischen Zwecken im Ausland ge- 52 gründetes Unternehmen vermuten lassen (OLG Hamm MDR 2014, 1410; OLG Dresden NJW-RR 2004, 1078: ausl Briefkastenfirma, die Gewinnversprechen iSd § 661a BGB macht).

53 Ist die Befriedigung des **InsGläubigers** ausgeschlossen, weil der Insolvenzantrag mangels Masse abzuweisen ist (§ 26 InsO) oder er voraussichtl keine Quote erhält, ist ihm PKH wegen Mutwilligkeit zu verweigern (BGH MDR 2005, 50). Das gilt nicht für Arbeitnehmer, denn sie haben ein rechtl Interesse daran, dass durch die Zurückweisung des Antrags die Zeit der Insolvenz iSd SozialR festgelegt wird (Vallender MDR 99, 598, 601).

54 5) **Schuldhaftes Parteiverhalten.** Nicht mutwillig ist es, wenn die Partei durch eine Straftat die Ursache für eine gegen sie gerichtete Klage geschaffen hat (BGH NJW 2016, 2188). Die gerichtl Rechtsverfolgung kann aber durch **vorprozessuales Verhalten** mutwillig werden, zB wenn der Ag dem ASt die gütliche Beilegung angeboten hat und dieser dennoch ohne Anlass sofort Klage erhebt (OLG Koblenz MDR 2015, 105); ebenso die Rechtsverteidigung, wenn der ASt durch sein unberechtigt rein passives Verhalten das Verf selbst veranlasst hat (OLG Frankfurt FamRZ 2008, 420). Auch das vor Entscheidung über den PKH-Antrag festzustellende **Prozessverhalten** des ASt ist zu berücksichtigen. Mutwille kann vorliegen, wenn er nicht aktiv am Verf mitwirkt (AG Lüdenscheid FamRZ 2011, 1884), namentl seinen RA nicht informiert und dadurch die Gefahr des Prozessverlustes heraufbeschwört. Mutwillig ist es, wenn die Partei ihre Klage nach PKH-Bewilligung zurücknimmt und anschließend für dieselbe Klage erneut PKH begehrt, ohne dass ein rechtfertigender Grund ersichtl ist (OLG Frankfurt FamRZ 2024, 448; OLG Hamburg AGS 2019, 134). Hat ein Rechtsmittel nur auf Grund neuen Vorbringens, das der Rechtsmittelführer auch in der Vorinstanz hätte geltend machen können, Aussicht auf Erfolg, kann die Rechtsverfolgung in der Rechtsmittelinstanz mutwillig sein, wenn sie nicht bereits wegen § 531 II, § 533 keine Erfolgsaussichten hat (s Rn 39; OLG Köln FamRZ 2019, 814; OLG Brandenburg FamRZ 2019, 822). Auf dieser Erwägung beruht auch § 97 II, wonach der obsiegende Rechtsmittelführer in diesem Fall die Kosten des Rechtsmittelverf zu tragen hat. Mutwillig kann im Einzelfall auch die **Verfolgung prozessfremder Zwecke** sein, zB wenn der Kleinaktionär mit seiner Anfechtungsklage (§§ 246 ff AktG) versucht, sich den Lästigkeitswert seiner Klage (§§ 246 ff AktG) durch Vergleich abkaufen zu lassen (sog räuberischer Aktionär; OLG Celle AG 2010, 367), oder wenn der ASt der Klage oder dem Antrag in Wahrheit nicht entgegentritt (OLG Köln NJW-RR 2001, 869).

§ 115 Einsatz von Einkommen und Vermögen

(1) [1]Die Partei hat ihr Einkommen einzusetzen. [2]Zum Einkommen gehören alle Einkünfte in Geld oder Geldeswert. [3]Von ihm sind abzusetzen:

1. a) die in § 82 Abs. 2 des Zwölften Buches Sozialgesetzbuch bezeichneten Beträge;
b) bei Parteien, die ein Einkommen aus Erwerbstätigkeit erzielen, ein Betrag in Höhe von 50 vom Hundert des Regelsatzes, der für den alleinstehenden oder alleinerziehenden Leistungsberechtigten vom Bund gemäß der Regelbedarfsstufe 1 nach der Anlage zu § 28 des Zwölften Buches Sozialgesetzbuch festgesetzt oder fortgeschrieben worden ist;

2. a) für die Partei und ihren Ehegatten oder ihren Lebenspartner jeweils ein Betrag in Höhe des um 10 vom Hundert erhöhten Regelsatzes, der für den alleinstehenden oder alleinerziehenden Leistungsberechtigten vom Bund gemäß der Regelbedarfsstufe 1 nach der Anlage zu § 28 des Zwölften Buches Sozialgesetzbuch festgesetzt oder fortgeschrieben worden ist;
b) bei weiteren Unterhaltsleistungen auf Grund gesetzlicher Unterhaltspflicht für jede unterhaltsberechtigte Person jeweils ein Betrag in Höhe des um 10 vom Hundert erhöhten Regelsatzes, der für eine Person ihres Alters vom Bund gemäß den Regelbedarfsstufen 3 bis 6 nach der Anlage zu § 28 des Zwölften Buches Sozialgesetzbuch festgesetzt oder fortgeschrieben worden ist;

3. die Kosten der Unterkunft und Heizung, soweit sie nicht in einem auffälligen Missverhältnis zu den Lebensverhältnissen der Partei stehen;

4. Mehrbedarfe nach § 21 des Zweiten Buches Sozialgesetzbuch und nach § 30 des Zwölften Buches Sozialgesetzbuch;

5. weitere Beträge, soweit dies mit Rücksicht auf besondere Belastungen angemessen ist; § 1610a des Bürgerlichen Gesetzbuchs gilt entsprechend.

[4]Maßgeblich sind die Beträge, die zum Zeitpunkt der Bewilligung der Prozesskostenhilfe gelten. [5]Soweit am Wohnsitz der Partei aufgrund einer Neufestsetzung oder Fortschreibung nach § 29 Absatz 2 bis 4 des Zwölften Buches Sozialgesetzbuch höhere Regelsätze gelten, sind diese heranzuziehen. [6]Das Bundesministerium der Justiz und für Verbraucherschutz gibt bei jeder Neufestsetzung oder jeder Fortschreibung die maßgebenden Beträge nach Satz 3 Nummer 1 Buchstabe b und Nummer 2 und nach Satz 5 im Bundesgesetzblatt bekannt. [7]Diese Beträge sind, soweit sie nicht volle Euro ergeben, bis zu 0,49 Euro abzurunden und von 0,50 Euro an aufzurunden. [8]Die Unterhaltsfreibeträge nach Satz 3 Nr. 2 vermin-

dern sich um eigenes Einkommen der unterhaltsberechtigten Person. [9]Wird eine Geldrente gezahlt, so ist sie anstelle des Freibetrages abzusetzen, soweit dies angemessen ist.

(2) [1]Von dem nach den Abzügen verbleibenden Teil des monatlichen Einkommens (einzusetzendes Einkommen) sind Monatsraten in Höhe der Hälfte des einzusetzenden Einkommens festzusetzen; die Monatsraten sind auf volle Euro abzurunden. [2]Beträgt die Höhe einer Monatsrate weniger als 10 Euro, ist von der Festsetzung von Monatsraten abzusehen. [3]Bei einem einzusetzenden Einkommen von mehr als 600 Euro beträgt die Monatsrate 300 Euro zuzüglich des Teils des einzusetzenden Einkommens, der 600 Euro übersteigt. [4]Unabhängig von der Zahl der Rechtszüge sind höchstens 48 Monatsraten aufzubringen.

(3) [1]Die Partei hat ihr Vermögen einzusetzen, soweit dies zumutbar ist. [2]§ 90 des Zwölften Buches Sozialgesetzbuch gilt entsprechend.

(4) Prozesskostenhilfe wird nicht bewilligt, wenn die Kosten der Prozessführung der Partei vier Monatsraten und die aus dem Vermögen aufzubringenden Teilbeträge voraussichtlich nicht übersteigen.

I) Bedeutung. § 115 bestimmt, wie weit die hilfsbedürftige Partei Einkommen (I, II) und Vermögen (III) für Gerichts- und Anwaltskosten einzusetzen hat, die ihr voraussichtl entstehen werden. Einkommen und Vermögen stehen in keinem Rangverhältnis. Genügendes Einkommen kann ebenso wie hinreichendes Vermögen zur Versagung von PKH führen (IV). Da PKH der Partei nur die Prozessführung ermöglichen soll, kommt es nicht auf Kosten an, die sie nach Ende des Prozesses ihrem Gegner zu erstatten hat (s § 114 Rn 12 f). Die Anwendung des § 115 wird erleichtert durch die regelmäßig im BGBl I veröffentlichte PKHB, in der die Freibeträge nach I 3 Nr 1b, 2a und 2b zahlenmäßig benannt sind (s Rn 31). 1

II) Einsatz des Einkommens (§ 115 I 1, 2). 1) Einkommensbegriff. Die Definition des Einkommens in I 2 („alle Einkünfte in Geld oder Geldeswert") lehnt sich an die sozialrechtl Regelung des § 82 I 1 SGB XII an (BGH NJW 2017, 962; BGH MDR 2005, 767), übernimmt aber die in § 82 I 2 SGB XII genannten Ausnahmen nicht. Keine Anwendung finden die unterhalts- oder steuerrechtl Regeln der Einkommensermittlung. 2

Entscheidend sind die **tatsächl Einkünfte**, nicht deren zukünftige Entwicklung. Ledigl in Aussicht stehende Einkommensverbesserungen müssen im Zeitpunkt der Bewilligung außer Betracht bleiben (OLG Stuttgart FamRZ 2011, 1885; sa BGH MDR 87, 918: Erwartung künftigen Einkommens ist auch kein Vermögen). Ein Zahlungsanspruch, zB auf Lohn, Unterhalt oder Miete, ist nicht mit Einkommen gleichzusetzen, wenn er sich nicht alsbald durchsetzen lässt (BVerwGE 21, 208), kann aber ggf einzusetzendes Vermögen sein (s Rn 54 ff). Über abgetretene oder **gepfändete Einkünfte** kann die Partei nicht verfügen; sie unterfallen daher nicht I 1, 2 (MK/Wache Rn 8; einschränkend MskV/Fischer Rn 2: nur wenn bei freiwilliger Zahlung nach I 3 Nr 5 abziehbar). Die Regelung in I 1, 2 unterscheidet nicht danach, ob die Partei einen Rechtsanspruch auf die Einkünfte hat. **Freiw Zuwendungen** sind Einkommen, wenn sie regelmäßig und in nennenswerter Höhe gewährt werden und wenn zu erwarten ist, dass der Zuwendende seine Zahlungen auch künftig fortsetzen wird (BGH FamRZ 2008, 400). 3

Das Einkommen nach I 1, 2 ist auch dann maßgebl, wenn die **Partei im Ausland** lebt. Für die Umrechnung ausl Währungen in Euro ist der Wechselkurs zum Zeitpunkt der PKH-Entscheidung zugrunde zu legen (s § 127 Rn 15). Lebt die Partei in einem Staat mit bes hohen Lebenshaltungskosten, ist der Mehrbedarf nach I 3 Nr 5 zu berücksichtigen, damit das Existenzminimum gewahrt bleibt. Der Mehrbedarf kann dadurch ermittelt werden, dass beim Einkommen Kaufkraftparität hergestellt wird (OLG Karlsruhe FamRZ 2022, 1218 mit Rechenbeispiel; aA OLG Karlsruhe MDR 2024, 467: Anpassung der Freibeträge). Lebt die Partei in einem Staat mit bes niedrigen Lebenshaltungskosten, sind hingegen in dem auf schematische Vereinfachung angelegten PKH-Verf Modifikationen nicht angebracht (BGH MDR 2008, 992 [Polen]; BFH BB 2020, 2856 [Bulgarien]; OLG Stuttgart MDR 2007, 494). 4

2) Einkommen der Partei. Maßgebend ist grds das Einkommen der jew Partei, **nicht das Familieneinkommen** (BAG MDR 2006, 1307; OLG Rostock MDR 2008, 1426). Ehegatteneinkommen können einen Prozesskostenvorschuss begründen (s Rn 59) und werden nach I 3 Nr 2a berücksichtigt, nicht aber zusammengerechnet (BAG MDR 2006, 1307; OLG Celle Schaden-Praxis 2012, 135). Würde das Einkommen des anderen Ehegatten mitberücksichtigt, liefe das darauf hinaus, dass der andere auch für Prozesskosten in nicht persönl Angelegenheiten aufkommen müsste, die er nach den § 1360a IV, § 1361 IV 4 BGB gerade nicht zu bezahlen braucht (s Rn 62). PKH ist auch dann für jeden **Ehegatten** einzeln zu berechnen, wenn Eheleute gemeinsam einen Anspruch einklagen (MK/Wache Rn 6; aA OLG Hamburg FamRZ 86, 187). Erst recht ist trotz häusl Gemeinschaft nicht das Einkommen des **Lebensgefährten** zu berücksichtigen (OLG Karlsruhe FamRZ 2005, 43). Der einkommenslosen Partei darf auch nicht ein fiktives Entgelt für die Versorgung ihres Lebensgefährten als Einkommen angerechnet werden; denn sie hat keinen Anspruch auf Zahlung dieses Entgelts (OLG Koblenz FamRZ 2001, 1153). Bei **Minderj** ist auf deren Einkommen und Vermögen abzustellen (OLG Karlsruhe FamRZ 2016, 1195). Kindesunterhalt ist ihr Einkommen und nicht Einkommen des Elternteils, bei dem das Kind lebt (OLG Nürnberg MDR 2007, 159; OLG Bamberg FamRZ 2007, 1339). Anders ist es jedoch bei **missbräuchl Einkommensverlagerung** auf den anderen Ehepartner, Lebensgefährten oder auf Familienangehörige (OLG Karlsruhe MDR 2010, 748). 5

6 **3) Abgrenzung zum Vermögen. Einkommen und Vermögen** sind unterschiedl zu behandeln (§ 115 I, II und III). Laufende Zahlungen sind Einkommen. Eine Leistung, die die Partei vor Eingang des PKH-Antrages erhalten hatte und noch nicht verbraucht hat, gehört hingegen zum Vermögen, auch wenn sie als Einkommen erworben wurde. Einkommen, zB Arbeitslohn, wird aber noch nicht dadurch zum Vermögen, dass es auf ein Bankkonto überwiesen wird, um dann innerhalb eines gewissen Zeitraums davon den tägl Bedarf zu decken (OLG Bamberg FamRZ 97, 299). Einkommen sind auch Lohnbestandteile, die nur **einmal jährl** bezahlt werden, zB Weihnachts- oder Urlaubsgeld, Umsatzbeteiligungen, gewinnabhängige Tantiemen; sie sind jeweils zu 1/12 pro Monat hinzuzusetzen (OLG Bremen FamRZ 98, 1180; OLG Karlsruhe FamRZ 2004, 645; OLG Nürnberg MDR 2006, 1308; aA OLG Brandenburg 13.4.2021 – 9 WF 97/21: Vermögen; OLG Düsseldorf FamRZ 89, 883: nicht zu berücksichtigen). Dasselbe gilt für Honorare für einmalige Tätigkeiten. Eine **einmalige** Unterhalts- oder Kindergeldnachzahlung ist hingegen Vermögen (BGH MDR 2018, 1205; OLG Karlsruhe FamRZ 2012, 385). Gleiches gilt für eine einmalig gezahlte Corona- und Inflationsausgleichsprämie (OLG Brandenburg 13.4. 2021 – 9 WF 97/21; s Rn 10, 88) sowie Zahlungen des ArbG als Urlaubsabgeltung (OLG Dresden MDR 2022, 271). Ebenso sind Steuererstattungen aus Vorjahren Vermögen (aA OLG Hamburg 25.11.2020 – 4 WF 65/20: als Einkommen auf Monate umzulegen). Nicht Einkommen, sondern Vermögen ist auch ein Anspruch auf **Prozesskostenvorschuss** (BGH MDR 2005, 94; BGH NJW 2008, 1950; s Rn 59 ff).

7 **Abfindungen** aus Vermögensauseinandersetzungen, Schenkungen, Erbschaften sind Vermögen, auch wenn der Empfänger sie für seinen Unterhalt verbraucht. Einkommen sind jedoch Unterhaltsabfindungen und Abfindungen für den Verlust des Arbeitsplatzes nach §§ 9, 10 KSchG; denn sie werden an Stelle des Unterhalts oder des Gehalts bezahlt (OLG Karlsruhe FamRZ 2002, 1196; OLG Nürnberg MDR 2008, 405; MK/Wache Rn 2; aA OLG Koblenz FamRZ 2001, 631 für Unterhaltsabfindungen; BAG NJW 2006, 2206 u LAG Nürnberg AE 2019, 170 für Arbeitsplatzabfindungen). Diese Abfindungen sind umzurechnen in die Leistungen, an deren Stelle sie gewährt werden (OLG Karlsruhe MDR 2014, 408; OLG Saarbrücken FamRZ 2010, 2001). Findet der Empfänger der Abfindung neue Arbeit oder heiratet er wieder, so ist der unverbrauchte Rest der Abfindung Vermögen (OLG Köln FamRZ 2005, 211; für Einzelfallbetrachtungsweise OLG Hamm FamRZ 2012, 1158; für Umrechnung in monatl Unterhaltsbeträge OLG Karlsruhe FamRZ 2014, 1724).

8 **4) Fiktives Einkommen.** Das durch die Partei erzielbare Einkommen hat grds keinen Geldeswert. **Arbeitskraft** ist weder Einkommen noch Vermögen (OLG Stuttgart FamRZ 2011, 1885). Der PKH beantragenden Partei können ausnahmsw aber **fiktive Einkünfte** zugerechnet werden, wenn sie **rechtsmissbräuchl** handelt (BGH NJW 2009, 3658 = MDR 2010, 43). Letzteres ist nicht nur bei vorsätzl Herbeiführung oder Aufrechterhaltung der Bedürftigkeit gegeben, sondern auch, wenn sie es **offenkundig leichtfertig** unterlässt, eine tatsächl bestehende und zumutbare Erwerbsmöglichkeit zu nutzen, und ihr deshalb die Beseitigung ihrer Bedürftigkeit ohne weiteres mögl wäre (BGH NJW 2009, 3658 = MDR 2010, 43; OLG Saarbrücken MDR 2012, 1367). Der Rechtsmissbrauch wird auch bei einer erwerbslosen oder in Teilzeit beschäftigten Partei nicht vermutet. Ein Arbeitsloser braucht deshalb nicht von sich aus substantiiert darzulegen, dass er sich erfolglos um Arbeit bemüht (BGH NJW 2009, 3658 = MDR 2010, 43; KG MDR 2004, 710; aA OLG Brandenburg FamRZ 2020, 1022). Dasselbe gilt für die Partei, die nur eine Teilzeitbeschäftigung ausübt (OLG Dresden FamRZ 2018, 1527). An einen Bescheid, mit dem der Partei ungekürzte Sozialleistungen nach SGB II oder XII bewilligt sind, mithin festgestellt wurde, dass nicht gegen Erwerbsobliegenheiten verstoßen wurde, ist das Gericht nicht gebunden; er ist aber ein gewichtiges Indiz (BGH NJW 2009, 3658 = MDR 2010, 43). Sprechen die Umstände für ungenutzte Erwerbsmöglichkeiten, zB bei einer freiwilligen Aufgabe des Arbeitsplatzes (OLG Oldenburg FamRZ 96, 41), Arbeit nur für wenige Tage oder für unangemessen niedrigen Lohn (OLG Bamberg JurBüro 90, 635), ist auf Verlangen des Gerichts von der Partei darzulegen, warum sie nicht arbeitet (OLG Köln FamRZ 2007, 1338; OLG Zweibrücken FamRZ 2002, 892). Überdies sind konkrete Bemühungen um eine Arbeitsstelle glaubhaft zu machen (OLG Brandenburg FamRZ 2011, 1239; OLG Koblenz FamRZ 86, 1014). Stellt das Gericht Rechtsmissbrauch fest, sind der Partei fiktive Einkünfte in der erzielbaren Höhe zuzurechnen (OLG Zweibrücken Rpfleger 2002, 84; KG MDR 2004, 710) und hiernach sind die Raten auf die Prozesskosten zu berechnen (BVerfG NJW-RR 2005, 1725). Fehlerhaft ist es, die PKH zu verweigern, ohne das fiktive Einkommen zu ermitteln und zugrunde zu legen (BVerfG NJW-RR 2005, 1725). Die fiktiv erzielbaren Einkünfte sind unter Berücksichtigung der realen Situation am Arbeitsmarkt und der persönl Situation der Partei (Ausbildung, Krankheitsgeschichte) festzustellen (BVerfG NJW 2010, 1658; OLG Bamberg FamRZ 95, 370; LG Düsseldorf NJW-RR 2004, 646). Bei verschleierten Arbeits- und sonstigen Dienstverhältnissen ist Vergütung entspr § 850h II festzusetzen. Auch bei **unterlassener Vermögensnutzung** (Leerstehenlassen einer vermietbaren Wohnung etc) sind erzielbare Erträge als fiktives Einkommen anzunehmen (sa OLG Koblenz FamRZ 2016, 927).

9 **III) Einkommensarten.** Da der Einkommensbegriff an den des Sozialhilferechts anknüpft (s Rn 2), ist es gerechtfertigt, über den nach § 115 I 3 Nr 1a anzuwendenden § 82 II SGB XII hinaus, auch die sozialrechtl Regeln zur Ermittlung des Einkommens heranzuziehen (BGH NJW 2017, 962 und Christl FamRZ 2015, 1161 zu § 82 I 6 *SGB XII), insb die DVO § 82 SGB XII* (FNA 2170-1-4, s Rn 24).

10 **1) Nichtselbständige Arbeit.** Bei Arbeitnehmern bildet der Lohn bzw das Gehalt das Einkommen. Auszugehen ist dabei vom Bruttoeinkommen; Abzüge sind nach § 115 I 3 Nr 1a vorzunehmen. Maßgebl sind die Einkom-

mensverhältnisse zur Zeit der Bewilligung (s § 127 Rn 15). Bei schwankendem Einkommen ist idR das **durchschnittl Monatseinkommen** des letzten vollen Kalenderjahrs heranzuziehen (OLG Köln FamRZ 93, 1333; sa OLG Brandenburg 10.12.2013 – 3 WF 125/13), wenn nicht danach dauerhafte Einkommensverbesserungen, zB durch Beförderung, eingetreten sind. Weihnachts-, Urlaubsgeld und ähnl nur einmal jährl gewährte Vergütungen sind auf das Jahr umzulegen, für das sie gewährt werden (s Rn 6). Gleiches gilt für die vom Arbeitgeber nicht nur einmalig (sonst Rn 6) freiwillig gezahlte **Inflationsausgleichprämie** (OLG Stuttgart FamRZ 2024, 880; OLG Frankfurt MDR 2024, 259; aA OLG München 13.7.2023 – 16 WF 617/23); ihre Steuerfreiheit ist unerhebl (s Rn 2). Einkommen sind auch Zuschläge für Sonntags-, Feiertags- und Nachtarbeit sowie Überstundengeld (BGH NJW 80, 2251). Vom Arbeitgeber erstattete Auslagen, zB Fahrtkosten, sind kein Einkommen. **Aufwandsentschädigungen**, Auslösen und Spesen sind hingegen dem Einkommen hinzuzurechnen; mit ihnen zusammenhängende Aufwendungen (zB Verpflegungsmehraufwand) sind abzuziehen. Soweit sie nicht konkret dargelegt werden, können die steuerl Pauschalen in Abzug gebracht werden (OLG Nürnberg MDR 2015, 1153; LAG SchlH 15.12.2012 – 5 Ta 189/12). **Vermögenswirksame Leistungen** sind insg nicht als Einkommen zu berücksichtigen; denn sie werden langfristig angelegt und können nicht zur Bezahlung der Prozesskosten verwandt werden (OLG Köln FamRZ 93, 1333; ArbG Regensburg Rpfleger 94, 70; MskV/Fischer Rn 6; aA OLG Nürnberg MDR 2015, 1153; OLGR Dresden 2002, 551; OLG Stuttgart FamRZ 2005, 1183: nur ArbG-Anteil). Einkommen sind auch die kostenlose Überlassung einer **Dienstwohnung**, Natural- und Sachbezüge (Vollkommer Anm LAGE ZPO § 115 Nr 12 S 20) wie Kost und Logis, der **Auslandszuschuss** nach § 55 BBesG, wobei Mehraufwendungen, die durch den Auslandsaufenthalt bedingt sind, im Umfang des tatsächl Anfalls abgezogen werden dürfen (BGH DAVorm 80, 286). Die kostenlose Überlassung eines **Dienstwagens** zur privaten Nutzung ist als Einkommen in Geldeswert zu berücksichtigen (OLG Koblenz FamRZ 2020, 1857 LS; OLG Dresden 3.12.2021 – 22 WF 888/21; vgl LAG Hamm 19.12.2008 – 14 Ta 464/08 zur Berechnung bei Abzug des geldwerten Vorteils vom Nettoeinkommen).

2) Selbständige Arbeit/Gewerbebetrieb. Die typischerweise schwankenden Einkünfte eines Freiberuflers oder Gewerbetreibenden machen die Ermittlung eines durchschnittl Einkommens erforderl; dass das Einkommen häufig nicht präzise und aktuell festgestellt werden kann, ist hinzunehmen (BGH VersR 92, 897). IdR kann auf die Einkünfte im letzten vollen Kalenderjahr vor Antragstellung abgestellt werden (sa § 117 Rn 24). Es bedarf – anders als im Unterhaltsverf – keines Mehrjahresvergleichs (OLG Brandenburg 26.2.2007 – 10 WF 285/06). Zugrunde zu legen ist der Gewinn (Abzug der Betriebsausgaben), also nicht sämtl Einnahmen aus der selbständigen Tätigkeit bzw aus dem Gewerbebetrieb (vgl § 4 III DVO § 82 SGB XII). Abschreibungen sind nur zu berücksichtigen, soweit sie dem tatsächl Wertverlust entsprechen (vgl OLG Jena FamRZ 97, 622). Auch der Lebenszuschnitt hat indiziellen Erkenntniswert, zB Wohnung, Hauspersonal, Zweitwagen, Luxuswagen (OLG Frankfurt ZIP 82, 226), Beteiligung am Wirtschaftsleben und hohe Entnahmen für persönl Bedürfnisse bei bilanzmäßig geringem Gewinn (OLG Frankfurt FamRZ 87, 179). 11

3) Vermietung und Verpachtung. Von den Miet-/Pachteinnahmen sind die notwendigen Ausgaben abzuziehen, jedoch nur bis zur Höhe der Einnahmen (BGH JurBüro 84, 51; aA OLG München MDR 2006, 112: nicht bei krassem Missverhältnis). Zu den abzugsfähigen Ausgaben gehören auch Aufwendungen für Instandsetzung, nicht jedoch für Modernisierung und sonstige Verbesserungen (vgl § 7 II DVO § 82 SGB XII). 12

4) Kapitalvermögen. Zur Berechnung der Einnahmen kann § 6 DVO § 82 SGB XII entspr herangezogen werden. Übersteigen die Ausgaben die Einnahmen, dürfen die Verluste nicht von anderen Einkünften, zB vom Arbeitseinkommen oder Kapitaleinkünften, abgezogen werden. 13

5) Kindergeld. Kindergeld ist – wie sich aus § 82 I 6 SGB XII ergibt – Einkommen des beziehenden Elternteils, soweit es nicht für den notwendigen Lebensunterhalt des minderj Kindes, der sich nach den Freibeträgen des I Nr 2b bemisst (s Rn 36), benötigt wird (BGH NJW 2017, 962; OLG Hamm FamRZ 2024, 540; OLG Stuttgart MDR 2017, 901; OLG Karlsruhe FamRZ 2016, 72; aA OLG Rostock FamRZ 2013, 648). Der Kinderzuschlag nach § 6a BKGG ist hingegen nach § 11 I 4 SGB II vollständig Einkommen des Kindes, nicht des beziehenden Elternteils (LAG Berlin-Brandenburg 18.3.2021 – 12 Ta 198/21; aA OLG Bamberg 31.3.2021 – 2 WF 44/21). 14

6) Wohngeld. Es ist Einkommen (OLG Dresden FamRZ 2002, 1413 mwN; OLG Rostock FamRZ 2005, 992; ebenso für das SozialhilfeR BVerwG FamRZ 2005, 1245). Das gilt auch für einen Anspruch auf Wohngeld, den die Partei nicht geltend macht, obwohl er ihr eindeutig zusteht (LAG Freiburg NJW 82, 847). 15

7) Unterhalt. a) Unterhaltsrente. In Geld geleisteter Unterhalt ist Einkommen (OLG München FamRZ 99, 598), auch wenn er unter dem Vorbehalt der Rückforderung gezahlt wird (OLG Karlsruhe FamRZ 2002, 1195; einschr OLG Frankfurt FamRB 2021, 379 [Rosenzweig]) oder die Partei keinen Anspruch auf ihn hat (s Rn 3), zB dauernde freiw Zahlungen für Miete oder Studium (OLG Koblenz FamRZ 92, 1197; OLG Köln FamRZ 96, 873; sa Rn 23a) oder auf Kreditverbindlichkeiten (OLG Köln MDR 96, 310). Dass ein Unterhaltspflichtiger vorhanden ist, zählt nicht, solange er nicht leistet oder alsbald zur Leistung gezwungen werden kann (s Rn 3). Über Unterhaltsabfindungen s Rn 7. Tatsächl gezahltes **Taschengeld** ist Einkommen und ist zur Kostendeckung einzusetzen (OLG Karlsruhe Justiz 2016, 219; OLG Karslruhe FamRZ 2005, 1182; OLG Rostock FamRZ 2008, 2291; OLGR Stuttgart 2008, 36; aA OLG Bamberg JurBüro 94, 751); das gilt auch, wenn es für Freiwilligendienst nach § 2 Nr 4 BFDG (OVG NRW AuAS 2018, 227; Freibetrag s Rn 30) oder einem Heimbewohner 16 nach § 27b II, III SGB XII (LG Koblenz FamRZ 98, 487) geleistet wird. Nicht zum Einkommen gehört die Unterhaltsrente für ein bei der Partei wohnendes Kind (s Rn 5). **Kindesunterhalt** wird nur in der Weise berücksichtigt, dass er vom Unterhaltsfreibetrag nach § 115 I 3 Nr 2b abgezogen wird (s Rn 33). Erhält ein geschiedener Ehegatte **Vorsorgeunterhalt** iSd § 1578 II, III BGB (Kosten einer Kranken- oder Altersversicherung, Ausbildungs- und Fortbildungskosten) und verwendet er diesen Unterhalt bestimmungsgemäß, sind diese Zahlungen zweckgebunden und stehen nicht für den allg Lebensbedarf zur Verfügung; sie sind dann kein Einkommen iSd § 115 I 1 (OLG Zweibrücken FamRZ 2021, 1984; OLG Stuttgart FamRZ 2006, 1282).

17 **b) Naturalunterhalt**. Zu den Einkünften von Geldeswert (§ 115 I 2) gehört auch der Unterhalt durch Naturalleistungen, zB durch die Gewährung von Wohnung, Nahrung, Kleidung. Grds ist auch zB einem Lebensgefährten freiw gewährter Naturalunterhalt Einkommen (sa Rn 23a). Hat die Partei außer ihm keine Einkünfte, ist ihr PKH ohne Ratenzahlungen zu gewähren; denn jede andere Lösung liefe darauf hinaus, dass der Ehemann oder Lebensgefährte die Prozesskosten bezahlen müsste, wozu er nicht verpflichtet ist (OLG Koblenz FamRZ 2001, 925). Andernfalls ist der Naturalunterhalt zu bewerten und den Einkünften der Partei hinzuzurechnen (OLG Celle FamRZ 92, 702). **Unentgeltl Wohnen** ist aber nicht als Einkommen zu berücksichtigen, sondern nur dadurch, dass der Abzug der Unterkunftskosten nach § 115 I 3 Nr 3 unterbleibt (LAG Hamm 22.6.2011 – 4 Ta 632/10; aA LAG Hamm 18.12.2023 – 5 Ta 159/23; sa Rn 38). Die Bewertung von Verpflegungsleistungen kann nach § 2 SozialversicherungsentgeltVO (SvEV) erfolgen (OLG Celle FamRZ 92, 702). Bei der Bewertung des außerhalb von Wohnen gewährten Naturalunterhalts darf insg der Freibetrag nach § 115 I 3 Nr 2a, der den notwendigen Gesamtbedarf der Partei abbildet, nicht überschritten werden.

18 **8) Rente/Pension.** Einkünfte sind auch **Renten** aller Art (OLG Bremen FamRZ 81, 988), auch solche aufgrund privater Lebens- oder Rentenversicherung, aus der gesetzlichen Unfallversicherung und die Grundrente nach dem BVG (LAG BadWürtt JurBüro 89, 667; OVG NRW JurBüro 91, 1371), es sei denn, es ist vorgeschrieben, dass sie nicht als Einkommen anzusehen sind, zB § 292 II LAG und § 83 II SGB XII für Schmerzensgeldrenten nach § 253 II BGB. Zu Renten aufgrund Gesundheits- und Körperschäden s Rn 23.

19 **9) Arbeitslosengeld.** Arbeitslosengeld (früher: ALG I) hat Lohnersatzfunktion und ist daher in vollem Umfang Einkommen. Soziale Transferleistungen nach §§ 19 ff SGB II (**Bürgergeld**, früher: ALG II, Hartz IV) sind ebenfalls Einkommen (BGH MDR 2008, 523), auch Mehraufwandsentschädigungen nach § 16d VII SGB II („Ein-Euro-Job"; LSG Sachsen-Anhalt NJ 2021, 81) und pauschale Zahlungen für Mehrbedarf als Alleinerziehende nach § 21 III SGB II (BGH MDR 2010, 948; OLG Nürnberg FamRZ 2010, 395; sa Rn 42). Bildet der ASt mit weiteren Personen eine **Bedarfsgemeinschaft** iSd § 7 III SGB II, ist die gesamte Transferleistung Einkommen; die Bedarfe der übrigen Mitglieder der Bedarfsgemeinschaft sind ggf als bes Belastung nach § 115 I 3 Nr 5 zu berücksichtigen (s Rn 48).

20 **10) Krankengeld.** Es ist, unabhängig davon, ob es nach §§ 44 ff SGB V (BAG 22.4.2009 – 3 AZB 90/08) oder aufgrund privater Versicherung bezahlt wird, Einkommen. Zum Freibetrag nach § 115 I 3 Nr 1b s Rn 32.

21 **11) Elterngeld.** Es ist Einkommen, bleibt aber gem § 10 I BEEG in Höhe von monatl 300 Euro (Vervielfachung bei Mehrlingsgeburt, § 10 IV BEEG) unberücksichtigt (OLG Frankfurt FamRZ 2019, 547; LAG Nürnberg 30.6.2016 – 7 Ta 74/16). Auch auf das **Familiengeld** nach Art 3 BayFamGG ist § 10 I, IV BEEG anwendbar (BGH MDR 2020, 1008).

22 **12) Sonstige Einnahmen.** Einkommen ist auch das **Kurzarbeitergeld**, das Lohnersatzfunktion hat (MK/Wache Rn 17). Daneben sind Einnahmen idR sämtl **Sozialleistungen**, die der ASt erhält. Wie das ALG II (s Rn 19) sind auch **Hilfen zum Lebensunterhalt** (§§ 27 ff SGB XII) dem Einkommen hinzuzurechnen (BVerfG NJW 88, 2231; OLG Koblenz FamRZ 2007, 1824; MK/Wache Rn 18; aA OLG Koblenz FamRZ 2008, 421; OLG Düsseldorf JurBüro 94, 480). Nach § 115 I 2 sind alle Einkünfte zu berücksichtigen; die Ausnahmen des § 82 I SGB XII hat der Gesetzgeber nicht übernommen. Den Leistungen, die über die Freibeträge nach § 115 I 3 Nr 2 hinausgehen, werden aber idR nach I 3 Nr 4 zu berücksichtigende Mehrbedarfe gegenüberstehen (s Rn 42), so dass Hilfen zum Lebensunterhalt die Bewilligung von PKH ohne Ratenzahlung rechtfertigen, wenn sie das einzige Einkommen sind (OLG Karlsruhe FamRZ 94, 714; OLG Jena FamRZ 99, 1673).

23 Leistungen nach dem **BAföG** gehören zum Einkommen, auch wenn diese Leistungen als Darlehen gewährt werden und nicht alsbald zurückgezahlt werden müssen (OLG Köln FamRZ 94, 1534). Die Rückzahlung des Darlehens kann später als bes Belastung vom Einkommen abgesetzt werden (§ 115 I 3 Nr 4). Sozialleistungen für Aufwendungen infolge von Körper- und Gesundheitsschäden sind ebenfalls Einkommen, aber zugleich idR nach § 115 I 3 Nr 5 Hs 2 iVm § 1610a BGB in voller Höhe abzugsfähig (s Rn 47). Aufgrund gesetzl Anordnung kein Einkommen sind Leistungen aus der **Pflegeversicherung** (§ 13 V 1 SGB XI; LG Koblenz FamRZ 2001, 308), solche für **Kindererziehung** nach den §§ 294, 299 SGB VI (LSG Berlin FamRZ 93, 343) und der Kinderbetreuungszuschlag nach § 14b BAföG. **Pflegegeld** iSv § 39 SGB VIII ist hinsichtl des Anteils für die Pflege und Erziehung Einkommen der Pflegeperson, weil es sich um ein Entgelt für den mit der Erziehung und Betreuung verbundenen Aufwand handelt, nicht jedoch der Anteil für den Bedarf der Pflegekinder (BGH MDR 2021, 377; OLG Bamberg MDR 2020, 1086; OLG Frankfurt FamRZ 2019, 2018; aA noch OLG Hamm MDR 2019, 318; OLG Stuttgart MDR 2017, 901: insgesamt kein Einkommen).

Freiwillige Leistungen Dritter, zB von Familie oder Freunden, sind Einkommen, wenn sie regelmäßig und in nennenswertem Umfang erfolgen (BGH 10.10.2024 – V ZB 55/23; BGH MDR 2018, 115). Das gilt auch, wenn die Zuwendungen von wechselnden Personen in unterschiedl Höhe erfolgen (BGH 27.11.2018 – X ZA 1/17; BFH FamRZ 2024, 1303) oder es sich Sachbezüge handelt, die als Naturalunterhalt zu berücksichtigen sind (s Rn 17). 23a

IV) Abzüge (§ 115 I 3). 1) Beträge nach § 82 II SGB XII (§ 115 I 3 Nr 1a). Die Verweisung auf § 82 II SGB XII bezieht sich nicht zugleich auf die **DVO § 82 SGB XII** (FNA 2170-1-4). Diese gilt daher nicht unmittelbar und bindet die Zivilgerichte nicht; sie gibt aber als sozialrechtl Vorschrift Anhaltspunkte für die Bemessung von Freibeträgen bei der PKH-Bewilligung (BGH MDR 2012, 930 Tz 19). 24

a) Steuern auf das Einkommen (§ 82 II 1 Nr 1 SGB XII). Abzusetzen sind die entrichteten (nicht die voraussichtl) **Einkommen- und Kirchensteuern** und die Steuervorauszahlungen. Nicht abzusetzen sind Umsatz- und Erbschaftsteuern, weil sie nicht auf das Einkommen entrichtet werden. 25

b) Pflichtbeiträge zur Sozialversicherung einschließlich Beiträge zur Arbeitsförderung (§ 82 II 1 Nr 2 SGB XII). Vom Einkommen abzusetzen sind Beiträge, die von Gesetzes wegen zur **Kranken-, Pflege-, Renten-, Unfall- und Arbeitslosenversicherung** zu leisten sind. Das gilt auch für versicherungspflichtige Selbständige, zB für Handwerkerversicherung oder Unfallversicherung. 26

c) Beiträge zu Versicherungen oder Altersvorsorge (§ 82 II 1 Nr 3 SGB XII). Vom Einkommen abzusetzen sind nach § 82 II 1 Nr 3 Hs 1 SGB XII Beiträge zu öffentl oder privaten Versicherungen oder ähnl Einrichtungen, soweit sie gesetzl vorgeschrieben oder nach Grund und Höhe angemessen sind. Darunter fallen Beiträge zB für freiw Mitgliedschaft in der ges Kranken- und Rentenversicherung (LAG Stuttgart Rpfleger 89, 29), für die private Krankenversicherung, für Unfall-, Haftpflicht- oder Rechtsschutzversicherungen (OLG Frankfurt 28.12.2015 – 4 WF 174/15; aA OLG Brandenburg 3.2.2020 – 13 WF 23/20), Hausratsversicherungen, Gebäudehaftpflichtversicherungen von Grundstückseigentümern und Hagelversicherungen von Landwirten. **Kfz-Haftpflicht- und Kaskoversicherungsprämien** sind abzugsfähig, wenn sie für ein zum Schonvermögen gehörendes Kfz (s Rn 75, 82a) aufgewandt werden (zur früheren Rechtslage OLG Frankfurt 28.12.2015 – 4 WF 174/15; aA OLG Hamm JurBüro 2014, 542). Eine gesonderte Absetzung der Prämien hat allerdings zu unterbleiben, wenn für die berufsbedingten Fahrten die Kilometerpauschale von 0,30 Euro pro gefahrenem Kilometer in Abzug gebracht wird (s Rn 29); denn diese umfasst idR bereits sämtl Pkw-Kosten (OLG Hamm MDR 2010, 1344). **Lebensversicherungsprämien** sind nur abzuziehen, soweit sie einer angemessenen Altersversorgung dienen (OLG Köln FamRZ 93, 579; ArbG Regensburg Rpfleger 94, 70). Das ist zu bejahen, wenn die Partei nicht in der ges Rentenversicherung versichert ist und die Prämien nicht mehr als doppelt so hoch wie die Arbeitnehmerbeiträge zur ges Rentenversicherung sind. Bei ges Versicherten können die Prämien nicht vom Einkommen abgesetzt werden, selbst wenn mit der Kapitallebensversicherung eine Versorgungslücke geschlossen werden soll (OLG Frankfurt FamRZ 2020, 1856). In anderen Fällen kann dem Hilfsbedürftigen zugemutet werden, den Vertrag ruhen zu lassen und das so zusätzl verfügbare Einkommen für die Verfahrenskosten einzusetzen. **Nicht** abzugsfähig, weil dem Grunde nach nicht angemessen sind Ausbildungsversicherungen, auch in Form der Kapitallebensversicherung zugunsten des versicherten Kindes (OLG Karlsruhe FamRZ 2007, 1109; OLG Stuttgart 15.7.2004 – 17 WF 110/04; aA MK/Wache Rn 35) und Tierhalterversicherungen (OLG Brandenburg 5.2.2024 – 9 WF 10/24). Ebenso wenig abzugsfähig sind Prämien für eine Sterbegeldversicherung, weil sie keine Absicherung eines eigenen Risikos darstellt (OLG Koblenz MDR 2018, 1527; aA OLG Bamberg JurBüro 81, 611). Wenn Versicherungsverträge erst nach Anhängigkeit des PKH-Verf oder des Prozesses geschlossen werden, sind die Prämien idR nicht abzuziehen (OLG Bamberg JurBüro 90, 1644). 27

Vom Einkommen abzuziehen sind gem § 82 II 1 Nr 3 Hs 2 SGB XII ferner **geförderte Altersvorsorgebeiträge** nach **§ 82 EStG**, soweit sie den Höchstbetrag des § 86 EStG nicht überschreiten. Dazu gehören Beiträge zur sog Riester- und Rüruprente. 28

d) Werbungskosten (§ 82 II 1 Nr 4 SGB XII). Nach § 82 II 1 Nr 4 SGB XII sind die mit der Erzielung des Einkommens verbundenen notwendigen Ausgaben abzusetzen. Dabei sind nicht die steuerrechtl, sondern die sozialrechtl Grundsätze maßgebl, weshalb § 3 IV-VII DVO § 82 SGB XII für die Bemessung der Abzüge für **Arbeitsmittel** (pauschal 5,20 Euro oder höhere nachgewiesene Kosten) und für **doppelte Haushaltsführung** (höchstens 130 Euro oder geringere Fahrtkosten für eine Familienheimfahrt pro Monat) herangezogen werden kann (OLG Jena 22.5.2014 – 4 WF 194/14; aA LAG Hamm NZA-RR 2018, 215). Nach umstrittener, aber zutreffender Ansicht bestimmen sich danach auch die Abzüge für **Fahrten zur Arbeitsstätte**. Ist die Nutzung öffentl Verkehrsmittel nicht zumutbar (OLG Koblenz MDR 2024, 1340), sind für die Benutzung eines **Kfz** 5,20 Euro pro Entfernungs-km vom monatl Einkommen abzusetzen (OLG Stuttgart FamRZ 2012, 649; OLG Koblenz FamRZ 2009, 1165; gebilligt von BGH MDR 2012, 930; aA OLG Hamm MDR 2023, 462: 0,42 €/gefahrenem km; OLG Celle FamRZ 2010, 54; OLG Hamm MDR 2010, 1344 und OLG Karlsruhe FamRZ 2009, 1424: 0,30 Euro/gefahrenem km), wobei allerdings der Abzug nicht auf 40 Entfernungskilometer begrenzt ist (BGH MDR 2012, 1182). Anders als die unterhaltsrechtl oder steuerrechtl Entfernungspauschale deckt diese Pauschale aber nur die Betriebskosten (Kraftstoff- und Wartungskosten) einschließl Steuern ab; Versicherungsprämien und Anschaffungskosten für das erforderl Fahrzeug sind nach § 82 II 1 Nr 3 SGB XII (s Rn 27) bzw § 115 I 3 29

Nr 5 (BGH MDR 2012, 1182; OLG Bremen NJW-RR 2011, 1510) abzuziehen. Werden **öffentl Verkehrsmittel** genutzt oder können sie zumutbar genutzt werden, ist abzugsfähig nur der Preis für die günstigste Monats- bzw Jahreskarte (OLG Schleswig FamRZ 2014, 57: keine Addition von Einzelfahrpreisen [Sparsamkeitsgebot]).

30 **e) Einnahmen aus Freiwilligendiensten (§ 82 II 2 SGB XII).** Einnahmen aus Taschengeld nach § 2 Nr 4 BFDG und § 2 I Nr 4 JFDG sind bis zu 250 Euro monatl nicht als Einkünfte zu berücksichtigen. Die bis 31.12. 2022 bestehende Freistellung von Einnahmen aus **steuerfreien Nebentätigkeiten** nach § 3 Nr 12, 26, 26a EStG ist durch das Bürgergeld-Gesetz v 16.12.2022 (BGBl I 2022, 2328) entfallen; die Bestimmung des § 82 I 2 Nr 8 SGB XII nF, dass derartige Einnahmen nicht zum Einkommen gehören, ist für die PKH nicht anwendbar (s Rn 2).

31 **2) Freibeträge für Erwerbstätige (§ 115 I 3 Nr 1b, I 4 bis 7).** I 3 Nr 1b betrifft den Abzug eines Freibetrags für Erwerbstätige, der verfassungsrechtl geboten ist, um die mit der Erwerbstätigkeit verbundenen Mehraufwendungen zu berücksichtigen (BVerfGE 87, 153). Abzusetzen ist der zum Zeitpunkt der Bewilligung geltende Freibetrag (I 4), selbst wenn das Erwerbseinkommen niedriger als dieser ist (OVG Sachsen 28.11.2019 – 5 A 1187/17). Die in I 3 Nr 1b, I 5 vorgegebene Berechnungsweise anhand des Regelsatzes des Bundes bzw eines höheren regionalen Regelsatzes muss in der Praxis nicht nachvollzogen werden, denn die maßgebl Beträge werden vom BMJ in der **PKHB** veröffentlicht, in der die Beträge jährl oder bei Bedarf fortgeschrieben werden (I 6). Der Freibetrag für Erwerbstätige beträgt nach der PKHB 2025 v 18.12.2024 (BGBl 2024 I Nr 429) derzeit **idR 282 Euro** (Ausnahmen: LK Fürstenfeldbruck: 295 Euro, Stadt München: 296 Euro; LK München: 290 Euro).

32 **Erwerbstätig** sind abhängig Beschäftigte in Voll- oder Teilzeit sowie Selbständige. Arbeitseinkommen als Erwerbstätige erzielen auch Auszubildende (LAG Köln 29.11.2011 – 1 Ta 289/11), Umschüler (OLG Nürnberg FamRZ 2003, 774; LAG Hamm NZA-RR 2017, 621) und arbeitende Strafgefangene (OLG München FamRZ 2012, 1576), **nicht** jedoch Bezieher von ALG oder Bürgergeld, Freiwillige iSd § 2 BFDG (OVG NRW AuAS 2018, 227; s Rn 30) oder Personen mit Einkünften aus Vermietung oder Kapitalvermögen. Bei Bezug von Krankengeld ist danach zu unterscheiden, ob es auf einer Krankenversicherungspflicht als Arbeitnehmer oder ob es auf einer Versicherungspflicht wegen Bezuges von ALG beruht. Nur im ersten Fall ist der Freibetrag abzuziehen (BAG 12.8.2024 – 4 AZB 8/24, NJW 2025, 388).

33 **3) Unterhaltsfreibeträge (§ 115 I 3 Nr 2a und Nr 2b, I 8 und 9). a) Partei.** Nach I 3 Nr 2a sind für die Partei 110 % der Regelbedarfsstufe 1 nach der Anlage zu § 28 SGB XII abzuziehen, das sind nach der PKHB 2025 (s Rn 31) **idR 619 Euro** (Ausnahmen: LK Fürstenfeldbruck: 649 Euro, Stadt München: 650 Euro, LK München: 637 Euro). Der Sicherheitszuschlag von 10 % auf den Regelsatz soll berücksichtigen, dass dem Leistungsberechtigten nach den Vorschriften des SGB XII über den monatl Regelsatz hinaus Leistungen durch Einmalzahlungen, etwa nach § 31 SGB XII, zufließen können, und dass bei einer künftigen Erhöhung der Regelsätze im Laufe einer mehrj Ratenzahlungsverpflichtung PKH nicht aus Einkommen zurückgezahlt werden muss, das der Sicherung des Existenzminimums dient. Die hM setzt für **Strafgefangene** nur einen Freibetrag in Höhe von 110 % des Taschengeldanspruchs für bedürftige Gefangene an (§ 46 StVollzG), weil der Freibetrag nach I 3 Nr 2a nicht benötigt werde, um ihm eine bescheidene Lebensführung zu ermöglichen (OLG Brandenburg FamRZ 2016, 1952; OLG München FamRZ 2012, 1576). Eine solche konkrete Berücksichtigung der Lebenssituation sieht I 3 Nr 2a aber nicht vor; richtigerweise gilt auch hier die Pauschale.

34 **b) Ehegatten bzw Lebenspartner.** Für den Ehegatten oder Lebenspartner (§ 1 LPartG) der Partei ist derselbe Freibetrag abzuziehen wie für die Partei selbst, nicht jedoch für den Lebensgefährten, weil für diesen keine gesetzl Unterhaltspflicht besteht (MskV/Fischer Rn 18; s Rn 48). Der Freibetrag vermindert sich um das **eigene Einkommen** des Ehegatten/Lebenspartners (**I 8**); darüber hinaus ist dessen Einkommen nicht zu berücksichtigen (s Rn 5). Dieses Einkommen ist ebenso nach § 115 I zu berechnen wie dasj der Partei; von ihm sind entspr I 3 Nr 1a die in § 82 II SGB XII bezeichneten Beträge abzusetzen; zudem steht dem Ehegatten/Lebenspartner entspr I 3 Nr 1b der Freibetrag für Erwerbstätige zu (OLG Bamberg FamRZ 2017, 1589 [krit Christl]; s Rn 31). Abzusetzen sind ferner die von ihm bezahlten Kosten der Unterkunft und Heizung (LAG Nürnberg MDR 2001, 297). Diese Abzüge sind aus dem Grunde notwendig, weil es nicht angeht, das Einkommen des unterhaltsberechtigten Ehegatten bzw Lebenspartners bei der Ratenberechnung in höherem Umfang zu berücksichtigen als das eigene Einkommen der Partei (Nickel MDR 2005, 734). Gewährt der ASt seinem Ehegatten/Lebenspartner keinen Naturalunterhalt, sondern zahlt **Unterhalt als Rente**, ist diese an Stelle des Freibetrages abzusetzen, soweit sie nicht unangemessen hoch ist (**I 9**). Ein durch Urteil festgelegter Unterhalt ist dabei stets als angemessen anzusehen (MskV/Fischer Rn 20). Eigenes Einkommen des Ehegatten ist hier nicht abzuziehen, weil es bereits bei der Bemessung der Unterhaltsrente berücksichtigt wird (Künkel DAVorm 95, 20). Auch ein erhebl **Vermögen** des Ehegatten bzw Lebenspartners lässt den Freibetrag unberührt, kann aber einen Prozesskostenvorschuss auslösen (OLG Bamberg FamRZ 2017, 1589; sa Rn 59 ff). Lebt der Ehegatte/Lebenspartner im **Ausland**, sind die an das dt Sozial- und Unterhaltsrecht anknüpfenden Pauschalen nicht anwendbar; nur tatsächl geleisteter Unterhalt kann dann gem § 115 I 3 Nr 5 abgesetzt werden (VGH BaWü FamRZ 2019, 1633).

35 **c) Freibeträge für andere Personen**, denen die Partei auf Grund ges Unterhaltspflicht Unterhalt leistet, ergeben sich aus § 115 I 3 Nr 2b. Unterhalt, der nicht **aufgrund Gesetzes**, sondern nur kraft Vertrages geschuldet

wird, ist nicht nach § 115 I 3 Nr 2b, sondern nach § 115 I 3 Nr 5 als bes Belastung zu berücksichtigen; ebenso der an Lebensgefährten geleistete Unterhalt (s Rn 48).

aa) Der **durch Betreuung geleistete Unterhalt** ist mit dem nach § 115 I 3 Nr 2b zu berechnenden **Freibetrag** zu berücksichtigen. Die Freibeträge betragen nach der PKHB 2025 (s Rn 31): 36

	Bund	LK Fürstenfeldbruck	Stadt München	LK München
Erwachsene	496 Euro	520 Euro	519 Euro	510 Euro
Jugendliche vom Beginn des 15. bis zur Vollendung des 18. Lebensjahres	518 Euro	540 Euro	541 Euro	534 Euro
Kinder vom Beginn des 7. bis zur Vollendung des 14. Lebensjahres	429 Euro	443 Euro	446 Euro	441 Euro
Kinder bis zur Vollendung des 6. Lebensjahres	393 Euro	408 Euro	407 Euro	404 Euro

Bei Kindern kommt es auf das Alter im Bewilligungszeitpunkt an (I 4). Erreicht ein Kind im Laufe einer mehrj Ratenzahlungsverpflichtung eine höhere Altersstufe, gilt § 120a I 2. Auch für die Kinder und die sonstigen Unterhaltsberechtigten vermindert sich der Freibetrag um ihr **eigenes Einkommen** (I 8; s Rn 34). Hierzu gehört auch der von dem anderen Elternteil gezahlte **Kindesunterhalt**, das **Kindergeld** entspr § 82 I 6 SGB XII nur, soweit es zur Deckung des notwendigen Lebensunterhaltes des Kindes benötigt wird (s Rn 14). – Die Betreuung muss **tatsächl geleistet** werden. Hiervon kann ohne weiteres ausgegangen werden, wenn minderj Kinder im Haushalt des Hilfsbedürftigen leben; ebenso wenn ein vollj Student unentgeltl im Haushalt der PKH begehrenden Mutter lebt. Betreuen Eltern **gemeinsam** oder im paritätischen **Wechselmodell** ihre Kinder, sind bei ihnen die Unterhaltsfreibeträge im Wege einer pauschalierenden Betrachtungsweise jeweils hälftig zu berücksichtigen, außerdem ist der tatsächl für das Kind gezahlte Barunterhalt abzusetzen; I 9 ist hier teleologisch zu reduzieren (BGH MDR 2022, 285; BGH MDR 2022, 786, früher str).

bb) Der durch den ASt **als Rente gewährte Unterhalt** ist an Stelle des Freibetrages abzusetzen (I 9), soweit der Unterhalt tatsächl gezahlt wird (KG FamRZ 2016, 1480; OLG Karlsruhe FamRZ 2004, 1119). Nur wenn übermäßig hoher Unterhalt gezahlt wird, ist der Abzug auf das angemessene Maß zu beschränken (OLG Köln FamRZ 89, 524). Zuweilen zahlt der Hilfsbedürftige eine Unterhaltsrente und betreut das Kind außerdem (Bsp: Ein studierendes Kind kommt an Wochenenden nach Hause und wird dort verpflegt). Hier ist der Geldwert des Betreuungsunterhalts zu schätzen (OLG Köln FamRZ 89, 524). 37

4) Unterkunft und Heizung (§ 115 I 3 Nr 3). Die Kosten der Unterkunft und Heizung sind in der Höhe, in der sie **tatsächl gezahlt** werden, vom Einkommen abzuziehen (Ausnahme: Rn 41). Zu den Kosten der Unterkunft gehören der tatsächl gezahlte **Mietzins** (LG Koblenz FamRZ 2001, 1153 f) sowie grds die gesamten **Nebenkosten.** Dass I 3 Nr 3 die Heizungskosten gesondert anführt, bedeutet keine sachl Einschränkung; sie erwähnt das Gesetz nur deshalb bes, weil ein Teil der bisherigen Rspr sie nicht berücksichtigte. Wie bei § 35 SGB XII kann zur Ermittlung der abzusetzenden Nebenkosten auf § 2 BetrKV zurückgegriffen werden (OLG Brandenburg NJW 2013, 3108). Abzusetzen sind daher die verbrauchsunabhängigen (OLG Saarbrücken MDR 2014, 408) und die verbrauchsabhängigen Nebenkosten, insb Kosten für Wasser- und Abwasser (OLG Saarbrücken JurBüro 2018, 485; OLG Nürnberg FamRZ 2015, 596; OLG Jena MDR 2015, 483). Die Kosten für **Strom und Gas** für Verbrauch im Haushalt gehören nicht zu den Betriebskosten (BGH MDR 2008, 523; OLG Brandenburg 21.10.2024 – 15 UF 122/24; OLG Dresden MDR 2022, 271). Diese Kosten sind in dem monatl Freibetrag enthalten, den die Partei nach § 115 I 3 Nr 2 vom Einkommen abziehen darf. Der Freibetrag knüpft an den sozialhilferechtl Regelsatz an, der die Kosten für Haushaltsenergie umfasst (BGH MDR 2008, 523; OLG Celle MDR 2011, 257). Wird mit Strom oder Gas auch geheizt, so muss geschätzt werden, welcher Teil der Kosten für die Heizung und welcher zum Kochen und für Elektrogeräte im Haushalt aufgewandt wird. IdR stehen die Betriebskosten bei Entscheidung über die PKH noch nicht fest, weil ihre Abrechnung durch den Vermieter erst im Folgejahr stattfindet. Dann können – wie beim Wohngeld (§ 5 WoGV) – Erfahrungswerte als Pauschbeträge eingesetzt werden. Grds kann dazu auf die vertragl vereinbarten Nebenkostenvorauszahlungen zurückgegriffen werden. Die Kosten für eine **Garage** oder die Anmietung eines Stellplatzes sind nicht Teil der Unterkunftskosten (OLG Brandenburg FamRZ 2008, 69). 38

Zu den Unterkunftskosten gehören bei einem **Eigenheim** die Belastung durch Fremdmittel für den Erwerb eines Familienheimes oder einer Eigentumswohnung und die Kosten der Instandhaltung (s BTDrs 12/6963, 12). Zins- und Tilgungsraten auf den Kredit, der für den Grundstückserwerb aufgenommen wurde, sind daher Unterkunftskosten (OLG Karlsruhe FamRZ 98, 488; OLG Köln FamRZ 99, 997). Das gilt auch für Bausparraten, wenn die anzusparende Bausparsumme Teil der Finanzierung ist (OLG Karlsruhe FamRZ 2008, 70). Wohnt die Partei im **Heim**, sind die Kosten der Wohnraumnutzung bei Einzelbelegung des Raumes entspr § 7 I WoGV aF auf 20 % des Gesamtentgelts zu schätzen, bei Mehrfachbelegung auf 15 %. 39

40 Leben **Angehörige mit eigenen Einkünften** im Haushalt der Partei, sind die Kosten für die Unterkunft grds **nach Kopfteilen** (OLG Köln FamRZ 2018, 1099; OLG Bamberg FamRZ 2007, 1339; LAG Chemnitz MDR 2024, 1140; Christl FamRZ 2016, 1910), nicht nach dem Verhältnis der Einkommen zueinander (so aber LAG Hamm FamRZ 2016, 1953; LAG Köln 14.1.2019 – 1 Ta 207/18) aufzuteilen; eine Absprache zwischen den Bewohnern ist nicht maßgebl (OLG Koblenz MDR 2000, 728). Eine Aufteilung scheidet nur aus, wenn der Verdienst eines Bewohners so gering ist, dass seine anteilige Belastung unbillig erscheint, insb wenn sein Einkommen den Freibetrag nach I 3 Nr 2 unterschreitet (OLG Köln FamRZ 2003, 1394; OLG Saarbrücken 5.11.2010 – 6 WF 103/10), oder ein ganz erhebl Einkommensunterschied vorliegt (OLG Braunschweig FamRZ 2023, 142: Verhältnis 1:3).

41 Abzugsfähig sind Unterkunftskosten nur, soweit sie nicht **in einem auffälligen Missverhältnis zu den Lebensverhältnissen der Partei stehen** (I 3 Nr 3 Hs 2). Das ist nur bei offensichtl Luxus der Fall, nicht aber, wenn die verlassene Ehefrau in der Trennungszeit in der für sie zu teuren Ehewohnung zurückbleibt (OLG München FamRZ 97, 299). Ein Missverhältnis liegt nahe, wenn bei durchschnittl Einkommensverhältnissen die Unterkunftskosten mehr als die Hälfte des Nettoeinkommens betragen (OLG Brandenburg FamRZ 2001, 1085; OLG Schleswig FamRZ 2014, 57). Besteht ein auffälliges Missverhältnis, sind die absetzbaren Unterkunftskosten auf einen angemessenen Betrag zu kürzen.

42 **5) Mehrbedarfe (§ 115 I 3 Nr 4).** Als Einkommen zu berücksichtigen sind auch die an den ASt gezahlten Mehrbedarfe gem § 21 SGB II und § 30 SGB XII (s Rn 19, 22). Nicht ausdrückl genannt, aber als § 30 SGB XII ergänzende Regelung ebenfalls erfasst, ist der Mehrbedarf nach § 42b SGB XII. Die Leistungen dienen dazu, den notwendigen Lebensunterhalt in besonderen Lebenssituationen zu decken, weil der Regelbedarf dazu nicht ausreicht. Dies rechtfertigt die Regelung des I 3 Nr 4, wonach die pauschalierten Bedarfe vom Einkommen ohne Nachweis des tatsächl Aufwands abzuziehen sind (aA zur früheren Rechtslage BGH FamRZ 2010, 1324). Ein Abzug findet aber auch dann statt, wenn Mehrbedarfe bestehen, aber **nicht geleistet** werden, zB weil der ASt seinen Lebensunterhalt aus eigenem Einkommen bestreitet (OLG Saarbrücken 28.11.2018 – 6 WF 140/18; Christl NJW 2016, 3687). In diesem Fall hat er die sozialrechtl Tatbestandsvoraussetzungen für die Mehrbedarfe darzulegen u glaubhaft zu machen (LAG Köln 4.11.2014 – 11 Ta 147/14; amtl Begr BTDrs 17/11472, 30). Zu den Mehrbedarfen rechnen auch die **Umgangskosten**, insb Fahrtkosten (§ 21 VI SGB II); sie sind nach den sozialrechtl Maßstäben abzusetzen (OLG Celle FamRZ 2016, 729).

43 **6) Besondere Belastungen (§ 115 I 3 Nr 5). a) Begriff.** Neben den zuvor erwähnten Beträgen sind vom Einkommen weitere Beträge absetzbar, „soweit dies mit Rücksicht auf bes Belastungen angemessen ist". Der Begriff „bes Belastungen" erfasst all das, was durch den sozialhilferechtl Regelsatz nicht gedeckt ist, dh all das, was über die Kosten für Ernährung, Unterkunft, Kleidung, Körperpflege, Hausrat, Heizung und persönl Bedürfnisse des tägl Lebens usw hinausgeht (§ 27a I, § 28 SGB XII). Die Mehrbedarfe iSd § 21 SGB II und §§ 30, 42b SGB XII sind bereits nach I 3 Nr 4 abzuziehen. IÜ sind bes Belastungen abzusetzen, soweit sie **angemessen** sind. Das ist anhand der Einkommens- und Vermögensverhältnisse des ASt sowie Zweck und Zeitpunkt der Begründung der Verbindlichkeiten zu beurteilen. Unangemessen sind Belastungen, die auf Luxusausgaben oder Spekulationsgeschäften beruhen oder sonst schlechterdings unvertretbar erscheinen (OLG Bamberg FamRZ 1986, 699); ebenso nicht notwendige finanzielle Belastungen, die eine Partei in Ansehung des bevorstehenden Rechtsstreits bewusst eingegangen ist, um sich bedürftig zu machen (s Rn 44). Zu bes Belastungen bei Insolvenz des ASt s § 120a Rn 11.9.

44 **b) Darlehen und Abzahlungsverpflichtungen.** Schulden dürfen nur berücksichtigt werden, soweit sie getilgt werden (OLGR Zweibrücken 2001, 35; LAG Rh-Pf MDR 2004, 718). Zahlt der ASt Raten auf ein Darlehen, sind diese idR nicht abzugsfähig, wenn die Partei den Kredit bzw die darlehensfinanzierte Anschaffung in Kenntnis bereits entstandener oder bevorstehender Verfahrenskosten aufgenommen hat (OLG Naumburg FamRZ 2009, 628; OLG Koblenz FamRZ 2020, 118), weil die Partei ihr Einkommen vorrangig zur Begleichung dieser Kosten aufwenden muss. Anders ist es jedoch, wenn es sich um notwendige Anschaffungen handelt (OLG Zweibrücken FamRZ 2004, 1501: Waschmaschine; OLG Koblenz FamRZ 2007, 645; OLG Brandenburg FamRZ 2008, 158). Vertragl notwendige Tilgungsleistungen auf **vorher aufgenommene Darlehen** sind hingegen idR zu berücksichtigen (OLG Brandenburg FamRZ 2014, 963; OLG Hamm MDR 88, 1031), das gilt auch für Betriebskredite eines Selbständigen (OLG Jena FamRZ 97, 622). Dabei kommt es grds nicht darauf an, ob die Übernahme der Verpflichtung erforderl oder angemessen war (OLG Hamm MDR 88, 1031; aA OLG Düsseldorf MDR 84, 150 für Anschaffungskredite zur allg Lebenshaltung). Nicht absetzbar sind aber Kreditbelastungen, die in einem deutl Missverhältnis zum Einkommen der Partei stehen (OLG Bamberg FamRZ 86, 699) oder die der Finanzierung von Luxusaufwand dienen (LAG BadWürtt JurBüro 88, 898: Erwerb einer Ferienwohnung); ebenso, wenn die vereinbarte Zins- und Tilgungslast so hoch ist, dass andere Verbindlichkeiten nicht mehr in angemessenem Rahmen erfüllt werden können (BGH NJW-RR 90, 450). Die Raten bei **kreditfinanzierter Anschaffung eines Pkw** können neben der sozialrechtl Entfernungspauschale (s Rn 29) abgesetzt werden; nicht jedoch, wenn die unterhaltsrechtl oder die steuerrechtl Pauschalen in Ansatz gebracht werden, weil diese bereits alle mit dem Kfz zusammenhängenden Aufwendungen umfassen. Ist das Kfz nicht angemessen (s Rn 82a) oder stehen die Darlehensraten außer Verhältnis zum Einkommen, ist es dem ASt zuzumuten, das Auto zu verkaufen und aus dem Erlös das Darlehen abzulösen; die Raten können dann nicht abgesetzt werden (KG FamRZ 2007, 158; OLG Hamm FamRZ 2007, 155; aA OLG Brandenburg 21.10.2024 – 15 UF 122/24: anteiliger Abzug der Raten).

Bei **gesamtschuldnerischer Haftung** ist nur die Innenquote als bes Belastung abzuziehen (ArbG Regensburg Rpfleger 94, 70), sofern nicht der Anteil des zahlungsunfähigen oder -unwilligen Mitschuldners übernommen werden muss (OLG Bamberg JurBüro 86, 456). 45

c) Persönlicher Bedarf. Keine bes Belastungen sind Kosten der allg Lebensführung (s Rn 43), wie Telefonkosten, Vereinsbeiträge, Fortbildungskosten, nicht als Werbungskosten berücksichtigungsfähige (s Rn 29) Fahrtkosten (OLG Köln 12.6.2023 – 10 UF 26/23: Deutschlandticket). nicht nach § 115 I 3 Nr 1a iVm § 82 II 1 Nr 1 SGB XII abzugsfähige Steuern oder übermäßiger Zigarettenkonsum (OLGR Koblenz 1999, 24). Nicht vom sozialhilferechtl Regelsatz umfasst und daher als bes Belastung absetzbar sind der **Rundfunkbeitrag** (OLG Braunschweig MDR 2023, 940; OLG Frankfurt 28.12.2015 – 4 WF 174/15; LAG Hamm 30.1.2023 – 14 Ta 210/22; aA BayVGH 4.3.2016 – 12 C 14.2069) und von der Krankenversicherung nicht getragene ärztl **Behandlungskosten** (OLG Düsseldorf FamRZ 81, 76). Aufgrund gesamtwirtschaftl Umstände stark gestiegene **Stromkosten** können als bes Belastungen abgesetzt werden, soweit der sozialhilferechtl Regelsatz den Anstieg (noch) nicht abbildet (LAG München 26.4.2023 – 5 Ta 61/23); zu verrechnen ist eine gezahlte Energiepreispauschale. 46

Nach § 115 I 3 Nr 5 Hs 2 gilt die Vermutung des **§ 1610a BGB** entspr, dass dem ASt eine bes Belastung in Höhe der **Sozialleistungen infolge von Körper- und Gesundheitsschäden** entsteht. Diese Einkünfte (s Rn 23) sind demnach auch ohne nähere Darlegungen zu einem tatsächl Aufwand wieder abzusetzen, so dass sie iErg einkommensneutral sind. Unter § 1610a BGB fallen das **Pflegegeld** nach § 37 SGB XI und § 64a SGB XII (OLG Bremen FF 2013, 256; iErg OLG Bremen MDR 2012, 995; zum Pflegegeld nach § 39 SGB VIII s Rn 23), Blindenhilfe nach § 72 SGB XII und **Blindengelder** nach LandesR (Staudinger/Kappe § 1610a BGB Rn 15), Renten für Schäden an Körper und Gesundheit nach § 31 BEG sowie Entschädigungszahlungen nach § 83 SGB XIV. **Nicht** unter § 1610a BGB fallen für Gesundheitsschäden gewährte Leistungen, die als Einkommensersatz dienen (Hülsmann FuR 91, 219): Pflegegeld nach LandespflegeG (BGH MDR 93, 544), Arbeitsunfallrente (OLG Hamm FamRZ 2001, 441), Erwerbsminderungsrente nach § 43 SGB VI (OLG Köln FamRZ 2001, 1524), Krankengeld der Sozialen Entschädigung (§ 47 SGB XIV), Berufsschadensausgleichsrente (§ 89 SGB XIV; OLG Hamm NJW 92, 515 zu §§ 30, 32 BVG) und Steuerpauschbeträge für Behinderte nach § 33b EStG (Hülsmann FuR 91, 219). Auf privatrechtl Entschädigungsleistungen ist § 1610a BGB nicht anzuwenden (BGH FamRZ 95, 537); Schmerzensgeldrenten sind aber bereits nicht als Einkommen zu berücksichtigen (s Rn 18). 47

d) Familiäre Belastungen. Ein ASt, der mit seinem Lebensgefährten und dessen Kindern in einer **Bedarfsgemeinschaft** (§ 7 III Nrn 3, 4 SGB II, § 9 SGB II; sa Rn 19) lebt, kann die Kosten, mit denen er zur Deckung des Bedarfs der Gemeinschaft herangezogen wird, bis zur Höhe des nach I 3 Nr 2 zu bemessenden Bedarfs des Lebensgefährten als bes Belastung geltend machen (OLG Karlsruhe MDR 2016, 849; LAG Hamm NZA-RR 2022, 435; aA OLG Koblenz MDR 2015, 610). Die Wohnkosten der gesamten Bedarfsgemeinschaft fallen unter I 3 Nr 3 (OLG Düsseldorf FamRZ 2010, 141). Bes Belastungen sind auch andere **Unterhaltsleistungen** auf Grund sittl Verpflichtung, ohne dass eine ges Verpflichtung iSd I 3 Nr 2 besteht (OLG Hamburg MDR 2016, 1166), zB für die mit dem ASt zusammenlebende Mutter eines nichtehel Kindes (OLG Köln FamRZ 2018, 1830; OLG Stuttgart MDR 2005, 413). Im Rahmen der Angemessenheit als bes Belastungen anzuerkennen sind **Kindergarten- und Kindertagesstättenbeiträge** (OLG Celle MDR 2018, 1468; LAG BadWürtt NZA-RR 2013, 607; aA OLG Stuttgart FamRZ 2006, 1282), Betreuungskosten von Schulkindern (LAG BadWürtt FamRZ 2018, 1591), Schulgeld (OLG Brandenburg 18.12.2017 – 15 WF 165/17), Mittagessenkosten der Schule (LAG Köln 14.1.2019 – 1 Ta 211/18: abzgl Eigenanteil gem § 9 I 1 RBEG), Ausgaben für Nachhilfeunterricht (OLG Düsseldorf FamRZ 81, 59) oder für Musikunterricht (OLGR Karlsruhe 2001, 291), wenn sie nicht durch Unterhaltsleistungen des anderen Elternteils abgedeckt sind. 48

e) Belastungen aus Gerichtsverfahren. Bes Belastungen sind Anwaltskosten aus früheren Prozessen und Kostenerstattungsverpflichtungen (§ 123), die der ASt ratenweise abträgt (OLG Köln FamRZ 93, 579; LAG Bremen 9.4.2025 – 1 Ta 1/25), sowie **PKH-Raten** aus früheren Bewilligungsverf (OLG Rostock 8.1.2025 – 10 WF 164/24, AGS 2025, 136; OLG Brandenburg FamRZ 2015, 949; OLG Saarbrücken JurBüro 2013, 208), nicht jedoch PKH-Raten aus der Vorinstanz, weil insoweit eine einheitl Ratenzahlungspflicht besteht (s § 119 Rn 22). Eine **Geldstrafe** ist keine „angemessene" Belastung und daher nicht absetzbar; der ASt kann auf die Möglichkeit der Zahlungserleichterung gem § 42 StGB verwiesen werden (BGH MDR 2011, 315). Dasselbe gilt für eine **Geldbuße** (OLG Koblenz JurBüro 97, 30) und **Geldauflagen** bei Verfahrenseinstellung nach § 153a StPO (OLG Brandenburg 4.10.2022 – 13 WF 160/22). 49

V) Berechnung der Raten (§ 115 II). 1) Ratenhöhe. Beträgt das nach § 115 I ermittelte einzusetzende monatl Einkommen weniger als 20 Euro, ist die PKH gem II 2 ratenfrei zu bewilligen. Liegt das einzusetzende Einkommen darüber, sind bis 600 Euro Raten in Höhe der Hälfte des einzusetzenden Einkommens festzusetzen (II 1). Übersteigt das einzusetzende Einkommen 600 Euro, betragen die Raten 300 Euro zzgl des 600 Euro übersteigenden einzusetzenden Einkommens (II 3). Die nach II 1 und II 3 festzusetzenden Raten sind jeweils auf volle Euro abzurunden; II 1 Hs 2 gilt entspr auch bei II 3. 50

2) Beschränkung auf 48 Monatsraten (§ 115 II 4). Eine Partei, die Raten zu zahlen hat, wird nach 48 Raten endgültig von den Kosten befreit, unabhängig davon, ob sich die Höhe der Raten geändert hat. Was darüber hi- 51 naus an Kosten anfällt, übernimmt die Staatskasse. Voraussetzung der Begrenzung ist, dass die Partei die Raten „aufgebracht" (gezahlt) hat, so dass es sich nicht um eine zeitl, sondern um eine **summenmäßige Begrenzung** handelt. Dies zeigt auch § 120a I 4, wonach eine Abänderung der PKH-Raten bis 4 Jahre nach der rechtskräftigen Entscheidung über die Hauptsache mögl ist. Die Vorschrift kann nur dann ihre Wirkung entfalten, wenn ratenfreie Monate in der 4-Jahresfrist nicht mitgezählt werden. Zählte man sie mit, könnten nach 48 ratenfreien Monaten keine Raten mehr nachgefordert werden, obwohl die Frist des § 120a noch lange nicht verstrichen ist, weil zwischen der PKH-Bewilligung und dem rechtskräftigen Abschluss des Verf regelmäßig viele Monate liegen. Soweit nicht gezahlt wurde, weil wegen Kostendeckung die Zahlungspflicht einstw eingestellt worden war (§ 120 III), zählen diese Monate daher bei der Ermittlung der Höchstgrenze von 48 Monaten nicht mit. Dasselbe gilt, wenn die Partei anfangs ein so geringes Einkommen hat, dass sie keine Raten zu zahlen braucht, und wenn die Ratenzahlungspflicht erst später nach einer Verbesserung des Einkommens einsetzt (OLG Düsseldorf FamRZ 93, 341; OLG Karlsruhe FamRZ 95, 1505; OLG Bamberg JurBüro 98, 316; OLG Stuttgart Rpfleger 99, 82; aA OLG Nürnberg JurBüro 92, 757).

52 Die Begrenzung gilt nach § 115 II 4 **unabhängig von der Zahl der Rechtszüge**. Die PKH-Bewilligung in mehreren Instanzen eines Rechtsstreits begründet eine, nicht mehrere nebeneinander bestehende Ratenzahlungspflichten (s § 119 Rn 22), insoweit ist es gerechtfertigt, die Zahl der Raten bezogen auf das gesamte Verf zu begrenzen. Anders ist es, wenn eine Partei mehrere Prozesse führt. Dann zahlt sie für jeden bis zu 48 Raten (OLGR Stuttgart 2009, 1163; OLG Düsseldorf Rpfleger 92, 30), kann aber die Raten aus früheren Rechtsstreitigkeiten als bes Belastung absetzen (s Rn 49). Die Begrenzung auf 48 Monatsraten gilt auch für vor- und nachgeschaltete Verf, soweit es um dens Streitgegenstand geht. Rechtszüge desselben Prozesses sind deshalb auch sBV und Klageverf (OLG Celle NJW 2015, 3108), Mahnverf und Erkenntnisverf und Vollstreckung (MK/Wache Rn 67), das Hauptsacheverf und die mit ihm zusammenhängenden einstw Anordnungen nach den §§ 707, 719, 769 (OLG Düsseldorf FamRZ 91, 1325). Rechtszüge desselben Rechtsstreits sind VereinfVerf und anschließendes Unterhaltsverf sowie das Scheidungsverbundverf. Anderes gilt für §§ 246 ff FamFG, da das Verf nach §§ 49 ff FamFG als vom Hauptsacheverf unabhängig und selbständig konzipiert ist.

53 **VI) Einsatz des Vermögens (§ 115 III).** Der Einsatz des vorhandenen Vermögens des ASt wird nach III 1 durch seine Zumutbarkeit (s Rn 87 ff) und nach III 2 iVm § 90 I SGB XII durch seine Verwertbarkeit (s Rn 55 ff) begrenzt. Zudem befreit III 2 iVm § 90 II SGB XII den ASt vom Einsatz bestimmter Vermögensgegenstände (s Rn 69 ff).

54 **1) Verwertbares Vermögen. a) Vermögensbegriff.** Vermögen sind alle bewegl und unbewegl **Güter und Rechte in Geld oder Geldeswert**, zB Bargeld, Bankguthaben, Grundstücke, bewegl Sachen und Forderungen. Zu Abfindungen nach den §§ 9, 10 KSchG s Rn 7. Bloße Hoffnungen, zB durch die Erbenstellung, begründen zwar die Erwartung zukünftigen Vermögenserwerbs, sind aber kein gegenwärtiges verwertbares Vermögen iSd § 115 III. Stehen Vermögenswerten Verbindlichkeiten ggü, findet grds keine Saldierung statt. Schulden sind bei der Ermittlung des Vermögens damit idR nicht zu berücksichtigen; es gilt das **Bruttoprinzip** (OLG Oldenburg JurBüro 2017, 427; MskV/Fischer Rn 35; aA OLG Bamberg JurBüro 93, 232; BAG 22.12.2003 – 2 AZB 23/03). Eine Ausnahme gilt für **fällige Schulden**, die die Partei aus ihrem Vermögen tatsächl bezahlt (OLG Oldenburg JurBüro 2017, 427; zur ratenweise Zahlung aus Einkommen s Rn 44). Nicht fällige Schulden darf die Partei nicht vorzeitig tilgen, sondern muss mit dem vorhandenen Geld die Prozesskosten bezahlen (BGH FamRZ 99, 644; OLG Bremen FamRZ 2007, 1341); erst recht genügt nicht die Absicht einer späteren Tilgung (OLG Koblenz FamRZ 2016, 253). Wird dennoch unzulässig getilgt, kann der Partei fiktives Vermögen zugerechnet werden (OLG Karlsruhe FamRZ 2008, 1262). Diese Regeln gelten auch für nach PKH-Bewilligung erworbenes Vermögen (s § 120a Rn 8).

55 **b) Verwertbarkeit.** Nach § 115 III 2 iVm § 90 I SGB XII ist nur das verwertbare Vermögen einzusetzen, dh Vermögen, das tatsächl zur Aufbringung der Prozesskosten eingesetzt werden kann. Unerhebl ist, ob der Vermögensgegenstand pfändbar ist (Seggewiße MDR 2022, 414; aA KG MDR 2022, 199; MskV/Fischer Rn 35), denn das einzusetzende Vermögen richtet sich nach § 115 III, § 90 SGB XII und nicht nach den ZwV-Vorschriften. Der Einsatz der nach §§ 811, 851 pfändungsfreien Vermögensgegenstände kann aber unzumutbar sein (s Rn 88). Über Vermögensgegenstände, die der ASt sicherheitshalber an Dritte **abgetreten** (zB Lebensversicherung) oder die er verpfändet hat, kann er nicht verfügen; sie sind daher kein einzusetzendes Vermögen (OLG Frankfurt JurBüro 2015, 541). Bei anderem als Vermögen in Geld kommt es auf die **zeitgerechte Realisierbarkeit** des Geldwerts an. Entscheidend ist die Dringlichkeit der Prozessführung und die Zeit, die die Verwertung bei zeitnahen und ausreichenden Bemühungen der Partei voraussichtl dauern wird. Wenn diese Voraussetzungen nicht erfüllt sind, hat die Partei dies darzulegen (BGH FamRZ 2002, 1704). Steht eindeutig fest, dass Vermögensbestandteile nicht verwertbar sind, braucht die Partei in ihrer Erklärung über ihre persönl und wirtschaftl Verhältnisse solche Vermögensbestandteile nicht anzugeben (OLG Karlsruhe FamRZ 2024, 285; sa § 117 Rn 19).

56 Nicht zu verwerten sind unverkäufl Gegenstände (StJ/Bork Rn 96). **Grundstücke und bewegl Sachen** sind nicht einzusetzen, wenn ein dringendes Eilverf aufgeschoben werden müsste, bis ein Käufer gefunden wird (OLG Hamm FamRZ 2011, 1744), es sei denn, der Partei ist eine kurzfristige Kreditaufnahme mögl und zumutbar (s Rn 97). Nicht verwerten lässt sich ein Miterbenanteil an einem Grundstück, das mit einem Nießbrauch

belastet ist (OLG Köln JurBüro 96, 143). Lebensversicherungen, die der Arbeitgeber als Versicherungsnehmer zugunsten des Arbeitnehmers genommen hat, kann der Arbeitnehmer nicht verwerten (OLG Koblenz FamRZ 2006, 628; OLG Frankfurt FamRZ 2006, 962).

Forderungen jedweder Art sind zu berücksichtigen, soweit sie zeitgerecht realisierbar sind. Dazu gehören namentl der Anspruch auf **Prozesskostenvorschuss** (s Rn 59) und ein Rückforderungsanspruch wegen Verarmung des Schenkers (§ 528 I 1 BGB; OLG Hamm FamRZ 2013, 144). Zeitgerechte Realisierbarkeit besteht idR, wenn der Sch zahlungsbereit oder die Forderung tituliert ist und Vollstreckungsaussichten bestehen (OLG Hamm FamRZ 84, 724; OLG Bamberg FamRZ 85, 504; LG Itzehoe FamRZ 2011, 1608). **Bestrittene Forderungen**, die nicht ohne Inanspruchnahme der Gerichte durchgesetzt werden können, sind daher nicht zu berücksichtigen (aA OLG Bamberg JurBüro 90, 1644), ebenso wenig die erwartete Erfüllung des **eingeklagten Anspruchs**, für den PKH beantragt wird (OLG Bremen FamRZ 83, 637; OLG Zweibrücken JurBüro 86, 1251; aA OLG Frankfurt FamRZ 84, 809; sa § 120 Rn 7). Auch **vorläufig titulierte Ansprüche** bleiben bis zu ihrer Rechtskraft unberücksichtigt (OLG Zweibrücken JurBüro 87, 1704; OLG Hamburg JurBüro 89, 1145), es sei denn, sie sind ohne weiteres realisierbar (OLG Brandenburg FamRZ 2005, 991). Daran fehlt es jedenfalls, wenn die Partei das Urteil nur gegen Sicherheitsleistung vollstrecken, aber die Sicherheit nicht aufbringen kann (BGH FamRZ 96, 933). IÜ erfolgt der Einsatz solcher Forderung erst, wenn die Geldmittel zugeflossen sind (OLG Hamm FamRZ 93, 1474). Ist zum Zeitpunkt der PKH-Entscheidung bereits eine Kostengrundentscheidung zugunsten der Partei ergangen, zB nach § 91 I, § 91a, § 269 III 2, so ist auch der **Kostenerstattungsanspruch** verwertbares Vermögen, das die Partei zur Kostendeckung einzusetzen hat, es sei denn, der Anspruch ist beim Gegner nicht beitreibbar (OLG Celle NZI 2010, 80). Es kommt nicht darauf an, ob die Kostenentscheidung rechtskräftig ist. Nicht durchsetzbar ist der Kostenerstattungsanspruch auch, wenn eine Aufrechnungsmöglichkeit besteht (BGH MDR 2010, 402). 57

c) Rechtsschutz/Prozessfinanzierung uÄ. Zum Vermögen gehören auch **vertragl Ansprüche gegen Dritte** auf Übernahme der Prozesskosten, insb aus einer Rechtsschutzversicherung, gewerkschaftl Rechtsschutz (BAG NJW 2013, 493), aus einer Mitgliedschaft in einem Verband (BSG JurBüro 2016, 317), einer Kfz-Haftpflichtversicherung bei Abwehr von Schadenersatzansprüchen (§ 10 I AKB), aus einem Prozessfinanzierungsvertrag (BGH MDR 2015, 1196 = NJW 2015, 3101 Tz 17) oder bei einer Klage im Auftrag eines Dritten nach § 669 BGB. Ist die Partei für den Verfahrensgegenstand durch eine Rechtsschutzversicherung abgesichert, ist sie ab Vorliegen der **Deckungszusage** grds nicht mehr hilfsbedürftig (BGH MDR 91, 324 = NJW 91, 109). PKH kommt dann nur in Betracht, soweit die Deckungssumme nicht ausreicht (BGH VersR 81, 1070), ein Selbstbehalt besteht (BSG NZS 2006, 612; OLG Oldenburg 13.2.2025 – 1 W 47/24, MDR 2025, 620) oder die Deckungszusage einen Teil der Streitgegenstände nicht umfasst (BFH 26.8.2020 – V S 12/20). Verweigert der Versicherer die Deckungszusage wegen fehlender Erfolgsaussicht, liegt zwar kein einzusetzendes Vermögen vor (LAG Düsseldorf AnwBl 82, 77), dennoch ist PKH zu versagen: Fehlen tatsächl die Erfolgsaussichten, liegen auch die Voraussetzungen des § 114 I 1 nicht vor. Hat die Versicherung zu Unrecht die Erfolgsaussichten verneint, kann von der Partei die **Einholung eines Stichentscheids** nach den ARB erwartet werden, der für die Partei kostenfrei ist und keinen höheren Aufwand als die Begründung eines PKH-Antrags bedeutet (BGH MDR 87, 1009; OLG Karlsruhe VersR 2016, 1207). Nach erfolglosem Stichentscheid kann PKH bewilligt werden; die Führung eines Deckungsprozesses ist der Partei idR nicht zuzumuten. 58

d) Anspruch auf Prozesskostenvorschuss. aa) Verpflichtete. Zum Vermögen rechnet ein realisierbarer Anspruch auf Prozesskostenvorschuss **gegen Ehegatten und Lebenspartner**, auch wenn sie getrennt leben (§ 1360a IV, § 1361 IV 4 BGB, § 5 S 2, § 12 LPartG). Der Anspruch besteht auch gegen den neuen Ehegatten beim Rechtsstreit gegen den früheren (BGH NJW 2010, 372). Minderj Kindern steht in analoger Anwendung des § 1360a IV BGB ein Anspruch auf Prozesskostenvorschuss **gegen ihre Eltern** zu; dieser ist Teil der ges Unterhaltspflicht (BGH FamRZ 2004, 1633; OLG Karlsruhe FamRZ 2016, 1195). Verpflichtet ist auch der sorgeberechtigte Elternteil (OLG Koblenz FamRZ 2001, 632; aA OLG Nürnberg NJW-RR 95, 390). Dieser ist nicht nach § 1606 III 2 BGB von der Vorschusspflicht befreit; denn § 1606 III BGB gilt nur für den laufenden Unterhalt und nicht für Sonderbedarf wie den Kostenvorschuss (OLG Koblenz FamRZ 2001, 632). Vollj Kinder können von ihren Eltern nur dann einen Prozesskostenvorschuss verlangen, solange sie sich noch in Ausbildung befinden und keine von ihren Eltern unabhängige Lebensstellung erreicht haben (BGH MDR 2005, 929 = NJW 2005, 1722; OLG Zweibrücken NJW-RR 2005, 306; LAG Berlin-Brandenburg FamRZ 2010, 143; OVG Berlin-Brandenburg NJW 2015, 3737). Studenten erreichen eine solche Lebensstellung mit dem Regelabschluss ihres Studiums (OVG Hamburg FamRZ 2006, 1615). Auf ihr Alter kommt es nicht an (OLG München FamRZ 2007, 911: 38-jährige kranke Studentin). Wer während der Ausbildung heiratet, löst sich von seinen Eltern, auch wenn die Eltern weiterhin Unterhalt zahlen; mit der Heirat endet die bes unterhaltsrechtl Verantwortung der Eltern und damit auch die Prozesskostenvorschusspflicht. Zum Prozesskostenvorschussanspruch **gegen Sozialhilfeträger** s § 114 Rn 10. 59

Kein Prozesskostenvorschuss kann von dem bereits **geschiedenen Ehegatten** verlangt werden; denn das nachehel Unterhaltsrecht kennt eine § 1360a IV BGB entsprechende Regelung nicht (BGH NJW 2005, 1722, 1723; BGH FamRZ 90, 280, 292; OLG Schleswig FamRZ 2008, 614). Zögert der Ehegatte die Zahlung bis zur Rechtskraft der Scheidung hinaus, kann danach kein Prozesskostenvorschuss mehr beansprucht werden, selbst wenn 60 er sich in Verzug befindet oder zuvor eine einstweilige Anordnung gem § 246 I Alt 2 FamFG beantragt wurde (OLG Schleswig FamRZ 2008, 614; aA OLG Frankfurt MDR 2005, 590). Denn das Verhalten des Ehegatten mag zwar treuwidrig sein. Eines Rückgriffs auf § 242 BGB bedarf es allerdings nicht, weil dem ASt ein Anspruch auf Verzugsschaden in gleicher Höhe zusteht, auch wenn dieser nicht nach § 246 FamFG durchgesetzt werden kann (OLG Schleswig FamRZ 2008, 614). Da Unterhalt gesetzl nicht geschuldet ist, ist auch § 1360a IV BGB nicht analog auf den Partner in einer **nichtehel Lebensgemeinschaft** anzuwenden (OLG Köln FamRZ 88, 306; aA OLG Koblenz NJW-RR 92, 1348). **Kinder** sind ihren Eltern ggü nicht zum Prozesskostenvorschuss verpflichtet, weil es an der gesteigerten Verantwortung wie etwa der Eltern ggü ihrem minderj Kind fehlt (OLG München FamRZ 93, 821; OLGR Oldenburg 1997, 157; aA OLG Koblenz FamRZ 2000, 681 mwN; verneinend OLG München FamRZ 93, 821); dasselbe gilt für **Großeltern** ihren Enkeln ggü (MK/Wache Rn 102; aA OLG Düsseldorf DAVorm 90, 80; OLG Koblenz FamRZ 97, 681).

61 **bb) Voraussetzungen.** Die Vorschusspflicht besteht begriffl nur für ein erst **noch zu betreibendes Verf.** Für ein abgeschlossenes Verf kann der Vorschuss nicht mehr verlangt werden (OLG Brandenburg FamRZ 2011, 54; OLG Stuttgart FamRZ 2012, 318). Wird über die PKH erst mit oder nach Beendigung des Verf entschieden, darf sie daher wegen eines Vorschussanspruchs grds nicht mehr verweigert werden. Anders ist dies nur dann, wenn der Partei der Anspruch als fiktives Vermögen zuzurechnen ist, weil sie ihn rechtsmissbräuchl nicht rechtzeitig geltend gemacht hat (s Rn 67).

62 Prozesskostenvorschuss ist gem § 1360a IV BGB nur in **persönl Angelegenheiten** zu leisten, nicht für Prozesse in geschäftl Angelegenheiten. Bei Ehegatten muss der Prozess mit den aus der Ehe erwachsenen persönl oder wirtschaftl Bedingungen und Beziehungen zusammenhängen (BGH FamRZ 2003, 1651). Persönl sind auch vermögensrechtl Angelegenheiten, deren Wurzel im familienrechtl Verhältnis liegt (BGHZ 31, 386) oder die eine enge Verbindung zur Person des Ehegatten aufweisen (BGH NJW 2020, 55 = MDR 2020, 61 Tz 8). **Bsp:** Klagen gegen den Vermieter der gemeinsamen Ehewohnung (BGH 4.10.2022 – VIII ZA 9/22); Schadensersatzklage wegen Körper- und Gesundheitsbeschädigung (OLG München FamRZ 2007, 911; OLG Frankfurt NJW-RR 2010, 1689 [Haushaltsführungsschaden]) oder wegen strafbaren Verhaltens (BGH MDR 2020, 61 Tz 9); Schmerzensgeldklage (OLG Köln FamRZ 79, 964; OLG Köln FamRZ 94, 1409); Teilungsversteigerung des gemeinsamen Grundstücks (OLG Köln FamRZ 2007, 1343 aE); Unterhaltsverf (BGH NJW 2005, 1722), auch gegen einen Dritten (OLG Karlsruhe FamRZ 96, 1100); Verletztenrente (LSG Thüringen JurBüro 99, 199); Anfechtung des Examensergebnisses (OVG Münster FamRZ 2000, 21); Gewährung, aber nicht Rückforderung von Sozialhilfe (VG Sigmaringen FamRZ 2004, 1653). **Keine** Vorschusspflicht besteht für Mietangelegenheiten (OLG Frankfurt FamRZ 2001, 1148). Ein **InsVerf**, das auf eine Restschuldbefreiung abzielt, kann eine persönl Angelegenheit sein; das gilt aber nicht, wenn die Insolvenz im Wesentl auf vorehel Schulden oder solchen Verbindlichkeiten beruht, die nicht zum Aufbau oder zur Erhaltung der wirtschaftl Existenz der Eheleute eingegangen wurden und auch sonst nicht mit der gemeinsamen Lebensführung zusammenhängen (BGH FamRZ 2003, 1651). In **arbeitsrechtl Streitigkeiten** besteht grds kein Anspruch auf Prozesskostenvorschuss (LAG BadWürtt JurBüro 95, 312). Kündigungsschutzprozesse sind jedoch persönl Angelegenheiten, weil Arbeitslosigkeit die Persönlichkeit bedroht (BAG MDR 2006, 1307).

63 Die Vorschusspflicht besteht nur, soweit sie der **Billigkeit** entspricht; § 1360a IV 1 BGB enthält einen allg Rechtsgedanken, der auch im Verhältnis zu Vorschuss verlangenden Kindern gilt. Zu berücksichtigen sind insb die persönl Beziehungen und die wirtschaftl Verhältnisse. Ist der Sch des Vorschussanspruchs nicht hinreichend **leistungsfähig**, ist seine Inanspruchnahme unbillig, zB wenn ein Elternteil nach Abzug der vorrangigen Verpflichtung zum Elementarunterhalt den Vorschuss nicht bezahlen kann, ohne seinen notwendigen Eigenbedarf anzugreifen (§ 1603 II 1 BGB; sa BVerfG FamRZ 2010, 792). Vollj Kinder können keinen Vorschuss verlangen, wenn der eigene angemessene Unterhalt des Vorschusspflichtigen durch den Vorschuss gefährdet würde (§ 1603 I BGB; BGH NJW 2005, 1722, 1724). Unbillig ist die Vorschusspflicht, wenn Trennungsunterhalt nach Quote gezahlt wird, weil sonst gegen den unterhaltsrechtl Halbteilungsgrundsatz verstoßen würde (OLG Bremen MDR 2022, 984; OLG Düsseldorf FamRZ 2019, 992). Kann der Verpflichtete den Vorschuss zwar nicht in einer Summe, aber in den Selbstbehalt wahrenden Raten zahlen, sind die Raten Vermögen iSd § 115 III; PKH ist daher mit entspr **Ratenzahlung** zu bewilligen (BGH MDR 2005, 94; OLG Koblenz MDR 2014, 922; OLG Celle FamRZ 2014, 783; abw OLG Brandenburg NJW-RR 2020, 1016: Raten des Verpflichteten nur in Höhe des § 115 II). Ist dem Verpflichteten allerdings seinerseits PKH mit Ratenzahlung bewilligt worden, würde seine Vorschusspflicht eine unzumutbare Belastung darstellen; Vorschuss ist dann billigerweise nicht geschuldet (OLG Celle FamRZ 2010, 53). Erst recht schuldet der Ehegatte oder Elternteil keinen Vorschuss, wenn er PKH erhalten hat, ohne dass er zur Ratenzahlung verpflichtet worden ist.

64 **cc) Zeitnahe Durchsetzbarkeit.** Nur wenn die Partei ihren Vorschussanspruch **alsbald realisieren** kann, hat sie gleiche Chancen wie eine vermögende Partei (OLG Bamberg FamRZ 79, 846; sa Rn 55). Da ihr durch die Verweisung auf den Vorschuss keine Nachteile entstehen dürfen (KG DAVorm 85, 1009), ist Voraussetzung für eine solche Verweisung, dass der Vorschussanspruch rechtzeitig durchsetzbar ist (OLG Düsseldorf FamRZ 90, 420; OLG Nürnberg DAVorm 95, 524). Die Realisierbarkeit fehlt zB, wenn bereits erfolglos beim Vorschusspflichtigen vollstreckt wurde, er sich in Strafhaft befindet (KG NJW 71, 197) oder im Ausland lebt (LG

Stuttgart DAVorm 75, 169), ferner, wenn die Partei nicht weiß, ob der an sich Vorschusspflichtige den Vorschuss bezahlen kann (OLG München FamRZ 94, 1126) und deshalb Gefahr läuft, mit ihrem Vorschussverlangen zu unterliegen. Je eiliger der Prozess ist, für den PKH verlangt wird, desto weniger können Verzögerungen bei der Durchsetzung der Vorschussforderung in Kauf genommen werden (OLG Bamberg FamRZ 79, 846; Künkel DAVorm 83, 344). Für Verf im einstw Rechtsschutz kann die Partei deshalb grds nicht auf einen erst gerichtl durchzusetzenden Vorschussanspruch verwiesen werden (OLG Düsseldorf FamRZ 82, 513; OLG Saarbrücken MDR 2010, 1284). IÜ wird es der Partei idR zuzumuten sein, gegen einen Verpflichteten im Wege der einstw Anordnung (§ 246 FamFG) vorzugehen, wenn der Anspruch **unzweifelhaft besteht** (OLG Celle FamRZ 2007, 762). Das gilt auch, wenn absehbar ist, dass die Anordnung im Wege der ZwV durchgesetzt werden muss (OLG Zweibrücken FamRZ 2003, 1116). Auf einen unsicheren Prozess um den Prozesskostenvorschuss darf der Hilfsbedürftige hingegen nicht verwiesen werden (BAG FamRZ 2006, 1117, 1119). Wird die PKH verweigert, weil die Partei einen Anspruch auf Prozesskostenvorschuss hat, kann für dessen Geltendmachung VKH bewilligt werden (OLG Bamberg FamRZ 86, 484).

dd) Darlegungspflicht. Handelt es sich bei dem Rechtsstreit um eine persönl Angelegenheit und existiert ein 65
Verpflichteter, ist es Sache der Partei vorzutragen, warum sie sich nicht auf diesen verweisen lassen will (BGH MDR 2008, 1232; OLG Koblenz MDR 2002, 1126). Die Partei muss darlegen, dass der Anspruch nicht besteht oder nicht alsbald realisiert werden kann. Sie hat daher die fehlende Billigkeit, insb dass der Vorschusspflichtige den Vorschuss nicht aufbringen kann (OLG Köln FamRZ 94, 1409; OLG Brandenburg FamRZ 2002, 1414; LSG Mainz FamRZ 2011, 1969), ebenso darzulegen wie die fehlende problemlose und zeitgerechte Realisierbarkeit des Vorschussanspruchs (OLG Düsseldorf FamRZ 85, 198), zB wegen absehbarer Einwendungen des Gegners wie der Verwirkung (OLG Brandenburg FamRZ 2014, 784). Unterlässt die Partei eine entsprechende Darstellung, ist ihr die PKH zu verweigern (OLG Zweibrücken FamRZ 96, 1288).

e) Fiktives Vermögen. PKH darf nicht deshalb verweigert werden, weil die Partei ihr Vermögen zu einer Zeit 66
vergeudet hat, in der sie mit einem Prozess noch nicht zu rechnen brauchte (OLG Hamm MDR 2002, 1208). Rechtsmissbräuchl ist es aber, wenn die **Verschwendung vorhandenen Vermögens in Erwartung eines Verf** geschieht; dann sind ihr die vergeudeten Vermögenswerte fiktiv zuzurechnen (BGH MDR 2018, 1205; BGH MDR 2007, 366; OLG Hamm MDR 2014, 742; KG MDR 2014, 423). Die Partei muss in dieser Situation ihre finanziellen Dispositionen auf die anstehende Prozessführung ausrichten und nicht notwendige Ausgaben unterlassen, mit denen sie wissentl oder leichtfertig die Hilfsbedürftigkeit herbeiführt (BGH MDR 2018, 1205). Sie darf weder neue Möbel, einen Pkw usw kaufen oder eine größere Urlaubsreise buchen (OLG Karlsruhe FamRZ 2024, 1127) noch ihre Wohnung renovieren und neu einrichten (BGH MDR 2018, 1205), Spielschulden machen (OLG Bamberg JurBüro 91, 843), Spekulationsgeschäfte tätigen (OLG Bamberg JurBüro 87, 133), Vermögen verschenken (OLG Schleswig ZEV 2024, 121) oder eine Lebensversicherung ohne dringenden Grund beleihen (OLG Saarbrücken FamRZ 2010, 1685). Das gilt auch, wenn die vorwerfbaren Ausgaben den Freibetrag nach § 115 III 2 iVm § 90 II Nr 9 SGB XII nicht übersteigen (BGH MDR 2018, 1205); der Freibetrag kann für das fiktive Vermögen auch nicht in Anspruch genommen werden (OLG Düsseldorf NZFam 2022, 1045). **Keine** vorwerfbare Verschwendung ist aber der Umzug oder Aufbau einer neuen Wohnung in der Trennungsphase von Ehegatten (OLG Stuttgart FamRZ 2018, 1340; OLG Brandenburg FamRZ 2008, 703), ebenso die bloße Vermögensverwendung ohne im Hinblick auf einen zu erwartenden Rechtsstreit **Rücklagen** aus dem Einkommen zu bilden (OLG Celle FamRZ 2007, 485; aA OLG Rostock FamRZ 2007, 1335 bei Scheinehe; OLG Celle FamRZ 2007, 154 [krit Gottwald] und HessLSG Breith. 2023, 347 für Selbständige und Gewerbetreibende). Verwendet eine Partei ihr Vermögen zur **Bezahlung von Schulden**, gelten dieselben Maßstäbe wie bei der Berücksichtigung von Abzahlungsverpflichtungen als bes Belastungen (s Rn 44). Hat die Partei Schulden gemacht, ohne von dem bevorstehenden Prozess etwas zu wissen, und ist die Rückzahlung fällig, so kommt es nicht darauf an, ob die Übernahme der Verpflichtung erforderl oder angemessen war. Hier braucht die Partei ihr Geld nicht zur Bezahlung der Prozesskosten zu verwenden. Schulden, die langfristig zu tilgen sind, darf die Partei nicht vorzeitig tilgen, sondern sie muss mit dem vorhandenen Geld die Prozesskosten bezahlen (OLG Hamm 20.11.2023 – 4 WF 126/23; OLG Köln FamRZ 2005, 2003). Waren früher erhebl Geldbeträge vorhanden, muss die Partei deren Verwendung **darlegen**, um die Verschwendung auszuräumen; andernfalls ist PKH bereits aus diesem Grund zu verweigern (BGH MDR 2008, 759).

Die Zurechnung fiktiven Vermögens findet auch statt, wenn die Partei den Erwerb von Barvermögen unterlässt. 67
Unterlässt es eine Partei, vor Rechtskraft der Ehescheidung den Anspruch auf **Prozesskostenvorschuss** gerichtl geltend zu machen, und verliert sie dann durch die Scheidung ihren Vorschussanspruch (s Rn 60), so kann es rechtsmissbräuchl sein, wenn sie nunmehr PKH verlangt (OLG Zweibrücken FamRZ 2000, 757; OLG Koblenz FamRZ 2004, 1880). Gleiches gilt, wenn die Partei ihren Vorschussanspruch ohne nachvollziehbaren Grund nicht verfolgt, bis er wegen fehlender Leistungsfähigkeit des Ehegatten entfällt (OLG Hamm FamRZ 2014, 2016; s Rn 63). Ebenso wenig darf eine Partei, der die PKH im Hinblick auf einen Vorschussanspruch gegen ihren Ehegatten verweigert worden ist, den Prozess ruhen lassen, bis die Ehe geschieden worden ist, um dann erneut PKH zu beantragen (OLG Oldenburg FamRZ 94, 1183). Wird ein **Erbe** grundlos ausgeschlagen, ist es fiktiv gleichwohl einzusetzen (OLG Saarbrücken MDR 2012, 801). Zur Verwertung nicht geschützter **Grundstücke** s Rn 93.

68 **Verschulden** der Partei muss festgestellt werden, um ihr die PKH wegen missbräuchl Verwendung ihres Vermögens zu verweigern. Nicht erforderl ist, dass die Partei in der Absicht gehandelt hat, Kostenbefreiung für den Prozess zu erlangen (OLG Bamberg FamRZ 85, 503; aA OLG Köln FamRZ 83, 635; OLG Schleswig SchlHA 89, 141). Es reicht vielmehr **offenkundige Leichtfertigkeit** aus (OLG Karlsruhe NJW-RR 86, 799; sa Rn 8).

69 **2) Ausnahmen nach § 90 II SGB XII.** § 115 nimmt beim Vermögen wie beim Einkommen (s Rn 24) auf das SGB XII Bezug. III 2 erklärt § 90 SGB XII für entspr anwendbar. § 90 II SGB XII regelt dabei das sog **Schonvermögen**. Keine Anwendung finden nach III 2 hingegen § 91 SGB XII, wonach Sozialhilfe bei unmögl oder unzumutbarem sofortigen Vermögenseinsatz als Darlehen gewährt werden kann, und § 93 SGB XII, der einen Forderungsübergang von Ansprüchen gegen Dritte im Gegenzug zu sofortiger Hilfe vorsieht (OLG Karlsruhe FamRZ 2005, 1917). Durch den Verweis auf § 90 II Nr 9 SGB XII gilt auch die Verordnungsermächtigung des § 96 II SGB XII, die die Ausfüllung des Begriffs des „kleineren Barbetrags" durch DVO ermöglicht (s Rn 82). § 811a ist auf das sozialrechtl zu bestimmende Schonvermögen auch nicht entspr anwendbar (MskV/Fischer Rn 42). – § 90 II SGB XII und die entspr Vermögensfreibeträge sind auch anwendbar, wenn die **Partei im Ausland** lebt; eine Herabsetzung, weil die Partei in einem Staat mit niedrigeren Lebenshaltungskosten wohnt oder sich gewöhnl aufhält, findet nicht statt (BGH MDR 2008, 992 [EU-Ausland]; sa Rn 4).

70 **a) Vermögen aus öffentlichen Mitteln (§ 90 II Nr 1 SGB XII).** Die Vorschrift schützt den Hilfsbedürftigen vor Verlust eines Vermögens, das aus **öffentl Mitteln**, dh aus dem Haushalt von Bund, Ländern, Gemeinden oder Körperschaften, Anstalten oder Stiftungen des öffentl Rechts, zum Aufbau oder zur Sicherung einer **Lebensgrundlage** oder Gründung eines **Hausstandes** gewährt wird, zB aus Flutopferhilfe (VG Trier NZFam 2022, 561), aus Aufbaudarlehen nach LAG oder Darlehen nach AFBG (OLG Dresden MDR 2021, 456). Erforderl ist, dass die Mittel ausdrückl für den genannten Zweck gewährt worden sind. Sinn der Bestimmung ist, dass der Staat nicht mit der einen Hand dem Hilfsbedürftigen etwas wegnehmen soll, was die andere ihm zuvor gegeben hat.

71 **b) Staatlich geförderte Altersvorsorge (§ 90 II Nr 2 SGB XII).** Zur Altersversorge angelegtes Vermögen ist geschützt, wenn die Anlage in einem zertifizierten Produkt (§§ 79 ff EStG) erfolgt, zB sog Riester-Rente (OLG Stuttgart 14.11.2019 – 11 WF 156/19). § 90 II Nr 2 SGB XII ergänzt insoweit § 115 I 3 Nr 1a iVm § 82 II 1 Nr 3 Hs 2 SGB XII (s Rn 28). Andere Altersversorgungen, insb Lebensversicherungen, sind vielfach als zweckgebundenes Vermögen geschützt (s Rn 84).

72 **c) Vermögen zur Beschaffung eines Hausgrundstücks (§ 90 II Nr 3 SGB XII).** Dem Hilfsbedürftigen kann das zur Beschaffung eines kleinen Hausgrundstücks angesammelte Vermögen nur belassen werden, wenn das Haus Wohnzwecken Behinderter, Blinder oder Pflegebedürftiger dienen soll (OLG Dresden JurBüro 2000, 314; OLG Düsseldorf Rpfleger 2001, 244; OLG Koblenz FamRZ 2006, 1612). § 90 II Nr 3 SGB XII gilt über seinen Wortlaut hinaus auch für den behindertengerechten **Umbau** eines bereits im Eigentum der Partei befindl Hausgrundstücks (OLG Dresden MDR 2016, 1113). Nicht geschützt sind aber Mittel, die der ASt für die äußere Gestaltung des neuen Hausgrundstücks (Terrasse, Gartengestaltung, Carport) vorgesehen hat (OLG Frankfurt MDR 2009, 409). Verwendet die Partei nicht geschütztes Vermögen in Ansehung des zukünftigen Verf zur Anschaffung eines an sich nach § 90 II Nr 8 SGB XII geschützten Hausgrundstücks, wird dieses ausnahmsw nicht Schonvermögen (s Rn 80). Zur Verwertung eines Bausparguthabens s Rn 91.

73 **d) Hausrat (§ 90 II Nr 4 SGB XII).** Der vorhandene angemessene **Hausrat** gehört zur unverwertbaren Lebensgrundlage (sa § 811 I Nr 1). Kein Hausrat ist das Kfz (sa Rn 82a). Das Schonvermögen umfasst nicht Luxusgegenstände, zB nicht erforderl technische Küchengeräte (s § 811 Rn 13), auch wenn sie der Lebensführung der Partei entsprechen.

74 **e) Gegenstände für beruflichen Tätigkeit (§ 90 II Nr 5 SGB XII).** Dem Hilfsbedürftigen darf nicht die Grundlage der Erwerbstätigkeit entzogen werden; deshalb sind alle dazu unentbehrl Gegenstände unverwertbar. **Unentbehrl** sind nur Gegenstände, ohne die die Erwerbstätigkeit nicht mögl wäre, zB Arbeitsgeräte, Computer, Berufskleidung oder Fachliteratur. Wertvolle Gegenstände müssen aber ggf beliehen werden (s Rn 97).

75 Nur ein für die berufl Tätigkeit **unentbehrl Kfz** gehört gem § 90 II Nr 5 SGB XII zum Schonvermögen, zB bei einem Taxifahrer oder Vertreter. Ob eine Partei ihr Kfz für ihren Beruf benötigt, ist eine Frage des Einzelfalls (OLG Koblenz FamRZ 2012, 1236). Für den Wert gilt grds die Angemessenheitsgrenze wie bei § 90 II Nr 10 SGB XII (s Rn 82a), wenn nicht die berufl Nutzung besondere Anforderungen stellt (zB bei Kurierfahrzeugen). Eine Abgrenzung zwischen berufl und sonstiger Nutzung ist daher idR entbehrl.

76 **f) Familien-/Erbstücke (§ 90 II Nr 6 SGB XII)** gehören zum Schonvermögen, wenn ihre Veräußerung für die Partei oder ihre Familie eine besondere Härte bedeuten würde, insb weil dadurch persönl Beziehungen zerstört würden. Auf die Angemessenheit kommt es nicht an. Das Schonvermögen ist nicht auf Hausrat beschränkt, sondern erstreckt sich zB auch auf Schmuck, Ölgemälde, Antiquitäten und dgl.

77 **g) Gegenstände zur Befriedigung geistiger Bedürfnisse (§ 90 II Nr 7 SGB XII).** Das allg PersönlichkeitsR verlangt, dass kein Hilfsbedürftiger von der Befriedigung seiner wissenschaftl oder künstlerischen Bedürfnisse durch den Zwang abgeschnitten wird, die diesen Bedürfnissen dienenden Gegenstände zu veräußern. Bücher, Musikinstrumente, Malutensilien, Bastelwerkzeuge usw sind deshalb unverwertbares Vermögen. Die Begriffe

„wissenschaftl" und „künstlerisch" müssen hier weit gefasst werden, wie sich aus dem im Gesetz enthaltenen Oberbegriff „geistige Bedürfnisse" herleiten lässt. Insb sind Gegenstände für handwerkl Tätigkeiten, bei denen es nicht um Dienstleistungen geht, schutzwürdig.

h) Hausgrundstück (§ 90 II Nr 8 SGB XII). Dem Hilfsbedürftigen soll die eigene Wohnung erhalten bleiben, wenn sie angemessen ist. Dementspr erstreckt sich der Schutz des Hausgrundstücks nur auf ein **selbst genutztes Objekt** (OLG Koblenz MDR 2014, 48; OLG Hamm FamRZ 2015, 595). Bewohnt die Partei das Objekt mit Angehörigen gemeinsam, verlangt § 90 II Nr 8 S 1 Hs 2 SGB XII, dass es nach dem Tod der Partei von diesen weiterhin bewohnt werden soll, was idR bei Ehegatten und Kindern der Fall ist. Trotz des engen Wortlauts ist nicht nur ein Einfamilienhaus, sondern auch eine Eigentumswohnung erfasst (BVerwG Rpfleger 91, 257; OLG Karlsruhe FamRZ 2012, 386). Entsprechend anwendbar ist § 90 II Nr 8 SGB XII auf andere dem dauernden Wohnen dienende Unterkünfte, die nicht mit einem Grundstück verbunden sind, zB Wohnwagen eines Schaustellers (LG Bad Kreuznach JurBüro 95, 312). Nicht zum Schonvermögen gehört ein Ferien- oder Wochenendhaus, weil es nicht dem dauerhaften Wohnen dient (BGH FuR 2001, 138; OLGR Stuttgart 2006, 366). Ein **Miteigentumsanteil** an der gemeinsamen Ehewohnung, aus der die Partei ausgezogen ist, ist nicht für die Prozesskosten einzusetzen, solange es mögl ist, dass sie sich mit ihrem Ehegatten versöhnt und in die Wohnung zurückkehrt (OLG Celle NdsRpfl 96, 57; OLG Nürnberg FamRZ 2016, 1951). Ein Zweifamilienhaus gehört zum Schonvermögen, wenn an einer Wohnung das Wohnrecht eines Dritten besteht (OLG Frankfurt FamRZ 90, 643). Sonst besteht bei einem **Mehrfamilienhaus** iZw kein Schutz, auch wenn einzelne Wohnungen ihrer Größe nach angemessen sind und von dem in § 90 II Nr 8 SGB XII genannten Personenkreis genutzt werden (OLG Koblenz MDR 2014, 48). 78

Nach der Legaldefinition des § 90 II Nr 8 S 2 SGB XII bestimmt sich die **Angemessenheit** nach Zahl der Bewohner, Wohnbedarf, Grundstücksgröße, Hausgröße, Zuschnitt und Ausstattung sowie dem Wert des Objekts. Vorzunehmen ist eine Gesamtwürdigung der personen-, sach- und wertbezogenen Kriterien; die Unangemessenheit eines Kriteriums führt nicht automatisch zur Unangemessenheit des Hausgrundstücks (vgl BSG FEVS 61, 193; BVerwGE 59, 294). Das wichtigste objektivierbare Kriterium stellt dabei die **Wohnungsgröße** dar (OLG Celle FamRZ 2009, 532). Anders als § 88 II Nr 7 S 3 BSHG aF, der auf § 39 I WoBauG II aF verwies, fehlt in § 90 II Nr 8 SGB XII eine Bezugnahme auf Grenzwerte der sozialen Wohnraumförderung. Dennoch zieht die hM die dort geregelten Wohnungsgrößen weiterhin als Anhaltspunkte heran (OLG Koblenz FamRZ 2022, 33; OLG Jena JurBüro 2016, 151; OLG Saarbrücken FamRZ 2011, 1159; vgl BSG NZS 2007, 428 zum ALG II). Dem ist zuzustimmen, denn die von der Gegenauffassung (OLG Hamm FamRZ 2013, 142; OLG Hamm FamRZ 2015, 595) für maßgebl gehaltenen Grenzen der nach § 10 WoFG nunmehr maßgebl landesrechtl Bestimmungen für die soziale Wohnraumförderung weichen stark voneinander ab und würden zu einer ungerechtfertigten Ungleichbehandlung der Hilfsbedürftigen führen. Angemessen sind grds nach Maßgabe des § 39 WoBauG II aF Wohnungsgrößen bis zu 120 m^2 bei Eigentumswohnungen, 130 m^2 bei Familienheimen, insg 200 m^2 und 130 m^2 pro Wohnung bei Familienheimen mit 2 Wohnungen. Dabei ist von einem Vierpersonenhaushalt auszugehen; bei einer geringeren Personenzahl sind 20 m^2 pro fehlender Person abzuziehen (OLG Koblenz FamFR 2013, 503; OLG Saarbrücken FamRZ 2011, 1159). Die Wohnflächengrenzen dürfen entspr § 82 III 1 WoBauG II aF um 20 m^2 pro Person überschritten werden, wenn mehr als 4 Personen in einem Haushalt leben (BSG FEVS 61, 193). Abweichungen von den Grenzwerten sind mögl, wenn bes persönl oder berufl Bedürfnisse des Wohnungsinhabers dies erfordern oder soweit die Mehrfläche im Rahmen der örtl Bauplanung bei Wiederaufbau, Wiederherstellung, Ausbau oder Erweiterung oder bei der Schließung von Baulücken durch eine wirtschaftl notwendige Grundrissgestaltung bedingt ist. Ein erhöhter Wohnbedarf behinderter, blinder oder pflegebedürftiger Bewohner ist ebenfalls zu berücksichtigen. Der für die Angemessenheit ebenfalls relevante **Verkehrswert** ist in Relation zu dem Wert vergleichbarer Objekte am Wohnort des Hilfsbedürftigen zu setzen (BVerwG Rpfleger 91, 257). 79

Auf die Schutzwirkung des § 90 II Nr 8 SGB XII kann sich die Partei idR nur berufen, wenn der schutzwürdige Wohnraum zu dem Zeitpunkt, zu welchem der Anfall der Prozesskosten ersichtlich wird, schon vorhanden ist. Bei einer **Anschaffung in Ansehung des Verf** liegt eine rechtsmissbräuchl Vermögensverschiebung jedenfalls dann nahe, wenn die Partei ihr gesamtes Vermögen einsetzt (sa Rn 66). Das erworbene Objekt ist dann nicht Schonvermögen iSd § 90 II Nr 8 SGB XII (OLG Nürnberg MDR 2002, 171; OLG Koblenz FamRZ 2006, 1612; vgl BGH MDR 2007, 1388). Der Schutz des § 90 II Nr 8 SGB XII setzt sich **nicht** an dem **Veräußerungs- oder Versteigerungserlös** für das Hausgrundstück fort (BGH MDR 2008, 157; OLG Karlsruhe FamRZ 2018, 1680), selbst wenn beabsichtigt ist, damit eine angemessene Ersatzimmobilie zu erwerben (OLG München FamRZ 2017, 1143). Auch ein Verkauf des Einfamilienhauses, der infolge der Scheidung notwendig wird, hebt den Bestandsschutz auf (OLG Frankfurt FamRZ 86, 925; OLG Köln MDR 96, 197). 80

Nicht geschützte Objekte sind durch Veräußerung oder Inanspruchnahme von Kredit gegen Bestellung eines Grundpfandrechts (s Rn 97) zu verwerten (OLG Hamm FamRZ 2013, 142), es sei denn, dies ist ausnahmsw unzumutbar (s Rn 93). 81

i) Freibetrag (§ 90 II Nr 9 SGB XII). Das nicht nach § 90 II Nr 1 bis 8 SGB XII privilegierte Vermögen gehört zum Schonvermögen, soweit es nur „kleinere" Barbeträge oder sonstige Geldwerte umfasst; der Freibetrag ist 82 damit auch dann zu berücksichtigen, wenn die Partei über angemessenen Hausrat, ein angemessenes Hausgrundstück, Altersvorsorgevermögen oder ein angemessenes Kfz verfügt (OLG Stuttgart FamRB 2020, 68; OLG Köln FamRZ 2004, 647). Der Freibetrag ergibt sich aus dem unmittelbar anzuwendenden (s Rn 69) § 1 DVO § 90 II Nr 9 SGB XII (FNA 2170-1-20). Danach ist ein Freibetrag für die Partei von **10.000 Euro plus 500 Euro für jede überwiegend unterhaltene Person** anzusetzen. Ein erhöhter Freibetrag für verheiratete ASt ist nicht vorgesehen (BGH MDR 2022, 973). Ein Kind, das nur betreut wird, wird nicht überwiegend unterhalten (OLG Karlsruhe FamRZ 2008, 423). Der Freibetrag ist bei bes Notlage der Partei nach § 2 DVO § 90 II Nr 9 SGB XII angemessen zu erhöhen; hierbei sind va Art und Dauer des Bedarfs sowie bes Belastungen zu berücksichtigen. Ein beabsichtigter Einsatz für den künftigen Lebensbedarf rechtfertigt aber keine Erhöhung (OLG Koblenz FamRZ 2021, 1395; sa Rn 83). Aus welchen Gegenständen sich das freizustellende Vermögen zusammensetzt, ist unerhebl. Auch Wertpapiere brauchen daher nicht eingesetzt zu werden, wenn gemeinsam mit anderen Vermögenswerten der Freibetrag nicht überschritten wird (OLG Stuttgart FamRZ 2007, 914).

82a **j) Kraftfahrzeug (§ 90 II Nr 10 SGB XII).** Ein angemessenes Kfz ist Schonvermögen, so dass es keines Rückgriffs auf die Härtefallregelung des § 90 III SGB XII bedarf. Angemessen ist ein Kfz bis zu einem Verkehrswert von 7.500 Euro (OLG Oldenburg 20.2.2023 – 13 WF 12/23; OLG Saarbrücken 18.1.2023 – 6 WF 7/23; BTDrs 20/3873, 117; aA OLG Nürnberg MDR 2023, 1345: 15.000 Euro). Ein höherer Wert kann im Freibetrag gem § 90 II Nr 9 SGB XII berücksichtigt werden (OLG Saarbrücken 18.1.2023 – 6 WF 7/23). Ist auch dieser Betrag ausgeschöpft, ist der Partei eine günstigere Ersatzbeschaffung zuzumuten (OLG Hamm MDR 2013, 1367; sa Rn 75), wenn sie nicht aufgrund Behinderung oder Erkrankung spezielle Mobilitätsbedürfnisse hat (§ 90 III SGB XII).

83 **3) Härtefälle (§ 90 III SGB XII).** Anwendbar nach § 115 III 2 ist auch die Härtefallregelung des § 90 III SGB XII. Der Einsatz von Vermögen ist danach ausgeschlossen, soweit dies für die Partei und ihre unterhaltsberechtigten Angehörigen eine Härte bedeutet. Da es sich bei der PKH um Hilfe in sonstigen Lebenslagen nach § 73 SGB XII und damit nach Kapitel 9 des SGB XII handelt (OLG Nürnberg FamRZ 2015, 351), ist dies nach § 90 III 2 SGB XII insb der Fall, soweit eine angemessene Lebensführung oder die Aufrechterhaltung einer angemessenen Alterssicherung wesentl erschwert würde. Stellt der Vermögenseinsatz danach eine Härte dar, ist er auch nicht zumutbar iSd § 115 III 1. Die Überschneidung macht eine trennscharfe Abgrenzung der beiden Ausnahmen voneinander entbehrl. Nach dem Zweck des § 90 III SGB XII sind darunter va die Fälle zu fassen, in denen der Vermögenseinsatz zumindest teilw die **spätere Inanspruchnahme öffentl Fürsorgeleistung erwarten** lassen würde (BGH VersR 2011, 1028; OLG Karlsruhe FamRZ 2008, 423). Eine vorübergehende Arbeitslosigkeit begründet eine solche Erwartung noch nicht, weil es mögl erscheint, dass die Partei in Zukunft eine Vollzeitstelle übernimmt (OLG Köln FamRZ 2007, 488). Wie sich aus § 90 II Nr 9 SGB XII ergibt, sieht das Gesetz eine Versorgung aus dem Vermögen für einen längeren Zeitraum grds nicht vor.

84 § 90 III SGB XII sichert die Aufrechterhaltung nicht bereits nach § 90 II Nr 2 SGB XII geschützter (s Rn 71) erforderlicher privater Altersvorsorge, namentl **Lebens- und Rentenversicherungen**. Erforderl ist die Altersvorsorge, wenn erkennbar ist, dass die Alterssicherung dereinst unzureichend sein wird, also ohne die Versicherung im Rentenalter voraussichtl Sozialhilfebedürftigkeit droht (BGH NJW 2010, 2887; BGH VersR 2011, 1028; OLG Karlsruhe FamRZ 2005, 1917; OLG Brandenburg FamRZ 2011, 52; OLG Hamm FamRZ 2016, 393) und es sich sich um einen nach dem AltZertG zertifizierten oder vergleichbaren Altersvorsorgevertrag handelt, insb die vorzeitige Verwertung nach § 168 III VVG ausgeschlossen ist (BGH NJW 2010, 2887 Tz 30; OLG Brandenburg FamRZ 2018, 607; OLG Brandenburg MDR 2012, 52). IÜ wird der Notwendigkeit zusätzl Altersvorsorge durch § 90 II Nr 2, 9 SGB XII grds hinreichend Rechnung getragen (BGH NJW 2010, 2887; OLG Karlsruhe FamRZ 2017, 313; OLG Stuttgart FamRZ 2010, 311; aA OLG Celle FamRZ 2007, 913: Zusatzvorsorge bis 4 % Gesamtbruttoeinkommen geschützt). Das gilt insb, wenn der Partei zuzumuten ist, eine ausreichende Altersversorgung noch durch Zeiten zukünftiger Erwerbstätigkeit aufzubauen (OLG Koblenz FamRZ 2016, 393 [Gottwald]). Eine Ausnahme ist allerdings für Selbständige zu machen, denen eine angemessene Kapitallebensversicherung zur Altersversorgung zuzubilligen ist, weil sie nicht der gesetzl Rentenversicherungspflicht unterliegen (OLG Stuttgart FamRZ 2006, 914; sa Rn 85). Unterfällt die Lebensversicherung usw nicht § 90 III SGB XII, kann ihr Einsatz trotzdem unzumutbar iSd § 115 III 1 sein, wenn ihre Verwertung unwirtschaftl ist (dazu Rn 92).

85 **Bargeld, Wertpapiere und sonst Geldanlagen** sind in **zur Versorgung** angemessener Höhe (OLG Frankfurt FamRZ 2005, 466) der Partei nur ausnahmsw dann zu belassen, wenn die Partei sie tatsächl zur Versorgung verwenden will, indem sie beabsichtigt, das Geld zB in die ges Rentenversicherung einzuzahlen oder eine zweckgebundene Lebensversicherung abzuschließen (OLG Karlsruhe FamRZ 2004, 1122). Anders ist dies bei Pflegebedürftigkeit. Auch ein größeres Barvermögen kann einer dauernd pflegebedürftigen Partei zur Deckung ihrer Pflegekosten belassen werden (OLG Schleswig FamRZ 99, 1672: 160.000 Euro). Von Selbständigen, die keine Ansprüche aus einem gesetzl oder berufsständigen Altersvorsorgesystem haben, kann ebenfalls nicht verlangt werden, ihr Barvermögen in bes gesicherte Vermögensanlagen einzubringen; aus Gründen der Gleichbehandlung ist ihnen ein Vermögen in Höhe fiktiver Beiträge zur ges Rentenversicherung zuzubilligen (OLG Nürnberg FamRZ 2016, 1951; sa Rn 84). Wenn eine Partei behauptet, ihr Vermögen sei als Alterssicherung vorgesehen, ist stets zu verlangen, dass sie darlegt, welche Alterssicherung sie bisher erworben hat und warum diese nicht ausreicht (OLG Frankfurt MDR 2003, 535).

Privat genutzte Pkw sind durch das BürgergeldG v 16.12.2022 (BGBl I 2022, 2328) unter den Voraussetzungen des § 90 II Nr 10 SGB XII Schonvermögen (s Rn 82a). 86

4) Zumutbarkeit des Vermögenseinsatzes. a) Allgemeines. Ist verwertbares Vermögen (Rn 54) vorhanden, das nicht nach § 90 II, III SGB XII freigestellt ist, ist es im Rahmen der Zumutbarkeit für die Finanzierung des Rechtsstreits einzusetzen. Nachdem persönl Härtefälle bereits nach § 90 III SGB XII berücksichtigt werden (s Rn 83), hat das von geringeren Anforderungen gekennzeichnete Kriterium der Unzumutbarkeit (BAG FamRZ 2006, 1445) va für sonstige persönl und wirtschaftl Gründe Bedeutung. Ist die Verwertung von Vermögensgegenständen, zB langfristigen Geldanlagen und Grundstücken, durch Veräußerung nicht zeitgerecht mögl (s Rn 55) oder unzumutbar, schließt dies einen Vermögenseinsatz durch Beleihung (Kreditaufnahme) im Rahmen der Zumutbarkeit (s Rn 97) nicht aus (OLG Frankfurt FamRZ 2014, 56 [Gottwald]). 87

b) Zweckgebundes Vermögen. IdR ist es einer Partei nicht zuzumuten iSd § 115 III 1, zweckgebundenes Vermögen für die Prozesskosten einzusetzen (RGZ 147, 192). Zu **Lebens- und Rentenversicherungen** zum Zweck der Altersvorsorge s Rn 84. Zweckgebunden und deshalb nicht für die Prozesskosten einzusetzen sind ferner Zahlungen von Corona-Soforthilfen für Selbständige (KG MDR 2022, 199) sowie nach dem Contergan-StiftungsG (OLG Celle FamRZ 83, 1156; für anteilige Berücksichtigung OLG Hamm NJW-RR 87, 393). **Schmerzensgeld** ist analog § 83 II SGB XII grds nicht einzusetzen (OLG Stuttgart FamRZ 2007, 1661; OLG Saarbrücken FamRZ 2014, 1725; OLG Köln MDR 94, 406; aA OLG Zweibrücken FamRZ 98, 758; OLG Jena MDR 2000, 852; sa Rn 18). Zumutbar kann der Einsatz aber sein, wenn von einem hohen Schmerzensgeld verhältnismäßig geringe Prozesskosten zu bezahlen sind und dem Geschädigten der wesentl Teil verbleibt (OLG Karlsruhe MDR 2010, 1345). Eine Geldentschädigung für eine Verletzung des PersönlichkeitsR dient **nicht** wie das Schmerzensgeld dazu, das Leben des Geschädigten zu erleichtern, und ist für die Prozesskosten einzusetzen (BGH NJW 2006, 1068), ebenso die Entschädigung nach § 15 II AGG (LAG Düsseldorf NZA-RR 2025, 50). **Nicht zweckgebunden** und grds einzusetzen sind auch Witwenrentenabfindung (KG FamRZ 82, 623), Nachzahlungen auf Sozialleistungen iSd § 1610a BGB (OLGR Oldenburg 2008, 225: Blindengeld; sa Rn 47), ein zuteilungsreifer Bausparvertrag (LAG BadWürtt JurBüro 89, 670; s Rn 91), eine einmalig gezahlte steuer- und sozialversicherungsfreie Corona- oder Inflationsausgleichsprämie des Arbeitgebers (OLG Stuttgart FamRZ 2024, 880; s Rn 7), ausgezahlte Aussteuerversicherungen (OLG Köln FamRZ 88, 1297), Ausbildungsversicherungen (OLG Karlsruhe FamRZ 2007, 1109) und sonst Versicherungsleistungen (aA OLG Koblenz FamRZ 2019, 1940 für Invaliditätsleistungen aus privater Unfallversicherung) sowie aus dem Zugewinnausgleich zugeflossene Beträge (OLG Dresden FamRZ 2015, 1313; Maurer FamRZ 97, 1393; aA OLG Bamberg FamRZ 96, 42). Zu **Abfindungen** für den Verlust des Arbeitsplatzes und Unterhaltsabfindungen s Rn 7. Wird die Unterhaltsabfindung nicht als Einkommen angesehen, sind Zahlungen auf sie als Vermögen einzusetzen (OLG Koblenz FamRZ 2008, 2288). 88

Um keinen Fall der Zweckbindung von Vermögen handelt es sich, wenn das Vermögen für einen nicht nach § 90 II, III SGB XII privilegierten Zweck (s Rn 83 ff) vorgehalten wird. Eine von der Partei vorgenommene **Zweckbestimmung** macht den Vermögenseinsatz grds nicht unzumutbar. Das gilt zB für Vermögen, das der Absicherung der Lebensgrundlage dienen soll (OLG Jena JurBüro 2018, 34). Die Absicht der Partei, Vermögen für einen Umzug und neuen Hausrat zu verwenden, hat daher keinen Vorrang vor der Pflicht, Gerichtskosten zu zahlen (OLG Stuttgart FamRZ 2010, 311). Gleiches gilt bei einer kapitalbildenden Lebensversicherung (s Rn 84). 89

c) Unwirtschaftliche Verwertung. Sparvermögen, das das Schonvermögen (s Rn 82) übersteigt, ist grds unabhängig von der Anlageform zur Finanzierung der Prozesskosten einzusetzen (OLG Nürnberg FamRZ 98, 247: Bundesschatzbriefe). Bei mit Zinsvergünstigungen verbundenen Prämiensparverträgen, Ratensparverträgen und vergleichbaren Geldanlagen kann eine Verwertung durch vorzeitige Vertragsbeendigung bei **erhebl Zinsverlusten** aber unzumutbar sein (OLG Düsseldorf FamRZ 86, 1123; LAG Köln 31.5.2007 – 11 Ta 82/07). Es ist der Partei idR auch nicht zuzumuten, Ersparnisse aus **vermögenswirksamen Leistungen** vor Fälligkeit zu verwerten, weil dann die Arbeitnehmersparzulage zurückzuzahlen wäre (§ 13 V 5. VermBG; OLG Nürnberg MDR 2007, 58; OLG Köln FamRZ 93, 1333). Zu prüfen ist in diesen Fällen stets, ob eine Beleihung in Betracht kommt (s Rn 97) oder ob künftig freiwerdende Beträge über zeitlich bestimmte Zahlungsanordnungen (s § 120 Rn 7) berücksichtigt werden können (OLG Saarbrücken FamRZ 2010, 2000). Das gilt auch bei **Wertpapieren** (Fondsanteilen), die erst in Zukunft fällig werden und nicht veräußerbar sind (OLG Naumburg 27.11.2012 – 1 W 65/12). IÜ müssen Wertpapiere zur Prozessfinanzierung auch dann veräußert werden, wenn ggü dem Erwerbskurs Kursverluste eingetreten sind (OLG Nürnberg FamRZ 98, 247). Erfolgt eine langfristige Anlage in Ansehung des Verf, scheidet eine Berufung auf Unzumutbarkeit aus (vgl BGH VersR 78, 670; sa Rn 66). 90

Einzusetzen ist auch ein **Bausparguthaben**, auch vor Zuteilung (BAG FamRZ 2009, 687; OLG Brandenburg FamRZ 2011, 52; OLG Naumburg FamRZ 2014, 410). Dies gilt jedoch nicht, wenn das Bauspardarlehen dazu bestimmt ist, ein Zwischenfinanzierungsdarlehen abzulösen (LAG Hamm MDR 2005, 299), wenn der Hilfsbedürftige bereits ein Grundstück gekauft hat, bevor mit dem Anfall von Prozesskosten zu rechnen war, und das Geld braucht, um den Kaufpreis bezahlen zu können (OLG Koblenz FamRZ 86, 82; OLG Bamberg JurBüro 89, 234; OLG Zweibrücken JurBüro 2000, 483). Entgehende Vorteile durch die über dem marktübl liegende Verzinsung von Bausparguthaben begründen keine Unzumutbarkeit der vorzeitigen Kündigung und Verwertung, anders kann es sein, wenn die Kündigung Pflichten zur Rückzahlung von Wohnungsbauprämie und Arbeitneh- 91 mersparzulage oder einkommenssteuerrechtl Nachteile begründet (vgl BGH NJW-RR 91, 1532; OLG Karlsruhe FamRZ 2008, 70; OLG Düsseldorf NJW-RR 87, 759 zum Ratensparvertrag). Die Umstände, die die Unzumutbarkeit der Verwertung begründen sollen, sind vom ASt darzulegen (OLG Koblenz MDR 2015, 1262).

92 Die nicht ausnahmsw nach § 90 III SGB XII unverwertbare **Lebensversicherung** (s Rn 84) ist wie anderes Kapitalvermögen zu behandeln; sie ist zu verwerten, soweit ihr durch Kündigung, Verkauf oder Beleihung erzielbarer Wert zu einem nicht dem Freibetrag (s Rn 82) unterfallenden Vermögen führt (BGH NJW 2010, 2887 Tz 15). Eine Veräußerung ist auch nicht deshalb unzumutbar iSd § 115 III 1, weil durch die Realisierung des Rückkaufwerts gewisse Verwertungsverluste entstehen (OLG Brandenburg FamRZ 2011, 52; LAG SchlH NZA-RR 2019, 216). Wenn eine Kündigung im Einzelfall unwirtschaftl ist, ist es dem ASt idR zuzumuten, das bei der Lebensversicherung angesammelte Vermögen durch ein sog Policendarlehen zu beleihen (OLG Saarbrücken NZFam 2019, 504; OLG Stuttgart FamRZ 2009, 136; s Rn 97). Wer eine Lebensversicherung beleiht, obwohl er bereits mit einem Rechtsstreit rechnen muss, muss sich so behandeln lassen, als stünde ihm der Vermögenswert noch zur Verfügung.

93 **Grundstücke**, die nicht nach § 90 II Nr 8 SGB XII geschützt sind (s Rn 78), sind grds für die Prozesskosten einzusetzen, zB die vermietete Eigentumswohnung (BGH MDR 2023, 804; OLG Koblenz MDR 2002, 904). Das gilt auch, wenn eine bes persönl Beziehung zu dem Grundstück besteht, zB weil es seit langer Zeit in Familienbesitz ist oder regelmäßig als Wochenendhaus genutzt wird (aA KG FamRZ 2001, 631). Die **Veräußerung** ist wirtschaftl unzumutbar, wenn nicht zu erwarten ist, dass der beim Verkauf erzielbare (Netto-)Kaufpreis (nach Abzug der dingl gesicherten Verbindlichkeiten) zur Finanzierung der Prozesskosten ausreicht (OLG Hamm FuR 2021, 622), oder wenn die Veräußerungskosten unverhältnismäßig hoch sind (OLG Brandenburg FamRZ 2009, 1233; OLG Karlsruhe FamRZ 2004, 1499). Auch wenn die Veräußerung zumutbar ist, wird in Eilfällen der Partei zunächst einmal PKH zu bewilligen und später, wenn das Grundstück veräußert ist, eine Nachzahlungsanordnung zu erlassen sein (§ 120a; OLG Zweibrücken FamRZ 2003, 1395). Auch die Zahlungsanordnung nach Verstreichen eines angemessenen Zeitraums kommt in Betracht (s § 120 Rn 7 f; BGH MDR 2023, 804; OLG Bremen FamRZ 2011, 386). Ist die Partei ledigl Miteigentümer und verweigert der andere Miteigentümer die Veräußerung gemeinsamen Eigentums, so braucht sie nicht gegen ihn zu prozessieren. Unzumutbar ist namentl die Einleitung der **Teilungsversteigerung** (OLG Karlsruhe FamRZ 2012, 386; OLG Celle MDR 87, 502; aA OLG Frankfurt 26.6.2017 – 4 WF 2/17; OLG Karlsruhe FamRZ 2024, 541 unter Verweis auf die Stundungsmöglichkeit, s dazu aber § 120 Rn 8). Wenn aber ein gemeinsames Einfamilienhaus anlässl der Ehescheidung veräußert werden muss und zu marktgerechten Bedingungen verkauft werden kann, der eine Ehegatte aber seine Zustimmung verweigert, ist er nicht hilfsbedürftig (OLG Frankfurt FamRZ 86, 925). IdR ist der Partei ein Einsatz des Grundstücks als dingl Sicherheit zur **Kreditaufnahme** zuzumuten, auch wenn die Veräußerung nicht zumutbar ist, es sei denn, das Grundstück ist bereits wertausschöpfend belastet (s Rn 97).

94 **Andere Sachen**, die kein Schonvermögen sind, muss die Partei **verkaufen**, zB einen nicht geschützten Pkw (s Rn 75, 86), wenn dadurch ein den Freibetrag (s Rn 82) übersteigendes Barvermögen begründet wird. Das gilt auch, wenn die Sache den Gegenstand des Rechtsstreits bildet, zB weil um die Reparatur des Pkw gestritten wird (KG MDR 2006, 946). Hat die Partei die Sache bisher nur teilw bezahlt, kann ein Verkauf nur verlangt werden, wenn sie nach Eingang des mutmaßl Verkaufserlöses ein Vermögen hat, das den Freibetrag deutl übersteigt (OLG Zweibrücken FamRZ 2008, 524). Wenn die Kosten des Verkaufs höher als die voraussichtl Prozesskosten sind, ist der Verkauf nicht zumutbar (OLG Karlsruhe FamRZ 2009, 138, 139; OLG Brandenburg FamRZ 2007, 1341). Die **Einziehung von Forderungen** ist unter den gleichen Voraussetzungen zumutbar; zur zeitgerechten Realisierbarkeit s Rn 57, zum Prozesskostenvorschuss s Rn 64.

95 **d) Persönliche und familiäre Gründe.** Ein **zukünftig erhöhter Bedarf**, zB durch absehbare Berufsunfähigkeit, der nur aus dem Vermögen gedeckt werden kann, begründet idR keine Unzumutbarkeit des Vermögenseinsatzes. Es gilt insoweit der sozialhilferechtl Grundsatz, dass zunächst die eigenen Mittel einzusetzen sind, bevor staatl Hilfe in Anspruch genommen werden kann (OLG Stuttgart FamRZ 2008, 2290). **Nachzahlungen auf einen in der Vergangenheit liegenden Bedarf** unterliegen – soweit sie nicht wie Unterhaltsabfindungen und Abfindungen für den Verlust des Arbeitsplatzes als Einkommen gelten (s Rn 7) – idR keiner Zweckbindung (s Rn 88) und sind grds einzusetzendes Vermögen, zB Leistungen der Berufsunfähigkeitsversicherung oder Krankengeld. Anders ist es, wenn der Lebensunterhalt für die Vergangenheit durch Aufnahme von Darlehen oder von Dritten finanziert wurde; die Nachzahlung darf dann zur Rückführung dieser Verbindlichkeiten genutzt werden (LSG München 12.10.2010 – L 11 AS 624/10 B). Unzumutbar ist aber der Einsatz einer Einmal-Kindergeldnachzahlung, die auf einem unrechtmäßigen Vorenthalten beruht (OLG Karlsruhe FamRZ 2012, 385).

96 Der **Pflichtteilsanspruch** ist grds für die Prozesskosten einzusetzen. Die Partei kann sich nicht darauf berufen, dass familiäre Rücksichtnahme die Geltendmachung gegen den Erben ausschließe. Anders ist es aber, wenn die Durchsetzung des Anspruchs zu einer Unzumutbarkeit für die Familie führen würde, zB weil der Erbe gezwungen wäre, das Familienheim zu veräußern, um den Pflichtteilsanspruch auszubezahlen (OLG Bremen FamRZ 2009, 364). Zumutbar für den Erben ist jedoch die Aufnahme eines (durch GrundpfandR am Hausgrundstück gesicherten) Darlehens zu übl Konditionen.

5) Kreditaufnahme zur Beschaffung von einsetzbarem Vermögen. Wer **kein Vermögen** hat, muss keinen Kredit aufnehmen anstatt PKH in Anspruch zu nehmen, weil § 115 III 1 auf das vorhandene und nicht das verschaffbare Vermögen abstellt (OLG Karlsruhe FamRZ 2004, 1499; LAG Hamm 7.12.2009 – 14 Ta 349/09). Das gilt auch dann, wenn die Partei aufgrund ihres Einkommens in der Lage wäre, einen Kredit zu erlangen (Christl NJW 81, 785, 790). Anderes gilt bei einem auf den Gewerbebetrieb bezogenen Rechtsstreit: Da ein **Unternehmer** idR mit erhebl Fremdkapital arbeitet, muss er auch für Prozesskosten einen Kredit aufnehmen, es sei denn, dies kann nicht mehr im Rahmen eines ordnungsgemäßen kaufmännischen Geschäftsbetriebs erfolgen (BGH MDR 2007, 673; OLG Brandenburg FamRZ 97, 681). Auch von einer **vermögenden Partei** kann im Rahmen des Zumutbaren verlangt werden, dass sie ihre Kreditmöglichkeiten ausschöpft. Bedeutung erlangt dies dann, wenn die Verwertung von an sich einzusetzendem – dh insb nicht nach § 90 II Nr 2, 8, 9, III SGB XII geschütztem – Vermögen durch Veräußerung uÄ nicht mögl oder nicht zumutbar ist. Durch die Hingabe der Vermögensgegenstände als Sicherheit besteht dann die Möglichkeit der Partei, unabhängig von der persönl Bonität Kredit zu erlangen. So ist der Partei die Aufnahme eines sog Policendarlehens, bei dem der Rückkaufswert einer **Lebensversicherung** als Sicherheit eingesetzt wird, idR mögl und zumutbar (s Rn 92). Auch ist dem **Grundstückseigentümer** die Aufnahme eines grundpfandrechtl gesicherten Darlehens grds zuzumuten, wenn die zeitnahe Veräußerung nicht mögl ist (BGH FamRZ 2013, 1720; sa Rn 93), zB weil der Ehegatte die nach § 1365 BGB erforderl Zustimmung verweigert (OLG Koblenz FamRZ 2018, 1853). Das gilt auch, wenn die Veräußerung des Grundstücks ohnehin geplant ist, aber Zeit braucht (OLG Koblenz FamRZ 2002, 105). Nicht verlangt werden kann die Kreditaufnahme, wenn die Gegenstände wertausschöpfend oder in der Höhe belastet sind, dass eine Kreditvergabe nur bei persönl Bonität mögl ist, diese aber nicht vorliegt (LAG Köln 8.10.2013 – 1 Ta 154/13: Beleihungsgrenze von 60 % bei Grundstücken). 97

Im Einzelfall kann auch der vermögenden Partei die Kreditaufnahme **unzumutbar** sein. So muss der Partei die Rückzahlung des Kredits zumutbar sein; es ist erforderl, aber auch ausreichend, dass die Partei in der Lage ist, die Zinsen aus ihrem Einkommen zu bedienen, bis der beliehene Vermögensgegenstand veräußert werden kann (OLG Bamberg FamRZ 98, 247; OLG Koblenz MDR 2005, 1368). Wenn die Zins- und Tilgungsraten höher als die Raten sind, die bei der Bewilligung von PKH zu zahlen wären, und der Kredit länger als 48 Monate läuft, macht dies die Kreditaufnahme für sich genommen noch nicht unzumutbar (OLG Koblenz MDR 2002, 904; aA KG FamRZ 2001, 631; OLG Karlsruhe FamRZ 2004, 1499; OLG Brandenburg FamRZ 2007, 1340). Das gilt insb dann, wenn die Partei trotz erhebl Vermögen derzeit nicht liquide ist, deren Liquidität aber demnächst wiederhergestellt sein wird. 98

VII) Teilweise und fehlende Hilfsbedürftigkeit (§ 115 IV). PKH erhält auch, wer seine Kosten der Prozessführung nur zum Teil aufbringen kann (§ 114 I 1). Solche Fälle werden insb dann auftreten, wenn ein Teil der Kosten aus dem Vermögen bestritten werden kann (§ 115 III). Die Bewilligung erstreckt sich auf die gesamten Kosten der Instanz. Es ist jedoch anzuordnen, dass die Partei Zahlungen aus dem Vermögen zu leisten hat (s § 120 Rn 4). 99

Erreicht bereits der aus dem Vermögen aufzubringende Betrag die Höhe der voraussichtl Kosten, die die Partei aufzuwenden hat (s § 114 Rn 12), ist die PKH zu verweigern. Übersteigen die voraussichtl Kosten der Prozessführung nach Abzug der aus dem Vermögen aufzubringenden Beträge **4 Monatsraten** nicht, ist es der Partei zuzumuten, sich die erforderl Mittel auf andere Weise zu beschaffen, zB durch Überziehung des Girokontos. Der Aufwand für das Bewilligungsverf stünde in keinem Verhältnis zum Entlastungseffekt. Solange sich die Kosten innerhalb der Grenze von 4 Monatsraten halten, ist die Verweigerung von PKH zwingend (BayObLG FamRZ 84, 73). Wurde die PKH nach IV verweigert und stellt sich nachträgl heraus, dass die Kosten doch höher als 4 Monatsraten sind, zB durch unerwartet teure SV-Gutachten, kann die Partei erneut PKH beantragen. Die Vier-Raten-Bewilligungsgrenze gilt **für jedes selbständige Verf** und **für jede Instanz gesondert** (§ 119 S 1). In der Rechtsmittelinstanz sind die in den Vorinstanzen entstandenen Kosten mit zu berücksichtigen (Dölling NJW 2016, 207, 210); es sei denn, dass für diese Instanzen PKH ohne Raten bewilligt worden war (OLG Brandenburg FamRB 2020, 140). 100

§ 116 Partei kraft Amtes; juristische Person; parteifähige Vereinigung

[1]Prozesskostenhilfe erhalten auf Antrag

1. **eine Partei kraft Amtes, wenn die Kosten aus der verwalteten Vermögensmasse nicht aufgebracht werden können und den am Gegenstand des Rechtsstreits wirtschaftlich Beteiligten nicht zuzumuten ist, die Kosten aufzubringen;**
2. **eine juristische Person oder parteifähige Vereinigung, die im Inland, in einem anderen Mitgliedstaat der Europäischen Union oder einem anderen Vertragsstaat des Abkommens über den Europäischen Wirtschaftsraum gegründet oder dort ansässig ist, wenn die Kosten weder von ihr noch von am Gegenstand des Rechtsstreits wirtschaftlich Beteiligten aufgebracht werden können und wenn die Unterlassung der Rechtsverfolgung oder Rechtsverteidigung allgemeinen Interessen zuwiderlaufen würde.**

[2]§ 114 Absatz 1 Satz 1 letzter Halbsatz und Absatz 2 ist anzuwenden. [3]Können die Kosten nur zum Teil oder nur in Teilbeträgen aufgebracht werden, so sind die entsprechenden Beträge zu zahlen.

1 **I) Bedeutung. § 116** erweitert den Kreis der PKH-Berechtigten über die in § 114 genannten natürl Personen (§ 114 Rn 2) hinaus in S 1 Nr 1 auf Parteien kraft Amtes, insb InsVerwalter, sowie in S 1 Nr 2 auf inländische und europ jur Personen und parteifähige Vereinigungen. **S 1 Nr 1 bezweckt** va, dem InsVerwalter die Prozessführung zur Anreicherung der Insolvenzmasse zu erleichtern. Denn sonst wäre zu befürchten, dass Masseprozesse nur aus dem Grund nicht geführt werden, weil zahlungsfähige Gl angesichts der geringen Quote, die sie zu erwarten haben, das Prozessrisiko nicht übernehmen wollen. Dann könnten sich Geschäftspartner des Gemeinschuldners rechtswidrige Vorteile verschaffen, indem sie die Erfüllung ihrer Verbindlichkeiten folgenlos verweigerten (BGH NJW 91, 40 = MDR 91, 334). Die ggü natürl Personen strengeren Voraussetzungen in **S 1 Nr 2** tragen den bes Verhältnissen von jur Personen und rechtsfähigen Vereinigungen Rechnung. Diese haben grds nur dann eine Existenzberechtigung, wenn sie in der Lage sind, ihre Ziele aus eigener Kraft zu verfolgen (BGH MDR 2011, 453 = NJW 2011, 1595 Tz 9). **S 2** stellt klar, dass Erfolgsaussichten und fehlender Mutwillen auch bei den nach S 1 Nr 1 und Nr 2 PKH-Berechtigten Bewilligungsvoraussetzungen sind. Anstelle von § 115 gilt aber **S 3.**

2 **II) Parteien kraft Amtes (§ 116 S 1 Nr 1). 1) Begriff.** Parteien kraft Amtes sind Personen, die als Partei auftreten, aber fremde Interessen vertreten und nicht mit ihrem eigenen Vermögen für die Kosten aufzukommen haben. Ihr Amt wird ihnen durch bes Bestellungsakt übertragen (BGH MDR 2016, 1107 Tz 11). Dies trifft auf den **InsVerwalter** (§§ 56, 80 InsO; OLG Hamburg NZI 2010, 817) zu, auch wenn er ein zur Prozessführung ermächtigter „starker" vorläufiger InsVerwalter ist (OLG Braunschweig NZI 2013, 91; OLGR Hamm 2003, 357). Ebenso ist Nr 1 einschlägig, wenn Forderungen im Streit stehen, die aus der Unternehmensfortführung durch den InsVerwalter herrühren, obwohl ein Anlass zur Privilegierung ggü anderen Unternehmern dann nicht besteht; denn der Gesetzeswortlaut ist eindeutig (BGH 14.7.2005 – IX ZB 224/04; aA OLG Celle ZIP 2004, 2149; 34. Aufl). Entsprechendes gilt für den **InsSchuldner bei Eigenverwaltung** (§ 270 I InsO); dieser wird zum Amtswalter in eigenen Angelegenheiten (BAG ZIP 2017, 2027). Wenn das InsVerf aufgehoben wird, erledigt sich das PKH-Begehren des InsVerwalters (OVG Lüneburg NJW 2007, 1224). Parteien kraft Amtes sind außerdem **TV** (§ 2212 BGB; BGH 17.9.2008 – XII ZB 12/05; aA Grunsky NJW 80, 2044), **Nachlassverwalter** (§ 1985 BGB), **Pfleger für Sammelvermögen** (§ 1883 BGB, BGH MDR 73, 742), Abwickler einer Anwaltskanzlei (§ 55 BRAO; LG Aachen JurBüro 93, 614), **Zwangsverwalter** (§ 152 ZVG; OLG Hamm VersR 89, 929).

3 **Keine Parteien kraft Amtes** sind **Prozessstandschafter** (s § 114 Rn 6) und **ges Vertreter.** Dazu gehören der Verwalter von Wohnungseigentum (§ 9a I WEG), der Pfleger des ungeborenen Kindes (§ 1912 BGB; MK/Wache Rn 9) und der gemeinsame Vertreter inhaltsgleicher Schuldverschreibungen aus Gesamtemissionen (§§ 7, 19 II SchVG; BGH MDR 2016, 1107). Der **Nachlasspfleger** ist ebenfalls ges Vertreter und nicht Partei kraft Amtes, und zwar auch, solange der Erbe noch unbekannt ist oder die Erbschaft noch nicht angenommen hat (§ 1960 BGB). Auch der **Liquidator** ist keine Partei kraft Amtes (BGH 19.7.2006 – II ZA 1/06; OLG Brandenburg GmbHR 2021, 879). Zur PKH-Bewilligung bei Stellvertretung s § 114 Rn 5.

4 **2) Prozessführung für das verwaltete Vermögen.** Die Partei kraft Amtes muss für die verwaltete Vermögensmasse handeln (BGH ZIP 2022, 2560 Tz 5). Macht sie nicht zum verwalteten Vermögen gehörende **eigene Ansprüche** geltend, fordert zB der TV von den Erben eine Vergütung, dann handelt sie außerhalb ihrer Amtsstellung. PKH ist ihr in diesem Fall zu bewilligen, wenn in ihrer Person §§ 114, 115 erfüllt sind. Ebenso verhält es sich, wenn die Partei kraft Amtes aus **abgetretenem Recht** vorgeht, zB der Zwangsverwalter abgetretene Ansprüche des Grundstückseigentümers geltend macht (OLG Hamm VersR 89, 929).

5 **3) Unzureichende Vermögensmasse. a)** § 116 S 1 Nr 1 setzt voraus, dass die zur Prozessführung benötigten Mittel (s § 114 Rn 12) nicht **aus der verwalteten Vermögensmasse** aufgebracht werden können. Dies richtet sich nach den vorhandenen Barmitteln, dem kurzfristig verwertbaren Vermögen und den in absehbarer Zeit realisierbaren Vermögenszuflüssen (OLG Frankfurt ZIP 2022, 912; sa § 115 Rn 55). Nicht titulierte streitige Forderungen sind idR nicht kurzfristig verwertbar (OLG Köln ZIP 2007, 1030), ebenso Forderungen, die wegen Zahlungsunfähigkeit oder -unwilligkeit des Drittschuldners nicht beizeiten beigetrieben werden können (Steenbuck MDR 2004, 1155). Lässt sich die Masse nicht kurzfristig verwerten, so darf der InsVerwalter auf die Möglichkeit, ein Darlehen aufzunehmen, nur verwiesen werden, wenn dessen Gewährung und Rückzahlung gesichert sind (sa § 115 Rn 97). Masseverbindlichkeiten und -kosten (§§ 54, 55 InsO) sind **vom Vermögensbestand abzuziehen** (OLG Köln ZIP 90, 936; OLG Köln ZIP 94, 724; OLG München ZIP 96, 512; OLGR München 1998, 300); denn zur Prozessführung darf der InsVerwalter der Masse nicht die Mittel entziehen, die er zur Abwicklung des InsVerf braucht (OLG Schleswig ZIP 95, 759). Übersteigen die Masseverbindlichkeiten das Aktivvermögen, ist die Masse für die Prozessführung unzulängl (OLG Hamm MDR 98, 1498; OLG Stuttgart MDR 2004, 1205). IÜ kennt § 116 abw von § 115 III ZPO, § 90 SGB XII kein Schonvermögen, das nicht für die Kosten eingesetzt werden muss.

6 **b) Besonderheiten bei Massearmut.** Bei **Massekostenarmut (§ 207 I 1 InsO)** ist der InsVerwalter nicht mehr verpflichtet, noch Ansprüche durchzusetzen (§ 207 III 2 InsO). PKH kommt dann nur in Betracht, wenn bei

Stattgabe der beabsichtigten Klage die bestehende Massekostenarmut beseitigt werden kann (BGH MDR 2013, 177; BGH ZVI 2016, 253). Beitreibungsrisiken können dabei mit einem prozentualen Abschlag berücksichtigt werden (BGH ZInsO 2013, 496). Wenn zusätzl zur Beseitigung der Massekostenarmut ein (Teil-)Vergütungsverzicht des InsVerwalters erforderl ist, muss dieser vor PKH-Bewilligung bindend erklärt sein (OLG Düsseldorf MDR 2022, 916). Ist **Masseunzulänglichkeit** iSd § 208 I 1 InsO angezeigt worden, wird dadurch die Pflicht des InsVerwalters zur Verwertung der Masse nicht aufgehoben (§ 208 III InsO). PKH kann dann unter den Voraussetzungen des § 116 S 1 Nr 1 gewährt werden (OLG Celle MDR 2012, 1065), wobei davon ausgegangen werden kann, dass die Kosten nicht aus der Masse aufgebracht werden können (BGH ZIP 2007, 2187; BAG ZIP 2003, 1947; BFH/NV 2014, 727). Hat der InsVerwalter formgerecht angezeigt, dass die verwaltete Vermögensmasse unzulängl ist, ist das Prozessgericht daran gebunden, auch wenn der Gegner die Unzulänglichkeit bestreitet (BGH ZIP 2007, 2187 Tz 13). Die Anzeige befreit aber nicht von der Darlegung der weiteren Voraussetzungen des § 116 (BGH ZIP 2019, 1486).

4) Aufbringung der Kosten durch wirtschaftlich Beteiligte. a) Wirtschaftl Beteiligte sind bei Zumutbarkeit 7
der Kostenaufbringung vorrangig heranzuziehen. Das sind bei der Testamentsvollstreckung Erben, Vermächtnisnehmer und Pflichtteilsberechtigte, bei der Nachlassverwaltung Erben und Nachlassgläubiger (BGH 17.8. 2008 – XII ZB 12/05), bei der Zwangsverwaltung der betreibende Gl (OLG Hamm JurBüro 88, 1059) und die Eigentümer (MskV/Fischer Rn 6).

Im InsVerf ist der **InsSchuldner** am Gegenstand des Rechtsstreits wirtschaftl beteiligt. Die **InsGläubiger** sind 8
es nur, wenn ihre Befriedigungsaussichten sich bei einem Prozesserfolg des InsVerwalters konkret verbessern (BGH MDR 98, 737 = NJW 1998, 1868; BGH NJW-RR 2007, 993; OLG Celle NJW-RR 2000, 728; zum sog Kleingläubiger s Rn 10). Keine Ausnahme gilt für den Fiskus (BGH NZI 99, 450). Unter denselben Voraussetzungen können wirtschaftl Beteiligte auch nachrangige InsGläubiger (§ 39 InsO), Ausfallgläubiger (§ 52 S 2 InsO, BGH ZIP 2012, 2275) und **Massegläubiger** iSd §§ 53 ff InsO (BGH MDR 2006, 113; OLG Celle MDR 2013, 682) sein. Wirtschaftl beteiligt ist der **InsVerwalter**, wenn der Rechtsstreit dazu dient, der Insolvenzmasse Mittel zur Aufbringung der Verwaltervergütung zu verschaffen; ihm ist allerdings die Aufbringung von Mitteln nicht zuzumuten (s Rn 11). **Nicht** wirtschaftl beteiligt sind Gl bestrittener Forderungen, weil sie nicht an der Verteilung teilnehmen (OLG München ZIP 2011, 398; OLG Naumburg ZIP 94, 383).

b) Zumutbarkeit der Kostenaufbringung. Zuzumuten sind Vorschüsse auf Prozesskosten nur wirtschaftl Be- 9
teiligten, die die erforderl Mittel unschwer und zumutbar aufbringen können (s Rn 13) und deren zu erwartender Nutzen bei vernünftiger, auch das Eigeninteresse sowie das Prozesskostenrisiko angemessen berücksichtigender Betrachtungsweise bei einem Erfolg der Rechtsverfolgung deutl größer als der Kostenaufwand sein wird (BGH NZI 2012, 626; iE s Rn 14). Weigern sich die wirtschaftl Beteiligten, die Prozesskosten aufzubringen, obwohl es ihnen zugemutet werden kann, hat der Rechtsstreit zu unterbleiben (BGH MDR 98, 737; BGH ZInsO 2012, 2198). Wirtschaftl Beteiligte, denen die Kostenaufbringung nicht zugemutet werden kann, muss die Partei kraft Amtes hingegen zuvor nicht zur Leistung aufgefordert haben (OLG Dresden InVo 2002, 229; aA KG NJW-RR 2000, 1001; OLG Naumburg ZInsO 2018, 264). Entscheidend ist allein die Zumutbarkeit, **nicht** die **Bereitschaft** zur Kostenaufbringung (OLG Hamburg NZI 2010, 817). Der InsVerwalter hat die Forderungen der Gl nach Art und Höhe vorzutragen, um dem mit der PKH befassten Gericht die Beurteilung zu ermöglichen, ob die Aufbringung der Kosten den Gl zuzumuten ist (BGH MDR 98, 1248).

aa) Person des Insolvenzgläubigers. Bestimmten Personen als InsGläubiger ist unabhängig von ihrer tatsächl 10
wirtschaftl Leistungsfähigkeit die Kostenaufbringung nicht zuzumuten. Dazu gehören **Arbeitnehmer**; es ist davon auszugehen, dass sie wirtschaftl nicht leistungsstark genug sind (BGH NJW 93, 135 = MDR 93, 80; aA KG NJW-RR 2000, 1001; Steenbuck MDR 2004, 1155, 1158). **Trägern der Sozialverwaltung**, die InsAusfallgeld gezahlt haben und auf die Lohnansprüche übergegangen sind, ist die Kostenaufbringung ebenso wenig zuzumuten, weil sie ihrem Auftrag entspr ohne eigenes Gewinnstreben zweckgebundene öffentl Mittel im Interesse der sozial schwächeren Gl verwalten (BGH NJW 93, 135 = MDR 93, 80; aA KG ZIP 2021, 1069; KG NJW-RR 2000, 1001). Dies gilt für die Bundesagentur für Arbeit (BGH ZIP 2025, 781; aA OLG Frankfurt MDR 2024, 1474), gesetzliche Krankenversicherungen (OLG Hamm ZIP 95, 758; aA OLG Stuttgart NZI 2025, 344) und Berufsgenossenschaften (BGH NJW 93, 135 = MDR 93, 80; OLG Köln ZIP 94, 724; OLG Frankfurt ZIP 95, 1556). Unzumutbar ist die Kostenaufbringung für Gl mit Minimalforderungen (BGH WM 2018, 1137; OLG Düsseldorf MDR 2002, 846). Wer sog **Kleingläubiger** ist, ist durch eine wertende Betrachtung unter Beachtung der Gläubigerstruktur festzustellen. Eine feste Grenze bei einem Anteil von mindestens 5 % an der Summe der festgestellten InsForderung (so OLG Hamm ZIP 2005, 1711) kann es daher nicht geben (BGH WM 2018, 1137).

Auch wenn ein Rechtsstreit nur dazu dient, der InsMasse Mittel zur Aufbringung der Verwaltervergütung zu 11
verschaffen, ist es dem **InsVerwalter** aufgrund seiner Amtsstellung nicht zuzumuten, die Prozesskosten aufzubringen (BGH MDR 2006, 113; OLG Köln ZIP 2000, 1779). Er nimmt eine im öffentl Interesse liegende Aufgabe wahr, die er nicht kündigen kann und bei der ein erhebl Haftungsrisiko besteht. Der für diese Aufgabe begründete und nach Art 12 GG gebotene Gebührenanspruch würde eingeschränkt, wenn der InsVerwalter persönl für Verfahrenskosten einzustehen hätte (BGH ZIP 2003, 2036). Anderen **Massegläubigern** (§ 55 InsO) ist es ebenfalls nicht zuzumuten, die Prozesskosten aufzubringen. Ihre Ansprüche beruhen auf Vorgängen zuguns-

ten der InsMasse, die sich zum Vorteil der InsGläubiger auswirken. Ohne diese Bevorzugung würde sich niemand auf Geschäfte mit dem InsVerwalter einlassen. Diese Gesichtspunkte erfordern es, auch die Massegläubiger nicht zu den Prozesskosten heranzuziehen und ihnen nicht das Risiko aufzubürden, dass der InsVerwalter die Klageforderung nicht durchsetzen kann (Pape ZIP 88, 1305, KTS 91, 42; aA BGH ZIP 2019, 1486 Tz 4; BGH MDR 2006, 113; Steenbuck MDR 2004, 1158).

12 **Nicht** von vornherein unzumutbar ist es für **Gl öffentl Abgaben**, zB Fiskus bei Steuerforderungen, die Prozesskosten aufzubringen (BGH MDR 98, 737; BGH DStR 2007, 2338; OLG Nürnberg MDR 2005, 589). Das gilt auch sonst, wenn die **öffentl Hand** am Gegenstand des Rechtsstreits wirtschaftl beteiligt ist (BGH MDR 77, 741; OLG Köln ZIP 90, 1283; OLG Köln MDR 94, 407). Dass entspr Haushaltstitel nicht vorhanden sind, darf nicht zu einer Besserstellung der öffentl Hand ggü anderen Gl führen. Auch dass der Bund, die Länder und andere öffentl Kassen als Parteien keine Gerichtskosten zu zahlen brauchen, steht nicht entgegen, denn § 2 I GKG will nur Zahlungen von einer Staatskasse an die andere vermeiden und ist deshalb nur anzuwenden, wenn der Staat selbst Prozesspartei ist, nicht aber bei mittelbarer Prozessbeteiligung.

13 **bb) Fähigkeit zur Kostenaufbringung.** Eine Kostenbeteiligung ist einem wirtschaftl Beteiligten nicht zumutbar, wenn ihm die notwendigen Mittel fehlen oder von ihm nicht verlangt werden kann, diese Mittel aufzubringen. Weiter darf der Kostenvorschuss, den der InsGläubiger aufzubringen hat, dessen Finanzkraft nicht in bes Maße beanspruchen (OLG Hamm MDR 2008, 171). Die **Darlegungslast** dafür, dass den wirtschaftl Beteiligten die erforderl Mittel fehlen, trägt dabei die Partei kraft Amtes (BGH NZI 2013, 82 Tz 12; Kaubisch/Hilpert EWiR 2019, 531; krit Uhlenbruck KTS 88, 437). Ihr obliegt ggf auch die Glaubhaftmachung (§ 118 II). Ist einer der wirtschaftl Beteiligten, etwa ein Mitglied einer Erbengemeinschaft, **nicht bereit**, seine **Vermögensverhältnisse offenzulegen**, ist von seiner Fähigkeit die Kosten aufzubringen und der Zumutbarkeit seiner Kostenbeteiligung auszugehen (BGH NZI 2013, 83 Tz 10). Wie die Verweigerung, sich an den Kosten zu beteiligen, führt die Verweigerung einer Offenlegung der Vermögensverhältnisse dazu, dass der Rechtsstreit ggf zu unterbleiben hat.

14 **cc) Nutzen-Risiko-Abwägung.** Übersteigt der Betrag, den ein Gl auch bei Berücksichtigung des Prozesskostenrisikos (BGH NJW-RR 2006, 1064) bei der Verteilung der Masse zu erwarten hat, denj deutl, den er für die Kosten aufzubringen hat, ist ihm die Kostenaufbringung zuzumuten (BGH NZI 2012, 192; BGH NJW 93, 135 = MDR 93, 80; OLG Nürnberg MDR 2005, 589; OLG Hamm MDR 2006, 171; OLG Köln ZIP 2007, 1030). Hierzu ist eine **wertende Abwägung** sämtl Einzelumstände vorzunehmen (BGH NZI 2012, 626). Geht es um die Kostenaufbringung durch InsGläubiger, sind dabei insb die erwartete Quotenverbesserung bei Obsiegen, das Verfahrens- und Vollstreckungsrisiko und die Gläubigerstruktur zu berücksichtigen (BGH NZI 2017, 414; BGH ZInsO 2014, 2574).

15 **dd)** In der Praxis hat sich eine **dreistufige Prüfung** durchgesetzt (vgl BGH ZIP 2006, 682): (1) Nachdem feststeht, welchen wirtschaftl Beteiligten aus persönl und finanziellen Gründen die Kostenaufbringung unzumutbar ist (s Rn 10-13), sind die **aufzubringenden Kosten** zu berechnen (s § 114 Rn 12) und ist die Kostenlast verhältnismäßig auf die verbliebenen Gl zu verteilen. Diese müssen sämtl Kosten vorschießen, auch diej, die dem Anteil der Gl entsprechen, welche keine Kosten aufzubringen brauchen. (2) Sodann ist der **Vorteil für den Gl** zu ermitteln. Hierzu ist zunächst festzustellen, in welchem Umfang sich die Insolvenzquote durch die Vereinnahmung der Klageforderung erhöhen würde. Bestehen Prozess- und Beitreibungsrisiken, ist der Wert der Klageforderung um einen Risikoabschlag zu vermindern (BGH WM 2018, 1137; OLG Düsseldorf ZIP 2023, 1861). Anhand der neuen Insolvenzquote ist eine fiktive Verteilung durchzuführen. (3) Die Zumutbarkeit ergibt sich sodann durch einen **Vergleich** der zu erwartenden Kostenbelastung und des erwarteten Vorteils. Nur soweit die so ermittelten Beträge die aufzubringenden Kostenanteile erhebl übersteigen, ist die Kostenaufbringung zumutbar. Ein festes Verhältnis besteht dabei nicht (BGH WM 2018, 1137). IdR ist InsGläubigern eine Kostenaufbringung aber nicht zuzumuten, wenn ihr Vorteil nicht deutl mehr als das Doppelte der aufzubringenden Kosten beträgt (BGH ZInsO 2019, 1793 Tz 12; BGH NJW 2018, 3188 = MDR 2018, 1214; OLG Frankfurt ZIP 2022, 912; OLG Köln ZInsO 2020, 370).

16 **III) Juristische Personen oder parteifähige Vereinigung (§ 116 S 1 Nr 2). 1) Allgemeines.** S 1 Nr 2 regelt die PKH für europ jur Personen und parteifähige Vereinigungen. Da § 116 S 1 Nr 2 die PKH-Bewilligung von strengeren Voraussetzungen als § 114 abhängig macht, sind jur Personen schlechter gestellt als natürl Personen. Mit dem GG ist das vereinbar (BVerfGE 35, 348, 355). Denn jur Personen haben nur dann eine von der Rechtsordnung anerkannte Existenzberechtigung, wenn sie ihre Ziele aus eigener Kraft verfolgen können (BVerfGE 35, 348, 356; BGH MDR 2006, 113; OLG Karlsruhe MDR 2013, 1052). Bei der Auslegung des § 116 S 1 Nr 2 ist aber allg VerfassungsR zu beachten (sa Rn 23). Zu berücksichtigen ist auch das Gebot effektiven Rechtsschutzes aus Art 47 III EuGRC (EuGH ZIP 2011, 143); dies zwingt allerdings nicht dazu, von der Notwendigkeit eines allg Interesses stets oder zB bei Staatshaftungsklagen wegen Nichtumsetzung von EU-Recht abzusehen (BFH/NV 2017, 614; KG ZIP 2011, 542). Mit Art 6, 14 I EMRK ist die Regelung auch vereinbar, soweit sie außereurop Vereinigungen generell von der PKH ausschließt (EGMR NJW-RR 2013, 1075).

17 **2) Erfasste Vereinigungen.** Welche **jur Personen** in Betracht kommen, ergibt sich aus § 50 Rn 11 ff. Die wichtigsten sind GmbH und AG, eingetragene Vereine und Genossenschaften, Versicherungsvereine auf Gegensei-

tigkeit sowie Stiftungen. Jur Personen gleichgestellte **parteifähige Vereinigungen** sind OHG, KG, Reederei (s § 50 Rn 16 ff), Gemeinschaft der Wohnungseigentümer (BGH NJW 2010, 2814; BGH MDR 2019, 660), politische Parteien, Gewerkschaften und nicht rechtsfähige Vereine als Bekl (§ 50 II; MskV/Fischer Rn 11), weiter die rechtsfähige Gesellschaft bürgerl Rechts (§ 705 II Alt 1, III BGB). **Nicht** unter § 116 S 1 Nr 2, sondern unter § 114 fällt die nicht rechtsfähige Gesellschaft bürgerl Rechts (§ 705 II Alt 2 BGB). Ebenso liegt es bei der Miteigentümergemeinschaft und der Erbengemeinschaft (MskV/Fischer Rn 11). Zur Klage eines Miterben nach § 2039 BGB s § 114 Rn 6. Auch auf den **InsVerwalter** in der Insolvenz einer jur Person ist S 1 Nr 2 nicht anzuwenden, denn PKH soll nach dem Willen des Gesetzgebers nur für die Dauer des bestimmungsgemäßen Betriebs gewährt werden (BGH NJW 91, 40; BGH MDR 2007, 851). Das gilt auch, wenn der InsVerwalter das Unternehmen zunächst fortführt (BGH MDR 2006, 113). Für ihn gilt nur § 116 S 1 Nr 1. Dass die jur Person anders als bei normaler Prozessführung behandelt wird, rechtfertigt sich dadurch, dass nur das InsVerf die geordnete Unternehmensliquidation gewährleistet. Grds anwendbar ist S 1 Nr 2 hingegen auf jur Personen in der Liquidation (BGH NJW 91, 703).

PKH erhalten nur jur Personen mit Gründung oder Sitz (Art 63 Brüssel Ia-VO; s § 1076 Rn 3) **innerhalb der EU** und der Vertragsstaaten des EWR-Abk; diese Beschränkung ist mit höherrangigem Recht vereinbar (s Rn 16). Darüber hinaus sichert Art 20 **HZPÜ** den jur Personen mit Sitz in den Vertragsstaaten Gleichbehandlung mit Inländern zu; so dass ihnen auch PKH nach S 1 Nr 2 zu bewilligen ist (BTDrs 15/3281, 9). Bei Überschneidungen von § 116 S 1 Nr 1 und 2, insb wenn der InsVerwalter einer außereurop jur Person PKH beantragt, gilt die Beschränkung des S 1 Nr 2 ebenfalls. 18

3) Aufbringung der Kosten durch Vereinigung. Die jur Person/parteifähige Vereinigung muss außerstande sein, die Kosten des Rechtsstreits aufzubringen. Dazu hat sie ihr verwertbares Vermögen (s § 115 Rn 54 ff) einzusetzen. Ihr ist auch eine mögl Kreditaufnahme zur Prozessfinanzierung zuzumuten (OVG Bremen JurBüro 87, 770; sa § 115 Rn 97). Ihre eigene Vermögenslosigkeit muss sie darlegen, sonst wird die PKH verweigert (OLG München JurBüro 90, 755). Dies kann durch Vorlage einer Bilanz oder Gewinn- und Verlustrechnung mit Vermögensaufstellung geschehen. Bei Vereinen kann auch eine Aufstellung der Mitglieder und des Beitragsaufkommens genügen (BFH/NV 2008, 817). 19

4) Aufbringung der Kosten durch wirtschaftlich Beteiligte. a) Wirtschaftl Beteiligte. Wirtschaftl beteiligt ist derj, auf dessen Vermögenslage sich Obsiegen oder Unterliegen der jur Person wirtschaftl auswirkt (OLG Bamberg NJW-RR 90, 638). Ob die Beteiligten für sich selbst Vermögensvorteile erhoffen, ist unerhebl (OLG München JurBüro 86, 127). Ebenso wenig kommt es darauf an, ob die Beteiligten am Gewinn beteiligt sind, ob sie für die Schulden der jur Person oder Personenvereinigung haften oder ob sie ihr ggü verpflichtet sind, für die Prozesskosten aufzukommen. 20

Die **Gesellschafter** einer OHG oder KG sind immer wirtschaftl beteiligt (BGH NJW 54, 1933; OLG Köln MDR 2020, 175 [Anleger in Publikums-KG]; OLG München MDR 2019, 619 [Treuhandkommanditisten]), ebenso die Gesellschafter einer GmbH (OLG Celle 22.12.2000 – 3 W 95/00) und jedenfalls Großaktionäre, da ihre Aktien an Wert gewinnen und ggf Dividenden zu erwarten sein können (LG Dresden AG 95, 335). Eine **Tochtergesellschaft** ist wirtschaftl Beteiligter an ihrer mittellosen Muttergesellschaft, wenn sie durch einen Beherrschungs- und Gewinnabführungsvertrag mit ihr verbunden ist (OLG München ZIP 2002, 2131). Wirtschaftl Beteiligte an einer Gemeinschaft der Wohnungseigentümer sind sämtl **Wohnungseigentümer**, da sie für deren finanzielle Ausstattung verantwortl sind und nach § 9a IV WEG für den Verband haften (BGH MDR 2019, 660). **Vereinsmitglieder** sind wirtschaftl Beteiligte (OLG Frankfurt/M MDR 2016, 672), auch wenn es sich um einen gemeinnützigen Verein handelt (KG NJW 55, 469; OLG Düsseldorf MDR 68, 331). **Nicht** zu den wirtschaftl Beteiligten gehören der Vorstand und die Mitglieder eines gemeinnützigen Vereins zur Förderung sozial benachteiligter Jugendlicher, der den größten Teil seiner Geldmittel aus der öffentl Hand bezieht (OLG Hamburg MDR 87, 502); denn hier sind Vorstand und Mitglieder nicht die entscheidenden Wirtschaftsfaktoren. Die kath Kirche ist an einer Kirchenstiftung nicht wirtschaftl beteiligt (OLG Bamberg NJW-RR 90, 638). Anders als im Fall des § 116 S 1 Nr 1 sind die **Gl** der jur Person nicht beteiligt (RGZ 148, 196). 21

b) Unfähigkeit zur Kostenaufbringung. PKH ist nur zu bewilligen, wenn die wirtschaftl Beteiligten nicht in der Lage sind, die Kosten aufzubringen. Das muss der ASt darlegen und auf Verlangen des Gerichts glaubhaft machen (§ 118 II 1). Abw von § 116 S 1 Nr 1 ist es unerhebl, ob den Beteiligten die Finanzierung des Prozesses zuzumuten ist (OLG Köln MDR 2020, 175; aA OLG München JurBüro 86, 127; differenzierend MK/Wache Rn 25). 22

5) Allgemeines Interesse. a) Begriff. Dass die Unterlassung der Rechtsverfolgung oder -verteidigung dem allg Interesse zuwiderlaufen würde, ist in der Antragsbegründung darzulegen (BFH BB 82, 1536). Im allg Interesse liegt die Rechtsverfolgung oder -verteidigung, wenn bei ihrem Unterlassen außer den am Rechtsstreit wirtschaftlich Beteiligten ein größerer Kreis von Personen in Mitleidenschaft gezogen würde, wenn die Vereinigung gehindert würde, der Allgemeinheit dienende Aufgaben zu erfüllen, oder wenn von der Durchführung des Prozesses die Existenz eines Unternehmens abhängt, an dessen Erhaltung wegen der großen Zahl von Arbeitsplätzen ein allgemeines Interesse besteht (BGH ZRI 2025, 295; BGH ZInsO 2022, 143). Rein wirtschaftl Interessen soll der ASt hingegen nicht auf Kosten der Allgemeinheit verfolgen dürfen (BGH ZfIR 2020, 799). Bei **Klagen** 23

auf Enteignungsentschädigung gebietet eine verfassungskonforme Auslegung im Lichte der Art 14 III 4, Art 19 III GG, ausnahmsw das Individualinteresse des Enteigneten genügen zu lassen (BVerfGE 35, 348, 360 ff).

24 **b) Betroffenheit größerer Kreise.** In Betracht kommt die Betroffenheit **zahlreicher (Klein-)Gläubiger** (BGH NJW 86, 2058; BGH ZInsO 2017, 2538; BFH Rpfleger 93, 290; OLG Karlsruhe MDR 2013, 1052). Eine feste Grenze der Zahl der Gl lässt sich nicht bestimmen; bei einer Liquidations-GmbH können schon 27 Gl als eine „Vielzahl" angesehen werden (BGH NJW 91, 703). Jedoch läuft die Unterlassung der Rechtsverfolgung oder Rechtsverteidigung nicht schon dann allg Interessen zuwider, wenn eine überschaubare Zahl von Gl eines zahlungsunfähigen Unternehmens sich mit geringeren Quoten zufriedengeben muss (BFH Rpfleger 93, 290; OLG Bamberg JurBüro 82, 1733). Erst recht reicht die Möglichkeit zur Befriedigung eines einzelnen Gläubigers nicht aus, auch wenn es sich bei ihm um den Fiskus handelt (OLG Karlsruhe MDR 2013, 1052). Die Allgemeinheit ist betroffen, wenn durch die Prozessführung eine Gesellschaft erhalten werden kann, die eine **große Zahl von Arbeitnehmern** beschäftigt (BVerfGE 35, 348, 353; BAG NJW 2011, 3532; sa OVG MV NordÖR 2020, 204: drohende Entlassung von 9 Arbeitnehmern nicht ausreichend). Der Gesichtspunkt trifft aber nicht zu, wenn die Gesellschaft ihren Geschäftsbetrieb bereits eingestellt und ihre Arbeitnehmer entlassen hat (BFH Rpfleger 93, 290; OLG Hamm NJW-RR 89, 382). Dass der eingestellte Betrieb mit der erstrebten Verurteilungssumme wiederaufgebaut werden oder dass eine neue Gesellschaft gegründet werden soll, genügt nicht, um das allg Interesse an der Prozessführung zu begründen (BGH ZInsO 2022, 143). Gesellschafter sind selbst wirtschaftl Beteiligte u gehören nicht zur Allgemeinheit; es genügt daher **nicht** die Betroffenheit **zahlreicher Kommanditisten** (Kleinanleger) einer Publikums-KG (BGH NZI 2019, 764 Tz 9; OLG München MDR 2019, 619).

25 **c) Unmittelbarkeit der Betroffenheit.** Die gerichtl Entscheidung muss sich konkret auf die wirtschaftl oder soziale Lage der Betroffenen auswirken, zB wenn durch die Unterlassung des Rechtsstreits die von ihr betroffenen Personen in Mitleidenschaft gezogen werden (BGH NJW 2011, 1595). Die Interessen der Gl sind bei einem Wechsel vom Eigenverwaltungseröffnungsverf zum Regelinsolvenzverf nicht idS betroffen (BGH NZI 2015, 413). Allein die Gemeinnützigkeit oder ein der Allgemeinheit dienender **Gesellschaftszweck** des ASt genügen nicht (OLG Frankfurt MDR 2016, 670), so dass zB PKH für die Durchsetzung von Honorarforderungen einer Rechtsanwalts-GmbH ausscheidet (BGH NJW 2011, 1595). Die Allgemeinheit ist demnach erst recht nicht betroffen iSd § 116 S 1 Nr 2, wenn mit der Klageforderung das Finanzamt oder eine gemeinnützige Organisation befriedigt werden soll, mithin ledigl der Gl allg Bedeutung hat (BGH NJW 2011, 1595; OLG Karlsruhe MDR 2013, 1052). Keine unmittelbare Betroffenheit der Allgemeinheit ist gegeben, wenn im Urteil **Rechtsfragen von allg Interesse** zu beantworten sind (BGH NJW 65, 585; BGH NZI 2015, 413; BFH NJW 74, 256; OLG Karlsruhe MDR 2013, 1052). Ebenso wenig genügt das Interesse der Allgemeinheit an der Möglichkeit zur Durchsetzung von Forderungen, die auf eine strafbare Handlung gestützt werden (OLG Köln JurBüro 85, 1259), das Interesse der Allgemeinheit an einer richtigen Entscheidung oder dasj an der Beseitigung eines unrichtigen Urteils (BGHZ 25, 183 = NJW 1957, 1636; BGH NJW 2011, 1595).

26 **IV) Weitere Voraussetzungen der PKH-Bewilligung. 1) Erfolgsaussicht und fehlender Mutwillen (§ 116 S 2).** Auch in den Fällen des § 116 ist zu prüfen, ob die beabsichtigte Rechtsverfolgung oder -verteidigung Erfolg verspricht und nicht mutwillig ist (§ 116 S 2). Mutwilligkeit wird dabei noch nicht durch eine geringfügige Quotenverbesserung (BGH WM 2018, 1137; OLG Köln ZInsO 2020, 370) oder die angezeigte Masseunzulänglichkeit (BGH ZIP 2008, 944; sa Rn 6) begründet; wohl aber durch eine Teilklage zur Schaffung der Voraussetzungen des § 116 S 1 (s § 114 Rn 48).

27 **2) Teilweise Kostenaufbringung (§ 116 S 3).** Können Kosten aus der verwalteten Vermögensmasse (§ 116 S 1 Nr 1) bzw von der jur Person/parteifähigen Vereinigung oder den wirtschaftl Beteiligten aufgebracht werden, hat dies in vollem Umfang zu geschehen. Ist nur die Aufbringung eines Teilbetrags mögl, ist dieser aufzubringen. Können die Kosten nur in mehreren Teilbeträgen aufgebracht werden, ordnet das Gericht an, dass entspr **Raten** zu zahlen sind (§ 116 S 3). Die Höhe der Monatsraten ist dabei nur durch die wirtschaftl Fähigkeit der zur Kostenaufbringung Verpflichteten beschränkt; § 115 II gilt nicht. Auch sind die Teilzahlungen nicht auf 48 Monatsraten beschränkt, sondern solange zu zahlen, bis Tilgung erfolgt ist (MskV/Fischer Rn 20). Analog § 115 III wird PKH nicht bewilligt, wenn die Kosten der Prozessführung 4 Monatsraten nicht übersteigen (MK/Wache Rn 5).

28 **3) Antrag.** § 117 I und II ist anzuwenden. Im PKH-Antrag ist das Streitverhältnis unter Angabe der Beweismittel darzustellen. Eine **Erklärung über die wirtschaftl Verhältnisse** ist beizufügen (BFH Rpfleger 93, 290), deren Inhalt sich nach den Umständen des Einzelfalls richtet. Das PKH-Formular ist nicht zu verwenden (§ 1 II PKHFV). Begehrt eine Partei kraft Amtes, eine jur Person oder eine parteifähige Vereinigung PKH für ein beabsichtigtes Rechtsmittel, ohne dass dieses zugleich eingelegt wird, dann muss sie innerhalb der Rechtsmittelfrist darlegen, dass die Kosten weder von ihr noch von am Gegenstand des Rechtsstreits wirtschaftl Beteiligten aufgebracht werden können bzw dass jenen dies im Fall des § 116 S 1 Nr 1 unzumutbar ist und dass im Fall des S 1 Nr 2 ihre Rechtsverfolgung oder *Rechtsverteidigung* im allg Interesse liegt (s § 119 Rn 13). Wenn sie diese *Obliegenheiten* nur unvollständig erfüllt, erhält sie keine WE in die versäumte Rechtsmittelfrist (BGH MDR 2017, 970; KG MDR 2005, 647).

V) Verfahren. Die §§ 118-120a sind anwendbar, § 120 allerdings nicht, soweit er auf § 115 verweist. Die **Beiordnung eines RA** richtet sich nach § 121. Ist der InsVerwalter selbst RA, kann auch er beigeordnet werden; denn hier wird er nicht im eigenen Interesse tätig (s § 121 Rn 6). Im Parteiprozess ist auch dann ein InsVerwalter als RA oder ein anderer RA beizuordnen, wenn der InsVerwalter Volljurist ist, es sich aber um Aufgaben handelt, die er ohne seine jur Ausbildung nicht lösen könnte; es gilt der Maßstab des § 5 I InsVV (BGH MDR 2006, 1310 = NJW 2006, 1597). Das gilt in aller Regel bei einer Insolvenzanfechtung; es widerspräche dem Zweck des § 116, wenn der InsVerwalter Prozesse zur Masseanreicherung auf eigene Kosten führen müsste (BGH MDR 2006, 1310 = NJW 2006, 1597). Soweit nach § 124 I Nrn 1 und 2 die PKH-Bewilligung aufgehoben werden soll, kommt es auf das Verschulden der Partei kraft Amtes, des Organs der jur Person oder des Vertreters der parteifähigen Vereinigung an. 29

§ 117 Antrag; Verordnungsermächtigung

(1) [1]Der Antrag auf Bewilligung der Prozesskostenhilfe ist bei dem Prozessgericht zu stellen; er kann vor der Geschäftsstelle zu Protokoll erklärt werden. [2]In dem Antrag ist das Streitverhältnis unter Angabe der Beweismittel darzustellen. [3]Der Antrag auf Bewilligung von Prozesskostenhilfe für die Zwangsvollstreckung ist bei dem für die Zwangsvollstreckung zuständigen Gericht zu stellen.

(2) [1]Dem Antrag sind eine Erklärung der Partei über ihre persönlichen und wirtschaftlichen Verhältnisse (Familienverhältnisse, Beruf, Vermögen, Einkommen und Lasten) sowie entsprechende Belege beizufügen. [2]Die Erklärung und die Belege dürfen dem Gegner nur mit Zustimmung der Partei zugänglich gemacht werden, es sei denn, der Gegner hat gegen den Antragsteller nach den Vorschriften des bürgerlichen Rechts einen Anspruch auf Auskunft über Einkünfte und Vermögen des Antragstellers. [3]Dem Antragsteller ist vor der Übermittlung seiner Erklärung an den Gegner Gelegenheit zur Stellungnahme zu geben. [4]Er ist über die Übermittlung seiner Erklärung zu unterrichten.

(3) [1]Das Bundesministerium der Justiz wird ermächtigt, zur Vereinfachung und Vereinheitlichung des Verfahrens durch Rechtsverordnung mit Zustimmung des Bundesrates Formulare für die Erklärung einzuführen. [2]Die Formulare enthalten die nach § 120a Absatz 2 Satz 4 erforderliche Belehrung.

(4) [1]Soweit Formulare für die Erklärung nach Absatz 2 eingeführt sind, muss sich die Partei ihrer bedienen. [2]In geeigneten Fällen kann die Geschäftsstelle die Erklärung auch zu Protokoll aufnehmen.

Überschrift, III 1 und IV geändert durch G zur Förderung des Einsatzes von Videokonferenztechnik in der Zivilgerichtsbarkeit und den Fachgerichtsbarkeiten v 15.7.2024 (BGBl 2024 I Nr 237) mWv 19.7.2024.

I) Bedeutung. § 117 regelt die Einzelheiten des Antrags, der notwendige Voraussetzung für die Bewilligung von PKH ist (s § 114 Rn 14). Ergänzt wird II durch die PKHFV v 6.1.2014 (BGBl I 2014, 34), die auf Grundlage des III erlassen wurde und das grds zwingend zu verwendende PKH-Formular festlegt. Dieses ist unter www.justiz.de im Bereich Service abrufbar. Dort wird auch eine online ausfüllbare Version bereitgestellt. 1

II) Antragstellung (§ 117 I). 1) Zuständigkeit (§ 117 I 1, 3). Zuständig für die Entgegennahme des Antrags ist das Gericht, bei dem der Rechtsstreit schwebt oder anhängig gemacht bzw die ZwV betrieben werden soll (§ 764). Wird PKH für ein Rechtsmittel beantragt, ist der Antrag beim Rechtsmittelgericht einzureichen (§ 127 I 2). Das gilt auch, wenn das Rechtsmittel beim Ausgangsgericht eingelegt werden kann (BGH NJW 2013, 2971 = MDR 2014, 365 Tz 11; BFH/NV 96, 10); gem § 64 I 2 FamFG ist aber ausnahmsw VKH für eine Beschwerde beim Ausgangsgericht zu beantragen. Zur Zuständigkeit und Folgen fehlender Zuständigkeit des angerufenen Gerichts s § 127 Rn 3 ff. Nach Beendigung der Instanz kann PKH nicht mehr mit Erfolg beantragt werden (s § 114 Rn 17). 2

2) Form. Der Antrag sollte ausdrückl, kann aber auch konkludent gestellt werden (s § 114 Rn 15). Wird er schriftl gestellt, handelt es sich um einen bestimmenden Schriftsatz (BGH NJW 94, 2097; sa § 129 Rn 3; zum Unterschriftserfordernis s § 130 Rn 6 ff; sa Rn 23 zur Erklärung über persönl u wirtschaftl Verhältnisse), der von den nach § 130d Nutzungsverpflichteten als elektron Dokument einzureichen ist. Fehlt bei Einreichung in Papierform die Unterschrift unter dem Antrag, ist dies ausnahmsw unschädl, wenn das Begleitschreiben unterzeichnet ist (BGH FamRZ 2006, 1269). Der Antrag kann auch **zu Protokoll der GeschSt** des zuständigen Prozessgerichts oder jedes beliebigen AG (§ 117 I 1 Hs 2; § 129a) erklärt werden. Bei Aufnahme zu Protokoll ist der ASt sachgemäß zu beraten und durch Hinweise und Fragen zu veranlassen, sich zu den subj und obj Voraussetzungen der Bewilligung von PKH erschöpfend zu erklären. Wird der Antrag in der mündl Verh gestellt, ist er zu Protokoll zu nehmen. 3

3) Prozesshandlungsvoraussetzungen. Wenn die prozessualen Voraussetzungen für die Stellung eines PKH-Antrags (s vor § 253 Rn 13) fehlen, ist er – nach richterl Hinweis (s § 118 Rn 3) – als unzulässig zu verwerfen. Die Stellung des Antrags setzt insb **Prozessfähigkeit** voraus, die bei Zweifeln gem § 118 II, III zu ermitteln ist, 4 falls notwendig auch durch Begutachtung durch SV (OLG Hamm MDR 2014, 1044; OLG Hamm FamRZ 2012, 1318). Es besteht **kein Anwaltszwang** (§ 78 III; § 114 IV Nr 5 FamFG), auch wenn in der Hauptsache Vertretung durch einen RA vorgeschrieben ist. Das gilt auch für die sof Beschwerde (s § 127 Rn 28) und die Anhörungsrüge (BGH 13.12.2017 – I ZA 7/17). Bei Einreichung des Antrags durch einen RA ist dieser iZw als für das Verf bevollmächtigt anzusehen, auch wenn eine Vollmacht nicht beiliegt. Stellt ein RA im Hauptsacheverf den Antrag, dann hat das Gericht nach § 88 II von der Bevollmächtigung auszugehen.

5 **4) Wiederholte Antragstellung.** Hat bereits ein PKH-Verf über den gleichen Gegenstand stattgefunden, steht einer wiederholten Antragstellung keine materielle Rechtskraft des früheren Beschlusses entgegen (s § 127 Rn 27). Für den erneuten Antrag fehlt aber das Rechtsschutzbedürfnis, wenn das Recht zur wiederholten Stellung eines Antrags missbraucht wird. Bei der **Missbrauchskontrolle** kommt es auf die Umstände des Einzelfalls an (BGH MDR 2009, 401). Wiederholt die Partei nur ihr früheres Vorbringen oder sind neue Tatsachen ersichtl nur vorgeschützt, liegt Rechtsmissbrauch nahe (BGH MDR 2009, 401; BGH NJW 2004, 1805 = MDR 2004, 961; OLG Frankfurt MDR 2007, 1286). Nicht rechtsmissbräuchl ist die Wiederholung zB, wenn die Erklärung über die persönl und wirtschaftl Verhältnisse oder Belege nicht vorgelegt worden sind und wenn diese Urk nunmehr vorgelegt werden (LAG Hamm 26.2.2024 – 13 Ta 54/24; sa Rn 27) oder wenn die beabsichtigte Rechtsverfolgung nunmehr auf einen Sachverhalt gestützt wird, über den noch nicht entschieden worden ist. Dass zuvor die PKH-Bewilligung wegen unrichtiger Angaben aufgehoben wurde (§ 124), führt nicht zu einer Verwirkung des Antragsrechts (s § 124 Rn 27). Eine gegen die Verwerfung als rechtsmissbräuchl gerichtete sof Beschwerde (§ 127) ist zulässig (aA OLG Celle MDR 2011, 563), aber nur begründet, wenn kein Rechtsmissbrauch vorliegt.

6 **5) Darstellung des Streitverhältnisses (§ 117 I 2).** Nach I 2 hat der ASt, einerlei ob er Kl oder Bekl ist, das Streitverhältnis sachl darzustellen, damit die Erfolgsaussichten seiner Rechtsverfolgung oder -verteidigung beurteilt werden können (OLG Nürnberg JurBüro 96, 25). Derartige Angaben sind **nur entbehrl**, soweit sie sich aus vorhandenen Akten ergeben, insb bei Rechtsverteidigung gegen eine unschlüssige Klage (s § 114 Rn 32), in Vollstreckungssachen (Bobenhausen Rpfleger 84, 396) oder in der Rechtsmittelinstanz, weil das Streitverhältnis aus den Feststellungen der Vorinstanz bekannt ist (s Rn 8). Ebenfalls bedarf es keiner gesonderten Ausführungen, wenn der PKH-Antrag mit der Prozesshandlung, zB Klage oder Klageerwiderung verbunden wird. Bei einer Klageerhebung im Fall der PKH-Bewilligung ist die Beifügung eines **Klageentwurfs** zwar übl, aber nicht zwingend.

7 Zur Darstellung des Streitverhältnisses gehört auch das verfolgte Begehren. Das **Begehren** muss nicht in Form eines ausformulierten Sachantrags iSd § 253 II Nr 2 dargelegt werden (BGH NJW-RR 2001, 1146; aA OLG Stuttgart FamRZ 2005, 526); es muss aber das Ziel der Rechtsverfolgung oder -verteidigung eindeutig bestimmbar sein. Dies setzt bei einer beabsichtigten Klage idR voraus, dass die Klageforderung beziffert wird; ist ausnahmsw ein unbezifferter Antrag zulässig (s § 253 Rn 14), ist zumindest in den Gründen die Angabe eines Mindestbetrags oder einer ungefähren Größenordnung erforderl (OLG Hamm MDR 2014, 984). Anders ist es, wenn PKH für ein **Rechtsmittel** begehrt wird. Hier bedarf es im PKH-Antrag keiner Darlegung des Umfangs, in dem das Urteil angefochten werden soll; eine solche Darlegung kann der Partei erst nach Beiordnung eines RA zugemutet werden (BGH NJW 93, 732; BGH NJW 2009, 1423; aA MK/Wache Rn 18).

8 Darzulegen sind die **tatsächl Behauptungen**, aus denen sich die Zulässigkeit und Schlüssigkeit des Vorbringens ergibt (s § 114 Rn 27 ff). Der Rechtsmittelgegner braucht nach § 119 S 2 seinen PKH-Antrag nicht sachl zu begründen. Für den **Rechtsmittelführer** ist eine solche Darstellung in der Rechtsmittelinstanz zweckmäßig, aber nicht notwendig (BGH NJW-RR 2018, 1271; OLG Dresden MDR 2000, 659). Die Darlegung sollte, falls Zweifel bestehen, auch Statthaftigkeit und Zulässigkeit des Rechtsmittels umfassen, etwa dass die Rechtsmittelsumme erreicht ist. Fehlen tatsächl und rechtl Ausführungen, ist die Erfolgsaussicht des Rechtsmittels (sa § 114 Rn 20) auf Grundlage des bisherigen Vorbringens zu beurteilen (BGH NJW-RR 2001, 1146; BAG JurBüro 2016, 592; OLG Düsseldorf ZIP 2022, 1061).

9 Im PKH-Antrag anzugeben sind die im Erkenntnisverf verwertbaren **Beweismittel:** Urk, Zeugen, SV, Augenschein sowie Parteivernehmung (s aber § 114 Rn 30). Eidesstattl Versicherungen zum Beweis in der Hauptsache genügen nur, soweit sie ausnahmsw zugelassen sind (bei Arrest und einstw Verfügung), also nie im strengbeweisl Erkenntnisverf. Neben der Benennung der Beweismittel ist eine Glaubhaftmachung des Sachvortrags im PKH-Verf nicht vorgeschrieben. Das Gericht kann jedoch Glaubhaftmachung verlangen (§ 118 II 1; s § 118 Rn 20 ff).

10 Ist die Darstellung unzureichend oder fehlt trotz erwartetem Bestreiten die Angabe taugl Beweismittel, hat das Gericht durch **Hinweise** und Fragen (§§ 139, 278 III), die unmissverständl und auf den konkreten Mangel bezogen sind, auf eine ausreichende Darstellung hinzuwirken (OLG Naumburg FamRZ 2016, 842). Andererseits ist der ASt verpflichtet, nach Kräften bei der Aufklärung des Streitverhältnisses mitzuwirken. Bei Passivität des ASt ist das Gericht nicht verpflichtet, vAw einen unschlüssig vorgetragenen Anspruch schlüssig zu machen. **Mangelnde Mitwirkung** kann der Bewilligung auch dann entgegenstehen, wenn sie zum Ausdruck bringt, dass der ASt seine Sache selbst nicht ernstl betreiben will (s § 114 Rn 54).

11 ***III) Wirkungen des Antrags.*** **1) Verbindung mit Klageerhebung.** Zur Rechtsmitteleinlegung s § 119 Rn 10 ff. Bei **gleichzeitiger Einreichung** von PKH-Antrag und Klage wird neben dem PKH-Verf auch der Rechtsstreit

als solcher anhängig (OLG Schleswig FamRZ 2010, 1359), es sei denn, der ASt stellt eindeutig klar, dass er den Klageantrag nur bedingt für den Fall der PKH-Bewilligung stellen will (BGH MDR 2009, 400; **Formulierungsvorschläge:** Vorwerk/Fischer, PFB, M 10.5 und M 10.6). Dies kann durch die Erklärung geschehen, über die PKH solle vorab entschieden werden (BGH FamRZ 2005, 794; KG MDR 2008, 585) oder die Klage solle erst nach Bewilligung der PKH erhoben werden (OLG Brandenburg MDR 2007, 1262). Eine Klarstellung geschieht auch dadurch, dass die Klageschrift als **Entwurf** oder als „beabsichtigte Klage" bezeichnet (BGH FamRZ 2001, 907; OLG Karlsruhe FamRZ 2003, 1935) oder dass sie **nicht unterschrieben** wird. Klage wird hingegen zugleich erhoben, wenn der Kl in dem als „Klage" bezeichneten Schriftsatz erklärt, es werde „ferner" oder „weiterhin" PKH beantragt (BGH MDR 2015, 295). Eine Klage liegt auch vor, wenn dem Klageantrag ein PKH-Antrag vorangestellt wird (OLG Köln MDR 2006, 112). IZw ist Rückfrage geboten.

Fehlt eine Klarstellung und lässt sie sich auch durch Hinweis nicht herbeiführen, so wird die Klage mit der Einreichung des Schriftsatzes **anhängig**. Steht fest, dass die Klage in der beigefügten Klageschrift nur für den Fall der PKH-Bewilligung erhoben werden soll, so liegt darin keine unzulässige bedingte Klageerhebung (s § 253 Rn 2), sondern nur das zulässige Begehren, dass die Klage erst nach PKH-Bewilligung eingereicht sein soll (BGH NJW 52, 545). Hier ist die Klage auch dann nicht beim Gericht anhängig geworden, wenn der Schriftsatz formell und inhaltl den Anforderungen einer Klageschrift entspricht (BGH MDR 2003, 1314). Das gilt auch dann, wenn das Gericht den Antragsschriftsatz fälschlich als Klage behandelt (OLG Hamm FamRZ 80, 1127; OLG Köln NJW 94, 3360 = FamRZ 94, 1383). Verkennt das Gericht diese Rechtslage, so kann es geboten sein, die Kosten nach § 21 GKG niederzuschlagen (OVG Hamburg Rpfleger 86, 68). § 189 ist auf solche Sachverhalte nicht anwendbar (BGHZ 7, 270; BGH VersR 68, 369). 12

Nach Bewilligung von PKH oder nach Zahlung des Vorschusses (§ 12 I, § 14 Nr 1 GKG, § 14 FamGKG) lässt das Gericht die Klage **zustellen**. Die Klage wird nicht bereits dadurch zugestellt, dass der PKH-Antrag mit dem Klageschriftsatz formlos an den Gegner zur Stellungnahme übersandt wird (OLG Karlsruhe FamRZ 88, 91; OLG Nürnberg FamRZ 2000, 36 = MDR 99, 1409). Entspricht der dem Gericht eingereichte Klageschriftsatz nicht den Formerfordernissen, zB weil er nicht unterschrieben ist, ist vor der Zustellung die Einreichung einer formgerechten Klage zu verlangen. Wird PKH nur **teilw bewilligt**, ist eine bereits anhängig gewordene Klage nur zuzustellen, wenn der Gerichtskostenvorschuss, der für den die Bewilligung übersteigenden Teil anfällt, einbezahlt wird oder der Kl die Klage insoweit zurücknimmt (s § 269 Rn 8); die bereits fällig gewordene Verfahrensgebühr entfällt dadurch aber nicht (§ 6 I GKG, 1210, 1211 GKG-KV). Ist die Klage noch nicht anhängig, sollte der ASt aufgefordert werden, eine dem Bewilligungsumfang entspr Klageschrift zum Zweck der Zustellung einzureichen (MskV/Fischer Rn 6). Mögl ist aber auch die Zustellung des mit dem PKH-Antrag eingereichten Klageschriftsatzes mit der Verfügung, dass die Zustellung nur insoweit erfolgt, wie PKH bewilligt worden ist. **Unterbleibt** die Zustellung der Klageschrift versehentl oder wird der nicht formgerechte Klageentwurf zugestellt, kann der Mangel nach § 295 geheilt werden (OLG Karlsruhe JurBüro 2009, 263; s § 253 Rn 27). 13

2) Mahnverfahren. Beginnt der Prozess mit einem Mahnverf und wird dieses an das Prozessgericht abgegeben, nachdem der Sch Widerspruch erhoben hatte, ist die Streitsache rechtshängig geworden (§ 696 III). Hier kann der ASt den Eintritt der Rechtshängigkeit nicht mehr durch die Erklärung verhindern, er wolle den Klageantrag bedingt für den Fall stellen, dass ihm PKH bewilligt wird. Richtet der ASt seinen PKH-Antrag für das streitige Verf an das Mahngericht, liegt darin idR zugleich der Streitantrag iSd § 696 I, denn eine Entscheidung des Streitgerichts über den PKH-Antrag ist nur nach Abgabe an dieses mögl (OLG Hamm MDR 2014, 617). 14

3) Verjährungshemmung. Sie tritt durch **Veranlassung der Bekanntgabe** des erstmaligen PKH-Antrags an den Sch ein (§ 204 I Nr 14 BGB). Wird der Antrag zurückgewiesen, ohne dass der Gegner gehört wird (s § 118 Rn 9), tritt Hemmung der Verjährung nicht ein. Wenn die Partei darauf hinweist, dass die Verjährung gehemmt werden solle, und beantragt, den PKH-Antrag dem Gegner bekanntzugeben, muss das Gericht diesem Antrag auch dann stattgeben, wenn die beabsichtigte Klage keine Aussicht auf Erfolg hat (BGH MDR 2008, 643 = NJW 2008, 1939; OLG Frankfurt MDR 2005, 53). Wird die Bekanntgabe des Antrags **demnächst** nach der Einreichung des Antrags veranlasst, tritt Hemmung der Verjährung schon mit der Einreichung ein (§ 204 I Nr 14 Hs 2 BGB), Der Begriff „demnächst" entspricht demjenigen in § 167 (BGH NJW 2016, 151 = MDR 2015, 1284 Tz 15). Es kommt darauf an, ob der Gl alles ihm Zumutbare für eine alsbaldige Zustellung getan hat (s § 167 Rn 10 ff). Notwendig ist, dass er vor Vollendung der Verjährung den Antrag stellt und die Bekanntgabe höchstens 14 Tage danach ermöglicht (BGH NJW 2016, 151 = MDR 2015, 1284). 15

Die Bekanntgabe kann veranlasst werden, wenn der Ag mit zutreffender Anschrift bezeichnet und der Anspruch hinreichend individualisiert ist; nicht erforderl ist hingegen, dass die beabsichtigte Klage zulässig und schlüssig ist (BGH NJW 2016, 151 = MDR 2015, 1284 Tz 12; OLG Düsseldorf ZIP 2018, 887; abw frühere Rspr ist überholt, s BTDrs 14/6040, 116). Ebenso wenig ist erforderl, dass die Erklärung nach § 117 II beigefügt ist (BGH NJW 2016, 151 = MDR 2015, 1284 Tz 12; OLG Dresden MDR 2022, 1238; aA OLG Hamm FamRZ 2006, 1616). Beantragt allerdings eine offensichtl vermögende Partei nur zum Zweck der Verjährungsunterbrechung PKH, kann darin ein **Rechtsmissbrauch** gesehen werden, mit der Folge, dass die Hemmungswirkung nicht eintritt (OLG Oldenburg FamRZ 2010, 1098; str, vgl OLG Düsseldorf ZIP 2018, 887); das gilt aber nicht bei Verbesserung der wirtschaftl Verhältnisse erst nach Antragseinreichung (OLG Düsseldorf ZIP 2021, 1615). 16

17 Die Verjährungshemmung umfasst die Forderung, die mit der beabsichtigten Klage (auch Stufenklage, OLG Brandenburg NJW-RR 2005, 871) geltend gemacht werden soll (s § 262 Rn 3). Wenn das Gericht gem § 118 II 2 Glaubhaftmachung verlangt oder Erhebungen anstellt, hat dies keinen Einfluss auf die Hemmung (OLG München FamRZ 96, 418). Sie **endet 6 Monate** nach Abschluss des PKH-Verf (§ 204 II 1 BGB). Verweigert die 1. Instanz die PKH und legt der ASt hiergegen fristgerecht sof Beschwerde ein, dauert die Hemmung der Verjährung fort. Ob dem PKH-Antrag stattgegeben oder ob er abgelehnt wird, ist für die Hemmung bedeutungslos (OLG Brandenburg NJW-RR 2005, 871). Durch die Wiederholung des PKH-Antrags kann die Verjährung nicht erneut gehemmt werden (BGH NJW 2009, 1137).

18 **4) Fristwahrung.** Auch wenn der PKH-Antrag keine Rechtshängigkeit begründet, ist es im Hinblick auf die verfassungsrechtl gebotene Gleichstellung Bemittelter und Unbemittelter (s vor § 114 Rn 1) geboten, dass der Antrag ebenso wie die Klage Ausschlussfristen wahrt. Das gilt zB für die Fristen nach § 198 V 2 GVG (OLG Karlsruhe 1.10.2013 – 23 SchH 13/12; OLG Frankfurt 9.7.2014 – 16 EntV 3/12), § 13 I 2 StrEG (BGH NJW 2007, 439; BGH Rpfleger 2018, 475) und § 246 I AktG (OLG Frankfurt NJW 66, 838; aA OLG Celle ZIP 2010, 1198; OLG Karlsruhe ZIP 2013, 1958 [auch für gesellschaftsvertragl Frist]). Nicht fristwahrend ist der PKH-Antrag hingegen bei der Anfechtungsfrist nach § 45 S 1 WEG; hier schafft die Möglichkeit der Wiedereinsetzung Abhilfe (Dötsch NZM 2008, 309). Zur Frist nach § 926 I s § 926 Rn 32.

19 **IV) Erklärung über persönliche und wirtschaftliche Verhältnisse (§ 117 II-IV). 1) Notwendige Erklärungen.** Darzulegen ist – grds vor Abschluss der Instanz (s § 127 Rn 12) – alles, was nach §§ 115, 116 geprüft werden muss, zB dass ein Anspruch auf Prozesskostenvorschuss nicht besteht (OLG Celle NJW-RR 2006, 1304) oder nicht durchzusetzen ist (OLG Köln FamRZ 94, 1409). Nur Vermögenswerte, bei denen der ASt vernünftigerweise davon ausgehen durfte, dass sie unerhebl sind, brauchen nicht angegeben zu werden (BGH FamRZ 2004, 177; sa § 115 Rn 55). Die Eröffnung bzw Durchführung eines InsVerf ist für sich allein keine ausreichende Begründung der Bedürftigkeit (OLG Brandenburg FamRZ 2012, 1403). Angaben über die Einkünfte des Ehegatten sind erforderl, weil sie ua die Höhe des Freibetrags nach § 115 I 3 Nr 2a bestimmen (s § 115 Rn 33). Personen, die nach ihren Angaben **keine oder nur sehr geringe Einkünfte** haben, also auch keine Sozialleistungen (zB ALG II) beziehen, und auch über kein Vermögen verfügen, müssen detailliert darlegen und glaubhaft machen, wie ihr Lebensunterhalt finanziert wird (BGH MDR 2018, 115; BGH FamRZ 2021, 1722). Wenn nach eigenen Angaben die selbständige Tätigkeit den Lebensbedarf nicht deckt, muss dargetan und glaubhaft gemacht werden, weshalb nicht eine andere Erwerbstätigkeit aufgenommen wurde (BGH MDR 2018, 115); andernfalls können der Partei fiktive Einkünfte zugerechnet werden (s § 115 Rn 8).

20 **2) Formularzwang. a) Anwendungsbereich.** Der ASt muss das nach der jew aktuellen Fassung (OLG Brandenburg 2.1.2019 – 13 WF 231/18) der PKHFV (s Rn 1) vorgesehene **Formular** über die persönl und wirtschaftl Verhältnisse benutzen (**§ 117 III, IV**). **Ausnahmen** gelten nach § 1 II PKHFV für **Parteien kraft Amtes, jur Personen** und parteifähige Vereinigungen. Ihre finanziellen Verhältnisse sind idR so vielgestaltig, dass sie nicht mit vorformulierten Fragen erfassbar sind. Das gilt insb, weil auch zu prüfen ist, ob wirtschaftl Beteiligte die Kosten aufbringen können (§ 116 S 1 Nr 1 und 2). Parteien kraft Amtes usw müssen ihren Antrag individuell begründen (OLGR Saarbrücken 2009, 150; LAG SchlH 5.3.2009 – 5 Ta 50/09 [für InsVerwalter]). Ein **minderj unverheiratetes Kind** in Abstammungs- oder Unterhaltssachen muss das Formular nur verwenden, wenn das Gericht dies anordnet (§ 2 I PKHFV); sonst kann es eine vereinfachte Erklärung mit dem Inhalt des § 2 I 3 PKHFV abgeben. Die danach erforderl Angaben über Einkommen und Vermögen der Unterhaltsverpflichteten sollen die Prüfung ermöglichen, ob die Kinder von ihren Eltern Prozesskostenvorschüsse fordern können, die die Bedürftigkeit ausschließen (OLG Brandenburg FamRZ 2004, 383; s § 115 Rn 59).

21 Für andere **natürl Personen** gelten hingegen **keine** Ausnahmen, auch nicht für im Ausl lebende ASt, die der deutschen Sprache nicht mächtig sind (OVG Sachsen NVwZ-RR 2019, 439). Das Formular ist auch bei Prozessstandschaft (OLG Saarbrücken FamRZ 91, 961) und für eine Partei, über deren Vermögen das InsVerf eröffnet worden ist, zu verwenden (BGH MDR 2002, 1330). Empfängern von **Leistungen nach SGB II** (Bürgergeld) kommt hinsichtl der Darlegung ihrer Bedürftigkeit keine bes (privilegierte) Stellung zu (OLG Brandenburg FamRZ 2010, 1266), so dass zB die Vorlage eines Leistungsbescheids oder eines Ausweises nicht genügt (OLG Jena FamRZ 2015, 1919; BFH Rpfleger 2016, 483). Gleiches gilt für Empfänger von Leistungen nach AsylbewerberleistungsG (OLG Dresden 11.10.2021 – 4 W 655/21). Ledigl bei Beziehern von **Leistungen nach SGB XII** kann auf wirtschaftl Angaben idR verzichtet werden (§ 2 II PKHFV). Allerdings kann das Gericht bei ihnen nach § 2 II aE PKHFV eine vollständige Erklärung verlangen, wenn Zweifel eigene Ermittlungen des Gerichts notwendig machen (OLG Dresden MDR 2018, 829) oder wenn es der Ansicht folgt, dass § 117 III keine genügende Ermächtigungsgrundlage für die Erleichterungen nach § 2 II PKHFV darstellt (OVG Hamburg FamRZ 92, 79; OLG Hamm MDR 96, 861).

21a Nach IV 2 kann – neben dem Antrag (s Rn 3) – auch die Erklärung über die persönl und wirtschaftl Verhältnisse **zu Protokoll der Geschäftsstelle** erfolgen. Ob ein dazu **geeigneter Fall** vorliegt, entscheidet der UrkB nach seinem Ermessen. Auf *die mit der Unterschrift* auf dem PKH-Formular verbundene Richtigkeitsgewähr sollte bei Protokollierung in Präsenz nicht verzichtet werden; der Anwendungsbereich des IV 2 beschränkt sich daher idR auf die **Video-Rechtsantragstelle** (§ 129a II). Außer in einfach gelagerten Fällen (vgl § 2 II PKHFV, dazu Rn 21) bietet es sich an, dass der UrkB dabei das PKH-Formular am Bildschirm mit dem ASt gemeinsam befüllt und dieses als Anlage zum Protokoll nimmt (zum Verf § 129a Rn 4); die Belehrung nach § 120a II 4 ist dann mündl zu erteilen (s § 120a Rn 18). Erfolgt die Erklärung nicht anhand des Formulars, ist die Belehrung gesondert zu protokollieren (BTDrs 20/8095, 46).

b) Bezugnahmen. In der **Rechtsmittelinstanz** genügt es, auf ein in der Vorinstanz verwendetes Formular zu verweisen, das dort ausreichte, um die Bedürftigkeit darzulegen (BGH FamRZ 2004, 1961), wenn die Verhältnisse unverändert geblieben sind und die Partei oder ihr RA dies unmissverständl versichert (BGH FamRZ 2004, 1961; BGH MDR 2001, 1312 = NJW 2001, 2721, stRspr). Das ausnahmslose Verlangen, das Formular zu benutzen, liefe dem mit § 117 IV verfolgten Zweck zuwider (BGH NJW 83, 2146; BGH MDR 91, 50). Es genügt aber nicht, dass sich die unveränderten Verhältnisse aus der Berufungsbegründung entnehmen lassen (BGH FamRZ 97, 547; BGH NJW-RR 2000, 1520). Die Bezugnahme auf ein in einem **anderen Verf** eingereichtes Formular genügt nur, wenn jenes Verf bei demselben Gericht anhängig ist und zusätzl die ausdrückl Erklärung abgegeben wird, dass sich an den Verhältnissen nichts geändert hat (OLG Hamm FamRZ 2023, 1729; OLG München FamRZ 96, 418; strenger OLG Karlsruhe FamRZ 2018, 1100). 22

c) Unterschrift. Das Formular sieht am Ende eine **eigenhändige Unterschrift** des ASt oder seines ges Vertreters vor, mit der diese die Vollständigkeit und Richtigkeit ihrer Angaben versichern. Da § 117 II die Unterschrift nicht als Wirksamkeitsvoraussetzung vorschreibt, kann ein solches nicht durch die PKHFV aufgestellt werden (BGH NJW 86, 62 = MDR 86, 302; OLG Dresden MDR 2018, 829). Die **Einreichung als elektron Dokument** kann nicht nur mit qualifizierter elektron Signatur des ASt (s § 130a Rn 7), sondern auch durch den Prozessvertreter gem § 130a III 3 erfolgen (s § 130a Rn 21a; zur früheren Rechtslage so bereits OLG Dresden MDR 2018, 829). 23

3) Belege. Geeignete Belege für das **Einkommen** Selbständiger und Gewerbetreibender (s § 115 Rn 11) sind Unterlagen, aus denen sich der Gewinn des Vorjahres ergibt, zB Steuerbescheid, letzter Jahresabschluss oder eine Einnahmen-Überschussrechnung (OLG Brandenburg 26.2.2007 – 10 WF 285/06; OLG Brandenburg FamRZ 98, 1301; OLGR Köln 1996, 147). Die Unterlagen brauchen nicht um solche für die ersten Monate des laufenden Jahres ergänzt werden (BGH VersR 92, 897; OLGR Köln 1996, 147). Die Partei kann ihr Einkommen aber nicht mit einem Steuerbescheid für ein längst vergangenes Jahr belegen oder durch eine negative Einkünfte ausweisende Bescheinigung des StB (LG Koblenz FamRZ 96, 806). Ebenso ungeeignet sind Kontoauszüge, die umfangreich geschwärzt sind (OLG Brandenburg NJW 2006, 2861). Notwendig ist auch die Vorlage von Einkommensnachweisen des Ehegatten (OLG Zweibrücken FamRZ 2001, 1470; s Rn 19). Belege **in fremder Sprache** muss die Partei ins Deutsche übersetzen, wenn das Gericht dies verlangt (OLG Hamm JurBüro 2000, 259; s § 184 GVG Rn 4). 24

Beifügen bedeutet nicht, dass Antrag und Belege zusammen eingehen müssen; diese dürfen nachgereicht werden. Auch kann auf in der Vorinstanz eingereichte Belege verwiesen werden. Eine Bezugnahme auf in anderen Verf eingereichte Unterlagen ist hingegen unzulässig (OLG Karlsruhe AGS 2018, 517; sa Rn 22). Die Pflicht, Belege einzureichen, ist kein Formerfordernis des PKH-Antrags, sondern dient der Glaubhaftmachung (OLG Frankfurt FamRZ 2011, 126; sa § 119 Rn 4). Genügen dem Gericht die Erklärung zu den persönl und wirtschaftl Verhältnissen und einzelne Belege oder sind die Angaben aus anderem Grund glaubhaft, kann daher auch ohne vollständige Vorlage von Belegen entschieden werden (OLG Frankfurt FamRZ 2011, 126; OLG Düsseldorf DAVorm 87, 279; OLG Karlsruhe FamRZ 86, 372). 25

4) Unzureichende Erklärung und Belege. Bei unzureichenden Erklärungen (s Rn 19) oder fehlenden ausreichenden Belegen darf der PKH-Antrag idR nicht sofort zurückgewiesen werden (zum Einfluss auf die Wiedereinsetzung in Rechtsmittelfristen s § 233 Rn 23.29). Lassen sich Lücken bei der Ausfüllung des Formulars zB durch die Begründung des PKH-Antrags, beigefügte Unterlagen oder Angaben in früheren PKH-Anträgen schließen, gilt die Erklärung als ausreichend (BVerfG FamRZ 2020, 846; BGH FamRZ 2009, 318; OLG Brandenburg FamRZ 2018, 698). Das Gericht ist aber **nicht verpflichtet**, einen Wust beigefügter **Unterlagen zu durchforsten** und auszuwerten (KG Rpfleger 2024, 221; OLG Koblenz FamRZ 2022, 33). Auch braucht es sich die Unterlagen nicht selbst zu beschaffen, zB durch Beiziehung von Verfahrensakten von anderen Gerichten (sa Rn 22). 26

Bei einer **unzureichenden Erklärung** obliegt es dem Gericht grds, auf Mängel **hinzuweisen** (§ 139) oder Fragen zu stellen (§ 118 II 4) und so Gelegenheit zur Abhilfe zu verschaffen (OLG Frankfurt JurBüro 2019, 593; OLG München MDR 98, 559; aA BFH/NV 2018, 203; stRspr des BFH; OVG Hamburg FamRZ 2020, 1023 für „prozesserfahrenen" ASt). Das gilt insb, wenn der rechtsunkundige ASt das **Formular nicht verwendet** (BGH NJW 2019, 3727 = MDR 2019, 1399, auch für Berufungsverf; OLG Rostock FamRZ 2003, 1396; OLG Saarbrücken FamRZ 2012, 806; anders bei Vertretung durch RA: BAG ZfSch 2017, 645; OLG Frankfurt FamRZ 2021, 1985, oder bei Kenntnis aufgrund wiederholter Antragstellung: BGH 29.7.2021 – IX ZB 30/21). Eine Übermittlung des Formularvordrucks ist auch an einen im Ausland ansässigen ASt nicht zwingend (OVG Lüneburg AGS 2022, 180 [Hansens]). Die Hinweispflicht besteht auch, wenn Anhaltspunkte dafür bestehen, dass der ASt einen ihm zustehenden Freibetrag übersehen hat (OLG Oldenburg MDR 2022, 1438: auch bei anwaltl Vertretung). Das Gericht kann dem ASt eine **Frist** setzen (§ 118 II 4). Erst wenn die Partei die Frist ohne die geforder- 27 ten Angaben verstreichen lässt, darf das Gericht bei einer unzureichenden Erklärung die PKH ablehnen (BGH NJW 2019, 3727 = MDR 2019, 1399). Geschieht dies, kann die Partei erneut PKH beantragen (s Rn 5) oder sof Beschwerde einlegen (§ 127 II 2) und die fehlenden Angaben im Beschwerdeverf nachholen (§ 571 II; BAG NJW 2021, 411; OLG Hamburg MDR 2015, 356). **Entbehrl** ist der Hinweis auf Mängel der Erklärung, wenn auch bei ihrer Nachholung oder -besserung ein zulässiges Rechtsmittel nicht mehr eingelegt werden kann (BGH NJW 2017, 735; s § 119 Rn 13). Wenn die Partei den Antrag ohne anwaltl Hilfe stellt, ist sie vor einer Ablehnung ihres Begehrens evtl persönl anzuhören oder es ist ihre Anhörung nach § 20 I Nr 4a RPflG zu veranlassen (s § 118 Rn 30).

28 Sind die notwendigen **Belege nicht beigefügt** oder genügen die beigefügten Belege dem Gericht nicht, muss es die Partei zur Ergänzung oder Vorlage der gewünschten Unterlagen auffordern (OLG Frankfurt JurBüro 2019, 593; OLGR Bamberg 2001, 244), auch bei anwaltl Vertretung (Schneider MDR 86, 113). Es empfiehlt sich eine Fristsetzung nach § 118 II 4. Die Fristsetzung ist entbehrl, wenn die Partei den Beleg nachzureichen verspricht, dies aber nicht tut (OLGR Bamberg 2001, 244). Bei fehlenden Belegen zu einzelnen Ausgabenpositionen ist PKH unter Nichtberücksichtigung der geltend gemachten Abzüge zu bewilligen (OLG Celle FamRZ 2024, 456; OLG Brandenburg NJW-RR 2020, 1016).

29 **5) Bekanntgabe an Gegner (§ 117 II 2-4).** Die Erklärung und die Belege werden dem Ag nicht gemeinsam mit dem PKH-Antrag bekannt gegeben, sondern unterliegen als höchstpersönl Daten bes Schutz. Der Schutz gilt auch für jur Personen und Parteien kraft Amtes (BGH JurBüro 2021, 374). Damit der Ag auch nicht durch Akteneinsicht Zugang zu ihnen erhält, ist ein gesondertes PKH-Heft zu führen (Nr 2.1 DB-PKH), auf das sich das Einsichtsrecht nicht erstreckt (OLG Bremen FamRZ 2012, 649). Der ASt ist daher gehalten, für die Erfolgsaussichten der Rechtsverfolgung (bzw -verteidigung) einerseits und – soweit über das Formular hinaus Erklärungen erforderl sind – für die persönl und wirtschaftl Verhältnisse andererseits getrennte Schriftsätze zu fertigen. Geschieht dies nicht, ergibt sich hieraus nicht die Zustimmung, dass dem Gegner die Erklärungen über die persönl und wirtschaftl Verhältnisse mitgeteilt werden dürfen. Die Partei ist zu fragen, ob sie neue getrennte Schriftsätze einreichen will oder mit der Übersendung ihrer Ausführungen über ihre persönl und wirtschaftl Verhältnisse an den Gegner einverstanden ist.

30 Ausnahmsw dürfen (nicht: müssen) dem Ag die Erklärung und die Belege zugängl gemacht werden, wenn der ASt **zustimmt** oder ein **Auskunftsanspruch nach bürgerl Recht** über Einkommen oder Vermögen besteht. § 117 II 2 Hs 2 dient der Verfahrensvereinfachung und der Richtigkeitsgewähr, denn die Vorschrift ermöglicht, den Ag in das Verfahren der Prüfung der persönl und wirtschaftl Verhältnisse einzubeziehen (BGH MDR 2015, 973 = NJW 2015, 1827). Ein Auskunftsanspruch kann sich zB aus § 1361 IV 4, § 1580, § 1605 I 1 BGB ergeben (OLG Frankfurt FamRZ 2018, 608); allg Auskunftsansprüche aus §§ 260, 666 BGB oder der Anspruch nach § 836 III reichen **nicht** (OLG Brandenburg FamRZ 2011, 125; MskV/Fischer Rn 17). Das Verf selbst muss keinen Bezug zum Auskunftsanspruch haben, dieser muss auch nicht fällig sein (OLG Karlsruhe MDR 2014, 1469; OLG Koblenz FamRZ 2011, 389). Über die Bekanntgabe entscheidet im laufenden PKH-Verf der **Spruchkörper/ER durch Beschl**; seine Entscheidungsbefugnis ist Annex der Zuständigkeit für das PKH-Verf (BGH JurBüro 2021, 374; BayObLG FamRZ 2024, 1306; Fischer MDR 2015, 1112; aA BayObLG FamRB 2020, 325; OLG Schleswig FamRZ 2016, 2022; OLG Frankfurt FamRZ 2016, 843; 35. Aufl: Akt der Justizverwaltung, da der Ag nicht Beteiligter am PKH-Verf ist). Nach Abschluss des PKH-Verf gilt § 299 II, so dass die Gerichtsverwaltung entscheidet (BGH MDR 2015, 973 = NJW 2015, 1827; s § 299 Rn 10). Vor der Entscheidung über die Übermittlung ist der ASt zu hören (§ 117 II 3). Über eine erfolgte Übermittlung ist der ASt zu unterrichten (§ 117 II 4).

31 Dem ASt steht gegen die Bewilligung der Übermittlung die **sof Beschwerde** zu (BayObLG FamRZ 2024, 1306; OLG Naumburg FuR 2014, 432; OLG Karlsruhe MDR 2014, 1469; aA BayObLG FamRB 2020, 325; OLG Schleswig FamRZ 2016, 2022: gerichtl Entscheidung gem § 23 EGGVG). Da der Ag keinen subj Anspruch hat, steht ihm kein Rechtsmittel gegen die Versagung der Übermittlung zu (OLG Nürnberg FamRZ 2015, 684). Ist die Bekanntgabe an Ag rechtsfehlerhaft (zB irrtüml mit Akteneinsicht in die Hauptakte) erfolgt, löst dies eine **Meldepflicht** der Justizverwaltung ggü dem ASt gem Art 33 DSGVO aus.

§ 118 Bewilligungsverfahren

(1) [1]Dem Gegner ist Gelegenheit zur Stellungnahme zu geben, ob er die Voraussetzungen für die Bewilligung von Prozesskostenhilfe für gegeben hält, soweit dies aus besonderen Gründen nicht unzweckmäßig erscheint. [2]Die Stellungnahme kann vor der Geschäftsstelle zu Protokoll erklärt werden. [3]Das Gericht kann die Parteien zur mündlichen Erörterung laden, wenn eine Einigung zu erwarten ist; ein Vergleich ist zu gerichtlichem Protokoll zu nehmen. [4]Dem Gegner entstandene Kosten werden nicht erstattet. [5]Die durch die Vernehmung von Zeugen und Sachverständigen nach Absatz 2 Satz 3 entstandenen Auslagen sind als Gerichtskosten von der Partei zu tragen, der die Kosten des Rechtsstreits auferlegt sind. [6]§ 128a gilt für den Erörterungstermin nach Satz 3 entsprechend.

(2) [1]Das Gericht kann verlangen, dass der Antragsteller seine tatsächlichen Angaben glaubhaft macht, es kann insbesondere auch die Abgabe einer Versicherung an Eides statt fordern. [2]Es kann Erhebungen anstellen, insbesondere die Vorlegung von Urkunden anordnen und Auskünfte einholen. [3]Zeugen und Sachverständige werden nicht vernommen, es sei denn, dass auf andere Weise nicht geklärt werden kann, ob die Rechtsverfolgung oder Rechtsverteidigung hinreichende Aussicht auf Erfolg bietet und nicht mutwillig erscheint; eine Beeidigung findet nicht statt. [4]Hat der Antragsteller innerhalb einer von dem Gericht gesetzten Frist Angaben über seine persönlichen und wirtschaftlichen Verhältnisse nicht glaubhaft gemacht oder bestimmte Fragen nicht oder ungenügend beantwortet, so lehnt das Gericht die Bewilligung von Prozesskostenhilfe insoweit ab.

(3) Die in Absatz 1, 2 bezeichneten Maßnahmen werden von dem Vorsitzenden oder einem von ihm beauftragten Mitglied des Gerichts durchgeführt.

I 6 angefügt durch G zur Förderung des Einsatzes von Videokonferenztechnik in der Zivilgerichtsbarkeit und den Fachgerichtsbarkeiten v 15.7.2024 (BGBl 2024 I Nr 237) mWv 19.7.2024.

I) Allgemeines. 1) Bedeutung. § 118 regelt, ergänzt durch § 127 I, das **PKH-Verf.** Es ist auf eine beschleunigte Entscheidung gerichtet, indem es eine mündl Verh und Beweisaufnahmen nicht vorsieht. Der Prozessökonomie dient die mündl Erörterung zum Zweck des Vergleichsschlusses. Nicht ausdrückl geregelt, aber dem in § 118 zum Ausdruck kommenden **Beschleunigungsgebot** immanent ist, dass das Gericht das PKH-Verf zügig durchführt und bei Entscheidungsreife unverzügl durch Beschluss entscheidet (s iE § 127 Rn 8 ff). 1

2) Beteiligte. In dem der staatl Daseinsfürsorge zuzurechnenden PKH-Verf stehen sich der **ASt** und das **Gericht** als Bewilligungsstelle ggü; nur sie sind Beteiligte des Verf (BGH NJW 84, 740). Es handelt sich nicht um ein kontradiktorisches Verf mit dem Ag. Der **Gegner** ist daher **nicht** Beteiligter (allgM; OLG Bamberg FamRZ 2020, 940; OLG Bremen FamRZ 2014, 1723; OLG Zweibrücken FamRZ 2008, 160). Dies zeigen auch § 117 II 2, § 127 I 3, nach denen ihm grds kein Einblick in die persönl und wirtschaftl Verhältnisse der Partei gewährt wird. Die Regelung, dass der Gegner Gelegenheit zur Stellungnahme erhält (§ 118 I 1), verschafft ihm nicht die Stellung eines Beteiligten, sondern soll nur die Gerichte vor überflüssiger Arbeit und die Staatskasse davor schützen, dass sie die Kosten für nutzlose Streitigkeiten tragen muss. Der Gegner erhält für das PKH-Verf auch keine PKH (s vor § 114 Rn 9). **Nicht** beteiligt am PKH-Verf sind auch der **beizuordnende Anwalt** und die **Staatskasse.** Ihnen wird auch kein rechtl Gehör gewährt. Hinsichtl der Staatskasse verdeutlicht dies § 127 III 6. Sie kann sich nur dadurch beteiligen, dass sie die beschränkte Befugnis zur Beschwerde gem § 127 III ausübt (s § 127 Rn 45 ff). 2

3) Verfahrensgegenstand und -grundsätze. Das PKH-Prüfungsverf ist beschränkt auf das Vorliegen der Voraussetzungen der §§ 114-116. Für das gesamte Verf, einschließl des Vergleichsschlusses, besteht auch in höheren Instanzen **kein Anwaltszwang** (BGH NJW 84, 2106; sa § 117 Rn 4). Insb bei anwaltl nicht vertretenen Parteien ist die **Hinweispflicht** (§ 139) zu beachten. Vor einer Zurückweisung aus prozessualen Gründen, zB wegen fehlender Zuständigkeit, ist der ASt auf die Zulässigkeitsmängel hinzuweisen (OLG Karlsruhe FamRZ 2003, 621; sa § 127 Rn 5). Hinweispflichten bestehen auch hinsichtl der Darlegung der persönl und wirtschaftl Verhältnisse (s § 117 Rn 27) und der tatsächlichen Angaben, mit denen die Erfolgsaussichten begründet werden (s § 117 Rn 10). 3

4) Aussetzung und Unterbrechung. Das Beschleunigungsgebot (s Rn 1) steht einer Aussetzung oder Unterbrechung des Verf grds entgegen. Es ist nicht zulässig, das PKH-Bewilligungsverf wegen eines **anderweitig schwebenden Rechtsstreits** nach §§ 148, 149 auszusetzen (OLG Dresden MDR 2015, 356; OLG Schleswig MDR 2013, 55). Die Vorschriften über die **Unterbrechung** (§§ 239 ff) finden ebenfalls keine Anwendung (s vor § 239 Rn 4). Der Tod des Anwalts der PKH begehrenden Partei beeinflusst den Verfahrensablauf nicht (BGH NJW 66, 1126). Der Tod der Partei unterbricht das Bewilligungsverf nicht gem § 239, sondern beendet es ohne weiteres (s Rn 6). Trotz § 240 wird das PKH-Verf nicht unterbrochen, wenn über das Vermögen einer Partei das **Ins-Verf eröffnet** wird (BGH NJW-RR 2006, 1208; OLG Rostock MDR 2015, 297; aA OLG Hamm MDR 2006, 1309). Für die insolvenzbehaftete Partei kann aber wegen §§ 80, 117 InsO bis auf weiteres keine PKH bewilligt werden (OLG Koblenz NZI 2010, 686); der InsVerwalter muss einen eigenen PKH-Antrag stellen. Das **Ruhen des Verf** kann nicht nach § 251a angeordnet werden, weil im PKH-Verf kein Termin zur mündl Verh stattfindet (OLG Karlsruhe MDR 95, 635). Gegen die Aussetzung oder Unterbrechung ist die sof Beschwerde (§ 252) statthaft (OLG Hamm FamRZ 85, 827), ebenso bei Anordnung des Ruhens (OLG Karlsruhe MDR 95, 635). 4

5) Beendigung. a) Rücknahme des PKH-Antrags ist ohne Zustimmung des Gegners mögl (MK/Wache § 117 Rn 6). § 269 III gilt nicht, so dass dem Gegner auch in diesem Fall keine Kosten zu erstatten sind (s Rn 18). Eine (auch einseitige) **Erledigungserklärung** des ASt ist als Antragsrücknahme auszulegen, da eine Kostenentscheidung nach § 91a ausgeschlossen ist (OLG Koblenz NJW-RR 2010, 500; sa § 91a Rn 58.34). 5

b) Tod. Mit dem Tod des ASt endet das PKH-Verf ohne weiteres; ihm kann nicht posthum PKH bewilligt werden (OLG Dresden FF 2022, 509; OLG Düsseldorf MDR 2016, 848; OLG Koblenz FamRZ 2016, 2025), auch wenn das Gericht die Entscheidung unzulässig verschleppt hat (OLG Oldenburg FamRZ 2010, 1587; OLG 6

Frankfurt FamRZ 2011, 385; aA Landzettel FamRZ 2011, 345), denn das Recht auf PKH ist personengebunden und nicht vererbl. Die Beendigung sollte durch (deklaratorischen) Beschl ausgesprochen werden (OLG Frankfurt FamRZ 2007, 1995); das gilt auch bei Tod während des PKH-Beschwerdeverf (s § 127 Rn 38). Eine vom Verfahrensbevollmächtigten eingelegte sof Beschwerde gegen die Versagung ist unzulässig (Düsseldorf MDR 2016, 848; aA OLG Dresden FF 2022, 509: unbegründet). Der **Erbe** kann das PKH-Verf nicht fortführen. Er muss, sofern auch er bedürftig sein sollte, einen eigenen Antrag stellen (OLG Düsseldorf MDR 2016, 848; sa § 114 Rn 11). Zum Tod nach Bewilligung von PKH s § 119 Rn 8.

7 **II) Anhörung des Gegners (§ 118 I 1 und 2).** Der Gegner des (angebl) Hilfsbedürftigen erhält grds Gelegenheit zur Stellungnahme (§ 118 I 1). Er ist zwar nicht Beteiligter des PKH-Verf (s Rn 2). Die Anhörung ist aber aufgrund des Anspruchs auf rechtl Gehör geboten, der aus seiner parteiähnl Stellung im Verf folgt (BayVerfGH JZ 62, 673); ohne sie darf idR nicht über den PKH-Antrag entschieden werden (OLG Nürnberg NJW 2011, 319). Ein Prozessrechtsverhältnis zwischen dem Gegner und dem Hilfsbedürftigen wird durch die Anhörung nicht begründet (OLG Dresden FamRZ 2011, 1242).

8 **1) Gegner.** Gegner ist der künftige Gegner der Hauptsache, die betrieben werden soll, wenn PKH bewilligt wird. Die **Staatskasse**, die die gerichtl Auslagen und die Kosten des beigeordneten RA zu zahlen hat, ist nicht Gegner. Sie hat aber ein Recht auf Akteneinsicht (OLG Karlsruhe JurBüro 88, 1226).

9 **2) Pflicht zur Anhörung (§ 118 I 1).** Die Anhörung des Gegners steht nicht im Ermessen des Gerichts. Sie ist nur **entbehrl**, wenn sie „aus bes Gründen unzweckmäßig erscheint". In folgenden Fällen braucht der Gegner nicht angehört zu werden:

– PKH ist dem ASt bereits nach seinem eigenen Vorbringen **zu verweigern.** Hiervon wird der Gegner nicht betroffen. Art 103 I GG verlangt nicht, ihn zu hören. Allerdings ist auch in diesem Fall einem ausdrückl Verlangen des ASt, die Anhörung des Gegners zum Zwecke der Verjährungshemmung durchzuführen, nachzukommen (s § 117 Rn 15).
– Nach § 119 I 2 ist die PKH dem **Gegner des Rechtsmittelklägers** zu bewilligen, ohne dass es auf die Stellungnahme des Rechtsmittelklägers ankommt (BFH Rpfleger 93, 251; BFH/NV 2001, 1427).
– Mit dem PKH-Antrag werden zugleich **Eilanträge** gestellt, deren Erfolg von einer **Überraschungswirkung** abhängt, die durch vorherige Anhörung des Sch vereitelt würde (BVerfGE 7, 95, 99; BVerfGE 19, 49, 51): Arrest (§ 922 I 1); einstw Verfügung (§ 937 II); einstw Anordnung; Forderungspfändung (§ 834; s Bobenhausen Rpfleger 84, 396); Nachtzeit-Vollstreckung und Wohnungsdurchsuchung (§§ 758, 758a IV; s Schneider NJW 80, 2377; aA Behr/Hantke Rpfleger 81, 269).
– Die vorherige Anhörung kann weiter unzweckmäßig sein, wenn eine **einstw Anordnung auf Unterhalt** begehrt wird und beim ASt eine **Notlage** besteht.
– Die vorherige Anhörung ist unzweckmäßig, wo sie eine reine Formalie wäre, zB bei **unbekanntem Aufenthalt** des Ag, der die öffentl Zustellung der Klage notwendig macht (§ 185; OLG Stuttgart DAVorm 95, 751). Dass in der Hauptsache eine aufwendige Zustellung im Ausland erforderl ist, macht die Anhörung hingegen idR nicht unzweckmäßig, weil diese formlos erfolgen kann (Fischer MDR 2004, 667).

10 **3) Durchführung der Anhörung. a) Gegenstand der Anhörung** sind nach § 118 I 1 sämtl Voraussetzungen für die Bewilligung von PKH (BTDrs 17/11472, 31). Allerdings ist dem Ag häufig nur eine eingeschränkte Stellungnahme zu den persönl und wirtschaftl Verh des ASt mögl, da er grds keinen Einblick in die Erklärung des ASt dazu erhält (s § 117 Rn 29).

11 **b) Übersendung** des PKH-Antrags an Gegner erfolgt **formlos** mit der Post auch ins Ausland, da keine Zustellung erforderl und daher § 183 nicht anzuwenden ist, es sei denn, Klage wurde gleich mit erhoben (s § 117 Rn 11). Um den Fortgang des Verf in angemessener Zeit zu ermöglichen, ist eine **Frist** zur Stellungnahme zu setzen. Eine Zustellung der Fristsetzung ist nicht erforderl (MskV/Fischer Rn 2); § 329 II 2 gilt nicht, da es sich nicht um eine Präklusionsfrist handelt (sa § 329 Rn 55). Die Länge der Frist richtet sich nach der Eilbedürftigkeit und Schwierigkeit der Sache und nach den persönl Verhältnissen des Gegners. Außer in Eilfällen ist es nicht angemessen, die Frist auf weniger als 2 Wochen zu bemessen (MK/Wache Rn 14). Der Ag sollte darauf hingewiesen werden, dass er sich auch zu Protokoll der GeschSt äußern kann (§ 118 I 2).

12 **c) Stellungnahme des Gegners (§ 118 I 2)** kann schriftl oder zu Protokoll der GeschSt des mit dem PKH-Antrag befassten Gerichts oder jedes AG erfolgen (§ 129a; **Formulierungsvorschläge:** Vorwerk/Fischer, PFB, M 10.12 und M 10.13). Eine mündl Stellungnahme ist nur mögl, wenn ein Erörterungstermin bestimmt worden ist (I 3). Da der Ag nicht Beteiligter des PKH-Verf ist (s Rn 2), dürfen ihm **keine Nachteile** dadurch entstehen, dass er keine Stellungnahme abgibt (OLG Karlsruhe FamRZ 2002, 1132). Beantragt er selbst später PKH, kann daher nicht davon ausgegangen werden, dass seine Rechtsverteidigung mutwillig ist (s § 114 Rn 50) oder gar die Angaben des ASt zugestanden sind. Auch kann er in der Klageerwiderung noch ein Anerkenntnis mit der Folge des § 93 abgeben (OLG Bremen NJW 2009, 2318).

13 **III) Erörterungstermin (§ 118 I 3, 6). 1) Zulässigkeit.** Eine Erörterung vor Bewilligung der PKH ist nur zulässig, wenn eine Einigung zu erwarten ist, nicht jedoch zum Zweck der Sachverhaltsaufklärung (OLG Karlsruhe

FamRZ 92, 1198; OLG Hamm MDR 83, 674). Das folgt aus § 127 I 1, wonach im PKH-Verf ohne mündl Verh zu entscheiden ist; einer Erörterung, um die Erfolgsaussicht zu prüfen, steht zudem das Beschleunigungsgebot (s Rn 1) entgegen. Auch wenn dagegen verstoßen wird, kann gegen die Anberaumung des Termins aber keine Beschwerde eingelegt werden (OLG Brandenburg FamRZ 2008, 288; OLG Zweibrücken FamRZ 2004, 35). Anders ist es, wenn das Gericht vertagt oder wiederholt zu Erörterungsterminen lädt; die damit einhergehende Verzögerung der PKH-Entscheidung kann die Untätigkeitsbeschwerde begründen (MK/Wache Rn 16; s § 127 Rn 65).

2) Verfahren. Der – nicht öffentl (OLG Karlsruhe MDR 2013, 741) – Erörterungstermin kann auch im Wege 14 der **Videoübertragung** stattfinden (**I 6**). Für Anordnung und Gestattung der Zuschaltung gilt § 128a entspr; antragsberechtigt nach § 128a I 3, III ist neben dem ASt auch der Ag, auch wenn er formell nicht Beteiligter des PKH-Verf ist (Rn 2). Das persönl Erscheinen der Parteien (§ 141) darf nicht angeordnet werden (LG Hechingen Justiz 92, 158). Es kann auch **nicht erzwungen** werden, insb darf kein Ordnungsgeld wegen unentschuldigten Fernbleibens verhängt werden (OLG Hamm JMBlNRW 59, 181). Erscheint keine Partei, darf das Ruhen der Verf nicht angeordnet werden (s Rn 4). Es besteht **kein Anwaltszwang**, auch nicht für einen Vergleichsabschluss im PKH-Verf. Der Ag erhält im PKH-Verf grds keine PKH (s vor § 114 Rn 9); ihm kann daher für den Erörterungstermin auch kein RA beigeordnet werden (sa Rn 15). Erklärt eine Partei, dass sie sich ohne Beratung durch einen RA nicht vergleichen will, so ist der Versuch zur gütl Beilegung gescheitert. Wird im Erörterungstermin PKH bewilligt, dann ist das PKH-Verf abgeschlossen; ein danach im selben Termin geschlossener Vergleich gehört zum Hauptsacheverf, so dass dann § 78 gilt (OLG Köln AnwBl 82, 113).

3) Vergleichsschluss. Der Vergleichsschluss ist im Erörterungstermin, aber auch dadurch mögl, dass die Par- 15 teien einen schriftl Vergleichsvorschlag des Gerichts durch Schriftsatz an das Gericht annehmen (entspr § 278 VI; LG Lüneburg FamRZ 2003, 1935; Nachmann/Fridgen ZInsO 2007, 1318). Eine Verweisung an den Güterichter (§ 278 V) ist im PKH-Verf hingegen nicht mögl (Greger/Weber MDR 2019, S1 Rn 366). Beim Abschluss eines Vergleichs im PKH-Verf kann von dem Grundsatz abgewichen werden, dass für das Bewilligungsverf selbst keine PKH gewährt wird (s vor § 114 Rn 10).

Einen Vergleich kann auch der nach § 20 I Nr 4a, II RPflG beauftragte Rpfleger **protokollieren** (s Rn 30; § 160 16 Rn 5), der dann aber nur beurkundet und nicht auch PKH bewilligen darf (OLG Köln Rpfleger 86, 493). Wird im Vergleich keine **Kostenregelung** getroffen, steht § 98 einer Erstattung außergerichtl Kosten entgegen. Jedoch können durch Kostenvereinbarungen Erstattungsansprüche begründet werden. Ein protokollierter Vergleich nach § 118 I 3 ist **Vollstreckungstitel nach § 794 I Nr 1**. Soweit es sich nicht um einen Teilvergleich handelt, beendet ein Vergleich das Bewilligungsverf und bewirkt, dass es nicht mehr zum Hauptverf kommen kann. Dann scheidet auch die nachträgl PKH-Bewilligung für dieses Verf aus (OLG Stuttgart AnwBl 86, 414; aA OLG Bamberg JurBüro 83, 454, 455).

IV) Kosten des Bewilligungsverfahrens (§ 118 I 4 und 5). 1) Gerichtskosten (§ 118 I 5). Gerichtsgebühren 17 fallen für das Bewilligungsverf, auch wenn PKH für ein Rechtsmittel begehrt wird, nicht an. Zum Beschwerdeverf s § 127 Rn 53. **Auslagen** des Gerichts für die Vernehmung von Zeugen oder SV sind Gerichtskosten nach 9005 GKG-KV und von demj zu tragen, dem die Kosten des Rechtsstreits auferlegt werden. Kommt es nicht zu einem Rechtsstreit, haftet nach § 22 I GKG der ASt (OLG Bamberg JurBüro 88, 71).

2) Außergerichtliche Kosten. Sie (s § 127 Rn 53) werden nicht erstattet (**§ 118 I 4**). Das gilt auch bei Rück- 18 nahme des PKH-Antrags (OLG Karlsruhe FamRZ 2016, 1480). § 269 III ist nicht anzuwenden, wenn nur ein PKH-Antrag anhängig war, auch nicht § 269 III 3 zu Gunsten des ASt (OLG Koblenz NJW-RR 2010, 500; OLG Braunschweig FamRZ 2005, 1263). Das gilt auch, wenn zugleich eine ledigl beabsichtigte Klage zurückgenommen wird (OLG Stuttgart FamRZ 2010, 316). Anders ist es aber, wenn mit der PKH zugleich die Klage anhängig gemacht worden ist; für deren Rücknahme gilt § 269 III 3 (s § 269 Rn 18c). Es kann auch ein mat-rechtl Kostenerstattungsanspruch bestehen (s vor § 91 Rn 11; OLG Schleswig SchlHA 78, 170; AG Bergisch Gladbach JurBüro 2002, 149).

3) Nachfolgender Prozess. § 118 I 4, wonach dem Gegner entstandene Kosten nicht erstattet werden, gilt als 19 lex specialis auch im Hauptprozess, der nach der Bewilligung der PKH geführt wird (OLG Düsseldorf MDR 89, 941). Ergeht in diesem Prozess eine Kostenentscheidung zugunsten des Gegners, kann dieser Kosten, die ihm im PKH-Verf entstanden sind, nicht gegen die mit PKH prozessierende Partei festsetzen lassen. Anders ist es, wenn die Partei, der PKH bewilligt worden war, im Hauptprozess obsiegt. I 4 erfasst diesen Fall nicht, so dass ihr entstandene Kosten, soweit sie nicht nach § 15 II, § 16 Nr 2 RVG entfallen sind (s § 127 Rn 53), nach § 91 festgesetzt werden können (OLG Karlsruhe MDR 79, 147; MK/Wache Rn 32).

V) Tatsachenfeststellung (§ 118 II). 1) Mitwirkungspflicht der Partei. Der ASt muss bei der Aufklärung mit- 20 wirken. Die in II ausgeformte Mitwirkungspflicht erstreckt sich auf **alle tatsächl Voraussetzungen** für die Bewilligung von PKH, mithin Erfolgsaussichten, fehlender Mutwille sowie persönl und wirtschaftl Verhältnisse. Für letztere ist die Erklärungspflicht und Pflicht zur Vorlage von Belegen in § 117 II ausdrückl geregelt (s § 117 Rn 19 ff). II 4 verstärkt die Mitwirkungspflicht durch die drohende Ablehnungsentscheidung als Sanktion. Mit Rücksicht hierauf wird das Gericht im Regelfall bei Verstoß gegen die Mitwirkungspflicht von **eigenen Ermittlungen** nach II 2, 3 absehen. Anders ist aber zu verfahren, wenn die Partei ersichtl unbeholfen, schreibungewandt oder der dt Sprache nicht hinreichend mächtig ist. Sonst ist es Aufgabe der Partei und nicht des Gerichts, die tatsächl Voraussetzungen glaubhaft zu machen und konkrete Fragen innerhalb der vom Gericht gesetzten Frist zu beantworten. Eine unzureichende Erklärung über die persönl und wirtschaftl Verhältnisse führt zur Versagung von PKH; nicht belegte Ausgabeposten bleiben unberücksichtigt (s § 117 Rn 26 ff). Unvollständige und widersprüchl Angaben über den Sachverhalt gehen zu Lasten des ASt. Ein Verstoß gegen die Mitwirkungspflicht bei der Sachaufklärung kann auch Zweifel an der Wahrheit des Parteivorbringens erwecken und sich ungünstig auf die Beurteilung der Erfolgsaussicht auswirken (OLG Köln DAVorm 80, 850). Davon abgesehen entscheidet das Gericht nach pflichtgemäßem Ermessen, wie weit es bei der Prüfung gehen will. Überspannte Anforderungen an die Darlegung und Glaubhaftmachung können allerdings das Grundrecht auf effektiven Rechtsschutz verletzen (BVerfG NVwZ 2004, 334).

21 **2) Glaubhaftmachung (§ 118 II 1). a) Aufforderung.** Im PKH-Verf muss die hilfsbedürftige Partei ihr Vorbringen erst glaubhaft machen, wenn das Gericht sie hierzu auffordert (OLG Hamm FamRZ 96, 417). Deshalb darf die PKH nicht sofort nach Eingang des Antrags mit der Begr versagt werden, die Angaben des ASt seien nicht glaubhaft (OLG Köln MDR 96, 310; sa § 117 Rn 26). Das Gericht kann von der Partei die Glaubhaftmachung der Tatsachen verlangen, für die sie die Beweislast trifft, ferner der Tatsachen, aus denen sie ihre Hilfsbedürftigkeit herleitet (OLG Schleswig SchlHA 82, 71). Wie weit Glaubhaftmachung verlangt wird, steht im **Ermessen des Gerichts** (OLG Jena FamRZ 2010, 1692), wobei allerdings das Übermaßverbot eine für die Glaubhaftmachung nicht erforderl Ausforschung verbietet (OLG Brandenburg 11.4.2024 – 9 WF 69/24). Bei konkreten Zweifeln an der Richtigkeit des Vortrages sollte Glaubhaftmachung verlangt werden (OLG Hamm FamRZ 96, 417). Zu den persönl und wirtschaftl Verhältnissen ist eine über § 117 II hinausgehende Glaubhaftmachung hingegen nicht nötig, wenn das Vorbringen der Partei schlüssig ist und nach der Lebenserfahrung naheliegt (OLG Brandenburg FamRZ 2008, 703).

22 **b) Art und Weise.** Die Partei kann aufgefordert werden, bestimmte Angaben schlechthin glaubhaft zu machen; dann stehen ihr alle Beweismittel zur Verfügung (§ 294). Ihr kann aber auch aufgegeben werden, auf welche Weise sie etwas glaubhaft machen soll. Die **eidesstattl Versicherung** einer Person, die später als Zeuge in Betracht kommen kann, sollte nicht angefordert werden, weil die damit verbundene Festlegung des Versichernden die spätere Zeugenaussage fixieren kann. Eine Versicherung an Eides statt über die wirtschaftl Verhältnisse sollte nur angefordert werden, soweit keine Belege beigebracht werden können (OLG Köln FamRZ 92, 701), zB nicht für das Arbeitseinkommen, wohl aber für die Höhe freiwilliger Barzuwendungen Dritter (BGH 10.10.2024 – V ZB 55/23) oder für die Negativerklärung, kein Barvermögen, Sparbuch usw zu besitzen. Sie ist als Mittel zur Glaubhaftmachung ungeeignet, wenn die Partei in der Vergangenheit in erhebl Weise wegen Delikten straffällig geworden ist, die mangelnde Aufrichtigkeit und Wahrheitsliebe zum Gegenstand haben (KG 8.4.2010 – 2 W 40/10). Zulässig ist die Verpflichtung der Vorlage von **Kontoauszügen** für die Bedürftigkeitsprüfung (OLG Celle FamRZ 2010, 1751). Ein **Verkehrswertgutachten** kann zur Glaubhaftmachung nicht verlangt werden, denn dem ASt kann nicht zugemutet werden, die Kosten dafür aufzubringen (OLG Frankfurt FamRZ 2010, 1750).

23 **3) Erhebung tatsächlicher Umstände (§ 118 II 2, 3).** Die nicht von Seiten der Parteien, sondern durch das Gericht nach II 2, 3 betriebene Aufklärung durch eigene Erhebungen geschieht nur als **letztes Mittel**, wenn ohne sie nicht über das PKH-Begehren entschieden werden kann (arg § 118 II 4; OLG Köln FamRZ 97, 1104; OLG Köln FamRZ 98, 631; sa Rn 20). Erlaubt sind nur Erhebungen zur Glaubhaftmachung, nicht jedoch eine Vorwegnahme des Hauptprozesses und Beweiserhebung über streitige Tatsachen (OLG Köln FamRZ 88, 1077). Das Gericht darf auch nicht die im Zivilprozess geltende Parteimaxime außer Kraft setzen und Tatsachen, die die Parteien nicht vorgetragen haben, vAw ermitteln (OLG Zweibrücken FamRZ 94, 908). Wenn der Kl PKH begehrt, dürfen Erhebungen über tatsächl Vorbringen nur vorgenommen werden, soweit er die **Beweislast** trägt (OLGR Celle 2007, 271). Sind diese Tatsachen unstreitig oder glaubhaft, hat die Klage Aussicht auf Erfolg, und dem Kl ist ohne weiteres PKH zu bewilligen, wenn er bedürftig ist. Es ist fehlerhaft, vor dieser Bewilligung Zeugen über eine Tatsache zu vernehmen, für die der Bekl die Beweislast trägt (OLG Brandenburg FamRZ 2003, 1019; sa § 114 Rn 30 aE). Gegen die Anordnung einer Erhebung von Nachweisen ist die Beschwerde grds nicht statthaft (s § 127 Rn 30.3). Eine unzulässige Erhebung (zB gerichtl SV-Gutachten über Vermögensverhältnisse) hat bei der Entscheidung über die PKH aber außer Betracht zu bleiben; dies ist bei der Entscheidung über die sof Beschwerde gegen ihre Versagung zu berücksichtigen (OLG Bamberg JurBüro 91, 1669).

24 **Mögl Erhebungen** werden in § 118 II 2, 3 nur beispielhaft aufgeführt. Das Gericht kann die **Vorlage von Urk**, namentl von anderen **Prozessakten**, anordnen. Die Verwertung von **Strafakten**, häufig in Haftpflichtprozessen, bedarf keines Antrages und kann vom ASt nicht durch Widerspruch verhindert werden (KG VersR 72, 104; OLG Schleswig MDR 2013, 55; OLG Koblenz MDR 2014, 425). Zulässig ist auch die Verwertung von in anderen Verf eingeholten SV-Gutachten, zB eines ärztl Gutachtens in einem Schlichtungsverf (OLG Oldenburg NdsRpfl 98, 122). Weiter kann das Gericht schriftl oder mündl (telefonische) **Auskünfte** von Behörden oder Privatpersonen einholen. Auskünfte sollten nur eingeholt werden, wenn der ASt sie nicht selbst beibringen kann. Der Gesetzgeber hat es ausdrückl abgelehnt, ein gerichtl Auskunftsrecht ggü Dritten zu regeln (BTDrs 17/13538, 2). Das Gericht wird daher idR die Einwilligung des ASt benötigen, um Auskunft zu erlangen, zB bei Anforderung einer Steuerbescheinigung vom Finanzamt, einer Lohnabrechnung vom ArbG oder einer ärztl

Auskunft. Verweigert der ASt die Einwilligung, darf das Gericht sich nicht darüber hinwegsetzen; tut es dies dennoch, kann dies im Einzelfall die Besorgnis der Befangenheit begründen (OLG Zweibrücken FamRZ 94, 908; vgl aber BFH Rpfleger 2021, 53).

Zeugen und SV dürfen gem § 118 II 3 nur unter der zusätzl Voraussetzung vernommen werden, dass sonst nicht geklärt werden kann, ob die Rechtsverfolgung oder -verteidigung aussichtsreich und nicht mutwillig ist, nicht jedoch um Feststellungen über die persönl und wirtschaftl Verhältnisse des ASt zu treffen. Haben Tatsachen, die für die Einkommens- und Vermögensverhältnisse erhebl sind, gleichzeitig Bedeutung für die Erfolgsaussicht, zB in Unterhaltsstreitigkeiten, dürfen Feststellungen mit Hilfe von Zeugen oder SV auch bei der Prüfung der Bedürftigkeit berücksichtigt werden, denn II 3 stellt nur ein Verbot der Zeugen- und SV-Vernehmung für die isolierte Einkommensprüfung auf. Die Klärung der Erfolgsaussicht durch Zeugeneinvernahme kommt zB in Betracht, wenn zweifelhafte Erfolgsaussichten durch die Einvernahme eines einzigen Zeugen geklärt werden können (OLG Bamberg JurBüro 88, 1715; OLG Bamberg JurBüro 91, 1669). Die Einholung eines schriftl oder mündl SV-Gutachtens ist zB in **Arzthaftungssachen** ausnahmsw mögl, wenn der zeitl und materielle Aufwand für die Beweiserhebung relativ gering, die hinreichende Erfolgsaussicht zweifelhaft und der Streitwert hoch ist (OLGR Schleswig 2009, 72 mwN) oder wenn es sich um allem Anschein nach unplausible, für das Gericht jedoch angesichts der medizinischen Materie nicht sicher beurteilbare Vorwürfe handelt (OLG München 30.7.2013 – 1 W 1157/12). Ein SV kann auch bei zweifelhafter **Prozessfähigkeit** des ASt vernommen werden (OLG Hamm MDR 2014, 1044). Unzulässig ist die Vernehmung von Zeugen und SV, wenn ASt und Ag jeweils plausibel und für sich genommen glaubhaft vortragen, denn die Aufklärung von streitigen Behauptungen ist der Hauptsache vorbehalten (OLG Stuttgart VersR 2008, 1373). Die Vernehmung von Zeugen oder SV darf nur von den nach § 118 III Zuständigen und daher nicht im Wege der Rechtshilfe erfolgen (OLG Braunschweig NdsRpfl 87, 251). Das **rechtl Gehör** gebietet es, dass der ASt und entspr § 118 I 1 auch der Ag Gelegenheit erhalten, bei der Vernehmung anwesend zu sein. Sie müssen also rechtzeitig schriftl vom Termin benachrichtigt werden. Vertreten Anwälte die Beteiligten, dann sind sie zu informieren. Wie der Erörterungstermin ist auch die Vernehmung nicht öffentl (s Rn 14). 25

4) Aufforderung und Fristsetzung (§ 118 II 4). Verstöße gegen Mitwirkungspflichten werden nach II 4 sanktioniert; das gilt nicht nur, wenn der ASt bei der Tatsachenfeststellung gem II 1, 2 nicht mitwirkt, sondern auch, wenn der ASt gegen § 117 II verstößt (s § 117 Rn 27). Wenn allerdings das Gericht der Partei Fragen stellt, auf die es offensichtl für die PKH-Entscheidung nicht ankommt, braucht die Partei nicht zu antworten; PKH darf dann nicht nach II 4 verweigert werden (OLG Nürnberg FamRZ 2008, 159). 26

Das Vorgehen nach II 4 verlangt eine **Aufforderung und Fristsetzung** an den ASt. Die gerichtl Bitte, Unterlagen kurzfristig zu übersenden, genügt dafür nicht (OLG Brandenburg FamRZ 2018, 1101). Aufforderung und Fristsetzung sind als verfahrensleitende Anordnung dem Verfahrensbevollmächtigten des ASt und, wenn er keinen solchen bestellt hat, ihm selbst zuzustellen (§ 329 II 2; OLG Karlsruhe FamRZ 92, 579). Die Fristsetzung ist auch wirksam, wenn sie dem Bevollmächtigten zugestellt, der ASt selbst aber untergetaucht ist (OLG Köln NJW-RR 2000, 288). Die Frist ist keine Ausschlussfrist (OLG Karlsruhe FamRZ 2015, 353; OLG Bamberg JurBüro 92, 623) und erst recht keine Notfrist (OLG Frankfurt 24.1.2008 – 2 W 401/07; LAG Köln JurBüro 91, 1529; Schneider MDR 89, 513, 514; aA OLG Frankfurt NJW 2014, 2367). Nach Fristablauf, aber **vor Entscheidung nachgeholtes Vorbringen** oder nachgereichte Belege müssen deshalb berücksichtigt werden. Anderes ist es aber, wenn zwischenzeitlich die Hauptsache beendet wurde. Eine Ausnahme aus Billigkeitsgründen von dem Grundsatz, dass PKH nicht mehr nach Beendigung der Hauptsache gewährt wird, ist dann nicht mehr gerechtfertigt (s § 127 Rn 12). 27

Kommt der ASt der Aufforderung nicht fristgerecht nach, hat das Gericht sich nicht um weitere Aufklärung zu bemühen, sondern die PKH **zu versagen, soweit** das Vorbringen der Partei nicht glaubhaft gemacht worden ist; iÜ ist sie aber zu bewilligen (OLG Karlsruhe FamRZ 2006, 1852). Lücken gehen damit zu Lasten des ASt; zB, wenn wegen der ungenügenden Mitwirkung des Hilfsbedürftigen zweifelhaft bleibt, ob er ein höheres Einkommen als angegeben hat oder ob behauptete Zahlungsverpflichtungen in der angegebenen Höhe bestehen und getilgt werden. Nicht zu berücksichtigen sind Ausgabenposten, die die Partei nicht belegt hat (s § 117 Rn 28). Gänzl zu versagen ist die PKH, wenn sich nicht ausschließen lässt, dass die Partei die Prozesskosten selbst bezahlen kann. Eine vollständige Aufhebung anstelle einer Beschränkung ist nicht deshalb mögl, weil sich im Bewilligungsverf herausstellt, dass der ASt grob fahrlässig oder **bewusst unrichtige Angaben** über seine persönl und wirtschaftl Verhältnisse gemacht hat. § 124 I Nr 2, der in diesem Fall die vollständige Aufhebung der PKH unabhängig von der Kausalität anordnet (s § 124 Rn 1), ist im Bewilligungsverf nicht analog anzuwenden, weil § 118 II die Versagung wegen unzureichender Mitwirkung abschließend regelt (BGH MDR 2018, 486 Tz 10; BGH MDR 2015, 1148; OLG Frankfurt NJW-RR 2024, 1261; aA noch OLG Bamberg FamRZ 2014, 589; OLG Hamm MDR 2015, 420). II 4 präkludiert nicht die **Nachholung** des (versäumten) Sachvortrags im Abhilfeverf (§ 572, OLG Brandenburg FamRZ 2020, 1862) und **in der Beschwerdeinstanz** (BAG NJW 2021, 411 Tz 9; OLG Celle MDR 2013, 364); neuer lückenhafter Vortrag im Beschwerdeverf löst wiederum die Notwendigkeit einer Fristsetzung nach § 118 II 4 aus (OLG Brandenburg FamRZ 2020, 1862). Die Ablehnung wird auch nicht bestandskräftig. Wiederholt der Hilfsbedürftige seinen Antrag mit genügenden Darlegungen und 28 macht er diese glaubhaft, dann kann nunmehr PKH bewilligt werden, jedoch frühestens ab Einreichung des neuen Antrags (s § 119 Rn 4).

29 **VI) Zuständigkeit (§ 118 III). 1) Gericht.** Die Maßnahmen des § 118 führt der **Vors** oder ein von ihm (formlos) **beauftragtes Mitglied des Gerichts** durch. Ein ersuchter Richter (§ 362) darf nicht tätig werden (sa Rn 25).

30 **2) Übertragung auf den Rechtspfleger.** Der Vors kann auch den Rpfleger mit den **in § 118 II vorgesehenen Maßnahmen** einschließl **Beurkundung von Vergleichen** beauftragen (§ 20 I Nr 4a RPflG). Dies tun die Vors der ZS des BGH, soweit es um die Feststellung der persönl und wirtschaftl Verhältnisse geht. Soweit es um die Erfolgsaussichten geht, ist ein Auftrag an den Rpfleger nicht zu empfehlen. Nicht übertragen werden kann nach § 20 I Nr 4a RPflG die Erörterung nach § 118 I 3 (OLG Köln JurBüro 87, 137). Entscheidungen des Rpflegers über PKH sind unwirksam, sofern dieser nur nach § 118 II beauftragt, also nicht in einem ZwV-Verf gem § 20 I Nr 5 RPflG für die PKH entscheidungsbefugt ist (s § 127 Rn 7; OLG Köln JurBüro 87, 137).

31 Die Länder können darüber hinaus durch **RechtsVO nach § 20 II RPflG** bestimmen, dass die Prüfung der persönl und wirtschaftl Verhältnisse nach den §§ 114 und 115 einschließl der in § 118 II bezeichneten Maßnahmen, der Beurkundung von Vergleichen nach § 118 I 3 und der Entscheidungen nach § 118 II 4 durch den Rpfleger vorzunehmen ist, wenn der Vorsitzende das Verf dem Rpfleger insoweit überträgt. Dann entfällt vice versa die Vorlage durch den Rpfleger an den Richter (§ 5 I Nr 2 RPflG). Von der Verordnungsermächtigung haben Gebrauch gemacht: BaWürtt (§ 3 RichtAufgÜV BW 2017); Hamburg (§ 1 RPflPKHPrÜV HA); NRW für die Arbeitsgerichtsbarkeit (§ 1 ArbGRiAufgÜV NW); Sachsen (§ 5b SächsJOrgVO). Die **Übertragung** durch den Richter ist sinnvoll, wenn eine eingehendere Prüfung der persönl und wirtschaftl Verhältnisse durch den Rpfleger erfolgen und hiervon auch nicht aufgrund offensichtl mangelnder Erfolgsaussichten in der Hauptsache abgesehen werden kann. Ist eine beschleunigte Entscheidung zB gem § 155 FamFG geboten, kann dies einer Übertragung entgegenstehen. Der Rpfleger hat den **PKH-Antrag zurückzuweisen**, wenn er zu dem Ergebnis gelangt, dass eine PKH-Bewilligung wegen fehlender Voraussetzungen oder mangels Nachweises der persönl und wirtschaftl Verhältnisse nicht in Betracht kommt (§ 20 II 2 RPflG). Dagegen findet die sof Beschwerde statt (§ 127 II 2 und 3 iVm § 11 I RPflG); das Beschwerdegericht kann in der Sache selbst entscheiden (OLG Dresden MDR 2016, 1113). Ergibt die Prüfung des Rpflegers, dass die Voraussetzungen für eine PKH-Bewilligung im Hinblick auf die persönl und wirtschaftl Verhältnissen des ASt gegeben sind, fertigt er einen **Aktenvermerk** mit allen relevanten Angaben einschließl der Höhe der monatl Raten bzw der aus dem Vermögen zu zahlenden Beträge. Der Richter entscheidet dann unter Berücksichtigung der Erfolgsaussichten der Rechtsverfolgung bzw Rechtsverteidigung über den PKH-Antrag. Sind auf die Kosten der Prozessführung monatl Raten oder Beträge aus dem Vermögen zu zahlen, kann der Richter deren Höhe dem Vermerk des Rpflegers entnehmen, an den er jedoch **nicht gebunden** ist.

§ 119 Bewilligung

(1) ¹Die Bewilligung der Prozesskostenhilfe erfolgt für jeden Rechtszug besonders. ²In einem höheren Rechtszug ist nicht zu prüfen, ob die Rechtsverfolgung oder Rechtsverteidigung hinreichende Aussicht auf Erfolg bietet oder mutwillig erscheint, wenn der Gegner das Rechtsmittel eingelegt hat.

(2) Die Bewilligung von Prozesskostenhilfe für die Zwangsvollstreckung in das bewegliche Vermögen umfasst alle Vollstreckungshandlungen im Bezirk des Vollstreckungsgerichts einschließlich des Verfahrens auf Abgabe der Vermögensauskunft und der eidesstattlichen Versicherung.

1 **I) Bedeutung.** § 119 I 1, II legen den Bewilligungsumfang der PKH in zeitl Hinsicht fest. Dabei beschränken sich die Regelungen auf die Bestimmung der maßgebl Verfahrensabschnitte (Rechtszug, Zwangsvollstreckung). Nicht ausdrückl geregelt wird die zeitl Erstreckung der PKH innerhalb des jew Abschnitts, die insb vom Zeitpunkt der Antragstellung abhängt (s Rn 4 ff). Systematisch zu § 114 gehört § 119 I 2, der die sachl Anforderungen an die Bewilligung von PKH in Rechtsmittelverf festlegt.

2 **II) Beschränkung auf den Rechtszug (§ 119 I 1). 1) Begriff.** Der Begriff des Rechtszugs ist kostenrechtl zu verstehen, näml jeder Verfahrensabschnitt, der bes Kosten verursacht (BGH MDR 2005, 50 = NJW 2004, 3260).

Stehen aber mehrere Verfahrensabschnitte in einem notwendigen inneren Zusammenhang, sind sie trotz jew besonderer Kosten ein einheitl Rechtszug, es sei denn, dass bei der ursprüngl PKH-Bewilligung noch nicht geprüft werden konnte, ob die Rechtsverfolgung oder -verteidigung genügend aussichtsreich und nicht mutwillig ist. Ist für einen Verfahrensabschnitt eine gesonderte Kostenentscheidung erforderl, ist dies ein Indiz für einen eigenen Rechtszug (MK/Wache Rn 2). Der Begriff des Rechtszugs ähnelt damit zwar dem des § 35 GKG, deckt sich aber nicht vollständig mit diesem.

2) Einzelfälle (alphabetisch). Auf welche Verfahrensabschnitte sich die PKH erstreckt oder nicht erstreckt, ergibt sich aus folgender Aufstellung: 3

• **Ablehnung.** Ablehnung von Richtern und SV wird von PKH für die Hauptsache mit umfasst. Das Beschwerverf in Ablehnungssachen ist aber ein eigener Rechtszug (OLG Frankfurt 15.9.2014 – 1 W 52/14; sa Rn 3.6). 3.1

• **Anschlussrechtsmittel.** Wer sich einem Rechtsmittel anschließt (§§ 524, 554, 567 III), muss hierfür gesondert PKH beantragen, auch wenn ihm bereits PKH für die Verteidigung gegen das Rechtsmittel bewilligt worden ist (sa Rn 19). Die PKH-Bewilligung für ein Rechtsmittel gilt nicht für die Verteidigung gegen ein Anschlussrechtsmittel des Gegners (aA KG JW 35, 796). Das betrifft aber nur die Gerichtskosten (MK/Wache Rn 3), denn die Beiordnung eines RA für das Rechtsmittel erfasst gem § 48 II RVG auch die Verteidigung gegen ein Anschlussrechtsmittel; es sei denn, diese Wirkung wird ausdrückl ausgeschlossen. 3.2

• **Arreste und einstweilige Verfügungen.** Sie bilden einen anderen Rechtszug als Hauptsacheverf über den gleichen Gegenstand (OLG München 23.1.2017 – 13 W 115/17). PKH für das Arrestverf umfasst das Widerspruchsverf nach §§ 924, 925, nicht aber das Arrestaufhebungsverf nach § 927 (RG JW 35, 801); denn hier entstehen bes Gerichtsgeb (s § 927 Rn 16). Die Beiordnung eines Anwalts für das Arrestverf oder Verf der einstw Verfügung gilt auch für die Vollziehung; es sei denn, das Gericht bestimmt ausdrückl, dass der RA hierfür nicht beigeordnet wird (§ 48 II RVG). 3.3

• **Aufhebung und Zurückverweisung.** Ein einheitl Rechtszug ist wegen § 37 GKG das Verf bis zum Urteil der Vorinstanz und dasj, das nach Aufhebung des Urteils durch das Rechtsmittelgericht oder das BVerfG und Zurückverweisung in der Vorinstanz stattfindet (BVerwG NJW 2008, 3157; OLG Schleswig NJW-RR 2015, 192; OLG Düsseldorf Rpfleger 87, 263). Nach Zurückverweisung braucht nicht erneut PKH beantragt werden. Die PKH-Bewilligung durch das zurückverweisende Rechtsmittelgericht für die Rechtsmittelinstanz gilt jedoch nicht für Verf nach Zurückverweisung (BGH NJW 83, 944). 3.4

• **Aufrechnung.** Sie gehört zum Rechtszug, auch die Streitwert erhöhende Eventualaufrechnung des Gegners (LG Berlin AnwBl 79, 273). Die PKH-Bewilligung kann aber die Verteidigung gegen bestimmte Aufrechnungsforderungen ausdrückl ausschließen (s § 114 Rn 32). 3.5

• **Beschwerde.** Das Beschwerdeverf ist stets ein bes Rechtszug (OLG Hamm Rpfleger 81, 322), auch wenn die Beschwerde beim Ausgangsgericht eingereicht wird. Wegen der Anschlussbeschwerde s Rn 3.2. 3.6

• **Beweisaufnahmen.** Sie gehören zum Rechtszug. Auch für einen mutwilligen nachträgl gestellten Beweisantrag ist damit PKH bewilligt, die aber nach § 124 II entzogen werden kann. 3.7

• **Einspruch.** Das Verf nach Einspruch gegen VU gehört zu demselben Rechtszug, der dem VU vorausgegangen ist. 3.8

• **Einstellung der Zwangsvollstreckung.** §§ 707, 719, 769. Sie verursacht bes Anwaltsgeb, wenn hierüber abgesondert mündl verhandelt wird (3328 RVG-VV). Für eine solche Verh muss gesondert PKH beantragt werden. IÜ gehört sie zum Rechtszug (§ 19 I Nr 11 RVG). 3.9

• **Einstweilige Anordnung.** Zu den §§ 707, 719, 769 s Rn 3.9. Für jede einstw Anordnung **in Familiensachen** (§§ 49, 119 I FamFG) ist gesondert VKH zu bewilligen (OLG Karlsruhe FamRZ 93, 216). Die Beiordnung eines RA für eine einstw Anordnung erstreckt sich auch auf deren Vollstreckung (§ 48 II RVG). **Einstw Verfügung** s Rn 3.3. 3.10

• **Erinnerungen.** Erinnerungen nach den § 573 I, § 766 ZPO, § 11 RPflG lösen keine zusätzl Geb aus (weder für Gerichte noch für Anwälte – § 19 I Nr 5a RVG) und gehören deshalb zum Rechtszug. 3.11

• **Gehörsrüge.** Die Rüge nach § 321a gehört zwar in Bezug auf die RA-Gebühren zur Instanz (§ 19 I Nr 5b RVG). Allerdings entsteht eine bes Gerichtsgeb (1700 GKG-KV), wenn die Rüge verworfen oder zurückgewiesen wird. Daher muss für die Rüge PKH gesondert beantragt werden (BGH AGS 2014, 290). 3.12

• **Güterichter.** Das Verf nach § 278 V gehört zum Rechtszug (OLG Bamberg FamRZ 2019, 47; Greger/Weber MDR 2019, S1 Rn 367), anderes gilt für Verweisung in außergerichtl Mediation nach § 278a (s vor § 114 Rn 3). 3.13

• **Insolvenzverfahren** (sa vor § 114 Rn 7 f) bestehen aus mehreren Verfahrensabschnitten, in denen jew bes Kosten entstehen und die gesonderte Rechtszüge iSd § 119 sind (BGH NJW 2004, 3260 = MDR 2005, 50), nämlich 1. aus dem Antrag auf Verfahrenseröffnung (§ 13 InsO; 3313 f RVG-VV; 2310 f GKG-KV), 2. wenn es sich um VerbraucherInsVerf handelt, aus dem Schuldenbereinigungsplanverf (§§ 305 ff InsO; 3315 f RVG-VV), 3.14

3. aus dem eröffneten Verf (3317 RVG-VV; 2320, 2330 GKG-KV) und 4. aus dem Restschuldbefreiungsverf (§§ 286 ff InsO; 3321 RVG-VV; 2350 GKG-KV).

3.15 • **Klageänderung und -erweiterung.** PKH muss grds erneut beantragt werden, wenn die Klage nach PKH-Bewilligung erweitert (OLG Karlsruhe AnwBl 87, 340; OLG Koblenz MDR 2007, 1338) oder geändert wird (BGH MDR 2006, 224; sa § 114 Rn 14), denn die Bewilligung bezieht sich nur auf den konkreten prozessualen Anspruch. Das gilt für den Kl und den Bekl (OLG Koblenz MDR 2007, 1338). Eines neuen PKH-Antrags bedarf es aber nicht, wenn durch die Klageänderung keine Mehrkosten entstehen, insb bei wirtschaftl Identität der Streitgegenstände (s § 5 Rn 3 und 8). Ist dem Kl für eine **negative Feststellungsklage** PKH bewilligt worden, weil der Bekl den Anspruch, dessen er sich berühmt, zunächst nicht schlüssig dargelegt hatte, und geht darauf der Bekl zu einer Erfolg versprechenden Leistungswiderklage über, so braucht dem Kl für die Verteidigung hiergegen nicht erneut PKH bewilligt zu werden, wenn Klage und Widerklage denselben Streitgegenstand haben (OLGR Koblenz 2009, 297). Ebenso erfasst die PKH für eine Vollstreckungsgegenklage auch eine Abänderungsklage, wenn in diese umgedeutet werden kann (OLG Brandenburg FamRZ 2002, 1193; sa § 323 Rn 16).

3.16 • **Kostenfestsetzungsverfahren.** Sie – auch für Kosten einer höheren Instanz – gehören zum 1. Rechtszug (§ 104 I 1).

3.17 • **Mahnverfahren.** Sie stellen einen selbständigen Rechtszug dar, für den PKH bewilligt werden kann (sa vor § 114 Rn 4). Die PKH erstreckt sich nicht auf den anschließenden ZP, zu dem es nach dem Übergang ins str Verf (§ 696) kommt (BGH MDR 2017, 1261; OLG München MDR 97, 891). Hierfür muss PKH bes beantragt und bewilligt werden (MK/Wache § 119 Rn 18). Das ist bereits deshalb zwingend, weil im Mahnverf und damit auch bei der Feststellung der Erfolgsaussichten iSd § 114 I keine Schlüssigkeitsprüfung stattfindet (s § 114 Rn 20).

3.18 • **Nachverfahren** im Urkunden- oder Wechselprozess oder nach einem Grund- oder Vorbehaltsurteil gehören zum gleichen Rechtszug wie die vorangegangenen Verf (OLG Kiel JW 26, 2590). Deshalb erhält der Bekl auch dann für den gesamten Prozess PKH, wenn seine Verteidigung erst im Nachverf Erfolg verspricht (OLG Saarbrücken MDR 2002, 1211; aA Fischer JurBüro 99, 341). Für den Kl kann die PKH auf das Verf bis zum Vorbehaltsurteil beschränkt werden, wenn sich die Erfolgsaussichten für das Nachverf nicht übersehen lassen (OLG Saarbrücken MDR 2002, 1211; MK/Wache Rn 19). Dann muss für das Nachverf erneut PKH beantragt werden.

3.19 • **Prüfung der Erfolgsaussichten.** Wenn ein RA die Erfolgsaussicht eines Rechtsmittels prüft, gehört diese außergerichtl Tätigkeit nicht mehr zum Rechtszug der abgeschlossenen Instanz (BGH MDR 2007, 1032).

3.20 • **Räumungsfrist.** Der Antrag auf Gewährung einer Räumungsfrist (§ 721) gehört zum Rechtszug (sa vor § 114 Rn 5).

3.21 • **Rechtsmittelverfahren.** Auch solche gegen Zwischenurteile nach den § 280 II, §§ 302, 304, sind stets ein bes Rechtszug. Wegen Anschlussrechtsmittel s Rn 3.2. Die NZB und das anschließende Revisionsverf stellen einen einheitl Rechtszug dar, auch wenn sie nach § 17 Nr 9 RVG unterschiedl Angelegenheiten sind (BFH/NV 2006, 2121; BVerwG JurBüro 95, 309). Bes Kosten entstehen durch die Vorschaltung der NZB nicht, weil die Verfahrensgeb (3506 RVG-VV) angerechnet wird und eine Gerichtsgebühr nur bei Zurückweisung der NZB entsteht (1242, 1243 GKG-KV). Auch umfasst die Prüfung der Erfolgsaussichten für die NZB diejenigen für das Revisionsverf (s § 114 Rn 20).

3.22 • **Scheidungs- und Folgesachen.** Die VKH für das Scheidungsverf erstreckt sich nach § 149 FamFG nur auf die Folgesache Versorgungsausgleich. Für die übrigen Folgesachen muss im Verbund (§ 137 I FamFG) jeweils gesondert VKH beantragt werden (OLG Brandenburg AGS 2019, 418). Die Beiordnung eines RA in einer Scheidungssache umfasst aber auch den Abschluss eines Vergleichs über bestimmte Folgesachen (§ 48 III RVG); damit erweitert sich die VKH-Bewilligung auch auf diesen (OLG Koblenz MDR 2015, 284; N. Schneider NZFam 2014, 732).

3.23 • **Selbständiges Beweisverfahren.** Für das sBV (§§ 485 ff) ist nach 1610 GKG-KV eine Geb zu zahlen ohne Rücksicht darauf, ob das Verf isoliert oder innerhalb eines Prozesses eingeleitet wird. Aus diesem Grund gehört es nicht zum Rechtszug.

3.24 • **Stufenklage.** Sa § 114 Rn 40. Bei der Stufenklage (§ 254) sind alle Verfahrensabschnitte ein einheitl Rechtszug. PKH ist zwingend einheitl zu bewilligen; einer zunächst auf die Auskunftsstufen beschränkten Bewilligung steht der notwendig einheitl Streitwert (§ 44 GKG) entgegen (OLG München FamRZ 2022, 658; OLG Frankfurt NZFam 2017, 849; OLG Schleswig FamRZ 2013, 57; OLG Stuttgart FamRZ 2011, 387; KG FamRZ 2008, 702; OLG Zweibrücken FamRZ 2007, 1109; aA OLG Naumburg FamRZ 2007, 1755; KG FamRZ 2005, 461). Das gilt auch für die Verteidigung gegen eine Stufenklage (aA OLG Karlsruhe FamRZ 2012, 1319; OLG Brandenburg FamRZ 98, 1177). Wird PKH ohne ausdrückl Einschränkung auf die Auskunftsstufe bewilligt, ist dies deshalb dahin zu verstehen, dass sich die Bewilligung auf alle Stufen bezieht (OLG Zweibrücken FamRZ 2007, 1109; *OLG Düsseldorf FamRZ 2010, 747*). In der Höhe beschränkt sich die PKH-Bewilligung auf den Betrag, der sich aus der Auskunft ergibt (OLG München FamRZ 2022, 658; OLG Frankfurt NZFam 2017, 849). Eine solche Feststellung des PKH-Umfangs kann sich das Gericht in der PKH-Bewilligung vorbehalten. Auch ohne Vorbehalt kann das Gericht nach der Bezifferung durch Beschl klarstellen, wie weit der neue Antrag von der PKH-Bewilligung gedeckt ist (OLG Düsseldorf FamRZ 2000, 101; OLG Brandenburg FamRZ 2007, 1028). Für eine Mehrforderung nach PKH-Bewilligung bedarf es eines neuen PKH-Antrags.

• **Urkunden- und Wechselprozess.** S Nachverfahren Rn 3.18. 3.25

• **Urteilsberichtigung oder -ergänzung.** §§ 319, 321. Sie gehören wie die **Tatbestandsberichtigung** (§ 320) zum Rechtszug. Für die sof Beschwerde nach § 319 III s Rn 3.21. 3.26

• **Vereinfachtes Verfahren.** Ein solches über den Unterhalt Minderj (§§ 249 ff FamFG) und anschließendes streitiges Verf nach § 255 FamFG bilden einen einheitl Rechtszug (OLG Celle FamRZ 2020, 1747; aA OLG Koblenz FamRZ 2020, 1024). Bereits bei PKH-Bewilligung für das VereinfVerf sind – anders als beim Mahnverf – die Erfolgsaussichten zu prüfen (OLG Frankfurt FamRZ 2008, 420). Auch fallen bes Geb bei Vorschaltung des VereinfVerf nicht an (s § 249 FamFG Rn 11). 3.27

• **Vergleich.** Die PKH erstreckt sich auf die Kosten eines Prozessvergleichs (s § 114 Rn 38). Regelt dieser auch andere Gegenstände als den Streitgegenstand, so muss hierfür erneut PKH beantragt werden (s § 114 Rn 15). Schließen die Parteien einen außergerichtl Vergleich und erledigen dadurch die bereits rechtshängige Klage, gehört der Vergleich ebenfalls zum Rechtszug (BGH NJW 88, 494; OLG München MDR 2004, 296; OLGR Braunschweig 2006, 773; aA OLG Nürnberg MDR 2006, 234); es kommt nicht darauf an, ob er nach § 278 VI protokolliert wird. Zum Vergleich im PKH-Verf s § 118 Rn 15, in Scheidungssachen s Rn 3.22. Die Fortsetzung eines durch Prozessvergleich beendeten Verf nach **Anfechtung des Vergleichs** gehört zum Rechtszug. 3.28

• **Verweisung.** Einen einheitl Rechtszug bildet das Verf vor und nach Verweisung des Rechtsstreits (§§ 281, 506 ZPO, §§ 97 ff GVG; s § 281 Rn 15a), auch bei Rechtswegverweisung (§ 17a II 1 GVG; § 48 ArbGG; Köln NJW 95, 2728). Hat das verweisende Gericht PKH bewilligt, so ist das Gericht, an das verwiesen worden ist, daran gebunden. Es darf die Bewilligung nur unter den Voraussetzungen des § 124 aufheben (OLG Köln NJW 95, 2728). 3.29

• **Vollstreckungsabwehrklage.** § 767. Sie ist ein bes Rechtszug. 3.30

• **Vorabentscheidungsverfahren vor dem EuGH.** Sie werden von der PKH-Bewilligung für das Revisionsverf umfasst (BGH NJW 2014, 1539). 3.31

• **Widerklage.** Der Bekl, dem PKH für die Verteidigung gegen die Klage bewilligt worden ist, muss für eine Widerklage gesondert PKH beantragen. Die PKH des Kl erstreckt sich nicht auf die Verteidigung gegen eine später erhobene Widerklage (OLG Karlsruhe AnwBl 87, 340). Anders ist es gem § 48 V 2 Nr 4 RVG in Ehesachen: Hier erstreckt sich die VKH auch auf den Widerantrag. 3.32

• **Wiederaufnahme.** Das Wiederaufnahmeverfahren (§§ 578 ff) bildet einen bes Rechtszug. Die Prozessvollmacht für das Ursprungsverf gilt zwar auch für die Wiederaufnahme (§ 81). Diese verursacht jedoch bes Kosten (s § 578 Rn 4). 3.33

• **Wiedereinsetzung.** Die WE in den vorigen Stand löst keine bes Geb aus (s § 238 Rn 10) und gehört deshalb zum Rechtszug. 3.34

• **Zurückverweisung.** S Rn 3.4. 3.35

• **Zuständigkeitsbestimmung.** Das Verf nach § 36 oder § 5 FamFG löst keine bes Kosten aus (s § 36 Rn 44) und gehört zum Rechtszug (OLG Koblenz 12.10.2020 – 9 WF 641/20). 3.36

• **Zwangsvollstreckung.** Das ZwV-Verfahren ist ggü dem Erkenntnisverf ein ges Verfahren. Bei ZwV in das bewegl Vermögen erfasst die PKH aber gem § 119 II alle Vollstreckungshandlungen (s Rn 24). 3.37

III) Zeitliche Grenzen im Rechtszug. 1) Beginn. a) Maßgebl Zeitpunkt, ab dem PKH für die Instanz zu bewilligen ist, ist weder zwingend der Zeitpunkt der Antragstellung noch der der Entscheidung, auch wenn sie unverzügl erfolgt (s § 127 Rn 8), sondern der Zeitpunkt, an dem der ASt die Voraussetzungen für die Bewilligung von PKH geschaffen hat (BGH NJW 82, 446 = MDR 82, 217; BGH AGS 1997, 141). Das ist der Tag, an dem die Partei einen **formgerechten Antrag gestellt** und die Erklärung über ihre wirtschaftl und persönl Verhältnisse vorgelegt hat (zum Mehrvergleich sa § 127 Rn 13). Entgegen der hM (BGH NJW 82, 446; OLG Karlsruhe FamRZ 2004, 122; OLGR Dresden 1997, 373; MK/Wache Rn 55) ist PKH **nicht** erst von dem Tag an zu bewilligen, an dem **Belege** über die wirtschaftl und persönl Verhältnisse vollständig vorliegen; denn die Pflicht, Belege einzureichen, ist kein Formerfordernis des PKH-Antrags, sondern dient der Glaubhaftmachung (ähnl OLGR Nürnberg 2002, 34; OLG Hamburg FamRZ 87, 843; Reichling NJW 2014, 2368; MskV/Fischer Rn 10; sa § 117 Rn 25). Die Partei kann auch kaum voraussehen, welche Belege das Gericht verlangen wird. Erst recht kommt es nicht auf ein etwaiges Verschulden des ASt bei der Vorlage von Belegen an (aA MK/Wache Rn 56). Die Rückwirkung der Bewilligung ist **nicht** in der Weise einzuschränken, dass die Zeit auszusparen ist, die durch **Anhörung** des Gegners vergeht (BGH NJW 92, 840; OLG Bamberg FamRZ 2001, 291). 4

Hat das Gericht dem ASt die Nachreichung eines formgerechten Antrags oder der Erklärung über die persönl und wirtschaftl Verhältnisse gestattet, soll wegen Vertrauensschutzes eine rückwirkende Bewilligung auf den 5

Zeitpunkt der Antragstellung in Betracht kommen (OLG Frankfurt NJW 2014, 2367; OLG Zweibrücken FamRZ 2004, 1500). Für die Zeit **vor Antragstellung** kann hingegen grds keine PKH bewilligt werden (BGH JurBüro 93, 51; OLG Karlsruhe FamRZ 96, 1287; LAG Hessen MDR 2001, 1017; aA OLG Brandenburg MDR 2018, 368). Eine Ausnahme kommt nur bei einem fehlerhaften Hinweis des Gerichts, der die Partei von einer rechtzeitigen Antragstellung abhält, in Betracht (OLG Brandenburg FamRZ 97, 1542). Ein erst nach Beendigung der Instanz gestellter Antrag geht auch aus diesem Grund ins Leere (OLG Brandenburg NJW-RR 2019, 1082; OLG Koblenz FamRZ 96, 417; sa § 114 Rn 18). Von der Antragstellung nach Verfahrensbeendigung zu unterscheiden ist es, wenn ein während des Verf gestellter Antrag erst nach Abschluss des Rechtszugs entschieden wird (dazu § 127 Rn 12). Wird nach Zurückweisung eines Antrags der **PKH-Antrag wiederholt**, dann ist für die Frage, wie weit rückwirkend PKH bewilligt werden darf, der Eingang des 2. Antrags maßgebend (OLG Zweibrücken MDR 2004, 236).

6 **b)** Im **Bewilligungsbeschl** ist der maßgebl Zeitpunkt zu benennen (s § 127 Rn 21). Beantragt der ASt PKH zu einem früheren Zeitpunkt, als sie ihm zu bewilligen ist, liegt in der zeitl beschränkten Bewilligung eine teilw Zurückweisung des Antrags, die der ASt mit der **sof Beschwerde** angreifen kann (MK/Wache Rn 55). Für die **Anwaltsvergütung** wirkt sich die Bewilligung dahin aus, dass sie alle gebührenrechtl erhebl Tätigkeiten ab dem Bewilligungszeitpunkt erfasst. Tätigkeiten, die Vergütungstatbestände vor diesem für die Beiordnung maßgebl Zeitpunkt auslösen, begründen keine Ansprüche des RA gegen die Staatskasse (KG Rpfleger 78, 390). Das gilt auch, wenn sie zwangsläufig auch nach der Bewilligung angefallen wären (zB Anfertigung von Kopien [7000 RVG-VV], VG Minden 30.4.2010 – 7 K 2276/09). Anders ist es aber, wenn und soweit eine bereits vor dem Bewilligungszeitpunkt ausgelöste Gebühr, zB die Verfahrensgebühr gem 3100 RVG-VV, durch eine danach entfallene Tätigkeit erneut ausgelöst würde (BGH NJW 92, 840; OLG Oldenburg MDR 2007, 986; OLG Düsseldorf FamRZ 96, 617). An den im Bewilligungsbeschluss bestimmten Zeitpunkt ist der Kostenbeamte bei der Festsetzung der Anwaltsvergütung (§ 55 RVG) **gebunden**. Er darf nicht prüfen, ob die Rückwirkung rechtsfehlerhaft ist (OLG Köln FamRZ 97, 683). Auch ein fehlerhaft vorverlegtes Bewilligungsdatum schafft für den beigeordneten RA einen Vertrauenstatbestand (OLG Bamberg JurBüro 86, 768).

7 **2) Ende. a)** Mit **Abschluss des Rechtszugs**, für den sie bewilligt worden war, endet die PKH. Ebenso endet sie mit **Aufhebung** der Bewilligung (§ 124). Diese betrifft überdies bereits vor der Beendigung entstandene Verfahrenskosten (s § 124 Rn 25). Eine Beschwerdeentscheidung, die die bewilligte PKH dem ASt wieder entzieht, ist hingegen nicht mögl, weil weder dem Ag noch der Staatskasse ein entsprechendes Beschwerderecht zukommt (s § 127 Rn 55, 50).

8 **b)** Der **Tod der Partei** führt dazu, dass die PKH von selbst erlischt (OLG Jena FamRZ 2012, 1161); ein noch anhängiges PKH-Verf endet ohne weiteres (s § 118 Rn 6). Grund dafür ist, dass die verstorbene Partei keiner Hilfe mehr bedarf. Die PKH erlischt bei dem Tod nur mit Wirkung für die Zukunft. Die bereits entstandenen Ansprüche des beigeordneten RA gegen die Staatskasse (§ 45 I RVG) für bereits entstandene Gebühren entfallen nicht rückwirkend. Der **Erbe** kann von der Staatskasse nicht gem § 29 Nr 3 GKG als Gesamtrechtsnachfolger (§ 1967 BGB) auf durch den Erblasser veranlasste Kosten in Anspruch genommen werden, weil der Erbe nicht stärker als der Erblasser haften kann; die Stundung nach § 122 BGB wirkt daher auch zu seinen Gunsten (OLG Koblenz FamRZ 2013, 902; OLG Jena FamRZ 2012, 1161; OLG Düsseldorf MDR 99, 830; KG Rpfleger 86, 281 = JurBüro 86, 894; aA OLG Frankfurt NJW-RR 96, 776). Der Erbe muss nur für Kosten aufkommen, deren Zahlung der Erblasser schuldete, also evtl für Raten oder Einmalzahlungen, die der Erblasser vor seinem Tode schuldig geblieben war. Überdies haftet der Erbe für weitere Raten, die erst nach dem Tod fällig werden; die Ratenzahlungspflicht erlischt nicht deshalb, weil die PKH endet (MK/Wache Rn 58; MskV/Fischer Rn 15; sa § 120a Rn 5). Nimmt der Erbe den Prozess auf, haftet er für die danach entstehenden Kosten (OLG Düsseldorf MDR 99, 830), es sei denn, ihm wird PKH bewilligt.

9 **IV) Bewilligung für die Rechtsmittelinstanz.** Für jede Instanz ist PKH erneut zu beantragen und zu bewilligen (s Rn 3.21). Allerdings kommen dem ASt zwei Erleichterungen zugute: Wegen seiner persönl und wirtschaftl Verhältnisse kann er auf seine Angaben in der Vorinstanz verweisen, wenn sich die Verhältnisse seitdem nicht geändert haben (s § 117 Rn 22). Ist er Rechtsmittelgegner, kommt es außerdem nach § 119 I 2 grds nicht darauf an, ob seine Verteidigung gegen das Rechtsmittel aussichtslos oder mutwillig ist (s Rn 19).

10 **1) PKH-Antrag und Rechtsmitteleinlegung. a) Unbedingtes Rechtsmittel.** Der Rechtsmittelführer kann zugleich mit dem Rechtsmittel oder nach dessen Einlegung PKH beantragen. Der Antrag muss weder zwingend den Umfang des Rechtsmittels noch Ausführungen zu den Erfolgsaussichten des Rechtsmittels enthalten (s § 117 Rn 7 f). Die Einlegung eines wegen fehlender Postulationsfähigkeit unzulässigen Rechtsmittels schließt die Erfolgsaussichten eines PKH-Antrags dabei nicht aus; nach Bewilligung kann WE beantragt werden (BGH MDR 2024, 794). Zu beachten ist, dass der PKH-Antrag die **Begründungsfrist** nicht beeinflusst. Will der Rechtsmittelkl sein Rechtsmittel erst nach der PKH-Entscheidung begründen, muss der PKH-Antrag vor Ablauf der Begründungsfrist gestellt werden, um nach Bewilligung WE erreichen zu können (BGH MDR 2007, 1151; s Rn 14). Wegen der nur beschränkten Verlängerungsmöglichkeit (vgl § 520 II, III) scheitert WE nicht daran, wenn danach Fristverlängerung der Begründungsfrist nicht beantragt wird (BGH MDR 2007, 1151; BGH MDR 2005, 1430; aA, aber ohne Begründung BGH NJW 2013, 1684 Tz 8; sa § 233 Rn 23.29). Jedenfalls

sollte der das Rechtsmittel einlegende RA deutl machen, dass er nur nach PKH-Bewilligung zur Begründung bereit ist (BVerfG NJW 2010, 2567).

b) Ein **bedingtes Rechtsmittel** für den Fall der PKH-Bewilligung ist **unzulässig** (BGH FamRZ 2007, 895; BGH ZInsO 2018, 1379 Tz 4 mwN; Toussaint NJW 2014, 3209; s § 519 Rn 1). Der mittellose Rechtsmittelkl wird aber dadurch geschützt, dass seine bedingt eingelegte Berufung nicht vor Entscheidung über den PKH-Antrag verworfen werden darf (BGH MDR 2013, 481; BGH MDR 2011, 748). Er kann dann nach Entscheidung über den PKH-Antrag noch wirksam das Rechtsmittel einlegen und **WE beantragen** (s Rn 14). Dass er eine unzulässige Berufung eingelegt hat, schließt nicht aus, dass er durch Armut gehindert war, die Berufungsfrist zu wahren (BGH MDR 2013, 481; BGH NJW 99, 2823; BGH FamRZ 2001, 415). 11

Ob das Rechtsmittel bedingt oder unbedingt eingelegt ist, ist durch **Auslegung** zu ermitteln, wobei iZw von einer unbedingten Einlegung auszugehen ist. Erfüllt der Schriftsatz des Rechtsmittelführers, mit dem er PKH begehrt, die ges Anforderungen an eine Rechtsmittel- oder Rechtsmittelbegründungsschrift, kommt die Auslegung, dass der Schriftsatz nicht als solche, sondern nur als bedingte Prozesshandlung bestimmt ist, nur in Betracht, wenn sich dies aus den Begleitumständen so deutl ergibt, dass jeder vernünftige Zweifel daran ausgeschlossen ist (BGH MDR 2006, 587; BGH MDR 2019, 1081 mwN). **Unbedingt** ist die Berufung eingelegt, wenn der Berufungskl erklärt, die Berufung solle nur „durchgeführt" werden, soweit PKH bewilligt werde. Seine Erklärung bedeutet nur, dass er sich die Rücknahme seines Rechtsmittels vorbehält, falls die PKH verweigert wird (BGH MDR 2007, 1387). Gleiches gilt, wenn das Rechtsmittel „zunächst nur zur Fristwahrung" eingelegt und zugleich erklärt wird, dass seine Durchführung von der PKH-Bewilligung abhänge (BGH MDR 2005, 1430). Die Einlegung wird auch nicht bedingt durch die Wendungen: „Zunächst wird PKH beantragt" und „Nach PKH-Bewilligung wird beantragt" (BGH NJW 2006, 693 = MDR 2006, 587). Ein **bedingtes Rechtsmittel** liegt jedenfalls bei der Formulierung, die Berufung werde „im Fall der Bewilligung der beantragten PKH" eingelegt (BGH ZInsO 2018, 1379), aber auch zB dann vor, wenn der Schriftsatz als Entwurf einer Berufungsbegründung (BGH FamRZ 2004, 1554), als beabsichtigte Berufungsbegründung (BGH MDR 2009, 400) oder als Begründung zunächst nur des PKH-Antrags bezeichnet wird (BGH FamRZ 2007, 895). Begründet die Partei ihre unzulässig bedingt eingelegte Berufung nach Ablauf der Berufungsfrist, aber vor der Entscheidung über die PKH, so kann darin eine erneute unbedingte Berufung liegen (BGH FamRZ 93, 1427), so dass auch hier WE in Betracht kommt (sa Rn 11). 12

c) Isolierter PKH-Antrag. Mit der Rechtsmitteleinlegung setzt sich die unbemittelte Partei einem erhebl Kostenrisiko aus (sa § 519 Rn 39). Aus diesem Grund muss es der unbemittelten Partei mögl sein, für ein nur beabsichtigtes Rechtsmittel PKH zu beantragen (**Formulierungsvorschlag:** Vorwerk/Fischer, PFB, M 10.4). Ebenso ist ihr die Möglichkeit einzuräumen, nach Rechtsmitteleinlegung, aber vor Rechtsmittelbegründung PKH zu beantragen (s Rn 10). Da der PKH-Antrag Fristen in der Hauptsache nicht beeinflusst, geschieht dies dadurch, dass der unbemittelten Partei nach Entscheidung über den PKH-Antrag WE in die Rechtsmittel- bzw Begründungsfrist zu gewähren ist (s Rn 14). Der PKH-Antrag kann auch in der Rechtsmittelinstanz ohne Mitwirkung eines RA gestellt werden (s § 117 Rn 4), so dass auf diese Weise Kosten für die PKH-Partei gänzl vermieden werden (s § 127 Rn 53). Ob ein solcher isolierter PKH-Antrag gestellt ist, ist bei gleichzeitiger Vorlage eines den Formerfordernissen des Rechtsmittels bzw der Rechtsmittelbegründung entsprechenden Schriftsatzes durch Auslegung zu ermitteln (sa BGH FamRZ 2018, 118). Der Antrag kann **bis zum letzten Tag der Rechtsmittelfrist** formgerecht gestellt werden (BGH FamRZ 2006, 1269). Geht der PKH-Antrag später ein oder wird er nach Ablauf der Frist zB um die Erklärung über die persönl und wirtschaftl Verhältnisse vervollständigt, kann der Rechtsmittelkl keine WE hinsichtl der Rechtsmittelfrist (Rn 14) mehr erreichen, so dass auch keine PKH zu bewilligen ist (BGH FamRZ 2004, 1548; OLG Dresden 5.2.2024 – 4 U 74/24). Anders ist es aber, wenn der PKH-Antrag unverschuldet nach Fristablauf gestellt wurde und deshalb für diesen WE zu gewähren ist (BGH MDR 2021, 319), wenn die verspätete Vervollständigung des PKH-Antrags unverschuldet war (BVerfG NJW 2024, 3506), zB weil die rechtsunkundige Partei nicht auf die Notwendigkeit der Verwendung des PKH-Formulars hingewiesen wurde (BGH MDR 2024, 794), oder wenn das Rechtsmittelgericht der Partei eine Frist setzt, innerhalb derer sie ihre Angaben über ihre persönl und wirtschaftl Verhältnisse ergänzen soll, denn dann darf sie bis zum Fristablauf weiterhin auf die Bewilligung der beantragten PKH vertrauen und WE erlangen (BGH MDR 2008, 581). **Belege** können hingegen noch nachgereicht werden, denn die Pflicht, Belege iSd § 117 II 1 einzureichen, ist kein Formerfordernis des PKH-Antrags, sondern dient der Glaubhaftmachung (OLG Nürnberg FamRZ 2002, 759; aA hM: BGH NJW 2017, 735; BGH FamRZ 2006, 1522; OLG Brandenburg FamRZ 2017, 734; sa Rn 4; § 117 Rn 25 ff). Nicht erforderl ist es, dass die Partei noch innerhalb der Rechtsmittelfrist erklärt, welcher RA ihr beigeordnet werden soll (VGH BadWürtt FamRZ 2002, 1197). 13

d) WE in die versäumte Rechtsmittel- oder Rechtsmittelbegründungsfrist kann verlangt werden, wenn die Partei **aufgrund ihrer Bedürftigkeit gehindert** war, das Rechtsmittel einzulegen oder zu begründen. Voraussetzung ist, dass die Partei den PKH-Antrag vor Fristablauf gestellt hat und vernünftigerweise davon ausgehen durfte, die wirtschaftl Voraussetzungen für die PKH-Bewilligung genügend dargetan zu haben; überdies muss die Versäumung der Rechtsmittel- oder Begründungsfrist auf der Mittellosigkeit beruhen (s iE § 233 Rn 23.29). **Ohne Bedeutung** für die WE ist es, ob die Partei erwarten konnte, dass die **Erfolgsaussicht** ihres Rechtsmittels 14 bejaht werde (BGH NJW-RR 2021, 568 Tz 22; BGH NJW 2021, 242 = MDR 2020, 1269 Tz 6). Würde man verlangen, dass die Partei die Erfolgsaussicht prüft, so bedeutete dies eine ungerechtfertigte Schlechterstellung im Vergleich zu einer begüterten Partei, die einen RA mit der Prüfung der Erfolgsaussicht beauftragen kann (BGH FamRZ 88, 1152). Dementsprechend hängt WE auch nicht davon ab, ob das PKH-Gesuch sachl begründet wurde (BGH NJW 93, 732 = MDR 93, 172; BGH NJW-RR 2001, 1146; aA OLG Schleswig MDR 99, 509; Fischer MDR 2004, 1160; sa § 117 Rn 8).

15 Die WE muss innerhalb der **Fristen** des § 234 I beantragt werden. Fristbeginn ist der Zeitpunkt, zu dem die Partei nicht mehr auf die Bewilligung von PKH vertrauen darf (s § 234 Rn 6 ff). Wird die WE-Frist schuldlos versäumt, kann WE auch in diese Frist gewährt werden (s § 234 Rn 4). Das **Verschulden des Vertreters** steht dabei demj der Partei gleich (§ 85 II). Dass diese Vorschrift auch im PKH-Verf gilt, gebietet das Interesse des Ag, der das Risiko trägt, seinen Kostenerstattungsanspruch gegen die bedürftige Partei nicht durchsetzen zu können (BGH FamRZ 2002, 1704; stRspr; aA Althammer § 85 Rn 11 mwN). Jedenfalls im Fall anwaltl Vertretung muss das Gericht den ASt weder auf den Fristbeginn (BGH MDR 2014, 1464) noch auf die Unzulässigkeit eines bedingten Rechtsmittels und die Notwendigkeit der WE hinweisen (BGH FamRZ 2007, 894).

16 **2) Bewilligungsverfahren.** Es richtet sich nach § 118. Kommt es wegen § 119 I 2 für die Bewilligung von PKH nur auf die persönl und wirtschaftl Verhältnisse des ASt an (s Rn 19 ff), kann ihm PKH bewilligt werden, ohne dass der Rechtsmittelführer zuvor **rechtl Gehör** erhält (s § 118 Rn 9).

17 **3) Bewilligungsvoraussetzungen. a) Maßgeblicher Sach- und Streitstand.** Auch in der Rechtsmittelinstanz sind für die PKH die **wirtschaftl Verhältnisse** des ASt zu der Zeit maßgebl, in der über die PKH entschieden wird (s § 127 Rn 7). Das Rechtsmittelgericht hat die Bedürftigkeit von Neuem und ohne Bindung an das Ergebnis der Vorinstanz zu beurteilen (MK/Wache Rn 43). Der ASt hat sich daher in der Rechtsmittelinstanz erneut zu seinen persönl und wirtschaftl Verhältnissen zu erklären (zur Bezugnahme auf frühere Erklärungen s § 117 Rn 22). Zu Ratenveränderungen in den Instanzen s Rn 22. Bei der Beurteilung der **Erfolgsaussichten** und der Mutwilligkeit ist ebenfalls grds der letzte Erkenntnisstand des Rechtsmittelgerichts maßgebl (s iE § 127 Rn 7 ff). Beantragt der Rechtsmittelführer PKH und nimmt sein Rechtsmittel wieder zurück, nachdem der Rechtsmittelgegner sich dem Rechtsmittel angeschlossen hat, ist daher PKH zu verweigern (OLG Karlsruhe FamRZ 94, 386).

18 **b) Sachliche Voraussetzungen. aa) Rechtsmittelführer.** Zu den Erfolgsaussichten eines Rechtsmittels s § 114 Rn 39, zur Mutwilligkeit s § 114 Rn 54. Besteht bei einem isolierten PKH-Antrag für ein Rechtsmittel die Notwendigkeit einer WE, muss auch sie Erfolgsaussicht haben (s Rn 14). Ist die Revision zugelassen, kommt es allein auf die Erfolgsaussicht in der Sache an (BGH MDR 2018, 1393; BGH MDR 2013, 852). Hat das Rechtsmittel nur teilw Aussicht auf Erfolg und und liegt dieser Teil unterhalb der **Mindestbeschwer** (§ 511 II Nr 1), so ist das unbedingt eingelegte Rechtsmittel zwar zulässig; PKH darf dem Rechtsmittelkl aber nicht gewährt werden, weil er keinen zulässigen, Erfolg versprechenden Rechtsmittelantrag stellen kann (OLG Koblenz MDR 2021, 32; OLG Hamburg FamRZ 97, 621); eine Ausnahme soll allerdings gelten, wenn die Mindestbeschwer knapp unterschritten wird und eine bemittelte Partei das teilw Unterliegen hinnehmen würde (OLGR Schleswig 1996, 267).

19 **bb) Rechtsmittelgegner (§ 119 I 2).** Hat der Hilfsbedürftige im vorangegangenen Rechtszug obsiegt, darf das Rechtsmittelgericht die **Erfolgsaussicht seiner Verteidigung** gegen ein Rechtsmittel des Gegners gem I 2 grds nicht verneinen. Wird dies vom Gericht verkannt, kann die Versagung der PKH willkürl iSd Art 3 I GG sein (BVerfG NJW 2005, 409; BVerfG ZfSch 2020, 708). Legt der Berufungsbekl auch **Anschlussberufung** ein, ist für diese gesondert PKH zu bewilligen (s Rn 3.2) und insoweit auch die Erfolgsaussicht zu prüfen. – Der Verzicht auf die „Prüfung" der Erfolgsaussichten ist nicht dahin zu verstehen, dass diese im Wege einer Fiktion zu unterstellen ist. Die Entscheidung der Vorinstanz begründet nur eine **Vermutung** dafür, dass die Verteidigung gegen ein Rechtsmittel Aussicht auf Erfolg hat. Wo diese Vermutung nicht gerechtfertigt ist, ist I 2 nicht anzuwenden. Die Abweichung ist vom Gericht zu begründen (BVerfG NJW 87, 1619; OLG Frankfurt NJW-RR 97, 1084).

20 Eine **Ausnahme** von § 119 I 2 begründen die Fälle, in denen die Erfolgsaussicht entfallen ist, weil sich die **rechtl oder tatsächl Grundlagen** der vorinstanzl Entscheidung **geändert** haben, zB wenn die Berufung infolge einer Gesetzesänderung nach Verkündung des erstinstanzl Urteils begründet ist (OLG Celle FamRZ 77, 648) oder wenn nachträgl Umstände den unstreitigen oder bewiesenen Sachverhalt, auf dem das 1. Urteil beruht, zuungunsten des Rechtsmittelgegners geändert haben (BGH NJW 1962, 739; OLG Bamberg FamRZ 99, 111; OLG Hamm FamRZ 95, 747 mwN: Aussöhnung nach Ausspruch der Scheidung; OLG Koblenz MDR 2003, 1435: Urk, die das 1. Urteil widerlegt). Eine weitere Ausnahme ist nach dem Rechtsgedanken des § 124 Nr 1 gerechtfertigt, wenn der ASt in vorwerfbarer Weise, zB unter Verstoß gegen § 138 I ein **unrichtiges Urteil herbeigeführt** hat (OLG Jena FamRZ 2004, 1501; OLG Stuttgart MDR 2005, 1070). Wenn das angefochtene **Urteil offensichtl falsch** ist, erhält der Rechtsmittelgegner ebenfalls mangels Erfolgsaussicht keine PKH (OLG Brandenburg FamRZ 2004, 1036; OLG Düsseldorf FamRZ 88, 416). Diese Einschränkung des I 2 ist allerdings eng zu verstehen und auf krasse Fälle zu beschränken, weil andernfalls doch eine echte Prüfung der Erfolgsaussichten *stattfinden würde* (sa BVerfG NJW 2010, 987).

21 Nicht zu prüfen ist nach § 119 I 2 auch, ob die Verteidigung gegen das Rechtsmittel **mutwillig** ist. Das Rechtsmittelgericht kann PKH aber in Abweichung von dieser Vermutung verweigern, wenn eine **Verteidigung** gegen

das Rechtsmittel durch den ASt **nicht notwendig** ist. Auch wenn das Rechtsmittel nicht ausdrückl zur Fristwahrung eingelegt worden ist, ist einem Rechtsmittelbekl, der in der Vorinstanz obsiegt hat, PKH für die Rechtsmittelinstanz daher im Allg **erst** zu gewähren, wenn die **Rechtsmittelbegründung** vorliegt und es nicht, zB wegen Versäumung der Begründungsfrist, als unzulässig zu verwerfen ist (BGH MDR 2012, 1487; BGH NJW-RR 2001, 1009; BAG NJW 2018, 2433). Dies gilt aber nicht, wenn die Zulässigkeit des Rechtsmittels zweifelhaft ist, weil der ASt dann zur Wahrnehmung seines rechtl Gehörs auf PKH angewiesen ist. Nicht verweigert werden darf die PKH auch deswegen, weil das Gericht nach der Rechtsmittelbegründung beabsichtigt, die Berufung nach § 522 II zurückzuweisen (BGH MDR 2010, 828; BGH MDR 2017, 1022). PKH darf dem Berufungsbekl schließl nicht mit der Begr verweigert werden, er hätte seine Verteidigung gegen den Berufungsangriff bereits in 1. Instanz vorbringen können (BVerfG NJW 2010, 987).

4) Ratenzahlung. Die Ratenzahlungspflicht bildet bei einem in mehreren Instanzen geführten Verf eine Einheit, so dass für den gesamten Rechtsstreit nur eine Ratenzahlungspflicht festgesetzt wird, mithin nicht zB für das erstinstanzl und das Berufungsverf nebeneinander PKH-Raten aufzubringen sind (BGH NJW 83, 944; BGH EzFamR ZPO § 115 Nr 3). Diese **einheitl Ratenzahlungspflicht** hat zur Folge, dass die durch die Vorinstanz festgesetzten Raten – anders als die Raten aus anderen Rechtsstreitigkeiten (s § 115 Rn 49) – nicht als besondere Belastung abzusetzen sind. Sie kommt überdies dadurch zum Ausdruck, dass nach § 115 II 4 unabhängig von der Zahl der Rechtszüge höchstens 48 Monatsraten (für alle Instanzen) aufzubringen sind (s § 115 Rn 52). Eine **abweichende Festsetzung** der Raten durch das Rechtsmittelgericht auf Grundlage der persönl und wirtschaftl Verhältnisse im Zeitpunkt seiner Entscheidung (s Rn 17), ersetzt die erstinstanzl Entscheidung. Die Partei hat nur noch die neue Rate zu zahlen (BGH NJW 83, 944; OLG Hamm FamRZ 86, 1014). Setzt die 2. Instanz die Raten herab, so sind von dem Tag an, von dem an die Neufestsetzung wirkt, also idR ab Vorliegen eines formgerechten Antrags (s Rn 4), nur noch die herabgesetzten Raten zu zahlen (OLG Hamm FamRZ 86, 1014). Entscheidet die 2. Instanz, dass keine Raten zu zahlen sind, so braucht die Partei auch die Raten nicht mehr zu zahlen, die die Vorinstanz festgesetzt hatte (OLG Stuttgart FamRZ 2003, 106; OLG Hamm FamRZ 86, 1014; aA KG Rpfleger 85, 166). Wenn die 1. Instanz die Partei von Ratenzahlungen freigestellt hatte und die 2. die Zahlung von Raten anordnet, dienen diese nur dazu, die Kosten der 2. Instanz zu decken (OLG Oldenburg MDR 2003, 110; OLG Stuttgart FamRZ 2003, 106). Von den Kosten der 1. Instanz ist die Partei weiterhin befreit. Der in 1. Instanz beigeordnete RA kann eine weitere Vergütung nach § 50 RVG daher nicht erlangen (OLG München AnwBl 97, 356; aA OLG Hamm Rpfleger 94, 469). Nur auf eine Beschwerde der Staatskasse hin (OLG Köln FamRZ 99, 1144; OLG Oldenburg MDR 2003, 110) oder durch eine Änderungsentscheidung nach § 120a, die eine wesentl Verbesserung ihrer Verhältnisse voraussetzt, kann die Partei verpflichtet werden, auch die Kosten 1. Instanz in Raten nachzuzahlen (OLG Stuttgart MDR 2002, 1396; OLG Köln FamRZ 99, 1144; LAG Hamm NZA-RR 2015, 327; aA LG Osnabrück Rpfleger 94, 363). 22

V) Zwangsvollstreckung (§ 119 II). Für fG-FamS (s vor § 23 FamFG Rn 1) gilt der wortgleiche § 78 II FamFG. PKH für das Erkenntnisverf erstreckt sich grds nicht auf die ZwV; für diese ist PKH gem § 117 I 3 gesondert bei dem für die ZwV zuständigen Gericht zu beantragen. Eine Ausnahme gilt für die Beiordnung des RA gem § 48 II RVG im Arrestverf und Verf der einstw Verfügung (s Rn 3.3). Für die Gerichtskosten (GV-Kosten) bleibt aber auch hier eine gesonderte Bewilligung erforderl, für die keine Zuständigkeit des Prozessgerichts besteht (aA MskV/Fischer Rn 8). Dies schließt es aber nicht aus, dass zugleich PKH für beide Verf beantragt wird. Der PKH-Antrag für die ZwV ist dann an das Vollstreckungsgericht weiterzuleiten (LG Wuppertal DAVorm 86, 908). 23

Bei ZwV in das **bewegl Vermögen** (§§ 803-863) erstreckt sich die PKH-Bewilligung pauschal auf alle Vollstreckungsmaßnahmen einschließl des Antrags auf Abgabe der Vermögensauskunft und eidesstattl Versicherung als Vorbereitungsmaßnahme (§§ 802c ff; MK/Wache Rn 53). Vollstreckungsmaßnahmen außerhalb des Bezirks des Vollstreckungsgerichts sind nicht umfasst; eine Ausnahme gilt für die Zustellung eines PfÜB an einen Drittschuldner mit Sitz außerhalb des Gerichtsbezirks (AG Siegburg JA 2021, 217; AG Dortmund DGVZ 2006, 126). Da die Vermögensverhältnisse des Sch idR nicht sicher beurteilt werden können, wird Erfolgsaussicht zumeist vorliegen. Ob die **Beiordnung eines RA** erforderl iSd § 121 II ist, ist aber für jede ZwV-Maßnahme separat zu prüfen (BGH MDR 2010, 286; sa § 121 Rn 1); zu diesem Zweck sind die konkret beabsichtigten Vollstreckungsmaßnahmen zu bezeichnen (LG Rostock Rpfleger 2003, 304). Die einmal erteilte **Pauschalbewilligung erlischt** nach dem Gesetzeswortlaut auch dann **nicht**, wenn mehrfache Vollstreckungsversuche erfolglos geblieben sind; um eine missbräuchl Ausnutzung dieses Umstands zu verhindern, ist § 124 II analog anzuwenden, wenn ein weiterer Versuch mutwillig ist. Teilw wird die Regelungslücke auch dadurch geschlossen, dass PKH für die ZwV von vornherein zeitl befristet gewährt wird (AG Charlottenburg 19.10.2012 – 34 M 7020/12). Abgesehen davon, dass das Gesetz eine Befristung der PKH nicht kennt, ist angesichts des bei Bewilligung noch unklaren weiteren Verlaufs die Befristung aber kein geeignetes Mittel, Mutwillen zu verhindern (LG Saarbrücken JAmt 2010, 337). 24

Bei **anderen Arten** der ZwV, insb der Immobiliarvollstreckung, ist grds die gesonderte Bewilligung für jede Vollstreckungshandlung erforderl (BGH NJW-RR 2004, 787). Die Androhung nach § 890 II gehört allerdings gem § 119 I 1 zum Rechtszug des Erzwingungsverf nach § 890 I, weil sie keine bes Kosten auslöst (vgl § 890 Rn 28). Der Hinweis nach § 89 II FamFG gehört zum Erkenntnisverf; für ein Verf auf seine Nachholung (s § 89 FamFG Rn 8) wird nicht gesondert PKH gewährt (OLG Zweibrücken MDR 2014, 110). 25

§ 120 Festsetzung von Zahlungen

(1) [1]Mit der Bewilligung der Prozesskostenhilfe setzt das Gericht zu zahlende Monatsraten und aus dem Vermögen zu zahlende Beträge fest. [2]Setzt das Gericht nach § 115 Absatz 1 Satz 3 Nummer 5 mit Rücksicht auf besondere Belastungen von dem Einkommen Beträge ab und ist anzunehmen, dass die Belastungen bis zum Ablauf von vier Jahren ganz oder teilweise entfallen werden, so setzt das Gericht zugleich diejenigen Zahlungen fest, die sich ergeben, wenn die Belastungen nicht oder nur in verringertem Umfang berücksichtigt werden, und bestimmt den Zeitpunkt, von dem an sie zu erbringen sind.

(2) Die Zahlungen sind an die Landeskasse zu leisten, im Verfahren vor dem Bundesgerichtshof an die Bundeskasse, wenn Prozesskostenhilfe in einem vorherigen Rechtszug nicht bewilligt worden ist.

(3) Das Gericht soll die vorläufige Einstellung der Zahlungen bestimmen,

1. wenn die Zahlungen der Partei die voraussichtlich entstehenden Kosten decken;

2. wenn die Partei, ein ihr beigeordneter Rechtsanwalt oder die Bundes- oder Landeskasse die Kosten gegen einen anderen am Verfahren Beteiligten geltend machen kann.

1 **I) Bedeutung.** § 120 regelt die an die Staatskasse nach § 115 II, III zu leistenden Zahlungen der bedürftigen Partei. Für Änderungen der wirtschaftl Verhältnisse nach Bewilligung gilt § 120a.

2 **II) Festsetzung von Zahlungen (§ 120 I). 1) Zwingende Regelung.** Nach I 1 ist zugleich mit der **Bewilligung** über die **Ratenzahlung** zu entscheiden. Außerdem ist in dem PKH-Beschluss festzulegen, in welcher Höhe die Partei ihr Vermögen einsetzen muss. Regelt der Beschluss diese Punkte nicht, sind keine Raten oder Beträge aus dem Vermögen zu zahlen. Eine spätere Anordnung von Zahlungen kommt nur unter den Voraussetzungen des § 120a oder dann in Betracht, wenn die PKH-Bewilligung ausdrückl **unter Vorbehalt** der Ratenzahlung nach besserer Prüfung gestellt ist (OLG Hamm FamRZ 2003, 1021). Dann muss aber der Vorbehalt bis zum Erlass der Hauptsacheentscheidung ausgeübt werden, sonst bleibt es bei der ursprüngl Bewilligung ohne Ratenzahlung (OLG Hamm FamRZ 2003, 1021).

3 **2) Gegenstand der Festsetzung (§ 120 I 1). a) Ratenzahlung.** Bei Ratenzahlung ist die **Höhe** der Raten betragsmäßig festzulegen. Zu Änderungen der Ratenhöhe bei mehreren Instanzen s § 119 Rn 22, zur Berücksichtigung absehbarer Veränderungen s Rn 5 f. Das Gericht kann, muss aber nicht den **Ratenbeginn** festlegen (sa Rn 9). Der Beginn muss dann nach dem Kalender datiert oder zumindest berechenbar festgelegt werden. Unzulässig ist die Festsetzung der Ratenzahlung ab Rechtskraft der Hauptsacheentscheidung (OLG Zweibrücken JurBüro 85, 1264). Der Ratenbeginn muss **in der Zukunft** liegen. Die Partei darf nicht verpflichtet werden, rückwirkend ab Einreichung des PKH-Antrags Raten zu zahlen. Dies gilt auch in solchen Fällen, in denen die PKH-berechtigte Partei nur in der Zeit zwischen Antragstellung und Beschlussfassung imstande war, Raten zu bezahlen, danach aber nicht mehr (aA OLG Karlsruhe FamRZ 2006, 1614). Die zeitl Beschränkung darf auch nicht dadurch umgangen werden, dass die Zahlung der von Antragseingang bis Bewilligungsentscheidung angefallenen Raten als Zahlung aus dem Vermögen deklariert wird (KG MDR 99, 510). Es empfiehlt sich, den Beginn der Ratenzahlung auf den Monatsbeginn nach dem voraussichtl Ablauf der Beschwerdefrist gem § 127 II 3 zu legen (MK/Wache Rn 5). Die Anzahl der Raten oder der Tag, an dem die Ratenzahlung endet, sind nicht zu bestimmen, weil sie sich nicht voraussehen lassen (OLG Schleswig SchlHA 81, 114).

4 **b) Zahlungen aus dem Vermögen.** Soweit die Partei aus ihrem Vermögen Kosten zahlen kann (s § 115 Rn 53 ff), ist der zu zahlende Betrag **zu beziffern** (OLG Koblenz FamRZ 2006, 1285; OLG Koblenz FamRZ 2012, 1404). Ausnahmsw können **Ratenzahlungen** aufgrund Vermögenserwerbs angeordnet werden, wenn die Partei eine ihr zustehende Forderung, zB einen Prozesskostenvorschuss, nur in Raten einziehen kann (s § 115 Rn 63). Steht ein zukünftiger Vermögenserwerb fest, den die Partei für die PKH einzusetzen hat, kann dieser bereits bei dem Beschluss über die PKH berücksichtigt werden (s Rn 7).

5 **3) Absehbare zukünftige Veränderungen. a) Änderung besonderer Belastungen (§ 120 I 2).** Schon bei der PKH-Bewilligung hat das Gericht zu prüfen, ob bes Belastungen, die nach § 115 I 3 Nr 5 vom Einkommen abgesetzt worden sind, länger als 4 Jahre vom Hilfsbedürftigen zu tragen sind. Ist das nicht der Fall, dann berücksichtigt es bereits im Bewilligungsbeschluss den späteren Wegfall der Belastungen und setzt von diesem Zeitpunkt ab die Raten herauf oder erstmalig fest (OLG Frankfurt FamRZ 92, 1451: Ende der Kreditraten). I 2 gilt entspr für den umgekehrten Fall, dass bes Belastungen absehbar eintreten werden (MskV/Fischer Rn 6).

6 **b) Weitere Veränderungen des Einkommens.** Bei der Bewilligung sind grds nur die gegenwärtigen Verhältnisse maßgebend (s § 115 Rn 3). Die mit zahlreichen Unwägbarkeiten verbundene Einkommensentwicklung bleibt bei der Festsetzung der Raten außer Betracht. Dass ALG nur bestimmte Zeit gewährt wird, rechtfertigt es nicht, die Raten vorsorgl ab dessen Ende herabzusetzen. Eine entspr Anwendung des § 120 I 2 kommt aber in Betracht, wenn sich andere als bes Belastungen zukünftig ändern werden, wie zB die Kosten für die Unterkunft (§ 115 I 3 Nr 3) aufgrund eines bei PKH-Bewilligung bereits abgeschossenen Mietvertrags (LAG Hamm 29.8.2022 – 5 Ta 223/22).

c) Absehbarer Erwerb von Vermögen. Steht **mit Sicherheit** fest, dass es bis zum Ablauf von 4 Jahren nach PKH-Bewilligung sicher an einem bestimmten Datum zu einem Vermögenserwerb kommt, kann auch hier § 120 I 2 analog angewandt werden. Der Zeitpunkt der dann zu erbringenden Einmalzahlung ist zu bestimmen. Ist die Benennung eines **konkreten Datums** nicht mögl, ist zunächst PKH ohne Einmalzahlung zu bewilligen; diese Entscheidung ist später nach § 120a zu ändern. **Nicht** absehbar ist die **Erfüllung des eingeklagten Anspruchs** (sa § 115 Rn 57). Eine Bewilligung mit der Maßgabe, dass die Klageforderung bei ihrem Zufluss für die Prozesskosten einzusetzen ist, ist daher unzulässig (OLG Hamm MDR 2012, 50; MK/Wache Rn 8; aA OLG Bamberg FamRZ 99, 996; sa § 120a III; § 127 Rn 20). 7

Übersteigt das zukünftige Vermögen zu einem bestimmten Zeitpunkt mit Sicherheit die Verfahrenskosten oder ist der Partei zu einem bestimmten Zeitpunkt fiktives Vermögen zuzurechnen, weil sie den Erwerb von Barvermögen unterlässt (s § 115 Rn 67), kann PKH auch in der Weise gewährt werden, dass der ASt zu diesem Zeitpunkt anstelle eines konkreten Betrags der Staatskasse die von ihr verauslagten **Prozesskosten zu erstatten hat** (BAG FamRZ 2006, 1445; OLG Celle FamRZ 2018, 607; OLG Koblenz MDR 2014, 48; OLG Bremen FamRZ 2011, 386; OLG Karlsruhe MDR 2009, 533; OLG Nürnberg AnwBl 97, 236; aA OLG Hamm MDR 2012, 50). Eine bloße **Stundung** der Verfahrenskosten liegt darin nicht; eine Tenorierung, dass anstelle der PKH-Bewilligung die Verfahrenskosten bis zu einem bestimmten Datum gestundet werden, ist daher unzulässig. 8

III) Zahlungen der Partei (§ 120 II). 1) Beginn der Ratenzahlung. Die Zahlungspflicht setzt, soweit nichts anderes bestimmt ist (s Rn 3), grds mit dem Beginn des Folgemonats nach **Zugang der PKH-Bewilligung** ein. Fehlt in der Bewilligung überdies die Angabe der Zahlstelle, mithin die Nr des Kontos, auf das die Zahlungen zu überweisen sind, sind die Raten erst von dem Tag an zu zahlen, an dem der PKH-berechtigten Partei eine Zahlungsaufforderung der zuständigen Staatskasse (sa Nr 4.1 DB-PKH; § 26 KostVfg; OLG Brandenburg FamRZ 2001, 633) zugeht. Zahlungen sind allerdings nicht zu leisten, bevor schon Geb fällig sind (arg § 120 III Nr 1 aF und § 6 GKG; KG Rpfleger 84, 477). Im Anwaltsprozess stehen dem beigeordneten RA ab Zeitpunkt der Beiordnung Vergütungsansprüche gegen die Staatskasse zu, unabhängig von deren Geltendmachung. Wegen dieser fälligen Zahlungspflicht kann ab dem auf die Beiordnung folgenden Monat Zahlung von Raten angeordnet werden (OLG München MDR 2012, 184). 9

2) Ende der Ratenzahlung. Erst nach Rechtskraft des Urteils oder sonstiger Verfahrensbeendigung berechnet der Rpfleger die Kosten, die die Partei zu zahlen hat, und bestimmt, wann und in welcher Höhe die letzte Rate zu zahlen ist (zur vorläufigen Einstellung s Rn 13). Sind die Kosten höher als 48 Raten (§ 115 II), dann bestimmt er, wann die letzte der 48 Raten zu zahlen ist. Monate, in denen keine Raten gezahlt worden sind, zählen bei der Berechnung der 48 Raten nicht (s § 115 Rn 51). 10

3) Zahlstelle. Die Zahlungen sind an die Landeskasse zu leisten. Das gilt auch im Verf vor dem BGH. Hatten jedoch dessen Vorinstanzen keine PKH bewilligt, so ist an die Bundeskasse zu zahlen. Verweist der BGH den Prozess an das OLG zurück und bewilligt dieses PKH, so sind von da an die Raten an die Landeskasse zu zahlen (BGH NJW 83, 944). Der Eingang der Zahlungen wird von der Geschäftsstelle des Gerichts, bei dem sich das PKH-Beiheft befindet, überwacht (Nr 2.3 DB-PKH); gerät die Partei mit den Raten in Rückstand, sind die Akten dem Rpfleger vorzulegen (Nr 2.4.2 DB-PKH). Die **Beitreibung** der im Verf der PKH fälligen Zahlungen (die laufenden Monatsraten sowie die Vermögensbeträge) richtet sich nach dem JBeitrG (§ 1 I Nr 4a JBeitrG). 11

IV) Vorläufige Einstellung (§ 120 III). 1) Zuständigkeit. Während des Berufungsverf ist das Berufungsgericht für die vorläufige Einstellung der Zahlungen zuständig, auch wenn nur erstinstanzl PKH bewilligt worden ist (§ 127 I 2; OVG Hamburg FamRZ 90, 81). Funktionell ist der **Rpfleger** zuständig (§ 20 I Nr 4b RPflG). 12

2) Wegen Kostendeckung (§ 120 III Nr 1). Sind die voraussichtl entstehenden Kosten des Rechtsstreits durch bereits erfolgte Zahlungen der Partei abgedeckt, hat der Rpfleger die vorläufige Einstellung der Ratenzahlungen anzuordnen. Ergibt die Überwachung der Zahlungseingänge, dass die Raten demnächst die Kosten abdecken werden, dann ist die Sache auf Frist zu legen, oder es ist anzuordnen, dass die Zahlungspflicht ab Leistung bestimmter weiterer Raten vorläufig endet. Für die die Einstellung der Ratenzahlung rechtfertigende Kostendeckung kommt es auf die **voraussichtl in dem jew Rechtszug (§ 119 I 1) von der PKH-Partei geschuldeten Gerichtskosten** und Kosten des beigeordneten RA an; außer Betracht bleiben die Kosten, die die Partei nur bei einer nachteiligen Entscheidung schuldet (sa § 114 Rn 12). Ist dem Bekl PKH bewilligt worden, sind die Gerichtskosten daher zunächst nicht zu berücksichtigen, weil er zunächst nicht Kostenschuldner ist (§ 22 I GKG; OLG Hamburg NJW 2011, 3589 = MDR 2012, 248). Maßgeblich sind die **vollen Geb des beigeordneten RA** (OLG Düsseldorf MDR 93, 90; OLG Karlsruhe FamRZ 95, 495; MK/Wache Rn 12). Dass die verminderten Anwaltsgeb nach § 49 RVG gedeckt sind, reicht nicht aus. Denn nach § 50 I RVG hat die Staatskasse über die Geb des § 49 hinaus weitere Beträge bis zur Höhe der Geb nach § 13 RVG einzuziehen. Zur Kostendeckung, wenn in verschiedenen Instanzen Raten von unterschiedl Höhe festgesetzt werden, s § 119 Rn 22. 13

Zu viel gezahlte Raten sind **zurückzuzahlen** und dürfen nicht wegen Geb, die möglicherw erst in Zukunft anfallen, zurückgehalten werden (OLG Koblenz MDR 2000, 604). Ändert sich die Schlusskostenrechnung später zu Ungunsten der Partei, zB weil dem Bekl die Gerichtskosten auferlegt worden sind (sa § 29 Nr 1, § 31 III 1 Hs 2 GKG), dann ist die **Wiederaufnahme der Ratenzahlung** anzuordnen. 14

15 **3) Anderweitige Kostenbeitreibungsmöglichkeit (§ 120 III Nr 2).** Sind die Kosten des Hauptsacheverf aufgrund gerichtl Entscheidung oder Vergleichs **vom Gegner zu tragen**, bestimmt der Rpfleger, dass die Partei ihre Zahlungen vorläufig einzustellen hat. Hat der Gegner nur einen Anteil an den Kosten zu tragen, ist festzustellen, ob noch eine von der Partei zu tragende Restschuld verbleibt (sa Nr 8.1 DB-PKH). Nach Einstellung der Zahlungen ist der noch nicht bezahlte Betrag vom Gegner beizutreiben (§ 31 II, § 29 Nr 1 GKG; OLG Köln FamRZ 86, 926); vorausgesetzt, ihm ist nicht ebenfalls PKH bewilligt worden (OLG Düsseldorf JurBüro 86, 1878). Der Gegner haftet dabei auch für die nach § 59 I RVG auf die Staatskasse übergegangene Vergütung des beigeordneten RA. Schlägt die Beitreibung fehl, ist anzuordnen, dass der Hilfsbedürftige die Ratenzahlungen wiederaufzunehmen hat (OLG Hamburg MDR 85, 941). Dass die Gerichtskasse dem Gegner Stundung gewährt, rechtfertigt keine Wiederaufnahme der Ratenzahlungen der Partei (OLG Hamm Rpfleger 82, 197). Ferner ist die Ratenzahlung vorläufig einzustellen, wenn die noch offenen Kostenbeträge von einem Verfahrensbeteiligten gefordert werden können, der sich durch Vergleich zur Übernahme bereit erklärt hat (§ 29 Nr 2 GKG). Wer solche Ansprüche geltend machen kann, ist belanglos (BGH MDR 91, 680).

§ 120a Änderung der Bewilligung

(1) [1]Das Gericht soll die Entscheidung über die zu leistenden Zahlungen ändern, wenn sich die für die Prozesskostenhilfe maßgebenden persönlichen oder wirtschaftlichen Verhältnisse wesentlich verändert haben. [2]Eine Änderung der nach § 115 Absatz 1 Satz 3 Nummer 1 Buchstabe b und Nummer 2 maßgebenden Beträge ist nur auf Antrag und nur dann zu berücksichtigen, wenn sie dazu führt, dass keine Monatsrate zu zahlen ist. [3]Auf Verlangen des Gerichts muss die Partei jederzeit erklären, ob eine Veränderung der Verhältnisse eingetreten ist. [4]Eine Änderung zum Nachteil der Partei ist ausgeschlossen, wenn seit der rechtskräftigen Entscheidung oder der sonstigen Beendigung des Verfahrens vier Jahre vergangen sind.

(2) [1]Verbessern sich vor dem in Absatz 1 Satz 4 genannten Zeitpunkt die wirtschaftlichen Verhältnisse der Partei wesentlich oder ändert sich ihre Anschrift, hat sie dies dem Gericht unverzüglich mitzuteilen. [2]Bezieht die Partei ein laufendes monatliches Einkommen, ist eine Einkommensverbesserung nur wesentlich, wenn die Differenz zu dem bisher zu Grunde gelegten Bruttoeinkommen nicht nur einmalig 100 Euro übersteigt. [3]Satz 2 gilt entsprechend, soweit abzugsfähige Belastungen entfallen. [4]Hierüber und über die Folgen eines Verstoßes ist die Partei bei der Antragstellung zu belehren.

(3) [1]Eine wesentliche Verbesserung der wirtschaftlichen Verhältnisse kann insbesondere dadurch eintreten, dass die Partei durch die Rechtsverfolgung oder Rechtsverteidigung etwas erlangt. [2]Das Gericht soll nach der rechtskräftigen Entscheidung oder der sonstigen Beendigung des Verfahrens prüfen, ob eine Änderung der Entscheidung über die zu leistenden Zahlungen mit Rücksicht auf das durch die Rechtsverfolgung oder Rechtsverteidigung Erlangte geboten ist. [3]Eine Änderung der Entscheidung ist ausgeschlossen, soweit die Partei bei rechtzeitiger Leistung des durch die Rechtsverfolgung oder Rechtsverteidigung Erlangten ratenfreie Prozesskostenhilfe erhalten hätte.

(4) [1]Für die Erklärung über die Änderung der persönlichen oder wirtschaftlichen Verhältnisse nach Absatz 1 Satz 3 muss die Partei das gemäß § 117 Absatz 3 eingeführte Formular benutzen. [2]Für die Überprüfung der persönlichen und wirtschaftlichen Verhältnisse gilt § 118 Absatz 2 entsprechend.

II 4 geändert durch G zur Förderung des Einsatzes von Videokonferenztechnik in der Zivilgerichtsbarkeit und den Fachgerichtsbarkeiten v 15.7.2024 (BGBl 2024 I Nr 237) mWv 19.7.2024.

1 **I) Bedeutung.** § *120*a ermöglicht es, die bei Bewilligung nach § 120 I festgesetzten Zahlungen wegen **nachträgl Verschlechterung oder Verbesserung** der wirtschaftl Verhältnisse abzuändern. Stellt sich die ursprüngl Unrichtigkeit der festgesetzten Zahlungen wegen bei Beschlussfassung falsch angegebener wirtschaftl Verhältnisse

heraus, kann der PKH-Beschluss nicht nach § 120a abgeändert, sondern lediglich unter den Voraussetzungen des § 124 I Nr 2, 3 aufgehoben werden. Die **Bewilligung** von PKH als solche lässt § 120a **unberührt**. Auch wenn das nun einzusetzende Vermögen so hoch ist, dass es zur Bezahlung der gesamten Prozesskosten ausreicht, darf die PKH-Bewilligung nicht aufgehoben werden (BGH NJW 94, 3292, 3294; OLG Köln FamRZ 99, 304; OLG Karlsruhe MDR 99, 1408; sa Rn 15). Der beigeordnete RA kann daher durch eine Bewilligungsveränderung seine Gebührenansprüche gegen die Staatskasse nicht verlieren. § 120a ist als **Soll-Vorschrift** ausgestaltet, um zu verdeutlichen, dass dem Gericht bei Vorliegen der Voraussetzungen für eine Änderung kein Ermessensspielraum eingeräumt ist, mit Ausnahme von atypischen Konstellationen. Die Partei kann sich dabei nicht auf ein Vertrauen in den Umfang der PKH-Bewilligung berufen; sie muss vielmehr auch schon vor Einleitung des Verf nach § 120a mit der Verpflichtung zum Einsatz eines neu erlangten Vermögens für die Verfahrenskosten rechnen (BGH NJW-RR 2008, 144; OLG Koblenz MDR 2015, 1204). Das ist die Kehrseite davon, dass zukünftiges Einkommen und Vermögen bei der PKH-Bewilligung grds außer Betracht bleiben (s § 115 Rn 3, 54).

II) Überprüfungsverfahren. 1) Einleitung. Das Verf nach § 120a wird eingeleitet durch Mitteilung der Partei 2
über Veränderungen (II), auf ihren Antrag (vgl I 2) oder (auch anlasslose) Initiative des Gerichts. Auch die Staatskasse kann die Durchführung des Verf beantragen (sa OLG Köln Rpfleger 2000, 398). Bereits der Hinweis auf die verschlechterte Vermögenslage, zB im Zusammenhang mit Zahlungsverzögerungen nach § 124 I Nr 5, ist ein entspr Antrag (OLG Saarbrücken FamRZ 2009, 1616). **Nach Abschluss des Verf** hat das Gericht vAw zu prüfen, ob sich infolge des Prozessausgangs die wirtschaftl Verhältnisse der Partei wesentl geändert haben und daher die Entscheidung über die PKH-Bewilligung zu ändern ist (**§ 120a III 2**). Eine Verbesserung wird meist nur auf Seiten des Kl in Betracht kommen, kann aber in Einzelfällen, etwa bei einer Abfindung im Rahmen einer gütl Beilegung einer Räumungsrechtsstreitigkeit, auch beim Bekl eintreten (BTDrs 17/11472, 34).

2) Zuständigkeit. Für die Änderung ist der **Rpfleger** idR des Gerichts zuständig, das die PKH bewilligt hatte 3
(§ 20 I Nr 4c RPflG). Das gilt auch nach Abschluss des Verf. Während des Berufungsverf ist aber auch für die erstinstanzl bewilligte PKH das Berufungsgericht zuständig (sa § 120 Rn 12). UrkB können keine wirksamen Anordnungen treffen (OLG Frankfurt Rpfleger 2022, 306); besteht ein Anlass für eine Änderung, haben sie die Akten dem Rpfleger vorzulegen (Nr 5.1 DB-PKH).

3) Fortbestehen der Beiordnung. Die RA-Beiordnung (§ 121) besteht auch über den rechtskräftigen Abschluss 4
der Hauptsache hinaus für das PKH-Überprüfungsverf. **Zustellungen** einschließl der Aufforderung nach I 3 sind daher an den RA zu richten (str, s § 172 Rn 13 mN). Eine gesonderte Bestellung des RA für das Erstbewilligungsverf – die auch in der Einreichung des PKH-Antrags liegen können soll – ist insoweit nicht erforderl, weil die Zustellung im PKH-Verf zum Rechtszug der Hauptsache gehört (LAG Köln AGS 2020, 194; aA OLG Brandenburg FamRZ 2009, 898). Für die Mitwirkung am Verf nach § 120a kann der RA keine weitere Vergütung verlangen (OLG Nürnberg JurBüro 2018, 582).

4) Tod der Partei. Ist die mit PKH prozessierende Partei verstorben, erlischt zwar die PKH-Bewilligung 5
(s § 119 Rn 8), die angeordneten Zahlungspflichten bleiben aber bestehen und richten sich nunmehr gegen den Erben als Gesamtrechtsnachfolger (§§ 1922, 1967 BGB; Fischer Rpfleger 2003, 637, 640). Maßgebl sind nun die Einkommens- und Vermögensverhältnisse des Erben, so dass eine Abänderung nach § 120a angezeigt sein kann. Dieser wird durch die Möglichkeiten zur Beschränkung der Erbenhaftung geschützt (§§ 1975 ff, § 1990 BGB). Bedeutung kann § 120a dennoch haben, wenn zB der Schutz einer vom Erblasser genutzten Immobilie nach § 90 II Nr 8 SGB XII entfällt. War der Erblasser vermögenslos und erzielt der Erbe kein Einkommen, ist eine mit der PKH-Bewilligung angeordnete Ratenzahlung aufzuheben.

III) Wesentliche Veränderung der Verhältnisse (§ 120a I). 1) Veränderung. § 120a ist nur anwendbar, wenn 6
sich die persönl und wirtschaftl Verhältnisse **nachträgl** verändert haben. Die Veränderung muss eingetreten sein; tritt sie erst künftig ein, darf der Beschluss nach § 120a erst mit deren Eintritt gefasst werden, weil andernfalls die Frist des I 4 (s Rn 12) unterlaufen werden könnte (OLG Celle FamRZ 2020, 1570). Sie ist durch einen Vergleich der nach § 115 zu ermittelnden Verhältnisse zum Zeitpunkt der Beschlussfassung und derj zur Zeit der erneuten Entscheidung zu ermitteln (OLG Stuttgart FamRZ 2024, 880; OLG Brandenburg FamRZ 2020, 1571; OLG Düsseldorf FamRZ 2006, 1551). Unrichtig wäre es, allein die gegenwärtigen Verhältnisse der Partei zugrunde zu legen, auf dieser Grundlage die zu leistenden Zahlungen neu zu berechnen und diese mit den Zahlungen zu vergleichen, die die Partei nach der Ursprungsentscheidung aufzubringen hat. Mit dieser Verfahrensweise würden **Fehler im Bewilligungsbeschluss** korrigiert werden. Die Berichtigung der Ursprungsentscheidung ist aber nicht Gegenstand des Verf nach § 120a, sondern kann nur durch die sof Beschwerde erreicht werden (OLG Frankfurt FamRZ 2022, 124; OLG Nürnberg FamRZ 2015, 1315). Hat das Gericht bei PKH-Bewilligung fehlerhaft ein Hausgrundstück nicht berücksichtigt und wird dieses später veräußert, kann der erzielte Erlös im Abänderungsverf nicht berücksichtigt werden, weil er ledigl den bereits vorhandenen Vermögenswert fortschreibt (OLG Köln FamRZ 2007, 296). Sind im Bewilligungsbeschl trotz einzusetzenden Einkommens fehlerhaft keine Raten festgesetzt worden und erhöht sich später das Einkommen, können Raten nunmehr nur mit dem Betrag festgesetzt werden, um den sie sich bei zutreffender Ausgangsentscheidung erhöht hätten. Sind in dem Bewilligungsbeschl Raten ursprüngl zu hoch angesetzt, sind aber abweichend zugunsten der PKH-Partei

die zutreffenden Raten festzusetzen, denn eine Fortschreibung des Fehlers würde ihre wirtschaftliche Überforderung perpetuieren (sa § 124 Rn 24; aA LAG SchlH NZA-RR 2025, 102).

7 **2) Veränderungen durch Vermögenserwerb.** Nach der PKH-Bewilligung **erworbenes Vermögen** ist grds für die Bezahlung der Prozesskosten zu verwenden. Der nachträgl Erwerb nicht **verwertbaren** Vermögens rechtfertigt eine Abänderung nach § 120a nicht (OLG Nürnberg MDR 2004, 592); insoweit gelten dieselben Maßstäbe wie bei Bewilligung (s § 115 Rn 55 ff). Umgekehrt ist ein nachträgl Vermögenserwerb darin zu sehen, dass bei Bewilligung vorhandenes, aber nicht verwertbares Vermögen nunmehr verwertbar geworden ist, zB wenn eine unsichere Forderung gegen einen Dritten später von diesem bezahlt wird oder die Veräußerung eines Grundstücks zunächst nicht zeitgerecht mögl war, zwischenzeitl aber einen Käufer gefunden wurde (OLG Koblenz MDR 2005, 107; OLG Koblenz FamRZ 2006, 1134; OLG Brandenburg FamRZ 2006, 1851; sa § 115 Rn 93). Ein bei Bewilligung vorhandener und verwertbarer, aber zB wegen höherwertiger Verbindlichkeiten oder aus Versehen bei dieser nicht berücksichtigter Gegenstand, darf im Änderungsverf nach § 120a hingegen nicht berücksichtigt werden (sa OLG Köln FamRZ 2007, 296); das gilt auch, wenn ein übersehener Vermögensgegenstand zwischenzeitl in Geld umgesetzt wurde (OLG Schleswig JurBüro 2020, 382). Geht das Gericht bei der PKH-Bewilligung davon aus, dass die Partei derzeit unverwertbares Vermögen hat, so muss es dies im PKH-Beschluss begründen, um eine spätere Änderung nach § 120a zu ermöglichen. Eine Änderung nach § 120a ist ausgeschlossen, wenn und soweit das erworbene Vermögen **Schonvermögen** iSd § 90 II SGB XII ist (s § 115 Rn 69 ff).

8 Hat die Partei Vermögen erworben, aber **wieder ausgegeben**, ist von dem Grundsatz auszugehen, dass die Partei nach Bewilligung von PKH und nicht erst mit Einleitung des Verf nach § 120a mit der Verpflichtung zum Einsatz neu erlangten Vermögens für die Prozesskosten rechnen muss (OLG Koblenz MDR 2015, 1204). Verwendet sie ihr nachträgl erworbenes Vermögen anderweitig, kann sie sich idR nicht auf den Wegfall berufen (großzügiger BGH MDR 2007, 366: nur bei positiver Kenntnis der Änderungsmöglichkeit). Sie ist dann so zu behandeln, als habe sie das Vermögen noch. Erfolgte die Ausgabe aber für **dringende, lebenswichtige Anschaffungen**, haben sich ihre Lebensverhältnisse nicht wesentl verbessert und sie kann nicht zu Nachzahlungen auf die Prozesskosten herangezogen werden (OLG Koblenz MDR 2014, 615). Dasselbe gilt, wenn die Partei das Erworbene zur Bezahlung bereits bei Bewilligung **vorhandener** und nunmehr **fälliger Schulden** verbraucht hat oder noch benötigt, zB zur Ablösung des Kredits bei Hausverkauf (BGH MDR 2008, 157; OLG Braunschweig FuR 2017, 513; OLG Karlsruhe FamRZ 2009, 363; OLG Koblenz FamRZ 2006, 1134). Auch kann sich die Partei grds auf weitere **Verbindlichkeiten ggü der Staatskasse** aus anderen Verf berufen (OLG Koblenz MDR 2015, 1204). Liegt kein Ausnahmefall vor, darf die Partei zur Kostennachzahlung **auch dann** herangezogen werden, wenn sie mit dem Vermögen Sachen erworben hat, die zum **Schonvermögen** nach § 115 ZPO, § 90 II SGB XII gehören (s § 115 Rn 69 ff). Das gilt insb, wenn sie mit Mitteln des eingeklagten Zugewinnausgleichs ein Familienheim gekauft hat (BGH FamRZ 2007, 1720; BGH MDR 2008, 157; OLG München FamRZ 2017, 1143; früher str). Denn der Sinn der Privilegierung in § 90 II Nr 6 SGB XII liegt nur darin, der bedürftigen Partei den Mittelpunkt ihres bisherigen sozialen Lebens zu erhalten, nicht aber darin, ihr den Erwerb eines Grundstücks zu ermöglichen.

9 **3) Das durch den Prozess Erlangte (§ 120a III 1, 3).** Die (auch teilw) Erfüllung der **Klageforderung** und der Partei **erstattete Kosten** können zur Verbesserung der Einkommens- und Vermögensverhältnisse führen; ob die Zahlung nach Urteil oder aufgrund Vergleichs erfolgt, ist unerhebl. Die Titulierung von Ansprüchen allein begründet grds noch keinen Vermögenserwerb; anders ist es nur dann, wenn sie ohne weiteres realisierbar sind (s iE § 115 Rn 57). Eine Abänderung der Bewilligung setzt voraus, dass die Freibeträge (§ 115 I) oder das Schonvermögen (§ 115 III 2 iVm § 90 SGB XII) überstiegen werden (s III 3). Zum Schonvermögen gehören insb zweckgebundene Leistungen, zB Schmerzensgeld (OLG Saarbrücken FamRZ 2014, 1725; s § 115 Rn 88 f).

10 **4) Wesentlichkeit.** Nur wesentl Veränderungen rechtfertigen eine Abänderung der Zahlungspflichten nach § 120a. Wesentl ist eine Veränderung, wenn sie den **wirtschaftl oder sozialen Lebensstandard verändert** (OLG München FamRZ 98, 631; OLG Karlsruhe FamRZ 91, 840). Hierzu ist die Betrachtung der konkreten Umstände erforderl. Eine wesentl **Verbesserung des Einkommens** ist nach II 2 bei einem Brutto-Mehreinkommen von 100 Euro erreicht (s Rn 19; LAG BadWürtt Rpfleger 2016, 166; aA MskV/Fischer Rn 10: nur Indiz); der Mindestbetrag für einzusetzendes Einkommen gem § 115 II 2 muss hingegen nicht in dieser Höhe überschritten sein. Die Freigrenze gilt gem II 3 auch für den Wegfall nach § 115 I 3 abzugsfähiger Belastungen. Für einen **Vermögenserwerb** fehlt eine Wertgrenze im Gesetz. Um eine erhebl Ungleichbehandlung vor und nach PKH-Bewilligung erworbenen Vermögens zu vermeiden, ist jeder Erwerb, der zu einem einzusetzenden Vermögen führt, wesentl (OLG Brandenburg FamRZ 2020, 1571). Eine **Verschlechterung** der wirtschaftl Verhältnisse ist schon dann anzunehmen, wenn die Partei einen Einkommensverlust nicht nur im Bagatellbereich erleidet.

11 **5) Einzelfälle (alphabetisch).** Wesentl und nicht wesentl Veränderungen in alphabetischer Reihenfolge:

11.1 • **Abfindungen.** Sie können das Einkommen oder das Vermögen verbessern (s § 115 Rn 7). Sind sie in Einkommen umzurechnen, setzt das Gericht bei einer wesentl Verbesserung (s Rn 10) höhere Raten fest. Sa Rn 11.3 (Arbeitseinkommen) und Rn 11.15 (Unterhalt).

11.2 • **Anfechtung der Vaterschaft.** Wird die Vaterschaft mit Erfolg angefochten, kann das Kind von seinem leibl Vater verlangen, dass dieser ihm die Kosten des Anfechtungsverf als Sonderbedarf erstattet (BGH NJW 88,

2604 = MDR 88, 479). Die bloße Möglichkeit, diesen Anspruch durchsetzen zu können, reicht nicht aus, um die dem Kind bewilligte PKH abzuändern (OLG Dresden MDR 99, 571; OLG Nürnberg MDR 2004, 592; aA OLG Nürnberg FamRZ 95, 1593; OLG Bamberg FamRZ 95, 1591). Vielmehr muss das Kind den Kostenerstattungsanspruch durchgesetzt haben oder er muss ohne weiteres realisierbar sein (s § 115 Rn 57).

• **Arbeitseinkommen.** Die früher teilw formalisiert herangezogene Grenze von 10 % des Nettoeinkommens 11.3
(LAG Düsseldorf JurBüro 89, 1446), gilt wegen § 120a II 2 nicht mehr (s Rn 10). Sonderzahlungen sind nur zu berücksichtigen, wenn sich durch sie das durchschnittl Monatseinkommen um mehr als 100 Euro brutto erhöht (s § 115 Rn 10).

• **Bausparguthaben.** War die Verwertung eines Bausparvertrags zunächst nicht zumutbar (s § 115 Rn 91), ist 11.4
sie es aber zB durch Eintritt der Zuteilungsreife nachträgl geworden, stellt das Bausparguthaben eine wesentl Vermögensverbesserung dar (BGH MDR 2007, 1388).

• **Bürgergeld.** Eine Erhöhung des Regelbedarfs rechtfertigt keine Abänderung, weil sie im wesentl den Anstieg 11.5
der Lebenshaltungskosten ausgleicht, mithin keine Verbesserung des Lebensstandards ermöglicht (LAG Bremen MDR 93, 695; sa § 115 Rn 19).

• **Erbfall.** Finanzielle Mittel, die der Partei als Erbe zufließen, sind zu berücksichtigen (OLG Düsseldorf Rpfleger 2001, 244). 11.6

• **Freibeträge (§ 120a I 2).** Die sich regelmäßig ändernden Freibeträge für Erwerbstätige und für Unterhalt 11.7
(§ 115 I 3 Nr 1 b, Nr 2 a und b) sollen nicht zu einer ständigen Anpassung der Ratenzahlungspflicht führen. Aus diesem Grund sind sie nach I 2 nur bei einem Antrag der Partei und dann zu berücksichtigen, wenn Folge ihrer Erhöhung ist, dass überhaupt keine Rate mehr zu zahlen ist.

• **Immobilien.** Die Veräußerung einer bisher nicht verwertbaren Immobilie (s § 115 Rn 93) führt zu einer ein- 11.8
zusetzenden Vermögensverbesserung. Der **Verkaufserlös** ist auch dann einzusetzen, wenn es sich um eine nach § 90 II Nr 8 SGB XII geschützte Immobilie gehandelt hat (OLG München FamRZ 2017, 1143; s § 115 Rn 80). Dies gilt aber nicht, soweit er zur Tilgung der zur Finanzierung des Hauskaufs aufgenommenen Verbindlichkeiten oder zum Ausgleich eines überzogenen Girokontos verwendet wird (OLG Karlsruhe FamRZ 2009, 363; sa § 115 Rn 54). Eine nachträgl erworbene, nicht selbst genutzte Eigentumswohnung bzw ein Mietshaus ist uneingeschränkt zur nachträgl Bezahlung der gestundeten Prozesskosten durch Beleihung oder Verkauf einzusetzen (OLG Koblenz FamRZ 2009, 1506). Dasselbe gilt, wenn die Partei die (beabsichtigte) Eigennutzung später aufgibt, so dass der Schutz des § 90 II Nr 8 SGB XII entfällt (OLG Karlsruhe FamRZ 2018, 1680).

• **Insolvenz.** Bei Eröffnung eines InsVerf über das Vermögen der Partei werden bereits entstandene Forderungen 11.9
der Staatskasse auf Prozesskosten (Gerichtskosten, nach § 59 I 1 RVG übergegangene Gebührenansprüche der RA) Insolvenzforderungen, die nur im Rahmen des InsVerf geltend gemacht werden können; deshalb ist insoweit zwingend Ratenfreiheit anzuordnen (BGH NJW 2019, 3522 = MDR 2019, 1522 Tz 13; früher str). Nach Insolvenzeröffnung entstehende Forderungen der Staatskasse sind nicht von § 87 InsO erfasst; hier sind Zahlungsanordnungen nach § 120 mögl (BGH NJW 2019, 3522 = MDR 2019, 1522 Tz 23). Es kommt für sie auf das einzusetzende Einkommen an (vgl OLG Koblenz FamRZ 2010, 1360). Allerdings steht das pfändbare Einkommen (§ 850c) nunmehr den InsGläubigern zu; dieses ist daher nach § 115 I 3 Nr 5 als bes Belastung abzuziehen (OLG Düsseldorf MDR 2020, 375; LAG Frankfurt ZVI 2021, 16). Eine im InsVerf erteilte Restschuldbefreiung erfasst die Forderungen der Staatskasse, so dass dann auch nachträgl keine Raten mehr angeordnet werden können (aA noch OLG Frankfurt JurBüro 2018, 601); anders ist es, wenn Restschuldbefreiung nicht erteilt wird (§ 201 I, III InsO).

• **Kostenerstattung.** Erlangt die Partei einen Kostenerstattungstitel gegen den Gegner im Hauptsacheverf, sind 11.10
die Ratenzahlungen vorläufig einzustellen (§ 120 III Nr 2). Eine Abänderung der Ratenzahlung erfolgt grds nur, wenn ihm entspr Mittel zugeflossen sind (s Rn 9).

• **Prozesskostenvorschuss.** Heiratet die Partei nach Abschluss der Instanz, erwirbt sie keinen Anspruch auf Prozess- 11.11
kostenvorschuss gegen ihren neuen Ehegatten; denn ein Vorschuss ist nur für künftige Kosten denkbar, nicht aber für bereits entstandene (BGH MDR 86, 298; OLG Köln FamRZ 2007, 158). Eine nachträgl Zahlungsanordnung wegen Verbesserung der wirtschaftl Verhältnisse darf hier nicht erlassen werden (OLG Köln MDR 2006, 357).

• **Rente.** Für eine Einkommensverbesserung durch Rentenerhöhung gilt die Grenze des § 120a II 2 (s Rn 19). 11.12
Eine Abänderung ist angezeigt, wenn die Partei Beiträge zu einer Rentenversicherung leistet, die erst nach PKH-Bewilligung abgeschlossen worden ist (OLG Koblenz FamRZ 2012, 1321; s § 115 Rn 27 f).

• **Schmerzensgeld.** Die Zahlung von Schmerzensgeld stellt grds zweckgebundenes Vermögen dar und rechtfer- 11.13
tigt keine Abänderung der PKH (s Rn 9).

• **Taschengeld.** Es ist zu berücksichtigen, wenn es nachträgl erstmals gezahlt wird und 100 Euro monatl (§ 120a 11.14
II 2) übersteigt (aA noch OLG Koblenz NJW-RR 2005, 1167 zu § 120 IV aF).

• **Unterhalt.** Wenn der Partei Unterhalt für einen zurückliegenden Zeitraum zugesprochen wird, ist der Einsatz 11.15
dieses Erlangten nur zumutbar, soweit die Partei den Unterhalt auch bei rechtzeitiger Leistung für die Prozesskosten hätte einsetzen müssen (OLG Karlsruhe FamRZ 2012, 385; OLG Karlsruhe FamRZ 2015, 1417). Dies er-

gibt sich bereits aus § 120a III 3. Dasselbe gilt, wenn eine Unterhaltsabfindung in einem Vergleich vereinbart wird (KG FamRZ 2009, 365; KG MDR 2014, 408). Nach Bewilligung erstmals entstandene Unterhaltsansprüche sind nur zu berücksichtigen, wenn sie wesentl (s Rn 10) und tatsächl realisierbar sind (s § 115 Rn 57).

12 **6) Zeitliche Grenzen (§ 120a I 4).** Auch nach Beendigung des Hauptsacheverf, also in einer Zeit, in der alle Gebührentatbestände bereits verwirklicht sind, darf die Entscheidung über die zu leistenden Zahlungen noch geändert werden. Das gilt auch, wenn der Vermögenserwerb erst nach Abschluss des Verf erfolgte (vgl III). Eine zeitl Grenze setzt für die Änderung zum Nachteil der Partei die **Sperrfrist von 4 Jahren** (I 4) seit der rechtskräftigen Entscheidung usw. Entscheidung ist diej über die Hauptsache, nicht die PKH-Bewilligung. Der Rechtsstreit endet mit der **Rechtskraft** der letzten Entscheidung (OLG Frankfurt FamRZ 2014, 1725; OLG Zweibrücken FamRZ 2007, 1471; sa § 76 FamFG Rn 3). Wird in einem Scheidungsverf die Folgesache aus dem Verbund abgetrennt (§ 140 FamFG), beginnt die Sperrfrist grds erst nach Entscheidung der Folgesache (OLG Frankfurt FamRZ 2014, 1725; OLG Naumburg FamRZ 2011, 130). Das Verf endet außerdem mit dem Abschluss eines Prozessvergleichs (sa BAG NJW 2012, 2828) bzw bei widerrufl Vergl mit Ablauf der Widerrufsfrist (OLG Saarbrücken 6.2.2014 – 9 WF 99/13), der Anordnung des Gerichts, dass das Verf ruht, oder der letzten Prozesshandlung der Parteien, falls diese das Hauptsacheverf nicht weiter betreiben (OLG Stuttgart FamRZ 2006, 1135). Wann die Akte weggelegt worden ist, ist unerhebl (OLG Stuttgart FamRZ 2006, 1135). Sind bereits **48 Monatsraten erbracht** worden, geht eine Abänderung der Raten ins Leere (§ 115 II 4); sie hat dann zu unterbleiben, auch wenn die Sperrfrist des I 4 noch nicht abgelaufen ist. Auch nach vollständiger Zahlung der 48 Monatsraten können aber Zahlungen aus dem Vermögen angeordnet werden (OLG Hamm FamRZ 2012, 1158).

13 Die **Änderungsentscheidung** muss grds bis Ablauf der Sperrfrist erlassen sein (OLG Naumburg FamRZ 2011, 130); die (erstmalige oder geänderte) Ratenzahlung kann später beginnen (OLG Brandenburg FuR 2019, 476). Ist das Änderungsverf so zeitig eingeleitet worden, dass es bei einer unverzügl Antwort der Partei innerhalb der Frist hätte abgeschlossen werden können, darf auch nach Fristablauf eine Änderung zum Nachteil der Partei beschlossen werden, wenn sie das Verf verzögert (OLG Koblenz MDR 2013, 488). Dies gilt aber nicht, wenn auch das Gericht das Verf zögerl betrieben und die Fristversäumung mit verursacht hat (OLG Frankfurt 8.7. 2021 – 4 WF 99/21; OLG Stuttgart MDR 2006, 1077).

14 **7) Rechtsfolge.** Welche Maßnahmen zu treffen sind, richtet sich nach Art und Ausmaß der Veränderung der wirtschaftlichen Situation. Bei einer **Einkommensverbesserung** sind die Raten zu erhöhen (OLG Bamberg JurBüro 93, 28). Brauchte die Partei bisher keine Raten zu zahlen, kann auch erstmals Ratenzahlung angeordnet werden (OLG Karlsruhe FamRZ 94, 1268). Dass für die Vergangenheit Raten zu zahlen sind, darf ebenso wenig wie in der ursprüngl PKH-Bewilligung angeordnet werden (OLG Frankfurt NJW-RR 86, 358; aA OLG Karlsruhe MDR 2007, 170; s § 120 Rn 3). Bei einer **Einkommensverschlechterung** sind die Zahlungen an die Staatskasse **rückwirkend** auf den Zeitpunkt der Verschlechterung zu ändern (OLG Köln MDR 94, 1045; OLGR Frankfurt 2002, 27; OLG Brandenburg FamRZ 2014, 1727). Das gilt auch, wenn die Partei die Veränderung erst verspätet angezeigt hat (OLG Köln MDR 94, 1045).

15 Bei **Erwerb einzusetzenden Vermögens** können Einmalzahlungen aus dem Vermögen angeordnet werden. Dabei ist der zu leistende Betrag zu beziffern (OLG Koblenz FamRZ 2012, 1404); ausnahmsw kann auch die Zahlung von Raten angeordnet werden (s § 120 Rn 4). Übersteigt das einzusetzende Vermögen die Prozesskosten, kann anstelle eines konkreten Betrags auch angeordnet werden, dass der ASt der Staatskasse sämtl von ihr verauslagte Prozesskosten zu erstatten hat, wenn sich diese noch nicht beziffern lassen (s § 120 Rn 8).

16 **IV) Mitteilungspflichten (§ 120a I 3, II, IV). 1) Auf Verlangen des Gerichts (§ 120a I 3, IV).** Das Gericht kann jederzeit, auch ohne besonderen Anlass (BGH ZInsO 2009, 2405), die Partei zu einer Erklärung über Veränderungen der persönl oder wirtschaftl Verhältnisse auffordern und diese Erklärung auf ihre Richtigkeit überprüfen. Es ist eine regelmäßige Überprüfung mögl (BTDrs 17/11472, 34). Die Aufforderung sollte eine Fristsetzung gem IV 2 iVm § 118 II 4 enthalten, weil andernfalls eine Sanktionierung der unterbliebenen Mitwirkung nach § 124 I Nr 2 Hs 2 nicht mögl ist (OLG Brandenburg FamRZ 2018, 1101). Sie ist analog § 329 II 2 **zuzustellen** bzw analog § 15 II FamFG förmlich bekanntzugeben (OLG Karlsruhe FamRZ 2021, 1722; OLG Bamberg FamRZ 2019, 1878; OLG Karlsruhe FamRZ 2019, 1444; OLG Stuttgart FamRZ 2018, 1013; sa Rn 4). Bei ledigl formloser Mitteilung der Aufforderung wird eine Frist nicht in Gang gesetzt; der Mangel ist auch nicht nach § 189 heilbar (OLG Karlsruhe FamRZ 2021, 1722; OLG Bamberg FamRZ 2019, 1878).

17 Die Partei hat im Falle einer Aufforderung des Gerichts nach § 120a IV 1 eine neue Erklärung grds unter **Verwendung des PKH-Formulars** abzugeben (OLG Brandenburg FamRZ 2023, 143; s § 117 Rn 20 f, auch zu den Ausnahmen). Ist es zu keinen Änderungen gekommen, genügt ausnahmsw die Bezugnahme auf das frühere Formular; ein erneutes Ausfüllen wäre hier eine bloße Förmelei (sa § 117 Rn 22). Auf bereits eingereichte **Belege** kann ebenfalls erneut verwiesen werden. Die Überprüfung der Angaben erfolgt entspr § 118 II (§ 120a IV 2). Gibt die Partei keine Erklärung ab oder legt sie die verlangten Belege nicht vor, soll die PKH aufgehoben werden (§ 124 I Nr 2 Hs 2).

18 **2) Pflichten der Partei (§ 120a II).** Unabhängig von der Auskunftspflicht nach I 3 hat die Partei eine Mitteilungspflicht hinsichtl **wesentl Verbesserungen** ihrer Einkommens- und Vermögensverhältnisse. Die Partei

muss das Gericht auch über den **Wechsel ihrer Anschrift** informieren. Über diese Pflichten sowie die Möglichkeit der Aufhebung der Bewilligung im Falle eines Verstoßes (§ 124 I Nr 4) wird die Partei bei Verwendung des PKH-Formulars in einer II 4 genügenden Weise in dem PKH-Formular und dem zugehörenden Hinweisblatt (Anl zur PKHFV) belehrt. Im Gegensatz zur Bewilligungsentscheidung, die uU nicht der Partei selbst, sondern dem beigeordneten RA zugeht (s Rn 4), ist sichergestellt, dass die Partei vom Inhalt des von ihr zu unterzeichnenden Formulars Kenntnis nehmen kann. Erfolgt die Antragstellung ohne Verwendung des Formulars, kann die **Belehrung** auch zB mündl durch den UrkB erfolgen, wenn dieser die Erklärung der Partei protokolliert (s § 117 Rn 21a; vgl BTDrs 20/8095, 45). Eine bes Belehrung ist auch bei Parteien nach § 116 geboten. Die Mitteilung der Partei hat **unverzügl** nach der Änderung zu erfolgen, wobei eine Verzögerung von einigen Tagen, nicht aber von mehreren Monaten hinzunehmen ist (LAG BadWürtt JurBüro 2015, 486; LAG Düsseldorf ArbuR 2015, 115).

Wann eine die Mitteilungspflicht auslösende **wesentl Verbesserung** vorliegt, bestimmen § 120a II 2, 3 für Einkommensverbesserungen abschließend, indem sie eine feste Wertgrenze von 100 Euro für eine Erhöhung des Einkommens oder bei Wegfall abzugsfähiger Belastungen festlegen. Maßgebend ist der Bruttobetrag. Unerhebl ist, ob die PKH-Partei nach der wesentl Einkommensverbesserung in der Lage wäre, die Kosten des Verfahrens ganz, teilweise oder in (höheren) Raten aufzubringen (OLG Koblenz FamRZ 2020, 182; BAG 19.10.2016 – 8 AZB 23/16 Tz 30; aA OLG Dresden MDR 2023, 1482; LAG BadWürtt Rpfleger 2016, 166). 19

Die **Mitteilungspflicht endet** mit Eintritt des in § 120a I 4 genannten Zeitpunkts, also 4 Jahre nach Eintritt der Rechtskraft bzw sonstiger Beendigung des Verf (s Rn 12). Nach Zahlung von 48 Raten (§ 115 II) besteht ebenfalls keine Verpflichtung mehr zu Angaben über die Einkommensverhältnisse (OLG Celle MDR 2012, 1061). 20

V) Rechtsmittel. Gegen die Entscheidung des Rpflegers kann sof Beschwerde eingelegt werden (nicht Erinnerung; s § 127 Rn 30.1). 21

VI) Gebühren des RA. Im Abänderungs- und Aufhebungsverf (§ 124) verdient er die Geb 3335 RVG-VV; evtl noch die Geb Vorbem 3.3.6 RVG-VV, 3104 RVG-VV. Bewilligungs- und Aufhebungsverf sind aber selbe Angelegenheit (§ 16 Nr 3 RVG), weshalb die Geb nur einmal anfällt, wenn der RA in beiden Verf tätig ist. – Abänderungs- und Aufhebungsverf erst während des Hauptsacheverf: Ist der RA in beiden Verf tätig, 3100, 3104 RVG-VV (Hauptsache); 3335 RVG-VV, Vorbem 3.3.6 RVG-VV, 3104 RVG-VV (PKH), aber nur einmaliger Gebührenanfall, § 15 II, § 16 Nr 2 RVG (GS/Müller-Rabe VV 3335 Rn 65). – Auch ein Abänderungs- und Aufhebungsverf nach Abschluss des Hauptsacheverf und Ablauf der Frist des § 15 V 2 RVG führt nicht zum erneuten Anfall einer aus der Staatskasse zu erstattenden Geb 3335 RVG-VV (OLG Frankfurt FamRZ 2017, 992; OLG Nürnberg FamRZ 2019, 469). 22

§ 121 Beiordnung eines Rechtsanwalts

(1) Ist eine Vertretung durch Anwälte vorgeschrieben, wird der Partei ein zur Vertretung bereiter Rechtsanwalt ihrer Wahl beigeordnet.

(2) Ist eine Vertretung durch Anwälte nicht vorgeschrieben, wird der Partei auf ihren Antrag ein zur Vertretung bereiter Rechtsanwalt ihrer Wahl beigeordnet, wenn die Vertretung durch einen Rechtsanwalt erforderlich erscheint oder der Gegner durch einen Rechtsanwalt vertreten ist.

(3) Ein nicht in dem Bezirk des Prozessgerichts niedergelassener Rechtsanwalt kann nur beigeordnet werden, wenn dadurch weitere Kosten nicht entstehen.

(4) Wenn besondere Umstände dies erfordern, kann der Partei auf ihren Antrag ein zur Vertretung bereiter Rechtsanwalt ihrer Wahl zur Wahrnehmung eines Termins zur Beweisaufnahme vor dem ersuchten Richter oder zur Vermittlung des Verkehrs mit dem Prozessbevollmächtigten beigeordnet werden.

(5) Findet die Partei keinen zur Vertretung bereiten Anwalt, ordnet der Vorsitzende ihr auf Antrag einen Rechtsanwalt bei.

I) Bedeutung. § 121 I, II und IV regeln, unter welchen Voraussetzungen der PKH-Partei ein RA im Hauptsacheverf beizuordnen ist. III und V betreffen die Auswahl des beizuordnenden RA. Für fG-FamS (s vor § 23 FamFG Rn 1) gilt § 78 FamFG, der strengere Voraussetzungen an die Beiordnung in Verf ohne Anwaltszwang stellt. 1

II) Allgemeines. 1) Gebundene Entscheidung. Das Gericht hat der hilfsbedürftigen Partei einen RA beizuordnen, wenn die Voraussetzungen des § 121 vorliegen; ein Ermessen steht dem Gericht nicht zu (OLG Hamm FamRZ 2000, 1226). Die Beiordnungspflicht des Gerichts besteht ggü der Partei, **nicht ggü dem RA**. Der RA selbst ist daher gegen die Ablehnung der Beiordnung nicht beschwerdebefugt (s § 127 Rn 58). Er ist auch nicht geschützter „Dritter" iSd § 839 I BGB (BGH MDR 90, 318 = NJW 90, 836). 2

2) Partei. Bei **Streitgenossen** (s § 114 Rn 4) ist grds die Vertretung durch einen gemeinsamen RA ausreichend. Namentl kann ein Bekl, der im Verkehrsunfallprozess als GesamtSch mit anderen Bekl verklagt wird, nicht verlangen, dass ihm ein RA beigeordnet wird, der nur ihn vertritt. Im Verhältnis zur Kfz-Haftpflichtversicherung 3 folgt das bereits aus E.1.2.4 AKB 2024, wonach der Halter den RA der Versicherung zu bevollmächtigen hat (OLG Karlsruhe NJW 2004, 785; KG NZV 88, 228). IÜ liegt in dem Wunsch des Bedürftigen, dass ihm ein anderer RA als seinem Genossen beigeordnet werde, obwohl die Vertretung durch einen gemeinsamen RA ihren Interessen genügen würde, eine mutwillige Prozessverteuerung (sa § 114 Rn 45). Anders ist es, wenn zwischen den Streitgenossen die Gefahr einer **Interessenkollision** besteht (OLG Köln MDR 2005, 106; OLG Saarbrücken ZfSch 2001, 403). Das gilt zB, wenn im Verkehrsunfallprozess der Vorwurf der Unfallmanipulation im Raum steht (BGH NJW 2010, 3522; BGH NJW 2011, 377; OLG Köln Schaden-Praxis 2013, 302; aA OLG Karlsruhe NZV 2011, 260). Zur Höhe der aus der Staatskasse zu ersetzenden RA-Kosten s Rn 43.

4 **3) Anwalt. a) Allgemeines.** Die **Wahl** des beizuordnenden RA ist Sache der Partei; nur ausnahmsw kann sie dem Gericht übertragen werden (V, s Rn 33). Der RA muss zur Vertretung bereit (s Rn 8) und rechtl in der Lage sein, darf also insb keinem Vertretungsverbot unterliegen (OLG Hamm NZFam 2019, 317: § 43a IV BRAO). Die Auswahl kann auch ohne ausdrückl Benennung dadurch erfolgen, dass der PKH-Antrag von einem RA eingereicht wird (sa OLG Zweibrücken FamRZ 86, 287, 288). Widerruft eine Partei vor der Bewilligung ihre Wahl, zB durch Mandatsentzug und Benennung eines anderen RA, dann ist das Gericht auch daran gebunden (OLG Düsseldorf JurBüro 86, 298). Ausgewählt werden kann grds **jeder in Dt zugelassene RA** (Ausnahme: Verf vor dem BGH wegen § 78 I 3, § 114 II FamFG). Ein nicht im Bezirk des Prozessgerichts niedergelassener RA darf jedoch nur beigeordnet werden, wenn dadurch keine weiteren Kosten entstehen (§ 121 III, § 78 III FamFG; sa Rn 23). **Rechtsbeistände und Prozessagenten** dürfen nur beigeordnet werden, wenn sie nach § 209 BRAO in eine RAK aufgenommen worden sind (§ 3 I Nr 1 RDGEG, vormals § 25 EGZPO; BGH MDR 2003, 949 = NJW 2003, 2244); **ausl RAe** nur, wenn sie nach EuRAG dt RAen gleichgestellt sind (OVG Berlin-Brandenburg NJW 2012, 1749).

5 **b) Partei oder Verwaltungsbefugte als RA.** Ein **hilfsbedürftiger RA** darf nicht sich selbst beigeordnet werden (OLG München FamRZ 2009, 899; OLG Frankfurt FamRZ 92, 1320; BAG NJW 2008, 604). PKH hat den Zweck, den Bedürftigen von den Anwaltskosten freizustellen; einem RA, der sich selbst vertritt, entstehen aber keine solchen Kosten. Ist der bedürftige RA dennoch beigeordnet worden, besteht ein Vergütungsanspr gegen die Staatskasse (KG NJW 2009, 2754; sa Rn 45). Die Beiordnung eines anderen RA kann von dem hilfsbedürftigen RA im Anwaltsprozess oder bei Vertretung des Gegners verlangt werden (BGH NJW 2006, 1881).

6 Soweit ein RA als **InsVerwalter, Pfleger** oder **Betreuer** tätig wird, ist ihm unter den Voraussetzungen des § 121 I, II ein RA beizuordnen (BGH MDR 2002, 1142; BGH NJW-RR 2011, 937; OLG Köln FamRZ 2003, 1397; LSG Berlin-Brandenburg FamRZ 2007, 488; zum InsVerwalter sa § 116 Rn 29). Die Erforderlichkeit einer Beiordnung nach II fehlt nicht deshalb, weil der RA selbst in der Lage wäre, den Prozess zu führen (OVG Hamburg FamRZ 2009, 900). Der RA kann auch die Beiordnung von sich selbst beanspruchen (BGH NJW 2007, 844 Tz 16; OVG Bremen JurBüro 2010, 540; OVG Berlin ZEV 2000, 66). Ein Betreuer, der nach RVG abrechnet, kann sogar verpflichtet sein, zur „Kostenersparnis" PKH zu beantragen (LSG Berlin-Brandenburg FamRZ 2009, 1612).

7 **c) Zusammenschlüsse von Anwälten.** Beigeordnet werden kann nicht nur ein einzelner RA, sondern auch eine **Berufsausübungsgesellschaft** iSd § 59b II BRAO, wie die Anwalts-GmbH (OLG Nürnberg MDR 2002, 1219; OLG Nürnberg NJW 2013, 948; BayLSG 21.6.2010 – L 2 U 428/09 B), Anwalts-AG (LAG Sachsen 22.2.2010 – 2 Ta 12/10) oder eine **Anwaltssozietät**, gleich ob es sich um eine GbR, Partnerschaftsgesellschaft oder eine LLP handelt (BGH MDR 2009, 103 = NJW 2009, 440). Das gilt auch dann, wenn zur Berufsausübungsgesellschaft andere Personen als RAe gehören (§ 59c BRAO; sa OLG Nürnberg NJW 2013, 948 [Nitschke]). Ist nur ein einzelner RA beigeordnet, führt aber ein anderer RA der Sozietät das Verf, kann der beigeordnete diese Tätigkeiten abrechnen, auch wenn er keine Untervollmacht erteilt hat (OLG Naumburg AGS 2010, 32). Vergütungsansprüche der Sozietät ggü der Partei werden durch die Beiordnung eines einzelnen Sozietätsmitglieds nicht ausgeschlossen. Ihnen kann die Partei aber einen Schadenersatzanspruch nach § 311 II Nr 1 BGB entgegenhalten, weil der beigeordnete RA auf einen Gleichlauf von Mandatserteilung und Beiordnung hinwirken bzw zumindest hinweisen muss (BGH MDR 2010, 1159 = NJW 2011, 229). Die Beiordnung eines RA, der seine Kanzlei in **Bürogemeinschaft mit dem gegnerischen RA** betreibt, ist nur bei Zustimmung der Partei und des Gegners zulässig (§ 43a IV BRAO, § 3 II BORA; OLG Hamburg FamRZ 2010, 2011).

8 **d) Bereitschaft zur Vertretung.** Der nach § 121 I, II, IV beigeordnete RA muss zur Vertretung bereit sein, dh er ist keinem Kontrahierungszwang unterworfen. Die Vertretungsbereitschaft muss sich dabei auf den Umfang der PKH im jeweiligen Rechtszug beziehen; hierzu gehört auch das PKH-Überprüfungsverf (BAG NJW 2024, 1901; s § 120a Rn 4; aA OLG Stuttgart MDR 2024, 1544; OLG Brandenburg JurBüro 2022, 157). Hat sich der RA zur Vertretung bereit erklärt, dann muss er auch die Beiordnung akzeptieren (§ 48 I Nr 1 BRAO). Wird der Partei nach § 121 V ein RA beigeordnet, kommt es auf seine Vertretungsbereitschaft nicht an (s Rn 36).

9 **4) Beiordnungsverfahren. a) Zuständig** ist das Gericht, das über die PKH-Bewilligung zu entscheiden hat oder bereits entschieden hat. Findet die Partei keinen zur Vertretung bereiten RA, ist der Vors zuständig (§ 121 V). Auf eine Beschwerde hin darf das Beschwerdegericht beiordnen (OLG Köln MDR 83, 323). Wo der Rpfleger die PKH bewilligt (s § 127 Rn 7), entscheidet er auch über die Beiordnung.

b) Verfahrensverlauf. Im Anwaltsprozess bedarf die Beiordnung keines bes Antrags (OLG Naumburg FamRZ 2007, 916; OLG Karlsruhe MDR 2007, 1447). Anders ist es nach § 121 II. Hier erfolgt die Beiordnung nur auf **Antrag**, der aber auch konkludent gestellt werden kann (sa Rn 4). Zeigt sich bereits im PKH-Verf, dass die Partei nicht in der Lage ist, den Rechtsstreit selbst zu führen, sollte aufgrund der prozessualen **Fürsorgepflicht** (s Einl Rn 26) vom Gericht die Stellung eines Antrags angeregt werden; fehlende Rechtskunde oder hilfloses Prozessverhalten kann als solches aber nicht als konkludente Antragstellung verstanden werden (aA MK/Wache Rn 37). Bei einer fehlenden oder unzulässigen Wahl eines RA verbietet die Fürsorgepflicht, dass das Gericht eine Beiordnung ohne weiteres ablehnt. Hat die Partei einen RA gewählt, der sie nicht vertreten darf oder der – was ggf durch Nachfrage des Gerichts zu klären ist – nicht, nur teilw (s Rn 8) oder nicht zu den gesetzl Bedingungen (s Rn 26) vertretungsbereit ist, ist sie vielmehr zur Wahl eines anderen RA oder zur Darlegung, dass sie keinen RA findet (V, s Rn 34), aufzufordern. 10

c) Entscheidung. Über die Beiordnung bzw deren Ablehnung ist idR gleichzeitig mit der PKH-Bewilligung durch Beschluss zu entscheiden; zwingend ist dies aber nicht (OLG Köln MDR 2024, 1479; Hansens ZfSch 2025, 164). Die Beiordnung wirkt ab dem Zeitpunkt, ab dem auch PKH bewilligt wird (s § 119 Rn 4 ff). Sie wird für **jede Instanz** bes ausgesprochen (§ 119 I 1). Versäumt es das Gericht im Anwaltsprozess, der Partei den sie vertretenden RA beizuordnen, kann die Beiordnung auch nach Ende der Instanz rückwirkend nachgeholt werden (OLG Karlsruhe MDR 2007, 1447; OLG München FamRZ 2002, 1196). Ist das Mandat vor Entscheidung beendet, ist – auch in Verf mit Anwaltszwang – die Beiordnung des betr RA ausgeschlossen (OLG Celle FamRZ 2012, 1661). Wird die Beiordnung abgelehnt, ist der **Beschluss** zu begründen. Der die Beiordnung enthaltende Beschl ist der hilfsbedürftigen Partei und ihrem Gegner formlos zu übersenden (§ 329 II 1; BGH VersR 85, 68), der die Beiordnung ablehnende ist der Partei **zuzustellen** (§ 329 II 2), weil dies die Beschwerdefrist (§ 127 II 3) in Lauf setzt. Ist der RA, der beigeordnet werden soll, bereits Verfahrensbevollmächtigter für das PKH-Verf, ist er Zustellungsadressat (§ 172). Ist er noch nicht bevollmächtigt, wird der stattgebende Beschl an Partei und RA übersandt. Wenn das Gericht zunächst die Beiordnung eines RA ablehnt, erwächst diese Entscheidung nicht in Rechtskraft. Später kann der ProzBev der mit PKH prozessierenden Partei rückwirkend auf den Tag der PKH-Bewilligung beigeordnet werden (OLG Karlsruhe MDR 2007, 1447). 11

5) Wirkung der Beiordnung. a) Die Beiordnung wird mit der Bekanntgabe an die Partei oder den RA wirksam (OLG Stuttgart Justiz 79, 137). Sie ersetzt nicht die **Prozessvollmacht** (BGHZ 30, 226, 228 = MDR 1959, 733; BGHZ 60, 255, 258 = NJW 1973, 757). Dennoch wird vielfach eine wirksame Bevollmächtigung vorliegen, weil der Antrag auf Beiordnung eines bestimmten RA idR als konkludente Vollmachtserteilung auszulegen ist (s § 80 Rn 5). Zustellungen sind deshalb nach § 172 an den RA auszuführen. Das gilt erst recht, wenn der RA bereits im PKH-Verf für die Partei tätig war. Dann ist nach § 88 II davon auszugehen, dass er bereits Prozessvollmacht hat (LG Berlin Rpfleger 78, 269). 12

b) Weder mit dem Antrag auf Beiordnung noch mit der Beiordnung selbst wird ein **Anwaltsvertrag** (§ 675 BGB) der Partei mit dem RA geschlossen (BGH JurBüro 73, 629; OLG Zweibrücken JurBüro 94, 749). Nach der Beiordnung besteht aber ein Kontrahierungszwang (§ 48 I Nr 1 BRAO; sa Rn 8). Bis zum Abschluss des Anwaltsvertrags besteht eine durch die Beiordnung begründete **Fürsorgepflicht des Anwalts** (BGHZ 30, 226, 230). Er muss prüfen, ob Fristen zu wahren oder andere eilige Maßnahmen zu treffen sind, und seinen künftigen Mandanten hierüber belehren (Schneider MDR 88, 282). Erst mit Abschluss des Anwaltsvertrags erlangt der RA vertragl **Vergütungsansprüche**; für eine vorangehende Tätigkeit können aber Ansprüche aus GoA gegen die Staatskasse (§ 45 I, § 49 RVG) entstehen (KG Rpfleger 85, 39; BAG ZIP 80, 804). 13

6) Fehlerhafte Beiordnung. Auch die fehlerhafte Beiordnung ist **wirksam** und verpflichtet den RA zum Abschluss des Anwaltsvertrags (s Rn 13). Ein zu Unrecht, zB unter Verstoß gegen § 121 III oder nach Tod der Partei (s § 119 Rn 8), beigeordneter Rechtsbeistand erlangt Gebührenansprüche gegen die Staatskasse, denn im Kostenerstattungsverf des § 55 RVG darf die Berechtigung der Beiordnung nicht mehr überprüft werden (OLG Celle MDR 2007, 865; OLG Stuttgart FamRZ 2008, 1011). 14

III) Voraussetzungen für die Beiordnung. 1) Anwaltsprozess (§ 121 I). Ein RA ist in Verf, die dem Anwaltszwang unterliegen (s § 78 Rn 13 ff; § 78 FamFG Rn 1 f), auch dann beizuordnen, wenn die Partei dies nicht beantragt hat (s Rn 10). Die Pflicht zur Beiordnung besteht auch, wenn die Partei selbst RA ist (s Rn 5 f). Einer Beiordnung bedarf es aber nicht, wenn die Partei mit dem RA ein **Erfolgshonorar** vereinbart hat; die anwaltl Vertretung ist dann auch ohne Inanspruchnahme der Staatskasse gesichert. Ist die Beiordnung bereits erfolgt, kann sie in diesem Fall isoliert aufgehoben werden (OLG Köln AnwBl 2018, 556; OLG Hamm JurBüro 2018, 374; LG Ulm AnwBl 2017, 1007; LG Berlin AnwBl 2017, 1007). 15

2) Verfahren ohne Anwaltszwang (§ 121 II). In Verf ohne Anwaltszwang ist ein RA nur auf **Antrag** der bedürftigen Partei beizuordnen. Zum stillschweigenden Antrag s Rn 4. Die wichtigsten Anwendungsgebiete sind der Zivilprozess vor dem AG und die ZwV; zur fG s § 78 FamFG Rn 3. Wenn die Partei es beantragt, kann die Anwaltsbeiordnung auf einzelne Prozesshandlungen, zB Vergleichsverhandlungen, beschränkt werden. Ohne einen solchen Antrag ist eine **beschränkte Beiordnung** nur in den Fällen des IV zulässig. Für die Frage, ob ein RA beizuordnen ist, ist der Zeitpunkt der Entscheidungsreife maßgebl (OLG Köln FamRZ 99, 1146; s § 127 Rn 15). 16

17 **a) Erforderlichkeit der Vertretung** (sa § 78 II FamFG). **aa) Allgemeines.** Ist der Gegner nicht anwaltl vertreten (s Rn 21), erfolgt die Beiordnung, wenn die Vertretung durch einen RA erforderl ist, dh Umfang, Schwierigkeit und Bedeutung der Sache Anlass zu der Befürchtung geben, der Hilfsbedürftige werde nach seinen persönl Fähigkeiten nicht imstande sein, seine Rechte sachgemäß wahrzunehmen und die notwendigen Maßnahmen zu veranlassen (BGH NJW 2003, 3136). Danach hängt die Notwendigkeit der Beiordnung einerseits von der Schwierigkeit der im konkreten Fall zu bewältigenden Rechtsmaterie und andererseits von den persönl Kenntnissen und Fähigkeiten der Partei ab (BVerfG NJW 83, 1599; BGH FamRZ 2003, 1921; OLG Hamburg MDR 2019, 1388). Es ist ein großzügiger Maßstab anzulegen. Die **Schwierigkeiten** einer Prozessführung im Allg erfordern vielfach bereits eine Beiordnung. Dass in einem Verf der **Amtsermittlungsgrundsatz** gilt, ist allein kein Grund, die Beiordnung eines RA abzulehnen (BVerfG FamRZ 2002, 531; OLG Dresden FamRZ 2014, 1720; aA OLG Oldenburg MDR 2002, 35; OLG Nürnberg FamRZ 95, 371). Wenn die Partei ihre Interessen nicht sachgerecht wahrnehmen kann, ist gerichtl Fürsorge kein Ersatz dafür. Der Richter kann nicht zugleich obj sein und gezielt die Interessen einer Partei vertreten (OLG Nürnberg MDR 96, 609; OLG Brandenburg FamRZ 97, 1285). Auf den Streitwert und das Kostenrisiko kommt es ebenfalls nicht an (BVerfG NJW 2011, 2039). **Fehlende Sprachkenntnisse** können es auch in einfachen Sachen erfordern, einen der Sprache der Partei mächtigen RA beizuordnen (LG Duisburg MDR 2004, 538).

18 **bb)** Im **Mahnverfahren** hat weder der ASt noch der Widerspruch einlegende Gegner Anspruch auf Beiordnung eines RA (OLG München FamRZ 99, 1355; LG Stuttgart FamRZ 2015, 946; sa § 114 Rn 44). Dies gilt auch dann, wenn der Gegner anwaltl vertreten ist (BGH MDR 2010, 585).

19 **cc) Zwangsvollstreckungsverfahren.** Auch wenn nach § 119 II teilw pauschal PKH für die ZwV zu bewilligen ist, muss die Notwendigkeit der Beiordnung eines RA für die jew ZwV-Maßnahme vorliegen (BGH MDR 2010, 286; sa § 119 Rn 23 ff). Keine Anwaltsbeiordnung ist im **Verf nach § 727** erforderl (OLG Koblenz FamRZ 2010, 56). Auch in der **Mobiliarvollstreckung** braucht die Partei idR keinen RA, um den GV zu beauftragen oder eine eidesstattl Versicherung zur Offenbarung der Vermögensverhältnisse zu beantragen (BGH FamRZ 2003, 1921; LG Kleve Rpfleger 2002, 160; LG Kleve Rpfleger 2002, 271), und zwar auch bei Analphabeten (OLG Saarbrücken MDR 2013, 547). Ein RA ist aber beizuordnen, sobald rechtl Schwierigkeiten auftreten, etwa Erinnerungen, Einstellungs- oder Schutzanträge (LG Freiburg JurBüro 86, 129; LG Hannover JurBüro 86, 766; LG Saarbrücken Rpfleger 86, 69). Rechtl schwierig ist mitunter die **Pfändung eines Bankkontos** einschließl künftiger Salden und künftig eingehender Gelder (pauschal bej OLG Zweibrücken FamRZ 2009, 1613; LG Koblenz FamRZ 2005, 529) und die Pfändung aus einem **Unterhaltstitel** (BGH NJW-RR 2012, 1153). Für Verf der erweiterten Lohnpfändung (§ 850d) darf die Anwaltsbeiordnung nicht pauschal abgelehnt werden, ohne dass der Einzelfall geprüft wird (BGH FamRZ 2004, 789; BGH MDR 2003, 1245; BGH MDR 2006, 481; strenger LG Stade FamRZ 2008, 2292). Die Beiordnung darf dann auch nicht aus dem Grund abgelehnt werden, weil der minderj Gl beantragen kann, das JA zum Beistand zu ernennen (§ 1712 I Nr 2 BGB; BGH NJW 2006, 1204 = MDR 2006, 950). Für einen Antrag des Gl auf Eintragung einer Zwangssicherungshypothek ist grds ein RA beizuordnen (OLG München Rpfleger 2016, 222; OLG Jena JurBüro 2014, 598; KG NJW-RR 2012, 1486; aA OLG Hamm Rpfleger 2012, 23; OLG Schleswig Rpfleger 2010, 492).

20 **dd) Insolvenzverfahren.** Einem **Gl** ist für den Antrag auf Eröffnung des InsVerf und die Vertretung in diesem Verf ein RA beizuordnen, wenn auch ein wirtschaftl denkender vermögender Gl vernünftigerw einen RA beauftragen würde (BGH MDR 2005, 50 = NJW 2004, 3260). Die anwaltl Vertretung des Sch ist kein Grund, dem Gl einen RA beizuordnen; § 121 II Alt 2 gilt nicht, weil der Sch nicht Gegner ist (BGH MDR 2005, 50). Für den **Sch**, der natürl Person ist, gilt im Verbraucher- oder RegelInsVerf nicht § 121 II, sondern § 4a II InsO (s vor § 114 Rn 7). Ihm wird nur ein RA beigeordnet, wenn dies trotz der gerichtl Fürsorge erforderl erscheint, dh bei bes schwieriger Sach- und Rechtslage (LG Bochum ZVI 2003, 119), idR aber nicht aufgrund von Umständen in der Person des Sch, zB Sprachschwierigkeiten (BVerfG NJW 2003, 2668). Zur Beiordnung eines RA zugunsten des **InsVerwalters** s § 116 Rn 29.

21 **b) Vertretung des Gegners** zwingt nach § 121 II Alt 2 zur Anwaltsbeiordnung. Dies ist aus dem Grundsatz der **Waffengleichheit** (Art 3 I GG; BVerfG NJW 88, 2597) gerechtfertigt, gilt aber nicht für FamFG-Verf (vgl § 78 II FamFG). Einer Vertretung des Gegners durch einen RA steht die Vertretung durch eine **rechtskundige Vertretung nicht** gleich. Es genügt daher nicht, wenn der Gegner durch das JA (OLGR Schleswig 2001, 83; OLG Brandenburg FamRZ 97, 1285; aA OLG Düsseldorf FamRZ 95, 241) oder durch einen sachkundigen Bediensteten der öff Hand oder eines großen Unternehmens vertreten wird (MK/Wache Rn 5). Kein **Gegner** des Gl im InsVerf ist der Sch (s Rn 20). Die bloß formale Gegnerschaft im Mahnverf genügt ebenso wenig (s Rn 18). Auch in anderen Verf rechtfertigt die anwaltl Vertretung eines anderen Beteiligten nur dann eine Beiordnung, wenn widerstreitende Interessen verfolgt werden (OLG Köln FamRZ 2003, 1397; OLG Dresden FamRZ 2004, 122). Gegnerschaft besteht somit zwischen dem Kl und dem auf Seiten des Bekl beigetretenen Nebenintervenienten (OLG Köln MDR 2002, 660), nicht aber zwischen diesem und dem Bekl sowie nicht zwischen Streitgenossen.

22 Die anwaltl Vertretung des Gegners muss **zur Zeit der Entscheidung** (s Rn 16) feststehen (KG FamRZ 86, 1023, 1024). Beantragen beide Parteien PKH, so ist zu prüfen, ob es erforderl iSd II Alt 1 ist, einer von ihnen einen RA beizuordnen. Ist dies der Fall, dann ist um der Waffengleichheit willen auch dem Gegner ein RA beizu-

ordnen (OLG Köln FamRZ 2006, 350). Lässt sich eine Partei durch einen RA vertreten, ohne zunächst PKH zu beanspruchen, kann der mit PKH prozessierende Gegner die Beiordnung eines RA verlangen. Beansprucht und erhält darauf auch die erstgenannte Partei PKH, so ist auch ihr nach II Alt 2 ein RA beizuordnen; dies ist ohne weitere Anhaltspunkte nicht rechtsmissbräuchlich (OLG Zweibrücken MDR 2003, 1079; aA OLG Zweibrücken Rpfleger 2000, 220). – Die Notwendigkeit einer Beiordnung nach II Alt 2 kann auch **nachträgl eintreten**. Sind zunächst beide Parteien nicht anwaltl vertreten, erteilt aber im Laufe des Verf der Gegner ein Mandat, dann besteht die Pflicht des Gerichts, nunmehr dem Hilfsbedürftigen auf Antrag nachträgl einen Wahlanwalt beizuordnen (OLG Köln FamRZ 98, 1522). Auf das AntragsR sollte das Gericht aufgrund seiner prozessualen Fürsorgepflicht hinweisen (s Rn 10).

IV) Nicht im Bezirk des Prozessgerichts niedergelassener RA (§ 121 III). 1) Auswärtiger RA. Hat der RA, dessen Beiordnung beantragt wird, seinen Kanzleisitz nicht im Gerichtsbezirk des jew Prozessgerichts, gilt grds die Einschränkung des III. Das Gericht darf dann nur beiordnen, wenn dadurch keine weiteren Kosten entstehen. Diese Einschränkung ist verfassungsgemäß; Art 3 I GG verlangt nicht, dass unbemittelte und bemittelte Prozessparteien vollständig gleichgestellt werden (BVerfGE 81, 347, 357; OLG Dresden FamRZ 2008, 164; sa vor § 114 Rn 1). Der Wortlaut des III sieht keine **Ausnahme** vor. Allerdings gebietet der Grundsatz der Rechtsschutzgleichheit die unbeschränkte Beiordnung eines auswärtigen **RA mit Spezialkenntnissen**, wenn anders eine sachgerechte Vertretung nicht sichergestellt werden kann (MK/Wache Rn 15; vgl OLG Frankfurt MDR 2016, 234); dazu gehört es auch, dass eine Zuschaltung des RA nach § 128a nicht ausreichend ist (vgl OVG Berlin-Brandenburg 23.1.2024 – 3 B 69/23). Dass Reisekosten des auswärtigen Anwalts nach § 91 II Nr 1 zu erstatten wären, genügt noch nicht. Ein Vertrauen in die uneingeschränkte Beiordnung des auswärtigen RA kann danach idR nicht entstehen; das Gericht muss vor einem Termin daher nicht auf III hinweisen (aA OLG Celle FamRZ 2012, 1237). 23

2) Voraussetzungen der Beiordnung. a) Keine Mehrkosten. Nicht in jedem Fall einer Vertretung durch einen auswärtigen RA entstehen Mehrkosten ggü der Beiordnung eines im Bezirk (nicht: am Ort) ansässigen RA. Eine Beiordnung ist zB mögl, wenn (wie zB meistens im Beschwerdeverf) ohne mündl Verh entschieden wird (Fischer MDR 2002, 730). Können Reisekosten anfallen, entstehen keine Mehrkosten, wenn die Niederlassung des von der Partei gewählten RA vom Prozessgericht **nicht weiter entfernt** liegt als der Ort im Gerichtsbezirk, der am weitesten vom Prozessgericht entfernt ist (OLG Bamberg JurBüro 2015, 372; OLG Jena JurBüro 2010, 433; OLG München FamRZ 2007, 489). Liegen **bes Umstände iSd § 121 IV** vor, ist trotz erhöhter Reisekosten die Beiordnung eines nicht im Bezirk des Prozessgerichts niedergelassenen RA gerechtfertigt, wenn dadurch keine wesentl höheren Kosten entstehen als durch die zusätzl Beiordnung dieses RA als Verkehrsanwalt (BGH FamRZ 2004, 1362; OLG Köln FamRZ 2008, 525; OLG Naumburg FamRZ 2012, 1160; OLG Brandenburg MDR 2017, 791). Unwesentl sollen nach der Rspr Mehrkosten von 10 % sein (LAG Hamm AGS 2018, 573; FG Sachsen-Anhalt NJ 2018, 125; jew unter Verweis auf BGH NJW 2003, 898 zu § 91 II 1). 24

b) Verzicht des RA. Die Beiordnung hindernde Mehrkosten des nicht im Bezirk des Prozessgerichts niedergelassenen RA lassen sich dadurch vermeiden, dass dieser vor der Beiordnung ausdrückl auf deren Erstattung verzichtet (OLG Köln FamRZ 2004, 123; OLG Brandenburg FamRZ 2006, 212). Wird der Antrag auf Beiordnung von dem auswärtigen RA selbst gestellt, liegt darin idR ein **stillschweigender Verzicht** auf die Erstattung der Mehrkosten, weil davon auszugehen ist, dass der RA das Mehrkostenverbot kennt (BGH NJW 2006, 3783; OLG Rostock FamRZ 2009, 535; OLG Naumburg FamRZ 2012, 1160; OLG Frankfurt FamRZ 2017, 315; aA OLG Frankfurt MDR 2013, 721). Ein Verzicht auf sämtl Reisekosten ist aber nicht anzunehmen. IZw ist durch Nachfrage des Gerichts zu klären, ob Einverständnis mit der eingeschränkten Beiordnung besteht. 25

3) Entscheidung. Hat der RA auf die Erstattung von Mehrkosten verzichtet, erfolgt die Beiordnung **„zu den Bedingungen eines RA mit Niederlassung im Bezirk des Gerichts"**, obwohl der Beiordnungsbeschl nur das Rechtsverhältnis zwischen Partei und Staatskasse regelt, nicht aber dasj zwischen RA und Staatskasse (LAG Köln MDR 99, 1469; Fischer MDR 2002, 731). Bei (auch konkludentem, s Rn 25) Einverständnis des RA, dass bei Vorliegen der Voraussetzungen von § 121 IV Reisekosten nur in Höhe der Kosten eines Verkehrsanwalts erstattet werden, kann die Beiordnung auch in dieser Weise beschränkt werden (OLG Frankfurt FamRZ 2022, 540; OLG Koblenz JurBüro 2018, 651; OLG Brandenburg MDR 2017, 791). Eine Beschränkung auf die Bedingungen eines „ortsansässigen Anwalts", die sämtl Reisekosten ausschließen würde (Vorbem 7 II vor 7000 RVG-VV), ist hingegen unzulässig (OLG Celle MDR 2011, 984; OLG Oldenburg JurBüro 2010, 433). Eine Einschränkung der Bewilligung ist nicht erforderl, wenn nach den Maßstäben von Rn 24 voraussichtl keine Mehrkosten entstehen (OLG Brandenburg AGS 2016, 196; OLG Köln MDR 2015, 729; LSG NRW RVGReport 2018, 477). Liegen die Voraussetzungen des § 121 III nicht vor, ist die **Beiordnung** des gewählten RA **abzulehnen** (OLG Frankfurt MDR 2013, 721). Eine eingeschränkte Beiordnung, die die Erstattung von Mehrkosten ausschließt, gegen den Willen der Partei kommt nicht in Betracht. Wird dem RA der Anspruch auf Erstattung von Reisekosten bei der Beiordnung gegen seinen Willen abgesprochen, kann er sof Beschwerde einlegen (s § 127 Rn 59). Legt er keine Beschwerde ein, ist die eingeschränkte Beiordnung für das Verf zur Festsetzung der Vergütung und der Auslagen maßgebl. Er kann dann nur diej Reisekosten aus der Staatskasse erstattet erhalten, die keine Mehrkosten (s Rn 24) darstellen (OLG Celle AGS 2016, 437). 26

27 Erfolgt die **Beiordnung ohne Einschränkung**, steht für das Vergütungsverf – unabhängig von der Richtigkeit der Entscheidung – fest, dass dem RA erforderl Reisekosten zum Termin zu erstatten sind (KG MDR 2011, 327; OLG Celle MDR 2007, 865; OLG Oldenburg FamRZ 2004, 706; aA OLG Stuttgart MDR 2008, 948: begrenzt durch fiktive Kosten eines Unterbevollmächtigten). Das gilt auch, wenn der RA eine Beiordnung unter Verzicht auf Mehrkosten beantragt hat; eine solche mat-rechtl Prüfung findet im Verf nach § 55 RVG nicht mehr statt (OLG Düsseldorf AGS 2014, 196). Eine Änderung oder Aufhebung der Beiordnung vAw, nachdem das Gericht den Fehler bemerkt hat, ist ebenfalls nicht mögl (OLG Düsseldorf FamRZ 2008, 1358; LG Köln 30.4.2018 – 11 T 37/18).

28 **V) Verkehrs- und Beweisaufnahmeanwalt (§ 121 IV).** Neben dem Hauptbevollmächtigten kann bei Vorliegen bes Umstände gem IV ein **Verkehrs- oder Beweisaufnahmeanwalt** beigeordnet werden, grds aber nicht ein unterbevollmächtigter RA als Terminsvertreter (s Rn 31). Die Beiordnung kann im Anwaltsprozess (I) ebenso wie im Parteiprozess (II) erforderl werden. Voraussetzungen sind ein formloser **Antrag** und die Bewilligung von PKH im Allg. Auch wenn bes Umstände iSd IV vorliegen, dürfen der Partei keine Nachteile dadurch entstehen, dass sie die Beiordnung eines Verkehrs- oder Beweisaufnahmeanwalts nicht beantragt; denn andernfalls würde das Antragsrecht mittelbar zur Antragspflicht. Sind die Kosten für die Beiordnung eines Verkehrsanwalts geringer als die voraussichtl Reisekosten der Partei für Gespräche mit ihrem beigeordneten RA, beschränkt dies daher ihren Reisekostenerstattungsanspruch analog § 122 I Nr 1 nicht (aA OLG Zweibrücken AnwBl 70, 78; sa § 122 Rn 8). Der ASt hat das Vorliegen bes Umstände iSd IV darzutun. Beigeordnet wird der von der Partei **gewählte RA**, wenn er zur Vertretung bereit ist (s Rn 8). **Ausl RAe** können als Beweis- und Verkehrsanwälte nur beigeordnet werden, wenn sie dt RAen gleichgestellt sind (s Rn 4; OVG Berlin-Brandenburg NJW 2012, 1749; aA OLG Bamberg FamRZ 97, 1543; OLG Zweibrücken FamRZ 2002, 481; OLG Nürnberg MDR 2004, 1017). Die im Ausl lebende Partei wird dadurch nicht rechtlos gestellt; ihr beigeordneter dt RA kann dem ausl RA eine Untervollmacht erteilten und selbst die dadurch entstehenden Kosten ggü der Staatskasse geltend machen (OLGR Stuttgart 1998, 91; sa Rn 31).

29 **1) Beweisaufnahmeanwalt.** Die Beiordnung eines weiteren RA für einen auswärtigen Beweistermin vor dem ersuchten Richter (§§ 362 f) kommt in Betracht, wenn die Terminswahrnehmung durch einen Vertreter der Partei nötig und sachgerecht ist (OLG Brandenburg AnwBl 96, 54). In fG-Sachen gilt dies auch für die Anhörung vor dem ersuchten Richter (OLG Köln FamRZ 91, 349; PH/Grohmann § 78 FamFG Rn 20).

30 **2) Verkehrsanwalt.** Zum Begriff s § 91 Rn 13.105. Wird der Partei ein RA als ProzBev beigeordnet, der im selben Ort wie sie niedergelassen ist, darf ihr kein weiterer RA zur Vermittlung des Verkehrs mit ihrem ProzBev beigeordnet werden (OLG Stuttgart FamRZ 2005, 2007). Dasselbe gilt, wenn der Partei auf ihren Antrag ein auswärtiger RA beigeordnet wurde (VGH Mannheim NJW 2015, 1708). Der zum **Pfleger** einer kranken oder geschäftsungewandten Partei bestellte RA (s Rn 6) kann ihr im Prozess auch als Verkehrsanwalt beigeordnet werden.

31 **3) Unterbevollmächtigter.** § 121 IV erlaubt die Beiordnung eines Unterbevollmächtigten für die Vertretung in der mündl Verh grds nicht (BVerwG NJW 94, 3243; OLG Celle FamRZ 2012, 1321; OLG Zweibrücken FamRZ 2004, 707; OLG Dresden FamRZ 2008, 164; aA OLG Frankfurt NZFam 2016, 84). Eine Ausnahme soll aber dann zulässig sein, wenn im Einzelfall Reisekosten, die dem beigeordneten RA bei Wahrnehmung des Verhandlungstermins zu erstatten wären, die Kosten eines Unterbevollmächtigten annähernd erreichen (BGH NJW 2004, 2749; sa LAG Hamm AGS 2019, 37 u Rn 24: 10 % Mehrkosten tolerabel). Auch wenn die Beiordnung eines Unterbevollmächtigten damit idR ausgeschlossen ist, kann der beigeordnete RA einen **anderen RA mit der Terminswahrnehmung beauftragen** (iE N. Schneider NZFam 2016, 1094). Ihm stehen dann für die Terminswahrnehmung durch den von ihm unterbevollmächtigten RA die gesetzl Gebühren und Auslagen zu; denn §§ 45, 46 RVG erfordern kein persönl Tätigwerden (OLGR Brandenburg 2008, 316; OLG Köln 29.3.2010 – 4 WF 32/10). Als Auslagen kann der beigeordnete RA die fiktiven Reisekosten verlangen, die bei einer Terminswahrnehmung durch ihn selbst angefallen wären (OLG Hamm MDR 2014, 308; LAG Halle AGS 2022, 301; aA LAG Nürnberg NZA-RR 2020, 35).

32 **4) Besondere Umstände.** Die Beiordnung eines Beweisaufnahme- oder Verkehrsanwalts rechtfertigenden bes Umstände sind zB rechtl und tatsächl Schwierigkeiten des Rechtsstreits und die subj Prozessführungsfähigkeiten der Partei (BGH FamRZ 2004, 1362). So können bes Umstände darin liegen, dass die hilfsbedürftige Partei wegen Gebrechen, Schreibungewandtheit, Rechtsunerfahrenheit oder Schwierigkeit des Streitstoffes (OLG Köln FamRZ 2005, 2008) den ProzBev nicht sachgemäß schriftl informieren kann (BGH FamRZ 2004, 1362). Diese Voraussetzungen sind zB bei Ausländern mitunter gegeben (BayVGH JurBüro 88, 648). Hierbei ist ein großzügiger Maßstab anzulegen (KG JurBüro 2010, 485). Auch in einfachen Scheidungsverf ist ein persönl Beratungsgespräch zwischen Partei und RA erforderl (OLG Köln FamRZ 2008, 525). Nur um die tatsächl Verhinderung einer Partei am Erscheinen auszugleichen, darf aber kein Beweisaufnahmeanwalt beigeordnet werden (OLG Jena FamRZ 96, 418). Die Beiordnung eines Verkehrsanwalts erfordert überdies, dass die Partei **weit entfernt** von dem beigeordneten RA wohnt, so dass eine Reise zum beigeordneten RA ihr nicht zuzumuten ist (OLG Köln FamRZ 2005, 2008; OLG Köln FamRZ 2008, 525; OLG Bamberg FamRZ 2012, 651). Körperbehinderung und 40 km Entfernung zum Gerichtsort hat OLG Celle FamRZ 88, 858 genügen lassen. Auch familiäre Verhältnisse (unversorgte Kinder) können eine Reise unzumutbar machen. Wohnt der Mandant etwa gleich weit ent-

fernt vom Hauptanwalt wie vom Verkehrsanwalt, dann muss er zum Hauptanwalt reisen, um diesen zu informieren (OLG Düsseldorf JurBüro 86, 125). In der **Revisions- und die Rechtsbeschwerdeinstanz** bedarf es der Beiordnung des ProzBev der Vorinstanz als Verkehrsanwalt grds nicht, weil allein Rechtsfragen zu klären sind, die kein persönl Beratungsgespräch mit der Partei erfordern (sa BGH MDR 2015, 184).

VI) Kein RA vertretungsbereit (§ 121 V). 1) Grundsatz. § 121 V überträgt – ebenso wie § 78 V FamFG – die Regelung des § 78b auf das PKH-Verf. Das ist erforderl, weil § 121 I vom **Grundsatz des Wahlmandats** ausgeht, also keinen RA einem Kontrahierungszwang unterwirft. Unerhebl ist, ob die hilfsbedürftige Partei von vornherein keinen zur Vertretung bereiten RA findet oder ob sie durch Anwaltswechsel in diese Lage gerät. 33

2) Voraussetzungen. a) Antrag. Die Beiordnung eines vom Vors bestimmten RA erfolgt nur auf Antrag; das gilt auch für den Anwaltsprozess. Benennt die Partei hier keinen vertretungsbereiten RA, muss das Gericht aufklären (s Rn 10). – **b) Nichtfinden eines vertretungsbereiten RA.** Von der Partei sind zumutbare Anstrengungen zu erwarten; insoweit gelten dieselben Anforderungen wie bei § 78b (MskV/Fischer Rn 34; s § 78b Rn 4). Die Partei muss ihre Bemühungen darlegen und nötigenfalls nach § 118 II glaubhaft machen (BVerfG JurBüro 2023, 217; BFH BFH/NV 2020, 1090). 34

3) Verfahren. Anders als in den Fällen der § 121 I-IV ist nicht das Kollegium, sondern der **Vors** für Auswahl und Beiordnung zuständig. Die Zuständigkeit des erstinstanzl Vors besteht auch, wenn erst auf sof Beschwerde PKH bewilligt wird; das PKH-Verf ist dann nach § 572 III zurück zu übertragen (OLG Karlsruhe MDR 92, 1178). Die fehlende Regelung des Auswahlverf ist durch **analoge Anwendung des § 78c I** zu ersetzen (BFH/NV 90, 187). Der Vors trifft die Auswahl nach **pflichtgemäßem Ermessen** auf Grund seiner Personenkenntnis oder anhand der Liste der im Bezirk des Prozessgerichts niedergelassenen RA. Daraus folgt, dass die Partei keinen ihr beizuordnenden RA namentl benennen muss und dass sie auch kein Recht darauf hat, einen bestimmten RA dem Kontrahierungszwang zu unterwerfen (OLG Celle NJW 54, 721). Der Vors sollte aber ihre Vorschläge und Wünsche berücksichtigen (s § 78c Rn 3). In der Bitte um Beiordnung eines bestimmten RA liegt noch nicht die **Vollmachterteilung**; sie setzt das Zustandekommen des Mandatsvertrages voraus. Beigeordnet wird durch Beschluss (s Rn 11). Zur Beschwerdebefugnis s § 127 Rn 30.6. 35

4) Kontrahierungszwang. Der Notanwalt muss die Vertretung der Partei übernehmen (§ 48 I Nr 1 BRAO). Die Beiordnung begründet für ihn die öff-rechtl Pflicht zum Abschluss des Anwaltsvertrages (BGHZ 27, 166). Er kann jedoch nach § 48 II BRAO beantragen, die Beiordnung aufzuheben, wenn wichtige Gründe dafür gegeben sind. 36

VII) Aufhebung der Beiordnung. 1) Auf Antrag des beigeordneten RA. Der nach § 121 beigeordnete RA, der die Vertretung nicht annehmen oder niederlegen will, kann die Aufhebung der Beiordnung beantragen, wenn hierfür ein **wichtiger Grund** vorliegt (§ 48 II BRAO; **Formulierungsvorschlag:** Vorwerk/Fischer, PFB, M 10.17). An das Vorliegen eines solchen sind strenge Anforderungen zu stellen. Es genügt nicht, dass eine Kontaktaufnahme zum Mandanten (vorübergehend) nicht mögl ist (OLG Brandenburg FamRZ 2009, 898). Anders ist es, wenn trotz mehrfacher Versuche der Kontakt gänzl verweigert wird (LAG Berlin-Brandenburg NJW-Spezial 2014, 543) oder die Partei das Mandatsverhältnis gekündigt hat (LSG Stuttgart 3.11.2022 – L 3 AS 564/22). Ebenso kann ein wichtiger Grund darin liegen, dass die Partei mehrfach die anwaltl Aufforderung, eigene Eingaben bei Gericht zu unterlassen, missachtet (OLG Hamm MDR 2018, 895), dass sie darauf besteht, dass der RA ausschließl von ihr erstellte Schriftsätze einreicht oder diese nach ihren Vorgaben fertigt (BGH AnwBl 2013, 826; BGH ZInsO 2017, 442), oder sonst das Vertrauensverhältnis nachhaltig und tiefgreifend gestört ist (BGH NJW-RR 92, 189; BFH BFH/NV 2016, 938; anders bei ledigl einseitigen und ungerechtfertigten Vorwürfen der Partei: OLG Hamm 4.10.2022 – 11 WF 159/22). Kein Ablehnungsgrund liegt darin, dass der RA die Rechtsverfolgung für aussichtslos hält (RGZ 15, 341) oder bereits als Wahlanwalt tätig gewesen ist und wegen Nichtzahlung des Vorschusses gekündigt hat oder aus einer früheren Sache noch Gebühren zu beanspruchen hat. In der Person des beigeordneten RA liegende wichtige Gründe für die Aufhebung können Interessenkollisionen (§ 43a IV-VI, § 45 BRAO) oder der Fortfall der Niederlassung im Bezirk des beiordnenden Gerichts (III) sein, letzteres aber nicht im Fall einer Beiordnung als Korrespondenzanwalt (OLG Bamberg JurBüro 92, 624). Aufzuheben ist auch bei Abschluss einer Erfolgshonorarvereinbarung (s Rn 15). Der RA muss den **Aufhebungsantrag** unter Darlegung von Gründen beim Prozessgericht stellen (BGHZ 27, 166) und die Entscheidung abwarten (OLG Hamm 14.11. 2011 – 8 WF 256/11). Ergeht eine ihm ungünstige Entscheidung, ist er beschwerdeberechtigt (s § 127 Rn 58). 37

2) Auf Antrag der Partei. Die Partei hat auch bei Vorliegen eines wichtigen Grundes kein Recht, die Aufhebung der Beiordnung zu beantragen (OLG Brandenburg FamRZ 2002, 39; OLG Zweibrücken JurBüro 94, 749; offen gelassen von BGH 23.9.2009 – IV ZR 259/08). Die Gegenauffassung beruft sich darauf, dass in einem Verf, das der Parteiherrschaft unterliegt, keiner Partei gegen ihren Willen ein RA aufgezwungen werden dürfe; es komme daher auch auf das Vorliegen eines wichtigen Grundes nicht an (BVerwG 9.8.2001 – 8 PKH 10/00, BFH BFH/NV 2013, 967; OLG Nürnberg MDR 2003, 712; LSG NRW 12.7.2022 – L 7 AS 774/22 B). Sie steht aber mit dem klaren Wortlaut des § 48 II BRAO nicht in Einklang. Die Partei kann ihr Ziel dennoch durch Verweigerung oder Widerruf der Prozessvollmacht und Kündigung des Anwaltsvertrags erreichen (OLG Rostock FamRZ 2003, 1938). Um in diesem Fall nachwirkenden Fürsorgepflichten zu entgehen, wird der beigeordnete RA in diesem Fall idR selbst Entpflichtung beantragen. 38

39 **3) Beiordnung eines anderen RA.** Nach Aufhebung der Beiordnung wird sich das Verlangen der Partei nach Beiordnung eines anderen RA vielfach als **rechtsmissbräuchl** darstellen, zB wenn die Partei das Vertrauensverhältnis zu dem beigeordneten RA ohne sachl gerechtfertigten Grund mutwillig zerstört hat (BGH NJW-RR 92, 189; OLG Stuttgart FamRZ 2002, 1504; OLG Saarbrücken FamRZ 2015, 1922; BVerwG NJW 2011, 1894). Eine Pflicht zur Beiordnung eines anderen RA besteht aber, wenn die Aufhebung von der Partei unverschuldet ist oder ein triftiger Grund vorlag; dies ist von der Partei vorzutragen (OLG Düsseldorf FamRZ 95, 241; OLG Köln FamRZ 2010, 747; OLG Karlsruhe FamRZ 2018, 1680). Ebenso ist ein Wechsel des beigeordneten RA zuzulassen, wenn dadurch **keine Mehrkosten** entstehen, weil der zunächst beigeordnete RA wegen schuldhaften Verhaltens Geb gem § 54 RVG nicht fordern kann (OLG Karlsruhe FamRZ 2007, 645) oder weil einer der beteiligten RA auf seine Geb teilw verzichtet (OLG Hamm FamRZ 2005, 1263; OVG Lüneburg NJW 2012, 698). Ohne Verzicht darf eine Beiordnung eines neuen RA nicht „unter Anrechnung bisher entstandener Geb" erfolgen (OLG Celle NJW 2008, 2511; OLG Karlsruhe FamRZ 98, 632; OLG Oldenburg JurBüro 1995, 137). Gegen die Ablehnung der Beiordnung eines neuen RA kann die Partei **sof Beschwerde** einlegen (s § 127 Rn 30.6); gegen eine die Vergütung beschränkende Beiordnung steht dem neuen RA die sof Beschwerde analog § 56 II, § 33 III RVG zu (s § 127 Rn 59).

40 **VIII) Anwaltsvergütung. 1) Ansprüche gegen die Partei.** Wenn der RA **nur das PKH-Prüfungsverf** betreibt und dieses mit der Verweigerung der PKH oder anderweitig endet, kann er seine Kosten (s § 127 Rn 72) im Verf nach § 11 RVG gegen seinen Mandanten festsetzen lassen (OLG Koblenz NJW-RR 2003, 575; FG Sachsen-Anhalt AGS 2015, 330). Endet das PKH-Verf mit einem Vergleich, so ist der RA für das PKH-Verf beizuordnen (s vor § 114 Rn 10; str) und erhält seine Vergütung aus der Staatskasse (§ 45 I RVG). Der RA, der seinen Mandanten zunächst im PKH-Verf und nach seiner Beiordnung **auch im anschließenden Prozess** vertritt, hat aus dem Anwaltsvertrag einen Vergütungsanspruch gegen seinen Mandanten, der durch die Beiordnung unberührt bleibt. Den Anspruch geltend zu machen, verbietet ihm aber § 122 I Nr 3. Die Forderungssperre umfasst auch Reisekosten (7000 ff RVG-VV), die dem beigeordnete RA nicht aus der Staatskasse erstattet werden (s § 122 Rn 12). Vereinbart er im Zusammenhang mit einem PKH-Antrag oder nach seiner Beiordnung mit seiner Partei ein Honorar, das die ges Vergütung übersteigt, dann ist der Vertrag nichtig (§ 3a IV 1 RVG).

41 **2) Ansprüche gegen die Staatskasse. a) Allgemeines.** Die §§ 45 ff RVG regeln die Ansprüche des beigeordneten RA gegen die Staatskasse. Die Beiordnung allein begründet noch keine solchen Ansprüche. Erforderl ist das **Bestehen eines Anwaltsvertrags**; fehlt dieser, weil die Partei zB im Fall des § 121 V die Auftragserteilung verweigert oder weil er nach §§ 115 f InsO erloschen ist, entstehen grds keine Vergütungsansprüche (s Rn 13). Auf die wirksame Erteilung einer Prozessvollmacht kommt es nach Vorb 3 I 1 RVG-VV für die Verwirklichung von Gebührentatbeständen hingegen nicht an (Lund NZS 2021, 239; aA LSG München ZVI 2021, 143). Die Gebührentatbestände, Auslagen und Auslagenpauschalen sind beim beigeordneten RA dieselben wie bei anderen ProzBev. Insofern hat er keine schlechtere Rechtsstellung als der RA einer vermögenden Partei. Er hat Anspruch auf einen Geb- und Auslagenvorschuss (§ 47 RVG). Die Gerichte dürfen bei der Beiordnung die Vergütung, insb im Fall des Anwaltswechsels, nicht eigenmächtig kürzen (s Rn 39). **Anspruchsberechtigt** ist der beigeordnete RA, nicht seine Sozietät, sofern diese nicht beigeordnet ist (s Rn 7).

42 **b) Höhe der Vergütung.** Der beigeordnete RA erhält aus der Staatskasse **alle Geb**, die nach seiner Beiordnung abermals oder neu entstehen, ohne Rücksicht auf seine vorangegangene Tätigkeit (s iE § 119 Rn 6). Es muss jedoch eine gebührenauslösende Tätigkeit nach der Beiordnung feststellbar sein (BGH NJW 92, 840). Geb, die nur vor der Beiordnung entstanden sind, erhält der RA nicht aus der Staatskasse (OLG Zweibrücken JurBüro 94, 352). Die Höhe der Geb richtet sich nach der Tabelle des § 49 RVG, deren Sätze (verfassungsrechtl unbedenkl; BVerfG NJW 71, 187) unterhalb der Regelgeb des § 13 RVG liegen. Soweit die von der Staatskasse eingezogenen Beträge den Betrag übersteigen, der zur Deckung der Gerichtskosten und Anwaltsgeb nach § 49 RVG erforderl ist, erhält der beigeordnete RA nach § 50 RVG Geb bis zur Höhe der Regelgeb. Ist der Partei nur für einen Teil der Klage PKH bewilligt worden, sind die Geb von der Staatskasse nicht anteilig, sondern aus dem Teilstreitwert zu erstatten (OLG Brandenburg MDR 2021, 127; OLGR Oldenburg 1998, 184; OLG München MDR 95, 208).

43 Wird nur **einem von mehreren Streitgenossen PKH** bewilligt und der gemeinsame RA beigeordnet, beschränkt sich der Erstattungsanspruch nach BGH NJW 93, 1715 (ebenso BGH FamRZ 2019, 1629; BGH 26.10. 2021 – VIII ZR 71/20) auf die Mehrvertretungsgeb (1008 RVG-VV). Diese Beschränkung soll im Beiordnungsbeschluss ausdrückl auszusprechen sein. Fehlt eine derartige Beschränkung, ist umstritten, ob im Verf nach § 55 RVG dem beigeordneten RA die vollen Geb zu erstatten sind (dafür: OLG Naumburg MDR 2013, 184; dagegen: OLG Koblenz MDR 2001, 1261). Der Auffassung des BGH wird zu Recht entgegengehalten, dass nach § 7 II 1 RVG die bedürftige Partei dem RA die vollen Geb schuldet. Dies berücksichtigt auch die Auffassung nicht, die darauf abstellt, dass sich die bedürftige Partei im Innenverhältnis einem Ausgleichsanspruch gem § 426 I BGB der anderen Streitgenossen ausgesetzt sehen kann, und deshalb anteilig nach dem Kopfteil die Kosten erstatten will (OLG Köln NJW-RR 99, 725; LSG Niedersachsen-Bremen AGS 2017, 91). Zutreffend ist es vielmehr, dem RA die vollen Geb zu erstatten (OLG München MDR 2011, 326; OLG Köln AGS 2010, 496; OLG Düsseldorf MDR 97, 1071; LSG Berlin-Brandenburg AGS 2018, 421; SächsLSG NZS 2015, 79). Das gilt aber wegen § 7 II 1 RVG nicht für die Mehrvertretungsgeb (OLG München MDR 2011, 326; LSG Berlin-Bran-

denburg AGS 2018, 421; aA SächsLSG NZS 2015, 79). Die Staatskasse wird insoweit auch nicht zugunsten der bemittelten Streitgenossen übermäßig belastet, weil der Ausgleichsanspruch nach § 426 I BGB entspr § 59 I RVG auf sie übergeht.

Der beigeordnete RA kann von der Staatskasse Ersatz seiner **Auslagen** verlangen, es sei denn, sie waren zur sachgemäßen Wahrnehmung der Parteiinteressen nicht erforderl (§ 46 I RVG). Das gilt auch für die **USt** (7008 RVG-VV), selbst wenn die Partei vorsteuerabzugsberechtigt ist und keine Forderungssperre nach § 122 I Nr 3 besteht (s § 122 Rn 12; OLG Braunschweig MDR 2017, 1150; OLG Frankfurt 21.12.2017 – 18 W 187/17; OLG München JurBüro 2016, 632; aA OLG Celle MDR 2013, 1434). Hat das Gericht einen RA beigeordnet, der nicht im Bezirk des Prozessgerichts niedergelassen ist, sind ihm seine **Reisekosten** zu erstatten, wenn der Beschl keine Beschränkung enthält (s Rn 27). § 46 II RVG sieht vor, dass das Gericht auf Antrag des RA durch unanfechtbaren Beschl (BFH AGS 2015, 412) vor Antritt der Reise feststellt, ob diese erforderl ist, und dass diese Feststellung für die Kostenerstattung verbindl ist. Zur Durchführung des Rechtsstreits notwendige Aufwendungen, die der PKH-Anwalt macht, weil seine Partei dazu nicht in der Lage ist, werden gem § 46 II 3 RVG als eigene Auslagen des RA behandelt und sind ihm von der Staatskasse zu erstatten, insb Dolmetscher- oder **Übersetzerkosten** (OLG Hamm FamRZ 2008, 1463; LAG Nürnberg JurBüro 2018, 36). Der RA, der dem Hilfsbedürftigen notwendige Reisekosten für eine Informationserteilung vorstreckt, kann sie als Auslagen nach § 46 I RVG aus der Landeskasse ersetzt verlangen (Gerold/Schmidt/Müller-Rabe § 46 RVG Rn 83). Nur im Ausnahmefall gehört ein vom RA zur Vorbereitung des Rechtsstreits eingeholtes Privatgutachten zu den notwendigen Auslagen; insoweit sind die bei § 91 II geltenden Maßstäbe entspr heranzuziehen (s § 91 Rn 13.73). **Nicht** zu den notwendigen Aufwendungen gehört ein **Gerichtskostenvorschuss**, den der RA vor Einreichung des PKH-Antrags für die Partei zahlt (KG Rpfleger 84, 372; sa § 122 Rn 14 zum Rückzahlungsanspruch). 44

c) Festsetzungsverfahren. Der beigeordnete RA soll die **Berechnung seiner Regelvergütung** unverzügl zu den Akten mitteilen (§ 50 II RVG). Das Festsetzungsverf richtet sich nach § 55 RVG. Ob der Bewilligungsbeschluss sachl richtig ist, wird im Festsetzungsverf nicht geprüft. Die fehlerhafte Bewilligung bindet den zuständigen UrkB (OLG Düsseldorf AGS 2014, 196; OLG Nürnberg MDR 2008, 112; sa Rn 27 und § 119 Rn 6). Bestehen keine konkreten Zweifel, hat er auch nicht zu prüfen, ob ein Anwaltsvertrag zustande gekommen ist, der die Grundlage für Vergütungsansprüche bildet (LG Berlin Rpfleger 78, 269; s Rn 13). Der Prüfungsumfang ergibt sich vielmehr aus den §§ 45 ff RVG. Der UrkB hat somit zu prüfen, ob der RA beigeordnet wurde, die geltend gemachte Vergütung durch Beiordnung in gegenständl und zeitl Hinsicht gedeckt (§ 48 RVG) und richtig berechnet ist sowie ob Auslagen, vor allem Reisekosten (§ 46 I RVG), zur Wahrnehmung der Parteiinteressen erforderl waren (OLG Stuttgart FamRZ 2008, 1011). Dem UrkB obliegt es auch, im Rahmen des § 54 RVG zu prüfen, ob ein Anwaltswechsel durch den ASt verschuldet worden ist (sa Rn 39). 45

d) Mangelhafte Prozessführung. Die Staatskasse darf die Honorarzahlung nicht verweigern, weil der RA vor der Beiordnung den Prozess hätte vermeiden können (OLG Düsseldorf MDR 89, 827); denn dieser Umstand hätte das Gericht veranlassen müssen, die PKH wegen mutwilliger Rechtsverfolgung zu verweigern. Aus demselben Grund darf im Festsetzungsverf nicht geprüft werden, ob die Partei ihr Ziel in einem kostensparenderen Verf (zB im Verbundverf oder durch eine einstw Anordnung) hätte erreichen können (OLG Hamm FamRZ 2017, 469; OLG Zweibrücken Rpfleger 95, 364; LAG München NZA-RR 2023, 255; aA OLG Düsseldorf FamRZ 94, 973). Dem beigeordneten RA stehen seine Erstattungsansprüche grds unabhängig vom Erfolg seiner Tätigkeit und unabhängig davon, ob er den Prozess fehlerfrei geführt hat, zu. Nach Treu und Glauben ist es ihm aber versagt, Kostenerstattung von **Geb** zu verlangen, die nur **durch sein schuldhaftes Handeln verursacht** wurden, zB durch Einlegung einer Berufung nach Ablauf der Wiedereinsetzungsfrist (BVerwG Rpfleger 95, 75; OLG Karlsruhe MDR 92, 619; MskV/Fischer Rn 32). Dasselbe gilt, wenn er **Erstattungsansprüche der Staatskasse vereitelt**, indem er den Forderungsübergang auf die Staatskasse (§ 59 RVG) dadurch verhindert, dass er einen KFB zugunsten seines Mandanten erwirkt und damit dem Prozessgegner die Aufrechnung ermöglicht (s § 126 Rn 21; OLG München MDR 97, 786). Ebenso stehen Treu und Glauben Erstattungsansprüchen des beigeordneten RA entgegen, wenn der RA oder seine Partei Kostenvereinbarungen mit dem Gegner getroffen haben, die die Entstehung von Kostenerstattungsansprüchen zugunsten der Staatskasse verhindern, zB durch Verzicht auf eine Kostenerstattung oder eine Kostengrundentscheidung (ThürLSG 2.5.2018 – L 1 SF 215/16 B). 46

3) Ansprüche gegen den Gegner. Verpflichtet eine Kostengrundentscheidung den Gegner der Hauptsache zur Kostentragung, kann der RA seine Kosten, die ihm die Staatskasse (noch) nicht erstattet hat, gem § 126 von dem Gegner verlangen. Die Beschränkung der Gebührenhöhe nach § 49 RVG gilt hier nicht. 47

4) Tod der hilfsbedürftigen Partei. Mit ihm endet die PKH (s § 119 Rn 8). Vertritt der beigeordnete RA anschließend den Rechtsnachfolger, so ist nur noch allg Gebührenrecht anwendbar. Wird dem Rechtsnachfolger ebenfalls PKH bewilligt und derselbe RA beigeordnet, erhält er die bereits verdienten Geb nicht erneut (§ 15 II RVG). 48

§ 122 Wirkung der Prozesskostenhilfe

(1) Die Bewilligung der Prozesskostenhilfe bewirkt, dass

1. die Bundes- oder Landeskasse

a) die rückständigen und die entstehenden Gerichtskosten und Gerichtsvollzieherkosten,

b) die auf sie übergegangenen Ansprüche der beigeordneten Rechtsanwälte gegen die Partei

nur nach den Bestimmungen, die das Gericht trifft, gegen die Partei geltend machen kann,

2. die Partei von der Verpflichtung zur Sicherheitsleistung für die Prozesskosten befreit ist,

3. die beigeordneten Rechtsanwälte Ansprüche auf Vergütung gegen die Partei nicht geltend machen können.

(2) Ist dem Kläger, dem Berufungskläger oder dem Revisionskläger Prozesskostenhilfe bewilligt und ist nicht bestimmt worden, dass Zahlungen an die Bundes- oder Landeskasse zu leisten sind, so hat dies für den Gegner die einstweilige Befreiung von den in Absatz 1 Nr. 1 Buchstabe a bezeichneten Kosten zur Folge.

1 **I) Allgemeines. 1) Bedeutung.** § 122 I regelt eine Stundung der Ansprüche der Staatskasse gegen die hilfsbedürftige Partei und schließt Vergütungsansprüche des beigeordneten RA aus dem Anwaltsvertrag mit der Partei (s § 121 Rn 40) gänzl aus. § 122 II betrifft den Bekl, wenn dem Kl PKH bewilligt wurde (s Rn 15).

2 **2) Persönliche Wirkung.** Die PKH ist auf die Partei beschränkt, der sie bewilligt worden ist. Ihre Wirkungen gem § 122 erstrecken sich nicht auf ihren Rechtsnachfolger (s § 119 Rn 8) und nicht auf den RA, der nach § 126 im eigenen Namen seine Geb bei dem in die Prozesskosten verurteilten Gegner beitreibt. Ebenso wenig erstrecken sie sich auf **Streitgenossen** der hilfsbedürftigen Partei und NI auf ihrer Seite. Wenn diese am Rechtsstreit beteiligten Dritten die Kosten nicht aufbringen können, müssen sie selbst PKH beantragen (s § 114 Rn 4). Auch wenn dies nicht geschieht, kommt die PKH dem Streitgenossen mittelbar zugute. Denn er darf von der Staatskasse hinsichtl der Gerichtskosten nur mit dem Anteil in Anspruch genommen werden, den er auch im Innenverhältnis ggü der PKH-Partei zu tragen hat (OLG Celle MDR 2013, 495; OLG Dresden MDR 2013, 184; aA OLG Düsseldorf FamRZ 2009, 1617). Dies gebietet der Schutzzweck des § 122, weil andernfalls die durch I Nr 1 bewirkte Befreiung der bedürftigen Partei durch den Gesamtschuldnerausgleich unter den Streitgenossen beseitigt würde. Da die arme Partei keine Vorschüsse für Zeugen und SV (§§ 379, 402) zu zahlen braucht, darf bei einem gemeinsamen Beweisangebot der armen Partei und ihres Streitgenossen eine Zeugenladung oder die Einholung eines SV-Gutachtens nicht aus dem Grunde abgelehnt werden, weil der Genosse keinen Vorschuss gezahlt hat (MK/Wache Rn 2). Zur Erstattung der Kosten eines gemeinsamen RA aus der Staatskasse s § 121 Rn 43.

3 **II) Wirkung gegenüber der Staatskasse (§ 122 I Nr 1).** Der Bundeskasse stehen die Kostenforderungen aus Verf vor den Gerichten des Bundes, der Landeskasse diej aus Verf vor den Gerichten eines Landes zu (sa § 19 I GKG, § 45 I RVG). Die Kassen dürfen Kosten nur nach den **Bestimmungen, die das Gericht trifft**, gegen die mit PKH prozessierende Partei geltend machen. Das Gericht darf nicht beliebige Bestimmungen treffen, sondern darf nur anordnen, dass Monatsraten und/oder Beträge aus dem Vermögen zu zahlen (§ 120 I 1) oder dass keine Zahlungen zu leisten sind.

4 **1) Eigene Ansprüche der Staatskasse (§ 122 I Nr 1a).** Hat das Gericht PKH bewilligt, darf die Staatskasse neben den nach § 120 I 1 angeordneten Zahlungen keine rückständigen oder noch entstehenden **Gerichtskosten** einziehen. Zu den Gerichtskosten gehören Geb und Auslagen, somit auch die Entschädigungen für Zeugen und SV (9005 GKG-KV). I Nr 1a differenziert nicht nach dem Rechtsgrund der Inanspruchnahme der PKH-Partei. Sie kann daher weder als Veranlassungs- (§ 22 GKG) noch als Entscheidungs- oder Übernahmeschuldner (§ 29 GKG) in Anspruch genommen werden (OLG Frankfurt NJW 2012, 2049; OLG Frankfurt JurBüro 2017, 648; OLG Bamberg FamRZ 2015, 525; aA OLG Frankfurt MDR 2017, 307). Soweit die Partei sich allerdings mit einer **bes Entschädigung für den SV** einverstanden erklärt hat (§ 13 JVEG), haftet sie uneingeschränkt für den Differenzbetrag zwischen gesetzl und vereinbarter Entschädigung (OLG Frankfurt JurBüro 86, 79); das gilt nicht, wenn das Gericht ihre Zustimmung ersetzt hat (OLGR München 2001, 108). **Rückständig** sind Kosten, die zu der Zeit, als die PKH wirksam wurde (s § 119 Rn 4), fällig, aber noch nicht bezahlt waren (OLG Düsseldorf JurBüro 2002, 83; OLG Stuttgart Rpfleger 84, 114). Soweit solche Kosten bereits angesetzt und der Gerichtskasse zur Einziehung überwiesen wurden, sind sie auf Ersuchen des Kostenbeamten im Soll zu löschen (Nr 3.2, 4.2 DB-PKH; OLG Stuttgart Rpfleger 84, 114; OLG Düsseldorf Rpfleger 90, 172). Kosten, die bereits vor Wirksamwerden der PKH bezahlt wurden, sind nicht rückständig und daher auch nicht zurückzuzahlen (s Rn 14). **Entstehende Kosten** sind solche, die erst nach Wirksamwerden der PKH fällig werden (OLG Frankfurt JurBüro 2017, 601). I Nr 1a gilt auch für **GV-Kosten**. Gl dieser Kosten sind die Landeskassen (BGH MDR 2001, 330). Die Partei ist von ihnen ohne weiteres befreit, wenn PKH für die ZwV bewilligt wird (s § 119 Rn 23). Die Gebührenbefreiung umfasst alle Tatbestände nach dem GvKostG-KV, mithin auch Auslagen (700 ff GvKostG-KV).

5 **2) Auf die Staatskasse übergegangene Ansprüche (§ 122 I Nr 1b).** Der **Vergütungsanspruch des beigeordneten RA** gegen seine Partei geht auf die Staatskasse über, soweit sie die Vergütung bezahlt (§ 59 I RVG). Umfasst

sind die Geb und notwendigen Auslagen (s iE § 121 Rn 42 ff). Den übergegangenen Anspruch darf die Staatskasse nicht selbständig gegen die Partei geltend machen, und zwar auch nicht durch Aufrechnung (KG MDR 2007, 304). Sie darf nur nach Rn 3 vorgehen. Ist auch dem Gegner PKH bewilligt worden, gilt I Nr 1b trotz seines Wortlauts „beigeordnete RAe" und der Begr des RegE, nach der damit auch der gegnerische RA gemeint ist (BTDrs 8/3068, 30), **nicht** für die nach § 59 I RVG auf die Staatskasse übergangenen **Ansprüche des gegnerischen RA**. Die Staatskasse kann daher im Falle des Obsiegens des Gegners die auf sie übergegangenen Vergütungsansprüche des gegnerischen RA gegen die Partei geltend machen (BGH MDR 97, 887; OLG München MDR 2022, 1312; OLG Hamm AGS 2017, 237; OLG Celle MDR 2014, 923; OLG Dresden FamRZ 2010, 583; OLG Nürnberg FamRZ 2019, 1080; OLG Koblenz MDR 2008, 172; aA MskV/Fischer Rn 5). Das ergibt sich aus § 123; die PKH-Bewilligung für den Gegner ist kein rechtfertigender Grund, von der Kostenerstattungspflicht abzusehen.

3) Erstattung notwendiger Parteiauslagen. Die Partei kann notwendige **Auslagen, die sie selbst aufbringt** (zB Telefon-, Portokosten) von der Staatskasse grds nicht erstattet verlangen (VGH Kassel AnwBl 94, 431). Das gilt auch für Detektivkosten und sonstige Ermittlungskosten (KG JurBüro 92, 805). Auslagen für ein **Mediationsverf** (Kosten für Mediator und RA) werden nicht ersetzt, auch wenn das Gericht die Mediation den Parteien vorgeschlagen hat (OLG Dresden MDR 2007, 277; aA AG Eilenburg FamRZ 2007, 1670; sa vor § 114 Rn 3). Bereits keine Auslage, sondern allg Aufwand ist der **Verdienstausfall**. Für diesen besteht kein Ersatzanspruch (OLG Frankfurt MDR 84, 500; OLG Bamberg FamRZ 2008, 2300; aA OLG Stuttgart MDR 85, 852). Zu **Auslagen des RA** für die Partei s § 121 Rn 44. 6

Zu erstatten sind einer der dt Sprache nicht mächtigen Partei aus dem EU-Ausl aber aufgrund richtlinienkonformer Auslegung (Art 3, 8, 12 RL 2003/8/EG) für die PKH-Antragstellung notwendige Dolmetscher- und **Übersetzerkosten** (EuGH EuGRZ 2017, 585; BGH MDR 2018, 1521; BAG NJW 2017, 3741); ebenso solche Kosten im PKH-Überprüfungsverf (LAG Hamm 18.12.2023 – 5 Ta 159/23). Notwendig sind die nach §§ 9, 11 JVEG zu ersetzenden Kosten (arg e § 46 II 3 RVG). 7

Eine Ausnahme gilt auch für **Reisekosten der Partei**. Sie sind in § 122 I nicht erwähnt, zählen aber nach 9008 Nr 2 GKG-KV zu den gerichtl Auslagen, wenn sie durch eine gerichtl Maßnahme veranlasst worden sind. Aus dem Zweck der PKH, einer mittellosen Partei vollen Rechtsschutz zu gewähren, folgt das Gebot der analogen Anwendung des § 122 I Nr 1 auf solche Aufwendungen der Partei (BGHZ 64, 139; OLG Zweibrücken JurBüro 2017, 489). Die Entscheidung über einen Antrag auf Gewährung von Reiseentschädigung setzt keine erneute Prüfung der Hilfsbedürftigkeit voraus (OLG Brandenburg FamRZ 2006, 134). Wenn und solange PKH bewilligt ist, ist ledigl darauf abzustellen, ob die Bereitstellung dieser Mittel zur Prozessführung notwendig ist. Eine ausdrückl Erwähnung im **Bewilligungsbeschl** ist nicht erforderl (OLG Dresden MDR 2014, 423; OLG Nürnberg FamRZ 98, 252), aber zulässig (OLG Rostock FamRZ 2003, 1396) und sinnvoll, um spätere Zweifel auszuschließen. Die stattgebende Entscheidung ist für die Staatskasse nicht beschwerdefähig (s § 127 Rn 48), die ablehnende für die Partei nach § 127 II 2 (s § 127 Rn 30.10). Es macht keinen Unterschied, ob die Partei die Beschaffung der notwendigen Fahrkarten usw oder einen Reisekostenvorschuss beantragt oder die Reisekosten **selbst ausgelegt** (OLG Düsseldorf MDR 91, 679; OLG Rostock FamRZ 2003, 1396; LAG Düsseldorf MDR 2005, 1378). – Stets hat die Partei Anspruch auf Reiseentschädigung, wenn sie **persönl geladen** worden ist (BGHZ 64, 139; OLG Frankfurt NJW 2022, 2283). Ist ihr persönl Erscheinen nicht angeordnet worden, kann sie eine Erstattung von Reisekosten verlangen, wenn auch eine vermögende Partei aus verständl Gründen am Termin teilnehmen würde, zB bei Zeugenaussagen über eine Angelegenheit, die sie miterlebt hat (OLG München MDR 97, 194). Die Teilnahme an einer Revisionsverhandlung, bei der nur Rechtsfragen erörtert werden, ist hingegen nicht erforderl (BGH JurBüro 2020, 492; BVerwG NJW 2017, 1497). Erstattungsfähig ist die Reise zum beigeordneten RA zum Zweck eines **Informationsgesprächs** (OLG Celle NdsRpfl 87, 213; OLG Koblenz JurBüro 82, 773). – Bei der Wahl des Verkehrsmittels ist die PKH-Partei, anders als der Zeuge (§ 19 I Nr 1, § 5 JVEG), nicht frei; Ersatz kann sie nur für das günstigste zumutbare **Beförderungsmittel** verlangen (OLG Brandenburg FamRZ 2014, 58). Bei Gebrechlichkeit sind auch Reisekosten eines Begleiters zu zahlen. 8

Der Anspruch auf Erstattung von der Partei verauslagter Reisekosten verjährt gem § 45 I SGB I in 4 Jahren; eine vorherige **Verwirkung** vor Ablauf der Frist kommt entgegen der hM nicht in Betracht (Gottwald FamRZ 2012, 1235; sa OLG Zweibrücken JurBüro 2017, 489 für den Fall nachträgl PKH-Bewilligung). Die Erstattung ist daher nicht ausgeschlossen, wenn die Partei sie erst mehrere Wochen nach der Reise (so OLG Naumburg MDR 2013, 56; OLG Brandenburg FamRZ 2012, 1235; OLG Zweibrücken JurBüro 89, 233) oder mehr als **drei Monate** danach (so Nr 1.3 VwV Reiseentschädigung, die bundeseinheitl gilt, zB BAnz AT 29.1.2014 B1; Hagen FamRB 2014, 342, 343) geltend macht. Da die Bedürftigkeit beim Kostenansatz nicht mehr zu prüfen ist, kommt es auch nicht darauf an, ob sich aus einer späten Geltendmachung eine tatsächl Vermutung ableiten lässt, dass die Partei nicht bedürftig war (so OLG Dresden MDR 2014, 423). 9

III) Prozesskostensicherheit (§ 122 I Nr 2). Die in den §§ 110 ff vorgesehene **Pflicht zur Sicherheitsleistung** besteht nicht für eine Partei, der PKH bewilligt worden ist. Ein Antrag nach § 110 I ist zurückzuweisen, ohne dass zu prüfen ist, ob PKH zu Recht bewilligt wurde (OLG Karlsruhe 9.10.2013 – 7 U 55/13). Die Befreiung nach I Nr 2 gilt auch, wenn die Sicherheitsleistung durch Zwischenurteil rechtskräftig angeordnet wurde und die Frist zur Erbringung zwischenzeitl verstrichen ist (OLG Brandenburg MDR 2003, 288). 10

11 **IV) Vergütungsansprüche des beigeordneten RA (§ 122 I Nr 3). 1) Forderungssperre.** Der beigeordnete RA erhält seine Vergütung nur aus der Staatskasse (§ 45 I RVG) entspr dem Umfang seiner Beiordnung (s § 121 Rn 41 ff). Ggü seinem Mandanten besteht nach I Nr 3 eine Forderungssperre, die die Durchsetzung der Vergütungsansprüche hindert, aber ihren Bestand unberührt lässt (BGH MDR 2007, 303). Die Sperre besteht auch, wenn der RA seinen Vergütungsanspruch gegen die Staatskasse hat verjähren lassen (OLG Köln FamRZ 95, 239). Sie ist **zwingend**, dh sie kann nicht durch Vereinbarung zwischen RA und Partei abbedungen werden (MskV/Fischer Rn 7); auch nicht, indem eine höhere Vergütung vereinbart wird. Der RA darf aus einer nach § 3a IV 1 RVG zulässigen Vergütungsvereinbarung daher nicht gegen die Partei vorgehen (OLG Brandenburg NJW-RR 2022, 856; aA Schneider AnwBl 2016, 178). Trotz der Forderungssperre geleistete Anwaltsvergütung kann zurückgefordert werden (s Rn 14). Die **Forderungssperre endet** erst mit Aufhebung der Bewilligung nach § 124 (s § 124 Rn 25), nicht aber mit Aufhebung der Beiordnung (KG MDR 84, 410), Erlöschen der PKH durch Tod der Partei und ebenso wenig, wenn die Partei nach § 120a verpflichtet worden ist, Prozesskosten aus ihrem Vermögen nachzuzahlen (OLG Stuttgart FamRZ 2004, 1802).

12 **2) Umfang.** Die Forderungssperre gem § 122 I Nr 3 umfasst **grds alle Ansprüche des RA** gegen seine Partei. Sie gilt für alle nach der Beiordnung verwirklichten gebührenauslösenden Tatbestände, auch wenn sie bereits vor der Beiordnung erfüllt waren und nach der Beiordnung erneut verwirklicht werden (BGH FamRZ 2008, 982). Auch wenn der RA bereits vor der Beiordnung tätig geworden ist, darf er von seiner Partei nicht die Differenz zwischen den vollen Geb und den nach § 49 RVG herabgesetzten Geb fordern (KG MDR 84, 410). Die Forderungssperre umfasst auch Auslagen, zB **Reisekosten**, die die Staatskasse dem beigeordneten RA nicht erstattet, insb weil er zu den Bedingungen eines ortsansässigen RA beigeordnet wurde (OLG Celle FamRZ 2012, 1321; OLGR Frankfurt 2002, 28; sa § 121 Rn 26). Da es sich bei I Nr 3 um zwingendes Recht handelt (s Rn 11), gilt das auch, wenn sich die Partei mit der Übernahme der Reisekosten eines auswärtigen RA einverstanden erklärt hat (aA OLG Brandenburg JurBüro 2010, 434; OLG Nürnberg FamRZ 2001, 1157). Nicht anwendbar ist I Nr 3 bei **USt auf das Honorar** des RA, wenn die Partei zum Abzug der Vorsteuer berechtigt und die vom RA in Rechnung gestellte USt für sie nur ein durchlaufender Posten ist (BGH MDR 2007, 303).

13 **V) Teilweise PKH-Gewährung.** Beschränkt sich die Bewilligung auf einen Teil des Streitgegenstandes, erfasst die Forderungssperre nach I Nr 1a nicht die Differenz zwischen den Gerichtsgebühren aus dem Wert der PKH-Bewilligung und aus dem Gesamtstreitwert (OLG Schleswig MDR 2006, 175; aA OLGR Nürnberg 2001, 307). Entspr gilt für die RA-Gebühren (s § 121 Rn 42). Der RA kann daher die Differenz zwischen den Wahlanwaltsgeb aus dem Gesamtstreitwert und den Wahlanwaltsgeb aus dem von der PKH abgedeckten Teil-Streitwert von der Partei verlangen (BGH NJW 54, 1406; OLG Düsseldorf MDR 2001, 57; OLG Hamburg JurBüro 95, 426). Gerichtl Auslagen sind grds im Verhältnis der Werte anteilig zu verteilen (OLG Schleswig MDR 2006, 175). Lassen sie sich dem PKH-Teil zuordnen, werden sie aber insg von der Forderungssperre erfasst (VerfGH Berlin NJW 2020, 754; OLGR Nürnberg 2001, 307). Diese Regeln gelten auch, wenn ein sog **Mehrvergleich** geschlossen wird, für den aber keine PKH bewilligt wurde (aA OLG München NJW 69, 938; sa vor § 114 Rn 5 f).

14 **VI) Rückzahlungsansprüche der Partei.** Kosten, die die Partei **nach** dem Zeitpunkt gezahlt hat, von dem an die Bewilligung wirkt (s § 119 Rn 4), sind an sie zurückzuzahlen. Der Sache nach handelt es sich bei solchen Zahlungen, die nach Stellung des PKH-Antrags erfolgen, um Zahlungen unter (konkludentem) Vorbehalt. Besteht aufgrund von § 122 I keine Zahlungspflicht der Partei, können sie nach §§ 812 ff BGB zurückgefordert werden (OLG Koblenz MDR 2005, 349). Das gilt für an die Staatskasse geleistete Gerichts- (OLG Karlsruhe FamRZ 2007, 1028; OLG Koblenz MDR 2005, 349; OLG Stuttgart JurBüro 2003, 413) oder GV-Kosten (KG DGVZ 81, 152) ebenso wie für an den beigeordneten RA geleistete Anwaltsvergütung (BGH MDR 63, 827; aA OLG Hamm 16.9.2014 – 28 U 156/13), insb Vorschüsse (§ 9 RVG). Zahlt der beigeordnete RA erhaltene Vorschüsse zurück, kann er von der Staatskasse ungekürzte Erstattung verlangen (OLGR Hamm 2008, 540). **Vor Wirksamwerden** der Bewilligung von der Partei an Gericht oder RA geleistete Zahlungen können hingegen nicht zurückgefordert werden (OLG Düsseldorf FamRZ 90, 299; OLG Hamburg MDR 99, 1287). Bsp: Wird Klage eingereicht, zugleich der Gerichtskostenvorschuss (§ 12 I 1 GKG) bezahlt und später PKH beantragt, muss die Landeskasse die Geb nach PKH-Bewilligung nicht zurückzahlen. Wird gleichzeitig Klage eingereicht, der Vorschuss bezahlt und PKH beantragt, so ist der Vorschuss zurückzuzahlen, wenn rückwirkend auf den Zeitpunkt der Antragstellung PKH bewilligt wird (OLG Schleswig MDR 2018, 631; OLG Karlsruhe FamRZ 2007, 1028). Eine **Verwirkung** der Rückforderung vor Verjährung kommt nur ausnahmsw in Betracht (OLG Koblenz MDR 2005, 349; aA AG Frankfurt/M DGVZ 89, 190; MskV/Fischer Rn 3).

15 **VII) Wirkungen für den Gegner (§ 122 II). 1) Grundgedanke.** II handelt vom Gegner desj Kl, dem PKH ohne Zahlungspflicht bewilligt worden ist, also vom Bekl. Gewinnt der Bekl den Prozess, so hat der Kl nach § 91 die Kosten zu tragen. Die PKH befreit ihn hiervon nicht (§ 123). Hatte der Bekl Gerichtskosten bezahlt, zB Auslagenvorschüsse für ein SV-Gutachten, so könnte er deren Erstattung vom Kl verlangen. Das würde zu einem Widerspruch zu I Nr 1 führen, wonach vom Kl, dem PKH ohne Zahlungspflicht bewilligt worden ist, keine Gerichtskosten verlangt werden können. II befreit daher auch den bekl Gegner von den Gerichtskosten. Ebenso wie für den Bekl in der 1. Instanz gilt diese Befreiung in der Rechtsmittelinstanz für den Berufungs- oder Revisionsbeklagten.

2) Voraussetzungen. a) Dem **Kl** muss PKH bewilligt worden sein; entscheidend ist die Rolle als Angreifer. In Verbundverf kommt es daher auf die jew Parteirolle an (OLG Karlsruhe FamRZ 2013, 392). II gilt **nicht**, wenn dem **Bekl** PKH bewilligt wurde. Der Kl wird hier nach § 31 III, IV GKG, § 26 III, IV FamGKG geschützt (s § 123 Rn 4 ff). – Klagen mehrere Personen als **Streitgenossen**, dann erlangt der Bekl eine Vergünstigung als Kostenschuldner erst, wenn sämtl Kl PKH bewilligt worden ist (MK/Wache Rn 19). Soweit der Kl in die Rechtsverteidigung gedrängt wird, also als **Widerbeklagter** oder **Rechtsmittelbeklagter** streitet, bleibt sein Gegner ohne Einschränkung vorschuss- und kostenpflichtig. Auch ein **Anschlussrechtsmittel** macht den Rechtsmittelkläger insoweit zur sich verteidigenden Partei. Haben Klage und Widerklage oder wechselseitig eingelegte Rechtsmittel identische Streitgegenstände (§ 45 I 3, II GKG), lassen sich die Kosten nicht trennen. Dann ist auch der Gegner ungeachtet seiner Stellung als Prozessbeteiligter von den Kosten befreit (KG OLGZ 71, 423). 16

b) § 122 II gilt nur, wenn dem Kl (ASt) **PKH ohne Zahlungspflichten** (Raten, Vermögen) bewilligt worden ist. Sind nach § 120 I 1 Zahlungsbestimmungen getroffen, wird der Kl im Verhältnis zum Bekl wie eine vermögende Partei behandelt. Der Bekl hat dann uneingeschränkt Gerichtskosten zu zahlen; er soll nicht besser gestellt werden als die mit Ratenzahlungen belastete Partei. 17

3) Umfang der Kostenbefreiung. Die Vergünstigung des II beschränkt sich praktisch für den Bekl auf **Auslagenvorschüsse** für Zeugen und Sachverständige (§§ 379, 402); andere Gerichtskosten hat ein Bekl vor einer Kostenentscheidung nicht aufzubringen. Macht das Gericht trotz Bewilligung ratenfreier PKH für den Kl die Ladung von Zeugen oder Sachverständigen von einer Vorschusszahlung des Bekl abhängig, dann hat dieser dagegen die sof Beschwerde (s § 127 Rn 56). Ein entgegen § 122 II angeforderter und gezahlter Vorschuss ist dem Bekl zu erstatten (OLG Köln FamRZ 94, 249). – Obsiegt der Kl im Rechtsstreit oder wird der Rechtsstreit ohne Kostenentscheidung beendet, **endet** die einstw Befreiung des Bekl nach II gem § 125 II. 18

§ 123 Kostenerstattung

Die Bewilligung der Prozesskostenhilfe hat auf die Verpflichtung, die dem Gegner entstandenen Kosten zu erstatten, keinen Einfluss.

I) Bedeutung. Die mit PKH prozessierende Partei ist durch § 122 I nur von der Zahlung der rückständigen und zukünftigen Gerichtskosten sowie der Vergütung des ihr beigeordneten RA befreit. Werden ihr durch eine Kostengrundentscheidung die Kosten des Rechtsstreits auferlegt oder übernimmt sie diese durch Vergleich, hat sie gem §§ 91 ff dem Gegner dessen Kosten zu erstatten. § 123 stellt klar, dass die Bewilligung von PKH hieran nichts ändert. Der Gegner kann die Kosten gem §§ 103 ff festsetzen lassen und auf Grund dieses Titels gegen den Hilfsbedürftigen vorgehen. Siegt der Hilfsbedürftige, gelten §§ 125, 126. 1

II) Zu erstattende Kosten. 1) Außergerichtliche Kosten. Gegen die unterlegene, mit PKH prozessierende Partei kann der **Gegner** die vollen Kosten eines Wahlanwalts festsetzen lassen. Über die Erstattung von Kosten, die dem Gegner im PKH-Prüfungsverf entstanden sind, s § 118 Rn 19. Der Erstattungsanspruch besteht auch, wenn dem Gegner ebenfalls PKH bewilligt worden war (OLG Bamberg FamRZ 88, 967). Von den Wahlanwaltskosten ist dann jedoch der Betrag abzuziehen, den der RA als Vergütung aus der Staatskasse erhalten hat (sa § 121 Rn 41 ff). Den insoweit auf die **Staatskasse** übergegangenen Anspruch (§ 59 I 1 RVG) kann diese ebenfalls uneingeschränkt gegen die PKH-Partei geltend machen (str, s § 122 Rn 5). 2

2) Gerichtskosten. a) Unterlegener Kläger ist PKH-Partei. Wegen § 122 II hat der Bekl im Rechtsstreit idR keine Gerichtskosten verauslagt, so dass eine Erstattung bereits aus diesem Grund ausscheidet. Hat der Bekl zu Unrecht Auslagenvorschüsse (§§ 379, 402) geleistet, sind sie ihm aus der Staatskasse zu erstatten (s § 122 Rn 18). 3

b) Unterlegener Beklagter ist PKH-Partei. IdR hat der Kl Vorschüsse auf Gerichtskosten geleistet, so dass er bei einer den Bekl belastenden Kostengrundentscheidung Erstattung dieser verlangen könnte. Dies wäre aber mit dem Art 3 GG unvereinbar, weil der bedürftige Bekl dann schlechter behandelt würde als ein bedürftiger Kl (BVerfG NJW 99, 3187). Durch § 31 III GKG (gleichlautend § 26 III FamGKG) wird der **Kl** daher von einer Haftung für die Gerichtskosten befreit; § 31 III 1 Hs 2 GKG regelt, dass dem Kl bereits gezahlte Gerichtskosten **aus der Staatskasse** erstattet werden (LG Bamberg JurBüro 2018, 595). Voraussetzung ist, dass der Bekl Entscheidungsschuldner iSd § 29 Nr 1 GKG geworden ist, dh, dass ihm durch gerichtl Entscheidung die Kosten auferlegt worden sind; ist er Übernahmeschuldner, gelten die weiteren Voraussetzungen des § 31 IV GKG (s Rn 5). Dabei kommt es anders als bei § 122 II nicht darauf an, ob dem Bekl ratenfreie PKH bewilligt wurde (OLG Stuttgart FamRZ 2011, 1324). Die Befreiung gilt auch, wenn die PKH für den Bekl nachträgl gem § 124 aufgehoben wird (s § 124 Rn 25) und wenn nur einem von mehreren Bekl PKH bewilligt wurde (OLG Frankfurt NJW 2021, 3667 [zust Touissant]; OLG Naumburg 3.8.2011 – 2 W 77/10; aA OLGR Düsseldorf 2009, 522). War dem Bekl **nur teilw PKH** bewilligt worden, sind die Gerichtsgeb dem Kl in Höhe des von der PKH-Bewilligung umfassten Streitwerts, die Auslagen nach dem prozentualen Verhältnis der Streitwerte zurückzuzahlen 4

(OLG Koblenz FamRZ 2007, 1758; aA OLG Saarbrücken NJW-RR 2019, 958). Hinsichtl des nicht zurückgezahlten Teils kann der Kl dann Erstattung vom Bekl verlangen.

5 **III) Kostenübernahme im Vergleich.** Soweit sich die mit PKH prozessierende Partei durch Vergleich verpflichtet hat, Kosten zu tragen, kann ihr Gegner von ihr uneingeschränkt Kostenerstattung seiner außergerichtl Kosten verlangen. Abweichend von der Rechtslage bei einer gerichtl Kostengrundentscheidung (s Rn 4) gilt dies grds auch für die **Gerichtskosten.** § 31 III GKG gilt für die Partei, die durch einen Vergleich Kosten übernommen hat, als Übernahmeschuldner iSd § 29 Nr 2 GKG nur nach Maßgabe von **§ 31 IV GKG, § 26 IV FamGKG.** Voraussetzung ist, dass der Vergleich einschließl der Kostenverteilung vom Gericht vorgeschlagen worden ist (OLG Saarbrücken JurBüro 2021, 150) und das Gericht in seinem Vergleichsvorschlag ausdrückl, dh aus den Gerichtsakten zu entnehmen (OLG Jena JurBüro 2018, 150; OLG Frankfurt JurBüro 2017, 648), festgestellt hat, dass die Kostenregelung der sonst zu erwartenden Kostenentscheidung entspricht. Nicht ausreichend ist es, wenn das Gericht ledigl pauschal die von ihm vorgeschlagene Kostenverteilung als „vertretbar" erklärt (OLG Oldenburg NdsRpfl 2016, 345) oder die Feststellung erst nach Vergleichsschluss trifft (OLG Hamm NJW 2021, 86; OLG Jena JurBüro 2018, 150; OLG Bamberg FamRZ 2015, 525). Die Parteien sollten daher rechtzeitig beim Gericht auf eine entspr Feststellung hinwirken. Die Übernahme der Kosten setzt keine bestimmte Form des Vergleichsschlusses voraus; sie kann auch durch Vergleich vor dem Güterichter (§ 278 V) geschehen. In diesem Fall finden § 31 IV Nr 2 u 3 GKG keine entspr Anwendung (OLG Oldenburg Rpfleger 2020, 98).

6 Außerhalb des Anwendungsbereichs des § 31 IV GKG können die Parteien die Belastung der mit PKH prozessierenden Partei mit Gerichtskosten vermeiden, indem sie sich nur über die Hauptsache, ausdrückl aber nicht über die Kosten vergleichen (OLG Koblenz MDR 86, 243; **Formulierungsvorschlag:** Vorwerk/Wiemer, PFB, M 37.5). Dann gilt § 98 nicht. Sie können anschließend die Hauptsache übereinstimmend für erledigt erklären und Entscheidung nach § 91a beantragen (BGH NJW 2007, 835), so dass dann § 31 III GKG zur Anwendung kommt.

§ 124 Aufhebung der Bewilligung

(1) Das Gericht soll die Bewilligung der Prozesskostenhilfe aufheben, wenn

1. **die Partei durch unrichtige Darstellung des Streitverhältnisses die für die Bewilligung der Prozesskostenhilfe maßgebenden Voraussetzungen vorgetäuscht hat;**
2. **die Partei absichtlich oder aus grober Nachlässigkeit unrichtige Angaben über die persönlichen oder wirtschaftlichen Verhältnisse gemacht oder eine Erklärung nach § 120a Absatz 1 Satz 3 nicht oder ungenügend abgegeben hat;**
3. **die persönlichen oder wirtschaftlichen Voraussetzungen für die Prozesskostenhilfe nicht vorgelegen haben; in diesem Falle ist die Aufhebung ausgeschlossen, wenn seit der rechtskräftigen Entscheidung oder sonstigen Beendigung des Verfahrens vier Jahre vergangen sind;**
4. **die Partei entgegen § 120a Absatz 2 Satz 1 bis 3 dem Gericht wesentliche Verbesserungen ihrer Einkommens- und Vermögensverhältnisse oder Änderungen ihrer Anschrift absichtlich oder aus grober Nachlässigkeit unrichtig oder nicht unverzüglich mitgeteilt hat;**
5. **die Partei länger als drei Monate mit der Zahlung einer Monatsrate oder mit der Zahlung eines sonstigen Betrages im Rückstand ist.**

(2) Das Gericht kann die Bewilligung der Prozesskostenhilfe aufheben, soweit die von der Partei beantragte Beweiserhebung auf Grund von Umständen, die im Zeitpunkt der Bewilligung der Prozesskostenhilfe noch nicht berücksichtigt werden konnten, keine hinreichende Aussicht auf Erfolg bietet oder der Beweisantritt mutwillig erscheint.

1 **I) Allgemeines. 1) Normzweck.** § 124 regelt unterschiedl Tatbestände für eine nachträgl Aufhebung bereits bewilligter PKH. Die Vorschrift ergänzt § 118 II 4, der im Bewilligungsverf gilt. I Nr 3 soll sicherstellen, dass die PKH wieder entzogen werden kann, wenn sie trotz fehlender gesetzl Voraussetzungen bewilligt worden war. Die übrigen Tatbestände des I haben **Sanktionscharakter** (BGH MDR 2015, 1148 Tz 18). I Nr 1, Nr 2 Hs 1 bestrafen schuldhaft fehlerhafte Angaben vor PKH-Bewilligung, die im Bewilligungsverf nicht erkannt worden sind. Ob die unrichtigen Angaben für die Bewilligung von PKH kausal geworden sind, ist nicht entscheidend (BGH NJW 2013, 68; BGH MDR 2018, 486 Tz 12; sa Rn 10, 12, 19). I Nr 2 Hs 2, Nr 4 und Nr 5 lassen Sanktionen gegen Parteien zu, die ihre nach PKH-Bewilligung bestehenden Pflichten verletzen, zutreffende Auskunft über die Veränderung ihrer Verhältnisse zu erteilen oder Zahlungen an die Staatskasse zu leisten. Mit II soll eine Besserstellung der PKH-Partei ggü der verständigen, selbstzahlenden Partei vermieden werden, die aus Kostengründen von einer mutwilligen oder voraussichtl erfolglosen Beweiserhebung absehen würde (BTDrs 17/11472, 35).

2 **2) Geltungsbereich.** § 124 gilt auch für Parteien kraft Amtes, jur Personen und parteifähige Vereinigungen (§ 116). Er ist nicht – auch nicht entspr – im Bewilligungsverf (s § 118 Rn 28), sondern erst nach PKH-Bewilli-

gung, dann aber **zeitl** unbeschränkt anwendbar (OLG Zweibrücken Rpfleger 2016, 737). Nur § 124 I Nr 3 sieht vor, dass die PKH-Bewilligung später als 4 Jahre nach Verfahrensende nicht mehr aufgehoben werden darf.

3) Abschließende Regelung. § 124 zählt die Gründe, aus denen die PKH-Bewilligung aufgehoben werden soll, abschließend auf. Andere Gründe als diej des § 124 erlauben die Aufhebung nicht. Unter den Voraussetzungen des § 120a ist eine Abänderung mögl, die aber die Bewilligung von PKH als solche unberührt lässt (s § 120a Rn 1). – Insb darf **die Bewilligung nicht aufgehoben werden**, wenn 3

- PKH ohne den erforderl Antrag (OLG Zweibrücken FamRZ 2003, 1021), trotz nicht vom ASt unterschriebener Erklärung über die persönl u wirtschaftl Verhältnisse (LAG Hamm 20.1.2020 – 14 Ta 8/20) oder rechtsfehlerhaft erst nach Erledigung des Rechtsstreits (LSG Berlin-Brandenburg 5.6.2013 – L 18 AL 116/13 B; aA OLG Bamberg FamRZ 89, 884) bewilligt wurde,
- das Gericht bei erneuter Prüfung die Erfolgsaussicht anders als bei der PKH-Bewilligung beurteilt, auch wenn diese auf einem Rechtsirrtum beruht (OLG Hamm FamRZ 2016, 930; aA OLG Saarbrücken NJW 79, 2050) oder eine Beweisaufnahme ergeben hat, dass die Rechtsverfolgung aussichtslos ist (OLG Köln MDR 2013, 771),
- das Gericht bei gleich gebliebenen wirtschaftl Verhältnissen auf Grund erneuter Prüfung die Frage der Hilfsbedürftigkeit anders beurteilt (s Rn 16),
- das Gesetz geändert worden ist oder die Rspr sich geändert hat,
- die Partei im Hauptprozess untätig bleibt, insb ihren RA nicht informiert und dadurch die Sachaufklärung erschwert oder verhindert (OLG Koblenz NJW 78, 2040; KG Rpfleger 79, 152; MskV/Fischer Rn 2; aA Köln VersR 75, 1058),
- versehentl der RA ohne die Einschränkung des § 121 III beigeordnet wurde (OLG Düsseldorf FamRZ 2008, 1358; s § 121 Rn 27) oder der beigeordnete RA nicht zur Vertretung bereit (s § 121 Rn 14) oder in der Lage ist (aA FG Düsseldorf EFG 2021, 468),
- versehentl PKH für das PKH-Verf bewilligt wurde (OLG Hamm FamRZ 2016, 930),
- bei Tod der PKH-Partei (s § 119 Rn 8).

4) Ermessen. Anders als früher („kann") ist die Aufhebung nach **§ 124 I** nunmehr eine **gebundene Ermessensentscheidung** („Soll"-Vorschrift). Wenn es sich nicht um einen atypischen Ausnahmefall handelt, ist die PKH-Bewilligung bei Vorliegen der Voraussetzungen von I Nrn 1 bis 5 aufzuheben (OLG Frankfurt MDR 2018, 1402; OLG Düsseldorf Rpfleger 2018, 503). Ausnahmen sind gerechtfertigt, zB wenn zwar gegen Vordruckzwang des § 120a VI 1 verstoßen wird und so die Voraussetzungen des § 124 I Nr 4 vorliegen, aber die fortbestehende Bedürftigkeit offensichtl oder nachgewiesen ist (LAG Köln AGS 2017, 483) oder wenn die verzögerte Mitteilung einer Anschriftenänderung zu keinem zusätzl Aufwand bei Gericht geführt hat (OLG Brandenburg FamRZ 2017, 1593). Bei **§ 124 II** besteht weiterhin ein **Ermessensspielraum**. Hier hat das Gericht nach Abwägung aller Umstände im Einzelfall zu entscheiden, wobei insb die zusätzl Kosten für die begehrte Beweisaufnahme, der erreichbare Prozesserfolg und die Erfolgswahrscheinlichkeit zu berücksichtigen sind. 4

5) Keine Abänderung. § 124 I erlaubt nur die vollständige Aufhebung; II sieht die Möglichkeit einer **Teilaufhebung** vor („soweit"). Es besteht nicht die Möglichkeit einer Abänderung der PKH-Bewilligung in den Fällen des I, zB die Beschränkung auf einen Teil des Streitgegenstands, der noch Erfolgsaussichten hat, oder die Anordnung von Zahlungsbestimmungen aus dem Vermögen. Dies beruht auf dem Sanktionscharakter der Vorschrift (s Rn 1). Berechtigte Belange der PKH-Partei, die wohl nur in Ausnahmefällen vorliegen können, sind im Rahmen des Aufhebungsermessens zu berücksichtigen (s Rn 4). Auch kann die Partei erneut PKH mit nunmehr zutreffenden Angaben beantragen (s Rn 27). 5

II) Aufhebungsverfahren. 1) Zuständigkeit. Die **sachl und örtl** Zuständigkeit folgt aus § 127 I 2 (s § 127 Rn 3). **Funktionell** ist die Aufhebung nach § 124 I Nr 1 und II richterl Aufgabe. Die Kontrolle der übrigen Aufhebungsgründe (I Nrn 2-5) obliegt nach § 20 I Nr 4c RPflG dem Rpfleger, und zwar auch, wenn die Hauptsache noch anhängig ist (OLG Zweibrücken FamRZ 2008, 160). Wird die Aufhebung mit einer erneuten Bewilligung (s Rn 27), die dem Richter obliegt, verbunden, besteht eine sachwidrige gespaltene Zuständigkeit; der Rpfleger hat deshalb nach § 5 I Nr 2 RPflG die Sache dem Richter vorzulegen. 6

2) Ablauf. Das Aufhebungsverf wird **vAw eingeleitet**. Ein Antrag gibt nur Anlass zur Überprüfung vAw. Mangels Antragsrechts haben Dritte (Staatskasse, Gegner) kein Beschwerderecht, wenn die PKH-Bewilligung nicht aufgehoben wird (s § 127 Rn 55). – Vor jeder Entscheidung über die Aufhebung ist dem Hilfsbedürftigen **rechtl Gehör** zu gewähren (Art 103 I GG; OLG Brandenburg FamRZ 2001, 633; OLG Frankfurt FamRZ 2004, 1882). Dazu genügt es nicht, wenn das Gericht die Partei zur Vorlage von Unterlagen auffordert (LSG Sachsen-Anhalt NJ 2018, 393). Die Aufforderung zur Stellungnahme ist dem beigeordneten RA zuzustellen (s § 172 Rn 13). Dem beigeordneten **RA** ist auch selbst Gehör zu gewähren, wenn ihm durch die Aufhebung der Bewilligung Vergütungsansprüche gegen die Staatskasse entgehen können (OLG Zweibrücken 1.12.2000 – 6 WF 168/00; OLG Bamberg JurBüro 92, 250). Auch der **Gegner** ist zu hören, wenn er durch die Aufhebung der Bewilligung die Vergünstigungen der § 122 II ZPO, § 31 III GKG verlieren kann (LG Koblenz FamRZ 98, 252). 7

8 **3) Amtsaufklärung.** Tatsachen, die zur Aufhebung der PKH-Bewilligung führen, sind **vAw aufzuklären**. Wenn der Rpfleger Hinweise erhält, die auf einen Aufhebungsgrund hindeuten, muss er ihnen nachgehen. Aus I Nrn 2 und 4 lässt sich schließen, dass auch sonst die Weigerung der Partei, an der Aufklärung mitzuwirken, bei der Feststellung eines Aufhebungsgrundes zu ihrem Nachteil verwertet werden kann (OLG Stuttgart JurBüro 86, 294). Bei der Entscheidung ist auch neuer Vortrag zu berücksichtigen (sa Rn 14). Das Gericht darf die PKH-Bewilligung nur aufheben, wenn die Voraussetzungen eines Aufhebungsgrundes **nachgewiesen** sind. Zweifel gehen nicht zu Lasten des Hilfsbedürftigen, sondern verhindern eine Aufhebung (OLG Hamm FamRZ 2016, 931; OLG Düsseldorf MDR 93, 391).

9 **4) Entscheidung.** Die Aufhebung der Bewilligung geschieht durch **Beschluss**, der keine Kostenentscheidung enthält, aber zu begründen ist. Der Beschl ist gem § 329 II 2 der Partei zuzustellen, weil hierdurch die Beschwerdefrist in Lauf gesetzt wird. Dem Gegner ist er formlos mitzuteilen (§ 329 II 1). Die **Zustellung** hat gem § 172 I an den ProzBev zu erfolgen (s § 172 Rn 13).

10 **III) Die einzelnen Aufhebungsgründe. 1) Unrichtige Darstellung des Streitverhältnisses (§ 124 I Nr 1).** Zur Darstellung des Streitverhältnisses gehören alle die Begründung der eigenen Rechtsposition betreffenden **Tatsachen**, auch soweit sie sich auf die Zulässigkeit der Klage beziehen, zB eine bereits erfolgte Titulierung (OLG Zweibrücken FamRZ 95, 374). Zur Darstellung gehört auch die Benennung von Beweismitteln. Die Partei darf daher nicht Zeugen benennen, die das Beweisthema nicht kennen, oder ungünstige Gegenbeweismittel verschweigen, va beweiskräftige Urk oder ein für die Partei ungünstiges Gutachten einer Schlichtungsstelle im Arzthaftungsprozess unterdrücken (OLG Oldenburg NJW 94, 807). Aufhebungsgrund kann auch das Verschweigen der Aussichtslosigkeit künftiger Vollstreckung sein (OLG Köln MDR 90, 1020). **Unrichtig** ist die Darstellung nicht nur, wenn sie falsch ist, sondern auch, wenn sie **unvollständig** ist. Die Partei darf daher vorprozessual erhobene Einreden des Gegners nicht unterschlagen; dessen Rechtsposition muss sie aber nicht darlegen (OLGR Schleswig 2004, 313). Dass sich im Hauptsacheverf von der Partei behauptete Tatsachen nicht haben beweisen lassen, beweist noch keine Unrichtigkeit; anders ist es aber, wenn das Gericht vom Gegenteil überzeugt ist (OLG Hamm MDR 2015, 235; OLG Naumburg 14.3.2014 – 4 W 1/14). Zum richtigen Tatsachenvortrag gehört es auch, dass die Partei **fehlerhaften Vortrag berichtigt** und vervollständigt (OLG Hamm FamRZ 2016, 931; OLG Jena FamRZ 2004, 1501). Nicht erforderl ist, dass die PKH-Entscheidung auf den unrichtigen Angaben beruht (OLG Hamm JurBüro 2024, 657; aA MK/Wache Rn 12; s Rn 1).

11 **Vortäuschen** liegt vor, wenn der ASt vorsätzl falsche Tatsachen behauptet oder wahre Tatsachen verschwiegen hat. Bedingter Vorsatz genügt (OLG Hamm FamRZ 2016, 931; OLG Stuttgart FamRZ 2016, 395; OLG Koblenz FamRZ 85, 301). Diesen hat diej Partei, die damit rechnet, dass sie bei wahrheitsgemäßem Vortrag keine oder nur in geringerem Umfang PKH erhalten würde. Das Verschulden des Prozessbevollmächtigten ist der Partei dabei nach § 85 II zuzurechnen (OLGR Köln 2003, 315); die Vorschrift gilt auch im PKH-Verf (BGH NJW 2001, 2720; aA Althammer § 85 Rn 11 mwN).

12 **2) Unrichtige Angaben über persönliche und wirtschaftliche Verhältnisse (§ 124 I Nr 2 Hs 1).** Erhebl sind nur Angaben **vor der Bewilligung**. Teilt der ASt nach Antragstellung, aber vor Bewilligung eingetretene Verbesserungen der Vermögensverhältnisse nicht mit, gilt I Nr 2 Hs 1 (OLG Hamm FamRZ 2016, 931); bei Verbesserungen nach PKH-Bewilligung gelten I Nr 2 Hs 2 und Nr 4. **Richtig** müssen sämtl nach § 117 II abzugebenden Erklärungen der Partei sein (s § 117 Rn 19); hierzu gehören auch die Angaben über das Einkommen seines Ehegatten (OLG Koblenz MDR 2006, 649). Die Pflicht zu richtigen und vollständigen Angaben beschränkt sich nicht auf die im PKH-Formular ausdrückl abgefragten Angaben. Die Pflichtverletzung kann daher auch darin liegen, dass die Partei die geplante oder bereits eingeleitete Veräußerung eines Grundstücks verschweigt (OLG Koblenz JurBüro 83, 1723) oder sich vor Bewilligung durch große Ausgaben bedürftig gemacht und diese nicht angegeben hat (OLG Düsseldorf JurBüro 87, 1715). Nicht erforderl ist, dass sich die Falschangabe auf die Bewilligung oder die Zahlungsanordnungen ausgewirkt hat (BGH NJW 2013, 68; aA MK/Wache Rn 14; s Rn 1).

13 Nur absichtl oder grob fahrlässig, nicht jedoch schuldlos oder leicht fahrlässig gemachte unrichtige Angaben rechtfertigen die Aufhebung der Bewilligung nach I Nr 2 (evtl aber nach I Nr 3). **Absicht** umfasst dabei sämtl Formen des Vorsatzes, auch den bedingten Vorsatz. Es genügt, dass der ASt in dem Bewusstsein gehandelt hat, seine falschen Angaben könnten zu einer fehlerhaften Bewilligung führen, und dass er mit diesem Erfolg einverstanden war. **Grob fahrlässig** handelt der ASt, wenn er bei Zusammenstellung und Prüfung seiner Angaben die sich jedermann aufdrängende Sorgfalt vermissen lässt. Davon ist idR bei einem ASt auszugehen, der falsche Angaben zum laufenden Einkommen, zum vorhandenen Kapital oder seinem Grundvermögen macht (OLG Koblenz FamRZ 2022, 540). Grob nachlässig handelt auch die Partei, die annimmt, die Angabe sei nicht erforderl, weil sie meint, diese werde durch entspr Belastungen aufgezehrt, zB wenn sie ihre Unfallrente nicht angibt (OLG Brandenburg FamRZ 2006, 213) oder ein Sparguthaben verschweigt, weil ihre Schulden dieses übersteigen (OLG Zweibrücken FamRZ 2008, 160). Ledigl einfache Fahrlässigkeit kommt hingegen in Betracht bei Vergessen *nicht bedeutsamer* Vermögensgegenstände (MK/Wache Rn 14).

14 **3) Keine oder ungenügende Erklärung nach § 120a I 3 (§ 124 I Nr 2 Hs 2).** I Nr 2 Hs 2 sanktioniert die unzureichende Mitwirkung im Überprüfungsverf nach § 120a. Gibt der ASt nach Aufforderung durch das Gericht

keine oder eine ungenügende Erklärung ab, ist Rechtsfolge die Aufhebung der PKH nach I Nr 2 Hs 2. Voraussetzung ist, dass mit der **Aufforderung** eine Frist zur Erklärung gesetzt worden ist, die verstrichen ist (OLG Brandenburg FamRZ 2018, 1101), und sie dem beigeordneten RA oder, falls ein solcher nicht bestellt wurde, der Partei zugestellt wurde (s § 120a Rn 16, § 172 Rn 13). Bei **Ausbleiben** der Erklärung kann der Rpfleger die PKH-Bewilligung aufheben; unerhebl ist, ob sich die persönl und wirtschaftl Verhältnisse tatsächl geändert haben. Eine ausdrückl Verweigerung der Mitwirkung durch die Partei ist nicht erforderl. Eine nach Fristablauf, aber vor der Beschlussfassung eingehende Erklärung der Partei ist zu berücksichtigen. Geht sie nach Aufhebung der PKH ein, kann sie als Einlegung einer sof Beschwerde auszulegen sein (LAG SchlH 17.7.2017 – 1 Ta 92/17). **Ungenügend** ist eine Erklärung, wenn sie eine Überprüfung, ob sich die Vermögensverhältnisse verbessert haben, nicht zulässt (s iE § 120a Rn 17 ff). Belegt die Partei von ihr behauptete einzelne Belastungen nicht, bleiben diese unberücksichtigt (s § 117 Rn 28); die Aufhebung der Bewilligung kommt aus diesem Grund nicht in Betracht (OLG Brandenburg FamRZ 2020, 1748; OLG Saarbrücken FamRZ 2011, 662). Lässt sich aber nicht einmal im Ansatz ermitteln, wie hoch das einzusetzende Einkommen ist, ist die Erklärung in jedem Fall ungenügend (OVG Lüneburg JurBüro 2012, 316). Wie bei § 118 II 4 (s § 118 Rn 28) kann die aufhebende Entscheidung abgeändert werden, wenn der Hilfsbedürftige die **Erklärung im Beschwerdeverf nachholt** oder vervollständigt (§ 571 II 1; BGH 9.10.2018 – VIII ZB 44/18; BAG NJW 2021, 411; OLG Hamm MDR 2023, 1346). Eine Entschuldigung für die verspätete Vorlage ist nicht erforderl (BGH 9.10.2018 – VIII ZB 44/18; BAG MDR 2004, 597; aA noch OLG Brandenburg FamRZ 98, 837).

Die PKH-Partei muss **vorsätzl oder grob fahrlässig** gehandelt haben. Der Wortlaut des I Nr 2 bezieht das Tatbestandsmerkmal „absichtl oder aus grober Nachlässigkeit" nicht zwingend nur auf Hs 1. Dass stets Verschulden erforderl ist, ergibt sich aus dem Sanktionscharakter der Norm (OLG Frankfurt MDR 2019, 1476; OLG Stuttgart FamRZ 2018, 1340; OLG Brandenburg FamRZ 2005, 47; MK/Wache Rn 15; aA OLG Frankfurt MDR 2018, 1402; MskV/Fischer Rn 6). Soweit nicht besondere Umstände vorliegen, kann aber ohne weitere Anhaltspunkte aus der Untätigkeit nach ordnungsmäßiger Aufforderung auf grob fahrlässiges Verhalten geschlossen werden. Das Verschulden des beigeordneten RA ist nicht nach § 85 II zuzurechnen, weil I 2 Nr 2 auf das Verhalten der Partei im PKH-Verf abstellt und insoweit Strafcharakter hat (OLG Koblenz MDR 97, 103). Bei ledigl **formalen Mängel** der Erklärung kann die Aufhebung unverhältnismäßig sein, in diesem Fall kann von ihr abgesehen werden (s Rn 4). 15

4) Irrige Annahme der persönlichen Voraussetzungen (§ 124 I Nr 3). I Nr 3 bildet einen Auffangtatbestand zu I Nr 2 Hs 1, wenn das grobe Verschulden der Partei (s Rn 13) nicht nachgewiesen ist. Trotz seines weiten Wortlauts ist der Aufhebungstatbestand daher so auszulegen, dass I Nr 3 wie I Nr 2 Hs 1 **objektiv unrichtige Angaben** über die persönl und wirtschaftl Verhältnisse voraussetzt. Eine fehlerhafte Bewertung wahrheitsgemäß und vollständig vorgetragener Tatsachen durch das Gericht rechtfertigt hingegen keine Aufhebung (OLG Saarbrücken FamRZ 2009, 1851; OLG Brandenburg MDR 2000, 174; OLG Hamm NJW 84, 2837; offen gelassen OLG Bremen FamRZ 2009, 366). Eine Korrektur einer rechtsfehlerhaften Bewilligung ist dem Beschwerdeverf (§ 127) vorbehalten, das nur innerhalb der Frist des II 3, III 3 eingeleitet werden kann. Das gilt auch, wenn die Bewilligung greifbar gesetzeswidrig ist; ob das Vertrauen des ASt in die Bestandskraft der PKH-Bewilligung im Einzelfall gerechtfertigt ist, ist nicht entscheidend (aA OLG Schleswig FamRZ 2013, 57, 59). Erst recht kommt eine analoge Anwendung von I Nr 3 bei Fehlern der PKH-Bewilligung, die nicht die wirtschaftl und persönl Verhältnisse betreffen, nicht in Betracht (sa Rn 3). 16

Entscheidend für die Richtigkeit und Vollständigkeit der Erklärung der Partei ist der **Zeitpunkt** des Erlasses des Bewilligungsbeschl. Zu vergleichen sind der bis dahin mitgeteilte und der in diesem Zeitpunkt wirkl gegebene Sachverhalt. Nach Bewilligung eingetretene Vermögensveränderungen sind nach § 120a zu behandeln, der aber ebenfalls keine Korrektur eines fehlerhaften Bewilligungsbeschl ermöglicht (s § 120a Rn 6). I Nr 3 setzt **kein Verschulden** der Partei voraus (OLG Brandenburg FamRZ 2002, 762), ist aber erst recht bei jeder Form des Verschuldens erfüllt. Bei grobem Verschulden (s Rn 13) wird zugleich ein Fall des I Nr 2 Hs 1 vorliegen, mit der Folge, dass es auf die Aufhebungssperre von 4 Jahren nicht ankommt. 17

Die PKH-Bewilligung darf im Fall des I Nr 3 nicht mehr aufgehoben werden, wenn seit der rechtskräftigen Entscheidung oder der sonstigen Beendigung des Verf **4 Jahre verstrichen** sind. Diese Frist entspricht § 120a I 4 (s § 120a Rn 12). Eine **Verwirkung** des aus der Aufhebung abgeleiteten Kostenanspruchs der Staatskasse gegen den Hilfsbedürftigen kommt daneben nicht in Betracht. 18

5) Unterlassene oder fehlende Mitteilung über persönliche Verhältnisse (§ 124 I Nr 4). Teilt die PKH-Partei entgegen ihrer Pflicht nach § 120a II 1-3 wesentl Einkommensverbesserungen oder die Änderung ihrer Anschrift nicht richtig oder nicht unverzügl von sich aus dem Gericht mit (s § 120a Rn 18), ist der **obj Tatbestand** des Aufhebungsgrunds nach I Nr 4 gegeben. Es kommt nicht darauf an, ob aufgrund der Mitteilung eine Abänderung der Bewilligung erfolgt wäre (OLG Bremen MDR 2024, 1071; OLG Koblenz FamRZ 2020, 182; aA OLG Dresden MDR 2023, 1482; s Rn 1). 19

Sowohl bei der unrichtigen als auch bei der nicht unverzügl oder gänzl unterbliebenen Mitteilung bedarf es **Absicht oder grober Nachlässigkeit** (BAG NJW 2017, 107; OLG Dresden FamRZ 2017, 464). Voraussetzung ist in 20 subj Hinsicht unentschuldbares Verhalten, das ein gewöhnl Maß erhebl übersteigt (BAG NJW 2024, 3010 Tz 9). Das schlichte Vergessen der Mitteilung indiziert trotz der Belehrung nach § 120a II 4 kein solches Verhalten (BAG NJW 2017, 107 Tz 23; OLG Düsseldorf FamRZ 2023, 789; OLG Frankfurt MDR 2019, 1476; OLG Dresden FamRZ 2017, 464; OLG Zweibrücken FamRZ 2016, 2026). Vertraut die Partei darauf, dass der ihm beigeordnete RA die Anschriftenänderung dem Gericht mitteilt, liegt ebenfalls keine grobe Nachlässigkeit vor (OLG Brandenburg FamRZ 2017, 1593). Anders kann es aber sein, wenn die Partei mehrfach in zeitl Nähe zu einer PKH-Bewilligung verzieht (OLG Stuttgart FamRZ 2019, 1877), wenn sie es bei mehrfachem Umzug unterlässt sich umzumelden (OLG Frankfurt NJW-RR 2021, 382) oder wenn sie unmittelbar zuvor und mehrfach auf die Mitteilungspflicht hingewiesen wurde (OLG Brandenburg Rpfleger 2017, 468). Die unterbliebene Mitteilung einer Einkommensverbesserung wird idR grob verschuldet sein, wenn die Partei den Arbeitsplatz wechselt und nunmehr ein ganz erhebl höheres Einkommen erzielt (OLG Düsseldorf JurBüro 2018, 303), wenn die Einkommensverbesserung zeitnah zur PKH-Bewilligfung eintritt (OLG Bremen MDR 2024, 1071) oder wenn der Partei größeres Vermögen zuwächst. Ist die Partei **nicht** nach § 120a II 4 **belehrt** worden, ist analog § 233 S 2 zu vermuten, dass die Verletzung der Mitteilungspflicht nicht verschuldet war (OLG Hamm FamRZ 2024, 1131; aA OLG Zweibrücken 14.5.2016 – 6 WF 138/15: Aufhebung ausgeschlossen). Sollte grobes Verschulden nicht vorliegen, bleibt die Möglichkeit einer Änderung der Bewilligung gem § 120a I für die Zukunft (s § 120a Rn 14).

21 **6) Zahlungsrückstand (§ 124 I Nr 5).** Gerät die Partei mit einer ihr im (auch mit Beschwerde angefochtenen, § 570 I) PKH-Beschluss auferlegten Zahlungspflicht **mindestens drei Monate** in Rückstand, kann die PKH nach I Nr 5 aufgehoben werden. Auszugehen ist von dem sich aus der PKH-Bewilligung ergebenden Zahlungstermin (s iE § 120 Rn 9). Da ein Rückstand eines „sonstigen Betrags" genügt, kommt es nicht darauf an, dass die Partei mit einem Betrag in Höhe mindestens einer Monatsrate in Rückstand ist. Die PKH darf nur aufgehoben werden, wenn die Partei **zur Zeit der Entscheidung** im Zahlungsrückstand ist. Legt sie Beschwerde gegen den Aufhebungsbeschl ein und zahlt dann den rückständigen Betrag, hat die Beschwerde Erfolg (OLG Karlsruhe FamRZ 2002, 1199; LAG Rh-Pf MDR 2012, 934). Auch die wiederholt unpünktl Zahlung ermöglicht in diesen Fällen keine Aufhebung.

22 Auch wenn in I Nr 5 nur vom „Rückstand", nicht aber vom Verzug die Rede ist, der Verschulden voraussetzt (§ 286 IV BGB), verlangt die ganz hM zu Recht wegen des Sanktionscharakters auch bei I Nr 5 ein **schuldhaftes Verhalten** der Partei (BGH NJW 97, 1077; OLG Celle MDR 2024, 260; aA OLG Stuttgart AGS 2015, 537). Da die Partei vor der Aufhebung angehört werden muss (s Rn 7), wobei die ausdrückl Androhung notwendig ist, dass die PKH bei Nichtzahlung der konkret benannten Rückstände aufgehoben wird (OLG Bremen FamRZ 2011, 129), kann jedenfalls zum Zeitpunkt der Entscheidung bei einer **bloßen Nichtzahlung** ohne nähere Darlegungen von einem Verschulden ausgegangen werden (OLG Stuttgart JurBüro 86, 14). Vertretenmüssen fehlt aber in den Fällen **fehlender Zahlungsfähigkeit**, insb wenn der Partei PKH ohne Ratenzahlung hätte bewilligt werden müssen, sei es, weil die PKH-Bewilligung insoweit rechtsfehlerhaft war oder weil die von der Partei im Bewilligungsverf gemachten Angaben zu ihren persönl und wirtschaftl Verhältnissen unzureichend waren (BGH NJW 97, 1077; OLG Köln FamRZ 2022, 367; OLG Brandenburg JurBüro 2020, 493; sa § 120a Rn 6 aE). Dem steht nicht entgegen, dass die Partei es versäumt, Beschwerde gegen die Bewilligung einzulegen (OLG Brandenburg MDR 2015, 420). Dasselbe gilt, wenn die Partei die ihr ursprüngl zutreffend auferlegten Zahlungen aufgrund einer Verschlechterung ihrer Einkommensverhältnisse nicht mehr zahlen kann, zB wenn der Hilfsbedürftige arbeitslos geworden ist. Verschuldet ist der Rückstand allerdings, wenn zu einer Zeit nicht gezahlt wurde, zu der die Partei noch zahlungsfähig war (OLG Koblenz MDR 2014, 1471). Nach InsEröffnung ist die Nichtzahlung von Raten nur zu vertreten, wenn sie aus dem insolvenzfreien Einkommen oder Vermögen bezahlt werden könnten (OLG Koblenz FamRZ 2014, 782; OLG Saarbrücken FamRZ 2009, 1616).

23 Ein Hinweis der Partei auf die Verschlechterung ihrer wirtschaftl Lage im Aufhebungsverf ist als **Abänderungsantrag** (s § 120a Rn 2) auszulegen (OLG Brandenburg JurBüro 2020, 493; OLG Nürnberg FamRZ 2005, 1265; OLG Saarbrücken FamRZ 2009, 1616). Den Abänderungsantrag kann die Partei auch gleichzeitig mit der Beschwerde gegen die Aufhebung der PKH-Bewilligung geltend machen (OLG Bremen FamRZ 2011, 129). Es muss dann insb überprüft werden, ob die festgelegten Monatsraten mit Rückwirkung auf den Zeitpunkt der Vermögensverschlechterung wegfallen oder zu ermäßigen sind (OLG Brandenburg JurBüro 2020, 493; OLG Düsseldorf FamRZ 93, 1474; s § 120a Rn 14).

24 **7) Aussichtslose oder mutwillige Beweiserhebung (§ 124 II).** II lässt eine Teilaufhebung nicht nur hinsichtl **mutwilliger Beweisantritte** zu, sondern auch dann, wenn die beantragte Beweiserhebung **keine hinreichende Aussicht auf Erfolg** hat. Die dazu notwendige Beweisantizipation ist zulässig (BVerfG NJW 97, 2745). Es gelten dieselben Maßstäbe wie bei der PKH-Bewilligung (s § 114 Rn 33 ff). Wenn eine verständige, selbstzahlende Partei von einem bestimmten Beweisantritt absehen würde, besteht kein Grund dafür, die Beweiserhebung der bedürftigen Partei auf Kosten des Steuerzahlers zu ermöglichen (s Rn 1). Das ist zB der Fall, wenn die Partei weiteren Sachverständigenbeweis verlangt, obwohl bereits ein gerichtl Sachverständigengutachten vorliegt, das zu einem eindeutigen Ergebnis gekommen ist (AG Bremen 22.7.2015 – 10 C 234/13), oder wenn sich im Nachhinein herausstellt, dass die Kosten eines Sachverständigengutachtens völlig außer Verhältnis zum mögl Prozesserfolg und -risiko stehen (OLG Schleswig 22.1.2019 – 12 W 1/19). Es können aber nur solche Umstände die

teilw PKH-Aufhebung begründen, die bei PKH-Bewilligung noch nicht berücksichtigt werden konnten, denn auch hier gilt, dass § 124 nicht der Korrektur fehlerhafter Entscheidungen dient (s Rn 16). Bei der Entscheidung über die Teilaufhebung kommt dem Gericht ein **Ermessen** zu (s Rn 4). Auf die Verweigerung der Mitwirkung an einer vAw durchgeführten Beweisaufnahme (zB Begutachtung des ASt) ist § 124 II nicht entspr anwendbar (OLG Oldenburg MDR 2021, 641).

IV) Rechtsfolgen der Aufhebung. 1) Wegfall der PKH-Wirkungen. Die Aufhebung der Bewilligung bewirkt, dass die Vergünstigungen des § 122 vollständig entfallen. Dies geschieht **rückwirkend** (OLG Karlsruhe FamRZ 90, 1120). Die **Staatskasse** kann daher nicht nur alle zukünftig anfallenden Gerichts- und GV-Kosten gegen die Partei geltend machen, sondern auch bereits vor der Aufhebung angefallene Gerichtskosten, die die Partei zB als ASt der Instanz gem § 22 GKG schuldet (OLG Düsseldorf MDR 89, 365), sowie die auf sie nach § 59 I 1 RVG übergegangenen Ansprüche des beigeordneten RA. Für den **Gegner** hat die Aufhebung die Wirkung, dass seine einstw Befreiung von Kosten nach § 122 II entfällt. Ist der Hilfsbedürftige verurteilt worden, die Kosten des Rechtsstreits zu tragen, besteht die Schutzwirkung des § 31 III GKG (s § 123 Rn 4) zugunsten des Gegners aber auch nach Aufhebung der PKH fort, soweit es um Kosten geht, die bereits vor der Aufhebung entstanden sind. Das gebietet der Justizgewährleistungsanspruch, der die Vorhersehbarkeit der Kostenbelastung verlangt (BVerfG NJW 2013, 2882; aA OLG Celle NJW 2015, 3670; OLG Karlsruhe FamRZ 2016, 2146). 25

2) Rechtsstellung des beigeordneten RA. Seine Vollmacht bleibt bestehen; die Aufhebung ist kein Erlöschensgrund nach § 87 (RGZ 95, 338). Die Aufhebung bringt auch bereits begründete **Honoraransprüche** des beigeordneten RA gegen die Staatskasse nicht zum Erlöschen (OLG Köln FamRZ 2005, 2007), es sei denn, der RA hat bei der Irreführung des Gerichts mitgewirkt (LAG Düsseldorf JurBüro 90, 763). Der beigeordnete RA ist überdies nicht mehr durch § 122 I Nr 3 gehindert, seinen Anspruch auf die Vergütung als Wahlanwalt gegen den Mandanten geltend zu machen und nach § 11 RVG festsetzen zu lassen (OLG Brandenburg JurBüro 2010, 261; KG MDR 2011, 627). 26

3) Erneuter PKH-Antrag. Die Aufhebung von PKH nach § 124 entfaltet **keine Sperrwirkung** für einen neuen PKH-Antrag (BGH MDR 2018, 486). Auf der Grundlage (nunmehr) richtiger und vollständiger Angaben der Partei kann erneut PKH beantragt und gewährt werden; die erneute Bewilligung wirkt allerdings erst **ab dem Zeitpunkt der erneuten Antragstellung** (BGH MDR 2018, 486; OLG Brandenburg FamRZ 2009, 242; sa § 119 Rn 4). Vor Aufhebung der PKH auf die Staatskasse nach § 59 I RVG übergegangene Ansprüche kann diese daher auch nach erneuter PKH-Bewilligung weiter gegen die Partei geltend machen (OLG Koblenz AnwBl 97, 240). Auch verbietet § 122 I Nr 3 es dem erneut beigeordneten RA nicht, seine in der Zeit der ersten Beiordnung angefallenen Gebührenansprüche gegen die Partei durchzusetzen. Wegen der Wirkung erst ab Antragstellung kommt eine Neubewilligung von PKH nicht mehr in Betracht, wenn die Instanz bereits beendet ist. 27

V) Gebühren des RA. S § 120a Rn 22. 28

§ 125 Einziehung der Kosten

(1) Die Gerichtskosten und die Gerichtsvollzieherkosten können von dem Gegner erst eingezogen werden, wenn er rechtskräftig in die Prozesskosten verurteilt ist.

(2) Die Gerichtskosten, von deren Zahlung der Gegner einstweilen befreit ist, sind von ihm einzuziehen, soweit er rechtskräftig in die Prozesskosten verurteilt oder der Rechtsstreit ohne Urteil über die Kosten beendet ist.

I) Bedeutung. Vom Hilfsbedürftigen dürfen Gerichtskosten grds nicht eingezogen werden (§ 122 I Nr 1a); anders ist es nur, wenn die PKH-Bewilligung aufgehoben worden ist (§ 124). § 125 regelt ergänzend das **Verhältnis zwischen Staatskasse und Gegner** der PKH-Partei in Bezug auf die Gerichtskosten; hinsichtl außergerichtl Kosten s § 126. Die Norm unterscheidet zwischen den Kosten, von denen der Hilfsbedürftige freigestellt worden ist (I), und denj, von denen ihr Gegner gem § 122 II einstw befreit ist (II). Dabei schiebt § 125 den Zeitpunkt der **Fälligkeit** auf den Zeitpunkt einer endgültigen Verfahrensbeendigung hinaus. So wird vermieden, dass der in letzter Instanz erfolgreiche Gegner von ihm während des Verf eingezogene Gerichtskosten von der PKH-Partei nach § 123 erstattet verlangen kann. Dies würde dem Zweck des § 122 I Nr 1a widersprechen. 1

II) Anwendungsbereich. § 125 gilt nur für **Gerichts- und Gerichtsvollzieherkosten**. PKH-Anwaltskosten, die nach § 59 I 1 RVG auf die Staatskasse übergegangen sind, können auch vor Eintritt der Rechtskraft gegen den erstattungspflichtigen Gegner geltend gemacht werden (LG Frankenthal JurBüro 89, 805; s § 122 Rn 5); in der Praxis wird davon aber abgesehen (Nr 3.3.2 DB-PKH). 2

III) Rechtskräftige Kostengrundentscheidung. 1) Voraussetzungen. Die von § 125 I, II vorausgesetzte rechtskräftige Verurteilung in die Prozesskosten ist nicht technisch zu verstehen; erfasst ist jede nicht mehr anfechtbare Kostengrundentscheidung, wonach der Gegner der PKH-Partei Prozesskosten zu tragen hat, zB auch nach 3

§ 91a, § 263 III, § 516 III (MK/Wache Rn 2). Ein vorläufig vollstreckbares Urteil genügt nicht. Wird in der Rechtsmittelinstanz die Kostentragungspflicht durch Vergleich geändert, können Kosten nicht auf Grund des Urteils der Vorinstanz beim Gegner beigetrieben werden, da dessen Kostenentscheidung nicht rechtskräftig wird (OLGR Braunschweig 2001, 46).

4 **2) Fallgestaltungen.** Neben § 125 ist die Kostenhaftung nach §§ 22 ff GKG zu beachten, die die Rechtsgrundlage für die Kosteneinziehung durch die Staatskasse bildet. Das bedeutet für die einzelnen Einziehungssituationen:

5 **a) Kostenentscheidung zu Lasten der PKH-Partei.** § 125 ist nicht anwendbar. Die Staatskasse kann nur nach § 122 I Nr 1a Gerichts- und Gerichtsvollzieherkosten ggü der PKH-Partei geltend machen. Der Gegner der PKH-Partei kann von der Staatskasse nicht in Anspruch genommen werden: Als Bekl haftet er nicht nach §§ 22, 29 GKG. Als Kl (Berufungs-, Revisionskl, Beschwerdeführer) ist er nach § 31 III GKG, § 26 III FamGKG befreit (s § 123 Rn 4), seine Haftung als Zweitschuldner gem § 22 I 1, § 31 II GKG scheidet danach aus; dies umfasst auch die Auslagen, für die der Bekl nach §§ 17 f GKG vorschusspflichtig war.

6 **b) Kostenentscheidung zu Lasten des Gegners.** Hat der Gegner der PKH-Partei die Kosten zu tragen, haftet er nach § 29 Nr 1 GKG als Entscheidungsschuldner. Die Staatskasse kann gem § 125 I nach Eintritt der Rechtskraft des Urteils bzw Unanfechtbarkeit der Kostenentscheidung alle Geb und Auslagen einziehen, gem II auch die Auslagen, von denen der Gegner einstw nach § 122 II befreit war. Anders ist es, wenn dem Gegner ebenfalls PKH bewilligt worden ist. Dann steht seiner Inanspruchnahme § 122 I Nr 1a entgegen.

7 c) Bei **Quotelung der Kosten** ist bei dem Gegner der PKH-Partei der auf ihn entfallende Teil der Kosten nach Maßgabe von Rn 6 zu erheben. Er haftet insoweit als Entscheidungsschuldner (§ 29 Nr 1 GKG). Bei **Kostenaufhebung** ist der Gegner gem § 92 I 2 auf die Hälfte aller Geb und Auslagen in Anspruch zu nehmen. Den verbleibenden Teil kann die Staatskasse wegen § 31 III GKG auch dann nicht geltend machen, wenn der Gegner Veranlasserschuldner iSd § 22 GKG ist.

8 **IV) Beendigung ohne Kostengrundentscheidung.** Endet der Rechtsstreit ohne Kostenentscheidung, also durch Vergleich (BAG NJW 2012, 2828), durch Anordnung der Verfahrensruhe, ohne dass sie auf Parteiantrag (§ 251) beruht, oder wird er ohne Anordnung der Verfahrensruhe länger als 6 Monate nicht betrieben, ohne dass die Parteien auf Anfrage gegenteilige Erklärungen abgeben, können gem § 125 II die **Auslagenvorschüsse** vom Gegner eingezogen werden, von deren Zahlung dieser nach § 122 II einstw befreit war (s § 122 Rn 15 ff). Das gilt ohne Rücksicht auf eine in einem Vergleich getroffene Kostenverteilung, weil der Gegner für diese nach §§ 17, 18 S 1 GKG haftet. § 31 II GKG schützt den Gegner nicht, weil unterstellt werden kann, dass eine Vollstreckung bei der PKH-Partei als Erstschuldnerin aussichtslos ist, nachdem ihr für die Anwendbarkeit des § 122 II PKH ohne Zahlungsbestimmung bewilligt worden sein muss (MK/Wache Rn 9).

9 Andere **Gerichts- und Gerichtsvollzieherkosten** können vom Gegner ebenfalls eingezogen werden, wenn er Kostenschuldner nach §§ 22 ff GKG ist. Die Sperrwirkung des § 125 I erfasst diesen Fall nicht, denn sie modifiziert ledigl die Kostentragungslast des Entscheidungsschuldners (OLGR Braunschweig 2001, 46). Bei einem Nichtbetreiben des Rechtsstreits in der Berufungsinstanz können daher die Gerichtskosten von dem Berufungskl als Veranlasser gem § 22 I GKG eingezogen werden, wenn der Berufungsbekl PKH bewilligt erhalten hat. Ebenso haftet der Gegner der PKH für die auf seinen Antrag entstandenen Dokumentenpauschalen (§ 28 GKG). Tatbestandsmäßig haftet auch die PKH-Partei für Gerichtskosten, wenn sie ASt der Instanz ist (§ 22 I GKG); eine Einziehung bei ihr ist aber nach § 122 I Nr 1a ausgeschlossen, solange die Bewilligung von PKH nicht aufgehoben ist (§ 124).

10 Der Gegner der PKH-Partei kann demnach von der Staatskasse bei einem **Vergleich** auf die Gerichtskosten in Anspruch genommen werden, soweit er diese durch eine Vereinbarung mit der PKH-Partei übernommen hat. Er ist insoweit Übernahmeschuldner nach § 29 Nr 2 GKG. Fehlt im Vergleich eine Vereinbarung über die Gerichtskosten, ist eine hälftige Kostenteilung zu unterstellen (§ 29 Nr 2 Hs 2 GKG, § 98). Hat der hilfsbedürftige (Berufungs-)Bekl die Kosten in einem Prozessvergleich teilw übernommen, kann die Staatskasse den (Berufungs-)Kl wegen dieses Kostenanteils als Veranlasserschuldner gem § 22 I GKG grds in Anspruch nehmen mit der Folge, dass der Kl diese Kosten über § 123 wieder beim (Berufungs-)Bekl hereinholen darf. Allerdings steht dem § 31 II GKG entgegen, wenn von einer Aussichtslosigkeit der Vollstreckung beim (Berufungs-)Bekl nicht ausgegangen werden kann, zB weil dem (Berufungs-)Bekl aufgrund des Vergleichs Zahlungen zufließen, die zur Deckung der Gerichtskosten ausreichen (OLG Dresden FamRZ 2010, 753). Eine weitere Einschränkung besteht nach § 31 IV, III GKG (s § 123 Rn 5 f). Hat der Vergleich einen **Mehrwert** und erstreckt sich die PKH nicht auf diesen, haften beide Parteien nach den § 29 Nr 2, § 31 I GKG für die Geb nach 1900 GKG-KV als Gesamtsch.

§ 126 Beitreibung der Rechtsanwaltskosten

(1) Die für die Partei bestellten Rechtsanwälte sind berechtigt, ihre Gebühren und Auslagen von dem in die Prozesskosten verurteilten Gegner im eigenen Namen beizutreiben.

(2) [1]Eine Einrede aus der Person der Partei ist nicht zulässig. [2]Der Gegner kann mit Kosten aufrechnen, die nach der in demselben Rechtsstreit über die Kosten erlassenen Entscheidung von der Partei zu erstatten sind.

I) Allgemeines. 1) Bedeutung. Um die Staatskasse zu entlasten, aber auch um eine ungerechtfertigte Honorarkürzung gegenüber dem RA einer nicht bedürftigen Partei zu vermeiden, gibt § 126 dem beigeordneten RA das Recht, seine **Wahlanwaltsgeb** nach § 13 RVG und seine Auslagen **bei dem Gegner beizutreiben**. Dieses Recht steht neben den Gebührenansprüchen gegen die Staatskasse (dazu § 121 Rn 41 ff). Soweit der RA durch die Staatskasse befriedigt wurde, sind seine Ansprüche gegen seine Partei und den ersatzpflichtigen Gegner auf diese übergegangen (§ 59 I RVG; s § 122 Rn 5). 1

2) Rechtsnatur des Beitreibungsrechts. Der **beigeordnete RA** kann nach § 126 I den Kostenerstattungsanspruch seiner Partei als **gesetzl Prozessstandschafter** einziehen (BGH MDR 2016, 175 Tz 12). Er hat eine ähnl Rechtsstellung wie ein Gl, dem eine gepfändete Geldforderung zur Einziehung überwiesen worden ist (§ 835; BGH MDR 2016, 175 Tz 12; BGHZ 5, 251, 253). Die **Partei** verliert durch die Prozessstandschaft ihren Kostenerstattungsanspruch nicht. Ihr Anspruch und das Beitreibungsrecht ihres RA stehen **selbständig nebeneinander** (BGH NJW 94, 3292 = MDR 95, 99; BGH NJW 2009, 2962 = MDR 2009, 1182; OLG Koblenz FamRZ 2012, 1968; OLG Schleswig NJW-RR 2004, 717; s Rn 12 ff). Partei und RA sind nicht Gesamtgläubiger (BGH MDR 2007, 918). 2

3) Auswirkung auf Prozessführung. In der Prozessführung wird die hilfsbedürftige Partei durch § 126 nicht beschränkt, auch wenn dadurch der Kostenanspruch des Anwalts beeinträchtigt wird. Der RA muss es hinnehmen, dass er durch **Klagerücknahme, Erledigungserklärung** usw sein Beitreibungsrecht verlieren kann. Auch durch einen **Kostenvergleich** nach Erlass des Instanzurteils, aber vor seiner Rechtskraft können die Parteien den Kostenbeitreibungsanspruch des beigeordneten RA zu Fall bringen. Der kostenpflichtige Gegner kann dem RA (oder der Staatskasse: § 59 I RVG) eine vor Urteilsrechtskraft vereinbarte abw Kostenregelung entgegenhalten (KG Rpfleger 62, 161; OLG Schleswig JurBüro 62, 48; LG Karlsruhe NJW-RR 2013, 1343). Solche Kostenvereinbarungen können auch Erstattungsansprüche des beigeordneten RA gegen die Staatskasse ausschließen (s § 121 Rn 46). 3

II) Selbständiges Beitreibungsrecht (§ 126 I). 1) Voraussetzungen. **a)** § 126 gilt für den **beigeordneten RA**. Ist die PKH-Bewilligung nach § 124 aufgehoben worden, ist eine Festsetzung zugunsten des beigeordneten RA nicht mehr mögl. Auch dem einem von mehreren Streitgenossen beigeordneten RA steht das Beitreibungsrecht nach § 126 zu (s Rn 7). 4

b) Gegner kann auch der NI sein, wenn gegen ihn ein Kostengrundtitel besteht. Dass dem Gegner selbst PKH bewilligt worden ist, hindert die Festsetzung nach § 126 nicht (§ 123). Es besteht auch keine Pflicht des RA, sich in diesem Fall ausschließl oder vorrangig an die Staatskasse zu halten (aA MskV/Fischer Rn 8). Dem Gegner würde dadurch kein Vorteil erwachsen, denn macht der beigeordnete RA seine Ansprüche ggü der Staatskasse geltend, kann diese bei dem Gegner Rückgriff nehmen, ohne dass sich dieser auf die Forderungssperre des § 122 I Nr 1b berufen könnte (s § 122 Rn 5, str). Ein Schutz des Gegners wäre überdies auch deshalb nicht gewährleistet, weil die Partei selbst die Kosten des beigeordneten RA nach §§ 103 ff festsetzen lassen könnte (s Rn 2). 5

c) Das Beitreibungsrecht setzt einen **Kostengrundtitel** der hilfsbedürftigen Partei gegen den Gegner voraus (s § 104 Rn 1 f). Eine Verurteilung in die Kosten ist entgegen dem missverständl Wortlaut des § 126 I nicht erforderlich; § 126 gilt zB auch, wenn der Gegner sie durch Vergleich übernommen hat (OLG Düsseldorf MDR 93, 185) oder ein Beschluss nach § 269 III, IV, § 516 III oder § 522 I, II vorliegt. Wenn ein solcher Titel fehlt (zB bei Nichtbetrieb des Verf), können weder der beigeordnete RA noch die Staatskasse als seine Rechtsnachfolgerin (§ 59 I RVG) den Gegner in Anspruch nehmen (OLG Düsseldorf Rpfleger 99, 132 mwN). Der RA kann auch auf Grund eines für **vorläufig vollstreckbar erklärten Urteils** die Kosten festsetzen und beitreiben lassen; § 125 steht nicht entgegen, denn er bezieht sich nur auf die Gerichtskosten. Der RA handelt dabei aber auf eigene Gefahr. Wird das Urteil in der Rechtsmittelinstanz aufgehoben, haftet er persönl nach § 717 II für den entstandenen Schaden, dh er muss die festgesetzten Kosten zurückzahlen (MskV/Fischer Rn 4). Auch eine Rückfestsetzung entspr § 91 IV ist zulässig (BGH MDR 2013, 122). **Vollstreckungskosten** kann der im Hauptsacheprozess und im Vollstreckungsverf beigeordnete RA im eigenen Namen auf Grund des Kostengrundtitels der Hauptsache beitreiben (§ 788 I). War der RA hingegen **nur für die Vollstreckung** beigeordnet worden, hat er nur dann einen Beitreibungsanspruch nach § 126, wenn im Vollstreckungsverf eine Kostengrundentscheidung ergeht, zB im Beschwerdeverf (LG Berlin Rpfleger 79, 346). 6

2) Umfang. a) Gebühren und Auslagen. Der beigeordnete RA darf nur Kosten beitreiben, die nach der Kostenentscheidung und den §§ 91 ff vom Gegner zu erstatten sind, soweit sie ihm nicht bereits aus der Staatskasse erstattet wurden (s Rn 1). Die nach § 126 zugunsten des RA festsetzbaren Kosten umfassen die Geb, die sein PKH-berechtigter Mandant ihm zahlen müsste, wenn keine PKH bewilligt worden wäre, und Auslagen, die 7 dem RA selbst entstanden sind. Auslagen seines Mandanten (zB Reisekosten) darf er nicht beitreiben (OLG Thüringen MDR 98, 1438; sa § 122 Rn 6). War der während des Rechtsstreits beigeordnete RA **vor Wirksamwerden der PKH** für die Partei tätig, dann ist der Anspruch aus § 126 beschränkt auf die Vergütung für solche Tätigkeiten, die Geb und Auslagen nach der Beiordnung begründen (s § 119 Rn 6). Der RA darf die **vollen Geb** vom Gegner verlangen, nicht nur die verminderten Geb, die die Staatskasse ihm nach § 49 RVG schuldet (OLG Düsseldorf MDR 93, 185; OLG Zweibrücken JurBüro 93, 680). Auf die Anrechnung der Geschäftsgeb 2300 RVG-VV kann sich der Gegner auch ggü dem beigeordneten RA nur unter den Voraussetzungen des § 15a II RVG berufen (OLG Hamm FamRZ 2018, 376). Die **USt** ist ggü dem Gegner nicht festsetzungsfähig, wenn die hilfsbedürftige Partei vorsteuerabzugsberechtigt ist (vgl § 104 II 3; BGH MDR 2007, 303; OLG Braunschweig MDR 2017, 1150). Der beigeordnete RA muss diese von seiner Partei verlangen; § 122 I Nr 3 gilt insoweit nicht, da es sich insoweit für die Partei um einen durchlaufenden Posten handelt (s § 122 Rn 12; zur Erstattungspflicht der Staatskasse s § 121 Rn 44). Der einem **Streitgenossen** beigeordnete RA kann die vollen Wahlanwaltsgeb auch dann verlangen, wenn man der umstrittenen Ansicht folgt, dass sich bei Streitgenossenschaft die PKH auf die Mehrvertretungsgeb 1008 RVG-VV beschränkt (OLG Hamm JurBüro 99, 591; s § 121 Rn 43).

8 **b) Mehrere RA.** Sind der obsiegenden Partei mehrere RA beigeordnet worden, hat der einzelne RA nur hinsichtl der auf ihn entfallenden erstattungsfähigen Beträge ein Beitreibungsrecht. Die Geb des Beweisaufnahme- oder Verkehrsanwalts kann nur dieser selbst beitreiben (OLG Koblenz Rpfleger 96, 252). Ist der Gegner nach § 91 nur zur Erstattung der Kosten eines RA verpflichtet, dann schließt die Festsetzung der Geb zugunsten eines RA die weitere Festsetzung ders Geb für den anderen RA aus. Dieser kann auch keine Beschwerde gegen den KFB einlegen, der zugunsten des ersten RA ergangen ist.

9 **3) Verfahren. a) Allgemeines.** Für die Kostenfestsetzung zugunsten des Anwalts gelten die §§ 103 ff entspr (BGH MDR 2013, 122). **Zuständig** ist der Rpfleger (§ 21 I Nr 1 RPflG). Vollstreckt der RA nur wegen seiner Kosten, dann braucht er nicht die im Urteil berechnete **Sicherheit** zu leisten, die sich nach der Hauptsache und den Kosten richtet, sondern nur eine den Kosten entspr Teilsicherheit (OLG Bamberg Rpfleger 81, 455). Betreibt der RA das Festsetzungs- und Beitreibungsverf im eigenen Namen, sind Parteien des KFV er und der Gegner, gegen den sich die Festsetzung richtet. Der Mandant, dem der RA beigeordnet worden war, ist nicht Partei (OVG Hamburg JurBüro 2023, 297; Ausnahme s Rn 14). Es kann in diesem Verf nur an den Anwalt, nicht an den Mandanten **zugestellt** werden.

10 **b) Antrag.** Da sowohl der beigeordnete RA als auch die Partei im eigenen Namen Festsetzung verlangen können, ist bei der Antragstellung klarzustellen, dass ein KFB zugunsten des beigeordneten RA begehrt wird. Fehlt ein **eindeutiger Antrag**, ist die Unklarheit durch Rückfrage zu beheben (OLG Rostock MDR 2006, 418). Dies wird oft versäumt und hat zu dem unzutr Auslegungsgrundsatz geführt, dass ein RA iZw den Kostenfestsetzungsantrag namens seiner Partei stellt (so OLG Celle JurBüro 2014, 30; OLG Rostock MDR 2006, 418; OLG Koblenz JurBüro 82, 775; MskV/Fischer Rn 5). Diese Auslegung ist unhaltbar angesichts der Nachteile, die sie für den RA schafft, näml dass bei einer Aufrechnung durch den Gegner der Verlust der Erstattungsansprüche nach §§ 45 ff RVG droht (s § 121 Rn 46).

11 **c) Entscheidungsfolgen.** Dem RA stehen alle **Rechtsbehelfe** aus eigenem Recht zu. Hat er die Kosten im eigenen Namen festsetzen lassen, kann er hieraus nicht für seinen Mandanten die **ZwV** betreiben. Die PKH wirkt nur für diesen, nicht für den RA. Für die Kosten des Festsetzungsverf und der ZwV muss er aufkommen.

12 **4) Verhältnis zum Kostenerstattungsanspruch der Partei.** Die Rechte von beigeordnetem RA aus § 126 und Partei nach §§ 103 ff konkurrieren miteinander (s Rn 2), und zwar auch, wenn der Partei PKH ohne Zahlungspflicht bewilligt worden war, denn der Vergütungsanspruch des beigeordneten RA besteht aufgrund des Anwaltsvertrags auch hier; er ist ggü der Partei gem § 122 I Nr 3 ledigl nicht durchsetzbar (BGH NJW 2009, 2962 = MDR 2009, 1182; OLG Brandenburg 19.12.2024 – 6 W 57/24, AGS 2025, 177; OLG Hamm FamRZ 2019, 1154; aA KG AnwBl 83, 324). Allerdings hat die Kostenfestsetzung nach § 126 I **Vorrang**. Analog § 829 I 2 kann die Partei über die Kostenforderung nicht mehr verfügen, die Gegenstand der Kostenfestsetzung zugunsten des Anwalts ist.

13 Die Festsetzung der Kosten **auf Namen der Partei** kann durch sie oder den beigeordneten RA beantragt werden. Die PKH, die der Partei bewilligt worden war, erstreckt sich auch hierauf (s § 119 Rn 3.16). Zweifel, für wen der Antrag gestellt wird, sind durch Rückfragen zu klären (s Rn 10). Die Partei bedarf zur Festsetzung auf ihren Namen nicht der Zustimmung des RA (OLG Hamm AnwBl 82, 383). Ist aber bereits ein KFB zu Gunsten des RA nach § 126 I ergangen, hindert dies die Partei wegen der fehlenden Verfügungsbefugnis (s Rn 12) daran, gegen ihren Gegner dieselben Kosten festsetzen lassen. Der RA kann den Antrag der Partei nicht zurücknehmen oder nach Erlass des KFB zugunsten der Partei gegen diesen mit einem Rechtsmittel vorgehen (OLG Koblenz FamRZ 2012, 1968).

14 Eine **Umschreibung** des zugunsten der Partei ergangenen KFB auf den beigeordneten RA ist nicht mögl; § 727 kann nicht analog angewandt werden (BGHZ 5, 251, 255 = NJW 52, 786; OLG Schleswig NJW-RR 2004, 717; OLG Celle MDR 2013, 1273; aA OLG Koblenz JurBüro 2017, 600; MskV/Fischer Rn 7). Die Anwendung des § 727 setzt voraus, dass der RA Rechtsnachfolger seiner Partei durch eine formgerechte Abtretung geworden ist

(OLG Koblenz JurBüro 2017, 600). Weder durch den Antrag der Partei noch durch einen zu ihren Gunsten erlassenen KFB wird der RA aber gehindert, nach § 126 I einen **weiteren KFB** zu erwirken, durch den sein Honoraranspruch gegen den Gegner festgesetzt wird (BGH NJW 94, 3292 = MDR 95, 99). Auch wenn er den KFB im Namen seiner Partei selbst erwirkt hatte, hat er hierdurch nicht auf Beitreibung seiner Kosten nach § 126 I verzichtet (BGHZ 5, 251, 255; aA OLG Koblenz MDR 91, 1207). Da mit dem KFB zugunsten des RA dessen Partei die Befugnis verliert, über die Kostenerstattungsansprüche zu verfügen (s Rn 12), wird der **zugunsten der Partei erlassene KFB wirkungslos**. Dies muss der spätere KFB zugunsten des RA zum Ausdruck bringen; eine Rückgabe des KFB zugunsten der Partei ist aber nicht erforderl (OLG Stuttgart NJW-RR 2001, 718). Fehlt die Feststellung der Wirkungslosigkeit und ist der KFB, der auf den Namen der Partei ergangen ist, auch nicht zurückgegeben worden, kann der RA sich nicht darauf berufen, dass die Verteidigungsmöglichkeiten nach § 126 II eingeschränkt sind (OLG Düsseldorf FamRZ 98, 847). Da der spätere KFB nach § 126 I in die Rechte der Partei eingreift, zu deren Gunsten der erste KFB ergangen war, muss ihr vor dessen Erlass **rechtl Gehör** gewährt werden. Hierin liegt eine Ausnahme von dem Grundsatz, dass an der Festsetzung nach § 126 I nur der beigeordnete RA und der Gegner seiner Partei beteiligt sind (s Rn 9).

Wird die Unwirksamkeit des KFB zugunsten der Partei bei Erlass eines weiteren KFB zugunsten des beigeord- 15
neten RA fehlerhaft nicht festgestellt, muss der Gegner (Kostenschuldner) davor geschützt werden, dass er dieselbe Schuld **doppelt bezahlen** muss. Zahlt er in Unkenntnis eines 2. KFB zugunsten des RA auf den zugunsten der Partei ergangenen KFB, schützt ihn § 407 I BGB analog gegen die erneute Inanspruchnahme durch den RA (sa KGR Berlin 2004, 229). Ist ihm der 2. KFB bekannt, kann er sich bei Vollstreckung durch die Partei auf eine Analogie zu § 836 II ZPO, § 409 BGB berufen (OLGR Karlsruhe 2007, 280). Seine Einwendungen kann der Gegner im Verf nach § 767 geltend machen.

III) Einreden gegen das Beitreibungsrecht (§ 126 II). 1) Allgemeines. II regelt den Ausschluss von Einreden 16
aus der Person der Partei (sog **Verstrickung**). Der Gegner kann (nur) mit Kosten aufrechnen, deren Bezahlung ihm die hilfsbedürftige Partei nach einer Kostenentscheidung im selben Rechtsstreit schuldet (II 2). Diese Regelung weicht von §§ 404, 406, 413 BGB ab und verschlechtert die Rechtsstellung des Gegners im Vergleich zu derj, die der Gegner einer begüterten Partei hat. Der Einredeausschluss des II 1 gilt auch dann, wenn die Staatskasse das Honorar des beigeordneten RA bezahlt hat und dessen Anspruch gegen den Gegner **auf die Staatskasse übergegangen** ist (§ 59 I RVG; BGH FamRZ 2006, 190; OLG Braunschweig JurBüro 2015, 150; OLG Schleswig FamRZ 2007, 752). Dieses Ergebnis soll die Staatskasse entlasten (OLG Düsseldorf MDR 93, 185). Es ist verfassungsrechtl unbedenkl (BGH FamRZ 2006, 190; BGH MDR 1991, 335).

2) Ausgeschlossene Einreden. a) Unter **Einreden** versteht das Gesetz hier alle Einreden und Einwendungen des 17
Gegners, mit denen er aus den Rechtsbeziehungen zur hilfsbedürftigen Partei eine Verteidigung gegen den Kostenerstattungsanspruch herleiten kann (BGH MDR 2016, 175 Tz 17). § 126 II 1 gilt indes **nicht** für Einreden, die prozessuale **Begründung des Kostenerstattungsanspruchs** betreffen. Der Gegner ist nicht gehindert, geltend zu machen, dass die Kostenentscheidung der 1. Instanz, aus der der RA sein Beitreibungsrecht herleitet, durch eine gegenteilige Kostenentscheidung der Rechtsmittelinstanz geändert worden sei oder dass die Parteien sich vor Eintritt der Rechtskraft anderweitig über die Kosten verglichen hätten (BGH NJW 2007, 1213 = MDR 2007, 558; sa Rn 3). Es kommt nicht darauf an, ob ein Prozessvergleich oder ein außergerichtl Vergleich geschlossen wurde (BGH NJW 2007, 1213 = MDR 2007, 558). Unzulässig ist jedoch der Einwand, die arme Partei habe in einem nach Rechtskraft abgeschlossenen Vergleich auf die Kosten verzichtet oder sie übernommen (OLG Köln MDR 56, 363). **Nicht** erfasst sind **Einreden der Partei** gegen ihren RA. Der Gegner kann deshalb einwenden, dass die Partei schon befreiend an den RA gezahlt oder dass er sein Mandat schuldhaft niedergelegt habe (KG JW 35, 1799), ferner, dass der RA die Rechtsmittelfrist versäumt habe und deshalb kein Honorar fordern dürfe (s § 121 Rn 46). Diese mat-rechtl Einwendungen können aber nur dann im KFV geltend gemacht werden, wenn die tatsächl Voraussetzungen feststehen; ansonsten ist Vollstreckungsabwehrklage zu erheben (s § 104 Rn 21.56).

Von § 126 II **erfasste Einrede** ist va der **Erfüllungseinwand.** Der Kostenschuldner kann dem beigeordneten 18
RA ggü nicht geltend machen, dass er die Kosten bereits an die bedürftige Partei bezahlt, diese ihm die Kosten erlassen oder er der Partei ggü oder diese ihm ggü aufgerechnet habe. Trotz ihrer Rückwirkung (§ 389 BGB) schließt II die **Aufrechnung** auch aus, wenn die Gegenforderung schon fällig war und die Aufrechnung erklärt wurde, bevor der RA beigeordnet wurde (BGH FamRZ 2006, 190). Treu und Glauben können es dem RA jedoch verwehren, sich auf das Aufrechnungsverbot zu berufen, wenn er selbst im Namen seiner Partei ggü dem Kostenschuldner aufgerechnet hatte (OLG Hamburg JurBüro 90, 1311). Auch die **Pfändung** durch einen Dritten kann nach II 1 dem Kostenerstattungsanspruch nicht entgegengehalten werden (BGH MDR 2016, 175).

b) Ausnahme (§ 126 II 2). Der Kostenschuldner kann immer mit Kosten aufrechnen, deren Bezahlung ihm die 19
hilfsbedürftige Partei nach einer Kostenentscheidung im selben Rechtsstreit schuldet. Zu verrechnen sind dann die Kosten aller Instanzen (OLG Hamm JurBüro 75, 946; OLG Hamm Rpfleger 73, 438). Es ist somit ein **Kostenausgleich** nach § 106 durchzuführen (s § 106 Rn 4; BGH MDR 2007, 918; OLGR Brandenburg 2007, 511; Berechnungsbeispiel bei Schneider NJW-Spezial 2022, 667). Der Kostenschuldner kann ggü dem RA auch Ausgleichung der Beträge verlangen, die er auf Grund eines KFB der 1. Instanz bezahlt hat, wenn dieser Beschl fortgefallen ist, weil die 2. Instanz die erstinstanzl Kostenentscheidung geändert hat (OLG Hamm JurBüro 75, 946).

20 **3) Dauer.** Die Verstrickung ist so lange gerechtfertigt, wie der beigeordnete RA die Kostenforderung im eigenen Namen geltend machen kann. Sie **beginnt** mit der Entstehung des Kostenerstattungsanspruchs (BGH MDR 2016, 175 Tz 14). Es kommt nicht darauf an, ob der RA sein Beitreibungsrecht aus § 126 I im Zeitpunkt der Zahlung oder Aufrechnung durch den Kostenschuldner bereits ausgeübt hatte; der Einwendungsausschluss besteht daher auch, wenn gezahlt, erlassen oder aufgerechnet worden war, bevor er im eigenen Namen einen Kostenfestsetzungsantrag einreicht (BGH MDR 2007, 918). Die Verstrickung **endet**, wenn deutl wird, dass der beigeordnete RA von seinem Einziehungsrecht keinen Gebrauch macht (BGH MDR 2016, 175 Tz 15). Der Übergang der Kostenerstattungsansprüche auf die Staatskasse lässt die Verstrickung unberührt (s Rn 16).

21 **4) Keine Verstrickung bei Kostenfestsetzungsbeschluss zugunsten Partei.** Der Einwand, dass die Kostenschuld durch Zahlung, Aufrechnung oder Erlass erloschen ist, wird dem Kostenschuldner nicht mehr abgeschnitten, sobald ein **KFB zugunsten der bedürftigen Partei erlassen** wurde (BGH MDR 2007, 918; OLG Koblenz FamRZ 2012, 1968). In diesem Fall hätte die Partei gegen ihn vollstrecken können. Dann muss es ihm auch gestattet sein, zur Abwendung der ZwV freiw zu zahlen oder sonst zu erfüllen (BGH NJW 94, 3292, 3294 = MDR 95, 99). Im Einzelfall kann es aber **treuwidrig** sein, wenn sich der Kostensch auf den Wegfall der Verstrickung beruft, zB wenn er weiß, dass der beigeordnete RA einen KFB in seinem Namen beantragt hat und der erlassene KFB zugunsten der Partei daher fehlerhaft ist (BGH NJW 94, 3292 = MDR 95, 99). Der **Antrag der Partei** auf einen KFB, der vor dessen Erlass zurückgenommen wird, lässt die Verstrickung nach II noch nicht entfallen (BGH MDR 2016, 175 Tz 15). Hat der Kostensch ggü der hilfsbedürftigen Partei aufgerechnet, bevor zu deren Gunsten ein KFB ergangen ist, die Aufrechnung aber während des Bestehens dieses Beschlusses nicht wiederholt, dann beeinträchtigt die Aufrechnungserklärung den Beitreibungsanspruch des beigeordneten RA nicht (OLG Braunschweig JurBüro 2015, 150; OLGR Schleswig 1996, 335).

22 Die Verstrickung nach § 126 II kann **wiederaufleben**. Dazu genügt es noch nicht, wenn dem Gegner ein Antrag des beigeordneten RA übersandt wird, mit dem dieser eine Kostenfestsetzung zu seinen Gunsten verlangt. Denn durch den Antrag entfällt noch nicht die Befugnis der PKH-Partei, aus dem zu ihren Gunsten ergangenen KFB zu vollstrecken, so dass dem Kostensch die Abwendung der ZwV weiterhin gestattet sein muss. Folgerichtig endet der Wegfall der Verstrickung erst, wenn dieser Beschl dadurch außer Kraft tritt, dass **zugunsten des Anwalts ein neuer KFB erlassen** wird (OLGR Schleswig 1996, 335; KG Rpfleger 77, 451).

§ 127 Entscheidungen

(1) [1]Entscheidungen im Verfahren über die Prozesskostenhilfe ergehen ohne mündliche Verhandlung. [2]Zuständig ist das Gericht des ersten Rechtszuges; ist das Verfahren in einem höheren Rechtszug anhängig, so ist das Gericht dieses Rechtszuges zuständig. [3]Soweit die Gründe der Entscheidung Angaben über die persönlichen und wirtschaftlichen Verhältnisse der Partei enthalten, dürfen sie dem Gegner nur mit Zustimmung der Partei zugänglich gemacht werden.

(2) [1]Die Bewilligung der Prozesskostenhilfe kann nur nach Maßgabe des Absatzes 3 angefochten werden. [2]Im Übrigen findet die sofortige Beschwerde statt; dies gilt nicht, wenn der Streitwert der Hauptsache den in § 511 genannten Betrag nicht übersteigt, es sei denn, das Gericht hat ausschließlich die persönlichen oder wirtschaftlichen Voraussetzungen für die Prozesskostenhilfe verneint. [3]Die Notfrist beträgt einen Monat.

(3) [1]Gegen die Bewilligung der Prozesskostenhilfe findet die sofortige Beschwerde der Staatskasse statt, wenn weder Monatsraten noch aus dem Vermögen zu zahlende Beträge festgesetzt worden sind. [2]Die Beschwerde kann nur darauf gestützt werden, dass die Partei gemäß § 115 Absatz 1 bis 3 nach ihren persönlichen und wirtschaftlichen Verhältnissen Zahlungen zu leisten oder gemäß § 116 Satz 3 Beträge zu zahlen hat. [3]Die Notfrist beträgt einen Monat und beginnt mit der Bekanntgabe des Beschlusses. [4]Nach Ablauf von drei Monaten seit der Verkündung der Entscheidung ist die Beschwerde unstatthaft. [5]Wird die Entscheidung nicht verkündet, so tritt an die Stelle der Verkündung der Zeitpunkt, in dem die unterschriebene Entscheidung der Geschäftsstelle übermittelt wird. [6]Die Entscheidung wird der Staatskasse nicht von Amts wegen mitgeteilt.

(4) Die Kosten des Beschwerdeverfahrens werden nicht erstattet.

I) Bedeutung. § 127 I bestimmt die Zuständigkeit für das PKH-Bewilligungsverf, dass es sich um ein schriftl 1 Verf handelt, und die Bekanntgabe des PKH-Beschlusses. Er ergänzt damit § 118, der das Bewilligungsverf regelt. § 127 II-IV enthalten Regelungen für die sof Beschwerde, auch der Staatskasse.

II) Entscheidung über die PKH (§ 127 I). 1) Verfahren (§ 127 I 1). Eine **mündl Verh** vor Entscheidung findet 2 nicht statt (I 1). Das folgt auch daraus, dass der Gegner nicht Beteiligter am PKH-Verf ist (s § 118 Rn 2). Die in § 118 I 3 ausnahmsw vorgesehene mündl Erörterung ist keine mündl Verh. Das Verbot mündl Verh betrifft auch die Verf zur Änderung (§ 120a) bzw Aufhebung (§ 124) der PKH. Zur Anhörung des Gegners und **zum Verf iÜ** s § 118 Rn 3 ff. Zum Verf der Beiordnung eines RA s § 121 Rn 9 ff.

2) Zuständigkeit (§ 127 I 2). a) Grundsatz. Über Bewilligung, Abänderung und Aufhebung entscheidet das 3 **Gericht der Hauptsache**. Gericht der Hauptsache ist das Prozessgericht iSd § 117 I 1 (s § 117 Rn 2). PKH für die ZwV bewilligt das AG als Vollstreckungsgericht (§ 117 I 3, § 764). Treten die Voraussetzungen für die Aufhebung (§ 124) während der ZwV ein, dann ist unabhängig davon, wer PKH bewilligt hat, ebenfalls das Vollstreckungsgericht für die Aufhebungsentscheidung zuständig. Ein innerhalb der Instanz gestellter PKH-Antrag muss von dem für diese Instanz zuständigen Gericht beschieden werden, auch wenn wegen eines Rechtsmittels inzwischen ein anderes Gericht in der Hauptsache zuständig geworden ist. Wird PKH für ein Rechtsmittel beantragt, ist ausschließl das Rechtsmittelgericht zuständig (s § 117 Rn 2). Nach Rücksendung der Akten aus der höheren Instanz wird das Gericht des 1. Rechtszuges für sämtl ab dann gestellten Anträge zuständig (RGZ 12, 416), ebenso für die vAw eingeleiteten Verf nach § 120a (OLGR Celle 1996, 94) und § 124 (OLG Karlsruhe Rpfleger 2000, 447). – Weitere Konsequenz der alleinigen Zuständigkeit des Gerichts der Hauptsache ist, dass das Gericht, bei dem PKH beantragt wird, **nur für den zu ihm selbst eröffneten Rechtszug** entscheiden darf, nicht aber für die Unterinstanz (BVerwG JurBüro 92, 346), es sei denn, es ist zugleich mit einer PKH-Beschwerde befasst (OLG Köln FamRZ 2015, 1314).

b) Rechtswegeröffnung (s § 1 Rn 3). Fehlt es an der Eröffnung des Zivilrechtswegs, ist str, ob das PKH-Verf nach 4 § 17a II GVG, § 48 ArbGG an den zulässigen Rechtsweg verwiesen werden kann (s iE vor § 17 GVG Rn 12).

c) Sachliche und örtliche Zuständigkeit. Fehlt die sachl oder örtl Zuständigkeit, weil das angerufene Gericht 5 nicht in der Hauptsache zuständig ist (s Rn 2), ist eine **Verweisung analog § 281** – auch im PKH-Beschwerdeverf (OLG Karlsruhe FamRZ 2007, 407) – mögl (BGH NJW-RR 94, 706; s § 281 Rn 2). Das mit dem PKH-Antrag befasste Gericht hat die Stellung eines Verweisungsantrags anzuregen. Wird dieser nicht gestellt, ist PKH abzulehnen (OLG Karlsruhe FamRZ 2003, 621). Wird er gestellt, ist dem Ag vor der Verweisung rechtl Gehör zu gewähren (BGH NJW-RR 94, 706). Das Gericht, an das verwiesen worden ist, ist für das PKH-Verf an den Verweisungsbeschluss gebunden (§ 281 II; zu den Ausnahmen § 281 Rn 19). Für die Hauptsache gilt die Bindung jedoch nicht (s § 281 Rn 16b). Dennoch darf das Gericht, an das verwiesen worden ist, nicht seinerseits den Antrag mit der Begr zurückweisen, ihm fehle die Zuständigkeit für den beabsichtigten Rechtsstreit (BGH NJW-RR 91, 1342; KG MDR 2008, 707). Bei **Kompetenzkonflikten** im PKH-Verf entscheidet entspr § 36 I Nr 6 das im Rechtszug zunächst höhere Gericht (s § 36 Rn 3).

Zur sachl Zuständigkeit gehört auch das Verhältnis zwischen allg **Zivilgericht und FamG** (s § 1 Rn 4 aE). Eine 6 Verweisung eines (auch isolierten) PKH-Antrags ist nach umstr Auffassung nach den in der Hauptsache anwendbaren § 17a II, VI GVG mögl (OLG Dresden MDR 2016, 1113; s Rn 4).

d) Die **funktionelle Zuständigkeit** für die Entscheidung über den PKH-Antrag kann von der Zuständigkeit für 7 das PKH-Verf nach § 118 III (s § 118 Rn 29 ff) sowie von der Zuständigkeit im Überprüfungs- und Aufhebungsverf (s § 120a Rn 3; § 124 Rn 6) abweichen. Sie richtet sich danach, wer für die Hauptentscheidung zuständig ist (beim **Kollegialgericht:** Spruchkörper, Einzelrichter, §§ 348 f; § 526), ausgenommen bei der KfH, bei der der Vors stets allein über die PKH entscheidet (§ 349 II Nr 7). Der vorbereitende Einzelrichter im Berufungsverf kann über die PKH nur bei Einverständnis der Parteien entscheiden (§ 527 IV). Wird PKH für die ZwV beantragt oder befindet sich der Streit sonst im ZwV-Verf, ist der **Rpfleger** Vollstreckungsgericht und entscheidet gem § 20 I Nr 5 RPflG über die PKH, wenn nicht dem Prozessgericht die Vollstreckungsmaßnahme zugewiesen ist (zB §§ 887, 888, 890). Ebenso liegt es, wenn verschiedene Verfahrensabschnitte auf Richter und Rpfleger verteilt sind, zB der Rpfleger für das Mahnverf zuständig ist (§ 20 I Nr 1 RPflG), der Richter aber für das anschließende Erkenntnisverf.

8 **3) Unverzügliche Entscheidung.** Ist der PKH-Antrag entscheidungsreif, ist aufgrund des Beschleunigungsgebots (s § 118 Rn 1) unverzügl über die PKH zu entscheiden. Auch das Verfahrensgrundrecht auf ein faires Verf (s Einl Rn 24) verbietet, die Entscheidung über einen entscheidungsreifen PKH-Antrag zurückzustellen und ihn nach Durchführung der Beweisaufnahme oder Erledigung des Verf abzuweisen (OLG Köln FamRZ 2010, 52; OLG Hamm FamRZ 89, 1203). Das in der Praxis zu beobachtende Zuwarten bei Entscheidungsreife der PKH bis zur mündl Verh in der Hauptsache oder gar bis zum Erlass einer Entscheidung in der Hauptsache ist daher unzulässig (s Rn 11).

9 **a) Entscheidungsreife** ist nicht bereits bei Vorliegen eines formgerechten Antrags gegeben, so dass der Zeitpunkt der Entscheidungsreife nicht dem entsprechen muss, ab dem PKH zu bewilligen ist (s § 119 Rn 4). Zur Entscheidung reif ist das PKH-Begehren, wenn der ASt einen § 117 I genügenden Antrag gestellt hat, die Erklärung über die persönl und wirtschaftl Verhältnisse und die erforderl Belege vorliegen, eine ggf erforderl Glaubhaftmachung nach § 118 II erfolgt ist und der Gegner Gelegenheit gehabt hat, sich gem § 118 I 1 zum PKH-Antrag zu äußern (BGH NJW 2012, 1964 = MDR 2012, 1247 Tz 19; OLG Brandenburg NJ 2017, 114; OLG Karlsruhe FamRZ 94, 1123; OVG Hamburg FamRZ 2005, 44). Die Fürsorgepflicht des Gerichts verlangt, das es an der **Herbeiführung** von Entscheidungsreife mitwirkt. Hat der ASt die Erklärung über die persönl und wirtschaftl Verhältnisse unvollständig ausgefüllt oder fehlen Belege, muss das Gericht daher unverzügl eine Frist zur Vervollständigung setzen (BVerfG NVwZ 2004, 334; sa § 117 Rn 27 f).

10 Das Vorliegen der Entscheidungsreife ist grds **unabhängig von der Hauptsache.** Es ist nicht statthaft, den Verlauf des Hauptsacheverf abzuwarten und über die PKH-Bewilligung erst nach Verh und Beweiserhebung zu entscheiden (BVerfG FamRZ 2005, 1893; sa Rn 8). Ebenso ist es unzulässig, die Bewilligungsentscheidung zur Rechtsverteidigung gegen eine Stufenklage (s § 119 Rn 3.24) zurückzustellen, bis der Kl auf eine ihm erteilte Auskunft hin den Zahlungsantrag beziffert (aA OLG Köln FamRZ 85, 632).

11 **b) Unverzüglichkeit.** Es muss alsbald nach Entscheidungsreife (OLG Düsseldorf JurBüro 89, 113) entschieden werden. Eine Frist besteht nicht, denn das Gericht braucht einen nicht durch Fristen beschränkten Spielraum für eine ausreichende Klärung der Sach- und Rechtslage (BGH NJW 60, 98). Unverzüglichkeit ist daher nicht in erster Linie absolut, sondern bezogen auf den Fortgang des Hauptsacheverf zu verstehen. Über die PKH muss grds **vor dem Verhandlungstermin** (BVerfG FamRZ 2005, 1893) entschieden werden. Stellt der ASt zugleich einen Sachantrag in der Hauptsache, zB indem er Klageabweisung beantragt, ohne darauf zu bestehen, dass zuvor über seinen PKH-Antrag entschieden wird, ändert dies nichts an der Pflicht zur unverzügl Entscheidung. Der ASt erklärt damit kein Einverständnis mit der Verzögerung der PKH-Entscheidung (aA OLG Köln FamRZ 99, 998). Wird die PKH erst **im Verhandlungstermin** verweigert, so muss auf Antrag vertagt werden (OLG Zweibrücken FamRZ 2004, 35; OLG Celle FamRZ 2014, 588; s § 337 Rn 3). Ist die Hauptsache zur Entscheidung reif, ohne dass zuvor über die PKH entschieden wurde, ist eine **zeitgleiche Entscheidung von PKH und Hauptsache** nur zulässig, wenn das Gericht vorher deutl auf Erfolglosigkeit bzw Mutwilligkeit hingewiesen hatte (VGH Kassel NJW 2012, 3738). Dies kann im Berufungsverf etwa durch Bezugnahme auf einen Hinweis nach § 522 II geschehen. Unzulässig ist es deshalb, einen unschlüssigen Antrag auf Erlass einer einstw Verfügung zurückzuweisen, ohne zuvor dem ASt Gelegenheit zur Antragsrücknahme zu geben (OLG Karlsruhe FamRZ 99, 994; s Rn 14).

12 **c) Entscheidung nach Beendigung der Instanz.** Wird der PKH-Antrag erst nach Beendigung des Rechtszugs gestellt, ist die Bewilligung von PKH ausgeschlossen. Dasselbe gilt grds auch, wenn der Antrag zwar zuvor bei Gericht eingegangen ist, aber nicht formgerecht war, zB weil die Erklärung zu persönl u wirtschaftl Verhältnissen nicht (vollständig) vorlag (BGH NJW 2013, 3793 = MDR 2013, 1477; zu Ausnahmen s § 114 Rn 18). PKH könnte hier erst mit Wirkung nach Beendigung der Instanz bewilligt werden (s § 119 Rn 4 f). Zu diesem Zeitpunkt ist aber keine Rechtsverfolgung oder -verteidigung mehr beabsichtigt (s § 114 Rn 16). Anders ist es, wenn ein **formgerechter Antrag vor Abschluss der Instanz** vorgelegt wird und ledigl die Entscheidungsreife (s Rn 9) nach Beendigung der Instanz eingetreten ist, zB weil bereits während der Anhörung des Gegners durch Vergleich oder Klagerücknahme beendet wurde (BGH NJW 82, 446). Denn dann hat der ASt alles seinerseits zur Bewilligung erforderl getan, so dass es unbillig erschiene, ihm wegen des nicht in seiner Hand liegenden Fortgangs des Bewilligungs- und Hauptsacheverf PKH zu versagen; maßgebl bleiben aber die Erfolgsaussichten zum Entscheidungszeitpunkt (s Rn 15 f). Das gilt auch, wenn ergänzende Nachweise nach § 118 II 4 angefordert und innerhalb der gesetzten Frist vorgelegt werden (OLG Nürnberg MDR 2001, 1435). Erst recht ist die Bewilligung noch mögl, wenn der PKH-Antrag vor Abschluss des Rechtszugs hätte verbeschieden werden können,

mithin eine nicht unverzügl Entscheidung vorliegt (BGH NJW 2012, 1964; KG FamRZ 2000, 839); zum dann maßgebl Sach- und Streitstand s Rn 17. Dem Bekl, der PKH zur Verteidigung gegen eine Klage begehrt hat, kann daher auch nach Klagerücknahme PKH bewilligt werden, wenn aussichtsreiche Rechtsverteidigung und PKH-Antrag zuvor erfolgt waren (BGH MDR 2010, 402). Obsiegt der hilfsbedürftige Kläger nach rechtzeitig gestelltem PKH-Antrag im Erkenntnisverf, dann entfällt dadurch nicht das Rechtsschutzbedürfnis an der noch ausstehenden Bewilligungsentscheidung. Der Anspruch auf PKH ist rechtl selbständig und **unabhängig vom Kostenerstattungsanspruch** aus § 103. Jedoch kann die Bewilligung (mit erklärtem, nicht bloß unterstelltem) Einverständnis des ProzBev des Hilfsbedürftigen zurückgestellt werden, wenn der Erstattungsgegner solvent ist (BVerfGE 62, 392, 397: Bundesland als Erstattungsschuldner).

Maßgebl Zeitpunkt für die rechtzeitige Antragstellung bei dem Abschluss des Verf **durch Vergleich** ist nicht 13
dessen Genehmigung zu Protokoll (§ 162), sondern erst der Schluss der mündl Verh (BAG NJW 2012, 2828). Die Bewilligung wirkt dann auf den Abschluss des Vergleichs zurück (Christl NJW 2021, 2010 Rn 7). Ist der Vergleich widerrufl, genügt Antragstellung vor Fristablauf (LG Hamburg FamRZ 99, 600; AG Groß-Gerau MDR 81, 853). Erklärt der Kläger den Rechtsstreit für erledigt, kann einem vor der **Erledigung** gestellten PKH-Antrag des Bekl zu dem Zweck stattgegeben werden, die Erledigungserklärung abzugeben und einen Kostenantrag zu stellen (OLG Köln FamRZ 81, 486).

d) Folgen eines Verstoßes. Entscheidet das Gericht nicht unverzügl, führt dieser Verfahrensfehler grds nicht 14
dazu, dass PKH trotz fehlender Erfolgsaussicht zu bewilligen wäre (aA OLG Karlsruhe FamRZ 99, 994). Anders ist es, wenn **ursprüngl Erfolgsaussicht** vorlag, diese aber während der pflichtwidrigen Verzögerung entfallen ist; das gilt auch, wenn inzwischen über die Hauptsache entschieden wurde (s Rn 18). Der Hilfsbedürftige kann in einem solchen Fall seinen Anspruch auf PKH nach Abschluss der Instanz mit der **sof Beschwerde** verfolgen (s Rn 34) und rückwirkende Bewilligung erreichen, auch dann, wenn die Entscheidung in der Hauptsache inzwischen rechtskräftig geworden ist. – Bei von Anfang an fehlender Erfolgsaussicht kann eine unrichtige Sachbehandlung iSd § 21 I 1 GKG vorliegen, weil dem ASt die Möglichkeit genommen wird, seine Klage zurückzunehmen und so eine Gebührenermäßigung zu erreichen (VGH Kassel NJW 2012, 3738). Überdies kommen Schadenersatzansprüche wegen Amtshaftung in Betracht (BGH NJW 60, 98). – Zur **„Untätigkeitsbeschwerde“** wegen verzögerter oder unterbliebener Entscheidung s Rn 65. – Bearbeitet der Richter ohne sachl Grund den PKH-Antrag nicht, kann sich hieraus die Besorgnis der **Befangenheit** ergeben (OLG Brandenburg FamRZ 2001, 552; s § 42 Rn 24).

4) Maßgeblicher Sach- und Streitstand. a) Grundsatz. Grundlage jeder gerichtl Entscheidung in der Tatsa- 15
cheninstanz ist der **letzte Erkenntnisstand des Gerichts**, also der Sach- und Streitstand bei Beschlussfassung (s vor § 253 Rn 9 und 25a). Im Beschwerdeverf ist damit der Zeitpunkt der Beschwerdeentscheidung maßgebl (BGH FamRZ 2010, 1324 Tz 28). Diese Grundsätze gelten auch im PKH-Verf. Für die Beurteilung der **Bedürftigkeit** kommt es auf den letzten Erkenntnisstand an (BGH FamRZ 2010, 1324 Tz 28; BGH FamRZ 2006, 548). Würde man auf einen früheren Zeitpunkt abstellen, so müsste ggf die PKH-Bewilligung nach § 124 I Nr 3 sofort wieder aufgehoben werden (OVG Hamburg FamRZ 2005, 44 f). Für die **Erfolgsprognose** ist grds der letzte Sach- und Streitstand (OLG Dresden MDR 2017, 171; OLG Karlsruhe FamRZ 2016, 1193; OLG Stuttgart FamRZ 2014, 1478; OLG Köln NJW-RR 2004, 64) und die bei Entscheidung geltende Rechtslage (OLG Hamm MDR 2023, 1590 zu geänderter Rspr) maßgebl. Dasselbe gilt für die Beurteilung der **Mutwilligkeit** (OLG Köln NJW-RR 2004, 64).

b) Wegfall der Erfolgsaussichten während des PKH-Verfahrens. Ist die Erfolgsaussicht zwischen Eingang 16
und Entscheidungsreife (s Rn 9) entfallen, verbleibt es bei dem Grundsatz, dass der **letzte Erkenntnisstand maßgebl** ist (BGH NJW 2012, 1964 = MDR 2012, 1247 Tz 19; BGH 10.12.2014 – XII ZB 232/13; OLG Dresden MDR 2017, 171; OLGR Hamburg 1997, 217; s Rn 18). Der Rechtsgedanke des § 93 findet im PKH-Verf keine Anwendung (OLG Köln NJW-RR 2004, 64). Keine Bedeutung hat es dabei auch, ob isoliert PKH beantragt wurde oder zugleich Klage erhoben wurde; die Klageerhebung allein schafft keinen Vertrauenstatbestand (aA OLG Karlsruhe FamRZ 2006, 798; für das Asylrecht auch BVerfG DVBl 2019, 39). Begehrt der ASt PKH für eine Zahlungsklage und zahlt der Ag, nachdem er zur Stellungnahme zum PKH-Antrag aufgefordert worden ist, entfällt die Erfolgsaussicht und PKH ist zu verweigern. Dasselbe gilt, wenn der ASt zunächst wegen ungeklärter Rechtslage Anspruch auf PKH hatte und während des PKH-Verf die Rechtslage durch höchstrichterl Entscheidung in einem für den ASt ungünstigen Sinn geklärt wird (BGH MDR 82, 564 = NJW 82, 1104).

Eine **Ausnahme** ist geboten, wenn das Gericht die Bewilligungsentscheidung **pflichtwidrig verzögert**, also trotz 17
Entscheidungsreife nicht unverzügl entschieden hat (s Rn 8 ff). Wenn sich hier die Erfolgsprognose zwischen Entscheidungsreife und Entscheidung verschlechtert hat, ist dies zu berücksichtigen (BVerfG NVwZ-RR 2018, 873 Tz 15; OLG Karlsruhe FamRZ 2023, 1493; OLG Celle FuR 2017, 340; OLG Dresden MDR 2017, 1718; aA OLG Köln FamRZ 2000, 1588). Abzustellen ist dann auf die **Erfolgsaussichten bei Entscheidungsreife**. Das gilt auch für die Beurteilung im Beschwerdeverf (OVG Sachsen-Anhalt NJW 2020, 944) und im Falle einer zwischenzeitl rechtskräftig gewordenen Entscheidung in der Hauptsache (BGH NJW 2012, 1964 = MDR 2012, 1247; OLG Schleswig FamRZ 2011, 1971). Eine für den ASt nachteilige Beweisaufnahme in der Hauptsache ist nicht zu berücksichtigen, wenn sie nach Entscheidungsreife stattgefunden hat (OLG Nürnberg FamRZ 91, 581).

Anderes gilt nur dann, wenn sich vor der Entscheidung Erkenntnisse ergeben haben, dass der Sachvortrag des ASt bewusst unwahr iSv § 124 I Nr 1 ist, weil in diesem Fall die PKH sogar rückwirkend aufzuheben wäre (BGH NJW 2012, 1964 = MDR 2012, 1247 Tz 21; OLG Bremen MDR 2024, 108).

18 **c) Beendigung des Hauptsacheverfahrens.** Die **Erledigung der Hauptsache** während des PKH-Verf führt zum Wegfall der Erfolgsaussichten für die Rechtsverfolgung oder -verteidigung (OLG Köln MDR 2012, 1368); bei einer teilw Erledigung entfällt die Erfolgsaussicht hinsichtl des erledigten Teils (LAG Hamm 1.2.2021 – 14 Ta 9/21). Wenn der Bekl bzw Ag Klageabweisung beantragt, statt sich der begründeten Erledigungserklärung des Kl anzuschließen, ist seine Rechtsverteidigung aussichtslos (vgl OLG Celle MDR 2007, 1279: mutwillige Rechtsverteidigung). Hat das Gericht bereits vor Entscheidung über die PKH **in der Hauptsache entschieden**, ist für die Beurteilung der Erfolgsaussicht grds diese Entscheidung zugrunde zu legen, wenn sie rechtskräftig geworden ist (BGH NJW 2012, 1964 = MDR 2012, 1247). Wird die Klage rechtskräftig abgewiesen, scheidet damit grds die Bewilligung von PKH für den Kl auch dann aus, wenn seine Klage ursprüngl Aussicht auf Erfolg hatte. Das gilt aber nicht, wenn der Entscheidung eine zweifelhafte Rechtsfrage zugrunde liegt; hier ist über die PKH so zu entscheiden, als wäre die Hauptsacheentscheidung nicht ergangen (BGH NJW 2012, 1964 = MDR 2012, 1247; sa § 114 Rn 25). Bei **Vergleichsschluss** im Hauptsacheverf während des PKH-Verf bestimmen sich die Erfolgsaussichten grds nach dessen Inhalt; soweit die PKH-Partei ihre Rechtsposition freiwillig aufgibt, kann ihre Rechtsverfolgung oder -verteidigung nicht mehr erfolgreich sein (OLG Düsseldorf MDR 2022, 1246; OLG Frankfurt JurBüro 2020, 606; OLG Celle NJW-RR 2015, 60). Nachträgl beantragte PKH bei einem Mehrvergleich (s vor § 114 Rn 6) erstreckt sich daher nur auf den Mehrbetrag im Vergleich und nicht auf die Höhe der mitverglichenen Forderung. Vergleicht sich eine Partei bereits außergerichtl, kann sie keine PKH mehr erhalten. Hat sich der **Bekl vor einer Klagerücknahme** gegen die Klage aussichtsreich verteidigt, ist ihm PKH auch nach Rücknahme zu bewilligen; dass der Erfolg der Verteidigung eingetreten ist, kann nicht zum Nachteil des ASt gereichen (BGH MDR 2010, 402). Fehlt es an einer Verteidigung gegen die Klage vor Rücknahme, können Erfolgsaussichten des beklagten ASt nur noch für das Verf nach § 296 IV bestehen, wenn eine Kostenbelastung des Kl gem § 269 III 2 geltend gemacht wird (OLG München FamRZ 2001, 1309 zu § 13a I 1 FGG aF). **Voraussetzung** für eine (teilw) PKH-Bewilligung nach Entscheidung in der Hauptsache, Vergleichsschluss oder Klagerücknahme ist jeweils, dass grds ein **vollständiger PKH-Antrag** einschließl der Erklärung über seine persönl und wirtschaftl Verhältnisse vor Beendigung der Instanz bei Gericht eingegangen ist (BGH MDR 2013, 1477; s Rn 12).

19 **5) Entscheidung durch Beschluss.** Entscheidungen im PKH-Verf über Bewilligung, Änderung und Aufhebung ergehen durch Beschl. Aufgrund der Notwendigkeit, im Beschl eine klare (OLG Hamm Rpfleger 84, 432) Regelung über den Bewilligungsumfang und die Pflicht zur Ratenzahlung zu treffen, ist eine Bewilligung von PKH **durch schlüssiges Verhalten ausgeschlossen**. Daher ist idR auch die Auslegung eines PKH-Beschl dahingehend nicht mögl, dass er weitere Ansprüche umfasst, die nicht zum Rechtszug gehören, zB einen Prozessvergleich über einbezogene nicht rechtshängige Ansprüche (BAG NJW 2012, 2828) oder eine Klageerweiterung (OLG Bamberg JurBüro 86, 606; s iE § 119 Rn 2 ff). Regt das Gericht einen Vergleich an, der sich auch auf nicht rechtshängige Ansprüche erstreckt, dann ist ein entspr Vorschlag noch keine Bewilligung (LG Berlin Rpfleger 89, 203); der RA muss daher auf einem förml Beschl bestehen. Umgekehrt gibt es auch keine stillschweigende Bewilligungseinschränkung (OLG Frankfurt JurBüro 86, 79).

20 Eine **bedingte Bewilligung** von PKH ist ebenso unzulässig wie die Bewilligung unter Vorbehalt (Koblenz VersR 80, 1076) oder Auflagen (LAG Köln LAGE ZPO § 120 Nr 23). Unzulässig ist es auch, dass Zahlungsanordnungen unter einer Bedingung ausgesprochen werden, zB für den Fall des Klageerfolgs (OLG Hamm MDR 2012, 50); nur zukünftig sichere Vermögensverbesserungen können im PKH-Beschl berücksichtigt werden (s § 120 Rn 5 ff). Auch bei der **Stufenklage** sind keine Einschränkungen zulässig (s § 119 Rn 3.24).

21 **6) Inhalt des Beschlusses. a) Tenor des Bewilligungsbeschlusses. aa)** Wird PKH bewilligt, ist der **Bewilligungsumfang** im Beschl festzulegen. Hat die Rechtsverfolgung oder -verteidigung nur teilw Aussicht auf Erfolg, ist PKH für einen beschränkten Klageantrag zu bewilligen (OLG Koblenz MDR 2014, 425; OLG Düsseldorf FamRZ 93, 1217; aA OLG Rostock 30.1.2024 – 7 W 3/24 bei nur geringfügigem Erfolg), den das Gericht im Bewilligungsbeschl genau zu formulieren hat (OLG Dresden DAVorm 93, 845). IÜ ist die PKH zu versagen. Sie darf nicht einfach auf einen geringeren Streitwert als die Hauptsache beschränkt werden (OLG Karlsruhe FamRZ 92, 966; OLG Dresden DAVorm 93, 845), ebenso wenig auf kostenrechtl unselbständige Verfahrensabschnitte wie bestimmte Teile des Sachvortrages, eine von mehreren Einwendungen oder einzelne Beweismittel. Der Bewilligungsbeschluss hat den **Wirkungszeitpunkt** (s § 119 Rn 6) zu benennen. Fehlt eine Bestimmung, wirkt die PKH auf den Zeitpunkt des Eingangs des formgerechten Antrags zurück (OLG Düsseldorf Rpfleger 2019, 156; OLG Karlsruhe NJW-RR 89, 1465; s § 119 Rn 4). Wenn das Gericht einen anderen Zeitpunkt wählt, muss es den Antrag teilw zurückweisen; denn ein inhaltl uneingeschränkter PKH-Antrag ist auf Bewilligung insgesamt gerichtet (OVG Berlin Rpfleger 94, 350). – **bb)** In dem Bewilligungsbeschl ist unter den Voraussetzungen des § 121 die **Beiordnung** eines RA auszusprechen (s § 121 Rn 11). – **cc)** Zur Anordnung der **Ratenzahlung** und von Zahlungen aus dem Vermögen s § 120 Rn 3 ff. – **dd)** Da im Bewilligungsverf keine Kostenerstattung vorgesehen ist (§ 118 I 4), enthält der Beschl **keine Kostenentscheidung**.

b) Begründung. Ein PKH-Beschl bedarf keiner Begründung, wenn das Gericht **antragsgemäß ratenfrei PKH** bewilligt (sa § 329 Rn 25). Ein Begründungszwang besteht auch nicht aufgrund des Beschwerderechts der Staatskasse (MK/Wache Rn 9). Diese ist weder Beteiligte des PKH-Verf (s § 118 Rn 2) noch ist das Vermögen des Fiskus grundrechtl geschützt, so dass kein Eingriff in verfahrens- oder verfassungsrechtl Positionen vorliegt. Wird PKH **mit Zahlungsbestimmungen** bewilligt, ist aufgrund des Beschwerderechts der Partei eine Begründung erforderl, die sich nicht in bloßen Floskeln oder Textbausteinen erschöpfen darf (OLG Saarbrücken FamRZ 2010, 1753; OLG Köln MDR 2009, 408). Ebenso muss der Beschluss, mit dem **PKH** ganz oder teilw **verweigert** wird, eine Begr enthalten (OLG Düsseldorf FamRZ 2006, 1551); sonst wird der Anspruch des Hilfsbedürftigen auf rechtl Gehör (Art 103 I GG) verletzt, und er kann die Beschwerde, die ihm nach § 127 II 2 zusteht, nicht sachgerecht begründen. Nicht zwingend – aber zumeist zur Schaffung von Akzeptanz für die belastende Entscheidung dennoch angezeigt – ist die Begründung, wenn die Entscheidung **unanfechtbar** ist, so bei PKH-Entscheidung durch das LG als Berufungsgericht, das OLG oder den BGH (BGH FamRZ 2006, 1029; BAG MDR 2012, 718; sa § 329 Rn 25); der Verzicht auf eine Begründung stellt auch keine Grundrechtsverletzung dar (BVerfG FuR 2003, 566). **Fehlt die notwendige Begr**, kann sie im Nichtabhilfebeschluss nachgeholt werden (OLG Brandenburg FamRZ 2004, 389). Wird die Entscheidung gleichwohl nicht begründet, wird das Beschwerdegericht den angefochtenen Beschl aufheben und das PKH-Verf an die Vorinstanz zurückverweisen (§ 572 III; BGH NJW 2009, 857; OLG Saarbrücken FamRZ 2010, 1753). 22

7) Verlautbarung (§ 127 I 3, III 6). Wird in mündl Verh über die PKH entschieden, ist der Beschl zu verkünden. Erhält der **ASt** uneingeschränkt PKH und wird er nicht zu Zahlungen verpflichtet, so ist der Beschl ihm formlos mitzuteilen (§ 329 II 1). Wird die PKH ganz oder teilw verweigert oder wird der ASt zu Zahlungen an die Staatskasse verpflichtet (auch im Nachprüfungsverfahren, OLG Brandenburg JurBüro 2023, 157), so ist ihm der Beschl zuzustellen, weil hierdurch die Beschwerdefrist in Lauf gesetzt wird (§ 329 II 2, § 127 II 2). Die Zustellung erfolgt an den bevollmächtigten RA, wenn dieser den ASt bereits im PKH-Verf vertreten hatte (§ 172; OLG Hamm FamRZ 2006, 1553). 23

Ist der **Gegner** angehört worden (§ 118 I 1), ist ihm auch ein abl Beschl mitzuteilen. Dies ergibt sich aus Art 103 I GG. Der Tenor des Beschl ist dem Gegner vollständig bekannt zu geben, die Gründe sind ihm hingegen nicht mitzuteilen, soweit sie Ausführungen zu den persönl und wirtschaftl Verhältnissen der Partei enthalten (**I 3**). § 127 I 3 vervollständigt damit die Regelungen des § 117 II 2-4. Für die Herstellung einer Beschlussabschrift ohne den entsprechenden Teil der Gründe ist die Geschäftsstelle zuständig (Nr 2.1 II 3 DB-PKH). Es empfiehlt sich aber, die Geschäftsstelle konkret anzuweisen, welche Passagen wegzulassen sind (OLG Brandenburg MDR 2000, 1095), oder zumindest die Entscheidungsgründe durch Überschriften diesbezügl klar zu gliedern. Wegen der Aktenführung in diesen Fällen s § 117 Rn 29. 24

Der **Staatskasse** wird der Beschl nicht mitgeteilt (**III 6**). Legt sie sof Beschwerde ein, hat sie Aktenkenntnis oder kann sie sich nach § 299 I verschaffen (OLG Karlsruhe Rpfleger 88, 424). Fehlt eine Begründung des PKH-Beschl, insb weil PKH ohne Zahlungsbestimmungen bewilligt wurde, hat das Gericht des 1. Rechtszuges den Nichtabhilfebeschluss zu begründen (OLG Celle NdsRpfl 90, 43). 25

8) Wirkung. Maßgebend ist die Urschrift des PKH-Beschl; falsche Ausfertigungen beeinflussen den **Bewilligungsumfang** nicht. Sie schaffen insb keinen Vertrauenstatbestand für die Partei oder den beigeordneten RA (OLG Rostock FamRZ 2009, 1235; OLG Stuttgart Justiz 86, 18; sa ThürLSG NZS 2015, 600 zur unterzeichneten Leseabschrift). 26

Die Bewilligungsentscheidung wird, wenn sie nicht mit der sof Beschwerde angefochten wird, wie ein die Sozialhilfe bewilligender oder ablehnender VA **bestandskräftig** (analog § 39 II SGB X). Eine benachteiligende rückwirkende Änderung des Bewilligungsbeschlusses, zB weil das Verbot übersehen worden ist, einen auswärtigen RA beizuordnen (§ 121 III; OLG Zweibrücken AnwBl 79, 440), ist unzulässig; eine Abänderung oder Aufhebung ist nur unter den Voraussetzungen der §§ 120a, 124 mögl (s § 124 Rn 3). Die Entscheidung erwächst aber **nicht** in materielle **Rechtskraft** (BGH NJW 2004, 1805 = MDR 2004, 961). Die Ablehnung der PKH schließt daher einen **neuerl Antrag** nicht aus (s § 117 Rn 5; § 124 Rn 27). 27

III) Sofortige Beschwerde der PKH-Partei (§ 127 II). 1) Allgemeines. Für die sof Beschwerde der PKH-Partei gegen den PKH-Beschl gelten die §§ 567 ff, soweit § 127 II keine speziellere Regelung enthält. Die **Einlegung** erfordert Einreichung einer Beschwerdeschrift (§ 569 II), die den Willen zur sachl Prüfung des PKH-Beschl erkennen lassen muss (s § 569 Rn 8). Die Weiterzahlung von Raten kann daher nicht als Beschwerde gegen den Aufhebungsbeschl ausgelegt werden (LAG SchlH 10.3.2021 – 2 Ta 15/21). Auch die kommentarlose Einreichung eines weiteren PKH-Formulars genügt nicht (LAG Berlin-Brandenburg 7.8.2020 – 8 Ta 974/20); sie kann wie der Hinweis auf eine Verschlechterung der wirtschaftl Lage aber als Abänderungsantrag gem § 120a auszulegen sein (OLG Nürnberg FamRZ 2005, 1265; s Rn 30.14). Zur Prozessfähigkeit sa § 117 Rn 4. Die Beschwerde unterliegt **nicht** dem **Anwaltszwang** (§ 78 III, § 569 III Nr 2). Ein schwebendes Beschwerdeverf über den PKH-Antrag hindert grds eine Fortsetzung des Verf und die **Entscheidung in der Hauptsache** nicht (BVerfG NJW-RR 2010, 207; OVG Münster NJW 2011, 549). Das gilt auch, wenn das Beschwerdegericht (= künftiges Berufungsgericht) wegen der Erfolgsprognose angerufen worden ist. Ist PKH vom Erstgericht ver- 28 sagt worden und entsteht durch die Fortführung der Hauptsache ein Kostenrisiko für den ASt, kann aber das Gebot der prozessualen Fairness ein Abwarten gebieten (OLG Schleswig FamRZ 2011, 1971). Die **Erben des ASt** haben keine Beschwerdebefugnis, denn sie können das PKH-Verf nicht fortführen (s § 118 Rn 6); zum Tod des ASt während des Beschwerdeverf s Rn 38.

29 **2) Zulässigkeit. a) Statthaftigkeit (§ 127 II 2 Hs 1).** Die sof Beschwerde kann nur **gegen Entscheidungen der 1. Instanz** eingelegt werden (§ 567 I). Verweigert das LG oder das OLG die PKH für ein Berufungs- oder Beschwerdeverf, so ist dieser Beschluss unanfechtbar, es sei denn, das Gericht hat die Rechtsbeschwerde zugelassen (BGH 8.11.2012 – III ZA 27/12; OLG Bremen ZInsO 2018, 2164); mögl ist iÜ nur Gegenvorstellung (s Rn 69). Unanfechtbar ist der PKH-Beschl auch, wenn das Berufungsgericht die PKH für einen Arrest oder eine einstw Verfügung verweigert, die bei ihm in 1. Instanz (s § 919 Rn 6) anhängig sind (OLG Zweibrücken JurBüro 88, 1380). In FamFG-Verf ist die Beschwerde gegen die Verweigerung der VKH für das Beschwerdeverf unstatthaft (OLG Hamm FamRZ 2003, 165; sa § 76 FamFG Rn 11). In Entschädigungsverf nach §§ 198 ff GVG ist gegen die PKH-Versagung durch das erstinstanzl zuständige OLG keine sof Beschwerde, sondern nach § 574 I Nr 2 die Rechtsbeschwerde statthaft (BGH NJW 2012, 2449 = MDR 2012, 987). **Gegen PKH-Beschlüsse des Rpflegers** findet die Beschwerde im gleichen Umfang statt wie gegen entspr richterl Entscheidungen (§ 11 I RPflG; OLG Zweibrücken FamRZ 2008, 160; OLG Köln FamRZ 2004, 1117; Büttner FPR 2002, 498).

30 **b) Beschwerdegegenstand.** Die sof Beschwerde der Partei wird durch § 127 II 1 nicht eingeschränkt, denn die Vorschrift betrifft nur die vollständige Bewilligung ohne Anordnung von Zahlungsbestimmungen (III 1). Sie ist statthaft gegen alle die Partei **beschwerenden Entscheidungen.** Im Einzelnen:

30.1 • Bei einer **Abänderung der Zahlungsbestimmungen (§ 120a)** zu ihren Lasten ist die PKH-Partei beschwerdeberechtigt, wenn die Grenze des § 567 II überschritten ist (s Rn 32). Anfechtbar ist auch die Ablehnung eines Antrages, die Ratenzahlungen aufzuheben oder herabzusetzen (MskV/Fischer Rn 14).

30.2 • **Ablehnung der Bewilligung.** Die vollständige oder teilw Zurückweisung des PKH-Antrags ist für die PKH begehrende Partei immer anfechtbar, mag die Ablehnung mit dem Fehlen hinreichender Erfolgsaussicht oder mit mangelnder Hilfsbedürftigkeit begründet werden (**Formulierungsvorschläge:** Vorwerk/Fischer, PFB, M 10.14 und M 10.16). Ist dem PKH-Antrag nur **teilw stattgegeben**, weil die hinreichende Erfolgsaussicht nur für einen Teil seines Begehrens bejaht wird oder die Bewilligung erst ab einem späteren Zeitpunkt als der Antragstellung wirken soll, ist der Hilfsbedürftige ebenfalls beschwert.

30.3 • Verfahrensleitende **Anordnungen iSd § 118** sind grds nicht anfechtbar. Das gilt insb für die Erhebung tatsächl Umstände nach § 118 II 2, 3, zB der Einholung eines SV-Gutachtens oder der Einvernahme eines Zeugen (arg e § 355 II; OLG Zweibrücken FamRZ 84, 74; OLG Köln MDR 90, 728). Anders ist es, wenn die Beweisaufnahme die Hauptsache vorwegnimmt und damit iErg wie die PKH-Versagung für das Hauptsacheverf wirkt (OLG Köln NJW-RR 99, 580; OLG Nürnberg FamRZ 2003, 1020).

30.4 • Gegen die **Aufhebung der Bewilligung (§ 124)** kann sich die PKH-Partei mit der sof Beschwerde wehren.

30.5 • Andere **Auflagen** als Zahlungsbestimmungen oder **Bedingungen** im Bewilligungsbeschluss, die im Gesetz nicht vorgesehen sind (s Rn 20), kann die Partei mit der sof Beschwerde angreifen (OLG München FamRZ 92, 702: Auflage, künftige Einkommenserhöhungen unaufgefordert mitzuteilen).

30.6 • **Beiordnung eines RA.** Die Beschwerde der Partei ist statthaft bei Ablehnung einer beantragten Beiordnung (OLG München FamRZ 99, 1355) oder Beiordnung eines nicht gewählten RA (OLG Brandenburg FamRZ 2007, 1753; OLG Dresden FamRZ 2001, 634; auch bei Notanwalt nach § 121 V: OLG Oldenburg FRES 4, 406); das gilt auch für den Beweis- und Verkehrsanwalt. Da die Partei dem RA die Vollmacht entziehen kann, ist sie mangels Rechtsschutzbedürfnisses nicht beschwerdeberechtigt, wenn das Gericht die Aufhebung der Beiordnung ablehnt (LAG Köln NZA-RR 2020, 495; s § 121 Rn 38). Bei einem beantragten **„Anwaltswechsel"** kann sie aber gegen die unterbliebene Beiordnung eines anderen RA Beschwerde einlegen. Wird dem Aufhebungsantrag des beigeordneten RA stattgegeben, liegt darin ein Eingriff in die Rechtsstellung des Hilfsbedürftigen. Dieser kann Beschwerde gegen den Aufhebungsbeschluss einlegen (KG OLGZ 71, 421). Hat die Partei einen nicht im Bezirk des Prozessgerichts niedergelassenen RA ausgewählt und wird dieser mit der **Einschränkung des § 121 III** beigeordnet (s § 121 Rn 26), kann sie sich nicht gegen diese Beschränkung wehren, weil sie wegen der umfassenden Wirkung des § 122 I Nr 3 (s § 122 Rn 12) nicht beschwert ist (KG FamRZ 2012, 468; OLG Stuttgart FamRZ 2007, 1111; aA OLG Rostock JurBüro 2011, 372; OLG Düsseldorf MDR 2007, 236; OLG Brandenburg FamRZ 2000, 1385). Ein Beschwerderecht steht nur dem beigeordneten RA zu (s Rn 59). Beschlüsse über die Erforderlichkeit einer Reise des beigeordneten RA (§ 46 II 1 RVG) sind durch die Partei ebenfalls nicht anfechtbar (OLG Celle JurBüro 2012, 528).

30.7 • **Beitreibung durch den RA.** Verlangt der beigeordnete RA entgegen § 122 I Nr 3 von seinem Mandanten *eine Vergütung, so kann dieser keine Beschwerde einlegen, sondern schlicht die Zahlung verweigern.*

30.8 • **Bekanntgabe der Erklärung zu persönl und wirtschaftl Verhältnisse** an den Gegner (§ 117 II 2-4). Die Entscheidung unterliegt der sof Beschwerde (s § 117 Rn 30 f).

• Gegen eine unzulässige **Kostenentscheidung** im PKH-Beschluss (s Rn 21), kann die Partei, der Kosten auferlegt 30.9
worden sind, sof Beschwerde einlegen, wenn die Kosten den Beschwerdewert von 200 Euro (§ 567 II) übersteigen.

• **Reisekosten für die Partei.** Die Ablehnung der Bewilligung (s § 122 Rn 8) kann mit der sof Beschwerde angefochten werden (BGHZ 64, 139). Gegen die Festsetzung der Höhe ist die Beschw entspr § 4 III JVEG statthaft, wenn der Wert 200 Euro übersteigt (OLG Frankfurt NJW 2022, 2283; aA OLG Bamberg 2.5.2023 – 2 WF 71/23). 30.10

• Zur Beschwerde wegen **Untätigkeit des Gerichts** s Rn 65. 30.11

• **Vorschusspflichten.** Werden ohne Aufhebung der Bewilligung von der PKH-Partei entgegen § 122 I Nr 1 Auslagenvorschüsse oder andere Gerichtskosten angefordert, steht ihr keine sof Beschwerde gegen die PKH-Entscheidung zu. Sie muss sich vielmehr gegen den unrichtigen Kostenansatz mit Erinnerung und Beschwerde nach § 66 GKG, §§ 57, 58 FamGKG wehren (KG JurBüro 2012, 432; OLG Stuttgart MDR 2011, 1076). 30.12

• Eine **Zahlungsanordnung** oder ein **Zahlungsplan der Staatskasse** kann nicht mit der sof Beschwerde angegriffen werden (LAG Hamm 14.2.2018 – 14 Ta 550/17); hier ist gegen den Kostenansatz vorzugehen (s Rn 30.12). 30.13

• **Zahlungsbestimmungen.** Beschwert ist der ASt auch, wenn von ihm im PKH-Beschl der **Vermögenseinsatz** oder **Ratenzahlungen** gefordert werden, denn dann erlangt er nicht die nach dem Gesetz mögl günstigste Rechtsstellung. Zwischen einem Abänderungsantrag (§ 120a) in laufender Instanz, der ebenfalls eine rückwirkende Änderung der Zahlungsbestimmungen zugunsten der Partei ermöglicht (s § 120a Rn 15), und einer Beschwerde hat die Partei die Wahl. Ein Vorrang des Verf nach § 120a besteht auch bei der Geltendmachung nachträgl Änderungen der wirtschaftl Verhältnisse nicht (aA MK/Wache Rn 23). 30.14

• Fehlende **Zuständigkeit.** Bejaht ein erstinstanzl Gericht im PKH-Verf fehlerhaft seine sachl Zuständigkeit und weist es den PKH-Antrag wegen fehlender Erfolgsaussichten der beabsichtigten Klage ab, ist bei Vorliegen eines (hilfsw) Verweisungsantrags, trotz § 571 II 2, der PKH-Beschl aufzuheben und das PKH-Verf ohne Entscheidung in der Sache an das sachl zuständige erstinstanzl Gericht zu verweisen (OLGR Stuttgart 2009, 837). 30.15

c) Beschwerdewert (§ 127 II 2 Hs 2, § 567 II). Die sof Beschwerde gegen PKH-Entscheidungen ist nach II 2 Hs 2 ausgeschlossen, wenn der Streitwert der Hauptsache die **Berufungssumme von 600 Euro** (§ 511 II Nr 1) nicht übersteigt, es sei denn, das Gericht hat PKH ausschließl aufgrund der persönl und wirtschaftl Verhältnisse versagt. Der Rechtsmittelzug im PKH-Verf soll grds nicht weitergehen als der in der Hauptsache (BGH NJW 2005, 1659; OLG Hamm FamRZ 2015, 950; OLG Köln MDR 2010, 282). Maßgebend ist auch bei einer teilw Ablehnung von PKH der gesamte **Streitwert der Hauptsache** (OLG Hamm MDR 2015, 792). Wird die Berufungssumme nicht erreicht, ist aber die Beschwerde dennoch nach II 2 Hs 2 aE zulässig, darf das Beschwerdegericht die Erfolgsaussichten nicht prüfen (BGH MDR 2004, 1435, 1436; OLG Koblenz MDR 2007, 592; OLG Köln FamRZ 2010, 584). – II 2 Hs 2 gilt sinngemäß im **fG-Verf der einstw Anordnung**, soweit die Anordnungen unanfechtbar sind (s § 57 FamFG Rn 3). 31

Wird einer Partei PKH verweigert, darf ihre hiergegen eingelegte Beschwerde nicht mit der Begr verworfen werden, dass die Kosten, deren Stundung sie begehre, weniger als 200 Euro betrügen. Die Verweigerung der PKH ist **keine Entscheidung über die Kosten iSd § 567 II** (OLG Bremen FamRZ 2012, 46; OLG Frankfurt Rpfleger 55, 79). Hierzu zählen nur Urteile und Beschlüsse, in denen entschieden wird, in welchem Umfang oder welcher Höhe jemand Kosten zu tragen hat. Es genügt nicht, dass die Entscheidung mittelbar auch Kosten zum Gegenstand hat. Nach § 567 II ist jedoch eine Beschwerde zu verwerfen, wenn der Beschwerdeführer nach § 120a verpflichtet (worden) ist, Kosten von insgesamt weniger als 200 Euro nachzuzahlen (OLG Hamm MDR 58, 934). 32

d) Beschwerdefrist (§ 127 II 3). Abweichend von § 569 I 1 beträgt die Beschwerdefrist 1 Monat. Sie beginnt mit der Zustellung des PKH-Beschlusses an den Beschwerdeführer bzw seinen bevollmächtigten RA (§ 127 II 2, § 569 I 2; s Rn 23). Lässt sich die formgerechte Zustellung nicht nachweisen, ist zunächst Heilung des Zustellungsmangels nach § 189 zu prüfen. Scheidet diese aus, zB weil nur formlose Mitteilung durch das Gericht verfügt wurde (s § 189 Rn 2), beginnt die Frist mit dem Ablauf von 5 Monaten nach der Verkündung oder Bekanntgabe des Beschlusses (§ 569 I 2; s § 569 Rn 4). 33

e) Unabhängigkeit von der Hauptsache. Einer Beschwerde, die die Partei erst einlegt, nachdem die **Hauptsache nicht mehr anhängig** ist, fehlt nicht das Rechtsschutzbedürfnis (OLG Nürnberg FamRZ 2004, 1219; OLG Karlsruhe MDR 2000, 1212). Der Erfolg der Beschwerde ist nicht von vornherein deshalb ausgeschlossen, weil die Hauptsache beendet ist. § 127 verknüpft das Beschwerderecht nur im Fall des II 2 Hs 2 mit der Hauptsache. Zulässig ist die nach Instanzende eingelegte Beschwerde nicht nur, wenn sie sich gegen die getroffenen Zahlungsbestimmungen richtet (OLG Köln FamRZ 98, 1525), sondern auch, wenn sie sich dagegen richtet, dass das Gericht die PKH verweigert hat, weil eine Erklärung über die persönl und wirtschaftl Verhältnisse nicht vorgelegt worden ist (OLG Bamberg FamRZ 96, 618) oder weil die Rechtsverfolgung oder -verteidigung keine Aussicht auf Erfolg hatte (BGH NJW 2012, 1964; OLG Schleswig FamRZ 2011, 1971). Eine solche Beschwerde ist jedoch nur im Ausnahmefall begründet (s Rn 16). 34

3) Beschwerdeverfahren. a) Nachholung von Tatsachenvortrag. Mit der Beschwerdebegründung oder auch sonst im Beschwerdeverf angebrachter neuer Sachvortrag ist nach § 571 II 1 zulässig. Er ist vom Erstgericht im 35

Abhilfeverf (OLG Karlsruhe FamRZ 2014, 680) und vom Beschwerdegericht zu berücksichtigen. Die Partei, der PKH wegen unzureichender oder nicht glaubhaft gemachter Erklärungen PKH versagt wurde oder die trotz Aufforderung durch die 1. Instanz nicht erklärt hatte, ob sich ihre wirtschaftl Verhältnisse geändert hätten, kann diese Erklärung im Beschwerdeverf daher nachholen (s § 117 Rn 27; § 118 Rn 28; § 124 Rn 14). Wird allerdings im Beschwerdeverf erstmals der PKH-Antrag in der notwendigen Form gestellt und ist zu diesem Zeitpunkt die Hauptsache bereits beendet, kann die sof Beschwerde auch unter Berücksichtigung des nachgeholten Vortrags grds wegen der zeitl Grenzen der PKH keinen Erfolg haben (s Rn 12; OLG Frankfurt NJW 2014, 2367).

36 **b) Verfahren vor dem Erstgericht.** Über die Abhilfe (§ 572 I) entscheidet als Erstgericht der Rpfleger, wenn er den angefochtenen Beschl erlassen hat; er hat die Sache nicht dem Richter des Erstgerichts vorzulegen (OLG Naumburg Rpfleger 2002, 526). Das Erstgericht hat zunächst festzustellen, ob die Eingabe der Partei überhaupt eine sof Beschwerde ist (s Rn 28). Im **Abhilfeverf** hat das Erstgericht dann seine eigene Entscheidung auf Grundlage auch des Beschwerdevorbringens zu prüfen (§ 572 I), auch wenn zuvor für die Einreichung eine Frist gesetzt war (OLG Hamm FamRZ 2021, 293; sa § 118 Rn 28). Über den Fall, dass die Beschwerdeschrift keine Begründung enthält, s § 572 Rn 8. Das Erstgericht entscheidet durch Beschl. Hilft es der Beschwerde ab, ist der Beschl dem Beschwerdeführer in jedem Fall und dem Gegner, soweit er sich mit den Erfolgsaussichten der Rechtsverfolgung oder -verteidigung befasst (arg § 127 I 3), bekannt zu geben. Hilft das Erstgericht der Beschwerde trotz neuem Vorbringen nicht ab, muss es dies iE begründen (OLG Düsseldorf FamRZ 2006, 1551; OLG Köln FamRZ 94, 1126) und diesen Beschl dem Beschwerdeführer mitteilen (Büttner FPR 2002, 501). Fehlt die Begründung des Nichtabhilfebeschlusses, stellt dies einen wesentl Verfahrensmangel dar, der die Aufhebung des Nichtabhilfebeschl und Zurückverweisung an das Erstgericht rechtfertigt (OLG Karlsruhe FamRZ 2014, 680; OLGR Köln 2007, 570; sa § 572 Rn 8). Wegen der Unabhängigkeit von der Hauptsache ist das Erstgericht grds nicht gehindert, das **Hauptsacheverf** trotz des laufenden Beschwerdeverf fortzusetzen (s Rn 28).

37 **c) Verfahren vor dem Beschwerdegericht.** Das Beschwerdegericht (s vor § 567 Rn 3) entscheidet nach Maßgabe des § 568 durch den Einzelrichter. Ist die sof Beschwerde gegen die Versagung, Änderung oder Aufhebung von PKH unbegründet, kann das Beschwerdegericht sie zurückweisen, ohne dass der Gegner gehört wird, weil er von der Entscheidung nicht betroffen ist. Dasselbe gilt unabhängig von ihren Erfolgsaussichten, wenn die Beschwerde sich gegen die Festsetzung von Zahlungen richtet (arg e § 127 I 3). Richtet sie sich aber dagegen, dass die PKH mangels Erfolgsaussicht ganz oder teilw verweigert worden ist, und weist sie das Beschwerdegericht nicht als unbegründet zurück, erhält der Gegner **rechtl Gehör**, soweit dies nicht unzweckmäßig erscheint (sa § 118 Rn 7). Wird der Ag nicht angehört, bleibt dies aber folgenlos; ihm steht als nicht am PKH-Verf Beteiligten (s § 118 Rn 2) keine Gehörsrüge zu (OLG Bamberg FamRZ 2020, 940). Die Staatskasse ist ebenso wenig wie in 1. Instanz anzuhören.

38 **Stirbt der Beschwerdeführer** während des Beschwerdeverf, so entfällt das Rechtsschutzbedürfnis für eine Beschwerde, die sich gegen die Versagung von PKH richtet (s § 118 Rn 6; OLG Karlsruhe FamRZ 99, 240). Es entfällt aber nicht, wenn sich die Beschwerde gegen Zahlungsbestimmungen richtet (aA OLG Brandenburg FamRZ 2002, 1199). Da diese Verbindlichkeiten vom Erben zu erfüllen sind (s § 119 Rn 8), hat dieser ein Interesse an einer Beschwerdeentscheidung. Hier wird das Beschwerdeverf durch den Tod des Beschwerdeführers unterbrochen (§ 239) oder ist auf Antrag seines Verfahrensbevollmächtigten auszusetzen (§ 246).

39 **4) Prüfung und Entscheidung. a) Prüfungsmaßstab.** Neuer Vortrag im Beschwerdeverf ist zu berücksichtigen (§ 571 II 1; s Rn 35). Die Erfolgsaussicht ist grds nach dem **Sach- und Streitstand zur Zeit der Beschwerdeentscheidung** zu beurteilen (s Rn 15). Bei einer rechtskräftigen Entscheidung der Hauptsache ist das Beschwerdegericht bei der Beurteilung der Erfolgsaussichten idR an diese gebunden (s Rn 16 ff, auch zu den Ausnahmen), auch wenn die Entscheidung von der Vorinstanz getroffen wurde (OLG Koblenz FamRZ 2015, 355).

40 **b)** Die **Abänderungsbefugnis** des Beschwerdegerichts wird durch den Antrag des Beschwerdeführers beschränkt. Zudem gilt das **Verschlechterungsverbot (reformatio in peius)** auch bei der PKH-Beschwerde (OLG Brandenburg FamRZ 2014, 230; OLGR Koblenz 2009, 659; OLG Bremen FamRZ 2009, 366; OLG Karlsruhe FamRZ 2008, 423; allg s § 572 Rn 31 ff). Uneingeschränkt ist die Prüfung der Bewilligungsvoraussetzungen demnach, wenn der Erstrichter PKH wegen fehlender Hilfsbedürftigkeit oder mangelnder Erfolgsaussicht vollständig versagt hat. Ist PKH mangels Hilfsbedürftigkeit verweigert worden, kann das Beschwerdegericht sie auch mangels Erfolgsaussicht verweigern und umgekehrt (OLG Hamm 6.3.2024 – 10 W 122/23; OLG Stuttgart FamRZ 2010, 53). Wenn PKH **teilw bewilligt** und iÜ verweigert worden ist, so darf das Beschwerdegericht den bewilligenden Teil der erstinstanzl Entscheidung nicht ändern (OLG Köln FamRZ 87, 616). Ist PKH mit Raten bewilligt worden und greift die Beschwerde nur die **Ratenanordnung** an, entscheidet das Beschwerdegericht nur im Rahmen dieser Beschwer und darf die Beschwerde nicht zurückweisen, weil die Rechtsverfolgung aussichtslos sei (OLG Saarbrücken FamRZ 2010, 1753; aA BayObLG FamRZ 91, 1339). Ebenso wenig darf das Beschwerdegericht die Raten erhöhen (OLG Dresden 3.12.2021 – 22 WF 888/21). Es darf aber die Begründung für die Ratenzahlung auswechseln (OLG Dresden MDR 2022, 271; OLG Brandenburg 4.4.2018 – 15 WF 36/18). Keine Prüfung der Erfolgsaussichten und der persönl und wirtschaftl Verhältnisse findet außerdem statt, wenn sich die Beschwerde nur dagegen richtet, dass die Vorinstanz keinen **RA beigeordnet** hat (OLG Köln FamRZ 99, 1146). Hat die Partei Beschwerde gegen einen Beschluss eingelegt, durch den die Bewilligung wegen **Zahlungsrückständen** aufgehoben wurde (§ 124 I Nr 4), überprüft das Beschwerdegericht nur, ob die Aufhebung

zu Recht erfolgte. Es untersucht nicht, ob die Partei während des Beschwerdeverf erneut in Zahlungsrückstand geraten ist und deshalb nunmehr eine Aufhebung gerechtfertigt wäre (OLG Brandenburg FamRZ 2002, 1419).

c) Entscheidung. Über die sof Beschwerde ist **durch Beschl** zu entscheiden. Eine unzulässige Beschwerde ist zu verwerfen, eine unbegründete zurückzuweisen. Ist die angefochtene PKH-Entscheidung fehlerhaft, steht die **Aufhebung und Zurückverweisung** im Ermessen des Beschwerdegerichts; ein Verfahrensmangel wird hier nicht vorausgesetzt (§ 572 III). Ist die Sache für eine abschließende Entscheidung reif, sollte sie ergehen. Sind weitere Ermittlungen nötig, dann liegt es nahe, den angefochtenen Beschluss aufzuheben und die Sache an das 1. Gericht zurückzuverweisen, zB wenn der Gegner entgegen § 118 I 1 noch nicht angehört worden ist (OLG Nürnberg NJW 2011, 319). Hat der Erstrichter die Hilfsbedürftigkeit offengelassen und nur die Erfolgsaussicht verneint, kann das Beschwerdegericht ihm die Prüfung der Hilfsbedürftigkeit überlassen, wenn es die Erfolgsaussicht bejaht. Ergibt sich die Hilfsbedürftigkeit aus den vorliegenden Unterlagen, dann sollte es jedoch selbst entscheiden. Hat der Vorderrichter die Erfolgsaussicht nicht geprüft, sondern nur die Hilfsbedürftigkeit verneint, sollte das Beschwerdegericht bei Entscheidungsreife ebenfalls selbst die Erfolgsaussichten prüfen. Hat der Vorderrichter seine Entscheidung über die PKH und auch den Nichtabhilfebeschluss nicht begründet, liegt ein die Aufhebung der Entscheidung rechtfertigender Verfahrensmangel vor; hier sollte das Beschwerdegericht an das Erstgericht zurückverweisen (s Rn 22, 36). Es kann aber auch selbst zur Sache entscheiden. 41

Da die am Beschwerdeverf Beteiligten einander keine Kosten zu erstatten haben (s Rn 64), enthält der Beschluss **keine Kostenentscheidung**. Wird die Beschwerde verworfen oder zurückgewiesen, so ist nicht anzuordnen, dass der Beschwerdeführer die Gerichtskosten zu tragen hat. Die Pflicht, die Gerichtsgeb nach 1812 GKG-KV zu tragen, folgt bereits aus § 22 GKG. Ein Ausspruch über die Gerichtskosten ist allerdings mögl, wenn eine PKH-Beschwerde **teilw erfolglos** bleibt. Hier kann das Gericht nach 1812 S 2 GKG-KV die Beschwerdegeb auf die Hälfte ermäßigen oder anordnen, dass eine Geb nicht erhoben wird. Weil es sich um eine Festgeb handelt, ist auch **kein Beschwerdewert festzusetzen** (sa Rn 72). – Zu entscheiden ist über die **Zulassung der Rechtsbeschwerde** (s Rn 61). Fehlt eine Entscheidung, ist der Beschluss dahin auszulegen, dass sie nicht zugelassen ist (BayObLG FamRZ 2005, 917; s § 574 Rn 13). Bei Zulassung muss das Beschwerdegericht in den Entscheidungsgründen den Sachverhalt wiedergeben, über den es entschieden hat. Fehlt er, kann das Rechtsbeschwerdegericht die Beschwerdeentscheidung nicht rechtl überprüfen und hebt diese auf (BGH NJW 2006, 1068). 42

Ist die Rechtsbeschwerde nicht zugelassen, genügt die formlose **Bekanntgabe** des Beschl an die Partei. Dem Gegner des Hauptsacheverf ist die Beschwerdeentscheidung bekannt zu geben, wenn er angehört worden ist (s Rn 37); hinsichtl der Bekanntgabe der Gründe gilt § 127 I 3 (OLG Brandenburg MDR 2000, 1095; s Rn 24). 43

5) Entscheidungswirkung. Die **Bindungswirkung** für das Erstgericht ergibt sich aus der Beschwerdeentscheidung (s § 572 Rn 30), beschränkt sich jedoch auf das PKH-Verf; also keine Bindung für die Hauptsacheentscheidung. Das gilt auch für die Zulässigkeit der Klage. Hat die 1. Instanz die PKH-Bewilligung aufgehoben, wird der Wegfall der PKH-Wirkungen (s § 124 Rn 25) nicht durch die sof Beschwerde gehemmt (§ 570 I). Hat die sof Beschwerde Erfolg, bedarf es daher einer **Wiederherstellung der PKH-Wirkungen.** Zwischenzeitl eingezogene Gerichtskosten sind dem Hilfsbedürftigen zu erstatten; ebenso ist der beigeordnete RA rückzahlungspflichtig, wenn er inzwischen Leistungen vom Mandanten empfangen hat (s § 122 Rn 14). 44

IV) Beschwerde der Staatskasse (§ 127 III). 1) Allgemeines. Die Staatskasse ist nicht am Bewilligungsverf beteiligt (s § 118 Rn 2); sie darf nur kontrollieren, ob bei der PKH-Bewilligung zu Unrecht Zahlungsanordnungen unterblieben sind (BGH NJW 93, 135 = MDR 93, 80). Da sie vom Geschäftsanfall her nicht jede ratenfreie Bewilligung überprüfen, sondern nur **Stichproben** machen kann, sind ihr Bewilligungsbeschl nicht mitzuteilen (III 6; s Rn 25). Damit wirkt das Beschwerderecht der Staatskasse im Interesse der Justizhaushalte einer zu großzügigen PKH-Bewilligung entgegen, ohne unangemessenen Verwaltungsaufwand zu verursachen. Das hierin liegende Zufallsprinzip verletzt nicht Art 3 I GG (BVerfG NJW 95, 581). 45

2) Statthaftigkeit (§ 127 III 1). Die sof Beschwerde der Staatskasse ist gem § 567 I 1 nur gegen **im ersten Rechtszug** ergangene PKH-Entscheidungen zulässig; bewilligen das LG als Berufungsinstanz, das OLG oder der BGH PKH ohne Zahlungsbestimmungen, kann die Staatskasse hiergegen keine Beschwerde einlegen (OLG Bamberg JurBüro 89, 841; sa Rn 29). Statthaft ist die sof Beschwerde auch, wenn die 1. Instanz einer Beschwerde der Partei abhilft und die Ratenzahlungsanordnung aufhebt, nicht jedoch, wenn dies durch das Beschwerdegericht geschieht. Das Beschwerderecht der Staatskasse besteht nach III 2 nicht nur, wenn PKH einer **Partei** iSd § 114 I, sondern auch, wenn sie einer Partei iSd § 116 bewilligt wurde (überholt BGH MDR 2016, 553 Tz 9). 46

Das Beschwerderecht umfasst nicht nur die PKH-Bewilligung, sondern auch nachfolgende **Entscheidungen** gem § 120a, durch die nach neuer Überprüfung der persönl und wirtschaftl Verhältnisse die zuvor ratenfrei bewilligte PKH aufrechterhalten oder die zunächst angeordnete Ratenzahlung später aufgehoben wird (BGH NJW 2013, 2289 = MDR 2013, 996; OLG München Rpfleger 94, 218). Beschwerde kann die Staatskasse auch gegen die vorläufige Einstellung der Ratenzahlung nach § 120 III erheben (OLGR Schleswig 1999, 254). Gegen die Ablehnung der Aufhebung der PKH-Bewilligung steht der Staatskasse gem § 127 III keine Beschwerde zu, auch wenn sie durch die Ablehnung beschwert ist, weil sie weiterhin die Kosten nur nach § 120 I, II, § 122 einziehen kann (BAG NJW 2016, 892). 47

48 Die Beschwerde der Staatskasse ist nur statthaft, wenn der Partei PKH **ohne Zahlungspflicht** der Partei bewilligt wird (BGH FamRZ 2013, 213). Hat die Partei aufgrund des Beschlusses Raten oder eine Einmalzahlung bzw Teilzahlungen iSd § 116 S 3 zu leisten, ist die Beschwerde gegen ihn unzulässig, auch wenn die Zahlungspflichten höher hätten festgesetzt werden müssen (BGH FamRZ 2013, 213). Hilft das Erstgericht der sof Beschwerde der Staatskasse teilw ab, indem es geringere als beantragte Zahlungspflichten festsetzt, wird das weitere Beschwerdeverf wegen § 127 III unzulässig (OLG Dresden FamRZ 97, 1287; OLG Brandenburg FamRZ 2007, 917).

49 **3) Begrenzter Beschwerdegegenstand (§ 127 III 2).** Die Staatskasse kann ihre Beschwerde bei einer Naturalpartei nach III 2 nur damit begründen, dass **Monatsraten oder Einmalzahlungen** aus dem Vermögen festgesetzt werden müssten (BGH MDR 2012, 1431; BAG NJW 2016, 892; OLG Bremen FamRZ 2017, 637), auch wenn es sich um zukünftige Zahlungen nach § 120 I 2 handelt (Büttner FPR 2002, 500), und bei einer Partei iSd § 116 (s Rn 46) damit, dass Kosten aus dem verwalteten Vermögen bzw von der jur Person/parteifähigen Vereinigung oder den wirtschaftl Beteiligten aufgebracht werden können. Die Staatskasse ist aber hinsichtl des Grundes der Zahlungspflichten nicht beschränkt. Sie kann auch geltend machen, dass der Partei ein **Prozesskostenvorschussanspruch** zusteht, der die Prozesskosten deckt (OLG Celle FamRZ 2015, 1420; sa § 115 Rn 59 ff). Wegen des beschränkten Beschwerdegegenstands darf das Beschwerdegericht in diesem Fall aber nicht die PKH aufheben, sondern muss eine Einmalzahlung festsetzen oder bestimmen, dass die Partei der Staatskasse die von ihr verauslagten Prozesskosten zu erstatten hat (LSG Darmstadt 27.5.2024 – L 3 SB 178/23 B; MK/Wache Rn 35; aA OLG Celle FamRZ 2015, 1420; sa § 120a Rn 15; § 120 Rn 8). Dasselbe gilt für die Möglichkeit, Kredit aufzunehmen oder Vermögensgegenstände zu verkaufen. Nur die Anordnung einer Ratenzahlung, nicht aber die Aufhebung der PKH kann auch dann begehrt werden, wenn die Vier-Raten-Grenze des § 115 IV vom Erstgericht nicht beachtet worden ist (aA LAG Düsseldorf JurBüro 89, 1439).

50 **Unzulässig** ist eine von der Staatskasse mit dem Ziel eingelegte Beschwerde, die **Verweigerung von PKH** zu erreichen (BGH NJW 93, 135 = MDR 93, 80; BGH NJW-RR 2010, 494; BAG NJW 2016, 892; OLG Jena MDR 2015, 483). Der Staatskasse ist es daher auch verwehrt, sich beschwerdeführend gegen die Bejahung der Voraussetzungen des § 116 bei einer Partei kraft Amtes oder einer jur Person oder parteifähigen Vereinigung (OLG Koblenz 27.11.2015 – 6 W 615/15; OLG Frankfurt 28.10.2013 – 10 W 56/13) und gegen die rückwirkende Bewilligung (OLG Köln FamRZ 97, 683; KG FamRZ 2000, 839) zu wenden. Die Staatskasse kann auch nicht sof Beschwerde erheben gegen die Erweiterung der PKH-Bewilligung auf einen Vergleich (OLG Frankfurt FamRZ 88, 739; LAG Köln MDR 90, 747) oder gegen die Bewilligung für getrennte Prozesse, wo eine Prozessverbindung zweckmäßig gewesen wäre (OLG Oldenburg FamRZ 96, 1428). Gegen die **Beiordnung eines RA** steht der Staatskasse kein Beschwerderecht zu, auch nicht um zu erreichen, dass die Funktion des beigeordneten RA aus Kostengründen geändert wird, etwa bei Wechsel vom Verkehrsanwalt zum Unterbevollmächtigten (OLG Düsseldorf MDR 89, 827), oder wenn anstelle des bisherigen ein neuer RA beigeordnet wird (OLG Köln AGS 2007, 96). Wird bereits im PKH-Beschluss die Erstattung von **Reisekosten der Partei** angeordnet, lässt § 127 III ebenfalls eine Beschwerde der Staatskasse nicht zu (OLG Brandenburg NJW-RR 2004, 63; OLG Nürnberg JurBüro 90, 638; sa § 122 Rn 8).

50a **4) Form.** Die Beschwerde ist als **elektron Dokument** iSd § 130a einzureichen, weil der die Staatskasse nach den Vertretungsregeln der Länder vertretende Bezirksrevisor als Behörde (zB Art 1 II BayVwVfG; § 1 II LVwVfG) auftritt (§ 130d; LG Lübeck JurBüro 2022, 598; iErg OLG Bamberg MDR 2023, 459).

51 **5) Beschwerdefrist (§ 127 III 3-5).** Für die Staatskasse beginnt die Beschwerdefrist von **1 Monat** (Notfrist) mit der **Bekanntgabe** der PKH-Entscheidung (III 3). Sie erfolgt dadurch, dass das Gericht dem Bezirksrevisor als Vertreter der Staatskasse die Akte zusendet, nachdem er sie angefordert hat (BTDrs 14/4722, 76). Außerdem muss die Beschwerde nach III 4 **vor Ablauf von 3 Monaten** ab Verkündung oder bei nicht verkündeten Beschlüssen ab Übergabe an die GeschSt (III 5) eingelegt werden; in diese Ausschlussfrist ist keine WE mögl (OLG Bamberg 14.11.2022 – 2 WF 148/22). Erhält der Bezirksrevisor die Akte erst 2 ½ Monate nach Verkündung der PKH-Bewilligung oder nach deren Übergabe an die GeschSt, so verkürzt sich durch III 4 die 1-monatige Beschwerdefrist.

52 Wird PKH unter **Vorbehalt der Ratenzahlung** bewilligt, läuft die Beschwerdefrist von der Bekanntgabe der Entscheidung an, dass keine Raten zu zahlen sind. Vorher liegt keine angreifbare ratenfreie Bewilligung vor (OLG Nürnberg FamRZ 95, 751). Wird der Vorbehalt nicht bis zum Erlass der Hauptsacheentscheidung ausgeübt, beginnt die Frist des III 4 mit der Verkündung der Hauptsacheentscheidung (OLG Nürnberg FamRZ 95, 751), weil durch diese der Vorbehalt entfällt (s § 120 Rn 2).

53 **6) Begründungserfordernis.** Wenn sich die Einkommens- und Vermögensverhältnisse des Hilfsbedürftigen nicht aus dem Beschl und den Akten (zum Einsichtsrecht s § 118 Rn 8) ergeben, kann die Staatskasse ihre Beschwerde in zulässiger Weise allein mit der Rüge begründen, dass die Partei möglicherw Zahlungen auf die Prozesskosten zu leisten hat (OLG Köln FamRZ 92, 701; OLG Frankfurt FamRZ 92, 838; LSG Chemnitz 10.3. 2022 – *L 3 AS 570/21*). Andernfalls würde das Beschwerderecht der Staatskasse entwertet, weil sie selbst die Verhältnisse der Partei, die ihr ggü nicht zu Auskünften verpflichtet ist, nicht ermitteln kann. Das Erstgericht ist in diesem Fall verpflichtet, im Nichtabhilfebeschluss darzulegen, warum es keine Zahlungen angeordnet hat (sa Rn 36).

7) Entscheidung. Das Beschwerdegericht darf die PKH-Bewilligung nicht aufheben (s Rn 49 f), sondern **nur** die Zahlung von **Raten oder Zahlungen aus dem Vermögen** anordnen. Es kann auch höhere als von der Staatskasse beantragte Raten festsetzen, da das Verbot der reformatio in peius nicht gilt (OLG Dresden 7.4.2020 – 20 WF 310/20). Dass der Ratenzahlungsbeginn stets in der Zukunft liegen muss (s § 120 Rn 3), gilt auch für die Anordnung in der Beschwerdeentscheidung. Für die Zeit vor der Beschwerdeentscheidung darf **nicht** angeordnet werden, dass die Partei **rückwirkend** Raten zahlen soll (aA OLG Karlsruhe MDR 2007, 170: rückwirkend von dem Tag an, an dem die Partei Kenntnis von der Beschwerde der Staatskasse erlangt hat). Führt eine Beschwerde der Staatskasse zur Aufhebung der Anordnung, dass keine Raten zu zahlen sind, und zur **Zurückverweisung**, hat das Ausgangsgericht bei der erneuten Entscheidung nicht zu prüfen, ob die Erfolgsaussicht der Rechtsverfolgung inzwischen, zB durch den Abschluss der Instanz weggefallen ist (OLG Koblenz FamRZ 96, 44); denn Gegenstand des Beschwerdeverf ist auch nach der Zurückverweisung nur die Frage der Ratenzahlung. 54

V) Beschwerde des Gegners. Der Gegner des Verf, für das PKH beantragt wurde, ist nicht Beteiligter des PKH-Verf (s § 118 Rn 2). PKH-Entscheidungen betreffen ihn idR nicht in seinen Rechten. Daher ist er grds auch nicht beschwerdeberechtigt (BGH NJW 2016, 1520 Tz 6; OLG Bremen FamRZ 2014, 1723; sa § 117 Rn 31). Die Beschwerde des Gegners gegen die **Bewilligung** von PKH ist bereits nach § 127 II 1, III unzulässig (BGH NJW 2002, 3554). Das gilt auch, wenn PKH nur mit Zahlungsbestimmungen bewilligt worden ist. Der Gegner ist auch nicht bei Verweigerung oder bei **Aufhebung** der PKH (§ 124) beschwerdeberechtigt (LG Koblenz FamRZ 98, 252). Die Ablehnung oder Aufhebung einer ratenfreien Bewilligung hat zwar wegen § 122 II Reflexwirkung auf den Gegner, begründet aber keine prozessuale Beschwer; denn dass ihm nach §§ 379, 402 Kostenvorschüsse zur Durchführung der Beweisaufnahme auferlegt werden können, ist keine Folge der Ratenbewilligung, sondern die Regel, wenn Gegner eine vermögende Partei ist. Auch wenn die Aufhebung der Bewilligung abgelehnt wird, hat der Gegner kein Beschwerderecht (OLG Stuttgart JurBüro 74, 1606; OLG Zweibrücken JurBüro 86, 1096). Die Ablehnung einer von ihm angeregten Änderung einer Bewilligung (§ 120a) kann der Gegner nicht anfechten (OLGR Frankfurt 2002, 272). 55

Die sof Beschwerde steht dem Gegner nur zu, soweit das Gericht die ihn begünstigenden **Wirkungen** der PKH missachtet, insb wenn Kostenvorschüsse vom Gegner entgegen § 122 II verlangt werden (KG OLGZ 71, 423; OLG Karlsruhe FamRZ 2013, 392) oder vor einer rechtskräftigen Kostengrundentscheidung Gerichtskosten entgegen § 125 bei ihm angefordert werden. Geht der beigeordnete RA nach § 126 gegen den Gegner vor, kann dieser sich nicht mit der sof Beschwerde gem § 127 II 2 und 3, sondern nur mit den im KFV (§§ 103 ff) gegebenen Rechtsbehelfen wehren (s § 104 Rn 9 ff). 56

VI) Beschwerde des beigeordneten RA. 1) PKH-Gewährung. Gegen Entscheidungen, die die Gewährung von PKH dem Grunde nach betreffen, kann der RA des ASt keine sof Beschwerde im eigenem Namen einlegen. Die Beschwerde gegen die **Bewilligung** von PKH ist bereits wegen § 127 II 1, III ausgeschlossen. Dass die PKH-Bewilligung ohne Zahlungsbestimmungen dazu führt, dass dem beigeordneten RA die Differenz zwischen nach § 49 RVG gesenkten Geb und den Regelgeb (§ 50 I, § 13 RVG) entgeht, bleibt unberücksichtigt. Die Beschwerde des RA, der die hilfsbedürftige Partei im Bewilligungsverf vertritt, ist auch bei ablehnender Entscheidung über den PKH-Antrag unzulässig, weil er durch die Ablehnung nicht beschwert wird (OLG Düsseldorf MDR 2016, 848; OLG Frankfurt FamRZ 2011, 385). Das Risiko, seinen Vergütungsanspruch nicht gegen die eigene Partei durchsetzen zu können, ist der anwaltl Beauftragung immanent und vom RA selbst zu tragen. Wird die **Aufhebung** der Bewilligung nach § 124 abgelehnt, ändert dies an der Rechtsstellung des beigeordneten RA nichts, so dass ihm kein Beschwerderecht zukommt. Wird die Bewilligung nach § 124 oder auch im Beschwerdeverf nach § 127 III aufgehoben, wird der beigeordnete RA durch den Wegfall der Forderungssperre des § 122 I Nr 3 begünstigt und nicht beschwert (OLG Celle FamRZ 2012, 808). 57

2) Beiordnung. Wird ein RA, dessen Beiordnung im PKH-Antrag beantragt ist, nicht beigeordnet, ist er nicht zur Beschwerde **gegen die Ablehnung** seiner Beiordnung befugt, weil nur die Partei, nicht aber er ein Recht auf Beiordnung hat (OLG Celle MDR 2012, 1196; OLG Hamm MDR 2011, 628; OLG Düsseldorf FamRZ 2006, 1613; sa § 121 Rn 2). – Wird entgegen § 121 I, II und IV ein nicht vertretungsbereiter RA oder nach § 121 V ein Notanwalt beigeordnet, unterliegt er einem ihn beschwerenden Kontrahierungszwang (§ 48 I BRAO; sa § 121 Rn 14). Neben dem Antrag **auf Aufhebung** der Beiordnung aus wichtigem Grund (§ 48 II BRAO; s § 121 Rn 37) steht ihm daher die sof Beschwerde analog § 78c III, aber nicht nach § 127 II 2 zu (OLG Hamm JurBüro 2018, 374; OLG Karlsruhe FamRZ 99, 306; aA OLG Zweibrücken NJW 88, 570; offen gelassen OLG Köln AnwBl 2018, 556); es gilt die zweiwöchige Beschwerdefrist des § 569 I 1. Ergibt sich nach Beiordnung ein Sachverhalt, der einen wichtigen Grund für die Aufhebung der Beiordnung darstellt (§ 48 II BRAO), dann kann der beigeordnete RA die Aufhebung beantragen und bei Ablehnung analog § 78c III sof Beschwerde einlegen (OLG Koblenz FamRZ 2017, 637). Wenn die Beiordnung eines RA gegen seinen Willen aufgehoben wird, kann er **gegen die Aufhebung** ebenfalls analog § 78c III Beschwerde einlegen (OLG Brandenburg FamRZ 2004, 213; OLG Karlsruhe FamRZ 96, 1428; OLGR Köln 1995, 247; aA OLG Naumburg FamRZ 2007, 916; sa § 78c Rn 9). Dies gilt aber nicht, wenn die PKH insgesamt gem § 124 aufgehoben wird (s Rn 57). 58

Wird der RA nur **zu den Bedingungen eines ortsansässigen RA** beigeordnet, dann ist er nicht beschwert, wenn er damit einverstanden war (es genügt idR Beiordnungsantrag des RA, s § 121 Rn 25). Eine solche Ein- 59 schränkung ohne oder gegen seinen Willen berechtigt ihn analog § 56 II, § 33 III RVG Erinnerung oder Beschwerde einzulegen (OLG Frankfurt FamRZ 2014, 591; aA sof Beschwerde gem § 127 II 2: OLG Naumburg FamRZ 2012, 1160; OLG Karlsruhe 30.9.2010 – 18 WF 72/10; OLG Koblenz MDR 2005, 1130; insg abl OLG Düsseldorf MDR 2007, 236; sa BGH FamRZ 2007, 37; BGH NJW 2005, 3083). Dasselbe gilt, wenn der Bewilligungsbeschl die **Vergütung** des beigeordneten RA auf **andere Weise einschränkt**, zB wenn bei Anwaltswechsel der neu beigeordnete RA die bereits dem entpflichteten RA entstandenen Gebühren nicht erneut geltend machen können soll (OLG Schleswig FamRZ 2009, 1613).

60 **3) Zahlungsbestimmungen und -einzug.** Gegen **Entscheidungen nach § 120a** steht dem beigeordneten RA keine Beschwerde zu (OLG Celle FamRZ 2015, 355; OLG Stuttgart FamRZ 2012, 650; OLG Zweibrücken JurBüro 2000, 483). Zwar kann der beigeordnete RA bei Aufhebung oder Herabsetzung der Ratenzahlungspflicht seine Befugnis verlieren, nach § 50 I RVG von der Staatskasse die Regelgeb zu verlangen. Eine abweichende Behandlung zu dem in § 127 II 1 geregelten Fall, dass von vornherein keine Raten zu zahlen sind (s Rn 57), ist aber nicht gerechtfertigt. – Da die Staatskasse Raten einzuziehen hat, bis sie die vollen Geb des beigeordneten RA zahlen kann (s § 120 Rn 13), ist der beigeordnete RA analog § 56 II, § 33 III RVG zur Erinnerung oder Beschwerde berechtigt, wenn der Rpfleger die **vorläufige Einstellung der Ratenzahlung** gem § 120 III anordnet, sobald die ermäßigten Anwaltsgeb gedeckt sind (OLG Köln FamRZ 97, 1283; MK/Wache Rn 26; aA sof Beschwerde gem § 127 II 2: OLG Celle MDR 2013, 307; OLG Düsseldorf MDR 93, 90; insg abl OLG Düsseldorf FamRZ 86, 1230). Wird die Zahlungseinstellung abgelehnt, so ist nicht der beigeordnete RA, sondern nur die Partei beschwert, von der weitere Zahlungen verlangt werden.

61 **VII) Rechtsbeschwerde.** PKH-Entscheidungen der Rechtsmittelgerichte (LG, OLG, §§ 72, 119 I GVG) für die Rechtsmittelinstanz oder des Beschwerdegerichts über die PKH-Beschwerde können mit der Rechtsbeschwerde an den BGH (§ 133 GVG; nicht zum BayObLG, § 8 II EGGVG) angefochten werden, nicht aber Beschlüsse in Festsetzungssachen (aus der Staatskasse zu zahlende Vergütung des beigeordneten RA); § 56 II 1 Hs 2 iVm § 33 IV 3 und VI 1 RVG sind lex specialis ggü § 574 (BGH MDR 2010, 946). Die Rechtsbeschwerde ist nur zulässig, wenn sie in dem angefochtenen Beschluss **zugelassen** worden ist (§ 574 I Nr 2; s § 574 Rn 2; sa Rn 42). Ein Zulassungsgrund iSd § 574 II können nur Fragen sein, die das PKH-Verfahren oder die persönl oder wirtschaftl Verhältnisse der Partei oder das Verf betreffen (BGH Rpfleger 2018, 475 Tz 7; BGH MDR 2012, 114 Tz 10). Da das PKH-Verf nicht der Klärung zweifelhafter Rechtsfragen dient (s § 114 Rn 25), kann der BGH nicht im Rechtsbeschwerdeverf über diese entscheiden; das PKH-Gericht muss in einem solchen Fall die Erfolgsaussicht bejahen und PKH bewilligen, wenn die Partei bedürftig ist (BGH MDR 2012, 114 Tz 10; BGH MDR 2003, 477 = NJW 2003, 1126). Der BGH ist aber an eine fehlerhafte Zulassung der Rechtsbeschwerde gebunden (§ 574 III 2; BGH Rpfleger 2018, 475 Tz 9).

62 Die Zulassung der Rechtsbeschwerde entbindet nicht davon, dass die Rechtsbeschwerde **statthaft** sein muss; hierbei gelten dieselben Maßstäbe wie bei der sof Beschwerde (BGH FamRZ 2013, 213; BGH NJW 2002, 3554; sa Rn 29 ff [Partei], Rn 46 ff [Staatskasse], Rn 55 f [Gegner], Rn 57 ff [RA]). Statthaftigkeit der Rechtsbeschwerde setzt überdies voraus, dass auch die sof Beschwerde statthaft war. Daran fehlt es zB, wenn die Ausgangsentscheidung für den Gegner oder beigeordneten RA als dortigen Beschwerdeführer unanfechtbar war (BGH NZI 2017, 487). Eine Ausnahme gilt aber, wenn das Beschwerdegericht die Ausgangsentscheidung auf die unstatthafte Beschwerde hin abgeändert hat und der Rechtsbeschwerdeführer sof Beschwerde gegen eine entsprechende erstinstanzl Entscheidung hätte einlegen können (BGH MDR 2016, 553).

63 Die Rechtsbeschwerde kann gem § 78 I 3 nur durch einen **am BGH zugelassenen RA** eingelegt werden. Das gilt trotz § 114 IV Nr 5 FamFG auch in VKH-Sachen (BGH NJW 2013, 2198). Eine Ausnahme besteht für die Staatskasse; postulationsfähig ist gem § 78 II ein Mitarbeiter mit Befähigung zum Richteramt (BGH FamRZ 2010, 1544; s § 78 Rn 15a). Über Form, Frist und Begründung der Rechtsbeschwerde s § 575 Rn 2 ff. Dem Rechtsbeschwerdeführer kann für das Verf **PKH** bewilligt werden (s vor § 114 Rn 9).

64 **VIII) Kostenerstattung im Beschwerdeverfahren (§ 127 IV).** Kosten werden nicht erstattet. Dies gilt auch für Beschwerden der Staatskasse, des Gegners oder des beigeordneten RA; ebenso für ein nachgeordnetes Rechtsbeschwerdeverf (BGH MDR 2010, 767) und eine anschließende Gehörsrüge (VerfGH Sachsen NJW 2019, 1132). Eine Kostenerstattung für das Beschwerdeverf entfällt entspr IV auch dann, wenn im PKH-Verf auch über ein **selbständiges Zwischenverf** zu entscheiden ist, zB wenn der PKH-ASt im PKH-Verf den erkennenden Richter abgelehnt hat (OLG Frankfurt/M 20.5.1998 – 13 W 27/98). Wird eine Prozesspartei im Hauptsacheverf verurteilt, die Kosten zu tragen, kann der obsiegende Gegner die Kosten des PKH-Beschwerdeverf **nicht** als **Vorbereitungskosten** gegen sie festsetzen lassen (KG Rpfleger 95, 508; OLG München MDR 2001, 1260; OLG Hamburg MDR 2002, 910; MK/Wache Rn 39, s § 118 Rn 19).

65 **IX) Außerordentliche Beschwerden. 1) Untätigkeitsbeschwerde.** Entscheidet das PKH-Gericht nicht, sondern ordnet Aussetzung, Unterbrechung oder Ruhen des PKH-Verf an, steht der Partei gegen diese Anordnung die sof Beschwerde zu (s § 118 Rn 4). Früher wurde die sof Beschwerde der Partei daneben auch dann zugelassen, wenn das Gericht seine Entscheidung im Bewilligungsverf so verzögert, dass dies der Ablehnung gleichkommt, zB zur Hauptsache verhandelt oder eine Beweisaufnahme zur Hauptsache durchführt, ohne dass der PKH-Antrag be-

schieden wurde (OLG Nürnberg FamRZ 2003, 1020; OLG Brandenburg FamRZ 2008, 288; OLG Düsseldorf FamRZ 2012, 1891). Für diese erweiternde Auslegung des § 567 I besteht aber seit Schaffung des § 198 GVG kein Anlass mehr (s vor § 567 Rn 7). Die Partei muss nun zunächst **Verzögerungsrüge** (§ 198 III GVG) erheben.

2) Greifbare Gesetzeswidrigkeit. Die Regelungen in § 127 II, III, § 567 I sind abschließend. Auch bei „greifbarer Gesetzeswidrigkeit" einer Entscheidung des im Berufungsrechtszug entscheidenden PKH-Gerichts ist **keine außerordentl Beschwerde** statthaft, ebenso gegen Entscheidungen des Beschwerdegerichts keine außerordentl Rechtsbeschwerde (s vor § 567 Rn 6). Auch die Staatskasse hat deshalb kein Rechtsmittel gegen offensichtl fehlerhafte Zahlungsbestimmungen (OLG Frankfurt 28.10.2013 – 10 W 56/13; MskV/Fischer Rn 11). Möglich ist allerdings eine Gegenvorstellung (s Rn 69). 66

X) Konkurrierende Rechtsbehelfe. 1) Beschwerden. PKH-Entscheidungen können grds nur mit der sof Beschwerde nach § 127 II, III (sa Rn 66), nicht jedoch mit Beschwerden nach anderen Gesetzen angegriffen werden. Ausnahmen gelten für den beigeordneten RA, dessen Beschwerderecht nicht in § 127 geregelt ist (s Rn 58 ff). Gegen PKH-Beschlüsse im InsVerf steht keine insolvenzrechtl sof Beschwerde (§ 6 InsO) zur Verfügung (BGH MDR 2000, 779 = NJW 2000, 1869). Eine Verweisung auf einen anderen Rechtsweg durch PKH-Beschl kann nicht mit der sof Beschwerde gem § 17a IV 3 GVG angegriffen werden (BGH MDR 2016, 478 = NJW 2016, 1520). 67

2) Erneute Antragstellung. Der ASt kann, nachdem ihm PKH verweigert worden ist, noch einmal PKH begehren (s § 117 Rn 5). Dasselbe gilt nach Aufhebung der PKH-Bewilligung (s § 124 Rn 27). Wenn die Partei nicht einen Fehler der früheren PKH-Entscheidung rügt, sondern geltend macht, dass sich die Verhältnisse inzwischen zu ihren Gunsten verändert hätten, liegt hierin keine Beschwerde, sondern bei Verweigerung oder Aufhebung der PKH ein **erneuter PKH-Antrag** und bei Bewilligung von PKH mit Zahlungsbestimmungen ein **Änderungsantrag**, über den nicht das Beschwerdegericht, sondern die Ausgangsinstanz zu entscheiden hat (MK/Wache Rn 23; s § 120a Rn 3). 68

3) Anhörungsrüge und Gegenvorstellung. Bei einer Verweigerung rechtl Gehörs gegen eine unanfechtbare PKH-Entscheidung steht der Partei die **Anhörungsrüge** (§ 321a) zur Verfügung. Da PKH-Entscheidungen nicht materiell rechtskräftig werden (s Rn 27), kann gegen die Entscheidung der Beschwerdeinstanz (oder der 1. Instanz, soweit das Beschwerdegericht an einer Entscheidung gehindert ist) außerhalb des Anwendungsbereichs des § 321a (s § 321a Rn 4) **Gegenvorstellung** eingelegt werden (BFH FamRZ 2009, 1829; **Formulierungsvorschlag:** Vorwerk/Fischer, PFB, M 10.15; sa vor § 567 Rn 8 ff). Sie hat aber nur dann in der Sache Erfolg, wenn Wiederaufnahme- oder WE-Gründe vorliegen oder die PKH-Entscheidung greifbar gesetzwidrig ist (OLG Naumburg 14.4.2014 – 1 W 6/14; OLG Hamburg FamRZ 2007, 2089 = MDR 2007, 483). Bisher nicht vorgetragene Tatsachen können durch die Gegenvorstellung nicht eingeführt werden (OLG Koblenz FamRB 2024, 113; OLG Hamm 11.4.2011 – 8 WF 53/11); hier bleibt nur die Möglichkeit einer erneuten Antragstellung. Die Gegenvorstellung ist nach ganz hM innerhalb einer Zwei-Wochen-Frist analog § 321a II zu erheben (BGH MDR 2013, 421 Tz 7; OLG Dresden NJW 2006, 851; OLG Frankfurt FamRZ 2006, 964; aA BFH NJW 2006, 861). 69

4) Erinnerung. Entscheidungen des Rpflegers, gegen die nach den allg verfahrensrechtl Vorschriften ein Rechtsmittel nicht gegeben ist, können mit der Erinnerung angefochten werden (§ 11 II 1 RPflG). Daraus folgt jedoch nicht, dass der Verfahrensgegner oder die Staatskasse gegen die PKH-Bewilligung Erinnerung mit der Begründung einlegen können, der Rpfleger habe die Erfolgsaussichten der Rechtsverfolgung oder -verteidigung zu Unrecht bejaht; denn sie sind nicht am Verf beteiligt (s § 118 Rn 2) und werden durch die Rpfleger-Entscheidung nur mittelbar beschwert. 70

XI) Amtshaftung für Fehlentscheidungen im PKH-Verfahren (Art 34 GG iVm § 839 BGB). PKH-Entscheidungen sind keine urteilsvertretenden Erkenntnisse, so dass § 839 II BGB nicht gilt (OLG Hamm 23.4.2014 – 11 W 33/14; OLG Frankfurt NJW 2001, 3270; aA OLG Brandenburg MDR 2002, 1192). Dennoch kommt aufgrund der richterl Unabhängigkeit eine Haftung nur bei besonders groben Verstößen in Betracht, mithin wenn die Entscheidung schlechthin unvertretbar ist (BGH MDR 2011, 32 = NJW 2011, 1072). Wird Amtshaftung wegen verzögerter PKH-Entscheidung geltend gemacht, besteht Anspruchskonkurrenz zur Entschädigungsklage nach § 198 GVG (s § 198 GVG Rn 1). 71

XII) Gebühren. Kosten des Beschwerdeverf haben die Beteiligten einander nicht zu erstatten (§ 127 IV). Sie dürfen auch nicht gegen die Partei festgesetzt werden, die nach einer Kostenentscheidung im Hauptsacheverf die Kosten zu tragen hat. – **1) Gericht:** Geb fallen im 1. Rechtszug des PKH-Verf nicht an, im 2. nur, wenn die PKH-Beschwerde verworfen oder zurückgewiesen wird (1812 GKG-KV). Die Geb beträgt 72 Euro; im Rechtsbeschwerdeverf 144 Euro (1826 GKG-KV). Ist die Beschwerde teilw erfolglos, so kann das Gericht die Geb auf die Hälfte ermäßigen oder bestimmen, dass eine Geb nicht erhoben wird (1812 GKG-KV). – **2) RA:** Für die 1. Instanz: 3335 RVG-VV. Ermäßigung nach 3337 RVG-VV. Wegfall (bzw Nichtentstehen), wenn der RA auch in Hauptsacheverf vertritt (§ 15 II, § 16 Nr 2 RVG). Beschwerdeinstanz: 0,5 Geb nach dem Wert der Hauptsache (3500 RVG-VV). Gegenstandswert: § 23a RVG. 72

Abschnitt 3
Verfahren (§§ 128-252)

Vorbemerkungen zu §§ 128-252

1 **I) Übersicht.** Der 3. Abschnitt des 1. Buchs (§§ 128-252) enthält einige für alle Verfahrensarten der ZPO u alle Instanzen geltende Regelungen. Solche finden sich allerdings auch in zahlreichen Vorschriften des 2. Buchs (§§ 253 ff). Nicht explizit in der ZPO geregelt und daher der Kommentierung vorangestellt sind jedoch die Verfahrensgrundsätze (Rn 2 ff) sowie die Lehre von den Prozesshandlungen (Rn 14 ff).

2 **II) Verfahrensgrundsätze. 1) Allgemeines.** Die Verfahrensgrundsätze, dh die übergeordneten Leitlinien, nach denen der Gesetzgeber das Zivilverfahrensrecht ausgerichtet hat, ergeben sich teilw aus der Verfassung (sowie EMRK und EuGRC): **gesetzlicher Richter** (Art 101 I 2 GG); **rechtliches Gehör** (Art 103 I GG, s Einl Rn 16 ff); **faires Verfahren** (Art 2 I iVm Art 20 III GG, s Einl Rn 24); **Rechtsschutzgleichheit** (Art 3 I GG, s Einl Rn 27). IÜ finden sie, teilw nur mittelbar, Ausdruck in einzelnen Vorschriften der ZPO und des GVG. Hierzu zählen insb: **Dispositionsmaxime** (s Rn 9), **Verhandlungsgrundsatz** (s Rn 10 ff), **Mündlichkeitsgrundsatz** (s § 128 Rn 1 ff), **Unmittelbarkeitsgrundsatz** (s Rn 13) und **Öffentlichkeitsgrundsatz** (vgl §§ 169 ff GVG). In einem weiteren Sinn lassen sich aus dem modernen Verfahrensrecht auch ableiten: eine **Kooperationsmaxime** (s Rn 13a) sowie die **Grundsätze der Beschleunigung, Konzentration und Ökonomie des Verfahrens** (s Rn 13b f; hierzu sowie generell zum heutigen Stellenwert der Verfahrensgrundsätze Althammer in Weller/Althammer, Mindeststandards im europäischen Zivilprozessrecht, 2015, S 3 ff); zu ihrem Verhältnis zu den Prozessgrundrechten Roth ZZP 131 (2018), 3 ff.

3 **2) Rechtliches Gehör.** Der Grundsatz, dass niemand in seinen Rechten durch gerichtl Maßnahmen betroffen werden darf, ohne vorher Gelegenheit zur Äußerung gehabt zu haben, ergibt sich aus Art 103 GG u Art 6 I MRK, ein enger Zusammenhang besteht auch mit der Menschenwürde, Art 1 I GG (BGHZ 48, 327, 333; BVerfGE 7, 275, 279; BVerfGE 9, 89, 95). Das Recht auf Gehör eröffnet kein Recht auf im Gesetz nicht vorgesehene Rechtsbehelfe; es gibt **kein Grundrecht auf einen Instanzenzug** (BVerfGE 107, 395 = NJW 2003, 1924, 1927; BVerfG NJW 2004, 1371; BGHZ 43, 19; BGH NJW 90, 938). Zu den einzelnen Ausprägungen u zu den Auswirkungen auf den Prozess s Einl Rn 16 ff, § 321a Rn 8 ff.

4-8 Einstweilen frei.

9 **3) Dispositionsmaxime.** Das Verfügungsrecht über den Zivilprozess im Ganzen steht den Parteien zu. Sie können durch Antrag (§§ 253, 688) den Beginn des Verf u seinen Umfang (§§ 308, 263) oder seine Beendigung (§§ 269, 516, 91a, 794 Nr 1) bestimmen. Ausnahmen gelten zB für die Kostenfrage (§ 308 II) u die Vollstreckbarerklärung (§§ 708, 709).

10 **4) Beibringungs- oder Verhandlungsgrundsatz.** Er betrifft die Beschaffung und Einführung des Prozessstoffs und besagt, dass das Gericht den Sachverhalt nicht vAw ermittelt, sondern seiner Entscheidung nur das Tatsachenmaterial zugrunde legen darf, das von den Parteien vorgetragen ist (zur Mitwirkungspflicht der Parteien s vor § 284 Rn 34, 34e). Eigenmächtige Sachverhaltsermittlungen, zB durch Internetrecherche oder Einsatz von KI, sind dem Zivilrichter verwehrt (s § 291 Rn 1b, KI Rn 7). Übereinstimmend Vorgetragenes oder Zugestandenes muss er grds ohne Beweisaufnahme übernehmen (§§ 288, 138 III), auch wenn er Zweifel an der Richtigkeit hat (zu den Grenzen dieser Bindungswirkung s § 138 Rn 7, § 286 Rn 14). Prozessstoff wird Parteivorbringen auch dann, wenn es der behauptenden Partei ungünstig ist, und dann nicht, wenn sie ihr günstiges Vorbringen des Gegners bestreitet (MK/Rauscher Einl Rn 394; näher dazu s § 138 Rn 11).

10a *Einer **aktiven materiellen Prozessleitung*** des Gerichts steht der Verhandlungsgrundsatz nicht entgegen. § 139 verpflichtet den Richter sogar, durch Erörterung, Hinweise und Fragen auf eine Konkretisierung und Ergänzung des Sachvortrags hinzuwirken; der Verhandlungsgrundsatz bleibt dadurch gewahrt, dass es grds den Parteien überlassen bleibt, wie sie hierauf reagieren (näher s § 139 Rn 1 ff). In begrenztem Umfang hat die jüngere Gesetzgebung dem Richter allerdings auch Mittel an die Hand gegeben, sich selbst Erkenntnisse zu verschaffen, zB durch Fragen an die Parteien im Rahmen der Güteverh (§ 278 II) und durch Beiziehung von schriftl Unterlagen vAw (§ 142 I). Um nicht in Konflikt mit dem Verhandlungsgrundsatz zu geraten, muss der Richter sich aber auf die Aufklärung des Sachverhalts beschränken, der durch die Tatsachenbehauptung der Parteien zum Verfahrensgegenstand gemacht wurde; er darf nicht (etwa durch gezieltes Fragen) darauf hinwirken, dass eine Partei ihr Prozessziel auf eine andere Tatsachenbasis stützt. Ergeben sich (zB aus einer Zeugenvernehmung oder einer beigezogenen Akte) Erkenntnisse, die über den bish Tatsachenvortrag hinausgehen, können sie nur berücksichtigt werden, wenn sie sich eine Partei zu eigen macht (wovon aber nach BGH NJW 91, 1541, 1542; BGH NJW 2001, 2177 grds auch ohne ausdrückl Erklärung der begünstigten Partei ausgegangen werden kann).

Grenzen des Beibringungsgrundsatzes bestehen, soweit dieser Grundsatz mit dem Verfassungsrang besitzenden **Gebot des rechtsstaatlichen und fairen Verfahrens** kollidiert (s Einl Rn 24; BVerfGE 54, 277, 291; Stürner ZZP 98 [1985], 237). Diese Grenzen ergeben sich aus der Mitwirkungs- und Wahrheitspflicht der Parteien (§ 138) sowie der Prozessleitungspflicht des Gerichts (§ 139). Die Partei, die eine ihr mögl und zumutbare Mitwirkung bei der Stoffsammlung und Wahrheitsfindung verweigert, riskiert die Nichterfüllung ihrer Darlegungs-, Erklärungs- und Substantiierungslast (s § 138 Rn 8 ff) sowie eine ihr nachteilige Beweiswürdigung (s § 286 Rn 14). 10b

Auch die **Beschaffung der Beweismittel** ist grds Sache der Parteien. Das Gericht darf aber vAw Einnahme des Augenscheins sowie Begutachtung durch SV (§ 144), Vorlage von Urk (§ 142) oder ergänzende Vernehmung einer oder beider Parteien anordnen (§ 448; noch weiter gehend für den Schadensnachweis § 287) sowie amtl Auskünfte einholen (§ 273 II Nr 2). Eine Zeugenvernehmung setzt dagegen immer einen Antrag voraus (§ 373; sa § 273 II Nr 4). Zur Beiziehung und Verwertung von Akten s § 273 Rn 7. Zu Beweismittelverträgen s vor § 284 Rn 2b. 11

Die für **Prozessvoraussetzungen** vorgeschriebene **Prüfung vAw** widerspricht nicht dem Beibringungsgrundsatz: Das Gericht weist hier nur auf die Bedenken hin; die Beibringung der erforderl Nw ist grds (dh nach Maßgabe von Rn 11) Sache der Parteien (s § 139 Rn 9). 12

5) Unmittelbarkeitsgrundsatz. Ihm zufolge müssen mündl Verh und Beweisaufnahme unmittelbar vor dem erkennenden Gericht, ohne Einschaltung einer richterl Mittelsperson, stattfinden (MK/Rauscher Einl Rn 454 ff). Er findet Ausdruck in § 128 I, § 285 II, § 309, § 355 und erfährt zahlreiche Durchbrechungen (zB §§ 128a, 361 f, § 372 II, §§ 375, 434, 527 II). Im Hinblick auf seine Bedeutung für eine den Gesamteindruck aus der mündl Verh verwertende Entscheidung sind die Ausnahmen restriktiv zu handhaben (eingehend Wallimann, Der Unmittelbarkeitsgrundsatz im ZP, 2016). Nicht dem Unmittelbarkeitsgrundsatz unterfällt die Beziehung zwischen Beweismittel und -tatsache (sog materielle Unmittelbarkeit; s § 355 Rn 1). 13

6) Kooperationsmaxime. Um ungerechten Auswirkungen des Beibringungsgrundsatzes u einer mit verdeckten Karten operierenden Prozesstaktik entgegenzuwirken, hat die jüngere Gesetzgebung den Gedanken eines Zusammenwirkens von Gericht und Parteien zur Herbeiführung eines zeit- und sachgerechten Verfahrensergebnisses zunehmend ausgeformt (vgl § 139 I, § 141 I 1, §§ 142, 144, 278 II, § 404 II, IV). Es ist daher gerechtfertigt, dem Beibringungsgrundsatz eine Kooperationsmaxime als Leitbild des modernen Zivilprozesses zur Seite zu stellen (RSchwab/Gottwald § 77 Rn 6; Hahn, Kooperationsmaxime im ZP, 1983, S 299 ff; Habscheid FS v Castelberg, 1997, S 71; Greger in Gottwald/Greger/Prütting, Dogmatische Grundfragen des ZP im geeinten Europa, 2000, S 77 ff), ohne ihn zu ersetzen (krit wegen dieser Befürchtung StJ/Kern vor § 128 Rn 179). 13a

7) Konzentrations- und Beschleunigungsmaxime. Sie gebietet im Interesse eines raschen und effektiven Rechtsschutzes, den Rechtsstreit nach Möglichkeit in *einem* Haupttermin zu erledigen (§ 272 I), und hat in zahlreichen Vorschriften ihren Niederschlag gefunden, die dem Gericht **prozessfördernde Mittel** an die Hand geben (vgl § 139 I 3, § 272 II, § 273, § 275 II, § 358a), eine **beschleunigte Verfahrenserledigung** gebieten (§ 139 IV 1, § 216 II, § 271 I, § 272 III, § 273 I, § 411 I ZPO, § 198 GVG) und den Parteien **mit Präklusion bewehrte Förderungspflichten** auferlegen (§ 277 I, §§ 282, 296). Anders als die anderen Prozessgrundsätze wird diese Maxime in der Praxis jedoch sehr häufig nicht beachtet: Bei einer rechtstatsächl Untersuchung musste in fast jedem dritten Fall eine fehlende Verfahrensförderung durch das Gericht festgestellt werden (Bericht unter http://epub.sub.uni-hamburg.de/epub/volltexte/2013/17880/pdf/LangdauerndeWPMALSV.pdf, S. 98 ff). 13b

8) Prozessökonomie. Die Verselbständigung dieses eng mit der Konzentrations- und Beschleunigungsmaxime zusammenhängenden Gebots als Verfahrensgrundsatz hat sich (noch) nicht durchgesetzt (dafür Schöpflin JR 2003, 485, 490; Hofmann ZZP 126 [2013], 83, 109; zurückhaltend StJ/Kern Rn 8; Stürner ZZP 127 [2014], 271, 311 ff). Der Gedanke, dass die Prozessleitung bei Wahrung der verfassungsrechtl Vorgaben auch wirtschaftl Anforderungen genügen muss, kann jedoch durchaus als übergeordnete Leitlinie verstanden werden, kommt auch in zahlreichen Regelungen der ZPO zum Ausdruck u wird von der Rspr immer wieder herangezogen (Übersicht bei StJ/Brehm vor § 1 Rn 110 ff; eingeh auch Berner ZZP 136 [2023], 23 ff). 13c

III) Prozesshandlungen. 1) Begriff und Abgrenzung. Prozesshandlungen sind alle auf eine prozessrechtl Wirkung abzielenden, dh den Prozessablauf gestaltenden oder bestimmenden Handlungen der Parteien oder des Gerichts. Auch Handlungen Dritter fallen darunter, wenn eine parteiähnl Stellung vorliegt, zB NI. Die Prozess- 14 handlung kann gleichzeitig sachl-rechtl Wirkungen äußern (zB Verjährungshemmung); entscheidend ist, ob ihre unmittelbare Hauptwirkung auf prozessualem Gebiet liegt (RSchwab/Gottwald § 63 Rn 1 f). **Mat-rechtl Gestaltungsgeschäfte** (zB Aufrechnung, Anfechtung) verlieren nicht dadurch ihre Rechtsnatur, dass sie im Prozess vorgenommen werden; erst ihre Geltendmachung im Prozess ist Prozesshandlung (RSchwab/Gottwald § 63 Rn 10; zur Aufrechnung s § 145 Rn 11). Zur Erstreckung der Prozessvollmacht auf mat-rechtl Erklärungen s § 81 Rn 10 f. – **Erwirkungshandlungen** sind Prozesshandlungen, die eine gerichtl Entscheidung herbeiführen sollen und erst durch diese auf den Prozess einwirken (zB Anträge, Parteivorbringen); dagegen beeinflussen **Bewirkungshandlungen** die Prozesslage unmittelbar (MK/Rauscher Einl Rn 481). – Besonderheiten gelten für **zweiseitige Prozesshandlungen** (Prozessverträge; s Rn 26 ff).

15 **2) Wirksamkeit.** Ihre Voraussetzungen bestimmen sich allein nach dem (dt) Prozessrecht. Die Vorschriften des bürgerl Rechts, zB über Willensmängel (dazu s Rn 21 ff), sind grds nicht anwendbar. IE:

16 **a) Prozesshandlungsvoraussetzungen** (dh Voraussetzungen in der Person des Vornehmenden) sind: Parteifähigkeit, Prozessfähigkeit und Postulationsfähigkeit, bei Stellvertretung auch die (gesetzl oder rechtsgeschäftl) Vertretungsmacht. Im Anwaltsprozess (§ 78) kann nur der RA wirksame Prozesshandlungen vornehmen. Verstoß gegen § 43a IV BRAO (Vertretung widerstreitender Interessen) führt nicht zu Unwirksamkeit (BGH MDR 2009, 996).

17 **b) Vornahme.** Je nach ges Regelung sind sie ggü dem Gericht in der mündl Verh oder auch außerhalb ders, ggü einer Partei durch Zustellung oder formlose Mitteilung vorzunehmen (BGHZ 134, 387, 390). Zur Form s Rn 19. § 130 II BGB gilt analog.

18 **c) Widerruf.** Prozesshandlungen sind unbeachtl, wenn sie widerrufen wurden. Bis zu ihrer wirksamen Vornahme (s Rn 17) ist Widerruf analog § 130 I 2 BGB mögl. Danach sind **Bewirkungshandlungen** (s Rn 14) wegen ihrer unmittelbar prozessgestaltenden Wirkung grds unwiderrufl (zu Ausnahmen s Rn 24); **Erwirkungshandlungen** können widerrufen werden, solange durch sie noch keine geschützte Position des Gegners entstanden ist (BGH NJW 2015, 2425, 2428: kein Widerruf der Prozessführungsermächtigung nach mündl Verh). Zum Widerruf von Handlungen des Bevollm s § 85 I 2, § 90 II, eines Geständnisses s § 290, eines Beweisantritts s vor § 284 Rn 2, einer Erledigungserklärung s § 91a Rn 35, einer Klagerücknahme s § 269 Rn 12, des notw Streitgenossen BGH NJW 2016, 716.

19 **d) Form.** Für Erklärungen, die außerhalb mündl Verh abgegeben werden können, ist auch ohne ges Anordnung im Interesse der Rechtssicherheit **Schriftform** bzw elektronische Form iSd § 130a geboten, wenn die Prozesshandlung befristet ist oder unmittelbar Rechte oder Pflichten für die Parteien oder für das Gericht begründet (BGHZ 93, 300 = NJW 85, 1558 = MDR 85, 574; so zB für das Gesuch um Abänderung von Fristen [s § 225 Rn 1], für die Zustimmung zur Entscheidung im schriftl Verf [s § 128 Rn 4], für den Verzicht auf schriftl Urteilsbegründung [s § 313a Rn 6]). Zur Problematik des Unterschriftserfordernisses s § 130 Rn 6 ff, zur Einreichung auf elektron Wege s § 130a Rn 4 ff. – **Mündlichkeit** der Prozesshandlung ist geboten, soweit Vornahme in mündl Verh vorgeschrieben ist (s §§ 288, 297); schriftl Erklärung ist dann nur Ankündigung (s § 129), bei Sachanträgen zusätzl Erfordernis (s § 297 Rn 2 f). ZT lässt das Gesetz Erklärung zu Protokoll des UrkB genügen (zB § 44 I, § 129 II, §§ 496, 702). – **Schlüssiges Verhalten** kann nur in den vom Gesetz ausdrückl genannten Fällen die Wirkung einer Prozesshandlung erlangen, so die Untätigkeit iSd §§ 39, 43, 138 III, §§ 267, 295 oder stillschweigende Vereinbarung im Fall § 38 I.

20 **e) Unbedingtheit.** Prozesshandlungen sind bedingungsfeindl, soweit ihre Wirksamkeit von einem außerprozessualen Ereignis abhängig gemacht wird (zB von einer Handlung eines nicht am Prozess beteiligten Dritten). Der Prozess bedarf einer sicheren Grundlage (RGZ 144, 73); dennoch bedingt vorgenommene Prozesshandlungen sind unwirksam bzw unzulässig, nicht etwa als unbedingt anzusehen (StJ/Kern vor § 128 Rn 307). Zulässig sind jedoch **innerprozessuale Bedingungen**, die die Wirksamkeit einer Erwirkungshandlung (s Rn 14) vom Prozessablauf selbst abhängig machen, insb von dem Erfolg oder Misserfolg einer eigenen Prozesshandlung oder einer solchen Handlung des Gegners (RSchwab/Gottwald § 65 Rn 28 ff; StJ/Kern vor § 128 Rn 298). So sind zulässig Eventualwiderklagen und hilfsw gestellte Klageanträge (s § 253 Rn 2, § 260 Rn 4), Hilfsanschlussberufung (s § 524 Rn 17), Hilfsaufrechnung (s § 145 Rn 13) und Eventualantrag auf Verweisung für den Fall, dass das Gericht seine Zuständigkeit verneint (s § 281 Rn 11). BGH NJW 96, 3147 gestattet dem Revisionskl auch, einen Hilfsantrag für den Fall als Hauptantrag zu stellen, dass zur Entscheidung über den bish Hauptantrag an das Berufungsgericht zurückverwiesen werden müsste. Prozesshandlungen, die unmittelbar auf die Verfahrenslage einwirken, können dagegen im Interesse der Rechtssicherheit grds auch nicht unter eine innerprozessuale Bedingung gestellt werden, insb die Einlegung oder Zurücknahme eines Rechtsmittels (BGH MDR 2008, 98; s § 519 Rn 1) sowie die Klagerücknahme (s § 269 Rn 12). Bei der Klageerhebung ist eine innerprozessuale Bedingung schon begriffl unmögl; mindestens ein Hauptantrag muss unbedingt gestellt werden (s § 253 Rn 2). Nicht um eine innerprozessuale Bedingung geht es auch, wenn sie sich nicht auf das Prozessrechtsverhältnis zwischen Kl und Bekl, sondern auf das Verhältnis zu einem nicht notwendigen Streitgenossen (s § 60 Rn 10) bezieht (BGH MDR 89, 899). Zum bedingten Prozessvergleich s § 794 Rn 10 ff.

21 **3) Willensmängel.** Auf Prozesshandlungen sind die Vorschriften des materiellen Rechts über die Anfechtung von Willenserklärungen nicht, auch nicht entspr anwendbar; dem steht der prozessrechtl Grundsatz entgegen,

dass die Verfahrenslage weitestmögl vor Unsicherheit zu schützen ist (BGHZ 80, 391; RSchwab/Gottwald § 65 Rn 49; einschr Orfanides, Die Berücksichtigung von Willensmängeln im Zivilprozess, 1982, S 74). Das Verfahrensrecht bietet stattdessen bei echten Willensmängeln (dh wenn nicht durch Auslegung geholfen werden kann, RSchwab/Gottwald § 65 Rn 43) nur folgende Lösungswege:

a) Zurücknahme oder Änderung der Prozesshandlung, soweit ges vorgesehen (zB §§ 263, 269, 346, 516); sonst wenn keine schutzwürdigen Interessen der Gegenseite entgegenstehen (StJ/Kern Rn 311). 22

b) Berichtigung, Ergänzung, Widerruf, soweit es sich um eine Erwirkungshandlung handelt u durch sie noch keine geschützte Position des Gegners entstanden ist (s Rn 18). 23

c) Widerruf bei Vorliegen von Restitutionsgründen, dh wenn gegen ein rechtskräftiges Urteil die Restitutionsklage nach § 580 gegeben wäre (Grund: Es wäre unsinnig, erst die Rechtskraft des Urteils eintreten zu lassen und dann ein Wiederaufnahmeverf durchzuführen). Hierher gehört vor allem der Fall der durch Täuschung oder Drohung veranlassten Prozesshandlung (§ 580 I Nr 4 iVm Betrug bzw Nötigung). Die Voraussetzung des § 581 (idR strafgerichtl Verurteilung) muss auch in diesem Fall (ggf nach Aussetzung des Rechtsstreits) erfüllt sein (BGHZ 12, 284; StJ/Kern Rn 316; RSchwab/Gottwald § 65 Rn 48; aA RGZ 150, 392, 396; OLG Hamm MDR 2017, 421; Schwab FS Baumgärtel, 1990, S 508). Auch die Fristen des § 586 müssen gewahrt sein (BGHZ 33, 73). Sa vor § 578 Rn 15. 24

4) Auslegung. Auch Prozesshandlungen sind auslegungsfähig (und -bedürftig). Die Auslegungsregeln des materiellen Rechts (insb § 133 BGB) finden grds entspr Anwendung (BGH NJW-RR 94, 568; RSchwab/Gottwald § 65 Rn 21 ff). Entscheidend ist also der obj, dem Empfänger vernünftigerw erkennbare Sinn (Henke ZZP 112 [1999], 436). Dabei ist ggf eine Gesamtbetrachtung mehrerer gleichzeitiger Erklärungen anzustellen (BGH FamRZ 2001, 1703: Rechtsmittel u PKH-Antrag). IZw (nur dann!) ist davon auszugehen, dass die Partei das anstrebt, was nach den Maßstäben der Rechtsordnung vernünftig ist und der recht verstandenen Interessenlage der Partei entspricht (BGH NJW-RR 95, 1183; BGH NJW-RR 2000, 1446); nicht zulässig ist es aber, einer eindeutigen Erklärung nachträgl den Sinn zu geben, der dem Interesse des Erklärenden am besten dient. Auch die schutzwürdigen Belange des Erklärungsadressaten sind zu berücksichtigen (BGH MDR 2003, 1434; BAG NJW 2010, 956). Bei offensichtl Irrtum (zB Verschreiben) ist auch eine berichtigende Auslegung mögl (BGH NJW 2003, 3418 [falsches Az]; BGH NJW-RR 94, 568; BGH NJW-RR 97, 1216). Zur Auslegung durch das Revisionsgericht s § 546 Rn 9 ff. – Von der Auslegung zu unterscheiden ist die **Umdeutung** analog § 140 BGB. Sie führt zur Wirksamkeit bzw Zulässigkeit einer unwirksamen Prozesshandlung, wenn diese die Voraussetzungen einer wirksamen anderen erfüllt, die Umdeutung dem mutmaßl Parteiwillen entspricht und kein schutzwürdiges Interesse des Gegners entgegensteht (BGH NJW-RR 2001, 279). 25

IV) Prozessverträge. 1) Begriff und Abgrenzung. Lit: Hellwig, Zur Systematik des zivilprozessrechtl Vertrages, 1968; Schlosser, Einverständl Parteihandeln im Zivilprozess, 1968; Wagner, Prozessverträge, 1998. **Prozessverträge** haben mit den Prozesshandlungen gemein, dass sie eine **prozessuale Wirkung** entfalten (s Rn 14), werden daher auch oft den Prozesshandlungen zugerechnet, unterscheiden sich von diesen aber durch die Zweiseitigkeit. Sie gleichen insoweit den Verträgen des materiellen Rechts; Abgrenzungsmerkmal ist die genannte Primärwirkung. Daher sind zB der Prorogationsvertrag (§ 38) und der Schiedsvertrag (§ 1029) Prozessverträge (s § 38 Rn 4). – Hiervon zu unterscheiden sind die **Prozessvereinbarungen**, dh Verträge, durch die sich die Parteien ledigl zu einem bestimmten Prozessverhalten **verpflichten** (zB Klage- oder Rechtsmittelrücknahmeversprechen). Sie sind, da sie weder unmittelbar verfahrensgestaltend wirken noch auf eine gerichtl Entscheidung gerichtet sind, als schuldrechtl Verträge zu qualifizieren (BGHZ 41, 3, 5 = NJW 64, 549; BGH NJW-RR 89, 802; Baumgärtel, Wesen und Begriff der Prozesshandlung einer Partei im Zivilprozess, 2. Aufl 1972, S 268 ff; aA StJ/Kern vor § 128 Rn 337; Wagner S 35 ff; Schwab FS Baumgärtel, 1990, S 513; weitere Einzelheiten s Rn 32 f, § 269 Rn 3, § 325 Rn 43, § 515 Rn 13 f, § 516 Rn 12). Zur „Doppelnatur" des Prozessvergleichs s § 794 Rn 3. 26

2) Wirksamkeit. Angesichts der allg Regelung des Vertragsrechts im BGB kommen hier (stärker als bei den einseitigen Prozesshandlungen) auch mat-rechtl Regelungen zum Tragen, insb die §§ 145 ff BGB. IE: 27

a) Persönliche Voraussetzungen. Wird der Prozessvertrag im Rahmen eines anhängigen Rechtsstreits geschlossen, so gilt wie bei den Prozesshandlungen, dass die Parteien parteifähig, prozessfähig und postulationsfähig, ggf also anwaltl vertreten sein müssen (MK/Rauscher Einl Rn 506; aA Wagner [Lit Rn 26] S 285 f). Bei Vertragsschluss außerhalb des Prozesses genügen hingegen die Erfordernisse des bürgerl Rechts; Postulationsfähigkeit ist nicht erforderl (RSchwab/Gottwald § 66 Rn 13), beschränkte Geschäftsfähigkeit mit Einwilligung oder Genehmigung des ges Vertreters genügt (MK/Rauscher Einl Rn 506; RSchwab/Gottwald § 66 Rn 13). 28

b) Bedingung, Befristung, Vorbehalt sind zulässig, solange noch keine unverrückbare prozessuale Situation eingetreten ist (RSchwab/Gottwald § 66 Rn 14). 29

c) Willensmängel. Auch insoweit gelten für Prozessverträge die Vorschriften des BGB. Anders als einseitige Prozesshandlungen sind sie also anfechtbar, solange sie nicht durch die prozessuale Entwicklung überholt sind (RSchwab/Gottwald § 66 Rn 16; MK/Rauscher Einl Rn 505). 30

31 **3) Wirkung des Prozessvertrags.** Er führt die prozessuale Wirkung (zB vereinbarte Zuständigkeit) unmittelbar herbei. Wegen der Geltendmachung im Prozess und Wirkung auf Rechtsnachfolger und Dritte s § 38 Rn 49 ff, 13 (zur Prorogation).

32 **4) Wirksamkeit von Prozessvereinbarungen.** Bei ihnen handelt es sich um außerprozessuale Rechtsgeschäfte, durch die sich die Parteien zu einem bestimmten Verhalten in einem anhängigen oder auch erst bevorstehenden Prozess verpflichten (s Rn 26). Solche Vereinbarungen unterliegen keinem Anwaltszwang (BGH NJW 84, 805) und sind nicht formbedürftig (außer als Bestandteil eines nach materiellem Recht formbedürftigen Geschäfts; Wagner [Lit Rn 26] S 287 ff). Sie unterliegen den Vorschriften für Rechtsgeschäfte (zB Anfechtbarkeit) u sind daher wirksam, wenn sie weder gegen ein gesetzl Verbot noch gegen die guten Sitten verstoßen (BGHZ 109, 19, 29 = NJW 1990, 441, 443). Unzulässig ist das Abbedingen unverzichtbarer Verfahrensnormen (s § 295 Rn 2 ff), die Verpflichtung zur Verletzung der Wahrheitspflicht und zum Unterlassen entscheidungsrelevanten Sachvortrags (s § 138 Rn 5) sowie die sittenwidrige (§ 138 BGB) oder Treu und Glauben widersprechende (§ 242 BGB) Einengung der prozessualen Handlungsfreiheit. Grds zulässig und wirksam sind zB Verträge über eine Klage- oder Rechtsmittelrücknahme (s § 269 Rn 3, § 516 Rn 12), das Unterlassen einer bestimmten Klageerhebung (BGHZ 109, 19, 29; BGH NJW-RR 2006, 632), -änderung oder -erweiterung, über das Unterlassen eines Antrags auf Protokollergänzung nach § 160a II 3 (Diekmann NJW 2021, 605, 607), einen Rechtsmittelverzicht (BGHZ 28, 45; BGHZ 38, 254), eine Sprungrevision statt Berufung (BGH NJW 86, 198), einen Verzicht auf den Urkundenprozess (RGZ 160, 242). Zu Vereinbarungen bzgl Beweiserhebung s vor § 284 Rn 2b.

33 **5) Wirkung der Prozessvereinbarung.** Sie ist mangels Rechtsschutzbedürfnisses (s vor § 253 Rn 18) regelmäßig nicht selbständig einklagbar, denn sie kann im anhängigen Verf als Einwendung gegen die Zulässigkeit des abredewidrigen Prozessverhaltens zur Geltung gebracht werden (Wagner [Lit Rn 26] S 263 ff, auch zu Besonderheiten beim internat Zivilprozess); näher s § 269 Rn 3 zum Klagerücknahmeversprechen, s vor § 253 Rn 19a zum Ausschluss der gerichtl Geltendmachung. Das abredewidrige Verhalten kann auch Schadensersatzansprüche begründen (Wagner [Lit Rn 26] S 254 ff).

Titel 1
Mündliche Verhandlung (§§ 128-165)

§ 128 Grundsatz der Mündlichkeit; schriftliches Verfahren

(1) Die Parteien verhandeln über den Rechtsstreit vor dem erkennenden Gericht mündlich.

(2) [1]Mit Zustimmung der Parteien, die nur bei einer wesentlichen Änderung der Prozesslage widerruflich ist, kann das Gericht eine Entscheidung ohne mündliche Verhandlung treffen. [2]Es bestimmt alsbald den Zeitpunkt, bis zu dem Schriftsätze eingereicht werden können, und den Termin zur Verkündung der Entscheidung. [3]Eine Entscheidung ohne mündliche Verhandlung ist unzulässig, wenn seit der Zustimmung der Parteien mehr als drei Monate verstrichen sind.

(3) Ist nur noch über die Kosten oder Nebenforderungen zu entscheiden, kann die Entscheidung ohne mündliche Verhandlung ergehen.

(4) Entscheidungen des Gerichts, die nicht Urteile sind, können ohne mündliche Verhandlung ergehen, soweit nichts anderes bestimmt ist.

1 **I) Grundsatz der Mündlichkeit. 1) Bedeutung.** Der Grundsatz steht in engem Zusammenhang mit der Garantie einer öff Verh (§ 169 GVG, Art 6 I MRK) und findet seine Ergänzung im Grundsatz der **Unmittelbarkeit**, dh der Erörterung des Prozessstoffes vor dem erkennenden Gericht (s vor § 128 Rn 13). Daher sind zB schriftl erstattete SV-Gutachten, schriftl Zeugenaussagen, Ergebnisse auswärtiger Beweisaufnahmen im Wege der Rechtshilfe oder vor dem beauftragten Richter, Inhalt beigezogener Urk oder Akten zum Gegenstand der mündl Verh zu machen, ebenso die Offenkundigkeit einer Tatsache (s § 291 Rn 3). Zum Gegenstand der Entscheidung darf nur das in der mündl Verh (bei Richterwechsel: in der letzten mündl Verh § 309) Vorgetragene gemacht werden; nötigenfalls ist die geschlossene mündl Verh wieder zu eröffnen (§ 156). Vorgetragen idS ist aber auch schriftsätzl Vorbringen, auf das in der mündl Verh ledigl (ausdrückl oder durch schlüssiges Verhalten) Bezug genommen wurde, § 137 III, § 297 II. Andererseits darf in der mündl Verh auch vorgetragen werden und muss berücksichtigt werden, was nicht schriftsätzl (§ 129) vorbereitet ist (auch Sachanträge des Kl, § 297 I), doch ist dann die Erklärungsfrist für den Gegner (§ 132) zu beachten und auf Antrag gem § 283 zu verfahren. Der Mündlichkeitsgrundsatz ist nicht identisch mit dem Grundsatz des rechtl Gehörs, weil dieses auch durch Gelegenheit zu schriftl Äußerung gewährt werden kann. – **Verstoß** gegen den Grundsatz der Mündlichkeit begründet Aufhebung darauf beruhenden Urteils durch Rechtsmittelgericht; wesentl Verfahrensmangel iSv § 538 II Nr 1, aber kein absoluter Revisionsgrund; Heilung gem § 295 mögl (StJ/Kern Rn 46 ff).

Der Grundsatz der Mündlichkeit sollte allerdings nicht schematisch angewendet werden. Die wesentl Entscheidungsgrundlagen werden im Zivilprozess ohnehin anhand der Schriftsätze der Parteien erarbeitet. Durch rechtl Hinweise, vorbereitende Maßnahmen nach § 273 (zu denen auch informelle Erörterungen in Telefon- oder Videokonferenzen gehören können), Beweiserhebungen nach § 358a u schriftl Vergleichsvorschläge (§ 278 VI) kann oftmals eine **Verfahrenserledigung außerhalb mündlicher Verhandlung** herbeigeführt werden, § 128 II (beim AG § 495a) eröffnet diesen Weg auch für den Fall, dass durch Urteil zu entscheiden ist (s Rn 3 ff). Um diese Optionen offen zu halten empfiehlt es sich, nicht bereits mit der Klagezustellung einen Verhandlungstermin zu bestimmen (s § 272 Rn 2; zu prakt Erfahrungen mit dieser Verfahrensweise Mantz/Spoenle MDR 2020, 703). – Verhandlungsort: § 219. Videokonferenz: § 128a. 1a

2) Anwendungsbereich. Der Mündlichkeitsgrundsatz gilt nur für das dem Erlass eines **Urteils** vorangehende Verf und auch hier nicht uneingeschränkt (§ 128 II, III, § 251a, § 307, § 321 III, § 331 III, § 341 II, § 718 I 2). Andere Entscheidungen (Beschlüsse, Verfügungen) können nach IV grds ohne mündl Verh erlassen werden (s Rn 18). 2

II) Schriftliches Verfahren (§ 128 II). 1) Zulässigkeit. Abgesehen vom sog Bagatellverf nach § 495a kann es zu einem vollständig schriftl abgewickelten Zivilprozess nur mit Zustimmung der Parteien kommen. Dann kann auch nach Durchführung einer mündl Verh in das schriftl Verf übergegangen werden. Dies kann zB sinnvoll sein, um eine weitere mündl Verh nach etwaigem Vergleichswiderruf entbehrl zu machen. Soll dagegen einer Partei Erwiderung auf verspätetes Vorbringen ermöglicht werden, bietet sich Verf nach § 283 an. Fehlerhaft ist Anordnung schriftl Verf, wenn Prozess auf Grund mündl Verh bereits entscheidungsreif (§ 300) ist; Urteil ist auf Rechtsmittel aufzuheben, wenn es auf diesem Fehler beruht (BGH NJW 92, 2146, 2147). Unter den Voraussetzungen des § 130a kann das schriftl Verf auch mittels elektronischer Dokumente geführt werden. Im Verbandsklageverf ist II nicht anwendbar (§ 13 III VDuG), desgl im arbeitsgerichtl Verf (§ 46 II 2 ArbGG). 3

2) Zustimmungserklärung. Einseitige, dem Gericht ggü abzugebende, dem Anwaltszwang unterliegende **Prozesshandlung**. Als solche ist sie angesichts ihrer Bedeutung (Verzicht auf das in Art 6 I MRK garantierte Verfahrensgrundrecht) in der mündl Verh, sonst notwendig schriftl (ggf gem § 130d) abzugeben (BVerwG NJW 81, 1852; RSchwab/Gottwald § 79 Rn 66; MK/Fritsche Rn 28; MskV/Stadler Rn 12; aA BAG NZA 94, 381, 382 u beil BGH NJW 2007, 2122; zum Schrifterfordernis bei Prozesshandlungen allg BGHZ 93, 300, 303, s vor § 128 Rn 19). Schweigen auf gerichtl Anfrage mit Fristsetzung reicht keinesfalls (BGH NJW 2007, 2122; MK/Fritsche Rn 29). Nötig ist übereinstimmende Erklärung beider Parteien. Für die Partei darf auch deren Streithelfer erklären (§ 67), doch darf die Hauptpartei dem widersprechen, solange sie dem Beitritt als solchem noch widersprechen (§ 71) darf (BayObLG NJW 64, 302). Bei Streitgenossenschaft oder streitgenössischer NI (§ 69) müssen alle Genossen zustimmen; bei notwendiger Streitgenossenschaft (§ 62) ersetzt jedoch die in mündl Verh von einem Genossen erklärte Zustimmung die Erklärung des Nichterschienenen. Widersprechen sich (einfache) Genossen in der mündl Verh, kann abgetrennt (§ 145) oder durch Teilurteil (§ 301) entschieden werden (WSch/Gerken Rn 20); zweckmäßiger ist es dann aber, vom schriftl Verf ganz abzusehen. 4

Widerruf nach II 1 nur zulässig bei wesentl veränderter Prozesslage, ebenso aber dann, wenn die andere Partei ihr Einverständnis noch nicht erklärt hat (BGHZ 147, 397) oder die Voraussetzungen einer Restitutionsklage vorliegen. Auch Hinweis des Gerichts nach § 139 II kann wesentl Veränderung der Prozesslage begründen (BGH MDR 2021, 189; StJ/Kern Rn 70). 5

Unter **Bedingung** (zB Entscheidung bestimmter Art oder durch bestimmte Richter) erklärtes Einverständnis ist unwirksam (BGHZ 18, 61, 62; BSG NZS 2023, 263 [Müller]). Zulässig aber innerprozessuale Bedingung, zB die für den Fall des Vergleichswiderrufs oder einer Verfahrenstrennung (s § 145 Rn 6) abgegebene Einverständniserklärung. 6

3) Wirkung. a) Die Einverständniserklärung **ermächtigt** das Gericht, *eine* Entscheidung, dh die nächstfolgende (s Rn 12), ohne mündl Verh zu treffen. Ob es hiervon Gebrauch macht, steht aber in seinem **Ermessen** (BGH MDR 68, 314); Überschreitung der Grenzen des Ermessens ist Verfahrensfehler iSv § 513 I, § 546 (BGH NJW-RR 92, 1065). Verfahrensfördernde Maßnahmen (§ 273) sind wie im Verf mit mündl Verh zulässig (s Rn 1a), also zB auch telefonische Hinweise u Erörterungen (Mantz/Spoenle MDR 2020, 703, 704), ebenso Beschlüsse, für die keine mündl Verh vorgeschrieben ist (zB Beweisbeschlüsse, s § 358 Rn 3). Im Einverständnis liegt kein konkludenter Verzicht auf angetretenen Zeugenbeweis (BGH NJW-RR 2022, 881 Tz 18). 7

b) Entscheidungsgrundlage ist neben dem schriftl auch das in einer vorangegangenen mündl Verh (aber s Rn 11) Vorgebrachte, auch Prozesshandlungen, die in vorbereitenden Schriftsätzen erst für die mündl Verh angekündigt wurden oder dort vorzunehmen wären (zB Klageänderung [OLG Schleswig NJW-RR 2016, 73]; Verzicht [StJ/Kern Rn 89]) sowie die Beweisergebnisse. Bei Widersprüchen im Vorbringen einer Partei ist der spätere Schriftsatz maßgebl (StJ/Kern Rn 86), soweit keine Bindungswirkung (etwa bei Geständnis, § 290) eingetreten ist. Zur (fehlenden) Beweiswirkung des Tatbestands s § 314 Rn 6. 8

4) Verfahren. a) Anordnung des schriftl Verf geschieht dadurch, dass das Gericht alsbald nach Vorliegen der Einverständniserklärungen einen Beschluss erlässt, in dem der Schlusstermin für die Einreichung von Schriftsätzen (s Rn 14) und der Termin zur Verkündung einer Entscheidung (s Rn 16 f) bestimmt werden. Der Be- 9 schluss ist, sofern er nicht in mündl Verh verkündet wird, förml zuzustellen (§ 329 II 2). Dagegen keine Beschwerde; zur Anfechtbarkeit des Urteils s Rn 1 aE.

10 **b) Aufhebung** jederzeit mögl, indem das Gericht Termin zur mündl Verh bestimmt (MK/Fritsche Rn 33).

11 c) Die **Besetzung des Richterkollegiums** richtet sich nach dem GVP zZt der Beratung der schriftl Entscheidung (StJ/Kern Rn 98; aA [zZt des Ablaufs der Schriftsatzfrist] WSch/Gerken Rn 43). Dies gilt auch, wenn zunächst eine mündl Verh stattgefunden hatte; § 309 gilt nicht analog (BVerfG NJW 2008, 2243; BGHZ 11, 27, 29; BGH NJW-RR 92, 1065; MK/Fritsche Rn 42; aA Krause MDR 82, 184). Soweit demnach ein **Richterwechsel** im schriftl Verf nach einer früheren mündl Verh zulässig ist, riskieren die Parteien, dass ein ledigl mündl Sachvortrag, soweit er nicht aktenkundig gemacht ist, bei der Entscheidung unberücksichtigt bleibt (BGH NJW-RR 92, 1065). Er sollte daher schriftl wiederholt werden, sobald ins schriftl Verf übergegangen wird. Berücksichtigt das Gericht einen nicht aus den Akten ersichtl Streitstoff, so kann hierauf die Revision gestützt werden (BGH NJW-RR 92, 1065). Zur Verwertung persönl Eindrücke aus der Beweisaufnahme s § 355 Rn 4.

12 d) Die Einverständniserklärung ist durch die darauf folgende **nächste Sachentscheidung verbraucht**, die eine mündl Verh vorausgesetzt hätte (vgl IV). Kein Verbrauch durch Übernahme von ER-Sache durch Kammer; hier nur Widerruf wegen wesentl Änderung der Prozesslage mögl (MskV/Stadler Rn 17; aA StJ/Kern Rn 63).

13 e) Dem **Beginn der mündlichen Verhandlung** iSd § 137 I entspricht im schriftl Verf der Eingang der letzten Einverständniserklärung bei Gericht (BGH NJW 70, 198). Soweit bestimmte Folgen an ein **mündliches Einlassen** geknüpft werden, gelten jedoch Besonderheiten (zur Prorogation s § 39 Rn 6; zur Richterablehnung s § 43 Rn 4 f; zur Klageänderung s § 267 Rn 2; zur Klagerücknahme s § 269 Rn 13 aE; zum Geständnis s § 288 Rn 5; zur Heilung von Verfahrensmängeln s § 295 Rn 6; zum Ganzen sa StJ/Kern Rn 87; zu restriktiv WSch/Gerken Rn 31).

14 f) Dem **Schluss der mündlichen Verhandlung** mit Präklusionswirkung für späteres Vorbringen iS § 136 IV, § 296a, § 323 II, § 767 II entspricht der vom Gericht mit dem Verkündungstermin zu bestimmende Zeitpunkt, bis zu dem Schriftsätze noch eingereicht werden dürfen. Beiden Parteien wird dieselbe **Schriftsatzfrist** gesetzt; daneben kann das Gericht vorangehende Fristen bestimmen, zB für eine Klageerwiderung oder Replik (Begr BTDrs 7/2729, 55), deren Nichtbeachtung zur Präklusion nach § 296 I führen kann. Geht aber unmittelbar vor Fristablauf ein Schriftsatz der einen Partei mit neuem entscheidungserhebl Vorbringen ein, so gebietet es das Recht der anderen Partei auf Gehör, dieser durch Verlängerung der ihr gesetzten Frist Gelegenheit zur Erwiderung zu geben (BVerfGE 50, 280, 285) oder die mündl Verh wieder zu eröffnen (s § 156 Rn 3), auch ohne Antrag der Partei (BVerfG AnwBl 2009, 150). Ist Fristbestimmung unterblieben, bleibt schriftl Vorbringen zulässig bis zur nachträgl bestimmten Frist, sonst unter Vorbehalt der Präklusion gem §§ 282, 296 bis zum Verkündungstermin (StJ/Kern Rn 91; aM ThP/Seiler Rn 33: nur bis zum Beschluss, der Verkündungstermin im schriftl Verf bestimmt). Das Gericht muss entscheidungserhebl späteres Vorbringen dann dadurch berücksichtigen, dass es den Verkündungstermin verlegt u die Bestimmung einer Erklärungsfrist nachholt. Wo eine solche Terminsverlegung innerhalb der 3-Monats-Frist nicht mehr mögl ist, muss das Gericht gem § 156 Verhandlungstermin bestimmen (aM Schneider MDR 79, 793, 795). – Bei (zulässigem) Verzicht der Parteien auf die Einreichung von Schriftsätzen bestimmt die letzte Verzichterklärung den „Schluss der mündl Verh".

15 **Die Versäumung der Schriftsatzfrist** hat die Ausschlusswirkung des § 296a, wenn hierauf Urteil ergeht (zu deren Reichweite s § 296a Rn 2 f). Trotz der Ähnlichkeit mit der Prozesslage nach einem VU sieht das Gesetz für diesen Fall nur die **Berufung** vor, nicht den Einspruch (§ 338; zur Verfassungsmäßigkeit dieser Regelung BVerfG NJW 93, 2864). Erreicht ein solches Urteil nicht die Berufungssumme (§ 511 II), so ist es auch im Fall unverschuldeter Fristversäumung nicht mehr anfechtbar. Abhilfe: § 321a (s § 514 Rn 5).

16 g) Die **Entscheidung** (auch mündl Verh erfordernder Beschluss) ist zu **verkünden**; keine Zustellung an Verkündungs statt (s § 310 Rn 6). § 310 I 2 gilt entspr (aA WSch/Gerken Rn 39); die 3-Wochen-Frist läuft ab Ende der Schriftsatzfrist (BGH NJW 2000, 1714). Zu fehlerhaft unterbliebener Verkündung s § 310 Rn 7.

16a h) Die **3-Monats-Frist** für den Verkündungstermin (**§ 128 II 3**) soll verhindern, dass sich das schriftl Verf entgegen seiner Zweckbestimmung prozessverzögernd auswirkt. Sie beginnt mit Wirksamwerden der letzten Zustimmungserklärung. Kann sie nicht eingehalten werden, ist mündl zu verhandeln. Mögl auch erneute Zustimmung der Parteien zu schriftl Verf mit neuer Fristsetzung (BGH MDR 2017, 1140 [Greger MDR 2017, 1346]). Ein nach Fristablauf im schriftl Verf verkündetes Urteil ist verfahrensfehlerhaft iS § 513 I, § 546, jedoch allein hierwegen nur dann aufzuheben, wenn es (zB wegen Nichtberücksichtigung von schriftl Vorbringen) auf diesem Fehler beruhen kann (BGH NJW 92, 2146, 2147; BGH NJW-RR 2012, 622 Tz 34).

17 **III) Fakultative mündliche Verhandlung. 1) Nebenentscheidungen (§ 128 III). Kostenentscheidungen** können, auch wenn sie durch Schlussurteil ergehen (s § 269 Rn 20 aE), vAw ohne mündl Verh erlassen werden. Dasselbe gilt, wenn nur noch über **Nebenforderungen** (zB Nutzungen, Zinsen; s § 4 I) zu entscheiden ist, die nicht (zB wegen Erledigung iÜ) zur Hauptsache geworden sind (Fölsch NJW 2020, 801, 806; Schultzky MDR *2020, 1, 3). Schriftsatzfrist iSv II 2 ist nicht notwendig,* kann aber zweckmäßig sein (StJ/Kern Rn 107).

18 **2) Beschlüsse und Verfügungen (§ 128 IV).** Solche kann das Gericht, von ausdrückl geregelten Ausnahmen abgesehen (zB § 1063 II) ohne (nochmalige) mündl Verh erlassen. Rechtl Gehör ist schriftl zu gewähren. Dabei

können Fristen analog § 273 II Nr 1, 5 mit Präklusionswirkung nach § 296 I gesetzt werden (StJ/Thole § 296 Rn 8), auch eine Schriftsatzfrist analog § 128 II 2 (StJ/Kern Rn 120); für verspätete Schriftsätze gelten dann die diesbezügl Regeln (s Rn 14 f, § 296 Rn 8c ff). Ansonsten sind eingehende Schriftsätze bis zum Erlass des Beschlusses zu berücksichtigen (s § 329 Rn 11). Keine Verkündung; für die Mitteilung gilt § 329 II. Näher zu Form u Erlass s § 329 Rn 16 ff. – Entscheidet das Gericht aber auf Grund mündl Verh, gilt § 329 I (s § 329 Rn 13 ff). Dem steht Entscheidung im schriftl Verf nach II gleich. – Für Verf des **einstweiligen Rechtsschutzes** Sonderregelung in §§ 922, 937 II.

IV) Gebühren. 1) Gericht: Neben der VerfGeb fallen keine Urteilsgeb mehr an, auch nicht im Rechtsmittelzug; insoweit besteht zwischen dem Verf mit mündl Verh und dem schriftl Verf kein Unterschied. Anders aber bei Arrest und einstw Verfügung, s § 922 Rn 28. – **2) RA:** 1,2 Terminsgeb neben der VerfGeb 3100 RVG-VV von 1,3, auch im Verfahren nach II (3104 I Nr 1 RVG-VV). – Bei Entscheidungen, die nach III, IV ohne mündl Verh ergehen, ist der Anfall einer Terminsgeb nur nach Vorbem 3 III RVG-VV mögl. 19

§ 128a Videoverhandlung

(1) [1]Die mündliche Verhandlung kann in geeigneten Fällen und soweit ausreichende Kapazitäten zur Verfügung stehen als Videoverhandlung stattfinden. [2]Eine mündliche Verhandlung findet als Videoverhandlung statt, wenn an ihr mindestens ein Verfahrensbeteiligter oder mindestens ein Mitglied des Gerichts per Bild- und Tonübertragung teilnimmt. [3]Verfahrensbeteiligte nach dieser Vorschrift sind die Parteien und Nebenintervenienten, ihre Bevollmächtigten sowie Vertreter und Beistände.

(2) [1]Der Vorsitzende kann unter den Voraussetzungen des Absatzes 1 Satz 1 die Teilnahme an der mündlichen Verhandlung per Bild- und Tonübertragung für einen Verfahrensbeteiligten, mehrere oder alle Verfahrensbeteiligte gestatten oder anordnen. [2]Gegen eine Anordnung kann der Adressat innerhalb einer Frist von zwei Wochen Einspruch einlegen. [3]Hierauf weist der Vorsitzende mit der Anordnung hin.

(3) [1]Beantragt ein Verfahrensbeteiligter seine Teilnahme per Bild- und Tonübertragung, soll der Vorsitzende ihm diese unter den Voraussetzungen des Absatzes 1 Satz 1 gestatten. [2]Die Ablehnung eines Antrags auf Teilnahme per Bild- und Tonübertragung ist kurz zu begründen.

(4) [1]Wird der Einspruch nach Absatz 2 Satz 2 fristgerecht eingelegt, so hebt der Vorsitzende die Anordnung für alle Verfahrensbeteiligten auf, gegenüber denen eine Anordnung erfolgt ist. [2]In diesem Fall soll der Vorsitzende den Verfahrensbeteiligten, die keinen Einspruch eingelegt haben, die Teilnahme per Bild- und Tonübertragung gestatten. [3]Das Antragsrecht nach Absatz 3 Satz 1 bleibt hiervon unberührt.

(5) [1]Der Vorsitzende leitet die Videoverhandlung von der Gerichtsstelle aus. [2]Er kann anderen Mitgliedern des Gerichts bei Vorliegen erheblicher Gründe gestatten, an der mündlichen Verhandlung per Bild- und Tonübertragung teilzunehmen.

(6) [1]Den Verfahrensbeteiligten und Dritten ist es untersagt, die Videoverhandlung aufzuzeichnen. [2]Hierauf sind sie zu Beginn der Verhandlung hinzuweisen. [3]Die Videoverhandlung kann für die Zwecke des § 160a ganz oder teilweise aufgezeichnet werden. [4]Über Beginn und Ende der Aufzeichnung sind die Verfahrensbeteiligten zu informieren.

(7) [1]Entscheidungen nach dieser Vorschrift sind unanfechtbar. [2]Absatz 2 Satz 2 bleibt unberührt.

Neugefasst durch G zur Förderung des Einsatzes von Videokonferenztechnik in der Zivilgerichtsbarkeit und den Fachgerichtsbarkeiten v 15.7.2024 (BGBl 2024 I Nr 237) mWv 19.7.2024.

Lit: *Glunz*, Psychologische Effekte beim gerichtl Einsatz von Videotechnik, 2012; *Seigfried*, Die virtuelle Teilnahme an der Hauptverhandlung im Zivilprozess – quo vadis?, 2024.

I) Gesetzeszweck und -systematik. Die Vorschrift wurde auf Empfehlung des BT-Rechtsausschusses in das ZPO-Reform-Gesetz v 2.8.2001 aufgenommen, um „im Interesse der Prozessökonomie" das Erfordernis körperl Präsenz der Parteien in der mündl Verh durch Zulassung einer Bild- und Ton-Übertragung zu lockern (BTDrs 14/6036, 119 f). Hiervon wurde fast 2 Jahrzehnte lang jedoch kaum Gebrauch gemacht. Ausgelöst durch die Corona-Pandemie setzte sich ab 2020 sowohl im privaten als auch im geschäftl Bereich, unterstützt durch entspr Konferenz-Software, die Kommunikation per Video durch. Zunehmend wurde auf diese Kommunikationsform auch an den Gerichten zurückgegriffen, damit Verf trotz bestehender Kontaktbeschränkungen durchgeführt werden konnten. Die bislang fehlende technische Ausstattung wurde beschafft, Richter und RA gewöhnten sich an den Umgang mit ihr. Es entstand der Wunsch, die Videoverh stärker in die Gerichtspraxis einzubinden. Gegen ein vom BT am 17.11.2023 beschlossenes, auf der Empfehlung des Rechtsausschusses in BTDrs 20/9354 beruhendes Gesetz rief der BR jedoch den Vermittlungsausschuss an, weil es zu stark in das richterl Verfahrensermessen eingegriffen und die Justiz vor kurzfristig nicht zu erfüllende Anforderungen gestellt hätte (BRDrs 604/23 [B]). Im Vermittlungsausschuss erhielt § 128a die seit 19.7.2024 geltende Fassung (BTDrs 20/11770). 1

2 Die Neufassung beschränkt sich auf die **mündliche Verhandlung** per Video (s Rn 14); die bisher in II geregelte Beweisaufnahme wurde in § 284 II, III verlegt. Die Zuschaltung eines Dolmetschers ist in § 185 Ia GVG geregelt, die Aufnahme von Erklärungen durch den UrkB in § 129a II, die Urteilsverkündung in § 310 I, die Abnahme der Vermögensauskunft durch den GV in § 802f II 4 Nr 4, der Einsatz von Videotechnik bei der Urteilsberatung des Gerichts in § 193 I GVG.

3 **II) Verfahrensgestaltung. 1) Ermessen des Vorsitzenden.** Falls die Voraussetzungen des § 128a I 1 (Eignung des Falles und vorhandene Kapazitäten; dazu s Rn 8 ff) erfüllt sind, kann der Vors im Rahmen seines verfahrensleitenden Ermessens entscheiden, ob Prozessbeteiligte (§ 128a I 3) per Bild- und Tonübertragung an der Verhandlung teilnehmen dürfen. Eine Anhörung oder Zustimmung der anderen Beteiligten ist hierfür nicht erforderl (BTDrs 20/8095, 26). Für die Ermessensausübung sind die Vorteile, insb das Ersparen von Zeit- und Reiseaufwand der Beteiligten, gegen den Verlust an Unmittelbarkeit der Verh abzuwägen (zu möglicherweise negativen Auswirkungen auf Kommunikation u Wahrnehmung s Glunz S 71 ff; Harnack ZKM 2021, 97 ff; Greger MDR 2020, 957, 958; Trienekens/Höland/Welti CR 2022, 64, 69; relativierend Seigfried S 28 ff), ebenso die Fähigkeit des Zugeschalteten, auf Augenhöhe mit den Anwesenden zu kommunizieren. Auch Aspekte der Datensicherheit (zB Gefahr verbotener Aufzeichnungen) sowie der nicht unerhebl organisatorische Aufwand beim Gericht sind zu berücksichtigen, desgl die Persönlichkeits- und Datenschutzrechte der Verfahrensbeteiligten. Eine Videoverh wird daher idR ausscheiden, wenn personenbezogene Daten iSv Art 9 I DSGVO zu verarbeiten sind (BTDrs 20/8095, 50); allerdings wird hier oft die Ausnahme nach Art 9 II Buchst f DSGVO eingreifen.

4 Angezeigt ist eine Verh per Video insb, wenn die Präsenz Beteiligter wegen unverhältnismäßigen Reiseaufwands oder Gesundheitsgefährdung unzumutbar ist, die Verh sich auf den Austausch von rechtl Argumenten mit den RA beschränken wird oder bei frühem ersten Termin iSv § 275. Bei Naturalparteien ist Zurückhaltung geboten, desgl wenn unmittelbare Eindrücke für die Sachaufklärung oder gütl Lösungen wichtig sein können. In Betracht kommt auch, nur Teile der Verh virtuell durchzuführen, zB die Anhörung eines SV nach § 411 III (zu Beweisaufnahme s § 284 II, III). Es empfiehlt sich, die Sinnhaftigkeit einer Präsenzverh mit den ProzBev informell (zB per Telefon- oder Videokonferenz) zu erörtern (dazu Greger MDR 2020, 957, 961 f); dabei kann sich auch ergeben, dass auf eine mündl Verh ganz verzichtet und im schriftl Verf nach § 128 II entschieden werden kann (s § 128 Rn 1a).

5 Im Ermessen des Vors liegt auch die Wahl zwischen **Gestattung** (s Rn 16) und **Anordnung** (s Rn 18) der Videoverh, desgl die **Auswahl des Beteiligten**, der zur Zuschaltung berechtigt bzw verpflichtet sein soll (ein einzelner, mehrere oder alle Beteiligte; nur der ProzBev oder auch die Partei [dazu s Rn 28]).

6 **Eingeschränkt** wird es, wenn ein Verfahrensbeteiligter einen **Antrag auf Gestattung** der Teilnahme per Video stellt. Nach § 128a III 1 *soll* der Vors dem entsprechen, wenn die Voraussetzungen des § 128a I 1 erfüllt sind (s Rn 8 ff). Der Antrag darf dann nur bei Vorliegen bes Gründe abgelehnt werden, die in einer (unanfechtbaren) Verfügung kurz darzulegen sind (§ 128a III 2, VII 1; zu Recht krit gegenüber dieser systemfremden Beschneidung des richterl Verfahrensermessens Spoenle NJW 2024, 2647, 2648, sa Rn 31). Neben dem Fehlen der technischen u organisatorischen Voraussetzungen führt die Gesetzesbegründung als mögl Ablehnungsgründe bspw an, dass schwierige Vergleichsverhandlungen zu erwarten sind, bei denen die persönl Anwesenheit der Parteien und ihrer ProzBev hilfreich sein kann, dass eine bes persönl Betroffenheit der Parteien, etwa vor dem Hintergrund des vorprozessualen Geschehens, vorliegt, dass eine Präsenzverh schneller und einfacher als eine Videoverh anberaumt werden kann, dass keine oder nur eine Partei anwaltl vertreten ist, sehr viele Personen an der Verh teilnehmen oder zu befürchten ist, dass der Beteiligte aufgrund persönl Umstände (zB Krankheit oder Behinderung) seine Rechte bei Nutzung eines Videoformats nicht voll wahrnehmen kann. Wird der Antrag erst kurz vor der Verh gestellt, kann auch die durch die Verlegung in einen geeigneten Sitzungsraum hervorgerufene Verzögerung berücksichtigt werden (BTDrs 20/8095, 49).

7 **2) Verhandlungsort.** Auch bei der Videoverh muss die Leitung von der **Gerichtsstelle** (s § 219 Rn 1) aus erfolgen (§ 128a V 1). Der Vors muss sich in einem der Öffentlichkeit zugängl Raum des Gerichts (Sitzungssaal, Dienstzimmer) aufhalten; eine vollvirtuelle Verhandlung, bei der auch der Vors nur per Video teilnimmt, ist nur im Rahmen einer durch VO zugelassenen Erprobung (§ 16 EGZPO) zulässig. **Weiteren Gerichtsmitgliedern** kann die Zuschaltung bei Vorliegen erhebl Gründe gestattet werden (§ 128a V 2), etwa bei Infektionsgefahr. Zu großzügige Handhabung, zB bei bloßer Opportunität, würde ordnungsgemäße Besetzung der Richterbank gefährden (krit auch AG/Anders Rn 28).

8 **III) Zulässigkeitsvoraussetzungen (§ 128a I 1). 1) Eignung des Falles.** Diese wäre zwar bei der Ermessensausübung ohnehin zu berücksichtigen, der Vermittlungsausschuss hat sie aber zur Zulässigkeitsvoraussetzung heraufgestuft. Sie ist zB zu verneinen, wenn die virtuelle Kommunikation angesichts der Bedeutung des Rechtsstreits oder persönl Umstände bei Beteiligten unangemessen ist. Zeigt sich Derartiges während der Verh (etwa fehlende Fähigkeit zum Umgang mit diesem Medium), ist die Videokonferenz zu beenden und Präsenztermin zu bestimmen. Anderenfalls droht eine Verletzung des rechtl Gehörs.

9 **2) Vorhandensein ausreichender Kapazitäten.** Dieses im RegE noch als ungeschriebene Voraussetzung angesehene Erfordernis stellt klar, dass Richter und Prozessbeteiligte keinen Anspruch darauf haben, per Video ver-

handeln zu können. Solange die hierfür benötigte technische und personelle Ausstattung nicht vorhanden ist, ist für eine Ermessensausübung kein Raum. Zu ihrer Herstellung sind die Justizverwaltungen auch nicht verpflichtet (BTDrs 20/8095, 37; BTDrs 17/12418, 17; krit Spoenle NJW 2024, 2647, 2649).

Die **technische Ausstattung** muss die einer Präsenzverhandlung gleichwertige Gewähr des rechtl Gehörs und eines fairen Verf bieten. Jeder Beteiligte muss zeitgleich die Richterbank und die anderen Beteiligten visuell und akustisch wahrnehmen können (BTDrs 20/8095, 47), und zwar ohne Verrenkungen (BFH MDR 2023, 1610 [Greger MDR 2023, 1570]). Sämtl Richter müssen fortwährend so gut zu erkennen sein, dass körpersprachl Signale, die Zweifel an ihrer Neutralität wecken können, erkennbar sind (BVerfG NJW 2024, 891 [Zschieschack]). Ein-Kamera-Systeme, bei denen der Sitzungsraum nur insgesamt abgebildet wird, können damit nur bei einfach gelagerten Terminen ohne Beweisaufnahme und mit wenigen Verfahrensbeteiligten zum Einsatz kommen (BTDrs 20/8095, 47; AG/Anders Rn 14; Seigfried S 65 f); Schwenkkameras, die auf den jeweils Sprechenden gerichtet werden, sind unbrauchbar (Windau NJW 2020, 2753, 2754; Seigfried S 63 ff, auch zu den Anforderungen an Kamerapositionierung). Nicht nur beim Gericht, sondern auch bei den zugeschalteten Beteiligten muss eine technische Ausstattung vorhanden sein, die eine stabile, störungsfreie Übertragung gewährleistet (BTDrs 20/8095, 47; dazu s Rn 22). Zu den Rechtsfolgen entspr Mängel s Rn 29 f. 10

Der Raum, von dem aus der Vors die Videoverh zu leiten hat (s Rn 7), muss so eingerichtet sein, dass die **Öffentlichkeit** der Verh (§ 169 GVG) gewahrt ist. Bei heutigem Stand der Konferenztechnik ist entgegen früher hM zu fordern, dass Besucher nicht nur die Ton-, sondern auch die Bildübertragung wahrnehmen können (s § 169 GVG Rn 2). 11

Zur **personellen Ausstattung** gehört, dass der Vors im Umgang mit dem Videokonferenzsystem u in der Leitung entspr Verh (dazu s Rn 26) geschult ist (zu diesbezügl Anforderungen Seigfried S 86 ff). Am Gericht muss zudem eine IT-Dienststelle eingerichtet sein, die für die Funktionsfähigkeit der Übertragungstechnik verantwortl ist, Testverbindungen mit Zuzuschaltenden durchführt u bei Störungen während des Termins Unterstützung leisten kann (AG/Anders Rn 18; Spoenle NJW 2024, 2647, 2649 f, der zu Recht einen nutzerfreundl, bundeseinheitl Videokonferenzdienst fordert). 12

Bei der Videoverhandlung handelt es sich um eine Verarbeitung personenbezogener Daten. § 128a bietet hierfür die grundsätzl Legitimation iSv Art 6 I Buchst e, III 1 Buchst b DSGVO (BTDrs 20/8095, 31, 48). Die Übertragungstechnik muss aber den gesetzl Anforderungen an **Datenschutz und -sicherheit** genügen, insb Art 24, 25, 32 DSGVO (BTDrs 20/8095, 47; sa BFH BFH/NV 2021, 1079 [Schreiber RDi 2021, 560]; BeckOK-Datenschutzrecht/Schild, 43. Edition (1.2.2023), Syst. E Rn 54 f; krit Stürner/Stürner JZ 2023, 340 Fn 25). Deren Einhaltung ist insb vor der Nutzung von privaten Geräten (praktiziert von KG NJW 2020, 3656; zu Recht krit Reuß JZ 2020, 1135, 1136 f; liberaler AG/Anders Rn 19) und kommerziellen Online-Diensten sicherzustellen (s dazu jurisPK-ERV/Klasen Rn 7; Trienekens/Höland/Welti CR 2022, 64, 71 f; Fuhrmann/Merks ZRP 2023, 66, 69; Freye/Schnebbe ZD 2020, 502 sowie Orientierungshilfen des Bundesbeauftragten für den Datenschutz und die Informationsfreiheit unter www.bfdi.bund.de/SharedDocs/Downloads/DE/DSK/Orientierungshilfen/Orientierungshilfe_Videokonferenz.pdf?__blob=publicationFile&v=4). Die Verantwortung für die Datenschutzkonformität (Art 4 Nr 7 DSGVO) liegt grds nicht beim Vors, sondern bei der zuständigen Justizverwaltung (BTDrs 20/8095, 48; Francken/Natter/Rieker NZA 2024, 937, 940). Für die mit der Ladung der Beteiligten zu erteilenden datenschutzrechtl Hinweise nach Art 12 ff DSGVO ist jedoch der Vors verantwortl (Francken/Natter/Rieker NZA 2024, 937, 940 mit Formulierungsvorschlag). – Anwesende Zuhörer, die möglicherw von der Kamera erfasst werden, müssen der Übertragung und Aufzeichnung nicht zustimmen (Schultzky NJW 2003, 315), sollten auf diesen Umstand aber hingewiesen werden. 13

IV) Anwendungsbereich. 1) Verhandlungsarten. § 128a gilt für die mündl Verh iSv § 128, gleich ob früher erster Termin oder Haupttermin, gleich in welcher Instanz. Er gilt entspr für den Erörterungstermin im PKH-Verf (§ 118 I 6) u im sBV (§ 492 III 2) sowie für die Güteverh gem § 278 II, auch beim Güterichter (§ 278 V). Urkundenproz: s vor § 592 Rn 3. Zu Sonderregelungen für bestimmte Verfahrenshandlungen s Rn 2. Für die informelle Kommunikation des Gerichts mit Prozessbeteiligten kann ebenso wie das Telefon auch die Videotechnik genutzt werden; § 128a gilt hierfür nicht (dazu s § 139 Rn 4; § 273 Rn 15; Greger MDR 2020, 957, 961 f). Für das arbeitsgerichtl Verf Sonderregelung in § 50a ArbGG. 14

2) International. § 128a gilt nur für Verh, bei denen sich die Beteiligten im Inland aufhalten. **Innerhalb der EU** sind jedoch in allen Zivil- u Handelssachen grenzüberschreitende Videoverh ohne Zustimmung des Staates, aus dem eine Partei oder ein Parteivertreter zugeschaltet werden soll, zulässig (Art 5 VO (EU) 2023/2844; dazu s Voß/Singer RDi 2024, 173, 177). Für Bagatellverf Sonderregelungen in Art 8 EuBagatellVO iVm § 1100. – **Außerhalb** des Geltungsbereichs dieser Rechtsakte darf das Gericht keine Verfahrenshandlungen ggü Personen vornehmen, die sich auf fremdem Staatsgebiet befinden. Dazu gehört auch die als Urteilsgrundlage dienende mündl Verh (StJ/Kern Rn 35; Fuhrmann/Merks ZRP 2023, 66, 68; Schaumburg ZRP 2002, 315). Unbedenkl sind aber formlose Parteianhörungen, zB in einem Erörterungstermin, sowie die Zuschaltung einer im Ausland befindl anwaltl vertretenen Partei zu einer im Inland stattfindenden Verh, sofern sie nicht gem § 141 zur Aufklärung des Sachverhalts befragt wird (LAG Hamburg 14.6.2023 – 7 TaBV 1/23; VG Freiburg NJW 2022, 1761 15

[Gercke RDi 2022, 371; jurisPK-ERV/Klasen Rn 35; Weber jM 2024, 404, 409 f; Wagner/Allstadt jurisPR-ITR 6/ 2023 Anm 4]; Stürner/Stürner JZ 2023, 340, 347 f; Heck ZIP 2022, 1529 ff; Windau NJW 2020, 2753, 2754). Zu Beweiserhebungen s § 284 Rn 17.

16 **V) Gestattung der Video-Teilnahme. 1) Bedeutung.** Wenn der Vors einem, mehreren oder allen Beteiligten gestattet, per Video an der Verh teilzunehmen, können die Betr gleichwohl zur Sitzung erscheinen, ggf auch Reisekosten abrechnen (einschr AG/Anders Rn 22: nur bei Erforderlichkeit). Anderenfalls müssen sie für ihre Zuschaltung zum Termin sorgen (zu entspr Hinweisen s Rn 22). Erscheint der Beteiligte weder persönl noch per Zuschaltung, treten ggf die Folgen unentschuldigten Fernbleibens ein (§§ 330 ff, § 141 III).

17 **2) Verfahren.** Die Gestattung kann vAw oder auf Antrag eines Beteiligten durch Verfügung des Vors erklärt werden; ein Gerichtsbeschluss ist nicht erforderl, auch nicht für die Ablehnung eines Antrags (BTDrs 20/8095, 48). Zum diesbezügl eingeschränkten Ermessen und der Begründungspflicht s Rn 6. Die Gestattung gilt nur für den nächsten Termin (BTDrs 20/8095, 48) u nur für die betr Person (zum Verhältnis Partei/Prozbev s Rn 28). Sie wird dem Betr mit der Ladung oder – etwa bei darauf folgendem Antrag – nachträgl mitgeteilt, zusammen mit den Modalitäten der Zuschaltung (s Rn 22). Bei Verlegung des Termins gilt Anordnung fort; soweit nichts Gegenteiliges verfügt wird; ggf sind neue Zugangsdaten mitzuteilen. Andere Beteiligte können dem Vors Bedenken gegen die Gestattung vortragen; diese kann auch zurückgenommen werden. Um eine spätere Verfahrensrüge (s Rn 32) zu vermeiden, sollte die Verfügung auch den anderen Beteiligten mitgeteilt werden; zwingend vorgeschrieben ist dies jedoch nicht (BFH NJW 2025, 245). Ein Rechtsmittel ist gegen sie nicht gegeben.

18 **VI) Anordnung der Video-Teilnahme. 1) Bedeutung.** Sie führt dazu, dass der betr Beteiligte von einer persönl Teilnahme an der Verh ausgeschlossen u auf die Video-Zuschaltung verwiesen wird. Nach der Gesetzesbegründung soll damit verhindert werden, dass Beteiligte trotz Gestattung der Videoverh doch bei Gericht erscheinen u damit die Verhandlungsplanung des Vors u der anderen Beteiligten mit Unsicherheit belasten (BTDrs 20/ 8095, 48). Ein entgegen der Anordnung persönl erscheinender Beteiligter wäre als säumig iSv §§ 330 ff zu behandeln, es sei denn der Vors hebt die Anordnung – unter Berücksichtigung der Interessen der anderen Beteiligten – auf.

19 **2) Verfahren.** Zur Entscheidung des Vors s Rn 3 ff, Rn 17. Sie ist dem Betr gem § 329 II 2 zuzustellen, denn dieser kann dagegen binnen 2 Wochen ab Zustellung **Einspruch** erheben, worauf mit der Anordnung hinzuweisen ist (§ 128a II 2, 3). Bei fristgerechtem Einspruch muss der Vors die Anordnung aufheben, auch ggü Beteiligten, die keinen Einspruch eingelegt haben; diesen soll jedoch die Video-Teilnahme gestattet werden (§ 128a IV). Trotz des Einspruchs bleibt Antrag auf Gestattung der (dann freiwilligen) Videoteilnahme mögl (§ 128a IV 3; dazu s Rn 6).

20 **VII) Durchführung. 1) Allgemeines.** Verfahrensrechte der Beteiligten, insb der Anspruch auf rechtl Gehör und ein faires Verf, dürfen nicht durch Unzulänglichkeiten bei der technischen Abwicklung oder der Moderation der virtuellen Verhandlung beeinträchtigt werden (dazu s Glunz S 106 ff; Greger MDR 2020, 957, 958). Bei hybriden Verhandlungen (dh eine Partei ist präsent, die andere nur zugeschaltet) ist sicherzustellen, dass Letztere gleichwertig eingebunden wird (zu den hier bestehenden Gefahren s Seigfried S 51 f). Wegen der bes kognitiven Belastung beim virtuellen Verhandeln (Ermüdung, Konzentrationsverlust; s Seigfried S 46 f) sind zu lange Sitzungen zu vermeiden. Zu den Anforderungen des Datenschutzes s Rn 13.

21 **2) Vorbereitung.** Eine **Anhörung** der Parteien ist nicht vorgeschrieben, insb vor der *Anordnung* einer Videoverh aber zu empfehlen, soweit sich nicht schon aus den Angaben in Klageschrift (§ 253 III Nr 4) u Klageerwiderung (§ 277 I 2 Nr 2) deren Haltung ergibt. Unbedingt zu klären ist, ob die **technischen u organisatorischen Voraussetzungen** für eine Videoverh (s Rn 10 ff) vorliegen.

22 **3) Ladung.** Zu Besonderheiten bei anwaltl Vertretung s Rn 28, zu den beizufügenden datenschutzrechtl Hinweisen s Rn 13. **a)** Bei der **gestatteten Videoteilnahme** (s Rn 16) wird zur mündl Verh an der Gerichtsstelle geladen und ergänzend mitgeteilt, dass der Geladene nicht persönlich zu erscheinen braucht, sondern sich online zuschalten kann. Hierfür werden ihm die Einwahldaten und Systemanforderungen mitgeteilt. Ein Aufnahmeort wird nicht vorgegeben, es empfiehlt sich aber der Hinweis, dass der Geladene, wenn er hiervon Gebrauch machen will, für eine einwandfreie Übertragungstechnik und einen geeigneten Aufnahmeort sorgen muss, an dem weitere Personen (außer Prozessbeteiligten) nur mit Genehmigung des Vors anwesend sein dürfen. Für den Fall, dass eine dem entsprechende Zuschaltung aus Wohnung, Büro oder Kanzlei nicht mögl, eine Teilnahme per Video aber erwünscht ist, sollte ihm anheimgegeben werden, mit dem Gericht Kontakt aufzunehmen, damit uU eine Zuschaltung vom örtl AG aus organisiert werden kann (Rechtshilfe gem § 156 GVG; AG/Anders Rn 15). Die Belehrung nach § 215 ist darauf zu erstrecken, dass die Folgen einer Versäumung auch eintreten, wenn der Geladene sich nicht rechtzeitig und ordnungsgemäß zuschaltet. Um technische Probleme auszuschließen, sollte empfohlen werden, mit der IT-Dienststelle des Gerichts (s Rn 12) telefonisch Kontakt aufzunehmen und einen Testlauf sowie eine Erreichbarkeit während des Termins zu vereinbaren (eingeh zum Testlauf Seigfried S 81 ff).

23 **b)** Bei der **angeordneten Videoteilnahme** (s Rn 18) unterbleibt die Mitteilung eines gerichtl Verhandlungsorts; iÜ gilt das Vorstehende entspr. Zusätzl ist darüber zu belehren, dass gegen die Anordnung innerhalb von zwei

Wochen **Einspruch** eingelegt werden kann und für diesen Fall ein Verhandlungstermin am Gericht bestimmt wird (§ 128a II 2). Um Verzögerungen zu vermeiden, kann dieser Termin vorsorgl sogleich, evtl übereinstimmend mit dem Video-Termin, anberaumt werden. Es bedarf aber einer nochmaligen Ladung, bei der den Beteiligten, denen gegenüber ebenfalls eine Anordnung ergangen ist, die aber keinen Einspruch eingelegt haben, in der Regel die Teilnahme per Video zu gestatten ist (§ 128a IV).

4) Ablauf der Verhandlung. a) Zu **Beginn** ist, wie in der Präsenzverh, die Identität der Erschienenen bzw Zugeschalteten festzustellen; etwaigen Zweifeln (denkbar bei Naturalparteien) ist nachzugehen, zB Vorzeigen des Personalausweises zu verlangen. Es ist zu klären (evtl durch Kameraschwenk), ob am Übertragungsort weitere Personen anwesend sind, wozu (außer bei Verfahrensbeteiligten iSv § 128a I 3) das Einverständnis der anderen Teilnehmer und des Vors erforderl ist, denn öffentl ist nur die Verh an der Gerichtsstelle (s § 169 GVG Rn 2). Auf das Aufzeichnungsverbot ist hinzuweisen (§ 128a VI 2). 24

b) Für die **Protokollierung** gelten die allg Vorschriften. Die integrierte Aufzeichnungsfunktion der zum Einsatz kommenden Videokonferenztechnik kann für die vorläufige Aufzeichnung genutzt werden (§ 160a); über Anfang und Ende dieser Aufzeichnung sind die Beteiligten zu informieren (§ 128a VI 4). Zur Protokollierung eines Vergleichs s § 162 Rn 6. 25

c) Bei der **Verhandlungsleitung** ist auf bes Disziplin zu achten. Wortbeiträge müssen dem jew Sprecher zugeordnet werden können und dürfen Ausführungen anderer nicht überlagern. Auf adäquaten Technikeinsatz am Übertragungsort (Bild- und Tonqualität) ist hinzuwirken (Seigfried S 84 ff). Erweist sich das Kommunikationsverhalten eines Zugeschalteten oder die Situation am Übertragungsort als unangemessen, ist die Verhandlung zu beenden u neuer Termin zu bestimmen. Es muss bei Bedarf Gelegenheit zu vertraul Beratungen (zB zwischen Partei u RA oder den Mitgliedern des Spruchkörpers) gegeben werden. Falls schriftl oder bildl Unterlagen zum Gegenstand der mündl Verh gemacht werden sollen, müssen diese für alle Teilnehmer sichtbar gemacht werden. Auf gütl Lösungen ist auch in der Videoverh Bedacht zu nehmen (§ 278 I); erweist sich das Verhandlungsformat als hierfür ungeeignet, bietet sich eine Verweisung vor den Güterichter an (§ 278 V). 26

d) Die **Ordnungsgewalt des Vorsitzenden** (§ 176 GVG) erstreckt sich auf den Übertragungsort (BTDrs 20/8095, 47; Seigfried S 78 ff; Schultzky NJW 2003, 313, 316 f; aA MskV/Stadler Rn 13). Gegen unzulässiges oder ungebührl Verhalten des Zugeschalteten hat er einzuschreiten, ggf ihn von der weiteren Übertragung analog § 177 GVG auszuschließen u Ordnungsmittel gem § 178 GVG festzusetzen. Beim Kollegialgericht bedarf es hierzu eines Gerichtsbeschlusses (§ 177 S 2, § 178 II GVG). – **Robenpflicht** besteht für Richter u RA wie in der Präsenzverh (BTDrs 20/8095, 47). 27

VIII) Besonderheiten bei anwaltlicher Vertretung. Die Gestattung bzw Anordnung der Videoteilnahme ist personenbezogen, erstreckt sich also (außer wenn ausdrückl für alle Beteiligten verfügt) nicht automatisch vom ProzBev auf die Partei u umgekehrt. Auch der ProzBev muss klarstellen, ob er den Antrag auf Videoteilnahme für sich oder (auch) für seine Partei stellt (BTDrs 20/8095, 49). Bestellt sich ein RA erst, nachdem der Partei ggü die Videoteilnahme gestattet oder angeordnet wurde, bedarf es für seine Zuschaltung einer entspr Verfügung und Ladung. Schaltet er sich anhand der vom Mandanten mitgeteilten Daten erst im Termin zu, entscheidet der Vors über seine Teilnahme (vorherige Abklärung ist daher anzuraten). Ebenso ist in der Terminsladung, die gem § 172 dem ProzBev zugestellt wird, klarzustellen, ob sich die Verfügung über die Videoteilnahme auf ihn oder auf die Partei oder auf beide bezieht. Bei Anordnung persönl Erscheinens (§ 141) ist es (vom Fall des § 141 I 2 abgesehen) idR nicht angemessen, den ProzBev durch Anordnung der Teilnahme per Video von der mündl Verh fernzuhalten. Im Fall des § 141 I 2 kann die Partei auch ohne ausdrückl Gestattung der Zuschaltung des RA, etwa in dessen Kanzlei, beiwohnen. 28

IX) Störungen und Mängel der Übertragung. Kommt keine ordnungsgem, dh Bild *und* Ton verständl wiedergebende Übertragung zustande, ist die Verhandlung abzubrechen u neuer Termin zu bestimmen oder Übergang in schriftl Verf nach § 128 II herbeizuführen. Dies gilt auch, wenn nur die Bildfunktion ausfällt, denn eine fernmündl Verh sieht die ZPO als Ersatz für eine notw mündl Verh nicht vor (Schultzky NJW 2003, 313, 315; aA OLG Saarbrücken RDi 2022, 185 [Windau] u AG/Anders Rn 31: verzichtbarer Verfahrensmangel). Liegt ledigl auf Seiten eines Teilnehmers eine Störung vor (zB Nichtzustandekommen oder Abbruch einer Verbindung, Bild- oder Tonausfall, optische oder akustische Verzerrung), gilt er als nicht verhandelnd iSv § 333, sodass Säumnisfolgen eintreten können, sofern nicht wegen anzunehmender Schuldlosigkeit vAw zu vertagen ist (§ 337; OLG Celle MDR 2022, 1561 [Dörr MDR 2023, 152]). Dabei dürfen keine zu hohen Anforderungen an die technischen Kenntnisse gestellt werden; zumutbar ist jedoch, dass der Beteiligte, der von der Möglichkeit der Videoteilnahme Gebrauch machen will, sich mit dem System vertraut macht und eine vom Gericht angebotene Testmöglichkeit nutzt (Windau NJW 2020, 2753, 2757). Eigenmächtiger Abbruch der Verbindung (zB wegen verzögerten Aufrufs der Sache) begründet Säumnis (OLG Hamburg MDR 2022, 1113). 29

Unzulänglichkeiten der Übertragung (zB schlechte Bild- oder Tonqualität) oder der Sichtbedingungen im Sitzungsraum können rechtliches Gehör oder faires Verfahren beeinträchtigen, müssen aber sogleich gerügt werden (BVerfG NJW 2024, 891 [Zschieschack]; BSG NJW 2022, 1639; sa Greger MDR 2023, 1570, 1571; zu weitgehend BFH NJW 2023, 2596). 30

31 **X) Rechtsbehelfe.** Abgesehen vom Einspruch gem § 128a II 2 sind Entscheidungen des Vors über die Zulassung oder Ablehnung einer Videoverh **unanfechtbar** (§ 128a VII). Das gilt auch, wenn die Ablehnung eines Antrags unzureichend begründet wird; § 128a III 2 ist bloße Ordnungsvorschrift, deren Nichtbeachtung durch nachträgl Begründung geheilt werden kann. Unanfechtbar sind auch die Verfügungen des Vors über die Zuschaltung weiterer Mitglieder des Gerichts u über die Aufzeichnung der Verh.

32 Mit **Rechtsmittel gegen das Urteil** kann gerügt werden, dass wegen unbrauchbarer Übertragung auf Grund technischer Störung der Grundsatz der Mündlichkeit (s § 128 Rn 1) verletzt wurde (Schultzky NJW 2003, 318). Außerdem kann ggf (unter Darlegung der Entscheidungserheblichkeit) die Verletzung des rechtl Gehörs oder des Anspruchs auf faires Verf, zB durch eine das Ungleichgewicht zwischen anwesender und zugeschalteter Partei nicht ausgleichende Verhandlungsleitung (dazu Glunz S 333), geltend gemacht werden. Verfahrensmängel sind aber bereits während der Verh zu rügen (s Rn 30).

33 **XI) Gebühren. 1) Gericht:** keine Besonderheiten ggü der Verh im Gerichtssaal. Die Auslagenpauschale gem 9019 GKG-KV aF wurde abgeschafft. – **2) RA:** Mit Zuschaltung zum Termin entsteht die Terminsgeb, 3104 RVG-VV, Vorbem 3 III RVG-VV (Enders JurBüro 2002, 60 unter 3.).

§ 129 Vorbereitende Schriftsätze

(1) In Anwaltsprozessen wird die mündliche Verhandlung durch Schriftsätze vorbereitet.

(2) In anderen Prozessen kann den Parteien durch richterliche Anordnung aufgegeben werden, die mündliche Verhandlung durch Schriftsätze oder zu Protokoll der Geschäftsstelle abzugebende Erklärungen vorzubereiten.

1 **1) Bedeutung.** Im **Anwaltsprozess** (**§ 129 I**) muss das Vorbringen in der mündl Verh durch Schriftsätze angekündigt werden, um Gericht u Gegner Gelegenheit zur Vorbereitung zu geben u aufwendige Protokollierungen zu ersparen. Weiteres, auch abweichendes Vorbringen im Termin ist aber nur unter den Voraussetzungen von § 296 ausgeschlossen; wechselnder Sachvortrag kann allenfalls für die Beweiswürdigung Bedeutung haben (s § 286 Rn 14). Durch Vortrag oder Bezugnahme (§ 137 III) in der mündl Verh wird das schriftsätzl Vorbringen zum Prozessstoff (s § 137 Rn 3) sowie ggf zum Bestandteil des Urteilstatbestands (§ 313 II). Eine die mündl Verh ersetzende Bedeutung können die Schriftsätze im schriftl Verf (§ 128 II, III, IV), bei Entscheidung nach Aktenlage (§§ 251a, 331a) u im Säumnisverf (§§ 331, 335 I 3) erlangen. – In den Schriftsätzen können auch unmittelbar prozessgestaltende Erklärungen abgegeben werden (sog bestimmende Schriftsätze, s Rn 3), ebenso materiellrechtl Erklärungen (s Rn 5). – Unter bestimmten Voraussetzungen (s BGH NJW 1987, 1332) kann einem Schriftsatz Urheberrechtsschutz zukommen.

2 Der **Parteiprozess** (**§ 129 II**) kennt keinen Schriftsatzzwang. Anträge und sonstige Erklärungen können dort schriftl oder zu Protokoll der GeschSt (§ 129a) angebracht werden (§ 496). Der Richter kann dies durch prozessleitende Vfg anordnen. In der Anordnung des schriftl Vorverf (§ 272 II, § 276 I) liegt zugleich die Anordnung nach § 129 II. Bei Fehlen schriftl Vorbringens kein VU (§ 335 I 3), aber auch keine Präklusion späteren Vortrags nach § 282 II, § 296 II (StJ/Kern Rn 18).

3 Als **bestimmende Schriftsätze** werden solche bezeichnet, die eine das Verf unmittelbar (also außerhalb der mündl Verh) gestaltende Prozesshandlung enthalten (s vor § 128 Rn 14), so insb Schriftsätze, welche ein (mündl oder schriftl) Verf einleiten (zB §§ 253, 920; auch PKH-Antrag: BGH NJW 94, 2097), fortsetzen (§§ 250, 578), inhaltl ändern (§ 261 II, § 263), beenden (§§ 269, 346, 516) oder den Eintritt der formellen Rechtskraft (§ 705) einer Entscheidung hemmen (§§ 340, 519, 549, 567). Wo das Gesetz die Begründung von Anträgen, Rechtsmitteln u Rechtsbehelfen zur Zulässigkeitsvoraussetzung macht (zB § 253 II, §§ 520, 524, 551, 554), stellt auch die schriftl Begründung einen bestimmenden Schriftsatz dar. Der notwendige **Inhalt** bestimmender Schriftsätze ergibt sich aus den jew Vorschriften (zB § 70 I, § 253 II, § 519 II, § 520 III, § 549 I, § 551 III) u den dort in Bezug genommenen allg Vorschriften der §§ 129 ff. – Häufig enthalten Schriftsätze sowohl bestimmende als auch ledigl vorbereitende Elemente. Wirksamkeit, Verbindlichkeit oder Widerrufbarkeit sind dann differenzierend zu beurteilen.

4 **2) Inhalt vorbereitender Schriftsätze.** Neben den Formalien des § 130 bestehen sie im Wesentl aus behauptendem Sachvortrag, Zugestehen oder Bestreiten u Beweisantritten. Rechtsausführungen sind nicht geboten, aber üblich. Sie sollten von der Sachdarstellung getrennt werden. Die durch den Einsatz automatisierter Textbearbeitung insb in sog Massenverf geförderte Praxis, Schriftsätze mit überbordenden Ausführungen zur Sach- und Rechtslage u umfangreichen Anlagenordnern einzureichen, verfehlt den Zweck der effizienten Verhandlungsvorbereitung, weil sie den Richter zwingt, die für den Einzelfall relevanten Informationen zeitaufwändig zusammenzusuchen (anschaul *Reiter/Methner/Wunderlich/Emke* in Riehm/Dörr, Digitalisierung u Zivilverf, 2023, § 8 Rn 110 ff). Gestützt auf § 139 I 3 kann u sollte das Gericht daher die Nachreichung eines auf den durch Darlegungs- u Substantiierungslast geforderten Vortrag beschränkten, entspr strukturierten Schriftsatzes verlangen.

Generell sollte das Gericht durch steuernde Hinweise oder Anordnungen (§§ 139, 273), ggf einen informellen Erörterungstermin (s § 273 Rn 15), frühzeitig darauf hinwirken, dass sich die Parteien auf den entscheidungserhebl Stoff konzentrieren und **strukturiert vortragen**, denn ungelenkter Schriftsatzaustausch bläht den Prozessstoff auf, verhärtet oftmals den Konflikt u führt zu unverhältnismäßiger Verfahrensdauer (dazu eingeh Zwickel MDR 2021, 716; sa § 139 Rn 1, 4 ff).

Der **Einsatz von KI** bei der Erstellung des Schriftsatzes ist irrelevant, da der RA durch seine Unterschrift bzw Signatur die Verantwortung für den Inhalt übernehmen muss (zu den Risiken automatisiert erstellter Schriftsätze s BGH ZIP 2020, 2419; BGH MDR 2020, 1268; eingeh Reiter/Methner/Wunderlich/Emke in Riehm/Dörr, Digitalisierung und Zivilverf, 2023, § 8). Eine Pflicht zur Unterrichtung des Mandanten über den Einsatz von KI ergibt sich weder aus dem Berufsrecht noch aus der KI-VO; die BRAK empfiehlt in den Hinweisen zum Einsatz von KI gleichwohl eine vertragl Regelung. Haftungsrechtl Folgen können sich uU aus Art 4 KI-VO ergeben, wonach Betreiber von KI-Systemen sicherzustellen haben, dass die Nutzer über ein ausreichendes Maß an KI-Kompetenz verfügen (Nr 5.1 der vorgenannten Hinweise; sa KI Rn 12). 4a

3) Materiell-rechtliche Willenserklärungen im Schriftsatz. Sie sind mögl, aber uU gefährl. Da der Zugang beim Gegner vom Gerichtsbetrieb abhängt, können zB Fristen versäumt werden; oft wird versäumt, einseitigen Willenserklärungen die erforderl Vollmacht (§ 174 BGB) beizufügen; es ist mögl, dass die Prozessvollmacht sich nicht auf die Abgabe oder Annahme der Erklärung erstreckt (s § 81 Rn 10 f). Ein evtl bestehendes Formerfordernis muss gewahrt werden (s § 130a Rn 2a, § 130e Rn 1 f). Ob eine Aufrechnungserklärung bereits mit Zugang des Schriftsatzes beim Gegner wirksam wird oder erst mit Geltendmachung in der mündl Verh, ist Auslegungssache; idR wird bei der Prozessaufrechnung (s § 145 Rn 11) Letzteres gewollt, also von bloßer Ankündigung auszugehen sein (MK/Fritsche § 145 Rn 19; StJ/Althammer § 145 Rn 30). 5

4) Anlagen. Die Bezugnahme auf beigefügte Schriftstücke (§ 131; zu nicht beigefügten s § 131 Rn 1) ist zulässig, solange der Schriftsatz aus sich heraus verständl bleibt und substantiiert auf die jeweilige Anlage verwiesen wird. Das Gericht ist nicht gehalten, sich den Tatsachenvortrag aus umfangreichen Anlagen selbst herauszusuchen (BGH NJW 2008, 69 Tz 25; BGHReport 2002, 257; Lange NJW 89, 438 mwN u Bsp); nur pauschal in Bezug Genommenes gilt als nicht vorgetragen. Der zwingend vorgeschriebene Inhalt bestimmender Schriftsätze (s § 130 Rn 1) kann nicht durch Bezugnahmen ersetzt werden; diese können hier nur zur Ergänzung oder Erläuterung dienen (BGHZ 22, 254; MskV/Stadler § 130 Rn 10). Zur Konkretisierung des Streitgegenstands in der Klageschrift s § 253 Rn 12. 6

§ 129a Anträge und Erklärungen zu Protokoll

(1) Anträge und Erklärungen, deren Abgabe vor dem Urkundsbeamten der Geschäftsstelle zulässig ist, können vor der Geschäftsstelle eines jeden Amtsgerichts zu Protokoll abgegeben werden.

(2) [1]Der Urkundsbeamte der Geschäftsstelle kann Anträge und Erklärungen nach Absatz 1 auch per Bild- und Tonübertragung aufnehmen. [2]In diesem Fall kann sich der Urkundsbeamte der Geschäftsstelle bei der Aufnahme der Anträge und Erklärungen an einem anderen Ort als der Geschäftsstelle aufhalten. [3]Die Bild- und Tonübertragung wird nicht aufgezeichnet. [4]§ 162 Absatz 1 Satz 1 und 3 gilt entsprechend.

(3) [1]Die Geschäftsstelle hat das Protokoll unverzüglich an das Gericht zu übermitteln, an das der Antrag oder die Erklärung gerichtet ist. [2]Die Wirkung einer Prozesshandlung tritt frühestens ein, wenn das Protokoll dort eingeht. [3]Die Übermittlung des Protokolls kann demjenigen, der den Antrag oder die Erklärung zu Protokoll abgegeben hat, mit seiner Zustimmung überlassen werden.

II eingefügt durch G zur Förderung des Einsatzes von Videokonferenztechnik in der Zivilgerichtsbarkeit und den Fachgerichtsbarkeiten v 15.7.2024 (BGBl 2024 I Nr 237) mWv 19.7.2024; der bisherige II wurde zu III.

1) Anwendungsbereich. Die im Ges ausdrückl genannten Fälle (zB §§ 44, 109, 117, 118, 129 II, §§ 248, 381, 386, 389, 406, 486, 496, 569, 571, 573, 920, 924) sowie Erklärungen, für die keine bes Form vorgeschrieben wird, so zB in §§ 37, 103, 732 (StJ/Kern Rn 8). 1

2) Amtspflicht der Geschäftsstelle. Der UrkB ist ungeachtet der Verfahrenszuständigkeit des Gerichts zur Entgegennahme u Protokollierung (= öff Urk iS § 415) der in Rn 1 genannten Erklärungen verpflichtet. Bei Weigerung nur Dienstaufsichtsbeschwerde (MskV/Stadler Rn 4; aA KGR Berlin 1995, 44, StJ/Kern Rn 15: Erinnerung nach § 573), ggf Haftung nach § 839 BGB. Der Erklärende muss, sofern nicht Video-Übertragung zugelassen wurde (II, s Rn 4), vor der GeschSt erscheinen (BGH NJW-RR 2009, 852); daher keine Amtspflicht zur Entgegennahme und Protokollierung telefonischer Erklärungen. Dennoch protokollierte Rechtsmitteleinlegung ist unwirksam (BGH NJW-RR 2009, 852); uU aber WE (s § 233 Rn 23.21). 2

3 **3) Verfahren.** Wer UrkB ist, regelt § 153 GVG. Zum Protokollinhalt s § 496 Rn 3, § 160 ist nicht anwendbar. Ablehnung des UrkB: § 49.

4 Nach § 129a II nF ist Aufnahme auch per **Video-Übertragung** mögl (nicht per Telefon). Darüber entscheidet UrkB fallbezogen nach Ermessen. Er muss sich nicht an der GeschSt seines Gerichts aufhalten; mögl auch Einrichtung einer gemeinsamen virtuellen Antragsstelle für mehrere Gerichte. Da personenbezogene Daten übermittelt werden, muss Datenschutz gewährleistet sein. Bürger nimmt mittels mitgeteilter Einwahldaten oder über Website des Gerichts Verbindung mit dem UrkB auf u gibt seine Personalien an, die ggf im Video-Ident-Verf (Präsentation der Vorder- und Rückseite des Personalausweises vor der Webcam mit Bestätigung durch per SMS oder E-Mail versandte TAN) geprüft werden (BTDrs 20/8095, 54). Das gefertigte Protokoll ist entspr § 162 I 1, 3 am Bildschirm vorzuzeigen u vom Erklärenden zu genehmigen. Die Genehmigung ist auf dem Protokoll zu vermerken.

5 **4) Fristwahrung (§ 129a III).** Sie tritt erst mit Zugang der Erklärung beim Prozessgericht ein. GeschSt hat das Protokoll daher unverzügl an das Prozessgericht zu übermitteln (sonst WE gem § 233), sofern nicht der Erklärende dies selbst übernimmt. Erkennt UrkB, dass rechtzeitiger Zugang anders nicht zu gewährleisten, hat er den Erklärenden auf diese Möglichkeit hinzuweisen (StJ/Kern Rn 17).

6 **5) Kosten des Gerichts.** Keine für die Protokollierung; für die Übersendung des Protokolls werden Auslagen nicht in der Kostenrechnung angesetzt.

§ 130 Inhalt der Schriftsätze

Die vorbereitenden Schriftsätze sollen enthalten:

1. die Bezeichnung der Parteien und ihrer gesetzlichen Vertreter nach Namen, Stand oder Gewerbe, Wohnort und Parteistellung; die Bezeichnung des Gerichts und des Streitgegenstandes; die Zahl der Anlagen;

1a. die für eine Übermittlung elektronischer Dokumente erforderlichen Angaben, sofern eine solche möglich ist;

2. die Anträge, welche die Partei in der Gerichtssitzung zu stellen beabsichtigt;

3. die Angabe der zur Begründung der Anträge dienenden tatsächlichen Verhältnisse;

4. die Erklärung über die tatsächlichen Behauptungen des Gegners;

5. die Bezeichnung der Beweismittel, deren sich die Partei zum Nachweis oder zur Widerlegung tatsächlicher Behauptungen bedienen will, sowie die Erklärung über die von dem Gegner bezeichneten Beweismittel;

6. die Unterschrift der Person, die den Schriftsatz verantwortet, bei Übermittlung durch einen Telefaxdienst (Telekopie) die Wiedergabe der Unterschrift in der Kopie.

Lit: *Heinemann*, Neubestimmung der prozessualen Schriftform, 2002; *M. Vollkommer*, Formenstrenge u prozessuale Billigkeit, 1973.

1 **1) Bedeutung.** § 130 enthält für den Inhalt vorbereitender (s § 129 Rn 1) u bestimmender (s § 129 Rn 3) Schriftsätze nur **Sollvorschriften** (für Letztere str, s Rn 6). Zwingende Erfordernisse ergeben sich aus den für bestimmte Prozesshandlungen geltenden Vorschriften (s § 129 Rn 3).

2 **2) Angaben nach § 130 Nrn 1-5. Nr 1:** Angaben sind weder für vorbereitende noch für bestimmende Schriftsätze zwingend (RGZ 6, 349; BGH BB 74, 109). Auch die Bezeichnung des gegnerischen ProzBev ist zweckmäßig (§ 172; s § 172 Rn 7), aber nicht erforderl. Zur Benennung des ges Vertreters und der Anschrift in der Klage s § 253 Rn 8 ff. Wird jemand als Partei kraft Amtes (zB als InsVerwalter) verklagt, sollte dies zum Ausdruck gebracht werden. Die Angabe des **Aktenzeichens** des Verf ist zwar nicht zwingend vorgeschrieben, so dass der Schriftsatz auch bei fehlender oder unrichtiger Angabe als ordnungsgem eingegangen zu behandeln ist (BVerfG NJW 2013, 925; BGH NJW 2003, 3418, 3419; BGH MDR 2024, 796), die Folgen hierdurch verzögerter Zustellung an den Gegner treffen jedoch den Absender. Mit „Streitgegenstand" ist nur die stichwortartige Umschreibung (zB „Schadensersatz aus Verkehrsunfall") gemeint.

3 **Nr 1a:** In den gem § 130d elektron einzureichenden Schriftsätzen ist neben dem eigenen elektron bzw De-Mail-Postfach des Verfassers auch das des Prozessgegners (soweit vorhanden) anzugeben.

4 **Nr 2:** Sachanträge (s § 270 Rn 2) müssen schriftl vorbereitet sein, da sie zu verlesen sind, § 297. Näher s § 297 Rn 2.

5 **Nrn 3-5** laufen leer. Die Anforderungen an das Vorbringen zu Sachverhalt und Beweis ergeben sich aus § 138, Darlegungs-, Beweis- und Substantiierungslast (s § 138 Rn 7b ff, § 253 Rn 10 ff).

6 **3) Unterschrift (§ 130 Nr 6). a) Bedeutung.** Da Schriftsätze von Anwälten, Behörden u jur Personen des öff Rechts seit 1.1.2022 nur noch auf elektron Weg eingereicht werden dürfen (§ 130d) u die hierfür vorgeschrie-

bene Übermittlungsform des § 130a das Unterschriftserfordernis ersetzt, hat die handschriftl Unterzeichnung nur noch für entspr Erklärungen von Naturalparteien (für dortige Geltung BGHZ 101, 34 = NJW 87, 2588 = JR 88, 419 [abl Teske]; aA M. Vollkommer S 280 f; sa § 700 Rn 5, § 23 FamFG Rn 5, § 25 FamFG Rn 3) sowie bei Störungen des elektron Rechtsverkehrs (§ 130d S 2; s § 130d Rn 7) Bedeutung. Obwohl nach dem Wortlaut nur Sollvorschrift, hat die Rspr diese Formalität zur **Wirksamkeitsvoraussetzung** bestimmender (nicht auch vorbereitender) Schriftsätze erklärt. Ihre Funktion bestehe darin, den Urheber einer schriftl Prozesshandlung zu identifizieren und dessen unbedingten und verantwortl Einreichungswillen zu dokumentieren (RGZ 151, 82; GmS-OGB BGHZ 75, 340 = NJW 1980, 172; BGHZ 144, 160 = NJW 2000, 2340). Im Interesse der Rechtssicherheit solle verhindert werden, dass sich der Erklärende von einer Prozesshandlung distanziert oder dass über versehentl eingereichte Entwürfe entschieden wird. Es soll die eigenverantwortl Prüfung des Schriftsatzes, bei fristgebundenen Erklärungen auch seiner rechtzeitigen Einreichung gewährleistet werden (deshalb wird umgekehrt ein unterschriebener bzw signierter Schriftsatz, der deutl als Entwurf gekennzeichnet ist, nicht als wirksam angesehen; BVerwG NVwZ 2024, 595). Der Schutz vor gefälschten Prozesshandlungen wird dagegen nicht als wesentl Aspekt betrachtet (BGH NJW 2001, 2888, 2889; BAGE 61, 201 = NJW 89, 1822).

Im Schrifttum ist diese Rspr nicht nur wegen der Unvereinbarkeit mit dem Wortlaut von § 130, sondern auch 7
deswegen zu Recht auf Kritik gestoßen (s Rn 20), weil die von ihr verlangten Formalitäten vom Gesetzeszweck nicht gefordert werden u zudem wegen vielfältiger Einschränkungen, insb im Zuge der techn Entwicklung, ein verwirrendes, in sich widersprüchl Bild ergeben haben (vgl MskV/Stadler § 129 Rn 8 f; PG/Prütting § 129 Rn 7; M. Vollkommer S 260 ff u FS Hagen, 1999, S 69 ff; Heinemann S 265 ff; Stadler ZZP 111 [2002], 413, 419; Schneider NJW 98, 1844; dem BGH folgend dagegen StJ/Kern Rn 15; MK/Fritsche Rn 14 ff).

b) Allgemeine Anforderungen. Eine nach Vorstehendem erforderl Unterzeichnung muss **handschriftlich**, dh 8
ohne Zuhilfenahme technischer Hilfsmittel erfolgen (BGH NJW 62, 1505); unzureichend sind daher die Verwendung eines Faksimilestempels (BGH NJW 76, 966; BGH MDR 89, 352), die eingescannte Unterschrift (BGH MDR 2020, 438 [Elzer MDR 2020, 549]; aber s Rn 17), die maschinenschriftl (BFHE 106, 4) oder vervielfältigte Unterzeichnung (BGH NJW 62, 1505; BAG NJW 56, 1413; BVerwG NJW 62, 555; aA BVerwGE 36, 296; BFHE 113, 416; BAG NJW 79, 233). Zum Einsatz von Telekommunikationsmedien s Rn 16 ff; § 130a Rn 1.

Vollständigkeit des Namenszuges (Nachname) ist erforderl (BGH NJW 2013, 1966); die Unterzeichnung mit 9
dem gesamten Doppel- oder Adelsnamen jedoch nicht (BGH MDR 96, 520; strenger für Adelsprädikat AG/Anders § 129 Rn 15). Pseudonym u Firma (Heinemann S 51 f) sind ausreichend, nicht jedoch der Vorname, auch wenn jahrelang unbeanstandet (OLG Karlsruhe NJW-RR 2000, 948; bedenkl: s Rn 10). Unzureichend ist auch eine **Paraphe**, dh die „bewusste und gewollte Namensabkürzung“ (BGH NJW 97, 3380; BAG NJW 96, 3164; zweifelnd BFH NJW 96, 1432), deren Vorliegen jedoch nach dem obj Erscheinungsbild, nicht nach dem Willen des Unterzeichners zu beurteilen (BGH MDR 94, 91) und daher nur schwer feststellbar ist, insb da **Lesbarkeit**, auch von einzelnen Buchstaben, nicht (mehr) vorausgesetzt wird (BGH NJW 92, 243; aA BGH NJW 85, 1227). Allerdings fordert die Rspr einen die Identität des Ausstellers hinreichend kennzeichnenden **individuellen Schriftzug**, der über eine „gekrümmte“ oder „geschlängelte Linie“ hinausgeht (BGH MDR 91, 223; abl E. Schneider NJW 98, 1844) u charakteristische Merkmale aufweist, die die Nachahmung erschweren u trotz Flüchtigkeit u Abschleifung die Absicht einer Unterschrift mit vollem Namen erkennen lassen (aus der reichen Kasuistik: BGH NJW 2005, 3775; BGH MDR 2012, 797; BGH NJW 2015, 3104; BAG NJW 2015, 3533, 3534). Von Bedeutung ist, ob der Unterzeichner auch sonst in gleicher oder ähnl Weise unterschreibt (BGH NJW-RR 2010, 358) oder sich auf sonstige Weise bis zum Fristablauf die Urheberschaft feststellen lässt (BGH MDR 2021, 440 [Alpes MDR 2021, 544]); die Verschiedenartigkeit mehrerer Unterschriftsvarianten (zB „Kritzel-Kratzel-Version“, BGH NJW 2001, 2888) soll aber nicht schaden (BGH MDR 2017, 227). Verwendbar sind alle gebräuchl, dh auch **ausl Schriftzeichen** (s § 184 GVG Rn 4). – Bei **Behörden** wurde die maschinenschriftl Unterzeichnung mit Beglaubigungsvermerk vom GmS-OGB als ausreichend angesehen (BGHZ 75, 340 = NJW 80, 172).

Die höchstrichterl Rspr hält eine „gewisse Großzügigkeit“ (BVerfG NJW 88, 2787) bei der Beurteilung von Un- 10
terschriften für angebracht u zieht im Zweifelsfall **äußere Umstände** (maschinenschriftl Zusatz BGH MDR 97, 1052; BGH NJW-RR 97, 760; bes Sachkenntnis BSG NJW 97, 1254) zur Bejahung einer formgerechten Unterschrift heran; die „ungewöhnl Strenge“ (BVerfG NJW 98, 1853) mancher Instanzgerichte (exemplarisch KG, wiedergegeben bei EMRK NJW 89, 579) wird kritisiert. Der Unterzeichner darf darauf vertrauen, dass seiner vorher niemals beanstandeten Unterschrift die Anerkennung erst nach vorheriger Abmahnung versagt wird (BVerfG NJW 88, 2787; BGH NJW 99, 60; BGH MDR 2015, 606; BFH NJW 99, 2919). Will das Gericht die Unterzeichnung nicht (mehr) anerkennen, muss es jedenfalls WE gewähren, auch noch nach Ablauf der Ausschlussfrist nach § 234 III (BGH MDR 2015, 606, 607).

Die Unterschrift muss am **Ende des Textes** stehen (BGHZ 113, 48 = MDR 91, 335; BGH NJW-RR 2004, 1364; aA 11
BAGE 1, 272; MskV/Stadler § 129 Rn 9); ein österr RA kann sich jedoch der nach dortigem Recht vorgegebenen Rubrumsunterzeichnung bedienen, weil sie sowohl die Person des Erklärenden als auch (vorbehaltl gegenteiliger Anhaltspunkte) den Willen der Zuleitung ans Gericht erkennen lässt (BGH NJW 2025, 2165 unter Aufgabe früherer Rspr).

12 **c) Zeitpunkt.** Die vorherige **Blanko-Unterschrift** erfüllt das Formerfordernis nur, wenn der Unterzeichner den Inhalt des Schriftsatzes so genau festgelegt hat, dass er dessen eigenverantwortl Prüfung bestätigen kann (BGH NJW 2012, 3378, 3379; abl für Rechtsmittelbegründung BGH MDR 2005, 1427, bej für weitgehend formalisierten Text BGH NJW 66, 351). – **Nachholung** fehlender Unterschrift ist bis Fristablauf mögl, auch durch Bezug nehmenden Schriftsatz (BGH MDR 2020, 566), nicht mit Rückwirkung (BGH VersR 80, 331 [abl Späth]); ebenso grds keine **Heilung** nach § 295 (BGHZ 65, 46 = MDR 75, 1014; BGH NJW-RR 99, 1251; zur Ausnahme bei Klage s § 253 Rn 22) oder mit Hinweis auf die Zweckerreichung (ThP/Seiler § 295 Rn 8; aA M. Vollkommer S 385 ff). Einziger Rechtsbehelf gegen das Formversehen ist die WE (dazu s § 236 Rn 9).

13 **d) Person.** Gefordert wird Unterschrift der Person, die den Schriftsatz „verantwortet", im Anwaltsprozess also des bevollmächtigten RA oder seines **Vertreters**, der mit „iV" zeichnet (BGH MDR 2012, 796; sa BGH MDR 2012, 797 zur Lesbarkeit diese Zusatzes; BGH MDR 2020, 305 [Schwenker MDR 2020, 397; krit M. Vollkommer MDR 2020, 645] zur Identifizierbarkeit des i.V. Unterschreibenden als RA; BGH NJW 2020, 618 zu Unschädlichkeit einer weiteren Unterschrift durch Angestellte), während „iA" auf fehlende **Verantwortungsübernahme** hindeute (BGH NJW 88, 210; BGH BRAKMitt 2007, 201 [Grams]; BGH NJW-RR 2016, 1336 [dazu Deichfuß NJW 2016, 3132]; BGH MDR 2017, 52 [abl M. Vollkommer MDR 2017, 197]), sofern RA nicht ebenfalls mandatiert sei (BGH NJW 93, 2056; BGH NJW-RR 2012, 1269), zB als Sozietätsmitglied (BGH NJW 2013, 237). Vermerk „nach Diktat außer Haus" bedeute Übernahme der Verantwortung kraft Untervollmacht (BGH MDR 2012, 1114; BGH NJW 2003, 2028); zum Fehlen jegl Vertretungszusatzes BGH MDR 2017, 595; BAG NJW 2016, 2138, 2139; KG MDR 2008, 535; zum Ganzen BVerfG NJW 2016, 1570; Conrad MDR 2014, 877. Wer den Schriftsatz verfasst hat (Mitarbeiter, Partei, Automat), ist unerhebl; entscheidend ist Übernahme der Verantwortung (BGH NJW 1989, 3022; BGH MDR 2023, 183). Im Anwaltsprozess fehlt aber wirksame Unterschrift, wenn sich der RA durch einen Zusatz von der Erklärung distanziert (BGH MDR 2017, 784 [Büßer MDR 2017, 868]) oder Form und Inhalt eine eigenverantwortl Prüfung ausschließen (BGH NJW 2008, 1311; BGH NJW-RR 2006, 342; BVerwG NJW 96, 1554; ausf Heinemann S 66 f). Unwirksam ist daher eine Erklärung, die der amtl bestellte Vertreter des ProzBev mit dem zutr Hinweis unterzeichnet, dass Letzterer sie verfasst hat u verantwortet (BGH MDR 2023, 183). Bei Behördenvertretung ist auch Unterzeichnung „iA" statt „iV" ausreichend (BGH NJW-RR 2014, 65), desgl im Parteiprozess (LAG Frankfurt DB 2002, 1116); der Vorlage einer Vollmacht bedarf es nicht (BVerwG NVwZ 94, 266). **Schreibhilfe** ist zulässig, solange nicht einer passiven oder willenlosen Person der Stift „geführt" wird (BGH NJW 81, 1900). – Es genügt, wenn **Klärung der Identität** des Unterzeichnenden bis zur Entscheidung über die Rechtzeitigkeit der Erklärung mögl (BGH NJW 2013, 237; BGH MDR 2017, 595).

14 **e) Ersetzung.** Die Unterzeichnung des **Beglaubigungsvermerks** durch den ProzBev auf einer beigefügten Abschrift soll dessen fehlende Unterschrift unter dem Schriftsatz ersetzen (BGH NJW 2012, 1738 mwN), selbst wenn die ganze letzte Seite fehlt (BGH NJW 2009, 2311) und selbst wenn die Abschrift nicht in der Gerichtsakte verbleibt (BGHZ 92, 251, 255; BGH VersR 93, 459; BGH MDR 2008, 760; einschr BGH NJW-RR 2004, 1364). Voraussetzung ist aber, dass bei Ablauf der Berufungsfrist zweifelsfrei feststeht, dass die Unterschrift unter dem Beglaubigungsvermerk der Person zurechenbar ist, die aus der Urschrift als deren Urheber hervorgeht (BGH MDR 2022, 842). – Auch ein unterzeichnetes **Begleitschreiben** kann die auf dem Schriftsatz fehlende Unterschrift ersetzen (BGH MDR 2009, 762; BFHE 161, 379; BVerwGE 30, 274; BSG MDR 98, 1431), feste körperl Verbindung von Schriftsatz u Begleitschreiben ist nicht erforderl (aA BGHZ 97, 251 = NJW 86, 1760; BGH NJW 2010, 3661 lässt fortlaufende Seitennummerierung der Fax-Ausdrucke genügen; BGH MDR 2009, 762 gleichzeitige Fax-Übermittlung). Genügend ist zB die ordnungsgemäß unterzeichnete Prozessvollmacht (BFHE 161, 379; BVerwGE 81, 32, 39; aA BAG AP § 4 KSchG 1969 Nr 1 [abl M. Vollkommer]); auch ein beigefügtes unterschriebenes, sonst aber leeres Blatt Kanzleipapier müsste dementspr genügen (aA OLG Jena FamRZ 2000, 240). – Fragl ist, inwieweit die **Bezugnahme** auf ein unterzeichnetes Schriftstück den Formmangel behebt. Hält man Bezugnahmen generell für unzulässig oder nur eingeschränkt statthaft, kommt eine Ersetzung der Unterschrift nicht in Betracht. Der BFH hat jedoch – zumindest bei fristgerechter Einreichung – solche Bezugnahmen anerkannt (BFHE 123; 286; BFH BStBl II 1975, 516). Zur Nichtanwendbarkeit der vorgenannten Erleichterungen auf die Wiederholung der versäumten Rechtsmittelbegründung im WE-Verf s § 236 Rn 9.

15 Keine das Unterschriftserfordernis ersetzende Gewähr für Authentizität und willentl Inverkehrbringen erbringen nach der Rspr der Faksimilestempel (BAG NJW 2009, 3596), der gedruckte Briefkopf und die maschinenschriftl Namensangabe mit dem Zusatz „Rechtsanwalt" unter dem Schriftsatz (BGH NJW 2005, 2086, 2087; anders bei Angabe eines Diktatzeichens BGH NJW-RR 2011, 483). Dass ders RA bereits Berufung eingelegt hat oder dass die Berufungsbegründung am letzten Tag der Frist eingereicht wurde (BGH NJW 2005, 2086, 2088 f), reicht ebenso wenig aus wie die persönl Übergabe des nicht unterzeichneten Schriftstücks (BGH NJW 80, 291; aA OLG Frankfurt NJW 77, 1246), selbst bei Quittierung des Eingangs, oder der Beleg über die Einzahlung des Gerichtskostenvorschusses (BGH VersR 2004, 629). Umstände, die erst nach Fristablauf bekannt werden (zB die Nachreichung eines unterschriebenen Schriftsatzes) bleiben außer Betracht (BGH NJW 2005, 2086; aA BVerfG NJW 2002, 3534, 3535 [2a bb aE]).

16 **f) Telekopie.** Bei der Übermittlung durch **Telefax** verlangt Nr 6 Hs 2, dass die Unterschrift der den Schriftsatz verantwortenden Person in der (Tele-)Kopie wiedergegeben wird. Demnach muss das Original unterzeichnet

sein; die Verwendung eines Faksimilestempels (VG Wiesbaden NJW 94, 537) genügt ebenso wenig wie eine aufgeklebte (BGH NJW 2016, 3246) oder eingescannte Unterschrift (BGH NJW 2006, 3784; gebilligt von BVerfG NJW 2007, 3117; sa BGH NJW 2008, 2649, 2651; aA BFHE 230, 115 = NJW 2011, 478, nur unter Hinweis auf Fallbesonderheiten die Vorlage an den GmS-OGB vermeidend). Ist das Original mit blasser, auf dem Fax nicht sichtbarer Farbe unterschrieben, soll die Erklärung unwirksam sein (BGH MDR 2019, 565 [abl M. Vollkommer, krit Klöpfer MDR 2019, 723]; BGH MDR 2020, 1076). Ob eine Einreichung im E-Mail-to-Fax-Verkehr, wo ein Dienstleister die ihm zugeleitete E-Mail in ein Fax umwandelt u dieses ans Gericht sendet, wirksam ist, wird unterschiedl beurteilt (dafür BAG NJW 2023, 1084; dagegen OLG Dresden MDR 2021, 382). Ohne Bedeutung soll sein, ob das Telefax vom eigenen Anschluss oder dem eines Dritten aufgegeben (BAG NJW 89, 1822) und ob das Fax direkt oder (als Telebrief) per Post (BGH NJW 83, 1498) oder einen Boten übermittelt wird (BTDrs 14/4987, 24; aA BGH NJW 89, 589; BAG NJW 90, 3165). Auch wenn der vom ProzBev eigenhändig unterschriebene Schriftsatz entgegen seiner Weisung nicht per Telefax, sondern als Computerfax (s Rn 17) versandt wird, soll eine wirksame Übermittlung vorliegen (BGH ZIP 2008, 1118). BFHE 230, 115 = NJW 2011, 478 lässt es genügen, dass das Telefaxformblatt unterschrieben ist, mit der Klageschrift eine Einheit bildet, die Person des Absenders vollständig bezeichnet und kein Zweifel daran besteht, dass die Kopiervorlage ordnungsgemäß eigenhändig unterzeichnet wurde.

Beim **Computerfax**, wo keine unterschriftsfähige Vorlage existiert, verzichtet die Rspr auf eine handschriftl, verlangt aber eine gescannte Unterschrift (GmS-OGB BGHZ 144, 160 = NJW 2000, 2340). Die Wiedergabe des Namens in Computerschrift wird aufgrund der 2001 erfolgten Einfügung von Nr 6 Hs 2 nicht mehr als ausreichend angesehen (BGH NJW 2005, 2086), ebenso wenig der vom GmS-OGB noch zugelassene Hinweis, „dass der benannte Urheber wegen der gewählten Übertragungsform nicht unterzeichnen kann“ (vgl MskV/Stadler § 129 Rn 11a; HM-S/Schwartze § 130 Rn 5; Dästner NJW 2001, 3470 Fn 10; anders ohne Eingehen auf das Problem BGH MDR 2004, 349; offen lassend BGH NJW 2005, 2086, 2087; zum Funkfax [weiter gehend] BVerwG NJW 2006, 1989; zum E-Post-Brief OLG Hamm NJW 2016, 1896). 17

Einer **Nachsendung des Originals** oder schriftl Bestätigung bedarf es in keinem Fall (ganz hM, vgl BGH NJW 93, 3141 u BGH BRAKMitt 2004, 161; RSchwab/Gottwald § 65 Rn 14; aA mit sehr fragwürdiger Begr BPatG GRUR 2000, 795; LG Berlin MDR 2000, 970 [abl Liwinska]). Der GemS hat klargestellt, dass es für die Wirksamkeit eines Schriftsatzes allein auf die bei Gericht erstellte körperl Urk ankommt (BGHZ 144, 160, 165 = NJW 2000, 2340, 2341; so bereits RGZ 139, 45; aA BAG NJW 99, 2989 m unhaltbarer Begr). Zur Bedeutung des gleichwohl nachgereichten Originals (u weiteren Fragen des Eingangs fernmeldetechnischer Erklärungen) s § 519 Rn 18, zum Beweis des Eingangs s vor § 230 Rn 2 f. Zum Beifügen bzw Nachreichen der Doppel für die Beteiligten s § 133 Rn 2. 18

g) Elektronische Einreichung. Hier tritt an die Stelle der Unterschrift die elektron Signatur (s § 130a). Mit einfacher **E-Mail** können Prozesserklärungen gegenüber dem Gericht nicht vorgenommen werden (BGH MDR 2009, 401; zum E-Mail-to-Fax-Verfahren s Rn 16). Wenn allerdings eine PDF-Datei per E-Mail übersandt, von der GeschSt entgegengenommen und samt Unterschrift ausgedruckt wird, soll sie ab diesem Zeitpunkt wirksam eingegangen sein (BGH NJW 2008, 2649; BGH MDR 2019, 823 [Bacher MDR 2019, 851]; aA zu Recht BSG NJW 2017, 1197, da Form- u Fristwahrung nicht von der Sachbehandlung bei Gericht abhängen dürfen; sa Köbler MDR 2009, 357; Bacher NJW 2009, 1548). Dies soll aber wiederum dann nicht gelten, wenn die Datei durch Einscannen eines Schriftsatzes entstanden ist, der nicht handschriftl unterzeichnet wurde (BGH NJW 2015, 1527 [krit Habermann]). Der durch diese Rspr hervorgerufenen Rechtsunsicherheit sollte dadurch entgegengewirkt werden, dass elektron Dokumente, die auf andere als nach § 130a zugelassene Weise eingereicht werden, nicht ausgedruckt, sondern unter Benachrichtigung des Einsenders gelöscht werden (jurisPK-ERV/Müller § 130a Rn 254). 19

h) Kritik. Die Unterschrift als zwingendes Wirksamkeitserfordernis schriftl eingereichter Erklärungen sollte auch für den Zivilprozess generell aufgegeben werden (ebenso MskV/Stadler § 129 Rn 8; M. Vollkommer S 301 ff; Heinemann S 338 ff). Identität und Erklärungswille des Absenders können sich auch aus sonstigen Anhaltspunkten ergeben, wie für andere Verfahrensordnungen längst entschieden ist (s BVerfG NJW 2002, 3534; BVerwG NJW 89, 1175; BSG MDR 1997, 374; BFH NJW 1999, 1422) u der BGH in Ausnahmefällen auch bereits konzediert hat (BGH MDR 2004, 349; BGH NJW 2005, 2086; BGH MDR 2008, 760, 761; BGH NJW-RR 2011, 483). Fehlt eine Unterschrift oder ist sie nur schwer entzifferbar, iÜ aber der Urheber erkennbar (Briefkopf, Telefax-Kennung), so sollte das Gericht die Erklärung zunächst als wirksam, insb fristgerecht behandeln, da idR an der Ernsthaftigkeit kein Zweifel bestehen wird. Auf Beseitigung des Ordnungsmangels sollte aber hingewirkt werden, damit eine etwa doch versehentl oder in bösl Absicht in den Verkehr gebrachte Erklärung vor dem Entstehen größeren Aufwands zurückgenommen werden kann. Bereits entstandene Kosten sind dem Scheinurheber zur Last zu legen (BGH 18.7.2001 – XII ZB 61/01; Teske JR 1988, 421, 423). Nur wenn das Gericht Anhaltspunkte für fehlende Authentizität oder Ernsthaftigkeit der Eingabe erkennt, sollte es sie unter Benachrichtigung des (scheinbaren) Urhebers unbeachtet lassen. Die nachträgl Beseitigung des Ordnungsmangels wirkt in diesem Fall nicht zurück (zur nicht unterschriebenen Klage s § 253 Rn 22). 20

§ 130a Elektronisches Dokument; Verordnungsermächtigung

(1) Vorbereitende Schriftsätze und deren Anlagen, schriftlich einzureichende Anträge und Erklärungen der Parteien sowie schriftlich einzureichende Auskünfte, Aussagen, Gutachten, Übersetzungen, Anträge und Erklärungen Dritter können nach Maßgabe der folgenden Absätze als elektronische Dokumente bei Gericht eingereicht werden.

(2) [1]Das elektronische Dokument muss für die Bearbeitung durch das Gericht geeignet sein. [2]Die Bundesregierung bestimmt durch Rechtsverordnung mit Zustimmung des Bundesrates technische Rahmenbedingungen für die Übermittlung und die Eignung zur Bearbeitung durch das Gericht sowie das Nähere zur Verarbeitung von Daten der Postfachinhaber nach Absatz 4 Satz 1 Nummer 4 und 5 in einem sicheren elektronischen Verzeichnis.

(3) [1]Das elektronische Dokument muss mit einer qualifizierten elektronischen Signatur der verantwortenden Person versehen sein oder von der verantwortenden Person signiert und auf einem sicheren Übermittlungsweg eingereicht werden. [2]Satz 1 gilt nicht für Anlagen, die vorbereitenden Schriftsätzen beigefügt sind. [3]Soll ein schriftlich einzureichender Antrag oder eine schriftlich einzureichende Erklärung einer Partei oder eines Dritten als elektronisches Dokument eingereicht werden, so kann der unterschriebene Antrag oder die unterschriebene Erklärung in ein elektronisches Dokument übertragen und durch den Bevollmächtigten, den Vertreter oder den Beistand nach Satz 1 übermittelt werden.

(4) [1]Sichere Übermittlungswege sind

1. **der Postfach- und Versanddienst eines De-Mail-Kontos, wenn der Absender bei Versand der Nachricht sicher im Sinne des § 4 Absatz 1 Satz 2 des De-Mail-Gesetzes angemeldet ist und er sich die sichere Anmeldung gemäß § 5 Absatz 5 des De-Mail-Gesetzes bestätigen lässt,**
2. **der Übermittlungsweg zwischen den besonderen elektronischen Anwaltspostfächern nach den §§ 31a und 31b der Bundesrechtsanwaltsordnung oder einem entsprechenden, auf gesetzlicher Grundlage errichteten elektronischen Postfach und der elektronischen Poststelle des Gerichts,**
3. **der Übermittlungsweg zwischen einem nach Durchführung eines Identifizierungsverfahrens eingerichteten Postfach einer Behörde oder einer juristischen Person des öffentlichen Rechts und der elektronischen Poststelle des Gerichts,**
4. **der Übermittlungsweg zwischen einem nach Durchführung eines Identifizierungsverfahrens eingerichteten elektronischen Postfach einer natürlichen oder juristischen Person oder einer sonstigen Vereinigung und der elektronischen Poststelle des Gerichts,**
5. **der Übermittlungsweg zwischen einem nach Durchführung eines Identifizierungsverfahrens genutzten Postfach- und Versanddienst eines Nutzerkontos im Sinne des § 2 Absatz 5 des Onlinezugangsgesetzes und der elektronischen Poststelle des Gerichts,**
6. **sonstige bundeseinheitliche Übermittlungswege, die durch Rechtsverordnung der Bundesregierung mit Zustimmung des Bundesrates festgelegt werden, bei denen die Authentizität und Integrität der Daten sowie die Barrierefreiheit gewährleistet sind.**

[2]Das Nähere zu den Übermittlungswegen gemäß Satz 1 Nummer 3 bis 5 regelt die Rechtsverordnung nach Absatz 2 Satz 2.

(5) [1]Ein elektronisches Dokument ist eingegangen, sobald es auf der für den Empfang bestimmten Einrichtung des Gerichts gespeichert ist. [2]Dem Absender ist eine automatisierte Bestätigung über den Zeitpunkt des Eingangs zu erteilen.

(6) [1]Ist ein elektronisches Dokument für das Gericht zur Bearbeitung nicht geeignet, ist dies dem Absender unter Hinweis auf die Unwirksamkeit des Eingangs unverzüglich mitzuteilen. [2]Das Dokument gilt als zum Zeitpunkt der früheren Einreichung eingegangen, sofern der Absender es unverzüglich in einer für das Gericht zur Bearbeitung geeigneten Form nachreicht und glaubhaft macht, dass es mit dem zuerst eingereichten Dokument inhaltlich übereinstimmt.

I-III geändert durch G zur weiteren Digitalisierung der Justiz v 12.7.2024 (BGBl 2024 I Nr 234) mWv 17.7.2024.

Der RegE eines G zur Entwicklung und Erprobung eines Online-Verfahrens in der Zivilgerichtsbarkeit sieht vor, dass das De-Mail-Konto (§ 130a IV Nr 1) als sicherer Übermittlungsweg iSv § 130a III 1 gestrichen wird. Zeitnah zum Inkrafttreten des G finden Sie eine Kommentierung der Änderung in der Online-Version des Zöller (Ihre persönlichen Zugangsdaten s zu Beginn des Werkes).

1 **I) Bedeutung.** Unter den Voraussetzungen von § 130a II-IV (s Rn 4 ff) können Erklärungen aller Art gegenüber dem Gericht in elektron Form abgegeben werden. RA, Behörden u jur Personen des öffentl Rechts sind *grds verpflichtet, hiervon Gebrauch zu machen* (§ 130d); die weiteren in § 173 II genannten Personen u Organisationen trifft eine passive Benutzungspflicht (Eröffnung eines sicheren Übermittlungswegs zur elektron Zustellung; s § 173 Rn 7 ff). Sonstige Beteiligte (zB Naturalparteien, Zeugen) können Prozesserklärungen dem Gericht

schriftl oder in den elektron Formen des § 130a übermitteln, also zB nicht durch einfache E-Mail (s § 130 Rn 19).

II) Geltungsbereich. Die Vorschrift gilt für die **Einreichung von Schriftstücken** im gesamten Bereich der ZPO (mit Ausnahme des Mahnantrags; für diesen ist § 690 III lex specialis). Erfasst werden nicht nur vorbereitende Schriftsätze (s § 129 Rn 1) u deren Anlagen (§ 131; s § 130d und Rn 6), sondern auch bestimmende Schriftsätze (BTDrs 17/12634, 25; Leuering NJW 2019, 2739 ff; für diese wird das Unterschriftserfordernis des § 130 Nr 6 durch die bes Übermittlungsform ersetzt) sowie alle prozessualen Erklärungen der Partei oder Dritter, die in Schriftform abgegeben werden können, insb Anträge, Auskünfte, Aussagen, Gutachten u sonstige Erklärungen. Zur Ausnahme für **Verschlusssachen** s § 43 EGZPO. – Für **Übersetzungen** öffentl bestellter Dolmetscher oder Übersetzer gelten landesrechtl Vorschriften (zB Art 11 III bayDolmG: Bestätigungsvermerk mit qeS). – Für **Beweismittel**, die nicht (wie Urkundenabschriften, § 131 I) als Anlagen eingereicht werden, gilt § 130a nicht (BRDrs 645/17, 11). – Zu **Schutzschriften** s § 945a sowie § 49c BRAO (Nutzungspflicht für RA). 2

Für formbedürftige **materiell-rechtl Erklärungen**, die mit dem Schriftsatz abgegeben werden sollen, zB die Kündigung eines Wohnraummietvertrags (§ 568 I BGB) oder die Beendigung eines Arbeitsverhältnisses (§ 623 BGB), bleibt es bei den Vorschriften des BGB (s § 126 III, § 126a BGB), denn die Übermittlung nach IV ersetzt ledigl das Unterschriftserfordernis des § 130 Nr 6, nicht die Schriftform (Preuß ZZP 129 [2016], 421, 429; BTDrs 17/12634, 25). Erfolgte die **Übermittlung nach dem 16.7.2024**, wird unter den Voraussetzungen von § 130e der formgerechte Zugang fingiert (s § 130e Rn 1 f). Zur ggf beizufügenden Vollmachtsurkunde (§ 174 BGB) s Rn 21a. Soweit § 126a BGB ein Einverständnis des Empfängers mit der elektron Form voraussetzt (s BTDrs 14/4987, 41; Erman/Arnold § 126a BGB Rn 3 ff), kann dieses durch die Teilnahme am elektron Rechtsverkehr gem § 173 II, IV ersetzt werden; der Schriftsatz kann dann unter Aufrechterhaltung der elektron Signatur an ihn weitergeleitet werden (BGH ZIP 2025, 325 Tz 22 ff [Baumert ZIP 2025, 564]). – Für schriftl **Vergleichsvorschläge** gem § 278 VI gilt die proz Schriftform nach § 130a (Radke jM 2022, 197 u Schnitzer RDi 2022, 268 unter Bezugnahme auf ArbG Stuttgart 25.2.2022 – 4 Ca 688/22). Für den **Widerruf eines Prozessvergleichs** kommt es darauf an, wem gegenüber dieser vereinbarungsgem zu erklären ist (s § 794 Rn 10a). – Für vom RA einzureichende **Erklärungen der Partei** (zB Vollmacht, Erklärung über die wirtschaftl Verhältnisse bei PKH-Antrag, eidesstattl Versicherung) wurde mit G v 12.7.2024 in § 130a III 3 eine Sonderregelung geschaffen (s Rn 21a). 2a

Unter **elektronischen Dokumenten** iSv § 130a sind solche Erklärungen zu verstehen, die dem Empfänger in einer dauerhaften, aber nicht unmittelbar, sondern nur maschinell lesbaren, digitalen Form zugehen. Die Übersendung eines Schriftsatzes per Computerfax, welches beim Gericht ausgedruckt wird (vgl GmS-OGB BGHZ 144, 160 = NJW 2000, 2340), wird von der Vorschrift daher nicht erfasst (dazu s § 130 Rn 17). 3

III) Anforderungen an elektronische Einreichung. Die Einreichung elektron Dokumente ist nur wirksam, wenn die in II-IV genannten Voraussetzungen erfüllt sind (zur mögl Heilung s Rn 26 ff). Schriftsätze können daher nicht mit einfacher E-Mail wirksam eingereicht werden (BGH MDR 2009, 401; BGH NJW 2019, 2096 = MDR 2019, 823; darauf weisen die Gerichte idR auf ihren Homepages zutr hin; zur bedenkl Ausnahme bei dennoch erfolgtem Ausdruck s § 130 Rn 19). Die Voraussetzungen iE: 4

1) Eignung zur Bearbeitung (§ 130a II). Darunter sind, wie durch die Neufassung im G v 5.10.2021 klargestellt wurde, nur die Anforderungen zu verstehen, deren Nichtbeachtung dazu führt, dass im konkreten Fall eine Bearbeitung des Dokuments durch das Gericht nicht mögl ist (BTDrs 19/28399, 33), zB wegen Virenbefalls oder eines unzulässigen Dateiformats (zur Rechtslage davor BAG NJW 2022, 3172). Zwingend erforderl ist nach § 2 I ERVV die Übermittlung im **Dateiformat PDF** (bei damit nicht verlustfrei darstellbaren Bildern *zusätzl* im Format TIFF). Die zulässigen Versionen sind in der Bek zu § 5 ERVV angeführt (zur jeweils gültigen Fassung s www.justiz.de). ZIP-Format ist unzulässig (OLG Zweibrücken FamRZ 2021, 529), ob das Gericht eine Datei in anderem Format bearbeiten oder umwandeln könnte, unerhebl (BAG NJW 2023, 623 Tz 45, anders für den Fall, dass die Gerichtsakte papiergebunden geführt wird u das Dokument ausgedruckt werden kann, BAG NJW 2023, 2445; bedenkl aus den in BAG NJW 2023, 623 genannten Gründen der Rechtssicherheit; ebenso Bader NZA 2023, 403). – Weitere in der ERVV oder den dazu erlassenen Bek (s www.justiz.de) angeführte Anforderungen (zB an den Dateinamen, die Beifügung des maschinenlesbaren Datensatzes nach § 2 III ERVV) sind Soll-Vorgaben; ihre Nichterfüllung führt nicht zur Unwirksamkeit der Übermittlung, solange die Bearbeitbarkeit im konkreten Fall gegeben ist (BTDrs 19/28399, 40; BAG NJW 2022, 1832; BGH NJW 2022, 1820 [kein Verbot von Umlauten im Dateinamen]; BGH MDR 2024, 1064 [einbettende Signatur]); Nichtbeachtung verletzt rechtl Gehör (BVerfG FamRZ 2023, 875 [Länge des Dateinamens]). – Das vorgeschriebene Format gilt auch für **Anlagen** (§ 130a I; die Ausnahme in III 2 bezieht sich nur auf die Signatur (jurisPK-ERV/Müller Rn 224). 5

2) Sicherung der Verantwortung für das Dokument (§ 130a III 1, 2, IV). Hierfür stehen nach § 130a III 1 (als Ersatz für den Authentizitätsnachweis durch handschriftl Unterschrift) **2 Mittel zur Wahl:** Das Dokument muss entweder mit einer qualifizierten elektron Signatur (Rn 7 ff) versehen oder von der verantwortenden Person einfach signiert und auf einem bes gesicherten Weg iSv § 130a IV (Rn 11 ff) übermittelt werden. Für **Anlagen** zu vorbereitenden Schriftsätzen gilt dies nicht (§ 130a III 2). Sie sind zwar ebenfalls als elektron Doku- 6 mente einzureichen (§ 130d) und müssen grds das vorgeschriebene Format haben (§ 130a I, II 1, § 2 ERRV; dazu s Rn 5), aber nicht gesondert signiert werden.

7 **a) Qualifizierte elektronische Signaturen** (qeS) sind Daten in elektron Form, die anderen elektron Daten beigefügt oder logisch mit ihnen verbunden werden und die der Unterzeichner zum Unterzeichnen verwendet; sie müssen ausschließl dem Unterzeichner zugeordnet sein, dessen Identifizierung ermöglichen, mit Mitteln erzeugt werden, die der Unterzeichner mit hoher Zuverlässigkeit unter seiner alleinigen Kontrolle halten kann, und mit den unterzeichneten Daten so verbunden sein, dass eine nachträgl Veränderung der Daten erkennbar wird; hinzukommen muss, dass sie von einer qualifizierten elektron Signaturerstellungseinheit erstellt wurden und auf einem qualifizierten Zertifikat für elektron Signaturen beruhen (Art 26 iVm Art 3 Nr 10-12 eIDAS-VO). Die Anbringung der Signatur ist durch Bek des BMJ geregelt (zum aktuellen Stand s www.justiz.de). Die dort nicht genannte, das Dokument einbettende Signatur („enveloping signature") genügt aber, da sie eine nachträgl Veränderung der Daten erkennen lässt, den Anforderungen an eine qeS und führt, Bearbeitbarkeit des Dokuments vorausgesetzt, zu dessen wirksamer Einreichung (BGH MDR 2024, 1064). Zu den Anforderungen an die Signaturerstellungseinheiten s Art 29 u Anh II eIDAS-VO. Das qualifizierte Zertifikat muss von einem qualifizierten Vertrauensdiensteanbieter ausgestellt sein und die Anforderungen des Anh I der VO erfüllen (Art 3 Nr 15, Art 28 eIDAS-VO). Eine fortgeschrittene elektron Signatur gem Art 3 Nr 11 und Art 26 eIDAS-VO genügt nicht (BGH MDR 2022, 784 [Dörr MDR 2022, 940]). Die (unnötige) qeS einer Anlage ersetzt nicht die qeS des Dokuments (BGH MDR 2023, 381).

8 **Vorgang der qualifizierten Signierung.** Hierfür verknüpft der Unterzeichner mittels einer von einem zertifizierten Vertrauensdiensteanbieter nach einer Identitätsüberprüfung herausgegebenen Chipkarte und Eingabe eines persönl Geheimcodes (PIN) in das Lesegerät die Signatur in verschlüsselter Form so mit dem Dokument, dass sowohl der den Versand Verantwortende als auch eine etwaige Veränderung der Daten erkannt werden kann (zu den technischen Details s jurisPK-ERV/Müller Rn 175 ff). Da die Signatur in ihrer Rechtswirkung einer handschriftl Unterzeichnung gleichsteht (Art 25 II eIDAS-VO), muss sie von der das Dokument **verantwortenden Person** vollzogen werden. Karte und PIN dürfen daher nicht einer anderen Person überlassen werden (Art 26 lit c eIDAS-VO). Eine pflichtwidrig **gestattete Fremdsignierung** belegt indessen (falls sie überhaupt aufgedeckt wird) zumindest die Integrität des Dokuments; ihm sollte aber auch (entgegen BGHZ 188, 38 = NJW 2011, 1294 [Hamm]; BGH NStZ 2024, 124) die Formwirksamkeit sowie die Zurechnung zum Gestattenden nicht abgesprochen werden (ebenso PG/Prütting Rn 6; WSch/Gerken Rn 25; Preuß ZZP 129 [2016], 421, 426 u ZZP 125 [2012], 135, 150 f; aA BeckOK/von Selle Rn 29; Tiedemann jM 2023, 16, 19 f); Fehler beim Versand sind ihm jedenfalls zuzurechnen (BGH NJW 2023, 3434). – Der eigenmächtige **Missbrauch** einer fremden Signatur steht dagegen einer gefälschten Unterschrift gleich. Stimmt eine (unnötigerweise) auf dem qualifiziert signierten Dokument angebrachte einfache Signatur (gescannte Unterschrift oder Namensangabe) nicht mit der qeS des Absenders überein, hat dies keinen Einfluss auf die Wirksamkeit des Übermittlungsvorgangs (BAG MDR 2020, 240; jurisPK-ERV/Müller Rn 156.2; aA BGH NStZ-RR 2023, 22; krit dazu Bader NZA 2023, 403, 404); ob die wirksam übermittelte Erklärung prozessuale Wirksamkeit erlangen konnte, hängt davon ab, ob der Absender zu ihr bevollmächtigt war (vgl zur entspr Problematik beim Unterschriftserfordernis nach früherem Recht BGH MDR 2023, 384 mwN).

9 Die Verwendung einer (mehrere elektron Dokumente umfassenden) **Container-Signatur** ist nach § 4 II ERVV nicht ausreichend, selbst wenn es sich um mehrere Schriftstücke zum selben Verf handelt (BGH NJW 2019, 2230 [Ulrich/Schmieder]; zur Hinweispflicht s Rn 28). Mit dieser Regelung soll verhindert werden, dass Dokumente in den E-Akten-Systemen der Gerichte von der qeS getrennt werden; sie gilt aber aus den v BSG NJW 2018, 2222 (Plum) genannten Gründen auch, wenn die Akten am betr Gericht noch in Papierform geführt werden (ebenso BAG NJW 2018, 2978; OLG Frankfurt MDR 2018, 1460; aA OLG Brandenburg NJW 2018, 1482 [abl Müller]). Zur abw Rechtslage im Patentnichtigkeitsverf s BGH MDR 2022, 970.

10 **Übermittlung des qualifiziert signierten Dokuments.** Sie kann nach § 4 ERRV entweder auf einem sicheren Übermittlungsweg iSv § 130a IV (s Rn 11 ff) oder mittels einer speziellen Sende- und Empfangssoftware (sog EGVP-Client) an das Elektronische Gerichts- und Verwaltungspostfach des Gerichts erfolgen (s dazu https://egvp.justiz.de; praktische Bedeutung hat aber jedenfalls für Anwälte nur noch der Weg über das beA, bei dem der versendende RA keine qeS anbringen *muss*). Einreichung auf **physischen Datenträgern** (CD, DVD, seit 30.7.2025 auch USB-Stick) ausnahmsw zulässig, wenn Ausmaß oder Volumen der elektron Dokumente das durch Bek (s Rn 5) bestimmte Maß übersteigen (wobei das USB-Speichermedium den in der Bek geregelten Vorgaben entsprechen muss). – Die Übermittlung des vom Urheber mit qeS versehenen Dokuments kann **Dritten** (Mitarbeiter, Kollegen) übertragen werden; dabei ist aber sicherzustellen, dass zwischen Signierung und Versand keine Veränderungen am Dokument vorgenommen werden (näher Möller NJW 2021, 2179 ff). – Zur gerichtl **Überprüfung** der Integrität des Dokuments s § 298 III.

11 **b) Sichere Übermittlungswege** ermöglichen eine Einreichung ohne qualifizierte elektronische Signatur. Diese sind in **§ 130a IV** abschließend aufgeführt (iE s Rn 13 ff). Die Authentizität des Dokuments wird hier dadurch gewährleistet, dass der Zugang zu dem Übertragungsweg von einer Identitätsprüfung abhängig gemacht wird und nur der verantwortenden Person selbst eröffnet werden darf. Die die Verantwortung für das Dokument tragende Person muss daher mit der versendenden identisch sein (s Rn 15). Festgestellt wird dies bei der Über-

mittlung per De-Mail anhand der **Absenderbestätigung** nach § 5 V De-Mail-G, beim Versand aus dem beA (oder einer entspr Einrichtung nach IV Nrn 2 ff) durch den **Vertrauenswürdigen Herkunftsnachweis (VHN)**, eine mit dem Dokument verbundene elektronische Signatur, an der es zB mangelt, wenn das Dokument über das Postfach des verantwortenden RA nicht von diesem selbst, sondern von seinem Sekretariat versandt wird (zu den technischen Gegebenheiten ausführl BAG NJW 2020, 2351 Tz 26 ff [H. Müller]). Fehlt ein solcher Eintrag, ohne dass dies allein auf einen technischen Fehler zurückgeführt werden kann, wird darauf geschlossen, dass das Dokument ohne persönl Anmeldung des Postfachinhabers oder durch eine andere Person versandt wurde. Die Absenderangabe und die mit versandte „Nutzer-ID" können den VHN nicht ersetzen, denn sie identifizieren nur das beA, von dem aus das elektron Dokument versandt wurde, nicht aber die das Dokument versendende Person (BGH ZInsO 2022, 2579). Die ordnungsgem Übermittlung wird bei Gericht mit einem Prüfvermerk aktenkundig gemacht (s § 298 II). Er lautet in diesem Fall zB: „Sicherer Übermittlungsweg aus einem beA", bei Nachrichten, die nicht vom Inhaber des beA selbst versandt worden sind: „Diese Nachricht wurde per EGVP versandt" (BGH MDR 2025, 745; Bacher MDR 2022, 1440 Rn 29, 32).

Das nicht qualifiziert elektronisch signierte Dokument muss jedoch mit einer **einfachen Signatur** versehen sein, damit die Identität des Urhebers der Verfahrenshandlung sowie dessen unbedingter Wille, die Verantwortung für den Inhalt des Schriftsatzes zu übernehmen und diesen bei Gericht einzureichen, festgestellt werden können (BGH MDR 2024, 1601). Hierfür lässt die Rspr die Wiedergabe des Namens am Ende des Textes genügen; zB als eingescannte (leserliche) Unterschrift (dazu s BGH 24.6.2025 – VI ZB 91/23) oder in Maschinenschrift (BGH MDR 2024, 1601; BAGE 172, 186 = MDR 2020, 1393 [Schwenker MDR 2020, 1495]). Die Angabe des Vornamens wird auch dann nicht verlangt, wenn im Briefkopf RAe mit demselben Nachnamen angeführt sind, aber kein Zweifel über die Identität besteht (OVG Hamburg NJW 2021, 3207; zw). Die Angabe „Rechtsanwalt" genügt nicht, selbst wenn der Briefkopf auf eine Person hindeutet, zB als Einzelanwalt, einzige Sozia (BGH MDR 2022, 1362 Tz 12; BGH MDR 2024, 1601; OLG Karlsruhe MDR 2022, 59; aA BAG NJW 2022, 3028). Eine Unterschrift reicht nicht, wenn sie nicht entzifferbar u die Personenidentität ohne Sonderwissen nicht feststellbar ist (BSG NJW 2022, 1334 [Müller]). Dass der Wille des ProzBev, die Verantwortung für den Inhalt des Schriftsatzes zu übernehmen und diesen willentl in den Rechtsverkehr zu bringen, auf andere Weise sicher festgestellt werden kann (so beiläufig BAGE 172, 186 = MDR 2020, 1393 Tz 19; BGH NJW-RR 2025, 83 Tz 18), ist zu bezweifeln. 12

Soll das Dokument durch einen **Vertreter** übersandt werden, bestehen folgende Möglichkeiten: Der Verfasser versieht das Dokument mit seiner qeS (womit er den Versand durch eine andere Person ermöglicht; s Rn 10), der Vertreter übernimmt durch seine einfache Signatur, evtl mit einem die Vertretung zum Ausdruck bringenden Zusatz (zB „i.V." oder „für den nach Diktat verreisten RA ..."), die Verantwortung für das Schreiben und übersendet es aus seinem beA (ohne qeS), oder er übersendet den vom Vertretenen einfach signierten Schriftsatz mit seiner qeS (mit oder ohne Vertretungszusatz) auf dem sicheren Übertragungsweg (BGH MDR 2024, 590 [Schwenker MDR 2024, 695]; BGH MDR 2024, 1129 [Beck MDR 2024, 1499]; BAG MDR 2020, 240; dazu s Rn 8 aE). 12a

aa) Absenderbestätigtes De-Mail-Konto (§ 130a IV 1 Nr 1; kaum gebräuchl): Hier wird die qeS vom Anbieter des Konto-Dienstes, bei dem sich der Versender hat registrieren und identifizieren lassen, vorgenommen, wenn aufgrund zweier Sicherungsmittel (idR Besitz und Wissen, ähnl wie beim Online-Banking) feststeht, dass das Dokument von einem autorisierten Nutzer stammt (s § 4 I 2, § 5 V De-Mail-G v 28.4.2011, BGBl I 2011, 666; dazu Ulrich/Schmieder NJW 2019, 113, 114). Dies kann auch eine jur Person sein, die gewährleisten muss, dass die Möglichkeit einer sicheren Anmeldung nur für befugte Personen besteht (BTDrs 17/12634, 26). Erklärungen eines Unbefugten wären formgerecht u ggf analog zu den Grundsätzen der Rechtsscheinsvollmacht (Erman/Finkenauer § 167 BGB Rn 9 ff) zurechenbar (BTDrs 17/12634, 26). Unverzichtbar ist die Absenderbestätigung gem § 5 V De-Mail-G (BSG NJW 2020, 3055). 13

bb) Besonderes elektronisches Anwaltspostfach (beA; § 130a IV 1 Nr 2; § 31a BRAO), von dem aus Dokumente an die elektron Poststelle des Gerichts (vermittels des elektron Gerichts- und Verwaltungspostfachs, EGVP) übermittelt werden können. Die Authentizität des Absenders ist dadurch sichergestellt, dass die BRAK für jedes Kammermitglied nach Überprüfung der Zulassung ein elektron Postfach führt, zu dem das Mitglied nur mittels Chipkarte und PIN Zugang erhält (§ 31a III 1 BRAO, § 24 RAVPV). Bei Widerruf der Zulassung oder Tod des RA wird das Postfach deaktiviert (§ 31a IV BRAO). Die Einrichtung der Postfächer durch die BRAK ist in §§ 19 ff RAVPV, die Nutzung durch den Inhaber oder durch Zugangsberechtigte in §§ 22 ff RAVPV geregelt. Zu weiteren Einzelheiten und aktuellen Informationen s https://www.brak.de/anwaltschaft/bea-erv, zur Sicherheit dieses Übertragungswegs BGHZ 229, 172 = NJW 2021, 2206 (krit Degen/Emmert); Danz RDi 2021, 352. 14

Personenidentität zwischen Versender und demj, der durch seine einfache Signatur den Schriftsatz verantwortet (s Rn 12), ist unverzichtbar, da keine Authentifizierung durch eine qeS stattfindet (BAG NJW 2020, 2351 [H. Müller]; BGH MDR 2022, 784 [Dörr MDR 2022, 940]; BGH MDR 2025, 745 mwN). Die Karte darf daher keiner anderen Person überlassen, die PIN muss geheim gehalten werden (§ 26 I RAVPV). Soll ein elektron Dokument durch eine andere Person als den für ihren Inhalt Verantwortlichen versandt werden, muss dieser es mit seiner qeS versehen; es kann dann auch von einem Vertreter oder Mitarbeiter über eine Zugangsberechti- 15 gung oder ein eigenes Postfach versandt werden (zu weiteren Lösungen für Vertretungsfälle s Rn 12a). Abwicklern u Zustellungsbevollm kann gem § 31a III 2 BRAO, § 25 RAVPV die Nutzung des beA ermöglicht werden, jedoch nicht das Recht, nicht-qualifiziert elektron signierte Dokumente auf einem sicheren Übermittlungsweg zu versenden. Auch eine Zugangsberechtigung nach § 23 III RAVPV (zB für Mitarbeiter) ermöglicht keinen sicheren Versand eines nicht qualifiziert elektronisch signierten Dokuments (BVerwG NVwZ 2022, 649). Wurde das Dokument per beA durch eine andere als die den Schriftsatz verantwortende, dh einfach signierende, Person ohne qeS versandt, kommt es nicht zu einer wirksamen Übermittlung (BAG NJW 2020, 2351 [H. Müller]; iE s Rn 11). Nach der genannten Entscheidung (Tz 40) ist das Empfangsgericht in diesem Fall zu Hinweis an den RA verpflichtet, wenn form- u fristgerechte Nachholung der Übermittlung noch mögl (zur WE in diesen Fällen s § 233 Rn 23.15). Wurde einem Kanzleimitarbeiter verbotswidrig die Möglichkeit gewährt, Passwort und Chipkarte des RA zu nutzen, gelten die Grundsätze über die Zurechnung nicht autorisierter Erklärungen (s Rn 8, 13).

16 Auch für **Berufsausübungsgesellschaften** (§§ 59b ff BRAO) ist (seit 1.8.2022) von der BRAK ein beA eingerichtet (§ 31b BRAO). Für Zweigstellen wird auf Antrag ein weiteres beA bereitgestellt (§ 31b IV BRAO). Da die Berufsausübungsgesellschaft nur postulationsfähig ist, wenn sie durch einen RA vertreten wird (§ 59l II BRAO), hat die BRAK bei der Übermittlung von Dokumenten ohne qeS zu gewährleisten, dass der Versand durch einen zur Vertretung der Gesellschaft berechtigten RA für den Empfänger feststellbar ist (§ 20 III Nr 2 RAVPV). Die BRAK hat empfohlen, dass der das Dokument zeichnende RA auch den Versand vornimmt und dass ein Auszug aus dem Nachrichtenjournal zur Akte genommen wird, welcher erkennen lässt, wer am Kanzlei-beA angemeldet war. Beim Versand durch nicht vertretungsberechtigte Personen muss das Dokument mit einer qeS versehen sein. Bei vertretungsberechtigten ist personengleiche einfache Signatur ausreichend, aber auch erforderl.

17 **cc) Besonderes elektronisches Steuerberaterpostfach** (beSt; § 130a IV 1 Nr 2 iVm § 86d StBerG). Einrichtung (durch die Bundessteuerberaterkammer) und Nutzung sind in §§ 86d ff StBerG sowie §§ 11 ff VO des Bundesministeriums der Finanzen v 25.11.2022 (BGBl I 2022, 2105) entsprechend dem beA geregelt. Auch hier kann nur der Inhaber ohne qeS wirksam übermitteln. RAe, die zugleich Steuerberater sind, können jedes Postfach für beide Funktionen benutzen (jurisPK-ERV/Müller Rn 284).

18 **dd) Besonderes elektronisches Notarpostfach** (beN; § 130a IV 1 Nr 3 iVm § 78n BNotO sowie Notarverzeichnis- und -postfachverordnung v 4.3.2019 (BGBl I 2019, 187). Es wird von der Bundesnotarkammer eingerichtet. Die Regelung entspricht der des beA und des beSt.

19 **ee) Besonderes elektronisches Behördenpostfach** (beBPo; § 130a IV 1 Nr 3 iVm §§ 6 ff ERVV). Dieses ist Teil der EGVP-Infrastruktur und (anders als beA, beSt und beN) nicht auf die Inhaberschaft einer Person zugeschnitten, sondern einer Behörde zugeordnet, deren Identität nach § 7 ERVV geprüft wird. Es ist Sache der Behörde, durch Erteilung eines Zertifikats und Zuweisung eines Zertifikats-Passworts sicherzustellen, dass nur berechtigte Bedienstete Zugriff auf ihr Postfach erhalten (§ 8 ERVV). Daher kann ein einfach signiertes Dokument von jedem mit einem entspr Zertifikat versehenen Bediensteten wirksam über das beBPO übermittelt werden (BVerwG NVwZ 2022, 649, 650; BAG MDR 2025, 123). Identität von verantwortender und versendender Person (s Rn 15) ist beim beBPO nicht erforderl, weil Postfachinhaber hier die Behörde ist (BVerwG 18.5. 2020 – 1 B 23.20, 1 PKH 14.20). Schriftstücke einer anderen Behörde können jedoch nicht auf dem Weg des IV 1 Nr 3 versandt werden; denn der verantwortenden Person fehlt die Zugangsberechtigung (OVG NRW 27.4.2022 – 19 B 2003/21 [Schröder RDi 2022, 312]).

20 **ff) Besonderes elektronisches Bürger- und Organisationenpostfach** (eBO; § 130a IV 1 Nr 4). Nach Einrichtung eines solchen Postfachs können auch andere Verfahrensbeteiligte (Naturalparteien, Organisationen, SV, Dolmetscher, Beistände usw) mit dem EGVP kommunizieren, auch jur Personen u sonstige Vereinigungen (§ 10 ERVV). Zu dem erforderl Identifizierungsverf u der Authentifizierung beim Versand s §§ 10, 11 ERVV u die Erl auf dem Justizportal des Bundes (https://justiz.de/index.php), zu Besonderheiten für Dolmetscher u GV s § 11 II Nr 3, 4 ERVV. Das eBO darf nur durch die mit dem Identifikationsmerkmal versehene Person benutzt werden; bei jur Personen oder sonstigen Organisationen auch durch befugte Mitarbeiter (BAG 28.1.2025 – 1 AZR 41/24, ArbRB 2025, 206 [Mantel]; für entspr Anwendung von § 8 II, IV aber jurisPK-ERV/Müller Rn 315). Zum Postfach für eine unselbständige Untergliederung s § 10 III ERVV. Zu den technischen Anforderungen an das zu übermittelnde Dokument s Rn 5.

21 **gg) Nutzerkonto** (§ 130a IV 1 Nr 5). Unter den Voraussetzungen von § 13 ERVV kann auch ein Nutzerkonto iSv § 2 V OZG für die elektron Kommunikation mit der Justiz genutzt werden. Privatpersonen, die über ein Bürgerkonto bei der BundID (https://id.bund.de) verfügen, können über ein kostenfreies Postfach namens **Mein Justizpostfach** mit der Justiz kommunizieren (s https://ebo.bund.de/#/). Für Unternehmen als Inhaber eines Organisationskontos nach § 2 V 4 OZG wurde durch G v 12.7.2024 das Identifikationsverf nach § 87 AO (sog ELSTER-Verf) zugelassen (BTDrs 20/10943, 70).

21a **3) Besonderheiten bei Originaldokumenten (§ 130a III 3).** Ist im anwalt geführten Proz eine persönl Erklä*rung der Partei zu übermitteln (zB Vollmacht, eidesstattl Versicherung, Erklärung über wirtschaftl Verhältnisse* nach § 117 II), ist das Schriftstück in ein elektron Dokument zu übertragen, dh einzuscannen, u vom RA wie ein Schriftsatz als PDF zu übermitteln, dh entweder mit dessen qeS oder mit einfacher Signatur auf einem sicheren Übertragungsweg. Nicht erforderl ist, dass der Übermittler den Scan selbst anfertigt (BTDrs 20/10943, 56). Es bleibt dem Gericht aber unbenommen, bei Zweifeln an der Echtheit die Vorlage des Papieroriginals zu verlangen, zB bei Rüge des Vollmachtmangels nach § 88 (Greger MDR 2024, 1013, 1014).

IV) Eingang des elektronischen Dokuments (§ 130a V). 1) Zeitpunkt. Entscheidend ist der Zeitpunkt der **Speicherung** auf der Empfangseinrichtung des Gerichts. Dies ist bei allen ans EGVP gerichteten Übermittlungen (also auch per beA, beN, beSt, ebBPO und eBO) der EGVP-Intermediär, dh der nicht räuml, aber als Teil der EGVP-Infrastruktur dem Gericht zugeordnete Server, der für Ablage und Abholung eingehender Nachrichten eingerichtet ist (BGH MDR 2020, 1330). Unerhebl ist, wann das Dokument von dort abgerufen oder ausgedruckt wurde (BGH NJW 2021, 2201) oder dass die Weiterleitung aus anderen Gründen als wegen fehlender Bearbeitbarkeit iSv § 130a II (s Rn 5) gescheitert ist (BGH NJW 2022, 1820 [Umlaut im Dateinamen unschädl]). Der Eingang auf dem Behördenpostfach der Verwaltungsabteilung des Gerichts ist wirkungslos (OLG Stuttgart 24.4.2024 – 11 UF 37/24, FamRZ 2024, 1379 LS). Bei Übermittlung per **De-Mail** kommt es auf den Eingang auf dem Gateway an, welches zur Kopplung von De-Mail- und EGVP-Infrastruktur eingeschaltet ist (jurisPK-ERV/Müller Rn 332). 22

2) Fehlerhafte Adressierung. Der an ein **unzuständiges Gericht** adressierte, gem § 130a III übermittelte Schriftsatz geht erst dann beim zuständigen Gericht ein, wenn er auf dem gerade für dieses Gericht eingerichteten Empfänger-Intermediär gespeichert worden ist (BGH MDR 2023, 184 [Schultzky MDR 2023, 276]; BGHZ 242, 112 = NJW 2025, 309). Nach Ansicht des BGH ist der Schriftsatz aber gleichwohl wirksam übermittelt worden; er kann daher sowohl auf elektron als auch (als Ausdruck mit Vermerk nach § 298 II) auf postalischem Weg an das zuständige Gericht weitergeleitet werden, sodass auf diese Weise noch eine Fristwahrung herbeigeführt werden kann (BGHZ 242, 112 = NJW 2025, 309 mNw der vorzugswürdigen, bis dahin hM). Zu Recht empfiehlt Siegmund NJW 2025, 312, 313 statt dessen, den Absender von der fehlerhaften Zuleitung zu informieren, damit er das Dokument noch beim zuständigen Gericht einreichen kann; eine entspr Verpflichtung lehnt der BGH aber ab (BGH MDR 2025, 876 Tz 22). Zur WE, wenn die Weiterleitung bzw Information unterbleibt, s § 233 Rn 21. 23

3) Eingangsbestätigung (§ 130a V 2). Über den Eingang auf dem Intermediär erhält der Absender eine automatische **Bestätigung**. Bleibt diese aus, hat er sich um eine Klärung der Ursache zu kümmern und eine fristwahrende Übermittlung, ggf auf anderem Wege, zu versuchen. Entscheidend ist, dass das Übermittlungsprotokoll im Abschnitt „Zusammenfassung Prüfprotokoll" den Meldetext „request executed" und unter dem Unterpunkt „Übermittlungsstatus" die Meldung „erfolgreich" anzeigt; sonst darf nicht von einer erfolgreichen Übermittlung des Schriftsatzes an das Gericht ausgegangen werden (BGH NJW 2023, 1737 = MDR 2023, 793 [Dirnberger MDR 2023, 1029]; BGH MDR 2023, 595 mwN; Bacher MDR 2022, 1441, 1445). Die Eingangsbestätigung ist auch daraufhin zu überprüfen, ob sie sich auf die Datei mit dem betr Schriftsatz bezieht (BGH MDR 2022, 1361; BGH MDR 2023, 1403 [Dirnberger MDR 2024, 16]) und ob dieser an das richtige Gericht übermittelt worden ist (BGH MDR 2023, 184 [Schultzky MDR 2023, 276]). Das Kanzleipersonal ist anzuweisen, dass stets der Erhalt der automatisierten Eingangsbestätigung nach § 130a V 2 zu kontrollieren ist, u stichprobenweise dahingehend zu überwachen (BGH NJW 2021, 2201; näher zu den Anforderungen BGH MDR 2023, 1402). Bei Ausbleiben der Bestätigung sollte vor Ergreifen kostenträchtiger Maßnahmen (zB nochmaliger Klageeinreichung) eine Überprüfung der beA-Webanwendung durchgeführt werden (LG Frankfurt/M RDi 2025, 229 [Witt]). Zur Ersetzung der Kontrolle durch Kanzleisoftware s BGH NJW-RR 2025, 701; OLG Hamm MDR 2024, 461. – Eine **unzureichende Organisation** der Übermittlungskontrolle schließt WE aus (s § 233 Rn 23.15). Hat RA aber eine ordnungsgem Prüfung angeordnet, kann dabei unterlaufener Fehler des Personals ihm nicht zugerechnet werden u Kausalität eines eigenen Fehlers beim Versand beseitigen (s § 233 Rn 18). 24

4) Weitere Behandlung. Zur **Prüfung und Weiterbehandlung** des eingegangenen Dokuments s § 298. Zur elektron **Weiterleitung** an Dritten (zB wegen formbedürftiger materiellrechtl Erklärungen) mit Aufrechterhaltung der gültigen u prüfbaren qeS s BGH ZIP 2025, 325 Tz 32 ff (Baumert ZIP 2025, 564). 25

V) Übermittlungsfehler. 1) Fehlende Bearbeitbarkeit (§ 130a VI). Ist die übermittelte Datei für das Gericht nicht bearbeitungsfähig, zB weil sie kennwortgeschützt, virenverseucht oder in einem unzulässigen Format gespeichert ist (s Rn 5), lässt § 130a VI 1 eine **Fiktion fristgerechten Eingangs** eingreifen, damit der Zugang zu den Gerichten nicht durch formale Anforderungen in unverhältnismäßiger Weise erschwert wird (BTDrs 17/12634, 26). Der Absender erhält in diesem Fall unverzügl einen Hinweis auf die Unwirksamkeit des Eingangs u kann den Schriftsatz fristwahrend erneut einreichen (§ 130a VI 2); auch die Vorwirkung nach § 167 bleibt gewahrt. Voraussetzung ist aber, dass die erneute Einreichung **unverzüglich** (ohne schuldhaftes Zögern) nach Erhalt des Hinweises erfolgt u dass die **inhaltliche Übereinstimmung** glaubhaft gemacht wird. Diese **Glaubhaftmachung** ist unverzichtbar (BAG DB 2023, 267 Tz 52). Die Gesetzesbegründung hat hierfür die Vorlage eines Ausdrucks des nicht bearbeitungsfähigen Dokuments vorgesehen (BTDrs 17/12634, 26); zu Recht lässt die Rspr aber auch eine eidesstattl oder anwaltl Versicherung genügen (BAG NZA 2021, 347 Tz 35; BAG NJW 2022, 1832 Tz 27; ebenso jurisPK-ERV/Müller Rn 392). Daraus folgt, dass der urspüngl Inhalt des Schriftsatzes nicht verändert werden darf. Übermittlung durch einen anderen ProzBev ist aber unschädl (jurisPK-ERV/Müller Rn 381). 26

27 Der **Hinweis** nach VI 1 muss den Grund der fehlenden Bearbeitbarkeit benennen (OLG Rostock 2.12.2020 – 4 U 70/20). Erfolgt er entgegen VI nicht unverzügl, kann der Einsender gleichwohl die Eingangsfiktion erreichen, wenn er die wiederholte Einreichung unverzügl nach dem Hinweis herbeiführt (BAG NJW 2022, 1832 Tz 28; BAG DB 2023, 267 Tz 50). – Ein **wiederholter Hinweis** (bei erneutem Formmangel) erfolgt nicht (BAG NJW 2020, 1694). Bei schwer zu behebenden Fehlern, etwa einer Virenverseuchung, hält jurisPK-ERV/Müller Rn 375 eine nochmalige Anwendung von VI für mögl; hier dürfte aber nur das (bei erstmaliger Fehlübermittlung verdrängte) WE-Recht eingreifen.

28 **2) Fehlerhafte Übermittlung.** § 130a VI gilt nicht, wenn die Unwirksamkeit des Eingangs darauf beruht, dass das elektron Dokument auf einem **unzulässigen Weg** übermittelt wurde, also zB als De-Mail ohne sichere Anmeldung, als E-Mail ohne qeS oder mit einer unzulässigen Container-Signatur. Hier weist das Gericht ledigl (wie bei fehlender Unterschrift) auf den Formmangel hin, sobald er im Rahmen ordnungsgem Geschäftsgangs zu erkennen war (BGH MDR 2023, 381 [Dörr MDR 2023, 687]; BSG NJW 2018, 2222 [Plum]; BTDrs 17/12634, 27). Das Risiko der Fristwahrung trägt grds der Absender, denn die Kenntnis der Übermittlungsvorschriften ist anwaltl Pflicht (BGH NJW 2019, 2230 [Ulrich/Schmieder]; OLG Frankfurt MDR 2018, 1460 [Plum MDR 2018, 1480]; Ulrich/Schmieder NJW 2019, 113, 117); hat das Gericht aber diesen Hinweis unterlassen, ist mangels Kausalität des Fehlers WE zu gewähren, wenn die Frist sonst innerhalb des übl Geschäftsgangs hätte eingehalten werden können (BSG NJW 2018, 2222, 2223 f [Plum]; nach BAG NJW 2020, 2351, 2355 [Müller] ist WE vAw zu gewähren). Ob ein Signaturfehler für die *GeschSt* erkennbar war, ist unerhebl, denn ob Mindestanforderungen des § 130a III gewahrt sind, ist Gegenstand der Zulässigkeitsprüfung durch das Gericht (BGH MDR 2023, 381 Tz 24 [Dörr MDR 2023, 687]).

29 **3) Technische Störung.** Bei Pflicht zu elektron Einreichung nach § 130d gilt dessen S 2 (s § 130d Rn 4 ff). Ansonsten gelten die zum Telefax entwickelten Regeln entspr (s § 233 Rn 23.37). Die Anforderungen an die Kontrolle des Übermittlungsvorgangs wurden allerdings durch die Eingangsbestätigung nach § 130a V 2 erhöht (s Rn 24).

30 **4) Fehler beim Versand.** Für die **Ordnungsmäßigkeit des Versandvorgangs** (zB Übermittlung des richtigen Schriftstücks ans richtige Gericht) ist der Übersender verantwortl. Überlässt der RA den Versand (wie bei Dokumenten mit qeS mögl) Kanzleiangestellten, muss er sicherstellen, dass diese mit den Anforderungen des elektron Rechtsverkehrs vertraut sind und dass Eingang und Inhalt der Eingangsbestätigung nach § 130a V 2 überwacht werden (näher zu den Anforderungen zum Erlangen von WE s § 233 Rn 23.15). Übernimmt er selbst den Versand, muss er auch dann die richtige Adressierung sicherstellen, wenn sie von geschultem Personal vorbereitet wurde (BGH NJW 2024, 83; zu uU fehlender Kausalität des Fehlers s Rn 28 u § 233 Rn 18).

31 Zum **Missbrauch des Übermittlungswegs** durch Unbefugte s Rn 8, 13.

§ 130b Gerichtliches elektronisches Dokument

[1]Soweit dieses Gesetz dem Richter, dem Rechtspfleger, dem Urkundsbeamten der Geschäftsstelle oder dem Gerichtsvollzieher die handschriftliche Unterzeichnung vorschreibt, genügt dieser Form die Aufzeichnung als elektronisches Dokument, wenn die verantwortenden Personen am Ende des Dokuments ihren Namen hinzufügen und das Dokument mit einer qualifizierten elektronischen Signatur versehen. [2]Der in Satz 1 genannten Form genügt auch ein elektronisches Dokument, in welches das handschriftlich unterzeichnete Schriftstück gemäß § 298a Absatz 2 übertragen worden ist.

1 **1) Bedeutung.** Vorschrift gilt für gerichtl Dokumente, die der Unterschrift bedürfen (Urteil, Beschluss, Protokoll [zu diesem s § 160a V], Protokollberichtigungsvermerk [§ 164 IV]) u eröffnet deren Aufzeichnung als elektron Dokument mit Ersetzung der Unterschrift durch Signatur, in S 2 die Übertragung eines handschriftl unterzeichneten Dokuments in elektron Form, welche sodann die Urschrift ersetzt (s BTDrs 18/12203, 77). Für Dokumente anderer Verfahrensbeteiligter gilt § 130a. Übertragung in Papierform (soweit keine elektron Aktenführung nach § 298a besteht): § 298. Ausfertigungen, Auszüge, Abschriften: § 317 III, § 329 I 2. Zur Zustellung s § 169 V, § 173.

2 **2) Signaturerfordernis.** Zur qeS s § 130a Rn 7. Ist die Unterschrift mehrerer Personen erforderl, bedarf es einer Mehrfachsignierung. Dabei ist zu beachten, dass die Signaturen nebeneinander erfolgen u die Signatur der mitverantwortenden Personen nicht, zB durch Zusätze, zerstört wird. Ggf ist ein neues Dokument herzustellen u zu signieren. Am Ende des Dokuments sind die Namen der Signierenden anzugeben (BTDrs 15/4067, 31). Vermerke (zB Ausfertigungs-, Verkündungsvermerk) können bei elektron Dokumenten dem Ursprungsdokument nicht hinzugefügt werden, da hierdurch die vorhandene digitale Signatur des Dokuments funktionslos würde. Daher werden die Vermerke auf einem gesonderten elektron Dokument erstellt und durch eine zusätzl Signatur mit dem Ursprungsdokument untrennbar verbunden (Viefhues NJW 2005, 1010).

3 **3) Mängel.** Fehlerhaftigkeit der qeS sowie Nichtübereinstimmen von Namensangabe u Signaturinhaber sind wie Mängel der Unterschrift zu behandeln (zum Urteil s § 315 Rn 8 f). Wurde die Signierung pflichtwidrig ei-

nem Dritten überlassen, hat dies auf die Wirksamkeit des Dokuments keinen Einfluss (MskV/Stadler Rn 2; MK/Fritsche Rn 4; Preuß ZZP 125 [2012], 151).

§ 130c Formulare; Verordnungsermächtigung

[1]Das Bundesministerium der Justiz und für Verbraucherschutz kann durch Rechtsverordnung mit Zustimmung des Bundesrates elektronische Formulare einführen. [2]Die Rechtsverordnung kann bestimmen, dass die in den Formularen enthaltenen Angaben ganz oder teilweise in strukturierter maschinenlesbarer Form zu übermitteln sind. [3]Die Formulare sind auf einer in der Rechtsverordnung zu bestimmenden Kommunikationsplattform im Internet zur Nutzung bereitzustellen. [4]Die Rechtsverordnung kann bestimmen, dass eine Identifikation des Formularverwenders abweichend von § 130a Absatz 3 auch durch Nutzung des elektronischen Identitätsnachweises nach § 18 des Personalausweisgesetzes, § 12 des eID-Karte-Gesetzes oder § 78 Absatz 5 des Aufenthaltsgesetzes erfolgen kann.

Bedeutung. Die VO-Ermächtigung soll der Vereinfachung und Standardisierung der gerichtl Verfahrensabläufe dienen. In der VO kann eine Einreichung bestimmter Erklärungen (zB Kostenfestsetzungsantrag, Anzeige von Veränderungen der persönl u wirtschaftl Verhältnisse im PKH-Verf, Einspruch gegen VU oder VB) in strukturierter maschinenlesbarer Form vorgeschrieben werden. Die Formulare sollen für jedermann kostenlos auf einer Kommunikationsplattform im Internet verfügbar sein. § 130c ermöglicht auch die Einführung von Formularen für Klage- und Klageerwiderungsschriften, wie sie für eine digitalisierte Aufbereitung des Prozessstoffs unerlässl sind (Althammer ZZP 137 [2024], 367, 378; näher Zwickel in Buschmann/Gläß/Gonska/Philipp/Zimmermann, Digitalisierung der gerichtlichen Verfahren und das Prozessrecht, 2018, S 179, 189, 201 ff). 1

§ 130d Nutzungspflicht für Rechtsanwälte und Behörden

[1]Vorbereitende Schriftsätze und deren Anlagen sowie schriftlich einzureichende Anträge und Erklärungen, die durch einen Rechtsanwalt, durch eine Behörde oder durch eine juristische Person des öffentlichen Rechts einschließlich der von ihr zur Erfüllung ihrer öffentlichen Aufgaben gebildeten Zusammenschlüsse eingereicht werden, sind als elektronisches Dokument zu übermitteln. [2]Ist dies aus technischen Gründen vorübergehend nicht möglich, bleibt die Übermittlung nach den allgemeinen Vorschriften zulässig. [3]Die vorübergehende Unmöglichkeit ist bei der Ersatzeinreichung oder unverzüglich danach glaubhaft zu machen; auf Anforderung ist ein elektronisches Dokument nachzureichen.

I) Bedeutung. Die in § 130d I Genannten können nur noch auf dem Weg des § 130a wirksame Erklärungen bei Gericht einreichen (dazu s § 130a Rn 4 ff; zu den hierbei zu beachtenden, WE ausschließenden Sorgfaltsanforderungen s § 233 Rn 23.15). Die Übermittlung als elektron Dokument ist eine vAw zu prüfende Wirksamkeitsvoraussetzung (BGH ZInsO 2022, 2579 Tz 14; BTDrs 17/12634, 27). Daher ist eine schriftl, per Fax oder E-Mail eingereichte Klage, vom Sonderfall der technischen Störung nach S 2 abgesehen (s Rn 4 ff), als unzulässig abzuweisen, eine Verteidigungsanzeige nach § 276 unbeachtl, ein Rechtsmittel unzulässig. Eine Übergabe von Schriftsätzen im Termin ist nicht mehr mögl (s § 132 Rn 4). Die Einhaltung der Vorschrift ist nicht verzichtbar (§ 295 II; s BTDrs 17/12634, 27). Eine Heilung nach § 130a VI scheidet aus, da sich diese Vorschrift nur auf die Geeignetheit des Dokuments, nicht auf den Übermittlungsvorgang bezieht (Schultzky MDR 2022, 201, 202). Zur Übermittlung an unzuständiges Gericht s § 130a Rn 23. 1

II) Pflicht zur elektronischen Einreichung (§ 130d S 1). 1) Erfasste Erklärungen. Die Pflicht zur Nutzung der elektron Form nach § 130a gilt für alle Arten von **schriftl Anträgen und Erklärungen gegenüber dem Gericht**, die der Schriftform bedürfen oder in schriftlicher Form abgegeben werden können (BGH NJW 2024, 2255 [Herberger]), insb die Klage (§ 253 IV) u die vorbereitenden Schriftsätze nach § 129 samt Anlagen (zu diesen s § 130a Rn 6). Ob die Erklärung auch zu Protokoll der GeschSt abgegeben werden könnte, spielt keine Rolle (BGH NJW 2024, 2255 [Herberger]; BGH MDR 2023, 316 [Schmitt MDR 2023, 552]; OLG Frankfurt MDR 2024, 596 [Beck MDR 2024, 756]). Die Vorschrift gilt in allen Verf der ZPO, somit auch im amtsgerichtl Verf (s § 496 Rn 2) u im ZwV-Verf (zum Vollstreckungsauftrag s § 753 V), im InsVerf gem § 4 InsO. Zu Verf nach dem FamFG s § 14b FamFG. Der Widerruf eines Prozessvergleichs wird erfasst, sofern er laut Vereinbarung gegenüber dem Gericht zu erklären ist (OLG Köln NJW 2023, 305). Nicht erfasst werden Urkunden, die vom Gericht nach § 142 oder § 273 II Nr 5 oder zu Beweiszwecken angefordert wurden oder im grenzüberschreitenden Rechtsverkehr zur Weiterleitung an eine ausländische Stelle bestimmt sind; soweit zusätzl eine Abschrift für die Akten eingereicht werden soll, ist allerdings die Pflicht zur Einreichung in elektron Form zu beachten (BTDrs 17/12634, 27). Zur Ausnahme für **Verschlusssachen** s § 43 EGZPO. 2

3 **2) Erfasste Einreicher.** Die Nutzungspflicht gilt insb für **Rechtsanwälte**. Darunter fallen auch Syndikusanwälte (§ 46c I BRAO; KG MDR 2023, 936; Heimann/Steidle NZA 2021, 521, 523; zu Verbandssyndikusanwälten s BAG NJW 2023, 2213), niedergelassene oder dienstleistende europäische Rechtsanwälte (§§ 2, 25 EuRAG; BGH NJW 2025, 2165; zur Einrichtung eines beA für Letztere s § 27a EuRAG) und Berufsausübungsgesellschaften (§ 59b BRAO; zu diesen s § 130a Rn 16), desgl RAe, die auch Steuerberater oder Wirtschaftsprüfer sind. Die Nutzungspflicht gilt auch für die Tätigkeit des RA als InsVerwalter (Büttner ZInsO 2022, 277, 278; nach BGH NJW 2023, 535 [abl Biallaß] jedenfalls für die Einlegung von Rechtsmitteln; aA Schwartz/Meyer ZInsO 2021, 2475, 2476), Berufsbetreuer (BGH MDR 2023, 1133), Verfahrenspfleger oÄ (BGH FamRZ 2023, 719; Müller/Müller FamRZ 2022, 1169 f). Ob im Verf Anwaltszwang besteht, ist unerhebl (BGH MDR 2025, 673 [Greger MDR 2025, 840]; OLG Frankfurt MDR 2022, 1368). Auch wenn sich der RA **in eigener Sache** selbst vertritt, muss er schriftl Einreichungen gem § 130a vornehmen, bei Auftreten als Privatperson (zB als Schuldner im ZwV- oder Teilungsversteigerungsverf) nach fragwürdiger Rspr des BGH jedenfalls dann, wenn er ein Rechtsmittel einlegt (iÜ offen lassend BGH NJW 2024, 2255 [krit Herberger]; BGH MDR 2025, 673 [krit Greger MDR 2025, 840] = NJW 2025, 1660 [krit Biallaß] = ZIP 2025, 1455 [krit Baumert]). – **Notare** werden – anders als nach § 14b FamFG im dortigen Verf u für das Ermöglichen von Zustellungen (§ 173 II 1 Nr 1) – nicht erfasst (jurisPK-ERV/Biallaß Rn 46). – Auch **Behörden und juristische Personen des öffentlichen Rechts** können nur noch elektron mit dem Gericht kommunizieren, bspw die Vollstreckungsbehörde (StA) bei Beitreibungsaufträgen an den GV (BGH WM 2023, 1467) oder die Staatskasse bei Beschwerden gegen PKH-Entscheidungen (OLG Bamberg MDR 2023, 459) oder im Vergütungsfestsetzungsverf (BGH MDR 2024, 187). – **Sachverständige** sind zwar uU zur Einrichtung eines sicheren Übermittlungswegs für den Empfang von Zustellungen (s § 173 Rn 10.11), aber (noch) nicht zur aktiven Nutzung verpflichtet. Dies sollte auch gelten, wenn der SV über eine Anwaltszulassung verfügt.

3a Sind **mehrere Übermittlungswege** mögl, kann Einreicher frei wählen; es besteht kein Vorrang des personenbezogenen beA (zB Verbandssyndikus zwischen beA u eBO, BAG ZIP 2025, 342, Natter/Bader NZA 2024, 165, 166 f; Behördensyndikus zwischen beA u beBPO, BSG ZMGR 2024, 149).

4 **III) Ersatzeinreichung bei technischer Störung (§ 130d S 2, 3). 1) Bedeutung.** Ist eine rechtzeitige Übermittlung aus technischen Gründen nicht möglich, kann der Schriftsatz auf den allg eröffneten Wegen übersandt werden (s Rn 7). Könnte auf diese Weise eine Frist noch gewahrt werden, scheidet eine WE aus. War auch eine fristgerechte Ersatzeinreichung zeitl nicht mehr mögl, hängt WE davon ab, ob RA hieran Verschulden trifft (zB wegen Fehlbedienung der eigenen Versandeinrichtung, vorzeitiger Aufgabe von Übermittlungsversuchen). Insofern behält die frühere Rspr zu Postverkehr, Telefax usw ihre Gültigkeit (s § 233 Rn 23.28, 23.37).

5 **2) Voraussetzungen. a)** Es muss sich um eine **technische Störung** handeln. Ob sie in der Sphäre des Gerichts oder des Einreichenden auftritt, ist unerhebl (BTDrs 17/12634, 27); darunter fällt daher auch die Funktionsstörung des zur Übermittlung benutzten Computers (BGH MDR 2023, 589 [Schwenker MDR 2023, 825]). Die Befreiung von der Pflicht zur elektron Einreichung greift aber nicht ein, wenn der Absender einen nach § 130a zugelassenen Übertragungsweg noch nicht eingerichtet (OLG Hamm FamRZ 2022, 1219) bzw sich oder sein Personal mit ihm nicht ausreichend vertraut gemacht (BayVGH NJW 2022, 3169; Müller/Müller FamRZ 2022, 1169, 1173) oder sich nicht um die Beseitigung einer schon länger andauernden Störung gekümmert hat (BGH RDi 2024, 327), wenn ihm (nur) die Übermittlung mit qeS unmögl ist, weil er nach Entwendung der beA-Karte zunächst als Ersatz nur eine solche ohne Signierfunktion erhalten hat (OLG Düsseldorf MDR 2022, 913), oder wenn er aus gesundheitl oder tatsächl Gründen seine Kanzleiräume nicht aufsuchen kann (BGH MDR 2023, 380 [Beck MDR 2023, 481]). Weitere Bsp: Biallaß NJW 2023, 25 ff.

6 **b)** Die Übermittlung muss **vorübergehend unmöglich** sein. Diese Voraussetzung stellt nicht auf die Dauer der Störung ab (Beck MDR 2024, 91, 92), sondern auf die Sicht des Absenders im Zeitpunkt der beabsichtigten Übermittlung. Es reicht aus, wenn sich aus einer zuverlässigen Quelle (zB https://egvp.justiz.de) ergibt, dass der Empfangsserver zzt ohne Zeitangabe nicht zu erreichen ist, oder wenn mehrere Sendeversuche trotz ordnungsgem Bedienung des Systems erfolglos geblieben sind (BGH NJW 2023, 3367 Tz 23 [Siegmund]). Der RA ist daher nicht verpflichtet, sich nach der befugten Ersatzeinreichung weiter um eine elektron Übermittlung zu bemühen (BGH NJW 2023, 3367 Tz 28 [Siegmund]; BGH ZIP 2023, 1594). Er darf aber auch nicht in der Hoffnung auf eine Behebung der Störung davon absehen, sich rechtzeitig um eine anderweitige Übermittlung zu kümmern (BAG MDR 2025, 274). Besteht die Möglichkeit einer elektron Übermittlung auf andere Weise, ist diese zu nutzen, zB wenn RA eine qeS nicht herstellen, den Schriftsatz aber ohne eine solche per beA übermitteln kann (OLG Düsseldorf MDR 2022, 913). Eine generelle Pflicht, mehrere Übertragungswege vorzuhalten, ist aber zu verneinen.

7 **3) Form.** Die Ersatzeinreichung kann auf den allg eröffneten Wegen erfolgen (per Post, Gerichtsbriefkasten oder Telefax mit Unterschrift gem § 130 Nr 6), nicht per einfacher E-Mail (wobei der BGH allerdings den Ausdruck einer der E-Mail angehängten PDF-Datei als schriftl Einreichung hat gelten lassen; BGH MDR 2019, 823 [Bacher *MDR 2019, 851*]; aA zu Recht BSG NJW 2017, 1197). Zum Unterschriftserfordernis, insb in Vertretungsfällen, s BGH MDR 2023, 384 (Schwenker MDR 2023, 342). Nachreichung als elektron Dokument nur auf Anforderung (§ 130d S 3 Hs 2).

4) Glaubhaftmachung (§ 130d S 3). Zusammen mit der Einreichung oder noch am selben Tag (BGH NJW 2023, 3367 [Siegmund] = MDR 2023, 1405 [Beck MDR 2024, 91]) ist die vorübergehende, dh zum Zeitpunkt des Übermittlungsversuchs bestehende (s Rn 6), Störung gem § 294 glaubhaft zu machen, auch wenn gerichtsbekannt oder offenkundig (BAG DB 2023, 267 Tz 39; OLG Düsseldorf MDR 2024, 1069). Hierzu bedarf es einer aus sich heraus verständl Schilderung der Störung, aus der sich auch ergibt, dass sie nicht auf in der Person des Einreichers liegenden Gründen beruht (BGH MDR 2024, 730 [Schultzky MDR 2024, 962]; BGH MDR 2024, 389 [Dirnberger MDR 2024, 622]). Die Versicherung, elektron Versand sei nicht möglich gewesen, genügt nicht, sondern es müssen die konkreten Umstände mitgeteilt werden (BGH MDR 2022, 1426; BGH MDR 2025, 674). Einer anwaltl Versicherung bedarf es nicht, wenn (zB mit einem Screenshot oder Ausdruck) auf eine zuverlässige Quelle Bezug genommen wird, zB die unter https://portal.beasupport.de/verfuegbarkeit dokumentierten Störungsmeldungen oder die Internetseite https://bea.expert (BGH MDR 2025, 269 [Schwenker MDR 2025, 365]; BGH NJW 2024, 903; BGH MDR 2024, 58 [Schwenker MDR 2024, 14]). 8

Die Glaubhaftmachung kann **nachgeholt** werden, jedoch nur, wenn für sie bis zum Fristablauf keine Zeit mehr verblieb (BGH NJW 2023, 456; BGH MDR 2023, 248; BTDrs 17/12634, 28; MskV/Stadler Rn 3; krit Toussaint EWiR 2023, 221); dies hat unverzügl zu geschehen, dh sobald der RA vom Scheitern der Einreichung Kenntnis hat u zur Schilderung der Abläufe in der Lage ist (BGH MDR 2022, 1426, 1427; BAG DB 2023, 267 Tz 38). Es besteht keine gesonderte Prüf- oder Überlegungszeit (BGH MDR 2023, 1063 Tz 21). Fehlt die unverzügl Glaubhaftmachung, ist die Ersatzeinreichung unwirksam (BGH MDR 2022, 1426 Tz 18; krit, auf Verhältnismäßigkeit abstellend, M. Vollkommer MDR 2023, 1213). 9

§ 130e Formfiktion

[1]Ist eine empfangsbedürftige Willenserklärung, die der schriftlichen oder elektronischen Form bedarf, klar erkennbar in einem vorbereitenden Schriftsatz enthalten, der als elektronisches Dokument nach § 130a bei Gericht eingereicht und dem Empfänger zugestellt oder mitgeteilt wurde, so gilt die Willenserklärung als in schriftlicher oder elektronischer Form zugegangen. [2]Dies gilt auch dann, wenn die Ersetzung der schriftlichen Form durch die elektronische Form ausgeschlossen ist.

Eingefügt durch G zur weiteren Digitalisierung der Justiz v 12.7.2024 (BGBl 2024 I Nr 234) mWv 17.7.2024.

1) Bedeutung. In Schriftsätzen werden gelegentl empfangsbedürftige materiell-rechtl Willenserklärungen (zB Kündigungen) abgegeben. Soweit hierfür Schriftform vorgesehen ist (zB in § 568 I, § 623 BGB oder durch Vertrag), konnten sie vor dem 17.7.2024 mit einem bei Gericht elektron eingereichten Schriftsatz nur wirksam abgegeben werden, wenn sie vom Gericht unter Aufrechterhaltung der qeS elektron gem § 173 an den Empfänger bzw mit Empfangsvollmacht ausgestatteten Vertreter (s § 81 Rn 10) weitergeleitet wurden (BGH ZIP 2025, 325 [Baumert ZIP 2025, 564]). Dies war allerdings technisch vielfach nicht mögl oder wird durch bes Vorschrift, zB § 623 BGB, ausgeschlossen. Auch die Übermittlung eines Ausdrucks des elektron Dokuments mit Transfervermerk nach § 298 III konnte keinen wirksamen Zugang bewirken (BGH MMR 2025, 129 = MDR 2025, 162 [Elzer MDR 2025, 225]). Deshalb wurde mit dem seit 17.7.2024 geltenden § 130e eine Fiktion des wirksamen Zugangs eingeführt (krit insb aus Sicht des Arbeitsrechts Bayreuther DB 2024, 1820). Sie umfasst auch die formgerechte Abgabe der Erklärung (BTDrs 20/10943, 57) u gilt auch dann, wenn die Ersetzung der schriftl Form durch die elektron Form ausgeschlossen ist (§ 130e S 2). Sie ist auf vor dem genannten Zeitpunkt abgegebene Erklärungen nicht anwendbar (BGH MMR 2025, 129 = MDR 2025, 162 Tz 23 ff [Elzer MDR 2025, 225]). 1

2) Voraussetzungen. a) Einreichung des elektron (vorbereitenden oder bestimmenden) Schriftsatzes bei Gericht entspr den Vorgaben des § 130a, also in der vorgeschriebenen Form u entweder mit qeS oder mit einfacher Signatur auf einem sicheren Übermittlungsweg. – **b) Zugang beim Adressaten**, gleich ob in Papierform oder elektron, auch bei Zustellung im Parteibetrieb, sofern der Schriftsatz parallel bei Gericht elektron eingereicht wurde (BTDrs 20/10943, 57). – **c) Klare Erkennbarkeit.** Mit diesem vom Rechtsausschuss des BT eingeführten Erfordernis soll verhindert werden, dass in Schriftsätzen enthaltene rechtsgeschäftl Erklärungen, insb Kündigungen, vom Adressaten übersehen werden (BTDrs 20/11788, 55). Es empfiehlt sich daher eine optische Hervorhebung oder ein bes Hinweis am Anfang des Schriftsatzes. Fehlt es hieran, ist die im Schriftsatz erklärte Kündigung unwirksam und wird die Präklusionsfrist nach §§ 4, 7 KSchG nicht ausgelöst. Die Wirksamkeit einer Schriftsatzkündigung kann zudem daran scheitern, dass keine diesbezügl Vollmacht beigefügt wurde u der Empfänger sie deswegen gem § 174 BGB unverzügl zurückweist; die Prozessvollmacht reicht hierfür uU nicht aus (näher Greger MDR 2024, 1013, 1014 f u – auch zu weiteren Fragen der Kündigung im Arbeitsrecht sowie der § 130e entspr Vorschrift des § 46h ArbGG – Bayreuther DB 2024, 1820, 1821 f). 2

§ 131 Beifügung von Urkunden

(1) Dem vorbereitenden Schriftsatz sind die in den Händen der Partei befindlichen Urkunden, auf die in dem Schriftsatz Bezug genommen wird, in Abschrift beizufügen.

(2) Kommen nur einzelne Teile einer Urkunde in Betracht, so genügt die Beifügung eines Auszugs, der den Eingang, die zur Sache gehörende Stelle, den Schluss, das Datum und die Unterschrift enthält.

(3) Sind die Urkunden dem Gegner bereits bekannt oder von bedeutendem Umfang, so genügt ihre genaue Bezeichnung mit dem Erbieten, Einsicht zu gewähren.

1 **1) Bedeutung.** Information von Gericht u Gegner über die Urk, auf die Partei Bezug nimmt (s § 129 Rn 6). Entfällt (zunächst), wenn Urk dem Gegner bereits bekannt oder sehr umfangreich; dann gilt § 131 III. Nicht beigefügte Anlagen werden allerdings nicht Gegenstand der mündl Verh u können im Urteil nicht verwertet werden (BGH NJW 1995, 1841); sie sind, ggf auf Anforderung des Gerichts, nachzureichen. Abschriften (s § 133) werden dem Gegner übermittelt (zur Übermittlung von RA zu RA s § 135; zu Mängeln bei der Klagezustellung s § 253 Rn 26). Gegner kann Niederlegung des Originals auf GeschSt verlangen u dort Einsicht nehmen (§ 134). Gericht kann vAw Vorlage nach §§ 142, 273 II Nr 5 anordnen. Sondervorschrift für den Urkundenbeweis: § 422, für den Urkundenprozess § 593 II.

2 **2) Form.** Nur Abschrift (Kopie). Unzulässig ist Beifügung in Urschrift, um Gefahr der Vernichtung bei Übertragung in elektron Dokumente (§ 298a) zu vermeiden. Muss eine Urk zu Beweiszwecken in Urschrift oder Ausfertigung vorgelegt werden, sind Vorkehrungen gegen den Verlust zu treffen (BTDrs 17/12634, 28). Für RA kommt gem § 130d nur noch Einreichung als elektron Dokument (Scan) in Betracht (dazu s § 130a Rn 6, § 133 I 2). Zur Beweiskraft elektron Dokumente s § 371a.

3 **3) Kosten.** S § 133 Rn 5.

§ 132 Fristen für Schriftsätze

(1) [1]Der vorbereitende Schriftsatz, der neue Tatsachen oder ein anderes neues Vorbringen enthält, ist so rechtzeitig einzureichen, dass er mindestens eine Woche vor der mündlichen Verhandlung zugestellt werden kann. [2]Das Gleiche gilt für einen Schriftsatz, der einen Zwischenstreit betrifft.

(2) [1]Der vorbereitende Schriftsatz, der eine Gegenerklärung auf neues Vorbringen enthält, ist so rechtzeitig einzureichen, dass er mindestens drei Tage vor der mündlichen Verhandlung zugestellt werden kann. [2]Dies gilt nicht, wenn es sich um eine schriftliche Gegenerklärung in einem Zwischenstreit handelt.

1 **1) Bedeutung.** § 132 soll der **rechtzeitigen Vorbereitung der mündl Verh** durch Gericht und Parteien unter hinreichender Gewährung rechtl Gehörs dienen. Die Vorschrift gilt nur für in vorbereitenden Schriftsätzen enthaltene Angriffs- und Verteidigungsmittel iSv §§146, 282 II u III, nicht für Sachanträge in bestimmenden Schriftsätzen (hierzu s § 282 Rn 2a; § 296a Rn 2a; aA WSch/Gerken Rn 3). Soweit zur Vorbereitung der mündl Verh richterl Fristen gesetzt wurden (§§ 273-277), gehen diese der Regel des § 132 vor. Ebenso gilt § 132 nur, wo schriftl Terminsvorbereitung überhaupt vorgeschrieben ist, also im Anwaltsprozess (§ 78), im Parteiprozess (§ 79) nur nach Anordnung gem § 129 II. Sonderregelung im Urk- und Wechselprozess § 593, für Rechtsmittelschriften und deren Erwiderung §§ 520, 521, 551.

2 **2) Rechtzeitigkeit.** Entscheidend ist **Zugang beim Gegner**. Für die Fristenberechnung gelten § 222 ZPO, §§ 187, 188 BGB, dh für Termin am Mittwoch muss Schriftsatz spätestens am Dienstag der Vorwoche zugehen (Druckenbrodt NJW 2013, 2390). Zur Wahrung der Frist empfiehlt sich Zustellung von RA zu RA (§ 195 I), da sonst gerichtl Bearbeitungs- und Postlaufzeit hinzukommen (Stackmann NJW 2011, 3538). – **Abkürzung der Frist** gem § 226 ist mögl, darf aber grds nicht der Verkürzung des rechtl Gehörs für den Gegner dienen. **Verlängerung der Frist** ist durch richterl Fristsetzung (s Rn 1) oder durch Terminsverlegung (§ 227) mögl.

3 **3) Nichteinhaltung der Frist.** Sie führt nur unter den Voraussetzungen des § 296 zur Nichtberücksichtigung. Diese Voraussetzungen fehlen aber, wo Abhilfe gem § 283 mögl ist. Der Gegner ist nicht befugt, allein wegen Verspätung des Schriftsatzes die Einlassung zu verweigern oder Vertagung zu beantragen, anstatt gem § 283 zu erwidern (BVerfG NJW 89, 705; BVerfG NJW 80, 277; BGHZ 94, 195 = NJW 85, 1539,1543; s § 283 Rn 3).

4 Die (früher vielfach übliche, aber sinnwidrige, da nicht mehr vorbereitende) **Übergabe von Schriftsätzen im Termin** ist für Anwälte wegen der Pflicht zur elektron Einreichung nach § 130d nicht mehr mögl. Für eine teleologische Reduktion (Hettenbach/Müller NJW 2022, 815; ähnlich LAG Niedersachsen NZA-RR 2022, 632 Tz 82; offenlassend, *aber mit abl Tendenz* BAG NZA 2023, 1105 Tz 60) besteht keine Grundlage (so auch Siegmund NJW 2023, 1681, 1683; zweifelnd Herberger NJW 2024, 2258). Solche Anwaltsschriftsätze muss das Gericht zurückweisen. Ihr Inhalt kann nur durch mündl Vortrag Prozessstoff werden (PG/Prütting Rn 3); Verle-

sung ist unzulässig (§ 137 II). Auf Antrag Aufnahme ins Protokoll (§ 160 IV, ggf mittels Anlage nach V). Gegner hat – sofern er sich auf das mündl Vorbringen nicht sofort äußern kann – Schriftsatzrecht nach § 283. Dies gilt auch, wenn der Schriftsatz noch vor Ende der Sitzung elektronisch ans Gericht gesandt wird (Vorschlag von Siegmund NJW 2023, 1681, 1683). Wird infolge der verspäteten Einreichung Vertagung nötig, kann bei Verschulden Verzögerungsgebühr nach § 38 GKG auferlegt werden (Dötsch MDR 2015, 566). Zur Behandlung von **nach dem Schluss der mündlichen Verhandlung** (§ 136 IV) eingereichten Schriftsätzen s § 296a.

4) Fristbemessung. Die Fristen des § 132 sind **Mindest-Fristen**; sie können durchaus länger zu bemessen sein (sonst Versagung des rechtl Gehörs), wo im Einzelfall nicht zu vertretende Informationsschwierigkeiten vorliegen (BGH NJW 89, 716; OLG München MDR 80, 147; OLG Hamm NJW 80, 294). Ist das erkennbar der Fall, so ist gem § 227 zu verfahren, falls nicht § 296 die selbst in der Wochenfrist des § 132 vorgetragenen Angriffs- und Verteidigungsmittel als verspätet zu behandeln gebietet (hierzu s § 282 Rn 4a u § 296 Rn 16). 5

§ 133 Abschriften

(1) [1]Die Parteien sollen den Schriftsätzen, die sie bei dem Gericht einreichen, die für die Zustellung erforderliche Zahl von Abschriften der Schriftsätze und deren Anlagen beifügen. [2]Das gilt nicht für elektronisch übermittelte Dokumente sowie für Anlagen, die dem Gegner in Urschrift oder in Abschrift vorliegen.

(2) Im Falle der Zustellung von Anwalt zu Anwalt (§ 195) haben die Parteien sofort nach der Zustellung eine für das Prozessgericht bestimmte Abschrift ihrer vorbereitenden Schriftsätze und der Anlagen bei dem Gericht einzureichen.

1) Bedeutung. Sicherung der gleichlaufenden Information von Prozessgegner u Gericht über Inhalt u Anlagen vorbereitender Schriftsätze (§§ 129, 131). Im Zuge des elektron Rechtsverkehrs hat die Vorschrift weitgehend ihre Bedeutung verloren. 1

2) Einreichung bei Gericht (§ 133 I). Abschriften sind entspr der Zahl der Gegner beizufügen. Gesonderte Abschriften für Partei und RA sind üblich, aber nicht vorgeschrieben (OLG Düsseldorf NJOZ 2004, 35, 37; MK/Fritsche Rn 2). Bei Einreichung per Telefax (s § 130 Rn 16 ff) sind die Doppel mitzufaxen oder unverzügl nachzureichen (VGH Kassel NJW 91, 316). Bei Einreichung in **elektron Form** (§ 130a) entfällt das Beifügen von Abschriften (I 2; für die Zustellung an den Gegner etwa erforderl Ausdrucke fertigt die GeschSt (BTDrs 15/4067, 31, auch zur fehlenden Auslagenpflicht). Unnötig auch Abschriften von Anlagen, die dem Gegner bereits vorliegen (darauf ist GeschSt hinzuweisen, damit sie keine Abschriften fertigt). Zur Beglaubigung der Abschriften s § 169 Rn 7 ff. 2

3) Zustellung von Anwalt zu Anwalt (§ 133 II). In diesem Fall ist dem Gericht sofort eine (nicht notwendig beglaubigte) Abschrift von Schriftsatz u Anlagen mit dem Hinweis auf die bereits außergerichtl erfolgte Zustellung zuzuleiten (näher s § 195 m Erl). Zweckentsprechend und damit unbedenkl ist es auch, die Urschrift bei Gericht (mit Hinweis, dass selbst zugestellt wird) einzureichen u dem Anwalt Abschriften zuzustellen (MK/Fritsche Rn 6). 3

4) Verstoß. Fehlende Abschriften fordert die GeschSt bei der einreichenden Partei an oder fertigt sie auf deren Kosten selbst an (s Rn 5). Wird hierdurch eine Vertagung oder Terminsverlegung nötig, kommen Kostenfolgen gem § 95 ZPO, § 38 GKG in Betracht, nicht aber Präklusionsfolgen (StJ/Kern Rn 7). 4

5) Kosten. a) Gericht: Muss das Gericht von der Partei nicht beigefügte Abschriften (§ 133 I 1, § 253 V 1, § 340a S 3) selbst herstellen, geht dies (nur) zu Lasten dieser Partei (§ 28 I 2 GKG; 9000 Nr 1b GKG-KV). Kostenschuldner ist die Partei, nicht ihr ProzBev (OLG Koblenz MDR 2017, 307). Da die Pflicht, Abschriften (Kopien) beizufügen, nicht für elektron übermittelte Dokumente (§ 133 I 2, § 253 V 2, § 340a S 4) gilt, fallen in diesem Fall keine Auslagen für Mehrfertigungen an, die die GeschSt zB für eine Zustellung in Papierform herstellt. – **b) RA:** Mit der VerfGeb VV 3100 sind die Auslagen des ProzBev für seine Schriftsätze abgegolten (Vorbem 7 I 1 RVG-VV). Zusätzl gefertigte Kopien u Ausdrucke sind nach VV 7000 zu vergüten. Übermittlung per Telefax steht der Herstellung einer Kopie gleich. – 7000 I 1b, 1c RVG-VV stellt nicht auf die Zahl der Auftraggeber und Gegner ab, sondern auf die Zahl der Kopien (mehr als 100). Die Vergütungspflicht besteht erst für die 101. und die folgenden Kopien. Unbillig und in sich nicht schlüssig wäre, bei mehr als 100 Kopien *alle* zu vergüten, bis zu 100 aber *keine* (OLG Hamburg MDR 2011, 1014). Zur Erstattungsfähigkeit s § 91 Rn 13.10. 5

§ 134 Einsicht von Urkunden

(1) Die Partei ist, wenn sie rechtzeitig aufgefordert wird, verpflichtet, die in ihren Händen befindlichen Urkunden, auf die sie in einem vorbereitenden Schriftsatz Bezug genommen hat, vor der mündlichen Verhandlung auf der Geschäftsstelle niederzulegen und den Gegner von der Niederlegung zu benachrichtigen.

(2) [1]Der Gegner hat zur Einsicht der Urkunden eine Frist von drei Tagen. [2]Die Frist kann auf Antrag von dem Vorsitzenden verlängert oder abgekürzt werden.

1 **1) Bedeutung.** Der Prozessgegner soll die Möglichkeit haben, das Original einer im Schriftsatz in Bezug genommenen, aber nicht oder (nach § 131 I zutr) nur in Abschrift beigefügten Urk schon vor der mündl Verh einzusehen, auch wenn das Gericht keine Anordnung nach § 142 I getroffen hat. **Unterlassene Aufforderung oder Einsichtnahme** kann zu Verlust von Einwendungen gegen die Echtheit der Urk gem § 282 I, § 296 II führen (MK/Fritsche Rn 7; MskV/Stadler Rn 4; aM StJ/Kern Rn 4).

2 **2) Aufforderung.** Sie kann der Gegner formlos u ohne Anwaltszwang (StJ/Kern Rn 5) an den Bezugnehmenden richten. Alternativ (u in der Praxis übl): Anregung einer Vorlageanordnung des Gerichts nach § 142 I. Aufforderung muss so **rechtzeitig** vor mündl Verh ergehen, dass angemessene Zeit für Niederlegung und Einsichtnahme verbleibt.

3 **3) Verfahren. Einsichtnahme** nur auf GeschSt des Prozessgerichts. Versendung an anderes Gericht allenfalls mit Zustimmung des Vorlegenden (PG/Prütting Rn 3; MK/Fritsche Rn 3); bei Verlust uU Haftung aus Verletzung des öff-rechtl Verwahrungsverhältnisses (MskV/Stadler Rn 2). Zwischen RA ersatzweise unmittelbare Überlassung nach § 135 mögl (StJ/Kern Rn 2). Für Einsichtnahme kein Anwaltszwang (MK/Fritsche Rn 1). – **3-Tages-Frist (§ 134 II)** läuft ab Benachrichtigung des Gegners (StJ/Kern Rn 3). Dieser kann beim Vors Verlängerung beantragen, Vorlegender auch Verkürzung (was nur bei dringendem Angewiesensein auf die Urk in Betracht kommt). – Nach Fristablauf **Rückgabe**. Gericht kann aber Verbleib auf der GeschSt nach § 142 I 2 (befristet), bei Fälschungsverdacht nach § 443 (ohne Zeitbestimmung) anordnen (MK/Fritsche Rn 5).

4 **4) Verweigerte oder verspätete Niederlegung.** Sie kann zu Schriftsatzfrist für den Gegner nach § 283, unter den Voraussetzungen von § 282 II, § 296 II zur Nichtberücksichtigung des mit der Urk zu belegenden Tatsachenvortrags führen (StJ/Kern Rn 4 iVm § 129 Rn 13).

§ 135 Mitteilung von Urkunden unter Rechtsanwälten

(1) Den Rechtsanwälten steht es frei, die Mitteilung von Urkunden von Hand zu Hand gegen Empfangsbescheinigung zu bewirken.

(2) Gibt ein Rechtsanwalt die ihm eingehändigte Urkunde nicht binnen der bestimmten Frist zurück, so ist er auf Antrag nach mündlicher Verhandlung zur unverzüglichen Rückgabe zu verurteilen.

(3) Gegen das Zwischenurteil findet sofortige Beschwerde statt.

1 **1) Anwendungsbereich.** § 135 gilt – als Alternative zu § 134 – auch im Parteiprozess, wenn beide Parteien anwaltl vertreten sind.

2 **2) Zwischenstreit über die Rückgabe der Urkunde.** Zulässig nach Ablauf der Frist des § 134 II oder einer vereinbarten Frist; wurde zwischen den RA eine Rückgabefrist nicht vereinbart, jedoch einseitig vom herausgabeberechtigten RA gesetzt, ist diese Frist maßgebl. Parteien des Zwischenstreits sind die Partei, der die Urk gehört, und der RA des Gegners (MskV/Stadler Rn 2), nicht der Gegner selbst. Das Gericht muss (Ausnahme § 128 II) mündl Verh anberaumen. Streitiges Zwischenurteil auch bei Säumnis; kein VU. Die Kosten sind dem verurteilten RA (nicht seiner Partei) aufzuerlegen, soweit nach Antrag erkannt. Das Zwischenurteil ist gem § 794 I Nr 3, § 883 vollstreckbar. Sof Beschwerde (§ 567) hat keine aufschiebende Wirkung.

3 **3) Gebühren. a) Gericht:** Das Zwischenurteil nach II hindert eine Gebührenermäßigung nach 1211 GKG-KV (s § 303 Rn 12). – Beschwerdeverf: 1812 GKG-KV. – **b) RA:** Zwischenstreit: Die Tätigkeit gehört zum Rechtszug, § 19 I 2 Nr 3 RVG; Beschwerdeverf: 3500 RVG-VV; 3513 RVG-VV.

§ 136 Prozessleitung durch Vorsitzenden

(1) Der Vorsitzende eröffnet und leitet die Verhandlung.

(2) [1]Er erteilt das Wort und kann es demjenigen, der seinen Anordnungen nicht Folge leistet, entziehen. [2]Er hat jedem Mitglied des Gerichts auf Verlangen zu gestatten, Fragen zu stellen.

(3) Er hat Sorge zu tragen, dass die Sache erschöpfend erörtert und die Verhandlung ohne Unterbrechung zu Ende geführt wird; erforderlichenfalls hat er die Sitzung zur Fortsetzung der Verhandlung sofort zu bestimmen.

(4) Er schließt die Verhandlung, wenn nach Ansicht des Gerichts die Sache vollständig erörtert ist, und verkündet die Urteile und Beschlüsse des Gerichts.

1 **1) Aufgaben des Vorsitzenden. In der mündlichen Verhandlung** und in der Güteverh nach § 278 II obliegt dem Vors (dem Amtsrichter gem § 495; dem ER gem § 348) die Prozessleitung sowohl in formeller (s § 136 I,

II, IV; §§ 173 ff GVG) als auch in sachl Hinsicht (s § 136 III Hs 1; zu rechtl Hinweisen s § 139 Rn 12). Er kann einzelne Aufgaben auf einen Beisitzer übertragen.

Außerhalb der mündlichen Verhandlung obliegt dem Vors neben der materiellen Prozessleitung (zB durch vorbereitende Anordnungen § 273 II) insb der formelle Prozessbetrieb (zB Terminsbestimmung § 216, Abkürzung von Zwischenfristen § 226 III). 2

2) Rechtsbehelf. Beschwerde zum übergeordneten Gericht nach Maßgabe des § 567 I, bei Anordnungen zur Sachleitung in der mündl Verh nur Anrufung des Kollegiums (§ 140). 3

3) Schluss der mündlichen Verhandlung (§ 136 IV). Er erfolgt, idR schlüssig durch Bestimmung des Verkündungstermins (§ 310), sobald nach Ansicht aller Richter (wovon sich der Vors zu überzeugen hat) die Sache vollständig erörtert ist. Kein Schluss der mündl Verh bei bloßer Vertagung. Soll ein Urteil am Ende der Sitzung verkündet werden, ist die Verh nicht zu schließen, sondern nur zu unterbrechen (s § 310 Rn 3). – **Folge des Verhandlungsschlusses:** Die Parteien verlieren (vorbehaltl § 283) das Recht auf Berücksichtigung weiteren Vorbringens, § 296a. Wegen der Behandlung nachgereichter Schriftsätze s § 296a Rn 3 f. Präklusionswirkung: § 323 II, § 767 II. Der Verhandlungsschluss entscheidet über die Säumnisfolgen (§ 220 II, § 231 II), die Richter iS § 309 (vgl Volmer NJW 70, 1300), die Unterbrechungswirkung iS § 249 III und die Geständnisfiktion des § 138 III. – Wiedereröffnung s § 156. 4

§ 137 Gang der mündlichen Verhandlung

(1) Die mündliche Verhandlung wird dadurch eingeleitet, dass die Parteien ihre Anträge stellen.

(2) Die Vorträge der Parteien sind in freier Rede zu halten; sie haben das Streitverhältnis in tatsächlicher und rechtlicher Beziehung zu umfassen.

(3) [1]Eine Bezugnahme auf Dokumente ist zulässig, soweit keine der Parteien widerspricht und das Gericht sie für angemessen hält. [2]Die Vorlesung von Dokumenten findet nur insoweit statt, als es auf ihren wörtlichen Inhalt ankommt.

(4) In Anwaltsprozessen ist neben dem Anwalt auch der Partei selbst auf Antrag das Wort zu gestatten.

1) Ablauf der mündlichen Verhandlung. Nach dem Aufruf der Sache (§ 220) u der Eröffnung der Verh (§ 136 I) folgt nach **I** das Stellen der **Anträge**. Ist nicht ohnehin eine Güteverh (§ 278 II) unmittelbar vorausgegangen, kann der Vors auch schon vor der Antragstellung mit den Parteien informelle Erörterungen über das Verf führen, zB über den Prozessablauf, die Prozessrisiken u Möglichkeiten zu ihrer Vermeidung. Dies ist noch keine mündl Verh iSd ZPO u lässt die Möglichkeit einer einseitigen Klagerücknahme offen (s § 269 Rn 13). Zum weiteren Ablauf s § 279 II, III. 1

2) Antragstellung (§ 137 I). Sie geschieht durch Verlesung des schriftsätzl angekündigten Antrags oder Bezugnahme auf diesen, mit Zustimmung des Vors auch mündl zu Protokoll (§ 297). Der einmal gestellte Antrag bleibt bis zur Stellung eines neuen Antrags gültig; Wiederholung am Ende des Termins oder in Fortsetzungstermin daher nicht erforderl (BGH NJW 2004, 2019, 2021), auch nicht bei Richterwechsel (MK/Fritsche Rn 5; Kirchner NJW 71, 2158; aA BAG NJW 71, 1332) oder unwirksamer Klagerücknahme (BGHZ 141, 185, 193), aber der Klarheit dienl. Antragstellung kann nicht rückgängig gemacht werden, um Säumnis herbeizuführen (OLG München MDR 2011, 384). – Protokollierung der Anträge: § 160 III Nr 2. 2

3) Parteivortrag (§ 137 II, III). Verlesung der Schriftsätze ist unzulässig (Wortentziehung: § 136 II). Anstatt der freien Rede toleriert die Rspr aber aus verfahrensökonomischen Gründen die **Bezugnahme** auf das schriftl Vorbringen und wertet bereits die vorbehaltlose Antragstellung mit anschließender Verh (dazu BGH NJW 1999, 2120, 2123) als Bezugnahme auf den gesamten bis dahin vorliegenden Inhalt der Verfahrensakten (BGH MDR 1981, 1012; BGH NJW 2004, 1876, 1879); auf Erwähnung im Urteil kommt es dabei nicht an (BGH NJW-RR 1996, 379). Dies gilt auch für Beweisangebote (s vor § 284 Rn 3). Zu Anlagen der Schriftsätze s § 129 Rn 6. – **Einschränkungen** der konkludenten Bezugnahme auf den Akteninhalt können sich aus dem Fallenlassen oder Ändern von Vortrag in der mündl Verh ergeben (Protokollierung nicht vorgeschrieben, aber ratsam; StJ/Kern Rn 16). Zu Ausschluss der Bezugnahme auf einzelne Schriftstücke s Rn 3b. – Zur Bedeutung des Urteilstatbestands für die Feststellung des Parteivortrags s § 313 Rn 18, § 314 Rn 4 ff. 3

Zulässig auch **Bezugnahme auf Dokumente** aller Art (Briefe, Beiakten, Beweisprotokolle, die bish in der Sache ergangenen Urteile), die jedoch nur dann zum Gegenstand der mündl Verh und damit zur Entscheidungsgrundlage werden, wenn sie (durch Beifügung von Abschriften [s § 131 Rn 2] oder Beiziehung) zu den Gerichtsakten gelangt sind (BGH NJW 95, 1841). Bei umfangreichen Schriftstücken, zB Büchern, genaue Bezeichnung der in Bezug genommenen Stelle (BGH NJW 56, 1878). Auch beigezogene Akten werden durch pauschale Bezugnahme nicht mit ihrem ganzen Inhalt zum Prozessstoff, sondern nur insoweit, als sie einen von den Parteien vorgetragenen Sachverhalt betreffen (BGH NJW 94, 3295, 3296; BGH MDR 2014, 1168). 3a

3b **Ausschluss der Bezugnahme** nach § 137 III 1 durch prozessleitende Verfügung des Vors (§ 136), wenn eine Partei widerspricht (u der Vors, ggf das Gericht nach § 140, den Widerspruch nicht als rechtsmissbräuchl bewertet; MK/Fritsche Rn 11) oder wenn das Gericht die Bezugnahme für unangemessen hält, zB weil der betr Schriftsatz entgegen § 132 zu kurz vor der Verh eingereicht wurde oder nicht die vom Gericht verlangte Strukturierung (s § 129 Rn 4) aufweist (MskV/Stadler Rn 3; AG/Anders Rn 30; Gutdeutsch/Maaß NJW 2022, 1567). Ein Ausschluss der Bezugnahme ist aktenkundig zu machen, dem Einreicher Gelegenheit zum mündl Vortrag zu geben, angesichts der vom Gewöhnl abw Praxis spätestens bei der Ladung (OLG Koblenz MDR 2023, 320; Gutdeutsch/Maaß NJW 2022, 1567, 1568). Ein erst in der Sitzung übergebener Anwaltsschriftsatz ist nach § 130d ohnehin unbeachtl (s § 132 Rn 4).

4 **4) Persönliche Erklärung (§ 137 IV).** Recht dazu hat im AnwProzess auch die Partei selbst, ebenso ihr ges Vertreter und der Streithelfer. Jedoch steht ihr dieses Recht (anders als das Fragerecht gem § 397 II) nur „neben dem Anwalt", also nur bei dessen Anwesenheit zu (BVerwG NJW 84, 625; StJ/Kern Rn 15). Das Übergehen einer Wortmeldung der Partei kann grds Versagung des rechtl Gehörs sein (BayVerfGH NJW 61, 1523), doch setzt das voraus, dass die Partei sich erkennbar zu Wort gemeldet hatte und gegen eine Zurückweisung ihrer Wortmeldung alle prozessualen Rechtsbehelfe (insb § 140) ausgeschöpft hat (BayVerfGH NJW 84, 1026). Ggf ist für sie ein Dolmetscher zu bestellen (BGH MDR 2018, 689; sa § 185 GVG Rn 1a). Zu Widerspruch zwischen Partei und RA s § 85 Rn 7 ff. Zur Frage einer Geständniswirkung s § 288 Rn 3c. Bei missbräuchl Rechtsausübung (zB Weitschweifigkeit oder Ablesen vorbereiteter Erklärungen entgegen II) darf der Vors das Wort entziehen (§ 136 II). Zur Abgrenzung vom Fragerecht bei der Beweisaufnahme s § 397 Rn 1.

5 **Zwingendes Erfordernis** kann die persönl Erklärung der Partei aufgrund von Formvorschriften des materiellen Rechts sein, so bei Erbverzicht (§ 2347 II BGB) oder Erbvertrag (§ 2274 BGB) im Prozessvergleich (BayObLG NJW 65, 1276). Diese Erklärung der Partei muss, um wirksam zu sein, vor Eintritt des Erbfalls im Protokoll beurkundet sein (§§ 2348, 2276, 2240 BGB); eine nachträgl ProtErgänzung oder -Berichtigung (§ 164) könnte nicht rückwirkend heilen, vgl § 162. – Wegen **Aufrechnungserklärung** der Partei persönl s § 145 Rn 11.

§ 138 Erklärungspflicht über Tatsachen; Wahrheitspflicht

(1) Die Parteien haben ihre Erklärungen über tatsächliche Umstände vollständig und der Wahrheit gemäß abzugeben.

(2) Jede Partei hat sich über die von dem Gegner behaupteten Tatsachen zu erklären.

(3) Tatsachen, die nicht ausdrücklich bestritten werden, sind als zugestanden anzusehen, wenn nicht die Absicht, sie bestreiten zu wollen, aus den übrigen Erklärungen der Partei hervorgeht.

(4) Eine Erklärung mit Nichtwissen ist nur über Tatsachen zulässig, die weder eigene Handlungen der Partei noch Gegenstand ihrer eigenen Wahrnehmung gewesen sind.

Lit: *Gomille*, Informationsproblem und Wahrheitspflicht, 2016; *Hackenberg*, Die Erklärung mit Nichtwissen (§ 138 IV ZPO), 1995; *Kiehne*, Tatsachendisposition im Zivilprozess, 2024; *Morhard*, Die Informationspflicht der Parteien bei der Erklärung mit Nichtwissen, 1993; *C.H. Müller*, Beweisverbot und Sachvortragsverbot, 2019; *Prange*, Mat-rechtl Sanktionen bei Verletzung der prozessualen Wahrheitspflicht durch Zeugen u Parteien, 1995.

1 **I) Wahrheitspflicht (§ 138 I).** Sie obliegt – unabhängig von einer mat-rechtl Offenbarungspflicht, zB §§ 666, 1379, 1891 II, §§ 2027, 2028, 2314 BGB – den Parteien und ihren Bevollmächtigten als öff-rechtl Pflicht dem Gericht und dem Gegner ggü im Interesse einer geordneten Rechtspflege. Sie gilt in jedem Verf der ZPO, insb auch für die Glaubhaftmachung im einstw Rechtsschutz (näher Greger FF 2018, 184, 189); zum schiedsgerichtl Verf BGHZ 23, 198.

2 **1) Inhalt.** Sie ist Pflicht zur **subj Wahrhaftigkeit** iSe Verbotes der wissentl Falschaussage und erstreckt sich auf **Behauptung und Bestreiten tatsächl Umstände**. Dazu gehört auch die Erklärung über sog Rechtstatsachen, dh rechtl Gegebenheiten durch allg geläufige Begriffe wie zB Eigentum (BGH DtZ 95, 328), öffentl Weg (BGH NJW 98, 2058, 2060) oder Erbe (BGH LM § 260 ZPO Nr 1; zur begrenzten Geständnisfähigkeit solcher Rechtstatsachen aber s Rn 11a u § 288 Rn 1a). Häufig zwingt das Ges die Partei, Tatsachen als anspruchsbegründend zu behaupten, die sie idR nicht wissen kann, so insb subj Gegebenheiten beim Gegner (Bösgläubigkeit § 932 BGB; geheimer Vorbehalt § 116 BGB; mangelnde Ernstlichkeit § 118 BGB; Arglist, Vorsatz oder Fahrlässigkeit, Ursächlichkeit, künftige Ereignisse wie Eintritt von Unterhaltspflicht oder Folgeschäden [BGH NJW 68, 1233]) oder Umstände, deren Feststellung nur einem bes Sachkundigen mögl ist (BGH NJW 95, 1160 = MDR 95, 407). Dies verstößt nicht gegen § 138 I, der nur die bewusste Lüge verbietet (BGH NJW 2004, 2096, 2097; Greger FF 2018, 184, 186). Zum Beweisantritt in diesen Fällen s vor § 284 Rn 8d.

3 **2) Verstoß.** Verstoß gegen die Wahrheitspflicht ist die bewusste Behauptung unwahrer Tatsachen, ebenso das Verschweigen bekannter Tatsachen, deren Vortrag für die begehrte Entscheidung erforderl ist (sog Halbwahr-

heit, BGH MDR 59, 589), sowie das eigener Überzeugung widersprechende Bestreiten (StJ/Kern Rn 12). Ob die Partei die betr Tatsache für erhebl hält, ist ohne Belang (BGH NJW 2011, 2794). Die Wahrheitspflicht geht zwar nicht so weit, den Gegner von der Darlegungslast zu befreien (BGH MDR 91, 226 = ZZP 104 [1991], 203 [krit Stürner]); ihm bekannte **rechtshemmende oder -vernichtende Tatsachen** darf der Kl aber nicht übergehen (StJ/Kern Rn 11), zB nicht den vollen Betrag einklagen, obwohl er weiß, dass er bereits eine Teilzahlung erhalten hat (WSch/Gerken Rn 20; MK/Fritsche Rn 6) oder sich dieser Erkenntnis entzieht (Greger FF 2018, 184, 186). Ebenso muss er vortragen, dass der Bekl eine **Einrede** erhoben hat (selbstverständl aber nicht die Möglichkeit einer Einrede; MK/Fritsche Rn 7). Dass die Partei sich oder einen Angehörigen durch wahrheitsgemäßen Vortrag einer **Straftat oder Unehrenhaftigkeit** bezichtigen müsste, berechtigt sie nicht zu wahrheitswidrigem Behaupten oder Bestreiten (MskV/Stadler Rn 3; Stürner, Die Aufklärungspflicht der Parteien, S 174 ff; Greger FF 2018, 184, 187). Sie kann von entspr Vorbringen absehen, hat dann aber ggf die prozessualen Konsequenzen (Nichterfüllung der Darlegungslast bzw § 138 III) zu tragen (BGH NJW 2018, 65 Tz 27).

Vorbringen, dessen Beweis einem **Verwertungsverbot** unterläge (s § 286 Rn 15a ff), sollte der Gegner nicht 3a wahrheitswidrig bestreiten (was den Vorwurf des versuchten Prozessbetrugs begründen könnte), sondern unter Hinweis auf das Verwertungsverbot unerwidert lassen (Dyck/Ittner NJW 2021, 1633, 1636). Bejaht das Gericht das Verbot, darf es das Vorbringen nicht als zugestanden werten (BAG NZA 2011, 571 Tz 32; BGH NJW 2012, 301, 302; Schreiber ZZP 122 [2009], 241 f; sa § 286 Rn 14a), auch nicht für Vorhalte oder bei der Beweiswürdigung verwenden. Verneint es das Verbot, muss es hierauf hinweisen; bestreitet der Beweisgegner nunmehr, ist der Beweis zu erheben; sieht er im Hinblick auf die Wahrheitspflicht vom Bestreiten ab, besteht kein Anlass mehr zur Beweiserhebung. Es bedarf somit (entgegen Heinemann MDR 2001, 137, 141) keiner Einschränkung der Wahrheitspflicht, um berechtigte Interessen des Beweisgegners zu wahren (iErg wie hier mithilfe eines Sachvortragsverwertungsverbots MskV/Stadler Rn 3a mwN; C.H. Müller S 165 ff).

Kein Verstoß gegen die Wahrheitspflicht, wenn Partei das von ihr für falsch gehaltene Vorbringen des Gegners 4 nicht bestreitet oder zugesteht, sofern dies nicht zu Lasten eines Dritten geht (die Vermeidung einer aufwendigen, unsicheren Beweisaufnahme kann im allseitigen Interesse liegen; StJ/Kern Rn 6; Greger FF 2018, 184, 188; aA MskV/Stadler Rn 4; Bedenken bei MK/Fritsche Rn 12), oder wenn sich eine Partei eine dem eigenen Sachvortrag widersprechende Behauptung des Gegners hilfsw zu eigen macht, ohne von der Unrichtigkeit überzeugt zu sein (BGH NJW 95, 2843, 2846; eingeh Wagner, Prozessverträge, 1998, S 625 mwN). Zur Frage der Schlüssigkeit in solchen Fällen s vor § 253 Rn 23, zur Bindungswirkung s Rn 7, 9. – Die Partei ist auch nicht gehindert, ihren Sachvortrag zu **berichtigen** oder zu ergänzen; eine Beweiserhebung darf nicht mit dieser Begründung unterbleiben (BGH MDR 2025, 187 [Greger MDR 2025, 227]). Dasselbe gilt, wenn hilfsweise, dh für den Fall, dass das Gericht den Hauptvortrag nicht für wahr erachtet, ein abweichender Sachverhalt vorgetragen wird. Mit dem Hauptvorbringen unvereinbares Hilfsvorbringen kann dagegen nicht für den Fall geltend gemacht werden, dass das Hauptvorbringen nur rechtl nicht zum Erfolg führt. Der Partei steht es nicht frei, dem Gericht mehrere miteinander unvereinbare Sachverhalte zu unterbreiten mit dem Ziel, mit einem davon rechtl durchzudringen. Der hierin liegende Verstoß gegen die Wahrheitspflicht macht das Hilfsvorbringen unbeachtl (BGH MDR 2019, 1079).

Eine **Parteivereinbarung**, die auf ein (nach Maßgabe von Rn 2 ff) gegen die Wahrheitspflicht verstoßendes Geständnis, Nichtbestreiten oder Nichtvortragen gerichtet ist, ist gem § 134 BGB unwirksam (WSch/Gerken 5 Rn 23; eingeh, mit gegenteiliger Tendenz Wagner, Prozessverträge, 1998, S 621 ff), der **Widerruf** eines falschen Geständnisses gleichwohl nur beschränkt zulässig (s § 290 Rn 3). Es ist zu unterscheiden zwischen der proz Wirkung des Geständnisses, die im Interesse der Klarheit der Prozesslage grds auch bei dessen Unrichtigkeit eintreten soll, und der Verpflichtung einer Partei, diese dem Prozesszweck widersprechende Wirkung herbeizuführen. Wirkungslos ist auch eine Vereinbarung, durch die sich eine Partei verpflichtet, entscheidungserhebl Tatsachenvortrag zu unterlassen. **Vertraulichkeitsabreden** zwischen Verhandlungspartnern, zB in einer Mediation, sind daher nur insoweit wirksam, als sie sich auf Vorgänge oder Erklärungen in der Verh beziehen (WSch/Gerken Rn 23; Greger/Unberath/Steffek § 4 MediationsG Rn 50 ff; weitergehend [auch in Bezug auf offenbarte Tatsachen] Wagner in Eidenmüller/Wagner, MediationsR, 2015, Kap 7 Rn 69 ff). Entscheidungserhebl Sachverhalt kann nicht dadurch der Jurisdiktion entzogen werden, dass er in einer pauschal unter Vertraulichkeit gestellten Mediation zur Sprache gebracht wird.

Der **ProzBev** darf sich die Darstellung seines Mandanten ohne Kontrolle ihrer Richtigkeit zu eigen machen 6 (BVerfG NJW 2003, 3263). Als unwahr erkannte Behauptungen darf er aber nicht vorbringen (BGH NJW 52, 1148; MK/Fritsche Rn 4), erst recht nicht eigenmächtig, zB aus prozesstaktischen Gründen, Unwahres behaupten (OLGR Köln 2004, 393; sa § 43a III 2 BRAO u hierzu Hirtz AnwBl 2006, 781; WSch/Gerken Rn 24; Prütting FS Gottwald, 2014, S 509 f). Näher, auch zu Sanktionen, s Rn 7 u Greger FF 2018, 184, 188 ff.

3) Folgen der Verletzung der Wahrheitspflicht. Die Tatsache der Verletzung kann die **Beweiswürdigung** 7 (§ 286) beeinflussen; als unwahr erkanntes Vorbringen bleibt **unberücksichtigt** (s § 286 Rn 14). Zur Berücksichtigung des durch Beweisaufnahme als unwahr erwiesenen Vorbringens des Kl bei Säumnis des Bekl s § 370 Rn 2; zu widersprüchl Vorbringen s Rn 4. Auch übereinstimmenden Parteivortrag (zB „keine Schwarzgeldabrede“) kann das Gericht unbeachtet lassen, wenn es aus vorgetragenen Umständen von der Unwahrheit überzeugt ist (OLGR Oldenburg 1997, 2; OLG Düsseldorf NZBau 2022, 265; OLG Hamm ZIP 2024, 1204 [Schwenker ZIP 2024, 1827]; Kiehne S 259; aA KG NJW 2017, 3792 [Voit]) u anderenfalls gewichtige Interessen Dritter oder der Allgemeinheit verletzt würden (Verse/Andersen NJW 2024, 2365 ff, auch zur Frage, wie die Unwahrheit festgestellt werden kann). – Die **Lüge** kann iÜ einen Kündigungsgrund darstellen (BAG NJW 2018, 3131), nach § 1579 Nr 3 BGB zum Verlust von Unterhaltsansprüchen führen (BGH NJW-RR 90, 1410), als Prozessbetrug strafbar sein (RGSt 72, 113) und nach erfolgter Verurteilung (§ 581) die Restitutionsklage (§ 580) begründen. Der Prozessbetrug kann zu **Haftung** nach § 263 StGB iVm § 823 II, § 826 BGB führen (BGH NJW 64, 1672). Bei eigenmächtigem Verstoß gegen die Wahrheitspflicht kommt Haftung des ProzBev ggü dem eigenen Mandanten aus § 280 I BGB in Betracht (OLGR Köln 2004, 393; AG/Anders Rn 70). Eine Haftung für die fahrlässige Einleitung eines unbegründeten Verf lehnt die Rspr ab (BGHZ 154, 269); auch für Schäden durch Verzögerung der Rechtsdurchsetzung mittels unwahrer Einwendungen soll nur bei Schädigungsvorsatz iSv § 826 BGB gehaftet werden (BGH NJW 2004, 446; zw). Bei der Geltendmachung von Schadensersatzansprüchen aus Prozessbetrug bedarf es uU einer Durchbrechung der materiellen Rechtskraft, die die Rspr unter bestimmten Voraussetzungen auch zulässt (s vor § 322 Rn 71 ff). Für Ansprüche gegen den ProzBev gilt die Rechtskraftsperre ohnehin nicht; er kann zudem berufsrechtl Sanktionen ausgesetzt sein (Greger FF 2018, 184, 190). – Die **Aufhebung von PKH oder VKH** ist auszusprechen, wenn deren Bewilligung auf einer wahrheitswidrigen Darstellung des Streitverhältnisses beruht (BTDrs 17/11472, 34; OLG Hamm FamRZ 2016, 931; sa § 124 Rn 4).

7a Einer Klage oder einstw Verfügung auf **Unterlassung oder Widerruf wahrheitswidrigen Prozessvortrags** fehlt grds das Rechtsschutzbedürfnis; der Rechtsschutz ist im laufenden Prozess zu suchen, dessen Gang nicht durch einen anderen Prozess beeinflusst werden darf (s vor § 253 Rn 18d). Für weiter gehenden negatorischen Rechtsschutz gegen Sachvortrag im Zivilprozess Piekenbrock JZ 2006, 586. – Ein an Darlegungslast, Beweisvereitelung und deliktischem Rechtsschutz orientiertes Aufklärungsmodell zum Schutz vor wahrheitswidrigem Behaupten und Bestreiten entwirft Gomille S 234 ff (krit dazu Ahrens ZZP 131 [2018], 261 ff).

7b **II) Pflicht zum vollständigen Vortrag (§ 138 I).** Sie besagt ledigl, dass die Partei keine in ihre Darlegungslast fallenden (s Rn 8b), relevanten Tatsachen unterdrücken darf (was im Grunde schon aus der Wahrheitspflicht folgt). Sie wird in der Praxis aber vielfach dadurch überspannt, dass zu weit gehende **Anforderungen an die Substantiierung** des Tatsachenvortrags gestellt werden (Ahrens Beweis Kap 11 Rn 16; Dölling NJW 2013, 3121; Greger ZInsO 2022, 1997 ff; zu den Anforderungen im Bauproz s Bodendiek NJW 2024, 3687 ff). Die darlegungspflichtige Partei ist nicht verpflichtet, den streitigen Lebensvorgang von vornherein in allen Einzelheiten darzustellen, etwa wann, wo und mit wem eine bestimmte Vereinbarung getroffen wurde (BGH NJW 2009, 2137), welche medizinischen Abläufe ihren Gesundheitsschaden hervorgerufen haben (BGH NJW 2016, 1328 mwN), welche konkreten Maßnahmen zur Schadensbeseitigung erforderl sind (BGH NJW-RR 2023, 718) oder wann genau welcher Lärm erzeugt wurde (BGH MDR 2017, 1175). Für die Schlüssigkeit der Klage (s vor § 253 Rn 23 f) genügt die Wiedergabe der tatsächl Umstände, aus denen sich die ges Voraussetzungen der begehrten Rechtsfolge ergeben (BGH NJW 2012, 1647 mwN; BGH MDR 2019, 119 [Schwenker MDR 2019, 212]). Ist dem genügt, so trifft den Gegner die Erklärungslast nach II (zu den Anforderungen an diese s Rn 8 ff). Lässt der Tatsachenvortrag aufgrund der gegnerischen Einlassung den Schluss auf die Entstehung des geltend gemachten Rechts nicht mehr zu, ist er entspr zu ergänzen und unter Beweis zu stellen. Auch hierbei darf keine überzogene Substantiierung verlangt werden, etwa der Vortrag von Begleitumständen des anspruchsbegründenden Vorgangs oder die konkrete Darstellung eines nur von SV zu erhellenden Sachverhalts (s vor § 284 Rn 4, 8). Es ist dann Sache des Tatrichters, in die Beweisaufnahme einzutreten und dabei ggf die benannten Zeugen oder die zu vernehmende Partei nach weiteren Einzelheiten zu befragen oder einem SV die beweiserheblichen Streitfragen zu unterbreiten (BGH ZIP 2023, 989, 991 mwN).

8 **III) Erklärungslast des Gegners (§ 138 II). 1) Grundlagen.** Ob und wie er sich zu erklären hat, hängt davon ab, wie die darlegungspflichtige Partei vorgetragen hat (BGH NJW 2015, 468, 469; BGH NJW 99, 1404, 1405). Nach der Rspr besteht grds keine Verpflichtung, das Vorbringen des Gegners zu ergänzen oder zu erläutern (BGH NJW 83, 2879; BGH NJW 90, 3151; zu den Einschränkungen dieses Grundsatzes durch die Regeln über die sekundäre Darlegungslast s Rn 8b u vor § 284 Rn 34 ff).

8a **2) Anforderungen an den bestreitenden Vortrag. a)** Zu **unschlüssigem Tatsachenvortrag**, dh Behauptungen, die den Klageantrag nicht stützen, braucht sich der Gegner nicht zu erklären (s § 331 II Hs 2). – **b)** Wurden zwar alle zur Begründung des behaupteten Rechts bzw der erhobenen Einwendung erforderl Tatsachen vorgetragen, aber **nicht näher konkretisiert**, kann sich der Gegner grds (Ausnahme s Rn 8b) auf **einfaches Bestreiten** (s Rn 10 f) beschränken (BGH NJW 95, 3311, 3312; BGH NJW-RR 2014, 830, 831; Schultz NJW 2017, 16, 20 f; abw für Wohnflächenangabe im Mietprozess BGH NJW-RR 2017, 842). Die Konkretisierung ist dann Sache des Darlegungspflichtigen; erfüllt er diese Pflicht, muss der Gegner (vorbehaltl IV; s Rn 13 ff) seinerseits eine **substantiierte Sachverhaltsdarstellung** abgeben (BGH NJW 2015, 468, 469; einschr Braun ZZP 133 [2020], 271, 291 ff). **Bsp:** Behauptet der Kl (innerhalb einer schlüssigen Klage) zunächst nur den Abschluss ei*nes bestimmten Vertrages, so braucht* der Bekl nicht iE darzulegen, weshalb er davon ausgeht, dass kein Vertrag zustande kam. Er kann vielmehr den Vertragsabschluss bestreiten, mit der Folge, dass der Kl nunmehr die konkreten Umstände darzulegen hat, die seines Erachtens zu einem Vertrag führten. Zu diesen muss der Bekl sich dann ebenso konkret äußern. Klagt der Kl einen Saldo ein, so muss er, sofern er sich nicht auf ein Saldoanerkenntnis im Kontokorrent beruft, zwar die einzelnen Aktiv- und Passivposten anführen; zu näherer Darlegung der Einzelforderungen ist er aber nur insoweit verpflichtet, als der Bekl bestreitet (BGH NJW 91, 2908). Behauptet der Kl. mit substantiiertem Vortrag (zB Vorlage einer entspr Urkunde), die Klageforderung durch Abtretung erworben zu haben, muss der Bekl dies konkret (oder, soweit zulässig [s Rn 13 ff], mit Nichtwissen) bestreiten (BGH ZIP 2004, 1285, 1286 [sehr weitgeh]; Petrasincu/Knebelsberger/Apell ZIP 2024, 2905, 2908). Gründet der Kl seine Behauptung auf eine strafrechtl Verurteilung des Bekl, reicht es für ein wirksames Bestreiten aus, wenn der Bekl sich gegen einzelne Feststellungen wendet (BGH MDR 2019, 120 [G. Vollkommer MDR 2019, 274]). Liegt der Verurteilung ein Geständnis zugrunde, muss er konkrete Umstände für dessen Unwahrheit darlegen; hat er insoweit substantiiert vorgetragen, obliegt dem Anspruchsteller der Beweis der Richtigkeit des Geständnisses (BGH MDR 2021, 1408 [Laumen MDR 2021, 1376]). – **c)** Auch für das **Verteidigungsvorbringen** dürfen die Anforderungen an die Substantiierung (s Rn 7b) nicht überspannt werden (BGH MDR 2020, 1335 [Greger MDR 2021, 151]); es genügt der Vortrag von Tatsachen, die in Verbindung mit einem Rechtssatz geeignet sind, das von der anderen Seite geltend gemachte Recht als nicht bestehend erscheinen zu lassen (BGH MDR 2020, 434). Einem mit Expertenwissen unterlegten Vortrag muss der Bekl nicht mit ebenso fachkundiger Entkräftung entgegentreten (BGH MDR 2023, 53 [Laumen MDR 2023, 148]). Ablehnung eines Beweisantrags wegen zu hoher Anforderungen verletzt das rechtl Gehör (s vor § 284 Rn 8).

3) Sekundäre Darlegungslast. Welche Partei die **Darlegungslast** trägt, folgt grds aus der Beweislastregelung 8b
(s vor § 284 Rn 18). Dieser Gleichlauf wird jedoch zunehmend durch die Rspr des BGH zur sekundären Darlegungslast modifiziert (krit Greger ZInsO 2022, 1997, 2001). Ihr zufolge darf sich der Gegner der (primär) darlegungspflichtigen Partei nicht auf ein einfaches Bestreiten beschränken, wenn die darlegungspflichtige Partei außerhalb des von ihr darzulegenden Geschehensablaufes steht und keine nähere Kenntnis der maßgebenden Tatsachen besitzt, während der Prozessgegner sie hat und ihm nähere Angaben zumutbar sind (BGHZ 86, 23, 29; BGHZ 100, 190, 196; BGHZ 140, 156, 158 f; BGHZ 163, 209, 214). In diesen Fällen kann vom Prozessgegner im Rahmen des Zumutbaren das **substantiierte Bestreiten** der behaupteten Tatsache unter Darlegung der für das Gegenteil sprechenden Tatsachen und Umstände verlangt werden (BGH NJW 2008, 982, 984). Genügt er dem (ggf nach richterl Hinweis gem § 139 II) nicht, ist der gegnerische Vortrag gem III als zugestanden anzusehen. Näher hierzu s vor § 284 Rn 34 ff.

4) Fehlerhafte Beurteilung der Darlegungslast. Beruht sie auf Verkennung der Beweislast, handelt es sich um 8c
eine Verletzung materiellen Rechts. Wurden dagegen die Anforderungen an die Darlegungslast oder die Regeln über die sekundäre Behauptungslast verkannt, liegt ein Verfahrensfehler vor, den das Berufungs- oder Revisionsgericht nur auf Rüge berücksichtigen darf (§ 529 II 1, § 557 III 2). Auch bei Anwendung ausl Rechts gilt hierfür die lex fori (BGH NJW 92, 3106 = LM § 293 ZPO Nr 18 [Pfeiffer]).

IV) Nichtbestreiten (§ 138 III). 1) Bedeutung. Behauptungen, die der Gegner nicht bestreitet, sind, soweit 9
schlüssig (s vor § 253 Rn 23), dem Urteil zugrunde zu legen, soweit es sich nicht um vAw zu prüfende Sachurteilsvoraussetzungen (s vor § 253 Rn 9 ff) handelt. – Vom förml Geständnis iSd §§ 288, 290 unterscheidet sich das Zugestehen iSd § 138 III durch **fehlende Bindungswirkung:** Es steht einem späteren Bestreiten – vorbehaltl der Präklusion wegen Verspätung – nicht entgegen (s § 288 Rn 3). Wo ein Geständnis iSd § 288 unbeachtl wäre, zB bei offenkundiger Unrichtigkeit einer (nicht bestrittenen) Behauptung (BGH MDR 79, 1001; s § 288 Rn 7), tritt auch die Wirkung des § 138 III nicht ein (zu weiteren Ausnahmen s Rn 7). Die Partei verstößt aber grds nicht gegen die **Wahrheitspflicht**, wenn sie eine für unwahr gehaltene Behauptung nicht bestreitet (s Rn 4). – Zur Geständnisfiktion bei Säumnis oder Verspätung s § 331 Rn 6 u § 296 Rn 33.

2) Formen des Bestreitens. a) Es kann **ausdrückl oder durch schlüssiges Verhalten** erfolgen. Allein im An- 10
trag, die Klage abzuweisen, liegt kein Bestreiten des gegnerischen Tatsachenvortrags, auch wenn RA erklärt, keine Information vom Mandanten zu haben (MK/Fritsche Rn 29; aA OLG Frankfurt MDR 69, 579 [abl Schneider]). Dagegen muss Berufungsbekl nicht zum Zwecke des Bestreitens seinen gesamten Vortrag aus 1. Instanz wiederholen (BVerfG NJW 2000, 131). Das Bestreiten braucht der betr Behauptung nicht nachzufolgen, sondern kann sich auch aus gegensätzl früherem Vortrag ergeben (BVerfG NJW 92, 679; BGH MDR 2022, 1302 [Dörr MDR 2022, 1465]). Im Zweifelsfall muss das Gericht aufklären, ob nicht bestritten wird, so insb bei Tatsachen, die eine Partei offensichtl nicht als entscheidungserhebl erkannt hat (BGH LM § 139 ZPO Nr 3).

b) Ob **einfaches Bestreiten** („die Behauptung … trifft nicht zu") genügt oder **substantiiertes Bestreiten** (dh 10a
mit konkreter Gegendarstellung versehenes) erforderl ist, ergibt sich aus den Regeln über die Darlegungslast (s Rn 8 ff). – **Pauschales Bestreiten** (dh nicht auf bestimmte Behauptungen bezogenes, sondern zB auf „alles nicht ausdrückl Zugestandene" oder „sämtl Einzelpositionen") ist unbeachtl (BGH NJW 2010, 1357; MK/Fritsche Rn 22), ebenso die Floskel „Zinsen werden dem Grunde und der Höhe nach bestritten" (BGHReport 2001, 955) sowie ein Bestreiten des (durch Partei nicht informierten) ProzBev „ins Blaue hinein" (OLG Köln MDR 92, 79). – Hiervon zu unterscheiden ist das **Bestreiten mit Nichtwissen** (§ 138 IV; s Rn 13 ff).

c) Das **Bestreiten begünstigenden Vorbringens des Gegners** muss vom Gericht respektiert werden; die betr 11
Behauptung darf nicht zugunsten des anderen als unstreitig verwertet werden (BGH NJW 89, 2756 = ZZP 103

[1990], 218 [Musielak]; Jauernig FS Schwab, S 247). Eine Beweiserhebung findet hierzu aber auch nicht statt; es fehlt an schlüssigem Vortrag. – Wird solches Vorbringen dagegen nicht bestritten, so kann davon ausgegangen werden, dass der Begünstigte es sich hilfsw zu eigen macht, wenn es dem eigenen Vortrag zur Schlüssigkeit verhilft und mit diesem nicht in Widerspruch steht (BGH NJW-RR 95, 684).

11a **d)** Bei **Rechtstatsachen**, dh rechtl Gegebenheiten, die durch allg geläufige Begriffe umschrieben werden (s Rn 2), bewirkt das Nichtbestreiten, dass das Gericht von ihrem Vorliegen ausgehen, dh den Vortrag als schlüssig und nicht beweisbedürftig ansehen kann; eine bindende Geständniswirkung iSv §§ 288, 290 ist hier aber zu verneinen (s § 288 Rn 1a). Haben die Parteien zwar übereinstimmend einen Rechtsbegriff dieser Art gebraucht, aber zusätzl Umstände vorgetragen, die gegen die darin liegende rechtl Würdigung sprechen, so sind für das Gericht nur Letztere beachtl (BGH NJW-RR 2008, 706 Tz 15). Rechtl Bewertungen (zB „verbundene Verträge") können nicht unstreitig gestellt werden (BGH MDR 2017, 839). Zur **Auslegung** von Willenserklärungen s § 288 Rn 1a.

12 **e)** Zur Frage des Nichtbestreitens **ausländischer Rechtsnormen:** s § 293 Rn 10; Küppers NJW 76, 489.

13 **V) Erklärung mit Nichtwissen (§ 138 IV). 1) Zulässigkeit.** Wie bereits aus Wahrheitspflicht und Erklärungslast folgt, ist ein solches Bestreiten nur dann zulässig, wenn der Erklärende tatsächl keine Kenntnis hat, zB weil der Vorgang sich außerhalb seiner Wahrnehmung abgespielt (BGH NJW 2009, 2894, 2895) oder er ihn vergessen hat (BGH NJW-RR 2002, 612, 613). Zu Nachforschungen oder zur Auseinandersetzung mit einem Privatgutachten ist der Gegner grds nicht verpflichtet (BGH NJW 2015, 468, 469; Ausnahmen s Rn 14, 16 f). Hält das Gericht seine Kenntnis für gegeben, wird die Erklärung wie Nichtbestreiten (s Rn 9) gewertet, sonst wie Bestreiten. Dass (etwa bei neuem Sachvortrag des Gegners im Termin) präsentes Wissen nicht sofort zumutbar ist, kann vorsorgl Bestreiten mit Nichtwissen nicht rechtfertigen; hier kann die Partei Vertagung (§ 227) oder Schriftsatzfrist (§ 283) beantragen (MK/Fritsche Rn 32). Bestreiten einer erkennbar außerhalb der eigenen Wahrnehmung liegenden Tatsache ist als Erklärung mit Nichtwissen zu werten (BGH NJW 2021, 3464). Unternimmt die Partei, obwohl sie mit Nichtwissen bestreiten dürfte, den Versuch, ihr Bestreiten näher zu begründen, führt das auch dann nicht zur Unbeachtlichkeit ihres Bestreitens, wenn sie dabei eine unsubstantiierte Behauptung „ins Blaue hinein" aufstellt (BGH MDR 2019, 242 [Schwenker MDR 2019, 403]).

14 **2) Ausschlüsse. a) Eigene Handlungen oder Wahrnehmungen** können nach § 138 IV überhaupt nicht mit Nichtwissen bestritten werden, dgl solche der Hauptpartei durch den Streithelfer (BGH NJW 2021, 1957). Hat die Partei keine aktuelle Kenntnis, muss sie sich, etwa durch Einsichtnahme in Aufzeichnungen, kundig machen (BGHZ 109, 205, 209 f; Lange NJW 90, 3234); führt dies zu keinem Ergebnis, muss sie den Grund ihrer Unkenntnis (zB Grund für fehlende Erinnerung, Vernichtung von Unterlagen) darlegen. Wenn das Gericht die Darlegung für glaubhaft hält (hierzu BGH NJW 95, 130, 131; BGH NJW-RR 2002, 612, 613; Dölling NJW 2013, 3125), muss es das – dann auch nicht gegen die Wahrheitspflicht verstoßende – Bestreiten beachten (sonst Verletzung des rechtl Gehörs; BAG NJW 2008, 1179); anderenfalls greift die Geständnisfiktion des III ein. Die bloße Behauptung, sich nicht erinnern zu können, hindert diese nicht (BGH VersR 2016, 1483, 1484). Ob die Partei die Kenntnis vorwerfbar vereitelt hat, spielt keine Rolle; entspr Verhalten ist vielmehr wie Beweisvereitelung (s § 286 Rn 14b) zu würdigen (Lange NJW 90, 3239; aA Dölling NJW 2013, 3125).

15 **b)** Eine **Zurechnung fremden Wissens** findet bei ges Vertretung statt (BGH NJW 1999, 53, 54). Die Kenntnis eines rechtsgeschäftl Vertreters (aA MskV/Stadler Rn 17) oder eines sonstigen Dritten, etwa eines Versicherungsnehmers (BGH NJW 2019, 3788), Fahrzeugführers (OLG Karlsruhe r+s 97, 107), Angestellten, Beauftragten oder Rechtsvorgängers hindert Bestreiten mit Nichtwissen dagegen nur nach Maßgabe des Folgenden (iErg ebenso MK/Fritsche Rn 34; Lange NJW 90, 3233, 3235). Zum InsVerwalter s BGH MDR 2013, 486.

16 **c) Vorgänge im eigenen Geschäfts- oder Verantwortungsbereich** werden von der Rspr den „eigenen" Handlungen oder Wahrnehmungen iSv § 138 IV gleichgestellt: Die Partei kann sich nicht durch arbeitsteilige Organisation ihres Betätigungsbereichs ihren prozessualen Erklärungspflichten entziehen, sondern muss Informationen von den Personen einholen, die unter ihrer Anleitung, Aufsicht oder Verantwortung tätig geworden sind (BGHZ 109, 205, 209 f; BGH NJW 95, 130, 131); nur wenn die Erkundigungen keine weiteren Erkenntnisse ergeben oder die Partei nicht beurteilen kann, welche von mehreren unterschiedl Darstellungen über den Geschehensablauf der Wahrheit entspricht, u sie das Ergebnis ihrer Erkundigungen in den Prozess einführt, darf sie mit Nichtwissen bestreiten (BGH MDR 2016, 1012 [Bacher MDR 2016, 1129]).

16a **Einzelfälle:** Wer ein Produkt in Verkehr bringt, muss sich die Kenntnis von dessen Eigenschaften und Funktionsweise durch Nachfrage bei Herstellern und Lieferanten oder eigene Untersuchungen verschaffen (BGH GRUR 2023, 474 Tz 29), der Inhaber eines Großunternehmens muss sich bei seinen Fachabteilungen kundig machen (BGH NJW 2020, 1962, 1965; BGH NJW 95, 130, 131). Dies entspricht der Vergewisserungspflicht der Partei (s Rn 14) und folgt aus einer teleologischen Auslegung des § 138 IV; der Rückführung auf eine allg Aufklärungs- oder Prozessförderungspflicht (vgl Morhard S 126 ff) bedarf es hierfür nicht (Hackenberg S 152 ff; *Foerste ZZP 108 [1995], 284), auch nicht* einer Ableitung aus dem mat Recht (dafür Gaschler ZZP 134 [2021], 305, 326 ff). Die Erkundigungspflicht darf deshalb auch nicht weiter ausgedehnt werden, als zum Ausgleich des durch die Einschaltung anderer in den eigenen Verantwortungsbereich bewirkten Verlustes an eigener Erkenntnis erforderl ist. Allein das (potenzielle) Bestehen eines Gesamtschuldverhältnisses reicht hierfür nicht (Grootens/Egner NJW 2019, 3182; aA OLG Karlsruhe NJOZ 2018, 528 Tz 55; Petrasincu/Knebelsberger/Apell ZIP 2024, 2905, 2909, zum Verhältnis zwischen Mitkartellanten; offen lassend OLG Düsseldorf NZKart 2023, 628), ebenso wenig eine Geschäftspartnerschaft ohne Weisungsgebundenheit (BGH NJW 1999, 53, 54, im konkreten Fall allerdings fragl, s Gaschler ZZP 134 [2021], 305, 329 f). Einen Vermieter trifft nicht die Pflicht, sich bei den Mitarbeitern eines Bauunternehmens kundig zu machen, welches in seinem Auftrag Arbeiten in den Mieträumen durchführte (BGHZ 109, 205, 209 f). Auch bei Bestehen eines Informationsanspruchs kann ein Bestreiten mit Nichtwissen ausgeschlossen sein, solange sich die Partei nicht darum bemüht hat, die erforderl Informationen vom Wissensträger zu erlangen (BGH NJW 2019, 3788 zum Verhältnis Kfz-Haftpflichtversicherer – Versicherungsnehmer). Ein Ehegatte kann nicht allein deswegen mit Nichtwissen bestreiten, weil er die finanziellen Dinge dem anderen überlassen hatte (OLGR Düsseldorf 1995, 101, 102).

d) Bei **Rechtsnachfolge** kann die Partei nicht mit Nichtwissen bestreiten, wenn sie sich die erfordl Kenntnis 17
vom früheren Rechtsinhaber beschaffen kann, zB nach § 402 BGB (OLG Düsseldorf MDR 2002, 1148; OLG Köln NJW-RR 95, 1407, 1408; Lange NJW 90, 3238). Auf Kenntnis des früheren ges Vertreters oder InsVerwalters soll es dagegen nicht ankommen (BGH MDR 2015, 910, 911; aA zu Recht Gaschler ZZP 134 [2021], 305, 324; anders auch zum früheren Geschäftsführer BGH NJW-RR 2002, 612, 613).

§ 139 Materielle Prozessleitung

(1) [1]Das Gericht hat das Sach- und Streitverhältnis, soweit erforderlich, mit den Parteien nach der tatsächlichen und rechtlichen Seite zu erörtern und Fragen zu stellen. [2]Es hat dahin zu wirken, dass die Parteien sich rechtzeitig und vollständig über alle erheblichen Tatsachen erklären, insbesondere ungenügende Angaben zu den geltend gemachten Tatsachen ergänzen, die Beweismittel bezeichnen und die sachdienlichen Anträge stellen. [3]Das Gericht kann durch Maßnahmen der Prozessleitung das Verfahren strukturieren und den Streitstoff abschichten.

(2) [1]Auf einen Gesichtspunkt, den eine Partei erkennbar übersehen oder für unerheblich gehalten hat, darf das Gericht, soweit nicht nur eine Nebenforderung betroffen ist, seine Entscheidung nur stützen, wenn es darauf hingewiesen und Gelegenheit zur Äußerung dazu gegeben hat. [2]Dasselbe gilt für einen Gesichtspunkt, den das Gericht anders beurteilt als beide Parteien.

(3) Das Gericht hat auf die Bedenken aufmerksam zu machen, die hinsichtlich der von Amts wegen zu berücksichtigenden Punkte bestehen.

(4) [1]Hinweise nach dieser Vorschrift sind so früh wie möglich zu erteilen und aktenkundig zu machen. [2]Ihre Erteilung kann nur durch den Inhalt der Akten bewiesen werden. [3]Gegen den Inhalt der Akten ist nur der Nachweis der Fälschung zulässig.

(5) Ist einer Partei eine sofortige Erklärung zu einem gerichtlichen Hinweis nicht möglich, so soll auf ihren Antrag das Gericht eine Frist bestimmen, in der sie die Erklärung in einem Schriftsatz nachbringen kann.

I) Bedeutung. Mit der Neufassung der Vorschrift durch das ZPO-RG wurde das Ziel verfolgt, die „Mitverant- 1
wortung des Gerichts für eine umfassende tatsächl und rechtl Klärung des Streitstoffs" hervorzuheben (BTDrs 14/4722, 77). Zwar sollte die Beibringung des Prozessstoffs gem der im Zivilprozess geltenden Verhandlungsmaxime (s vor § 128 Rn 10 ff) weiterhin Sache der Parteien sein, die Gerichte sollten jedoch durch eine intensivere **materielle Prozessleitung** auf einen vollständigen und konzentrierten Vortrag hinwirken. Durch offene Erörterung der Sach- und Rechtslage und frühzeitige Hinweise sollte eine **Konzentration des Rechtsstreits** auf die wesentl Fragen erreicht und das für alle Beteiligten belastende Ausufern von Schreibwerk, Konfliktstoff und Zeitaufwand vermieden werden. Entgegen vielfach zu hörender Kritik geht es hierbei nicht um die Verlagerung von Partei- oder Anwaltsaufgaben auf das Gericht, sondern um die – von vielen Richtern schon bisher gepflogene – Zusammenarbeit zwischen Parteien und Gericht (RSchwab/Gottwald § 77 Rn 6), die für einen schnellen, rationellen und gerechten Abschluss des Rechtsstreits unabdingbar, aber auch für die Akzeptanz des Urteils durch die Parteien von großer Bedeutung ist (eingeh Reischl ZZP 116 [2003], 81 ff; Praxishinweise bei Gärtner NJW 2017, 2596). Dabei ist § 139 kein bloßer Appell, sondern zwingende Verfahrensvorschrift, deren Verletzung den Bestand des Urteils gefährdet (s Rn 20). Wie die Evaluation der ZPO-Reform ergeben hat, sind die gesetzgeberischen Ziele gleichwohl nicht in vollem Umfang erreicht worden: Erörterungs- und Hinweispflicht werden sehr unterschiedl wahrgenommen, richterl Hinweise häufig (entgegen IV 1; s Rn 11) erst in der mündl Verh gegeben (Hommerich/Prütting/Ebers/Lang/Traut, Rechtstatsächl Untersuchung zu den Auswirkungen der Reform des Zivilprozessrechts auf die gerichtl Praxis, 2006, S 95 ff).

Ohne inhaltl konkrete Vorgaben zu machen, regelt § 139 als Ausprägungen richterl Prozessleitung die allg Er- 2
örterungs- und Fragepflicht (I, s Rn 3 f), die auch Maßnahmen zur **Strukturierung und Begrenzung des Pro-**

zessstoffs umfasst (I 3, s Rn 4c), sowie bes **Hinweispflichten** (II, III, s Rn 5 ff). Zu Verfahrensregeln s Rn 10 ff, zu Folgen der Nichtbeachtung s Rn 20. – Die **Reichweite** dieser Pflichten wird begrenzt durch das unangetastete Prinzip der **Parteiherrschaft** über den Prozessstoff (Beibringungsgrundsatz; s vor § 128 Rn 10; WSch/Smid/Hartmann Rn 15) und die richterl Pflicht zu **Neutralität und Gleichbehandlung** der Parteien (BVerfG NJW 79, 1925, 1928; BVerfG NJW 76, 1391; StJ/Kern Rn 4); bei deren Verletzung ggf Richterablehnung nach § 42, aber kein mit Rechtsmittel angreifbarer Verfahrensfehler (BGH NJW 2006, 695, 696; sa Waldner FG Vollkommer, S 272; zur Problematik bei strukturellem Ungleichgewicht zwischen den Parteien s Einl Rn 27 u Schack ZZP 129 [2016], 393, 400 f mwN). – **Anwaltl Vertretung** der Partei (vgl BGHZ 163, 351, 361) enthebt das Gericht nicht seiner Prozessleitungspflicht, kann aber die Intensität seiner Hinweise beeinflussen (s Rn 12a). – **Weitere Vorschriften** zur materiellen Prozessleitung enthalten zB §§ 141-144, §§ 273, 279 III. – § 139 ist grds auch im einseitigen Verf des **einstw Rechtsschutzes** anwendbar; zu Besonderheiten s Teplitzky GRUR 2008, 34. – Zur Hinweispflicht im **WE-Verf** s § 236 Rn 6a. – Eine über § 232 hinausgehende Pflicht zur **Rechtsmittelbelehrung** folgt aus § 139 nicht.

3 **II) Erörterungspflicht (§ 139 I 1). 1) Umfang.** Die Pflicht zur Erörterung des Streitverhältnisses in tatsächl u rechtl Hinsicht besteht generell, dh nicht nur bei unvollständigem oder unklarem Vortrag (Gaier NJW 2020, 177, 179), im Anwalts- wie im Parteiprozess (s Rn 2). Maßstab ist die **Erforderlichkeit**. Wenn die Parteien von sich aus sachgerecht und umfassend vortragen, wird zu tatsächl Erörterungen u Nachfragen wenig Anlass bestehen; durch Offenlegung seiner rechtl Einschätzung der Prozesslage kann das Gericht jedoch die Vergleichsbereitschaft fördern oder Fehleinschätzungen aufdecken (kein Ablehnungsgrund, s § 42 Rn 26). IdR genügt es, wenn das Gericht mitteilt, welche Gesichtspunkte für die Entscheidung voraussichtl von Bedeutung sein werden, ohne auch offen zu legen, wie es diese abschließend würdigen wird (BGH MDR 2018, 1209; zu weiter gehenden Erörterungspflichten nach einer Beweisaufnahme s § 279 III). Erörterungspflicht trifft mit Hinweispflicht nach II zusammen, wenn das Gericht seine mitgeteilte Rechtsauffassung ändert (BGH MDR 2017, 355) oder wenn Tatsachenvortrag, Beweisangebote oder Anträge unvollständig, unklar oder neben der Sache sind. Dass der Prozessgegner dies bereits geltend gemacht hat, enthebt das Gericht nicht ohne weiteres seiner Erörterungs- und Fragepflicht.

3a **2) Erfüllung.** Mittel der Erörterung sind insb die aus diesem Grund bes erwähnten **Fragen**. Ihr Ziel muss sein, dass das Parteivorbringen strukturiert, an der Rechtslage orientiert und auf das Wesentl konzentriert wird, aber auch Fragen nach Hintergründen des Konflikts, Motiven der Parteien, wirtschaftl Auswirkungen uÄ sind zulässig (und geboten), solange sie in Bezug zum Streitgegenstand stehen. Da die Parteien entscheiden, ob und wie sie die Fragen beantworten, bleibt der Verhandlungsgrundsatz gewahrt. Auf die Einführung neuer, im bish Vorbringen nicht angelegter Anspruchsgrundlagen, Einreden oder Anträge darf der Richter jedoch nicht hinwirken; er würde sonst mit seiner Neutralitätspflicht in Konflikt geraten (näher s Rn 17). – Die Erörterungspflicht obliegt dem **Gericht**, bei Kollegialspruchkörpern also jedem Mitglied (zu dessen Fragerecht in der mündl Verh s § 136 II 2). Zum Erlass förml Anordnungen s § 273 Rn 3.

4 Eine Erörterungspflicht kann sich **in jeder Lage des Verfahrens**, auch mehrmals, ergeben. Bes Bedeutung kommt ihr aber im Frühstadium zu, damit Leerlauf, Fehlsteuerungen oder Aufblähungen des Prozesses bereits im Ansatz ausgeschaltet werden. Der Grundsatz der mündl Verh verbietet es dem Richter nicht, auch **außerterminlich** mit den ProzBev zu kommunizieren. E-Mail, Telefon- oder Videokonferenz bieten praktikable Wege zu mehrseitiger Kommunikation (zur Möglichkeit der Gewähr des rechtl Gehörs in diesen Formen s BVerfG NJW 2020, 2021 = MDR 2020, 943 Tz 21 [G. Vollkommer MDR 2020, 904]); auch Vorbesprechungen zum Verfahrensablauf (s § 273 Rn 15) können sehr förderl sein (Greger NJW 2014, 2554). Oft genügt es auch, den Parteien einen Vermerk zur Beurteilung der Sach- oder Rechtslage oder eine zur Verhandlungsvorbereitung gefertigte Übersicht zukommen zu lassen; der „Entscheidungsbaum" (Eidenmüller ZZP 113 [2000], 8 f) oder eine digital erstellte Relationstabelle können hierbei wertvolle Hilfen sein (Zwickel MDR 2021, 716, 720). – **In der mündlichen Verhandlung** hat die Erörterungspflicht bes Stellenwert; der sog Durchlauftermin ist nicht nur sach-, sondern auch gesetzwidrig. – Zur Erörterung des Beweisergebnisses s § 279 III, zur **Güteverhandlung** s § 278 II 2.

4a **3) Einseitige Erörterungen.** Sie (zB Telefonate mit 1 Partei) sind nicht ausgeschlossen, müssen aber, wenn sie Einfluss auf den Prozessinhalt haben können, dokumentiert und der anderen Seite zur Gewährung rechtl Gehörs offen gelegt werden (BGH MDR 2022, 449; WSch/Smid/Hartmann Rn 68 f). Der aus Art 3 I iVm Art 20 III GG abzuleitende Grundsatz der Rechtsschutzgleichheit (s Einl Rn 27) gebietet, dass beide Parteien vor Erlass einer Entscheidung in den gleichen Kenntnisstand versetzt werden, auch in Verf des einstw Rechtsschutzes (BVerfG NJW 2022, 1083 mwN). Einseitige Kontakte können auch den Eindruck einer Befangenheit hervorrufen (OLG Brandenburg MDR 2019, 125; sa § 42 Rn 25). Vorzug verdienen daher die in Rn 4 genannten Kommunikationsformen.

4b **III) Pflicht zur Förderung sachdienlicher Prozessführung (§ 139 I 2, 3). 1) Inhalt.** Das Beibringen des Prozessstoffs ist zwar Sache der Parteien (s vor § 128 Rn 10 ff), das Gericht ist aber verpflichtet, auf einen prozessfördernden Parteivortrag hinzuwirken. Durch Einfügen des Wortes „rechtzeitig" wollte das ZPO-RG „die *Verantwortung der Parteien für eine vollständige*, aber auch zügige und ökonomische Prozessführung" hervorheben (BTDrs 14/4722, 77). Das Gericht hat „dahin zu wirken", dass diese Verantwortung wahrgenommen wird. Deshalb sind die prozesseinleitenden Schriftsätze vom Vors bzw Berichterstatter sogleich auf Klarheit und Vollständigkeit zu überprüfen u ungenügende Angaben sowie nicht sachdienl Anträge zu beanstanden (zu den entspr Handhaben s § 273 Rn 1). Ungenügend ist dabei nicht nur lückenhaftes, sondern auch ungeordnetes, nicht auf die begehrte Rechtsfolge ausgerichtetes Vorbringen. Die Partei kann daher aufgefordert werden, ihren Vortrag entspr zu fokussieren und zu strukturieren (so ausdrückl I 3; s Rn 4c). Die Nichtbeachtung von Anordnungen kann uU zum Prozessverlust (zB wegen fehlender Schlüssigkeit oder Substantiierung [s vor § 253 Rn 23 f], Prozessverzögerung [s § 296 Rn 3] oder mangelnder Bestimmtheit des Antrags [s § 253 Rn 23]) führen.

2) Strukturierung und Abschichtung des Prozessstoffs. Auf dieses wesentl Mittel effizienter Prozessleitung will der mWv 1.1.2020 eingefügte § 139 I 3 hinweisen (eingeh Zwickel MDR 2021, 716 ff). Er soll ledigl die ohnehin bestehende Prozessförderungspflicht verdeutlichen (BTDrs 19/13828, 18; Schultzky MDR 2020, 1, 3), gibt aber Anlass, die Möglichkeiten zur Erfüllung dieser Pflicht stärker in den Blick zu nehmen. Unter **Strukturierung** des Verf ist nicht nur die Organisation des Prozessablaufs, etwa durch einen Verfahrenskalender, sondern auch die hierfür grundlegende Ordnung des Prozessstoffs zu verstehen (Zwickel MDR 2021, 716, 717; die Gesetzesbegründung spricht von Fokussierung auf die klärungsbedürftigen Punkte, BTDrs 19/13828, 18). Die Parteien können daher zB aufgefordert werden, eine chronologische oder nach Sachzusammenhängen geordnete Übersicht des Geschehensablaufs zu fertigen (Klumpe WuW 2022, 596, 599; Petrasincu/Knebelsberger/Apell ZIP 2024, 2905, 2914), einen Fragenkatalog zu beantworten (Gutdeutsch/Maaß NJW 2022, 1567, 1569) oder bei der Fertigung einer digitalen Relationstabelle mitzuwirken (Gaier NJW 2020, 177, 180; Althammer ZZP 137 [2024], 367, 378 ff; Mielke/Wolff RDi 2024, 361 mit Erfahrungen aus einem entspr „Reallabor Basisdokument"; zu diesem Strukturierungselement auch Greger NJW 2019, 3429, 3431 f; Zwickel AnwBl 2023, 91; zum Einsatz von KI zur Strukturierung des Prozessstoffs s KI Rn 13 f; sa § 273 Rn 1, 6, 15). Fristsetzung ist zweckmäßig (BTDrs 19/13828, 18); schuldhafte Versäumung kann dazu führen, dass neue Angriffs- oder Verteidigungsmittel, die die Erledigung des Rechtsstreits verzögern würden, nicht mehr eingebracht werden können (§ 296 I iVm § 273 II Nr 1); für verfahrenserleichternden Vortrag kann dies selbstverständl nicht gelten (Gaier NJW 2020, 177, 181). Zum Zweck der Strukturierung können auch SV herangezogen werden (§ 144 I 1; Klumpe WuW 2022, 596, 601 f; s § 144 Rn 2), soweit verfügbar auch juristische Mitarbeiter, zB Rechtsreferendare oder Justizassistenten (s https://www.juris.de/perma?d=jnachr-JUNA200602035). – Unter **Abschichtung** ist zu verstehen, dass das Gericht (über § 146 hinausgehend) eine ihm sachgerechte Reihenfolge des Parteivortrags zu einzelnen Tatsachen- und Rechtsfragen vorgibt, zB um komplexe Sachverhalte zu entflechten oder durch Klärung von Kernpunkten die unstreitige Erledigung des restl Rechtsstreits zu fördern (Gaier NJW 2020, 177, 178; Zwickel MDR 2021, 718, 720 f). Ein solches Verf wird vorzugsweise mit den Parteivertretern abgestimmt; Sanktionen kommen hier nicht zum Zuge (Schultzky MDR 2020, 1, 3 f). 4c

§ 139 I 3 bietet auch die Grundlage für einen **informellen Erörterungstermin** zur Organisation des Verfahrens. Ein solcher, vorzugsweise per Video- oder Telefonkonferenz zu führen, ist für das Verf vor dem Commercial Court in § 612 vorgeschrieben, ansonsten steht er im Ermessen des Vors (BTDrs 20/8649, 37; Greger NJW 2014, 2554; Köbler ZRP 2023, 133, 134 f). Näher zur Ausgestaltung s § 612 Rn 2 f. 4d

IV) Hinweispflicht (§ 139 II). 1) Bedeutung. Die über die Erörterung nach I hinausgehende Pflicht zum konkreten Hinweis auf entscheidungserhebl Gesichtspunkte dient vor allem der Vermeidung von Überraschungsentscheidungen und konkretisiert damit den Anspruch auf rechtl Gehör (BVerfGE 84, 188, 190; BVerfG NJW 94, 1274), übersteigt aber die verfassungsrechtl Mindestanforderungen (s Einl Rn 17). Sie erstreckt sich auf **rechtliche und tatsächliche Gesichtspunkte** und entfällt, wenn nur eine **Nebenforderung** betroffen ist. Darunter sind über die in § 4 I Hs 2 genannten hinaus auch relativ geringfügige Teile der Hauptforderung zu verstehen, über die üblicherweise nicht explizit verhandelt wird (ebenso im Wege von Analogie StJ/Kern Rn 85; PG/Prütting Rn 15; aA MskV/Stadler Rn 20; WSch/Smid/Hartmann Rn 214), zB einzelne aus einer Vielzahl von Schadenspositionen. 5

2) Auslösung der Hinweispflicht. a) Übersehen des Gesichtspunkts oder seiner Bedeutung (§ 139 II 1). Das Gericht darf seine Entscheidung nicht auf einen rechtl oder tatsächl Gesichtspunkt stützen, dessen Entscheidungserheblichkeit im Verf von einer Partei nicht erkannt wurde. Ob das der Fall ist, ergeben die Schriftsätze und die Erörterung in der mündl Verh (BGH NJW-RR 2006, 235). Auf prozessuales Verschulden (Erkennenkönnen) kommt es nicht an. Zu Einzelheiten s Rn 15 ff. 6

Hinweise des Prozessgegners lassen die gerichtl Hinweispflicht nicht ohne weiteres entfallen. Nur wenn die Partei durch eingeh und von ihr erfassten Vortrag der Gegenpartei zutr über die Sach- und Rechtslage unterrichtet war, bedarf es keines erneuten richterl Hinweises (BGH NJW-RR 2008, 581; Rensen MDR 2008, 1078). Hat das erstinstanzl Gericht dem gegnerischen Hinweis keine Bedeutung beigemessen, muss das Berufungsgericht ihn ggf erneut erteilen (BGH NJW-RR 2020, 574 Tz 11; Finkelmeier MDR 2020, 841). Die richterl Pflicht, auf sachdienl Anträge hinzuwirken, bleibt unberührt (BGH MDR 2009, 998). 7

b) Von Sichtweise beider Parteien abweichende Beurteilung eines Gesichtspunkts (§ 139 II 2). Zu einer Darlegung seiner Rechtsansicht ist das Gericht verpflichtet, wenn sie von dem abweicht, was die Parteien übereinstimmend ihrer Verh zugrunde gelegt haben. Bei einer zwischen ihnen streitigen Frage muss das Gericht dagegen nicht nach II kundtun, welcher Partei es in der Beurteilung zu folgen gedenkt; dies kann allerdings im 8

Rahmen der Erörterungspflicht nach I angezeigt sein. Dass sich aus der **Sachbehandlung in einem anderen Verfahren** eine bestimmte Rechtsansicht des Gerichts erschließen lässt, macht Hinweis nicht entbehrl (BGH MDR 2006, 1250), auch wenn dazu Pressemitteilung ergangen ist (aA BAG NZA 2020, 895). Einzelfälle s Rn 18 f.

9 **V) Pflicht zum Hinweis auf Zulässigkeitsbedenken (§ 139 III).** Sie bezieht sich auf Prozess- und Rechtsmittelvoraussetzungen und belegt, dass das Gericht diesbzgl nicht eigene Untersuchungen und Nachforschungen anzustellen, sondern den Parteien Gelegenheit zu geben hat, ggf den Zulässigkeitsmangel zu beheben (BGH MDR 2006, 1250, 1251) u die erforderl Nachw zu erbringen (BGH NJW 89, 2064, 2065; näher s § 56 Rn 2 ff). Vor Abweisung einer Klage wegen Prozessunfähigkeit ist die Partei daher auf das Fehlen ihrer ordnungsgemäßen Vertretung sowie auf die Möglichkeit zur Behebung des Mangels durch die Bestellung eines Betreuers hinzuweisen (BGH FamRZ 2014, 553).

10 **VI) Verfahren bei Hinweispflichten. 1) Kundgabe.** Verfassungsrechtl ist geboten, dass Hinweise, die sich nur an eine Partei richten, auch der anderen zeitnah bekanntgegeben werden (BVerfG NJW 2018, 3631; s Rn 4a). Gegen eine **Veröffentlichung** von Hinweisen, die für eine Vielzahl von Verf bedeutsam sein können (so BGH NJW 2019, 1133), bestehen keine Bedenken (Hirtz AnwBl 2019, 337; Gsell EWiR 2019, 429; aA Voß JZ 2020, 286 ff).

11 **2) Zeitpunkt.** Hinweise sind **möglichst früh** zu erteilen (IV 1 Hs 1), dh sobald die Voraussetzungen einer Hinweispflicht erkannt werden, idR also schon im schriftl Vorverf oder bei der Terminsvorbereitung (vgl § 273). Im Einzelfall kann es sachgerecht sein, dem Hinweis eine mündl Erörterung mit den Parteien vorausgehen zu lassen, zB um vor einer Verhärtung der Positionen die Möglichkeit einer gütl Einigung (§ 278) ausloten zu können; hierfür bietet sich die Güteverh nach § 278 II an (s § 278 Rn 7). In der streitigen mündl Verh ist Hinweis idR verspätet (BGH NJW-RR 2007, 412; zu den Konsequenzen s Rn 14a).

12 **3) Erteilung.** Verantwortl ist der Spruchkörper in seiner Gesamtheit (BTDrs 14/4722, 77); zu **verlautbaren** ist der Hinweis jedoch beim Kollegialgericht durch den Vors oder das von ihm bestimmte Mitglied (§ 136 I, § 273 II; StJ/Kern Rn 94). Über die Erteilung sollte sich das Kollegium in der Vorberatung abstimmen, da die Notwendigkeit von der rechtl Bewertung abhängen u anderenfalls eine Vertagung notwendig werden kann (für Beratungspflicht WSch/Smid/Hartmann Rn 58).

12a **4) Form, Inhalt.** Einer bes **Form** bedarf der Hinweis nicht; er kann in der mündl Verh, aber auch schriftl, telefonisch oder per E-Mail gegeben werden. Hinweise müssen **konkret und unmissverständlich** sein (BGH NJW 2002, 3317; BGH NJW 2005, 2624); nicht ausreichend pauschale Äußerungen wie „Vertrag dürfte unwirksam sein" (BGH NJW 99, 2123, 2124) oder „Klage unschlüssig" (BGH NJW-RR 2023, 718). Allerdings sind **gegenüber Rechtsanwalt** geringere Anforderungen zu stellen als ggü nicht anwaltl vertretener Partei (WSch/Smid/Hartmann Rn 38); idR genügt ein knapper Hinweis auf den konkreten Mangel ohne nähere Begründung (zB dass der Auskunftsanspruch nicht schlüssig begründet oder das Feststellungsinteresse nicht dargelegt ist; zu streng daher BGH MDR 2013, 1424). Weiter gehende Anleitungen durch das Gericht liefen der Arbeitsteilung zwischen den Rechtspflegeorganen u der richterl Neutralität zuwider. Sie können auch nicht durch die vorsorgl Bitte des RA um richterl Hinweis für den Fall unzureichenden Sachvortrags erwirkt werden: *Erforderl* Hinweise muss das Gericht ohnehin erteilen, weiter gehende müssen unterbleiben.

13 **5) Dokumentation.** Erteilte Hinweise müssen **aktenkundig** gemacht werden (IV 1 Hs 2). Dies kann zB durch Erlass einer Aufklärungsverfügung, eines Hinweisbeschlusses, Aufnahme in das Verhandlungsprotokoll oder eine Anlage hierzu, Ausdruck einer E-Mail oder einen Vermerk in den Akten (zB bei telefonischer Erteilung) geschehen. Es ist nicht erforderl, den vollen Wortlaut zu dokumentieren; knappe, aber *konkrete* Wiedergabe genügt (nicht: „Die behauptete Pflichtverletzung, insb im Hinblick auf die Darlegungs- und Beweislast, wurde erörtert"; BGH NJW-RR 2011, 1556). Ist im Protokoll ledigl vermerkt, dass die Sach- u Rechtslage erörtert wurde, ergibt sich aber aus einem folgenden Schriftsatz die Erteilung des Hinweises, ist Aktenkundigkeit zu bejahen (BGH FamRZ 2005, 1555, 1556). Wurde ein Hinweis (etwa nach I 2) sogleich befolgt, erübrigt sich Dokumentation. Ist Dokumentation eines entscheidungserhebl, aber nicht befolgten Hinweises versehentl unterblieben, kann sie im **Urteil** nachgeholt werden (BTDrs 14/6036, 120). Auch in diesem Fall bedarf es einer inhaltl Konkretisierung des Hinweises (BGH MDR 2005, 1364). Nach BGHZ 164, 166, 173 = NJW 2006, 60 muss sich aus dem Urteil auch ergeben, dass die Protokollierung *versehentl* unterblieben ist; dies ist ein verfehlter Formalismus (krit auch Rensen MDR 2006, 1201 ff).

13a **Unterbliebene Dokumentation** hat zur Folge, dass das Rechtsmittelgericht bei entspr Verfahrensrüge von der Nichterteilung des Hinweises ausgehen muss (näher s Rn 20). Umgekehrt beweist die Aktenkundigkeit die Erteilung (HM-S/Schwartze Rn 21). Anderweitiger **Beweis** der Erteilung oder Nichterteilung ist nach IV 2 ausgeschlossen (BGH NJW-RR 2011, 1556), zulässig aber Nachweis der **Fälschung** (s § 165 Rn 7; zu den mögl Beweismitteln – insb dienstl Äußerung oder Vernehmung des Richters, Anhörung des UdG – BGHReport 2004, 979; zu den ermäßigten Anforderungen an die Darlegung BGH MDR 2008, 706). Mögl auch **Berichtigung** des Protokolls (§ 164), wenn es in der mündl Verh nicht erteilten Hinweis dokumentiert. Dass es einen erteilten *Hinweis nicht wiedergibt,* ist dagegen kein Berichtigungsgrund, denn die Beweiswirkung nach § 139 IV 2 knüpft (anders als bei den vorgeschriebenen Förmlichkeiten der Verh nach § 165) nicht an die Protokollierung, sondern an die Aktenkundigkeit an, die auch auf andere Weise hergestellt werden kann. In solchen Fällen sollte daher beim Vors darauf hingewirkt werden, die Hinweiserteilung in einem Aktenvermerk oder im Tatbestand des Urteils zu dokumentieren. Eine Tatbestandsberichtigung (§ 320) wegen fälschl vorgenommener oder unterbliebener Dokumentation ist nicht mögl, da es hier nicht um die Beweiskraft nach § 314 geht (aA HM-S/Schwartze Rn 20).

6) Gelegenheit zur Reaktion auf den Hinweis. Dass diese gewährt werden muss, folgt aus dem Anspruch auf rechtl Gehör (BGHReport 2005, 936; BGH FamRZ 2006, 942). **a) Hinweise vor der mündl Verh** sind so rechtzeitig zu geben, dass noch eine Vorbereitung durch Schriftsätze (§§ 129, 132, 282) mögl ist, am besten durch eine Aufklärungsverfügung mit Fristsetzung nach § 273 II Nr 1. Gericht ist aber nicht verpflichtet, eine Frist zu setzen oder ein beabsichtigtes Vorgehen anzukündigen (BGH 25.3.2025 – VIa ZB 28/23, Tz 16). Wurde keine Frist gesetzt, kann Reaktion innerhalb einer nach Prozesslage (§ 282) und Inhalt des Hinweises angemessenen Zeit erwartet werden (BGH NJW 2007, 1887). Kann der Partei wegen zu kurzfristig erfolgten Hinweises eine Erklärung bis zum Verhandlungstermin nicht zugemutet werden, muss dieser nach § 227 verlegt bzw vertagt werden; § 296 ist nicht anwendbar (s § 296 Rn 3). Kann die Erklärung zwar noch abgegeben, dem Gegner aber nicht mehr rechtzeitig vor dem Termin mitgeteilt werden, ist, sofern nicht einverständl in das schriftl Verf nach § 128 II übergegangen wird, der Termin zu verlegen. 14

b) Wird ein **Hinweis erst in der mündlichen Verhandlung** gegeben und kann eine sof Äußerung nach den konkreten Umständen u den Anforderungen des § 282 I (BTDrs 14/4722, 78; Rensen AnwBl 2002, 638) nicht erwartet werden, darf die mündl Verh nicht ohne weiteres geschlossen werden (BGH NJW 99, 2123; BGH MDR 2021, 507); bei nachträgl Vorbringen wäre das Gericht ggf zur Wahrung des rechtl Gehörs zur Wiedereröffnung nach § 156 II Nr 1 genötigt (BGH NJW 2009, 2378; BGH MDR 2020, 751 [Finkelmeier MDR 2020, 841]; sa § 296a Rn 3). Das Gericht muss vielmehr **vertagen**, sofern die Parteien nicht mit Übergang ins schriftl Verf (§ 128 II) einverstanden sind (BGH NJW-RR 2007, 412; BGH BauR 2010, 246). 14a

Auf Antrag der hingewiesenen Partei kann dieser auch eine **Schriftsatzfrist** (mit gleichzeitigem Schluss der Verh u Bestimmung eines Verkündungstermins wie bei § 283) gewährt werden (**§ 139 V iVm § 296a S 2**; zum weiteren Verf s § 296a Rn 4; gegen Ablehnung des Antrags keine Beschwerde, OLGR Zweibrücken 2004, 198). Dieses Vorgehen empfiehlt sich jedoch idR nicht, da der Gegner zu neuem Vorbringen im nachgelassenen Schriftsatz erneut rechtl Gehör erhalten, also die mündl Verh nach § 156 ohnehin wieder eröffnet werden muss (BGH NJW-RR 2011, 1558). Die Partei ist nicht verpflichtet, einen Antrag auf Schriftsatzfrist zu stellen, Gericht muss dann vAw neuen Termin zur mündl Verh (s Rn 14a) bestimmen (BGH NJW 2018, 2202; BGH MDR 2020, 751 [Finkelmeier MDR 2020, 841]; aA Rensen MDR 2008, 5); § 139 V soll der überraschten Partei eine Option eröffnen, nicht ihr rechtl Gehör verkürzen (BGH MDR 2014, 47). 14b

Eine **auf den Hinweis abgegebene Erklärung** kann nicht nach § 296 zurückgewiesen werden (OLG Hamm NJW-RR 2003, 1651). Dem Gegner muss zu darin enthaltenem neuen Vorbringen rechtl Gehör gewährt werden (BGH NJW-RR 2024, 199). Kann er sich dazu nicht sogleich erklären, muss neuer Termin bestimmt, ins schriftl Verf übergegangen oder Schriftsatznachlass nach § 283 gewährt werden (der allerdings Wiedereintritt in die mündl Verh erforderl machen kann; s § 283 Rn 5). 14c

Ein **wiederholter Hinweis** kann geboten sein, wenn die Partei auf den Hinweis hin eine wiederum nicht ausreichende Erklärung abgibt (OLG München NJW-RR 97, 1425), insb wenn das Gericht den Eindruck erweckt, der Vortrag reiche nunmehr aus (BGH NJW-RR 2004, 281, 282). Dasselbe gilt, wenn der Hinweis von den Parteien falsch aufgenommen wird oder das Gericht von der darin geäußerten Ansicht wieder abrückt (BGH NJW 2002, 3317). Bei anwaltl vertretenen Parteien kann aber grds davon ausgegangen werden, dass bei einer unzureichenden Reaktion auf einen unmissverständl Hinweis weiterer Vortrag nicht mögl oder nicht beabsichtigt ist (BGH NJW 2008, 2036). 14d

VII) Einzelheiten zur Reichweite der materiellen Prozessleitung. 1) Änderung von Anträgen. Darauf darf das Gericht nur hinwirken, wenn sie sich im Rahmen des Prozessbegehrens der Partei halten (BGH MDR 2022, 1041, 1042). Darunter fällt zB die Klärung des Verhältnisses von Haupt- und Hilfsanträgen; die Anpassung des Klageantrags nach Veränderungen der Prozesslage (Hauptsacheerledigung, § 265) oder im Hinblick auf Vollstreckungsfähigkeit (insb bei Unbestimmtheit des Unterlassungsantrags, BGH NJW 2000, 1794); Umstellung auf Leistungs- statt unzulässigen Feststellungsantrag (BGHZ 163, 362), Vollstreckungsgegen- statt unzulässiger Abänderungsklage (BGH NJW 2006, 695, 696), Ersatz statt (nicht mögl) Wiederherstellung (RGZ 169, 356), Rückauflassung statt Grundbuchberichtigung (BGHZ 3, 206, 213), Auseinandersetzung statt Auszahlung des halben Gesellschaftsvermögens (BGHZ 8, 249, 256), Notwendigkeit der Bezifferung eines Zinsantrags (BGH 30.4.2004 – V ZR 343/02), sachgerechte Fassung des Feststellungsantrags (BGH MDR 2017, 355) oder des Antrags auf Beseitigung einer Störung (BGH 22.2.2024 – III ZR 63/23). Zulässig auch Hinweis darauf, dass das geltend gemachte Zurückbehaltungsrecht den Klageabweisungsantrag nicht rechtfertigt (§ 274 BGB; iErg ebenso, aber mit unzutr Begr BVerfG NJW-RR 93, 764). Im Kündigungsschutzprozess darf Gericht klären lassen, ob Kündigungsschutz- und/oder allg Feststellungsklage gewollt ist (BAG NZA 94, 860, 862; BAG NZA 94, 2780, 2782; sa § 256 Rn 28). – **Unzulässig** wegen Änderung bzw Erweiterung des Prozessziels wäre dagegen Hinwirken auf Schadensersatz- statt Herausgabeverlangen (BGHZ 7, 208, 211), auf fehlenden Zinsantrag (OLG Köln 15

MDR 72, 779) oder eine hinsichtl der Verrechnung von Teilzahlungen günstigere Antragsfassung (Zimmermann JuS 91, 584). „Sachdienl" hat in I 2 nicht dieselbe Bedeutung wie in § 263, sondern eine engere, auf das Prozessziel bezogene (StJ/Kern Rn 47; MK/Fritsche Rn 22).

16 **2) Benennung von Beweismitteln.** Auf deren Notwendigkeit ist hinzuweisen, wenn sich aus dem übrigen Vorbringen ergibt, dass das Unterbleiben des Beweisantritts auf einem Versehen (BGH NJW 98, 155, 156) oder auf einer erkennbar falschen Beurteilung der Rechtslage beruht, zB der Beweislast (BGH NJW 82, 582; BGH MDR 91, 223, 224; BayVerfGH NJW 92, 1094) oder des Ausreichens einer eidesstattl Versicherung statt des Zeugenbeweises (BGH NJW 2007, 3069; BGH MDR 2020, 627 [Alpes MDR 2020, 658]). Ein Hinweis ist auch geboten, wenn unklar ist, ob ein früherer Beweisantritt noch aufrechterhalten wird (BVerfG NJW 82, 1637; BGH NJW 2018, 1171 Tz 17). Erst recht gilt dies, wenn das Gericht die Partei zunächst zu Beweisantritt zu anderem, nicht entscheidungserhebl Punkt veranlasst hat (OLG Hamm MDR 93, 270). Zulässig auch Hinweis, dass Bezugnahme auf Akten nicht reicht (OLGR Hamm 1994, 95). Will das Gericht einem Gutachten wegen abweichender Ausführungen eines anderen SV nicht folgen, muss es hierauf hinweisen (BGH VersR 2007, 376; sa § 279 III). – Dagegen ist das Gericht grds (s § 279 Rn 5) nicht verpflichtet, die Partei zur Benennung *weiterer* Beweismittel aufzufordern, wenn es den Beweis mit den bish nicht als geführt ansieht (OLG Bamberg MDR 2024, 1109; OLGR Hamm 2003, 114, 116; AG/Anders Rn 36). Weitere Rspr-Nw Piekenbrock NJW 99, 1362.

17 **3) Sachvortrag.** Zulässig und geboten ist es, widersprüchl oder mehrdeutiges Vorbringen aufzuklären (BGH NJW-RR 2002, 1071), zumindest auf die beabsichtigte Interpretation hinzuweisen (BGH NJW-RR 2003, 1718; BGH MDR 2007, 538), darauf hinzuwirken, dass ungenügende tatsächl Angaben ergänzt, alle zur Feststellung des vorgetragenen Sachverhalts erforderl Erklärungen abgegeben und unter Beweis gestellt werden (BGH NJW 94, 3288, 3291; BGH NJW 95, 399, 401; zu Hinweispflicht des Berufungsgerichts s Rn 18a; zur sekundären Behauptungslast s vor § 284 Rn 34; vgl BGH NJW 93, 528, 530). Auf fehlende Schlüssigkeit (s vor § 253 Rn 23), unzureichende Substantiierung (s § 138 Rn 7b) ist hinzuweisen (BGH NJW 99, 3716; BGH NJW 2008, 1742; OLG München NJW-RR 97, 944), nicht nur pauschal, sondern mit konkretem Bezug auf den Mangel (BGH NJW-RR 2023, 718), ggf wiederholt (s Rn 14a); ebenso auf das Fehlen in Bezug genommener Belege (BGH NJW-RR 2011, 487). Ist SV-Beweis beantragt, muss auf Nichtausreichen der vorgetragenen Anknüpfungstatsachen hingewiesen werden (BGH VersR 2009, 517). Das Gericht darf aber nicht von sich aus Lücken im Sachvortrag ausfüllen oder einer Partei neue Klagegründe, Einreden oder Anträge nahe legen, die in ihrem Sachvortrag auch nicht andeutungsw enthalten sind (BGHZ 7, 208, 211; WSch/Smid/Hartmann Rn 185 ff), die Partei auf eine andere, nicht mehr im Rahmen ihres bish Vorbringens liegende tatsächl Begründung ihres Antrages hinlenken (RGZ 109, 69, 70) oder anspruchsbegründende Tatsachen erst herbeiführen; so darf bei streitiger Sachlegitimation des Kl das Gericht nicht eine Abtretung anregen, wohl aber, wo eine solche in Betracht kommt, zu deren Nachweis auffordern (OLG Frankfurt NJW 70, 1884 [abl Schneider]; Dittmar NJW 71, 56). Es darf auch nicht auf ein Zurückbehaltungsrecht (BGH NJW 69, 691, 693) oder auf die Verjährung aufmerksam machen (BGHZ 156, 269; OLG Hamm MDR 2013, 1121; Rensen MDR 2004, 489; aA Waldner FG Vollkommer, S 275); zulässig und geboten ist dagegen die richterl Aufklärung, ob zB ein unsubstantiierter Hinweis des Bekl auf den Zeitablauf als Verjährungseinrede zu konkretisieren ist (MK/Fritsche Rn 37; Prütting NJW 80, 364).

18 **4) Rechtsfragen.** Hinweis ist geboten, wenn das Gericht einen Sachverhalt oder ein Vorbringen in einer Weise würdigen will, mit der auch ein gewissenhafter und kundiger ProzBev nicht zu rechnen brauchte. Dies ist zB der Fall, wenn es einer ihm zur Kenntnis gebrachten BGH-Rspr nicht folgen will (BGH NJW 2020, 2730 [Thora] = MDR 2020, 1011 [Fellner MDR 2020, 1105]), von einer mitgeteilten „vorläufigen" oder in einem Vorprozess zwischen den Parteien vertretenen Rechtsansicht abweichen will (BVerfG NJW 2021, 2581; BGH MDR 2020, 364; BGH MDR 2024, 858), wenn es die Klage nach Durchführung einer Beweisaufnahme über die Klageforderung wegen fehlender Aktivlegitimation abweisen will (BGH NJW 2007, 2414), wenn es einen Vertrag anders auslegen will als die Parteien oder wenn es eine Vertrags- oder AGB-Klausel im Gegensatz zu ihnen für unwirksam hält. Hinzuweisen ist auch darauf, dass die vorgetragenen Tatsachen eine andere Anspruchsgrundlage erfüllen, dass der Schaden anders zu berechnen ist oder dass die nicht bestrittene Aktivlegitimation fehlt (BGH VersR 94, 1326). Die rechtl Hinweise müssen sich aber im Rahmen des Tatsachenvortrags der Parteien halten. Hinzuweisen ist auch auf die (von den Parteien oder vom Erstgericht verkannte) Maßgeblichkeit u den Inhalt ausl Rechts, § 293 (BGH NJW 76, 474) oder eine von ihnen übersehene Gesetzes- oder Rspr-Änderung. Dass eine Partei aus einem anderen als dem von ihr angenommenen Rechtsgrund obsiegen wird, erfordert keinen Hinweis nach II, sofern dieser dem Gegner keine neue Verteidigungsmöglichkeit eröffnet.

18a Das **Berufungsgericht** muss grds einen Hinweis geben, wenn die Vorinstanz den Eindruck erweckt hat, auf einen jetzt für maßgebl gehaltenen Gesichtspunkt komme es nicht an (BGH NJW-RR 94, 566) oder wenn es der Beurteilung der Vorinstanz nicht folgen will (auch in einem vAw zu berücksichtigenden Punkt: BGH FamRZ 2006, 942, 943; auch wegen Gesetzesänderung: BGH NJW 2012, 3035; auch bzgl Schadensschätzung: BGH MDR 2017, 168 [krit Fischer MDR 2017, 138]) u auf Grund seiner abw Ansicht weiterer Vortrag erforderl ist (*BGHReport 2005, 936; BGH NJW-RR 2011,* 742; BGH NJW-RR 2017, 672), für den dann ausreichende Frist einzuräumen ist (BVerfG NJW 2017, 3218). Ob der (nach § 531 II berücksichtigungsfähige) Vortrag bereits in 1. Instanz hätte gebracht werden können, ist unerhebl (BGH NJW-RR 2024, 1079).

5) Verfahrensfragen. Das Gericht darf darauf hinwirken, dass Antrag auf VU oder Beschluss nach § 91a gestellt oder unrichtige Parteibezeichnung berichtigt wird. Bei Vorliegen von Verfahrensmängeln darf es auf Wirkung des § 295 nur hinweisen, wenn anderenfalls die Partei in unzumutbarer Weise überrascht würde (s § 295 Rn 7). Auf die zuständigkeitsbegründende Wirkung rügeloser Einlassung (§ 39) darf es grds nicht hinweisen; Ausnahmen: AG-Prozess (§ 504), missbräuchl Verbraucherprorogation (EuGH NJW 2009, 2367 [Pfeiffer]) oder Gerichtsstandserschleichung (Lüttringhaus ZZP 127 [2014], 54 ff). Es darf auch eine nicht anwaltl vertretene Partei nicht rechtl beraten, zB über Möglichkeiten, einer Präklusion verspäteten Vorbringens zu entgehen (OLG München NJW 94, 60; aA G. Vollkommer s § 42 Rn 26), wohl aber über nachteilige Rechtsfolgen ihres Handelns aufklären, zB um zu vermeiden, dass sie etwas beantragt, was sie ersichtl gar nicht erstrebt, oder dass sie ihre Prozesshandlung unter eine unzulässige Bedingung stellt (BGHZ 149, 120, 124 = NJW 2002, 2182, 2183). Unzulässig auch Hinweis auf Möglichkeit von Widerklage (WSch/Smid/Hartmann Rn 167; aA MK/Fritsche Rn 27 für bes Fälle) oder Anschlussberufung (OLG Rostock NJW-RR 2002, 576). Dass es ein Parteivorbringen für verspätet erachtet, muss das Gericht grds mitteilen, damit die Partei Gelegenheit hat, die Verspätung zu entschuldigen (näher s § 296 Rn 32), ebenso dass es eine Erklärung wegen eines Mangels der Unterschrift als unwirksam (BGH NJW 2012, 3378) oder eine Tatsache als offenkundig behandeln (s § 291 Rn 3), das von einer Partei vorgelegte Privatgutachten (s vor § 402 Rn 10) als hinreichend beweiskräftig ansehen oder trotz Antritt des SV-Beweises das Urteil auf eigene Sachkunde stützen will (s vor § 402 Rn 12; BVerfG JZ 60, 124; BGH NJW 70, 419). Es muss die Parteien auch auf diesen unbekannte Verfahrensvorgänge hinweisen, zB auf schriftl Mitteilung eines geladenen Zeugen, dass über das Beweisthema schriftl Unterlagen vorhanden sind (BGH NJW 61, 363). Wenn es in der mündl Verh die Bezugnahme auf unübersichtl Anlagen zugelassen hat, darf es deren Inhalt nicht wegen dieses Mangels unberücksichtigt lassen (BGH MDR 2005, 1376). 19

VIII) Verletzung der Prozessleitungspflicht. Verstoß gegen § 139 I-III ist Verfahrensfehler, der zur Aufhebung des Urteils nach § 513 I, § 546 führen kann (AG/Anders Rn 69; Gaier NJW 2020, 177, 179). Ist erforderl Hinweis nicht dokumentiert (s Rn 13), muss von Nichterteilung ausgegangen werden (§ 139 IV 2; BGH MDR 2005, 1364), ebenso wenn bestrittener Zugang nicht nachweisbar (BVerfG NJW 2019, 1433). Kein Verfahrensfehler, wenn aus der fehlerhaften mat-rechtl Sicht des Erstrichters kein Anlass für einen Hinweis bestanden hat (BGH NJW 91, 704; BGH VersR 2008, 1697; Urteil ist dann wegen des Rechtsfehlers aufzuheben, Zurückverweisung nach § 538 II Nr 1 nicht mögl). Damit das Rechtsmittelgericht die Kausalität einer Verletzung der Prozessleitungspflicht prüfen kann, muss in der Rechtsmittelbegründung (§ 520 III 2 Nr 2) angegeben werden, was auf entspr Hinweis hin vorgetragen worden wäre (BGH GRUR 2008, 1126; zur Revision BGH NJW-RR 88, 208; BGH NJW-RR 98, 1268, 1270). Dabei kann Vorbringen auch geändert, ergänzt oder berichtigt werden (BGH MDR 2018, 953). – Verstoß gegen § 139 kann zu **Verletzung des rechtl Gehörs** führen (s § 321a Rn 10); dann bei nicht rechtsmittelfähiger Entscheidung Rüge nach § 321a, nach Erschöpfung des Rechtswegs Verfassungsbeschwerde wegen Verletzung des Art 103 GG, ggf auch des Willkürverbots (BVerfG NJW 94, 1274; BVerfG NJW 76, 1391). – IÜ kann die Verletzung der Prozessleitungspflicht, wenn sie für eine Verfahrensverzögerung auch nur mitursächl ist, die Zurückweisung verspäteten Parteivorbringens verbieten (s § 296 Rn 3). 20

§ 140 Beanstandung von Prozessleitung oder Fragen

Wird eine auf die Sachleitung bezügliche Anordnung des Vorsitzenden oder eine von dem Vorsitzenden oder einem Gerichtsmitglied gestellte Frage von einer bei der Verhandlung beteiligten Person als unzulässig beanstandet, so entscheidet das Gericht.

1) Bedeutung. Herbeiführung einer Kollegialentscheidung, wenn eine **Anordnung des Vors** zur formellen oder materiellen Prozessleitung oder eine Frage eines Gerichtsmitglieds in der mündl Verh (§ 136) als unzulässig (nicht nur unzweckmäßig oder unerhebl) gerügt wird. Unterlassungen (zB von Hinweisen nach § 139) fallen nicht darunter (StJ/Kern Rn 6), dgl Maßnahmen der Sitzungspolizei (s § 176 GVG Rn 9). Zu Fragen der Parteien s § 397 III. 1

2) Verfahren. Rügebefugt sind alle an der Verh beteiligten Personen: Parteien, Streithelfer, Zeugen und SV; nicht einzelne Mitglieder des Kollegiums. – **Entscheidung** durch zu verkündenden Beschluss (§ 329 I). 2

3) Rechtsbehelfe. Der Beschluss ist gem § 567 I nicht selbständig anfechtbar (BGH NJW 90, 840). Mit Rechtsmittel gegen das Urteil kann ein verzichtbarer Fehler bei der formellen Prozessleitung nicht mehr gerügt werden, wenn keine sofortige Beanstandung nach § 140 erfolgte (MK/Fritsche Rn 8; für Fragen zur materiellen Prozessleitung gilt dies nicht; s § 295 Rn 2). 3

§ 141 Anordnung des persönlichen Erscheinens

(1) [1]Das Gericht soll das persönliche Erscheinen beider Parteien anordnen, wenn dies zur Aufklärung des Sachverhalts geboten erscheint. [2]Das Gericht kann das persönliche Erscheinen auch als Teilnahme an einer Videoverhandlung nach § 128a gestatten oder anordnen. [3]Ist einer Partei aus wichtigem Grund das persönliche Erscheinen in dem Termin nicht zuzumuten, so sieht das Gericht von der Anordnung ihres persönlichen Erscheinens ab.

(2) [1]Wird das Erscheinen angeordnet, so ist die Partei von Amts wegen zu laden. [2]Die Ladung ist der Partei selbst mitzuteilen, auch wenn sie einen Prozessbevollmächtigten bestellt hat; der Zustellung bedarf die Ladung nicht.

(3) [1]Bleibt die Partei im Termin aus, so kann gegen sie Ordnungsgeld wie gegen einen im Vernehmungstermin nicht erschienenen Zeugen festgesetzt werden. [2]Dies gilt nicht, wenn die Partei zur Verhandlung einen Vertreter entsendet, der zur Aufklärung des Tatbestandes in der Lage und zur Abgabe der gebotenen Erklärungen, insbesondere zu einem Vergleichsabschluss, ermächtigt ist. [3]Die Partei ist auf die Folgen ihres Ausbleibens in der Ladung hinzuweisen.

Durch G zur Förderung des Einsatzes von Videokonferenztechnik in der Zivilgerichtsbarkeit und den Fachgerichtsbarkeiten v 15.7.2024 (BGBl 2024 I Nr 237) wurde mWv 19.7.2024 in § 141 I ein neuer S 2 eingefügt und der bisherige S 2 (jetzt S 3) geändert.

1 **I) Bedeutung.** Lücken und Unklarheiten im Sachvortrag können am besten und am schnellsten im unmittelbaren Gespräch mit der betroffenen Partei beseitigt werden. § 141 gibt dem Gericht daher die (mit Ordnungsgeld durchsetzbare) Möglichkeit, die Parteien vorzuladen, um sie zur **Aufklärung des Sachverhalts** anzuhören. Die Anhörung ist ein wichtiges Instrument der materiellen Prozessleitung (s § 139 Rn 1; zur Ermessensausübung s Rn 3). Sie ist aber **nicht Beweisaufnahme** iSe Parteivernehmung (§§ 445-455), weil sie nicht der Aufklärung eines streitigen Sachverhalts dient, sondern dem besseren Verständnis dessen, was die Partei behaupten und beantragen will. Auch zur Parteivernehmung vAw (§ 448) bestehen erhebl rechtl und praktische Unterschiede, insb in Bezug auf Voraussetzungen (s § 448 Rn 3 ff) und Revisibilität (s § 448 Rn 7). Zwischen beiden Mitteln der Erkenntnisgewinnung besteht daher keine Austauschbarkeit; gegenteilige Ansichten (AK/Rüßmann vor § 445 Rn 3; Schöpflin NJW 96, 2134; dagegen Gehrlein ZZP 110 [1997], 471; Schilken ZZP 126 [2013], 423) übersehen auch den psychologischen Unterschied zwischen bloßer Anhörung und verantwortl, mit Eidessanktion bedrohter Vernehmung (Lange NJW 2002, 481). Nur bei der förml Vernehmung ist die Partei dem Fragerecht des Gegners (§§ 451, 397) ausgesetzt (aA Kockentiedt/Windau NJW 2019, 3348, 3351).

1a **Einfluss auf die Sachverhaltsfeststellung** kann die Erklärung der Partei gleichwohl haben, denn sie geht als *Inhalt der Verh* iSv § 286 in die richterl Überzeugungsbildung ein (s § 286 Rn 14; BGHZ 122, 115, 121 = NJW 93, 1638, 1640; BGH NJW 99, 363, 364 mwN; Meyke MDR 87, 358; Lange NJW 2002, 480; Schilken ZZP 126 [2013], 423 f). Der Richter kann seine Überzeugung uU allein auf die Angaben der Partei stützen, auch dann, wenn wegen Fehlens der erforderl Anfangswahrscheinlichkeit eine Parteivernehmung nicht mögl ist; er kann ihnen ggf sogar den Vorzug vor den Bekundungen eines Zeugen oder des als Partei vernommenen Prozessgegners geben (BGH NJW 2003, 2527, 2528; BGH MDR 2018, 172 [Greger MDR 2018, 328]). Zu würdigen ist jedoch der Unterschied zwischen der Anhörung und einer förml Vernehmung (s Rn 1; Ahrens MDR 2015, 186). Wird die Partei – was nach § 141 I 2 zulässig ist – ledigl per Video zugeschaltet, sind auch die Besonderheiten dieser Kommunikationsform (s § 128a Rn 3 f) zu berücksichtigen. Werden die von der beweisbelasteten Partei bei einer Anhörung nach § 141 aufgestellten Behauptungen vom Gegner substantiiert bestritten, bedarf es einer förml Beweisaufnahme (BGH MDR 2018, 172). Diese kann bei Fehlen anderer Beweismittel auch in einer Parteivernehmung vAw nach § 448 bestehen, sofern sich aus dem Eindruck bei der Anhörung bereits der erforderl Anfangsbeweis ergibt (s § 448 Rn 4). Obwohl die Anordnung nur eine Pflicht zum Erscheinen bzw zur Entsendung eines qualifizierten Vertreters, aber **keine Einlassungspflicht** begründet (s Rn 11 ff), kann auch die Nichtabgabe einer Erklärung in die Gesamtwürdigung des Verhandlungsergebnisses einbezogen werden (Eschelbach/Geipel MDR 2012, 199), nicht aber die Nichtbeantwortung von Fragen des hierzu nicht befugten Gegners. – Zur Frage einer **Geständniswirkung** s § 288 Rn 3c. – Zur Anordnung persönl Erscheinens zur **Güteverh** oder zum Güteversuch s § 278 III.

2 **II) Anordnung. 1) Adressaten.** Angeordnet werden kann das persönl Erscheinen einer oder beider Parteien (StJ/Althammer Rn 16; MskV/Stadler Rn 6; zu eng Habscheid FS v. Castelberg, S 69), auch des NI (§ 67 S 2), nicht des ProzBev. – Mögl ist auch Anhörung der **prozessunfähigen Partei** (RSchwab/Gottwald § 44 Rn 24), aber außerhalb des in § 455 II geregelten Falls kaum sinnvoll; kann zudem vom ges Vertreter nach § 141 III 2 unterlaufen werden. – Bei **jur Person** ergeht Anordnung ihr gegenüber (Zapf MDR 2017, 551, 557; zur Sinnhaftigkeit bei Versicherungsunternehmen OLG Karlsruhe VersR 2019, 899); zu erscheinen hat dann der ges oder ein von diesem umfassend (s III 2) bevollmächtigter Vertreter. Wegen Ladung s Rn 7.

3 **2) Pflichtgemäßes Ermessen; Videoverhandlung (§ 141 I, II).** Nach der Umwandlung des § 141 I von einer Kann- in eine Sollvorschrift durch G v 3.12.1976 soll die Anordnung zwar **Regelfall** sein, aber gleichwohl im

Ermessen des Gerichts liegen: kein Rechtsanspruch der Parteien; kein Verfahrensfehler iSv § 538 II Nr 1, § 551, solange kein Ermessensfehl- oder -nichtgebrauch (s Rn 3b). Dasselbe gilt für die Entscheidung, ob beide Parteien oder nur eine geladen werden sollen. IdR sollte im Interesse der Verhandlungsparität das Erscheinen beider Parteien angeordnet werden. Dadurch kann uU ein langwieriger Schriftsatzaustausch oder eine Beweisaufnahme erspart werden u es wird ermöglicht, durch Überzeugungsarbeit ein Rechtsmittelverf zu vermeiden oder auf eine gütl Streitbeilegung hinzuwirken. Bei Divergenz zwischen Vortrag des ProzBev und (etwa schriftl niedergelegten) Erklärungen der Partei kann unmittelbare Anhörung sachdienl sein (bei verbleibendem Widerspruch: s § 137 Rn 4).

Im Ermessen des Gerichts liegt auch, ob es statt des persönl Erscheinens die **Zuschaltung per Video** gestattet 3a
oder anordnet. Entgegen dem missverständl Wortlaut von § 141 I 2 nF ist dies auch dann mögl, wenn die mündl Verh nicht als Videokonferenz, sondern mit Präsenz der anderen Beteiligten stattfindet. Zu den Wirkungen von Gestatten u Anordnen s § 128a Rn 16 ff. Die Verweisung auf § 128a bezieht sich auf alle dortigen Regelungen, also auch auf das eingeschränkte Ermessen bei Antrag der Partei u die Begründungspflicht bei Ablehnung des Antrags (s § 128a Rn 6) sowie auf die Möglichkeit des Einspruchs gegen eine Anordnung (s § 128a Rn 19). Erhebt die Partei Einspruch gegen die Anordnung der Videoverh, muss sie persönl erscheinen (Bacher MDR 2024, 945, 946). Nichteignung des Falles und Fehlen der technischen und personellen Voraussetzungen sind auch hier Ausschlussgründe (s § 128a Rn 8 ff). Zur Zuschaltung einer Partei aus dem Ausland s § 128a Rn 15.

Verpflichtet zur Anordnung ist das Gericht jedoch wegen Gebotes effizienten Rechtsschutzes u rechtl Gehörs 3b
(auch ohne ausdrückl Antrag; AG/Bünnigmann Rn 22; aA unter unzutr Berufung auf BVerfG NJW 2008, 2170 Ahrens Beweis Kap 40 Rn 42), wenn Partei einen von ihr zu führenden Beweis oder Gegenbeweis nur mit ihrer eigenen Aussage erbringen könnte, die rechtl Voraussetzungen für eine Parteivernehmung aber nicht vorliegen (s § 448 Rn 4a), zB über den Inhalt eines Gesprächs, an dem außer ihr nur die Gegenpartei oder ein in ihrem Lager stehender Zeuge beteiligt war (BVerfG NJW 2001, 2531; BGH BauR 2013, 1148), über den Hergang eines Verkehrsunfalls ohne neutrale Zeugen (OLG Saarbrücken NJW-RR 2011, 754, 755; zu pauschal allerdings OLG München NJW 2011, 3729; zu eng Daßbach, NZV 2022, 58 ff) oder über die Frage, wie sich ein Patient bei ausreichender Aufklärung entschieden hätte, und ob er in einen Entscheidungskonflikt geraten wäre (BGH NJW 2022, 2682). Partei kann sich Gehör durch Wortmeldung (§ 137 IV) und ggf Befragung des gegnerischen Zeugen (§ 397 II ZPO) verschaffen (BVerfG NJW 2008, 2170; BGH NJW 2010, 3292, 3293); ihre Anhörung kann Anfangsbeweis für Parteivernehmung oder sogar richterl Überzeugung begründen (s Rn 1a; iE Greger MDR 2014, 313). – Das **Berufungsgericht** muss erneute Anhörung anordnen, wenn es erstinstanzl Aussage vom Ersturteil abw werten will (BVerfG MDR 2017, 1202; BGH NJW 2018, 2335; BGH 19.12.2024 – I ZR 70/24).

Abzusehen ist von der Anordnung bei **Unzumutbarkeit** persönl Erscheinens aus wichtigem Grund (§ 141 I 3), 4
zB Erkrankung, psychische Störung. Längere Anreise zum Gerichtsort ist nicht per se unzumutbar (OLG Stuttgart NJW-RR 2015, 358, 359; zu Reisekostenvorschuss s § 122 Rn 8 f; zur Anhörung im Rechtshilfeweg s Rn 6). Wegen der Möglichkeit der Teilnahme per Video (§ 141 I 2) oder der Entsendung eines Vertreters (§ 141 III 2) hat die Vorschrift kaum praktische Bedeutung. Bei drohender Verhaftung ggf Anordnung nach § 295 StPO durch den Strafrichter (näher Bauer, Das sichere Geleit, 2006, S 197 ff). Wird Unzumutbarkeit nachträgl glaubhaft gemacht, dürfen an Ausbleiben keine Sanktionen geknüpft werden. Zu inhaftierter Partei s § 36 StVollzG.

3) Form, Rechtsbehelf. Die Anordnung erfolgt außerhalb der mündl Verh gem § 273 II Nr 3, sonst durch Be- 5
schluss des Gerichts. Der Beschluss ist nicht anfechtbar (§ 567). Ermessensfehler kann uU mit Anfechtung des Urteils (s Rn 3) oder der Sanktion nach § 141 III (s Rn 15) geltend gemacht werden.

III) Durchführung. 1) Verfahren. Die Anhörung der Partei zur Sachaufklärung erfolgt **in der mündl Verh vor** 6
dem Prozessgericht, nicht beim ersuchten oder beauftragten Richter (StJ/Althammer Rn 26; MK/Fritsche Rn 16; MskV/Stadler Rn 11; aA OLG Köln MDR 86, 152; AG/Bünnigmann Rn 19; offen lassend, aber mit gegenteiliger Tendenz BGH NJW-RR 2016, 583, 584), selbst wenn damit eine Gegenüberstellung der Partei mit einem vor dem ersuchten Richter zu vernehmenden Zeugen ermöglicht würde (aM LAG Frankfurt AP § 141 Nr 1). Entspr Ersuchen kann aber nicht nach § 158 GVG abgelehnt werden (OLG Brandenburg NZV 2023, 566 [Krenberger]. Für nicht deutsch sprechende Partei ist Dolmetscher zu bestellen (BGH MDR 2018, 689 [Elzer MDR 2018, 779]). Zur Zuschaltung per Video s § 128a Rn 28. Keine Anhörung der Partei außerhalb der streitigen mündl Verh; daher unzulässig die Anhörung der im Anwaltsprozess ohne ihren RA erschienenen Partei; dies muss auch gelten, wenn ledigl RA des NI erschienen (OLG Frankfurt NJW-RR 2010, 140; aA OLG Hamm MDR 2020, 439). Für Güteverh abw Vorschriften in § 278.

2) Ladung (§ 141 II). Sie wird auch der anwaltl vertretenen Partei **persönl und formlos mitgeteilt**. Bei Pro- 7
zessunfähigen und jur Personen ist sie nicht an diese, sondern an ges Vertreter zu richten (BGH NJW-RR 2007, 1364; BGH NJW-RR 2011, 1363; OLG Hamm MDR 2014, 50). Eine Ladungsfrist gilt hierfür nicht; bei zu kurzfristiger Ladung aber keine Sanktion nach III. Ist der Anordnungsbeschluss nicht verkündet, so sind der ProzBev der persönl vorgeladenen Partei und auch der Gegner (§ 273 IV 1) von der Ladung der Partei zu benachrichtigen. Daneben wird zum Termin wie üblich geladen (§§ 214, 217, 218, 172 I). Zur Ladung bei gestatteter oder angeordneter Video-Teilnahme s § 128a Rn 22. – Ladung der Partei muss Hinweis auf die Folgen ihres

Ausbleibens (III 3; s Rn 12 ff) enthalten u sollte auch den Zweck der Vorladung mitteilen (StJ/Althammer Rn 17). Als Zweckangabe genügt hierbei „zur Aufklärung des Sachverhalts" (BGH NJW-RR 2007, 1364); die Mitteilung konkreter Fragen ist nicht erforderl (OLG Stuttgart NJW-RR 2015, 358, 359; OLG Frankfurt NJW 91, 2090), kann sich aber zur intensiveren Terminsvorbereitung empfehlen. Verbindl ist die Anordnung auch ohne Zweckangabe (OLG Brandenburg FamRZ 2004, 467; OLG Celle NJW 2018, 241 [Ahrens]; StJ/Althammer Rn 17; aA wohl Zapf MDR 2017, 554, 555).

8 3) **Grenzen.** Um nicht in Konflikt mit dem **Verhandlungsgrundsatz** (s vor § 128 Rn 10) zu geraten, darf das Gericht nur den ihm unterbreiteten Sachverhalt, diesen aber umfassend, aufzuklären versuchen. Dass hierbei auch neuer Tatsachenvortrag ausgelöst wird, liegt im Wesen der Aufklärung (MK/Fritsche Rn 8). Nicht um verbotene Inquisition handelt es sich daher auch, wenn der Richter, um den Sachverhalt aufzuhellen, Fragen zur Vorgeschichte, zu den Hintergründen oder zu den Beziehungen zwischen den Parteien stellt. Da die Partei nicht zu Erklärungen verpflichtet ist (s Rn 1a), bleibt es ihr unbenommen, Tatsachenvortrag zurückzuhalten.

9 **Anwaltliche Vertretung** setzt der Parteianhörung keine Schranken (MK/Fritsche Rn 9). Das Gericht darf die anwesende Partei auch gegen den Willen des ProzBev direkt befragen (im Anwaltsproz allerdings nur in dessen Anwesenheit; StJ/Althammer Rn 34). Will diese nicht oder nur über ihren RA antworten, kann es dies frei würdigen (StJ/Althammer Rn 39). Dies kann bei getrennter Video-Zuschaltung von RA u Partei problematisch sein; eine solche sollte daher möglichst vermieden oder die Möglichkeit zu einer vertraul Kommunikation (zB in Breakout Room) geboten werden. Zur Würdigung von Widersprüchen zwischen Partei u ProzBev s § 85 Rn 7 ff.

10 4) **Protokollierung.** Sie ist nicht vorgeschrieben (BGH NJW 51, 110; OLG Stuttgart NJW-RR 2014, 447, 448), kann sich aber empfehlen und nach § 160 IV beantragt werden (BGH NJW 69, 428). Soll nicht protokollierte Äußerung im Urteil verwendet werden, ist sie im Tatbestand oder den Gründen (in gedrängter Form, nicht wörtl) wiederzugeben. Bei unrichtiger Wiedergabe Berichtigungsantrag nach § 320 erforderl, um Beweiswirkung des § 314 zu verhindern (BGH 23.4.2002 – X ZR 29/00).

11 **IV) Ausbleiben der Partei (§ 141 III 1).** Neben **prozessualen Nachteilen** (zB nicht behobene Substantiierungsmängel, Nichtberücksichtigung späteren Vorbringens nach § 282 I, § 296 II, freie Würdigung des Verhaltens nach § 286 I) droht bei fehlender Entschuldigung auch ein Ordnungsgeld, aber keine Ordnungshaft, keine zwangsweise Vorführung (OLG Köln NJW 72, 1999). – Wenn die Partei zwar erscheint, aber **nicht aussagt**, kommen nur die proz Konsequenzen zum Tragen. – **Nochmalige Ladung der Partei** nur zulässig und zur Wahrung des rechtl Gehörs geboten, wenn das Aufklärungsbedürfnis fortbesteht und die Partei ihr Fernbleiben wegen eines nur vorübergehenden Hindernisses (zB Krankheit, Reise usw) rechtzeitig entschuldigt hat.

12 1) **Ordnungsgeld.** Verhängung (gem Art 6 I EGStGB iHv 5-1.000 Euro) nach gerichtl **Ermessen.** Da die Anordnung des persönl Erscheinens dem Ziel dient, durch umfassende Sachverhaltsaufklärung möglichst rasch zu einer der Sach- und Rechtslage entspr Entscheidung zu gelangen, ist die Sanktion nicht nur verfassungsgemäß (BVerfG NJW 98, 892), sondern seit der Stärkung der materiellen Prozessleitung durch das ZPO-RG (s § 139 Rn 1) auch vermehrt einzusetzen (aA WSch/Smid/Hartmann Rn 70). Sie ist aber keine reine Ungehorsamsstrafe, daher ermessensfehlerhaft, wenn trotz Abwesenheit der Partei ein Vergleich zustande kommt, die Klage zurückgenommen wird oder VU ergeht (OLGR Köln 2004, 256). Nicht erforderl ist, dass durch das unentschuldigte Ausbleiben die Sachaufklärung erschwert u der Prozess verzögert wird (so aber BGH MDR 2007, 1090; BGH NJW-RR 2011, 1363; BAG NJW 2008, 252 [abl Griebeling]); es genügt, dass eine nachteilige Auswirkung auf den Prozessablauf nicht ausgeschlossen werden kann (OLG Karlsruhe VersR 2014, 120; OLG Stuttgart NJW-RR 2015, 358, 359; eing Zapf MDR 2017, 554, 557 ff). § 141 I dient auch der – nach BVerfG NJW-RR 2007, 1073 vorrangigen – konsensualen Konfliktlösung und der Vermeidung von Rechtsmitteln. Ob entspr Bemühungen des Gerichts erfolgreich gewesen wären, kann keine Rolle spielen; Partei kann sich der Sanktion nicht dadurch entziehen, dass sie erklärt, ohnehin nicht vergleichsbereit zu sein (so aber Zapf MDR 2017, 554, 560). Da es nicht um Ahndung einer Missachtung geht, kann auch bei fahrl Ausbleiben Ordnungsgeld verhängt werden (OLGR Düsseldorf 1994, 183).

13 **Unzulässig** (ggf aufzuheben) Festsetzung eines Ordnungsgeldes, wenn ein den Voraussetzungen des III genügender Vertreter für die Partei erscheint (s Rn 16), wenn die ausl Partei im Ausland lebt (OLG Hamm MDR 2009, 105; OLG München NJW-RR 96, 59), wenn nicht ordnungsgemäß geladen, fehlender oder verspäteter Zugang der Ladung (s Rn 7) glaubhaft gemacht (zB Hinausgabe nicht in der Akte dokumentiert; BGH NJW-RR 2011, 1363) oder Fernbleiben entschuldigt wurde (§ 381, zB wegen Anreiseschwierigkeiten, sonstiger dringender Geschäfte, Krankheit; s Rn 4). Ein Verschulden ihres Anwalts hat die Partei hier nicht zu vertreten; § 85 II ist auf die Ahndung eines persönl Fehlverhaltens der Partei durch Ordnungsmaßnahmen nicht anwendbar (BGH NJW-RR 2011, 1363; Schneider NJW 79, 987). Auf falsche Auskunft des RA, die persönl Ladung missachten zu dürfen, kann sich Partei idR nicht berufen (LAG Köln NZA 1995, 864 LS; MK/Fritsche Rn 24; Ahrens NJW 2018, 244; aA Zapf MDR 2017, 554, 557). Sie kann dann ggf Regress beim RA nehmen.

14 Wurde Erscheinen ggü ***juristischer Person*** angeordnet (s Rn 2; zur Ladung s Rn 7), kann Ordnungsgeld nur gegen diese, nicht gegen den ges Vertreter festgesetzt werden (BGH MDR 2017, 721; OLG Karlsruhe VersR 2019, 899; MskV/Stadler Rn 12; aA OLG Nürnberg MDR 2001, 954; StJ/Althammer Rn 50).

Festsetzung ergeht durch **Beschluss**. Wegen Begründung u Unterschrift s § 329 Rn 26, 42 f. Zustellung an ProzBev (§ 172; OLG Bremen MDR 2012, 428 LS). – **Rechtsmittel:** sof Beschwerde (§ 380 III analog, KG JR 83, 156), in 2. Instanz nur Rechtsbeschwerde (§ 567 I, § 574); ggf Abhilfe wegen nachträgl Entschuldigung (§ 381 I 3). Für Beschwerde kein Anwaltszwang (§ 78 III iVm § 569 III Nr 3 analog; s § 569 Rn 11). Auch Nachprüfung auf Ermessensfehler (OLG Naumburg MDR 2011, 943; MK/Fritsche Rn 26). Bei Erfolg keine Kostenentscheidung; die außergerichtl Auslagen werden von der Kostenentscheidung in der Hauptsache umfasst (BGH MDR 2007, 1090; aA StJ/Althammer Rn 58; OLGR Hamm 1994, 154: Staatskasse; näher s § 380 Rn 11). 15

2) Verzögerungsgebühr (§ 38 GKG). Sie kann (ohne vorherige Androhung) anstelle von Ordnungsgeld festgesetzt werden, wenn durch das von der Partei oder ihrem ProzBev verschuldete Nichterscheinen eine Vertagung der Verh erforderl wurde (OLG Celle NJW 2018, 241 [Ahrens]). 15a

3) Weitere Folgen. Neben dem Prozesserfolg (s Rn 11) riskiert die ausbleibende Partei auch den Schutz der **Rechtsschutzversicherung** (bei Vorsatz vollständig, bei grober Fahrlässigkeit teilweise), denn wenn sie dadurch höhere Rechtsverfolgungskosten hervorruft, kommt eine Obliegenheitsverletzung nach § 82 VVG in Betracht (so österrOGH VersR 2018, 962; Harbauer, Rechtsschutzversicherung, 9. Aufl 2018, § 17 ARB 2010 Rn 47). Die fehlende Kausalität für den Umfang der Leistungspflicht muss der Versicherungsnehmer beweisen (§ 17 VI 5 ARB 2010); Anwaltsverschulden wird ihm zugerechnet (§ 17 VII ARB 2010). 15b

V) Entsendung eines Vertreters (§ 141 III 2). Sie ersetzt persönl Erscheinen nur bei Gleichwertigkeit. Diese wird durch Notwendigkeit telefonischer Rücksprache mit der Partei widerlegt (verfehlt daher OLGR Frankfurt 2003, 163). IE: 16

1) Fähigkeit zur Sachaufklärung. Er muss von der Partei (ggf deren ges Vertreter) ermächtigt und auch in der Lage sein, über den aufklärungsbedürftigen Sachverhalt Auskunft zu geben. Die Sachkunde des Vertreters muss (anders als bei Zeugen) nicht notwendig auf eigenen unmittelbar erworbenen Wahrnehmungen beruhen (StJ/Althammer Rn 42; OLG Düsseldorf MDR 63, 602); Information durch Partei kann genügen, wenn sie so umfassend ist, dass der Wissensstand des Vertreters dem der Partei in nichts nachsteht (Gruschwitz JR 2012, 285). Zwar kann Vertreter idS auch der ProzBev sein, doch wird er die vorgenannte Voraussetzung kaum erfüllen können, wenn er nur in dieser Eigenschaft mit dem Verfahrensgegenstand in Berührung gekommen ist (OLG Stuttgart NJW-RR 2014, 447; StJ/Althammer Rn 42 mwN; Gruschwitz JR 2012, 286). Da das Gericht bei der Ladung der Partei keine konkreten Fragen mitzuteilen braucht (s Rn 7) und sich Fragen oft erst im Laufe der Erörterung ergeben, geht die Partei mit der Entsendung eines nicht aus eigener Anschauung mit der Materie vertrauten Vertreters ein erhebl Risiko ein (OLG Karlsruhe VersR 2014, 120; abw OLG Karlsruhe NJW-RR 2019, 768; sa MK/Fritsche Rn 20). Verfahrensfehler des Gerichts (zB verspäteter Hinweis nach § 139 II) darf aber nicht zu Lasten der vertretenen Partei gehen (zu pauschal daher die Verneinung des Schriftsatzrechts nach § 139 V durch LG Berlin NJW 2004, 781; wie hier Zapf MDR 2017, 554, 558). 17

2) Umfassende Vollmacht zur Abgabe prozessual gebotener Erklärungen. Dies gilt nicht nur für Anerkenntnis, Erledigterklärung, Zustimmung zur Klagerücknahme usw, sondern auch für unbedingten Vergleichsabschluss (OLG München NJW-RR 92, 827; OLG Naumburg MDR 2011, 943; StJ/Althammer Rn 45; aA WSch/Smid/Hartmann Rn 63; AG/Bünnigmann Rn 61; Tschöpe/Fleddermann NZA 2000, 1274; Gruschwitz JR 2012, 286 f). Dies hindert ihn aber nicht, einen Vergleich abzulehnen oder nur widerrufl abzuschließen (MK/Fritsche Rn 21; aA StJ/Althammer Rn 45). 18

3) Folgen nicht ordnungsgemäßer Vertretung. Bleibt der Vertreter aus, kann er keine genügende Aufklärung geben oder hat ihm die Partei nicht die erforderl Vollmachten erteilt, dann gilt die Partei als nicht erschienen, dh neben den prozessualen Nachteilen (s Rn 11) kommt Ordnungsgeld (s Rn 12) in Betracht (OLG Stuttgart NJW-RR 2015, 358). Weigert sich der Vertreter, eine Erklärung abzugeben, ist Ordnungsgeld ausgeschlossen (kein Einlassungszwang), die prozessualen Konsequenzen treten aber ein (WSch/Smid/Hartmann Rn 64). 19

VI) Gebühren. 1) Gericht: Die Anordnung des persönl Erscheinens und die Festsetzung eines Ordnungsgeldes sind durch die allg VerfGeb abgegolten. – **2) RA:** 1010 RVG-VV (Zusatzgeb für Beweisaufnahmen) ist nicht einschlägig (s § 358 Rn 5). – **3) Partei** s § 91 Rn 13.79, 13.116. 20

§ 142 Anordnung der Urkundenvorlegung

(1) [1]Das Gericht kann anordnen, dass eine Partei oder ein Dritter die in ihrem oder seinem Besitz befindlichen Urkunden und sonstigen Unterlagen, auf die sich eine Partei bezogen hat, vorlegt. [2]Das Gericht kann hierfür eine Frist setzen sowie anordnen, dass die vorgelegten Unterlagen während einer von ihm zu bestimmenden Zeit auf der Geschäftsstelle verbleiben.

(2) [1]Dritte sind zur Vorlegung nicht verpflichtet, soweit ihnen diese nicht zumutbar ist oder sie zur Zeugnisverweigerung gemäß den §§ 383 bis 385 berechtigt sind. [2]Die §§ 386 bis 390 gelten entsprechend.

(3) [1]Das Gericht kann anordnen, dass von in fremder Sprache abgefassten Urkunden eine Übersetzung beigebracht wird, die ein Übersetzer angefertigt hat, der für Sprachübertragungen der betreffenden Art in einem Land nach den landesrechtlichen Vorschriften ermächtigt oder öffentlich bestellt wurde oder einem solchen Übersetzer jeweils gleichgestellt ist. [2]Eine solche Übersetzung gilt als richtig und vollständig, wenn dies von dem Übersetzer bescheinigt wird. [3]Die Bescheinigung soll auf die Übersetzung gesetzt werden, Ort und Tag der Übersetzung sowie die Stellung des Übersetzers angeben und von ihm unterschrieben werden. [4]Der Beweis der Unrichtigkeit oder Unvollständigkeit der Übersetzung ist zulässig. [5]Die Anordnung nach Satz 1 kann nicht gegenüber dem Dritten ergehen.

Lit: *Kapoor*, Die neuen Vorlagepflichten für Urkunden und Augenscheinsgegenstände in der ZPO, 2009.

1 **I) Bedeutung.** § 142 regelt (wie § 139) Maßnahmen der materiellen Prozessleitung durch das Gericht: Um sich möglichst frühzeitig einen umfassenden Überblick über den Prozessstoff verschaffen und das Parteivorbringen zutr verstehen zu können, kann es von sich aus, also ohne Beweisantritt nach §§ 420 ff u ohne Darlegung von Beweisbedürftigkeit u -eignung (Schneider MDR 2004, 1), die Vorlage von Urk oder ähnl Unterlagen (s Rn 4) anordnen (zu Augenscheins- u Begutachtungsobjekten s § 144). Die Regelung dient nicht unmittelbar Beweiszwecken (außer im Fall des § 428 Alt 2; s Rn 11), sondern primär der materiellen Prozessleitung, kann aber Beweisaufnahme vorbereiten (BGH NJW 2007, 155) oder entbehrl machen; Erkenntnisse aus dem Vorlageverf (etwa der Inhalt der Urk oder die grundlose Weigerung einer Partei) gehören als Inhalt der Verh iSv § 286 auch zum Gegenstand der Beweiswürdigung. Das Gericht darf jedoch der Urk nichts entnehmen, was in Widerspruch zum unstreitigen Parteivorbringen steht oder überhaupt nicht vorgetragen ist (auch nicht konkludent durch Bezugnahme auf die Urk; StJ/Althammer Rn 4). Besagt die Urk etwas anderes als die Parteien behaupten, kommt allenfalls Hinweis nach § 139 in Betracht. § 142 ermöglicht **keine Amtsaufklärung**. Das Gericht wird aber zu erwägen haben, dass die Partei Kopien von Unterlagen mit ihren personenbezogenen Daten nach dem sehr weitgehenden Art 15 III DSGVO auch im Klagewege herausverlangen könnte (s dazu BGH NJW 2021, 2726 u Riemer DAR 2022, 127 ff).

2 Die Anordnung kann **gegen jeden Besitzer der Urkunde**, gleich ob Partei oder nicht prozessbeteiligter Dritter, ergehen, unabhängig vom Bestehen eines mat-rechtl Herausgabe- oder Vorlegungsanspruchs (BTDrs 14/4722, 92; BGH MDR 2019, 825, 826) und unabhängig von der Beweislast (BGHZ 173, 23 = NJW 2007, 2989 = ZZP 120 [2007], 512 [Völzmann-Stickelbrock]; MskV/Stadler Rn 5; PG/Prütting Rn 3; Zekoll/Bolt NJW 2002, 3130; aA StJ/Althammer Rn 19 ff). Die hierin liegende Zurückdrängung des Beibringungsgrundsatzes (s vor § 128 Rn 10 f) u der Restriktionen des Urkundenbeweises (§ 423) zugunsten einer **Stärkung der richterlichen Aufklärungsmacht** lag in der Absicht des Reformgesetzgebers u darf nicht durch einschr Auslegung des § 142 unterlaufen werden (Ahrens Beweis Kap 28 Rn 20; krit aber Braun ZZP 133 [2020], 271, 310 ff). Wie im Gesetzgebungsverf betont wurde, soll die Neuregelung aber nicht zur Ausforschung schutzwürdiger Geheimbereiche führen, insb nichts an der Beurteilung der US-amerik pre-trial discovery of documents im Hinblick auf den dt ordre public ändern (Bericht des BT-Rechtsausschusses, BTDrs 14/6036, 120; sa Zekoll/Bolt NJW 2002, 3133 f; Prütting AnwBl 2008, 158). Das Gericht darf mit seiner Anordnung keinesfalls die **Grenzen des Parteivortrags** überschreiten; die Bedeutung der konkreten Urk für die begehrte Entscheidung muss sich aus schlüssigem Parteivortrag ergeben (s Rn 7). Unzulässig ist daher die pauschale Aufforderung zur Vorlage ganzer Dokumentensammlungen, zB Aktenordner (BGH NJW 2014, 3312; Uhlenbruck NZI 2002, 590 gegen LG Ingolstadt NZI 2002, 390; großzügiger Wagner JZ 2007, 713). Hinzukommen muss die **Zumutbarkeitsprüfung** bei der richterl Ermessensausübung (s Rn 9).

2a **Sondervorschriften:** Solche bestehen für **kartellrechtl Schadensersatzprozesse** in §§ 33g, 89b, 89c GWB idF des G v 1.6.2017, BGBl I 2017, 1416, mit dem die RL 2014/104/EU umgesetzt wurde (zur zeitl Geltung s § 187 IV GWB; zu den Anforderungen an eine substantiierte Begründung BGH WuW 2024, 665 Tz 36). Nach sehr extensiver Auslegung des Art 5 RL 2014/104/EU kann auch die Offenlegung von Beweismitteln verlangt werden, die vom Ag erst erstellt werden müssen, zB durch Zusammenstellung von Daten, soweit die Anfertigung erforderl, verhältnismäßig u zumutbar ist (EuGH DB 2022, 2789). Zur Frage, inwieweit gerichtl Vorlageanordnungen auch während eines bei der Wettbewerbsbehörde anhängigen Prüfverf getroffen werden dürfen (Art 6 V RL 2014/104/EU) s EuGH WRP 2023, 309; Bacher WuW 2023, 121. – Die RL 2004/48/EG v 29.4.2004 zur **Durchsetzung der Rechte des geistigen Eigentums** ist zwar in Form materieller Vorlageansprüche umgesetzt worden (zB § 140c PatG, § 101a UrhG, § 19a MarkenG), strahlt aber auch auf die Anwendung des § 142 aus (s Rn 7; zum abw Ansatz im Verf des EPG s Ahrens GRUR 2017, 323 ff). – Die bis 9.12.2026 umzusetzende RL (EU) 2024/2853 über die **Haftung für fehlerhafte Produkte** wird weitere Regelungen dieser Art erfordern (für allg Regelung in der ZPO Wagner VersR 2025, 129, 143). – Zu **Handelsbüchern** s Rn 6 aE, zu Urk von **Behörden** s Rn 8 u zu deren informatorischer Beiziehung § 273 II Nr 2. – Zur Anwendbarkeit von § 142 im **sBV** s § 492 Rn 1.

3 **II) Vorlageanordnung. 1) Form, Inhalt.** Sie kann durch (nicht anfechtbaren) Beschluss des Gerichts oder vorbereitende *Verfügung* des *Vors* gem § 273 II Nr 5 (s § 273 Rn 12) getroffen werden. Bekanntgabe: § 329; keine Begründung erforderl (StJ/Althammer Rn 43; aA MK/Fritsche Rn 7). – Sie kann mit **Fristsetzung und Verbleibsanordnung** (I 2; s Rn 16) verbunden werden. – **Dritter** ist über die Beschränkungen seiner Vorlagepflicht

(II) und die Folgen der Nichterfüllung (Rn 15) zu belehren (Gruber/Kießling ZZP 116 [2003], 329). – Eine Anordnung, noch nicht existierende Schriftstücke, Zeichnungen, Pläne oder Fotos **anzufertigen**, kann nur auf § 273 II Nr 1 gestützt werden (zu Besonderheiten im Kartellrecht s Rn 2a).

2) Gegenstand. Unter Urk ist jede schriftl verkörperte Gedankenäußerung zu verstehen, nicht nur das eigens zu Beweiszwecken angefertigte Dokument, also zB auch Briefe oder Aktenvermerke. I 1 erweitert den Anwendungsbereich noch auf sonstige Unterlagen wie zB Pläne, Zeichnungen, Tabellenwerke oder Fotografien, soweit es um deren Aussagegehalt geht. Soll die Vorlage dagegen einem Augenschein oder einer Begutachtung dienen, gilt § 144 I 2, für die Vorlage von Vergleichsurk zur Schriftvergleichung § 441 (BGH NJW 2017, 3304 [Dölling], wo allerdings auch § 142 geprüft wird). Zu elektron Dokumenten s § 371 I 2 u § 144 Rn 3; für Ausdruck gilt § 142 (OLG München NJW 2024, 2333, 2334; MskV/Stadler Rn 2). 4

Beispiele: Anordnung der Vorlage der (oft sehr aufschlussreichen) vorprozessualen Korrespondenz, der Bewertungsunterlagen der Bank für den von ihr finanzierten Immobilienkauf (BGHZ 173, 23 = NJW 2007, 2989), der Reparaturrechnung bei fiktiver Schadensabrechnung (Greger NJW 2002, 1477; Siegmann AnwBl 2008, 160), von Bautagebuch und Aufmaßzetteln (OLGR Frankfurt 2007, 466), von Plänen zu gewerbl Schutzrechten (BGHZ 169, 30), von Krankenunterlagen im Arzthaftungsprozess (OLGR Saarbrücken 2003, 252; Gehrlein MDR 2003, 424). 5

3) Voraussetzungen. a) Bezugnahme einer Partei oder eines Streithelfers (§ 67) auf die Urk bzw Unterlage. Sie muss nicht ausdrückl geschehen, sondern kann sich sinngemäß aus dem Sachvortrag oder aus anderen eingereichten Unterlagen ergeben (Kapoor S 175), muss aber so konkretisiert sein, dass die Urk **identifizierbar** ist (BGH NJW 2017, 3304, 3306 [Dölling]; näher Greger DStR 2005, 482). Die bloße Behauptung der Existenz nicht näher konkretisierter Unterlagen reicht nicht (BGH MDR 2007, 1188, wo ledigl vorgetragen war, nähere Angaben zu den Werkleistungen befänden sich in den eigenen und den gegnerischen Akten); andererseits muss die Urk aber auch nicht mit Datum, Az oÄ bezeichnet sein. Das Bezugnahmeerfordernis gilt nicht für das Tagebuch des Handelsmaklers und für die kaufmännischen Handelsbücher (§§ 102, 258 HGB). 6

b) Schlüssiger Vortrag zur Prozessrelevanz der Urk (BGHZ 173, 23, 32 = NJW 2007, 2989, 2992 = ZZP 120 [2007], 512 [Völzmann-Stickelbrock]). § 142 gibt dem Gericht nicht die Befugnis, unabhängig von einem schlüssigen Vortrag zum Zwecke der Informationsgewinnung Urk anzufordern (so wörtl der Bericht des BT-Rechtsausschusses, BTDrs 14/6036, 121). Die Anordnung ist daher nur zulässig, wenn sie dazu dient, für die vom Gericht begehrte Entscheidung relevante Umstände zu erhellen. Die von der Vorlage der Urk zu erwartenden Erkenntnisse müssen sich auf den Streitgegenstand beziehen; dies muss die auf die Urk Bezug nehmende Partei ggf darlegen (Bsp für fehlende Schlüssigkeit: BGH NJW-RR 2008, 865 Tz 30). In Verf des gewerbl Rechtsschutzes hat der BGH als Anlass für eine Vorlageanordnung unter Berufung auf die RL 2004/48/EG v 29.4.2004 (s Rn 2a) bereits die Darlegung der Wahrscheinlichkeit einer Rechtsverletzung ausreichen lassen (BGHZ 169, 30; für generelle Geltung dieses Maßstabs Wagner JZ 2007, 715; tendenziell auch Zekoll/Haas JZ 2017, 1140, 1143 ff). 7

c) Besitz der Urkunde. Adressat der Anordnung kann jeder sein, der nach Ansicht des Gerichts als Besitzer zur Herausgabe imstande ist (auch jur Person: BGH NJW 2007, 155; auch mittelbarer Besitzer, nicht aber Besitzdiener; StJ/Althammer Rn 16; Kapoor S 172). Beruft sich Dritter auf Weigerungsrecht (s Rn 12), kann uU Anordnung gegen Partei ergehen, wenn sie mittelbarer Besitzer ist (MskV/Stadler Rn 3). – Ggü **Behörden** gilt nur § 432 (Kapoor S 170 f; aA, aber einschr Gruber/Kießling ZZP 116 [2003], 332). 8

4) Ermessen. a) Anordnung von Amts wegen. Sie steht im Ermessen des Gerichts (zur Kontrolle durch Rechtsmittelgericht s § 546 Rn 18). Anregung einer Partei ist zu prüfen, aber nicht zu verbescheiden, Ablehnung nicht anfechtbar (BGH MDR 2017, 357 [Meller-Hannich MDR 2017, 752]). Zur Ausnahme bei förml Antrag auf Vorlage durch Dritten s Rn 11. Bei Ermessensausübung sind neben dem Recht auf Beweis (Scherpe ZZP 129 [2016], 183) Erkenntniswert, Verhältnismäßigkeit u berechtigte Belange des **Geheimnis- oder Persönlichkeitsschutzes** zu berücksichtigen (BGHZ 173, 23, 31 = NJW 2007, 2989, 2992 = ZZP 120 [2007], 512 [Völzmann-Stickelbrock]; BGH MDR 2014, 1341; BTDrs 14/6036, 120; Zekoll/Bolt NJW 2002, 3130). BGHZ 169, 30, 40 leitet aus dem durch Art 12 GG gewährleisteten Schutz von Betriebs- und Geschäftsgeheimnissen (BVerfGE 115, 205, 229 ff) ein ungeschriebenes Zumutbarkeitserfordernis ab (zur Problematik anderer Schutzvorkehrungen s BVerfGE 115, 205, 239 ff, Schlosser JZ 2003, 428 u s § 357 Rn 1). Die DSGVO verbietet nicht, die Vorlage von Urk anzuordnen, die zu anderen Zwecken erhobene personenbezogene Daten Dritter enthalten; die Grundsätze der Erforderlichkeit, Verhältnismäßigkeit und Datenminimierung sind aber zu beachten (EuGH MDR 2023, 449 [Greger MDR 2023, R89]). Unzumutbar idR auch Vorlage von Korrespondenz mit RA (dazu Rühl ZZP 125 [2012], 25) oder StB oder von Briefen und Aufzeichnungen höchstpersönl Inhalts, während allein der Umstand, dass aus der Vorlage die Gefahr von strafrechtl Verfolgung, Unehre oder Vermögensnachteilen erwächst, keinen Hinderungsgrund darstellt (Wagner JZ 2007, 716). Dritte können sich in solchen Fällen vielfach auf ein Zeugnisverweigerungsrecht berufen (II 1); dies braucht aber bei der Anordnung noch nicht berücksichtigt zu werden. Besteht ein Anspruch nach Art 15 III DSGVO auf Herausgabe von Kopien eines Schriftstücks, welches vom Ag verarbeitete personenbezogene Daten des Ast enthält (s dazu BGH NJW 2021, 2726 u Riemer DAR 2022, 127 ff: interne Unterlagen eines Versicherers), kann die Anordnung nicht verweigert werden. 9

10 Von dem Ermessen muss **Gebrauch gemacht** werden. Verfahrensfehlerhaft ist es, wenn das Gericht eine Anordnung nach § 142 überhaupt nicht in Betracht zieht, obwohl die Vorlegung die Wahrheitsfindung fördern und keine schutzwürdigen Belange verletzen würde (BGHZ 173, 23, 32 = NJW 2007, 2989, 2992 = ZZP 120 [2007], 512 [Völzmann-Stickelbrock]; OLGR Saarbrücken 2003, 252, 253; Greger BRAKMitt 2005, 152). In einem solchen Fall muss in den Urteilsgründen dargelegt werden, weshalb das Gericht von einer Vorlageanordnung absieht; andernfalls liegt ein revisibler Verfahrensfehler vor (BGHZ 173, 23, 32 = NJW 2007, 2989, 2992).

11 **b) Antrag auf Anordnung gegen Dritten.** Dieser ist, wenn er den Anforderungen von §§ 430, 424 Nrn 1-3 entspricht, als Beweisantrag zu behandeln (§ 428 Alt 2; näher Kapoor S 177 ff). Es besteht dann kein Ermessen; das Gericht muss dem Antrag entsprechen, wenn glaubhaft gemacht ist, dass die Urk sich im Besitz des Dritten befindet, die Tatsache, die durch die Urk bewiesen werden soll, erhebl ist und der Inhalt der Urk zum Beweis dieser Tatsache geeignet erscheint (BTDrs 14/4722, 90 f; Kapoor S 234 f; Leipold FS Gerhardt, 2004, S 575 f; Wagner FS Leipold, 2009, S 803; Saenger ZZP 121 [2008], 150). Auf einen mat-rechtl Vorlegungsanspruch kommt es hier anders als beim Urkundenbeweis nicht an (§ 429 S 2; HM-S/Schwartze Rn 10; näher Leipold FS Gerhardt, 2004, S 578 ff; Greger DStR 2005, 481). Beruft sich der Dritte zu Recht auf ein Zeugnisverweigerungsrecht oder Unzumutbarkeit (II), bleibt aber nur der Weg über § 429 S 1, § 430 f (nach Gruber/Kießling ZZP 116 [2003], 330 soll Berufung auf II dagegen bei Bestehen einer mat-rechtl Vorlagepflicht rechtsmissbräuchl u unbeachtl sein).

12 **III) Weigerungsrechte. 1) Dritte.** Nicht als Partei am Rechtsstreit Beteiligte können die Vorlegung nach II 1 verweigern (worüber ggf in Zwischenverf nach II 2, § 387 zu entscheiden ist; OLG Stuttgart NJW 2011, 1745 [Stadler]: **a)** bei **Unzumutbarkeit** (zB wegen erhebl Aufwands, massiver Störung der eigenen Geschäftsabläufe, Verletzung der Privatsphäre; sonstige Vertraulichkeitsinteressen sind dagegen durch II 1 iVm §§ 383 ff abschließend geschützt; vgl Zekoll/Bolt NJW 2002, 3132; zu eng Wagner FS Leipold, 2009, S 811 f). UU kann Unzumutbarkeit durch Beschränkung der Vorlagepflicht, teilw Schwärzung, Kostenerstattung oÄ behoben werden (BGHZ 169, 30, 40).

13 **b)** Bei Bestehen eines **Zeugnisverweigerungsrechts** nach §§ 383-385, welches nicht durch Entbindung nach § 385 II entfallen ist (zur Würdigung der Nichtentbindung durch die Partei s § 385 Rn 13). Eine Aussage als Zeuge schließt Vorlageverweigerung nicht aus (Gruber/Kießling ZZP 116 [2003], 325). Wurde die Vorlageanordnung ggü einer jur Person getroffen, kommt es für das Weigerungsrecht nach § 384 Nr 1 darauf an, ob *dieser* ein Vermögensschaden entstünde; das in § 384 Rn 4 aE Gesagte gilt insoweit nicht (BGH NJW 2007, 155, auch zur Unmittelbarkeit des drohenden Vermögensschadens iSv § 384 Nr 1). – Zur Darlegung des Weigerungsgrundes s § 384 Rn 2, zur Glaubhaftmachung s § 386 Rn 1. Würdigung der Ausübung des Weigerungsrechts: s § 383 Rn 7, § 384 Rn 3.

14 **2) Parteien.** Für sie ist kein Weigerungsrecht normiert. Eine analoge Anwendung von II ist mangels Vergleichbarkeit und planwidriger Regelungslücke nicht mögl. Berechtigten Geheimhaltungsinteressen ist im Rahmen der Ermessensausübung (s Rn 9) und der Beweiswürdigung Rechnung zu tragen (MskV/Stadler Rn 7; Wagner JZ 2007, 715 ff; für analoge Anwendung von § 383 I Nr 6 Becker MDR 2008, 1313 mwN). Mitbesitz eines weigerungsberechtigten Dritten lässt Vorlagepflicht unberührt (Kapoor S 216 f).

15 **IV) Nichtbefolgung.** Gegen **Dritte** können, sofern kein Weigerungsrecht nach II 1 besteht (dies ist ggf im Verf nach § 387 zu entscheiden), die Ungehorsamsfolgen wie bei Zeugen (II 2 iVm §§ 386-390) verhängt werden. Bei jur Person ist Ordnungsgeld gegen diese, nicht gegen den ges Vertreter zu verhängen, Ersatzordnungshaft am Organ zu vollziehen (OLG Frankfurt NJW-RR 2018, 1215). Sof Beschwerde gegen Ordnungsmittelbeschluss: s § 390 Rn 9. – Gegen eine **Partei**, die trotz nach Überzeugung des Gerichts bestehenden Besitzes die Urk nicht vorlegt, ist keine Sanktion mögl, ihr Verhalten ist aber gem §§ 286, 427 S 2 frei zu würdigen (s § 286 Rn 14b; näher Greger DStR 2005, 481 f; iErg auch Leipold FS Gerhardt, 2004, S 584 f); dies widerspricht entgegen Gruber/Kießling ZZP 116 (2003), 331 nicht der Verneinung eines Beweiszwecks von § 142, denn § 286 umfasst den gesamten Inhalt der Verh; ggf Präklusion nach § 296 I, § 273 II Nr 5 (HM-S/Schwartze Rn 13; Greger DStR 2005, 481).

16 **V) Behandlung der angeforderten Urkunden.** Je nach Anordnung des Gerichts sind sie im Verh- bzw Beweisaufnahmetermin im Original vorzulegen oder bereits vor der Verh einzureichen, ggf nach § 134 auf der GeschSt niederzulegen u sodann zum **Gegenstand der Verh** zu machen. Im Protokoll ist zu vermerken, ob dies zu Informations- oder zu Beweiszwecken (§ 420) geschieht (s Rn 1). In jedem Fall müssen beide Parteien Gelegenheit zur Einsicht erhalten (OLG Dresden MDR 2021, 1266; StJ/Althammer Rn 46); Originalurk dürfen jedoch nicht hinausgegeben werden. § 299 gilt nicht, da Urk nicht Aktenbestandteil werden (für Hinausgabe von Kopien aber OLG Karlsruhe NJW-RR 2013, 312). – Originalurk sind nicht zu den Akten zu nehmen. Gericht (außerhalb mündl Verh auch Vors, § 273 II Nr 5) kann aber **Verbleib auf der GeschSt (§ 142 I 2)** anordnen. Hierbei ist Zumutbarkeit zu prüfen (uU genügen Ablichtungen; Uhlenbruck NZI 2002, 590) u Dauer zu bestimmen, *mögl aber auch Verbleib bis zur Beendigung* der Instanz, zB wenn Urk für wiederholte Einsicht zur Verfügung stehen oder vor Veränderung bewahrt werden soll. Bei Fälschungsverdacht auch Anordnung dauerhafter Verwahrung (§ 443). Ansonsten nach Beweisaufnahme, spätestens bei Schluss der Verh **Rückgabe** an Einreicher.

Über Antrag auf frühere Rückgabe entscheidet Gericht ohne mündl Verh; hiergegen sof Beschw (StJ/Althammer Rn 48). Sollten sich noch nach Prozessbeendigung Urk bei Gericht befinden, wäre die Rückgabe Sache der Justizverwaltung (StJ/Althammer Rn 48).

VI) Fremdsprachliche Urkunden (§ 142 III). Das Gericht kann anordnen, dass von einer solchen Urk eine **Übersetzung** beigebracht wird, die von einem Übersetzer mit der in § 142 III 1 beschriebenen Qualifikation gefertigt wird. Die Anordnung ergeht gegenüber der Partei, die sich auf die Urk bezogen hat, keinesfalls gegenüber einem Dritten (§ 142 III 5). Bei entspr Bescheinigung des Übersetzers wird die Richtigkeit u Vollständigkeit der Übersetzung (widerlegl) vermutet (§ 142 III 2-4). Das Gericht kann aber auch vAw selbst eine Übersetzung beschaffen (§ 144 I 1 Alt 2 analog; BVerfG NVwZ 87, 785; BGH MDR 2007, 791, 792; StJ/Althammer Rn 49), **eigene Sprachkenntnis** verwerten oder eine ergänzende Auskunft eines öffentl bestellten u beeidigten Übersetzers einholen (BayObLG FamRZ 1997, 318, 319). Es kann auch ausreichen, dass das Gericht sich mithilfe eines KI-gestützten **Übersetzungsprogramms** Kenntnis vom Inhalt der Urk verschafft (s KI Rn 16). Sein Verständnis entscheidungsrelevanten Inhalts hat es den Parteien kundzutun, bei beachtl Einwendungen nach § 142 III oder § 144 I 1 analog vorzugehen. Zu Besonderheiten im englischsprachl Verf bei Commercial Court u Commercial Chamber s § 184a III. 17

VII) Kosten. 1) Gericht: keine Geb; Auslagen werden angesetzt, 9000 ff GKG-KV. – **2) RA:** 1010 RVG-VV (Zusatzgeb für Beweisaufnahmen) ist nicht einschlägig. – **3) Dritter:** wird wie ein Zeuge entschädigt (§ 23 II 1 JVEG). Er hat keinen Anspruch auf Erstattung der Kosten, die ihm durch Beauftragung eines Rechtsbeistands entstanden sind (OLG Frankfurt JurBüro 2021, 253). 18

§ 143 Anordnung der Aktenübermittlung

(1) Das Gericht kann anordnen, dass die Parteien die in ihrem Besitz befindlichen Akten vorlegen, soweit diese aus Dokumenten bestehen, welche die Verhandlung und Entscheidung der Sache betreffen.

1) Bedeutung. § 143 will nur die Wiederherstellung der vollständigen Gerichtsakten durch Anforderung von Duplikaten von den Parteien ermöglichen (aA MskV/Stadler Rn 1: auch Akten des Gegners). Daher erstreckt sich diese Vorlagepflicht der Parteien nicht auch auf den sonstigen Inhalt von deren Handakten, zB Schriftverkehr zwischen den Parteien und ihren Anwälten, Privatgutachten. – Zur Beiziehung von Behördenakten s § 273 Rn 7. 1

2) Anordnung. Gerichtsbeschluss, außerhalb mündl Verh Verfügung (§ 273 II Nr 1). Nicht erzwingbar. 2

§ 144 Augenschein; Sachverständige

(1) [1]Das Gericht kann die Einnahme des Augenscheins sowie die Hinzuziehung von Sachverständigen anordnen. [2]Es kann zu diesem Zweck einer Partei oder einem Dritten die Vorlegung eines in ihrem oder seinem Besitz befindlichen Gegenstandes aufgeben und hierfür eine Frist setzen. [3]Es kann auch die Duldung der Maßnahme nach Satz 1 aufgeben, sofern nicht eine Wohnung betroffen ist.
(2) [1]Dritte sind zur Vorlegung oder Duldung nicht verpflichtet, soweit ihnen diese nicht zumutbar ist oder sie zur Zeugnisverweigerung gemäß den §§ 383 bis 385 berechtigt sind. [2]Die §§ 386 bis 390 gelten entsprechend.
(3) Die Vorschriften, die eine auf Antrag angeordnete Einnahme des Augenscheins oder Begutachtung durch Sachverständige zum Gegenstand haben, sind entsprechend anzuwenden.

1) Bedeutung. § 144 I 1 gibt dem Gericht im Interesse effizienter Prozessleitung (s § 139 Rn 1) die Befugnis, sich die zum rechten Verständnis des Parteivorbringens erforderl Anschauung oder Sachkunde auch ohne Antrag einer Partei zu verschaffen, und schränkt insoweit den Beibringungsgrundsatz (s vor § 128 Rn 10 ff, vor § 284 Rn 2) ein. Die Maßnahmen stehen, auch wenn von einer Partei angeregt, im **Ermessen** des Gerichts (BGHZ 66, 63, 68). Parteivereinbarungen können sie nicht ausschließen (s vor § 284 Rn 2b). Das Gericht wird allerdings der Parteiherrschaft insoweit Rechnung zu tragen haben, als es vorab gem § 139 klärt, ob (ggf warum nicht) der Beweisbelastete die Initiative ergreift; wird daraufhin kein Beweisantrag gestellt, ist das Gericht nicht verpflichtet, vAw Beweis zu erheben (BGH MDR 2019, 563). Ausforschung u Amtsermittlung sind auch hier unzulässig; die Maßnahmen müssen sich im Rahmen des vorgetragenen Prozessstoffs halten (s § 142 Rn 7). – Auch die **Unterlassung** kann aber in bestimmten Fällen ermessensfehlerhaft sein, zB bei bes Schwierigkeiten des Kl, seiner Darlegungslast zu genügen (BGH MDR 2019, 802: Arzthaftung; BGH NJW 92, 2019; BGH NJW 2015, 1239, 1241: persönl Eindruck von Immissionen). Dass ein Beweisantrag iSv § 296 verspätet gestellt wird, berechtigt zum Absehen von einer Maßnahme nach I 1 nicht, wenn zu ihr bereits vorher Anlass bestanden 1 hätte (BGH NJW 1982, 2317, 2319; MskV/Stadler Rn 5). – Da bei § 144 I 1 (anders als bei § 141) uU beweismäßig verwertbare Erkenntnisse gewonnen werden, sind die §§ 371 ff u §§ 402 ff für entspr anwendbar erklärt (**§ 144 III**). – **§ 144 I 2, 3, II** schaffen die Grundlage für Anordnungen zum Ermöglichen der amtswegigen Beweiserhebung. – § 144 ist auch im **sBV** anwendbar (KG NJW-RR 2006, 241; StJ/Berger § 492 Rn 11; zu eng Willer NJW 2014, 22 ff).

1a **2) Augenschein.** §§ 371 ff gelten entspr (III). § 144 bietet daher keine Grundlage für einen informellen Augenschein, etwa in Form einer Internetrecherche, durch den Richter (s § 291 Rn 1b, § 372 Rn 1).

2 **3) Sachverständige.** Sie können mit der Erstattung eines Gutachtens beauftragt, aber (was mit der Novelle v 12.12.2019 klargestellt werden sollte) auch außerhalb einer Beweisaufnahme als fachl Berater hinzugezogen werden (zur entspr früheren Rechtslage s Stamm ZZP 124 [2011] 433 ff). Die **Hinzuziehung** hat den Zweck, dem Gericht die erforderl Sachkunde zum richtigen Verständnis des Parteivorbringens und zur Erfassung des Sachverhalts zu verschaffen (BTDrs 19/13828, 18 f), zB um frühzeitig Hinweise zu ergänzendem Vorbringen geben, fundierte Vergleichsvorschläge unterbreiten, das Verf strukturieren oder zielgerichtete Beweisaufnahmen (auch nach § 358a) durchführen zu können (Greger DS 2022, 95; zu Besonderheiten im Kartellprozess Bogan GRUR 2021, 140). Falls Erkenntnisse aus solcher Beratung beweismäßig verwertet werden sollen, ersetzt sie ein Gutachten, so dass die Vorschriften über den SV-Beweis entspr anzuwenden sind (nur dann; zu eng daher Schultzky MDR 2020, 1, 4; Fölsch NJW 2020, 801, 804). § 404 (Auswahl des SV) u § 406 (Ablehnung wegen Befangenheit) gelten zwar für die beratende Tätigkeit entspr, ansonsten aber steht es dem Gericht frei, wie es die Hinzuziehung zur Beratung gestaltet (näher Greger FS Becker-Eberhard, 2022, S 151, 154 ff). Sie kann im Wege formloser Kommunikation (schriftl, elektron oder in einem Erörterungstermin, s § 273 Rn 15) geschehen. Die Parteien sind in geeigneter Weise einzubeziehen, zumindest über Tatsache und Ergebnis der Beratung zu informieren, die erworbenen Erkenntnisse sind im Urteil überprüfbar darzulegen. Zur Vergütung des SV s Rn 6. – **Gutachten** sollten nicht allein deshalb vAw in Auftrag gegeben werden, weil die beweispflichtige Partei den auferlegten Auslagenvorschuss (§ 379) nicht eingezahlt hat (OLG Düsseldorf MDR 74, 321); anders nur, wenn der Beweisführer sein Unvermögen darlegt oder das Gutachten auch im Interesse der anderen Partei für eine sachgerechte Entscheidung unentbehrl erscheint (MskV/Stadler Rn 6). Näher zum Einfluss der Parteiherrschaft s Rn 1.

3 **4) Vorlageanordnungen (§ 144 I 2).** Bei *beantragtem* Augenschein gilt § 371 II (s § 371 Rn 5). Ist SV-Beweis *angetreten* (§ 403), ist § 144 I 2 anwendbar, weil es Aufgabe des Gerichts ist, dem SV die Tatsachengrundlagen für die Erstattung seines Gutachtens zu vermitteln (s § 404a Rn 3). Für Beschaffung von Urkunden zum Schriftvergleich geht § 441 III, IV vor (BGH NJW 2017, 3304 [Dölling]). Anordnungen sind ggü jeder (nicht nur der beweispflichtigen) Partei sowie ggü **Dritten** zulässig, die nach Ansicht des Gerichts (Glaubhaftmachung genügt entspr § 430) im Besitz des Gegenstands sind. Dies kann zB auch der Provider sein, auf dessen Server sich ein elektron Dokument befindet; hat jedoch auch die Partei die Verfügungsgewalt, ist die Anordnung (auf Übermittlung und Verschaffung der Zugriffsmöglichkeit) primär gegen sie zu richten (Berger NJW 2005, 1018, auch zu etwaigen Verweigerungsrechten des Providers); näher zu elektron Dokumenten s § 371 Rn 6. Es kann auch angeordnet werden, dass der für die Begutachtung erforderl Gegenstand unmittelbar an SV herauszugeben ist (MskV/Stadler Rn 10). Zur Übermittlung verschlüsselter Fahrzeugdaten Balzer/Nugel NJW 2016, 193, 199). – Mögl und ratsam ist **Fristsetzung**.

4 **5) Duldungsanordnungen (§ 144 I 3).** Sie kommen in Betracht, wo den Zwecken nach I 1 nicht durch eine Vorlegung gedient werden kann, also insb bei nicht oder schwer bewegl Gegenständen sowie bei körperl Untersuchungen. Unzulässig sind Maßnahmen, die die Unverletzlichkeit der **Wohnung** (Art 13 GG) tangieren. Hierzu gehört die gesamte räuml Sphäre, in der sich das Privatleben entfaltet, also der zu privaten Aufenthalts- oder Arbeitszwecken bestimmte und benutzte Raum einschl der Nebenräume und des angrenzenden umschlossenen freien Geländes (auch Keller, Speicher, Treppen, Garagen, nicht allg zugängl Geschäfts- und Büroräume, Gärten u Vorgärten; BGH NJW 2013, 2687; BGH NJW-RR 2009, 1393). Einwirkungen von außen (zB Bauteilöffnungen an der Fassade) fallen nicht darunter (MskV/Stadler Rn 10; Basler/Meßerschmidt NJW 2014, 3331; aA BGH NJW 2013, 2687, 2688).

5 **6) Verfahren. Anordnung** durch Beschluss des Gerichts (§§ 358 f) oder als vorbereitende Maßnahme durch Verfügung des Vors gem § 273 II Nr 5 (BTDrs 14/4722, 82; s § 273 Rn 13). Von **Auslagenvorschuss** kann Maßnahme nicht abhängig gemacht werden (BGH NJW 2000, 743); Erhebung eines Vorschusses nach § 17 III GKG wäre zwar mögl (Stamm ZZP 124 [2011], 433, 456 f), aber wenig zweckdienl. Zu **Weigerungsrechten Dritter (§ 144 II)** s § 142 Rn 12 f. Wegen **Nichtbefolgung** s § 142 Rn 15. Für das **weitere Verf** gelten §§ 371 ff, §§ 402 ff, § 357, § 285.

6 **7) Kosten. a) Gericht:** keine; Auslagen werden angesetzt, 9000 ff GKG-KV; **b) RA:** 1010 RVG-VV mögl bei drei oder mehr Beweisaufnahmeterminen mit Vernehmung eines SV; **c) Partei:** Kostenerstattung ggfs über §§ 91 ff; **d) Dritte:** Werden wie Zeugen nach dem JVEG entschädigt (§ 23 II 1 JVEG); **e) SV:** Vergütung nach § 9 JVEG, auch wenn der SV vom Gericht nur als fachlicher Berater bei der Prozessleitung herangezogen wird (§ 1 I 1 Nr 1 JVEG); **f) Augenschein:** wie § 371 Rn 8.

§ 145 Prozesstrennung

(1) [1]Das Gericht kann anordnen, dass mehrere in einer Klage erhobene Ansprüche in getrennten Prozessen verhandelt werden, wenn dies aus sachlichen Gründen gerechtfertigt ist. [2]Die Entscheidung ergeht durch Beschluss und ist zu begründen.

(2) Das Gleiche gilt, wenn der Beklagte eine Widerklage erhoben hat und der Gegenanspruch mit dem in der Klage geltend gemachten Anspruch nicht in rechtlichem Zusammenhang steht.

(3) Macht der Beklagte die Aufrechnung einer Gegenforderung geltend, die mit der in der Klage geltend gemachten Forderung nicht in rechtlichem Zusammenhang steht, so kann das Gericht anordnen, dass über die Klage und über die Aufrechnung getrennt verhandelt werde; die Vorschriften des § 302 sind anzuwenden.

I) Trennung mehrerer Klageansprüche (§ 145 I). 1) Zweck. Sachl Prozessleitung (s § 136 Rn 1) durch Ordnung des Prozessstoffes, Förderung der Übersichtlichkeit, Verhütung der Prozessverschleppung, Ermöglichen einer Teil-Aussetzung (s § 148 Rn 7), Aufhebung unzulässiger Verbindung. Auch im Revisionsverf zulässig (BGH NZI 2020, 167, 168). 1

2) Voraussetzungen. a) Anspruchsmehrheit, dh Mehrheit von Streitgegenständen (s Einl Rn 60 ff) infolge obj (§ 260) oder subj (§§ 59, 60) Klagenhäufung. 2

b) Sachlicher Grund, zB beschleunigte Erledigung abtrennbarer Teile des Rechtsstreits (BGH ZIP 2021, 1432), Ermöglichen einer Teilaussetzung (BTDrs 17/11385, 25), Bewältigung von Massenverf (BGH ZIP 2021, 1643 Tz 33; BGH 24.10.2022 – VIa ZR 162/22 Tz 21; André/Weißenberger ZIP 2023, 1402; krit Stadler/Rinck ZIP 2022, 2161 ff; Petrasincu/Knebelsberger/Apell ZIP 2024, 2905, 2914 f). 3

c) Keine notwendige Verbindung, zB wegen notwendiger Streitgenossenschaft (§ 62), Eventualverhältnis zwischen den Ansprüchen (BGH MDR 2015, 909; s § 260 Rn 4), gesetzl vorgeschriebener Verbindung (s § 147 Rn 4). – **Rechtl Zusammenhang** (zB samtverbindl Haftung) verbietet im Fall I (anders II) die Trennung nicht, lässt sie idR aber untunl erscheinen. – **Widerspruchsgefahr** ist (anders als bei Teilurteil; s § 301 Rn 12) unerhebl (BGH NJW 2003, 2386; aA OLG Hamm NJW 2012, 1743). 4

3) Entscheidung. Über die Trennung entscheidet das Gericht nach pflichtgebundenem **Ermessen**. Bei Fehlen sachl Grunds u rechtl Nachteilen (Erhöhung der Kostenlast, Verlust der Rechtsmittelfähigkeit) liegt Ermessensfehler vor (BGH NJW 95, 3120), uU sogar Verletzung des Art 3 I GG (BVerfG NJW 97, 649; Vollkommer EWiR § 145 ZPO 1/96, 863; Stadler/Rinck ZIP 2022, 2161, 2163 f; zu den Folgen s Rn 7). – **Pflicht** zur Trennung besteht bei unzulässiger Anspruchsverbindung (s § 260 Rn 2 ff), auch in der Revisionsinstanz (BGHZ 170, 152). – Bei **Entscheidungsreife** statt Trennung Teilurteil (§ 301; BGH 30.10.1956 – I ZR 82/55; MskV/Stadler Rn 3; Stadler/Rinck ZIP 2022, 2161, 2163, 2166). 5

4) Verfahren. Die Trennung erfolgt auf Antrag, dh Anregung zur Ausübung richterl Ermessens, oder vAw durch Beschluss. Die sachl Gründe u die Abwägung mit evtl Nachteilen für die Parteien sind darzulegen (I 2). Notw Gewährung rechtl Gehörs, nicht aber mündl Verh. Aufhebung: § 150. 6

5) Rechtsmittel. Keine selbständige Anfechtung von Anordnung oder Ablehnung der Trennung (BGH MDR 2015, 909 Tz 15; OLG München NJW 84, 2227; StJ/Althammer Rn 18; MK/Fritsche Rn 9); jedoch kann auf verfahrensfehlerhaften Gebrauch des § 145 das Rechtsmittel gegen das Urteil gestützt werden (§§ 512, 557 II; BGH NJW 95, 3120), sofern Fehler nicht durch Rügeverzicht (§ 295) geheilt (BGH 29.4.1997 – XI ZA 16/96); wurde abgetrennter Teil auf anderen Rechtsweg verwiesen, Überprüfung auch mittels Beschwerde gegen den Verwei- 6a sungsbeschl (BGH MDR 2015, 909). Ob bei Verletzung verfassungsmäßiger Rechte eine außerordentl Beschwerde statthaft ist (so Meller-Hannich/Stadler NJW 2025, 1225), ist fragl, da der rechtsmittelbeschränkenden Tendenz der ZPO-Reform zuwiderlaufend; finanzielle Interessen der Parteien oder eines Prozessfinanzierers (Kostenreduktion) reichen hierfür jedenfalls nicht.

7 **6) Wirkung.** Die Trennung bewirkt das Entstehen gesonderter, durch End-(nicht Teil-)Urteil zu entscheidender Prozesse. Erhalten bleibt für beide Prozesse die Rechtshängigkeit; Beweisergebnisse u Prozesshandlungen wirken fort. Es sind neue Akten anzulegen (Kopien). Die einmal gegebene Zuständigkeit des Gerichts bleibt (vgl § 5) erhalten; jedoch kann die *zulässige* Trennung bewirken, dass die Rechtsmittelsumme nicht mehr erreicht wird (RGZ 6, 417). Dagegen darf die *unzulässige* Trennung (s Rn 5) keine Auswirkung auf die Rechtsmittelfähigkeit des Urteils haben (BayVerfGH NJW 2001, 2962; BGH NJW 95, 3120; StJ/Althammer Rn 24; MskV/Stadler Rn 7; aA für den Fall, dass nicht alle Einzelverf in die Rechtsmittelinstanz gelangt sind, BGH MDR 2021, 116; BGH MDR 2019, 757 [Bacher MDR 2019, 787]). – **Kostenfolgen:** Die Gerichts- und Anwaltsgebühren richten sich nach der Trennung für jedes Verfahren nach dessen neuem Streitwert (OLG München NJW-RR 1996, 1279; MskV/Stadler Rn 7). Wegen der Gebührenanrechnung s Rn 28. Durch unzulässige Trennung hervorgerufene Gerichtskosten für ein weiteres Rechtsmittelverf sind nicht zu erheben (BGH NJW 1997, 831; BGH 18.10.2024 – III ZR 89/23).

8 **II) Trennung von Klage und Widerklage (§ 145 II). 1) Zulässigkeit.** Ausschluss bei rechtl Zusammenhang zwischen Anspruch und Gegenanspruch (s § 33 Rn 4). Er ist immer gegeben bei der Zwischenfeststellungs-Widerklage des § 256 II und bei der nur evtl (für den Fall der Begründetheit der Klage) erhobenen Widerklage (BGHZ 21, 13; BGH NJW 65, 440). Ansonsten wie I.

9 **2) Folge. a) Zulässige Trennung.** Widerkläger wird Kl im abgetrennten Verf. Gesonderte Verh und Entscheidung.

10 **b) Unzulässige Trennung.** Verfahrensfehler, der mit Rechtsmittel gegen das Urteil gerügt, aber durch Rügeverzicht geheilt werden kann (§ 295). Auch bei unzulässiger Trennung ergehen End-, keine Teilurteile (aA OLG Hamm NJW 2012, 1743).

11 **III) Aufrechnung im Prozess (§ 145 III). 1) Rechtliche Einordnung. Lit:** Junglas, Forderungsmehrheiten in der Prozessaufrechnung, Diss 2011.

Die Prozessaufrechnung ist zugleich **materiell-rechtliche Willenserklärung** iSv §§ 387 ff BGB ggü dem Gegner (zum Wirksamwerden bei Erklärung in vorbereitendem Schriftsatz s § 129 Rn 5) und (ggü dem Gericht vorzunehmende) **Prozesshandlung** (s vor § 128 Rn 14). Dadurch unterscheidet sie sich von der (rein prozessual zu qualifizierenden) Widerklage (s § 33 Rn 11). Nicht um eine Aufrechnung handelt es sich auch bei der (rein mat-rechtl) Einwendung von Umständen, welche die Höhe der Klageforderung iSe **Verrechnung** ipso iure beeinflussen, wie in den Fällen der Vorteilsausgleichung, der Schadensermittlung nach der Differenztheorie, der Saldotheorie im Bereicherungsrecht (vgl BGH NJW 62, 1909; zum Verhältnis zwischen Vergütungs- u Gewährleistungsansprüchen s aber BGHZ 163, 274 = NJW 2005, 2771). – Zur Aufrechnung mit einer **noch nicht fälligen Forderung** bei Klage auf künftige Leistung s § 257 Rn 6, zur fehlenden Notwendigkeit eines Aufrechnungsvorbehalts bei Klage auf Feststellung künftiger Ansprüche s BGHZ 103, 362 = NJW 1988, 2542.

11a Bei der **Geltendmachung der Aufrechnung** im Prozess sind verschiedene Fälle zu unterscheiden: Es kann sich zum einen um die Berufung auf eine bereits **vorprozessual erklärte Aufrechnung** handeln; diese ist wie sonstiges Verteidigungsvorbringen (Erfüllungseinwand) zu behandeln. Der Bekl kann aber auch eine **Prozessaufrechnung** erklären, mit der er erst im laufenden Rechtsstreit die Klageforderung zum Erlöschen bringt, und zwar entweder **primär**, dh ohne die Klageforderung als solche zu bestreiten, oder **eventualiter** (hilfsw) für den Fall, dass sein Bestreiten der Klageforderung ohne Erfolg bleibt (näher hierzu s Rn 13).

11b Zur **Erklärung der Aufrechnung** ist nur der Sch legitimiert; die Geltendmachung der (bereits erklärten) Aufrechnung kann hingegen auch durch Dritte (Streithelfer, Bürge) erfolgen. Die im Anwaltsprozess von der Partei (mündl gem § 137 IV, §§ 141, 445, 448 oder schriftl) erklärte Aufrechnung wird im Prozess erst beachtl durch ihre dem Anwaltszwang unterliegende Geltendmachung. Sie ist von der Prozessvollmacht gedeckt (s § 81 Rn 10) und hemmt die Verjährung (§ 204 I Nr 5 BGB), allerdings nur bis zur Höhe der Klageforderung (BGH MDR 2009, 793). – Mat-rechtl kann Aufrechnungserklärung auch in konkludentem Handeln (zB Leistungsverweigerung ggü gleichartiger Schuld) liegen (BGHZ 37, 233, 344); als Prozesshandlung muss sie hingegen ausdrückl erklärt werden (s vor § 128 Rn 19; aA PG/Dörr Rn 15; diese Frage übergehend BVerfG NJW-RR 93, 764, 765); vielfach kann allerdings Auslegung helfen u Nachfrage geboten sein. Bedenken bestehen auch dagegen, in der unsubstantiierten Berufung auf eine vorprozessuale Aufrechnung eine konkludente Prozessaufrechnung zu erblicken (so BGH VersR 94, 1444 = MDR 94, 1144). Hat der Bekl dagegen vorsorgl für den Fall, dass die behauptete vorprozessuale Aufrechnung nicht durchgreift, „nochmals" im Prozess aufgerechnet, so muss sich das Gericht nach erfolgloser Prüfung der ersteren mit der Prozessaufrechnung befassen.

11c Eine **Rücknahme *der Aufrechnungserklärung*** – als Prozesshandlung – lässt die Rechtsprechung auch ohne Einwilligung des Gegners zu (BGHZ 179, 1 = NJW 2009, 1071; BGH NJW-RR 91, 157; BGH MDR 2020, 749 sogar im NZB-Verf; OLG Schleswig MDR 2009, 889 sogar bedingte Rücknahme); sie soll auch die mat-rechtl

Erlöschenswirkung (§ 389 BGB) rückgängig machen. Die diesbezügl Erklärungsversuche (ausführl Leichsenring NJW 2013, 2159) überzeugen nicht. Die Situation ist anders zu bewerten als bei der aus proz Gründen zurückgewiesenen Aufrechnung (s Rn 15); sie gleicht eher dem Fall, dass die wirksam erklärte Aufrechnung nicht ordnungsgemäß dargelegt wird (s Rn 16). Wer den Aufrechnungseinwand fallen lässt, verliert damit seine (angebl) Aufrechnungsforderung (Junglas [s Lit Rn 11] S 76 ff; dem BGH folgend dagegen RSchwab/Gottwald § 104 Rn 6; PG/Dörr Rn 16).

2) Parteirolle. Eine Prozessaufrechnung kann grds nur der **Bekl** erklären, der **Kl** ausnahmsw dann, wenn er sich auf Grund bes Fallgestaltung hinsichtl der streitgegenständl Forderung in der Schuldnerrolle befindet (so bei negativer Feststellungsklage, Vollstreckungsabwehrklage; s § 322 Rn 24). Rechnet er mit der streitbefangenen Forderung gegen anderweitige Forderung des Bekl auf, handelt es sich nicht um eine Prozessaufrechnung iSv §§ 145 III, 322 II: Der Kl führt hier selbst die Abweisung seiner Klage als unbegründet (BGH NJW 92, 982), bei Entstehen der Aufrechnungslage nach Rechtshängigkeit die Erledigung der Hauptsache herbei (BGHZ 155, 392 [s Rn 17] gilt hier nicht). IÜ kann der Kl der Aufrechnung des Bekl den Einwand entgegensetzen, er habe die Forderung des Bekl bereits selbst durch eine **frühere Aufrechnung** mit einer anderen als der streitigen Forderung gem § 389 BGB zum Erlöschen gebracht. Dann hat das Gericht die Tatsache und den Erfolg der früheren Aufrechnung des Kl zu prüfen, wenn es (bei sonst begründetem Klageanspruch) auf die Begründetheit der Aufrechnung des Bekl ankommt. Dagegen kann der Kl wegen der Rückwirkung der Aufrechnung (§ 389 BGB) dem Aufrechnungseinwand des Bekl nicht dadurch begegnen, dass er (nach dem Bekl) seinerseits aufrechnet; hier müsste der Kl seine Klage erweitern, um eine Entscheidung über seine weitere Forderung zu erhalten (mit Aufrechnung hat dies – entgegen Schreiber FS 50 Jahre BGH, S 230 – nichts mehr zu tun). Entgegen Braun ZZP 89 (1976), 93 kann der Kl einer früher erklärten Aufrechnung des Bekl nicht allein deshalb mit einer (späteren) Gegen-Aufrechnung begegnen, weil der Bekl nur hilfsw aufgerechnet hatte, denn auch die Hilfsaufrechnung des Bekl ist materiell unbedingt wirksam (aA für den Fall aufschiebender Bedingung Musielak FS Leipold, 2009, S 92). Keine Wirkung kann schließl einer Aufrechnung zukommen, die der Kl hilfsw für den Fall erklärt, dass der Bekl seinerseits gegen die Klageforderung aufrechnet (OLG Frankfurt NJW-RR 97, 526). 12

Bei einer **Teilklage** muss der Kl die Aufrechnung des Bekl gegen die Klageforderung hinnehmen, wenn er es versäumt hat, vorher mit dem nicht eingeklagten Teil seiner Forderung gegen den Anspruch des Bekl aufzurechnen (BGH VersR 94, 1444 = MDR 94, 1144). 12a

3) Eventualaufrechnung. Der Bekl kann die Aufrechnung auch hilfsw, dh für den Fall erklären, dass das Gericht die von ihm bestrittene Klageforderung für begründet erachtet. Dies verstößt nicht gegen das Bedingungsverbot in § 388 S 2 BGB und für Prozesshandlungen (s vor § 128 Rn 20), denn das Bestehen der Klageforderung ist kein künftiges ungewisses Ereignis (näher RSchwab/Gottwald § 104 Rn 14 ff; MK/Fritsche Rn 21 ff). Das Gericht darf bei der Eventualaufrechnung den Bestand der Klageforderung nicht dahinstehen lassen und – etwa weil der Bestand der Aufrechnungsforderung unstreitig oder erwiesen ist – die Klage ohne weitere Prüfung als (jedenfalls) unbegründet abweisen, weil dann unklar bliebe, ob die Forderung des Bekl verbraucht ist (s § 322 Rn 19; BGH NJW 61, 1862 = MDR 61, 932; RGZ 132, 305; RGZ 167, 258 „Beweiserhebungstheorie"). Erachtet es die Klage bereits aus anderen Gründen als unbegründet oder erledigt sich der Rechtsstreit ohne Urteil (zB durch Klagerücknahme oder Erledigungserklärung), bleibt die Aufrechnung prozess- u mat-rechtl ohne Wirkung. Zu den Auswirkungen auf Streitwert u Kostenentscheidung s Rn 26 ff, zur gestaffelten Hilfsaufrechnung s Rn 16b, zur Beschwer für Rechtsmittel s vor § 511 Rn 26a, 26b. 13

4) Unzulässigkeit. Die Aufrechnung bleibt unbeachtet, wenn die Parteien vertragl vereinbart hatten, sie im Prozess nicht geltend zu machen (BGHZ 38, 254, 258; BGH NJW 84, 358; BGH NJW 85, 550; zu Schiedsabrede sa Rn 20), wenn die Gegenseitigkeit (BGH MDR 2023, 520 [G. Vollkommer MDR 2023, 551]) oder Gleichartigkeit der Forderungen (§ 387 BGB) fehlt (BGH MDR 2022, 587: dann evtl Zurückbehaltungsrecht) oder wenn das materielle Recht die Aufrechnung verbietet (§§ 390, 391 II, §§ 392-395 BGB); die Zurückweisung der Aufrechnung erfolgt dann in der Urteilsbegründung, nicht im Tenor des Urteils. Bei unzulässiger Aufrechnung haben Darlegungen im Urteil über die Begründetheit der „aufgerechneten" Forderung des Bekl zu unterbleiben; erfolgen sie dennoch, so nehmen sie an der Rechtskraftwirkung gem § 322 II (s § 322 Rn 19) nicht teil (BGH NJW 84, 128 = MDR 83, 1018). Bestreitet der Kl die Aufrechnung des Bekl als unzulässig, hilfsw als unbegründet, so darf das Gericht über die Begründetheit der Aufrechnungsforderung nur und erst dann befinden, wenn es die Zulässigkeit der Aufrechnung geprüft und bejaht hat (keine Alternativbegründung im Urteil! BGH NJW 61, 1862; RGZ 132, 305). Keine Rechtskraftwirkung u keine zusätzl Beschwer auch, wenn Hilfsaufrechnung zu Unrecht für unzulässig erklärt wurde (BGH NJW 2001, 3616). Zur Unzulässigkeit wegen fehlender Individualisierung der Aufrechnungsforderung s Rn 16a, zur zulässigen Hilfswiderklage bei Streit über die Zulässigkeit der Aufrechnung BGH NJW 61, 1862. 14

5) Präklusion. Als Verteidigungsmittel iSv §§ 282, 296 kann der Aufrechnungseinwand ggf **als verspätet zurückgewiesen** werden (BGH NJW 84, 1964 = MDR 84, 837; BGH NJW 91, 227; StJ/Althammer Rn 62); im Berufungsrechtszug ist Aufrechnung zurückzuweisen, soweit nicht Voraussetzungen des § 533 vorliegen. In diesen Fällen wird die Gegenforderung nicht mit der Rechtskraftwirkung des § 322 II aberkannt, weil über sie keine Entscheidung ergeht (OLG Frankfurt MDR 84, 239; anders für den Fall des § 528 aF BGH MDR 87, 1019; 15

zur Zurückweisung tatsächl Vorbringens zur Begründung der Aufrechnungsforderung s Rn 16). Allerdings bleibt die erklärte, nur aus prozessrechtl Gründen zurückgewiesene Aufrechnung mat-rechtl wirksam, dh wegen der Erlöschenswirkung des § 389 BGB kann der Bekl seine im Prozess erfolglos zur Aufrechnung gestellte Gegenforderung an sich nicht mehr anderweitig geltend machen. Zur Vermeidung dieses für den Bekl unbillig harten Ergebnisses kann bei der Prozessaufrechnung in entspr Anwendung des Rechtsgedankens von § 139 BGB die Unwirksamkeit der prozessualen Geltendmachung auf die mat-rechtl Komponente erstreckt werden mit der Folge, dass die Aufrechnung als nicht erklärt zu betrachten ist (RSchwab/Gottwald § 104 Rn 42; Schwab FS Nipperdey I, S 939 ff; iErg ebenso StJ/Althammer Rn 64 mit Hilfe einer innerprozessualen Bedingung u für § 767 II BGHZ 125, 351, 354 = NJW 94, 2769; BGH NJW 2009, 1671). Die Präklusion der Berufung auf eine **außerprozessual** erklärte Aufrechnung führt allerdings, wie auch sonst bei verspätetem Erfüllungseinwand, zum endgültigen Rechtsverlust (RSchwab/Gottwald § 104 Rn 44 f; MskV/Röß § 296 Rn 37; Pawlowski ZZP 104 [1991], 249, 261 ff; aA StJ/Althammer Rn 66; MK/Fritsche Rn 28, PG/Dörr Rn 12; Häsemeyer ZZP 118 [2005], 280 ff; Foerste ZZP 133 [2020], 319, 334 ff mit unterschiedl, nicht überzeugenden Konstruktionen).

15a **6) Wegfall der Rechtshängigkeit der Klageforderung.** Kommt es nicht zu einer str Entscheidung über die Klageforderung (zB wegen Klagerücknahme, Prozessvergleich, Erledigungserklärung, VU, AU), hängt die mat-rechtl Wirksamkeit der primär erklärten Aufrechnung (die eventuelle ist bereits wegen Nichteintritts der Bedingung unwirksam) ebenfalls von § 139 BGB ab, dh davon, ob die Prozesserledigung auf die Aufrechnung zurückzuführen oder von ihr unabhängig ist (iErg ähnl, aber schwerer zu begründen die Bedingungslösung von StJ/Althammer Rn 61).

16 **7) Darlegung der Aufrechnungsforderung.** So wie eine unschlüssige Klage als unbegründet abgewiesen wird (s vor § 253 Rn 22), geht auch der Aufrechnungseinwand ins Leere, wenn das Bestehen der Gegenforderung trotz Hinweises nach § 139 nicht schlüssig dargelegt wird; es ist dann vom Nichtbestehen der Gegenforderung auszugehen. Ebenso verhält es sich, wenn Vorbringen zur Rechtfertigung der Aufrechnungsforderung gem § 296 als verspätet zurückgewiesen wird (anders bei Zurückweisung des Aufrechnungseinwandes selbst, Rn 15). Die Gegenforderung wird dann (bis zur Höhe der Klageforderung) gem § 322 II rechtskraftfähig aberkannt (BGHZ 33, 242; BGH NJW-RR 91, 971, 972; OLG Frankfurt MDR 84, 239). Näher zur Rechtskraftwirkung § 322 Rn 18 f.

16a **Lässt die Aufrechnungserklärung hingegen wegen fehlender Individualisierung** der Aufrechnungsforderung ihren Gegenstand nicht erkennen, ist die Prozessaufrechnung wie eine entspr mangelhafte Klage (s vor § 253 Rn 24) unzulässig (BGHZ 149, 120 = NJW 2002, 2182). Über sie ergeht keine Sachentscheidung; eine rechtskraftfähige Aberkennung tritt nicht ein (BGHR § 322 II Aufrechnung 1; BGH VersR 94, 1003). Bzgl der mat-rechtl Auswirkungen gilt Rn 15 entspr.

16b Rechnet der Bekl, wie in der Praxis nicht selten, im Prozess mit **mehreren Gegenforderungen** oder gegen mehrere Klageforderungen auf (oder beides), ohne zu erklären, welche Forderungen gegeneinander aufgerechnet werden sollen, so handelt es sich nicht um einen Substantiierungsmangel, es gelten vielmehr § 396 I 2, § 366 II BGB (BGHZ 149, 120, 124; zum Widerspruchsrecht des Gegners und den Kriterien für die Tilgungsreihenfolge BGHZ 179, 1 = NJW 2009, 1071). Führt er dagegen eine bereits außerprozessual erklärte Aufrechnung ein, muss das Gericht zunächst aufklären (§ 139), ob eine Verrechnungsbestimmung nach § 396 I 1 BGB getroffen wurde. – Mehrere nicht verselbständigte **Teilbeträge ders Forderung** können nicht in einem Eventualverhältnis zueinander zum Gegenstand von Hilfsaufrechnungen gemacht werden (BGH NJW-RR 95, 508 = MDR 95, 407). Eingeh zu Forderungsmehrheiten in der Prozessaufrechnung Junglas (s Lit Rn 11). – Zur Streitwertberechnung bei gestaffelter Hilfsaufrechnung mit mehreren Forderungen s § 3 Rn 16.26.

17 **8) Entscheidung.** Bei erfolgreicher Aufrechnung gelten beide Forderungen als erloschen, und zwar rückwirkend ab dem Zeitpunkt der Aufrechnungslage (§ 389 BGB). Liegt dieser nach dem Eintritt der Rechtshängigkeit, kann der Kl unstreitig für erledigt erklären (§ 91a). Nach BGHZ 155, 392 = NJW 2003, 3134 soll dies jedoch auch dann gelten, wenn die Aufrechnungslage schon vor der Klagezustellung bestand. Der Kl kann demnach durch Erledigterklärung eine Kostenentscheidung nach § 91a, bei verweigerter Zustimmung des Bekl dessen Kostenbelastung durch ein die Erledigung feststellendes Urteil erreichen (näher s § 91a Rn 58.6; sa Althammer/Löhnig NJW 2004, 3077; zu der Rspr zu § 767 II vgl Wolf/Lange JZ 2004, 419; Schröcker NJW 2004, 2204). Über erfolglose Aufrechnung wird ledigl in der Urteilsbegründung entschieden. – Zur **Rechtskraftwirkung** der Entscheidung über die Aufrechnung s § 322 Rn 15 ff. Sie steht einer Zwischenfeststellungsklage entgegen (s § 256 Rn 40).

18 **9) Rechtshängigkeit.** Die Aufrechnungserklärung begründet keine Rechtshängigkeit (BGHZ 57, 242 = NJW 72, 450; BGH NJW-RR 2004, 1000; StJ/Althammer Rn 49; RSchwab/Gottwald § 104 Rn 23; Musielak FS Leipold, 2009, S 89; Bettermann ZZP 85 [1972], 486; BGH MDR 95, 349 spricht unklar von Anhängigkeit); ihr steht auch die anderweitige Rechtshängigkeit der Gegenforderung nicht entgegen (BGH NJW 77, 1687; BGH NJW-RR 94, 379; aA *Schmidt ZZP 87 [1974], 29). Daher ist es auch zulässig,* die Aufrechnung geltend zu machen und gleichzeitig die Gegenforderung (für den Fall ihres Nichtverbrauches) zum Gegenstand einer Eventual-Widerklage zu machen (BGH NJW 61, 1862). Nach § 322 II wird zwar über die Aufrechnungsforderung uU mit

Rechtskraftwirkung entschieden; dies gebietet aber nicht die Annahme einer Rechtshängigkeit, sondern ist Ausnahme von der Regel, dass sich beide decken. Gründe: Die Geltendmachung der Aufrechnung ist keine Klage iSd § 261 I, sondern reines Verteidigungsmittel (Berufung auf Erlöschen der Klageforderung nach § 389 BGB). Sie begründet keinen weiteren Streitgegenstand. Die an die Rechtshängigkeit anknüpfenden Vorschriften des prozessualen und materiellen Rechts passen für sie nicht. Die Verjährungshemmung ist in § 204 I Nr 5 BGB bes geregelt; für das Ende der Hemmung gilt § 204 II 1 BGB (BTDrs 14/6040, 117); zu § 209 II Nr 3, § 215 BGB aF s BGH MDR 81, 44. Es wäre auch unbillig, dem Bekl das (eine ZwV ersparende und bei Insolvenz des Gegners bes vorteilhafte) Mittel der Aufrechnung zu versagen, nur weil er die Forderung auch schon eingeklagt hat.

Allerdings begründet § 322 II die Gefahr, dass über dieselbe Forderung 2 (möglicherw divergierende) rechtskräftige Entscheidungen ergehen. Dem ist wie folgt zu begegnen: Wird **mit einer bereits eingeklagten Forderung hilfsw aufgerechnet**, so ist wegen der Ungewissheit über das Erlöschen der Forderung die Aussetzung des ursprüngl Rechtsstreits nach § 148 angezeigt, bis über den Aufrechnungseinwand entschieden ist (StJ/Althammer Rn 50; für Aussetzung des Prozesses, in dem aufgerechnet wurde, OLG Dresden NJW 94, 139 = MDR 93, 1012; Lindacher JZ 72, 429; Schreiber FS 50 Jahre BGH, S 250; Skamel NJW 2015, 2460, 2462 ff; zum Urkundenprozess s § 593 Rn 3). Wird hingegen eine **Forderung eingeklagt, die der Kläger bereits** in einem gegen sich anhängigen Rechtsstreit **hilfsweise zur Aufrechnung gestellt hat**, so könnte dieser Klage das Rechtsschutzbedürfnis (s vor § 253 Rn 18) abgesprochen werden, denn der Kl erhält durch die Aufrechnung mehr als ihm der eigene Prozess verschaffen könnte, näml sof Befriedigung statt bloßen Zahlungstitels. Da das Rechtsschutzbedürfnis noch entstehen kann (wenn näml die Hilfsaufrechnung im Vorprozess nicht zum Tragen kommt), empfiehlt sich die Aussetzung des zweiten Rechtsstreits (**Formulierungsvorschlag:** Vorwerk/Fullenkamp, PFB, M 31.5). Bei **Aufrechnung mit einer schon in einem anderen Prozess aufgerechneten Forderung** ist das Verfahren auszusetzen, in dem die spätere Aufrechnung erklärt wurde (BGH NJW-RR 2004, 1000; Skamel NJW 2015, 2460, 2464). – Bei der **Primäraufrechnung** stellen sich diese Fragen allerdings nicht (wohl verkannt in BGH NJW-RR 2004, 1000); hier kommt, da sie mit dem Verlust der eigenen Forderung einhergeht, für die darauf gerichtete Klage ohnehin nur noch Abweisung als unbegründet oder Erledigungserklärung in Betracht (OLG Frankfurt NJW 2015, 2512; s § 91a Rn 58.6). 18a

10) Zuständigkeit, Rechtsweg. Über die Aufrechnungsforderung kann auch dann entschieden werden, wenn für ihre klagew Geltendmachung die **sachliche Zuständigkeit** (selbst die ausschließl) eines anderen Gerichts gegeben wäre (BGH MDR 89, 238, 239; BGH NJW 64, 863; Schreiber ZZP 90 [1977], 405). – Auch die fehlende **örtliche Zuständigkeit** des Gerichts für die Entscheidung über die Gegenforderung steht (selbst bei ausschließl örtl Zuständigkeit) der Zulässigkeit der Aufrechnung im Prozess nicht entgegen (StJ/Althammer Rn 33). – Wie die **internationale Zuständigkeit** für die Gegenforderung zu beurteilen ist, ist str (eingeh Geimer IZPR Rz 868f ff; Wagner IPRax 99, 65 ff). Nach der Rspr des BGH kann das Gericht bei deren Fehlen über die Gegenforderung nur bei Konnexität der Forderungen (§ 33 analog) und bei fehlender Vereinbarung eines ausschließl Gerichtsstands entscheiden (BGH NJW 2015, 1118 Tz 18 f mwN). Entscheidungsbefugnis ist ebenso zu bejahen, wenn die Gegenforderung nicht bestritten oder bereits rechtskräftig festgestellt ist, sowie bei rügeloser Einlassung (MskV/Stadler Rn 33 f; Wagner IPRax 99, 71 ff; weitergehend StJ/Althammer Rn 45). Der EuGH hat (zu Art 6 Nr 3 EuGVÜ) entschieden, dass die Zulässigkeitsvoraussetzungen der Prozessaufrechnung den nationalen Rechtsordnungen unterliegen (EuGH NJW 96, 42 = EuZW 95, 639 [Geimer] = ZZP 109 [1996], 373 [Mankowski]; die Reichweite dieser Aussage ist unklar (dazu s Art 8 Brüssel Ia-VO Rn 14). – In Betracht kommt aber **Aussetzung** wie bei fehlender Rechtswegzuständigkeit (s Rn 19a; Wagner IPRax 99, 73). 19

Die **Unzulässigkeit des Rechtsweges** hindert nach Sinn und Zweck der Rechtswegaufteilung (Sachnähe, Fachkompetenz und teilw unterschiedl Verfahrensordnungen) eine Prüfung und Entscheidung der Gegenforderung (BGHZ 16, 124; BSG NJW 63, 1844; BVerwG NJW 87, 2530; MK/Fritsche Rn 33). Diese Gesichtspunkte stehen nicht zur Disposition der Parteien (aA Hofmann JR 2010, 331). Die (vor- oder innerprozessuale) Aufrechnung mit rechtswegfremder Forderung kann daher nur berücksichtigt werden, wenn diese rechtskräftig festgestellt oder unbestritten ist (BGHZ 16, 124, 129; BVerwG NJW 93, 2255; BAG NJW 2002, 317; BFH NJW 2002, 3126; StJ/Althammer Rn 35; Rupp NJW 92, 3274; Wagner IPRax 99, 74 Fn 81; aA VGH Kassel NJW 95, 1107; MskV/Stadler Rn 32; Gaa NJW 97, 3343; Schenke/Ruthig NJW 92, 2505 u NJW 93, 1374; Hager FS Kissel, S 344 ff; Schwab FS Zeuner, S 503 f u ZZP 122 [2009], 245 ff; sa § 17 GVG Rn 10). Demnach muss das Gericht (evtl nach Erlass eines Vorbehaltsurteils gem § 302, BGHZ 16, 124) **aussetzen** (§ 148), bis der Bekl eine Entscheidung des zuständigen Gerichts über seine Gegenforderung herbeigeführt hat (s § 13 GVG Rn 49; BVerwG NJW 87, 2530; BVerwG NJW 99, 160, 161; OLG Dresden VIZ 2001, 54; Musielak JuS 94, 823; die von BAG NJW 2008, 1020 = ZZP 122 [2009], 243 [abl Schwab] befürwortete Lösung [Erlass eines Vorbehaltsurteils und Verweisung an das Gericht des anderen Rechtswegs zur Durchführung des Nachverf] findet im Verfahrensrecht keine Stütze; ebenso Wieser MDR 2008, 785 f). Zur Erhebung der Klage beim zuständigen Gericht ist der Bekl zweckmäßig unter Fristsetzung aufzufordern; nach Fristablauf ist sein Verteidigungsmittel als verspätet zurückzuweisen (s Rn 15; StJ/Althammer Rn 37; BGHZ 16, 138; 21, 29). Die Klage bei dem für die Gegenforderung zuständigen anderen Gericht kann im Hinblick auf § 389 BGB nur eine Feststellungsklage sein bzw nur zu einem Vorbehaltsurteil analog § 302 führen. 19a

19b Auf das Verhältnis zwischen streitiger und **freiwilliger Gerichtsbarkeit** sind seit Inkrafttreten des FGG-RG am 1.9.2009 die Rechtswegvorschriften entspr anzuwenden (§ 17a VI GVG; s vor § 17 GVG Rn 10). Eine übergreifende Entscheidungskompetenz sollte deshalb entgegen der früheren Rspr (BGHZ 40, 338; BGH NJW 80, 2466) auch hier verneint werden (ebenso zu FamSachen Hofmann JR 2010, 330; aA PG/Dörr Rn 21).

20 Das Gericht kann auch nicht über Aufrechnungsforderungen entscheiden, für die die Parteien eine **Schiedsgerichtsvereinbarung** (§§ 1025 ff) getroffen haben (BGHZ 38, 254; OLG Zweibrücken MDR 2013, 1368). Hier ist wie bei Rechtswegdivergenz (s Rn 19a) Aussetzung, ggf mit Frist zur Erhebung der Schiedsklage, geboten; auch Vorbehaltsurteil ist mögl (OLG Celle MDR 2016, 546; RSchwab/Gottwald § 178 Rn 5; sa § 1029 Rn 74; aA [Endurteil] OLG Zweibrücken MDR 2013, 1368; MskV/Voit § 1029 Rn 25). Mit Erlass des Schiedsspruchs entfällt das Hindernis (BGH MDR 2008, 460; zur Lage bei Aufhebung des Schiedsspruchs s § 580 Rn 13).

21 **11) Urkunden- oder Wechselprozess.** Hier führt die nicht urkundl belegte Gegenforderung des Bekl zum Vorbehaltsurteil (§ 599); rechnet jedoch der Bekl (auch hilfsw) mit einer unstreitigen oder urkundl belegten Gegenforderung auf, so ist, wenn sich der Kl hiergegen nicht gleichfalls urkundl verteidigt, die Klage als in der gewählten Prozessart unzulässig (§ 597 II) abzuweisen (BGHZ 80, 97; BGH MDR 86, 580 = NJW 86, 2767; s § 598 Rn 6).

22 **12) Unstreitige Aufrechnungsforderung.** Ist die vom Bekl zur Aufrechnung gestellte Forderung unstreitig oder anderweitig bereits rechtskräftig festgestellt oder zuerkannt, muss der Kl die **Hauptsache für erledigt erklären**, sonst riskiert er Klageabweisung (s Rn 17). Die Möglichkeit einer nur *hilfsw* Erledigterklärung des Kl in diesem Fall, also bei aufrechterhaltenem Klageantrag, ist umstritten (näher s § 91a Rn 13 u 35) und abzulehnen, denn sie würde das Gericht nicht der Notwendigkeit entheben, über Bestand und Verbrauch des Klageanspruchs zu befinden; das widerspräche dem Sinn und Ziel einer Erledigterklärung, die Sachentscheidung über die Klage entbehrl zu machen (AG/Bünnigmann Rn 19). Der Kl kann weder den Bekl mit dessen Aufrechnung auf einen nicht eingeklagten weiteren Anspruch verweisen (denn aufgerechnet ist ja gegen den eingeklagten Anspruch) noch seinerseits gegen den zur Aufrechnung gestellten Anspruch des Bekl aufrechnen (stattdessen müsste er die Klage entspr erweitern, s Rn 12).

23 **13) Trennung der Verhandlung (§ 145 III).** Stehen Klageanspruch und Gegenforderung nicht in rechtl Zusammenhang (s § 33 Rn 4 f), kann im Interesse der Ordnung des Prozessstoffes getrennt verhandelt werden. Bei rechtl Zusammenhang: § 146.

24 Die **getrennte Verh** lässt den Prozess (anders als § 145 I u II) als Einheit bestehen, es wird nur gegenständl getrennt verhandelt. Ist der Klageanspruch als Erster entscheidungsreif: Klageabweisung durch Endurteil, falls unbegründet; ansonsten kann Vorbehaltsurteil gem § 302 ergehen (näher zu den Voraussetzungen s § 302 Rn 2 ff), uU auch Teilurteil über einen unabhängigen, nicht von der Aufrechnung erfassten Teil des Streitgegenstands (s § 301 Rn 3 ff). Sollte der Gegenanspruch als Erster entscheidungsreif (zB unstreitig) werden, ist Trennung aufzuheben; eine gesonderte Entscheidung über die Aufrechnungsforderung kann nicht ergehen (StJ/Althammer Rn 77), auch nicht durch VU bei Säumnis in der betr Verh (ThP/Seiler Rn 9; aA StJ/Althammer Rn 78). Bei Säumnis in der Verh über den Klageanspruch ist dagegen VU mögl (PG/Dörr Rn 30).

25 § 145 III ist nicht anwendbar, wenn Bekl, statt aufzurechnen, **Zurückbehaltungsrecht** geltend macht (StJ/Althammer Rn 71). Nach Wortlaut und normativem Zweck der allein auf die Aufrechnung bezogenen Vorschriften der § 302, § 322 II, § 533 ist deren analoge Anwendung auch auf ein Leistungsverweigerungsrecht (§ 320 BGB), dessen Begründetheit zu einer Abweisung der Klage als *derzeit* unbegründet führen müsste (s vor § 322 Rn 56), weder mögl noch notwendig. Mögl ist Trennung auch bei **vorprozessual erklärter Aufrechnung** (StJ/Althammer Rn 73), aber wenig sinnvoll.

26 **14) Streitwert.** Für die Gebühren s § 45 III GKG (hierzu s § 3 Rn 16.26). Danach erfolgt Zusammenrechnung von Klageanspruch und Aufrechnungsforderung des Bekl (Letztere nur bis zur Höhe des Klageanspruchs) nur im Fall der **Hilfsaufrechnung**, wenn und soweit die Aufrechnung zu einem Verbrauch des Klageanspruchs geführt hat oder die Klage Erfolg hat, weil gem § 322 II (s § 322 Rn 15) die Unbegründetheit der hilfsw zur Aufrechnung gestellten Forderung festgestellt wird (zum Beschwerdewert s § 322 Rn 17 ff). Bei der **Primäraufrechnung** findet weder für die Geb noch für die Beschwer eine Zusammenrechnung statt (BGH NJW-RR 95, 508). Auch die Berufung auf eine **vorprozessuale Aufrechnung** hat auf den Streitwert keinen Einfluss.

27 **15) Kosten.** Das Kostenrisiko der erfolgreichen **Primär-Aufrechnung** trägt der Kl voll, sofern er nicht die Erledigung der Hauptsache erklärt (s Rn 17). Dagegen (infolge von § 45 III GKG) Kostenteilung gem § 92 (s § 92 Rn 3), wenn bei sonst begründetem Klageanspruch dem Bekl nur seine bestrittene **Hilfs-Aufrechnung** zur Klageabweisung verhilft. Zur Tenorierung der Kostenentscheidung s Berechnungsprogramm von Schuster www.kostentenor.de.

28 **IV) Gebühren. 1) Gericht:** Der Trennungsbeschluss ist gerichtsgebührenfrei. Nach Trennung ist Gerichtsgebühr für jedes infolge der Trennung entstandene Einzelverf nach dessen jew Streitwert neu zu berechnen; aber keine erneute Vorauszahlungspflicht nach § 12 GKG (OLG Bremen AGS 2013, 462). Die bereits gezahlte VerfGeb ist auf die neu zu berechnenden VerfGeb der nun selbständigen Einzelverf nach dem Verhältnis der neuen Streitwerte anzurechnen (OLG Bremen AGS 2013, 462). – *Bei Trennung der Klage gegen einen von mehreren Bekl* fällt die Geb 1210 GKG-KV erneut an (OLG München MDR 1996, 642). Der Streitwert richtet sich nach dem des Ausgangsverf (§ 40 GKG), auch wenn vor der Trennung Teilklagerücknahme erfolgte (OLG Dresden MDR 2019, 510). – **2) RA:** Die Prozesstrennung eröffnet keine neue Gebühreninstanz. Hin-

sichtl der Anwaltsgeb für den vor und nach der Trennung tätig gewordenen RA gilt Entspr wie bei der Prozessverbindung (s § 147 Rn 11), insb steht dem RA ein Wahlrecht zu (BayVGH RVGreport 2017, 452 [Hansens]). Quotale Anrechnung der Geschäftsgeb (BGH MDR 2014, 1414).

§ 146 Beschränkung auf einzelne Angriffs- und Verteidigungsmittel

Das Gericht kann anordnen, dass bei mehreren auf denselben Anspruch sich beziehenden selbständigen Angriffs- oder Verteidigungsmitteln (Klagegründen, Einreden, Repliken usw.) die Verhandlung zunächst auf eines oder einige dieser Angriffs- oder Verteidigungsmittel zu beschränken sei.

1) Bedeutung. Gering, da entspr Vorgehen ohnehin von Prozessleitungsbefugnis des Vors (§ 136) umfasst. Beschränkung kann zudem zu Verzögerung des Prozessablaufs führen und damit der Konzentrationsmaxime (§ 272) zuwiderlaufen. 1

2) Anwendungsbereich. Nur bei Angriffs- oder Verteidigungsmitteln (zu diesem Begriff s § 282 Rn 2), die **selbständig** sind, also nicht nur ein einzelnes Anspruchselement (zB Verschulden) betreffen, sondern für sich rechtsbegründend, -vernichtend, -hindernd oder -erhaltend wirken (BGH NJW 89, 1794). 2

3) Verfahren. Anordnung durch selbständig nicht anfechtbaren und jederzeit abänderl Beschluss ohne mündl Verh (§ 128 IV). Das Verf bleibt trotzdem ein einheitl, nur die mündl Verh ist gegenständl beschränkt. VU ist jederzeit mögl (RGZ 36, 425, 428). Bei Entscheidungsreife trotz fortbestehender Anordnung Endurteil (RGZ 17, 350), kein Zwischen- oder Teilurteil über die selbständigen Angriffs- oder Verteidigungsmittel (s § 303 Rn 6). Berufung gegen das Endurteil bringt den Rechtsstreit vollständig in die 2. Instanz (StJ/Althammer Rn 13). 3

§ 147 Prozessverbindung

Das Gericht kann die Verbindung mehrerer bei ihm anhängiger Prozesse derselben oder verschiedener Parteien zum Zwecke der gleichzeitigen Verhandlung und Entscheidung anordnen, wenn die Ansprüche, die den Gegenstand dieser Prozesse bilden, in rechtlichem Zusammenhang stehen oder in einer Klage hätten geltend gemacht werden können.

1) Zweck. Die Vorschrift ermöglicht die **einheitl Entscheidung** über zusammenhängende Ansprüche u dient durch Zusammenfassung von Verh u Beweisaufnahme der **Prozessökonomie.** 1

2) Voraussetzungen. Die zu verbindenden Prozesse müssen **bei demselben Gericht** (sonst uU § 36 I Nr 3; s § 36 Rn 26) **anhängig** (nicht notwendig rechtshängig) sein. Im Hinblick auf den Grundsatz des ges Richters (Art 101 I GG) ist zu **Wechsel des Spruchkörpers** aber Zustimmung der Parteien erforderl (StJ/Althammer Rn 15; aA Fischer MDR 96, 240). BAG MDR 2017, 298 lässt (unter Abkehr von NZA 2002, 1349) Anhörung genügen, verlangt aber Regelung im Geschäftsverteilungsplan. Nur der aufnehmende, nicht der abgebende Spruchkörper kann verbinden. Einer Zustimmung des Spruchkörpers, von dem ein Prozess durch Verbindung abgezogen wird, bedarf es nicht. – Nicht mögl ist Hinzuverbinden einer Nicht-Handelssache durch die KfH (s § 95 GVG Rn 2); Handelssache kann nur auf Antrag nach § 98 GVG dorthin verbunden werden. Keine Verbindung auch zwischen Einzelrichter- und Kammersache (StJ/Althammer Rn 3). 2

Es muss ein **rechtlicher Zusammenhang** (s § 33) oder die Möglichkeit der subj (§§ 59, 60) oder obj (§ 260) **Klagehäufung** bestehen. Daher Verbindung unzulässig bei verschiedener Prozessart (§ 260). Zu Wiederaufnahmeklagen s § 578 II. Ebenso ist unzulässig die Verbindung des Verf der einstw Verfügung mit dem Hauptsacheprozess (OLG Karlsruhe Justiz 68, 175); hiergegen Beschwerde nach § 252, weil Stillstand des Verfügungsverf (StJ/Althammer Rn 19). 3

3) Entscheidung. Sofern sie nicht für bestimmte Verf vorgeschrieben ist (zB § 518 S 2 ZPO; § 246 III, § 249 II, § 275 IV AktG; § 51 III, § 112 I GenG; § 44 II 3 WEG [s dazu BGH NJW 2013, 65]), steht Verbindung im pflichtgem **Ermessen** des Gerichts. Kein Zwang zu Verbindung, weil Forderungen aus Bauvertrag den streitigen Schlussrechnungssaldo ergeben (BGH NJW-RR 2018, 81). 4

Verbindung muss zur **gemeinsamen Verhandlung *und* Entscheidung** erfolgen, daher ausgeschlossen bei Entscheidungsreife (§ 300). Zur bloßen Zusammenlegung von Verh- oder Beweisterminen s Rn 10. Wird fälschl *nur zu gemeinsamer Entscheidung* verbunden (zB in einem Beschlussverf), ist dies gleichwohl beachtl (zB für Rechtsmittel, BFH NJW-RR 96, 57). 5

4) Verfahren. Anordnung durch kurz zu begründenden Beschluss, unabhängig von Parteiantrag. Zu rechtl Gehör u mündl Verh s § 145 Rn 6. Aufhebung mögl nach § 150. 6

7 5) **Wirkung.** Mehrere Kl und Bekl werden Streitgenossen, uU wird aus Klage Widerklage. Die verbundenen Prozesse werden trotz Aufrechterhaltung der bish Prozessergebnisse eine Einheit. Entscheidung durch einheitl Endurteil (RGZ 142, 257; zu Teilurteil s § 301 Rn 3 ff). Durch erhöhten Streitwert (§ 5) wird uU vorher fehlende Rechtsmittelsumme erreicht. Zuständigkeit des AG bleibt aber bestehen (RGZ 6, 417), es sei denn, der Kl hat erkennbar durch willkürl Zerlegung seines Gesamtanspruchs in mehrere Verf die Zuständigkeit des AG erschleichen wollen (KG MDR 2017, 846; OLG Hamm MDR 2013, 1307).

8 **Beweisaufnahme** ist aber aus Gründen der Beweisunmittelbarkeit (§§ 355, 397) zu wiederholen, um für das ganze Verf verwertbar zu sein (WSch/Smid/Hartmann Rn 18); Verzicht hierauf ist mögl (s § 295). In dem verbundenen einheitl Verf können die Parteien der vorher selbständigen Verf insgesamt nicht mehr als Zeugen vernommen werden (OLG Köln VersR 73, 285), falls nicht ausnahmsw der Gegenstand ihrer Aussage vom Streitgegenstand ihrer jew Klage klar abzugrenzen ist (s vor § 373 Rn 7); stattdessen ggf Anhörung nach § 141 (OLG Koblenz NJW-RR 2014, 507).

9 6) **Rechtsmittel.** Keine selbständige Anfechtbarkeit (wie Trennung, s § 145 Rn 6a; Ausnahme s Rn 3). Bei willkürl Entziehung des ges Richters Verfassungsbeschwerde nach Ausschöpfung des Rechtswegs.

10 7) **Zusammenlegung von Terminen.** Nicht um eine Verbindung nach § 147 handelt es sich, wenn mehrere Sachen rein tatsächl in einem Termin gemeinsam verhandelt werden, zB zu Vernehmung eines Zeugen für Parallelsachen. Hier bestehen die Verf als selbständige fort (BGH NJW 57, 183; BGH WM 2023, 762 Tz 25); keine Auswirkungen auf den Streitwert (OLG München MDR 90, 345; aA für Terminsgebühr Grabolle/Wilske MDR 2007, 1405, 1408 f). Die Sachen müssen beim selben Spruchkörper anhängig sein (aA PG/Dörr Rn 8; Arz/Lach MDR 2019, 1226, 1228; Verh kann aber nur 1 Vors haben; für Beweisaufnahme sa § 355) u werden einfach auf dieselbe Zeit terminiert. Für jedes Verf ist ein gesondertes Protokoll zu führen (aA Arz/Lach MDR 2019, 1226, 1229); Bezugnahmen aber mögl. Ist eine Partei im anderen Verf Zeuge oder ein Zeuge in einem der Verf zur Aussageverweigerung berechtigt, scheidet eine gemeinsame Verh aus (Grabolle/Wilske MDR 2007, 1405, 1407); eine partielle Unterbrechung zur Vernehmung in der jeweils anderen Rolle (so Arz/Lach MDR 2019, 1226, 1228 f) erscheint wenig praktikabel.

11 **8) Gebühren. a) Gericht:** Der Verbindungsbeschluss ist gerichtsgebührenfrei. Die bis zur Verbindung in jedem einzelnen Verf angefallenen VerfGeb bleiben unberührt; ihr getrennter Ansatz bleibt bestehen (OLG Koblenz MDR 2015, 1017; sa OLG Oldenburg JurBüro 2003, 322 für die Verbindung nach einem Mahnverf). Bei dem weiteren Verf nach der Prozessverbindung handelt es sich um dieselbe gebührenrechtl Instanz. Von der Verbindung an sind mehrere Kl Streitgenossen; beim Unterliegen haften sie dem Fiskus ggü als Gesamtsch (§ 32 GKG), jedoch beschränkt sich die gesamtverbindl Haftung eines jeden Klageteils auf den Betrag seiner Kosten. Beim Vergleich oder Anerkenntnis nach Verbindung errechnet sich die Gebührenermäßigung aus dem verbundenen Streitwert (Meyer JurBüro 2003, 187; aA OLG München MDR 1999, 829 = JurBüro 1999, 484 [abl Meyer]; MskV/Stadler Rn 9), denn der weitere Prozessverlauf hat auf die Einzelwerte keinen Einfluss mehr. Ergeht Teilurteil (das Ermäßigung sperrt) und wird der Verfahrensrest mit einem anderen Verf verbunden, kann in diesem noch die Gebührenermäßigung (1211 GKG-KV) eintreten (OLG Karlsruhe AGS 2010, 192). – **b) RA:** Der RA kann wählen, ob er die ihm bereits vorher in den Einzelverf erwachsenen Geb, die er auf keinen Fall verliert, oder ledigl Geb aus dem nunmehr addierten Gesamtwert verlangen will (BGH NJW-RR 2010, 1697 Tz 18). Das gilt für die Gebührentatbestände, die vor und nach der Verbindung verwirklicht werden. Hinzu kommen die Geb, deren Tatbestand erst und ausschließlich nach der Verbindung erfüllt wurde.

§ 148 Aussetzung bei Vorgreiflichkeit

(1) Das Gericht kann, wenn die Entscheidung des Rechtsstreits ganz oder zum Teil von dem Bestehen oder Nichtbestehen eines Rechtsverhältnisses abhängt, das den Gegenstand eines anderen anhängigen Rechtsstreits bildet oder von einer Verwaltungsbehörde festzustellen ist, anordnen, dass die Verhandlung bis zur Erledigung des anderen Rechtsstreits oder bis zur Entscheidung der Verwaltungsbehörde auszusetzen sei.

(2) Das Gericht kann ferner, wenn die Entscheidung des Rechtsstreits ganz oder zum Teil von dem Bestehen oder Nichtbestehen von Rechtsverhältnissen oder Rechtsfragen abhängt, die Gegenstand einer Verbandsklage nach dem Verbraucherrechtedurchsetzungsgesetz sind, auf Antrag des Klägers, der nicht Verbraucher oder nach diesem Gesetz einem Verbraucher gleichgestellt ist, anordnen, dass die Verhandlung bis zur rechtskräftigen Entscheidung oder sonstigen Erledigung des Verbandsklageverfahrens auszusetzen sei.

(3) Das Gericht kann, wenn eine für die Entscheidung des Rechtsstreits erhebliche Beweisfrage bereits Gegenstand einer schriftlichen Begutachtung durch einen in einem anderen Verfahren ernannten Sachverständigen ist, anordnen, dass die Verhandlung bis zur Vorlage des nach § 411a verwertbaren Gutachtens ausgesetzt wird.

(4) [1]Das Gericht kann ferner, wenn die Entscheidung des Rechtsstreits von Rechtsfragen abhängt, die den Gegenstand eines bei dem Revisionsgericht anhängigen Leitentscheidungsverfahrens bilden, nach

Anhörung der Parteien anordnen, dass die Verhandlung bis zur Erledigung des Leitentscheidungsverfahrens auszusetzen ist. [2]Eine Aussetzung hat zu unterbleiben, wenn eine Partei der Aussetzung widerspricht und gewichtige Gründe hierfür glaubhaft macht. [3]§ 149 Absatz 2 gilt entsprechend.

IV angefügt durch G zur Einführung eines Leitentscheidungsverfahrens beim Bundesgerichtshof v 24.10.2024 (BGBl 2024 I Nr 328) mWv 31.10.2024.

I) Aussetzung im Allgemeinen. 1) Zulässigkeit. Die Aussetzung eines Verf ist prozessleitende Maßnahme; sie dient der Entscheidungsharmonie und der sachl gebotenen Berücksichtigung außerprozessualer Vorgänge bei der Urteilsfindung. Keinesfalls darf sie der Prozessverschleppung Vorschub leisten; eine unangemessen lange Aussetzung verletzt den Anspruch auf effektiven Rechtsschutz (BVerfG NJW 2013, 3432; EGMR NVwZ 2008, 289). Nur die Parteien, nicht das Gericht, dürfen aus reinen Zweckmäßigkeitsgründen dem Verf Einhalt gebieten (§ 251). Fälle berechtigter oder sogar obligatorischer Aussetzung durch das Gericht sind abschließend gesetzl geregelt (s Rn 2 ff). Eine **entspr Anwendung** von § 148 kommt grds nicht in Betracht (aA BGH NJW 2019, 1216 zu einem Sonderfall aus dem WEG-Recht: Aussetzung einer Beseitigungsklage im Hinblick auf nicht vorgreifl Beschlussmängelklage; BGH NJW 2018, 3252 u BAG NJW 2021, 339 zu Verfassungsbeschwerde in Parallel- bzw Nebenverf). – Zur faktischen Aussetzung durch Nichtbetreiben des Verf s Rn 11. 1

Eine **Befugnis zur Aussetzung** (zum Ermessen s Rn 7) ergibt sich ua aus §§ 65, 148 (Einzelfälle s Rn 10), 149, 247 ZPO; § 140 PatG; § 4a II UKlaG; Art 30, 33, 34, 38, 51 Brüssel Ia-VO; Art 267 II AEUV (dazu s Rn 3b). Ist gegen einen entscheidungserhebl Beschluss der EU-Kommission eine Nichtigkeitsklage anhängig, steht es grds im Ermessen des Gerichts, ob es das Verf bis zur dortigen Entscheidung oder im Hinblick auf ein eigenes Ersuchen nach Art 267 AEUV aussetzt (BGH EuZW 2020, 201 [Blanck]). 2

Pflicht zur Aussetzung besteht bei vorgreifl Ehe- oder Abstammungssachen nach §§ 152-154; bei Antrag nach § 246 ZPO; nach § 10 I KapMuG bei Vorgreiflichkeit der geltend gemachten Feststellungsziele des Musterverf (s Rn 3d); bei Vorlageentscheidung nach Art 100 GG (s Rn 3a) oder Art 267 III AEUV (s Rn 3b); bei mehrfacher Rechtshängigkeit in EU-Mitgliedstaaten gem Art 29 I Brüssel Ia-VO (zur entspr Anwendung bei Verf nach CMR s BGH MDR 2019, 1524); in den Fällen von § 97 V ArbGG, § 108 II SGB VII (s hierzu BGH NJW 72, 1990; BAG NJW 67, 1925), § 578 II, § 613 II ZPO (s Rn 12); in Kosten- bzw Vergütungsfestsetzungsverf u -rechtsstreit bei ausstehender Streitwertbestimmung (§ 104 III 2 ZPO, § 11 IV RVG analog; BGH NJW-RR 2014, 765; N. Schneider NJW-Spezial 2014, 155). Keine Aussetzungspflicht besteht, wenn die *Vorabentscheidung über die Rechtswegzuständigkeit* nach § 17a III 2 GVG angefochten wird (aA BAG AP § 48 ArbGG 1979 Nr 7 [abl Vollkommer]; hier kommt es ledigl zu einem faktischen Verfahrensstillstand wie bei § 280. 3

2) Aussetzung wegen Verfassungswidrigkeit (Art 100 GG). Wenn das Gericht ein entscheidungserhebl Gesetz für verfassungswidrig hält, ist es nach Art 100 I GG zur Aussetzung des Verf u Vorlage an das BVerfG verpflichtet. Das Gericht kann dem nicht durch eine schlichte Aussetzung im Hinblick auf ein anderes bereits beim BVerfG anhängiges Verf entgehen (§ 80 I BVerfGG; OLG Frankfurt NJW 79, 767; OLGR Brandenburg 1996, 183; Maunz/Dürig Art 100 GG Rn 208; WSch/Smid/Hartmann Rn 70; Schilken GS Heinze, 2005, S 769; aA [mit Billigung durch BVerfG NJW 2004, 501, 502] BGH NJW 98, 1957; BGH RdE 2001, 20; BAG NJW 88, 2558). Hält das Gericht die betr Vorschrift für verfassungsgemäß, muss es sie anwenden; es ist nicht wegen des anderweitigen Normenkontrollverf zu einer Aussetzung berechtigt oder gar verpflichtet (BayObLG NJW-RR 91, 1220; für analoge Anwendung von § 148 St/Roth Rn 15). Ist es von der Verfassungswidrigkeit der Norm überzeugt, muss es wegen der ausschließl Kompetenz des BVerfG zur Entscheidung dieser Frage aussetzen und vorlegen (BVerfG NJW 73, 1319; BGH FamRZ 2012, 1489). Dieser Notwendigkeit kann das Gericht auch nicht dadurch ausweichen, dass es eine nicht vertretbare verfassungskonforme Auslegung vornimmt (BVerfG NVwZ 2015, 510) oder sich zur Frage der Verfassungswidrigkeit keine Meinung bildet (so aber BGH NJW 98, 1957 [abl Greger EWiR § 148 ZPO 1/98, 671]): Soweit hier nicht beide Parteien mit dem Ruhen des Verf einverstanden sind, muss es weiterbetrieben werden; die davon abw Praxis vernachlässigt das Gebot effizienten Rechtsschutzes zugunsten der Prozessökonomie. – Ist die Norm bereits für verfassungswidrig erklärt worden, kann ausgesetzt werden, um Neuregelung abzuwarten, wenn BVerfG dafür eine Frist gesetzt hat (BGH bei Greger MDR 2001, 486; OLGR Naumburg 1999, 472) oder eine absolute Regelungslosigkeit entstanden ist (vgl BayObLGZ 74, 355, 358). Hält das Gericht auch eine Vorlage an den EuGH (Rn 3b) für geboten, hat diese grds Vorrang, da die Norm bei Verstoß gegen Gemeinschaftsrecht nicht mehr entscheidungserhebl wäre (zu Ausnahmen BVerfG NJW 2003, 1232). – Zu den hohen Anforderungen, die das BVerfG an die Darlegung der Überzeugung von der Verfassungswidrigkeit der zu prüfenden Norm und ihrer Entscheidungserheblichkeit stellt, s BVerfG NJW 2004, 1233. – Zur Unzulässigkeit der Aussetzung wegen eines anhängigen Verfassungsbeschwerdeverf s Rn 5. 3a

3) Aussetzung wegen Auslegung von Gemeinschaftsrecht (Art 267 AEUV). Letztinstanzl Gerichte sind nach III verpflichtet, andere Gerichte nach II berechtigt, entscheidungserhebl Fragen iSv I dem EuGH vorzulegen (sa EuIZPR Rn 7). Das Ausgangsverf ist dann bis zu dessen Entscheidung auszusetzen. Dies gilt auch, wenn die Auslegung einer Richtlinie zur Auslegung nationalen Rechts heranzuziehen ist, stets aber nur für die Auslegung 3b der gemeinschaftsrechtl Normen, nicht ihre Anwendung auf den Einzelfall (BVerfG NJW 2002, 1486, 1487 mwN). – Um ein vorlagepflichtiges **letztinstanzliches Gericht** handelt es sich dann, wenn gegen seine Entscheidung *in der konkreten Sache* kein Rechtsmittel gegeben ist (Calliess/Ruffert/Wegener, EUV/AEUV, 6. Aufl 2022, Art 267 AEUV Rn 28 mwN). Rechtsmittel in diesem Sinn ist auch die NZB, so dass für die Berufungsgerichte bei Beschwerdewerten über 20. 000 Euro keine Vorlagepflicht besteht (BVerfG VersR 2014, 1485, 1488). Bei der Entscheidung über die Zulassung der Revision ist jedoch sowohl vom Berufungs- als auch vom Revisionsgericht zu prüfen, ob ein Anlass zur Vorlage an den EuGH besteht (EuGH NJW 2025, 725). – Trotz Entscheidungserheblichkeit der Frage besteht **keine Vorlagepflicht**, wenn die betr Vorschrift des Unionsrechts bereits Gegenstand einer Auslegung durch den EuGH war oder wenn die richtige Auslegung des Unionsrechts derart offenkundig ist, dass für einen vernünftigen Zweifel keinerlei Raum bleibt (EuGH NJW 83, 1257 – Cilfit; BGHZ 110, 47, 68 f; BGH NJW 2003, 426, 428). Dass das nationale Gericht keine Zweifel *hat*, genügt entgegen BGH NJW-RR 2004, 497, 498 hierfür nicht; es muss vielmehr überzeugt sein, dass auch für die Gerichte der übrigen Mitgliedstaaten und den EuGH die gleiche Gewissheit bestünde; dabei sind auch die Besonderheiten des Unionsrechts sowie Unterschiede in den Sprachfassungen und bekannt gewordene Entscheidungen anderer Gerichte zu berücksichtigen (EuGH NJW 2021, 3303 Tz 40 ff; zu den Anforderungen an die Bejahung einer eindeutigen Rechtslage sa BVerfG BB 2021, 990 mwN). Auch wenn bereits Rechtsprechung des EuGH zu der betr Rechtsfrage vorliegt, ist eine erneute Vorlage nicht ausgeschlossen, zB wenn die Tragweite der früheren Entscheidung unklar ist (EuGH NJW 2021, 3303 Tz 37 f). Die Vorlage unterliegt nicht der Parteiherrschaft, sondern steht in der alleinigen Verantwortung des Prozessgerichts; dieses kann auch darüber entscheiden, in welchem Stadium des Verfahrens es vorlegt (EuGH NJW 2021, 3303 Tz 50 ff). Es ist auch nicht gehindert, weiterhin Verfahrenshandlungen vorzunehmen, die keinen Bezug zu den Vorlagefragen haben (EuGH 17.5.2023 – C-176/22, NJW 2023, 2403). – **Nichtvorlage** ohne vertretbare Begründung verletzt Art 47 II EuGRC (EuGH NJW 2021, 3303 Tz 51; Hilpold NJW 2021, 3290, 3292 f) u Art 101 I 2 GG (BVerfG NJW 2011, 288; BVerfG NJW 2021, 1005 mwN; sa Kokott/Henze/Sobotta JZ 2006, 635; Bäcker NJW 2011, 270).

3c Wenn die betr Frage schon **in anderem Verfahren vorgelegt** wurde, kann nach inzwischen einhelliger Rspr das Verfahren ohne weitere Vorlage ausgesetzt werden (BGH NJW 2025, 1421 Tz 24; BGH RIW 2012, 405 = MDR 2012, 426 LS; BAG VersR 2022, 901; BVerwG NVwZ 2001, 319; BVerwG NVwZ 2005, 1061). Dies ist dann aber idR mangels eindeutiger Rechtslage unumgängl (Piekenbrock GPR 2020, 240, 244 m Kritik an gegenteiliger Praxis des BGH; s BGH ZIP 2020, 865, 868 mwN). Zur Anfechtbarkeit s § 252 Rn 2.

3d **4) Aussetzung wegen Kapitalanleger-Musterverfahrens (§ 10 KapMuG).** Nach Bekanntmachung des Eröffnungsbeschlusses setzt das Prozessgericht das nach § 6 KapMuG unterbrochene Ausgangsverfahren vAw aus, soweit die Entscheidung des Rechtsstreits voraussichtl von den Feststellungszielen des Musterverf abhängt (§ 10 I 1 KapMuG). Unter dieser Voraussetzung kann das Prozessgericht auch ein bisher nicht unterbrochenes Ausgangsverf, das bereits anhängig ist oder bis zum rechtskräftigen Abschluss des Musterverf noch anhängig wird, auf Antrag des Kl u nach Anhörung des Ag aussetzen (§ 10 II KapMuG). Maßgebl für die Frage der Abhängigkeit der Entscheidung des Rechtsstreits von den geltend gemachten Feststellungszielen ist, ob mit der Entscheidung über die Feststellungsziele des Musterverf eine Bindung des Prozessgerichts eintreten kann (BGH MDR 2020, 1079). Hieran fehlt es, wenn der geltend gemachte Anspruch durch die Regelungen der spezialgesetzl Prospekthaftung verdrängt wird (BGH ZIP 2023, 1798). Durch das Merkmal „voraussichtlich" hat der BT abw von der Rspr des BGH zu § 8 aF KapMuG (BGHZ 222, 15 = NJW 2019, 3444) u vom RegE zum Ausdruck gebracht, dass es nicht auf die Überzeugung von der Maßgeblichkeit im konkreten Fall, sondern auf eine abstrakte Betrachtungsweise ankommt (BTDrs 20/11787, 47). Dass der Rechtsausschuss im Gegenzug das Wort „kann" – ohne Begründung – aus dem RegE gestrichen hat, dürfte nichts daran ändern, dass das Prozessgericht über die Aussetzung in pflichtgem Ausübung richterl Ermessens unter Würdigung der beiderseitigen Parteiinteressen u des bisher erreichten Sach- und Streitstands zu entscheiden hat (BTDrs 20/10942, 37). Dabei wird insb die bei unterbleibender Aussetzung drohende Verfahrenszersplitterung zu berücksichtigen sein (dazu s Liebscher/Steinbrück/Vollmerhausen WM 2024, 1058, 1063 ff; zur Anfechtbarkeit s § 252 Rn 5. Die Aussetzung kann sich auf einen Teil des Rechtsstreits beziehen, insb wenn in den Fällen einer objektiven und/oder subjektiven Klagenhäufung das Musterverf nicht für alle Klageanträge bzw. Prozessrechtsverhältnisse vorgreifl ist; entscheidend ist, ob über den Teil des Rechtsstreits, der von der Aussetzung nicht betroffen ist, durch Teilurteil entschieden oder gem § 145 I 1 in einem getrennten Prozess verhandelt werden kann. Nicht mögl ist dagegen eine Aussetzung, die sich auf die Klärung einer Zulässigkeitsvoraussetzung in einem Musterverf beschränkt (BGH ZIP 2021, 1432). Wurde das Verf nach § 10 KapMuG ausgesetzt, muss die Aussetzung bis zur rechtskräftigen Entscheidung über die Feststellungsziele andauern; eine Fortsetzung des Hauptverf analog § 280 II 2 ist nicht mögl (BGH ZIP 2021, 1432).

4 **5) Ausschlussgründe.** Keine Aussetzung, wenn die **Art des Verfahrens** einen Stillstand verbietet, so im Arrest- u Verfügungsverf (s vor § 916 Rn 8 ff; anders aber im Aufhebungsverf des § 927, s § 927 Rn 9c), in der ZwV, regelmäßig im Urkundenverf (*s vor § 592 Rn 3*) und im PKH-Bewilligungsverf (OLG München MDR 88, 783). Wegen des Beschleunigungsgebots nach § 9 I ArbGG verbietet sich idR eine Aussetzung des Vergütungsrechtsstreits im Hinblick auf den Kündigungsschutzprozess (BAG NJW 2014, 1903). Ein **entscheidungsreifes Verf**

(§ 300) darf nicht ausgesetzt werden, um das Erlangen eines Beweismittels (hier gilt § 356) oder eine in Aussicht stehende Veränderung der tatsächl oder rechtl Verhältnisse abzuwarten, zB Gesetzesänderung (BVerwG NJW 62, 1170; OLG München NJW 76, 1850; OLG Köln MDR 76, 1026; Lüke NJW 76, 1826 f; einschr Kloepfer, Vorwirkung von Gesetzen, 1974; Dieckmann FamRZ 76, 635). Weitere Einzelfälle s Rn 9.

II) Aussetzung wegen Vorgreiflichkeit (§ 148 I). 1) Voraussetzungen. a) In einem anderen Rechtsstreit oder einem Verwaltungsverf ist über ein Rechtsverhältnis (s § 256 Rn 4 ff) zu entscheiden, dessen Bestehen für den vorliegenden Rechtsstreit **präjudizielle Bedeutung** hat. Dies ist nicht der Fall, wenn Teilansprüche aus dem Klagegrund gesondert geltend gemacht werden (BGH MDR 2019, 1011). Im sBV ergeht zwar keine präjudizielle Entscheidung; zur Vermeidung einer doppelten Beweisaufnahme lässt der BGH aber die Aussetzung zu, wenn dort eine im Hauptsacheverf beweiserhebl Tatsache geklärt werden soll (BGH MDR 2007, 542; aA St/Roth Rn 24). Grds keine Vorgreiflichkeit, wenn das andere Verf nicht zwischen dens Parteien geführt wird (BGH MDR 2023, 159), außer bei Rechtskrafterstreckung, Gestaltungs- oder Interventionswirkung (§ 74 III, § 68; OLG Hamm MDR 1994, 618; zur fehlenden Rechtskraftwirkung des Urteils in einem verwaltungsgerichtl Anfechtungsverf BGH ZIP 2023, 1854). Ein anhängiges Verfassungsbeschwerdeverf rechtfertigt eine Aussetzung auch dann nicht, wenn dort eine auch im vorliegenden Verf erhebl Frage zu entscheiden ist (BGH NJW 2024, 2618 [Tolani]). 5

b) Das Rechtsverhältnis muss den **Gegenstand des anderen Verfahrens** bilden, darf dort nicht seinerseits nur Vorfrage sein. Es genügt nicht, wenn die im anderen Verf zu erwartende Entscheidung ledigl geeignet ist, einen **Einfluss** (zB im Wege der Beweiswürdigung) auf die Entscheidung im auszusetzenden Verf auszuüben (OLG München MDR 96, 197; OLG Köln MDR 83, 848; St/Roth Rn 23; MskV/Stadler Rn 5; Schilken GS Heinze, 2005, S 763 ff; aA OLG München NJW-RR 95, 779) oder sich auf einen anderen Teil der eingeklagten Forderung bezieht (OLGR Frankfurt 1999, 39). Es ist daher auch nicht mögl, Verf im Hinblick auf ein beim BGH anhängiges **Parallelverfahren** auszusetzen (BGHZ 162, 373; BGH MDR 2012, 539; Kähler NJW 2004, 1132 [mit Ausnahme bei Gesetzeslücke]; aA LG Freiburg NJW 2003, 3424); zu einem solchen **Musterprozess** kann es nur mit Zustimmung der Parteien nach § 251 kommen (weiter gehend Art 30 Brüssel Ia-VO für zusammenhängende Klagen in verschiedenen Vertragsstaaten [wegen Parallelvorlage an EuGH s Rn 3c]; § 10 II KapMuG für Kapitalanlegerstreitigkeiten [s Rn 3d]; § 148 II für Verbandsklagen, s Rn 12). Die vom BGH zur Bewältigung von **Massenverfahren** für vertretbar gehaltene Praxis, ein Pilotverfahren durchzuführen und die übrigen gleich oder ähnl gelagerten Verf einstweilen zurückzustellen (BGHZ 204, 184 Tz 32 f; BGH WM 2023, 762 Tz 24; ebenso St/Roth Rn 19), ist nach der Einführung des Leitentscheidungsverf mit der Aussetzungsmöglichkeit nach § 148 IV nicht mehr zulässig (s Rn 14). 5a

c) Der **andere Rechtsstreit** muss **anhängig** (nicht notwendig rechtshängig iSv § 261 I) sein, und zwar vor einem anderen als dem erkennenden **Gericht**. Das kann auch ein bes Gericht, ein ausl Gericht (sa Art 30, 38 Brüssel Ia-VO), der EGMR (OLG Nürnberg EuGRZ 2012, 351, 354; St/Roth Rn 59), ein Gericht der freiw Gerichtsbarkeit (BGHZ 41, 303, 310) oder Schiedsgericht (BGHZ 23, 24) sein. Mahnverf genügt vor Einleitung des Streitverf (§ 697) nicht. 6

d) Ein vorgreifl **Verwaltungsverf** braucht noch nicht eingeleitet zu sein; die Aussetzung ist auch zulässig, um die Entscheidung der Verwaltungsbehörde erst zu veranlassen. Kommt der erwarteten Verwaltungsentscheidung keine Rückwirkung zu, wird es idR an der Vorgreiflichkeit fehlen (OLGR Brandenburg 2000, 112; St/Roth Rn 45). Auch Verf bei einer ausl oder EU-Behörde können zu Aussetzung führen (St/Roth Rn 47). 6a

2) Entscheidung. Grds im **Ermessen** des Gerichts. Dieses kann auf eine Pflicht zur Aussetzung reduziert sein, zB weil die Voraussetzungen einer Sachentscheidung im vorliegenden Verf nicht geklärt werden können (BGHZ 97, 135, 145) oder bei Aufrechnung mit rechtswegfremder Gegenforderung (BGHZ 16, 124, 138; s § 145 Rn 19a). Umgekehrt kann sich Aussetzung wegen Art des Verfahrens (s Rn 4), dessen geringer Erfolgsaussichten oder Prozessverzögerung verbieten (BGH NJW-RR 92, 1149, 1150; KGR Berlin 1999, 95), ebenso wenn das andere Verf seinerseits ausgesetzt ist (BGH MDR 2005, 947). Das Gericht muss prüfen, ob die gebotene Prozessförderung auf andere Weise besser zu erreichen ist (BGH MDR 2007, 542). Bei Vorabentscheidung nach Art 267 II AEUV (s Rn 2) besteht kein Ermessen, wenn das Gericht von der Unwirksamkeit des Gemeinschaftsrechtsaktes ausgeht (EuGH NJW 88, 1451) oder von der Rspr des EuGH abweichen will (anders uU im einstw Rechtsschutz, EuGH NJW 96, 1333). – **Teil-Aussetzung** (nach Trennung, § 145) ist mögl, wenn sich Grund auf selbständigen Teil des Streitstoffs bezieht (BGH MDR 2007, 600). 7

3) Verfahren. Entscheidung vAw oder auf Antrag, auch ohne mündl Verh (BGH MDR 2011, 1441). Der Beschluss (Verkündung bzw Mitteilung gem § 329) enthält keine Kostenentscheidung (BGH NJW-RR 2021, 638 Tz 23). Er muss mit Gründen versehen werden (OLGR Brandenburg 1996, 183). – **Rechtsmittel:** § 252. Fristablauf hindert Antrag auf Aufhebung nach § 150 nicht (BGH NJW-RR 2014, 758). – **Wirkung der Aussetzung:** § 249. 7a

4) Beendigung. Aussetzung endet durch Zeitablauf oder Aufhebung (§ 150). Ist ein Verf bis zur Entscheidung eines anderen Verf ausgesetzt, endet sie mit dieser Entscheidung auch ohne Aufnahmeerklärung der Parteien (§ 250) oder Anordnung nach § 150 (BGHZ 106, 295, 298 = NJW 89, 1729; MskV/Stadler Rn 9). Gericht hat vAw Verhandlungstermin zu bestimmen (s § 216 Rn 1 f). – **Lauf von Fristen** (§ 249 I) beginnt automatisch mit 8 der Beendigung der Aussetzung (BGHZ 106, 295, 298 = NJW 89, 1729, 1730; St/Roth Rn 41); bei Unkenntnis hilft nur WE (s BVerfG NJW-RR 97, 188). Betreiben die Parteien den Rechtsstreit nicht weiter, endet die Verjährungshemmung 6 Monate nach Beendigung der Aussetzung, dh Wegfall des Aussetzungsgrundes (§ 204 II 1 BGB; MskV/Stadler Rn 9).

9 **5) Einzelfälle unzulässiger Aussetzung.** Außer in den in Rn 4 ff genannten Fällen ist Aussetzung nach § 148 auch unzulässig: in allen Fällen, in denen eine *Verbindung* mit dem vorgreifl Verf mögl ist (OLG München MDR 96, 197; BAG AP § 148 ZPO Nr 5); im *Nachverf*, um die Rechtskraft des Vorbehaltsurteils abzuwarten (§ 600 Rn 8); wegen eines *Sozialverwaltungsverf*, wenn Voraussetzungen einer Beteiligung des Bekl gem § 12 II SGB X nicht dargelegt sind (BGH VersR 2012, 463); im *Hauptsacheverf* bis zur Entscheidung über den Antrag auf einstw Verfügung (OLG Köln WRP 73, 597); im *Erbschaftsprozess* bis zur Entscheidung des Nachlassgerichts im Erbscheinsverf (OLG Rostock 30.3.2023 – 3 W 30/23; OLG Dresden OLG-NL 94, 243; aA OLG München NJW-RR 95, 779; PG/Dörr Rn 17); im *Schadensersatzprozess* gegen Kfz-Halter bis zur Rechtskraft der klageabweisenden Entscheidung über *Direktklage* gegen Haftpflichtversicherer (OLG Koblenz VersR 92, 1536; OLG Karlsruhe VersR 91, 539; aM OLG Celle VersR 88, 1286); im Deckungsprozess gegen *Rechtsschutzversicherer* bis zur Entscheidung des Hauptprozesses (OLG Hamm NJW-RR 95, 320); bis zur Zustellung einer Streitverkündungsschrift (BGH MDR 2018, 1144 [Greger MDR 2018, 1173]); im *Revisionsverf*, sofern die andere Entscheidung nicht ausnahmsw dort zu berücksichtigen ist (BGH NJW-RR 92, 1149). Unzulässig ist weiter die Aussetzung bis zur Entscheidung des Rechtsmittelgerichts über ein *Teilurteil* in derselben Sache (s § 301 Rn 22); im Anwendungsbereich des *KapMuG*, wenn die Voraussetzungen des § 10 KapMuG nicht vorliegen (BGH NJW-RR 2014, 758); einer *Abhilfeklage* nach dem VDuG im Hinblick auf eine dieselbe Handlung betr Unterlassungsklage nach UWG (BayObLG BB 2024, 2319 [Einfeldt]). Entgegen OLG Düsseldorf NJW 74, 2010 darf ein Berufungsgericht auch nicht seine Entscheidung von einem vorherigen Schlussurteil des Erstgerichts abhängig machen; wo Derartiges in Betracht kommt, dürfte vielmehr das Teilurteil zu Unrecht ergangen sein (zu den Folgen s § 301 Rn 22). Hat allerdings der BGH unter Nichtbeachtung der Vorgreiflichkeit des restl Verf durch Teilurteil an das Berufungsgericht zurückverwiesen, wird eine Aussetzung unumgängl sein (OLGR Köln 2000, 98). – Zu entspr Anwendung von § 148 s Rn 1.

10 **6) Einzelfälle zulässiger Aussetzung.** Hilfsaufrechnung mit Klageforderung in anderem Prozess (s § 145 Rn 18a) oder Aufrechnung mit einer Forderung, die in einem anderen Staat oder Rechtsweg geltend zu machen ist (s § 145 Rn 19 f, § 13 GVG Rn 49); Antrag auf Feststellung der Zulässigkeit des schiedsrichterl Verf nach § 1032 II; BGH MDR 2020, 187 Tz 13); Aussetzung des Prozesses, in dem die Sachlegitimation eines Pflegers bestritten ist, bis zur Entscheidung des VormGerichts über Beendigung der Pflegschaft (BGHZ 41, 303, 309 = NJW 64, 1855); Entscheidung über eine NZB in Patentverletzungsverf kann ausgesetzt werden, wenn gegen das Patent, auf das die Klage gestützt wird, eine Nichtigkeitsklage anhängig ist (BGHZ 158, 372; BGH GRUR 2012, 93).

11 **7) Umgehung des § 148 I.** Stillstand des Verf kann stets dadurch erreicht werden, dass Parteien, ggf auf Anregung des Gerichts, das Ruhen beantragen (§ 251). Unzulässig ist dagegen faktische Aussetzung durch Unterlassen der Terminsbestimmung, unangemessenes Hinausschieben des Termins oder einer Beweisaufnahme (zu Massenverf s Rn 5a). – **Rechtsbehelfe:** sof Beschwerde (§ 252); nach Verzögerungsrüge Entschädigungsklage (§ 198 GVG).

12 **III) Aussetzung wegen Verbandsklageverfahrens (§ 148 II).** Hat ein **Verbraucher** vor der Bekanntgabe der Verbandsklage im Verbandsklageregister eine dens Gegenstand betr Klage gegen den Unternehmer erhoben und meldet er sich zum Verbandsklageregister an, setzt das Gericht das Verf aus, bis die Verbandsklage durch rechtskräftige Entscheidung oder auf sonstige Weise erledigt ist oder die Anmeldung zum Verbandsklageregister wirksam zurückgenommen wurde (§ 11 I VDuG), auch noch nach Schluss der mündl Verh (BGHZ 225, 51 = MDR 2020, 621 zu § 613 II aF). – § 148 II erweitert die Aussetzungsmöglichkeit auf Klagen von **Unternehmen** (außer solchen, die nach § 1 II VDuG Verbrauchern gleichgestellt sind): Die Aussetzung kann nach Ermessen des Gerichts auf Antrag des Kl ausgesetzt werden.– Das Verf eines **nicht angemeldeten Kl** kann nicht nach § 148 II ausgesetzt werden (OLG Schleswig MDR 2019, 736; St/Roth Rn 63).

13 **IV) Aussetzung zur Beiziehung eines Gutachtens (§ 148 III).** Die Regelung soll verhindern, dass Gerichte zu gleichlautenden Beweisthemen parallel mehrere Gutachten einholen. Wenn ein anderes Gericht zu ders Beweisfrage schon ein nach § 411a verwertbares Gutachten in Auftrag gegeben hat, kann das Verf nach richterl Ermessen bis zu dessen Vorlage ausgesetzt werden. Zur weiteren Behandlung des Gutachtens s § 411a Rn 4. § 411 IV, § 412 bleiben unberührt.

14 **V) Aussetzung wegen Leitentscheidungsverfahrens (§ 148 IV). 1) Zulässigkeit.** Mit der durch G v 24.10.2024 eingefügten Vorschrift soll es den Gerichten ermöglicht werden, die Klärung einer entscheidungserhebl Rechtsfrage durch ein vom Revisionsgericht angeordnetes Verf nach § 552b abzuwarten. Sie widerspricht der Grundtendenz des § 148, zügigen Rechtsschutz nicht an Zweckmäßigkeitserwägungen der Justiz scheitern zu lassen (s Rn 1), gefährdet uU eine erfolgreiche Rechtsdurchsetzung und bewirkt oft nur eine Verschiebung der Arbeitslast, weil die Verf nach *Ende der Aussetzung*, uU mit individuellen Besonderheiten, weiterzubearbeiten sind; sie ist daher restriktiv anzuwenden (zu Recht krit auch Stamm JZ 2024, 945, 950 f; Feskorn MDR 2024, 1413, 1417; G. Vollkommer NJW 2024, 3257, 3259). Die bloße Erwartung, dass es wegen einer Vielzahl von Pa-

rallelverf zu einem Leitentscheidungsverf kommen könnte, rechtfertigt eine Aussetzung nicht. Es muss bereits ein Beschluss nach § 552b ergangen sein und die Entscheidung im auszusetzenden Verf muss von mindestens einer dort angeführten Rechtsfrage (der Plural in § 148 IV 1 ist inkorrekt) abhängig sein. Kann über die Klage mit anderer Begründung entschieden werden (zB fehlende Sachlegitimation, Verjährung, alternative Anspruchsgrundlage, nicht aber Hilfsantrag), ist die Aussetzung unzulässig.

2) Verfahren. Die in allen Instanzen (auch beim Revisionsgericht selbst) mögl Aussetzung steht im **Ermessen** des Gerichts. Sie kann zwar von Parteiseite angeregt werden, ergeht aber vAw. Das interessengerechte Erfordernis einer Zustimmung der Parteien wurde vom BT-Rechtsausschuss aus dem RegE gestrichen (s BTDrs 20/13025, 12). Die Parteien sind ledigl anzuhören und eine Aussetzung hat nur dann zu unterbleiben, wenn eine Partei ein gewichtiges Interesse an einer baldigen Entscheidung glaubhaft macht (§ 148 IV 2, § 294). In Betracht kommen zB erhebl wirtschaftl Gründe wie drohende Insolvenz, aber auch persönliche Gründe wie hohes Alter einer Partei (Feskorn MDR 2024, 1413, 1415; G. Vollkommer NJW 2024, 3257, 3259). – Gegen Anordnung **sofortige Beschwerde** nach § 252. Dort Überprüfung auf Vorliegen der Voraussetzungen nach IV 1, Ausschlussgrund nach IV 2 und Ermessensfehler. Eine die Aussetzung ablehnende Entscheidung könnte nur auf Ermessensfehler überprüft werden. 15

3) Beendigung. Die Aussetzung (zu deren Wirkungen s § 249) endet ipso iure mit Erledigung des Leitentscheidungsverf, dh mit Erlass der Entscheidung nach § 565 oder eines Revisionsurteils, welches die Notwendigkeit einer solchen Entscheidung entfallen lässt (s § 552b Rn 8). Gericht hat dann auch ohne Parteiantrag dem Verf Fortgang zu geben (s § 216 Rn 1 f), daher die Entwicklung der BGH-Rspr zu überwachen. Nach 1 Jahr kann Partei Fortsetzung unabhängig vom Leitentscheidungsverf beantragen (§ 148 IV 3 iVm § 149 II; s § 149 Rn 4). Für das fortzusetzende Verf besteht keine bindende Wirkung der Leitentscheidung (s § 565 Rn 7). 16

VI) Gebühren. 1) Gericht: keine; Beschwerdeverf: 1812 GKG-KV; Rechtsbeschwerde 1826 GKG-KV. – **2) RA:** Wird der Aussetzungsantrag in einem Schriftsatz gestellt, ist die Tätigkeit mit der VerfGeb (3100 RVG-VV) abgegolten. Erfolgt Aussetzung im Termin, gleichgültig ob auf Antrag oder vAw, entsteht die Terminsgeb (3104 RVG-VV), es sei denn, das Gericht trifft bei Säumnis die Entscheidung zur Prozess- oder Sachleitung vAw. Dann steht dem RA nur eine Geb von 0,5 zu (3105 I Nr 1 RVG-VV). Die Terminsgeb 3104 RVG-VV u 3105 RVG-VV entstehen nicht nebeneinander; der Gebührensatz von 1,2 in 3104 RVG-VV ist also die Obergrenze (§ 15 II RVG). – Beschwerdeverf: § 18 I Nr 3 RVG, 3500 RVG-VV. – Gegenstandswert: § 23 II RVG (N. Schneider NJW-Spezial 2020, 539: 1/5 der Hauptsache; MK/Fritsche Rn 23: idR 1/10). – Kostenerstattung: s § 91 Rn 13.16. 17

§ 149 Aussetzung bei Verdacht einer Straftat

(1) Das Gericht kann, wenn sich im Laufe eines Rechtsstreits der Verdacht einer Straftat ergibt, deren Ermittlung auf die Entscheidung von Einfluss ist, die Aussetzung der Verhandlung bis zur Erledigung des Strafverfahrens anordnen.

(2) [1]Das Gericht hat die Verhandlung auf Antrag einer Partei fortzusetzen, wenn seit der Aussetzung ein Jahr vergangen ist. [2]Dies gilt nicht, wenn gewichtige Gründe für die Aufrechterhaltung der Aussetzung sprechen.

1) Normzweck, Anwendungsbereich. Abwarten des Ausgangs eines Strafverf, um dessen uU bessere Erkenntnismöglichkeiten nutzbar zu machen und widersprechende Entscheidungen möglichst zu vermeiden; eine Bindungswirkung entsteht dadurch für das Zivilgericht aber nicht. Ob der Verdacht einer Straftat sich erst im Laufe des Rechtsstreits ergibt oder bereits davor bestand, ist entgegen dem missverständl Wortlaut unerhebl (BGH NJW 2018, 2267 [Schäfer]). Keine Aussetzung in der Revisionsinstanz (da Beweiswürdigung nicht mehr mögl), im PKH-Verf (da keine abschließende Beweiswürdigung nötig; OLG Dresden MDR 2015, 356; MskV/Stadler Rn 3) sowie im Betragsverf (§ 304 II), wenn Verdacht nur den Grund, nicht die Höhe des Anspruchs berührt (RGZ 35, 413). 1

2) Entscheidung. Sie steht im **Ermessen** des Gerichts. Dabei ist die Verzögerung des Zivilprozesses gegen den mögl Erkenntnisgewinn abzuwägen. Wenn nicht beide Parteien ihr Einverständnis erklärt haben, muss Ermessensausübung anhand der Begründung des Beschlusses nachprüfbar sein (BGH MDR 2010, 280). Ist mit Verzögerung um mehr als 1 Jahr zu rechnen, hat Aussetzung idR, aber nicht zwingend (BGH NJW 2018, 2267), zu unterbleiben, wie sich aus § 149 II ergibt. UU kann Aussetzung bis zur Abschlussverfügung der StA sinnvoll sein (OLG Dresden MDR 2015, 356). Selbstbezichtigungsgefahr (s § 138 Rn 3) ist kein Aussetzungsgrund (OLG Frankfurt VersR 2002, 635; Böse wistra 99, 451). Im Arzthaftungsprozess ist Aussetzung idR schon wegen der unterschiedl Beweisregelungen untunl (Schmid NJW 94, 768). Für Kapitalanlageverf gilt idR Entspr. 2

3) Voraussetzungen. Aus Sicht des Gerichts (nicht nach bloßer Behauptung einer Partei) muss **Verdacht einer strafbaren Handlung** irgendeines Prozessbeteiligten (Partei, Streithelfer, Zeuge, SV) oder auch eines Dritten (St/Roth Rn 7) bestehen, sofern dieser Verdacht geeignet ist, im Fall seiner Begründetheit **Einfluss** auf die Sachverhaltsfeststellung im ausgesetzten Verf auszuüben. Dies ist auch mögl, wenn es sich um den klagegegenständl 3

Sachverhalt handelt (BGH NJW 2018, 2267 [Schäfer]). Es kann sich auch um ein Verf nach dem OWiG oder ein Steuerstrafverf handeln (Letzteres verneinend unter unzutr Hinweis auf die fehlende Auskunftspflicht der Steuerbehörde KG MDR 2016, 351), nicht um ein ehrengerichtl, disziplinarisches oder parlamentarisches (KG GWR 2011, 359; PG/Dörr Rn 1). – Wegen des Verdachts muss ein **Strafverf anhängig** sein oder gemacht werden; ausreichend auch, dass das Gericht selbst erst die StA informiert (dazu s § 17 EGGVG), nicht aber Strafanzeige wegen versuchten Prozessbetrugs im anhängigen Zivilproz (OLG Oldenburg NJW-RR 2019, 1408; MskV/Stadler Rn 2; so aber wohl der Fall BGH MDR 2023, 518).

4 **4) Verfahren, Beendigung.** S § 148 Rn 7a f. Aufhebung des Beschlusses durch das Beschwerdegericht (§ 252), sofern sich die Ermessenserwägungen nicht zweifelsfrei aus den Akten erschließen lassen (OLGR München 1997, 9; OLG Düsseldorf NJW-RR 98, 1531 = MDR 98, 797). – Nach 1 Jahr **Fortsetzungsantrag (§ 149 II)** mögl, dem bei Fehlen gewichtiger Gründe für die weitere Verzögerung stattgegeben werden muss (kein Ermessen); gegen Ablehnung sof Beschwerde nach § 252. – Zu Verfahrenshandlungen und Entscheidungen während der Aussetzung sowie Lauf von Fristen s § 249. – **Beendigung** ohne Aufnahme oder Aufhebungsbeschl mit rechtkräftigem Abschluss des Strafverf, ggf Einstellung des Ermittlungsverf nach Beschw (BGHMDR 2023, 518).

5 **5) Gebühren.** Wie § 148 Rn 17.

§ 150 Aufhebung von Trennung, Verbindung oder Aussetzung

[1]Das Gericht kann die von ihm erlassenen, eine Trennung, Verbindung oder Aussetzung betreffenden Anordnungen wieder aufheben. [2]§ 149 Abs. 2 bleibt unberührt.

1 **1) Aufhebung von Trennung oder Verbindung.** Sie ist dem Gericht auf Antrag oder vAw jederzeit nach pflichtgem Ermessen mögl, außer wenn Verbindung ges vorgeschrieben (s § 147 Rn 4). Aufheben darf das Gericht, vor dem die getrennten Verf anhängig sind, also nicht das Berufungsgericht, vor dem nur eines der getrennten Verf anhängig ist. Aufhebung durch Beschluss ohne mündl Verh (§ 128 IV).

2 **2) Aufhebung der Aussetzung.** Sie steht im Ermessen des Gerichts, soweit nicht Aussetzungszwang (§ 148 Rn 3) oder Fortsetzungspflicht nach § 149 II. Bei antragsbedingtem Aussetzungszwang (§§ 152-154, 246) muss Zustimmung des Antragstellers vorliegen. Aussetzung wegen EuGH-Vorlage kann trotz angekündigten Klageverzichts aufrechterhalten werden (LG Berlin MDR 2023, 389). Wo die Aussetzung durch Entscheidung des vorgreifl anderen Verf automatisch endet, hat der Aufhebungsbeschluss nur verfahrenstechnische Bedeutung (zum Fristenlauf s § 148 Rn 8, § 249 Rn 2). Aufhebungsantrag der Partei ist im Terminsantrag (§ 216) zu erblicken.

3 **3) Rechtsmittel.** Die Aufhebung einer **Trennung oder Verbindung** ist nicht selbständig anfechtbar; sie kann nur mit dem Rechtsmittel gegen das nachfolgende Urteil gerügt werden, sofern sie Auswirkung auf dieses hat. – Gegen die Aufhebung einer **Aussetzung** und die Ablehnung eines Aufhebungsantrags sof Beschwerde nach § 252 (BGH NJW-RR 2014, 758).

4 **4) Gebühren.** Nach Wiederaufhebung der Verbindung liegen wieder Einzelstreitwerte vor; daher gesonderte Gebührenberechnung, jedoch sind die vor der Verbindung angefallenen Geb anzurechnen (§§ 35, 36 GKG).

§ 151 (weggefallen)

§ 152 Aussetzung bei Eheaufhebungsantrag

[1]Hängt die Entscheidung eines Rechtsstreits davon ab, ob eine Ehe aufhebbar ist, und ist die Aufhebung beantragt, so hat das Gericht auf Antrag das Verfahren auszusetzen. [2]Ist das Verfahren über die Aufhebung erledigt, so findet die Aufnahme des ausgesetzten Verfahrens statt.

1 **1) Bedeutung.** bei Eheaufhebungsantrag

Über Vorliegen von Eheaufhebungsgründen soll nicht inzidenter im Zivilprozess, sondern nach §§ 1313 ff BGB, § 121 Nr 2 FamFG vom Familiengericht entschieden werden. Zivilprozess, für den diese Frage vorgreifl ist (hierzu s § 148 Rn 5), muss daher auf Antrag ausgesetzt werden, sofern bereits ein Aufhebungsverf anhängig ist *(sonst muss die Ehe als gültig behandelt* werden; St/Roth Rn 6). Wird kein Antrag gestellt, kann nach § 148 vAw ausgesetzt werden (was außer bei klarem Fehlen von Aufhebungsgründen allein pflichtgemäßem Ermessen entspricht; für generelle Aussetzungspflicht St/Roth Rn 7; MK/Fritsche Rn 2).

2) Voraussetzung. Anhängigkeit des Aufhebungsverf, dh Antrag muss gestellt, nicht notwendig zugestellt sein (St/Roth Rn 6). Ob die aufzuhebende Ehe zwischen den Parteien oder mit Dritten besteht, ist unerhebl (St/Roth Rn 5). Mit dem Tod eines Partners der streitigen Ehe entfällt die Aussetzungsmöglichkeit (arg § 131 FamFG); das Gericht hat dann selbst über die Vorfrage der Gültigkeit der Ehe zu befinden (St/Roth Rn 8). 2

3) Verfahren. Entscheidung durch Beschluss ohne mündl Verh (§ 128 IV). Dagegen sof Beschwerde (§ 252) mögl. – **Beendigung** durch Aufhebungsbeschluss (§ 155) oder Aufnahme nach Abschluss des Eheverf (§ 250). 3

§ 153 Aussetzung bei Vaterschaftsanfechtungsklage

Hängt die Entscheidung eines Rechtsstreits davon ab, ob ein Mann, dessen Vaterschaft im Wege der Anfechtungsklage angefochten worden ist, der Vater des Kindes ist, so gelten die Vorschriften des § 152 entsprechend.

Bedeutung. Die Vorfrage der ausschließl im Statusverf (§§ 169 ff FamFG) festzustellenden Vaterschaft (vgl §§ 1592 ff BGB) zwingt bei entspr Antrag zur Aussetzung bei **Vorgreiflichkeit** (s § 148 Rn 5). Gleichgültig, ob das Kind oder der Mann Partei ist. IÜ s Erl zu § 152. – **Keine Aussetzung** im Verf der einstw Verfügung, weil sonst der vorläufige Rechtsschutz versagt würde (OLG Frankfurt FamRZ 85, 409; MskV/Stadler Rn 2). 1

§ 154 Aussetzung bei Ehe- oder Kindschaftsstreit

(1) Wird im Laufe eines Rechtsstreits streitig, ob zwischen den Parteien eine Ehe oder eine Lebenspartnerschaft bestehe oder nicht bestehe, und hängt von der Entscheidung dieser Frage die Entscheidung des Rechtsstreits ab, so hat das Gericht auf Antrag das Verfahren auszusetzen, bis der Streit über das Bestehen oder Nichtbestehen der Ehe oder der Lebenspartnerschaft im Wege der Feststellungsklage erledigt ist.

(2) Diese Vorschrift gilt entsprechend, wenn im Laufe eines Rechtsstreits streitig wird, ob zwischen den Parteien ein Eltern- und Kindesverhältnis bestehe oder nicht bestehe oder ob der einen Partei die elterliche Sorge für die andere zustehe oder nicht zustehe, und von der Entscheidung dieser Fragen die Entscheidung des Rechtsstreits abhängt.

1) Zweck. Obligatorische Aussetzung des Rechtsstreits, wenn Streit über das für den Prozess vorgreifl Bestehen einer gültigen Ehe oder eingetragenen Lebenspartnerschaft **(§ 154 I)** bzw eines Eltern-Kind-Verhältnisses oder über elterl Sorge **(§ 154 II)** besteht, damit hierüber nur das Familiengericht entscheidet, in den Fällen von I nach § 121 Nr 3, § 269 I Nr 2, § 270 I FamFG, in den Fällen von II nach § 169 Nr 1, § 151 Nr 1 FamFG. Sonderregelung für Aussetzung wegen Vaterschaftsanfechtung: § 153. Nicht anwendbar ist § 153 bei Streit zwischen Partei und Drittem (hier ggf § 148). 1

2) Verfahren. Wird **Antrag** auf Aussetzung gestellt, *muss* sie erfolgen; ob das **familiengerichtl Verf** bereits eingeleitet wurde, ist unerhebl. Fristsetzung hierfür ist nicht statthaft, auch keine Aufhebung der Aussetzung wegen Verzögerung dieses Verf (vgl § 155). **Ohne Antrag** ist Aussetzung nach § 148 mögl, sofern das familiengerichtl Verf bereits anhängig ist (nach MK/Fritsche Rn 2 zwingend, nach MskV/Stadler Rn 1 regelmäßig), andernfalls entscheidet das Prozessgericht inzident. – **Entscheidung** wie § 152. – **Beendigung** der Aussetzung mit Abschluss des familiengerichtl Verf (St/Roth Rn 5), nicht nach § 155 (MskV/Stadler Rn 1). 2

§ 155 Aufhebung der Aussetzung bei Verzögerung

In den Fällen der §§ 152, 153 kann das Gericht auf Antrag die Anordnung, durch die das Verfahren ausgesetzt ist, aufheben, wenn die Betreibung des Rechtsstreits, der zu der Aussetzung Anlass gegeben hat, verzögert wird.

Bedeutung. Die auf Antrag obligatorisch angeordnete Aussetzung nach §§ 152, 153 (nicht § 154) kann **auf Antrag** durch Beschluss, der keiner mündl Verh bedarf (§ 128 IV), wieder aufgehoben werden, wenn das Anlassverf verzögert wird. Es ist dann so zu verfahren, als wäre Aussetzungsantrag nicht gestellt worden (s § 152 Rn 1). Dies ermöglicht eine Entscheidung zu Lasten des säumigen Antragstellers (dh die Ehe ist als gültig, das Kindschaftsverhältnis als bestehend anzusehen, selbst wenn das Familiengericht anders entscheiden sollte) u 1 setzt daher Vorwerfbarkeit der Verzögerung voraus (MK/Fritsche Rn 1; MskV/Stadler Rn 1; aA St/Roth Rn 3). **Aufhebung vAw** (§ 150) ist bei antragsbedingter Zwangsaussetzung nach §§ 152, 153 nur mit Zustimmung des Antragstellers möglich (s § 150 Rn 2), weil der Aussetzungszwang sonst obsolet würde (AG/Bünnigmann Rn 1; ohne diese Einschränkung MK/Fritsche Rn 6; generell gegen Anwendbarkeit von § 150 St/Roth Rn 1). – **Sofortige Beschwerde:** s § 150 Rn 3.

§ 156 Wiedereröffnung der Verhandlung

(1) Das Gericht kann die Wiedereröffnung einer Verhandlung, die geschlossen war, anordnen.

(2) Das Gericht hat die Wiedereröffnung insbesondere anzuordnen, wenn

1. **das Gericht einen entscheidungserheblichen und rügbaren Verfahrensfehler (§ 295), insbesondere eine Verletzung der Hinweis- und Aufklärungspflicht (§ 139) oder eine Verletzung des Anspruchs auf rechtliches Gehör, feststellt,**
2. **nachträglich Tatsachen vorgetragen und glaubhaft gemacht werden, die einen Wiederaufnahmegrund (§§ 579, 580) bilden, oder**
3. **zwischen dem Schluss der mündlichen Verhandlung und dem Schluss der Beratung und Abstimmung (§§ 192 bis 197 des Gerichtsverfassungsgesetzes) ein Richter ausgeschieden ist.**

1 **1) Bedeutung.** Ergibt sich nach dem Schluss der mündl Verh (§ 136 IV), etwa bei der Urteilsberatung oder aufgrund nachgereichter Schriftsätze (s § 283 Rn 5 u § 296a Rn 3), die Notwendigkeit zu weiteren Erörterungen (zB rechtl Hinweisen, weiterer Sachverhaltsaufklärung), erfordern rechtl Gehör und Mündlichkeitsprinzip (s § 128 Rn 1) die Rückkehr ins Stadium der mündl Verh. Diese erfasst den ganzen Rechtsstreit, nicht nur den Wiedereröffnungsgrund. – Zur Bedeutung des § 156 im schriftl Verf s § 128 Rn 14.

2 **2) Verfahren.** Das Gericht hat **vAw** zu entscheiden, ob Wiedereröffnung kraft Rechtspflicht (II) oder fehlerfreien Ermessensgebrauchs (I) geboten ist. Es hat daher bis zur Urteilsverkündung zu prüfen, ob hierzu ein Anlass besteht (BGH MDR 2016, 1111, wo allerdings zu weitgehend die Berücksichtigung eines am Morgen des Verkündungstags eingehenden Schriftsatzes verlangt wird; s dazu Greger MDR 2016, 1073 f). Antrag der Partei ist nur als Anregung zu behandeln. Förml Beschluss nicht erforderl (BGH JR 58, 344; St/Roth Rn 16; aA BFH BB 86, 519), jedenfalls nicht anfechtbar (BGH MDR 2020, 182). **Ablehnung** ist aber, sofern Fehlen eines Grundes nicht auf der Hand liegt, im Urteil kurz zu begründen (St/Roth Rn 16; MK/Fritsche Rn 13; Fischer NJW 94, 1320 mwN), kann ggf als Verfahrensfehler oder Verletzung rechtl Gehörs (§ 321a) gerügt werden (BGH MDR 2020, 182, 183).

2a Auch bei **Wiedereröffnung** ergeht idR kein ausdrückl Beschluss, es genügt, dass der Verkündungstermin abgesetzt und ein neuer Termin zur mündl Verh bestimmt wird (MskV/Stadler Rn 2). Gegen dennoch ergangenen Beschluss kein Rechtsmittel. Ist das Urteil bereits beschlossen, kann es bis zur Verkündung von den daran beteiligten Richtern revoziert und neuer Verhandlungstermin bestimmt werden; gehört einer der Richter dem Spruchkörper nicht mehr an, entscheiden hierüber die Übrigen (BGH NJW 2002, 1426), ggf also die ehrenamtl (BAG NZA 2015, 956, 957 [Gravenhorst jurisPR-ArbR 29/2015 Anm 4]).

3 **3) Pflicht zur Wiedereröffnung (§ 156 II).** Zur Vermeidung eines Verstoßes gegen das rechtl Gehör muss das Gericht erneut mündl verhandeln bei Feststellung eines erhebl Verfahrensfehlers, der nicht durch rügelose Einlassung (§ 295) geheilt ist (**Nr 1**; Hauptfall: § 139; zum Verhältnis zu § 139 V s § 139 Rn 14b), bei Glaubhaftmachung (§ 294) eines Wiederaufnahmegrundes (**Nr 2**) sowie bei Veränderung der Gerichtsbesetzung zwischen letzter mündl Verh und Beratungsschluss (**Nr 3**; näher s § 309 Rn 4; zu Antrag nach § 495a S 2 s BVerfG NJW 2019, 2919).

4 **4) Fakultative Wiedereröffnung (§ 156 I).** Auch wenn die mündl Verh ohne Verfahrensfehler geschlossen wurde, kann es (zB zur Vermeidung eines Rechtsmittel- oder Wiederaufnahmeverf oder zum Ermöglichen einer gütl Einigung) sachdienl sein, sie nochmals zu eröffnen, so zB wenn in einem gem § 283 nachgelassenen Schriftsatz neues Vorbringen enthalten ist, das über eine Erwiderung auf den verspäteten Schriftsatz des Gegners hinausgeht (BayVerfGH NJW 84, 1026, 1027; BGH NJW 93, 134 = MDR 93, 173), wenn ein Wiederaufnahmegrund nur behauptet (nicht glaubhaft gemacht) wird, ein unterlaufener Verfahrensfehler durch rügeloses Verhandeln (§ 295) geheilt wurde oder rechtl Ausführungen Anlass zu weiterer Erörterung geben (BGH MDR 2017, 107). Ob das Gericht hiervon Gebrauch macht, steht in seinem freien Ermessen (BGH NJW 2000, 142, 143); die Präklusionsregelung des § 296 darf aber nicht obsolet gemacht werden.

5 **5) Alternativen.** Mit Zustimmung der Parteien kann in **schriftliches Verfahren** gem § 128 II übergegangen werden. Es genügt aber nicht, den Parteien nur Gelegenheit zu schriftl Äußerung zu geben (BAG NJW 96, 2749). *Wird Chance auf eine **gütliche Einigung*** erkennbar, kommt Anberaumung eines Güteversuchs (§ 278 I, III, V; beim Scheitern dieses Versuchs: s § 278 Rn 24) oder ein Vorgehen nach § 278 VI, § 278a oder § 796a in Betracht. Zur Vorbereitung der Ermessensentscheidung kann der Vors formlose Gespräche mit den ProzBev führen.

§ 157 Untervertretung in der Verhandlung

Der bevollmächtigte Rechtsanwalt kann in Verfahren, in denen die Parteien den Rechtsstreit selbst führen können, zur Vertretung in der Verhandlung einen Referendar bevollmächtigen, der im Vorbereitungsdienst bei ihm beschäftigt ist.

Stationsreferendare (§ 59 BRAO) können im **Parteiprozess** den bevollmächtigten RA vor Gericht vertreten. 1
Im **Anwaltsprozess** können sie als Beistand iSv § 90 fungieren, also neben dem RA auftreten. **Andere Referendare**, die zB in Nebentätigkeit beim RA arbeiten, fallen nicht unter diese Regelung, ebenso sonstige Kanzleimitarbeiter (St/Roth Rn 1; WSch/Smid/Hartmann Rn 5; MskV/Stadler Rn 1; Sabel AnwBl 2008, 390; BTDrs 16/3655, 91; aA Althammer s § 79 Rn 5; einschr PG/Dörr Rn 3); sie werden nach § 79 III zurückgewiesen (zu VU s § 335 I Nr 5). Unberührt bleibt die Möglichkeit der Bestellung zum **allg Vertreter** des RA nach § 53 BRAO.

§ 158 Entfernung infolge Prozessleitungsanordnung

Ist eine bei der Verhandlung beteiligte Person zur Aufrechterhaltung der Ordnung von dem Ort der Verhandlung entfernt worden, so kann auf Antrag gegen sie in gleicher Weise verfahren werden, als wenn sie freiwillig sich entfernt hätte.

1) Bedeutung. § 158 regelt die prozessuale **Folge einer sitzungspolizeilichen Maßnahme** gem § 177 GVG, dh 1
gegen Parteien, Streithelfer, Zeugen, SV, nichtanwaltl ProzBev.

2) Wirkungen. Bei Entfernung einer nicht vertretenen Partei kann bei Vorliegen der gesetzl Voraussetzungen 2
auf Antrag Säumnisentscheidung (§§ 330 ff) oder Entscheidung nach Aktenlage (§ 251a) ergehen (WSch/Smid//Hartmann Rn 5); andernfalls ist zu vertagen (mit Kostenfolge nach § 95). Beweisaufnahme bleibt nach § 367 mögl. War die Partei persönl geladen: § 141 III. Zeugen und SV: §§ 380, 390, 409.

Vorbemerkungen zu §§ 159-165: Sitzungsprotokoll

I) Anwendungsbereich. Die §§ 159-165 gelten für das **Sitzungsprotokoll** und für weitere Protokolle von Ver- 1
handlungen (außerhalb der Sitzung) vor dem Richter (Rpfleger) nach § 159 II, jedoch nicht für Protokolle des UrkB über Anträge und Erklärungen (§ 129a, Ausnahme: § 129a II 4) und des GV über Vollstreckungshandlungen (§ 762). In **FamFG-Verf** ist grds ein Terminsvermerk zu fertigen (§ 28 IV FamFG), der eigenen Regeln unterliegt (s § 28 FamFG Rn 9 f). Für Ehesachen und Familienstreitsachen (§ 111 Nr 1, § 112 FamFG) gelten nach § 113 I FamFG aber die §§ 159-165. Entspr anwendbar sind die §§ 159 ff, insb §§ 160a, 162, auch auf Erklärungen zur Niederschrift nach § 180 FamFG (OLG Karlsruhe FamRZ 2021, 49).

II) Wirksamkeitsvoraussetzung. Die formgerechte Protokollierung ist Wirksamkeitsvoraussetzung nur für 2
den Prozessvergleich (s § 160 Rn 5) und für das vor dem beauftragten oder ersuchten Richter abgegebene Geständnis (§ 288 I; anders für Geständnis vor Prozessgericht, s § 288 Rn 5a).

III) Beweiswirkung. Das Sitzungsprotokoll ist öffentl Urk iSd § 415 und erbringt als solche vollen Beweis zB 3
für protokollierten Inhalt von Zeugenaussagen und das Ergebnis eines Augenscheins; Gegenbeweis aber nach § 415 II zulässig. Für das mündl Parteivorbringen ist seine Beweiskraft höher als die des Urteilstatbestands (§ 314 S 2; BFHE 171, 515 [für Sachantrag]). Es ist der Auslegung (auch bei Lückenhaftigkeit, BGHZ 26, 340, 343 = NJW 58, 711) und freien Beweiswürdigung zugängl (§ 419). Für Förmlichkeiten im Verf gilt die Beweisregel des § 165, die dem Protokoll auch negative Beweiskraft zukommen lässt. Außerhalb des Anwendungsbereichs des § 165 besteht diese nicht. Eine nicht protokollierte (andere) Prozesshandlung ist daher wirksam, soweit sie unstreitig oder auf andere Weise (vgl § 314) feststellbar ist (BGH MDR 84, 655 = NJW 84, 1465; BGHZ 107, 142, 147 = NJW 89, 1934; BGH MDR 2008, 100 = NJW-RR 2007, 1451).

IV) Ersatz anderer Formen. Die Erklärung zu Protokoll ersetzt bei einem gerichtl Vergleich die **notarielle Be-** 4
urkundung (§ 127a BGB; Zempel NJW 2015, 2859), ebenso bei einer Vereinbarung über die Rechtswahl von Ehegatten (Art 46e II EGBGB), über die Unterhaltspflicht nach der Scheidung (§ 1585c S 3 BGB), über den Zugewinnausgleich (§ 1378 III 2 BGB) und über den Versorgungsausgleich (§ 7 II VersAusglG). Eine Auflassung kann in einem (protokollierten, s § 794 Rn 12) Vergleich erklärt werden (§ 925 I 3 BGB). Auch wenn der Richter in diesen Fällen an die Stelle des Notars tritt, obliegen ihm grds nicht die Prüfungs- und Belehrungspflichten gem § 17 BeurkG (BGH MDR 2017, 416 Tz 33; Rupietta ZfIR 2017, 381, 383); anders ist es bei Protokollierung eines außerhalb des Verfahrensgegenstands liegenden Vergleichs (BGH MDR 2011, 1128, 1129). Errichtung

oder Widerruf des Testaments in einem Protokoll ist nicht mögl, auch nicht durch Prozessvergleich (BGH FamRZ 60, 28, 30; aA Grüneberg/Ellenberger § 127a BGB Rn 3), wohl aber (persönl, s § 137 Rn 5) Abschluss eines Erbvertrags oder Erbverzichtsvertrags (OLG Düsseldorf NJW 2007, 1290), damit auch Widerruf oder Aufhebung eines Testaments durch Erbvertrag (BGH FamRZ 60, 28, 30; OLG Bremen NotBZ 2012, 423). Die Erklärung zu Protokoll genügt als strengere Form, wenn eine **Erklärung zu Protokoll der Geschäftsstelle** (§ 129a) vorgesehen ist (sa § 569 Rn 11).

§ 159 Protokollaufnahme

(1) [1]Über die Verhandlung und jede Beweisaufnahme ist ein Protokoll aufzunehmen. [2]Für die Protokollführung kann ein Urkundsbeamter der Geschäftsstelle zugezogen werden, wenn dies auf Grund des zu erwartenden Umfangs des Protokolls, in Anbetracht der besonderen Schwierigkeit der Sache oder aus einem sonstigen wichtigen Grund erforderlich ist.

(2) [1]Absatz 1 gilt entsprechend für Verhandlungen, die außerhalb der Sitzung vor Richtern beim Amtsgericht oder vor beauftragten oder ersuchten Richtern stattfinden. [2]Ein Protokoll über eine Güteverhandlung oder weitere Güteversuche vor einem Güterichter nach § 278 Absatz 5 wird nur auf übereinstimmenden Antrag der Parteien aufgenommen.

1 **I) Begriff.** Protokoll iSd §§ 159 ff ist die schriftl (BGH NJW 1954, 1886, 1888) chronologische Aufzeichnung mündl Vorgänge, wobei § 160a V auch die Fertigung als elektronisches Dokument gestattet. Fertiggestellt ist das Protokoll mit (ggf elektronischer) Unterzeichnung (§ 163). Anstelle des später unterzeichneten Schriftstücks kann der Protokollinhalt auch zunächst vorläufig insb auf einem Datenträger als Audio- oder Textdatei festgehalten werden (§ 160a I).

1a **II) Anwendungsbereich. 1) Protokollpflichtige Verhandlungen.** Aufzunehmen ist ein Protokoll über jede **a) Verhandlung (I 1)** vor dem erkennenden Gericht (§ 128 I, § 136 I), damit Güteverhandlung (§ 278; Ausnahme II 2, s Rn 2) und mündl Verhandlung (§ 279), auch bei Entscheidungsverkündung, Vertagung, Säumnis der Parteien und bei abgesonderter Verhandlung (§ 280); **b) Beweisaufnahme (I 1)**, gleichgültig, ob sie vor dem Prozessgericht oder im sBV (§ 492) erfolgt (§ 355 I 1) oder einem beauftragten (§ 361 I) oder ersuchten Richter (§ 362 I) übertragen ist; **c) Verhandlung außerhalb der Sitzung (II 1)**, zB mündl Erörterung nach § 118 I 3, Verhandlung des Vollstreckungsgerichts (§ 764 III).

2 **2) Verhandlung vor dem Güterichter (§ 159 II 2).** Über eine (auch weitere) Güteverhandlung vor einem Güterichter (§ 278 V) wird ein Protokoll nur auf übereinstimmenden Antrag der Parteien aufgenommen, um die Vertraulichkeit der Verhandlung zu schützen. Der Protokollinhalt sollte wegen des Zwecks der Güteverhandlung auf die Dokumentation des Ergebnisses beschränkt sein (Ahrens NJW 2012, 2465, 2470). Notwendig ist die Protokollierung, um vollstreckbaren Vergleich zu erlangen (§ 794 I Nr 1); zur Protokollierung einer übereinstimmenden Erledigterklärung s § 278 Rn 32.

3 **III) Abfassung.** Das Sitzungsprotokoll ist **in der Verhandlung** endgültig aufzunehmen, was bei einem schriftl Protokoll ein unmittelbares Herstellen des später unterzeichneten Dokuments verlangt (Rn 1), oder vorläufig aufzuzeichnen (§ 160a), damit verlesen bzw vorspielen nach § 162 I mögl ist. Hinsichtl der in § 162 I genannten Feststellungen ist bloße inhaltl Skizzierung im Protokoll bzw der vorläufigen Aufzeichnung daher nicht zulässig. IÜ kann das Protokoll, auch unter Vornahme von Ausformulierungen und Korrekturen, aber noch nach der Verhandlung fertiggestellt werden (BGHZ 14, 381, 397; BGH NJW-RR 2014, 61 Tz 9; OLG Saarbrücken NJW 72, 61). Nachträgl Ergänzung stattgefundener, aber in der Verhandlung nicht aufgenommener bzw nicht vorläufig aufgezeichneter Vorgänge (zB Erörterung des Ergebnisses der Beweisaufnahme) ist hingegen unzulässig; insoweit kommt allenfalls Berichtigung in Betracht (s § 164 Rn 2). Leicht verständl Abkürzungen sind stets angängig (zB „v g", für vorgelesen und genehmigt, RGZ 53, 150).

4 **IV) Protokollführer. 1) Vorsitzender. Zuständig** für die Abfassung ist der **Vors** (Einzelrichter, beauftragter oder ersuchter Richter, Rpfleger); er kann sie auf den UrkB (s Rn 5), nicht aber auf den (nicht originär unterschriftsberechtigten, § 163 I) Beisitzer übertragen (aA MskV/Stadler Rn 7). Ein **Beisitzer** oder auch ein **SV** kann aber als Hilfsperson die Niederschrift oder das Diktat übernehmen, wenn der Vors dies überwacht und durch die Möglichkeit einzugreifen den Inhalt des Protokolls bestimmen kann (OLG Nürnberg MDR 2025, 128; aA OLG Hamm NJW-Spezial 2024, 139; zweifelnd OLG Schleswig SchlHA 2024, 489; sa § 160a Rn 3).

5 **2) Urkundsbeamter.** Die **Hinzuziehung eines UrkB** (§ 153 GVG) zur Aufnahme des Protokolls soll (bei jedem Gericht) nur bei Vorliegen eines wichtigen Grunds erfolgen (I 2). Als Beispiele nennt I 2 den zu erwartenden *Umfang des Protokolls und die* besondere Schwierigkeit der Sache. Bestimmung trifft der Vors (wie Rn 3); einer Begründung bedarf diese (nicht anfechtbare) Maßnahme nicht. Sie ist einer dienstaufsichtl Weisung nicht unterworfen (BGH NJW 78, 2509; BGH NJW 88, 417). Die Justizverwaltung hat die Amtspflicht, dem Gericht

einen Protokollführer bereitzustellen; sie entscheidet über Betrauung und Auswahl (BGH NJW 88, 417). Ist der UrkB nicht in der Lage, in angemessener Weise das Protokoll zu führen, muss der Vors die Sitzung notfalls abbrechen. Der Vors kann auch jederzeit während des Termins einen UrkB für die weitere Protokollführung zuziehen (gebietet Protokollvermerk); es kann ebenso von der weiteren Zuziehung des UrkB abgesehen (ist im Protokoll festzustellen) und die weitere Niederschrift vom Gericht aufgenommen werden.

Der (zugezogene) UrkB hat das Protokoll **eigenverantwortl abzufassen** und niederzuschreiben. Der für den 6
Protokollinhalt mitverantwortl Vors (§ 163 I 1) kann Anordnung zu Umfang (zB ob Parteivorbringen aufzunehmen ist) und Feststellung des Ganges der Verhandlung geben. Teile des Protokolls kann der Vors daher auch diktieren, insb wenn es auf den genauen Wortlaut einer Erklärung usw ankommt. Der UrkB darf aber in keinem Falle mechanisch nachschreiben. Hält er das Diktierte nicht für richtig, so muss er seine entgegenstehende Überzeugung zu wahren wissen. Sind der Vors und der UrkB verschiedener Ansicht über das Wahrgenommene und lässt sich durch nochmalige Befragung der Parteien, Zeugen usw die Meinungsverschiedenheit nicht beheben, ist die Auffassung des UrkB im Protokoll niederzulegen. Der Vors hat durch einen Zusatz seine abw Auffassung festzustellen (St/Roth Rn 12).

§ 160 Inhalt des Protokolls

(1) Das Protokoll enthält

1. den Ort und den Tag der Verhandlung;

2. die Namen der Richter, des Urkundsbeamten der Geschäftsstelle und des etwa zugezogenen Dolmetschers sowie im Fall des § 128a Absatz 5 Satz 2 dieses Gesetzes und des § 185 Absatz 1a des Gerichtsverfassungsgesetzes die Angabe, wer an der Verhandlung oder der Beweisaufnahme per Bild- und Tonübertragung teilnimmt;

3. die Bezeichnung des Rechtsstreits;

4. die Namen der erschienenen Parteien, Nebenintervenienten, Vertreter, Bevollmächtigten, Beistände, Zeugen und Sachverständigen sowie im Fall der §§ 128a und 284 Absatz 2 die Angabe, wer an der Verhandlung oder der Beweisaufnahme per Bild- und Tonübertragung teilnimmt, und im Fall des § 284 Absatz 3 die Gerichtsstelle, von der aus die Parteien, Zeugen und Sachverständigen an der Beweisaufnahme teilnehmen;

5. die Angabe, dass öffentlich verhandelt oder die Öffentlichkeit ausgeschlossen worden ist.

(2) Die wesentlichen Vorgänge der Verhandlung sind aufzunehmen.

(3) Im Protokoll sind festzustellen

1. Anerkenntnis, Anspruchsverzicht und Vergleich;

2. die Anträge;

3. Geständnis und Erklärung über einen Antrag auf Parteivernehmung sowie sonstige Erklärungen, wenn ihre Feststellung vorgeschrieben ist;

4. die Aussagen der Zeugen, Sachverständigen und vernommenen Parteien; bei einer wiederholten Vernehmung braucht die Aussage nur insoweit in das Protokoll aufgenommen zu werden, als sie von der früheren abweicht;

5. das Ergebnis eines Augenscheins;

6. die Entscheidungen (Urteile, Beschlüsse und Verfügungen) des Gerichts;

7. die Verkündung der Entscheidungen;

8. die Zurücknahme der Klage oder eines Rechtsmittels;

9. der Verzicht auf Rechtsmittel;

10. das Ergebnis der Güteverhandlung.

(4) [1]Die Beteiligten können beantragen, dass bestimmte Vorgänge oder Äußerungen in das Protokoll aufgenommen werden. [2]Das Gericht kann von der Aufnahme absehen, wenn es auf die Feststellung des Vorgangs oder der Äußerung nicht ankommt. [3]Dieser Beschluss ist unanfechtbar; er ist in das Protokoll aufzunehmen.

(5) Der Aufnahme in das Protokoll steht die Aufnahme in eine Schrift gleich, die dem Protokoll als Anlage beigefügt und in ihm als solche bezeichnet ist.

I Nrn 2, 4 geändert durch G zur Förderung des Einsatzes von Videokonferenztechnik in der Zivilgerichtsbarkeit und den Fachgerichtsbarkeiten v 15.7.2024 (BGBl 2024 I Nr 237) mWv 19.7.2024.

I) Zweck. Bestimmung des **notwendigen Inhalts** des Protokolls als öffentl Urk mit Beweiskraft nach §§ 165, 1
415 ff. Dieser Protokollinhalt ist wesentl Grundlage auch für Prüfung der Ordnungsmäßigkeit des Verf durch

das Rechtsmittelgericht. Sehen an UrkB gerichtete Verwaltungsvorschriften (zB § 46 GAZI) weitere Angaben vor, ist deren Fehlen rechtl unerhebl. Auch soweit Aufnahme von Erklärungen in das Protokoll notarielle Beurkundung ersetzt oder für Auflassung erfolgt (s vor § 159 Rn 4), richten sich Inhalt und Förmlichkeiten nach den Verfahrensbestimmungen der ZPO (Zempel NJW 2015, 2859, 2860), nicht nach dem BeurkG.

2 **II) Formalien (§ 160 I).** Zwingend ist Protokollierung von **Terminstag und -ort**, nicht aber der Uhrzeit des Aufrufs der Sache (OLG Köln NJW-RR 92, 1022). Letzteres ist aber ebenso wie Sitzungsende zweckmäßig (vgl § 46 II 4 GAZI), insb wenn VU erlassen wird. Nehmen Richter oder Dolmetscher per **Videoübertragung** teil, ist dies zu protokollieren; nicht aber ihr Aufenthaltsort. **Bezeichnung des Rechtsstreits** erfolgt durch Parteibezeichnung und Angabe des Klagegrunds. Kurzrubrum ohne Anschriften der Parteien ist dabei wegen §§ 795, 750 I (s § 750 Rn 4) nicht ausreichend, wenn das Protokoll einen Vollstreckungstitel (§ 794 I) enthält (MskV/Stadler Rn 2; MK/Fritsche Rn 1). Fehlende Angaben zur Parteibezeichnung können nicht in der Vollstreckungsklausel nachgetragen (dafür aber St/Roth Rn 3), sondern nur durch Protokollberichtigung (§ 164) angefügt werden. Die **erschienenen** Parteien, Zeugen (auch nicht vernommene) und SV (sowie sonstige Auskunftspersonen) sind festzustellen, selbst wenn sie nicht geladen waren. Die Teilnahme per Videoübertragung ist zu dokumentieren; der Ort, von dem aus die Zuschaltung erfolgt, nur bei Anordnung der Teilnahme von einer Gerichtsstelle aus. Bei Zeugen und SV sollte die Zeit der Entlassung angegeben und eine Verzichtserklärung auf Entschädigung festgestellt werden. Erscheint ein Beteiligter nach Aufruf der Sache oder verlässt er vorzeitig die Sitzung, ist dies zu vermerken. **Ausschluss der Öffentlichkeit** s § 174 GVG Rn 2. In nichtöffentl Verhandlung anwesende Personen (nicht aber Richter oder Beamte der Dienstaufsicht, § 175 III GVG) sollten namentl festgehalten werden.

3 **III) Wesentliche Vorgänge (§ 160 II).** Jeder wesentl Vorgang der Verhandlung ist aufzunehmen. Unterbleibt seine Protokollierung, gilt er im Rechtsmittelverf als nicht erfolgt (§ 165 I); wegen der strengen Rechtsfolge darf der Begriff der Wesentlichkeit nicht überdehnt werden. Wesentl sind **nur entscheidungs- und ergebniserhebl Vorgänge**, zB prozessleitende Verfügungen (Rn 10), Zwischenentscheidungen, Beweisanordnungen, Prozessanträge (s Rn 6) und Verfahrensrügen, sowie wesentl Parteierklärungen (sa § 510a); außerdem, ob eine Güte- oder Beweisverhandlung (§ 278 II, § 279 III, § 285 I; BGH MDR 89, 972 = NJW 90, 121) stattgefunden hat, ob Urk zu Beweiszwecken oder nur informatorisch Gegenstand der Verhandlung waren, ob und welche Erklärungsfristen gesetzt und Auflagen gemacht wurden. **Kein** wesentl Vorgang ist kurze Sitzungsunterbrechung (BAGE 5, 170, 173; BFHE 195, 503). **Parteivorbringen** außerhalb von § 160 III Nr 4 ist kein prozessualer Vorgang und daher nicht zwingend aufzunehmen, auch nicht bei Parteianhörung nach § 141 (s § 141 Rn 10). Nicht zu den wesentl Vorgängen iSd II gehören in der mündl Verh erteilte **Hinweise des Gerichts** (vgl BGH NJW 2006, 60: Vermerk mögl; aA BFH BFH/NV 2024, 529; MskV/Stadler Rn 3); für sie gilt die Sonderregelung des § 139 IV, wonach nicht ihre Protokollierung, sondern ihre Aktenkundigkeit erforderl ist (s § 139 Rn 13 f). Feststellungen bei Festsetzung eines Ordnungsmittels wegen Ungebühr s § 178 GVG Rn 6 aE.

4 **IV) Weitere notwendige Feststellungen nach § 160 III. 1) § 160 III Nr 1. a) Anerkenntnis** (§ 307), **Verzicht** (§ 306) und **Vergleich** (§ 794 I Nr 1) sind (wörtl) aufzunehmen (Verlesung und Genehmigung, § 162 I). Ob der Vergleich vor oder nach streitiger Verhandlung geschlossen wurde, hat das Protokoll zu ergeben.

5 **b)** Ein **gerichtl Vergleich** ist als verfahrensbeendende Prozesshandlung und als Vollstreckungstitel (s § 794 Rn 3, 13 u 14) nur wirksam, wenn er ordnungsgemäß (formgerecht, §§ 159-160a, §§ 162-164) protokolliert ist (BGHZ 16, 388, 390 = NJW 55, 705; s § 162 Rn 6). Wenn der Vergleich schriftl abgefasst als dem Protokoll beizufügende **Anlage (V)** übergeben wird, ist diese Tatsache im Protokoll festzustellen, und zwar auch dann, wenn die Anlage über den Vergleichstext hinaus einen weiter gehenden Gegenstand der Einigung enthält (OLG Zweibrücken NJW-RR 92, 1408). Es ist der übergebene (in Anlage zum Protokoll genommene) Vergleichswortlaut zu verlesen (KG FamRZ 81, 193) oder das Schriftstück zur Durchsicht vorzulegen und zu genehmigen (§ 162 I). Das gilt ebenso, wenn ein in das Protokoll aufgenommener Vergleich durch eine ihm als Anlage beigefügte Schrift vervollständigt wird, wie zB durch ein (im Beweisverf erstelltes) SV-Gutachten, das auszuführende Arbeiten bezeichnet (OLG Schleswig BauR 2009, 851; OLGR Zweibrücken 2004, 471; OLG Hamm MDR 2000, 350 = NJW 2000, 3222; aA OLG Hamm 12.10.2020 – 5 W 46/20), oder ein Verzeichnis herauszugebender Gegenstände. Der im Protokoll vorläufig aufgezeichnete Vergleich kann abgespielt, die ergänzende Anlage zur Durchsicht vorgelegt oder vorgelesen werden (§ 162 I). Enthält der protokollierte und nach § 162 I genehmigte Vergleich Rechenfehler oder andere **Unrichtigkeiten**, scheidet Änderung nach § 164 oder nach § 319 aus (BAG NJW 2009, 1161); Protokollberichtigung ist nur bei Übertragungsfehlern zulässig (s § 164 Rn 3). Ausgeschlossen ist Ergänzung des Vergleichs (wie zB dessen Kostenregelung, OLG Nürnberg MDR 2003, 652). Das **Fehlen der Formerfordernisse** (sa § 162 Rn 6 zu Verlesen bzw Abspielen) ist nicht nach § 295 heilbar, Verzicht der Parteien (insb auch auf Vorlesen) daher ohne Bedeutung (LG Braunschweig MDR 75, 322). Gegen Treu und Glauben verstößt eine Partei, die sich mit Hinweis auf die Nichtbeachtung bloßer Formvorschriften von einem Vergleich lossagen will, wenn dieser von beiden Seiten lange Zeit hindurch als wirksam angesehen und nach ihm verfahren wurde (BAG NJW 70, 349 [krit Reinicke NJW 70, 306]; OLG Frankfurt FamRZ 84, 302).

6 ***2) § 160 III Nr 2.* Sachanträge**, s § 297 Rn 1. Anzugeben ist, ob gem § 297 verlesen, Bezug genommen („Antrag aus Schriftsatz vom") oder mündl zu Protokoll erklärt (und verlesen, § 162 I) wurde. **Prozessanträge** (zB Beweisantrag, Antrag auf Gewährung einer Schriftsatzfrist, s § 297 Rn 1) sind nicht nach **III Nr 2**, sondern unter

den Voraussetzungen des II im Protokoll festzustellen (BVerwG BayVBl 2012, 52; OLG Köln MDR 98, 1370 = NJW-RR 99, 288; aA PG/Dörr Rn 13). Als wesentl Vorgänge sind danach insb Anträge auf Kostenentscheidung und Zeugenvernehmung sowie Zuständigkeitsrügen (aA OLG Hamm AnwBl 74, 276) aufzunehmen. Nicht zwingend ist Aufnahme eines Unterbrechungs- oder Vertagungsantrags (OLG Düsseldorf MDR 90, 561).

3) § 160 III Nr 3. Geständnis (§§ 288-290; Wirksamkeitsvoraussetzung, wenn vor beauftragtem oder ersuchtem Richter, s § 288 Rn 5a), Erklärung über **Parteivernehmung** (§§ 445-447, auch § 453 II) und „sonstige Erklärungen", deren Feststellung vorgeschrieben ist, zB Zeugnisverweigerung gem § 389 I. Für andere Erklärungen gilt **II** und im amtsgerichtl Verf **§ 510a**. 7

4) § 160 III Nr 4. Aussagen von Zeugen, SV und nach §§ 445 ff vernommenen Parteien (Ausnahme § 161; zu Parteianhörung und -vorbringen s Rn 3; zu Skizzen oÄ der Beweispersonen s Rn 16); dazu gehört auch die Beeidigung (§ 481). Feststellung erfordert Wiedergabe der Aussage; ledigl Angabe, dass der Zeuge, SV oder die Partei gehört wurde, oder „sein Gutachten ausführl erläuterte" entspricht dem nicht (BGH MDR 2001, 1311 = NJW 2001, 3269; BGH WuM 2004, 411 je mN). Auch eine Beschränkung auf den (nach Ansicht des Gerichts) wesentl Aussageinhalt ist nicht zulässig (arg § 160a II 4). Die wörtl Protokollierung ist jedoch nicht zwingend (MskV/Stadler Rn 8; St/Roth Rn 19; Sonderfall: § 613), auch nicht bei Vereidigung (§ 391; aA Dötsch MDR 2014, 1122, 1123); sprachl Glättungen und Zusammenfassungen, die den Aussagegehalt unberührt lassen, sind zulässig und können zweckdienl sein. Widersprüchl Aussagen und Berichtigungen der Beweisperson sollten aber wörtl wiedergegeben werden, um Beweiswürdigung (§ 286) zu ermögl. Beweiswürdigung kann auch Protokollierung anderer für die Glaubwürdigkeit einer Aussage erhebl Umstände, zB der Körpersprache, gebieten (s vor § 373 Rn 14). Die **Protokollpflichtigkeit** der Aussagen ist **eingeschränkt bei wiederholten Vernehmungen** derselben Auskunftsperson über dasselbe Beweisthema (§ 398); hier sind zur Entlastung des Protokolls von Wiederholungen nur Noven iSv Ergänzungen, Berichtigungen oder Erläuterungen der früheren Aussage (auch im früheren Rechtszug und auch bei urkundl verwerteten Aussagen iSv vor § 373 Rn 12) in die Niederschrift aufzunehmen (dazu OLG Schleswig MDR 2001, 711). Erläutert ein SV sein schriftl Gutachten gem § 411 III, darf nicht entsprechend III Nr 4 Hs 2 auf Protokollierung verzichtet werden; auch Wiederholung bereits schriftl getätigter Aussagen ist erforderl (BGH NJW-RR 87, 1197; BGH NJW-RR 93, 1034, 1035). Verlesung: § 162. 8

Die Ersetzung der Protokollierung nach III Nr 4 durch einen **Berichterstattervermerk**, in dem ein Mitglied des Spruchkörpers den Inhalt der Aussagen schriftl festhält, ist nach V nur so zulässig, dass der Vermerk durch Bezeichnung und Beifügung Anlage des Protokolls wird (ähnl OLG Bremen 21.3.2019 – 1 U 12/18; vgl auch WSch/Smid/Hartmann Rn 40; aA BGH 2.10.2008 – III ZR 117/07: Protokollersatz). Als Protokollanlage unterliegt der Berichterstattervermerk der Ergänzung und Berichtigung entspr § 160 IV, § 164 (OLG Bremen 21.3.2019 – 1 U 12/18). Das Einverständnis der Parteien mit der Anfertigung eines solchen Vermerks ist nicht erforderl; es rechtfertigt aber andererseits auch kein Abgehen von III Nr 4 und V (s § 295 Rn 4; aA Dötsch MDR 2014, 755, 757; BeckOK/Bacher § 295 Rn 5.8). Wird der Berichterstattervermerk nicht Teil des Protokolls, liegt ein Protokollierungsfehler vor, der aber bei Bezugnahme im Urteil gem § 313 II 2 folgenlos bleibt (s § 161 Rn 9). 8a

5) § 160 III Nr 5. Ergebnis eines Augenscheins (Ausnahme: § 161). Nicht nur ob und was besichtigt wurde, ist festzustellen, sondern auch die gemachten Wahrnehmungen (die tatsächl Feststellungen, zB Geräusche, Maße, Sichtverhältnisse, OLG Hamm MDR 2003, 830 = NJW-RR 2003, 1006); eine Handskizze kann gem **V** dem Protokoll beigefügt werden. Da nur das „Ergebnis" festzuhalten ist, müssen angehörte Sprachaufzeichnungen nicht wörtl verschriftet werden (OLG Dresden MDR 2021, 447: WhatsApp-Sprachnachricht). Bei Übertragung gem § 372 II sind nur ordnungsgemäß (§ 162 I) protokollierte Angaben verwertbar; ebenso bei späterem Richterwechsel (BGH MDR 92, 777). 9

6) § 160 III Nr 6. Protokollpflichtige **Entscheidungen** sind Urteile, aber auch alle die Prozesslage gestaltenden Beschlüsse und Verfügungen (zB Friständerungen, BFH BFH/NV 2022, 1298) des Gerichts. Für Anordnungen des Vors gilt **II**. Der Wortlaut der Entscheidung muss aus dem Protokoll selbst oder aus einer Protokoll-Anlage (**V**; s Rn 16) ersichtl sein (BGH MDR 90, 919 = NJW-RR 91, 1084). Für Urteile ergibt sich aus dem Verlesungs- bzw Bezugnahmegebot (§ 311 II), dass die Urteilsformel wiederzugeben ist, nicht auch deren Begründung. Bei abgekürzten Urteilen nach § 313b II genügt die protokollierte Bezugnahme auf den Klageantrag (§ 253 II Nr 2), ohne dass dieser Bestandteil des Protokolls sein muss. IÜ ersetzt aber die Feststellung im Protokoll, dass die Entscheidungsformel von einem Tonträger abgespielt wurde (§ 160a), die Wiedergabe dieser Formel im Protokoll nicht (LG Frankfurt Rpfleger 76, 257). Bei Berufungsurteilen kann gem § 540 I 2 ein **Protokollurteil** verkündet werden. Dass dieses Urteil auf Grund des Ergebnisses der mündl Verhandlung gefällt wurde, muss sich aus der Niederschrift ergeben (BGH MDR 2004, 827 = NJW 2004, 1666). Das kann dadurch geschehen, dass die nach § 540 I Nr 2 notwendige kurze Begründung in das Protokoll nach der Wiedergabe der Anträge der Parteien und dem Vermerk, dass streitig verhandelt worden ist, aufgenommen wird (BGH MDR 2004, 827). 10

7) § 160 III Nr 7. Die Förmlichkeit der **Verkündung** (§§ 311, 329 I) muss das Protokoll beweiskräftig (§ 165) wiedergeben. Ohne Verkündung bleibt ein Urteil Entwurf (s § 310 Rn 7). Dargestellt werden sollte, ob Verkündung durch Vorlesung der Urteilsformel (§ 311 II 1) oder durch Bezugnahme auf sie (§ 311 II 2) erfolgt ist. Jedoch ist dem Erfordernis von III Nr 7 auch mit dem Vermerk Genüge getan, dass das „anliegende Urteil ver- 11 kündet" worden ist (BGH MDR 2015, 789 = NJW-RR 2015, 508 Tz 4; zur Auslegung eines „Verkündungsprotokolls" ohne Verkündungsvermerk s OLGR Rostock 2001, 43). Die Verkündung setzt schriftl abgefasste Urteilsformel voraus (ausreichend stenografisch festgehaltener Tenor, BGH MDR 99, 181 = NJW 99, 794; auch OLG Jena MDR 2008, 43). Wird die „Verlesung" der Entscheidungsformel protokolliert, beweist das (§ 165), dass diese Formel zumindest bei Verkündung vorlag (BGH NJW 85, 1782, auch zu den Erfordernissen des Gegenbeweises). Beweis dafür, dass ein Urteil auf Grund einer schriftl Urteilsformel verkündet worden ist, erbringt das Protokoll aber nur, wenn es (mit der „anliegenden Entscheidung") innerhalb der 5-Monatsfrist des § 517 erstellt worden ist (BGH MDR 2011, 681 = NJW 2011, 1741). Der Verkündungsvermerk des UrkB (§ 315 III) ersetzt das Verkündungsprotokoll nicht (OLG Brandenburg NJW-RR 2002, 356, 357).

12 **8) § 160 III Nr 8. Zurücknahme** von Klage (§ 269) und Rechtsmittel (§§ 516, 565; auch Einspruch [§ 346] u Beschwerde). Jedenfalls nach **II** festzustellen ist auch die etwa erforderl Zustimmung des Gegners (MK/Fritsche Rn 14; MskV/Stadler Rn 12; St/Roth Rn 27) sowie dessen Kostenantrag. Die Feststellungen sind wesentl bei späterem Streit über die Wirksamkeit der Rücknahme (s § 269 Rn 21). Protokollvereinfachung bei Rücknahme: § 161 I Nr 2. Verlesung: § 162.

13 **9) § 160 III Nr 9. Rechtsmittelverzicht:** §§ 515, 565 (auch auf Einspruch und Beschwerde). Zur Rechtsfolge einer im Protokoll nicht festgestellten Verlesung des Verzichts gem § 162 s § 162 Rn 8.

14 **10) § 160 III Nr 10.** Das **Ergebnis der Güteverhandlung** (§ 278), auch wenn sie nicht zur Streitbeilegung geführt hat (s § 278 Rn 16) oder wenn sie vom Güterichter (§ 278 V) geführt wurde (MskV/Stadler Rn 13a; s § 159 Rn 2).

15 **V) Protokollaufnahmeantrag (§ 160 IV).** Auf formlosen Antrag der Beteiligten sind weitere verfahrenserhebl Vorgänge (auch Zwischenfälle, Körpergesten von Zeugen usw) oder Äußerungen von Zeugen, Parteien oder Dritten zu protokollieren. Beantragt werden kann auch eine (klarere) Protokollierung eines richterl Hinweises oder der Erörterung des Ergebnisses der Beweisaufnahme (Dötsch MDR 2014, 1122, 1123). Der Antrag kann nur bis zum Schluss der mündl Verhandlung gestellt werden (OLG Frankfurt NJW-RR 2005, 814; OLG Schleswig MDR 2011, 751; OLG Dresden 11.10.2016 – 4 U 556/16; BVerwG NJW 63, 730); ein später gestellter Antrag kann als Anregung zur Berichtigung (§ 164) auszulegen sein. Die stattgebende Entscheidung steht dem Vors zu, die ablehnende dem Gericht (§ 329); sie ist im Protokoll festzustellen (IV 3). Obwohl Ablehnung nur erfolgen darf, wenn es auf den Vorgang oder die Erklärung nicht ankommt (IV 2), bedarf sie keiner Begründung und ist nicht anfechtbar (IV 3). Die Protokollierung der Ablehnung muss die abgelehnte Feststellung nicht inhaltl wiedergeben (MskV/Stadler Rn 14; abw St/Roth Rn 32). Den Beteiligten bleibt nur die Möglichkeit, die Erklärungen oder Vorgänge schriftl in das Verf einzuführen.

16 **VI) Anlagen (§ 160 V).** Der Inhalt einer als Anlage beigefügten Schrift ist Protokollinhalt, nimmt somit an der Beweiskraft teil (§§ 165, 415). Die Schrift muss im Protokoll als dessen Anlage bezeichnet und diesem beigefügt sein (OLG Zweibrücken Rpfleger 2004, 508); die Bezeichnung muss so konkret sein, dass Zweifel an der Identität nicht aufkommen können. Kennzeichnung als Protokollanlage auch der Schrift ist nicht notwendig (BGHZ 10, 327, 329), ebenso wenig ihre (feste) Verbindung (BGH NJW-RR 2004, 1651, 1652; s aber § 49 III GAZI) oder ihre gesonderte Unterzeichnung gem § 163 (BGH NJW-RR 2014, 61 Tz 8). Vorbereitende Schriftsätze, die eine Partei im Termin übergibt, sind als solche keine „Anlage"; sie nehmen an der Beweiskraft des Protokolls nicht teil. Aus ihm muss aber die Überreichung hervorgehen. Zum schriftl übergebenen Vergleich s Rn 5.

17 **VII) Gebühren. 1) Gericht:** keine. – **2) RA:** Protokollanträge sind mit der Terminsgeb 3104 RVG-VV abgegolten.

§ 160a Vorläufige Protokollaufzeichnung

(1) Der Inhalt des Protokolls kann vorläufig aufgezeichnet werden.

(2) [1]Das Protokoll ist im Fall des Absatzes 1 unverzüglich nach der Sitzung herzustellen. [2]Wenn Aussagen nach § 160 Absatz 3 Nummer 4 oder das Ergebnis eines Augenscheins nach § 160 Absatz 3 Nummer 5 in Ton oder in Bild und Ton vorläufig aufgezeichnet worden sind, muss lediglich dies in dem Protokoll vermerkt werden. [3]Das Protokoll ist um den Inhalt der vorläufigen Aufzeichnungen nach Satz 2 zu ergänzen, wenn eine Partei dies bis zum rechtskräftigen Abschluss des Verfahrens beantragt oder das Rechtsmittelgericht die Ergänzung anfordert. [4]Sind Aussagen nach § 160 Absatz 3 Nummer 4 in Ton oder in Ton und Bild unmittelbar aufgenommen und ist zugleich das wesentliche Ergebnis der Aussagen vorläufig aufgezeichnet worden, so kann eine Ergänzung des Protokolls nur um das wesentliche Ergebnis der Aussagen verlangt werden.

(3) Die vorläufigen Aufzeichnungen sind

1. ***zu den Prozessakten zu nehmen,***
2. **bei der Geschäftsstelle mit den Prozessakten aufzubewahren oder**
3. **auf einer zentralen Datenspeicherungseinrichtung der Justiz zu speichern.**

(4) Die vorläufigen Aufzeichnungen sind zu löschen,
1. **sobald das Protokoll nach der Sitzung hergestellt oder um den Inhalt der vorläufigen Aufzeichnungen ergänzt ist, wenn die Parteien innerhalb eines Monats nach Mitteilung der Abschrift keine Einwendungen erhoben haben;**
2. **in nicht in Nummer 1 genannten Fällen nach rechtskräftigem Abschluss des Verfahrens.**

(5) Die endgültige Herstellung durch Aufzeichnung auf Datenträger in der Form des § 130b ist möglich.
(6) Einsicht in die vorläufigen Aufzeichnungen in Ton oder in Bild und Ton wird durch den Vorsitzenden in entsprechender Anwendung des § 299 Absatz 3 und 4 gewährt, ohne dass es eines besonderen Antrags nach § 299 Absatz 3 Satz 2 bedarf.

I-III neugefasst, IV eingefügt, bisheriger IV wird zu V und VI angefügt durch G zur Förderung des Einsatzes von Videokonferenztechnik in der Zivilgerichtsbarkeit und den Fachgerichtsbarkeiten v 15.7.2024 (BGBl 2024 I Nr 237) mWv 19.7. 2024.

I) Zweck. Zulassung technischer Hilfsmittel für Aufzeichnung des Protokollinhalts außerhalb des eigentl Protokolls (s § 159 Rn 1) während der Verhandlung und Regelung der nachträgl Anfertigung des Protokolls in einem solchen Fall. Auch das nach vorläufiger Aufzeichnung nachträgl hergestellte Protokoll ist mit der erhöhten Beweiskraft des § 165 ausgestattet (BGH MDR 85, 396 = NJW 85, 1782; BGH MDR 99, 181 = NJW 99, 794). 1

II) Anfertigung der vorläufigen Aufzeichnung (§ 160a I). 1) Form. Der Inhalt des Protokolls kann vorläufig aufgezeichnet werden (I); die Form der Aufzeichnung ist nicht vorgegeben. Zulässig sind zB Verwendung einer gebräuchl Kurzschrift (Stenogramm), verständl Abkürzungen, Tonaufzeichnungen oder die Verwendung digitaler **Diktatsysteme**. Das Protokoll kann auch durch den (zugezogenen, § 159 I 2) UrkB oder den Vors (§ 159 Rn 4) in der Sitzung in einer **Textverarbeitung** (auch unter Verwendung von Spracherkennungssoftware) vorläufig niedergelegt werden. Diese Form der Protokollierung ist gegenüber anderen Formen der Protokollierung vorzugswürdig, weil sie eine Richtigkeitskontrolle des Protokolls bereits in der Sitzung ermöglicht, insb wenn das Gericht durch weitere Monitore die vorläufige Aufzeichnung „mitlesen" kann (sa § 613 Rn 2). Zulässig ist auch die **Videoaufzeichnung** der Verhandlung, soweit die erforderl technische Ausstattung und die notwendigen Kapazitäten zur Bedienung vorhanden sind (vgl BTDrs 20/8095, 54); wie bei § 128a besteht kein Anspruch auf Ausstattung des Sitzungssaals. Die Bestimmung des Aufzeichnungsmittels steht im **Ermessen** des Gerichts; die Persönlichkeitsrechte der Verfahrensbeteiligten sind zu berücksichtigen. Da der Inhalt der Aufzeichnung den Protokollinhalt festlegt (s Rn 2a), erscheint es sachgerecht, eine unmittelbare Ton- oder Videoaufzeichnung auf die Beweisaufnahme zu beschränken (s Rn 3 unter b). 2

2) Gegenstand. Die vorläufige Aufzeichnung muss den **gesamten Protokollinhalt**, dh alle nach § 160 zu protokollierenden Vorgänge enthalten; nur so rechtfertigt sich die weitreichende Beweiswirkung (s vor § 159 Rn 3). Unzulässig ist die nachträgl Ergänzung aus dem Gedächtnis. Die Aufzeichnung legt den Inhalt des endgültigen Protokolls damit **wortgetreu** fest. Änderungen, zB Neuformulierung von richterl Hinweisen, sind bei anschließender Herstellung des Protokolls unzulässig; bei Abfassung des endgültigen Protokolls können ledigl rein sprachl Korrekturen vorgenommen werden. Besteht weitergehender Korrekturbedarf, ist nach § 164 zu verfahren. 2a

Der Inhalt der **Aussagen der Parteien, Zeugen und SV** kann auf zwei Wegen vorläufig aufgezeichnet werden: **a)** Bei Tonaufnahme **durch Diktat** oder Eingabe in ein Textverarbeitungssystem. Bei letzterem sollte der Vors den Inhalt bestimmen (zum Berichterstattervermerk s § 160 Rn 8a) und dies nicht dem UrkB übertragen. Überlässt der Vors einem SV das Diktat seiner Aussage, ändert dies nichts an seiner Verantwortlichkeit für die Vollständigkeit und Richtigkeit der Protokollierung (s § 159 Rn 4); ggf muss er eingreifen. – **b)** Zulässig ist auch eine **vollständige Aufzeichnung** durch ununterbrochene Ton- oder Videoaufnahme des Vernommenen und der Fragenden. Sie bedarf keiner Zustimmung der Beteiligten (MskV/Stadler Rn 2) und bietet einige Vorteile (vgl Erfahrungsbericht Natter/Mohn/Halblitzel NJW 2013, 1770), ist aber (abgesehen von § 613) nicht zwingend (s § 160 Rn 8). 3

III) Herstellung des Protokolls (§ 160a II). 1) Zeitpunkt. Bei vorläufiger Aufzeichnung ist das Protokoll (§ 159 I) **unverzügl** nach der Sitzung (II 1 als Ordnungsvorschrift) herzustellen. Gefertigt wird ein (einheitl) Protokoll, das vom Richter und (wenn zugezogen, § 159 I 2) UrkB unterzeichnet wird (§ 163 mit Einzelheiten). „Unverzüglich" (§ 121 I BGB) ermöglicht es, Belangen des Gerichts ebenso Rechnung zu tragen wie Interessen der Parteien zu wahren; bei Verzögerung Dienstaufsichtsbeschwerde mögl (§ 26 II DRiG). Die verspätet erstellte Niederschrift büßt ihre Beweiskraft aber nicht ein (BGH NJW 85, 1782; BGH NJW 94, 3358; BGH NJW 99, 794); Ausnahme: Protokoll über Urteilsverkündung, s § 160 Rn 11. 4

2) Inhalt. Sind **Aussagen der Zeugen**, **SV und vernommenen Parteien** sowie ein **Augenscheinsergebnis** (§ 160 III Nr 4 u 5) durch Ton- oder Videoaufnahme (Rn 3) vorläufig aufgezeichnet worden, wird das ledigl im Protokoll ohne Wiedergabe des Inhalts vermerkt (**II 2**). Übertragung in Reinschrift hat als Protokollergänzung zu erfolgen, wenn eine Partei dies bis zum rechtskräftigen Verfahrensabschluss (nicht mehr danach) beantragt (Anwaltszwang) oder das Rechtsmittelgericht die Ergänzung anfordert (**II 3**). Dem **Antrag der Partei** auf **Protokollergänzung** ist zwingend stattzugeben, sofern nicht § 161 Ausnahme zulässt oder das Verf rechtskräftig 5 abgeschlossen ist. Es ist dann der gesamte Inhalt der Ton- oder Videoaufnahme wortgetreu in das Protokoll zu übertragen (St/Roth Rn 10). Bei einer Videoaufzeichnung sind auch **Gesten** im Protokoll zu verzeichnen, soweit sie zur Aussage gehören (zB Kopfschütteln); iÜ können Gestik und Mimik festgehalten werden, wenn sie zB für den Wahrheitsgehalt von Bedeutung sind (BTDrs 20/8095, 56). Nach **II 4** kann dieser Aufwand vermieden werden, wenn neben der unmittelbaren Aufnahme die vorläufige Aufzeichnung des **wesentl Inhalts der Aussagen** zB durch Diktat des Vors oder Stenogramm erfolgt. Es genügt insoweit anders als nach § 160 III Nr 4 eine inhaltl Zusammenfassung. Ergänzung des Protokolls kann dann nur um diese Angaben verlangt werden.

6 **3) Vorläufige Aufzeichnung als Grundlage.** Bei (auch teilweisem) **Unterbleiben oder Verlust** der vorläufigen Aufzeichnung zB infolge technischen Defekts, ist Herstellung des Protokolls aus dem Gedächtnis unzulässig (BAG ZIP 2022, 1719; BFH/NV 2015, 1259 Tz 7; aA PG/Dörr Rn 5). Dann eintretende Unvollständigkeit (Vermerk der Unübertragbarkeit durch UrkB gem § 163 I 2) oder Fehlen einer Niederschrift macht aufgrund der mündl Verh ergehendes Urteil nur angreifbar, wenn es auf Protokollmangel beruht (BGH DRiZ 2002, 14), was nach § 520 II Nr 2, § 545 I geltend gemacht werden muss (sa § 161 Rn 9). In diesem Fall Wiederholung der mündl Verh nach § 156 II Nr 1 geboten.

7 **4) Beweiskraft. Weicht** der Protokollinhalt von der vorläufigen Aufzeichnung **ab**, können Förmlichkeiten nur durch das Protokoll bewiesen werden (§ 165); ggf ist es nach § 164 zu berichtigen. Für den sonstigen Protokollinhalt erbringt die Aufzeichnung Gegenbeweis nach § 415 II (OLGR Schleswig 1996, 220 für unrichtig übertragenes Ende der Vergleichswiderrufsfrist).

8 **IV) Behandlung der vorläufigen Aufzeichnung. 1) Aufbewahrung (§ 160a III).** Die Verwahrung des Tonträgers bzw die Speicherung der Audiodaten dient der Möglichkeit, Protokoll und Urteilstatbestand auf ihre Richtigkeit nachzuprüfen (vgl §§ 164, 320; s Rn 7). Aufzubewahren ist das während der Sitzung hergestellte Produkt, bei Verwendung einer Textverarbeitung mit Spracherkennung also die während der Sitzung erstellte Textdatei, nicht die Audiodaten; anders bei digitaler Audioaufzeichnung, die erst nach der Sitzung (ggf durch Software) transkribiert wird. Die Aufbewahrungsmöglichkeiten sind in III abschließend genannt; eine andere Form der Aufbewahrung (zB im Richterzimmer) ist unzulässig. Vorläufige Aufzeichnungen auf Papier können bei Aufnahme in die E-Akte nach § 298a II digitalisiert werden.

9 **2) Löschung der Ton-/Datenaufzeichnung (§ 160a IV).** Sie findet statt nach rechtskräftigem Verfahrensabschluss (**Nr 2**) oder bereits einen Monat nach Mitteilung des die aufgezeichneten Aussagen enthaltenden (s Rn 5) Protokolls (**Nr 1**); auch im letzteren Fall aber Verwahrung bis zum Verfahrensabschluss, wenn eine Partei das innerhalb der Monatsfrist beantragt. Die Monatsfrist wird durch die (deshalb in den Akten zu vermerkende) formlose (MskV/Stadler Rn 7; St/Roth Rn 16; aA Schmidt NJW 75, 1308) Mitteilung des gem II hergestellten Protokolls an die Parteien in Lauf gesetzt. Ob Frist abgelaufen und deshalb Löschung vorgeschrieben ist, bestimmt der Vors (nicht die GeschSt, § 51 II GAZI; aM MK/Fritsche Rn 6; nach St/Roth Rn 15 Vors und UrkB gemeinsam). Keine Löschung vor einer etwa beantragten Protokollberichtigung (§ 164).

10 **V) Elektronisches Dokument (§ 160a V).** Die Regelung in V betrifft trotz ihrer systematischen Stellung nicht die vorläufige Aufzeichnung, sondern das endgültige Protokoll (s § 159 Rn 1). Durch Aufzeichnung auf Datenträger kann es als gerichtl elektron Dokument (§ 130b) hergestellt werden. Die handschriftl Unterzeichnung (§ 163) wird durch eine qualifizierte elektron Signatur des Vors (Richters, Rpflegers) und UrkB, deren Namen hinzuzufügen sind, am Ende des Dokuments ersetzt (§ 130b; Mehrfachsignatur). Wird das Protokoll nach Übertragung und Signierung des UrkB vom Vors geändert (Korrektur der Übertragung), ist es erneut vom UrkB zu signieren.

11 **VI) Einsicht in die vorläufige Aufzeichnung (§ 160a VI).** Sie wird den **Parteien** auf Antrag **durch den Vors** gewährt. Ein berechtigtes Interesse muss von den Parteien nicht dargelegt werden, es ergibt sich aus der Beweisfunktion der vorläufigen Aufzeichnung (s Rn 7; OLG Stuttgart NJW-RR 2021, 640; aA OLG Frankfurt ZIP 2017, 179, 181). Das Einsichtsrecht besteht bis zur Löschung, nicht nur in der Monatsfrist des IV 2 Nr 1. Digitale Ton- und Videoaufzeichnungen sind entspr § 299 III 1 digital, insb durch Nutzung einer Justiz-Cloud oder Übermittlung auf einem sicheren Übermittlungsweg iSd § 130 IV, zur Verfügung zu stellen, entspr § 299 III 2 im Gericht zur Einsicht bereitzustellen oder dem ASt entspr § 299 III 3 auf einem Datenträger (USB-Stick, DVD) zu übermitteln (sa § 299 Rn 11). Auch über die **Einsichtsform** entscheidet nach VI der Vors, nicht die GeschSt (BTDrs 20/8095, 57). Einer Überlassung von Kopien einer Videoaufzeichnung können im Einzelfall Persönlichkeitsrechte und eine Missbrauchsgefahr entgegenstehen; eine Zustimmung der Verfahrensbeteiligten, deren Stimme oder Bild die Aufzeichnung wiedergibt, ist aber keine zwingende Voraussetzung. Durch den Verweis auf § 299 IV soll geregelt werden, dass **Dritten** im Rahmen der Einsichtnahme keine Kenntnis von den vorläufigen Aufzeichnungen vermittelt werden darf (so BTDrs 20/8095, 58). Das Gericht hat hierzu die notwendigen technischen und organisatorischen Maßnahmen zu treffen, zB durch verschlüsselte Übermittlung oder passwortgeschützte Datenträger.

§ 161 Entbehrliche Feststellungen

(1) Feststellungen nach § 160 Abs. 3 Nr. 4 und 5 brauchen nicht in das Protokoll aufgenommen zu werden,

1. wenn das Prozessgericht die Vernehmung oder den Augenschein durchführt und das Endurteil der Berufung oder der Revision nicht unterliegt;

2. soweit die Klage zurückgenommen, der geltend gemachte Anspruch anerkannt oder auf ihn verzichtet wird, auf ein Rechtsmittel verzichtet oder der Rechtsstreit durch einen Vergleich beendet wird.

(2) [1]In dem Protokoll ist zu vermerken, dass die Vernehmung oder der Augenschein durchgeführt worden ist. [2]§ 160a Abs. 3 gilt entsprechend.

I) Zweck. Vereinfachung des Beweisaufnahmeverf (BGHZ 21, 59, 62) und erleichterte Protokollherstellung durch Entlastung von Inhalt, für dessen Wiedergabe kein Bedürfnis (mehr) besteht. 1

II) Anwendungsbereich. Nicht in das **Protokoll** aufgenommen zu werden brauchen (Ermessen des Vors) unter den Voraussetzungen des I die Aussagen der Zeugen, SV und vernommenen Parteien sowie das Ergebnis eines Augenscheins (§ 160 III Nrn 4 u 5). Eine vorläufige Aufzeichnung (§ 160a) wird durch I nur entbehrl, wenn sicher feststeht, dass die Voraussetzungen des I Nr 1 oder Nr 2 vorliegen, insb weil ein Urteil im Rechtsstreit ersichtl nicht rechtsmittelfähig (Rn 3) sein wird. 2

1) Nicht rechtsmittelfähiges Urteil (§ 161 I Nr 1). I Nr 1 gilt nur für das Protokoll des Prozessgerichts (auch des jeweils entscheidenden Einzelrichters, §§ 348, 348a, 349 III, §§ 526, 527 III, IV, § 568), nicht aber für ein Protokoll des beauftragten oder ersuchten Richters sowie des vorbereitenden Einzelrichters des Berufungsgerichts (§ 527 I, II). Bei Richterwechsel ist ein nach I Nr 1 verkürztes Protokoll nicht verwertbar und zwingt ggf zur Wiederholung der Beweisaufnahme (St/Roth Rn 3; MK/Fritsche Rn 4). Das Urteil (bei Gehörsrüge [§ 321a] die neue Entscheidung) darf (zweifelsfrei) **nicht der Berufung oder Revision unterliegen**, weil diese nicht statthaft ist (§§ 511, 542); dazu gehören Berufungsurteile nicht, deren Revisionszulassung durch statthafte Nichtzulassungsbeschwerde erreicht werden kann (§ 544; BGH NJW 2003, 3057). 3

2) Endgültige Beendigung ohne Urteil (§ 161 I Nr 2). Verzicht auf Protokollierung gem III Nrn 4 u 5 ist auch mögl bei Klagerücknahme (§ 269), Anerkenntnis (§ 307), Verzicht (§ 306), Rechtsmittelverzicht (§§ 515, 565, dem entspricht -zurücknahme, §§ 516, 565) sowie (unbedingtem) Prozessvergleich (§ 794 I; auch über Kosten, OLGR Hamm 1997, 23), außerdem Verzicht auf Einspruch und Zurücknahme (§ 346), nicht aber bei beiderseitiger Erklärung der Hauptsacheerledigung (OLGR Hamm 1997, 23; aA St/Roth Rn 5). Wird der Rechtsstreit nur teilweise beendet, kann bezügl des beendeten Teils, soweit er ausscheidbar ist, von der Protokollierung abgesehen werden. 4

3) Beschlussverfahren. I gilt entspr im Beschlussverf, wenn eine Beschwerde nicht stattfindet oder eine I Nr 2 gleiche Verfahrensbeendigung eintritt. 5

III) Notwendiger Protokollinhalt (§ 161 II 1). Erforderl bleibt Protokollierung des Erscheinens der Beweisperson gem § 160 I Nr 4. Zudem ist Vermerk über Vernehmung (und ggf Beeidigung) und Durchführung eines Augenscheins aufzunehmen. 6

IV) Vorläufige Aufzeichnungen (§ 161 II 2). Sie sind auch dann nach § 160a III zu **verwahren**, wenn nach I Feststellungen nicht in das Protokoll aufgenommen wurden, obwohl hier (wegen I) eine Ergänzung des Protokolls nicht in Betracht kommt (s § 160a Rn 5). Die Aussagen können bedeutsam werden, wenn Streit über Voraussetzungen des I entsteht; ggf lebt der Ergänzungsanspruch nach § 160a II 3 wieder auf. Löschung der Tonaufnahmen nach rechtskräftigem Verfahrensabschluss: § 160 IV Nr 2. 7

V) Verzicht. Einen weiter gehenden **Verzicht der Beteiligten auf Protokollierung** auch in anderen Fällen sieht das Gesetz nicht vor. Ein solcher Verzicht der Parteien oder Beweispersonen befreit daher nicht von der Pflicht zur Protokollierung gem § 160 II u III. Nur Verzicht auf Abspielung, Verlesung oder Vorlage gem § 162 II ist mögl. Unberührt bleibt – vorbehaltl § 160 IV – das Recht des Gerichts, von der Niederschrift unwesentl Äußerungen abzusehen. 8

VI) Fehlerhaftes Unterbleiben der Protokollierung. Unterbleibt die Protokollierung (dem steht Anfertigung eines nicht zum Protokoll gehörenden Berichterstattervermerks gleich, § 160 Rn 8a), obwohl eine Ausnahme nach I nicht vorliegt (zB bei Verkennung der Rechtsmittelfähigkeit des Urteils), führt dies, sofern das Beweisergebnis für das Rechtsmittelverf entscheidungserhebl ist, jedenfalls im Revisionsverf (wegen §§ 546, 559 I; im Berufungsverf § 538) zur Aufhebung des Urteils und Zurückverweisung der Sache, denn Beweisfeststellung und -würdigung des Erstrichters könnten vom Rechtsmittelgericht nicht nachgeprüft werden. Ein Rügeverzicht der Parteien (§ 295) heilt den Protokollmangel nicht (BGH MDR 87, 209 = NJW 87, 1200; BGH NJW 2003, 3057, 3058; OLG Hamm MDR 2003, 830; aA BVerwG NJW 88, 579). Jedoch können den Inhalt der Beweisaufnahme wiedergebende (nicht bloß würdigende) Feststellungen im Tatbestand des Urteils Mängel des Protokolls **heilen** (BGH MDR 87, 209; OLG Hamm MDR 2003, 830), auch durch gem § 313 I Nr 5, II 2 in Bezug genommenen **Berichterstattervermerk** (BGH NJW 91, 1547, 1549). Dessen vorherige Mitteilung an die Parteivertreter ist zwar nicht für die Behebung des Protokollmangels, aber zur Wahrung rechtl Gehörs erforderl (BGH NJW 72, 1673). 9

§ 162 Genehmigung des Protokolls

(1) [1]Das Protokoll ist insoweit, als es Feststellungen nach § 160 Abs. 3 Nr. 1, 3, 4, 5, 8, 9 oder zu Protokoll erklärte Anträge enthält, den Beteiligten vorzulesen, zur Durchsicht vorzulegen oder zur Durchsicht auf einem Bildschirm anzuzeigen. [2]Ist der Inhalt des Protokolls nur vorläufig aufgezeichnet worden, so genügt es, wenn die Aufzeichnungen vorgelesen oder abgespielt werden. [3]In dem Protokoll ist zu vermerken, dass dies geschehen und die Genehmigung erteilt ist oder welche Einwendungen erhoben worden sind.

(2) [1]Aussagen nach § 160 Absatz 3 Nummer 4 brauchen nicht abgespielt zu werden, wenn sie in Gegenwart der Beteiligten unmittelbar aufgezeichnet worden sind; der Beteiligte, dessen Aussage aufgezeichnet ist, kann das Abspielen verlangen. [2]Soweit Aussagen nach § 160 Absatz 3 Nummer 4 oder das Ergebnis eines Augenscheins nach § 160 Absatz 3 Nummer 5 in Gegenwart der Beteiligten und in Form einer Zusammenfassung der wesentlichen Ergebnisse aufgezeichnet worden sind, kann das Abspielen, das Vorlesen, die Vorlage zur Durchsicht oder die Anzeige auf einem Bildschirm unterbleiben, wenn die Beteiligten nach der Aufzeichnung darauf verzichten; in dem Protokoll ist zu vermerken, dass der Verzicht ausgesprochen worden ist.

I 1, II geändert durch G zur Förderung des Einsatzes von Videokonferenztechnik in der Zivilgerichtsbarkeit und den Fachgerichtsbarkeiten v 15.7.2024 (BGBl 2024 I Nr 237) mWv 19.7.2024.

1 **I) Zweck.** Richtigkeitsgewähr mit Überprüfung und Genehmigung des wesentl Protokollinhalts durch die Beteiligten.

2 **II) Genehmigung (§ 162 I). 1) Genehmigungsbedürftige Feststellungen.** Bei den in § 160 III Nr 1, 3, 8 u 9 genannten Protokollfeststellungen (auch bei [teilw] Aufnahme in eine dem Protokoll nach § 160 V angefügte Schrift, s § 160 Rn 5), Aussageinhalt und Beweisergebnis nach § 160 III Nr 4 u 5 (Ausnahmen: II) und zu Protokoll erklärten Sachanträgen (§ 297 I 3, nicht Prozessanträge, s § 160 Rn 6) genügt Niederlegung oder vorläufige Aufzeichnung nicht; nach § 162 ist zudem ihre Genehmigung erforderl. Ein (vorheriger oder nachfolgender) **Verzicht** der Beteiligten auf die Genehmigung ist unwirksam (OLG Frankfurt FamRZ 80, 907; OLGR Zweibrücken 2004, 292; sa § 160 Rn 5). Vorlesen usw entfällt jedoch, wenn sich Beteiligte bereits entfernt haben (dann Feststellung im Protokoll; Folge s Rn 6).

3 **2) Verfahren.** Die im Protokoll (§ 159 Rn 1) oder einer Anlage iSd § 160 V enthaltenen Feststellungen sind den Beteiligten vorzulesen oder zur Durchsicht vorzulegen. Ein in einer Textverarbeitung vorläufig aufgezeichneter Protokollinhalt (§ 160a) kann auch zur Durchsicht auf einem Bildschirm angezeigt werden (I 1 Alt 3); I 1 ist nicht auf das endgültige Protokoll beschränkt, sondern erfasst auch vorläufige Aufzeichnungen (BTDrs 20/8095, 58). Bild- und Tonaufzeichnungen können auch abgespielt werden (I 2). „Laut diktiert" entspricht dem Vorlesen usw aber nicht (OLG Saarbrücken FamRB 2020, 18; OLGR Zweibrücken 2004, 292). **Beteiligte** sind die im Termin anwesenden Parteien (deren Vertreter und ProzBev) sowie jeweils nur für ihre Aussagen Zeugen und SV.

4 **3) Genehmigung und Protokollvermerk.** Zu vermerken ist im Protokoll, dass Vorlesung oder Vorlage zur Durchsicht erfolgt ist oder vorläufige Aufzeichnungen vorgelesen oder abgespielt wurden und dass **Genehmigung** (ggf auch durch die anwesende Partei persönl, wenn mat-rechtl erforderl [s vor § 159 Rn 3]) erteilt oder welche Einwendungen erhoben wurden (I 3). Die Abkürzung „v. g." genügt für vorgelesen und genehmigt (RGZ 53, 150). **Einwendungen** sind festzuhalten, führen aber für sich genommen nicht zur Unwirksamkeit der protokollierten Prozesshandlung. Über sie hat das Gericht später (auch im Urteil) frei zu befinden (BGH NJW 84, 1465, 1466; BVerwG NJW 86, 3154, 3157).

5 **III) Entbehrliche Genehmigung (§ 162 II). 1) Unmittelbare Aufzeichnungen.** Aussagen der Zeugen, SV und vernommenen Partei, die vollständig aufgezeichnet wurden (s § 160a Rn 3), brauchen nach **II 1** nicht abgespielt zu werden, es sei denn, der Beteiligte, dessen Aussage aufgezeichnet wurde (nicht ein anderer), verlangt es; Verzicht auf Abspielen bedarf es nicht (BVerwG NJW 76, 1282). **II 1 gilt nicht** für Niederschrift in Textverarbeitung (BFH/NV 2001, 475) oder Aufzeichnung in Kurzschrift (BVerwG NJW 76, 1283). – **2) Diktierte Feststellungen.** Unterbleiben kann Abspielen usw von Aussagen und des Ergebnisses eines Augenscheins (§ 160 III Nr 5), soweit die Feststellungen vom Richter in Gegenwart der Beteiligten in das Protokoll oder die vorläufige Aufzeichnung mit einer Textverarbeitung oder auf Ton- bzw Datenträger diktiert wurden und die (= alle, nicht nur Beweisperson) Beteiligten (s Rn 2) nach der Aufzeichnung verzichten (**II 2**). Dass II 2 eine „Zusammenfassung der wesentl Ergebnisse" im Diktat verlangt, soll nur die geübte Praxis beschreiben, aber keine Anforderungen an das Diktat festlegen (BTDrs 20/8095, 58); II 2 gilt auch bei Protokollierung des Wortlauts. Trotz des Verzichts ist Vorlesen bzw Abspielen von Aussagen anzuraten, die beeidigt werden sollen (§§ 391, 410, 452).

6 ***IV) Verstoß. 1) Prozessvergleich.*** Für den Prozessvergleich (auch die Vereinbarung über den Versorgungsausgleich, § 7 VersAusglG; OLG Schleswig FamRZ 2012, 132; OLGR Saarbrücken 1998, 40) ist Vorlesen oder Vorlage zur Durchsicht bzw Abspielen, Genehmigung und Protokollvermerk, dass dies geschehen ist, Wirksamkeitserfordernis (BGH MDR 84, 665 = NJW 84, 1465, 1466; BAGE 8, 228, 232; VGH München NJW 2014, 955; KG FamRZ 84, 284, 285; OLG Köln FamRZ 84, 1048 mwN); bei Verstoß hat der Vergleich keine prozessbeendende Wirkung und ist kein Vollstreckungstitel, kann aber mat-rechtl wirksam sein (s § 794 Rn 16 f). Fehlt (nur) der Vermerk nach I 3, ersetzt Protokollierung notarielle Beurkundung nach § 127a BGB (BGHZ 142, 84 = MDR 99, 1150 = NJW 99, 2806: Beweismöglichkeit, dass Verlesung oder sonstige Eröffnung und Genehmigung erfolgt sind, nicht nach § 165 eingeschränkt). **Nachholung** des Vorlesens (Vorlage zur Durchsicht, Abspielens) und der Genehmigung bei Wiedereröffnung der mündl Verh nach § 156 mögl (MskV/Stadler Rn 5).

2) Geständnis. S § 288 Rn 5a. 7

3) Andere Fälle. In den übrigen Fällen fehlt dem Protokoll bei Verstoß (nur) die Beweiskraft einer öffentl Urk 8
(BGH NJW 84, 1465; BGH NJW-RR 2007, 1451). Daher hat es nicht Unwirksamkeit einer (einseitigen) Prozesshandlung zur Folge, wenn im Protokoll der Vermerk nach I 3 fehlt, sofern Abgabe und Inhalt der Erklärung anderweit festgestellt (bewiesen) werden können (so für Anerkenntnis BGHZ 107, 142, 145 f = NJW 89, 1934; OLG Frankfurt NJW-RR 88, 547; Klagerücknahme BSG MDR 81, 612; Rechtsmittelverzicht BGH NJW 84, 1465; BGH NJW-RR 2007, 1451; OLG Jena 16.5.2018 – 1 UF 1/18; Sachantrag zu Protokoll VGH München 7.3. 2017 – 7 ZB 16.281).

§ 163 Unterschreiben des Protokolls

(1) [1]Das Protokoll ist von dem Vorsitzenden und von dem Urkundsbeamten der Geschäftsstelle zu unterschreiben. [2]Ist der Inhalt des Protokolls ganz oder teilweise in Ton oder in Bild und Ton vorläufig aufgezeichnet worden, so hat der Urkundsbeamte der Geschäftsstelle die Richtigkeit der Übertragung zu prüfen und durch seine Unterschrift zu bestätigen; dies gilt auch dann, wenn der Urkundsbeamte der Geschäftsstelle zur Sitzung nicht zugezogen war.

(2) [1]Ist der Vorsitzende verhindert, so unterschreibt für ihn der älteste beisitzende Richter; war nur ein Richter tätig und ist dieser verhindert, so genügt die Unterschrift des zur Protokollführung zugezogenen Urkundsbeamten der Geschäftsstelle. [2]Ist dieser verhindert, so genügt die Unterschrift des Richters. [3]Der Grund der Verhinderung soll im Protokoll vermerkt werden.

I 2 geändert durch G zur Förderung des Einsatzes von Videokonferenztechnik in der Zivilgerichtsbarkeit und den Fachgerichtsbarkeiten v 15.7.2024 (BGBl 2024 I Nr 237) mWv 19.7.2024.

I) Zweck. Regelung der Unterzeichnung des Protokolls (als elektron Dokument s § 160a Rn 10) als förml Voraussetzung der öffentl Urk (§ 415) und seiner Beweiskraft (§ 165). 1

II) Unterzeichnung (§ 163 I). 1) Unterzeichnende. Das Protokoll unterschreiben **Vors** (Einzelrichter [§§ 348, 2
348a, 526, 527, 568], beauftragter oder ersuchter Richter, Richter am AG, Rpfleger) und (wenn zugezogen, § 159 I 2) **UrkB** gemeinsam (**I 1**; heißt nicht gleichzeitig). Mit Unterzeichnung übernimmt der Richter Verantwortung für den gesamten Protokollinhalt, auch soweit dieser vorläufige Aufzeichnungen (§ 160a I) wiedergibt (BVerwG MDR 77, 339 = NJW 77, 264; zu Meinungsverschiedenheiten mit UrkB s § 159 Rn 6). Seine Mitverantwortung verbietet nicht die Arbeitsteilung zwischen ihm und dem UrkB; er kann sich auf eine Kontrolle nach seinem Gedächtnis beschränken und von einer Kontrolle der Kurzschriftübertragung bzw Abhörung der Tonaufzeichnung absehen (St/Roth Rn 5; MskV/Stadler Rn 1). Der Richter hat ein Recht auf Entlastung von technischer Übertragungsarbeit, die vornehml eigenverantwortl Pflicht des UrkB ist.

2) Vorläufige Aufzeichnung. Der UrkB hat die **Richtigkeit** (damit auch Vollständigkeit) **der Übertragung** des 3
als Ton- oder Videoaufzeichnung ganz oder teilweise aufgezeichneten Inhalts in das nach der Sitzung hergestellte Protokoll (§ 160a II 1) oder dessen spätere Ergänzung (§ 160a II 3 u 4) zu prüfen und durch seine Unterschrift zu bestätigen (**I 2**). Diese Bestätigung ist auch nötig, wenn sich seine Mitwirkung auf Übertragung der vom Richter allein gefertigten Tonaufnahme beschränkt. Eigener Vermerk (üblich: „Für die Richtigkeit der Übertragung") empfiehlt sich, ist aber nicht erforderl. Unterzeichnung (damit Bestätigung) durch einen (zur Sitzung nicht zugezogenen) UrkB erfolgt jedoch nicht, wenn er den vom Richter (s § 159 Rn 4) in Kurzschrift (sonst abgekürzt) oder auf einem Datenträger mittels Textverarbeitung in der Sitzung aufgezeichneten Inhalt (§ 160a I) in die Reinschrift des richterl Protokolls überträgt (schreibt; St/Roth Rn 5; aA MK/Fritsche Rn 1).

3) Form und Frist. Zum Protokoll als elektron Dokument s § 160a Rn 10. Wird das Protokoll als Schriftstück 4
hergestellt, bedarf es ordnungsgemäßer **Unterschriften** (BGH MDR 2017, 417 Tz 13; sa § 130 Rn 9); eine Paraphe (Handzeichen) genügt nicht (s BGH NJW 2007, 3210). Funktionsbezeichnung sollte hinzugesetzt werden, ist aber nicht zwingend. Einen **Zeitpunkt** für die Unterzeichnung schreibt § 163 nicht vor; sie sollte in der Sitzung oder alsbald danach erfolgen (BGH NJW 58, 1237). Das Protokoll kann aber auch noch längere Zeit nach der Sitzung, auch während eines Rechtsmittelverf, unterzeichnet werden (BGH NJW 58, 1237; Ausnahme bei Verkündungsprotokoll s § 160 Rn 11).

5 **III) Verhinderungsfälle (§ 163 II).** Die Verhinderung muss länger andauern, zB längerer Urlaub oder Erkrankung auf unabsehbare Zeit. Ausscheiden aus dem Richteramt (BGH MDR 2011, 681, 682) oder des UrkB aus dem Justizdienst (OLG München OLGZ 1980, 465) begründen Verhinderung, jedoch **nicht** die Änderung der Geschäftsverteilung (allgM), Abordnung oder Versetzung des Richters (ebenso UrkB) an ein anderes Gericht, weil der Richter oder UrkB seine Amtsgewalt so nicht verliert (OLG Schleswig SchlHA 60, 145; OLG Hamm OLGZ 79, 376, 381 zum UrkB; MK/Fritsche Rn 5; aA OLG Stuttgart MDR 76, 673). Der Verhinderungsgrund sollte **im Protokoll vermerkt** werden (II 3; dazu s § 315 Rn 5); fehlt die Angabe, hat dies aber auf Rechtsgültigkeit und Beweiskraft keinen Einfluss (MskV/Stadler Rn 4).

6 **1) Kollegialgericht.** Für den **verhinderten Vors** unterschreibt der älteste beisitzende Richter (**II 1 Hs 1**); maßgebl ist (entspr § 21f II, § 197 GVG) das Dienst-, nicht das Lebensalter. Bei Verhinderung sowohl des Vors als auch des ältesten Beisitzers unterschreibt der (nächst-)jüngere Beisitzer; denn § 163 II 1 regelt nur die Reihenfolge der Vertretung, schließt aber den jüngeren Richter von der Vertretung nicht aus. Unterzeichnung bei Verhinderung des Vors und aller Beisitzer ist ebenso nicht geregelt; hier muss Unterzeichnung durch den (zugezogenen) UrkB genügen (II 1 Hs 2 entspr).

7 **2) Einzelrichter.** Bei (nicht nur vorübergehender) Verhinderung des Einzelrichters, Amtsrichters, beauftragten oder ersuchten Richters oder Rpflegers unterzeichnet nur der UrkB, sofern er zur Sitzung zugezogen war (**II 1 Hs 2**). Der nicht hinzugezogene UrkB, der gem I 2 letzter Hs nur die Übertragung der in seiner Abwesenheit gefertigten Tonaufnahme in das Protokoll auszuführen hatte, kann den Richter nicht in der Unterschrift vertreten.

8 **3) Urkundsbeamter.** Bei Verhinderung des zugezogenen UrkB unterzeichnet der Vors (der vertretende Beisitzer, s Rn 6), ER usw oder Rpfleger allein (**II 2**), und zwar auch bei nur vorläufiger Protokollaufzeichnung durch den UrkB (§ 160a I).

9 **4) Alle Unterzeichnenden.** Sind (alle) Richter und der UrkB verhindert oder war kein UrkB zugezogen, kommt ein Protokoll nicht zustande.

§ 164 Protokollberichtigung

(1) Unrichtigkeiten des Protokolls können jederzeit berichtigt werden.

(2) Vor der Berichtigung sind die Parteien und, soweit es die in § 160 Abs. 3 Nr. 4 genannten Feststellungen betrifft, auch die anderen Beteiligten zu hören.

(3) [1]Die Berichtigung wird auf dem Protokoll vermerkt; dabei kann auf eine mit dem Protokoll zu verbindende Anlage verwiesen werden. [2]Der Vermerk ist von dem Richter, der das Protokoll unterschrieben hat, oder von dem allein tätig gewesenen Richter, selbst wenn dieser an der Unterschrift verhindert war, und von dem Urkundsbeamten der Geschäftsstelle, soweit er zur Protokollführung zugezogen war, zu unterschreiben.

(4) [1]Erfolgt der Berichtigungsvermerk in der Form des § 130b, ist er in einem gesonderten elektronischen Dokument festzuhalten. [2]Das Dokument ist mit dem Protokoll untrennbar zu verbinden.

1 **I) Zweck.** Bereinigung von Protokollunrichtigkeiten. Entspr anwendbar auf Feststellung eines schriftl Vergleichs (§ 278 VI 3) und auf Berichtigung der Insolvenztabelle (§ 4 InsO; BGH MDR 2020, 1147).

1a **II) Berichtigung (§ 164 I). 1) Kein Antragserfordernis.** Protokollberichtigung kann auf Antrag der Parteien, aber auch vAw erfolgen. Rechtl Gehör ist in beiden Fällen zu gewähren (Rn 4).

2 **2) Unrichtigkeit.** Berichtigt werden kann jede – auch eine nicht entscheidungserhebl – sachl oder förml Unrichtigkeit des Protokolls. Unrichtig ist ein Protokoll, wenn sein Inhalt (§ 160) nicht dem entspricht, was **tatsächl in der mündl Verhandlung vorgegangen** ist (BAG NJW 2009, 1162, 1163). Ein unvollständig dokumentierter Vorgang kann ergänzt (OLG Hamm OLGZ 79, 376, 381), **nicht** jedoch ein im Protokoll vollständig **fehlender Vorgang** nachträgl aufgenommen werden, denn in diesem Fall handelt es sich nicht um Beseitigung einer Unrichtigkeit, sondern um eine Ergänzung, so dass § 160 IV gilt (OLG Brandenburg MDR 2019, 185 zur Entscheidungsverkündung; OLG Schleswig MDR 2011, 751 zu Parteiäußerungen; OLGR Frankfurt 2005, 463 zu weiteren Zeugenangaben; aA LG Darmstadt 30.8.2021 – 26 O 48/21; s § 139 Rn 13a zum Hinweis nach § 139 IV). Keine Unrichtigkeit liegt vor, wenn in der Sitzung unterlaufene Fehler im Protokoll wiedergegeben werden, zB ein unvollständig verkündeter Urteilstenor (BGH NJW 2014, 1304 Tz 17).

3 Erklärungen der Parteien, die gem § 162 wie tatsächl geschehen **als „vorgelesen und genehmigt" protokolliert** wurden, können nicht nachträgl berichtigt werden (OLG Hamm MDR 83, 410). Keiner Berichtigung gem § 164 *(und gem § 319, s § 319 Rn 3) zugängl* sind daher (selbst unstreitige) Falschbezeichnungen und Kalkulationsfehler der Parteien im Vergleich (BAG NJW 2009, 1161); diese können nur in der Form eines nochmaligen Prozessvergleichs berichtigt werden (BayVerfGH NJW 2005, 1347 [Rechenfehler bezügl Kostenregelung]; OLG

Frankfurt MDR 86, 152). Auch eine Berichtigung analog § 44a II 1 BeurkG ist wegen der abschließenden Regelung der §§ 319, 164 nicht mögl (LG Nürnberg-Fürth NJW-RR 2018, 1343; aA LAG Hamm 28.2.2012 – 18 Sa 1144/09; Zimmer JZ 2009, 423, 425). Erst recht begründet die Abänderung eines Vergleichs durch eine spätere Änderungsvereinbarung keine Unrichtigkeit des Protokolls (zur Verlängerung der Widerrufsfrist s § 794 Rn 10c). Zulässig ist aber eine Berichtigung, wenn die vorläufig aufgezeichnete (§ 160a) Fassung vorgelesen und genehmigt wurde und allein die spätere Niederschrift falsch ist (OLG Frankfurt MDR 86, 152). Wird ein bei Vergleichsschluss vereinbarter Widerrufsvorbehalt versehentl nicht protokolliert, kann Ergänzung des insoweit unvollständigen Protokolls erfolgen (OLG Koblenz MDR 2013, 618 = NJW-RR 2013, 894), als „vorgelesen und genehmigt" darf der Widerrufsvorbehalt dann aber nicht bezeichnet werden (Folge: s § 162 Rn 6).

3) Zeitpunkt. I gestattet Berichtigung „jederzeit", also auch noch nach Einlegung eines Rechtsmittels (BGHZ 26, 340 = NJW 58, 711; BVerwG MDR 81, 166; OLG Hamm OLGZ 79, 376, 381) und sogar nach rechtskräftigem Verfahrensabschluss (wegen Bedeutung des Protokolls als öffentl Urk in anderen Verf). 3a

4) Gebundene Entscheidung. Mögl ist Berichtigung nur durch die nach III Zuständigen (s Rn 5); sie setzt **sichere Erinnerung** dieser Personen voraus (aber keine Offenkundigkeit, OLG München OLGZ 80, 465, 466); diese kann sich auch auf Unterlagen (vorläufige Aufzeichnungen) stützen. Stimmen die Urkundspersonen nicht überein, ist Berichtigung ausgeschlossen (OLG Saarbrücken NJW 72, 61). Sonst besteht **kein Ermessen**; feststehende Unrichtigkeiten sind zu beheben. 3b

III) Rechtliches Gehör (§ 164 II). Zu hören sind die Parteien (auch Streitgehilfen, § 68), nicht aber der untätig gebliebene Streitverkündungsempfänger (§ 74 II; MskV/Stadler Rn 3; MK/Fritsche Rn 3; aM St/Roth Rn 6), bei Berichtigung der Aussage eines Zeugen, SV oder einer vernommenen Partei auch diese Beweisperson. Die Anhörung kann schriftl oder mündl erfolgen. Anhörungsberechtigt sind nur die III genannten Urkundspersonen (OLG München OLGZ 80, 465, 467). Bei schlichtem (aus der vorläufigen Aufzeichnung ersichtl) Übertragungsfehler ist Anhörung entbehrl (Franzki DRiZ 75, 97, 101), ebenso bei formalen Korrekturen, die den Beteiligten nicht beschweren. 4

IV) Zuständigkeit. 1) Unterzeichner des Protokolls. Die Berichtigung obliegt den Urkundspersonen des § 163, die durch ihre Unterschrift die Verantwortung für die Richtigkeit des ursprüngl Protokolls übernommen haben (vgl III 2). Jedoch hat der gem § 163 II ersatzlos an der Unterzeichnung verhindert gewesene **Richter** gleichwohl die Berichtigung des ursprüngl vom UrkB allein unterzeichneten Protokolls mit zu unterschreiben. Der **UrkB**, der zur Sitzung nicht hinzugezogen war, sondern nur die Übertragung der vorläufigen Aufzeichnung vorgenommen hat (§ 163 I 2 letzter Hs), hat bei Protokollberichtigung nur mitzuwirken und zu unterschreiben, soweit die Unrichtigkeit auf einem Übertragungsfehler beruht. 5

2) Vertretungsfälle. Bei Verhinderung (s § 163 Rn 5) eines zur Berichtigung berufenen Richters wird dieser entspr § 163 II vertreten (LAG Berlin-Brandenburg MDR 2019, 442). Bei Verhinderung aller beteiligten Richter kann daher auch der (zugezogene) UrkB das Protokoll allein berichtigen (vgl LAG Berlin-Brandenburg MDR 2019, 442; St/Roth Rn 11; aA Franzki DRiZ 75, 97, 101). 6

V) Entscheidung (§ 164 III, IV). 1) Berichtigungsvermerk. Die Berichtigung wird bei einem Protokoll als **Schriftstück** entweder am Protokollrand neben der Unrichtigkeit oder auf einer mit dem Protokoll zu verbindenden Anlage vermerkt (**III 1**; nicht „Beschluss"); auch im letzteren Fall ist ein Hinweis auf die Anlage am Protokollrand nötig (BGH VersR 86, 487). Der Berichtigungsvermerk ist von den zuständigen Urkundspersonen zu unterschreiben (**III 2**); Handzeichen genügt nicht (LG Frankfurt JurBüro 93, 745). Die berichtigte Stelle des Protokolls darf weder verändert (korrigiert) noch unkenntl gemacht (durchgestrichen) werden. Soweit das Protokoll den Beteiligten bereits mitgeteilt worden war, ist ihnen der Berichtigungsvermerk formlos zuzusenden. 7

Auf **elektronischem Weg** (§ 130b) kann Berichtigung des Protokolls in einem gesonderten Dokument (nicht: durch Änderung des gespeicherten Originalprotokolls) erfolgen (**IV**). Der elektronische Berichtigungsvermerk ist von den in **III 2** genannten Personen zu signieren (Form: § 130b) und mit dem elektronischen Protokoll untrennbar zu verbinden (in eIP durch sog Siegelverbund). Auch bei Fertigung des Protokolls in herkömml Form kann elektronische Berichtigung erfolgen; mit dem Protokoll ist dann nach **III 2** ein für die Akten gefertigter Ausdruck (§ 298) zu verbinden (Begr BTDrs 15/4067, 31, 32). 8

Die Berichtigung hat grds **Rückwirkung** (WSch/Smid/Hartmann Rn 20). Bei Widerspruch zwischen Urteil und (berichtigtem) Protokoll ist daher Letzteres maßgebl (§ 165; RG DJ 40, 207; s § 314 Rn 8). Keine Rückwirkung hat die Protokollberichtigung, wo das Protokoll eine im materiellen Recht vorgeschriebene Beurkundungsform ersetzen soll (s § 137 Rn 5). 9

2) Ablehnung. Die Ablehnung eines Antrags auf Berichtigung erfolgt (nach Anhörung gem II; s Rn 4) in Form eines **Beschlusses**, also ohne Mitwirkung des UrkB (MskV/Stadler Rn 7; WSch/Smid/Hartmann Rn 17; aM St/Roth Rn 17: Beschl des Richters und des UrkB). 10

VI) Rechtsmittel. 1) Ablehnung. Wird die Berichtigung abgelehnt, kann ein Rechtsmittel nicht zulässig sein, soweit die Urkundspersonen eine Unrichtigkeit **aus inhaltl Gründen** verneinen; denn das Beschwerdegericht 11

ist zu einer sachl Prüfung des Protokollinhalts mangels Teilnahme an der Sitzung nicht im Stande (BGH MDR 2017, 305 Tz 9; OLG Frankfurt NJW-RR 2007, 1142; OLG Koblenz MDR 2012, 1061 = NJW-RR 2012, 1277). Das gilt auch, wenn sich die Unrichtigkeit aus den Akten ergeben soll (BGH MDR 2017, 305 Tz 9; aA OLG Frankfurt NJW-RR 2013, 574: fehlerhafte Bezeichnung im Rubrum). Überprüfung des Protokolls würde wie Aufnahme durch Teilnahme an der Verhandlung erlangtes eigenes Wissen erfordern; dieses kann das Beschwerdegericht auch nicht dadurch erlangen, dass es sich durch Anhörung des Erstrichters und UrkB sachkundig macht (nicht zutr daher OLG Koblenz MDR 86, 593). Bei Ablehnung der Berichtigung **aus anderen als inhaltl Gründen**, zB als unzulässig (OLG Düsseldorf MDR 2002, 230 = NJW-RR 2002, 863) oder verspätet (OLG Schleswig MDR 2011, 751), findet aber gegen eine amtsgerichtl oder erstinstanzl landgerichtl Entscheidung sof Beschwerde (§ 567 I Nr 2) oder befristete Erinnerung (§ 573 I) statt.

12 **2) Berichtigung.** Gegen die Berichtigung ist ebenfalls kein Rechtsmittel statthaft, wenn ihre **sachl Richtigkeit** angegriffen wird (BGH MDR 2005, 46 = NJW-RR 2005, 214; OLG Koblenz NJW-RR 2013, 894; auch BAG NJW 2009, 1161). Eine sof Beschwerde ist nicht vorgesehen (§ 567 I Nr 1). Auch die Erinnerung (§ 573) ist ausgeschlossen, wenn die Berichtigung durch den beauftragten oder ersuchten Richter oder durch den UrkB (zulässig, s Rn 6) allein erfolgt ist. Allerdings ist die sof Beschwerde analog § 567 St/Roth Rn 18) statthaft, wenn die **Berichtigung unzulässig** war (OLG Hamm MDR 83, 410: Berichtigung eines Vergleichs), das Berichtigungsverf beanstandet wird (LG Frankfurt JurBüro 93, 744) oder wenn die Berichtigung von einem hierzu Unbefugten (s Rn 5) vorgenommen wurde (OLG Koblenz Rpfleger 69, 137; LAG Hamm MDR 88, 172).

§ 165 Beweiskraft des Protokolls

[1]Die Beachtung der für die Verhandlung vorgeschriebenen Förmlichkeiten kann nur durch das Protokoll bewiesen werden. [2]Gegen seinen diese Förmlichkeiten betreffenden Inhalt ist nur der Nachweis der Fälschung zulässig.

1 **I) Zweck.** Ges Beweisregel (§ 286 II) für die Förmlichkeiten der Güteverhandlung (§ 278 II) und mündl Verhandlung, um Unklarheiten für den weiteren Prozessverlauf zu vermeiden. Sie schränkt den Grundsatz freier Beweiswürdigung ein. IÜ Beweiswirkung als öffentl Urk (s vor § 159 Rn 3).

2 **II) Förmlichkeiten.** Sie betreffen den **äußeren Hergang** der Verhandlung im Gegensatz zu ihrem Inhalt (RGZ 107, 142, 144; BSG NJW 63, 1125). Zu den Förmlichkeiten gehören der Inhalt des Protokolls nach § 160 I (BGH NJW-RR 90, 342 für An-/Abwesenheit des Parteivertreters; BAG NJW 2008, 1021 u OLG Köln OLGZ 85, 318 für öffentl Verhandlung) und die Feststellungen nach § 160 II, soweit sie den äußeren Ablauf betreffen, zB Aufruf der Sache nach § 220 I (MK/Fritsche Rn 3), die Tatsache der Güteverhandlung unter Erörterung des Sach- und Streitstandes (§ 278 II) und der mündl Verh (OLG Saarbrücken NJW 72, 61) sowie der Verhandlung über das Ergebnis der Beweisaufnahme (§ 285 I) unter Erörterung des Sach- und Streitstandes (§ 279 III; BGH NJW 2012, 2354; BFH/NV 2023, 729). Hierher gehört auch die einseitige oder übereinstimmende Erledigterklärung nebst Kostenanträgen, wenn man sie nicht zu den Sachanträgen zählt (MskV/Stadler Rn 2; St/Roth Rn 11; MK/Fritsche Rn 3; aA OVG Berlin NJW 70, 486). Förmlichkeiten nach § 160 III sind das Stellen der Sachanträge einschließl deren Inhalt (RGZ 146, 133, 143; BAG NJW 91, 1630, 1631; OLG Bremen NJW 63, 1157), dass ein Zeuge, SV und eine vernommene Partei ausgesagt hat und die Entscheidungsverkündung (§ 160 III Nr 7; BGH MDR 95, 198 = NJW 94, 3358; BGH MDR 2012, 424 = NJW 2012, 1591 Tz 12; BGH MDR 2015, 852 = NJW 2015, 2342 Tz 11). Schließlich gehört zu den Förmlichkeiten auch der Vermerk nach § 162 I 2.

3 **Nicht zu den Förmlichkeiten** gehören die Protokollfeststellungen nach § 160 III Nr 1, 3, 4, 5, 6, 8, 9 u 10 über den **Inhalt** von Parteierklärungen (für Klagerücknahme BSG NJW 63, 1125; für Rechtsmittelverzicht BGH MDR 2008, 100 = NJW-RR 2007, 1451; aA BGH NJW-RR 94, 386). Auch die Feststellung von Abschluss und Inhalt eines Vergleichs (BGHZ 142, 84 = MDR 99, 1150 = NJW 99, 2806, 2807) sowie der Inhalt von Zeugen- (BGH NJW 82, 1052, 1053), SV- und Parteiaussagen (BGH NJW-RR 94, 386) und das Ergebnis eines Augenscheins sind damit keine Förmlichkeiten. Ebenso wenig zu den Förmlichkeiten gehören Feststellungen zu Inhalt der Güteverhandlung und der Entscheidungsinhalt (aA RGZ 146, 133, 143) und richterl Hinweise (aA BFH BFH/NV 2024, 529; s § 160 Rn 3). Auch nach § 160 II zu protokollierende Prozessanträge (BGH BPatGE 22, 295; OLG Koblenz MDR 75, 63; s § 160 Rn 6) und Verfahrensrügen (SächsOVG NJ 2023, 123) betreffen keine vorgeschriebenen Förmlichkeiten.

4 **III) Beweiswirkung. 1) Beweisregel.** Als Beweisregel bestimmt § 165 eine Ausnahme von § 286 (auch § 415 II und § 418 II); andere Beweismittel (damit Gegenbeweis) sind hier ausgeschlossen. Feststellung einer Förmlichkeit im (auch berichtigten, BFH 30.1.2003 – XI ZB 144/02) Protokoll beweist, dass sie gewahrt ist; dass eine *Förmlichkeit nicht beachtet* worden ist, ist bewiesen, wenn das Protokoll sie nicht feststellt (OLG Frankfurt FamRZ 82, 808, 810). Zweifel an der Richtigkeit des Protokolls, selbst die Wahrscheinlichkeit seiner Unrichtigkeit, beseitigen die Beweiskraft noch nicht (OLG Saarbrücken NJW 72, 61). Sie **entfällt nur** bei aus dem Proto-

koll selbst ersichtl Mängeln (s Rn 6) oder Fälschung (S 2; s Rn 7). Abhilfe bei Unrichtigkeit ist nur durch Berichtigung (§ 164) mögl (BAG NJW 65, 931).

Die erhöhte Beweiskraft des § 165 für die Förmlichkeiten der mündl Verhandlung ist **auf das Verf beschränkt**, in dem die Niederschrift aufgenommen wurde (BGH ZIP 2020, 1080 Tz 96). Für einen anderen Rechtsstreit (BGH NJW 63, 1060, 1062) oder ein behördl Verf gilt § 165 nicht (insoweit § 286 I, § 415). Er gilt auch nicht in einem anschließenden Kostenfestsetzungsverf (s § 104 Rn 8), nicht im Kostenansatzverf (§ 19 GKG) und nicht für Berechnung und Festsetzung der RA-Vergütung (§§ 10, 11 RVG). Für Gebührentatbestände des GKG und RVG können alle Feststellungen und Unterlassungen im Sitzungsprotokoll mit vollem Gegenbeweis entkräftet und ergänzt werden (OLG Frankfurt JurBüro 78, 446; OLG Hamm MDR 72, 1044; OLG Koblenz JurBüro 80, 1846; OLG München NJW 64, 1377, 1378), so dass Protokollberichtigung gem § 164 nicht zwingend ist. 5

2) Entkräftung. a) Äußere Mängel des Protokolls (§ 419) können seine Beweiskraft in Frage stellen (BGH NJW 85, 1782; BGH FamRZ 2010, 1326). Fehlen die nach § 163 erforderl **Unterschriften** oder sind sie nicht ordnungsgemäß, fehlt dem Protokoll jede Beweiskraft; es bleibt dann ein bloßer Entwurf (BGH MDR 2017, 417). Dass das unterschriebene Protokoll nicht zum Akt gelangt ist, ist hingegen unerhebl (BGH MDR 2022, 1435). – Eine widersprüchl oder offensichtl **lückenhafte Protokollierung** eines wesentl Prozessvorgangs begründet die formelle Beweiskraft des § 165 nicht (BGHZ 26, 340, 343 = NJW 58, 711; BGH NJW 90, 121, 122; OLG Frankfurt FamRZ 82, 809, 810). Die Niederschrift ist dann der Auslegung zugängl (freie Beweiswürdigung unter Heranziehung aller verfügbaren Erkenntnisquellen, BGH VersR 1986, 487). 6

b) Nach S 2 entfällt Beweisregel bei **Fälschung**. Dies ist wissentl falsche Beurkundung oder nachträgl Verfälschung iS §§ 267, 271, 348 StGB (BGH NJW-RR 2015, 508 Tz 7; BAG NJW 2008, 1021, 1022). Nachweis des Irrtums des UrkB oder der objektiven Unrichtigkeit genügt nicht. An die Darlegung einer Fälschung dürfen keine überspannten Anforderungen gestellt werden (BGH NJW 1985, 1782, 1783; BGH MDR 2008, 706 = NJW-RR 2008, 804); einer strafrechtl Verurteilung bedarf es nicht (MskV/Stadler Rn 5). 7

Titel 2
Verfahren bei Zustellungen (§§ 166-195)

Untertitel 1
Zustellungen von Amts wegen (§§ 166-190)

§ 166 Zustellung

(1) Zustellung ist die Bekanntgabe eines Dokuments an eine Person in der in diesem Titel bestimmten Form.

(2) Dokumente, deren Zustellung vorgeschrieben oder vom Gericht angeordnet ist, sind von Amts wegen zuzustellen, soweit nicht anderes bestimmt ist.

I) Allgemeines. 1) Begriff (§ 166 I). Zustellung ist die in ges Form zu bewirkende Bekanntgabe eines Dokuments an den Zustellungs**adressaten** (die Person, an die die Zustellung formell gerichtet ist, s §§ 170-172, vgl § 182 II Nr 1). Vom Zustellungsadressaten ist der Zustellungs**empfänger** als die Person, der das Schriftstück übergeben wird (vgl § 182 II Nr 2; in den Fällen des § 178 die Ersatzperson), zu unterscheiden. Das **bekanntzugebende Dokument** kann elektronisches Dokument (§§ 130a, 130b) oder Schriftstück sein. 1

2) Bedeutung. Die Zustellung soll dem Adressaten Gelegenheit zur Kenntnisnahme von einem Dokument verschaffen (BVerfGE 67, 208, 211 = NJW 84, 2567, 2568; BGHZ 118, 45, 47 = NJW 92, 2280). 2

3) Anwendungsbereich. §§ 166 ff sind in allen Fällen gesetzl oder gerichtl angeordneter Zustellung anwendbar. **Gesetzl Bestimmung** darüber, welche Dokumente zuzustellen sind, treffen die Einzelvorschriften des Verfahrensrechts (zB § 70 S 2, § 73 S 2 Hs 1, § 104 I 3, § 239 III 1, § 241 I u II, § 244 I, § 246 II, § 250, § 253 I iVm § 271 I, § 269 II 3, § 270 S 1, § 274 II, § 317 I 1, § 321 III 2, § 329 II 2, III, § 340a S 1, § 491 I, § 498, § 521 I, § 544 VI 3, § 550 II, § 566 V 2, § 575 IV 2, § 693 I, § 699 IV 1, § 763 II, § 802f VI 1, § 826 II, § 829 II, § 843 S 2 u 3, § 850h I 3, § 850k IX 4, § 922 II). Ist keine Zustellung vorgeschrieben, kann das **Gericht** (Richter [der Vors] oder Rpfleger) die Zustellung nach pflichtgemäßen Ermessen durch Verfügung (BGH NJW 2012, 2588 Tz 22 aE) **anordnen** (II). Schließl kann Zustellung von WE von **jedermann** veranlasst werden (§ 132 I BGB). 3

4) Abgrenzung. Ist Zustellung weder vorgeschrieben noch angeordnet, erfolgt Bekanntgabe durch **formlose Mitteilung**, so zB nach § 73 S 2 Alt 2, § 104 I 4, § 105 II 2, § 141 II 2, § 251a II 3, § 270 S 1, § 329 II 1. Bei ihr müssen die Formen der Zustellung nicht gewahrt werden; es genügt jede Art der Übermittlung, die den Zugang 4 ausreichend sicherstellt, zB Übersendung durch einfachen Brief. Zulässig ist auch elektron Übermittlung auf einem anderem als sicheren Übermittlungsweg nach § 173 (OVG SchlH 21.1.2020 – 4 O 4/20); unverschlüsselte E-Mail sollte dennoch nicht genutzt werden. Formlose Mitteilung anstelle notwendiger (Rn 3) Zustellung ist unwirksam; Heilung nach § 189 ist wegen fehlender Zustellungsabsicht ausgeschlossen (s § 189 Rn 2).

5 **5) Sonderregelungen. a)** Im **FamFG** findet Bekanntgabe von Dokumenten statt, auf die aber (auch) die Regeln der §§ 166 ff anwendbar sind (§ 15 I, II FamFG), nicht jedoch in **Ehesachen** und **Familienstreitsachen** (§ 111 Nr 1, § 112 FamFG), hier gelten (nur) §§ 166 ff (§ 113 I FamFG). **Weitere Sondervorschriften** über die Zustellung enthalten § 50 ArbGG, § 209 V BEG, § 30 BRAO, § 8 u § 307 I 3 InsO, § 37 StPO, §§ 3-8 ZVG.

6 **b)** Für die Zustellung an **Soldaten der Bundeswehr** gibt der Erlass des Bundesministers der Verteidigung v 23.7.1998 (VMBl 1998, 246), zul geändert durch Erlass v 5.10.2016 (GMBl 2016, 1047, bereinigte Fassung: JMBl NRW 2017, 78), noch Einzelhinweise. Für Zustellung an **Angehörige der Stationierungstruppen** gelten Art 32, 36, 37 des Zusatzabkommens zum NATO-Truppenstatut (BGBl II 1961, 1218). Danach kann Zustellung an Truppenmitglieder, ziviles Gefolge und Angehörige auch über die zuständige Verbindungsstelle erfolgen (Art 32 I); wird unmittelbar zugestellt, ist schriftl Anzeige bei der Verbindungsstelle (Art 32 II; vgl BGH VersR 2017, 1208: Amtspflicht) nach Vorgaben des Art 4c des Gesetzes zum NATO-Truppenstatut und zu den Zusatzvereinbarungen v 18.8.1961 (BGBl II 1961, 1183; FNA 57-1), zuletzt geändert durch VO v 31.8.2015 (BGBl I 2015, 1474), erforderl; dazu Wiener DGVZ 2013, 105. Anschriften der Verbindungsstellen für Zustellungen an ausländische Soldaten in Deutschland bei Freitag FoVo 2009, 209.

7 **II) Arten der Zustellung (§ 166 II).** Die ZPO unterscheidet zwischen Zustellung **vAw** (§§ 166-190; ist die Regel) und Zustellung auf **Betreiben einer Partei** (§§ 191-195). Zustellung im Parteibetrieb findet nur in den gesetzl zugelassenen oder vorgeschriebenen Fällen statt (iE s § 191 Rn 1). Zustellung vAw an Stelle einer Zustellung im Parteibetrieb ist ebenso unwirksam (RGZ 169, 282; OLG Stuttgart NJW 61, 81) wie umgekehrt Zustellung im Parteibetrieb statt vAw (Ausnahme § 195 I 2); Heilung ist ausgeschlossen (s § 189 Rn 3).

8 **III) Voraussetzungen. 1) Zustellungsabsicht.** Bekanntgabe durch Zustellung erfordert Zustellungsabsicht des UrkB. Wenn Zustellung durch Verfügung des Richters oder Rpflegers angeordnet ist (s Rn 3), kommt es auf dessen Willensäußerung an (BGH NJW 56, 1878). Der Wille zur Zustellung muss sich grds auf den Zustellungsadressaten (Ausnahme: Rn 6) und bei mehreren Beteiligten auf jeden einzelnen beziehen (BGH NJW 2017, 2472 = MDR 2017, 1078 Tz 36; BGH NJW-RR 2017, 1086 Tz 13; OLG Karlsruhe JurBüro 2015, 203). Zustellung ohne Zustellungsabsicht äußert keine Zustellungswirkung; eine Heilung nach § 189 ist idR ausgeschlossen (s § 189 Rn 2). Auf die Form des Schriftstücks (begl Abschrift, Ausfertigung) braucht sich der Zustellungswille nicht zu erstrecken (wirksame Urteilszustellung daher durch Übergabe einer Ausfertigung statt, wie gewollt, einer begl Abschrift, BGH NJW 59, 885; sa Rn 9). Zustellungsabsicht **fehlt**, wenn nur formlose Übersendung („zur Kenntnisnahme", § 270) erfolgen sollte (BGH FamRZ 93, 309; BGH MDR 2001, 1071 = NJW 2001, 3713, 3714; OLG Hamm FamRZ 2015, 1124; OLG Naumburg FamRZ 2006, 956), ebenso bei Übermittlung des Dokuments ohne Einschaltung der GeschSt bzw des GV (Ausnahme: § 195) wie zB bei Einwurf in den Hausbriefkasten durch einen Boten (s § 845 Rn 3) oder bei zufälligem Zugang beim Adressaten, zB Entnahme eines Schriftsatzduplikats bei Aktendurchsicht des Anwalts vor Zustellungsanordnung (OLG Köln FamRZ 86, 278). Formlose Mitteilung des Entwurfs der Klageschrift im PKH-Verf ist demnach keine die Rechtshängigkeit begründende Zustellung (s § 117 Rn 13). Die Zustellungsabsicht kann sich bei einem einheitl Schriftstück auch nur auf Teile erstrecken, insb einzelne Anträge (BayObLG NJW-RR 2020, 1260). Sie entfällt, wenn vor Entgegennahme des Schriftstücks (oder gleichzeitig) ein **Widerruf der Zustellungsabsicht** zugegangen ist (RGZ 150, 392, 394). Ein solcher Widerruf ist noch nicht in der Rückforderung des Schriftstücks „zur Berichtigung" zu sehen (BGH NJW-RR 92, 251, 252; BGH NJW-RR 93, 1213, 1214), möglicherweise aber darin, dass zusätzl Rückleitung des (noch nicht unterzeichneten) Vordrucks für das EB verlangt wird (BGH NJW-RR 92, 251, 252).

9 **2) Zuzustellendes Dokument.** Das zuzustellende (zu übermittelnde) Schriftstück oder Dokument ist zu unterscheiden von dem bekanntzugebenden Dokument (s Rn 1). Es kann **bei Übermittlung in Papierform** Urschrift, Ausfertigung oder (begl) Abschrift des dem Adressaten zur Kenntnis zu bringenden Schriftstücks sein. Ist ein (gerichtl oder sonstiges) elektron Dokument anders als durch elektron Zustellung (§ 173) bekanntzugeben, ist Papierform der Abschrift oder Ausfertigung durch Ausdruck vom Gericht herzustellen (BTDrs 15/4067, 31; sa § 133 Rn 2). Bestimmung darüber, in welcher Form das Schriftstück zuzustellen ist, treffen die Vorschriften des Verfahrensrechts (zB § 317 I 1, §§ 377, 402, 750 I, II). Ist nichts bestimmt, genügt Übergabe einer **begl Abschrift** (s § 169 Rn 8), nicht jedoch einer einfachen Abschrift (BGH MDR 2022, 846; BGH NJW 2016, 1517 Tz 10, ganz hM; aA MK/Häublein/Müller § 169 Rn 3 ff; sa § 169 Rn 12, § 189 Rn 9). Das gilt auch, wenn das bekanntzugebende Dokument ein elektron Dokument ist (aA FG Nürnberg 5.10.2020 – 4 K 635/20); die Formenstrenge des Zustellungsrechts verbietet es, ohne gesetzl Regelung an die Stelle der Beglaubigung Prüfprotokoll oder Transfervermerk zu setzen. Die begl Abschrift beweist als öffentl Urk den Wortlaut des bei den Akten verbleibenden (ggf elektron) Dokuments. Zustellung in begl Abschrift erfüllt somit deren Zweck, dem Adressaten *Gelegenheit zur Kenntnisnahme zu verschaffen* (Rn 2). Demgegenüber vertritt eine **Ausfertigung** als in ges bestimmter Form (s § 317 Rn 4) gefertigte Abschrift weitergehend die Urschrift nach außen (BTDrs 17/12634, 30). Zustellung einer vollständigen Ausfertigung anstelle der vorgeschriebenen begl Abschrift ist demnach we-

der unzulässig noch unwirksam (BGH NJW 59, 885; St/Thöne § 169 Rn 16). Ebenso genügt es, wenn anstelle der begl Abschrift die **Urschrift** übermittelt wird (BAG NJW 2015, 3533 Tz 35).

Bei elektron Übermittlung kann ein bekanntzugebendes **elektron Dokument als solches** elektronisch übermittelt werden, da es beliebig vervielfältigbar ist. Einer Beglaubigung bedarf es bei elektron Zustellung (§ 173) nach § 169 V idR nicht. Die Zustellung einer elektron „Ausfertigung" ist hingegen nicht mögl, weil eine Ausfertigung Papierform erfordert (§ 317 II 1 Hs 2). Liegt bei beabsichtigter elektron Zustellung das bekanntzugebende Dokument in Papierform vor, ist eine **beglaubigte elektronische Abschrift** erforderl; ein Übertragungsnachweis für die Abschrift iSd § 298a II ersetzt die Beglaubigung nicht (§ 169 IV). 9a

3) Ausführung. Die Durchführung der Zustellung regeln §§ 168 ff. Der idR zuständige UrkB (§ 168 I) muss eine zulässige Zustellungsform (§§ 173-176) wählen, deren Voraussetzungen eingehalten sein müssen. Die **Beurkundung** (§ 182) ist kein notwendiger (konstitutiver) Bestandteil der Zustellung; sie dient nur dem Nachweis (BTDrs 14/4554, 15). 10

IV) Zustellungsmängel. Bei Verstoß gegen zwingende Zustellungsvorschriften ist eine Zustellung **unwirksam**, wenn keine **Heilung** nach §§ 189, 295 erfolgt (s § 189 Rn 1). Durch **Neuvornahme** der Zustellung kann ihre Unwirksamkeit ausgeräumt werden. Die neue Zustellung wirkt jedoch nicht zurück (Wirksamkeit, damit Fristbeginn, erst ab, Wahrung eines Termins erst mit fehlerfreier Neuzustellung). 11

§ 167 Rückwirkung der Zustellung

Soll durch die Zustellung eine Frist gewahrt werden oder die Verjährung neu beginnen oder nach § 204 oder § 204a des Bürgerlichen Gesetzbuchs gehemmt werden, tritt diese Wirkung bereits mit Eingang des Antrags oder der Erklärung ein, wenn die Zustellung demnächst erfolgt.

I) Bedeutung. Da das Zustellungsverf dem Einfluss der Verfahrensbeteiligten weitgehend entzogen ist, dürfen sie durch Verzögerungen dieses Verf nicht unvertretbar belastet werden (BGH NJW 2010, 856, 857 mwN). Die Vorschrift versucht, die Interessen des Zustellungsbetreibers mit denen des Zustellungsadressaten zu vereinbaren, indem sie die durch die Zustellung herbeizuführende Rechtswirkung zwar auf den Zeitpunkt zurück bezieht, zu dem das zuzustellende Schriftstück beim Gericht eingegangen ist, diese Rückwirkung jedoch einer zeitl Begrenzung („demnächst") unterwirft. Diese Regelung dient der Rechtssicherheit in 2-facher Weise: Sie gibt dem ASt die Möglichkeit, die Fristwahrung durch eigenes Handeln (Einreichung des Schriftstücks bei Gericht) sicherzustellen, und sie schützt das Vertrauen des Adressaten, eine durch Fristablauf erlangte Rechtsposition nicht zeitl unbegrenzt wieder verlieren zu können. Anwendungsprobleme ergeben sich allerdings aus der Unbestimmtheit des Kriteriums „demnächst" (s Rn 10 ff). 1

II) Anwendungsbereich. 1) Erfasste Zustellungen. § 167 gilt für alle Arten von Zustellungen, auch für solche im Parteibetrieb (§ 191), auch bei der Auslandszustellung (eingeh BGH NJW 2021, 1598 = MDR 2021, 765 [Fellner MDR 2021, 729]) sowie bei der öffentl Zustellung (St/Roth Rn 3). 2

2) Erfasste Fristen. § 167 erfasst insb alle Fristen, die durch **Zustellung einer bei Gericht einzureichenden Erklärung** zu wahren sind, zB Verjährungsfrist (§§ 204, 204a BGB), Klagefrist im Mieterhöhungsverf (§ 558b II BGB), Anfechtungsfrist nach dem AnfG (OLGR Frankfurt 1994, 263), Frist für aktienrechtl Anfechtungs- oder Nichtigkeitsklage (BGH NJW 89, 904, 905), Frist für Beschlussanfechtung nach § 45 WEG (BGH NJW 2009, 999), Klagefristen nach Art 12 NTS-AG (BGH VersR 79, 738; OLG Karlsruhe NZV 90, 28) u § 13 I 2 StrEG (BGHZ 170, 108), Frist für Kündigungsschutzklage nach § 4 KSchG, für Hauptsacheklage nach § 926 (OLG Celle MDR 2007, 1280). Zur Vollziehungsfrist nach § 929 s § 929 Rn 10. Hemmung der Verjährung tritt auch ein, wenn der Anspruch vor der Klagezustellung noch nicht verjährt wäre (BGH NJW 2010, 856) oder die Klageforderung vor der Zustellung abgetreten wird (BGH NJW 2013, 1730). Die Regelung ist auch anwendbar, wenn Sch befristet auf Verjährungseinrede verzichtet hat (BGH NJW 74, 1285; aA Haase JR 74, 470) oder wenn sie zum Eingreifen einer die Verjährung hindernden Überleitungsregelung führt (BGH NJW 2008, 1674). Berufung auf Rechtsmissbrauch bleibt mögl (BGH NJW 2002, 3110). 3

Materiell-rechtl Fristen, die sowohl durch gerichtl als **auch durch außergerichtl** Geltendmachung gewahrt werden können, werden nach der Rspr des BGH grds erfasst, wenn der Anspruchsteller die (stärkere) gerichtl Form wählt (BGHZ 177, 319 = NJW 2009, 765 mwN; St/Roth Rn 3; aA Schumann FS Stürner, 2013, S 573 f; Jacobs/Schindler FS Roth, 2021, S 373 ff mN zur teilw abw Rspr des BAG [zB BAGE 149, 326, BAG NZA 2016, 1154]). Nach BGH NJW 2014, 2568 wahrt die Einreichung einer gem § 167 zugestellten Räumungsklage auch die Frist für den Widerspruch nach § 545 BGB. Dem Antrag auf **Zustellung einer Willenserklärung** nach § 132 BGB wird fristwahrende Wirkung (zB für eine Anfechtung nach § 124 I, III BGB) zuerkannt (BGHZ 177, 319, 326 f = NJW 2009, 765, 767; WSch/Rohe Rn 6; aA LG Nürnberg-Fürth MDR 2006, 413; St/Roth Rn 6). Nicht anwendbar ist § 167 dagegen, wenn es für die Wirksamkeit einer Willenserklärung nicht auf den Zugang, 3a sondern auf die Absendung ankommt, zB Unverzüglichkeit der Irrtumsanfechtung nach § 121 I 2 BGB (BGH NJW 75, 39), Widerruf nach § 355 I 5 BGB.

4 **Nicht anwendbar** ist § 167, wo das Gesetz dem Eintritt der Rechtshängigkeit eine rechtsstärkende oder rechtsvermehrende Wirkung beilegt, zB in § 286 I 2, § 291, § 292, § 407 II, § 818 IV, §§ 987 ff, § 996, § 1002, § 1384, § 1613 I 1, § 2023 BGB, erst recht nicht, wenn die Rückwirkung für den Zustellungsveranlasser nachteilig wäre, zB bei der Wartefrist nach § 198 V 1 GVG (BGH NJW 2014, 2588, 2590). Wegen § 323 III s § 323 Rn 41.

5 **III) Eingang des zuzustellenden Schriftstücks.** Für den jetzigen Regelfall der elektron Einreichung (§ 130d) gilt § 130a V (s § 130a Rn 22). Soweit noch schriftl Einreichung mögl, kommt es darauf an, wann das Schriftstück in die Verfügungsgewalt des in der Adresse angegebenen Gerichts gelangt ist (BVerfG NJW 1980, 580), zB in Briefkasten, Post- oder gerichtsinternes Brieffach (BGH NJW 1986, 2646; BGH NJW 1984, 1237); durch Übergabe an GeschSt oder annahmebereiten Richter (nicht aber Hausmeister oder Reinigungskraft; MK/Häublein/Müller Rn 8); vollständige Speicherung von Telefax auf Empfangsgerät (BGH NJW 2006, 2263). Zuständigkeit des Eingangsgerichts spielt, anders als bei den gegenüber einem bestimmten Gericht zu erklärenden Prozesshandlungen, zB Rechtsmitteln (s § 519 Rn 13), keine Rolle, wenn auch die Zustellung durch unzuständiges Gericht fristwahrend wirkt (zu Klage s § 261 Rn 3). Zum **Beweis** des Eingangs s vor § 230 Rn 2 f.

6-9 Einstweilen frei.

10 **IV) Zeitliche Grenze. 1) Demnächst erfolgende Zustellung.** Wegen des gebotenen Vertrauensschutzes für den Empfänger macht § 167 die Rückwirkung davon abhängig, dass die Zustellung demnächst, dh in nicht allzu erhebl zeitl Abstand vom Fristablauf, erfolgt. Im Ansatz zutr legt die Rspr diesem Merkmal neben der zeitl eine wertende Komponente bei (WSch/Rohe Rn 12: ungeschriebenes Tatbestandsmerkmal), indem sie darauf abstellt, ob der Zustellungsbetreiber bzw sein ProzBev alles ihm Zumutbare für eine alsbaldige Zustellung getan hat (BGHZ 168, 306 = MDR 2007, 167; BGH NJW 2022, 2196), denn die gerechte Abwägung der beteiligten Interessen (s Rn 1) ist auch davon abhängig, wer für die Dauer des Zustellungsverf verantwortl ist. Dabei bleiben Versäumnisse der Partei, die sich auf die Dauer nicht ausgewirkt haben, außer Betracht (BGH MDR 2003, 568).

11 **a)** Bei allein (sonst s Rn 12) **vom Zustellungsbetreiber verursachten Zustellungsverzögerungen** schließt der BGH eine Rückwirkung aus, wenn die vorwerfbaren Umstände dazu geführt haben, dass die Zustellung sich gegenüber der normalen Dauer um mehr als 14 Tage, gemessen ab dem Ablauf der zu wahrenden Frist, verzögert hat (BGH NJW 2022, 2196). Für die Berechnung dieser Frist wird darauf abgestellt, um wie viele Tage sich der für die Zustellung der Klage ohnehin erforderliche Zeitraum infolge der Nachlässigkeit verzögert hat (BGH NJW 2015, 2666). Dabei werden vermeidbare Verzögerungen im Geschäftsablauf des Gerichts nicht angerechnet (BGH NJW 2000, 2282). Diese kurze Frist lässt sich nur schwer mit der in § 691 II getroffenen Wertung vereinbaren, wonach der Zustellungsadressat eine Rückwirkung auch dann noch hinnehmen muss, wenn der fristgerecht gestellte Antrag auf Erlass eines MB wegen formaler Mängel zurückgewiesen u sodann innerhalb 1 Monats Klage erhoben u demnächst zugestellt wurde, also auch noch bei einer vom Zustellungsbetreiber zu vertretenden Fristüberschreitung von mehr als 1 Monat (so auch BGHZ 150, 221 für die Zustellung des MB nach § 693 II aF; generalisierend BAG NJW 2018, 1038; anders jedoch BGHZ 175, 360 nach der [beabsichtigten] Vereinheitlichung der Rückwirkungsregelung in § 167 nF). Im Hinblick auf die vergleichbare Interessenlage vermag die (noch dazu sehr komplizierte) Rechtsprechung zu § 167 nicht zu überzeugen (ebenso WSch/Rohe Rn 46 ff; aA St/Roth Rn 11; MK/Häublein/Müller Rn 12 f). Bei fehlender Einzahlung des Gerichtskostenvorschusses wird die Regelung zudem durch eine 3-Wochen-Frist für die Erkundigungspflicht überlagert (s Rn 15) – insgesamt ein mit dem Gebot der Fristenklarheit nicht zu vereinbarender Zustand.

12 **b)** Bei **nicht vom Zustellungsbetreiber verursachten Verzögerungen im Geschäftsbetrieb** tendiert die Rspr zu einer sehr weiten Auslegung von „demnächst" und verneint eine absolute Zeitgrenze; selbst Verzögerungen von mehreren Monaten sind dann unschädl (BGH NJW 2022, 2196). Dabei wird vernachlässigt, dass der Adressat in seinem Vertrauen auf den Bestand der erworbenen Rechtsposition beeinträchtigt wird, während der Betreiber bei pflichtwidriger Verzögerung der Zustellung Amtshaftung geltend machen kann (vgl BGH VersR 83, 831). – Ergibt sich die längere Dauer aus **Besonderheiten des Zustellungsverf** (insb bei Auslandszustellung), kann allerdings auch eine Zustellung, die über 1 Jahr nach Ablauf der Verjährungsfrist stattfindet, noch „demnächst" sein (BGH NJW 2021, 1598 = MDR 2021, 765 [Fellner MDR 2021, 729]; BAGE 143, 50 = MDR 2013, 242; Brand NJW 2004, 1141). Nicht zurechenbar auch Verzögerung durch Fehlverhalten des Zustellungsorgans (BGH MDR 2024, 1604). Zu beiderseits verursachten Verzögerungen s BGH NJW 2023, 2945 Tz 6. Zu Nachfrageobliegenheit des Betreibers s Rn 15.

13 **c) Dem Adressaten zuzurechnende Verzögerungen** (zB falsche Adressangabe, verschleierter Wohnungswechsel, Inhaftierung) hindern die Rückwirkung nicht (BGH NJW 88, 411, 413; BGH NJW 93, 2614, 2615); der Betreiber muss jedoch innerhalb eines zumutbaren Zeitrahmens die mögl Maßnahmen (zB Antrag auf öffentl Zustellung) ergreifen.

14 **2) Beweislast.** Die Voraussetzungen des Merkmals „demnächst" sind vom Zustellungsbetreiber darzulegen u zu beweisen, ggf die fehlende Kausalität eigener Versäumnisse (BGH MDR 2007, 45, 46).

3) Einzelfälle zur Verantwortung des Zustellungsbetreibers. a) Verzögerungen durch gerichtliche Sachbehandlung sind dem Kl nicht anzulasten, zB unnötige Rückfragen (BGH NJW 84, 242); Zustellung an Partei statt an RA (BGH MDR 2019, 1521 [Greger MDR 2020, 212]). Für die Beantwortung von Anfragen kann der normale Büro- und Postweg gewählt werden (BGH VersR 92, 433, 434). – Eine **Erkundigungspflicht** bzgl der Ausführung der Zustellung trifft den Kl grds nicht, wenn er alles seinerseits Erforderl getan, insb den Gerichtskostenvorschuss (§ 12 I GKG) eingezahlt hat (BVerfG NJW 2012, 2869; BGHZ 168, 306; BGH NJW 2022, 2196; unrichtig OLG Brandenburg FamRZ 2023, 68 [Gottwald]). Bei Anfechtungsklage nach § 44 WEG hält BGH jedoch wegen des Gemeinschaftsverhältnisses Nachfrage innerhalb 1 Jahres für geboten (BGH MDR 2025, 31). 15

b) Den **Gerichtskostenvorschuss** (§ 12 I GKG) braucht der Kl nach stRspr nicht von sich aus mit der Klage bzw dem MB-Antrag einzuzahlen, er kann vielmehr die Anforderung durch das Gericht abwarten (BGH NJW 93, 2811; BGH NJW 2015, 3101, 3102; sa BVerfG NJW 2001, 1126 mwN). Bleibt die Anforderung aus, darf er aber nicht länger als angemessen untätig bleiben, sondern muss nachfragen, einzahlen oder Antrag nach § 14 GKG stellen. Als angemessen werden in der (unklaren) Rechtsprechung jedenfalls 3 Wochen ab Ablauf der durch die Klage zu wahrenden Frist angesehen (BGH NJW 2016, 568; nach BGH NJW 2017, 2623 Tz 18 5 Wochen, wohl gerechnet ab Einreichung der Klage). Nach Anforderung muss er so zeitig einzahlen, dass sich der für die Zustellung ohnehin erforderl Zeitraum nicht um mehr als ca 14 Arbeitstage verlängert (BGH NJW 2015, 2666). Dabei ist der Partei aber für die Erledigung der Einzahlung ein angemessener Zeitraum (idR 1 Woche) zuzugestehen (BGH MDR 2020, 364), der sich um einige weitere Tage verlängert, wenn der Vorschuss beim ProzBev angefordert wird (BGH MDR 2018, 177). Auf Vorschusszahlung durch seinen Rechtsschutzversicherer darf Kl nicht untätig warten (BGH VersR 68, 1062, 1063). 16

c) Führen vermeidbare (nicht unbedingt verschuldete, s BGH NJW 2016, 151) **Mängel der Klageschrift** zur Zustellungsverzögerung, ist diese dem Kl anzulasten, zB bei Angabe eines falschen Vornamens (BGH NJW 92, 1820, 1822) oder falscher Anschrift (BGH NJW 2016, 151); anders wenn auf Verhalten des Adressaten selbst beruhend (s Rn 13) oder wenn Kl mit Anschriftänderung beim Bekl nicht zu rechnen braucht (BGH NJW 93, 2614, 2615). Bis zu welchem Zeitraum dies gerechtfertigt ist, hängt von den Umständen des Einzelfalls ab (s. Rspr-Nw bei Orthmann NJW 2025, 634 ff, der bei jur Personen Überprüfung im Handelsregister, bei natürl iZw Anfrage beim Melderegister empfiehlt). – Bei Einreichung einer **im Ausland zuzustellenden Klage** ist der Kl nicht gehalten, eine nicht vorgeschriebene Übersetzung (BGH NJW 2021, 1598 = MDR 2021, 765 [Fellner MDR 2021, 729]) oder weitere Exemplare der Klageschrift beizufügen und die förml Zustellung zu beantragen (BGH NJW 2003, 2830; aA Brand NJW 2004, 1140). – **Fehlende Streitwertangabe** (§ 253 III Nr 2) ist unschädl, wenn Rückfrage des Gerichts innerhalb von 14 Tagen beantwortet wird (BGH NJW 1994, 1073). Entspr sollte für **fehlende Angaben zur außergerichtlichen Streitbeilegung** (§ 253 III Nr 1) gelten (s § 253 Rn 24). 17

d) Die Verzögerung durch ein **PKH-Verf** ist für die Verjährungshemmung in § 204 I Nr 14 BGB besonders geregelt; demnach genügt die Einreichung des erstmaligen Antrags auf PKH, wenn sie demnächst bekanntgegeben wird. IÜ kommt es dann zur Rückbeziehung, wenn die Klage mit ordnungsgemäßem Antrag und den Unterlagen nach § 117 II innerhalb der zu wahrenden Frist eingereicht, die Entscheidung in diesem Verf nicht aus Nachlässigkeit verzögert (s hierzu BGH NJW 2015, 3101 [Schäfer]) und unverzügl nach der (positiven oder negativen) Entscheidung die Klageschrift zugestellt wird (BGHZ 170, 108; BGH NJW 91, 1745/46; St/Roth Rn 15). Dabei ist auf PKH-Bewilligung (mit Az) hinzuweisen (OLG Karlsruhe VersR 92, 1205 LS). Für die Einlegung einer Beschwerde gegen die Verweigerung der PKH kann der Kl die 1-monatige Frist des § 127 II 3 ausschöpfen (BGH NJW 2012, 612). 18

V) Unwirksame Zustellung. Hier kommt es nicht zur Rückwirkung, es sei denn, der Mangel ist nach § 189 geheilt (BGH NJW 2015, 1760) oder für die Wirksamkeit ohne Bedeutung (s § 253 Rn 26 f). Der zugestellte Schriftsatz muss mit dem eingereichten identisch sein. Geringfügige inhaltl Abweichungen bei Klageschrift sind aber unschädl, soweit darin keine Klageänderung (§ 263) liegt (BGH NJW 78, 1058), Änderung der Parteibezeichnung nur bei identitätswahrender Berichtigung iSv vor § 50 Rn 7 (vgl BGH NJW 2002, 3110). 19

§ 168 Aufgaben der Geschäftsstelle

(1) [1]Die Geschäftsstelle führt die Zustellung nach §§ 173 bis 176 Absatz 1 aus. [2]Sie kann einen nach § 61 des Postgesetzes beliehenen Unternehmer (Post) oder einen Justizbediensteten mit der Ausführung der Zustellung beauftragen. [3]Den Auftrag an die Post erteilt die Geschäftsstelle auf dem dafür vorgesehenen Vordruck.

(2) Der Vorsitzende des Prozessgerichts oder ein von ihm bestimmtes Mitglied können einen Gerichtsvollzieher oder eine andere Behörde mit der Ausführung der Zustellung beauftragen, wenn eine Zustellung nach Absatz 1 keinen Erfolg verspricht.

I 2 geändert durch G zur Modernisierung des Postrechts v 15.7.2024 (BGBl 2024 I Nr 236) mWv 19.7.2024.

1 **I) Allgemeines.** § 168 regelt die Aufgaben von GeschSt und Richtern bei der Zustellung vAw. Die Aufgaben der GeschSt nimmt dabei der **UrkB** (als unabhängiges Organ der Rechtspflege, OLGR Frankfurt 2002, 167) wahr (§ 153 GVG). Er (nicht eine Hilfskraft) hat die Zustellung vAw zu bewirken. Er hat eigenverantwortl die Zustellungsbedürftigkeit von Schriftstücken (s § 166 Rn 3) zu prüfen und ggf die **Initiative** zur Vornahme der Zustellung zu ergreifen (BGH NJW 56, 1878, 1879); schließl hat er deren Durchführung zu überwachen (s Rn 4). Fehlt es an der Zustellungsbedürftigkeit, hat der UrkB formlos zu übermitteln (s § 166 Rn 4). Ein Ermessen, ob zugestellt wird, räumt ihm § 168 nicht ein (aA OLG Hamm NJW-RR 2016, 1206; MK/Häublein/Müller Rn 2). Ermessen kommt dem UrkB bei Wahl der Zustellungsart zu (s Rn 2); **Weisungen** des Richters oder Rpflegers (zB nur eigenhändige Zustellung, Zustellung gegen EB) sind allerdings zulässig und für den UrkB bindend (BGH NJW-RR 93, 1213, 1214; BTDrs 14/4554, 16). Nötig ist eine Anweisung jedoch nur in Sonder- und Zweifelsfällen. Der Mitwirkung des Gerichts bedarf es in den Fällen des **II** (s Rn 5) und § 186 I (Bewilligung der öffentl Zustellung); Ersuchschreiben des Vors kann nach § 183 für Auslandszustellung erforderl sein.

2 **II) Ausführung durch Geschäftsstelle (§ 168 I). 1) Auswahl der Zustellungsform.** Der UrkB hat, soweit keine Weisung vorliegt (s Rn 1), nach pflichtgemäßem Ermessen zu entscheiden, ob er das zuzustellende Dokument elektronisch (§ 173), durch Aushändigung an der Amtsstelle (§ 174), gegen EB (§ 175), eingeschrieben mit Rückschein (§ 176 I) oder durch Beauftragung der Post oder eines Justizbediensteten (§ 176 II) zustellt (**I 1, 2**). Auswählen sollte der UrkB die einfachste und kostengünstigste Zustellungsmöglichkeit, die die besten Erfolgsaussichten gewährleistet, sich damit insb als am sichersten erweist; eine abweichende Wahl begründet aber keinen Pflichtenverstoß und erst recht keine Befangenheit (BFH BFH/NV 2023, 1312). Das Ermessen umfasst aber auch bei eilbedürftigen Zustellungen nicht die mehrfache Zustellung in unterschiedl Form (zB gegen eEB und per Telefax gegen EB).

3 **2) Beauftragung von Post oder Justizbediensteten (§ 168 I 2, 3). a)** Mit **Post** ist jedes nach § 61 PostG mit Zustellungsaufgaben beliehene Unternehmen bezeichnet (Liste „Erteilte Lizenzen" unter www.bundesnetzagentur.de). Erteilt wird der Zustellungsauftrag an die Post auf dem Vordruck gem Anl 3 zu § 1 Nr 3 ZustVV (**I 3**; s § 176 Rn 6). – **b)** Als **Justizbediensteter** kann ein UrkB, Justizwachtmeister und jeder andere geeignete Bedienstete (JAng, Beamter im Vorbereitungsdienst, Auszubildender) eines (nicht notwendig des eigenen) Gerichts mit der Ausführung der Zustellung beauftragt werden. Auch die Beamten und Angestellten (auch andere Bedienstete) einer JVA sind Justizbedienstete; ihnen kann insb die Ausführung der Zustellung an einen Gefangenen aufgetragen werden. **Beurkundung:** § 182.

4 **3) Überwachung durch Urkundsbeamten.** Der UrkB ist zur Überwachung der rechtzeitigen Durchführung der Zustellung verpflichtet (§ 7 II 1 GAZI). Werden (e)EB, Zustellungsurkunde oder Rückschein nicht alsbald zugeleitet, so hat er an die Erledigung (rechtzeitig) zu erinnern. Nach deren Eingang gehört zu den Amtspflichten des UrkB die Prüfung, ob sie die ordnungsgemäße Ausführung der Zustellung ausweisen (BGH NJW 90, 176, 177); bei nicht formgerechter Zustellung hat er die Zustellung in eigener Zuständigkeit zu **wiederholen** (BGH BRAK-Mitt 2013, 119; BGH VersR 95, 680, 681); sollte dadurch beim Zustellungsadressaten Verwirrung über das Zustellungsdatum entstehen können, hat der UrkB auf die Mangelhaftigkeit der ersten Zustellung hinzuweisen. Zeigen sich Bedenken gegen eine formgerechte Zustellung, kann im Einzelfall auch nur ein Hinweis an den Beteiligten zur Prüfung und Wahrung seiner Rechte geboten sein (BGH NJW 90, 176). Amtspflichtwidrig handelt der UrkB (Haftung), wenn er die eine unwirksame Zustellung ausweisende Urk nur zu den Akten nimmt (BGH NJW 90, 176).

5 **III) Beauftragung durch Gericht (§ 168 II). 1) Zuständigkeit.** Nach **II** entscheidet der **Vors** der Kammer oder des Senats (auch der ER nach §§ 348, 348a, 526, 527, Richter des AG, in übertragenen Sachen der Rpfleger [§ 4 I RPflG]) oder ein von ihm bestimmtes Mitglied des Spruchkörpers (insb der Berichterstatter) über Beauftragung eines **GV** oder einer anderen **Behörde** (Gemeinde oder Polizei zB für Zustellung an einen Wohnsitzlosen, Wasserschutzpolizei für Zustellung auf einem Schiff) mit der Ausführung der Zustellung.

6 **2) Voraussetzung.** Zulässig ist die Zustellung nach II nur, wenn die Zustellungsformen nach I **keinen Erfolg versprechen.** Es genügt nicht bereits, dass Zustellung durch den GV oder eine andere Behörde leichter und einfacher erfolgen kann. Die Zustellung durch den GV oder die beauftragte Behörde ist aber auch wirksam, wenn die Voraussetzung des II objektiv nicht erfüllt war (LG Hamburg RdTW 2013, 288).

7 **3) Ermessen.** Ein Vorgehen nach II ist **nicht zwingend** (Wortlaut: „können"). Von einer Bestimmung soll abgesehen werden können, wenn die Zustellung durch den GV oder eine andere Behörde unverhältnismäßig aufwendig wäre (BTDrs 14/4554, 16; MK/Häublein/Müller Rn 9; krit St/Thöne Rn 8); Bsp: Mahnverfahren über geringfügige Geldforderung, in dem der Zustellungsaufwand den Wert der Forderung übersteigen würde.

8 **4) Durchführung.** Die Umsetzung und Überwachung des Auftrags des Vors besorgt nach § 176 II der UrkB (s § 176 Rn 6); der GV oder Bedienstete der anderen Behörde führt die Zustellung nach §§ 177-181 in eigener Verantwortung aus (s § 176 Rn 9). Tätig werden sie als ges Zustellungsorgan für die Zustellung vAw.

9 ***IV) Kosten des Gerichts.*** *Auslagenpauschale* 9002 GKG-KV für Zustellungen nach §§ 175, 176 I, II, nicht jedoch für elektron Zustellung nach § 173 oder formlose Bekanntgabe. Sie wird neben Geb, die sich nach dem Streitwert richten, nur erhoben, soweit in einem Rechtszug für mehr als 10 Zustellungen anfallen (9002 GKG-KV Anm).

§ 169 Bescheinigung des Zeitpunktes der Zustellung; Beglaubigung

(1) Die Geschäftsstelle bescheinigt auf Antrag den Zeitpunkt der Zustellung.

(2) [1]Die Beglaubigung der zuzustellenden Schriftstücke wird von der Geschäftsstelle vorgenommen. [2]Dies gilt auch, soweit von einem Anwalt eingereichte Schriftstücke nicht bereits von diesem beglaubigt wurden.

(3) [1]Eine in Papierform zuzustellende Abschrift kann auch durch maschinelle Bearbeitung beglaubigt werden. [2]Anstelle der handschriftlichen Unterzeichnung ist die Abschrift mit dem Gerichtssiegel zu versehen. [3]Dasselbe gilt, wenn eine Abschrift per Telekopie zugestellt wird.

(4) [1]Ein Schriftstück oder ein elektronisches Dokument kann in beglaubigter elektronischer Abschrift zugestellt werden. [2]Die Beglaubigung erfolgt mit einer qualifizierten elektronischen Signatur des Urkundsbeamten der Geschäftsstelle.

(5) Ein elektronisches Dokument kann ohne Beglaubigung elektronisch zugestellt werden, wenn es

1. **nach § 130a oder § 130b Satz 1 mit einer qualifizierten elektronischen Signatur der verantwortenden Personen versehen ist,**
2. **nach § 130a auf einem sicheren Übermittlungsweg eingereicht wurde und mit einem Authentizitäts- und Integritätsnachweis versehen ist oder**
3. **nach Maßgabe des § 298a errichtet wurde und mit einem Übertragungsnachweis nach § 298a Absatz 2 Satz 3 oder 4 versehen ist.**

I) Allgemeines. § 169 regelt neben der Zustellungsbescheinigung (**I**) die Art und Weise der Beglaubigung (**II, III**) von in Papierform oder per (Computer-)Fax zu übermittelnden Schriftstücken (s § 166 Rn 9) sowie den **Gegenstand elektron Zustellung** nach § 173. Soll ein Schriftstück (nach Digitalisierung) elektron zugestellt werden, erfolgt dies in beglaubigter elektron Abschrift (**IV**). Bei einem elektron Dokument (s § 130a Rn 3) bedarf es idR keiner Herstellung einer Abschrift und damit auch nicht deren Beglaubigung; das Dokument wird als solches zugestellt (**V**). Es ist aber auch Herstellung einer beglaubigten elektron Abschrift und deren Zustellung nach IV mögl. Notwendig ist dies, wenn ein Teil eines von einer Partei eingereichten oder gerichtl erstellten elektron Dokuments (zB PKH-Beschl) zugestellt werden soll, denn die Merkmale des V Nr 1 bis 3 sichern die Authentizität und Integrität des Dokuments nur in seiner Gesamtheit, nicht jedoch von einzelnen Teilen. 1

II) Zustellungsbescheinigung (§ 169 I). 1) Zweck. Die Zustellungsbescheinigung ermöglicht Nachweis der bei Amtszustellung nur aus den Gerichtsakten feststellbaren Zustellung, so für Feststellung des Beginns der Rechtsmittelfrist und für ZwV (§ 750 I, § 798). 2

2) Voraussetzungen. Zustellungsbescheinigung für alle Fälle der Amtszustellung (auch bei Aufgabe zur Post und öffentl Zustellung) wird nur auf **Antrag** erteilt (kein Anwaltszwang, § 78 III), der (konkludent) bereits im Antrag auf Erteilung einer vollstr Ausfertigung (§§ 724, 795) oder Erlass eines Vollstreckungsbescheides (§§ 699, 796 I) enthalten ist. 3

3) Erteilung. Die Bescheinigung erteilt der **UrkB** (§ 153 GVG). Er hat hierfür die Wirksamkeit der Zustellung zu prüfen. Zu bescheinigen ist der Zeitpunkt der Zustellung, nicht somit Zustellungsart (durch die Post, öffentl usw) und nicht Ausführung (persönl Zustellung, Zustellung an ProzBev [LG Neubrandenburg Rpfleger 2005, 37], Niederlegung usw). Die Bescheinigung kann selbständig erteilt (unübl) oder auf eine Ausfertigung oder Abschrift des zugestellten Schriftstücks (insb eines Vollstreckungstitels) gesetzt werden. Sie muss eindeutig ergeben, von wem sie stammt, hat daher vom UrkB handschriftl unterzeichnet (Paraphe [Handzeichen] oder Faksimilestempel genügen nicht; Ausnahme: § 703b I, s § 703b Rn 1, str) und mit der Dienstbezeichnung versehen zu sein. Bezeichnung des Tages der Ausstellung und Dienststempel werden nicht erfordert (LG Berlin MDR 78, 411). Über die Erteilung wird ein **Aktenvermerk** aufgenommen. 4

4) Beweiskraft. Beweiskraft nach § 418 I, dass die Zustellung nach Aktenlage wirksam erfolgt ist (s § 418 Rn 3); weitergehende Feststellung kann der UrkB aus eigener Wahrnehmung nicht treffen (OLG Köln Rpfleger 97, 31); der Beweis für die Wirksamkeit einer Zustellung ist daher weiterhin von der Partei zu führen, die sich darauf beruft (St/Thöne Rn 4; MK/Häublein/Müller Rn 1). 5

5) Rechtsbehelf. Rechtsbehelf bei Untätigkeit oder unrichtiger Zustellungsbescheinigung: § 573. 6

III) Beglaubigung von Schriftstücken (§ 169 II). 1) Beglaubigungsbefugte. II trifft Bestimmung über die Beglaubigungsbefugnis für Herstellung der bei Zustellung zu übergebenden begl Abschrift (s § 166 Rn 9; nicht des bekanntzugebenden Dokuments; Gesetzestext ungenau). Allg zu deren Beglaubigung befugt ist der **UrkB** (§ 153 I GVG); bei Beteiligung der Staatsanwaltschaft am Verf auch deren UrkB (RGZ 33, 365). Der **RA** (nicht bloßer Rechtsbeistand) als ProzBev ist hingegen nur zur Beglaubigung der von ihm eingereichten Abschriften (§ 133 I 1) des Dokuments (Klage, vorbereitender Schriftsatz usw) befugt (und auch berufen); eine allg öffentl Beglaubigungs- oder Beurkundungsfunktion hat er nicht (BGHZ 92, 76, 79). Anstelle des RA kann auch dessen amtl bestellter Vertreter (gleichgestellt der Kammerrechtsbeistand, § 3 I Nr 1 RDGEG), nicht aber sein Büropersonal (KG OLGE 37, 7

191) beglaubigen. Der RA kann die Beglaubigungsbefugnis auch einem anderen Anwalt übertragen (RGZ 24, 418; RGZ 164, 52, 55 f). Dem UrkB obliegt die Beglaubigung auch dann, wenn sie bei Einreichung eines Schriftstücks nicht bereits durch den RA vorgenommen worden (**II 2**) oder durch diesen fehlerhaft erfolgt ist.

8 **2) Abschrift für Beglaubigung.** Sie ist eine **Zweitschrift** (auch **Ausdruck** eines elektron Dokuments oder Fotokopie, BGHZ 36, 62 = NJW 61, 2307 u BGH NJW 74, 1383, 1384) des zuzustellenden Dokuments. Auf ihr müssen Abbildungen hinreichend klar (OLG Düsseldorf MDR 94, 302) und farbrichtig wiedergegeben sein (OLG Frankfurt MDR 2010, 48; LG Magdeburg DGVZ 2010, 159; anders OLG Köln NJW-RR 2010, 864: nicht stets erforderlich); sa § 929 Rn 13. Die begl Abschrift muss erkennen lassen, dass das Original die **Unterschriften der Richter** (Rpflegers, zur Form s § 315 Rn 1), bei gerichtl Vergleichsprotokoll auch des **UrkB** (§ 163), **bzw des RA** trägt; die Abschrift muss aber weder persönl unterschrieben sein noch eine Ablichtung der Originalunterschriften enthalten. Kenntl gemacht wird die Unterzeichnung eines Urteils usw auch durch die **maschinenschriftl Wiedergabe** der Namen der Richter an der Stelle der im Original geleisteten Unterschrift mit dem Zusatz „gez."; der Zusatz kann entfallen, wenn die Namen nicht in Klammern gesetzt sind (BGHZ 186, 22 Tz 17 = NJW 2010, 2519 = MDR 2010, 946; Binde- oder Trennstriche zulässig: BGH FamRZ 90, 1227). **Nicht** genügend sind Namen der Richter in Klammern ohne weiteren Zusatz unter dem Urteil (BGH NJW 75, 781) oder die Angabe „gez Unterschrift" (BGH NJW 75, 781 mwN). Wo ein Richter zugleich für einen verhinderten anderen unterschrieben hat (§ 315 I 2), darf der Name des letzteren in der Ausfertigung nicht als Unterschriftsersatz wiedergegeben werden (OLG Hamm OLGZ 89, 350, 351); deutl zu machen ist, wer das Urteil (und den Verhinderungsvermerk, BGH VersR 81, 576) tatsächl unterzeichnet hat (BGH NJW 78, 217). Bei Zustellung einer papierhaften beglaubigten Abschrift eines elektron Dokuments ist das **Prüfprotokoll** der elektron Signatur **kein Bestandteil** einer beglaubigten Abschrift und nicht mit zu beglaubigen und zuzustellen (OVG NRW 2.9.2024 – 8 B 492/24).

9 **3) Beglaubigungsvermerk. a) Anbringung.** Der Beglaubigungsvermerk muss eindeutig erkennen lassen, dass sich die Bestätigung des Gleichlauts auf alle Seiten (Blätter) des Schriftstücks bezieht; überdies muss er selbst mit dem Schriftstück eine Einheit bilden (BGH NJW 2017, 3721 Tz 14; BGH NJW 2004, 506, 507). Gehört zum Schriftstück eine Anlage, zB zum Protokoll nach § 160 V, muss sich die Beglaubigung unzweideutig auch auf diese beziehen. Ausreichend ist es, wenn der – nicht notwendig am Schluss der Urk anzubringende (RGZ 164, 54) – Beglaubigungsvermerk auf einem mit der Abschrift derart verbundenen Blatt erfolgt, dass entweder die Auflösung der Verbindung nur unter teilw Substanzzerstörung mögl (so bei Heften mit Faden oder Anleimen) oder sonst eine körperl Verbindung als dauernd gewollt erkennbar und nur durch Gewaltanwendung zu lösen ist (so beim Heften mit Heftmaschine, BGH NJW 74, 1383, 1384). Wenn die Blätter des Schriftstücks **zusammengeheftet** (in sonst geeigneter Weise verbunden) sind, genügt ein (auch neben dem zu beglaubigenden Text oder gesondert angebrachter) Vermerk, der sich ausdrückl auf das gesamte Dokument bezieht (BGH NJW 2017, 3721 Tz 15) oder der durch seine Anordnung auf der letzten Seite ausweist, dass er erst nach Verbindung aller Blätter angebracht wurde und alle vorgehenden Schriftstücke abdeckt (BGH NJW 2004, 506, 508; OLGR Bamberg 2002, 239, 240; OLGR Celle 1999, 328; OLG Karlsruhe OLGZ 92, 368). **Fehlt** es an einer **festen Verbindung** der Blätter, bedarf es grds eines Beglaubigungsvermerks auf jeder Seite des zu beglaubigenden Dokuments; eine Ausnahme ist allerdings bei Übersendung mit Telefax zu machen, wenn die Übermittlung mehrerer Seiten in einer Sendung erfolgt und sich der Beglaubigungsvermerk eindeutig auf das gesamte Schriftstück bezieht.

10 **b)** Ein bestimmter **Wortlaut** ist für die Beglaubigung nicht vorgeschrieben (BGH NJW 2004, 506, 507); Datierung ist übl, wird aber nicht gefordert (OLG Kassel OLGE 13, 125, 126). Vielfach übl ist „Für die Abschrift" (BGH NJW 63, 1307, 1308). Die bloße Namensunterzeichnung (des RA) unter der Abschrift kann genügen, wenn den Umständen nach die Unterschrift keine andere Bedeutung haben kann, als dass damit der Gleichlaut der Abschrift (Ablichtung) mit der Urschrift zum Ausdruck kommen soll (BGHZ 55, 251; BGHZ 76, 222, 228; von solcher Beglaubigung ist abzuraten). Die **Unterzeichnung** des Beglaubigungsvermerks muss handschriftl erfolgen und individuelle Züge tragen (s § 130 Rn 9). Lesbarkeit oder Wiederholung des Namens in Schreibmaschinenschrift sind nicht erforderl (BGH NJW 74, 1383, 1384), Stempel genügt für Unterschrift nicht (BGHZ 24, 116, 117 = NJW 57, 951; BGHZ 76, 222, 228). Die (übl) Überschrift „Beglaubigte Abschrift" ist entbehrl, wo sich Gleiches aus einem Beglaubigungsvermerk oder aus einer Bescheinigung, das Schriftstück sei eine begl Abschrift (BGHZ 36, 62, 64), ergibt. Hat der RA einen Zustellungsvermerk unterschrieben und in ihm das Schriftstück als begl Abschrift bezeichnet, dann schadet das Fehlen einer nochmaligen Unterschrift unter einem dafür vorgesehenen Beglaubigungsvermerk nicht (BGHZ 31, 32, 36 f = NJW 59, 2307; BGHZ 36, 62, 63 = NJW 61, 2307).

11 **c)** Der **UrkB** hat den Beglaubigungsvermerk mit dem Zusatz „als Urkundsbeamter der Geschäftsstelle" zu unterschreiben. Dass ein UrkB den Beglaubigungsvermerk unterzeichnet hat, muss jedenfalls hinreichend erkennbar sein.

12 **4) Rechtsfolgen von Mängeln.** Die Beglaubigung des zu übergebenden Schriftstücks ist wesentl Erfordernis der Zustellung (BGHZ 24, 116, 118; BGHZ 55, 251, 252 mwN). **Fehlt** sie, ist die Zustellung der dann „einfachen" Abschrift unwirksam (BGH NJW 2016, 1517 Tz 10; s § 166 Rn 9); Heilung: s § 189 Rn 9. Dasselbe gilt, wenn die Beglaubigung als *solche* **mangelhaft** (*s Rn 7-11*) ist. Mängel der Beglaubigung werden nicht dadurch geheilt, dass der Empfänger Gelegenheit hatte, sich durch Vergleich mit der Urschrift vom Gleichlaut zu überzeugen (BGHZ 24, 116). Dass der Verkündungs- oder Zustellungsvermerk (§ 315 III) auf der übergebenen begl Ab-

schrift fehlt, beeinträchtigt die Wirksamkeit der Zustellung nicht (BGHZ 8, 303, 304 = NJW 53, 622; RGZ 140, 348, 351; sa § 315 Rn 12). Sind die **Abschriften mangelhaft** hergestellt, ist zu unterscheiden: Starke Abweichungen, aufgrund derer der Empfänger vom zugestellten Schriftstück keine sichere Kenntnis – insb über seine Beschwer – erhalten kann, führen zur Unwirksamkeit der Zustellung (BGH MDR 2024, 731; sa § 317 Rn 9), so bei Fehlen einer Seite der Urschrift (BGHZ 138, 166 = NJW 98, 1959), fehlendem oder unrichtig wiedergegebenem Tenor einer Entscheidung (BGH VersR 78, 155; BGH MDR 67, 834), Unleserlichkeit in wesentl Teilen (BayObLG MDR 1982, 501), **nicht** aber, wenn die Mängel seine Entscheidung über die Einlegung eine Rechtsmittels nicht beeinflussen können (BGH MDR 2024, 1061), oder die Abschrift Unrichtigkeiten nebensächl Art aufweist, zB Unleserlichkeit an wenigen, nicht entscheidenden Stellen (OLG Naumburg MDR 2000, 601), oder bei bloßer erschwerter Lesbarkeit (BGH NJW 2011, 1598 Tz 9). Zum Fehlen von Anlagen s § 253 Rn 26.

IV) Maschinelle Beglaubigung (§ 169 III). Eine **in Papierform zuzustellende Abschrift** (nicht: Ausfertigung, 13 BGH MDR 2017, 450 Tz 24; sa § 317 Rn 6) kann nach III maschinell beglaubigt werden (auch wenn die begl Abschrift per Telekopie [Telefax oder Computerfax] zugestellt werden soll). Maschinelle Beglaubigung erfordert keine Unterschrift des UrkB; wesentl Erfordernis ist aber die vollständige Abbildung des Gerichtssiegels (BGH JurBüro 2018, 334), das bei Erstellung der Abschrift mit aufgedruckt werden kann (Vorbild ist § 703b; BGH MDR 2017, 450 Tz 17; BSG WzS 2021, 281). Die siegelführende Stelle muss sich nicht zwingend aus dem Siegel selbst ergeben; es genügt, wenn sie sich einem aufgedruckten Beglaubigungsvermerk entnehmen lässt (OLG Düsseldorf FGPrax 2021, 26). Nicht ausgeschlossen ist damit die Beglaubigung in herkömml Weise mit einem vom UrkB unterzeichneten Vermerk (BTDrs 17/13948, 34). III gilt nur für die Beglaubigung von durch die GeschSt herzustellende Abschriften (**II 1**), nicht jedoch für Abschriften des durch einen RA eingereichten Schriftstücks (**II 2**).

V) Zustellung elektronischer Abschriften (§ 169 IV). 1) Schriftstück. Elektron Zustellung eines in Papier- 14 form vorliegenden Originals erfordert Herstellung einer beglaubigten elektronischen Abschrift. Wirksamkeitserfordernis ist, dass die Abschrift mit einer qualifizierten elektron Signatur des UrkB versehen ist (zur Zustellung im Parteibetrieb s § 193 Rn 6). Die besonderen Anforderungen für die Übertragung des Originals in die elektron Form gem § 298a II müssen daneben nicht eingehalten werden (BTDrs 18/12203, 78). Wird das hergestellte elektron Dokument aber bereits beim Scannen mit der gem § 298a II 4 erforderl Signatur versehen, kann es nach V Nr 3 als solches zugestellt werden (s Rn 16). **Heilung** von Mängeln s § 189 Rn 9.

2) Elektronisches Dokument. Erfolgt ausnahmsweise die Herstellung einer beglaubigten elektron Abschrift ei- 15 nes elektron Dokuments (s Rn 1), ist diese gem IV 2 mit einer qualifizierten elektron Signatur des UrkB zu versehen. Weitergehender Maßnahmen zur Sicherung von Authentizität und Integrität des zuzustellenden Dokuments bedarf es bei der Herstellung der Abschrift nicht; es kommt auch nicht darauf an, ob das zugrunde liegende Dokument als solches den Anforderungen des V Nr 1 oder Nr 2 genügt.

VI) Zustellung elektronischer Dokumente (§ 169 V). Eine Beglaubigung durch den UrkB nach IV 2 ist bei 16 elektron Dokumenten idR entbehrlich, weil Authentizität und Integrität des zuzustellenden Dokuments gem V Nr 1 bis 3 sichergestellt sind (Ausnahme s Rn 1). In diesen Fällen kann elektron Zustellung des Dokuments selbst erfolgen. Nach **V Nr 1** genügt bei von den Parteien eingereichten (§ 130a) oder gerichtlichen (§ 130b) elektron Dokumenten die qualifizierte elektron Signatur der verantwortenden Personen (s § 130a Rn 7; § 130b Rn 2). **V Nr 2** erlaubt Zustellung von nach § 130a III Alt 2 eingereichten elektron Dokumenten mit einfacher Signatur (s § 130a Rn 11 ff) ohne Beglaubigung. Diese wird ersetzt durch einen ebenfalls zuzustellenden elektron Authentizitäts- und Integritätsnachweis, der bei Einreichung von einem beA aus einer standardisierten Protokolldatei besteht (BTDrs 18/12203, 79). Schließlich erleichtert **V Nr 3** die Zustellung von nach § 298a II digitalisierten Schriftstücken; hier ersetzt der Übertragungsnachweis nach § 298a II 3 u 4 die Beglaubigung (Lamminger/Ulrich/Schmieder NJW 2016, 3274, 3276).

§ 170 Zustellung an Vertreter

(1) [1]Bei nicht prozessfähigen Personen ist an ihren gesetzlichen Vertreter zuzustellen. [2]Die Zustellung an die nicht prozessfähige Person ist unwirksam.

(2) Ist der Zustellungsadressat keine natürliche Person, genügt die Zustellung an den Leiter.

(3) Bei mehreren gesetzlichen Vertretern oder Leitern genügt die Zustellung an einen von ihnen.

I) Allgemeines. 1) Bedeutung. Nur die prozessfähige natürl Person (§ 52) kann selbst Zustellungsadressat 1 (s § 166 Rn 1) sein; an sie ist auch grds selbst zuzustellen (Ausnahmen: §§ 171, 172). Für nicht prozessfähige natürl und nicht natürl Personen regelt § 170 den Zustellungs**adressaten** (so für ges Vertreter einer jur Person BGHZ 107, 296, 299 = NJW 89, 2689); dieser ist grds in der Klageschrift zu bezeichnen (s § 253 Rn 8b); ebenso soll seine Angabe in vorbereitenden Schriftsätzen (§ 130 Nr 1) erfolgen. – **2) Anwendungsbereich.** Zuzustellen ist an den ges Vertreter auch für den Streitverkündungsempfänger (§§ 72-76), den Drittschuldner (§ 829 II,

§ 845 I) und sonst einen beteiligten Dritten; § 170 gilt jedoch nicht für Zustellungen an Zeugen und SV (s aber § 377 Rn 1a aE).

2 **II) Zustellung an gesetzlichen Vertreter (§ 170 I 1). 1) Natürliche Person.** Für eine **nicht prozessfähige** natürl Person (s §§ 51-57) ist Zustellungsadressat der ges Vertreter (s § 51 Rn 3). Das gilt auch für prozessfähige Vollj, die unter Betreuung stehen oder für die eine Pflegschaft angeordnet ist, wenn der Betreuer als Vertreter im Rechtsstreit auftritt (s § 53 m Anm); daneben gilt § 170a. Ist ein Prozesspfleger bestellt (§ 57), ist an diesen zuzustellen. Aus Gründen der Rechtssicherheit kann an ihn bis zu seiner Abberufung oder Verfahrenseintritts des ordentl ges Vertreters zugestellt werden, selbst wenn die Voraussetzungen für die Pflegschaft nicht (mehr) vorliegen (BGH MDR 2023, 1337; BGH MDR 2021, 449 Tz 23). Ist der ges Vertreter selbst Partei, ist er nach § 1824 I Nr 3 BGB (iVm § 1629 II, § 1789 II 2 BGB) von der Vertretung nach § 170 I ausgeschlossen. Fehlt aus diesem oder einem anderen Grund ein Vertreter (und trifft § 56 II nicht zu), kann eine Zustellung nicht erfolgen (Abhilfe: § 57).

3 **2) Juristische Personen usw.** Bei **nicht natürl** Personen ist gleichfalls an den ges Vertreter (s § 51 Rn 4-6; zur Vertretung des Fiskus s § 18 Rn 5 ff) zuzustellen. Ist der ges Vertreter gegnerische Prozesspartei, hindert § 178 II die Zustellung an ihn nicht (BGH NJW 84, 57); es können aber materiell-rechtl Vertretungsverbote bestehen (zB § 112 AktG [iVm § 52 I GmbHG]; § 46 Nr 8 Hs 2 GmbHG; § 39 I GenG; s § 51 Rn 4).

4 **III) Zustellung an den Leiter (§ 170 II).** Als Erleichterung für Zustellung an eine nicht natürl Person (s Rn 3) ermöglicht **II** auch Zustellung an den **Leiter**. Das ist eine Person, die auf Grund ihrer Stellung (zB als Behördenleiter) zum Handeln für die jur Person, Personengesellschaft oder Behörde (nicht aber nur eine ihrer Abteilungen), aber auch das Zweckvermögen berufen ist, damit dazu bestellt ist, die jur Person, Behörde usw nach außen hin zu repräsentieren. Bei Gerichten gilt als Leiter der Präsident oder Direktor, bei Gemeinden der Bürgermeister (OLG Frankfurt NVwZ 2018, 95).

5 **IV) Mehrheit gesetzlicher Vertreter (§ 170 III).** Bei mehreren gesetzlichen Vertretern (s Rn 2, 3) oder Leitern (s Rn 4) genügt die Zustellung an einen von ihnen, auch wenn nur Gesamtvertretungsbefugnis besteht (**III**; dagegen bestehen keine verfassungsrechtl Bedenken, BVerfGE 67, 208, 211 = NJW 84, 2567), zB bei Eltern (§ 1629 I 2 BGB), Vormündern (§ 1797 BGB) sowie bei Vertretern einer nicht natürl Person (bei AG und GmbH auch als Stellvertreter, § 94 AktG, § 44 GmbHG) mit Gesamtvertretungsbefugnis (zB § 26 II BGB, § 124 II HGB, § 78 II AktG, § 35 II GmbHG [BGH NJW 84, 57], § 25 GenG) und bei BGB-Gesellschaftern (§ 720 I BGB; OLG Celle Rpfleger 2004, 507), Wohnungseigentümern in verwalterloser Gemeinschaft (§ 9b I 2 WEG; LG Stuttgart ZMR 2024, 519; Dötsch/Schultzky/Zschieschack, WEG-Recht 2021, Kap 14 Rn 50), für Abwickler und Liquidatoren und auch beim nicht rechtsfähigen Verein. **III** gilt auch bei mehreren TV (Gesamtvollstreckern, § 2224 BGB). **Nicht** anwendbar ist **III**, wo eine jur Person notwendig durch zwei mehrgliedrige Organe (Vorstand neben Aufsichtsrat) vertreten wird (zB § 246 II 2, § 249 I, § 250 III, § 251 III usw AktG, § 51 III GenG [BGHZ 70, 384, 386; BGH NJW 92, 2099]), weil sonst der Zweck der Doppelvertretung vereitelt würde (BGHZ 32, 114, 119 = NJW 60, 1006).

6 **V) Rechtsfolgen eines Verstoßes. I 2** stellt klar, dass die Zustellung an die nicht prozessfähige natürl Person unwirksam ist. Dies führt dazu, dass Rechtsmittel- und Rechtsbehelfsfristen nicht in Lauf gesetzt werden (MK/Häublein/Müller Rn 6; aA BGHZ 176, 74 = NJW 2008, 2125; BGHZ 200, 9 = NJW 2014, 937; s iE § 52 Rn 13). Die Unwirksamkeit der Zustellung kann aber dadurch geheilt werden, dass das zuzustellende Schriftstück dem gesetzl Vertreter tatsächl zugeht (BGHZ 204, 268 Tz 15 = NJW 2015, 1760 = MDR 2015, 535; s § 189 Rn 6).

§ 170a Zustellung bei rechtlicher Betreuung

(1) Wird an eine Person zugestellt, für die ein Betreuer bestellt ist, ist diesem eine Abschrift des zugestellten Dokuments mitzuteilen, soweit er bekannt ist und sein Aufgabenkreis betroffen ist.

(2) Wird nach § 170 Absatz 1 an den Betreuer zugestellt, ist dem Betreuten eine Abschrift des zugestellten Dokuments mitzuteilen.

1 **I) Allgemeines.** Ob an den Betreuer oder den Betreuten zuzustellen ist, richtet sich danach, ob der Prozess durch den Betreuer als gesetzl Vertreter geführt wird (s § 53 Rn 7 f). Erfolgt die Zustellungen an den Betreuten, sollte das Feld 1.10 auf dem Zustellformular und dem Umschlag angekreuzt werden (Anl 1 und Anl 2 zu § 1 Nr 1 ZustVV nF), um eine Weiterleitung der Zustellung an den Betreuer auch im Falle eines Nachsendeantrags sicherzustellen. § 170a regelt eine Information des Betreuers über Zustellungen an den Betreuten (I) und eine Information des Betreuten bei Zustellungen an den Betreuer (II).

2 **II) Zustellung an Betreuten (§ 170a I).** *Bei Zustellung an prozessfähigen Betreuten* (s § 53 Rn 6) sind Zustellungen (nicht: formlose Bekanntgaben) unter den Voraussetzungen des I dem **Betreuer** in Abschrift **formlos mitzuteilen** (s § 166 Rn 4), um ihn zum Schutz des Betreuten über den Verlauf des Verfahrens zu informieren

(BTDrs 19/27287, 29). Voraussetzungen sind Betroffenheit des Aufgabenkreises des Betreuers und Kenntnis des Gerichts von der Betreuung und des Betreuten (Gottwald FamRZ 2022, 331, 333). Eine über § 56 hinausgehende Pflicht des Gerichts zu Nachforschungen über Bestehen einer Betreuung und Person des Betreuers wird nicht begründet (sa § 56 Rn 4).

III) Zustellung an Betreuer (§ 170a II). Erfolgt wegen Prozessunfähigkeit oder Ausschließlichkeitserklärung nach § 53 II gem § 170 I die Zustellung an den Betreuer als gesetzl Vertreter (§ 1823 BGB), ist der **Betreute** durch **formlose Mitteilung** einer Abschrift (s § 166 Rn 4) zu informieren. 3

IV) Rechtsfolgen eines Verstoßes. Unterbleibt die nach I, II vorgeschrieben Mitteilung, wird die Wirksamkeit der förml Zustellung dadurch nicht beeinflusst. § 170a ist bloße Ordnungsvorschrift (BSG 9.4.2024 – B 5 R 101/23; OLG Frankfurt FamRZ 2023, 1804; BTDrs 19/27287, 29). 4

§ 171 Zustellung an Bevollmächtigte

[1]An den rechtsgeschäftlich bestellten Vertreter kann mit gleicher Wirkung wie an den Vertretenen zugestellt werden. [2]Der Vertreter hat eine schriftliche Vollmacht vorzulegen.

I) Bedeutung. § 171 regelt, dass Zustellung an den rechtsgeschäftl bestellten Vertreter mit gleicher Wirkung wie an den Vertretenen mögl (aber nicht zwingend) ist. Nach der Systematik des Zustellungsrechts (s § 170 Rn 1 u § 172 Rn 1) regelt § 171 nicht nur, dass der Vertreter **Zustellungsadressat** (s § 166 Rn 1), sondern auch – in Erweiterung zu §§ 177, 178 – **Zustellungsempfänger** sein kann (BGH ZIP 2016, 2496 Tz 44; OLG Düsseldorf NJW 2010, 3729; MK/Häublein/Müller Rn 3; St/Thöne Rn 1). Ist der Vertreter Zustellungsadressat, ist Ersatzzustellung nach § 178 an die zu dem Vertreter (nicht: Vertretenen) in Beziehung stehenden Personen mögl; auch kann Heilung von Zustellungsmängeln (§ 189) durch tatsächl Zugang bei ihm erfolgen (BGH 20.10.2011 – V ZB 131/11 Tz 6 ff). 1

II) Voraussetzungen. 1) Rechtsgeschäftlich bestellter Vertreter. Vertreten werden kann jeder Zustellungsadressat (zu § 172 LAG Hamm 16.4.2024 – 7 TaBV 7/24). § 171 gilt für alle Formen der Bevollmächtigung (§ 167 BGB). Erforderl ist, dass die Vollmacht zur Entgegennahme von Zustellungen (Zustellungssendungen) ermächtigt (BGH ZIP 2016, 2496 Tz 45), zB bei Generalbevollmächtigten (BGH MDR 2017, 55 Tz 7; BGH 20.10.2011 – V ZB 131/11 Tz 8) oder Prokuristen (§ 49 HGB). Dafür kann Einzelvollmacht (Spezialvollmacht) erteilt sein; Empfangsvollmacht kann aber auch in einer Vollmacht für einen weiter gehenden Geschäftskreis (Art-, Gattungs- und Generalvollmacht) enthalten sein. Vollmacht nur für die Entgegennahme von Postsendungen genügt jedenfalls, wenn Zustellung nach § 168 I 2 durch Post (MK/Häublein/Müller Rn 2; St/Thöne Rn 2; aA Coenen DGVZ 2002, 183; OLG Nürnberg NJW-RR 98, 495, 496) oder Einschreiben mit Rückschein (§ 176 I) erfolgt, nicht jedoch für Aushändigung an der Amtsstelle (§ 174) sowie Zustellung nach § 168 II. Keine allg Empfangsvollmacht begründet „Vollmacht nach § 184 ZPO“, sie beschränkt sich auf die Fälle der Benennung als ZustBev (OLG Stuttgart MDR 2014, 924). Ist der Bevollmächtigte als **Gegner** am Verf beteiligt, ist Zustellung an ihn entspr § 178 II ausgeschlossen, wenn er bloßer Zustellungsempfänger ist; als Zustellungsadressat ist mat-rechtl Umfang der Vollmacht maßgebend. Die Vollmacht muss zum **Zeitpunkt** der Zustellung vorliegen (OLG Karlsruhe Rpfleger 2014, 420). 2

2) Nachweis der Vollmacht. a) Ist der Vertreter **Zustellungsadressat**, genügt, dass im Zeitpunkt der Zustellung eine wirksame Vollmacht vorliegt; nicht erforderl ist, dass die Vollmacht auch vorgelegt wird (BGH 22.9.2020 – II ZB 25/20 Tz 16; BGH NJW 2017, 564 Tz 45; MK/Häublein/Müller Rn 4). Die Beweislast richtet sich nach bürgerl Recht. Der Nachweis des Bestehens obliegt der Partei, die sich auf die Wirksamkeit der Zustellungsvollmacht beruft; die andere Partei hat den Nachweis zu führen, dass die nachgewiesene Vollmacht zwischenzeitl erloschen ist (BGH MDR 2017, 55 Tz 10). 3

b) Wenn der Vertretene Zustellungsadressat ist und die Vertretung erstmals **bei Ausführung der Zustellung** dem Zusteller (insb Postbediensteten) vom Vertreter zur Kenntnis gebracht wird, hat der Vertreter eine **schriftl Vollmacht** für Aushändigung des zuzustellenden Schriftstücks vorzulegen (**S 2**). Bei Prokuristen genügt Auszug aus HReg (St/Thöne Rn 2). Aushändigung der Vollmacht an den Zusteller ist nicht vorgesehen; für Nachweis bestimmt § 182 I Nr 3 Beurkundung durch den Zusteller. Wird die Vollmacht nicht vorgelegt, ist Zustellung unwirksam, aber Heilung durch tatsächl Zugang bei Vertretenem als Zustellungsadressat mögl (§ 189). 4

3) Ermessen. Über die Zustellung an den Bevollmächtigten als Adressaten entscheidet das Gericht nach pflichtgem Ermessen vAw; die Entscheidung ist nicht isoliert anfechtbar (BGH GRUR 2014, 705 Tz 9). Die Aushändigung an einen nachgewiesenen (Rn 4) Vertreter als Zustellungsempfänger liegt ebenfalls im pflichtgemäßen Ermessen des Zustellers. Er braucht daher auch keine Ermittlungen darüber anzustellen, ob ein Dritter (etwa ein Nachbar) mit der Vertretung bei Zustellung bevollmächtigt oder eine vorgelegte Vollmacht ordnungsgemäß ist. Deshalb ist eine Ersatzzustellung (§ 178) auch nicht unwirksam, weil Zustellung an einen Bevollmächtigten 5 mögl gewesen wäre, aber unterblieben ist. Bevollmächtigung verpflichtet nicht zum Vertreterhandeln; bei Annahmeverweigerung kann daher nicht durch Zurücklassen des Schriftstücks (§ 179) zugestellt werden (scheitert auch an S 2).

§ 172 Zustellung an Prozessbevollmächtigte

(1) [1]In einem anhängigen Verfahren hat die Zustellung an den für den Rechtszug bestellten Prozessbevollmächtigten zu erfolgen. [2]Das gilt auch für die Prozesshandlungen, die das Verfahren vor diesem Gericht infolge eines Einspruchs, einer Aufhebung des Urteils dieses Gerichts, einer Wiederaufnahme des Verfahrens, einer Rüge nach § 321a oder eines neuen Vorbringens in dem Verfahren der Zwangsvollstreckung betreffen. [3]Das Verfahren vor dem Vollstreckungsgericht gehört zum ersten Rechtszug.

(2) [1]Ein Schriftsatz, durch den ein Rechtsmittel eingelegt wird, ist dem Prozessbevollmächtigten des Rechtszuges zuzustellen, dessen Entscheidung angefochten wird. [2]Wenn bereits ein Prozessbevollmächtigter für den höheren Rechtszug bestellt ist, ist der Schriftsatz diesem zuzustellen. [3]Der Partei ist selbst zuzustellen, wenn sie einen Prozessbevollmächtigten nicht bestellt hat.

1 **I) Zweck.** Regelungszweck ist, dem ProzBev, in dessen Verantwortung die Prozessführung gelegt ist, zu gewährleisten, dass er im gesamten Verf Kenntnis von zuzustellenden Schriftstücken nehmen kann (s § 166 Rn 2). Er ist daher allein berufener Adressat aller Zustellungen.

2 **II) Anwendungsbereich. 1) Sachlich. Alle Arten der Zustellung** sind von § 172 erfasst; er gilt für Zustellungen vAw (§§ 166-190) ebenso wie für Zustellungen im Parteibetrieb (§§ 191-195). Für **formlose Mitteilungen** (s § 166 Rn 4) gilt § 172 gleichermaßen (RGZ 149, 158, 162; OLG Brandenburg FuR 2017, 32). **Ausnahmen** gelten in gesetzl angeordneten Fällen bei persönl Beteiligung der Partei am Verf, insb gem § 141 II 2, § 239 III 1, § 273 IV 2, § 278 III 2, § 450 I 3 und § 900 I 3.

3 **2) Verfahrensarten.** Bestimmung trifft **I** für **alle gerichtl Verf**, für die die Prozessvollmacht zu allen Prozesshandlungen ermächtigt (§ 81), somit für alle Verfahrensarten der ZPO, für das selbst Beweisverfahren (§§ 485 ff), für Mahn- und ZwV-Verfahren und für die einen Arrest oder eine einstw Verfügung betr Verf (OLG Hamburg OLGZ 94, 213 mN; OLG Hamburg NJW-RR 95, 444; s § 922 Rn 14), sowie für die Bekanntgabe nach § 15 II 1 FamFG (BGH FamRZ 2021, 635). Nicht durch I bestimmt wird der Zustellungsadressat in Justizverwaltungsverf (zB Anforderung von Gerichtskosten durch die Justizkasse, § 25 II, III KostVfg) und bei außergerichtl Streitigkeiten (BGH NJW 2011, 1005 Tz 6). Die Zustellung einer vollstreckbaren notariellen Urk iSd § 794 I Nr 5 kann daher (auch) an die anwaltl vertretene Partei erfolgen (LG Bamberg 13.12.2018 – 3 T 304/18).

4 **III) Voraussetzungen (§ 172 I 1). 1) Bestellter Prozessbevollmächtigter. a) Person des ProzBev** (kann auch eine Berufsausübungsgesellschaft, § 59b BRAO, sein). Der ProzBev muss im Anwaltsprozess (§ 78) als RA postulationsfähig, im Parteiprozess iSd § 79 zur Vertretung der Partei befähigt sein (BGH MDR 85, 30, beachte § 79 III 2). In einer **Anwaltssozietät** ist grds jeder Anwalt (Partner, Angestellter, freier Mitarbeiter) empfangsberechtigt (BGH MDR 69, 1001 = NJW 69, 1486; BGH NJW 80, 999), weil idR von einer Beauftragung der Sozietät (GbR, PartGG) als solcher auszugehen ist (s § 80 Rn 6 mN). ProzBev ist (im Zweifel) auch ein später erst eintretendes Sozietätsmitglied (vgl BGH VersR 94, 874 mwN). Das gilt auch bei einer überörtl Sozietät (MK/Häublein/Müller Rn 4; aA noch KG MDR 94, 833 = NJW 94, 3111), es sei denn, nur die Anwälte einer Niederlassung haben sich als ProzBev bestellt. Die Mitteilung der Sozietät, Zustellungen (zB per beA) seien an einen bestimmten RA zu richten, hebt die Empfangsberechtigung der übrigen nicht auf. Bei **Berufsausübungsgesellschaften** kann die Zustellung auch an anwaltl Gesellschafter oder Vertreter erfolgen (§ 59l II BRAO iVm § 170; OLG Brandenburg 25.1.2024 – 9 UF 176/23). Dem ProzBev steht gleich der amtl bestellte Vertreter des RA (§ 53 BRAO; OVG Berlin-Brandenburg 5.11.2019 – OVG 12 N 220.18) sowie der Kanzleiabwickler (§ 55 BRAO; BayObLG NJW 2004, 3722); **nicht** ProzBev iSd § 172 ist der nach § 81 Unterbevollmächtigte (OLG Karlsruhe FamRZ 2012, 468; BayVerfGH NJW-RR 92, 1465) und der Terminsvertreter (BGHZ 61, 308, 311; BGH NJW-RR 2007, 357 = MDR 2007, 479). Der Verkehrsanwalt ist niemals Zustellungsadressat, auch wenn er Erinnerung gegen die Kostenfestsetzung eingelegt hat (OLG Stuttgart Justiz 69, 166).

5 **b) Umfassende Prozessvollmacht** des ProzBev ist grds (s aber Rn 6 aE) erforderl, die nach § 81 zu allen den Rechtsstreit betreffenden Prozesshandlungen ermächtigt (BGH MDR 2007, 479 = NJW-RR 2007, 356). Vollmacht nur für einzelne Prozesshandlungen (BGHZ 61, 308, 311 = NJW 74, 240) oder nur für die Vorkorrespondenz (OLGR Bamberg 2001, 27; OLGR Hamburg 2006, 297) wie über eine Abmahnung (OLG Hamburg NJW-RR 93, 958; OLG Düsseldorf WRP 2019, 490) genügen nicht. Beiordnung bei PKH genügt noch nicht (s § 80 Rn 5), wohl aber einstw Zulassung gem § 89 (RGZ 67, 149).

6 **c) Verlautbarung der Bestellung. aa) Mitteilung der Prozessvollmacht** für das konkrete Verf begründet Bestellung des ProzBev. Sie kann **durch den Bevollmächtigten** (BGHZ 118, 312, 322; BGH NJW 87, 440) oder

durch den Mandanten (BGH NJW-RR 2000, 444, 445; aA KG MDR 87, 329) an das Gericht oder (im Falle einer Parteizustellung) den Gegner (BGH NJW-RR 2000, 444) erfolgen. Eine Form ist nicht vorgeschrieben, so dass schlüssiges Handeln genügt (auch formlos, BGH NJW-RR 86, 286; BGH Asylmagazin 2018, 387), zB Einreichen einer Schutzschrift (§ 945a; OLG Hamburg NJW-RR 95, 444; OLG Karlsruhe NJW-RR 92, 700, 701; einschr OLG Frankfurt NJW-RR 86, 587), Einlegung eines Widerspruchs im Mahnverf (BVerfG NJW 2017, 318 Rn 17; sa Rn 11) oder sonstiger Schriftsätze (RGZ 18, 396; Walchshöfer Rpfleger 74, 254, 255) und jedenfalls durch das Auftreten im Termin (BGH NJW-RR 2011, 417 Tz 10). Bestellung für das Hauptverfahren kann auch bereits in einem Gesuch um PKH enthalten sein (BGH MDR 2002, 599 = NJW 2002, 1728). Ist Bestellung derart erfolgt, ist § 172 bis zu einer Zurückweisung des ProzBev (s § 88 Rn 7) **ohne** Rücksicht darauf zu beachten, ob **Prozessvollmacht** tatsächl wirksam erteilt wurde (BGHZ 118, 312, 322; BGH NJW 2002, 1728, 1729) oder im Umfang der §§ 80 ff bestand (BGH VersR 86, 993, 994; OLG Bamberg Magazindienst 2022, 781).

bb) Bestellungsanzeige durch den Gegner (zB durch Bezeichnung eines Bekl-Vertreters in der Klageschrift) genügt (BGH NJW-RR 2000, 444, 445; BGH MDR 2011, 620) und ist vom Gericht zu beachten. Das Risiko der tatsächl Vertretung des Bekl trägt hier der Kl, bei **fehlender Prozessvollmacht** ist die Zustellung unwirksam (BGH MDR 2011, 620; s Rn 22). Will das Gericht (entgegen der vorst vertretenen Meinung) die Klage anstatt dem vom Kl benannten Bevollmächtigten dem Bekl selbst zustellen (ist nicht selbständig anfechtbare Maßnahme der Prozessleitung, OLG München MDR 2008, 1298), so ist es (selbst bei Zweifeln an einer angebl vom Bekl erteilten Prozessvollmacht) jedenfalls Gebot eines fairen Verf, den angebl Bekl-Vertreter von der Zustellung an die Partei zu benachrichtigen und das Bestehen eines Mandats bei diesem zu erfragen (BVerfG MDR 87, 814 = NJW 87, 2003). – **cc)** Fehlt eine Bestellungsanzeige, besteht **keine Pflicht zur Amtsermittlung**, ob ein ProzBev bestellt ist (BAG NZA 2024, 902); ein „Kennenmüssen" des Gerichts ist unerhebl (St/Thöne Rn 9; aA WSch/Rohe § 172 Rn 10). 7

d) Zeitpunkt der Bestellung. Die Bestellung ggü Gericht (bzw Gegner bei Parteizustellung, s Rn 6) muss bis spätestens **zu Beginn der Zustellung** (Ausführung durch die GeschSt nach § 168) erfolgt sein (BGH NJW 81, 1673, 1674; BGH NJW-RR 86, 286, 287). Bestellt sich der Bevollmächtigte an dem Tag, an dem die Zustellung der Entscheidung an die Partei selbst veranlasst wird, ist bei Unaufklärbarkeit der zeitl Reihenfolge von Zustellung und Anwaltsbestellung zugunsten der Partei von einer Bestellung vor Zustellungsausführung auszugehen (BGH NJW 81, 1673, 1674; OLGR München 1999, 10). Ab der Bestellung (auch, wenn sie nach Entscheidungsverkündung erfolgt, OLG Hamm NJW 62, 641) ist an den ProzBev zuzustellen. Wenn die Bestellung eines ProzBev erst nach Ausführung der Zustellung, aber noch vor dem tatsächl Zugang an die Partei erfolgt ist, bedarf es keiner weiteren Zustellung an den ProzBev (OLGR Köln 1998, 61). 8

e) Erlöschen der Prozessvollmacht des bestellten RA infolge Kündigung oder **Niederlegung des Mandats** schließt auch nach deren gerichtl Kenntnis (Anzeige des Erlöschens, § 87 I) Zustellungen an den Bevollmächtigten nicht aus; dieser kann nach § 87 II Zustellungen weiter entgegennehmen. Zustellungen können im Parteiprozess weiterhin an einen empfangsbereiten RA gerichtet werden (BGH MDR 2023, 318; sa § 87 Rn 6); im Anwaltsprozess müssen sogar alle Zustellungen bis zur Anzeige der Bestellung eines neuen Anwalts weiter an den früheren ProzBev erfolgen (BGH MDR 2007, 1033 = NJW 2007, 2124; sa § 87 Rn 4). Ebenso ist an den beigeordneten ProzBev bis zur Entpflichtung nach § 48 II BRAO zuzustellen (OLG Karlsruhe FamRZ 2017, 1702). Der Anwalt ist nach Mandatsbeendigung standesrechtl (§ 11 BORA) verpflichtet, ihm gem § 172 noch zugestellte Schriftstücke an die Partei oder deren neuen Bevollmächtigten weiterzuleiten. Durch Eröffnung des **Insolvenzverf** erlischt gem § 117 I InsO die Prozessvollmacht für den Schuldner; Zustellungen können dann nicht mehr wirksam an den RA erfolgen (BGH ZInsO 2019, 1786 Tz 8). Ist die **Zulassung des bevollmächtigten Anwalts erloschen** (§§ 13 ff BRAO), entfällt von der Mitteilung bzw Bekanntgabe des Erlöschens an die Anwendbarkeit des § 172 (BGH MDR 91, 342 [für Parteiprozess]; OLG München NJW 70, 1609; aA OLG Köln MDR 2008, 1300: ab Erlöschen der Zulassung); Zustellungen sind dann (verbunden mit der Aufforderung gem §§ 215, 275 I, § 276 I, § 277 II) an die Partei selbst zu richten. **Berufs- oder Vertretungsverbot** gegen den RA beseitigt Wirksamkeit der Zustellung an ihn nicht (§ 155 V BRAO). 9

f) Stirbt im Anwaltsprozess der **ProzBev** im Laufe des Verf oder wird er prozessunfähig, so tritt Unterbrechung gem § 244 ein. Stirbt er erst nach Zustellung des Urteils, so ist die Instanz erledigt und Zustellung der Rechtsmittelschrift muss (mit Aufforderung gem §§ 215, 525) an die Partei selbst erfolgen (**II 3**). 10

2) Rechtszug. a) Der Rechtszug **beginnt** mit Anhängigkeit, also ab Einreichung der Klage (s § 253 Rn 4), eines sonst das Verf einleitenden Gesuchs (zB Mahnantrag; BVerfG NJW 2017, 318 Tz 18), Antrags (zB Arrestantrag) oder einer Rechtsmittelschrift. Er **endet** (Sonderregelung in **I 2 u 3**, s Rn 15, 17) mit Einlegung eines Rechtsmittels oder dem Eintritt der (formellen) Rechtskraft (BGH NJW 95, 1095 mwN, auch zu früher aA), nicht somit schon mit Zustellung des Endurteils. Zustellung der den Rechtszug abschließenden Entscheidung (für Beginn der Rechtsmittelfrist und ZwV) hat daher noch an den Anwalt des Rechtszugs, in dem das Urteil erlassen ist, zu erfolgen, auch wenn für den höheren Rechtszug ein Anwalt schon bestellt ist (BGH MDR 2022, 848; BGH WM 2020, 1544 Tz 11). Nach Beendigung des Rechtsstreits ohne Urteil (Klagerücknahme, Vergleich, beiderseitige Erledigterklärung) gehört ein nachfolgendes Beschlussverfahren (zB § 269 IV, Streitwertfestsetzung, § 63 II GKG) bis zur Einlegung eines Rechtsmittels (oder Rechtskraft) noch zur Instanz. Bei Abgabe und Verweisung 11 wird der Rechtsstreit (das Verf) vor dem neuen Gericht im gleichen Rechtszug anhängig; Zustellung der Ladung hat daher an den bestellten ProzBev zu erfolgen (OLG Hamm MDR 68, 155; OLG Köln MDR 76, 50).

12 b) Das **Kostenfestsetzungsverfahren** gehört zum ersten Rechtszug (§ 103 II 1; s § 104 Rn 7). Betreibt die Partei ohne Zuziehung ihres ProzBev die Kostenfestsetzung, sind Beschlüsse im Festsetzungs- und Beschwerdeverfahren ihr selbst zuzustellen, denn das Gericht sollte der außerhalb des Anwaltszwangs persönl handelnden Partei erkennbar nicht gewollte Hilfe des Anwalts nicht aufzwingen (OLG Königsberg JW 31, 3577; aA OLG Stuttgart DGVZ 62, 43; offen gelassen BGH DGVZ 2013, 20 Tz 9); das gilt auch nach Anzeige der Mandatsniederlegung durch ProzBev (KG NJW 72, 543). Ebenfalls der Partei persönl zuzustellen sind Beschlüsse im **Vergütungsfestsetzungsverf** (§ 11 RVG; OLG Koblenz AGS 2020, 179) und über die **Wertfestsetzung** für die Rechtsanwaltsgebühren (§ 33 I RVG; LArbG Berlin-Brandenburg AGS 2017, 230), denn hier tritt der ProzBev nicht als Vertreter seiner Partei auf, sondern steht ihr wie eine andere Partei gegenüber.

13 c) Zum Rechtszug gehört auch das **PKH-Verf**. Zustellungen im Verf über Änderung und Aufhebung der Bewilligung von PKH (§§ 120a, 124) haben daher an den ProzBev zu erfolgen (OLG Brandenburg FamRZ 2019, 300; OLG Zweibrücken FamRZ 2014, 1725; MK/Häublein/Müller Rn 12; aA OLG Koblenz MDR 2008, 645; vgl BGH MDR 2011, 183; BGH MDR 2016, 1040 Tz 6: jedenfalls bei Vertretung im PKH-Verf; s § 120a Rn 4; § 124 Rn 9). Bei einem Wechsel des ProzBev sind sie an den neuen ProzBev für das Überprüfungsverf zu richten, selbst wenn dieser nicht beigeordnet wurde (OLG Hamm FamRZ 2024, 56).

14 **d) Eigener Rechtszug.** Das **sBV** bildet einen eigenen Rechtszug (OLG Düsseldorf MDR 91, 1197 = NJW-RR 92, 699: aber Auslegung der Bestellung im sBV als Bevollmächtigung für unmittelbar folgendes Hauptsacheverf bei identischem Streitgegenstand). Auch das **Arrest**verfahren und das Verf betr eine **einstw Verfügung** bilden einen eigenen Rechtszug (RGZ 45, 364, 366). Die dafür erteilte Prozessvollmacht muss nicht die Vertretung im Hauptprozess umfassen (s § 82 Rn 1); Zustellungen im Hauptsacherechtsstreit erfolgen daher nicht an den nur für das Nebenverfahren bestellten Bevollmächtigten. Umgekehrt umfasst die Vollmacht für den Hauptsacheprozess auch diese Nebenverfahren (§ 82); Zustellungen können daher (müssen jedoch nicht) an den für den Hauptsacheprozess bestellten Anwalt erfolgen (s § 922 Rn 14). Gleiches gilt für die **Hauptintervention** (§§ 64, 82).

15 **e) Erweiterter Umfang des Rechtszugs (§ 172 I 2).** Zum Rechtszug gehören nach **I 2** auch
- das Verf vor dem Gericht infolge eines **Einspruchs** (§§ 338 ff, § 700 III-VI);
- das Verf vor dem Gericht infolge einer **Aufhebung des Urteils**, damit nach Zurückverweisung (§§ 538, 563, 566 VIII, auch § 572 III u § 577 IV);
- das Wiederaufnahmeverfahren (§§ 578 ff);
- das nach **Anhörungsrüge** (§ 321a) fortgeführte Verf, nicht aber außerordentl Beschwerde wegen Verletzung anderer Verfahrensgrundrechte als Art 103 I GG (dazu § 321a Rn 3b; ebenso MK/Häublein/Müller Rn 18);
- das mit **neuem Vorbringen in der ZwV** eingeleitete Verf, damit Verf auf Klage nach § 731 (Erteilung der Vollstreckungsklausel), §§ 767-770 (Vollstreckungsabwehrklage) und §§ 781-786a (Klage zur Haftungsbeschränkung).

16 **Nicht zugerechnet** werden dem anhängigen Verf das durch Drittwiderspruchsklage (§ 771) eingeleitete Verf (MskV/Wittschier Rn 6; St/Thöne Rn 16) sowie die Klagen aus §§ 805, 810 und § 878.

17 **IV) Vollstreckungsverfahren (§ 172 I 3). 1) Zuständigkeit des Vollstreckungsgerichts.** Das Verf vor dem Vollstreckungsgericht (§ 764) gehört (auch bei Vollstreckung des Titels eines höheren Gerichts) zum ersten Rechtszug (**I 3**), insb somit die ZwV in Forderungen (§ 828 I), das Ordnungsmittelverf (§ 890; OLG Dresden 26.4. 2021 – 4 W 272/21); die gerichtl Aufgaben im Offenbarungsverfahren (§§ 899 ff), Erinnerung (§ 766) und Beschwerde (§ 793), Kostenfestsetzung (§ 788 II) sowie Zwangsversteigerung und Zwangsverwaltung (§ 1 I ZVG), nicht aber Verf unter Beteiligung Dritter (s Rn 18). Auch ein die ZwV **einstellender Beschluss** des Vollstreckungsgerichts ist somit dem im (erstinstanzl) Vollstreckungstitel bezeichneten Vertreter des Gläubigers zuzustellen (OLG München JW 31, 2044). Zustellungen an den erstinstanzl ProzBev müssen im Verf vor dem Vollstreckungsgericht nicht erfolgen, wenn die Vollmacht erloschen ist (s Rn 9). Als Mitteilung, dass der Bevollmächtigte nicht mehr tätig ist, ist es zu werten, wenn der Gläubiger die ZwV ohne Zuziehung seines ProzBev betreibt. An den für die ZwV erstmals bestellten Verfahrensbevollmächtigten ist zuzustellen, wenn der im Erkenntnisverfahren nicht vertretene Schuldner danach einen Vertreter für das Vollstreckungsverfahren bestellt hat (OLG Zweibrücken JurBüro 2001, 608 = Rpfleger 2001, 558).

18 **2) Andere Zuständigkeit.** I 3 gilt auch, wenn **Prozessgericht** oder **Grundbuchamt** als Vollstreckungsorgan tätig sind; der Wortlaut ist insoweit zu eng gefasst. Das Erlöschen der Vollmacht durch Niederlegung ist bei Anwaltszwang unerhebl (OLG Frankfurt NJW-RR 2020, 384; s Rn 9). Zustellungen zur **Einleitung der ZwV** (§§ 750, 751 II, §§ 756, 765) gehören bereits zur ZwV (so auch St/Thöne Rn 17). Zustellung der danach zuzustellenden Urk (auch des Vollstreckungstitels einer höheren Instanz) hat daher an den **ProzBev 1. Instanz** zu erfolgen (LG Köln JurBüro 90, *916 für den in* 2. Instanz geschlossenen Prozessvergleich; aA OLG Nürnberg MDR 2018, 175). Zustellung eines Urteils erfolgt aber an den ProzBev der höheren Instanz (§ 317 I; s Rn 11); für die ZwV ist daher erneute Zustellung an den ProzBev der 1. Instanz nicht mehr erforderl.

V) Zustellung eines Rechtsmittelschriftsatzes an den Gegner (§ 172 II). Nach **II** ist zu unterscheiden: **1) Grundsatz.** Grds ist die Rechtsmittelschrift dem ProzBev des Rechtszugs zuzustellen (§ 521 I, § 550 II), dessen Entscheidung angefochten ist (**II 1**); im Anwaltsprozess auch nach Mandatsniederlegung (s Rn 9). 19

2) Ausnahmen. An den **ProzBev des Rechtsmittelzugs** ist jedoch zuzustellen, wenn ein solcher bereits bestellt und benannt ist (**II 2**; zur Benennung s Rn 6); praktisch wird das in den Fällen §§ 524, 554, denn Bestellung erfolgt idR erst, wenn die Rechtsmittelschrift bereits zugestellt ist. 20

Der **Partei selbst** ist zuzustellen, wenn sie in der Vorinstanz nicht durch einen ProzBev vertreten war und auch für den Rechtsmittelzug noch keinen ProzBev bestellt hat (**II 3**). Ihr ist auch zuzustellen, wenn der ProzBev durch Tod oder die anderen in § 244 Rn 3 genannten Umstände weggefallen ist (ein ProzBev ist dann nicht bestellt; aA MK/Häublein/Müller Rn 13: keine Zustellung mögl; sa Rn 11). 21

VI) Rechtsfolgen. Liegen die Voraussetzungen des § 172 vor, ist **zwingend** der ProzBev Zustellungsadressat (s § 166 Rn 1); kommentarlose Übersendung von an die Partei gerichteten Schreiben an ihn genügt daher nicht. Haben sich für eine Partei **mehrere ProzBev** bestellt, so genügt Zustellung an einen von ihnen (BGHZ 118, 312, 322; OLG Koblenz MDR 2017, 1452). Wird an jeden von ihnen zugestellt, ist für den Lauf der Frist die erste Zustellung maßgebend (BGHZ 112, 345, 347; BGH NJW 2019, 2397 Tz 11; BVerwG NJW 98, 3582). Bei **Verstoß** gegen § 172 (Zustellung an die Partei selbst oder sonst an einen anderen als den ProzBev) ist die Zustellung unwirksam (wirkungslos; BVerfG NJW 2017, 318 Tz 19; BGH WM 2020, 1544 Tz 9 mN). Heilung nach § 189 (Zugang beim ProzBev erforderl, s § 189 Rn 5) ist mögl (zum Zeitpunkt der Heilung s § 189 Rn 14); ebenso kann der Zustellungsmangel nach § 295 unbeachtl werden, die Heilung tritt hier erst bei rügeloser Einlassung zur Sache ein (OLGR Zweibrücken 2005, 822). 22

§ 173 Zustellung von elektronischen Dokumenten

(1) Ein elektronisches Dokument kann elektronisch nur auf einem sicheren Übermittlungsweg zugestellt werden.

(2) Einen sicheren Übermittlungsweg für die elektronische Zustellung eines elektronischen Dokuments haben zu eröffnen:

1. Rechtsanwälte, Notare, Gerichtsvollzieher, Steuerberater sowie sonstige in professioneller Eigenschaft am Prozess beteiligte Personen, Vereinigungen und Organisationen, bei denen von einer erhöhten Zuverlässigkeit ausgegangen werden kann, sowie

2. Behörden, Körperschaften oder Anstalten des öffentlichen Rechts.

(3) [1]Die elektronische Zustellung an die in Absatz 2 Genannten wird durch ein elektronisches Empfangsbekenntnis nachgewiesen, das an das Gericht zu übermitteln ist. [2]Für die Übermittlung ist der vom Gericht mit der Zustellung zur Verfügung gestellte strukturierte Datensatz zu verwenden. [3]Stellt das Gericht keinen strukturierten Datensatz zur Verfügung, so ist dem Gericht das elektronische Empfangsbekenntnis als elektronisches Dokument (§ 130a) zu übermitteln.

(4) [1]An andere als die in Absatz 2 Genannten kann ein elektronisches Dokument elektronisch nur zugestellt werden, wenn sie der Zustellung elektronischer Dokumente für das jeweilige Verfahren zugestimmt haben. [2]Die Zustimmung gilt mit der Einreichung eines elektronischen Dokuments im jeweiligen Verfahren auf einem sicheren Übermittlungsweg als erteilt. [3]Andere als natürliche Personen können die Zustimmung auch allgemein erteilen. [4]Ein elektronisches Dokument gilt am vierten Tag nach dem auf der automatisierten Eingangsbestätigung ausgewiesenen Tag des Eingangs in dem vom Empfänger eröffneten elektronischen Postfach als zugestellt. [5]Satz 4 gilt nicht, wenn der Empfänger nachweist, dass das Dokument nicht oder zu einem späteren Zeitpunkt zugegangen ist.

IV 4 geändert durch G zur Modernisierung des Postrechts v 15.7.2024 (BGBl 2024 I Nr 236) mWv 1.1.2025.

I) Bedeutung. Die elektron Zustellung an RAe und sonstige professionelle Beteiligte stellt nach allg Einführung des elektron Rechtsverkehrs die regelmäßige Zustellungsform dar. Alle professionellen Beteiligten sind verpflichtet, einen zur Teilnahme am elektron Rechtsverkehr notwendigen sicheren Übermittlungsweg zu eröffnen (II, dazu Rn 8). An sie ist gegen eEB zuzustellen (III). Elektron zugestellt werden kann auch an andere Verfahrensbeteiligte, die über einen sicheren Übermittlungsweg (eBO, Nutzerkonto nach OZG, s § 130a Rn 20 f) verfügen und ihr Einverständnis erklären (IV). So soll rechtssichere, schnelle und kostengünstige Zustellung erreicht werden (BRDrs 145/21, 21). Andere Formen der Zustellung werden durch § 173 auch für die in II genannten Empfänger aber nicht ausgeschlossen; es besteht Auswahlermessen des UrkB (BayVGH 3.7.2023 – 22 ZB 23.906, BayVBl 2023, 682; s § 168 Rn 2). 1

II) Voraussetzungen (§ 173 I). 1) Zustellungsabsicht. Absicht des UrkB oder – vorrangig – des anordnenden Richters oder Rpflegers einer Zustellung und nicht lediglich einer formlosen Übermittlung ist erforderl (s § 166 2

Rn 8). Sie braucht nicht ausdrückl geäußert sein (BGH NJW 69, 1298, 1299). Dass Zustellung erfolgen soll, ergibt sich bei Zustellung an die professionellen Beteiligten (II) idR bereits aus der Anforderung eines eEB.

3 **2) Gegenstand.** Elektron zugestellt werden können **elektron Dokumente** (Begriff s § 130a Rn 3), wobei es idR keiner Herstellung einer beglaubigten elektron Abschrift bedarf (s § 169 Rn 15), oder **Schriftstücke** in beglaubigter elektron Abschrift nach § 169 IV.

4 **3) Übermittlung.** Die elektron Zustellung erfolgt ausschließl auf einem **sicheren Übermittlungsweg** iSd § 130a IV (De-Mail, beA, beN, beBPo, eBO, Nutzerkonto nach OZG); eine Übermittlung auf anderem Wege, auch unter Verwendung einer qualifiziert elektron Signatur, ist nicht zulässig.

5 **4) Empfangsbereitschaft.** Sie ist für die Zustellung gegen EB nach allgM Voraussetzung (s § 175 Rn 4). Die Zustimmung nach IV 1 (s Rn 21) ersetzt nicht die Empfangsbereitschaft; die Bereitschaft zur Entgegennahme der konkreten Zustellung ist auch bei anderen als professionellen Empfängern erforderl. Wird die **Entgegennahme der Zustellung verweigert** oder wird von den Empfängern nach II **pflichtwidrig ein sicherer Übermittlungsweg nicht eröffnet**, ist eine andere Art der Zustellung, insb nach § 176 II, zu wählen. Standesrechtl Pflichten zur Entgegennahme (für RAe gem § 31a VI Hs 2 BRAO) ändern daran nichts. Eine Zustellungsfiktion oder Heilung nach § 189 wegen treuwidriger Zugangsvereitelung kommt nicht in Betracht (St/Thöne Rn 18; aA OLG Brandenburg 25.1.2024 – 9 UF 176/23; sa § 175 Rn 4).

6 **5) Ausstellung des elektronischen Empfangsbekenntnisses (eEB).** Bei dem Teilnehmerkreis des II (dazu Rn 8 ff) war Abgabe des eEB bisher nach hM neben dem Annahmewillen Wirksamkeitserfordernis (zu § 174 aF s Nachw bei § 175 Rn 5). Diese Ansicht ist aufgrund der Neufassung des III **nicht** mehr aufrechtzuerhalten, da – abweichend von § 174 aF – das eEB ausdrückl als „Nachweis" bezeichnet wird und sich auch aus dem Wortlaut des § 173 nicht ergibt, dass Zustellung nur „gegen Empfangsbekenntnis" stattfindet und deshalb für die Durchführung der Zustellung erforderl ist (BayVGH 10.7.2023 – 12 BV 23.192; MK/Häublein/Müller Rn 15; St/Thöne Rn 11; aA BSG 18.12.2024 – B 8 SO 1/24 B). Der Gesetzesbegründung ist ebenfalls nur die Nachweisfunktion zu entnehmen (BRDrs 145/21, 35). Auch die automatisierte Eingangsbestätigung hat nach dem Gesetzeswortlaut **nur Nachweisfunktion**. Unterbleibt die Rücksendung des eEB, schließt dies Wirksamkeit der Zustellung nach § 173 nicht aus, es fehlt aber seine Beweiswirkung (s Rn 18).

7 **III) Zustellung an professionelle Empfänger (§ 173 II, III). 1) Teilnahmepflicht.** Nach **II** besteht für den in der Vorschrift bestimmten Personenkreis die (verfassungsgemäße, BVerfG BayVBl 2018, 378) **Pflicht**, einen Übermittlungsweg nach § 130a IV **zu eröffnen**. Das Bereitstellen des sicheren Übermittlungswegs erfordert sowohl das Vorhalten eines solchen Wegs als auch dessen Mitteilung an das Gericht (BTDrs 17/12634, 28). Ein Verstoß gegen die Teilnahmepflicht ist zustellungsrechtl unbeachtl (s Rn 5), sie wird nur berufsrechtl sanktioniert (für RA § 31a VI, § 113 I BRAO).

8 **2) Erfasster Personenkreis. a) Allgemeines.** Mit dem 1.1.2024 ist die stufenweise Erweiterung des verpflichteten Empfängerkreises am elektron Rechtsverkehr abgeschlossen worden. Neben den ausdrückl in § 173 II Nr 1, Nr 2 genannten Berufsgruppen haben nunmehr auch in professioneller Eigenschaft am Prozess beteiligte Personen, Vereine und Organisationen, bei denen von einer erhöhten Zuverlässigkeit ausgegangen werden kann, einen sicheren Übermittlungsweg zu eröffnen. Mit dieser – ggü § 174 I aF kaum präzisierten – Regelung wird die Bestimmung der verpflichteten Teilnehmer am elektron Rechtsverkehr weiterhin der gerichtl Praxis überlassen. Hierbei ist eine **typisierende Betrachtung** nach Berufsgruppen vorzunehmen (BAGE 181, 89; OLG Hamm MMR 2025, 151). Wesentl Kriterien sind, ob die Empfänger regelmäßig mit dem Gericht kommunizieren (BRDrs 145/21, 34) und ob sie in ähnl Weise wie ein Anwalt, Notar usw standesrechtl gebunden sind, so dass sie eine ungestörte Durchführung der Zustellung gewährleisten (St/Thöne Rn 6; WSch/Rohe Rn 15). Die Zuverlässigkeit des konkreten Empfängers ist hingegen nicht maßgebl.

9 Gehört der Empfänger zum verpflichteten Teilnehmerkreis, kommt es nicht darauf an, in welcher Eigenschaft die Zustellung an ihn gerichtet wird (St/Thöne Rn 6; aA OVG Hamburg AuAS 2016, 114). Ohne Bedeutung ist daher, ob dem RA, Notar usw in eigener Sache oder als ProzBev (§ 172) bzw Vertreter eines Beteiligten (§ 24 I 2 BNotO), als InsVerwalter (sa BGH MDR 2023, 189 zu § 130d), TV, Zwangsverwalter oder auch als ges Vertreter (Vater/Mutter, Vormund, Pfleger, Betreuer) oder organschaftl Vertreter (Vorstand, Geschäftsführer) einer Partei oder eines Beteiligten zugestellt wird.

10 **b) Einzelfälle (alphabetisch).** Zu einzelnen Berufsgruppen s nachfolgende Übersicht:

10.1 • **Arbeitnehmervereinigungen, Gewerkschaften, Arbeitgebervereinigungen.** Diese und weitere vor den Arbeitsgerichten vertretungsbefugte Personen und Vereinigungen iSd § 11 II ArbG sind sonstige professionelle Beteiligte iSd II Nr 1 (BRDrs 145/21, 34 f; zu § 174 aF bereits BTDrs 17/12634, 28) und haben seit 1.1.2024 einen sicheren Übermittlungsweg zu eröffnen.

10.2 • **Beamte und Richter.** *Sie sind weder als Privatperson* noch bei Beteiligung in dienstl Eigenschaft verpflichtet, einen sicheren Übermittlungsweg zu eröffnen; sie sind keine „professionell" Verfahrensbeteiligten (BRDrs 145/21, 34).

• **Behörden, Körperschaften, Anstalten des öffentl Rechts** sind in II Nr 2 als verpflichtete Empfänger ausdrückl genannt. Behörde ist auch die Staatsanwaltschaft; überdies das Gericht, an das im Rahmen der Justizverwaltung Zustellungen gerichtet werden. Behörden steht das besondere elektron Behördenpostfach (beBPo; § 6 ERVV) zur Verfügung. Diesem steht das EGVP der Gerichte, Staatsanwaltschaften, Amtsanwaltschaften, Justizvollzugsanstalten und Jugendarrestanstalten gleich (§ 6 III ERVV). Auch die Eröffnung eines anderen sicheren Übermittlungswegs ist zulässig. 10.3

• **Dolmetscher und Übersetzer.** Sie sind zwar professionell Beteiligte, ihnen fehlt aber die standesrechtl Bindung, so dass sie nicht über die nach II Nr 1 erforderl erhöhte Zuverlässigkeit verfügen. 10.4

• **Gerichtsvollzieher.** Sie haben nach II Nr 1 einen sicheren Übermittlungsweg zu eröffnen. Ihnen steht dazu nunmehr auch das eBO (vgl § 10 I, § 11 II Nr 4 ERVV), nicht hingegen das beBPo zur Verfügung (BRDrs 645/17, 17). Die Einrichtung elektronischer Postfächer bei den Verteilungsstellen genügt angesichts des klaren Wortlauts des II Nr 1 nicht. Die Aufgabe der Verteilungsstelle beschränkt sich nach § 22 II GVO auf die Weiterleitung von Vollstreckungsaufträgen und umfasst nicht die Entgegennahme sämtl Zustellungen. 10.5

• **Inkassodienstleister.** Sie unterfallen als registrierte Personen iSd § 10 I 1 Nr 1 RDG II Nr 1 und sind seit 1.1.2024 zur Bereithaltung eines sicheren Übermittlungswegs verpflichtet. 10.6

• **Notare.** Ihnen steht als gebotener sicherer Übermittlungsweg (II Nr 1) das beN (§ 78h BNotO) zur Verfügung. Dem Notar gleichgestellt sind dessen Vertreter (§ 39 BNotO) und ein Notariatsverwalter (§ 56 BNotO). 10.7

• **Patentanwälte.** Sie stehen einem RA iSd II Nr 1 nicht gleich, unterliegen aber seit 1.1.2024 als sonstige professionelle Beteiligte der passiven Nutzungspflicht (St/Thöne Rn 8). Da für sie keine besonderen Postfächer existieren, haben sie einen sicheren Übermittlungsweg über De-Mail, das eBO oder ein OZG-Konto zu eröffnen. 10.8

• **Rechtsanwälte.** Sie sind in II Nr 1 ausdrückl genannt; gleichgestellt der Kammerrechtsbeistand, § 3 I Nr 1 RDGEG. Nach § 31a VI BRAO trifft sie die berufsrechtl Pflicht (s Rn 7), das beA als sicheren Übermittlungsweg (§ 130a IV Nr 2) zu eröffnen. Für eingetragene Berufsausübungsgesellschaften ist zudem ein sog Gesellschaftspostfach als beA bereitzuhalten (§ 31b I, IV, § 31a VI BRAO; zum Zustellungsadressaten s § 172 Rn 4); auf Antrag kann dann auch für eingetragene Zweigstellen ein weiteres beA eingerichtet werden (§ 31b IV BRAO). Für Zustellung in berufl Angelegenheiten steht dem RA gleich dessen amtl bestellter Vertreter (§ 53 BRAO, BGHZ 31, 32, 34 = NJW 59, 2307; BGH NJW 82, 1650) oder Abwickler (§ 55 BRAO), auch wenn dieser nicht selbst RA ist (Referendar, BAG NJW 76, 991). An den ZustBev des RA, der nach § 30 BRAO zu bestellen war (nicht aber in anderen Fällen, BGH NJW 82, 1649), muss (auch wenn er nicht RA ist, BGHZ 67, 10, 12) wie an den RA selbst zugestellt werden können (§ 30 II BRAO), weshalb auch er II Nr 1 unterfällt. 10.9

• **Rentenberater.** Sie sind als registrierte Personen iSd § 10 I 1 Nr 2 RDG nach II Nr 1 seit dem 1.1.2024 zur Einrichtung eines sicheren Übermittlungswegs verpflichtet (BRDrs 145/21, 34). 10.10

• **Sachverständige.** Sie sind seit 1.1.2024 zur Einrichtung eines sicheren Übermittlungswegs verpflichtet, wenn sie bei typisierender Betrachtung (s Rn 8) regelmäßig mit dem Gericht kommunizieren und zugleich der Aufsicht durch berufsständische Kammern unterliegen (weitergehend Greger Der Sachverständige 2021, 242, 243; Bellardita DGVZ 2022, 4, 6). Hiervon kann nur bei öffentl bestellten und vereidigten Sachverständigen (OLG Hamm MMR 2025, 151) und nicht bei lediglich typischerweise gelegentlicher Sachverständigentätigkeit ausgegangen werden. Es bietet sich eine differenzierende Betrachtung nach Gruppen an (Schultzky MDR 2022, 201 Rn 14). Eine Einrichtungspflicht wird zB bei öffentlich bestellten und vereidigten Sachverständigen für Grundstücksbewertungen und Kfz-Schäden bestehen, nicht jedoch bei praktizierenden Ärzten, die nur gelegentlich zu Gutachten herangezogen werden. 10.11

• **Steuerberater.** Sie trifft seit 1.1.2023 nach II Nr 1 die Pflicht, einen sicheren Übermittlungsweg zu eröffnen, ebenso **Steuerbevollmächtigte, Wirtschaftsprüfer** und **vereidigte Buchprüfer**, auch aus EU/EWR-Raum gem § 3a StBerG und als Gesellschaften iSd § 3 Nr 2, Nr 3 StBerG (BRDrs 145/21, 34). Ihnen steht das beSt als sicherer Übermittlungsweg zur Verfügung (dazu Pohl Stbg 2022, 385). 10.12

• **Verbraucherzentralen und -verbände.** Sie haben seit 1.1.2024 nach II Nr 1 einen sicheren Übermittlungsweg zu eröffnen, wenn sie die Einziehung von Forderungen von Verbrauchern übernehmen (BRDrs 145/21, 35). 10.13

3) Eröffnung eines sicheren Übermittlungswegs. Der sichere Übermittlungsweg muss eine eindeutige Identifizierung des Empfängers ermöglichen; dazu muss der Empfänger eindeutig als Inhaber des ihm zugeordneten Postfachs identifiziert werden können. Für RAe geschieht dies durch Einrichtung des beA und Aktivierung des Zugangs (§ 19 III, § 22 RAVPV). Auch beN, beBPo, eBO (§ 13 I Nr 3 ERVV) und De-Mail erfüllen diese Voraussetzungen. 11

4) Elektronisches Empfangsbekenntnis (§ 173 III). Der Nachweis der Zustellung (s Rn 6) bei den nach II verpflichteten Teilnehmern erfolgt durch eEB. – **a) Verpflichteter.** Die Abgabe des eEB muss grds durch den **Zustellungsadressaten** (s § 166 Rn 1) **persönl** erfolgen. Er ist für die Richtigkeit der Angaben verantwortl (BGH NJW 69, 1297). Für eine Behörde und Körperschaft gibt der Vorsteher (sein Vertreter) oder der nach der Aufgabenverteilung für Entgegennahme von Zustellungen zuständige Bedienstete das eEB ab (BAG NJW 95, 1916; BSG SGb 12

2020, 53 Tz 11). Dass dieser nach § 67 II VwGO (§ 79 III ZPO) zur Prozessführung befugt ist, ist zur Ausstellung des eEB nicht erforderl (OVG Münster NVwZ 2007, 115). Unterzeichnung durch den Leiter (§ 170 II) muss genügen. Ausstellender des (e)EB kann aber auch ein **Bevollmächtigter**, der ebenfalls zum Personenkreis des II gehört, nicht aber ein sonstiger Bevollmächtigter und nicht ein anderer (nicht nach § 30 BRAO bestellter) ZustBev (BGH MDR 82, 922 = NJW 82, 1649) sein. Die Abgabe durch einen Dritten (zB Referendar [BGHZ 14, 343], Assessor [Stuttgart NJW 2010, 2532], Bürovorsteher, Büropersonal) genügt auch dann nicht, wenn er im Einzelfall zur Ausstellung des (e)EB ermächtigt ist (BGH NJW 82, 1649; BSG NJW 2010, 317; OVG Hamburg NJW 99, 965). Anders ist es aber dann, wenn der Dritte nach **Überlassung des Zugangs zum beA** durch den RA das eEB aus dessen Postfach versendet; der vom RA durch Aushändigung vom Zugangsdaten (Signaturkarte, PIN) selbst gesetzte Rechtsschein einer eigenhändigen Abgabe rechtfertigt die Zurechnung auch dann, wenn die Abgabe im Einzelfall unautorisiert erfolgt (BSG SGb 2023, 391; iErg OLG Bremen MDR 2023, 388 [Dirnberger MDR 2023, 419]).

13 **b) Form (III 2, 3).** Abgabe des eEB erfolgt als **strukturierter Datensatz** (§ 5 I Nr 2 ERVV iVm Nr 2 2. ERVB 2022, BAnz AT 18.2.2022 B2). Das Gericht hat diesen mit dem zuzustellenden Dokument zu übermitteln; hierzu genügt es auch, wenn der Datensatz als solches im beA des Empfängers – so wie derzeit technisch umgesetzt – erst generiert wird. Entscheidend ist, dass es dem Adressaten ermöglicht wird, durch „einfaches Anklicken“ (s aber Rn 16) den Zugang zu bestätigen. Der zurücklaufende Datensatz soll dem zugestellten Dokument automatisch zugeordnet werden können (BTDrs 17/13948, 34); die korrekte Zuordnung liegt aber weiterhin allein in der gerichtl Organisationsverantwortung (BGH MDR 2025, 272). Bei Übermittlung nach § 130a IV Nr 1 (**De-Mail**) steht die Abholbestätigung gem § 5 IX De-Mail-G dem eEB nicht gleich; sie lässt schon nicht erkennen, ob der Zustellungsadressat selbst oder ein berechtigter Bevollmächtigter (s Rn 12) die De-Mail abgeholt hat. Bei der De-Mail bedarf es daher ebenso wie bei EGVP einer besonderen Software zur Verarbeitung des eEB (Müller NZA 2019, 11, 14; Browseranwendung unter xjustiz.justiz.de).

14 Unterbleibt insb aufgrund technischer Probleme die Übersendung des strukturierten Datensatzes durch das Gericht, kann das eEB nach III 3 **formlos als elektron Dokument** (s § 130a Rn 3) übersandt werden. Ein Zwang, eine vom Gericht zB im pdf-Format übermittelte Vorlage zu benutzen, besteht dabei nicht. Unzulässig bleibt bei elektron Zustellung die Übermittlung des EB per Post, Telefax usw. III 3 ist nicht entspr anwendbar, wenn auf Seiten des Zustellungsadressaten technische Probleme auftreten. Bei **Verstoß gegen III 2, 3**, ist die Zustellung nach § 173 dennoch wirksam (s Rn 6); der Nachweis der Zustellung und ihres Datums nach III 1 kann auch durch ein nicht formgerechtes EB geführt werden (s Rn 18).

15 **c) Inhalt.** In dem strukturierten Datensatz ist das Kurzrubrum zur Identifikation des Verfahrens enthalten. Das übermittelte Dokument wird im Datensatz selbst nicht bezeichnet; es erfolgt im strukturierten Datensatz vielmehr die Bezugnahme auf die Nachrichten-ID der empfangenen Nachricht. Die Dokumente, deren Empfang durch das eEB bestätigt wird, sind daher alle übermittelten (BVerwG FamRZ 2023, 207); eine unzureichende oder Falschbezeichnung des Dokuments im Dateinamen, zB „Protokoll“ bei darin enthaltenem VU, ist unerhebl (BGH MDR 2022, 846). Anzugeben ist das **Zustellungsdatum** als der Tag, an dem der verpflichtete Teilnehmer (II) als Zustellungsadressat vom Zugang des „übermittelten“ Schriftstücks Kenntnis erlangt und es empfangsbereit entgegengenommen hat (s Rn 5), nicht das Datum des Eingangs der elektron Nachricht. Falls ein **Vertreter** des Zustellungsadressaten das eEB abgibt, ist dieser namentlich zu bezeichnen.

16 **d) Signatur.** Wird das eEB von dem Zustellungsadressaten oder dem Vertreter auf einem **sicheren Übermittlungsweg** aus dem eigenen Postfach an das Gericht übermittelt, bedarf es gem § 130a III keiner gesonderten Signatur; die Erkennbarkeit des Rücksendenden aus dem eEB genügt. Das gilt auch, wenn die Zustellung an ein Gesellschaftspostfach (s Rn 10.9) erfolgt; hier sichert § 31b II BRAO nF die Befugnis zur Abgabe von Erklärungen durch die Zugriffsberechtigung (BTDrs 19/30516, 42). Sonst ist das eEB mit einer **qualifiziert elektron Signatur** zu versehen. Das beA sieht die dazu notwendige Funktionalität vor (dazu Biallaß NJW 2019, 3495).

17 **e) Zeitpunkt der Erteilung.** Das eEB sollte, muss aber nicht, in **zeitl Zusammenhang** mit dem Eingang der Zustellung ausgestellt werden. Dies kann wirksam auch später geschehen (BGH NJW-RR 92, 1150; BGH NJW 94, 2295, 2296), solange der Empfänger sich bewusst ist, noch an einem in Zustellungsabsicht (s Rn 2) eingeleiteten Zustellungsvorgang mitzuwirken (BGH NJW 81, 462, 463). Für RAe besteht eine berufsrechtl Pflicht zur unverzügl Abgabe des (e)EB (§ 43 BRAO; § 14 BORA); ein Verstoß dagegen hat aber keine prozessualen Auswirkungen (s aber Rn 18 aE).

18 **f) Wirkung (§ 173 III 1).** Das eEB ist privates elektron Dokument iSd § 371a I, § 416 (OVG Saarland NVwZ 2020, 735) und als solches Zustellungsnachweis (s Rn 6); es erbringt nach III 1 (gesetzl Beweisregel iSd § 286 II) Beweis für die Entgegennahme der mit der elektron Nachricht übermittelten Dokumente als zugestellt und **für den Zeitpunkt** dieser Entgegennahme (BGH MDR 2024, 519 Tz 10; BVerwG FamRZ 2023, 207). Der **Gegenbeweis** der Unrichtigkeit der Angaben ist zulässig (OVG Saarland NJW 2019, 3664; zu § 174 I aF BGHZ 35, 236, 238 f = NJW 61, 575; BGH MDR 91, 33 = NJW 90, 2125 mwN). Dafür genügt allein die Möglichkeit der Unrichtigkeit nicht (dass die Richtigkeit der Angabe nur erschüttert ist, BGH NJW 2006, 1206, 1207; BGH BRAK-Mitt 2020, 30 Tz 19); es muss die Beweiswirkung des III 1 vollständig entkräftet, jede Möglichkeit der Richtigkeit der Empfangsbestätigung somit ausgeschlossen werden (BGH NZM 2025, 361; vgl BVerfG NJW 2001,

1563, 1564: verfassungsrechtl unbedenkl); an den Gegenbeweis werden damit strenge Anforderungen gestellt (BGH FamRZ 95, 799). Das gilt auch, wenn das eEB auf sicherem Übermittlungsweg ohne qualifiziert elektron Signatur (s Rn 16) erteilt wird. Auch der Vortrag, das eEB sei durch das Sekretariat unautorisiert abgegeben worden, kann den Gegenbeweis nicht begründen (BSG RDi 2022, 488; OVG Lüneburg 20.9.2023 – 10 LA 94/23, NVwZ 2024. 82; sa Rn 12). Ein ungewöhnlich langer Zeitraum zwischen Versand und dem im eEB angegebenem Zustellungsdatum genügt ebenfalls nicht (BGH MDR 2021, 1546 Tz 11), anders ist es aber, wenn sich aus dem beA-Nachrichtenjournal ergibt, dass der RA das Dokument früher geöffnet hat (Höhne/Steinbock NJ 2024, 347; Wagner/Ernst NJW 2021, 1564 Tz 15). Das Gericht kann dessen Vorlage anordnen; die Nichtvorlage kann entspr § 427 Beweis der Unrichtigkeit begründen (OLG Celle MDR 2025, 572; KG NJ 2025, 131; OLG München NJW 2024, 2333).

Wird – trotz Annahmewillens (sonst keine wirksame Zustellung mögl, s Rn 5) – das **eEB nicht erteilt** oder gelangt es nicht zu dem Zustellenden zurück, muss Nachweis der Entgegennahme durch den Zustellungsadressaten und dessen Zeitpunkt mit anderen Beweismitteln erbracht werden (sa § 189 Rn 7, 14). Die Dokumentation einer erfolgreichen Übermittlung genügt dazu nicht, weil sich hieraus das Zustellungsdatum (s Rn 15) nicht ergibt und sonst die gesetzl vorgesehene Privilegierung der professionellen Empfänger gegenüber den sonstigen Teilnehmern am eRV nach IV beseitigt würde (aA BayVGH 10.7.2023 – 12 BV 23.293). Kann der Nachweis (wie idR) nicht geführt werden, ist erneut zuzustellen. 19

IV) Zustellung an andere Empfänger (§ 173 IV). Nach IV kann auch an andere als in II genannte Zustellungsempfänger mit deren Zustimmung elektron zugestellt werden. Den freiwilligen Teilnehmern am passiven elektron Rechtsverkehr stehen als sichere Übermittlungswege derzeit De-Mail (§ 130a IV Nr 1), das eBO (§ 130a IV Nr 4 iVm §§ 10 ff ERVV) und die Nutzerkonten nach § 2 V OZG (§ 130a IV Nr 5) zur Verfügung. 20

1) Zustimmung. Die Zustimmung kann für das konkrete Verfahren gegenüber dem jeweiligen Prozessgericht erteilt werden (**IV 1**); sie gilt auch für die Rechtsmittelinstanzen. Bei Erledigung ausl Zustellungsersuchen ist Zustimmung auch ggü dt Rechtshilfegericht zu erklären (BRDrs 145/21, 36). Eine konkludente Zustimmung ist mögl (BRDrs 145/21, 36); da die Zustimmung die Notwendigkeit einer regelmäßigen Kontrolle des Postfachs begründet, ist dabei aber Zurückhaltung geboten. Die Angabe einer De-Mail-Adresse im Briefkopf (Heß NJW 2002, 2417, 2420) oder die Einrichtung eines Postfachs mit Eintragung in einen Verzeichnisdienst (eBO: § 10 I Nr 3 ERVV) genügen nicht. Nutzt der Teilnehmer selbst einen sicheren Übermittlungsweg für die Einreichung von Dokumenten, wird seine Zustimmung durch **IV 2** fingiert. Die **Zustimmungsfiktion** kann zwar nicht dadurch beseitigt werden, dass der Einreicher erklärt, der Entgegennahme von elektron Zustellungen zu widersprechen; allerdings scheitert in diesen Fällen die Zustellung idR an fehlender Empfangsbereitschaft (s Rn 5). Jur Personen, Personengruppen, Organisationen und Vereinigungen (nicht aber natürl Personen) haben zudem die Möglichkeit, eine **Generalzustimmung** zu erteilen (**IV 3**). Eine entspr Auswahl kann bei Registrierung des eBO getroffen werden; sie ist dann für die Gerichte abrufbar. Die auf ein bestimmtes Gericht beschränkte Generalzustimmung ist zulässig, bedarf aber gesonderter Mitteilung an das jeweilige Gericht. Aus der Zustimmung ergibt sich kein Anspruch auf Zustellung nach § 173 IV (s Rn 1); übersieht der UrkB, dass die Zustimmung erteilt wurde, und wählt eine andere Zustellungsart, bleibt dies folgenlos. 21

2) Zustellungsnachweis. Die zur Verfügung stehenden sicheren Übermittlungswege (s Rn 20) erzeugen auf dem Empfangsgerät eine **automatisierte Eingangsbestätigung** (sa § 130a Rn 21 ff). Bei Nutzung von De-Mail ist dazu die Funktion „Einschreiben" zu wählen (§ 5 VIII De-Mail-G); erst recht genügt aber die Abholbestätigung (§ 5 IX De-Mail-G). Der Gegenbeweis, dass trotz Eingangsbestätigung das Dokument nicht oder zu einem späteren Zeitpunkt eingegangen ist, ist vom Empfänger zu führen (**IV 5**; zu den Anforderungen s Rn 18). Erfolgt keine Eingangsbestätigung, kann die Zustellung trotz wirksam erfolgt sein (s Rn 6), dafür besteht aber keine Vermutung. 22

3) Zustellungsdatum. Die Zustellung gilt **am vierten Tag** nach der idR sofort erstellten Eingangsbestätigung und damit nach Absendung als zugegangen (**IV 4**). Da das Zustellungsdatum den Fristbeginn bestimmt, gilt § 222 II nicht. Bei IV 4 handelt sich um Fiktion, nicht um eine Vermutung des tatsächl Zugangs. Auf den Zeitpunkt der Zugangsmöglichkeit des Empfängers zu seinem Postfach oder einer tatsächlichen Kenntnisnahme kommt es somit nicht an; auch bei sofortiger Kenntnisnahme beginnt eine nach dem Zustellungsdatum berechnete Frist daher nicht früher zu laufen. 23

§ 174 Zustellung durch Aushändigung an der Amtsstelle

[1]Ein Schriftstück kann dem Adressaten oder seinem rechtsgeschäftlich bestellten Vertreter durch Aushändigung an der Amtsstelle zugestellt werden. [2]Zum Nachweis der Zustellung ist auf dem Schriftstück und in den Akten zu vermerken, dass es zum Zwecke der Zustellung ausgehändigt wurde und wann das geschehen ist; bei Aushändigung an den Vertreter ist dies mit dem Zusatz zu vermerken, an wen das Schriftstück ausgehändigt wurde und dass die Vollmacht nach § 171 Satz 2 vorgelegt wurde. [3]Der Vermerk ist von dem Bediensteten zu unterschreiben, der die Aushändigung vorgenommen hat.

1 **I) Zweck.** Vereinfachung der Zustellung durch Aushändigung an den Adressaten oder seinen Vertreter und Beurkundung durch Aktenvermerk für Amtszustellungen aller Art, auch für solche, durch die eine Notfrist in Gang gesetzt wird.

2 **II) Voraussetzungen. 1) Aushändigung.** Sie erfolgt durch Verschaffung der Sachherrschaft am Schriftstück (nicht bloße Einsichtnahme) an der Amtsstelle an den (anwesenden) Zustellungsadressaten (s § 166 Rn 1; Ausnahme s Rn 3), der auch ges Vertreter (§ 170), rechtsgeschäftl bestellter Vertreter (s § 171 Rn 1) oder ProzBev (§ 172) sein kann. Das Schriftstück kann offen (§ 176 II 1 gilt nicht) oder – wenn der Vermerk nach S 2 angebracht ist (s Rn 6) – auch in einem verschlossenen Umschlag übergeben werden. Annahmeverweigerung schließt Zustellung nach § 174 aus. Nicht erforderl ist, dass der Empfänger noch ausdrückl „auf förml Zustellung verzichtet"; § 174 ist ges vollwertige Form der Zustellung. Einlegen in das Gerichtsfach des RA (wie bei § 175) genügt nicht (BGH NJW 63, 1779).

3 An einen rechtsgeschäftl bestellten **Vertreter**, der nicht Adressat ist (s Rn 1), kann ebenfalls durch Aushändigung an der Amtsstelle mit gleicher Wirkung wie an den Vertretenen (§ 171) zugestellt werden (**S 1**). Vorausgesetzt ist, dass der Vertreter eine schriftl Vollmacht vorgelegt hat (§ 171 S 2). Die Vollmacht kann zu den Akten genommen werden; für Wirksamkeit der Zustellung genügt Vermerk nach S 2 Hs 2 (s Rn 6).

4 **2) Amtsstelle.** Die Aushändigung muss in Geschäftsräumen des Gerichts (Geschäftszimmer, Sitzungssaal, Büro des Richters oder Rpflegers) oder an einem anderen Ort erfolgen, an dem eine gerichtl Tätigkeit ausgeübt wird (Ort des Lokaltermins, s § 219 Rn 1). § 174 ist nicht nur bei zufälliger Anwesenheit des Adressaten anwendbar; er kann auch zur Zustellung auf die GeschSt (schriftl, mündl oder fernmündl) bestellt (gebeten) werden (kann zweckmäßig sein und ist mitunter erwünscht); eine Pflicht zum Erscheinen besteht nicht.

5 **3) Funktionelle Zuständigkeit.** Aushändigen kann der **UrkB** (§ 168 I) und jeder vom UrkB mit der Ausführung der Zustellung beauftragte Justizbedienstete (dazu § 168 Rn 3), aber auch der **Richter** oder Rpfleger (MK/Häublein/Müller Rn 4).

6 **III) Nachweis der Aushändigung.** Die Aushändigung und die Zeit der Zustellung sind in den Akten (mögl auch Feststellung im Protokoll) und auf dem ausgehändigten Schriftstück zu **vermerken** (**S 2**; Inhalt: § 18 II GAZI). Der Vermerk ist von dem Bediensteten zu **unterschreiben** (**S 3**). Empfangsbestätigung des Adressaten ist nicht nötig (mitunter ratsam, stets aber unschädl). Bei Aushändigung an einen rechtsgeschäftl bestellten **Vertreter** ist auf dem Schriftstück und in den Akten auch zu vermerken, an wen das Schriftstück ausgehändigt wurde und dass die (zu bezeichnende) Vollmacht (§ 171 S 2) vorgelegt wurde (**S 2 Hs 2**). Der Aktenvermerk ist (wie die Zustellungsurkunde) **Zustellungsnachweis**, nicht aber notwendiger Bestandteil der Zustellung (s § 166 Rn 10). Wird die Zustellung auf dem ausgehändigten Schriftstück nicht oder unrichtig vermerkt, so ist sie dennoch wirksam (s § 182 Rn 20).

§ 175 Zustellung von Schriftstücken gegen Empfangsbekenntnis

(1) Ein Schriftstück kann den in § 173 Absatz 2 Genannten gegen Empfangsbekenntnis zugestellt werden.
(2) [1]Eine Zustellung gegen Empfangsbekenntnis kann auch durch Telekopie erfolgen. [2]Die Übermittlung soll mit dem Hinweis „Zustellung gegen Empfangsbekenntnis" eingeleitet werden und die absendende Stelle, den Namen und die Anschrift des Zustellungsadressaten sowie den Namen des Justizbediensteten erkennen lassen, der das Dokument zur Übermittlung aufgegeben hat.
(3) Die Zustellung nach den Absätzen 1 und 2 wird durch das mit Datum und Unterschrift des Adressaten versehene Empfangsbekenntnis nachgewiesen.
(4) Das Empfangsbekenntnis muss schriftlich, durch Telekopie oder als elektronisches Dokument (§ 130a) an das Gericht gesandt werden.

1 **I) Allgemeines.** § 175 regelt die Zustellung von Schriftstücken gegen EB an die in § 173 II genannten Empfänger. Auch soweit diese zur Teilnahme am elektron Rechtsverkehr verpflichtet sind und ihnen daher elektron zugestellt werden kann (und sollte), kann weiterhin Zustellung von Schriftstücken gegen EB nach Ermessen des UrkB (s § 168 Rn 2) erfolgen.

2 **II) Zustellungsadressat.** Die Zustellung nach § 175 ist nur an die in § 173 II genannten Empfänger mögl (s § 173 Rn 8 ff). An andere Empfänger kann auch bei deren Zustimmung nicht nach § 175 zugestellt werden; eine § 173 IV entspr Regelung fehlt in § 175.

3 **III) Voraussetzungen. 1) Zustellungsabsicht.** Der anordnende Richter/Rpfleger muss Zustellung und nicht bloß *formlose Mitteilung beabsichtigen* (s § 173 Rn 2). Dies wird zumeist durch Mitsendung eines (vorbereiteten) Formulars für das EB (oder durch die Bitte um EB) bekundet (BGHZ 14, 342, 344). Fehlt bei ursprüngl formloser Übersendung des Schriftstücks die Zustellungsabsicht, bewirkt spätere Unterzeichnung eines nach-

trägl zugeleiteten Formulars für das EB Zustellung nur, wenn der Empfänger eindeutig zu erkennen gegeben (bestätigt) hat, dass er auf Einleitung der Zustellung mit nochmaliger Zuleitung des Schriftstücks verzichtet und das EB für das bereits in seinem Besitz befindl Schriftstück ausstellt und zurückgibt (BGH FamRZ 72, 91).

2) Empfangsbereitschaft. Nach Verfahrensrecht ist der Adressat nicht verpflichtet, eine Zustellung nach § 175 entgegenzunehmen (BGHZ 30, 299, 305; OLG Jena FamRZ 2014, 1314); für RA besteht aber eine entspr Standespflicht (§ 14 BORA; vgl § 59a II Nr 6 BRAO; sa § 195 Rn 6). Der Adressat muss entscheiden, ob er das Schriftstück als zugestellt ansieht (BGH NJW 91, 42; BGH NJW-RR 92, 251, 252). Die zumindest konkludente **Äußerung des Willens**, das Schriftstück zur Zustellung anzunehmen, ist zwingende Voraussetzung der wirksamen Zustellung; die fehlende Empfangsbereitschaft kann nicht durch Nachweis tatsächl Zugangs nach § 189 geheilt werden (BGH MDR 89, 345 = NJW 89, 1154; BGH NJW-RR 2015, 953 Tz 12; BFH NJW-RR 2007, 1001; BVerwG ZOV 2011, 138; OLG Bremen BauR 2023, 2128). Der Annahmewillen ist bei Ausstellung und Hinausgabe des EB (s Rn 9) **zu vermuten** (BGH NJW 2011, 1598 Tz 9; BGH NJW-RR 2000, 1665), ebenso auch bei schriftsätzl Einlassung auf das zugestellte Schriftstück (BGH VersR 2001, 606; BVerwG NJW 2007, 3223; St/Thöne Rn 11), evtl sogar durch frühere Annahme von Zustellungen nach § 175 im selben Verf. Besteht in diesen Fällen tatsächl ein gegenteiliger Wille, muss dieser nach außen seinen Ausdruck finden (BGH NJW-RR 2015, 953 Tz 12), zB dadurch, dass der Anwalt die Unterschrift unter das EB trotz Zugangs des Schriftstücks verweigert (BGH NJW-RR 89, 57) oder äußert, er betrachte die Zustellung als unwirksam und weise das Schriftstück deshalb zurück (BGH NJW 89, 1154; BFH NJW-RR 2007, 1001). **Nicht** genügend für den Annahmewillen ist, dass der Anwalt, Notar usw von dem Schriftstück Kenntnis nimmt (BGH NJW 89, 1154; OLG Hamm NJW 2010, 3380, 3381) oder das bloße Behalten der Sendung (so zB wenn der Adressat meint, er sei nicht mehr Vertreter seiner Partei, BGHZ 30, 299 = NJW 59, 1871). Ein fehlender Annahmewillen dokumentiert sich darin, dass der Adressat das Schriftstück unter Verweis auf eine fehlende Vollmacht zurückreicht (BGHZ 191, 59 Tz 16 = NJW 2011, 3581). 4

3) Ausstellung des Empfangsbekenntnisses. Da nach der Neuregelung der Leitvorschrift der Zustellung gegen (e)EB in § 173 Ausstellung und Rückleitung des EB **nicht mehr Wirksamkeitserfordernis** sind (s § 173 Rn 6), hat dies konsequenterweise auch für § 175 zu gelten; dem entspricht auch der Wortlaut des III. Entgegen hM zu § 174 aF (BGH NJW-RR 2015, 953 Tz 7 mwN; wie jetzt hier bereits BFH DStR 2021, 1359) ist das Fehlen des EB damit kein (nach § 189 heilbarer) Zustellungsmangel (St/Thöne Rn 13). Dass I, II weiterhin eine Zustellung „gegen Empfangsbekenntnis" vorsieht, steht diesem Verständnis nicht entgegen, sondern stellt nur die traditionelle verkürzende Bezeichnung der Zustellungsart dar. Das EB dient nun **nur noch dem Nachweis** der Zustellung (s Rn 15). Erst recht berühren inhaltl Mängel des EB wie eine **fehlende** (so bereits BGH NJW 2005, 3216; BVerwG NJW 2007, 3223), unleserl oder unrichtige (bisher schon so BGH NJW 69, 1297; BGH NJW 91, 709; BGH NJW-RR 92, 1150, 1151) **Datumsangabe** die Wirksamkeit der Zustellung nicht. 5

4) Aktenvermerk. Die Zuleitung des Schriftstücks an den Adressaten wird in den Akten vermerkt (vgl § 19 IV GAZI). Der Vermerk wird vom UrkB unterzeichnet. Er ist Erledigungsvermerk, nicht aber Beurkundungsvermerk, somit nicht Zustellungserfordernis. Fehlen des Vermerks ist unschädl. 6

IV) Durchführung. 1) Zustellung des Schriftstücks (§ 175 I). Der UrkB kann das zu übergebende Schriftstück (s § 166 Rn 9; zu Mängeln bei der Abschrift s § 169 Rn 12) dem Zustellungsadressaten auf beliebige Weise übermitteln, insb selbst aushändigen, in sein Postfach bei Gericht einlegen (verschlossener Umschlag [§ 176 II 1] ist nicht erforderl) oder durch die Post (mit einfachem Brief) zuleiten. Nötig ist ein **Zugang** an den Anwalt, Notar usw persönl oder an einen hierzu von ihm Bevollmächtigten, der ebenfalls dem Personenkreis des § 173 II angehört; eine solche Empfangsvollmacht ist für jeden Anwalt in einer Sozietät anzunehmen (BGH VersR 69, 887). Ersatzzustellung ist ausgeschlossen. Übergabe an Büropersonal, Einlegen in das Gerichtsfach, Einwurf in den Briefkasten, Zusendung mit der Post usw bewirkt Zustellung erst, wenn der Anwalt, Notar usw von dem Gewahrsam, den er an dem Schriftstück erlangt hat, Kenntnis erhalten hat. Nicht notwendig dafür ist, dass er sich des Gewahrsams am zugestellten Schriftstück selbst versichert; es genügt, dass Kenntnis vom Gewahrsam etwa durch Vorlage einer Kopie oder eines elektron Dokuments vermittelt wird (LSG Stuttgart UVR 2008, 983). Gleichgültig ist, wann der Anwalt, Notar usw von dem Inhalt des Schriftstücks Kenntnis nimmt (BGH NJW-RR 92, 251, 252; BGH NJW 2007, 600, 601). 7

2) Zustellung durch Telekopie (§ 175 II). Erfolgen kann Zustellung auch durch Telekopie (Telefax, auch Computerfax, BGH NJW-RR 2015, 624 Tz 11). Erforderl ist Wiedergabe einer Unterschrift des Beglaubigungs- (§ 169 II, nicht bei § 169 III) bzw Ausfertigungsvermerks (§ 317 IV) auf dem durch Telefax übermittelten Schriftstück (§ 130 Nr 6 Hs 2 entspr; s § 130 Rn 16); die Wiedergabe von Unterschriften des Richters oder Rpflegers bedarf es aber – wie auch sonst (s § 169 Rn 8) – nicht (LG Wuppertal NJW 2016, 2127). Mögl ist Zustellung an die in § 173 II Genannten; auch hier ist idR persönl Zugang erforderl (s Rn 7). Der einleitende **Hinweis auf die förml Zustellung** (II 2) gegen Empfangsbestätigung (Zustellungswille, s Rn 3), die absendende Stelle usw kann auf einem Vorblatt gesondert übermittelt, aber auch auf das Dokument gesetzt werden. Ein Verstoß gegen die Sollvorschrift berührt die Wirksamkeit der Zustellung nicht (St/Thöne Rn 28), kann aber ein Indiz für das Fehlen des zwingend erforderl Zustellungswillens sein. Empfangsbereitschaft des Adressaten (s Rn 4) erfordert auch die Zustellung auf diesem Weg. Als bewirkt gilt die Zustellung, wenn der Adressat be- 8 stätigt, das ihm als Telekopie übermittelte Schriftstück erhalten und zu einem bestimmten Zeitpunkt als zugestellt entgegengenommen zu haben (BTDrs 14/4554, 18; OLG Hamm NJW 2010, 3380, 3381; OLGR Köln 2007, 355). Ein Aktenvermerk wird (wie sonst) als Erledigungsvermerk gefertigt, hat somit keinen Beweiswert.

9 **V) Empfangsbekenntnis (§ 175 III, IV). 1) Inhalt (§ 175 III).** Das EB muss das **übermittelte Schriftstück** bezeichnen. Eine Unrichtigkeit oder Ungenauigkeit schadet nicht, wenn Identität gewährleistet ist (BGH NJW-RR 93, 1213; BGH VersR 2001, 607). Wird das „Sitzungsprotokoll" als empfangenes Schriftstück genannt, wird auch die Zustellung eines darin enthaltenen VU bestätigt (OLG Dresden MDR 2021, 54). Über die Rechtsnatur des Schriftstücks (Urschrift, Ausfertigung, beglaubige Abschrift) muss keine Angabe gemacht werden (BGH MDR 63, 565 = NJW 63, 1307, 1308). Anzugeben ist zudem das **Zustellungsdatum** (s § 173 Rn 15). Fehlt die Datumsangabe, kann durch die Unterzeichnung der Empfang am Tag des Datums eines von Kanzleimitarbeitern aufgebrachten Eingangsstempels bestätigt werden (OLG Koblenz MDR 96, 852; BayObLG AnwBl 98, 99).

10 **2) Unterschrift.** Das EB ist von dem Zustellungsadressaten oder seinem Vertreter (s § 173 Rn 12) zu unterzeichnen (eigenhändig und handschriftl, BGH NJW-RR 92, 1150; OLG Frankfurt FamRZ 2018, 517); bei Übermittlung in elektron Form ersetzt die nach § 130a III erforderl Signatur die Unterschrift. Faksimile-Stempel genügt nicht (BGH MDR 89, 352 = NJW 89, 838), desgl nicht Abzeichnung nur mit Anfangsbuchstaben (Paraphe; BGH NJW 72, 50; BGH VersR 83, 273; OLG Hamm NJW 82, 3289). Jedoch ist Lesbarkeit des Namens entbehrl bei sonst individuell erkennbarem Schriftzug (s § 130 Rn 9). Zu den Folgen fehlender oder mangelhafter Unterschrift oder Signatur s Rn 15.

11 **3) Form.** Das EB kann und wird idR (muss aber nicht, BGH NJW-RR 92, 1150; BGH NJW 94, 2295, 2296) auf ein beigefügtes Formular, eine gesonderte Zustellungskarte oder auf eine an den Absender zurückgehende Abschrift des zugestellten Schriftstücks gesetzt werden. Der Empfang kann aber auch zB durch schriftl Empfangsmitteilung auf Nachfrage nach dem Verbleib des EB (BGH MDR 94, 718) oder in einer Berufungsschrift (OLG Frankfurt NJW-RR 2022, 1511), einen WE-Antrag oder sonst in einem Schriftsatz (BGH FamRZ 2000, 1565), in welchem auf das übermittelte Schriftstück Bezug genommen wird und das Datum der Zustellung ausdrückl genannt ist, bestätigt werden, wenn der Schriftsatz von dem Zustellungsadressaten unterzeichnet ist (BGH MDR 2017, 1318). Durch Angabe des Zeitpunkts und der Entgegennahme im Schriftsatz eines anderen (des zweitinstanzl) RA (auch eines Verkehrsanwalts) kann ein EB aber nicht erteilt werden (BGH MDR 95, 523 = NJW 94, 2295).

12 **4) Zeitpunkt der Erteilung.** Das EB sollte in **zeitl Zusammenhang** mit der Entgegennahme des Schriftstücks ausgestellt werden (s § 173 Rn 17). Nachträgl kann das EB auch ausgestellt werden, wenn der an dem Schriftstück einmal erlangte Gewahrsam nicht mehr andauert (zB weil es bei Unterzeichnung des EB bereits an den Mandanten übersandt ist).

13 **5) Übermittlung.** Das EB kann schriftl, durch Telekopie oder in elektron Form (nicht notwendig als strukturierter Datensatz iSd § 173 III) übermittelt werden; eine (fern-)mündl Erteilung ist allerdings ausgeschlossen. Eine Übermittlung auf dem Weg, auf dem das zugestellte Schriftstück übermittelt wurde, ist nicht vorgeschrieben.

14 **6) Verbindlichkeit. Erteilt** ist das EB, wenn es in gehöriger Form der GeschSt übermittelt wurde; das gilt auch bei versehentl vorzeitiger Rücksendung durch das Büro (BGH NJW 2007, 600). Widerruf (KG OLGE 39, 53) und Anfechtung (BGH NJW 74, 1469, 1470) sind ausgeschlossen. Durch Parteivereinbarung können Zustellungszeit und -wirkungen nicht verändert, eingeschränkt oder aufgehoben werden. Bei späterem Verlust des EB muss der Nachweis der Zustellung mit Hilfe anderer Beweismittel erbracht werden (BVerwG NJW 2015, 3386 Tz 5).

15 **7) Beweiskraft.** Das EB ist, wenn es von einer Behörde oder Urkundsperson ausgestellt wurde, öffentl Urk (s § 418 Rn 1), iÜ (insb bei Erteilung durch RA) Privaturkunde (BGH NJW 90, 2125; BGH MDR 2012, 798 = NJW 2012, 2117 Tz 6; aA aber BGH NJW 87, 1335; BGH NJW 2007, 600 Tz 7; BSG NJW-RR 2002, 1652; BVerwG NJW 94, 535: § 418). Die Beweiswirkung nach III erstreckt sich auch auf die Form des erhaltenen Schriftstücks (zB beglaubigte Abschrift, BGH MDR 2021, 830 Tz 22); zum Umfang der Beweiskraft iÜ s § 173 Rn 18. Ein **äußerer Mangel** iSd § 419 nimmt dem EB nicht schlechthin jede Beweiskraft, sondern führt nur zur freien Beweiswürdigung des Richters (s § 419 Rn 2), zB wenn das Empfangsdatum gänzlich fehlt, überstempelt und daher nicht eindeutig ist (BGH NJW 92, 512) oder wenn das angegebene Zustellungsdatum nach dem Rücklaufdatum bei Gericht liegt (VGH Mannheim NJW 2005, 1678 LS = NVwZ-RR 2005, 364). Bei fehlendem Eintrag eines Empfangsdatums durch den RA kann idR davon ausgegangen werden, dass der Eingangsstempel der Kanzlei dem Zustellungsdatum entspricht (BGH NJW 2005, 3216, 3217).

§ 176 Zustellung durch Einschreiben mit Rückschein; Zustellungsauftrag

(1) [1]Ein Schriftstück kann durch Einschreiben mit Rückschein zugestellt werden. [2]Zum Nachweis der Zustellung genügt der Rückschein.

(2) [1]Wird die Post, ein Justizbediensteter oder ein Gerichtsvollzieher mit der Zustellung eines Schriftstücks beauftragt oder wird eine andere Behörde um die Zustellung ersucht, so übergibt die Geschäfts-

stelle das zuzustellende Schriftstück in einem verschlossenen Umschlag und ein vorbereitetes Formular einer Zustellungsurkunde. [2]Die Zustellung erfolgt nach den §§ 177 bis 181.

I) Allgemeines. Zustellung durch **Zustellungsauftrag (II)** ist praktisch häufiges, aber mit erhöhtem Aufwand verbundenes Zustellverfahren. Mit **Einschreiben mit Rückschein (I)** kann auch diese postalische Leistungsart für Zustellung vAw (nicht im Parteibetrieb: § 192 Rn 3) im Inland genutzt werden (entspr Regelung für Zustellungen im Ausland: § 183 II 2). Gegenüber dem Zustellungsauftrag bietet sie nur geringe Kostenvorteile, ist jedoch weniger zuverlässig (Annahmeverweigerung mögl, s Rn 4), sicher (s Rn 5) und zudem für die Gerichte aufwendiger, weil das Fehlen des Az auf dem Rückschein eine Zuordnung zu dem Verf erschwert. Andererseits ermöglicht I aber einen **Zustellversuch an eine Postfach-Anschrift**; bei Abholung der dann niedergelegten Sendung ist zugestellt (LG Köln 3.7.2017 – 32 O 485/15). Trotz ihrer Nachteile sind die Zustellungsformen des § 176 ggü anderen nicht subsidiär. Der UrkB hat die Eigenarten der Zustellungsformen aber bei Ausübung seines Ermessens (s § 168 Rn 2) zu berücksichtigen (sa § 9 V GAZI). 1

II) Einschreiben mit Rückschein (§ 176 I). Es handelt sich um eine eigenständige Zustellungsform, die §§ 177 ff gelten nicht (BSG NJW 2005, 1303). Das sog „Einwurf-Einschreiben" scheidet für die Zustellung aus, weil diese Sendung nicht mit Übergabe an den Adressaten zugestellt wird und auch keinen Nachweis durch Rückschein vorsieht. 2

1) Voraussetzungen. Die **Beförderung** von Einschreibe-Briefsendungen ist Universaldienstleistung der Post nach § 16 I 2 PostG. Aufgabe und Beförderung der eingeschriebenen Briefsendungen bestimmen sich (ergänzend) nach den AGB der Post. Kennzeichnung der Einschreibesendung auch als Zustellungssendung ist nicht vorgesehen; es wird daher auch ein Vermerk „Vereinfachte Zustellung" nicht angebracht. **Aktenvermerk** über die Aufgabe der eingeschriebenen Briefsendung erfolgt nur als Erledigungsvermerk. Dafür kann der Post-Einlieferungsbeleg zu den Akten genommen werden. Erfordernis der Zustellung ist der Erledigungsvermerk nicht. 3

2) Wirksamkeit der Zustellung. Wirksam vollzogen ist die Zustellung durch Einschreiben mit Rückschein mit Aushändigung des Einschreibebriefes an den Adressaten oder (mangels gegenteiliger Weisung; mögl durch Vermerk „Eigenhändig", aber seit 1.1.2025 nicht mehr bei Deutscher Post, da dort Service eingestellt) an einen Ersatzempfänger durch den Zusteller des Postdienstleistungsunternehmens. Die zulässigen **Ersatzempfänger** bezeichnen die AGB der Post (Nr 4 III AGB Brief National der Deutschen Post AG: Angehörige und andere in den Räumen des Empfängers anwesende Personen); § 178 ist nicht anwendbar. Dass die Bestimmung des Ersatzempfängers vom Gesetzgeber bewusst (s RegE BTDrs 14/4554, 19) der Post überlassen wurde, ist hinzunehmen (iErg St/Thöne Rn 3; MskV/Wittschier Rn 2); ein Rückgriff auf § 130 I 1 BGB mit dem Ergebnis, dass an die in § 178 genannten Personen als Empfangsboten zugestellt werden kann (so BSG NJW 2005, 1303; Eyinck MDR 2006, 785; vermittelnd MK/Häublein/Müller Rn 4), ist mit der Eigenständigkeit des Zustellungsrechts nicht vereinbar. Eine Aushändigung des Einschreibens findet nicht statt, wenn der Adressat (oder Ersatzempfänger) die **Annahme verweigert** (zurückgelassen werden nach § 179 kann die Sendung nicht) oder wenn er eine niedergelegte Sendung in der Abholfrist nicht in Empfang nimmt (BayLSG 6.2.2018 – L 11 AS 92/18; LG Rostock StraFo 2015, 63); die Zustellung nach § 176 I ist dann nicht ausführbar. Die Zurückbeförderung der (unzustellbaren) Sendung an die GeschSt weist Zustellung damit nicht aus (Heß NJW 2002, 2417, 2419). 4

3) Zustellungsnachweis. Er wird durch den Rückschein erbracht **(I 2)**, der zu den Akten genommen wird. Der Rückschein ist (anders als die Zustellungsurkunde) keine öffentl Urk (BSG NJW 2005, 1303, 1304). Seine Beweiskraft richtet sich daher nach § 416 für den Zugang und dessen Zeitpunkt (OLG Brandenburg 22.6.2021 – 3 U 11/20; St/Thöne Rn 7). Der Inhalt der Zustellungssendung lässt sich mit dem Rückschein nicht beweisen; behauptet der Adressat, ein anderes Schriftstück zugestellt erhalten zu haben, muss Beweis mit anderen Beweismitteln (zB Zeugeneinvernahme des UrkB) geführt werden. 5

III) Zustellungsauftrag (§ 176 II). 1) Vorgehen des Urkundsbeamten. Dem mit der Zustellung beauftragten **Post**-Unternehmen oder **Justizbediensteten** hat der UrkB (§ 168 I) das bei Zustellung zu übergebende Schriftstück (s § 166 Rn 9) in einem **verschlossenen** und beschrifteten **Umschlag** nach Anl 2 zu § 1 Nr 2 ZustVV (innerer Umschlag; abw Verwendung von Umschlägen mit Sichtfenster zulässig, § 2 II ZustVV) mit einem vorbereiteten Formular der Zustellungsurkunde (Anl 1 zu § 1 Nr 1 ZustVV) in einem äußeren Umschlag (Anl 3 zu § 1 Nr 3 ZustVV) zu übergeben. Der äußere Umschlag ist zugleich das Formular zur Auftragserteilung (s § 168 Rn 3). Die Einlieferung bei der Post kann durch Einwurf in einen Briefkasten oder Ablieferung bei einer Postannahmestelle durch den UrkB oder eine von ihm beauftragte Person erfolgen; ein besonderes Anschreiben oder ausdrückl Ersuchen wird nicht gefertigt. Ist ein **GV** oder eine **andere Behörde** mit der Zustellung beauftragt (§ 168 II), ersucht ebenfalls der UrkB um die Ausführung der Zustellung; er leitet dem GV oder der Behörde das Dokument unter Hinweis auf den richterl Zustellungsauftrag gleichfalls in einem verschlossenen Umschlag mit einem vorbereiteten Formular der Zustellungsurkunde zu. Grund: Schutz der Persönlichkeitssphäre des Empfängers. Es soll der Inhalt des Dokuments Dritten nicht zur Kenntnis gelangen. Verschluss des Umschlags durch Abdruck des Dienstsiegels ist nicht erforderl. **Mehrere Schriftstücke** können in einer Sendung zugestellt werden (OLG Stuttgart NJW 2006, 1887). 6

7 **2) Zustellungsvermerke.** Ist für die Fristberechnung die Tageszeit (Uhrzeit) der Zustellung von Bedeutung, so ist auf dem inneren Umschlag und dem Formular der Zustellungsurkunde der Vermerk zu setzen „Mit Zeitangabe zustellen". Vermerk über unzulässige Ersatzzustellung: s § 178 Rn 26. Soll Nachsendung erfolgen, so ist dies auf der Sendung erkennbar zu machen.

8 **3) Aktenvermerk.** Die Übergabe an das Zustellungsorgan ist durch den UrkB mit Datumsangabe in den Akten zu vermerken. Der Vermerk ist Erledigungsvermerk; sein Fehlen ist daher unschädl.

9 **4) Ausführung.** Die Zustellung obliegt dem Zustellungsorgan in eigener Zuständigkeit und Verantwortung (BGH MDR 2003, 178); sie hat in allen Fällen **nach §§ 177-181** zu erfolgen. Auch der GV wirkt nach diesen Vorschriften bei der Zustellung vAw mit, handelt somit nicht auf Parteibetrieb nach §§ 191 ff. Justizbedienstete und GV haben die Zustellung persönl vorzunehmen und dürfen sich nicht ihrerseits der Post bedienen (Linha DGVZ 2017, 86). **Anweisungen des UrkB**, zB über persönl Zustellung, Absehen von der Zustellung an den Gegner, Zustellung mit Zeitangabe, sind vom Beauftragten zu beachten; ein Verstoß berührt die unter Beachtung der ges Vorschriften (wirksam) ausgeführte Zustellung aber nicht (BGH MDR 2003, 178).

10 **5) Unzustellbarkeit.** Ist der Adressat **verzogen**, darf die Post wahlw die Sendung mit dem Vermerk des Grundes der Unzustellbarkeit zurückgeben oder direkt an die bekannte neue Anschrift weiterleiten. Nachsendeauftrag des (zB verreisten) Adressaten hat nur postalische Bedeutung, verbietet daher Rückgabe an den UrkB nicht. Die **Postsperre nach § 99 InsO** berechtigt nicht, dem InsVerwalter zuzustellen; die Sendung ist als unzustellbar zurückzugeben. Rückgabe auch, wo Zweifel an der Person des Adressaten bestehen. Die mit der Zustellung beauftragte Stelle ist nicht verpflichtet, die Sendung auf Wunsch des Adressaten an dessen Bevollmächtigten weiterzuleiten (BVerwG MDR 73, 523).

11 **6) Verstoß.** Übergabe des zuzustellenden Schriftstücks in einer nicht verschlossenen Sendung macht die Zustellung unwirksam (Identität des Inhalts ist dann fragl; BGH LM § 176 Nr 3). Heilung nach § 189 oder § 295. Fehlerhafte Beschriftung des Umschlags (auch Fehlen des Aktenzeichens, OLG Stuttgart NJW 2006, 1887) lässt Wirksamkeit der Zustellung unberührt, erschwert aber deren Nachweis, wenn Identität des Zustellungsadressaten oder richtiger Inhalt der Sendung nicht gewährleistet ist (BayVGH 30.4.2012 – 22 C 11.2465; Eyinck MDR 2006, 785, 787).

§ 177 Ort der Zustellung

Das Schriftstück kann der Person, der zugestellt werden soll, an jedem Ort übergeben werden, an dem sie angetroffen wird.

1 **I) Voraussetzungen.** Leitbild der Zustellung nach § 176 II ist **persönl Übergabe** des Schriftstücks an den Zustellungsadressaten (BGHZ 145, 358, 364 = NJW 2001, 885). Diese „unmittelbare" Zustellung kann nicht nur an der auf dem Umschlag oder in dem Schriftstück angegebenen Wohnungs- oder Geschäftsadresse erfolgen, sondern **an jedem Ort** im Inland, an dem die Person, der zugestellt werden soll, angetroffen wird; somit auch an der Arbeitsstelle oder auf der Straße.

2 **II) Zustellung zur Unzeit.** Bei Zustellung außerhalb der Wohnung oder eines Geschäftsraums sind **Ort und Gelegenheit** so zu wählen, dass jede unnötige Belästigung des Empfängers vermieden wird; die Zustellung zu unpassender Gelegenheit oder unübl Zeit (entspr § 758a IV) hat zu unterbleiben. Eine damit unvereinbare Zustellung ist wirksam (MK/Häublein/Müller Rn 3); evtl darf der Adressat aber die Annahme verweigern (s § 179 Rn 2).

3 **III) Ausländischer Zustellungsadressat.** § 177 ist auch anwendbar, wenn der Zustellungsadressat seinen (Wohn-)**Sitz im Ausland** hat (St/Thöne Rn 4); das gilt auch im Anwendungsbereich der EuZustVO (s Art 1 EuZustVO Rn 10). Die Beifügung einer Übersetzung des Schriftstücks ist nicht geboten (str, s § 183 Rn 29).

§ 178 Ersatzzustellung in der Wohnung, in Geschäftsräumen und Einrichtungen

(1) Wird die Person, der zugestellt werden soll, in ihrer Wohnung, in dem Geschäftsraum oder in einer Gemeinschaftseinrichtung, in der sie wohnt, nicht angetroffen, kann das Schriftstück zugestellt werden

1. **in der Wohnung einem erwachsenen Familienangehörigen, einer in der Familie beschäftigten Person oder einem erwachsenen ständigen Mitbewohner,**
2. **in Geschäftsräumen einer dort beschäftigten Person,**
3. **in Gemeinschaftseinrichtungen dem Leiter der Einrichtung oder einem dazu ermächtigten Vertreter.**

(2) Die Zustellung an eine der in Absatz 1 bezeichneten Personen ist unwirksam, wenn diese an dem Rechtsstreit als Gegner der Person, der zugestellt werden soll, beteiligt ist.

I) Zweck. Die Ersatzzustellung dient als „Hilfslösung“ (BGH NJW 2001, 885, 887) der Vereinfachung, Beschleunigung und Praktikabilität der Zustellung und damit auch einem effektiven und geordneten Verf. Das zwischen dem Adressaten und dem Ersatzzustellungsempfänger nach I Nr 1 bis Nr 3 vorliegende (typisierte) Vertrauens- oder Näheverhältnis rechtfertigt die Annahme, dass eine Weiterleitung des zugestellten Schriftstücks erfolgt. Die Verfassungsmäßigkeit der Vorschriften über Ersatzzustellung unterliegt daher keinem Zweifel (BVerfG NJW 69, 1103; BVerfG NJW 80, 1480). 1

II) Allgemeine Voraussetzungen. Ersatzzustellung ist nur mögl, wenn der Zustellungsadressat **nicht angetroffen** wird und daher eine (vorrangige, s Rn 1) persönl Übergabe (§ 177) nicht mögl ist. Wird der Adressat angetroffen und verweigert er die Annahme, ist nach § 179 zu verfahren; Ersatzzustellung scheidet aus. Der Zustellungsadressat wird nicht angetroffen, wenn er sich in der Wohnung, seinen Geschäftsräumen oder der Gemeinschaftseinrichtung **nicht für das Zustellungsorgan erkennbar aufhält**. Tatsächl Abwesenheit ist nicht erforderl (BVerwG NJW 60, 70); der Zustellungsadressat wird auch dann nicht angetroffen, wenn er zwar anwesend, aber zB auf Klingeln nicht reagiert (OLG Köln VersR 97, 989), oder der Zusteller sonst nicht zu ihm gelangen kann (nicht zu ihm gelassen wird, BVerwG NJW 60, 70), somit auch, wenn er sich verleugnen lässt (nicht bereit ist zur Entgegennahme der Zustellung dem Zusteller gegenüberzutreten), durch einen Angehörigen der Zutritt zu den Räumen verweigert wird oder der Zusteller kein Recht hat, sich Zutritt zu verschaffen. In einer **Gemeinschaftsunterkunft** ist kein Aufsuchen des Zustellungsempfängers in seinem Zimmer erforderl (OLG Nürnberg NStZ-RR 2010, 286; OVG Münster NVwZ-RR 2021, 133); die Ersatzzustellung ist bereits zulässig, wenn der Zusteller nicht zu ihm gelangen kann oder vorgelassen wird (OVG Lüneburg NJW 2019, 3171). Durchsuchung der Wohnung oder Räume ist weder nötig noch zulässig. Es wird daher auch für ausreichend erachtet, dass ein Angehöriger **auf Anfrage die Abwesenheit versichert** (BFHE 173, 213, 215). Für Ersatzzustellung an eine **in Geschäftsräumen** beschäftigte Person wird in deren widerspruchsloser Entgegennahme des Schriftstücks zugleich die (konkludente) Erklärung gesehen, dass der Zustellungsadressat verhindert ist; weitere Nachforschungen des Zustellers sind dann (regelmäßig) nicht veranlasst (BGH MDR 2015, 415 Tz 11 = NJW-RR 2015, 702; kritisch St/Thöne Rn 6). **Unzulässig** ist eine Ersatzzustellung, wenn der Adressat **verstorben** ist. 2

III) Ersatzzustellung in der Wohnung (§ 178 I Nr 1). 1) Wohnung. a) Begriff. Der Wohnungsbegriff im Zustellungsrecht ist eigenständig zu bestimmen. Dadurch wird Sinn und Zweck der Ersatzzustellungsvorschriften Rechnung getragen (BGH NJW 78, 1858; BGH NJW 85, 2197; OLG Düsseldorf FamRZ 90, 75; OLG Köln NJW-RR 89, 443), die gewährleisten sollen, dass das Schriftstück den Empfänger erreicht. Wohnung meint die Räume, die den räuml Mittelpunkt des Lebens des Zustellungsadressaten darstellen (OLG Hamm NJW-RR 95, 223, 224) und die er regelmäßig aufsucht (BGH NJW-RR 97, 1161; OLG Köln NJW-RR 89, 443). Maßgebl sind die **tatsächl Verhältnisse** (BGH NJW 78, 1858 = MDR 78, 855); unerhebl ist, ob sich in den Räumen auch der Wohnsitz (§ 7 BGB) befindet (BGH NJW 78, 1858; RGZ 35, 429, 432) und ob der Adressat dort behördl gemeldet ist (BGH NJW-RR 97, 1161); der Wohnungsbegriff ist auch enger als im Fall des § 758a (s § 758a Rn 4). Es kommt jeweils auf die **Umstände des Einzelfalles** an (BVerfG NJW-RR 2010, 421, 422). 3

Wohnung sind die Räume (ist auch nur ein Raum), in denen der Adressat – wenn auch nur vorübergehend (RGZ 34, 392, 398) – **tatsächl lebt und insb schläft** (BVerfG NJW-RR 2010, 421, 422; BGH MDR 78, 558 = NJW 78, 1858; BGH NJW-RR 2005, 415; BFHE 173, 213, 215; BFH BFH/NV 2016, 1736; OLG Düsseldorf FamRZ 90, 75; einschr OLG Köln NJW-RR 89, 443: Schlafstelle nicht von entscheidender Bedeutung), wie **zB** bei Aufenthalt in einem Frauenhaus (zB OLG Stuttgart NStZ-RR 2015, 144; OLG Karlsruhe NJW-RR 95, 1220), bei nur besuchsw benutzten Räumen (RGZ 35, 429, 432), somit auch ein Wohnwagen, ein Hotelzimmer. **Vorübergehende Abwesenheit** (insb Urlaub) schadet nicht, selbst wenn sie eine gewisse Zeit andauert (BGH NJW 78, 1858; BGH NJW 85, 2197; BGH FamRZ 90, 143; BGH NJW-RR 94, 564, 565; BayObLGZ 80, 266, 267 für Kuraufenthalt von über 3 Wochen), anders aber ggf bei längerer Abwesenheit (s Rn 6). Der Vorgarten, ein Boden- sowie Kellerraum, das gemeinschaftl Waschhaus, eine Garage und ein Fahrradraum sind **nicht** als Wohnung anzusehen. Ein (nur zeitweilig [gelegentlich] benutztes) Wochenendhaus wird (auch wenn ein Briefkasten mit Namensschild vorhanden ist) dann jedenfalls nicht als „Wohnung“ angesehen, wenn der Adressat sich zur Zeit des Zustellungsversuchs dort nicht aufhält (OLG Celle DGVZ 92, 40 mwN). Ein Geschäftslokal, Gewerberäume oder sonst ein Arbeitsraum sind nicht Wohnung iSd § 178. 4

b) Eine „Wohnung“ kann der Adressat an **mehreren Orten** (auch im Ausland) haben (BVerwG NVwZ-RR 2023, 511; OLG Köln NJW-RR 89, 443), soweit er tatsächl an diesen verschiedenen Orten lebt (s Rn 4; BayObLG 17.11.2020 – 201 ObOWi 1385/20 zum Nebenwohnsitz). Die Begründung einer neuen Wohnung bewirkt noch nicht Aufgabe (s Rn 6) der alten. Behält der Adressat seine Wohnung bei und schafft sich ledigl eine Zweitwohnung, so bleibt die Zustellung in der „bisherigen“ Wohnung auch dann zulässig, wenn er sich vorübergehend in der Zweitwohnung aufhält (BGH NJW-RR 94, 564, 565) und Nachsendeantrag gestellt hat (VGH Mannheim NJW 97, 3330). 5

c) Die Wohnung darf **nicht aufgegeben** sein. Aufgabe liegt vor, wenn der Zustellungsadressat seine bisherige Wohnung endgültig oder zumindest für längere Zeit nicht mehr als räuml Mittelpunkt seines Lebens nutzt und einen anderen Aufenthaltsort begründet. Sie setzt damit einen willentl und (nicht zwingend für den Postbediensteten) nach außen erkennbaren Aufgabeakt voraus (BGH MDR 88, 218 = NJW 88, 713; BGH NJW-RR 2005, 6

415), zB durch Entfernung des Namensschildes, Wegschaffen des Mobiliars und Einstellung der Mietzahlungen. Die Abmeldung bei der Meldebehörde ist nicht ausschlaggebend (BGH NJW-RR 86, 1083; BGH NJW-RR 94, 564, 565; BGH NJW-RR 2005, 415), kann aber die Aufgabe nach außen dokumentieren (OLG München DGVZ 2018, 16). Trotz Fortbestehens der äußerl erkennbaren Wohnbedingungen gilt die Wohnung bei **längerer Abwesenheit** als (vorübergehend) aufgegeben, wenn der Adressat keine besondere persönl Beziehung zu seiner Wohnung unterhält (BGH MDR 78, 558 = NJW 78, 1858). Dazu ist idR erforderl, dass ein Familienangehöriger oder Lebensgefährte in der Wohnung verbleibt, der in absehbarer Zeit Gelegenheit hat, das Schriftstück dem Adressaten auszuhändigen (BGH LM § 328 BGB Nr 15); dann indiziert der Verbleib der Ersatzperson in der Wohnung zugleich die fortdauernde persönl Beziehung des Adressaten zu dieser Wohnung (OVG Münster NJW 2011, 2683; OVG Berlin-Brandenburg NVwZ-RR 2018, 712). Andernfalls soll bereits eine **Strafhaft** von einem Monat zur Aufgabe der Wohnung führen (BGH NJW 51, 931; aA MK/Häublein/Müller Rn 9), jedenfalls aber von zwei Monaten und mehr (BGH MDR 78, 558 = NJW 78, 1858; OLG München JurBüro 90, 528; KG NJW-RR 2006, 514), ebenso längerer **Auslandsaufenthalt** aus berufl oder privaten Gründen (BGH NJW-RR 97, 1161; auch bei Unterbrechung durch Heimaturlaub, AG Duisburg NJW-RR 95, 953) oder ein auf Dauer angelegter Aufenthalt in einem **Frauenhaus** (OLG Stuttgart NStZ-RR 2015, 144). Ein **Zeitsoldat** hat während seiner Dienstzeit bei der Bundeswehr seine frühere (und wieder spätere) Wohnung aufgegeben, wenn er sie erkennbar nicht mehr als räuml Mittelpunkt nutzt (OLG Düsseldorf JurBüro 92, 54). **Keine** Aufgabe bei längerem **Krankenhausaufenthalt** (BGH MDR 85, 216 = NJW 85, 2197; OLG Zweibrücken MDR 84, 762 bei mehrmonatiger stationärer Alkoholtherapie), bei erst vor kurzem erfolgter polizeil Festnahme (OLG Hamm NJW 62, 264) sowie (erst) 17-tägiger **Untersuchungshaft** (OLG Hamm Rpfleger 2003, 377; zur U-Haft auch OLG Dresden Rpfleger 2005, 269) und (nach Lage des Einzelfalls) bei Verbüßung einer **Ersatzfreiheitsstrafe** (OLG Dresden Rpfleger 2005, 269).

7 **d) Scheinwohnung.** Wer sich nach außen vorsätzl den falschen Anschein gibt, an einem bestimmten Ort eine Wohnung zu haben, somit bewusst und zielgerichtet einen Irrtum über seinen tatsächl Lebensmittelpunkt herbeigeführt hat, muss dies auch bei Zustellung gegen sich gelten lassen (BGHZ 190, 99 = MDR 2011, 1196 Tz 15 = NJW 2011, 2440; BGH MDR 2019, 1275 = NJW 2019, 2942). Dass es dem Adressaten wegen Rechtsmissbrauchs (§ 242 BGB) verweigert wird, sich auf das Fehlen des Wohnsitzes zu berufen, ist verfassunsrechtl unbedenkl (BVerfG NJW-RR 2010, 421 Tz 17). Daher ist Wohnung auch die zur Verschleierung der (tatsächl) Wohnung vorgetäuschte (falsche) Wohnadresse, unter der Post abgeholt wird (OLG Jena NJW 2006, 2567 LS = NStZ-RR 2006, 238) sowie die in einem postalischen Nachsendeauftrag benannte neue (nicht nur befristete) Wohnanschrift (LG Frankfurt Rpfleger 81, 493). **Anders** ist es aber, wenn das Gericht die wirkl Wohnung oder tatsächl Verhältnisse kennt (OLG Frankfurt MDR 85, 506 = NJW 85, 1910; LG Bonn MDR 97, 783 [Adresse fahrenden Zirkuspersonals]). Keine Scheinwohnungen sind die als Nachsendeanschrift benannte Wohnung eines Dritten (OLGR Bamberg 1998, 83; OLG Hamburg MDR 82, 1041; OLG München NJW-RR 95, 59) oder die Angabe einer „Kontakt-" oder „c/o-Adresse" für Korrespondenz (BGH MDR 93, 900 = NJW-RR 93, 1083; OLG Nürnberg MDR 2023, 723). Nicht ausreichend für die Annahme einer vorsätzl Irrtumserregung ist, wenn nach Aufgabe der Wohnung das Namensschild am Briefkasten belassen wird (BGH MDR 2011, 1196; OLG München MDR 2019, 1089) oder wenn ein Wohnungswechsel trotz gerichtlicher Auflage nicht angezeigt wurde (OLG Karlsruhe 11.2.2025 – 2 Ws 19/25).

8 **2) Zustellungsempfänger. a) Erwachsener Familienangehöriger** kann jede zur Familie gehörende Person sein. Dazu zählt, wer mit dem Adressaten verheiratet, verwandt oder verschwägert ist (s § 383 Rn 10) sowie der Lebenspartner. Jedoch ist familienrechtl Verbundenheit (Verwandtschaft oder Schwägerschaft) allein nicht ausschlaggebend (BGHZ 111, 1, 5 = NJW 90, 1666). Familienzugehörigkeit der Ersatzperson schließt nach dem Zweck der Vorschrift Angehörige im weiter gefassten Sinn ein, von denen das damit gegebene und nach außen zum Ausdruck gebrachte Vertrauensverhältnis die Weitergabe der Sendung an den Zustellungsadressaten erwarten lässt (BTDrs 14/4554, 20). Dazu gehören daher auch Pflegeeltern und Pflegekinder und der geschiedene Ehegatte, der mit dem Adressaten ständig (wieder) zusammenlebt und einen gemeinsamen Hausstand führt (LG Flensburg MDR 82, 238; aA OLG Hamm MDR 81, 602; BVerwG DVBl 58, 208), aber nicht der in Scheidung und in der Wohnung getrennt lebende Ehegatte (aA OLG Hamm NJW 69, 800; St/Thöne Rn 13). Auch der **nichtehel Lebensgefährte** ist nach Sinn und Zweck des **I Nr 1** als Familienangehöriger anzusehen (BGHZ 111, 1).

9 Der Familienangehörige muss **erwachsen** sein. Erwachsen ist, wer nach seinem Alter und seiner geistigen Entwicklung erkennbar in der Lage ist, den Zweck einer Zustellung und die Verpflichtung, die Sendung dem Adressaten auszuhändigen (BGH VersR 2002, 1169), zu erkennen. Volljährigkeit und Geschäftsfähigkeit sind hierfür nicht Voraussetzung (BGH VersR 73, 156 = Rpfleger 73, 129). Ein 17-jähriger wird idR die erforderl Reife besitzen (RGSt 47, 378; OLG Hamm NJW 74, 1150), ebenso ein 15-jähriger (BSG MDR 77, 82, 83; LG Frankenthal Rpfleger 82, 384) und auch ein 14-jähriger (LG Köln MDR 99, 889; enger noch OLG Schleswig SchlHA 80, 214; Schüler DGVZ 79, 81 [nur ausnahmsw]), ein kindl aussehender 13-jähriger wohl nicht (LG Konstanz NJW-RR 99, 1508), ein 11-jähriger nicht mehr (RGZ 14, 338; KG MDR 2008, 43).

10 Familienzugehörigkeit erfordert **nicht „häusl Gemeinschaft"** (LSG Berlin 30.9.2005 – L 9 B 7/04 KR), denn der Begriff „Hausgenosse" von § 181 I aF ist aufgegeben. Das auf Familienzugehörigkeit beruhende Vertrauensverhältnis ermöglicht Aushändigung des Schriftstücks vielmehr auch an einen Familienangehörigen, der nicht

ständig in der Wohnung des Zustellungsadressaten wohnt, so an einen besuchsw anwesenden Verwandten, aber auch an den nur kurzzeitig anwesenden Elternteil.

b) In der Familie beschäftigte Personen sind alle zur Mitarbeit im Hausstand, zur Bedienung, Betreuung und Pflege tätige Dritte, auch wenn Dienste dem die Wohnung allein bewohnenden (ledigen oder verwitweten) Adressaten geleistet werden (RG JW 37, 1663; BayVerfGH Rpfleger 64, 75) oder ein Dienstverhältnis nur zu einem Familienangehörigen des Adressaten begründet ist (RGZ 34, 392, 397; FG Berlin NJW 86, 344). Beschäftigung in der Familie stellt auf die tatsächl Verhältnisse ab; arbeits- oder dienstvertragl Bindung ist nicht erforderl (unklar BTDrs 14/4554, 20). Die Tätigkeit muss auf gewisse Dauer angelegt sein; Hausgemeinschaft, dh Wohnen in Familiengemeinschaft, ist nicht notwendig. Zulässig ist Ersatzzustellung daher auch an die in der Wohnung angetroffene gegen Stundenlohn beschäftigte Haushaltshilfe sowie an eine Person, die aus Gefälligkeit regelmäßig Dienste verrichtet (OLG Hamm MDR 82, 516; VGH München NJW 91, 1249). **Unzulässig** ist Ersatzzustellung an einen zufällig anwesenden Handwerker, der nur kurzzeitig tätig ist, oder eine Person (zB Nachbar), die bei Abwesenheit des Adressaten nur die Post entgegennimmt und die Wohnung kontrolliert (OLG Nürnberg NJW-RR 98, 495). 11

c) Erwachsener ständiger Mitbewohner ist, wer mit dem Adressaten in einer gemeinsamen Wohnung (das können auch die Räume eines Einfamilienhauses sein, nicht aber eine andere Wohnung im gleichen Haus oder ein Raum in Untermiete) einen räuml Mittelpunkt seines Lebens hat (s Rn 3 f). Häusl Gemeinschaft iS von gemeinsamer Haushaltsführung erfordert das nicht. Ständige Mitbewohner sind daher auch Personen, die sich Räume in einer Wohngemeinschaft teilen, wenn die gemeinsame Nutzung der Wohnung von einiger Dauer ist (BGH NJW 2001, 1946, 1947). Nur vorübergehender, insb kurzzeitiger besuchsw Aufenthalt, entspricht dem nicht. 12

Der Mitbewohner muss **erwachsen** sein; es gelten die gleichen Maßstäbe wie für den Familienangehörigen (s Rn 9). 13

3) Ersatzzustellung in der Wohnung des Zustellungsadressaten. Sie ist zwingend. „In der Wohnung" heißt jedoch nicht, dass die Zustellung ausschließl in den Wohnräumen mögl wäre, sondern soll nur den räuml Zusammenhang darstellen. Ersatzzustellung nach I kann daher auch an die aus der Wohnung kommende Person auf dem Flur, vor der Wohnungs- oder Haustür oder (so bei Einfamilienhaus) an der Gartentür oder Hofeinfahrt erfolgen. 14

IV) Ersatzzustellung in Geschäftsräumen (§ 178 I Nr 2). 1) Geschäftsräume. a) Adressatenkreis. Erfasst sind Geschäftsräume **Gewerbetreibender** (zum gesetzl Vertreter Rn 16) und **freiberufl tätiger Personen** zB eines RA (Kanzlei, § 27 BRAO, nicht aber das Anwaltszimmer im Gerichtsgebäude, OLG Düsseldorf MDR 66, 682), Notars (so früher § 183 II aF) oder GV (Geschäftszimmer, § 30 I 1 GVO), außerdem Geschäftsräume einer **Behörde** oder öffentl-rechtl Körperschaft. Eine bestimmte Berufs- oder Gewerbetätigkeit oder Organisationsform ist nicht (mehr) vorausgesetzt. 15

b) Begriff. Unter Geschäftsraum wird ein Raum verstanden, der geschäftl Tätigkeit des Adressaten (s Rn 16 m Ausn) dient, in dem der Adressat grds erreichbar ist und der **zumindest zeitweilig besetzt** ist (BGHZ 190, 99 Tz 17 = NJW 2011, 2440 = MDR 2011, 1196; BGH MDR 2008, 1177 = NJW-RR 2008, 1565). Geschäftsraum ist damit jeder Raum, in dem sich der **Publikumsverkehr** abspielt, nicht aber das Geschäfts-, Büro-, Dienst- oder Amtsgebäude insgesamt mit allen Räumlichkeiten. Der Geschäftsraum kann von mehreren Personen zugleich (als gemeinschaftl Geschäftslokal) genutzt werden (RGZ 16, 349, 350). Geschäftsraum kann sein ein Büro, Laden, Kontor und auch eine Werkstätte (OLG Düsseldorf JurBüro 82, 1742, 1743), eine Gaststätte usw, aber auch ein Messestand während der Dauer einer Messe (BGH MDR 2008, 872 = NJW-RR 2008, 1082; OLG Köln NJW-RR 2010, 646), **nicht** jedoch eine bloße (dem Kundenverkehr nicht dienende) Betriebsstätte wie Räume einer Fabrik, ein Warenlager (OLG Brandenburg 12.5.2021 – 11 U 249/20; MK/Häublein/Müller Rn 23), eine Lagerhalle oder Auslieferungsstelle (OLG Köln MDR 90, 1021) und nicht der Raum des Betriebs-/Werkpförtners (LAG BadWürtt AP § 183 Nr 3). Dienst- und Arbeitsräume eines Amtsgebäudes, die für den Publikumsverkehr nicht bestimmt sind, sind ebenso nicht Geschäftsraum. 15a

c) Es muss sich um einen **Geschäftsraum des Zustellungsadressaten** handeln, von dem aus er seiner Erwerbstätigkeit nachgeht (BGH NJW 98, 1958). Für die in dessen Erwerbsgeschäft tätigen Personen (so Prokuristen, Angestellte) kann ein solcher Geschäftsraum nicht Ort einer Ersatzzustellung sein (LSG Sachsen-Anhalt NJ 2024, 91). Ist Zustellungsadressat der **gesetzl Vertreter** einer nichtnatürl Person (§ 170 I; s § 170 Rn 3), gilt der Geschäftsraum der vertretenen Person als sein Geschäftsraum (BayObLG DGVZ 2024, 262; VGH BadWürtt NJW 2018, 2507; OVG Berlin-Brandenburg NJW 2012, 951; LAG Berlin-Brandenburg NZA-RR 2016, 644; wohl auch BGH MDR 2015, 415 Tz 10). Auch Zustellung in einem Geschäftsraum an den ges Vertreter setzt nicht voraus, dass das Schriftstück eine geschäftl Tätigkeit betrifft. Ersatzzustellung im Geschäftsraum kann auch in einer **persönl Angelegenheit** erfolgen (OLG Frankfurt GRUR-Prax 2025, 226; BayObLG DGVZ 2024, 262; MK/Häublein/Müller Rn 21; aA OLG Brandenburg 20.3.2024 – 4 U 34/23); denn die Erwartung, dass Weitergabe der Zustellungssendung gewährleistet ist, ist hier ebenso begründet. 16

d) Der Geschäftsraum darf **nicht aufgegeben** sein (wie Rn 6; auch BGHZ 190, 99 Tz 17 = MDR 2011, 1196 = NJW 2011, 2440); Aufgabewille und -akt müssen erkennbar sein (BGH MDR 2010, 229). Die (bisherigen) Kanzleiräume eines RA verlieren mit (bestandskräftigem oder sof vollziehbarem) Widerruf der Zulassung ihre 16a

Eigenschaft als Geschäftsraum; eine Ersatzzustellung kann in ihnen daher nicht mehr vorgenommen werden (BGH NJW-RR 2011, 561).

17 **e) Scheingeschäftsraum.** Wer sich nach außen hin (allg in der Öffentlichkeit) als Gewerbetreibender usw (s Rn 15) ausgibt und/oder bewusst den Rechtsschein hervorruft, er unterhalte als solcher ein besonderes Geschäftslokal, muss dorthin gerichtete Zustellungen nach Treu und Glauben gegen sich gelten lassen (BGH MDR 93, 900 mwN; sa Rn 7). Dafür genügt jedoch nicht schon, dass nach Aufgabe (Verlegung) der Geschäftsräume das Firmen-(Namens-)Schild an der für den Briefeinwurf bestimmten Stelle (ohne dolose Absicht) noch verblieben ist (BGHZ 190, 99 Tz 15 = MDR 2011, 1196 = NJW 2011, 2440). Auch ein Postnachsendeantrag allein begründet keinen Rechtsschein dafür, dass an der Nachsendeadresse ein (ggf weiteres) Geschäftslokal unterhalten werde (BGH MDR 98, 733 = NJW 98, 1958).

18 **2) Zustellungsempfänger.** Einer **dort beschäftigten Person** kann in Geschäftsräumen ersatzw zugestellt werden. Dort beschäftigt ist, wer im Geschäftsbetrieb des Zustellungsadressaten, in der Behörde, Gemeinde usw zur Leistung von Diensten angestellt (BGH NJW 98, 1958), auch als Beamter oder Geschäftsführer (LG Darmstadt DGVZ 2019, 153) beschäftigt, und im Geschäftsraum (auch zB als Auszubildender oder Lehrling, BVerwG NJW 62, 70; aA KG OLGE 42, 28) tätig ist; das kann auch der Ehegatte sein (OLG Düsseldorf JurBüro 87, 1742, 1743) oder der in der Posteingangsstelle auch für den Adressaten tätige Bedienstete eines Dritten (BGH NJW 2004, 2386, 2387), auch bei Halbtagstätigkeit und bei vertragloser (BFHE 94, 960) oder unentgeltl (LAG Rostock JurBüro 2017, 543) Dienstleistung, wie das aushilfsw mitarbeitende Familienmitglied (nicht aber ein zufällig anwesender Angehöriger oder Hausgenosse). Nicht zwingend ist, dass der Empfänger dem Zustellungsadressaten untergeordnet ist (VG Lüneburg 13.11.2017 – 6 B 119/17: RA in Bürogemeinschaft).

19 Die im Geschäftsraum beschäftigte Person muss **in diesem „anwesend“** sein, die Ersatzzustellung muss sonach im Geschäftsraum erfolgen (s Rn 14). Die Annahme darf nicht verweigert werden (sonst Zurücklassung nach § 179). Übergabe an den außerhalb des Geschäftsraums angetroffenen Mitarbeiter ist unzulässig (RG HRR 26, 1755).

20 **V) Ersatzzustellung in Gemeinschaftseinrichtungen (§ 178 I Nr 3). Gemeinschaftseinrichtung** ist zB ein Altenheim, Lehrlings- und Arbeiterwohnheim, ein Krankenhaus, eine Kaserne, eine JVA (OLG Stuttgart JurBüro 2012, 380), eine Obdachlosen- oder Flüchtlingsunterkunft. **„Wohnen“** erfordert, dass der Adressat in den Räumen der Einrichtung lebt und idR schläft (wie Rn 4); ein Obdachloser kann aber auch in einer Wärmestube oder sonstigen Einrichtung ohne Übernachtungsangebot seinen Lebensmittelpunkt haben und dort im Rechtssinne wohnen (OLG Hamm 13.4.2021 – 5 Ws 102/21; OLG Köln StraFo 2019, 21). Es genügt, wenn der Aufenthalt nur ein vorübergehender ist, wie zB bei Aufenthalt in einem Frauenhaus, und die „Hauptwohnung“ (s Rn 4) nicht aufgegeben ist, wie zB bei Unterbringung in einem Krankenhaus. Bei längerem Auslandseinsatz eines Soldaten ist daher keine Ersatzzustellung in der heimatl Truppenunterkunft mögl (OLG Düsseldorf MDR 99, 497). **Leiter** ist derjenige, der mit der Leitung betraut ist (sa § 170 Rn 4); dies können auch mehrere Personen in einer Einrichtung sein, zB ärztl Direktor und Verwaltungsleiter eines Krankenhauses (OLG Stuttgart JurBüro 75, 390), zur Leitung einer Kaserne s § 166 Rn 6. Als **ermächtigter Vertreter** kommt auch jeder umfassend bevollmächtigte Vertreter in Betracht; § 171 S 2 gilt nicht (St/Thöne Rn 27). Eine Ausdehnung auf weitere Personen in **hervorgehobener Stellung** (so MK/Häublein/Müller Rn 29; St/Thöne Rn 27) ist abzulehnen; sie steht bereits mit Wortlaut des I Nr 3 nicht Einklang.

21 **VI) Durchführung der Zustellung.** Bei Nichtantreffen des Adressaten hat der Zusteller durch Befragung des in der Wohnung oder dem Geschäftslokal Angetroffenen dessen Beziehungen zu dem Adressaten **festzustellen**, wenn sie ihm nicht unaufgefordert genannt werden (BGHZ 111, 1, 6). Sind die Voraussetzungen einer Ersatzzustellung danach gegeben, ist sie **vorzunehmen** (MK/Häublein/Müller Rn 1); dem Zusteller steht trotz Wortlauts „kann“ kein Ermessen zu, die Zustellung ganz zu unterlassen. In seinem pflichtgemäßen **Ermessen** steht aber, ob er die Ersatzzustellung nach I Nr 1 oder I Nr 2 vornimmt. Er muss daher weder einen nicht als Adresse angegebenen Wohn- oder Geschäftsraum ermitteln noch ist er verpflichtet, an der am Ort der Anschrift belegenen Wohnung ersatzw zuzustellen, wenn ihm der Geschäftsraum bekannt ist (so auch Hornung Rpfleger 2002, 493, 498). Zustellungsurkunde: § 182 II Nrn 2 u 4.

22 **VII) Ausschluss der Ersatzzustellung an Prozessgegner (§ 178 II). 1) Grund.** Interessenkollision würde mit der Gefahr der Nichtaushändigung des Schriftstücks zu wahrende Belange des Zustellungsgegners gefährden. Zur analogen Anwendung bei anderen Zustellungsformen s Rn 27.

23 **2) Rechtsstreit.** Ein solcher, an dem der (ausgeschlossene) Zustellungsempfänger als Gegner beteiligt sein kann, ist nicht nur jedes gerichtl Verf, für das die zivilprozessualen Zustellungsvorschriften gelten. Der Begriff wird vielmehr weit ausgelegt; über seinen Wortlaut hinaus erfasst er nach dem der Bestimmung zugrunde liegenden Rechtsgedanken Zustellungen in allen Angelegenheiten an Personen, zwischen denen eine konkrete Interessenkollision besteht, insb somit Zustellungen nach Beendigung des Rechtsstreits oder zB die Zustellung einer Übergangsanzeige nach § 93 SGB XII (OLG Düsseldorf FamRZ 93, 583).

24 **3) Prozessgegner.** Als Gegner der Person, der zugestellt werden soll, am Rechtsstreit beteiligt ist die als Kl oder Bekl verfahrensbeteiligte andere Partei; gleich steht ihr Streitgehilfe. Gegner anderer gerichtl Verf ist eine Per-

son, die dem Zustellungsadressaten als Antragsteller/-gegner, Beschwerdeführer/-gegner, Gläubiger/Schuldner gegenübersteht. Auf Personen, die dem Gegner **gleich- oder nahestehen**, wird **II** sinngemäß erstreckt (BGH Rpfleger 73, 129), so auf den Ehegatten (OLGR Karlsruhe 2000, 257) und nahe Familienangehörige des Gegners (BGH NJW 84, 57), zB die Kinder, Eltern, Geschwister, ebenso sonstige den Weisungen des Prozessgegners unterworfene Dritte (zB unwirksame Ersatzzustellung der Klage an die Sekretärin des Kl, die zugleich für den Bekl postempfangsberechtigt ist; OLG Karlsruhe MDR 84, 151) und den Zeugen, der die streitige Forderung an den Prozessgegner abgetreten hat (OLG Saarbrücken DGVZ 2010, 83). Gegner ist im Strafverfahren (§ 37 StPO) auch der Verletzte (OLG Hamburg NJW 64, 678), in Maßregelvollzugssachen auch der Leiter der Klinik (OLG Zweibrücken 1.8.2019 – 1 Ws 209/19). Ersatzzustellung an den Schuldner für den Drittschuldner s § 829 Rn 15.

Statthaft ist Ersatzzustellung jedoch an die Partei, wenn Zustellungsadressat ihr **ProzBev** ist und an den Minderjährigen, wenn Zustellungsadressat sein ges Vertreter ist (BGH Rpfleger 73, 129 [Empfänger ist nicht Gegner]). Zulässig ist Zustellung an den bloßen **Streitverkündungsempfänger** vor dessen Beitritt (§§ 72, 74 II), weil dieser der einen oder der anderen Partei beitreten kann. 25

4) Durchführung. Der UrkB hat, wenn er annehmen muss, dass eine Ersatzzustellung nach II unzulässig sein wird, die Namen der ausgeschlossenen Zustellungsempfänger auf der vorbereiteten Zustellungsurkunde und dem inneren Umschlag (s § 176 Rn 6) zu vermerken. Eine den ges Vorschriften entspr Ersatzzustellung ist aber wirksam, wenn der Hinweis (objektiv) unrichtig ist, weil dem UrkB somit ein Versehen unterlaufen ist oder er die Rechtslage falsch eingeschätzt hat (BGH MDR 2003, 168). Der Zusteller hat, wenn ihm die Beteiligung als Gegner bekannt gemacht wird, Ersatzzustellung zu unterlassen. 26

5) Entsprechende Anwendung auf andere Zustellungsformen. Für Fälle, in denen keine Ersatzzustellung durchgeführt wird, gilt II nicht (Anwendung gebietet auch Art 103 I GG nicht, BVerfGE 67, 208 = NJW 84, 2567), so bei Zustellung an einen Vertreter (§ 170; für Mitgeschäftsführer einer GmbH BGH MDR 84, 122 = NJW 84, 57; für Mitgesellschafter einer GbR OLG Hamm 25.9.2017 – 5 U 151/16). Eine analoge Anwendung ist aber auf die Ersatzzustellung nach §§ 180 f geboten (OLG Nürnberg MDR 2004, 1139; OLG Saarbrücken DGVZ 2010, 83; OLG München BauR 2014, 27). 27

VIII) Verstoß. Verstoß gegen I, II macht die Zustellung unwirksam (wirkungslos). Heilung einer fehlerhaften Ersatzzustellung (Voraussetzungen waren nicht erfüllt oder Zustellung ist an falsche Ersatzperson erfolgt) ist mögl nach § 189 oder § 295 (Genehmigung). 28

Wer **fehlerhafte Ersatzzustellung** wegen des Fehlens einer ihrer Voraussetzungen **behauptet**, hat den Fehler im Hinblick auf die Beweiskraft (§ 418) und die indizielle Beweiswirkung der Zustellungsurkunde schlüssig darzulegen und zu beweisen (s § 182 Rn 14 f). 29

§ 179 Zustellung bei verweigerter Annahme

[1]Wird die Annahme des zuzustellenden Schriftstücks unberechtigt verweigert, so ist das Schriftstück in der Wohnung oder in dem Geschäftsraum zurückzulassen. [2]Hat der Zustellungsadressat keine Wohnung oder ist kein Geschäftsraum vorhanden, ist das zuzustellende Schriftstück zurückzusenden. [3]Mit der Annahmeverweigerung gilt das Schriftstück als zugestellt.

I) Normzweck. Sanktion einer dem Zustellungsadressaten zuzurechnenden Zugangsvereitelung. Die Interessen des Adressaten werden dadurch gewahrt, dass die Annahmeverweigerung unberechtigt (Rn 2) sein muss und das Schriftstück grds zurückgelassen wird (Rn 3); der Zustellungsadressat oder seine Ersatzperson hat damit die Möglichkeit, die Annahmeverweigerung nochmals zu überdenken und Kenntnis vom Inhalt des Schriftstücks zu nehmen (BTDrs 14/4554, 21). 1

II) Voraussetzungen (§ 179 S 1). 1) Annahmeverweigerung durch den angetroffenen Adressaten (§ 177) oder den (taugl) Ersatzzustellungsempfänger (§ 178; OLG Frankfurt GRUR-Prax 2025, 226). § 179 (und nicht § 181) gilt auch bei Annahmeverweigerung durch Ersatzzustellungsempfänger in einer Gemeinschaftseinrichtung (MK/Häublein/Müller Rn 2; aA VG Berlin 25.2.2021 – 35 K 146/20); hier scheitert aber das Zurücklassen des Schriftstücks (s Rn 3). Nicht anwendbar ist § 179 bei Annahmeverweigerung im Fall der Zustellung durch Einschreiben (§ 176 I; LG Rostock StraFo 2015, 63). Die Annahme kann auch konkludent verweigert werden, zB Verschließen der Tür oder Rückgabe des Schriftstücks unter Hinweis auf falsche Adressierung. – **2) Keine Berechtigung.** Verweigert werden darf die Annahme, wenn die Voraussetzungen der §§ 176 II-178 nicht gegeben sind, aber auch bei einem Zustellungsversuch zu allg unpassender Zeit und bei unpassender Gelegenheit (s § 177 Rn 2); anders jedoch im Einzelfall, wie Zustellung für Beginn einer zur Nachtzeit zulässigen ZwV (s § 758a Rn 33; dazu Coenen DGVZ 2002, 184, 187). Auch der taugl Ersatzzustellungsempfänger darf die Annahme nur aus den vorgenannten Gründen verweigern (aA WSch/Rohe Rn 12: stets, wenn keine Pflicht zur Weiterleitung besteht). Zur Berechtigung der Annahmeverweigerung bei fehlender Übersetzung des zuzustellenden Schriftstücks s Art 12 EuZustVO Rn 3. 2

3 **III) Durchführung. 1) Zurücklassen des Schriftstücks** durch Niederlegung am Zustellungsort, zB durch Einwurf in einen zur Wohnung oder zum Geschäftsraum gehörenden Briefkasten, Durchschieben unter der verschlossenen Tür oder Anheften an der Tür. Einwurf in einen Briefkasten, den der Adressat und Gegner gemeinsam unterhalten, verbietet § 178 II (LG Fulda MDR 87, 149; sa § 178 Rn 27). Übergabe an beliebige Dritte (Nachbarn usw) zur Weiterleitung ist unzulässig. – **2) Rücksendung** findet statt, wenn die Annahmeverweigerung in einer **Gemeinschaftseinrichtung** oder an einem anderen Zustellungsort (§ 177) stattfindet (**§ 179 S 2**). Grund: Zurücklassung des Schriftstücks an einem anderen Ort oder in der Gemeinschaftseinrichtung ist nicht mögl, weil es dem ungehinderten Zugriff Dritter nicht preisgegeben werden kann (VGH München NJW 2012, 950 Tz 8).

4 **IV) Wirkung (§ 179 S 3).** Mit der unberechtigten Annahmeverweigerung gilt das Schriftstück als zugestellt, selbst wenn das zurückgelassene Schriftstück dem Adressaten nicht zur Kenntnis gelangt, so zB deshalb, weil es abhanden gekommen ist. Zustellungsurkunde: § 182 II Nr 5.

5 **V) Verstoß.** Verstoß gegen § 179 führt zur Unwirksamkeit der Zustellung; Heilung nach § 189 ist mögl. Der Adressat kann sich aber nicht darauf berufen, dass Zurücklassen fehlerhaft unterblieben ist, wenn er ggü dem Zusteller seine Wohnung am Zustellort verschleiert hat (VGH München NJW 2012, 950 Tz 10).

§ 180 Ersatzzustellung durch Einlegen in den Briefkasten

[1]Ist die Zustellung nach § 178 Abs. 1 Nr. 1 oder 2 nicht ausführbar, kann das Schriftstück in einen zu der Wohnung oder dem Geschäftsraum gehörenden Briefkasten oder in eine ähnliche Vorrichtung eingelegt werden, die der Adressat für den Postempfang eingerichtet hat und die in der allgemein üblichen Art für eine sichere Aufbewahrung geeignet ist. [2]Mit der Einlegung gilt das Schriftstück als zugestellt. [3]Der Zusteller vermerkt auf dem Umschlag des zuzustellenden Schriftstücks das Datum der Zustellung.

1 **I) Zweck.** Zugang der Sendung an den Adressaten soll erleichtert und beschleunigt, Niederlegung (§ 181) mit den für den Adressaten verbundenen Erschwernissen damit eingeschränkt werden.

2 **II) Voraussetzungen.** Ersatzzustellung nach § 180 ist erst zulässig, wenn Zustellung durch Übergabe an Adressaten nach § 177 gescheitert ist und eine Ersatzzustellung in der Wohnung (§ 178 I Nr 1) oder im Geschäftsraum (§ 178 I Nr 2) nicht erfolgen konnte, insb weil weder der Empfänger noch ein Ersatzempfänger dort angetroffen wurde (BFH NJW 2023, 470: auch bei Corona-Kontaktbeschränkung). Zustellung nach § 180 ist auch mögl, wenn bei dem (nicht verzichtbaren, BFH DGVZ 2024, 260) Zustellungsversuch der Geschäftsraum geschlossen war (auch außerhalb der gewöhnl Geschäftszeit, damit auch nach Geschäftsschluss, BGH MDR 2007, 1093 = NJW 2007, 2186; BVerwG NJW 2007, 3222, oder am Samstag, OVG Münster NJW 2014, 3117). Geschäftsräume für Zustellung einer an die Wohnanschrift adressierte Sendung hat der Zusteller nicht zu ermitteln, bekannte Geschäftsräume braucht er nicht notwendig aufzusuchen (s § 178 Rn 21); entspr gilt hinsichtl der Wohnung für die an Geschäftsräume adressierte Zustellung (VG Potsdam 6.11.2020 – 8 K 1141/18).

3 Erforderl ist, dass eine **Wohnung** („Scheinwohnung" genügt, s § 178 Rn 3-7) oder ein **Geschäftsraum unterhalten wird** (BGH DGVZ 2008, 83 Tz 7; BGH NJW-RR 2010, 489 Tz 21; BFH BFH/NV 2020, 526; OLG Koblenz DWW 2016, 146; Eintragung der Anschrift im HReg genügt nicht, OLG Dresden MDR 2016, 1410). Das folgt bereits aus dem Wortlaut „nicht ausführbar"; § 180 geht davon aus, dass die Zustellung in der Wohnung oder im Geschäftsraum hätte erfolgen können, aber nicht durchführbar war. Die Wohnung oder der Geschäftsraum dürfen daher nicht aufgegeben sein. Wenn eine Wohnanschrift unbekannt oder nicht (mehr) vorhanden ist, scheidet Zustellung nach § 180 insg aus; sie kann auch nicht durch Einlegen in ein vom Adressaten angegebenes **Postfach** erfolgen (**aA** BGH MDR 2012, 1055 Tz 9 = NJW-RR 2012, 1012).

4 Ersatzzustellung nach § 180 findet nicht statt, wenn der Zusteller eine **Gemeinschaftseinrichtung** aufsucht (BGH 4.6.2019 – 1 StR 202/19; BSG 9.4.2024 – B 5 R 101/23). Ist dort eine Zustellung nach § 178 I Nr 3 nicht mögl, ist das Schriftstück durch Niederlegung (§ 181) zuzustellen. § 180 muss aber nach seinem Normzweck Anwendung finden, wenn der Adressat in der Gemeinschaftseinrichtung einen eigenen Briefkasten hat (St/Thöne Rn 1; VG Bayreuth 5.6.2018 – B 7 K 17.32410; VG Augsburg 17.11.2016 – 3 S 16.32189).

5 **III) Durchführung. 1) Hinterlassen der Sendung.** In einen zu der Wohnung oder den Geschäftsräumen gehörenden **Briefkasten** kann die Sendung eingelegt werden, auch wenn er nicht verschlossen ist (einschr OLG Nürnberg MDR 2009, 1064 = NJW 2009, 229: dann nur bei nicht erkennbarem defektem Zustand). Zur Wohnung gehört der Briefkasten, wenn er durch Beschriftung, Anbringung auf dem Einfamiliengrundstück oder auf ähnl Weise der Wohnung des Adressaten eindeutig zugeordnet werden kann. Das ist auch der Fall, wenn der Briefkasten von den Angehörigen der Familie des Zustellungsadressaten oder von ihm und ständigen Mitbewohnern (nicht aber dem Gegner, OLG Nürnberg MDR 2004, 1139; OLG Saarbrücken DGVZ 2010, 83; sa § 179 Rn 3) gemeinsam benutzt wird (ist dann vom Zustellungsadressaten für den Postempfang eingerichtet und dient sicherer Aufbewahrung). Zur Wohnung oder zu den Geschäftsräumen gehört ein Briefkasten jedoch

dann nicht, wenn er zugeklebt ist oder sich sonst nicht in einem ordnungsgemäßen Zustand befindet, insb wenn er überquillt und damit erkennbar ist, dass er von dem Wohnungsinhaber nicht benutzt wird (BPatG 4.10.2017 – 19 W (pat) 31/17).

Die Sendung kann auch in einer **ähnl Vorrichtung** für den Postempfang hinterlassen werden; dies kann der Briefschlitz in der Wohnungseingangstüre eines Einfamilienhauses sein (BGH NJW 2006, 150, 152), weiter gehend (nach BGH MDR 2011, 1169 = NJW 2011, 2440) auch der für den Postempfang eines überschaubaren Personenkreises bestimmte Briefschlitz eines **Mehrfamilienhauses**, das nur von wenigen (zB 5) Parteien bewohnt oder als Geschäftslokal genutzt wird (auch wenn die Sendungen auf den Boden des Hausflurs fallen), sofern der Adressat seine Post typischerw auf diesem Weg erhält und eine eindeutige Zuordnung des Einwurfschlitzes zum Empfänger mögl ist (OVG NRW 3.12.2020 – 16 B 1323/20). Übl kann es im Einzelfall auch sein, dass Briefpost durch den Spalt zwischen Wohnungstüre und Schwelle durchgeschoben wird (RG DJ 38, 1425; BVerwG NJW 73, 1945). Ein **Postfach** scheidet hingegen aus, weil es räuml nicht zur Wohnung oder dem Geschäftsraum gehört (sa Rn 3). 6

2) Vermerk (§ 180 S 3). Auf dem **Umschlag** des zu übergebenden (ungenau: des „zuzustellenden", s § 166 Rn 9) Schriftstücks hat der Zusteller das **Datum der Zustellung** zu vermerken. Die Zustellungszeit wird dem Empfänger damit zur Kenntnis gebracht. 7

IV) Wirkung (§ 180 S 2). Als **zugestellt** gilt das Schriftstück mit dem Einlegen in den Briefkasten oder die für den Postempfang sonst eingerichtete Vorrichtung. Eine Kenntnisnahme durch den Adressaten ist nicht erforderl (BGH NJW 2006, 150); unerhebl für die Wirksamkeit der Zustellung ist es daher, wenn ein Dritter die Sendung dem Briefkasten entnommen und nicht an den Adressaten weitergeleitet hat (LG Bamberg 8.1.2021 – 3 S 72/20; VGH Mannheim VRS 130 [2016], 223). 8

V) Verstoß. Verstoß, insb fehlerhafte Annahme der Voraussetzungen, macht die Zustellung unwirksam (wirkungslos). Ebenso ist die Zustellung nach hM unwirksam, wenn das Datum der Zustellung entgegen **S 3** auf dem Umschlag nicht, unleserlich oder anders als in der Zustellungsurkunde (§ 182 II Nr 7) vermerkt ist (BGH MDR 2023, 797; BGH MDR 2022, 1430; BVerwG DÖV 2025, 220; BSG 19.9.2024 – B 9 SB 10/24; BFH DStR 2021, 727; aA BGH 14.1.2019 – AnwZ (Brfg) 59/17 [aber aufgehoben durch BVerfG NVwZ 2020, 1661]; OLG Braunschweig 12.10.2021 – 1 Ss (OWi) 172/21; OLG Karlsruhe 1.8.2018 – 2 Rb 8 Ss 387/18; VGH Mannheim VBlBW 2016, 328; St/Thöne Rn 4); dies überzeugt allerdings nicht, denn der Vermerk nach S 3 dient nur der Information des Empfängers. Heilung: § 189 (BGH 20.9.2023 – XI ZR 14/23) oder § 295. Zustellungsurkunde: § 182 II Nr 4. 9

§ 181 Ersatzzustellung durch Niederlegung

(1) [1]Ist die Zustellung nach § 178 Abs. 1 Nr. 3 oder § 180 nicht ausführbar, kann das zuzustellende Schriftstück auf der Geschäftsstelle des Amtsgerichts, in dessen Bezirk der Ort der Zustellung liegt, niedergelegt werden. [2]Wird die Post mit der Ausführung der Zustellung beauftragt, ist das zuzustellende Schriftstück am Ort der Zustellung oder am Ort des Amtsgerichts bei einer von der Post dafür bestimmten Stelle niederzulegen. [3]Über die Niederlegung ist eine schriftliche Mitteilung auf dem vorgesehenen Formular unter der Anschrift der Person, der zugestellt werden soll, in der bei gewöhnlichen Briefen üblichen Weise abzugeben oder, wenn das nicht möglich ist, an der Tür der Wohnung, des Geschäftsraums oder der Gemeinschaftseinrichtung anzuheften. [4]Das Schriftstück gilt mit der Abgabe der schriftlichen Mitteilung als zugestellt. [5]Der Zusteller vermerkt auf dem Umschlag des zuzustellenden Schriftstücks das Datum der Zustellung.

(2) [1]Das niedergelegte Schriftstück ist drei Monate zur Abholung bereitzuhalten. [2]Nicht abgeholte Schriftstücke sind danach an den Absender zurückzusenden.

I) Zweck. Regelung ersatzw Zustellung (s § 178 Rn 1) durch Niederlegung für den Fall, dass eine (vorrangige) andere Ersatzzustellung nicht mögl war. 1

II) Voraussetzungen (§ 181 I 1). Ersatzzustellung durch Niederlegung setzt vergebl Zustellungsversuch an den Zustellungsadressaten und weiter voraus, dass ersatzw Zustellung in der Wohnung (§ 178 I Nr 1) oder in den Geschäftsräumen (§ 178 I Nr 2) und auch durch Einlegen in den Briefkasten (§ 180) nicht ausführbar (s § 180 Rn 2 f) oder in einer Gemeinschaftseinrichtung an den Leiter (§ 178 I Nr 3) nicht mögl war (BGH NJW 2013, 3310 Tz 11; BFH BFH/NV 2017, 333). Bei unbefugter Annahmeverweigerung ist nach § 179 zuzustellen, kann Niederlegung daher nicht erfolgen. 2

III) Durchführung. 1) Ort der Niederlegung. Der mit der Ausführung der Zustellung beauftragte **Justizbedienstete** oder **GV** sowie eine damit beauftragte Behörde (§ 168) haben das Schriftstück auf der **GeschSt des AG** (kann auch eine amtsgerichtl Zweigstelle sein), in dessen Bezirk der Ort der Zustellung liegt, niederzulegen (I 1). Eine andere Möglichkeit der Niederlegung gibt es in diesem Fall nicht. Wenn die **Post** (s § 168 Rn 3) mit 3 der Zustellung beauftragt ist (§ 168 I 1), hat Niederlegung bei einer von ihr dafür bestimmten Stelle entweder am **Ort der Zustellung** oder am Ort **des AG** zu erfolgen (I 2). Niederlegung auf der GeschSt des AG durch die Post ist damit nicht mögl. Die Post ist gehalten, eigene Niederlegungsstellen zu unterhalten. An diese werden keine besonderen Anforderungen gestellt; es kann eine Niederlassung oder zB eine Postagentur (OLG Rostock 12.3.2002 – 2 Ss (OWi) 144/01) sein, aber auch ein nicht zur Post gehörendes Geschäftslokal (MK/Häublein/Müller Rn 5). Bestimmung hat durch Organisationsmaßnahme der Postverwaltung für Niederlegungen allgemein zu erfolgen; es kann nicht erst der Zusteller im Einzelfall eine Niederlegungsstelle festlegen.

3a **2) Niederlegung.** Niedergelegt (zur Zustellungsfiktion s aber Rn 7) ist, wenn das zuzustellende Schriftstück in dem verschlossenen Umschlag im Anschluss an den (erfolglosen) Zustellungsversuch zu der zuständigen Stelle gebracht (dort abgeliefert) ist (BAG NJW 70, 1894; BVerwG Rpfleger 92, 71). Auf interne weitere Bearbeitung und Dienst- oder Schalterstunden kommt es nicht an (BayObLGZ 98, 279 = NJW-RR 99, 1379).

4 **3) Schriftliche Mitteilung (§ 181 I 3). a)** Sie hat auf dem ausgefüllten **Formular** nach Anl 4 zu § 1 Nr 4 ZustVV zu erfolgen. Blanko-Benachrichtigung (ein Formular ohne Eintragungen) genügt nicht (AG Baden-Baden NJW 2001, 839).

4a **b)** Die Abgabe in der **bei gewöhnl Briefen übl Weise (I 3 Var 1)** kann bei Fehlen eines Briefkastens (sonst Zustellung nach § 180, auch bei Gemeinschaftseinrichtung, s § 180 Rn 4) nur Abgabe in der sonst vom Postzusteller praktizierten und vom Empfänger jedenfalls hingenommenen Art sein (BGH NJW 2013, 3310 Tz 13; BVerwG NJW 88, 817; BFH NJW 88, 1999, 2000). Denkbar sind Aushändigung an eine in der Wohnung oder in Geschäftsräumen anwesende Person (Ersatzempfänger für Briefpost, an den ersatzw Zustellung der Sendung gem § 178 nicht erfolgen kann), im Einzelfall bei entspr Ortsgebrauch auch an den Nachbarn zur Weitergabe an den Empfänger (St/Thöne Rn 7) oder (wenn auch sonst übl) Ablage vor der Wohnungstür (BVerwG NJW 85, 1179, 1180), **nicht** jedoch Einwurf in einen Gemeinschaftsbriefkasten der Gemeinschaftsunterkunft (VG Würzburg 15.4.2021 – W 10 K 19.31993), Übergabe an einen dort beschäftigten Sicherheitsdienstmitarbeiter (VG München 20.10.2016 – M 6 S 16.50628; VG Stuttgart 24.4.2018 – A 2 K 12341/17) oder Abgabe in der Stadtverwaltung (VG Minden 20.3.2015 – 10 L 117/15.A; VG Arnsberg 30.3.2017 – 5 K 2282/16.A). Die Art und Weise der Abgabe bestimmt der Zweck, dem Empfänger möglichst zuverlässig und bald Kenntnis von der Mitteilung zu verschaffen (BGH NJW 2013, 3310 Tz 13); was für die sonstige Post erkennbar „üblich" ist, reicht auch für Abgabe der Mitteilung. Nachsendung der Mitteilung auf Grund des für die Dauer einer (vorübergehenden) Abwesenheit gestellten Postnachsendeantrags ist keine **Abgabe** iSd **I 3** (BFH NJW 88, 1999, 2000; BayObLGZ 80, 266, 268; VGH Mannheim NJW 97, 3330, 3331). Am Ort der Zustellung in der bei gewöhnl Briefen übl Weise abzugeben ist die Mitteilung auch, wenn der Adressat ein Postfach unterhält (Einlegen in das Postfach würde nicht genügen; BSG NJW 67, 903; BFH NJW 84, 448; LG Köln MDR 73, 768; aA BVerwG NJW 71, 1284) und seine Post postlagernd erhält.

5 **c) Anheften (I 3 Var 2).** Nur wenn Mitteilung in briefübl Weise nicht mögl ist, ist auch Anheftung an der Wohnungstür (nicht an der Gartentür; dazu BVerfG NJW 88, 817) oder an der Tür des Geschäftsraums oder der Gemeinschaftseinrichtung statthaft. Anheften bedeutet eine **feste Verbindung** mit Klebeband, Schnur, Reißzwecken usw. Einschieben (einklemmen) in einen Türspalt (BFH NJW 90, 1500) und Durchschieben unter der Tür (aA OLG Koblenz MDR 2013, 808 = NJW-RR 2013, 1280) genügen nicht.

6 **4) Datumsvermerk (§ 181 I 5).** Der Zusteller hat auf dem Umschlag des Schriftstücks das **Datum der Zustellung zu vermerken** (I 5). Der Zustellungszeitpunkt wird dem Empfänger damit zur Kenntnis gebracht. **Zustellungsurkunde:** § 182 II Nr 4.

7 **IV) Wirkung (§ 181 I 4).** Als zugestellt gilt das Schriftstück **mit der Abgabe** (Anheftung) der schriftl Mitteilung (**Zugangsfiktion**; BGH NJW-RR 99, 1150, 1151; BayObLGZ 98, 279). Auf die Niederlegung kommt es somit nicht mehr an; Fehler bei der Niederlegung berühren damit die Wirksamkeit der Zustellung nicht (BTDrs 14/4554, 22). Abgabe (Anheftung) der Mitteilung ist Zustellungszeitpunkt auch, wenn die Niederlegung erst nach Schluss der Dienst-/Schalterstunden geschieht (BAG NJW 70, 1894) und die niedergelegte Sendung nicht abgeholt (BGH NJW-RR 2006, 563, 564) wird. Möglichkeit und Zeitpunkt der Kenntnisnahme durch den Adressaten sind unerhebl.

8 **V) Verwahrung des niedergelegten Schriftstücks (§ 181 II). 1)** Es ist von der GeschSt des AG sowie von der für Niederlegung von der Post bestimmten Stelle **drei Monate** zur Abholung **bereitzuhalten (II 1)**. Niederlegung begründet die Pflicht zu einer ordnungsgemäßen Verwahrung und Aushändigung an den Empfänger, sobald er sich innerhalb der Aufbewahrungsfrist meldet (BGHZ 28, 30 = NJW 58, 1676). Ausgehändigt werden darf die Sendung nur dem Adressaten persönl oder einer von ihm durch Empfangsvollmacht (zur Postvollmacht BGHZ 98, 140 = NJW 86, 2826) legitimierten Person.

9 **2) Nach Ablauf** der Verwahrungsfrist wird das Schriftstück an die GeschSt des Gerichts, die die Zustellung ausgeführt hat (§ 168), **zurückgegeben (II 2)**; diese nimmt die Sendung zu den Verfahrensakten. Die Rückgabe berührt die Wirksamkeit der Zustellung nicht (BGH NJW-RR 2006, 563, 564). Meldet sich der Adressat dann noch, ist ihm das Schriftstück durch den UrkB auszuhändigen.

VI) Verstoß. Fehlerhafte Annahme der Voraussetzungen (s Rn 2) oder fehlende und fehlerhafte Mitteilung (s Rn 4-5; BGH NJW 2013, 3310 Tz 15) machen die Zustellung unwirksam (wirkungslos). Heilung: § 189 oder § 295. Fehlerhafte Niederlegung berührt die Wirksamkeit nicht (s Rn 7). Wird das Datum der Zustellung auf dem Umschlag nicht oder unrichtig vermerkt (**I 5**), so ist sie dennoch wirksam (St/Thöne Rn 10; aA MK/Häublein/Müller Rn 13; sa § 180 Rn 9). Bedeutungslos für die Wirksamkeit der Zustellung ist es, wenn die Benachrichtigung dem Adressaten nicht zur Kenntnis gelangt (BAG NJW 70, 1894; BayObLG MDR 90, 346), gleichgültig, ob sie verloren gegangen oder nicht nachgesandt wurde. 10

§ 182 Zustellungsurkunde

(1) [1]Zum Nachweis der Zustellung nach §§ 171, 177 bis 181 ist eine Urkunde auf dem hierfür vorgesehenen Formular anzufertigen. [2]Für diese Zustellungsurkunde gilt § 418.

(2) Die Zustellungsurkunde muss enthalten:

1. **die Bezeichnung der Person, der zugestellt werden soll,**
2. **die Bezeichnung der Person, an die der Brief oder das Schriftstück übergeben wurde,**
3. **im Falle des § 171 die Angabe, dass die Vollmachtsurkunde vorgelegen hat,**
4. **im Falle der §§ 178, 180 die Angabe des Grundes, der diese Zustellung rechtfertigt und wenn nach § 181 verfahren wurde, die Bemerkung, wie die schriftliche Mitteilung abgegeben wurde,**
5. **im Falle des § 179 die Erwähnung, wer die Annahme verweigert hat und dass der Brief am Ort der Zustellung zurückgelassen oder an den Absender zurückgesandt wurde,**
6. **die Bemerkung, dass der Tag der Zustellung auf dem Umschlag, der das zuzustellende Schriftstück enthält, vermerkt ist,**
7. **den Ort, das Datum und auf Anordnung der Geschäftsstelle auch die Uhrzeit der Zustellung,**
8. **Name, Vorname und Unterschrift des Zustellers sowie die Angabe des beauftragten Unternehmens oder der ersuchten Behörde.**

(3) Die Zustellungsurkunde ist der Geschäftsstelle in Urschrift oder als elektronisches Dokument unverzüglich zurückzuleiten.

I) Allgemeines. § 182 bestimmt die Anfertigung, den notwendigen Inhalt sowie die Beweiskraft der Zustellungsurkunde. Die Beurkundung dient dem **Nachweis der Zustellung**. Sie ist kein notwendiger (konstitutiver) Bestandteil der Zustellung (s § 166 Rn 10). Das gilt auch bei Annahmeverweigerung (§ 179), Einlegen in den Briefkasten (§ 180), Niederlegung (§ 181) und Zustellung an einen rechtsgeschäftl bestellten Vertreter (§ 171). 1

II) Anfertigung (§ 182 I 1). Eine Urk hat der Zusteller auf dem hierfür vorgesehenen (von der absendenden Stelle dem Schriftstück beigefügten und vorbereiteten, s § 176 Rn 6) **Formular** (Anl 1 zu § 1 Nr 1 ZustVV) anzufertigen. Dabei können die (geringfügig abweichenden) Formulare aus der Zeit vor Inkrafttreten der Änderung der ZustVV durch VO v 31.3.2025 (BGBl 2025 I Nr 103 v 4.4.2025) zum 1.8.2025 bis zum 31.7.2026 weiterverwendet werden (§ 3 ZustVV). Aufzunehmen ist die Urk in zeitl und örtl Zusammenhang mit dem Zustellungsvorgang (BGHZ 90, 176, 177 zum früheren § 191), nicht nachträgl (s aber Rn 18 zur Nachholung der Unterschrift). Die Angaben (bis auf die Unterschrift) müssen in dem Formular nicht eigenhändig (können damit auch von einem Dritten, zB Auszubildenden) vorgenommen werden. 2

Berichtigung der Zustellungsurkunde ist auch nach ihrer Unterzeichnung mögl. Sie obliegt (allein) dem Zusteller (nicht dessen Vorgesetzten oder einem UrkB) und setzt voraus, dass er noch sicheres Wissen über die Einzelheiten der Zustellung hat. Die Berichtigung hat nicht durch Durchstreichung oder Unkenntlichmachen der fehlerhaften Eintragung zu geschehen (kann Beweiskraft mindern, s Rn 14), sondern durch **ergänzenden Vermerk** auf der Zustellungsurkunde, der vom Zusteller zu unterzeichnen ist (BVerwG DGVZ 84, 149). 3

III) Notwendiger Inhalt (§ 182 II). Zu beurkunden ist die Tatsache der Zustellung und die Art der Ausführung (Übergabe, Einlage in den Briefkasten oder eine ähnl Vorrichtung usw). Enthalten muss die Zustellungsurkunde: 4

1) § 182 II Nr 1. Die Bezeichnung der **Person, der zugestellt werden soll**, als Zustellungsadressat (s § 166 Rn 1). Das ist bei Zustellung an den ges Vertreter (§ 170; s § 170 Rn 1), Bevollmächtigten (s § 171 Rn 1) sowie an einen ProzBev (§ 172; RGZ 17, 392, 402) jeweils dieser, nicht der Vertretene (nicht die Partei). Bei jur Personen genügt aber auch deren Angabe ohne (namentl) Bezeichnung der Vertreter (BGHZ 107, 296, 299 = NJW 89, 2689; BGH NJW 97, 1584, 1586). Sind mehrere Personen zB gem § 170 III wahlw empfangsberechtigt, so können sie alle in die Urk aufgenommen werden (RGZ 24, 415). 5

2) § 182 II Nr 2. Die Bezeichnung der **Person**, an die der Brief (verschlossene Umschlag) **übergeben wurde**, als Zustellungsempfänger (der Adressat im Falle des § 177, sonst die Ersatzperson). Die Bezeichnung hat so genau 6 zu sein, dass Feststellung der Identität gewährleistet ist. Das erfordert Namensangabe (OLG Karlsruhe OLGE 2, 422, 423: „Diener" ungenügend) oder sonst zuverlässige Kennzeichnung (zB „Ehefrau", „Tochter Paula").

7 **3) § 182 II Nr 3.** Bei Übergabe an einen rechtsgeschäftl bestellten Vertreter als Zustellungsempfänger (s § 171 Rn 1) die Angabe, dass die **Vollmachtsurkunde** vorgelegen hat. Eine Bezeichnung der Vollmacht (Einzelvollmacht, Postvollmacht usw, s § 171 Rn 3) oder des Datums ihrer Ausstellung erfordert II Nr 3 nicht (MK/Häublein/Müller Rn 7; St/Thöne Rn 8).

8 **4) § 182 II Nr 4.** Wenn **Ersatzzustellung nach §§ 178, 180** erfolgt, ist der Grund anzugeben, der diese Form der Zustellung rechtfertigt. Dazu ist im Fall des **§ 178** anzugeben, wo der Adressat aufgesucht wurde (Wohnung, Geschäftsraum oder Gemeinschaftseinrichtung), seine Abwesenheit und sein Verhältnis zum Zustellungsempfänger, durch das nach § 178 I Nr 1-3 die Befugnis der dritten Person zur Entgegennahme der Zustellung begründet wird, erforderlichenfalls auch, dass diese Person erwachsen (s § 178 Rn 9) ist. Im Falle des **§ 180** ist neben der Angabe des Grundes, der diese Zustellung rechtfertigt (Übergabe in Wohnung bzw Geschäftsraum nicht mögl), die Bezeichnung auch der konkreten Empfangseinrichtung (Briefkasten oder ähnl Vorrichtung und deren nähere Kennzeichnung) **nicht** nach **II Nr 4** erforderl (BGH MDR 2006, 589 = NJW 2006, 150; OLG Köln NJW 2005, 2026). Wenn ersatzw **durch Niederlegung (§ 181)** zugestellt wird, ist trotz des missverständl Wortlauts des **II Nr 4** als Grund zu beurkunden, dass die Zustellung nach § 178 I Nr 3 oder § 180 nicht ausführbar war. Außerdem ist anzugeben, wie (auf welche Weise) die schriftl Mitteilung abgegeben wurde (BGH MDR 90, 32 = NJW 90, 176; OLG Düsseldorf MDR 2005, 109; AG Neuruppin NJW 2003, 2249). Eine Beurkundung des Orts der Niederlegung ist nicht vorgeschrieben; seine Angabe ist aber sinnvoll und in Feld 11.1 Anl 1 zu § 1 Nr 1 ZustVV vorgesehen.

9 **5) § 182 II Nr 5.** Bei **Annahmeverweigerung** (§ 179) die Bezeichnung der Person, die die Annahme verweigert hat, und die Angabe, wie mit dem Schriftstück verfahren wurde. Beurkundung, dass die Annahme verweigert wurde, gebietet nicht die Feststellung eines dafür etwa vorgebrachten Grundes (St/Thöne Rn 10). Nicht gesetzl vorgeschrieben ist auch die in Feld 12 Anl 1 zu § 1 Nr 1 ZustVV vorgesehene Feststellung der Beziehung der die Annahme verweigernden Person zum Adressaten.

10 **6) § 182 II Nr 6.** Die Angabe über den **Vermerk des Zustellungstags** auf dem Umschlag, der das Schriftstück enthält. Damit ist zugleich zum Ausdruck gebracht, dass auf dem Umschlag der Tag der Zustellung nicht nur nach § 180 S 3, § 181 I 5 (nach hM Voraussetzung für Wirksamkeit der Zustellung, s 180 Rn 9), sondern in allen Fällen zu vermerken ist, also auch bei Aushändigung an den Adressaten (§ 177) und bei ersatzw Zustellung nach §§ 178, 179 (hier keine Wirksamkeitsvoraussetzung für die Zustellung: BGH FamRZ 2023, 1803).

11 **7) § 182 II Nr 7.** Den **Ort** der Zustellung, das ist der in verkehrsübl Weise, idR auch nach Straße und Hausnummer (OLG München MDR 2002, 414), zu bezeichnende Ort, an dem der Zustellungsadressat angetroffen (§ 177) oder die Ersatzzustellung vorgenommen wird, nicht nur die Gemeinde, in der dieser Ort liegt. Die Angabe ist im Formular Anl 1 zu § 1 Nr 1 ZustVV in Feld 4.2 nur für Übergabe nach §§ 177, 178 vorgesehen; bei Annahmeverweigerung (§ 179) an einem anderen Ort als der Zustellanschrift erfordert II Nr 7 daher eine handschriftl Ergänzung des Formulars durch den Zusteller. **Datum** ist der Zustellungstag (BGH NJW 84, 57). Auch die **Uhrzeit** ist anzugeben, wenn die GeschSt genaue Zeitangabe verlangt hat.

12 **8) § 182 II Nr 8. Name** und Vorname des Zustellers und die Angabe des beauftragten (Post-)Unternehmens oder der ersuchten Behörde. Ein Justizbediensteter oder GV nennt hierzu seine Dienstbezeichnung. Abzuschließen ist die Beurkundung sodann mit der **Unterschrift** des Zustellers (erfordert individuellen Schriftzug, OLG Frankfurt NJW 93, 3079, aber keine Lesbarkeit im Ganzen, OVG NRW NWVBl 2021, 438; Handzeichen genügt nicht, BGH MDR 2008, 161 = NJW-RR 2008, 218). Die Unterschrift des Empfängers ist nicht erforderl.

13 **IV) Übermittlung (§ 182 III).** Die Zustellungsurkunde wird der GeschSt übermittelt, die sie zu den Akten nimmt. Wenn sie als elektron Dokument (§ 130a) zurückgeleitet wurde, ist nach § 298 zu verfahren. Überwachung und Prüfung durch den UrkB: s § 168 Rn 4.

14 **V) Wirkungen (§ 182 I 2).** Die Zustellungsurkunde ist **öffentl Urk** (§ 415), auch, wenn sie von einem Zusteller eines nach § 61 PostG beliehenen Unternehmens errichtet ist (aA BFH/NV 2016, 922: Privaturkunde, aber § 418 gem I 2 anwendbar). Ihre **Beweiskraft** nach § 418 erstreckt sich auf sämtl in der Urk festgestellten Tatsachen, mithin auf Zustellungsart, -zeit und -ort sowie bei Ersatzzustellung darauf, dass der Zusteller unter der angegebenen Anschrift weder den Adressaten persönl noch eine zur Entgegennahme der Ersatzzustellung in Betracht kommende Person angetroffen, er das Schriftstück in den Briefkasten eingelegt oder die Benachrichtigung über die Niederlegung an dem angegebenen Tag in der bezeichneten Weise abgegeben hat (BVerfG NJW 92, 224, 225; BFH MittBayNot 2016, 775; KG ZIP 2023, 2298; OLG München Rpfleger 2018, 200), **nicht** jedoch darauf, dass der Zustellungsadressat auch tatsächl unter der angegebenen Anschrift wohnt (BVerfG NJW 92, 224; BGH MDR 92, 809 = NJW 92, 1963; BGH MDR 2004, 1196 = NJW 2004, 2387) oder der Empfänger nach § 178 I berechtigte Ersatzperson ist (BGH NJW 2004, 2387). Die in der Urk abgegebene Erklärung des Zustellers, dass er den *Adressaten „in seiner Wohnung"* nicht angetroffen habe, ist aber **Beweisanzeichen** dafür, dass dieser unter der Zustellungsanschrift wohnt (BVerfG NJW 92, 224; BGH MDR 2020, 750; s § 178 Rn 29). Ist die Zustellung durch eine andere Person als Ersatzzustellungsempfänger in den Räumlichkeiten des § 178 I ent-

gegengenommen worden, ist die Bezeichnung des Empfängers als (nach § 178 I berechtigte) Ersatzperson Indiz für eine solche Stellung (Bediensteter, BGH NJW 2004, 2387; ermächtigter Vertreter, BGH NJW 2018, 2802 = MDR 2018, 1398 Tz 6). **Keinen Beweis** erbringt die Zustellungsurkunde für nicht beurkundete oder außerhalb des Zustellvorgangs liegende Umstände. Ist in der Zustellungsurkunde das zugestellte Schriftstück nicht bezeichnet, kann der Beweis, welches Schriftstück zugestellt wurde, nur durch Rückgriff auf weitere Indizien (zB zugrunde liegende Verfügung) geführt werden (BGH FamRZ 2020, 768 Tz 7). Dasselbe gilt für den Nachweis, dass das zugestellte Schriftstück vollständig war (OVG Magdeburg LKV 2014, 565).

Für nach § 418 I bewiesene Tatsachen ist der **Gegenbeweis**, dass die Zustellungsurkunde unrichtig ist, mögl (§ 418 II; BVerfG NJW-RR 2002, 1018; BGH NJW 76, 149; BayObLG MDR 90, 346). Das erfordert vollen Beweis (substantiierte Darlegung und Nachweis des Gegenteils; BVerfG NJW-RR 2002, 1018; BGH NJW 2006, 150, 151), wobei aber keine überspannten Anforderungen gestellt werden dürfen (BGH MDR 2012, 667 Tz 12 = NJW-RR 2012, 701); eine nur pauschale Behauptung, damit auch die bloße Behauptung, keine Kenntnis vom zugestellten Schriftstück erlangt zu haben, entkräftet die Richtigkeit der Zustellungsurkunde nicht. Zur **Entkräftung der Beweisanzeichen** ist eine plausible und schlüssige Darlegung erforderl. Wer behauptet, am Zustellungsort nicht gewohnt zu haben, hat klare und vollständige Angaben über seine (andere) Wohnung zur Zustellungszeit zu machen (BGH FamRZ 90, 143; OLG Karlsruhe NJW-RR 92, 700, 701; OLG Köln Rpfleger 75, 260); die schlichte Behauptung, an der Zustellanschrift nicht zu wohnen, genügt nicht (OLG Hamm 12.11.2015 – 3 Ws 379/15). 15

VI) Mängel. 1) Verlust der Zustellungsurkunde. Der Nachweis einer wirksamen Zustellung kann auch mit anderen Beweismitteln erbracht werden, wenn die Urk nicht mehr auffindbar (in Verlust geraten) ist (BGH NJW 81, 1613, 1614) oder aus anderen Gründen nicht vorgelegt werden kann (RGZ 46, 372). Der Nachweis des tatsächl Zugangs macht jede Zustellungsurkunde entbehrl. 16

2) Fehlen der Unterschrift. Fehlt die Unterschrift des Zustellers, ist die Beurkundung nicht bewirkt (nicht abgeschlossen). Weil ein Zeitpunkt für den Abschluss der Urk nicht vorgeschrieben ist, kann die Unterschrift **nachgeholt** werden; der Inhalt der Urk hat dann aber nicht mehr die Beweiskraft des § 418, sondern unterliegt § 419 (BGH NJW-RR 2008, 218 Tz 26). § 419 gilt auch bei unleserl oder nur als Handzeichen zu wertender Unterschrift des Zustellers (BGH 20.1.2020 – AnwZ (Brfg) 54/19). 17

3) Fehlende oder unklare Angaben. Ob fehlende, unklare oder unstimmige Angaben die Beweiskraft der Zustellungsurkunde ganz oder teilw mindern oder aufheben, ist nach freier Überzeugung zu beurteilen (§ 419; Beweiswürdigung nach § 286; BGH MDR 2024, 591); die Wirksamkeit der Zustellung wird dadurch nicht berührt (OLG Düsseldorf MDR 2005, 109; OLG Stuttgart NJW 2006, 1887). Die Ordnungsmäßigkeit der Zustellung kann dann in anderer Weise nachgewiesen werden. 18

Demnach wird sich unrichtige **Bezeichnung des Adressaten** als unschädl erweisen, wenn an der Identität nicht ernstl gezweifelt werden kann; ebenso die unrichtige namentl Bezeichnung des Ersatzzustellungsempfängers nach § 178, wie bei einem Schreibfehler (OLG Saarbrücken MDR 2004, 51; LG Bamberg NJW-RR 2021, 383), Nichtberücksichtigung der Namensänderung durch Eheschließung (OLG Düsseldorf JurBüro 82, 1742), Angabe der Gesellschaft statt ihres ges Vertreters bei Zustellung im Geschäftslokal (s Rn 5) oder bei Ersatzzustellung im Geschäftslokal Angabe eines falschen ges Vertreters einer jur Person (KG Rpfleger 76, 222). Entspr gilt für den **Ort der Zustellung**; ausreichend ist, dass er durch Auslegung zweifelsfrei ermittelt werden kann (BayObLG 31.7.2023 – 102 AR 128/23). 19

Wenn **Datum oder Zeit** nicht beurkundet sind, erbringt die Zustellungsurkunde (nur) insoweit keinen Beweis. Ebenso ist es bei unrichtiger oder unklarer Angabe (zB nicht erkennbar, ob Datum 16. oder 17.3. lautet; s BVerwG Rpfleger 83, 160), es sei denn, das Versehen ist offenkundig (zB Jahreszahl 2025 bei Zustellung im Januar 2026). Weicht das beurkundete Zustellungs**datum** von dem auf dem Umschlag vermerkten Zustellungsdatum ab, ist die Zustellung bewirkt, für Feststellung der Zeit ist jedoch zu würdigen, ob der vermerkte Zustellungstag die Unrichtigkeit nach § 418 II beweist (s § 180 Rn 9). 20

4) Haftung der Post für unrichtige Zustellungsurkunde. § 63 PostG (OLG Hamm DGVZ 2014, 238). 21

§ 183 Zustellung im Ausland

(1) [1]Für die Durchführung

1. **der Verordnung (EU) 2020/1784 des Europäischen Parlaments und des Rates vom 25. November 2020 über die Zustellung gerichtlicher und außergerichtlicher Schriftstücke in Zivil- oder Handelssachen in den Mitgliedstaaten (Zustellung von Schriftstücken) (ABl. L 405 vom 2.12.2020, S. 40; L 173 vom 30.6.2022, S. 133) in ihrer jeweils geltenden Fassung sowie**
2. **des Abkommens zwischen der Europäischen Gemeinschaft und dem Königreich Dänemark vom 19. Oktober 2005 über die Zustellung gerichtlicher und außergerichtlicher Schriftstücke in Zivil-**

oder Handelssachen (ABl. L 300 vom 17.11.2005, S. 55; L 120 vom 5.5.2006, S. 23), das durch die Mitteilung Dänemarks vom 22. Dezember 2020 (ABl. L 19 vom 21.1.2021, S. 1) geändert worden ist, gelten § 1067 Absatz 1, § 1069 Absatz 1 sowie die §§ 1070 und 1071. [2]Soweit nicht für die Zustellung im Ausland die vorgenannten Regelungen maßgeblich sind, gelten für die Zustellung im Ausland die Absätze 2 bis 6.

(2) [1]Eine Zustellung im Ausland ist nach den völkerrechtlichen Vereinbarungen vorzunehmen, die im Verhältnis zu dem jeweiligen Staat gelten. [2]Wenn Schriftstücke aufgrund solcher Vereinbarungen unmittelbar durch die Post zugestellt werden dürfen, dann soll dies durch Einschreiben mit Rückschein oder mittels eines gleichwertigen Nachweises bewirkt werden, anderenfalls soll die Zustellung auf Ersuchen des Vorsitzenden des Prozessgerichts unmittelbar durch die Behörden des ausländischen Staates erfolgen. [3]Eine Zustellung durch die zuständige deutsche Auslandsvertretung soll nur in den Fällen des Absatzes 4 erfolgen.

(3) Bestehen keine völkerrechtlichen Vereinbarungen zur Zustellung, so erfolgt die Zustellung vorbehaltlich des Absatzes 4 auf Ersuchen des Vorsitzenden des Prozessgerichts durch die Behörden des ausländischen Staates.

(4) Folgende Zustellungen in den Fällen der Absätze 2 und 3 erfolgen auf Ersuchen des Vorsitzenden des Prozessgerichts durch die zuständige deutsche Auslandsvertretung:

1. **Zustellungen, deren Erledigung durch die Behörden des ausländischen Staates nicht oder nicht innerhalb einer angemessenen Zeit zu erwarten ist oder für die ein sonstiger begründeter Ausnahmefall vorliegt,**
2. **Zustellungen an ausländische Staaten sowie**
3. **Zustellungen an entsandte Beschäftigte einer deutschen Auslandsvertretung und die in deren Privatwohnung lebenden Personen.**

(5) [1]Zum Nachweis der Zustellung nach Absatz 2 Satz 2 erster Halbsatz genügt der Rückschein oder ein gleichwertiger Nachweis. [2]Im Übrigen wird die Zustellung durch das Zeugnis der ersuchten Behörde nachgewiesen.

(6) [1]Soweit völkerrechtliche Vereinbarungen eine Zustellung außergerichtlicher Schriftstücke ermöglichen, ist für die Übermittlung solcher Schriftstücke in das Ausland das Amtsgericht zuständig, in dessen Bezirk die Person, die die Zustellung betreibt, ihren Wohnsitz oder gewöhnlichen Aufenthalt hat. [2]Bei notariellen Urkunden ist auch das Amtsgericht zuständig, in dessen Bezirk der beurkundende Notar seinen Amtssitz hat. [3]Bei juristischen Personen tritt an die Stelle des Wohnsitzes oder des gewöhnlichen Aufenthalts der Sitz der juristischen Person.

Lit: *Bellardita*, Die Reform der grenzüberschreitenden Zustellung, DGVZ 2023, 1; *Costas-Pörksen*, Anwendungsbereich und ordre public-Vorbehalt des Haager Zustellungsübereinkommens, 2015; *Fahrbach/Schiener*, Praktische Rechtsfragen der internationalen Zustellung: Die Zustellung aus dem Inland in das Ausland, IWRZ 2017, 16; *Fahrbach/Schiener*, Besondere Rechtsfragen der internationalen Zustellung, IWRZ 2017, 154; *Kondring*, Die internationale Zustellung per WhatsApp: Betrachtungen zum HZÜ und zum deutsch-britischen Abkommen von 1928 im Urteils- und Anerkennungsverfahren, IPRax 2022, 576; *Nitschmann*, Der Zustellungsverkehr mit dem Vereinigten Königreich, 2023; *Nitschmann*, Die Auswirkungen des Brexits auf den deutsch-britischen Zivilrechtsverkehr, IPRax 2023, 455. – Beachte auch vor Art 1 EuZustVO Rn 1 und vor § 1067 Rn 1.

1 **I) Überblick.** § 183 gilt nur für Zustellungen im Rahmen **inländischer Verfahren** (anders als § 1067 II, § 1068 § 1069 II, § 1070) vor staatlichen Gerichten (nicht Schiedsgerichten) und nur für **Zustellungen ins Ausland** (also nicht für im Inland erfolgende Zustellungen an Ausländer oder Auslandsansässige oder deren Bevollmächtigte). Für die Inlandszustellung an Mitglieder einer ausländischen Truppe, eines zivilen Gefolges oder an Angehörige ist Art 32 Nato-Truppenstatut-Zusatzabkommen idF v 18.3.1993 (BGBl II 1994, 2594) zu beachten.

2 Für grenzüberschreitende Zustellungen **innerhalb der EU** sind die in I 1 genannten deutschen Durchführungsvorschriften in Buch 11 Abschnitt 1 maßgeblich. Für Zustellungen **außerhalb der EU**, also in sog Drittstaaten, kommen § 183 II-VI zur Anwendung (I 2): Besteht ein multi- oder bilateraler **völkerrechtlicher Vertrag** mit dem Zielstaat, in dem der Zustellungsadressat wohnt bzw sich aufhält, gilt § 183 II. **Außerhalb völkerrechtlicher Verträge** ist § 183 III einschlägig. Sowohl im vertraglichen als auch im vertraglosen Rechtshilfeverkehr mit Drittstaaten regelt § 183 IV die Fälle, in denen **Zustellungen durch deutsche Auslandsvertretungen** durchgeführt werden können oder müssen. § 183 V betrifft den **Nachweis der Zustellung**, VI die **Zustellung außergerichtlicher Schriftstücke.**

3 Darüber, **ob und an wen eine Zustellung erforderlich** ist, entscheidet nicht die EuZustVO oder das Konventionsrecht, sondern die **lex fori**, in Deutschland also insb die ZPO oder verordnungseigenes Verfahrensrecht (wie zB Art 12 V EuMahnVO, Art 5 II EuBagatellVO, Art 28 EuKoPfVO). Außerhalb des Anwendungsbereichs der EuZustVO, also in den Fällen von § 183 II-IV, bedarf es einer Auslandszustellung idR nur zum Zwecke der **Verfahrenseinleitung**, weil einer Partei mit Zustellung des verfahrenseinleitenden Schriftstücks gem § 184 I die

Benennung eines **Zustellungsbevollmächtigten** aufgegeben werden kann und, soweit dem nicht nachgekommen wird, weitere Schriftsätze durch Aufgabe zur Post zugestellt werden können.

II) Zustellungen innerhalb der EU (§ 183 I 1). Im Zustellungsverkehr innerhalb der EU gilt die **EuZustVO 2020** (Text und Kurzkommentierung s hier EuZustVO [Art 1 EuZustVO ff]). Im Verhältnis zu Dänemark ist die EuZustVO nicht ohne Weiteres anwendbar (s ErwGr Nr 48), sondern erst aufgrund der Fortgeltung des schon zur EuZustVO v 2000 geschlossenen Abkommens v 19.10.2005 (s ABl EU 2021 L 19/1; dazu BTDrs 20/1110, 24). Mit Rücksicht auf die unmittelbare und vorrangige Geltung dieser Unionsrechtsakte (Art 288 II, 216 II AEUV) verweist § 183 I 1 nur auf die deutschen Durchführungsvorschriften in Buch 11 Abschnitt 1. Gleichwohl soll I 1 die Rechtsanwender auf die Maßgeblichkeit der praktisch überragend wichtigen EuZustVO hinweisen (vgl BTDrs 20/1110, 24). Beachte zu ausgehenden Ersuchen im Anwendungsbereich der EuZustVO auch die Erläuterungen in §§ 33 ff ZRHO. 4

Soll die Zustellung im Ausland erfolgen, ist bei der **Anwendung der allgemeinen zustellungsrechtlichen Bestimmungen** (§§ 166 ff) stets zu prüfen, ob sie mit dem Geltungsvorrang der EuZustVO in Einklang stehen. Zur Anwendbarkeit der **Rückwirkung gem § 167** auch bei Auslandszustellungen im Anwendungsbereich des Verordnungsrechts beachte BGH NJW 2021, 1598. Mangels einer verordnungsautonomen Regelung kann im Fall einer **unberechtigten Annahmeverweigerung** § 179 S 3 angewendet werden (BGH NJW 2021, 1598 Tz 27). Hingegen trägt § 184 I 1, indem dort nur auf § 183 II-V verwiesen wird, dem Umstand Rechnung, dass **fiktive Inlandszustellungen** unvereinbar mit der EuZustVO sind (vgl Art 1 EuZustVO Rn 11 sowie ErwGr Nr 7; beachte auch BTDrs 18/10714, 18, dort schon zur EuZustVO 2007). Die EuZustVO steht einer **öffentlichen Zustellung** gem § 185 Nr 1 Alt 1 nicht entgegen, weil sie (mit Ausnahme von Art 7 EuZustVO) unanwendbar ist, wenn die Anschrift des Adressaten unbekannt ist (Art 1 II EuZustVO); hingegen kommt ein Rückgriff auf § 185 Nr 3 in ihrem Anwendungsbereich nur dann in Betracht kommt, wenn die Zustellung gem der EuZustVO versucht wurde und gescheitert ist (vgl BTDrs 20/1110, 28). Hinsichtlich der Anwendbarkeit von § 189 ist zu bedenken, dass die EuZustVO, die selbst keine **allgemeine Heilungsvorschrift** vorsieht, zwar grds Raum für entsprechende nationale Regelungen lässt, dies allerdings nur, wenn mitgliedstaatliche Formvorschriften verletzt wurden, es also nicht um Verstöße gegen die Vorgaben der Verordnung geht (Richter IPRax 2022, 433, 439 f; vgl auch BGH NJW 2019, 2940 Tz 23 f, dort zum HZÜ; zu undifferenziert zur EuZustVO 2007 etwa OLG Celle NJW-RR 2019, 63). 5

Keinen Hinweis enthält I 2 darauf, dass im **übrigen Verordnungsrecht** besondere Vorgaben zur Zustellung bzw Übermittlung von Schriftstücken vorgesehen sind, die sich nicht vollständig mit denen der EuZustVO decken. Hinzuweisen ist insb auf Art 13 ff EuVTVO, Art 13 ff EuMahnVO, Art 13 EuBagatellVO, Art 28 f EuKoPfVO und auf die diesbezüglichen Änderungen mWv 1.5.2025 durch Art 19 f, 22 DigitalVO 2023/2844 v 13.12.2023 (ABl EU L 2023/2844). 6

III) Zustellungen außerhalb der EU (§ 183 I 2, II-VI). 1) Vertraglicher Rechtshilfeverkehr mit Drittstaaten (§ 183 II). a) Relevante Konventionen. Gem II 1 sind Auslandszustellungen nach Maßgabe der im Verhältnis zum Zielstaat bestehenden völkerrechtlichen Vereinbarung vorzunehmen, was freilich schon aus dem Vorrang des Völkerrechts folgt (vgl BTDrs 16/8839, 20). Wichtige aktuelle **Informationsquellen** zu relevanten Konventionen sind die Textsammlung von Jayme/Hausmann, der jährlich erscheinende Fundstellennachweis B (www.recht.bund.de/de/bundesgesetzblatt/fundstellennachweise/fnb/fnb_node.html), der Länderteil zur **ZRHO** (zugänglich unter www.bundesjustizamt.de, dort unter „Internationale Rechtshilfe in Zivilsachen") sowie die Homepage der Haager Konferenz für IPR (www.hcch.net). 7

Für Deutschland verbindliche **multilaterale Verträge** (Übereinkommen) zum Zustellungsrecht: 8

- **HZPÜ:** Haager Übereinkommen v 1.3.1954 über den Zivilprozeß (BGBl II 1958, 576); dt AusfG v 18.12.1958 (BGBl I 1958, 939, BGBl III Nr 319-9). Einführend Nagel/Gottwald IZPR Rn 8.149 ff. Art 1-7 HZPÜ werden im Rechtsverkehr zwischen den Vertragsstaaten des HZÜ durch dieses ersetzt (Art 22 HZÜ). Hingegen gelten zum HZPÜ getroffene Zusatzvereinbarungen auch für das HZÜ weiter (Art 22 HZÜ), so die deutsch-norwegische Zusatzvereinbarung v 17.6.1977 (BGBl II 1979, 1292).
- **HZÜ:** Haager Übereinkommen v 15.11.1965 über die Zustellung gerichtlicher und außergerichtlicher Schriftstücke im Ausland in Zivil- oder Handelssachen (BGBl II 1977, 1452); dt AusfG v 22.12.1977 (BGBl I 1977, 3105, zuletzt geändert durch Art 3 G v. 24.6.2022, BGB I 2022, 959). Einführend Nagel/Gottwald IZPR Rn 8.92 ff. Dt Zentrale Behörden: § 1 AusfG. Zum Vorrang der EuZustVO ggü dem HZÜ im Rechtsverkehr zwischen EU-Mitgliedstaaten s Art 29 EuZustVO; zur Frage, ob eine gem Art 29 II EuZustVO weiterhin beachtliche Zusatzvereinbarung besteht, s den ZRHO-Länderteil (Rn 7).

Die meisten der von Deutschland zum Zustellungsrecht abgeschlossenen **bilateralen Verträge** (Abkommen) regeln den Rechtsverkehr zu (heutigen) EU-Mitgliedstaaten und treten deshalb gem Art 29 EuZustVO zurück. Für den Rechtsverkehr mit Drittstaaten sind zu beachten: 9

- **Deutsch-britisches Abkommen** v 20.3.1928 über den Rechtsverkehr (RGBl II 1929, 133, BGBl II 1953, 116; BGBl II 1960, 1518, BGBl I 2001, 1887). Zur Geltung nach dem Brexit s OLG Köln IPRax 2023, 477 Tz 60 ff; Nitschmann IPRax 2023, 455. Anzuwenden ist das dt-brit Abk auch auf sonstige britische (Übersee-)Gebiete (s ZRHO-Länderteil [Rn 7] zum Vereinigten Königreich Anlage 1) und zudem für den Rechtshilfeverkehr mit ehemaligen britischen Dominions und Kolonien, so zB Australien und Neuseeland (zu Einzelheiten s Geimer/Schütze/Hau, Internat Rechtsverkehr in Zivil- und Handelssachen, Nr 405 ff).

- **Deutsch-marokkanischer Vertrag** v 29.10.1985 über die Rechtshilfe und Rechtsauskunft (BGBl II 1988, 1054; BGBl II 1994, 1192).
- **Deutsch-tunesischer Vertrag** v 19.7.1966 (BGBl II 1969, 889, BGBl II 1970, 125); dt AusfG v 29.4.1969 (BGBl I 1969, 333, BGBl I 1970, 307).

10 **b) Postzustellung.** Gem II 2 Hs 1 kommt der direkten Postzustellung dann, wenn sie völkervertraglich vorgesehen ist, der Vorrang vor sonstigen Zustellungswegen zu (zu den Vorzügen der Postzustellung vgl BTDrs 16/8839, 20; zur Vereinbarkeit ihrer Priorisierung durch den deutschen Gesetzgeber mit dem HZÜ, das grds alle Zustellungswege gleichstellt, vgl BTDrs 20/1110, 24).

11 Art 10 lit a HZÜ sieht die Auslandszustellung auf dem Postweg vor, stellt sie aber unter Widerspruchsvorbehalt. Davon hat Deutschland Gebrauch gemacht (§ 6 S 2 AusfG), sodass eine Postzustellung aus einem anderen Vertragsstaat ins Inland unzulässig ist. Nach deutscher Vorstellung bestehen hingegen keine Bedenken, für Zwecke der Auslandszustellung auf Art 10 lit a HZÜ zurückzugreifen, sofern der Empfängerstaat dem nicht seinerseits widersprochen hat (OLG Köln IPRax 2023, 477 Tz 63 ff; ausf Nitschmann, Zustellungsverkehr mit dem Vereinigten Königreich, S 179 ff). Zugelassen ist die Postzustellung iÜ in solche Staaten, mit denen sich der Rechtsverkehr nach dem dt-brit Abk v 20.3.1928 (Rn 9) bestimmt (vgl BGH NJW 2017, 564 Tz 30; OLG Köln IPRax 2023, 477 Tz 62).

12 Die Postzustellung erfolgt herkömmlich durch **Einschreiben mit Rückschein**. Die Ergänzung von II 2 durch G v 5.10.2021 (BGBl I 2021, 4607) lässt anstelle des Rückscheins einen **gleichwertigen Nachweis** genügen. Diese Alternative entspricht Art 18 EuZustVO und trägt dem Umstand Rechnung, dass etliche Staaten keine Einschreiben mit Rückschein mehr vorsehen, dafür aber zB ein „Einschreiben international mit elektronischer Zustellbestätigung", was es ebenso erlaubt, den Erhalt des Schriftstücks und die Umstände des Erhalts hinreichend verlässlich zu belegen (BTDrs 19/28399, 38).

13 **c) Sonstige Zustellungswege.** Sieht der einschlägige völkerrechtliche Vertrag keine Postzustellung vor oder kommt diese im Einzelfall aus sonstigen Gründen nicht in Betracht, so ist gem II 2 Alt 2 zu prüfen, welche **weiteren Zustellungswege** unter Einschaltung der vom Empfängerstaat benannten Rechtshilfebehörden vertraglich vereinbart sind (zum Vorgehen s § 51 ZRHO).

14 Gem II 3 ist es nur in den Fällen des § 183 IV statthaft, von einem Rechtshilfeersuchen abzusehen und stattdessen die **Zustellung durch eine deutsche Auslandsvertretung** erledigen zu lassen. Erscheint eine Zustellung im Wege der Rechtshilfe in vertretbarer Zeit nach Lage der Dinge unrealistisch, bleibt auch im Verhältnis zu Vertragsstaaten des HZÜ die Möglichkeit einer **öffentlichen Zustellung** gem § 185 I Nr 3 Alt 2 (vgl zu China etwa LG Frankfurt aM BB 2025, 642; dazu Stief BB 2025, 777; vor voreiligen öffentlichen Zustellungen im Verhältnis zu China warnt Liu IPRax 2025, 158). Informationen dazu, welche Drittstaaten in der Praxis zeitnah und effektiv vertragliche Rechtshilfe leisten, finden sich im **ZRHO-Länderteil** (Rn 7).

15 **2) Vertragloser Rechtshilfeverkehr mit Drittstaaten (§ 183 III).** Außerhalb völkerrechtlicher Vereinbarungen können Zustellungen in Drittstaaten entweder nach Maßgabe von § 183 IV durch deutsche Auslandsvertretungen oder im Wege der vertraglosen Rechtshilfe durch ausländische Behörden bewirkt werden. Der **Rechtshilfeweg** soll **vorrangig** beschritten werden (BTDrs 20/1110, 25), wenngleich dies aus dem Wortlaut von III nicht deutlich hervorgeht (das Fehlen einer Entsprechung zu II 3 könnte eher zu einem Umkehrschluss verleiten). Dass der deutsche Gesetzgeber eine Zustellung durch Einschreiben mit Rückschein oder durch private Kurierdienste selbst in solche Länder ausschließt, die dies nicht als Verletzung ihrer Souveränität betrachten (vgl BTDrs 16/8839, 20), erscheint rechtspolitisch nicht zwingend, ist aber hinzunehmen (OLG München IPRspr 2018, 738 Tz 22).

16 Informationen dazu, welche Drittstaaten in der Praxis zeitnah und effektiv vertraglose Rechtshilfe leisten, finden sich im **ZRHO-Länderteil** (Rn 7). Erscheint eine Zustellung im Wege vertragloser Rechtshilfe in vertretbarer Zeit nach Lage der Dinge unrealistisch, bleibt die Möglichkeit einer öffentlichen Zustellung gem § 185 I Nr 3 Alt 2 (vgl etwa OLG München IPRspr 2018, 738 Tz 20 ff, dort zum Irak).

17 **3) Zustellungen durch deutsche Auslandsvertretungen (§ 183 IV).** Mit der Neufassung von § 183 IV mWv 1.7.2022 durch Art 1 Nr 2 lit c G v 24.6.2022 (BGBl I 2022, 959; dazu BTDrs 20/1110, 25) wurde der Anwendungsbereich der Vorschrift erweitert: Vorgesehen war die Zustellung durch deutsche Auslandsvertretungen, also **diplomatische oder konsularische Vertretungen**, schon zuvor an entsandte Beschäftigte einer deutschen Auslandsvertretung und die in deren Privatwohnungen lebenden Personen (nunmehr Nr 3; innerhalb der EU gehen Art 17 EuZustVO und § 1067 I vor, dazu §§ 46-49 ZRHO). Ausdrücklich genannt sind nunmehr, entsprechend der früheren Praxis, zudem Zustellungen, deren Erledigung durch die Behörden des ausländischen Staates nicht oder nicht innerhalb einer angemessenen Zeit zu erwarten ist oder für die ein sonstiger begründeter Ausnahmefall vorliegt (Nr 1), sowie Zustellungen an ausländische Staaten (Nr 2). Von alledem zu trennen

ist **Art 1 I HZPÜ**, der nicht etwa die Zustellung durch deutsche Auslandsvertretungen erlaubt, sondern grds die Übermittlung eines Ersuchens um Zustellungshilfe durch den Konsul des ersuchenden Staats vorschreibt.

In den Fällen von IV wird die zuständige deutsche Auslandsvertretung auf Ersuchen des **Vorsitzenden des Prozessgerichts** tätig (hierzu § 52, § 51 II ZRHO). Das Ersuchen (hierzu §§ 17 ff ZRHO) ist mit dem Begleitbericht (§ 7 Nr 2, § 24 ZRHO) und ggf erforderlichen Übersetzungen (§ 27 ZRHO) über die Prüfstelle (§ 9, §§ 28 ff ZRHO) der **Landesjustizverwaltung** vorzulegen, die die zuzustellenden Unterlagen in einem verschlossenen Umschlag an die deutsche **Auslandsvertretung** weiterleitet (vgl § 15 I ZRHO speziell zu Fällen von § 184 IV Nr 3, aber verallgemeinerungsfähig). Die Zustellung wird sodann durch die Auslandsvertretung nicht nur vermittelt, sondern bewirkt, allerdings nur formlos, also an annahmewillige Adressaten und ohne Anwendung von Zwang (§ 52 II, § 14 I ZRHO). Zudem ist zu beachten, dass viele Staaten die Zustellungsbefugnis von Auslandsvertretungen davon abhängig machen, dass der Empfänger deutscher Staatsangehöriger ist; wo dies der Fall ist, ergibt sich aus dem **ZRHO-Länderteil** (Rn 7). 18

In den Fällen von **Nr 1** ist das Einschalten der deutschen Auslandsvertretung eine vom Vorsitzenden zu prüfende **Alternative zu einem Vorgehen gem § 183 II/III**. In Betracht kommt dies laut dem RegE (BTDrs 20/1110, 25) insb im Rechtsverkehr mit Staaten, die entgegen ihrer völkerrechtlichen Verpflichtung nicht oder nicht innerhalb angemessener Zeit Rechtshilfe leisten, zudem nach Scheitern eines vorangegangenen Zustellungsversuchs gem II oder III, ferner zB bei besonderer Eilbedürftigkeit oder in familiengerichtlichen Verfahren, in denen mit Rücksicht auf den Zustellungsempfänger auf eine Einbindung ausländischer Behörden verzichtet werden soll, weil das der Zustellung zugrundeliegende deutsche Verfahren mit dem ausländischen ordre public unvereinbar sein könnte. Die Einschätzung, ob ein solcher Ausnahmefall vorliegt, obliegt dem Vorsitzenden, nicht etwa der Auslandsvertretung (vgl BTDrs 20/1416, 8). 19

Eine Zustellung an einen **Drittstaat als Zustellungsempfänger (Nr 2)** kann nicht etwa an dessen Vertretung in Deutschland erfolgen, sondern ist auf diplomatischem Weg zu bewirken, also unter Vermittlung der deutschen Auslandsvertretung in dem betreffenden Staat. Dies ergibt sich aus dem Völkerrecht (vgl § 54 III ZRHO), aber auch aus Art 9 II HZÜ (zu den dort vorausgesetzten „außergewöhnlichen Umständen" gehört anerkanntermaßen der Fall, dass an einen Staat zuzustellen ist). Anders als in den Fällen von Nr 1 ist die Zustellung durch Auslandsvertretungen in den Fällen von Nr 2 also keine Alternative zu einem Vorgehen gem § 183 II/III, sondern alternativlos. Zum Vorgehen im Einzelnen s § 54 I, II ZRHO. 20

Die Zustellung gem **Nr 3** (hierzu: § 15 I ZRHO) setzt nicht zwingend die deutsche Staatsangehörigkeit des **Beschäftigten bzw Haushaltsangehörigen** voraus (BTDrs 18/10714, 18). Das Ersuchen ist, anders als nach früherem Recht, nicht über das Auswärtige Amt, sondern direkt an die zuständige Auslandsvertretung zu richten (BTDrs 16/8839, 21). 21

4) Nachweis der Zustellung (§ 183 V). Die Frage, was bei einer Auslandszustellung anstelle einer Zustellungsurkunde iSv § 182 zum Nachweis der Zustellung erforderlich ist, regelt § 183 V, wobei zwischen Postzustellung und anderen Zustellungsformen unterschieden wird. Auf einen Zustellungsnachweis kommt es nicht an, wenn der Beklagte am deutschen Verfahren teilnimmt oder sich in einer Form gemeldet hat, aus der zur Überzeugung des Gerichts zweifelsfrei hervorgeht, dass der Beklagte die Klage erhalten hat. 22

Gem V 1 genügt in den Fällen der **Postzustellung** iSv II 2 der Rückschein oder ein gleichwertiger (elektronischer) Nachweis (s Rn 12). Die Gestaltung des Rückscheins richtet sich nach den Regeln des jeweiligen Zustellungsstaats. Erforderlich ist die Unterzeichnung, sei es durch die Zustellungsperson oder den Adressaten oder, soweit keine eigenhändige Zustellung geboten ist, durch eine zum Empfang befugte Person (BTDrs 14/4554, 23). Der Rückschein ist keine öffentliche Urkunde, sondern eine private Urkunde iSv § 416. 23

In allen **anderen Fällen**, also im Bereich der vertraglichen (II) oder vertraglosen Rechtshilfe (III) sowie bei Zustellung durch eine deutsche Auslandsvertretung (IV), erfolgt der Nachweis gem V 2 durch das Zeugnis der ersuchten ausländischen Behörde (vgl insb Art 6 HZÜ) bzw der Auslandsvertretung (vgl hierzu § 16 S 2 KonsG und § 52 IV ZRHO). 24

5) Zustellung außergerichtlicher Schriftstücke (§ 183 VI). § 183 VI, angefügt mWv 1.7.2022 durch Art 1 Nr 2 lit e G v 24.6.2022 (BGBl I 2022, 959; dazu BTDrs 20/1110, 25 f), regelt die **sachliche und örtliche Zuständigkeit** für die Übermittlung außergerichtlicher Schriftstücke zum Zwecke der Zustellung in Drittstaaten, soweit dies konventionsrechtlich vorgesehen ist, so namentlich in Art 17 HZÜ und Art 2 ff dt-brit Abk v 20.3.1928 (Rn 9). Innerhalb der EU gehen Art 21 EuZustVO und § 1069 I Nr 2 vor. § 183 VI erfasst neben notariellen Urkunden auch behördliche Schriftstücke (vgl BTDrs 20/1110, 26: zB Rechtswahrungsanzeigen von Jugendämtern zur Verfolgung übergegangener Kindesunterhaltsansprüche). Die den Amtsgerichten (also nicht etwa Notaren oder Behörden) zugewiesene Zuständigkeit ist in Anlehnung an § 1069 I Nr 2 geregelt, allerdings ohne die dort vorgesehene Möglichkeit der Zuständigkeitskonzentration. 25

IV) Zustellung im Parteibetrieb. Im Anwendungsbereich der **EuZustVO** bestimmt sich die Möglichkeit einer Zustellung im Parteibetrieb nach Art 20 EuZustVO (beachte OLG Düsseldorf MDR 2024, 1608). Im **Verhältnis zu Drittstaaten** ergibt sich aus § 192 I 1 („unbeschadet der Zustellung ins Ausland [§ 183]"), dass nicht etwa der 26

Gerichtsvollzieher, sondern das Gericht zur Anordnung der Auslandszustellung befugt ist (klarstellend BTDrs 18/10714, 18). Für den von der Partei an den Vorsitzenden des Prozessgerichts gerichteten Antrag gilt § 78 nicht.

27 **V) Gerichtliches Auswahlermessen.** Ein gebundenes Auswahlermessen steht dem Vorsitzenden innerhalb von II 2 sowie hinsichtlich der Frage zu, ob er gem II oder III um Rechtshilfe durch ausländische Behörden oder gem IV Nr 1 um Zustellung durch deutsche Auslandsvertretungen nachsucht. Davon zu unterscheiden ist die Frage, ob ausländische Behörden um formlose oder förmliche Zustellung gebeten werden (beachte zu dieser Unterscheidung § 5 Nr 1 lit a ZRHO). **Formlose Zustellungen** zielen ab auf einfache Übergabe des Schriftstücks an den Empfänger, wenn dieser zur Annahme bereit ist (vgl insb Art 5 II HZÜ). Dies kommt im vertraglichen und vertraglosen Rechtshilfeverkehr in Betracht; in den Fällen von IV ist stets formlos zuzustellen (s Rn 18). Im vertraglichen Rechtshilfeverkehr kann auch eine **förmliche Zustellung** beantragt werden: Dann ist die Zustellung entweder in der Form zu erwirken, die das Recht des ersuchten Staates für gleichartige inländische Zustellungen vorschreibt (einschließlich der dort vorgesehenen Möglichkeiten der Zustellung an nicht empfangsbereite Adressaten), oder in einer besonderen Form, die der ersuchende Staat gewünscht hat (so insb Art 5 I HZÜ). Im Anwendungsbereich der EuZustVO wird nicht zwischen förmlicher und formloser Zustellung unterschieden (vgl § 34 II 1 ZRHO).

28 Soweit verschiedene zulässige Vorgehensweisen in Betracht kommen, ist der Antrag der betroffenen Partei zu berücksichtigen (vgl etwa OLG Stuttgart IPRax 2015, 430 Tz 88). Bei Fehlen eines solchen entscheidet das Gericht nach **pflichtgemäßem Ermessen**. Dabei ist mit Rücksicht auf den **Justizgewährungsanspruch** (Art 19 IV GG) im Zweifel so vorzugehen, dass die Anerkennung bzw Vollstreckung der deutschen Entscheidung im Ausland möglichst sichergestellt ist. Daher kann es auf Antrag geboten sein, die Zustellung im Rechtshilfeweg statt mittels fiktiver Inlandszustellung gem § 184 zu bewirken (zu wenig problembewusst indes BGH 15.1.2013 – VI ZR 103/12, Tz 9) oder nach einer solchen Inlandszustellung noch eine zusätzliche Rechtshilfezustellung zu veranlassen (lehrreich OLG Stuttgart NJW-RR 2011, 1631).

29 **VI) Übersetzungserfordernisse.** Die schriftliche Kommunikation seitens des Gerichts erfolgt ungeachtet der Nationalität des Adressaten grds in deutscher Sprache (§ 184 S 1 GVG, vorbehaltl § 184a GVG). Weder § 183 noch die **EuZustVO** schreiben vor, dass zuzustellende Schriftstücke mit einer Übersetzung zu versehen sind. Allerdings gibt Art 12 EuZustVO dem Adressaten ein Annahmeverweigerungsrecht, wenn das Schriftstück weder in einer ihm verständlichen Sprache noch in einer Amtssprache des Empfangsmitgliedstaats abgefasst und auch keine Übersetzung beigefügt ist; darüber ist der Empfänger, gem Art 9 EuZustVO aber auch schon der Antragsteller zu informieren (beachte § 37 ZRHO). Im Anwendungsbereich des **HZÜ** kann die Zentrale Behörde des ersuchten Staats gem Art 5 III HZÜ eine förmliche Zustellung von einer Übersetzung in die dortige Amtssprache abhängig machen (so auch Deutschland für eingehende Ersuchen, s § 3 AusfG). § 26 ZRHO sieht eine Übersetzung bei Ersuchen an ausländische Stellen und für Zustellungen an ausländische Staaten vor; für Ersuchen an deutsche Auslandsvertretungen s § 27 ZRHO.

30 **VII) Rechtsbehelfe.** Während die **Anordnung der Auslandszustellung** als prozessleitende Verfügung (grds) nicht selbständig beschwerdefähig ist, kann die **verweigerte Anordnung** einer beantragten Auslandszustellung mit der sofortigen Beschwerde angegriffen werden (OLG Frankfurt aM NJW-RR 2022, 211), und zwar auch dann, wenn die Zustellung im Parteibetrieb erfolgen soll (OLG Dresden NJW-RR 2019, 319; dazu Vossler MDR 2019, 596).

31 **VIII) Zustellungen in Deutschland für ausländische Verfahren.** Deutschland leistet Zustellungsrechtshilfe als Mitgliedstaat der EuZustVO und als Vertragsstaat bi- und multilateraler Verträge (s Rn 8 f), aber auch im vertraglosen Rechtshilfeverkehr mit Drittstaaten. Beachte zum Vorgehen bei eingehenden Zustellungsersuchen die Erläuterungen in §§ 82 ff, §§ 91 ff ZRHO. Hinzuweisen ist auf die **deutschen Erklärungen** zu verschiedenen HZÜ-Regelungen: zum Bestehen auf deutschen Schriftstücken bzw Übersetzungen (§ 3 AusfG zu Art 5 III HZÜ), zur nur beschränkt zulässigen Zustellung durch diplomatische oder konsularische Vertreter (§ 6 S 1 AusfG zu Art 8 HZÜ) sowie zum Vorbehalt gegen eine Postzustellung (§ 6 S 2 AusfG zu Art 10 HZÜ).

32 **IX) Kosten des Gerichts.** Prüfgeb (15-55 Euro) nach 1320 JVKostG-KV, idR 30 Euro (§ 75 II Nr 1 ZRHO) und Erhebung der Auslagen (Übersetzung). – Geb und Auslagen des Ausw Amtes und der dt Auslandsvertretungen werden nach dem BGebG iVm der AABGebV v 23.8.2021, BGBl I 2021, 3920, erhoben. – Vertragloser Rechtshilfeverkehr: § 80 ZRHO iVm dem Länderanteil. –Einschreiben mit Rückschein (I 2): 3,50 Euro nach 9002 GKG-KV, jedoch erst ab der 11. Zustellung, wenn auch Geb anfallen, die sich nach dem Streitwert richten (9002 Anm GKG-KV). Keine Prüfgeb nach JVKostG. – Die Kosten sind Auslagen des Gerichts (9014 GKG-KV) u werden auch erhoben, wenn keine Zahlungen zu leisten sind (9014 Anm GKG-KV).

§ 184 Zustellungsbevollmächtigter; Zustellung durch Aufgabe zur Post

(1) [1]Das Gericht kann bei der Zustellung nach § 183 Absatz 2 bis 5 anordnen, dass die Partei innerhalb einer angemessenen Frist einen Zustellungsbevollmächtigten benennt, der im Inland wohnt oder dort einen Geschäftsraum hat, falls sie nicht einen Prozessbevollmächtigten bestellt hat. [2]Wird kein Zustel-

lungsbevollmächtigter benannt, so können spätere Zustellungen bis zur nachträglichen Benennung dadurch bewirkt werden, dass das Schriftstück unter der Anschrift der Partei zur Post gegeben wird.

(2) [1]Das Schriftstück gilt zwei Wochen nach Aufgabe zur Post als zugestellt. [2]Das Gericht kann eine längere Frist bestimmen. [3]In der Anordnung nach Absatz 1 ist auf diese Rechtsfolgen hinzuweisen. [4]Zum Nachweis der Zustellung ist in den Akten zu vermerken, zu welcher Zeit und unter welcher Anschrift das Schriftstück zur Post gegeben wurde.

I) Allgemeines; Zweck. Die in § 184 vorgesehene Bestellung eines ZustBev und die Zustellung durch Aufgabe zur Post sollen Verzögerungen des Rechtsstreits bei Beteiligung von im Ausland lebenden Personen vermeiden. Da der ZustBev seinen (Wohn-)Sitz im Inland (Rn 5) haben muss und die Aufgabe zur Post ebenfalls im Inland erfolgt, regelt § 184 einen Fall der **Zustellung im Inland** (allgM; BVerfG NJW 97, 1772; BGH MDR 2013, 297 Tz 39 mN = NJW 2013, 387; OLG Hamm NJW-RR 2012, 62, 63); §§ 183, 339 II gelten daher nicht. Die Regelung des **I 2** ist **verfassungsrechtl unbedenkl** (BVerfG NJW 97, 1772; BGHZ 193, 353 Tz 15 = NJW 2012, 2588) und verstößt nicht gegen Art 6 I EMRK (BGH MDR 2013, 297 Tz 38); **II 1** ist mit dem in Art 18 I AEUV enthaltenen Diskriminierungsverbot vereinbar (BGH NJW 99, 1187; BGH NJW 99, 1871 zu Art 6 I EGV). 1

II) Anwendungsbereich. § 184 gilt nicht für die Zustellung des verfahrenseinleitenden Schriftstücks, sondern setzt ein bestehendes Prozessrechtsverhältnis voraus (BGHZ 193, 353 Tz 23 = NJW 2012, 2588 mN; BGH MDR 2013, 297 Tz 23). Eine Ausnahme gilt für Betreiber sozialer Netzwerke; hier gestattet § 5 S 3 NetzDG bereits die Klagezustellung an ZustBev in Verf wegen Verbreitung rechtswidriger Inhalte iSd § 1 III NetzDG (KG NJW 2019, 2624). Erfolgt die Zustellung gem § 183 I nach Unionsrecht, ist die Anordnung eines ZustBev nach I 1 ausgeschlossen. Im Anwendungsbereich der **EuZustVO** (dazu Art 1 EuZustVO Rn 6 f) ist die fiktive Inlandszustellung nach § 184 daher unzulässig (so bereits EuGH NJW 2013, 443; BGHZ 188, 164 = NJW 2011, 1885 zur Rechtslage vor Änderung der §§ 183, 184 durch G v 11.6.2017). **Völkerrechtl Vereinbarungen** (zB HZÜ, s § 183 Rn 7 f) schließen § 184 dagegen nicht aus (BGHZ 193, 353 Tz 14 = NJW 2012, 2588). 2

III) Benennung eines Zustellungsbevollmächtigten (§ 184 I 1). 1) Voraussetzungen. Die verfahrenseinleitende **Zustellung** (sa Rn 2) muss **nach § 183 II-V** vorgenommen werden. Das setzt voraus, dass der Partei (auch Streitverkündeter) im Inland nicht zugestellt werden kann, weil sie dort weder einen Wohn- noch Geschäftssitz hat, für sie kein Bevollmächtigter iSd § 171 bekannt ist (OLG Stuttgart MDR 2014, 924) und sie sich, wegen § 177, auch nicht erkennbar im Inland aufhält. Bei Zustellung im Inland (auch, wenn sie nur temporär mögl ist, zB an Messestand, s § 178 Rn 15) ist Anordnung zur Benennung eines ZustBev nicht mögl (BGH MDR 2008, 872 = NJW-RR 2008, 1082). Die Partei darf (noch) **keinen ProzBev** bestellt haben; sonst hat die Zustellung nach § 172 zu erfolgen; bei einem RA mit Sitz in anderem Mitgliedstaat der EU hat dieser einen inländischen ZustBev nach §§ 1, 31 I EuRAG zu benennen. 3

2) Anordnung des Gerichts. Zuständig ist das Gericht (auch Einzelrichter, Rpfleger in übertragenen Sachen gem § 4 I RPflG). Die Anordnung des Vors ist aber wirksam (BGHZ 193, 353 Tz 19 ff = NJW 2012, 2588). Sie ist nach (pflichtgemäßem) **Ermessen** („kann", **I 1**; BGH NJW-RR 2013, 435 Tz 13) zu treffen und setzt ein anhängiges (nicht notwendig: rechtshängiges) Verf voraus. Üblicherw ergeht die Anordnung mit der verfahrenseinleitenden Zustellung (s Rn 3); sie kann aber auch erst während des Verf erfolgen, zB wenn der Zustellungsadressat erst dann einen ausländischen Wohn- oder Geschäftssitz begründet und Inlandszustellung nicht mehr weiter mögl ist. Das Gericht hat eine für den jew Einzelfall **angemessene Frist** für die Benennung zu setzen; je nach Umständen kann bei Unternehmen eine Frist von 2 Wochen ausreichen (St/Thöne Rn 7), iÜ wird eine Frist von mindestens 4 Wochen geboten sein. Die Anordnung ergeht **durch Beschluss**. In ihm ist auf die später mögl Zustellungen durch Aufgabe zur Post, die Zustellungsfiktion und den Zustellungszeitpunkt hinzuweisen (**II 3**). Der **Hinweis** muss (wegen Art 103 I GG) in einer dem Adressaten verständl Sprache erfolgen (MK/Rauscher Rn 12). Wird nach **II 2** eine längere Frist als nach **II 1** festgesetzt, ist diese in dem Hinweis ebenso mitzuteilen. **Zuzustellen** ist die Anordnung mit dem verfahrenseinleitenden Schriftstück (Klage, Mahnantrag, sonstiger Verfahrensantrag) nach § 183 II-V, nicht nach § 185 Nr 3 (OLG Düsseldorf 14.3.2024 – 15 U 63/23); eine spätere Anordnung kann selbständig zugestellt werden. Die Anordnung ist **nicht anfechtbar** (Ausnahme: § 11 II RPflG); ebenso nicht ihre Ablehnung (BGH MDR 2014, 615). 4

3) Benennung des Zustellungsbevollmächtigten. Der **ZustBev** muss **im Inland** wohnen oder einen inländischen Geschäftsraum haben (**I 1**). Es kann sich um eine natürl oder jur Person handeln. Mit ihrer Benennung (Prozesshandlung) ist zugleich ihre **Zustellungsvollmacht** als Außenvollmacht (§ 167 I Alt 2 BGB) erteilt. Zulässig ist es, dass beide Parteien sich desselben ZustBev bedienen (RGZ 157, 168). Die **Benennung** erfolgt durch Mitteilung von Namen und Anschrift gegenüber dem Gericht; sie gilt für alle Instanzen. In der Angabe eines Postfaches ist nicht die Benennung des Leiters der Postagentur oder -niederlassung als ZustBev zu erblicken (OLG Hamburg NJW 70, 104; abw Schuhmann NJW 69, 2185). Die Zustellungsvollmacht kann jederzeit widerrufen werden (Folge **I 2**); §§ 86, 87 gelten entspr. Mit Bestellung (Anzeige, § 87 entspr) eines ProzBev, wird sie hinfällig (OLG Zweibrücken MDR 2014, 799; sa Rn 3). Unterbevollmächtigung gestattet die Zustellungsvollmacht nicht. 5

6 **4) Wirkung.** Der ZustBev wird mit Benennung Zustellungsadressat; eine Vorlage der Vollmacht bei der Zustellung durch ihn ist nicht erforderl (s § 171 Rn 3). An ihn ist wie an die inländische Partei zuzustellen. Zustellung an die Partei nach §§ 173-176, § 183 II-V (nicht aber durch Aufgabe zur Post nach **I 2**) bleibt daneben zulässig (BGH NJW-RR 95, 257; St/Thöne Rn 11).

7 **IV) Zustellung durch Aufgabe zur Post (§ 184 I 2, II). 1) Voraussetzungen.** Wird trotz ordnungsgemäßer Aufforderung nach I 1 innerhalb der vom Gericht gesetzten Frist **kein ZustBev benannt**, ist Zustellung durch Aufgabe zur Post nach **I 2** zulässig. Das gilt ebenso, wenn der als ZustBev Genannte nicht im Inland wohnt und auch keinen Geschäftsraum hat. **Beendet** ist die Möglichkeit, durch Aufgabe zur Post zuzustellen, wenn nachträgl ein ZustBev benannt (**I 1**) oder ein ProzBev bestellt wird (§ 172) oder die Partei den Wohnsitz ins Inland verlegt oder Geschäftsräume im Inland errichtet (dann erfolgt Inlandszustellung).

8 **2) Ermessen.** Zustellung durch Aufgabe zur Post liegt im Ermessen des Zustellungsorgans (RGZ 57, 334); es kann auch weiterhin nach § 183 II-V zugestellt werden. Dem Gericht (wie Rn 4) kommt ebenso Ermessen bei der **Bestimmung einer längeren Frist** (**II 2**; in der Anordnung, s Rn 4) zu. Sie ist geboten, wenn nach der Erfahrung die Zustellung von Postsendungen im Land des Bestimmungsorts längere Zeit beansprucht (die 2-wöchige Frist als Beförderungsdauer unrealistisch erscheint, OLG Hamm NJW-RR 2012, 62, 64).

9 **3) Durchführung.** Zustellung durch **Aufgabe zur Post** erfolgt dadurch, dass der UrkB das zu übergebende Schriftstück in Briefform (verschlossen) unter der ausl Adresse der Partei (bei einem inländischen Postamt) zur Post gibt (mögl auch mit Briefkasteneinwurf oder durch Einschaltung eines privaten Postdienstleisters; BFH NJW 2018, 3606 Tz 13 zu § 122 II AO). Aufgabe ist nicht schon Weiterleitung an die Frankierungsstelle (Wachtmeisterei) des Gerichts oder eine andere zentrale Stelle (OLG Karlsruhe NJW-RR 2019, 764). Eine Änderung der Anschrift (Wohnsitzänderung) bleibt unberücksichtigt, solange sie dem Gericht nicht angezeigt (sonst bekannt geworden) ist (keine Verpflichtung zur Nachforschung, ob die bisherige Anschrift noch zutr ist, BGH NJW 99, 1187, 1189). Angabe des Landes (auch als verkehrsübl Abkürzung, OLG Köln MDR 86, 243), in dem der Bestimmungsort liegt, ist als wesentl Teil der Adresse notwendig (BGHZ 73, 388 = MDR 79, 750 für Ort in USA). Eine **Übersetzung** des Schriftstücks muss bei Aufgabe zur Post der Sendung nicht beigefügt werden, wenn der Zustellungsgegner im fremdsprachigen Ausland wohnt, weil es sich um eine Inlandszustellung (s Rn 1) handelt (BGH NJW-RR 96, 387 = FamRZ 96, 1276 [abl Bachmann]; BGH NJW 99, 1871, 1872; BGH NJW 2013, 387 Tz 45 = MDR 2013, 297). Nicht gesetzl vorgeschrieben, aber sinnvoll (sa § 20 I GAZI) ist die Beifügung eines Merkblatts, in dem (nochmals, s Rn 4) auf die Zustellungsfiktion hingewiesen wird. Die **Beförderung** der Sendung an den Empfänger erfolgt mit (gewöhnl) Briefpost oder als Einschreiben; es kann auch der Luftpostweg (Vermerk „Priority – Prioritaire“ im Adressfeld oder auf Umschlag) gewählt werden (rechtl nicht zwingend geboten, zur rücksichtsvollen Verfahrensgestaltung aber naheliegend, s BVerfG NJW 97, 1772). Der Versand als internationales Einschreiben mit Rückschein soll unterbleiben (so § 20 III GAZI), da Zugang und sein Zeitpunkt beim Adressaten nicht nachgewiesen werden müssen.

10 **4) Wirkung (§ 184 II 1, 2).** Als zugestellt gilt das zur Post aufgegebene Schriftstück, wenn die vom Gericht bestimmte Frist (s Rn 4, 8) oder die Frist von zwei Wochen nach der Aufgabe abgelaufen ist (**Zustellungsfiktion**, BGHZ 182, 203). Berechnung der Frist: § 222 I, II. Fristbeginn ist bei Einwurf in den Briefkasten dieser Tag (und nicht der Tag der Leerung; MK/Rauscher Rn 22). Unerhebl ist, ob und wann die Sendung zu dem Empfänger gelangt (BGH NJW-RR 96, 387, 388; zur Wiedereinsetzung s § 233 Rn 23.45); daher auch, wenn die aufgegebene Sendung als unzustellbar zurückkommt.

11 **5) Zustellungsnachweis (§ 184 II 4).** Er erfolgt mit **Aktenvermerk** des UrkB. Zum Nachweis der Zustellung kann der Aktenvermerk **nicht vor Aufgabe** zur Post angefertigt werden. Bringt der Gerichtswachtmeister die Sendung zur Post, so hat sich der UrkB von diesem die erfolgte Aufgabe zur Post bestätigen zu lassen (BGHZ 193, 353 Tz 29 = NJW 2012, 2588). Vorher könnte in den Akten nur vermerkt werden, dass das Schriftstück dem Gerichtswachtmeister zur Beförderung zur Post übergeben ist; das jedoch ist nicht der von **II 4** erforderte Aktenvermerk, kann somit Zustellung nicht nachweisen.

12 Der **Aktenvermerk** hat Auskunft darüber zu geben, zu welcher Zeit und unter welcher Anschrift welches Schriftstück zur Post aufgegeben wurde (s § 21 GAZI). Maßgebl ist der Tag der Aufgabe zur Post (Ablieferung bei dieser, s Rn 10), nicht aber das Datum der Anfertigung des Vermerks (BGH NJW 83, 884; BGH MDR 2012, 1306 Tz 15 = NJW-RR 2012, 1459; auch dessen Bezeichnung ist jedoch ratsam).

13 Als Zustellungsnachweis ist der Aktenvermerk vom **UrkB zu unterschreiben** (BGH MDR 2016, 229 Tz 24); nicht erforderl ist, dass er von dem UrkB unterschrieben wird, der das Schriftstück dem Gerichtswachtmeister zur Aufgabe zugeleitet hat (BGH MDR 2012, 1306 Tz 14); Unterschrift eines Gerichtswachtmeisters (BGH 4.12. 2024 – XII ZB 66/24, MDR 2025, 406 Tz 13) oder eines (eingeschalteten) GV (OLG Düsseldorf NJW-RR 94, 5) genügt nicht. Bei einer „Einschreiben“-Sendung kann der Vermerk weder dadurch, dass der Einlieferungsschein zu den Akten genommen und dort auf die Urschrift des Schriftstücks geklebt wird noch durch einen Postrückschein ersetzt werden (BGHZ 32, 370, 373; OLG Frankfurt NJW 60, 1954, 1955).

14 Der Aktenvermerk kann **nachgeholt** werden. Es genügt Fertigung des Vermerks „nach geraumer Zeit“ (BGH MDR 87, 483 = NJW 87, 1707: sogar noch nach Einlegung eines Rechtsmittels, dessen Zulässigkeit hierbei be-

rührt wird, BGH NJW 2000, 3284, 3285; BGH NJW 2012, 2588 Tz 29), solange nur der UrkB noch aus eigenem Wissen die Verantwortung für diese (dem Gegenbeweis zugängl; s § 182 Rn 15) Angaben übernehmen kann (BGH MDR 83, 204 = NJW 83, 884 mwN; BGH NJW 87, 1707).

V) Verstoß. Werden die Voraussetzungen für die Zustellung an einen ZustBev (s Rn 3-5) oder die Aufgabe zur Post (Rn 7) nicht eingehalten, ist die Zustellung unwirksam. Fehlt der Hinweis nach **II 3**, gilt dies nicht nur für die Zustellung durch Aufgabe zur Post, sondern auch für die an einen dennoch benannten ZustBev (BSG Breith 2013, 748). Ebenso ist die Zustellung unwirksam bei Nichtbeachtung des Verf, wenn das der Zweck der verletzten Verfahrensvorschrift erfordert (BGH NJW 2012, 2588 Tz 25). Nicht wirksam ist die Zustellung insb, wenn die Aufgabe zur Post mit ungenügender Adresse erfolgt ist (s Rn 9; BGHZ 73, 388, 390; OLG Frankfurt OLGZ 79, 40, 41); eine nicht korrekte Schreibweise bei der Anschrift ist jedoch unschädl, wenn sie weder die Zustellung auf dem Postweg verzögert noch eine Verwechslungsgefahr begründet, die Anschrift somit weder unvollständig noch unrichtig ist (BGH NJW 99, 1187, 1189; BGH MDR 2001, 1130 = NJW-RR 2001, 1361). Als Nachweis ist der Aktenvermerk (**II 4**; wie die Zustellungsurkunde, s § 182 Rn 2) nicht notwendiger (konstitutiver) Bestandteil der Zustellung (BGH NJW 2012, 2588 Tz 29; BGH MDR 2012, 1306 = NJW-RR 2012, 1459 Tz 14). Die Zustellung ist somit auch ohne (ordnungsgemäßen) Aktenvermerk wirksam; der Nachweis, dass und zu welchem Zeitpunkt Aufgabe zur Post erfolgt ist, muss dann jedoch mit anderen Beweismitteln geführt werden (OLG Karlsruhe NJW-RR 2019, 764). 15

§ 185 Öffentliche Zustellung

Die Zustellung kann durch öffentliche Bekanntmachung (öffentliche Zustellung) erfolgen, wenn

1. **der Aufenthaltsort einer Person unbekannt und eine Zustellung an einen Vertreter oder Zustellungsbevollmächtigten nicht möglich ist,**
2. **bei juristischen Personen, die zur Anmeldung einer inländischen Geschäftsanschrift zum Handelsregister verpflichtet sind, eine Zustellung weder unter der eingetragenen Anschrift noch unter einer im Handelsregister eingetragenen Anschrift einer für Zustellungen empfangsberechtigten Person oder einer ohne Ermittlungen bekannten anderen inländischen Anschrift möglich ist,**
3. **eine Zustellung im Ausland nicht möglich ist oder keinen Erfolg verspricht oder**
4. **die Zustellung nicht erfolgen kann, weil der Ort der Zustellung die Wohnung einer Person ist, die nach den §§ 18 bis 20 des Gerichtsverfassungsgesetzes der Gerichtsbarkeit nicht unterliegt.**

I) Zweck. §§ 185-188 ermögl als ultima ratio (BVerfG NJW 88, 2361; BTDrs 16/6140, 53) die Zustellung als öffentl Zustellung, wenn andere Zustellungsformen aus sachl Gründen nicht oder nur schwer durchführbar sind. Die öffentl Zustellung gewährleistet damit demjenigen den verfassungsrechtl gebotenen Rechtsschutz, in dessen Interesse zugestellt wird. Dies rechtfertigt grds den durch die Zustellungsfiktion (§ 188) begründeten Eingriff in das rechtl Gehör (Art 103 I GG) des Adressaten (BGH MDR 2013, 1188 Tz 12 = NJW 2013, 2906; kritisch MK/Häublein/Müller Rn 2 f; sa § 186 Rn 7a). 1

II) Anwendungsbereich. Öffentl Zustellung ist mögl in allen ZPO-Verf, auch Arrest und einstw Verfügung (OLG Bamberg NJW-RR 2013, 1279) mit Ausnahme des Mahnverf (§ 688 II Nr 3); sie ist ausgeschlossen an Mitglieder sowie Angehörige der NATO-Truppen (Art 36 I NTS-ZA; sa § 166 Rn 6). §§ 185 ff gelten auch im FamFG-Verf (§ 15 II FamFG). 2

III) Voraussetzungen. 1) § 185 Nr 1. a) Person ist der Zustellungsadressat (§ 166 Rn 1); bei nicht prozessfähiger Person daher deren Vertreter (§ 170; zu jur Personen sa Nr 2). Nicht zulässig ist eine öffentl Zustellung, wenn eine Zustellung an einen rechtsgeschäftl **Vertreter** (§ 171, auch ProzBev, § 172, BGH MDR 2017, 226 Tz 12) oder an einen ZustBev (§ 184; § 30 BRAO, dazu BGH NJW-RR 2014, 377 Tz 4) mögl ist. Eine Postannahmestelle des Adressaten, die kein Vertreter ist und Zustellungen nicht entgegennimmt, steht öffentl Zustellung nicht entgegen; Art 103 I GG gebietet aber zusätzl Information mit einfachem Brief an die Stelle (BFH/NV 2016, 945 zur Postannahmestelle eines Obdachlosen). Ausgeschlossen ist die öffentl Zustellung, wenn feststeht, dass die Person verstorben ist; mögl ist sie, wenn nicht aufgeklärt werden kann, ob sie noch lebt (OLG Celle FamRZ 2005, 1492; KG FamRZ 75, 693). 3

b) Unbekannter Aufenthalt ist erst gegeben, wenn er nicht nur dem Gericht und dem Gegner, sondern allg unbekannt ist (BGH MDR 2022, 1113 Tz 13; BGH MDR 2013, 484 = NJW-RR 2013, 307 Tz 16), auch wenn er von jemandem, der ihn kennt, verschwiegen wird (OLG Düsseldorf 16.10.2019 – 9 W 42/19; OLG Braunschweig NJW-RR 2008, 1523). Die Existenz eines Postfachs oder einer „Postlagernd"-Anschrift schließt den unbekannten Aufenthalt nicht aus (OLG Düsseldorf 16.10.2019 – 9 W 42/19). 4

Geeignete und zumutbare **Nachforschungen**, um den Aufenthalt des Zustellungsadressaten in Erfahrung zu bringen, anzustellen ist (auch bei Zustellung vAw wie der Klageschrift, § 253 I) „zunächst" Sache der Partei, die 4a durch die Zustellung begünstigt wird (BGH NJW 2012, 3582 Tz 16; BGH NJW-RR 2013, 307 Tz 6; BGH MDR 2017, 226 Tz 16). Die Anforderungen an die Nachforschungen dürfen nicht überspannt werden (OLG Celle MDR 2007, 170 für Sch, der sich in Kenntnis seiner [Darlehens-]Schuld abgesetzt hat; sa § 186 Rn 4). Ein einmaliger Fehlschlag der Zustellung unter der bisherigen Anschrift genügt ebenso nicht (BGH ZMR 2024, 868) wie allein die ergebnislose Anfrage beim Einwohnermeldeamt und beim Zustellpostamt des letzten Wohnsitzes des Adressaten (BGH NJW 2012, 3582 Tz 17; BGH MDR 2022, 1113 für Ladung nach § 802f II 1; anders aber BGH MDR 2003, 708 = NJW 2003, 1530 zur Zustellung eines PfÜB wegen der Besonderheiten bei ZwV, auch [zu weitgehend] LG Leipzig JurBüro 2015, 430 zur Zustellung eines KfB). Außerdem geboten sein können zB Nachfrage beim ehemaligen Arbeitgeber (OLG Brandenburg FamRZ 2020, 934), beim letzten Vermieter (Hamm FamRZ 2013, 97), bei früheren Hausgenossen und (bekannten) Verwandten des Adressaten (BGH NJW 2012, 3582 Tz 17; OLG Nürnberg FamRZ 60, 204) sowie beim Nachmieter und bei ehemaligen Nachbarn (OLG Koblenz 10.8.2022 – 9 WF 338/22; OLG Frankfurt MDR 99, 1402; anders OLG Naumburg NJW-RR 2011, 1148). Geeignet und zumutbar sein können auch Ermittlung der Anschrift unter einer bekannten Telefonnr (OLG Saarbrücken FamRZ 2010, 2084, 2085), Mobilfunknummer oder E-Mail-Adresse (OLG Frankfurt NJW 2009, 2543), ebenso Anfragen bei Haftanstalten, bei der Polizeidienststelle sowie bei Sozialversicherungsbehörden (KGR Berlin 1995, 273); der Suchdienst für ausgeschiedene Mitglieder der US-Armee ist einzuschalten (AG Landstuhl NJW-RR 94, 332). Kann oder will die Partei diese gebotenen Nachforschungen nicht selbst durchführen, hat sie einen Privatdetektiv einzuschalten (OLG Köln 27.6.2018 – 15 W 32/18; OLG Frankfurt NJW 2013, 2913).

4b Die zu Nachforschungen verpflichtete Partei hat ihre ergebnislosen Bemühungen dem Gericht **darzulegen** (BGH NJW 2012, 3582 Tz 17; BGH NJW-RR 2013, 307 Tz 16; **Formulierungsvorschlag:** Vorwerk/Riedel, PFB, M 26.4). Wenn das **Gericht** Zweifel an dieser Darstellung hat, ist es (auch bei Zustellung vAw) zu **ergänzenden Ermittlungen** ebenso verpflichtet (BGH NJW 2012, 3582 Tz 17) wie dann, wenn die Partei alle ihr mögl Erkundungen zur Ermittlung der Anschrift des Adressaten ergebnislos ausgeschöpft hat.

5 **2) § 185 Nr 2.** Die öffentl Zustellung wird erleichtert an bestimmte jur Personen, insb, aber nicht nur in sog „Missbrauchs- und Bestattungsfällen" (BTDrs 16/6140, 53), durch Beschränkung der Nachforschungspflicht auf Einsichtnahme ins Handelsregister (OLG Düsseldorf MMR 2017, 828); den betroffenen jur Personen obliegt es, zur Meidung öffentl Zustellung ihre Erreichbarkeit sicherzustellen (KG JurBüro 2010, 546). – **a) Jur Personen**, die **mit einer inländischen Geschäftsadresse** im Handelsregister eingetragen sein müssen, sind die GmbH und UG (§ 8 IV, § 10 I 1 GmbHG), AG (§ 37 III, § 39 I AktG) und vergleichbare Auslandsgesellschaften mit inländischer Zweigniederlassung sowie die SE. Für ausl jur Personen gilt Nr 3.

6 **b) Nicht mögl Zustellung** – **aa)** an den (einen der) Vertreter der Gesellschaft (§ 170) unter der im Handelsregister **eingetragenen Geschäftsanschrift**. Das setzt grds einen Zustellungsversuch dort voraus, auch wenn einige Zeit zuvor eine Zustellung eines anderen Schriftstücks an diese Anschrift gescheitert war (BGH MDR 2019, 178 Tz 17). Entbehrl ist er aber, wenn die Anschrift im Handelsregister fehlt oder offensichtl so unvollständig ist, dass Scheitern einer Zustellung dort sicher ist. Unerhebl ist, ob der Zustellversuch scheitert, weil unter der Anschrift kein Geschäftslokal vorhanden ist, weil dessen Bestehen verschleiert wird oder auch keine geeigneten Empfangseinrichtungen gewährleistet sind (OLG Saarbrücken NJW-RR 2013, 679). – **bb)** an **weitere Empfangsperson** nach § 10 II 2 GmbHG, § 13e II 4 HGB, § 39 I 2 AktG. Diese Empfangsberechtigung gilt als fortbestehend, bis sie im Handelsregister gelöscht und die Löschung bekannt gemacht worden ist, es sei denn, dass die fehlende Empfangsberechtigung dem Gericht oder der zustellenden Partei bekannt war (GmbHG usw aaO; Registerpublizität gleich dem § 15 HGB). Nicht mögl ist die Zustellung, wenn sie unter der eingetragenen Anschrift (weil diese nicht oder nicht mehr zutreffend ist) scheitert. – **cc)** an eine **andere bekannte inländische Anschrift**, zB Privatanschrift des gesetzl Vertreters oder einer empfangsbereiten Person. Dem UrkB (ggf Richter oder Rpfleger, s § 166 Rn 8), bei Zustellung auf Betreiben der Partei dieser, obliegen sonach keine Ermittlungen nach (etwaigen) Vertretern oder den inländischen Wohnanschriften von Vertretern. Es besteht auch keine Verpflichtung, eine Zustellung im Ausland zu bewirken, selbst wenn die ausländische Anschrift eines Vertreters bekannt ist (OLG Saarbrücken NJW-RR 2013, 679).

7 **3) § 185 Nr 3.** Ist eine **Zustellung im Ausland** (§§ 183, 184) bei bekanntem Aufenthalt des Adressaten (bei unbekanntem Aufenthalt gilt Nr 1) nicht mögl oder nicht erfolgversprechend, kann öffentl Zustellung erfolgen. **Nicht mögl** ist die Zustellung, wenn ein Rechtshilfeabkommen mit dem betr Staat nicht besteht (hierzu Länderteil der ZRHO) und auch vertraglos nicht stattfindet (OLG Köln MDR 2008, 1061). Die Zustellung kann auch im Einzelfall nicht mögl sein, wenn Rechtshilfe tatsächl verweigert wird (OLG Hamburg ZVertriebsR 2018, 331: politische Unruhen nicht ausreichend). Das Gericht darf sich insoweit auf Auskünfte der Prüfungsstellen nach § 9 ZRHO verlassen (BAG RIW 2015, 756 Tz 55). **Keinen Erfolg verspricht** die Auslandszustellung, wenn sie im Einzelfall einen derart langen Zeitraum in Anspruch nehmen würde, dass ein Zuwarten der betreibenden Partei im Hinblick auf das Gebot effektiven Rechtsschutzes billigerweise nicht zugemutet werden kann; zu berücksichtigen andererseits, dass die öffentl Zustellung den Anspruch des Adressaten auf rechtl Gehör gefährden kann (BGH FamRZ 2009, 684 = IPrax 2010, 247; OLG München NJW 2020, 1378). Danach kann eine Dauer von bis zu einem Jahr (OLG Köln MDR 2008, 1061 [für Thailand]), jedenfalls aber eine Dauer von

6-9 Monaten hinzunehmen sein (BGH FamRZ 2009, 684 [für Russland allg]; für 6 Monate als Grenze Geimer NJW 89, 2204; OLG Köln MDR 98, 434 = NJW-RR 98, 1683, 1684). Nicht erfolgversprechend ist die Auslandszustellung auch, wenn trotz allg Rechtshilfeverkehrs im Einzelfall erfahrungsgemäß aus politischen (oder anderen) Gründen die Rechtshilfe verweigert wird (zB bei Klage politischer Flüchtlinge). **Entspr** gilt Nr 3 bei sonst unzumutbarer Verzögerung der Auslandszustellung, zB im Arrestverf (OLG Hamm MDR 88, 589) oder Wechselprozess (OLG Hamburg MDR 70, 426).

4) § 185 Nr 4. Öffentl Zustellung ist mögl, wenn in der **Wohnung einer exterritorialen Person** (§§ 18-20 GVG) nicht zugestellt werden kann. Das ermöglicht öffentl Zustellung an exterritoriale Ausländer, wenn an sie Auslandszustellung nach §§ 183, 185 Nr 3 nicht mögl ist, sowie an deutsche Bedienstete und Hausgenossen, an die sonst (zB nach § 177) nicht zugestellt werden kann. 8

§ 186 Bewilligung und Ausführung der öffentlichen Zustellung

(1) [1]Über die Bewilligung der öffentlichen Zustellung entscheidet das Prozessgericht. [2]Die Entscheidung kann ohne mündliche Verhandlung ergehen.

(2) [1]Die öffentliche Zustellung erfolgt durch Aushang einer Benachrichtigung an der Gerichtstafel oder durch Veröffentlichung der Benachrichtigung in einem elektronischen Informations- und Kommunikationssystem, das im Gericht öffentlich zugänglich ist. [2]Die Benachrichtigung muss erkennen lassen

1. **die Person, für die zugestellt wird,**
2. **den Namen und die letzte bekannte Anschrift des Zustellungsadressaten,**
3. **das Datum, das Aktenzeichen des Schriftstücks und die Bezeichnung des Prozessgegenstandes sowie**
4. **die Stelle, wo das Schriftstück eingesehen werden kann.**

[3]Die Benachrichtigung muss den Hinweis enthalten, dass ein Schriftstück öffentlich zugestellt wird und Fristen in Gang gesetzt werden können, nach deren Ablauf Rechtsverluste drohen können. [4]Bei der Zustellung einer Ladung muss die Benachrichtigung den Hinweis enthalten, dass das Schriftstück eine Ladung zu einem Termin enthält, dessen Versäumung Rechtsnachteile zur Folge haben kann.

(3) In den Akten ist zu vermerken, wann die Benachrichtigung ausgehängt und wann sie abgenommen wurde.

I) Bewilligung (§ 186 I). 1) Zuständigkeit. Über die Bewilligung entscheidet das Prozessgericht (Einzelrichter nach §§ 348, 348a, 526, 568), nicht dessen Vors (Ausnahme KfH, s § 349 Rn 2). Das ist vor Rechtshängigkeit das Gericht, bei dem die Klage eingereicht ist; seine (auch internat, OLG Köln MDR 2003, 230) Zuständigkeit hat es nicht zu prüfen (RGZ 46, 391: BayObLG IWRZ 2020, 188). Die öffentl Zustellung des Urteils einer Instanz hat das Gericht, welches das Urteil erlassen hat (RGZ 41, 426; RGZ 68, 247, 253), die der Rechtsmittelschrift das Rechtsmittelgericht zu bewilligen. In ZwV-Verf (nicht aber bereits für die zu ihrem Beginn erforderl Titelzustellung, § 750 I) ist grds das Vollstreckungsgericht (§ 764) zuständig; der GV bewilligt aber die öffentl Zustellung der Eintragungsordnung (§ 882c II 3) und die Zustellungen im Verf zur Abnahme der Vermögensauskunft gem § 802f VI (BGH MDR 2018, 621). In den ihm übertragenen Sachen ordnet der Rpfleger die öffentl Zustellung an (§ 4 I RPflG; OLG München MDR 88, 679 mwN; MskV/Wittschier Rn 3), so die Zustellung des VB (s § 699 Rn 16) und des KFB (OLG Brandenburg 20.9.2023 – 6 W 86/23). 1

2) Kein Antragserfordernis. Das Prozessgericht entscheidet über die Bewilligung der öffentl Zustellung **vAw** (BGH NJW 2007, 303, 304), nur bei Zustellung auf Betreiben der Parteien ist ein Antrag erforderl (s § 191 Rn 4). Es besteht keine allg Verpflichtung des UrkB, eine öffentl Zustellung anzuregen; Amtspflicht kann dies im Einzelfall aber sein, wenn Nachteile für eine Partei zu verhindern sind (BGH MDR 84, 124). 2

3) Gegenstand. Die Bewilligung erfolgt im **Einzelfall** (erfordert konkrete Bezeichnung des Schriftstücks), nicht für den ganzen Rechtszug (OLG Jena 26.9.2017 – 5 U 140/17; OLG Bamberg NJW-RR 95, 1029, 1030). Gleichzeitig bewilligt werden öffentl Zustellung des VU und des Beschlusses über die Bestimmung der Einspruchsfrist (§ 339 II). 3

4) Ermessen. Die Bewilligung der öffentl Zustellung steht im pflichtgemäßen Ermessen (§ 185 I: „kann") des Gerichts (RGZ 59, 259, 265), und zwar auch in den Fällen von § 185 Nrn 3 u 4 (OLG Nürnberg MDR 57, 45; OLG Oldenburg MDR 47, 259; aA St/Thöne § 185 Rn 18; MK/Häublein/Müller Rn 5; MskV/Wittschier Rn 4; das Gesetz spricht auch hier aber nur von „kann", somit Zulässigkeit). Allerdings wird **idR** der Justizgewährungsanspruch des Kl (anderen Verfahrensbeteiligten) das Ermessen des Gerichts soweit reduzieren, dass die Bewilligung durch das Gericht geboten ist; das gilt insb, wenn der Adressat die Ermittlung seines Aufenthalts willkürl erschwert (zB durch Verstoß gegen Meldevorschriften; KG MDR 98, 124, 125). Abgelehnt werden kann die öffentl Zustellung, wenn das Verf ohnedies auszusetzen wäre (zB im Fall des § 247; OLG München BayJMBl 52, 131) oder wenn es unterbrochen ist. Nicht zu berücksichtigen sind die Erfolgsaussichten der Klage und die Möglichkeit des Adressaten, Kenntnis vom Inhalt der Sendung zu erlangen (arg § 188). 4

5 **5) Entscheidung.** Sie erfolgt durch **Beschluss**, der ohne mündl Verhandlung ergehen kann (**I 2**). Der Beschl ist auch bei Bewilligung (jedenfalls kurz) zu begründen (MskV/Wittschier Rn 4), in ihm ist eine Fristverlängerung nach § 188 S 2 auszusprechen (§ 188 Rn 2). Er ist den Verfahrensbeteiligten formlos mitzuteilen (§ 329 II 1); Bekanntmachung an den Adressaten bewirkt der Aushang (**II**). Die **Bewilligung** ist **unanfechtbar** (BFH BFH/NV 2020, 768), ihre Unzulässigkeit kann der Zustellungsadressat (als Versagung rechtl Gehörs) nur mit dem Rechtsmittel gegen die Sachentscheidung innerhalb der Jahresfrist des § 234 III mit einem Gesuch um Wiedereinsetzung bei Fristversäumung (s § 233 Rn 23.45) oder sonst durch Vollstreckungsabwehrklage (§ 767) geltend machen. Gegen **Versagung** ist **sofortige Beschwerde** zulässig (§ 567 I Nr 2; BGH NJW 2015, 1308 Tz 12; OLG München NJW 2020, 1378).

6 **II) Durchführung (§ 186 II). 1) Zuständigkeit.** Die bewilligte öffentl Zustellung führt der **UrkB** aus (§ 168 I 1 entspr). Er hat die Benachrichtigung zu fertigen (s Rn 7) und über die Art und Weise der Bekanntmachung (s Rn 6a) zu entscheiden, wenn sie nicht bei Bewilligung der Zustellung vom Gericht vorgegeben ist (ermöglicht die Weisungsbefugnis, s § 168 Rn 1). Die Anheftung kann der UrkB auch durch einen Justizbediensteten vornehmen lassen (RGZ 32, 400, 403).

6a **2) Bekanntmachung.** Sie erfolgt alternativ durch Aushang einer Benachrichtigung (nicht jedoch einer begl Abschrift, auch nicht eines Auszugs, des zuzustellenden Schriftstücks) an der Gerichtstafel oder durch die Veröffentlichung der Benachrichtigung in einem elektron Informations- und Kommunikationssystem (**II 1**). Der **Aushang** hat in den Räumen des Gerichts zu erfolgen, das für die Bewilligung der öffentl Zustellung zuständig ist (Rn 1), die Ladung zur mündl Verhandlung im Berufungsverf somit (nur) an der Gerichtstafel des Berufungsgerichts (Unwirksamkeit bei Aushang an der Gerichtstafel des erstinstanzl Gerichts, OLG Hamm NJW 2007, 933; OLG Stuttgart NJW 2007, 935). Erfolgt die Bekanntmachung in einem **elektron Informations- und Kommunikationssystem**, muss Abrufbarkeit im Gericht über ein dort verfügbares Endgerät, zB über ein Terminal oder eine Monitortafel, gewährleistet sein (BTDrs 19/31119, 4); der (ubiquitäre) Zugang mit fremden Endgeräten über das Internet, zB durch Einstellung auf die Homepage des Gerichts oder (derzeit noch nicht) im Justizportal des Bundes und der Länder, genügt alleine nicht, sollte aber zusätzl als zeitgemäße Möglichkeit der Kenntnisnahme eröffnet werden. **Dauer** des Aushangs: § 188. Nach Ablauf der Frist wird der Aushang zu den Akten genommen (vgl § 23 II GAZI), somit nicht ausgehändigt (auch nicht dem Adressaten, wenn er sich meldet, OLG Hamburg OLGE 23, 141; für ihn § 299 I).

7 **3) Inhalt der Benachrichtigung.** Er ergibt sich aus **II 2**. Der Zustellungsadressat muss zweifelsfrei bezeichnet sein (II 2 Nr 2); das erfordert ggf nähere Personenangaben und (insb bei häufig vorkommendem Namen) auch zutreffende Bezeichnung der früheren Anschrift (OLGR Celle 2003, 191). Neben Bezeichnung des Gerichts und Aktenzeichen ist eine inhaltl aussagekräftige schlagwortartige Bezeichnung des Prozessgegenstands notwendig (II 2 Nr 3; LG Lübeck 7.2.2023 – 7 T 55/23, NJW-RR 2023, 432: „Zivilsache" unzureichend). Mit der Benachrichtigung soll das informationelle Selbstbestimmungsrecht der Parteien geschützt werden; ein Unbeteiligter erfährt nicht mehr über die Zustellung als unumgängl ist, erlangt insb vom Inhalt des Schriftstücks keine Kenntnis (BTDrs 14/4554, 24). Bei einem nicht der dt Sprache mächtigen Zustellungsadressaten hat die Benachrichtigung auch in einer ihm verständlichen Sprache zu erfolgen (OLG Nürnberg NStZ-RR 2022, 24). **Hinweis** auf die öffentl Zustellung und Fristen nach **II 3**, bei Ladung außerdem gem **II 4** ist zwingend (Unwirksamkeit der Zustellung, wenn dieser Hinweis ganz oder teilw fehlt, OLG Stuttgart NJW 2007, 935).

7a **4) Informelle Information des Adressaten.** Sie ist zur Wahrung seines rechtl Gehörs (Art 103 I GG) geboten, wenn er auf andere Weise als durch Zustellung erreicht werden kann. Einem im Ausland per Brief erreichbaren Zustellungsadressaten ist daher der Inhalt des zuzustellenden Schriftstücks durch Brief (soweit mögl mit Einschreiben gegen Rückschein) bekanntzugeben (OLG München 20.12.2018 – 25 W 962/18; OLG Köln MDR 2008, 1061). Ist der Adressat per Telefax, E-Mail oder über eine postlagernde Anschrift erreichbar, ist eine Benachrichtigung auf einem dieser Wege zwingend (OLG Düsseldorf 14.3.2024 – 15 U 63/23; OLG Hamburg ZVertriebsR 2018, 331; LSG Baden-Württemberg 13.9.2023 – L 8 R 1970/22). Die Informationspflicht besteht auch, wenn die Erreichbarkeit der Einschaltung einer weiteren Behörde (Botschaft) bedarf (OLG München 20.12.2018 – 25 W 962/18).

8 **III) Aktenvermerk (§ 186 III).** Den Zeitpunkt (Tag) des Aushangs der Benachrichtigung und der Abnahme hat der UrkB in den Akten zu vermerken. Zusätzl Vermerk auf dem Aushang sollte (muss aber nicht) erfolgen. Der Aktenvermerk ermöglicht Nachweis der öffentl Zustellung, ist aber nicht Wirksamkeitserfordernis (RGZ 32, 400, 403; BTDrs 14/4554, 24). Beweis kann mit allen Beweismitteln geführt werden.

9 **IV) Mangel, Unwirksamkeit.** Ausführung ohne Bewilligung bewirkt keine öffentl Zustellung. Ebenso führen **formelle Mängel** zur Unwirksamkeit der öffentl Zustellung. So ist bei Bewilligung durch richterl Verfügung statt Beschl (OLG Düsseldorf 23.2.2021 – III-2 RVs 5/21) oder durch ein unzuständiges Gericht die öffentl Zustellung unwirksam. Auch eine fehlerhafte Durchführung nach II (KG NJW 2012, 245) oder ein zu kurzer Aushang (s § 188 Rn 4) machen die öffentl Zustellung unwirksam; ebenso, wenn eine gebotene informelle Information des Adressaten (s Rn 7a) nicht erfolgt ist (OLG München IPRspr 2018, 738; OLG Hamburg ZVertriebsR 2018, 331).

10 Ist die Bewilligungsentscheidung **materiell fehlerhaft**, weil die Voraussetzungen des § 185 nicht vorgelegen haben, zB ein unbekannter Aufenthalt nicht gegeben war, ist zu differenzieren: Ist das Fehlen der Voraussetzungen

für das Gericht bei sorgfältiger Prüfung der Unterlagen **erkennbar** gewesen, ist die Zustellung unwirksam (BGH ZMR 2024, 868; BGH MDR 2019, 178 Tz 11; BGH MDR 2016, 900 Tz 33 f: jedenfalls keine Zustellungsfiktion des § 188 und keine Verjährungshemmung; aA noch BGH NJW 2007, 303: ledigl prozessuale Fristen werden nicht in Gang gesetzt); dies gebietet – jedenfalls wenn eine andere Form der Zustellung ohne weiteres mögl gewesen wäre – Art 103 I GG (BVerfG NJW 88, 2361). Das muss auch gelten, wenn die öffentl Zustellung durch unvollständige (falsche) Angaben (für das Gericht nicht erkennbar) **bewusst erschlichen** wurde (St/Thöne § 185 Rn 22; aA BGHZ 153, 189, 194 = NJW 2003, 1326; MK/Häublein/Müller § 185 Rn 29); es liegt dann ein Fall des Rechtsmissbrauchs vor, der es rechtfertigt, den Kl (anderen Verfahrensbeteiligten) die Wirkungen einer öffentl Zustellung vorzuenthalten; sein Justizgewährleistungsanspruch ist insoweit nicht schützenswert. Der Zustellungsadressat muss in diesem Fall nicht auf Schadensersatzansprüche nach §§ 826, 823 II BGB iVm § 263 StGB verwiesen werden (so aber BGHZ 57, 108; RGZ 78, 389; OLG München OLGZ 77, 79). **IÜ** ist die richtig ausgeführte öffentl Zustellung **wirksam**, auch wenn sich nachträgl herausstellt, dass die Voraussetzungen des § 185 nicht vorlagen (OLG Oldenburg MDR 2016, 235), wie infolge unrichtiger Auskunft des Einwohnermeldeamts (OLG Hamm MDR 97, 1155 = NJW-RR 98, 497; OLG Köln NJW-RR 93, 446) oder nicht durchschaubarer unrichtiger Auskunft Dritter (OLG Stuttgart MDR 2002, 353 = NJW-RR 2002, 716; auch BFHE 2001, 425). Der Adressat kann sich auch auf die Unwirksamkeit einer Zustellung wegen Rechtsmissbrauchs nicht berufen, wenn er selbst zielgerichtet versucht hat, die Zustellung zu verhindern, mit der er sicher rechnen musste (BGH NJW-RR 2008, 1310 = MDR 2008, 995; BGH NJW-RR 2013, 307 Tz 17 = MDR 2013, 484; OLG Brandenburg 15.12.2021 – 4 U 13/21).

V) Kosten. 1) Gericht: Das Bewilligungsverf und die Entscheidung sind gebührenfrei; Auslagen (zB wegen § 187) werden erhoben (9004 GKG-KV). – **2) RA:** durch die VerfGeb 3100 RVG-VV abgegolten. Ist er nicht ProzBev: 3403 RVG-VV. – Beschwerdeverf: 3500 RVG-VV; 3513 RVG-VV. 11

§ 187 Veröffentlichung der Benachrichtigung

Das Prozessgericht kann zusätzlich anordnen, dass die Benachrichtigung einmal oder mehrfach im Bundesanzeiger oder in anderen Blättern zu veröffentlichen ist.

I) Anordnung. Zusätzl zu dem nach § 186 II vorzunehmenden (elektronischen) Aushang vom Prozessgericht (s § 186 Rn 1) kann Veröffentlichung der Benachrichtigung (§ 186 II; nicht Abschrift, auch nicht eines Auszugs, des zuzustellenden Schriftstücks) angeordnet werden. Die Anordnung steht im pflichtgemäßen **Ermessen** des Gerichts. Abzustellen ist auf das Schutzbedürfnis des Zustellungsadressaten, somit darauf, ob durch die Veröffentlichung besser gewährleistet ist, dass Kenntnisnahme durch ihn oder eine ihm nahestehende Person (die ihm Nachricht geben könnte) mögl erscheint. Das kann sich nur nach den Umständen des Einzelfalls bestimmen. Auf den Inhalt, damit die Bedeutung des zuzustellenden Schriftstücks, kommt es nicht an; darauf, ob es eine Ladung (oder auch einen Vollstreckungstitel) enthält, ist nicht abzustellen. 1

II) Medium. Angeordnet werden kann zusätzl Veröffentlichung der Benachrichtigung im (elektronischen) **BAnz** oder (damit auch „und") in einem **anderen Blatt** (auch in mehreren), und ebenso einmalige oder mehrfache Veröffentlichung. Veröffentlichungen im BAnz werden freilich, obwohl im Internet für jedermann zugängl, kaum zur Kenntnis genommen, so dass Veröffentlichung dort die Ausnahme sein sollte und Veröffentlichung in der örtl oder überregionalen Presse, die einem Zustellungsadressaten eher zugängl sein könnte und wahrscheinlicher zur Kenntnis gelangen wird, bevorzugt ins Auge gefasst werden. Die Frist, nach deren Ablauf das Schriftstück als zugestellt gilt (§ 188), wird durch die Veröffentlichung nicht berührt. Sachdienl ist die Veröffentlichung daher nur, wenn sie in dem bestimmten Blatt zeitig vor Fristablauf erfolgen kann. 2

III) Inhalt. Zu veröffentlichen ist die Benachrichtigung mit dem in § 186 II 2 u 3, bei Zustellung einer Ladung auch mit dem § 186 II 4 genannten Inhalt (s § 186 Rn 7); eine Unterschrift muss nicht wiedergegeben werden. Dass die Veröffentlichung bewilligt wurde, gehört nicht in die Bekanntmachung. Nachweise über die Veröffentlichung sind vom UrkB zu den Akten zu nehmen (vgl § 23 II GAZI). 3

§ 188 Zeitpunkt der öffentlichen Zustellung

[1]Das Schriftstück gilt als zugestellt, wenn seit dem Aushang der Benachrichtigung ein Monat vergangen ist. [2]Das Prozessgericht kann eine längere Frist bestimmen.

I) Zweck. Regelung der Zustellungsfiktion bei einer wirksamen (s § 186 Rn 9 f) öffentl Zustellung. 1

II) Frist. Berechnung der Frist: § 222, der Tag des Aushangs wird nicht mitgerechnet (§ 187 I BGB). Abgekürzt werden kann die Frist von einem Monat nicht. **Verlängerung nach S 2** durch das Prozessgericht (s § 186 Rn 1), 2 wenn das der Kenntnisnahme durch den Zustellungsadressaten dienl sein könnte. Sie kann nur im Bewilligungsbeschluss des Prozessgerichts (nicht durch den Vors allein), nicht mehr nachträgl erfolgen.

3 **III) Zustellungsfiktion.** Die Rechtsfolge des Fristablaufes tritt unabhängig davon ein, ob bzw wann der Adressat Kenntnis von der Zustellung erlangt hat oder ob die Voraussetzungen der öffentl Zustellung nach der Bewilligung entfallen sind (zB im Fall des § 1884 BGB oder weil der Aufenthalt nachträgl bekannt wird). Meldet sich der Adressat vor Ablauf der Frist auf der GeschSt, so kann eine vAw vorzunehmende Zustellung unabhängig von § 188 mit sofortiger Wirkung gem § 174 erfolgen. Wird sonst vor Wirksamwerden der öffentl Zustellung nachträgl der Aufenthaltsort (die zustellungsfähige Anschrift; kann auch im Ausland sein) des Adressaten bekannt, ist an ihn normal (§§ 168 ff) zuzustellen (gebietet Art 103 I GG; OLG Frankfurt NJW 2004, 3049).

4 **IV) Unbefugte Entfernung.** Wird der Aushang (zB auch durch den UrkB wegen Überfüllung der Tafel) vor Fristablauf entfernt, tritt die Zustellungsfiktion nicht ein (OLG Düsseldorf 15.3.2011 – 24 U 128/10; MK/Häublein/Müller Rn 4; aA St/Thöne § 186 Rn 10: nicht bei kurzzeitig verfrühter Entfernung; sa § 186 Rn 9); der mit der öffentl Zustellung verbundene Eingriff in das rechtl Gehör des Adressaten (s § 185 Rn 1) ist nur gerechtfertigt, wenn die formellen Voraussetzungen des Verf, zu denen auch der Aushang über den nach § 188 maßgebl Zeitraum gehört, eingehalten sind.

§ 189 Heilung von Zustellungsmängeln

Lässt sich die formgerechte Zustellung eines Dokuments nicht nachweisen oder ist das Dokument unter Verletzung zwingender Zustellungsvorschriften zugegangen, so gilt es in dem Zeitpunkt als zugestellt, in dem das Dokument der Person, an die die Zustellung dem Gesetz gemäß gerichtet war oder gerichtet werden konnte, tatsächlich zugegangen ist.

1 **I) Allgemeines. 1) Zweck.** Milderung der formstrengen Zustellungsvorschriften, um diese nicht zum Selbstzweck erstarren zu lassen (BGH NJW 2017, 2472 = MDR 2017, 1078 Tz 38). Wirksame Zustellung wird fingiert, wenn wegen des tatsächl Zugangs des Dokuments (§ 166 I) der Zweck der Zustellung erreicht ist (s § 166 Rn 2), auch wenn der Zugang unter Verletzung von Zustellungsvorschriften erfolgt ist. – **2) Anwendungsbereich.** § 189 gilt für alle nach §§ 166 ff ausgeführten Zustellungen, auch solche im Parteibetrieb (s § 191 Rn 2), für Zustellungen nach EuZustVO (OLG Brandenburg AG 2021, 848; OLG Dresden MMR 2020, 626; s § 183 Rn 5) und andere Auslandszustellungen sowie entspr für Bekanntgabe durch Aufgabe zur Post (§ 15 II 1 Alt 2 FamFG; OLG Karlsruhe 26.6.2020 – 18 UF 32/20). Heilung ist auch mögl, wenn durch die Zustellung der Lauf einer Notfrist (§ 224 I 2) in Gang gesetzt werden soll (anders § 187 S 2 aF). Neben § 189 kommt Heilung nach § 295 in Betracht. Zur Klage sa § 253 Rn 27 und zur einstw Verfügung s § 922 Rn 16.

2 **II) Voraussetzungen. 1) Zustellungsabsicht (Zustellungswille).** Die mit der Zustellung verbundene Rechtsfolge muss gewollt sein. Wenn eine Zustellung nicht erfolgen sollte, kann sie auch nicht nach § 189 unterstellt werden (BGH MDR 2020, 566 Tz 19 mwN; BAG ZIP 2019, 777 Tz 28). Ob Zustellungsabsicht besteht, ergibt sich aus den Umständen, maßgebl ist Wille des Veranlassers der Übermittlung (UrkB, Richter, Rpfleger; s § 166 Rn 8). Ist Zustellung vorgeschrieben, steht der Wille zur Bekanntgabe nach § 15 II 1 Alt 2 FamFG dem Zustellungswillen nicht gleich (BGH MDR 2022, 188; BGH MDR 2021, 1212). **Ausnahmsw** soll bei fehlendem Zustellungswillen im **sBV** Heilung in Bezug auf die mat-rechtl Wirkungen der Zustellung (Verjährungshemmung nach § 204 I Nr 7 BGB) stattfinden (BGHZ 188, 128 Tz 43 ff = NJW 2011, 1965 [krit Grothe]); der Empfänger bedürfe hier keines Schutzes, weil er nachhaltig auf den Willen des Gl zur Durchsetzung seiner Rechte hingewiesen werde. Für prozessrechtl Wirkungen (zB Wahrung von Klagefristen) gilt diese Ausnahme nicht (OLG Schleswig SchlHA 2020, 438 zu § 13 I 2 StrEG); auch hinsichtl mat-rechtl Wirkungen ist angesichts der Bedeutung der förml Zustellung eine Erweiterung auf andere Fallgruppen abzulehnen.

3 Zustellungsabsicht des zuständigen Organs fehlt bei Zustellung im Parteibetrieb statt vAw und umgekehrt. **Verstoß gegen die Art der Zustellung** kann daher (ebenso wie gewöhnl Übersendung, s Rn 2) nicht heilen (BGH MDR 2010, 885 = VersR 2010, 1520 Tz 11 ff; OLG Düsseldorf MDR 2010, 652; Eyinck MDR 2011, 1389, 1394; sa § 517 Rn 8).

4 **2) Tatsächlicher Zugang. a) Erhalt des Dokuments.** Der Adressat muss das Dokument (§ 166 I) tatsächl erhalten („in die Hand bekommen", BGH MDR 2019, 1521 Tz 31; BGH NJW 2007, 1605; BFHE 244, 536 = NJW 2014, 2524 Tz 65 ff), durch Zugang (Aushändigung) somit die Möglichkeit erlangt haben, von seinem Inhalt Kenntnis zu nehmen (BGH NJW 2001, 1946, 1947). Der „tatsächl Zugang" geht damit über § 130 BGB hinaus, der es genügen lässt, dass das Schriftstück in den Machtbereich des Empfängers gelangt (BFH NJW 2014, 2524 Tz 66). Bei ***elektronischer Übermittlung*** genügt daher der Eingang im elektronischen Postfach des Adressaten noch nicht; erforderl ist auch der Aufruf der Nachricht (KG NJ 2025, 131; aA LG Gießen RDi 2024, 139; sa § 173 Rn 18). Eine Einschreibesendung ist, wenn dem Inhaber eines Postfachs die Nachricht über deren Ein-

gang bei der Post in das Fach gelegt wird, nicht bereits hierdurch, sondern erst zugegangen, wenn der Empfänger sie abholt (OLG Celle NJW 74, 1386). Soll fehlerhafte Zustellung nach §§ 173, 175 geheilt werden, ist neben dem tatsächl Zugang des Dokuments die **Empfangsbereitschaft** des Adressaten notwendig (BGH NJW-RR 2015, 953 Tz 12 mN; s § 173 Rn 5, § 175 Rn 4). Bei Zustellung per Telefax genügt erneuter Zugang einer Telekopie.

Der Zugang eines inhaltsgleichen **anderen Schriftstücks** per Telefax, als Kopie oder Scan soll nach **hM** ausreichen (BGH MDR 2020, 750 Tz 21 ff; BGH MDR 2018, 763; OLG Schleswig WRP 2020, 369; OLG Frankfurt 4.3. 2021 – 6 U 123/20; KG 5.9.2005 – 12 U 95/05, KGR Berlin 2006, 5; MK/Häublein/Müller Rn 17; offen gelassen von BGH 19.6.2019 – IV ZR 224/18 bei unterbliebener Zustellung einer Ausfertigung), selbst wenn die Kopie nicht von dem zuzustellenden Schriftstück gefertigt wurde (BGH FamRZ 2021, 55); **nicht** genügen sollen ledigl die bloße mündl Unterrichtung über den Inhalt des Dokuments (BGHZ 70, 384, 387 = NJW 78, 1325; BGH NJW-RR 2011, 1011 Tz 11), die hand- oder maschinenschriftl Abschrift (BGH MDR 2020, 750 Tz 25) oder die **durch Akteneinsicht** erlangte Kenntnis (auch wenn eine Fotokopie gefertigt wird; OLG Dresden 26.4.2021 – 4 W 272/21; OLG Zweibrücken ZfSch 2020, 51). Dass der Zustellungsadressat hinreichend sichere Kenntnis von dem Inhalt des Schriftstücks erlangt, genügt nach dem Wortlaut des § 189 jedoch nicht für eine Heilung. Zutreffend ist daher die **aA**, die Heilung nur bei Zugang des zuzustellenden Schriftstücks annimmt (OLG München GRUR 2018, 444; OLG Hamburg MDR 2018, 424; OLGR Karlsruhe 2008, 527; OLG Hamm MDR 92, 78; VGH BadWürtt VBlBW 2020, 376; St/Thöne Rn 7). 4a

b) Person des Empfängers. Der tatsächl Zugang muss **beim (richtigen) Zustellungsadressaten** (§ 166 Rn 1) erfolgen (§ 189 Alt 1), nicht ausreichend ist Zugang bei Ersatzperson (§ 178; auch nicht bei fehlerhafter Ersatzzustellung nach § 178 I; BGH MDR 2001, 889). Zugegangen sein muss das Dokument im Falle des § 170 an den ges Vertreter oder Leiter, im Falle des § 172 an den ProzBev (BVerfG NJW 2017, 318 Tz 20). Auch wenn der RA später ProzBev wird und bereits vorher in den Besitz des Dokuments gelangt ist, kann mit der Bevollmächtigung die Zustellung als bewirkt angesehen werden, wenn er es noch in Besitz hat (BGH NJW-RR 2011, 417 Tz 11; OLG Frankfurt 27.1.2022 – 26 W 25/21). Gleiches gilt für den InsSch nach Aufhebung des InsVerf (BAG DB 2024, 2573). 5

Zugang an den richtigen Adressaten ermöglicht Heilung auch, wenn das Dokument nicht an ihn gerichtet war, aber nach §§ 170-172 **gerichtet werden konnte** (§ 189 Alt 2; BGH NJW 2017, 2472 = MDR 2017, 1078 Tz 47). Heilen kann daher die an die nicht prozessfähige Person gerichtete und erfolgte Zustellung mit tatsächl Zugang an den ges Vertreter (§ 170) oder ProzBev (BGH MDR 2015, 535 Tz 12 ff = NJW 2015, 1760); § 170 I 2 steht einer Heilung nicht entgegen. Dasselbe gilt bei einer an einen nicht nach § 170 taugl Vertreter gerichtete Zustellung (BGH VersR 2020, 1062 Tz 17; zur falschen Vertretungsbehörde sa § 18 Rn 4). Ist Zustellungsadressat die Partei und nicht deren ProzBev, kann der darin liegende Verstoß gegen § 172 durch tatsächl Zugang beim ProzBev heilen; ebenso tritt Heilung ein, wenn die fehlerhaft (s aber § 172 Rn 9) an einen früheren ProzBev gerichtete Zustellung von diesem an den gesetzmäßigen Adressaten (Partei, neuer ProzBev gem § 172) weitergeleitet wird (OLG Frankfurt 6.2.2017 – 19 U 190/16; aber nicht bei Weiterleitung einer bloßen Kopie: Rn 4a). Heilung tritt auch ein bei Zustellung an eine Person, die in doppelter Eigenschaft tätig wird (Vorstand und Liquidator), wenn in dem Dokument die andere (Vorstand) als die für den Rechtsakt maßgebende Eigenschaft (Liquidator) angesprochen ist (BGHZ 32, 114). **Nicht** anwendbar ist § 189 jedoch auf sachl Mängel der Zustellungssendung, so bei falscher Bezeichnung der Partei oder ihres Vertreters (BGH NJW 2017, 2472 = MDR 2017, 1078 Tz 40 f), selbst wenn sich der richtige Adressat durch Auslegung der Parteibezeichnung ermitteln lässt und eine Rubrumsberichtigung mögl ist (BGH NJW 2017, 2472 Tz 58). 6

3) Zustellungsmangel. a) Nachweismangel. § 189 ermöglicht Feststellung der Zustellung und deren Zeitpunkts, wenn der Nachweis durch Zustellungsurkunde (§ 182 I, § 418; zB weil sie verloren gegangen ist), das (e)EB oder andere Beweismittel nicht geführt werden kann. 7

b) Zustellungsfehler. § 189 heilt (nur) Verletzung zwingender Zustellungsvorschriften. Das sind Vorschriften, die Bestimmung über den Adressaten (zB §§ 170, 172) und Ersatzzustellung, damit auch den Empfänger (§ 178) regeln, sowie Formvorschriften über die Durchführung der Zustellung (s bei den einzelnen Vorschriften). Ein **Mangel** des bei Zustellung **übergebenen Schriftstücks** (s § 169 Rn 12) oder des übermittelten elektronischen Dokuments ist hingegen kein Zustellungsmangel, kann somit nicht nach § 189 heilen (str, Nachw sogleich). Im Einzelnen gilt: 8

aa) Zustellung nicht begl Abschrift (s § 166 Rn 9; § 169 Rn 12) ist nach Ansicht des **BGH** nach § 189 heilbarer Zustellungsmangel, nicht Mangel des Schriftstücks (BGHZ 208, 255 Tz 17 ff = NJW 2016, 1517 = MDR 2016, 545; BGH NJW 2017, 3721 Tz 17 f; für Urteil BGH MDR 2022, 846; ebenso BSG 1.8.2024 – B 4 AS 246/23 BH; OLG Köln WRP 2020, 238; MK/Häublein/Müller Rn 12; für einstw Verfügung offen gelassen BGH VersR 2019, 550 Tz 14). Voraussetzung ist, dass keine Zweifel an Authentizität und Amtlichkeit des zuzustellenden Dokuments bestehen, zB bei Übermittlung der Abschrift durch das Gericht per beA (BGH MDR 2022, 846). Die zutreffende **aA** (OLG Düsseldorf GRUR-RR 2019, 240; OLG München GRUR 2018, 444; OLG Karlsruhe WM 2015, 1816; Rohe WuB 2016, 715; Böttcher NJW 2016, 1520; St/Thöne Rn 16) lehnt eine Heilungsmöglichkeit ab. Zu der Frage, in welcher Form (Urschrift, Ausfertigung oder begl Abschrift) das Schriftstück zuzustellen ist, 9 enthalten die Zustellungsvorschriften keine Aussage; die Regelung ist den prozessrechtl Vorschriften vorbehalten (BTDrs 14/4554, 16). Die Beglaubigung betrifft somit nicht den Zustellungsvorgang, sondern die Wahrung der prozessrechtl vorgeschriebenen Form des Schriftstücks.

10 **bb) Unvollständige Übergabe** eines begl Schriftstücks, zB wegen Fehlens von Seiten (s § 169 Rn 12) oder Fehlens der im Arrestbefehl bzw einstw Verfügung in Bezug genommenen Antragsschrift als Anlage, stellt keinen Verstoß gegen Zustellungsvorschriften dar, sondern betrifft Mängel des hergestellten Schriftstücks, so dass Heilung ausscheidet (OLG Düsseldorf MDR 2010, 652; OLG München NJW-RR 2003, 1722). Dasselbe gilt, wenn Teile des Schriftstücks nicht begl sind (s Rn 9; aA OLG Nürnberg NJW 76, 1101).

11 **cc) Mängel der Beglaubigung**, zB Verwendung einer untaugl qualifiziert elektron Signatur nach § 169 IV 2, betreffen die Anforderungen des § 169 und damit Zustellungsvorschriften des § 169, so dass Heilung nach § 189 mögl ist (iErg OLG Braunschweig RDi 2021, 154). Auch die **fehlende Wiedergabe der Unterschriften** begründet Mangel der begl Abschrift (s § 169 Rn 8) und kann nach § 189 heilen. Das muss entspr gelten, wenn der **Ersetzungsvermerk** für den an der Unterzeichnung verhinderten Richter (§ 315 I 2) fehlt (OLG Stuttgart NJW-RR 89, 1534; dazu sa § 315 Rn 9). Wenn von einem nicht unterschriebenen, damit unwirksamen (nicht verkündeten) Urteil oder Beschl begl Abschrift (oder Ausfertigung) unter Angabe von Unterschriften (Namen von Richtern) erteilt und zugestellt wird, kommt es auf § 189 nicht an, denn die Zustellung kann nicht Wirksamkeit des Urteils begründen (BGHZ 137, 49, 51 = NJW 98, 609).

12 **dd) Fehlen oder Fehlerhaftigkeit des Verkündungs- oder Zustellungsvermerks** (§ 315 III) in der Hauptschrift des Urteils hat keine Rechtsfolge (§ 315 Rn 12); fehlt er in der übergebenen begl Abschrift, wird die Zustellung dadurch nicht beeinträchtigt.

13 **III) Wirkung. 1) Zustellungsfiktion.** Als zugestellt gilt das Dokument zu dem Zeitpunkt, zu dem es **tatsächl zugegangen** (s Rn 4-6) ist. Die Zustellungsfiktion entfaltet dann die gleichen Wirkungen wie die zu diesem Zeitpunkt erfolgte Zustellung; § 167 ist daher anwendbar (BGHZ 204, 268 Tz 19 = NJW 2015, 1760; s § 167 Rn 19). Eine spätere formgerechte Zustellung des Dokuments ändert daran nichts (BFH/NV 2017, 1058).

14 **2) Nachweis.** Beweis des tatsächl Zugangs kann mit allen Beweismitteln geführt werden; die Darlegungs- und Beweislast trifft denjenigen, der sich auf die Wirksamkeit der Zustellung beruft (dazu Fölsch NJW 2015, 1761, 1762). Ist eine Reaktion auf das zugestellte Schriftstück bei Gericht eingegangen (zB Verteidigungsanzeige), ist tatsächl Zugang jedenfalls am Tag des Eingangs nachgewiesen (BGH VersR 2016, 133 Tz 24; BGH MDR 2015, 849 Tz 8). Kommt es für die Wirksamkeit nur auf die Tatsache (nicht aber auch auf den Zeitpunkt) der Zustellung an (zB für Beginn der ZwV nach § 750 I), dann kann Feststellung des Zeitpunktes ggf unterbleiben.

15 **3) Entscheidung.** Bestimmung trifft (inzidenter) das Gericht, das mit der Entscheidung der Wirksamkeit der Zustellung in einem anhängigen Verf befasst ist (bei ZwV, § 750 I, auch der GV, bei Erinnerung [§ 766] das Vollstreckungsgericht); gesonderter (selbständig anfechtbarer) Beschluss ergeht nicht. Bei Erteilung des Rechtskraftzeugnisses (§ 706 I) obliegt Feststellung dem UrkB. Feststellungsklage ist unzulässig, weil die Zustellung (nicht ihre Rechtsfolge) Realakt, nicht aber Rechtsverhältnis iSd § 256 ist. Auch im Verf nach § 23 EGGVG kann eine Heilung nicht festgestellt werden (OLG Karlsruhe OLGZ 85, 201).

§ 190 Einheitliche Zustellungsformulare

Das Bundesministerium der Justiz und für Verbraucherschutz wird ermächtigt, durch Rechtsverordnung mit Zustimmung des Bundesrates zur Vereinfachung und Vereinheitlichung der Zustellung Formulare einzuführen.

1 Als Ermächtigungsgrundlage (Art 80 I GG) für die Einführung einheitl **Formulare** für Zustellungen, die von Justizbediensteten (auch dem GV), den Zustellern anderer Behörden und allen nach § 61 PostG beliehenen Unternehmern zu verwenden sind, ermöglicht § 190 Festlegung der Formulare insb für den Zustellungsauftrag (§ 168), die Zustellungsurkunde (§ 182), die schriftl Mitteilung über eine Zustellung durch Niederlegung (§ 181 I 2) und für den Umschlag zum Versand (§ 176 II). Formulare sind eingeführt durch die ZustVV. Diese regelt auch Weitergeltung zwischenzeitl überarbeiteter Formulare (s § 182 Rn 2).

Untertitel 2
Zustellungen auf Betreiben der Parteien (§§ 191-195)

§ 191 Zustellung

Ist eine Zustellung auf Betreiben der Parteien zugelassen oder vorgeschrieben, finden die Vorschriften über die Zustellung von Amts wegen entsprechende Anwendung, soweit sich nicht aus den nachfolgenden Vorschriften Abweichungen ergeben.

I) Gegenstand. Zugestellt auf **Betreiben der Parteien** (s § 166 Rn 7) werden Willenserklärungen nach § 132 BGB sowie insb 1

- nicht bereits (anderweit) zugestellte Urteile und sonstige Vollstreckungstitel sowie Urk zum Beginn der ZwV (§§ 750, 751 II, §§ 756, 795), VB, wenn der ASt die Übergabe an sich verlangt hat (§ 699 IV 1 u 2), **nicht** aber die Räumungsmitteilung (BTDrs 17/11471, 255; sa § 885 Rn 15);
- Arreste und einstw Verfügungen nach §§ 922, 936;
- Zustellungen im Verf zur Abgabe einer Vermögensauskunft (§ 802f VI; BGH MDR 2018, 621; OLG Stuttgart NJW 2015, 2513), **nicht** jedoch die Aushändigung des Haftbefehls (§ 802g II);
- Pfändungs- und Überweisungsbeschlüsse (§ 829 II, § 835 III, §§ 846, 857 I, § 858 III), Pfändungsbenachrichtigungen (§ 845) und Verzichte der Gläubiger auf die Rechte aus der Pfändung und Überweisung (§ 843), **nicht** aber die Zustellung der Eintragungsanordnung (§ 882c II 2, s § 882c Rn 6).

Zugelassen ist die Zustellung im Parteibetrieb in Form des § 195 für vAw zuzustellende Schriftsätze (s § 195 Rn 8).

II) Anwendbare Vorschriften. Entspr **anwendbar sind** § 166 I (Begriff Zustellung), § 167 (Rückwirkung), § 168 I 2 u 3 (Postauftrag), §§ 170-172 (Zustellung an Vertreter, Bevollmächtigte und ProzBev), §§ 177-181 (Ausführung der Zustellung), § 182 I u II (ergänzt durch §§ 193, 194), §§ 183-188 (Zustellung im Ausland und öffentl Zustellung, sa § 183 Rn 26), § 189 (Heilung) und § 190 (Formulare). Niederlegung (§ 181 I) kann, wenn der GV selbst zustellt, nur auf der GeschSt des AG erfolgen, wenn er die Post mit der Zustellung beauftragt hat (§ 194) nur bei einer von dieser dafür bestimmten Stelle (s § 181 Rn 3). 2

Nicht anwendbar sind § 166 II (dafür § 191), teilw § 168 (ersetzt durch § 192) und §§ 173, 175 (dafür § 195) sowie wegen der abschließenden Aufzählung der Zustellungsformen in §§ 193-194 (s § 192 Rn 3) § 174 (Aushändigung an der Amtsstelle), § 176 I (Einschreiben), II (für Auftrag an Post jedoch anwendbar und teilw ersetzt durch § 194) und § 182 III (ersetzt durch § 194 II). 3

III) Antragserfordernis. Zustellung im Parteibetrieb erfordert **Antrag** für Ersuchen des Vors des Prozessgerichts zur Auslandszustellung (§ 183; kein Anwaltszwang; OLG Dresden NJ 2019, 34), für gerichtl Anordnung, dass ein ZustBev zu benennen ist (§ 184 I) und für Bewilligung der öffentl Zustellung (§ 186 I). Für den Antrag auf öffentl Zustellung besteht in Anwaltsprozessen (§ 78) Anwaltszwang; in amtsgerichtl Verf (auch bei Zuständigkeit des Vollstreckungsgerichts) kann er auch zu Protokoll erklärt werden (§ 496). 4

IÜ genügt **Auftragserteilung** an den zuständigen GV (§ 192 Rn 1), dabei kann die Verteilerstelle am AG (§§ 22 ff GVO) zu Hilfe genommen werden. Auftraggeber ist idR die **Partei** (vgl § 193 I, § 193a I); in amtsgerichtl Verf kann aber auch die GeschSt um Vermittlung der Zustellung durch den GV ersuchen (s § 192 Rn 5). Erteilt werden kann der Auftrag dem GV **mündl**; schlüssiges Verhalten genügt (**Formulierungsvorschlag:** Vorwerk/Riedel, PFB, M 26.1). Die Prozesshandlungsvoraussetzungen müssen vorliegen, insb ist Prozessfähigkeit der Partei erforderl (LG Saarbrücken Rpfleger 2019, 147). Dem Zustellungsadressaten hat der GV seinen Auftrag nicht nachzuweisen (BGH NJW 81, 1210; St/Thöne § 192 Rn 5). Anwaltszwang besteht nicht (§ 78 III). Erteilen kann den Auftrag daher auch die Partei selbst, ein (bevollmächtigter) Dritter sowie ein (bevollmächtigter) anderer Anwalt als der ProzBev (RGZ 17, 392). Für Auftragserteilung durch RA gilt § 130d (AG Karlsruhe JurBüro 2022, 669); soll ein Papierdokument in Urschrift oder als Ausfertigung zugestellt werden, bedarf es neben der elektron Auftragserteilung dessen Übermittlung an den GV in Papierform. Die Vollmacht eines RA hat der GV nicht zu prüfen (§ 88). 5

Eine **ohne Antrag oder Auftrag** (auch ohne Bevollmächtigung des Auftraggebers) ausgeführte Zustellung ist unwirksam; sie kann jedoch (rückwirkend) von der zustellenden Partei genehmigt werden (RGZ 17, 411, 415). Eine ohne Vollmachtsvorlage zugestellte einseitige rechtsgeschäftl Erklärung (§ 132 BGB) eines Bevollmächtigten kann mit der Wirkung des § 174 BGB (unverzüglich) zurückgewiesen werden (BGH NJW 81, 1210). 6

§ 192 Zustellung durch Gerichtsvollzieher

[1]Die von den Parteien zu betreibenden Zustellungen erfolgen unbeschadet der Zustellung im Ausland (§ 183) durch den Gerichtsvollzieher. [2]Im Verfahren vor dem Amtsgericht kann die Partei den Gerichts-

vollzieher durch Vermittlung durch die Geschäftsstelle des Prozessgerichts mit der Zustellung beauftragen. [3]Insoweit hat diese den Gerichtsvollzieher mit der Zustellung zu beauftragen.

1 **I) Zuständigkeit (§ 192 S 1). 1) Inlandszustellung.** § 192 S 1 bestimmt, dass der **Gerichtsvollzieher (GV)** idR für die Zustellung auf Betreiben der Parteien zuständig ist. Der GV kann das zuzustellende Dokument als Schriftstück persönl zustellen (§ 193) oder die Post mit der Zustellung beauftragen (§ 194); daneben obliegt ihm die Zustellung als elektronisches Dokument (§ 193a). **Örtl zuständig** ist grds der GV, in dessen Bezirk der Schuldner, hilfsweise der Zustellungsempfänger seinen allgemeinen Gerichtsstand (§§ 12 ff) hat (§ 16 I GVO). Persönl Zustellungen darf der GV nur in seinem Bezirk ausführen; Ausnahme: persönl Zustellung von Pfändungsbeschl an mehrere Drittschuldner in demselben Amtsgerichtsbezirk (§ 16 II GVO). Im Fall des § 840 ist daher der GV am Sitz des ersten Drittschuldners zuständig. Verstoß gegen Zuständigkeitsregeln berührt die Wirksamkeit der Zustellung nicht (vgl § 14 II GVO). Der **UrkB** wirkt bei der Zustellung auf Betreiben der Parteien (außer bei Vermittlung nach S 2, s Rn 5) nicht mit.

2 **2) Zustellungen im Ausland.** Für sie verbleibt es auch bei Zustellungen im Parteibetrieb bei den Zuständigkeiten nach § 183, wie S 1 klarstellt (s Begr BTDrs 18/10714, 18). Für Zustellungen nach § 922 II, § 936 ist daher im Anwendungsbereich der EuZustVO gem § 183 I 2, § 1069 I Nr 1 das **Prozessgericht** zuständig (KG Magazindienst 2009, 136; sa § 922 Rn 15), ebenso für die Anordnung einer Zustellung durch Einschreiben mit Rückschein nach § 183 II 2 Hs 1; entspr für Zustellungen von Pfändungs- und Überweisungsbeschlüssen (s § 191 Rn 1) das **Vollstreckungsgericht.** Für andere Zustellungen im Parteibetrieb ohne Zusammenhang mit einer gerichtl Tätigkeit besteht im Anwendungsbereich der EuZustVO eine Zuständigkeit des **AG** nach § 1069 I Nr 2.

3 **II) Wahl der Zustellungsform. 1) Mögliche Zustellungsformen.** Die Zustellungsformen sind in §§ 193-194 abschließend geregelt; dass § 192 nF nicht mehr ausdrückl auf die §§ 193, 194 verweist, ändert daran nichts (Begr BTDrs 19/31119, 4). Ausgeschlossen ist daher die Zustellung durch den GV gegen EB (§§ 173, 175) und durch Einschreiben gegen Rückschein im Inland (§ 176 I; Begr BTDrs 14/4554, 25). **Persönl Ausführung** (§ 193) **oder elektron Zustellung** (§ 193a) ist **zwingend** bei Zustellung des Pfändungsbeschlusses an den Drittschuldner mit der Aufforderung des § 840 (s § 840 Rn 3) oder bei Zustellung solcher Willenserklärungen gem § 132 BGB, deren Wirksamkeit von der gleichzeitigen Vorlage einer Urk abhängt (§§ 111, 174, 410, 1160, 1858 II BGB).

4 **2) Ermessen des Gerichtsvollziehers.** Ist durch den Gegenstand keine Zustellungsform vorgegeben, hat der GV die Wahl nach pflichtgemäßem Ermessen zu treffen (vgl § 15 II 1 GVGA). Persönl zuzustellen hat der GV neben den in Rn 3 genannten Fällen, wenn die Sache eilbedürftig ist oder es besondere Umstände erfordern; ebenso idR bei Antrag des Auftraggebers oder wenn Zustellung durch die Post (ausnahmsweise) höhere Kosten verursacht (§ 15 II 2 GVGA). Ist die Zustellung eines elektron Dokuments nach § 193a möglich, wird diese Zustellungsform auch idR zur Vermeidung von Medienbrüchen als einfachste Art der Zustellung angezeigt sein. IÜ entscheidet der GV nach Zweckmäßigkeitserwägungen. Er muss dem Verlangen der Partei nach einer bestimmten Zustellungsform nicht stattgeben (OLG Hamm JurBüro 2017, 662; OLG Frankfurt 2.12.2016 – 12 W 2/16; OLG Karlsruhe NJW-RR 2016, 1534; OLG Stuttgart JurBüro 2016, 364; OLG Stuttgart NJW 2015, 2513; KG DGVZ 2016, 110; OLG Köln Rpfleger 2015, 661). Das gilt auch in der ZwV (zB Ladung zur Abnahme der Vermögensauskunft gem § 802f VI), denn die in der ZwV bestehende Weisungsgebundenheit des GV (s § 753 Rn 4) erstreckt sich nicht auf das selbständig geregelte Zustellungsrecht. Eine Ermessensreduktion „auf Null“ tritt auch nicht allein aufgrund des Kosteninteresses des Auftraggebers ein, der eine Zustellung durch die Post verlangt. Aber selbst bei einem Ermessensfehlgebrauch des GV im Einzelfall scheidet eine unrichtige Sachbehandlung iSd § 7 I GvKostG aus (OLG Celle DGVZ 2017, 110).

5 **III) Vermittlung durch die Geschäftsstelle (§ 192 S 2, 3).** Nur im Verf vor dem AG (Vollstreckungsgericht, § 764 I) kann eine Partei auf die GeschSt zur Vermittlung des Zustellungsauftrags zugreifen; Ausnahme: § 699 IV 2 Hs 2. Praktische Bedeutung erlangt das für die Zustellung des Pfändungs- und Überweisungsbeschlusses (§ 829 II, § 835 III 1). Die GeschSt hat mit der Zustellung dann den GV zu beauftragen.

6 **IV) Rechtsschutz. Erinnerung** nach § 766 II (dann § 793), wenn der GV es ablehnt, im Vollstreckungsverf eine Zustellung im Parteibetrieb vorzunehmen oder ordnungsgemäß auszuführen (LG Saarbrücken Rpfleger 2019, 147). Außerhalb des Vollstreckungsverf ist Ablehnung der Zustellung durch den GV nach **§ 23 EGGVG** anfechtbar (OLG Karlsruhe DGVZ 2016, 227 für Zustellung einer Willenserklärung; Hamm FamRZ 2004, 1593 für Zustellung eines ausl VU; s § 23 EGGVG Rn 10); der GV handelt insoweit als Justizbehörde im funktionellen Sinn. § 23 EGGVG ist auch einschlägig, wenn mit der Zustellung erst die Voraussetzungen der ZwV geschaffen werden sollen (OLG Hamm DGVZ 2011, 130 für Zustellung nach § 750).

7 Haftung für Fehler des GV: § 839 BGB, Art 14 GG (OLG Dresden Rpfleger 2018, 484). Zu den **Amtspflichten** des GV gehört auch die Beachtung der Vorschriften der GVGA (§§ 9-29) über Zustellungen (§ 1 S 4 GVGA; dazu s § 753 Rn 4).

§ 193 Zustellung von Schriftstücken

(1) [1]Soll ein Dokument als Schriftstück zugestellt werden, so übermittelt die Partei dem Gerichtsvollzieher das zuzustellende Dokument

1. in Papierform zusammen mit den erforderlichen Abschriften oder

2. als elektronisches Dokument auf einem sicheren Übermittlungsweg.

[2]Im Falle des Satzes 1 Nummer 1 beglaubigt der Gerichtsvollzieher die Abschriften; er kann fehlende Abschriften selbst herstellen. [3]Im Falle des Satzes 1 Nummer 2 fertigt der Gerichtsvollzieher die erforderlichen Abschriften als Ausdrucke selbst und beglaubigt diese.

(2) [1]Der Gerichtsvollzieher beurkundet im Falle des Absatzes 1 Satz 1 Nummer 1 auf der Urschrift des zuzustellenden Schriftstücks oder auf dem mit der Urschrift zu verbindenden hierfür vorgesehenen Formular die Ausführung der Zustellung nach § 182 Abs. 2 und vermerkt die Person, in deren Auftrag er zugestellt hat. [2]Im Falle des Absatzes 1 Satz 1 Nummer 2 gilt Satz 1 mit der Maßgabe, dass der Gerichtsvollzieher die Beurkundung auf einem Ausdruck des zuzustellenden elektronischen Dokuments oder auf dem mit dem Ausdruck zu verbindenden hierfür vorgesehenen Formular vornimmt. [3]Bei Zustellung durch Aufgabe zur Post ist das Datum und die Anschrift, unter der die Aufgabe erfolgte, zu vermerken.

(3) Der Gerichtsvollzieher vermerkt auf dem zu übergebenden Schriftstück den Tag der Zustellung, sofern er nicht eine beglaubigte Abschrift der Zustellungsurkunde übergibt.

(4) Die Zustellungsurkunde ist der Partei zu übermitteln, für die zugestellt wurde.

I) Zweck. § 193 regelt die persönl Zustellung des bekanntzugebenden Dokuments (in Papierform oder als elektron Dokument, I) beim Empfänger als Schriftstück; soll die Zustellung als elektron Dokument erfolgen, gilt § 193a. Die **persönl Zustellung** verschafft dem Auftraggeber den **Zustellungsnachweis (II, IV)** und ermöglicht dem Adressaten die Prüfung der Zustellung **(III)**. 1

II) Übermittlung des zuzustellenden Dokuments (§ 193 I). 1) Übermittlung in Papierform. a) Die **Übermittlung** des zuzustellenden Schriftstücks in Papierform **(I 1 Nr 1)** an den GV (der GeschSt bei Vermittlung, § 192 S 2) hat **in Urschrift** zu erfolgen. Urschrift ist die dem Auftraggeber erteilte begl Abschrift (§ 317 I; sa § 829 Rn 14; kann auch eine Ausfertigung in Papierform sein, § 317 II) oder vollstr Ausfertigung (§ 724) des Urteils oder Beschlusses (§ 329), VB (§ 699 IV 2), Prozessvergleichs (§ 794 I Nr 1), der notariellen Urk (§ 794 I Nr 5), die Abschrift einer öffentl oder öffentl begl Urk (§ 750 II), der Verzicht des Pfändungsgläubigers (§ 843), die Benachrichtigung über die bevorstehende Pfändung oder das sonst zuzustellende Dokument. Bei Zustellung einer **Willenserklärung** (§ 132 I BGB) bestimmt sich die Form nach materiellem Recht (BGHZ 36, 201, 207; BGHZ 130, 71, 74 = NJW 95, 2217). Ist Schriftform, notarielle Beglaubigung oder Beurkundung gesetzl oder vertragl erforderl, erfordert dies Übergabe des Originals oder einer Ausfertigung (vertritt die Urschrift der notariellen Urk, § 47 BeurkG); Zustellung einer (vom GV) begl Abschrift reicht nicht aus (BGH NJW 95, 2217); bei Formfreiheit sind an die Urschrift keine Anforderungen zu stellen, sie bedarf insb keiner Unterschrift (BGH NJW 67, 823, 824). Eine nach früher hM ausreichende **Übermittlung mittels Telefax** an den GV wird durch I 1 Nr 1 idF v 5.10.2021, der ausdrückl eine Übermittlung „in Papierform" verlangt und auf eine § 175 II nF entspr Regelung verzichtet, nunmehr ausgeschlossen (Schultzky MDR 2022, 201 Tz 28). Mit der Möglichkeit zur Einreichung als elektron Dokument in I 1 Nr 2 (s Rn 5 ff) hat sich der Gesetzgeber bewusst für den elektron Rechtsverkehr entschieden (BTDrs 19/31119, 4). 2

b) Erforderliche Abschriften sind ebenfalls von der Partei zu übergeben (I 1 Nr 1). Ihre Zahl richtet sich nach der Zahl der Personen, denen zuzustellen ist. Wie bei **fehlenden Abschriften** vom GV zu verfahren ist, gibt § 16 II GVGA für diesen verbindl vor: Der GV fordert sie bei Vertretung durch RA (auch bei PKH-Beiordnung), Notar oder Rechtsbeistand grds nach. Selbst herstellen muss er sie bei Dringlichkeit (insb bei Gefahr für rechtzeitige Erledigung); iÜ kann er sie selbst herstellen **(I 2 Hs 2)**, wenn der Partei hierdurch keine wesentl höheren Kosten entstehen. Ist der Auftraggeber nicht durch einen RA vertreten, obliegt die Herstellung fehlender Abschriften stets dem GV (Ausnahme bei **III** und Partei mit PKH-Bewilligung: GeschSt). 3

c) Beglaubigung der bei Zustellung zu übergebenden Abschriften erfolgt durch den GV (**I 2 Hs 1**; sa § 16 III GVGA). Bei den von einem RA (auch Kammerrechtsbeistand, § 3 RDGEG) eingereichten Schriftstücken kann Beglaubigung auch von diesem vorgenommen werden (§ 169 II 2 mit § 191; BTDrs 14/4554, 25). Wenn die Urschrift des zuzustellenden Schriftstücks eine begl Abschrift oder Ausfertigung ist (s Rn 2), muss die (zu übergebende) begl Abschrift auch den auf der Urschrift angebrachten Beglaubigungs- oder Ausfertigungsvermerk enthalten (BGH VersR 85, 358, 359; OLG Celle WRP 93, 181) und erkennen lassen, dass dieser von einem UrkB unterschrieben ist (OLG Hamburg DGVZ 2002, 137; s § 169 Rn 8); jedoch wird „gez Unterschrift" für genügend erachtet (BGH NJW 65, 104, 105). Ein aufgebrachtes oder aufgedrucktes Gerichtssiegel kann mit dem Hinweis „L. S." (loco sigilli), „Siegel" oÄ dargestellt werden (OLG Hamburg DGVZ 2002, 137); wesentl Erfordernis der Beglaubigung ist dieser Hinweis nicht. 4

5 **2) Übermittlung als elektronisches Dokument. a)** Ist ein **elektron Dokument** in Papierform zuzustellen, erfolgt dessen Übermittlung an den GV (oder die Verteilerstelle, sa § 24 III GVO) auf einem sicheren Übermittlungsweg iSd § 130a IV; der GV ist zur Eröffnung eines solchen Übermittlungswegs nach § 173 II 1 Nr 1 verpflichtet. Das elektron Dokument stellt dabei selbst die Urschrift dar, auch wenn es sich um eine beglaubigte elektron Abschrift iSd § 169 IV handelt (s Rn 2).

6 **b) Erforderl Abschriften** werden bei elektron Einreichung stets durch den GV in Form eines Ausdrucks des elektron Dokuments gefertigt (I 3). Für die Beurkundung der Zustellung ist die Fertigung eines weiteren Ausdrucks erforderl (s Rn 8). Dieser zusätzl Aufwand kann nur durch Zustellung nach § 193a I Nr 1 vermieden werden.

7 **c)** Die **Beglaubigung** erfolgt ebenfalls durch den GV. Ist das elektron Dokument seinerseits beglaubigte elektron Abschrift (§ 169 IV), muss dessen Beglaubigung durch qualifizierte elektron Signatur dem Zustellungsempfänger zur Kenntnis gebracht werden (wie Rn 4). Da die Signatur in Papierform nicht nachgebildet werden kann, muss der Hinweis auf die Signatur und der Name des signierenden UrkB genügen.

8 **III) Beurkundung (§ 193 II). 1) Herstellung.** Aufgenommen werden soll die Zustellungsurkunde am Zustellungsort (§ 24 I GVGA; dazu s § 182 Rn 2). Zu beurkunden hat der GV die Zustellung, die er selbst ausgeführt hat, auf der Urschrift des zuzustellenden Schriftstücks oder auf einem mit der Urschrift zu verbindenden Formular nach Anl 1 zu § 1 Nr 1 ZustVV (**II 1**). Bei Zustellung eines elektron Dokuments tritt an die Stelle der Urschrift nach **II 2** ein Ausdruck des zuzustellenden elektron Dokuments. Ist eine Ausfertigung zuzustellen, so ist eine getrennte Zustellungsurkunde aufzunehmen (RGZ 52, 14). Bei der **Verbindung** ist auf Haltbarkeit zu achten (§ 24 V 1 GVGA). Schnur und Siegel sind nicht erforderl. Auf die auf einen besonderen Bogen gesetzte und mit der Urschrift verbundene Urk ist die Geschäftsnummer zu setzen (§ 24 V 2 GVGA), damit bei etwaiger Loslösung die Übereinstimmung feststeht. Bei gleichzeitiger **Zustellung mehrerer Schriftstücke** (zB Urteil mit Vollstreckungsklausel und öffentl Urk, §§ 727, 750) genügt eine Zustellungsurkunde, wenn die Schriftstücke miteinander und mit der Zustellungsurkunde fest verbunden sind (LG Kassel DGVZ 2021, 88).

9 **2) Inhalt.** Den notwendigen Inhalt der Zustellungsurkunde des GV bestimmt **§ 182 II** (entspr Anwendung nach § 191). Die **Zeit** der Zustellung (§ 182 II Nr 7) ist auch nach Stunde und Minute anzugeben, wenn der Auftraggeber genaue Zeitangabe verlangt, oder dies nach dem Ermessen des GV im Einzelfall von Bedeutung erscheint (stets bei Zustellung eines Pfändungsbeschlusses und einer Benachrichtigung nach § 845 an Drittschuldner sowie dann, wenn die Zustellung eine nach Stunden berechnete Frist in Lauf setzt, § 24 II GVGA). Anzugeben ist in der Zustellungsurkunde des GV außerdem die **Person, in deren Auftrag** zugestellt wurde (II 1 aE, § 24 III 2 GVGA). Zu bezeichnen ist die Partei (Streithelfer, sonstige Person), die die Zustellung betreibt, nicht deren Vertreter (ProzBev) bei Auftragserteilung (MK/Häublein/Müller Rn 4). Wird für mehrere Personen zugestellt, sind alle (zB Streitgenossen) in der Urk anzugeben. Wird der (ein) Auftraggeber nicht angegeben, kann aber Nachweis, dass Zustellung (auch) durch ihn erfolgte, mit anderen Beweismitteln geführt werden (s Rn 14).

10 Bei Zustellung durch **Aufgabe zur Post** (§ 184 I 2; nicht Zustellungsauftrag nach §§ 194, 176 II) sind das Datum und die Anschrift, unter der die Aufgabe erfolgt ist, zu vermerken (**II 3**; sa § 184 Rn 11 ff). Ein Einlieferungsschein für ein Einschreiben wird mit der Urschrift verbunden.

11 **IV) Zustellungsvermerk (§ 193 III).** Auf dem **zu übergebenden Schriftstück** (oder einem fest zu verbindenden Bogen) hat der GV den **Tag** der Zustellung (nicht aber weitere Angaben nach § 182 II) zu vermerken; Unterzeichnung des Vermerks ist geboten, aber nicht zwingend vorgeschrieben. Statt des Zustellungsvermerks kann bei Zustellung eine begl Abschrift der Zustellungsurkunde übergeben (bei Aufgabe zur Post der Sendung beigefügt) werden; dies ist dann angezeigt, wenn der Adressat ein anzuerkennendes Interesse hat, die Wirksamkeit an Hand des Inhalts der Zustellungsurkunde nachzuprüfen (§ 24 IV 3 GVGA). Als Tag der Zustellung, der auf dem Schriftstück zu vermerken ist, ist bei Zustellung durch Aufgabe zur Post (s Rn 10) der Tag der Aufgabe mit dem Zusatz anzugeben, dass das Schriftstück zwei Wochen nach der Aufgabe als zugestellt gilt (§ 184 II 1; längere Frist dort S 2).

12 **V) Übermittlung der Zustellungsurkunde (§ 193 IV).** Sie erfolgt an den Auftraggeber mit der Urschrift oder dem Ausdruck des zuzustellenden Schriftstücks, auf das bzw den sie gesetzt oder mit dem sie verbunden ist.

13 **VI) Beweiskraft.** Für die Beweiskraft der Zustellungsurkunde gelten §§ 191, 182 I 2 (s § 182 Rn 14 f).

14 **VII) Verstoß.** Mängel der Zustellungsurkunde (II) begründen keine Unwirksamkeit der Zustellung, erschweren aber den Nachweis wirksamer Zustellung (s § 182 Rn 16 ff). Ebenso macht ein fehlender oder mangelhafter Zustellungsvermerk (**III**) die Zustellung nicht unwirksam (St/Thöne Rn 10; aA MK/Häublein/Müller Rn 13; überholt GemS BGHZ 67, 355 = NJW 77, 621; sa § 180 Rn 9); jedoch kann dann bei Versäumung einer Notfrist Wiedereinsetzung zu gewähren sein.

15 **VIII) Gebühren des Gerichtsvollziehers.** 100 GvKostG-KV; § 10 II 3 Nrn 1, 4 GvKostG. Bei Einreichung in Papierform (I 1 Nr 1) für Beglaubigung übersandter Abschriften (I 1 Hs 1) 103 GvKostG-KV, bei fehlenden Abschriften 700 GvKostG-KV, aber *nicht 103 GvKostG-KV (DB-GvKostG Nr 10a)*. Bei Einreichung als elektronisches Dokument (I 1 Nr 2) keine Auslagenerstattung wg 700 Nr 1 b GvKostG-KV (OLG Hamm DGVZ 2023, 200; LG Osnabrück DGVZ 2024, 113; aA OLG Düsseldorf MDR 2024, 935) und keine Beglaubigungsgebühr (DB-GvKostG Nr 10a).

§ 193a Zustellung von elektronischen Dokumenten

(1) [1]Soll ein Dokument als elektronisches Dokument zugestellt werden, so übermittelt die Partei dem Gerichtsvollzieher das zuzustellende Dokument
1. elektronisch auf einem sicheren Übermittlungsweg oder
2. als Schriftstück.
[2]Im Falle des Satzes 1 Nummer 2 überträgt der Gerichtsvollzieher das Schriftstück in ein elektronisches Dokument.

(2) [1]Als Nachweis der Zustellung dient die automatisierte Eingangsbestätigung. [2]Der Zeitpunkt der Zustellung ist der in der automatisierten Eingangsbestätigung ausgewiesene Zeitpunkt des Eingangs in dem vom Empfänger eröffneten elektronischen Postfach. [3]Im Falle des Absatzes 1 Satz 1 Nummer 1 ist die automatisierte Eingangsbestätigung mit dem zuzustellenden elektronischen Dokument zu verbinden und der Partei zu übermitteln, für die zugestellt wurde. [4]Im Falle des Absatzes 1 Satz 1 Nummer 2 fertigt der Gerichtsvollzieher einen Ausdruck der automatisierten Eingangsbestätigung, verbindet den Ausdruck mit dem zuzustellenden Schriftstück und übermittelt dieses der Partei, für die zugestellt wurde.

I) Zweck. § 193a regelt die Zustellung als elektron Dokument durch den GV, der nach § 173 II 1 Nr 1 über den dafür erforderl Zugang zum elektron Rechtsverkehr verfügen muss. Er gilt für alle Gegenstände der Zustellung im Parteibetrieb (BTDrs 19/31119, 6; s § 191 Rn 1). 1

II) Übermittlung des zuzustellenden Dokuments (§ 193a I). 1) Elektronisches Dokument. Die 130Einreichung des zuzustellenden elektron Dokuments beim GV (der GeschSt bei Vermittlung, § 192 S 2, oder der GV-Verteilerstelle, sa § 24 III GVO) erfolgt auf einem sicheren Übermittlungsweg iSd § 130 IV (**I 1 Nr 1**). In diesem Fall bedarf es weder der Herstellung von Ausdrucken noch einer Beglaubigung; auch die Übermittlung des Zustellungsnachweises erfordert keine Papierform (s Rn 6). 2

2) Schriftstück. a) Dass ein Schriftstück zuzustellen ist, schließt die elektron Zustellung idR nicht aus; anders ist es aber dann, wenn das mat Recht Zugang des Schriftstücks selbst verlangt (zB § 568 BGB; Bellardita DGVZ 2022, 4, 8). Seine Einreichung erfolgt dann in Papierform **(I 1 Nr 2)**; dem GV (der GeschSt im Falle des § 192 S 2) ist die **Urschrift** zu übermitteln (wie § 193 Rn 2). 3

b) Der GV hat das Schriftstück zum Zweck der Zustellung **in ein elektron Dokument zu übertragen** (**I 2**). Dabei gelten die Anforderungen des § 298a II nicht (Bellardita DGVZ 2022, 4, 7). Es ist aber abweichend von dem Fall der Zustellung als Schriftstück (§ 193 I 2) auch keine (elektron) Beglaubigung vorgesehen. Die Authentizität des übermittelten Dokuments wird dem Empfänger allein dadurch garantiert, dass der Transfer in elektron Form und die Verwendung des sicheren Übermittlungswegs in einer Hand, der des GV, liegen. Dies schließt es aus, dass die Übertragung und der Versand von unterschiedl Personen, insb verschiedenen GV, vorgenommen werden. 4

III) Elektronische Zustellung. Ihre Vornahme durch den GV ist in § 193a nicht geregelt; sie erfolgt nach §§ 191, 173 I (dazu BTDrs 19/31119, 5) ausschließl auf einem sicheren Übermittlungsweg iSd § 130a IV (s § 173 Rn 4). Dem GV steht hierzu das eBO zur Verfügung (s § 173 Rn 10.5). Eine Ausnahme für den GV, dass ihm die Zustellung auf einem anderen Übermittlungsweg mit qualifiziert elektron Signatur erlaubt ist, sieht das Gesetz nicht vor (aA Graetz DGVZ 2022, 49, 51). 4a

IV) Zustellungsnachweis (§ 193a II). Die Zustellung wird durch automatisierte Eingangsbestätigung (s § 173 Rn 22) nachgewiesen (**II 1**), auch wenn sich die Zustellung an einen Empfänger iSd § 173 II richtet, also zB an einen RA mittels beA. Die genaue **Zeit der Zustellung** lässt sich der Eingangsbestätigung entnehmen; auf die Kenntnisnahme oder die Möglichkeit dazu durch den Zustellungsempfänger kommt es nicht an (**II 2**). 5

Die automatisierte Eingangsbestätigung ist dem Auftraggeber nach **II 3** bei Zustellung eines elektron Dokuments elektron **zu übermitteln**. Um die Zustellung des Dokuments nachzuweisen, ist sie – wie bei § 164 III 2, § 319 II 3 – mit diesem elektron untrennbar zu verbinden, zB durch Zusammenführung der beiden Dateien in einem „Container", der vom GV mit einer qualifizierten Signatur versehen wird (BTDrs 19/31119, 5). Ist das zuzustellende Dokument ein Schriftstück, erfolgt der Zustellungsnachweis durch zu verbindende Ausdrucke von zuzustellendem Dokument und automatisierter Eingangsbestätigung (zur Verbindung s § 193 Rn 8), 6

Einen **Zustellungsvermerk**, in dem dem Zustellungsempfänger der Zeitpunkt der Zustellung mitgeteilt wird (s § 193 Rn 11), sieht § 193a nicht vor. Der Empfänger kann die erfolgte Zustellung und den in der automatisierten Eingangsbestätigung niedergelegten Zeitpunkt seinem elektron Posteingang entnehmen. 7

V) Verstoß. Das Fehlen einer automatisierten Eingangsbestätigung führt nicht zur Unwirksamkeit der Zustellung (s § 173 Rn 22). Bei Vorliegen einer Eingangsbestätigung ist der Beweis fehlender oder zu einem späteren Zeitpunkt erfolgter Zustellung nach § 191, § 173 IV 5 vom Empfänger zu führen. 8

VI) Gebühren des Gerichtsvollziehers. 101 GvKostG-KV nF (der bisherige Streit, ob es sich bei elektron Zustellung um eine sonstige oder persönl Zustellung handelt, ist dadurch erledigt). 9

§ 194 Zustellungsauftrag

(1) Beauftragt der Gerichtsvollzieher die Post mit der Ausführung der Zustellung, vermerkt er auf dem zuzustellenden Schriftstück, im Auftrag welcher Person er es der Post übergibt. Auf der Urschrift des zuzustellenden Schriftstücks oder auf einem mit ihr zu verbindenden Übergabebogen bezeugt er, dass die mit der Anschrift des Zustellungsadressaten, der Bezeichnung des absendenden Gerichtsvollziehers und einem Aktenzeichen versehene Sendung der Post übergeben wurde.

(2) Die Post leitet die Zustellungsurkunde unverzüglich an den Gerichtsvollzieher zurück.

1 **I) Zweck.** Ergänzende Regelung des Verf, wenn der GV die Post mit der Ausführung der Zustellung beauftragt.

2 **II) Zustellungsauftrag (§ 194 I 1).** Auf dem **Schriftstück** (der zu übergebenden Abschrift) vermerkt der GV die Person, die die Zustellung betreibt, und übergibt das zuzustellende Schriftstück (s § 166 Rn 9) in einem verschlossenen „inneren" **Umschlag** nach Anl 2 zu § 1 Nr 2 ZustVV, auf dem er auch einen Vermerk über die Angabe der Uhrzeit (s § 193 Rn 9) und eine unzulässige Ersatzzustellung (s § 178 Rn 22 ff) anbringt (Einzelheiten: § 26 GVGA), der Post (s § 168 Rn 3; zur Wahl des Postunternehmens durch den GV: § 26 II 2 GVGA). Zur Form der **Ablieferung** s § 176 Rn 6.

3 **III) Postübergabezeugnis (§ 194 I 2).** Dieses beurkundet, dass der GV einen Zustellungsauftrag an die Post erteilt hat. Es wird auf die Urschrift des Schriftstücks gesetzt oder auf einem mit ihr zu verbindenden Übergabebogen erstellt. Zu bezeugen hat es, dass der Post die mit der Anschrift des Zustellungsadressaten, der Bezeichnung des absendenden GV und einem Aktenzeichen versehene Sendung übergeben wurde. Die Postübergabeurkunde muss vom GV eigenhändig unterschrieben sein. Das Postübergabezeugnis ist Beweismittel, kein notwendiger (konstitutiver) Bestandteil der Zustellung.

4 **IV) Rückleitung der Zustellungsurkunde (§ 194 II).** Sie muss durch die Post nach Ausführung der Zustellung nach den §§ 177-181 (§ 191) unverzügl erfolgen; die Zustellungsurkunde ist dabei auf dem vorgesehenen Formular anzufertigen (§ 182 iVm § 191). Der GV übermittelt die Zustellungsurkunde der Person, für die zugestellt worden ist. Dasselbe geschieht mit der Postsendung, die als unzustellbar zurückkommt.

5 **V) Überwachung.** Der GV hat (wie der UrkB bei Zustellung vAw) die rechtzeitige und richtige Ausführung der Zustellung durch die Post zu überwachen (s § 168 Rn 4).

6 **VI) Gebühren des Gerichtsvollziehers.** 102 GvKostG-KV; Auslagen 701 GvKostG-KV.

§ 195 Zustellung von Anwalt zu Anwalt

(1) [1]Sind die Parteien durch Anwälte vertreten, so kann ein Dokument auch dadurch zugestellt werden, dass der zustellende Anwalt das Dokument dem anderen Anwalt übermittelt (Zustellung von Anwalt zu Anwalt). [2]Auch Schriftsätze, die nach den Vorschriften dieses Gesetzes von Amts wegen zugestellt werden, können stattdessen von Anwalt zu Anwalt zugestellt werden, wenn nicht gleichzeitig dem Gegner eine gerichtliche Anordnung mitzuteilen ist. [3]In dem Schriftsatz soll die Erklärung enthalten sein, dass von Anwalt zu Anwalt zugestellt werde. [4]Die Zustellung ist dem Gericht, sofern dies für die zu treffende Entscheidung erforderlich ist, nachzuweisen. [5]Für die Zustellung von Anwalt zu Anwalt gelten § 173 Absatz 1 und § 175 Absatz 2 Satz 1 entsprechend.

(2) [1]Zum Nachweis der Zustellung eines Schriftstücks genügt das mit Datum und Unterschrift versehene Empfangsbekenntnis desjenigen Anwalts, dem zugestellt worden ist. [2]§ 175 Absatz 4 gilt entsprechend. [3]Die Zustellung eines elektronischen Dokuments ist durch ein elektronisches Empfangsbekenntnis in Form eines strukturierten Datensatzes nachzuweisen. [4]Der Anwalt, der zustellt, hat dem anderen Anwalt auf Verlangen eine Bescheinigung über die Zustellung zu erteilen.

1 **I) Allgemeines. 1) Zweck.** Vereinfachte Form der Zustellung eines Dokuments (auch im Amtsbetrieb: s Rn 8) ohne Inanspruchnahme des GV als Zustellungsorgan für die als unabhängige Rechtspflegeorgane (§ 1 BRAO) standesrechtl gebundenen RA. Deren Mitwirkung bietet genügend Gewähr für Wirksamkeit und zuverlässige Beweisbarkeit der Zustellung. Dem entspricht für die Zustellung vAw an Anwälte nach § 173 II, III, § 175.

2 **2) Anwendungsbereich.** Zustellung von Anwalt zu Anwalt kann (nicht muss; mögl ist daher stets Zustellung durch den GV) in **jedem gerichtl Verf** (auch im Grundbuchverf, OLG München Rpfleger 2019, 23) mit oder ohne Anwaltszwang erfolgen. Auch bei Zustellung anstelle (genügender) formloser Mitteilung (s § 166 Rn 4) zum Nachweis des (*insb rechtzeitigen, zB* §§ 132, 283) Zugangs kann nach § 195 verfahren werden. **Ausgeschlossen** ist § 195 nach allg Ansicht bei Zustellung einer **Willenserklärung** nach § 132 BGB (St/Thöne Rn 3; MskV/Wittschier Rn 1), nach hM aber nicht für die Zustellung einer Prozessbürgschaft (s § 108 Rn 11).

II) Voraussetzungen (§ 195 I 1). 1) Anwalt zu Anwalt. § 195 erfordert RA als Absender und Adressat, wobei Zulassung (nicht notwendig am Prozessgericht, BGHZ 31, 32, 35 = NJW 59, 2307) und nicht Stellung im Verf (zB Tätigkeit in eigener Sache, als InsVerwalter usw) entscheidend ist (Einzelheiten u gleichstehende Personen s § 173 Rn 10.9). **Nicht** (entspr) anwendbar ist § 195 auf andere Personen sowie Behörden usw, denen nach § 173 II, III, § 175 vAw gegen EB zugestellt werden kann. 3

2) Bevollmächtigung des RA. Prozessvollmacht oder Vollmacht für das Verf, in dem die Zustellung erfolgen soll, muss jedem vertretenden RA erteilt sein (gleich steht Vertretung in eigener Sache gem § 78 IV, LG Berlin GRUR-RR 2019, 144). Er kann auch bloß zur Mitwirkung bei der Zustellung bevollmächtigt sein. Handeln als vollmachtsloser Vertreter genügt nur im Rahmen des § 89. Heilung bei nachträgl Bevollmächtigung tritt ein, wenn der RA das zuzustellende Schriftstück noch in Besitz hat (s § 189 Rn 5). Bei Erlöschen der Vollmacht gilt § 87 (BGHZ 31, 32). Unschädl ist ein Vertretungsverbot, weil es die Vollmacht nicht berührt (§ 155 V BRAO), anders aber bei einem Berufsverbot. Der zustellende und der empfangende RA können sich durch einen anderen RA vertreten lassen. Empfangsberechtigt ist daher auch der hierzu ermächtigte, beim ProzBev angestellte RA; bei Zweifeln an einer Ermächtigung gelten die allg Grundsätze der Anscheinsvollmacht (BGH NJW 75, 1652; BGH VersR 69, 887). 4

3) Zustellungsabsicht. Der zustellende Anwalt muss förml Zustellung wollen (allg s § 166 Rn 8). Der Zustellungswille wird vielfach auf dem zu übergebenden Schriftstück mitgeteilt (Zustellungsvermerk nach I 3, s Rn 8); das Fehlen der Erklärung steht aber nicht zwingend entgegen (BGHZ 14, 342, 344 = NJW 54, 1722; BGH NJW 59, 885). Der Vermerk *„Gegner hat Abschrift“* spricht aber für formlose Übersendung ohne Zustellungswillen (OLG Frankfurt FamRZ 86, 807, 809). Hinreichend deutl zum Ausdruck kommt die Erklärung, dass von RA zu RA zugestellt werde, bereits aus der Übermittlung eines strukturierten Datensatzes für das eEB oder des ausgefüllten Vordrucks des EB (BGHZ 14, 342, 344). Auf die Form des zu übergebenden Dokuments braucht der Zustellungswille sich nicht zu erstrecken (wirksame Urteilszustellung daher durch Übergabe einer Ausfertigung statt, wie gewollt, einer beglaubigten Abschrift, BGH NJW 59, 885). Zustellungsabsicht fehlt, wenn dem anderen RA vor Empfangnahme des Dokuments (oder gleichzeitig) ein Widerruf zugegangen ist (RGZ 150, 392, 394). 5

4) Empfangsbereitschaft. Der Zustellungsadressat muss vom Zugang des Dokuments Kenntnis erlangen und entscheiden, ob er es als zugestellt ansieht. Einzelheiten: s § 175 Rn 4. Eine entsprechende Standespflicht des RA besteht zwar nach § 14 BORA, für den sich in § 59a II Nr 8 BRAO die erforderliche Rechtsgrundlage findet (überholt daher BGH NJW 2015, 3672); aus ihr kann aber nicht auf die Empfangsbereitschaft geschlossen werden. Auch mit Einreichung einer Schutzschrift erklärt der RA nicht die Bereitschaft zur Entgegennahme von Zustellungen (LG Düsseldorf 7.11.2018 – 2a O 71/18). 6

5) Ausstellung des Empfangsbekenntnisses. Sie (s Rn 12 ff) ist – wie nun bei §§ 173, 175 (s § 173 Rn 6, § 175 Rn 5) – kein Wirksamkeitserfordernis der Zustellung nach § 195 (St/Thöne Rn 8; MK/Häublein/Müller Rn 8; aA ThP/Hüßtege Rn 9). Dem entspricht es, dass I 1 nur verlangt, dass für Zustellung das Dokument dem Anwalt zu übermitteln ist und nach dem Wortlaut des II 1 das EB dem Nachweis der Zustellung dient. Zu den Folgen einer fehlenden Übermittlung des EB s § 173 Rn 19. 7

III) Zustellung eines Schriftsatzes (§ 195 I 2-4). Nach **I 2** findet § 195 auch Anwendung, wenn ein **Schriftsatz vAw** (§§ 166 ff) zuzustellen ist; die Anwaltszustellung ersetzt dann die sonst gebotene Zustellung im Amtsbetrieb. Das gilt auch für klageerweiternde oder -ändernde Schriftsätze (BGHZ 17, 234 = NJW 55, 1030; BGH MDR 92, 707 = NJW 92, 2235), ebenso bei Widerklage. Anwaltszustellung kann jedoch **nicht** erfolgen, wenn es sich um eine vAw zuzustellende gerichtl Entscheidung handelt (ist kein Schriftsatz, s aber § 191 Rn 1), wenn der Schriftsatz bei Gericht zur Zustellung eingereicht werden muss, wie die Klageschrift (§ 253 V, auch § 271 II), die Berufungs- (§ 519 I), Revisions- (§ 549 I) und Beschwerdeschrift (§ 569 I) sowie eine Rechtsmittelbegründungsschrift (§ 520 III 1, § 551 II 1) oder wenn gleichzeitig mit dem vAw zuzustellenden Schriftsatz dem Gegner eine schriftl Anordnung (zB §§ 275, 276, auch Ladung, § 274 II) mitzuteilen ist (**I 2**). **Information des Gerichts** über die Anwaltszustellung stellt § 133 II sicher; auf Anwaltszustellung ist durch Erklärung im Schriftsatz hinzuweisen (**I 3**), übl *„Ich stelle selbst zu“*. 8

IV) Durchführung. 1) Gegenstand. Das zu übermittelnde Dokument kann ein elektron Dokument oder ein Schriftstück (§ 130d steht nicht entgegen; Fritzsche NJW 2022, 3620 Rn 11) und als solches Urschrift, begl Abschrift oder Ausfertigung sein (s § 166 Rn 9). Ein weiteres Exemplar (ein an den zustellenden Anwalt zurückgehendes Original) wird nicht beigefügt (RGZ 46, 357, 362). 9

2) Übermittlung. a) Als **Schriftstück** kann das Dokument auf jedem Weg (eigenhändig, durch Post, Boten oder GV [dazu § 27 GVGA]) übermittelt werden (RGZ 109, 341, 343). Erforderl ist Zugang an den Anwalt persönl oder an dessen hierzu Bevollmächtigten (sa Rn 4); Ersatzzustellung (§§ 178-181) ist ausgeschlossen. Zustellung **durch Telefax** ist nach I 5 mit § 175 II 1 mögl (s § 175 Rn 8). Diese Übermittlung soll mit dem Hinweis „Zustellung gegen Empfangsbekenntnis“ eingeleitet werden und den zustellenden Anwalt als absendende Stelle sowie den Namen und die Anschrift des Zustellungsadressaten erkennen lassen (§ 175 II 2 iVm § 191). 10

b) Die Zustellung als **elektronisches Dokument** gestattet I 5 nach Maßgabe des § 173. Sie kann insb per beA, aber auch auf einem anderen sicheren Übermittlungsweg gem § 130a IV erfolgen (s § 173 Rn 4). Das zu übermittelnde Dokument ist mit der nach § 130a III erforderl Signatur zu versehen. 11

12 **V) Empfangsbekenntnis. 1) Zustellung eines Schriftstücks (§ 195 II 1, 2).** Der Inhalt des EB des Zustellungsadressaten entspricht in diesem Fall dem des § 175 III (**Formulierungsvorschlag:** Vorwerk/Riedel, PFB, M 26.2; s § 175 Rn 9). Der RA, dem zugestellt wird, ist als Beurkundungsperson für die Richtigkeit der Angaben verantwortl (BGH NJW 69, 1297); er sollte (nur standesrechtl Pflicht, s Rn 6) das EB zeitnah erstellen (s § 175 Rn 12). Das EB kann nach II 2 iVm § 175 IV schriftl, durch Telekopie oder als elektronisches Dokument zurückgesandt werden, somit nicht nur auf dem Weg, auf dem das zugestellte Dokument übermittelt wurde (s § 175 Rn 13).

13 **2) Zustellung eines elektronischen Dokuments (§ 195 II 3).** Erfolgt die Zustellung von Anwalt zu Anwalt durch elektronisches Dokument, ist ein strukturiertes elektronisches EB zwingend (s § 173 Rn 13). Dieses wird im beA durch die Markierung des Felds „Zustellung gegen EB" durch den absendenden RA angefordert. Eine Übersendung des EB in anderer Form ist bei Zustellung eines elektron Dokuments (auch im Fall technischer Probleme) nicht vorgesehen. Bei nicht formgerechter Zustellung fehlt es daher an einem förml Zustellungsnachweis iSd II, die Zustellung ist aber wirksam (str, s Rn 7). Der Beweis der Zustellung kann dann durch ein zB formlos als elektron Dokument oder per Fax übermitteltes EB geführt werden.

14 **3) Beweiswirkung.** Das nach § 195 erteilte EB hat die gleichen Wirkungen wie bei Zustellung nach §§ 173, 175 (s § 173 Rn 18, § 175 Rn 15).

15 **VI) Zustellungsbescheinigung (§ 195 II 4).** Sie hat der zustellende Anwalt (nur) auf Verlangen zu erteilen (**Formulierungsvorschlag:** Vorwerk/Riedel, PFB, M 26.3). Zweck und Inhalt: wie § 169 Rn 1 u 3. Die Zustellung ist auch wirksam, wenn diese Bescheinigung nicht (oder nicht mit richtigem Inhalt) ausgestellt wird (BGHZ 31, 32, 34).

§§ 195a bis 213a (weggefallen)

Titel 3
Ladungen, Termine und Fristen (§§ 214-229)

Vorbemerkungen zu §§ 214-229

1 **I) Begriffsbestimmungen. 1) Termin.** Im Sprachgebrauch der ZPO ist dieser vorausbestimmte Zeit zu gemeinsamem Handeln von Gericht und Parteien (vgl § 220), also regelmäßig der Termin zur mündl Verh, zur Beweisaufnahme oder Güteverhandlung, zur Verkündung einer Entscheidung, zur Protokollierung eines Vergleichs. Terminbestimmung ist gerichtl Förderungspflicht (§§ 216, 497).

2 **2) Frist.** Diese ist ein Zeitraum, in dem die Prozessbeteiligten Prozesshandlungen vornehmen können oder – bei Meidung des Rechtsverlustes – müssen (**Handlungsfrist**) sowie die den Parteien als Warte- oder Überlegungsfrist eingeräumte Vorbereitungszeit (**Zwischenfrist**, zB §§ 132, 217, 274 III, § 798) und die Zeit für gerichtl Amtshandlungen (s Rn 6). Unterschieden werden:

3 **a) Eigentliche Fristen.** Das sind Zeiträume zur Vornahme einer Parteihandlung (Handlungsfrist) oder als Vorbereitungszeit (Zwischenfrist, s Rn 2). Für sie gelten §§ 221-226. Handlungsfristen sind Mittel zur Prozessförderung. Gewahrt ist eine Handlungsfrist mit (vollständiger) Vornahme der Prozesshandlung bis zu ihrem Ablauf (s § 222 Rn 8; ihr Verstreichen hat idR Ausschlusswirkung, §§ 230, 296), eine Zwischenfrist mit ihrem Ablauf. Eigentl Fristen sind:

4 **aa) Gesetzliche Fristen.** Es gibt sie als **Notfristen** (§ 224 I 2) und als **sonstige** ges **Fristen:** zB die Rechtsmittelbegründungsfrist, Ladungsfrist, Einlassungsfrist, Schriftsatzfrist (§ 132) und alle übrigen im Gesetz für Parteihandlungen vorgesehenen Fristen, die nicht Notfristen sind. Die sonstigen ges Fristen können verlängert oder verkürzt werden (§ 224), sie unterliegen der Unterbrechung (§ 249).

5 **bb) Richterliche Fristen.** Ihre Dauer bestimmt das Gericht mit teilw Ausschlusswirkung, teilw Ausschlussmöglichkeit: § 56 II, §§ 89, 109, 113, 244 II, § 273 II, §§ 275, 276, 283, 296, 339 II, §§ 356, 364 III, §§ 379, 428, 431, 769 II, § 771 III, § 805 IV, §§ 926, 942. Im Fall der § 276 I und § 339 II ist die richterl Frist gleichzeitig Notfrist. Verfügt werden kann eine richterl Frist nur mit einem bestimmten Zeitmaß (Tag, Woche usw; bis …), nicht aber mit einem unbestimmten Begriff („umgehend"; OVG Koblenz NJW 93, 2457).

6 ***b) Uneigentliche Fristen.*** *Das sind im* Gesetz vorgesehene Zeiträume, innerhalb derer das Gericht Amtshandlungen vorzunehmen hat, zB § 251a II, § 310 I, § 315 II, § 816 I. Die Überschreitung dieser Fristen hat keine unmittelbaren prozessualen Folgen, kann aber ggf Dienstaufsichtsmaßnahmen rechtfertigen. Einhaltung dieser

Fristen ist Amtspflicht iSv § 839 BGB. Zu den uneigentl Fristen werden, weil sie nicht der Terminierung von Parteihandlungen dienen, weiter gerechnet: die Jahresfristen der § 234 III, § 586 II, § 958 II, die 3-Monatsfrist des § 320 II, die Monatsfrist des § 188, ferner die Frist des § 875. Auf uneigentl Fristen sind die §§ 221, 224-226 nicht, § 222 nur entspr anwendbar.

II) Verfahren nach dem FamFG. In **Ehesachen** und **FamStreitsachen** (§ 111 Nr 1, § 112 FamFG) **gelten** gem § 113 I FamFG die §§ 214-229 (Ausnahme für § 227 III nach § 113 III FamFG) entspr. In den übrigen Fam-Sachen gilt für Fristen § 16 FamFG und für Termine § 32 FamFG (je mit teilw Verweisung auf §§ 222 ff). 7

§ 214 Ladung zum Termin

Die Ladung zu einem Termin wird von Amts wegen veranlasst.

I) Ladung. Dies ist Bekanntgabe des angesetzten Termins. Sie beinhaltet die Aufforderung an die Parteien, Beteiligten, Zeugen und SV zum Erscheinen. Die Ladung ist prozessleitende Anordnung, nicht Entscheidung. Sie wird verkündet (§ 218) oder nach § 329 II 2 zugestellt; (formlose) Mitteilung erfolgt nur in bes Fällen (zB § 141 II 2, § 497 I, und für Zeugen sowie SV § 377 I, § 402). 1

II) Ausführung. Die Ladung der Parteien veranlasst nach Terminsbestimmung (§§ 216, 274 I, § 495 iVm § 497) der **Urkundsbeamte** (§ 153 GVG) vAw (sa § 168 Rn 1); für Zeugen § 377, für SV § 402 iVm § 377 I. Er hat die Ladung auszufertigen und zuzustellen (§ 168) oder mitzuteilen (s Rn 1). Ausnahmen: § 218 (verkündeter Termin, s § 218 Rn 1) und § 497 II (Terminsmitteilung im amtsgericht! Verfahren). Ladungsfrist: § 217. 2

III) Notwendiger Inhalt. Die Ladung hat zu enthalten: Angabe des Gerichts, des Rechtsstreits, der Terminszeit und des Terminsortes sowie des Zwecks – allg Umschreibung genügt, zB „zur mündl Verhandlung", auch wenn Verh sowohl über Einspruch als auch zur Hauptsache (BGH NJW 82, 888) – und im Anwaltsprozess (§ 78) die Belehrung und Aufforderung gem § 215 II an die noch nicht anwaltl vertretene Partei. Fehlt auch nur eine dieser Angaben, so ist (abgesehen von den Vorschriften über die Zustellung, §§ 166 ff) die Ladung nicht ordnungsgemäß; **Säumnisfolgen** treten dann nicht ein (vgl § 335 I Nr 2). Im Gegensatz zu Zustellungsmängeln sind Mängel der Ladung aber nicht unbedingt aktenkundig, bedürfen daher zur Meidung von Rechtsnachteilen der (formlos zulässigen) Rüge. § 295 ist anwendbar. Eine Zustellung der (richterl) Terminsverfügung selbst ist – zumindest im ZP – nicht übl und nicht erforderl (sa FG Baden-Württemberg EFG 1997, 818). 3

IV) Besondere Personengruppen. Soldaten der Bundeswehr werden in ders Weise wie andere Personen geladen (s Erlass des Bundesverteidigungsministers v 23.7.1998, s § 166 Rn 6). Ladung von **Angehörigen der Stationierungstruppen** s Art 37 Ges zum NATO-Truppenstatut und zu den Zusatzvereinbarungen (s § 166 Rn 6). Wegen der (regelmäßig unzulässigen) Ladung der **Personen mit diplomatischen Vorrechten** s § 216 Rn 6. 4

V) Bekanntmachung eines Termins. Sie erfolgt idR als formlose Terminsnachricht (Mitteilung, dass ein Termin stattfindet), soweit eine Ladung nicht vorgeschrieben oder wenn dies besonders vorgesehen ist wie zB in den Fällen von § 251a II 3, § 341a, § 357 II, § 366 II, § 370 II, § 523 I 2, § 553 I, § 900 I 4. 5

§ 215 Notwendiger Inhalt der Ladung zur mündlichen Verhandlung

(1) [1]In der Ladung zur mündlichen Verhandlung ist über die Folgen einer Versäumung des Termins zu belehren (§§ 330 bis 331a). [2]Die Belehrung hat die Rechtsfolgen aus den §§ 91 und 708 Nr. 2 zu umfassen.

(2) In Anwaltsprozessen muss die Ladung zur mündlichen Verhandlung, sofern die Zustellung nicht an einen Rechtsanwalt erfolgt, die Aufforderung enthalten, einen Anwalt zu bestellen.

I) Belehrung (§ 215 I). In jede Ladung zur mündl Verhandlung ist ein Hinweis auf die Möglichkeit einer Entscheidung nach §§ 330-331a einschl der kosten- und vollstreckungsrechtl **Folgen** aufzunehmen. Dieser Inhalt der Ladung ist durch die in Art 17 VO (EG) zur Einführung eines europäischen Vollstreckungstitels für unbestrittene Forderungen vorgesehene Unterrichtung des Schuldners über die Verfahrensschritte zum Bestreiten veranlasst; es sollen möglichst viele dt Titel danach vollstreckungsfähig sein (BGH MDR 2010, 1340). Eine über den Wortlaut hinausgehende Belehrungspflicht besteht aber nicht, insb nicht auf die Möglichkeiten und Folgen eines 2. VU bei Terminierung nach Einspruch gegen 1. VU oder VB (BGH MDR 2010, 1340). – Wenn ein notw Hinweis fehlt, ist die Ladung nicht ordnungsgemäß; ein VU ist dann unzulässig (§ 335 I Nr 2). Die Belehrung muss für eine anwaltl nicht vertretene Partei verständl sein, ein abstrakter Hinweis auf die Vorschriften reicht nicht. 1

II) Aufforderung zur Anwaltsbestellung (§ 215 II). Im Anwaltsprozess (§ 78) muss die anwaltl noch nicht vertretene Partei in der Ladung aufgefordert werden, einen RA zu bestellen, soweit gem § 78 Anwaltszwang be- 2 steht. Die Aufforderung ist bei mehrfacher Ladung (zB wegen Terminsverlegung § 227, Vertagung § 337) jew zu wiederholen, bis ein RA bestellt ist; denn die Partei könnte aus später unterbliebener Aufforderung Entbehrlichkeit der Bestellung folgern. Mangels entspr Anordnung nicht erforderl ist der Hinweis bei verkündeter Terminsbestimmung gem § 218. Fehlt die gebotene Aufforderung, ist die Ladung nicht ordnungsgemäß. Ein VU ist dann unzulässig, wenn kein RA auftritt (§ 335 I Nr 2; sa § 214 Rn 3).

3 Die Aufforderung nach II ist **entbehrlich**, wenn die Ladung an einen RA erfolgt, gleich ob als Partei, als Proz- (§ 172) oder ZustBev (§ 184). Dem RA steht gleich dessen allg bestellter Vertreter oder Abwickler (§§ 53, 55 BRAO), nicht jedoch ein sonstiger Bevollmächtigter.

§ 216 Terminsbestimmung

(1) Die Termine werden von Amts wegen bestimmt, wenn Anträge oder Erklärungen eingereicht werden, über die nur nach mündlicher Verhandlung entschieden werden kann oder über die mündliche Verhandlung vom Gericht angeordnet ist.

(2) Der Vorsitzende hat die Termine unverzüglich zu bestimmen.

(3) Auf Sonntage, allgemeine Feiertage oder Sonnabende sind Termine nur in Notfällen anzuberaumen.

1 **I) Voraussetzung. 1) Terminsbestimmung von Amts wegen (§ 216 I). Anwendungsbereich** sind die Verf mit mündl Verh (OLG München MDR 2016, 1046). Für diese bedingen Amtsbetrieb und die dem Gericht obliegende Förderungspflicht, dass Termine vAw zu bestimmen sind (I). Terminsanträge der Parteien sind grds (Ausnahmen s Rn 2) entbehrl. Das gilt grds auch nach Erlass von Zwischenentscheidungen (zB Teilurteil, s § 301 Rn 22), soweit nicht zunächst deren Rechtskraft abzuwarten ist (vgl BGH NJW 79, 2307 = ZZP 93 [1980], 177 [Grunsky]). Zur Rechtslage nach Erlass eines Grundurteils s § 304 Rn 32 und eines Zwischenurteils über die Zulässigkeit der Klage s § 280 Rn 9.

2 **2) Terminsanträge.** Diese sind nur erforderl, wenn dies im Gesetz vorgesehen ist (zB § 251a II 4 für Termin statt Aktenlageentscheidung, § 304 II Hs 2 nach Grundurteil, § 697 III nach Mahnverf auf Antrag des Sch). Vergleichbare Wirkung haben das Verf aufnehmende Erklärungen, zB bei unterbrochenem oder ausgesetztem Verf, § 250, bei ruhendem Verf, § 251.

3 **3) Kein Verfahrenshindernis.** Fehlende Erfolgsaussicht rechtfertigt eine Ablehnung der Terminsbestimmung nicht. Das gilt grds auch bei einer Unzulässigkeit der Klage, da über diese idR nach str Verh zu entscheiden ist. Der Terminierung kann aber ein grundlegendes Verfahrenshindernis entgegenstehen. In Betracht kommt insoweit:

4 **a) Stillstand des Verfahrens.** Bsp: Unterbrechung §§ 239-245, Aussetzung §§ 246-247, solange das Verf nicht wirksam wieder aufgenommen wurde (§ 250).

5 **b) Formelles Verfahrenshindernis.** ZB fehlende Klageschrift; wenn nicht erkennbar ist, gegen wen sich die Klage richten soll (s § 253 Rn 23, sa Rn 13). Wegen der Terminsbestimmung auf Klage der nicht postulationsfähigen Partei s § 253 Rn 22.

6 **c) Fehlende Gerichtsbarkeit.** Ggü dem **Beklagten** ist bei dessen Exterritorialität (§§ 18-20 GVG; s Erl dort) kein Termin anzuberaumen, wenn zu erwarten ist, dass er sich nicht freiw der dt Gerichtsbarkeit unterwirft (OLG München NJW 75, 2144; OLG Frankfurt FamRZ 82, 316; str, aA MskV/Stadler Rn 5 mwN). Bereits die seine Ladung auslösende (§ 214) Anberaumung eines Termins ist Ausübung von Gerichtsbarkeit. Anders aber bei Exterritorialität des **Klägers**, weil in der Klage die Anerkennung der dt Gerichtsbarkeit zu erblicken ist.

7 **d) Nichteinzahlung des Kostenvorschusses.** Die Klage „soll" vor Zahlung nicht zugestellt werden (§ 12 I GKG, Ausnahmen nach § 12 II, § 14 GKG), wenn ein Kostenvorschuss durch die GeschSt angefordert wurde. Der Bekl kann aber Termin vor Zahlung beantragen (BGHZ 62, 174). Das Gleiche gilt, wo der Kl **Ausländersicherheit** (§ 110) zu leisten hat. Hat jedoch das Gericht entgegen § 12 GKG vor Einzahlung des Kostenvorschusses Termin bestimmt, ist dieser auch durchzuführen (OLG München NJW-RR 89, 64). Der erschienene Kl darf nicht allein wegen Nichtzahlung der Kosten als säumig angesehen werden (BGHZ 62, 174, 178).

8 **e) Fehlende Existenz der Parteien.** Sie steht einer Terminierung entgegen, weil Prozesshandlungen durch eine (zB Klage des nicht rechtsfähigen Vereins) oder gegenüber einer nicht existierenden Partei nicht wirksam, dh ein Prozessrechtsverhältnis zwischen zwei Parteien begründend, vorgenommen werden können. Hierher gehören aber nicht die lediglich falsche Bezeichnung oder mangelhafte Vertretung einer existenten Partei, denn diese Mängel sind behebbar; iÜ ist die Nichtbehebung eines solchen Mangels in der Entscheidung, nicht bereits bei der Terminierung, rechtlich zu würdigen.

9 **f) Grundlegende äußere Mängel der Klageschrift.** Bsp: fehlende elektron Signatur/Unterschrift (im Anwaltsprozess notwendig Signatur/Unterschrift des RA, s § 130 Rn 6 f), Abfassung in einer fremden Sprache (§ 184

GVG; BGH NJW 82, 532; BSG MDR 87, 436; s § 184 GVG Rn 3), ausschließl beleidigender oder **unsachlicher Inhalt** ohne ernst zu nehmendes Rechtsschutzbegehren (BGH MDR 2019, 499), Anrufung eines funktionell unzuständigen Gerichts (zB Klage zum OLG). Diese Mängel stehen der Terminsbestimmung entgegen.

4) Schriftliches Vorverfahren (§ 272 II, § 276). Termin zur mündl Verh wird erst nach dessen Ablauf bestimmt. Die Terminsbestimmung beendet damit diesen Verfahrensabschnitt (s § 276 Rn 18). Die Aufhebung eines einmal anberaumten Verhandlungstermins zur Rückkehr in das Vorverf ist unzulässig (s § 272 Rn 3). 10

5) Mahnverfahren. Terminsbestimmung durch das Prozessgericht erfolgt erst nach Eingang der Anspruchsbegründung (§ 697 II), sonst nur auf Antrag des Schuldners (§ 697 III). 11

II) Verfahren. 1) Zuständigkeit (§ 216 II). Im Kollegialgericht ist für die Terminsbestimmung gem II allein der Vors (oder sein Vertreter) zuständig, auch für Termin außerhalb des Gerichtssitzes (BAG MDR 93, 547 = NJW 93, 1029; BAG MDR 94, 75), bzw Einzelrichter (§§ 348, 348a, 526, 527), der beauftragte und der ersuchte Richter (§ 229) oder Rpfleger. Ausnahmen: Beschluss des Kollegiums bei Vertagung (§ 227 V), Anberaumung einer Augenscheinseinnahme im Beweisbeschluss. – Zur **Form** der Terminsverfügung s § 329 Rn 53. 12

2) Zeitpunkt der Terminierung (§ 216 II). Der Termin ist, wenn kein schriftl Vorverf angeordnet ist (s § 276 Rn 2) und die Parteien einer schriftl Entscheidung nicht zugestimmt haben (§ 128 II), **unverzüglich** (vgl § 121 I BGB) zu bestimmen (II), mag er auch wegen notwendiger Vorbereitung (§ 273) oder Geschäftsbelastung weiter hinauszurücken sein (LAG Düsseldorf MDR 96, 742; OLG Hamm DRiZ 74, 28). Ein Absehen von der Terminierung wegen unzureichender personeller Ausstattung oder **Überlastung** ist unzulässig (OLG Schleswig NJW 82, 246: Warteliste für Bearbeitung; OLG Hamm DRiZ 74, 28); dies rechtfertigt allein eine weiträumigere Terminierung (LAG Düsseldorf MDR 96, 742; OLG Schleswig NJW 82, 246), wobei die Zwischenzeit für Maßnahmen nach § 273 oder Möglichkeiten einer gütl Einigung genutzt werden sollte. Vorbereitungsmaßnahmen gem § 273 rechtfertigen es nicht, allein deshalb von der Terminsanberaumung abzusehen. Zulässig ist dies nur im Vorverf nach § 276, das daher in komplexen Verf vorzugswürdig sein kann (s § 272 Rn 2). – Eine **vorsorgliche** oder bedingte Terminierung ist unzulässig (BGH MDR 2016, 350; BGH MDR 2011, 252 „für den Fall des Einspruchs"; OLG Oldenburg MDR 87, 503). 13

3) Wahl des Terminstags. Die Terminierung steht in dem durch III und § 272 III gebundenen Ermessen des Vors bzw Einzelrichter. Einhaltung der Ladungs- (§ 217), Einlassungs- (§ 274 III) und Erklärungsfrist (§ 132) muss gewährleistet sein. Bei öffentl Zustellung ist die Frist des § 188, bei Zustellung im Ausland deren voraussichtl Dauer zu berücksichtigen. – Die Verh soll gem § 272 III **so früh wie möglich** stattfinden. Es ist weder erforderl noch gerechtfertigt, den Termin so anzuberaumen, dass auch verspätetes Vorbringen einer Partei noch berücksichtigt werden kann (BGH NJW 81, 286). Grds ist auf den **nächsten freien Termin** anzuberaumen, der eine Verh der Sache nach Erfüllung ggf gem § 273 erteilter Auflagen, ggf mit Beweisaufnahme, ermöglicht (OLG Köln MDR 2005, 1188), wobei dem Vors ein **Ermessen** zusteht, den erforderl Zeitaufwand und damit den geeigneten Terminstag einzuschätzen. 14

4) Wahl der Terminsstunde. Die Terminierung mehrerer Sachen auf dieselbe Terminsstunde (sog **Sammeltermin**) bei großen Gerichten mit starker Geschäftsbelastung ist zulässig (BGH DRiZ 1982, 73 = BayVBl 1982, 221), aber – außer in einfach gelagerten Fällen – oft nicht zweckmäßig, da die Sache dann unter dem zumindest psychologischen Druck wartender Beteiligter erörtert wird. Eine zeitl Staffelung der Termine ist auch ggü den Prozessbeteiligten rücksichtsvoller. 15

5) Rechtsbehelfe. Die Terminsbestimmung (Zeit und Ort) ist entspr § 227 V 3 grds nicht anfechtbar (BayObLG 10.12.1997 – 2Z BR 163/97, juris; OLG Köln NJW-RR 99, 290; OLG Frankfurt NJW 74, 1715); Gegenvorstellung ist statthaft (BAG MDR 93, 547). In der Vergangenheit wurde bei einer abgelehnten oder verzögerten Terminierung in Einzelfällen eine Anfechtung entspr § 252 eröffnet (OLG Brandenburg FamRZ 2006, 1772; OLG Hamm NJW-RR 99, 651; OLG Köln NJW-RR 99, 290; OLG Karlsruhe FamRZ 97, 1224). Dafür dürfte nach der Einführung von § 198 GVG kein Raum mehr sein. Aus den Gründen, die seitdem einer Untätigkeitsbeschwerde entgegenstehen (BGH NJW 2013, 385; § 198 GVG Rn 1) fehlt es auch hinsichtl der abgelehnten bzw verzögerten Terminierung an einer für eine Analogie erforderl Regelungslücke (OLG München MDR 2017, 787). – **Dienstaufsichtsmaßnahmen** gem § 26 DRiG, durch die auf die Terminierung eines konkreten Verf Einfluss genommen werden soll, betreffen den Kernbereich richterl Tätigkeit und sind daher unzulässig (BGH NJW-RR 2002, 574). Etwas anderes gilt nur dann, wenn der Richter bei der Terminsbestimmung gegen seine Pflicht zur ordnungsgemäßen und unverzügl Erledigung der Amtsgeschäfte verstößt (BGH NJW-RR 2002, 574). Denn die richterl Unabhängigkeit iSd § 26 I DRiG besteht nur in der Sachbehandlung des Einzelfalls, nicht auch für die organisatorische Erledigung des allg Geschäftsanfalls (BGH NJW 2020, 3320; BGH NJW 2018, 158). 16

III) Gebühren. 1) Gericht: keine; Beschwerde (s Rn 16): 1812 GKG-KV. – **2) RA:** Terminsanträge (s Rn 2) sind mit der VerfGeb (3100 RVG-VV) abgegolten (§ 19 I RVG). – Beschwerdeverf: 3500 RVG-VV. 17

§ 217 Ladungsfrist

Die Frist, die in einer anhängigen Sache zwischen der Zustellung der Ladung und dem Terminstag liegen soll (Ladungsfrist), beträgt in Anwaltsprozessen mindestens eine Woche, in anderen Prozessen mindestens drei Tage.

1 **I) Zweck und Anwendungsbereich.** Die – in der heutigen Praxis idR zu kurze – Ladungsfrist dient der **Vorbereitung des Termins** und der Freihaltung des Terminstages von sonstiger Verhinderung (zB OLG Oldenburg MDR 87, 503). Daher gilt § 217 auch für die **Verlegung** eines Termins (§ 227; aA BFH DB 2020, 1430) und auch, wenn der Termin schon zuvor in Aussicht gestellt war (OLG Oldenburg MDR 87, 503). Einzuhalten ist die Ladungsfrist wegen des Grundsatzes der Parteiöffentlichkeit der Beweisaufnahme (§ 357) auch bei Beweiserhebung durch den **beauftragten oder ersuchten Richter** (§§ 361, 362) ggü den Parteien (OLG Köln MDR 73, 856; Teplitzky NJW 73, 1675). § 217 ist nicht anwendbar bei einer Änderung allein der **Terminsstunde** (BFH/NV 2006, 1490; OLG Brandenburg NJW-RR 98, 500; LG Köln MDR 87, 590); ggf kann aber gem § 227 I bei dann auftretender Terminskollision Verlegung beantragt werden. Keine Ladungsfrist besteht ferner bei Anberaumung eines Verkündungstermins (wegen § 312) und ggü Auskunftspersonen (§§ 141, 377, 402; St/Roth Rn 2). – Im **Berufungs- und Revisionsverfahren** gelten § 523 II, § 553 II.

2 Entspr anwendbar ist § 217 – entgegen BGH NJW 64, 658 – bei **verkündeten Terminen** (§ 218). Der BGH beschränkt sich auf den Hinweis, dass nach § 218 eine Ladung und daher eine Ladungsfrist nicht erforderl seien, berücksichtigt aber nicht, dass allein die Art der Terminsbestimmung den Schutzzweck von § 217 (s Rn 1) nicht entfallen lässt. Vielmehr verlangt dieser auch bei verkündeten Terminen die Beachtung von § 217 (wie hier MK/Stackmann Rn 1; St/Roth Rn 3; aA BGH NJW 1964, 658), zumal die Arten der Terminsanberaumung auch sonst gleichgestellt werden (vgl BGH MDR 2011, 252). Aus demselben Grund ist die Frist auch bei nur **formloser Mitteilung** der Ladung (§ 497 I) und bei Terminsbekanntmachung ohne Ladung (s § 214 Rn 5) (MK/Stackmann Rn 1; St/Roth Rn 1) zu beachten. Bei Übersendung durch die Post kann für Beginn der Frist die Terminsmitteilung am 4. Tag nach der Aufgabe zur Post als bewirkt angesehen werden (entspr § 357 II 2 idF seit 1.1.2025).

3 **II) Berechnung der Frist.** Der Zustellungstag (§ 329 II 2) und der Terminstag werden nicht gerechnet (§ 222 mit §§ 187, 188 BGB; BGH MDR 2013, 925). Bsp: Termin am Donnerstag, Ladung muss zur Wahrung der Wochenfrist am Mittwoch der Vorwoche zugestellt worden sein. Mögl ist Abkürzung (§ 226), mangels gesetzl Eröffnung nicht auch Verlängerung (§ 224 II). Bei dem mit Zustellung der Klage anberaumten Termin ist die **Einlassungsfrist** (§ 274 III, § 495) die speziellere Frist. Nach Unterbrechung gilt § 239 III 2. Die Ladungsfrist ist auch in **Eilverfahren** von Arrest und einstw Verfügung zu beachten, soweit hier mündl Verhandlung stattfindet. Keine Sonderregelung der Ladungsfrist für öffentl Zustellung und Zustellung im Ausland (anders Einlassungsfrist, s § 274 III).

4 **III) Folgen der Nichteinhaltung.** Kein VU gegen den Gegner (§ 335), auch keine Entscheidung nach Aktenlage, sondern Vertagung (oder Verlegung) vAw. Heilung des Mangels ist bei Erscheinen des nicht rechtzeitig geladenen Gegners gem § 295 mögl.

§ 218 Entbehrlichkeit der Ladung

Zu Terminen, die in verkündeten Entscheidungen bestimmt sind, ist eine Ladung der Parteien unbeschadet der Vorschriften des § 141 Abs. 2 nicht erforderlich.

1 Die ordnungsgemäß verkündete Terminsbestimmung **ersetzt die Ladung**; sie steht ihr in ihren Wirkungen gleich (BGH MDR 2011, 252) und unterliegt dens Anforderungen (s § 216 Rn 13, § 217 Rn 2). **Voraussetzung** ist, dass die Partei (ggf auch deren ProzBev und Streitgehilfen) zu dem Termin, in welchem der neue Termin beschlossen und verkündet wurde, richtig geladen oder anwesend (vgl zB OVG Brandenburg NVwZ 2001, 451) oder dies seinerseits nach § 218 entbehrl war. Bsp: Im 1. Verhandlungstermin wurde beschlossen: Die Verkündung einer Entscheidung erfolgt am 10.5. Der Bekl ist am 10.5. nicht erschienen. Es wurde hier Beweisbeschluss verkündet und zur Beweiserhebung und Fortsetzung der mündl Verhandlung Termin auf 5.6. bestimmt. Zu diesem Termin brauchte keine der Parteien geladen zu werden. Da eine anwaltl nicht vertretene Partei möglicherweise dennoch mit einer Ladung rechnet, kann es sachgerecht sein, sie im 1. Termin darauf hinzuweisen. Zur entspr Anwendung der **Ladungsfrist** gem § 217 s § 217 Rn 2. Gleichgültig ist, ob die Verkündung des neuen Termins in einem Verkündungs- oder Verhandlungstermin erfolgte. In jedem Fall ist es Sache der Parteien, sich nach dem Ergebnis eines in ihrer Abwesenheit stattgefundenen Termins zu erkundigen (RGZ 41, 355; sa § 329 Rn 13 f). Nachweis der Verkündung durch Protokollfeststellung gem § 160 III Nr 7 (s § 165 Rn 2).

2 Eine **Ladung muss erfolgen** in den Fällen des § 141 II (Anordnung persönl Erscheinens), § 335 II, § 337 (Vertagung nach Zurückweisung des Antrags auf Versäumnisurteil oder Entscheidung nach Aktenlage) und § 450

(Parteivernehmung der nicht anwesend gewesenen Partei). In jedem Fall zu laden sind Zeugen und SV, deren Erscheinen angeordnet ist. Der Termin zur Verkündung eines Urteils nach Lage der Akten ist der säumigen Partei formlos mitzuteilen (§ 251a II).

§ 219 Terminsort

(1) Die Termine werden an der Gerichtsstelle abgehalten, sofern nicht die Einnahme eines Augenscheins an Ort und Stelle, die Verhandlung mit einer am Erscheinen vor Gericht verhinderten Person oder eine sonstige Handlung erforderlich ist, die an der Gerichtsstelle nicht vorgenommen werden kann.

(2) Der Bundespräsident ist nicht verpflichtet, persönlich an der Gerichtsstelle zu erscheinen.

I) Ort des Termins (§ 219 I). 1) Gerichtsstelle. Grds dürfen Termine nur dort abgehalten werden (I). Das ist das Gerichtsgebäude (auch das Gebäude einer Zweigstelle), aber auch das sonst für Verhandlungen am Gerichtsort bestimmte Gebäude, auch bei nur vorübergehender Nutzung, zB für die Dauer von Umbauarbeiten. Gerichtsstelle ist auch der Ort, an dem sog Gerichtstage abgehalten werden (BAG MDR 93, 547; OLG Koblenz NJW 57, 796). – Auch ein Gefangener muss, wenn als Partei geladen, an der Gerichtsstelle erscheinen; um seine Vorführung muss die JVA ersucht werden. Erscheint der Gefangene nicht, so kann gegen ihn VU ergehen. 1

2) Termine außerhalb der Gerichtsstelle. Sie sind nur zulässig: **a)** zum Zwecke des Augenscheins (§§ 371, 372), **b)** zur Anhörung einer am Erscheinen verhinderten (zB kranken) Person (Partei oder Zeuge), **c)** zur Durchführung sonstiger Handlungen, die an Gerichtsstelle nicht vorgenommen werden können; dazu gehört auch der gesamte Termin, wenn ein größerer Sitzungssaal als im Gerichtsgebäude vorhanden benötigt wird (RG JW 1898, 140). – Zum Ortstermin im fremden Gerichtsbezirk s § 166 GVG. 2

Ob ein Termin außerhalb der Gerichtsstelle zu den vorstehenden Zwecken **erforderlich** ist, hat das Gericht danach zu entscheiden, was es nach seinem pflichtgemäßen Ermessen (BAG MDR 94, 75; OLGR Celle 2008, 510; RGZ 56, 357) zur Herbeiführung einer gerechten Entscheidung der Streitsache für nützlich erachtet (RGZ 56, 357; aA MskV/Stadler Rn 2; MK/Stackmann Rn 4, je: Notwendigkeit erforderl). Nach Ansicht des BAG (BAG MDR 94, 75) rechtfertigte dies einen Termin in den neuen Bundesländern wegen starken Bezugs zu den dortigen Verhältnissen. Zur **Entscheidung** ist grds der Vors berufen (s § 216 Rn 12). Zur Anfechtungsmöglichkeit s § 216 Rn 16. Die Parteien sind nicht berechtigt, eine abweichende Ermessensabwägung vorzunehmen, und daher grds zum Erscheinen beim Ortstermin verpflichtet. Nur im Fall evidenten Ermessensfehlgebrauchs im Sinne einer Willkür (vgl BayObLG 10.12.1997 – 2 Z BR 163/97, juris) fehlt es an einer Säumnis iSd §§ 330 ff (weitergehend St/Roth Rn 4: Erscheinen in jedem Fall erforderl). 3

3) Termin bei Parteien und Dritten. Gem § 144 I können die Parteien und Dritte zur **Duldung** der Einnahme eines Augenscheins und der Begutachtung durch einen SV auch in Räumlichkeiten und auf Grundstücken verpflichtet werden, sofern es sich nicht um eine Wohnung handelt (iE s Erl zu § 144). Daher kann dort auch ein entspr (Augenscheins-)Termin anberaumt werden (ebenso zB MskV/Stadler Rn 3). Nicht eingeschränkt wird aber das Hausrecht desjenigen, bei dem der Termin abgehalten wird. Davon unberührt bleiben die prozessualen Konsequenzen. Verweigert ein in seiner Wohnung zu vernehmender Zeuge den Parteien den Zutritt, gilt die Beweisaufnahme als verhindert iS §§ 356, 380. Zu den beweisrechtl Konsequenzen im Übrigen s § 357 Rn 2. 4

II) Privileg des Bundespräsidenten (§ 219 II). Es gilt nur für den gem Art 54 GG Gewählten, wenn er verhindert ist, auch für seinen Vertreter (Art 57 GG; St/Roth Rn 11; MskV/Stadler Rn 5); denn das Privileg ist nicht personen-, sondern amtsbezogen. Es gilt unabhängig davon, ob der Bundespräsident dienstl oder privat beteiligt ist (MskV/Stadler Rn 5). Zu seiner Vernehmung als Zeuge s § 375 II. 5

§ 220 Aufruf der Sache; versäumter Termin

(1) Der Termin beginnt mit dem Aufruf der Sache.

(2) Der Termin ist von einer Partei versäumt, wenn sie bis zum Schluss nicht verhandelt.

I) Aufruf der Sache (§ 220 I). 1) Im Sitzungssaal. Er erfolgt durch den Vors (§ 136 I). Nichtaufruf kommt einer Nichtladung der Partei gleich (RGZ 76, 102). Durch den Aufruf der Sache sollen die anwesenden geladenen Parteien und Beteiligten effektiv in die Lage versetzt werden, den Termin auch wahrzunehmen (BVerfG NJW 77, 1443). Das bedeutet zB, dass anwaltl nicht vertretene Parteien – insb wenn mehrere Sachen gleichzeitig aufgerufen werden – erkennen können müssen, wann „ihre" Sache zur Verh ansteht (LG Hamburg NJW 77, 1459; LG Berlin JR 67, 264). 1

2 **2) Außerhalb des Sitzungssaals.** Ein Aufruf auf dem Gang oder in einem besonderen Warteraum durch den Gerichtswachtmeister, UrkB usw ist nur vorbereitend, jedoch **unentbehrlich**, wenn die Parteien nicht bereits im Sitzungssaal anwesend sind (BVerfG NJW 77, 1443; BVerwG NJW 86, 204). Der an der Tür des Sitzungssaales angeschlagene Hinweis, ohne Aufruf einzutreten, macht diesen Aufruf nicht entbehrl (LG Hamburg NJW 77, 1459), ebenso nicht die Eintragung der Anwälte in die Sitzungsliste (BVerfG NJW 77, 1443). Ohne Aufruf vor dem Sitzungssaal keine Säumniswirkung iSv II und §§ 330, 331 (KG MDR 74, 52). Auf den Aufruf zu der in der Ladung angegebenen Stunde hat keine Partei ein Recht. Sie bezeichnet den frühesten Terminsbeginn, vorher darf die Sache nur im Einverständnis der Parteien aufgerufen werden (KG NJW 87, 1338).

3 **3) Entfernen der Partei.** Einer Partei bzw dem RA ist grds zuzumuten, sich zur Gewährleistung eines ordnungsgemäßen Geschäftsgangs bei den Gerichten während einer – nach den Verhältnissen des jew Einzelfalls zu bestimmenden – angemessenen Zeit über den in der Ladung vorgesehenen Verhandlungsbeginn hinaus bei Gericht bereitzuhalten (BGH MDR 2024, 594). Ist er/sie zur angesetzten Terminsstunde erschienen und hat sich wieder entfernt, weil der Aufruf sich **erheblich verzögert**, ist eine Säumnis iSv **II** (sa vor § 330 Rn 4) eine Frage des Einzelfalls (BVerwG NJW 99, 2131; BFHE 121, 132). Sie/er ist als entschuldigt iS § 337 anzusehen, wenn ein weiteres Zuwarten aus triftigen Gründen (zB wegen anderer gleichzeitiger Terminspflichten des RA; BFHE 121, 132) nicht mehr zumutbar war und sie den Grund ihres Fortgehens dem Vors mitgeteilt (BVerwG NJW 99, 2131) hat. Eine **Wartezeit** von auch über einer Stunde ist grds hinzunehmen (OLG Hamburg MDR 2022, 1113; BVerwG NJW 1999, 2131: 75 Minuten; aA LAG Hamm NJW 1973, 1950: höchstens 1 Stunde), nicht aber von mehreren Stunden (BVerwG NJW 99, 2131; BFHE 121, 132).

4 **II) Nichtverhandeln (§ 220 II). 1) Zeitpunkt.** Bis zum Schluss des Termins (identisch mit Schluss der mündl Verhandlung iS § 136 IV; s § 136 Rn 4) verbleibt der Partei die Möglichkeit, zu verhandeln (II) und dadurch den Erlass eines VU abzuwenden (BGHZ 4, 328, 340; BGH NJW 93, 861). Bei Vertagung (§ 227 I) und Wiedereröffnung (§ 156) ist für Säumnis die Untätigkeit bis zum Schluss der letzten mündl Verhandlung maßgebl. Wegen „nicht verhandeln", das einer Abwesenheit gleichsteht (BGH NJW 2016, 3248), s § 333 Rn 2. – Hat eine Partei im Termin durch Antragstellung str **verhandelt**, so kann sie durch „Rücknahme" dieses Antrags nicht nachträgl ihre Säumnis herbeiführen (OLG Hamm NJW 74, 1097; OLG Frankfurt MDR 82, 153), ebenso wenig durch die Erklärung des RA, nicht mehr für die Partei aufzutreten (BAG MDR 2007, 1025; BGH NJW 94, 2321).

5 **2) Folgen.** Erscheinen bei Aufruf die Parteien nicht oder lehnen sie ab, zu verhandeln (§ 333), so kann das Gericht sich den nochmaligen Aufruf vorbehalten (die Sache zurückstellen). Bei **Säumnis beider Parteien:** Ruhen des Verfahrens § 251, Entscheidung nach Aktenlage § 251a, Vertagung § 227 I. Bei **Säumnis einer Partei:** VU §§ 330, 331, 539; Entscheidung nach Aktenlage § 331a; Vertagung § 335 II, § 337. – Ist gegen eine Partei VU ergangen und erscheint sie dann, ist eine einverständl **nachträgliche Verhandlung** zur Sache usw nur möglich, wenn der Säumige zuvor Einspruch einlegt. Ohne Einspruch können die Parteien einen gerichtl Vergleich schließen; das noch nicht rechtskräftige VU wird damit wirkungslos (s § 794 Rn 13). Wenn ein Vertagungsbeschluss verkündet oder das Ruhen des Verf angeordnet wurde (§ 251), kann die Sache auf Antrag beider Parteien unter Aufhebung dieses Beschlusses in ders Sitzung verhandelt werden.

§ 221 Fristbeginn

Der Lauf einer richterlichen Frist beginnt, sofern nicht bei ihrer Festsetzung ein anderes bestimmt wird, mit der Zustellung des Dokuments, in dem die Frist festgesetzt ist, und, wenn es einer solchen Zustellung nicht bedarf, mit der Verkündung der Frist.

1 **I) Richterliche Fristen.** Zu diesen s vor § 214 Rn 5. Der Lauf einer richterl Frist **beginnt** an dem in der Anordnung festgesetzten Zeitpunkt, mit Zustellung oder mit Verkündung. Zustellung ist insb erforderl für das Setzen von Erklärungsfristen gem §§ 273, 275, 276 (s § 273 Rn 5, § 296 Rn 9d); sonst keine Säumungsfolge gem § 296. Zu Fristsetzungsverfügungen s § 329 Rn 55. Bei Zustellung ist unterschiedl Fristbeginn für die beiden Parteien mögl. Zustellung an die Hauptpartei lässt die Rechtsmittelfrist und die Frist des § 320 II auch für deren Streithelfer beginnen (s § 67 Rn 5; § 320 Rn 9). Bei **Verkündung** beginnt Fristlauf, auch wenn die Parteien trotz ordnungsgemäßer Ladung (s § 218 Rn 1) abwesend waren (s § 329 Rn 14). Zum Erfordernis von Zustellung und Verkündung iE s Erl zu § 329.

2 **II) Gesetzliche Fristen.** Der Lauf einer ges Frist beginnt – nach der jew entspr ausdrückl Regelung – mit der **Zustellung** der sie in Lauf setzenden Entscheidung (§ 339 Einspruchsfrist, § 517 Berufungsfrist, § 544 III Frist für Nichtzulassungsbeschwerde, § 548 Revisionsfrist, § 569 sofortige Beschwerde). Die (wirksame 1.) Zustellung *ist für den Fristbeginn auch dann maßgebend*, wenn (später) erneut zugestellt wurde (BGH NJW 2012, 2588 Tz 31 mwN; BGH NJW 2011, 522). Rechtsmittelfristen können wegen der uU ungleichmäßigen Zustellung der Entscheidungen für die Parteien unterschiedl zu laufen beginnen.

§ 222 Fristberechnung

(1) Für die Berechnung der Fristen gelten die Vorschriften des Bürgerlichen Gesetzbuchs.

(2) Fällt das Ende einer Frist auf einen Sonntag, einen allgemeinen Feiertag oder einen Sonnabend, so endet die Frist mit Ablauf des nächsten Werktages.

(3) Bei der Berechnung einer Frist, die nach Stunden bestimmt ist, werden Sonntage, allgemeine Feiertage und Sonnabende nicht mitgerechnet.

I) Allgemeines (§ 222 I und II). I verweist auf §§ 187-193 BGB. § 222, insb auch **II**, gilt für Fristen unabhängig davon, ob es sich um eine **berechnete**, deren Ablaufdatum also – wie bei Einräumung einer Wochen- oder Monatsfrist – aus der Angabe eines bestimmten Zeitraums zu errechnen ist, oder um eine **datierte** Frist handelt (BVerfG FamRZ 2013, 1876 = NJW 2013, 3776; BGH MDR 79, 49). Er ist auch auf **Ausschlussfristen** für die Klageerhebung (BGH NJW-RR 2019, 976; RGZ 105, 125) und die Eintragung in des Klageregister gem § 608 I anwendbar (BGH WM 2021, 846). Außerdem auf **verlängerte Fristen:** Fällt das Ende der ursprüngl Frist (zB zur Rechtsmittelbegründung) auf einen Sonntag (allg Feiertag oder Sonnabend), so beginnt die verlängerte Begründungsfrist erst am folgenden Dienstag (Werktag) zu laufen (BGH MDR 2006, 588 = NJW 2006, 700; BGH MDR 2008, 40 = NJW-RR 2008, 76; BGH FamRZ 2009, 868 = MDR 2009, 644; BGH NJW-RR 2010, 211; stRspr); beginnen kann eine Frist aber auch an diesen Tagen (OLG Stuttgart Justiz 2020, 108). Auf das Ende der verlängerten Frist ist dies ohne Auswirkung, wenn das Ende datiert ist. Die Qualifikation als allg **Feiertag** (II) bestimmt sich nach dem für das Gericht, bei dem die Prozesshandlung vorzunehmen ist, geltenden (Landes)Recht (BGH MDR 2012, 301 mwN; BAG NJW 89, 1181 mwN). Bei auswärtigen und gemeinsamen Kammern und Senaten (§ 13a, § 93, § 116 II, § 130 II GVG) ist maßgebl, ob dort (nicht am Hauptsitz des Gerichts) Feiertag ist. Kein Feiertag iSv II sind Heiligabend (24. Dezember; OLG Frankfurt FamRZ 2023, 541; OVG Hamburg NJW 93, 1941) und Rosenmontag (BFH NJW 97, 416). – Zur **Widerrufsfrist für Vergleich** s § 794 Rn 10c. 1

II) Fristberechnung. 1) Frist nach Stunden (§ 222 III). Eine solche ist ges bestimmt zB in § 604 II; sie kann auch richterl bestimmt werden. Sie beginnt (soweit bei richterl Fristen nichts anderes festgelegt ist) mit Zustellung bzw Verkündung und endet mit Ablauf der bestimmten Stundenzahl. § 187 I BGB findet gem I insoweit entspr Anwendung, als nur volle Stunden gezählt werden. Beispiel: Zustellung der Ladung am 2. Mai um 9 Uhr 33 Min; Ladungsfrist (§ 604 II) ist gewahrt, wenn Termin auf 3. Mai 10 Uhr bestimmt. 2

Da **Sonn**- und allg **Feiertage** (s Rn 1) sowie **Sonnabende** nach III nicht mitgerechnet werden, kann eine Stundenfrist an einem solchen Tag weder beginnen noch enden. Beispiel: Wird am Freitag 9 Uhr zugestellt, so endet die Frist von 24 Stunden am Montag 9 Uhr, die 48-Stunden-Frist am Dienstag 9 Uhr; wird (zulässigerweise) am Sonntag zugestellt, so beginnt die Stundenfrist um Mitternacht (Beginn des Montags). 3

2) Fristen nach Tagen. Bsp: §§ 217, 604. Der Tag der Zustellung bzw Verkündung wird nicht mitgerechnet (I iVm § 187 I BGB). Beispiel: Zustellung 2. Mai, Einlassungsfrist 3 Tage. Es müssen volle 3 Tage freibleiben; die Einlassungsfrist ist gewahrt, wenn der Termin am 6. Mai ansteht. Ist der Beginn eines Tages der für den Anfang der Frist maßgebende Zeitpunkt, so wird der Tag mitgerechnet (I iVm § 187 II 1 BGB). Beispiel: Dem Kl ist eine Frist von 3 Tagen gesetzt, beginnend mit dem (= am) 5. Mai. Beginn der Frist mit Anbruch des 5. Mai, Ende mit Ablauf des 7. Mai. 4

3) Fristen nach Wochen. Bsp: §§ 106, 132 I, § 207 II, §§ 217, 227 III, §§ 234, 320 I, § 321 II, § 339 I, § 569 I, § 573 I, §§ 692, 840, 873, 1034 II, § 1037 II. Die Frist endet mit Ablauf des Tages, der seiner Benennung nach dem Zustellungstag entspricht (I iVm § 188 II BGB). Bsp: Zustellung am Freitag, dem 2. Mai; die sof Beschwerdefrist endet mit Ablauf des Freitag, den 16. Mai. Ist der 16. Mai ein allg Feiertag (s Rn 1), so endet die Frist erst mit Ablauf des 19. (Montag), da sie weder an dem Feiertag, noch an dem darauf folgenden Sonnabend und Sonntag enden kann (II). Ist für den Anfang der Frist der Beginn eines Tages maßgebend, so wird dieser Tag bei der Berechnung der Frist mitgerechnet (I iVm § 187 II BGB). Bsp: Eine richterl Frist von 2 Wochen ist so bestimmt, dass sie vom 2. Mai (Dienstag) an laufe. Die Frist endet mit Ablauf des 15. Mai (Montag). Wäre der Tag, mit dessen Ablauf hier die Frist enden soll, Sonnabend, Sonntag oder allg Feiertag, so endete die Frist erst mit dem Ablauf des nächstfolgenden Werktags (II). 5

4) Fristen nach Monaten. Bsp § 107 II, §§ 517, 520 II, § 544 III, §§ 548, 551 II, § 566 II (mit § 548), §§ 586, 701, 845, 1035 III, § 1037 III, § 1040 III, § 1058 II, III, § 1059 III, § 1065 I iVm § 575. Die Frist endet mit dem Ablauf des Tages des letzten Monats, der seiner Zahl nach dem Zustellungstag entspricht (I iVm § 188 II BGB). Bsp: Urteilszustellung am 2. Mai, die Berufungsfrist endet mit Ablauf des 2. Juni. Fehlt dieser letzte Tag im letzteren Monat, so endet die Frist mit dem letzten Tag dieses Monats (§ 188 III BGB): zB Zustellung des Urteils am 31. Januar, die Frist endet mit Ablauf des 28. Februar (im Schaltjahr 29. Februar). Bei Zustellung des Urteils am 29. Februar läuft die Berufungsfrist wegen § 188 II BGB am 29. März ab (BGH MDR 85, 471 = NJW 85, 495, 496; BGH MDR 84, 473 = NJW 84, 1358). Ist für den Anfang einer Frist der Beginn eines Tages maßgebend, so endet die Frist mit Ablauf des Tages des letzten Monats, der dem Tag vorhergeht, der seiner Zahl nach dem Anfangstag der Frist entspricht (I iVm § 187 II BGB). Bsp: Eine richterl Frist von 2 Monaten ist so be- 6 stimmt, dass sie mit dem 30. Dezember anfangen soll; Ende der Frist mit Ablauf des 28. bzw 29. Februar. Wäre der Tag, mit dessen Ablauf die Frist enden soll, ein Sonnabend, Sonntag oder allg Feiertag (s Rn 1), so endete die Frist erst mit dem Ablauf des nächstfolgenden Werktags (II).

7 **5) Jahresfristen.** Bsp: § 234 III, § 586 II. Es gilt dasselbe wie für Monatsfristen: sie gelten als Fristen von sovielmal 12 Monaten, als die Frist Jahre beträgt; es findet deshalb auch die Vorschrift Anwendung, dass, wenn im letzten Monat der Tag, der für den Ablauf der Frist maßgebend wäre, nicht vorkommt, die Frist mit dem Ablauf des letzten Tages dieses Monats endet. Bsp: Eine Notfrist endet mit Ablauf des 29. Februar (Schaltjahr); die Jahresfrist zur Wiedereinsetzung (§ 234 III) endet, wenn sie am 1. März begonnen hat, mit Ablauf des 28. Februar; denn der 29., mit dessen Ablauf sie an sich enden würde, kommt im folgenden Jahr nicht vor.

8 **III) Ausschöpfen von Fristen.** Fristen dürfen bis zuletzt ausgeschöpft werden (BVerfG NJW 2005, 3346; BVerfG NJW 86, 244; BVerfG NJW 83, 1479; BGH NJW 95, 521 mwN; BGH NJW 95, 2230; BGH NJW 92, 244), bei Tagesfristen also bis 24 Uhr, selbst wenn kein **Nachtbriefkasten** vorhanden (BVerwG NJW 64, 1239; OLG Hamm NJW 76, 762; OLG Frankfurt NJW 74, 1959; aA BayObLG MDR 76, 67) und wenn mit einer Leerung des Gerichtsbriefkastens am selben Tag nicht mehr zu rechnen ist (BVerfG NJW 91, 2076; BAG MDR 86, 876; BGH NJW-RR 2001, 280); doch muss dann der Absender den Einwurf vor 24 Uhr ggf beweisen. Unterhält das Gericht ein **Postfach** bei einem Postamt, so ist ein Schriftsatz rechtzeitig bei diesem Gericht eingegangen, sobald er von der Post in dieses Fach eingelegt wird; ob eine Leerung des Postfachs durch Gerichtspersonal am selben Tag erfolgt oder zu erwarten ist, bleibt für die Fristwahrung gleichgültig (BGH MDR 87, 134; OLG Frankfurt NStZ-RR 2007, 206; OLG Hamburg HmbJVBl 97, 25).

§ 223 (weggefallen)

§ 224 Fristkürzung; Fristverlängerung

(1) [1]Durch Vereinbarung der Parteien können Fristen, mit Ausnahme der Notfristen, abgekürzt werden. [2]Notfristen sind nur diejenigen Fristen, die in diesem Gesetz als solche bezeichnet sind.

(2) Auf Antrag können richterliche und gesetzliche Fristen abgekürzt oder verlängert werden, wenn erhebliche Gründe glaubhaft gemacht sind, gesetzliche Fristen jedoch nur in den besonders bestimmten Fällen.

(3) Im Falle der Verlängerung wird die neue Frist von dem Ablauf der vorigen Frist an berechnet, wenn nicht im einzelnen Fall ein anderes bestimmt ist.

1 **I) Anwendungsbereich.** § 224 bezieht sich nicht auf die uneigentl und Ausschlussfristen (s vor § 214 Rn 5, 6).

2 **II) Friständerung durch Parteivereinbarung.** Durch Parteivereinbarung können richterl und ges Fristen, nicht jedoch Notfristen und uneigentl Fristen (zur Unterscheidung s vor § 214 Rn 3-6) **abgekürzt** werden (I). **Fristverlängerung** (oder -verkürzung) durch Parteivereinbarung kommt nur für die (ebenfalls von den Parteien frei vereinbarte und daher für das Gericht nicht abänderbare; BGHZ 61, 398) Vergleichswiderrufsfrist in Betracht (s § 794 Rn 10c). Die Parteivereinbarung ist formlos und ohne Anwaltszwang mögl (s vor § 128 Rn 32); ein Anwaltszwang erstreckt sich aber auf die Verlängerung der Vergleichswiderrufsfrist (s § 794 Rn 10c).

3 **III) Notfristen (§ 224 I 2). 1) Begriff.** Notfristen sind nur die in der ZPO (oder anderen Gesetzen) **als solche bezeichneten** Fristen (I 2). ZPO: § 276 I 1, § 321a II 1, §§ 339, 517, 544 I, §§ 548, 569 I, § 573 I, § 574 IV, §§ 575, 586 I, § 958 I, § 1065 I iVm § 575. Andere Gesetze: zB §§ 59, 72a 76, 92a, 96a, 110 III ArbGG; § 111 GenG, § 30b I, § 180 II u III ZVG.

4 **Keine Notfristen** sind die Begründungsfristen § 340 III (s § 340 Rn 11), § 520 II 1, § 551 II 1; die Frist für WE-Antrag (§ 234; s aber § 234 Rn 4), selbst wenn Notfrist versäumt war (BGHZ 26, 99 = NJW 58, 183); die Vergleichswiderrufsfrist (BGHZ 61, 398).

5 **2) Wirkung.** Für Notfristen gilt: **a)** keine Verkürzung oder Verlängerung, I 1, II (aber ggf Rückwirkung gem § 167); **b)** WE mögl, § 233; **c)** Frist läuft trotz Ruhens des Verf weiter (§ 251 S 2); **d)** der Parteivereinbarung entzogen (I 1).

6 **IV) Gerichtliche Friständerung. 1) Allgemeine Voraussetzungen.** Friständerung durch Vors oder Gericht (s § 225 Rn 3) ist auf Antrag (s § 225 Rn 1) bei **richterlichen Fristen** unbeschränkt zulässig (II), bei **gesetzlichen Fristen** *nur in den vom Gesetz* vorgesehenen Fällen (Abkürzung § 226, Verlängerung § 188 S 2, § 340 III, § 520 II, § 551 II, beides zulässig § 134 II), bei Notfristen niemals. Wieder abgekürzt, nicht aber vollständig rückgängig gemacht (Vertrauensschutz muss gewahrt bleiben) werden kann auf Antrag auch eine verlängerte

richterl Frist (OLGR Schleswig 2007, 787). Zulässig ist Abänderung, also Verkürzung oder Verlängerung (auch mehrmals) gem II nur aus **erheblichen Gründen**. Dies ist ebenso zu verstehen wie in § 520 II 3 (BVerfG NJW 2007, 3342; s § 520 Rn 19; enger OLGR Rostock 2004, 127). Erhebl ist insb die die konkret dargelegte (nicht aber pauschal: „wegen urlaubsbedingter Abwesenheiten und der coronabedingten Situation in Brasilien", BGH 13.10.2020 – II ZR 33/20, juris) Verhinderung, innerhalb der Frist sachgerecht vortragen zu können (BGH MDR 2018, 1014). Die Gründe sind – ohne entspr Verlangen des Gerichts (BGH IHR 2021, 261 Tz 16) – glaubhaft zu machen. Bei der Ausübung des eingeräumten **Ermessens** („können") ist das Gebot der Verfahrensbeschleunigung und der Rücksichtnahme auf Interessen der Gegenseite zu berücksichtigen (OLGR Rostock 2004, 127). Ablehnung einer Fristverlängerung kann Verstoß gegen Gebot **rechtlichen Gehörs** sein (BGH MDR 2018, 1014).

2) Zeitpunkt. Eine Frist kann noch nach Ablauf verlängert werden, wenn der **Verlängerungsantrag vor Fristablauf** beim Gericht eingegangen ist (BGHZ 83, 217 = NJW 1982, 1651, seitdem stRspr). Allerdings kann extrem späte Antragstellung Anlass geben, das Vorliegen „erhebl Gründe" für die Fristverlängerung (s Rn 6) kritisch zu würdigen (BGHZ 83, 217 = NJW 1982, 1651), so insb bei einem Gesuch um eine wiederholte Verlängerung (§ 225 II). Begründung und Glaubhaftmachung müssen vor Fristablauf erfolgen (BGH IHR 2021, 261 Tz 16; BGH NJW-RR 2019, 1392). – Ein **Verlängerungsantrag nach Fristablauf** ist nicht mehr berücksichtigungsfähig (BGH NJW 2023, 368 Tz 12; BGH NJW 2022, 400 Tz 19 mwN). Mögl ist allein je nach den Gegebenheiten des Einzelfalls die Gewährung von WE oder ein Absehen von einer Präklusion verspäteten Vorbringens (s § 296 Rn 23; OLG Koblenz NJW 1989, 987). 7

3) Verfahren. Verf und Rechtsmittel bei Friständerungen s § 225. Eintritt der Wirksamkeit der Friständerung s § 225 Rn 6. Zur fehlerhaften Verlängerungsverfügung s § 225 Rn 4, § 520 Rn 20. 8

V) Fristlauf nach Verlängerung. Wird eine Frist um einen bestimmten Zeitraum verlängert und fällt der letzte Tag der ursprüngl Frist auf einen Sonnabend, Sonntag oder allg Feiertag, so **beginnt der verlängerte Teil der Frist** erst mit dem Ablauf des nächstfolgenden Werktages (s § 222 Rn 1). Eine Berufung kann daher, falls die mit Zustellung des Urteils am 25.10. beginnende Begründungsfrist (§ 520 II) um einen Monat verlängert wird, noch am 27.1. des folgenden Jahres (Fristende: § 222 II, Verlängerung ab 28.12. nach § 224 III) und, wenn der 27.12. selbst ein Sonntag ist, noch am 28.1. wirksam begründet werden. 9

§ 225 Verfahren bei Friständerung

(1) Über das Gesuch um Abkürzung oder Verlängerung einer Frist kann ohne mündliche Verhandlung entschieden werden.

(2) Die Abkürzung oder wiederholte Verlängerung darf nur nach Anhörung des Gegners bewilligt werden.

(3) Eine Anfechtung des Beschlusses, durch den das Gesuch um Verlängerung einer Frist zurückgewiesen ist, findet nicht statt.

I) Antrag und Entscheidung. 1) Antrag. Das Gesuch (I; Anwaltszwang nach § 78) kann – außerhalb mündl Verhandlung – nicht mündl gestellt werden (BGH MDR 85, 574 = NJW 85, 1558). Denn die Voraussetzung einer wirksamen, rechtzeitigen (s § 224 Rn 7) und begründeten Antragstellung muss eindeutig aktenkundig sein. Unwirksam ist insb der nur **telefonische** Verlängerungsantrag (BGH MDR 85, 574 = NJW 85, 1558). Jedoch steht ein nicht formgerechter Antrag einer wirksamen Friständerung nicht entgegen (BGH MDR 85, 574 = NJW 85, 1558; BGH MDR 98, 365 = NJW 98, 1155; aA ohne nähere Begr OLG Hamburg FamRZ 2022, 1386 [abl Gottwald FamRZ 2022, 1387). Der Antrag muss kein Enddatum der verlängerten Frist enthalten (BGH MDR 2018, 421; BGH MDR 2001, 951 = NJW-RR 2001, 931), aber zumindest den Zeitraum erkennen lassen, um den verlängert werden soll (BFH/NV 2003, 1602). Er ist auslegungsfähig (BGH MDR 2020, 438). 1

Antragsberechtigt sind die Partei, zu deren Gunsten die Frist geändert werden soll, und der Prozessgegner, da § 225 keine Beschränkung enthält (ebenso St/Roth Rn 3; aA [Gegner nicht] MK/Stackmann Rn 1; BGH NJW 51, 605 [für Revisionsbegründungsfrist] gegen RGZ 156, 157). 2

2) Verfahren und Entscheidung. a) Zuständigkeit. Zur Entscheidung über das Friständerungsgesuch durch Beschluss (vgl III) ist beim Kollegialgericht grds das **Kollegium** berufen. Das Gesetz überträgt diese Entscheidung in Einzelfällen dem **Vorsitzenden** (zB § 134 II, § 226 III, § 340 III, § 520 II, § 551 II; zur KfH s § 349 Rn 2), der durch Verfügung (vgl § 226 III) entscheidet. Ein Kollegialbeschluss kann diese Entscheidung auf Grund der ausdrückl anderweitigen Kompetenzzuweisung nicht ersetzen (BGH VersR 82, 1191, 1192). Über die Abänderung der **richterlichen Fristen** (zB § 273 II, § 275 I, § 276 I) entscheidet als Annexkompetenz (vgl BGH MDR 83, 838 = NJW 83, 2030) derj (Vors, Berichterstatter, Spruchkörper), der die Frist gesetzt hat. Über die Verlängerung der Berufungsbegründungsfrist und deren Ablehnung entscheidet gem § 520 II 2 der Vors (BGH NJW 2023, 2883; BGH VersR 1982, 1191; sa § 520 Rn 16). 3

4 **b) Entscheidung.** Die Friständerung muss **ausdrücklich** erfolgen, um die gebotene Klarheit über den Fristenablauf und dessen Rechtsfolgen herzustellen (zB BGH NJW-RR 90, 67; BVerwG NVwZ-RR 2018, 787, auch zur Ausnahme Rechtsmissbrauch). Sie wird erst mit (formlosem) Zugang beim ASt **wirksam** (BGH MDR 2022, 1560). Maßgebend für den Umfang der Friständerung ist der **objektive Inhalt** (BGH GE 2024, 192; BGH MDR 2020, 438 Tz 19 mwN; BGH NJW-RR 2008, 1162). Ein Vertrauen auf diesen ist nur bei einem offensichtl Fehler nicht schutzwürdig (BGH NJW 1999, 1036). Enthält das Original oder auch nur die dem ASt mitgeteilte Ausfertigung/begl Abschrift der fristverlängernden Entscheidung versehentl keine datierte Angabe des neuen Fristablaufs, so ist für den Ast der ursprüngl Fristablauf ersatzlos bis zur Nachholung einer Festsetzung des Endtermins aufgehoben (BGH MDR 87, 651 mwN für Rechtsmittelbegründungsfrist). Mit der **„antragsgemäßen"** Verlängerung wird der Antrag zum Inhalt der Fristverlängerung selbst gemacht, auch wenn die Frist im Antrag fehlerhaft berechnet ist (BGH NJW-RR 2008, 1162). Schutzwürdiges Vertrauen in eine Verlängerung kann bei dem Ast nur begründet werden, wenn der Zuständige (s Rn 3) durch eine entspr Äußerung solches begründet hat, zB durch eine auf telefon Antrag in dem Gespräch gewährte Fristverlängerung (BGH MDR 1985, 574 = NJW 1985, 1558). Keinen Vertrauensschutz begründet – und hat erst Recht keinen Erklärungswert –, wenn das Gericht sich auf den Antrag, eine Frist **„stillschweigend"** zu verlängern, nicht äußert (St/Roth Rn 6; aA OLG Köln JMBlNW 1984, 131); „stillschweigend" kann eine Frist nicht verlängert werden (BGH NJW-RR 1990, 67). Wird eine Frist für eine **kürzere Zeit** als beantragt verlängert, liegt darin idR zugleich die Ablehnung des weitergehenden Antrags und nicht ein Vorbehalt, insoweit erst noch entscheiden zu wollen (BGH MDR 2020, 438; BGH NJW 2015, 1966); von einem Versehen des Gerichts kann der ASt idR nicht ausgehen (BGH MDR 2022, 1560 = FamRZ 2023, 70 LS). – Zur fristverlängernden Verfügung sa § 329 Rn 52, 54.

5 Wurde der Antrag entspr frühzeitig gestellt, ist die Entscheidung grds so **rechtzeitig vor Fristablauf** zu treffen und mitzuteilen (s Rn 6), dass der ASt in der Lage ist, die befristete Prozesshandlung noch in offener Frist vorzunehmen. Anderenfalls kann die ablehnende Entscheidung zusammen mit der auf den Fristablauf gestützten Hauptsacheentscheidung ergehen (BGH 24.4.2024 – VII ZR 110/23, juris; OLG Nürnberg MDR 2017, 1079). – **Wiedereinsetzung** zur Beantragung einer Fristverlängerung ist nicht mögl (BGH NJW-RR 2024, 792). Zur Erkundigungspflicht und zum Anwaltsverschulden bei Versäumung einer nicht verlängerten Frist s § 233 Rn 23.18.

6 **3) Bekanntgabe der Entscheidung.** Sie ist **Voraussetzung der Wirksamkeit** der Friständerung (s § 329 Rn 7, 52) und erfolgt bei Fristverlängerung durch formlose Mitteilung (§ 329 II 1) an den ASt (s § 329 Rn 52). Eine Zustellung ist nicht erforderl, denn die Verlängerung setzt iSd § 329 II keine (neue) Frist in Lauf (s § 329 Rn 54; § 520 Rn 18). Bekanntgabe nach Fristablauf ist unschädl. Ebenso erfolgt Mitteilung an den Gegner; die Wirksamkeit der Änderung ist hiervon jedoch nicht abhängig (RGZ 144, 260, 262). Die Entscheidung über die Abkürzung einer Frist ist der Partei zuzustellen, die die abgekürzte Frist einzuhalten hat (§ 329 II 2); an den Gegner erfolgt formlose Mitteilung. Zur Friständerung durch den unzuständigen Richter s § 520 Rn 20. Zur fehlerhaften Mitteilung der Verfügung s Rn 4; § 520 Rn 15.

7 **II) Anhörung des Gegners (§ 225 II).** Anhörung ist nicht für die erstmalige Verlängerung, sondern nur für die Verkürzung (Ausnahme § 226 III) einer richterl oder ges Frist (§ 224 II) und für die wiederholte Verlängerung einer Frist erforderl. Notwendig ist allein die Gewährung rechtl Gehörs, nicht auch die Zustimmung des Gegners (BVerfG NJW 2000, 944). Sie ist **entbehrlich** bei Einwilligung, die nicht der Schriftform bedarf (BGH MDR 2005, 408 = NJW 2005, 72 für Berufungsbegründungsfristverlängerung), und kann ggf auch **formlos** (zB telefonisch) durchgeführt werden (St/Roth Rn 5), worüber ein schriftl Vermerk zu den Akten genommen werden sollte. **Verstoß** gegen II steht Wirksamkeit der Friständerung nicht entgegen (BGH NJW 73, 2110; RGZ 150, 361).

8 **III) Rechtsbehelfe.** Gegen Ablehnung der Abkürzung im 1. Rechtszug sof Beschwerde (§ 567 I; OLGR Schleswig 2007, 787), sonst (theoretisch) Rechtsbeschwerde bei Zulassung (§ 574 I). Die Ablehnung der Verlängerung ist gem III nicht anfechtbar (zB BGH NJW 2023, 2883 Tz 6). Bei Bewilligung der Abkürzung oder Verlängerung ist für ASt und Gegner keine Beschwerde eröffnet (s § 567 I; BGH NJW 88, 268; OLG Frankfurt BB 2011, 1602 LS).

9 **IV) Gebühren. 1) Gericht:** keine; Beschwerdeverf (s Rn 8): 1812 GKG-KV; Rechtsbeschwerdeverf (s Rn 8): 1826 GKG-KV; Ermäßigung bei Rücknahme: 1827 GKG-KV. – **2) RA:** Seine Tätigkeit gehört zum Verf (§ 19 I 1 RVG). Beschwerdeverf: 3500 RVG-VV; Rechtsbeschwerde (s Rn 8): 3502 RVG-VV.

§ 226 Abkürzung von Zwischenfristen

(1) Einlassungsfristen, Ladungsfristen sowie diejenigen Fristen, die für die Zustellung vorbereitender Schriftsätze bestimmt sind, können auf Antrag abgekürzt werden.

(2) Die Abkürzung der Einlassungs- und der Ladungsfristen wird dadurch nicht ausgeschlossen, dass infolge der Abkürzung die mündliche Verhandlung durch Schriftsätze nicht vorbereitet werden kann.

(3) Der Vorsitzende kann bei Bestimmung des Termins die Abkürzung ohne Anhörung des Gegners und des sonst Beteiligten verfügen; diese Verfügung ist dem Beteiligten abschriftlich mitzuteilen.

I) Anwendungsbereich. Einlassungsfrist: § 274 III. **Ladungsfrist:** §§ 217, 604. **Frist für vorbereitende Schriftsätze:** § 132. Richterl Fristen (§ 273 II Nr 1, § 275 I) sind nach § 224 abänderbar. 1

II) Antrag. Abkürzung nur auf Antrag (I, auch im Parteiprozess), nie vAw, Abkürzung ohne Antrag ist aber wirksam. Schriftl Antrag erforderl (s § 225 Rn 1), im Anwaltsprozess (§ 78) Anwaltszwang. Antragsberechtigt sind beide Parteien. Die Gründe für den Antrag sind im Hinblick auf schutzwürdige Interessen auch des Ag darzulegen, jedoch nicht notwendig auch glaubhaft zu machen. Zwar ist – insb ohne RA-Vertretung – kein ausformulierter Antrag erforderl (aA wohl MK/Stackmann Rn 3; St/Roth Rn 2: ausdrücklicher Antrag). Aber das außerordentl Beschleunigungsbegehren muss hinreichend deutl werden. 2

III) Unzureichende Vorbereitung (§ 226 II). Unter der Abkürzung der Frist darf die schriftl Vorbereitung (§§ 129 ff) des Termins leiden, niemals aber die Möglichkeit der Vorbereitung durch die Parteien überhaupt. Das wäre Verstoß gegen Gebot rechtl Gehörs (BGHZ 27, 169), ein VU nicht zu erlassen, § 337. 3

IV) Entscheidung (§ 226 III). Der Vors entscheidet durch Verfügung. Diese ist bei Ladung dieser beizufügen. Gegen Ablehnung im 1. Rechtszug sof Beschwerde (§ 567 I, aus Zeitgründen kaum erfolgversprechend). Bewilligung des Antrags ist nur mit dem Urteil anfechtbar (§§ 512, 557 II). Gegen Bewilligung der Fristverkürzung kann die betroffene Partei, die hierzu nicht einmal angehört werden musste, sich im folgenden Termin (oder im Rechtsmittel gegen das Urteil) ggf auf Verkürzung ihres rechtl Gehörs berufen. 4

§ 227 Terminsänderung

(1) [1]Aus erheblichen Gründen kann ein Termin aufgehoben oder verlegt sowie eine Verhandlung vertagt werden. [2]Erhebliche Gründe sind insbesondere nicht

1. das Ausbleiben einer Partei oder die Ankündigung, nicht zu erscheinen, wenn nicht das Gericht dafür hält, dass die Partei ohne ihr Verschulden am Erscheinen verhindert ist;

2. die mangelnde Vorbereitung einer Partei, wenn nicht die Partei dies genügend entschuldigt;

3. das Einvernehmen der Parteien allein.

[3]Von einer Terminsänderung soll abgesehen werden, wenn sich der Termin für eine Durchführung als Videoverhandlung nach § 128a oder als Beweisaufnahme nach § 284 Absatz 2 eignet und die erheblichen Gründe nach Satz 1 dadurch entfallen.

(2) Die erheblichen Gründe sind auf Verlangen des Vorsitzenden, für eine Vertagung auf Verlangen des Gerichts glaubhaft zu machen.

(3) [1]Ein für die Zeit vom 1. Juli bis 31. August bestimmter Termin, mit Ausnahme eines Termins zur Verkündung einer Entscheidung, ist auf Antrag innerhalb einer Woche nach Zugang der Ladung oder Terminsbestimmung zu verlegen. [2]Dies gilt nicht für

1. Arrestsachen oder die eine einstweilige Verfügung oder einstweilige Anordnung betreffenden Sachen,

2. Streitigkeiten wegen Überlassung, Benutzung, Räumung oder Herausgabe von Räumen oder wegen Fortsetzung des Mietverhältnisses über Wohnraum auf Grund der §§ 574 bis 574b des Bürgerlichen Gesetzbuchs,

3. (weggefallen),

4. Wechsel- oder Scheckprozesse,

5. Bausachen, wenn über die Fortsetzung eines angefangenen Baues gestritten wird,

6. Streitigkeiten wegen Überlassung oder Herausgabe einer Sache an eine Person, bei der die Sache nicht der Pfändung unterworfen ist,

7. Zwangsvollstreckungsverfahren oder

8. Verfahren der Vollstreckbarerklärung oder zur Vornahme richterlicher Handlungen im Schiedsverfahren;

dabei genügt es, wenn nur einer von mehreren Ansprüchen die Voraussetzungen erfüllt. [3]Wenn das Verfahren besonderer Beschleunigung bedarf, ist dem Verlegungsantrag nicht zu entsprechen.

(4) Ein Antrag auf Terminsverlegung soll eine Äußerung dazu enthalten, ob gegen die Durchführung einer Videoverhandlung (§ 128a) Bedenken bestehen.

(5) [1]Über die Aufhebung sowie Verlegung eines Termins entscheidet der Vorsitzende ohne mündliche Verhandlung; über die Vertagung einer Verhandlung entscheidet das Gericht. [2]Die Entscheidung ist kurz zu begründen. [3]Sie ist unanfechtbar.

Durch G zur Förderung des Einsatzes von Videokonferenztechnik in der Zivilgerichtsbarkeit und den Fachgerichtsbarkeiten v 15.7.2024 (BGBl 2024 I Nr 237) wurde I 3 mWv 19.7.2024 angefügt. Außerdem wurde IV angefügt, der frühere IV wurde V.

1 **I) Terminsänderung (§ 227 I).** Sie kann erfolgen durch Aufhebung, Verlegung und Vertagung des Termins. Termin iSv § 227 ist auch ein Verkündungstermin (BGH NZM 2020, 811). **1) Aufhebung.** Das ist Absetzung des Termins vor dessen Beginn (§ 220 I) ohne gleichzeitige Bestimmung eines neuen. Weil sie der Förderungspflicht des Gerichts und der Parteien widerspricht, ist eine Aufhebung nur ausnahmsw veranlasst, so wegen Beendigung (zB durch Klagerücknahme), Aussetzung oder Ruhens des Verf.

2 **2) Verlegung.** Das ist Aufhebung des anberaumten Termins vor dessen Beginn unter gleichzeitiger Bestimmung eines (früheren oder späteren) anderen.

3 **3) Vertagung.** Das ist Beendigung eines bereits begonnenen Termins (§ 220 I) vor dessen Schluss (§ 220 II), also insb vor Eintritt der Entscheidungsreife (§ 300), unter gleichzeitiger Bestimmung des neuen (Fortsetzungs-)Termins (BGH NZI 2003, 389, 391 = Rpfleger 2003, 458, 460). Bsp: neuer Termin zur Beweisaufnahme oder zur Gewährung rechtl Gehörs aufgrund von Fragen oder Hinweisen (§ 139).

4 **4) Säumnisverfahren.** Es gilt die Sonderregelung in § 337.

5 **II) Terminsänderung aus erheblichen Gründen (§ 227 I). 1) Erheblicher Grund (§ 227 I 1).** Jede Terminsänderung gem I erfordert im Interesse der Förderung und Straffung des Verf das Vorliegen eines erhebl Grundes. **a) Aus Sicht des Gerichts.** Dazu gehören insb: dienstl Gründe (zB unvorhergesehene Verhinderung); weitere Vorbereitung der Entscheidung; Gewährung des rechtl Gehörs (so insb im Fall §§ 139, 273); Nichteinhaltung von Ladungs- oder Einlassungsfrist; Erkrankung eines Zeugen oder der geladenen Partei.

6 **b) Aus der Sicht der Parteien.** Erhebl sind Gründe, die zur Gewährleistung rechtl Gehörs eine Zurückstellung des Beschleunigungs- und Konzentrationsgebots rechtfertigen (BGH MDR 2024, 594; BGH MDR 2024, 322; BGH NJW-RR 2024, 62 Tz 14; BGH MDR 2022, 1301 = NJW-RR 2022, 1361), insb solche, die eine Säumnis iS § 337 als entschuldigt erscheinen lassen müssten. Sie müssen so frühzeitig wie mögl mitgeteilt werden (BGH MDR 2019, 500). Bsp: unverschuldeter (BGH NJW-RR 2008, 876 = MDR 2008, 706) – der bei verschuldeter Kündigung des Mandats fehlt (BGH ZInsO 2021, 1437 Tz 23; BGH NJW-RR 2008, 876 = MDR 2008, 706) – **Anwaltswechsel**, wenn die Partei alles Zumutbare unternommen hat, einen RA zu finden, der sich in angemessener Zeit einarbeitet (BGH MDR 2022, 1301 = NJW-RR 2022, 1361; BGH ZInsO 2017, 764: über 4 Wochen Einarbeitung reichen idR); Erkrankung oder sonst unabweisbare Verhinderung der anwaltl nicht vertretenen **Partei** im Parteiprozess (BVerwG NJW 1992, 2042; BayObLG NJW-RR 2004, 804: Abwesenheit infolge Arbeitssuche); bei anwaltl Vertretung ist Verhinderung der Partei nur dann erhebl, wenn substantiiert gewichtige Gründe vorgetragen werden, weshalb die persönl Anwesenheit erforderl ist (BGH MDR 2024, 60; BGH MDR 2024, 322; BGH NJW-RR 2024, 62 Tz 15), das Gericht ihr persönl Erscheinen angeordnet hat (OLG Rostock FamRZ 2022, 1543) oder sie aus konkret darzulegenden Gründen den eigenen RA über den Verfahrensgegenstand nicht hinreichend informieren konnte (BGH NJW-RR 2024, 62; OLG Köln NJW-RR 1990, 1341). Das bloße Anwesenheitsinteresse einer anwalt vertretenen Partei genügt grds nicht (BGH MDR 2024, 322; BGH NJW-RR 2024, 62 Tz 15). Grds erhebl Grund sind zB urlaubsbedingte **Abwesenheit** von Partei und RA (BGH NJW-RR 2025, 506; BGH MDR 2019, 500; OLG Frankfurt NJW 2008, 1328); Fortbildungsveranstaltung des RA (OLG Frankfurt NJW 2008, 1328); nach OLG Köln (MDR 2010, 283) auch Teilnahme an einem Betriebsausflug der Kanzlei; Tod eines nahen Angehörigen; Erkrankung des RA; hoher religiöser Feiertag für Strenggläubige. Die Übernahme (regelmäßiger) Lehrveranstaltungen stellt nicht ohne Weiteres einen erhebl Grund dar (OVG Berlin-Brandenburg NJW 2013, 3739). Der Gesundheitsschutz im Rahmen der **Corona-Pandemie** konnte im Einzelfall einen erhebl Grund (OLG Zweibrücken MDR 2020, 1274: individuelles Hochrisiko; OLG Rostock FamRZ 2022, 1543: Isolationspflicht) darstellen, das generelle Infektionsrisiko reicht aber nicht aus (BVerfG NJW 2020, 2327; BGH MDR 2022, 389; Rspr-Übersicht bei Kremer MDR 2022, 544). Einem Gericht, das zur Durchführung von mündl Verh entspr Schutzmaßnahmen ergreift, steht dabei ein erhebl Einschätzungs-, Wertungs- und Gestaltungsspielraum zu (BGH MDR 2022, 389; BFH GmbHR 2022, 156). – Bei einer Erkrankung muss **Verhandlungsunfähigkeit** vorliegen, Arbeitsunfähigkeit genügt nicht (BGH MDR 2024, 60).

6a Bei **Verhinderung des sachbearbeitenden RA** kann die Partei angesichts ihres berechtigten Interesses, durch den informierten und eingearbeiteten RA ihres Vertrauens vertreten zu werden, zumindest in nicht völlig einfach gelagerten Konstellationen grds nicht auf die Vertretung durch einen anderen RA verwiesen werden (iE str; wie hier BGH NJW-RR 2025, 506; BGH MDR 2022, 1301 = NJW-RR 2022, 1361; OLG Frankfurt NJW 2008, 1328; OLG Jena GesR 2013, 668); Ausnahme in Eilsachen, Arrest, einstw Verfügung. Ob die Vertretung durch einen Sozius des RA zumutbar ist, ist nach dem BGH (BGH NJW-RR 2025, 506; BGH NJW-RR 2022, 1425 mwN) im Einzelfall insb unter Berücksichtigung zu entscheiden, wie schnell ein Termin unter Beteiligung des verhinderten RA voraussichtl nachgeholt werden kann, welches Interesse die Partei für eine Vertretung durch gerade diesen RA geltend macht, welcher Einarbeitungsaufwand entstehen würde, wobei auch das Interesse der Gegenseite an einer zügigen Durchführung des Verf in den Blick zu nehmen ist. Bei bereits wiederholter Verlegung muss er sich ggf vertreten lassen (BGH NJW-RR 2025, 506). Bei chronischer oder länger andauernder Erkrankung *muss* RA *für* Terminsvertretung vorsorgen (BGH MDR 2022, 389; BVerwG NJW 2001, 2735; OLG Frankfurt NJW-RR 2018, 692), ebenso bei längerfristiger Verhinderung wegen Infektionsrisikos in Corona-Pandemie (BGH AnwBl 2023, 109). – **Terminskollision** mit anderer Sache kann erhebl Grund sein

(BGH NJW-RR 2025, 506; BGH MDR 2024, 594; BGH MDR 2022, 1301 = NJW-RR 2022, 1361), wobei eine Abwägung im Einzelfall erforderl ist. Einzubeziehen sind zB (vgl BGH MDR 2024, 594; BGH MDR 2022, 1301 = NJW-RR 2022, 1361 Tz 27) die Art des kollidierenden Gerichtstermins und des Zeitpunkts seiner Anberaumung, die Besonderheiten der Mandatsbeziehung, die Möglichkeit, den kollidierenden Termin zu verlegen oder einen der Termine durch einen Vertreter wahrnehmen zu lassen (BGH NJW-RR 2025, 506; BGH NJW-RR 2022, 1361 Tz 27). Ausnahmsw kann auch ein später anberaumter Termin Vorrang vor einem früher bestimmten genießen, etwa wenn er bereits einmal verlegt worden ist (BGH MDR 2024, 594), prozessuale Gründe die Durchführung dieses Termins gebieten (BGH MDR 2024, 594), es sich um einen Termin zur Durchführung einer aufwändigen Beweisaufnahme (BGH MDR 2024, 594) oder ein bes eilbedürftiges Verf (zB iSv § 227 III 2, 3) handelt (BGH MDR 2024, 594). Eine bereits einmal erfolgte Verlegung steht aber nicht notwendig einer erneuten entgegen (BGH MDR 2022, 1301 = NJW-RR 2022, 1361). – Erhebl Grund liegt auch vor, wenn **sachgerechte Terminsvorbereitung** nicht mögl ist, zB weil ein umfangreiches Gutachten erst kurz vor dem Termin übermittelt (OLG Köln NJW-RR 2000, 591) oder frühzeitig begehrte Akteneinsicht nicht rechtzeitig gewährt wird (BFH/NV 2015, 1672). Nach Ansicht des BGH (BGH NZM 2020, 811) ist idR auch ein übereinstimmender Antrag der Parteien wegen des Führens von **Vergleichsgesprächen** ein erhebl Grund.

2) Kein erheblicher Grund (§ 227 I 2). a) Nr 1. Unentschuldigtes Fernbleiben der Partei oder ihres Anwalts; bei Fernbleiben dann §§ 251a, 330 ff. **b) Nr 2.** Ungenügende Terminsvorbereitung (sa Rn 6a aE) durch eine Partei, wenn nicht entschuldigt; Entschuldigungsgründe sind konkret darzulegen (s BGH NJW-RR 2024, 62 Tz 16; BGH NJW 2010, 2440). Die Gewährung einer Schriftsatzfrist gem § 283 kann eine Vertagung entbehrl machen (OLG München MDR 80, 148; s § 132 Rn 3). **c) Nr 3.** Parteivereinbarung, da die Terminierung nicht der Disposition der Parteien unterliegt (BGH NJW-RR 2024, 606; BGH NJW-RR 2017, 638 Tz 9 mwN); anders allerdings die Wertung von BGH NZM 2020, 811: Anspruch auf Verlegung zur Führung von Vergleichsgesprächen. 7

3) Glaubhaftmachung (§ 227 II). Der erhebliche Grund ist auf Verlangen glaubhaft zu machen (II iVm § 294). Das ist ggf durch Einräumung einer kurzen Frist zu ermöglichen (OLG Köln NJW-RR 90, 1341, 1343). Formelhafte Begründung (zB „Arbeitsbelastung") genügt nicht. **Ärztliche Atteste** müssen Art und Schwere der Erkrankung sowie das Maß etwaiger Beeinträchtigungen erkennen lassen (BGH ZInsO 2021, 1437 Tz 30 f; BGH AnwBl 2017, 334), eine belegte Dienst- oder Arbeitsunfähigkeit weist nicht nach, dass ein Gerichtstermin nicht wahrgenommen werden kann (BFH/NV 2015, 1690; BayVGH NJW 2017, 103; OLG Köln MDR 2014, 299). Wird der Antrag erst so **kurz vor dem Termin** gestellt, dass eine Glaubhaftmachung nicht mehr verlangt werden kann, müssen die Gründe sogleich substantiiert dargelegt und glaubhaft gemacht werden (BFH/NV 2006, 1490). Bei einer geltend gemachten Erkrankung, muss die Verhinderung dann so dargelegt und untermauert sein, dass das Gericht ohne weitere Hinweise und Auflagen selbst beurteilen kann, ob Verhandlungs- bzw. Reiseunfähigkeit besteht (BGH ZInsO 2021, 1437 Tz 29; BGH NJW-Spezial 2015, 287; KG MDR 2022, 1239; BayVGH NJW 2017, 103; aA OLG Hamm NJW-RR 2019, 118). Auch das prozessuale Verhalten kann Zweifel an dem geltend gemachten Grund rechtfertigen (KG NJW 2006, 2787); bei wiederholtem Verlegungsantrag können an die Glaubhaftmachung erhöhte Anforderungen gestellt werden (BGH NJW 2009, 687). 8

4) Rechtsfolge. Liegt ein erhebl Grund vor, begründet das bei einem Antrag auf der Rechtsfolgenseite grds die **Pflicht** des Gerichts zur Terminsänderung (BGH MDR 2024, 60; BGH MDR 2024, 594; BGH MDR 2022, 1301 = NJW-RR 2022, 1361; BGH MDR 2019, 500; BGH NJW 2010, 2440; BGH NJW 2008, 1448, 1451; aA BGH NZM 2020, 811; BGH NJW 2009, 687). Die Annahme eines gerichtl Ermessens ist mit dem Gebot der Gewährleistung rechtl Gehörs nicht vereinbar. Einer Terminsverlegung steht auch nicht von vornherein entgegen, dass der Antrag wegen Anwaltswechsels erst **kurz vor dem Termin** gestellt wird (BGH MDR 2022, 1301 = NJW-RR 2022, 1361). Der Antrag kann aber als **rechtsmissbräuchlich** zurückgewiesen werden, wenn er maßgebl zur Prozessverschleppung gestellt wurde (BGH NJW-RR 2025, 506; BGH MDR 2019, 500; BGH NJW 2010, 2440); allein eine schuldhafte Beantragung kurz vor dem Termin rechtfertigt dies aber nicht (BGH NJW-RR 2025, 506; BGH MDR 2019, 500). Die einen Rechtsmissbrauch tragenden Gründe sind in der Entscheidung konkret anzuführen (BGH MDR 2019, 500). 8a

5) Entbehrlichkeit durch Videoverhandlung (§ 227 I 3). Durch G zur Förderung des Einsatzes von Videokonferenztechnik in der Zivilgerichtsbarkeit und den Fachgerichtsbarkeiten (s vor Rn 1) wurde I ergänzt. Gem I 3 soll von einer Änderung des Termins abgesehen werden, wenn dieser sich für eine Durchführung als Videoverhandlung (§ 128a) oder als Videobeweisaufnahme (§ 284 II) eignet und die erhebl **Gründe** iSv I 1 dadurch **entfallen** (idS bereits BFH BB 2023, 2659). In Betracht kommt dies insb bei einer nicht mögl physischen Anwesenheit einer Partei, eines Prozessbevollmächtigten oder eines sonstigen Beteiligten (zB Zeugen) vor Ort. Die ursprüngl vorgesehene zwingende Regelung („ist abzusehen") ist nicht Gesetz geworden, vielmehr **„soll"** das Gericht bei Vorliegen der Voraussetzungen von einer Verlegung absehen. Es kann also in bes gelagerten Fällen dennoch den Termin verlegen. Aufgrund des Vollverweises auf § 128a und § 284 II steht den Beteiligten, Parteien und Zeugen das **Einspruchsrecht gem § 128a II 2** zu (BTDrs 20/8095, 58; krit Bacher MDR 2024, 945, 946). Wird hiervon Gebrauch gemacht, ist eine Durchführung des Termins als Videoverhandlung oder Videobeweisaufnahme nicht mögl und dem Verlegungsantrag stattzugeben. Die Regelung gilt mangels anderweitiger Bestimmung (vgl Art 19 I des G) auch für bereits **anhängige Verfahren.** 8b

9 **III) Terminsverlegung in Juli und August (§ 227 III). 1) Voraussetzungen.** Der **Anspruch** auf Terminverlegung (nicht aber Aufhebung oder Vertagung) besteht für Termine in der Zeit vom 1. Juli bis 31. August (Ausnahme: Verkündungstermine). Insb soll damit eine Terminsverlegung bei urlaubsbedingter Abwesenheit einer Partei oder ihres ProzBev ohne Begründungsaufwand ermöglicht werden (BTDrs 13/5001, 7). Erforderl ist ein **Antrag** (s Rn 24) einer Partei (oder eines NI), nicht aber eines Zeugen oder SV (für diese Entschuldigung des Ausbleibens, §§ 381, 402). Dieser Antrag bedarf keiner Begründung. Er kann bis zur Verlegung des Termins zurückgenommen werden.

10 **2) Antragsfrist.** Der Antrag muss **innerhalb einer Woche** (Eingang bei Gericht) nach Zustellung/Zugang der Ladung (s § 214 Rn 1) oder Terminsbestimmung (s § 214 Rn 5) gestellt werden. Bei formloser Mitteilung der Ladung oder Terminbestimmung durch die Post kann die Sendung am 4. Tag nach der Aufgabe als zugegangen angesehen werden (s § 217 Rn 2), wenn nicht im Einzelfall ein anderer Zeitpunkt nachgewiesen wird. Bei verkündetem Termin, zu dem Ladung nicht erfolgt (§ 218), hat sich der Fristbeginn nach dem Verkündungstermin zu bestimmen (OLG Brandenburg NJW-RR 98, 500; aA Feiber NJW 97, 160: Zugang des Protokolls; widerspricht aber § 218). Berechnung der Frist: § 222 (s § 222 Rn 5); sie beginnt am Tag nach der Zustellung (des Zugangs) zu laufen, auch wenn sie vor dem 1.8. erfolgt ist und auch bei Ablauf der Frist vor dem 1.8. (Antragsfrist muss nicht in die Zeit vom 1.7.-31.8. fallen). Abkürzung oder Verlängerung der Frist sind nicht vorgesehen (§ 224 II). Findet der Termin vor Fristablauf statt (bei Ladungsfrist von nur 3 Tagen), kann der Antrag nur bis zum Beginn des Termins (§ 220 I) gestellt werden (dann kein Anspruch mehr auf Vertagung, s Rn 9). **Verlegung der Terminszeit** auf eine andere Stunde des (gleichen) Terminstages setzt eine Antragsfrist nicht erneut in Gang (OLG Brandenburg NJW-RR 98, 500). Eine Belehrung über Antragsrecht und -frist erfolgt nicht. Die Frist beträgt auch dann nur sieben Tage, wenn eine Ladung der Partei mit Aufforderung zur Anwaltsbestellung erfolgt ist (§ 215) und die Partei einen RA erst nach einer Woche bevollmächtigt. Bei verspätetem Antrag ist Terminsverlegung nur noch unter der Voraussetzung von I möglich.

11 **3) Ausnahmen (§ 227 III 2).** Der Ausnahmekatalog trägt dem bes Beschleunigungsbedürfnis der Verf Rechnung. III 2 schließt nur die Verlegung eines Termins aus, die sonst nach III 1 auf Antrag ohne weitere Begründung zu erfolgen hat. Unverändert zulässig bleibt damit Verlegung auch eines für die Zeit vom 1.7.-31.8. bestimmten Termins in einem demnach beschleunigungsbedürftigen Verf aus den **Gründen von I**.

12 **a) Nr 1. Arrestsachen** (§§ 916-934) und die eine **einstweilige Verfügung** betreffenden Sachen (§§ 935-944) samt Widerspruchs- (§§ 924, 925, 936), Aufhebungs- (§§ 927, 936) und Rechtsmittelverf, nicht aber Klageverf nach § 945, sind für den Eilrechtsschutz beschleunigungsbedürftig. Verf zur Arrestvollziehung (§§ 928-934), Vollstreckung einer einstw Verfügung (§ 936) sowie einer einstw Anordnung unterfallen Nr 7.

13 **b) Nr 2.** Erfasst werden Streitigkeiten, die unmittelbar (BGH NJW 80, 1695 = MDR 80, 665) die Pflicht zur Überlassung, Benutzung und Herausgabe von Räumen sowie wegen Fortsetzung des **Mietverhältnisses über Wohnraum** nach §§ 574-574b BGB betreffen. Dazu gehören außer mietrechtl auch Streitigkeiten in solchen Angelegenheiten aus anderem Rechtsverhältnis (zB Pachtverhältnis) sowie über einen Eigentumsherausgabeanspruch, gleichgültig, ob sich das Verf auf Wohn- oder andere Räume bezieht sowie, ob Mieter oder Untermieter (Pächter oder Unterpächter) oder andere Personen beteiligt sind. Streit über die Benutzung sind auch Verf über Instandsetzung und Instandhaltung unabhängig davon, ob dies für eine Nutzung der Räume erforderl ist (BGH MDR 80, 665 = NJW 80, 1695; BGH NJW 63, 713), auf Duldung einer baul Änderung (LG Berlin MDR 88, 591; LG Hamburg WuM 93, 479) sowie auf Unterlassung vertragswidrigen Gebrauchs (LG Berlin MDR 88, 591). Streitigkeiten über ein Vermieter- oder Verpächterpfandrecht (§§ 559, 583) sind nach dem Wortlaut nicht umfasst (aA WSch/Gerken Rn 29); Streitigkeiten wegen Zurückbehaltung eingebrachter nicht pfändbarer Sachen werden von Nr 6 erfasst. Nicht anwendbar ist Nr 2 auf Mietzins- (auch Mieterhöhungs-) sowie Schadensersatzklagen sowie Ansprüche auf Instandsetzung oder Schadesnersatz nach unstr Beendigung des Mietverhältnisses (BGH MDR 80, 665 = NJW 80, 1695). Ebenfalls nicht erfasst werden Klagen auf Feststellung des Bestehens oder Nichtbestehens eines Mietverhältnisses (BGH NJW 58, 588).

14 Einstweilen frei.

15 **c) Nr 4. Wechsel-** (§ 602) und **Scheckprozesse** (§ 605a) sind beschleunigungsbedürftig, auch wenn bereits durch Vorbehaltsurteil erkannt ist (BTDrs 13/5001, 8) und auch, wenn mit der Klage zugleich der konkurrierende Anspruch aus dem Grundgeschäft geltend gemacht ist (III 2 Hs 2). Daher fällt unter Nr 4 auch das Nachverf (so auch MK/Stackmann Rn 19; St/Roth Rn 30; aA MskV/Stadler Rn 10; ThP/Hüßtege Rn 24), das mit dem (beschleunigungsbedürftigen) Wechsel- oder Scheckverf eine Einheit bildet (s § 600 Rn 1); teilw abw Rspr zu § 200 II Nr 6 GVG aF ist überholt. Abgestellt ist auf die vom Kl gewählte Prozessart. Die Ausnahmeregelung erfasst daher nicht einen im ordentl Zivilprozess eingeklagten Wechsel- oder Scheckanspruch.

16 **d) Nr 5. Bausachen** sind beschleunigungsbedürftig, wenn der Bau nach dem Klägervortrag unterbrochen worden ist, die Arbeiten an ihm also vorzeitig eingestellt worden sind (BGH MDR 77, 487 = VersR 77, 429). Das ist auch bei Streit über Nachbesserungsarbeiten der Fall, die für Fortsetzung des Baus erforderl sind (St/Roth Rn 31), nicht aber bei Streit über den Umfang des Auftrags oder dessen vollständige (ordnungsgemäße) oder fehlerhafte Erfüllung nach Fertigstellung des Baus (BGH MDR 77, 487 = VersR 77, 429), ebensowenig bei Streit

über Zahlung des Werklohns oder des Architektenhonorars. Auf die Abnahme der Bauleistung kommt es nicht an; steht sie noch aus, so bedeutet das nicht schon, dass der Streit um die „Fortsetzung des angefangenen Baues" geht.

e) Nr 6. Gewährleistet werden soll die Beschleunigung der Streitigkeiten wegen Überlassung oder **Herausgabe einer Sache** an eine Person, bei der der Gegenstand nach §§ 811-812 nicht gepfändet werden kann. Damit soll (auch) ein Ausweichen auf den nach Nr 1 beschleunigungsbedürftigen vorläufigen Rechtsschutz vermieden werden (BTDrs 13/5001, 8). 17

f) Nr 7. Erfasst werden die **Zwangsvollstreckungsverfahren** nach dem 8. Buch der ZPO (mit Rechtsbehelfsverf), dabei auch das Verteilungsverf (RG JW 1898, 222), jedoch nicht die bereits nach Nr 1 beschleunigungsbedürftigen Arrest- und einstw Verfügungsverf. Dazu gehören auch alle Verf der Zwangsversteigerung und Zwangsverwaltung nach dem ZVG (§ 869), auch die Insolvenzverwalterversteigerung und -verwaltung (§§ 172-174 ZVG). Nicht erfasst werden die Nachlass- (§§ 175-179 ZVG) und Teilungsversteigerung (§§ 180-185 ZVG), für eine analoge Anwendung fehlt es an einer Rechtfertigung (OLG Karlsruhe MDR 91, 669; aA zu § 202 GVG aF Stöber MDR 89, 12). Ebenso nicht erfasst werden Streitverf aus Anlass der ZwV (BGH MDR 88, 405 = NJW 88, 1095), zB die Verf auf Klage zur Vollstreckbarerklärung eines ausl Urteils (§ 722), Klauselklage (§ 731), Vollstreckungsabwehrklage (§ 767; BGH VersR 76, 664, 665), auch als Klauselgegenklage (§ 768) und bei Einwendung des Erben (§ 785), Drittwiderspruchsklage (§ 771; BGH NJW 88, 1095), auch bei Nacherbfolge (§ 773) und zur Abwendung der ZwV in ein Gesamtgut (§ 774), sowie auf Vorzugs- (§ 805) und Widerspruchsklage (§ 878). Solche Prozessverf können aber nach Nr 1-6 beschleunigungsbedürftig sein, wenn die titulierte Forderung zu den dort bezeichneten Ansprüchen gehört (BGH NJW 88, 1095). 18

g) Nr 8. Damit wird dem Beschleunigungsbedarf in Verf der Vollstreckbarerklärung von Schiedssprüchen (§ 1060 I) sowie für Vornahme richterl Handlungen im **Schiedsverfahren** (vgl §§ 1026, 1062) Rechnung getragen. 19

4) Mehrere Klageansprüche (§ 227 III 2 Hs 2). Bei Verbindung mehrerer Klageansprüche besteht gem III 2 Hs 2 kein Anspruch auf Terminsverlegung, wenn auch nur einer davon die Voraussetzungen von III 2 erfüllt. Mehrere Klageansprüche sind **Haupt- und Hilfsantrag**, ebenso der mit Klage sowie der mit Widerklage jew verfolgte Anspruch (MK/Stackmann Rn 22). Nach Erhebung einer **Widerklage** besteht daher auch dann kein Anspruch auf Terminsverlegung, wenn nur einer dieser Ansprüche nach III 2 Nr 1-8 beschleunigungsbedürftig ist. 20

5) Besonderes Beschleunigungsbedürfnis (§ 227 III 2). Soweit ein Verf im Einzelfall aus bes Gründen beschleunigter Behandlung bedarf, ist dem Verlegungsantrag nicht zu entsprechen. Es müssen erhebl Gründe für die besondere Beschleunigung sprechen; das kann der Fall sein, wenn das Verf bereits verschleppt oder durch frühere, auch unabweisbare Terminsänderung verzögert worden ist (BGH MDR 2010, 1077 = NJW 2010, 2440). Bei Bedenken gegen die Terminsverlegung kann entspr II Glaubhaftmachung (§ 294) des Eilbedürfnisses verlangt werden. Der Vors kann eine Verlegung ohne entspr Antrag der Gegenseite ablehnen, da die Prozessförderung dem Gericht obliegt (BGH MDR 2010, 1077 = NJW 2010, 2440). 21

6) Neue Terminierung. Der bei Aufhebung des anberaumten Termins vor dessen Beginn neu zu bestimmende andere (frühere oder spätere) Termin kann (nach dem durch § 216 III und § 272 III gebundenen Ermessen des Vorsitzenden, s § 216 Rn 14) auch wieder in der Zeit v 1.7. bis 31.8. anberaumt werden (dann aber erneuter Terminsverlegungsanspruch nach III). 22

7) Einverständnis mit Terminierung. Der Anspruch auf Terminsverlegung gem III 1 (nicht auch der aus erhebl Gründen nach I) ist für die Partei **ausgeschlossen**, die ihr Einvernehmen mit einem bestimmten Terminstag oder Bestimmung des Termins in einem bezeichneten Zeitraum zwischen 1.7. und 31.8. (zB ab 20.7.) oder auch nur allg erklärt hat, dass bei Festlegung eines Termins in dieser Zeit kein Antrag nach III gestellt werde, da dies dem prozessualen Missbrauchsverbot (s Einl Rn 41) widersprechen würde. 23

IV) Verfahren. 1) Antrag. Die Terminsänderung aus erhebl Grund (I) erfolgt **von Amts wegen** oder auf **Antrag** einer Partei, Verlegung eines Termins in der Zeit vom 1.7. bis 31.8. gem III erfolgt nur auf (binnen Wochenfrist gestellten s Rn 10) Antrag einer Partei (s Rn 9). Für den Antrag besteht im Anwaltsprozess (§ 78) Anwaltszwang. Schriftform ist nicht notwendig; telefonischer Antrag kann genügen. Der Antrag auf Terminsänderung aus erhebl Grund (I) ist zu begründen (Glaubhaftmachung s Rn 8); der Antrag auf Verlegung des Termins gem III bedarf keiner gesonderten Begründung (s Rn 9). Zurückgenommen werden kann ein Antrag bis zur Verlegung, Aufhebung oder Vertagung des Termins. Die Abstimmung eines neuen Termins kann formlos (und schnell) zB per e-mail erfolgen. 24

Gem **IV** nF (s vor Rn 1) soll ein Antrag auf Terminsverlegung eine **Äußerung** enthalten, ob Bedenken gegen die Durchführung einer **Videoverhandlung** (§ 128a) bestehen. Damit soll die Entscheidung des Gerichts gem I 3 ermöglicht werden, ob durch eine solche die Verlegung des Termins vermieden werden kann (s Rn 8b). 24a

2) Anhörung der Parteien. Eine solche (im Falle des III des Gegners) ist für Aufhebung und Verlegung eines Termins nicht vorgeschrieben, kann im Einzelfall sachgerecht oder – etwa bei zweifelhafter Begründung – geboten sein. Sie kann formlos, zB telefonisch oder per e-mail erfolgen. Zu einer Vertagung der Verhandlung sind erschienene Beteiligte anzuhören (RGZ 62, 207, 209). 25

26 **3) Entscheidung (§ 227 V).** Sie ergeht bei Verlegung oder Aufhebung durch Verfügung des Vors – angesichts des eindeutigen Wortlauts auch, wenn der Termin in einem Beschluss bestimmt war –, bei Vertagung durch Beschluss des Gerichts (V 1); dieselbe Kompetenz besteht bei Zurückweisung entspr Antrags. Die Entscheidung ist kurz (idR ausreichend zB: „wegen Verhinderung von RA X“, „wegen laufender Vergleichsverhandlungen“) zu **begründen** (V 2), was in geeigneten Fällen auch durch Bezugnahme auf den Antrag geschehen kann. Bei widersprechenden Anträgen kann ggf auch eingehendere Begr erforderl sein (KG NJW 2006, 2787). Die Entscheidung kann nur **ausdrücklich** getroffen werden, insb nicht stillschweigend. Dies gilt auch wenn der ASt erklärt, er gehe von einer Verlegung aus, wenn er keine Ablehnung erhalte (BGH NJW 82, 888). Ein rechtzeitig gestellter Antrag muss andererseits beschieden werden und kann nicht durch Schweigen des Gerichts „konkludent“ abgelehnt werden (OLG Karlsruhe MDR 91, 1195).

27 **4) Bekanntmachung der Entscheidung.** Sie erfolgt bei Vertagung durch Verkündung (§ 218), bei Aufhebung durch Mitteilung an beide Parteien (§ 329 II 1), bei Verlegung durch Zustellung mit neuer Ladung an beide Parteien (§ 329 II 2), bei Ablehnung des Antrags durch formlose Mitteilung an den ASt (§ 329 II 1) und den angehörten Verfahrensbeteiligten. Soweit nur formlose Terminsnachricht zu erfolgen hatte (s § 214 Rn 5), wird auch die Terminsverlegung nur (formlos) mitgeteilt.

28 **5) Rechtsmittel (§ 227 V 3).** Die Entscheidung ist gem V 3 nicht anfechtbar, auch bei Zurückweisung des Antrags. Zur Frage, ob bei sachl nicht gerechtfertigter Aufhebung, langfristiger Verlegung oder Vertagung eine sof Beschwerde entspr § 252 in Betracht kommt, s § 216 Rn 16, § 252 Rn 3. Die Ablehnung der Terminsaufhebung trotz Ruhens des Verf ist entspr § 252 anfechtbar (OLG München NJW-RR 89, 64; s § 252 Rn 3). Zur Richterablehnung bei ungerechtfertigter Ablehnung einer Terminsänderung: s § 42 Rn 23. Zur Anfechtung, wenn mit Vertagung der Antrag auf Erlass eines VU zurückgewiesen ist, s § 336 Rn 1.

29 **6) Kostenfolge.** Bei verschuldeter Vertagung oder Terminsverlegung können der Partei gem § 95 die dadurch entstandenen Kosten und gem § 38 GKG eine Verzögerungsgebühr auferlegt werden.

30 **V) Gebühren des RA.** Ob vAw oder auf Antrag vertagt wird, ist grds gleichgültig. Ohne Termin: abgegolten mit der VerfGeb 3100 RVG-VV; im Termin: zusätzl die Terminsgeb 3104 RVG-VV. Bei Säumnis einer Partei ermäßigt sie sich für den anwesenden ProzBev auf 0,5 für den Antrag (3105 RVG-VV), aber auch, wenn vAw vertagt wird (3105 I Nr 1 RVG-VV).

§ 228 (weggefallen)

§ 229 Beauftragter oder ersuchter Richter

Die in diesem Titel dem Gericht und dem Vorsitzenden beigelegten Befugnisse stehen dem beauftragten oder ersuchten Richter in Bezug auf die von diesem zu bestimmenden Termine und Fristen zu.

1 Beauftragter oder ersuchter Richter: § 278 V, §§ 361, 362. Er hat hinsichtl der von ihm bestimmten Fristen und Termine wie das Prozessgericht die Befugnisse gem §§ 216, 224, 227.

2 Gegen die Verfügung des kommissarischen Richters ist gem § 573 I befristete Erinnerung an das Prozessgericht zulässig. Das Prozessgericht kann das Ersuchen bzw den Auftrag wiederholen oder ändern, aber niemals dem kommissarischen Richter Weisungen erteilen. Gegen die im 1. Rechtszug ergangene Entscheidung des Prozessgerichtes über die Erinnerung findet sof Beschwerde nach § 573 II statt. IE s Erl zu § 573.

Titel 4
Folgen der Versäumung; Rechtsbehelfsbelehrung; Wiedereinsetzung in den vorigen Stand (§§ 230-238)

Vorbemerkungen zu §§ 230-238

1 **1) Begriff und Bedeutung der Versäumung.** Im Interesse der Rechtsklarheit wird die **Wirksamkeit bestimmter Prozesshandlungen** davon abhängig gemacht, dass sie innerhalb vom Gesetz oder vom Gericht gesetzter **Fristen** (s zB §§ 234, 517, 548, 569 I) *oder* vor Eintritt einer bes Prozesslage (s zB §§ 39, 43, 220 II, §§ 295, 296a) *dem Gericht* gegenüber vorgenommen werden (§ 230; zum fristwahrenden Eingang einer Erklärung bei Gericht s § 167 Rn 5; § 519 Rn 7 ff; zum Beweis s Rn 2). Als **weitere Folgen** können zB eintreten: Kostennachteile nach

§ 95; Zustellungswirkung nach § 184; Ende einer Verfahrensunterbrechung nach § 244 II; Zulässigkeit der Klageänderung nach § 267; Beweiswirkung nach § 427. Nur unter bestimmten Voraussetzungen erlaubt das Gesetz die **Nachholung** versäumter Prozesshandlungen (§§ 296, 364 III, § 532) oder die **WE in den vorigen Stand** (§§ 233 ff). – Bloße **Inhaltsmängel** begründen keine Versäumung (s § 296 Rn 10). Für das Versäumen von **Verhandlungsterminen** gelten Sonderregelungen (§ 141 III, §§ 251a, 330 ff, §§ 454, 877).

2) Beweis der Fristwahrung. Da Schriftsätze nach § 130d nunmehr fast ausnahmslos auf dem elektron Weg des § 130a einzureichen sind u über den Eingang die Bestätigung nach § 130a V 2 erteilt wird (s § 130a Rn 22 ff), hat die frühere Rspr zum Erbringen dieses Beweises nur noch geringe Bedeutung (zB bei der Ersatzeinreichung nach § 130d S 2 u für fristwahrende Handlungen im Parteiprozess). Wird der rechtzeitige Eingang einer Erklärung behauptet, muss diese Behauptung zur **vollen Überzeugung** des Gerichts bewiesen, nicht nur glaubhaft gemacht werden (BGH NJW-RR 2014, 179), wobei allerdings der Freibeweis zugelassen wird (BGH NJW 2003, 2460; zur Kritik s § 284 Rn 1 ff). 2

Die **Anforderungen an den Beweis** dürfen nicht überspannt werden (BGH NJW 2007, 3069), Indizien sind zu berücksichtigen, ggf auch der Umstand, dass die Akten vom Gericht vorzeitig vernichtet wurden (BGH NJW-RR 2022, 1579). So sind zB die einer Kenntnis der Partei typischerweise nicht zugängl gerichtsinternen Vorgänge des Faxempfangs vAw aufzuklären (BVerfG NJW 2020, 142). Ein allg Erfahrungssatz, dass Fehler des Wachtmeisters bei der Überprüfung und Leerung des Nachtbriefkastens und beim Aufbringen des Eingangsstempels mit absoluter Sicherheit ausgeschlossen seien, besteht nicht (BGH NJW-RR 2012, 701). Erkenntnisquellen müssen ausgeschöpft (BGH NJW 2017, 2285, 2287), angetretener Zeugenbeweis muss erhoben werden, wenn Freibeweis nicht zu Überzeugung führt (BGH MDR 2020, 431 [Schwenker MDR 2020, 660]), auf Notwendigkeit des Beweisantritts muss ggf hingewiesen werden; auch kann in Angebot eidesstattl oder anwaltl Versicherung bereits Antritt des Zeugenbeweises liegen (BGH NJW 2007, 3069; BGH MDR 2010, 97). – Der **Eingangsstempel** ist öffentl Urkunde, Gegenbeweis aber zulässig (§ 418 II; BGH MDR 2017, 839), Berichtigung im Verf nach § 23 EGGVG mögl (BGH NJW-RR 2016, 445). – Beim **Telefax** kann Beweis der rechtzeitigen Einreichung nicht allein mit dem Absendeprotokoll geführt werden; dieses ist ledigl ein Indiz, denn es bestätigt allenfalls die Herstellung einer Verbindung, nicht die Übermittlung bestimmter Erklärungen (BGH NJW-RR 2016, 816; zur Unanwendbarkeit des Anscheinsbeweises s vor § 284 Rn 31). Vertrauenswürdiger Sendebericht gibt aber Anlass zur Aufklärung der gerichtsinternen Vorgänge (BGH MDR 2022, 715). Beim Statusbericht des Empfangsgeräts gehört 0.00 Uhr bereits zum Folgetag (BGH MDR 2007, 1093; krit zur „Sekunden-Rspr" M. Vollkommer MDR 2023, 1213). Zeichnet es nicht sekundengenau auf, muss von der dem Einreicher günstigsten Zeitberechnung ausgegangen werden (BGH NJW-RR 2012, 702, 703). Mit Sendebericht und korrespondierenden Aufzeichnungen des Empfangsgeräts kann Eingang auch bei nicht auffindbarem Ausdruck als bewiesen angesehen werden (OLG München BRAKMitt 2018, 187); Inhalt der Sendung müsste durch Zeugen bewiesen werden (vgl Gregor NJW 2005, 2885, 2886). – Zum Gegenbeweis gegen die Richtigkeit des für den Fristbeginn maßgebl **Empfangsbekenntnisses** s § 173 Rn 18. 3

Bei **Nichterbringen des Beweises** kommt – obgleich nach dem Vortrag des Einreichenden keine Versäumung vorliegt – uU ein Hilfsantrag auf WE in Betracht. Hierfür muss glaubhaft gemacht werden, dass der Einreichende alles getan hat, um von einem ordnungsgem Eingang ausgehen zu können (BGH NJW 2007, 603; s § 233 Rn 23.43). Zu konkludentem Hilfsantrag s § 236 Rn 2; zur Glaubhaftmachung s § 236 Rn 7. 4

§ 230 Allgemeine Versäumungsfolge

Die Versäumung einer Prozesshandlung hat zur allgemeinen Folge, dass die Partei mit der vorzunehmenden Prozesshandlung ausgeschlossen wird.

Versäumungsfolge (s vor § 230 Rn 1) besteht grds (Ausnahme s § 356 Rn 6, § 379 Rn 7) in Ausschluss der betr Prozesshandlung, und zwar unabhängig von Verschulden, sofern nicht das Gesetz ausnahmsw ein solches voraussetzt (zB § 95). Jedoch darf eine Frist nicht als versäumt angesehen werden, solange noch nicht über ein rechtzeitig eingereichtes Verlängerungsgesuch entschieden ist (s § 224 Rn 7). 1

§ 231 Keine Androhung; Nachholung der Prozesshandlung

(1) Einer Androhung der gesetzlichen Folgen der Versäumung bedarf es nicht; sie treten von selbst ein, sofern nicht dieses Gesetz einen auf Verwirklichung des Rechtsnachteils gerichteten Antrag erfordert.

(2) Im letzteren Fall kann, solange nicht der Antrag gestellt und die mündliche Verhandlung über ihn geschlossen ist, die versäumte Prozesshandlung nachgeholt werden.

1 **1) Eintritt der Versäumungsfolgen (§ 231 I).** Grds ohne vorherige Androhung und ohne Antrag des Gegners. Ausnahmsw **Antrag** nötig zB nach § 109 II, § 113, § 239 IV, § 246 II, § 699 I 1. **Androhung** nötig zB nach § 276 II (schriftl Vorverf), § 277 II (Klageerwiderung), § 692 I 4 (Mahnbescheid). Vor der Verwerfung eines Rechtsmittels ist **Hinweis** zu geben, damit ggf WE-Antrag gestellt werden kann (BGH NJW-RR 2010, 1075 mwN).

2 **2) Nachholung (§ 231 II).** Bei Antragssachen mögl bis zum Schluss der mündl Verh über den Antrag. Im schriftl Verf gilt § 128 II 2 (St/Loyal Rn 3); im Verf ohne notw mündl Verh (§ 128 III, IV) ist Nachholung mögl, bis der Gegner Antrag auf Versäumungsfolge gestellt hat, im Fall von § 109 II oder § 113 S 2 bis zur Entscheidung (MK/Stackmann Rn 8).

§ 232 Rechtsbehelfsbelehrung

[1]Jede anfechtbare gerichtliche Entscheidung hat eine Belehrung über das statthafte Rechtsmittel, den Einspruch, den Widerspruch oder die Erinnerung sowie über das Gericht, bei dem der Rechtsbehelf einzulegen ist, über den Sitz des Gerichts und über die einzuhaltende Form und Frist zu enthalten. [2]Dies gilt nicht in Verfahren, in denen sich die Parteien durch einen Rechtsanwalt vertreten lassen müssen, es sei denn, es ist über einen Einspruch oder Widerspruch zu belehren oder die Belehrung ist an einen Zeugen oder Sachverständigen zu richten. [3]Über die Möglichkeit der Sprungrevision muss nicht belehrt werden.

1 **1) Bedeutung.** Die Vorschrift soll sicherstellen, dass auch nicht anwaltl vertretene Prozessbeteiligte über die Möglichkeit der Anfechtung einer gerichtl Entscheidung u die hierbei zu beachtenden Fristen und Förmlichkeiten informiert sind. Neben dem Aspekt der Bürgerfreundlichkeit verfolgt der Gesetzgeber mit ihr das Ziel, unzulässige Rechtsmittel zu vermeiden (BTDrs 17/10490, 1); sie dürfte aber zur vermehrten Einlegung *unbegründeter* Rechtsmittel führen u damit die Befriedungsfunktion gerichtl Entscheidungen beeinträchtigen (Greger JZ 2000, 134 f); verfassungsrechtl wäre sie jedenfalls im Klageverf nicht geboten (vgl BVerfGE 93, 99; zum ZVG-Verf aA BGHZ 180, 199).

1a **Fehlen oder Unrichtigkeit** der Belehrung hat keinen Einfluss auf Wirksamkeit u Rechtmäßigkeit der Entscheidung oder den Lauf der Rechtsmittelfrist, kann aber uU einen WE-Grund bilden (§ 233 S 2; s § 233 Rn 23.31). Fehlerhafte Belehrung führt grds nicht zur Zulässigkeit eines nicht statthaften (BVerwG NVwZ 83, 283; BGH MDR 2010, 1144) oder bei unzuständigem Gericht eingelegten Rechtsmittels (zu Ausnahme bei unklarer Regelung der Rechtsmittelzuständigkeit BGH MDR 2016, 1042; sa § 281 Rn 5) und ersetzt keine Zulassungsentscheidung (BGH MDR 2014, 556). Wird infolge der Belehrung von Partei (nicht RA) nicht statthaftes Rechtsmittel eingelegt, sind Kosten nach § 21 GKG nicht zu erheben.

2 **2) Anwendungsbereich.** In **Verfahren mit Anwaltszwang** (s § 78 Rn 13 f) besteht Belehrungspflicht nur bzgl des Einspruchs gegen ein VU und des Widerspruchs gegen Beschlüsse im einstw Rechtsschutz sowie bei Entscheidungen gegenüber Zeugen oder SV (zB §§ 380, 409), nach BGH NJW 2016, 1827 (Fölsch) auch in Situationen, in denen trotz Anwaltszwang eine anwaltl Beratung nicht sichergestellt ist. – In **Verfahren ohne Anwaltszwang** sind (auch bei anwaltl Vertretung) alle mit einem Rechtsmittel (s vor § 511 Rn 3), Einspruch, Widerspruch oder Erinnerung anfechtbaren Entscheidungen mit einer Rechtsbehelfsbelehrung zu versehen, nicht nur Endentscheidungen, sondern auch selbständig anfechtbare Zwischen- und Nebenentscheidungen, zB Zwischenurteile nach §§ 280, 304, 387, Beschlüsse über die Zurückweisung eines Ablehnungsgesuchs (§ 46 II) oder die Aussetzung des Verf (§ 252). – Nicht zu belehren ist über **außerordentliche Rechtsbehelfe** (BGH 5.12.2023 – XI ZA 1/23), zB WE (§ 233), Anhörungsrüge (§ 321a), Ergänzungs- u Berichtigungsanträge (§§ 319 ff), Antrag nach § 926, Verfassungsbeschwerde, sowie über die Möglichkeit der Anschließung an ein gegnerisches Rechtsmittel (§§ 524, 567 III). Die Sprungrevision ist nach S 3 ausgenommen. – Im **Zwangsvollstreckungsverfahren** besteht Belehrungspflicht nur bei Entscheidungen iSv § 793, nicht bei VollstrMaßnahmen nach § 766 u nicht hinsichtl des VollstrSchutzantrags nach § 765a oder der Klagen nach §§ 731, 767, 771, 805. Sie gilt für die Zuschlagsbeschwerde nach § 95 ZVG sowie nach § 4 InsO für streitige Entscheidungen des InsGerichts, gegen die die sof Beschwerde oder die Rechtsbeschwerde statthaft ist (§§ 6 f InsO). – Bei **unanfechtbaren Entscheidungen** bedarf es nach dem Wortlaut der Vorschrift keines Hinweises auf diesen Umstand.

3 Von der **Zulässigkeit des Rechtsmittels** im konkreten Fall ist die Belehrungspflicht unabhängig; ob es im Einzelfall **zulässig** wäre, spielt keine Rolle (St/Loyal Rn 8). Belehrung daher auch, wenn die Beschwerdesumme ersichtl nicht erreicht werden kann. Eine durch die Entscheidung nicht beschwerte Partei zu belehren ist sinnwidrig, Unterbleiben jedenfalls unschädl.

4 **3) Inhalt der Belehrung.** Sie muss sich auf den im konkreten Fall statthaften Rechtsbehelf beziehen u ggf auf die Notwendigkeit *einer RA-Bestellung* hinweisen (BTDrs 17/10490, 13). Besteht kein Anwaltszwang, muss die Belehrung den Entscheidungsadressaten in den Stand setzen, auch ohne anwaltl Vertretung einen formrichtigen Rechtsbehelf einzulegen; der bloße Verweis auf ges Vorschriften genügt demnach nicht (BGH NJW-RR

2010, 1297). Erforderl sind ggf auch Angaben zur Form, Frist (ohne Modalitäten der Berechnung; BVerfG NJW 71, 2217; Fölsch NJW 2013, 972) und zum notwendigen Inhalt der Rechtsmittelschrift sowie zum Gericht, bei dem der Rechtsbehelf einzulegen ist (Bezeichnung und Sitzort; bei Wahlrecht zwischen mehreren Gerichten alle; BTDrs 17/10490, 13). Nicht erforderl ist die Angabe der Gerichtsadresse (BVerwGE 85, 298; s § 39 FamFG Rn 13; aA beiläufig u ohne Begründung BGH NJW 2011, 2887; BGH NJW-RR 2010, 1297). **Formulierungsbsp:** Fölsch NJW 2013, 972 ff.

4) Form. Die Rechtsbehelfsbelehrung ist Bestandteil der Entscheidung („enthalten") u daher mit zu unterschreiben (BAG NJW 94, 3181; BTDrs 17/10490, 13). Bei nur mündl ergehenden Entscheidungen genügt auch mündl Belehrung, ggf iVm Aushändigung eines Merkblatts; sie ist gem § 160 II zu protokollieren (BTDrs 17/10490, 13). 5

§ 233 Wiedereinsetzung in den vorigen Stand

[1]War eine Partei ohne ihr Verschulden verhindert, eine Notfrist oder die Frist zur Begründung der Berufung, der Revision, der Nichtzulassungsbeschwerde oder der Rechtsbeschwerde oder die Frist des § 234 Abs. 1 einzuhalten, so ist ihr auf Antrag Wiedereinsetzung in den vorigen Stand zu gewähren. [2]Ein Fehlen des Verschuldens wird vermutet, wenn eine Rechtsbehelfsbelehrung unterblieben oder fehlerhaft ist.

I) Bedeutung. Durch WE wird erreicht, dass eine versäumte (s vor § 230 Rn 1) Prozesshandlung als rechtzeitig vorgenommen gilt. Diese Fiktion beseitigt, wo eine Rechtsmittel- oder Einspruchsfrist versäumt wurde, die Rechtskraft der verwerfenden Entscheidung (s § 238 Rn 3); jedoch heilt die WE nur die Fristversäumung, nicht auch sonstige Mängel der verspäteten Rechtsmittelschrift (BGH VersR 74, 194). Bei Rechtsmitteln ist zu beachten, dass für die *Begründungs*frist ggf gesonderte WE zu beantragen ist, weil sie trotz des WE-Verf bzgl der Einlegungsfrist weiterläuft (s § 234 Rn 1). 1

WE sichert den aus Art 20 III, 2 I GG abzuleitenden Anspruch auf **wirkungsvollen Rechtsschutz** sowie die Gewährung des **rechtl Gehörs** (Art 103 I GG) gegen eine zu starke Betonung des Erfordernisses von Rechtssicherheit ab. Deshalb dürfen Auslegung und Anwendung der ges Vorschriften die Anforderungen zum Erlangen von WE nicht überspannen (BVerfG NJW 1997, 2941), insb bei Fehlern des Gerichts (BVerfG NJW 2004, 2887) oder des veröffentlichten Gesetzestextes (BVerfG NJW 2008, 2167). 2

WE-Verf wird grds nur auf Antrag der säumigen Partei eingeleitet (Ausnahme: § 236 II 2 Hs 2). Zulässigkeit wird vAw geprüft. Gründe sind von Partei vorzutragen (keine Amtsermittlung), unterliegen aber nicht der Parteidisposition (s § 238 Rn 1). 3

II) Zulässigkeit. 1) Wiedereinsetzungsfähige Fristen. a) Notfristen, dh die im Gesetz als solche bezeichneten Fristen (§ 224 I 2; s § 224 Rn 3). Zur Versäumung der Notfrist nach § 276 I 1 s aber § 276 Rn 10a. **b) Weitere wiedereinsetzungsfähige Fristen** sind die Fristen zur Begründung der in § 233 genannten Rechtsmittel sowie 4 die Frist für die Beantragung der WE gem § 234 I. Wegen der Frist zur Einlegung der Anschlussberufung oder -revision s § 524 Rn 10, § 554 Rn 3.

5 c) **Unanwendbar** ist § 233 bei Versäumung anderer Fristen, zB des § 320 II (BGH NJW 60, 866) u des § 321 II (BGH NJW 80, 785, 786; s § 321 Rn 10), zur rechtzeitigen Beantragung einer Fristverlängerung (BGH VersR 87, 308), zur Begründung des Einspruchs nach § 340 III (s § 340 Rn 7, 11), zum **Widerruf eines Prozessvergleichs** (BGHZ 61, 394 = NJW 74, 107; BAG NJW 98, 2844; MK/Stackmann Rn 24; St/Loyal Rn 9). Die Parteien können jedoch ein Lösungsrecht bei unverschuldeter Fristversäumung oder (besser) einen Bestätigungsvorbehalt (aufschiebende Bedingung; Säcker NJW 67, 1118) vereinbaren, zu prüfen im fortzusetzenden Verf (St/Loyal Rn 10, der auch Vereinbarung eines WE-Verf für mögl hält). Dass die Berufung auf Versäumung der Widerrufsfrist gegen Treu und Glauben verstößt, wird kaum in Betracht kommen (vgl BGHZ 61, 394, 400).

6 d) Eine analoge Anwendung auf **vorprozessuale Ausschlussfristen** ist, da mit dem mat-rechtl Charakter dieser Fristen unvereinbar, abzulehnen (St/Loyal Rn 8). In Ausnahmefällen ordnet jedoch das Gesetz eine entspr Anwendung an (zB § 45 S 2 WEG; s dazu BGH NJW 2009, 999). UU ist die Ausschlusswirkung nach dem Grundsatz von Treu und Glauben zu verneinen (M. Vollkommer FS Vieweg, 2021, S 719, 727 ff unter Bezug auf BVerfG NJW 2005, 814).

7 **2) Fristversäumung.** Bei faktischer **Verkürzung** (zB durch Abwesenheit, Krankheit des RA) ist alles Zumutbare zu tun, um die Frist trotz des vorangegangenen Hindernisses zu wahren, ggf Antrag auf Fristverlängerung (s Rn 23.19) zu stellen (BGH NJW 2013, 3181 mwN). Zum Hindernis der Mittellosigkeit s Rn 23.29.

8 Bei **behaupteter Wahrung der Frist** (zB Schriftsatz sei entgegen der Annahme des Gerichts fristgerecht eingereicht worden, die Zustellung sei fehlerhaft u mangels Heilung (§ 189) unwirksam oder das Datum der Zustellung sei falsch), ist grds nicht im WE-Verf, sondern durch Beweiserhebung über diese Behauptung zu entscheiden (BGH NJW 2003, 2460; MK/Stackmann Rn 12; näher, auch zu mögl Hilfsantrag, s vor § 230 Rn 2 ff). Erst wenn nicht festgestellt werden kann, dass die Frist gewahrt ist, kann über WE entschieden werden (BGH NJW 2007, 1457); anderenfalls ist (auch hilfsw gestellter) Antrag auf WE gegenstandslos, versagender Beschluss zur Klarstellung aufzuheben (BGH NJW 2006, 693, 695; BGH NJW 98, 1155, 1156). Im Rechtsbeschwerdeverf kann nicht erstmals vorgetragen werden, dass Frist gewahrt wurde (BGHZ 156, 165 = NJW 2004, 71; BGH NJW-RR 2022, 995; BGH NJW-RR 2008, 1290); auch eine Berücksichtigung dieses Umstands vAw scheidet aus (BGH NJW 2016, 3789: ein Verfahrensmangel der Verwerfungsentscheidung muss rechtzeitig mit Rechtsbeschwerde geltend gemacht werden).

9 Versäumt ist die Frist auch, wenn die Prozesshandlung zwar innerhalb der Frist, jedoch **unwirksam vorgenommen** wird, zB durch nicht unterschriebene Rechtsmittelschrift (BGH NJW 62, 1248; BGH VersR 74, 194) oder bei unterbliebener Beifügung der unterschriebenen Zustimmung des Gegners zur Sprungrevision (BGH NJW-RR 2007, 1075). Zu unzureichenden **Rechtsmittelbegründungen** s § 520 Rn 11.

10 **3) Allgemeine Prozessvoraussetzungen.** Sie müssen auch im WE-Verf vorliegen (s vor § 253 Rn 9). Die **Rechtskraft** steht der WE aber nicht entgegen; sie kann daher auch dann gewährt werden, wenn das Rechtsmittel bereits als unzulässig verworfen wurde (s § 522 Rn 26).

11 **III) Begründetheit.** WE ist zu gewähren, wenn die Fristversäumung nicht auf einem Verschulden der Partei oder ihres Vertreters (s Rn 16) beruht (zum Kausalitätserfordernis s Rn 17 ff; zum Streithelfer s § 67 Rn 5, zum streitgenössischen NI s § 69 Rn 6). Dies ist vom ASt glaubhaft zu machen (§ 236 II), sofern nicht die **Vermutung** nach S 2 eingreift (s Rn 23.31).

12 **1) Verschuldensbegriff.** Ob ein Verschulden der Partei oder ihres Vertreters vorliegt, ist nach dem obj-abstrakten Maßstab des § 276 II BGB zu beurteilen; maßgebl ist die Sorgfalt einer ordentl Prozesspartei (MK/Stackmann Rn 33; Vollkommer FS Ostler, S 141 u JR 87, 228; aA [stärker individualisierend] St/Loyal Rn 20; MskV/Grandel Rn 4). Dies schließt es freilich nicht aus, bei großen Unternehmen, Versicherungen, Behörden usw gesteigerte Anforderungen zu stellen, zB hinsichtl der Fristenkontrolle (BGH VersR 91, 123; OVG Lüneburg NJW 94, 1299). Ist die Partei nach § 104 Nr 2 BGB geschäftsunfähig, trifft sie kein Verschulden an der Fristversäumung (BGH NJW 87, 440 = MDR 87, 315).

13 Dementspr ist hinsichtl des nach § 85 II zuzurechnenden **anwaltlichen Verschuldens** idR die übliche, also berufsbedingt strenge Sorgfalt vorauszusetzen, so dass insoweit regelmäßig eine Fristversäumung verschuldet ist, wenn sie für einen pflichtbewussten RA abwendbar gewesen wäre (BGH NJW 85, 1710; BAG AP § 233 ZPO Nr 12; St/Loyal Rn 22). Das gilt auch, wenn der RA selbst Partei ist (BGH MDR 2019, 1270, 1271 [Schwenker MDR 2019, 1366]). Bei Telearbeit (zB im Homeoffice) gelten keine geringeren Anforderungen (OLG Dresden MDR 2024, 1542 [Schwenker MDR 2024, 1501]). Die gleichen Sorgfaltsanforderungen gelten für Vereinigungen, die Rechtsbesorgung betreiben (zB Gewerkschaften, BGH NJW 2002, 1115), Patentanwälte (BGH GRUR 2001, 411) und Kanzleien, in denen RA und Patentanwälte zur gemeinsamen Berufsausübung zusammengeschlossen sind (BGH NJW 99, 142). Fehler des RA begründen keinen Schuldvorwurf, wenn sie im Vertrauen auf höchstrichterl Rspr begangen wurden (BVerfG NJW 2000, 1634; BVerfG NVwZ 2003, 341). Auf gerichtl Hinweise u Rechtsbehelfsbelehrungen darf RA aber nicht blindlings vertrauen (s Rn 23.31 f). Trifft RA an sich nicht gebotene Maßnahmen, führt dies nicht zur Verschärfung der anwaltl Sorgfaltspflichten (BGH NJW 95, 1682).

Der ProzBev muss bei der Fristwahrung den **sicheren Weg** gehen (BGH MDR 2024, 731 [Vossler MDR 2024, 964]). Dies gilt insb, wenn er – zulässigerw (BVerfG NJW 91, 2076) – die **Frist bis zuletzt ausnutzt** (BGH NJW 98, 2677; BGH NJW 2006, 2637; BGH NJW-RR 2004, 1502). Normale Verzögerungen (zB kurzfristige Verkehrsstockung) müssen einkalkuliert werden, nicht aber unvorhersehbare Ereignisse (zB Verkehrsunfall, BGH NJW 98, 2677). Einen **alternativen Übermittlungsweg** (statt des gestörten) muss der RA nutzen, soweit dies zumutbar ist (was das Gericht nicht ohne vorherigen Hinweis annehmen darf, BGH MDR 2022, 656). Erkennt er, dass eine Rechtsmittelbegründung nicht mehr rechtzeitig übermittelt werden kann, muss er eine in Betracht kommende Fristverlängerung beantragen (BGH MDR 2021, 958 [Schwenker MDR 2021, 915]). 14

Welches konkrete Vorgehen die anwaltl Sorgfaltspflicht gebietet, ist **verfahrensbezogen**, dh unter Berücksichtigung der Umstände des jew Falles, zu ermitteln. **Einzelheiten** s bei den Stichwörtern in Rn 23 ff. 15

2) Zurechnung. Verschulden eines **ges Vertreters** (§ 51 II) und des **ProzBev** (§ 85 II), auch eines in die Korrespondenz mit diesem eingeschalteten Nichtanwalts (BGH VersR 81, 79), wird zugerechnet (wegen der Einzelheiten s Rn 23 ff, § 51 Rn 18 ff, § 85 Rn 10 ff), Verschulden sonstiger **Dritter** nicht (VGH München NJW 2013, 3113). § 278 BGB ist nicht entspr anwendbar (aA Klaas FS Müller, 2009, S 636 f). Fehler von **Angestellten** der Partei oder ihres Vertreters begründen daher WE, solange keine Eigenverantwortlichkeit iSe Aufsichts-, Organisations- oder Informationsverschuldens hinzutritt (s Rn 23.13). Zu **juristischen Hilfskräften** (zB Referendar, Assessor, zu untergeordneten Tätigkeiten eingeschalteter RA) s Rn 23.24. 16

3) Ursächlichkeit. Ein Verschulden der Partei oder ihres Vertreters (s Rn 16) schließt die WE nicht aus, wenn es für die Versäumung der Frist nicht ursächl war, dh wenn die Versäumung auch bei Anwendung der gebotenen Sorgfalt eingetreten wäre. Dabei ist auch eine sog überholende Kausalität beachtl, bei der die rechtl Erheblichkeit eines Verschuldens durch ein späteres, der Partei oder ihrem Vertreter nicht zuzurechnendes Ereignis entfällt (BGH NJW 2007, 2778). Ein solches darf aber nicht nur hinzugedacht werden, sondern es ist von einem ansonsten ordnungsgemäßen Ablauf auszugehen (BGH FamRZ 2022, 1716; BGH MDR 2012, 485). Hat ein RA nicht alle ihm mögl und zumutbaren Maßnahmen zur Fristwahrung ergriffen, geht es zu seinen Lasten, wenn nicht festgestellt werden kann, dass die Frist auch bei Durchführung dieser Maßnahmen versäumt worden wäre (BGH MDR 2013, 807). Das Unterbleiben der Anordnung, stets Vorfristen einzutragen, ist nicht kausal, wenn die Vorfrist durch Rückrechnung von der fehlerhaft berechneten Hauptfrist ermittelt worden wäre (BGH MDR 2018, 1457 [Bacher MDR 2019, 16]; BGH MDR 2020, 115). – Zu besonderen Kausalitätsfragen bei Mittellosigkeit s Rn 23.29, bei mangelhafter Rechtsbehelfsbelehrung s Rn 23.31. Weitere Beispiele aus der Rspr s Rn 18 ff. 17

Ein **Fehlverhalten Dritter**, insb des Büropersonals, kann die Kausalität eines Anwaltsverschuldens unbeachtl werden lassen. *Einzelfälle:* Fehlen einer Anweisung, Fristen alsbald nach Fristbeginn zu notieren, steht WE nicht entgegen, wenn das Büropersonal eine falsch berechnete Frist einträgt (BGH VersR 76, 295); RA hat versehentl Berufungsschrift nicht unterzeichnet, dies wäre jedoch rechtzeitig erkannt worden, wenn das Büropersonal weisungsgemäß die ausgehende Post auf erforderl Unterschriften hin überprüft hätte (BGH NJW 2014, 2961); RA hat Schriftsatz über beA an falsches Gericht gesandt, Personal hätte den Fehler aber bei weisungsgem Kontrolle der Empfangsbestätigung bemerken müssen (BGH NJW 2024, 83 Tz 28; Elzer MDR 2024, 147); RA hatte keine Vorfrist eintragen lassen, es war jedoch davon auszugehen, dass diese von der Kanzleikraft, die den Vorgang ohne jede Maßnahme zur Fristenkontrolle ablegte, ebenfalls nicht notiert worden wäre (BGH NJW-RR 97, 1289; sehr weitgehend; enger BGH 20.11.2018 – XI ZB 31/17 Tz 19); Frist wurde fehlerhaft im Kalender gestrichen, dies wäre aber erkannt worden, wenn die allg angeordnete Kontrolle des Versands durchgeführt worden wäre (BGH NJW 2023, 1224 [Wollweber] = MDR 2023, 315 [Kremer MDR 2023, 345 mwBsp überholender Kausalität]). Zur Unschädlichkeit mangelhafter Büroorganisation bei Erteilung einer konkreten Einzelweisung an zuverlässiges Personal sa Rn 23.13. 18

Verzögerungen im Postverkehr können ebenfalls bewirken, dass Verschulden von Partei oder RA unbeachtl wird (s BGH NJW-RR 2004, 1217 mwN; näher Rn 23.28). 19

Die Ursächlichkeit kann nach der Rspr zwar auch dann entfallen, wenn ein an sich schuldhaftes Verhalten sich wegen eines **Fehlers des Gerichts** nicht entscheidend auswirkt. Die Gerichte sind jedoch nur unter bes Umständen gehalten, einer drohenden Fristversäumnis seitens der Partei entgegenzuwirken (BGH NJW 2023, 1668 Tz 37 f; BGH NJW-RR 2025, 701 Tz 11 f). *Einzelfälle:* Zustellungszeitpunkt war aus Verschulden des RA nicht festgehalten worden, fehlerhafte Fristennotierung erfolgte dann aber auf Grund einer unrichtigen telefonischen Auskunft der GeschSt (BGH VersR 74, 1001); ProzBev wurde durch unrichtige Auskunft der GeschSt davon abgehalten, einen Mangel der Berufungsschrift rechtzeitig zu beheben (BGH NJW-RR 97, 1020). Keine Pflichtverletzung bei fehlender Reaktion auf Übermittlung eines offensichtl nicht für das Gericht bestimmten Dokuments (BGH MDR 2025, 608 [abl Lapp RDi 2025, 335]) oder wenn auf Fristversäumung erst hingewiesen wird, nachdem Eingangsbestätigung im beA bereits gelöscht (BGH NJW-RR 2025, 701 Tz 11). 20

Eine **Falschadressierung** des Schriftsatzes ist für die Fristversäumung nicht kausal, wenn diese bei erwartbarer Weiterleitung des Schreibens an das zuständige Gericht (s § 519 Rn 14) vermieden worden wäre (BVerfG NJW 95, 3173). WE ist deshalb zu gewähren, wenn der Schriftsatz so rechtzeitig beim unzuständigen Gericht eingegangen u der Zuständigkeitsmangel so leicht erkennbar ist, dass die fristgerechte Weiterleitung an das zustän- 21 dige Gericht im ordentl Geschäftsgang erwartet werden konnte (BVerfG NJW 2006, 1579; BGH NJW 2011, 683, 684; BGH MDR 2022, 261 [Schwenker MDR 2022, 480]; BGH MDR 2023, 932; BGH MDR 2025, 125). Nach BGHZ 242, 112 = NJW 2025, 309 (abl Siegmund) u BGH MDR 2025, 876 gilt dies auch bei elektron Einreichung des Schriftsatzes gem § 130a III, unabhängig davon, ob er vom Eingangsgericht elektron oder postalisch weitergeleitet wird (fragwürdig; fairem Verf entspräche es besser, eine Mitteilung an Absender zwecks Neueinreichung beim zuständigen Gericht zu verlangen; s § 130a Rn 23).

21a Eine **allg Prüf- und Hinweispflicht** des Gerichts kann aus dieser Rspr jedoch nicht gefolgert werden, etwa in Bezug auf die Wahl des richtigen Rechtsbehelfs (BGH MDR 2022, 390), die Beachtung bes Zuständigkeitsvorschriften (BGH NJW 2005, 3776), die Einhaltung von Formvorschriften (BGH VersR 2005, 136) oder die Einhaltung des Anwaltszwangs (BGH MDR 2006, 286). Anders bei **offensichtl Schreibversehen** (zB unsinnige Datumsangabe in Fristverlängerungsantrag; BGH NJW 98, 2291) oder **fehlender Unterschrift** (BGH MDR 2009, 285) bzw Signatur (BAG NJW 2020, 3476): Hier ist WE zu gewähren, wenn bei entspr Hinweis fristgerechte Nachholung mögl gewesen wäre; dies soll aber nach BGH MDR 2017, 595 nicht gelten, wenn letzte Seite eines Fax fehlt; zw). Zur Hinweispflicht bei fehlerhafter elektron Übermittlung s Rn 23.15 u § 130a Rn 26 ff.

22 **IV) Feststellung des Wiedereinsetzungs-Grundes.** Fehlendes Verschulden bzw fehlende Ursächlichkeit eines ausgegebenen Verschuldens ist von der Partei darzulegen und glaubhaft zu machen (§ 236 II 1). Die nicht ausschließbare Möglichkeit des Verschuldens steht der Gewährung von WE entgegen (BGH NJW 1996, 319).

23 **V) Einzelfälle.** Nachstehend wird die Rspr zu typischen Fällen von Fristversäumung, alphabetisch geordnet, wiedergegeben (Übersicht s vor Rn 1).

23.1 • **Abwesenheit.** Sa Rn 23.44. **Partei** muss für die Zeit vorübergehender Abwesenheit von der Wohnung grds keine bes Vorkehrungen hinsichtl mögl Zustellungen treffen (BVerfG NJW 93, 847). Anders aber, wenn sie konkrete Anhaltspunkte dafür hat, dass ein gerichtl Verf mit Fristen oder Terminen laufen wird (BVerfG NJW 2007, 3486; BGH MDR 2019, 305 mwN). Für ihren RA hat sie sich, insb bei fortgeschrittenem Verfahren, erreichbar zu halten (BGH NJW 88, 2672; BGH NJW 93, 667). Deshalb keine WE, wenn die Partei in Kenntnis des bereits ergangenen oder in Kürze zu erwartenden Urteils eine Reise antritt, ohne ihren ProzBev hiervon zu unterrichten (BGH NJW 2009, 1608; BGH NJW 2000, 3143). Dasselbe gilt bei Krankenhausaufenthalt (BGH VersR 72, 975; sa Rn 23.25). Bei Wohnungswechsel kann uU die Einrichtung eines Nachsendeauftrags (BGH NJW 88, 2672) oder die Mitteilung der Mobilfunknummer (BGH NJW 2003, 903) genügen. Die Anforderungen an die Sorgfaltspflicht einer ins Ausland verzogenen Partei dürfen nicht überspannt werden (BGH VersR 69, 887). Wer aber mit unbekanntem Aufenthalt ins Ausland verzieht, ohne Vorkehrungen für evtl Zustellungen zu treffen, dessen Unkenntnis von einer öffentl Zustellung ist nicht schuldlos (OLG Köln VersR 93, 1127). Die Unkenntnis von der Zustellung eines VU infolge Abwesenheit ist jedenfalls dann unverschuldet, wenn bereits Unkenntnis vom Verhandlungstermin nicht zu vertreten war (BAG NJW 72, 887).

RA muss Vorkehrungen treffen, dass bei seiner Abwesenheit ein Vertreter die notwendigen Prozesshandlungen vornimmt (BGH MDR 2017, 1070; BGH NJW 73, 901), auch für den Fall gleichzeitiger Abwesenheit des Vertreters (BGH GRUR 2008, 280). Bes organisatorische Maßnahmen sind für die Behandlung von Zustellungen erforderl (BGH VersR 71, 1146). Der RA muss bei Beauftragung eines Dritten zur Rechtsmitteleinlegung während seiner Abwesenheit diesen Auftrag eindeutig und unmissverständl erteilen (BGH NJW 97, 3244). Er muss seine Kanzlei veranlassen, für den Fall seiner plötzl Verhinderung um einen Vertreter bemüht zu sein, ggf Bestellung gem § 53 BRAO zu veranlassen (BGH NJW 61, 606). Nur für unvorhersehbare kurzfristige Verhinderungen braucht der RA keine Vorsorge zu treffen (BayObLG NJW-RR 2001, 1648: unerwartete Wehen der Ehefrau). Bei Krankheit (BGH VersR 81, 850; sa Rn 23.25) oder Urlaubsabwesenheit muss er Vorsorge für den Fall einer Verzögerung seiner Rückkehr treffen (BGH VersR 65, 1075; vgl § 53 I BRAO). IÜ darf der RA aber die Überwachung der Fristen für die Dauer seiner Abwesenheit einer zuverlässigen Bürokraft überlassen, wenn mit seiner Vertretung im Bedarfsfall ein anderer RA beauftragt ist (BGH VersR 64, 1148). Ist während der Abwesenheit des RA eine Bürokraft erkrankt, so trifft den Anwalt bei der Rückkehr eine erhöhte Sorgfaltspflicht (BGH VersR 72, 861).

23.2 • **Abwickler.** Schuldhafter Rechtsirrtum eines Abwicklers über den Umfang seiner Anwaltsbefugnisse gibt keinen WE-Grund (BGH NJW 92, 2158). Zur Überwachung der Annahme eines dem Abwickler erteilten Rechtsmittelauftrags s BGH NJW 92, 697.

23.3 • **Adressenfehler.** Sa Rn 21, 23.28. Die Angabe der richtigen und vollständigen Postanschrift auf dem Schriftsatz kann der RA dem entspr angewiesenen, zuverlässigen Kanzleipersonal überlassen (BGH NJW 2000, 82, BGH NJW-RR 1990, 1149). Er muss sich aber bei Unterzeichnung eines Frist wahrenden Schriftsatzes davon überzeugen, dass das richtige Empfangsgericht angegeben ist (BGH NJW 82, 2670; BGH NJW-RR 2003, 934, 935; BGH NJW 2009, 1750: auch bei Vorprüfung durch anderen RA der Sozietät). Erteilt er einer zuverlässigen Kraft eine klare Korrekturanweisung, handelt er nicht schuldhaft, wenn er den Schriftsatz vor der Korrektur unterzeichnet u nicht vernichtet (BGH NJW 2014, 700; BGH MDR 2017, 782; BGH MDR 2019, 244 [Bacher MDR 2019, 404]; strenger BGH NJW-RR 2012, 122, wo Selbstvornahme der Korrektur verlangt wird). Nach stRspr darf RA darauf vertrauen, dass eine als zuverlässig bekannte Büroangestellte sodann den berichtigten Schriftsatz versendet

(BGH NJW-RR 2022, 426; anders bei wiederholtem Fehler, BGH MDR 2015, 1027). Schuldhaft ist es jedoch, wenn er den ihm zum 2. Mal vorgelegten und immer noch fehlerhaften Schriftsatz ungeprüft unterzeichnet (BGH VersR 93, 79), wenn er Abschriften beglaubigt, die wiederum die falsche Adresse aufweisen (BGH NJW 2012, 3310) oder wenn die Rechtsmittelschrift mehrere für die Zulässigkeit relevante Fehler enthielt (BGH NJW 95, 263, 264). Zur Weiterleitungspflicht der Gerichte bei unrichtig adressierten Schriftsätzen s Rn 21.

• **Akteneinsicht.** An Begründung eines Rechtsmittels ist RA gehindert, solange ihm die Prozessakten nicht 23.4
(vollständig) zur Verfügung stehen (BGHZ 217, 199 = MDR 2018, 356 [Greger MDR 2018, 579]; BGH NJW-RR 2005, 143: außer wenn von Partei zu vertreten). Antrag hierauf muss aber so rechtzeitig gestellt werden, dass die bis zum Fristablauf verbleibende Zeit nach dem gewöhnl Verlauf zur Erstellung des Schriftsatzes ausreicht (BGH NJW-RR 2018, 311; sa BGH AnwBl 2012, 469). Wird dem Antrag nicht entsprochen, ist Fristverlängerung zu beantragen; keine WE, wenn kein ordnungsgem Antrag, ggf mit erforderl Zustimmung des Gegners (§ 520 II 2), gestellt wurde (BGH MDR 2022, 517 [Vossler MDR 2022, 684]). Sa Rn 23.19.

• **Angestellte.** S Rn 16, 23.3, 23.13, 23.24. 23.5

• **Arbeitsüberlastung.** Eine erhebl, auch unverschuldete Arbeitsüberlastung kann WE allenfalls begründen, 23.6
wenn sie plötzlich und unvorhersehbar eingetreten ist (BGH NJW 96, 997; BGH MDR 2013, 804). RA muss sobald wie mögl geeignete Maßnahmen zur Verringerung der Belastung treffen, um fehlerfreie Bewältigung der Arbeit sicherzustellen, zB durch Heranziehung zusätzl Mitarbeiter (BGH 23.11.2000 – I ZB 34/00). Eine momentane Stresssituation entlastet nicht (BGH NJW-RR 2012, 694). Zu Antrag auf Fristverlängerung s Rn 23.19.

• **Ausgangskontrolle.** Hierfür ist eine allabendliche Kontrolle durch eine damit beauftragte Bürokraft (keinen 23.7
Auszubildenden; BGH NJW 2007, 3497) anzuordnen, mit der überprüft wird, ob sich aus den Eintragungen im Fristenkalender noch unerledigt gebliebene Fristsachen ergeben u ob möglicherweise in einer bereits als erledigt vermerkten Fristsache die fristwahrende Handlung noch aussteht (BGH MDR 2024, 1198 [Jaspersen MDR 2024, 1360]). IÜ hat die umfangreiche Rspr zu den Vorkehrungen beim Post- oder Faxversand in Anwaltskanzleien (nachgewiesen in der 34. Aufl) wegen der nunmehr bestehenden Pflicht zur elektron Einreichung (§ 130d) nur noch geringe Bedeutung. Zu den jetzt bestehenden Anforderungen s Rn 23.15 u § 236 Rn 6 aE; zu Adressenfehlern s Rn 23.3.

• **Ausländer.** Bei fehlenden Deutschkenntnissen muss der Ausländer unverzügl für Übersetzung des Schrift- 23.8
stücks sorgen (BGH FamRZ 96, 347). WE aber, wenn ohne schuldhafte Verzögerung (vgl BGH FamRZ 90, 145) eine begl Übersetzung der fremdsprachl Eingabe nachgereicht wird (für großzügige Gewährung der WE in diesem Fall BGH NJW 82, 532, 533; BayObLG MDR 87, 416; sa § 184 GVG Rn 3).

• **Bedürftigkeit.** Das wirtschaftl begründete Unvermögen einer Partei, einen RA mit der notwendigen (§ 78 I) 23.9
Vertretung zur Vornahme von Frist wahrenden Prozesshandlungen zu beauftragen, stellt kein Verschulden der Partei dar, wenn sie nur alles in ihren Kräften Stehende u ihr Zumutbare getan hat, um die Frist zu wahren. Sie darf dabei nicht schlechter gestellt werden als die nicht bedürftige Partei. Selbst verschuldete Bedürftigkeit ist unschädl, solange nicht mutwillig herbeigeführt (BGH NJW 59, 884). Zu den von ihr zu verlangenden Maßnahmen gehört insb das ordnungsgemäße Bemühen um **PKH** (näher s Rn 23.29; zum Wegfall des Hindernisses s § 234 Rn 6 ff). Besteht Deckung durch **Rechtsschutzversicherung** (BGH NJW 91, 109), Verein oder gewerkschaftl Rechtsschutz (BVerfG NJW 95, 1416; BAG NJW 2013, 493), ist diese in Anspruch zu nehmen (s Rn 23.39; § 115 Rn 58).

• **Berichtigung.** Wird ein Urteil durch Beschluss gem § 319 berichtigt und dies den Parteien mitgeteilt, muss 23.10
nicht vorsorgl für den Fall Berufung eingelegt werden, dass die Berichtigung durch sof Beschwerde wieder rückgängig gemacht wird (BGH NJW 98, 3280).

• **Boten.** Zum Überbringen des Schriftstücks darf sich der Absender einer ihm persönl bekannten, zuverlässi- 23.11
gen Person bedienen, wenn er diese auf den drohenden Fristablauf u die Notwendigkeit der Fristenwahrung ausdrückl hingewiesen hat; diese (glaubhaft zu machenden) Anforderungen gelten auch bei Einschaltung eines Angehörigen oder Ehegatten (BGH NJW-RR 2012, 124 mwN).

• **Briefkasten.** S Rn 23.28. 23.12

• **Büropersonal und -organisation.** Der RA darf (und muss im Interesse seiner eigentl anwaltschaftl Aufgaben) 23.13
gewisse einfache Verrichtungen, die keine bes Geistesarbeit oder jur Schulung verlangen, zur selbständigen Erledigung auf sein **geschultes und zuverlässiges Büropersonal** übertragen (BGH NJW 91, 1179; BGH NJW 85, 1226). Woraus sich die Zuverlässigkeit ergibt, ist im WE-Gesuch schlüssig darzulegen (BGH NJW 2016, 874). **Versehen des Personals** hat die Partei dann mangels einer § 278 BGB entspr Zurechnungsnorm nicht zu vertreten (BGH MDR 2021, 437 u stRspr; ebenso BVerfG NJW 96, 309). Ein zurechenbares **Eigenverschulden** des RA kann sich jedoch ergeben aus **mangelhafter Büroorganisation**, zB wenn ein ungeeigneter Kalender zur Verfügung gestellt (BGH NJW 2017, 3309), der Umgang mit dem elektron Rechtsverkehr (s Rn 23.15) unzureichend geregelt, keine klare Abgrenzung von Zuständigkeitsbereichen getroffen wird (BGH NJW 92, 3176; BGH NJW 2006, 1520) oder nicht sichergestellt ist, dass eine studentische Hilfskraft nicht mit der Abwicklung von fristgebundenen Sachen in Berührung kommt (BGH DStR 2018, 1888). In der Begründung des Antrags muss

daher auch ein Organisationsverschulden ausgeschlossen werden (s § 236 Rn 6). – **Unaufklärbarkeit** der Ursache eines Büroversehens und der Verantwortlichkeit des Anwalts hierfür geht zu Lasten der Partei (BGH VersR 82, 1167; BGH VersR 83, 401); daher muss RA bei unklarer Zuständigkeitsregelung widerlegen, dass er selbst die falsche Fristenlöschung vorgenommen hat (BGH NJW 2011, 385).

Als (übertragbare) **einfache Tätigkeiten** kommen ua in Betracht: Eintragung von Terminen im Kalender (BGH NJW 98, 3125; näher s Rn 23.18); Erledigung der ausgehenden (ggf elektron) Post, deren Überprüfung auf erforderl Unterschrift bzw Signatur (BVerfG NJW 1996, 309); Heraussuchen u Eingeben von Anschrift oder Telefaxnummer (BGH NJW 95, 2105, 2106; BFH NJW 2003, 2559); Absenden eines Telefax (BGH NJW 94, 329; BGH MDR 2008, 355; BGH MDR 2008, 876; BVerfG NJW 96, 309) und Kontrolle des Sendeprotokolls (BGH VersR 96, 778); Überprüfung von Eingangsbestätigung nach § 130a V 2; Entgegennahme von Auskünften bei Gericht (BGH NJW 68, 504; BGH NJW 96, 1682) oder anderem RA (BGH VersR 72, 1169); Benachrichtigung von Partei oder Korrespondenzanwalt von Urteilszustellung (BGH NJW 60, 1348).

Dagegen **keine einfachen Tätigkeiten:** Klärung, ob Mandant Rechtsmittel einlegen will (BGH MDR 2013, 53); Prüfung von Art, Umfang und Voraussetzungen des einzulegenden Rechtsmittels (BGH MDR 2016, 842); Ausarbeitung des Rechtsmittelauftrages an Anwalt des höheren Rechtszuges (BGH NJW 63, 1779). Fertigung einer Rechtsmittelschrift oder eines Fristverlängerungsauftrags darf RA seinem Büropersonal nicht übertragen, ohne das Arbeitsergebnis vor Unterzeichnung sorgfältig zu überprüfen (BGH VersR 2022, 724; BGH MDR 2017, 1381 [Bacher MDR 2018, 75]), zB auf Vollständigkeit und Richtigkeit, Durchführung eigenmächtiger Korrekturen (BGH MDR 2016, 47), zutr Angabe des Empfangsgerichts (BGH NJW 2012, 1591) u des Rechtsmittelführers (BGH VersR 2006, 991, 992).

RA muss seine Bürokräfte auf ihre Eignung u Zuverlässigkeit hin laufend **überwachen** (BGH NJW 2003, 1815, 1816), zumal wenn schon Fehler vorgekommen sind (BGH MDR 2016, 344). Fristennotierung u -überwachung müssen durch geeignete Stichproben überprüft werden, außer bei langjährig fehlerfrei arbeitenden Kräften (BGH MDR 2020, 1202). Fehler, die auch demj, der ansonsten sorgfältig u zuverlässig arbeitet, irgendwann einmal unterlaufen, erschüttern nicht die Zuverlässigkeit (BGH VersR 96, 388). BGH NJW 71, 2269 hält 2-monatl Stichproben für erforderl; aber keine übertriebenen Anforderungen an Überwachungspflicht bei einmaligem Versehen der Hilfskraft (BGH VersR 71, 1145) u bei Übertragung einfacher Tätigkeiten. Das richtige Übertragen von Diktaten muss der RA überprüfen (BGH NJW 96, 393).

Der **Aufgabenkreis** ist den Fähigkeiten der betr Bürokraft **anzupassen**, ggf einzuschränken. ZB darf einer Anwaltsgehilfin nach mehrj Berufsunterbrechung nicht sogleich die eigenverantwortl Führung des Fristenkalenders anvertraut werden (BGH NJW 2000, 3649). Unerfahrenheit ist ggf durch ausreichende Kontrollen auszugleichen (BGH NJW 96, 319). Einem **Auszubildenden** können einfachste Verrichtungen (wie Kuvertieren und Überbringen von Schriftsätzen; BGH NJW-RR 94, 510) übertragen werden, nicht aber die Eintragung von Fristen (BGH NJW 2006, 1520; BGH MDR 2016, 111), desgl nichtangestellten, als zuverlässig bekannten Personen (BGH NJW-RR 2002, 1070).

Der RA muss durch **allg Anweisungen**, die nicht notwendig schriftl (BGH MDR 88, 219; BGH VersR 96, 779), jedoch unmissverständl sein müssen u mit dem WE-Antrag vorzutragen sind (BGH MDR 2005, 947), für eine einwandfreie **Büroorganisation** sorgen. Treten des öfteren Mängel bei der Wahrung von Fristen auf, muss Bedenken gegen die ordnungsgem Ausbildung und Überwachung bzw Organisation des Kanzleibetriebs nachgegangen werden (BGH FamRZ 2022, 801 LS; BGH FamRZ 96, 1469). Aus einer einmaligen Häufung von Fehlern kann jedoch noch nicht der Schluss auf einen Organisationsmangel gezogen werden (BGH NJW-RR 2003, 1000).

Notwendig sind ua Anweisungen über die Abgrenzung der Aufgabenbereiche der einzelnen Angestellten untereinander (BGH VersR 93, 206); den genauen Inhalt des jew Aufgabenbereichs; über Aktenführung (BGH VersR 72, 557); die Vorlage der Akten an RA zu den notierten Vorfristen (BGH 1.7.1997 – VI ZB 19/97); bes Kennzeichnung der Akten, die wegen Fristablaufs vorgelegt werden (BGH VersR 69, 450); über Behandlung der eingehenden Post (Einschreibsendungen: BGH NJW 62, 2155) und deren Überprüfung auf Fristsachen durch verantwortl Juristen (BGH VersR 71, 1022); über die Bearbeitung von telefonischen Rückforderungen der Gerichtsakten (BGH NJW 98, 3570); über Führung des Fristenkalenders (zB die Anordnung, dass Fristen alsbald nach Beginn ihres Laufs zu notieren [BGH VersR 71, 475], nach Erledigung sofort zu löschen sind [BGH NJOZ 2023, 382) u keinesfalls eigenmächtig geändert werden dürfen [BGH MDR 2020, 946; BGH FamRZ 2022, 1716]); Vorkehrungen gegen versehentl Streichung von Fristen (BGH VersR 93, 772). Bes sorgfältige Anweisungen sind erforderl für die Fälle, in denen dem Fristablauf ein oder mehrere Feiertage vorausgehen (BGH VersR 73, 747) oder bei nur mündl durch den RA mitgeteilten Fristen (BGH NJW 2004, 688; einschr BGH MDR 2008, 814). Näher zur Fristenkontrolle s Rn 23.18, zur **Ausgangskontrolle** bei elektron Übermittlung s Rn 23.15). Das Personal muss angewiesen sein, sämtl ausgehenden Schriftsätze auf das Vorhandensein der Unterschrift bzw Signatur zu überprüfen (BGH NJW 96, 998; BGH NJW-RR 2003, 1366). Der RA muss sicherstellen, dass seine Mitarbeiter Frist wahrende Schriftsätze vollständig adressieren (BGH NJW 2000, 82) bzw die richtige Faxnummer angeben (BFH NJW 2003, 2559, 2560). Erforderl sind Anweisungen zur Vermeidung telefonischer Übermittlungsfehler (BGH VersR 70, 1133), zum Verhalten bei Störungen der Telefax-Übermittlung (BGH NJW-RR 98, 1361) sowie darüber, was bei **Verhinderung** des RA zu geschehen hat (BGH VersR 68, 850; sa Rn 23.25). RA muss für den Fall der Verhinderung von Angestellten, die mit wichtigen Aufgaben betraut sind, Vorsorge durch Bestimmung von Vertretern treffen (KG NJW 95, 1434), nicht aber für den Fall der plötzl, nicht vorhersehbaren Erkrankung der am Nachmittag allein im Büro verbliebenen Mitarbeiterin (BGH NJW-RR 2004, 1149). – Sind die Bürokräfte derart generell belehrt, kann eine bes **Anweisung im Einzelfall** grds unterbleiben (BGH NJW 60, 1348; BGH VersR 73, 665). Eigenes Handeln des RA ist jedoch dann erforderl, wenn seine Weisungen erkennbar missachtet werden (BGH VersR 73, 1144). Ordnet RA organisatorische Sicherungen an, die über das Gebotene hinausgehen, führt das nicht zur Verschärfung seiner Sorgfaltspflichten (BGH NJW 92, 1047).

Das Fehlen ausreichender allg Regelungen ist (mangels Kausalität) unschädl, wenn der RA konkrete **Einzelweisung** erteilt hat, deren Befolgung die Fristwahrung sichergestellt hätte (BGH NJW 2000, 2823; BGH NJW-RR 2012, 428 mwN), sei es auch iVm einer allg, für sich genommen unzureichenden Regelung (BGH MDR 2018, 1331 [Bacher MDR 2018, 1479]). Einzelweisungen machen allg organisatorische Vorkehrungen nur dann obsolet, wenn sie die allg Anordnung nicht nur ausfüllen, sondern ersetzen (BGH NJW 2016, 874; BGH NJW 2009, 3036); daher ersetzt die Weisung, einen Schriftsatz sofort per Fax zu versenden, nicht die allg Anweisung, dass die Fristwahrung erst nach Ausdrucken des Sendeberichts vermerkt werden darf (BGH NJW 2011, 2367; BGH NJW 2004, 367, 369; BGH MDR 2013, 616), während die Weisung, sich telefonisch über den Eingang des vollständigen Schriftsatzes zu vergewissern, Defizite bei den allg Regelungen der Ausgangskontrolle unerhebl werden lässt (BGH NJW-RR 2002, 60).

RA ist nicht verpflichtet, die **Ausführung einer klaren Anweisung nachzuprüfen**, wenn deren Erledigung keine bes Schwierigkeiten erkennen lässt (BGH NJW 2010, 2286) und er auf die Befolgung vertrauen darf (BGH NJW 2016, 718). Das ist nicht der Fall, wenn er Mitarbeiter ledigl beauftragt, falsche Adressierung nochmals zu prüfen u ggf zu korrigieren (BGH 31.8.2023 – III ZB 72/22). Wenn nach den Umständen die Gefahr besteht, dass der Auftrag in Vergessenheit gerät, müssen Sicherheitsvorkehrungen getroffen werden (BGH NJW 2008, 526), insb bei nur mündl Auftragserteilung (BGH MDR 2013, 1061). Dazu gehört die Weisung, die Anordnung sofort auszuführen (BGH MDR 2021, 1086). Kein Verschulden des RA, wenn er Korrektur in einem bereits unterschriebenen Schriftsatz anordnet, ohne sich diesen nochmals vorlegen zu lassen (BGH NJW 2012, 1737).

Die **eigene Sorgfaltspflicht des Anwalts erhöht sich** bei Vorliegen bes Umstände, die eine erhöhte Gefahr für den reibungslosen Ablauf des Kanzleibetriebs darstellen, insb bei **Verminderung des Personalbestands** durch Krankheit (BGH MDR 99, 1411; BGH VersR 72, 861: Erkrankung von Personal während Abwesenheit des Anwalts; BGH NJW-RR 2012, 694: Zusammenbruch einer Angestellten) oder aus sonstigen Gründen (zB Personalwechsel, BGH 16.6.1997 – II ZB 1/97; Urlaub, BGH NJW-RR 99, 1664); nicht dagegen schon bei üblicherw auftretenden Schwankungen der Arbeitsbelastung (BGH NJW 2000, 3006). Bei Ausfall von Personal muss RA sich uU selbst um Fristen kümmern (BGH VersR 65, 596), falls er keine Vorsorge durch Bestimmung von Vertretern getroffen hat (KG NJW 95, 1434). Erhöhte Sorgfaltspflicht des RA, der eine **ungewöhnl Verfahrensweise** wählt (BGH VersR 2002, 1392) oder **in den routinemäßigen Kanzleibetrieb eingreift:** keine WE, wenn RA selbst die Gefahr einer irrigen Fristennotierung dadurch setzt, dass er ein Empfangsbekenntnis über ein zugestelltes Urteil unterzeichnet, bevor Frist notiert ist (BGH AnwBl 2008, 71; desgl, wenn RA dem Büropersonal keine Gelegenheit lässt, eine von ihm verfügte Frist zu notieren (BGH VersR 73, 715) oder nicht sicherstellt, dass Eintragungsverfügung dem Fristenbuchführer zur Kenntnis gelangt (BGH VersR 98, 1570).

Kein Eigenverschulden trifft den RA, der **an einer dem Büropersonal überlassenen Handlung mitwirkt**, ohne dadurch eine zusätzl Fehlerquelle zu setzen (BGH NJW-RR 2010, 1076: Streichung im Fristenkalender auf Grund Aussage, den Sendebericht überprüft zu haben). – Durch **überholende Kausalität** (s Rn 18) kann ein Fehler unbeachtl werden, wenn die Frist bei Durchführung einer allg angeordneten zweistufigen Ausgangskontrolle gewahrt worden wäre (BGH NJW 2023, 1224 [Wollweber] = MDR 2023, 315 [Kremer MDR 2023, 345]).

• **Computerdefekt.** S Rn 23.36. 23.14

• **Elektronischer Rechtsverkehr.** Mit den diesbezügl Bestimmungen, insb der Pflicht zur elektron **Übermittlung von Schriftsätzen** (dh mit qeS oder auf sicherem Weg iSv § 130a IV) müssen die in § 130d Genannten vertraut sein. Bei Nichtbeachtung scheidet WE aus (BGH MDR 2022, 784 [Dörr MDR 2022, 940]), auch bei unklarer Rechtsmittelbelehrung (BGH MDR 2023, 383). Bei Versand aus dem beA ohne qeS muss die einfach signierende mit der versendenden Person identisch sein (s § 130a Rn 15); WE ist aber zu gewähren, wenn Fehler für das Gericht erkennbar war u bei unverzügl Hinweis hierauf fristgerechte Einreichung noch mögl gewesen wäre (BAG NJW 2020, 2351 [H. Müller]). – Zur Hinweispflicht des Gerichts bei **fehlender Bearbeitbarkeit** des Dokuments u der erforderl Reaktion hierauf s § 130a Rn 26 f. Zu **sonstigen Übermittlungsfehlern**, zB wegen unzulässigen Dateiformats, fehlender qeS oder Container-Signatur, s § 130a Rn 28; zum Fehlen der einfachen Signatur s Rn 21a. Wird bearbeitungsfähige Datei vom Intermediär-Server (zB wegen Verwendung bestimmter Zeichen) nicht weitergeleitet, liegt wegen wirksamen Eingangs (s § 130a Rn 22) keine Versäumung und damit kein WE-Fall vor (H. Müller NZA 2019, 1120; für WE vAw aber BFH NJW 2019, 2647 = MDR 2019, 1273 [M. Vollkommer]). – Bei **technischen Störungen** des Übermittlungsvorgangs gelten die für Telefax entwickelten Grundsätze (s Rn 23.37) entspr (BTDrs 17/12634, 27); RA muss daher, wenn er Frist bis zum letzten Tag ausnützt, Funktionsfähigkeit seines beA, abgesehen von plötzl u unerwartet auftretenden Störungen, sicherstellen (BGH 15.12.2022 – I ZB 35/22). – Zur Weiterleitung des **fehlerhaft adressierten** Schriftsatzes durch unzuständiges Gericht zwecks Fristwahrung s § 130a Rn 23.

(Randnummer 23.15 steht neben dem Absatzbeginn „Elektronischer Rechtsverkehr“.)

Beim **Signieren** eines Dokuments ist dieselbe Sorgfalt anzuwenden wie bei einer Unterzeichnung, also Prüfung von Vollständigkeit, ordnungsgem Übertragung aus anderem Format (BGH MDR 2025, 470), Ausführung von Korrekturen usw (BGH MDR 2022, 585 [Schwenker MDR 2022, 617]). Warnsignalen beim Signiervorgang ist nachzugehen (OLG Braunschweig NJW 2021, 1604). – Auch beim **Versand** per beA kurz vor Fristablauf ist eine Zeitreserve für erwartbare Bedienungsprobleme einzuplanen (BVerwG CR 2023, 826; OLG Frankfurt MDR 2022, 194). Zu den Anforderungen bei Versagen der Technik s § 130d Rn 4 u LAG Schleswig NJW 2021, 2308 (Kulow). – Für die **Ausgangskontrolle** beim beA ist nicht nur anhand des Az, sondern auch anhand des Dateinamens zu prüfen, ob der fristwahrende Schriftsatz versandt wird (BGH MDR 2020, 813 [Dörr MDR 2020, 973]) und ob er an das richtige Gericht adressiert wurde (BGH MDR 2023, 184 [Schultzky MDR 2023, 276]). Damit die Identität der Datei sicher geprüft werden kann, ist auf die Vergabe eines klar unterscheidbaren Namens zu achten (BGH NJW 2023, 1668).

Es ist sicherzustellen, dass die Streichung im Fristenkalender erst nach **Kontrolle der Empfangsbestätigung** nach § 130a V 2 (s § 130a Rn 24) erfolgt (eingeh Jungk BRAKMitt 2022, 126, 129 f). Die Prüfung muss sich auch darauf erstrecken, ob sich die Eingangsbestätigung auf die Datei mit dem betr Schriftsatz bezieht (BGH MDR 2022, 1361 [Kremer MDR 2023, 85]; näher dazu BGH NJW 2023, 1668 Tz 20 ff u BGH MDR 2023, 1403 [Vergabe eines kennzeichnenden Dateinamens]), ob sämtl Anlagen aufgeführt sind (RhPfVerfGH NJW 2020, 604) und ob der Schriftsatz an das richtige Gericht übermittelt wurde (BGH MDR 2023, 184 [Schultzky MDR 2023, 276]). Erhält der RA keine Bestätigung der erfolgreichen Übermittlung, hat er einen weiteren Übermittlungsversuch zu unternehmen (BGH MDR 2021, 1481 [Schwenker MDR 2022, 14]). Hat der RA (wie beim Versand von seinem beA zwingend) die Versendung persönl vorgenommen, hat er auch die genannten Sorgfaltsanforderungen selbst zu erfüllen (BGH MDR 2023, 184 [Schultzky MDR 2023, 276]). Erkennbare Fehler des Personals bei der Vorbereitung entlasten ihn nicht (BGH NJW 2024, 83 Tz 20 ff). Zum Einsatz von Kanzleisoftware s BGH NJW-RR 2025, 701; OLG Hamm MDR 2024, 461. Schaltet RA Büromitarbeiter ein, muss er diesen konkrete Anweisungen zur Kontrolle der Eingangsbestätigung erteilen (näher zu den Anforderungen BGH MDR 2023, 1402; BGH MDR 2024, 456 [Kremer MDR 2024, 554]). Es ist sicherzustellen, dass die Eingangsbestätigung nicht mit dem Übermittlungsprotokoll verwechselt wird und dass die Mitarbeiter wissen, welchen Inhalt sie haben muss (s § 130a Rn 24). Pauschale Hinweise reichen nicht; erforderl ist eine intensive Schulung (BGH MDR 2023, 382, 383) sowie Überwachung durch Stichproben (BAG NJW 2019, 2793; BGH NJW 2021, 2201 = MDR 2021, 896 [Bacher MDR 2021, 916]). Dadurch kann die Ursächlichkeit eines Fehlers beim Versand behoben werden (s Rn 18). – Da die Eingangsbestätigung im beA nach bestimmter Zeit automatisch gelöscht wird, ist es geboten, sie durch Abspeichern, Ausdrucken oder Screenshot zu sichern (BGH NJW 2023, 1737 Tz 11; BGH NJW-RR 2025, 701 Tz 13).

23.16 • **E-Mail.** Nutzt RA im Kanzleibetrieb E-Mail-Korrespondenz, muss er die Kenntnisnahme empfangener Nachrichten sicherstellen (zur Nutzung von SPAM-Filtern s LG Bonn MMR 2014, 709 [Tiedemann]) u zu versandten E-Mails Lesebestätigung anfordern (BGH NJW 2014, 556). Übermittlung fristgebundener Schriftsätze ans Gericht per einfacher E-Mail ist stets schuldhaft (s § 130a Rn 4).

23.17 • **Erfolgsaussichten.** Irrige Beurteilung der Erfolgsaussichten eines Rechtsmittels ist grds kein WE-Grund (BayObLG NJW-RR 2000, 772), anders aber nach RGZ 159, 109, wenn dem Urteil ein offensichtl Versehen des Gerichts zugrunde lag. Keine WE, wenn infolge Änderung in der höchstrichterl Rspr 2. Gesuch um PKH nunmehr erfolgreich (BGH LM § 234 ZPO Nr 14).

23.18 • **Fristenbehandlung.** Bei der **Ermittlung der Frist** muss der RA etwaige Zweifel, insb hinsichtl des Beginns der Frist, durch Rückfrage bei Gericht (BGH FamRZ 97, 415) oder beim RA der Vorinstanz (BGH NJW 69, 1298, 1301) ausräumen, so insb wenn nach Urteilsverkündung wegen ausstehender Urteilszustellung der Ablauf der absoluten Rechtsmittelfrist der §§ 517, 548 droht (BGH MDR 89, 345, 346). Eine telefonische Anfrage beim Gericht über den Fristablauf befreit den RA jedoch nicht davon, die Frist eigenständig festzustellen (BVerwG NJW 97, 2614). Ist das Verf nach § 240 unterbrochen, muss sich der RA durch regelmäßige Sachstandsanfragen beim Insolvenzgericht über die Beendigung des Insolvenzverf informieren (BGH NJW 90, 1239; OLG Celle NZI 2000, 602: alle 2 Monate). **Durch Gericht veranlasster Irrtum** über den Fristbeginn ist grds unverschuldet. Eine doppelte Zustellung begründet für sich allein kein Vertrauen, dass die Rechtsmittelfrist erst ab der 2. Zustellung läuft (BGH NJW-RR 2006, 563); anders jedoch, wenn GeschSt sie mit dem Hinweis versehen hat, die 1. Zustellung sei unwirksam (BGH MDR 2024, 1061; BGH MDR 2005, 1184; BGH VersR 95, 680; vgl dagegen BGH 6.2.1997 – VII ZB 40/96, wo die 2. Zustellung nur auf Verlangen des RA erfolgte) oder wenn Gericht auf Sachstandsanfrage des nach Urteilsverkündung bestellten ProzBev eine falsche Auskunft hinsichtl der Urteilszustellung erteilt (BGH NJW 96, 1477: dort durch nochmalige Zustellung) oder trotz mehrmaliger Nachfrage den Verkündungstermin nicht mitteilt (BGH NJW 2004, 786). Auf **Erklärungen der Partei** über Fristen und den Zustellungszeitpunkt darf RA sich **nicht verlassen** (BGH NJW-RR 95, 825); auf **Angaben des erstinstanzlichen Prozessbevollmächtigten** jedenfalls dann nicht, wenn RA anhand der Akten Frist selbst nachprüfen kann (BGH LM § 233 ZPO Nr 67); in diesem Fall darf er die Fristberechnung nicht ohne deutl *Hinweis* seinem Büropersonal überlassen (BGH NJW 2008, 3705).

Irrtum in der Fristenberechnung ist unverschuldet, wenn auf Versehen des zulässigerw damit befassten und hierfür vom RA sorgfältig ausgebildeten (BGH VersR 85, 67) Büropersonals oder auf ausnahmsw entschuldbaren Rechtsirrtum (s Rn 23.32) zurückzuführen. Ergeben sich hinsichtl des Fristenlaufs **rechtl Zweifel**, muss RA die Berechnung selbst vornehmen, so zB bei nicht bundeseinheitl Feiertag (OLG Koblenz NJW-RR 2017, 254) oder bei Zugang einer Urteilsberichtigung (hierzu s § 319 Rn 38 f; BGH NJW 89, 1864).

Die Berechnung der einfachen und seinem Büro geläufigen Fristen (Routinefristen) kann der RA einer gut ausgebildeten, als zuverlässig erprobten und sorgfältig überwachten **Bürokraft** übertragen (BGHZ 43, 148 = NJW 65, 1021; BGH NJW 2003, 1815, 1816; BGH NJW 2011, 1080 [6 Monate Probezeit reichen]; sa Rn 23.13). Eine Pflicht zur **Gegenkontrolle** (Nachberechnungspflicht) besteht – außer im Rahmen der allg Überwachungspflicht – grds **nicht** (BGH VersR 71, 1125; BGH NJW 64, 106); insb mutet die Rspr dem RA nicht zu, für kritische Fristabläufe einen bes persönl Fristenkalender zu führen (BGH VersR 82, 553); beachte aber unten zur Fristensicherung. Der RA muss aber durch allg Anweisungen sicherstellen, dass ihm die Feststellung von Beginn und Ende von Fristen vorbehalten bleibt, die in seiner Praxis ungewöhnl sind oder bei deren Berechnung Schwierigkeiten auftreten können (BGHZ 43, 148 = NJW 65, 1021; BAG NJW 95, 3339; BAG NJW 96, 1302 für § 72a III ArbGG), so zB wenn mehrere Anwälte in verschiedenen Instanzen tätig werden und das Zustellungsdatum weder vom RA der 1. Instanz mitgeteilt, noch vom RA 2. Instanz vermerkt wird (BGH NJW-RR 97, 55) oder wenn ges Neuregelungen (BGH NJW-RR 2003, 1211) oder Übergangsvorschriften (BGHReport 2004, 330) zu beachten sind.

Der RA selbst hat bei Übernahme eines neuen Mandats die Handakten und bei der 1. Vorlage der Gerichtsakten an ihn diese auf laufende (Rechtsmittel-)Fristen eigenverantwortl zu prüfen (BVerfG NJW 2000, 1633; BGH FamRZ 2001, 1143; BGH NJW 97, 1708); ebenso bei jeder an ihn erfolgten Zustellung (BVerfG NJW 95, 711). Er muss den ermittelten Zustellungszeitpunkt festhalten und die rechtzeitige Wiedervorlage sicherstellen; insb muss er prüfen, ob diese Frist ggf vom Büropersonal im Kalender vorgemerkt wurde (BGH MDR 80, 844; BayObLG MDR 90, 1125). Auch bei Vorlegung einer als nicht fristgebunden bezeichneten Sache muss er sich in angemessener Zeit durch einen Blick in die Akten wenigstens davon überzeugen, was zu tun ist und wie lange er sich mit der Bearbeitung Zeit lassen kann (BGH NJW 2011, 1600).

Der RA muss sicherstellen, dass sein Personal den **Ausgangspunkt für die Fristenberechnung**, dh das dem Empfangsbekenntnis zu entnehmende Zustellungsdatum deutl abgehoben vom nicht maßgebl Eingangsdatum notiert (BGH NJW 2010, 3305 mwN; Vermerk auf Ausfertigung reicht nicht, wenn diese an Mandant weitergeleitet wird, BGH NJW-RR 95, 1025). Korrektur fehlerhafter Notierung muss durch sofort auszuführende Einzelanweisung sichergestellt werden (BGH MDR 2024, 55 [Fellner MDR 2024, 215).

Das **Empfangsbekenntnis** darf er grds erst zurückgeben, wenn er sich überzeugt hat, dass das zuzustellende Schriftstück tatsächl beigefügt ist (BGH NJW 2000, 2112) u wenn die damit beginnende Frist in den Handakten sowie im Fristenkalender vermerkt ist (BGH NJW 2019, 3234 = MDR 2019, 1397 [Fischer MDR 2019, 1493]; BGH NJW 2010, 1080; BGH MDR 2010, 414 je mwN); zumindest muss er sofort durch bes Einzelanweisung die betr Eintragungen veranlassen (BGH VersR 92, 1536; BGH NJW-RR 93, 1213, 1214). Ist der Zeitpunkt der Zustellung zweifelhaft, muss er sich selbst um Aufklärung bemühen (BGH VersR 75, 854).

Die zur wirksamen **Fristenkontrolle** erforderl Handlungen (Eintrag in Fristenkalender) müssen zum frühestmögl Zeitpunkt, dh unverzügl nach Eingang des betr Schriftstücks, vorgenommen werden (BGH NJW 2011, 151). RA muss Vorkehrungen dafür treffen, dass das im Empfangsbekenntnis eingetragene Zustellungsdatum auch in der Handakte dokumentiert wird (BGH MDR 2024, 1064), nach der Notierung im Kalender (BGH MDR 2014, 422; BGH MDR 2022, 1301), bei Führung von 2 Kalendern erst nach Eintrag in beiden (BGH MDR 2011, 685). Dies ist durch (im WE-Antrag darzulegende) Anordnung, ggf Einzelweisung, sicherzustellen (BGH MDR 2018, 1206 [Bacher MDR 2018, 1299]). RA darf dann, soweit sich nicht anderweitig Zweifel aufdrängen, auf Vermerk in der Handakte vertrauen (BGH MDR 2017, 1380 [Bacher MDR 2019, 13]). Es genügt auch ein entspr Vermerk auf dem jew Schriftstück (BGH NJW 2009, 1083), nicht aber auf losen Blättern (BGH VersR 85, 1184) oder in persönl Fristenbuch des RA (BGH 10.9.97 – XII ZB 102/97); nicht erforderl dagegen doppelte Führung des Fristenkalenders (BGH NJW 2000, 3006). – **Not- u Rechtsmittelbegründungsfristen** sind deutl hervorzuheben (BGH NJW 89, 2393; BGHReport 2005, 44). Am selben Tag ablaufende Fristen müssen gesondert u unverwechselbar im Fristenkalender eingetragen werden (BGH MDR 2006, 529). Auch bei mehreren Verf derselben oder namensgleicher Mandanten sind bes Sicherheitsvorkehrungen erforderl (BGH NJW 2010, 3585; BGH NJW 2007, 1453 [Römermann]). – Auch die Überwachung der **5-Monats-Frist** nach §§ 517, 548 ist sicherzustellen (BGH MDR 89, 345, 346; BGH NJW 94, 459). – **Gelöschte Fristen** müssen erkennbar bleiben, damit sie bei der abendl Endkontrolle (s Rn 23.7) überprüfbar sind (BGH NJW 2015, 253 mwN).

Bei **elektron Fristenkalender** muss durch geeignete Organisationsmaßnahmen sichergestellt werden, dass dieselbe Überprüfungssicherheit besteht wie bei herkömml Kalenderführung (BGH NJW 2010, 1363; BAG NJW 2019, 2954). Eingabefehler oder -versäumnisse müssen rechtzeitig u leicht zu erkennen u zu beseitigen sein (BGH MDR 2024, 1466 [Dirnberger MDR 2025, 86]). Von Eingaben ist ein Ausdruck für die Handakten zu fertigen (BGH NJW 2019, 1456 [Siegmund MDR 2019, 1458, zu Recht krit], bei elektron Aktenführung für vergleichbare Kontrollmaßnahme zu sorgen (BGH NJW-RR 2021, 444). Die Fristenliste eines Tages muss in der EDV als erledigt gekennzeichnete Fristen enthalten, damit versehentl gestrichene Fristen erkennbar werden (BGH NJW 2000, 1957; BGH NJW 2001, 76). Im Störfall muss unverzügl Beseitigung der Störung durch Servicefirma sichergestellt sein (BGH NJW 97, 327).

Führung des Fristenkalenders kann RA auf sein **zuverlässiges Personal** (zu den Anforderungen s Rn 23.13) übertragen (BGH NJW-RR 95, 58; klare Bestimmung der Zuständigkeit: BGH NJW 2006, 1520), erst recht auf jur ausgebildete Hilfskräfte (BGH AnwBl 2006, 417: Referendar). Daher WE, wenn eine von ihm verfügte oder berechnete Frist nicht oder nicht richtig eingetragen (BGH NJW 2001, 1578; durch Lehrling: BGH VersR 70, 87) oder fälschl gelöscht wird (BGH NJW 58, 1590). Bei nur mündl Anweisung hat RA durch geeignete Organisation sicherzustellen, dass sie sofort erledigt wird (BGH MDR 2020, 623; BAG NZA 1996, 555) bzw nicht in Vergessenheit gerät (BGH NJW 2004, 688; BGH MDR 2012, 795).

Notiert werden muss das **tatsächl Ende** der Frist; die Eintragung einer vorher endenden Frist genügt nicht (BGH NJW 2001, 2975). Jedenfalls für Rechtsmittelbegründungen, nicht unbedingt für Rechtsmitteleinlegung (BGH VersR 73, 840) ist jedoch zusätzl Eintragung einer **Vorfrist** von ca 1 Woche zu veranlassen (BVerfG NJW 95, 711; BGH NJW 1994, 2551; BGH MDR 2023, 123; BGH MDR 2024, 121 [Schwenker MDR 2024, 283]; nach BGH NJW 2000, 365, 366 4 Tage uU ausreichend). Urlaub ist zu berücksichtigen, außer in Sozietät (BGH NJW 2015, 2344). Es muss allg Anweisung gegeben werden, Akten zu den im Kalender notierten Vorfristen stets einem RA vorzulegen (BGH VersR 95, 72). Eine auf Grund Vorfrist vorgelegte Sache muss der RA nicht sofort bearbeiten und damit auch vom Büropersonal notierte Fristen nicht sofort überprüfen (BGH NJW 2000, 365, 366; BGH NJW-RR 2012, 1204); sie kann zur Wiedervorlage am Tag des Fristablaufs zurückgegeben werden, wenn sorgfältige Prüfung ergibt, dass rechtzeitige Rechtsmittelbegründung bzw Antrag auf Fristverlängerung noch mögl ist (BGH NJW 97, 2825). Aber keine WE, wenn RA die Akte unbearbeitet und ohne weitere Verfügung zurückgegeben hat (BGH NJW 99, 2680).

Der RA kann sich darauf verlassen, dass die **Einhaltung** der im Fristenkalender notierten Fristen von seinem Büropersonal **überwacht** wird (BGH NJW 95, 1682), wobei die Zuständigkeit (einer qualifizierten Person; BGH NJW 2007, 3497) eindeutig zu regeln ist (BGH NJW 92, 3176). Kompetenzüberschneidungen sind zu vermeiden (BGH VersR 2000, 515); dies schließt eine nach Zeitabschnitten aufgeteilte Zuständigkeit Mehrerer aber nicht aus (BGH NJW 2007, 1453 [Römermann]). Durch entspr Anweisungen muss sichergestellt werden, dass alle für die Einhaltung der Frist notwendigen Tätigkeiten erledigt werden; dazu gehört auch, dass der RA Kenntnis von gerichtl Hinweisen erhält, die Auswirkungen auf den Fristablauf haben können (BGH NJW 2009, 854). Übernimmt er die Fristenkontrolle ausnahmsw selbst, muss er auch für die Ausgangskontrolle sorgen (BGH NJW 2016, 1740). Verdachtsmomenten für Fehler muss er nachgehen (BGH 20.11.2018 – XI ZB 31/17; sehr weitgehend).

Die **Fristenprüfung** obliegt **wieder** dem **RA selbst**, wenn ihm die Akten im Zusammenhang mit einer fristgebundenen Verfahrenshandlung vorgelegt werden; er hat dann alle unerledigten Fristen einschl ihrer Notierung in den Handakten zu prüfen (BGH MDR 2024, 1467), nicht erst, wenn er sie bearbeitet (BGH NJW 92, 841; BAG NJW 95, 3339) und auch dann, wenn ihm nur die fristgebundene Schrift, ohne Handakten, vorgelegt wird (BGH NJW-RR 2001, 782; BGH MDR 2010, 533) oder wenn er schon zuvor die Eintragung im Fristenkalender überprüft hatte (BGH MDR 2004, 1014). Die Richtigkeit der Vermerke in der Handakte muss er allerdings nicht prüfen, sofern sich diesbezügl keine Zweifel aufdrängen (BAG NJW 2025, 1979 unter Aufgabe früherer Rspr; BGH MDR 2023, 52). Bei elektron Führung der Handakte gelten dieselben Anforderungen (BGH NJW 2014, 3102; BGH NJW 2020, 2641 [Siegmund]; BGH MDR 2023, 653 [Schultzky MDR 2023, 824]). Bei Vorlage aufgrund der Vorfrist ist die Richtigkeit der eingetragenen Frist zu überprüfen (BGH MDR 2023, 453), bei Vorlage zur Fertigung der Rechtsmittelschrift auch die ordnungsgem Eintragung der Rechtsmittelbegründungsfrist (BGH NJW-RR 2012, 293 mwN), bei Vorlage zur Abfassung der Berufungsbegründung auch die rechtzeitige Einlegung der Berufung (BGH NJW 2008, 3706). Keine Prüfpflicht wenn Akten aus einem anderen Grund vorgelegt werden (BGH NJW 2008, 854; BGH NJW-RR 98, 1526, 1527). Daher ist Einhaltung der Berufungsfrist nicht zu prüfen, wenn RA Antrag auf Verlängerung der Berufungsbegründungsfrist zur Unterzeichnung vorgelegt wird (BGH NJW 2001, 2336). Eine Prüfungspflicht besteht jedoch stets, wenn sich ihre Notwendigkeit aufdrängt (BGH NJW 98, 1498), zB wenn eine berichtigte Urteilsausfertigung (s § 319 Rn 38 f) zugeht (BGH NJW 1989, 1864). Eine Fristenprüfung erst am Tag nach Vorlage reicht aus, wenn die Akte von der sonst zuverlässigen Bürokraft fälschl als Vorfrist-Sache gekennzeichnet wurde, sodass sie üblicherw erst am nächsten Tag zu bearbeiten wäre (BGH 15.4.1997 – VI ZB 11/97). Ein zusätzl angeordneter schriftl Hinweis am Tag vor Ablauf der Vorfrist führt nicht zu einer Verschärfung der Sorgfaltspflichten (BGH NJW 98, 2676). Befindet sich in den Handakten ein Vermerk über die Notierung der Frist im Fristenbuch, braucht RA (außer bei sich aufdrängenden Zweifeln) nicht zu prüfen, ob das Fristende tatsächl im Fristenkalender eingetragen ist (BGH NJW 2008, 1670). Überprüfung anhand der Handakten genügt auch dann, wenn die Gerichtsakten in der Kanzlei zur Verfügung stehen (BGH VersR 97, 598). Auch in Akte, die nicht als fristgebunden gekennzeichnet wurde, muss RA in angemessener Zeit – 1 Woche ist zu lang – einen Blick werfen, um festzustellen, worum es geht, und die erforderl Arbeitszeit abzuschätzen (BGH NJW 98, 460; BGH NJW-RR 2012, 293). Der RA muss selbst für die rechtzeitige Bearbeitung der Sache sorgen und darf sich nicht auf eine Weisung verlassen, dass er von seinem Büro daran erinnert wird (BGH NJW 92, 841; BGH NJW 97, 1311). Werden ihm die Akten wegen einer fristgebundenen Prozesshandlung vorgelegt und gibt er sie zu vorbereitenden Maßnahmen noch einmal in den Kanzleibetrieb, kann er grds auf eine fristgerechte Wiedervorlage vertrauen (BGH NJW 2012, 614). Erkrankung *des RA am Tag* der Aktenvorlage kann Fristversäumung wegen fehlerhafter Notierung entschuldigen (BGH NJW-RR 2014, 440).

RA hat ferner sicherzustellen, dass Fristen erst, aber auch sogleich mit Erledigung der Frist wahrenden Handlung **gelöscht** werden (BGH MDR 2009, 883), nicht schon bei Weitergabe des Rechtsmittelauftrags an anderen RA (BGH NJW 2000, 815). Bei Versand per beA gehört dazu, dass die automatische Empfangsbestätigung (s Rn 23.15) überprüft wurde (BGH NJW 2021, 2201 = MDR 2021, 896 [Bacher MDR 2021, 916]).

• **Fristverlängerung.** WE und Fristverlängerung sind keine gleichrangigen Optionen; RA muss vielmehr durch 23.1
rechtzeitigen Verlängerungsantrag dafür sorgen, dass WE-Gesuch nicht notwendig wird (BGH NJW 2013, 3181 mwN; sa Rn 23.4 zu fehlender Akteneinsicht), sofern nicht PKH in Betracht kommt (s Rn 23.29). Rechtzeitig ist das Verlängerungsgesuch, wenn es spätestens am letzten Tag der zu verlängernden Frist beim zuständigen Gericht eingereicht (hierzu s § 130d, § 167 Rn 5, § 519 Rn 7 ff) wurde. Es besteht keine Verpflichtung, den Antrag so rechtzeitig zu stellen, dass noch mit einer Entscheidung vor Fristablauf gerechnet werden kann (BGH MDR 2023, 379, 380 [Schwenker MDR 2023, 614]), denn Verlängerung ist auch nach Fristablauf noch mögl (s § 224 Rn 7). Für rechtzeitige Einreichung genügt Glaubhaftmachung (BGH MDR 2021, 1082 [Schwenker MDR 2021, 1248]; zu den Anforderungen s BGH NJW 2023, 1737). Einreichung bei unzuständigem Gericht hindert WE auch dann, wenn dieses (unwirksam) über das Gesuch entscheidet (BGH NJW 2014, 3159). Keine WE, wenn RA die in seinem noch nicht beschiedenen Gesuch beantragte Verlängerung nicht einhält (BGH NJW 94, 55). Wurde Antrag erst in der mündl Verh abgelehnt, kann auch nach deren Schluss noch innerhalb der Frist des § 234 I WE beantragt werden (BGH NJW 92, 1898).

Auch der rechtzeitige Antrag auf Fristverlängerung rechtfertigt eine WE nur, wenn der Ast auf deren Bewilligung **vertrauen** konnte (BGH NJW 2013, 3181 u stRspr). Dies ist bei nachweisl vorh **Zusage** einer Verlängerung durch den Vors oder seinen Vertreter (nicht die GeschSt, BGH VersR 93, 379) der Fall, bei Fristen zur Begründung eines Rechtsmittels nur dann, wenn die in § 520 II 2, 3, § 551 II 5, 6, § 575 II 2 geregelten Voraussetzungen erfüllt werden. Demnach kann auf eine **erstmalige Verlängerung** bis zu 1 Monat (bei Revision u Rechtsbeschwerde 2 Monate) vertraut werden, wenn der Gegner sich einverstanden erklärt hat (BGH NJW 2009, 3100) oder ein erhebl Grund, sei es auch pauschal und unsubstantiiert, vorgebracht wird (zB Arbeitsüberlastung, notw Rücksprache mit Mandanten, Beschaffung von Unterlagen; BGH NJW 2010, 1610 mwN); nach BGH NJW 2017, 2041 soll sogar konkludente Darlegung solcher Umstände genügen, nach BGH NJW 2018, 1400 auch bei eilbedürftigen Räumungssachen nichts anderes gelten. Auf diese (im Hinblick auf die Entscheidungskompetenz des Vors nicht unbedenkl) höchstrichterl Rspr darf der RA nach der Rspr des BVerfG vertrauen, es sei denn, ihm musste eine strengere (aber noch rechtmäßige) Handhabung durch das Berufungsgericht bekannt sein (BVerfGE 79, 372 = NJW 89, 1147; sa § 520 Rn 19). Ist kein erhebl Grund vor- und keine Einwilligung des Gegners beigebracht, muss er sich rechtzeitig vor Fristablauf vergewissern, ob sein Gesuch Erfolg hat (BGH MDR 2023, 1472; BGH MDR 2022, 184), ebenso, wenn Verlängerung nur konkludent beantragt wurde (BGH MDR 2025, 335 [Kremer MDR 2025, 437]). Das Gericht ist nicht verpflichtet, ihn durch bes Maßnahmen noch vor Fristablauf zu unterrichten (BGH MDR 2023, 1472; BGH MDR 2021, 1348 [Schwenker MDR 2021, 1515]). Eine nachträgl Darlegung von Gründen ist unbehelfl (BGH MDR 2022, 184).

Eine **weitere Fristverlängerung** darf der RA nur erwarten, wenn der Gegner zugestimmt hat oder wenn er darauf vertrauen darf, dieser werde die nach § 520 II 2 bzw § 551 II 5 erforderl Zustimmung vor Ablauf der Frist erteilen (BGH FamRZ 2022, 1797). Die Gründe für diese Erwartung sind mit dem WE-Antrag glaubhaft zu machen; dass die Einwilligung des Gegners bereits mit dem Verlängerungsantrag vorgelegt wird, ist dagegen nicht erforderl (aA wohl BGH MDR 2005, 1129; OLG Frankfurt MDR 2024, 462). Ein Vortrag erhebl Gründe wird (entgegen früherer Rspr) nicht mehr verlangt, jedenfalls für eine Verlängerung um wenige Tage (BGH NJW 2009, 3100; BGH NJW 2013, 3181). Dies gilt selbst dann, wenn der Vors bei der ersten Verlängerung erklärt hat, mit einer weiteren könne nicht gerechnet werden (BGH NJW 2023, 1449 [Toussaint] = MDR 2023, 379). Wurde für die 1. Verlängerung eine kürzere Frist als 1 Monat bewilligt, kann (und muss) RA sich darauf einstellen, dass Verlängerung ohne Zustimmung des Gegners (nur) bis zum Ablauf der Monatsfrist bewilligt wird (BGH MDR 2023, 720). – Auf eine **dritte Verlängerung** kann vertraut werden, wenn der Gegner zustimmt u der ASt nicht aus bes Gründen (zB Rechtsmissbrauch, Beschleunigungsbedarf) mit Ablehnung rechnen muss (sehr weitgehend BGH MDR 2023, 1266 [krit Alpes MDR 2024, 90]; enger OLG Jena NJW 2020, 1376 [Schäfer]).

Im **Fristenkalender** ist das hypothetische Ende einer beantragten Fristverlängerung, als vorläufig gekennzeichnet, zu vermerken (BGH MDR 2018, 1331 [Bacher MDR 2018, 1479]); nach Eingang der gerichtl Mitteilung ist der wirkl Fristablauf festzustellen und einzutragen (BGH NJW 2011, 151; BGH NJW 2011, 1598, je mwN), nicht schon auf Grund einer telefonischen Rückfrage (BGH MDR 2011, 381).

Nachfrage bei Gericht ist innerhalb des Laufs der regulären Frist nicht geboten, wenn der RA nach Vorstehendem mit einer Verlängerung rechnen darf (BGH MDR 2021, 379 [Dörr MDR 2021, 545]; BGH MDR 2021, 1082 [Schwenker MDR 2021, 1248]; BGH MDR 2017, 353 [Fischer MDR 2017, 751]). Vor dem Ablauf der beantragten Frist ist aber, falls noch keine Mitteilung vorliegt, nachzufragen; anderenfalls wird spätestens zu dem Zeitpunkt, zu dem eine klärende Antwort zu erwarten war, die Frist des § 234 I 2 in Gang gesetzt (BGH MDR 2016, 174; BGH MDR 2008, 97 mwN). Wird Verlängerung für einen kürzeren Zeitraum als beantragt bewilligt oder bestehen diesbezügl Zweifel, kann nicht ohne Abklärung mit dem Gericht von antragsgemäßer Verlängerung ausgegangen werden (BGH MDR 2013, 1062; BGH MDR 2022, 1559 [Schwenker MDR 2023, 84]).

23.20 • **Gerichtseinlauf.** Infolge der Pflicht zur elektron Einreichung (s Rn 23.15) ist der Verlust von Sendungen auf dem Postweg kaum noch von Bedeutung (dazu s Rn 23.43). Zu Telefax s Rn 23.37.

23.21 • **Geschäftsstelle.** Nicht auf Verschulden der Partei beruht Fristversäumung, wenn GeschSt Aufnahme einer Erklärung zu Protokoll pflichtwidrig verweigert (RGZ 91, 26) oder fehlerhaft vornimmt (BVerfG NJW 2005, 3629: WE vAw). Auf Auskunft der GeschSt über Zeitpunkt der Urteilszustellung (vgl § 169 I) und den Verkündungstermin kann RA sich verlassen (BGH VersR 74, 1001; telefonische Anfrage genügt, BGH NJW 99, 794, 795); dgl auf ordnungsgemäße Bearbeitung einer Anfrage (BGH NJW-RR 2004, 786) sowie auf Auskunft, Fristverlängerung sei gewährt worden (BGH NJW 96, 1682), nicht dagegen auf Inaussichtstellen einer Verlängerung (BGH VersR 93, 379); sa Rn 23.32 aE.

23.22 • **Information des Mandanten.** Der RA muss durch entspr Kanzleiorganisation (BGH MDR 2021, 319) sicherstellen, dass die ergangene Entscheidung unter Belehrung über Zeitpunkt der Zustellung (BGH FamRZ 96, 1466), mögl Rechtsmittel, Ablauf der Frist (BGH MDR 2017, 1203 [Conrad MDR 2018, 13]), zuständiges Gericht (BGH NJW 77, 1198), uU Möglichkeit eines PKH-Gesuches, dem Mandanten so rechtzeitig übersandt wird, dass diesem eine ausreichende Überlegungszeit bleibt (BGH VersR 93, 630: mindestens 1 Woche; BGH MDR 2007, 1148: länger bei Anhaltspunkten für Nichterreichbarkeit). Zugang eines Briefs muss RA nicht überwachen (BGH VersR 85, 90), anders E-Mail am letzten Tag der Frist (BGH MDR 2022, 788). Für die Erörterung der Rechtsmittelfrage ist Vorfrist zu notieren (BGH VersR 70, 133).

23.23 • **Irrtum.** Ein Irrtum über tatsächl Umstände führt dann zur WE, wenn er unverschuldet ist; die Möglichkeit von Missverständnissen (Hör- und Schreibfehler), Unrichtigkeit von Parteiinformation (insb über Lauf von Fristen) müssen in Betracht gezogen, bestehende Zweifel ausgeräumt werden. WE mögl bei Irrtum über Inhalt eines obj unklaren Beschlusses des Gerichts (BGH NJW-RR 2001, 570). Bei irrtüml Rücknahme eines Rechtsmittels kann für erneute Einlegung nach Fristablauf keine WE gewährt werden (BGH NJW 91, 2839; BGH NJW-RR 98, 1446). Zu Rechtsirrtum s Rn 23.32.

23.24 • **Juristische Hilfskräfte.** Schaltet der RA einen rechtskundigen Dritten (zB Referendar, Assessor, RA als freier Mitarbeiter) für **unselbständige Tätigkeiten** ein, wird dessen Verschulden (wie bei Büropersonal, s Rn 23.13) der Partei nicht zugerechnet (eingeh dazu § 85 Rn 18 ff); der RA muss ihn aber gebührend anleiten und überwachen. Bei einfachen Tätigkeiten, die sonst von Büropersonal erledigt werden, können an die Weisungs- und Überwachungspflicht geringere Anforderungen gestellt werden (BGH FamRZ 96, 1403; BGH NJW 2006, 1070). Dass der Mitarbeiter entgegen der Weisung des RA die Berufungsbegründung nicht nur entworfen, sondern versehentl auch unterschrieben und abgesandt hat, ist dem RA zwar nicht zurechenbar (BGH VersR 83, 641), spricht aber für ein Eigenverschulden im Hinblick auf die von ihm selbst zu überwachende Vorlage des Entwurfs. – Sind dem Mitarbeiter Rechtssachen zur **selbständigen Bearbeitung** übertragen (s BGH NJW-RR 92, 1019; BVerwG NVwZ 2004, 1007, 1008), ist er Vertreter iS § 85 II (BGH NJW 2004, 2901; BGH NJW 2001, 1575; BGH MDR 2019, 178).

23.25 • **Krankheit.** Sa Rn 23.1. Bei der **Partei** besteht WE-Grund, wenn sie hierdurch gehindert war, einen sachgemäßen Entschluss bzgl Rechtsmitteleinlegung zu fassen, insb sich mit ihrem Anwalt zu beraten (BGH NJW-RR 94, 957); von der Pflicht, sich über Möglichkeit und formelle Voraussetzungen eines Rechtsmittels überhaupt zu informieren, befreit sie jedoch nur ausnahmsw (BGH VersR 77, 719). Der Einfluss auf die Handlungsfähigkeit muss dargelegt werden (BVerfG NJW-RR 2007, 1717). Unverschuldet kann ein Vergessen der Rechtsmittelfrist infolge der Nachwirkungen eines Diabetes-Schocks sein (BGH NJW 75, 593); ebenso das Vergessen der Absendung eines Schriftsatzes infolge einer schwerwiegenden seelischen Belastung oder Erregung, zB durch familiäre Sorgen (BGH VersR 85, 47) oder Bekanntgabe der ärztl Diagnose einer lebensgefährl Krankheit (BGH MDR 85, 919). **Quarantäne** ist, da Fernkommunikation mögl bleibt, idR kein WE-Grund; im Einzelfall kann es aber erschwert sein, in einer pandemischen Situation für eine fristgerechte Wahrnehmung prozessualer Rechte zu sorgen (PG/Kazele Rn 19a f; Greger MDR 2020, 509, 514).

Der **Prozessbevollmächtigte** (ausführl Toussaint NJW 2014, 200) muss **allgemeine Vorkehrungen** treffen, dass Fristen auch gewahrt werden können, wenn er durch Erkrankung ausfällt (BGH NJW 2008, 3571; BGH MDR 2023, 52), auch der sich selbst vertretende RA (BGH MDR 2019, 1270 [Schwenker MDR 2019, 1366]). Er muss seinem Personal die notwendigen Anweisungen für einen solchen Fall geben u für seine Vertretung sorgen (BGH MDR 2014, 558; BGH MDR 2018, 295 [Schwenker MDR 2018, 509]; BGH NJW 2018, 1691), auch als Einzelanwalt ohne Personal (BGH NJW 2014, 228). **Konkrete Maßnahmen** muss er treffen, wenn er einen solchen Ausfall vorhersehen kann (BGH NJW 2013, 3183; BGH NJW-RR 2016, 574); wird er unvorhergesehen krank, muss er alles ihm Zumutbare tun, um wenigstens eine Fristverlängerung zu erlangen oder eine Vertretung zu veranlassen; dass auch dies nicht mögl war (zB wegen zu kurzen Zeitraums, BGH MDR 2020, 874 [Schultzky MDR 2020, 1166] oder verweigerter Einwilligung des Gegners in Fristverlängerung, BGH NJW 2020, 157), ist glaubhaft zu machen (BGH NJW 2015, 171; BGH MDR 2019, 691 [Schwenker MDR 2019, 789]; BGH MDR 2021, 575 [Schwenker MDR 2021, 731]; zu psychischer Blockade durch schockierende Nachricht BGH NJW-RR 2016, 1022; zu Burnout BGH MDR 2018, 1077 [Schwenker MDR 2018, 1359]; zu krankheitsbedingter Hinderung an Nutzung des beA BGH MDR 2023, 380 [Beck MDR 2023, 481]). Führt die Erkrankung zu Prozessunfähigkeit, gilt § 244. **Fehlleistungen** infolge erstmalig aufgetretener krankheitsbedingter Konzentrationsstörungen können unverschuldet sein (BGH NJW-RR 99, 938), ebenso krankheitsbedingte Fehler, wenn RA tätig wird, obwohl er wegen plötzl Erkrankung nicht zu Frist wahrenden Maßnahmen verpflichtet gewesen wäre (BGH NJW 2009, 3037; BGH NJW-RR 98, 639).

Erkrankung des **Büropersonals** verpflichtet den RA (vor allen sonstigen Aufgaben!) persönl, die fristenüberwachende Tätigkeit selbst zu übernehmen (BGH VersR 83, 777, 778; BGH NJW 1995, 2497, 2498). – **Pandemiebedingte Arbeitsbeschränkungen** reichen als WE-Grund idR nicht aus; dass sie nicht durch zumutbare Maßnahmen überwunden werden konnten, müsste glaubhaft gemacht werden (PG/Kazele Rn 39).

• **Mehrere Anwälte.** Hat eine Partei mehrere anwaltl Vertreter, so hindert **Verschulden auch nur eines** von ihnen (soweit es in die Vertretungszeit fällt; s § 85 Rn 21 ff) die WE. 23.26

Ist eine **Sozietät** beauftragt, so muss sich die Partei auch das Verschulden desj Anwalts anrechnen lassen, dem die Bearbeitung der Sache im Innenverhältnis nicht obgelegen hat (BGHZ 124, 47; BGH NJW-RR 2003, 490). Bei Wechsel in der Person des bearbeitenden Sozius ist durch organisatorische Maßnahmen sicherzustellen, dass keine Unklarheiten hinsichtl der Fristüberwachung auftreten (BGH VersR 94, 117).

Werden mehrere Anwälte für **verschiedene Instanzen** beauftragt, so überschneiden sich uU ihre Vertreterpflichten (sa Rn 23.33): Die Überwachung der Rechtsmittelfrist, insb die Feststellung des Zustellungszeitpunkts der anzufechtenden Entscheidung, ist auch noch Pflicht des ProzBev für die Vorinstanz (BGH MDR 91, 330; BGH MDR 85, 746). Der erstinstanzl ProzBev muss dem Rechtsmittelanwalt die für die fristgemäße Einlegung und Begründung des Rechtsmittels erforderl Daten in einer jeden Zweifel ausschließenden Weise mitteilen (BGH NJW 2019, 2028; BGH NJW 2000, 3071 zur fernmündl Mitteilung; NJW 2003, 2100). Jedoch hat sich neben dem Anwalt der Vorinstanz der Rechtsmittelanwalt um die Fristwahrung zu kümmern, sich insb zu erkundigen, ob und wann das Ersturteil zugestellt wurde (BGH MDR 91, 676; BGH MDR 86, 469), mit telefonischer Rückfrage seiner Sekretärin darf er sich nicht begnügen (BGH NJW 92, 3140). Auf die Angaben des ProzBev der Vorinstanz über den Zustellungszeitpunkt darf sich der Rechtsmittelanwalt jedenfalls dann nicht mehr verlassen, wenn sich aus den übersandten Unterlagen etwas anderes ergibt (BGH VersR 97, 598).

Ist ein **Korrespondenzanwalt** eingeschaltet, bleibt gleichwohl der ProzBev für die Fristenwahrung verantwortl; er darf die Fristenkontrolle nicht vollständig dem Korrespondenzanwalt überlassen (BGH VersR 97, 896). Es besteht aber eine gegenseitige Informationspflicht. Dem ProzBev für die Instanz obliegt es, den Korrespondenzanwalt von der Zustellung einer mit einem Rechtsmittel anfechtbaren Entscheidung zu benachrichtigen (BGH VersR 72, 305) und das Zustellungsdatum mitzuteilen (BGH NJW 2001, 1579). Der Korrespondenzanwalt, der Kenntnis vom Urteilserlass hat, darf sich jedoch nicht darauf verlassen, dass ihm das Urteil rechtzeitig übersandt wird; er hat von sich aus Nachforschungen bzgl des Zustellungszeitpunktes anzustellen (BGH VersR 96, 606). Er muss Ablauf der Rechtsmittelfrist als eigene Frist eintragen, damit die Mandatsübernahme überwacht werden kann (BGH VersR 97, 1296). Hat ProzBev eine Rechtsmittelanweisung der Mandanten nicht ausdrückl erbeten, obliegt Pflicht zur Nachfrage auch dem Korrespondenzanwalt (BGH VersR 96, 606). Die Fristüberwachung ist nicht mehr Pflicht des ProzBev, wenn sein Mandat mit Übersendung des Ersturteils und Mitteilung der Urteilszustellung an den Korrespondenzanwalt beendet war (BGH VersR 73, 665).

Der ProzBev darf sich nicht darauf verlassen, dass ein **anderer RA**, der nicht zu seinem Vertreter bestellt ist, für ihn die Rechtsmittelfrist wahren werde, auch wenn er mit dem anderen RA vereinbart hat, dass er die von diesem gefertigte Rechtsmittelschrift ledigl unterzeichnen u einreichen werde (BGH LM § 232 Nr 24, sa BGH VersR 75, 1146; BGH VersR 95, 194 [freier Mitarbeiter]). Keine WE, wenn sich ProzBev für die Berufungsinstanz darauf verlässt, dass der (inzw nicht mehr beauftragte) erstinstanzl ProzBev Partei über den Lauf der Revisionsfrist informiert (BGH MDR 58, 237).

• **Niederlegung des Mandats durch den Anwalt.** Sie begründet WE, sofern die Partei die Beendigung des Mandats nicht zu vertreten hat (BGH MDR 2014, 613); die Umstände der Niederlegung sind daher darzulegen (BGH NJW 2014, 3247). Auch ist Vertreterverschulden (§ 85 II) zu prüfen (vgl BGH NJW 98, 3783), das auch bei Niederlegung ohne sachl Grund oder zur Unzeit zu bejahen ist (BGH NJW 2006, 2334, 2335). Der RA hat bei Mandatsniederlegung Partei über laufende Fristen und über die zur Wahrung der Frist erforderl Maßnahmen aufzuklären und evtl erforderl Fristverlängerungsantrag zu stellen (BGH 29.11.2000 – XII ZB 189/99; OLG Düsseldorf NJW-RR 2000, 874). Hat der RA nach Niederlegung des Mandats eine Zustellung entgegengenommen, so ist er verpflichtet, die Partei hiervon in Kenntnis zu setzen (BGH VersR 88, 835); eine Verletzung dieser Pflicht begründet jedoch kein zurechenbares Verschulden mehr (BGH NJW 2008, 234), dgl sonstige Handlungen oder Unterlassungen nach Beendigung des Mandats (BGH NJW 2008, 2713). 23.27

• **Postverkehr.** Ist ein ordnungsgem zur Post gegebenes Schriftstück beim Gericht nicht eingegangen, ist für die erneut eingereichte, verspätete Erklärung WE zu gewähren, denn der Absender kann sich auf **Zuverlässigkeit** der Postdienste verlassen (BVerfGE 50, 1). Er ist nicht verpflichtet, den Eingang bei Gericht zu überwachen (BVerfG NJW 92, 38; BGH NJW 1990, 188, 189). Veranlasst er gleichwohl eine solche Rückfrage, so führt dies nicht zu einer Steigerung seiner Sorgfaltspflicht (BGH NJW-RR 92, 1020). Das Risiko der Nichtannahme eines unterfrankierten Briefs durch das Gericht trägt der Absender als eigenes Verschulden (BGH NJW 2007, 1751). Auch die Mitteilung einer Urteilszustellung an Partei oder Korrespondenzanwalt kann RA durch einfachen Brief versenden (BGH NJW-RR 2000, 948); Rückfrage nur bei bes Umständen, zB Ausbleiben einer Antwort, 23.28

wenn dem ProzBev bekannt, dass Partei Rechtsmittel einlegen wollte (BGH MDR 63, 407); sa Rn 23.33. Zur Glaubhaftmachung der (rechtzeitigen) Aufgabe zur Post s § 236 Rn 6.

Rechtzeitig ist die Absendung, wenn das Schriftstück den Empfänger nach den normalen Postlaufzeiten fristgerecht erreicht hätte (BVerfG NJW 2001, 744; BGH NJW 2003, 3712; BAG NJW 95, 2527). Nach bish Rspr konnte bei Inlandssendungen von einer Zustellung am nächsten Werktag nach der Einlieferung ausgegangen werden (BVerfG NJW 95, 2546; BGH NJW 2011, 458; BGH MDR 2020, 303). Diese Erwartung ist seit Inkrafttreten des PostG v 15.7.2024 (BGBl 2024 I Nr 236) nicht mehr gerechtfertigt. § 18 PostG hat längere Postlaufzeiten eingeführt, um organisatorische Änderungen im Postverkehr zu ermöglichen (Bündelung von Sendungen, Verzicht auf Nachtflüge; s BTDrs 20/10283, 107). Auch wenn sich die Nutzer nicht auf die maximale Laufzeit von 4 Werktagen werden einstellen müssen, ist damit zu rechnen, dass sich die gewöhnl Laufzeiten um 1 bis 2 Tage verlängern werden (so auch Backhaus NZG 2024, 1595). Bis zu einer Klärung durch die Rspr sollte von einer Nutzung von Fristen bis zum vorletzten Tag abgesehen bzw zu anderen Übermittlungsformen gegriffen werden. Bei Einschreiben sagt die Deutsche Post idR eine Zustellung am nächsten Werktag zu; darauf darf sich der Absender verlassen, ebenso weiterhin darauf, dass ein Briefkasten nicht vor der angegebenen Zeit geleert wird (BGH NJW 2009, 2379). Die Inanspruchnahme eines **privaten Beförderungsdienstes** begründet kein Verschulden (BGH NJW 2008, 667); für die Beförderungsdauer gelten die vorstehenden Grundsätze entspr (BVerfG NJW 2000, 2657; BGH MDR 2008, 583).

Bei einer **unvollständigen Anschrift** (zB fehlender Postleitzahl) ist WE zu gewähren, wenn das Schriftstück unter normalen Umständen trotz des Mangels rechtzeitig eingegangen wäre (BVerfG NJW 2001, 1566; aA noch BGH NJW 2000, 82). Unterhält das Gericht ein Postfach, darf dieses Fach als Adresse angegeben werden. Zur (zulässigen) Adressierung an auswärtige Senate für Sendungen an das Stammgericht (oder umgekehrt) s § 116 GVG Rn 2.

Partei muss ordnungsgemäße **Empfangsvorrichtung** betreiben, insb muss Briefkasten einen jegl Verwechslung ausschließenden Namen tragen (BGH NJW 91, 109). Allein in dem Umstand, dass für 3 Haushalte nur ein gemeinsamer Briefkasten vorhanden ist, liegt noch kein Verschulden (OLGR Frankfurt 1996, 47). Wer wegen Fehlens eines festen Wohnsitzes nur ein **Postfach** unterhält, hat den Eingang von Gerichtspost sorgfältig zu überwachen, falls mit einer solchen zu rechnen ist (BVerfG NJW 94, 1672).

23.29 • **Prozesskostenhilfe.** Sa Rn 23.9. Nach stRspr ist ein Rechtsmittelführer, der **vor Ablauf der Rechtsmittelfrist PKH beantragt** hat, bis zur Entscheidung über den Antrag so lange als ohne sein Verschulden an der Fristwahrung verhindert anzusehen, als er nach den gegebenen Umständen vernünftigerw nicht mit der Ablehnung seines Antrages wegen fehlender Bedürftigkeit rechnen musste, weil er sich **für bedürftig** iSd §§ 114 ff **halten durfte** und aus seiner Sicht alles getan hatte, damit auf Grund der von ihm eingereichten Unterlagen ohne Verzögerung über sein PKH-Gesuch entschieden werden konnte (Einzelfälle: BGH FamRZ 98, 1575; BGH FamRZ 2005, 2062; BGH MDR 2006, 166; BGH MDR 2008, 946; BGH NJW-RR 2008, 1313; Darlegungen hierüber im WE-Gesuch: BGH VersR 85, 396; **Formulierungsvorschlag:** Vorwerk/Jaspersen, PFB, M 71.3), zB wenn bei im wesentl unveränderten Einkommensverhältnissen (dazu s BGH MDR 2022, 844) die Vorinstanz oder das Rechtsmittelgericht in einem anderen Verf noch PKH bewilligt hatte (BGH NJW-RR 2000, 1387; BGH NJW-RR 2021, 568). Dagegen hat er mit Verweigerung der PKH zu rechnen, wenn ihm bekannt ist, dass das Rechtsmittelgericht seine Angaben zur Bedürftigkeit für unzureichend hält (BGH NJW-RR 2012, 383; BGH MDR 2018, 1332). Kein Vertrauen auch, wenn der Prozess von einer „armen" Partei im Auftrag oder Interesse einer vermögenden Partei (auch Personengemeinschaft) geführt wird (BGH VersR 84, 989) oder wenn die Partei im PKH-Antrag bewusst falsche Angaben macht (BGH NJW 2015, 1312). Zum Zeitpunkt des Wegfalls des Hindernisses der Bedürftigkeit s § 234 Rn 6 ff.

Partei muss ihr **vollständiges Gesuch um PKH** (zu den Anforderungen s § 117 u Erl dazu, sa § 119 Rn 13 ff) innerhalb der Frist beim zuständigen Gericht (wegen Erkundigungspflicht s BGH NJW 87, 440) einreichen. Einzelne Lücken bei der Ausfüllung des Vordrucks nach § 117 III dürfen nicht zur Versagung der WE führen, wenn Partei darauf vertrauen darf, durch die sonstigen Erklärungen, beigefügte Unterlagen oder Angaben zu früheren PKH-Anträgen die wirtschaftl Voraussetzungen genügend dargestellt zu haben (BGH MDR 2008, 581; BGH FamRZ 2005, 2062; zur Bezugnahme auf erstinstanzl Antrag trotz späterer Veränderungen s BGH FamRZ 2013, 1124). Wurde ohne Verschulden kein vollständiges Gesuch eingereicht, kann dies innerhalb der Frist des § 234 nachgeholt werden (BVerfG NJW 2024, 3506; BGH MDR 2008, 760). Nicht erforderl ist eine sachl Begründung des PKH-Gesuches, weil Ausführungen zur Erfolgsaussicht des Rechtsmittels nicht erwartet werden können (BGH NJW 93, 732; BGH MDR 2007, 1151). Die **Frist** kann bis zum letzten Tag ausgeschöpft werden (BGHZ 38, 376 = NJW 63, 584; BGH MDR 2005, 229 für verlängerte Begründungsfrist mit Anwaltswechsel); Bestehen einer Rechtsschutzversicherung ändert hieran nichts (BGH NJW 98, 1230).

Das **Rechtsmittel** selbst braucht Partei vor Entscheidung über das PKH-Gesuch **nicht** einzulegen (BGHZ 16, 1 ff = NJW 55, 345). Auch ein Antrag auf Verlängerung der Begründungsfrist wird nicht verlangt (BGH MDR 2007, 1151; BGH MDR 2005, 1430; anders aber ohne Begründung BGH NJW 2013, 1684).

Die **Kausalität der Bedürftigkeit** für die Fristversäumung kann nicht schon deswegen verneint werden, weil *die Partei nach Ablehnung* ihres fristgerecht eingereichten PKH-Gesuches einen Wahlanwalt mit der Durchführung des Rechtsmittels beauftragt (BVerfG NJW 2010, 2567; BGH NZFam 2019, 538) oder selbst RA ist

(BGH NJW 2013, 2822) oder weil sie vor Entscheidung über das PKH-Gesuch das verspätete Rechtsmittel einlegen oder begründen lässt (BGH NJW 2011, 230); solange sich nichts Gegenteiliges ergibt, ist davon auszugehen, dass die Partei zunächst durch ihre Bedürftigkeit an Fristwahrung gehindert war (BGH NJW 99, 3271: weshalb sie schon vor Bewilligung der PKH oder trotz deren Versagung einen Anwalt beauftragen konnte, braucht sie nicht darzulegen). Dass bereits der Entwurf einer Rechtsmittelbegründung vorgelegt wird, steht dem nicht zwingend entgegen (BGH MDR 2018, 49; BGH NJW 2012, 2041; in Abgrenzung zu BGH NJW 2008, 2855 [Schneider]), erst recht nicht die ausführl Begründung des PKH-Antrags (BGH NJW 2024, 3230). Unschädl für Bewilligung der WE ist es, wenn RA das PKH-Gesuch mit der (unzulässigen) Erklärung verbunden hat, das Rechtsmittel werde für den Fall der PKH-Bewilligung eingelegt (BGH NJW 99, 2823; BGH MDR 2013, 481). Ob der Antragsteller mit der Bejahung der Erfolgsaussicht seines beabsichtigten Rechtsmittels rechnen konnte, ist unerhebl (BGH NJW 93, 732, 733; BGH NJW-RR 2018, 61).

• **Rechtsanwalt.** Sa Rn 23.13, 23.18, 23.22, 23.33 sowie § 85 Rn 10 ff. Einer Partei, die (bei Anwaltszwang; Köln NJW-RR 96, 188) **keinen vertretungsbereiten RA gefunden** hat, ist entspr den in Rn 23.29 dargestellten Grundsätzen WE zu gewähren (BGH NJW 2014, 3247; s aber auch Rn 23.27). – Bei Fristversäumnis infolge eines gegen den RA verhängten **Berufsausübungsverbots** ist im Parteiprozess (sonst § 244) WE zu gewähren (BAG NJW 2007, 3226). Fehlverhalten eines Mitglieds der mit der Prozessführung beauftragten Sozietät, dem die Zulassung zur Anwaltschaft entzogen wurde, ist der Partei nicht zuzurechnen (BGH MDR 2008, 873). – Bei **tatsächlicher Verhinderung** am letzten Tag der Frist (zB Nichterreichbarkeit der Kanzlei), fehlt es am Verschulden nur dann, wenn es RA auch nicht mögl war, einen Verlängerungsantrag, ggf durch einen Vertreter, zu stellen (BGH MDR 2024, 1197 [Schwenker MDR 2024, 1165]). 23.30

• **Rechtsbehelfsbelehrung.** Versäumt eine **Naturalpartei** (auch Streithelfer, Zeuge, SV) eine Frist, weil die nach § 232 vorgeschriebene Belehrung nicht oder unrichtig erteilt wurde, braucht sie auf Grund der Vermutung in S 2 ihr fehlendes Verschulden nicht glaubhaft zu machen. Die Vermutung ist (wie nach § 44 S 2 StPO) unwiderlegl, gilt aber nur, wenn der ursächl Zusammenhang zwischen Belehrungsmangel und Fristversäumnis glaubhaft gemacht ist (BGHZ 180, 199). WE ist daher ausgeschlossen, wenn die Partei wegen vorhandener Kenntnis über ihre Rechtsbehelfe keiner Unterstützung durch eine Rechtsbehelfsbelehrung bedarf, so uU bei anwaltl Vertretung in der betr Angelegenheit (BGH MDR 2010, 1073; BGH MDR 2023, 800) oder bei Behörden (BGH NJW 2013, 1308). Kausalität kann auch bestehen, wenn die Belehrung eine kürzere als die ges Frist für die Einlegung des Rechtsmittels nennt, denn dadurch kann sich Partei an Einlegung des Rechtsmittels gehindert gesehen haben (BGH NJW 2012, 2445). 23.31

RA entlastet das *Fehlen* oder die *Unvollständigkeit* der Belehrung nicht (BGH NJW 2012, 2443, 2444). Dagegen ist bei einer *Unrichtigkeit* der Belehrung darauf abzustellen, ob diese für den RA ohne Weiteres erkennbar war, sodass ihre Kausalität für sein fehlerhaftes Vorgehen zu verneinen ist (BTDrs 17/10490, 14 f). Die Rspr nimmt dies an, versagt also WE, wenn die Belehrung so offenkundig falsch ist, dass sie – ausgehend von dem bei einem RA vorauszusetzenden Kenntnisstand – nicht einmal den Anschein der Richtigkeit erwecken konnte (BVerfG NJW 2021, 915). Der BGH neigt dazu, an die anwaltl Prüfung der Richtigkeit eher hohe Anforderungen zu stellen (krit Brand NJW 2022, 2150 ff). Als nachvollziehbar wurde der Rechtsirrtum zB angesehen bei landesgesetzl Konzentrationsregelungen in UrhG-Sachen (BGH MDR 2016, 1042) oder in WEG-Sachen (BGH MDR 2021, 114 [Bacher MDR 2021, 149] mwN); dagegen wurde WE wegen Offenkundigkeit des Fehlers *abgelehnt*, wenn die gerichtl Belehrung eine gesetzl Zuständigkeitsregelung für Landwirtschaftssachen (BGH NJW 2018, 165) oder Familienstreitsachen (BGH MDR 2021, 252 [Schwenker]) missachtet, die Frist für eine Beschwerde nach dem IntFamRVerfG (OLG Stuttgart MDR 2020, 58 [Conrad MDR 2020, 213]) oder deren Begründung (OLG Nürnberg NJW 2022, 1182 [Heinemann]) falsch angibt oder wenn bei Zulassung der Rechtsbeschwerde über Einlegung der Beschwerde belehrt (BGH NJW 2017, 1112 [Heinemann]) oder nicht ausdrückl auf das Erfordernis elektron Einlegung nach § 130d hingewiesen wird (BGH MDR 2023, 451 [Schwenker MDR 2023, 483]). In Ausnahmefällen lässt BGH es zu, das beim unzuständigen Gericht eingelegte Rechtsmittel als fristwahrend zu behandeln und an das zuständige Gericht zu verweisen (s § 281 Rn 5).

• **Rechtsirrtum.** Bei der **Partei** kann nicht nur mangelhafte Rechtsbehelfsbelehrung (dazu s Rn 23.31), sondern auch missverständl richterl Hinweis (BGH NJW 92, 1700; BGH NJW 81, 576) oder unterlassener Hinweis des protokollierenden UdG (BVerfG NJW 2013, 446; OLG Köln NZI 2000, 134) zu unverschuldetem Rechtsirrtum bzgl **Rechtsbehelf** führen. Dagegen keine WE, wenn Partei im Anwaltsprozess (sonst § 232) vom ProzBev nicht über Rechtsmittel belehrt wird (sa Rn 23.22). Zur Erkundigungspflicht bei Sprachunkenntnis s Rn 23.8. Irrtum über **Unterbrechung** des Rechtsstreits bei Tod des RA kann WE-Grund sein; Partei muss aber unverzügl sachkundigen Rat einholen (BGH VersR 92, 636). 23.32

Von **RA** verlangt die Rspr seit jeher größte Sorgfalt bei der Beurteilung der Rechtslage (BGHZ 8, 47 = NJW 53, 179). Die **Kenntnis der Bundesgesetze**, die in einer Anwaltspraxis gewöhnl zur Anwendung kommen, wird bei ihm vorausgesetzt (BGH NJW 93, 2538, 2539). Über Änderungen dieser Gesetze muss er sich innerhalb angemessener Frist informieren (BayVerfGH NJW 94, 1857, 1858). Es ist daher schuldhaft, wenn RA (wie nach früherem Recht) die übrigen Wohnungseigentümer statt die GdWE verklagt (BGH MDR 2023, 424 Tz 30). Das Rechtsmittelsystem der ZPO muss RA kennen (BGH MDR 2022, 390). Lässt eine Zuständigkeitsvorschrift landesrechtl Sonderregelungen zu, muss er prüfen, ob eine solche besteht (BGH MDR 2010, 887; BGH NJW 2014, 2503; zur Einschränkung bei unrichtiger Rechtsbehelfsbelehrung s Rn 23.31).

Vorausgesetzt wird auch, dass RA sich anhand von Entscheidungssammlungen und gängiger Lit (nicht notwendig Spezialzeitschriften; Lektüre allg jur Fachzeitschriften genügt, BGH NJW 79, 877) über den **Stand der neueren Rechtsprechung** unterrichtet (BGH NJW 2011, 386). Die Anforderungen beim elektron Rechtsverkehr muss er kennen (BGH MDR 2024, 1396 [Schwenker MDR 2025, 24]). Ausnahmsw WE bei entschuldb Irrtum über Bedeutung des Leitsatzes einer veröffentl Entscheidung (BGH NJW 57, 750, 751) oder Vertrauen auf Richtigkeit einer in Handkommentaren kritiklos zitierten, jedoch falschen Rspr eines OLG, solange richtig stellende andere Rspr noch nicht veröffentlicht (BGH NJW 85, 495; BGH NJW 95, 1095, 1097). Unterlassene Auseinandersetzung mit der Streitfrage ist in diesem Fall mangels Kausalität unschädl (BGH NJW 2015, 1529, 1532).

Ist die **Rechtslage zweifelhaft**, muss RA vorsorgl so handeln, wie es bei einer für seine Partei ungünstigen Entscheidung des Zweifels zur Wahrung ihrer Belange notwendig ist, ggf vorsorgl Rechtsbehelf einlegen (BVerfG NJW 2008, 2167, 2168). Er darf sich, wo abw Rspr veröffentl ist, nicht auf eine bestimmte, seiner Rechtsauffassung entspr Entscheidung oder Literaturmeinung verlassen (BGH NJW 2011, 386; s aber BGH NJW 2013, 471: auf Entscheidung eines BGH-Senats darf sich RA auch dann verlassen, wenn ein anderer Senat in einem obiter dictum eine aA vertreten hat). Von 2 in Betracht kommenden Fristen muss er die kürzere wahren (BGH GRUR 2001, 271; damit unvereinbar BayObLG FGPrax 2004, 43, 45, wonach RA bei ungeklärter Rechtslage von fehlender Befristung des Rechtsmittels ausgehen darf). Ein Irrtum über Rechtsmittelzuständigkeiten in Übergangsfällen nach einer Gesetzesänderung kann, zumal bei divergierenden Gerichtsentscheidungen, entschuldbar sein (BGH NJW 2013, 2971; sehr streng aber BGH NJW 2011, 386). In Zweifelsfällen soll RA verpflichtet sein, 2 Rechtsbehelfe parallel einzulegen (BGH NJW 2012, 2523: Berufung und Anhörungsrüge bei Zweifel über Erreichen der Berufungssumme; nach BVerfG NJW 2008, 2167 verfassungsrechtl unbedenkl).

Ausnahmsw WE, wenn **irrige Rechtsauffassung vom Gericht veranlasst** und hierdurch beim RA ein **Vertrauenstatbestand** geschaffen wurde (BVerfG NJW 2004, 2887, 2888; BGH NJW 96, 1900, 1901). Ein solcher entsteht nicht bei missverständl formuliertem, mündl Hinweis (BGH VersR 95, 112; BGH VersR 95, 360; zu Vertrauen auf Rechtsbehelfsbelehrung s Rn 23.31). Rechtsansicht von GeschSt-Beamten entschuldigt nicht (BGH NJW 94, 2299; BGH NJW 2011, 2887); ebenso wenig die des Rpflegers (BGH VersR 95, 71).

23.33 • **Rechtsmittelauftrag.** Sa Rn 23.26; zu Telefax s Rn 23.37. **Partei** muss nachfragen, wenn auf ihren Rechtsmittelauftrag keine Reaktion des RA kommt (BGH MDR 2008, 641). **ProzBev** ist bei Ausbleiben eines Rechtsmittelauftrags auch dann, wenn er dem Mandanten ein Rechtsmittel empfohlen hat, zu einer Nachfrage nur verpflichtet, wenn er konkreten Anlass zu der Sorge haben muss, seine Mitteilung sei verloren gegangen, oder wenn ihm der Standpunkt des Mandanten, unter allen Umständen ein Rechtsmittel einzulegen, bereits bekannt ist (BGH NJW 97, 1311). Hat er Beauftragung des Rechtsmittelanwalts übernommen, will dieser das Mandat aber nur nach Abschluss einer Honorarvereinbarung übernehmen, muss er sich vergewissern, dass die Honorarvereinbarung rechtzeitig abgeschlossen wird, und andernfalls einen anderen RA beauftragen (BGH NJW 2014, 2656). Die Übernahme des Auftrags durch den Rechtsmittelanwalt muss er sich bestätigen lassen, bevor die eigene Fristnotierung gelöscht wird (BGH NJW 2001, 3195; BGH NJW 2000, 815), es sei denn, es besteht zwischen den Anwälten eine bes Vereinbarung über die Übernahme von Rechtsmittelaufträgen (BGH NJW 2001, 3195; BGH NJW-RR 2002, 999). Das Büropersonal muss entspr angewiesen sein (BGH VersR 93, 502). Bei Ausbleiben der Auftragsbestätigung ist Rückfrage vor Fristablauf geboten; ggf ist ein Hinweis auf drohenden Ablauf der Frist erforderl (BGH NJW 2001, 3195; BGH NJW 89, 594). Unterbliebene Rückfrage aber unschädl bei überholender Kausalität durch Büroversehen beim Rechtsmittelanwalt (BGH NJW 75, 1125).

23.34 • **Rechtsschutzversicherung.** Verzögerung oder Versagung der Deckungszusage ist kein WE-Grund; sieht sich Partei wegen Mittellosigkeit an Rechtsmittel gehindert, muss sie rechtzeitig PKH beantragen (BGH MDR 2016, 175; BGH NJW 2023, 1812 Tz 43). Mit Zugang der Deckungszusage entfällt dann das Hindernis, so dass WE-Frist beginnt; dass Deckung schon früher hätte beantragt werden können, ist unerhebl (BGH NJW 2017, 1179). IÜ s Rn 23.9, 23.29.

23.35 • **Sprachunkenntnis.** S Rn 23.8.

23.36 • **Technische Störung.** Unvorhersehbare und unvermeidbare Störungen eines Computers, die das rechtzeitige Erstellen oder Absenden eines Schriftsatzes verhindern, sind WE-Grund (BGH NJW 2006, 2637; BGH FamRZ 2018, 281). Außer der Art des Defekts u der Maßnahmen zu seiner Behebung muss auch dargelegt werden, dass die Fristwahrung nicht auf anderem Wege mögl war (s zu Störung bei Übermittlung als elektron Dokument BGH FamRZ 2025, 1048 Tz 20; BGH MDR 2023, 589 Tz 19; zu Ausfall des elektron geführten Fristenkalenders BGH MDR 2015, 537; BGH MDR 2015, 538; zu Problemen beim Ausdrucken BGH MDR 2007, 248, zur Fehlfunktion der Spracherkennungssoftware BGH NJW-RR 2015, 1196, zum Erstellen von Sicherungsdateien BGH FamRZ 2018, 281). Zu Telefax s Rn 23.37; zu Signatur- und elektron Versandeinrichtungen s Rn 23.15 u § 130d Rn 4.

23.37 • **Telefax.** Da RAe, Behörden und jur Personen des öff Rechts schriftl Erklärungen gegenüber dem Gericht nur noch auf den Wegen des § 130a abgeben können (§ 130d), spielt die Übermittlung per Telefax nur noch für Naturalparteien und für die Ersatzeinreichung bei technischer Störung der elektron Übermittlung eine Rolle. Die umfangreiche Rspr war fast ausschließl auf die anwaltl Nutzung bezogen und ist daher weitgehend überholt. Im Folgenden werden daher nur noch allg Leitlinien aufgezeigt, wegen Einzelheiten s 34. Aufl.

Soweit die Übermittlung per Telefax zugelassen ist, darf das Gericht deren bes **Risiken nicht auf den Nutzer abwälzen** (BVerfG NJW 96, 2857; BGH NJW 2006, 678). Der Nutzer hat bei Verwendung eines funktionsfähigen Sendegeräts und korrekter Eingabe der Empfängernummer das seinerseits Erforderliche zur Fristwahrung getan, wenn er so rechtzeitig mit der Übertragung begonnen hat (dazu BGH NJW-RR 2016, 816; zur Feststellung der Uhrzeit BGH 21.2.2023 – VIII ZB 17/22, Tz 33, juris), dass unter normalen Umständen mit ihrem Abschluss (s § 519 Rn 18c) bei Fristende zu rechnen ist (BGH NJW-RR 2001, 916). Das Risiko einer **anderweitigen Belegung** des Anschlusses hat die Rspr allerdings dem Absender auferlegt (BVerfG NJW 2000, 574; BVerfG NJW 2006, 1505; BVerfG NJW 2007, 2838; zu Recht krit W. Roth NJW 2008, 785 ff); dieses müsse er mit einer „gewissen Zeitreserve" einplanen und er dürfe den Übermittlungsversuch nicht zu früh aufgeben (BGH NJW 2011, 1972; BGH MDR 2018, 1515 [Bacher MDR 2019, 337]: mindestens 30 Minuten für 3 Schriftsätze; zur Glaubhaftmachung der rechtzeitigen Versuche s BGH NJW 2014, 2047). – Beim Scheitern der Übertragung wegen **Leitungsstörungen oder Defekts der Empfangsanlage** ist er zwar zu weiteren Übertragungsversuchen (BGH MDR 2019, 1271 [Schwenker MDR 2019, 1297]), aber grds nicht zur Wahl einer anderen Übertragungsmöglichkeit verpflichtet (BVerfG NJW 2001, 3473; BGH MDR 2017, 476 [Bacher MDR 2017, 750]; BayVGH NJW 2006, 169, 170; strenger dagegen BGH NJW 2012, 3516 [Jungk] u BGH MDR 2017, 1203: Ermitteln weiterer Fax-Nr aus dem Internet; BGH MDR 2021, 190: Fax an Haupt- statt an Zweigstelle; BGH bei Greger MDR 2001, 489: Pkw oder Taxi zum Nachtbriefkasten). – Bei **OK-Vermerk des Sendeberichts** kann auf die Funktionsfähigkeit des Empfangsgeräts und des Übermittlungswegs vertraut werden (BGH NJW 2016, 2042). – Bei einem **unverschuldeten Defekt des eigenen Geräts** werden zT zu strenge Anforderungen gestellt (BGH VersR 97, 84; auf Zumutbarkeit abstellend BSG MDR 93, 904; bei Fehler in der Bedienungsanleitung WE gewährend BGH 23.11.2006 – X ZB 5/06). Dasselbe gilt, wenn dem Absender angelastet wird, dass seine kontrastarme Unterschrift auf dem Fax-Ausdruck nicht sichtbar ist (so aber BGH MDR 2019, 565 [krit Vollkommer MDR 2019, 566, Klöpfer MDR 2019, 723]).

Gibt RA seine Telefaxnummer bekannt, muss er dafür sorgen, dass die am letzten Tag der Frist zu den üblichen Bürozeiten eingehenden **Rechtsmittelaufträge** noch erledigt werden (VGH München NJW 93, 1731; aM Ebnet JZ 96, 507, 512). Er braucht aber nicht damit zu rechnen, dass ein Rechtsmittelauftrag gerade während einer vorübergehenden Störung seines Empfangsgeräts hätte übermittelt werden sollen, und ist nicht gehalten, diesbzgl bei allen in Betracht kommenden Mandanten nachzufragen (BGH NJW 97, 1311).

• **Telefon.** Daten u Zahlen aus den Gerichtsakten kann RA durch fernmündl Anfrage bei der GeschSt feststellen lassen, wenn Missverständnisse vernünftigerw nicht zu besorgen sind (BGH NJW 66, 658). **Hörfehler** einer bewährten Bürokraft bei telef Entgegennahme von Auskünften durch GeschSt ist nicht vom RA verschuldet, wenn dieser alles getan hat, um Missverständnisse auszuschließen, insb Anweisung gegeben hat, Ziffern u Daten zu wiederholen (BGH VersR 66, 342; BGH VersR 80, 765). 23.38

• **Unterschrift.** Zum **Fehlen** s Rn 23.13. Zur Hinweispflicht des Gerichts s Rn 21a. Ein das Verschulden ausschließender Vertrauenstatbestand ist gegeben, wenn eine **unwirksame Unterschrift** (s § 130 Rn 9 f, zB Paraphe) längere Zeit von den Gerichten nicht beanstandet wurde (BVerfG NJW 88, 2787; BGH NJW 2013, 1966; BGH NJW 99, 60). 23.39

• **Urlaub.** S Rn 23.1. 23.40

• **Vergessen.** Vergessen einer Frist oder der Vornahme einer für die Fristwahrung erforderl Handlung ist **regelmäßig schuldhaft** (BGH VersR 75, 40; BGH NJW 64, 2302); so auch bei Ablenkung, zB durch Telefongespräch (BGH VersR 65, 1101). Anders bei krankheitsbedingtem Vergessen: s Rn 23.25. Leidet eine Partei (was ihr bekannt ist) an außergewöhnl Vergesslichkeit, so handelt sie schuldhaft, wenn sie sich hinsichtl einer Rechtsmittelfrist ausnahmsw auf ihr Gedächtnis verlässt (BGH VersR 66, 1191). 23.41

• **Verkehrsunfall oder -störung.** Kein Verschulden, wenn Einwurf in Gerichtsbriefkasten vor 24 Uhr bei rechtzeitigem Antritt des Weges dorthin durch unvorhersehbares Ereignis verhindert wird (BGH NJW 98, 2677). Bei Benutzung eines Kfz keine WE, wenn für Fahrtzeit keine angemessene Zeitreserve eingeplant wird (vgl BGH NJW 99, 724). 23.42

• **Verlust von Schriftstücken.** Ist ein Schriftstück bei Gericht überhaupt nicht auffindbar (also auch nicht verspätet eingegangen), ist die betr Erklärung erneut einzureichen, sobald der Verlust bekannt ist u innerhalb der WE-Frist glaubhaft zu machen, dass Absender das Schriftstück rechtzeitig zur Post gegeben hat (zu den Anforderungen s § 236 Rn 6). 23.43

• **Zuständigkeit.** Zur Einreichung von Dokumenten bei unzuständigem Gericht s Rn 23.3, § 130a Rn 23; zu Irrtum über Zuständigkeit s Rn 23.31, 23.32. 23.44

• **Zustellung.** Sa Rn 23.1. Bei **öffentlicher Zustellung** ist fehlende Kenntnis unverschuldet, wenn die Partei mit ihr nicht rechnen musste, zB weil sie dem Gegner zeitgerecht einen Zustellungsbev benannt hat (OLG Köln 23.45

VersR 93, 459) oder dieser sonst die öffentl Zustellung durch Falschangaben erschlichen hat (BGH MDR 92, 997), oder wenn sie auf Grund bes Umstände nicht in der Lage war, Kenntnis von der Zustellung zu erlangen (BGHZ 25, 11; Guttenberg MDR 93, 1049). WE auch, wenn öffentl Zustellung auf unrichtige Auskunft des Einwohnermeldeamtes gestützt wird und Partei keine Kenntnis davon hatte (OLGR München 1997, 238). Keine WE trotz Unkenntnis von Urteilsverkündung, wenn Partei bei Kenntnis der Rechtshängigkeit nicht für Zustellungsmöglichkeit sorgt (BGH FamRZ 97, 997). – Wird bei **Ersatzzustellung** nach § 178 das Schriftstück einem Familienmitglied ausgehändigt oder wird eine zuverlässige Person beauftragt, sich um den für die Ersatzzustellung nach § 181 benützten Briefkasten zu kümmern, hat die abwesende Partei für Verschulden des Dritten nicht einzustehen (BGH MDR 87, 136; BGH MDR 2008, 161, 162). Aber keine WE bei Beauftragung unzuverlässiger Hilfsperson (BGH NJW-RR 2000, 444); Minderjährigkeit allein begründet noch keine Unzuverlässigkeit (BGH VersR 2002, 1169). WE, wenn Partei nicht damit rechnen musste, dass ihr amtl Schreiben von Angehörigen vorenthalten werden (BGH FamRZ 57, 173). Hat Partei Mitteilung über Zustellung durch Niederlegung (§ 181) übersehen und mit Werbematerial weggeworfen, scheidet WE aus (OLG München MDR 94, 410; LAG Köln MDR 94, 1245; einschr LAG Mannheim JZ 83, 620). Dagegen WE, wenn Benachrichtigungszettel durch Versehen eines mit Leerung des Briefkastens und Sortierung der Post beauftragten geeigneten und zuverlässigen Dritten verlorengeht (BGH NJW-RR 2001, 571; OLG Düsseldorf MDR 2000, 1451). Das Gleiche hat bei Zustellung durch Einlegen in den Briefkasten zu gelten (§ 180). Die Unkenntnis allein steht WE nicht entgegen, wenn eine regelmäßige Kontrolle der fehlerfreien Empfangsvorkehrung auf eingehende Sendungen sowie der sonst nie vorkommende Postverlust glaubhaft gemacht werden (BGH NJW 94, 2898). Geht die Sendung bei Zustellung durch Aufgabe zur Post (§ 184 I) verloren, folgt allein aus der Nichtbestellung eines Zustellungsbev kein Verschulden (BGH NJW 2000, 3284, 3285). Irrtum der Partei über die Zustellungsfiktion nach § 184 II 1 kann grds entschuldbar sein. – Bei elektron Zustellung keine WE, wenn RA Signaturkarte u PIN Mitarbeiter überlässt u dieser damit Empfang bestätigt (OLG Bremen MDR 2023, 388 [Dirnberger MDR 2023, 419]). – Allg zu Pflichten des **RA** bei Ermittlung des Fristbeginns durch Zustellung s Rn 23.18.

§ 234 Wiedereinsetzungsfrist

(1) [1]Die Wiedereinsetzung muss innerhalb einer zweiwöchigen Frist beantragt werden. [2]Die Frist beträgt einen Monat, wenn die Partei verhindert ist, die Frist zur Begründung der Berufung, der Revision, der Nichtzulassungsbeschwerde oder der Rechtsbeschwerde einzuhalten.

(2) Die Frist beginnt mit dem Tag, an dem das Hindernis behoben ist.

(3) Nach Ablauf eines Jahres, von dem Ende der versäumten Frist an gerechnet, kann die Wiedereinsetzung nicht mehr beantragt werden.

1 **I) Bedeutung.** Wenn die versäumte Prozesshandlung fristgebunden war, muss auch die Möglichkeit zur Beseitigung der Versäumungsfolgen fristgebunden sein, um andauernde Schwebezustände zu vermeiden. I 1 setzt daher für den WE-Antrag u die Nachholung der versäumten Prozesshandlung (§ 236 II 2) eine Überlegungs- u Vorbereitungsfrist von 2 Wochen. Da die Frist für die Begründung von Rechtsmitteln ebenfalls ab Zustellung des Urteils läuft u 2 Monate beträgt, musste der Gesetzgeber für deren Nachholung mehr Zeit einräumen. Die mit dem 1. JuMoG eingeführte WE-Frist von 1 Monat (I 2) ist jedoch unzureichend, denn diese Regelung benachteiligt die schuldlos säumige Partei, die nach § 520 II zwei Monate Zeit u dazu noch die Möglichkeit der Verlängerung hätte (zu den Folgen s Rn 2 u 9). – III setzt aus Gründen der Rechtssicherheit außerdem eine von der Behebung des Hindernisses unabhängige Ausschlussfrist von 1 Jahr. – Zum notw Inhalt des fristgerechten Antrags und zum Ausschluss nachgeschobener Begründungen s § 236 Rn 6 f; zur ausnahmsw mögl WE ohne Antrag § 236 II 2 Hs 2. – Eine Entscheidung vor Ablauf der WE-Frist verletzt das rechtl Gehör (BGH NJW 2017, 1111; BGH MDR 2018, 883 [Schwenker MDR 2018, 1106; Büßer MDR 2018, 1426]), außer wenn weiterer erfolgversprechender Vortrag ausgeschlossen werden kann (BGH 21.6.2023 – V ZB 15/22).

2 **II) Antragsfrist (§ 234 I). 1) Dauer.** Sie beträgt **2 Wochen**, für Rechtsmittelbegründungsfristen (§ 520 II 1, § 524 III iVm II 2, § 544 II 1, § 551 II 2, § 554 III iVm II 2, § 574 IV 1, 2, § 575 II 1) **1 Monat**, auch wenn die versäumte Frist länger oder kürzer war. Ihr Ablauf kann nicht durch Rügeverzicht (§ 295) geheilt werden (RGZ 131, 262). **Verlängerung** ist ausgeschlossen (§ 224 II); dies gilt auch dann, wenn Gericht den Hinweis auf die Verspätung mit einer längeren Frist zur Stellungnahme versehen hat (BGH MDR 2007, 294). Für **Rechtsmittelbegründungsfristen** führt dies zu unvertretbaren Konsequenzen, zB wenn dem Rechtsmittelführer die Akten nicht zur Verfügung stehen. Der BGH lässt daher in solchen Fällen contra legem eine Verlängerung zu (BGH MDR 2007, 1332).

3 **2) Wahrung.** Entscheidend ist Einreichung bei dem nach § 237 zuständigen Gericht. Zur **Berechnung** der Frist s § 222 Rn 5, zum **Fristbeginn** s Rn 5 ff. Bei **Wegfall des Hindernisses vor Ablauf der Notfrist** liegt idR kein *WE-Fall vor (s § 233 Rn 7).* Fristwahrung auch, wenn rechtzeitig geltend gemachte Versäumung auf Hinweis des Gerichts nachträgl auf eine andere Ursache gestützt wird (BGH MDR 2022, 519 [Greger MDR 2022, 618]).

3) Versäumung. Obwohl es sich bei der **Frist des I 1** nicht um eine Notfrist handelt, kann gem § 233 WE beantragt werden, wenn dessen Voraussetzungen gegeben sind. Dies scheidet wegen Verschuldens des RA aus, wenn er bei Zustellung des PKH bewilligenden Beschlusses das EB unterzeichnet, ohne die Notierung dieser Frist zu kontrollieren (BGH MDR 2020, 1393 [Fischer MDR 2020, 1429]). Im WE-Gesuch ist gem § 236 II darzulegen, dass sowohl die Notfrist als auch die Antragsfrist des I unverschuldet versäumt wurde. Für den Vortrag der WE-Gründe läuft eine eigene 2-Wochenfrist, für die der Fristbeginn nach § 234 II gesondert zu ermitteln ist (BGH NJW-RR 99, 430). – Gegen Versäumung der **Jahresfrist des III** gibt es keine WE; zur Unschädlichkeit aus rechtsstaatl Gründen s Rn 10. 4

III) Fristbeginn (§ 234 II). 1) Allgemeines. Die Frist für den WE-Antrag beginnt mit dem Tag, an dem das Hindernis behoben ist, dh sobald die Partei oder ihr ProzBev erkannt hat oder bei Anwendung der gebotenen Sorgfalt hätte erkennen können und müssen, dass die Rechtsmittelfrist versäumt ist (BGH NJW 2000, 592; BGH NJW 99, 1187, 1192). – Ist das Hindernis bereits **vor Fristablauf weggefallen** u ausnahmsweise wegen Unzumutbarkeit der Fristwahrung WE zu gewähren (s § 233 Rn 7), muss die WE-Frist konsequenterweise ab dem Zeitpunkt berechnet werden, zu dem die Unzumutbarkeit entfallen ist. – Wurde Frist auf Grund eines Gerichtsfehlers versäumt u ist Partei nicht über die Möglichkeit einer WE informiert, beginnt WE-Frist erst mit entspr Belehrung durch das Gericht (BVerfG NJW 2013, 446). 5

2) Einzelfälle. Bei entschuldbarem Irrtum über Zustellungsdatum beginnt Frist mit Erkenntnis der für eine Fehldatierung sprechenden Umstände (BGH VersR 68, 309), bei schwerer Erkrankung der Partei mit der Möglichkeit, Prozessvollmacht zu erteilen (zu eng OLG Köln NJW 72, 831), bei Nichtigkeit eines vor Fristablauf geschlossenen Prozessvergleichs mit dessen Anfechtung (BGH NJW 69, 925). Bei Unkenntnis von der Zustellung des Urteils beginnt die Frist, wenn Partei oder Korrespondenzanwalt durch Zustellung eines KFB erkennen kann, dass ein Urteil ergangen ist (BGH NJW 2001, 1430). Hat die Partei den RA (zulässigerw) mit einfachem Brief beauftragt, Berufung einzulegen, so Fristbeginn mit Kenntnis, dass dieser Brief nicht ankam, nicht erst vom Zugang eines erneuten Auftragsschreibens ab (BGH NJW 74, 994); auch das Ergebnis von Nachforschungen bei der Post darf hier nicht abgewartet werden. Ebenso darf bei Kenntnis der Versäumung nicht die verwerfende Entscheidung (zB nach § 522) abgewartet werden (BAG NJW 74, 517). Das Hindernis fehlerhafter Fristberechnung entfällt bei erneutem Anlass zur Überprüfung der vom Büropersonal vorgemerkten Frist, zB bei Aktenvorlage zur Fertigung der Rechtsmittelbegründung (BGH MDR 2014, 492; BGH NJW 94, 2831, 2832; näher s § 233 Rn 23.18). WE-Frist beginnt auch bei Hinweis des Gerichts auf Verspätung (BGH MDR 2018, 1456 [Bacher MDR 2019, 82]) sowie bei Zugang einer gerichtl Mitteilung über die Nichtauffindbarkeit der Rechtsmittelschrift (BGH NJW 2007, 603) oder deren Eingangsdatum, wenn sich hieraus die Verspätung ergibt (BGH NJW 92, 2098), ebenso bei Auftreten begründeter Zweifel am Eingang der Rechtsmittelschrift bei Gericht, etwa infolge Poststreiks (BGH VersR 93, 1421), Verwendung einer anderen als der regulären Fax-Nummer wegen Übermittlungsproblemen (BGH NJW-RR 2005, 923) oder Nachricht des gegnerischen RA, aus der sich die Fristversäumung ergibt (BGH NJW 2015, 3519 mwN). Zur ausbleibenden Reaktion des Gerichts auf Fristverlängerungsantrag s § 233 Rn 23.19 aE. Jedoch noch kein Fristbeginn, wenn der neue RA bei Einsicht in die Gerichtsakten fehlende Unterzeichnung der Berufungsbegründungsschrift des alten RA übersieht (BGH NJW 2002, 3636) oder Gericht bloße Zweifel an Ordnungsmäßigkeit der Unterzeichnung äußert (BGHReport 2003, 203) oder sonstigen Hinweis gibt, den der RA nach den Umständen nicht als Anlass für WE-Antrag verstehen muss (BGH NJW-RR 2010, 1000). Wegfall des Hindernisses am Tag nach Fristablauf, wenn auf Grund des Sendeprotokolls der Telefaxübermittlung naheliegt, dass der Schriftsatz erst nach 0 Uhr eingegangen ist (BGH NJW-RR 2000, 1591). Die Partei selbst erhält diese Kenntnis, wenn sie vom RA erfährt, dass dieser Mandat ablehnt. Kenntnis des Büropersonals des RA ersetzt dessen notw eigene Kenntnis nicht (BGH VersR 80, 678). Die Frist beginnt, wenn der zuständige Sachbearbeiter einer Behörde gerichtl Hinweis hätte kennen können (BGH FamRZ 2001, 416). Bei Antrag auf Beiordnung eines Notanwalts (§ 78b) ist Bekanntgabe der abl Entscheidung Anknüpfungspunkt für den Fristbeginn (BGH NJW 96, 2937). 5a

Bei pflichtwidrig unterbliebener oder fehlerhafter **Rechtsbehelfsbelehrung** beginnt WE-Frist, sobald die Partei durch gerichtl Hinweis von der Unzulässigkeit ihres Rechtsbehelfs erfährt (BGHZ 180, 199 = NJW-RR 2009, 890, 891; sa BVerfG NJW 2013, 446), nicht schon mit Rüge des Gegners, sofern auf die erteilte Belehrung vertraut werden durfte (BGH MDR 2020, 595; dazu s § 233 Rn 23.31). Unterblieb eine Rechtsmitteleinlegung, weil in Belehrung zu kurze Frist genannt wurde, beginnt WE-Frist, sobald Partei die Unrichtigkeit erkennt oder erkennen müsste (BGH NJW 2012, 2445). 5b

3) Besonderheiten bei Mittellosigkeit. a) Wegfall. Das Hindernis der Bedürftigkeit (s § 233 Rn 23.9) entfällt, wenn sich die Vermögensverhältnisse der Partei derart ändern, dass sie objektiv in die Lage versetzt wird, die Prozesskosten aus eigenen Mitteln aufzubringen, und sie dies auch erkennt oder jedenfalls bei Anwendung der gebotenen Sorgfalt erkennen könnte (BGH MDR 2014, 1464, auch zu diesbezügl Informationspflichten des RA), mit Deckungszusage einer Rechtsschutzversicherung (BGH NJW 91, 109), sonst mit Bewilligung der PKH, auch teilw (BGH NJW-RR 93, 451). Den Fristbeginn auslösen kann auch der Hinweis des Gerichts auf Bedenken gegen die Bedürftigkeit (BGH NJW 2009, 854). In diesem Fall darf der ASt nur solange auf die Bewilligung von PKH vertrauen, wie er vernünftigerweise davon ausgehen kann, die Zweifel ausräumen zu können, u eine et- 6 waige Auflage zur Nachreichung von Unterlagen fristgerecht erfüllt hat (BGH NJW-RR 2021, 568 mwN); ansonsten beginnt die Frist für den WE-Antrag spätestens mit der Zustellung der Entscheidung über den PKH-Antrag (BGH NJW 2009, 854). Hinweise auf mangelnde Erfolgsaussicht u die auf diesen Grund gestützte Versagung der PKH spielen für den Fristbeginn keine Rolle (BGH MDR 2017, 482; BGH NJW-RR 2021, 568 mwN). Näher zur Rspr bei Versagung der PKH s Rn 8, zu Besonderheiten bei Rechtsmittelbegründungsfristen s Rn 9.

7 Wird **PKH bewilligt**, beginnt die Frist für das WE-Gesuch u die Nachholung der Prozesshandlung gem § 236 II 2 mit (formloser, BGHZ 30, 229; BGH VersR 85, 68; förml Zustellung aber zweckmäßig) Mitteilung des PKH-Beschlusses (BGHZ 173, 14; BGH NJW 2013, 697) sowie – im Anwaltsproz – der Beiordnung eines RA (BGH NJW 2019, 3727; BGH MDR 2020, 1269 [Alpes MDR 2020, 1233]). Ist Beschluss nicht zugegangen, läuft Frist, sobald sich RA auf Grund gerichtl Hinweises durch Akteneinsicht Kenntnis verschaffen konnte (BGH VersR 2006, 1141). Beschluss muss der Partei oder ihrem bereits bevollmächtigten Vertreter (nicht dem nur beigeordneten RA) mitgeteilt werden (BGHZ 30, 226, 228; BGH FamRZ 2001, 1143). Mitteilung an den erstinstanzl ProzBev, der die PKH für die Berufungsinstanz beantragt hat, genügt (BGH NJW-RR 93, 451).

8 **b) Versagung von PKH.** Wird die mit begründeter Erwartung beantragte PKH (s § 233 Rn 23.29) abgelehnt, beginnt mit Mitteilung dieser Entscheidung, ggf bereits entspr Hinweise des Gerichts (s Rn 6), die 2-wöchige WE-Frist nach I 1. Der BGH gewährt aber bei Vollversagung (zur Teilablehnung s BGH NJW-RR 93, 451, 452) noch eine **Überlegungsfrist** von 3-4 Tagen, damit die mit der PKH rechnende Partei sich darüber schlüssig werden kann, ob sie das Rechtsmittel nun auf eigene Kosten durchführen will (BGHZ 4, 55, 57 f; BGH MDR 2009, 462; zu Recht krit OLGR Bremen 2003, 237, denn ein vorsorgl Einstellen auf diese Situation ist auch der PKH beantragenden Partei zumutbar). Diese Rspr führt dazu, dass erst mit dem Ablauf dieser Überlegungsfrist die 2-Wochenfrist für den WE-Antrag und das Rechtsmittel (§ 236 II 2) zu laufen beginnt. Bei teilw Ablehnung wird die Überlegungsfrist nur dann gewährt, wenn mit dem Bewilligungsbeschluss noch kein RA beigeordnet wurde (BGH MDR 2020, 1269 [Alpes MDR 2020, 1233]). – Hat der ASt eine ihm gesetzte Frist zur Vervollständigung seiner Angaben verstreichen lassen, endet sein schutzwürdiges Vertrauen auf Bewilligung der PKH mit Ablauf dieser Frist; hat er aber die Auflage erfüllt, darf er trotz vom Gericht geäußerter Bedenken die PKH-Entscheidung abwarten (BGH MDR 2008, 1118). Ein erneutes PKH-Gesuch hemmt den Fristablauf nicht mehr, selbst wenn es (unter Berücksichtigung gewandelter Rspr des BGH) Erfolgsaussicht hat (BGH NJW 57, 263). Keine Fristhemmung auch bis zur Entscheidung über eine erfolglose Gegenvorstellung (BGH VersR 80, 86). Jedoch beginnt die 2-Wochenfrist erneut, sobald das Beschwerdegericht PKH bewilligt oder das Erstgericht auf Grund Gegenvorstellung bei gleich bleibendem Sachverhalt (also nicht auf Grund nachgeschobener Begründung) seinen eigenen Beschluss aufhebt und die PKH bewilligt (BGHZ 41, 1 = NJW 64, 771; sa Meyer NJW 95, 2139, 2141).

9 **c) Besonderheiten bei Rechtsmittelbegründungsfristen.** Hat die Partei wegen angenommener PKH-Berechtigung zunächst von der Einlegung des Rechtsmittels abgesehen, beginnt die 1-monatige Frist für den Antrag auf WE zur Begründung des Rechtsmittels (I 2), sobald der ASt nicht mehr mit einem Erfolg seines PKH-Antrags rechnen kann (BGH NJW 2006, 2857). Für die Gewährung einer zusätzl Überlegungsfrist ist hier (anders als bei der Einlegung des Rechtsmittels, s Rn 8) kein Grund ersichtl (dafür aber BAG NZA-RR 2013, 660; BGH 3.7. 2008 – III ZA 8/08). Bei **Erfolg des PKH-Antrags** lässt der BGH die WE-Frist ab Bekanntgabe des Bewilligungsbeschlusses laufen, soweit es um die Begründung einer *Rechtsbeschwerde* geht (BGHZ 176, 379 = NJW 2008, 3500), bei *Berufung, Revision und Nichtzulassungsbeschwerde* jedoch erst ab Mitteilung der WE gegen die Versäumung der Frist zur Einlegung des Rechtsmittels (BGHZ 173, 14 = NJW 2007, 3354 = ZZP 121 [2008], 107 [krit Saenger]; BGH NJW 2014, 2442). Der BGH will damit die durch § 520 II, § 234 I hervorgerufene Benachteiligung der bedürftigen Partei (s Rn 1) abschwächen (BGH MDR 2010, 947). Vorzuziehen wäre aber eine Beendigung dieser Benachteiligung durch den Gesetzgeber oder das BVerfG (krit auch PG/Kazele Rn 16; Hk-ZPO/Saenger Rn 7; Knauer/Wolf NJW 2004, 2863; Greger NJW-Sonderheft BayObLG 2005, 38; Saenger ZZP 121 [2008], 112 ff; zu den Auswirkungen dieser auch gegen den Grundsatz der Rechtsmittelklarheit verstoßenden Rspr s BGH NJW 2013, 471; zu Divergenzen zwischen den Senaten BGH NJW 2014, 2442, 2443; MskV/Grandel § 236 Rn 6a). Zur Fristverlängerung wegen fehlender Akteneinsicht s Rn 2.

10 **IV) Ausschlussfrist (§ 234 III).** Sie läuft auch bei fehlender Kenntnis von Verf und Urteil ab und soll die formelle Rechtskraft (s § 238 Rn 3) sowie die an ihren Eintritt geknüpften Rechte des Prozessgegners schützen, gilt daher absolut (BGH NJW 2013, 1684). Ihr Schutzzweck tritt nur ausnahmsw zurück, wenn dies geboten ist, um die verfassungsmäßigen Rechte des ASt zu wahren, insb wenn die Überschreitung der Frist nicht in der Sphäre der Partei lag, sondern allein dem Gericht zuzurechnen ist (BGH NJW 2023, 1215 Tz 14; BGH MDR 2017, 343, 344 mwN), so zB wenn über ein vor Fristablauf eingereichtes PKH-Gesuch (von dem der Gegner gem § 118 Kenntnis hat) erst nach Fristablauf entschieden wird (BGH NJW 73, 1373), die PKH versagende Entscheidung nur dem Gegner mitgeteilt (BGH MDR 2008, 642) oder der Partei zunächst eine fehlerhafte, für sie günstigere Urteilsausfertigung zugestellt wurde (BGH MDR 2004, 1437). Kein Ausnahmefall liegt dagegen vor, wenn das Rechtsmittelgericht innerhalb 1 Jahres nach Ablauf der Rechtsmittelfrist noch nicht über die Unzulässigkeit des Rechtsmittels entschieden hat, denn es gibt keine *Verpflichtung* zu einer Vorabentscheidung über die Zulässigkeit *(BGH VersR 83, 376; OLG* Düsseldorf MDR 94, 99; aA BAG MDR 82, 171; OLG Schleswig NJW-RR 90, 1215). Etwas anderes kann jedoch gelten, wenn das Gericht innerhalb der Jahresfrist Handlungen vorgenommen hat, die

auf eine sachl Behandlung des Rechtsbehelfs hindeuteten (BAG NJW 2004, 2112, 2114; BFH NVwZ 98, 552). Nach BVerfG NJW 2004, 2149 verstößt Verwerfung des WE-Antrags gegen das Rechtsstaatsprinzip, wenn Gericht nach seiner Einreichung über 2 Jahre in der Sache verhandelt hat. Gegen Versäumung der Ausschlussfrist gibt es keine WE (BGH VersR 87, 256; BGH MDR 76, 569). Zum Nachschieben von WE-Gründen s § 236 Rn 6a.

§ 235 (weggefallen)

§ 236 Wiedereinsetzungsantrag

(1) Die Form des Antrags auf Wiedereinsetzung richtet sich nach den Vorschriften, die für die versäumte Prozesshandlung gelten.

(2) [1]Der Antrag muss die Angabe der die Wiedereinsetzung begründenden Tatsachen enthalten; diese sind bei der Antragstellung oder im Verfahren über den Antrag glaubhaft zu machen. [2]Innerhalb der Antragsfrist ist die versäumte Prozesshandlung nachzuholen; ist dies geschehen, so kann Wiedereinsetzung auch ohne Antrag gewährt werden.

1) Bedeutung. WE wird grds nur auf **Antrag** gewährt (**Formulierungsvorschlag:** Vorwerk/Jaspersen, PFB, M 71.4). Nur ausnahmsw erlaubt II eine WE **vAw**, wenn deren Voraussetzungen bei Nachholung der versäumten Prozesshandlung offenkundig sind (s Rn 5). – Innerhalb der Frist des § 234 muss auch die versäumte Prozesshandlung vorgenommen werden (II 2; näher s Rn 8). – Die WE-Voraussetzungen müssen konkret dargelegt, aber nicht voll bewiesen, sondern glaubhaft gemacht werden (II 1; s Rn 6 ff); anders, wenn fristgerechter Eingang behauptet wird, s § 233 Rn 8). 1

2) Form des Antrags (§ 236 I). Sie entspricht der für die versäumte Prozesshandlung gebotenen Form, also regelmäßig schriftl. Im Anwaltsprozess gilt § 78. Mündl Antrag zu Protokoll der GeschSt ausreichend, soweit die versäumte Handlung vor dem AG wahrzunehmen ist (§ 496). Zuständiges Gericht: § 237. – Ein **konkludenter Antrag** liegt in der das Bewusstsein der Fristversäumung (hierzu BGH VersR 68, 992; RGZ 169, 199; Vollkommer DRiZ 69, 244) erkennbar machenden Darlegung von WE-Gründen (BGHZ 63, 389 = NJW 75, 928; hierzu Ratte JR 75, 421). Ausreichend der schlüssig zum Ausdruck gebrachte Wille, das Verf trotz Ablaufs der Frist fortzusetzen (BGHZ 61, 395; BGH MDR 2019, 1149; Vollkommer ZZP 89 [1976], 206, 209). Prozesshandlung, die in der irrigen Annahme von Rechtzeitigkeit vorgenommen wird, genügt nicht (BGH NJW-RR 2012, 1206), ebenso ein bloßer Fristverlängerungsantrag (BGH NJW-RR 2000, 1730, 1731). Beruft sich der angebl Säumige primär auf Fristwahrung, kann in Vortrag zu fehlendem Verschulden konkludenter Hilfsantrag auf WE gesehen werden (BGH NJW 2006, 1518), nicht bei bloßem Beharren auf Rechtzeitigkeit (BGH MDR 2023, 861). 2

Einstweilen frei. 3-4

3) Gewährung von Amts wegen (§ 236 II 2 Hs 2). Sie kommt, wenn konkludenter Antrag auch nicht im Wege der Auslegung festzustellen, nur dann in Betracht, wenn die Voraussetzungen einer WE bei Nachholung der versäumten Handlung innerhalb der Frist des § 234 I (BGHZ 62, 389; BGH VersR 78, 825; St/Loyal Rn 20) für das Gericht **offenkundig** sind (BGH MDR 2023, 1472; BAG NJW 95, 2125) oder nach einem erforderl gerichtl Hinweis offenkundig geworden wären (BGH NJW 2018, 1022, 1024 [Tolani]), so zB wenn Versäumung auf fehlerhafter Rechtsbehelfsbelehrung und Sachbehandlung durch das Gericht beruht (BGH NJW 2023, 1215 Tz 10), wenn RA unverschuldet davon ausgehen durfte, die Frist nicht versäumt zu haben (BGH NJW 2013, 471, 472) oder wenn rechtzeitiger Antrag auf Fristverlängerung (§ 225) nicht verbeschieden oder grundlos abgelehnt wurde. II 2 will verhüten, dass WE an einem Behördenverschulden jegl Art scheitert. Das Gericht ist aber keinesfalls ermächtigt, eine nicht beantragte WE zu bewilligen, wenn kein WE-Grund iSd § 233 offensichtl oder glaubhaft gemacht ist (BGH MDR 2011, 184), wenn auf Formmangel ausdrückl hingewiesen wurde (BGH MDR 2022, 842) oder die Partei klar erkennbar nicht an der Fortsetzung des Verf interessiert ist (BAG NJW 89, 2708; BGH NJW-RR 2013, 692) oder WE ausdrückl ablehnt (BGH FamRZ 2025, 1147). – Liegen die Voraussetzungen vor, *muss* WE gewährt werden, entgegen dem unklaren Wortlaut besteht **kein Ermessen** (St/Loyal Rn 21; aM BAG NJW 89, 2708; MK/Stackmann Rn 24; offen lassend BGH NJW-RR 2013, 692: jedenfalls Ermessenskontrolle). Zur Gewährung der WE durch Rechtsmittelgericht s § 237 Rn 2. 5

4) Begründung des Antrags (§ 236 II 1 Hs 1). Es müssen alle tatsächl Voraussetzungen für Zulässigkeit und Begründetheit des WE-Antrags angeführt werden, also insb versäumte Frist, Hindernis für deren Einhaltung, die für die Rechtzeitigkeit des Antrags (§ 234) erforderl Angaben zum Wegfall des Hindernisses (BGH NJW 2000, 592; BGH VersR 97, 507; sofern die Frist nicht nach Aktenlage offensichtl gewahrt ist, BGH VersR 80, 264), sowie fehlendes Verschulden (sa § 233 Rn 22). Die Umstände, die für die Frage von Bedeutung sind, auf welche Weise und durch wessen Verschulden es zur Versäumung der Frist gekommen ist, müssen (soweit 6 mögl; BGH NJW-RR 99, 428, 429) durch eine geschlossene, aus sich heraus verständl Schilderung der tatsächl Abläufe dargelegt werden (BGH MDR 2016, 110; BGH NJW 2008, 3501; BGH NJW 2006, 567 mwN). Pauschale Angaben wie „Computerabsturz" genügen nicht; nötig sind vielmehr konkrete Angaben zu Art, Dauer, Auswirkungen und Behebung des Problems (BGH NJW 2004, 2525; BGH MDR 2023, 589). Die Berufung auf „Verlust auf dem Postweg" erfordert eine lückenlose Schilderung der tatsächl Abläufe bis zur rechtzeitigen Aufgabe zur Post, aus der sich mit überwiegender Wahrscheinlichkeit ergibt, dass der Verlust nicht im Verantwortungsbereich des Absendenden eingetreten ist (BGH MDR 2021, 377; BGH MDR 2019, 1082; BGH NJW-RR 2020, 818). Wird der Antrag auf ein Büroversehen gestützt, muss auch zu Schulung, Erfahrung und Zuverlässigkeit der Angestellten sowie zur ordnungsgemäßen Büroorganisation vorgetragen werden (BGH NJW 2002, 2180; BGH MDR 2016, 1223). Um die Beweiskraft einer Postzustellungsurkunde zu entkräften, bedarf es einer geschlossenen Schilderung aller Abläufe bei der Entgegennahme von Postsendungen (BGH 12.1.2023 – IX ZB 5/22, Tz 7). Beruft sich RA auf ordnungsgem Ausgangskontrolle, muss er die beim elektron Rechtsverkehr gebotenen Vorkehrungen (s § 233 Rn 23.15) darlegen (BGH MDR 2025, 607).

6a Die vollständige Begründung muss **innerhalb der Frist des § 234** vorgelegt werden. Ein **Nachschieben neuer Gründe** ist nicht mögl (BGH NJW 98, 2678; BGH NJW 2000, 365). Ausnahme bei Aktenkundigkeit im Fall II 2. Zulässig ist dagegen auch nach Ablauf der Frist die **Ergänzung** fristgerechter Angaben, dh solcher, die erkennbar unklar oder unvollständig sind (BGH NJW 2016, 3312; BGH NJW 2011, 458). Ließ das Vorbringen keinen Ergänzungsbedarf erkennen, ist Nachschieben unzulässig (BGH NJW 92, 697; BGH NJW 2011, 2367, 2368), erst recht, wenn ursprüngl Darstellung falsch (BAG NJW 95, 2125) oder unschlüssig iSv Rn 6 war. Auf Ergänzungsbedarf hat das Gericht nach § 139 **hinzuweisen** (BGH NJW 2020, 3041; BGH NJW 2014, 77; BGH NJW 2010, 648; BGH NJW-RR 2011, 790), außer wenn Angaben fehlen, deren Notwendigkeit jedem RA bekannt sein muss, wie zB bei behauptetem Verlust auf dem Postweg, zur Zuverlässigkeit des Personals oder zur Organisation des Kanzleibetriebs (s Rn 6; BGH MDR 2022, 585; BGH MDR 2021, 377; BGH MDR 2017, 782). Bei Verletzung der Hinweispflicht kann (auch noch im Rechtsbeschwerdeverf; s § 238 Rn 7) Vorbringen nach Ablauf der Fristen gem §§ 234, 236 II ergänzt werden; dabei ist darzulegen und glaubhaft zu machen, was bei entspr Hinweis vorgetragen worden wäre (BGH MDR 2016, 1223, 1224).

7 **5) Glaubhaftmachung (§ 236 II 1 Hs 2).** Sie muss alle die WE begründenden Tatsachen (s Rn 6) umfassen (selbst wenn diese vom Gegner nicht bestritten werden; s § 233 Rn 3) und dem Gericht eine diesbezügl Wahrscheinlichkeitsfeststellung ermöglichen (s § 294 Rn 6). Sie muss nicht notwendig im Antrag, sondern kann noch „im Verf", also bis zur Entscheidung über das Gesuch, erfolgen (zum Rechtsbeschwerdeverf s § 238 Rn 7). Zu den **Mitteln** der Glaubhaftmachung s § 294 Rn 3 ff. Schlichte Erklärung kann genügen, wenn – insb wegen organisatorischen Versagens des Gerichts – andere Mittel der Glaubhaftmachung nicht zur Verfügung stehen (BVerfG NJW-RR 2002, 1006): zu anwaltl Versicherung s § 294 Rn 5. Verhinderung durch Krankheit erfordert idR ärztl Attest (BayVGH NJW 2011, 3177). Bei unzureichender Glaubhaftmachung kann richterl Hinweis geboten sein (BGH MDR 2021, 1085; BGH MDR 2022, 1363). Werden angebotene eidesstattl Versicherungen trotz Hinweis nicht vorgelegt, fehlt Glaubhaftmachung (BGH MDR 2022, 1428). Schenkt das Gericht einer eidesstattl Versicherung keinen Glauben, muss es dem ASt nach Rspr des BGH Gelegenheit zum Zeugenbeweis geben, wobei ein entspr Beweisantritt bereits in der Vorlage der eidesstattl Versicherung liegen soll (BGH MDR 2010, 648; BGH MDR 2020, 433). Nach § 294 II müsste der Zeuge dann vom ASt in der Verhandlung über den WE-Antrag (§ 238) gestellt werden.

8 **6) Nachholung der versäumten Prozesshandlung (§ 236 II 2 Hs 1).** Sie kann vor dem WE-Antrag (eine Wiederholung ist dann nicht erforderl; BGH VersR 78, 449; BGH NJW-RR 2013, 692), zugleich mit diesem oder nachträgl innerhalb der Frist des § 234 erfolgen (bei schuldloser Versäumung dieser Frist kann auch insoweit WE beantragt werden; BGH NJW 2003, 3275 [näher s § 234 Rn 4]). Die für die betr Prozesshandlung vorgeschriebene Form ist zu wahren. Berufung braucht jedoch nicht wiederholt zu werden, wenn fristgerechte Begründungsschrift die erforderl Angaben enthält (BGH NJW 2000, 3286; BGH NJW 2002, 3636). In WE-Antrag wegen Versäumung der Einspruchsfrist ist – zumindest bei nicht anwaltl vertretener Partei – zugleich Einspruch gegen das VU zu sehen (BVerfG NJW 93, 1635).

9 Zu den Problemen, die sich aus der Verkürzung der Rechtsmittelbegründungsfrist auf die Frist des § 234 I 2 ergeben, s § 234 Rn 1, 9. Zu der Frage, ob ein PKH-Antrag zugleich als Rechtsmittelbegründung angesehen werden kann, s § 520 Rn 43.

§ 237 Zuständigkeit für Wiedereinsetzung

Über den Antrag auf Wiedereinsetzung entscheidet das Gericht, dem die Entscheidung über die nachgeholte Prozesshandlung zusteht.

1 ***1) Grundsatz.*** *Über WE* entscheidet das Gericht, das über die versäumte Prozesshandlung zu entscheiden hat, bei Einspruch also das Instanz-, bei Rechtsmitteln das Rechtsmittelgericht. Dies gilt grds auch dann, wenn über das

Rechtsmittel bereits entschieden wurde, selbst bei irriger Zurückweisung als unbegründet (BGH MDR 2013, 544). Bei sof Beschwerde oder Erinnerung kann der Erstrichter, Rpfleger oder UrkB zwar abhelfen (§§ 572 f; § 11 II 2 RPflG), wenn er den WE-Antrag für begründet und den Rechtsbehelf für zulässig und (zumindest teilw) begründet hält, anderenfalls muss er vorlegen (OLG Koblenz NJW-RR 2002, 1219; OLG Brandenburg OLG-NL 2005, 208).

2) Ausnahmen. Das wegen der Verwerfung des verspäteten Rechtsmittels angerufene (weitere) Rechtsmittelgericht kann auch über die WE entscheiden, wenn diese von dem nach § 237 zuständigen Gericht abgelehnt wurde und weitere tatsächl Feststellungen nicht erforderl sind (BGH NJW 96, 2581). Grds muss zunächst das nach § 237 zuständige Gericht über die WE entscheiden; das höhere Gericht kann die Entscheidung nicht einfach an sich ziehen (BGH VersR 93, 500, 501). Wenn jedoch die Voraussetzungen der WE ohne weiteres aus dem Akteninhalt ersichtl sind oder das zuständige Gericht über den WE-Antrag verfahrensfehlerhaft nicht entschieden hat (BGH MDR 2014, 1103, 1104; BAG NJW 2018, 2219, 2221), kann das höhere Gericht die WE selbst gewähren. 2

§ 238 Verfahren bei Wiedereinsetzung

(1) [1]Das Verfahren über den Antrag auf Wiedereinsetzung ist mit dem Verfahren über die nachgeholte Prozesshandlung zu verbinden. [2]Das Gericht kann jedoch das Verfahren zunächst auf die Verhandlung und Entscheidung über den Antrag beschränken.

(2) [1]Auf die Entscheidung über die Zulässigkeit des Antrags und auf die Anfechtung der Entscheidung sind die Vorschriften anzuwenden, die in diesen Beziehungen für die nachgeholte Prozesshandlung gelten. [2]Der Partei, die den Antrag gestellt hat, steht jedoch der Einspruch nicht zu.

(3) Die Wiedereinsetzung ist unanfechtbar.

(4) Die Kosten der Wiedereinsetzung fallen dem Antragsteller zur Last, soweit sie nicht durch einen unbegründeten Widerspruch des Gegners entstanden sind.

1) Verfahren. Über WE-Antrag und nachgeholte Prozesshandlung kann gemeinsam verhandelt werden; Gericht kann aber auch durch unanfechtbaren Beschluss anordnen, dass vorab über WE verhandelt und entschieden wird (I 2). Über die verspätete Prozesshandlung darf nicht vor der Entscheidung über WE entschieden werden (BGH MDR 2014, 1225). Wurde Rechtsmittel bereits verworfen, ist über den WE-Antrag gleichwohl noch zu entscheiden, denn WE würde rückwirkend Rechtskraft beseitigen (BGH NJW 92, 1898). – Notwendigkeit **mündl Verh** richtet sich nach den Vorschriften für die betr Prozesshandlung, fehlt also, wo Verwerfung durch Beschluss vorgesehen ist (zB § 522 I 3, § 544 IV 1, § 552 II, § 572 IV, § 577 VI) sowie bei Verwerfung des Einspruchs (§ 341 II). – **Keine Amtsermittlung:** Gericht muss sich auf die von der Partei rechtzeitig angeführten Gründe beschränken (zur WE-Bewilligung vAw s § 236 Rn 5). Ob sie vorliegen, unterliegt aber nicht der Parteidisposition (BGH MDR 2017, 106: kein Unstreitigstellen). Auf Ergänzung unvollständiger Angaben (nicht Nachschieben neuer Gründe) muss Gericht hinwirken (BGH MDR 2008, 877; sa § 236 Rn 5, 6a). Die Erfolgsaussichten der versäumten Prozesshandlung müssen bei Prüfung des WE-Antrages außer Betracht bleiben (BGHZ 8, 284). – Dem Gegner ist vor Bewilligung der WE **rechtl Gehör** zu gewähren (BVerfG NJW 82, 2234). 1

2) Entscheidung. Über WE sollte ausdrückl entschieden werden; Entscheidung nur in den Gründen der Hauptsacheentscheidung aber unschädl (RGZ 67, 186, 190). Bei **Zulässigkeit und Begründetheit** des Antrags wird Gewährung der WE durch Beschluss, falls mündl verhandelt wurde, durch Zwischenurteil nach § 303 ausgesprochen. Bereits ergangene Verwerfungsentscheidung wird, wenngleich gegenstandslos (s Rn 3), zur Klarstellung aufgehoben (BGH NJW-RR 2013, 692). – Bei **Unzulässigkeit** Verwerfung, bei **Unbegründetheit** Zurückweisung des Antrags, zugleich mit der Verwerfung der verspäteten Prozesshandlung (idR auch bei abgesonderter Verh nach I 2, da dann Hauptsache entscheidungsreif, § 300 I). Form wie bei Entscheidung über versäumte Prozesshandlung, bei Einspruch gegen VU daher wegen § 341 II stets durch Urteil (BGH MDR 2008, 161). – Bei **Säumnis des ASt** in mündl Verh auf Antrag des Gegners Zurückweisung des WE-Antrags durch echtes (s aber II 2) und (falls Termin nicht gem I 2 auf Verh zur WE beschränkt war) Verwerfung des Rechtsmittels bzw Einspruchs durch unechtes VU (s § 539 Rn 3 f; § 341 Rn 9). Bei **Säumnis des Ag** wird über den WE-Antrag nach Rechtslage entschieden; bei Ablehnung wird der verspätete Rechtsbehelf verworfen; ob bei Bewilligung der WE auch in der Hauptsache entschieden werden kann, hängt davon ab, ob die Voraussetzungen eines VU oder einer Entscheidung nach Aktenlage erfüllt sind (St/Loyal Rn 10). 2

3) Wirkung der Wiedereinsetzung. Die WE beseitigt die der Partei durch Versäumung einer Frist entstandenen Rechtsnachteile (§ 230) rückwirkend. Durch sie wird die **Rechtzeitigkeit** der nach Versäumung nachgeholten (§ 236 II 2) **Prozesshandlung fingiert** (BGHZ 8, 284; BGHZ 98, 325); die formelle Rechtskraft einer verspätet angefochten gewesenen Entscheidung entfällt rückwirkend. Eine auf die Verspätung des Rechtsmittels gestützte *Prozessentscheidung* (zB §§ 522, 552, 341) wird gegenstandslos (BGH FamRZ 2005, 791), ggf auch die Ablehnung einer WE wegen Versäumung der WE-Frist (BGH NJW 2013, 697). Die Wirkung der WE beschränkt sich auf das Verf, in welchem die Frist versäumt worden war (Vollkommer JR 87, 225; dazu s § 244 Rn 6). 3

4 **4) Wirkung der Versagung von Wiedereinsetzung.** Wird die gesonderte Entscheidung nicht angefochten (s Rn 7 f), wird sie rechtskräftig und für die Entscheidung über das Rechtsmittel bindend; die Geltendmachung weiterer WE-Gründe bleibt aber, soweit die Frist des § 234 gewahrt ist, mögl (BGH MDR 2016, 412).

5 Einstweilen frei.

6 **5) Rechtsmittel.** Gegen **Gewährung der WE** kein Rechtsmittel für den Gegner (III), auch nicht bei irriger Zulassung der Rechtsbeschwerde (BGH NJW 2003, 211). Ledigl Anhörungsrüge (§ 321a) bei Verletzung des rechtl Gehörs (BGH MDR 2009, 520).

7 **Gegen Versagung der WE** ist das Rechtsmittel zulässig, welches gegen die Entscheidung über die versäumte Prozesshandlung gegeben ist (II 1), gegen WE ablehnendes VU (s Rn 2) kein Einspruch (II 2), sondern ggf Berufung bzw Revision nach § 514 II, § 555 V; bei Berufung verwerfendem Beschluss gem § 522 I 4 Rechtsbeschwerde (s § 522 Rn 14). Diese kann gem § 577 II 4, § 559 nicht auf neue Tatsachen oder eine erst jetzt erfolgende Glaubhaftmachung gestützt werden. Hat das Berufungsgericht jedoch Vorbringen des ASt außer Acht gelassen, obwohl dieses innerhalb der Frist des § 234 erfolgt ist oder eine zulässige Ergänzung solchen Vorbringens darstellt, oder hätte es den ASt auf die Notwendigkeit einer solchen Ergänzung nach § 139 hinweisen müssen (s § 236 Rn 6a), kann in der Rechtsbeschwerdebegründung entspr Verfahrensrüge (§ 577 II 3) erhoben werden (BGH MDR 2016, 1223, 1224; zur Entscheidung hierüber s § 237 Rn 2). – Gegen Versagung im die **Berufung verwerfenden Urteil** Revision, soweit in der Hauptsache statthaft (§§ 542 ff), sonst unanfechtbar. – Bei Ablehnung der WE wegen Versäumung der **Beschwerdefrist** Rechtsbeschwerde nur bei Zulassung (§ 574 I; s BGH NJW-RR 2005, 214). Unanfechtbar sind WE-Entscheidungen im **Revisions- u Rechtsbeschwerdeverf**. – Wurde entgegen Rn 2 isoliert über die WE durch Urteil entschieden, so kann das erlassene **Zwischenurteil** (auch bei inkorrekter Bezeichnung: OLGR Düsseldorf 2001, 254) wie ein Endurteil angefochten werden (BGHZ 47, 289), wurde fälschl durch **Beschluss statt Urteil** entschieden, ggf nach dem Meistbegünstigungsgrundsatz Revision statthaft (BGH MDR 2008, 161).

8 **6) Bindungswirkung.** Wurde gegen den die WE versagenden Beschluss kein Rechtsmittel eingelegt, kann die Verspätungsfrage, abgesehen von neuen, noch nicht verfristeten WE-Gründen, bei der Entscheidung über das Rechtsmittel nicht mehr geprüft werden (BGH NJW 2017, 1554 mwN; sa § 522 Rn 16).

9 **7) Kosten.** Als Ausnahme von § 91 trägt die Kosten des WE-Verf und (als Ausnahme von § 97) auch des für ihn erfolgreichen Beschwerdeverf (BGH 26.10.2005 – XII ZB 116/05; OLG Hamm MDR 82, 501) grds der ASt; der Ag nur, soweit er unbegründet widersprochen hatte. Hat die Beschwerde deswegen Erfolg, weil es einer WE-Entscheidung gar nicht bedurfte, ist § 238 IV nicht anwendbar (BGH NJW 2006, 693, 695). Wird der Antrag auf WE zurückgewiesen, findet § 91 Anwendung. Entscheidung über die Kosten der WE erst in der Endentscheidung über die Hauptsache gem § 308 II (BGH NJW 2006, 693, 695; BGH NJW 2000, 3284, 3286; BGH VersR 79, 443); nur wenn eine solche Entscheidung bereits vorliegt (so im Fall §§ 522, 552, 341) und WE versagt wird, ist im Versagungsbeschluss auch über die Kostenfolge gem IV zu befinden. Wurde der Kostenausspruch für das WE-Verf vergessen, gilt § 321. Nur ausnahmsw ist gesonderter Kostenausspruch für das WE-Verf im Endurteil entbehrl (gleichwohl zu empfehlen), wenn der Antragsteller als Unterlegener in der Hauptsache ohnedies alle Verfahrenskosten zu tragen hat. – **Ausnahme:** Bei Klagerücknahme geht § 269 III 2 vor; daher trägt der Kl hier auch die Kosten des WE-Gesuchs des Bekl (OLG Hamm MDR 77, 233 [abl Schneider]; MskV/Grandel Rn 8; AG/Becker Rn 25; aA St/Roth § 269 Rn 49), falls nicht über diese Kosten bereits rechtskräftig entschieden war.

10 **8) Gebühren. a) Gericht:** Das Verf ist durch die allg VerfGeb abgegolten. Das WE-Verf selbst eröffnet für sich keine neue Gebühreninstanz. Es können aber für die nachgeholte Prozesshandlung, die mit dem Antrag auf WE verbunden wird, bereits Geb anfallen u fällig werden (OLGR Dresden 2007, 801: Berufung). – **b) RA:** Ist er ProzBev, dann ist die Tätigkeit mit den Geb 3100 RVG-VV und – soweit schon entstanden – 3104 RVG-VV abgegolten (§ 15 II RVG). Einzeltätigkeit im WE-Verf: Geb iHv 0,8 (3403 RVG-VV) mit Ermäßigung bei vorzeitiger Beendigung auf 0,5 (3405 aE RVG-VV).

Titel 5
Unterbrechung und Aussetzung des Verfahrens (§§ 239-252)

Vorbemerkungen zu §§ 239-252

1 **1) Systematik.** Für den Stillstand eines Verf **aus rechtl Gründen** sieht die ZPO 2 Formen vor: Die kraft Gesetzes eintretende **Unterbrechung** (§§ 239, 240, 241, 242, 244, 245; ferner § 6 KapMuG: Bekanntmachung des Musterverfahrensantrags; § 34 IV EGGVG: Kontaktsperre gegen gefangene Partei) und die vom Gericht anzuordnende **Aussetzung** (§§ 246, 247; weitere Fälle s § 148 Rn 2 f). Auf Betreiben der Parteien oder bei beiderseitiger Säumnis kann das **Ruhen des Verf** angeordnet werden (§§ 251, 251a III). Zu einem **tatsächl Stillstand**

des Verf infolge bloßen Nichtbetreibens durch das Gericht darf es dagegen nicht kommen (s § 148 Rn 11; § 251 Rn 1). – **Beendigung des Stillstands** bei Unterbrechung durch Aufnahme (§ 250), bei Aussetzung durch Aufnahme, Aufhebung oder Zeitablauf (s § 148 Rn 8), bei Ruhen durch Aufnahme oder Aufhebung (s § 251 Rn 4).

2) Voraussetzungen und Wirkung. Unterbrechung und Aussetzung haben im Allg gleiche Wirkung (§ 249 I, II) und setzen beide ein gem § 261 rechtshängiges Verf voraus. **Unterbrechung** tritt (unabhängig von Kenntnis und Willen der Parteien und des Gerichts; BGHZ 66, 61; BGH NJW 95, 2563) mit dem Augenblick des betr Ereignisses ein (zur Berücksichtigung im Revisionsverf s BGH NJW 2002, 2107). **Aussetzung** beginnt mit Verkündung oder Zustellung des Beschlusses. 2

3) Entscheidung bei Streit über den Stillstand. Bei **Aussetzung** s § 252. Über **Unterbrechung** ist ggf auf Grund mündl Verh durch **Zwischenurteil** gem § 303 zu entscheiden, falls sie **bejaht** wird (BGHZ 82, 209, 218; MK/Stackmann § 239 Rn 24; aA RSchwab/Gottwald § 125 Rn 20: Entscheidung durch analog § 252 anfechtbaren Beschluss), in Beschlussverf (zB § 544 VI) durch Beschluss (BGH WM 2023, 525 Tz 8). Das Zwischenurteil ist wie ein Endurteil anfechtbar (BGH MDR 2005, 345; St/Roth Rn 7), da die Rechtsschutz begehrende Partei eine Fortsetzung des Rechtsstreits sonst nicht erreichen könnte. Ein die Unterbrechung **verneinendes Zwischenurteil** ist überflüssig, weil gem §§ 512, 557 II nicht gesondert anfechtbar (St/Roth Rn 8; MK/Stackmann § 239 Rn 24). Das Verf ist vielmehr fortzusetzen; Entscheidung hierüber in den Gründen des Endurteils. – Zum **Streit über Berechtigung zur Aufnahme** s § 239 Rn 11 ff. 3

4) Anwendungsbereich. Die Vorschriften des Titels 5 sind hauptsächl für Verf mit obligatorischer mündl Verh konzipiert und finden daher in Urteilsverf jeder Prozessart und in allen Instanzen Anwendung, auch im Verf auf Vollstreckbarerklärung eines ausl Urteils nach § 722 (BGH MDR 2008, 1231) oder eines Schiedsspruchs (BGH MDR 2017, 906; BGH FamRZ 2018, 1347, 1350 [Hau]). Mit Ausnahme von § 251a gelten sie daneben auch für Verf, die eine mündl Verh nicht notw voraussetzen, zB für das Mahn- (iE s vor § 688 Rn 6, 9 ff), Kostenfestsetzungs- (s § 104 Rn 21.19, 21.92) und Beschwerdeverf (RGZ 30, 410) sowie (mit Ausnahme der §§ 246, 247; s § 148 Rn 4) im Arrest- u einstw Verfügungsverf (vgl BGH NJW 62, 591; St/Roth Rn 3), *nicht* dagegen für das PKH-Verf (s § 118 Rn 4; OLG Köln NJW-RR 99, 276; OLG Koblenz AnwBl 89, 178; Fischer MDR 2004, 255; aA OLG Köln MDR 2003, 526), das schiedsrichterl Verf (s § 1042 Rn 50), die Streitwertfestsetzung (OLG Hamm MDR 71, 495; OLG Neustadt NJW 65, 591) sowie die Gerichtsstandsbestimmung nach § 36 Nr 3 (BayObLGZ 85, 314 316). Zum sBV s vor § 485 Rn 6). Bzgl der ZwV bestehen bes Vorschriften (vgl §§ 779, 727; sa § 240 Rn 2). – Als lex fori gelten die §§ 239 ff auch dann, wenn sich die Änderung im Status einer Partei nach **ausl Recht** richtet (BGH MDR 2017, 346); Ausn: s § 239 Rn 17. 4

5) Streitgenossenschaft. Betr der Unterbrechungs- oder Aussetzungsgrund nur einen (einfachen) Streitgenossen, hat dies keinen Einfluss auf das Verf iÜ (s § 61 Rn 8; zur Möglichkeit eines Teilurteils s § 301 Rn 6, 13, 16). Anders bei notwendiger Streitgenossenschaft (s § 62 Rn 29). 5

§ 239 Unterbrechung durch Tod der Partei

(1) Im Falle des Todes einer Partei tritt eine Unterbrechung des Verfahrens bis zu dessen Aufnahme durch die Rechtsnachfolger ein.

(2) Wird die Aufnahme verzögert, so sind auf Antrag des Gegners die Rechtsnachfolger zur Aufnahme und zugleich zur Verhandlung der Hauptsache zu laden.

(3) [1]Die Ladung ist mit dem den Antrag enthaltenden Schriftsatz den Rechtsnachfolgern selbst zuzustellen. [2]Die Ladungsfrist wird von dem Vorsitzenden bestimmt.

(4) Erscheinen die Rechtsnachfolger in dem Termin nicht, so ist auf Antrag die behauptete Rechtsnachfolge als zugestanden anzunehmen und zur Hauptsache zu verhandeln.

(5) Der Erbe ist vor der Annahme der Erbschaft zur Fortsetzung des Rechtsstreits nicht verpflichtet.

I) Unterbrechung des Rechtsstreits (§ 239 I). 1) Zweck. § 239 regelt den Fortgang des Erkenntnisverf beim Tod oder entspr Wegfall (s Rn 5 ff) einer Partei, dh einem Ereignis, das zur (oftmals unbemerkten oder ungeklärten) Rechtsnachfolge eines (oder mehrerer) Dritten in den Streitgegenstand führt. Durch Stillstand des Verf sollen die Parteien Gelegenheit erhalten, sich auf diese Veränderung einzustellen. 1

2) Anwendungsbereich. § 239 ist **nicht anwendbar**, wenn die verstorbene Partei durch einen **Prozessbevollmächtigten vertreten** war: § 246 I (näher § 246 Rn 2 ff). Zum Anwendungsbereich sa vor § 239 Rn 4. 2

Die Vorschrift ist, jedenfalls im Hauptsacheverf, nicht anwendbar bei gleichzeitigem **Untergang des Streitgegenstands**. Fortsetzung des Verf kommt aber auch bei fehlender Nachfolge in den Streitgegenstand in Betracht wegen evtl Entscheidung über Erledigung oder Kosten (BGH NJW-RR 2022, 1284, 1285; St/Roth Rn 4; MK/Stackmann Rn 7). Bei alleiniger **Rechtsnachfolge durch Gegner** der verstorbenen oder sonst weggefallenen 3

Partei endet der Rechtsstreit von selbst, da Aufnahme zu einem Insichprozess führen würde (BGH NJW-RR 2011, 487; BGH ZEV 2018, 393 [Grau]: Ende der Nachlassverwaltung). Keine Kostenentscheidung nach § 91a oder § 97 (BGH NJW-RR 2011, 488; aA zu § 97 I BGH NJW-RR 99, 1152); Kostenhaftung ergibt sich aus § 22 I GKG. Zur Situation bei Miterbenstellung und ungeklärter Erbfolge M. Stöber MDR 2007, 759 ff. Bei **Rechtsnachfolge ohne Tod** bzw Wegfall der Partei: §§ 265, 266.

4 **3) Wirkung.** Unterbrechung des Verf tritt mit dem Tod einer Partei **kraft Gesetzes** ein und ist vAw zu berücksichtigen. Zu Einzelheiten der Unterbrechungswirkung s § 249.

5 **4) Tod einer Partei.** Gleich bedeutend die Todeserklärung gem § 9 VerschG sowie der Tod des streitgenössischen (§ 69), nicht des unselbständigen **Streithelfers** (§ 67, OLG Celle NJW 69, 515; OLG Hamburg NJW 61, 611). **Streitgenossenschaft**: s vor § 239 Rn 5. Auf den Tod des ges **Prozessstandschafters** ist § 239 entspr anwendbar, so dass das Verf unterbrochen wird und nur durch seine Erben als neue ges Prozessstandschafter fortgeführt werden kann (BGH NJW 2012, 3642). Bei gewillkürter Prozessstandschaft kommt es hingegen nicht zur Unterbrechung, weil der Ermächtigende als materieller Rechtsinhaber feststeht; er kann nach den Regeln über den gewillkürten Klägerwechsel (s § 263 Rn 29 ff) in den Prozess eintreten (BGHZ 123, 132 = NJW 93, 3072 = ZZP 107 [1994], 524 [Schilken]; sa § 265 Rn 5a). Keine Unterbrechung, wenn Partei schon vor Rechtshängigkeit verstorben; Partei sind dann die (ggf unbekannten) Erben (BGH FamRZ 2024, 1642 mwN).

6 **5) Entsprechende Anwendung. a) Bei Untergang von juristischen Personen und parteifähigen Personenmehrheiten** (s § 50 Rn 16 ff), soweit keine Liquidation, sondern *Gesamtrechtsnachfolge* eintritt (BGH WM 2004, 1138; St/Roth Rn 5). Dies ist zB der Fall bei der übertragenden Umwandlung durch Verschmelzung (§§ 2-122 UmwG; BGHZ 157, 151 = NJW 2004, 1528), Aufspaltung (§ 123 I UmwG) oder Vermögensübertragung nach § 174 I, II Nr 1 UmwG (St/Roth Rn 6; aA K. Schmidt FS Henckel, S 764 ff: § 241 analog), Eingemeindung einer Gemeinde, Anfall des Vereinsvermögens an Fiskus (§ 46 BGB), Ausscheiden des vorletzten Gesellschafters aus Personengesellschaft, sofern es nach Gesellschaftsrecht oder -vertrag zur Gesamtrechtsnachfolge des anderen kommt (BGH WM 2004, 1138; BGH NJW 2002, 1207; BGH NJW 71, 1844). – **Keine entspr Anwendung** dagegen bei Verwandlung der Vor- in die Kapitalgesellschaft oder der werbenden in die Liquidationsgesellschaft, Rechtsformwechsel zwischen OHG/KG/GbR, formwechselnder Umwandlung (§§ 190-304 UmwG), Abspaltung (§ 123 II UmwG), Ausgliederung (§ 123 III UmwG; vgl BFH NJW 2003, 1479 u LAG Sachsen NZA-RR 2000, 496), Vermögensübertragung nach § 174 II Nrn 2-3 UmwG u Betriebsübertragung (§ 613a BGB; vgl aber LAG Hamm LAGE § 91a ZPO Nr 6). Hier besteht die übertragende Gesellschaft fort, so dass sich eine entspr Anwendung von § 239 verbietet (MK/Stackmann Rn 20); der Prozess kann gegen die übertragende Gesellschaft fortgesetzt, ggf auf die übernehmende erweitert oder umgestellt werden (BGH NJW 2001, 1217, 1218), im Aktivprozess kommt Parteiwechsel (s § 263 Rn 29 ff) oder Prozessstandschaft nach § 265 II in Betracht, bei bloßem Formwechsel Rubrumsberichtigung (M. Stöber NZG 2006, 575 f mwN). – Zur prozessualen Behandlung der **Auflösung oder Löschung einer Handelsgesellschaft** s § 50 Rn 4 ff, zur Löschung und Wiedereintragung einer Limited im engl Gesellschaftsregister s BGH MDR 2017, 346.

7 **b) Bei Beendigung einer Parteistellung kraft Amtes** (hierzu s vor § 50 Rn 19, § 51 Rn 7) ist § 239 nicht entspr anwendbar (Hk-ZPO/Wöstmann Rn 2; aA St/Roth Rn 10; offen lassend BGH NJW 1993, 3072, 3073). Es kommt hier nicht zu einer Unklarheit über die Rechtsnachfolge, so dass die entspr Anwendung des § 241 näher liegt. Die Rspr hierzu ist uneinheitl (s zur Beendigung des InsVerf BGHZ 83, 102, abw LAG Hamm KTS 97, 318, offenlassend BGH NJW-RR 2011, 882 Tz 7; der Testamentsvollstreckung BGH NJW 64, 2301 u abw OLG Koblenz NJW-RR 93, 462; der Zwangsverwaltung BGH NJW-RR 90, 1213; für entspr Anwendung des § 242 RSchwab/Gottwald § 126 Rn 7). Zu Beendigung der Nachlassverwaltung s Rn 3.

8 **II) Fortsetzung des Rechtsstreits. 1) Aufnahme durch Rechtsnachfolger.** Sie erfolgt gem § 250 (bei Unterbleiben s Rn 16). Das Gericht lädt Aufnehmenden und Gegner zur Verh über Rechtsnachfolge und Hauptsache (§ 239 III). Findet im betr Verf (zB NZB) keine mündl Verhandlung statt, nur Aufforderung zur Stellungnahme zur Aufnahme unter Fristsetzung (BAG NJW 2017, 2138). Zum Ende der Unterbrechung bei Bestellung eines Nachlasspflegers, Anordnung der Testamentsvollstreckung s § 243; zur Doppelunterbrechung, wenn während der Unterbrechung Nachlassinsolvenzverf eröffnet wird, s BAG ZIP 2022, 806.

9 **Rechtsnachfolger** ist regelmäßig der **Erbe** (§ 1922 BGB). Bei **Erbengemeinschaft** kann der einzelne Miterbe allein aufnehmen, wenn er im Passivprozess gem §§ 2058, 1967 BGB als Gesamtsch haftet (BGH NJW 64, 2301). Dasselbe gilt im Aktivprozess, doch muss er dann bei Antragstellung die Rechte der übrigen Miterben berücksichtigen und gem § 2039 BGB Leistung an alle verlangen (BGHZ 23, 207, 212; BGH MDR 2011, 1491). Stirbt der Kl der Nichtigkeitsklage, kann der einzelne Miterbe das Verf aufnehmen, wenn das angefochtene rechtskräftige Urteil einen zum Nachlass gehörenden Anspruch abgewiesen hatte (BGHZ 14, 251).

10 Rechtsnachfolger iSv § 239 ist aber (abw von § 325) auch der **Sonderrechtsnachfolger**, zB der überlebende Ehegatte bei allg Gütergemeinschaft (RGZ 148, 246); der Nacherbe im Prozess des Vorerben (§ 242); der Zessionar der für den *Todesfall abgetretenen Forderung* (BGH NJW 64, 1124; BGH NJW 65, 1913); der Eigentümer beim Tod des Nießbrauchers (§ 1061 BGB; St/Roth Rn 18), nicht aber der Vermächtnisnehmer (arg: § 2174 BGB) und der Erbschaftskäufer.

2) Verfahren nach Aufnahme. a) Ist die **Rechtsnachfolge unstreitig**, wird der Aufnehmende mit der Aufnahme Partei. Die mündl Verh wird ohne ausdrückl Ausspruch über Rechtsnachfolge fortgesetzt. Im Urteil ledigl Berücksichtigung im Rubrum u, soweit nach § 313 überhaupt geboten, Feststellung in den Gründen (St/Roth Rn 22). 11

b) Bei **streitiger Rechtsnachfolge** ist zunächst hierüber zu verhandeln. An der Verh sind nur der Aufnehmende und der Prozessgegner beteiligt; zum Eintritt des wahren Rechtsnachfolgers in den Prozess s Rn 18. Beweis hat der Aufnehmende zu führen (idR, aber nicht notw durch Erbschein, vgl RGZ 94, 343, 344); keine Prüfung vAw. **Bei Verneinung:** selbständig anfechtbares Endurteil auf Zurückweisung der Aufnahme (BGH NJW 2004, 2983; WSch/Gerken Rn 21) mit Überbürdung der Kosten des Aufnahmeverf (St/Roth Rn 26); mit dessen Rechtskraft steht Fortdauer der Unterbrechung fest. **Bei Bejahung:** Zwischenurteil nach § 303 hierüber oder Endurteil über die entscheidungsreife Hauptsache mit Feststellung der Aufnahme durch den Rechtsnachfolger ledigl in den Gründen; für die Kosten gilt § 94 entspr (St/Roth Rn 25). 12

c) Bei **Säumnis des Gegners** ergeht auf Antrag des Aufnehmenden VU in der Sache gegen den Gegner. Bei umstrittener Rechtsnachfolge gelten die die Rechtsnachfolge begründenden Tatsachen gem § 331 I als zugestanden. Bei **Säumnis des Aufnehmenden** ergeht auf Antrag des Gegners VU in der Sache gegen den Aufnehmenden (BGH NJW 72, 258). Bestreitet der Gegner hingegen die Rechtsnachfolge, so ergeht auf entspr Antrag des Gegners ein die Aufnahme zurückweisendes VU (St/Roth Rn 27). Eine Entscheidung nach Aktenlage (§ 331a) bleibt in allen Fällen mögl. 13

3) Aufnahme bei Unterbrechung nach Urteilsverkündung. Aufnahme ist zum Zweck der Rechtsmitteleinlegung bis zum Eintritt der formellen Rechtskraft mögl (sinnvoll, da sonst Vorgehen nach § 731 erforderl). Der Rechtsnachfolger kann die Aufnahme **mit dem Rechtsmittel verbinden**, dann entscheidet über beides das Rechtsmittelgericht wie im anhängigen Prozess (s Rn 11 f; BGHZ 36, 258). Verneint das obere Gericht die Rechtsnachfolge, ist das Rechtsmittel als unzulässig zu verwerfen, anderenfalls ergeht Sachentscheidung (St/Roth Rn 30). 14

Die Aufnahme kann aber auch **vor dem unteren Gericht** erfolgen, mit dem Ziel, die Rechtsnachfolge durch ein „Zusatz- oder Ergänzungsurteil" (RGZ 68, 255 f: „Aufnahmeurteil") festzustellen (St/Roth Rn 29). Das Verf entspricht dem gem § 146 abgesonderten Verf. Bei Bejahung der Rechtsnachfolge ergeht (zusammen mit dem Endurteil anfechtbares) Ergänzungsurteil, in welchem festgestellt wird, dass das ergangene Urteil für und gegen den Rechtsnachfolger wirkt (WSch/Gerken Rn 24); bei Verneinung wird die Aufnahme durch selbständig anfechtbares Ergänzungsurteil zurückgewiesen. Auf das Ergänzungsurteil ist § 518 S 1 nicht anwendbar (RGZ 140, 353). Beschränkung der Erbenhaftung (§ 780) kann im Ergänzungsurteil vorbehalten werden (OLG Düsseldorf NJW 70, 1689, 1690). 15

4) Vom Gegner erzwungene Aufnahme (§ 239 II-IV). Verzögert der Rechtsnachfolger die Aufnahme (das setzt Kenntnis vom Rechtsstreit voraus, OLG Zweibrücken NJW 68, 1635) kann der Gegner ihn zur Aufnahme und Verh der Hauptsache (sofern eine solche erforderl ist, also nicht im NZB-Verf, BAG NJW 2017, 2138) laden lassen (II; **Formulierungsvorschlag:** Vorwerk/Fullenkamp, PFB, M 31.4). Der Rechtsnachfolger ist dann zur Aufnahme verpflichtet (OLG Frankfurt MDR 66, 153), der Erbe jedoch erst nach Annahme der Erbschaft (V; s Rn 17). Der Antrag muss die die Rechtsnachfolge begründenden Tatsachen enthalten. Zum Verf s Rn 11 ff. Bei einer **Unterbrechung zwischen den Instanzen** (s Rn 14 f) kann der Gegner den Antrag nach II nur bei dem unteren Gericht stellen, da eine Rechtsmitteleinlegung nach § 249 II unwirksam wäre. Bei **Unterbrechung nach Einlegung des Rechtsmittels** muss der Antrag durch einen beim Rechtsmittelgericht zugelassenen RA gestellt werden (BGH bei Greger MDR 2001, 486). 16

Der Antrag führt, sofern der Rechtsnachfolger nicht von sich aus gem § 250 aufnimmt, zu einem **Zwischenstreit**, in dem, ggf auf Grund mündl Verh, zu klären ist, ob der Ag Rechtsnachfolger geworden ist. Bei **Säumigkeit** des geladenen Rechtsnachfolgers gilt die Rechtsnachfolge als zugestanden (IV) und kann gegen ihn VU in der Sache ergehen (BGH NJW 57, 1840). Sind beide säumig, keine Entscheidung gem § 251a mangels Antrags (IV), dann Ruhen des Verf. Erscheint der Gegner nicht, kann der Rechtsnachfolger bei zugestandener Rechtsnachfolge gegen ihn VU in der Sache (§§ 330, 331) oder Entscheidung nach § 331a erwirken; sofern der Geladene die Rechtsnachfolge bestreitet, kann er gegen den Gegner ledigl VU auf Abweisung des Aufnahmeantrags beantragen (St/Roth Rn 41). 16a

5) Schutz des Erben vor Annahme der Erbschaft (§ 239 V). Er ist im Passiv- wie im Aktivprozess zur Fortsetzung des Rechtsstreits nicht verpflichtet, aber berechtigt (St/Roth Rn 19). Nimmt er auf, liegt hierin Annahme der Erbschaft, ohne Haftungsbeschränkung (§§ 305, 780) auszuschließen. – § 239 V ist Konsequenz der im BGB normierten Gesamtrechtsnachfolge; daher nicht anwendbar, wenn Erbfolge abw nach **ausländischem Recht** zu beurteilen ist (St/Roth vor § 239 Rn 19). 17

6) Unrichtige Annahme der Rechtsnachfolge. Wurde der Prozess mit einem vermeintl Rechtsnachfolger fortgesetzt, so kann der wahre seinerseits in den Prozess eintreten, und zwar in der Lage, in der er unterbrochen worden ist, ggf also in der früheren Instanz (RGZ 45, 359, 362). Der Gegner kann den entspr Effekt durch La- 18 dung des anderen (s Rn 16) erzielen. Der Eintritt ist aber erst mögl, wenn das Gericht (gem Rn 12) rechtskräftig entschieden hat, dass der bish Auftretende nicht Rechtsnachfolger geworden ist (RGZ 45, 359, 362; Scherer JR 94, 404). Hat der scheinbare Rechtsnachfolger den Prozess mit einem rechtskräftigen Urteil in der Hauptsache zu Ende geführt, so bleibt dem wahren Rechtsnachfolger nur die Möglichkeit, einen neuen Prozess anzustrengen (Scherer JR 94, 402).

19 **III) Gebühren. 1) Gericht:** Das Verf nach Aufnahme eines nach §§ 239 ff unterbrochenen Rechtsstreits bildet mit dem vorhergehenden unterbrochenen Verf eine einheitl Gebühreninstanz (§ 35 GKG). Für die Urteile (s Rn 12, 13) entstehen keine Geb. – **2) RA:** Die Verf- und Terminsgeb entstehen nach Aufnahme nicht erneut (§ 15 II RVG). Bei längeren Unterbrechungen darf aber § 15 V 2 RVG nicht übersehen werden (neue Angelegenheit, wenn der frühere Auftrag seit mehr als 2 Kalenderjahren erledigt ist)! Anträge zur Aufnahme des Verf lösen keine bes Geb aus.

§ 240 Unterbrechung durch Insolvenzverfahren

[1]Im Falle der Eröffnung des Insolvenzverfahrens über das Vermögen einer Partei wird das Verfahren, wenn es die Insolvenzmasse betrifft, unterbrochen, bis es nach den für das Insolvenzverfahren geltenden Vorschriften aufgenommen oder das Insolvenzverfahren beendet wird. [2]Entsprechendes gilt, wenn die Verwaltungs- und Verfügungsbefugnis über das Vermögen des Schuldners auf einen vorläufigen Insolvenzverwalter übergeht.

1 **I) Unterbrechung des Rechtsstreits. 1) Zweck.** Da der Sch mit Eröffnung des InsVerf die Verwaltungs- und Verfügungsbefugnis über sein zur Insolvenzmasse gehörendes Vermögen an den InsVerwalter verliert (§ 80 I InsO; zu dessen Rechtsstellung s § 51 Rn 7; zum Gerichtsstand s § 19a), ordnet § 240 S 1 die Unterbrechung der die Insolvenzmasse betr anhängigen Verf an. Der InsVerwalter soll ausreichend Bedenkzeit haben, über die Fortführung des Prozesses zu entscheiden. Zudem verwandelt sich das Rechtsschutzziel uU in die Feststellung zur Tabelle (s Rn 17).

2 **2) Anwendungsbereich.** S vor § 239 Rn 4. Grds **unanwendbar** ist § 240 in Verf der ZwV (BGHZ 172, 16; zur Problematik der Unterlassungsvollstreckung s aber K. Schmidt FS Gerhardt, S 923 ff) oder auf Erteilung der Vollstreckungsklausel (BGH NJW 2008, 918). Mahnverf: s vor § 688 Rn 15 ff.

3 **3) Wirkung.** Unterbrechung des Verf kraft Ges (unabhängig von Kenntnis der Parteien oder des Gerichts) mit Eröffnung des InsVerf (s Rn 5). Sie tritt auch ein, wenn die Partei einen ProzBev bestellt hatte (seine Vollmacht erlischt, § 117 InsO) u wirkt auch gegenüber dem Nebenintervenienten (BGH MDR 2014, 794). Zu den verfahrensrechtl Folgen der Unterbrechung s § 249.

4 **4) Voraussetzungen. a)** Das Verf muss zum Zeitpunkt der Eröffnung des InsVerf **rechtshängig** sein, daher keine Unterbrechung vor Klagezustellung (BGH NJW-RR 2009, 566). Die bei Eröffnung bereits eingereichte Klage ist dem Sch zuzustellen, aber unzulässig (MK-InsO/Schumacher vor § 85 Rn 42). Wird sie zurückgenommen, gehört der Kostenerstattungsanspruch als Neuerwerb (§ 35 InsO) zur InsMasse, ist also vom InsVerwalter geltend zu machen (BGH NJW-RR 2009, 566, 568). § 269 III 3 ist nicht anwendbar (s § 269 Rn 18c).

5 **b) Eröffnung des Insolvenzverfahrens** (§§ 27, 80 InsO; auch des Verbraucherinsolvenzverf, BGH NJW-RR 2004, 48). Nach § 240 S 2 kommt es bereits im Eröffnungsverf zur Unterbrechung, wenn ein vorläufiger Verwalter bestellt u ein allg Verfügungsverbot (§ 22 I 1 iVm § 21 II 1 Nr 1, 2 Alt 1 InsO) erlassen oder die Prozessführungsbefugnis auf vorläufigen Verwalter übertragen wird (BGH MDR 2013, 1117). Bei Anordnung anderer Sicherungsmaßnahmen iSv § 21 InsO durch das InsGericht ist § 240 S 2 nicht anwendbar (BGH NJW 99, 2822 zum Zustimmungsvorbehalt nach § 21 II 1 Nr 2 Alt 2 InsO), ebenso wenig bei bloßer Anordnung vorläufiger InsVerwaltung (KGR Berlin 2001, 38; OLGR Celle 2000, 107), eines isolierten Verfügungsverbots nach § 21 II 1 Nr 2 Alt 1 InsO (OLG Jena MDR 2000, 1337 [allerdings unter Anwendung von § 148]; St/Roth Rn 2; Spickhoff DZWir 2000, 514; aA Henckel FS Schumann, S 212 f) oder bei Maßnahmen nach dem StaRUG. – Wird mit der InsEröffnung die **Eigenverwaltung** angeordnet (§ 270 I 1 InsO), tritt ebenfalls Unterbrechung ein (BGH MDR 2007, 612; St/Roth Rn 3; MskV/Stadler Rn 1; Gundlach/Frenzel/Schmidt NJW 2004, 3223). – Entscheidend ist der **Erlass** des Beschlusses, nicht seine formelle Rechtskraft. Wird er auf Beschwerde hin **aufgehoben**, entfällt die Unterbrechung mit Wirkung ex nunc (MK-InsO/Schumacher vor § 85 Rn 58).

6 Die Eröffnung eines anerkennungsfähigen **ausl InsVerf** unterbricht Inlandsprozesse unabhängig davon, ob das ausl Recht eine Unterbrechung anordnet, bis zur Aufnahme durch eine nach dem Recht des Eröffnungsstaats prozessführungsbefugte Person (§§ 352, 343 InsO; innerhalb der EU Art 15 EuInsVO). Dies gilt auch für das Reorganisationsverf nach Chapter 11 des US-Bankruptcy Code (BGH ZIP 2009, 2217).

7 **c)** Das InsVerf muss das *Vermögen einer* am Rechtsstreit **formell beteiligten Partei** (Kl oder Bekl) betreffen (BGH NJW 2014, 1386, 1388). Wird über das Vermögen eines (einfachen) **Streitgenossen** das InsVerf eröffnet, so tritt Unterbrechung des Verf nur in Bezug auf diesen ein (BGH NJW-RR 2003, 1002); bei notw Streitgenos-

senschaft wird das gesamte Verf unterbrochen (s § 62 Rn 29), ebenso bei streitgenössischer, nicht aber bei einfacher **Nebenintervention** (BGH 27.1.2000 – I ZR 159/99). Die Eröffnung des InsVerf über das Vermögen des **Zessionars**, an den die streitbefangene Forderung nach Rechtshängigkeit abgetreten wurde, unterbricht nicht den vom Zedenten nach § 265 II 1 weitergeführten Prozess (BGH NJW 98, 156; aA St/Roth Rn 7). Bei Insolvenz des Zedenten kann der unterbrochene Rechtsstreit vom InsVerwalter aufgenommen werden, wenn Massebezug der Forderung besteht; dies kann sich bei Übergang auf einen Versicherer aus der Obliegenheit ergeben, die Interessen des Versicherers zu wahren (BGH ZIP 2023, 87). Bei **gewillkürter Prozessstandschaft** muss nach dem formellen Parteibegriff ebenfalls gelten, dass es auf die materielle Rechtsinhaberschaft nicht ankommt; bei Insolvenz des Prozessstandschafters wird es jedoch regelmäßig an der Massebezogenheit des Streitgegenstands (s Rn 8) fehlen (anders wegen § 51 Nr 1, § 166 II InsO, wenn es sich um eine vom Sch zur Sicherung abgetretene Forderung handelt; OLGR Düsseldorf 1999, 106; G. Vollkommer MDR 98, 1269 ff [auch zur Aufnahmebefugnis in solchen Fällen]). Die Eröffnung des InsVerf über das Vermögen einer **Partei kraft Amtes** (s vor § 50 Rn 19) unterbricht nicht den Prozess über das verwaltete Vermögen (St/Roth Rn 8). Wegen des Todes, Wegfalls oder Wechsels der Partei kraft Amtes s § 239 Rn 3 ff. – Ein **Anfechtungsprozess** wird nach § 17 I AnfG durch Eröffnung des InsVerf über das Vermögen des Sch unterbrochen, wenn sein Gegenstand vom Insolvenzbeschlag erfasst wird (s dazu OLG Düsseldorf ZIP 2020, 376); der aufnehmende InsVerwalter kann den Rückgewähranspruch unter sämtl rechtl Gesichtspunkten geltend machen (BGH NJW 2000, 1259). Dies gilt auch, wenn der vom InsVerwalter auf Grund Ermächtigung im InsPlan nach Aufhebung des InsVerf fortgeführte Anfechtungsproz durch die Eröffnung eines neuen InsVerf über das Vermögen des Sch unterbrochen wird (BGHZ 199, 344 = NJW 2014, 1386). – Die Eröffnung des InsVerf über das Vermögen einer **Personengesellschaft** (§ 11 II Nr 1 InsO) unterbricht entspr § 17 I AnfG auch Prozesse, die die persönl Haftung eines Gesellschafters betreffen (BGH NJW 2003, 590 [GbR]; BGH NJW-RR 2009, 343; BGHZ 82, 209, 216 ff [KG]; St/Roth Rn 9; aA MskV/Stadler Rn 2). – **Nachlassinsolvenz** unterbricht alle Prozesse der Erben wegen Nachlassverbindlichkeiten (BGHZ 241, 127 = NJW 2024, 3138 Tz 18).

d) Das anhängige Verf muss die **Insolvenzmasse** (§§ 35, 36 InsO), dh das pfändbare Vermögen des Sch, betreffen. **Unterbrechung** daher nur, wenn Verfahrensgegenstand (zumindest mittelbar: BGH NJW 2010, 2213; St/Roth Rn 11 f) ein Vermögenswert ist, der zur InsMasse gehören kann; in diesem Fall auch bei Feststellungs- (BGH NJW 95, 1750) u Unterlassungsklagen (s hierzu BGH NJW-RR 2019, 1032; K. Schmidt FS Gerhardt, S 919 ff mwN; zum Kündigungsschutzproz bei Insolvenz des Arbeitgebers BAGE 120, 27, bei unmittelbar nachfolgendem Betriebsübergang LAG Chemnitz ZIP 2023, 2712 = EWiR 2024, 22 [Krings/Park-Said]; zur Abgrenzung des gem § 92 InsO vom InsVerwalter zu verfolgenden Gesamtschadens von einem Einzelschaden s BGH ZIP 2021, 205). Massebezug ist gegeben, wenn die Abtretung der Forderung insolvenzrechtl anfechtbar ist (BAG ZIP 2022, 806 Tz 23) oder wenn Zedent der Forderung gegenüber dem Zessionar (zB Versicherer gem § 86 II VVG) eine Obliegenheit zur Interessenwahrung hat (BGH ZIP 2023, 87). Räumungspflicht des Mieters, nicht aber Herausgabepflicht nach § 985 BGB, betrifft seine InsMasse (BGH MDR 2015, 351). Bei Schutzrechtsverletzung besteht Massebezug bei Unterlassungs-, Schadensersatz- und Auskunftsanspruch sowie Anspruch auf Einwilligung in Löschung einer Marke (BGH NJW 2010, 2213 mwN). Unterbrechung auch bei Unterlassungsklagen nach § 1 UKlaG (OLG Frankfurt ZIP 2021, 1286) u Klagen auf Rechnungslegung, sofern diese der Vorbereitung eines die Masse betr Hauptanspruchs dienen (WSch/Gerken Rn 12; sa BGHZ 185, 11 Tz 31). Gesellschaftsrechtl **Beschlussmängelstreit** betrifft idR die InsMasse (BGH MDR 2018, 42), insb wenn sich daraus Vergütungspflichten oder Haftungsansprüche ergeben können (BGH WM 2023, 525; iE s MK-InsO/Schumacher, vor §§ 85-87 Rn 38 ff). Einseitige Erledigungserklärung ändert nichts an Massebetroffenheit (BGHReport 2004, 1446). – Betrifft nur ein **Teil von mehreren Ansprüchen** die InsMasse, wird grds der gesamte Rechtsstreit unterbrochen (BGH MDR 2015, 351; BGH MDR 2018, 1336; MK/Stackmann Rn 24; aA WSch/Gerken Rn 13). Hinsichtl der insolvenzfreien Ansprüche ist aber Teilaufnahme durch jede der Parteien mögl (BGH FamRZ 2018, 1347, 1351 [Hau]). 8

Keine Unterbrechung dagegen bei nur wirtschaftl Beziehung zur Masse (BGH MDR 2004, 1251, 1252) oder wenn nur unpfändbare Gegenstände (s § 36 InsO), höchstpersönl oder nichtvermögensrechtl Ansprüche betroffen sind (so zum Kündigungsschutzproz bei Insolvenz des Arbeitnehmers BAG NJW 2010, 955) bzw zur Masse gehörendes Vermögen, das der InsVerwalter nach Eröffnung des InsVerf vor einer Klageerhebung zugunsten des Sch **freigegeben** hat (zur Freigabe nach Anhängigkeit einer Klage s Rn 11). Auch der wettbewerbsrechtl Drittauskunftsanspruch betrifft nicht die Masse; er kann sogar bei Unterbrechung iÜ weiterverfolgt werden (BGH NJW 2010, 2213). 8a

II) Fortsetzung des Rechtsstreits. 1) Aufnahme des Verfahrens. Sie geschieht durch Einreichung eines Schriftsatzes bei Gericht und Zustellung vAw an den Gegner, § 250. Keine Aufnahme durch NI (BGH MDR 2014, 794). Der Zessionar ist auch ohne Zustimmung des Prozessgegners zur Aufnahme befugt, wenn die bestrittene Forderung nach der Anmeldung und Prüfung, aber vor der Aufnahme des unterbrochenen Rechtsstreits unbestritten auf ihn übergegangen ist und er seinerseits die Forderung im eigenen Namen angemeldet und das Prüfungsverfahren durchlaufen hat; § 265 II 2 ist nicht anwendbar (BGH ZIP 2023, 923). IÜ gelten §§ 85 ff InsO, die nach Aktiv- und Passivprozessen unterscheiden (wobei es nicht auf die Parteirolle im Rechts- 9 streit, sondern auf den materiellen Inhalt des Begehrens ankommt; BGH MDR 2016, 1223: Vollstreckungsgegenklage). Werden in einem Verf durch Klage und Widerklage wechselseitig Ansprüche geltend gemacht, ist das Aufnahmerecht für Klage und Widerklage getrennt zu prüfen (BGH ZIP 2022, 1876). Die Wirksamkeit der Aufnahme durch den InsVerwalter hängt nicht von den Erfolgsaussichten seiner Rechtsverfolgung oder -verteidigung ab (BGH ZIP 2022, 1876).

10 **a) Aktivprozesse.** Ist bei Eröffnung des InsVerf der Rechtsstreit für den Sch anhängig, dh verfolgt er in dem Rechtsstreit einen zur Vermehrung der Masse dienl Anspruch (s Rn 7 ff), kann der Rechtsstreit in der Lage, in der er sich zum Zeitpunkt der Unterbrechung befand, zunächst nur vom InsVerwalter aufgenommen werden, § 85 I 1 InsO. Zur Aufnahme s § 250. Bei Verzögerung: Ladung nach § 85 I 2 InsO iVm § 239 II-IV (s § 239 Rn 16).

11 Bei **Ablehnung der Aufnahme** wird der Gegenstand des Rechtsstreits freies Vermögen des Sch; Gl und Sch können den Prozess weiterführen (§ 85 II InsO). Dasselbe gilt bei **Freigabe** des streitbefangenen Vermögensgegenstandes durch den InsVerwalter nach erfolgter Aufnahme; diese ist auch im InsVerf über das Vermögen einer Gesellschaft zulässig (BGHZ 163, 32 mwN; aA unter Hinweis auf den Liquidationszweck des InsVerf K. Schmidt KTS 94, 309 ff). § 265 findet keine Anwendung (s § 265 Rn 5a). Die Folgen der Prozessführung betreffen dann nur noch das insolvenzfreie Vermögen des Sch. Keine Freigabe idS ist die Abtretung der streitbefangenen Forderung durch den InsVerwalter an einen Dritten (BGH NJW 90, 1239).

12 **b) Passivprozesse. aa)** Betrifft der unterbrochene Rechtsstreit die **Aussonderung** eines Gegenstands, eine **abgesonderte Befriedigung** oder eine **Masseverbindlichkeit**, ist sowohl der InsVerwalter als auch der Gl umgehend zur Aufnahme befugt (§ 86 InsO), der Sch nach Freigabe (BGH NJW 73, 2065; MK-InsO/Schumacher § 86 Rn 26 f). Der Aufnahmeschriftsatz des Gl ist dem InsVerwalter zuzustellen; Zustellung an den ProzBev des Sch genügt auch dann nicht, wenn dieser später vom InsVerwalter beauftragt wird (BGH ZIP 99, 75, auch zur Frage der Heilung des Zustellungsmangels). – Bei **sof Anerkenntnis** der Forderung durch den InsVerwalter kann Gegner einen etwaigen Kostenerstattungsanspruch (§ 93) gem § 86 II InsO nur als Insolvenzforderung zur Tabelle anmelden.

13 **bb)** Ist der Rechtsstreit auf einen Anspruch gerichtet, der im InsVerf eine **Insolvenzforderung** iSd §§ 35, 38 InsO darstellt, und hatte der Sch noch nicht zur Abwendung der ZwV geleistet (sonst, da es um Rückgewähr zur Masse geht, wie Aktivprozess, BGH NJW 95, 1750; BGH NJW 2000, 1114, 1115), hat der Gl seine Forderung im Feststellungsverf zur Eintragung in die Insolvenztabelle anzumelden (§§ 87, 174 InsO); eine „Freigabe" durch den InsVerwalter scheidet hier aus (BGH MDR 2004, 231). Dies lässt sich auch nicht dadurch umgehen, dass der Gl erklärt, hinsichtl seiner Forderung auf eine Teilnahme am InsVerf zu verzichten (BGH MDR 2005, 382, 383; BTDrs 12/2443, 234, unter ausdrückl Verwerfung der früheren Rspr). Die Aufnahme ist nur wirksam, wenn eine ordnungsgem Forderungsanmeldung vorgenommen wurde (zu den Anforderungen s BGH NJW 2020, 3102 [Jungmann]; BGH ZIP 2024, 1909 [Jungmann ZIP 2024, 2129]; zur unvollständigen Anmeldung u zur Zulässigkeit einer Teilaufnahme bei Gefahr widersprechender Entscheidungen s BGHZ 241, 127 = NZI 2024, 840 [Wazlawik]).

14 Sofern die Forderung im nachfolgenden Prüfungstermin (§ 176 InsO) **unbestritten** bleibt und zur Tabelle festgestellt wird (§ 178 I InsO), tritt Erledigung des unterbrochenen Rechtsstreits in der Hauptsache ein (BGH NJW 61, 1067); das Verf bleibt bezügl der noch zu treffenden Kostenentscheidung unterbrochen (St/Roth Rn 27; sa BGH DZWir 2005, 253, wo allerdings Fortbestand der Unterbrechung verneint wurde, weil ein nicht die Masse betr Teil des Streitgegenstands anhängig blieb). Der Gl erlangt bereits mit der Feststellung einen vollstreckbaren Titel, vgl § 178 III InsO.

15 Wird die Forderung **bestritten**, ist zu unterscheiden: Bestreitet im Prüfungstermin allein der **Schuldner** die Forderung, so kann nur der Gl den Rechtsstreit gegen diesen aufnehmen, § 184 I 2 InsO. Wird die angemeldete Forderung, für die noch kein vollstreckb Schuldtitel vorliegt (sonst s Rn 16), vom **Insolvenzverwalter** oder einem **Insolvenzgläubiger** bestritten, so ist zur Aufnahme des unterbrochenen Rechtsstreits nur der Gl (nicht auch der InsVerwalter) befugt (§ 179 I, § 180 II InsO); gegen den nicht bestreitenden Sch ist eine Aufnahme nicht mögl (BGH MDR 2005, 382, 383). Der bestreitende InsGl tritt an Stelle des Sch in den Rechtsstreit ein, auch in der Revisionsinstanz (BGHZ 195, 233 = NJW 2012, 3725). Haben Mehrere bestritten, muss der Rechtsstreit ggü allen aufgenommen werden (BGHZ 195, 233 = NJW 2012, 3725). Dass der Widerspruch nur auf insolvenzrechtl Einwendungen gestützt wird, steht der Aufnahme nicht entgegen (BGH NJW 2017, 1752). Zur (beschränkten) Möglichkeit einer teilw Aufnahme s BGH ZIP 2013, 1094. Der Sch hat keine Möglichkeit, den Rechtsstreit aus eigenem Recht fortzusetzen (BGH ZInsO 2009, 432).

16 Liegt für die Forderung bereits ein vorläufig vollstreckb Schuldtitel vor **(titulierte Forderung)**, muss der Widersprechende den Rechtsstreit gegen den Gl aufnehmen, § 179 II InsO (zu Zug-um-Zug-Verurteilung u zu Widerklage zwecks Abwehr einer Insolvenzforderung s BGH ZIP 2022, 1876). Bei Verzögerung ist aber auch der Gl zur Aufnahme befugt (BGH NJW 2012, 3725), da einer neuen Klage die Einrede der Rechtshängigkeit *entgegengehalten werden könnte.* Hat nur der Sch bestritten, muss er den Widerspruch verfolgen (§ 184 II InsO). Auch hier setzt die Aufnahme die ordnungsgem Forderungsanmeldung voraus (BGH ZIP 2024, 1909 [Jungmann ZIP 2024, 2129]).

Durch die Aufnahme **ändert sich der Gegenstand des Rechtsstreits** kraft Gesetzes, vgl § 180 II InsO. Der Gl hat seinen Klageantrag auf Feststellung der Forderung zur Tabelle (§ 175 InsO) umzustellen (BGH NJW-RR 94, 1251), zB *„es wird festgestellt, dass dem Kl im InsVerf über das Vermögen des … folgende Insolvenzforderung zusteht:"* (Bezeichnung wie in Anmeldung, § 181 InsO). Hierauf sind weder die Vorschriften für die Klageänderung noch (bei Aufnahme gegen einen anderen Gl) die Regeln des Parteiwechsels anzuwenden (BGHZ 195, 233 = NJW 2012, 3725 Tz 22). Bestrittene Anmeldung muss, da Sachurteilsvoraussetzung für das Feststellungsverf (BGH MDR 2014, 1049 mwN), vom Kl durch Vorlage des Tabellenauszugs nach § 179 III 1 InsO nachgewiesen werden (BGH ZIP 2000, 705 = MDR 2000, 660). Neben einem Antrag auf Feststellung der Forderung zur Tabelle gegen den Ins-Verwalter soll gleichzeitig auch die Aufnahme des Rechtsstreits gegen den Sch mit dem Antrag auf Zahlung nach Beendigung des InsVerf zulässig sein (BGH WM 80, 164); InsVerwalter und Sch sind dann einfache Streitgenossen. Zu Antragsumstellung bei Vollstreckungsgegenklage u deren Unterlassung s BGH ZInsO 2021, 1388. 17

c) Zur Aufnahme des Prozesses eines **Anfechtungsgläubigers** (§ 17 AnfG) s Rn 7. 18

2) Aufhebung des Insolvenzverfahrens. Mit dem Beschluss des InsGerichts nach §§ 200, 258 InsO endet (unabhängig von Kenntnis des Gerichts oder der Parteien) ipso iure die Unterbrechung (zur Aufhebung des Eröffnungsbeschlusses s Rn 5). Die Unterbrechungswirkung (§ 249) entfällt bereits mit Wirksamwerden (§ 9 InsO) des Beschlusses, nicht erst mit dessen formeller Rechtskraft (BGHZ 64, 3 = NJW 75, 692). Die Einstellung des InsVerf mangels Masse (§§ 207 ff InsO) steht der Aufhebung gleich (BGHZ 36, 262; BGH NJW 90, 1239). Im Fall von § 240 S 2 endet Unterbrechung mit Aufhebung der vorläufigen InsVerwaltung (St/Roth Rn 33). 19

Fortsetzung des Rechtsstreits nach Aufhebung durch die früheren Parteien. Der InsVerwalter verliert seine Prozessführungsbefugnis durch Parteiwechsel kraft Gesetzes (auch in der Revisionsinstanz, BGH ZIP 2008, 2094 Tz 12); § 265 ist nicht anwendbar (BGH NJW-RR 2011, 882 Tz 6). Es kommt nicht zu einer erneuten Verfahrensunterbrechung (s § 239 Rn 7). Zum Fortbestand einer im InsVerf erteilten Prozessvollmacht s § 86 Rn 9. 20

Ein Prozess, der einen Anspruch aus **Insolvenzanfechtung** (§§ 129 ff InsO) betraf, ist mit Beendigung des InsVerf erledigt, da dieser untrennbar mit dem Amt des InsVerwalters verbunden ist; die Klage wird in diesem Fall unbegründet und ist, falls nicht gem § 91a verfahren wird, abzuweisen (BGHZ 83, 102 = NJW 82, 1765). 21

§ 241 Unterbrechung durch Prozessunfähigkeit

(1) Verliert eine Partei die Prozessfähigkeit oder stirbt der gesetzliche Vertreter einer Partei oder hört seine Vertretungsbefugnis auf, ohne dass die Partei prozessfähig geworden ist, so wird das Verfahren unterbrochen, bis der gesetzliche Vertreter oder der neue gesetzliche Vertreter von seiner Bestellung dem Gericht Anzeige macht oder der Gegner seine Absicht, das Verfahren fortzusetzen, dem Gericht angezeigt und das Gericht diese Anzeige von Amts wegen zugestellt hat.

(2) Die Anzeige des gesetzlichen Vertreters ist dem Gegner der durch ihn vertretenen Partei, die Anzeige des Gegners ist dem Vertreter zuzustellen.

(3) Diese Vorschriften sind entsprechend anzuwenden, wenn eine Nachlassverwaltung angeordnet wird.

1) Bedeutung. Unterbrechung iSv § 249 tritt ein, wenn Partei durch Verlust ihrer Prozessfähigkeit oder ihres ges Vertreters prozessual handlungsunfähig wird, es sei denn, sie ist durch einen ProzBev vertreten (§ 246). Der Partei steht gleich der streitgenössische Streitgehilfe (§ 69), nicht der unselbständige Streithelfer (§ 67). § 241 ist entspr anzuwenden, wenn eine **Partei kraft Amtes** (zB TV; InsVerwalter) stirbt, prozessunfähig wird oder das Amt verliert. Die Unterbrechung dauert solange, bis der Nachfolger im Amt, zB der neue TV, von seiner Bestellung dem Gegner Anzeige macht oder der Gegner seine Absicht, das Verf fortzusetzen, dem Nachfolger im Amt anzeigt. War der Weggefallene ein Anwalt, der sich gem § 78 III selbst vertrat (OLG München NJW-RR 89, 255), so findet zugleich § 244 (nicht auch § 246) Anwendung (s § 244 Rn 1). Verlor die Partei zugleich ihre Parteifähigkeit, gilt auch § 239 (s § 239 Rn 5). 1

2) Fälle. a) Eintritt von Prozessunfähigkeit. S § 52 Rn 7 ff. Bei *ursprüngl* Prozessunfähigkeit keine Unterbrechung, sondern auf Antrag Vertreterbestellung gem § 57, sonst Prozessurteil (zum Verf in diesem Fall s § 56 Rn 11; Hager ZZP 97 [1984], 174, 178). – **b) Tod des gesetzlichen Vertreters** (ebenso des Prozesspflegers, §§ 57, 58), wenn nur *ein* ges Vertreter vorhanden ist; sonst ist der andere ges Vertreter zur Fortführung des Rechtsstreits berufen, falls er allein vertretungsberechtigt ist (RG JW 1898, 280). – **c) Aufhören der Vertretungsbefugnis.** Der ges Vertreter (auch im Fall des § 53) wird zB entlassen (§ 1886 BGB) oder als Organ einer jur Person ersatzlos abberufen; den Eltern wird die elterl Sorge entzogen. 2

3) Beendigung. Sie erfolgt durch Zustellung einer Anzeige des (neuen) ges Vertreters von seiner Bestellung bzw einer Erklärung der Fortsetzungsabsicht der anderen Partei an den jew Gegner bzw dessen ges Vertreter (II, §§ 250, 170). Im aufgenommenen Verf (nicht vor der Zustellung) hat das Gericht die (angebl wiedererlangte) Prozessfähigkeit bzw neue Vertretung vAw zu prüfen (s § 56 Rn 2-9; BGH ZIP 82, 1318). – Bei **Erlangung** 3

der Prozessfähigkeit Fortsetzung des Rechtsstreits ohne Aufnahme (WSch/Gerken Rn 16; sa RGZ 33, 412, 414); Prozessvollmacht gilt weiter (§ 86). – Bei **Verzögerung** der Vertreterbestellung Antrag auf Bestellung eines Prozesspflegers, falls Gefahr im Verzug (§ 57), sonst auf Bestellung eines Betreuers (WSch/Gerken Rn 15).

4 **4) Nachlassverwaltung (§ 241 III).** Mit ihrer Anordnung verliert der Erbe die Prozessführungsbefugnis für Klagen, die den Nachlass betreffen (§ 1984 BGB). Daher Unterbrechung bis zur Fortsetzungsanzeige von Nachlassverwalter oder Gegner entspr I (nicht bei anwaltl Vertretung, § 246). War Rechtsstreit schon nach § 239 unterbrochen, setzt sich Unterbrechung nach § 241 fort; Aufnahme durch Erben daher nicht mehr mögl (St/Roth Rn 9). Mit Aufhebung der Nachlassverwaltung treten die Erben in den Rechtsstreit ein, ohne dass dies von ihnen erklärt zu werden braucht. Die vom Nachlassverwalter eingelegte Berufung wirkt trotz der Beendigung der Nachlassverwaltung als im Namen des Erben eingelegt (RG JW 30, 2047). Bei Tod des Nachlassverwalters Unterbrechung analog I (St/Roth Rn 10).

§ 242 Unterbrechung durch Nacherbfolge

Tritt während des Rechtsstreits zwischen einem Vorerben und einem Dritten über einen der Nacherbfolge unterliegenden Gegenstand der Fall der Nacherbfolge ein, so gelten, sofern der Vorerbe befugt war, ohne Zustimmung des Nacherben über den Gegenstand zu verfügen, hinsichtlich der Unterbrechung und der Aufnahme des Verfahrens die Vorschriften des § 239 entsprechend.

1 **Bedeutung.** § 242 betrifft **nur Aktivprozesse** über Gegenstände des Nachlasses, die der Nacherbfolge (§§ 2100 ff BGB) unterliegen und über die der Vorerbe gem §§ 2112, 2120 oder 2136 BGB frei verfügen darf (St/Roth Rn 1). Entspr gilt § 242, soweit Vorerbe mit Zustimmung des Nacherben (§§ 185, 2120 BGB) und deshalb mit Wirkung ggü diesem über den Streitgegenstand verfügt (RGZ 110, 95). Urteile in diesen Prozessen wirken auch gegen den Nacherben, § 326 II. Der Vorerbe verliert mit Eintritt des Nacherbfalles die Aktivlegitimation. Da aber der Nacherbe nicht Rechtsnachfolger des Vorerben (sondern des Erblassers) ist, § 239 daher nicht anwendbar ist, bedarf es der Verweisung. **Nicht anwendbar** ist § 242, wo der Vorerbe durch ProzBev vertreten war (§ 246), wo der nicht befreite Vorerbe klagt (dann Abweisung mangels Aktivlegitimation) und auf Passivprozesse (wegen Haftungsfortdauer des Vorerben gem § 2145 BGB). Schlägt der Nacherbe aus (§ 2142 BGB), gilt § 239 V (St/Roth Rn 3).

§ 243 Aufnahme bei Nachlasspflegschaft und Testamentsvollstreckung

Wird im Falle der Unterbrechung des Verfahrens durch den Tod einer Partei ein Nachlasspfleger bestellt oder ist ein zur Führung des Rechtsstreits berechtigter Testamentsvollstrecker vorhanden, so sind die Vorschriften des § 241 und, wenn über den Nachlass das Insolvenzverfahren eröffnet wird, die Vorschriften des § 240 bei der Aufnahme des Verfahrens anzuwenden.

1 **Bedeutung.** Sonderregelung der Aufnahme bei Unterbrechung nach § 239 I für den Fall, dass Nachlasspflegschaft oder TV besteht (dann s § 241 Rn 3) oder Nachlassinsolvenz eröffnet wird (dann s § 240 Rn 9 ff). Nicht anwendbar im Anwaltsprozess (§ 246). Entspr anwendbar, wenn die Unterbrechung durch Nacherbfolge (§ 242) erfolgte. – Aufnahme ist gegen Testamentsvollstrecker oder Nachlasspfleger wegen § 2213 II, § 1960 III BGB schon **vor Annahme der Erbschaft** mögl; § 239 V gilt nicht (St/Roth Rn 3). – Bei **Testamentsvollstreckung** ist zu unterscheiden: Im **Aktivprozess** ist wegen § 2212 BGB eine Aufnahme durch den Erben (§ 239) ausgeschlossen. Im **Passivprozess** (§ 2213 BGB) ist *auch* der Erbe zur Aufnahme befugt; der Prozess kann hier wahlw gegen den Erben, den TV oder beide gemeinsam geführt werden (BGHZ 104, 4 f = NJW 88, 1390).

§ 244 Unterbrechung durch Anwaltsverlust

(1) Stirbt in Anwaltsprozessen der Anwalt einer Partei oder wird er unfähig, die Vertretung der Partei fortzuführen, so tritt eine Unterbrechung des Verfahrens ein, bis der bestellte neue Anwalt seine Bestellung dem Gericht angezeigt und das Gericht die Anzeige dem Gegner von Amts wegen zugestellt hat.

(2) [1]Wird diese Anzeige verzögert, so ist auf Antrag des Gegners die Partei selbst zur Verhandlung der Hauptsache zu laden oder zur Bestellung eines neuen Anwalts binnen einer von dem Vorsitzenden zu bestimmenden Frist aufzufordern. [2]Wird dieser Aufforderung nicht Folge geleistet, so ist das Verfahren als aufgenommen anzusehen. [3]Bis zur nachträglichen Anzeige der Bestellung eines neuen Anwalts erfolgen alle Zustellungen an die zur Anzeige verpflichtete Partei.

1) Bedeutung. Da die Partei selbst (ebenso die Partei kraft Amtes) im Anwaltsprozess (§ 78) nicht postulationsfähig ist, hat der Verlust des Anwalts dort ähnl Wirkung wie der Wegfall der Partei. Die Vorschrift ordnet daher einen vorübergehenden (II) Stillstand des Verf an. Zum Tod des sich selbst vertretenden RA s § 246 Rn 2a. Besteht Anwaltszwang ledigl im Berufungsverf, tritt Unterbrechung nur ein, wenn beim Tod des RA bereits Berufung eingelegt war (BGH VersR 92, 636). 1

2) Zeitpunkt. Der Verlust muss **während der Instanz** eingetreten sein, für die der RA bevollmächtigt war, dh vor der Einlegung eines Rechtsmittels bzw Eintritt der formellen Rechtskraft (BAGE 28, 46, 50 ff; BGH NJW 95, 1095 = JZ 95, 967 [W. Lüke]; Schwab FS Schnorr von Carolsfeld, S 450). Zum Kostenfestsetzungsverf vgl § 104 Rn 21.92. Tod des beigeordneten PKH-Anwalts (selbst wenn von der Partei vorgeschlagen) unterbricht nur, wenn ihm bereits Prozessvollmacht erteilt war (BGHZ 2, 227). 2

3) Unterbrechungsgrund. Neben dem ausdrückl genannten **Tod** des RA kommt auch die aus rechtl Gründen eintretende **Unfähigkeit zur Vertretung** in Betracht, zB Wegfall der Prozessfähigkeit (BVerfG NJW 74, 1279; BGHZ 30, 112 = NJW 59, 1587; Rath ZZP 89 [1976], 450) oder der Postulationsfähigkeit (zB für Abwickler gem § 55 BRAO mit Schluss der Abwicklung, BGHZ 66, 59 = MDR 76, 487), Erlöschen, Rücknahme oder Widerruf der Zulassung (§§ 13 ff BRAO; BGHZ 23, 172 = NJW 57, 713), Vertretungsverbot u Ausschließung (§§ 114, 204 BRAO; BGHZ 98, 325 = MDR 87, 230), vorläufiges Berufs- oder Vertretungsverbot nach §§ 150, 155 BRAO (BAG NJW 2007, 3226), Berufsverbot gem § 70 StGB (BGHZ 111, 104, 106 = NJW 90, 1854). – Beweislast für Prozessunfähigkeit des RA trifft die Partei, die sich auf den Unterbrechungsgrund beruft (BGH NJW 2002, 2107, 2108). 3

Keine Unterbrechung, wenn Sozietät bevollmächtigt u mindestens ein Sozius noch vorhanden (BAG NJW 72, 1388), bei Mandatskündigung durch die Partei (§ 87; sa § 172 Rn 9) oder ledigl tatsächl Verhinderung, zB Krankheit, Quarantäne (hier nur WE; St/Roth Rn 10; weitergehend Vorwerk NJW 2020, 1196 ff), sowie bei Tod des Verkehrsanwalts oder Unterbevollmächtigten. 4

4) Ende der Unterbrechung. Es tritt ein mit **Anzeige** (§ 250) des neu bestellten RA (regelm in vorbereitendem Schriftsatz zur Sache enthalten, BGHZ 30, 119; auch in Rechtsmitteleinlegung, BGHZ 111, 104 = NJW 90, 1854) oder des bish Anwalts nach Wegfall des Unterbrechungsgrundes (zB Wiederzulassung nach Ausschließung) und Mitteilung hiervon an den Gegner (Letzteres verzichtbar BGHZ 23, 172 = NJW 57, 713). Die schlichte Mitteilung des Todes des RA durch den gem § 55 BRAO bestellten Abwickler an das Gericht stellt noch keine Aufnahme des Verf dar; anders ein WE-Gesuch (OLG Köln VersR 73, 161) oder eine sonstige auf weiteres Betreiben des Verf gerichtete Prozesshandlung des Abwicklers (BAG NZA 97, 1294). 5

5) Verzögerung der Anzeige (§ 244 II). Der Gegner kann (bei Anwaltszwang durch RA) beantragen, dass Verh zur Hauptsache angesetzt und dazu die Partei persönl geladen wird. Mit Ladung ist zur Anwaltsbestellung aufzufordern (§ 215 II). Erscheint in dem Termin kein Anwalt der Partei: VU oder Entscheidung nach Aktenlage. – Statt dessen kann (insb wenn kein Termin nötig ist) beantragt werden, dass die Partei zur Bestellung eines neuen Anwalts aufgefordert wird. Dies geschieht durch vAw zuzustellenden Schriftsatz mit Fristbestimmung des Vors. Ende der Unterbrechung des Verf mit Fristablauf oder Bestellungsanzeige des neuen Anwalts ohne weitere Entscheidung des Gerichts (BGH MDR 60, 396). 5a

6) Wegfall des Unterbrechungsgrundes. Dieser (zB durch WE im ehrengerichtl Ausschließungsverf) führt nicht zur rückwirkenden Beseitigung der Unterbrechungswirkung (St/Roth Rn 7; MskV/Stadler Rn 3; Vollkommer JR 87, 225; aA BGHZ 98, 325 = MDR 87, 230). 6

§ 245 Unterbrechung durch Stillstand der Rechtspflege

Hört infolge eines Krieges oder eines anderen Ereignisses die Tätigkeit des Gerichts auf, so wird für die Dauer dieses Zustandes das Verfahren unterbrochen.

Bedeutung. § 245 betrifft den Fall, dass die Rechtspflege vollständig zum Erliegen gekommen ist (zB infolge Krieg, Seuche, Generalstreik, Volksaufstand, nukleare Katastrophe). Nicht ausreichend ist kriegsbedingte Behinderung der Partei (dann § 247; RGZ 128, 47), Tod, pandemiebedingte Funktionsbeschränkung (BGH MDR 2022, 389 Tz 14), Quarantäne oder Erkrankung sämtl Richter eines Gerichts (dann § 36 Nr 1; MK/Stackmann Rn 2; Greger MDR 2020, 509 f). – Unterbrechung tritt ipso iure mit dem Stillstand ein u endet durch Wiederaufnahme der Gerichtstätigkeit. 1

§ 246 Aussetzung bei Vertretung durch Prozessbevollmächtigten

(1) Fand in den Fällen des Todes, des Verlustes der Prozessfähigkeit, des Wegfalls des gesetzlichen Vertreters, der Anordnung einer Nachlassverwaltung oder des Eintritts der Nacherbfolge (§§ 239, 241, 242) eine Vertretung durch einen Prozessbevollmächtigten statt, so tritt eine Unterbrechung des Verfahrens

nicht ein; das Prozessgericht hat jedoch auf Antrag des Bevollmächtigten, in den Fällen des Todes und der Nacherbfolge auch auf Antrag des Gegners, die Aussetzung des Verfahrens anzuordnen.

(2) Die Dauer der Aussetzung und die Aufnahme des Verfahrens richten sich nach den Vorschriften der §§ 239, 241 bis 243; in den Fällen des Todes und der Nacherbfolge ist die Ladung mit dem Schriftsatz, in dem sie beantragt ist, auch dem Bevollmächtigten zuzustellen.

1 **1) Bedeutung.** Da die Prozessvollmacht bei Tod der Partei (oder den anderen in § 246 I genannten Ereignissen) gem § 86 fortbesteht, läuft der Prozess trotz der eingetretenen Veränderung weiter. Prozesspartei ist nunmehr der (ggf noch unbekannte) Rechtsnachfolger (BGHZ 121, 263, 265). Der Prozess wird auf den Namen der verstorbenen Partei fortgeführt, bis die Parteibezeichnung auf entspr Mitteilung vom Gericht berichtigt wird (BGHZ 157, 151 Tz 8; zu Fortführung für falschen Rechtsnachfolger s § 239 Rn 18). Um ggf Klarheit schaffen zu können, kann der ProzBev (bei Tod u Nacherbfolge auch der Gegner) die Aussetzung des Verf beantragen.

1a **2) Anwendungsbereich.** Die Vorschrift gilt im Anwalts- u Parteiprozess und auch bei Vertretung durch einen gem § 89 zugelassenen Vertreter. Sie gilt auch bei Tod oder Prozessunfähigkeit schon vor Rechtshängigkeit (BGHZ 121, 263, 266 = MDR 93, 1238) sowie beim Untergang jur Personen ohne Liquidation (s § 239 Rn 6), nicht aber bei Liquidation der Partei als jur Person (BGHZ 74, 212 = NJW 79, 1592) sowie im Fall des § 240 (Eröffnung des InsVerf).

2 **3) Vorhandensein eines Prozessbevollmächtigten (§§ 78, 79).** Er muss **für die Instanz**, während deren Dauer der Tod usw eintritt, bestellt und postulationsfähig sein (BGH 10.2.1999 – XII ZR 81/98 [Greger MDR 2001, 486]). Da die Vertretungsbefugnis des ProzBev den Tod der Partei überdauert (§ 86) und die Zeit **bis zur Einlegung des Rechtsmittels** noch der unteren Instanz zugerechnet wird (RGZ 68, 247, 256), tritt auch dann keine Unterbrechung ein, wenn die Partei nach Verkündung oder Zustellung des Urteils, aber noch vor Einlegung des Rechtsmittels verstirbt und noch keinen für die 2. Instanz vertretungsberechtigten RA bestellt hat (BGH NJW 81, 686, 687). Dagegen tritt Unterbrechung ein, wenn nach Einlegung des Rechtsmittels der Gegner stirbt, ohne RA für die Rechtsmittelinstanz bestellt zu haben (BGHZ 2, 227, 229). – Der RA darf das Mandat im Zeitpunkt des Todes der Partei noch nicht **niedergelegt** haben (BGHZ 43, 137 = NJW 65, 1019; für Niederlegung nach dem Tod der Partei [nur mögl durch Kündigung ggü Rechtsnachfolger; BGH 6.11.2002 – VIII ZB 60/02] gilt § 87). Der im **PKH-Verf beigeordnete** RA (selbst wenn von der Partei vorgeschlagen) hindert die Unterbrechung erst, wenn ihm ProzVollmacht erteilt ist (BGHZ 2, 227 = NJW 51, 802).

2a Keine Anwendung findet § 246 bei **nicht auf einer Prozessvollmacht beruhender Vertretung**, da es hier an einer Fortwirkung nach § 86 fehlt. Daher Unterbrechung bei Selbstvertretung des RA iSv § 78 IV (BGHZ 111, 104, 107) auch wenn ein Vertreter nach § 53 BRAO bestellt war (BGH NJW-RR 2018, 567), sowie bei ges Vertretung (OLGR Köln 2003, 173: RA als Betreuer).

2b **4) Wirkung.** Das Verf geht ohne Unterbrechung weiter, ist jedoch auf Antrag (**Formulierungsvorschlag:** Vorwerk/Fullenkamp, PFB, M 31.2) auszusetzen, außer wenn der Unterbrechungsgrund bereits weggefallen ist (BGH 10.11.2016 – I ZR 101/16; OLG Düsseldorf MDR 2015, 1205; St/Roth Rn 1). Bei Eintritt der Prozessunfähigkeit oder Wegfall des ges Vertreters enthebt § 246 aber nicht der Notwendigkeit, die ordnungsgemäße ges Vertretung zu prüfen (St/Roth Rn 10; WSch/Gerken Rn 10; aA BGHZ 121, 263, 265; s § 86 Rn 12 mwN). Zur Wirkung einer Vorsorgevollmacht s § 51 Rn 3a.

3 **5) Antrag auf Aussetzung.** Er kann in allen Fällen vom **Prozessbevollmächtigten** gestellt werden (**Formulierungsvorschlag:** Vorwerk/Fullenkamp, PFB, M 31.2). Die vertretene Partei oder deren Streitgehilfe haben kein Antragsrecht (BAG NJW 2021, 874). Zur Zuständigkeit s § 248. In der (unrichtigen) Mitteilung des ProzBev an das Gericht, der Mandant sei verstorben, das Verf mithin unterbrochen, liegt noch kein Antrag auf Aussetzung (BGH VersR 93, 1375). Antragsrecht ist zeitl nicht begrenzt (BAG NJW 2021, 874).

4 Der **Gegner** ist ebenfalls antragsberechtigt bei Tod der Partei (nicht auch ihres ges Vertreters, RGZ 14, 436) u bei Nacherbfolge, um sich Klarheit über die Rechtsnachfolge verschaffen zu können. Dies gilt auch, wenn die Erben der verstorbenen Partei erklären, den Rechtsstreit aufzunehmen (RGZ 36, 403), sofern der Gegner ein rechtl Interesse an der Aussetzung hat (zB bei Streit über die Erbfolge; BGH WM 82, 1170; OLG Schleswig FamRZ 2013, 1752).

5 **6) Entscheidung.** Anordnung der Aussetzung durch Beschluss (s § 248 II). Kein Ermessen (BAG NJW 2021, 874); auch bei Unzulässigkeit des eingelegten Rechtsmittels oder der Klage keine Ablehnung des Antrags wegen Rechtsmissbrauchs (St/Roth Rn 6; aA OLG Nürnberg ZZP 64 [1951], 387 [Rosenberg]; offenlassend BGH NJW 2000, 1199).

6 Bei **Ablehnung der Aussetzung** sof Beschw (s § 252). Anfechtbar auch Terminsbestimmung ohne Ablehnungsbeschluss (s § 252 Rn 3).

7 **7) Dauer der Aussetzung (§ 246 II). Eintritt** ihrer Wirkungen (§ 249) nicht bereits mit der Antragstellung, sondern *erst mit der Verlautbarung* der Anordnung (BGH NJW 87, 2379; BGH NJW-RR 2011, 1282: auch fernmündl durch GeschSt). Daher wird eine zwischen Antrag und verlautbarter Anordnung ablaufende Frist noch nicht berührt (BGH NJW 87, 2379). – **Ende** mit Aufnahme des Verf (§§ 250, 239, 241-243), dann Terminsbe-

stimmung vAw (§ 216). Bei Tod und Nacherbfolge sind Aufnahmeschriftsatz und Ladung den Rechtsnachfolgern bzw Nacherben mit Aufforderung zur Bestellung eines RA zuzustellen, desgl dem ProzBev, den der Verstorbene für die betr Instanz bestellt hatte (RGZ 71, 155, 160).

§ 247 Aussetzung bei abgeschnittenem Verkehr

Hält sich eine Partei an einem Ort auf, der durch obrigkeitliche Anordnung oder durch Krieg oder durch andere Zufälle von dem Verkehr mit dem Prozessgericht abgeschnitten ist, so kann das Gericht auch von Amts wegen die Aussetzung des Verfahrens bis zur Beseitigung des Hindernisses anordnen.

1) Anwendungsbereich. Gilt (im Partei- und Anwaltsproz) **bei Behinderung der Partei** oder ihres notw Streitgenossen (RGZ 106, 142), nicht bei Behinderung des ProzBev (St/Roth Rn 2), Zeugen (§ 356) oder Gerichts (§ 245). Bei Behinderung einzelner (nicht notw) Streitgenossen: § 145. 1

2) Voraussetzungen. Die Partei muss aus von ihr nicht zu vertretenden objektiven Gründen an der Ausübung ihrer prozessualen Rechte (zB § 137 IV; KG NJW 62, 542) behindert sein, zB infolge von Krieg, Unruhen, Naturkatastrophen, auch Friedenseinsatz der Bundeswehr (St/Roth Rn 3; aA MK/Stackmann Rn 3; OLG Zweibrücken NJW 99, 2907). Nur in der Person der Partei liegende Hinderungsgründe (zB selbst herbeigeführte Nichterreichbarkeit durch Auslandsreise) genügen nicht, ebenso bloße Kommunikationserschwernis (St/Roth Rn 3), zB durch Quarantäne (AG/Becker Rn 3). 2

3) Verfahren. Aussetzung wird auf Antrag oder vAw durch Beschluss (mündl Verh nicht erforderl, § 248 II) angeordnet. Bei Vorliegen der Voraussetzungen kein Ermessen (St/Roth Rn 5). – Zur Fortsetzung des Rechtsstreits erneuter Gerichtsbeschluss erforderl, der das Ende der Aussetzung feststellt, soweit nicht durch Tätigwerden der behinderten Partei Ende offenkundig. 3

§ 248 Verfahren bei Aussetzung

(1) Das Gesuch um Aussetzung des Verfahrens ist bei dem Prozessgericht anzubringen; es kann vor der Geschäftsstelle zu Protokoll erklärt werden.

(2) Die Entscheidung kann ohne mündliche Verhandlung ergehen.

1) Antrag. Er kann schriftl oder zu Protokoll jedes AG (§ 129a) ohne Anwaltszwang (I Hs 2 iVm § 78 III) gestellt werden. **Zuständig** ist das ProzGericht, auch nach Urteilserlass bis zur Rechtsmitteleinlegung (BGH NJW 77, 718). 1

2) Entscheidung. Sie ergeht durch Beschluss, ggf mit Angabe des Aussetzungsgrundes; wegen Möglichkeit sof Beschwerde (§ 252) Zustellung gem § 329 II. Zur Wirkung der Kundgabe des Beschlusses s § 246 Rn 7. 2

3) Gebühren. S § 239 Rn 19. 3

§ 249 Wirkung von Unterbrechung und Aussetzung

(1) Die Unterbrechung und Aussetzung des Verfahrens hat die Wirkung, dass der Lauf einer jeden Frist aufhört und nach Beendigung der Unterbrechung oder Aussetzung die volle Frist von neuem zu laufen beginnt.

(2) Die während der Unterbrechung oder Aussetzung von einer Partei in Ansehung der Hauptsache vorgenommenen Prozesshandlungen sind der anderen Partei gegenüber ohne rechtliche Wirkung.

(3) Durch die nach dem Schluss einer mündlichen Verhandlung eintretende Unterbrechung wird die Verkündung der auf Grund dieser Verhandlung zu erlassenden Entscheidung nicht gehindert.

I) Anwendungsbereich. § 249 I, II gilt für alle Fälle der Unterbrechung und Aussetzung (allg dazu s vor § 239 Rn 1 u § 148 Rn 2 ff), jedoch nur teilw für das Ruhen des Verf (s § 251 Rn 1). Zu III s Rn 8. Wegen der betroffenen Verfahrensarten s vor § 239 Rn 4. 1

II) Wirkung. 1) Fristen (§ 249 I). Alle *prozessualen* Fristen (s vor § 214 Rn 2 ff) mit Ausnahme der uneigentl (s vor § 214 Rn 6; RGZ 122, 54) hören auf zu laufen (zum Zeitpunkt s § 246 Rn 7) und beginnen mit der Aufnahme (§ 250) des Verf neu. Nicht anwendbar ist § 249 auf *materielle* Fristen (BGH NJW 63, 2019; BGH VersR 82, 651). Die Hemmung der Verjährung besteht weiter; sie endet aber, wenn die Parteien das Verf nach Wegfall 2 des Unterbrechungs- oder Aussetzungsgrundes nicht weiter betreiben, 6 Monate nach dem Wegfall (§ 204 II 2, 1 BGB; BGHZ 208, 227 Tz 37). – Bei Eintritt der Unterbrechung und Aussetzung **noch nicht begonnene Fristen** beginnen auch erst nach Aufnahme zu laufen, zB die Rechtsmittelfrist bei Unterbrechungseintritt vor Zustellung eines verkündeten Urteils (BGHZ 111, 104 = MDR 90, 702, 703). – Mit **festem Endtermin** gesetzte richterl **Frist** (s vor § 214 Rn 5) entfällt mit der Unterbrechung und ist nach deren Ende neu festzusetzen (BGHZ 64, 1, 4 = NJW 75, 692). – Wurde eine ges Frist bereits vor der Unterbrechung **verlängert**, läuft ab Aufnahme (zunächst) wieder die ges Frist (so BGHZ 64, 1, 5 für den Fall einer Datumsfrist; dies muss jedoch auch bei der nach einem Zeitraum bemessenen Verlängerung gelten; aA St/Roth Rn 7 mwN; von BGHZ 64, 1, 4 offen gelassen). Endet die gesetzte Frist nach der Unterbrechung, so ist die vor Fristablauf vorgenommene Prozesshandlung aber auch ohne erneute Fristfestsetzung rechtzeitig (BGH NJW 67, 1420). – **Nach Aufnahmestreit** (s § 239 Rn 12) beginnt Rechtsmittelfrist für das in der Hauptsache ergangene Urteil gegen den Rechtsnachfolger erst mit Zustellung des seine Rechtsnachfolge bestätigenden Zwischen- bzw Ergänzungsurteils (St/Roth Rn 6 mwN).

3 **2) Prozesshandlungen der Parteien (§ 249 II). a)** Stets wirksam sind alle **den Stillstand des Verf als solchen betr Prozesshandlungen** (BGH NJW 97, 1445), zB die Geltendmachung der Unterbrechung und die Anfechtung der Aussetzung, sowie Handlungen bzgl der (nicht ihrerseits unterbrochenen) **Nebenverf**, da diese nicht „in Ansehung der Hauptsache" vorgenommen werden (MskV/Stadler Rn 3).

4 **b) Prozesshandlungen einer Partei ggü der anderen**, die die Hauptsache betreffen, sind, soweit während der Unterbrechung oder Aussetzung vorgenommen, ohne rechtl Wirkung (zB Zustellungen nach § 195). Die Wirkungslosigkeit ist relativ (nur ggü der anderen Partei), der Gegner kann sie durch Rügeverzicht wirksam machen, denn sie sind nicht nichtig (St/Roth Rn 9). Daher wirksam der dem Gegner erklärte und von diesem angenommene Rechtsmittelverzicht (BGHZ 4, 314, 320 = NJW 52, 705). – Die relative Unwirksamkeit der Prozesshandlung ist nicht vAw zu beachten, weil **Genehmigung** gem § 295 mögl (RGZ 51, 94, 97), solange die Unwirksamkeit nicht zum Gegenstand einer gerichtl Entscheidung gemacht oder eine wirksame Neuvornahme erfolgt (RGZ 27, 350, 353) ist. Genehmigen kann nur der Gegner des unterbrochenen oder ausgesetzten Verf, bei Unterbrechung durch Eröffnung des InsVerf nur der InsVerwalter, wo einer der Streitgenossen iSd § 247 abgeschnitten ist, nur dieser. Bloße Aufnahme (§ 250) ist noch nicht Genehmigung, weil Rüge bis zur mündl Verh nachholbar (§ 295), soweit mündl Verh geboten.

5 **c) Prozesshandlungen ggü dem Gericht** sind wirksam, sofern nur die Prozesshandlungsbefugnis der erklärenden Partei durch den Grund der Unterbrechung (so zB durch Eröffnung des InsVerf, Wegfall der Prozessfähigkeit) nicht berührt wurde. Wirksam ist daher insb die **Rechtsmitteleinlegung** (BGHZ 50, 397; BGH NJW 97, 1445); sie bildet nach der Aufnahme die Grundlage für das Rechtsmittelverf (BGH NJW 98, 2364). Die gerichtl verfügte Zustellung der Rechtsmittelschrift wird aber nur unter den Voraussetzungen des § 295 wirksam (St/Roth Rn 12 f mwN). Wirksam ist Rücknahme der Klage (OLG Celle ZIP 2011, 2127) oder eines Rechtsmittels (BGHR ZPO § 249 Abs 2 Prozesshandlung 1).

6 **d)** Auch **Prozesshandlungen ggü Dritten** (zB Prozessvollmacht) sind während der Unterbrechung oder Aussetzung wirksam (St/Roth Rn 8).

7 **3) Prozesshandlungen des Gerichts.** Solche (zB Ladungen, Zustellungen; wegen Entscheidungen s Rn 8 ff), die die Hauptsache betreffen, sind während der Unterbrechung oder Aussetzung beiden Parteien ggü wirkungslos (BGHZ 111, 104, 107 = NJW 90, 1854, 1855). Zustellung einer Klageerweiterung betrifft nicht die Hauptsache; ggf gesonderte Entscheidung über die Aussetzung (BAG NJW 2016, 424 Tz 23 ff).

8 **4) Entscheidungen. a) Auf Grund mündlicher Verhandlung ergehende (§ 249 III).** Ihre Verkündung ist während der Unterbrechung (nicht auch Aussetzung und Ruhen des Verf: BGHZ 43, 136 = NJW 65, 1019; BGHZ 225, 51 = MDR 2020, 621) noch zulässig (und geboten: kein Ermessen), soweit der Schluss der mündl Verh (s § 136 Rn 4) vor Eintritt der Unterbrechung erfolgte, weil hier die Unterbrechung die zur Vornahme von Prozesshandlungen nicht mehr befugten Parteien nicht mehr berührt, es sei denn dass noch Schriftsatzfrist lief (BGH NJW 2012, 682) oder Wiedereröffnung nach § 156 geboten ist (MK/Stackmann Rn 24). Im **schriftlichen Verfahren** entspricht dem der Zeitpunkt nach § 128 II 2 (BFH NJW 91, 2792; St/Roth Rn 18). Zur Zulässigkeit von Teilentscheidungen bei Streitgenossenschaft s § 301 Rn 6, 13, 16; BGH FamRZ 2024, 1642.

9 **b) Entscheidungen, die ohne mündliche Verhandlung ergehen können**, sind zulässig, wenn vor Eintritt der Unterbrechung alle erforderlichen Prozesshandlungen vorgenommen wurden und keine Fristen mehr laufen (zu Zurückweisung der NZB s BGH ZInsO 2019, 385; Verwerfung eines vor der Unterbrechung bereits unzulässigen Rechtsmittels (BGH MDR 2014, 109). Auch Entscheidungen über **Vor- oder Nebenfragen** sind zulässig, wenn keine Anhörung mehr erforderl ist (s zu Gerichtsstandsbestimmung BGH NJW 2022, 2936 Tz 36, PKH BGH NJW 66, 1126, Vollstreckungsschutz BGH NJW 2001, 375, Kostenerinnerungsverf OLG Jena OLG-NL 97, 23). Zu **Streitwertbeschwerde** s BGH MDR 2000, 168, OLG München MDR 2023, 1271; zu **Verweisung** wegen Unzuständigkeit s § 281 Rn 3.

10 **c) Unzulässige Entscheidungen**, dh *solche*, die nach Vorstehendem nicht ergehen durften, sind nicht nichtig, aber relativ unwirksam (**§ 249 II**) u daher (auch ohne sonstige Beschwer; BGH FamRZ 2018, 1347, 1352 [Hau]) mit den üblichen Rechtsbehelfen anfechtbar (BGH MDR 2009, 1000: auf Einspruch gegen VU Aufhebung durch

Zwischenurteil nach § 303). Die hierauf gestützte Anfechtung kann, ebenso wie die Entscheidung des oberen Gerichts hierüber, während der Unterbrechung erfolgen (BGHZ 66, 59, 62; BGH NJW 97, 1445) und rechtfertigt die Zurückverweisung gem § 538, soweit dessen Voraussetzungen erfüllt sind (zu weitgehend OLG Oldenburg MDR 2005, 836). Eine Anfechtung durch den InsVerwalter ist auch unter Vorbehalt der Aufnahme des Rechtsstreits mögl (BGH NJW 97, 1445). Ist gegen die Entscheidung (zB des Revisionsgerichts) kein Rechtsmittel gegeben, verbleibt es bei deren Rechtskraft (BGH KTS 2005, 99 [abl Pobuda]: Gegenvorstellung, Wiederaufnahme).

III) Gebühren. S § 239 Rn 19. 11

§ 250 Form von Aufnahme und Anzeige

Die Aufnahme eines unterbrochenen oder ausgesetzten Verfahrens und die in diesem Titel erwähnten Anzeigen erfolgen durch Zustellung eines bei Gericht einzureichenden Schriftsatzes.

1) Anwendungsbereich. Die **Aufnahme** ist als Prozesshandlung mit unmittelbarer Gestaltungswirkung nötig 1
in den Fällen der Unterbrechung gem §§ 239, 240, 242, 243 (nur bei Nachlassinsolvenz) u der Aussetzung gem § 246. In den übrigen Fällen setzt die Fortführung des Verf eine **Anzeige** voraus (§ 241, § 243 Alt 1 u 2, § 244). Keine Aufnahme, wo Aussetzung befristet oder wo das Gericht das Verf vAw fortsetzen darf, weil das die Aussetzung bedingende Ereignis (zB durch die rkr Entscheidung des vorgreifl Verf bei § 148; BGH NJW 89, 1729 = MDR 89, 540) weggefallen ist; in diesen Fällen beginnen die unterbrochenen Fristen (§ 249) auch ohne (allenfalls deklaratorische) Aufnahmeerklärung wieder zu laufen. Zur Aufnahme im Revisions- u NZB-Verf s BGHZ 195, 233 = NJW 2012, 3725. – Bei Unterbrechung durch ausl InsVerf gilt auch für die Aufnahme die **lex fori** (Art 15 EuInsVO; BGH NJW-RR 2013, 1267). – **Teilaufnahme** mögl, soweit über aufgenommenen Teil durch Teilurteil entschieden werden könnte (BGH FamRZ 2018, 1347, 1351 [Hau]).

2) Befugnis zur Aufnahme. Sie ergibt sich aus dem jew Unterbrechungstatbestand (zu Erben s § 239 Rn 8 ff, zu 2
Insolvenz s § 240 Rn 9 ff). Gegner hat bei Verzögerung der Aufnahme Ladungs- bzw Anzeigerecht nach § 239 II, § 241 I, § 244 II. Einfache Streitgenossen können jeder für sich, notwendige Streitgenossen nur gemeinsam aufnehmen (§ 62).

3) Form der Aufnahme. Schriftsatz (beim AG §§ 496, 129a), der, auch ohne ausdrückl Erklärung, den Willen 3
zur Fortsetzung zweifelsfrei erkennen lassen muss (BGH NJW 95, 2171; BGH FamRZ 2018, 1347, 1352 [Hau]). Anwaltszwang gem § 78, jedoch lässt BGH MDR 2011, 1491 im NZB-Verf Aufnahme durch zweitinstanzl ProzBev genügen. Die Aufnahme kann in Verbindung mit einer anderen Prozesshandlung (zB Rechtsmittel BGHZ 111, 104, 109 = NJW 90, 1854; nicht bereits PKH-Gesuch hierfür, BGH NJW 70, 1790) erfolgen, wenn darin Wegfall des Unterbrechungs- bzw Aussetzungsgrundes zumindest behauptet wird (**Formulierungsvorschlag:** Vorwerk/Fullenkamp, PFB, M 31.1). Nicht ausreichend aber bloße sonstige Prozesshandlung (§ 249 II), zB Zustellung eines Urteils (RGZ 41, 403), Mitteilung des Abwicklers vom Tod des RA (OLG Köln VersR 73, 161), oder Parteivereinbarung (RGZ 66, 400). Da mangelhafte Aufnahme gem § 295 heilbar ist, genügt bei Anwesenheit beider Parteien vor Gericht mündl Aufnahme zu Protokoll (BGHZ 50, 397, 399 f = NJW 69, 49).

4) Gericht und Verfahren. Zur Entgegennahme zuständig ist das Prozessgericht, bei mit Rechtsmittel verbun- 4
dener Aufnahme das obere Gericht, auch wenn die Unterbrechung bereits in der Vorinstanz nach Verkündung, aber vor Zustellung des Urteils eingetreten war (BGHZ 111, 104, 109). Gericht stellt den Schriftsatz dem Gegner, ggf dem InsVerwalter (s § 240 Rn 12) vAw förml zu. Zustellungsmängel heilbar nach §§ 189, 295. **Entscheidung:** s § 239 Rn 11 ff. Bei Streit über Wirksamkeit der Aufnahme Zwischenurteil bzw (im Beschwerdeverf) -beschluss (BGHZ 195, 233 = NJW 2012, 3725).

§ 251 Ruhen des Verfahrens

[1]Das Gericht hat das Ruhen des Verfahrens anzuordnen, wenn beide Parteien dies beantragen und anzunehmen ist, dass wegen Schwebens von Vergleichsverhandlungen oder aus sonstigen wichtigen Gründen diese Anordnung zweckmäßig ist. [2]Die Anordnung hat auf den Lauf der in § 233 bezeichneten Fristen keinen Einfluss.

I) Bedeutung. Da das Gericht den Prozess vAw zu betreiben hat (§ 216), darf bloße Inaktivität der Parteien 1
nicht zu einem Stillstand des Verf führen. Ein solcher (zB für außergerichtl Vergleichsverh sinnvoller) Stillstand kann aber durch einen auf übereinstimmenden Antrag ergehenden Ruhensbeschluss herbeigeführt werden (S 1). Die Anordnung wirkt sich nicht auf die in § 233 genannten Fristen (Notfristen u Rechtsmittelbegründungsfristen) aus (S 2); der Ruhensantrag enthält nicht zugleich einen Verlängerungsantrag (BGH MDR 2010, 164). Sonst Wirkung wie § 249 I u II (s § 249 Rn 2 ff). § 249 III ist nicht entspr anwendbar (BGHZ 43, 136 =

NJW 65, 1019). Keine Auswirkung auf Rechtshängigkeit (s § 261 Rn 7). Kostenfestsetzungsverf wird vom Ruhen der Hauptsache nur bei entspr Parteiwillen erfasst (OLG Naumburg MDR 94, 514).

1a Erhebl Bedeutung hat das Nichtbetreiben des Prozesses für die **Hemmung der Verjährung:** 6 Monate nach der letzten Verfahrenshandlung läuft die Verjährungsfrist weiter (§ 204 II 2 BGB). Dies gilt auch, wenn das Gericht (prozessordnungswidrig) keine Ruhensanordnung erlassen, aber mit ausdrückl oder konkludent erklärtem Einverständnis des Kl von einer Terminsbestimmung auf unbestimmte Zeit abgesehen hat (BGH NJW 2013, 1666; BGH NJW-RR 2005, 606). Nach fragwürdiger Rspr des BGH soll § 204 II 2 BGB aber nicht anwendbar sein, wenn der Kl für das Ruhenlassen einen triftigen Grund hat (BGH NJW 2009, 1598, 1600 mwN; aA Erman/Schmidt-Räntsch § 204 BGB Rn 55a). Dies wurde zB bejaht für das Abwarten des Ausgangs des Rechtsmittelverf gegen ein Teilurteil (BGH NJW 2001, 218), verneint für außergerichtl Vergleichsverh (BGH NJW 2009, 1598, 1600); in diesem Fall aber Hemmung nach § 203 BGB, wenn die Parteien tatsächl verhandeln.

2 **II) Verfahren. 1) Anordnung. a)** Nur auf **Antrag** (**Formulierungsvorschlag:** Vorwerk/Fullenkamp, PFB, M 31.7) beider Parteien (auch Streithelfer, sofern kein Widerspruch zur Hauptpartei, BGH 27.6.2023 – II ZR 86/22, juris); vAw nur nach § 251a III, § 278 IV, § 278a II. Antrag kann in mündl Verh oder schriftl gestellt werden, beim AG auch zu Protokoll (§ 496). Anwaltszwang nach § 78. Ausreichend auch Antrag einer Partei mit Zustimmung der anderen; diese Zustimmung muss nicht gegenüber dem Gericht erklärt werden und unterliegt daher nicht dem Anwaltszwang (BGH 8.2.2022 – VIII ZR 321/21). Antrag kann bis zum Beschluss widerrufen werden.

2a **b) Zweckmäßigkeit.** Mit Rücksicht auf die Förderungspflicht der Parteien *und* des Gerichts müssen wichtige Gründe vorliegen, zB Verh über gütl Einigung, Abwarten von Ergebnis eines anderen Verf. Dieses Erfordernis entfällt, wenn sich Parteien vor streitiger Verh nach §§ 251a, 278 IV verhalten. Ausgeschlossen ist Ruhensanordnung wegen Eilbedürftigkeit im Arrest- u einstw Verfügungsverf (AG/Becker Rn 5). Zum sBV s vor § 485 Rn 6. Bei Klagehäufung uU Trennung nach § 145.

3 **c) Entscheidung** durch zu verkündenden oder formlos mitzuteilenden Beschluss (§ 329 II), evtl verbunden mit Terminsabsetzung (§ 227); diese allein genügt nicht (St/Roth Rn 8). Anordnung kann auf Antrag befristet (OLG Köln MDR 96, 417), nicht von Bedingung (zB Scheitern von Mediation; OLG Oldenburg MDR 2008, 763) abhängig gemacht werden.

4 **2) Beendigung.** Ruhen endet mit Ablauf der Befristung oder durch Aufnahme (s § 250 Rn 3 f) seitens einer Partei. Bei Wegfall des Anordnungsgrundes (s Rn 2a) auch durch Aufhebungsbeschluss (RSchwab/Gottwald § 128 Rn 4; ThP/Hüßtege Rn 6; aA St/Roth Rn 11).

5 **3) Rechtsbehelf.** Gegen Ablehnung des beiderseitigen Antrags steht jeder Partei sof Beschwerde nach § 252 zu (s § 252 Rn 3), gegen Anordnung des Ruhens nur bei Fehlen solchen Antrags (sonst keine Beschwer; St/Roth Rn 8). IÜ besteht Möglichkeit der Aufnahme (s Rn 4).

6 **III) Gebühren. 1) Gericht:** Anordnung des Ruhens und Wiederaufnahme des Verf sind gerichtsgebührenfrei. Nach der Wiederaufnahme eines ruhenden Verf wird keine neue Geb für das Verf im Allg erhoben (§ 35 GKG). – **2) RA:** keine Antragsgeb. Terminsgeb (3104, 3105 RVG-VV) vor und nach dem Ruhen werden nicht addiert (§ 15 II RVG). Das Ruhen nach § 251 ist keine Erledigung iSv § 15 V 2 RVG, so dass auch nach 2 Jahren Ruhen keine neue Angelegenheit vorliegt (OLG Köln AGS 2011, 321).

§ 251a Säumnis beider Parteien; Entscheidung nach Lage der Akten

(1) Erscheinen oder verhandeln in einem Termin beide Parteien nicht, so kann das Gericht nach Lage der Akten entscheiden.

(2) [1]Ein Urteil nach Lage der Akten darf nur ergehen, wenn in einem früheren Termin mündlich verhandelt worden ist. [2]Es darf frühestens in zwei Wochen verkündet werden. [3]Das Gericht hat der nicht erschienenen Partei den Verkündungstermin formlos mitzuteilen. [4]Es bestimmt neuen Termin zur mündlichen Verhandlung, wenn die Partei dies spätestens am siebenten Tage vor dem zur Verkündung bestimmten Termin beantragt und glaubhaft macht, dass sie ohne ihr Verschulden ausgeblieben ist und die Verlegung des Termins nicht rechtzeitig beantragen konnte.

(3) Wenn das Gericht nicht nach Lage der Akten entscheidet und nicht nach § 227 vertagt, ordnet es das Ruhen des Verfahrens an.

1 **I) Bedeutung.** Die Vorschrift ist Ausdruck der Prozessförderungspflicht. Parteien und Gericht können einen Rechtsstreit nicht durch Inaktivität in der Schwebe lassen. Er muss entweder ordnungsgemäß zum Ruhen gebracht (§ 251) oder weiter betrieben werden. Entspr Handhaben gibt § 251a bei **beidseitiger Säumnis** der Parteien (zu einseitiger Säumnis s §§ 330 ff), dh bei Nichterscheinen (s vor § 330 Rn 4) oder Nichtverhandeln (s § 333) trotz *ordnungsgemäßer Ladung (Ladungsfrist:* § 217) zur mündl Verh über die Hauptsache (wegen Beweiserhebung s § 370 I) vor dem Prozessgericht und ordnungsgemäßen Aufrufs der Sache (s § 220 Rn 1 f). Auch wenn der Anwalt einer Partei kein VU beantragt, ist nach § 251a zu verfahren. § 332 (BGH NJW 64, 659) gilt entspr. **Mögli-**

che Vorgehensweisen des Gerichts: Es kann wahlw nach Aktenlage entscheiden (II), vertagen (s Rn 10) oder das Ruhen des Verf (s Rn 11) anordnen, nicht aber von jegl Entscheidung absehen. Die Aktenlageentscheidung kann unter bestimmten Voraussetzungen (s Rn 2 ff) als instanzbeendendes kontradiktorisches Urteil ergehen.

II) Entscheidung nach Aktenlage (§ 251a II). 1) Art der Entscheidung. Ein **Urteil** kann ergehen, wenn der vorliegende Akteninhalt (Schriftsätze, Protokolle, Urkunden, Gutachten usw) Entscheidungsreife des Rechtsstreits insgesamt (§ 300 I) oder zumindest für ein Teil-, Vorbehalts- oder Zwischenurteil (§§ 301 ff) begründet (BVerfG MDR 85, 817 = NJW 85, 3005, 3006). Anderenfalls kommen nur **prozessleitende Entscheidungen**, insb Beweisbeschlüsse, in Betracht. Bes Verkündungstermin muss nur bei Urteil angesetzt werden (II 2; s Rn 6); außerdem muss vor dem Urteilserlass bereits mündl verhandelt worden sein (II 1; s Rn 4). 2

2) Grundlage der Entscheidung. Wie im schriftl Verf (§ 128 II) ist der gesamte Akteninhalt (Schriftsätze, Protokolle, Urkunden, Gutachten) zu berücksichtigen, soweit er bis zum versäumten Termin (sein Beginn entspricht hier dem Schluss der mündl Verh iSv § 296a) vorliegt. Sachanträge (s § 270 Rn 2) müssen dem Gegner zugestellt, sonstige Schriftsätze ihm rechtzeitig iSv §§ 132, 335 I Nr 3 mitgeteilt sein (MK/Stackmann Rn 11). Bei Nichtbestreiten des rechtzeitig Mitgeteilten gilt Geständniswirkung des § 138 III wie im schriftl Verf (MskV/Stadler Rn 3; AG/Becker Rn 13; aA St/Roth Rn 12). Eine Zurückweisung verspäteten Vorbringens nach § 296 ist nicht mögl, weil entweder durch die Vertagung der früheren Verh die Verspätungswirkung entfallen ist (RGZ 132, 330, 338; St/Roth Rn 12) oder die Entscheidungsreife fehlt. Das Ergebnis einer noch vor der Fortsetzung der mündl Verh durchgeführten Beweisaufnahme (vgl § 370 I) ist zu verwerten, weil diese nach § 367 I keine Anwesenheit der Parteien voraussetzt (BGH NJW 2002, 301). 3

3) Besonderheiten bei Urteil nach Aktenlage. a) Vorangegangene mündliche Verhandlung (§ 251a II 1). Sinn dieser Voraussetzung ist, dass die Parteien ihre Standpunkte wenigstens einmal mündl vortragen konnten, nicht notwendig vor dens Richtern iSd § 309 (RGZ 132, 330, 336; St/Roth Rn 13). Streitige Verh vor Zurückverweisung (§§ 538, 563) genügt (RGZ 149, 157, 161; BAG MDR 2015, 41). Nicht ausreichend ist streitige Verh im Vorverf bei Säumigkeit im Nachverf (§ 600), wohl aber Verh vor dem ER in der Berufungsinstanz bei Säumnis im Senatstermin (OLG Karlsruhe MDR 95, 637). Bei Klageänderung oder -erweiterung muss die frühere streitige Verh den gesamten Urteilsgegenstand umfassen (RG JW 30, 141: wenigstens Klage*grund*; OLG Düsseldorf NJW-RR 94, 892: nicht bzgl erhöhten Zinsanspruchs). Verspätetes schriftl Vorbringen (§ 132) schließt, soweit entscheidungserhebl, Urteil aus (§ 335 I 3 entspr; s aber Rn 5 zur Nichtanwendbarkeit des § 296). Nicht ausreichend, dass die Parteien früher in getrennten Terminen Sachanträge gestellt hatten, denn das ist keine „Verh" (St/Roth Rn 13; RSchwab/Gottwald § 107 Rn 12). Auch Güteverh nach § 278 II reicht nicht (MK/Stackmann Rn 18). 4

Vorangegangenes **schriftliches Verfahren** mit Zustimmung der Parteien (§ 128 II) ersetzt mündl Verh (St/Roth Rn 15; offen lassend BGH LM § 128 Nr 8). Auch wenn die Notwendigkeit einer mündl Verh nach anderen Vorschriften entfällt (zB § 522 I, § 552), ist Urteil nach Aktenlage zulässig, sofern der Sachverhalt ausreichend geklärt ist (RGZ 159, 357, 360; RSchwab/Gottwald § 107 Rn 16; aA St/Roth Rn 15). 5

b) Formlose Mitteilung des Beschlusses, dass nach Aktenlage entschieden wird, und des Verkündungstermins (**§ 251a II 3**). Zustellung kann sich aber im Hinblick auf die befristete Abwendungsbefugnis (s Rn 7) empfehlen. Der Verkündungstermin ist auf mindestens 2 Wochen hinaus anzusetzen. Der Zeitraum rechnet ab Erlass, nicht ab Zugang der Mitteilung. Frühester Termin ist somit der entspr Wochentag der übernächsten Woche. Späterer Termin (§ 310 I 2) kann sinnvoll sein, um sicherzustellen, dass Partei den Abwendungsantrag (II 4) rechtzeitig stellen kann. – Beschluss nicht anfechtbar; dagegen Antrag nach II 4. 6

c) Abwendung der Urteilsverkündung (§ 251a II 4). Sie kann die im Verhandlungstermin nicht erschienene Partei, nicht auch die anwesende, aber nicht verhandelnde (St/Roth Rn 19; aA MK/Stackmann Rn 27), erreichen, indem sie Antrag auf neuen Termin zur mündl Verh stellt. **Antrag** muss spätestens am 7. Tag vor dem Verkündungstermin eingehen, gem § 222 also spätestens an dem Wochentag, der seiner Bezeichnung nach dem Verkündungstag in der folgenden Woche entspricht. Dem Antrag ist nur stattzugeben, wenn gleichzeitig die Gründe für nichtverschuldete Säumnis und unterlassenen Verlegungsantrag gem § 294 glaubhaft gemacht werden. Entschuldigungsgründe für Partei u deren Vertreter sind im Interesse der Verfahrensförderung streng zu prüfen (MK/Stackmann Rn 29), da zumindest rechtzeitige Mitteilung einer Verhinderung erwartet werden kann (weniger streng St/Roth Rn 19). Auch **ohne Antrag** hat das Gericht entspr § 335 vAw den Verkündungstermin aufzuheben und nach § 156 zu verfahren, wenn es nachträgl erkennt, dass die nicht erschienene Partei nicht ordnungsgemäß geladen war. Wird bekannt, dass die Mitteilung des Verkündungstermins die Partei nicht rechtzeitig vor Beginn der 7-Tages-Frist erreicht hat, ist ebenfalls vAw neuer Termin zu bestimmen (§ 156 II Nr 1 aE). – Die **Zurückweisung** des Abwendungsgesuchs erfolgt (ohne Zwischenentscheidung) im Urteil und ist nur mit Rechtsmittel gegen dieses anfechtbar. 7

d) Das verkündete Urteil ist **Endurteil**. Es ergeht *„nach Lage der Akten am …* (Tag des versäumten Termins, nicht der Verkündung)". Dieser Tag entspricht dem „Schluss der mündl Verh" iS § 296a, § 323 II, § 767 II. 8

e) Für die **Besetzung der Richterbank** beim Urteil gilt § 309 nicht (s § 309 Rn 6). Daher entscheidet das Kollegium in der sich aus der Geschäftsverteilung ergebenden Besetzung, die mit der Terminsbesetzung nicht notwendig identisch sein muss. 9

10 **III) Alternativen zur Entscheidung nach Aktenlage (§ 251a III). 1) Vertagung.** Setzt voraus, dass ein erhebl Grund nach § 227 I vorliegt (näher s dort). Ladung uU nach § 218 entbehrl. Zur Ladungsfrist s § 217 Rn 2.

11 **2) Ruhen des Verfahrens.** Kann abw von § 251 ohne Parteianträge beschlossen werden, wenn weder Entscheidung nach Aktenlage noch Vertagung in Betracht kommt. Mögl auch, wenn erschienene Partei nur Ruhensantrag stellt, denn dies ist kein Sachantrag und damit kein Verhandeln iSd I (vgl OLG Köln MDR 91, 896). **Keine Beschwerde** (OLGR Zweibrücken 2000, 564; MK/Stackmann Rn 37; PG/Anders Rn 7; WSch/Gerken Rn 30; aA OLG Köln NJW-RR 92, 1022; St/Roth Rn 24; MskV/Stadler Rn 6). Parteien können **Aufnahme** beantragen (s § 251 Rn 4). Da Ungehorsamssanktion (BTDrs 14/4722, 80), sollte auch trotz Wegfalls der 3-Monats-Sperrfrist nach § 251 II aF anderen Verf bei der Terminierung Vorrang gegeben werden. Wird Verf auf Dauer nicht betrieben, Weglegung der Akten nach 6 Monaten (§ 10 I 1 Nr 2 AktO) trotz fortbestehender Rechtshängigkeit. Zum Verjährungsrisiko s § 251 Rn 1a.

12 **IV) Gebühren. 1) Gericht:** Vertagung und Anordnung des Ruhens (III) sind gerichtsgebührenfrei. Für das Aktenlageurteil fällt keine Urteilsgeb an. – **2) RA:** Termingsgeb 3104 RVG-VV ist idR durch den früheren Termin schon verdient (II 1). War der RA zu diesem Zeitpunkt noch nicht bevollmächtigt, entsteht ihm im Termin die volle Terminsgeb (3104 RVG-VV), auch wenn die Gegenseite nicht anwesend/vertreten ist (MskV/Grandel Rn 7). – Keine bes Geb für den Antrag nach II 4.

§ 252 Rechtsmittel bei Aussetzung

Gegen die Entscheidung, durch die auf Grund der Vorschriften dieses Titels oder auf Grund anderer gesetzlicher Bestimmungen die Aussetzung des Verfahrens angeordnet oder abgelehnt wird, findet die sofortige Beschwerde statt.

1 **I) Bedeutung.** Zur Sicherung des Justizgewährungsanspruchs u der Dispositionsmaxime bietet § 252 den Parteien die Möglichkeit, einen Stillstand des Verf herbeiführende oder abl Entscheidungen mit einem Rechtsmittel überprüfen zu lassen. Dies beschränkt sich nicht auf Aussetzungen ieS (s Rn 3). Zum Rechtsbehelf gegen Untätigkeit des Gerichts, zB dilatorische Terminsbestimmung, s § 198 GVG Rn 1.

2 **II) Anwendungsbereich. 1) Anordnung oder Ablehnung einer Aussetzung.** Gilt für alle ges geregelten Fälle (insb §§ 148 ff, §§ 239 ff, § 10 KapMuG), nicht aber für Aussetzungen, die mit einer **Vorlage** an BVerfG oder EuGH verbunden sind (s § 148 Rn 2, 3a, 3b; OLG Stuttgart MDR 2022, 1499) sowie deren Ablehnung (OLG Naumburg AgrarR 95, 36). § 252 aber anwendbar, wenn wegen der Vorlage in einem *anderen* Verf (s § 148 Rn 3c) ausgesetzt wird (zu Vorlage an EuGH s BGH NJW 2025, 1421). – Wird über die Ablehnung einer beantragten Aussetzung erst im **Endurteil** entschieden, ist Überprüfung nur mittels Berufung zu erreichen (St/Roth Rn 2). Einer Überprüfung im Revisionsverf steht § 557 II entgegen, denn ein entspr Beschluss wäre gem § 574 I 1 Nr 2 nur bei Zulassung der (hier ausscheidenden) Rechtsbeschwerde anfechtbar (Hk-ZPO/Wöstmann Rn 2; aA BGHZ 196, 180 Tz 7 [in Widerspruch zu BGH NJW-RR 2007, 775 bezügl § 46 II]; BAG NJW 68, 1493 = AP § 148 ZPO Nr 1 [Baumgärtel obiter für Fälle echter Vorgreiflichkeit]; St/Roth Rn 2; MK/Stackmann Rn 8).

3 **2) Sonstige Entscheidungen.** Zur Ruhensanordnung s § 251 Rn 5. Auch auf andere Entscheidungen, die wie eine Aussetzung wirken, ist § 252 anzuwenden, zB Aufhebung eines Termins wegen vom Gericht angenommener Unterbrechung des Rechtsstreits, unangemessene Fristbestimmung nach § 356, Beweisbeschluss, der eine erst nach erhebl Zeitablauf durchführbare Beweisaufnahme anordnet (MskV/Stadler Rn 2), Ablehnung der Fortsetzung des Verf vor Rechtskraft eines Grundurteils (KG MDR 71, 588) oder Vorbehaltsurteils (§ 302). – Analoge Anwendung bei **Terminsbestimmung** entgegen einem Aussetzungs- oder gemeinsamen Ruhensantrag (OLG München NJW-RR 89, 64), nicht nur einem Terminverlegungsantrag (OLG Brandenburg MDR 2009, 406).

4 **III) Sofortige Beschwerde. 1) Zulässigkeit.** Sie richtet sich bei Beschluss von AG oder LG als 1. Instanz nach §§ 567, 569. Bei Beschluss des Berufungsgerichts Rechtsbeschwerde, wenn sie zugelassen wurde (§ 574); dies gilt auch bei Aussetzung nach § 10 KapMuG (aA contra legem Knops ZZP 135 [2022], 461 ff). Ablehnung der Aussetzung in Bezug auf einen Streitgenossen kann mangels Beschwer nicht angegriffen werden (OLG Koblenz VersR 92, 1536).

5 **2) Verfahren.** Nur Nachprüfung auf Ermessensfehler und Vorliegen des Aussetzungsgrunds (BGH NJW-RR 2021, 638 Tz 20; BGH MDR 2006, 704); dem Beschwerdegericht ist es daher verwehrt, im Rahmen dieser Beschwerde sein Ermessen an die Stelle des dem Erstgericht eingeräumten zu setzen (KG MDR 2007, 736) oder die Beurteilung der Sach- und Rechtslage durch das Erstgericht zu prüfen (OLGR Düsseldorf 1998, 83; OLG Celle NJW 75, 2208; St/Roth Rn 8), denn diese Prüfung bleibt dem Rechtsmittel gegen die spätere Sachentscheidung vorbehalten. – Nach stRspr des BGH **keine Kostenentscheidung**, da Verf Teil der Hauptsache u Kosten von der im Rechtsstreit unterliegenden Partei zu tragen (BGH NJW-RR 2021, 638 Tz 23 mwN; aA Herget s § 91 Rn 13.16).

6 **IV) Gebühren. 1) Gericht:** 1812 GKG-KV; Rechtsbeschwerde: 1826 GKG-KV; Ermäßigung: 1827 GKG-KV. – **2) RA:** 3500 RVG-VV; 3513 RVG-VV.

Buch 2
Verfahren im ersten Rechtszug (§§ 253-510b)

Abschnitt 1
Verfahren vor den Landgerichten (§§ 253-494a)

Titel 1
Verfahren bis zum Urteil (§§ 253-299a)

Vorbemerkungen zu §§ 253-299a

I) Gesetzessystematik. Buch 2 der ZPO (§§ 253-510b) regelt das **kontradiktorische Erkenntnisverf** 1. Instanz vor dem LG (§§ 253-494a) sowie Besonderheiten für das Verf vor dem AG (§§ 495-510b), dh das durch ein Rechtsschutzersuchen einer Partei (Klage, § 253) eingeleitete und auf eine bindende Entscheidung des Gerichts (Urteil, § 300) ausgerichtete Verf, in dem sich 2 Parteien (Kl u Bekl) als Gegner (kontradiktorisch) gegenüberstehen. Das davon zu unterscheidende Verf der freiw Gerichtsbarkeit ist im FamFG geregelt. Wegen der allg (ungeschriebenen) Verfahrensgrundsätze des kontradiktorischen Erkenntnisverf s vor § 128 Rn 2 ff. 1

II) Arten der Klage. Das Erkenntnisverf kennt als Arten der Klage die Leistungs-, Feststellungs- und Gestaltungsklage, entspr den mit diesen Klagen angestrebten Leistungs-, Feststellungs- und Gestaltungsurteilen (zum Streitgegenstand der einzelnen Klagearten s Einl Rn 71 ff). Nicht durch den prozessualen Inhalt bestimmte Klagearten, sondern ledigl bes Formen der Durchsetzung dieser 3 Klagearten sind dagegen die Widerklage (§ 33), die Stufenklage (§ 254), die Klage auf künftige Leistung (§§ 257-259), die Nichtigkeits- und die Restitutionsklage (§ 578), die Urkunden- und die Wechselklage (§§ 592 ff) sowie die Verbandsklage (§ 1 I VDuG, § 8 III UWG). 2

1) Leistungsklage. Sie dient der Durchsetzung eines mat-rechtl Anspruchs des Kl, vom Bekl ein Tun oder Unterlassen zu fordern, zB Zahlung, Erfüllung einer sonstigen vertragl Leistungspflicht, Herausgabe von Sachen (§§ 883-885), Vornahme von Handlungen (§§ 887-893), Abgabe von Willenserklärungen (§§ 894-898), Zustimmung zur Grundbuchberichtigung, Duldung (zB der ZwV § 1147 BGB), Unterlassung (§ 890) oder Freistellung. **Deckung** durch den Haftpflicht- oder Rechtsschutzversicherer kann, solange der zu erfüllende Anspruch nicht rechtskräftig feststeht, nur im Wege der Feststellungsklage geltend gemacht werden, da der Versicherer seiner Pflicht auf unterschiedl Weise nachkommen kann (BGH NJW 2014, 2038, 2039; Bauer NJW 2015, 1329; s § 256 Rn 25.15). 3

Kein notwendiges Merkmal der Leistungsklage ist die **Durchsetzbarkeit des Anspruchs** im Wege der ZwV. Daher ist in den Fällen des § 888 III trotz Ausschluss der ZwV das Rechtsschutzbedürfnis für eine Leistungsklage gegeben. 4

2) Feststellungsklage. Mit ihr begehrt der Kl die positive oder negative Feststellung des Bestehens oder Inhalts eines Rechtsverhältnisses oder der Echtheit einer ein Rechtsverhältnis bestimmenden Urk, § 256. Im Gegensatz zum Leistungsurteil enthält das Feststellungsurteil keinen Leistungsbefehl an den Sch, sondern erschöpft sich in der deklaratorischen Feststellung; es ist daher (abgesehen vom Kostenpunkt) der ZwV nicht zugängl. 5

Eine bes Form der Feststellungsklage ist die **Zwischenfeststellungsklage** des § 256 II, die es aus Gründen der Prozessökonomie ermöglicht, neben dem Leistungsbefehl eines Leistungsurteils auch die diesem Befehl zugrunde liegenden Rechtsgründe in Rechtskraft erwachsen zu lassen (s § 256 Rn 35 ff). 6

3) Gestaltungsklage. Sie soll die unmittelbare Änderung eines unter den Parteien bestehenden Rechtsverhältnisses herbeiführen. Die Gestaltungswirkung des Urteils macht eine ZwV entbehrl. Da das Urteil eine unmittelbare Änderung der Rechtsverhältnisse bewirkt, wirkt es im Gegensatz zum Leistungs- und Feststellungsurteil nicht nur unter den Parteien, sondern ggü jedermann. 7

8 **Bsp:** Klage auf Bestimmung einer Leistung gem § 315 III, § 319 I, § 2048, § 2156, § 2192 BGB, auf Herabsetzung einer Vertragsstrafe oder eines Maklerlohnes (§ 343 I, § 655 BGB), auf Auflösung einer Gesellschaft (§ 139 I, § 161 II HGB), auf Ausschluss eines Gesellschafters (§ 134 HGB), auf Nichtigerklärung von Gesellschaftsbeschlüssen (§ 241 Nr 5 AktG, § 51 GenG, § 110 HGB), auf Nichtigerklärung einer Gesellschaft (§ 275 AktG), auf Erklärung der Unzulässigkeit der ZwV (§§ 767, 771 ZPO), auf Beseitigung der Vollstreckungsklausel (§ 768 ZPO) usw.

9 **III) Zulässigkeit der Klage. 1) Grundlagen.** Damit das Gericht sachl über das Klagebegehren entscheiden kann, müssen beim Schluss der mündl Verh (§ 136 IV) bestimmte Bedingungen in sachl, persönl und formeller Hinsicht, die sog **Prozessvoraussetzungen** (besser: Sachurteilsvoraussetzungen), erfüllt sein (zum Wegfall während des Rechtsstreits s Rn 12). Sie sind **in jeder Lage des Verf**, in der Revisionsinstanz auch unter Berücksichtigung neuen Vorbringens, jedoch bezogen auf die letzte mündl Verh in der Tatsacheninstanz (BGHZ 125, 196, 201; BGH MDR 2008, 1183, 1184; StJ/Jacobs § 559 Rn 19 ff), zu prüfen. Bei Fehlen einer Prozessvoraussetzung ist die Klage, ggf nach Hinweis gem § 139, ohne Rücksicht auf ihre sachl Begründetheit durch „Prozessurteil" **als unzulässig abzuweisen**. Dies gilt auch für das Rechtsmittelgericht, wenn die Vorinstanz sachl über die Klage entschieden hat; das Revisionsgericht muss aber bei behebbarem Mangel zurückverweisen (StJ/Jacobs § 563 Rn 26). Das abweisende Prozessurteil hat hinsichtl des Streitgegenstandes keine Rechtskraftwirkung; die Klage kann daher unter geänderten Prozessvoraussetzungen wiederholt werden (um absehbare Änderung abzuwarten, können Parteien auch Ruhen nach § 251 vereinbaren).

9a Das Vorliegen unverzichtbarer Prozessvoraussetzungen (das sind alle bis auf die in Rn 20 genannten) ist, da sie dem öffentl Interesse an einer geordneten Rechtspflege dienen, **von Amts wegen** zu prüfen (was nicht gleichbedeutend ist mit Amtsermittlung; s § 56 Rn 4). Ihr Vorliegen ist **unverzichtbar** (s § 295 Rn 4). **Unaufklärbarkeit** geht zu Lasten desj, der eine Sachentscheidung begehrt, idR also des Kl (RSchwab/Gottwald § 94 Rn 35). Zur **Rügepflicht** der Parteien und den Folgen ihrer Verletzung s § 282 Rn 5 ff, § 296 Rn 8a. Bei **doppelrelevanten Tatsachen** (dh solchen, von denen sowohl die Zulässigkeit als auch die Begründetheit der Klage abhängt) reicht nach stRspr u hM für die Zulässigkeitsprüfung die einseitige Behauptung durch den Kl aus; erst für die Begründetheit ist der Nachweis ihres Vorliegens zu prüfen (BGHZ 127, 237, 240; St/Roth § 1 Rn 24; zu Zuständigkeits- und Rechtswegvoraussetzungen s § 12 Rn 14; für Abstellen auf Sinn und Zweck der betr Zulässigkeitsvoraussetzung Rimmelspacher ZZP 138 [2025], 3 ff).

10 Die Prüfung der Zulässigkeit hat **Vorrang vor der Prüfung der Begründetheit** der Klage. Abzulehnen ist die Ansicht, die Prozessvoraussetzungen seien nur gleichwertiger Teilbereich der „Klageerfolgsvoraussetzungen" und deshalb sei eine Feststellung der Prozessvoraussetzungen dort entbehrl, wo die sachl Aussichtslosigkeit eines Klagebegehrens oder eines Rechtsmittels offensichtl sei (ebenso RSchwab/Gottwald § 94 Rn 46 mN zum Meinungsstand). Der Vorgriff auf eine materielle Sachentscheidung unter Nichtbeachtung des Fehlens der formellen Sachurteilsvoraussetzungen beschwert die unterlegene Partei gesetzwidrig, denn Verfahrensfehler sind regelm (uU in einem neuen Verf) behebbar, die Sachentscheidung dagegen hat volle Rechtskraftwirkung (s § 322 Rn 1 ff). Das Rechtsmittelgericht muss daher ggf den Abweisungsgrund ändern. Wird eine Klage **sowohl als unzulässig als auch als unbegründet** abgewiesen, nimmt Letzteres nicht an der Rechtskraft teil (StJ/Althammer § 322 Rn 138; RSchwab/Gottwald § 94 Rn 45; erst recht etwaige obiter dicta zur Begründetheit; BAG NZA 2017, 593 Tz 42), wohl aber dann, wenn das Urteil die Zulässigkeit der Klage fehlerhaft dahinstehen lässt (BGH NJW 2008, 1227). – **Ausnahmen:** Die Prüfung des Rechtsschutzbedürfnisses (s Rn 18; BGHZ 130, 390, 400) und des Feststellungsinteresses (s § 256 Rn 12 f) kann als sinnwidrig unterbleiben, wenn die sachl Unbegründetheit der Klage bereits klar auf der Hand liegt (RSchwab/Gottwald § 94 Rn 47; MK/Becker-Eberhard Rn 19), nicht aber die Prüfung der Prozessführungsbefugnis kraft gewillkürter Prozessstandschaft (BGH NJW 2000, 738). Keine Ausnahme auch für Verf nach dem KapMuG (OLG Braunschweig MDR 2019, 441).

11 Im Hinblick auf die Rechtskraftfähigkeit auch des Prozessurteils (s § 322 Rn 1a) ist die Einhaltung einer **Reihenfolge der zu prüfenden Prozessvoraussetzungen**, insb die Prüfung, ob a) eine Klage ordnungsgemäß erhoben wurde, b) die persönl Prozessvoraussetzungen der Parteien vorliegen und c) die das angerufene Gericht zu einer Entscheidung ermächtigenden Voraussetzungen gegeben sind, angezeigt (BAG NJW 83, 839; RSchwab/Gottwald § 94 Rn 43). Andererseits schreibt das Gesetz keine Reihenfolge der Prüfung vor und die uU schwierige Prüfung einer vorrangigen Prozessvoraussetzung erscheint wenig sinnvoll, wo das Fehlen einer nachrangigen bereits offen zutage liegt, zumal Verfahrensmängel bis zum Schluss der mündl Verh behoben werden können. Daher zulässig, das abweisende Prozessurteil auf den am leichtesten und schnellsten feststellbaren Verfahrensmangel zu stützen (RSchwab/Gottwald § 94 Rn 42). Die nachfolgende Zusammenstellung der Prozessvoraussetzungen ist somit in ihrer Reihenfolge nicht zwingend (St/Althammer vor § 1 Rn 266 empfiehlt aber, auf möglichst geringe Präjudizierung eines etwaigen Folgeprozesses zu achten).

12 Der **Wegfall einer Prozessvoraussetzung** während des Rechtsstreits ist zwar grds – bis zum Schluss der mündl Verh, s Rn 9 – beachtl, führt jedoch nicht in jedem Fall zur Abweisung der Klage als unzulässig. Wegen der Folgen eines *Wegfalls der Partei-* oder *Prozessfähigkeit* oder der *Prozessführungsbefugnis* s § 56 Rn 10. Veränderungen bei den den Rechtsweg oder die Zuständigkeit begründenden Umständen bleiben nach § 17 I 1 GVG bzw § 263 III Nr 2 ohne Auswirkung. Fällt das Rechtsschutzbedürfnis oder das Feststellungsinteresse infolge ei-

nes Verhaltens des Bekl weg (zB er errichtet eine vollstreckbare Urk über die Klageforderung oder macht den mit negativer Feststellungsklage angegriffenen Anspruch mit Widerklage geltend), so kann der Kl die Hauptsache für erledigt erklären (s § 256 Rn 16).

2) Subjektive Prozessvoraussetzungen. Bei den Parteien müssen **Parteifähigkeit** (§ 50), **Prozessfähigkeit** (§§ 51 ff; insb s § 52 Rn 1 ff) bzw ordnungsgem ges Vertretung (§ 56) und **Prozessführungsbefugnis** (s vor § 50 Rn 16 ff) vorliegen. Nicht hierher gehört die Sachlegitimation (s Rn 25). Zur Prüfung und Feststellung dieser Voraussetzungen s § 56 Rn 2 ff, zur Unterstellung der Prozess- oder Parteifähigkeit bis zur abschließenden Entscheidung des Streits hierüber s § 56 Rn 13 f. 13

3) Objektive Prozessvoraussetzungen. a) Ordnungsmäßigkeit der Klageerhebung (§§ 253, 496; dazu s Rn 24 u § 253 Rn 7 ff). Nicht hierher gehört die Schlüssigkeit des Klagevorbringens (s Rn 23 f). 14

b) Gerichtsbarkeit, dh Jurisdiktionsgewalt des Gerichts über den Streitgegenstand (RGZ 157, 389; BGHZ 8, 378) und über die Person (vgl §§ 18-20 GVG); zur Indemnität der Abgeordneten BGHZ 75, 384 u Roll NJW 80, 1439. Zur hiervon zu unterscheidenden internat Zuständigkeit des Gerichts s EuIZPR Rn 42 ff. 15

c) Zulässigkeit des **Rechtsweges** (§ 13 GVG). 16

d) Zuständigkeit des Gerichts in internat (s EuIZPR Rn 42 ff), örtl (§§ 12-39) und sachl (§§ 23, 71, 72, 119, 133 GVG) Hinsicht; die fehlende Zuständigkeit ist jedoch nur insoweit vAw zu beachten (vgl § 39), als das Gesetz die Zuständigkeit im Einzelfall als eine ausschließl bezeichnet hat (zB § 71 II u III GVG, § 24, § 29a I, § 802 ZPO; § 122 FamFG; zur internat Zuständigkeit s § 39 Rn 4), iÜ bedarf sie der Rüge des Bekl in der mündl Verh; zum Säumnisverf s § 331 Rn 6a. 17

e) Rechtsschutzbedürfnis. Ungeschriebenes Merkmal, welches obj sinnlose Klagen verhindern soll (eingeh RSchwab/Gottwald § 90 Rn 31 ff; Schönke AcP 150 [1949], 216; St/Roth Rn 136 ff). Da grds jeder Rechtsuchende einen öff-rechtl Anspruch darauf hat, dass die Gerichte sein Anliegen sachl prüfen und bescheiden, kann es nur unter ganz bes Umständen verneint werden. Ob Aussichten auf eine erfolgreiche Vollstreckung aus dem angestrebten Titel erkennbar sind, kann keine Rolle spielen (BGH NJW 2013, 464 Tz 51), zumal im Hinblick auf die 30-jährige Verjährungsfrist nach § 197 I Nr 3 BGB (BGH NJW 96, 2035 Tz 23). – Das Rechtsschutzbedürfnis für die Klage ist auch klar zu trennen von der **Berechtigung des materiellen Klagebegehrens**; dies wird in der Rspr nicht immer beachtet (Brehm Festgabe 50 Jahre BGH, 2000, S 94 ff m zahlr N). Fehlt eine mat-rechtl Anspruchsvoraussetzung, muss die Klage schon wegen der weitergehenden Rechtskraftwirkung als unbegründet, nicht als unzulässig abgewiesen werden. Wenn sich die Schutzwürdigkeit der klägerischen Position erst auf Grund näherer Prüfung mat-rechtl Fragen beurteilen lässt, darf Rechtsschutzbedürfnis nicht verneint werden (BGH MDR 93, 1190 = LM § 16 UWG Nr 142 [Bokelmann]). 18

Beispiele: Rechtsschutzbedürfnis kann fehlen, wenn über den Anspruch bereits ein Urteil (res iudicata) oder ein **sonstiger Vollstreckungstitel** vorliegt, doch schließt dies eine (neue) Klage nicht aus, wenn für diese ein verständiger Grund besteht, zB weil dieser Titel unersetzbar verloren ging (BGHZ 4, 314, 321), bei einem nicht der Rechtskraft fähigen Titel mit einer Vollstreckungsabwehrklage des Sch zu rechnen ist (BGH NJW 62, 1392; BGH FamRZ 89, 267 = MDR 89, 339), bei einem Unterlassungstitel die Erstreckung auf eine abgewandelte Verletzungshandlung unsicher (OLGR Frankfurt 1997, 33) oder die Auslegung des früheren Titels streitig ist (s § 256 Rn 19). Prozessvergleich schließt Rechtsschutzbedürfnis für Klage auf Abgabe einer Willenserklärung nicht aus (BGHZ 98, 127 = NJW 86, 2704, 2705: kein Verweis auf ZwV nach § 888), Schuldenbereinigungsplan nach § 308 InsO erst ab Annahme (BGH MDR 2009, 1244). 18a

Entspr gilt, wenn ein Titel auf **einfacherem Wege** zu erlangen ist, zB im Kostenfestsetzungsverf (BGHZ 190, 353 Tz 16) oder Gebührenfestsetzungsverf nach § 11 RVG (BGHZ 21, 199, 201; BGH NJW 81, 875, 876); der Vorrang der Anmeldung zur InsTabelle folgt schon aus § 87 InsO, der auch einen Verzicht auf Teilnahme am InsVerf – abw vom früheren Recht – nicht mehr zulässt (s § 240 Rn 13). Auf einen verfahrensmäßig unsicheren Weg darf der Rechtsuchende aber nicht verwiesen werden (BGHZ 111, 168, 171; BGH NJW 94, 1351), zB das Schuldenbereinigungsverf nach §§ 305 ff InsO (BGH MDR 2009, 1244). Auch prozessökonomische Gründe können Vorrang entfallen lassen (zum Grundbuchberichtigungsverf nach § 22 GBO s BGH ZIP 2023, 1369 Tz 41). Entsteht anderweitige Vollstreckungsmöglichkeit während des Prozesses (zB Bekl errichtet vollstreckbare Urk), entfällt das Rechtsschutzbedürfnis (aA LG Lüneburg NJW-RR 92, 1190); zu den Folgen s Rn 12. Erst recht ist Rechtsschutzbedürfnis zu verneinen, wenn der Kl sein Ziel auch ohne Titel erreichen kann (BGH NJW 98, 1636: keine Klage auf eidesstattl Versicherung bei Bucheinsichtsrecht). 18b

Bei **Unterlassungs- und Beseitigungsansprüchen** schließt straf- oder verwaltungsrechtl Schutz die Klage regelmäßig nicht aus (RGZ 116, 151; RGZ 156, 377; OLG Köln MDR 94, 1121). Rechtsschutzbedürfnis fehlt aber, wenn durch eine Abschlusserklärung eine erwirkte Unterlassungsverfügung ebenso effektiv und dauerhaft wirkt wie ein in einem Hauptsacheverf erlangter Titel (BGH NJW-RR 1991, 297). Sie muss daher dem Inhalt der einstw Verfügung entsprechen, grds auf die Rechte aus §§ 924, 926, 927 verzichten u darf nicht unter Bedingungen stehen, soweit es sich dabei nicht um Umstände handelt, die auch ggü einem in der Hauptsache ergangenen Titel geltend gemacht werden könnten (BGHZ 181, 373 = NJW 2009, 3303). Zu § 8 IV UWG s Rn 21. 18c

18d Einer Klage auf **Unterlassung oder Widerruf von Äußerungen in einem gerichtlichen oder behördlichen Verfahren** (zB wegen Ehrverletzung oder Verletzung der Wahrheitspflicht, s § 138 Rn 7a) fehlt grds das Rechtsschutzbedürfnis; der Rechtsschutz ist im laufenden Prozess zu suchen, dessen Gang nicht durch einen anderen Prozess beeinflusst werden darf (BVerfG NJW-RR 2007, 840; BGH NJW 71, 284; BGH JZ 62, 486 [Weitnauer]; Prange S 98 ff). Dies gilt grds auch für Äußerungen, durch die Rechte von am Verf nicht beteiligten Dritten betroffen werden, wenn die Äußerungen in einem engen Bezug zum Verfahren stehen; kann sich der Dritte in dem betr Verf nicht gegen die Äußerung wehren, ist allerdings bes sorgfältig zu prüfen, ob er die Äußerung hinnehmen muss (BVerfG NJW-RR 2007, 840; BGH NJW 2008, 996; Kiethe MDR 2007, 629 f). Dabei ist zu berücksichtigen, dass die ungehinderte Durchführung staatl geregelter Verf im Interesse der daran Beteiligten, aber auch im öffentl Interesse nicht mehr als unbedingt notwendig behindert werden darf. Die Verfahrensbeteiligten müssen grds das vortragen können, was sie zur Rechtsverfolgung oder zur Rechtsverteidigung für erforderl halten. Sind die Äußerungen offensichtl falsch oder auf Diffamierung des Dritten angelegt, kann eine gesonderte Klage auf Unterlassung oder Widerruf als zulässig anzusehen sein. Das Rechtsschutzbedürfnis darf nicht verneint werden, wenn sich die Schutzwürdigkeit des Kl erst aufgrund näherer Prüfung materiell-rechtl Fragen beurteilen lässt (BGH WRP 2025, 622, 623 f). Für Äußerungen zum Zweck eines Vereinsausschlussverf gilt dies entspr (BGH MDR 2023, 1179). Gegen die **Vorlage von Lichtbildern im Prozess** kann mit einer gesonderten Klage nur vorgegangen werden, wenn sie der Privatsphäre des Abgebildeten zuzuordnen sind und kein bes enger sachl Bezug zum Verfahren besteht (BGH NJW 2018, 2489 [Cornelius]). – Für das Vorgehen gegen unerlaubte Tonaufnahmen (BGH NJW 1988, 1016; Klein NJW 2018, 3143) oder ehrverletzende Äußerungen außerhalb des Rechtsstreits gelten die Einschränkungen nicht (BGH NJW 92, 1214; BGH NJW 2005, 279), ebenso wenig für eine Ehrschutzklage nach rechtskräftigem Abschluss des Prozesses (Kiethe MDR 2007, 629; aA BGH MDR 73, 304).

18e Für eine **Klage auf Zahlung eines Minimalbetrages** darf das Rechtsschutzbedürfnis nicht verneint werden, solange nicht Schikane des Kl ersichtl ist (Buß NJW 98, 338; Olzen/Kerfack JR 91, 135; aA AG Stuttgart NJW 90, 1054; aus verfassungsrechtl Sicht Kapsa FS Graßhof, S 165 ff). Das Verhältnismäßigkeitsprinzip muss hier aus Gründen der Generalprävention (Erhaltung der Zahlungsmoral durch drohende Prozesskostenlast) zurücktreten.

19 **f) Klagbarkeit des Anspruchs.** Sie ist zu unterscheiden vom Fehlen der *mat-rechtl Einforderungsbefugnis* (zB nach §§ 656, 762, 764 BGB; BGH NJW-RR 2004, 778, 780) und deren Beschränkung (zB nach § 1001 BGB oder durch Stundung): In diesen Fällen ist die Klage als (ggf zurzeit) unbegründet abzuweisen (Wagner, Prozessverträge, S 413 ff mwN zum völlig unübersichtl Meinungsstand). Prozessabweisung findet dagegen statt, wenn *gerichtl Geltendmachung* eines Anspruchs ausgeschlossen wird, zB kraft Gesetzes bei Versäumung einer Ausschlussfrist für Klage nach Art 12 III NATO-TruppenstatutG (BGHZ 111, 339, 341), oder durch **Prozessvereinbarung** (BGHZ 109, 19, 29; BGH NJW-RR 2006, 632, 634). Der vereinbarte Ausschluss kann sich auch auf bestimmte Arten der gerichtl Geltendmachung beziehen, zB Urkundenprozess (s vor § 592 Rn 4), oder auf die Führung eines Musterprozesses (hierzu Wagner aaO S 424 ff). Ein „**Ausschluss des Rechtswegs**" (= der Klagbarkeit) kann vertragl nur wirksam vereinbart werden, wenn er sich auf ein bestimmtes Rechtsverhältnis bezieht und auf dem völlig freien Willen gleichberechtigter Partner beruht (OLGR Hamm 1997, 1; generell abl St/Roth Rn 132; RSchwab/Gottwald § 90 Rn 25). Verzicht auf Kündigungsschutzklage ist (in Schriftform) grds wirksam (BAG MDR 2008, 34), außer nach § 307 I 1 BGB, wenn formularmäßig und kompensationslos (BAG MDR 2008, 513; teilw krit Bauer/Günther NJW 2008, 1617 ff). Beschränkungen der Klagebefugnis hat Gericht nicht nur auf Einrede, sondern bei entspr Sachvortrag **vAw** zu beachten (Wagner aaO S 439; 502).

19a Ein vorläufiger Ausschluss der Klagbarkeit (temporärer Klageverzicht) kann durch **Verhandlungs-, Schlichtungs- oder Mediationsabreden** erreicht werden (Greger/Unberath/Steffek § 1 MediationsG Rn 199; Unberath NJW 2011, 1321 f; Tochtermann ZZPInt 11 [2006], 474 mwN). Solche können, sofern sie keine unangemessenen Verfahrensregelungen enthalten, auch durch AGB zustande kommen (Wagner, Prozessverträge, S 445 ff; Unberath NJW 2011, 1323), nach § 309 Nr 14 BGB allerdings nicht gegenüber Verbrauchern (zur Zulässigkeit im unternehmerischen Verkehr s Greger SchiedsVZ 2016, 306). Eine abredewidrig erhobene Klage ist auf Einrede des Bekl als unzulässig abzuweisen, falls der Kl keinen ernsthaften Versuch einer entspr Konfliktlösung unternommen hat; dies gilt auch bei Unwirksamkeit der zugrunde liegenden Vertragsbeziehung (BGH NJW-RR 2009, 637). Verhält sich der Bekl jedoch treuwidrig, zB indem er das Verf durch mangelnde Mitwirkung bei der Bestellung des Mediators oder Nichtzahlen des Kostenvorschusses verzögert, entfällt das Hindernis (BGH NJW 99, 647). Ist die in der Vereinbarung genannte Schlichtungsstelle nicht (mehr) existent, kann sich aufgrund ergänzender Vertragsauslegung ergeben, dass eine andere Stelle anzurufen ist (BGH NJW-RR 2017, 229 Tz 36). Zu entspr Regelungen in Satzungen BGH NJW-RR 1995, 290; Wagner aaO S 470 ff.

19b **g)** das Fehlen des Prozesshindernisses der **anderweitigen Rechtshängigkeit oder Rechtskraft** (s § 261 Rn 8, vor § 322 Rn 19; zur erforderl Identität der Streitgegenstände s Einl Rn 61 ff);

20 **h)** das Nichtvorliegen **prozesshindernder Einreden** (§ 113, § 269 VI, § 1032).

21 ***4) Verfahrensbezogene Prozessvoraussetzungen.*** Für einzelne Verfahrensarten bestimmt das Ges bes Zulässigkeitsvoraussetzungen, zB für Widerklage §§ 33, 595 I; Feststellungsklage § 256; Abänderungsklage § 323; Restitutionsklage § 578; Urkundenklage § 592; Vollstreckungsgegenklage § 767; Drittwiderspruchsklage § 771;

Sachenrechtsbereinigungsverf § 105 SachenRBerG. – Für bestimmte amtsgerichtl Verf können die Länder anordnen, dass die Zulässigkeit der Klage von einem vorherigen **Einigungsversuch** vor einer anerkannten Gütestelle abhängig ist (näher Erl zu § 15a EGZPO). – Für bestimmte **urheberrechtl Streitigkeiten** schreibt § 128 VGG die vorherige Anrufung einer Schiedsstelle vor. – Die sog **Verbandsklagebefugnis** für die Erhebung bestimmter Unterlassungsansprüche ist entgegen früherer Rspr (dazu Balzer NJW 92, 2726 f) keine Prozessvoraussetzung. Der Gesetzgeber hat die entspr Voraussetzungen in § 3 UKlaG u § 8 III UWG ausdrückl der mat-rechtl Ebene zugewiesen (BTDrs 14/2658, 52; Becker-Eberhard FS Leipold, 2009, S 10 ff; Greger NJW 2000, 2462; näher zur Verbandsklage s vor § 50 Rn 55 ff). Dagegen führt die **rechtsmissbräuchl Geltendmachung von Unterlassungsansprüchen** nach § 8c UWG bzw § 2c UKlaG zur Unzulässigkeit der Klage (Bsp in § 8c II UWG; sa BGHZ 149, 371 = NJW 2002, 1494; BGHZ 144, 165; BGH NJW 2002, 2250, 2251; BGH NJW-RR 2006, 474; BGH NJW 2004, 290 [einschr]). – **Klagefristen** können Zulässigkeitsvoraussetzungen für entspr Klagen sein (zB § 586 I für die Wiederaufnahmeklage) oder mat-rechtl Bedeutung haben (zB §§ 4, 7 KSchG; § 246 I AktG; § 45 WEG: BGH NJW 2009, 2132).

IV) Begründetheit der Klage. Die nach Rn 9 ff zulässige Klage ist als unbegründet abzuweisen, wenn der Kla- 22
gevortrag nicht **schlüssig** ist, die **Sachlegitimation** oder die **materiell-rechtliche Begründetheit** des eingeklagten Anspruchs fehlt.

1) Schlüssigkeit. Die Klage ist schlüssig, wenn ihr Tatsachenvortrag, seine Richtigkeit unterstellt, geeignet ist, 23
den Klageantrag sachl zu rechtfertigen (BGH NJW 84, 2889); dabei ist auch dem Kl ungünstiges Klagevorbringen zu berücksichtigen (s vor § 128 Rn 10). Der Vortrag von Einzelheiten des Sachverhalts gehört nicht zur Schlüssigkeit der Klage (BGH NJW 2012, 382; BGH MDR 2017, 295 [Greger MDR 2017, 379]), kann aber durch die Substantiierungslast geboten sein (s § 138 Rn 7b). Ob der Gegner den Tatsachenvortrag bestreitet, ist für die Frage der Schlüssigkeit unerhebl. Der Vortrag von Indiztatsachen kann genügen (BGH NJW-RR 2001, 887). Nur eine schlüssige Klage rechtfertigt ein VU (§ 331 II) gegen den Bekl. Eine unschlüssige Klage ist als unbegründet abzuweisen, jedoch erst nach Hinweis gem § 139 u nach Einräumung der Gelegenheit, die Schlüssigkeitsbedenken des Gerichts auszuräumen (s § 139 Rn 17). Entscheidend für die Beurteilung der Schlüssigkeit ist der Vortrag im Zeitpunkt der letzten mündl Verh. Früheres, erst recht vorprozessuales Vorbringen kann, sofern es nicht ausnahmsw Bindungswirkung hat (zB nach § 290), der Klage nicht die Schlüssigkeit nehmen, sondern allenfalls für die Beweiswürdigung von Bedeutung sein (BGH NJW-RR 95, 1340). Tatsachenvortrag des Bekl kann der Klage dann zur Begründetheit verhelfen, wenn der Kl ihn sich (zumindest hilfsw) zu eigen macht (s § 138 Rn 11). Zur Bezugnahme auf Anlagen s § 129 Rn 6.

Keine Frage der Schlüssigkeit, sondern der Zulässigkeit ist dagegen die **Ordnungsmäßigkeit der Klageerhe-** 24
bung iSd § 253 II (s § 253 Rn 7 ff). Unzulässig ist insb die Klage, die den Streitgegenstand nicht iSd § 253 II Nr 2 **individualisiert**, unbegründet dagegen die Klage, die nicht erkennen lässt, worauf der Kl seinen prozessualen Anspruch stützt. In der Praxis werden diese Kategorien oft nicht klar genug unterschieden; insb der schillernde Begriff der **fehlenden Substantiierung** (s § 138 Rn 7b) führt zu Verwirrungen und damit zu prozessualen Fehlbehandlungen (vgl zB OLG Düsseldorf NJW-RR 92, 1404; OLG Köln NJW-RR 99, 1155). Folgende Fälle sind auseinander zu halten:

- Die Klage lässt ihren Gegenstand nicht erkennen (fehlende Individualisierung): Zulässigkeitsmangel (s § 253 Rn 10 ff);
- mit der Klage werden nicht alle zur Begründung der beantragten Rechtsfolge erforderl Tatsachen vorgetragen (fehlende Schlüssigkeit): Begründetheitsmangel (s Rn 23);
- trotz Bestreitens werden die Einzelheiten, die als Grundlage für eine Beweisaufnahme dienen können, nicht vorgetragen (fehlende Substantiierung): Begründetheitsmangel (s § 138 Rn 8 f).

Zur Hinweispflicht des Gerichts bei solchen Mängeln s die Erl zu § 139, zu den Anforderungen an die Klageschrift s § 253 Rn 11, zur Heilung von Mängeln s § 253 Rn 23.

2) Sachlegitimation. Aktivlegitimation des Kl und Passivlegitimation des Bekl liegen vor, wenn der Kl befugt 25
ist, den Klageanspruch *nach materiellem Recht* in eigener Person (wenn auch uU mit dem Ziel der Leistung an Dritte, zB im Fall der Prozessstandschaft, § 265 ZPO oder § 2039 BGB) geltend zu machen und der Bekl Sch des Klageanspruchs ist. Bei fehlender Sachlegitimation ist die Klage als unbegründet abzuweisen. Hiervon ist die *verfahrensrechtl* Prozessführungsbefugnis (s vor § 50 Rn 16 ff) zu unterscheiden.

3) Materiell-rechtliche Begründetheit. Stimmt die vom Kl behauptete mit der vom Gericht festgestellten 25a
Rechtsfolge überein, wird der Bekl antragsgemäß verurteilt, anderenfalls wird die Klage abgewiesen. In beiden Fällen handelt es sich um ein der materiellen Rechtskraft bzgl des Streitgegenstandes fähiges Sachurteil (s vor § 322 Rn 7). Entscheidend ist stets die Lage im **Zeitpunkt der letzten mündlichen Verhandlung**. Daher Abweisung als unbegründet auch, wenn Klageanspruch im Laufe des Rechtsstreits erlischt (sofern nicht Erledigung der Hauptsache erklärt wird, § 91a); dagegen Verurteilung, wenn Anspruch erst nach Rechtshängigkeit entsteht oder fällig wird (hier ggf sof Anerkenntnis geboten, s § 93 Rn 4). Bei fehlender **Fälligkeit** im Zeitpunkt der letzten mündl Verh Abweisung der Klage als zurzeit unbegründet (s vor § 322 Rn 56, 58). Bei Fälligkeit, aber Geltendmachung eines Zurückbehaltungsrechts: Verurteilung Zug um Zug (§§ 274, 322 BGB).

26 **V) Wirkungen der Klageerhebung. 1) Materiell-rechtliche Wirkungen.** Hier sind insb zu nennen: Hemmung der Verjährung §§ 204, 209 BGB (näher s § 262 Rn 3); Eintritt des Verzuges § 286 I 2 BGB; Zinsanspruch § 291 BGB; Haftungsverschärfung für den Sch § 292, § 818 IV, § 987 II, § 988, § 989, § 991, § 994 II, § 996, § 1007 III, § 2023 BGB; Grenze des Vertrauensschutzes § 407 II BGB; Unterbrechung der Ersitzung § 941 BGB sowie von Ausschluss-, insb Vorlegungsfristen § 1965 II, § 562b II 2, § 801 I 3, § 804 I 2, § 864 I, § 977, § 1002, § 1188 II BGB; im Handelsrecht § 372 II, § 440 III HGB. Etwaige landesrechtl Regelungen haben Vorrang, Art 152 EGBGB. Zum maßgebl Zeitpunkt s § 262 Rn 4.

27 **2) Prozessuale Wirkungen.** Sie bestehen in Begründung der Rechtshängigkeit (§ 261), Einschränkung der Antragsänderung (§ 263), Fixierung der Zuständigkeit des Gerichts (§ 261 III 2) und der Sachlegitimation des Kl (§ 265) sowie Unzulässigkeit anderweitiger gerichtl Geltendmachung des Klageanspruchs (§ 261 III 1). Schließl wird durch die Klage (hinsichtl des Bekl erst durch deren Zustellung an ihn) das öff-rechtl Prozessrechtsverhältnis (s Einl Rn 36) begründet.

§ 253 Klageschrift

(1) Die Erhebung der Klage erfolgt durch Zustellung eines Schriftsatzes (Klageschrift).

(2) Die Klageschrift muss enthalten:

1. die Bezeichnung der Parteien und des Gerichts;

2. die bestimmte Angabe des Gegenstandes und des Grundes des erhobenen Anspruchs sowie einen bestimmten Antrag.

(3) Die Klageschrift soll ferner enthalten:

1. die Angabe, ob der Klageerhebung der Versuch einer Mediation oder eines anderen Verfahrens der außergerichtlichen Konfliktbeilegung vorausgegangen ist, sowie eine Äußerung dazu, ob einem solchen Verfahren Gründe entgegenstehen;

2. die Angabe des Wertes des Streitgegenstandes, wenn hiervon die Zuständigkeit des Gerichts abhängt und der Streitgegenstand nicht in einer bestimmten Geldsumme besteht;

3. eine Äußerung dazu, ob einer Entscheidung der Sache durch den Einzelrichter Gründe entgegenstehen;

4. eine Äußerung dazu, ob gegen die Durchführung einer Videoverhandlung (§ 128a) Bedenken bestehen.

(4) Außerdem sind die allgemeinen Vorschriften über die vorbereitenden Schriftsätze auch auf die Klageschrift anzuwenden.

(5) [1]Die Klageschrift sowie sonstige Anträge und Erklärungen einer Partei, die zugestellt werden sollen, sind bei dem Gericht schriftlich unter Beifügung der für ihre Zustellung oder Mitteilung erforderlichen Zahl von Abschriften einzureichen. [2]Einer Beifügung von Abschriften bedarf es nicht, soweit die Klageschrift elektronisch eingereicht wird.

III Nr 4 angefügt durch G zur Förderung des Einsatzes von Videokonferenztechnik in der Zivilgerichtsbarkeit und den Fachgerichtsbarkeiten v 15.7.2024 (BGBl 2024 I Nr 237) mWv 19.7.2024.

1 **I) Erhebung der Klage. 1) Bedeutung.** Die Klageerhebung ist die ein Prozessrechtsverhältnis (s Einl Rn 36) begründende **Prozesshandlung**. Sie ist ein Antrag iSd § 216, über den grds (Ausn: § 128 II, § 307 II, § 331 III, § 495a) nach mündl Verh (§ 128) durch Urteil (§§ 300 ff) zu entscheiden ist. Zu den mat- und verfahrensrechtl **Wirkungen** der Klageerhebung s vor § 253 Rn 26, 27 sowie die Anm zu §§ 262, 167. Zu den **Arten der Klage** s vor § 253 Rn 2 ff.

2 **2) Bedingungsfeindlichkeit.** Die Klageerhebung kann nicht von einer **Bedingung** abhängig gemacht werden, weil das Bestehen des Prozessrechtsverhältnisses feststehen muss (s vor § 128 Rn 20). Zulässig ist es aber, einen einzelnen Klageantrag hilfsw zu stellen, dh von dem Ergebnis der Sachentscheidung des Gerichts über einen anderen Anspruch abhängig zu machen (s § 260 Rn 4 ff; zur Eventualwiderklage s § 33 Rn 33; zur eventuellen subj Klagenhäufung s § 60 Rn 10). Zulässig ist es auch, einen Hilfsantrag unter der Bedingung zu stellen, dass der Hauptantrag eine Beweisaufnahme erforderl macht (BGH NJW 95, 1353). Zur Klageeinreichung für den Fall der **PKH-Bewilligung** s § 117 Rn 11 ff.

3 **3) Verfahren (§ 253 I).** Die Klageerhebung geschieht durch zwei Akte: **Einreichung** eines Schriftsatzes (V; beim AG auch mündl zu Prot §§ 496, 129a) und **Zustellung** desselben an den Gegner (s Rn 21).

4 **4) Wirkung.** Die Einreichung bewirkt nur die **Anhängigkeit** der Klage (dazu Schilken JR 84, 446), erst die Zustellung die **Rechtshängigkeit** (§ 261). Da der Kl wegen der Zustellung im Amtsbetrieb keinen Einfluss auf den

Zeitraum zwischen Anhängigkeit und Rechtshängigkeit hat, verlegt § 167 aber Wirkungen der Rechtshängigkeit uU auf den Zeitpunkt der Anhängigkeit vor.

5) Form. Die Klage ist **schriftl**, unter den Voraussetzungen von §§ 130a, 130d **elektronisch** einzureichen (zum Zeitpunkt des Eingangs s § 167 Rn 5; § 130a Rn 22). Der Schriftsatz ist bestimmender (s § 129 Rn 3); eigenhändige **Unterschrift** nach bish Rspr des BGH grds erforderl (s § 130 Rn 6; zur Kritik hieran s § 130 Rn 20), für anwaltl Klagen aber weitgehend durch elektron Form ersetzt (§ 130a I). Zu Formmängeln s Rn 22. 5

6) Mehrmalige Einreichung. Wurde sie bemerkt, ist vor der nochmaligen Zustellung eine Klärung herbeizuführen. Wird nochmals zugestellt, besteht doppelte Rechtshängigkeit: Kl muss eine der Klagen zurücknehmen, sonst Prozessabweisung (AG/Anders Rn 10). Geb: s Rn 28. – Zur gleichzeitigen Einreichung von Klageschrift u **PKH-Gesuch** s § 117 Rn 11 ff. 6

II) Notwendiger Inhalt der Klageschrift (§ 253 II). Prozessvoraussetzung, vAw zu prüfen (RGZ 99, 126). **Mängel** können durch Berichtigung behoben werden, daher Hinweispflicht nach § 139. Zu den **Folgen** von Mängeln s Rn 22 f. Zu den Anforderungen bei Verbandsklage s § 5 VDuG. 7

1) Bezeichnung der Parteien (§ 253 II Nr 1 Alt 1). Kl und Bekl sind so genau zu bezeichnen, dass kein Zweifel an der Person besteht. Zur Auslegungsfähigkeit u zu den Folgen von fehlerhaften Bezeichnungen s vor § 50 Rn 6 ff; Kempe/Antochewicz NJW 2013, 2797. – Die Angabe der **Anschriften** schreibt § 253 nicht ausdrückl vor. Nach der Rspr ist sie jedoch für beide Parteien zwingendes Erfordernis einer ordnungsgemäßen Klageerhebung, sofern sie ohne weiteres mögl ist und kein schützenswertes Interesse entgegensteht (BGHZ 102, 332 = NJW 88, 2114 = ZZP 101 [1988], 457 [abl Zeiss]; BVerwG NJW 99, 2608, 2609; OLG Hamm MDR 2005, 1247; BFH NJW 2001, 1158: drohende Verhaftung). Ggf ist den proz Notwendigkeiten auf andere Weise Rechnung zu tragen, zB Benennung eines ZustBev und Anordnung von Sicherheitsleistung für die Prozesskosten (BVerfG NJW 96, 1272; KGR Berlin 1996, 108). Den Zustellungserfordernissen kann auch durch hinreichend konkrete Angabe der Arbeitsstelle des Bekl genügt werden (BGHZ 145, 358 = MDR 2001, 164), bei jur Personen durch Angabe der im Handelsregister angegebenen Geschäftsanschrift, sofern dort an einen Vertreter zugestellt werden kann (BGH MDR 2018, 1400 [Bacher MDR 2019, 213]). Nicht ausreichend Angabe von Postfach (BVerwG NJW 99, 2608, 2609) oder Postfachdienstleister (BGH 7.7.2023 – V ZR 210/22), uU aber c/o-Adresse (BGH MDR 2022, 782 [Elzer MDR 2022, 874]). Auch eine erkennbar **falsche Adressangabe** des Kl kann die Ordnungsmäßigkeit der Klage beeinträchtigen (OLG Frankfurt NJW 92, 1178). Wird die Angabe während des Prozesses unrichtig, ist dies für die Zulässigkeit der Klage unerhebl, auch wenn der Kl keine neue ladungsfähige Anschrift mitteilt (BGH MDR 2009, 998, 999). – Bei **unbekannter Anschrift** s §§ 185 ff. 8

Soll sich das Verf gegen eine **namentl nicht bekannte Person** richten (denkbar vor allem im einstw Rechtsschutz, zB bei Hausbesetzungen), so kann die Angabe anderer Merkmale genügen, die keinen Zweifel an der Identität der Partei aufkommen lassen (BGH MDR 2019, 309, wonach die Angabe eines fiktiven Namens aber nicht genügt; sa OLG Oldenburg NJW-RR 95, 1164). 8a

Bei prozessunfähigen Parteien muss der **ges Vertreter** angegeben werden, soweit dies für die Zustellung erforderl ist (s § 170 mit der Vereinfachung für jur Personen in II). Namentl Bezeichnung des Vertreters ist also nicht unbedingt erforderl (BGH NJW 89, 2689), ebenso wenig die korrekte Angabe der Vertretungsverhältnisse (bei GmbH & Co KG genügt zB „vertreten durch die Geschäftsführer"; BGH NJW 93, 2811, 2813). Irrtüml Falschangabe unschädl (BGH MDR 2017, 656). Bei Klage gegen den **Fiskus** ist Angabe der Vertretungsbehörde nicht zwingend (OLG Zweibrücken OLGZ 78, 108). 8b

Bei der nach Maßgabe von BGHZ 146, 341 (seit 1.1.2024 s § 705 II BGB) parteifähigen **BGB-Gesellschaft** und dem **nicht rechtsfähigen Verein** genügt es, die Personenvereinigung „identifizierbar zu beschreiben" (näher s § 50 Rn 17). Bei Unvollständigkeit ist Berichtigung mögl (BGH NJW 97, 1236). – Nach § 9a I 1 WEG nF ist nunmehr auch die **Gemeinschaft der Wohnungseigentümer** parteifähig. Auch Beschlussklagen sind daher seit 1.12.2020 nicht mehr gegen die übrigen Eigentümer, sondern gegen die GdWE (bezeichnet durch Angabe der Adresse oder der Grundstücksnummer, vertreten durch den Verwalter) zu richten (§ 44 II 1 WEG); zu Falschbezeichnung s § 263 Rn 9. – Bei **Liquidationsgesellschaft** ist Fehlen des Zusatzes „i.L." unschädl (BGH ZInsO 2006, 260). – Der **eingetragene Kaufmann** kann unter seiner Firma mit Zusatz „e.K." (oÄ) bezeichnet werden (§ 17 II, § 19 I Nr 1 HGB; s dazu Gräve/Salten MDR 2003, 1097 ff). – **Unzulässige oder inkorrekte Firma** schadet nicht, wo Identität zweifelsfrei feststeht, doch ist wegen Zustellung und ZwV alsbaldige Richtigstellung geboten (RGZ 99, 271). 8c

Bei **Partei kraft Amtes** ist die verwaltete Vermögensmasse (zB „als Verwalter in der Insolvenz des …" oder „als TV über den Nachlass des am … verstorbenen …") anzugeben. 8d

2) Bezeichnung des Gerichts (§ 253 II Nr 1 Alt 2). Anzugeben ist das Gericht als solches, nicht die Spruchabteilung. Ausnahme: KfH (§ 96 GVG). 9

3) Gegenstand und Grund des Anspruchs (§ 253 II Nr 2 Alt 1). Sie sind zwingend zu bezeichnen, denn sie bestimmen, zusammen mit dem Antrag, den Streitgegenstand (s Einl Rn 63). Unter Gegenstand ist nicht das ge- 10

genständl Objekt der Klage (häufig fehlt ein solches), unter Grund nicht die rechtl Anspruchsgrundlage zu verstehen (die rechtl Qualifizierung des Klageanspruchs ist weder Voraussetzung einer zulässigen Klage noch bindet sie das Gericht; s Einl Rn 84). Gemeint ist vielmehr der **Sachverhalt**, aus dem der Kl den Klageanspruch herleitet (zu dessen Bedeutung für die Bestimmung des Streitgegenstands s Einl Rn 82 f).

11 Der Sachverhalt ist so konkret darzulegen, dass er den Anspruch **individualisiert**, dh von anderen Ansprüchen abgrenzt. Bei Vergütungsklagen müssen zB die Zeiträume, für die Vergütung gefordert wird, kalendermäßig bezeichnet werden (BAG NZA 96, 266). Allerdings ist für die Ordnungsmäßigkeit und damit Zulässigkeit der Klage nur so viel vorzutragen, dass der Klageanspruch eindeutig identifizierbar ist (BGH NJW 2000, 3492, 3493; BGH MDR 2004, 824); eine vollständige Beschreibung des Lebenssachverhalts, wie sie zur substantiierten Darlegung des Klageanspruchs (und damit für die Begründetheit der Klage) erforderlich sein kann (s vor § 253 Rn 23 f), wird nicht verlangt (BGH NJW 2016, 2747). Zur Folge von Mängeln s Rn 23; zu Besonderheiten bei Teilklagen s Rn 15.

12 Die Individualisierung kann auch durch **Bezugnahme** auf Anlagen erfolgen (BGH NJW 2016, 2747; BGH MDR 2004, 219; s § 129 Rn 6). Diese muss aber aus sich heraus verständl sein; das Gericht ist nicht verpflichtet, umfangreiche Anlagen durchzuarbeiten, um den Klageanspruch zu konkretisieren (BVerfG NJW 94, 2683; BGH NJW 2016, 2747 mwN). Anlagen können grds nur zur Erläuterung und Konkretisierung des schriftsätzl Vortrags dienen, diesen aber nicht vollständig ersetzen (BGH NJW 2016, 2747). Im Anwaltsprozess darf RA daher nicht auf Parteivorbringen (zB im PKH-Gesuch BGHZ 22, 254 = NJW 57, 263) oder Schriftsatz eines Dritten verweisen (BGH NJW 2016, 2747 mwN). Zulässig jedoch Bezugnahme auf Schriftsatz des RA des Streitgenossen (RGZ 152, 319), auf vom RA selbst vorgelegtes Gesuch um PKH (BGH NJW 53, 105; BGH MDR 59, 281), auf von RA gefertigten Schriftsatz im parallelen Arrest- oder Verfügungsprozess (BGHZ 13, 246 = NJW 54, 1566; BGH VersR 79, 764), doch muss dann – soweit die Bezugnahme der Individualisierung dient – Abschrift hiervon vorgelegt werden. Bezeichnet der Kl die Klageforderung durch Bezugnahme auf eine bestimmte Rechnung, Vertragsurkunde oÄ, ist sie ausreichend individualisiert; eine Vorlage ist erst im Bestreitensfall geboten (BGH MDR 2017, 295 [Greger MDR 2017, 379]). Zur Bezugnahme auf Insolvenztabelle s BGHZ 217, 327 = MDR 2018, 604; BGH WM 2020, 2179. Zur Unterscheidung zwischen Individualisierung und Substantiierung s vor § 253 Rn 24. Zu Bezugnahmen im Klageantrag s Rn 13 ff.

13 **4) Bestimmter Antrag (§ 253 II Nr 2 Alt 2).** Der Klageantrag bestimmt Art (s vor § 253 Rn 2 ff) und Umfang des Rechtsschutzbegehrens (Streitgegenstand, s Einl Rn 63). Er bindet das Gericht (§ 308) und bestimmt durch Erfolg oder Nichterfolg die Kostenfolge (§ 92). Daher muss er eindeutig sein. Grds ist ein Klageantrag **hinreichend bestimmt**, wenn er den erhobenen Anspruch durch Bezifferung oder gegenständl Beschreibung so konkret bezeichnet, dass der Rahmen der gerichtl Entscheidungsbefugnis (§ 308) klar abgegrenzt ist, Inhalt und Umfang der materiellen Rechtskraft der begehrten Entscheidung (§ 322) erkennbar sind, das Risiko des (evtl teilw) Unterliegens des Kl nicht durch vermeidbare Ungenauigkeit auf den Bekl abgewälzt und eine etwaige ZwV nicht mit einer Fortsetzung des Streits im Vollstreckungsverf belastet wird (BGHZ 153, 69 = NJW 2003, 668 Tz 46; BGH NJW 2018, 1259; einschr hinsichtl des letzten Punkts Sutschet ZZP 119 [2006], 279 ff). Nicht jede mögl Unsicherheit bei der ZwV führt aber zur Unbestimmtheit des Klageantrags; die Anforderungen sind unter Berücksichtigung von Besonderheiten des mat Rechts u des Einzelfalls durch Abwägung der Parteiinteressen an wirksamem Rechtsschutz u Rechtssicherheit festzulegen (BGH VersR 2024, 1082 Tz 8). Die Verwendung **auslegungsbedürftiger Begriffe** kommt nur in Betracht, wenn eine weitere Konkretisierung dem Kl nicht mögl oder zumutbar ist u für die Parteien kein Zweifel am Inhalt besteht (BGH NJW 2016, 708 Tz 8). Bei der Auslegung ist auch die Klagebegründung heranzuziehen (BGHZ 201, 129 Tz 24 = VersR 2015, 213; BGH MDR 2017, 295; BGHZ 230, 224 Tz 28 = NJW 2021, 3041); ggf sind Bezugnahmen auf Anlagen geboten (zB Ausdruck zur Beschreibung des betr Computerprogramms, BGH MDR 2008, 525; elektron Speichermedium, BGH NJW 2022, 3213). – In der **Berufungsinstanz** kann dem Bestimmtheitserfordernis auch dadurch Rechnung getragen sein, dass der Kl das erstinstanzl Urteil, soweit es zu seinen Gunsten ergangen ist, verteidigt (BGH MDR 95, 951). – Zu **eventuell, kumulativ oder alternativ** gestellten Anträgen s § 260 Rn 4 ff. – Bei mangelnder Bestimmtheit ist Gelegenheit zur Nachbesserung zu geben (s Rn 23).

13a **a) Zahlungsanträge.** Grds sind Betrag und Zahlungsempfänger anzugeben (BGH NJW 2024, 3152), bei Arbeitsvergütung der Bruttobetrag, sofern keine Nettoabrede besteht (BAG NJW 2001, 3570, 3571). – Die Berechnung darf nur offen bleiben, wenn sie anhand allg kundiger Daten (zB MwSt- oder Basiszinssatz für bestimmte Zeit, genau bezeichneter Index des Statistischen Bundesamts [OLG Düsseldorf NJW 71, 436, 437; offen lassend BGH FamRZ 89, 267, 268]) ohne weiteres mögl ist (zu Zinsen s Rn 16a). Unzulässig ist daher zB Schadensersatzklage auf Zahlung des „sich aus der RegelunterhaltsVO ergebenden Betrags abzügl Kindergeld" (OLG Düsseldorf VersR 93, 883). Ist Bezifferung noch nicht mögl, bietet sich Feststellungsklage, ggf Stufenklage (§ 254) an. Mehrere Unterhaltsgl dürfen ihren Klageanspruch gegen dens Sch nicht in einer Summe geltend machen und die Aufteilung dem Gericht überlassen (BGH NJW 81, 2462). Der Kl darf auch ein von ihm selbst auszuübendes **Bestimmungsrecht** *(zB §§ 315, 316 BGB)* nicht auf das Gericht abschieben (BGH ZZP 86 [1973], 322 [krit Röhl]). Zur „Saldoklage" bei Mietrückständen s BGH NJW 2018, 3448; BGH NJW 2018, 3457; BGH MDR 2019, 407; Bacher MDR 2018, 779; Selk NZM 2018, 453; Siegmund WuM 2018, 601. Auf welche **Währung** der

Antrag zu lauten hat, richtet sich nach dem Inhalt der Schuld und betrifft nur die Begründetheit der Klage. – Zur Klarstellung bei Teilforderungen s Rn 15, zur ausnahmsw Zulässigkeit eines unbezifferten Antrags s Rn 14. – **Formulierungsvorschläge:** Vorwerk, PFB, M 15.2 ff.

Der Anspruch auf Übertragung von **Kryptowerten** ist nicht auf eine Zahlung, sondern auf die Übertragung von Werteinheiten gerichtet (zur Vollstreckung nach § 887 s § 857 Rn 12e). Der Kl ist nicht verpflichtet, das Wallet anzugeben, auf welches die Einheiten übertragen werden sollen, sodass der Klageantrag zB lauten kann: „Der Bekl wird verurteilt, … Bitcoineinheiten an ein vom Kläger noch zu bezeichnendes Wallet zu übertragen" (LAG Stuttgart WM 2024, 1559; Bachert CR 2021, 356, 358; Hamacher ZIP 2025, 9, 12 f). Ein Zinsantrag kommt nicht in Betracht (Bachert CR 2021, 356, 358; Hamacher ZIP 2025, 9, 13). 13b

b) Unterlassungsanträge. Sie müssen möglichst konkret gefasst sein, damit für Rechtsverteidigung und Vollstreckung klar ist, worauf sich das Verbot erstreckt (BGH NJW 2000, 1792, 1794; **Formulierungsvorschläge:** Vorwerk, PFB, M 15.39 f). Auslegungsbedürftige Begriffe sind nicht schlechthin unzulässig (zB „im Rahmen künstlerischer Auseinandersetzung"), wohl aber dann, wenn der Streit gerade darum geht, ob das beanstandete Verhalten darunter fällt (BGH NJW 2000, 2195, 2196). Die zu unterlassende Verletzungshandlung muss so genau wie mögl beschrieben werden (mehrere konkrete Verletzungsformen gesondert, BGH NJW 2003, 3406), zB durch wörtl oder bildl Aufnahme einer beanstandeten Werbeaussage in den Antrag oder Bezugnahme auf beigefügten Bild- oder Tonträger (BGH WRP 2000, 205; zur Unbestimmtheit bei undeutlicher Fotokopie BGH NJW 2014, 775); die Formulierung „ähnl wie" macht den Antrag unbestimmt (BGH NJW 91, 1114; vgl auch BGH NJW-RR 93, 936 [„Beiträge, die inhaltl Werbung sind"]; BGH NJW 99, 3638 [„unmissverständl und unübersehbare Aufklärung"]; BGH NJW-RR 2001, 684 [„Anzeigen derselben Art"]; BGH WRP 2001, 1294 [„zu Verwechslungen geeignet"]; BGH NJW 2005, 2550 [„deutlich und unübersehbar hingewiesen"]; BGH VersR 2022, 1389 [„gängig und zumutbar"]; OLG Hamburg NJW-RR 94, 290 [„den Eindruck zu erwecken"]; weitere Bsp aus jüngerer Rspr bei Meinhardt WRP 2022, 1216, 1221 f). Die bloße Wiedergabe unbestimmter Tatbestandsmerkmale der verletzten Rechtsnorm genügt idR nicht (BGH GRUR 2008, 84). In geeigneten Fällen kann durch einen mit „insb" eingeleiteten Zusatz eine Konkretisierung erzielt werden (vgl Melullis Rn 329a; OLG Hamburg WRP 95, 240), uU auch durch „wenn dies geschieht wie" (BGH NJW 2000, 2195, 2196), „Aussagen wie" (BGH NJW 2001, 3710) oder „gestaltet wie" (BGH NJW 2019, 763, 764). Der „Insb"-Zusatz muss seinerseits bestimmt u von der abstrakten Umschreibung erfasst sein (BGH WRP 2021, 610 Tz 22 f; BGH MDR 2016, 1279). Durch Ausnahmen (zB „sofern nicht") kann ein zu allgemein gefasster Antrag nur dann hinreichend konkretisiert werden, wenn diese so genau umschrieben werden, dass im Vollstreckungsverf erkennbar ist, welche Verhaltensweisen vom Verbot ausgenommen sind (BGH WRP 2021, 610 Tz 19 ff). Auch durch Auslegung anhand der Klagebegründung oder des sonstigen Sachvortrags lässt sich uU die ausreichende Bestimmtheit eines Unterlassungsantrags herbeiführen (BGH NJW 95, 3188; BGH NJW 2016, 863, 864; BGH NJW 2020, 3386, 3389). Von der fehlenden Bestimmtheit ist die zu weite Fassung des Verbotsantrags zu unterscheiden: Sie führt zur Abweisung als unbegründet, sofern nicht eine konkrete Verletzungsform von dem Antrag abgespalten werden kann (BGH NJW 99, 1332, 1334; BGH NJW 99, 2193). – Für die Klage auf Unterlassung der **Verwendung von AGB** stellt § 8 I UKlaG bes Anforderungen (dazu BGH NJW 2017, 3222). 13c

Wegen der Besonderheiten der **immissionsrechtlichen Unterlassungsklage** sind in diesem Bereich Klageanträge, die sich auf ein allg, am Gesetzeswortlaut orientiertes Unterlassungsgebot beschränken, zulässig (BGHZ 121, 248 = JR 94, 61 [Roth]; BGH NJW 99, 356). Nur wenn die Störung ledigl auf eine bestimmte Weise unterbunden werden kann, darf der Antrag auf Vornahme dieser Maßnahme lauten; ansonsten muss er dem Störer die Möglichkeit belassen, diej Maßnahmen auszuwählen, die zur Beseitigung der Beeinträchtigung geeignet sind (BGH NJW 1983, 751, 752; BGH 22.2.2024 – III ZR 63/23). Zum Antrag auf Unterlassen einer **Vertiefung** s BGH NJW 2009, 2528. 13d

c) Weitere Fälle. Ein **Herausgabeantrag** muss die betr Gegenstände so genau wie mögl bezeichnen, damit sie im Falle einer ZwV identifizierbar sind (BGH NJW 2003, 668; **Formulierungsvorschläge:** Vorwerk, PFB, M 15.20 ff). Unzulässig ist die Bezugnahme auf beigefügte Listen uÄ, aus denen die streitbefangenen Gegenstände erst herauszusuchen sind. Zur Verbindung mit Schadensersatzantrag für den Fall der Nichterfüllung s § 255 Rn 2. 13e

Ein Antrag auf **Herausgabe von oder Auskunft über Informationen** (zB nach Art 15 I, III DSGVO) ist so auszulegen, dass er auf sämtl Verkörperungen gerichtet ist, die sie enthalten; kann der Kl diese nicht konkret bezeichnen, zB weil sie auch in Ableitungen aus überlassenen Dokumenten enthalten sind, reicht es aus, wenn die abgeleiteten Dokumente anhand der überreichten Dokumente hinreichend identifizierbar bezeichnet sind (BGH MDR 2024, 185). Der BGH hat daher den Antrag, „der Kl Kopien sämtlicher Telefonnotizen, Aktenvermerke, Gesprächsprotokolle, E-Mails, Briefe und Zeichnungsunterlagen für Kapitalanlagen als vollständige Dokumente zu überlassen, die den Bekl aus dem im Antrag genannten Zeitraum vorliegen und in denen Informationen über die Kl enthalten sind", als hinreichend bestimmt angesehen (BGH VersR 2024, 1082 Tz 10 f). Ein Antrag auf Auskunft über „Leistungs- und Verhaltensdaten, die nicht in der Personalakte gespeichert sind" ist zu unbestimmt (BAG NJW 2022, 960 Tz 24 [Fuhlrott]), ebenso der Antrag auf „Überlassung von E-Mails, in 13f denen der Kl namentl erwähnt wird" (BAG MDR 2021, 1214 [Dörr MDR 2021, 1321]); weniger streng BGH NJW 2021, 2726 u OLG Köln VersR 2024, 39, wonach es ausreicht, wenn sich aus der Klagebegründung ergibt, dass sich der Antrag auf „vollständige Datenauskunft" auf die von der Bekl verarbeiteten, den Kl betreffenden personenbezogenen Daten gem Art. 15 I DSGVO bezieht (sehr weitgehend, s Dörr MDR 2022, 605, 610 m Hinw auf Möglichkeit der Stufenklage; s § 254 Rn 2). – Klage auf **Rechnungslegung: Formulierungsvorschlag:** Vorwerk, PFB, M 15.31

13g Der auf **Vornahme einer Handlung** (§§ 887, 888) gerichtete Antrag muss deren Art und Umfang bestimmt bezeichnen (**Formulierungsvorschlag:** Vorwerk, PFB, M 15.35 f). Nicht ausreichend Antrag auf „Wiederherstellung aller etwaig gelöschten Beiträge …" (BGH NJW-RR 2022, 621, Tz 17 ff). Bei Antrag auf **Beseitigung einer Störung** (§ 1004 BGB) oder eines Mangels (zB § 634 BGB) genügt die Angabe des begehrten Erfolgs, denn idR bleibt die Wahl mehrerer zur Beseitigung geeigneter Mittel dem Sch überlassen (Schneider MDR 87, 639); erst in der ZwV (§§ 887, 888) geht das Wahlrecht auf den Gl über, falls nicht ausnahmsw nur *eine* bestimmte Beseitigungsmaßnahme als erfolgversprechend und zumutbar in Betracht kommt (BGH NJW 83, 751; sa BGH NJW 78, 1584). – Antrag auf Abgabe einer **Willenserklärung** muss so gefasst sein, dass über Eintritt der Fiktion nach § 894 Klarheit besteht (BAG NJW 2017, 2782; **Formulierungsvorschlag:** Vorwerk, PFB, M 15.29). – **Schuldbefreiungsantrag** muss Grund und Höhe der Schuld, von der freigestellt zu werden der Kl begehrt, angeben (OLG Düsseldorf MDR 82, 942; **Formulierungsvorschlag:** Vorwerk, PFB, M 15.34). – Antrag auf **Freigabe einer Sicherheit** ist unbestimmt, aber auslegungsfähig (BGH NJW 2018, 3098 [Skamel]). – Anspruch auf **Abschluss eines Vertrags** ist in der Weise geltend zu machen, dass beantragt wird, den Bekl zur Annahme eines vom Kl zuvor abgegebenen Angebots zu verurteilen; ist der Inhalt des Vertrags noch nicht vollständig festgelegt (zB durch Ausformulierung in Vorvertrag; hierzu **Formulierungsvorschlag:** Vorwerk, PFB, M 15.30) kann auch auf Abgabe eines vom Gl später anzunehmenden Angebots geklagt werden (BGH NJW 2001, 1272; sa BGH NJW-RR 2005, 666).

13h Bei der Klage auf **Auflassung** eines Grundstücks (s § 894) muss (wegen § 28 GBO) Antrag das Grundstück grds nach seiner Grundbuchstelle (BGHZ 90, 323, 325 für Auflassung einer Teilfläche), zumindest aber nach einem Veränderungsnachweis (§ 2 III GBO) bezeichnen (BGH NJW 88, 415 = MDR 88, 40). – Eine Klage auf Auflassung „Zug um Zug gegen Zahlung des nach einem vertragl vorgesehenen Taxwertverf festzustellenden Erwerbspreises" ist unzulässig; auch eine **Zug-um-Zug-Einschränkung** muss so bestimmt sein, dass sie ihrerseits zum Gegenstand einer Leistungsklage gemacht werden könnte (BGH NJW 93, 324; BGH NJW 94, 3221; BGH NJW 2011, 989, 992). Ist dies nicht mögl, bleibt nur Übergang zur Feststellungsklage. – Wer die **Auseinandersetzung einer Gemeinschaft** im Wege der Realteilung begehrt (§§ 752, 2042, 1477 II BGB), hat den Teilungsplan in den Klageantrag aufzunehmen; er darf die gegenständl Verteilung nicht dem Gericht überlassen (BGH MDR 88, 847).

13i Zu **Duldungsantrag** (und uU vorzugswürdigem Unterlassungsantrag) s **Formulierungsvorschlag:** Vorwerk, PFB, M 15.37 f). In einem Klageantrag auf Duldung der Modernisierung einer Mietwohnung ist neben dem erstrebten Duldungserfolg der Umfang der zu duldenden Arbeiten in seinen wesentl Umrissen und Schritten zu umschreiben (BGH NJW 2012, 63). Zu Klage auf Duldung der Zwangsvollstreckung **Formulierungsvorschlag:** Vorwerk, PFB, M 15.43.

13k Wer eine Vertragsanpassung wegen **Störung der Geschäftsgrundlage** (§ 313 I BGB) geltend machen will, kann auf Zustimmung zu dem (bestimmt zu bezeichnenden) neuen Vertragsinhalt oder unmittelbar auf die Leistung klagen, die sich aus der als angemessen erachteten Vertragsanpassung ergibt (BGHZ 191, 139 = NJW 2012, 373; näher Lüttringhaus AcP 213 [2013], 285 f); einer analogen Anwendung des § 254 (dafür Schmidt-Kessel/Baldus NJW 2002, 2077; Dauner-Lieb/Dötsch NJW 2003, 926) bedarf es hierzu nicht (ebenso Bayreuther, Die Durchsetzung des Anspruchs auf Vertragsanpassung beim Wegfall der Geschäftsgrundlage, 2004, S 53 f). Auch für die Zulassung eines unbestimmten Klageantrags (WSch/Assmann Rn 89; Dauner-Lieb/Dötsch NJW 2003, 923) besteht keine Veranlassung: Der Anspruchsteller mag sein Anpassungsziel offen legen u ggf während des Rechtsstreits nach § 264 Nr 2 modifizieren (zust Bayreuther aaO S 33 ff mwN). In Betracht kommt auch Feststellungsantrag (BGH NJW-RR 2006, 699: ggf in Zahlungs- oder Freistellungsantrag enthalten).

13l Bei Klage auf **künftige Leistung** muss idR auch die Dauer angegeben werden (**Formulierungsvorschlag:** Vorwerk, PFB, M 15.11); ein Antrag auf Nutzungsentschädigung „bis zur Herausgabe der Sache" ist aber ausreichend (BGH NJW 99, 954). Zukunftsbezug kann sich auch aus Natur des Anspruchs ergeben (BGH GRUR 2004, 755: Auskunft wegen Patentverletzung).

13m Bestimmtheitserfordernis gilt auch für **Feststellungsklage** (BAG NZA 2012, 878; BAG NJW 2008, 1900). Antrag auf Feststellung einer Gewährleistungspflicht muss die betr Mängel zweifelsfrei bezeichnen (BGH NJW 2002, 681). Näher s § 256 Rn 26 ff.

13n Zu **Beschlussklagen** nach § 44 WEG s Agatsy MietRB 2024, 330 ff. Eingeh m **Formulierungsvorschlägen:** Vorwerk/Scheuer, PFB, *Kap 87 III Rn 28 ff.*

14 **d) Unbezifferter Zahlungsantrag.** Bei Klagen auf Leistung einer Geldzahlung gehört zur Bestimmtheit iSd § 253 II Nr 2 grds die Angabe des begehrten Betrags. Die Rspr lässt hiervon eine Ausnahme zu, wenn die Be-

stimmung des Betrages von einer gerichtl Schätzung nach § 287 oder vom billigen Ermessen des Gerichts abhängig ist (BGHZ 4, 138, 142; BGHZ 45, 91). Die nötige Bestimmtheit soll hier dadurch erreicht werden, dass der Kl in der Klagebegründung die Berechnungs- bzw **Schätzungsgrundlagen** umfassend darzulegen (BGHZ 4, 138; BGH NJW 74, 1551) und die **Größenordnung** seiner Vorstellungen, zB in Form eines Mindestbetrags, anzugeben hat (BGH VersR 77, 861; BGH NJW 82, 340 = JR 82, 156 [Gossmann]); für Letzteres soll bereits die Streitwertangabe des Kl oder die Höhe des eingezahlten Kostenvorschusses, ja sogar das Stillschweigen zur gerichtl Streitwertfestsetzung ausreichen (BGH NJW 84, 1807, 1809), so dass die Zulässigkeit der *Klage* kaum jemals an diesem Erfordernis scheitern wird (sa v. Gerlach VersR 2000, 527). Sinn dieser Ausnahme ist, dass der Kl durch die kostengünstige Anmeldung einer Minimalforderung nicht von der Zubilligung eines höheren Betrags ausgeschlossen werden soll. Dabei ist dem Gericht nach oben keine Grenze gezogen (BGHZ 132, 341 = NJW 96, 2425 = JZ 96, 1080 [Schlosser]; für Berufungsinstanz BGH NJW 2002, 3769). Für die zur Einlegung eines *Rechtsmittels* erforderl Beschwer muss der Kl sich allerdings an seiner Angabe festhalten lassen: er kann ein Rechtsmittel also nur einlegen, wenn ihm das Gericht weniger als seine Vorstellung zugesprochen hat (BGHZ 140, 335; BGH MDR 2019, 180 mwN). In diesem Fall wird die Klage „im Übrigen" abgewiesen (BGH VersR 84, 541). – Eine **Kostenbeteiligung** nach § 92 I trifft den Kl aber jedenfalls dann nicht, wenn die Abweichung ledigl der gerichtl Ermessensausübung zuzuschreiben ist. Beruht sie dagegen darauf, dass der Kl mit einem wesentl Bemessungsgesichtspunkt beweisfällig geblieben ist oder dass eine Einwendung des Bekl durchgreift (zB Mitverschulden), oder war die Mindestforderung des Kl schon bei Zugrundelegung seines eigenen Vorbringens völlig übersetzt, so ist er billigerw an den Kosten zu beteiligen. – Nachträgl **Ermäßigung der Vorstellung** steht teilw Klagerücknahme gleich (OLGR Braunschweig 2001, 165). Zum **Streitwert** s § 3 Rn 16.171.

Ein unbezifferter Klageantrag kommt vor allem bei Schmerzensgeldklagen (§ 253 II BGB) u Entschädigungsklagen nach § 15 II AGG (BGH NJW 2010, 2970) oder § 198 I GVG (BGH NJW 2014, 939, 943; OLG Hamm MDR 2014, 984) in Betracht, weil dort schon das materielle Recht einen erst vom Gericht höhenmäßig zu konkretisierenden Anspruch gewährt. Allerdings lässt sich das Kostenrisiko des Kl auch bei sachgemäßer Anwendung des § 92 II reduzieren (Gerstenberg NJW 88, 1356 ff; aA Husmann NJW 89, 3129). Eine weiter gehende Zulassung unbezifferter Anträge im gesamten Anwendungsbereich des § 287 ist aber abzulehnen (zB auf „angemessene Gegenleistung", BGH AG 2020, 124; wie hier AG/Anders Rn 45). Diese Vorschrift erleichtert dem Geschädigten ledigl die Beweisführung; sie bietet keinen Anlass, ihm darüber hinaus auch noch die Erhebung einer konkret bezifferten Forderung zu ersparen. Hier muss der Grundgedanke des § 253 II Nr 2, für alle Beteiligten klarzustellen, worum konkret gestritten wird, Vorrang haben (für restriktive Zulassung unbezifferter Anträge auch MK/Becker-Eberhard Rn 128 f; krit ggü der Rspr auch Röhl ZZP 85 [1972], 52; Bernhardt JR 68, 213; Dunz NJW 84, 1735). 14a

e) Teilklage. Es ist dem Kl unbenommen, nur einen Teilbetrag seiner (vermeintl) Forderung einzuklagen, insb zur Ermäßigung des Prozess(kosten)risikos (die der Bekl allerdings durch eine negative Feststellungswiderklage vereiteln kann; s § 256 Rn 23). Er braucht den Vorbehalt weitergehender Ansprüche auch nicht offenzulegen (zu Auswirkungen auf die mat Rechtskraft s vor § 322 Rn 47 ff, zur Verjährungshemmung s § 262 Rn 3). Mögl ist auch eine durch den Erfolg der Teilklage bedingte Klageerweiterung (s § 260 Rn 4). – Bei Geltendmachung eines **Teilbetrags aus der Summe mehrerer Ansprüche** muss angegeben werden, mit welchem Anteil bzw in welcher Reihenfolge (bei Haupt- und Hilfsanträgen) die einzelnen Ansprüche geprüft werden sollen (BGH NJW 2014, 3298 mwN). Dies gilt nicht, wenn ein Teilbetrag aus einer Schadensersatzforderung mit unselbständigen Rechnungsposten geltend gemacht wird (BGH NJW 2000, 3718, 3719; zur Abgrenzung BGH NJW 84, 2346, 2347; BGH MDR 2003, 824) u nicht bei Schlussrechnungssaldo (BGH MDR 2008, 521), aber auch für die auf einen Teilbetrag begrenzte negative Feststellungsklage (BGH NJW 58, 343). Aus einer saldierten Forderung kann zwar auf einen Teilbetrag des Saldos oder auf die Summe bestimmter Rechnungsposten unter Abzug der Summe aller bereits erhaltenen Zahlungen geklagt werden, nicht aber auf Begleichung einzelner Rechnungsposten (BGH MDR 2025, 308). Die fehlende Abgrenzung macht die Klage mangels Individualisierung des Streitgegenstands unzulässig (BGHZ 11, 192; einschr Pawlowski AcP 195 [1995], 548 ff; vgl auch Pawlowski ZZP 78 [1965], 307); sie darf nicht als unbegründet abgewiesen werden (BGH NJW 2000, 3718, 3719). Einem gleichwohl ergehenden Sachurteil kommt keine materielle Rechtskraft zu (s vor § 322 Rn 51). Nachträgl Abgrenzung heilt rückwirkend, auch noch in der Revisionsinstanz, wenn nur alle Einzelansprüche schlüssig vorgetragen waren (BGH NJW 2014, 3298 mwN), doch ist Nachholung in der Revisionsinstanz unzulässig, wo vorher Hinweis gem § 139 erfolgt war (BGH NJW 58, 1590). In Nachholung liegt kein neuer Hilfsantrag (BGH NJW 2017, 2623 [Tolani]). Bis zur Nachholung sind alle Einzelforderungen in voller Höhe auflösend bedingt rechtshängig (BGH NJW 59, 1819; BGH NJW 84, 2346, 2347), daher ist Verjährung insges gehemmt (BGH NJW 2014, 3298; BGH NJW 2015, 2113, 2116; iErg ebenso RSchwab/Gottwald § 96 Rn 26; zur entspr Frage beim MB s § 693 Rn 7). Mit der Aufgliederung entfällt die Rechtshängigkeit der nicht in Anspruch genommenen Forderungen (MK/Becker-Eberhard Rn 114). Für das Ende der Verjährungshemmung gilt § 204 II 1 BGB. 15

Ein vom Kl eingeräumter **Mithaftungsanteil** (§ 254 BGB) ist vom Gesamtschaden, nicht vom eingeklagten Betrag abzuziehen (BGH NJW-RR 98, 948). Die Verrechnung mit Gegenleistungen nach der Saldotheorie ist für die Zulässigkeit der Klage nicht erforderl (BGH 12.1.2006 – III ZR 138/05). 16

16a **f) Nebenforderungen.** Auch für diese, insb **Zinsen**, ist ein bestimmter Antrag zu stellen (vgl § 308 I 2). Anzugeben ist nicht nur die Höhe des Zinssatzes, ggf nach Zeiträumen gestaffelt, sondern auch Beginn der Zinspflicht (dass Zinsen bis zur Zahlung, also auch über die Rechtskraft des Urteils hinaus, begehrt werden, ist hingegen selbstverständl und nach § 258 zulässig). Werden nur **Verzugszinsen** in ges Höhe beansprucht, kann der Antrag dem Wortlaut des § 288 I 2, II BGB entspr formuliert werden (Treber NZA 2001, 190 ff m ausf Nw; **Formulierungsvorschläge:** Vorwerk, PFB, M 15.2 ff). Bei **Prozesszinsen** nach § 291 BGB gilt dasselbe; hier kann der Kl, da ihm das Datum der Klagezustellung nicht bekannt ist, Zinsen „ab Rechtshängigkeit" beanspruchen; das Datum ist im Urteilstenor vom Gericht einzusetzen. Hat Bekl auf die Schuld bereits **Teilzahlungen** geleistet, wird der Antrag unter Berücksichtigung von § 367 BGB üblicherweise wie folgt gefasst: *„10.000 Euro nebst 10 % Zinsen hieraus seit 1.1.2021 abzgl am 1.7.2021 bezahlter 2.000 Euro"* (s Zimmermann JuS 91, 584 m Berechnungsbsp; für konkrete Berechnung Schneider, Die Klage im Zivilprozess, 3. Aufl 2007, Rn 1734 ff). Bei Anspruch aus Verbraucherkreditvertrag ist wegen § 497 III BGB zu formulieren: *„8.000 Euro nebst 10 % Zinsen aus 10.000 Euro vom 1.1.2024 bis 30.6.2024 sowie 10 % aus 8.000 Euro seit 1.7.2024"*. Bei **Bruttolohnklage** (s Rn 13a) kann Antrag auf ges Zinsen aus dem Bruttobetrag gerichtet werden (BAG NJW 2001, 3570); Antrag auf Verzinsung „des sich aus dem Bruttoentgelt ergebenen Nettobetrags" ist zu unbestimmt (BAG NZA 2000, 414, 418; Schaller/Eppelein NZA 2001, 194). Ein **Endpunkt** der Zinsberechnung kann naturgemäß nicht angegeben werden. Zur Abänderbarkeit s § 323 Rn 3.

17 **g) Kosten und vorläufige Vollstreckbarkeit.** Kein Antrag erforderl (§ 308 II, §§ 708-710). Sinnvoll allenfalls Antrag zur Art der Sicherheitsleistung (**Formulierungsvorschlag:** Vorwerk, PFB, M 15.59 f).

18 **h) Zug-um-Zug-Verurteilung.** Steht Bekl **Zurückbehaltungsrecht** (§ 273 BGB, § 369 HGB) oder **Einrede des nicht erfüllten Vertrags** (§ 320 BGB) zu, ist § 274 I bzw § 322 I BGB entspr Einschränkung bereits in den Klageantrag aufzunehmen (zum Bestimmtheitserfordernis s Rn 13h), um ein Teilunterliegen mit Kostennachteil (s § 92 Rn 3) zu vermeiden. Es empfiehlt sich, zugleich Antrag auf Feststellung des (etwaigen) Annahmeverzugs des Bekl zu stellen, da dann nach §§ 756, 765 ohne Vorlage weiterer Urk vollstreckt werden kann (s § 274 II, § 322 III BGB). In Berufung auf Zurückbehaltungsrecht kann aber bei beidseitiger Geldforderung auch Aufrechnungserklärung gesehen werden (BGHZ 37, 232, 244); dann Klageabweisungsantrag zutr. Umgekehrt kann, wenn eine vom Bekl erklärte Aufrechnung an fehlender Gleichartigkeit der Leistungen scheitert, im Antrag des Bekl auf Abweisung der Klage die Geltendmachung eines Zurückbehaltungsrechts und damit der Antrag gesehen werden, nur zur Erfüllung Zug um Zug verurteilt zu werden (BGH MDR 2022, 587). – **Formulierungsvorschläge:** Vorwerk, PFB, M 15.15 ff.

19 **i) Verfahrensanträge.** Solche fallen nicht unter II Nr 2, sind in der Klage aber zulässig, im Fall § 96 GVG (KfH) notwendig, iÜ zweckmäßig; so der vorsorgl Antrag auf schriftl VU (§ 331 III), das Einverständnis mit schriftl Verf (§ 128 II) und die Erklärung zur Einzelrichter-Frage (§ 253 III).

20 **III) Weitere Angaben (§ 253 III).** Die Ausgestaltung als Sollvorschrift zeigt, dass die in Nrn 1-3 aufgeführten Angaben zwar nicht für die Zulässigkeit der Klage erforderl, aber gleichwohl obligatorisch sind (nicht fakultativ, wie Hk-ZPO/Saenger Rn 27 formuliert). Bei ihrem Fehlen sind sie nachzufordern, was zu Verzögerungen u nachteiligen Rechtsfolgen führen kann (s Rn 24).

20a **1) Außergerichtliche Konfliktbeilegung (§ 253 III Nr 1).** Mit der Vorschrift soll darauf hingewirkt werden, dass der Kl vor der Klageerhebung die Möglichkeiten einer außergerichtl Streitbeilegung ausschöpft (zu deren Vorrang s § 278 Rn 1). Daraus ergibt sich für den RA die Pflicht, den Mandanten über diese Möglichkeiten aufzuklären und in geeigneten Fällen den Versuch einer solchen Konfliktlösung (zB durch Anrufung einer Verbraucherstreitbeilegungs- oder sonstigen Gütestelle, Mediation, Schiedsgutachten) einzuleiten; unterlässt er dies, haftet er für daraus entstehende Schäden (Ahrens NJW 2012, 2469). In der Klage ist (auch im Parteiproz; Löer ZKM 2015, 111 f) anzugeben, was in dieser Richtung unternommen wurde, nicht aber der Grund des Scheiterns. Wurde kein solches Verf eingeleitet, ist der Hinderungsgrund anzugeben. Pauschale Angaben (zB „die Parteien sind zerstritten") reichen nicht; gerade zur Bereinigung solcher Situationen dient die außergerichtl Streitbeilegung. Dem Gericht dienen die Angaben als Grundlage für die Prozessleitung (zB die Durchführung einer Güteverh nach § 278 II mit persönl anwesenden Parteien, für ein Vorgehen nach § 278a, für die Einschaltung eines Güterichters nach § 278 V, für einen schriftl Vergleichsvorschlag nach § 278 VI). Zu den Folgen fehlender oder unzureichender Angaben s Rn 24.

20b **2) Streitwert (§ 253 III Nr 2).** Die Angabe ist nötig bei allen Klagen, die nicht auf Zahlung einer bestimmten Geldsumme gerichtet sind, nach § 61 GKG auch dann, wenn die Zuständigkeit des Gerichts nicht vom Streitwert abhängt. Anderenfalls kann der Kostenvorschuss nicht nach § 63 GKG festgesetzt werden.

20c **3) Einzelrichter, Videoverhandlung (§ 253 III Nr 3, 4). Nr 3:** Wichtig für die Zuweisung des Verf an Kammer oder Einzelrichter (§§ 348 f). – **Nr 4:** Die Äußerung zu **Bedenken gegen eine Videoverhandlung** soll die Verfahrensplanung des Vors erleichtern. Sie bedarf keiner Begründung u ist im weiteren Verf nicht bindend (BTDrs 20/8095, 59). Der **Antrag auf Videoverhandlung** nach § 128a III 1 kann auch noch später gestellt werden (s aber § 128a Rn 6).

IV) Sonstige Anforderungen (§ 253 IV). Die Verweisung auf die Soll-Vorschriften des § 130 ist durch die zwingenden Vorgaben nach II (s Rn 7 ff) weitgehend obsolet. Von Bedeutung ist ledigl (für Nichtanwälte) das Erfordernis der **Unterschrift** (s Rn 5, § 130 Rn 6), für RA die Einreichung nach § 130a (§ 130d). Zum Fehlen s Rn 22. 20d

Zum **Beifügen von Abschriften (§ 253 V)** s § 133 Rn 2; zur Beglaubigung s § 169 II; zum Fehlen s Rn 25. 20e

V) Zustellung der Klageschrift. Sie ist unverzügl (§ 271 I; näher s § 271 Rn 4 ff; zur Zustellung im Ausland s § 183 m Erl) vAw (§ 166 II) zu veranlassen, sobald die volle Geb für das Verf im Allg (s § 271 Rn 2) eingezahlt ist, und begründet die Rechtshängigkeit (§ 261). Sie muss an den **richtigen Bekl** gerichtet werden, dh die Person, die nach der Klageschrift Bekl sein soll; das Gericht darf zB nicht von sich aus an den InsVerwalter zustellen, wenn sich die Klage gegen den Sch richtet (vgl BGH NJW 94, 3232, 3233; zu den Folgen eines solchen Fehlers s Rn 26). Wurde dem Gericht bereits ein ProzBev des Bekl benannt (sei es auch durch den Kl), ist gem § 172 I an diesen zuzustellen (BGH NJW-RR 2011, 997). Keine Zustellung von Anwalt zu Anwalt (s § 195 Rn 8). Zur Heilung von Zustellungsmängeln s Rn 27. 21

Eine **Verweigerung der Klagezustellung** an den Gegner durch das Gericht berührt den Justizgewährungsanspruch des Kl (s Einl Rn 30 ff), hemmt (vorbehaltl § 167) den Eintritt der mat-rechtl Wirkungen der Rechtshängigkeit (§ 262, so insb bei fristgebundenen Klagen) und kann das Grundrecht des Kl auf rechtl Gehör (Art 103 I GG) verletzen. Sie ist daher nur nach diesbzgl Hinweis durch das Gericht und sodann in der Form einer Entscheidung des Gerichts (Beschluss; Anordnung des Vors genügt nicht) zulässig, wenn die rechtl Voraussetzungen hierzu erfüllt sind. In Betracht kommen hierfür die in § 216 Rn 4 ff genannten Verfahrenshindernisse, die Nichtdurchführung eines vorgeschriebenen Schlichtungsversuchs (BGHZ 161, 145, 151 = NJW 2005, 437, 439), ausnahmsw aber auch der Fall einer Verwirkung prozessualer Rechte, so bei **ausschließlich grob beleidigender**, querulatorischer, also rechtsmissbräuchl Klageschrift (s Einl Rn 31; Halbach, Die Verweigerung der Terminsbestimmung u der Klagezustellung im ZP, Diss 1980; sa LG Stuttgart NJW 94, 1077: Klageschrift auf Briefbogen mit grundgesetzwidriger Propaganda). Dass eine Klage neben sachl Begehren auch ungehörige oder beleidigende Äußerungen enthält, rechtfertigt ihre Behandlung als unbeachtl oder unzulässig nicht (BFH NJW 93, 1352). Zum **vorläufigen Absehen** von Zustellung wegen formaler Mängel s Rn 22 ff, § 271 Rn 6. 21a

VI) Mängel der Klageschrift. 1) Unwirksame Klage. Ob überhaupt eine wirksame Klage vorliegt (nicht zB eine sonstige Eingabe, ein versehentl zugesandter Entwurf), hat das Gericht bereits vor der Zustellung zu prüfen, denn ist die Klage erst einmal zugestellt, muss sie auch als solche behandelt werden, ggf durch Rücknahme oder Abweisung als unzulässig (hier kann es ggf zu einer Niederschlagung von Kosten wegen unrichtiger Sachbehandlung kommen, § 21 GKG). Bestehen daher an der Rechtsnatur als Klageschrift Zweifel, fehlt die nach § 130 Nr 6 erforderl Unterschrift bzw die beim Anwaltsschriftsatz an ihre Stelle tretende Signatur (§§ 130d, 130a III) oder ist Klage durch einen nicht Postulationsfähigen (§ 78) unterschrieben, gibt der Vors zunächst Gelegenheit zur Klarstellung bzw Behebung des Mangels. Die Heilung des Mangels durch Nachholung der Unterschrift bzw Signatur oder rügeloses Verhandeln (§ 295) wirkt nur ex nunc, kann eine etwaige Fristversäumung also nicht beseitigen (BGH MDR 2024, 1601; BGH NJW-RR 2004, 755 mwN; St/Roth Rn 63). Es ist daher zu vermerken, wann die Klage mit ordnungsgemäßer Unterschrift dem Gericht zugegangen ist. Wurde die unwirksame Klage zugestellt, ist Heilung des Mangels ex nunc mögl, wenn beide Parteien trotz Kenntnis oder Erkennbarkeit des Mangels (s § 295 Rn 7) mündl verhandeln (BGHZ 65, 46; BGH NJW 96, 1351; BGH NJW-RR 99, 1251). Soweit die Rspr für die Wahrung mat-rechtl Ausschlussfristen (s vor § 253 Rn 21) in Einzelfällen eine mangelhafte Klage genügen lässt (BVerfG NJW 2005, 814; BGH NJW 2006, 2482; BAGE 52, 263 = NJW 86, 3224), stellt sie im Grunde auch das proz Unterschriftserfordernis infrage (s § 130 Rn 6 f). 22

2) Fehlen zwingenden Inhalts. Hierauf (s Rn 7 ff) hat das Gericht den Kl möglichst schon vor der Zustellung hinzuweisen (vgl § 139 II). Wird das Fehlen der **Bezeichnung von Gegenstand und Grund** oder des **bestimmten Antrags** trotz Hinweises nicht behoben, ist die Klage als unzulässig abzuweisen, auch wenn sich der Bekl rügelos eingelassen hat (BGH NJW 72, 1373 aE). Ist Hinweis unterblieben, verweist der BGH unter Aufhebung des Berufungsurteils an das Berufungsgericht zurück, um Gelegenheit zur Behebung des Mangels zu geben (BGH NJW 2014, 1534, 1538; BGH NJW 2014, 775 mwN). – **Fehlende Individualisierung** (s Rn 11) kann bis zum Schluss der mündl Verh nachgeholt werden, allerdings nur mit Wirkung ex nunc: keine rückwirkende Verjährungshemmung (BGH NJW 2001, 305, 307) oder Wahrung von Klagefrist (BGHZ 22, 257; BGH NJW 2016, 2747). Ein Sachurteil darf nicht ergehen, da seine Rechtskraftwirkung unklar bliebe (aA Braun ZZP 133 [2020], 271, 278 f). Zum davon zu unterscheidenden Mangel der Schlüssigkeit s vor § 253 Rn 23 f); zur nicht aufgeschlüsselten Teilklage s Rn 15. – Fehler in der **Bezeichnung des Gerichts** werden sich idR so auswirken, dass die Klage beim unzuständigen Gericht erhoben ist. Rechtshängigkeit (s § 261 Rn 3) u evtl Fristwahrung werden dadurch nicht berührt (BGHZ 35, 374 = NJW 61, 2259; AG/Anders Rn 21); ggf Verweisung nach § 281 oder Prorogation nach §§ 38 ff. Ist Klage trotz Falschangabe zum richtigen Gericht gelangt, ist der Mangel unschädl (MskV/Foerste Rn 23). – Bei erkennbar fehlerhafter **Parteiangabe** ist von der Zustellung der Klage abzusehen; die Begründung eines Prozessrechtsverhältnisses setzt voraus, dass die an ihm Beteiligten feststehen (näher s Rn 8 ff). Zu den Folgen einer Zustellung bei Falschbezeichnung s vor § 50 Rn 6 ff. 23

24 **3) Fehlen sonstiger Erklärungen.** Solche (s Rn 20 ff) berühren die Zulässigkeit der Klage nicht. Sie können allerdings zu Verzögerungen bei der Klagezustellung wegen notwendiger Nachfragen führen und damit uU einer Fristwahrung nach § 167 entgegenstehen (s § 167 Rn 11 ff). Bei fehlender **Streitwertangabe** (s Rn 20b) kommt es idR zu Verzögerungen der Klagezustellung, weil der Kostenvorschuss nicht festgesetzt werden kann; gerichtl Rückfragen sind daher zügig zu beantworten (s § 167 Rn 17). Fehlen zureichende **Angaben zur außergerichtlichen Streitbeilegung** (s Rn 20a) und kommt eine solche nach Einschätzung des Vors in Betracht, kann Zustellung bis zum Nachreichen der Angaben zurückgestellt werden, damit die Chance einer außergerichtl Lösung nicht vereitelt wird (St/Roth Rn 60; ThP/Seiler Rn 18; aA MK/Becker-Eberhard Rn 187; Fritz/Schroeder NJW 2014, 1910, 1913: nur Rückfragen). Die Angaben sind dann auf Anforderung unverzügl nachzureichen; geschieht dies nicht, wird die fristwahrende Wirkung des § 167 aufs Spiel gesetzt (MskV/Foerste Rn 36).

25 **4) Fehlende Abschriften (§ 253 V).** Wegen der Pflicht zur elektron Einreichung (§ 130d) hat die Vorschrift im Anwaltsproz keine Bedeutung mehr (s § 133 I 2). Im Parteiproz sollten fehlende Abschriften kostenfrei von der GeschSt angefertigt werden, da die Partei die Erklärung auch zu Protokoll abgeben könnte (§ 496).

26 **VII) Mängel der Zustellung. 1) Wirkung.** Wurde eine Zustellung der Klage vom Gericht nicht veranlasst oder nicht durchgeführt, fehlt die Rechtshängigkeit auch dann, wenn der Bekl auf andere Weise in den Besitz der Klageschrift gelangt ist (BGH NJW 2001, 3713, 3714; St/Roth Rn 69), zB im Rahmen des PKH-Verf. Dasselbe gilt, wenn ein PKH-Gesuch als Klage zugestellt wurde (OLG Dresden NJW-RR 97, 1424; OLG Köln NJW 94, 3360, 3361). Wenn an eine andere als die in der Klageschrift bezeichnete Person zugestellt wurde, zB an InsVerwalter statt an verklagten Sch, tritt keinem ggü Rechtshängigkeit ein, weil es beim einen an der Klage, beim anderen an der Zustellung fehlt (BGH NJW 2017, 2472, 2474; BGH NJW 94, 3232, 3233; zu den Möglichkeiten des von Fehlzustellung Betroffenen, gegen seine Stellung als „Scheinpartei" vorzugehen, s vor § 50 Rn 9). Zustellung an Prozessunfähigen führt nicht zu wirksamer Erhebung der Klage; das Gericht hat aber Gelegenheit zur Behebung des Mangels (zB durch Betreuerbestellung) zu geben (BGH FamRZ 2008, 680). – Wird Klageschrift ohne die in Bezug genommenen **Anlagen** zugestellt, hat dies auf Wirksamkeit der Zustellung, dh Begründung der Rechtshängigkeit, keinen Einfluss (BGH NJW 2013, 387 [zust Schäfer]; Pfeiffer LMK 2013, 342780; aA BGH NJW 2007, 775; Schumann JZ 2013, 528); es kann aber an der Ordnungsmäßigkeit der Klage, zB wegen fehlender Individualisierung des Klagegrundes (s Rn 11), fehlen.

27 **2) Heilung.** Sie tritt bei **unterbliebener oder unwirksamer Zustellung** ein, wenn es zu mündl Verh kommt und Bekl auf die Zustellung verzichtet oder rügelos verhandelt (§ 295; Wirkung ex nunc; BGHZ 25, 66, 72; BGH NJW 72, 1373). Rechtshängigkeit tritt ein, sobald nicht mehr gerügt werden kann. Solange Heilung mögl, darf Klage nicht als unzulässig abgewiesen werden (BGH MDR 2011, 121). Geschieht sie noch „demnächst" iSd § 167 (dh ohne dass Verzögerung dem Kl anzulasten ist), kann es auch zu einer Vorwirkung der Klageeinreichung nach dieser Vorschrift kommen (BGHZ 25, 66, 76; BGH NJW 74, 1557; St/Roth Rn 69). Heilung kann aber nur eintreten, wenn der „richtige" Bekl (s Rn 21, vor § 50 Rn 7) bzw – im Anwaltsprozess – ein von ihm bevollmächtigter RA rügelos verhandelt hat. Wurde zB bei gebotener Vertretung durch mehrere Organe (s § 170 Rn 5 aE) nur an eines von ihnen zugestellt, genügt es nicht, wenn ein nur von diesem bestellter RA verhandelt (BGHZ 70, 384, 386; BGH NJW 92, 2099, 2100). Rechtshängigkeit kann nicht vom Bekl allein dadurch herbeigeführt werden, dass er auf Zustellung der ihm im PKH-Verf zur Kenntnis gebrachten Klage verzichtet (OLGR Nürnberg 1999, 263; aA für den Fall der Bewilligung der PKH OLG Zweibrücken NJW-RR 98, 429). Wurde Mangel nicht geheilt, ist unterbliebene Zustellung nachzuholen; höhere Instanz hat hierzu an 1. Instanz zurückzuverweisen; keine Abweisung der Klage als unzulässig (BGH NJW 92, 2099, 2100). – Im Fall einer **fehlgeleiteten Zustellung** (s Rn 26) kann der Empfänger auch durch Zustellung einer entspr Erklärung des Kl zum Bekl werden, nicht aber dadurch, dass er sich auf die nicht gegen ihn gerichtete Klage einlässt (selbst wenn er – materiell – der richtige Bekl wäre; BGH NJW 94, 3232, 3233; sa vor § 50 Rn 9). – Zur Heilung **nicht formgerechter Zustellung** s § 189 Rn 8 ff.

28 **VIII) Gebühren. 1) Gericht:** Für das Prozessverf 1. Instanz fällt die Geb 1210 GKG-KV an (Gebührensatz 3,0), und zwar bereits mit Einreichung der Klage (§ 6 I Nr 1 GKG). Sie muss aber wirksam (Unterschrift) erhoben sein (OLG Stuttgart MDR 2011, 635). Wird die Klage versehentl 2-fach eingereicht, werden die Geb nicht ein weiteres Mal fällig (OLG München MDR 2001, 896; aA OLG Frankfurt NJW-RR 2017, 448; OLG Koblenz MDR 2011, 1135; OLG Düsseldorf MDR 99, 1156, hierzu krit Lappe NJW 2000, 1150). Die Geb für das Mahnverf (1100 GKG-KV) wird angerechnet (1210 Anm S 1 GKG-KV). Urteilsgeb fallen in allen Instanzen nicht an. – **Ermäßigung der VerfGeb** auf 1,0 nach 1211 Nrn 1-4 GKG-KV. Ein Teilurteil sperrt die Ermäßigung insgesamt (OLGR Saarbrücken 2008, 615), ebenso eine Sicherungsanordnung (§ 283a). Nicht nachvollziehbar ist, dass es nicht zur Ermäßigung kommt, wenn das Verf durch in mündl Verh verkündetes oder nach § 331 III ergehendes VU endet. Ermäßigung tritt auch ein, wenn mehrere Erledigungstatbestände in ihrer Summe den Rechtsstreit insgesamt beenden (1211 aE GKG-KV). Bei mehreren Bekl Ermäßigung nur, wenn 1211 GKG-KV für jeden erfüllt ist (KG NJW-RR 2009, 1079). – **Vorauszahlungspflicht:** § 12 I GKG, auch bei Klageerweiterung (§ 12 I 2 GKG), aber nicht bei Widerklage (§ 12 II Nr 1 GKG; näher s § 33 Rn 38). Es handelt sich um eine Sollvorschrift, ist aber Amtspflicht für das Gericht. Ausnahmen von der Vorschusspflicht: § 14 GKG. Auslagenvorschuss für die Zustellung wird nicht erhoben. – Die **Einforderung** der vorauszuzahlenden Geb wird vom Kostenbeamten selbständig veranlasst. Vorlage zunächst beim Richter, wenn sich aus der Klage ergibt, dass das Betreiben des Verf ohne Vorauszahlung angestrebt wird. Ebenso in den Fällen des § 63 I 1 GKG, wenn Gegenstand des Verf nicht eine Klage auf Zahlung einer bestimmten Geldsumme in inländischer Währung ist. – **Auslagen** für Anfertigung fehlender Abschriften durch das Gericht s § 133 Rn 5. – **2) RA:** 3100 ff RVG-VV, 3104 ff RVG-VV. Zur Anrechnung der Geschäftsgeb 2300 RVG-VV s § 104 Rn 21.43.

§ 254 Stufenklage

Wird mit der Klage auf Rechnungslegung oder auf Vorlegung eines Vermögensverzeichnisses oder auf Abgabe einer eidesstattlichen Versicherung die Klage auf Herausgabe desjenigen verbunden, was der Beklagte aus dem zugrunde liegenden Rechtsverhältnis schuldet, so kann die bestimmte Angabe der Leistungen, die der Kläger beansprucht, vorbehalten werden, bis die Rechnung mitgeteilt, das Vermögensverzeichnis vorgelegt oder die eidesstattliche Versicherung abgegeben ist.

Lit: *Assmann*, Das Verf der Stufenklage, 1990.

I) Bedeutung. Die Stufenklage ist Sonderfall der **obj Klagenhäufung** (§ 260; BGH NJW 2012, 2180, 2182; St/Roth Rn 1; aA Hoffmann ZZP 135 [2022], 3 ff). Bei ihr wird ein der Höhe oder dem Gegenstand nach noch unbekannter (daher entgegen § 253 II 2 noch nicht zu bestimmender) Leistungsanspruch zugleich mit den zu seiner Konkretisierung erforderl Hilfsansprüchen (auf Auskunft und Richtigkeitsversicherung) erhoben. Der Vorteil besteht darin, dass der Hauptanspruch bereits mit Erhebung der Stufenklage in der sich später ergebenden (uU auch von der erteilten Auskunft abweichenden) Höhe **rechtshängig** wird (BGH NJW 2015, 1093 Tz 9; BGH NJW-RR 95, 513; zur Verjährungshemmung s § 262 Rn 3). Trotz der fehlenden Bezifferung begründet die Stufenklage (bzw bereits eine ihr entsprechende Mahnung) Verzug mit der Hauptleistung (BGHZ 80, 269 = MDR 1981, 735). – **Gerichtsstand** für Haupt- gilt auch für Hilfsanspruch (St/Roth Rn 1; zu Unterhaltsklage BGH NJW 2013, 2597). – Zu den Kostenvorteilen gegenüber getrennten Klagen s Rn 17; zu Kostenrisiken bei der Pflichtteils-Stufenklage aber Sarres ZEV 2015, 75, 78 f. 1

II) Anwendungsbereich. Der Gl muss neben der Hauptsacheforderung kraft Gesetzes oder Vertrags einen Informationsanspruch und/oder einen Anspruch auf Abgabe einer eidesstattl Versicherung haben (§§ 259-261 BGB). Entgegen dem Gesetzeswortlaut werden **Informationsansprüche jegl Art** erfasst, insb solche zur Auskunft und Rechnungslegung (zum Auskunftsanspruch nach § 21a VII 3 ArbZG s BAG MDR 2020, 173; zur Auskunft über Bemessungsgrundlagen variabler Vergütungsbestandteile BAG NJW 2023, 2592; Nebeling/Rbib DB 2023, 2888). Sie müssen aber der Beschaffung von (nicht unbedingt abschließenden; BGHZ 209, 358 = NJW 2017, 156; BAG BB 2022, 2039 Tz 26 ff) Informationen zur Bezifferung bzw Spezifizierung eines Leistungsantrags dienen (s Rn 4). Eine Stufenklage kommt deshalb dann nicht in Betracht, wenn die Auskunft dem Kläger sonstige, mit der Bestimmbarkeit als solcher nicht in Zusammenhang stehende Informationen über seine Rechtsverfolgung verschaffen soll (BGH NJW 2023, 3490 Tz 24), zB wenn ledigl Auskunft darüber erlangt werden soll, ob ein Hauptanspruch besteht, der Umfang vom Kl dann aber selbst dargelegt werden kann (Assmann S 46). Sie kann aber der Vorbereitung einer Leistungsbestimmung nach § 315 BGB dienen (BAG BB 2022, 2039 Tz 31 ff) oder dazu, zur Konkretisierung des Anspruchs auf Herausgabe von Kopien personenbezogener Daten nach Art 15 III DSGVO Auskunft u ggf Versicherung an Eides statt darüber zu erlangen, welche derartigen Unterlagen der Bekl verarbeitet (BAG NJW 2021, 2379, 2380; OLG Rostock VersR 2024, 185; Dörr MDR 2022, 605, 610 f). 2

III) Prozessuale Besonderheiten. 1) Antrag. Der **Leistungsantrag** muss in der Klageschrift bereits gestellt (nicht nur vorbehalten oder in Aussicht gestellt) werden; ob dies der Fall ist, ist durch Auslegung zu ermitteln (BGH NJW 2017, 1954 Tz 27 ff; sehr streng OLG Celle NJW-RR 95, 1411, wonach Ankündigung nicht ausreichen soll; so aber der **Formulierungsvorschlag** bei Vorwerk, PFB, M 15.12). In der mündl Verh zu den ersten Stufen muss er nicht gestellt werden (BGH NJW 75, 1409, 1410). Er ist statt auf einen bestimmten auf den „sich aus der Auskunft ergebenden" Betrag zu richten; wo sich auch der Inhalt des Leistungsanspruchs erst aus der erteilten Auskunft ergibt ggf auf „Herausgabe oder Zahlung des Erlöses oder Schadensersatz" (BGH NJW 2003, 2748). Da es sich um *obj* Klagenhäufung handelt, berechtigt § 254 nicht zu einer unbezifferten Klage gegen einen Streitgenossen des Auskunftspflichtigen, auch nicht bei gesamtschuldnerischer Haftung (BGH NJW 94, 3102, 3103). 3

2) Verhältnis zu anderen Klagen. Wo Stufenklage (= Leistungsklage; BGH NJW 94, 2896, 2897) mögl, fehlt für eine **Feststellungsklage** das Rechtsschutzbedürfnis (BGH NJW 96, 2097, 2098; anders jedoch im gewerbl Rechtsschutz, BGH NJW 2003, 3274). Die letzte Stufe kann aber auch einen **Feststellungsantrag**, falls dieser ausnahmsw zulässig ist (s § 256 Rn 15; BGH ZIP 99, 447: Zwischenfeststellungsantrag; OLG Frankfurt FamRZ 87, 175: negativer Feststellungsantrag zur Titelbeseitigung), oder **Gestaltungsantrag** (zB Abänderungsstufenklage nach § 323, BGH NJW 85, 195, 196; OLG Köln NJW 90, 2630; aM OLG Hamburg FamRZ 82, 935) beinhalten. – Eine Stufenklage liegt nur vor, wenn die Auskunft der Bestimmung des Leistungsanspruchs gegen dens Bekl (BGH NZKart 2023, 362 Tz 17) nicht der Beschaffung von Informationen zu seiner Durchsetzung oder zur Abwehr einer Aufrechnung dient (BGH NJW 2002, 2952, 2953; BGH NJW 2011, 1815); hier kann es sich um eine **Auskunftsklage** in Klagenhäufung mit einer Leistungsklage handeln (BGH NJW 2000, 1645) u ein Teilurteil mögl sein (BGH NJW 2011, 1815). Für Klage auf Auskunft über den Verbleib herauszugebender Sachen fehlt wegen § 883 II das Rechtsschutzbedürfnis (BGH MDR 63, 204). – Wo Stufenklage zulässig, darf Kl trotzdem **Einzelklage** auf Auskunft bzw eidesstattl Versicherung (OLG Zweibrücken FamRZ 69, 230) oder eine auf die ersten beiden Stufen beschränkte Stufenklage (KG FamRZ 97, 503) erheben; dies kann zur Kostenbeschränkung sinnvoll sein, hemmt aber nicht die Verjährung des Zahlungsanspruchs (BGH NJW 75, 1409, 1410; OLG Celle NJW-RR 95, 1411). 4

4a Es steht dem Kl frei, statt der Stufenklage sogleich **Klage auf die Hauptleistung** zu erheben und im Wege einer Schätzung zu beziffern (St/Roth Rn 4). Dies vermeidet die oft zeitraubende Stufung des Prozesses (dazu Sarres ZEV 2015, 205 ff mit Ratschlägen zur außergerichtl Informationsgewinnung), ist aber mit dem Risiko des Zuviel- oder Zuwenigforderns behaftet. Auch wenn der Kl den stufenweise erhobenen Leistungsanspruch iSe **Mindestbetrags** beziffert, liegt eine zulässige Stufenklage vor (BGH 15.8.2025 – VI ZR 217/24; BGH FamRZ 1996, 1070; BGH WM 72, 1121). Er kann aber auch eine bezifferte **Teilklage**, verbunden mit einer unbezifferten Stufenklage, erheben (BGHZ 107, 236, 239 = NJW 89, 2821). Über den bezifferten Antrag kann vorab nur entschieden werden, wenn die Voraussetzungen eines Teilurteils (§ 301) vorliegen. An die vorläufige Bezifferung ist der Kl nicht gebunden (BGH FamRZ 96, 1070), jedenfalls bis zur Verh über den Leistungsantrag. Nichts anderes gilt für die Bezifferung im Prozess vor Abschluss der Auskunftsstufe. Hiermit ist ein Wechsel in die höchste Stufe (s Rn 5) nur verbunden, falls der Kl sein Auskunftsbegehren fallen lässt.

5 **3) Verfahrenseinheit.** Die stufenw erhobenen Ansprüche auf Rechnungslegung, auf Abgabe der eidesstattl Versicherung und auf Leistung sind prozessual selbständige Teile (BGHZ 76, 9, 12 = NJW 80, 1106, 1107; BGH NJW 94, 2895) eines (auch gebührenmäßig; s Rn 17) **einheitlichen Verfahrens**. Eine **innere Verbindung** der einzelnen Stufen besteht insoweit, als der vorgeschaltete Auskunftsanspruch und der ggf nachfolgende Anspruch auf eidesstattl Versicherung ledigl Hilfsmittel zur konkreten Bezeichnung des durchzusetzenden Leistungsanspruchs sind (BGH NJW 79, 925, 926; OLG Düsseldorf FamRZ 96, 493). Deshalb ist der auf Antrag des Kl stets zulässige **Wechsel von der Auskunfts- zur Leistungsstufe** (zB wegen anderweitiger Kenntniserlangung) keine Klageänderung nach § 263, sondern eine stets zulässige Klageerweiterung nach § 264 Nr 2 (BGH NJW 2013, 2597, 2600; BGH NJW 91, 1893; zu entspr Hilfsantrag s BGH NJW 2015, 1093; aM OLG München FamRZ 95, 678; St/Roth Rn 23: konkludente Teilklagerücknahme; sa Rn 12), dgl das Übergehen einer ursprüngl angekündigten 2. Stufe (BGH NJW 2001, 833). Zwar kann die Wechselerklärung als Prozesshandlung nicht widerrufen werden, aber die Rückkehr des Kl in die 1. Stufe ist wiederum nach § 264 Nr 2 (LAG Bremen MDR 1998, 183; aM OLG München FamRZ 95, 678, 679; MK/Becker-Eberhard Rn 8; offen lassend BGH NJW 2013, 2597, 2600) zuzulassen.

6 **4) Kosten.** Die Verfahrenseinheit der Stufenklage bedingt auch die **einheitliche Kostenentscheidung** im Schlussurteil 1. Instanz (WSch/Assmann Rn 79); dabei kann der Erfolg des Auskunftsanspruchs und die Abweisung oder Zurücknahme des Leistungsantrags (wenn die geschuldete Auskunft keinen Leistungsanspruch ergab; hierzu s Rn 15) zu einer Quotelung der Kosten nach Maßgabe der unterschiedl Streitwerte (s § 3 Rn 16.160) führen (OLG München MDR 88, 782; OLG München MDR 90, 636; MK/Becker-Eberhard Rn 32; Rixecker MDR 85, 633, 635; aA WSch/Assmann Rn 79). Auch wenn die Parteien den Auskunftsanspruch unzutr für erledigt erklären (s Rn 12), ist über die Kosten nicht nach § 91a, sondern nur in den Gründen des Endurteils zu befinden (Rixecker MDR 85, 633; OLG Koblenz NJW 63, 912). – Zum **Streitwert** s § 3 Rn 16.160. Wegen der **Geb** s Rn 17. – **PKH** ist trotz ursprüngl Ungewissheit der Höhe des Leistungsanspruchs für die Stufenklage insgesamt zu gewähren (StJ/Bork § 119 Rn 6).

7 **IV) Verfahren. 1) Sukzessive Verhandlung.** Die prozessuale Selbständigkeit der Einzelansprüche (s Rn 5) bedingt hier – selbst wenn die Leistungsstufe bereits vorläufig beziffert ist (BGH FamRZ 96, 1070; s Rn 4a) – abw von § 260, dass über jeden der Ansprüche in der vorgegebenen Reihenfolge im Wege der abgesonderten Antragstellung und Verh durch Teil- bzw Schlussurteil zu befinden ist (BGH NJW 2002, 1042, 1044; St/Roth Rn 21). Das gilt auch, wenn eine auf dasselbe Rechtsverhältnis gestützte Widerklage als Stufenklage erhoben wird (BGH NJW-RR 2011, 189; OLG Hamm VersR 2020, 1128).

8 **2) Zurückweisung verspäteten Vorbringens.** In 1. Stufe erfolgte Präklusion nach § 296 wirkt nicht auch für das Verf der folgenden Stufen (OLG Karlsruhe NJW 85, 1349, 1350).

9 **3) Entscheidung. a) Endurteil** kommt nur bei Unzulässigkeit der Klage oder dann in Betracht, wenn sich bereits bei der Prüfung des Auskunftsanspruchs ergibt, dass dem Hauptanspruch die mat-rechtl Grundlage fehlt (BGH NJW 2002, 1042, 1044; MK/Becker-Eberhard Rn 20; aM OLG Hamm NJW-RR 90, 709; WSch/Assmann Rn 61; dazu s Rn 14). Die Beschwer richtet sich allein nach dem Hauptanspruch (BGH 15.5.2025 – VI ZR 217/24).

10 **b)** Ansonsten ergeht **Teilurteil** über Auskunft (bzw eidesstattl Versicherung). Keine Kostenentscheidung, aber Ausspruch zur vorläufigen Vollstreckbarkeit. Verbindung mit Grundurteil über die Hauptsache scheitert idR daran, dass Leistungspflicht erst auf Grund der Auskunft beurteilt werden kann (Ausnahmefall: BGH NJW 99, 1706, 1709; sa Peters ZZP 111 [1998], 73). Entscheidung über Auskunft enthält **keine bindende Feststellung** zum Grund des Leistungsanspruchs; es gilt nichts anderes als bei allen Teilurteilen (s § 301 Rn 22; BGH NJW 2006, 2626 mwN; BGH JR 70, 185 [Baumgärtel] = JZ 70, 226 [Grunsky]; Assmann S 114-124). Daher uU Zwischenfeststellungsantrag zulässig (BGH ZIP 99, 447), ebenso Teilurteil über die ersten Stufen der Stufenwiderklage, wenn die mit dieser u der Klage verfolgten Ansprüche von dens Vorfragen abhängen (BGH MDR 2010, 944).

11 **4) Fortsetzung nach Teilurteil.** Sie erfolgt nur auf **Antrag einer Partei** (BGH NJW 2012, 2180, 2183; BGH NJW-RR 2015, *188; St/Roth Rn 21;* **Formulierungsvorschlag:** Vorwerk, PFB, M 15.14), also auch des Bekl (OLG Stuttgart NJW 2012, 2289; OLG Karlsruhe FamRZ 97, 1224). Sie setzt voraus, dass Teilurteil formell rechtskräftig ist (BGH NJW 2002, 1042, 1044; St/Roth Rn 30; MK/Becker-Eberhard Rn 23; aA WSch/Assmann

Rn 49) oder Kl in 2. Instanz auf den Leistungsanspruch übergeht, denn der gleichzeitige Streit über verschiedene Stufen ist mit dem Grundsatz der sukzessiven Verh (s Rn 7) unvereinbar, auch wenn er in verschiedenen Instanzen geführt wird (sa BGHZ 94, 268, 275 = MDR 85, 825, 826). Kl muss den Bekl vor Übergang in die Leistungsstufe nicht zur Zahlung auffordern, um bei einem Anerkenntnis die Kostenfolge des § 93 zu vermeiden (OLG Bamberg NJW 2020, 2649 [Weber] = MDR 2020, 1021; sa § 93 Rn 6.39). War über den Auskunftsanspruch VU oder AU im schriftl Vorverf ergangen, ist auf Antrag auch ohne Verteidigungsanzeige bzgl des Leistungsantrags Termin zur mündl Verh zu bestimmen. – Nach erteilter (ggf nach §§ 888, 889 erzwungener) Auskunft und eidesstattl Versicherung muss Kl den Hauptsacheanspruch iSd § 253 II 2 **beziffern**. Hierbei handelt es sich nur um eine Präzisierung des von Anfang an rechtshängigen Antrags, nicht um Klageänderung (BGH NJW-RR 2015, 188, 189). Bei Beibehaltung des unbestimmten Antrags Abweisung durch Prozessurteil (RGZ 84, 370; OLG Düsseldorf NJW 65, 2352; Rixecker MDR 85, 633). Ergeben Auskunft und eidesstattl Versicherung, dass Bekl den Hauptsacheanspruch (zB auf Herausgabe) **vereitelt** hat, kann Kl stattdessen gem § 264 Nr 3, § 893 Ersatz des Interesses fordern (WSch/Assmann Rn 57; RGZ 61, 408 nimmt Klageänderung an). Zur negativen Auskunft s Rn 15 f.

5) Erteilung der Auskunft bzw Rechnungslegung vor dem Teilurteil. In diesem Fall kann Kl sofort auf bezifferten Leistungsantrag übergehen (BGH NJW 91, 1893 = MDR 91, 670; aM OLG Köln FamRZ 84, 1029); **Formulierungsvorschlag:** Vorwerk, PFB, M 15.13. Es bedarf keiner Teilklagerücknahme oder -erledigungserklärung (BGH NJW 2001, 833; s Rn 5). Für Feststellungsklage aufgrund einseitiger Erledigungserklärung fehlt Rechtsschutzbedürfnis (OLG Düsseldorf FamRZ 96, 493; aM MK/Becker-Eberhard Rn 25; Hoffmann ZZP 135 [2022], 3, 19; zur Unzulässigkeit eines Teilurteils OLG Frankfurt MDR 2024, 1399). Dies gilt jedoch nicht im Verf über ein Rechtsmittel gegen die (Teil-)Entscheidung über den prozessual selbständigen Auskunftsanspruch; dieses muss mit einer Erklärung bzw Feststellung der Erledigung des Auskunftsanspruchs zum Abschluss gebracht werden (BGH NJW 99, 2520, 2522). Zur Kostenentscheidung s § 91a Rn 58.44. 12

Kein Anspruch auf **Auskunftsergänzung**, wenn Kl Auskunft für unzulängl hält, hier nur Anspruch auf eidesstattl Versicherung (BGH MDR 61, 751; BGH WM 80, 318). Bevor Auskunft nicht erteilt, besteht kein Anspruch auf eidesstattl Versicherung, weil dieser von der Art der Auskunft abhängt (§ 259 II BGB; OLG Köln FamRZ 90, 1128). 13

6) Rechtsmittelverfahren. Wurde die Stufenklage in 1. Instanz abgewiesen, weil kein Leistungsanspruch bestehe (s Rn 9), hält das Berufungsgericht den Auskunfts- oder Rechnungslegungsanspruch jedoch für gegeben, kann es entspr § 538 II 1 Nr 4 auf Antrag zurückverweisen (BGH NJW 2006, 2626; MK/Becker-Eberhard Rn 30); wird kein Antrag gestellt, hat es über die Leistungsstufe selbst zu entscheiden (BGH MDR 2009, 131; Rieländer ZZP 134 [2021], 137, 161 ff; aA BGH NJW 2011, 1436, Nissen/Elzer MDR 2019, 1099, 1103: Zurückverweisung auch ohne Antrag). Hat das Erstgericht durch Teilurteil zur Auskunft verurteilt und verneint das Berufungsgericht das Bestehen eines Leistungsanspruchs, weist es die Klage insgesamt ab (BGHZ 30, 213, 215 = NJW 59, 1824; BGH NJW 59, 1827, 1828 [abl Schwab]; BGH NJW 2019, 2473 Tz 11; RSchwab/Gottwald § 139 Rn 25 f; Nissen/Elzer MDR 2019, 1099, 1102; aA WSch/Assmann Rn 76; MK/Becker-Eberhard Rn 31; St/Roth Rn 37; Rieländer ZZP 134 [2021], 137, 170 ff [m Hinw auf Möglichkeit abw Parteivereinbarung oder Klagerücknahme]). Entspr gilt für das Revisionsgericht (BGH NJW 2017, 2675 Tz 23). Erledigt sich der Auskunftsanspruch, kann nur dann zurückverwiesen werden, wenn zugleich ein Grundurteil über den Leistungsanspruch erlassen wird (BGH MDR 1991, 670; zur einseitigen Erledigungserklärung s Rn 12). 14

7) Negative Auskunft. Ergibt die Auskunft, dass ein Leistungsanspruch nicht besteht, so liegt kein Fall von **Erledigung** der Hauptsache vor, da der Leistungsantrag bereits vor Rechtshängigkeit unbegründet war (BGH NJW 94, 2895). In Betracht kommt hier (neben der gleichwohl mögl *übereinstimmenden* Erledigungserklärung, s § 91a Rn 12) die **Rücknahme** des Leistungsantrags, die der Kl bis zur streitigen Verh über diesen auch einseitig erklären kann (OLG Stuttgart NJW 69, 1216), oder der **Verzicht** nach § 306. Nach BGH NJW 94, 2895 kann der Kl bei einem vom Bekl veranlassten Verf seine Kostentragungspflicht iÜ auch stets dadurch vermeiden, dass er seinen Leistungsantrag im Wege der sachdienl Klageänderung in einen **Antrag auf Feststellung der Pflicht zum Ersatz der Prozesskosten** ändert (als infolge der Nichterteilung der Auskunft erlittenen Verzugsschaden; ebenso OLGR Düsseldorf 1996, 162, 163; für analoge Anwendung von § 269 III 3 dagegen Althammer s § 91a Rn 58.44). 15

8) Versäumnisurteil. Bei **Säumnis des Kl** kann wegen des Grundsatzes der Gesamtrechtshängigkeit (s Rn 1) die Stufenklage durch VU abgewiesen werden, auch wenn der Zahlungsantrag noch nicht verhandelt und beziffert wurde (OLG Stuttgart NJW-RR 90, 766). **VU gegen den Bekl** ist stets nur als Teil-VU zulässig. 16

V) Gebühren. 1) Gericht: Die Geb für das Verf im Allg (1210 GKG-KV) ist nach dem Anspruch mit dem höchsten Wert zu berechnen (§ 44 GKG); entscheidend ist für die Wertberechnung der Zeitpunkt der Einreichung der Stufenklage (§ 40 GKG; § 4 ZPO; näher s § 3 Rn 16.160). Der Wert wird durch das Gericht vorläufig festgesetzt (§ 63 I 1 GKG), weil nicht eine bestimmte Geldsumme in Euro Gegenstand des Verf ist. Der Kl kann vorab aufgefordert werden, eine unterlassene Erklärung nach § 61 S 1 GKG nachzuholen. Für die in jeder Stufe ergehenden Urteile und das Verf der nächsten Stufe fallen keine weiteren Geb an, auch nicht im Rechtsmittelverf. – Bereits das (str) Teilurteil über die Auskunft sperrt die Gebührenermäßigung 1211 GKG-KV für das gesamte Verf (OLG Karlsruhe FamRZ 2004, 1663). – **2) RA:** Auf Differenzierungen zu str/nichtstr 17

Anträgen und Beweisaufnahmen nur in einzelnen Stufen kommt es nicht an. Die VerfGeb 3100 RVG-VV erwächst nach dem höchsten Wert; die Terminsgeb VV 3104 nur aus dem Wert der Gegenstand des Termins ist, also zB nur aus dem Auskunftswert. Der RA kann daher in jeder Stufe und aus dem jew Wert der Stufe eine Terminsgeb verdienen (OLG Frankfurt FamRZ 2013, 488). § 15 II 1 RVG bewirkt aber, dass er nur eine Terminsgeb aus dem höchsten Wert erhält. – Zum Streitwert sa § 3 Rn 16.160.

§ 255 Fristbestimmung im Urteil

(1) Hat der Kläger für den Fall, dass der Beklagte nicht vor dem Ablauf einer ihm zu bestimmenden Frist den erhobenen Anspruch befriedigt, das Recht, Schadensersatz wegen Nichterfüllung zu fordern oder die Aufhebung eines Vertrages herbeizuführen, so kann er verlangen, dass die Frist im Urteil bestimmt wird.

(2) Das Gleiche gilt, wenn dem Kläger das Recht, die Anordnung einer Verwaltung zu verlangen, für den Fall zusteht, dass der Beklagte nicht vor dem Ablauf einer ihm zu bestimmenden Frist die beanspruchte Sicherheit leistet, sowie im Falle des § 2193 Abs. 2 des Bürgerlichen Gesetzbuchs für die Bestimmung einer Frist zur Vollziehung der Auflage.

1 **1) Bedeutung.** Wenn das mat Recht dem Gl die Befugnis gibt, nach Ablauf einer vom Gl gesetzten Frist den Ersatz des Interesses an Stelle der Erfüllung zu fordern oder andere Rechte geltend zu machen, kann der Kl beantragen, dass das Gericht zugleich mit der Verurteilung eine **angemessene Frist für die Erfüllung** festsetzt. Die Bedeutung der Vorschrift ist gering (für Streichung Stamm ZfPW 2020, 86 ff).

2 Eine **Verurteilung zum Schadensersatz** kann er, außer vor dem AG (§ 510b) oder ArbG (§ 61 II ArbGG), nur mittels Klagenhäufung gem §§ 260, 259 erreichen (dh wenn Grund und Höhe dieses bedingten Anspruchs bereits feststehen und Besorgnis der Nichterfüllung besteht, s § 259 Rn 5; St/Roth Rn 13). Zulässig ist also zB, die Klage auf Herausgabe, Leistung oder Nacherfüllung (§ 985, § 437 Nr 1, § 439 BGB) mit der Fristsetzung und dem Antrag zu verbinden, den Bekl für den Fall des fruchtlosen Fristablaufs statt zur Herausgabe usw zur Zahlung von Schadensersatz in Höhe von … zu verurteilen (BGH NJW 2018, 786; St/Roth Rn 13; Kaiser NJW 2014, 3497). Will der Kl die Möglichkeit offen halten, auch nach Fristablauf den Primäranspruch zu vollstrecken, muss er den Schadensersatzanspruch unter die ins Urteil aufzunehmende Bedingung eines entspr Verlangens stellen; sie ist sonst nach § 281 IV BGB ausgeschlossen (BGH NJW 2018, 786).

3 **2) Anwendungsfälle.** Dem Gl erwachsen aus Nichterfüllung nach Ablauf gesetzter Frist neue Rechte: §§ 250, 281 I (zu dessen Anwendbarkeit auf § 985 BGB s BGHZ 209, 270), § 323 I, § 637 I, § 1003 II, § 1052 I, § 1133, § 2193 II BGB, § 375 II HGB (RGZ 137, 101). Nicht anwendbar ist § 255, wo Sch dem Gl Frist zur Rechtsausübung setzen darf, zB §§ 350, 415 II BGB.

4 **3) Verfahren.** Antrag auf Fristsetzung ist Sachantrag, daher bis zum Schluss der mündl Verh jeder Tatsacheninstanz nachholbar (§ 264 Nr 2). Frist kann in das Ermessen des Gerichts gestellt werden. Gericht darf vom Kl vorgeschlagene Frist überschreiten, wegen § 308 aber nicht unterschreiten. Wurde Fristantrag vom Gericht übersehen: § 321. Besteht kein Anspruch auf Fristsetzung, ist der Antrag (ohne Kostenfolge) als unbegründet abzuweisen. Setzt das Gericht längere Frist als vom Kl beantragt fest, wird er iÜ abgewiesen.

5 **4) Wirkungen.** Eine **Bindungswirkung** nach § 318 sowie **materielle Rechtskraft** kommen der Fristsetzung nicht zu (aA St/Roth Rn 12), denn der Antrag begründet keine Rechtshängigkeit (ist daher auch kostenneutral, s Rn 6). Es handelt sich der Sache nach um einen Akt der fG, der ledigl als Teil des Urteils tenoriert wird (aA BGH MDR 2022, 456: Gestaltungsklage). Für das erk Gericht besteht daher Abänderbarkeit entspr § 48 I FamFG. Für den späteren Schadensersatzprozess ist die Angemessenheit der Frist festgeschrieben (Tatbestandswirkung des Ausspruchs), nicht aber das Bestehen des Anspruchs (MK/Becker-Eberhard Rn 11). Keine *isolierte* **Anfechtung** der Fristsetzung mit Berufung oder Revision, iÜ nur begrenzte Überprüfungsmöglichkeit (BGH MDR 2022, 456). – **Fristbeginn** zwingend mit Rechtskraft des Urteils (BGH MDR 2022, 456 [Schmitt MDR 2022, 619]; St/Roth Rn 10; Wieser NJW 2003, 2433; aA MK/Becker-Eberhard Rn 10: Verkündung); Fristlauf nach §§ 187 ff BGB (Schmidt ZZP 87 [1974], 49).

6 **5) Streitwert, Kosten.** Für die Fristbestimmung ist neben dem Streitwert des Hauptanspruchs wegen wirtschaftl Identität beider Ansprüche kein gesonderter Streitwert anzusetzen. Deshalb bestimmen auch allein Erfolg oder Misserfolg des Hauptanspruchs die Kostenfolge des Urteils. Nur im Sonderfall der echten Klagenhäufung (§ 260) bzgl Hauptschuld und Entschädigung ist § 5 anwendbar.

§ 256 Feststellungsklage

(1) Auf Feststellung des Bestehens oder Nichtbestehens eines Rechtsverhältnisses, auf Anerkennung einer Urkunde oder auf Feststellung ihrer Unechtheit kann Klage erhoben werden, wenn der Kläger ein rechtliches Interesse daran hat, dass das Rechtsverhältnis oder die Echtheit oder Unechtheit der Urkunde durch richterliche Entscheidung alsbald festgestellt werde.

(2) Bis zum Schluss derjenigen mündlichen Verhandlung, auf die das Urteil ergeht, kann der Kläger durch Erweiterung des Klageantrags, der Beklagte durch Erhebung einer Widerklage beantragen, dass ein im Laufe des Prozesses streitig gewordenes Rechtsverhältnis, von dessen Bestehen oder Nichtbestehen die Entscheidung des Rechtsstreits ganz oder zum Teil abhängt, durch richterliche Entscheidung festgestellt werde.

Lit: *Baltzer*, Die negative Feststellungsklage, 1980; *Jacobs*, Der Gegenstand des Feststellungsverf, 2005; *Schick*, Die Zwischenfeststellungsklage des § 256 Abs. 2 ZPO, 2013.

I) Feststellungsklage (§ 256 I). 1) Bedeutung. Die Feststellungsklage dient dem Erlangen von Rechtsgewissheit dort, wo eine Durchsetzung subj Rechte durch Leistungsurteil oder eine Rechtsänderung durch Gestaltungsurteil nicht mögl ist. Auch sie gründet auf dem materiellen Recht (Bestehen oder Nichtbestehen eines Rechtsverhältnisses), ist entgegen verbreiteter Deutung kein rein prozessuales Institut (Jacobs S 177 ff mwN). Das Feststellungsurteil hat nur deklaratorische Wirkung (s vor § 253 Rn 3-8). Es ist der Rechtskraft fähig (s § 322 Rn 6-12), jedoch (obwohl gem §§ 704 ff für vollstreckbar zu erklären) abgesehen vom Kostenpunkt nicht vollstreckungsfähig. 1

Gegenstand der Feststellungsklage kann grds nur der Streit über ein **Rechtsverhältnis** (s Rn 4 ff) sein. Sie kann als **positive** (das Recht behauptende) oder als **negative** (leugnende) Feststellungsklage erhoben werden. Letzteres bietet die Möglichkeit, behaupteten Ansprüchen des Gegners entgegenzutreten. Ein mit einer Leistungsklage verbundener positiver Feststellungsantrag ermöglicht es, über das Erlangen des Leistungstitels hinausgehende Wirkungen zu erzielen (**Formulierungsvorschläge:** Vorwerk, PFB, M 15.46; Kaiser NJW 2015, 1286 ff). Zum **Streitgegenstand** der positiven und negativen Feststellungsklage s Einl Rn 76 f, zur Zulässigkeit eines **Grundurteils** s § 304 Rn 3, zum **Streitwert** s § 3 Rn 16.76. 2

Auf die Feststellung **von Tatsachen** kann nicht geklagt werden. Eine Ausnahme bildet die in § 256 I wegen der rechtl Wirkung von Urk ausdrückl zugelassene Klage auf Feststellung der **Echtheit einer Urkunde.** Nur die Echtheit iS §§ 267 ff StGB ist hier gemeint, nicht zB die Frage der Vollmacht des Unterzeichners (RGZ 158, 164), vgl § 440. Die Feststellung der Echtheit schließt (nur) unter den Parteien in einem späteren Prozess den Gegenbeweis der Unrichtigkeit aus (RGZ 148, 29). 3

2) Rechtsverhältnis. a) Begriff. Unter einem Rechtsverhältnis iSv § 256 ist die aus einem konkreten Lebenssachverhalt resultierende **Beziehung** einer Person zu einer anderen Person oder einer Sache zu verstehen, die ein (mit materieller Rechtskraftwirkung feststellbares) **subj Recht** enthält oder aus der ein solches Recht entspringen kann (BGH MDR 2021, 1546; Jacobs S 239 ff; ähnl Zeuner FS Schumann, 2001, S 595: „konkrete Rechtsfolgen"; zu allg BGHZ 22, 43, 47: „bestimmte, rechtlich geregelte Beziehung"). Tatsachen (Ausnahme: s Rn 3) oder abstrakte Rechtsfragen können nicht Gegenstand einer Feststellungsklage sein. Nach der Rspr sollen auch bloße **Vorfragen oder Elemente** einer Rechtsbeziehung, anders als einzelne rechtl Folgen sowie Inhalt und Umfang von Leistungspflichten, nicht feststellungsfähig sein (BGH MDR 2019, 1056; BGH NJW 2015, 873, 875 [Althammer]). Diese Abgrenzung ist jedoch schwierig u oft sinnwidrig, die Rspr inkonsistent (s etwa zu der Frage, ob es sich bei dem festzustellenden Anspruch um ein subj Recht oder einen bloßen Rechnungsposten handelt, BGHZ 140, 365 = MDR 1999, 671 u BGH MDR 2021, 1546; zu weiteren Einzelheiten s Rn 8 ff); richtigerweise sollten **konkrete rechtliche Streitpunkte**, die für die Beziehung zwischen den Parteien von Bedeutung sind u nicht anderweitig wirksam geklärt werden können, für deren Feststellung also ein rechtl Inte- 4 resse besteht (s Rn 12 ff), einer Klage nach § 256 I zugängl sein (St/Roth Rn 29 ff; MK/Becker-Eberhard Rn 27; Althammer NJW 2015, 878 f; für Zulässigkeit einer „Elementenfeststellungsklage", wenn zur vollständigen Streitklärung führend, BAG NJW 2020, 1613; BAG NJW 2019, 3330). Durch **Auslegung** kann sich zudem ergeben, dass ein abstrakt formulierter Feststellungsantrag (zB gerichtet auf Zulässigkeit einer Werbung) doch ein Rechtsverhältnis (zB einen Unterlassungsanspruch) zum Gegenstand hat (vgl BGH NJW 2001, 3789, 3790; BGH ZZP 106 [1993], 527). Ebenso kann Klage auf Feststellung der Unwirksamkeit einer Kündigung dahin umgedeutet werden, dass der Fortbestand des Vertragsverhältnisses festgestellt werden soll (BGH NJW 2000, 354; BGH NJW-RR 2017, 1260).

5 **b) Gegenwärtiges Bestehen** des Rechtsverhältnisses ist grds erforderl (BGHZ 37, 137, 144). Ein solches bejaht die nicht ganz einheitl Rspr aber auch bei betagten oder bedingten Rechtsgeschäften (BGH MDR 86, 743; BGH NJW 84, 2950), denn sie können (was dann Frage der Begründetheit, nicht der Zulässigkeit der Feststellungsklage ist) bereits die gegenwärtigen Rechtsbeziehungen der Beteiligten zueinander berühren. Bei bestehendem Haftungsgrund scheitert Feststellungsklage nicht daran, dass Schaden noch nicht eingetreten (s Rn 20, 25.10). Unzulässig ist dagegen eine Klage auf Feststellung von Rechtsfolgen aus einem erst **künftig** (möglicherw) entstehenden Rechtsverhältnis (BGHZ 120, 239, 253 = NJW 93, 925, 928; BGH MDR 2001, 829; BGH MDR 2021, 362 [mögl Anspruchsübergang]; ebenso für entspr negative Feststellungsklage bei Ankündigung evtl rechtl Schritte BGH NJW 2001, 3789; aA bei eindeutiger Individualisierbarkeit St/Roth Rn 42; Zeuner FS Schumann, 2001, S 607 ff). Schon daran scheitert eine Klage, die auf Feststellung von Amtshaftungsansprüchen wegen eines noch nicht erlassenen Verwaltungsakts gerichtet ist (BGH MDR 2015, 173, auf fehlendes Feststellungsinteresse abhebend). Verneint wurde ein gegenwärtiges Rechtsverhältnis bei einer auf die Erbfolge nach noch lebenden Personen gerichteten Feststellungsklage (BGHZ 37, 137, 144 = NJW 62, 1723; OLG Koblenz FamRZ 2003, 542; Lange NJW 63, 1573; krit Assmann ZZP 111 [1998], 361 ff). Um ein gegenwärtiges Rechtsverhältnis geht es aber bei der Frage der Wirksamkeit einer Vermächtnisanordnung (BGHZ 37, 331, 334) oder des Bestehens der Pflichtteilsberechtigung (sa Rn 25.5). Zum Anspruch auf Ersatz eines für die Zukunft erwarteten Schadens s Rn 20.

5a Ein **vergangenes** Rechtsverhältnis kann nur Gegenstand einer Feststellungsklage sein, wenn sich aus ihm nach dem Klagevortrag noch fortdauernde Rechtsfolgen oder ein gesteigertes Rehabilitierungsbedürfnis ergeben (BGHZ 27, 190, 196; BGH NJW-RR 2016, 1404; BAG NJW 97, 3396; BAG NJW 2021, 103; BAG NZA 2000, 775); daher grds keine Klage auf Feststellung des Bestehens eines Tarifvertrags nach dessen Ende (BAG AP Nr 11 zu § 9 TVG). Wenn das Rechtsverhältnis während des Rechtsstreits erlischt, bleibt die Klage nur unter ders Voraussetzung zulässig (BAG MDR 2004, 817 [Eingruppierung]), sonst tritt Erledigung der Hauptsache ein (BAG NJW 94, 1751; aA BAG NZA 2003, 1422: Abweisung als unzulässig).

6 **c) Zwischen den Parteien** muss das streitige Rechtsverhältnis grds bestehen. Für einen Rechtsstreit über das Bestehen eines Rechtsverhältnisses zu einem Dritten oder zwischen Dritten fehlt es – von den Fällen einer Prozessstandschaft abgesehen – an der auch hier zu fordernden Prozessführungsbefugnis (MK/Becker-Eberhard Rn 36; Jacobs S 304 ff; Michaelis FS Larenz, S 460 f; Häsemeyer ZZP 101 [1987], 396 f; Häsemeyer ZZP 107 [1994], 232; G. Lüke FS Henckel, 1995, S 576; W. Lüke ZGR 94, 273). Der BGH geht allerdings in stRspr davon aus, dass auch ein **Drittrechtsverhältnis** Gegenstand einer Feststellungsklage sein kann, falls dieses zugleich für die Rechtsbeziehungen der Parteien untereinander von Bedeutung ist und der Kl ein rechtl Interesse an der alsbaldigen Klärung hat (BGHZ 83, 122, 125; BGH WM 90, 2128, 2130; BGH NJW 93, 2539, 2540 mwN; sa Brehm FG 50 Jahre BGH, 2000, S 106: Ersetzung der Prozessführungsbefugnis durch Feststellungsinteresse). Zu Recht wird hiergegen eingewendet, dass nach dieser Ansicht die Feststellungsklage vom mat-rechtl Bezug gelöst und zum eigenständigen Institut des Prozessrechts erklärt wird (Zöllner AcP 190 [1990], 490 ff). Es kommt hinzu, dass die Zulassung solcher Klagen auch mit dem prozessrechtl Grundsatz nicht vereinbar ist, wonach es nur unter den Voraussetzungen einer Prozessstandschaft zulässig ist, fremde Rechte zum Gegenstand einer Klage zu machen (s vor § 50 Rn 16 ff). Sie ist nicht sachgerecht, führt insb zu Problemen bei der Rechtskraftwirkung (keine Erstreckung auf den Dritten, BGH DB 2021, 2484 Tz 9; WSch/Assmann Rn 156; eingeh Jacobs S 303 ff) und ist zur Erzielung befriedigender Ergebnisse auch nicht geboten. Im Schrifttum stößt sie daher zunehmend auf Ablehnung (MK/Becker-Eberhard Rn 36; Jacobs S 303 ff; Michaelis FS Larenz, S 460 f; G. Lüke FS Henckel, S 563 ff mwN; dafür aber St/Roth Rn 37 ff). Zutr wird darauf hingewiesen, dass es in den vom BGH entschiedenen Fällen zumeist doch um die Rechtsbeziehungen zwischen den Parteien ging, die ledigl durch das streitige Drittrechtsverhältnis beeinflusst wurden (vgl St/Roth Rn 36 aE; WSch/Assmann Rn 153 ff; AG/Anders Rn 38; Michaelis FS Larenz, S 453 ff; G. Lüke FS Henckel, S 565 ff).

7 **Beispiele:** Berühmt sich der Bekl einer Forderung gegen einen Dritten, die der Kl für sich in Anspruch nimmt, so betrifft dieser Prätendentenstreit ein Rechtsverhältnis zwischen den Parteien (so ausdrückl BGH NJW-RR 92, 1151; BGH NJW 93, 2539, 2540), so dass sich die Problematik einer drittbezogenen Feststellungsklage gar nicht stellt. Entspr gilt, wenn der Bekl behauptet, nicht er, sondern der Kl hafte für bestimmte Verbindlichkeiten ggü Dritten, denn damit berühmt sich der Bekl zugleich eines Rückgriffsanspruchs gegen den Kl für den Fall *seiner Inanspruchnahme durch die Dritten* (so der Fall BGH NJW 93, 2539; krit Sieg VersR 94, 1274); sa OLG Hamm NJW 93, 3274, wo die Klage eines Rückbürgen gegen den Gl auf Feststellung, dass dieser nicht zur Inanspruchnahme des Hauptbürgen berechtigt ist, schon mangels einer zwischen den Parteien bestehenden

Rechtsbeziehung, nicht erst wegen fehlenden Feststellungsinteresses abzuweisen gewesen wäre. Soweit der BGH zulässt, dass ein Gesellschafter gegen Gesellschaft und Mitgesellschafter auf die Feststellung der Unwirksamkeit von Verträgen klagt, die die Gesellschaft mit Dritten abgeschlossen hat (zB BGH NJW 90, 2627; BGH NJW-RR 96, 869), handelt es sich in Wirklichkeit um die Feststellung einer Verletzung des Gesellschaftsvertrages (BGHZ 65, 15), für welche das Bestehen des Drittrechtsverhältnisses nur Vorfrage ist (ausf zu Gesellschafterfeststellungsklagen Jacobs S 401 ff; zur Klage auf Feststellung der Nichtigkeit von Beschlüssen s Rn 9). IErg zu Recht, wenn auch gestützt auf fehlendes Feststellungsinteresse, hat BGH NJW 94, 459 daher eine Feststellungsklage gegen den Dritten (Vertragspartner der Gesellschaft) als unzulässig angesehen. Ebenfalls nur iErg zutr hat BGH VersR 2001, 90 = MDR 2001, 214 eine Klage des Geschädigten gegen den Haftpflichtversicherer des Schädigers auf Feststellung der Deckungspflicht zugelassen: Grundlage bot hier das Absonderungsrecht nach § 157 VVG aF (§ 110 VVG nF). Zur Feststellung von Verpflichtungen eines Trägers der Insolvenzsicherung gem § 7 II BetrAVG s BGHZ 123, 44 einerseits, BGH VersR 2000, 866 andererseits. Zu weiteren Fällen dieser Art vgl die eingeh u zutr Rspr-Analyse durch G. Lüke FS Henckel, S 565 ff.

d) Einzelheiten zum Rechtsverhältnis iSv § 256 (sa Rn 25 ff). Darunter fällt nach der Rspr jedes Schuldverhältnis zwischen den Parteien, insb Wirksamkeit, Inhalt oder Beendigung eines Vertrages; eine Schadensersatzpflicht (zur Darlegung der Haftungsvoraussetzungen vgl BGH NJW 92, 697 = MDR 92, 519, zur Darlegung der Schadensentstehung s Rn 20; zum Mitverschulden des Geschädigten s Rn 10); das Eigentum (BGHZ 27, 190 = NJW 58, 1293); der Besitz nur insoweit, als daraus Rechte (zB die Ersitzung durch Eigenbesitz RGZ 54, 133) hergeleitet werden; das Erbrecht nach einer verstorbenen Person (BGH FamRZ 2010, 1068; OLG München FamRZ 2021, 1841); die Gewinnbeteiligung eines Gesellschafters (BGH NJW 2019, 1002); das Arbeitsverhältnis (zB bzgl des Urlaubsanspruchs, BAG NJW 65, 787); die Geltung eines bestimmten Tarifvertrags (BAG NZA 97, 1006); das Bestehen eines Mitbestimmungsrechts des Betriebsrats bei einer bestimmten Maßnahme (BAG NZA 2012, 878); das Verlöbnis; alle absoluten Rechte und die dingl Anwartschaft auf diese; das Verhältnis zwischen 2 Forderungsprätendenten, die darüber streiten, ob es zwischen ihnen zu einer wirksamen Abtretung gekommen ist (BGH NJW-RR 92, 252), oder die sonst kollidierende Rechte gegen einen Dritten geltend machen (BGH NJW-RR 92, 1151); der Abschluss eines Mietvertrags auf unbestimmte Zeit (BGH NJW 2001, 221, 222) u sein Fortbestand mit vereinbartem Inhalt (BGH NJW-RR 2002, 1377); die Berechtigung einer wettbewerbsrechtl Abmahnung (BGH NJW-RR 95, 1379, 1380); das Beruhen eines Anspruchs auf vorsätzl unerlaubter Handlung (s Rn 19); der Fälligkeitszeitpunkt für künftige Zahlungen (BGH NJW 2015, 873 [Althammer]); das (fehlende) Recht zum Verhängen eines Hausverbots (BGH NJW-RR 2016, 1404, 1405); die aus der Abnahme nach § 640 BGB folgenden Rechtswirkungen (BGH MDR 2019, 1056); die (fehlende) Verpflichtung zur Einlassung auf Verhandlungen (BGH WRP 2017, 1119) oder ein Schlichtungsverf (BGH WRP 2011, 1196). 8

Auch die Wirksamkeit bzw Nichtigkeit von **vereins-** oder **gesellschaftsrechtlichen Beschlüssen** (soweit für sie kein bes Verf mit weiter gehender Rechtswirkung vorgesehen ist, zB §§ 246, 249 AktG, auch in analoger Anwendung für GmbH, § 51 GenG, § 110 I HGB) kann Gegenstand einer Feststellungsklage des Mitglieds sein, da dessen Mitgliedschaftsverhältnis durch sie betroffen wird (BGHZ 136, 133, 140; BGH NJW 2006, 374; BGH NJW-RR 92, 227; für Genossenschaft BGHZ 70, 384 = NJW 1978, 1325; für Aufsichtsratsbeschlüsse BGHZ 122, 342, 347; BGHZ 135, 244; für Entsendung eines Aufsichtsratsmitglieds BGH NJW 2006, 510; verneinend für unselbständige Untergliederungen des Vereins BGH NJW 2008, 69; eingeh Jacobs S 262 ff). Das gilt grds auch über das Bestehen der Gesellschaft oder des Gesellschafterverhältnisses hinaus (BGH ZIP 2025, 308). – In Betracht kommen bei Fehlen spezieller Rechtsbehelfe auch **prozess- oder vollstreckungsrechtliche Beziehungen** (St/Roth Rn 35; MK/Becker-Eberhard Rn 17 f; aA Loyal ZZP 130 [2017], 203 ff), zB Unwirksamkeit eines Urteils (BGHZ 29, 223 = NJW 1959, 723; BGH NJW 2014, 636 Tz 22), Reichweite eines Vollstreckungstitels (BGH NJW 97, 2320); sa Rn 19. 9

Bei Feststellungsklagen über die Schadensersatzpflicht gehört das **Mitverschulden** des Geschädigten zum Rechtsverhältnis, denn es betrifft den Grund der Schadensersatzpflicht und nicht nur deren Höhe (BGH NJW 89, 105: auch Schadensminderungspflicht). Bei der Entscheidung über das Bestehen einer (zukünftigen) Schadensersatzpflicht muss daher auch das Mitverschulden des Geschädigten berücksichtigt werden; im späteren Leistungsprozess stünde sonst dem Einwand eines bereits zum Zeitpunkt der letzten mündl Verh vorliegenden Mitverschuldens die Rechtskraftwirkung (s § 322 Rn 6 ff) des Feststellungsurteils entgegen (BGH NJW 2003, 2986; BGH NJW 97, 3176 ff; BGH NJW 78, 544; s § 322 Rn 10). 10

Keine Rechtsverhältnisse iS § 256 sind nach der Rspr zB: abstrakte Rechtsfragen (BGHZ 22, 43, 47; BGH NJW 2006, 377, 378); die Frage der Geschäftsfähigkeit und der Wirksamkeit von Rechtshandlungen (BGHZ 37, 333); die Unwahrheit einer Tatsachenbehauptung (BGHZ 68, 331); die Rechtmäßigkeit eines Verhaltens (BGH NJW 2001, 3789); Verzug des Sch (BGH NJW 2000, 2280 = JZ 2001, 198 [abl Schilken]); Annahmeverzug (BGH NJW 2000, 2663), außer wenn bei Zug-um-Zug-Leistung wegen §§ 756, 765 von Bedeutung (BGH WM 87, 1496, 1498; BGH NJW 2015, 873 Tz 23; zum auch in diesem Fall fehlenden wirtschaftl Wert s BGH MDR 2021, 53); das auf ein Rechtsverhältnis anzuwendende Recht (OLG Düsseldorf NJW-RR 98, 283; irrig OLGR Frankfurt 2000, 196, 197); die Tendenzträgereigenschaft von Arbeitnehmern (BAG NZA 2012, 878, 879); die Berechnungsgrundlage für einen Anspruch (BGH NJW 95, 1097 = MDR 95, 306); der Stichtag für den Zugewinnaus- 11 gleich (OLG Köln FamRZ 2003, 539; OLG Koblenz MDR 2017, 1248; aA OLG Brandenburg MDR 2020, 1378; zweifelnd BGH NJW-RR 2020, 1137, 1138); einzelne Positionen aus einer Schlussrechnung (BGHZ 140, 365 = MDR 99, 671; s aber BGH MDR 2021, 1546).

12 **3) Feststellungsinteresse. a) Prozessvoraussetzung.** Für die Zulässigkeit der Feststellungsklage nach I (nicht für die Zwischenfeststellungsklage nach II, s Rn 39) ist neben den allg Sachurteilsvoraussetzungen (s vor § 253 Rn 9 ff) einschl des allg Rechtsschutzbedürfnisses (BGH NJW 77, 1881) ein schutzwürdiges Interesse des Kl an alsbaldiger Feststellung erforderl. Zur Vermeidung unnötig belastender Klagen ist strikte Prüfung geboten; keinesfalls darf das Fehlen eines Rechtsverhältnisses iSv Rn 4 ff durch ein allg Klärungsinteresse überspielt werden (Jacobs S 409 ff). Ein Feststellungsinteresse iSv § 256 I besteht grds nur, wenn dem subj Recht des Kl eine **gegenwärtige Gefahr der Unsicherheit** dadurch droht, dass der Bekl es ernstl bestreitet oder er sich eines Rechts gegen den Kl berühmt, und wenn das erstrebte Urteil infolge seiner Rechtskraft (s § 322 Rn 6-12) geeignet ist, diese Gefahr zu beseitigen (BGH NJW 2010, 1877; BGH NJW 86, 2507; Einzelfälle: s Rn 14 ff). Das Interesse muss also gerade **gegenüber dem Bekl** bestehen (BGH NJW 84, 2950; BGH MDR 71, 1000). Dass an dem bestr Rechtsverhältnis auch ein nicht verklagter Dritter beteiligt ist, schließt dann (außer bei notw Streitgenossenschaft) Feststellungsinteresse nicht aus (BGH MDR 2017, 1432). Außerprozessuales Bestreiten bzw (bei negativer Feststellungsklage) Berühmen des Anspruchs reicht aus; erst recht, wenn der Gegner bereits Rechtsschutzmaßnahmen ergreift, zB einstw Rechtsschutz betreibt (näher zum Berühmen s Rn 22).

13 Das Feststellungsinteresse ist **vAw zu prüfen**, vom Kl darzulegen u nötigenfalls zu beweisen, auch noch in der Revisionsinstanz (BGHZ 18, 98, 105; BGH NJW 2018, 227; BAG NZA 98, 330, 332). Fehlt es, ist die Klage unzulässig. Ist die Klage jedoch **bereits in der Sache abweisungsreif** (zB weil Fehlen des Feststellungsinteresses erst in fortgeschrittenem Prozessstadium entdeckt wurde), wäre eine bloße Prozessabweisung sinnwidrig (BGHZ 12, 308, 316; BGH NJW 78, 2031, 2032; BAG NJW 2003, 1755, 1756; RSchwab/Gottwald § 91 Rn 33; St/Roth Rn 49).

14 **b) Vorrang der Leistungsklage.** Ist dem Kl eine Klage auf Leistung möglich und zumutbar und erschöpft sie das Rechtsschutzziel, fehlt ihm grds das Feststellungsinteresse, weil er im Sinne einer besseren Rechtsschutzmöglichkeit den Streitstoff in *einem* Prozess klären und dort einen Vollstreckungstitel erlangen kann (zu Ausnahmen s Rn 15); eine auf Feststellung des Anspruchsgrundes beschränkte Feststellungklage ist dann unzulässig (BGHZ 5, 314; BGH NJW 93, 2993 [Vertragsstrafe]; BGH NJW 2017, 1823 Tz 14 ff [Rückabwicklung eines Verbraucherdarlehensvertrags]); hierauf ist der Kl nach § 139 hinzuweisen, damit er gem § 264 Nr 2 auf den Leistungsantrag übergehen kann (BGH NJW 2017, 1823 Tz 39: ggf Zurückverweisung zur Nachholung des Hinweises). Erst recht unzulässig ist es, dens Anspruch mit Leistungs- und hilfsw Feststellungsantrag geltend zu machen (BGH NJW 98, 1633). Nicht zumutbar ist Beachtung des Vorrangs der Leistungsklage aber, wenn Kl seinen Anspruch (zB auf Schadensersatz) noch nicht oder nicht ohne Durchführung einer aufwendigen Begutachtung beziffern kann (BGH NJW 2000, 1256, 1257; BGH MDR 2008, 461; aber zur Stufenklage s § 254 Rn 4). Befindet sich der anspruchsbegründende Sachverhalt (zB der Schaden) zur Zeit der Klageerhebung noch in der Fortentwicklung, so ist Feststellungsklage insgesamt zulässig, auch wenn der Anspruch bereits teilw beziffert werden könnte (BGH NJW 84, 1552, 1554; BGH NJW-RR 2016, 759 mwN); der Geschädigte kann aber auch bzgl des bereits bezifferbaren Teils des Schadens Leistungsklage und iÜ Feststellungsklage erheben (**Formulierungsvorschlag:** Vorwerk, PFB, M 15.46). Dagegen entfällt der Vorrang der Leistungsklage nicht deshalb, weil die Bemessung des bereits entstandenen Schadens schwierige Prognosen (BGH NJW 96, 2097, 2098) oder die Durchsetzung von Auskunftsansprüchen (OLG Zweibrücken MDR 2014, 1411) erfordert. Zum Eintritt der Bezifferbarkeit während des Rechtsstreits s Rn 16. Besteht Anspruch auf Abschluss eines Vertrages (zB auf Grund Gesetz oder Vorvertrag), so ist Klage auf den Abschluss (nicht auf Feststellung der Pflicht hierzu) zu richten (BGH NJW-RR 94, 1272, 1273).

15 Trotz mögl Leistungsklage wird Feststellungsinteresse bejaht, wenn schon das Feststellungsverf unter dem Gesichtspunkt der Prozesswirtschaftlichkeit zu einer sinnvollen und sachgemäßen Erledigung der aufgetretenen Streitpunkte führt (BGH VersR 2022, 1184), zB weil Bekl erwarten lässt, dass er bereits auf Feststellungsurteil hin leisten wird (so für Behörde BGH NJW 84, 1118, 1119; Arbeitgeber beim Urlaubsanspruch BAGE 16, 293; Bank BGH MDR 2017, 587 mwN; Versicherungsgesellschaft BGH NJW 99, 3774, 3775). Zu weitgehend lassen BGH NJW 95, 2221, 2222 u OLG Hamm NZV 99, 418 bereits das Einvernehmen der Parteien ausreichen, ihren Streitpunkt durch eine Feststellungsklage klären zu lassen; entscheidend ist, dass eine erneute Inanspruchnahme der Gerichte zur Durchsetzung des Anspruchs nach Sachlage ausgeschlossen werden kann (weniger streng BGH MDR 2024, 923 [Greger MDR 2024, 1166]). Hierbei ist auch von Bedeutung, ob weitere Streitigkeiten, etwa über Einzelheiten der Rechtsbeziehung, durch ein Leistungsurteil miterledigt würden, bei einem Feststellungsurteil aber offen blieben (BGH NJW 2017, 1823 Tz 22; BGH NJW-RR 94, 1272, 1273). Feststellungsklage ist auch zulässig, wenn Leistungsantrag (zB auf Vorschuss) nicht den ganzen zu erwartenden Schaden abdeckt (vgl Wussow NJW 69, 481; BGH NJW-RR 86, 1026 = MDR 86, 839). – Möglichkeit einer Klage auf **künftige Leistung** *gem § 259 beseitigt* Feststellungsinteresse nicht (BGH NJW 86, 2507; BAG NJW 2020, 1754); anders uU, wenn Stufenklage (§ 254) mögl (s § 254 Rn 4). Ebenso, wenn zweifelhaft, ob Leistungsklage schon zu beziffern ist (BGHZ 28, 126; BAG NJW 64, 1044). Kein Feststellungsinteresse aber, wo Leistungsklage mögl, le-

digl die künftige Höhe wiederkehrender Leistungen uU veränderl, denn hier hilft § 323 (BGHZ 5, 314; BGH MDR 61, 310); trotzdem lässt BGHZ 36, 38 auch hier Feststellungsklage zu.

c) Wegfall. Als Prozessvoraussetzung muss das Feststellungsinteresse grds **bis zum Schluss der mündlichen Verhandlung** vorliegen (BGHZ 18, 106 = NJW 55, 1513; RGZ 71, 73), sonst wird die Klage ex nunc unzulässig. Kl sollte dann für erledigt erklären (St/Roth Rn 101; einschr für Revisionsinstanz BGH NJW 68, 50). Er ist aber nicht gezwungen, zu bezifferter Leistungsklage überzugehen, wenn diese nachträgl mögl wird (BGH NJW 99, 639 mwN). Aufgabe des Bestreitens bzw der Berühmung lässt Feststellungsinteresse nur entfallen, wenn Kl endgültig gesichert ist. Eine einseitige Erklärung des Bekl reicht hierfür nicht (BGH NJW 2006, 2780). Kl kann auf AU bestehen; ggf aber § 93 anwendbar. 16

Wird wegen ders Ansprüche **Leistungs(wider)klage** (s Rn 30) oder nach der negativen eine gegenläufige positive Feststellungswiderklage (s Rn 31) erhoben, so besteht insoweit das ursprüngl vorliegende Feststellungsinteresse grds nur solange fort, bis über die neue Klage streitig verhandelt wurde, diese also gem § 269 I nicht mehr einseitig zurückgenommen werden kann (BGHZ 99, 340; BGH NJW 94, 3107, 3108; BGH NJW-RR 2013, 1105). Der Feststellungskl ist dann gehalten, seine damit unzulässig gewordene Klage für erledigt zu erklären (BGH NJW 73, 1500). Dies gilt aber nicht, wenn für die Feststellungsklage im Gegensatz zur Leistungsklage bereits Entscheidungsreife besteht (BGHZ 99, 340; BGH NJW 99, 1544, 1546), jedoch längstens bis zum Erlass einer Sachentscheidung über das Leistungsbegehren (BGH NJW 2006, 515 = ZZP 119 [2006], 357 [abl Assmann]). Zulässig bleibt die Feststellungsklage auch, wenn feststeht, dass über die Leistungsklage nicht sachl entschieden wird, zB wegen Unzulässigkeit (BGHZ 33, 398, 399) oder unter Geltung des Prioritätsprinzips des Art 29 I Brüssel Ia-VO. Zusammentreffen von negativer Feststellungs- und **Gestaltungsklage** ist ebenso zu beurteilen (Gruber ZZP 117 [2004], 160 f). 17

d) Die Möglichkeit einer **weiter gehenden Feststellungsklage** kann dem Interesse an einer auf einzelne Streitpunkte des Rechtsverhältnisses beschränkten Feststellung entgegenstehen, wenn diese Beschränkung weitere Prozesse befürchten lässt. Es kann aber ein rechtl Interesse daran bestehen, dass neben Schadensersatzpflicht als solcher auch Pflicht zum Ersatz einer einzelnen Schadensposition festgestellt wird (BGH NJW 99, 3774). 18

e) Vorliegen eines Leistungstitels schließt Feststellungsinteresse nicht stets aus, so zB wenn seine Auslegung streitig ist (BGH NJW 2018, 235, 238 mwN). Sch muss sich nicht auf § 766 verweisen lassen; auch das Rechtsschutzziel des § 767 ist ein anderes (BGH NJW 2009, 1671: nur Beseitigung der Vollstreckbarkeit). Der Titelschuldner kann daher auch nach einer erfolgreichen Vollstreckungsgegenklage Klage auf Feststellung erheben, dass der titulierte Anspruch nicht mehr bestehe. Nach Abweisung einer Vollstreckungsgegenklage kann eine auf dens materiellen Einwand gegen die titulierte Forderung gestützte negative Feststellungsklage zulässig sein (BGH MDR 85, 138). Das rechtl Interesse an der Feststellung des Erlöschens der titulierten Forderung hat der BGH zB daraus abgeleitet, dass der Titelgläubiger veranlasst werden könnte, wegen drohender Bereicherungsansprüche des Titelschuldners von vornherein auf eine zwangsw Durchsetzung der titulierten Forderung zu verzichten (BGH WM 85, 703). Verneint hat er es hingegen für eine Klage auf Feststellung, dass die titulierte Forderung durch die im Vorprozess nach § 767 II präkludierte Aufrechnung erloschen sei (BGH NJW 2009, 1671). Kommt es auf **rechtl Qualifizierung** eines Anspruchs an (zB als vorsätzl unerlaubte Handlung für Aufrechnungsverbot nach § 393 BGB, Vollstreckungserleichterung nach § 850 f II oder für Ausschluss der Restschuldbefreiung nach § 302 Nr 1 InsO), kann diesbzgl Feststellungsklage erhoben werden (BGHZ 152, 166, 171; BGHZ 109, 275, 276 = ZZP 103 [1990], 350 [Smid] = JZ 90, 392 [Brehm]; BGH MDR 2022, 455; BGH NJW 2016, 1818 Tz 22 f = MDR 2016, 714 [Eichel MDR 2016, 752]; BGH NJW 2006, 2922; näher s § 850f Rn 9a). Dass sich der Widerspruch des Sch gegen die Feststellung zur Insolvenztabelle auf den Rechtsgrund der unerlaubten Handlung beschränkt, ändert hieran nichts (Schneider MDR 2018, 1227). Feststellungsinteresse auch denkbar, wo durch andere Maßnahmen nicht vermeidbare Verjährung droht (BGH VersR 2003, 1323), wo früherer Titel verloren (BGHZ 4, 314) oder wo mit Einwendung des Sch im ZwV-Verf zu rechnen ist (BGH JZ 66, 575; RGZ 100, 126). 19

f) Verjährungsgefahr. Feststellungsinteresse besteht stets zum Zwecke der **Hemmung der Verjährung** gem § 204 I Nr 1 BGB, die wegen des Grundsatzes der Schadenseinheit auch bzgl noch nicht eingetretener, aber für Sachkundige vorhersehbarer Folgen droht (stRspr, s zB BGH NJW 97, 2448, 2449; Überblick: Arz NJW 2020, 3364). Bei Verletzung eines absoluten Rechtsguts ist Feststellungsinteresse zu bejahen, wenn **künftige Schadensfolgen** (wenn auch nur entfernt) *mögl*, ihre Art und ihr Umfang, sogar ihr Eintritt aber noch ungewiss sind (BGH MDR 2007, 792; BGH NJW 2001, 1431; BGH WM 2021, 1475); auf die *Wahrscheinlichkeit* weiterer Schäden kommt es hier nicht an (ebenso zur Begründetheit BGHZ 216, 149 = NJW 2018, 1242 Tz 49). Bei Verletzung einer Norm zum Schutz des Vermögens fehlt es dagegen schon an einem feststellbaren Rechtsverhältnis, solange der Eintritt irgendeines Schadens noch ungewiss ist; hier muss der Kl daher schon für die Zulässigkeit der Klage eine Vermögensgefährdung, dh die Wahrscheinlichkeit eines auf die Verletzungshandlung zurückzuführenden Schadens, substantiiert dartun (BGH NJW 2006, 830, 832; BGH MDR 2014, 1341; gegen zu hohe Anforderungen BGH MDR 2018, 1174). Dasselbe gilt für Ansprüche aus § 826 BGB (BGH NJW 2020, 2806 Tz 29). – Feststellungsinteresse fehlt, wenn Kl durch **Anerkenntnis** des Bekl (= Neubeginn der Verjäh- 20 rung, § 212 BGB) oder dessen **unbefristeten Verzicht** auf die Verjährungseinrede (zur Wirkung s BGH MDR 2008, 94) ausreichend geschützt ist. Feststellungsklage kann aber nicht deswegen als unzulässig abgewiesen werden, weil der Geschädigte noch nicht versucht habe, ein solches Anerkenntnis zu erlangen (aA OLG Celle NZV 88, 183). Auch befristeter Verzicht auf die Verjährungseinrede beseitigt das Feststellungsinteresse nicht (OLG Celle NZV 88, 183; OLG Hamm NJW-RR 98, 751). Zur Verjährung sa Rn 31, 33. Verhältnis zu Grundurteil: s § 304 Rn 3.

21 **g)** Bei der **negativen Feststellungsklage** folgt das Feststellungsinteresse daraus, dass der Bekl sich des betr Anspruchs berühmt. Dies muss nicht ausdrückl geschehen; Schweigen oder rein passives Verhalten reicht aus, wenn Kl auf Grund vorangegangenen Verhaltens des Bekl nach Treu u Glauben eine ihn endgültig sicherstellende Erklärung erwarten kann (BGH NJW 2010, 1877; BGH NJW 95, 2032, 2033). Nicht erforderl ist, dass die begehrte Entscheidung den zwischen den Parteien bestehenden Streit insgesamt beendet (BGH MDR 2021, 1410 [Alpes MDR 2021, 1516]: daher kann Feststellung, nicht zur Zahlung von Verzugszinsen verpflichtet zu sein, auch beantragt werden, wenn Bestand der Hauptforderung ungeklärt bleibt).

22 **Berühmen** liegt schon vor, wenn der Gegner geltend macht, aus einem bestehenden Rechtsverhältnis könne sich unter bestimmten Voraussetzungen, deren Eintritt noch ungewiss ist, ein Ersatzanspruch ergeben (BGH NJW 2017, 2340 Tz 15); dagegen reicht nicht die Ankündigung, unter bestimmten Voraussetzungen in eine Prüfung einzutreten, ob ein Anspruch gegen den Betroffenen besteht (BGH NJW 92, 436 = MDR 92, 297). Wird eine abgetretene Forderung eingeklagt, besteht ein Feststellungsinteresse für eine Drittwiderklage gegen den Zedenten, weil bereits in der Abtretung ein Berühmen liegt und die Möglichkeit besteht, dass sich der Zedent auf die Unwirksamkeit der Abtretung beruft (BGH NJW 2008, 2852, 2855; BGH NJW 2019, 1610 Tz 22; AG/Anders Rn 40; Skusa NJW 2011, 2697; aA Foerste MDR 2016, 1123 ff). Leugnet der Bekl die Wirksamkeit eines Darlehenswiderrufs, besteht ein Feststellungsinteresse nicht in Bezug auf fehlende Ansprüche aus dem Rückgewährschuldverhältnis, sondern bzgl nicht mehr bestehender Erfüllungsansprüche (BGH NJW 2017, 2340; eingeh zur Behandlung dieser Fälle Stark NJW 2017, 2315). Bei Verweigerung der Entlastung eines Vereinsvorstandes kann dieser auch dann Interesse an negativer Feststellungsklage haben, wenn sich der Verein keiner konkreten Schadensersatzansprüche ihm ggü berühmt (OLG Köln NJW-RR 97, 483).

23 In **Erhebung einer Leistungsklage** liegt zwar Berühmung, leugnende Feststellungsklage scheitert aber an § 261 III Nr 1 (s Rn 30). Bei **Teilklage** kann aber wegen des vorbehaltenen Teils negative Feststellungswiderklage erhoben werden (**Formulierungsvorschlag:** Vorwerk, PFB, M 15.49). Dabei handelt es sich, wenn auch das zugrunde liegende Rechtsverhältnis streitig ist, um eine Zwischenfeststellungsklage nach II (BGHZ 69, 37, 41; dazu s Rn 35 ff). Das Rechtsschutzbedürfnis hierfür entfällt nicht durch die einseitige Erklärung des Kl, er werde bei rechtskräftiger Abweisung der Teilklage keine weiteren Ansprüche geltend machen (BGH NJW 93, 2609 = MDR 93, 1118), bei einer wiederholten Teilklage auch nicht durch eine mat-rechtl bindende Verzichts- oder Beschränkungserklärung des Kl hinsichtl seines weiter gehenden Anspruchs (BGH NJW 2006, 2780).

24 **Abmahnung** sowie **Antrag auf einstw Verfügung** wegen eines Unterlassungsbegehrens können ein Rechtsschutzinteresse für negative Feststellungsklage begründen (BGH NJW 86, 1815; BGH NJW 99, 2516, 2517), sofern nicht nur Begehungsgefahr geleugnet wird (Ulrici ZZP 129 [2016], 224 ff); zum Wegfall bei Erhebung der Unterlassungsklage s Rn 17. Berühmt sich der Ag einer einstw Verfügung eines Schadensersatzanspruchs nach § 945, so besteht für Klage auf positive Feststellung des Verfügungsanspruchs kein Feststellungsinteresse; hier kommt nur negative Feststellungsklage in Betracht (BGH NJW 94, 2765, 2766 = LM § 256 ZPO Nr 183 [Grunsky]). – Bloße **Einleitung eines sBV** begründet kein Berühmen (BGH NJW 2019, 520), desgl **Streitverkündung** wegen ihrer rein prozessrechtl Wirkung (RGZ 82, 170).

25 **4) Rechtsprechung zur Zulässigkeit der Feststellungsklage.** Für einzelne Rechtsgebiete und Anspruchsarten hat sich eine reichhaltige Kasuistik herausgebildet. Nachstehend eine alphabetisch geordnete Übersicht.

25.1 • **Anfechtungsgesetz.** Gegenüber der Ankündigung einer Gläubigeranfechtung ist eine negative Feststellungsklage grds mögl, nicht nur bei förml Ankündigung nach § 4 AnfG, sondern bereits, wenn sich der Gläubiger einer Berechtigung zur Gläubigeranfechtung berühmt (BGH NJW 91, 1061, 1062).

25.2 • **Arbeitsverhältnis.** Bei Streit über den **(Fort-)Bestand** eines Arbeitsverhältnisses ist Feststellungsinteresse grds gegeben. Dies gilt auch für Arbeitgeber ggü einer Kündigung des Arbeitnehmers (BAG NZA 97, 597), nicht aber, wenn nach dessen außerordentl Eigenkündigung der Fortbestand des Arbeitsverhältnisses bis zur ordentl Beendigung festgestellt werden soll (BAG NJW 2020, 3675). Wegen des Verhältnisses der allg Feststellungsklage zur **Befristungskontrollklage** nach § 17 S 1 TzBfG s BAG NJW 2017, 2573.

Da sich die **Kündigungsschutzklage** nach §§ 4, 7 KSchG nur auf Unwirksamkeit der konkret angegriffenen Kündigung bezieht, kann sie mit allg Feststellungsklage bzgl des Fortbestands des Arbeitsverhältnisses (bis zu einem bestimmten Zeitpunkt oder unbefristet, dh bis zur letzten mündl Verh) verbunden werden (BAG NJW 88, 2691; *BAG NJW 2003, 1412; BAG NJW 2006, 395*; zur Antragstellung in diesen Fällen s Rn 28, zur Hinweispflicht des Gerichts s § 139 Rn 15). Ein Feststellungsinteresse besteht hierfür jedoch nur dann, wenn sich der Arbeitgeber weiterer Beendigungsgründe berühmt; eine „vorsorgl Feststellungsklage" ist unzulässig (BAG NJW

94, 2780, 2782). Nach bedenkl Rspr des BAG soll Feststellungsinteresse jedoch auch schon dann bestehen, wenn Arbeitnehmer die *Möglichkeit* weiterer Beendigungsgründe (etwa einer Kündigung während des Prozesses) glaubhaft macht (BAG NJW 88, 2691, 2693; BAG NJW 94, 2780; aA Boemke RdA 95, 225).

Bei **weiterer Kündigung im Kündigungsschutzprozess** wird eine zunächst unzulässige „vorsorgl Feststellungsklage" zulässig, wenn Kl erklärt, dass er sich auch hiergegen wendet. Es soll dann unschädl sein, wenn zwischen der erneuten Kündigung und deren Einführung in den Prozess mehr als 3 Wochen liegen (BAG NJW 98, 698, 699); jedenfalls wenn bis zum Schluss der mündl Verh 1. Instanz ein Unwirksamkeitsgrund nach dem KSchG geltend gemacht wird, wird die Klagefrist des § 4 KSchG als durch den allg Feststellungsantrag gewahrt angesehen (BAG ZIP 96, 388 [abl Künzl EWiR § 4 KSchG 1/96, 521]). Dies erfordert eine dem Wortlaut des § 4 KSchG angepasste Antragstellung (BAG NJW 98, 698, 700; sa Diller NJW 98, 665). Für den Zeitraum nach der nun speziell angegriffenen Kündigung soll der vorsorgl Feststellungsantrag allerdings weiterhin als unzulässig abzuweisen sein (BAG ZIP 96, 388, 390). Auf Grund dieser Rspr, die ihren Grund im Schutz des Arbeitnehmers vor einer Überrumpelung durch Prozesskündigungen hat (BAG NJW 88, 2691, 2693), kann es sich empfehlen, hilfsw doch eine „vorsorgl Feststellungsklage" zu erheben und das Risiko in Kauf zu nehmen, dass sie bei Ausbleiben weiterer Kündigungen als unzulässig abgewiesen wird (ebenso Künzl aaO; Diller NJW 96, 2143). Die genannte Rspr erscheint jedoch verfehlt; sie schützt ohnehin nur den Arbeitnehmer, der auf den Gedanken kommt, eine „vorsorgl Feststellungsklage" zu erheben (näher zu den kündigungsschutzrechtl Fragen Boemke RdA 95, 227 mwN). Inkonsequent ist es auch, wenn das BAG für den Fall, dass der Arbeitnehmer gegen „Prozesskündigungen" mit eigenen Kündigungsschutzklagen vorgeht, das Feststellungsinteresse wieder entfallen lässt, obwohl die gesonderten Klagen doch einen weniger weitgehenden Streitgegenstand haben (BAG NJW 91, 518; zur proz Behandlung einer Kündigung zwischen letzter mündl Verh 1. Instanz u Berufungseinlegung BAG NJW 2003, 1412). Nach richtiger Auffassung ist neben einer auf das KSchG gestützten Feststellungsklage eine allg Feststellungsklage nur zulässig, wenn der Arbeitgeber sich über die konkret angegriffene Kündigung hinaus weiterer Beendigungsgründe berühmt, und muss gegen Folgekündigungen gesondert nach § 4 KSchG vorgegangen werden (ebenso Boemke RdA 95, 225 ff).

Zulässig ist Klage auf Feststellung, dass der Kl in einem **Arbeitsverhältnis** zum Bekl steht (BAG NZA 95, 190; BAG NJW 2000, 3226). Für vergangenes Arbeitsverhältnis gilt dies nur, wenn sich aus der Feststellung Folgen für Gegenwart oder Zukunft ergeben; die bloße Möglichkeit, dass dem Kl als früherem Arbeitnehmer Ansprüche auf eine betriebl Altersversorgung zustehen, reicht nicht für Feststellungsinteresse (BAG NJW 99, 2918). Gegenstand der Feststellungsklage kann auch Status als leitender Angestellter iSd BetrVG sein (BAG NJW 75, 1717), ebenso die Verpflichtung zur Gewähr freier Tage (BAG NZA 94, 35, 36), die Geltung eines bestimmten Tarifvertrags (BAG NZA 97, 1006), das Bestehen eines Mitbestimmungsrechts des Betriebsrats bei einer bestimmten Maßnahme (BAG NZA 2012, 878). An der Feststellung der **Beschäftigungsdauer** eines Arbeitnehmers besteht grds kein Interesse iSv § 256 I (BAG MDR 2004, 282).

• **Aufrechnung.** Berühmt sich der Kl weiterer Ansprüche gegen den Bekl, kann dieser durch Widerklage die Aufrechenbarkeit gegen eigene Forderungen feststellen lassen (BGHZ 103, 362, 369 = NJW 88, 2542, 2543). 25.3

• **Ehe.** Für Feststellung des (Nicht-)Bestehens gelten §§ 121 ff FamFG. Unwirksamkeit einer Verfügung über Vermögen ohne Zustimmung des Ehepartners nach § 1368 BGB kann bei entspr Interesse mit Feststellungsklage geltend gemacht werden (BGH NJW-RR 90, 1154). Unzulässig dagegen Klage auf Feststellung, dass dem Zugewinnausgleich ein bestimmtes Vermögen zugrunde zu legen ist (BGH NJW 79, 2099, 2100 f). 25.4

• **Erbrecht.** Kein Feststellungsinteresse bzgl Erbrecht ggü noch lebendem Erblasser (s Rn 5), *anders* nach Eintritt der Erbfolge (s Rn 8). Zu bejahen ist Interesse bei Streit über die Rechte aus einem Erbvertrag (OLG Düsseldorf ZEV 94, 171), bzgl des Rechts des Vermächtnisnehmers, wenn der überlebende Ehegatte das gemeinschaftl Testament anficht (BGH NJW 62, 1913), für den künftigen Herausgabeanspruch nach § 2287 BGB gegen den vom Erblasser Beschenkten (OLG Koblenz MDR 87, 935; einschr OLG München NJW-RR 96, 328), für Feststellung des Pflichtteilsentziehungsrechts (BGHZ 109, 306, 309; BGH NJW 74, 1085), und zwar sowohl für Klage des Testators als auch für negative des Pflichtteilsberechtigten (BGH NJW 2004, 1874 = BGHReport 2004, 943 [abl Waldner]); dieses Interesse entfällt aber mit dem Todesfall (BGH NJW-RR 93, 391). Unzulässig ist Klage eines Nichterben auf Feststellung des Erbrechts Anderer, etwa aus wirtschaftl Interesse (BGH FamRZ 2023, 646). Testamentsvollstrecker kann in dieser Eigenschaft auf Feststellung des (Nicht)bestehens des Erbrechts eines Prätendenten klagen (BGH MDR 87, 650). Feststellungsklage statt Auseinandersetzungsklage nach § 2042 BGB ist zulässig, wenn Miterben nur über einzelne Posten des Nachlasses streiten (BGH NJW-RR 90, 1220; OLG Düsseldorf FamRZ 96, 1338 mwN). Zum erbrechtl Feststellungsinteresse sa Assmann ZZP 111 (1998), 367 ff; Lange NJW 63, 1573; BGHZ 17, 336, 338; BGHZ 37, 331. 25.5

• **Freistellungspflicht.** Die Möglichkeit einer Klage auf Freistellung schließt das Interesse an einer Feststellung des betr Anspruchs nur aus, wenn bereits bei Klageerhebung eine ausreichend bestimmte Freistellungsklage hätte erhoben werden können (BGH MDR 96, 959). Dies ist nicht der Fall, wenn die Höhe der Verbindlichkeit, von der Befreiung verlangt wird, nicht feststeht (BGH MDR 2021, 1546 mwN). Schutzwürdiges Interesse des Kl fehlt, wenn er eine Inanspruchnahme nicht mehr befürchten muss (OLGR Hamm 95, 254). 25.6

25.7 • **Gesellschaftsrecht.** An Feststellung der **Auflösung einer Gesellschaft** kann auch dann Interesse bestehen, wenn Bekl behaupten, es bestehe gar kein Gesellschaftsverhältnis (BGH NJW 2019, 1002, 1003), ebenso an Feststellung einer **Gewinnbeteiligung** an einer GbR, wenn die Voraussetzungen für die Geltendmachung eines Zahlungsanspruchs mangels Auseinandersetzung und Erstellung einer Schlussabrechnung nicht vorliegen (BGH NJW 2019, 1002). Feststellungsinteresse besteht auch bzgl in die **Auseinandersetzungsrechnung** einzustellender Ansprüche, da Zahlungsklage noch nicht mögl (ggf Umdeutung in Antrag auf Feststellung, dass der streitige Betrag in die Auseinandersetzungsrechnung einzubringen ist, BGH NJW 2000, 2586, 2587). Dies gilt auch bei Stufenklage (BGH NJW 95, 188). – Der Gesellschafter einer GmbH kann ein rechtl Interesse daran haben, dass die im Abschluss eines Vertrages der GmbH mit einem Mitgesellschafter liegende **Treuepflichtverletzung** festgestellt wird (BGH NJW 90, 2627, 2628). – Zur Klage auf Feststellung der **Unwirksamkeit von Verträgen**, die die Gesellschaft mit Dritten abgeschlossen hat, s Rn 7. – Zur Feststellung der **Nichtigkeit von Beschlüssen** s Rn 9. Feststellungsinteresse besteht gegenüber jedem einzelnen Mitgesellschafter, der zur Beschlusslage eine andere Ansicht vertritt (BGH ZIP 2025, 308). Gegen mehrere Ausschließungsbeschlüsse kann ein Gesellschafter auch mit mehreren Feststellungsklagen vorgehen (BGH NJW-RR 92, 227).

25.8 • **Insolvenz.** Bei Streit zwischen InsVerwalter u Sch über Massezugehörigkeit besteht Feststellungsinteresse (BGH NJW 62, 1392; MK-InsO/Jaffé § 148 Rn 74). Zum Bestehen eines Aussonderungsrechts s BAG NJW 2011, 701. Dagegen idR kein Feststellungsinteresse für Klage eines InsVerwalters auf Feststellung, dass sein gegen eine zur Tabelle angemeldete Forderung erhobener Widerspruch begründet sei (OLG Hamm ZIP 2021, 1926). Näher zur negativen Feststellungsklage des Bestreitenden s MK-InsO/Schumacher § 179 Rn 21 f). Zur Feststellung des Rechtsgrunds der vorsätzl unerlaubten Handlung (§ 302 Nr 1 InsO) s Rn 19.

25.9 • **Mietverhältnis.** Zulässig ist Klage auf Feststellung des Bestehens eines **Mietvertrags** auf unbestimmte Zeit (BGH NJW 2001, 221, 222) u seines Fortbestands mit vereinbartem Inhalt (BGH NJW-RR 2002, 1377: kein Ausschluss durch die Möglichkeit einer Mietzinsklage mit Zwischenfeststellungsantrag ausgeschlossen (zw). Zum Feststellungsinteresse bzgl Unwirksamkeit einer Schönheitsreparaturklausel BGH NJW 2010, 1877.

25.10 • **Schadensersatz.** Zum grundsätzl Vorrang einer mögl Leistungsklage s Rn 14 f. Bei erst künftig erwachsenden Vermögensschäden hängt die Zulässigkeit der Feststellungsklage grds von der Wahrscheinlichkeit eines auf die Verletzungshandlung zurückzuführenden Schadenseintritts ab; bei Verletzung eines absoluten Rechts genügt bereits die Möglichkeit (BGHZ 166, 84 = NJW 2006, 830 Tz 27; BGH NJW-RR 2022, 23 Tz 28), ebenso wenn bereits ein Vermögens(teil)schaden entstanden ist und der Eintritt weiterer Vermögensschäden im Rahmen der noch nicht abgeschlossenen Schadensentwicklung erwartet wird (BGH NJW-RR 2022, 23 Tz 28 mwN; sa Rn 20 mwN). Daran fehlt es nur dann, wenn aus Sicht des Kl bei verständiger Würdigung kein Grund besteht, mit dem Eintritt eines weiteren Schadens wenigstens zu rechnen (BGH WM 2023, 979 Tz 12). Dass der Kl sich die Entscheidung zwischen kleinem und großem Schadensersatz (Ersatz des Minderwerts bei Behalten der Kaufsache oder voller Schadensersatz gegen Rückgabe) offen halten will, begründet kein Feststellungsinteresse, ebenso wenig die bloße Erwartung, ein Feststellungsurteil könnte einen Vergleich über die Schadenshöhe erleichtern (BGH VersR 2022, 1184). Auf mögl künftige Belastungen mit Aufwendungen, die nur im Rahmen des großen Schadensersatzes ersatzfähig wären, kann der Kl ein Feststellungsinteresse nicht stützen, solange er sich nicht für die Geltendmachung des großen Schadensersatzes entschieden hat, obwohl ihm diese Entscheidung mögl u zumutbar ist (BGH VersR 2022, 910). Bei fiktiver Abrechnung lässt BGH dagegen Klage auf Feststellung der Ersatzpflicht für Schäden zu, die bei einer zum Zeitpunkt der letzten mündl Verh nicht beabsichtigten, aber noch mögl Reparatur anfallen (BGH 8.4.2025 – VI ZR 25/24; BGH 25.3.2025 – VI ZR 277/24; zw). Zur Hemmung der Verjährung s Rn 20, zu Mitverschulden s Rn 10.

25.11 • **Unterlassungspflicht.** Möglichkeit einer Unterlassungsklage kann Feststellungsinteresse entfallen lassen (BGH NJW-RR 2016, 1404, 1406). Streit über Reichweite eines titulierten Unterlassungsgebots kann durch negative Feststellungsklage geklärt werden; Ordnungsmittelantrag lässt Feststellungsinteresse nicht entfallen (BGH NJW 2008, 1001). Die Befürchtung, der Gegner werde nach Erstreiten eines Unterlassungstitels gegen Abwandlungen der verbotenen Handlungsweise erneut vorgehen, begründet kein Feststellungsinteresse (BGH NJW 2020, 3386 Tz 96 ff).

25.12 • **Urteil.** Nichtigkeit kann mit Feststellungsklage geltend gemacht werden (BGHZ 29, 223 = NJW 59, 723), nicht Unwirksamkeit bei bestehender Vollstreckungsfähigkeit (BGHZ 124, 164 = MDR 94, 1040: Titelgegenklage analog § 767; s § 767 Rn 7 aE). Zur Feststellung auslegungsbedürftigen Inhalts s Rn 19.

25.13 • **Verein.** Mitgliedschaft u sich daraus ableitendes Lizenzverhältnis können Gegenstand einer Feststellungsklage sein (BGHZ 197, 162 = NJW-RR 2013, 873). Zu Beschlussmängeln s Rn 9.

25.14 • **Vergütung.** Zur Abgrenzung gesondert feststellbarer Ansprüche von bloßen Rechnungsposten s Rn 11. Die Verjährungsgefahr kann ein Feststellungsinteresse auch dann begründen, wenn Kl wegen ders Forderung in einem anderen Prozess dem Bekl den Streit verkündet hat (BGH MDR 2021, 1546, auch zur Unzumutbarkeit einer Leistungsklage und zur Unmöglichkeit einer Freistellungsklage bei Unklarheit über die Höhe des im anderen Prozess zu beurteilenden Anspruchs).

25.15 • **Versicherung.** Rechtsverhältnis iSd § 256 ist die Deckungspflicht des Haftpflicht- oder Rechtsschutzversicherers (s vor § 253 Rn 3) sowie die Ersatzpflicht des Versicherungsmaklers für vereitelte Deckung (BGH NJW

2014, 2038, 2039); die Leistungspflicht in der Krankenversicherung, sofern bereits eine Grundlage für bestimmte Ansprüche besteht (BGH VersR 2006, 535). Ist in den Versicherungsbedingungen vorgesehen, dass zur Schadenshöhe ein SV-Verf beantragt werden kann, so kann einer auf Feststellung der Eintrittspflicht gerichteten Klage nicht die Möglichkeit einer Leistungsklage (s Rn 14 f) entgegengehalten werden (BGH VersR 2022, 817; OLG Hamm VersR 2021, 1096, 1098 f). Der vom Rechtsschutzversicherer aus übergegangenem Recht (gem § 86 I 1 VVG) in Anspruch genommene RA hat ein rechtl Interesse an der Feststellung, dem Versicherungsnehmer (ehem Mandanten) stehe kein Anspruch gegen ihn zu, sofern dieser behauptet hat, fehlerhaft beraten worden zu sein oder sonst Ansprüche gegen ihn erheben zu können (BGH VersR 2022, 979). Zur Klage des Geschädigten gegen den Haftpflichtversicherer des Schädigers auf Feststellung der Deckungspflicht s Rn 7.

• **Wettbewerbsrecht.** Zulässig ist Feststellungsklage, dass Abmahnung zu Unrecht erfolgt ist und die darin erhobenen Ansprüche nicht bestehen, wenn die Rechtsberühmung des Abmahnenden die wirtschaftl u rechtl Interessen des Abgemahnten berührt u an der Ernsthaftigkeit des Verlangens des Abmahnenden keine Zweifel bestehen können (BGH NJW-RR 95, 1379). 25.16

• **Wohnungseigentum.** Für die Geltendmachung von Beschlussmängeln sind die Gestaltungsklagen nach §§ 44 f WEG vorrangig. § 44 I WEG wird entspr angewendet, wenn festgestellt werden soll, dass ein bestimmter Beschluss gefasst, nicht gefasst oder mit einem anderen Inhalt gefasst wurde. Hierzu u zum verbleibenden Anwendungsfeld für die Feststellungsklage nach § 256 Agatsy MietRB 2023, 88. Zur Fassung des Klageantrags s Agatsy MietRB 2024, 330. Für eine Klage auf Feststellung, dass die Bekl verpflichtet waren, der (inzwischen beendeten) Vermietung zuzustimmen, besteht ein Feststellungsinteresse (BGH NZG 2021, 113 [Elzer MietRB 2021, 50]). 25.17

• **Zwangsvollstreckung.** Zur Feststellung von Bestand, Auslegung, rechtl Qualifizierung der titulierten Forderung s Rn 19. Auf Feststellung der Unwirksamkeit eines Pfändungsbeschlusses kann geklagt werden, sofern nicht einfachere Wege (§§ 766, 840, 843) mögl (BGH NJW 77, 1881). 25.18

5) Verfahren. a) Klageantrag. Er muss das festzustellende Rechtsverhältnis **bestimmt** iS § 253 II bezeichnen (s § 253 Rn 13), denn Umfang der Rechtshängigkeit und späteren Rechtskraft (s § 322 Rn 6 ff) muss feststehen (BGH NJW 83, 2247, 2250; BGH NJW-RR 94, 1272). **Formulierungsvorschläge:** Vorwerk, PFB, M 15.44 ff; zu Kündigungsschutzklage Vorwerk, PFB, M 138.3 ff; zur Auslegung des Antrags auf Feststellung von Schadensersatzpflicht BGH ZIP 2023, 418). Unter künftigem Schaden ist iZw der ab Klageeinreichung zu verstehen (BGH NJW 2000, 3287, 3289). 26

Bei **negativer Feststellungsklage** ist der geleugnete Anspruch bestimmt zu bezeichnen, es sei denn, bereits die Berühmung des Bekl lasse jede Konkretisierung vermissen (St/Roth Rn 91). Soll nur ein Teilanspruch geleugnet werden, ist der Antrag der Höhe nach zu begrenzen („soweit er … übersteigt"), ggf in geleugnete Teilbeträge eines Gesamtschadens aufzugliedern (BGH NJW 58, 343); die Klage wird sonst zwar nicht insgesamt, aber in Höhe des bestehenden Anspruchs abgewiesen (BGH WM 85, 901, 902). Das Gericht hat ggf durch Auslegung oder nach § 139 zu ermitteln, inwieweit die Höhe streitig ist (BGHZ 31, 358, 362 = NJW 1960, 669; MK/Becker-Eberhard Rn 69). **Formulierungsvorschlag** zu negativer Feststellungsklage als Reaktion auf Teilklage: Vorwerk, PFB, M 15.49. 27

Im **Kündigungsschutzprozess** entscheidet die (ggf auf gerichtl Hinweis klarzustellende, auch auslegungsfähige; s dazu BAG NJW 2006, 395) Fassung des Antrags darüber, ob nur die Wirksamkeit einer konkreten Kündigungserklärung oder der Fortbestand des Arbeitsverhältnisses (bis zu einem bestimmten Zeitpunkt oder bis zur letzten mündl Verh) Streitgegenstand sein soll (BAG NJW 2022, 2428). Der bloße Kündigungsschutzantrag iSd § 4 KSchG erfasst nur die konkrete Kündigung („Es wird festgestellt, dass das Arbeitsverhältnis des Kl mit der Bekl durch die Kündigung vom … nicht aufgelöst ist", BAG NJW 2008, 1900). Wird daneben beantragt, „den Fortbestand des Arbeitsverhältnisses zu unveränderten Bedingungen über den … hinaus festzustellen", kann es sich sowohl um ein sinnleeres Anhängsel (BAG NJW 94, 2780, 2782; BAG NZA 94, 860, 861) als auch um eine gesonderte Feststellungsklage handeln (zu deren Zulässigkeitsvoraussetzungen und prozessualer Behandlung s Rn 25.2). Von Letzterem kann idR nicht ausgegangen werden, wenn in der Klagebegründung nur die konkrete Kündigung angegriffen und zu sonstigen Beendigungsgründen nichts vorgetragen wird (BAG NZA 95, 595, 596; zur richtigen Antragstellung Diller NJW 96, 2141 ff u NJW 98, 663 ff). – Zur Bedeutung des Klageantrags bei **Entfristungsklage** nach § 17 S 1 TzBfG s BAG NZA 2004, 283. 28

Wechsel des Rechtsschutzbegehrens (Leistung/Feststellung) ist ausdrückl mögl (s § 264 Rn 3b), aber auch im Wege der **Umdeutung**. Unzulässige oder unbegründete Leistungsklage kann ggf in Feststellungsklage umgedeutet werden (BGH NJW-RR 2006, 1485). Erweist sich erhobene Leistungsklage als unbegründet, entspricht aber der Erlass eines Feststellungsurteils dem Interesse des Kl, kann dem in dem Leistungsbegehren enthaltenen Antrag auf Feststellung des Rechtsverhältnisses auch dann stattgegeben werden, wenn dieser Antrag nicht ausdrückl hilfsw gestellt ist (BGHZ 118, 70, 81 f mwN). Der Übergang von der Feststellungsklage auf die Leistungsklage oder umgekehrt ist Klageerweiterung bzw -beschränkung (§ 264 Nr 2), nicht Klageänderung (BGH NJW 92, 2296; Piekenbrock ZZP 136 [2023], 279, 281 mwN). – Den Wechsel von der Feststellungs- zur Leistungs- 29 klage kann der Kl auch noch im Berufungsrechtszug vollziehen (BGH NJW 92, 2296). Jedoch darf der im 1. Rechtszug erfolgreiche Feststellungskläger nicht allein zum Zweck des Übergangs auf den Leistungsanspruch Berufung einlegen, denn er ist (seinem ursprüngl Antrag entspr) durch das Ersturteil nicht beschwert (BGH NJW 88, 827 = MDR 88, 308; hierzu s vor § 511 Rn 10b).

30 **b) Rechtshängigkeit.** Sie erfasst bei positiver oder negativer Feststellungsklage das streitige Rechtsverhältnis. Wegen des engeren Rechtsschutzziels der Feststellungsklage begründet diese jedoch keine Rechtshängigkeitssperre für eine Leistungs(wider)klage, mit der die festzustellenden Ansprüche verfolgt werden (BGH NJW 94, 3107, 3108; BGH NJW-RR 2013, 1105; zur weiteren Behandlung der Feststellungsklage s Rn 17). Dagegen ist eine *nach* der Leistungsklage erhobene negative Feststellungsklage über dens Anspruch, da ihr Streitgegenstand von der Leistungsklage umfasst wird, schon wegen der anderweitigen Rechtshängigkeit nach § 261 III Nr 1 unzulässig (BGH NJW 89, 2064 = MDR 89, 623; OLG Hamm MDR 91, 546; aM Baltzer S 149 ff). Zur teilw abw Rechtslage in transnationalen Fällen s Art 29 Brüssel Ia-VO Rn 9, für den Geltungsbereich der CMR s Art 71 Brüssel Ia-VO Rn 1.

31 Bei *positiver Feststellungsklage* umfasst, falls die Klage nicht ausdrückl auf abgrenzbare Teile des Rechtsverhältnisses beschränkt ist, die **Hemmung der Verjährung** (§ 204 Nr 1 BGB; hierzu s Rn 20 u § 262 Rn 3) den ganzen Anspruch (BGH NJW 2000, 3287, 3289). Dagegen hemmt die *negative Feststellungsklage* ebenso wie auch die Verteidigung gegen diese nicht die Verjährung (BGHZ 72, 23; BGH NJW 2012, 3633; St/Roth Rn 94; Assmann ZZP 119 [2006], 365 f; aA Baltzer § 28; Gruber ZZP 117 [2004], 158 f; Gsell GS Wolf, 2011, S 393 ff). Bekl kann deshalb, wenn er noch keine Leistungswiderklage erheben kann, Interesse an der Erhebung einer verjährungshemmenden positiven Feststellungsklage haben; diese scheitert wegen des weiter gehenden Rechtsschutzziels nicht an der Rechtshängigkeitssperre (vgl BGHZ 72, 23, 30 f; KG NJW 61, 33; Macke NJW 90, 1651; Tolani NJW 2019, 2751, 2752 f; krit Gruber ZZP 117 [2004], 157 ff). – Positive Feststellungsklage hat ebenso wie Leistungsklage die haftungssteigernde Wirkung des § 262.

32 **c) Beweislast.** Bei **positiver Feststellungsklage** trägt sie Kl wie bei Leistungsklage; soweit es auf Schadensentstehung ankommt, hat er aber nur deren Wahrscheinlichkeit zu beweisen (BGH ZZP 85 [1972], 245 [abl Schwab]); hierin liegt keine Reduzierung des Beweismaßes, sondern mat-rechtl Besonderheit (Greger, Beweis u Wahrscheinlichkeit, 1978, S 143 ff). Bei **negativer Klage** muss Kl die Berühmung und das Vorliegen aller ProzVoraussetzungen, Bekl die Berechtigung der Berühmung darlegen und beweisen. Hier muss Bekl daher Grund u Höhe des berühmten Anspruches beweisen, als wäre er Kl (BGH NJW 2012, 3294); unsubstantiiertes Berühmen macht die negative Feststellungsklage begründet. Bleibt unklar, ob die streitige Forderung besteht, dann muss der negativen Feststellungsklage ebenso stattgegeben werden wie wenn das Nichtbestehen feststeht (BGH NJW 93, 1716 = MDR 93, 1118). Bei Klage wegen Echtheit einer Urk muss Echtheit beweisen, wer Rechte aus der Urk herleitet, uU also der Bekl.

33 **d) Rechtskraft.** S ausf § 322 Rn 6-12. Abweisung wegen fehlenden Feststellungsinteresses steht erneuter Feststellungsklage nicht entgegen, wenn Interesse nachträgl entsteht. Erneute Feststellungsklage über den rechtskräftig festgestellten Anspruch ist zulässig, wenn Schäden noch nach Ablauf der 30-jährigen Verjährungsfrist eintreten können (BGH NJW 2018, 2056). Rechtskräftige Abweisung der negativen Feststellungsklage führt zu Neubeginn der Verjährung für den damit positiv festgestellten Anspruch (§ 197 I Nr 3 iVm § 201 BGB), sofern die negative Feststellungsklage einem größenmäßig bestimmten Anspruch entgegengetreten ist (BGH NJW 1972, 1043; Tolani NJW 2019, 2751, 2753). Wenn Echtheit einer Urk festgestellt, ist den Parteien des Feststellungsprozesses (nur diesen!) späterer Beweis der Unechtheit unmögl (RGZ 148, 29).

34 **e) Zuständigkeit.** Gerichtsstand der negativen Feststellungsklage ist idR dort, wo die gegenläufige Leistungsklage zu erheben wäre, uU also am Wohnsitz des Kl (OLG München NJW-RR 2010, 645; AG/Anders Rn 8; aA Gottwald MDR 2016, 936, 939), jedoch kann sich aus dem Zweck bes Zuständigkeitsnormen Abweichendes ergeben (s § 12 Rn 3, § 29 Rn 17; St/Roth Rn 86; Foerste FS Kollhosser II, 2004, S 141 ff; zum Deliktsgerichtsstand Thole NJW 2013, 1193 f; Gottwald MDR 2016, 936, 939).

35 **II) Zwischenfeststellungsklage (§ 256 II). 1) Zweck und Wirkung.** Da gem § 322 I bei der Leistungsklage nur der Ausspruch über den Klageanspruch (der Leistungsbefehl) in materielle Rechtskraft erwächst, nicht aber die den Leistungsbefehl tragenden tatsächl Feststellungen u die Beurteilung vorgreifl Rechtsverhältnisse, könnten letztere in einem anderen Prozess (zB erste Klage auf Vertragserfüllung, spätere auf Schadensersatz statt der Leistung) abw beurteilt werden. § 256 II ermöglicht es dem Kl, durch neben oder nach der Hauptklage erhobene Zwischenfeststellungsklage, dem Bekl, durch Zwischenfeststellungs-Widerklage, einen rechtskräftigen Ausspruch auch über alle für die Hauptklage vorgreifl Rechtsverhältnisse herbeizuführen. Dadurch erwachsen auch diese in Rechtskraft (BGH NJW 2007, 82, 83; BAG NJW 66, 1140). Nach BGHZ 125, 251, 258 = NJW 94, 1353, 1354 = JR 95, 157 (zust Peters) reicht die Rechtskraftwirkung aber nicht weiter, als die Vorgreiflichkeit des festgestellten Rechtsverhältnisses für die Hauptsache geht; daher schneide sie dem Bekl im Wechselprozess *die Berufung auf das Nichtzustandekommen* des Kausalverhältnisses nur ggü weiteren Wechselklagen, nicht aber ggü einer Klage aus dem Kausalverhältnis ab. Antrag nach II kann auch Teilurteil ermöglichen, indem er die Widerspruchsgefahr (s § 301 Rn 15) beseitigt (BGH MDR 2012, 992).

2) Besondere Prozessvoraussetzungen. a) Anhängigkeit eines Urteilsverfahrens über die Hauptklage. Klage muss in einer Tatsacheninstanz (Revisionsinstanz genügt nicht: BGHZ 28, 131, 137 = NJW 58, 1867; BGHZ 61, 777, 779) zwischen dens Parteien hinsichtl des betr Anspruchs (noch) anhängig sein (BAG NZA 2019, 726); kein Urk- oder Wechselprozess (außer im Nachverf; s § 592 Rn 3), kein Verf des einstw Rechtsschutzes (MK/Becker-Eberhard Rn 90). Nach Vorabentscheidung über den Grund (§ 304) ist im Betragsverf Zwischenfeststellungsklage nicht mehr zulässig (RG JW 39, 366). Zur Stufenklage s BGH ZIP 99, 447. Zwischenfeststellungsklage bzgl des Gegenstands der vom Bekl hilfsw erklärten **Aufrechnung** wird erst zulässig, wenn feststeht (gem § 302, wegen Anerkenntnis oder Nichtbestreitens des Hauptanspruchs), dass über die Gegenforderung des Bekl entschieden werden muss (BGH NZBau 2005, 163, 164; BGH NJW 61, 75); sie kann aber unter diese (innerprozessuale; s vor § 128 Rn 20) Bedingung gestellt werden. 36

Entspr den Regeln zur parteierweiternden Widerklage (s § 33 Rn 24 ff), ist auch die (positive oder negative) **Feststellungswiderklage gegen** den Kläger und **einen Dritten** trotz insoweit nicht anhängiger Hauptklage als Zwischenfeststellungs-(Wider-)klage zulässig; hier muss aber dem Dritten ggü ein Feststellungsinteresse vorliegen (s Rn 12); so zB ggü dem Zedenten oder Zessionar des teilw abgetretenen Anspruchs (BGHZ 69, 37 = NJW 77, 1638). 37

b) Streitiges Rechtsverhältnis. Zwischen den Parteien muss im Rahmen des Hauptanspruchs ein Rechtsverhältnis (s Rn 4) streitig sein; der Streit ledigl über Vorfragen oder Elemente dieses Rechtsverhältnisses genügt auch hier nicht (BGH NJW 2011, 2195, 2196 mwN; OLG Frankfurt FamRZ 2021, 1870 [Trennungszeitpunkt]; St/Roth Rn 117; aA Schick S 74 ff). Daher kann (abw von I) die Zwischenfeststellungsklage nicht auf Feststellung der Echtheit einer Urk gerichtet werden. Wie bei I verlangt der BGH (BGH NJW 2011, 2195; BGH WM 97, 2403) auch hier nicht, dass das festzustellende Rechtsverhältnis zwischen den Parteien besteht (s Rn 6). Ob das Rechtsverhältnis von Anfang an streitig war oder erst im Prozess bestritten wurde, ist unerhebl (St/Roth Rn 116; für Zulassung auch unstreitiger Rechtsverhältnisse MskV/Foerste Rn 41; Schick S 91 ff). 38

c) Vorgreiflichkeit. Das Bestehen oder Nichtbestehen des Rechtsverhältnisses muss für die Entscheidung der Hauptklage präjudiziell sein. Dies macht das sonst für die Feststellungsklage erforderl Feststellungsinteresse entbehrl (BGH NJW 77, 1637; BAG NZA 2019, 726). Sie muss tatsächl bestehen, nicht nur behauptet sein (St/Roth Rn 119). Sie fehlt, wo die Hauptklage aus formellen oder sonstigen vom Bestehen des streitigen Rechtsverhältnisses unabhängigen Gründen abweisungsreif ist (BGH MDR 2010, 339; BGH NJW 2004, 3330, 3332; BGH NJW-RR 94, 1272 = LM § 256 ZPO Nr 181 [Grunsky]), dgl bei Abweisung wegen rechtsvernichtender Einwendung (Hager KTS 93, 45 ff). Die Vorgreiflichkeit kann sich aber auch auf eine Einwendung beziehen; ob das Gericht die Klageabweisung gerade auf diese Einwendung stützt, ist, da nicht vorhersehbar, unerhebl (BGH MDR 2008, 158). Nach BGHZ 125, 251 = NJW 94, 1353, 1354 ist für Klage aus Wechsel auch das Nichtbestehen des Kausalverhältnisses vorgreifl iSd § 256 II, weil es eine Einwendung gegen die Klage begründe; für eine evtl Klage aus dem Kausalverhältnis sei die rechtskräftige Zwischenfeststellung nicht vorgreifl; sa Rn 35 aE. Zwischen Unterlassungs-, Auskunfts- und Schadensersatzanspruch sowie Anspruch auf Abmahnkostenersatz besteht keine Vorgreiflichkeit (BGH GRUR 2017, 938). 39

d) Über den Streitgegenstand hinausgehende Bedeutung. Das Urteil über die Hauptklage darf die Rechtsbeziehungen der Parteien nicht bereits erschöpfend regeln; unzulässig daher Zwischenfeststellungsklage in Bezug auf die von Rechtskraft nach § 322 II erfasste Aufrechnungsforderung (BGHZ 169, 153 = NJW 2007, 82). Dies gilt aber nicht, wenn das inzidenter ohnehin zu klärende Rechtsverhältnis zwischen den Parteien noch über den gegenwärtigen Streitgegenstand hinaus Bedeutung hat oder gewinnen kann (BGHZ 69, 37, 42 = NJW 77, 1637; BGHZ 83, 251 = NJW 83, 1790; St/Roth Rn 120; eingehend zur Rechtslage bei Aufrechnung Schick S 164 ff). Zulässig ist Zwischenfeststellungsklage, wenn mit der Hauptklage mehrere selbständige Ansprüche aus demselben Rechtsverhältnis verfolgt werden, mögen sie auch in ihrer Gesamtheit alle denkbaren Ansprüche erschöpfen, oder wenn mit Klage und Widerklage mehrere selbständige Ansprüche verfolgt werden, denn hier besteht Möglichkeit von Teilurteilen und die Zwischenfeststellung kann grundlegende Bedeutung für das Schlussurteil haben (BGH NJW 2013, 1744; BGH NJW 2018, 549; einschr bei Entscheidungsreife der Hauptklage BGH MDR 2020, 879). 40

e) Rechtsschutzbedürfnis. Bei Vorgreiflichkeit grds gegeben. Ausnahme, wenn Kl im Prozess auf alle Ansprüche aus dem Rechtsverhältnis **verzichtet** (OLG Nürnberg BayJMBl 53, 67; MskV/Foerste Rn 42; aA MK/Becker-Eberhard Rn 93). 41

3) Verfahren. a) Klageerhebung. Die Zwischenfeststellungsklage kann zugleich mit der Hauptklage (§ 260; **Formulierungsvorschlag:** Vorwerk, PFB, M 15.54), nachträgl (§ 261 II) oder als Widerklage (§ 33; **Formulierungsvorschlag:** Vorwerk, PFB, M 15.55), auch gegen einen Dritten (s Rn 37; **Formulierungsvorschlag:** Vorwerk, PFB, M 15.56) erhoben werden. Die mündl Verh über die Hauptklage darf noch nicht geschlossen (§ 136 IV) sein. Ohne ausdrückl **Antrag** kann eine Zwischenfeststellung nicht ausgesprochen werden (BGH MDR 2005, 645). Er kann auch hilfsw für den Fall der Abweisung des Hauptantrags gestellt werden (BGH NJW 92, 1897), ist dann aber mangels Vorgreiflichkeit unzulässig, wenn das Gericht die Hauptklage wegen einer rechtsvernichtenden Einwendung abweist (Hager KTS 93, 45 ff). – Zwischenfeststellungsklage kann auch im **Berufungsverfahren** erhoben werden (BGHZ 53, 92; BGH NJW 2007, 82, 83; St/Roth Rn 124). – Nur die Parteien 42 selbst, nicht der **Streitgehilfe**, können klagen (OLG Köln JR 55, 186). – Erhöht sich durch den gem § 3 zu bemessenden weiteren Wert der Klage der **Streitwert** über die Grenze des § 23 Nr 1 GVG, ist gem § 506 zu verweisen. – **Unzulässige Zwischenfeststellungsklage** kann uU in selbständige Feststellungsklage umzudeuten sein (St/Roth Rn 118).

43 **b) Streitwert.** Soweit wirtschaftl Identität mit der Hauptsache besteht, findet keine Hinzurechnung gem § 5 statt (MK/Becker-Eberhard Rn 96), ansonsten (zB bei Teilklage) mit dem übl Abschlag von 20 % (St/Loyal § 5 Rn 11).

44 **c) Entscheidung.** Hauptsacheentscheidung und Zwischenfeststellung dürfen sich nicht widersprechen. Über die Zwischenfeststellungsklage kann vor Entscheidung über die Hauptklage durch Teilurteil entschieden werden (BGH NJW 2006, 915); Teilurteil über Hauptklage ist dagegen unzulässig (St/Roth Rn 133). – **Anfechtung** der Vorabentscheidung über die Zwischenfeststellungsklage ist vorgreifl für die Hauptsache; ein vor Rechtskraft des Feststellungsurteils in der Hauptsache (entspr § 304 II) ergehendes Endurteil ist auflösend bedingt durch Aufhebung des Feststellungsurteils (MK/Becker-Eberhard Rn 94). Wird die feststellende Entscheidung nicht angefochten, bindet sie das Gericht für die Entscheidung der Hauptsache. Die Zulässigkeit eines Rechtsmittels in der Hauptsache erfasst auch den Feststellungsausspruch (RGZ 166, 175, 182).

45 **III) Gebühren des Gerichts.** Wie § 253 Rn 28; es gelten keine Besonderheiten. Immer ist vorläufige Wertfestsetzung nach § 63 I 1 GKG (s § 254 Rn 17) erforderl, da keine bestimmte Summe in Euro eingeklagt ist.

§ 257 Klage auf künftige Zahlung oder Räumung

Ist die Geltendmachung einer nicht von einer Gegenleistung abhängigen Geldforderung oder die Geltendmachung des Anspruchs auf Räumung eines Grundstücks oder eines Raumes, der anderen als Wohnzwecken dient, an den Eintritt eines Kalendertages geknüpft, so kann Klage auf künftige Zahlung oder Räumung erhoben werden.

1 **1) Bedeutung.** § 257 ist Ausnahme von dem Grundsatz, dass eine Klage als „zurzeit unbegründet" (BGHZ 24, 284) abzuweisen ist, wenn der bestehende Klageanspruch noch nicht fällig ist. Nur für den Fall des befristeten, iÜ aber einseitigen u unbedingten Zahlungs- oder Räumungsanspruchs erlaubt § 257 Klage u Urteil auf künftige Leistung (zu Wiederkehrschuldverhältnissen s § 258). Vorteil: Zwangsvollstreckung sofort nach Fälligwerden (§ 751 I).

2 **2) Voraussetzungen.** Klage muss auf einen **noch nicht fälligen** (s Rn 5) Anspruch auf **Zahlung oder Räumung** (s Rn 3 f) gerichtet sein. Bei Behauptung andersartigen Anspruchs Abweisung als unzulässig (MK/Becker-Eberhard Rn 1; RSchwab/Gottwald § 90 Rn 15; aA St/Roth Rn 3: unbegründet). Keine Prozessvoraussetzung ist hier (anders § 259) Besorgnis künftiger Nichterfüllung (St/Roth Rn 3; aM Bittmann FamRZ 86, 420). Daher bei Anerkenntnis des Bekl uU § 93 anwendbar.

3 Ein **Anspruch auf Geldzahlung** kommt für § 257 in Betracht, wenn er **nicht von einer Gegenleistung abhängig** ist. Bei Anspruch aus gegenseitigem Vertrag muss Kl spätestens bei Schluss der mündl Verh (nicht notwendig bei Klageerhebung) seinerseits geleistet haben (St/Roth Rn 6). Mietforderung ist demnach einseitig nur für die im Zeitpunkt der letzten mündl Verh zurückliegende Mietdauer. Keine Gegenleistung iS § 257 ist die Quittung (§ 368 BGB, Art 39 WG), wohl aber Zurückbehaltungsrecht des Bekl. Zug-um-Zug-Verurteilung ist ausgeschlossen.

4 Ein künftiger **Anspruch auf Räumung** (zB aus Miete oder Eigentum) kann nur nach § 257 geltend gemacht werden, wenn es sich nicht (auch nicht teilw) um Wohnraum handelt. Dort nur § 259 mögl (St/Roth Rn 9). Ebenso bei Räumung (besser: Herausgabe) beweg1 Sachen, zB Wohnwagen (insoweit § 259).

5 An einen **Kalendertag geknüpfte Fälligkeit** liegt vor, soweit der Leistungstag durch Vertrag (ursprüngl oder durch spätere Stundung) oder Gesetz kalendermäßig bestimmt oder, wenn auch nur mittelbar (zB ausgehend vom Zeitpunkt der Rechtshängigkeit) bestimmbar ist (RGZ 103, 34; RGZ 106, 89; AG/Anders Rn 7; vgl § 286 II Nr 1 BGB). Hängt Fälligkeit von einer Kündigung ab (zB Darlehen § 488 III, § 608 BGB), so liegt in der Klageerhebung die Kündigung (RGZ 53, 212). Der Kalendertag muss in der Klage nicht namentl bezeichnet werden; ausreichend, wenn er durch Angabe des den Fristbeginn auslösenden Ereignisses und der Fristdauer errechnet werden kann, zB Antrag auf Zahlung „binnen 1 Monat nach Zustellung der Klage" (anders im Urteil, s Rn 7).

6 **3) Verfahren.** Übergang von unbefristetem Leistungsantrag auf § 257 ist Antragsbeschränkung iS § 264 Nr 2, daher nicht zustimmungsbedürftig (s § 264 Rn 3b). Tritt Fälligkeit während des Verf ein, kann ohne Antragsänderung unbedingtes Urteil ergehen (BGH NJW-RR 2005, 1169; BAG NJW 2015, 1773, 1774). Erkennt Bekl sofort an, hat hier ausnahmsw Kl die Beweislast für Veranlassung der Klage iS § 93 (St/Roth Rn 14), denn ein Sch *ist nicht verpflichtet, sich vor Fälligkeit* zu seiner Leistungsbereitschaft zu erklären (BGH 28.6.2023 – XII ZB 537/22, juris). § 257 darf niemals zur Schlechterstellung des Sch führen. Daher darf Bekl hier (mit dem Ergebnis der Klageabweisung) ein Recht auf künftige Leistungsverweigerung, zB durch Ankündigung der Aufrechnung

mit einer noch nicht fälligen (vgl § 387 BGB) Gegenforderung geltend machen (BGHZ 38, 122, 129 = NJW 63, 244, 246); iÜ ist Bekl auf § 767 angewiesen, soweit er ein Leistungsverweigerungsrecht erst nach Schluss der mündl Verh erwirbt.

4) Entscheidung. Prozesszinsen sind erst ab Fälligkeit zuzusprechen (§ 291 BGB). Eintritt der Fälligkeit muss kalendermäßig bestimmt, zumindest bestimmbar sein (Roth ZZP 98 [1985], 287, 296; s § 751 I). Urteil wird für **vorläufig vollstreckbar** erklärt, vollstreckb Ausfertigung vor Fälligkeit erteilt, denn Befristung folgt aus § 751 I. 7

§ 258 Klage auf wiederkehrende Leistungen

Bei wiederkehrenden Leistungen kann auch wegen der erst nach Erlass des Urteils fällig werdenden Leistungen Klage auf künftige Entrichtung erhoben werden.

1) Bedeutung. Will der Kl einen Anspruch auf künftig wiederkehrende Leistungen geltend machen, soll er nicht zu wiederholten Klagen gezwungen sein u nach Eintritt der jeweiligen Fälligkeit rasch vollstrecken können (BGHZ 82, 246, 251). 1

2) Wiederkehrende Leistungen. Der Anspruch hieraus muss als einheitl Folge aus einem Rechtsverhältnis bereits entstanden, die Fälligkeit von Einzelleistungen aber (nur) noch vom Zeitablauf abhängig sein (BGH NJW 2015, 873 Tz 33; RSchwab/Gottwald § 90 Rn 17), wie zB bei Renten- oder Unterhaltszahlungen, Zinsen, Tilgungsraten, Nutzungsentschädigung (BGH NJW 2003, 1395; BGH MDR 96, 1232). Die Verpflichtung muss einseitig, darf nicht von Gegenleistung abhängig sein. § 258 daher nicht anwendbar (ggf aber § 259, sonst Abweisung als unzulässig) bei Miet- oder Pachtzinsen, Lohn- oder Urlaubsanspruch (BAG NZA 95, 1109). Nicht erforderl ist, dass zugleich fällige rückständige Leistungen eingeklagt werden (BGHZ 82, 246, 251). 2

3) Prognose. Für Begründetheit der Klage müssen die Leistungen mit ausreichender Sicherheit nach Grund und Höhe feststehen (BGH NJW 2015, 873 Tz 33; RGZ 145, 196; MK/Becker-Eberhard Rn 10 ff; aA BAG NJW 72, 733, 734), jedoch steht bloße, noch nicht konkretisierbare Möglichkeit künftiger Einwendungen des Sch dem Verf gem § 258 nicht entgegen (BGH 16.1.2003 – III ZR 127/02). Das Gericht hat von dem nach der Lebenserfahrung zu erwartenden Ablauf der Dinge auszugehen (RGZ 83, 65; RGZ 145, 196; Roth ZZP 98 [1985], 302; abw BAG NJW 72, 733). Später entstehende Einwendungen sind nach § 767 geltend zu machen (BGH MDR 96, 1232). Ist Ende der Leistungspflicht zu erwarten, muss Titel aber entspr begrenzt werden; iÜ bleibt Feststellungsklage mögl. 3

4) Rechtsschutzbedürfnis. Ein solches kann nicht deswegen verneint werden, weil der Sch bisher freiw und vorbehaltlos geleistet hatte, denn eine Besorgnis der Nichterfüllung (wie in § 259) wird hier nicht vorausgesetzt (BGH NJW 98, 3116; Künkel NJW 85, 2665; aM Bittmann FamRZ 86, 420; Köhler FamRZ 91, 645). Das Kosteninteresse des bisher leistungsbereiten Sch wahrt in diesem Fall § 93. Nur ausnahmsw fehlt der Klage das Rechtsschutzbedürfnis, wenn der Sch sich zur Errichtung einer vollstreckungsfähigen Urk bereit erklärt hat (KG FamRZ 79, 171; aA MK/Becker-Eberhard Rn 15). 4

5) Verhältnis zur Abänderungsklage. S § 323 Rn 17 ff. Zur **Abänderung** eines Urteils nach § 258 s § 323. 5

6) Entscheidung. Es ist anzugeben, ab wann, bis wann, zu welchem Zeitpunkt und in welcher Höhe die einzelnen Beträge zu zahlen sind (wegen Zinsen s § 253 Rn 16a; **Formulierungsvorschlag:** Vorwerk, PFB, M 15.11). Ggf Ausspruch über Sicherheitsleistung nach § 843 II 2 BGB; sa § 324. Zu vorl Vollstreckbarkeit u vollstreckb Ausfertigung s § 257 Rn 7. – **Streitwert:** § 9 (für Zuständigkeit) u § 42 GKG (für Kosten). 6

§ 259 Klage wegen Besorgnis nicht rechtzeitiger Leistung

Klage auf künftige Leistung kann außer den Fällen der §§ 257, 258 erhoben werden, wenn den Umständen nach die Besorgnis gerechtfertigt ist, dass der Schuldner sich der rechtzeitigen Leistung entziehen werde.

1) Bedeutung. § 259 erweitert die in §§ 257, 258 für bestimmte Fälle geschaffene Möglichkeit einer Klage auf künftige Leistung auf **alle Arten von Ansprüchen**, fordert dafür aber ein **besonderes Interesse** (Besorgnis der Nichterfüllung; s Rn 5). 1

2) Erfasste Ansprüche. Sie müssen dem Grunde nach bereits entstanden, nicht nur erwartbar sein (BGH NJW-RR 2006, 1485; BAG NJW 2017, 2782), dürfen aber von einer **Gegenleistung** abhängig (zu Zurückbehaltungsrecht s BGH MDR 2005, 1364, 1365) oder **bedingt** sein (BGHZ 43, 28, 31 = NJW 65, 440; dann Vollstreckung 2 des Urteils auf bedingte Leistung gem § 726); so auch, wenn die Leistung eine behördl Genehmigung (BGH NJW 78, 1262) oder den Fortbestand eines Arbeitsverhältnisses (BAG EzA § 259 ZPO Nr 1) voraussetzt (zu Unrecht gegen Anwendbarkeit des § 259 auf Arbeitslohnansprüche daher BAG NJW 2015, 1773 = MDR 2015, 404 mwN zur abw Ansicht anderer Senate). Ggf sind die Art der vom Kl geschuldeten Gegenleistung bzw die Bedingung in Klage u Urteil aufzunehmen (BAG NZA 2009, 444).

3 Auch auf *noch nicht fällige* **Unterlassungsansprüche** ist § 259 anwendbar; dass sie ledigl auch in die Zukunft wirken, reicht nicht aus (RSchwab/Gottwald § 90 Rn 20; St/Roth Rn 5 ff). Eine Klage auf **künftige Räumung einer Wohnung** ist zulässig, sofern Kl nachweist, dass Mietvertrag zu einem best künftigen Zeitpunkt beendet *und* nicht rechtzeitige Räumung zu besorgen ist (St/Roth Rn 10; s Rn 5). Das Widerspruchsrecht des Mieters gegen die Kündigung (§§ 574-574b BGB) wird hierdurch nicht beschnitten. Soweit bereits bestehende Widerspruchsgründe streitig sind, ist über diese im Verf des § 259 zu entscheiden, später entstehende Gründe sind gem § 767 geltend zu machen (St/Roth Rn 12 f).

4 **3) Verhältnis zu anderen Rechtsschutzmaßnahmen.** Die Klagen aus § 256 u § 259 schließen sich gegenseitig nicht aus (s § 256 Rn 15). Zulässig auch die Verbindung der Leistungsklage (zB auf Herausgabe) mit Hilfsantrag gem § 259 auf Wertersatz für den Fall der Nichterfüllung (s § 255 Rn 2). Vermieter kann Klage auf Mietrückstand u Räumung mit Klage auf Nutzungsentschädigung (§ 546a BGB), zu zahlen zu den im Mietvertrag vereinbarten Fälligkeitsterminen bis zur Herausgabe der Wohnung, verbinden (BGH NJW 2003, 1395; Henssler NJW 89, 138 ff) u hierfür Sicherungsanordnung (§ 283a) beantragen. BGH NJW 2001, 1285 lässt es ferner zu, mit Antrag auf Abschluss eines Kaufvertrags den Eventualantrag auf Zahlung des Kaufpreises zu verbinden. – Zu Geltendmachung im Urkundenprozess s § 592 Rn 1.

5 **4) Besorgnis der Leistungsvereitelung.** Sie ist Voraussetzung für die Zulässigkeit (BGH MDR 96, 1232; aA St/Roth Rn 14: Begründetheit) der Klage. Sie ist vom Kl darzulegen u ggf zu beweisen. Nicht ausreichend die Besorgnis der Vollstreckungsvereitelung (MK/Becker-Eberhard Rn 13; aA MskV/Foerste Rn 5; hier hilft nur Arrest, der bei solcher Besorgnis auch *neben* der Klage gem § 259 in Betracht kommt), der künftigen Unmöglichkeit der Leistung oder der künftigen Zahlungsunfähigkeit des Sch (aA Foerste NJW 2023, 3046; für Anwendbarkeit bei bereits bestehender Zahlungsunfähigkeit BGH NJW 2003, 1395). Ernstl Bestreiten des Anspruchs kann genügen (BGHZ 5, 342, 344; BGH NJW 99, 954, 955; BGH MDR 96, 1232); ebenso erhebl Mietrückstand (BGH MDR 2011, 841), Hinweis auf erfolgloses Bemühen um Ersatzwohnung (BGH NJW 2022, 3778) oder Ankündigen einer Eventualaufrechnung (St/Roth Rn 15). Ankündigung der Primäraufrechnung ist dagegen kein Bestreiten idS (OLG Karlsruhe HRR 36, 699; MK/Becker-Eberhard Rn 14; aA MskV/Foerste Rn 5), hier hilft nur negative Feststellungsklage bzgl Aufrechnungsforderung. Stillhalteversprechen des Gl schließt, wenn nachträgl Besorgnis entsteht, § 259 nicht aus (RGZ 90, 180).

6 **5) Verfahren.** Klageantrag: s § 253 Rn 13l u § 258 Rn 6; zu Anpassung bei Fälligwerden während der Rechtshängigkeit u Kostenlast bei Anerkenntnis s § 257 Rn 6. – **ZwV:** § 721 II, § 726, § 751.

§ 260 Anspruchshäufung

Mehrere Ansprüche des Klägers gegen denselben Beklagten können, auch wenn sie auf verschiedenen Gründen beruhen, in einer Klage verbunden werden, wenn für sämtliche Ansprüche das Prozessgericht zuständig und dieselbe Prozessart zulässig ist.

Lit: *Wendtland*, Die Verbindung von Haupt- u Hilfsantrag im Zivilprozess, 2001.

1 **I) Anwendungsbereich.** §§ 59 ff behandeln die subj, § 260 die obj Klagenhäufung in einem Verf. Klagenhäufung liegt nur vor bei einer **Mehrheit von Streitgegenständen** (s Einl Rn 72), also nicht, wo ein einheitl Klagebegehren auf mehrfache rechtl Begründung gestützt wird. Daher liegt zB keine Klagenhäufung vor, wo das Herausgabebegehren auf Eigentum und auf § 546 BGB gestützt wird (BGHZ 9, 26 = NJW 53, 663; BGHZ 8, 50), wohl aber, wenn der Kl einen nur äußerl einheitl, aus verschiedenen Sachverhalten abgeleiteten Antrag stellt, zB aus Verletzung eines Schutzrechts und UWG (BGH GRUR 2001, 755 = MDR 2001, 949), aus eigenem und abgetretenem Recht (BGH ZIP 2021, 1816), aus ges Haftung und aus Vergleich (BGH NJW 2014, 3314) oder aus verschiedenen gleichartigen Rechtsgeschäften (St/Roth Rn 7; zur Behandlung solcher Fälle s Rn 5). Zur Antragstellung im Kündigungsschutzprozess bei mehrfacher Kündigung s Niemann NZA 2019, 65; Zundel NJW 2020, 284, 286. – Anträge, die **sukzessive** geltend zu machen sind (zB auf Vertragsabschluss u Erbringen der vertragl Leistung, Feststellung der Vertragsnichtigkeit u Bewilligung von Löschung der Vormerkung) können im Eventualverhältnis (s Rn 4) gestellt werden (BGH WM 2023, 871 Tz 35 ff). – Wo Klagenhäufung zulässig wäre, kommt auch Verbindung bereits anhängiger Prozesse (§ 147) in Betracht.

1a **II) Zulässigkeit. 1) Allgemeine Prozessvoraussetzungen.** Sie sind für jeden Anspruch gesondert zu prüfen, auch der Rechtsweg (BGH NJW 98, 826; näher s § 17 GVG Rn 6 ff), das Schlichtungserfordernis nach § 15a

EGZPO (BGH MDR 2009, 1127) sowie die in § 260 bes genannte **Zuständigkeit**. Für die sachl Zuständigkeit jedoch uU Addition der Streitwerte (s § 5 Rn 3 ff). Für Kartellstreitigkeiten s § 88 GWB, für das Verhältnis Zivilkammer/KfH s § 95 GVG Rn 2. Bzgl örtl Zuständigkeit Sonderregelung in § 25; außerdem kann sie nach §§ 38 f begründet werden. Zuständigkeit **verschiedener Spruchkörper** desselben Gerichts verbietet Klagenhäufung nicht (WSch/Assmann Rn 79); Zuweisung richtet sich nach dem GVP, ges Spezialzuständigkeit (§ 72a GVG) geht jedoch vor (BayObLG NZBau 2021, 254). – Bei **Fehlen** einer allg Prozessvoraussetzung wird Klage insoweit als unzulässig abgewiesen, ggf durch Teilurteil; bei Rechtsweg oder Zuständigkeit ggf Verweisung nach § 17a GVG bzw § 281. Bei Verbindung von Haupt- und Hilfsantrag (s Rn 4) kommt es zunächst nur auf die Zulässigkeit des Hauptantrags an (zum weiteren Verf s Rn 7).

2) Besondere Voraussetzungen. a) Identität der Parteien (sonst subj Klagenhäufung, §§ 59 f). – **b) Gleichheit der Prozessart.** Darunter ist nicht die Klageart, sondern die Verfahrensregelung (zB Hauptsache-, Arrest-, Urk- und Wechselprozess, Wiederaufnahmeklage) zu verstehen. Es ist daher unzulässig, mit einer Klage Ansprüche im Urk- und im Normalprozess geltend zu machen (OLG Frankfurt MDR 2015, 671; St/Roth Rn 29; aA OLG Rostock MDR 2020, 367 [abl Greger MDR 2020, 469]) oder einen Anspruch primär im Wechselprozess und hilfsw im Urkundenprozess oder gar im normalen Verf zu verfolgen (BGHZ 82, 200 = NJW 82, 523; BGH NJW 82, 2258). Zu Urk-Widerklage im Normalprozess s § 595 Rn 1. – **c) Fehlen eines Verbindungsverbots** (s § 147 Rn 3). Bei unzulässiger Verbindung Trennung (§ 145). 2

III) Besondere Formen. 1) Nachträgliche Klagenhäufung. Sie kann durch Erhebung eines weiteren Anspruchs im Laufe des Prozesses (§ 261 II) entstehen. Auf sie sind die Vorschriften über die Klageänderung entspr anzuwenden (s § 263 Rn 2). Wegen der verfahrensmäßigen Behandlung neuer Anträge s § 263 Rn 11 f. 3

2) Eventualklagenhäufung. Bei ihr werden mehrere Anträge nicht nebeneinander (kumulativ), sondern in Abhängigkeit voneinander (als Haupt- und Hilfsantrag) gestellt, dh der Kl begehrt primär nur *eine* Entscheidung und ledigl für den Fall, dass hierüber in bestimmter Weise entschieden wird, eine oder – ggf wiederum eventualiter – mehrere Entscheidungen (**Formulierungsvorschlag:** Vorwerk/Jaspersen, PFB, M 16.2). Allg zur Zulässigkeit von Hilfsanträgen s § 253 Rn 2 u vor § 128 Rn 20; zur hiervon zu unterscheidenden Hilfsbegründung ein u desselben prozessualen Anspruchs s Rn 1; zur Hilfswiderklage s § 33 Rn 33; zur Verbindung eines Herausgabeanspruchs mit dem Anspruch auf Schadensersatz für den Fall der Nichterfüllung s § 255 Rn 2 u § 510b; zur unzulässigen subjektiven Klagenhäufung s § 60 Rn 10). Die Stellung von Hilfsanträgen wird allg als zulässig angesehen, jedoch verlangt die hL – schwerl begründbar – bei unterschiedl Tatsachenkomplexen einen rechtl oder wirtschaftl Zusammenhang zwischen Haupt- und Hilfsanspruch (St/Roth Rn 17 mwN; wie hier WSch/Assmann Rn 38; AG/Anders Rn 11; Wendtland S 44 ff). Der Hilfsantrag wird zumeist für den Fall gestellt, dass der Hauptantrag erfolglos bleibt, kann aber auch davon abhängig gemacht werden, dass das Gericht ihn für begründet hält (BGH NJW 2001, 1285, 1286; BAG NZA 88, 741; ebenso für Widerklage BGHZ 132, 390). Dies ermöglicht ein sukzessives Vorgehen zur Begrenzung des Prozessrisikos, dem der Bekl allerdings uU mit einer negativen Feststellungswiderklage begegnen kann (St/Roth Rn 22; MK/Becker-Eberhard Rn 19; ausführl Herberger NJOZ 2020, 1089 ff mwN, auch zur [verneinten] Frage, ob der RA zu solchem Vorgehen verpflichtet ist). – Zur proz Behandlung s Rn 7 ff. 4

Der Hilfsantrag begründet **auflösend bedingte Rechtshängigkeit** des Hilfsanspruchs (RSchwab/Gottwald § 98 Rn 20). Sie endet ohne bes Ausspruch rückwirkend mit Eintritt der auflösenden Bedingung (St/Roth Rn 18); ein bereits ergangenes, noch nicht formell rechtskräftiges Urteil wird wirkungslos (BAG MDR 2009, 164 zu abändernder Entscheidung über den Hauptantrag durch Rechtsmittelgericht; BGH NJW 2002, 3478, 3479 zu Grundurteil; vgl § 269 III 1). Die Hemmung der Verjährung endet nach 6 Monaten (§ 204 II 1 BGB; BGH NJW 68, 692; St/Roth Rn 20). – Ob die Bedingung auch bei einer Prozess- oder Teilabweisung eintritt, ist durch Auslegung zu ermitteln (Bsp: BGH MDR 2017, 299 Tz 14). 4a

Über **Verhältnis der Anträge** als Haupt- bzw Hilfsantrag bestimmt allein der Kl, Gericht darf nicht umtauschen (BGH NJW 75, 2012; BGH NJW-RR 89, 650). Beide Anträge dürfen sich, ohne dass darin bereits ein Verstoß gegen die Wahrheitspflicht zu erblicken wäre, in der Begründung widersprechen (BGHZ 19, 390; BGH NJW 2014, 3314, 3315) oder gegenseitig ausschließen (KG NJW 66, 2167). 4b

3) Alternative Klagenhäufung. Wegen fehlender Bestimmtheit (§ 253 II Nr 2) ist es unzulässig, dem Gericht zu überlassen, über welchen von mehreren Anträgen es entscheidet (Verurteilung zu … oder zu …). Ausnahme: echte Wahlschuld (§ 262 BGB), nicht bei bloßer Ersetzungsbefugnis (MK/Becker-Eberhard Rn 24); steht eine solche nach dem mat Recht dem Kl zu, muss er sie bereits mit der Antragstellung ausüben, steht sie dem Bekl zu, kann dieser auch nach seiner Verurteilung noch die alternative Leistung erbringen. Um eine unzulässige alternative Klagenhäufung handelt es sich auch, wenn der Kl nur *einen* Antrag stellt, diesen aber auf **mehrere Klagegründe** (s § 253 Rn 10; Einl Rn 74 f) stützt (BGHZ 189, 56; BAG NZA 2019, 641; WSch/Assmann Rn 22 ff), zB verschiedene Rechtsgeschäfte oder eigenes und abgetretenes Recht (BGH NJW 2019, 1669, 1670; MskV/Foerste Rn 3; aA St/Roth Rn 11). Der Kl muss (ggf auf Hinweis des Gerichts u auch noch in der Revisionsinstanz) klarstellen, in welchem Eventualverhältnis (Haupt- und Hilfsantrag) er die verschiedenen Ansprüche zur Entscheidung stellen will (BGHZ 189, 56; BGH NJW 2019, 1669, 1670). Unproblematisch ist es dage- 5 gen, wenn es sich um einen einheitl Streitgegenstand handelt und hierfür ledigl **mehrere rechtl Begründungen** gegeben werden (s zB BGH NJW 2018, 1259 [Prospekthaftung u Kapitalanlagebetrug]; näher s Einl Rn 71). Bei subj Klagenhäufung ist für jeden Bekl gesondert festzustellen, ob alternative Antragstellung vorliegt (BGH NJW 2018, 1259).

6 **IV) Verfahren. 1) Verhandlung. a)** Bei **kumulativer Klagenhäufung** ist grds über alle Anträge gleichzeitig zu verhandeln und zu entscheiden. Abgesonderte Verh (§ 146) und Teilurteil (§ 301) sind zulässig, oft sachdienl, ebenso Abtrennung (§ 145) einzelner Ansprüche.

7 **b)** Bei **eventueller Klagenhäufung** ist (ohne Anordnung gem § 146) zunächst über den Hauptanspruch bis zu dessen Entscheidungsreife zu **verhandeln**; Verh auch über den Hilfsanspruch ist aber nicht ausgeschlossen (vgl entspr § 146), wenn beide Ansprüche absehbar entscheidungsreif sind. Abtrennung des Hilfsanspruchs (§ 145) ist unzulässig, weil sonst das Ergebnis des abgetrennten Verf von einer außerprozessualen Bedingung abhinge. Bei unzulässiger Verbindung muss aber getrennt werden, auch noch in der Revisionsinstanz (so für § 640c aF BGHZ 170, 152); der Hilfsantrag kann dort nicht mehr zum Hauptantrag erhoben werden und ist wegen seiner Bedingtheit abzuweisen (BGHZ 170, 176).

8 **2) Besonderheiten bei eventueller Klagenhäufung. a) Entscheidung.** Über den für den Fall der **Erfolglosigkeit des Hauptantrags** gestellten Hilfsantrag darf das Gericht nur entscheiden, wenn der Hauptantrag abgewiesen wird oder anderweitig erledigt ist (BGH NJW-RR 89, 650; BGH WRP 2003, 1138; zur Zulässigkeit eines Teilurteils s § 301 Rn 18). Daher unzulässig, in einem Urteil Haupt- und Hilfsantrag dem Grunde nach (§ 304) für gerechtfertigt zu erklären (BGH MDR 75, 1007; BGH NJW 69, 2241). Ist der Hauptantrag begründet, ergeht hierüber Endurteil, die Rechtshängigkeit des Hilfsantrags entfällt ohne bes Ausspruch. Ist der Hauptantrag unbegründet, ist das im Urteil über den erfolgreichen Hilfsantrag auszusprechen (Abweisung „im Übrigen"; vgl BGH NJW 94, 2765, 2766; RGZ 152, 296; bei versehentl Übergehen § 321; BGH GRUR 2001, 755). Der Kl ist dann beschwert, selbst wenn der höherwertige Hilfsantrag Erfolg hat (BGHZ 26, 295 = NJW 58, 631; BGH NJW 64, 772). – Ist der Hilfsantrag durch den **Erfolg des Hauptantrags** bedingt, wird der Rechtsstreit wie nach einer Klageerweiterung oder nachträgl Klagenhäufung fortgesetzt, soweit nicht die Voraussetzungen für ein Teilurteil (§ 301) vorliegen.

9 **b) Rechtsmittel.** Legt der Kl gegen die Abweisung des Hauptantrags **Berufung** ein, ist nur dieser im Berufungsverf anhängig, falls nicht der Bekl Anschlussberufung einlegt (s § 528 Rn 21). Wurde die Klage insgesamt abgewiesen und gibt das Berufungsgericht dem Hauptantrag (teilw) statt, wird der Hilfsantrag gegenstandslos (BGH MDR 2017, 299). Legt der Bekl wegen Verurteilung nach dem Hilfsantrag Berufung ein, so fällt, falls nicht der Kl Anschlussberufung einlegt, der abgewiesene Hauptantrag dem Berufungsgericht nicht an (BGHZ 41, 38; BGH NJW 94, 2765, 2766), auch nicht bei versehentl Übergehen (BGH GRUR 2001, 755). Legt dagegen der Bekl Berufung gegen die Verurteilung nach dem Hauptantrag ein, so ist (ohne Anschlussberufung des Kl) auch der Hilfsantrag Gegenstand des Berufungsverf (BGH MDR 90, 711; s § 528 Rn 20). Dasselbe gilt für die Revision u entspr für den Fall, dass über eine Hilfswiderklage wegen Abweisung der Klage nicht entschieden wurde, und der Kl die Klageabweisung mit einem Rechtsmittel angreift (BGH NJW 2020, 3386 Tz 87 f).

10 **c) Verweisung.** Ist wegen Unzuständigkeit des Gerichts für den Hauptanspruch zu **verweisen**, sind Haupt- *und* Hilfsantrag zu verweisen. Dagegen kommt bei Unzuständigkeit allein für Hilfsantrag eine Verweisung insoweit erst nach abweisender Entscheidung über den Hauptantrag in Betracht (BGH NJW 80, 1283).

11 **V) Streitwert.** s § 5 Rn 3 f. – Zur **Kostenentscheidung** bei unterschiedl Erfolg der mehreren Klageansprüche s § 92 Rn 8.

12 **VI) Gebühren. 1) Gericht:** Die Geb für das Verf im Allg (1210 GKG-KV) bemisst sich – gleichviel, ob die mehreren Ansprüche mit der eingereichten Klage nebeneinander oder später und nacheinander geltend gemacht werden – immer nach der Summe dieser Ansprüche, auch wenn zB eine Klageerweiterung mit einer Teilklagerücknahme zusammenfällt und sich der Klagebetrag daher – für sich gesehen – nicht erhöht (str; s § 5 Rn 3). Im Fall einer Klageerweiterung soll vor Zahlung der dann weiter angefallenen Geb 1210 GKG-KV (Gebührendifferenz aus altem u neuen Streitwert) keine gerichtl Handlung vorgenommen werden (§ 12 I 2 GKG), natürl nur bezogen auf die Erweiterung. – **2) RA:** Die Geb, idR 3100 RVG-VV, 3104 RVG-VV, bemessen sich nach dem gerichtl Gebührenstreitwert (§§ 23, 32 RVG), sofern die anwaltl und die gerichtl Tätigkeit dens Gegenstand betreffen. Sollte dies ausnahmsw nicht der Fall sein (zB bei Mandatsniederlegung vor Klageerweiterung), ist der Anwaltsgebührenwert auf Antrag nach § 33 RVG selbständig festzusetzen.

§ 261 Rechtshängigkeit

(1) Durch die Erhebung der Klage wird die Rechtshängigkeit der Streitsache begründet.

(2) *Die Rechtshängigkeit eines* erst im Laufe des Prozesses erhobenen Anspruchs tritt mit dem Zeitpunkt ein, in dem der Anspruch in der mündlichen Verhandlung geltend gemacht oder ein den Erfordernissen des § 253 Abs. 2 Nr. 2 entsprechender Schriftsatz zugestellt wird.

(3) Die Rechtshängigkeit hat folgende Wirkungen:

1. **während der Dauer der Rechtshängigkeit kann die Streitsache von keiner Partei anderweitig anhängig gemacht werden;**
2. **die Zuständigkeit des Prozessgerichts wird durch eine Veränderung der sie begründenden Umstände nicht berührt.**

I) Bedeutung. Ein mat-rechtl Anspruch (§ 241 BGB), ein Rechtsverhältnis (§ 256) oder (bei Gestaltungsklagen) ein materielles Recht auf Rechtsänderung (RSchwab/Gottwald § 92 Rn 2 f) ist rechtshängig, solange hierüber ein kontradiktorisches Verf vor einem Gericht durchgeführt wird. Das Institut der Rechtshängigkeit soll den ungestörten Ablauf des Verf sichern, einen der Würde der Rechtspflege abträgl Wettlauf um die frühere Entscheidung verhüten und die Voraussetzungen für die Endgültigkeit einer rechtskräftigen Entscheidung schaffen (OLG München NJW 64, 980). Vor Rechtshängigkeit darf keine Entscheidung ergehen (s vor § 300 Rn 20; zur Erledigung der Hauptsache vor Rechtshängigkeit s § 91a Rn 42, § 269 Rn 18c). Umgekehrt muss über alle rechtshängigen Ansprüche entschieden werden. Bei versehentl Übersehen: § 321; bei bewusstem Absehen von Entscheidung, zB infolge Rechtsirrtums, ist nur Rechtsmittel, ggf neue Klage oder Klageerweiterung mögl (BGHZ 182, 158 = NJW 2010, 227 Tz 70 f). Zur Unterscheidung von Rechtshängigkeit und **Anhängigkeit** s § 253 Rn 4. 1

II) Eintritt der Rechtshängigkeit. 1) Zu Prozessbeginn (§ 261 I). Grds mit **Erhebung einer Klage** (§ 253 I), also Zustellung der Klageschrift an den (in ihr bezeichneten; s § 253 Rn 26) Gegner (zu mögl Vorwirkungen bei Einreichung der Klage s § 167). Über die verschiedenen Formen der Klageerhebung s § 253 Rn 4 f. Zum Eintritt der Rechtshängigkeit nach **Mahnverfahren** s § 696 Rn 7, § 700 Rn 1. Wegen Rechtshängigkeit bei gleichzeitiger **Klage mit Gesuch um PKH** s § 117 Rn 11. Gesuch um **Arrest oder einstw Verfügung** begründet (hier ohne notw Zustellung an den Gegner, OLG Hamburg MDR 66, 931; Teplitzky DRiZ 82, 42) Rechtshängigkeit nur für den Arrest- bzw Verfügungsanspruch als solchen, nicht für den Hauptsacheanspruch des § 926 (s vor § 916 Rn 5). Wegen der Rechtshängigkeit bei **Haupt- und Hilfsantrag** s § 260 Rn 4a, bei **Stufenklage** s § 254 Rn 1, bei **Feststellungsklage** s § 256 Rn 30. – Die Klage muss **formell ordnungsgemäß** (s § 253 Rn 7 ff) erhoben sein; auf Zulässigkeit u Begründetheit kommt es nicht an (BGH NJW 67, 2304). Zur **Heilung von Zustellungsmängeln** und deren Auswirkung auf die Rechtshängigkeit s § 253 Rn 26. 2

Die Klage muss **vor einem Gericht** erhoben sein. Gericht in diesem Sinne ist jedes staatl Gericht, unabhängig von der sachl oder örtl Zuständigkeit für die Klage; nach Maßgabe von dessen lex fori (BGH NJW 86, 662; BGH MDR 87, 747 = NJW 87, 3083 [krit Geimer]; BGH NJW-RR 92, 642) auch ein **ausländisches Gericht**. Zur Berücksichtigung ausl Rechtshängigkeit im Inlandsprozess s Art 29 Brüssel Ia-VO. 3

Die **Rechtshängigkeit vor einem besonderen Gericht** (s Einl Rn 10) wird nach dessen Verfahrensrecht begründet und wirkt fort, auch wenn das bes Gericht die Sache wegen Unzuständigkeit an das ordentl (Zivil-)Gericht verweist (s § 281 Rn 15a; BGH NJW 83, 1052; BAG NJW 59, 310). Vor einem Verwaltungs-, Sozial-, Finanz- oder Strafgericht wird Rechtshängigkeit eines Anspruchs bereits vor Zustellung an den Gegner durch die *Einreichung* der Klage bzw des Antrags bei Gericht begründet (§ 81 I, § 90 I VwGO; § 90, § 94 I SGG; § 64 I, § 66 I FGO; § 404 II StPO). Das eröffnet die Möglichkeit, eine aus mat-rechtl Gründen (§ 262) beabsichtigte vorgezogene Rechtshängigkeit durch Klageeinreichung bei einem (selbst offensichtl) unzuständigen bes Gericht zu erreichen und sodann Verweisung an das Zivilgericht zu beantragen (OLG Schleswig FamRZ 2009, 441; St/Roth Rn 8; MskV/Foerste Rn 4; Henrichs MDR 89, 701). Dieses Vorgehen wird teilw als rechtsmissbräuchl angesehen (KG NJW-RR 2008, 744; Gottwald MDR 2016, 936; zu den Folgen BVerwG NJW 2001, 1513; allg zum Gebot von Treu und Glauben im Verfahrensrecht s Einl Rn 40) u ist daher risikobehaftet. Der RA wird den Mandanten dennoch auf diese Möglichkeit hinzuweisen haben (Vollkommer/Greger/Heinemann, Anwaltshaftungsrecht, 5. Aufl 2021, § 13 Rn 8). 3a

Keine Rechtshängigkeit begründet die **Aufrechnung** des Bekl im Prozess (näher hierzu s § 145 Rn 18). Zum **schiedsrichterl Verf** s § 1044. 4

Der **Wechsel- oder Scheckprozess** begründet Rechtshängigkeit nur für den Anspruch aus der Urk, nicht für den Anspruch aus dem Grundgeschäft (OLG Karlsruhe NJW 60, 1955); anders beim sonstigen Urkundenprozess, der sich nur in der Verfahrensart, nicht im Gegenstand vom ordentl Verf unterscheidet. 5

2) Im Laufe des Prozesses (§ 261 II). Bei Klageerweiterung (§§ 260, 264 Nrn 2 u 3), Klageänderung (s § 263 Rn 16), Zwischenfeststellungsklage (§ 256 II), Widerklage (§ 33) u auch bei Anschlussberufung (§ 524; BGH NJW 2019, 1674, 1676) tritt Rechtshängigkeit ein entweder durch Zustellung eines Schriftsatzes an den Gegner (Zustellung von Anwalt zu Anwalt genügt, s § 195 Rn 8; wegen Mängeln der Zustellung s § 253 Rn 26 f) oder durch Antragstellung im Termin (§ 297; zum schriftl Verf s § 128 Rn 8). Entspricht der Antrag nicht den Anforderungen des § 253 II Nr 2, tritt zwar Rechtshängigkeit ein, aber es ergeht, wenn der Mangel nicht geheilt wird, Abweisung als unzulässig (BAG BB 81, 1528). Bei **Parteiänderung** ist, da neues Prozessrechtsverhältnis begründet wird, stets Zustellung eines Schriftsatzes erforderl; s § 263 Rn 19 ff. Wegen der weiteren Behandlung neuer Anträge s § 263 Rn 11 f. Zur Prozessaufrechnung s Rn 4. Zur Behandlung von neuen Klageanträgen nach Schluss der mündl Verh s § 296a Rn 2a. 6

7 **III) Beendigung der Rechtshängigkeit.** Sie endet mit der formell rechtskräftigen Entscheidung (§ 705; zur Teilrechtskraft s § 705 Rn 11), hinsichtl des ursprüngl Streitgegenstands mit der Zulassung der Klageänderung (s § 263 Rn 16), der Klagerücknahme (§ 269), der beiderseitigen Erledigterklärung (§ 91a), dem Ablauf der Frist des § 321 II hinsichtl eines übergangenen Anspruchs (s § 321 Rn 12), mit Wegfall der Bedingung eines Hilfsantrags (s § 260 Rn 4a) und Abschluss eines Prozessvergleichs (BGH NJW 59, 532), auch wenn dieser inhaltl Mängel hat. Betreibt eine Partei unter Berufung auf Mängel des Vergleichs das Verf weiter (BGHZ 28, 171), lebt die Rechtshängigkeit mit Terminsbestimmung wieder auf (Folge: s § 794 Rn 16a). **Kein Ende** der Rechtshängigkeit: bei Vorbehaltsurteil (§§ 302, 599), Verweisung an anderes Gericht (§§ 281, 506), Aussetzung, Unterbrechung oder Nichtbetreiben des Verf, auch wenn Akten inzwischen gem AktO weggelegt wurden (BGH NJW-RR 93, 898; OLG Köln FamRZ 2003, 689), außergerichtl Vergleich (BGH NJW 2002, 1503), Verzicht, Nichtberücksichtigung einer Partei im Urteil (aA BGH NJW 2015, 952 [abl Kaiser]).

7a **IV) Wirkung der Rechtshängigkeit.** Wegen der mat-rechtl Wirkungen s § 262 u s vor § 253 Rn 26. Zu den Besonderheiten bei Verbandsklagen s § 8 VDuG. IÜ bestehen (außer den in §§ 263-266, § 302 IV, § 600 II, § 717 II u III genannten) folgende proz Wirkungen:

8 **1) Sperre für weiteres Verfahren (§ 261 III 1).** Eine erneute Klage zwischen dens Parteien über dens Streitgegenstand, auch in anderem Rechtsweg (§ 17 I 2 GVG), ist unzulässig (negative Prozessvoraussetzung; s Rn 11). Aufrechnung bleibt mögl (s § 145 Rn 18). – Erhebt Kl 2 identische Klagen gleichzeitig, sind beide unzulässig; geht jedoch einer der Anträge weiter, ist er zulässig (vgl BAG NZA 97, 337). Klagen beide Parteien auf Abänderung (§ 323) desselben Titels, ist die spätere Klage wegen Rechtshängigkeit der früheren unzulässig; es besteht nur die Möglichkeit einer Abänderungswiderklage (BGH NJW 98, 161). – Zur mehrfachen Rechtshängigkeit in **verschiedenen Staaten** s Art 29 ff Brüssel Ia-VO.

8a **a) Subjektive Grenzen.** Erfasst werden die Parteien des 1. Prozesses u die Personen, auf die sich nach §§ 325-327 die subj Rechtskraft erstrecken kann (OLG Koblenz NJW-RR 90, 1023; RGZ 52, 260). Zur gewillkürten Prozessstandschaft s vor § 50 Rn 51; zur Rechtsnachfolge s § 265 Rn 8a. Entgegen RGZ 49, 344 keine Identität zwischen der bekl OHG und ihrem bekl Gesellschafter (MK/Becker-Eberhard Rn 54). Für weiter gehende Sperrwirkung (insb auch bei Gesamtschuld, Gesamtgläubigerschaft u Mitberechtigung nach §§ 432, 2039 BGB) aber Otto, Die subj Grenzen der Rechtshängigkeitssperre im dt u europ ZPR, 2007, S 131 ff. Entscheidend ist *Identität* beider Parteien, nicht deren *Parteirolle* (BGH NJW 2001, 3713, 3714 = MDR 2001, 1071; St/Roth Rn 25).

9 **b) Identität des Streitgegenstands** (s Einl Rn 60 ff). Es reicht nicht aus, dass die Klageansprüche von ders **Vorfrage** abhängen. Zum abw Identitätsverständnis des EuGH s Art 29 Brüssel Ia-VO Rn 8.

10 **Teilklage** begründet selbst bei Zwischenurteil über Anspruchsgrund (insofern Identität) keine Rechtshängigkeit der Restforderung; zur fehlenden Individualisierung aber s § 253 Rn 15. – Zum Verhältnis von Leistungsklage und **negativer Feststellungsklage** sowie Zusammentreffen von positiver und negativer Feststellungsklage s § 256 Rn 30 f; zum Verhältnis von Zahlungs- und **Freistellungsantrag** BGHZ 149, 222, 225. Weitere Einzelheiten zur Identität des Streitgegenstands: s vor § 322 Rn 21.

11 **c) Berücksichtigung von Amts wegen** (RGZ 160, 338, 344), also unabhängig von Anträgen oder Verfahrensrügen der Parteien, auch noch in der Revisionsinstanz (BGH NJW 2001, 524, 525; BGH NJW 86, 2195). Das bedeutet aber **keine Amtsermittlung**, solange ein das Hindernis begründender Sachverhalt nicht behauptet, gerichtsbekannt (§ 291) oder zumindest erkennbar wahrscheinl ist (BGH NJW 76, 149; BGH NJW 89, 2064: ggf Hinweis nach § 139). Wurde anderweitige Rechtshängigkeit **übersehen**, steht Rechtskraft des früher ergehenden Urteils einer Sachentscheidung im anderen Verf auch dann entgegen, wenn dieses zuerst rechtshängig wurde (BGH NJW 83, 514, 515). Zur Kollision zweier rechtskräftiger Urteile in ders Sache s vor § 322 Rn 77.

12 **2) Fortdauer der Zuständigkeit (§ 261 III 2).** Sie gilt für **örtl und sachl Zuständigkeit** (auch ausschließl, BGH NJW 2001, 2477, 2478), ebenso für **internat Zuständigkeit** (BGHZ 188, 373 = NJW 2011, 2515; BAG NJW 79, 1119 = JZ 79, 647 [Geimer]; St/Roth Rn 40; einschr MK/Becker-Eberhard Rn 86), für **Rechtswegzuständigkeit** (§ 17 I 1 GVG), nicht auch zwischen Abteilungen desselben Gerichts (BGH NJW 81, 2464; Koblenz NJW 77, 1736; aA St/Roth Rn 38). Auch durch nachträgl Parteivereinbarung (§ 38) kann dem Gericht die ursprüngl Zuständigkeit nicht mehr genommen werden (BGH NJW 63, 585; Zweibrücken MDR 2005, 1187; AG/Anders Rn 27; aA MK/Becker-Eberhard Rn 92), ebenso – vorbehaltl spezieller Regelung – durch Gesetzesänderung (RGZ 103, 102, 103; BGH FamRZ 1993, 50) oder Änderung der höchstrichterl Rspr (BGHZ 70, 295 = NJW 78, 949). Voraussetzung auch hier Identität des Streitgegenstands. Daher Verweisung zulässig bei nachträgl Klageänderung (BGH NJW 2001, 2477, 2478; BGH NJW 2013, 2597, 2599); nicht bei bloßer Änderung der Begr BGH NJW 64, 46) und im Fall des § 506. Ansonsten verbleibt es bei Erweiterung wie bei Ermäßigung der Klage (§ 264 Nr 2) bei der bish Zuständigkeit. Ein ursprüngl unzuständiges Gericht kann aber nachträgl zuständig werden; so auch durch Zuständigkeitsvereinbarung (§ 38, BGH NJW 76, 626; OLG Zweibrücken NJW-RR 89, 716) oder rügelose Einlassung (§ 39), denn der Normzweck der perpetuatio fori bewahrt nur die Zuständigkeit, nicht auch die Unzuständigkeit des angerufenen Gerichts. Daher kann auch ein ursprüngl begründeter Verweisungsantrag unbegründet werden, wenn durch eine Veränderung der zuständigkeitsbegründenden Umstände das angerufene Gericht zuständig wird, bevor es die Verweisung (§ 281) beschlossen hat (zB bei Wohnsitzwechsel des Bekl in Bezirk des angerufenen Gerichts).

Eine Neuregelung der **Rechtsmittelzuständigkeit** gilt bei Fehlen einer ges Übergangsregelung auch für bereits anhängige Verf (BGH NJW 78, 889); erst ab Einlegung des Rechtsmittels greift perpetuatio fori ein. 13

V) Kosten des Gerichts. Keine Geb für die Zustellung. Auslagen für Zustellungen werden nur erhoben, wenn sie für mehr als 10 Zustellungen anfallen (9002 Anm GKG-KV; s § 168 Rn 9). 14

§ 262 Sonstige Wirkungen der Rechtshängigkeit

[1]Die Vorschriften des bürgerlichen Rechts über die sonstigen Wirkungen der Rechtshängigkeit bleiben unberührt. [2]Diese Wirkungen sowie alle Wirkungen, die durch die Vorschriften des bürgerlichen Rechts an die Anstellung, Mitteilung oder gerichtliche Anmeldung der Klage, an die Ladung oder Einlassung des Beklagten geknüpft werden, treten unbeschadet der Vorschrift des § 167 mit der Erhebung der Klage ein.

1) Prozessuale Wirkungen. Dazu s § 261 Rn 8 ff. 1

2) Materiell-rechtliche Wirkungen. Am wichtigsten ist die **Hemmung der Verjährung** (§ 204 I Nr 1 BGB; zu weiteren Folgen s vor § 253 Rn 26). Für sie kommt es auf Zulässigkeit und Schlüssigkeit der Klage nicht an (BGH NJW-RR 96, 1409), sie muss aber grds durch den Rechtsinhaber erhoben werden. Klage des mat Berechtigten hemmt Verjährung auch dann, wenn ihm die Prozessführungsbefugnis fehlt, zB bei Abtretung der rechtshängigen Forderung nach § 265 II (BGH NJW 2011, 2193 [Althammer NJW 2011, 2172]; zu gewillkürter Prozessstandschaft nach vorheriger Abtretung s BGH NJW 2022, 1959). – Hemmung auch durch Antrag auf Arrest oder einstw Verfügung (§ 204 I Nr 9 BGB). – Feststellungsklage s § 256 Rn 31; Mahnverf: s § 693 Rn 6 ff; Prozessaufrechnung: s § 145 Rn 18; Eventualklagenhäufung: s § 260 Rn 4a; Klageänderung: s § 263 Rn 16; Klagerücknahme: s § 269 Rn 17. 2

Reichweite der Hemmung richtet sich nach dem Streitgegenstand (s Einl Rn 60 ff), erfasst insoweit auch nicht vorgetragene matrechtl Anspruchsgrundlagen (BGH NJW-RR 96, 1409; BGH ZIP 2023, 1679: mehrere Pflichtverletzungen bei Beratung). Klage aus Wechsel (§ 592) hemmt Verjährung auch für das Grundgeschäft des Wechsels (MK/Becker-Eberhard Rn 10; Schaaf NJW 86, 1029), obwohl Streitgegenstand ein anderer ist (s Einl Rn 68). Nach § 213 BGB gilt Hemmung auch für Ansprüche, die aus demselben Grunde wahlw neben dem Anspruch oder an seiner Stelle gegeben sind, zB für alle aus dems Mangel erwachsenden Rechte des Käufers (BGH NJW 2015, 2106 [Stamm]; unzutr daher BGH NJW-RR 2009, 544 = WuB VII A. § 690 ZPO 1.09 [Vollkommer]). – **Teilklage** hemmt nur soweit eingeklagt (RGZ 93, 158; BGH NJW 84, 2346, 2348), verdeckte Teilklage (s vor § 322 Rn 48) aber auch hinsichtl nachgeschobener Mehrforderung, wenn Anspruch erkennbar von Anfang an in vollem Umfang eingeklagt wurde und sich Umfang sowie Ausprägung des Klageanspruchs wegen der allg wirtschaftl Verhältnisse nachträgl ändern (BGHZ 151, 1 = NJW 2002, 2167 [Meyer NJW 2002, 3067] = JR 2003, 246 [abl Zeuner]). Zur nicht ausreichend individualisierten Teilklage s § 253 Rn 15. – **Stufenklage** (§ 254) hemmt Verjährung des zunächst noch unbestimmten Leistungsanspruchs nur in der Höhe, in der dieser Anspruch nach Erfüllung der seiner Vorbereitung dienenden Hilfsansprüche beziffert wird; die Hemmung dauert während der Vollstreckung der Hilfsansprüche und einer zur Überprüfung erteilter Auskünfte erforderl Zeit fort (BGH MDR 92, 1180); sie endet aber gem § 204 II 2 BGB nach 6 Monaten, wenn das Verf nicht weiterbetrieben wird (vgl dazu BGH NJW 2012, 2180). 3

3) Wirkungseintritt. Grds mit Zustellung der Klageschrift (§§ 261, 253 I), bei nachgeschobenen Ansprüchen gem § 261 II. Ausnahmsw Rückwirkung bei § 167 (zur Reichweite s § 167 Rn 3 ff). Zum Eintritt bei Parteiänderung s § 263 Rn 22, 25, bei Mängeln der Klage s § 253 Rn 22 ff. 4

§ 263 Klageänderung

Nach dem Eintritt der Rechtshängigkeit ist eine Änderung der Klage zulässig, wenn der Beklagte einwilligt oder das Gericht sie für sachdienlich erachtet.

Lit: *Heinrich*, Der gewillkürte Parteiwechsel, 1990; *Nagel*, Der nicht (ausdrückl) geregelte gewillkürte Parteiwechsel im ZP, 2005; *Walther*, Klageänderung u -rücknahme, 1969.

1 **I) Wesen der Klageänderung. 1) Definition.** § 263 ist, indem er die Klageänderung von der Einwilligung des Bekl oder einer gerichtl Prüfung ihrer Sachdienlichkeit abhängig macht, Schutzvorschrift zugunsten des Bekl, in dessen Rechtsschutzanspruch (s Einl Rn 32) eingegriffen wird, wenn er in einem bereits rechtshängigen Verf genötigt wird, sich gegen einen geänderten Angriff zu verteidigen und auf eine Entscheidung über den ursprüngl Anspruch des Kl zu verzichten. Wesentl ist bei der Klageänderung, dass die Prozesssubstanz des ursprüngl Verf auf den neuen Inhalt übernommen wird, dass also frühere Prozesshandlungen des Gerichts (Zwischenentscheidungen, Beweiserhebungen usw) u der Parteien (zB Geständnisse, Anerkenntnisse, Verzichte) unter Aufrechterhaltung der perpetuatio fori wirksam bleiben, soweit sie einen Bezug auch zu der geänderten Klage haben. Als Klageänderung kommen somit folgende prozessuale Änderungen in Betracht:

2 **a) Änderung des Streitgegenstandes** (= obj Klageänderung, dh Änderung des Klageantrags oder – wo zur Bestimmung des Streitgegenstandes erforderl [s Einl Rn 82 f] – des Klagegrundes, s Rn 7, 8). Wird dagegen ein neuer Streitgegenstand *neben* dem bish eingeführt, so handelt es sich um einen Fall nachträgl Klagenhäufung, auf den § 263 allerdings entspr anwendbar ist (BGH NJW 85, 1841, 1842; BAG WM 76, 598, 600; St/Roth Rn 11; MK/Becker-Eberhard Rn 21). Dies gilt auch für einen nachträgl Hilfsantrag (BGH NJW 2015, 1608, 1609 mwN).

3 **b) Änderung in der Person der Prozessparteien** (= subj Klageänderung, s Rn 9): Hier tritt ein neuer Kl oder Bekl an die Stelle der bish Partei (Parteiwechsel) oder neben diese (Parteibeitritt). Diese Änderung kann ges geregelt sein (vgl zB §§ 239, 240, 250, 265 II 2, §§ 266, 75 ff); dann gelten die hierfür getroffenen Bestimmungen. Sie kann aber auch auf einer Entscheidung des Kl beruhen. Der BGH behandelt diese gewillkürte Parteiänderung grds als Klageänderung (BGHZ 65, 264, 267; BGH NJW 2016, 53), jedoch mit so erhebl Modifikationen, dass es überzeugender erscheint, sie mit der hL als prozessuales Institut eigener Art anzusehen (St/Roth Rn 48 mwN). Zu den in Rspr und Lehre für sie herausgebildeten Regeln s Rn 19 ff.

4 Eine Parteierweiterung liegt auch in der Erhebung einer **Widerklage** gegen oder durch eine bisher nicht am Rechtsstreit beteiligte Person (s § 33 Rn 24 ff). Eine **Erweiterungsklage** des Bekl gegen seinen Streitgenossen ist ges nicht vorgesehen, diesbzgl Rechtsfortbildung nicht geboten (aA Kähler ZZP 123 [2010], 489 ff).

5 **c) Änderung der Verfahrensart** (s Rn 10).

6 **2) Verhältnis zur Klagerücknahme.** In der Klageänderung liegt zwar zugleich die Aufgabe des ursprüngl Rechtsschutzbegehrens, § 263 regelt diesen Vorgang jedoch abschließend und privilegiert ihn insofern, als der Kl sein ursprüngl Klageziel auch ohne die nach § 269 ggf erforderl Einwilligung des Bekl aufgeben kann, sofern das Gericht die Fortsetzung des Rechtsstreits mit dem geänderten Inhalt für sachdienl hält. § 269 ist daher neben § 263 nicht anwendbar, auch dann nicht, wenn die Änderung des Streitgegenstands iErg zu einer quantitativen Beschränkung des Klageantrags führt (s § 269 Rn 5). Die in § 269 zum Ausdruck kommende Wertung muss aber in die Beurteilung der Sachdienlichkeit einfließen und kommt dann zum Tragen, wenn das Gericht die Klageänderung nicht zulässt (s Rn 17). Zur reinen Klagebeschränkung (Ermäßigung des Antrags ohne Änderung des Streitgegenstands, § 264 Nr 2) s § 264 Rn 4a.

7 **II) Anwendungsfälle. 1) Wechsel beim Streitgegenstand. a) Vorliegen**, wenn Kl (bei gleich bleibendem Antrag) den Sachverhalt, aus dem der Klageanspruch hergeleitet wird, ändert oder wenn (bei gleich bleibendem oder geändertem) Sachverhalt der Klageantrag geändert wird (s Einl Rn 82 ff). Wird aber bei gleich bleibendem Klagegrund der Antrag ledigl erweitert oder beschränkt, gilt § 263 nicht (§ 264 Nr 2), ggf aber § 269 (s § 264 Rn 4a). Zum Klagegrund sind hierbei alle Tatsachen zu rechnen, die bei einer natürl, vom Standpunkt der Parteien ausgehenden Betrachtungsweise zu dem durch den Vortrag des Kl zur Entscheidung gestellten Tatsachenkomplex gehören (BGHZ 117, 1, 5 = NJW 92, 1172). Unwesentl Abweichungen bleiben außer Betracht; der neue Tatsachenvortrag müsste den Kern des in der Klage angeführten Lebenssachverhalts verändern (BGH NJW 2007, 83; BGH NJW 97, 588). Stützt sich die Antragserweiterung auf neuen Klagegrund, handelt es sich um nachträgl Klagenhäufung (s § 260 Rn 3).

7a **b) Bsp für Änderung des Klageantrags.** Schadensersatz statt Erfüllung (soweit nicht § 264 Nr 3 eingreift) oder Unterlassung (RGZ 88, 129), Unterlassung statt Widerruf (BGH MDR 94, 1143), Geld- statt Sachleistung, Minderung statt Rückabwicklung (BGH NJW 90, 2682 = MDR 91, 137), Abtretung statt Zahlung (BGH NJW 2015, *1608), Zinsen* statt Kapital, Schmerzensgeld statt materiellen Schadensersatz (RGZ 170, 39); Erstattung des Kaufpreises gegen Rückgabe der Kaufsache statt Schadensersatz (BGH MDR 2022, 1495); zur einseitigen Erledigterklärung s § 91a Rn 34.

c) Bsp für Änderung des Klagegrundes trotz gleich bleibenden Antrags: Übergang von Schadensersatzanspruch zu Anspruch aus darüber abgeschlossenem Vergleich (BGH NJW 2014, 3314); Klage aus Wechsel statt aus dem Grundgeschäft (RGZ 160, 347; BGH NJW-RR 87, 58; BGH NJW-RR 2009, 772 Tz 25; aA St/Roth Rn 10); Umstellung von Inanspruchnahme als Gesellschaftsschuldner auf Ausgleichsanspruch aus dem Gesellschaftsverhältnis (BGH MDR 2021, 1275); Auswechseln oder Nachschieben von Einwendungen bei der VollstrAbwehrklage (BGH NJW 67, 107; BGH NJW 66, 1362; AG/Anders Rn 7a; aA MK/Becker-Eberhard Rn 17); Bereicherungsklage statt InsAnfechtung (BGH NJW 2008, 3570); Unterlassungsantrag wegen Wiederholungsgefahr auf Grund vorprozessualer Verletzungshandlungen und sodann wegen Erstbegehungsgefahr auf Grund von Erklärungen im Rechtsstreit (BGH GRUR 2006, 429; dazu Büttner FS Doepner, 2008, S 107 ff); nach BGHZ 166, 253 auch das Einführen weiterer Verletzungshandlungen im markenrechtl Unterlassungsprozess (zu Recht abl Vollkommer BGHReport 2006, 741, 743; Teplitzky WRP 2007, 1 ff). Wird die zunächst auf eigenes Recht gestützte Klage auf abgetretenes Recht umgestellt (häufig bei nachträgl Erkenntnis fehlender Aktivlegitimation), handelt es sich ebenfalls um Klageänderung (BGH NJW 99, 1407 für das Verhältnis Gesellschafts-/Gesellschafterforderung; s aber BGH NJW 99, 2110 bei stiller Sicherungszession, BGH NJW 2007, 2560 für das Verhältnis zwischen Überweisung zur Einziehung und Abtretung, BGH NJW 2022, 1959 zur Einzugsermächtigung nach vorheriger Abtretung); für die Verjährungshemmung kommt es daher jetzt auf den Zeitpunkt der Klageänderung an (BGH NJW 96, 117, 118). Da Schadensersatz und nachbarrechtl Ausgleichsanspruch nach stRspr des BGH verschiedene Streitgegenstände sind (s BGHZ 111, 158, 166), muss auch der Übergang von einem zum anderen als Klageänderung angesehen werden (aA ohne Begr BGH NJW-RR 97, 1374, 1375). 7b

d) Keine Klageänderung liegt nach der (nicht immer bedenkenfreien) Rspr vor, wenn bei gleicher Tatsachengrundlage ein anderer rechtl Gesichtspunkt geltend gemacht wird, zB deliktischer Anspruch statt Gefährdungshaftung (BGH NJW 54, 640); ebenso beim Wechsel der Berechnungsweise eines Schadensersatzanspruchs (BGH NJW 92, 2753: Lizenzschaden/Verletzergewinn; BGH MDR 2017, 966 [Schultzky MDR 2017, 1169]: negatives/positives Interesse; BGH NJW 2023, 2259 Tz 45: großer Schadensersatz/Differenzschaden), von Abschlags- auf Schlusszahlung (BGH NJW-RR 2006, 390; BGH NJW-RR 2005, 318, 322 unter Aufg v BGH NJW 99, 713), von Vorschuss zu Schadensersatz und umgekehrt (BGH NJW 2018, 1463 Tz 53 f) oder bei Vorlage neuer Schlussrechnung (BGH NJW-RR 2002, 1596). Verschiedene Berechnungsgrundlagen (zB Rechnungsposten) innerhalb ein und derselben Schadensart sind nur unselbständige Faktoren eines einheitl Schadensersatzanspruchs und daher austauschbar, ohne dass es sich um eine Klageänderung handeln würde (BGH NJW-RR 91, 1279; BGH NJW-RR 96, 891; BGHReport 2006, 256 [krit v. Gleichenstein/v. Gleichenstein EWiR 2006, 255]). Entspr verhält es sich, wenn im Verf auf Unterlassung von Immissionen andere, aber gleichartige Beeinträchtigungen eingeführt werden (RGZ 99, 172, 176). Weitere Bsp: s § 264 Rn 3 ff. Zum Übergang von Leistungs- auf Feststellungsklage u umgekehrt s § 256 Rn 29; wegen Haupt- u Hilfsantrag s Rn 2, § 260 Rn 3 f; wegen der Anpassung des Klageantrags bei Eintritt der ges Prozessstandschaft nach § 265 II 1 s § 265 Rn 6a. 8

2) Wechsel bei der Partei. Liegt zB vor bei Wechsel zwischen OHG und ihren Gesellschaftern (BGHZ 17, 342), zwischen Wohnungseigentümern (als Gesamtschuldnern) und Gemeinschaft (BGH NJW 2011, 1453), (ges) Vertreter und Vertretenem (OLGR Jena 2001, 390), Zwangsverwalter und Ersteher des Grundstücks (OLG Düsseldorf MDR 91, 542), Prozessstandschafter und Rechtsinhaber (s zu gewillkürter Prozessstandschaft BGHZ 123, 132 = NJW 93, 3072, zu irrig angenommener gesetzl BGH NJW 2003, 2172, 2173). – **Kein Parteiwechsel** ist die **Berichtigung einer falschen Parteibezeichnung** durch Auslegung des Klagevortrags (s vor § 50 Rn 7), die lediglich eine Rubrumsberichtigung erfordert. Entscheidend hierfür ist, dass nicht eine falsche Partei benannt, sondern die richtige nur falsch bezeichnet wurde. Daher kann zB eine gegen die übrigen Wohnungseigentümer erhobene Klage gem § 44 II 1 WEG nur dann als fristwahrend gegen die GdWE erhoben angesehen werden, wenn sich ein entspr Wille zweifelsfrei aus dem übrigen Inhalt der Klageschrift ergibt (BGH NJW 2022, 3003; BGH MDR 2023, 424). 9

3) Wechsel bei der Verfahrensart. Darunter fällt der Übergang vom ordentl Prozess zum Urkundenprozess (der allerdings kaum jemals sachdienl sein wird, BGHZ 69, 66, 70; bejaht von LG Flensburg NJW 2003, 3425). Zum umgekehrten Fall der Abstandnahme vom Urkundenprozess s § 596, zum Wechsel vom Wechsel- oder Scheckprozess zum Urkundenprozess s § 596 Rn 12, zum Übergang vom Verfügungs- oder Arrestverf in das Hauptsacheverf s vor § 916 Rn 3. 10

III) Verfahren bei objektiver Klageänderung. 1) Vornahme und Behandlung der Klageänderung. Sie kann nach § 261 II entweder durch Verlesung des – den Anforderungen des § 253 II-V entspr – neuen Antrags in der mündl Verh (§ 297), Einreichung eines entspr Schriftsatzes im schriftl Verf (s § 128 Rn 8) oder Zustellung eines bestimmenden Schriftsatzes (s § 129 Rn 3) erfolgen. Zustellung von Anwalt zu Anwalt ist zulässig (s BGH NJW 92, 2235 u s § 195 Rn 8). Da sich das Verf bereits im Verhandlungsstadium befindet, sind die §§ 274 ff, also auch die Vorschriften über Einlassungsfrist (§ 274 III) und Klageerwiderungsfrist auf den neuen Klageantrag nicht anwendbar. §§ 282, 296 gelten nicht (s § 296 Rn 4). Bekl verstößt ebenfalls nicht gegen die Prozessförderungspflicht, wenn er sich bis zu einer gerichtl Äußerung zur Sachdienlichkeit nicht eventualiter auf den neuen Antrag einlässt. Dadurch kann neuer Termin erforderl werden (§ 283 gilt hier nicht; s § 283 Rn 2a), was uU gegen Sachdienlichkeit spricht (s Rn 13). Wird neuer Termin bestimmt, empfehlen sich vorbereitende Maßnahmen nach § 273. 11

11a **Erhöht sich** durch Klageänderung **der Streitwert**, soll das Gericht bis zur Einzahlung eines die höhere Verfahrensgeb abdeckenden Vorschusses keine den geänderten Antrag betr Verfahrenshandlung (zB Zustellung des Schriftsatzes, Bestimmung eines neuen Termins) vornehmen (§ 12 I 2 GKG). Infolge der Klageänderung kann es auch zu einer Überschreitung der amtsgerichtl Zuständigkeit kommen; es gelten dann §§ 504, 506 (s Rn 16a).

11b Die Klageänderung kann auch in der **Berufungsbegründung** vorgenommen werden. Hierbei ist jedoch zu beachten, dass die Berufung nur zulässig ist, wenn der Berufungskl den in 1. Instanz erhobenen Klageanspruch wenigstens teilw weiterverfolgt; stellt er im Wege der Klageänderung ausschließl einen neuen Anspruch zur Entscheidung, fehlt es an der zur Zulässigkeit der Berufung erforderl Beschwer (BGH NJW 96, 527; BGH NJW-RR 96, 1276; MK/Becker-Eberhard Rn 44; aA Altmeppen ZIP 92, 449 ff; sa vor § 511 Rn 10 ff). Im Übergang vom Feststellungs- zu einem dasselbe Rechtsverhältnis betr Leistungsantrag liegt eine solche Auswechslung nicht (BGH NJW 94, 2896, 2897). Wird erstinstanzl Antrag in der Berufungsbegründung als Hilfsantrag weiterverfolgt, ist die Berufung zulässig; ob über den neuen Hauptantrag zu entscheiden ist, hängt von der – nach § 533 sehr beschränkten – Zulässigkeit der Klageänderung ab (BGH NJW 96, 320; für Teilunzulässigkeit der Berufung dagegen BGH NJW 2001, 226; BGH NJW-RR 96, 765; für totale Unzulässigkeit BGH NJW 99, 2118 = JZ 99, 954 [Greger] = ZZP 113 [2000], 219 [Otte ZZP 113 [2000], 225]; aufgegeben lt BGH NJW 2001, 226). – In der **Revisionsinstanz** ist eine Klageänderung grds unzulässig (BGH MDR 2022, 1495; näher s § 559 Rn 8).

12 **2) Zulässigkeitsvoraussetzungen. a) Einwilligung des Beklagten.** Sie kann ausdrückl oder durch rügelose Einlassung (§ 267; hier gem § 295 Rückwirkung) erfolgen, ist bedingungsfeindl und unwiderrufl. Willigt der Bekl ein, so liegt auch dann eine wirksame Klageänderung vor, wenn das Gericht sie nicht für sachdienl hält.

13 **b) Sachdienlichkeit.** Deren Bejahung, die dem nur beschränkt (s Rn 15) durch ein Rechtsmittelgericht nachprüfbaren pflichtgebundenen Ermessen des Gerichts unterliegt (BGH NJW 96, 2869, 2870), ersetzt die Einwilligung des Bekl. Für sie spricht es, wenn mit der geänderten Klage die noch bestehenden Streitpunkte miterledigt werden können und dadurch ein neuer Prozess vermieden wird; nicht entscheidend ist, dass der Bekl eine Tatsacheninstanz verliert (BGHZ 1, 65, 72; BGH NJW 85, 1841, 1842), neue Parteierklärungen oder Beweiserhebungen nötig werden und dadurch das Verf sich verzögert (BGH NJW 2000, 800, 803). Sachdienlichkeit fehlt aber idR, wenn mit dem neuen Anspruch ein völlig neuer Streitstoff eingeführt wird, bei dessen Beurteilung die bish Prozessergebnisse nicht verwertet werden können (BGH NJW 85, 1841, 1842; BGH NJW 2000, 800, 803). Sie kann, soweit nicht prozesswirtschaftl Gesichtspunkte überwiegen, auch wegen vorwerfbarer Verspätung und Prozessverschleppung verneint werden (s § 282 Rn 2a). Nimmt der Kl eine nach § 264 zulässige Antragsänderung und zugleich eine Klageänderung iSd § 263 vor, so darf die Frage der Sachdienlichkeit nicht insgesamt, sondern nur in Bezug auf letztere Änderung beurteilt werden (BGH NJW 96, 2869). Der Übergang zu einem unzulässigen Klageantrag kann nicht sachdienl sein, da er eine Sachentscheidung verhindert (MK/Becker-Eberhard Rn 36; aA BGH NJW-RR 2002, 929, 930 zu § 91 VwGO; WSch/Assmann Rn 75). Bei fehlender Zuständigkeit kann Klageänderung aber mit Verweisungsantrag verbunden werden (Schikora MDR 2003, 1161; sa Rn 16a).

14 Auch im **Nachverfahren** der § 302 IV, § 600 kann Sachdienlichkeit vorliegen (BGHZ 17, 31 = NJW 55, 790; BGH NJW 62, 1249; St/Roth Rn 25), ohne dass damit bereits das Vorbehaltsurteil entfällt (Vollstreckungsschutz: § 707; BayObLG NJW 50, 950; Moller NJW 66, 1397). Zur Sachdienlichkeit in der **Berufungsinstanz** s § 533 Rn 6.

15 Eine **Überprüfung der Sachdienlichkeit durch das Rechtsmittelgericht** kommt nach § 268 nur bei Nichtzulassung der Klageänderung in Betracht (sa Rn 16a). Sie ist auch dann nur daraufhin überprüfbar, ob die Grenzen des Ermessens überschritten wurden (BGH NJW 85, 1841, 1842 = MDR 85, 741; MK/Becker-Eberhard Rn 40). Die vom Berufungsgericht unterlassene Prüfung der Sachdienlichkeit (zB wegen Abweisung der geänderten Klage aus anderen Gründen) holt das Revisionsgericht selbständig nach (BGHZ 123, 132, 137 = MDR 93, 1009; BGH NJW-RR 94, 1143). Hat das Berufungsgericht die Sachdienlichkeit zu Unrecht verneint, muss das Revisionsgericht zurückverweisen (BGHZ 3, 90 = NJW 51, 881).

16 **3) Wirkung.** Die Klageänderung bewirkt **Rechtshängigkeit** des neuen Streitgegenstands ex nunc ab Zustellung oder Antragstellung gem § 261 II (s § 261 Rn 6) und bereits vor Entscheidung über die Zulässigkeit; diese Rechtshängigkeit endet rückwirkend (s entspr § 260 Rn 4a zum auflösend bedingten Hilfsantrag) erst mit rechtskräftiger Verneinung der Zulässigkeit. Die Rechtshängigkeit der ursprüngl Klage endet mit der Zulassung der Klageänderung, ggf also erst mit Erlass des Endurteils (BGH NJW 90, 2682), bei Zustimmung des Bekl bereits mit dieser (BGH NJW 92, 2235, 2236). Die **bish Prozessergebnisse** bleiben verwertbar, die Bindung an frühere Prozesshandlungen richtet sich nach den allg Vorschriften (St/Roth Rn 35; aA WSch/Assmann Rn 105: keine Bindung). Wegen Auswirkung auf **PKH** s § 119 Rn 3.15. Für die Verjährungshemmung u ihr Ende gilt § 204 I Nr 1, II 1 BGB.

16a **4) Verfahren.** Zur Vornahme der Klageänderung und den hierbei gebotenen gerichtl Maßnahmen s Rn 11 f. Die Zulässigkeit der Klageänderung ist **vAw** zu prüfen. **Zulassung** durch Zwischenurteil (§ 303) oder in den Gründen des Endurteils, aber nicht notw ausdrückl; es genügt, dass sie sich aus dem Prozessverlauf und dem Gesamtinhalt der Gründe ergibt (RGZ 155, 227, 229). Zulassung ist **bindend**, auch für das Rechtsmittelgericht (§ 268). Über die **Nichtzulassung** kann ebenfalls durch Zwischenurteil (§ 303) oder in den Gründen des Endurteils entschieden werden. Sie kann vom Rechtsmittelgericht zusammen mit der Endentscheidung überprüft werden (s § 268 Rn 3); zur beschränkten Überprüfbarkeit der Sachdienlicherklärung aber s Rn 15. Wird wegen der Klageänderung vom AG an das LG **verwiesen** (§ 506), liegt die Zulassung in der Verweisung (MskV/Foerste Rn 10; aA MK/Becker-Eberhard Rn 26: Entscheidung über Zulassung durch LG).

5) Entscheidung in der Hauptsache. Bei **Zulässigkeit der Klageänderung:** kein Ausspruch über den ursprüngl Antrag (§ 308); ein auf den früheren Antrag gestütztes Vorbehaltsurteil ist aufzuheben (§ 269 II analog). Bei **Verneinung der Zulässigkeit** ist durch Auslegung oder Rückfrage zu klären, ob der Kläger für diesen Fall den alten oder den neuen Antrag (oder beide im Eventualverhältnis) stellt. Auch für das Fallenlassen des ursprüngl Antrags bedarf es der Einwilligung des Bekl, weil der Kl sich sonst entgegen § 269 einseitig dem bisherigen Prozessrechtsverhältnis entziehen könnte. Würde er die Verhandlung über den alten Antrag verweigern, könnte gegen ihn gem §§ 333, 330, 539 VU ergehen. Kommt es zur wirksamen Rücknahme des alten Antrags und wird der unzulässigerweise geänderte aufrechterhalten, wird dieser durch Prozessurteil abgewiesen; anderenfalls ist über den ursprüngl Antrag sachl zu entscheiden und die Unzulässigkeit der Klageänderung in den Gründen des Endurteils auszusprechen (BGH MDR 2022, 1495 Tz 15; St/Roth Rn 37 ff; Schwab ZZP 91 [1978], 493); ebenso wenn der ursprüngl Antrag hilfsweise gestellt wird. 17

6) Kosten. Die Kostenentscheidung richtet sich nach dem endgültigen Ausgang des Rechtsstreits. Anwendung des § 96 kommt in Betracht, wenn ursprüngl Klage bes Kosten (zB einer Beweisaufnahme) verursacht hat (LG Köln NJW-RR 90, 419; AG/Anders Rn 18). § 269 ist weder unmittelbar (so Gross NJW 66, 2344) noch analog (so Moller NJW 66, 1397) anwendbar, denn § 269 setzt ersatzlose Beendigung des Prozessrechtsverhältnisses voraus. **Ausnahme:** Wenn Kl bei unverändertem Klagegrund seinen Antrag iS § 264 Nr 2 mit notw Einwilligung des Bekl ermäßigt hat, gilt § 269 III 2 (OLG Bremen VRS 68, 329; AG/Anders Rn 18), denn das ist nicht Klageänderung, sondern teilw Klagerücknahme (s § 264 Rn 4a). Die erfolglos versuchte Klageänderung verursacht keinerlei Mehrkosten, selbst wenn hierüber Zwischenurteil ergeht (Tschischgale NJW 62, 2136; abw Schwab ZZP 91 [1978], 494; Blomeyer JuS 70, 233 für Kostenerhöhung bei Entscheidung über die ursprüngl und die unzulässig geänderte Klage). **Streitwert:** s § 3 Rn 16.105. 18

IV) Verfahren bei Parteiänderung. 1) Allgemeines. Für die unterschiedl Erscheinungsformen der gewillkürten Parteiänderung (s Rn 3 f; Einzelfälle s Rn 9) gelten trotz der grds einheitl Orientierung an § 263 unterschiedl Regeln. Sie werden daher im Folgenden gesondert dargestellt (zur Anfechtbarkeit s § 268 Rn 2). – In der **2. Instanz** ist eine Parteiänderung nach dem Rechtsgedanken von § 533 Nr 2 kaum noch mögl, da zur Aktiv- bzw Passivlegitimation idR neue Tatsachenfeststellungen erforderl sein werden (WSch/Assmann Rn 135; s aber BGH NJW 2003, 2172, wo diese Frage nicht angesprochen wird; für generelle Unzulässigkeit Nagel S 249 ff; sa § 533 Rn 4). Jedenfalls ist hier stets erforderl, dass der neue Bekl zustimmt oder seine Zustimmung rechtsmissbräuchl verweigert (BGHZ 21, 285; BGH NJW 97, 2885; BAG NJW 2010, 2909; St/Roth Rn 60). Sachdienlicherklärung reicht nur bei Änderungen auf der Klägerseite aus; hierbei ist maßgebl, ob der Streitgegenstand in obj Hinsicht gleich bleibt und das Auftreten weiterer Kl dem Bekl zumutbar ist (BGHZ 65, 264, 268). – Zur Parteiänderung in der **Revisionsinstanz** s § 559 Rn 8. – Zur Unzulässigkeit eines **bedingten Parteiwechsels** s § 60 Rn 10. 19

2) Parteierweiterung auf der Beklagtenseite. a) Verfahren. Will der Kl die Klage auf einen weiteren Bekl erstrecken, so reicht er einen der Klageschrift entspr Schriftsatz (vgl § 253) ein. Dieser wird dem neuen Bekl zugestellt, sobald auch insoweit die allg Verfahrensgeb vorausgezahlt ist (§ 12 I GKG, 1210 GKG-KV; mangels Streitwerterhöhung nicht erforderl, soweit nur ein weiterer Gesamtsch verklagt wird). Zugleich wird der weitere Bekl nach Maßgabe der §§ 274 f zum Termin geladen und zur Erwiderung aufgefordert. Bei Erklärung in der mündl Verh reicht es aus, wenn anwesender RA auch den weiteren Bekl vertritt und sich für diesen auf die Verh einlässt (BGH NJW 2010, 3376). 20

b) Zulässigkeitsvoraussetzungen. Über die allg Prozessvoraussetzungen (ggf auch § 15a EGZPO, BGH MDR 2010, 1143) und die der Streitgenossenschaft (§§ 59 f) hinausgehende bestehen in *1. Instanz* nicht (zur 2. Instanz s Rn 19 aE). Es bedarf also keiner Zustimmung des bish und des neuen Bekl (RSchwab/Gottwald § 42 Rn 21). Die Gegenmeinung, die auch hier Zustimmung oder Sachdienlicherklärung verlangt (MK/Becker-Eberhard Rn 85) überzeugt nicht. Es handelt sich hier ledigl um nachträgl Begründung einer Streitgenossenschaft, wie sie auch nach § 147 mögl wäre. Der neue Streitgenosse bleibt in seiner Prozessführung selbständig, darf sich auch in Widerspruch zu Prozesserklärungen des bish Bekl setzen (s § 61 Rn 8). Das Ergebnis einer bereits durchgeführten Beweisaufnahme bleibt zwar verwertbar; trägt der neue Bekl aber relevante neue Gesichtspunkte vor, wird das Gericht dem nachgehen müssen (§ 398). Dass dem bish Bekl uU ein Zeuge verloren geht (zB weil der am Unfall beteiligte Fahrer seines Kfz mitverklagt wird), ist ohne Bedeutung, denn dieselbe Situation hätte der Kl auch durch anfängl Klagenhäufung erzielen können. 21

c) Wirkung. Der neue Bekl erlangt die prozessuale Stellung eines Streitgenossen (s Rn 21). Kommt es für die Wirksamkeit der Erweiterung auf die Zustimmung des neuen Bekl an (s Rn 19 aE) und wird diese nicht erteilt, ist das Verf gegen ihn abzutrennen (§ 145) und ggf die Klage wegen unzulässiger Erhebung beim Berufungsgericht als unzulässig abzuweisen (BAG NJW 71, 723; MK/Becker-Eberhard Rn 94). 22

23 **3) Parteiwechsel auf der Beklagtenseite. a) Verfahren.** Will der Kl den neuen Bekl nicht *neben* dem bish, sondern *an seiner Stelle* in den Rechtsstreit ziehen, so ist diesem ggü wie bei Klagerücknahme zu verfahren (Erklärung in der mündl Verh oder durch zuzustellenden Schriftsatz, § 269 II 2, § 270 S 1; s § 269 Rn 12a), dem neuen Bekl ggü entspr Rn 20 (für Anwendung der Klageänderungsregeln dagegen Nagel S 188). Sofern der Kl den neuen Bekl nicht hilfsw neben dem bish verklagen will (was ggf zu klären ist), sollte zur Vermeidung unnötigen Aufwands an den neuen Bekl erst zugestellt werden, wenn der bisherige eingewilligt hat (s Rn 24). – Bei **Streit über die Zulässigkeit** kann Zwischenurteil analog § 280 II ergehen (BGH NJW 81, 989); ansonsten Ausspruch in den Gründen des Endurteils (St/Roth Rn 67). Zulassung kann sowohl der alte als auch der neue Bekl mit Berufung bzw Revision anfechten (BGH NJW 81, 989; aA Franz NJW 82, 15 für den neuen Bekl).

24 **b) Zulässigkeitsvoraussetzungen.** Der Beklagtenwechsel bedarf, sofern bereits mündl verhandelt wurde, der Einwilligung des alten Bekl, die nicht durch Sachdienlicherklärung ersetzt werden kann (arg § 269 I; BGH NJW 81, 989; St/Roth Rn 54 mwN). Zustimmung des neuen Bekl ist für den Erwerb der Parteirolle nicht erforderl (BGH NJW 62, 347; RSchwab/Gottwald § 42 Rn 24; St/Roth Rn 54), in der 1. Instanz auch keine Sachdienlicherklärung (WSch/Assmann Rn 139; aA MK/Becker-Eberhard Rn 79). Zur 2. Instanz s Rn 19. Kein erneuter Schlichtungsversuch nach § 15a EGZPO (BGH MDR 2023, 451 [Alpes MDR 2023, 485]).

25 **c) Wirkung.** Der bish Bekl scheidet aus dem Rechtsstreit aus. Er kann wegen seiner außergerichtl Kosten einen Beschluss analog § 269 III beantragen (BGH NJW 2006, 1351, 1353). Rechtshängigkeit ggü dem neuen Bekl wird durch die Zustellung des Änderungsschriftsatzes an ihn begründet; bei Unzulässigkeit der Parteiänderung entfällt sie rückwirkend (s Rn 16). Die bish Prozessergebnisse bleiben bei Bestand, sofern sich der neue Bekl nicht in Widerspruch zu ihnen setzt (BGH NJW 2006, 1351, 1354; RSchwab/Gottwald § 42 Rn 27; einschr St/Roth Rn 55). Es ist ihm zB nicht verwehrt, eine Ergänzung oder Wiederholung der Beweisaufnahme zu verlangen (BGHZ 131, 76, 80; für Einschränkung, falls er bereits vor dem Parteiwechsel auf das Verf maßgebl Einfluss nehmen konnte, zB als ges Vertreter, Kohler JuS 93, 318, für vollständige Bindung Nagel S 68 ff).

26 **4) Parteierweiterung auf der Klägerseite. a) Verfahren.** Will der Kl eine weitere Person auf seiner Seite in den Rechtsstreit einführen, teilt er dies – unter gleichzeitiger oder nachträgl Einreichung der entspr Beitrittserklärung des neuen Kl – dem Gericht mit. Die Erklärungen sind dem Bekl zuzustellen (MskV/Foerste Rn 26), denn durch sie wird ein neues Prozessrechtsverhältnis begründet. Aus eben diesem Grund kann der Eintritt des neuen Kl nicht gem § 261 II Alt 1 in der mündl Verh erfolgen (St/Roth Rn 71; aA WSch/Assmann Rn 137; OLGR Jena 2001, 390). Da der Bekl sich möglicherw ggü dem neuen Kl anders verteidigen will, ist ihm zur Terminsvorbereitung nochmals Erwiderungsfrist (§ 275 I) zu setzen. Zum Termin ist auch der neue Kl zu laden.

27 **b) Zulässigkeitsvoraussetzungen.** Nur allg Prozessvoraussetzungen und §§ 59 f (Streitgenossenschaft; bei Fehlen: Prozesstrennung). Zustimmung des Bekl ist nicht erforderl, nach Ansicht des BGH jedoch Sachdienlichkeit iSd § 263 (BGHZ 65, 264, 268 f). Zur 2. Instanz s Rn 19 aE.

28 **c) Wirkung.** Rechtshängigkeit ab Zustellung des Beitrittsschriftsatzes. Es entsteht nachträgl Streitgenossenschaft mit Wirkung des § 60.

29 **5) Parteiwechsel auf der Klägerseite. a) Verfahren.** Wie Rn 26 mit der Maßgabe, dass der bish Kl sein Ausscheiden aus dem Prozess mitteilt. Über Zulässigkeit kann durch Zwischenurteil oder in den Gründen des Endurteils entschieden werden. Anfechtung mit gewöhnl Rechtsmitteln; § 268 ist nicht anwendbar (St/Roth § 268 Rn 8; aA BGH NJW-RR 1987, 1084, 1085).

30 **b) Zulässigkeitsvoraussetzungen.** Wurde bereits mündl verhandelt, bedarf es zum Klägerwechsel der Einwilligung des Bekl (§ 269 I analog), die nicht durch Sachdienlicherklärung ersetzt werden kann (BGH NJW 2012, 3642 Tz 15; St/Roth Rn 49; RSchwab/Gottwald § 42 Rn 23; aA MK/Becker-Eberhard Rn 73; Nagel S 144 ff). Für die Frist zur entspr Erklärung gelten § 275 I, § 277 III analog (OLG Hamm EWiR § 263 ZPO 1/97, 667 [Greger]). Zum Eintritt des Rechtsnachfolgers s § 265 II 2; zur 2. Instanz s Rn 19. Kein erneuter Schlichtungsversuch nach § 15a EGZPO (BGH NJW-RR 2010, 1726).

31 **c) Wirkung.** Bei zulässigem Klägerwechsel scheidet der bisherige aus; der neue tritt an seine Stelle; Rechtshängigkeit ab Zustellung der Parteiänderungsschrift. Kostenbeschluss gegen den bish Kl auf Antrag des Bekl analog § 269 III 2 (OLG Hamm MDR 2007, 1447; St/Roth Rn 53; aA OLG Celle MDR 2004, 410; sa § 91 Rn 13.69). Willigt Bekl nicht ein, wird Rechtsstreit ohne Rücksicht auf neuen Kl fortgesetzt; Rechtshängigkeit erlischt rückwirkend (s Rn 16, auch zur Bindung an die Prozessergebnisse).

32 **V) Gebühren. 1) Gericht:** Zum Gebührenstreitwert s § 5 Rn 3. Ist es durch Klageerweiterung oder durch Klagegrundwechsel zu einer wertmäßigen Erhöhung der Klage gekommen, so ist die Geb 1210 GKG-KV neu zu berechnen und der Unterschiedsbetrag voraus zu zahlen (§ 12 I 2 GKG); Reduzierung der Klage mindert Geb nicht (s § 269 Rn 20). – Verklagt der Kl mehrere Gesamtsch, so entsteht nur eine VerfGeb; dies gilt auch, wenn er in einem laufenden Verf weitere Gesamtsch einbezieht. – **2) RA:** Da der Rechtsstreit dieselbe Angelegenheit bleibt, kann der RA seine Geb nur einmal fordern (§ 15 II RVG). Sie errechnen sich aus dem höchsten Wert. Eine nachträgl Streitwertminderung ist unbeachtl, soweit eine Geb bereits verdient war, nachträgl anfallende Geb bestimmen sich nach reduziertem Wert (OLG Bremen 27.11.2024 – 2 U 18/22). – Zum Gebührenanfall im Fall des Wechsels der eigenen Partei s § 91 Rn 13.69. Wenn auf der Gegenseite die Partei wechselt, handelt es sich um dieselbe Angelegenheit iSd § 15 II RVG.

§ 264 Keine Klageänderung

Als eine Änderung der Klage ist es nicht anzusehen, wenn ohne Änderung des Klagegrundes
1. **die tatsächlichen oder rechtlichen Anführungen ergänzt oder berichtigt werden;**
2. **der Klageantrag in der Hauptsache oder in Bezug auf Nebenforderungen erweitert oder beschränkt wird;**
3. **statt des ursprünglich geforderten Gegenstandes wegen einer später eingetretenen Veränderung ein anderer Gegenstand oder das Interesse gefordert wird.**

I) Bedeutung. Die Vorschrift nimmt bestimmte Vorgehensweisen von den Regeln der Klageänderung (§ 263) aus. Da sie Gleichbleiben des Klagegrundes (s § 263 Rn 7) voraussetzt, bildet sie eine Sonderregelung nur für die Fälle der **Antragsänderung.** § 264 Nr 1 hat daher nur klarstellende Funktion. – Ob die Voraussetzungen von Nr 2 oder 3 vorliegen, wird vAw geprüft; nur bei Bejahung (durch Zwischenurteil gem § 303 oder in den Gründen des Endurteils) ist Sachentscheidung zulässig; anderenfalls gilt § 263, für Berufungs- und Revisionsverf §§ 533, 559. 1

II) Einzelfälle. 1) Ergänzung oder Berichtigung (§ 264 Nr 1). Unschädl, solange der Klagegrund (s § 263 Rn 7) der gleiche bleibt, zB bei nachträgl Vortrag zur Schlüssigkeit der Klage oder Individualisierung des Anspruchs (s vor § 253 Rn 23; § 253 Rn 11 f, 15). § 296 bleibt aber unberührt. Zur Berichtigung der Parteibezeichnung s vor § 50 Rn 7. 2

2) Erweiterungen und Beschränkungen des Klageantrags (§ 264 Nr 2). Entscheidend ist, dass sie den bish Streitgegenstand nicht durch einen anderen ersetzen, sondern nur quantitativ oder qualitativ modifizieren. Wird einer von mehreren Streitgegenständen nicht weiterverfolgt, handelt es sich nicht um einen Fall nach § 264 Nr 2, sondern um teilw Klagerücknahme (St/Roth Rn 18; MK/Becker-Eberhard Rn 20; s § 269 Rn 8). 3

a) Quantitative Änderung des Klageantrages liegt zB vor, wenn die zunächst auf einen Teilbetrag der Forderung beschränkte Klage auf den Gesamtbetrag ausgedehnt, wenn die auf dieselbe Schädigung gestützte Schadensersatzforderung erhöht oder ermäßigt, die auf eine Teilschlussrechnung gestützte Werklohnforderung in voller Höhe geltend gemacht (BGH BauR 2006, 701), die Zinsforderung geändert, das Auskunftsbegehren auf einen anderen Zeitraum ausgedehnt (OLG Karlsruhe FamRZ 87, 297), der aus dems Sachverhalt abgeleitete Anspruch anders berechnet wird (BGH NJW 2018, 3448 Tz 64: Verrechnung gem § 366 BGB). Sobald aber der Klagegrund, dh der Sachverhalt, auf den der Kl seinen Anspruch stützt, geändert wird, gilt § 263 (s § 263 Rn 7). Zur nachträgl Anspruchshäufung s § 263 Rn 2. 3a

b) Qualitative Änderung des Antrags bei gleich bleibendem Klagegrund zB bei: Verlangen von Zahlung statt Auskunft (BGH NJW 79, 925, 926), Übergang vom nicht bezifferten Hauptantrag der Stufenklage auf bezifferten Zahlungsantrag (BGH NJW 2015, 1093), Schuldbefreiung statt Zahlung und umgekehrt (BGH NJW 94, 944; aA Görmer MDR 95, 240), Zug-um-Zug-Leistung statt unbedingte Zahlung, Leistung an Rechtsnachfolger statt an Kl (RGZ 158, 314; s § 265 Rn 6a), Leistung statt Feststellung (s § 256 Rn 29; BGH NJW 92, 2296) oder umgekehrt (BAG NJW 2011, 1988; BAG NJW 2019, 3101, 3102; zur einseitigen Erledigungserklärung s § 91a Rn 34); Rechnungslegung statt Feststellung (BGH NJW 60, 1950) oder Leistung oder umgekehrt; künftige statt sofortige Leistung (OLGR Köln 1996, 36); Bruchteilshaftung statt Gesamtschuld; Duldung der ZwV statt Zahlung (BGH FamRZ 98, 905, 906); Hinterlegung statt Zahlung; Primäranspruch nach § 11 I AnfG statt des Anspruchs auf Wertersatz (BGH MDR 2008, 1358); Übergang von allg Feststellungs- auf Kündigungsschutzklage (sog Punktualisierung, s BAG NJW 2022, 2058; BAG NJW 2022, 2428), von Grenzscheidungsantrag (§ 920 BGB) auf Grenzfeststellung, wenn derselbe Grenzverlauf zugrunde gelegt wird (BGH MDR 2024, 732). Weitere Bsp s § 263 Rn 8. 3b

c) Behandlung der Klageerweiterung. Grds entspr Klageänderung (s § 263 Rn 11). Mit Zustellung des klageerweiternden Schriftsatzes oder Antragstellung entsteht Rechtshängigkeit (§ 261 II). Kostenvorschusspflicht nach § 12 I 2 GKG (Geb nach 1210, 1220 GKG-KV auf Grundlage des erhöhten Streitwerts). Zu den Folgen einer Nichtzahlung s § 263 Rn 11a. Örtl Zuständigkeit ist nicht neu zu prüfen (s § 261 Rn 12), uU aber sachl Zuständigkeit (§ 506; dann Hinweispflicht nach § 504). Erweiterung durch Berufungsbekl erfordert Anschlussberufung innerhalb der Frist des § 524 II 2 (BGH MDR 2015, 909). 4

d) Behandlung der Klagebeschränkung. In ihr liegt regelmäßig *teilw Klagerücknahme* (St/Roth Rn 18; Groß ZZP 75 [1962], 93; aA Walther NJW 94, 426; Piekenbrock ZZP 136 [2023], 279, 289 ff; einschr MK/Becker-Eberhard Rn 23: nur bei quantitativer Klagebeschränkung), daher nach Beginn der mündl Verh Zustimmung des Bekl nach § 269 I, II 1 nötig (OLG Düsseldorf NJW 2012, 85), die auch in konkludentem Verhalten liegen kann (s § 269 Rn 15), zB rügeloser Einlassung auf den ermäßigten Antrag (BAG NJW 2019, 3101 Tz 20); eine Sachdienlicherklärung durch das Gericht gegen den Willen des Bekl ist dagegen nicht mögl (aA Pawlowski FS Rowedder, S 322); mögl aber auch Verzicht (§ 306) oder Erledigterklärung (§ 91a); bei Zweifel insoweit Aufklärungspflicht des Gerichts (§ 139). Kostenentscheidung hierüber erst im Endurteil mögl (Ausnahme hinsichtl 4a der außergerichtl Kosten bei Ausscheiden eines von mehreren Bekl s § 263 Rn 25). Zuständigkeit bleibt unberührt (§ 261 III 2). Keine teilw Zurückzahlung der Verfahrensgeb, da diese mit Einreichung der Klage in der ursprüngl Höhe fällig geworden ist (§ 6 GKG).

5 **3) Forderung eines Surrogats (§ 264 Nr 3).** Keine Klageänderung, wenn Anlass für Änderung des Antrags nach Rechtshängigkeit des ursprüngl Anspruchs entstand und Klagegrund (s § 263 Rn 7) iÜ derselbe bleibt (RGZ 100, 95); gleichgültig, ob der Anlass erst später entstand (zB Untergang der herausverlangten Sache, Eintritt der Unmöglichkeit der Leistung) oder dem Kl erst später bekannt wurde; dabei kommt es nicht darauf an, ob er die Unkenntnis zu vertreten hat (St/Roth Rn 19; AG/Anders Rn 9; ThP/Seiler Rn 7; aA RGZ 70, 337; MK/Becker-Eberhard Rn 27; MskV/Foerste Rn 8). Wer die Veränderung herbeigeführt hat, ist belanglos (BGH NJW 60, 964; RGZ 88, 55). **Bsp:** Schadensersatz statt Erfüllung (RGZ 109, 136); Wertersatz statt Rückgewähr (RGZ 39, 429); Kostenerstattung statt Vorschuss (BGH MDR 2006, 586); Feststellung gem § 180 II InsO statt Zahlung (BGH NJW 62, 154; OLG Hamm ZIP 93, 444); Zahlung statt Schuldbefreiung, wenn Kl die Schuld nachträgl an Drittgl zahlen musste oder er Zessionar der Forderung wurde (RGZ 139, 322); Rückzahlung der Bürgenleistung statt Herausgabe der Bürgschaftsurk (BGH NJW 96, 2869); Bereicherungs- statt Vollstreckungsgegenklage (BGH 12.7.2002 – V ZR 195/01; OLG Schleswig MDR 91, 669).

§ 265 Veräußerung oder Abtretung der Streitsache

(1) Die Rechtshängigkeit schließt das Recht der einen oder der anderen Partei nicht aus, die in Streit befangene Sache zu veräußern oder den geltend gemachten Anspruch abzutreten.

(2) [1]Die Veräußerung oder Abtretung hat auf den Prozess keinen Einfluss. [2]Der Rechtsnachfolger ist nicht berechtigt, ohne Zustimmung des Gegners den Prozess als Hauptpartei an Stelle des Rechtsvorgängers zu übernehmen oder eine Hauptintervention zu erheben. [3]Tritt der Rechtsnachfolger als Nebenintervenient auf, so ist § 69 nicht anzuwenden.

(3) Hat der Kläger veräußert oder abgetreten, so kann ihm, sofern das Urteil nach § 325 gegen den Rechtsnachfolger nicht wirksam sein würde, der Einwand entgegengesetzt werden, dass er zur Geltendmachung des Anspruchs nicht mehr befugt sei.

1 **I) Bedeutung.** Der Ablauf eines Prozesses soll aus Gründen der Prozessökonomie nicht durch willkürl Verfügungen einer Partei über die streitbefangene Sache oder über den streitbefangenen Anspruch beeinträchtigt werden. Keine Partei soll sich durch eine solche Verfügung ihrer Sachlegitimation begeben u damit den Gegner zu einem neuen Prozess gegen den Rechtsnachfolger nötigen dürfen. Daher zwingt § 265 II für den Fall, dass die subj Rechtskraft des Urteils sich gem § 325 auf den Rechtsnachfolger erstreckt, den Rechtsvorgänger zur Fortführung des Prozesses in ges Prozessstandschaft (s vor § 50 Rn 20), falls nicht der Rechtsnachfolger mit Zustimmung des Gegners (II 2) die Parteirolle seines Vorgängers übernimmt. Zur Vollstreckung aus dem vom oder gegen den Rechtsvorgänger erstrittenen Titel s § 727. § 265 II gilt auch im Verf nach §§ 66 ff MarkenG (BGH WRP 98, 996) sowie im Patentnichtigkeits- und im Einspruchsverf (BGHZ 172, 98). Die Systemkonformität der Regelung wird zu Recht bezweifelt (eingeh Stamm ZZP 131 [2018], 143 ff); de lege lata führt an ihr aber kein Weg vorbei. Für Grundstücke Sonderregelung in § 266.

2 An der mat-rechtl **Verfügungsbefugnis** ändert die Rechtshängigkeit nichts (**§ 265 I**), ebenso wenig an deren Übergang auf den Zessionar (BGH MDR 2011, 253 = NJW 2011, 2193).

3 **II) Anwendungsbereich. 1) In Streit befangene Sache.** Dies kann nicht nur ein körperl Gegenstand iSv § 90 BGB sondern auch ein Recht sein. Streitbefangen ist die Sache, wenn auf der rechtl Beziehung zu ihr die Sachlegitimation (s vor § 253 Rn 25) beruht, also insb auf einem dingl Recht oder einem Anspruch, der dem Eigentümer als solchem (zB §§ 894, 905 ff, §§ 985, 1004 BGB) oder dem Besitzer in dieser Eigenschaft (zB §§ 861 f BGB) zusteht. Rein schuldrechtl Ansprüche fallen nicht darunter, zB auch § 173 II 2 InsO (BGH NZI 2016, 633, 635). Streitbefangen ist auch der Gesellschaftsanteil, zB bei Nichtigkeits- und Anfechtungsklage gem §§ 246, 249 AktG (BGH NJW 65, 1378), das Grundstück bei Streit über dingl Wirkung einer Vormerkung gem §§ 883, 888 BGB (nicht aber bei Geltendmachung des durch Vormerkung gesicherten Anspruches gegen den persönl Sch: BGHZ 39, 25 = NJW 63, 813), bei Störungsklagen (§§ 1004, 906 BGB) das störende (BGHZ 175, 253; BGHZ 219, 314 = NJW 2019, 310) und das gestörte Grundstück (BGHZ 18, 223 = NJW 55, 1719; sa § 266 Rn 2), der gepfändete Gegenstand bei der Drittwiderspruchsklage (OLG Hamburg MDR 69, 673). Dagegen ist nicht streitbefangen iSd § 265 der einzelne Nachlassgegenstand bei dem Erbschaftsanspruch aus § 2018 BGB (MK/Becker-Eberhard Rn 32).

4 **2) Geltend gemachter *Anspruch*.** *Darunter* ist das mat-rechtl subj Recht zu verstehen, das den Gegenstand des Rechtsstreits bildet. Er muss nicht auf Leistung, sondern kann auch auf Feststellung gerichtet sein (MK/Becker-Eberhard Rn 20 f; Schilken FS Gerhardt, S 890).

3) Veräußerung oder Abtretung. Liegt vor bei jeder Rechtsnachfolge eines Dritten, gleichgültig ob gewillkürt, kraft Hoheitsakts oder kraft Gesetzes, unmittelbar oder als Folge eines anderen rechtl Vorgangs (BGH MDR 2002, 1185: Umschreibung einer Auflassungsvormerkung). Verpflichtungsgeschäft genügt nicht. Ges Forderungsübergang (zB § 268 III, § 426 II, § 774 I BGB, § 86 I VVG, § 94 I SGB XII) genügt (BGH ZIP 2023, 87; BGH NJW 2012, 3642), Eigentumsverlust durch Enteignung oder Versteigerung (RGZ 82, 38) oder Preisgabe gem § 928 BGB (RGZ 103, 167), Aufhebung des Erbbaurechts (RG JW 29, 774), Abtretung (§ 398 BGB), auch Sicherungsabtretung oder -übereignung, Überweisung im Rahmen der ZwV (BGHZ 86, 337, 339), Abtretung oder Anwachsung eines Gesellschaftsanteils (BGH NJW 2000, 291 = MDR 2000, 46), Verlust der Aktionärsstellung gem § 327a AktG (BGHZ 169, 221), zum Verlust der Sachlegitimation führende Belastung (§ 873 BGB), Umschreibung in der Patentrolle (BGHZ 117, 144 = NJW 93, 203) oder im Markenregister (BGH WRP 98, 996). Für entspr Anwendung auf Betriebsübergang nach § 613a BGB BAG NJW 98, 331, 332; BAG AP ZPO § 325 Nr 1 [Leipold]; RSchwab/Gottwald § 101 Rn 9; abl St/Roth Rn 15. 5

Nicht anwendbar ist § 265 im Fall der befreienden Schuldübernahme, weil hier der Gl gem § 414 BGB dem Rechtsgeschäft zugestimmt haben muss u deshalb den prozessualen Schutz als Kl nicht mehr verdient (BGHZ 61, 140; MK/Becker-Eberhard Rn 55; RSchwab/Gottwald § 101 Rn 10; aA Schwab ZZP 87 [1974], 95; Oertmann JR 32, 193). IdR wird hier gewillkürter Parteiwechsel auf der Beklagtenseite helfen. Mangels Rechtsnachfolge ist § 265 nicht anwendbar bei Abspaltung, Ausgliederung (BGH NJW 2001, 1217, 1218) und Vermögensübertragung nach § 174 II Nrn 2-3 UmwG (anders im Aktivprozess, s M. Stöber NZG 2006, 574, 575 f), Übergang der Erbschaft infolge Ausschlagung (BGH NJW 89, 2885, 2886), reiner Besitzaufgabe (St/Roth Rn 14) oder Einziehung des Geschäftsanteils nach § 34 GmbHG. Beruht die Rechtsnachfolge auf Tod bzw Erlöschen des Rechtsvorgängers, gilt nicht § 265 sondern § 239. Kein Fall des § 265 ist auch der Eintritt des Rechtsinhabers nach Beendigung einer Prozessstandschaft (BGHZ 123, 132 = NJW 93, 3072 = ZZP 107 [1994], 524 [Schilken]; BGH NJW 2015, 2425, 2428; sa § 263 Rn 9). Dies gilt auch im Fall der Freigabe eines Gegenstands aus der InsMasse durch InsVerwalter (BGHZ 46, 249; aA OLG Nürnberg ZIP 94, 144 = EWiR § 265 ZPO 1/93, 1245 [Eckert]; Weber ZZP 80 [1967], 471). 5a

4) Zeitpunkt. Nach Rechtshängigkeit (§ 261; zum Mahnverf s § 696 Rn 7) muss die Veräußerung bzw Abtretung erfolgen (BGH NJW-RR 86, 1182), anderenfalls Klageabweisung wegen fehlender Sachlegitimation (s vor § 253 Rn 25; zur Wirkung eines rechtskräftigen Urteils gegen den Neugl s § 325 Rn 27). Den Zeitpunkt des Rechtsübergangs bestimmt das materielle Recht (RGZ 121, 381); maßgebl ist der für den Rechtserwerb notwendige letzte Teilakt (BGH NJW 98, 156). Bei Rechtsübergang nach rechtskr Urteil bleibt die frühere Partei für die Wiederaufnahmeklage (§ 578) passiv legitimiert (s vor § 578 Rn 5). 5b

III) Einfluss der Rechtsnachfolge auf den Prozess. 1) Parteistellung. Hieran ändert sie nichts (**§ 265 II 1**). Daher unterbricht Eröffnung des InsVerf über Vermögen des Zessionars den vom Zedenten weitergeführten Prozess nicht (BGH NJW 98, 156; zur Insolvenz des Zedenten s § 240 Rn 3). Der Veräußernde bzw Abtretende wird kraft Gesetzes Prozessstandschafter des Rechtsnachfolgers (BGHZ 219, 314 = NJW 2019, 310 Tz 21; MK/Becker-Eberhard Rn 69; grundlegend aA Stamm ZZP 131 [2018], 143, 148 ff). Er kann weiterhin alle Prozesshandlungen vor- und entgegennehmen (BGH NJW-RR 87, 307), auch soweit sie die Lage des Nachfolgers (wie zB Verzicht oder Anerkenntnis) beeinträchtigen (St/Roth Rn 20), nicht aber ohne entspr Ermächtigung matrechtl wirksam über Rechte des Nachfolgers verfügen (sonst ggf Schadensersatzpflicht). Einem Prozessvergleich, der nicht über den Streitgegenstand hinausgeht, hat der BGH jedoch den Rechtsnachfolger bindende Wirkung zugesprochen (BGHZ 219, 314 = NJW 2019, 310 [Würdinger]; zu Recht krit und auf mat-rechtl Betrachtung abstellend Althammer JZ 2019, 286, Leitmeier ZZP 133 [2020], 359 ff, Berger FS Roth, 2021, S 173 ff, Schilken FS Roth, 2021, S 515 ff, MK/Becker-Eberhard Rn 75). Zu den Folgen der Prozessstandschaft, auch bzgl ZwV, sa vor § 50 Rn 29 ff. 6

2) Klageantrag. a) Bei **Nachfolge auf Klägerseite** muss der Kl seinen Antrag auf Leistung an den Nachfolger umstellen, sonst Abweisung der Klage als unbegründet (BGH NJW 2004, 2152, 2154 mwN; St/Roth Rn 21; aA RSchwab/Gottwald § 101 Rn 31; Stamm ZZP 131 [2018], 143, 158 ff mwN; zur Hinweispflicht des Gerichts s § 139 Rn 15). Der BGH betrachtet diese Umstellung des Klageantrags als bloße Modifizierung (nicht als Klageänderung; s § 264 Rn 3b); sie bedarf keiner Anschlussberufung (BGH ZIP 2023, 87) u kann auch noch in der Revisionsinstanz erfolgen, sofern die Abtretung bereits im Berufungsurteil festgestellt ist (BGHZ 26, 31 = NJW 58, 98). Hat der Kl seinen Anspruch verpfändet, muss er den Klageantrag auf Leistung an sich u den Pfandgläubiger gemeinsam ändern (§ 1281 BGB). Ist streitige Forderung gepfändet u zur Einziehung überwiesen: Antrag auf Zahlung an den Pfandgläubiger. Ist Forderung im Wege des Arrestes gepfändet: Antrag auf Hinterlegung des festgestellten Schuldbetrags (RGZ 20, 420; RGZ 25, 427). Ist der Klageanspruch gepfändet (§ 829), jedoch dem Pfandgläubiger (noch) nicht gem § 835 überwiesen, muss Kl seinen Antrag auf Feststellung ändern oder Verurteilung zur Hinterlegung beantragen; tut er das nicht, ergeht auf die Leistungsklage, sofern der Anspruch iÜ begründet, stattgebendes Feststellungsurteil (s § 256 Rn 29, § 308 Rn 4) unter Abweisung der Klage „im Übrigen", denn die Pfändung allein berührt noch nicht die Rechtsinhaberschaft des Kl und deshalb auch nicht sein Feststellungsinteresse (§ 256), verbietet aber Urteil auf Leistung an Kl. Will Kl (auch) einen nach der Zession der Klageforderung entstandenen Verzugsschaden geltend machen, muss er zu den diesbzgl Verhältnissen des Zessionars vortragen (BGH NJW 94, 3288, 3291). 6a

6b **b)** Bei **Nachfolge auf Seite des Bekl** kann der Kl entweder die Klage gem § 264 Nr 3 auf Ersatz des Interesses umstellen oder den alten Antrag aufrechterhalten und dann gem §§ 727, 731 gegen den Nachfolger aus dem Urteil vollstrecken (OLG Brandenburg NJW-RR 96, 724). Zur Ausnahme bei dessen Gutgläubigkeit s § 325 Rn 44.

7 **IV) Übernahme des Prozesses durch den Rechtsnachfolger. 1) Zulässigkeit.** Der Gegner muss (nicht notw ausdrückl, § 267) zustimmen (**§ 265 II 2**), nach den Regeln des Parteiwechsels (s § 263 Rn 29) ebenso der Rechtsvorgänger (MK/Becker-Eberhard Rn 93; nicht bei § 266, s § 266 Rn 3). Regelmäßig wird dieser aus dem Grundgeschäft der Rechtsnachfolge hierzu verpflichtet sein. Verweigert nur er (nicht auch der Gegner) gleichwohl die Zustimmung, bleibt er Partei, doch ist für den Rechtsnachfolger der Weg der Hauptintervention (§ 64) frei. Die Zustimmung des Gegners ist nicht erzwingbar und auch nicht durch Feststellung ihrer Sachdienlichkeit ersetzbar (BGH NJW 2012, 3642; BGH NJW 96, 2799). Bei Streit über die Prozessübernahme kann das Gericht durch Zwischenurteil (§ 303), über die Zulassung der Übernahme auch in den Gründen des Endurteils, entscheiden (AG/Anders Rn 23). Erklärt das Urteil die Übernahme für unzulässig, so wirkt es ggü dem übernahmebereiten Rechtsnachfolger wie ein Endurteil, weil es ihn aus dem Prozess weist; er kann es daher mit Berufung bzw Revision anfechten (BGH NJW 88, 3209; für allseitige Anfechtbarkeit des abl Zwischenurteils MK/Becker-Eberhard Rn 97). Verhältnis zum Hauptprozess: s § 280 Rn 10.

8 **2) Folgen der Übernahme.** Nachfolger muss alle Prozesshandlungen des Vorgängers gegen sich gelten lassen (BGH NJW 2006, 1351, 1354). Das Urteil ergeht – auch hinsichtl der bereits vor seinem Eintritt entstandenen Kosten – nur in Bezug auf ihn. Der ausgeschiedene Rechtsvorgänger kann seinen Kostenerstattungsanspruch nicht analog § 269 III 2 (BGH NJW 2006, 1351, 1354 mwN zur hL), sondern nur gesondert nach materiellem Recht geltend machen (St/Roth Rn 35; aA BGH NJW 2006, 1351, 1354 u MK/Becker-Eberhard Rn 101; AG/Anders Rn 24: analog § 91a; sa § 91a Rn 4, 28).

8a **3) Fehlende Zustimmung des Gegners.** In diesem Fall kann der Rechtsnachfolger nur als unselbständiger Streitgehilfe (§ 67) des Rechtsvorgängers am Prozess teilnehmen (**§ 265 II 3**), also zB Berufung nur als gem § 70 beigetretener NI, nicht als neuer Kl einlegen (BGH NJW 96, 2799). Wollte er das ihm abgetretene Recht gesondert einklagen, stünde § 261 III 1 entgegen. Jedoch darf der Rechtsnachfolger als Streitgehilfe hier trotz § 67 die Klage auf Leistung an sich ändern, wenn nur er Rechtsmittelführer ist (OLG München MDR 72, 616).

9 **V) Einwand fehlender Sachbefugnis (§ 265 III).** Wenn der Rechtsnachfolger die Streitsache gutgläubig iSv § 325 II (s § 325 Rn 44 ff) **vom Kläger** erworben hat, kann der Bekl einwenden, dass der Kl seine Sachbefugnis verloren hat. Der Abweisung seiner Klage als unbegründet kann der Kl dann auch nicht mehr durch eine (unzulässige) Umstellung des Klageantrags auf Leistung an den Rechtsnachfolger entgehen (St/Roth Rn 32). Wenn er die Hauptsache für erledigt erklärt, trägt er trotz ursprüngl erfolgverspr Klage grds die Kosten (s § 91a Rn 25), denn mit der Veräußerung hat er die Erfolgsaussicht selbst vereitelt. Ansonsten bleibt nur Parteiwechsel auf der Klägerseite (zustimmungspflichtig, s § 263 Rn 29 f) oder Begründung gewillkürter Prozessstandschaft, dh dass der Kl mit Ermächtigung seines Rechtsnachfolgers die Klage auf Leistung an diesen ändert; diese Klageänderung wird grds sachdienl sein (anders wenn die Ermächtigung des Rechtsnachfolgers hierzu fehlt). – Der gutgläubige Erwerber darf (anders als bei II) die Klage neu erheben. II 2 greift nicht ein, dh er darf gem § 64 vorgehen (MK/Becker-Eberhard Rn 109). – III ist nicht anwendbar bei gutgläub Erwerb **vom Beklagten** (dazu s § 325 Rn 44).

§ 266 Veräußerung eines Grundstücks

(1) [1]Ist über das Bestehen oder Nichtbestehen eines Rechts, das für ein Grundstück in Anspruch genommen wird, oder einer Verpflichtung, die auf einem Grundstück ruhen soll, zwischen dem Besitzer und einem Dritten ein Rechtsstreit anhängig, so ist im Falle der Veräußerung des Grundstücks der Rechtsnachfolger berechtigt und auf Antrag des Gegners verpflichtet, den Rechtsstreit in der Lage, in der er sich befindet, als Hauptpartei zu übernehmen. [2]Entsprechendes gilt für einen Rechtsstreit über das Bestehen oder Nichtbestehen einer Verpflichtung, die auf einem eingetragenen Schiff oder Schiffsbauwerk ruhen soll.

(2) [1]Diese Bestimmung ist insoweit nicht anzuwenden, als ihr Vorschriften des bürgerlichen Rechts zugunsten derjenigen, die Rechte von einem Nichtberechtigten herleiten, entgegenstehen. [2]In einem solchen Fall gilt, wenn der Kläger veräußert hat, die Vorschrift des § 265 Abs. 3.

1 **I) Bedeutung.** Während nach § 265 II bei Rechtsnachfolge in streitbefangene Sache der Rechtsnachfolger zur Übernahme der Parteistellung seines Vorgängers nur bei Zustimmung des Gegners befugt ist, begründet § 266 I ein Übernahmerecht auch ohne Zustimmung des Gegners, auf dessen Verlangen sogar eine Übernahmepflicht. Grund: Formbedürftigkeit, damit leichtere Erkennbarkeit, aber auch größere wirtschaftl Bedeutung des Rechtsübergangs (MK/Becker-Eberhard Rn 3).

2 **II) Anwendungsbereich.** Rechtsstreit über Rechte oder Pflichten, die unmittelbar verknüpft sind mit einem Grundstück (auch Wohnungseigentum; BayObLGZ 83, 76), eingetragenen Schiff, Schiffsbauwerk oder Luft-

fahrzeug. Darunter fallen insb dingl Rechte (zB Grunddienstbarkeit, dingl Vorkaufsrecht, Reallast, Hypothek, Grund- oder Rentenschuld), aber auch Ansprüche aus Nachbarrecht (§ 1004 I iVm § 906 BGB: BGHZ 175, 253; Notwegrecht: OLG Karlsruhe Justiz 96, 9), denn diese sind grundstücksbezogen u von Person des jew Eigentümers unabhängig. Die Vormerkung fällt darunter, wenn ihre dingl Wirkung gegen einen Dritten geltend gemacht wird (St/Roth Rn 3; offen lassend BGH NJW 2006, 1351, 1353). – *Unanwendbar* ist § 266 bei Klagen des Grundstückeigentümers wegen nicht vom Zustand oder der bestimmungsgemäßen Nutzung des anderen Grundstücks ausgehender Beeinträchtigung des Eigentums (BGHZ 175, 253, 257 Tz 8; Roth FS Leipold, 2009, S 153), auf Schadensersatz oder wegen schuldrechtl Ansprüche, mögen diese auch durch Vormerkung im Grundbuch gesichert sein (BGHZ 39, 21; MK/Becker-Eberhard Rn 11).

III) Rechtsfolgen. Bei einer Veräußerung des Grundstücks während der Rechtshängigkeit (s § 265 Rn 5 ff) ist der Rechtsnachfolger zur Übernahme des Rechtsstreits (s § 265 Rn 7 f) auch ohne Zustimmung seines Rechtsvorgängers (MK/Becker-Eberhard Rn 16; RSchwab/Gottwald § 100 Rn 20) und des Gegners berechtigt. Bei fortbestehender Mithaftung des (zB teilw) Veräußernden bleibt dieser neben dem Nachfolger Partei, bei dingl Mithaftung als notwendiger, sonst als einfacher Streitgenosse. Auf Verlangen des Gegners (nicht auch des Rechtsvorgängers) ist er zur Übernahme verpflichtet. 3

IV) Verfahren. Die **Übernahme** erfolgt durch Erklärung in der mündl Verh, evtl nach vorheriger Ankündigung in einem Schriftsatz, der vAw zugestellt wird. Nach erfolgter Übernahme scheidet der Veräußerer aus dem Rechtsstreit aus (RGZ 21, 395, 396). Er kann dann als Zeuge vernommen werden (s vor § 373 Rn 5 f). Wird das Recht zur Übernahme erfolgreich bestritten, so ergeht gegen den Übernehmer ein Zwischenurt, das wie ein Endurt anfechtbar ist (MK/Becker-Eberhard Rn 19; s § 265 Rn 7) und in dem auch über die Kosten dieses Verf entschieden wird. Der Prozess wird dann zwischen den ursprüngl Parteien weitergeführt. – **Verlangt der Gegner die Übernahme**, so kann er Schriftsatz bei Gericht einreichen, das Termin ansetzt u vAw den Rechtsnachfolger lädt. Erklärt er Übernahme, ergeht keine Entscheidung. Lehnt er zu Unrecht ab, Feststellung der Verpflichtung durch nur mit dem Endurt anfechtbares Zwischenurt (RGZ 11, 312, 318; St/Roth Rn 8), im Fall der Versäumung des Termins Feststellung der Verpflichtung durch VU; gleichzeitig kann VU zur Hauptsache ergehen (MK/Becker-Eberhard Rn 23). Lehnt er zu Recht ab, ergeht wie Endurt anfechtbares Urt mit Entscheidung über die beim Herangezogenen entstandenen Kosten (MK/Becker-Eberhard Rn 22). 4

V) Ausnahme (§ 266 II). I gilt nicht, wenn das Urt gegen den Rechtsnachfolger wegen dessen Gutgläubigkeit in Bezug auf das Recht und die (fehlende) Rechtshängigkeit (s § 325 Rn 45) nicht wirkt. Der veräußernde Kl ist dann sachl nicht mehr legitimiert. Seine Klage ist abzuweisen (St/Roth Rn 11). Veräußert der Bekl, gilt § 265 II (MK/Becker-Eberhard Rn 26). Im Falle von § 325 III (s § 325 Rn 48) kein Gutglaubensschutz des Rechtsnachfolgers. 5

§ 267 Vermutete Einwilligung in die Klageänderung

Die Einwilligung des Beklagten in die Änderung der Klage ist anzunehmen, wenn er, ohne der Änderung zu widersprechen, sich in einer mündlichen Verhandlung auf die abgeänderte Klage eingelassen hat.

1) Bedeutung. Die Vorschrift stellt klar, dass in der rügelosen Einlassung auf die geänderte Klage in der mündl Verh die nach § 263 erforderl Einwilligung des Bekl in die Klageänderung liegt. Ob er sich dessen bewusst ist, ist belanglos (BayObLGZ 4 [1904], 407; St/Roth Rn 1; aA MK/Becker-Eberhardt Rn 10 bei fehlender Fahrlässigkeit). 1

2) Einlassung. Sie ist sachl Erwiderung auf das neue Klagevorbringen in der mündl Verh (bei § 128 II, § 251a, § 331a genügt schriftl Einlassung). Im Antrag, die geänderte Klage abzuweisen, liegt noch keine Einlassung auf diese, wenn der Bekl damit (stillschweigend) auf seinen die Klageänderung als unzulässig rügenden Schriftsatz Bezug nimmt (§ 137 III; BGH NJW 75, 1229). Zweifel sind ggf gem § 139 zu beheben. – Bei **Säumnis** des Bekl liegt keine Einlassung vor, auch wenn er sich schriftl auf die geänderte Klage eingelassen hatte (St/Roth Rn 2). 2

§ 268 Unanfechtbarkeit der Entscheidung

Eine Anfechtung der Entscheidung, dass eine Änderung der Klage nicht vorliege oder dass die Änderung zuzulassen sei, findet nicht statt.

1) Bedeutung. Dass über den geänderten Klageantrag zu entscheiden ist, weil es sich nicht um eine Klageänderung handelt (§ 264) oder die Klageänderung nach § 263 zulässig ist, wird idR nicht gesondert, sondern zusammen mit dem Endurteil ausgesprochen. § 268 erklärt diese Festlegung für unabänderl, damit nicht der Sachentscheidung die Grundlage entzogen werden kann. Wird die Zulassung ausnahmsw durch Zwischenurteil ausgesprochen, muss dies ebenso gelten. Hat das Gericht jedoch über die geänderte Klage entschieden, ohne sich er- 1 kennbar mit der Zulässigkeit der Änderung auseinanderzusetzen (s § 263 Rn 16a), ist Überprüfbarkeit gegeben (BGH MDR 1979, 829; AG/Anders Rn 4; MskV/Foerste Rn 2).

2 Bei der (ges oder gewillkürten) **Parteiänderung** (s § 263 Rn 3, 19 ff) ist § 268 nicht anwendbar (MskV/Foerste Rn 1; einschr MK/Becker-Eberhard Rn 5), denn die Frage, ob eine Person zu Recht in einen Rechtsstreit hineingezogen oder aus einem solchen entlassen wurde, ist nicht vergleichbar mit der Frage nach dem Objekt des Rechtsstreits. Zur Anfechtbarkeit des Beklagtenwechsels BGH NJW 81, 989 u § 263 Rn 23, des Klägerwechsels BGH NJW-RR 87, 1084, 1085 u § 263 Rn 29.

3 **2) Nichtzulassung der Klageänderung.** Sie fällt nicht unter § 268, kann daher zusammen mit der Endentscheidung zur Nachprüfung gestellt werden (zur Verneinung der Sachdienlichkeit s aber § 263 Rn 15). Beschwert ist der Kl allerdings nur, wenn seine Klage abgewiesen, nicht wenn dem ursprüngl Klageantrag stattgegeben wird (Hk-ZPO/Saenger Rn 4; AG/Anders Rn 3; aA MskV/Foerste Rn 3).

§ 269 Klagerücknahme

(1) Die Klage kann ohne Einwilligung des Beklagten nur bis zum Beginn der mündlichen Verhandlung des Beklagten zur Hauptsache zurückgenommen werden.

(2) [1]Die Zurücknahme der Klage und, soweit sie zur Wirksamkeit der Zurücknahme erforderlich ist, auch die Einwilligung des Beklagten sind dem Gericht gegenüber zu erklären. [2]Die Zurücknahme der Klage erfolgt, wenn sie nicht bei der mündlichen Verhandlung erklärt wird, durch Einreichung eines Schriftsatzes. [3]Der Schriftsatz ist dem Beklagten zuzustellen, wenn seine Einwilligung zur Wirksamkeit der Zurücknahme der Klage erforderlich ist. [4]Widerspricht der Beklagte der Zurücknahme der Klage nicht innerhalb einer Notfrist von zwei Wochen seit der Zustellung des Schriftsatzes, so gilt seine Einwilligung als erteilt, wenn der Beklagte zuvor auf diese Folge hingewiesen worden ist.

(3) [1]Wird die Klage zurückgenommen, so ist der Rechtsstreit als nicht anhängig geworden anzusehen; ein bereits ergangenes, noch nicht rechtskräftiges Urteil wird wirkungslos, ohne dass es seiner ausdrücklichen Aufhebung bedarf. [2]Der Kläger ist verpflichtet, die Kosten des Rechtsstreits zu tragen, soweit nicht bereits rechtskräftig über sie erkannt ist oder sie dem Beklagten aus einem anderen Grund aufzuerlegen sind. [3]Ist der Anlass zur Einreichung der Klage vor Rechtshängigkeit weggefallen und wird die Klage daraufhin zurückgenommen, so bestimmt sich die Kostentragungspflicht unter Berücksichtigung des bisherigen Sach- und Streitstandes nach billigem Ermessen; dies gilt auch, wenn die Klage nicht zugestellt wurde.

(4) [1]Das Gericht entscheidet auf Antrag über die nach Absatz 3 eintretenden Wirkungen durch Beschluss. [2]Ist einem Beklagten Prozesskostenhilfe bewilligt worden, hat das Gericht über die Kosten von Amts wegen zu entscheiden.

(5) [1]Gegen den Beschluss findet die sofortige Beschwerde statt, wenn der Streitwert der Hauptsache den in § 511 genannten Betrag übersteigt. [2]Die Beschwerde ist unzulässig, wenn gegen die Entscheidung über den Festsetzungsantrag (§ 104) ein Rechtsmittel nicht mehr zulässig ist.

(6) Wird die Klage von neuem angestellt, so kann der Beklagte die Einlassung verweigern, bis die Kosten erstattet sind.

Lit: *Barz*, Das Klagezurücknahmeversprechen, 1933; *Walther*, Klageänderung u Klagerücknahme, 1969.

1 **I) Anwendungsbereich.** Unter Klagerücknahme ist die Prozesshandlung des Kl zu verstehen, mit der er auf gerichtl Rechtsschutz in dem von ihm eingeleiteten Verf verzichtet. Den zugrunde liegenden mat-rechtl Anspruch lässt sie unberührt; an die Annahme eines stillschweigenden Erlassvertrages sind strenge Anforderungen zu stellen (BGH NJW 97, 3019). § 269 gilt für die Rücknahme der Klage, der Widerklage u entspr für die Rücknahme aller sonstigen Anträge, über die eine mündl Verh zulässig ist, zB Arrest-, Verfügungsantrag (OLG Köln NJW 73, 2071; I gilt hier nicht: s § 920 Rn 13). Zum Verf der freiw Gerichtsbarkeit s § 22 FamFG; zum sBV s § 486 Rn 8; zum Mahnantrag s § 690 Rn 26. Zurücknahme von Rechtsmitteln: §§ 516, 565. Zum Verhältnis der Rechtsmittelbeschränkung zur (teilw) Klagerücknahme s BGH MDR 89, 987; Karmasin NJW 74, 982; s § 520 Rn 31. Klagerücknahme ist **abzugrenzen** von:

2 **a) Verzicht** auf Klageanspruch (§ 306): Dieser macht die Klage nicht hinfällig, sondern führt auf Antrag des Bekl zu abweisendem Sachurteil, dessen Rechtskraft eine erneute Klage (anders als bei der Rücknahme) ausschließt.

3 **b) Verpflichtung zur Klagerücknahme:** Diese kann (auch im Anwaltsprozess) von den Parteien selbst, auch *außergerichtl, formlos vereinbart werden (BGH NJW-RR 87, 307)*; sie ist schuldrechtl Vertrag (str, s vor § 128 Rn 26) und hat noch nicht die unmittelb Wirkung des § 269, auch nicht bei Vereinbarung in einem außergerichtl Vergleich (Wagner, Prozessverträge, S 510 ff). Vielmehr ist, wenn die Abrede dem Gericht vorgetragen

wird, die abredewidrig weiterbetriebene Klage als unzulässig abzuweisen (BGH NJW 64, 549); einer Klage auf Erfüllung des Rücknahmeversprechens fehlt das Rechtsschutzbedürfnis (s vor § 128 Rn 32). Im Verpflichtungsgeschäft können die Parteien von III abweichende Kostenverteilung vereinbaren (s § 98 Rn 5).

c) Erledigungserklärung (§ 91a)**:** Sie beschränkt das Rechtsschutzbegehren auf den Kostenpunkt wegen Wegfalls des Rechtsschutzinteresses in der Hauptsache. Ob bei unklarer Erklärung § 269 oder § 91a gewollt ist, ist vAw aufzuklären (§ 139). 4

d) Klageänderung (§ 263)**:** Diese bewirkt Austausch, § 269 dagegen Wegfall des Rechtsschutzbegehrens. Die Klageänderung lässt das Prozessrechtsverhältnis (s Einl Rn 36) fortbestehen, § 269 beendet es rückwirkend bis auf den Kostenpunkt. Klagerücknahme macht ein noch nicht formell rechtskr Urteil wirkungslos (III), die Klageänderung lässt es fortbestehen (s § 263 Rn 1). Daher ist § 269 zwar auf die **Klagebeschränkung** (s § 264 Rn 4a), jedoch iÜ auf die Klageänderung weder unmittelbar (so Gross NJW 66, 2345) noch analog (so Moller NJW 66, 1399; OLG Bremen VRS 68, 329; s § 263 Rn 6, 18) anwendbar (unklar BGH NJW 90, 2682, wo bei Übergang von Wandelung zur Minderung Klageänderung bejaht, aber eine gesonderte Beseitigung der Rechtshängigkeit hinsichtl des weiter gehenden Klageantrags für nötig gehalten wurde; vgl hierzu Walther NJW 94, 424). Anders bei **Parteiwechsel:** Hier endet das Prozessrechtsverhältnis zu der ausgeschiedenen Partei; § 269 ist hier entspr anzuwenden (s § 263 Rn 24, 30; BGHZ 4, 332 = NJW 52, 545; BGH NJW 2003, 2172, 2173; Schneider NJW 64, 1057; Schneider NJW 59, 1168). 5

e) Stillstand des Verfahrens infolge Nichtbetreibens (§ 251)**:** Hier wird weder die Rechtshängigkeit der Sache noch das Prozessrechtsverhältnis der Beteiligten beseitigt (BGHZ 4, 339; RGZ 168, 57). Zum Nichtbetreiben vor Klagezustellung s § 271 Rn 6. Wird Verf nach Verweisung vom ArbG wegen Nichtzahlung des jetzt fälligen Vorschusses (OLG Brandenburg MDR 98, 1119) nicht weiterbetrieben, wird dies kostenrechtl wie Klagerücknahme behandelt (OLG Celle MDR 2024, 805). 6

f) Erklärung der Klage für zurückgenommen (§ 113)**:** Hier ersetzt die Gestaltungswirkung der gerichtl Entscheidung die fehlende Rücknahmeerklärung des Kl; die Einwilligung des Bekl liegt in dessen Antrag; iÜ ist § 269 anwendbar. 7

g) Rücknahme eines Rechtsmittels (zB §§ 516, 565)**:** Diese führt nur zum Verlust des eingelegten Rechtsmittels; erneute Einreichung binnen noch offener Frist ist mögl. Nach Fristablauf führt sie Rechtskraft der angefochtenen Entscheidung herbei. Klagerücknahme beseitigt dagegen die Rechtshängigkeit u macht ergangenes Urteil wirkungslos. 7a

II) Verfahren. 1) Zulässigkeit. Rücknahme ist jederzeit zulässig, solange **Rechtshängigkeit** besteht (s § 261 Rn 7), also auch noch nach Urteilserlass bis zum Ablauf der Rechtsmittelfrist sowie in der Rechtsmittelinstanz, aber nicht mehr nach übereinstimmender Erledigungserklärung (OLG Bamberg NJW-RR 97, 1365). Auch die bereits eingereichte, aber **noch nicht zugestellte Klage** kann zurückgenommen werden, wie sich aus der (wenn auch systemfremden) Regelung in III 3 Hs 2 ergibt (ebenso BGHZ 161, 145, 151 = NJW 2005, 437, 439 u – bereits vor dieser Neuregelung – BGH NJW 2004, 1530; AG/Anders Rn 18; aA MK/Becker-Eberhard Rn 58). Obgleich der Rechtsstreit in diesem Fall noch nicht rechtshängig geworden ist (§ 261 I, § 253 I), handelt es sich hierbei um eine Prozesshandlung, so dass Anwaltszwang wie für die Klage besteht. Eine Kostenentscheidung kann hier nur im Fall von III 3 ergehen (s Rn 18d). **Widerruf vor Eingang** der Klage verhindert Anhängigwerden u Entstehen der Geb nach 1211 GKG-KV (OLG Celle MDR 2012, 1378). – Von der **Zulässigkeit der Klage** ist die Rücknahme, ebenso wie ihre Kostenfolge (s Rn 18), unabhängig. Zur Rücknahme der nicht unterschriebenen Klage s § 253 Rn 22; OLG Stuttgart MDR 2011, 635. – Rücknahme kann **auch** hinsichtl eines abtrennbaren (§ 145) **Teiles der Klage** erfolgen, insb auch hinsichtl eines von mehreren (§ 59) Bekl. Aber auch in einer Beschränkung des Klageantrags kann eine Klagerücknahme liegen (s § 264 Rn 4a). Kostenfolge: s Rn 20. – Zur Klagerücknahme durch **notwendigen Streitgenossen** s § 62 Rn 25. 8

Einstweilen frei. 9-11

2) Erklärung. a) Sie ist **Prozesshandlung** (s vor § 128 Rn 14 ff), daher bedingungsfeindl und ab Eingang bei Gericht (s § 167 Rn 5) grds (Ausnahmen s vor § 128 Rn 24) nicht widerrufl, auch nicht mit Einverständnis des Bekl (OLG Saarbrücken MDR 2000, 722; St/Roth Rn 39; aA RSchwab/Gottwald § 130 Rn 18; OLGR Stuttgart 1998, 440 [Pflicht zum Einverständnis bej]; einschr Brammsen/Leible JuS 97, 57). Güteverh: s § 278 Rn 13. Anwaltszwang: s § 78 Rn 12. Erklärung ausdrückl oder sinngemäß (BGH NJW-RR 96, 885; BGH MDR 89, 987). Rücknahmewille muss aber eindeutig feststellbar sein; bloßes Nichtverhandeln genügt idR nicht (BGHZ 4, 328, 339). **Formulierungsvorschlag:** Vorwerk/Assies, PFB, M 33.1. 12

b) Form und Adressat (§ 269 II 1-3). Erklärung durch Schriftsatz ggü dem Gericht, bei dem die Sache zzt der Erklärung anhängig ist (BGH MDR 2023, 1000 [Greger MDR 2023, 1030]) oder in der mündl Verh (zu verlesen u zu genehmigen: § 160 III Nr 8, § 162). Schriftsatz ist dem Bekl zuzustellen, wenn seine Einwilligung erforderl ist (s Rn 13 f). Rücknahmeerklärung in einem anderen Verf genügt nicht, selbst wenn diese abschriftl vom Bekl im anhängigen Verf vorgelegt wird (BGH MDR 81, 1002; dann allenfalls Vereinbarung iSv Rn 3). Ggü Güterichter kann Rücknahme erklärt werden (Greger/Unberath/Steffek E Rn 176). Nach Rechtsmittel des Bekl ist 12a

Rücknahme durch den RA der Vorinstanz noch zulässig, solange Kl noch keinen RA für das obere Gericht bestellt hat (BGHZ 14, 210 = NJW 54, 1405; LG Bonn NJW-RR 86, 223; Vollkommer Rpfleger 74, 89); auch hier ist Rücknahme nach Berufungseinlegung aber dem Berufungsgericht ggü zu erklären (OLG Braunschweig NdsRpfl 70, 207). Erklärung ggü dem Bekl kann Rücknahmeverpflichtung iSv Rn 3 begründen.

13 **3) Einwilligung des Beklagten. a) Erforderlichkeit.** Sie ist zur Wirksamkeit der Klagerücknahme erforderl **ab Beginn der mündl Verh über die Hauptsache** (Ausnahmen s Rn 14). Dies ist der Fall, sobald über den Streitgegenstand, nicht nur über das diesbezügl Verfahren verhandelt wurde (St/Roth Rn 19; aA MK/Becker-Eberhard Rn 22). Eine Güteverh (§ 278) ist noch kein streitiges Verhandeln (§ 297) über die Hauptsache, ebenso die vor Stellen der Anträge (§ 137 I) mit dem Ziel einer Vermeidung oder Begrenzung des streitigen Verf durchgeführten Erörterungen (BGHZ 100, 383, 389 = MDR 1987, 829, 830). Mit Verlesung des Abweisungsantrags beginnt Verh zur Hauptsache, sofern dieser nicht erkennbar auf ein bloßes Prozessurteil abzielt (St/Roth Rn 19; ohne diese Einschränkung MK/Becker-Eberhard Rn 23; AG/Anders Rn 28), nach BGH NJW-RR 2004, 1297, 1298 auch wenn der Bekl (im Anwaltsproz durch seinen ProzBev) schon vor Antragstellung zu den tatsächl u rechtl Gesichtspunkten des Streitgegenstands Stellung genommen hat (wegen der schwierigen Abgrenzung von verfahrens- oder lösungsbezogenen Vorgesprächen sollte aber am Antragserfordernis des § 137 I festgehalten werden). Bloßer Säumnisantrag des Kl (BGHZ 4, 328, 339; BGH ZZP 94 [1981], 328 [einschr Münzberg]) genügt nicht. Bei Säumnis des Kl genügt Antrag des Bekl auf VU, jedoch wird Einwilligung des Bekl durch Einspruch des Kl wieder entbehrl (BGHZ 4, 328). Bei Verweisung nach § 281 wirkt das Verhandeln vor dem verweisenden Gericht fort (s § 281 Rn 15a), bei Verweisung in anderen Rechtsweg sind die dort geltenden Regelungen anzuwenden (vgl MK/Becker-Eberhard Rn 27). – Im **schriftl Verf** (§ 128 II) entspricht es dem Verhandlungsbeginn, wenn beide Parteien zugestimmt haben u der Bekl sich schriftl zur Hauptsache erklärt (St/Roth Rn 19). – **Nach Urteilserlass** muss Einwilligung ebenso wie die Rücknahme vor Eintritt der formellen Rechtskraft erklärt werden (St/Roth Rn 30).

14 **Ausnahmen.** Im Arrest- und Verfügungsverf (s § 920 Rn 13), nach Aussetzung gem § 10 KapMuG sowie in Patentnichtigkeitssachen ist Einwilligung auch nach Beginn der mündl Verh entbehrl (BGH NJW-RR 93, 1470 = MDR 93, 1073). Zur Stufenklage s § 254 Rn 15.

15 **b) Erklärung der Einwilligung** ist dem Gericht ggü vorzunehmende (Zustimmung nur dem Kl ggü kann Vereinbarung iS Rn 3 sein) ProzHandlung, daher bedingungsfeindl u unwiderrufl (**Formulierungsvorschlag:** Vorwerk/Assies, PFB, M 33.2). Für sie besteht gem § 78 Anwaltszwang (MK/Becker-Eberhard Rn 32; aA St/Roth Rn 21). Sie kann, ebenso wie ihre Verweigerung, konkludent erfolgen (BAG NJW 61, 2371; RGZ 108, 137; OLG Celle ZIP 2011, 2127), zB durch Kostenantrag gem IV, Einverständnis mit Terminsabsetzung. Bei Rücknahme durch Schriftsatz gilt Einwilligung als **erteilt**, wenn der Bekl nicht innerhalb von 2 Wochen (Notfrist: WE mögl) widerspricht u der Schriftsatz mit entspr Belehrung zugestellt wurde (II 4). Ansonsten gilt sie als **verweigert**, wenn sie nicht spätestens in der nächsten mündl Verh, bei Rücknahme in der mündl Verh also noch im gleichen Termin, erklärt wurde (MK/Becker-Eberhard Rn 31; aA OLG Dresden NJW-RR 97, 765 = MDR 97, 498). Sie kann bereits vor erfolgter Klagerücknahme erklärt werden, ist aber erst danach bindend. Bloße Untätigkeit des Bekl ist keine Einwilligung (RGZ 75, 290), daher kann Kl trotz Rücknahme noch VU gegen den Bekl erwirken, wenn die Rücknahme einwilligungsbedürftig war.

16 **c) Verweigerung der Einwilligung** macht Klagerücknahme wirkungslos (**Formulierungsvorschlag:** Vorwerk/Assies, PFB, M 33.4). Bekl kann ihr nicht mehr zustimmen (OLG Celle FamRZ 2012, 1071). Er kann VU gegen den Kl erwirken, wenn dieser keinen Sachantrag mehr stellt (§ 333, OLG Stuttgart OLGZ 68, 287) und in dems Termin vor der (erfolglosen) Rücknahmeerklärung auch noch nicht gestellt hatte (Rupp/Fleischmann MDR 85, 18); hatte dagegen der Kl in dems Termin (vgl § 332) vor seiner erfolglosen Rücknahmeerklärung bereits einen Sachantrag gestellt, kann das Gericht auf Antrag des Bekl, auch wenn Kl seinen Sachantrag nicht wiederholt (s § 137 Rn 2), Sachurteil erlassen (BGHZ 141, 185, 193; s § 333 Rn 1). Es empfiehlt sich hier für den Kl ein Verzicht gem § 306 (MK/Becker-Eberhard Rn 33; Mayer MDR 85, 373).

17 **III) Rechtsfolge (§ 269 III). 1) Ende der Rechtshängigkeit.** Sie entfällt rückwirkend. Ein noch nicht formell rechtskräftiges Urteil wird, ein nach der Klagerücknahme noch ergehendes ist wirkungslos (s vor § 300 Rn 20). Die Wirkungslosigkeit eines Urteils muss nicht, darf aber durch deklaratorischen Beschluss (= „Entscheidung" iS § 775 Nr 1) ausgesprochen werden. Ein den Prozess betr Beschwerdeverf wird ohne weiteres gegenstandslos (OLG Frankfurt NJW-RR 95, 956). Widerklage ist nicht mehr mögl (RGZ 34, 367), die vor Klagerücknahme rechtshängig gewordene bleibt es aber (LG München I NJW 78, 953). Zur Auswirkung auf eine erklärte Prozessaufrechnung s § 145 Rn 15a. Hemmung der Verjährung endet 6 Monate nach Rücknahme (§ 204 II 1 BGB); missbräuchl Ausnutzung dieser Fristvergünstigung kann mit § 242 BGB begegnet werden (BTDrs 14/6857, 44; Seibel MDR 2015, 493). Soweit noch nicht geschehen, ist durch Beschluss nach § 63 II GKG der **Streitwert festzusetzen**.

18 **2) Kostentragung. a) Grundsatz.** Der Kl trägt *alle* Kosten des Rechtsstreits (also des Hauptsache-Verf über die Klage; nicht auch die Kosten einer Widerklage), soweit nicht bereits rechtskräftig (zB im Fall der subj Klageänderung, s § 263 Rn 17) gegenteilig über diese entschieden wurde (**§ 269 III 2**). Die durch das ZPO-RG eingefügte Ausnahme einer Kostenpflicht des Bekl aus anderem Grund bezieht sich ausschließl auf bish schon anerkannte

proz Besonderheiten (BTDrs 14/4722, 80; BGH NJW 2004, 223; s Rn 18b). Grds hat der Kl daher auch solche Kosten zu tragen, die bei streitiger Fortsetzung des Rechtsstreits dem Bekl aufzuerlegen wären (AG/Anders Rn 35), wie zB die Kosten einer WE des Bekl (§ 238 IV gilt hier nicht, s § 238 Rn 9), Kosten iSv §§ 95, 96 (OLG Celle NJW 61, 1363; StJ/Muthorst § 96 Rn 3; aA St/Roth Rn 50) oder Kosten, über die gem § 91a nach Billigkeit zu entscheiden gewesen wäre (BGH NJW 2004, 223). Auch für eine reziproke Anwendung des § 93 ist kein Raum (OLG Karlsruhe MDR 94, 1245; OLG Dresden MDR 2003, 1079; aA St/Roth Rn 50; MskV/Foerste Rn 12).

b) Ein etwaiger **materiell-rechtlicher Kostenerstattungsanspruch** (zB aus Verzug) rechtfertigt nicht eine Entscheidung nach § 269 III 2 zu Lasten des Bekl (BGH MDR 2022, 525 [Fölsch MDR 2022, 875]; BGH NJW 2004, 223; aA Schneider JurBüro 2002, 509). Umgekehrt steht eine proz Kostenentscheidung der gesonderten Geltendmachung eines mat-rechtl Anspruchs aber auch nicht entgegen (StJ/Muthorst vor § 91 Rn 19; Becker-Eberhard JZ 95, 814 ff; teilw aA [nur bei nicht berücksichtigten Umständen] BGH MDR 2022, 525 [Fölsch MDR 2022, 875]; BGH NJW 2011, 2368 mwN). 18a

c) Sonderfälle. War vor Klagerücknahme ein **VU** gegen den Bekl in ges Weise ergangen, verbleibt es bzgl der dadurch verursachten Kosten bei der Belastung des Bekl gem § 344 (BGH NJW 2004, 2309; s § 344 Rn 3). – Der Kl trägt nicht die Kosten seines eigenen **Streitgehilfen** (KG MDR 59, 401; vgl § 101 I), jedoch die des gegnerischen (RG JW 04, 492). – Bei **teilweiser Klagerücknahme** (s Rn 20) und ebenso bei Rücknahme von **Klage und Widerklage** sind die Kosten entspr § 92 quotenmäßig zu verteilen (s § 92 Rn 3 aE mwN; zur Tenorierung der Kostenentscheidung s Berechnungsprogramm von Schuster www.kostentenor.de). – Wegen der Kosten der **Hilfs-Widerklage** (hierzu s § 33 Rn 33) s § 45 I 2 GKG: kein Kostenanfall insoweit, weil über diese nach Rücknahme der Klage nicht mehr zu entscheiden ist. Ausnahme: Richtete sich die Hilfs-Widerklage unzulässig ausschließl gegen einen Dritten (s § 33 Rn 26) und war sie dem Dritten auch zugestellt worden, so sind nach Rücknahme der (Haupt-)Klage die Kosten der unzulässigen Hilfs-Widerklage gem § 91 dem Bekl aufzuerlegen (OLG München OLGZ 84, 220, 222). – Nimmt der Kl einer **Stufenklage** (§ 254) den Leistungsantrag zurück, weil die Auskunft keine Leistungspflicht des Bekl ergab, trägt der Kl die Kosten der letzten Stufe seiner Klage (s § 254 Rn 15); das führt wegen des Erfolgs der Auskunftsklage zur Kostenteilung gem § 92 (s § 92 Rn 3; OLG Hamm JurBüro 86, 106). – Wird Klage im **Berufungsverfahren** zurückgenommen, weil sich auf Grund neuen Vorbringens des Bekl deren Erfolglosigkeit ergibt, sind Kosten des Rechtsmittelverf nach § 97 II dem Bekl aufzuerlegen (OLG Nürnberg NJW 2013, 243). – Abweichende Kostenverteilung in einem gerichtl oder außergerichtl **Vergleich** geht der ges Kostenfolge vor (BGH MDR 2004, 1251 mwN), auch im Verhältnis zum Streithelfer (BGH aaO). Bei Klagerücknahme in Prozessvergleich ohne Kostenregelung gilt § 98, nicht § 269 III (WSch/Assmann Rn 127; Bergerfurth NJW 61, 1237). Zu dem ledigl zur Klagerücknahme *verpflichtenden* (auch außergerichtl) Vergleich s § 98 Rn 5. – Zur Kostenpflicht bei **vollmachtloser Klageerhebung** s § 88 Rn 11, zu den Kosten eines vorangegangenen **selbständigen Beweisverfahrens** s § 91 Rn 13.87. 18b

d) Wegfall des Klageanlasses vor Rechtshängigkeit. Für diesen Fall bietet **§ 269 III 3** dem Kl die (fragwürdige, s Rn 18e) Möglichkeit, in einem an § 91a angelehnten Verf eine Kostenentscheidung nach billigem Ermessen (s § 91a Rn 24 ff) zu erwirken (**Formulierungsvorschlag:** Vorwerk/Assies, PFB, M 33.3). **Anlass zur Klage** hat bestanden, wenn die Klage bei ihrer Einreichung zulässig und begründet war (BGH NJW 2021, 941 = MDR 2021, 439 [Bacher MDR 2021, 470]) und der Kl aufgrund des Verhaltens des Bekl davon ausgehen musste, dass er ohne Klage nicht zu seinem Recht kommen werde (s § 93 Rn 3). Der Anlass muss **vor deren Zustellung weggefallen**, der Wegfall darf nicht nur absehbar geworden sein (OLG Hamm MDR 2010, 1013). Dies ist dann der Fall, wenn die Forderung des Kl erfüllt wurde. Keinen Wegfall des Klageanlasses stellt der Tod des Bekl dar (aA infolge unzutr Gleichsetzung mit § 91a OLG Karlsruhe MDR 2020, 759 [dazu krit Noack MDR 2020, 716]), desgl dessen Insolvenz (OLG Hamm 27.12.2007 – 11 W 18/05 Tz 28; aA OLG Karlsruhe ZIP 2020, 2415; MK/Becker-Eberhard Rn 59), wo iÜ dem Sch auch für das kontradiktorische Verf nach III 3 die Prozessführungsbefugnis fehlt. – III 3 gilt auch, wenn die Erledigung schon **vor Einreichung der Klage** eingetreten ist (OLGR München 2004, 218; MK/Becker-Eberhard Rn 61; Elzer NJW 2002, 2008; Deckenbrock/Dötsch JurBüro 2003, 573); allerdings kann der Kl eine ihm günstige Kostenentscheidung dann aber nur erwarten, wenn ihm das erledigende Ereignis nicht bekannt sein musste (Schur KTS 2004, 389 f). Bei Erledigung **nach Rechtshängigkeit** ist III 3 nicht anwendbar (BGH NJW 2021, 941 Tz 33); von irrtüml erklärter Klagerücknahme kann Kl nicht mehr auf Erledigungserklärung übergehen (BGH NJW 2007, 1460). 18c

Für die **Erklärung der Klagerücknahme** besteht keine zeitl Schranke (zu Recht krit Schumann FG Vollkommer, S 178). Wird die Klage bereits **vor der Zustellung zurückgenommen** (s Rn 8), soll nach dem letzten Hs von III 3 eine Kostenentscheidung nach richterl Ermessen auch dann beantragt werden können, wenn die eingereichte Klage nicht mehr zugestellt wird; unter den „Kosten des Rechtsstreits“ sollen dann die Kosten zu verstehen sein, die im Falle der Rücknahme der Klage nach ihrer Zustellung erstattungsfähig gewesen wären (so BGH NJW 2006, 775). Diese auf prozessökonomischen Erwägungen (BTDrs 15/3482, 45) beruhende Regelung ist rechtsstaatl bedenkl, weil sie eine Nicht-Partei (vgl BGHZ 83, 12, 14) einer nicht auf rein formalen Kriterien, sondern auf einem Billigkeitsurteil beruhenden, uU erhebl Kostenbelastung unterwirft (zur Kritik sa Schumann FG Vollkommer, S 180 ff; Dalibor ZZP 119 [2006], 334 ff; Deckenbrock/Dötsch MDR 2004, 527; Greger NJW-Sonderheft BayObLG 2005, 38). Die Gewährung rechtl Gehörs (übergangen von BGH NJW 2004, 1530) erfordert schon 18d aus Gründen der Rechtssicherheit und zur Bestimmung einer Äußerungsfrist die förml Zustellung des Kostenantrags nach § 269 III 3, IV mit beigefügter Klage und Klagerücknahmeerklärung (MK/Becker-Eberhard Rn 62; Schumann FG Vollkommer, S 182; Knauer/Wolf NJW 2004, 2858; nach St/Roth Rn 59 reicht auch formlose Mitteilung); beim LG ist der Ag auch zur Bestellung eines Anwalts aufzufordern (zum Verf s weiter Rn 19).

18e Das Vorgehen nach III 3 ist idR **unzweckmäßig**. Da die Parteien bei einer streitigen Entscheidung nach § 269 III 3 die Kostenvergünstigung nach 1211 Nr 1 GKG-KV verlieren, dh 3,0 statt 1,0 Geb und zusätzl Anwaltskosten beim Ag entstehen, empfiehlt es sich, von einem solchen Antrag abzusehen u eine Einigung mit dem Gegner zu suchen (dann Einigungsgeb gem 1000 RVG-VV; vgl Schumann FG Vollkommer, S 193). Nach Klagezustellung kommt auch übereinstimmende Erledigungserklärung (ohne Anwaltszwang!) in Betracht (sa dazu Schumann aaO). Der Kl kann aber auch an der Klage festhalten und den Antrag auf Erstattung der durch die Klageerhebung entstandenen Kosten umstellen, denn der mat-rechtl Kostenerstattungsanspruch des Kl bleibt von der prozessualen Gestaltungsmöglichkeit nach § 269 unberührt und ein Rechtsschutzbedürfnis kann nicht verneint werden, weil der Weg des § 269 III 3 weder notwendig einfacher u billiger noch vergleichbar sicher u wirkungsvoll ist (BGHZ 197, 147 = NJW 2013, 2201 [Elzer]; St/Roth Rn 58; MK/Becker-Eberhard Rn 67; Schur KTS 2004, 374 ff). Wegen der Schwierigkeit, diese Kosten zu beziffern, muss weiterhin ein entspr Feststellungsantrag (s BGHZ 79, 275, 280; BGH NJW 94, 2895, 2896) zulässig sein (OLG Frankfurt NJW 2019, 1158; St/Roth Rn 58; MskV/Foerste Rn 13c; Schur KTS 2004, 376 ff; Elzer/Nissen NJW 2019, 1116, 1118; aA Tegeder NJW 2003, 3328). Ausgeschlossen ist eine einseitige Erledigungserklärung (s § 91a Rn 42). – Zu den Möglichkeiten des Kl bei Erfüllung der Forderung nach Zustellung des Mahnbescheids s BGH MDR 2023, 251.

19 **IV) Abschlussentscheidung. 1) Beschluss nach § 269 IV.** Wenn über die Klagerücknahme **kein Streit** besteht, entscheidet das Gericht, vor dem die Rücknahme erklärt wurde (ggf Rechtsmittelgericht), über die verfahrensrechtl Folgen (s Rn 17) sowie über die Kosten des Verf (s Rn 18 ff), grds nur auf **Antrag** (mindestens) einer Partei. Zuständigkeit für die zurückgenommene Klage ist unerhebl (BGH MDR 2023, 1000 [Greger MDR 2023, 1030]). Stellt nur eine Partei einen Kostenantrag, darf das Gericht keine Kostenentscheidung zu deren Lasten treffen (OLG Köln NJW 2022, 709). Im Anwaltsprozess besteht **Anwaltszwang** (St/Roth Rn 61); die Bestellung eines beim BGH zugelassenen Anwalts ist für den Antrag jedoch nicht erforderl (BGH NJW 2015, 557). Nach IV 2 aber Entscheidung **vAw**, wenn einem Bekl PKH bewilligt war, denn die Beitreibung der RA-Kosten setzt nach § 126 I gerichtl Entscheidung voraus. Dies gilt auch, wenn Parteien vereinbart haben, dass kein Kostenantrag gestellt wird; dies wirkt sich (ebenso wie sonstige Vereinbarung) nur auf Inhalt der Kostenentscheidung aus (OLG Jena NJW-RR 2018, 510); ebenso bei dennoch gestelltem Antrag (OLG Schleswig MDR 2014, 49). – **Mündliche Verhandlung** ist freigestellt (§ 128 IV).

19a Im Fall des **§ 269 III 3**, dh wenn der Kl wegen Wegfalls des Klageanlasses vor Rechtshängigkeit eine **Ermessensentscheidung** über die Kosten beantragt, muss der Ag zur Bestellung eines RA aufgefordert und – außer bei Einverständnis mit schriftl Verf – mündl Verh anberaumt werden (MskV/Foerste Rn 13a [auf Ersuchen]; Schumann FG Vollkommer, S 182 f m zutr Hinweis auf Art 6 I 1 EMRK), denn hier geht es – anders als bei der übereinstimmenden Erledigungserklärung nach § 91a – um eine kontradiktorische Entscheidung über einen Sachverhalt (Bestehen, Fälligkeit, Einredefreiheit der Klageforderung, Anlass zur Klage und Tatsache sowie Zeitpunkt dessen Wegfalls), zu dem sich der Gegner nicht äußern konnte. Daher müssen Tatsachenvortrag u Beweisangebote des Ag berücksichtigt werden (BGH NJW 2006, 775, 776); Beweis, dass seine Belastung mit den Kosten billigem Ermessen widerspricht, muss Kl erbringen (BGH aaO). Wie zu verfahren ist, wenn Ag sich nicht einlässt, ist ges nicht geregelt. Für den Fall, dass das Gericht den Wegfall des Klageanlasses nicht feststellen kann, hält St/Roth Rn 57 wegen Scheiterns des Verf nach III 3 die Fortsetzung des Prozesses für geboten (aA OLG Oldenburg MDR 2019, 380; WSch/Assmann Rn 107). Dies wird generell zu gelten haben, wenn das Gericht an einer Entscheidung nach III 3 gehindert ist; auf die Möglichkeit der Umstellung des Klageantrags gem Rn 18d aE ist der Kl aber hinzuweisen.

20 Bei **teilweiser Klagerücknahme** ist (ebenso wie bei Teilurteil) der Kostenausspruch dem Endurteil vorzubehalten, weil eine auf die künftigen und noch ungewissen Gesamtkosten bezogene Quotelung (s Rn 18b) noch nicht mögl ist. Die Kosten sind dann im Endurteil quotenmäßig zu verteilen, auch wenn sich Rücknahme nur auf Nebenforderung bezieht (s § 92 Rn 3). Unzulässig wäre ein Beschluss „Der Kl trägt die Kosten, soweit er die Klage zurückgenommen hat“, denn hier wird die notw Quotelung unzulässigerw in das Kostenfestsetzungsverf (§ 104) verlagert. Ausnahme: Der infolge teilw Klagerücknahme (so auch bei Parteiwechsel) ganz **ausscheidende Bekl** hat Anspruch auf sof Kostentitel hinsichtl seiner außergerichtl Kosten (OLG Köln VersR 76, 1164; MK/Becker-Eberhard Rn 74; zur Höhe des Erstattungsanspruchs, wenn sein Anwalt zugleich den im Prozess verbleibenden Bekl vertritt, s § 91 Rn 13.52). Über die (den Bekl ohnedies nicht belastenden) Gerichtskosten wird zwar erst im Endurteil entschieden, die Rückforderung eines gezahlten Auslagenvorschusses muss dem Ausgeschiedenen aber sogleich ermöglicht werden (OLGR Köln 1995, 63). Somit lautet der Beschluss: „Der Kl trägt die dem Bekl X erwachsenen Kosten.“ – Zu einer Ermäßigung der Verfahrensgeb kommt es durch die teilw Klagerücknahme infolge von § 6 GKG nicht. – Nimmt der Kl (zB nach einem Teilanerkenntnisurteil) die **restliche Klage** zurück, so ist über die Gesamtkosten durch Schlussurteil, nicht durch Beschluss zu entscheiden (BGH NJW-RR 99, 1741; aA OLG Düsseldorf NJW-RR 94, 827).

2) Streitige Entscheidung. Besteht Streit über Zulässigkeit oder Wirksamkeit der Klagerücknahme, ist mündl zu verhandeln (OLG Celle MDR 2012, 669; St/Roth Rn 34). Das Gericht entscheidet, wenn es die **Wirksamkeit verneint**, durch Zwischenurteil nach § 303 oder in den Gründen des auf Grund der Klage ergehenden Endurteils. **Bejaht** es die Wirksamkeit, erlässt es ein Endurteil, das die Klage für zurückgenommen erklärt und dem Kl die Kosten auferlegt (St/Roth Rn 36; Gaul ZZP 81 [1968], 273; aA [Beschluss nach § 269 IV] BGH NJW 78, 1585; BGH NJW-RR 93, 1470; MK/Becker-Eberhard Rn 35; AG/Anders Rn 58). Die Kompetenz des Vors der KfH nach § 349 II Nr 4 erstreckt sich auch auf diese Entscheidung, ebenso die des vorbereitenden Einzelrichters nach § 527 III Nr 2 (MK/Becker-Eberhard Rn 35). 21

3) Rechtsmittel (§ 269 V). Gegen **Beschlüsse** der 1. Instanz sof Beschwerde gem § 567, wenn Beschwerdewert die Grenze des § 567 II und Streitwert der Hauptsache im Beschlusszeitpunkt die Berufungssumme (§ 511 II Nr 1) übersteigt (V 1); gegen Beschluss des Berufungsgerichts Rechtsbeschwerde, wenn sie von diesem zugelassen wurde (§ 574). Nach V 2 wird (auch bereits erhobene) Beschwerde unzulässig, sobald gegen KFB, der auf Grund einer Kostenentscheidung nach IV ergeht, ein Rechtsmittel nach § 104 III wegen Ablaufs der Beschwerdefrist nicht mehr zulässig ist (BGH NJW 2015, 2590). Gegen Ablehnung eines Antrags nach IV durch erstinstanzl Gericht sof Beschwerde (§ 567). Zu der Frage, ob in Verzicht auf Begründung ein Rechtsmittelverzicht liegt, s § 91a Rn 28. – Gegen das **Urteil** nach Rn 21 sind die gewöhnl Rechtsmittel gegeben; zu inkorrekter Entscheidung s vor § 511 Rn 29 ff; zur Behandlung einer neben dem Verf nach § 269 IV eingelegten Berufung BGH NJW 98, 2453, 2454). 22

V) Erneute Klage (§ 269 VI). 1) Zulässigkeit. Die zurückgenommene Klage kann erneut erhoben werden, bei teilw Klagerücknahme auch im noch anhängigen Verf (RGZ 152, 37, 46; OLG München OLGZ 77, 483). 23

2) Einrede mangelnder Kostenerstattung. Um den Bekl vor der Belästigung durch mehrfache Klagen bzgl desselben Streitgegenstands zu schützen, kann er die Einlassung zur Hauptsache verweigern, bis die Kosten des Vorprozesses (auch etwaige Vollstreckungskosten) erstattet sind (BGH VersR 61, 860; BGH MDR 87, 137); eine Belästigungsabsicht wird hierbei nicht vorausgesetzt (BGH NJW 92, 2034; OLG München MDR 84, 501), auch PKH spielt keine Rolle (RGZ 24, 421). Bei nicht rechtzeitiger Erhebung geht die Einrede verloren (s § 282 Rn 5 ff, § 296 Rn 8a). Sie besteht auch dann, wenn die erneute Klage vom Rechtsnachfolger des früheren Kl (RGZ 33, 361) oder von einem anderen Gesamtgl (§ 429 I BGB) erhoben wird (St/Roth Rn 69), ebenso wenn der zurückgenommenen Klage im Urkundenprozess die (gem § 596 schon im Vorprozess mögl) Klage im ordentl Verf nachfolgt. Der Kl kann sich seiner Pflicht, die Kosten des Vorprozesses vor erneuter Klage zu *erstatten*, auch nicht wirksam dadurch entziehen, dass er den wiederholten Klageanspruch um den Betrag seiner Kostenerstattungspflicht mindert (also aufrechnet), oder dass er mit dem Anspruch seiner zurückgenommenen Klage im Rahmen einer Vollstreckungsabwehrklage gegen den Kostenerstattungsanspruch aufrechnet (BGH MDR 87, 137; BGH NJW 92, 2034; OLG Bremen NJW 92, 765). Dies gilt aber nicht, wenn die frühere Klageforderung unstreitig ist (BGH NJW 2011, 2370). Nicht schutzwürdig ist der Bekl auch, wenn er die Klagerücknahme veranlasst oder im Vorprozess die Kosten übernommen hat (St/Roth Rn 71). – Bei berechtigter Erhebung der Einrede kann gegen den Bekl kein VU ergehen. Erstattet der Kl dem Bekl nach Ablauf vom Gericht gesetzter Frist die Kosten des früheren Verf nicht, ist die erneute Klage durch Prozessurteil abzuweisen. Dies gilt auch im Fall der auf Aufrechnung mit der einredebehafteten Forderung gestützten Vollstreckungsabwehrklage (BGH NJW 92, 2034; aA MK/Becker-Eberhard Rn 85). – Die **Beweislast** für die Höhe der noch zu erstattenden Kosten des Vorprozesses trägt der Bekl; die Erfüllung des Kostenerstattungsanspruchs hat der Kl zu beweisen. 24

VI) Gebühren. 1) Gericht: Endet das Verf durch Klagerücknahme vor Schluss der mündl Verh (s § 136 Rn 4) bzw dem nach 1211 Nr 1 b bis e GKG-KV gleichstehendem Zeitpunkt, ermäßigt sich Geb 1210 GKG-KV auf 1,0 (1211 Nr 1 GKG-KV), wenn keine Entscheidung nach § 269 III 3 über die Kosten ergeht, es sei denn, die Entscheidung folgt nur noch einer Parteierklärung, und wenn kein Teilurteil usw vorangegangen ist (s § 253 Rn 28). Nur die in 1211 Nr 2 GKG-KV genannten Urteile sind gebührenrechtl „unschädl". In höherer Instanz hängt der Umfang der Ermäßigung davon ab, ob die Rücknahme vor oder erst nach Eingang der Rechtsmittelbegründungsschrift erfolgte (s 1221/1222 GKG-KV; 1231/1232 GKG-KV). – Nach Schluss der mündl Verh tritt keine Ermäßigung mehr ein. Schluss der mündl Verh fehlt (ausf N. Schneider NJW-Spezial 2018, 539), wenn nach Aktenlage noch eine weitere mündl Verh hätte stattfinden müssen (OLG München MDR 1997, 402; aA OLG Frankfurt MDR 1999, 1286) oder wenn die Rücknahme innerhalb einer nachgelassenen Frist erklärt wird (OLG Jena NJW 2016, 1600), nicht aber, wenn nur dem Bekl Schriftsatzfrist eingeräumt wurde (OLG Brandenburg JurBüro 2024, 371; s § 283 Rn 1). – Auch bei Rücknahme vor Zustellung verbleibt es bei der Reduzierung auf 1,0; die Geb entfällt nicht vollständig (OLG Celle 24.9.2012 – 2 W 247/12: anders bei Widerruf vor Eingang der Klageschrift). – Zur Klagerücknahme einzelner von mehreren Kl s § 307 Rn 19, die dortigen Ausf zum Anerkenntnis einzelner Bekl gelten singemäß; zur teilw Klagerücknahme Rn 20. – Beschwerde: 1810 GKG-KV. Rechtsbeschwerde: 1823 GKG-KV; Ermäßigung: 1824, 1825 GKG-KV. – **2) RA:** Es entstehen die Geb 3100 RVG-VV für das Verf und im Termin die volle 1,2 Terminsgeb (3104 RVG-VV) für beide ProzBev. – Der Kostenantrag nach II 2, 3 gehört zum Rechtszug und löst dann keine bes Geb aus (§ 19 I 2 Nr 9 RVG); anders, wenn im Zeitpunkt der Rücknahme die Geb 3100 RVG-VV noch nicht verdient war. Dann erhält der ProzBev 0,8 aus 3101 RVG-VV nach dem Hauptsachewert und für den Kostenantrag 1,3 aus 3100 RVG-VV nach dem Kostenwert, begrenzt von § 15 III RVG (N. Schneider NJW-Spezial 2020, 60). Wird der RA nur für den Kostenantrag bestellt: VV 3403 RVG-VV. – Beschwerdeverf (V): 3500 RVG-VV, ggf zusätzl die Terminsgeb 3513 RVG-VV, Wert: § 23 II 1, III 2 RVG (OLG Brandenburg JurBüro 2019, 315; N. Schneider NJW-Spezial 2019, 379). 25

§ 270 Zustellung; formlose Mitteilung

[1]Mit Ausnahme der Klageschrift und solcher Schriftsätze, die Sachanträge enthalten, sind Schriftsätze und sonstige Erklärungen der Parteien, sofern nicht das Gericht die Zustellung anordnet, ohne besondere Form mitzuteilen. [2]Bei Übersendung durch die Post gilt die Mitteilung am vierten Tag nach der Aufgabe zur Post als bewirkt, sofern nicht die Partei glaubhaft macht, dass ihr die Mitteilung nicht oder erst in einem späteren Zeitpunkt zugegangen ist.

S 2 geändert durch G zur Modernisierung des Postrechts v 15.7.2024 (BGBl I 2024 Nr 236) mWv 1.1.2025.

1 **1) Bedeutung.** Die Vorschrift regelt, in welcher *Form* (förml Zustellung nach den §§ 166 ff oder formlose Mitteilung) die an das Gericht gerichteten Parteierklärungen den anderen Beteiligten (Gegenpartei u Streithelfer) zu übermitteln sind. Die *Verpflichtung* hierzu ergibt sich bereits aus dem Anspruch auf rechtl Gehör. Zustellung anstatt bloßer Mitteilung ist unschädl, aber aus Kostengründen zu vermeiden (soweit nicht elektron mögl; s § 173). Findet dagegen statt gebotener Zustellung eine formlose Übermittlung statt, so treten die mit der Erklärung bezweckten Rechtsfolgen nicht ein; eine Heilung nach § 189 setzt entspr Zustellungswillen voraus (s § 189 Rn 2). Für die Zustellung bzw Mitteilung gerichtl Entscheidungen, Aufforderungen usw gelten § 317 I, § 329 II, III.

2 **2) Förmliche Zustellung.** Sie ist vorgeschrieben für die Klageschrift (§ 253 I), die Einspruchsschrift (§ 340a), für Rechtsmittel- u Rechtsmittelbegründungsschriften (§ 521 I, § 550 II, § 551 IV, § 575 IV 2), für die Klagerücknahme nur bei notwendiger Einwilligung des Bekl (§ 269 II 3) sowie nach § 270 S 1 für alle Schriftsätze mit **Sachanträgen**, dh solchen, die sich auf den Inhalt der begehrten Entscheidung beziehen (zB Rechtsmittelanträge, Klageänderung).

3 **3) Formlose Mitteilung.** Sie genügt bei allen sonstigen nur den Verfahrensablauf betr Anträgen und Erklärungen (zB Verweisung, Aussetzung, Fristverlängerung, Rechtsmittelrücknahme) sowie den bloßen Verteidigungsanträgen des Bekl (zB auf Klageabweisung, Zurückweisung des Rechtsmittels; BGHZ 52, 385, 358; MskV/Foerste Rn 2; Schlicht NJW 70, 1633; aA MK/Becker-Eberhard Rn 6; KG NJW 70, 616, 617). Kommt es auf Tatsache oder Zeitpunkt des Zugangs an, greift die – durch Glaubhaftmachung (§ 294) widerlegbare – Vermutung nach S 2 ein.

4 **4) Verfahren.** Die Mitteilung bzw Zustellung der Schriftsätze veranlasst die GeschSt des Gerichts vAw (§ 166 II, § 168 I). Wo beide Parteien durch Anwälte vertreten sind, genügt grds Zustellung von Anwalt zu Anwalt (§ 195; Ausnahmen s § 195 Rn 8). Näher zum Zustellungsverf §§ 166 ff (u Vorbem dazu); zur Zustellung im Ausland insb §§ 183 f; zu den für die Zustellung benötigten Abschriften s § 133, § 253 IV, § 340a S 3; zur Beglaubigung der Abschriften § 169 II. – Amtsgericht Verf: § 496.

§ 271 Zustellung der Klageschrift

(1) Die Klageschrift ist unverzüglich zuzustellen.

(2) Mit der Zustellung ist der Beklagte aufzufordern, einen Rechtsanwalt zu bestellen, wenn er eine Verteidigung gegen die Klage beabsichtigt.

1 **I) Pflichten des Gerichts nach Eingang einer Klage. 1) Festsetzung des Gebührenstreitwerts.** Nach § 63 I GKG durch Beschluss des Gerichts (in voller Besetzung, bei der KfH Vors allein, § 349 II Nr 11). Unnötig bei in Euro beziffertem Klageantrag. Keine Anhörung der Parteien. Beschwerde: § 67 GKG.

2 **2) Anforderung des Gebührenvorschusses nach § 12 I GKG.** Anzufordern sind 3 Geb nach KV Nr 1210, soweit noch nicht (vollständig) einbezahlt und keine Ausnahme (§ 12 II, § 14 GKG) gegeben. Anforderung durch den Kostenbeamten (§ 22 II KostVfg). Bei Nichteinzahlung s Rn 6.

3 **3) Erfüllung von Mitteilungspflichten.** Bsp: Klagen aus Kartellverträgen oder -beschlüssen (§ 90 I, IV GWB; näher MiZi I/11), Klagen auf Räumung von Wohnraum nach §§ 543, 569 BGB (MiZi IV/1). Zuständigkeit: § 18 EGGVG Rn 6.

4 **4) Unverzügliche Zustellung der Klage (§ 271 I).** Sie wird vAw veranlasst (§ 166 II), sofern kein Fall nach Rn 6 vorliegt. Verf: §§ 166 ff. Zuständig ist der UrkB (s § 168 Rn 1); wegen evtl zugleich zuzustellender richterl Verfügungen (s Rn 4a) aber vorh Vorlage an Vors. Zuzustellen ist eine (vom RA, sonst vom UdG, § 169 II) begl Abschrift der Klage (zu den Anforderungen an Beglaubigungsvermerk und Heilung von Mängeln s BGH NJW 2017, 3721 [Toussaint]). Anlagen, auf die in der Klageschrift Bezug genommen wird, sind mit zuzustellen (BGH NJW 2007, 775). Adressat: §§ 170 ff. Ist der ges Vertreter eines Bekl auch selbst Bekl, ist ihm in beiden *Eigenschaften gesondert zuzustellen*. Bei AG und eG ist ggf mehreren Organen zuzustellen (s § 170 Rn 5 aE). Ist bereits ein ProzBev bestellt (s § 172 Rn 4 ff), muss an diesen zugestellt werden; Zustellung sonst – heilbar – wirkungslos. – Wegen Zustellungsmängeln u deren Heilung s § 253 Rn 26 f. Wegen Behandlung der mit einem

Gesuch um PKH eingereichten Klage s § 117 Rn 11 ff. Zur Unwirksamkeit einer Klagezustellung von Anwalt zu Anwalt s § 253 Rn 21. Wegen Zustellung im Ausland s die Erl zu § 183.

5) Anordnungen zum weiteren Verfahren. a) Terminsladung (§ 216 II), sofern bereits früher 1. Termin bestimmt wird (§ 274 II), bzw **Aufforderung nach § 276 I 1** bei Wahl des schriftl Vorverf (zu dieser Verfahrenswahl s § 272 Rn 2). – **b) Aufforderung zur Klageerwiderung** (§ 275 I, § 276 I 2), ggf mit **vorbereitenden Hinweisen und Anordnungen** (§§ 139, 273). – **c) Aufforderung zu Anwaltsbestellung (§ 271 II)**, sofern Anwaltsprozess (§§ 78, 78b). Bei Unterbleiben ist die dort ohne RA erscheinende Partei iSd § 335 I 2 nicht ordnungsgemäß geladen (vgl §§ 214, 215 II), Klagezustellung aber wirksam. 4a

II) Wirkung der Zustellung. Sie begründet die Rechtshängigkeit der Sache mit deren prozessualer (§ 261) u mat-rechtl Wirkung (§ 262); ggf Vorwirkung nach § 167. Formlose Mitteilung der Klage an den Gegner, zB zur Stellungnahme zu einem Gesuch um PKH (s § 117 Rn 12 f), bewirkt keine Rechtshängigkeit bis zur rügelos streitigen Einlassung des Gegners (hierzu und zur Zustellung an eine andere als die vom Kl als Bekl bezeichnete Person s § 253 Rn 26). 5

III) Vorläufiges Absehen von der Zustellung. Es ist geboten, wenn Kl die Gebühr nach § 12 I GKG (s Rn 2) noch nicht entrichtet hat, die nach § 133 erforderl Abschriften fehlen oder formale Mängel iSv § 253 Rn 22 ff vorliegen (zum Fehlen von Angaben zur außergerichtl Streitbeilegung s § 253 Rn 24). Kl wird zur Behebung des Hindernisses aufgefordert. Bei Nichtzahlung der Gebühr wird nach 6 Monaten Weglegen der Akten verfügt (§ 7 AktO) u die nach § 6 GKG fällige Zahlung beigetrieben, analog 1211 GKG-KV in Höhe von 1,0 (Binz/Dörndorfer/Zimmermann § 12 GKG Rn 4). Einer Gerichtsentscheidung bedarf es hierzu nicht (aA OLG Nürnberg NJW 2017, 3795 [abl Hansens]). – Zu **endgültiger Verweigerung** der Zustellung s § 253 Rn 21a. Das Fehlen von Prozessvoraussetzungen ist grds kein Zustellungshindernis, sondern hindert nur ein Sachurteil (s vor § 253 Rn 9). – **Rechtsbehelf** gegen Verweigerung der Zustellung: sof Beschwerde gem § 567 I Nr 2 (StJ/Thole Rn 41), gegen Vorauszahlungsforderung § 67 GKG. 6

IV) Gebühren. Die Aufforderung nach II wird durch die allg VerfGeb abgegolten. 7

§ 272 Bestimmung der Verfahrensweise

(1) Der Rechtsstreit ist in der Regel in einem umfassend vorbereiteten Termin zur mündlichen Verhandlung (Haupttermin) zu erledigen.

(2) Der Vorsitzende bestimmt entweder einen frühen ersten Termin zur mündlichen Verhandlung (§ 275) oder veranlasst ein schriftliches Vorverfahren (§ 276).

(3) Die Güteverhandlung und die mündliche Verhandlung sollen so früh wie möglich stattfinden.

(4) Räumungssachen sind vorrangig und beschleunigt durchzuführen.

1) Zweck der Vorschrift. Konzentration auf 1 Verhandlungstermin (Haupttermin, **§ 272 I**). Damit dieses Ziel erreicht werden kann, bedarf es umfassender Aufbereitung des Prozessstoffs durch Schriftsätze oder in einem Vorbereitungstermin (**§ 272 II**). Entscheidender als die richtige Wahl zwischen diesen Wegen (hierzu s Rn 2) ist deren sinnvolle Ausgestaltung iSd Konzentration und Konkretisierung des Parteivorbringens. Dies setzt eine frühzeitige Einarbeitung in den Streitstoff sowie vorbereitende Hinweise und Maßnahmen nach §§ 139, 273 voraus; auf diese Weise kann oft schon im 1. Termin Entscheidungsreife herbeigeführt werden und ein Haupttermin entfallen. Dagegen erschwert ein ungelenkter Schriftsatzaustausch, wie er bei beiden Verfahrensoptionen zu beobachten ist, allen Beteiligten die Prozessführung; sein Zulassen verletzt zudem ebenso wie das Abhalten bloßer „Durchlauftermine" die Pflicht zur materiellen Prozessleitung (§ 139 I 2). Damit das Ziel der Verfahrenskonzentration nach § 272 I nicht an der mangelhaften Mitwirkung der Parteien scheitert, ist deren Untätigkeit durch § 296 mit Rechtsnachteilen bedroht. 1

2) Wahl des Verfahrensgangs. Die Wahl zwischen frühem 1. Termin (§ 275) u schriftl Vorverf (§ 276) steht im (nicht nachprüfbaren; OLG Frankfurt MDR 83, 411) pflichtgebundenen Ermessen des Vors. Ein kurzfristig anberaumter Verhandlungstermin (mit vorgeschalteter Güteverh nach § 278 II) ermöglicht uU eine frühzeitige Kanalisierung des Prozessstoffs und eine stringente Gestaltung des weiteren Verf; schriftl Vorverf ist sinnvoll, wenn bereits die Vorerörterung mit den Parteien in der Güteverh nach § 278 II noch schriftl Vorbereitung bedarf oder wo eine solche Vorerörterung aus bes Gründen unterbleiben soll, die Komplexität der Materie aber zugleich eingehendere schriftl Äußerungen erfordert. Ist absehbar, dass der Bekl sich gegen die Klage nicht verteidigen wird, kann auch die Möglichkeit eines schriftl VU nach § 331 III Anlass zur Wahl des schriftl Vorverf geben. Belastungssituation und Terminkalender sind keine beachtl Gesichtspunkte (s Rn 4). IZw verdient schriftl Vorverf Vorzug, weil es oftmals Verhandlungstermin erspart. Zudem ist bei Klagezustellung oft nicht absehbar, ob und wie sich der Bekl einlässt und wie er sich zur Übertragung auf den Einzelrichter (§ 277 I 2, § 275 I 2 Hs 2) verhält. Nach Vorliegen der Klageerwiderung kann dann sogleich in die Vorbereitung des 2

Haupttermins eingetreten werden, sofern nicht, evtl auf Grund informeller Erörterungen mit den Parteien (s § 273 Rn 15), eine Entscheidung ohne mündl Verh (§ 128 II), ein schriftl Vergleichsvorschlag (§ 278 VI), eine Verweisung an den Güterichter (§ 278 V) oder auf ein außergerichtl Verf (§ 278a) in Betracht kommt (näher Greger MDR 2020, 509, 513). Zweckwidrig ist jedenfalls ein größerer zeitl Abstand zwischen Klagezustellung und (dann nicht mehr *frühem*) ersten Termin. – **Ausgeschlossen** ist schriftl Vorverf in Ehesachen (§ 113 IV Nr 3 FamFG); auch mit dem Wesen der zivilprozessualen Eilverf (Arrest, einstw Verfügung, Wechsel- oder Scheckprozess) ist es nicht vereinbar. Im Verf nach der EuBagatellVO gibt es keinen frühen 1. Termin (§ 1100 II).

3 **3) Zeitpunkt.** Kann der Vors die Zweckmäßigkeit eines mündl Vorbereitungstermins (s Rn 2) bereits anhand der Klageschrift beurteilen, lädt er hierzu sogleich mit deren Zustellung (§ 274 II). Anderenfalls verfährt er nach § 276. – Ein **Wechsel** zwischen den Verfahrensarten ist ges nicht vorgesehen u unnötig (teilw aA MK/Prütting Rn 13 ff): Der Vors kann das schriftl Vorverf (jedenfalls nach Eingang der Verteidigungsanzeige) beenden, indem er Güte- bzw Verhandlungstermin (§ 278 II) bestimmt. Hält er nach Wahl des Verf mit frühem 1. Termin noch schriftsätzl Aufklärung für erforderl, kann er diese ohnehin nach § 273 II Nr 1 anordnen, den Termin auch nach § 227 verlegen.

4 **4) Beschleunigungsgebot (§ 272 III, IV).** Termin für die Güte- bzw mündl Verh darf nicht weiter hinausgerückt werden, als durch ges Fristen und Geschäftslast des Gerichts (hierzu OLG Schleswig NJW 81, 691) oder durch Erfordernisse der Terminsvorbereitung (§ 273) geboten (BVerfG NJW 2004, 3320). Verfehlt wäre es aber, nur deswegen schriftl Vorverf anzuordnen, weil eine kurzfristige Terminierung nicht mögl ist; auch ein *etwas* späterer 1. Termin entspricht § 275. Näher zur **Terminsbestimmung** s § 216 Rn 13 ff. – **Besondere Beschleunigung** ist angeordnet für Räumungssachen (IV) sowie in § 246 III 2 AktG, § 51 III 4, § 96, § 112 I 2 GenG, § 44 EGZPO (dazu Klein MDR 2021, 393 ff). Diese Vorschriften richten sich nur an Gericht u Vollstreckungsorgane; bes Pflichten von RA u Parteien sind daraus nicht abzuleiten (BGH NJW 2018, 1400).

§ 273 Vorbereitung des Termins

(1) Das Gericht hat erforderliche vorbereitende Maßnahmen rechtzeitig zu veranlassen.

(2) Zur Vorbereitung jedes Termins kann der Vorsitzende oder ein von ihm bestimmtes Mitglied des Prozessgerichts insbesondere

1. **den Parteien die Ergänzung oder Erläuterung ihrer vorbereitenden Schriftsätze aufgeben, insbesondere eine Frist zur Erklärung über bestimmte klärungsbedürftige Punkte setzen;**
2. **Behörden oder Träger eines öffentlichen Amtes um Mitteilung von Urkunden oder um Erteilung amtlicher Auskünfte ersuchen;**
3. **das persönliche Erscheinen der Parteien anordnen;**
4. **Zeugen, auf die sich eine Partei bezogen hat, und Sachverständige zur mündlichen Verhandlung laden sowie eine Anordnung nach § 378 treffen;**
5. **Anordnungen nach den §§ 142, 144 treffen.**

(3) [1]Anordnungen nach Absatz 2 Nr. 4 und, soweit die Anordnungen nicht gegenüber einer Partei zu treffen sind, 5 sollen nur ergehen, wenn der Beklagte dem Klageanspruch bereits widersprochen hat. [2]Für die Anordnungen nach Absatz 2 Nr. 4 gilt § 379 entsprechend.

(4) [1]Die Parteien sind von jeder Anordnung zu benachrichtigen. [2]Wird das persönliche Erscheinen der Parteien angeordnet, so gelten die Vorschriften des § 141 Abs. 2, 3.

1 **I) Bedeutung und Grenzen der Vorbereitungspflicht.** § 273 konkretisiert die Pflicht des Gerichts zur materiellen Prozessleitung (s § 139 Rn 1 ff) u zur Konzentration des Rechtsstreits auf einen Haupttermin (§ 272 I; s vor § 128 Rn 13b), indem er eine **umfassende Vorbereitung** jedes (auch schon des frühen 1.) Termins verlangt. Das Vorbringen der Parteien muss demnach schon im Vorverhandlungsstadium erfasst, strukturiert und für die mündl Verh aufbereitet werden (s § 139 Rn 4b). Dies kann auch mithilfe von KI (s KI Rn 13 f, auch zu den Grenzen), iÜ durch Hinweise des Gerichts (§ 139), informelle (zB telefonische) Vorgespräche mit den ProzBev (s Rn 15) sowie Maßnahmen der in II beispielhaft genannten Art (s Rn 6 ff) geschehen. Maßnahmen nach § 273 stellen keine Beweisaufnahme dar, sondern bereiten sie allenfalls vor.

2 Im Interesse der **Begrenzung oder gütl Beilegung des Konflikts** kann es angezeigt sein, vor der Güteverh (§ 278 II) keine Maßnahmen zu treffen, die Kosten verursachen oder Fronten verhärten können. In jedem Fall empfiehlt sich eine das Verfahren strukturierende, formlose Besprechung mit den ProzBev (Erörterungstermin, Strukturgespräch, Verfahrenskonferenz; s Rn 15).

3 Der **Verhandlungsgrundsatz** (*s vor § 128 Rn 10 ff*) darf nicht angetastet werden. § 273 gibt keine Befugnis zur Amtsaufklärung; hierin läge ein grober Verstoß gegen Neutralitätspflicht des Gerichts, Parteifreiheit und -verantwortung im Zivilprozess und das verfassungsrechtl Willkürverbot (BVerfG NJW 94, 1210, 1211). Zulässig

sind demnach im Grundsatz nur solche Vorbereitungsmaßnahmen, die im Vorbringen der Parteien eine Grundlage finden und, soweit sie auf die Beibringung von Beweismitteln abzielen, die für die entspr Beweiserhebungen geltenden Vorschriften der ZPO beachten.

Bei **Kollegialgerichten** ist zu beachten, dass die Beweiserhebung grds dem Kollegium vorbehalten ist. Die vorbe- 4
reitenden Aktivitäten des Vors dürfen daher der Kollegialentscheidung über Beweislast, Beweiserheblichkeit und Eignung der Beweismittel nicht vorgreifen. IÜ jedoch nimmt § 273 im Interesse der Verfahrensförderung in Kauf, dass der Vors nach seinem pflichtgemäßen Ermessen (Kalthoener DRiZ 75, 203; Walchshöfer NJW 76, 699) im Einzelfall Vorbereitungsmaßnahmen trifft, die sich nachträgl als entbehrl erweisen (BGH NJW 75, 1745).

II) Vorbereitende Anordnungen nach § 273 II. 1) Allgemeines. Sie ergehen **außerhalb der mündl Verh** 5
durch Verfügung des Vors oder eines von ihm bestimmten Mitglieds des Spruchkörpers, insb des Berichterstatters, die der vollen **Unterschrift** (vgl BGHZ 76, 236 = MDR 80, 572) bedarf und bei – idR gebotener – Fristsetzung in begl Abschrift zuzustellen, ansonsten formlos mitzuteilen ist (zur notw Information der Parteien s IV). Einer Belehrung über die Folgen einer Fristversäumung bedarf es nicht (OLG Düsseldorf MDR 85, 417). – **In der mündl Verh** werden Anordnungen (zur Vorbereitung eines Folgetermins) beschlussmäßig getroffen (s § 275 Rn 2). – Die Aufzählung in II ist **nicht abschließend**. Mögl sind zB auch formlose Erörterungstermine, Telefon- oder Videokonferenzen (s Rn 15).

2) Anordnung der Ergänzung des Vorbringens (§ 273 II Nr 1). ZB kann aufgegeben werden, unklare Anga- 6
ben zu erläutern, unübersichtl Sachvortrag zu ordnen, tabellarische oder chronologische Zusammenstellungen zu fertigen, Fragebögen auszufüllen, Berechnungen vorzunehmen, Skizzen oder Fotos anzufertigen u vorzulegen (WSch/Assmann Rn 25; MskV/Foerste Rn 10; Zwickel MDR 2021, 716, 718; s § 139 Rn 4b). Im Weigerungsfall kann, dem Rechtsgedanken von § 427 entspr, mangelnde Erfüllung der Darlegungs- oder Substantiierungslast (s § 138 Rn 7b ff, vor § 284 Rn 4, 9) angenommen oder die Beweiswürdigung negativ beeinflusst werden (s § 286 Rn 14b). Hierbei gesetzte Fristen sind richterl iS § 224 II, daher Verlängerung oder Abkürzung mögl. Bei Angriffs- oder Verteidigungsmitteln ggf Präklusion nach § 296 I. Bei Frist zur Nachreichung einer Zeugenanschrift gilt dagegen ausschließl § 356 (BGH NJW 93, 1926).

3) Anforderung von behördlichen Urkunden oder amtlichen Auskünften (§ 273 II Nr 2). Die Maßnahme 7
dient nur der Terminsvorbereitung auf der Grundlage des Parteivortrags (s Rn 3), kann aber, wenn die Urk oder Auskunft in die mündl Verh eingeführt wird, uU einen beantragten Zeugen-, SV- oder Urkundenbeweis (§ 432) entbehrl machen. So kann zB ein Ampelschaltplan angefordert werden, wenn Behauptungen zur Phasierung streitig sind (KG VersR 2008, 797). Auch das Abrufen von Informationen auf einer behördl Website fällt unter Nr 2 (s § 291 Rn 1b). Bei Urk entfällt die Einschränkung des § 432 II; für die beweismäßige Verwertung gelten die allg Grundsätze des Urkundenbeweises (§§ 415 ff; s insb Erl zu § 432). Amtl Auskunft kann aber, falls beantragt, auch Beweismittel sein (s vor § 355 Rn 2, vor § 373 Rn 2). Soweit sie als SV-Gutachten zu werten ist (s vor § 402 Rn 8; BGH LM § 402 Nr 16; zB die Auskunft des Gutachterausschusses gem § 192 BauGB, BGHZ 62, 93 = NJW 74, 701), bleibt sie dem Beweisbeschluss des Kollegiums (s Rn 4) vorbehalten.

Auch die **Beiziehung von Akten** über Verwaltungs- oder andere Gerichtsverf ist zulässig, aber nur, wenn u soweit 7a
sich eine Partei (nicht notwendig ausdrückl, aber wenigstens durch Ansprechen des behördl Vorgangs) auf sie bezogen hat (BVerfG NJW 2014, 1581, 1582; BGH NJW 94, 3295, 3296; BGH NJW 2004, 1324, 1325). Das Gericht darf zB nicht Akten eines Straf-, Betreuungs- oder Vollstreckungsverf informatorisch beiziehen, von dem es zufällig Kenntnis hat, wohl aber die Strafakte über einen Verkehrsunfall, wenn eine Partei sich zum Beleg ihrer Darstellung auf die polizeil Unfallaufnahme bezieht (zu der hiervon zu trennenden Frage, inwieweit Vernehmungsprotokolle oder Gutachten aus solchen Akten *beweismäßig* verwertbar sind, s vor § 373 Rn 12, vor § 402 Rn 11). Zum Gegenstand der mündl Verh und der Entscheidung darf nur der Aktenteil gemacht werden, der in Bezug genommen war (und keinem vorrangigen Geheimnisschutz unterliegt; s Rn 8a); die Verwertung anderweitiger Erkenntnisse aus den Akten wäre verbotene Amtsermittlung (BGH NJW 2004, 1324; BGH NJW-RR 2014, 903). Fragwürdig BVerfG NJW 2014, 1581 u OLG Hamm BB 2014, 526, wonach Aktenbeiziehung zulässig sein soll, um dem Kl zur Substantiierung seines Vortrags die Benennung bestimmter Personen zu ermöglichen.

Adressaten von Anordnungen nach II können Behörden (vgl § 1 IV VwVfG) und Träger eines öffentl Amtes 8
sein. Dabei kommt es nicht auf die rechtl Verselbständigung oder die Eingliederung in den Staatsaufbau an, sondern darauf, dass die erbetene Auskunft die Ausübung **öffentl Aufgaben** betrifft. Dies kann auch bei Einrichtungen der mittelbaren Staatsverwaltung, beliehenen Unternehmern und kirchl Stellen der Fall sein. Von ausl Behörden können im Wege der Rechtshilfe ebenfalls Auskünfte eingeholt werden (BGH NJW 92, 3106, 3107). An Verwaltungseinrichtungen mit rein fiskalischen Zuständigkeiten darf sich der Vors dagegen ebenso wenig wenden wie an Privatunternehmen oder -personen (dieser Bereich steht ausschließl dem Zeugenbeweis bzw Anordnungen nach § 142 offen).

Die **Berechtigung oder Verpflichtung der Behörde** zur Auskunft bzw Urk- oder Aktenübermittlung ergibt 8a
sich aus den allg Regelungen zur Amtshilfepflicht (§§ 4 ff VwVfG) oder spezialgesetzl Vorschriften (zB §§ 406e, 474 ff StPO). Dabei bietet § 273 II Nr 2 eine ausreichende Rechtsgrundlage für die Übermittlung, auch iSv Art 6 DSGVO; Geheimhaltungsinteressen hat das ersuchende Gericht gegen das Rechtsschutzinteresse der Parteien

abzuwägen und seine hierbei leitenden Erwägungen in seiner Entscheidung darzustellen (BVerfG NJW 2014, 1581; zu Ermittlungsakten der BaFin s Lochner/Illner FS 25 Jahre WpHG, 2020, S 441 ff). Notar muss, soweit sein Zeugnisverweigerungsrecht reicht (§ 383 I Nr 6 iVm § 18 BNotO), die Herausgabe von Urk verweigern, solange keine Befreiung nach § 18 II BNotO erfolgt ist. Beschränkt die übersendende Behörde die Einsicht der Prozessparteien in die übersandte Akte teilweise oder ganz, kann der Teil der übersandten Akte, in die keine Einsicht gewährt werden darf, im Zivilprozess wegen Art 103 I GG auch nicht verwertet werden (BVerfG NJW 2014, 1581, 1582). Zum Verf bei **Verweigerung** der Urkundenherausgabe s § 432 m Erl. Zur Übermittlung **elektron Akten** s BehördenaktenübermittlungsVO v30.4.2025, BGBl 2025 I Nr 125.

9 **4) Ladung von Parteien (§ 273 II Nr 3).** Zu persönl Anhörung (§ 141 I), Güteversuch (§ 278 III) oder Vernehmung (§§ 445 ff). Der Grund ist mit der Ladung (IV 2 iVm § 141 II bzw § 278 II 2, § 450 I) mitzuteilen, denn die Folgen des Nichterscheinens sind in den Fällen der §§ 141, 278, 445 teilw verschieden und können bei Unterbleiben der Mitteilung nicht eintreten. Die Anordnung ist nicht davon abhängig, dass Bekl dem Klageanspruch bereits widersprochen hat (Umkehrschluss aus § 273 III 1).

10 **5) Ladung von Zeugen (§ 273 II Nr 4 Alt 1).** Nur mögl nach schriftl Beweisantritt einer Partei und tunlichst erst (III 1: „sollen"), wenn das Beweisthema vom Gegner bestritten und Auslagenvorschuss gezahlt ist (III 2 iVm § 379). Dem Gegner kann zur Erklärung, ob er das Beweisthema bestreitet, Frist gem II Nr 1 gesetzt werden. Ladung ohne vorheriges Bestreiten in Eilfällen zulässig; dann auch ohne Auslagenvorschuss (§ 379: „kann"). Bei Ladung ist dem Zeugen das Beweisthema mitzuteilen, sonst sind Ordnungsmittel bei seinem Fernbleiben (§ 380) unzulässig (KG NJW 76, 719; OLG Celle OLGZ 77, 366). Wo davon auszugehen ist, dass dem Zeugen Unterlagen über das Beweisthema als Gedächtnisstütze zugängl sind, sollte er gem § 378 (s § 378 Rn 1, 2) mit der Zeugenladung aufgefordert werden, diese Unterlagen einzusehen und möglichst zum Termin mitzubringen. Eine Anhörung von Zeugen vor dem Termin ist nur gem § 358a (Beweisbeschluss des voll besetzten Gerichts) mögl. Auch die Einholung einer schriftl Zeugenaussage (§ 377 III) ist bereits Durchführung, nicht nur Vorbereitung der Beweisaufnahme und daher nicht von § 273 gedeckt (vgl § 358a S 2 Nr 3).

11 **6) Ladung von Sachverständigen (§ 273 II Nr 4 Alt 2).** Sinnvoll, wenn damit zu rechnen ist, dass der SV für eine mündl Begutachtung im Termin oder zur Vorbereitung eines schriftl Gutachtens benötigt wird (s § 404a Rn 2). Beweisantritt nicht erforderl (§ 144 I); ansonsten wie Rn 10, jedoch kann bei Fehlen eines Beweisantritts kein Auslagenvorschuss nach § 379 verlangt werden (s § 379 Rn 3). SV können auch für eine Beratung außerhalb der mündl Verh hinzugezogen werden (§ 144 I 1; s § 144 Rn 2; Greger DS 2022, 95 ff).

12 **7) Urkundenvorlegung und -übersetzung (§ 273 II Nr 5 Alt 1).** Mögl unter den Voraussetzungen des § 142, auch ggü Dritten (zu deren Schonung aber grds nur, wenn Bekl der Klage bereits widersprochen hat, III 1).

13 **8) Augenschein, Hinzuziehung von Sachverständigen, Vorlegungs- und Duldungsanordnungen (§ 273 II Nr 5 Alt 2).** Da § 273 den Vors nur zu verhandlungsvorbereitenden Maßnahmen ermächtigt, dürfen auch diese Anordnungen eine Beweisaufnahme nicht vorwegnehmen. In Betracht kommt zB die Beibringung von Augenscheinsobjekten, die Suche nach einem geeigneten SV oder die Beschaffung der Grundlagen für seine Begutachtung. Die Beweiserhebung selbst ist Sache des Gerichts. Da § 358a u § 144 auch eine solche schon vor dem Termin ermöglichen, gehen die Befugnisse nach diesen Vorschriften und nach § 273 ineinander über; beim Kollegialgericht ist jedoch die Zuständigkeit zu beachten.

14 **9) Benachrichtigung der Parteien (§ 273 IV).** Sie ist Gebot rechtl Gehörs (vgl BVerfG NJW 94, 1210, 1211). Ist sie unterblieben, kann Partei Vernehmung des Zeugen, Anhörung des SV, Einführung von Akteninhalten usw widersprechen, sodass uU Vertagung erforderl wird (BGHZ 177, 25, 34 = ZIP 2008, 1526 Tz 20).

15 **III) Erörterungstermin.** Auch wenn in der ZPO (anders als zB in § 87 I 2 Nr 1 VwGO) ein solcher nicht als vorbereitende Maßnahme aufgeführt ist, kann der Vors oder ein von ihm beauftragtes Mitglied des Spruchkörpers den Verfahrensablauf mit den Parteien in einem formlosen Termin vorbesprechen, auch in einer Telefon- oder Videokonferenz (s § 139 Rn 4d; Greger NJW 2014, 2554 ff; Diekmann NJW 2021, 605, 607; Zwickel MDR 2021, 716, 720; Köbler ZRP 2023, 133, 134 f; ebenso BTDrs 20/8649, 37 anlässl der Einführung des obligatorischen Organisationstermins nach § 612 beim Commercial Court). Gegenstand kann zB sein: Einverständnis mit schriftl Entscheidung (§ 128 II); Abschichten oder Strukturieren des Prozessstoffs (§ 139 I 3); Anordnung persönlichen Erscheinens (§ 141) oder von Urkundenvorlage, Augenschein, Begutachtung (§§ 142, 144); Aussichten einer Güteverhandlung (§ 278 II); Güterichterverweisung (§ 278 V); schriftl Vergleichsvorschlag (§ 278 VI); Vorgehen nach § 278a; vortermінl Beweisaufnahme (§ 358a). Eine digital erstellte Relationstabelle kann dabei wertvolle Unterstützung bieten, weil sie Lücken u Unklarheiten, aber auch Möglichkeiten zur Begrenzung des Streitstoffs aufdeckt (s § 139 Rn 4c). Für Parallelverf (insb in sog Massensachen) können uU gemeinsame Besprechungen durchgeführt werden, was große Synergieeffekte erzeugen kann. In komplexen Fällen empfiehlt sich Strukturgespräch unter Beiziehung eines SV (Schobel MDR 2014, 1004; s § 144 Rn 2).

16 ***IV) Gebühren. 1) Gericht:*** *keine Gerichtsgeb für die Anordnung selbst;* mit der Anordnung entfällt die Möglichkeit einer Gebührenbegünstigung (1211 GKG-KV) noch nicht. – **2) RA:** 1010 RVG-VV (Zusatzgeb für Beweisaufnahmen). Die Geb fällt aber nicht schon im Stadium der Terminsvorbereitung an.

§ 273a Geheimhaltung

Das Gericht kann auf Antrag einer Partei streitgegenständliche Informationen ganz oder teilweise als geheimhaltungsbedürftig einstufen, wenn diese ein Geschäftsgeheimnis nach § 2 Nummer 1 des Gesetzes zum Schutz von Geschäftsgeheimnissen sein können; die §§ 16 bis 20 des Gesetzes zum Schutz von Geschäftsgeheimnissen sind entsprechend anzuwenden.

Eingefügt durch Justizstandort-Stärkungsgesetz v 7.10 2024 (BGBl 2024 I Nr 302) mWv 1.4.2025.

Lit: *Harte-Bavendamm/Ohly/Kalbfus*, GeschGehG, 2. Aufl 2024; *Keller/Schönknecht/Glinke*, GeschGehG, 2021.

I) Bedeutung. Die am 1.4.2025 in Kraft getretene, nach § 37b EGZPO auch in bereits anhängigen Verfahren anwendbare Vorschrift soll den davor nur für die mündl Verh eingreifenden Geheimnisschutz nach §§ 172 ff GVG verbessern, indem sie die Möglichkeit schafft, bestimmte Informationen bereits ab Klageeinreichung u über den Abschluss des Prozesses hinaus als geheimhaltungsbedürftig einzustufen. Dies war bisher nur in Geschäftsgeheimnisstreitsachen iSv § 16 I GeschGehG mögl u gilt nunmehr für alle zivilgerichtl Verf u in allen Instanzen, auch vor den Commercial Courts (aA Lütke/Gramlich NJ 2024, 485, 488), im einstw Rechtsschutz u sBV (vgl BGH MDR 2024, 187) sowie ZwV (§ 273a Hs 2 ZPO, § 19 III GeschGehG). Für Geschäftsgeheimnisstreitsachen bleibt das GeschGehG lex specialis (Lütke/Gramlich NJ 2024, 485, 487). Nach Beendigung des Verf kann keine Anordnung nach § 273a mehr getroffen werden (BTDrs 20/8649, 33; aA Leuering/Rosa-Schneiders NJW 2024, 3177, 3181). 1

II) Voraussetzungen. Geheimnisschutz kann angeordnet werden für **Geschäftsgeheimnisse** iSv § 2 Nr 1 GeschGehG. **Geheim** sind Informationen, die in den einschlägigen Kreisen weder allg bekannt noch ohne Weiteres zugängl sind; dass ein von der Anordnung Betroffener von ihr bereits anderweitig Kenntnis erlangt hat, steht nicht entgegen (zur Bedeutung dieses Umstands s Rn 13). Die Informationen müssen von **wirtschaftl Wert** sein, dh die ungewollte Kenntniserlangung durch Dritte muss die geschäftl Interessen des Inhabers beeinträchtigen. Zudem muss der rechtmäßige Inhaber für sie **angemessene Maßnahmen zur Geheimhaltung** getroffen (eingeh dazu OLG Schleswig GRUR-RR 2022, 404 Tz 51 ff; krit dazu Ahrens Beweis, Kap 5 Rn 27b) u an dieser ein **berechtigtes Interesse** haben. Ob die Information in irgendeiner Form verkörpert ist, spielt keine Rolle (Leuering/Rosa-Schneiders NJW 2024, 3177, 3179). Die Information muss **im geschäftl Verkehr verwertbar** (dh nicht rein privater Natur) sein u **Bezug zum Streitgegenstand** der Hauptsache haben. Daher kann der Bekl mit der Behauptung, das vom Kl geltend gemachte Geschäftsgeheimnis stehe in Wirklichkeit ihm zu, eine Schutzanordnung nur dann erreichen, wenn er es aufgrund ihn treffender Darlegungslast offenbaren muss, ansonsten nur im Rahmen einer eigenen Klage oder Widerklage (OLG Nürnberg MDR 2024, 790). 2

Wenn über die Anordnung der Geheimhaltung hinaus eine **Zugangsbeschränkung** auf einzelne Personen (§ 19 I GeschGehG) beantragt wird, setzt dies voraus, dass nach Abwägung aller Umstände das Geheimhaltungsinteresse das Recht der ausgeschlossenen Beteiligten auf rechtliches Gehör auch unter Beachtung ihres Rechts auf effektiven Rechtsschutz und ein faires Verfahren übersteigt (eingeh dazu Michalopoulou GVRZ 2021, 11); mindestens einer natürl Person jeder Partei und ihren Prozessvertretern oder sonstigen Vertretern ist Zugang zu gewähren (§ 273a Hs 2 ZPO, § 19 I GeschGehG). Dies gilt auch für Streitgenossen; für NI ist rechtl Gehör sicherzustellen (BTDrs 20/8649, 33; dazu s Harte-Bavendamm/Ohly/Kalbfus § 19 Rn 27a; Keller/Schönknecht/Glinke § 19 Rn 93). Zu den Rechtsfolgen s Rn 17. 3

III) Verfahren. 1) Antrag. Die **Einstufung als geheimhaltungsbedürftige Information** erfordert einen Antrag der sie vortragenden Partei. Antragsbefugt sind auch einzelne Streitgenossen u Nebenintervenienten (Keller/Schönknecht/Glinke § 16 Rn 21). In dem Antrag sind die geheim zu haltenden Informationen eindeutig bestimmbar zu bezeichnen (zB nach Inhalt, Seite u Abs des Schriftsatzes, Nr der Anlage). Zusätzl sind sie im betr Dokument zu kennzeichnen (§ 273a Hs 2 ZPO, § 20 IV 1 GeschGehG), zB durch farbliche Hervorhebung, Einrahmen, Kennzeichnen von Anfang u Ende oder Vermerk „Geheim" auf der Anlage. Unterbleibt die Kennzeichnung, ist der Antrag – nach gerichtl Hinweis zur Nachholung – als unzulässig zurückzuweisen (aA Keller/Schönknecht/Glinke § 20 Rn 28: nur Obliegenheit). Für eine bereits offengelegte Tatsache nachträgl Geheimnisschutz zu beantragen, ist mögl, aber wenig sinnvoll, da das Geheimnis bereits in der Welt ist (Gerardy/Harms MDR 2025, 351 Rn 30). 4

Ein Antrag auf eine **Zugangsbeschränkung** nach § 19 I 1 Nr 1 GeschGehG (s Rn 3) kann mit dem Antrag nach § 16 GeschGehG verbunden oder nachträgl gestellt werden. Hierfür muss zusätzl eine Fassung vorgelegt werden, in der die betr Informationen durch Schwärzung oder Platzhalter unkenntlich gemacht sind; ansonsten kann das Gericht (nach entspr Hinweis) von der Zustimmung zur Einsichtnahme ausgehen (§ 273a Hs 2 ZPO, § 20 IV 2, 3 GeschGehG). Eine namentl Bezeichnung der Personen, die Zugang zu den geheimen Informationen erhalten dürfen, ist vom ASt aber nicht zu verlangen (aA Keller/Schönknecht/Glinke § 19 Rn 18); es genügen allg, auch negative Umschreibungen (zB ein Mitarbeiter der Rechtsabteilung; kein mit der Softwareentwicklung befasster Mitarbeiter; BeckOK/Gregor GeschGehG § 19 Rn 31). Die nähere Bestimmung steht ohnehin im Ermessen des Gerichts (s Rn 10). 5

6 Die Voraussetzungen der beantragten Anordnung (s Rn 2) sind gem § 294 mit dem Antrag oder, ggf nach gerichtl Hinweis, nachträgl **glaubhaft zu machen** (§ 273a Hs 2 ZPO, § 20 III GeschGehG), es sei denn, sie werden vom Gegner nicht bestritten.

7 **2) Einbringung und Behandlung des Antrags.** IdR wird der Geheimnisträger sein Geschäftsgeheimnis erst dann preisgeben wollen, wenn es zuvor unter den Schutz des GeschGehG gestellt wurde. Erreichen kann er dies dadurch, dass er beantragt, das Dokument mit den als geheimhaltungsbedürftig gekennzeichneten Informationen dem Gegner erst zuzustellen, wenn hierfür eine Anordnung nach § 273a erlassen wurde. Dies ist auch bei Verbindung mit der Klageschrift mögl (zur ähnl Situation bei der Verbindung mit PKH-Antrag s § 117 Rn 11 f). Über den Antrag wird dann ohne Anhörung des (künftigen) Prozessgegners u ohne mündl Verh (§ 128 IV) durch Beschluss entschieden (§ 273a Hs 2 ZPO, § 20 V 1 GeschGehG). Wird dem Antrag stattgegeben, ist die Gegenseite (zwecks etwaiger Änderung oder Aufhebung) nachträgl anzuhören (§ 273a Hs 2 ZPO, § 20 II GeschGehG). In diesem Zeitpunkt besteht bereits der Schutz nach dem GeschGehG; dieser kann allerdings durch Aufhebung wieder entfallen – ein mit dem Verf nach GeschGehG unabdingbar verbundenes Risiko.

8 Beabsichtigt das Gericht die **Zurückweisung** des Antrags, hat es dem ASt unter Mitteilung der Gründe Gelegenheit zur Stellungnahme binnen einer zu bestimmenden Frist zu geben (§ 273a Hs 2 ZPO, § 20 V 3 GeschGehG). Hat der ASt beantragt, das seines Erachtens geheimhaltungsbedürftige Dokument dem Gegner nur im Falle einer Anordnung nach § 273a mitzuteilen, sollte er zugleich zu einer Erklärung über das weitere Vorgehen aufgefordert werden. Ggf ist das Dokument in einem nicht der Akteneinsicht unterliegenden Ordner abzulegen (BGH MDR 2020, 688; s § 299 Rn 4).

9 Das Geheimschutzverf ist – auch unter Berücksichtigung der Beschwerdemöglichkeit nach § 20 V 5 GeschGehG – so **zeitig vor der mündlichen Verhandlung** abzuwickeln, dass die Parteien sich auf das Ergebnis einstellen können (BeckOK/Gregor GeschGehG § 16 Rn 31a; Harte-Bavendamm/Ohly/Kalbfus § 20 Rn 36). **Unterlassen** einer in diesem Sinne rechtzeitigen Entscheidung verletzt das rechtl Gehör (OLG Stuttgart WRP 2021, 242 Tz 172; Gerardy/Harms MDR 2025, 351 Rn 24).

10 **3) Entscheidung. Stattzugeben** ist dem Antrag auf Einstufung als (ganz oder teilw) geheimhaltungsbedürftig, wenn der ASt glaubhaft gemacht hat (s § 294 Rn 6), dass die betr Informationen ein Geschäftsgeheimnis iSv § 2 Nr 1 GeschGehG sein können. Es bedarf also keines Beweises, dass es sich bei ihnen tatsächl um ein solches handelt; dem Gericht muss ledigl die Einschätzung verschafft werden, dass sie das „Potential eines möglichen Geschäftsgeheimnisses" (BTDrs 20/8649, 32) haben (zu den abgesenkten Anforderungen u der entspr Auslegung des § 20 III GeschGehG s BeckOK/Gregor GeschGehG § 16 Rn 25 ff u § 20 Rn 14b). Die Informationen müssen in dem Beschluss (durch inhaltl Wiedergabe, zumindest eindeutige Bezugnahme auf die im Dokument gekennzeichneten Stellen) unmissverständl **bestimmt** werden (Maaßen/Perino-Stiller WRP 2022, 1208, 1211). Beispiele für Tenorierung: OLG Düsseldorf GRUR 2023, 67; LAG BadWürtt 22.9.2023 – 7 Ta 1/22). Die Entscheidung ergeht sach-, **nicht personenbezogen**. Die Personen, auf die sich die Anordnung bezieht, sind aber auf deren Wirkung und die Folgen der Zuwiderhandlung (s Rn 13 ff) **hinzuweisen** (§ 273a Hs 2 ZPO, § 20 V 2 GeschGehG), auch später hinzukommende Beteiligte wie zB beitretende Parteien, Zeugen oder SV (Harte-Bavendamm/Ohly/Kalbfus § 20 Rn 37a). Eine bestimmte Form ist hierfür nicht vorgeschrieben; es kann auch eine mündl Belehrung (zB bei Zeugen) genügen (Harte-Bavendamm/Ohly/Kalbfus Rn 37a); zum fehlenden Hinweis s Rn 19. – Gesetzeswortlaut („kann") u Begründung (BTDrs 20/8649, 32) deuten zwar auf ein **Ermessen** hin, die Anordnung wird aber idR zu erlassen sein (LAG BadWürtt 22.9.2023 – 7 Ta 1/22 Tz 23; MskV/Foerste Rn 5; Harte-Bavendamm/Ohly/Kalbfus § 16 Rn 26; Leuering/Rosa-Schneiders NJW 2024, 3177, 3181); eine Interessenabwägung ist nur bei der zusätzl beantragten **Zugangsbeschränkung** vorgeschrieben (§ 19 I 2, 4 GeschGehG). Um diese treffen, insb die zugangsberechtigte(n) Person(en) bestimmen zu können, wird das Gericht uU Kontakt mit der Gegenpartei (vor Offenlegung des Geheimnisses) aufnehmen müssen (BeckOK/Gregor GeschGehG § 19 Rn 32).

11 Die **Zurückweisung** des Antrags wird nach Durchführung der Anhörung gem § 20 V 3 GeschGehG (s Rn 8), sofern er nicht zurückgenommen wird, durch Beschluss ausgesprochen. Dieser wird nur dem ASt mitgeteilt (der Ag ist an diesem Nebenverf nicht beteiligt), gem § 329 II 2 durch förml Zustellung. Zum weiteren Vorgehen s Rn 8.

12 **4) Rechtsmittel.** Die **Zurückweisung** ist mit sof Beschwerde (beim OLG nur zulassungspflichtiger Rechtsbeschwerde, s § 574 Rn 2) anfechtbar (§ 273a Hs 2 ZPO, § 20 V 5 GeschGehG). Der Ag ist zum Schutz des Geheimnisses auch an diesem Verfahrensabschnitt nicht zu beteiligen (Gerardy/Harms MDR 2025, 351 Rn 24). – Die **Anordnung** kann nur gemeinsam mit dem Rechtsmittel in der Hauptsache zur Überprüfung gestellt werden (§ 273a Hs 2 ZPO, § 20 V 4 GeschGehG). Ein solches Rechtsmittel steht nur den Parteien des Rechtsstreits offen. Für Dritte, die von der Geheimhaltungspflicht betroffen werden, ist eine Beschwerde gem § 567 nicht statthaft (aA BGH MDR 2022, 713 ohne Eingehen auf § 567, die Beschwerde des ProzBev aber mit der Begründung verwerfend, dass kein Rechtsmittel in der Hauptsache eingelegt wurde). Zur Behandlung einer Berufung bei unterbliebener Entscheidung über den Geheimschutzantrag s LAG BadWürtt 22.9.2023 – 7 Ta 1/22 Tz 4. Zur Anordnung im sBV s § 490 Rn 4. – Eine **Änderung oder Aufhebung** der Anordnung ist nach Anhörung der Parteien auch vAw mögl (§ 273a Hs 2 ZPO, § 20 II 2 GeschGehG; BTDrs 19/4724, 38). Hiergegen kann der

Geheimnisinhaber sof Beschwerde erheben; bis zur Entscheidung hierüber besteht der Geheimnisschutz fort (BeckOK/Gregor GeschGehG § 16 Rn 46).

IV) Rechtsfolgen. 1) Schutz der Vertraulichkeit. Die als geheimhaltungsbedürftig eingestuften Informationen 13 dürfen von den in § 16 II GeschGehG genannten Beteiligten **außerhalb des gerichtl Verf** nicht genutzt oder offengelegt werden. Gemeint ist damit entgegen dem missverständl Wortlaut [„eines"] der anhängige Rechtsstreit samt etwaiger Nebenverf; die Verwertbarkeit in einem anderen Proz wäre sinnwidrig (Harte-Bavendamm/Ohly/Kalbfus § 16 Rn 45). Das Verbot gilt auch, wenn eine Information später erneut in den Rechtsstreit eingeführt wird (Harte-Bavendamm/Ohly/Kalbfus § 16 Rn 27a), nicht aber, wenn von ihr außerhalb des Verf auf rechtmäßige, eine Nutzungsberechtigung verleihende Weise (Harte-Bavendamm/Ohly/Kalbfus § 16 Rn 50a; BeckOK/Gregor GeschGehG § 16 Rn 43) Kenntnis erlangt wurde (§ 273a Hs 2 ZPO, § 16 II GeschGehG).

Die Weitergabe zu Prozesszwecken **im anhängigen Rechtsstreit** ist zulässig. Prozessvertreter dürfen daher die 14 Informationen an die vertretene Partei – unter Hinweis auf das Vertraulichkeitsgebot – weitergeben, sofern keine Zugangsbeschränkung nach § 19 I 1 Nr 1 GeschGehG entgegensteht (Harte-Bavendamm/Ohly/Kalbfus § 16 Rn 38), dasselbe gilt für die Einbindung mit dem Rechtsstreit notwendigerweise befasster Mitarbeiter eines Unternehmens (BeckOK/Gregor GeschGehG § 19 Rn 41a). Anders bei Zugangsbeschränkung nach § 273a Hs 2 ZPO, § 19 I GeschGehG (s Rn 17).

Auch seitens des Gerichts müssen Maßnahmen zum Geheimnisschutz getroffen werden, insb Sicherstellung, 15 dass keine **Akteneinsicht** in entspr Aktenteile gewährt wird; solche sind ggf unkenntlich zu machen (§ 273a Hs 2 ZPO, § 16 III GeschGehG). Etwaige Ausdrucke sind unter Verschluss zu halten. Für die Erörterung in mündl Verh ist die Öffentlichkeit nach § 172 Nr 2 GVG auszuschließen.

Verletzung der Geheimhaltungspflicht – diese kann auch im Unterlassen gebotener Schutzmaßnahmen wie zB 16 Abschluss einer Vertraulichkeitsvereinbarung mit Mitarbeitern liegen – kann zu Unterlassungs- u Schadensersatzansprüchen (§ 823 II, § 839 BGB), Ordnungsmitteln nach § 17 GeschGehG, uU auch beamten- oder berufsrechtl Sanktionen, führen (BTDrs 19/4724, 35).

Rechtsfolge einer **Zugangsbeschränkung** nach § 273a Hs 2 ZPO, § 19 I GeschGehG ist, dass bestimmte Perso- 17 nen von der an sich zulässigen Weitergabe zu Zwecken des anhängigen Rechtsstreits ausgeschlossen und die vorgenannten Rechtsfolgen hierauf erstreckt werden. Die betr Personen können von der mündl Verh, bei der Geschäftsgeheimnisse offengelegt werden könnten, und vom Einblick in die Aufzeichnung oder das Protokoll der mündl Verh ausgeschlossen werden. Dies muss auch für eine Beweisaufnahme gelten, die nicht Teil der mündl Verh ist; anderenfalls würde der Zweck der Vorschrift verfehlt. Mindestens einer natürl Person jeder Partei und ihren ProzBev ist aber Zugang zu gewähren (§ 273a Hs 2 ZPO, § 19 I GeschGehG). Zudem berechtigt die Anordnung zum Ausschluss der Öffentlichkeit u zur Beschränkung der Akteneinsicht (§ 273a Hs 2 ZPO, § 19 II, § 16 III GeschGehG).

2) Ordnungsmittel. a) Rechtsnatur. § 273a Hs 2 verweist auch auf § 17 GeschGehG, der für Zuwiderhandlun- 18 gen gegen das Vertraulichkeitsgebot die Verhängung von Ordnungsmitteln vorsieht. Der Zweck der Vorschrift besteht in erster Linie darin, der Partei die Offenlegung ihres Geheimnisses dadurch zu ermöglichen, dass sie aufgrund der Sanktionsdrohung mit vertraul Behandlung rechnen kann. Es handelt sich nicht um eine Vollstreckungsmaßnahme wie bei § 890, auch nicht um eine Strafsanktion, sondern um eine Maßnahme der Prozessleitung, ähnlich § 141 III. Zuständig ist daher nach § 17 GeschGehG das die Anordnung erlassende Gericht der Hauptsache. Die Entscheidung über das Ordnungsmittel steht in dessen Ermessen („kann"). Daraus folgt zugleich, dass eine Verhängung nach Abschluss des Rechtsstreits nicht mehr mögl ist (so BReg in BTDrs 19/4724, 49; aA die zu sehr an § 890 orientierte hM; s Harte-Bavendamm/Ohly/Kalbfus § 17 Rn 9 f mwN). Es gelten dann die allg zivil- u strafrechtl Sanktionen für die Verletzung von Geschäftsgeheimnissen (§§ 6 ff, § 23 GeschGehG, ggf §§ 203, 353d StGB). Diese sind von § 17 GeschGehG ohnehin unberührt (BTDrs 19/4724, 36).

b) Voraussetzungen. Verhängung nur auf **Antrag** einer Partei. Dieser muss nicht auf eine bestimmte Sanktion 19 gerichtet sein. – Als strafähnl Sanktion setzt die Verhängung des Ordnungsmittels eine **schuldhafte Zuwiderhandlung**, zumindest Fahrlässigkeit iSv § 276 II BGB, voraus. Der Verletzer muss Kenntnis von der Geheimschutzanordnung haben; ob der Hinweis nach § 20 V 1 GeschGehG erteilt wurde u ihm zur Kenntnis gelangt ist oder ob er auf andere Weise von der Anordnung erfahren hat, spielt keine Rolle (Harte-Bavendamm/Ohly/Kalbfus § 20 Rn 37a; BeckOK/Gregor GeschGehG § 17 Rn 6). Hat der nach § 16 II GeschGehG zum Geheimnisschutz Verpflichtete dessen Verletzung durch Dritte, zB Mitarbeiter, nicht verhindert, liegt ein ahndbares Organisationsverschulden vor (BVerfG NJW-RR 2007, 860 zu § 890). Auch wenn der Verletzer für eine juristische Person als Partei handelt, ist das Ordnungsmittel gegen ihn zu verhängen (Keller/Schönknecht/Glinke § 17 Rn 11). – Hat der Offenbarende Kenntnis von dem Geheimnis **außerhalb des Gerichtsverfahrens** (davor oder zeitgleich) erlangt, scheiden Ordnungsmittel oder andere Sanktionen aus. Dass § 16 II GeschGehG diesen Umstand (abw von Art 9 I RL (EU) 2016/943) als Ausnahme vom Verwertungsverbot formuliert („es sei denn"), erlegt dem Ag nicht die Beweislast (so aber Harte-Bavendamm/Ohly/Kalbfus § 16 Rn 49), sondern nur eine sekundäre Darlegungslast (s vor § 284 Rn 34 ff) auf. Eine rechtswidrige Kenntniserlangung entlastet den Offenbarenden nicht (s Rn 13).

20 **c) Verfahren.** Zu dem Antrag ist der Gegner **anzuhören**. Hält das Gericht den Verstoß für bewiesen, setzt es nach seinem Ermessen ein Ordnungsgeld bis zu 100.000 Euro (mit Ersatzordnungshaft) oder Ordnungshaft bis zu 6 Monaten fest, anderenfalls weist es den Antrag zurück. Die Sanktion muss wirksam, verhältnismäßig und abschreckend sein (Art 16 RL (EU) 2016/943). **Entscheidung** ergeht ohne mündl Verh durch Beschluss, der mit sof Beschwerde anfechtbar ist, bei Erlass in 2. Instanz nur mit zulassungspflichtiger Rechtsbeschwerde (§ 567 I, § 574 I 1 Nr 2). – **Vollstreckung** vAw durch Gericht der Hauptsache nach §§ 1 ff JBeitrG. Beschwerde hat aber aufschiebende Wirkung (§ 273a Hs 2 ZPO, § 17 S 3 GeschGehG).

21 **V) Ende des Geheimnisschutzes.** Das Geheimhaltungsgebot des § 16 II GeschGehG gilt grds über die **Beendigung des Rechtsstreits** hinaus (§ 273a Hs 2 ZPO, § 18 S 1 GeschGehG), unabhängig von Ausgang u Beendigungsart, also auch bei Klagerücknahme u (falls nicht anders vereinbart) Prozessvergleich (BTDrs 19/4724, 36). Zur nicht mehr mögl Verhängung von Ordnungsmitteln s Rn 18. **Ausnahmen:** In einem formell rechtskräftigen Urteil wird Vorliegen eines Geschäftsgeheimnisses verneint (auch ohne Teilhabe an der materiellen Rechtskraft, Harte-Bavendamm/Ohly/Kalbfus § 18 Rn 11), oder die bisher geheimen Informationen werden in den Fachkreisen bekannt oder ohne weiteres zugängl (§ 273a Hs 2 ZPO, § 18 S 2 GeschGehG). Dass sie (ehemaligen) Verfahrensbeteiligten bekannt werden, genügt nicht.

22 **VI) Alternativen.** Die Parteien können eine vor- oder außergerichtl Vertraulichkeitsvereinbarung, mit Vertragsstrafe bedroht, schließen. Diese kann das Bedürfnis für eine Anordnung nach § 273a entfallen lassen oder einer weiter gehenden Beschränkung (zB nach § 19 GeschGehG) entgegenstehen (OLG Düsseldorf WRP 2023, 612 [krit zur Entscheidung im konkreten Fall Hoppe WRP 2023, 546]). Zu weiteren Möglichkeiten s § 357 Rn 4 ff.

§ 274 Ladung der Parteien; Einlassungsfrist

(1) Nach der Bestimmung des Termins zur mündlichen Verhandlung ist die Ladung der Parteien durch die Geschäftsstelle zu veranlassen.

(2) Die Ladung ist dem Beklagten mit der Klageschrift zuzustellen, wenn das Gericht einen frühen ersten Verhandlungstermin bestimmt.

(3) [1]Zwischen der Zustellung der Klageschrift und dem Termin zur mündlichen Verhandlung muss ein Zeitraum von mindestens zwei Wochen liegen (Einlassungsfrist). [2]Ist die Zustellung im Ausland vorzunehmen, so beträgt die Einlassungsfrist einen Monat. [3]Der Vorsitzende kann auch eine längere Frist bestimmen.

1 **I) Ladung der Parteien (§ 274 I).** Sie erfolgt nach Terminbestimmung (§ 216) vAw (§ 214, § 166 II, § 270) in der Form der §§ 166-190 durch die GeschSt, beim AG auch nach § 497. Soweit RA bereits bestellt, ist die Ladung diesem zuzustellen, § 172. Persönl Ladung der Parteien daneben erforderl bei Anordnungen nach § 141, § 273 II 3, §§ 445 ff. Streitgenossen: §§ 63, 71 III.

2 **Gemeinsame Zustellung mit der Klageschrift** (§ 253 I, § 271 I) ist nur geboten, wenn der Vors bereits frühen 1. Termin (§ 275) bestimmt hat **(§ 274 II)**. Zur Wahl dieser Verfahrensoption s § 272 Rn 2.

3 **II) Einlassungsfrist (§ 274 III). 1) Beginn und Dauer.** Frist läuft ab Zustellung der Klageschrift, unabhängig von Ladung (StJ/Thole Rn 11). Berechnung gem § 222. Abkürzung der Mindestfrist nach III kann gem § 226 auf Antrag ohne Anhörung des Gegners verfügt werden (StJ/Roth § 226 Rn 2). Näher zu Antrag u Entscheidung s § 226 Rn 2, 4; bei zu kurzer Bemessung § 337. Wegen Unterbrechung s § 249.

4 **2) Anwendungsbereich.** Gilt nur für die Zeit zwischen Zustellung der Klage beim Bekl und dem 1. darauf folgenden Termin zur mündl Verh (nicht für Gütetermin, s § 278 Rn 10). Für beide Parteien und alle späteren Termine gilt die Ladungsfrist nach § 217 sowie die Frist des § 132, selbst bei Klageänderung oder -erweiterung (OLG Düsseldorf NJW-RR 99, 859), ebenso bei Widerklage; doch kann in diesen Fällen ein „erhebl Grund" zur Terminsänderung (§ 227 I) vorliegen. Im schriftl Vorverf übernimmt § 276 I die Funktion des § 274 III. Rechtsmittelverf: s § 523 II, § 553 II.

5 **3) Sonderregelungen.** III ist nicht anwendbar bei Arrest und einstw Verfügung (§ 921 I, § 936), selbst wenn Verhandlungstermin anberaumt wird. Bei öffentl Zustellung ledigl Sonderregelung für Fristbeginn (§ 188).

6 **4) Nichtwahrung der Frist.** Gegen nicht erschienenen Bekl darf kein VU ergehen (§ 335 I 2; Vertagung vAw nach § 337). Ist er erschienen, kann er die Verhandlung verweigern oder Vertagung beantragen (StJ/Thole Rn 12). Verhandelt er aber, ist der Mangel geheilt (§ 295 I).

§ 275 Früher erster Termin

(1) [1]Zur Vorbereitung des frühen ersten Termins zur mündlichen Verhandlung kann der Vorsitzende oder ein von ihm bestimmtes Mitglied des Prozessgerichts dem Beklagten eine Frist zur schriftlichen Klageerwiderung setzen. [2]Andernfalls ist der Beklagte aufzufordern, etwa vorzubringende Verteidigungsmittel unverzüglich durch den zu bestellenden Rechtsanwalt in einem Schriftsatz dem Gericht mitzuteilen; § 277 Abs. 1 Satz 2 gilt entsprechend.

(2) Wird das Verfahren in dem frühen ersten Termin zur mündlichen Verhandlung nicht abgeschlossen, so trifft das Gericht alle Anordnungen, die zur Vorbereitung des Haupttermins noch erforderlich sind.

(3) Das Gericht setzt in dem Termin eine Frist zur schriftlichen Klageerwiderung, wenn der Beklagte noch nicht oder nicht ausreichend auf die Klage erwidert hat und ihm noch keine Frist nach Absatz 1 Satz 1 gesetzt war.

(4) [1]Das Gericht kann dem Kläger in dem Termin oder nach Eingang der Klageerwiderung eine Frist zur schriftlichen Stellungnahme auf die Klageerwiderung setzen. [2]Außerhalb der mündlichen Verhandlung kann der Vorsitzende die Frist setzen.

1) Verfahren vor dem Termin (§ 275 I). Der frühe 1. Termin dient der Vorbereitung des Haupttermins 1
(s § 272 Rn 1 f) u ist seinerseits vorzubereiten, indem dem Bekl entweder eine **Frist zur Klageerwiderung** von mindestens 2 Wochen (§ 277 III) gesetzt oder er (ohne Fristsetzung) zum **unverzügl Vorbringen von Verteidigungsmitteln** – beim LG durch einen zu bestellenden RA – aufgefordert wird. Die Anordnungen trifft der Vors oder ein von diesem bestimmter Beisitzer durch Verfügung, die zu unterschreiben und in begl Abschrift zuzustellen ist (§ 329 II 2; sa § 296 Rn 9d). Aufzugeben ist außerdem Äußerung zur **Entscheidung durch den Einzelrichter** (I 2 Hs 2; korrespondierend zu § 253 III Nr 3). Daraus kann sich Übertragung nach § 348a I bzw Vorlage nach § 348 III (ggf mit Absetzung bereits bestimmten Termins) ergeben. – **Vorbereitende Anordnungen** (§ 273), Fragen und Hinweise des Gerichts (§ 139) können schon in diesem Verfahrensstadium geboten sein (BGH NJW 83, 576); mögl auch Erörterungstermin (§ 273 Rn 15) oder Beweiserhebung gem § 358a. – Sofern keine Ausnahme nach § 278 II 1 vorliegt, geht dem Termin eine **Güteverhandlung** voraus (dazu s § 278 Rn 6 ff).

2) Verfahren im Termin. Kommt es bereits im frühen 1. Termin zur **Entscheidungsreife**, ist Endurteil (§ 300) 2
zu erlassen oder hierfür Verkündungstermin zu bestimmen (zur Zurückweisung verspäteten Vorbringens im frühen 1. Termin s § 296 Rn 5). – Ist die Sache noch **nicht entscheidungsreif (§ 275 II)**, sind alle zur umfassenden Vorbereitung des nachfolgenden, gem § 272 III ehestmöglich zu bestimmenden Haupttermins gebotenen Anordnungen (§ 273) durch Beschluss zu treffen. Dieser ist möglichst sogleich im Termin zu verkünden. Eines förml Beweisbeschlusses bedarf es nur in den ges geregelten Fällen (s § 358 Rn 2 f). Rechtl Hinweise werden zu Protokoll gegeben (nicht in einem „Aufklärungsbeschluss"). – War dem Bekl noch keine **Frist zur Klageerwiderung** (I 1) gesetzt oder hat er diese unverschuldet (sonst s § 296 Rn 5) versäumt, ist er nunmehr beschlussmäßig, nicht nur formelhaft, unter Fristsetzung zur Klageerwiderung aufzufordern (**§ 275 III**). Die hierfür zu setzende Frist (gem § 277 III mind 2 Wochen) ist mit der Belehrung gem § 277 II (s § 277 Rn 2) u tunlichst Anordnungen nach § 273 II Nr 1 zu verbinden. – In Betracht kommt auch Herbeiführung der **Entscheidungsreife ohne Haupttermin**, so wenn Parteien Einverständnis mit schriftl Entscheidung erklären (§ 128 II) oder wenn dem Kl ein Schriftsatzrecht nach § 283 eingeräumt wird, weil Bekl vorwerfbar verspätet vorgetragen hat (s hierzu § 283 Rn 2 ff).

3) Replik des Klägers (§ 275 IV). Es ist idR sinnvoll, dem Kl bereits vor dem frühen 1. Termin Gelegenheit zu 3
geben, sich zur Klageerwiderung zu äußern; hierfür gelten dann dies Anforderungen wie an die Klageerwiderung (§ 277 IV, I 1). Aufforderung kann mit einer Fristsetzung durch Verfügung des Vors verbunden werden (IV 2). Mindestdauer, Belehrung: § 277 IV, II, III. Fristsetzung auch im Termin mögl, dann durch Beschluss des Gerichts, verbunden mit Bestimmung des Haupttermins oder Übergang in schriftl Verf gem § 128 II.

4) Gebühren des Gerichts. Keine; gerichtl Tätigkeiten sind durch die allg VerfGeb abgegolten. 4

§ 276 Schriftliches Vorverfahren

(1) [1]Bestimmt der Vorsitzende keinen frühen ersten Termin zur mündlichen Verhandlung, so fordert er den Beklagten mit der Zustellung der Klage auf, wenn er sich gegen die Klage verteidigen wolle, dies binnen einer Notfrist von zwei Wochen nach Zustellung der Klageschrift dem Gericht schriftlich anzuzeigen; der Kläger ist von der Aufforderung zu unterrichten. [2]Zugleich ist dem Beklagten eine Frist von mindestens zwei weiteren Wochen zur schriftlichen Klageerwiderung zu setzen. [3]Ist die Zustellung der Klage im Ausland vorzunehmen, so beträgt die Frist nach Satz 1 einen Monat. [4]Der Vorsitzende kann in diesem Fall auch eine längere Frist bestimmen.

(2) [1]Mit der Aufforderung ist der Beklagte über die Folgen einer Versäumung der ihm nach Absatz 1 Satz 1 gesetzten Frist sowie darüber zu belehren, dass er die Erklärung, der Klage entgegentreten zu wollen, nur durch den zu bestellenden Rechtsanwalt abgeben kann. [2]Die Belehrung über die Möglichkeit des Erlasses eines Versäumnisurteils nach § 331 Abs. 3 hat die Rechtsfolgen aus den §§ 91 und 708 Nr. 2 zu umfassen.

(3) Der Vorsitzende kann dem Kläger eine Frist zur schriftlichen Stellungnahme auf die Klageerwiderung setzen.

1 **I) Bedeutung.** Das schriftl Vorverf dient wie der frühe 1. Termin (§ 275) zur umfassenden Vorbereitung des Haupttermins (§ 272 I). Zur Wahl zwischen diesen Alternativen, zum Zeitpunkt u zu Einschränkungen s § 272 Rn 2 f. Zum schriftl Vorverf nach **Überleitung des Mahnverf** in das Streitverf s § 697 Rn 9.

2 **II) Verfahren. 1) Einleitung.** Der Vors fordert den Bekl mit der Klagezustellung unter Hinweis auf den ggf bestehenden Anwaltszwang (§ 78) zur **Erklärung seiner Verteidigungsbereitschaft** binnen einer Notfrist (§ 224 I, § 233) von 2 Wochen auf (bei Auslandszustellung [§§ 183 f] mindestens 1 Monat, I 3, 4). Zugleich ist er aufzufordern, bei Verteidigungsbereitschaft innerhalb einer hierfür zu setzenden weiteren (richterl) Frist von mindestens 2 Wochen (also mindestens 4 Wochen nach Zustellung der Klageschrift) seine **Klageerwiderung** (§ 277 I) einzureichen. Die **2-fache Fristsetzung** erfordert, um die Versäumungsfolgen gem §§ 230, 331 III (für die Notfrist) u des § 296 I (für die richterl Frist) auszulösen, eine **2-fache Belehrung** des Bekl: Bzgl der Verteidigungsanzeige ist er gem § 276 II über die Möglichkeit eines VU nach § 331 III nebst Kostenfolge u Vollstreckbarkeit (II 2) zu belehren (s § 331 Rn 12), bzgl der Klageerwiderung gem § 277 II (s § 277 Rn 2, auch zu den Anforderungen an die Belehrung). Im amtsgericht Verf weitere Belehrung gem § 499.

3 Die Verfügung ist **vom Vors zu unterschreiben** bzw zu signieren (nicht einem anderen Mitglied des Gerichts; BGH NJW 91, 2774) und (ggf in begl Abschrift) **förml zuzustellen** (§ 329 II 2; BGHZ 76, 236 = NJW 80, 1167). Mängel machen die Verfügung unheilbar unwirksam (BGH NJW 91, 277). Zu den Folgen unterbliebener bzw nicht ordnungsgemäßer Belehrung s § 335 Rn 5, § 277 Rn 2, § 499 Rn 2. Wegen Zustellungsmängeln s § 296 Rn 9d.

4-8 Einstweilen frei.

9 **2) Folgen der Reaktion des Beklagten. a)** Wird **Verteidigungsanzeige nicht fristgerecht angezeigt**, ergeht bei Zulässigkeit und Schlüssigkeit der Klage auf Antrag des Kl gem § 331 III **schriftliches Versäumnisurteil** (näher s § 331 Rn 12; zum Einspruch s § 338 Rn 1). Geht jedoch vor Übermittlung des von den Richtern unterschriebenen bzw signierten VU an die GeschSt noch eine wirksame Verteidigungsanzeige ein, so muss nach der wenig systemgerechten Regelung in § 331 III 1 Hs 2 der Erlass des VU unterbleiben. Da diese Regelung anders nicht durchführbar wäre (die GeschSt hat keine Kenntnis vom Eingang auf der Poststelle bzw im EGVP), ist sie so zu verstehen, dass die verspätete Anzeige bereits der GeschSt vorliegen muss, bevor sie ihr vom Vors durch Eingabe in das e-Akten-System übermittelt wurde (MskV/Stadler § 331 Rn 20; ebenso [vor Einführung der e-Akte] KG MDR 89, 1003; OLGR Rostock 2001, 483; aA AG/Anders § 331 Rn 21). Der Bekl trägt das (durch den Einspruch beherrschbare) Risiko, dass seine verspätete Anzeige noch zum Tragen kommen kann; „Eingehen" kann daher hier anders definiert werden als in § 130a V 1 (s § 130a Rn 22). Dies gilt aber nur für die verspätete, nicht für die fristgerecht in den Gerichtseinlauf gelangte Anzeige (OLG Düsseldorf JR 97, 161; OLG Frankfurt MDR 2000, 902).

10 **Wirksame Verteidigungsanzeige** im Anwaltsprozess nur durch RA in Form v § 130a, § 2 I ERVV (§ 130d), im AG-Verf auch mündl ggü GeschSt (§ 496; sa § 129a). **Formulierungsvorschlag:** Vorwerk/Assies, PFB, M 20.1. Sie kann auch ohne ausdrückl Erklärung in Einreichung einer Klageerwiderung oder eines PKH-Antrags liegen, nicht aber in bloßer Bestellungsanzeige des RA (anders uU, wenn Auftrag zur Rechtsverteidigung mitgeteilt, vgl StJ/Thole Rn 31: Auslegungsfrage). Im Anwaltsprozess gestellter, ordnungsgemäßer PKH-Antrag der Partei persönl gibt Anlass zur Zurückstellung des VU bis zur Verbescheidung des PKH-Gesuchs (StJ/Thole Rn 48; Franzki DRiZ 77, 163; Kramer ZZP 91 [1978], 71; entspr s § 234 Rn 6). Als Prozesshandlung ist Verteidigungsanzeige nicht anfechtbar, aber bis zum Abschluss des schriftl Vorverf (s Rn 18) **widerruflich** (s vor § 128 Rn 23).

10a **Wiedereinsetzung** (§ 233) ist mögl, aber allenfalls im Zeitraum zwischen Übergabe des VU an die GeschSt und Zustellung sinnvoll, denn ein bereits erlassenes VU gegen den Bekl bleibt von der Gewährung der WE unberührt (OLGR Celle 1994, 271; KG MDR 96, 634; MK/Prütting Rn 34; WSch/Assmann Rn 61; aA StJ/Thole Rn 45 f) und kann nur noch durch Einspruch (§ 338) seine Wirksamkeit verlieren (§ 342).

11 Ist Klage **unzulässig oder unschlüssig** oder wird **kein Antrag** auf VU gestellt, ist unverzügl Termin zu bestimmen (StJ/Thole Rn 41, 49). Ein unechtes VU gegen den Kl kann im schriftl Vorverf nur unter den Voraussetzungen des § 331 III 3 ergehen (s § 331 Rn 13), auch Anordnung des Ruhens des Verf ist mit seinem vorbereitenden Charakter nicht vereinbar (StJ/Thole Rn 49; WSch/Assmann Rn 54);

12 **b) Wird Klageerwiderungsfrist versäumt**, sof Terminsbestimmung (§ 272 III), ggf Versäumungsfolge gem § 296 I;

c) Bei **Anerkenntnis des Bekl** (§ 78 beachten!) ergeht AU im schriftl Verf (§ 307), auch ohne Antrag des Kl. Kostenvergünstigung nach § 93 scheidet aus, wenn Bekl vorbehaltlosen Klageabweisungsantrag angekündigt hat (BGH NJW 2019, 1525 [Vossler]). Anerkenntnis bleibt wirksam, auch wenn zunächst VU ergeht (BGH NJW 93, 1717, 1718; StJ/Thole Rn 56). 13

d) Bei Erwiderung auf die Klage Bestimmung des Haupttermins (§ 272 III), idR mit vorh Güteverh (§ 278 II; s § 278 Rn 10), ggf unter vorbereitenden Hinweisen oder Anordnungen (§§ 139, 273), evtl Abwarten einer Replik des Kl (s Rn 14). 13a

3) Fortführung der schriftlichen Vorbereitung. Der Vors kann den Kl auffordern, zur Klageerwiderung Stellung zu nehmen (**Replik**). Dies steht im Ermessen des Vors. Regelmäßig wird eine solche Aufforderung nur geboten sein, wo erst die Klageerwiderung dem Gericht Anlass gibt, dem Kl Fragen zu stellen, Hinweise zu geben (§ 139) oder sonstige vorbereitende Maßnahmen (§ 273) zu treffen. Die Aufforderung ist dem Kl zusammen mit der Klageerwiderung (OLG Nürnberg MDR 91, 357) formlos mitzuteilen, bei (nicht notwendiger, aber zweckmäßiger) **Fristsetzung** zur Stellungnahme förml mit Belehrung über die Folgen der Versäumung (s § 277 Rn 2) zuzustellen (§ 329 II) u stets auch dem Bekl (formlos) mitzuteilen. Frist für den Kl: mind 2 Wochen (§ 277 IV). Bei Versäumung Präklusion gem § 296 I; die Frist darf aber nicht bereits vor Eingang einer Klageerwiderung gesetzt werden (BGHZ 76, 236 = NJW 80, 1167). Bei Untätigkeit des Kl ohne (wirksame) Fristsetzung tritt die fakultative Folge der § 282 II, § 296 II ein. 14

Der Vors kann zugleich mit Fristsetzung **Haupttermin bestimmen** (unter Beachtung von § 278 II) oder Replik abwarten, um mehr Klarheit über noch zu treffende Vorbereitungsmaßnahmen zu gewinnen. Ein weiteres Zuwarten bis zur Duplik des Bekl sollte es nur in Ausnahmefällen geben. 15

4) Parteihandlungen. Der Mündlichkeitsgrundsatz (s § 128 Rn 1 ff) gilt im schriftl Vorverf nicht. Eingereichte Schriftsätze haben daher, soweit sie sich auf diesen Verfahrensabschnitt beziehen, nicht nur vorbereitenden Charakter; in ihnen enthaltene Anträge (zB auf VU nach § 331 III) oder Erklärungen (zB Anerkenntnis nach § 307 S 1) werden sogleich wirksam (StJ/Thole Rn 4). Soweit das schriftl Verf allerdings der Vorbereitung der mündl Verh dient, dh außerhalb seiner Filterfunktion, bleibt der ledigl ankündigende Charakter der Schriftsätze erhalten (StJ/Thole Rn 5). Ein für die Hauptentscheidung bindendes Geständnis nach §§ 288, 290 kann im schriftl Vorverf schon wegen des Mündlichkeitserfordernisses in § 288 I nicht abgelegt werden. IÜ wird tatsächl Vorbringen erst durch Bezugnahme in der nachfolgenden mündl Verh Prozessstoff (BGHZ 134, 127, 136 = NJW 97, 397, 398). Übereinstimmende Erledigungserklärung ist im schriftl Vorverf mögl (MK/Prütting Rn 9), Abschluss eines Prozessvergleichs durch Anberaumung eines Gütetermins (§ 278 I, III, V 1) oder im Wege des § 278 VI. 16

5) Gerichtliche Entscheidungen. In 1. Linie kann der Vors vorbereitende Verfügungen erlassen (§ 273). Hiervon sollte im Interesse der Verfahrensstrukturierung reger Gebrauch gemacht werden. Er kann auch einen Beweisbeschluss nach § 358a erlassen, sofern er dafür zuständig ist (s § 358a Rn 2 f; anderenfalls erlässt ihn das Gericht). Mögl ist weiter der Erlass eines AU oder VU (§§ 307, 331 III) durch das Gericht (den Vors nur in den ges geregelten Fällen, zB § 349 II Nrn 4, 5); zu dessen Erlass nach § 310 III s § 331 Rn 12. Außerdem mögl: Kostenentscheidung nach § 91a bei übereinstimmender Erledigungserklärung, Verweisung nach § 281 I. 17

6) Ende. Das schriftl Vorverf endet ohne förml Aufhebung mit der Terminsbestimmung, denn mit dieser erwerben die Parteien das ihnen nicht mehr einseitig vom Gericht entziehbare Recht auf Gehör in der mündl Verh (§ 128; OLG München MDR 83, 324; s § 216 Rn 10). Deshalb ist, wenn einmal Verhandlungstermin bestimmt wurde, ein schriftl VU (§ 331 III) nicht mehr zulässig (aA Fischer NJW 2004, 910); zu AU s § 307 S 2. 18

III) Gebühren des RA. Anzeige der Verteidigungsbereitschaft (s Rn 10) löst, da kein Sachantrag, nur 0,8 Geb nach 3101 Nr 1 RVG-VV aus (N. Schneider NJW-Spezial 2019, 539). 1,3 Geb nach 3100 RVG-VV, wenn die Anzeige mit einem Klageabweisungsantrag verbunden wird, der aber nicht vorschnell gestellt werden sollte (N. Schneider aaO). 19

§ 277 Klageerwiderung; Replik

(1) [1]In der Klageerwiderung hat der Beklagte seine Verteidigungsmittel vorzubringen, soweit es nach der Prozesslage einer sorgfältigen und auf Förderung des Verfahrens bedachten Prozessführung entspricht. [2]Die Klageerwiderung soll ferner eine Äußerung dazu enthalten,

1. ob einer Entscheidung der Sache durch den Einzelrichter Gründe entgegenstehen;

2. ob gegen eine Videoverhandlung (§ 128a) Bedenken bestehen.

(2) Der Beklagte ist darüber, dass die Klageerwiderung durch den zu bestellenden Rechtsanwalt bei Gericht einzureichen ist, und über die Folgen einer Fristversäumung zu belehren.

(3) Die Frist zur schriftlichen Klageerwiderung nach § 275 Abs. 1 Satz 1, Abs. 3 beträgt mindestens zwei Wochen.

(4) Für die schriftliche Stellungnahme auf die Klageerwiderung gelten Absatz 1 Satz 1 und Absätze 2 und 3 entsprechend.

I 2 geändert durch G zur Förderung des Einsatzes von Videokonferenztechnik in der Zivilgerichtsbarkeit und den Fachgerichtsbarkeiten v 15.7.2024 (BGBl 2024 I Nr 237) mWv 19.7.2024.

1 **1) Inhalt der Klageerwiderung (§ 277 I).** Das Verteidigungsvorbringen des Bekl hängt davon ab, inwieweit ihn eine **Darlegungslast** trifft (s § 138 Rn 8 ff). Es kann bestehen im **Bestreiten** klägerischer Behauptungen (s § 138 Rn 10 ff) oder im schlüssigen **Vortrag von Tatsachen**, die in seiner Beweislast stehen (s vor § 284 Rn 15 ff), also insb der Merkmale rechtsvernichtender, rechtshindernder oder rechtshemmender Einwendungen. Zur Vollständigkeit und Substantiierung des Vortrags s § 138 Rn 7b; zum taktischen Zurückhalten von Vorbringen s § 282 Rn 3; zur Einzelrichter-Frage (I 2) s § 253 Rn 20c. Die fakultative Angabe in I 2 zu Bedenken gegen eine Videoverh soll die Verfahrensplanung des Vors erleichtern. Sie bedarf keiner Begründung u ist im weiteren Verf nicht bindend (BTDrs 20/8095, 59). Wegen Rechtsausführungen s § 282 Rn 2. **Formulierungsvorschläge:** Vorwerk/Assies, PFB, M 20.3 ff.

2 **2) Belehrungen des Beklagten (§ 277 II).** Sie sind erforderl hinsichtl der gem § 78 notw **Bestellung eines RA** (zu weiteren Belehrungen im schriftl Vorverf s § 276 II, beim AG § 499 II) u der **Folgen einer Fristversäumung** (§ 296 I). Formularmäßige Wiedergabe des Wortlauts von § 296 I genügt nicht (Ausn: RA als Bekl, BGH NJW 91, 493). Der Partei ist vielmehr in aller Deutlichkeit klar zu machen, dass ihr Vorbringen nur bei rechtzeitiger Äußerung berücksichtigt werden kann und sie ansonsten Gefahr läuft, den Prozess vollständig zu verlieren (BGHZ 86, 218, 226 = NJW 83, 822; BGH NJW 91, 2773). Die Belehrung des Bekl über die Versäumungsfolgen hat auch dann zu erfolgen, wenn er bereits **anwaltl vertreten** ist (BGHZ 88, 180, 183 = NJW 83, 2507; StJ/Thole Rn 20; nach BVerfGE 75, 302, 311 aber kein Verfassungsgebot).

3 **3) Frist zur Klageerwiderung (§ 277 III).** Sie beträgt *mindestens* 2 Wochen. Bei Unterschreitung ist Fristsetzung insgesamt unwirksam; keine Umdeutung in angemessene Frist (StJ/Thole Rn 24). Längere Frist kann geboten sein, damit dem Bekl (der bei der Prozessvorbereitung ohnehin gegenüber dem Kl benachteiligt ist; Schack ZZP 129 [2016] 393, 406), Gelegenheit zur sachgemäßen Erwiderung unter zumutbaren Bedingungen verbleibt (BVerfG NJW 82, 1691), insb bei erkennbaren Informationsschwierigkeiten des Bekl-Vertreters und schwierigem Sachverhalt. Es ist sachwidrig u missbräuchl, dem Bekl ohne bes Grund eine kurze Frist zu setzen, wenn Verhandlungstermin erst in einigen Monaten stattfinden soll. Die Versäumung einer zu kurz bemessenen Frist ist nicht schuldhaft iSv § 296 (s § 296 Rn 24).

4 **4) Replik des Klägers (§ 277 IV).** Für diese (s § 275 IV, § 276 III) gilt hinsichtl Inhalt, Frist u Belehrung über Säumnisfolgen Obiges (s Rn 1 ff) entspr.

§ 278 Gütliche Streitbeilegung, Güteverhandlung, Vergleich

(1) Das Gericht soll in jeder Lage des Verfahrens auf eine gütliche Beilegung des Rechtsstreits oder einzelner Streitpunkte bedacht sein.

(2) [1]Der mündlichen Verhandlung geht zum Zwecke der gütlichen Beilegung des Rechtsstreits eine Güteverhandlung voraus, es sei denn, es hat bereits ein Einigungsversuch vor einer außergerichtlichen Gütestelle stattgefunden oder die Güteverhandlung erscheint erkennbar aussichtslos. [2]Das Gericht hat in der Güteverhandlung den Sach- und Streitstand mit den Parteien unter freier Würdigung aller Umstände zu erörtern und, soweit erforderlich, Fragen zu stellen. [3]Die erschienenen Parteien sollen hierzu persönlich gehört werden. [4]§ 128a gilt entsprechend.

(3) [1]Für die Güteverhandlung sowie für weitere Güteversuche soll das persönliche Erscheinen der Parteien angeordnet werden. [2]§ 141 Absatz 1 Satz 2 und 3 sowie Absatz 2 und 3 gilt entsprechend.

(4) Erscheinen beide Parteien in der Güteverhandlung nicht, ist das Ruhen des Verfahrens anzuordnen.

(5) [1]Das Gericht kann die Parteien für die Güteverhandlung sowie für weitere Güteversuche vor einen hierfür bestimmten und nicht entscheidungsbefugten Richter (Güterichter) verweisen. [2]Der Güterichter kann alle Methoden der Konfliktbeilegung einschließlich der Mediation einsetzen.

(6) [1]Ein gerichtlicher Vergleich kann auch dadurch geschlossen werden, dass die Parteien dem Gericht einen schriftlichen Vergleichsvorschlag unterbreiten oder einen schriftlichen oder zu Protokoll der mündlichen Verhandlung erklärten Vergleichsvorschlag des Gerichts durch Schriftsatz oder durch Erklärung zu Protokoll der mündlichen Verhandlung gegenüber dem Gericht annehmen. [2]Das Gericht stellt das Zustandekommen und den Inhalt eines nach Satz 1 geschlossenen Vergleichs durch Beschluss fest. [3]§ 164 gilt entsprechend.

II 4 und III 2 geändert durch G zur Förderung des Einsatzes von Videokonferenztechnik in der Zivilgerichtsbarkeit und den Fachgerichtsbarkeiten v 15.7.2024 (BGBl 2024 I Nr 237) mWv 19.7.2024.

Lit: *Blankenburg/Gottwald/Strempel*, Alternativen in der Ziviljustiz, 1982; *W. Gottwald/Hutmacher/Röhl/Strempel*, Der Prozessvergleich, 1983; *Hager*, Konflikt u Konsens, 2001; *St. Schmitt*, Recht jenseits des Rechts – Gerichtsmediation im Lichte von Emmanuel Lévinas, 2012.

I) Vorrang der gütlichen Streitbeilegung (§ 278 I). 1) Normzweck. Die durch das ZPO-RG 2002 neu gestaltete Vorschrift hebt noch deutlicher als das frühere Recht den Auftrag an die Zivilgerichte hervor, auf eine einvernehml Bereinigung des zwischen den Parteien bestehenden Konflikts hinzuwirken. Sie dient dem Ziel der ZPO-Reform, lang dauernde und ausufernde Prozesse zu vermeiden, darf aber nicht allein unter Entlastungsgesichtspunkten gesehen werden. Gesetzgeberisches Motiv war vielmehr auch die Erkenntnis, dass eine gütl Streitbeilegung dem Rechtsfrieden nachhaltiger dienen kann als eine streitige Entscheidung (BTDrs 14/4722, 62), weshalb die einverständl Konfliktlösung „auch in einem Rechtsstaat grds vorzugswürdig ggü einer richterl Streitentscheidung" ist (BVerfG NJW-RR 2007, 1073 = ZKM 2007, 128 ff [Greger]). Der Richter darf sich dem Auftrag nicht deshalb entziehen, weil die Herbeiführung einer unstreitigen Erledigung mehr Aufwand an Zeit und Arbeitskraft erfordert als der Erlass eines Urteils oder weil der Rechtsstreit sich ohnehin schon in einem fortgeschrittenen Stadium befindet. Auch ein gerichtl Vergleichsvorschlag darf sich daher nicht allein von prozessökonomischen Gesichtspunkten leiten lassen. Der Hinweis auf die Prozessrisiken (Kosten, Dauer, Rechtsmittel) ist legitim und oftmals angebracht, darf aber nicht als Druckmittel eingesetzt werden (s Rn 36). Um eine echte Befriedung zu erreichen und neue Prozesse zu vermeiden, sollte dann, wenn ein über den konkreten Streitgegenstand hinausgehendes Konfliktpotenzial erkennbar wird, versucht werden, auch dieses durch konstruktive Lösungen auszuräumen. Da dies die Möglichkeiten des Zivilrichters in zeitl, rechtl (Beschränkung auf den Streitgegenstand und den Parteivortrag) oder methodischer Hinsicht oft übersteigt, sind neben dem Prozessvergleich auch andere Formen gütl Einigung in Erwägung zu ziehen (s Rn 3 f; Greger MDR 2014, 993). Gegen den Einsatz von Computerprogrammen, mit denen (etwa in Massenverf) aufgrund der Eingabe bestimmter Daten **automatisierte Vergleichsvorschläge** erstellt werden, bestehen (auch im Hinblick auf Art 22 I DSGVO) jedenfalls dann keine Bedenken, wenn das Gericht sich den Vorschlag aufgrund eigener Wertung und Vertrautheit mit dem Programm zu eigen macht oder die Parteien darauf hinweist, dass der automatisierte Vorschlag nicht notwendig der Bewertung des Gerichts entspricht (Rollberg ZKM 2020, 208 ff; zum Einsatz von KI s KI Rn 15). 1

2) Instrumente der gütlichen Einigung. a) Der **Prozessvergleich** beendet nicht nur den Prozess, sondern schafft auch einen vollstreckbaren Titel (§ 794 I Nr 1). Er kann mit dem Streitgegenstand zusammenhängende, weiter gehende Vereinbarungen enthalten (s Rn 38 f) und eine notarielle Beurkundung ersetzen (§ 127a BGB), er kann weitere anhängige Verf miterledigen und auch nicht am Prozess beteiligte Personen einbeziehen (s § 794 Rn 6). Vorteilhaft ist es, wenn er nicht nur im Wege gegenseitigen Nachgebens (§ 779 BGB) den anhängigen Rechtsstreit beendet, sofern zu einer auf einem gemeinsamen Willen beruhenden, grundl u für alle Beteiligten interessengerechten Konfliktlösung führt. Da derartige Lösungen in der gewöhnl Gerichtsverh schwer erzielbar sind, empfiehlt sich in geeigneten Fällen ein bes gestalteter Gütetermin vor dem Prozessgericht (s Rn 10) oder einem Güterichter (s Rn 25 ff). Vergleichsvorschläge des Richters oder vorläufige Bewertungen der Rechtslage sind keine Ablehnungsgründe iSv § 42 (KGR Berlin 1998, 359; KGR Berlin 1999, 187). Der Richter darf jedoch nicht von sich aus neue Ansprüche oder Einwendungen in die Vergleichsverh einbringen (zu weitgehend KG NJW-RR 2000, 1164, 1166). – Zu den Formerfordernissen s § 160 Rn 5 sowie VI (s Rn 34 ff). 2

b) Hinwirken auf verfahrensbeendigende Parteierklärungen (Klagerücknahme, Anerkenntnis, Verzicht, Erledigungserklärung); uU begünstigt durch reale Handlungen wie Abschlagszahlung, Entschuldigung, Goodwill- 3

Erklärung, strafbewehrte Unterlassungserklärung oder durch einen neuen Vertragsabschluss, evtl einen von den ProzBev ausgehandelten vollstreckbaren Anwaltsvergleich (§ 796a). Durch eine Vertagung der Verh (§ 227 I 1, V) können solche Lösungen gefördert werden, die wegen ihrer Endgültigkeit oftmals den Vorzug vor dem uU eine ZwV erfordernden Prozessvergleich verdienen.

4 **c) Delegation der Güteverhandlung auf Dritte**, die mit besonderen Verhandlungsmethoden auf eine autonome, nicht durch die Gegnerschaft im Prozess beeinflusste Konfliktlösung durch die Parteien selbst hinwirken können (zum Güterichter s Rn 25; zu außergerichtl Mediation, Schlichtung, Begutachtung § 278a).

5 **3) Zeitpunkt.** Nach I ist in jeder Lage des Verf nach Möglichkeiten einer gütl Beilegung zu suchen, also auch in der mündl Verh (zur Optimierung dortiger Vergleichsgespräche s Greger MDR 2014, 997), beim kommissarischen Richter (s § 361 Rn 1), im Musterverf nach dem KapMuG (BTDrs 17/8799, 22), im Verbandsklageverf (§ 13 I VDuG), im Rahmen der Erörterung des Beweisergebnisses nach § 279 III, auch noch in der Revisionsinstanz (die aus § 543 II folgenden Revisionszwecke müssen demggü zurücktreten) u nach Schluss der mündl Verh, so wenn Parteien noch Vergleichsverh führen wollen (BGH MDR 2020, 282 [Bacher MDR 2020, 395]: Verkündungstermin ist zu verlegen) oder wenn bei Urteilsberatung Ansätze für eine vergleichsw Lösung gefunden werden, keinesfalls darf aber durch Hinweis auf das bereits fertig beratene Urteil Druck auf die Parteien ausgeübt werden (sonst Vergleich wegen Drohung anfechtbar; BGH NJW 66, 2399 [abl E. Schneider u zutr Erwiderung Ostler]); bei Scheitern des nachträgl Güteversuchs muss erneut streitig verhandelt und beraten werden (BGH NJW 66, 2399, 2401). – Auch **außerhalb von Verhandlungsterminen** kann der Richter auf gütl Lösungen hinwirken, zB durch schriftl Vergleichsvorschläge (VI) oder formlose Besprechungen mit den ProzBev in einer Telefonkonferenz oder einem Erörterungstermin (Greger NJW 2014, 2554 ff; s § 273 Rn 15). Einzelgespräche mit den Parteien sind aber sensibel zu handhaben und offenzulegen (sonst Ablehnungsgrund; s § 42 Rn 25), nach Hager S 115 u Stürner JR 79, 137 generell unzulässig (aA Siemon MDR 2003, 63; sa § 139 Rn 4).

6 **II) Obligatorische Güteverhandlung (§ 278 II). 1) Allgemeines. a)** Die durch das ZPO-RG 2002 neu eingeführte, § 54 ArbGG nachgebildete Güteverh ist der mündl Verh vorgeschaltet, also (anders als jene) **nicht Teil der mündl Verh** (sa § 272 III, § 279 I). Daher führt das Verhandeln in ihr nicht zum Verlust von Zuständigkeitsrügen nach § 39 oder von Angriffs- und Verteidigungsmitteln nach §§ 282, 296. Bestimmte Prozesshandlungen können in ihr nicht wirksam vorgenommen werden (s Rn 13), Entscheidungen zur Hauptsache grds nicht ergehen (s Rn 14). Streithelfer brauchen nicht beigezogen zu werden (vgl § 71 III: „Hauptverfahren“). Sie gehört aber zu den „Verhandlungen“ iSd § 286, so dass Erkenntnisse aus ihr in die Beweiswürdigung eingehen.

7 **b)** Ihr **Zweck** erschöpft sich nicht in einer sof Prozessbeendigung durch Vergleich. Dem Ziel, einen lang dauernden, ausufernden Prozess zu vermeiden, dient es auch, wenn in der Güteverh abgeklärt wird, ob andere Formen gütl Streitbeilegung (s Rn 3 f), etwa auch die Einschaltung eines Güterichters (s Rn 25 ff) oder ein außergerichtl Schlichtungsverf (s § 278a), angezeigt sind, oder ob einvernehml Beschränkungen des Streitstoffs in Betracht kommen (zB indem bestimmte Punkte unstreitig gestellt, Anträge verbessert, rechtl Aspekte und Konsequenzen erörtert werden; Hk-ZPO/Saenger Rn 14). Diese Erörterung kann zugleich der Vorbereitung einer sich anschließenden mündl Verh (§ 139) dienen (WSch/Assmann Rn 49; Germelmann/Matthes/Prütting § 54 Rn 2). Es kann sich aber auch ergeben, dass sich der Aufwand einer streitigen mündl Verh vermeiden lässt, weil die Parteien mit einer Entscheidung im schriftl Verf einverstanden sind (§ 128 II) oder eine streitentscheidende tatsächl Frage außergerichtl klären (lassen) können (zB durch Schiedsgutachten). II erfüllt damit auch den Zweck einer **Sondierungsverhandlung**, die den Rechtsstreit erhebl entlasten und verkürzen kann (St. Schmitt S 363 ff).

8 **c) Geltungsbereich.** Güteverh ist grds in jedem erstinstanzl Verf mit mündl Verh zwingend, auch nach Übergang aus dem Mahnverf (§ 697 II), im Urkundenprozess, in Verf des einstw Rechtsschutzes (gerade dort ist eine rasche Konfliktbegrenzung oft wertvoll; ein Zeitverlust muss nicht eintreten), im Wiederaufnahmeverf (vor der Verh über Zulässigkeit u Grund, denn auch über die Frage, ob das Verf durchgeführt werden soll, ist Verständigung mögl; eine Wiederholung vor der Neuverh des Rechtsstreits nach § 590 I ist dagegen nicht geboten), im Verbandsklageverf (§ 13 I VDuG) *nicht* im Kapitalanleger-Musterverf (§ 14 I 2 KapMuG). Weitere **Ausnahmen** sind in II 1 *abschließend* geregelt (s Rn 22; für entspr Anwendung von § 15a II EGZPO jedoch MK/Prütting Rn 24; dagegen WSch/Assmann Rn 17; MskV/Foerste Rn 2a). Im **Rechtsmittelverf** ist Güteverh freigestellt (§ 525 S 2, § 555 II).

9 **d)** Die Güteverh gehört zur **rechtsprechenden Tätigkeit** des Richters, denn sie ist uU nur Vorstufe zur Streitentscheidung. Es besteht daher volle richterl Unabhängigkeit (BGHZ 47, 275, 287).

10 **2) Verfahren. a) Äußerer Ablauf.** Die Güteverh ist **vor der 1. mündl Verh** (frühem 1. Termin oder Haupttermin) durchzuführen. Wenn sich die mündl Verh unmittelbar anschließen soll (§ 279 I), ist grds zugleich zu dieser zu laden (nur dies ermöglicht auch Erlass eines VU bei Nichterscheinen einer Partei; s Rn 20). Es ist aber oft sinnvoll, zunächst nur die Güteverh zu terminieren (zB weil der Haupttermin noch weiterer Vorbereitung bedürfte): dann ist zwar Ladungsfrist (§ 217, § 604 II, § 605a), nicht aber Einlassungsfrist (§ 274 III) zu beachten. – Es kann aus atmosphärischen Gründen vorteilhaft sein, nicht im Sitzungssaal, sondern in **Besprechungs- oder Richterzimmer** (unter Wahrung der Öffentlichkeit; s § 169 GVG Rn 3) zu verhandeln und das Tragen der Amtstracht flexibel zu handhaben (Greger MDR 2014, 997). Informelle Erörterung per Telefon- oder Vi-

deokonferenz ersetzt sie nicht, kann aber zur Abklärung der Erfolgsaussicht (s Rn 22) oder zur Vorbereitung sinnvoll sein. Nach § 278 II 4 ist auch Teilnahme an der Güteverh per **Bild- und Tonübertragung** zulässig; die Vorschriften des § 128a finden dann insgesamt Anwendung (§ 278 II 4; BTDrs 20/8095, 59). Da der Hauptzweck der Güteverh darin besteht, die unmittelbare Kommunikation mit und zwischen den Beteiligten sicherzustellen (s § 278 II 2, 3, III, IV), sollte hiervon aber nur in Ausnahmefällen Gebrauch gemacht werden (zu den Defiziten der Online-Kommunikation s Greger MDR 2020, 957, 958 mwN). Verspricht sich das Gericht von einer Güteverh mit Parteipräsenz keinen Erfolg, kann es nach § 278 II 1 ohnehin gleich mündl Verh mit Bild- und Tonübertragung anberaumen; dort können selbstverständl auch Vergleichsgespräche geführt werden. Außerdem kann auch unabhängig von § 128a in informellen Video- oder Telefonkonferenzen (s § 139 Rn 4) sondiert werden, ob eine gütl Beilegung (zB nach § 278 VI ganz ohne mündl Verh) in Betracht kommt.

b) Gerichtsbesetzung. Die Güteverh findet grds vor dem erkennenden Gericht statt, unter Leitung des Vors 11
(§ 136 I), nicht vor dem Vors allein oder einem beauftragten Richter (s § 361 Rn 1). Zum Güterichter s Rn 25. – Bei der **Kammer für Handelssachen** kann der Vors im Rahmen seiner Vorbereitungskompetenz (§ 349 I 1) die Güteverh allein durchführen; sinnvoller ist es aber idR, die Handelsrichter zuzuziehen. – Ein **Dolmetscher** ist unter den Voraussetzungen des § 185 GVG auch für die Güteverh erforderl.

c) Das **persönliche Erscheinen der Parteien** soll (soweit nach § 141 I 3 zumutbar) angeordnet werden (III). 12
„Sollen" bedeutet, dass die Anordnung regelmäßig zu ergehen hat und nur „in atypischen Fällen" unterbleiben kann (BTDrs 14/6036, 121); dies darf den Richter jedoch nicht hindern, die Zweckdienlichkeit der Anordnung einzelfallbezogen und unter Berücksichtigung der für die Parteien damit verbundenen Belastungen zu prüfen (vgl Kauffmann MDR 2004, 1035 ff m berechtigter Kritik an der Praxis mancher Gerichte). Persönl Erscheinen kann auch in Form der Video-Zuschaltung angeordnet werden (dazu s § 141 Rn 3a); dies ermöglicht Anordnung auch dann, wenn physisches Erscheinen unzumutbar wäre (s § 141 Rn 4). – Mitteilung der Ladung an die Parteien selbst, Zustellung nicht nötig. Bei unentschuldigtem Nichtbefolgen kann Ordnungsgeld verhängt werden (einschr Wieser MDR 2002, 11; Einzelheiten s § 141 Rn 12 ff); darauf ist bei der Ladung hinzuweisen (§ 141 III). Ob das Gericht nochmals lädt oder ohne den Geladenen verhandelt, liegt in seinem Ermessen. Zum ProzBev als Vertreter s § 141 Rn 17.

d) Prozesshandlungen der Parteien können in der Güteverh wirksam vorgenommen werden, sofern das Ge- 13
setz nicht eine Erklärung in der mündl Verh verlangt (zB § 297 für Sachanträge, § 306 für Verzicht [aA WSch/Assmann Rn 63]; § 288 I für Geständnis). Wirksam daher zB Klagerücknahme (ohne Einwilligung des Bekl, § 269 I, II 1, 2; Protokollierung gem § 160 III Nr 8, § 162 I ersetzt Schriftform), übereinstimmende Erledigungserklärung (§ 91a I), Verweisungsantrag (§ 281 II 1), Anerkenntnis (§ 307). Im Anwaltsprozess kann nur RA wirksame Prozesshandlungen vornehmen (außer Erledigungserklärung, s § 91a Rn 10); Erklärungen der Partei sind aber bei Beweiswürdigung verwertbar (s § 141 Rn 1a).

e) Gerichtliche Entscheidungen sind in der Güteverh insoweit zulässig, als sie nicht auf die Entscheidung des 14
Rechtsstreits gerichtet sind; hierzu (auch für Erlass eines VU) ist in die mündl Verh überzugehen (s Rn 20). Ausnahme: AU kann nach § 307 in der Güteverh ergehen; es wird in sofort anberaumtem Termin iSv § 310 I 1 Alt 2 verkündet oder nach § 310 III 1 zugestellt. **Beschlüsse**, die ohne mündl Verh ergehen können (§ 128 IV), sind mögl. Zulässig daher auch Verweisung nach § 17a GVG oder § 281 (WSch/Assmann Rn 65).

f) Inhalt der Verhandlung. Das Gericht ist zur **Erörterung des Sach- und Streitstands** mit den persönl anwe- 15
senden Parteien (s Rn 12) verpflichtet; dazu gehören auch die wirtschaftl und sonstigen potenziellen Auswirkungen einer Fortsetzung des Rechtsstreits. Es hat durch **Fragen** den entscheidungsrelevanten Sachverhalt und seine Hintergründe (Vorgeschichte, Motive, Konfliktentwicklung) zu erhellen, darf aber nicht über die durch die Neutralitätspflicht gezogenen Grenzen der materiellen Prozessleitung hinausgehen (Rensen AnwBl 2002, 638), also keine Ausforschung betreiben und nicht von sich aus den Streitgegenstand erweitern (erscheint dies sinnvoll, empfiehlt sich Verweisung an den Güterichter, s Rn 25). – **Beweiserhebungen** sollen in diesem Stadium noch nicht stattfinden, wie aus der Formulierung „unter freier Würdigung aller Umstände" folgt (BTDrs 14/4722, 83). Vorbereitende Anordnungen des Vors kommen daher allenfalls nach § 273 II Nrn 1 u 2 in Betracht. Eine informelle Befragung präsenter Zeugen (ohne Beweiswirkung) ist nicht unstatthaft (StJ/Thole Rn 35; für Zurückhaltung Stürner JR 79, 137; für Verwertbarkeit von Beweisergebnissen aus der Güteverh dagegen WSch/Assmann Rn 52), ebenso können selbstverständl Urk eingesehen oder Gegenstände in Augenschein genommen werden.

g) Protokoll wird auch über Güteverh geführt (§ 159). Zu protokollieren ist insb abgeschlossener Vergleich 16
(§ 160 III Nr 1) u das sonstige Ergebnis (§ 160 III Nr 10). Äußerungen der Parteien werden nur nach Maßgabe von § 160 IV protokolliert. Für die Beweiskraft gilt § 165, für erteilte Hinweise § 139 IV.

3) Verfahren bei Nichterledigung des Rechtsstreits in der Güteverhandlung. Feststellung der Erfolglosigkeit 17
im Protokoll (§ 160 III Nr 10) u entweder **unmittelbarer Übergang in die mündliche Verhandlung** nach § 279 I (dies setzt voraus, dass die Parteien entspr geladen waren oder auf Einhaltung der Ladungs- u ggf Einlassungsfrist gem § 295 verzichten) oder **Bestimmung kurzfristigen Termins zur mündlichen Verhandlung** (Ladung und Einhaltung der Ladungsfrist bei Verkündung entbehrl; §§ 217, 218), bei Einverständnis der Par-

teien **Anordnung schriftlichen Verfahrens** nach § 128 II. Ggf vorbereitende Anordnungen nach § 273. Die mündl Verh kann – je nach Verfahrensstand (§ 272) – früher 1. Termin (§ 275) oder Haupttermin (§ 279 II) sein. Zum Ablauf der mündl Verh s § 137.

18 **Erkenntnisse aus der Güteverhandlung** können, soweit sie nicht durch die nachfolgende mündl Verh obsolet geworden sind, bei der Überzeugungsbildung gem § 286 berücksichtigt werden. Dies kann die Unbefangenheit der Güteverh beeinträchtigen; soll sie sichergestellt werden, ist nach V zu verfahren.

19 **Weitere Einigungsbemühungen** können auch bei Erfolglosigkeit der Güteverh sinnvoll sein, zB ein schriftl Vergleichsvorschlag iSd VI, die Einschaltung eines Güterichters (V), der Vorschlag einer außergerichtl Schlichtung (§ 278a) oder die **Anberaumung einer weiteren Güteverhandlung** vor der mündl Verh (Einigungschance ist wichtiger Grund iSd § 227). Nach Beginn der mündl Verh sind weitere Güteversuche ohnehin jederzeit zulässig (I, III).

20 **4) Säumnis. a)** Ist **eine Partei** in der Güteverhandlung säumig iSv §§ 330 ff (zu unterscheiden vom Nichterscheinen der persönl geladenen Partei; s Rn 12), ist Güteversuch als gescheitert anzusehen und nach Rn 17 zu verfahren (§ 279 I). War bereits zur mündl Verh geladen, kann nach Übergang in diese auf Antrag VU ergehen. Nach Einspruch Fortsetzung im Stadium der mündl Verh (nicht des Güteverf). Bei Ladungsmangel oder schuldloser Verhinderung Ladung zu neuer Güteverh (vgl § 335 I Nr 2, II, § 337). – Sind bei notwendiger **Streitgenossenschaft** (§ 62) nicht alle Streitgenossen in der Güteverh präsent oder erscheint statt einer Partei nur der Streithelfer, ist der Güteversuch als gescheitert anzusehen (aA AG/Anders Rn 33; Foerste NJW 2001, 3104; wohl auch BTDrs 14/4722, 83); ein VU kann in der anschließenden mündl Verh jedoch nicht ergehen (§ 62 I, § 67). Bei einfachen Streitgenossen (§§ 59 f) ist mit den erschienenen zur Güte zu verhandeln, die anderen sind als säumig zu behandeln (AG/Anders Rn 33).

21 **b)** Bei **Säumnis beider Parteien** (iSv Rn 20) ordnet das Gericht Ruhen des Verf an (**§ 278 IV**). Folgen und Beendigung: s § 251 Rn 1, 4. Nach Aufnahme ist grds neue Güteverh anzuberaumen (Foerste NJW 2001, 3104; Parteien könnten sonst § 278 II torpedieren); sof Übergang in die mündl Verh nur, wenn erkennbar aussichtslos (vgl II 1 aE).

22 **5) Absehen von Güteverhandlung.** Die Güteverh ist obligatorisch, steht nicht zur Disposition von Gericht oder Parteien (aA zu § 54 ArbGG van Venrooy ZfA 84, 342 ff; krit Kauffmann MDR 2004, 1035 ff; Foerste NJW 2001, 3104; Friedrich JR 2002, 399). Entspr Anträge sind unbeachtl. Sof Anberaumung der mündl Verh ist nur zulässig bei **vorangegangenem außergerichtlichen Schlichtungsversuch** (gleich ob nach § 15a EGZPO oder auf freiw Basis; auch auf staatl Anerkennung der Gütestelle kommt es nicht an [WSch/Assmann Rn 32; AG/Anders Rn 2; Friedrich JR 2002, 398; aA Hartmann NJW 2001, 2581]) u bei **erkennbarer Aussichtslosigkeit** (diese muss evident sein, kann auch bei völlig zerstrittenen Parteien nicht ohne weiteres bejaht werden, da gerade hier eine richterl Intervention oft hilfreich ist; BVerfG NJW-RR 2007, 1073 = ZKM 2007, 128 ff [Greger]). Grundlage für die Entscheidung sind die Angaben in der Klageschrift gem § 253 III Nr 1, die ggf auf Nachfrage zu ergänzen sind (s § 253 Rn 20), evtl ein Erörterungstermin (s § 273 Rn 15). Dass eine Güteverh in den genannten Fällen nicht stattfinden *darf* (so Hartmann NJW 2001, 2581), trifft nicht zu (ebenso WSch/Assmann Rn 34). Das Absehen bedarf keiner ausdrückl Entscheidung oder Begründung (MK/Prütting Rn 22).

23 **6) Verfahrensfehler.** Mit Rechtsmittel angreifbare Fehler sind kaum denkbar. Dass ein Urteil auf ihrem gesetzwidrigen Unterbleiben beruht, ist schwerl feststellbar; zudem ist der Fehler nicht mehr korrigierbar. Parteianträge auf Durchführung oder Unterlassen sind unbeachtl (s Rn 22) und eröffnen keine Beschwerdemöglichkeit (MK/Prütting Rn 19; HM-S/Engers Rn 19).

24 **III) Weitere Güteversuche (§ 278 I, III 1 Alt 2).** Unabhängig von der grds obligatorischen Güteverh nach II kann das Gericht auch nach Beginn der mündl Verh einen Güteversuch (auch mehrmals) anordnen (zur äußeren u inhaltl Gestaltung s Rn 10 ff). Bei Säumnis einer Partei (iSv §§ 330 ff, nicht § 141 III) oder Erfolglosigkeit des Güteversuchs Bestimmung eines Termins zur Fortsetzung der streitigen Verh, bei Einverständnis der Parteien (Verzicht auf Ladungsfrist) auch sof Fortsetzung. Vor Urteilsverkündung muss aber in jedem Fall nochmals streitig verhandelt werden (BGH NJW 66, 2399), sofern nicht Übergang ins schriftl Verf gem § 128 II vereinbart wird (s § 128 Rn 3). Auch für weiteren Güteversuch kann an Güterichter verwiesen werden (V 1).

IV) Verweisung an Güterichter (§ 278 V). Lit: v. Bargen, Gerichtsinterne Mediation, 2008; Eidenmüller/Wagner, Mediationsrecht, 2015, Kap 8; Fritz/Pielsticker, Hdb zum MediationsG, 2. Aufl 2020; Gläßer/Schroeter, Gerichtliche Mediation, 2011; Greger/Unberath/Steffek, Recht der alternativen Konfliktlösung, 2. Aufl 2016; Greger/Weber, Das Güterichterverf – Leitfaden für Richter, RA und Gerichtsverw, online unter MDR 2019, S1; Klowait/Gläßer, MediationsG, 2. Aufl 2018.

25 **1) Bedeutung.** Das durch G v 21.7.2012 eingeführte Güterichterverf bietet die zuvor in zahlr Modellversuchen erprobte Möglichkeit, die Güteverh von der Entscheidungszuständigkeit abzukoppeln und dadurch eine privatautonome, von der Prozesslage unabhängige Konfliktlösung (zB mittels Mediation) zu eröffnen (zu den Modellversuchen s v. Bargen S 70 ff, Rinnert in Gläßer/Schroeter S 57 ff). Die Konfliktbehandlung beim Güterichter unterscheidet sich grundlegend von Vergleichsverh beim erkennenden Gericht. Der entspr ausgebildete Gü-

terichter kann die Parteien mit besonderen Kommunikationsmethoden dabei unterstützen, die Fixierung auf das Geschehene und die daraus abgeleiteten Rechtspositionen aufzugeben und stattdessen durch Klärung der Beziehungsebene und Entdecken interessengerechter Optionen konsensuale, zukunftsgerichtete Lösungen zu entwickeln. Die fehlende Entscheidungskompetenz des Güterichters ermöglicht die hierfür erforderl Offenheit des Gesprächs. Zudem verhandelt der Güterichter nicht öffentl, in einer formlosen Atmosphäre am Besprechungstisch und mit offeneren Zeitvorgaben für die Güteverh. Üblicherw vereinbaren die Beteiligten, den Ablauf der Verh und die dort abgegebenen Erklärungen vertraul zu behandeln, so dass sie in einem etwa nachfolgenden Gerichtsverf nicht verwertet werden können (s Rn 30a). Verhandlungsführer sind die Konfliktbeteiligten selbst, nicht die ProzBev, die ledigl in beratender Funktion teilnehmen; dabei können auch Dritte, die nicht am Prozess beteiligt sind, einbezogen werden. Die Verh kann sich völlig vom Streitgegenstand lösen und zu weit darüber hinausgehenden Vereinbarungen führen (näher Greger/Weber [Lit vor Rn 25] MDR 2019, S1 Rn 271 ff). Der Güterichter kann alle Methoden der autonomen Konfliktbehandlung einsetzen (s Rn 28a).

2) Anwendungsbereich. Besonders geeignet sind Verf, denen erkennbar eine gestörte zwischenmenschl Beziehung (zB verwandtschaftl, freundschaftl oder geschäftl Art) zugrunde liegt, wenn hinter dem Klagegegenstand weiteres Konfliktpotenzial zu vermuten ist, wenn Lösungen denkbar sind, die auf dem Klageweg nicht erreicht werden können oder die Rekonstruktion und rechtl Aufarbeitung des Sachverhalts zu unverhältnismäßigem Aufwand führen würde. Auch für Umfangs- und Altverf bietet das Güterichterverf die Chance rascher und interessengerechter Erledigung. Näher zu den Kriterien Greger/Weber [Lit vor Rn 25] MDR 2019, S1 Rn 82 ff; Greger MDR 2014, 993, 995. 25a

3) Einsetzung und Rechtsstellung des Güterichters. Es handelt sich um eine **richterl Geschäftsaufgabe**, die gem § 21e I 1 GVG im GVP zuzuweisen ist (MK/Prütting Rn 36; PG/Geisler Rn 7; eingeh Greger MDR 2017, 1107 ff). An jedem Gericht und in jedem Verf (auch in den Rechtsmittelinstanzen) muss die Möglichkeit der Verweisung an einen Güterichter (nicht unbedingt am selben Gericht; BTDrs 17/8058, 21) bestehen (Fritz/Pielsticker Rn 83; Ahrens NJW 2012, 2465; aA Klowait/Gläßer/Löer Rn 10). Die Tätigkeit erfordert eine bes Schulung und regelmäßige Praxis, so dass für kleinere Gerichte Konzentrations- oder Pool-Lösungen angezeigt sein können (näher Greger/Weber [Lit vor Rn 25] MDR 2019, S1 Rn 39 ff; Schobel ZKM 2012, 192). Trotz der Bestimmung im GVP kann die Fallzuteilung flexibel gehandhabt werden, da das Gebot des ges Richters nicht gilt (MK/Prütting Rn 36; Löer ZKM 2014, 41 f; Schobel ZKM 2012, 192; aA v. Bargen S 289 f): Art 101 I 2 GG betrifft zwar nicht nur richterl Entscheidungen, sondern auch darauf bezogene Tätigkeiten; auch solche nimmt der Güterichter jedoch nicht vor (zum Vergleichsabschluss s BGHZ 35, 309, 312 = NJW 61, 1817, 1818). Die Parteien haben aber keinen Anspruch auf einen bestimmten Güterichter. 26

Seine Funktion ist, wie die gesamte richterl Vergleichstätigkeit, der **rechtsprechenden Gewalt** zuzuordnen (MK/Prütting Rn 33; Klowait/Gläßer/Löer Rn 7; vgl BGHZ 47, 275, 287; OLGR Rostock 2007, 159). Der Güterichter handelt somit in richterl Unabhängigkeit, kann Prozessvergleiche nach § 794 I Nr 1 beurkunden, hat die rechtl Schranken der Parteiautonomie zu wahren (Hess ZZP 124 [2011], 150 ff). Er hat aber **keine Entscheidungsbefugnis**, auch nicht für Verlängerung proz Fristen (BGH NJW 2009, 1149) oder PKH-Bewilligung (zur Streitwertfestsetzung s Rn 33). Er steht zu den Parteien nicht in einem Vertragsverhältnis und unterfällt nicht den Vorschriften des MediationsG (MK/Prütting Rn 35; WSch/Assmann Rn 79; Klowait/Gläßer/Löer Rn 11; Eidenmüller/Wagner/Steiner Rn 40). Seine Verantwortung für ein rechtsstaatl Verf folgt aus seiner Richterstellung (Eidenmüller/Wagner/Steiner Rn 47 ff). 26a

4) Verweisungsverfahren. Die Verweisung ist in jedem Prozessstadium zulässig (Ausnahme: § 14 I 2 KapMuG). Sie liegt im **Prozessleitungsermessen** des Gerichts; eine Partei kann sie allenfalls anregen. Das Ermessen muss ausgeübt, dh in jedem Fall das Für und Wider einer Verweisung geprüft werden (Klowait/Gläßer/Löer Rn 19). Von einer **Zustimmung** der Parteien ist sie nach dem klaren Gesetzeswortlaut nicht abhängig (LSG Hessen ZKM 2014, 134; Sächs OVG ZKM 2014, 135; ArbG Hannover ZKM 2013, 130; StJ/Thole Rn 67; MskV/Foerste Rn 14; Greger MDR 2017, 1107, 1109 f; aA wegen missverständl Formulierung in BTDrs 17/8058, 21 [„nur in Betracht"] Hk-ZPO/Saenger Rn 19). Gegen den ausdrückl, evtl auch nach Rücksprache aufrecht erhaltenen Widerspruch wird das Gericht eine Verweisung aber nicht vornehmen. Es teilt den Parteien daher die beabsichtigte Verweisung an den Güterichter in einer Verh, schriftl oder telefonisch mit und gibt ihnen Gelegenheit zur Äußerung. 27

Der **Verweisungsbeschluss** kann ohne mündl Verh ergehen (§ 128 IV), bei der KfH durch den Vors allein (§ 349 Rn 17). Er enthält keine namentl Benennung des Güterichters und keine einzelfallbezogene Begründung. Es wird weder das Ruhen des Verf noch seine Verweisung angeordnet, denn es wird ledigl ein bes Verfahrensabschnitt (Güteversuch) einem anderen Richter übertragen. Es handelt sich der Sache nach um ein **Ersuchen**; das Gesetz vermeidet diesen Begriff ledigl, um eine Verwechslung mit dem Rechtshilfeersuchen nach §§ 157 ff GVG zu vermeiden (Eidenmüller/Wagner/Steiner Rn 39). Die Akten werden der Güterichter-GeschSt des eigenen bzw des dafür bestimmten Gerichts übersandt, wo sie registriert und dem nach dem GVP zuständigen Güterichter vorgelegt werden. 27a

5) Verfahren des Güterichters. Er kann die Übernahme **ablehnen**, wenn er sie, ggf nach Erörterung mit den ProzBev, nicht für sachgerecht hält (MK/Prütting Rn 37; Greger/Unberath/Steffek E Rn 140; aA Klowait/Glä- 28

ßer/Löer Rn 23). Ansonsten übernimmt er die **Vorbereitung** der Güteverh. Dabei empfiehlt es sich, die **Verhandlungsmethode** vorab mit den ProzBev abzustimmen (zur Methodenwahl s Rn 28a). Außerdem sollten die **Modalitäten des Verf** (Termin, voraussichtl Dauer, teilnehmende Personen, evtl mitzubringende Unterlagen, Vertraulichkeitsabrede, Einzelgespräche) vorab geklärt werden. Das persönl Erscheinen zur Güteverh kann angeordnet werden (V iVm III; vgl BayLSG 8.4.2015 – L 15 SF 387/13; StJ/Thole Rn 74; Fritz/Pielsticker Rn 63), die Teilnahme an einer Mediation steht den Parteien jedoch frei (kein Ordnungsgeld). Zur Praxis der **Verhandlungsleitung** s Greger/Weber [Lit vor Rn 25] MDR 2019, S1 Rn 122 ff. **Prozesshandlungen** (zB Anerkenntnis, Klageänderung) können beim Güterichter nicht vorgenommen, sondern allenfalls niedergelegt werden (Eidenmüller/Wagner/Steiner Rn 42; zu prozessbeendigenden Erklärungen s Rn 32, zum Geständnis s § 288 Rn 5). Ein **Protokoll** wird nicht geführt, es sei denn die Parteien beantragen dies übereinstimmend (§ 159 II), zB zur Dokumentation des Ergebnisses der Güteverhandlung.

28a **6) Verhandlungsmethode.** Nach ausdrückl Klarstellung in V 2 kann der Güterichter alle Methoden der Konfliktbeilegung anwenden, zB Moderation, Mediation, Evaluation, Schlichtung, Leistungsbestimmung, Verteilungsverfahren (MK/Prütting Rn 37; eingeh Greger/Weber [Lit vor Rn 25] MDR 2019, S1 Rn 161 ff; aA bzgl „echter" Mediation WSch/Assmann Rn 80; Assmann MDR 2016, 1303 ff), auch per Telekommunikation, Shuttle-Verh oder mithilfe automatisierter Vergleichsvorschläge (s dazu Rollberg ZKM 2020, 208, 212). Die Auswahl richtet sich nach den Gegebenheiten des Einzelfalls u den Bedürfnissen der Parteien, ist in Abstimmung mit diesen zu treffen u ggf im Lauf des Verf zu modifizieren. Der Güterichter wird seiner gesetzl Aufgabe nicht gerecht, wenn er eine mögl Einigung durch Vorenthalten einer geeigneten Lösungsmethode vereitelt (Fritz ZKM 2015, 10 ff gegen Klamt/Moltmann-Willisch ZKM 2015, 7 ff). Verhandelt er nach den Grundsätzen der Mediation, kann er mit Einverständnis der Parteien auch *vertraul* Einzelgespräche (analog § 2 III 3 MediationsG) führen (Klowait/Gläßer/Löer Rn 16; Greger/Unberath/Steffek E Rn 145; aA MK/Prütting Rn 37).

29 **7) Anwaltliche Vertretung.** In Verh vor dem Güterichter nicht geboten, denn der Sache nach ist er (wie nach V 1 aF) ersuchter Richter iSd § 78 III, auch wenn das Gesetz diesen Begriff jetzt vermeidet (s Rn 27a; StJ/Thole Rn 71; WSch/Assmann Rn 81; MK/Prütting Rn 39; PG/Geisler Rn 10; Fritz/Pielsticker Rn 63; Eidenmüller/Wagner/Steiner Rn 120; Greger/Weber [Lit vor Rn 25] MDR 2019, S1 Rn 17; aA AG/Anders Rn 47; MskV/Foerste Rn 15; Hk-ZPO/Saenger Rn 20). Prozesshandlungen ggü dem erkennenden Gericht können in der Verh beim Güterichter ohnehin nicht vorgenommen werden (zum Vergleich u zur Protokollierung sonstiger Erklärungen s Rn 32). Die ProzBev sind jedoch in geeigneter Form in das Verf einzubinden, möglichst durch unterstützende Teilnahme an der Mediationssitzung; anderenfalls ist den Parteien Gelegenheit zu geben, vor Abschluss einer Vereinbarung Rat ihrer ProzBev einzuholen. Nicht anwaltl vertretenen Parteien (zB vor dem AG) ist Gelegenheit zu geben, bedeutsame Vereinbarungen vorab rechtl überprüfen zu lassen (entspr § 2 VI MediationsG). Bei einseitiger anwaltl Vertretung ist auf Parität der Verhandlungsstärke zu achten.

30 **8) Vertraulichkeit.** Sie ist wichtig für die Offenheit des Gesprächs, einen der Hauptgründe für die Einführung des Güterichters (s Rn 25). Sie wird erreicht durch die Nichtöffentlichkeit der Verh, das Unterbleiben einer Protokollführung (§ 159 II) und die auch dem Prozessgericht ggü bestehende **Verschwiegenheitspflicht des Güterichters** nach § 46 DRiG iVm § 67 BBG, § 37 I BeamtStG mit dem korrespondierenden Zeugnisverweigerungsrecht nach § 383 I Nr 6. Wird der Güterichter (zB durch Zuständigkeitsänderung) später zum erkennenden Richter, ist er zwar nicht kraft Gesetzes ausgeschlossen (VG Göttingen MDR 2015, 55; Klowait/Gläßer/Löer Rn 30; aA LAG Stuttgart 15.3.2017 – 9a Sa 16/17; OLG München MDR 2020, 366; sa § 41 Rn 13), einer (Selbst-)Ablehnung ist aber stattzugeben.

30a Die **Wahrung der Vertraulichkeit durch die Parteien** lässt sich nur erreichen, indem sie sich in einem Prozessvertrag verpflichten, den Verlauf der Güteverh und die dortigen Äußerungen (wie Vorschläge, Zugeständnisse, Stellungnahmen, Wünsche, Gefühle) nicht in einem Zivil- oder Schiedsgerichtsverf vorzutragen (Wagner NJW 2001, 1398 ff). Eine Erstreckung auf die in der Mediation zur Sprache gekommenen *Tatsachen* wäre dagegen zu weitgehend; es könnte allenfalls die Offenbarung eines schutzwürdigen Geheimnisses von der Unterzeichnung einer mit Vertragsstrafe bewehrten Schweigeverpflichtung abhängig gemacht werden (zu Formulierungsvorschlägen s Greger/Unberath/Steffek § 4 MediationsG Rn 56, 59; Greger/Weber [Lit vor Rn 25] MDR 2019, S1 Rn 134 ff). Wird entgegen einer Vertraulichkeitsabrede vorgetragen, kann der Gegner hierzu unter Berufung auf die Abrede die Einlassung verweigern, ohne dass die Geständniswirkung eintritt; ein diesbzgl Beweisantrag (etwa auf Vernehmung des Güterichters als Zeuge) wäre wegen Unzulässigkeit abzulehnen (s vor § 284 Rn 2b). Haben die Parteien Vertraulichkeit vereinbart, ist zu vermeiden, dass schriftl Unterlagen in die gerichtl Akten gelangen; die Frage einer Akteneinsicht (dazu OLG München MDR 2009, 1065; Kurzweil ZZP 123 [2010], 77) stellt sich dann nicht.

31 **9) Beendigung des Verfahrens. a) Ohne Einigung.** Die Teilnahme an einer Mediation ist freiwillig und kann daher von den Parteien **jederzeit beendet** werden; iÜ bricht der Güterichter das Verf ab, wenn es sich, auch bei einem Wechsel der Verhandlungs*methode*, als ungeeignet für diese Sache oder diese Parteien erweist, wenn er sich zu einer neutralen Haltung nicht mehr in der Lage sieht, wenn sich strafbare oder unlautere Verhaltensweisen abzeichnen (bei Steuer- u Subventionsvergehen träfe ihn die **Anzeigepflicht** nach § 116 AO, § 6 SubvG;

Klowait/Gläßer/Löer Rn 27) oder wenn keine Aussicht besteht, in vertretbarer Zeit zu einer Einigung zu gelangen. Wenn mögl sollten aber wenigstens **Teil- oder Zwischenlösungen**, zB Absprachen zum weiteren Verf, herbeigeführt oder der Weg in ein außergerichtl Streitbeilegungsverf (§ 278a) gewiesen werden (näher Greger/Weber [Lit vor Rn 25] MDR 2019, S1 Rn 260 ff). Statt des Abbruchs empfiehlt sich oft eine **Unterbrechung** des Verf; sie gibt den Parteien Zeit, den in Gang gekommenen Annäherungsprozess fortzusetzen, ohne sogleich ins streitige Verf zurückzufallen. Im Güterichterverf angefallenes **Schriftgut** ist, soweit es nicht zur Wahrung der Vertraulichkeit zurückgegeben wurde, *nach Abschluss des Hauptverf* zu dessen Akten zu geben; in diesem Sinn sind die Vorschriften der AktO (zB § 8a III BayAktO) zu verstehen.

b) Mit Einigung. Üblicherw schließen die Parteien eine schriftl **Abschlussvereinbarung** ab (näher dazu Greger/Weber [Lit vor Rn 25] MDR 2019, S1 Rn 266 ff). Sie bedarf keiner förml Protokollierung (s § 159 II). Es kann sich hierbei um einen Vergleich iSd § 779 BGB, um die Begründung, Änderung oder Aufhebung einer Vertragsbeziehung, um einen Vorvertrag, eine Punktation iSv § 154 I 2 BGB, Verfahrensabsprachen uva handeln. Der Güterichter kann bei der Ausformulierung entspr Vereinbarungen mitwirken, ist hierzu aber nicht verpflichtet, sondern kann sie den Parteien, ihren Anwälten oder einem Notar überlassen (vgl zum außergerichtl Mediator § 2 VI MediationsG). Seine proz Stellung gebietet jedoch, dass er Erklärungen der Parteien zur **Beendigung des Rechtsstreits** herbeiführt. Legen die Parteien Wert auf einen Vollstreckungstitel, kann er einen Vergleich nach § 794 I Nr 1 beurkunden oder gem § 278 VI feststellen (verpflichtet ist er dazu nicht). Dieser beendet zugleich die Rechtshängigkeit. Im Anwaltsprozess sollte der Güterichter (ungeachtet § 78 III) auf anwaltl Vertretung der Parteien (zu Dritten s § 78 Rn 18) beim Vergleichsschluss bestehen (näher zur Vergleichspraxis s Rn 36 ff). Ansonsten kommen insb übereinstimmende Erledigungserklärungen sowie Klage- oder Rechtsmittelrücknahme in Betracht (s Rn 13). Die entspr Erklärungen (im Anwaltsprozess durch RA) sollten sogleich schriftl niedergelegt u dem Prozessgericht zugeleitet werden. Erledigungserklärung und Zustimmung kann der Güterichter auch in einem auf übereinstimmenden Antrag erstellten Protokoll (§ 159 II) niederlegen; dies ersetzt Erklärung zu Protokoll der Geschäftsstelle nach § 91a I 1 (St/Roth § 159 Rn 5; MK/Fritsche § 159 Rn 2; MskV/Stadler § 159 Rn 1). 32

Einer **Kostenregelung** bedarf es nur dann, wenn die Parteien von der ges Vorgabe abweichen wollen (Kostenaufhebung nach § 98 bei Prozessvergleich und Erledigung auf Grund mat-rechtl Vergleichs [BGHZ 39, 60, 69; BGH NJW-RR 2006, 1000]; zur Klagerücknahme s § 269 Rn 19). Die Kostenaufhebung entspricht am besten einem nach den Prinzipien der Mediation geführten Güterichterverf, in dem es kein Obsiegen und Unterliegen, sondern ein von beiden Seiten gewolltes Ergebnis geben sollte (näher zu Kostenfragen Greger/Unberath/Steffek E Rn 200 ff; Greger/Weber [Lit vor Rn 25] MDR 2019, S1 Rn 342 ff). – Erhöht sich durch den Vergleichsabschluss infolge Einbeziehung nicht rechtshängiger Gegenstände der für die Kosten- und Gebührenberechnung maßgebl **Streitwert**, ist der Erhöhungsbetrag vom Güterichter festzusetzen, da nur er den Wert der zusätzl verglichenen Streitpunkte beurteilen kann u aufgrund der Übertragung der Güteverhandlung insoweit zum Prozessgericht iSv § 63 II GKG wurde (WSch/Assmann Rn 81; Fritz/Pielsticker Rn 70; Rinnert in Gläßer/Schroeter S 67; ebenso BTDrs 17/5335, 20 [die abw Aussage in BTDrs 17/5496, 2 bezog sich auf die ursprüngl geplante Richtermediation]; aA OLGCelle NJW 2009, 1219; Hk-ZPO/Saenger Rn 20; Klowait/Gläßer/Löer Rn 18). 33

V) Vergleichsfeststellung durch Beschluss (§ 278 VI). 1) Überblick. Ein den Prozess beendender und zur ZwV berechtigender Prozessvergleich iSd § 794 I Nr 1 kann nicht nur durch Beurkundung in richterl Protokoll (s § 160 Rn 5) zustande kommen, sondern auch in einem **schriftl Verf**. In diesem wird die gerichtl Urk durch einen Beschluss ersetzt, mit dem das Gericht das wirksame Zustandekommen und den Inhalt des Vergleichs nach entspr Überprüfung feststellt (zur KfH s § 349 Rn 17). Die Feststellung ist zu verweigern bei formalen Mängeln (zB fehlende Vollstreckungsfähigkeit), bei Gesetz- oder Sittenwidrigkeit (Knauer/Wolf NJW 2004, 2859) sowie bei Verfolgung unredlicher Zwecke (Müller-Teckhof MDR 2014, 250: § 4 BeurkG analog). Stattdessen ist mündl Verh anzuberaumen; hiergegen keine sof Beschwerde, da prozessleitende Maßnahme (aA bei Ablehnung eines Feststellungsantrags durch Beschluss StJ/Thole Rn 99; Knauer/Wolf NJW 2004, 2859 f). Ordnungsmittelandrohung (§ 890 II) ist ebenso wie beim beurkundeten Vergleich nicht mögl (BGH MDR 2012, 1060). Der Beschluss sollte nur ergehen, wenn die Parteien sich abschließend geeinigt haben; Aufnahme eines Widerrufsvorbehalts erscheint sinnwidrig (dafür aber StJ/Thole Rn 83; Müller-Teckhof MDR 2014, 251). **Zustellung** gem § 329 III vAw (Hk-ZPO/Saenger Rn 23; PG/Geisler Rn 18; aA OLGR Oldenburg 2005, 253; AG/Anders Rn 76; WSch/Assmann Rn 106). 34

2) Zustandekommen. Hierfür gibt es 2 Wege: **a)** Schriftl Antrag auf **Feststellung eines übereinstimmenden Vergleichsvorschlags** der Parteien als Prozessvergleich. Nicht genügend Einreichung einer außergerichtl Einigung durch eine Partei (OLG Jena FamRZ 2006, 1277). Im Anwaltsprozess Erklärung nur durch beide RA (OLG Karlsruhe NJW-RR 2011, 7; WSch/Assmann Rn 92). Zu elektron Form s § 130a Rn 2a. 34a

b) Annahme eines Vergleichsvorschlags des Gerichts. Der Vorschlag kann nach VI in der seit 1.1.2020 gültigen Fassung sowohl schriftl als auch zu Protokoll der mündl Verh erklärt und angenommen werden (BGH NJW 2015, 2965 ist damit überholt). Beim AG Annahme auch gem §§ 496, 129a (Fölsch NJW 2020, 801, 805). Der Vorschlag sollte eine Frist für die Annahme enthalten; sonst gilt § 147 II BGB. Annahme unter einer Bedin- 34b gung (zB Widerrufsvorbehalt) ist unwirksam (vgl § 150 II BGB). Die Erklärung ist nicht widerrufl (OLG Schleswig NJW 2018, 638; OLG Hamm NJW 2011, 1373; OLG Köln MDR 2016, 547). Bei Anfechtung Fortsetzung des Rechtsstreits und, falls unberechtigt, Feststellung durch Urteil (OLG Schleswig SchlHA 2017, 144). Stimmt eine Partei nur unter Modifikationen zu, wird das Gericht prüfen, ob es einen neuen Vergleichsvorschlag unterbreitet oder einen Gütetermin ansetzt. Stimmen nicht alle Streitgenossen zu, kann nur Teilvergleich festgestellt werden (OLG Koblenz NJW 2017, 3666, auch zu Auswirkungen auf Kostenfestsetzung). – Zum PKH-Verf s § 118 Rn 15, zum sBV s § 492 Rn 8.

35 3) **Wirkungen.** Der Beschluss hat nur feststellenden Charakter (BGH MDR 2012, 1060, 1061). Durch ihn wird der (ggf bereits außergerichtl mat-rechtl zustande gekommene) Vergleich zum Vollstreckungstitel iSv § 794 I Nr 1 (näher s § 794 Rn 3 ff). Eine vorgeschriebene Schriftform (zB § 623 BGB) wird durch ihn gewahrt (BAG NJW 2007, 1831), nach bedenkl Ansicht des BGH auch die notarielle Form gem § 127a BGB ersetzt (BGH NJW 2017, 1946 [Koch] = MDR 2017, 416 [abl Heinemann MDR 2017, 630]; aA OLG Brandenburg FamRZ 2008, 1192; Knauer/Wolf NJW 2004, 2859; Zimmer NJW 2013, 3280), allerdings nur, soweit die Erklärung sich auf den Streitgegenstand bezieht (Weidlich ZEV 2018, 242, 247). Auflassung kann mangels gleichzeitiger Anwesenheit der Parteien iSv § 925 I BGB im schriftl Vergleich aber nicht erklärt werden (OLG Hamm NZFam 2018, 569 [Rapp]; OLG Düsseldorf FGPrax 2007, 8; MK/Prütting Rn 46; MskV/Foerste Rn 18a und hL; aA Adam NJW 2016, 3484, 3485; Bergschneider FamRZ 2013, 263; Berner ZZP 136 [2023] 23, 50 ff; Saenger FS Prütting, 2018, S 517, 519 ff, dessen Hinweis auf die Regelung für den InsPlan in § 925 I 3 Alt 2 BGB jedoch wegen der bes Form dessen Zustandekommens nach §§ 235 ff InsO nicht trägt). Auch § 491 III 1 BGB ist nicht anwendbar. Sachgrund für die Befristung eines Arbeitsverhältnisses iSv § 14 I Nr 8 TzBfG kann der schriftl Vergleich nur sein, wenn er auf Vorschlag des Gerichts (VI 1 Alt 2) beruht (BAG NJW 2012, 3117 [abl Serr SAE 2013, 44]).

35a 4) **Geltendmachung von Mängeln.** Gegen den Beschluss ist **kein Rechtsmittel** gegeben; mögl ist nur die **Berichtigung** inhaltl Mängel im Verf analog § 164 (VI 3; BTDrs 14/4722, 82; zu fehlendem Rechtsmittel hiergegen s § 164 Rn 11 f). Will eine Partei die **Unwirksamkeit des Vergleichs** geltend machen (zB wegen fehlender Einigung, §§ 134, 138 BGB, Anfechtung), muss sie Antrag auf Fortsetzung des Rechtsstreits stellen (s § 794 Rn 16a; wie hier Knauer/Wolf NJW 2004, 2859; für entspr Anwendung des § 164 dagegen Abramenko NJW 2003, 1357).

VI) Vergleichspraxis. Lit: Fleindl/Haumer, Der Prozessvergleich, 2016; W. Gottwald/Haft, Verhandeln u Vergleichen als jur Fertigkeiten, 2. Aufl 1993; W. Gottwald/Hutmacher/Röhl/Strempel, Der Prozessvergleich, 1983; Greger/v. Münchhausen, Verhandlungs- u Konfliktmanagement für Anwälte, 2010, Rn 171 ff.

36 1) **Grundlegendes.** Die Betonung des Gütegedankens in I darf nicht zu der Annahme führen, das Gericht sei gehalten, möglichst viele Prozesse durch Vergleich zu beenden. Der Prozessvergleich ist nur dort das Mittel der Wahl, wo er dem Rechtsfrieden besser dient als ein streitiges Urteil. Dies setzt voraus, dass er vom **freien Willen** der Beteiligten getragen ist. Von der Sachgerechtigkeit eines **Vergleichsvorschlags** muss der Richter die Parteien (möglichst in persönl Anwesenheit) mit **Sachargumenten** überzeugen; dazu bedarf es neben der Aufklärung und Erörterung der Sach- und Rechtslage auch eines Herausarbeitens der beteiligten Interessen (wozu durchaus auch das Interesse an einer raschen und kostengünstigen Beilegung des Rechtsstreits gehören kann; s Rn 1). Ein routinemäßig pauschalierender oder als aufgenötigt empfundener Vergleich schadet dem Rechtsfrieden und dem Ansehen der Justiz. Vor Gericht muss sich das Recht bewähren; die immer wieder zu beobachtende Praxis, auch der im Recht befindl Partei zur Herbeiführung eines Vergleichs ein Nachgeben abzuverlangen, stellt letzl den Bestand der Rechtsordnung in Frage (Stürner DRiZ 76, 202 ff). Unangemessener Vergleichsdruck begründet Ablehnungsrecht wegen Befangenheit (BVerfG MDR 2025, 744 Tz 85). Ein aufgenötigter Vergleich ist uU anfechtbar (BGH NJW 66, 2399; extremes Bsp BAG NZA 2010, 1250). – Zu **Rechtsnatur, Wirksamkeitsvoraussetzungen** u Geltendmachung von **Mängeln** des Prozessvergleichs s § 794 Rn 3 ff.

37 2) **Alternativen.** Der Prozessvergleich ist nicht die einzige Form der gütl Prozessbeendigung (s Rn 3). Er ist nur angezeigt, wo ein Vollstreckungstitel geschaffen werden soll. Ansonsten bietet sich an, dass die Parteien ihre Rechtsbeziehung materiell neu regeln oder versprochene Leistungen sogleich erbringen und dann die Hauptsache für erledigt erklären oder die Klagerücknahme vereinbaren (zur Kostenregelung in diesen Fällen s § 98 Rn 3 ff). Durch Verfahrensvereinbarungen kann häufig der Weg zu einer einvernehml oder zumindest prozessökonomischen Lösung geebnet werden (Greger MDR 2014, 997).

38 3) **Unabhängigkeit vom Streitgegenstand.** Anders als das Urteil (§ 308) wird der Vergleichsinhalt nicht durch den Klageantrag bestimmt. Soll er den Prozess beendigen, muss er allerdings mindestens den Streitgegenstand abdecken, zB in Form einer Abgeltungsklausel. Ansonsten handelt es sich um einen **Teilvergleich** (wenn er einen abtrennbaren Teil des Streitgegenstands erledigen und vollstreckbar machen soll) oder einen **Zwischenvergleich** (nicht vollstreckbare Einigung über das weitere Verf); in diesen Fällen ist der Rechtsstreit vAw weiterzuführen. Der Prozessvergleich kann aber auch über den Streitgegenstand hinausgehen und als **Gesamt- oder Mehrvergleich** Ansprüche regeln und titulieren, die in einem anderen Verf oder überhaupt nicht rechtshängig sind; sie müssen ledigl in einem inneren Zusammenhang mit dem Rechtsstreit stehen (BGHZ 35, 309, 316; BGHZ 84, 333, 335; zum Zusammenhang zwischen familien- und erbrechtl Regelungen s Weidlich ZEV 2018, 242 f). Auch dann liegt es allerdings im pflichtgemäßen Ermessen des Gerichts, ob und in welchem Umfang es

die Einigung über nicht rechtshängige Ansprüche als gerichtl Vergleich protokolliert (BGHZ 191, 1 = NJW 2011, 3451). Dies gilt auch, wenn in dem Vergleich **Ansprüche für oder gegen Dritte**, dh nicht am Prozess Beteiligte, tituliert werden sollen (s § 794 Rn 6 f). Wegen der Fehlerträchtigkeit, insb bei sachen-, ehe- und erbrechtl Regelungen (dazu Weidlich ZEV 2018, 242 ff) ist bei der Ermessensausübung Zurückhaltung geboten.

Rechtsgeschäftliche Erklärungen, die keine vollstreckbaren Verpflichtungen begründen (zB die Begründung oder Umgestaltung einer Vertragsbeziehung, dingl Einigung, Erlass einer Forderung) können in den Vergleich ebenfalls aufgenommen werden, nehmen aber nicht an seinen proz Wirkungen teil. Vorzugswürdig daher, auf außerprozessuale Vereinbarung mit anschließender Erledigungserklärung (§ 91a) hinzuwirken. Übernimmt der Richter jedoch die Beurkundung solcher Rechtsgeschäfte (worauf die Parteien keinen Anspruch haben), trifft ihn die Verantwortung für deren Wirksamkeit (zB Vollständigkeit, Form- oder Zustimmungserfordernisse, Vollmacht, Bedingungsfeindlichkeit, persönl Vornahme wie beim Erbverzicht nach § 2347 II BGB; dazu Weidlich NotBZ 2009, 151). Bei **Verbraucherverträgen** sind die Pflichten nach §§ 312d ff BGB u das ges Widerrufsrecht nach § 312g BGB zu beachten. Bei **Ersetzung einer notariellen Beurkundung** nach § 127a BGB hat der Richter zu prüfen, ob er den Schutzzweck der damit verbundenen Pflichten (Grundbucheinsicht, Belehrungen, Mitteilungen, Wartepflicht bei Verbrauchervertrag; vgl §§ 17 ff BeurkG, § 8 I 6 ErbStDV) erfüllen kann (BGHZ 191, 1 = NJW 2011, 3451, 3452; Chr. Wolf FS Rechberger, S 727 ff; Dietrich ZZP 120 [2007], 449 ff; Rakete-Dombek NJW 2012, 1689 ff) u diese anderenfalls abzulehnen; außerdem sind ges Anzeigepflichten zu beachten (zB § 18 GrEStG). Zur **Auflassung** s § 925 BGB. **Genehmigung** durch Familien- oder Betreuungsgericht entfällt, wenn Vergleich richterl Vorschlag entspricht (§ 1854 Nr 6, § 1799 I BGB). – Zu **Streitwertfragen** s § 3 Rn 16.179, zur **Kostentragung** s § 104 Rn 21.71 u eingeh Fleindl/Haumer (s Rn 36) Kap 10. 38a

4) Berichtigung. Vergleichsprotokoll kann (zB bei Rechenfehlern) nach § 164 berichtigt werden (arg § 278 VI 3; ebenso BTDrs 14/4722, 82; aA BAG JZ 2009, 421, 422 [Zimmer]). 39

5) Haftung. Für die Beurkundung eines rechtswidrigen und eine Partei schädigenden Vergleichs kommt Haftung des **Staates** nach § 839 I BGB, Art 34 GG in Betracht (BGH NJW 2011, 3451, 3453; Stürner DRiZ 76, 204); § 839 II BGB greift nicht ein, da der Richter insoweit keine prozessleitende (s OLG Bremen NJW-RR 2001, 1036, 1038 f), sondern eine Kautelarfunktion ausübt (Müller-Teckhof MDR 2014, 253; aA wohl Dietrich ZZP 120 [2007], 455). Allerdings ist nach der Rspr des BGH auch außerhalb des Anwendungsbereichs von § 839 II BGB eine Amtshaftung nur bei bes groben Pflichtverletzungen gegeben (BGHZ 155, 306). Ein Ausschluss der Staatshaftung kann nicht individuell vereinbart werden (v. Mangoldt/Klein/Starck/Danwitz, GG, 7. Aufl 2018, Art 34 Rn 75). 40

Bei Mitwirkung von **Prozessbevollmächtigten** geht deren Haftung vor (§ 839 I 2 BGB; Rakete-Dombek NJW 2012, 1692 f). Diese sind auch verpflichtet, den Mandanten vor Vergleichsabschluss über die Chancen und Risiken der Prozessführung sowie über Inhalt und Tragweite des beabsichtigten Vergleichs so umfassend zu informieren, dass er eine eigenverantwortl Entscheidung treffen kann (BGH NJW 2000, 1944); dies gilt auch bei einem Vergleichsvorschlag des Gerichts (BGH NJW 2010, 1357). Hätte der Mandant in diesem Fall den Vergleich nicht abgeschlossen bzw widerrufen, haftet der RA für das Ergebnis, das den Vorstellungen des Mandanten entsprochen hätte und vom Gegner akzeptiert worden wäre; wäre ein solcher Vergleich nicht zustande gekommen, haftet er auf den Mehrbetrag, den der Mandant bei Fortsetzung des streitigen Verf erlangt hätte (BGH NJW 2009, 1589). Die Meinung, der Vergleich sei das Äußerste, was bei der Gegenseite zu erreichen sei, entbindet ihn nicht von seiner Aufklärungspflicht (BGH NJW 93, 1325). Rät er ohne entspr Aufklärung zum Abschluss eines Vergleichs, obwohl begründete Aussicht auf ein wesentl günstigeres Urteil bestand, hat er den Mandanten so zu stellen, wie er bei der nach Meinung des Regressgerichts richtigen Entscheidung stünde (BGH NJW-RR 96, 567). Bei Einigungen, die die Parteien im Wege der Mediation eigenverantwortl erarbeiten (s Rn 25), gilt dies nur eingeschr; hinzuweisen hat der teilnehmende RA aber auf übersehene Rechtsfolgen u Risiken. Näher zur Anwaltshaftung Vollkommer/Greger/Heinemann, AnwaltshaftungsR, 5. Aufl 2021, § 12 Rn 39 ff u § 20 Rn 47). 40a

VII) Gebühren. 1) Gericht: Für den Vergleich nach VI Reduzierung der VerfGeb nach 1211 Nr 3, 1222 Nr 3, 1232 Nr 3, 1411 Nr 3, 1422 Nr 3 GKG-KV. Eine 0,25 Geb (1900 GKG-KV; § 36 III GKG) fällt zusätzl an, wenn nicht gerichtl anhängige Gegenstände einbezogen werden. – **2) RA:** Das Verf vor dem Güterichter nach V ist, wie das Verf nach II vor dem erkennenden Gericht, keine bes Angelegenheit des § 17 Nr 7a oder d RVG. Die Geb 2303 Nr 1 oder Nr 4 RVG-VV entsteht nicht. – Schriftl Vergleich (VI): Es entstehen die VerfGeb (3100 RVG-VV; bei nicht rechtshängigen Ansprüchen: 3101 Nr 2 RVG-VV) und die Einigungsgeb (1003 RVG-VV; bei nicht rechtshängigen Ansprüchen: 1000 RVG-VV). Die Terminsgeb Vorbem 3 III RVG-VV, 3104 RVG-VV entsteht nicht nur, wenn die Parteien nach VI vorgehen, sondern nach 3104 I Nr 1 RVG-VV auch, wenn in einem Verf, für das mündl Verh vorgeschrieben ist, mit oder ohne Mitwirkung des Gerichts ein Vertrag iSd 1000 RVG-VV geschlossen wird (so schon BGH MDR 2020, 954: außergerichtl schriftl Vergleich genügt; Protokollierung oder Feststellung nach VI sind nicht erforderlich; 3104 I Nr 1 RVG-VV idF des KostRÄG 2021). – In den Verf, die keine mündl Verh verlangen, kann beim Vergleichsschluss die Terminsgeb für Besprechungen entstehen (Vorbem 3 III RVG-VV). – Der Text 3104 I Nr 1 RVG-VV ist auslegungsbedürftig. Die Formulierung „in einem solchen Verf" erfasst alle vorangehend aufgelisteten und damit auch das Verf gem § 307, in dem denknotwendig kein Einigungsvertrag geschlossen wird, denn Tatbestand ist hier ein Anerkenntnis des Bekl (ausf s § 307 Rn 19), das zum Urteil führt. 41

§ 278a Mediation, außergerichtliche Konfliktbeilegung

(1) Das Gericht kann den Parteien eine Mediation oder ein anderes Verfahren der außergerichtlichen Konfliktbeilegung vorschlagen.

(2) Entscheiden sich die Parteien zur Durchführung einer Mediation oder eines anderen Verfahrens der außergerichtlichen Konfliktbeilegung, ordnet das Gericht das Ruhen des Verfahrens an.

1 **1) Bedeutung.** Die Regelung gibt dem Gericht ledigl ein **Vorschlagsrecht**. In Fällen, die (zB wegen einer tiefgreifenden Beziehungsstörung oder der Notwendigkeit bes Expertise) vor Gericht (einschl Güterichter) voraussichtl nicht befriedigend gelöst werden können oder eine unverhältnismäßige Sachaufklärung erfordern würden, kann sich dieses aber zu einer **Hinweis- und Beratungspflicht** (iS eines nobile officium) verdichten (für fortwährende Prüfpflicht MK/Ulrici Rn 4). Wegen der Entlastungswirkung für alle Beteiligten sollte ihre Wahrnehmung durch Vernetzung mit den Angeboten außergerichtl Konfliktbeilegung, evtl durch Bestellung von Koordinatoren (BTDrs 17/5335, 17; s dazu Schobel ZKM 2012, 193), gestärkt werden. Nach § 251 können einigungswillige Parteien den Rechtsstreit auch unabhängig von richterl Vorschlag zum Ruhen bringen.

2 **2) Außergerichtliche Konfliktbeilegung.** Das Gericht schlägt die von ihm als passend erachtete Konfliktlösungsmethode oder eine diesbezügl Beratung, ggf auch geeignete Anlaufstellen, vor und erläutert den Parteien die Besonderheiten und Vorzüge der einvernehml Konfliktlösung (dazu eingeh WSch/Assmann Rn 6 ff). In Betracht kommen insb Mediation, Schlichtung, Verbraucherstreitbeilegung, Konfliktbewertung und Schiedsgutachten (MK/Ulrici Rn 4; Greger/Unberath/Steffek E Rn 65).

3 Ein **Schiedsgutachterverfahren**, bei dem sich die Parteien auf die Verbindlichkeit eines von ihnen selbst gemeinsam in Auftrag gegebenen Gutachtens verständigen, empfiehlt sich insb, wenn erwartet werden kann, dass die Parteien nach sachkundiger und verbindl Klärung einer tatsächl Frage zu einer gütl Einigung gelangen werden (näher Greger/Stubbe, Schiedsgutachten, 2007, Rn 348 und zu den rechtl Fragen des Schiedsgutachtens Rn 129 ff). Da das Schiedsgutachten auch für das erkennende Gericht verbindl ist, präjudiziert es häufig den Prozessausgang und bereitet den Boden für einvernehml Lösungen. Zwar lässt die Rspr den Einwand offenbarer Unrichtigkeit zu (§ 319 I 1 BGB analog; vgl BGH NJW 2001, 3775); bei sorgfältiger Auswahl des SV ist es jedoch vertretbar, diesen Einwand zur Vermeidung neuen Streits abzubedingen, zumal bei einer derart groben Fehlleistung der Rückgriff gegen den Gutachter offen steht (Greger/Unberath/Steffek D Rn 98). Das Schiedsgutachten bietet sich auch als Alternative zu einem sonst notwendigen SV-Beweis an (zu seinen Vorzügen s Greger/v. Münchhausen, Verhandlungs- u Konfliktmanagement für Anwälte, 2010, Rn 518 ff). Die Parteien können auch vereinbaren, dass das Gutachten keine, nur einseitige oder vorläufige Bindungswirkung haben soll.

4 **3) Verfahren.** Vorschlag kann in jedem Prozessstadium mündl oder schriftl unterbreitet werden. Liegt Zustimmung beider Parteien vor (die eines Streitgehilfen ist nicht erforderl, § 67), ordnet das Gericht (Vors der KfH allein, § 349 II Nr 3) durch formlos mitzuteilenden Beschluss das **Ruhen des Verfahrens** an (§ 278a II, §§ 251, 329 II). Ein bes Antrag der Parteien ist dazu nicht erforderl (MskV/Foerste Rn 3; aA MK/Ulrici Rn 14). Zur Auswirkung auf Fristen u Verjährungshemmung s § 251 Rn 1a, zur Wirksamkeit von Prozesshandlungen s § 249 Rn 3 ff.

5 **4) Fortsetzung des Rechtsstreits.** Sie setzt voraus, dass das Verf durch Zustellung eines auf seine Fortsetzung gerichteten Parteiantrags (§ 250) wieder aufgenommen wird (WSch/Assmann Rn 33; aA MK/Ulrici Rn 19: auch Aufhebung vAw; OLG Oldenburg MDR 2008, 763: kein Antrag, wenn Ruhen befristet). Wird das Verf nicht innerhalb von 6 Monaten weiter betrieben, werden die Akten nach der AktO weggelegt (zB § 7 III e BayAktO). **Beendigung des Rechtsstreits** hängt vom Ergebnis des außergerichtl Verfahrens ab. Dort geschlossener Vergleich beendet es nur, wenn als Prozessvergleich tituliert, zB nach § 278 VI; ansonsten kommen Klagerücknahme, Erledigungserklärung oder Nichtbetreiben in Betracht.

6 **5) Kosten des außergerichtlichen Verfahrens.** Diese sind nicht von den Gerichtsgebühren und etwaiger PKH/VKH abgedeckt (OLG Dresden NJW-RR 2007, 80; aA OLG Köln MDR 2011, 1497; krit Greger ZKM 2020, 90, 92), auch nicht erstattungsfähig nach § 91. **RA-Gebühren** entstehen nach VV 2300. Gebührenrechtl Einheit nach § 19 I 2 RVG besteht nur, wenn die außergerichtl Konfliktlösung als Teil der Prozessführung erscheint (denkbar zB bei Schiedsgutachten, nicht wenn es sich um ein eigenständiges Verf handelt; Greger/Unberath/Steffek E Rn 82; weitergehend Effer-Uhe NJW 2013, 3333).

7 **6) Gerichtsgebühren.** Je nach Beendigung des Verf kommt Ermäßigung nach 1211 GKG-KV usw in Betracht (s § 269 Rn 25; § 278 Rn 41). Eine weitere Kostenprivilegierung kann durch Landes-Rechtsverordnung nach § 69b GKG eintreten. Von der Verordnungsermächtigung hat bisher Niedersachsen Gebrauch gemacht, allerdings nicht für den Zivilprozess (§ 1 KonflBeilGGebEntfallV ND).

§ 279 Mündliche Verhandlung

(1) [1]Erscheint eine Partei in der Güteverhandlung nicht oder ist die Güteverhandlung erfolglos, soll sich die mündliche Verhandlung (früher erster Termin oder Haupttermin) unmittelbar anschließen. [2]Andernfalls ist unverzüglich Termin zur mündlichen Verhandlung zu bestimmen.

(2) Im Haupttermin soll der streitigen Verhandlung die Beweisaufnahme unmittelbar folgen.

(3) Im Anschluss an die Beweisaufnahme hat das Gericht erneut den Sach- und Streitstand und, soweit bereits möglich, das Ergebnis der Beweisaufnahme mit den Parteien zu erörtern.

1) Bedeutung. § 279 setzt die Vorgabe des § 272 (Konzentration des Rechtsstreits auf 1 sog Haupttermin) um, indem er auf möglichst nahtlose Verknüpfung der mündl Verh mit Güteverh u Beweisaufnahme hinwirkt. Wird weiterer Termin erforderl, ist er sofort zu bestimmen (§ 136 III Hs 2). 1

2) Verfahren nach erfolgloser Güteverhandlung (§ 279 I). S dazu § 278 Rn 17. 2

3) Verfahren bei Beweisaufnahme (§ 279 II). Sie soll sich unmittelbar an die streitige Verh anschließen (soweit sie nicht gem § 358a schon vorher stattgefunden hat; dann gelten III u § 285), also idR keinen gesonderten Termin erfordern. Daher sind alle aus richterl Sicht benötigten (nicht alle benannten; s vor § 284 Rn 8 ff) Beweismittel herbeizuschaffen (s § 273 Rn 1). Um welche es sich handelt, müsste im Verf nach §§ 272 ff, ggf einem Erörterungstermin (s § 273 Rn 15) geklärt worden sein u sich in vorbereitenden Verfügungen des Vors (§ 273 II), entspr Beschlüssen des Gerichts (s § 275 Rn 2) oder einem Beweisbeschluss (§§ 358 ff) niedergeschlagen haben. Aus bes Gründen kann aber auch eine Zurückstellung oder Staffelung der Beweisaufnahme angezeigt sein (§ 139 I 3). 3

Auch ein nicht angekündigter, **präsenter Beweis** kann sofort erhoben werden (vgl BGHZ 86, 198, 201 = NJW 83, 1495; BGH NJW 82, 1535 = MDR 82, 658; OLG Hamm MDR 86, 766; zur Entbehrlichkeit eines Beweisbeschlusses s § 358 Rn 3). Das gilt auch für mitgebrachte oder zufällig anwesende Zeugen (zu eng OLG Schleswig NJW 91, 303 [abl Gießler NJW 91, 2885]). Das Gericht hat allerdings vor der sof Vernehmung solcher Zeugen bei einem Widerspruch des Beweisgegners gegen diese Verfahrensweise die Erfordernisse des rechtl Gehörs (Parteiöffentlichkeit, vgl § 357 I, § 397 II) zu prüfen und ggf (evtl auch für einen angekündigten Gegenbeweis) einen neuen Termin zur Verh und Beweisaufnahme zu bestimmen, falls nicht § 296 eingreift (s § 296 Rn 13). – Zur Beweiserhebung trotz Abwesenheit der geladenen Parteien s § 367; zur nur ausnahmsw zulässigen Übertragung auf anderes Gericht s § 355. 4

4) Schlusserörterung (§ 279 III). Nach Beweiserhebung folgt (idR sofort; § 370) die obligatorische **erneute Erörterung des Sach- und Streitstandes** mit den Parteien. Das ZPO-RG hat diese Verpflichtung des Gerichts dahin gehend erweitert, dass – soweit bereits mögl – auch das **Ergebnis der Beweisaufnahme**, also seine Beweiswürdigung, mit den Parteien zu erörtern ist (PG/Geisler Rn 4). Wo dies wegen der Komplexität des Tatsachenstoffs auch nach einer kurzen Zwischenberatung nicht mögl ist, sind zumindest deren wesentl Aspekte zur Erörterung zu stellen (Ahrens Beweis Kap 14 Rn 158; Gehrlein MDR 2003, 423). Nach BGH NJW 2016, 3100 (Tolani) soll dies jedoch nur gelten, wenn es zur Vermeidung einer Überraschungsentscheidung geboten ist (ebenso BVerwG NVwZ 2003, 1132 zu § 108 II VwGO; krit Greger MDR 2016, 1057 ff). Dies erscheint zu eng, da sich die Erörterungspflicht dann schon aus § 139 I ergibt. Die Beweiserörterung ist vielmehr in jedem Fall sinnvoll, weil sie einen Beitrag zur **gütl Einigung** (zB Klagerücknahme, Anerkenntnis, Erledigungserklärung, Vergleich) leisten kann (darauf abstellend BTDrs 14/4722, 84). Zudem ermöglicht sie es, im Rahmen der Schlussverh nach § 285 I durch weitere Aufklärungs- oder Überzeugungsarbeit, Richtigstellungen und ggf neue Beweisanträge noch **Einfluss auf die Tatsachenfeststellung** zu nehmen und dadurch eine Urteilsanfechtung zu vermeiden (BGH MDR 2013, 487 LS; zur Zulässigkeit neuen Vorbringens s § 285 Rn 2, auch zur Frage einer Nachfrist oder Vertagung). Ändert das Gericht seine mitgeteilte Einschätzung, muss es hierauf hinweisen (ggf die mündl Verh nach § 156 wieder eröffnen), sofern dies nicht auf einem mit den Parteien erörterten Gesichtspunkt beruht. 5

Die **Bedeutung** dieser Abschlusserörterung hat durch die Neukonzeption des Berufungsverf (grds Bindung an die Tatsachenfeststellungen der 1. Instanz, § 529 I) erhebl zugenommen. Ihr Unterbleiben ist **Verfahrensfehler**, der bei entspr Rüge u mögl Einfluss auf das Urteil (s dazu BGH NJW 2014, 688, 691) zu dessen Aufhebung im Rechtsmittelwege führt (WSch/Assmann Rn 21). Zur Prüfung der Kausalität muss die Partei darlegen, wie sie auf die Mitteilung reagiert hätte (Greger NJW 2002, 3050; Gehrlein MDR 2003, 422). Zudem wird idR der Anspruch auf **rechtl Gehör** verletzt (BGH NJW 90, 121, 122; BGH NJW 2012, 2354; BGH ZEV 2012, 100; Greger MDR 2016, 1057, 1059); uU Nachholung nach § 321a. Von der Erörterung nach III können die Parteien das Gericht daher nicht vorweg entbinden (s Einl Rn 22 f, auch zur Heilung des Verstoßes). – Zum weiteren Verf nach Beweisaufnahme u Abschlusserörterung s § 285. 6

Die Beachtung der § 279 III u § 285 ist gem § 160 II in das **Protokoll** aufzunehmen (BGH NJW 90, 121); geschieht dies nicht (auch nicht durch Berichtigung, § 164), muss das Rechtsmittelgericht grds von der Verletzung dieser Verfahrensvorschriften ausgehen (BGH NJW 2012, 2354; BGH ZEV 2012, 100; BGHReport 2006, 7

529 [Fölsch]; BGH NJW 90, 121: Ausnahme bei offensichtl Lückenhaftigkeit). Dagegen ist es nicht erforderl, die evtl Erklärungen zum Beweisergebnis auch inhaltl im Protokoll wiederzugeben. Um dem Vorwurf eines Verstoßes gegen das Überraschungsverbot zu entgehen, sollten diesbzgl Hinweise aber entspr § 139 IV aktenkundig gemacht, zumindest die bei der Beweiserörterung zur Sprache gekommenen Gesichtspunkte im Urteil abgehandelt werden.

§ 280 Abgesonderte Verhandlung über Zulässigkeit der Klage

(1) Das Gericht kann anordnen, dass über die Zulässigkeit der Klage abgesondert verhandelt wird.

(2) [1]Ergeht ein Zwischenurteil, so ist es in Betreff der Rechtsmittel als Endurteil anzusehen. [2]Das Gericht kann jedoch auf Antrag anordnen, dass zur Hauptsache zu verhandeln ist.

1 **1) Normzweck.** Die Vorschrift dient (ähnl § 146) der Prozessökonomie, indem sie einen Weg eröffnet, die beim Fehlen von Zulässigkeitsvoraussetzungen nutzlose Prüfung der sachl Begründetheit von Klage oder Widerklage zurückzustellen, bis durch ein rechtsmittelfähiges Zwischenurteil die vorgreifl Zulässigkeitsfragen abschließend geklärt sind.

2 **2) Anwendungsbereich.** § 280 erfasst sämtl Sachurteilsvoraussetzungen (s vor § 253 Rn 9 ff) ohne Unterscheidung zwischen verzichtbaren und unverzichtbaren Zulässigkeitsmängeln. Für Rechtsweg Sonderregelung in § 17 III, IV GVG. – Sonderregelungen über andere zulässige Zwischenurteile enthalten §§ 303, 304. Zwischenstreit mit Dritten: §§ 71, 135 II, §§ 387, 402.

3 **3) Verfahren. Anordnung** der abgesonderten Verh nach Ermessen des Gerichts in jedem Stadium des Verf vAw mögl durch unanfechtbaren Beschluss des Gerichts, der keine mündl Verh voraussetzt; Anträge der Parteien sind als Anregung zu verstehen. Bei fehlender Anordnung kein Recht der Parteien auf Verweigerung der Einlassung zur Hauptsache (sonst § 333), außer gem §§ 113, 269 VI. **Aufhebung** jederzeit durch Beschluss mögl (§ 150 entspr).

4 Grds **mündl Verh** (Ausnahme § 128 II). Hierbei gilt für den Streit über subj Prozessvoraussetzungen (s vor § 253 Rn 13) die Partei als prozessfähig (BGHZ 24, 91). Anwaltszwang wie bei Hauptsache. Säumnis: § 347 II.

5 **4) Beweislast.** Für vAw zu prüfende Prozessvoraussetzungen Kl (s vor § 253 Rn 9a), für das Vorliegen verzichtbarer Mängel Bekl.

6 **5) Entscheidung.** Bei **Unzulässigkeit der Klage** ergeht Endurteil auf Abweisung als unzulässig, ggf, soweit hilfsw beantragt, Verweisung gem §§ 281, 506 durch Beschluss. Rechtswegverweisung: § 17a II GVG.

7 **Bei Zulässigkeit der Klage** Zwischenurteil (Tenor: „Die Klage ist zulässig"). Mögl auch Bejahung einer einzelnen Sachurteilsvoraussetzung (BGH 16.6.2005 – IX ZR 219/03; StJ/Thole Rn 19). Kostenentscheidung bleibt dem Endurteil vorbehalten. Zum Fortgang des Verf s Rn 9.

8 **6) Rechtsmittel.** Ein die Zulässigkeit der Klage bejahendes Zwischenurteil (s Rn 7) ist **selbständig anfechtbar,** soweit auch das nach Prozesslage zu erwartende End- bzw Schlussurteil rechtsmittelfähig wäre (also nicht in den Fällen der § 513 II, § 545 II [BGH MDR 98, 177] oder bei Nichterreichen der Rechtsmittelsumme). Dies gilt auch, wenn nur einzelne Sachurteilsvoraussetzungen festgestellt werden (BGH 16.6.2005 – IX ZR 219/03: dann Begrenzung der Prüfung auf diese). Ob abgesonderte Verh angeordnet worden war, spielt für die Rechtsmittelfähigkeit keine Rolle (BGH NJW 1956, 1920; BGH NJW-RR 94, 1214, 1215; StJ/Thole Rn 34; aA MK/Prütting Rn 8). Das die internat Zuständigkeit bej Zwischenurteil ist stets selbständig anfechtbar (BGHZ 44, 46; BGH NJW 2003, 426). Nicht anfechtbar ist dagegen das die Zulässigkeit der Klage von einer vom Kl zu erbringenden Sicherheitsleistung abhängig machende Zwischenurteil, mag dieses auch eine Partei zB bzgl der Höhe einer zu leistenden Sicherheit oder bzgl einer Fristsetzung hierfür beschweren (BGHZ 102, 232 = NJW 88, 1733; WSch/Assmann Rn 44; Demharter MDR 86, 186; aA StJ/Thole Rn 37). Enthält das „Zwischenurteil" eine Sachentscheidung, ist es wie ein Endurteil anfechtbar (BGH NJW-RR 2006, 565: Feststellung der str Gesellschafterstellung). – Für das **Verf** gelten die allg Vorschriften. Bei Begründetheit des Rechtsmittels Abweisung der Klage als unzulässig (BGH NJW 2008, 373). – **Kostenentscheidung:** bei erfolglosem Rechtsmittel nach § 97 (BGH ZZP 117 [2004], 87, 92), ansonsten bleibt sie der Schlussentscheidung vorbehalten. – Wird **kein Rechtsmittel** gegen das Zwischenurteil eingelegt, bindet es das Rechtsmittelgericht in der Hauptsache (BGH NJW 2011, 1739, 1740; AG/Anders Rn 9), außer bei fälschl Verneinung der Immunität (BGHZ 182, 10 = NJW 2009, 3164).

9 **7) Fortgang des Verfahrens zur Hauptsache. Terminsbestimmung vAw** (§§ 216, 272 III) nach formeller Rechtskraft des die Zulässigkeit der Klage bej Zwischenurteils (BGH NJW 79, 2307). Schon vorher kann auf *Antrag Verhandlungstermin zur Hauptsache* bestimmt werden (§ 280 II 2). Das Gericht wird, wenn dieser Antrag gestellt wird, Erfolgsaussichten eines Rechtsmittels gegen das Zwischenurteil abzuwägen sowie Dringlichkeit zu prüfen haben. Gegen Terminsbestimmung keine Beschwerde zulässig (OLG München NJW 74, 1514;

OLG Frankfurt MDR 85, 149; StJ/Thole Rn 23; aA OLG Karlsruhe NJW 71, 662; KG MDR 71, 588), denn die Fortsetzung des Verf ist ebenso Ermessenssache, wie es die Anordnung der abgesonderten Verh und Entscheidung war (s Rn 3); daher Ermessensprüfung allenfalls nach hierauf gestütztem Rechtsmittel gegen das Sachurteil durch das Rechtsmittelgericht. Gegen Ablehnung der Terminsbestimmung sof Beschwerde entspr § 252 (OLG Karlsruhe NJW 71, 662; aA MK/Prütting Rn 12; WSch/Assmann Rn 50; AG/Anders Rn 13).

Bestimmt das Gericht antragsgemäß **vor formeller Rechtskraft des Zwischenurteils Termin zur Hauptsache**, so kann der Rechtsstreit bei Anfechtung des Zwischenurteils gleichzeitig in 2 Instanzen anhängig sein (BAG NJW 67, 648). Ein Endurteil in der Hauptsache ist dann selbst bei dessen formeller Rechtskraft auflösend bedingt durch Aufhebung des Zwischenurteils (StJ/Thole Rn 25; BGH NJW 73, 467, 468; RGZ 77, 95; RGZ 107, 330). Ggf ist Kl, wenn er aus dem obsiegenden Endurteil bereits vollstreckt hatte, dem Bekl gem § 717 II schadensersatzpflichtig. 10

8) Streitwert des Zwischenstreits. Er entspricht dem der Hauptsache (s § 3 Rn 16.222), denn der Zwischenstreit kann zum Endurteil führen. 11

9) Gebühren. a) Gericht: keine Geb für ein Urteil, sei es Zwischen-, Prozessurteil, echtes oder unechtes VU; das gilt auch im Rechtsmittelverf. – Der Beschluss über die Anordnung der abgesonderten Verh ist ebenfalls gebührenfrei. – Das Zwischenurteil hindert eine nachträgl Gebührenermäßigung nach 1211 GKG-KV (s § 303 Rn 12). – **b) RA:** Regelgeb nach 3100 RVG-VV, 3104 RVG-VV. Auch die abgesonderte Verh über die Zulässigkeitsrüge lässt die volle 1,2 Terminsgeb entstehen. 12

§ 281 Verweisung bei Unzuständigkeit

(1) [1]Ist auf Grund der Vorschriften über die örtliche oder sachliche Zuständigkeit der Gerichte die Unzuständigkeit des Gerichts auszusprechen, so hat das angegangene Gericht, sofern das zuständige Gericht bestimmt werden kann, auf Antrag des Klägers durch Beschluss sich für unzuständig zu erklären und den Rechtsstreit an das zuständige Gericht zu verweisen. [2]Sind mehrere Gerichte zuständig, so erfolgt die Verweisung an das vom Kläger gewählte Gericht.

(2) [1]Anträge und Erklärungen zur Zuständigkeit des Gerichts können vor dem Urkundsbeamten der Geschäftsstelle abgegeben werden. [2]Der Beschluss ist unanfechtbar. [3]Der Rechtsstreit wird bei dem im Beschluss bezeichneten Gericht mit Eingang der Akten anhängig. [4]Der Beschluss ist für dieses Gericht bindend.

(3) [1]Die im Verfahren vor dem angegangenen Gericht erwachsenen Kosten werden als Teil der Kosten behandelt, die bei dem im Beschluss bezeichneten Gericht erwachsen. [2]Dem Kläger sind die entstandenen Mehrkosten auch dann aufzuerlegen, wenn er in der Hauptsache obsiegt.

I) Bedeutung. § 281 schafft die Möglichkeit, zur Vermeidung nutzloser Zuständigkeitsstreite u Prozessurteile einen Rechtsstreit unter Aufrechterhaltung der Rechtshängigkeit (s § 261 Rn 7) mit bindender Wirkung an das zuständige Gericht zu verweisen. Zur Verweisung in anderen Rechtsweg s §§ 17-17b GVG, § 48 ArbGG, an Gerichte der fG § 17a VI GVG (eingeh s vor § 17 GVG Rn 10). 1

§ 281 gilt unmittelbar nur für das Urteilsverf, wird aber auf **andere Verfahren der ZPO** entspr angewendet, so zB das Verf der ZwV, das Verf der einstw Verfügung und des Arrestes (sofern dem nicht der Eilzweck dieses Verf entgegensteht, Teplitzky DRiZ 82, 42; OLG Koblenz NJW 63, 1460), das Verf der PKH (BGH NJW-RR 94, 706; zur fehlenden Bindungswirkung für das Hauptsacheverf s Rn 16b). – **Sondervorschriften:** § 696 I u V, § 698, § 700 III für das Mahnverf sowie § 506 für das AG-Verf. Für das Verhältnis Zivilkammer/KfH s §§ 97 ff GVG, für ZwV in Forderungen § 828 III. 2

II) Voraussetzungen. 1) Rechtshängigkeit der Streitsache. Die Klage muss ordnungsgem zugestellt worden sein (BGH NJW-RR 97, 1161). Davor kann der Kl nur formlose Abgabe beantragen, die das angegangene Gericht nicht bindet (BGH NJW 80, 1281). Bei entspr Anwendung in anderen Verf kommt es auf die Mitteilung des einleitenden Antrags an. Erlass eines (Teil-)AU oder VU hindert Verweisung nicht (BGH NJW-RR 92, 1091). Nach Ende der Rechtshängigkeit (s § 261 Rn 7) ist eine Verweisung – etwa wegen einer noch zu treffenden Kostenentscheidung gem § 91a (s dazu BGH MDR 2010, 888; OLG Frankfurt MDR 81, 676) – ausgeschlossen. Bei einseitiger Erledigungserklärung kann nur verwiesen werden, wenn der Verweisungsantrag vor dem Zeitpunkt des erledigenden Ereignisses gestellt wurde (BGH MDR 2020, 238 [Schwenker MDR 2020, 211]; krit Hofmann NJW 2020, 1117). – Während **Unterbrechung** des Rechtsstreits (§ 249) kann nicht verwiesen werden; dennoch ergehende, einander widersprechende Entscheidungen können aber zu Bestimmungsverf nach § 36 I Nr 6 führen (BGH MDR 2024, 795). 3

2) Unzuständigkeit. § 281 gilt nur bei **örtl und/oder sachl**, nicht bei internationaler Unzuständigkeit (keine Verweisung an ausl Gericht), auch bei vereinbarter Zuständigkeit des Commercial Court (s § 611 Rn 1). Bei Zuständigkeitskonflikten zwischen **verschiedenen Spruchkörpern** (Kammern usw) desselben Gerichts findet 4 keine Verweisung, sondern formlose Abgabe statt, bei Nichteinigung entscheidet grds das Präsidium (s § 36 Rn 39). Beruht der Konflikt jedoch nicht auf der Auslegung des Geschäftsverteilungsplans, sondern auf einer ges Zuständigkeitsregelung (zB §§ 72a, 119a GVG), ist der zuständige Spruchkörper in analoger Anwendung von § 36 I Nr 6 zu bestimmen. Die Abgabe ist dann, sofern sie durch einen den Parteien bekanntgegebenen Beschluss erfolgt, für den anderen Spruchkörper entspr § 281 II 4 bindend (BGH NJW 2022, 2936 [krit Vossler]). – Verweisung an Gericht **anderen Rechtswegs** (oder der fG) verletzt Verfahrensgarantien des § 17a GVG u ist daher (sofern nicht nur Falschbezeichnung vorliegt) unwirksam u nicht bindend (OLG München FamRZ 2010, 2090; OLG Zweibrücken 17.8.2022 – 2 AR 21/22; offen lassend BGH NJW-RR 2024, 994 Tz 24).

5 Grds nicht mögl ist Verweisung von unzuständigem **Berufungsgericht** (zB OLG in AG-Sache) an das zuständige (BGH MDR 2021, 114 [Bacher MDR 2021, 149]; BGH FamRZ 96, 1544; OLG Dresden MDR 2007, 420), auch nicht bei Streitwerterhöhung in 2. Instanz (BGH NJW-RR 96, 891; s § 506 Rn 4). Ausnahmen: wenn Bestimmung des zuständigen Gerichts bes schwierig, zB auf Grund ges Neuregelung, zu der es noch keine höchstrichterl Rspr gibt (BGH NJW 2010, 1818; BGH WuM 2017, 61, 62) oder komplizierter Konzentrationsregelung, zB in Kartellsachen (BGHZ 71, 367 = MDR 78, 609), oder bei unrichtiger Rechtsmittelbelehrung in Urheberrechtssache (BGH NJW 2018, 3720), nicht aber bei offensichtl Fehlinterpretation der Konzentrationsregelung (BGH NJW-RR 2016, 255). Eine entspr Anwendung von § 281 kommt in Betracht, um ein wegen inkorrekter Entscheidung nach dem Meistbegünstigungsgrundsatz zulässiges Rechtsmittel (s vor § 511 Rn 30 ff) auf den korrekten Weg überzuleiten (BGHZ 72, 182, 193; BGH FamRZ 96, 1544; OLG Hamm NJW 2016, 172 [Vossler]). Zur Verweisung an zuständiges Gericht 1. Instanz s Rn 9.

6 Keine Verweisung (selbst wenn übereinstimmend beantragt), wo Unzuständigkeit infolge **Prorogation** (§§ 38 ff) oder **perpetuatio fori** (§ 261 III Nr 2) unbeachtl. Zu teilw Unzuständigkeit s Rn 8.

7 **3) Antrag.** Verweisung vAw ist unzulässig, kann aber gleichwohl bindende Wirkung haben (s Rn 16). Auf Möglichkeit der Antragstellung hat Gericht ggf hinzuweisen (MK/Prütting Rn 32). Antragsberechtigt ist nur der Kl, im Falle § 506 auch der Bekl. **Formulierungsvorschlag:** Vorwerk/Reichling, PFB, M 11.1 f. Der Antrag kann (evtl nach Hinweis gem § 139) hilfsw gestellt sein (BGHZ 5, 105, 107). Kein Anwaltszwang (II 1 iVm § 78 III). Anträge können schriftlich oder zu Protokoll eines jeden AG gestellt werden (§ 129a). Der ASt muss nicht angeben, an welches Gericht verwiesen werden soll; beharrt er jedoch auch nach richterl Hinweis auf Verweisung an ein ebenfalls unzuständiges Gericht, ist die Klage als unzulässig abzuweisen (StJ/Thole Rn 26).

8 **III) Verweisung. 1) Umfang.** Ist das angerufene Gericht bei Klagenhäufung nur für einen **Teil der Klageansprüche** zuständig, kann auf Antrag der gesamte Rechtsstreit an das für alle zuständige Gericht verwiesen werden (LG Frankfurt/M NJW-RR 2018, 1216; Rücker/Bell NJW 2021, 821). Eine Teilverweisung ist nur mögl, wenn der betr Teil nach § 145 abgetrennt werden kann (s § 145 Rn 2 ff), zB bei subj Klagenhäufung (§§ 59 f; BayObLG 8.4.2020 – 1 AR 23/20; BayObLG 5.3.2020 – 1 AR 152/19 [auch bei Gesamtschuld, nicht bei notw Streitgenossenschaft]). Die Abtrennung kann in dem Verweisungsbeschluss gesehen werden (OLG München MDR 96, 642). Nicht mögl ist dagegen die Verweisung hinsichtl eines **einzelnen Anspruchsgrundes**, denn sie würde zur Aufspaltung eines einheitl Streitgegenstands führen (BGHZ 5, 105, 107; BGH NJW 71, 564; StJ/Thole Rn 21; AG/Anders Rn 4). Zur Behandlung solcher Fälle s § 12 Rn 20 f; zum Verf bei unterschiedl Zuständigkeit für Haupt- und Hilfsantrag s § 260 Rn 10.

9 **2) Unzulässigkeit in der Berufungsinstanz.** Wenn ein unzuständiges Erstgericht in der Sache fehlerhaft entschieden hat, kann das Berufungsgericht wegen § 513 II nicht an das zuständige Gericht der 1. Instanz verweisen (BGH MDR 2005, 265; StJ/Thole Rn 63). Hatte das Erstgericht zutr seine Zuständigkeit verneint, die Klage aber statt zu verweisen abgewiesen, kann die beantragte Verweisung unter Aufhebung des Ersturteils vom Berufungsgericht ausgesprochen werden (StJ/Thole Rn 64). Zur grds unzulässigen Verweisung zwischen Berufungsgerichten s Rn 5.

10 **3) Bestimmung des zuständigen Gerichts.** Dieses ist vAw zu ermitteln (s § 12 Rn 13 f). Sind mehrere Gerichte zuständig, ist der Kl zur Wahl nach § 35 aufzufordern; unterlässt er diese, kann nicht verwiesen werden (MK/Prütting Rn 36).

11 **4) Verfahren.** Mündl Verh fakultativ (§ 128 IV), außer wenn durch Urteil zu entscheiden ist (s Rn 12). Für mündl Verh ggf Anwaltszwang. Bekl muss rechtl Gehör erhalten (BVerfG NJW 82, 2367). Gericht kann abgesonderte Verh nach § 280 anordnen. Güteverh: s § 278 Rn 14.

12 **5) Entscheidung. a)** Grds durch **Beschluss**, durch Urteil nur bei gleichzeitiger Aufhebung eines Urteils (s Rn 9). Der Beschluss muss die eigene Unzuständigkeit (örtl, sachl oder beides) aussprechen u das zuständige Gericht bezeichnen. Die bloße Ablehnung der Übernahme mit Rücksendung der Akten ist kein Beschluss iSd § 281 (BGH LM § 36 Nr 6 Nr 43a). Er ist zu begründen und enthält keine Kostenentscheidung (s Rn 20). In mündl Verh ist er zu verkünden; ergeht er ohne mündl Verh, genügt formlose Mitteilung an beide Parteien (§ 329 II 1). Wirksam wird er erst mit der letzten Mitteilung (BGH MDR 95, 739).

13 **b) Kein Rechtsmittel (§ 281 II 2)**, auch bei Verweisung durch Urteil (BGH NJW-RR 2000, 1731). Dies gilt auch bei Verfahrensverstoß (BGH NJW 67, 565) u Verletzung ausschließl Zuständigkeit (RGZ 76, 177; OLG

Düsseldorf Rpfleger 75, 102) sowie selbst bei offensichtl Willkür u Versagung rechtl Gehörs (OLG Köln VersR 92, 1111; WSch/Assmann Rn 104; MskV/Foerste Rn 11; Scherer ZZP 110 [1997], 175 f; offen lassend BGH NJW-RR 2000, 1731, 1732; aA MK/Prütting Rn 41). In solchen Fällen kann jedoch die Bindungswirkung fehlen und das Verf nach § 36 Nr 6 eröffnet sein (s Rn 17 f). Unanfechtbar ist auch die Ablehnung des Antrags (OLG Oldenburg MDR 92, 518; vgl auch BGH MDR 2004, 698, 699).

c) **Berichtigung des Beschlusses** ist entspr § 319 mögl bei offenbarer Unrichtigkeit, so zB bei Falschbezeichnung des für einen bestimmten Ort zuständigen Gerichts (BGH FamRZ 97, 173, OLG Stuttgart MDR 2004, 1377), nicht bei rechtsfehlerhafter Beurteilung des Wohnsitzes (BGH NJW-RR 93, 700). 14

6) **Auswirkungen auf den Rechtsstreit.** a) Er wird **bei dem aufnehmenden Gericht anhängig**; die Anhängigkeit beim verweisenden Gericht endet (BGH NJW-RR 93, 700). Maßgebl Zeitpunkt ist der **Eingang der Akten** beim angewiesenen Gericht (II 4). Die Mitteilung an beide Parteien (s Rn 12) ist jedoch Wirksamkeitsvoraussetzung (BGH MDR 95, 739). 15

b) **Verfahrenseinheit bleibt gewahrt**, frühere Prozesshandlungen wirken fort, bei Verweisung von AG an LG auch die der nicht anwaltl vertretenen Partei (Hk-ZPO/Saenger Rn 21.1; Klimke ZZP 122 [2009], 112; Saenger/Sandhaus NJW 2014, 417 ff; im umgekehrten Fall dagegen Wirkung nur ex nunc, Hk-ZPO/Saenger Rn 21.1). Einlassungsfrist ist nicht mehr nötig; ein bisher entbehrl Schlichtungsverf nach § 15a EGZPO braucht nicht nachgeholt zu werden (BGH VersR 2014, 601; aA Unberath JR 2001, 357). Keine Unterbrechung der Rechtshängigkeit, daher wahrt Klage vor unzuständigem Gericht bei Verweisung jede Klagefrist (s § 261 Rn 3; BGHZ 35, 375 = NJW 61, 2259; BGH NJW 83, 1052; BAGE 73, 30, 38), selbst bei fehlerhafter Verweisung ohne Antrag (BGHZ 139, 305, 308 = NJW 98, 3648, 3649). Bewilligung der PKH wirkt fort (OLG Düsseldorf NJW-RR 91, 63). Über Rechtsbehelfe (zB Einspruch gegen VU, Widerspruch gegen Arrest- oder Verfügungsbeschluss, Beschwerde in Nebenverf) ist so zu entscheiden, als stamme die angefochtene Entscheidung vom angewiesenen Gericht (OLG Zweibrücken NJW-RR 98, 1606; OLG Frankfurt Rpfleger 74, 321). Ein bereits ergangenes Teil-AU hat für das angewiesene Gericht dieselbe Wirkung wie ein eigenes (BGH NJW-RR 92, 1091). 15a

c) Ob der Rechtsstreit bei **Kammer oder Einzelrichter** anhängig wird, hängt von den Gegebenheiten beim Empfangsgericht ab (s § 348 Rn 2). War die Sache beim verweisenden Gericht originäre Einzelrichter-Sache, kann sie beim aufnehmenden gem § 348 I Kammersache mit Möglichkeit der Übertragung auf den Einzelrichter sein. Eine gem § 348a übertragene Sache bleibt dagegen Einzelrichter-Sache (vgl OLG Koblenz MDR 86, 153; OLG Frankfurt MDR 2003, 1375). 15b

7) **Bindungswirkung der Verweisung.** a) Sie ist **unwiderrufl** für das verweisende und grds (Ausnahmen s Rn 17 f) bindend für das aufnehmende Gericht, selbst bei Rechtsirrtum (BGH NJW-RR 92, 902; OLG Karlsruhe MDR 2011, 1499) oder Verfahrensfehler (BGHZ 2, 278 bei fehlerhafter Besetzung des Gerichts; BGH FamRZ 90, 1226 bei Verweisung ohne Antrag und in Verkennung der eigenen Zuständigkeit; BGH NJW 62, 1819 bei ausschließl Zuständigkeit) oder irriger Streitwertfestsetzung (OLG Frankfurt JurBüro 96, 480). Das verweisende Gericht kann seinen Beschluss selbst dann nicht ändern, wenn es nachträgl dessen Unrichtigkeit erkennt (BAG NZA 2016, 446); eine Berichtigung ist nur unter den Voraussetzungen des § 319 mögl (s Rn 14). Soweit die Bindungswirkung reicht (s Rn 16a ff), verhindert sie eine wirksame Weiter- oder Zurückverweisung (näher s Rn 19). 16

b) Auf **weitere Zuständigkeitsfragen** (als die, hinsichtl welcher verweisendes und aufnehmendes Gericht konkurrieren) erstreckt sich die Bindungswirkung dann, wenn das verweisende Gericht sie ebenfalls geprüft und bei seiner Entscheidung bedacht hat (BGHZ 63, 214, 216 f = NJW 75, 450); dies kann sich aus den Gründen des Beschlusses, aber auch aus anderen Anhaltspunkten ergeben (BGH NJW-RR 98, 1219). Bei Fehlen bindet die Verweisung wegen örtl Unzuständigkeit nicht hinsichtl der sachl Zuständigkeit und umgekehrt (BGH NJW 78, 887; KGR Berlin 2000, 68; abw OLG München NJW 58, 148). Bejahung der internat Zuständigkeit durch verweisendes Gericht bindet aufnehmendes nicht (BGH ZIP 2019, 1160). Wird wegen sachl oder örtl Unzuständigkeit an ein Gericht desselben Rechtswegs verwiesen, so ist dieses nicht gehindert, nach § 17a II GVG an ein Gericht eines anderen Rechtswegs (oder an ein Gericht der freiw Gerichtsbarkeit, BayObLG NJW 70, 1550) zu verweisen; dieses kann ggf innerhalb seines Rechtswegs weiterverweisen (BAG BB 94, 2075). Bindung nur hinsichtl der Zuständigkeit, nicht hinsichtl der rechtl Begründung (BGH MDR 93, 1236; BayObLG NJW-RR 93, 10, 11). 16a

c) Verweisung im Verf der **PKH** bindet nur für dieses; mangels Rechtshängigkeit (s Rn 3) nicht für das Streitverf (BGH MDR 92, 190 = NJW-RR 92, 59 [Vorlage an GemS; erledigt durch Aufg abw BAG-Rspr]; BAG NZA 93, 285). 16b

d) Ausnahmsw **keine Bindung** (Folge: s Rn 19) aus rechtsstaatl Gründen, wenn der Verweisung jede rechtl Grundlage fehlt, so dass sie als **objektiv willkürlich** erscheint (BGH NJW 93, 1273; BGH NJW 2003, 3201). Eine Beschränkung dieser Ausnahme auf Fälle „krasser und offenkundiger Rechtsfremdheit" (so Scherer ZZP 110 [1997], 177) ist zu eng; auch eine vorsätzl Missachtung des Rechts ist nicht zu fordern (so aber KGR Berlin 1996, 95, 96). Zu Recht stellt die Rspr (Zusammenstellungen bei Fischer MDR 2016, 500 ff; Fischer MDR 2018, 646 ff; Fischer MDR 2020, 75 ff; Fischer MDR 2022, 7) geringere Anforderungen an den Wegfall der Bindungswirkung, um einer missbräuchl Anwendung der Verweisungsmöglichkeit, wie sie in der Praxis leider vorkommt, Einhalt gebieten zu können (krit Endell DRiZ 2003, 135; für Zurückhaltung Tombrink NJW 2003, 17

2364; dagegen Fischer MDR 2005, 1091). Zwar lässt bloßer Rechtsirrtum die Bindungswirkung noch nicht entfallen (BGH NJW-RR 92, 902; BayObLG NJW-RR 2001, 646; bedenkl daher OLG Zweibrücken NJW-RR 2000, 590), ebenso wenig Abweichung von der hM (BGH NJW 2003, 3201; BGH MDR 2002, 1450; OLG München MDR 2017, 233; OLG Zweibrücken MDR 2005, 1187: nachträgl Prorogation) oder das Übersehen eines bes Gerichtsstands, der sich nicht aufdrängte u von den Parteien nicht thematisiert wurde (BGH NJW-RR 2011, 1364; BGH MDR 2015, 908). *Verneint* wird Bindung aber bei Häufung grober Rechtsirrtümer (BGH NJW-RR 92, 383) sowie bei Verweisung durch ein – nach damaligem Erkenntnisstand (BGH NJW-RR 95, 702; irrig KGR Berlin 1996, 95, 96) – zuständiges Gericht unter Übergehung einer eindeutigen Zuständigkeitsvorschrift (OLG Hamm MDR 2012, 800; OLG München NJW-RR 94, 892; OLG München MDR 2007, 1278; OLG Frankfurt NJW-RR 96, 1403: perpetuatio fori; sehr weitgehend BGH FamRZ 97, 488: kein Gerichtsstand des Sachzusammenhangs; näher Fischer MDR 2002, 1402; 2005, 1091 f) bzw dem Gericht bekannter einhelliger obergerichtl Rspr (OLG München MDR 2015, 1034; OLG München MDR 2020, 753) oder einer bereits seit längerem geltenden Gesetzesänderung (BGH NJW 93, 1273; BGH MDR 2002, 1446), evident falscher Erfassung von Sachverhalt (KG MDR 99, 56), Klagebegehren (OLG Hamburg MDR 2003, 1072) oder Zuständigkeitsstreitwert (OLG Hamm MDR 2012, 1367; KG MDR 99, 438; KG VersR 2008, 1234 [Jaeger]) oder sonst ohne nachvollziehbare Begründung der Zuständigkeit des anderen Gerichts (BayObLG NJW-RR 94, 891 = MDR 94, 94; OLGR Köln 2004, 257). Bindungswirkung kann deshalb schon fehlen, wenn Beschluss wegen *fehlender Begründung* nicht erkennen lässt, dass sich das Gericht mit einhellig gegenteiliger Rechtsansicht auseinandergesetzt hat (OLG Hamm MDR 2014, 1106; OLG Frankfurt MDR 2018, 1211 [Fellner MDR 2018, 1427]; einschr bei Erkennbarkeit der Begründung aus dem Akteninhalt u Gelegenheit zur Äußerung, BGH MDR 2015, 51, 52; bei Einverständnis der Parteien BGH NJW 2003, 3201; BGH FamRZ 88, 943). Allein der übereinstimmende Wille der Parteien schließt Willkür jedoch nicht aus (zu weitgehend Fischer MDR 2009, 487). Keine Bindung auch, soweit Verweisung ausnahmsw als anfechtbar angesehen wird (entgegen Rn 13) oder wo das angewiesene Gericht sich bereits rechtskräftig für *sachl* unzuständig *erklärt* hatte (§ 11; OLG München NJW 56, 187; aA StJ/Thole Rn 47; offen lassend BGH NJW 97, 869). Auch ein Irrtum des verweisenden Gerichts bei der Zuordnung des zuständigkeitsbegründenden Ortes zum Bezirk des angegangenen Gerichts soll Bindungswirkung entfallen lassen (BAG NJW 97, 1091); hier kommt eher Berichtigung des Verweisungsbeschlusses in Betracht (s Rn 14). Eine unzulässige Berichtigung bindet aber nicht (BGH NJW-RR 93, 700).

17a Nicht bindend ist der Beschluss nach der Rspr auch, wenn er unter **Versagung des rechtlichen Gehörs** ergangen ist, dh das Gericht den Verfahrensbeteiligten nicht vor der Entscheidung Gelegenheit zur Stellungnahme gegeben hat (BGHZ 102, 338, 341; BGHZ 71, 69, 72 = NJW 78, 1163; BAG NZA 92, 1049; dagegen Scherer ZZP 110 [1997], 176 ff). Einer Feststellung, dass die Verweisung bei ordnungsgem Anhörung beider Parteien möglicherweise unterblieben wäre, bedarf es aber nicht (BayObLG NJW-RR 2023, 68, auch zu ausnahmsw beachtl Fehlen der Kausalität). Es genügt, wenn Äußerung zur Zuständigkeitsfrage, nicht auch zum Verweisungsantrag mögl war (BGH MDR 2015, 51, 52). Unschädl auch die unterbliebene Anhörung dessen, der auch vor der begehrten Sachentscheidung nicht gehört werden muss (zB Sch/Ag im Insolvenz-, Vollstreckungs- oder einstw Rechtsschutzverf, BGH NJW 96, 3013 [Greger/Tröster EWiR § 281 ZPO 1/96, 957]). Ein fehlerhafter rechtl Hinweis kann der Versagung rechtl Gehörs nicht gleichgestellt werden (aA OLG Köln NJW-RR 97, 825), ebenso wenig die Verweisung ohne ausdrückl Antrag (BGH FamRZ 98, 360, 361).

17b Keine Bindungswirkung auch, wenn Beschl nicht durch den **gesetzlichen Richter** (dh den für die Verweisung zuständigen) erlassen wurde (BGH NJW-RR 2015, 1016 Tz 9), so zB wenn er das Verf zuvor bereits anderweitig rechtswirksam verwiesen hatte (BAG NZA 2016, 446); falsche Besetzung des Gerichts (zB Einzelrichter statt Kammer) oder Nichtbeachtung einer Spezialzuständigkeit nach § 72a GVG reicht hierfür aber nicht (aA KG MDR 2020, 679).

18 **e) Einwirkungen der Parteien.** Eine **Gerichtsstandvereinbarung nach Verweisung** rechtfertigt wegen des Prinzips der perpetuatio fori (s § 261 Rn 12) keine Weiter- oder Zurückverweisung durch ein zuständiges Gericht (BGH NJW 63, 585); dennoch ergehende Verweisung kann aber wegen Einverständnisses der Parteien bindend sein (s § 38 Rn 15). Auch ein gemeinsamer Verweisungsantrag (BGH NJW-RR 94, 126) oder die (Zurück-)Verlegung des Wohnsitzes (BGH NJW-RR 95, 513) rechtfertigt die Verweisung durch ein zuständig gewordenes Gericht nicht. – Hatten die Parteien **vor der Verweisung** eine Gerichtsstandsvereinbarung getroffen, so entfällt die bindende Wirkung des diese unbeachtet lassenden Beschlusses nur unter den Voraussetzungen der Rn 17 f (vgl BGH MDR 95, 951). – Keine Willkür, wenn Gericht aus Berufung beider Parteien auf vertragl Gerichtsstandsvereinbarung auf Vereinbarung ausschließl Zuständigkeit schließt (BGH MDR 2008, 1117). Zum Einfluss der RL 93/12/EWG über missbräuchl Klauseln in Verbraucherverträgen s Möslein GPR 2004, 59 ff. – Hat Bekl **auf die Zuständigkeitsrüge verzichtet**, ist dennoch erfolgende Verweisung willkürl; bindend ist sie aber bei bloßer Ankündigung, die Unzuständigkeit nicht rügen zu wollen (BGH MDR 2013, 481). Verweisung vor Eintritt in die mündl Verh ist auch dann bindend, wenn der Bekl nicht nach § 504 belehrt wurde (BGH MDR 2013, 1304).

19 ***8) Zurück- oder Weiterverweisung.*** Hält sich das angewiesene Gericht weder nach den Zuständigkeitsvorschriften noch auf Grund der Bindungswirkung des Verweisungsbeschlusses für zuständig, so kann es seinerseits mit einem Beschluss nach § 281, also nach (erneuter) Anhörung der Parteien, zurück- oder weiterverwei-

sen. Zur Bindungswirkung dieses Beschlusses s Rn 16 ff. Sie fehlt, wenn der 1. Beschluss bindend war. – Die bloße **Ablehnung der Übernahme** ist kein Beschluss iSd § 281 (s Rn 12) und hebt die Bindungswirkung der 1. Verweisung nicht auf; auch das verweisende Gericht kann diese nicht mehr aufheben (s Rn 16). Erklären sich beide Gerichte für unzuständig, ist nach § 36 Nr 6 zu verfahren (BGH NJW-RR 94, 126); dabei kann ggf auch ein drittes Gericht für zuständig erklärt werden (BAG NZA 2016, 446; BGH NJW-RR 93, 700, 701 mwN).

Nach Verweisung erfolgende **Klageänderung** (selten sachdienl iS § 263) kann Weiter- oder Zurückverweisung rechtfertigen (BGH NJW 90, 53, 54 = MDR 90, 135), dgl Parteiänderung auf der Beklagtenseite (KG MDR 98, 367). 19a

9) Kosten (§ 281 III). a) Verweisungsbeschluss enthält keine Kostenentscheidung; anders bei Verweisung durch Rechtsmittelgericht an zuständiges Gericht unterer Instanz (BGHZ 11, 58; BGHZ 12, 70). 20

b) In der **Kostenentscheidung des aufnehmenden Gerichts** sind die **Mehrkosten** zwingend dem Kl aufzuerlegen (III 2; bei Übersehen: § 321). Das sind diej Verfahrenskosten, die durch die Anrufung eines unzuständigen Gerichts als Gerichts- oder außergerichtl Kosten zusätzl angefallen sind (näher s § 91 Rn 13.109). Kosten eines nicht notwendigen Anwaltswechsels (OLG Düsseldorf MDR 80, 321) u Kosten erfolgloser Angriffs- u Verteidigungsmittel (§ 96) sind keine Mehrkosten iS III 2. Auch für § 506 gilt III 2 nicht (s § 506 Rn 7). Zur Frage, ob die Kostenübernahme in einem Vergleich auch die Mehrkosten des III umfasst, s § 104 Rn 21.71. 21

IV) Gebühren. 1) Gericht: Der (Weiter-, Zurück-)Verweisungsbeschluss, dem kostenrechtl ein Abgabebeschluss (§ 36, § 696 I 1, § 698, § 700 III 1 ZPO, § 4 FamFG) gleichsteht, ist gerichtsgebührenfrei (§ 1 I GKG). Der Rechtsstreit wird gebührenrechtl so behandelt, als wenn er von Anfang an bei dem übernehmenden Gericht anhängig gewesen wäre (§ 4 I GKG): Die Verfahrensabschnitte vor und nach der Verweisung bilden eine kostenrechtl Einheit. Mehrkosten, zB bei Verweisung durch das Rechtsmittelgericht, sind nach § 4 II GKG zu behandeln (sa § 17a GVG Rn 22). – Bei Verweisung ist das übernehmende Gericht insgesamt für die Festsetzung des Streitwerts zuständig. Die bei dem verweisenden Gericht vorher eingezahlten Kosten sind auf eine endgültige Kostenforderung zu verrechnen. Ein Überschuss muss zurückgezahlt werden, ein Unterschiedsbetrag ist nachzuerheben. Bei Zurückverweisung einer Sache an das Gericht des unteren Rechtszugs bildet das weitere Verf mit dem früheren Verf vor diesem Gericht eine Instanz iSd §§ 35, 37 GKG. Im Hinblick auf die Instanzeinheit bleiben die früher erwachsenen Geb bestehen. – **2) RA:** Bei der Verweisung oder Abgabe einer Sache an ein anderes Gericht auf **derselben Ebene** im Rechtszug bildet das Verf vor und nach der Verweisung (Abgabe) eine Gebühreninstanz (§ 20 S 1 RVG; sog Horizontalverweisung), also zB, wenn vom AG an das LG als 1. Instanz oder umgekehrt verwiesen wird. Bleibt der Anwalt vor und nach der Verweisung für seinen Mandanten tätig, erwachsen ihm im Hinblick auf die Einheit der Instanz die vor dem zunächst angegangenen Gericht entstandenen Geb nach der Verweisung (Abgabe) nicht ein 2. Mal (§ 15 II 1 RVG). Wechselt der RA, so erhält der neue Anwalt neue Geb entspr der von ihm entwickelten Tätigkeit. – Bei der Verweisung oder Abgabe einer Sache an ein **Gericht des niedrigeren Rechtszugs** gilt das weitere Verf vor dem Gericht, an das verwiesen (abgegeben) ist, gebührenrechtl als ein neuer Rechtszug (§ 20 S 2 RVG; sog Diagonalverweisung; BGH MDR 2020, 123 [Bacher MDR 2020, 150]), so dass der RA die Geb neu erhält (§ 17 Nr 1, § 15 II RVG). Nach § 20 S 2 RVG sind Verweisungen zu beurteilen vom Rechtsmittelgericht an ein erstinstanzl Gericht, zB vom Berufungsgericht an das FamG, oder, wenn die Berufungskammer des LG den Rechtsstreit wegen sachl Zuständigkeit an eine andere Kammer als 1. Instanz verweist (OLG München MDR 92, 523; OLG Oldenburg Rpfleger 84, 431 wendet § 21 RVG an). § 20 S 2 RVG gilt dabei für das Verhältnis zwischen dem verweisenden und dem übernehmenden Gericht, aber auch für das zwischen dem übernehmenden und dem zuerst angerufenen (BGH MDR 2020, 123). 22

§ 282 Rechtzeitigkeit des Vorbringens

(1) Jede Partei hat in der mündlichen Verhandlung ihre Angriffs- und Verteidigungsmittel, insbesondere Behauptungen, Bestreiten, Einwendungen, Einreden, Beweismittel und Beweiseinreden, so zeitig vorzubringen, wie es nach der Prozesslage einer sorgfältigen und auf Förderung des Verfahrens bedachten Prozessführung entspricht.

(2) Anträge sowie Angriffs- und Verteidigungsmittel, auf die der Gegner voraussichtlich ohne vorhergehende Erkundigung keine Erklärung abgeben kann, sind vor der mündlichen Verhandlung durch vorbereitenden Schriftsatz so zeitig mitzuteilen, dass der Gegner die erforderliche Erkundigung noch einzuziehen vermag.

(3) [1]Rügen, die die Zulässigkeit der Klage betreffen, hat der Beklagte gleichzeitig und vor seiner Verhandlung zur Hauptsache vorzubringen. [2]Ist ihm vor der mündlichen Verhandlung eine Frist zur Klageerwiderung gesetzt, so hat er die Rügen schon innerhalb der Frist geltend zu machen.

I) Prozessförderungspflicht. 1) Bedeutung. § 282 verpflichtet die Parteien (korrespondierend zur entspr Pflicht des Gerichts nach §§ 272 f), an der zügigen Erledigung des Verf mitzuwirken. Er verlangt aber (anders als die strenge Eventualmaxime) nicht, dass jeder irgendwie mit der Sache zusammenhängende oder auch nur eventuell im Prozessverlauf erhebl werdende Gesichtspunkt von vornherein in das Verf eingeführt werden muss (BVerfG NJW 80, 1737, 1738; BTDrs 7/2729, 38; s Rn 3). Die Förderungspflicht besteht in der mündl Verh (I; s Rn 3b) u für deren schriftl Vorbereitung (II; s Rn 4 ff). – Aus § 282 kann auch die Pflicht erwachsen, prozesserhebl Tatsachen zu **ermitteln** (BGH NJW 2003, 200, 202: nur unter bes Umständen) oder erst **herbei-** 1

zuführen (aA BGH NJW-RR 2004, 167, 168 unter Verkennung des Begriffs der Angriffs- und Verteidigungsmittel; dazu Schenkel MDR 2004, 790). Dagegen besteht keine Pflicht zur Einholung eines Privatgutachtens zwecks Entkräftung eines Gerichtsgutachtens (BGH NJW 2003, 1400).

2 **2) Geltungsbereich.** § 282 I u II gilt nur für **Angriffs- und Verteidigungsmittel.** Darunter fallen jegl zur Begründung des Klageantrags oder zur Verteidigung gegen diesen vorgebrachten tatsächl und rechtl Behauptungen, Einwendungen, Bestreiten, Einreden und Beweisanträge (vgl entspr §§ 146, 296). Auch die Geltendmachung der (vor- oder innerprozessualen) Aufrechnung gehört hierher (MK/Prütting § 296 Rn 51). **Allg Rechtsausführungen** unterfallen nicht § 282 (WSch/Assmann Rn 19; aA für II StJ/Thole Rn 29), da die Partei zu solchen ohnehin nicht verpflichtet ist (iura novit curia). Für **Zulässigkeitsrügen** gilt ausschließl die Sonderregelung in III (BGH VersR 2006, 506).

2a **Anträge** sind keine Angriffs- oder Verteidigungs*mittel*, sondern Angriff bzw Verteidigung selbst, also zB der Sachantrag (Klage- bzw Widerklageantrag; s § 270 Rn 2), auch dessen Änderung, Erweiterung (BGH NJW 86, 2257) oder Konkretisierung (BGH NJW 97, 870). Neue Sachanträge können niemals wegen Verspätung zurückgewiesen werden (BGH NJW-RR 96, 961). Ihre Behandlung kann allenfalls (bei Möglichkeit eines Teilurteils) zurückgestellt oder (bei Klageänderung) wegen der Verspätung als nicht sachdienl (§ 263) zurückgewiesen werden. II gilt aber auch für Anträge.

3 **3) Rechtzeitigkeit.** Entscheidend ist die **Prozesslage.** Daher muss schlüssiges Vorbringen nicht substantiiert werden, bevor der Gegner es bestritten hat (s § 138 Rn 7b ff). Der Bekl ist nicht verpflichtet, in der Klageerwiderung bereits zu mögl weiteren Klagegründen vorzutragen oder sich zu einem geänderten Antrag zu äußern, solange nicht feststeht, ob dieser zugelassen wird (s § 263 Rn 11). Der Kl muss sich nicht vorsorgl zu Verteidigungsmitteln äußern, die der Bekl noch nicht vorgetragen hat (zB Verjährungseinrede, Hilfsaufrechnung; BVerfG NJW 84, 2203). § 282 zwingt zwar nicht zum Verzicht auf jegl Prozesstaktik; unterbunden werden soll aber ein Prozessverhalten, das vornehml der Verzögerung und Verschleppung dient (BVerfG NJW 80, 1737, 1738; BTDrs 7/2729, 37 f). Ein solches liegt nicht vor, wenn die Partei nach sorgfältiger u förderungsbewusster Prüfung der Prozesslage davon ausgehen durfte, dass ein früherer Vortrag zu einer unnötigen Ausweitung des Prozessstoffes führen würde (Schneider MDR 77, 794). Nur unter dieser Voraussetzung u idR nicht nach entspr Hinweisen des Gerichts ist es zulässig, dem Prozessziel dienendes Vorbringen zurückzuhalten u nur sukzessive einzubringen. Der Bekl darf daher die Verjährungseinrede nicht bis zum Ergebnis einer evtl Beweiserhebung zurückhalten (OLG Hamm MDR 93, 686; StJ/Thole Rn 17; WSch/Assmann Rn 30; Schneider MDR 77, 793, 795); Beweismittel dürfen nicht je nach Erfolg einer zunächst durchgeführten Beweisaufnahme eingeführt werden, außer wenn sich Anlass hierzu erst aus dem Prozessverlauf ergibt (BGH MDR 2013, 487 LS; sa § 285 Rn 2). Zur rechtzeitigen Einreichung von Schriftsätzen s Rn 4a.

3a **4) Sanktion.** Schriftsatzfrist für Gegner nach § 283; unter den Voraussetzungen des § 296 Präklusion verspäteten Vorbringens; Kostentragung für erforderl neuen Termin (§ 95); Verzögerungsgeb nach § 38 GKG (eingeh hierzu Krbetschek NJW 2017, 517 ff). Voraussetzung ist jedoch stets, dass das Gericht seinerseits alles getan hat, um Verzögerung zu vermeiden (BayVerfGH NJW-RR 92, 895; OLG Düsseldorf NJW-RR 99, 859; OLG Düsseldorf MDR 95, 752; für § 38 GKG aA Krbetschek NJW 2017, 517, 519).

3b **II) Förderungspflicht in der mündlichen Verhandlung (§ 282 I).** Nur von Bedeutung, wenn sich die Verh über mehrere Termine erstreckt u Angriffs- bzw Verteidigungsmittel erst in einem Folgetermin vorgebracht werden (Deubner NJW 87, 1585; NJW 85, 1140; StJ/Thole Rn 11), nie im 1. Termin zur mündl Verh (BGH NJW 2012, 3787 [Kaiser]; BGH NJW 92, 1965; BGH MDR 2005, 1006). Wegen der Pflicht, den Termin schriftl vorzubereiten (II), hat Vorschrift kaum Bedeutung. War Frist gesetzt, ergibt sich Zurückweisung schon aus § 296 I.

4 **III) Förderungspflicht bei Terminsvorbereitung (§ 282 II). 1) Zweck.** Er besteht nicht darin, dem Gericht die rechtzeitige Terminsvorbereitung zu ermöglichen (BGH NJW 89, 716, 717; BGH MDR 99, 822; StJ/Thole Rn 31); hierfür bieten terminsvorbereitende Verfügungen mit Fristsetzung nach § 273 II Nr 1 iVm § 296 I ZPO eine Handhabe (BGH ZfS 2008, 163). Vielmehr soll sichergestellt werden, dass der Gegner seine Stellungnahme gleich im Termin abgeben kann. II gilt nur, wo Schriftsätze vorgeschrieben sind (s § 129). Er umfasst (anders als I) auch Anträge.

4a **2) Inhalt.** *Was* vorzutragen ist, ergibt sich aus I (s Rn 3), *wann* Schriftsatz einzureichen ist, folgt unabhängig von § 132 (BGH NJW 89, 716) aus den Erfordernissen einer dem Gegner zumutbaren Replik vor oder in der mündl Verh. Daher kann ein 1 Woche vor dem Termin eingereichter Schriftsatz gleichwohl verspätet sein, wenn auf seinen Inhalt vom Gegner voraussichtl nur nach Einholung von Erkundigungen erwidert werden kann (so im Fall § 138 IV), wenn diese Erkundigungen erkennbar nicht kurzfristig mögl sind und wenn der behauptenden Partei ein früheres Vorbringen mögl gewesen wäre (vgl § 132 I: „mindestens" 1 Woche vor dem Termin). Zur Verfahrensweise bei verspätetem Vorbringen s § 132 Rn 3 u § 283 Rn 3.

5 ***IV) Zulässigkeitsrügen (§ 282 III).*** **1) Geltungsbereich.** Hierunter fallen sämtl Behauptungen u Einwendungen, welche die Sachurteilsbefugnis des Gerichts (s vor § 253 Rn 9 ff) in Frage stellen; gleichgültig ob vAw oder nur auf Rüge zu prüfen (je nach Verzichtbarkeit aber unterschiedl Versäumungsfolge in § 296 III; s § 296

Rn 8a), auch im Parteiproz (WSch/Assmann Rn 51). Die Rügepflicht gilt für alle Rechtszüge (BGH NJW 81, 2646) und besteht auch dann, wenn der Bekl die Klage (zB wegen Unschlüssigkeit, BGH NJW 85, 743 = MDR 85, 207) für unbegründet hält. – **Sonderregelungen:** für Antrag auf Verweisung zwischen Zivilkammer und KfH: § 101 GVG; Einrede des Schiedsvertrags: § 1032; Zuständigkeitsbegründung durch rügelose Verh zur Hauptsache: § 39 (s § 296 Rn 28).

2) Zeitliche Anforderungen. Die Zulässigkeitsrügen müssen vom Bekl (bzw Widerbeklagten) **gleichzeitig** (insoweit gilt also die Eventualmaxime) und **vor der Verhandlung zur Hauptsache** (§ 137 I) vorgebracht werden, und zwar **a) bei Fristsetzung zur Klageerwiderung** gem § 275 I, § 276 I, § 697 III, im Fall der Widerklage gem § 275 IV, § 276 III, innerhalb dieser Frist (§ 222); **b) ohne Fristsetzung** spätestens in der evtl Einspruchsschrift (§ 340 III), sonst im 1. Verhandlungstermin vor Stellung der Sachanträge (§ 137 I); **c) im schriftlichen Verfahren** (§ 128 II), falls nicht vorher mündl verhandelt worden war, spätestens mit der Zustimmungserklärung (StJ/Thole Rn 49; WSch/Assmann Rn 55). 6

3) Verletzung der Rügepflicht. Bei **verzichtbaren Prozessvoraussetzungen** kann sie zur Präklusion nach § 296 III führen (s § 296 Rn 8a). **Unverzichtbare Prozessvoraussetzungen** (das sind alle mit Ausnahme der in § 296 Rn 8a genannten) hat das Gericht dagegen stets vAw zu prüfen; insoweit läuft § 282 III somit leer. 7

§ 283 Schriftsatzfrist für Erklärungen zum Vorbringen des Gegners

[1]Kann sich eine Partei in der mündlichen Verhandlung auf ein Vorbringen des Gegners nicht erklären, weil es ihr nicht rechtzeitig vor dem Termin mitgeteilt worden ist, so kann auf ihren Antrag das Gericht eine Frist bestimmen, in der sie die Erklärung in einem Schriftsatz nachbringen kann; gleichzeitig wird ein Termin zur Verkündung einer Entscheidung anberaumt. [2]Eine fristgemäß eingereichte Erklärung muss, eine verspätet eingereichte Erklärung kann das Gericht bei der Entscheidung berücksichtigen.

I) Bedeutung. § 283 dient dem Schutz der nichtsäumigen Partei vor einer Verkürzung ihres Erwiderungsrechts auf verspätet in die mündl Verh eingebrachtes Vorbringen des Gegners sowie der Straffung u Beschleunigung des Verf, indem er Präklusionsfolgen (s § 296 Rn 16) oder Vertagungen entbehrl macht. Das dem Gegner des Säumigen gewährte Nachschubrecht verlängert für diesen den „Schluss der mündl Verh" (s § 136 Rn 4) hinsichtl des zulässigen Erwiderungsvorbringens (nicht auch hinsichtl sonstigen Vortrags; s Rn 5) auf den Ablauf der Nachschubfrist. Diese ist daher maßgebl für die Präklusionswirkung der § 323 II, § 767 II (vgl BGHZ 152, 304 = NJW 2003, 434), die Geständniswirkung gem § 138 II u III u für die Kontinuität der Gerichtsbesetzung: Scheidet ein Richter vor Fristablauf aus, muss neu verhandelt werden (BGH MDR 2015, 851; s § 309 Rn 4). – Zur Behandlung im Termin übergebener Schriftsätze s § 132 Rn 4; zu Schriftsatznachlass nach Beweisaufnahme s § 285 Rn 2; zur Behandlung nicht nachgelassener Schriftsätze s § 296a Rn 3. 1

Im Verf des einstw Rechtsschutzes gilt § 283 nicht (OLG München GRUR 79, 172; StJ/Grunsky § 922 Rn 23; aA MK/Prütting Rn 8). 2

II) Voraussetzungen des Schriftsatzrechts. 1) Neues Vorbringen. Es muss **neue Angriffs- oder Verteidigungsmittel** iSv § 282 II (s § 282 Rn 2) enthalten, darf sich also nicht in der Wiederholung früheren Vorbringens oder reinen Negativerklärungen erschöpfen. § 283 ist nicht anwendbar auf neue Sachanträge (AG/Anders Rn 4; aA WSch/Assmann Rn 13; Schur ZZP 114 [2001], 324), für die die Notwendigkeit mündl Verh und die Regeln der Klageänderung gelten (s § 282 Rn 2a, § 296a Rn 2a). Für die Behandlung neuer Rechtsausführungen gilt nicht § 283; hier ist, soweit sie das Gericht für erhebl hält, mündl Verh geboten (s § 156 Rn 4; § 139 Rn 14a; § 282 Rn 2; BGH MDR 2017, 107; PG/Geisler Rn 3; aA MK/Prütting Rn 9; AG/Anders Rn 4; Katzenstein ZZP 121 [2008], 46; offen lassend BGH NJW 2012, 682, 683). – Das neue Vorbringen muss **entscheidungserheblich** sein (Gaier MDR 97, 1093; aA Schneider MDR 98, 137; einschr WSch/Assmann Rn 15; Katzenstein ZZP 121 [2008], 48); zu Vorbringen, das es ohnehin nicht verwerten will, muss das Gericht kein Schriftsatzrecht mehr gewähren. Kann Relevanz noch nicht beurteilt werden, kommt vorsorgl Fristgewährung in Betracht (BGH NJW 65, 297). 2a

2) Verspätung. Nicht rechtzeitig ist stets ein Vorbringen, das unter Verkürzung der Wochenfrist des § 132 erfolgt. Geht dies auf eine Fehlleistung des Gerichts (zB verspäteter Hinweis nach § 139 II, unterbliebene Weiterleitung des Schriftsatzes) zurück, ist eine Terminsverlegung oder Vertagung gem § 227 veranlasst. Die Rechtzeitigkeit kann aber je nach Art und Umfang des späten Vorbringens unter gebotener Berücksichtigung der für den Gegner zumutbaren Erwiderungsmöglichkeit (vgl § 132 II) auch eine längere Frist als 1 Woche vor dem Termin erfordern (StJ/Thole Rn 4 ff; aA ThP/Seiler Rn 2). Den Maßstab gibt § 282 II (s § 282 Rn 4a), § 132 I bestimmt nur das Mindestmaß. Die in § 296 I genannten richterl Fristen haben aber bei der Prüfung der Rechtzeitigkeit iSd § 283 außer Betracht zu bleiben, denn sie dienen nicht dem Schutz des Gegners vor einer Verkürzung seiner Erwiderungsmöglichkeit, sondern der allg Verfahrensbeschleunigung. Wo demnach der erwiderungsberechtigte Gegner für einen ihm 1 Woche oder noch früher vor dem Termin mitgeteilten Schriftsatz den 2b

Schutz des § 283 in Anspruch nimmt, hat er die für diesen Schutz sprechenden Umstände in seinem Antrag (s Rn 3) darzulegen.

2c **3) Unfähigkeit zu sofortiger Erwiderung.** Kann von der gegnerischen Partei erwartet werden, dass sie sich sogleich zu dem neuen Vorbringen äußert, oder ist ihr vorzuwerfen, dass ihr ProzBev hierzu infolge mangelnder Information nicht in der Lage ist, scheidet ein Schriftsatzrecht aus (vgl BVerfG NJW 92, 2144; OLGR Braunschweig 1995, 146).

3 **III) Verfahren. 1) Antrag.** Schriftsatzrecht ist nicht vAw, sondern nur auf Antrag zu bewilligen. Das Gericht sollte aber Antragstellung anregen (BGHZ 94, 195 = NJW 85, 1539, 1543; Hensen NJW 84, 1672) oder sinngem Äußerung als Antrag auslegen (BVerfG NJW 2015, 1166). Wird nur Vertagungsantrag gestellt, sollte es auf Klarstellung hinwirken, ob hilfsw Schriftsatzrecht beantragt wird. Der Gegner der säumigen Partei ist nicht befugt, statt des Antrags auf Bewilligung einer Erwiderungsfrist die Einlassung auf das verspätete gegnerische Vorbringen zu verweigern, um eine Vertagung oder die Zurückweisung des gegnerischen Vorbringens zu erreichen (BVerfG NJW 89, 705; BGHZ 94, 195, 214 = NJW 85, 1539, 1543; StJ/Thole Rn 17 ff). Andererseits schließt das Verf gem § 283 nicht aus, das Parteivorbringen als iSd §§ 282, 296 II verspätet zu behandeln und deshalb zurückzuweisen, wenn die nachgereichte Erwiderung des Gegners ergibt, dass das verspätete Vorbringen der Partei nur verfahrensverzögernd berücksichtigt werden könnte (s § 296 Rn 16; StJ/Thole Rn 19). – Wird **kein Antrag** gestellt, ist Verkündungstermin ohne Vorbehalt zu bestimmen. Ggf ist das neue Vorbringen als zugestanden zu behandeln (§ 138 II, III; BGHZ 94, 195, 214 = NJW 85, 1539, 1543; AG/Anders Rn 10). – Beantragen **beide Parteien** einen Schriftsatznachlass, kann dem nur in der Form des § 128 II entsprochen werden (OLG Schleswig SchlHA 83, 182; WSch/Assmann Rn 29), sofern nicht beiderseits die Voraussetzungen des § 283 erfüllt sind; auch in diesem Fall ist aber Vertagung vorzuziehen (WSch/Assmann Rn 29; Dötsch MDR 2015, 564 f).

3a **2) Entscheidung. a)** Ob das Gericht bei Vorliegen der Voraussetzungen des § 283 die beantragte Schriftsatzfrist gewährt, liegt in seinem **Ermessen**. Als **Alternative** hierzu kommt aber – soweit das neue Vorbringen entscheidungserhebl ist (Gaier MDR 97, 1093) – nur eine Vertagung der mündl Verh nach § 227 I oder Übergang ins schriftl Verf nach § 128 II in Betracht. Ein sof Schließen der mündl Verh würde die antragstellende Partei im Anspruch auf rechtl Gehör verletzen (BVerfG NJW 92, 2144). Vor Einräumung des Schriftsatzrechts ist anderer Partei **rechtl Gehör** zu gewähren, zweckmäßigerw auch sogleich zu den Voraussetzungen der uU in Betracht kommenden Zurückweisung nach § 296 (Katzenstein ZZP 121 [2008], 52).

4 **b) Form, Inhalt.** Das Gericht setzt durch Beschluss gleichzeitig Erwiderungsfrist (für deren angemessene Dauer gilt § 277 Rn 3 entspr) u bestimmt gem § 310 Verkündungstermin. Fristberechnung: §§ 221 ff, Abkürzung u Verlängerung: §§ 224, 225; die Abkürzung oder Verlängerung einer vom Richterkollegium gesetzten Frist ist Sache des Kollegiums, nicht des Vors (BGH NJW 83, 2030). Einer Belehrung der Parteien über die Folgen des § 283 bedarf es nicht (BVerfG NJW 87, 2734).

4a **c) Sind die Voraussetzungen nicht erfüllt**, sollte das Gericht einen ausdrückl Ablehnungsbeschluss erlassen (WSch/Assmann Rn 25); die Folge ist allerdings dieselbe, wenn es ohne Fristgewährung einen Verkündungstermin bestimmt.

4b **d) Nicht anfechtbar** ist sowohl die positive als auch die negative Entscheidung. Fehlgebrauch des § 283 kann aber mit dem Rechtsmittel gegen das Endurteil geltend gemacht werden.

5 **3) Behandlung des nachgereichten Schriftsatzes. a) Nur eine Erwiderung** auf den verspäteten Sachvortrag des Gegners ist zu berücksichtigen, nicht jedoch neuer Sachvortrag, der über eine Replik hinausgeht oder sich auf früheres, ledigl wiederholtes Vorbringen bezieht (BGH NJW 2018, 1686 [Skamel]; BGH MDR 2022, 1042 [Greger MDR 2022, 1076]). Die fristgerecht eingereichte Erwiderung muss bei der Entscheidung berücksichtigt werden, kann aber auch zur Zurückweisung des verspäteten gegnerischen Vortrags führen, zB weil eine nunmehr notw Beweisaufnahme das Verf verzögern würde (s Rn 3). Sie ist auch im Urteilstatbestand zu berücksichtigen (Greger MDR 2022, 1076; aA Feskorn s § 314 Rn 2; PG/Thole § 314 Rn 3). Zur Behandlung neuer **Sachanträge** s § 296a Rn 2a. Unberührt bleibt Möglichkeit bzw Pflicht zu Wiedereröffnung der mündl Verh nach § 156 (s § 156 Rn 3 ff).

6 **b)** Der nachgereichte Schriftsatz ist dem Gegner **formlos mitzuteilen**, doch hat dieser wegen § 296a kein Recht, seinerseits nochmals zu erwidern. Er kann allenfalls versuchen, das Gericht von der Notwendigkeit eines Wiedereintritts in die mündl Verh (§ 156) zu überzeugen. Diese besteht insb, wenn das Gericht neues Vorbringen aus dem nachgereichten Schriftsatz verwerten oder das Vorbringen, das den Schriftsatznachlass ausgelöst hat, nach § 296 zurückweisen will, ohne hierzu bereits rechtl Gehör (s Rn 3a) gewährt zu haben (MskV/Foerste Rn 13; Katzenstein ZZP 121 [2008], 52 f), dgl wenn die Voraussetzungen für die Gewährung eines Schriftsatzrechts nicht vorlagen (Katzenstein ZZP 121 [2008], 62 ff).

7 **c)** Ob das Gericht eine **nach Fristablauf eingereichte Erwiderung** berücksichtigt, steht in seinem Ermessen *(S 2). Nichtberücksichtigung ist* ermessensfehlerhaft, wenn Wiedereröffnung der mündl Verh iSv § 156 Rn 3 geboten wäre (BGH NJW 83, 2031), ebenso bei genügender Entschuldigung (StJ/Thole Rn 28). Ansonsten ist verspätete wie ausgebliebene Erwiderung als Zugestehen zu werten (MskV/Foerste Rn 14).

§ 283a Sicherungsanordnung

(1) [1]Wird eine Räumungsklage mit einer Zahlungsklage aus demselben Rechtsverhältnis verbunden, ordnet das Prozessgericht auf Antrag des Klägers an, dass der Beklagte wegen der Geldforderungen, die nach Rechtshängigkeit der Klage fällig geworden sind, Sicherheit zu leisten hat, soweit

1. die Klage auf diese Forderungen hohe Aussicht auf Erfolg hat und

2. [1]die Anordnung nach Abwägung der beiderseitigen Interessen zur Abwendung besonderer Nachteile für den Kläger gerechtfertigt ist. [2]Hinsichtlich der abzuwägenden Interessen genügt deren Glaubhaftmachung.

[2]Streiten die Parteien um das Recht des Klägers, die Geldforderung zu erhöhen, erfasst die Sicherungsanordnung den Erhöhungsbetrag nicht. [3]Gegen die Entscheidung über die Sicherungsanordnung findet die sofortige Beschwerde statt.

(2) Der Beklagte hat die Sicherheitsleistung binnen einer vom Gericht zu bestimmenden Frist nachzuweisen.

(3) Soweit der Kläger obsiegt, ist in einem Endurteil oder einer anderweitigen den Rechtsstreit beendenden Regelung auszusprechen, dass er berechtigt ist, sich aus der Sicherheit zu befriedigen.

(4) [1]Soweit dem Kläger nach dem Endurteil oder nach der anderweitigen Regelung ein Anspruch in Höhe der Sicherheitsleistung nicht zusteht, hat er den Schaden zu ersetzen, der dem Beklagten durch die Sicherheitsleistung entstanden ist. [2]§ 717 Absatz 2 Satz 2 gilt entsprechend.

I) Bedeutung. Die Vorschrift soll den Vermieter, der nach fristloser Kündigung wegen Zahlungsverzugs des Mieters die Räumung des Mietobjekts betreibt, dagegen absichern, dass er die Weiternutzung der Räume hinnehmen muss, ohne das hierfür anfallende Nutzungsentgelt (§ 546a BGB) realisieren zu können. Er kann deshalb beantragen, dass das Gericht für dieses eine Sicherheitsleistung anordnet. Erbringt der Mieter diese nicht, kann die Räumung von Wohnraum auf Grund einstw Vfg durchgeführt werden (§ 940a III). § 283a gehört systematisch zum einstw Rechtsschutz. Gegen die Sachgerechtigkeit der Regelung bestehen erhebl Einwände (Stellungnahme des BR, BTDrs 17/10485, 41 ff; sa Streyl NZM 2012, 249 f; Börstinghaus NZM 2012, 697). Die im RegE (BTDrs 17/10485) vorgesehene Erstreckung auf alle Schuldverhältnisse mit wiederkehrenden Leistungen hat der BT-Rechtsausschuss zurückgestellt, bis mit der Neuregelung Erfahrungen gesammelt werden konnten. Ihr kommt damit auch Erprobungscharakter zu. 1

Die Vorschrift ist **anwendbar** bei allen Klagen auf Räumung oder Herausgabe einer unbewegl Sache (Naumburg NJW 2016, 1250), die mit einer Zahlungsklage aus demselben Rechtsverhältnis verbunden sind, auch in 2. Instanz; nicht ggü Mitbewohnern, die nicht Vertragspartei sind (PG/Börstinghaus Rn 6; für analoge Anwendung MskV/Foerste Rn 9). 2

II) Voraussetzungen. 1) Inhalt und hohe Erfolgsaussicht der Klage. Es muss sich um eine Klage auf künftige Leistung (§ 259) handeln, da die Sicherungsanordnung nur für Geldforderungen ergehen kann, die nach Rechtshängigkeit der Klage fällig geworden sind; der Übergang auf einen Leistungsantrag wegen der nach Klageerhebung fällig gewordenen Forderungen (s § 259 Rn 6, § 257 Rn 6) hindert die Anordnung aber nicht (Streyl ZKM 2012, 259). Dem Zahlungsanspruch dürfen nach dem bish Sach- und Streitstand mit hoher Wahrscheinlichkeit keine berechtigten Einwendungen oder Einreden (zB Minderung wegen Mietmangels) entgegenstehen. Anders als sonst in Verf des einstw Rechtsschutzes wird hier keine Glaubhaftmachung, sondern eine **prognostische Entscheidung** des Gerichts verlangt, ob die Klage erfolgreich sein wird (BTDrs 17/10485, 28). Dabei verlangt das G hohe, nicht nur hinreichende Erfolgsaussicht iSd § 114; die Anforderungen sind dadurch auch ggü der im einstw Verfügungs- u Arrestverf vorausgesetzten Glaubhaftmachung (§ 920 II, § 936; s § 920 Rn 8 ff) deutl erhöht (LG Berlin NJW 2014, 1188; MK/Prütting Rn 7; Streyl NZM 2012, 256 f). Nach der Entwurfsbegr (BTDrs 17/10485, 28) darf das Gericht die Grundlagen für seine Prognose nur mit den Mitteln des Strengbeweises (s § 284 Rn 1) gewinnen, ohne die Beweisangebote jedoch voll ausschöpfen zu müssen (OLG Naumburg NJW 2016, 1250; MskV/Foerste Rn 6; zu Recht krit ggü diesem „neuen Überzeugungsmaßstab" Streyl NZM 2012, 259 f; Börstinghaus NJW 2013, 3266). Hat nur ein Teil der Klageforderung hohe Aussicht auf Erfolg, kann eine Sicherungsanordnung für diesen ergehen (MK/Prütting Rn 7). 3

2) Interessenabwägung. Wegen der einschneidenden Folgen der Anordnung (s Rn 8) verlangt das G zusätzl eine Abwägung der beiderseitigen Interessen, die von den Parteien darzulegen und glaubhaft zu machen sind. Auf Klägerseite genügt allein das Risiko einer späteren Zahlungsunfähigkeit des Bekl nicht; entscheidend ist die wirtschaftl Bedeutung des Zahlungsausfalls (OLG Celle NJW 2013, 3316; LG Berlin NJW 2014, 1188). Dabei ist zu berücksichtigen, dass die Anordnung dem Vermieter keine Liquidität, sondern nur eine Sicherheit verschafft, die zudem trotz § 377 BGB, § 36 InsO nicht vollständig insolvenzfest, sondern uU nach § 130 InsO anfechtbar ist (Streyl NZM 2012, 261). Unerhebl ist auch sein Interesse an der Durchsetzung anderer als der von § 283a erfassten Ansprüche oder an der beschleunigten Räumung (§ 940a III ist nur Sanktion, nicht Ziel der Anordnung; vgl Streyl NZM 2012, 260). Für den Bekl ist zu berücksichtigen, welche Nachteile die Sicherheits- 4 leistung für ihn bringen kann. Da er bei vertragsgemäßem Verhalten nicht nur Sicherheit, sondern Zahlung leisten müsste, dürften solche kaum auszumachen sein (sa Streyl NZM 2012, 261 f; Börstinghaus NJW 2013, 3267). Auch das bish Prozessverhalten der Parteien soll nach der Entwurfsbegr eine Rolle spielen (BTDrs 17/10485, 28; zw). In 2. Instanz kann der Kl aus dem Ersturteil vollstrecken; daher beschränkt sich die Interessenabwägung hier auf die Frage, ob ihn die hierfür zu erbringende Sicherheitsleistung übermäßig beanspruchen würde (Börstinghaus NJW 2013, 3267).

5 **III) Verfahren. 1) Antrag.** Dieser ist vom Kl im Rahmen des anhängigen Räumungsrechtsstreits beim Prozessgericht zu stellen. Der Bekl erhält rechtl Gehör. Über Anordnung oder Ablehnung wird durch Beschluss entschieden, der ohne mündl Verh ergehen kann (§ 128 IV). Deren Notwendigkeit kann sich allerdings aus dem uU durchzuführenden Strengbeweisverf (s Rn 3) ergeben.

6 **2) Entscheidung.** Über Anordnung oder Ablehnung wird nach rechtl Gehör des Bekl durch Beschluss entschieden, der ohne mündl Verh ergehen kann (§ 128 IV). Deren Notwendigkeit kann sich allerdings aus dem uU durchzuführenden Strengbeweisverf (s Rn 3) ergeben. Die Anordnung lautet dahin, dass der Bekl für die nach Klagezustellung und vor ihrem Erlass fällig gewordenen Zahlungsansprüche Sicherheit zu leisten hat. Der Bekl muss aus der Anordnung entnehmen können, wann und in welcher Höhe er Sicherheit leisten muss. Unter dieser Voraussetzung sollte sie bei sinnentspr Auslegung (entgegen BTDrs 17/10485, 28) auch für künftig fällig werdende Forderungen iSv §§ 258 f erlassen werden können, da sonst nach jedem Fälligkeitstermin eine neue Sicherungsanordnung zu beantragen ist (MskV/Foerste Rn 4; aA WSch/Assmann Rn 12; PG/Börstinghaus Rn 8; Hk-ZPO/Saenger Rn 3; Emmerich NZM 2014, 881). Auf zwischen den Parteien streitige Mieterhöhungsbeträge kann sie nicht erstreckt werden (**§ 283a I 2**). Es handelt sich um eine proz Sicherheit iSv §§ 108 ff (BTDrs 17/10485, 29; Hk-ZPO/Saenger Rn 4; daran haben die Erwägungen des BT-Rechtsausschusses in BTDrs 17/11894, 24 f entgegen Börstinghaus NJW 2013, 3268 nichts geändert). Die **Art der Sicherheitsleistung** *kann* das Gericht daher nach seinem Ermessen anordnen (§ 108). Die Anordnung einer Bankbürgschaft wird den Möglichkeiten des bekl Mieters idR nicht entsprechen. In Betracht kommt eher die Hinterlegung von Geld (zB Einzahlung auf ein Anderkonto), nach der Gesetzesbegr auch die Verpflichtungserklärung einer öffentl Stelle iSv § 569 III Nr 2 S 1 BGB (BTDrs 17/10485, 29). Für den **Nachweis** der Sicherheitsleistung ist eine Frist zu bestimmen (**§ 283a II**).

7 **3) Rechtsmittel.** Gegen stattgebende und ablehnende Entscheidung sof Beschwerde (**§ 283a I 3**), außer in 2. Instanz (§ 567 I). Beschwerdeverf darf nicht zu Verzögerung des Räumungsprozesses führen (§ 272 IV), daher Fertigung von Zweitakten.

8 **IV) Rechtsfolgen. 1) Bei Nichtbefolgen der Anordnung.** Neben der kaum praktikablen ZwV des Anordnungsbeschlusses (§ 794 I Nr 3, § 887) besteht die wesentl Bedeutung darin, dass der Vermieter von Wohnraum uU den Erlass einer einstw Vfg auf Räumung erwirken kann (§ 940a III). Diese scharfe, uU existenzbedrohende Sanktionierung weckt verfassungsrechtl Bedenken (Streyl NZM 2012, 267; auch der BR hielt die Regelung im 1. Durchgang für zu weitgehend, s BTDrs 17/10485, 41 f; zur gebotenen restriktiven Anwendung s § 940a Rn 9).

9 **2) Bei erbrachter Sicherheitsleistung.** *Obsiegt* der Kl im Räumungsprozess, ist in der dortigen Endentscheidung auszusprechen, dass und in welcher Höhe er berechtigt ist, sich aus der Sicherheit zu befriedigen (**§ 283a III**). Er kann damit die Herausgabe des hinterlegten Betrags bzw die Inanspruchnahme des Bürgen erwirken. Der Ausspruch setzt keinen Antrag voraus. Bei Unterbleiben: § 321. – *Unterliegt* der Kl im Hauptsacheverf, verfährt das Gericht auf Antrag nach § 109. Für die Schadensfolgen einer unberechtigten Sicherungsanordnung haftet der Kl verschuldensunabhängig (**§ 283a IV**). Die in IV 2 ermöglichte Geltendmachung im Weg einer Widerklage dürfte praktisch nicht in Betracht kommen.

10 **V) Gebühren. 1) Gericht:** Die Sicherungsanordnung hindert in allen Instanzen eine Gebührenermäßigung (1211, 1222, 1223, 1232 GKG-KV). – Sof Beschwerde (I 3): 1812 GKG-KV (Festgeb). – **2) RA:** Das Verf gehört zum Rechtszug (§ 19 I 2 Nr 3 RVG).

Vorbemerkungen zu § 284

Grundzüge des Beweisverfahrens

Lit: *Ahrens*, Der Beweis im Zivilprozess, 2. Aufl 2025; *Baumgärtel/Laumen/Prütting*, Hdb der Beweislast, 5. Aufl 2023 (BLP); *Heinrich*, Die Beweislast bei Rechtsgeschäften, 1996; *Leipold*, Beweismaß u Beweislast im ZP, 1985; *Musielak*, Die Grundlagen der Beweislast im ZP, 1975; *Musielak/Stadler*, Grundfragen des Beweisrechts, 1984; *Peters*, Der Ausforschungsbeweis im ZP, 1966; *Prölss*, Beweiserleichterungen im Schadensersatzprozess, 1966; *Prütting*, Gegenwartsprobleme der Beweislast, 1983; *Rosenberg*, Die Beweislast, 1965; *Wahrendorf*, Die Prinzipien der Beweislast im Haftungsrecht, 1976.

I) Grundlagen. 1) Notwendigkeit und Ziel des Beweisverfahrens. Um über die Berechtigung der vom Kl begehrten Rechtsfolge entscheiden zu können, muss das Gericht zunächst den ihm zur Entscheidung gestellten Sachverhalt feststellen (sofern er ihm nicht ausnahmsw bindend vorgegeben ist, zB auf Grund von § 68, § 296 I, § 322 I, § 529 I, § 613 I ZPO; § 25 I KapMuG). Grundlage ist hierbei das tatsächl Vorbringen der Parteien (s Rn 2). Ist es schlüssig und wird es vom Gegner nicht bestritten, so bildet es die Grundlage der Entscheidung (s § 138 Rn 9). Anderenfalls gelangt der Prozess in die sog Beweisstation. Sie hat die Aufgabe, Klarheit darüber zu schaffen, von welcher der einander widersprechenden Sachverhaltsdarstellungen das Gericht bei seiner Entscheidung auszugehen hat. Ziel ist hierbei die Begründung der Überzeugung des Gerichts von der Wahrheit der streitigen Behauptung (s § 286 Rn 17 ff). 1

2) Parteiherrschaft. a) Nach dem im Zivilprozess herrschenden **Beibringungsgrundsatz** (s vor § 128 Rn 10 ff, auch zu den Schranken u Ausnahmen) bestimmen grds die Parteien darüber, worüber und mit welchen Erkenntnismitteln Beweis erhoben werden soll. Nur soweit das Gesetz Ausnahmen ausdrückl zulässt (§§ 142, 144, 448), darf das Gericht vAw Tatsachenaufklärung betreiben. In allen anderen Fällen setzt die Beweiserhebung einen **Beweisantrag** der beweisbelasteten Partei voraus. Entgegen dem Wortlaut von § 282 I („hat … vorzubringen“) besteht für keine Partei eine Beweis*pflicht*, nur eine Beweis*last* entspr der Darlegungslast, verbunden mit dem Risiko des Prozessverlustes bei Nichterweislichkeit der behaupteten Tatsachen (s Rn 18). Daher ist die **Zurücknahme** eines Beweisantritts zulässig (StJ/Thole § 284 Rn 32; Ausnahmen: §§ 399, 402, 436), wenn auch ihrerseits einer Beweiswürdigung zugängl (s § 286 Rn 14). 2

b) Die **Art der Beweisaufnahme** wurde durch das 1. JuMoG (mW seit 1.9.2004) ebenfalls weitgehender Parteiherrschaft unterstellt. Nach § 284 S 2 können die Parteien das Gericht seither von den Vorschriften über das Beweisverf (§§ 355 ff, sog **Strengbeweis**) freistellen und eine Beweisaufnahme in der dem Gericht geeignet erscheinenden Art zulassen (sog **Freibeweis**; s § 284 Rn 1). Dasselbe gilt im Verf nach der EuBagatellVO (§ 1101 I). 2a

c) Parteivereinbarungen (s vor § 128 Rn 32 f) sind zulässig in Bezug auf die Beweisbedürftigkeit (sog Geständnisvertrag) oder den Nichtgebrauch bestimmter Beweismittel (BGHZ 109, 19, 29; Wagner, Prozessverträge, S 608 ff). Letztere führen zur Unbeachtlichkeit abredewidriger Beweisanträge, können jedoch eine zulässige Beweiserhebung *vAw* (s § 144 Rn 1) nicht hindern (RSchwab/Gottwald § 114 Rn 9; MK/Prütting § 286 Rn 171; StJ/Leipold[22] § 286 Rn 211; aA StJ/Thole § 286 Rn 285; Wagner, Prozessverträge, S 690). Zulässig sind auch Vereinbarungen über die Durchführung des Freibeweisverf (§ 284 S 2); sie verpflichten die Parteien aber nur zur Erklärung des Einverständnisses ggü dem Gericht und hindern dieses nicht, die Beweisaufnahme nach den Regeln der ZPO durchzuführen. Zu Vereinbarungen in Bezug auf die Beweislast s Rn 23, zur Begrenzung der Wirksamkeit von Parteivereinbarungen durch die proz Wahrheitspflicht s § 138 Rn 5. – Unwirksam sind sog **Beweisverträge**, die in die freie richterl Beweiswürdigung (§ 286) eingreifen (RGZ 96, 59; aA Wagner, Prozessverträge, S 692 ff; sa OLGR Köln 1997, 66: Abrede über Vernichtung einer Urk hindert Verwertung durch das Gericht nicht). Auch eine Herabsetzung des Beweismaßes durch Parteivereinbarung ist nicht mögl (Musielak NZV 90, 468; aA Wagner aaO S 694), denn dieses steht abstrakt-generell fest (s Rn 28, 32). Vereinbarungen zwischen Partei und Zeuge stehen der Beweisaufnahme selbstverständl nicht entgegen (BGH NJW 2008, 982, 984). 2b

3) Gegenstand des Beweises. Zu beweisen sind die Behauptungen der den Tatbestand der Rechtsnorm bildenden **Tatsachen**. Darunter fallen auch **negative Voraussetzungen** (Nichtvorliegen von Umständen; s Rn 24) sowie subjektive Merkmale („**innere Tatsachen**“ wie zB Kenntnis, Vorsatz, Irrtum). Letztere können allerdings, sofern der Wissensträger nicht selbst als Zeuge oder Partei vernommen werden kann (zB wegen unzulässiger Ausforschung; s Rn 8d, § 445 Rn 3a), nur mithilfe von Indizien bewiesen werden (s Rn 5). Nicht beweisbar sind **hypothetische Behauptungen** (zur Lösung von Fällen, in denen solche aufgestellt werden müssen, wie zB bei der Kausalität, s Rn 35) sowie **rechtliche Folgerungen** (zu den sog Rechtstatsachen s § 288 Rn 1a). **Hilfstatsachen** können beim Indizienbeweis (s Rn 5) oder als Anknüpfungspunkte für die Beweiswürdigung Beweisgegenstand sein (zB Umstände, die auf die Glaubwürdigkeit eines Zeugen schließen lassen). 2c

3 **II) Beweisantritt. 1) Wirksamkeit.** Grds ist Beweisantrag in mündl Verh zu stellen (§ 137). Ausdrückl oder konkludente **Bezugnahme** (§ 137 III) auf vorbereitenden Schriftsatz genügt (BGH NJW-RR 96, 1459; OLG Hamm NJW-RR 97, 764). Der Vortrag einzelner Beweisanträge schließt stillschw Bezugnahme auf die übrigen nicht aus (Laumen MDR 2020, 145, 146; Ordemann NJW 64, 1308 gegen BAG NJW 63, 1843). **Verzicht** kann nur bei eindeutigen Anhaltspunkten angenommen werden (BGH MDR 2018, 358). Zum Vorgehen bei Mängeln oder Unklarheiten s § 139 Rn 16, § 373 Rn 2. Zur Fortwirkung in der Berufungsinstanz s § 520 Rn 46. Zurücknahme: s Rn 2.

4 **2) Inhalt des Beweisantrags. a) Beweisthema,** dh Bezeichnung der zu be- oder widerlegenden Tatsachenbehauptung. Pauschaler Beweisantritt (zB „für alles Vorstehende“) ist unwirksam (Laumen MDR 2020, 145, 149). Grds genügt aber die bestimmte Angabe der Tatsachen, aus denen sich iVm einem Rechtssatz die begehrte Rechtsfolge ergibt; nicht erforderl ist die Angabe von Begleitumständen, zB wann, wo, in welcher Form, wem ggü die behauptete Erklärung abgegeben wurde (BGH NJW-RR 2007, 1483; BGH NJW-RR 2010, 1217, 1218). An die **Substantiierung** werden oft zu hohe Anforderungen gestellt (s Rn 8, 9; § 138 Rn 7b). Ihr ist nur dann nicht genügt, wenn das Gericht aufgrund der Darstellung nicht beurteilen kann, ob die ges Voraussetzungen der an eine Behauptung geknüpften Rechtsfolgen erfüllt sind (BVerfG WM 2012, 492; BGH NJW 2020, 1740, 1741; BGH MDR 2019, 1333 [Alpes MDR 2020, 15]; iE Laumen MDR 2020, 145, 146 f). Zu einer näheren Darlegung kann eine Partei allerdings gezwungen sein, wenn die Gegenpartei ihre Darstellung substantiiert angreift (BGH NJW 2011, 3291, 3292; BGH NJW 2005, 2710, 2711; s § 138 Rn 8a ff).

5 Bei **mittelbarer Beweisführung** (Indizienbeweis, insb Beweis innerer Tatsachen bei einer anderen Person) ist dem Gericht die Vorprüfung der Beweiserheblichkeit (s Rn 9) und -tauglichkeit (s Rn 10a) des benannten Beweismittels zu ermöglichen, indem neben der zu beweisenden Haupttatsache auch die Hilfstatsachen bezeichnet werden, aus denen sich die Haupttatsache ergeben soll (BGH NJW 2012, 2427 Tz 43; BGH NJW 83, 2034, 2035; BGH NJW-RR 88, 1529; sa § 286 Rn 9a).

6 Ansonsten darf aber nicht verlangt werden, dass die Partei Angaben zur **Wahrscheinlichkeit des Beweisergebnisses** (iS einer vorweggenommenen Beweiswürdigung) macht (BVerfG NJW 2003, 2976, 2977; BGH MDR 2015, 234; zu Antrag auf SV-Beweis s BGH NJW-RR 2003, 69). Auch Angaben darüber, woraus ein Zeuge seine Kenntnisse zu der Beweisfrage ableitet u wie zuverlässig diese sind, können grds nicht verlangt werden (BGH NJW 2019, 3147, 3148; BGH WM 96, 1265, 1266; zur Ausnahme bei Indizienbeweis BGH NJW 83, 2034, 2035, bei Ausforschungsverdacht s Rn 8c).

7 **b)** Das **Beweismittel** muss bezeichnet werden. Die ZPO regelt abschließend die zulässigen Beweismittel (s vor § 355 Rn 2); zur Möglichkeit, mit Einverständnis der Partei auch andere Erkenntnisquellen zu nutzen, s Rn 2a. Zum Zeugen s § 373 Rn 1; zum nicht in der Verfügungsgewalt des Beweisführers befindl Beweismittel s Rn 8d.

8 **III) Entscheidung über den Beweisantrag. 1) Stattgabe.** Das Gericht ist verpflichtet, zu allen Behauptungen, die entscheidungserhebl (s Rn 9) u in beachtl Weise bestritten sind (s § 138 Rn 10 ff), die angebotenen Beweise zu erheben (BGHZ 53, 245, 258); dazu gehört auch die Beiziehung von Akten eines Strafverf (BGH NJW 2023, 1734 [Schäfer] mit näheren Ausführungen zur Rechtsgrundlage u zu Grenzen der Verwertbarkeit) oder die Einholung einer amtl Auskunft (BWStGH NJW 2015, 1869). Die Unterlassung verletzt den Anspruch auf rechtl Gehör (Art 103 GG), wenn sie im Prozessrecht keine Stütze findet (BVerfG NJW 2009, 1585 mwN; BGH MDR 2023, 1544 [Schultzky MDR 2024, 284]; s § 321a Rn 11). Auch aus dem Justizgewährungsanspruch folgt ein **„Recht auf Beweis“** (StJ/Thole § 284 Rn 40; Habscheid ZZP 96 [1983], 306 ff; rechtsvergleichend Scherpe ZZP 129 [2016], 153 ff). Das unberechtigte Übergehen eines Beweisantrags ist ein gravierender Verfahrensfehler, der zur Aufhebung des Urteils durch das Berufungsgericht (ggf mit Zurückverweisung nach § 538 II 1 Nr 1) bzw im Wege der Revision oder der Verfassungsbeschwerde (nach Anhörungsrüge gem § 321a) führt. Dies ist zB der Fall, wenn das Gericht von einer Beweiserhebung absieht, weil es unter Überdehnung der Substantiierungspflicht den Vortrag „näherer Einzelheiten“ vermisst (BGH NJW 2017, 1877 [Bruns] mwN; s Rn 4, § 138 Rn 7b; diese sind ggf bei der Beweisaufnahme zu klären, BGH NJW 2012, 382 mwN), weil die Partei ihren Sachvortrag geändert hat (BGH NJW-RR 2012, 728; BGH MDR 2018, 1334; BGH MDR 2025, 187 [Greger MDR 2025, 227]; Laumen MDR 2020, 145, 148), den Widerspruch zum Inhalt einer Urk nicht erklärt (BGH NJW 2015, 409) oder zu einem ihrer Wahrnehmung entzogenen Vorgang keine genauen Angaben machen kann (BGH NJW 2020, 1740, 1741; zB zum Umfang ihrer vertragsgemäßen Leistungen: BGH NJW-RR 2024, 1474). Ebenso wenig kann von Beweiserhebung abgesehen werden, weil der Vortrag unwahrscheinl ist (BGH NJW 1984, 2888) oder im Gegensatz zu einem Geständnis im Strafverf steht (BGH NJW-RR 2004, 1001, 1002). Solche Erwägungen sind erst bei der Beweiswürdigung anzustellen. Zu Besonderheiten beim SV-Beweis s § 403 Rn 2; zum Zeugenbeweis s § 373; zum Indizienbeweis Rn 5.

8a **Anordnung** der Beweisaufnahme kann formlos in der mündl Verh getroffen werden; förml Beweisbeschluss ist nur nach §§ 358 f erforderl (s § 358 Rn 2).

8b **2) Ablehnung.** Anders als die StPO (vgl dort § 244) enthält die ZPO keine ausdrückl Regelung der Voraussetzungen und des Verf für die Ablehnung von Beweisanträgen. Die Ablehnung liegt schon darin, dass das Gericht *einen angetretenen Beweis nicht* erhebt. Es ist auch nicht erforderl, dass das Gericht in den Urteilsgründen zu jedem einzelnen der – oft sehr zahlr – Beweisantritte darlegt, weshalb es ihm keine Folge geleistet hat. In den meisten Fällen wird sich dies (zB die mangelnde Entscheidungserheblichkeit) schon aus dem Urteilskontext ergeben. Ist dies nicht der Fall (wird zB ein an sich erhebl Beweis nicht erhoben, weil das Gericht das Beweismittel für unzulässig hält), provoziert fehlende Begründung eine Verfahrensrüge. In Betracht kommen (in Anlehnung an § 244 III-V StPO, jedoch mit zivilprozessualen Besonderheiten; vgl BGHZ 53, 245, 258) insb folgende **Ablehnungsgründe:**

a) Missbrauch zu Ausforschungszwecken. Unzulässig ist ein Beweisantritt, der nicht unmittelbar oder (beim Indizienbeweis) mittelbar (s § 286 Rn 9a) dem Beweis vom Beweisführer vorgetragener Tatsachen dient, sondern der Ausforschung von Tatsachen oder der Erschließung von Erkenntnisquellen, die es erst ermöglichen sollen, bestimmte Tatsachen zu behaupten und sodann unter Beweis zu stellen. Für die Abgrenzung des zulässigen Beweisantrags von einem solchen **Beweisermittlungsantrag** ist entscheidend, ob die Partei ohne greifbare Anhaltspunkte für das Vorliegen eines bestimmten Sachverhalts willkürl Behauptungen „aufs Geratewohl" oder „ins Blaue hinein" aufstellt (BVerfG WM 2012, 492; VerfGH Berlin JR 2008, 19; BGH NJW 95, 2111; näher Dölling NJW 2013, 3124 f; Kiethe MDR 2003, 1326 ff mwN). Bei der Annahme solcher Willkür ist Zurückhaltung geboten; in der Regel wird sie nur bei Fehlen jegl tatsächl Anhaltspunkte vorliegen (BGH NJW 2012, 2427, 2431 mwN). Bei Zweifeln ist der Partei Gelegenheit zu geben, die tatsächl Anhaltspunkte oder ihre Erkenntnisquelle darzulegen (BGH NJW-RR 2002, 1433). Zur Parteivernehmung s § 445 Rn 3a. 8c

Ein unzulässiger **Ausforschungsbeweis** kann nicht allein deswegen angenommen werden, weil die Partei entspr ihrer Darlegungspflicht eine Tatsache vorträgt, von der sie gar keine gesicherte Kenntnis haben kann (etwa innere Tatsache bei einer anderen Person, Kausalabläufe, Verabredungen oder Maßnahmen Dritter, technische oder medizinische Fragen; vgl BGH NJW 95, 1160, 1161; BGH NJW-RR 88, 1529; BGH MDR 2015, 1191; BGH MDR 2020, 115; BGH VersR 2023, 721 mwN). Auch in solchen Fällen kommt es darauf an, ob es sich um aus der Luft gegriffene Behauptungen handelt oder ob Anhaltspunkte im vorstehenden Sinn vorliegen (so wohl auch BGH NJW 95, 2111, 2112; offen lassend BGH NJW-RR 2002, 1433, 1435). Oftmals kann der Beweis nur mittelbar, über Indizien geführt werden (zu den Anforderungen s Rn 5); in manchen Fällen greifen auch Beweiserleichterungen ein (zB Beweislastumkehr, sekundäre Behauptungslast des Gegners, Wahrscheinlichkeitsbeweis bei der Kausalität, s Rn 25-35). Die Problematik des Ausforschungsbeweises reduziert sich damit in vielen Fällen auf die Form des Beweisantritts; dies kann entspr Hinweispflichten nach § 139 begründen. Nicht um einen Ausforschungsbeweis im vorstehenden Sinne geht es auch, wenn für eine substantiierte Behauptung ein Beweismittel benannt wird, über welches der Beweisführer selbst nicht verfügt, sondern nur der Gegner oder ein Dritter (zB Urk, Augenscheinsobjekte, Name und Anschrift eines Zeugen). Inwieweit hier Vorlage- bzw Offenbarungspflichten bestehen, richtet sich nach den entspr Vorschriften des prozessualen oder materiellen Rechts (vgl §§ 142, 144, 422 ff, § 445 ZPO, §§ 666, 716, 809, 810 BGB, § 13 UKlaG, § 33g GWB, uU auch § 242 BGB). Eine generelle Aufklärungspflicht der Parteien (s Rn 34) erkennt die Rspr ebenso wenig an wie ein Menschenrecht auf Zugang zu den Informationsquellen des Prozessgegners (so aber Schlosser NJW 92, 3275 ff). 8d

b) Fehlende Entscheidungserheblichkeit. Die Erhebung unnötiger Beweise ist fehlerhaft. Daher hat das Gericht vorweg insb die Schlüssigkeit und Beweisbedürftigkeit des Vorbringens sowie Eignung, Zulässigkeit und Erforderlichkeit des angebotenen Beweises zu prüfen. Überflüssig ist die Prüfung einer Hauptbegründung, wenn eine Hilfsbegründung unstreitig oder einfacher zu beweisen ist. Erheblichkeit kann auch (nach entspr Hinweis, s § 139 Rn 17) verneint werden, wo diese wegen **mangelnder Substantiierung** nicht festgestellt werden kann (BGH NJW 91, 2707). Dabei dürfen aber die Anforderungen nicht überspannt werden (BGH NJW 92, 1967, 1968, OLG München MDR 2000, 1096; s Rn 4, 8). Eine Beweisaufnahme darf nicht abgelehnt werden, wenn die entscheidungserhebl, bestrittene Behauptung konkret genug ist, um eine Stellungnahme des Gegners zu ermöglichen und Erheblichkeit des Vorbringens zu beurteilen (BGH NJW-RR 2003, 491; BGH NJW-RR 2003, 69; NJW-RR 1997, 270), wohl aber dann, wenn der Beweisführer Widersprüche oder Unklarheiten in seinem Vorbringen auch nach Hinweis gem § 139 nicht beseitigt (Dölling NJW 2013, 3123 f). – Beim **Indizienbeweis** (s § 286 Rn 9a) ist bes zu prüfen, ob die Indizien insgesamt, ihren Beweis unterstellt, einen ausreichend sicheren Schluss auf die entscheidungserhebl Tatsache zulassen (BGHZ 193, 159 = NJW 2012, 2427 Tz 45; BGH NJW 93, 1391; BGH MDR 2013, 729). 9

c) Fehlende Beweisbedürftigkeit, etwa weil es sich gar nicht um eine (dem Beweise zugängl) **Tatsache** (s Rn 2c) handelt (sondern zB um Rechtsbehauptung). Der Antrag ist aber auszulegen; so kann zB in der Behauptung eines künftigen Verhaltens (keine Tatsache) die einer gegenwärtigen Absicht enthalten sein (BGH VersR 98, 195). Bedürfnis kann auch deswegen fehlen, weil die Tatsache **nicht streitig** (s § 138 Rn 9 ff) oder weil sie **offenkundig** ist (s § 291; zur Frage, inwieweit sich der Richter durch eigene Recherchen kundig machen darf s § 291 Rn 1b). Es darf aber nicht die Beweiswürdigung **vorweggenommen** werden. Eine unzulässige Beweisantezipation liegt vor, wenn der von einer Partei angebotene Beweis nicht erhoben wird, weil das Gericht dem unter Beweis gestellten Vorbringen wegen seiner bereits gewonnenen Überzeugung kein Gewicht mehr beimisst (BGH VersR 2022, 267). Unstreitige Indizien machen Beweisaufnahme zur Haupttatsache nicht entbehrl, wenn diese substantiiert unter Beweisantritt bestritten ist (BGH NJW-RR 97, 238). Auch vorprozessuale Äußerungen einer Partei können ledigl dort Bedeutung erlangen, nicht aber schon ihrem Prozessvortrag die Beachtlichkeit nehmen (BGH NJW 96, 394; BGH NJW 96, 1541). Für die Erhebung eines **Gegenbeweises** besteht kein Bedürfnis, bevor nicht der durch die Beweislast bestimmte Hauptbeweis erbracht ist (Weber NJW 10

72, 896; abw Walther NJW 72, 237, der zu Unrecht der Wahrheitsermittlung den Vorrang vor den Regeln der Beweislast – s Rn 15 ff – gibt), doch dürfen beide Beweise gleichzeitig angeordnet werden. Nicht beweisbedürftig sind Tatsachen u Rechte, für die eine ges **Vermutung** besteht: Ges Tatsachenvermutungen begründen zB § 327k, § 477, § 685 II, § 938, § 1253 II, § 2009 BGB, § 33a II 1 GWB; ges Rechtsvermutungen sind zB §§ 891, 1006, 1362, 2365 BGB. Zur Vermutungswirkung des qualifizierten Mietspiegels nach § 558d BGB s BGH NJW 2013, 775. Wegen Widerlegung ges Vermutungen s § 292.

10a **d) Ungeeignetheit des Beweismittels.** Kann nur bejaht werden, wenn es völlig ausgeschlossen erscheint, dass das Beweismittel zu dem Beweisthema sachdienl Erkenntnisse erbringen kann (BVerfG NJW 93, 254; BerlVerfGH NJW 2014, 1084; BGH NJW 2004, 767, 769), etwa ein Kleinstkind oder ein Blinder, wenn es auf optische Wahrnehmungen ankommt (zum geistesschwachen Zeugen s BAG NJW 66, 2426), ein Zeuge, der zu einem viele Monate zurückliegenden, für ihn völlig unbedeutenden Vorgang benannt wird (BVerfG NJW 2004, 1443), oder zu einer Frage, die nur ein SV beantworten kann (BerlVerfGH VersR 2009, 564), ein Zeuge, der sich auf sein Zeugnisverweigerungsrecht berufen hat (s § 386 III; s § 383 Rn 7). Unzulässig ist aber jede **Vorwegnahme der Beweiswürdigung**, zB die Ablehnung der Vernehmung eines Zeugen wegen Unterstellung geringer Aussagekraft (BGH MDR 2005, 164), Lebensfremdheit der behaupteten Wahrnehmung (BGH VersR 2009, 517), Widerspruchs zu einem schriftl Bericht (BGH MDR 2022, 1299), vermuteter Unglaubwürdigkeit (BGH NJW 88, 566 = MDR 88, 307; BGH VersR 2011, 817), negativer Glaubwürdigkeitsbeurteilung in vorangegangenem Strafverf (OLGR Celle 2000, 195) oder Unwahrscheinlichkeit der in sein Wissen gestellten Behauptung oder der Wahrnehmung durch ihn (BGHMDR 2021, 958 [Laumen MDR 2021, 1050]). Von einer beantragten Zeugenvernehmung darf auch nicht deswegen abgesehen werden, weil der Zeuge den „eigentl Vorgang" nicht wahrgenommen habe (BGH MDR 2021, 185) oder Beweis mit anderen Mitteln (zB Vorlage von Akten) geführt werden könnte (BGHReport 2005, 1589). Es muss der Partei freistehen, einen Beweis mit Hilfe mittelbarer Zeugen zu führen zu versuchen, zB eines Zeugen vom Hörensagen (BGHZ 168, 79, 84; BGH NJW 2017, 386, 388; sa § 355 Rn 1). Die Vernehmung mittelbarer Zeugen bzgl innerer Tatsachen bei einer bestimmten Person kann nicht deswegen abgelehnt werden, weil nicht auch die betr Person als Zeuge benannt wurde (BGH NJW 92, 1899; BGH NJW-RR 2002, 1433, 1435). – **Vorübergehende Hindernisse** bei der Beibringung des Beweismittels begründen keine Ungeeignetheit; hier gilt vielmehr § 356. – Von der beantragten Einholung eines **Gutachtens** darf nur abgesehen werden, wenn auszuschließen ist, dass damit der erforderl Beweis geführt werden kann (BGH NJW 2018, 2803 [Unfallrekonstruktion]; BGH NJW-RR 2008, 1380); der Richter muss ggf darlegen, dass er die nötige Sachkunde besitzt, um dies beurteilen zu können (BGH NJW 2018, 2730). Ungeeignet ist ein medizinisches SV-Gutachten, wenn sich hierfür die zu untersuchende Person einer lebens- oder gesundheitsgefährdenden Operation unterziehen müsste (OLG Düsseldorf VersR 85, 457). Zur Eignung von **Polygraphentests** (Lügendetektor) als Beweismittel s abl BGHSt 44, 308 = NJW 99, 657 u BGH (VI. ZS) NJW 2003, 2527 (für indiziellen Beweiswert auf Grund neuer wissenschaftl Untersuchungen aber Putzke/Scheinfeld/Klein/Undeutsch ZStW 121 (2009), 607 ff; ebenso MskV/Foerste § 284 Rn 21; Geipel, Beweisführung und Lügenerkennung vor Gericht, 2021, S 56 ff). Ein **Glaubhaftigkeitsgutachten** ist ein ungeeignetes Beweismittel, wenn nur Behauptungen des Prozessgegners bestritten werden (BGH NJW 2003, 2527).

11 **e) Unzulässigkeit der Beweiserhebung.** Sie kann sich aus einem **ges Beweiserhebungsverbot** ergeben (zB § 595 II für den Urkundenprozess; § 294 II für die Glaubhaftmachung; Benennung eines der ZPO fremden Beweismittels [s aber § 284 S 2]; §§ 201 f StGB für die unbefugte, also nicht durch übergeordnete Interessen gerechtfertigte Wiedergabe von Ton- oder Bildaufzeichnungen; Einstufung als geheimhaltungsbedürftig in einem Verf nach § 16 GeschGehG oder § 273a). Keinem Beweiserhebungsverbot nach dem TKG unterliegen Auskünfte des Telekommunikationsdienstleisters über Bestandsdaten (zB den hinter einer IP-Adresse stehenden Anschlussinhaber; BGH NJW 2010, 2061, 2063). Soweit die Beweiserhebung eine **Verarbeitung personenbezogener Daten** iSv Art 4 Nr 1, 2 DSGVO darstellt, ist sie durch Art 6 I 1 e DSGVO legitimiert. – Ein aus der Verletzung von Persönlichkeitsrechten folgendes **Beweisverwertungsverbot** (s § 286 Rn 15a ff) bewirkt, dass einem entspr Beweisantrag schon wegen Ungeeignetheit keine Folge zu geben ist.

11a Gegen eine seines Erachtens **verbotswidrige Beweiserhebung** kann der Betroffene nicht im Wege einer Unterlassungs(wider)klage oder einer einstw Verfügung vorgehen (s vor § 253 Rn 18d); unberührt bleiben aber seine materiellen Rechte, etwa auf Herausgabe des deliktisch erlangten Beweismittels oder Löschung der verbotenen Aufzeichnung (BGH NJW 88, 1016, allerdings ohne die vorstehende Differenzierung; sa Brinkmann AcP 206 [2006], 763 ff; zur Verfassungsbeschwerde gegen einen Beweisbeschluss s BVerfG NVwZ 2005, 681). Um Heilung des Verfahrensfehlers zu verhindern, ist unzulässige Beweiserhebung sogleich zu **rügen** (s § 295 Rn 3).

11b Auch der Beweisantrag selbst kann unzulässig sein, zB wegen fehlender **Bestimmtheit** (s Rn 4), wegen einer **Parteivereinbarung** über den Ausschluss des Beweismittels (s Rn 2b) oder weil er aufs Geratewohl, insb zum Zwecke der Ausforschung gestellt wurde (s Rn 8c f). Zur Unzulässigkeit eines Beweisbeschlusses wegen Widerspruchs zu rechtskräftiger Vorentscheidung s vor § 322 Rn 22 f.

11c ***f) Unerreichbarkeit des Beweismittels.*** Sie muss auf unabsehbare Zeit bestehen (sonst § 356). Das Gericht muss alle der Bedeutung des Zeugnisses entspr Bemühungen zur Beibringung des Zeugen – unter Umständen auch unter Anwendung von Zwangsmitteln – vergebl entfaltet haben; es genügt nicht, wenn es seine Nachforschungen auf die Verfügbarkeit des Zeugen am Terminstag beschränkt hat und nicht der Frage nachgegangen ist, ob er in absehbarer Zeit vernommen werden kann (BGHZ 168, 79, 85). Auch wiederholtes Nichterscheinen genügt nicht (BGH NJW-RR 2015, 1151). Zeugen im Ausland sind nur dann unerreichbar, wenn nach entspr Bemühungen endgültig von ihrem Nichterscheinen vor dem Prozessgericht ausgegangen werden muss (BGH NJW 92, 1768 = ZZP 105 [1992], 500 [Leipold]), eine kommissarische Vernehmung nicht durchführbar oder wegen Unverzichtbarkeit persönl Eindrucks nicht ausreichend wäre (BGH MDR 83, 505; OLG Saarbrücken NJW-RR 98, 1685) und auch eine Vernehmung durch Video-Übertragung (§ 284 II) nicht in Betracht kommt (BGHSt 45, 188 = NJW 99, 3788; BGH MDR 2021, 1409).

g) Beweisensein der Behauptung. Hält der Richter den Beweis bereits auf Grund anderer Beweismittel für erbracht, braucht er weiter angebotene Beweise nicht mehr zu erheben (zB bei Vielzahl benannter Zeugen); zulässig bleibt aber der Gegenbeweis (vgl BGHZ 53, 245, 260). Eine Beweiserhebung darf daher nicht mit der Begründung abgelehnt werden, das Gegenteil sei bereits erwiesen (BVerfG NJW 1993, 254, 255; BGH FamRZ 2014, 749; BGH NJW-RR 2002, 1072, 1073; BAG NJW 2010, 104). 12

h) Wahrunterstellung (dh Unerheblichkeit des Beweisantritts) kommt nur in Betracht, wenn sie nicht zu Lasten der bestreitenden Gegenpartei ginge (BGHZ 53, 245, 258). Die unter Beweis gestellte Behauptung muss so übernommen werden, wie die Partei sie aufgestellt hat (BGH MDR 2016, 1348 [Bacher MDR 2017, 15], bei abwägungsrelevanten Umständen (zB Härtegründe bei Eigenbedarfskündigung) auch mit dem ihr vom Behauptenden beigelegten Gewicht (BGH NJW 2017, 1474). 12a

i) Eigene Sachkunde des Gerichts bei angetretenem SV-Beweis (s vor § 402 Rn 12). 13

j) Präklusion wegen Verspätung. S § 282 I, §§ 296, 530, 531. 13a

k) Gerichtliches Ermessen ermöglicht eine Ablehnung angebotener Beweise im Geltungsbereich des § 287; s § 287 Rn 6. 13b

IV) Beweisaufnahme und Beweiswürdigung. An die Anordnung des Beweises schließt sich das **Beweisaufnahmeverfahren** an. Dieses kann vom Gericht nicht frei gestaltet werden, sondern unterliegt den Vorschriften der §§ 355-484, insb den Grundsätzen der Unmittelbarkeit (§ 355) und der Parteiöffentlichkeit (§ 357), sofern die Parteien nicht einer Befreiung von diesen Vorschriften zugestimmt haben (§ 284). Zum Einsatz von audiovisueller Übertragungstechnik s § 128a. Das **Ergebnis der Beweisaufnahme** wird durch anschließende Verh mit den Parteien nach § 279 III, § 285 zum Bestandteil der mündl Verh gemacht. Auf Grund des gesamten Inhalts der Verh einschließl Beweisaufnahme hat dann das Gericht im Wege freier Beweiswürdigung den Sachverhalt festzustellen (§ 286 I). 14

V) Beweislast. 1) Grundsätze. a) Die Regeln der Beweislast greifen ein, wenn das Gericht trotz Ausschöpfung aller prozessual zu Gebote stehenden Beweismittel **keine Überzeugung** von der Wahrheit oder Unwahrheit einer streitigen und entscheidungserhebl Tatsachenbehauptung gewinnen kann („non liquet"), und bestimmen, zu wessen Lasten diese Unaufklärbarkeit geht. Sie sind der Rechtsnorm zu entnehmen, auf welche das streitige Parteivorbringen gestützt wird. Daher ist ein Fehler in der Beurteilung der Beweislast idR ein Fehler in der Anwendung des **materiellen Rechts**; allenfalls ein Verstoß gegen verfahrensrechtl Beweisregeln (zB §§ 355 ff, § 427, § 444, § 445 II, § 446) kann Verfahrensfehler sein. 15

Verfahrensfehlerhaft ist aber die Anwendung der Beweislastnormen, bevor das Gericht alle zulässigen Möglichkeiten zur Sachaufklärung erfolglos ausgeschöpft hat (s BGH MDR 2019, 628 zum SV-Beweis), ebenso der vom Gericht unterlassene Hinweis auf die von den Parteien erkennbar falsch beurteilte Beweislast (s § 139 Rn 16). 16

b) Der Beweislastverteilung liegen **generalisierende Risikozuweisungen** zugrunde. Sie kann daher nicht von einzelfallbezogenen Billigkeits-, Wahrscheinlichkeits- oder Plausibilitätserwägungen abhängig gemacht werden (BGH NJW 2014, 2275, 2276; BGH MDR 2010, 874; StJ/Thole § 286 Rn 105 ff; eingeh zu den abw Lehren Prütting S 181 ff); auch die (oftmals austauschbare) Parteirolle (zB Bekl als Berufungskläger, Feststellungswiderkläger oder Vollstreckungsabwehrkläger; BGH NJW 2001, 2096, 2098), ein „Angreiferprinzip" (s dazu Hoffmann ZZP 137 [2024], 301 ff) oder das Parteiverhalten (zB Beweisvereitelung, s § 286 Rn 14b) kann nicht entscheidend sein (unzutr daher auch BGHZ 66, 251, 255 u BGHReport 2006, 873, wo aus einer Teilzahlung auf die Klageforderung Beweislastumkehr gefolgert wird), ebenso wenig eignet sich das unbestimmte Kriterium des Gefahren- oder Verantwortungsbereichs (eingeh Musielak S 170 ff; Prütting S 217 ff). Die Verteilung der Beweislast bedarf vielmehr **normativer Regelung**. Entspr Normen hat der Gesetzgeber teils ausdrückl, teils durch Verknüpfung ges Tatbestände mit einer ungeschriebenen Grundregel geschaffen. Sie sind der Auslegung (zu mögl Kriterien MK/Prütting, § 286 Rn 123) und analoger Anwendung zugängl und können durch richterl Rechtsfortbildung ergänzt oder modifiziert werden (zu der umfangreichen Rspr s Rn 19 ff; umfassend Baumgärtel/Laumen/Prütting). Der durch Normen des einfachen Rechts bezweckte Grundrechtsschutz darf durch die Verteilung der Beweislast nicht beeinträchtigt werden; bei strukturell bedingter Schwierigkeit der Beweisführung ist aber nicht mit einer Umkehr der Beweislast, sondern mit Modifizierungen der Darlegungslast (s Rn 34 ff) zu helfen (BVerfG NJW 2000, 1483; BGH NJW 2005, 2395, 2397 mwN; verkannt in BGHZ 188, 302 = NJW 2011, 2590, wo Beweislast für Abstimmungsverhalten in Gremium mit Beratungsgeheimnis umgekehrt wurde). 17

17a Bsp für **ausdrückliche gesetzliche Beweislastregeln** sind § 179 I, § 327b VI, § 345, § 361 III, § 363 BGB. Die (im 1. BGB-Entw von 1888 enthaltene, aber als selbstverständl gestrichene) **ungeschriebene Grundregel** lautet in ihrer heute anerkannten Form: Der Anspruchsteller trägt die Beweislast für die rechtsbegründenden, der Anspruchsgegner trägt sie für die rechtsvernichtenden, rechtshindernden und rechtshemmenden Tatbestandsmerkmale (BGH NJW 91, 1052); soweit den rechtsvernichtenden wiederum vernichtungshindernde (rechtserhaltende) Tatsachen gegenübertreten, liegt die Beweislast wieder auf der Anspruchstellerseite usf (anschaul BGH NJW 99, 352, 253). Durch die positive oder negative Formulierung von Tatbestandsmerkmalen oder die Konstruktion von Regel- und Ausnahmetatbeständen hat der Gesetzgeber in vielen Fällen zum Ausdruck gebracht, wer nach besagter Grundregel das Risiko der Beweislosigkeit tragen soll (vgl zB § 280 I 2 BGB, § 97 II, § 98 II WpHG). Indem das Gesetz **Vermutungen** normiert (s Rn 10), weist es die Beweislast demj zu, der das Gegenteil behauptet (s § 292).

18 **c)** Die Rechtslehre unterscheidet zwischen subj (formeller) u obj (materieller) Beweislast (Rosenberg § 3). Danach ist **subj Beweislast** die den Parteien im Prozess erwachsende Notwendigkeit, zur Abwendung des Prozessverlustes alles zu beweisen, was streitig und zur Überzeugung des Gerichts von der Richtigkeit der anspruchsbegründenden bzw anspruchsvernichtenden Tatsachen erforderl ist. Die subj Beweislast korrespondiert daher mit der Darlegungslast (s § 138 Rn 7b ff) u ergänzt diese; sie setzt erst ein, wenn der Darlegungslast (durch schlüssigen Sachvortrag) genügt ist (BGH NJW 79, 2142 = MDR 79, 658). Allerdings können subj Beweislast und Darlegungslast auch auseinanderfallen, zB wenn die Darlegung des Sachverhalts der beweisbelasteten Partei mangels Erkenntnismöglichkeit unmögl oder unzumutbar (hierzu s Rn 34) ist. – **Obj Beweislast** ist der der beweisfällig gebliebenen Partei drohende Rechtsnachteil des Prozessverlustes wegen Nichterweislichkeit der von ihr zu beweisenden Tatsachenbehauptungen. Im Geltungsbereich der Verhandlungsmaxime (s vor § 128 Rn 10) treten subj u obj Beweislast nebeneinander auf, ihre Unterscheidung ist letztl nur eine Frage der Sichtweise. Entscheidend ist die Definition: Beweislast ist das eine Partei treffende Risiko des Prozessverlustes wegen Nichterweislichkeit der ihren Sachantrag tragenden Tatsachenbehauptungen.

18a **d)** Für die **Auslegung von Willenserklärungen oder Verträgen** gelten nicht die Regeln der Beweislast, sondern §§ 133, 157 BGB. Die Feststellung der für die Auslegung wesentl Tatsachen erfolgt jedoch nach den für die Darlegungs- und Beweislast maßgebl Grundsätzen. Daraus folgt, dass eine Partei, die aus einer Vertragsurk eine für sie günstige Rechtsfolge abzuleiten sucht, alle außerhalb der Urk liegenden Umstände behaupten und ggf beweisen muss, sofern nicht die Ausdeutung der schriftl Erklärungen durch den Richter ausreicht (BGHZ 20, 109, 111). Zur Vermutung der Vollständigkeit und Richtigkeit einer Urk s Rn 33a.

19 **2) Einzelfälle zur Verteilung der Beweislast. a) Vertragsrecht.** Die (fehlende) **Geschäftsfähigkeit** hat zu beweisen, wer die Unwirksamkeit des Rechtsgeschäfts geltend macht (BGH NJW 2014, 1095 Tz 24; BLP/Kessen § 104 BGB Rn 1 ff; aA Hoffmann ZZP 137 [2024], 301, 314 f). Zur Beweislast für den **Inhalt der vertragl Einigung** Gsell AcP 203 (2003), 119 ff. Im Falle von Vertragsklauseln, die zur Verwendung in einem einzelnen Verbrauchervertrag bestimmt sind, trägt der Verbraucher die Darlegungs- und Beweislast dafür, dass die **Vertragsklauseln vorformuliert** worden sind und er infolge der Vorformulierung keinen Einfluss auf ihren Inhalt nehmen konnte (BGH NJW 2008, 2250). Ob ein **Vertrag** aufschiebend **bedingt** abgeschlossen wurde, fällt in die Beweislast dessen, der eine solche Vereinbarung leugnet (BGH NJW 85, 497; BGH NJW 2002, 2862), während auflösende oder nachträgl vereinbarte Bedingungen vom Anspruchsgegner zu beweisen sind (MK/Prütting § 286 Rn 164). – Wer einen Vertrag **anficht**, muss das Vorliegen aller den Anfechtungsgrund bildenden Umstände beweisen, bei Anfechtung wegen arglistiger Täuschung also zB die vom Gegner substantiiert behauptete Aufklärung ausräumen (BGH MDR 2020, 1116, näher BLP/Kessen § 123 BGB Rn 2 ff). Für Versäumung der Anfechtungsfrist ist beweispflichtig, wer sich auf die fehlende Anfechtungswirkung beruft (BGH NJW 83, 2034, 2035; BGH NJW 92, 2347; aA Arnold AcP 209 [2009], 285 ff). – Inhalt und Umfang einer **Vertragsänderung** muss derj beweisen, der aus ihr Rechte herleiten will (BGH NJW 95, 49). Leistung u Veranlassung von **Überstunden** muss Arbeitnehmer beweisen (BAG NJW 2022, 3097). – Der den „üblichen" **Werklohn** (§ 632 II BGB) einklagende Unternehmer muss beweisen, dass kein geringerer Lohn vereinbart worden ist (BGH NJW 83, 1782; BGH NJW-RR 92, 848; krit Mettenheim NJW 84, 776); bei garantiertem Höchstpreis muss er beweisen, dass bestimmte Leistungen nicht unter die Abrede fallen (BGH NJW-RR 96, 952). Die Vereinbarung einer Baukostenobergrenze muss dagegen der Besteller beweisen (BGH NJW 2017, 386). – Bei behaupteter **Mangelhaftigkeit des Werkes** liegt die Beweislast bis zur Abnahme beim Unternehmer (BGH MDR 2009, 80 mit Ausnahme für einen Fall von Beweisvereitelung), danach beim Besteller (BGH NJW 2002, 223; BGHZ 133, 155 = NJW 96, 2924 mit Ausnahme für einen Fall von Verletzung einer Überprüfungspflicht). – Der Sch trägt die Beweislast für die **Erfüllung**, auch wenn der Gl Rechte aus der Nichterfüllung herleitet (BGH NJW 69, 875; s aber § 363 BGB; zum Beweis der Bereitstellung digitaler Produkte § 327b VI BGB u näher Skauradszun/Harnack ZZP 136 [2023], 3 ff). – Wer Rückzahlung eines **Darlehens** begehrt, muss außer der Auszahlung der Valuta auch die Einigung der Parteien über die Hingabe als Darlehen beweisen und einen vom Bekl behaupteten *anderen Rechtsgrund – auch im Verhältnis zu einem Dritten* – ausschließen (BGH NJW 83, 931; zur Beweislage, wenn Darlehensnehmer den Empfang notariell bestätigt und sich der ZwV unterworfen hat: BGH NJW 2001, 2096). – Bei **Beschädigung vermieteter Räume** muss der Vermieter beweisen, dass die Schadensursache dem

Obhutsbereich des Mieters entstammt (BGHZ 126, 124 = NJW 94, 2019). Ihn trifft im Rahmen eines Schadensersatzanspruchs nach § 536c II 1 BGB auch die Beweislast für die Verletzung der Anzeigepflicht des Mieters (BGH MDR 2013, 327).

Bei Verletzung von **Aufklärungs- und Beratungspflichten** hat grds der Anspruchsteller die Kausalität zu beweisen, dh dass er sich aufgrund der Information schadenvermeidend verhalten hätte. Wenn es für ihn aber vernünftigerweise nur die Möglichkeit gab, dem Rat zu folgen, überträgt der BGH in stRspr die Beweislast mithilfe einer „Vermutung aufklärungsrichtigen Verhaltens" auf den Aufklärungspflichtigen, so insb bei der **Arzthaftung**, sofern es um eine bestimmte Behandlung, nicht um Kostenfragen geht (BGHZ 224, 256 = NJW 2020, 1211 Tz 26 ff) u sofern der Patient plausibel macht, dass er bei ordnungsgemäßer Aufklärung vor einem echten Entscheidungskonflikt gestanden hätte (BGH MDR 2022, 239). In **Kapitalanlagefällen** lässt der BGH die Beweislastumkehr unabhängig davon eingreifen, ob der Aufzuklärende vernünftigerweise nur eine Handlungsalternative gehabt hätte (BGHZ 193, 159 = NJW 2012, 2427). Auch bei Beratungsmängeln von Versicherungsmaklern wendet er diese Vermutung an (BGH MDR 2015, 91; BGH NJW 2018, 1160), desgl bei Verletzung von Warn- und Hinweispflichten durch eine Bank im Zahlungsverkehr (BGH ZIP 2024, 1453 [abl Herresthal ZIP 2024, 1523]). Für den Bereich der **Rechtsberatung** wird dagegen auf die Grundsätze des Anscheinsbeweises (s Rn 30b) oder § 287 zurückgegriffen (s § 287 Rn 3; krit zu der uneinheitl Rspr Laumen MDR 2015, 5 u VersR 2023, 1203 ff; Schwab NJW 2012, 3276; Stodolkowitz VersR 94, 11 ff m eingeh Nw). Für die gesetzl **Prospekthaftung** trifft § 306 III 2 Nr 2 KAGB eine ausdrückl Beweislastregelung; bei fehlerhaften **Ad-hoc-Mitteilungen** lehnt der BGH eine „Vermutung aufklärungsrichtigen Verhaltens" sowie sonstige Beweiserleichterungen ab (BGHZ 192, 90 Tz 61 ff; eingeh Piekenbrock ZZP 131 [2018], 413, 446 ff). 19a

Die Beweislast für das (fehlende) **Verschulden bei Vertragspflichtverletzungen** (Fahrlässigkeit und Vorsatz; BGH ZIP 2009, 1264; zum qualifizierten Verschulden des Frachtführers nach § 435 HGB s aber BGH NJW 2010, 1816) trägt der Sch, dessen obj pflichtwidriges Verhalten feststeht (§ 280 I 2 BGB). Der BGH wendet diese Beweislastregel jedoch zunehmend auch auf den Nachweis des obj **Pflichtenverstoßes** an, zB wenn der Gl im Organisationsbereich des Sch zu Schaden gekommen ist und der Sch auf Grund des Vertrags verpflichtet war, den Gl gerade vor einem solchen Schaden zu bewahren (BGH NJW 91, 1540: Sturz bei Bewegung durch Krankenschwester mwN; einschr BGH NJW 2005, 1937, 1938) oder wenn feststeht, dass die Schadensursache im Gefahren- und Verantwortungsbereich des Sch liegt (BGH MDR 2023, 37: Bodenverunreinigung in Warenhaus; BGH NJW 2009, 142: Brand in vermieteter Scheune während Arbeiten in einer vom Vermieter dort betriebenen Werkstatt; BGH VersR 2017, 1274: Verletzung eines Pferdes im Rahmen des übernommenen Vollberitts). Gegen eine solche Aufweichung der normativen Beweislastregelung bestehen Bedenken (hierzu u zum richtigen Lösungsansatz s Rn 17). Zu weitgehend auch BGH NJW 2015, 1026 (unter unzutr Berufung auf BTDrs 16/1935, 26), wonach der Versicherungsvermittler beweisen müsse, dass er die entgegen § 61 I 2 VVG **nicht dokumentierte Beratung** erteilt hat (zur richtigen Sachbehandlung s Rn 24). Zur Arzthaftung s Rn 20a. 19b

b) Ungerechtfertigte Bereicherung. Grds muss der Kl den fehlenden Rechtsgrund beweisen (BGH NJW 2011, 2130); dies gilt nicht bei Abschlags- oder Vorauszahlungen, die in Erwartung der noch festzustellenden Schuld erbracht wurden (BGH NJW 2004, 2897). Zur Erleichterung dieses Negativbeweises s Rn 24. Zu Lösungen in Fällen der Eingriffskondiktion s BLP/Baack § 812 BGB Rn 35 ff; Hoffmann ZZP 137 [2024], 301, 324 ff. 19c

c) Delikts- und Gefährdungshaftung. Der Gl trägt die Beweislast für alle obj u subj Tatbestandsmerkmale des Delikts (BGH NJW 63, 953; BGHZ 30, 226 = NJW 59, 1732; anders aber für Beweis der Deliktsunfähigkeit iS § 827 BGB, BGHZ 98, 135 = NJW 87, 121 = MDR 86, 1013 = JZ 87, 40 [krit Baumgärtel] = JR 87, 238 [krit Dunz). – Beim **Sportunfall** (zur Risikoverteilung hierbei Zimmermann VersR 80, 497) hat der Geschädigte neben dem (kausalen) Unfallhergang auch den Verstoß gegen die Regeln der betr Sportart durch den Bekl zu beweisen (BGH NJW 75, 109; BGH NJW 76, 957; BGH NJW 76, 2161; OLG Bamberg NJW 72, 1820; Deutsch VersR 74, 1045; Heinze JR 75, 288). – Bei **Produzentenhaftung** nach § 823 I BGB hat der BGH im Wege der Rechtsfortbildung die Beweislast hinsichtl des Verschuldenserfordernisses dem Hersteller auferlegt (BGHZ 51, 91 = NJW 69, 269 für Fabrikationsfehler; BGHZ 67, 359 = NJW 77, 379 für Konstruktionsfehler; sa BGH NJW 92, 1039 zur Anwendbarkeit bei Kleinbetrieben). In diesen Fällen muss der Kl nur seine Rechtsgutverletzung, die Fehlerhaftigkeit des Produkts im Zeitpunkt der Inverkehrgabe sowie den dazwischen bestehenden Ursachenzusammenhang beweisen; der Hersteller muss dann den Nachweis fehlenden Verschuldens führen; dazu gehört auch die sog „äußere" Sorgfalt, dh das Fehlen einer obj Pflichtwidrigkeit (BGHZ 80, 186, 196 f; BGH VersR 96, 1116). Diese Beweisregelung wurde auch auf sog Instruktionsfehler (zB unterlassene Warnhinweise) bei Inverkehrgabe des Produkts ausgedehnt (BGHZ 116, 60 = NJW 92, 560), während bei erst nachträgl entstandener Warnpflicht der Geschädigte zunächst die diese begründenden Tatsachen beweisen muss; hat er diesen Beweis geführt, ist er hinsichtl der „inneren" Sorgfalt, also für die Frage, ob dieser Hersteller die entspr Erkenntnismöglichkeiten hatte oder sich hätte verschaffen müssen, von der weiteren Beweisführung entlastet (BGHZ 80, 186 = NJW 81, 1603). Bei Verletzung von Kontroll- und Befundsicherungspflichten wird weiter gehend auch die Beweislast bzgl Vorliegen und Verursachen eines Produktfehlers dem Hersteller auferlegt (BGHZ 104, 323 = NJW 88, 2611 [Reinelt]; BGH VersR 93, 845, 848; BGH NJW 93, 528; sa Arens ZZP 104 [1991], 123 mNw; v. Westphalen NJW 90, 83, 86). Die Kausalität zwischen dem Unterlassen von Warnhinwei- 20 sen und dem Schaden muss der Kl beweisen (zur Erleichterung dieses Beweises s Rn 35). Zur Beweislast bei der verschuldensunabhängigen **Produkthaftung** gem RL 85/374/EWG s § 1 IV ProdHaftG. Die bis 9.12.2026 umzusetzende RL (EU) 2024/2853 wird weitere Beweiserleichterungen für den Geschädigten bringen (s Wagner VersR 2025, 129, 144). – Zur **Arzneimittelhaftung** § 84 II AMG u zum früheren Recht BGH VersR 2010, 627. – Der Übergang der Schadensersatzforderung auf einen **Sozialversicherungsträger** verändert die Beweislast nicht (BGH VersR 2025, 57).

20a **d)** Für die **Arzthaftung** hatte die Rspr wegen der spezifischen Beweisproblematik differenzierte Beweislastregeln entwickelt. Diese wurden mit Ges v 20.2.2013 weitgehend in § 630h BGB übernommen (eingeh Darstellung bei Erman/Rehborn/Gescher § 630h BGB Rn 1 ff; Martis/Winkhart, Arzthaftungsrecht, 6. Aufl 2021; Spickhoff, MedizinR, 3. Aufl 2018, § 630h Rn 1 ff; Schärtl NJW 2014, 3601; Fellner MDR 2020, 267; zur Reichweite der Beweislastumkehr bei Verletzung der Dokumentationspflicht s BGH NJW 2020, 1071; zur sekundären Darlegungslast s BGH NJW-RR 2020, 720). Sie gelten für die vertragl u entspr für die gesetzl Haftung (Spickhoff aaO Rn 3; aA Katzenmeier FS Prütting, 2018, S 361, 373), auch für den Gesamtschuldnerausgleich zwischen Mitbehandlern (BGH MDR 2023, 168 = NJW 2023, 987 [Fischer NJW 2023, 956]). BGHZ 210, 197 = NJW 2016, 2502 wendet sie auch auf Tierärzte an (zu Recht krit Katzenmeier FS Prütting, 2018, S 361, 367 f).

20b **e)** Für **sonstige Berufshaftungsfälle** hat der BGH den Grundsatz aufgestellt, dass derj, der eine besondere Berufs- oder Organisationspflicht grob vernachlässigt hat, die dem Schutz von Leben und Gesundheit anderer dient, die Nichtursächlichkeit festgestellter Fehler beweisen muss, die allg als geeignet anzusehen sind, einen Schaden nach Art des eingetretenen herbeizuführen (so für Badeaufsicht BGH NJW 2018, 301 = JZ 2018, 412 [Katzenmeier] = MDR 2018, 88 [Laumen MDR 2018, 256]; für Hausnotrufdienst BGH NJW 2017, 2108 = MDR 2017, 817; für Disponenten einer Rettungsleitstelle BGH MDR 2025, 926; für Krankenhauspersonal BGH NJW 71, 241; für Hebamme BGH NJW 2000, 2737, 2739; für Rettungssanitäter KG VersR 2017, 551); dies soll aber nicht gelten, wenn ledigl eine Nebenpflicht verletzt wurde (so für Erste-Hilfe-Maßnahmen eines Sportlehrers BGH NJW 2019, 1809). Diese Rechtsfortbildung wird zu Recht kritisiert (s J. Prütting NJW 2019, 2661; Katzenmeier JZ 2018, 415; Laumen MDR 2017, 797 ff u MDR 2023, 471, 475; Mäsch NJW 2017, 2080 f; zust aber Koch/Rupp NJW 2018, 267; für anteiligen Schadensersatz wegen vereitelter Chance der Schadensvermeidung Mäsch NJW 2017, 2080, 2081; Gomille JZ 2018, 711, 719). – Keine generelle Beweislastumkehr trifft den **Notar**, der eine Belehrung über Wirksamkeitszweifel entgegen § 17 II BeurkG nicht in der Niederschrift vermerkt (aA OLG Frankfurt NJW 2011, 392 unter unzutr Berufung auf BGH-Rspr: BGH DNotZ 74, 296, 302 verweist auf RG DNotZ 35, 575, 578, wo nur *tatsächl* Vermutung angenommen wurde). Für die **Anwaltshaftung** wird Beweislastumkehr für Kausalität auch bei grober Pflichtverletzung abgelehnt (BGHZ 126, 217, 221 = NJW 94, 3295, 3298; zur Kausalität von Beratungsfehlern s Rn 19a). – **Organe juristischer Personen** tragen die Beweislast für die Beachtung der gebotenen Sorgfalt (§ 93 II 2 AktG, § 34 II 2 GenG; für GmbH BGHZ 152, 280 = MDR 2003, 339; umfassend zu Beweisfragen bei der Organhaftung Scholz ZZP 133 [2020], 491 ff).

20c **f) Amtshaftung.** Die Beweislast für rechtswidriges u schuldhaftes Verhalten eines Amtsträgers trägt der Kl. Das gilt auch bei überlanger Dauer eines Gerichtsverf (BGHZ 187, 286 = MDR 2011, 32, 33) sowie beim Eingriff in absolute Rechte nach § 823 I BGB, wenn diese durch die für sie maßgebl Rechtsnormen erlaubt werden. Nur wenn bereits die bes Art des Eingriffs die Rechtswidrigkeit indiziert, muss das Vorliegen eines Rechtfertigungsgrundes vom sich darauf berufenden Bekl bewiesen werden. Daher kommt es bei Beschränkungsmaßnahmen nach dem G 10-Gesetz und dem BVerfSchG jedenfalls dann nicht zu einer Umkehr der Darlegungs- und Beweislast, wenn die Maßnahmen von der G 10-Kommission geprüft und für zulässig, notwendig und verhältnismäßig erklärt worden sind (BGH VersR 2025, 558). Zwar ist bei Verwaltungsvorgängen, in die der Bürger keinen Einblick hat, eine sekundäre Darlegungslast des Bekl in Betracht zu ziehen; diese kann jedoch – wie in vorgenannter Sache – an Geheimhaltungsbedürfnissen scheitern (s Rn 34c).

21 **g) Sonstiges.** Beweislast für die **Einwilligung des Eigentümers** in die Einwirkung auf sein Eigentum trägt der Anspruchsgegner (BGH MDR 2022, 894). Bei **Klage auf Widerruf** ehrenrühriger Behauptungen muss Kl Unwahrheit beweisen, wenn Bekl Wahrheit behauptet; doch muss Bekl für die behauptete Wahrheit substantiierte Tatsachen vortragen (BGH NJW 74, 1710; zur Möglichkeit eines „eingeschränkten Widerrufs" s BGHZ 37, 187, 190). Bei entspr **Unterlassungsklage** trägt das Beweisrisiko für den Wahrheitsbeweis nach Maßgabe von § 186 StGB der Bekl (BGH MDR 86, 43 = NJW 85, 1621; BGH NJW 79, 266); dgl für die Wahrnehmung berechtigter Interessen nach § 193 StGB. Zur Beweiswirkung des Strafurteils (§ 190 StGB) s § 286 Rn 3. Bei der Klage auf **Löschung einer Marke** hat der Bekl die rechtserhaltende Nutzung zu beweisen (BGH WRP 2021, 623 unter Aufgabe früherer Rspr). – Für **Verstöße gegen das Benachteiligungsverbot** nach dem AGG enthält § 22 AGG eine partielle Umkehr der Beweislast: Der Anspruchsteller muss hierfür ledigl Indizien – diese aber voll – beweisen, der andere den Negativbeweis führen (näher BAG NJW 2019, 3801; BAG NZA 2016, 1394, 1401; Stein NZA 2016, 849). Beweislast für Verstoß gegen arbeitsrechtl Gleichbehandlungsgrundsatz trägt Arbeitnehmer, Arbeitgeber muss aber zumutbare Auskünfte erteilen (BAG NJW 2023, 795). – Die **Echtheit einer Urk** muss derj beweisen, der aus ihr Rechte ableiten will (BGH NJW 95, 1683; BGH NJW 2017, 3304 Tz 10 [Dölling]).

22 **3) Verhältnis zu den sog Beweiserleichterungen.** Die Rspr gebraucht bei schwierigen Beweislagen häufig die Wendung, dem Beweisbelasteten seien „Beweiserleichterungen bis hin zur Beweislastumkehr" zu gewähren (zB

BGH NJW 2015, 1026; BGH NJW 88, 2611; BGH NJW 96, 315, 317; BGH MDR 2009, 80; BGH NVwZ 2017, 251). Diese Formel ist begriffl unscharf und irreführend (ebenso BGH NJW 2004, 2011, 2012 f; MK/Prütting, § 286 Rn 136; Katzenmeier FS Prütting, 2018, S 361, 370 ff; Piekenbrock ZZP 131 [2018], 413, 437; Laumen MDR 2009, 179 u MDR 2023, 471, 473 mwN). Sie erweckt den Eindruck, der Richter könne zur Linderung einer im Einzelfall bestehenden Beweisnot aus einem Katalog von Hilfsmitteln auswählen und hierbei auch zur Verlagerung der Beweislast auf die Gegenseite greifen. Dies widerspricht dem normativen, abstrakt-generelle Geltung beanspruchenden Beweislastsystem (s Rn 17), ebenso wie Entscheidungen, in denen eine Beweislastumkehr wieder rückgängig gemacht wird, wenn der Beweisbelastete die bloße Unwahrscheinlichkeit des vermuteten Verlaufs nachweist (BGH NJW 88, 2949, 2950; BGH NJW 94, 801, 803 = LM § 286 [B] ZPO Nr 98 [Grunsky]) oder in denen einer Partei die Berufung auf die Beweislast aus Billigkeitsgründen versagt wird (vgl BGH NJW-RR 2000, 1471, 1472). Echte Umkehr der Beweislast setzt eine durch Rechtsfortbildung geschaffene Norm voraus (Einzelfälle s Rn 19a ff). Andere Beweiserleichterungen mögen iErg wie eine Umkehr der Beweislast wirken, indem sie den Prozessverlust vermeiden, haben jedoch ganz andere rechtl Grundlagen und Voraussetzungen (hierzu s Rn 25 ff; zur Berücksichtigung bes Beweisprobleme bei der Beweiswürdigung s § 286 Rn 14).

4) Beweislastverträge. Zulässig in der Form von Individualverträgen und AGB (hier unter Vorbehalt des § 309 Nr 12 BGB) sind **Vereinbarungen**, wonach die Beweislast abw von der allg gültigen Regelung (s Rn 17) einem Vertragsteil zugeschoben wird (BGH NJW 93, 584, 585; Rosenberg § 7 III 4; BLP/Laumen Kap 26 Rn 9), soweit die betr Tatbestandsmerkmale der Dispositionsbefugnis der Parteien unterliegen (vgl MK/Prütting § 286 Rn 173). Beweislastverträge gehören, soweit sie sich – wie idR – auf mat-rechtl Tatbestandsmerkmale beziehen, dem materiellen Recht an u unterstehen § 242 BGB (BLP/Laumen Kap 26 Rn 12). 23

5) Beweis negativer Tatsachen. Wo das materielle Recht das Nichtvorliegen von Tatsachen zur Anspruchsvoraussetzung erhebt (zB den fehlenden Rechtsgrund, die fehlende Kenntnis, die unterlassene Aufklärung oder Mängelrüge) oder sonst nach den Gegebenheiten im konkreten Rechtsstreit das Nichtvorliegen eines Umstands bewiesen werden muss, ändert die Schwierigkeit eines Negativbeweises grds nicht die Verteilung der Beweislast; ein solcher Beweis ist nicht unmögl (BGH NJW 85, 264, 265; BGH VersR 68, 1059, 1061). Bes Beweisschwierigkeiten ist aber durch Modifizierungen der Darlegungslast Rechnung zu tragen (BGH VersR 2017, 1545; Stieper ZZP 123 [2010], 27 ff; s Rn 34). Im Rahmen des Zumutbaren (dazu BGH VersR 2018, 291) kann vom Prozessgegner das substantiierte Bestreiten der negativen Tatsache unter Darlegung der für das Positivum sprechenden Tatsachen und Umstände verlangt werden (BGH NJW 2010, 1813; BGH NJW-RR 93, 746, 747 = LM § 14 UWG Nr 18 [Marly]; BAG MDR 2022, 649). Bei § 812 BGB kann zB vom Kl nicht verlangt werden, das Fehlen aller erdenkl Rechtsgründe zu beweisen, auf die der Bekl sich gar nicht beruft (BGH NJW 2003, 1039; BGH NJW-RR 96, 1211); hier muss vielmehr der Bekl die Umstände darlegen, aus denen er sein Behaltendürfen ableitet (BGHZ 169, 377, 380; BGH NJW 99, 2887; BGH ZEV 2003, 207). Beruft er sich auf eine formlose Schenkung, muss er beweisen, dass die Leistung mit einem konkreten Willen des Leistenden an ihn erbracht wurde; das Fehlen eines Schenkungsversprechens muss dagegen der Leistende beweisen (BGH NJW 2014, 2275). Bei der Eingriffskondiktion bedarf es keiner besonderen Darlegung des Fehlens eines rechtl Grundes durch den Gl, wenn bereits die unstreitigen Tatumstände den Schluss nahelegen, dass die Vermögensmehrung ohne Rechtsgrund erfolgt ist (BGH 12.1.2023 – III ZR 133/20). Den ihm obliegenden Beweis unterbliebener Aufklärung kann der Kl dadurch führen, dass er die vom Bekl konkret darzulegende Aufklärung (s Rn 34 f) widerlegt (BGH NJW 2014, 3296, 3297; BGH NJW 2001, 64, 65; BGH NJW 2008, 371 [für Belehrung nach § 49b V BRAO]). Hat der Aufklärungspflichtige eine Dokumentationspflicht verletzt, kommt auch Beweisvereitelung in Betracht (s § 286 Rn 14b). 24

6) Beweis innerer Tatsachen. Ungeachtet der Schwierigkeit des Nachweises subj Gegebenheiten wie Arglist (BGH NJW 57, 988), verwerfl Gesinnung bei § 138 BGB (BGHZ 95, 81, 85), Selbstnutzungswille des Vermieters (BGH NJW 2005, 2395, 2397), greift keine Beweislastumkehr, sondern allenfalls eine sekundäre Behauptungslast (s Rn 34) ein. 24a

7) Prognosen. Verlangt das materielle Recht die Vorausschau künftiger Entwicklungen (zB §§ 670, 907, 1565 I 2 BGB), sind die Umstände, von denen auf den künftigen Eintritt des tatbestandsrelevanten Ereignisses geschlossen werden kann, nach der allg Regel von der Partei zu beweisen, für die sich eine günstige Rechtsfolge ergeben würde (Regenfus JR 2012, 143). 24b

VI) Beweiserleichterungen. Kann eine Partei den ihr obliegenden Beweis nicht führen, so erscheint die durch die Beweislastregeln vorgezeichnete Konsequenz des Prozessverlustes häufig unbillig. Der Grund hierfür kann in Besonderheiten des Einzelfalles (etwa dem fehlenden Einblick in die Verhältnisse des Prozessgegners) oder in einer bei manchen Tatbestandsmerkmalen (etwa dem Kausalzusammenhang) typischerw auftretenden Beweisproblematik liegen. In solchen Fällen gewährt die Rspr häufig sog Beweiserleichterungen. Dabei bedient sie sich unterschiedlichster, oft jeder ges oder rechtsdogmatischen Ableitung entbehrender Methoden (krit auch MK/Prütting § 286 Rn 136); dies erschwert auch die internationalrechtl Einordnung. IE: 25

1) Gesetzlich vorgesehene Beweiserleichterungen. Solche gewähren § 287 u § 294 (Letzterer iVm den Vorschriften, die ausdrückl eine Glaubhaftmachung genügen lassen). § 287 ist unproblematisch, soweit er den 26

Richter ermächtigt, einen Schaden oder eine sonstige Forderung betragsmäßig zu schätzen. Die Rspr wendet ihn aber auf die haftungsausfüllende Kausalität entspr an; hierbei entstehen Abgrenzungsfragen (s § 287 Rn 3).

27 2) **Umkehr der Beweislast.** Diese kann kein Instrument der Beweiserleichterung im Einzelfall sein, sondern setzt eine normative Regelung voraus (s Rn 22).

28 3) **Beweismaßreduzierung.** Eine Ersetzung der richterl Wahrheitsüberzeugung durch ein Wahrscheinlichkeitsurteil (häufig umschrieben damit, dass ein geringerer Grad von Gewissheit ausreiche oder dass an die Überzeugung keine allzu hohen Anforderungen zu stellen seien), kann es angesichts des klaren Wortlauts von § 286 I („für wahr erachten") jedenfalls im Einzelfall nicht geben (ebenso MK/Prütting § 286 Rn 41). Entgegen der hM ist aber eine Beweismaßsenkung auch durch Rechtsfortbildung nicht mögl (s § 286 Rn 18 ff). Zwar wird im Schrifttum zutr darauf hingewiesen, dass manche mat-rechtl Anspruchsnormen leerlaufen würden, wenn auch bei typischerw schwer zu beweisenden Tatbestandsmerkmalen ein voller Beweis verlangt würde (zB Walter, Freie Beweiswürdigung, S 259; Baumgärtel, Grundfragen des ZPR, S 556 ff; Katzenmeier ZZP 117 [2004], 187 Fn 165 mwN), doch ist dieses Problem auf der Ebene des materiellen Rechts zu lösen (s Rn 35; sa Kargados, Grundfragen des ZPR, S 648, 680 f).

29 4) **Beweis des ersten Anscheins. Lit:** Hainmüller, Der Anscheinsbeweis u die Fahrlässigkeitstat im heutigen dt Schadensersatzprozess, 1966; Pawlowski, Der Prima-facie-Beweis bei Schadensersatzansprüchen aus Delikt u Vertrag, 1966; Rommé, Der Anscheinsbeweis im Gefüge von Beweiswürdigung, Beweismaß u Beweislast, 1989. – **a) Wesen und Rechtsnatur.** Der Anscheinsbeweis (prima-facie-Beweis) ist ungeachtet seiner fehlenden dogmatischen Fundierung gewohnheitsrechtl anerkannt und aus der gerichtl Praxis nicht wegzudenken. Nach der Rspr erlaubt er bei **typischen Geschehensabläufen** den Nachweis eines ursächl Zusammenhangs oder eines schuldhaften Verhaltens ohne exakte Tatsachengrundlage, sondern auf Grund von **Erfahrungssätzen**, dh aus der Lebenserfahrung abgeleiteten Wahrscheinlichkeiten (BGH NJW 97, 528; BGH NJW 2004, 3623, 3624; BLP/Laumen Kap 17 Rn 9; zur Unbestimmtheit dieses Kriteriums Geipel NZV 2015, 1, 4). Die Tatsachen, aus denen nach einem solchen Erfahrungssatz auf eine typischerw eintretende Folge oder (umgekehrt) eine bestimmte Ursache geschlossen werden kann, müssen entweder unstreitig oder mit Vollbeweis bewiesen sein (BGH NJW 82, 2448). Hat der Beweispflichtige diese Voraussetzung erfüllt, obliegt es dem Gegner, den Anschein durch einen vereinfachten **Gegenbeweis** zu erschüttern. Er braucht hierzu nur die **ernsthafte Möglichkeit eines atypischen Ablaufs** zu beweisen. Die Tatsachen, aus denen eine solche Möglichkeit abgeleitet werden soll, bedürfen allerdings des vollen Beweises (BGHZ 6, 169, 170; BGH NJW 91, 230, 231), dh der Richter muss auf Grund gesonderter Beweiswürdigung zur vollen Überzeugung von der ernsthaften Möglichkeit eines atypischen Ablaufs gelangen. Dabei kommen ggf auch die Grundsätze der Beweisvereitelung (s § 286 Rn 14b) zur Anwendung (insoweit zutr, aber zu sehr generalisierend BGH NJW 98, 79 = LM § 286 [C] ZPO Nr 100 [Prütting]). Parteivernehmung ist ausgeschlossen (§ 445 II). Gelingt der Gegenbeweis, muss der Beweispflichtige versuchen, das Gericht mittels normalen Beweises von der Richtigkeit seiner Behauptung zu überzeugen, gelingt er nicht, ist der Beweis bereits auf dem prima-facie-Weg erbracht.

29a Das **Beweisergebnis** unterscheidet sich hierbei nicht: Auch der Anscheinsbeweis führt zur richterl Überzeugung iSd § 286 (RSchwab/Gottwald § 114 Rn 16; MK/Prütting, § 286 Rn 46; aA Musielak S 120 ff). Die hM ordnet ihn deshalb der Beweiswürdigung zu (BLP/Laumen Kap 17 Rn 9 mwN). Sie gerät hierbei freilich in Konflikt mit § 286 I u II, die den Richter von Beweisregeln freistellen (zu den revisionsrechtl Bedenken s § 286 Rn 23 f). Nach der Rspr sind die Regeln des Anscheinsbeweises für den Richter **bindend:** Liegen seine Voraussetzungen vor, so muss er die entspr Überzeugung gewinnen, anderenfalls wird sein Urteil wegen Verletzung von § 286 I vom BGH aufgehoben (BGHZ 100, 31, 34 = NJW 87, 2876, 2877). Ebenso geschieht es, wenn ein Anscheinsbeweis nach Ansicht des Revisionsgerichts zu Unrecht angenommen wurde (BGH NJW 87, 1694). Bei der Erschütterung des Anscheinsbeweises prüft das Revisionsgericht, ob der Begriff der Ernsthaftigkeit verkannt wurde (BGH NJW 69, 277). Weist man den Anscheinsbeweis mit der hM dem Prozessrecht zu, so gehört er zur lex fori, ist also auch bei der Anwendung ausl Haftungsrechts durch ein dt Gericht zu beachten (BGH NJW 85, 554; Thole IPRax 2010, 287), und seine fehlerhafte Anwendung ist ein Verfahrensmangel, den das Revisionsgericht nur auf entspr Rüge hin prüft (§ 557 III 2). Richtigerweise sind die Grundlagen des Anscheinsbeweises jedoch im **materiellen Recht** zu erblicken, wie dies der BGH inzwischen auch bei anderen „Beweiserleichterungen" tut (s Rn 35); seine Regeln gehören daher zur lex causae. Für die mat-rechtl Deutung ist zwischen den Anwendungsgebieten des Anscheinsbeweises zu unterscheiden:

30 **b) Anscheinsbeweis der Kausalität.** Der Ursachenzusammenhang zwischen einer feststehenden Pflichtverletzung und einem darauf zurückgeführten Schaden ist nach der Rspr dann als erwiesen anzusehen, wenn ein **typischer Geschehensablauf** vorliegt und der Bekl nicht die ernsthafte Möglichkeit eines anderen Ablaufs beweist. Unter Typizität versteht der BGH hierbei, dass das Verhalten allg geeignet sein kann, den schädigenden Erfolg herbeizuführen, dieser Erfolg in unmittelbarem zeitl Zusammenhang mit der Vornahme der gefährl Handlung eingetreten ist und konkrete Anhaltspunkte für eine andere Ursache nicht ersichtl sind (BGH NJW 2010, 1072). Bei der **Verletzung von Schutzgesetzen** iSd § 823 II BGB (BGH VersR 84, 40, 41; BGH VersR 86, 916, 917), **Unfallverhütungsvorschriften** (BGH VersR 83, 440; BGH VersR 84, 775, 776) oder **Verkehrssiche-**

rungspflichten (BGH NJW 94, 945) wird Typizität schon dann bejaht, wenn im Zusammenhang mit dem Verstoß gerade derj Schaden eingetreten ist, der mit Hilfe des Schutzgesetzes verhindert werden sollte. Diese Überdehnung des Typizitätsbegriffs zeigt, dass es beim Anscheinsbeweis der Kausalität in Wirklichkeit um matrecht **Zurechnung** geht: Ein gefährl Verhalten soll die Haftung auch für solche Schäden begründen, die sich (nur) mit Wahrscheinlichkeit auf dieses zurückführen lassen. Ihre Rechtfertigung findet diese normative Wertung in der Schwierigkeit des Kausalitätsbeweises, der das Gesetz zB auch in § 119 I, § 2078 BGB („wenn anzunehmen ist") Rechnung trägt (ähnl Weber, Der Kausalitätsbeweis im ZPR, 1997, S 250 f; sa § 287 Rn 3).

Bsp (wegen starker Abhängigkeit von den Umständen des Einzelfalles nicht ohne weiteres verallgemeinerungsfähig!): Kausalität zwischen Schweißarbeiten oder Hantieren mit Feuerzeug in Nähe leicht brennbarer Stoffe und in engem räuml und zeitl Zusammenhang ausgebrochenem Brand (BGH NJW 2010, 1072; BGH NJW-RR 2014, 270); zwischen Entfachen offenen Feuers bei starkem Wind und in 60 m Entfernung ausgebrochenem Dachstuhlbrand (BGH VersR 75, 379); zwischen unterlassener Absperrung einer tiefen Stelle in einer Badeanstalt und lautlosem Absinken eines Nichtschwimmers (BGH VersR 54, 143); zwischen fehlendem Treppengeländer und seitl Sturz (BGH VersR 74, 263; BGH VersR 74, 972); zwischen extremer Glätte der Treppenstufen und Sturz (BGH NJW 94, 945); zwischen Gefahrenstelle auf Gehweg u Sturz in unmittelbarer Nähe (BGH NJW 2005, 2454); zwischen mangelnder Beleuchtung eines Kfz und Auffahren eines anderen (BGH VersR 64, 296); zwischen Nichteinhalten der rechten Fahrbahnseite und Zusammenstoß mit Gegenverkehr (BGH VersR 64, 166); zwischen der fehlerhaften Bremsvorrichtung eines Fahrzeugs und einem Unfall (BGH VersR 71, 80); zwischen der Verletzung einer Unfallverhütungsvorschrift bei Herstellung einer Maschine und einem Unfall bei deren Betrieb (BGH VersR 72, 149); zwischen Verstoß gegen eine ViehseuchenVO und Ausbruch einer Hühnerpest (BGH VersR 61, 828); zwischen der Bluttransfusion von einem Luetiker III. Grades und einer Krankheit, welche den Schluss auf eine Luesinfektion zulässt (BGHZ 11, 227); zwischen der Übertragung von Blut eines an Aids Erkrankten und der HIV-Infektion eines nicht zu einer Risikogruppe Gehörenden sowie seines Ehegatten (BGHZ 114, 284, 290; BGHZ 163, 209 = JR 2006, 113 [Schlund]); zwischen Alkoholisierung und Unfall in einer Situation, die ein Nüchterner gemeistert hätte (BGH VersR 64, 846; OLG Frankfurt MDR 2024, 708); zwischen Fahren ohne Schutzhelm und Kopfverletzungen bei Unfall eines Motorradfahrers (BGH NJW 83, 1380). **Abgelehnt** wurde Anscheinsbeweis für Kausalität zwischen Schaden und schädl Emission aus genehmigter Anlage (OLG Köln VersR 93, 894) sowie zwischen Bauarbeiten und Rissbildung an Nachbarhaus (OLG Düsseldorf NZBau 2017, 415; OLG Köln VersR 2017, 692 mwN). Nicht ausreichend ist auch der enge zeitl Zusammenhang zwischen einer Injektion und einer Infektion (BGH NJW 2012, 684, 685). 30a

Für die Frage, ob die **fehlerhafte Beratung** durch einen Rechtsberater schadensursächl geworden ist, dh ob sich der Mandant bei richtiger Beratung dieser entspr verhalten hätte, wendet der BGH (neben § 287) auch die Grundsätze des Anscheinsbeweises an (BGHZ 123, 311 = NJW 93, 3259; zust Grunewald ZIP 94, 1165 u Baumgärtel JR 94, 466; nach BGH NJW 2012, 2435 auch bei rechtskundigem Mandanten), wenn bei fehlerfreier Beratung zweifelsfrei zutage gelegen hätte, dass nur eine Entscheidung sinnvoll sei (also nicht bei mehreren in Betracht kommenden Verhaltensweisen; BGH NJW 2009, 1591; BGH MDR 2008, 799; BGH VersR 2007, 393 = JR 2008, 24 [Ufer]); der Nachweis von Tatsachen, die für ein atypisches Verhalten des Mandanten sprechen, stehe dem Berater aber offen. Bei pflichtwidriger Beratung über die Erfolgsaussichten eines rechtl Vorgehens soll bei bestehender Rechtsschutzversicherung der Anscheinsbeweis nur eingreifen, wenn die Rechtsverfolgung objektiv aussichtslos war (BGH NJW 2024, 3290). Die Heranziehung des Anscheinsbeweises in diesen Fällen begegnet Bedenken, weil es im Bereich individueller Willensentscheidungen keine typischen Abläufe gibt (was die Rspr sonst auch beachtet, s Rn 31). Sie steht zudem in Widerspruch zur Behandlung ders Problematik bei der Anlageberatung (s Rn 19a; dennoch festhaltend BGH NJW 2014, 2795 u für die Notarhaftung BGH VersR 2023, 1111 [abl Laumen VersR 2023, 1203]). 30b

c) Anscheinsbeweis des Verschuldens. Wesentl weiter gehend lässt es die Rspr auch zu, bei typischen Geschehensabläufen vom Schadenseintritt auf ein hierfür ursächl haftungsbegründendes Verhalten zu schließen. Dies geht weit über die Zurechnung einer wahrscheinl Schadensfolge zu einem erwiesenen Fehlverhalten hinaus, denn es begründet eine Haftung für nur wahrscheinl Fehlverhalten, wodurch gewohnheitsrechtl ein **der Gefährdungshaftung angenäherter Haftungstatbestand** entstanden ist. An die Typizität sind daher hohe Anforderungen zu stellen. Auf bloße Wahrscheinlichkeiten, auch auf noch so aussagekräftige Indizien kann ein Anscheinsbeweis nicht gestützt werden (zu weitgehend BGHZ 100, 31). Der behauptete Vorgang muss vielmehr zu jenen gehören, die schon auf den ersten Blick nach einem durch Regelmäßigkeit, Üblichkeit und Häufigkeit geprägten „Muster" (BGH NJW 91, 230, 231) abzulaufen pflegen (Lepa NZV 92, 130). Hierbei ist der Sachverhalt in seiner gesamten Breite, nicht etwa nur in einem typische Züge aufweisenden Sachverhaltskern (zB: Auffahrunfall) zu betrachten; in die Bewertung des Geschehens als typisch sind vielmehr alle bekannten Umstände – sei es, dass der Kl sie selbst vorträgt oder dass sie unstreitig oder vom Gericht festgestellt sind – einzubeziehen. Steht demnach beim Auffahrunfall auf der Autobahn ein vorangegangener Spurwechsel des Vorausfahrenden fest, greift gegen keinen der Beteiligten ein Anscheinsbeweis ein, wenn der zeitl Ablauf ungeklärt ist (BGHZ 192, 84 = NJW 2012, 608); ist ein Spurwechsel hingegen nicht feststellbar, spricht der Anscheinsbeweis für ein Verschulden des Auffahrenden (BGH NJW 2017, 1177 [Geipel] = MDR 2017, 333 [Laumen MDR 2017, 443]). 30c

Hiermit unvereinbar aber BGH NJW 2017, 1175 u BGH NJW 2016, 1098, wonach bei beiderseitigem Rückwärtsausparken kein Anscheinsbeweis zu Lasten des Fahrzeugs gelten soll, von dem „nicht ausgeschlossen" werden kann, dass es im Kollisionszeitpunkt bereits stand (Geipel NJW 2016, 1100; Laumen MDR 2016, 636). – Bei der **Amtshaftung** soll es genügen, dass der Kläger einen Sachverhalt dartut, der regelmäßig die Folgerung rechtfertigt, dass ein Amtsträger seine Amtspflicht schuldhaft verletzt hat (BGH VersR 60, 905, 906; BGH VersR 63, 856; BGH NJW 2017, 397, 401). Auch hierbei handelt es sich im Grunde um eine verkappte Gefährdungshaftung.

30d **Weitere Bsp:** Verschulden des Arztes, wenn Operationsgegenstände in der Wunde zurückgeblieben sind (BGHZ 4, 138; BGH VersR 52, 180; BGH VersR 56, 577); des Kraftfahrers, der auf ein Hindernis (BGH VersR 66, 567) oder vorausfahrendes Kfz auffährt (BGH NJW 2017, 1177 mwN; dieses darf aber nicht seinerseits aufgefahren sein, OLG Düsseldorf NZV 98, 203), beim Rangieren auf einem Parkplatz mit einem dahinter stehenden Fahrzeug kollidiert (BGH NJW 2016, 1100), auf den Bürgersteig gerät (BGH VersR 58, 566), auf glatter Fahrbahn ins Schleudern kommt (BGH VersR 69, 895; 71, 842), mit einem Vorfahrtsberechtigten (BGH VersR 76, 365) oder als Linksabbieger mit einem Entgegenkommenden zusammenstößt (BGH VersR 64, 639); des Schiffsführers, dessen Schiff beim Überholen ein anderes anfährt (BGH VersR 57, 194) oder als Stillieger abgetrieben wurde (BGH VersR 71, 856; OLG Nürnberg NJW-RR 2017, 663); des Herstellers einer Betondecke, die wenige Wochen nach der Errichtung durchbricht (BGH VersR 58, 107); Mitverschulden eines Kfz-Insassen, der für Nichtangurten typische Unfallverletzungen erlitten hat (BGH NJW 91, 230); zu pflichtwidrigem Umgang mit Zahlungsinstrumenten (Kreditkarte, Online-Banking) s Rn 31a. Wegen weiterer Einzelheiten vgl die RsprÜbersichten bei BLP/Laumen Kap 17 Rn 63 ff; Greger/Zwickel, Haftung im Straßenverkehr, 6. Aufl, Rn 41.92 ff; Greger VersR 80, 1092 ff; Geipel NZV 2015, 1, 5 ff; Laumen MDR 2020, 1345 u 1415).

31 **d) Kein Anscheinsbeweis in sonstigen Fällen.** Zu Recht wendet die Rspr den Anscheinsbeweis nicht auf die Feststellung **subjektiver Merkmale**, insb individueller Willensentschlüsse, an (BGHZ 31, 351, 357; aA BLP/Laumen Kap 17 Rn 56 ff), zB Freitod (BGHZ 100, 214, 216); vorsätzl Brandstiftung zwecks Versicherungsbetrugs (BGH NJW 88, 2040, 2041); gewolltes Herbeiführen eines Verkehrsunfalls (BGH NJW 2020, 1072; ausnahmsw anders BGH VersR 79, 514); Arglist (BGH NJW 68, 2139); subj Seite der groben Fahrlässigkeit, wenn es sich um ein individuelles Versagen handelt (BGH VersR 70, 568; BGHZ 208, 331 = NJW 2016, 2024, 2031); Fahruntüchtigkeit (BGH NJW 88, 1846). Auch **reale Sachverhalte** können, soweit es nicht um eine billige Risikoverteilung kraft Gewohnheitsrecht (s Rn 30c) geht, nicht mittels Anscheinsbeweis, sondern nur durch freie Würdigung von Indizien, ggf iVm sekundärer Darlegungslast (s Rn 34 ff), festgestellt werden, zB Urheberschaft einer E-Mail (Roßnagel/Pfitzmann NJW 2003, 1209 ff; s aber zu signierten Erklärungen § 371a I 2); Urheberrechtsverletzung durch Inhaber eines Internet-Anschlusses (BGH NJW 2017, 1961, 1963); Richtigkeit von Telefonrechnungen (LG Aachen NJW 95, 2364; aA m Einschränkungen BGH NJW 2013, 1092 mwN); Richtigkeit von Eintragungen in Handelsbüchern (BGH BB 54, 1044) und im Handelsregister (aA BGH DtZ 97, 354); Urheberschaft einer redaktionellen Werbung (BGH WRP 97, 715); Begehung einer Straftat (unzutr BGHZ 100, 31); Wegfall der Bereicherung eines Arbeitnehmers durch Gehaltsüberzahlung (aA BAG NJW 96, 411); Transport und Verlust von Frachtgut (BGH VersR 2017, 550); Umfang einer verloren gegangenen Sendung (BGH MDR 2014, 1466; BGH MDR 2007, 1436; teilw aA BGH NJW-RR 2003, 754); Testierunfähigkeit im Zeitpunkt der Testamentserrichtung, wenn davor u danach gegeben (aA BGH ZEV 2012, 100, 103); Wirkung von Kartellabsprachen (BGH NJW 2019, 661 [Richter]; BGH NJW 2021, 848, 851 [Glöckner]); Nichtausreichen der Insolvenzmasse zur Befriedigung aller Gläubigeransprüche (aA BGH NJW 2014, 1737; BGH ZIP 2020, 563; zur Entkräftung BGH ZIP 2024, 196 Tz 34 ff).

31a Für den vom **Zahlungsdienstleister** zu erbringenden Beweis, dass ein Zahlungsvorgang (zB Abhebung mit Kreditkarte) vom berechtigten Nutzer autorisiert wurde, sollten mangels typischen Geschehensablaufs nicht die Regeln des Anscheinsbeweises angewendet werden (so aber BGHZ 160, 308; BGH NJW 2012, 1277 zu Abhebung mit Originalkarte; BGHZ 208, 331 = NJW 2016, 2024 [Knops NJW 2016, 2032; Bacher MDR 2016, 754] zu Online-Banking; krit, aber iErg an stark modifiziertem Anscheinsbeweis festhaltend Erman/v Westphalen § 675w BGB Rn 11 ff; MK-BGB/Zetzsche § 675w BGB Rn 26 f). Es handelt sich vielmehr um eine von Art 72 II RL (EU) 2015/2366 u § 675w BGB vorgegebene Herabsetzung des Beweismaßes iVm den Regeln der sekundären Darlegungslast. Bestreitet der Nutzer die Autorisierung des mittels eines Zahlungsinstruments ausgelösten Zahlungsvorgangs und behauptet der Dienstleister, dass einer der in § 675w S 3 BGB genannten Fälle von Zurechenbarkeit vorliegt, muss der Nutzer hierzu konkret vortragen. Gelingt es dem Dienstleister nicht, diesen Vortrag zu entkräften, kann das Gericht den Nachweis der Autorisierung als nicht geführt ansehen, wobei es, wie sich aus der Formulierung „nicht notwendigerweise" in S 3 ergibt, die Anforderung an seine Überzeugungsbildung herabmindern kann. Anders als beim Anscheinsbeweis handelt es sich aber nicht um eine Anwendung von Erfahrungssätzen, sondern um eine einzelfallbezogene Beweiswürdigung (so auch Franck/Massari, WM 2009, 1117, 1126 f).

31b *Der Zugang eines abgesandten Schriftstücks* kann nicht mittels Anscheinsbeweis festgestellt werden (zum *Einschreibebrief* s BGHZ 24, 308, 312 f; BGH NJW 2017, 68 Tz 32; BAG NJW 2025, 1223; Leipold S 15 f; Friedrich VersR 2001, 1092; aA E. Schneider MDR 84, 281; Rommé aaO S 84; zum *Telefax* BGH NJW 1995, 665, 666; aA

OLG München MDR 1999, 286; Burgard BB 1995, 222, 224; zur *E-Mail* OLG Rostock MDR 2024, 733 [Seggewiße MDR 2024, 888] = MMR 2024, 491 [Ante]; LAG Köln MDR 2022, 392 [Laumen MDR 2022, 546]). Bejaht wird Anscheinsbeweis allerdings von BGH NJW 2017, 68 Tz 33, wenn bei Einwurf-Einschreiben das vorgeschriebene Verfahren eingehalten wurde und die Reproduktion des Auslieferungsbelegs vorgelegt wird. Auch dieser Fall ließe sich jedoch überzeugender mit den Grundsätzen der sekundären Darlegungslast (s Rn 34 ff) lösen (so auch BGH NJW-RR 2014, 683 Rn 26 ff u OLG Frankfurt CR 2010, 303 LS = IBR 2010, 267 [Schwenker] für den Fall des Telefax mit OK-Vermerk; Ante MMR 2024, 492 f uU für E–Mail mit Sendebestätigung). Dasselbe gilt für den von BAG NJW 2024, 2781 bejahten Anscheinsbeweis dafür, dass Briefe von Bediensteten der Deutschen Post AG zu den postübl Zeiten zugestellt werden.

5) Beweis für das äußere Bild. Wenn bei der Deckungsklage gegen den Sachversicherer der Nachweis einer 32
Entwendung zu erbringen ist, lässt der BGH in stRspr den Nachweis von Anzeichen genügen, die mit hinreichender Wahrscheinlichkeit das äußere Bild eines versicherten Diebstahls ergeben (BGHZ 79, 54, 59; BGH VersR 84, 29; ausf Laumen MDR 2016, 560 ff). Bei behaupteter **Kfz-Entwendung** muss der Versicherungsnehmer zB nur beweisen, dass er das Kfz zu einer bestimmten Zeit an einer bestimmten Stelle in verschlossenem Zustand abgestellt und es dort gegen seinen Willen nicht mehr vorgefunden hat; dabei kann sich das Gericht in Ermangelung anderer Beweismittel auch auf die Angaben des Versicherungsnehmers stützen, so lange keine konkreten Umstände vorliegen, die schwerwiegende Zweifel an seiner Glaubwürdigkeit begründen (BGHZ 132, 79, 82), während andererseits uU der Gegenbeweis mithilfe gespeicherter GPS-Daten geführt werden kann (s, allerdings zu restriktiv, Celle NJW-RR 2019, 152). Zum äußeren Bild eines **Einbruchdiebstahls** gehört neben der Unauffindbarkeit der zuvor am Tatort vorhandenen, als gestohlen gemeldeten Sachen, dass – abgesehen von Fällen des Nachschlüsseldiebstahls (s dazu BGH NJW 91, 2493) – Einbruchspuren vorhanden sind (BGH VersR 2015, 710). Ist das äußere Bild bewiesen, obliegt es dem Versicherer, konkrete Umstände nachzuweisen, die mit erhebl (nicht nur hinreichender) Wahrscheinlichkeit für einen vorgetäuschten Diebstahl sprechen (BGHZ 130, 1; BGH VersR 2015, 710, 711). Der BGH grenzt diese Beweiserleichterung deutl vom Anscheinsbeweis ab (vgl zB BGH NJW 91, 3284; BGH NJW-RR 93, 720) und leitet sie zutr aus einer interessengerechten Auslegung des Versicherungsvertrages ab: wegen der für Entwendungsfälle typischen Aufklärungsschwierigkeiten sei davon auszugehen, dass die Parteien den Eintritt der Versicherung auch bei hinreichender Wahrscheinlichkeit eines Entwendungsfalles wollten; die Beweiserleichterung sei als dem Vertrag innewohnende mat-rechtl Risikozuweisung zu verstehen (BGH VersR 84, 29; Knoche MDR 92, 101; Zopfs VersR 93, 141). Dem ist in Ansatz und Ergebnis zuzustimmen. Unzutr ist es jedoch, diese vertragl Vereinbarung als Herabsetzung des Beweismaßes anzusehen (so iErg BGH VersR 84, 29 u ausdrückl BGHZ 123, 217, 220 = NJW 93, 2678, 2679). Das Beweismaß ist der Parteidisposition entzogen (Musielak NZV 90, 468; Laumen MDR 2016, 560, 562; sa Rn 23). Die vom BGH vorgenommene Vertragsauslegung kann sich daher nur auf die Definition des Versicherungsfalls, also das mat-rechtl Tatbestandsmerkmal beziehen; diese wirkt wie eine Beweiserleichterung, ist aber keine. – Dieselbe materielle Rechtslage ist zugrunde zu legen, wenn der Versicherer eine Leistung wegen ungerechtfertigter Bereicherung zurückfordert, dh er muss beweisen, dass das „äußere Bild“ eines Diebstahls nicht besteht (OLG Hamm VersR 92, 180 mwN). Die gegenteilige Ansicht des BGH (BGHZ 123, 217 = NJW 93, 2678 = LM § 812 BGB Nr 235 [abl Voit]: voller Beweis des „Nichtdiebstahls“) beruht auf seiner unzutr Annahme einer vertragl Beweismaßabsenkung; dass diese auch zugunsten des Versicherers gelten solle, lasse sich dem Vertrag nicht entnehmen (vgl OLG Köln NZV 90, 466 mwN [Musielak]; wie BGH auch Laumen MDR 2016, 560, 562 mwN).

6) Tatsächliche Vermutungen. Dieser schillernde Begriff wird von der Rspr vielfach herangezogen, um schwie- 33
rige Beweisführungen zu erleichtern, insb beim Beweis der Kausalität zwischen Pflichtverletzung und Schaden (BGHZ 129, 226, 233: Amtspflicht; BGH NJW 2012, 2346: Verstoß gegen AGG; BGH NJW 91, 2021: Verletzung von DIN-Normen; BGH NJW 2022, 2266: Prospektfehler u Anlageentscheidung). Weitere Bsp: BGH NJW 92, 560, 562: Vermutung, dass deutl Gefahrenhinweise auf Produkten beachtet werden; BGH NJW 2007, 2549; BGH MDR 2017, 565: Vermutung unverschuldeter Fristversäumung, wenn Reisender nicht auf Anzeigefrist für Mängel hingewiesen wurde; BGHZ 98, 174/8, BGHZ 128, 255, 267, BGHZ 146, 298: Vermutung der verwerfl Gesinnung bei auffälligem Missverhältnis zwischen Leistung und Gegenleistung [zur Erschütterung BGH NJW 2002, 3165]; BGH NJW 94, 1281, 1283: Wiederholungsgefahr im WettbewerbsR; BGH NJW 2017, 78, 80 (Sesing): Filesharing durch Inhaber des Internetanschlusses, sofern ihn zum Zeitpunkt der Rechtsverletzung keine andere Person benutzen konnte (sonst sekundäre Darlegungslast, s Rn 34a f); BGH NJW-RR 2014, 1272, 1274: Kausalität zwischen Maklerleistung und Vertragsschluss; BGH NJW 2019, 661 [Richter] u BGH NJW 2021, 848, 854 [Glöckner]: preiserhöhende Wirkung von Kartellabsprachen (dazu mWv 27.12.2016 ges Vermutung in § 33a II 1 GWB; s dazu Zwade/Konrad NJW 2020, 807); BGH MDR 2023, 763: missbräuchl Zweitbeschluss der GdWE. Es handelt sich nicht um Vermutungen iSv § 292; sie verändern daher nicht die Beweis- u Darlegungslast (BGH NJW 2010, 363); da sie nicht auf einen typischen Geschehensablauf abstellen, begründen sie auch keinen Anscheinsbeweis (BGH NJW 2019, 661 [Richter]). Der irreführende Begriff sollte vermieden werden (ebenso MK/Prütting § 292 Rn 31; Laumen MDR 2015, 6 u MDR 2023, 471, 476; instruktiver Beleg für Begriffsverwirrung: BGH NJW 2002, 3180). Es handelt sich entweder um die der freien Beweiswürdigung, etwa beim Indizienbeweis, zuzuordnende Verwertung von Erfahrungswissen (BGH MDR 2021, 499 Tz 49) oder um richterrechtl Modifizierungen von schwer beweisbaren Tatbestandsmerkmalen des mat Rechts

(s Rn 35). Die in der Rspr häufig herangezogene Vermutung beratungs- bzw aufklärungsgerechten Verhaltens wird hingegen teilw als Anscheinsbeweis (s Rn 30b; BGH NJW 2012, 2435), teilw als Beweislastumkehr behandelt (s Rn 19a; BVerfG WM 2012, 492; BGH NJW 2012, 2427; Schwab NJW 2012, 3277 ff; krit Laumen MDR 2015, 5).

33a Unnötig und irreführend ist daher auch die in der Rspr gebräuchl **Vermutung der Vollständigkeit und Richtigkeit einer Urkunde** (s zB BGH NJW 99, 1702, 1703; BGH NJW 2002, 1500, 1503; BGH NJW 2002, 3164). Dass die Partei, die sich auf außerhalb der Vertragsurk liegende rechtsgeschäftl Vereinbarungen beruft, hierfür die Beweislast trägt, folgt schon aus allg Grundsätzen (s Rn 18a). Auf andere Urkundeninhalte bezieht sich die Vermutung ohnehin nicht; es kann zB nicht aus einer schriftl Beratungsunterlage geschlossen werden, dass keine weiteren Informationen erteilt wurden (BGH NJW 2008, 2852). Die Richtigkeit eines not Vertrags kann nicht durch Vorlage eines abw Entwurfs widerlegt werden (BGH NJW 2017, 175). Ein Beweisantrag darf nicht deshalb abgelehnt werden, weil nicht nachvollziehbar erläutert wird, wie sich die Unvollständigkeit der Urkunde erklären lässt (BGH NJW 2015, 409).

34 7) **Sekundäre Darlegungslast. Lit:** Adloff, Vorlagepflichten und Beweisvereitelung im dt u franz ZP, 2007; Beckhaus, Die Bewältigung von Informationsdefiziten bei der Sachverhaltsaufklärung, 2010; Gomille, Informationsproblem und Wahrheitspflicht, 2016; Stürner, Die Aufklärungspflicht der Parteien des ZP, 1976. – **a) Grundsätze.** Muss eine Partei Umstände beweisen, die zu dem ihrem Einblick entzogenen Bereich des Prozessgegners gehören, so entstehen ihr erhebl Beweisprobleme, da Beweisermittlungs- und Ausforschungsanträge nicht zulässig sind (s Rn 8c f). Mat-rechtl Auskunftsansprüche bestehen nur in bestimmten Bereichen (s Rn 36). Eine Umkehr der Beweislast kommt als systemfremd nicht in Betracht (s Rn 17), eine prozessuale Aufklärungspflicht der nicht beweisbelasteten Partei lehnt die Rspr ab (BGH NJW 90, 3151 = ZZP 104 [1991], 203 [Stürner] = JR 91, 415 [Schreiber]; dafür aber Stürner S 92 ff; Hackenberg, Die Erklärung mit Nichtwissen, 1995, S 102 ff; Schlosser NJW 92, 3275 u – rechtsvergl – JZ 91, 599; Gottwald, Gutachten A zum DJT 1996, 15 ff u FS Stürner, 2013, S 301 ff; Greger JZ 97, 1080 u BRAK-Mitt 2005, 151; Katzenmeier JZ 2002, 538 ff; dagegen Gomille S 142 ff). Laut BGH ist vielmehr an dem Grundsatz festzuhalten, dass keine Partei verpflichtet ist, dem Gegner die für den Prozesssieg benötigten Informationen zu verschaffen, u ledigl im Einzelfall zu prüfen, ob es dem Prozessgegner, der im Gegensatz zu dem außerhalb des maßgebl Geschehensablauf stehenden Darlegungspflichtigen die wesentl Tatsachen kennt, im Rahmen seiner Erklärungslast nach § 138 II ausnahmsw zuzumuten ist, dem Beweispflichtigen eine prozessordnungsgemäße Darlegung durch nähere Angaben über die betr, zu seinem Wahrnehmungsbereich gehörenden Verhältnisse zu ermöglichen („sekundäre Darlegungslast" oder „substantiiertes Bestreiten"; stRspr [s zB BGH NJW 2020, 1962 Tz 34 ff]; eingeh Gomille S 50 ff; Laumen MDR 2019, 193 ff; sa § 138 Rn 8b). Werden anderenfalls grundrechtl geschützte Positionen einer Partei vereitelt, ist eine derartige Abstufung der Darlegungslast sogar verfassungsrechtl geboten (BVerfG NJW 2000, 1483). Kritik verdient nicht die um gerechte Ergebnisse bemühte Rspr, sondern dass es ihrer wegen Fehlens einer klaren ges Regelung der Darlegungslast bedarf (s Rn 34e).

34a **b) Voraussetzungen und Wirkungsweise.** Eine sekundäre Darlegungslast trifft den Prozessgegner der primär darlegungsbelasteten Partei, wenn diese **keine nähere Kenntnis** der maßgebl Umstände und auch keine Möglichkeit hat, sich diese Kenntnis zu verschaffen (dazu – sehr streng – BGH VersR 2023, 52 Tz 27), während der Bestreitende alle wesentl Tatsachen kennt und es ihm unschwer mögl und **zumutbar ist, nähere Angaben zu machen** (BGH NJW 2021, 1669 Tz 28 mwN). Um Ausforschung zu vermeiden, muss der (unstreitige oder nachgewiesene) Vortrag des Beweispflichtigen **greifbare Anhaltspunkte** für seine Behauptung liefern (BGH NJW 2021, 1669, 1671 mwN; sa BGH NJW 2012, 3774: „gewisse Wahrscheinlichkeit"; BGH NJW 2015, 947: „schlüssige Indizien"; zu streng BGH NJW 2014, 3033, 3034: Beweis von Indizien und Indizwirkung). Der Gegner darf diese Behauptung dann nicht einfach bestreiten, sondern muss hierauf – in den Grenzen des Zumutbaren (s Rn 34c) **substantiiert erwidern**. Bestreiten mit Nichtwissen ist nach allg Grundsätzen (s § 138 Rn 13 ff) zulässig (Dölling NJW 2013, 3126). Aus der sekundären Darlegungslast kann sich auch eine Pflicht zu Nachforschungen ergeben (BGH NJW 2014, 2360; BGH VersR 2013, 475), nicht aber zur Benennung von Zeugen oder zur Mitteilung deren ladungsfähiger Anschrift, denn hier geht es bereits um Beweisführung und ggf Beweisvereitelung (BGH NJW 2008, 982, 984); auch keine Pflicht zur Vorlage von Urk und anderen Unterlagen (hierfür gilt § 142; BGHZ 173, 23 = NJW 2007, 2989 = ZZP 120 [2007], 512 [Völzmann-Stickelbrock]). Bei **Nichterfüllung** der sekundären Darlegungslast gilt die Behauptung des Beweispflichtigen gem § 138 III als zugestanden (s § 138 Rn 8b). Hat der Beweisgegner dagegen substantiiert bestritten, liegt die Darlegungs- und Beweislast wieder beim Beweispflichtigen (BGH ZIP 2023, 1432 Tz 23). Kann dieser die **Unrichtigkeit des gegnerischen Vorbringens** beweisen, wird das Bestreiten unbeachtlich (BGH MDR 2021, 168: der Prozessgegner könnte sich sonst durch beliebigen, sich als unzutr erweisenden Vortrag der ihm gem § 138 I, II obliegenden Erklärungspflicht entledigen, ohne die Folge des § 138 III gewärtigen zu müssen, was mit den verfassungsrechtl geschützten Rechten auf ein faires Verfahren und auf effektiven Rechtsschutz nicht vereinbar wäre). Ansonsten kann *der Beweispflichtige auf der Grundlage* der erhaltenen Informationen **Beweis für seine Behauptung antreten**. – Die Konstruktion der sekundären Darlegungslast ändert nichts an der Beweislast, sondern soll eine Beweislastentscheidung gerade verhindern.

c) Kasuistik. Der RA darf sich nicht darauf beschränken, eine Verletzung der Beratungspflicht zu bestreiten oder ganz allgemein zu behaupten, er habe den Mandanten ausreichend unterrichtet, sondern er muss den Gang der Besprechung im Einzelnen schildern, insb konkrete Angaben dazu machen, welche Ratschläge er erteilt und wie der Mandant darauf reagiert hat (BGHZ 171, 261 Tz 12 mwN). Bestehen hinreichende Anhaltspunkte für die Kenntnis eines Vorstandsmitglieds von einer Produktmanipulation, trägt die bekl AG die sekundäre Darlegungslast für die Behauptung, eine solche Kenntnis habe nicht vorgelegen (BGHZ 225, 316 = NJW 2020, 1962; BGH MDR 2022, 96; wegen fehlender Anhaltspunkte verneinend für verfassungsmäßig berufene Vertreter einer Tochtergesellschaft BGH NJW 2021, 1669 Tz 28 mwN; zu Recht krit Gsell EWiR 2021, 365 u Keil EWiR 2022, 525). Der Frachtführer, der für Beschädigung oder Abhandenkommen von Frachtgut haftbar gemacht wird, muss, wenn das hierfür erforderl qualifizierte Verschulden auf Grund des Klägervorbringens naheliegt, Angaben zu den näheren Umständen der Schadensentstehung machen (BGH NJW 2012, 3774, 3775). Der nach Zeitaufwand abrechnende Unternehmer muss so viel vortragen, dass der Besteller seiner Darlegungslast für die Unwirtschaftlichkeit der Leistungserbringung genügen kann (BGH NJW 2009, 2199; BGH NZBau 2009, 504). Ein Unfallverletzter kann im Prozess um Verdienstausfall verpflichtet sein, den für das Unterlassen anderweitiger Verwertung der Arbeitskraft nach § 254 BGB beweisbelasteten Schädiger über seine Arbeitsmöglichkeiten und -bemühungen zu unterrichten (BGH VersR 79, 424, 425). Bei der Klage aus ungerechtfertigter Bereicherung kann der Bekl verpflichtet sein, die Gründe darzulegen, aus denen er ableitet, das Erlangte behalten zu dürfen (BGH NJW 99, 2887, 2888; sa Rn 24). Der Inhaber eines Internetanschlusses, von dem aus Rechtsverletzungen begangen wurden, darf nicht nur seine Täterschaft bestreiten, sondern muss vortragen, ob andere Personen, ggf welche, Zugang zu seinem Anschluss hatten und als Täter in Betracht kommen (BGHZ 200, 66; BGH NJW 2016, 953; BGH NJW 2017, 78, 80 [Sesing]), allerdings keine Einzelheiten zu Zeitpunkt und Art deren Nutzung mitteilen (EuGH NJW 2019, 33 [Sesing]; zu weiteren Einschränkungen s Rn 34c). Dementspr soll auch der Kfz-Halter, der die rechtswidrige Nutzung eines Privatparkplatzes bestreitet, die Personen zu benennen haben, die im fraglichen Zeitraum die Möglichkeit hatten, das Fahrzeug als Fahrer zu nutzen (BGH NJW 2020, 755; dagegen zu Recht krit Kratzlmeier NZV 2020, 509, 513 f; Rodi NJW 2020, 758, 759; Streyl NZM 2020, 286 f). Weitere **Bsp:** Kenntnis des Notars von Sittenwidrigkeit begründenden Umständen (BGH NJW 2022, 2754 Tz 36); Selbstnutzungswille des Vermieters bei Eigenbedarfskündigung (BGH NJW 2005, 2395, 2397); subj Voraussetzungen der groben Fahrlässigkeit (BGH NJW 2003, 1118, 1119); guter Glaube bei Ersitzung (BGH NJW 2019, 3147 [Krause]); Vorlage und Prüfung der Zulassungsbescheinigung bei gutgläubigem Kfz-Erwerb (BGH MDR 2022, 2541); Ersparnis von Aufwendungen (BGH MDR 2004, 898); Berechnung des Vorteilsausgleichs (BGH NJW 2015, 468, 470); Erfüllung der Schadensminderungspflicht (BGH NJW 2022, 2754 Tz 48; Zugang eines Fax bei OK-Vermerk (s Rn 31b); Vorliegen eines Schneeballsystems (BGH NJW 2021, 1759); Verwendung von Gesellschaftsmitteln durch GmbH-Geschäftsführer (BGHZ 100, 190, 196 = NJW 87, 2008, 2009; BGH NZI 2006, 420); veruntreuende Überweisungen (BGH MDR 2015, 726); GbR-Auseinandersetzung bei Schwarzumsatzverdacht (BGH NJW 99, 3485); Voraussetzungen der Insolvenzantragspflicht des GmbH-Geschäftsführers (BGH NJW 94, 2220, 2224); Zahlungsfähigkeit des Arbeitgebers bei Vorenthalten von Sozialversicherungsbeiträgen (BGH JZ 2002, 666 [Katzenmeier]); Mitteilung der Chargennummer bei Bluttransfusion (BGHZ 163, 209, 214 = JR 2006, 113, 114 [Schlund]); Darlegungen zur Richtigkeit einer Werbebehauptung (BGH NJW 61, 826) oder beeinträchtigenden Tatsachenbehauptung (BGH NJW 74, 1710); Darlegung, dass eine Tariflohnunterschreitung nicht zur Erlangung unlauterer Wettbewerbsvorteile ausgenutzt wurde (BGHZ 120, 320); Darlegung, wie eine Bewerbung bei Unterbleiben der amtspflichtwidrigen Bevorzugung eines Mitbewerbers behandelt worden wäre (BGH NJW 95, 2344, 2345); Darlegung zu den ergriffenen Sicherungsmaßnahmen bei Wahrscheinlichkeit eines groben Organisationsverschuldens (BGHZ 145, 170, 183 f; BGH MDR 2003, 99; BGHReport 2003, 1405), bei Hygienemängeln im Krankenhaus (BGH MDR 2016, 1264 [Bacher MDR 2016, 1435]; BGH MDR 2019, 549; BGH NJW-RR 2020, 720) oder bei Inbetriebnahme eines WLAN-Routers (BGH MDR 2017, 716), zu den Vorkehrungen des Kartenausgebers gegen Missbrauch der PIN (BGHZ 160, 308, 320) oder zu den Sicherheitsvorkehrungen des Zahlungsdienstleisters beim Online-Banking (BGHZ 208, 331 = NJW 2016, 2024 Tz 79), zu den Kontrollmaßnahmen des Verkehrssicherungspflichtigen (OLGR Celle 2001, 36), zur Arglist durch Nichtoffenbaren eines Mangels (BGHZ 188, 43 = NJW 2011, 1280), zum Eigentumserwerb des Besitzers, wenn die Vermutung des § 1006 BGB durch schlüssigen, aber nicht belegbaren Vortrag entkräftet wird (OLG Hamm MDR 2014, 403; Laumen MDR 2016, 370, 372). Hat der Versicherungsnehmer bei Vertragsanbahnung obj falsche Angaben gemacht, muss er im Rahmen des dem Versicherer obliegenden Beweises arglistiger Täuschung plausibel darlegen, wie es zu den Falschangaben gekommen ist (BGH VersR 2008, 242). Im Rechtsstreit um das Fortbestehen eines Arbeitsverhältnisses gebietet Art 12 I GG bes Erleichterungen für den Arbeitnehmer (BVerfG NJW 2000, 1483; sa Preis NZA 97, 1270). Den Unterhaltsberechtigten trifft eine sekundäre Darlegungslast hinsichtl ehebedingter Nachteile iSd § 1578b BGB (BGH NJW 2010, 1813; BGH NJW 2010, 3097; BGH NJW 2012, 74 [Born]; BGH NJW 2013, 1447), den Unterhaltsschuldner im Schadensersatzprozess nach § 823 II BGB iVm § 170 StGB hinsichtl seiner Leistungsunfähigkeit (BGH NJW 2016, 1823), den Schuldner von Zugewinnausgleich hinsichtl des Verbleibs von Vermögenswerten (BGH MDR 2015, 224), den Vermieter für Grundlagen der Nebenkostenverteilung (BGH NJW 2007, 211), nicht für die vom Mieter überprüfbare Höhe von Einzelpositionen (BGH NJW 2011, 3028), den Schadensersatzgläubiger für individuelle steuerl Auswirkungen (BGHZ 186, 205 Rz 45 ff), den Erwerber einer Grundschuld für fehlende 34b

Kenntnis von Einreden, wenn konkrete Tatsachen den Verdacht eines kollusiven Zusammenwirkens mit dem Zedenten begründen (BGH NJW 2015, 619), den Vertragspartner für Nichtvorliegen einer Schmiergeldabrede trotz hinreichender Anhaltspunkte (BGH NJW 2018, 2412). Zur sekundären Darlegungslast des öffentl Auftraggebers im Vergabeprozess s BGH WM 2008, 494; des Bekl, wenn der Kl seinen Anspruch durch Vorlage eines ausführl begründeten rechtskräftigen Strafurteils schlüssig dargetan hat (BGH MDR 2021, 1408 [Laumen MDR 2021, 1376]); zum Beweis negativer Tatsachen s Rn 24. Den Erben trifft die Darlegungslast, die für den Erblasser gegolten hätte (BGH ZEV 2019, 261), desgl den Nachlassverwalter (BGH NJW 2022, 2754 Tz 37).

34c **Unzumutbar** zB Offenbarung der Kostenkalkulation ggü dem Konkurrenten im Schutzrechts- oder Wettbewerbsprozess (BGH NJW 92, 1817, 1819) oder nähere Angaben zur Benutzung des gemeinsamen Computeranschlusses durch Ehegatten beim illegalen Filesharing (BGH NJW 2017, 1961; BGH NJW 2018, 68); wohingegen die Eltern zur Benennung des volljährigen Kindes verpflichtet sein sollen, das ihnen gegenüber die rechtswidrige Nutzung ihres Computers zugegeben hat (BGH NJW 2018, 65; dazu Schaub NJW 2018, 17). Zur Darlegung einer Aufwendungsersparnis kann Offenlegen der Kalkulation aber zumutbar sein (BGH MDR 2004, 898). Unzumutbarkeit kann sich aus den in § 99 II VwGO genannten Gründen des Geheimnisschutzes ergeben (BGH VersR 2025, 558 Tz 33). Zum Geheimnisschutz durch ein in-camera-Verf s § 357 Rn 4a, § 404a Rn 6.

34d **d) Rechtsfolgen.** Zu den Folgen der Nichterfüllung der sekundären Behauptungslast s Rn 34a). – Die Verkennung der Grundsätze über die sekundäre Behauptungslast ist Verfahrensfehler, vom Berufungs- oder Revisionsgericht also nur auf Rüge hin zu prüfen (§ 529 II 1, § 557 III 2). Führt sie zur Beeinträchtigung von Grundrechtspositionen: Verfassungsbeschwerde (BVerfG NJW 2000, 1483).

34e **e) Stellungnahme.** Die ausufernde u unberechenbare Rspr zur sekundären Behauptungslast zeigt, dass es an der Zeit ist, das Regel-Ausnahme-Verhältnis umzukehren: Grds muss die Partei zur Aufklärung beitragen, nur bei Unzumutbarkeit darf sie zur zutr Entscheidung des Falles erforderl Informationen zurückhalten (näher Greger JZ 2000, 847; Waterstraat ZZP 118 [2005], 459 ff; wN s Rn 34). Wie schon die immer zahlreicher werdenden Durchbrechungen in der Rspr und die durch das ZPO-RG 2001 gestärkten Aufklärungsinstrumente des Richters (§§ 139, 142, 144, 278 II) zeigen, ist der Grundsatz des „nemo tenetur edere contra se“ kein tragendes Prinzip des modernen Zivilprozesses mehr (aufschlussreich die Entwicklung zu einer ges verankerten Mitwirkungspflicht in Frankreich; dazu Adloff [s Lit vor Rn 34] S 33 f, 457 ff; sa Wagner ZEuP 2001, 467 f; aus dem Unionsrecht beispielhaft Art 12 V RL (EU) 2019/770, umgesetzt in § 327k III Nr 2 BGB; für vorsichtige Ausweitung der Mitwirkungspflichten auch Ahrens Beweis Kap 7 Rn 17). Seit einiger Zeit scheint sich der BGH der Bejahung einer allg Aufklärungspflicht auch anzunähern und vom „nemo tenetur“-Dogma stillschweigend abzurücken. In BGHZ 169, 377, 380 wird jedenfalls sehr allg ausgeführt: „Denn jede Partei hat in zumutbarer Weise dazu beizutragen, dass der Prozessgegner in die Lage versetzt wird, sich zur Sache zu erklären und den ggf erforderl Beweis anzutreten“. Diese Aussage hätte in den Leitsatz gehört; noch besser stünde sie im Gesetz. Zumindest müsste die sekundäre Darlegungslast präziser geregelt werden (ebenso BLP/Laumen Kap 22 Rn 53; Laumen MDR 2019, 193, 197); die einzelfallbezogene Durchbrechung des „nemo tenetur“-Prinzips macht sie zu einem „schwer prognostizierbaren Institut“ (Gomille [s Lit Rn 34] S 66 f) und beeinträchtigt dadurch die Rechtssicherheit. Eingeh zur Ausgestaltung einer allg Informationsleistungspflicht de lege ferenda Beckhaus (s Lit Rn 34) S 357 ff, zu einer ges Regelung der Darlegungslast in § 138 II Greger ZInsO 2022, 1997, 2001, zu mögl Vorbildern im Verf des EPG Ahrens GRUR 2017, 323 ff.

35 **8) Beweisorientierte Auslegung oder Fortbildung des materiellen Rechts.** Ohne Eingriff in das Beweisrecht lassen sich gerechte Lösungen schwieriger Beweislagen häufig dadurch erreichen, dass das zu beweisende Tatbestandsmerkmal mit den Mitteln der jur Methodenlehre modifiziert wird. Ein Bsp hierfür ist die Rspr des BGH zum Beweis für das äußere Bild eines Versicherungsfalls (s Rn 32). Auch der Anscheinsbeweis ließe sich einwandfrei auf eine mat-rechtl Legitimation zurückführen (näher Greger, Beweis u Wahrscheinlichkeit, 1978, S 179 ff, 191 ff; Greger VersR 80, 1091, 1103 f; aA MK/Prütting § 286 Rn 56; Ahrens Beweis Kap 16 Rn 16; WSch/Ahrens § 286 Rn 62; Walter ZZP 93 [1980], 97 ff). So würden zB die vielfältigen Versuche, den schwierigen Nachweis eines Ursachenzusammenhangs zu erleichtern (durch Anscheinsbeweis, Ausdehnung von § 287, Beweislastumkehr, tatsächl Vermutungen usw), entbehrl, wenn akzeptiert würde, dass das Gesetz überall dort, wo es einen Kausalzusammenhang verlangt, analog § 119 I, § 2087 I BGB nur die nach der Lebenserfahrung anzunehmende Ursächlichkeit (BGH NJW 95, 2361, 2362) meint (s Greger VersR 80, 1091, 1103). Weitere Vorbilder für eine im materiellen Recht angelegte Erleichterung schwieriger Beweise bieten § 252 S 2 BGB u § 1 II Nr 2 ProdHaftG.

36 **9) Materiell-rechtliche Informationsansprüche.** Beweisprobleme lassen sich auch dadurch vermeiden, dass der Anspruchsteller sich die benötigten Informationen vorprozessual mit Hilfe von zivilrechtl Ansprüchen auf Auskunft oder Einsichtsgewährung verschafft. Derartige Ansprüche werden durch zahlreiche Spezialvorschriften begründet (zB §§ 402, 630g, 666, 809 f, §§ 1379, 1605, 2027, 2057, 2127, 2314 BGB, § 87c III, § 233 I HGB, § 131 AktG, § 19 MarkenG, § 140b PatG, § 26 IV, V, §§ 101 f UrhG, § 10 UmweltHG, § 84a AMG, § 33g GWB [dazu s Bach/Wolf NZKart 2017, 285 ff]). Daneben erkennt die Rspr einen Auskunftsanspruch nach § 242 BGB zu, wenn zwischen den Parteien eine Rechtsbeziehung (zB aus Vertrag, geschäftl oder familiärer Verbindung,

Nachbarschaft) besteht, bei der der Anspruchsberechtigte in entschuldbarer Weise über das Bestehen oder den Umfang seines Rechts im Ungewissen ist, während der Verpflichtete die zur Beseitigung dieser Ungewissheit erforderl Auskünfte unschwer erteilen kann (BGHZ 191, 259 = NJW 2012, 450 [Maurer] mwN; ausf BLP/Laumen Kap 15 Rn 10 ff; Osterloh-Konrad, Der allg vorbereitende Informationsanspruch, 2007; Beckhaus [s Lit vor Rn 34] S 7 ff). Proz Aufklärungsinstrumente werden dadurch aber nicht entbehrl, da die vor- oder innerproz Durchsetzung mat-rechtl Informationsansprüche eine effiziente Rechtsverwirklichung hindert und zusätzl Verfahrensaufwand verursacht (für Vorrang proz Darlegungslasten u gegen die diesbezgl Restriktionen in der Judikatur auch Osterloh-Konrad aaO S 88 ff). Zur prozessualen Durchsetzung des Informationsanspruchs nach § 33g GWB s § 89b GWB (dazu Klumpe/Thiede NZKart 2016, 471 ff).

§ 284 Beweisaufnahme

(1) [1]Die Beweisaufnahme und die Anordnung eines besonderen Beweisaufnahmeverfahrens durch Beweisbeschluss werden durch die Vorschriften des fünften bis elften Titels bestimmt. [2]Mit Einverständnis der Parteien kann das Gericht die Beweise in der ihm geeignet erscheinenden Art aufnehmen. [3]Das Einverständnis kann auf einzelne Beweiserhebungen beschränkt werden. [4]Es kann nur bei einer wesentlichen Änderung der Prozesslage vor Beginn der Beweiserhebung, auf die es sich bezieht, widerrufen werden.

(2) [1]Das Gericht kann auf Antrag oder von Amts wegen die Beweisaufnahme per Bild- und Tonübertragung gestatten oder anordnen. [2]Das Antragsrecht steht den Verfahrensbeteiligten, Zeugen und Sachverständigen zu. [3]§ 128a Absatz 1, 2, 4 Satz 1 und 2 sowie Absatz 5 bis 7 gilt entsprechend. [4]Der Einspruch nach § 128a Absatz 2 Satz 2 steht auch den Verfahrensbeteiligten zu. [5]Satz 1 gilt nicht für den Beweis durch Urkunden.

(3) Gegenüber zu vernehmenden Parteien, Zeugen und Sachverständigen kann im Fall einer Beweisaufnahme nach Absatz 2 zusätzlich angeordnet werden, dass sich diese während der Vernehmung an einer vom Gericht näher zu bestimmenden Gerichtsstelle aufhalten.

II u III angefügt unter Übernahme und Erweiterung der bisher in § 128a II enthaltenen Regelung zur Video-Beweisaufnahme durch G zur Förderung des Einsatzes von Videokonferenztechnik in der Zivilgerichtsbarkeit und den Fachgerichtsbarkeiten v 15.7.2024 (BGBl 2024 I Nr 237) mWv 19.7.2024.

I) Bedeutung. Die Vorschrift lässt seit ihrer am 1.9.2004 in Kraft getretenen Änderung durch das 1. JuMoG neben dem Regelfall des **Strengbeweises** (S 1), der nach den verbindl Vorschriften der §§ 355-484 zu erheben ist, **bei Einverständnis beider Parteien** den sog **Freibeweis** zu, den das Gericht ohne Bindung an diese Vorschriften in der ihm geeignet erscheinenden Art aufnehmen kann (§ 284 I 2). Die praktische Bedeutung der Änderung ist gering; das Einverständnis beider Parteien mit formlosen Befragungen wird allenfalls bei Randfragen und absolut zuverlässigen Auskunftspersonen zu erlangen sein (Huber ZRP 2003, 269; Völzmann-Stickelbrock ZZP 118 [2005], 377 ff); selbst dann kann unmittelbarer Eindruck geboten sein (LG Saarbrücken NZV 2010, 359). Für den Video-Beweis sa Rn 6 ff. 1

II) Freibeweis. 1) Anwendungsbereich. Die Ermächtigung zum Freibeweis gilt im Erkenntnisverf vor dem LG u dem AG (§ 495), im Berufungsverf (§ 525) und ggf im Revisionsverf (§ 555), in den Bagatellverf nach § 495a u § 1101 I sogar ohne Einverständnis. Für das Beschwerdeverf bestehen keine Vorschriften über die Beweisaufnahme (BGH NJW 2008, 1531, 1533). Zur Ermittlung ausl Rechts s § 293 Rn 10 ff. 1a

Der BGH lässt Freibeweis ohne Einverständnis der Parteien auch für die **Feststellung verfahrensrelevanter Tatsachen**, insb bei der Prüfung von Prozess- und Rechtsmittelvoraussetzungen, zu (BGH NJW 2011, 778: Klärung der Existenz einer Prozesspartei; BGH FamRZ 2012, 631: Prozessfähigkeit; BGH NJW 2010, 3033: Prozessführungsbefugnis; BGH NJW-RR 2012, 429: Rechtsschutzinteresse; BGH NJW-RR 2012, 701: Widerlegung des Eingangsstempels; BGH NJW-RR 2012, 701: Fax-Eingang der Berufungsschrift; BGH NJW-RR 2012, 509: Widerlegung des Zustellungsdatums; BGHZ 153, 165, 169 = NJW 2003, 1123: Voraussetzungen eines Beweisverbots; BGH WRP 2016, 1142 Tz 11: Unterschriftsverhinderung des Richters); ebenso für Wahrung einer matrechtl Ausschlussfrist BGH MDR 2023, 1234 Tz 23 ff). Diese Praxis, für die sich keine rechtl Begründung finden lässt (s Greger FS Gottwald, S 207 ff) ist bereits vor der Gesetzesänderung bei der hL auf Ablehnung gestoßen (grundl Kritik bei E. Peters, Der sog Freibeweis im Zivilprozess, 1962; wN bei StJ/Berger vor § 355 Rn 23). Ihre Fortführung widerspricht dem Gesetz und verkürzt die Verfahrensgarantien (Unmittelbarkeit, Parteiöffentlichkeit), obwohl Zulässigkeitsfragen für die Rechtsdurchsetzung ebenso wichtig sind wie Begründetheitsfragen. Im Interesse der Rechtssicherheit und -klarheit sollte die Anwendung des Freibeweises auch bei den verfahrensrelevanten Tatsachen im Erkenntnisverf vom Einverständnis der Parteien abhängig gemacht werden (ebenso StJ/Berger vor § 355 Rn 24; MK/Prütting § 284 Rn 28; PG/Laumen Rn 56; AG/Anders vor § 284 Rn 18; RSchwab/Gottwald § 77 Rn 52; Musielak FG Vollkommer, S 248; Knauer/Wolf NJW 2004, 2862; in der Tendenz auch StJ/Thole Rn 91 ff; aA WSch/Ahrens Rn 43; Fölsch MDR 2004, 1029). Nur dies entspricht auch dem gesetzgebe- 1b rischen Anliegen, die Parteiherrschaft und die Verfahrensakzeptanz im Zivilprozess zu stärken (BTDrs 15/1508, 18; Greger NJW-Sonderheft BayObLG 2005, 39).

2 **2) Zulässigkeit. a)** Die **allgemeinen Voraussetzungen** für eine Beweisaufnahme (insb Beweisantritt, Notwendigkeit und Zulässigkeit, Ausforschungsverbot; s vor § 284 Rn 1 ff) gelten auch beim Freibeweis. Wegen des Verhandlungsgrundsatzes auch hier Beweiserhebung vAw nur im Rahmen des allg Zulässigen (s vor § 284 Rn 2). Der Freibeweis darf nicht mit der Aufklärungstätigkeit nach § 26 FamFG gleichgestellt werden, weil dort der Untersuchungsgrundsatz gilt. – Das Gericht muss die freie Beweiserhebung im Einzelfall als zur Wahrheitsermittlung **geeignet** ansehen. Wünschen die Parteien übereinstimmend Freibeweis, hält das Gericht diesen aber für nicht sachgerecht, so hat es hiervon abzusehen und den Parteien durch entspr Hinweis Gelegenheit zu geben, ihre Beweisantritte darauf abzustellen.

2a **b)** Zusätzl muss das **Einverständnis beider Parteien** vorliegen (s aber Rn 1b). Dieses kann entweder allg oder bezogen auf einzelne Beweiserhebungen erklärt werden (Letzteres sollte die Regel sein; vgl die Warnung des BR vor einem zu weitgehenden Verzicht auf elementare Verfahrensregeln in BTDrs 15/1508, 39). Es ist Prozesshandlung (zur Erklärung s § 128 Rn 4 ff). Für **Widerruf** Sonderregelung in § 284 I 4: Er ist nicht mehr mögl, wenn die betr Beweiserhebung bereits begonnen, dh das Gericht entspr Maßnahmen eingeleitet hat (StJ/Thole Rn 107), auch davor nur bei wesentl Änderung der Prozesslage (zB gewachsener Bedeutung des Beweisthemas). Einem Antrag auf förml Beweisaufnahme ist gleichwohl stattzugeben, wenn sich die obj Prozesslage (sei es auch auf Grund der Beweiserhebung) wesentl geändert hat (Greger NJW-Sonderheft BayObLG 2005, 39; zu pauschal BT-Rechtsausschuss, BTDrs 15/3482, 17): S 4 will nur verhindern, dass die mit dem Ergebnis des Freibeweises unzufriedene Partei noch zu Strengbeweis übergehen kann. Für Videobeweis bedarf es keines ausdrückl Einverständnisses (§ 284 II 1: vAw).

3 **3) Verfahren.** Ist dem Gericht – was kaum vorkommen dürfte – die pauschale Ermächtigung zum Freibeweis erteilt worden, kann es die angebotenen oder nach den allg Regeln auch vAw zu erhebenden Beweise in der ihm geeignet erscheinenden Art aufnehmen, also zB einen *benannten* Zeugen oder einen SV telefonisch, per Video (sa § 284 II) oder per E-Mail oder formlos anlässl einer Ortsbesichtigung befragen, eigene Recherchen im Internet durchführen. Ist das Einverständnis auf einzelne Beweiserhebungen beschränkt, kann das Gericht nur diese abw von §§ 355 ff vornehmen. – **Zeugnisverweigerungsrechte** dürfen nicht durch eine formlose Befragung umgangen werden; Belehrung nach § 383 II ist auch hier geboten (OLG Stuttgart MDR 2015, 225). Der Auskunftsperson ist zu verdeutlichen, dass sie zu Beweiszwecken für ein gerichtl Verf befragt wird; es empfiehlt sich Wahrheitsermahnung entspr § 395 I (jedoch ohne Hinw auf Möglichkeit der Beeidigung und Strafbarkeit nach §§ 153 ff StGB). Schriftl Zeugenbefragung ist iÜ auch im Strengbeweisverf mögl (§ 377 III). – **Eidesstattliche Versicherungen** sind im Zivilprozess nach § 294 I nur als Mittel der Glaubhaftmachung (und selbst dort nur beschränkt; vgl § 44 II, § 406 III, § 511 III) zugelassen; schon mangels strafrechtl Relevanz (§ 156 StGB: „zuständige Behörde“; s BayObLG NJW 96, 406, 408) können sie daher auch im Freibeweisverf nicht als Beweismittel dienen; jedenfalls haben sie keine ausreichende Beweiskraft (BGH NJW 2007, 1457; BGH MDR 2020, 627 [Alpes MDR 2020, 658], auch zur entspr Hinweispflicht), so wie auch die schlichte Erklärung einer Partei zwar nach §§ 141, 286 Erkenntnis-, nicht aber Beweismittel iSv § 284 I 2 sein kann. Der BGH wertet die eidesstattl Versicherung des RA aber als Angebot seiner Zeugenvernehmung (BGH NJW-RR 2012, 509; BGH MDR 2010, 97). – Bei **Misslingen** des Freibeweises: s Rn 5.

4 Die **Beweisaufnahme** muss nicht unmittelbar vor dem erkennenden Gericht (§ 355 I) und nicht in Anwesenheit der Parteien (§ 357) durchgeführt werden. Zur Wahrung des rechtl Gehörs muss aber auch hier das **Beweisergebnis** mit den Parteien erörtert und Gelegenheit zur Verh darüber gegeben werden (§ 279 III, § 285); dieser Vorgang ist nach § 160 II zu protokollieren (entgegen Saenger ZZP 121 [2008], 155 nicht die Aussage selbst nach § 160 III Nr 4).

5 **4) Beweismaß.** Auch der Freibeweis ist nur erbracht, wenn das Gericht die volle Überzeugung iSv § 286 erlangt hat (BGH NJW-RR 92, 1338). Kann es sich weder von der Wahrheit noch von der Unwahrheit der zu beweisenden Behauptung überzeugen, ist Gelegenheit zum Beweisantritt im Strengbeweisverf zu geben (BGH NJW 2000, 814; BVerwG NJW 2008, 3588; Fölsch MDR 2004, 1030).

6 **III) Video-Beweisaufnahme (§ 284 II, III). 1) Anwendungsbereich und Bedeutung.** Das Gericht kann sowohl in einer Videoverh nach § 128a als auch in einem ansonsten mit präsenten Beteiligten geführten Verf Beweisaufnahmen per Bild- und Tonübertragung vornehmen. Fehlen bei ihm die technischen Voraussetzungen für eine Videoverh (§ 284 II 3, § 128a I), kommt Durchführung durch einen beauftragten Richter (§ 361) in Betracht. Dies gilt, anders als im bish § 128a II, für alle Beweismittel (außer Urk, § 284 II 5). Hauptanwendungsbereich ist die Vernehmung von Zeugen, SV oder Parteien. Zum Augenschein s Rn 16, zur grenzüberschreitenden Beweisaufnahme s Rn 17. Die Anhörung eines SV zur Erläuterung seines Gutachtens ist in § 411 III geregelt. Für das arbeitsgerichtl Verf Sonderregelung in § 58 IV, V ArbGG.

7 *Da eine Beweisaufnahme per Video-Übertragung mit Einverständnis der Beteiligten bereits als Freibeweis nach § 284 I 2 zulässig ist, hat II nur geringe Bedeutung. Der Einspruch einer Partei oder des zu Vernehmenden (§ 284 II 3, 4 iVm § 128a II 2) verhindert eine Video-Vernehmung, die nicht allseits erwünscht ist. Es empfiehlt*

sich daher, die Form der Beweisaufnahme mit den Beteiligten in einem Organisationsgespräch oder Erörterungstermin (§ 273 Rn 15) abzustimmen. Wenn dort auch bereits die Haltung der Beweispersonen abgeklärt wird, lassen sich Verfahrenserschwernisse durch spätere Anträge oder Einsprüche vermeiden. Die Bedeutung der Vorschrift liegt deshalb hauptsächl darin, die Möglichkeit einer Online-Beweisaufnahme ins Blickfeld zu rücken.

2) Verfahren. a) Entscheidung. Das Gericht kann die Beweisaufnahme per Video **gestatten** (dann steht es der Beweisperson frei, ob sie vor Gericht erscheint oder sich zuschaltet) oder **anordnen** (dann ist die virtuelle Teilnahme obligatorisch). Hierüber kann das Gericht vAw entscheiden (zur ratsamen Vorklärung s Rn 7), eine Entscheidung kann aber auch von Parteien, anderen Verfahrensbeteiligten oder Beweispersonen beantragt werden. Sie ist durch **Beschluss des Gerichts** (nicht des Vors allein) zu treffen u steht (anders als beim Antrag auf Videoverh nach § 128a III 1) in dessen **freiem Ermessen**. Neben den Vorteilen (Verfahrensbeschleunigung, geringerer Zeitaufwand) sind evtl Beeinträchtigungen der Beweiswürdigung zu berücksichtigen. Ggü einer Vernehmung im Rechtshilfeweg verdient die Video-Vernehmung den Vorzug (§ 375 I Nr 2, 3). 8

Bei der **Gestattung** wird der zu Vernehmende zur Verh vor dem Gericht geladen und zugleich mitgeteilt, dass er nicht zu erscheinen braucht, wenn die Vernehmung per Video-Übertragung durchgeführt wird. Dabei können auch Vorgaben hinsichtl Aufnahmeort u -technik gemacht, insb das Aufsuchen einer Gerichtsstelle angeordnet werden (§ 284 III, § 377 II Nr 5). Soll der Beweisperson eine private Zuschaltung gestattet werden, ist sie anzuweisen, die Bild- und Tonübertragung sicherzustellen § 377 II Nr 4; hierfür sollte empfohlen werden, mit der IT-Dienststelle des Gerichts (s § 128a Rn 12) telefonisch Kontakt aufzunehmen und einen Testlauf sowie eine Erreichbarkeit während des Termins zu vereinbaren. Die Belehrung über die Säumnisfolgen (§ 377 II Nr 3, § 402) ist um den Hinweis zu ergänzen, dass diese auch eintreten, wenn der Geladene sich nicht rechtzeitig und ordnungsgem zuschaltet. 9

Bei der **Anordnung** der Video-Vernehmung unterbleibt die Ladung an die Gerichtsstelle; iÜ gilt das Vorstehende entspr. Zusätzl ist darüber zu belehren, dass gegen die Anordnung innerhalb von zwei Wochen **Einspruch** eingelegt werden kann und für diesen Fall die Vernehmung am Gericht angeordnet wird (§ 284 II 3 iVm § 128a IV 1). Um Verzögerungen zu vermeiden, kann dieser Termin vorsorgl sogleich, evtl übereinstimmend mit dem Termin für eine anderweitige Beweisaufnahme, anberaumt werden. Wurde ggü weiteren Beweispersonen die Video-Vernehmung angeordnet, wird diesen mitgeteilt, dass diese Anordnung aufgehoben wurde und es ihnen freisteht, persönl vor Gericht zu erscheinen (§ 284 II 3 iVm § 128a IV 1, 2); zu diesem Termin sind sie zu laden. 10

Die **Ablehnung eines Antrags** ergeht ebenfalls durch Beschluss. Dieser bedarf, da unanfechtbar (§ 284 II 3 iVm § 128a VII), keiner Begründung (s § 329 Rn 25; die im Entwurf vorgesehene Verweisung auf § 128a II 3 [jetzt III 2] wurde im Vermittlungsausschuss gestrichen). 11

b) Rechtsbehelf. Die Gestattung oder Anordnung der Video-Beweisaufnahme ist ebenfalls unanfechtbar (§ 284 II 3 iVm § 128a VII). Gegen die Anordnung kann jedoch binnen 2 Wochen **Einspruch** eingelegt werden (§ 284 II 3, 4 iVm § 128a II 2), wodurch sich die Anordnung für alle Beteiligte in eine Gestattung verwandelt (§ 284 II 3 iVm § 128a IV 1, 2). Nach der im Vermittlungsausschuss zustande gekommenen Fassung steht der Einspruch auch den Parteien zu. Für sie ist die Verweisung in § 284 III aber sinnentspr dahingehend auszulegen, dass sie auch gegen die Gestattung der Videovernehmung Einspruch einlegen können (denn ihr Interesse richtet sich mehr auf die Präsenz der Beweisperson als auf die Freiwilligkeit ihres Erscheinens). Dementspr kann der Einspruch auch auf eine einzelne Beweisperson beschränkt werden, dem SV zB die Möglichkeit der Zuschaltung erhalten bleiben, wenn eine Partei auf die persönl Vernehmung eines Zeugen Wert legt. 12

3) Praktische Durchführung. a) Vernehmung. Sie wird zeitgleich wechselseitig in Bild u Ton in den Vernehmungs- u den Sitzungsraum, bei Video-Verhandlung an die Aufenthaltsorte weiterer Beteiligter iSv § 128a I 3 übertragen, dh der zu Vernehmende muss auch das Gericht u die anderen Beteiligten sehen und hören können (BTDrs 15/4067, 31). Zeugen werden grds nur für die Zeit ihrer Vernehmung zugeschaltet (§ 394 I; Ausnahme: § 394 II), SV ggf auch während der Vernehmung von Zeugen; zur Parteivernehmung s § 451 Rn 2, für das Verhältnis Partei/ProzBev s § 128a Rn 28. IÜ gelten die allg Vorschriften (zB über Belehrung, Angaben zur Person u zur Sache, Fragerecht, Beeidigung, Protokollierung). – Eine **Aufzeichnung** der Vernehmung ist unzulässig; darauf ist zu Beginn der Vernehmung hinzuweisen (§ 284 II 3 iVm § 128a VI). Zur Aufzeichnung zwecks Protokollierung s § 160a Rn 2. 13

Auch wenn die Video-Vernehmung in einem gesonderten Termin zur Beweisaufnahme vor dem erk Gericht stattfindet, ist sie **öffentlich** (s § 169 GVG Rn 8), nicht bei Vernehmung durch beauftragten Richter gem §§ 375, 361 (Parteiöffentlichkeit gem § 357 ist aber auch dort durch Mitteilung der Einwahldaten zu wahren). Die Zuziehung eines Zeugenbeistands (s vor § 373 Rn 16) ist auch bei der Video-Vernehmung zulässig, die Anwesenheit sonstiger Personen nur mit Genehmigung des Vors. Da diese (und damit eine Beeinflussung des Zeugen) niemals ganz ausgeschlossen werden kann, empfiehlt sich bei kritischen Zeugenaussagen ein Vorgehen nach § 284 III. Die Ordnungsgewalt des Vors erstreckt sich auf den Vernehmungsraum (s § 128a Rn 27). 14

Soll die Vernehmung an einer **auswärtigen Gerichtsstelle** durchgeführt werden (§ 284 III), ist zu klären, ob dort die technischen und organisatorischen Voraussetzungen gegeben sind. Bei der Zurverfügungstellung des 15

Raums, der Übertragungstechnik u des notw Personals handelt es sich um Rechtshilfe iSv §§ 156 ff GVG (BTDrs 20/8095, 61).

16 **b) Augenschein.** Statt sich einen zu besichtigenden Gegenstand vorlegen zu lassen oder einen zu besichtigenden Ort aufzusuchen, kann das Gericht gestatten oder anordnen, dass ihm der optische Eindruck durch eine Video-Übertragung (sog Tele-Augenschein) verschafft wird (BTDrs 20/8095, 60). Bei der entspr Ermessenausübung wird die Verfahrenserleichterung gegen den uU geschmälerten Beweiswert abzuwägen sein (Riehm/Dörr/Irskens, Digitalisierung u Zivilverf, 2023, § 20 Rn 37; zur Verbesserung durch VR-Technik s Heetkamp/Leeb/Schlicht jM 2024, 44 ff). Für die einwandfreie Bildübertragung hat der Beweisführer zu sorgen. Gegen einen angeordneten Tele-Augenschein kann er (nicht der Gegner) binnen 2 Wochen Einspruch erheben; dann hat er den Augenschein auf andere Weise zu ermöglichen. Wie bisher kann der Tele-Augenschein auch im allseitigen Einverständnis als Freibeweis (§ 284 I) durchgeführt werden.

17 **4) Internationale Beweisaufnahme.** § 284 bietet keine Legitimation für die Erhebung von Beweisen auf fremdem Staatsgebiet (aA für die Vernehmung mitwirkungsbereiter Zeugen Berger FS Rauscher, 2025, S 55, 66 ff). Auch **Vernehmungen** per Video können daher nur nach den Regelungen der internat Rechtshilfe (§ 363, HBÜ) durchgeführt werden, im Geltungsbereich der **EuBeweisVO** (EU außer Dänemark) sowohl mittelbar (s dazu Art 12 IV EuBeweisVO) als auch unmittelbar durch das erk Gericht nach Maßgabe des Art 19, 20 EuBeweisVO (dh mit Genehmigung des ausländischen Staats und Einverständnis des zu Vernehmenden). Zur praktischen Durchführung s Windau jM 2021, 178, 183 f; Weber jM 2024, 404, 410. Bei Benennung eines Zeugen im EU-Ausland sollte daher sogleich mitgeteilt werden, ob dieser mitwirkungsbereit ist, denn sonst muss Rechtshilfe beantragt werden (Fabig/Windau NJW 2022, 1977, 1980; zur Video-Teilnahme an der Rechtshilfevernehmung s Windau jM 2021, 178, 184 f). Bei Geltung des **HBÜ** kommt in Betracht, dass das ersuchte Gericht den Zeugen in Präsenz vernimmt u das ersuchende sich hieran im Wege der Video-Übertragung beteiligt (Berger FS Rauscher, 2025, S 55, 61 f). – Ein **Augenschein** in einem anderen Staat fällt ebenfalls unter die Regelungen für Beweisaufnahme im Ausland; daran ändert sich durch die Vornahme per Video-Übertragung nichts (aA Berger FS Rauscher, 2025, S 55, 69; für den Bereich des HBÜ Windau jM 2021, 178, 185). – Erkenntnisse aus einer nach Vorstehendem unzulässigen grenzüberschreitenden Video-Beweisaufnahme sind bei der Beweiswürdigung aber verwertbar (OLG Oldenburg MDR 2013, 547 LS; Windau jM 2021, 178, 183, 185).

§ 285 Verhandlung nach Beweisaufnahme

(1) Über das Ergebnis der Beweisaufnahme haben die Parteien unter Darlegung des Streitverhältnisses zu verhandeln.

(2) Ist die Beweisaufnahme nicht vor dem Prozessgericht erfolgt, so haben die Parteien ihr Ergebnis auf Grund der Beweisverhandlungen vorzutragen.

1 **1) Schlussverhandlung (§ 285 I).** Bei **Beweisaufnahme vor dem Prozessgericht** (I, § 355) ist der Beweistermin gleichzeitig **Verhandlungstermin** in der Sache selbst (§ 370 I; zu den Folgen fehlender Teilnahme der Parteien s § 370 Rn 2). Die Parteien haben, nachdem das Gericht, soweit mögl, das Ergebnis der Beweisaufnahme bekannt gegeben und mit ihnen erörtert hat (§ 279 III; s § 279 Rn 5 f), erneut über die Sache zu verhandeln. Wiederholung der Sachanträge nach der Beweiserörterung ist entbehrl (BGHZ 63, 94, 95 = NJW 74, 2322). Beweiserörterung und Schlussverh sind zu protokollieren (s § 279 Rn 7). **Verzicht** auf diese Schlussverh ist mögl (s § 295 Rn 2 f), liegt aber noch nicht im Unterlassen eines Antrags auf Vertagung oder Schriftsatzfrist. – Bei Einverständnis mit **schriftlichem Verfahren** (§ 128 II) findet Beweisverh in diesem statt.

2 **2) Nachreichen einer schriftlichen Beweiswürdigung.** Hierauf besteht grds kein Anspruch (BGH NJW 91, 1547, 1548). **Ausnahme:** Ist sof Verh über das Beweisergebnis **nicht zumutbar** (zB wenn SV-Vernehmung Fragen aufgeworfen hat, zu denen die Partei sich ohne sachkundige Beratung nicht äußern kann, BGH NJW 2018, 2723 Tz 26 ff), ist Gelegenheit zu nachträgl Stellungnahme in angemessener Frist nach Vorliegen des Protokolls zu geben (BGH NJW 2011, 3040; BGH NJW 84, 1823), auch wenn nicht ausdrückl beantragt (BGH NJW 88, 2302). Wurde ein Schriftsatznachlass (zu Recht oder zu Unrecht) gewährt oder hätte er nach Vorstehendem gewährt werden müssen, ist das Gericht verpflichtet, die vor Ablauf der Frist bzw Verkündung der Entscheidung eingehende Stellungnahme in die Beweiswürdigung einzubeziehen. Entspr Vortrag ist nicht nach §§ 296a, 531 II ausgeschlossen (BGH MDR 2025, 188), sondern gem § 279 III, § 285 I „erneut mit den Parteien zu erörtern". Hierfür bedarf es zur Wahrung des rechtl Gehörs in aller Regel (Alternative: § 128 II) der Wiedereröffnung der mündl Verh (§ 156 II Nr 1; BGH NJW 2019, 2477; BGH NJW 88, 2302; BGH MDR 2011, 160); § 283 ist nicht anwendbar (BGH NJW 2004, 2019, 2021). Neue Beweisangebote, die sich als Reaktion auf das Ergebnis der Beweisaufnahme darstellen, sind zu beachten (BGH MDR 2013, 487 LS).

3 ***3) Rechtsmittel.*** *Unterlassen* der Schlussverh kann als Verletzung des rechtl Gehörs gerügt werden. Dabei ist darzulegen, was dort vorgetragen worden wäre und dass nicht auszuschließen ist, dass dieser Vortrag zu einer anderen Beweiswürdigung geführt hätte (BGH NJW 2016, 2890).

4) Beweisaufnahme außerhalb des Prozessgerichts (§ 285 II). Nicht in einer Beweisaufnahme beim erk Gericht (zB mittels Rechtshilfe oder auf schriftl Weg) gewonnene Erkenntnisse sind von den Parteien in der Schlussverh vorzutragen (idR durch Bezugnahme auf Protokoll, Gutachten oder schriftl Auskunft) u mit ihnen gem § 279 III zu erörtern. Soweit Beweis vAw aufgenommen wurde (s vor § 284 Rn 2), bringt Gericht das Ergebnis ein. Folgen des Verstoßes wie bei I (s Rn 1). 4

§ 286 Freie Beweiswürdigung

(1) [1]Das Gericht hat unter Berücksichtigung des gesamten Inhalts der Verhandlungen und des Ergebnisses einer etwaigen Beweisaufnahme nach freier Überzeugung zu entscheiden, ob eine tatsächliche Behauptung für wahr oder für nicht wahr zu erachten sei. [2]In dem Urteil sind die Gründe anzugeben, die für die richterliche Überzeugung leitend gewesen sind.

(2) An gesetzliche Beweisregeln ist das Gericht nur in den durch dieses Gesetz bezeichneten Fällen gebunden.

Lit: *Geipel*, Hdb der Beweiswürdigung, 3. Aufl 2017; *Greger*, Beweis u Wahrscheinlichkeit, 1978; *Huber*, Das Beweismaß im Zivilprozess, 1983; *Leipold*, Beweismaß u Beweislast im ZP, 1985; *C.H. Müller*, Beweisverbot und Sachvortragsverbot, 2019; *Prütting*, Gegenwartsprobleme der Beweislast, 1983; *Schweizer*, Beweiswürdigung und Beweismaß, 2015; *Walter*, Freie Beweiswürdigung, 1979.

I) Beweiswürdigung. 1) Freiheit und Vollständigkeit. § 286 setzt an die Stelle der Sachverhaltsfeststellung nach Beweisregeln (gemeines u kanonisches Recht) die freie Überzeugungsbildung des Gerichts unter Berücksichtigung des gesamten Prozessstoffes (s Rn 12 ff). Dazu gehört neben dem Ergebnis der Beweisaufnahme auch jede sonstige (prozessordnungsgemäße) Wahrnehmung aus der mündl Verh (s Rn 14). 1

Zu dieser **umfassenden Würdigung** ist das Gericht nicht nur berechtigt, sondern auch **verpflichtet**. Es verletzt § 286 u das rechtl Gehör, wenn das Gericht Beweisangebote übergeht (s vor § 284 Rn 8), nicht ausschöpft (vgl BGH NJW 92, 1768 zu den Bemühungen um Vernehmung eines Auslandszeugen; sa vor § 402 Rn 14 zu lückenhaftem Gutachten) oder Beweismittel unvollständig würdigt (BGH NJW-RR 92, 1392, 1393; BGHReport 2004, 185), sofern nicht ein Beweisverwertungsverbot (s Rn 15a ff) eingreift. Hat das Gericht unnötigerw auch den Gegenbeweis erhoben (zB vor abschließender Würdigung des Hauptbeweises; s vor § 284 Rn 10), ist auch dieses Beweisergebnis in die einheitl Beweiswürdigung einzubeziehen, ohne dass dem die Regeln der Beweislast (s vor § 284 Rn 15 ff) entgegenstehen. Daher darf zB nicht unbeachtet bleiben, dass der Zeuge des beweisbelasteten Kl das Beweisthema nicht, der Zeuge des Bekl jedoch die Beweisbehauptung des Kl überzeugend bestätigt hat (Fetzer MDR 2009, 604). Ebenso darf die von einer Partei vorgelegte Beweisurk je nach ihrem Inhalt auch zum Nachteil des Beweisführers gewertet werden (BGH MDR 83, 1018). Die Regeln der Beweislastverteilung sind für die Beweiswürdigung nicht verbindl; insb begründen sie kein Verwertungsverbot für Beweisergebnisse. Ergibt die Beweisaufnahme Umstände, die vom Beweispflichtigen nicht vorgetragen sind, aber auch nicht in Widerspruch zu seinem Vorbringen stehen, sind auch diese bei der Beweiswürdigung zu berücksichtigen (BGH NJW 2001, 2177; s vor § 128 Rn 10 u zu ähnl Situationen bei Nichtbestreiten begünstigenden Gegnervortrags s § 138 Rn 11). Auf einen Sachverhalt, den keine der Parteien behauptet hat und den sich die begünstigte Partei auch nicht zu eigen macht, darf jedoch die Entscheidung nicht gegründet werden (BGH NJW-RR 90, 507; s vor § 128 Rn 10). Der Inhalt beigezogener Akten darf nur insoweit verwertet werden, als die Parteien sich auf ihn berufen haben (BGH NJW 94, 3295, 3296; sa OLGR Frankfurt 1995, 71) u er zum Gegenstand der mündl Verh gemacht wurde (BGH NJW 2004, 1324, 1325). Zur Verwertung von Feststellungen in einem Strafurteil s Rn 13. Die Verwertung von Erkenntnissen, die das Gericht erst nach dem Schluss der mündl Verh gewonnen hat, verletzt den Anspruch auf rechtl Gehör (BGH NJW-RR 98, 1261); Lösung: § 156. 2

2) Grenzen der freien Beweiswürdigung. a) Von § 286 II ausnahmsw zugelassene **ges Beweisregeln** schränken die richterl Überzeugungsbildung (bis zum Vollbeweis des Gegenteils; BGH NJW 90, 2125) ein, so zB hinsichtl der Beweiskraft gewisser Urk: §§ 165, 314 (Protokoll u Urteil), §§ 415-418 (öffentl u priv Urk), § 195 II, § 183 V, 3

§ 175 III (Zustellung). § 371a regelt die Erschütterung eines ges Anscheinsbeweises (zum Anscheinsbeweis iÜ s vor § 284 Rn 29a). Ges Vermutungen (§ 292) wirken nicht auf der Ebene der Beweiswürdigung (s vor § 284 Rn 10). – Wie sich aus § 13 EGZPO ergab, sollten durch II nur die in früheren Landesgesetzen enthaltenen Beweisregeln aufgehoben werden. Bindend sind daher **Beweisregeln**, die **außerhalb der ZPO** in anderen Reichs- oder Bundesgesetzen enthalten sind, so zB § 190 StGB (BGH NJW 85, 2644, 2646). – Zur Begrenzung durch **Natur-, Erfahrungs- und Denkgesetze** s Rn 13e.

4 b) Die **Prozessart** kann das Gericht zwingen, das Urteil unter Nichtberücksichtigung von Zweifeln oder gegenteiliger Überzeugung auf bloßen Formalbeweis zu stützen (Urkundenprozess §§ 592, 595 II).

5 **c) Beweisverwertungsverbote** können der Berücksichtigung bestimmter Beweisergebnisse entgegenstehen (hierzu, insb zu den rechtswidrig erlangten Beweismitteln, s Rn 15a ff).

6 **d)** Das **Geständnis** iSv § 288 zwingt, die zugestandene Tatsache als wahr zu behandeln, auch wenn das Gericht zweifelt (zu Ausnahmen s § 288 Rn 6 u 7).

7 **e) Beweislastregeln** (s vor § 284 Rn 15 ff) hindern die freie Beweiswürdigung niemals, denn sie setzen erst ein, wenn trotz Beweiswürdigung Zweifel fortbestehen.

8 **f) Beweisverträge**, die in die freie Beweiswürdigung eingreifen, sind nichtig (s vor § 284 Rn 2b mit Abgrenzung von anderen Vereinbarungen).

9 **3) Gegenstand der Beweiswürdigung. a) Tatsachen**, dh alle der äußeren Wahrnehmung zugängl Geschehnisse oder Zustände, aus denen das obj Recht Rechtswirkungen herleitet (RSchwab/Gottwald § 112 Rn 3), so auch sog innere Tatsachen wie Wille, Vorsatz, Einverständnis (s vor § 284 Rn 24a), negative Tatsachen (s vor § 284 Rn 24), nur eingeschränkt dagegen die sog Rechtstatsachen (s § 138 Rn 11a; § 288 Rn 1a). Der beweiserhebl Tatsachenvortrag der Parteien, Zeugen usw ist von unmaßgebl Werturteilen u Tatsachenurteilen (zB jemand sei Eigentümer, Erbe, bösgläubig, leichtsinnig, habe eine Notlage ausgebeutet usw) zu trennen.

9a **b) Indizien** (hierzu Nack NJW 83, 1035; Nack MDR 86, 366). Entscheidungserhebl und damit beweisbedürftig (s vor § 284 Rn 9 u 10) sind grds nur Tatsachen, die einen unmittelbaren Bezug zum Streitgegenstand haben. Das schließt aber, insb bei Beweisnot oder Unzumutbarkeit der Beweisführung für unmittelbare Tatsachen, die Beweiserheblichkeit auch **mittelbarer Tatsachen** nicht aus, wenn diese nur geeignet sind, logische Rückschlüsse auf den unmittelbaren Beweistatbestand – bestärkend oder entkräftend – zu ziehen. Dieser ernstl mögl Bezug muss beim Beweisantritt schlüssig dargelegt werden, um die Beweiserhebung über solche Indiztatsachen zu rechtfertigen (s vor § 284 Rn 5). Der BGH spricht hier zutr vom Beweistatbestand als einem Mosaik, in welchem auch Indiztatsachen als Steinchen bedeutsam werden können (BGH NJW 83, 2034, 2035). Vor Erhebung eines angetretenen Gegenbeweises darf Indizienbeweis nicht als geführt angesehen werden (BGH WM 2009, 1288). – Auch der **Zeuge vom Hörensagen** ist geeignet, Indizien zu liefern, mag auch der Beweiswert einer solchen Aussage geringer sein als die Bekundung unmittelbar eigener Wahrnehmungen (s vor § 373 Rn 1; BGHZ 168, 79, 84; BGH NJW 84, 2039; BGH NJW 2017, 386 Tz 27). – Mit dem **Anscheinsbeweis** (s vor § 284 Rn 29) hat der Indizien- oder Anzeichenbeweis dagegen nichts zu tun. Bei jenem geht es darum, dass der Nachweis eines Ursachenzusammenhanges oder der Ursache eines Erfolges durch den Nachweis eines typischen Geschehensablaufes ersetzt wird (mit der Folge, dass insoweit keine Beweiswürdigung mehr stattfindet), während der Indizienbeweis nur Grundlagen für die Beweiswürdigung liefert. Die Unterscheidung ist wichtig vor allem im Hinblick auf die revisionsgerichtl Überprüfungskompetenz (s § 546 Rn 7), wird aber auch vom BGH nicht immer richtig getroffen (s zB BGHZ 100, 31).

10 **c) Rechtsnormen** dulden hinsichtl ihres Bestehens und Inhalts grds keine freie Beweiswürdigung, Art 20 III GG. Der Richter hat sie vAw festzustellen ohne Rücksicht auf Vortrag, Geständnis, Bestreiten u Beweisangebot (StJ/Thole § 284 Rn 18). Zur Ausnahme bei ausl Recht, Gewohnheitsrecht u Satzungsrecht s § 293.

11 **d) Erfahrungssätze** sind keine Tatsachen, sondern aus der Wahrnehmung häufiger Vorgänge abgeleitete Hilfsmittel der Beweiswürdigung (s Rn 13d).

12 **4) Vorgang der Beweiswürdigung. a) Freiheit** der Beweiswürdigung heißt nicht Freiheit in der Beweis*erhebung*. Wo eine entscheidungserhebl Frage streitig ist, sind die hierfür angebotenen Beweise, sofern sie zur Beweisführung zulässig, geeignet und von der beweisbelasteten Partei bzw gegenbeweisl von deren Gegner angeboten sind, zu erheben (s vor § 284 Rn 8 ff), und zwar grds in der Form des Strengbeweises (s § 284; zur Ausnahme bei offenkundigen Tatsachen s § 291). Erst nach dieser Beweiserhebung ist Raum für die richterl Beweiswürdigung (die dann aber das gesamte Verhandlungsergebnis umfasst, s Rn 2). Eine **Vorwegnahme** der Würdigung eines noch nicht erhobenen Beweises ist unzulässig (s vor § 284 Rn 10a).

13 **b)** § 286 fordert den Richter hierbei auf, nach seiner **freien Überzeugung** zu entscheiden. Dies bedeutet, dass *der Richter ledigl an die Denk-*, Natur- und Erfahrungsgesetze (s Rn 13e) gebunden ist, ansonsten aber die im Prozess gewonnenen Erkenntnisse grds (Ausnahmen s Rn 3) **ohne Bindung an ges Beweisregeln** nach seiner individuellen Einschätzung bewerten darf.

Auch an **Tatsachenfeststellungen in einem Strafverf** ist der Zivilrichter nicht gebunden (BGH NJW-RR 2013, 9, 10; BGH NJW 2005, 1024; Arz NJW 2022, 2165). Er muss sie aber, soweit sie für seine Entscheidung relevant sind, nach ordnungsgem Einführung des Urteils in die Würdigung einbeziehen (BAG NJW 2015, 651, 652), darf ihnen aber idR nicht alleine deswegen folgen, weil keine gewichtigen Gründe für ihre Unrichtigkeit von den Parteien vorgebracht werden (BGH MDR 2021, 1408). Beweisanträgen, die sich zu einzelnen Feststellungen in Widerspruch setzen, muss er nachgehen (BGH NJW-RR 2018, 1534). Ein im Strafverf abgelegtes **Geständnis** entfaltet nicht die Wirkungen der §§ 288, 290, sondern ist ledigl im Rahmen der freien Beweiswürdigung als Indiz für die Wahrheit der zugestandenen Tatsachen zu berücksichtigen. Wurde es widerrufen, reicht es zur richterl Überzeugungsbildung idR nicht aus, wenn die beweisbelastete Gegenpartei keine weiteren Beweismittel vorgebracht hat (BGH MDR 2021, 1408). 13a

Der Vorgang der **Überzeugungsbildung** ist nicht von obj Kriterien oder Wahrscheinlichkeitsberechnungen abhängig (BGH NJW 1989, 3161; aA Schweizer S 168 ff), sondern beruht auf Erfahrungswissen und Judiz des erkennenden Richters (Scherzberg ZZP 117 [2004], 178 f). Er muss also auch bei mehreren bestätigenden Zeugenaussagen den Beweis nicht als geführt ansehen oder kann zB ein gebotenes Aufklärungsgespräch auf Grund der schlüssigen Darstellung des Arztes als bewiesen ansehen (BGH NJW 2014, 1527). Grds darf er auch vom Gutachten eines SV abweichen, doch zieht hier das Erfordernis eigener (besserer) Sachkunde des Gerichts eine Grenze (näher zur Beweiswürdigung beim SV-Beweis s vor § 402 Rn 14 f). 13b

c) Zum anderen ist er aber auch verpflichtet, den ihm gewährten **Freiraum auszuschöpfen**. So verstößt er gegen das Postulat der „freien" Überzeugung, wenn er sich selbst an Beweisregeln bindet, zB Aussagen von Sympathisanten des Beweisführers (Angehörige, Freunde, Kollegen, Beifahrer, Nachbarn) generell nur dann einen Beweiswert zumisst, wenn sie durch obj Beweismittel bestätigt werden (BGH NJW 88, 566 [Walter] = MDR 88, 307 [Reinecke MDR 89, 114]; BGH NJW 95, 955; OLG Frankfurt MDR 2023, 437 [Laumen MDR 2023, 756]; Greger NZV 88, 13), wenn er einem Gutachten folgt, obwohl sich aus diesem selbst, aus einem Privatgutachten oder Einwendungen der Partei erhebl Zweifel an der gezogenen Schlussfolgerung ergeben (BGH NJW 93, 1524; BGH NJW 2015, 411 mwN; sa vor § 402 Rn 14), wenn er nicht in eigener Verantwortung prüft, ob die vom SV vermittelten Erkenntnisse auf den individuellen Fall anwendbar sind (BGH NJW-RR 95, 914), oder wenn er einer Urk absoluten Beweiswert beilegt, obwohl sie nur indizielle Bedeutung hat (vgl LG Darmstadt NJW 93, 2448: Telefax-Sendeprotokoll ist wegen Manipulationsmöglichkeit nur Indiz für den Zugang; s vor § 230 Rn 3). Das schließt freilich generalisierende Erwägungen zum Beweiswert eines Beweismittels nicht aus (vgl zB OLG Köln NJW 93, 3079: hoher Beweiswert einer Bankeinzahlungsquittung; OLG Karlsruhe NJW-RR 98, 789: bei Widerspruch zwischen Zeugenaussage und Parteibekundung kommt dem Zeugen nicht per se höheres Gewicht zu), solange nur eine einzelfallbezogene Gesamtabwägung stattfindet (eingeh Foerste NJW 2001, 321 ff). 13c

d) Erfahrungssätze (s Rn 11) sind unverzichtbare Hilfsmittel der Beweiswürdigung. Gehören sie der allg Lebenserfahrung an (womit sie auch bei den Parteien als bekannt vorausgesetzt werden können), kann der Richter sie seiner Beweiswürdigung ohne weiteres zugrunde legen. Entspringen sie seiner spezifischen richterl Erfahrung, hat er diese zuvor offen zu legen (Ahrens Beweis Kap 2 Rn 17 f; sa Foerste FS Schilken, 2015, S 261, 272 ff). Bedarf es zu ihrer Ermittlung und/oder Anwendung auf den konkreten Fall besonderer Sachkunde, über die der Richter nicht verfügt, ist ihre Ermittlung dem SV-Beweis zu überlassen (s vor § 402 Rn 12), ggf in Form eines demoskopischen Gutachtens (s dazu Ahrens Beweis Kap 44 Rn 50 ff). Keinesfalls darf der Richter ihm unbekannte Erfahrungssätze aus eigenen Ermittlungen, etwa in Fachliteratur oder im Internet, ableiten (McCorkle, Allgemeinkundigkeit, 2018, S 31 ff). § 291 ist auf Erfahrungssätze nicht anwendbar (s § 291 Rn 1). – Entspr gilt für **Verkehrssitten, Handelsbräuche** uÄ (BGH NJW-RR 2004, 1248, 1249; für Anwendung von § 293 Oestmann JZ 2003, 285 ff). 13d

e) Begrenzt wird die Überzeugungsbildung durch die **Natur- und Erfahrungsgesetze**, dh solche Erkenntnisse, die nach menschl Erfahrung ausnahmslose Geltung beanspruchen (zB die Einmaligkeit jedes Fingerabdrucks), nicht durch einfache Erfahrungssätze, die nur Wahrscheinlichkeitsaussagen ermöglichen und Abweichungen im Einzelfall durchaus zulassen (s Rn 13d; zu Besonderheiten im Anwendungsbereich des Anscheinsbeweises s vor § 284 Rn 29). – Ebenso beachtl sind die **Denkgesetze**, dh die Gesetze der Logik, insb das Gebot der Widerspruchsfreiheit. Bezweifelbare Schlussfolgerungen, zB aus der Aussagekraft von Indizien, fallen nicht darunter (zu den vom BGH gezogenen Grenzen s Rn 23). 13e

5) Erkenntnisquellen der Beweiswürdigung. a) Sachvortrag und Prozessverhalten. Nach § 286 I bezieht sich die Beweiswürdigung auf den gesamten Inhalt der Verh. Verwertbar ist deshalb der Inhalt der Schriftsätze und ihrer Anlagen (auch Fotokopien, BGH NJW 90, 1170, 1171; Zoller NJW 93, 433; zum Privatgutachten s vor § 402 Rn 3), erst recht die Äußerung bei Anhörung gem § 141 (s § 141 Rn 1a), aber auch Art, Zusammenhang und Zeitpunkt des Vorbringens, etwa eine Verletzung der Wahrheitspflicht (s § 138 Rn 7), eine – nicht durch die Prozessentwicklung erklärbare – Änderung des Sachvortrags (BGH NJW-RR 95, 1340, 1341; BGH MDR 2025, 187 [Greger MDR 2025, 227]) oder gar mehrfach wechselnder Vortrag (BAG NZA 97, 86), der Widerruf eines Beweisantritts (s vor § 284 Rn 2) oder die Weigerung der Benennung bekannter Zeugen (BGH NJW 60, 821), ebenso das Nichterscheinen trotz persönl Ladung nach § 141 (s § 141 Rn 11). Auch auf ordnungsgemäß 14 eingeführte Äußerungen oder Verhaltensweisen einer Partei im vorangegangenen Strafverf und dort getroffene Feststellungen darf die Überzeugung gestützt werden (BGH MDR 2019, 120 [G. Vollkommer MDR 2019, 274]; Arz NJW 2022, 2165, auch zu den Möglichkeiten der Einführung), in klaren Fällen auch allein auf die Würdigung der Parteibehauptungen (BGHZ 82, 13, 20 = NJW 82, 940). Will das Gericht, etwa aufgrund von Zeugenaussagen, von den Erklärungen der persönl angehörten Partei abweichen, muss es diese in den Urteilsgründen würdigen; die Anhörung ist sonst durch das Berufungsgericht zu wiederholen (BGH MDR 2023, 118 [Fellner MDR 2023, 216]). Keinesfalls dürfen zulässige Beweisangebote der Gegenseite übergangen werden (BGH MDR 2019, 120 [G. Vollkommer MDR 2019, 274]; Eschelbach/Geipel MDR 2012, 198 f).

14a Auch ein **unzulässiger Sachvortrag** (zB auf verbotenen Ermittlungsmaßnahmen oder Verstoß gegen Verschwiegenheitspflichten beruhender) kann verwertet werden, wenn der Gegner ihn nicht bestreitet oder darauf verzichtet, die Rechtsverletzung geltend zu machen (BAG NJW 2008, 2732 [Grobys]; Ahrens Beweis Kap 6 Rn 29; für Unverwertbarkeit bei Verletzung höherrangiger Rechte aber BAG NZA 2011, 571 Tz 30 ff; für Beweisverwertungsverbot BAG NZA 2018, 1329 Tz 16 f mwN; zu weit gehend für allg Verwertungsverbot OLG Karlsruhe NJW 2000, 1577, 1578 = MDR 2000, 847, 848 [abl Schneider MDR 2000, 1029]; dazu krit auch Heinemann MDR 2001, 137 ff). Die Partei kann dies nur verhindern, indem sie die Unzulässigkeit des Vorbringens rechtzeitig rügt und sich nicht auf dieses einlässt (s § 138 Rn 3a).

14b **b) Beweisvereitelung** durch den Gegner des Beweisführers kann nach dem Rechtsgedanken der §§ 444, 427 nachteilig bei der Beweiswürdigung berücksichtigt werden (eingeh Gomille, Informationsproblem und Wahrheitspflicht, 2016, S 67 ff; Laumen MDR 2009, 179 f u MDR 2023, 471, 475 mwN). Der Richter kann das bestmögl Ergebnis des vereitelten Beweismittels in die Gesamtwürdigung einstellen (Weber, Der Kausalitätsbeweis im ZP, S 216 ff). Um eine Umkehr der Beweislast handelt es sich hierbei nicht (s vor § 284 Rn 17): kollisionsrechtl sind ihre Regeln daher der lex fori zuzuordnen (Thole IPRax 2010, 288 f). Zumindest missverständl ist die vom BGH verwendete Formel von „Beweiserleichterungen bis zur Umkehr der Beweislast" (zB BGH NJW 2009, 360, 362 = MDR 2009, 80 [Laumen MDR 2009, 179]; sa vor § 284 Rn 22). Beweisvereitelung setzt ein missbilligenswertes Verhalten vor oder während des Prozesses voraus, durch welches die Beweisführung unmögl gemacht oder erschwert wird, liegt also nicht vor, wenn für das Verhalten der Partei verständl Gründe angeführt werden können (BGH NJW-RR 96, 1534; BGH NJW 2008, 982, 985: Berufung auf von einem OLG vertretenes Beweiserhebungsverbot).

14c **Bsp:** die (selbst fahrlässige, BGH ZIP 85, 312, 314; BGH NJW 63, 389, 390) Beseitigung von Beweismitteln (BGH VersR 68, 58), das Nichtaufbewahren des schadhaften Bauteils (BGH NJW 2006, 434), die Verletzung gesetzl Dokumentationspflichten (Piekenbrock ZZP 131 [2018], 413, 436 ff]), die unterlassene Dokumentation der durch Ersatzvornahme beseitigten angebl Werkmängel (BGH MDR 2009, 80), die Verletzung der handelsrechtl Buchführungs- und Aufbewahrungspflichten (BGH MDR 2012, 549), die Zurückhaltung von Beweisurk (Köln MDR 68, 674) oder Vergleichsschriftproben (OLGR Braunschweig 2000, 245), die gezielte Variation der Unterschrift (BGH NJW 2004, 222), die Verweigerung zumutbarer ärztl Untersuchung (BGH NJW 86, 2371; BGH NJW 72, 1133; zur Unzumutbarkeit bei Gesundheitsgefahr OLG Düsseldorf VersR 85, 457) oder der Duldung einer Begutachtung in Anwesenheit eines zur Verschwiegenheit verpflichteten SV der Gegenpartei (BGH NJW 2014, 3033, 3034), die Beseitigung der vom SV auf ihre Erheblichkeit zu untersuchenden Störquelle (BayVerfGH BayVBl 2002, 398), das Nichtermöglichen des Zutritts des SV zum Begutachtungsobjekt (OLG Stuttgart MDR 2017, 1322 [Laumen MDR 2017, 1409]), das Verschweigen beweiserhebl Umstände (BGH NJW 72, 1131), die triftiger Gründe entbehrende Versagung der Aussagegenehmigung (s § 385 Rn 13; BGH NJW-RR 96, 1534; BGH MDR 84, 48; BGH MDR 72, 495) oder der Namhaftmachung eines nur ihr bekannten Zeugen (BGH NJW 2008, 982, 984), die ProzVerschleppung, uU sogar die Ausnutzung des Bankgeheimnisses (BGH NJW 67, 2012).

15 **c) Ergebnisse der Beweisaufnahme** durch die in der ZPO normierten Beweismittel, näml Augenschein (§§ 371-372a), Zeugen (§§ 373-401), SV (§§ 402-414), Urk (§§ 415-444) u Parteivernehmung (§§ 445-455). Hierher gehört auch das **Verhalten der Beweispersonen** (zur Würdigung einer Aussageverweigerung s § 383 Rn 7). Zur Notwendigkeit des persönl Eindrucks von einem Beweismittel s § 355 Rn 1, zur Beurteilung der Glaubwürdigkeit eines Zeugen s vor § 373 Rn 14, zur urkundl verwertbaren Zeugenaussage in anderen Verf s vor § 373 Rn 15, zur Verwertung nicht ausdrückl vorgetragener Umstände s Rn 2. – Zur Berücksichtigung von **Erfahrungssätzen** s Rn 13d. – **Urkunden** beweisen nur die Ausstellung durch den Urheber, nicht die Richtigkeit des Inhalts (s vor § 415 Rn 7; BGH VersR 2024, 870 Tz 16 ff, auch zur Indizwirkung von medizinischen Behandlungsdokumentationen).

15a **II) Verwertungsverbote. 1) Grundsätze.** § 286 iVm Art 103 I GG verpflichtet das Gericht, den von den Parteien vorgetragenen Sachverhalt und die von ihnen angebotenen Beweise vollständig zu berücksichtigen (BVerfGE 106, 28 = NJW 2002, 3619, 3624; BGHZ 166, 283, 290 = NJW 2006, 1657, 1659). Eine unzulässige Beweiserhebung (s vor § 284 Rn 8c ff; zu unstreitigem Sachvortrag s Rn 14a) führt daher nicht automatisch dazu, dass hierdurch erlangte Erkenntnisse bei der Beweiswürdigung nicht verwertet werden dürfen. Die Verwertung eines vom Gericht erhobenen Beweises hat nur zu unterbleiben, wenn dies ein **Gesetz ausdrücklich anordnet** (zB § 51 BZRG hinsichtl getilgter oder tilgungsreifer Verurteilungen, BGH VersR 98, 488; § 7 II 2, 3 AutobahnmautG für Aufzeichnungen der Erfassungsanlagen) oder wenn die Beweiserhebung ein **verfassungsrechtlich geschütztes Recht** einer Partei verletzt hat, ohne dass dies zur Gewährleistung eines im Rahmen der Güterabwägung als höherwertig einzuschätzenden Interesses der anderen Partei oder eines anderen Rechtsträgers nach dem Grundsatz der Verhältnismäßigkeit gerechtfertigt erscheint (BGHZ 166, 283, 290 = NJW 2006, 1657, 1659; MK/Prütting § 284 Rn 69; Ahrens Beweis Kap 6 Rn 14, 17 ff; Kiethe MDR 2005, 965 ff). Dabei kommt der Funktionstüchtigkeit der Rechtspflege u deren Streben nach einer materiell richtigen Entscheidung als wichtigem Belang des Gemeinwohls erhebl, aber nicht allein ausschlaggebendes Gewicht zu; im Zivilprozess kommt es vor allem auch auf die Bedeutung des Beweismittels für die Rechtsverwirklichung einer Partei an; ein (stets gegebenes) „schlichtes Beweisinteresse" genügt nicht (BVerfG NJW 2002, 3619, 3624; BAG NJW 2003, 3436, 3437). – Eine gegen **einfaches Recht** (zB BetrVG, DSGVO, BDSG) verstoßende Beschaffung oder Benutzung von Beweismitteln (s vor § 284 Rn 11) begründet dagegen nicht per se ein Verwertungsverbot (BAG NJW 2008, 2732; BAG NZA 2019, 1212; Schlewing NZA 2004, 1071 ff; Altenburg/Leister NJW 2006, 469 ff; Pötters/Wybitul NJW 2014, 2077 f; auf den Schutzzweck der verletzten Norm abstellend StJ/Thole Rn 51 ff). Einzelheiten s Rn 15b ff. – **Beweisen** muss die Voraussetzungen des Beweisverbots die sich darauf berufende Partei nach allg Regeln (BGHZ 153, 165, 169 = NJW 2003, 1123, wo allerdings zu Unrecht Freibeweis [s § 284 Rn 1 ff] zugelassen wird; krit hierzu auch BLP/Laumen/Prütting Kap 6 Rn 45; Katzenmeier ZZP 116 [2003], 375, 376). **Einwilligung** in die Verwertung und **rügelose Einlassung** lassen das Verbot entfallen (s § 295 Rn 3).

2) Einzelfälle. a) Tonaufzeichnungen. Der Inhalt heiml Aufnahmen darf wegen Verletzung des Persönlich- 15b
keitsrechts grds nicht durch Abspielen, Verlesen einer Abschrift oder Vernehmung von Zeugen, deren Wissen ausschließl auf der Aufzeichnung beruht, verwertet werden (BVerfGE 34, 245 = NJW 73, 891; BGH NJW 88, 1016 = MDR 88, 305; BGH NJW 1998, 155 mwN); dies gilt unabhängig von der Rechtswidrigkeit am Aufnahmeort (OLG Dresden MDR 2024, 1002 [Alpes MDR 2024, 1033]). Interessenabwägung kann aber, solange nicht der Kernbereich privater Lebensgestaltung (Intimsphäre) betroffen ist, zu anderem Ergebnis führen (BGH NJW 82, 277 = MDR 82, 397: einziges Mittel, rechtswidrige Telefonate zu beweisen). Die Vernehmung eines Zeugen, der das Gespräch selbst wahrgenommen hat, wird jedoch durch die heiml Aufnahme, auch wenn er sie als Gedächtnisstütze verwerten konnte, nicht unzulässig (BVerfG NZA 2002, 284). Für nichtverbale Lautäußerungen gilt das Verbot jedenfalls dann nicht, wenn sie für Außenstehende keinen Informationsgehalt haben und keiner bestimmten Person zugeordnet werden können (OLG Köln VersR 98, 197).

b) Bildaufzeichnungen (Foto-, Film- oder Videoaufnahmen) verletzen das Persönlichkeitsrecht idR nicht, wenn 15c
sie Vorgänge im **öffentl einsehbaren Bereich** dokumentieren (EGMR NJW 2015, 1079; KG NJW 1980, 894); ist eine Verletzung ausnahmsweise, zB wegen ständiger Videoüberwachung eines Hauszugangs, zu bejahen, kommt es auf die Abwägung der beteiligten Interessen an (BGH NJW 95, 1955; OLG Düsseldorf NJW-RR 98, 241; KG NJW 2002, 2799). **Dashcam-Aufzeichnungen**, die ein Unfallbeteiligter vom Unfallgeschehen gefertigt hat, sind im Haftpflichtprozess unabhängig von datenschutzrechtl Beschränkungen verwertbar (BGH NJW 2018, 2883 = DAR 2018, 498 [zust Greger] = JZ 2018, 935 [abl Heese]; Ahrens NJW 2018, 2837; Laumen MDR 2018, 966; Thole FS Prütting, 2018, S 573 ff; Greger NZV 2015, 116; grds ebenso Balzer/Nugel NJW 2014, 1623 f). – Die Verwertung von Aufzeichnungen aus heiml Überwachung des **Arbeitsplatzes** ist dann zulässig, wenn der konkrete, nicht unbedingt dringende Verdacht einer strafbaren Handlung oder einer anderen schweren Verfehlung zu Lasten des Arbeitgebers besteht, weniger einschneidende Mittel zur Aufklärung des Verdachts ergebnislos ausgeschöpft sind, die verdeckte Videoüberwachung damit das praktisch einzig verbleibende Mittel darstellt und sie insgesamt nicht unverhältnismäßig ist (BAG NJW 2017, 1193 [Fuhlrott]). Es ist nicht nötig. dass sich der Verdacht gerade gegen den betr Arbeitnehmer richtete (BAG NJW 2017, 843). Eine demnach zulässige Aufzeichnung wird nicht dadurch unverwertbar, dass die Zustimmung des Betriebsrats (BAG NJW 2017, 1193 Tz 36 [Fuhlrott]) gefehlt hat (zur Unbeachtlichkeit diesbezügl Betriebsvereinbarungen s BAG NZA 2023, 1105 Tz 53). Aufnahmen aus einer offenen Überwachung, die vorsätzl vertragswidriges Verhalten des Arbeitnehmers belegen soll, sind verwertbar, auch wenn sie nicht voll im Einklang mit den Vorgaben des Datenschutzrechts steht (BAG NZA 2023, 1105 [Fuhlrott NZA 2023, 1073; Braun/Sura NJW 2023, 3048; Oberthür MDR 2023, 1485; krit Halder/Ittner DB 2023, 2629]; zur Verhältnismäßigkeit s BAG NZA 2020, 1212). Sie werden nicht allein wegen der Dauer ihrer Speicherung unverwertbar (BAG NZA 2018, 1329). – Im **privaten Bereich** überwiegt idR das PersönlichkeitsR deutl, insb bei verdeckter Videoaufzeichnung (BGH MDR 2024, 930 [Elzer MDR 2024, 1094]); wer auf diese Weise einer vorsätzl Rechtsverletzung überführt wird, kann sich ggü dem Wiedergutmachungsinteresse des Verletzten aber nicht auf Persönlichkeitsschutz berufen (zu restriktiv u mit teilw unzutr Erwägungen OLG Karlsruhe NJW 2002, 2799 u OLG Köln NJW 2005, 2997; sa Balthasar JuS 2008, 37). Verfehlt ist die Argumentation mit dem Datenschutzrecht oder den Persönlichkeitsrechten Dritter; diese können für das Straf- u Bußgeldrecht sowie den zivilrechtl Rechtsschutz der Dritten eine Rolle spielen (s dazu Rieger MDR 2021, 783 ff), nicht aber für die hier vorzunehmende Interessenabwägung (einschr Strauß MDR 2023, 143 ff). Die DSGVO und die Neufassung des BDSG haben hieran nichts geändert (BAG NZA 2018, 1329 Tz 45 ff; zum Verhältnis der DSGVO zum nationalen Beweisrecht ausführl BGH MDR 2024, 930 [Elzer MDR 2024, 1094]).

c) Mithören von Telefongesprächen durch Dritte ohne Bekanntgabe dieses Umstandes an den Gesprächspart- 15d
ner verletzt dessen PersönlichkeitsR, sofern nicht höherrangige Interessen bestehen (zB Aufklärung schwerer

Straftaten oder eine notwehrähnl Situation, allein das Beweisinteresse genügt nicht; BVerfG NJW 2002, 3619; BGH NJW 2003, 1727 = JZ 2003, 1109 [krit Foerste]; Gehrlein VersR 2011, 1355). In Betracht kommt uU eine konkludente Einwilligung (BVerfG NJW 2002, 3619, 3623). Bereits 1963 hatte der BGH für den geschäftl (BGH NJW 64, 165), 1982 auch für den privaten Bereich (BGH NJW 82, 1397, 1398) das Mithören als derart üblich angesehen, dass eine konkludente Einwilligung nur bei Gesprächen erkennbar vertraul Charakters oder ausdrückl Wunsch des Ausschlusses Dritter verneint werden kann (ebenso OLG Düsseldorf NJW 2000, 1578; enger für Gespräche zwischen Arbeitnehmer und Arbeitgeber BAG NJW 98, 1331 [abl Helle JR 2000, 353]). Hiervon ist der BGH ohne Begründung abgerückt (BGH NJW 2003, 1727; BGH MDR 2010, 689). Das BVerfG (BVerfG NJW 2002, 3619, 3623; BVerfG NJW 2003, 2375) verlangt – zu restriktiv angesichts des heutigen Kommunikationsverhaltens – zumindest das Schweigen auf einen entspr Hinweis. Im geschäftl Bereich kann bei Absprache vertragl Einzelheiten von einer mutmaßl Einwilligung in das Mithören von zuständigen Mitarbeitern ausgegangen werden (OLG Jena MDR 2006, 533), nicht aber in ein keinem der Gesprächspartner bekanntes Mithören, etwa durch den Arbeitgeber (BVerfG NJW 92, 815). Das BAG will das Beweisverwertungsverbot davon abhängig machen, ob der Dritte zielgerichtet veranlasst wurde, das Telefongespräch heiml mitzuhören (BAG NJW 2010, 104 = AP Nr 40 zu § 611 BGB PersönlichkeitsR [abl Ehmann]; gegen dieses Kriterium auch Joussen SAE 2010, 138 ff).

15e **d) Belauschen oder Aufzeichnen von Gesprächen**, etwa durch Minisender, Richtmikrophone oder Sprechanlagen, begründet Verwertungsverbot, ebenso grds das Mithörenlassen eines unter vier Augen geführten Gesprächs durch einen heiml Zeugen (BGH NJW 91, 1180 = MDR 91, 672 = JZ 91, 929 [Helle]; BAG NJW 83, 1691 = MDR 83, 787). Nur in bes gelagerten Ausnahmefällen kann ein solches Verhalten durch eine Güterabwägung gerechtfertigt werden (BGH NJW 94, 2289 = MDR 94, 766 [Baumgärtel] = JZ 94, 915 [Helle]: Abwehr eines existenzbedrohenden kriminellen Verhaltens; Strauß MDR 2023, 143, 147 f). – Dasselbe gilt für die Aussage einer Person, die als **Spitzel** eine Partei in ihrer Wohnung rechtswidrig beobachten sollte (BGH NJW 70, 1848 = JZ 71, 387 [Arzt] = JR 71, 65 [Bökelmann]). Ein Ermittler, der sich zur Aufklärung eines Versicherungsbetrugs das Vertrauen des Kl erschleicht, kann über dessen Äußerungen vernommen werden (OLG Hamburg VersR 2003, 615, 616). – **Schriftl Aufzeichnungen über ein vertraul Gespräch**, die ein Gesprächsteilnehmer gefertigt hat, dürfen verwertet werden (BGHZ 80, 25; Gehrlein VersR 2011, 1354). Dies gilt auch für Äußerungen in einer Chatgruppe (BAG MDR 2024, 116).

15f **e) Sonstige Überwachungsmaßnahmen.** Erkenntnisse aus der heiml **Öffnung eines Schrankes**, der dem Arbeitnehmer zur Aufbewahrung persönl Gegenstände am Arbeitsplatz überlassen wurde, sind nicht verwertbar, wenn der Zweck auch durch eine Öffnung in Anwesenheit des Arbeitnehmers erfüllt werden kann (BAG NZA 2014, 143). – Zulässig ist die **verdeckte Observation** eines einer schweren Pflichtverletzung verdächtigen Arbeitnehmers, wenn sie bei Abwägung der beiderseitigen Interessen die Verhältnismäßigkeit wahrt (BAG NJW 2017, 2853). – Erkenntnisse aus dem heiml Einsatz eines **GPS-Senders** sind prozessual nicht verwertbar, wenn eine punktuelle persönl Beobachtung ausgereicht hätte (BGH NJW 2013, 2668 [Hausen/Haußleiter]); anderenfalls kommt es auf die Abwägung der berechtigten Interessen an (BGH NJW 2013, 2530; Balzer/Nugel NJW 2013, 3400). – Die Güterabwägung entscheidet auch darüber, ob **elektronisch gespeicherte personenbezogene Daten** verwertet werden dürfen. Auf den Einsatz von Keyloggern, mit denen die Nutzung eines Dienst-PC dokumentiert wird, wendet das BAG die Grundsätze über die Video-Überwachung am Arbeitsplatz (s Rn 15c) an (BAG NJW 2017, 3258; s zu Unfalldatenschreibern, Assistenzsystemen uÄ in Fahrzeugen Balzer/Nugel NJW 2016, 193 ff).

15g **f)** Der Schutz **genetischer Daten** wurde durch das am 1.2.2010 in Kraft getretene GenDG ausgeformt. Eine demnach unzulässige Verwendung begründet auch ein proz Verwertungsverbot (Lensing VuR 2009, 417). Schon davor hat die Rspr Abstammungsgutachten, die mit Hilfe rechtswidrig erlangter DNA-Proben erstattet wurden, für nicht verwertbar erklärt (BGHZ 162, 1 mwN: auch nicht als Sachvortrag, dazu krit Reichenbach AcP 206 [2006], 598 ff; BVerfG NJW 2007, 753). Ein Gutachten, welches vom Gericht eingeholt wird, weil es den Antrag auf Vaterschaftsanfechtung auf Grund des rechtswidrigen Privatgutachtens zu Unrecht für schlüssig hält, kann aber verwertet werden (BGHZ 166, 283; ebenso OLG Koblenz NJW 2006, 1742 für den Fall, dass die Mutter als Reaktion auf das Privatgutachten Mehrverkehr einräumt u daraufhin das Gerichtsgutachten eingeholt wird). Zum legalen Vorgehen bei Vaterschaftszweifeln s § 1598a BGB, § 17 GenDG (dazu Braun MDR 2010, 482; Genenger NJW 2010, 116).

15h **g) Persönliche Unterlagen**, die durch **Diebstahl** erlangt wurden, unterliegen nicht allein aus diesem Grund einem Verwertungsverbot (BAG NJW 2003, 1204, 1206; MK/Prütting § 284 Rn 74; Gehrlein VersR 2011, 1354; ebenso für Veruntreuung anvertrauter Daten Dauster/Braun NJW 2000, 313). – **Aufzeichnungen** persönl Inhalts (wie Tagebücher, intime Briefe oder Fotos), deren Besitz rechtswidrig erlangt wurde, dürfen jedoch wegen des vorrangigen PersönlichkeitsR nicht verwertet werden (vgl BGHSt 19, 325 = NJW 64, 1139).

15i ***h)*** *Was eine Partei unter* **Verstoß gegen eine berufliche Verschwiegenheitspflicht** einem Dritten offenbart hat, darf sie grds nicht durch diesen Dritten als Zeugen unter Beweis stellen (OLG Köln NJW-RR 93, 1073). Zum Spannungsverhältnis zwischen Beweisverwertung u strafrechtl Geheimnisschutz näher Kiethe JZ 2005,

1036 ff. – **Diskretionsvereinbarungen** zwischen Partei und Zeuge begründen kein Beweisverbot (BGH NJW 2008, 982, 984 zu Ehe- oder Partnerschaftsvermittlung).

i) Ob auch der **Verstoß gegen prozessrechtliche Vorschriften** bei der Beweisaufnahme (ohne verfassungsrechtl Relevanz; sonst s Rn 15a) ein Verwertungsverbot begründet, ist nicht generell zu beantworten. Zu verneinen ist es zB bei Beweiserhebung trotz gebotener Zurückweisung wegen Verspätung oder mangelnder Bestimmtheit des Beweisantritts, fehlender Schlüssigkeit oder unzulässiger Ausforschung (BGHZ 166, 283, 288 f = NJW 2006, 1657, 1659), zu bejahen dann, wenn der Verstoß geeignet ist, die Güte des Beweisergebnisses zu beeinträchtigen. IE zur unterbliebenen Belehrung über Zeugnisverweigerungsrecht s § 383 Rn 21, Verstoß gegen Beweisunmittelbarkeit s § 355 Rn 1, Verletzung der Parteiöffentlichkeit s § 357 Rn 2, Geheimhaltung von Anschlusstatsachen s § 404a Rn 6, Nichtvereidigung des Dolmetschers s BGH NJW 94, 941. 15j

j) Aussagen der jetzigen Partei in einem vorangegangenen **Straf- oder Ermittlungsverfahren** dürfen durch Verwertung der polizeil Niederschrift oder Vernehmung der Verhörsperson eingeführt werden, auch wenn der Hinweis auf das Schweigerecht nicht erteilt worden ist, denn der Zweck dieser Hinweispflicht umfasst nicht den Schutz vor einer zivilrechtl Inanspruchnahme (iErg ebenso, jedoch auf Interessenabwägung abstellend BGHZ 153, 165 = JZ 2003, 630 [abl Leipold] = ZZP 116 [2003], 371 [abl Katzenmeier]; StJ/Thole Rn 79). Die Aussage eines nicht über sein Zeugnisverweigerungsrecht belehrten Zeugen kann verwertet werden, wenn er sich nunmehr im Zivilprozess nicht auf dieses Recht beruft (BGH NJW 1985, 1470). 15k

3) Reichweite von Beweisverwertungsverboten. Soweit ein solches eingreift, darf es auch nicht durch eine **mittelbare Beweiserhebung** umgangen werden (zB Vernehmung eines Zeugen, der die unerlaubte Tonaufnahme abgehört hat, BayObLG NJW 1990, 197). Der Vernehmung eines unmittelbaren Gesprächszeugen steht das Verbot aber nicht entgegen. – Eine **Fernwirkung**, die es verböte, ein zulässiges Beweismittel zu verwerten, welches ohne eine in rechtswidriger Weise gewonnene Information nicht hätte erlangt werden können, ist im Zivilprozess nicht generell anerkannt (Pötters/Wybitul NJW 2014, 2079 mwN); abzustellen ist auch hier auf Zweck und Gewicht des missachteten Verbots (eingeh C.H. Müller S 97 ff; fragwürdig BGHZ 166, 283, 290 = NJW 2006, 1657, 1659 zur Begutachtung nach § 372a auf Grund einer heiml eingeholten DNA-Analyse [Fernwirkung letztl wegen des nicht ausgeübten Weigerungsrechts des Kindes verneinend]; zum Strafprozess s BGHSt 35, 32). – Zu **unstreitigem Sachvortrag** s Rn 14a. 16

III) Beweismaß. § 286 I regelt nicht nur den Vorgang der (freien) Beweiswürdigung, sondern zugleich deren Ziel, dh das Kriterium für das „Bewiesensein" der streitigen Behauptung. Auch hierauf bezieht sich das Merkmal der Überzeugung des Richters: Sie soll darüber entscheiden, ob die Behauptung **für wahr zu erachten** sei. 17

1) Objektive Komponente. Die Überzeugung muss sich auf die **Wahrheit** der bestrittenen Behauptung beziehen. Es reicht nicht aus, dass der Richter sie für wahrscheinlich hält, und umgekehrt ist er *nicht verpflichtet*, einen obj wahrscheinl Sachverhalt als erwiesen zu behandeln. Obj Wahrscheinlichkeitserwägungen können allenfalls Grundlage und Hilfsmittel für die Überzeugungsbildung sein; hinzukommen muss die subj persönl Entscheidung des Richters, ob er die str Tatsachenbehauptung als wahr erachten kann (BGH NJW 2014, 71; BGH NJW 2020, 1072). Dass er sie nur für „eher wahr als falsch" hält, also eine „überwiegende Überzeugung" genügt (so Schweizer S 482 ff), entspricht weder dem Gesetz noch dem Wesen der Überzeugung. Beweismaßlehren, die auf bloße Wahrscheinlichkeitsgrade abstellen (Kegel FG Kronstein, 1967, S 321 ff; Maassen, Beweismaßprobleme im Schadensersatzprozess, 1975, S 153 ff; Effer-Uhe ZZP 133 [2020], 339, 352 ff) finden im Gesetz ebenfalls keine Stütze und führen letztl zur legalen Beweistheorie zurück (Katzenmeier ZZP 117 [2004], 193 f mwN). Sie sind auch unvereinbar mit der Aufgabe des Beweises, die größtmögl Übereinstimmung zwischen dem vom Gericht beurteilten und dem wahren Sachverhalt zu gewährleisten, führen zur Ausuferung der mat-rechtl Anspruchsgrundlagen (Baumgärtel in Habscheid/Beys, Grundlagen des ZPR, S 563) und verwässern das ges System der Beweislast (MK/Prütting Rn 38 ff; Katzenmeier ZZP 117 [2004], 213 ff mwN). Nach Habscheid (FS Baumgärtel, 1990, S 118 f) rühren sie an die Wurzeln des Rechtsstaats. 18

2) Subjektive Komponente. Entscheidend ist das **persönliche Überzeugtsein** („für wahr erachten"). Absolute Gewissheit zu verlangen, hieße die Grenze menschl Erkenntnisfähigkeit zu ignorieren (Prütting § 8). Der Richter muss nach der Feststellung der Wahrheit streben, darf sie aber nicht zur Voraussetzung seiner Entscheidung machen (Katzenmeier ZZP 117 [2004], 195 f, 201 f mwN). Rechtsfehlerhaft ist es daher, einen Beweis deswegen als nicht erbracht anzusehen, weil keine absolute, über jeden denkbaren Zweifel erhabene Gewissheit gewonnen werden konnte. Der Richter muss sich vielmehr mit einer „persönl Gewissheit" begnügen, welche den Zweifeln Schweigen gebietet, ohne sie völlig auszuschließen (stRspr seit BGHZ 53, 245, 256 = NJW 70, 946; ebenso aus verfassungsrechtl Sicht BVerfG MDR 2022, 1482 Tz 50). Er darf sich nicht dadurch, dass ein Gutachter sich nur auf Wahrscheinlichkeitsgrade festlegt, von der Bildung einer persönl Überzeugung abhalten lassen (BGH NJW 94, 801; OLG Nürnberg NJW 2024, 2929). Maßgebend ist seine Rolle als Richter, nicht seine Überzeugung als Privatperson (BGH NJW 2014, 71, 72). 19

3) Generelle Geltung. Von dem Beweismaß des § 286 I 1 kann nicht aufgrund von Umständen des Einzelfalles abgegangen werden (s Rn 18). Anderenfalls würde dem Richter gestattet, sich per Beweisrecht bewusst von der Wirklichkeit zu lösen, Rechtsfolgen würden nicht mehr an wirkl, sondern an wahrscheinl Sachverhalte anknüp- 20 fen und das System der Beweislastverteilung würde aufgeweicht (näher Greger S 101 ff; Walter S 173 ff; Prütting S 73 ff). Zur zutr Einordnung der Fälle, in denen die Rspr nur den Nachweis einer Wahrscheinlichkeit oder eines erfahrungsgem Ablaufs (sog Anscheinsbeweis) genügen lässt, s vor § 284 Rn 28 ff. § 287 u § 294 begründen ebenfalls keine Beweismaßreduzierungen, sondern beseitigen das Erfordernis eines Beweises überhaupt durch Zulassung einer Schätzung (s § 287 Rn 1) bzw einer Wahrscheinlichkeitsfeststellung (s § 294 Rn 1).

21 **IV) Kontrolle der Beweiswürdigung. 1) Begründungspflicht (§ 286 I 2).** Die Anerkennung der richterl Wahrheitsüberzeugung, letztl also eines psychischen Phänomens, als Beweiskriterium erfordert aus Gründen jur Rationalität die intersubj Vermittelbarkeit des gewonnenen Ergebnisses (s dazu Scherzberg ZZP 117 [2004], 179 ff mwN). Daher muss das Gericht die wesentl Grundlagen seiner Beweiswürdigung im Urteil zum Ausdruck bringen, insb bei der Würdigung von Indizien (BGH NJW 91, 1894: Auseinandersetzung mit dem geringeren Beweiswert mittelbarer Beweismittel), bei bezweifelter Glaubwürdigkeit eines Zeugen (BGH NJW 91, 3284; BGH NJW 2015, 1678, 1680 [Aussageverhalten]), bei widerstreitenden (Privat-)Gutachten (BGH MDR 2020, 114 [Vossler MDR 2020, 396]; BGH NJW-RR 94, 219, BGH NJW-RR 2009, 35; BGH NJW 93, 269 [auch desselben SV]) oder wenn es auf Grund eigener Sachkunde von einem Gutachten abweicht (s vor § 402 Rn 15; zum sachverständigen Zeugen s § 414 Rn 1). Es muss nicht auf jedes einzelne Beweismittel ausf eingehen (RGZ 156, 315), aber erkennen lassen, dass eine umfassende Beweiswürdigung in sachgerechter Weise stattgefunden hat (BGHZ 3, 175 = NJW 52, 23). Dazu gehört ggf auch die Auseinandersetzung mit der geringen (Anfangs-)Wahrscheinlichkeit des als bewiesen angesehenen Ablaufs (wenn auch ohne Berechnungen nach dem Bayes'schen Theorem; BGH NJW 89, 3161, 3162; hierzu Schweizer S 168 ff; Geipel § 9 G II) oder dem zweifelhaften Beweiswert eines Beweismittels (BAG NJW 93, 612). Formelhafte Wendungen bzgl Glaubwürdigkeit oder Überzeugungskraft genügen nicht (BGH MDR 2000, 323).

22 **2) Rechtsmittel. a)** Zur Prüfkompetenz des **Berufungsgerichts** s § 529 Rn 2 ff.

23 **b)** Die Nachprüfung der Beweiswürdigung in der **Revisionsinstanz** erfordert eine entspr Verfahrensrüge nach § 551 III Nr 2b. Sie muss sich wegen der Bindung nach § 559 darauf beschränken, ob der Tatrichter das richtige Beweismaß (s Rn 7 ff) angelegt und ob er sich im Urteil mit dem Prozessstoff und den Beweisergebnissen umfassend und widerspruchsfrei auseinander gesetzt hat, die Würdigung also vollständig und rechtl mögl ist und nicht gegen Denk-, Natur- oder Erfahrungsgesetze (hierzu s Rn 13e) verstößt (BGH NJW 93, 935, 937; BGH NJW 2014, 71, 73 mwN; näher s § 546 Rn 7). Schon wegen der Unwiederholbarkeit der mündl Verh kann der Revisionsrichter nicht seine Einschätzung an die Stelle derj des Tatrichters setzen (Scherzberg ZZP 117 [2004], 182 m Hinweis auf Parallelen zum Rechtsinstitut des Beurteilungsspielraums). Dem trägt die Rspr des BGH (s Rn 25) nicht immer Rechnung, so zB, wenn trotz Zuordnung des **Anscheinsbeweises** zur Beweiswürdigung (s vor § 284 Rn 29a) der Tatrichter für verpflichtet erklärt wird, auf Grund eines Anscheinsbeweises einen bestimmten Sachverhalt festzustellen (s zu einem bes markanten Fall reiner Beweiswürdigung durch das Revisionsgericht BGHZ 100, 31). Beim **Indizienbeweis** kann ein Verstoß gegen Denkgesetze nur angenommen werden, wenn der Tatrichter dem bewiesenen Umstand eine Indizwirkung beimisst, die diesem nicht zukommen *kann*, so etwa, wenn er davon ausgeht, dass eine Äußerung nur einen Schluss zulässt, obwohl eine andere Auslegung mögl wäre (BGH ZIP 2024, 2540 Tz 16 ff = MDR 2024, 1334 [Laumen MDR 2024, 1498]). Ob das Indiz, evtl zusammen mit anderen Umständen, eine ausreichende Beweiswirkung hat, unterliegt zwar der freien Beweiswürdigung des Tatrichters, ein Verstoß gegen die Denkgesetze wird vom BGH aber bejaht, wenn er dessen Ambivalenz nicht erkennt oder ihm Indizwirkungen beimisst, die es nicht haben kann (BGH NJW 1991, 1894; BGH NJW 1993, 935). Entscheidend ist hier oftmals die Formulierung der Urteilsgründe.

24 **c) Rechtliches Gehör** kann verletzt sein, wenn die Beweiswürdigung wesentl Parteivortrag außer Betracht lässt (BGH VersR 2007, 833). Näher dazu s § 321a Rn 11.

25 **d) Kasuistik.** Nach der Rspr des BGH unterliegen seiner Prüfung zB Fehler bei der Würdigung der Beweiskraft von Indizien (s Rn 23), die fehlende Gesamtwürdigung aller Indizien in ihrem Zusammenwirken (BGH NJW 2025, 165 Tz 40; BGH VersR 2007, 1429), die Indizwirkung einer medizinischen Behandlungsdokumentation (BGH VersR 2024, 870 Tz 16 ff), die fehlende Auseinandersetzung damit, dass dem Sachvortrag der beweisbelasteten Partei „jede innere Wahrscheinlichkeit" fehlt (BGH NJW 95, 966), die Vereinbarkeit mit der Lebenserfahrung (BGH NJW-RR 2000, 1547, 1548), die fehlende Darlegung, warum die zeitfernere Aussage ggü der zeitnäheren den Vorzug verdient (BGH NJW 98, 1303, 1305) oder warum naheliegende Schlussfolgerungen nicht gezogen werden (BGH 22.12.1999 – XII ZR 54/97), die Berücksichtigung vorgelegter Privatgutachten (BGH NJW 98, 2735), die Fragen, ob die eigene Sachkunde des Gerichts ein beantragtes SV-Gutachten ersetzen konnte (BGH VersR 2007, 1008; BGH NJW 62, 2149, 2151), ob wegen fehlender Anknüpfungstatsachen eine Begutachtung unterbleiben durfte (BGH NJW 99, 1860), ob ein Geschehensablauf typisch ist iSd Anscheinsbeweises (BGH NJW 84, 432; BGH NJW 87, 1694; Redeker NJW 66, 1781; dazu s vor § 284 Rn 29), ob ein Zeuge zu beeidigen war (s § 391 Rn 3; BGH NJW 65, 1530; Schneider NJW 66, 333), ob das Richterkollegium die Glaubwürdigkeit eines *vom ER vernommenen Zeugen* beurteilen durfte (BGH NJW 91, 3284), die Glaubwürdigkeitsbeurteilung auf Grund urkundenbeweisl Verwertung einer Zeugenaussage (BGH MDR 2000, 348; BGH VersR 2017, 378 [Gundlach]: verstorbener Zeuge), die Zulässigkeit der Übergehung eines Beweisangebotes (s vor § 284 Rn 8b ff),

die Vollständigkeit der Würdigung einer Zeugenaussage (BGH NJW-RR 92, 1392, 1393), zB bei schwerwiegendem Widerspruch der Aussagen in 1. und 2. Instanz (BGH NJW 95, 966), die nicht nachvollziehbare Würdigung einer Zeugenaussage als widerspruchsfrei und emotionslos (BGH NJW-RR 2000, 686) und jede sonstige Verletzung der oben dargelegten Grundsätze bei Anwendung des § 286 (sehr weitgehend BGH NJW 99, 486).

§ 287 Schadensermittlung; Höhe der Forderung

(1) [1]Ist unter den Parteien streitig, ob ein Schaden entstanden sei und wie hoch sich der Schaden oder ein zu ersetzendes Interesse belaufe, so entscheidet hierüber das Gericht unter Würdigung aller Umstände nach freier Überzeugung. [2]Ob und inwieweit eine beantragte Beweisaufnahme oder von Amts wegen die Begutachtung durch Sachverständige anzuordnen sei, bleibt dem Ermessen des Gerichts überlassen. [3]Das Gericht kann den Beweisführer über den Schaden oder das Interesse vernehmen; die Vorschriften des § 452 Abs. 1 Satz 1, Abs. 2 bis 4 gelten entsprechend.

(2) Die Vorschriften des Absatzes 1 Satz 1, 2 sind bei vermögensrechtlichen Streitigkeiten auch in anderen Fällen entsprechend anzuwenden, soweit unter den Parteien die Höhe einer Forderung streitig ist und die vollständige Aufklärung aller hierfür maßgebenden Umstände mit Schwierigkeiten verbunden ist, die zu der Bedeutung des streitigen Teiles der Forderung in keinem Verhältnis stehen.

Lit: *Gottwald*, Schadenszurechnung u Schadensschätzung, 1979; *Weber*, Der Kausalitätsbeweis im ZP, 1997.

I) Bedeutung. Die Vorschrift verzichtet für bestimmte Anspruchsvoraussetzungen, die nicht den Grund, sondern den Umfang der Haftung betreffen, auf das Erfordernis des Wahrheitsbeweises nach § 286. Der Richter darf Wahrscheinlichkeitsbetrachtungen anstellen und uU zu Schätzungen greifen, nicht etwa nur einen gesicherten Mindestbetrag zusprechen (BGH NJW 2022, 2685 Tz 30 ff [Manteufel]). Ob und wie er Beweis erhebt, steht in seinem Ermessen (s Rn 6). Grds ist er nicht an Beweisanträge gebunden; einen angebotenen, mit verhältnismäßigen Mitteln möglichen, genauen Schadensnachweis darf er dem Kl aber nicht verwehren (BVerfG NJW 2010, 1870; BGH MDR 2002, 963, 964). Umgekehrt ist er nicht *verpflichtet*, von SV-Beweis wegen mögl Schätzung abzusehen (BGH NJW-RR 2021, 76). An der Beweislastverteilung ändert § 287 nichts (BGH NJW 70, 1971). Er ermöglicht keine Billigkeitsentscheidung, sondern erleichtert nur die Tatsachenermittlung (BGH NJW-RR 2016, 892 Tz 27). 1

II) Anwendungsbereich. 1) Schadenshöhe (§ 287 I 1 Alt 2). Bei deren Bemessung (die ohnehin oft nicht exakt vorgenommen werden kann), kann das Gericht auch zu einer Schätzung greifen (BGH NJW 2013, 525, 527; s aber Rn 4), bei bes Schwierigkeit auch einen bloßen Mindestschaden schätzen, sofern wenigstens hierfür konkrete Anhaltspunkte bestehen (BGH NJW 2013, 2584, 2586; zum Erlass eines Teilurteils in solchen Fällen s § 301 Rn 17). 2

Bsp: Schätzung des Mindestbetrags eines merkantilen Minderwerts (BGH NJW 2013, 525), Ermittlung des Erwerbsschadens oder entgangenen Gewinns (§ 252 BGB; BGH NJW 95, 1023, 1024), des durch eine unerlaubte Nachahmung hervorgerufenen Schadens (BGH NJW 92, 2753), des vom Gl abstrakt nach Maßgabe des Marktzinses berechneten Verzugsschadens (BGH MDR 84, 298), der Verhältnismäßigkeit von Kfz-Reparaturkosten (BGH NJW 92, 302, 304), der erforderl Mietwagenkosten (BGH NJW 2006, 1506), des unfallbedingten Mehrbedarfs (BGH NJW-RR 92, 792), der vermutl Lebensdauer des getöteten Ehemannes (BGHZ 1, 45 = NJW 51, 195) und der Zukunftsprognose für die Bemessung einer gem § 844 II BGB geschuldeten Unterhaltsrente (BGH MDR 90, 809), der angemessenen Entschädigung wegen Verletzung des Rechts am eigenen Bild (OLG Frankfurt NJW 66, 256), der Verursachungsbeiträge im Rahmen von § 254 BGB (BGHZ 121, 210, 214 = NJW 93, 2674, 2676); nicht aber für den Beweis der ein Mitverschulden begründenden Tatsachen (BGH NJW 79, 2142; BGH NJW 68, 985; BGH NJW 67, 1420) oder die relevante Mitwirkung von Krankheiten bei der Unfallversicherung (BGH NJW 2012, 392). Zu Kartellschaden s ausdrückl § 33a III GWB sowie eingeh BGHZ 224, 281 = NJW 2020, 1430 Tz 33 ff (Weitbrecht); Kühnen NZKart 2019, 515; Petzold/Steinle NZKart 2020, 176; zum Schaden bei Abnehmern von Kartellaußenseitern durch Preisschirmeffekte BGH MDR 2020, 1329; zur Schätzung der Gesamtfahrleistung eines Kfz zwecks Bemessung des Nutzungsvorteils BGHZ 231, 149 = NJW 2022, 463 Tz 49 ff. 2a

2) Entstehung eines Schadens (§ 287 I 1 Alt 1). Ob der Kl überhaupt einen Schaden erlitten hat, unterfällt ebenfalls der Beweiserleichterung. Der konkrete Haftungsgrund (= das anspruchsbegründende Ereignis) ist aber voll nach § 286 zu beweisen (BGHZ 162, 259; BGH NJW 2004, 777; nach BVerfG NJW 79, 413 kann andernfalls ein Verstoß gegen Art 103 I GG vorliegen). Bei der deliktischen sowie oftmals bei der vertragl Haftung besteht der konkrete Haftungsgrund in der Verletzung eines Rechtsguts (BGH NJW 2015, 2111; BGH NJW 1987, 705). Daher gilt für die Frage, ob der Kl durch das Verhalten des Bekl eine Primärverletzung (zB ein HWS-Schleudertrauma) erlitten hat, § 286, für die Frage, ob aus dieser eine (weitere) Beeinträchtigung (zB eine Hirnschädigung) entstanden ist, § 287 (BGH VersR 1987, 310), für die Verursachung einer weiteren Primärschädigung (zB einer Knieverletzung) aber wiederum § 286 (BGH NJW 2019, 2092 [Ullenboom]). Entsteht ein Schadensersatzanspruch dagegen unabhängig von der Verletzung eines Rechtsguts, verlagert die Rspr den An- 3 wendungsbereich des § 287 sehr weit in den Bereich der Haftungsbegründung. Nach § 286 hat der Kl dann nur die pflichtwidrige Handlung zu beweisen, aus der ihm nachteilige Folgen erwachsen konnten (s zB für Vertragsverletzung BGH NJW 1993, 3073, 3075 f, für Amtspflichtverletzung BGH VersR 1994, 1467, 1469; für Kartellrechtsverstoß BGHZ 211, 146 = NJW 2016, 3527 Tz 41 ff; noch weiter gehend RSchwab/Gottwald § 115 Rn 13: Jede Kausalfrage sollte § 287 unterstellt werden). Nach dieser Rspr wird auch die Frage, wie ein vorausgegangener Rechtsstreit ohne den vom RA zu verantwortenden Fehler hätte enden müssen, gem § 287 entschieden (BGHZ 133, 110 mwN); auch für die Feststellung, wie sich ein Mandant bei richtiger Beratung verhalten hätte, wird § 287 herangezogen (BGH NJW 93, 734; BGH VersR 2007, 393; für Übertragung auf fehlerhafte Kapitalanlageberatung Piekenbrock ZZP 131 [2018], 413, 454; dazu s vor § 284 Rn 19a). Eine Erstschädigung, dh die Beeinträchtigung einer geschützten Rechtsposition (und nicht nur deren Möglichkeit), ist jedoch in allen Fällen dem Haftungsgrund zuzurechnen und stets nach § 286 zu beweisen; erst die aus dieser Erstschädigung erwachsenden Schadensfolgen betreffen die Haftungsausfüllung und damit den Anwendungsbereich des § 287 (ebenso BGHZ 4, 192, 196; MK/Prütting Rn 10). Da auch für den Beweis der haftungsbegründenden Kausalität Beweiserleichterungen gelten (s vor § 284 Rn 29 ff, 35), besteht für eine systemwidrige Ausdehnung von § 287 auch kein Anlass. Treffender ist die Unterscheidung von realer Kausalität, die § 286 unterfällt, und hypothetischer Kausalität, für die § 287 gilt (Weber S 195 ff).

3a **3) Sonstige vermögensrechtliche Ansprüche (§ 287 II).** Für deren Bemessung gilt die Ermessensnorm des I entspr, wenn die exakte Ermittlung schwierig u unverhältnismäßig ist. **Bsp:** Enteignungsentschädigung (BGH NJW 62, 2051, 2052), Aufopferungsanspruch bei Impfschäden (BGHZ 29, 99), ungerechtfertigte Bereicherung (s aber BGH GRUR 62, 261), Unterhaltsanspruch (BGH NJW-RR 93, 898, 900); nicht: Mieterhöhung (BGH ZZP 86 [1973], 322 [Röhl]).

4 **III) Grenzen.** Die Schätzung darf nicht völlig abstrakt erfolgen, sondern muss dem jeweiligen Einzelfall Rechnung tragen (BGH NJW 2014, 3151, 3152). Sie darf nicht mangels greifbarer, vom Kl vorzutragender Anhaltspunkte „völlig in der Luft hängen" (BGH NJW 1964, 589; BGH NJW 2012, 2267 [Auslagenpauschale]; BGH NJW 95, 1023, 1024 [Erwerbsschaden]; BAG NJW 2013, 331). Zum Schadensnachweis im Wettbewerbsrecht s BGH NJW 92, 2753 (keine hohen Anforderungen) u BGH WRP 2016, 1142 (konkreter Nachweis von Anknüpfungstatsachen). Im **Urteil** sind die tatsächl Grundlagen der Schätzung mitzuteilen (BGH NJW 91, 2340, 2342; BGH NJW 89, 773).

5 **IV) Verfahren. 1) Parteiangaben.** Die Klage bedarf grds auch im Anwendungsbereich des § 287 eines **bezifferten Antrags** (zu den Ausnahmen s § 253 Rn 14). – Die **Darlegungslast** ist erleichtert (BGH NJW-RR 2023, 1038 Tz 13; BGH NJW 94, 663, 664; BGH NJW-RR 92, 792). Der Kl muss weder ein Privatgutachten vorlegen noch ein vorgelegtes ergänzen (BGH MDR 2024, 1442 [Laumen MDR 2024, 1549]). Auch bei Lücken im Vortrag ist Schätzung vorzunehmen, soweit hierfür ausreichende Anhaltspunkte (s Rn 4) dargetan sind (BGH NJW-RR 92, 202; BGH MDR 2000, 883). Zum Preiserhöhungsschaden durch Kartellabsprachen s BGH WM 2024, 2157. Wird **SV-Gutachten** angeboten, können an Mitteilung der Anknüpfungstatsachen geringere Anforderungen gestellt werden (BGH NJW-RR 95, 715, 716); über bestrittene Anknüpfungstatsachen ist aber Beweis zu erheben (BGH NJW 88, 3016; BGH MDR 2000, 817, 818).

6 **2) Ermessen des Gerichts (§ 287 I 2).** Über Durchführung und Umfang einer Beweisaufnahme entscheidet das Gericht ohne Bindung an Beweisanträge (BGHZ 3, 162; BGH MDR 91, 423, 424). Wegen des Willkürverbots (BGH VersR 76, 389) ist Zurückweisung eines Beweisantrags aber im Urteil zu begründen (RGZ 130, 112; BGHZ 6, 62 = NJW 52, 978). Wesentl Gesichtspunkt ist die (in II explizit erwähnte) Verhältnismäßigkeit (OLG Nürnberg NJW-RR 2021, 481; Arz NJW 2021, 355, 356). Ggf sind aber auch unionsrechtl Vorgaben, zB einer wirksamen Sanktion, zu beachten (BGH NJW 2023, 2259 Tz 73). – Bsp für **Ermessensfehler:** Zurückweisung eines Beweisangebotes, das geeignet ist, tatsächl Grundlagen für die anderenfalls „in der Luft hängende" (s Rn 4) Schätzung zu liefern; Verzicht auf angebotenen Zeugenbeweis zu zentraler Frage des Rechtsstreits (BGH MDR 2007, 673: Kausalität eines Beratungsfehlers); Abstellen auf eine Tabelle, wenn Kl darlegt, dass sie im konkreten Fall nicht zutrifft (BGH MDR 2011, 481); Schätzung trotz vorherigen Hinweises, dass Vortrag unzureichend (BGH NJW 2017, 1310 Tz 25 f); Absehen von beantragtem SV-Beweis zu zentraler Frage des Rechtsstreit unter Berufung auf nicht dargelegte eigene Sachkunde (BVerfG NJW 2021, 50; BVerfG NJW 2003, 1655; BGH VersR 76, 389; BGH MDR 2024, 729). Grds darf das Gericht zwischen abstrakter und konkreter Schadensberechnung wählen (BGHZ 2, 313; BGHZ 29, 399; zum Erwerbsschaden s aber BGH NJW 95, 1023, 1024), doch wäre abstrakte Berechnung zum Nachteil des Kl willkürl, wo dieser Beweis für konkrete Berechnung angeboten hat (BVerfG JZ 79, 23). Zur Bedeutung von Tabellen iE Arz NJW 2021, 355, 358; zu Mietspiegeln BGH NJW-RR 2021, 76. Statistische Verf auf Basis von Stichproben (dazu Höfling/Killisch IWRZ 2024, 266 ff; Petrasincu/Knebelsberger/Apell ZIP 2024, 2905, 2911 ff; sa BGH MDR 1985, 644) können, etwa bei Massenschäden, angezeigt sein, dürfen sich aber nicht auf den Haftungsgrund erstrecken.

7 ***3) Parteivernehmung des Beweisführers* (§ 287 I 3).** Sie ist für den Fall des Schadensnachweises (nicht für II) abw von § 448 ohne Vorrang anderer Beweismitteln und Erfordernis einer „gewissen Wahrscheinlichkeit" (s § 448 Rn 4) zulässig. Auch **Beeidigung** der Partei ist mögl (I 3 iVm § 452).

4) Rechtsmittel. Berufungsgericht ist an eine verfahrensfehlerfrei vorgenommene Schätzung der Vorinstanz nach § 287 II nicht gebunden, wenn es das Schätzungsergebnis nicht für überzeugend hält (BGH NJW-RR 2021, 76). – Mit der **Revision** ist die Ausübung des Ermessens als solche nicht angreifbar. Gerügt werden kann jedoch, dass erhebl Vorbringen der Parteien nicht berücksichtigt wurde, Rechtsgrundsätze der Schadensbemessung verkannt, wesentliche Bemessungsfaktoren außer Betracht gelassen oder der Schätzung unrichtige Maßstäbe zugrunde gelegt wurden (BGH NJW 2022, 2685 Tz 30 ff [Manteufel]; BGH NJW 2014, 3151, 3152 mwN) oder dass ein erforderl Beweis nicht erhoben wurde (BGH MDR 2000, 817, 818; s Rn 6). Für die Überprüfung der Beweiswürdigung gelten dieselben Maßstäbe wie bei § 286 (BGH NJW 2017, 1310 Tz 21 ff; BGH MDR 2005, 1108; s § 286 Rn 23 ff). 8

§ 288 Gerichtliches Geständnis

(1) Die von einer Partei behaupteten Tatsachen bedürfen insoweit keines Beweises, als sie im Laufe des Rechtsstreits von dem Gegner bei einer mündlichen Verhandlung oder zum Protokoll eines beauftragten oder ersuchten Richters zugestanden sind.

(2) Zur Wirksamkeit des gerichtlichen Geständnisses ist dessen Annahme nicht erforderlich.

Lit: *Kiehne*, Tatsachendisposition im Zivilprozess, 2024.

I) Anwendungsbereich. 1) Begriff. Geständnis iSv § 288 ist das gem § 290 mit einer gewissen Bindungswirkung ausgestattete **Zugestehen** der Richtigkeit **einer Tatsachenbehauptung** (s § 286 Rn 9) des Gegners (BGH MDR 90, 324). Es ist eine dem Verhandlungsgrundsatz (s vor § 128 Rn 10) entspr, daher grds auch das Gericht an die zugestandene Tatsache bindende (Ausnahme: s § 291 Rn 2) **Prozesshandlung**, mit der die gestehende Partei – grds unwiderrufl (s vor § 128 Rn 18; Ausnahme: § 290) – zum Ausdruck bringt, dass die Tatsache ohne Beweiserhebung zur Urteilsgrundlage gemacht werden soll (BGH MDR 2005, 1307). 1

Rechtsbegriffe (zB Eigentum, Schenkung) können nicht iSv § 288 zugestanden werden (so BGH NJW 58, 1968 für Sittenwidrigkeit, BGH MDR 2015, 910, 911 für Verjährungsbeginn), auch solche „einfacher Art" (aA BGH NJW 58, 1968: Eigentum, Kaufabschluss; LM § 260 BGB Nr 1: Erbe; BGH WM 80, 193, 194: Bürgschaft; BGH NJW-RR 87, 416: Kommanditist; BGH MDR 2003, 1433; BGH MDR 2006, 408: Vertragsbeziehung [krit Gsell JurisPR-BGHZivilR 49/2005 Anm 4]; OLG Frankfurt NJW-RR 94, 530: Abnahme; OLGR Hamm 1995, 50: Rechtsnachfolge), denn sie enthalten zusätzl zum geständnisfähigen Tatbestandselement (zB die Übereignungs- oder Schenkungserklärung) eine rechtl Beurteilung, die auch bei scheinbar einfachen Begriffen von Rechtsirrtum beeinflusst sein kann und dem Gericht vorbehalten bleiben muss (iura novit curia). Die eine Geständnisfähigkeit (mit Billigung der hL; RSchwab/Gottwald § 113 Rn 4) grds bejahende Rspr sieht sich auch genötigt, in Einzelfällen hiervon wieder abzurücken (s BGH NJW 92, 906: „Schenkung" in ne Lebensgemeinschaft nicht geständnisfähig). Richtigerw ist in solchen Fällen entweder von einem Geständnis der den Rechtsbegriff begründenden Tatsachen (BGH MDR 2015, 910, 911) oder von einem bloßen Nichtbestreiten (s § 138 Rn 11a) auszugehen (Auslegungsfrage). – Die **Auslegung** von Willenserklärungen und Verträgen ist zwar als solche nicht geständnisfähig, wohl aber sind es die tatsächl Auslegungskriterien. Übereinstimmender Vortrag der Parteien zum Verständnis eines Vertragsinhalts bindet daher das Gericht (BGH NJW 2009, 3422 Tz 16; sa BGHReport 2004, 974, 975 zu Vertrag mit Drittem; für Anwendung von § 288 dagegen BGH MDR 2007, 1278). Dies gilt aber nicht, wenn die Parteien dem Vertragsinhalt übereinstimmend eine unzutr rechtl Bedeutung beilegen (BGH DNotZ 2017, 549). 1a

2) Abgrenzung. a) Anerkenntnis (§ 307) und **Verzicht** (§ 306) betreffen den prozessualen Anspruch als solchen, gestehen kann man nur Tatsachen (s Rn 1a). 2

b) Bloßes Nichtbestreiten (§ 138 III) fingiert ledigl eine aus dem Prozessverhalten gefolgerte Geständniswirkung, ersetzt aber nicht die Prozesshandlung des förml (§ 160 III 3) Geständnisses (BVerfG NJW 2001, 1565; BGH NJW 83, 1497 = MDR 83, 661). Nur ausnahmsw kommt dem Nichtbestreiten bindende Wirkung zu, wenn es im Zusammenhang mit anderen Äußerungen der nicht bestreitenden Partei deren Willen erkennen lässt, der gegnerischen Behauptung bewusst nicht entgegentreten zu wollen (BGH NJW 91, 1683; BGH MDR 83, 661), zB wenn sie ausdrückl „außer Streit gestellt" wird (BGH NJW 94, 3109 = MDR 95, 90). Ist dem Verhalten der Partei ein solcher Geständniswille dagegen auch nicht konkludent zu entnehmen, bleibt späteres Bestreiten mögl, sofern es nicht nach §§ 282, 296 II unberücksichtigt bleiben muss (sonst nach BVerfG NJW 2001, 1565 Verletzung des rechtl Gehörs). 3

c) Nachteiliger Parteivortrag ohne die Bindungswirkung eines Geständnisses liegt dann vor, wenn eine Partei etwas ihr selbst Ungünstiges vorträgt, ohne dass dem eine Behauptung des Gegners gegenübersteht. Solches Vorbringen kann, sofern es nicht schon zur Unschlüssigkeit führt, im Rahmen der Beweiswürdigung Berücksichtigung finden (MK/Prütting Rn 23; für Gleichstellung mit Geständnis dagegen Orfanides FS Baumgärtel, 3a

§ 435 ff). Nach hM kann Geständniswirkung allerdings dadurch eintreten, dass sich der Gegner den der anderen Seite nachteiligen Parteivortrag zu eigen macht, sog **vorweggenommenes Geständnis** (BGH NJW 78, 884, 885; RSchwab/Gottwald § 113 Rn 6; MK/Prütting Rn 25). Bis zu dieser (ausdrückl zu erklärenden; BGH NJW 2004, 513, 516) Übernahme soll der nachteilige Vortrag widerrufl sein, danach nicht mehr, wobei es nicht auf zeitl Abfolge der Schriftsätze, sondern auf deren vorbehaltlose Einführung in die mündl Verh ankommen soll (BGH NJW 78, 884, 885; BGH NJW 90, 392, 393). Damit kann eine vielleicht unbedachte Äußerung infolge der weithin üblichen pauschalen Bezugnahme auf die vorbereitenden Schriftsätze (und erst recht im schriftl Verf nach § 128 II, III) sehr weit reichende Folgen haben. Ein bindendes Geständnis iSd § 288 sollte daher nur dann angenommen werden, wenn es sich auf eine vorhergehende Behauptung des Gegners bezieht. Dies entspricht auch besser dem Wortlaut der Vorschrift („zugestanden"). Ob die zugestandene Tatsache freilich gerade die rechtl Bedeutung hat, die der Gestehende sich vorstellt, oder der vermeintl günstige Geständnisinhalt in einem anderen rechtl Zusammenhang zuungunsten des Erklärenden wirkt, ist unerhebl (BGH LM § 419 BGB Nr 8; BGH VersR 96, 583, 584, wo allerdings – zu weitgehend – formuliert wird, es sei gleichgültig, ob der Partei das Zugestehen überhaupt bewusst ist).

3b **d) Aussagen im Rahmen der Parteivernehmung** nach §§ 445 ff sieht der BGH – in Abkehr von BGHZ 8, 235 u unter Rückkehr zur Rspr des RG (JW 36, 1778; JW 38, 1272) – nicht mehr als Geständnisse an (BGHZ 129, 108 = NJW 95, 1432 = LM Nr 11 [Wax] = JR 96, 65 [Preuß]; ebenso StJ/Thole Rn 34; MK/Prütting Rn 28). Dem ist im Grundsatz zuzustimmen. Die Parteivernehmung ist Beweisaufnahme, ihr Ergebnis unterliegt nach § 453 I, § 286 der freien Würdigung. Der Sachvortrag der Partei kann jedoch nicht losgelöst von ihrer Aussage betrachtet werden. Gesteht die Partei bei der Vernehmung etwas zu, was sie im Sachvortrag bestreitet bzw durch ihren ProzBev bestreiten lässt, so muss das Gericht auf Klarstellung dringen, dgl der ebenfalls unter der Wahrheitspflicht nach § 138 I stehende ProzBev (s § 138 Rn 6). Häufig wird es dann zu einem ordnungsgemäßen Geständnis, zumindest einer Aufgabe des Bestreitens (s Rn 3), kommen. Ansonsten kann das Gericht das Aussageverhalten frei würdigen (BGH VersR 2006, 663).

3c e) Auch in **Äußerungen der Partei bei ihrer Anhörung nach § 141 oder ihrer Einlassung nach § 137 IV** liegt kein Geständnis iSv § 288 (BGH NJW-RR 2009, 1272; MskV/Röß Rn 7; aA StJ/Thole Rn 35 f). Soweit Anwaltszwang besteht, kann ein Geständnis (als Prozesshandlung) von der nicht postulationsfähigen Partei ohnehin nicht erklärt werden (s Rn 5a). Außerhalb des Anwaltszwangs geht die Erklärung der Partei dem Vortrag ihres ProzBev vor. Zu Widerspruch zwischen Äußerungen der Partei u des ProzBev s Rn 3b. IÜ kann die anwesende Partei sowohl im Anwalts- als auch im Parteiprozess einem Geständnis ihres ProzBev durch sofortigen Widerruf die Wirkung nehmen (§ 85 I 2).

4 f) Das **außergerichtl Geständnis** (so auch das Geständnis in einem anderen Prozess, BGH NJW 94, 3165, 3167; BGH NJW-RR 2004, 1001: Strafprozess) ist bloße Erkenntnisquelle der Beweiswürdigung; zum prozessualen Geständnis wird es erst, wenn es vom Gestehenden (nicht vom Gegner; BGH MDR 2005, 1307, 1308) in der vorgeschriebenen Weise (s Rn 5) in den Prozess eingeführt wird (Gehrlein MDR 2016, 1, 2). Zum Einfluss eines Geständnisses im Strafprozess auf die Darlegungslast s vor § 284 Rn 34b.

5 **II) Erklärung. 1) Form.** Sie ist grds **in der mündl Verh** abzugeben. Dies kann aber auch durch Bezugnahme auf das schriftsätzl Vorbringen geschehen (§ 137 III; BGH NJW-RR 99, 1113), die schon in der Antragstellung liegen kann (s § 137 Rn 3). Bis zu diesem Zeitpunkt entfaltet ein schriftsätzl Geständnis keine Wirkung (außer im schriftl Verf nach § 128 II oder bei Entscheidung nach Aktenlage gem § 251a; zum schriftl Vorverf s § 276 Rn 16). Enthält ein weiterer vorbereitender Schriftsatz einen „Widerruf", wird durch die Bezugnahme das Geständnis nicht wirksam (BGH VRS 31, 404, 406). Wirksam ist ferner das Geständnis zu **Protokoll eines beauftragten oder ersuchten Richters** (§§ 361 f), auch des Güterichters, sofern er ein entspr Protokoll aufnimmt (s § 278 Rn 28).

5a **2) Wirksamkeit.** Als Prozesshandlung unterliegt Geständnis den **allgemeinen Prozesshandlungsvoraussetzungen**, im Anwaltsprozess dem **Anwaltszwang** (BGH VersR 2006, 663 Tz 7; StJ/Thole Rn 36 [m Hinweis auf die Möglichkeit, dass RA sich die Erklärung der Partei konkludent zu eigen macht]). Für prozessunfähige Partei kann nur ges Vertreter (ggf *beide* Eltern, BGH NJW 87, 1947 = MDR 87, 659) wirksam gestehen. – Ein **bedingtes** Geständnis ist (soweit es sich nicht um eine innerprozessuale Bedingung handelt) als Prozesshandlung (s vor § 128 Rn 20) wirkungslos (BGH NJW-RR 2003, 1145; StJ/Thole Rn 27). Der Zusatz „nur für die Instanz" wäre unbeachtl: § 535; möglicherw liegt dann aber ein (nicht bindendes) Nichtbestreiten (s § 138 Rn 9) vor, was das Gericht gem § 139 aufzuklären hätte. – **Protokollierung** (§ 160 III Nr 3) ist nur dann Wirksamkeitsvoraussetzung, wenn vor einem beauftragten oder ersuchten Richter (also nicht vor dem Prozessgericht) erklärt (§ 288 I Alt 2); ansonsten ist Unterbleiben unschädl (BGH MDR 2003, 1433). – Der **Streitgehilfe** kann nicht mit Wirkung gegen seine Partei gestehen, wohl aber deren Geständnis (falls nicht die Partei widerspricht: § 67) unter den Voraussetzungen des § 290 widerrufen (BGH NJW 76, 293).

5b **3) Inhalt.** Die Erklärung muss nicht notw ausdrückl als „Geständnis" abgegeben werden (BGH NJW 83, 1497); *ausdrückl Aufgabe früheren Bestreitens* oder ausdrückl Beschränkung des Bestreitens auf die Höhe des gegnerischen Anspruchs können (BGH JZ 62, 252) genügen, selbst die Erklärung einer Hauptaufrechnung (BGH NJW-RR 96, 699). Entscheidend ist, ob in der Erklärung der Wille zum Ausdruck kommt, die Tatsachenbehauptung endgültig gegen sich gelten lassen zu wollen (s Rn 3). Dies beurteilt der BGH unabhängig vom Tatrichter (BGH NJW 2001, 2550; Gehrlein MDR 2016, 1, 2).

III) Bindungswirkung. Was zugestanden ist, ist unstreitig, daher keiner Beweiserhebung mehr zugängl, soweit es sich auf Tatsachen (nicht auch auf deren Wertung, BGHZ 8, 235) bezieht und soweit die Parteien über den Prozessstoff verfügen dürfen. Im Verf nach dem Untersuchungsgrundsatz ist ein Geständnis daher unverbindl u nur gem § 286 zu würdigen (vgl § 113 IV Nr 5 FamFG für Ehesachen). IÜ ist das Gericht (auch in 2. Instanz: § 535) an das Geständnis gebunden, ebenso (vorbehaltl § 290) die gestehende Partei, nicht aber der Gegner, der von seiner eigenen Behauptung abrücken kann. Ob die gestehende Partei wusste, dass sie etwas ihr Ungünstiges erklärt, ist gleichgültig (BGH LM § 419 BGB Nr 8); auf mangelnde Sprachkenntnis kann sie sich nur nach Maßgabe von § 290 berufen (BGH FamRZ 2005, 1667, 1669). Auch wenn sie etwas gesteht, was außerhalb ihrer eigenen Erkenntnis liegt, ist sie hieran gebunden (BGH NJW 87, 1947; BGH NJW 94, 3109; StJ/Thole Rn 2; aA Orfanides NJW 90, 3174, 3177). Die Bindungswirkung erstreckt sich nur auf den konkreten Rechtsstreit (BGH NJW 2006, 154, 157) und auch dort nicht auf einen mittels Klageänderung oder Widerklage eingeführten neuen Streitgegenstand, denn das im Geständnis zu erblickende Einverständnis mit der Verwertung einer gegnerischen Behauptung darf nicht aus dem Zusammenhang gerissen werden (MK/Prütting Rn 35; einschr BGH NJW 62, 1391; BGH VersR 70, 826; Gehrlein MDR 2016, 1, 2 [nur bei Tatsachen außerhalb der Wahrnehmungsmöglichkeiten der erklärenden Partei]; StJ/Thole Rn 39 [Auslegungsfrage im Einzelfall]). 6

Auch ein **bewusst falsches Geständnis** ist bindend (BGHZ 129, 108, 111; 37, 154, 155), außer bei betrügerischem Zusammenwirken der Parteien zum Nachteil eines Dritten (BGH VersR 70, 826, 827; OLG Düsseldorf NJW-RR 98, 606; StJ/Thole Rn 42) oder bei *offenkundiger* Unwahrheit (§ 291; s vor § 128 Rn 10; BGH MDR 79, 1001) nach entspr Hinweis gem § 139. Dagegen ist ein Geständnis nicht deswegen unwirksam, weil es zu einem Ergebnis führt, welches die Parteien durch eine außergericht Vereinbarung nach materiellem Recht nicht herbeiführen könnten (aA Kiehne S 243 ff). Zum Irrtum s § 290. 7

§ 289 Zusätze beim Geständnis

(1) Die Wirksamkeit des gerichtlichen Geständnisses wird dadurch nicht beeinträchtigt, dass ihm eine Behauptung hinzugefügt wird, die ein selbständiges Angriffs- oder Verteidigungsmittel enthält.

(2) Inwiefern eine vor Gericht erfolgte einräumende Erklärung ungeachtet anderer zusätzlicher oder einschränkender Behauptungen als ein Geständnis anzusehen sei, bestimmt sich nach der Beschaffenheit des einzelnen Falles.

1) Bedeutung. § 289 regelt die **Wirkung des modifizierten Geständnisses.** Er unterscheidet den Fall der Beifügung selbständiger Angriffs- oder Verteidigungsmittel (I; zum Begriff s § 282 Rn 2) und den Fall der Modifizierung durch Zusätze oder Einschränkungen (II). 1

2) Selbständige Angriffs- oder Verteidigungsmittel (§ 289 I). Zugestehen und Gegenbehauptung sind hier getrennt zu behandeln. **Bsp:** Gesteht Bekl die schädigende Handlung, behauptet aber Notwehr, steht die Tat fest, die Notwehr muss Bekl beweisen. 2

3) Sonstige Zusätze (§ 289 II). Bezieht sich die Modifizierung auf dens Umstand wie das Zugestehen, ist im Wege der Auslegung (§ 133 BGB) zu klären, wie weit die Geständniswirkung reicht. **Bsp:** Bekl gibt den Abschluss des Vertrages zu, behauptet aber, er sei unter einer aufschiebenden Bedingung erfolgt, die noch nicht eingetreten sei. Der Kl muss den unbedingten Abschluss oder den Eintritt der Bedingung beweisen (s vor § 284 Rn 19). 3

§ 290 Widerruf des Geständnisses

[1]Der Widerruf hat auf die Wirksamkeit des gerichtlichen Geständnisses nur dann Einfluss, wenn die widerrufende Partei beweist, dass das Geständnis der Wahrheit nicht entspreche und durch einen Irrtum veranlasst sei. [2]In diesem Falle verliert das Geständnis seine Wirksamkeit.

1) Bedeutung. Obwohl Prozesshandlung, ist das Geständnis einseitig widerrufl, wenn die Partei darlegt und ggf beweist, dass das Geständnis der Wahrheit nicht entspricht *und* durch einen Irrtum veranlasst war. Mat-rechtl Beweiserleichterungen kann sie hierfür nicht in Anspruch nehmen (OLG Frankfurt MDR 82, 329). Widerruf mit Zustimmung des Gegners ist wegen des Verhandlungsgrundsatzes (s vor § 128 Rn 10) stets zulässig. Anfechtung gem § 119 BGB ist ausgeschlossen (s vor § 128 Rn 21). Zum Widerruf in 2. Instanz s § 535 Rn 2, zum Widerruf eines Geständnisses der Partei durch den Streitgehilfen s § 288 Rn 5. 1

2 **2) Anwendungsbereich.** § 290 gilt nicht für den sof Widerruf gem §§ 85, 90, für das fingierte Geständnis gem § 138 III (hierzu s § 288 Rn 3), für das außergerichtl Geständnis (s § 288 Rn 4) und auch nicht entspr für das prozessuale Anerkenntnis (§ 307), denn Letzteres ist als gestaltende und dem Beurteilungsrisiko der anerkennenden Partei unterliegende Prozesshandlung bedingungsfeindl, grds unwiderrufl und auch nicht wegen Willensmängeln anfechtbar (BGHZ 80, 389, 392 = MDR 81, 924; s § 307 Rn 10).

3 **3) Irrtum.** Liegt vor bei **unbewusster Unkenntnis** des wirkl Sachverhalts, unabhängig von Verschulden (RGZ 11, 405, 408). Daher kein Irrtum, wo Erklärender sich bewusst war, den Inhalt der Erklärung nicht zu kennen. Wer die Ungewissheit bewusst in Kauf nimmt, darf Geständnis nicht widerrufen (BGH NJW 2011, 2794). Maßgebl ist (analog § 166 BGB) Wissen des Erklärenden, ggf also des ProzBev, sofern er nicht nur falsche Information der Partei oder eines für diese Handelnden weitergibt (RGZ 146, 348, 353; MK/Prütting Rn 7). Lässt man Rechtsgeständnis (s § 288 Rn 1a) zu, genügt auch Rechtsirrtum; Motivirrtum (bzgl Vorteil im Prozess) reicht nicht (BGH NJW 62, 1395, 1396). – Das **bewusst unwahre Geständnis** kann nicht widerrufen werden. Es ist grds bindend (Ausnahmen: s § 288 Rn 7). § 290 will zur Erfüllung der Wahrheitspflicht anhalten, indem er bewusste Unwahrheit ahndet (BGHZ 37, 154 = NJW 62, 1395).

§ 291 Offenkundige Tatsachen

Tatsachen, die bei dem Gericht offenkundig sind, bedürfen keines Beweises.

Lit: *McCorkle*, Allgemeinkundigkeit, 2018; *Haas*, Internetquellen im Zivilprozess, 2019.

1 **1) Bedeutung und Anwendungsbereich.** Über streitige Behauptungen braucht der Richter keinen Beweis zu erheben, wenn er über das Vorliegen oder Nichtvorliegen der behaupteten Tatsache zuverlässige, offenkundige Kenntnis hat. Die Rspr bejaht dies bei **allgemeinkundigen** Tatsachen, dh solchen, die dem Richter nicht aufgrund privater Kenntniserlangung, sondern als Mitglied der Allgemeinheit („jedermann") bekannt sind, und bei **gerichtskundigen**, dh dem Richter aus seiner amtl Tätigkeit bekannten Tatsachen. **Erfahrungssätze** fallen nicht unter § 291 (StJ/Thole Rn 2; McCorkle S 201 ff; Voß ZZP 135 [2022], 429, 439 f, 450 ff). Entsprechen sie der allg Lebenserfahrung, können sie im Rahmen der Beweiswürdigung verwertet werden. Sind sie Bestandteil bes Sachkunde, kann der Richter sie nur dann ohne SV-Beweis anwenden, wenn er die entspr Sachkunde offenbart (s vor § 402 Rn 12). Grds unzulässig ist es, dass der Richter sich eine erforderl Kenntnis erst aus Anlass des Rechtsstreits beschafft (s Rn 1b).

1a **Gerichtskundig** kann zB der Erlass eines Urteils, der Tag einer mündl Verh, das Bestehen einer Betreuung sein. Beweisergebnisse aus anderen Verf fallen nicht darunter (BGH NJW-RR 2011, 568: Verstoß gegen Unmittelbarkeitsgrundsatz), hier kann es allenfalls um den Erwerb eigener Sachkunde gehen, die uU einen SV-Beweis entbehrl macht (BGHZ 156, 250 = NJW 2004, 1163; s Rn 1).

1b **Allgemeinkundig** ist nicht nur, was der Richter aufgrund eigener, mit der Allgemeinheit geteilter Wahrnehmung weiß (zB örtl Gegebenheiten oder Gebräuche), sondern auch das allg verbreitete Wissen (zB Zeitpunkt eines historischen Ereignisses). Privates Wissen, das der Richter auf andere Weise erlangt hat, fällt nicht darunter (BGH NJW 87, 1021). Die Rspr gestattet dem Richter aber auch, Tatsachen aus allg einfach zugängl, zuverlässigen Quellen erst zu ermitteln, wie zB Eintragungen im elektron HReg (BGH ZIP 2023, 1640), den in der Fachpresse veröffentlichten Index der Lebenshaltungskosten (BGH NJW 92, 2088), amtl Statistiken (BGH NJW-RR 93, 1122), Informationen aus Nachschlagewerken oder dem Internet (OLGR Frankfurt 2008, 873; sa StJ/Thole Rn 4; abl Voß ZZP 135 [2022], 429, 432 ff). Hier sind jedoch die durch den Beibringungsgrundsatz sowie die Grundsätze des Strengbeweises und der Parteiöffentlichkeit gezogenen **Grenzen** zu beachten (WSch/Assmann Rn 14; McCorkle S 77 ff; Greger FS Stürner, 2013, S 289 ff). Das Ergebnis eines privaten Augenscheins des Richters kann ebenso wenig verwertet werden wie eine eigene Zeugenaussage (s § 41 Nr 5); dies gilt auch für eine selbst initiierte und ohne Beteiligung der Parteien vorgenommene Internetrecherche (McCorkle S 169 ff). Auch ein gebotener SV-Beweis kann nicht durch eine solche ersetzt werden (OLG Hamm MDR 2021, 815). Eine Verwertung von Erkenntnissen aus dem Internet kommt daher nur in folgenden Formen in Betracht: Augenschein nach § 144 I 1, parteiöffentl (§ 357), bezogen auf konkrete Webseiten u substantiierten Sachvortrag; Einholung einer amtl Auskunft (§ 273 II Nr 2) von behördl Webseite; Freibeweis nach § 284 S 2, 3; Nachschau zur Vergewisserung einer im engeren Sinne allgemeinkundigen Tatsache oder zum Verständnis von Fachbegriffen im Parteivortrag als vorbereitende Maßnahme nach § 273 I (zum Ganzen eingeh u zu Recht krit gegenüber der Tendenz, formlose Internetrecherchen mit § 291 zu legitimieren, Haas S 111 ff; Voß ZZP 135 [2022], 429 ff). Die Verwertung von nicht offengelegten Informationen aus dem Internet verletzt das rechtl Gehör (BGH MDR 2022, 450). Eigenmächtige Ermittlungen liefern uU einen Ablehnungsgrund (Greger FS Stürner, 2013, S 289, 293 f; s § 42 Rn 25 mwN; einschr Dötsch MDR 2011, 1018).

2 **2) Wirkung der Offenkundigkeit.** Über die betr Behauptung ist kein Beweis zu erheben (zum Gegenbeweis s Rn 4). Dies gilt aber nur, soweit es für die Sachverhaltsaufklärung nicht auf einen unmittelbaren Eindruck

oder auf eine besondere Sachkunde ankommt. In solchen Fällen kann ein beantragter Augenschein oder SV-Beweis nicht durch allg zugängl Informationen, zB aus dem Internet, ersetzt werden (Greger FS Stürner, 2013, S 295 f; bedenkl daher AG Köln NJW 2011, 2979). Offenkundig **unrichtiges** Vorbringen darf nicht verwertet werden (BAG NZA 98, 661, 663), auch nicht für VU gegen den Bekl (§ 331). Gegenteiliges Geständnis ist unbeachtl (s § 288 Rn 7).

3) Einführung in den Prozess. § 291 hebt den **Beibringungsgrundsatz** nicht auf. Er regelt nur die Frage, ob über eine vorgetragene und bestrittene Tatsachenbehauptung Beweis zu erheben ist, nicht die Verwertbarkeit nicht vorgetragener Tatsachen. Auch offenkundige Tatsachen darf das Gericht daher grds nicht vAw einführen (BAGE 28, 196, 201 = NJW 1977, 695; StJ/Thole Rn 11; aA MK/Prütting Rn 13; RSchwab/Gottwald § 113 Rn 24; Schilken ZZP 126 [2013], 410 f; Dötsch MDR 2011, 1017 f; wohl auch BGH MDR 2022, 450 [Schwenker MDR 2022, 685], wo nur auf die fehlende Gelegenheit zur Äußerung abgestellt wird). Ausnahmen sind bei **allbekannten**, nicht nur aus allg zugängl Informationsquellen (zB Internet) ermittelbaren Tatsachen (s Rn 1b) vertretbar (zu dieser Differenzierung s Greger FS Stürner, 2013, S 294). **Gerichtskundige** Tatsachen (s Rn 1a) dürfen nur bei Bezug zu entspr substantiiertem Vortrag eingeführt werden (OLG Frankfurt NJW-RR 2023, 48; Pörnbacher/Suchomel NJW 2010, 3202 ff; aA Stackmann NJW 2010, 1409 ff, von zu weitem Begriff der Gerichtskundigkeit ausgehend). Die Offenkundigkeit des **Gegenteils** (s Rn 2) ist vAw zu berücksichtigen (StJ/Thole Rn 11; Greger FS Stürner, 2013, S 294). 2a

4) Rechtliches Gehör. Das Gericht muss die Parteien darauf hinweisen, dass es eine Tatsache als offenkundig verwerten will (BVerfG NJW 2021, 50; BGH NJW-RR 93, 1122). Parteien müssen etwaige Irrtümer korrigieren oder die Offenkundigkeit in Frage stellen können; Gelegenheit zum Beweis des Gegenteils darf nicht abgeschnitten werden (BVerfG NJW 2021, 50). Hinweis kann nur dann unterbleiben, wenn es sich um Umstände handelt, die allen Beteiligten ohne weiteres gegenwärtig sind und deren Entscheidungserheblichkeit ihnen bekannt ist (BGH MDR 2022, 450 [Schwenker MDR 2022, 685]). 3

5) Feststellung der Offenkundigkeit. Sie kann *als solche* nicht Gegenstand eines beachtl Beweisantritts sein, ebenso wenig ihr Fehlen. Bei Bestreiten der (nach Ansicht des Gerichts) offenkundigen *Tatsache* ist Gegenbeweis auf diese zur richten (BGHZ 156, 250, 253 = NJW 2004, 1163, 1164). – Im Urteil ist darzulegen, woraus sich die Offenkundigkeit ergibt (BGH NJW 2021, 1669 Tz 31). 4

6) Revision. An die als offenkundig festgestellte Tatsache ist das Revisionsgericht gebunden (§ 559 II). Durch Verfahrensrüge kann aber geltend gemacht werden, dass das rechtl Gehör (s Rn 3) nicht gewährt, die Feststellung nicht begründet (BGH NJW 2021, 1669 Tz 31) oder der Begriff der Offenkundigkeit verkannt worden sei (RGZ 143, 175, 184). Revisionsgericht kann die Offenkundigkeit – nach Gewährung rechtl Gehörs – ggf selbst bejahen; es ist nicht verpflichtet, zur Feststellung einer Tatsache zurückzuverweisen, die es für offenkundig hält (RSchwab/Gottwald § 113 Rn 30). 5

§ 292 Gesetzliche Vermutungen

[1]Stellt das Gesetz für das Vorhandensein einer Tatsache eine Vermutung auf, so ist der Beweis des Gegenteils zulässig, sofern nicht das Gesetz ein anderes vorschreibt. [2]Dieser Beweis kann auch durch den Antrag auf Parteivernehmung nach § 445 geführt werden.

1) Bedeutung. § 292 stellt klar, dass ges Vermutungen (Tatsachen- oder Rechtsvermutungen, s vor § 284 Rn 10) grds durch Beweis des Gegenteils widerlegt werden können, mithin die Beweislast regeln. Ausgeschlossen ist dieser Beweis, wo das Gesetz eine Rechtsfolge fingiert (zB § 892 BGB, § 267 ZPO) oder eine Vermutung für unwiderlegbar erklärt (zB § 1566 BGB). Für die sog tatsächl Vermutungen (s vor § 284 Rn 33) gilt § 292 nicht; sie wirken lediglich im Bereich der Beweiswürdigung. 1

2) Beweis des Gegenteils. Er ist erst geboten, wenn die Voraussetzungen der gesetzl Vermutung (zB der Besitz bei § 1006 BGB) unstreitig oder bewiesen sind. Er kann mit allen in §§ 371-455 vorgesehenen Beweismitteln geführt werden, abw von § 445 II auch durch Parteivernehmung (BGH NJW 88, 2741, 2742). Die bloße Erschütterung der ges Vermutung durch Beweis ihrer mögl Unrichtigkeit genügt nicht, erforderl ist der volle Beweis (s § 286 Rn 17 ff) des Gegenteils. Das Gericht muss also im Wege freier Beweiswürdigung die entspr Überzeugung gewinnen; Wahrscheinlichkeit genügt nicht (BGH NJW 2024, 677). Auch beim Führen des Gegenteilsbeweises können jedoch die allg Beweiserleichterungen, insb die Grundsätze zur sekundären Behauptungslast (s vor § 284 Rn 34), zur Anwendung kommen. 2

§ 292a (weggefallen)

§ 293 Fremdes Recht; Gewohnheitsrecht; Statuten

[1]Das in einem anderen Staat geltende Recht, die Gewohnheitsrechte und Statuten bedürfen des Beweises nur insofern, als sie dem Gericht unbekannt sind. [2]Bei Ermittlung dieser Rechtsnormen ist das Gericht auf die von den Parteien beigebrachten Nachweise nicht beschränkt; es ist befugt, auch andere Erkenntnisquellen zu benutzen und zum Zwecke einer solchen Benutzung das Erforderliche anzuordnen.

Lit: *Aden/Aden*, Revisibilität von Entscheidungen aufgrund rechtsvergleichender Normenauslegung, RIW 2014, 736; *Becker*, Die Ermittlung und Anwendung ausländischen Rechts in der deutschen Rechtspraxis, FS Martiny, 2014, S 619; *Duden*, IPR im Ungefähr: Nichtermittelbarkeit ausländischen Rechts, Ersatzrechtsanwendung und Offenlassen des anwendbaren Rechts, IPRax 2023, 49; *Ernst*, Englische Judikatur als Auslandsrecht, FS Wulf-Henning Roth, 2015, S 83; *Hübner*, Ausländisches Recht vor deutschen Gerichten, 2014; *Gebauer/Critchley*, Iura novit curia im deutschen, englischen und schottischen Kollisionsrecht, GS Mankowski, 2024, S 465; *Hüßtege*, Internetrecherche contra Sachverständigengutachten: Zur Ermittlung ausländischen Rechts durch deutsche Gerichte, IPRax 2021, 261; *Jansen/Michaels*, Die Auslegung und Fortbildung ausländischen Rechts, ZZP 116 (2003), 3; *Krauß*, Anforderungen an die tatrichterliche Ermittlung ausländischen Rechts in Zivilverfahren, GPR 2014, 175; *Lindacher*, Zur Mitwirkung der Parteien bei der Ermittlung ausländischen Rechts, FS Schumann, 2001, S 283; *Michaels/Schmidt*, Die Hamburger Leitlinien zur Ermittlung und Anwendung ausländischen Rechts in deutschen Verfahren, NJW 2024, 24; *Michaels/Schmidt*, Das Gutachten zum ausländischen Recht im Prozess des 21. Jahrhunderts, 2025; *Oppermann*, Leitlinien zur Anwendung ausländischen Rechts, RIW 2024, 102; *Remien*, Die Anwendung und Ermittlung ausländischen Rechts im System des Europäischen Internationalen Privatrechts, ZVglRWiss 115 (2016), 570; *Schall*, Deutsches Case Law? – Zur Anwendung englischen Rechts unter § 293 ZPO, ZZP 122 (2009), 293; *Schilken*, Zur Rechtsnatur der Ermittlung ausländischen Rechts nach § 293 ZPO, FS Schumann, 2001, S 373; *Seibl*, Iura novit curia, Justizgewährungsanspruch und die Frage der Kostentragung für gerichtlich erholte Gutachten zum Inhalt ausländischen Rechts, ZZP 128 (2015), 431; *Spellenberg*, Ermittlung ausländischen Rechts, IPRax 2020, 136; *Stürner*, Wie kann der Zugang zu ausländischem Recht in Zivilverfahren verbessert werden?, ZVglRWiss 117 (2018), 1; *Stürner/Krauß*, Ausländisches Recht in deutschen Zivilverfahren – Eine rechtstatsächliche Untersuchung, 2018. – WN: *Linke/Hau* IZVR vor Rn 9.1.

1 **I) Überblick.** Das Gericht hat das in Deutschland geltende Recht zu kennen (**iura novit curia**). Dessen Ermittlung und Beibringung obliegen, anders als Tatsachenvortrag, nicht etwa den Parteien (**da mihi facta, dabo tibi ius**), und sein Inhalt ist keinem Beweis zugänglich. Besonderheiten gelten indes für ausländ Recht, Gewohnheitsrecht und Statuten: Dazu ist § 293 zwar nicht etwa zu entnehmen, dass es sich um Tatsachen handelt, wohl aber, dass solche Rechtsnormen beweisbedürftig und -fähig sein können, soweit sie dem dt Gericht unbekannt sind. § 293 setzt die Pflicht des Gerichts voraus, sich die erforderl Rechtskenntnisse von Amts wegen zu verschaffen, erfordert hierfür aber keinen Strengbeweis, sondern gestattet den Freibeweis (S 2).

2 **II) Anwendungsbereich. 1) Erfasste Rechtsnormen. a) Ausländisches Recht.** Hierzu zählen Vorschriften, die nicht in Deutschland (bzw im Geltungsbereich des GG), sondern nur außerhalb gelten, sei es kraft ausländ Gesetzgebung, richterl Rechtssetzung (so im Common Law; dazu Ernst FS Roth, S 83) oder gewohnheitsrechtl Verfestigung. Häufig kommt es im dt Zivilprozess im Rahmen der Begründetheit auf **ausländ SachR** an; entscheidungserheblich kann aus dt Sicht zudem **ausländ KollisionsR oder interlokales Recht** sein (vgl Art 4 I, III EGBGB), bisweilen auch **ausländ VerfahrensR** (zB im Zusammenhang mit der Anerkennung ausländ Entscheidungen; Bspe: BGH MDR 2018, 1079; BGH NJW 2022, 2928 Tz 17 ff; BGH 12.10.2023 – IX ZB 60/21, ZIP 2024, 1287 Tz 19 ff; beachte Dutta in Michaels/Schmidt, Gutachten zum ausländischen Recht, S 85, 86 ff).

3 **b) Gewohnheitsrecht.** Gemeint ist das in Deutschland durch ständige Übung angewandte und von der Überzeugung der Rechtmäßigkeit und Notwendigkeit getragene ungeschriebene bzw „ungesetzte" Recht (RGZ 75, 41). Dazu zählen nicht die sog Verkehrssitten, Erfahrungssätze und Handelsbräuche, wohl aber die sog **Observanz** iSv örtl begrenztem GewohnheitsR (Bsp: Fischereirecht an einem best öffentl Gewässer, dazu OLG Stuttgart OLGZ 1969, 477). Zum Völkergewohnheitsrecht s Rn 5.

4 **c) Statuten.** Näher hierzu Feurer ZZP 123 (2010), 427. Gemeint sind nach **hM** autonome Satzungen öff-rechtl Körperschaften, Anstalten, Stiftungen, insb also: Ortsvorschriften (zB über Streupflicht), Anstaltsordnungen, Satzungen zB von öff-rechtl Berufsverbänden, Sozialversicherungsträgern und Universitäten. Gegen die Anwendbarkeit von § 293 spricht indes, dass solche Satzungen auf gesetzl Ermächtigungen beruhen, veröffentlicht werden und der Übergang zu Verordnungen fließend ist (StJ/Thole Rn 27). Jedenfalls ist § 293 unanwendbar, wenn es nicht um Rechtsnormen geht, sondern um kraft Privatautonomie geltende Regeln, also um Individual- oder Formularverträge/AGB sowie (abweichend von § 17 III) um Vereins- oder Gesellschaftssatzungen. Näher liegt hingegen, dass § 293 die in Tarifverträgen enthaltenen Rechtsnormen erfasst (vgl § 1 I TVG; bejahend BAG NZA 2007, 576 Tz 29), zudem das autonome Kirchenrecht (MK/Prütting Rn 20).

5 **d) Nicht erfasste Rechtsnormen.** § 293 gilt nicht für das in Deutschland geltende gesetzte Recht (ohne dass es dabei auf bundesweite Geltung ankommt), nach wohl hM aber analog auf nicht mehr geltendes, also **früheres dt Recht** (so etwa OLG Nürnberg 17.8.2022 – 3 U 1440/22, juris Tz 12; MK/Prütting Rn 22). Die Anwendbarkeit von § 293 lässt sich auch nicht etwa damit begründen, dass sich die Rechtsfrage auf ein Rechtsgebiet außerhalb des Zivilrechts bezieht, dem Gericht also womögl nicht ohne Weiteres geläufig ist (Bsp: dt Steuerrecht). Zu dem in Deutschland geltenden Recht zählen auch Vorschriften, die auf völkerrechtl Verträgen beruhen, denen

Deutschland beigetreten ist (vgl Art 59 II GG; Bsp: UN-Kaufrecht/CISG v 11.4.1980, BGBl II 1989, 586). Unanwendbar ist § 293 zudem auf die allg Regeln des **Völkerrechts** bzw das Völkergewohnheitsrecht (beachte hierzu Art 25, 100 II GG) sowie auf **Primär- und Sekundärrecht der EU**. Daher darf das Gericht insb nicht durch einen Sachverständigen klären lassen, ob es kraft einer EU-Verordnung oder eines Übereinkommens internat zuständig ist und welches Recht es in der Sache anzuwenden hat; in Betracht kann allerdings ein Vorabentscheidungsersuchen nach Maßgabe von Art 267 AEUV kommen (EuIZPR Rn 7).

2) Dem Gericht unbekanntes Recht. § 293 S 1 betrifft ausländ Recht, Gewohnheitsrecht und Statutenrecht ausdrückl nur insoweit, als es dem (dt) Gericht unbekannt ist. Relevante Kenntnis kann sich insb aus Auslandsstudien, wissenschaftl Beschäftigung oder Befassung mit früheren Fällen ergeben; nicht erforderl ist Offenkundigkeit iSv § 291. Zu den davon zu trennenden Anforderungen an die gerichtsinterne Ermittlung zunächst unbekannter Rechtsnormen s Rn 15 ff. 6

3) Erfasste Verfahren. § 293 ist grds in **sämtl ZPO-Verfahren** anwendbar. Davon zu unterscheiden ist die Frage, ob in bestimmten Verfahrenssituationen (Säumnis, § 495a, Urkundenprozess, PKH-Bewilligung, einstw Rechtsschutz) geringere Anforderungen an die Bestimmung des anwendbaren Rechts bzw dessen Ermittlung zu stellen sind; dazu Rn 8, 13 f. § 293 gilt auch in **Schiedsverfahren**, die dt VerfR unterstehen (s § 1051 Rn 11), in der **Arbeitsgerichtsbarkeit** (hierzu etwa BAG NZA 2021, 225 Tz 66) sowie dann, wenn **§ 113 I 2 FamFG** auf die ZPO verweist. In **fG-Sachen** soll § 293 hingegen weder direkt noch entsprechend heranzuziehen sein (Sternal/Sternal § 26 FamFG Rn 26; aA PH/Prütting § 26 FamFG Rn 18; offenlassend BGH IPRax 2019, 258 Tz 7). Dies bedeutet freilich nur, dass kein Strengbeweis in Betracht kommt (arg: § 30 FamFG; ausdrückl für Freibeweis BGH FamRZ 2017, 1209, 1210); vielmehr bleibt es bei §§ 26, 29 I FamFG. 7

III) Bestimmung des anwendbaren Rechts. § 293 setzt die Maßgeblichkeit ausländ Kollisions-, Sach- oder Verfahrensrechts (s Rn 2) voraus. Die kollisionsrechtl Frage, ob und ggf welches ausländ Recht anzuwenden ist, richtet sich nach den einschlägigen **Regeln des IPR bzw IZPR** und ist durch das Gericht von Amts wegen zu klären (statt vieler: BGH MDR 2018, 1079; BGH NJW-RR 2023, 1599 Tz 26). Dies gilt auch bei Säumnis des Bekl (das Zugeständnis gem § 331 I umfasst nicht die Anwendbarkeit dt Rechts), in den Fällen des § 495a (keine Verfahrensfrage), im Urkundenprozess, bei der PKH-Bewilligung (Geimer IZPR Rn 2629) sowie im einstw Rechtsschutz (Geimer IZPR Rn 2575; Schack IZVR Rn 757; zu Besonderheiten hinsichtl der Ermittlung ausländ Rechts s Rn 13 f). Soweit die Parteien das anzuwendende Recht wählen können (vgl zB Art 3 Rom I-VO, Art 14 Rom II-VO), kann die **Rechtswahl** grds noch im Prozess und auch durch schlüssiges Verhalten erfolgen, darf aber nicht vorschnell unterstellt werden (dazu etwa Rauscher/von Hein Art 3 Rom I-VO Rn 139). Keine Konsequenz eines kollisionsrechtl Rechtsanwendungsbefehls ist hingegen der rechtsvergleichende Rückgriff auf ausländ Recht im Rahmen der gerichtl Fortbildung des dt Rechts (dazu Aden/Aden RIW 2014, 736). 8

Die Anwendbarkeit ausländ oder dt Rechts kann Gegenstand eines **Zwischenurteils** iSv § 303 sein. Bleibt völlig unklar, welches Recht zugrunde gelegt wurde, ermangelt die Entscheidung iSv § 547 Nr 6 der Gründe (§ 547 Rn 13). Das Gericht darf das angewendete Recht aber offen lassen, wenn es davon ausgeht, dass alle in Betracht kommenden ausländ Rechtsordnungen zu demselben Ergebnis gelangen. Wer die richtige Anwendung ausländ Recht mit der wohl hM für nicht revisibel hält (s Rn 25), wird eine solche **Wahlfeststellung** durch ein Instanzgericht hingegen dann für ausgeschlossen halten, soweit dt oder ausländ Recht in Betracht kommt (BGH NJW 1991, 2214; BGH NJW-RR 2023, 1599 Tz 28; Duden IPRax 2023, 49, 55; aA etwa Schack IZVR Rn 779). 9

IV) Ermittlung ausländischen Rechts. 1) Ermittlungsgrundsätze. § 293 gibt dem Richter auf, sich **von Amts wegen** die für die Entscheidung erforderl Kenntnisse des kollisionsrechtl berufenen ausländ Rechts zu verschaffen (statt vieler: BGH NJW 2019, 3374 Tz 23). Denn die Beweisbarkeit ausländ Rechts ändert nichts an seiner Rechtsqualität (Rn 1) und rechtfertigt es daher nicht, es auch iÜ wie Tatsachenvortrag zu behandeln. Folglich sind die Parteien auch im Anwendungsbereich der Verhandlungsmaxime nicht etwa gehalten, die ausländ Rechtsgrundlage nach Maßgabe der allg Darlegungs- und Beweislastregeln zu benennen und ihren Inhalt beizubringen (BGH MDR 2018, 1079 Tz 19; BGH NJW-RR 2022, 1441 Tz 24; BAG NZA 2021, 225, 231). Das Gericht wird hinsichtl des Inhalts des ausländ Rechts nicht durch ein Geständnis iSv § 288 oder Nichtbestreiten iSv § 138 III gebunden (ausdr offenlassend: BGH NJW-RR 2023, 1599 Tz 28). All dies gilt allerdings nur für die ausländ Rechtsnorm, nicht hingegen für die danach entscheidungserheblichen Tatsachen (klarstellend BGH NJW 2019, 3374 Tz 25). 10

Trotz der gerichtl Ermittlungspflicht geht der Gesetzgeber ausweisl § 293 S 2 von einer gewissen **Mitwirkung der Parteien** aus: Diese können gehalten sein, das Gericht zu unterstützen (BGH NJW 2019, 3374 Tz 24). Dies ist indes nicht als präklusions- oder sanktionsbewehrte Verpflichtung zu verstehen, sondern als Obliegenheit, an welche die Parteien durch gerichtl Aufforderung erinnert werden können (krit MK/Prütting Rn 53). Behauptet eine Partei eine ihr günstige ausländ Rechtsnorm oder Gerichtspraxis, ohne dies zu belegen, so kann ihr die mangelnde Mitwirkung zum Nachteil gereichen, wenn das Ergebnis der gerichtl Ermittlungen die fragl Rechtsbehauptung nicht bestätigt (BGH NJW 1961, 410; BGH NJW 1976, 1581, 1583). 11

Das Gericht kann und muss sich in den Grenzen **pflichtgemäßen Ermessens** aller ihm zugänglichen Erkenntnisquellen bedienen (BGH NJW 2003, 2685, 2686; BGH NJW-RR 2020, 802 Tz 23). Überzeugend führt BGH 12

NJW-RR 2020, 802 Tz 24 aus: „Im Allgemeinen werden die Grenzen der Ermessensausübung des Tatrichters durch die jeweiligen Umstände des Einzelfalls gezogen. An die Ermittlungspflicht werden umso höhere Anforderungen zu stellen sein, je komplexer oder je fremder im Vergleich zum eigenen das anzuwendende Recht ist. Von Einfluss auf das Ermittlungsermessen können auch Vortrag und sonstige Beiträge – etwa Privatgutachten – der Parteien sein. Tragen die Parteien eine bestimmte ausländische Rechtspraxis detailliert und kontrovers vor, wird der Richter regelmäßig umfassendere Ausführungen zur Rechtslage zu machen – gegebenenfalls sämtliche ihm zugänglichen Erkenntnismittel zu erschöpfen – haben, als wenn der Vortrag der Parteien zu dem Inhalt des ausländischen Rechts übereinstimmt oder sie zu dem Inhalt dieses Rechts nicht Stellung nehmen, obwohl sie dessen Anwendbarkeit kennen oder mit ihr rechnen." Das Gericht unterliegt bei alledem keinen festen Regeln, insb keinen Beweisregeln. Es bedarf auch keines förml (Beweis-)Beschlusses. Die Parteien sind über die Art der Ermittlungen zu informieren; dass deren Ergebnis mitzuteilen ist, folgt aus dem Anspruch auf rechtl Gehör.

13 Die gerichtl Ermittlungspflicht betrifft grds alle Verfahrensarten. Demgemäß kann im **Versäumnisverfahren** nicht etwa ein bestimmter Inhalt des ausländ Rechts als zugestanden fingiert werden (zutr etwa Nagel/Gottwald IZPR Rn 11.41 f), und ebenso wenig reicht es hier aus, wenn der Kläger seine Behauptung etwa durch Sachverständigengutachten „unter Beweis stellt" (unzutr OLG München NJW 1976, 489).

14 Diskutiert wird, ob Besonderheiten in **Eilverfahren** gelten. Hierzu wird eine generelle Beschränkung der Ermittlungspflicht auf präsente Erkenntnisquellen befürwortet oder die Anwendung ausländ Rechts davon abhängig gemacht, dass der Antragsteller es dem Gericht darlegt und glaubhaft macht (vgl etwa Nagel/Gottwald IZPR Rn 11.43 ff). Das erscheint verfehlt: Denn dem Antragsteller ist in solchen Verfahren zwar eine verstärkte Mitwirkung zuzumuten, nicht jedoch eine Beweisführung über Rechtsfragen nach Maßgabe des § 294. Zur pflichtgemäßen Ermessensausübung des Gerichts gehört allerdings auch die Entscheidung, ob die Eilbedürftigkeit des konkreten Falles und der Zweck des summarischen Verfahrens weitere Ermittlungen erlauben. Nur dann, wenn in angemessener Zeit keine ausreichenden Erkenntnisse zu gewinnen sind, kann auf dt Recht zurückgegriffen werden (OLG Düsseldorf GRUR 2020, 204: „äußerst hilfsweise"; ähnlich wie hier MK/Prütting Rn 56). Dabei muss auch eine eventuelle Haftung nach § 945 in Erwägung gezogen werden, wenn sich die Eilmaßnahme nach Prüfung im Hauptverfahren auf korrekter Rechtsgrundlage als nicht gerechtfertigt erweist.

15 **2) Gerichtsinterne Ermittlungen.** § 293 gilt ausweislich S 1 nur, wenn die Rechtsnorm dem Gericht „unbekannt" ist (s Rn 6). Davon zu unterscheiden ist die Situation, dass zwar die konkret entscheidungserhebliche Rechtsnorm noch zu klären ist, das Gericht sich dies aber selbst zutraut: Verfügt der Richter über **hinreichende Kenntnisse** der anwendbaren Rechtsordnung bzw über die Fähigkeit, sich diese aus vorhandenen Quellen zu verschaffen, darf er sich damit begnügen (beachte aber die Skepsis hinsichtl der im Ausgangsfall erfolgten Eigenrecherchen bei BVerfG IPRspr 2010 Nr 4).

16 Gewiss unzureichend ist das bloße Heranziehen einzelner Vorschriften des ausländ Rechts, zumal wenn diese nur „sinngemäß" ins Deutsche übertragen werden (BGH NJW-RR 2020, 802 Tz 25). Seriöser lässt sich manches mit Hilfe der Literatur klären, zB mit veröffentlichten Gutachten aus anderen Verfahren und mit **Publikationen zum ausländ Recht**. Hilfreich ist die nach Ländern sortierte systematische Zusammenstellung von Schrifttum, Judikatur und Gutachten bei von Bar, Ausländisches Privat- und Privatverfahrensrecht in deutscher Sprache[10], 2017. Soweit private oder berufl Verbindungen zu sachkundigen **Wissenschaftlern oder Praktikern** im In- und Ausland bestehen, können diese formlos um Auskunft gebeten werden (Stürner ZVglRWiss 117 [2018], 1, 15 f); solche (schriftl) Auskünfte müssen sodann in den Prozess einbezogen werden, damit die Parteien dazu Stellung nehmen können.

17 Nicht zu hoch einschätzen sollte man die Möglichkeit, sich im **Internet** mit hinreichender Sicherheit zu informieren (skeptisch auch OLG München NJW 2017, 338): Verlässliche Informationen sind oft zugangsgebunden und kostenpflichtig, und selbst zielgerichtete Ermittlungen in ausländ Fachdatenbanken setzen gewisse Mindestkenntnisse im Umgang mit diesen Medien und der jeweiligen Rechtsordnung voraus. Erst recht ist davor zu warnen, sich ausländ Rechtstexte ohne weitere Absicherung mit Hilfe KI-basierter Übersetzungsprogramme zu erschließen. Zum Europ Justiziellen Netz s Rn 21.

18 **3) Rechtsgutachten.** Tauglicher Gegenstand eines Gutachtens ist **nur ausländ Recht**, nicht hingegen das in Deutschland geltende Recht (einschl des IPR und IZPR, auch soweit dieses auf EU-Recht oder Konventionsrecht beruht; s Rn 5). Häufig werden Gutachten beim Max-Planck-Institut (MPI) für ausländ und internat Privatrecht in Hamburg oder bei einem der internationalrechtl bzw rechtsvergl Universitätsinstitute und -lehrstühle eingeholt. Beachte hierzu die 2023 vom MPI vorgelegten „Hamburger Leitlinien zur Ermittlung und Anwendung ausländischen Rechts in deutschen Verfahren" (www.hhleitlinien.de; dazu Michaels/Schmidt NJW 2024, 24; Oppermann RIW 2024, 102). Häufig bietet es sich alternativ an, einen im Ausland ansässigen, mit dem dortigen Recht besonders vertrauten (dt oder ausländ) Juristen als Gutachter einzuschalten (dazu Hau *RIW 2003, 822, 826*; *OLG München* NJW 2017, 338, 339). Die These, dass idR ein inländ Gutachter zu bevorzugen sei (so etwa Schack IZVR Rn 763), ist zu eng und im Hinblick auf Art 56 ff AEUV bedenklich; auch § 64c II ZRHO und § 8 IV JVEG belegen, dass die Einschaltung ausländ Gutachter durchaus in Betracht

kommt. Zur Abgrenzung der Aufgaben von Sachverständigem und Richter s Stürner in Michaels/Schmidt, Gutachten zum ausländischen Recht, S 61; zu Haftungsfragen s Rademacher in Michaels/Schmidt, Gutachten zum ausländischen Recht, S 207.

Str ist, ob die Einschaltung eines Sachverständigen eine **Beweisaufnahme** darstellt, die den Regeln des Streng- 19
beweises zu unterstellen wäre (dafür etwa BGH NJW 1994, 2959; aA Schilken FS Schumann, S 373, 383 ff). Geht man davon aus, dass die Erstattung eines Rechtsgutachtens nicht zwingend ein Sachverständigenbeweis iSv §§ 402 ff ist, bedarf es keines förml Beweisbeschlusses, keines Auslagenvorschusses und keiner vorherigen Individualisierung des Gutachters. Allemal sollte gelten, dass die Entscheidung über eine eventuelle Befragung des Gutachters nicht der zwingenden Regelung des § 411 III, sondern dem spezielleren Ermessensmaßstab des § 293 unterliegt, zudem aber auch, dass die Regeln zur Befangenheit (§ 406) zu beachten sind.

4) Internationale Rechtshilfe. Da ausländ Recht regelmäßig in aktueller Fassung anzuwenden ist, liegt es nahe, 20
sich Informationen bei den Behörden des betreffenden Staats zu verschaffen. Das ermöglichen bzw erleichtern staatsvertragl Vereinbarungen wie das **RAuskÜ** (Londoner Europäische Übereinkommen betreffend Auskünfte über ausländisches Recht v 7.6.1968, BGBl II 1974, 938; 4; dt AusfG v 5.7.1974, BGBl I 1974, 1433), das für fast alle EU-Staaten (Ausnahme: Irland) sowie etliche andere europ und außereurop Länder gilt (Nachw bei Jayme/Hausmann Nr 200 Fn 1). Auf das RAuskÜ zurückzugreifen bietet sich an, soweit nur einzelne Fragen zum ausländ Recht anstehen, die abstrakt beantwortet werden können. Die Fragen können zwar auch sachverhaltsbezogen sein (vgl Art 4 II RAuskÜ), doch eine regelrechte Begutachtung kommt nicht in Betracht. Zum Prozedere s § 73 ZRHO. Ausschlaggebend für die Verwertbarkeit der Auskünfte sind zum einen die Verständlichkeit der Fragestellung sowie der Sachverhaltsskizze (die entgegen § 1 S 2 AusfG nicht den Parteien überlassen werden sollte), zum anderen die Qualität der Übersetzungen. In komplizierten Fällen mag es zwar nicht fehlerhaft sein, nach dem RAuskÜ vorzugehen, womöglich aber, sich ohne Weiteres mit der erteilten Auskunft zufrieden zu geben (BGH NJW 2014, 1244, 1245).

Rechtsauskünfte können auch im Rahmen des **Europäischen Justiziellen Netzes in Zivil- und Handelssachen** 21
(EJN) eingeholt werden (Entscheidung Nr 2001/470/EG v 28.5.2001 über die Einrichtung eines Europäischen Justiziellen Netzes für Zivil- und Handelssachen, ABl EU 2001 L 174/25; reformiert durch Entscheidung Nr 568/2009/EG v 18.6.2009, ABl EU 2009 L 168/35; Internetauftritt: https://e-justice.europa.eu). Fragen können über die dazu eingerichteten Kontaktstellen gestellt werden, in Deutschland über das Bundesamt für Justiz bzw die Landesjustizverwaltungen (§ 16a EGGVG, § 72 II ZRHO). Die Ergiebigkeit solcher Anfragen hängt von der Ausstattung der jeweiligen ausländ Kontaktstellen ab. Das EJN ist nach dem derzeitigen Entwicklungsstand am ehesten für Anfragen nach konkret benannten Gesetzestexten geeignet. Rechtsanwälte können keine Anfragen stellen.

5) Nichtermittelbarkeit/Ersatzrecht. Zur pflichtgemäßen Ermessensausübung gem § 293 gehört auch die Ent- 22
scheidung, wann die Ermittlungen des ausländ Rechts zu beenden sind, weil entweder die Rechtslage geklärt oder ein ausreichendes Ergebnis trotz Ausschöpfung aller vernünftigerweise zugängl Erkenntnisquellen nicht erzielbar ist. Letzterenfalls geht es nicht an, die Übereinstimmung des unbekannten ausländ mit dem inländ Recht zu unterstellen, eine Entscheidung zu verweigern oder eine Beweislastentscheidung zu treffen (BGH NJW 1982, 1215; BAG NZA 2021, 225, 231). Vielmehr ist ein **Ersatzrecht** zu bestimmen, zB durch Anwendung eines verwandten Rechts aus derselben „Rechtsfamilie" oder der lex fori (vgl Duden IPRax 2023, 49, 53 ff). Was angemessen erscheint, ist im konkreten Fall zu entscheiden. Häufig bietet es sich an, im Rahmen der kollisionsrechtl berufenen ausländ Rechtsordnung zu bleiben und sich um größtmögliche Annäherung an den aktuellen Rechtsstand zu bemühen (vgl auch BGH NJW 1982, 1215). Bei allzu lückenhaften, veralteten oder ansonsten unzureichenden Erkenntnissen mag der Wechsel des anzuwendenden Rechts durch eine kollisionsrechtl Hilfsanknüpfung in Betracht kommen (vgl Kindl ZZP 111 [1998], 177, 200). Der **Rückgriff auf die dt lex fori** sollte jedenfalls erst als ultima ratio nach sorgfältiger Eruierung dieser Möglichkeiten und keinesfalls schematisch erfolgen.

V) Anwendung ausländischen Rechts. Das dt Gericht hat das maßgebl ausländ Recht so anzuwenden, wie es 23
im Herkunftsland gilt und angewendet wird: Es darf sich nicht auf die Heranziehung der Gesetzestexte beschränken, sondern muss auch die konkrete Ausgestaltung in der ausländ Rechtspraxis berücksichtigen, insb also die ausländ Rspr; es gilt, das ausländ Recht als Ganzes so zu ermitteln, wie es sich in Lehre und Rspr entwickelt hat (BGH IPRax 2019, 258; BGH MDR 2018, 1079 Tz 12; BGH ZIP 2022, 1518; BGH NJW-RR 2023, 1146, 1148; BGH 12.10.2023 – IX ZB 60/21, ZIP 2024, 1287 Tz 20; BAG NZA 2021, 225, 231). Das schließt das in der fragl Rechtsordnung geltende Methodenverständnis und die dort verbindl Auslegungsregeln ein (BGH WM 2002, 1186). Womöglich kann im Einzelfall sogar eine systemkonforme Fortbildung des ausländ Rechts geboten sein (Geimer IZPR Rn 2605; StJ/Thole Rn 70 f).

VI) Rechtsbehelfe. Die korrekte Anwendung des dt **IPR und IZPR** wird im Revisions- und Rechtsbeschwerde- 24
verfahren von Amts wegen überprüft (statt vieler: BGH MDR 2013, 866; BAG NZA 2021, 225, 231). In diesem Rahmen ist auch ausländ Recht revisibel, wenn es für die kollisionsrechtl Prüfung relevant ist, so zB bei einer Rückverweisung kraft ausländ IPR (Art 4 I EGBGB; dazu BGH WM 2024, 1618 Tz 16) oder im Hinblick auf seine Vereinbarkeit mit dem dt ordre public (zB iSv Art 6 EGBGB oder Art 21 Rom I-VO); beachte auch BGH NJW-RR 2023, 1146 Tz 22 (dort zu Art 46d EGBGB). Außerdem können revisible prozessuale Fragen zur

höchstrichterl Überprüfung oder eigenständigen Anwendung ausländ Rechts nötigen, zB bei der Feststellung der internat Zuständigkeit oder der Gegenseitigkeit iSv § 328 I Nr 5 (ausdrückl offenlassend, aber ausländ Recht prüfend: BGH NJW-RR 2005, 81, 83).

25 Nachprüfbar sind zudem Verstöße gegen § 293 hinsichtl der **Ermittlung des ausländ Rechts**, etwa durch das Unterstellen einer Darlegungslast der Parteien anstelle der gebotenen amtswegigen Ermittlung (BGH MDR 2018, 1079 Tz 19) oder eine fehlerhafte Ermessensausübung (BGH NJW 2003, 2685, 2686; BGH NJW-RR 2023, 1146 Tz 23; BGH ZIP 2024, 1287 Tz 20). Gibt die angefochtene Entscheidung keinen Aufschluss, dass der Tatrichter seiner Pflicht genügt hat, ist davon auszugehen, dass die Ermittlung verfahrensfehlerhaft unterblieben ist (BGH MDR 2013, 866). Der BGH überprüft auch, ob es zu beanstanden ist, dass eine Auskunft nach dem RAuskÜ (Rn 20) oder ein Rechtsgutachten nicht eingeholt wurde (BGH NJW 2014, 1244, 1245). Dabei kann es nicht ausbleiben, dass der BGH selbst zum ausländ Recht Stellung nehmen muss (vgl zB BGH NJW 2002, 3335 f; BGH NJW-RR 2017, 833, 835). Vor diesem Hintergrund liegt es im Hinblick auf § 545 I, dessen heutige Fassung nicht auf dt Recht beschränkt ist, insgesamt nahe, dass nicht nur revisibel ist, ob das ausländ Recht hinreichend und fehlerfrei ermittelt wurde, sondern (insoweit entgegen der hM; vgl BGH NJW-RR 2023, 1146 Tz 21; BGH WM 2024, 1618 Tz 19; § 545 Rn 6, § 560 Rn 1) eben auch, ob das **ausländ Recht zutreffend angewendet** wurde (näher Linke/Hau IZVR Rn 9.20 ff mwN).

26 Ausführungen der ersten Instanz zur Anwendbarkeit des dt oder ausländ Rechts führen per se grds nicht zu einer Erhöhung der **Beschwer**, und aus der Anwendung ausländ Rechts folgt für sich auch nicht, dass damit Rechtsfragen von **grundsätzlicher Bedeutung** aufgeworfen sind (BGH MDR 2025, 336 Tz 8, 13).

27 **VII) Kosten.** Zu den **Gerichtskosten** zählen die für bes Anordnungen (§ 293 S 2 Hs 2) angefallenen Auslagen für SV-Gutachten zum ausl Recht (§§ 1, 9 II 1 JVEG; OLG Dresden NJW 2019, 1236) sowie für Rechtshilfeersuchen ins Ausland (§ 4 I JVKostG iVm 1320 JVKostG-KV; Vorschuss: § 8 JVKostG). Kostenansatz: 9005, 9012, 9014 GKG-KV sind zu beachten. Holt das Gericht fehlerhaft ein Gutachten zu inländ Rechtsfragen ein (s Rn 5), sind die dafür entstandenen Auslagen nicht zu erheben (§ 21 I 1 GKG; OLG Brandenburg FamRZ 2004, 1662). Zur Erstattungsfähigkeit der Kosten eines vorprozessualen **Privatgutachtens** über das anzuwendende ausländ Recht s § 91 Rn 13.73. Überlässt das Gericht einer Partei das Abfassen des Auskunftsersuchens, ist diese Tätigkeit des **ProzBev** mit der VerfGeb gem 3100 RVG-VV abgegolten. Eine Zusatzgeb für bes umfangreiche Beweisaufnahmen (1010 RVG-VV) ist denkbar.

§ 294 Glaubhaftmachung

(1) Wer eine tatsächliche Behauptung glaubhaft zu machen hat, kann sich aller Beweismittel bedienen, auch zur Versicherung an Eides statt zugelassen werden.

(2) Eine Beweisaufnahme, die nicht sofort erfolgen kann, ist unstatthaft.

1 **I) Bedeutung.** Grds müssen tatsächl Behauptungen, auf die eine gerichtl Entscheidung gestützt werden soll, in einem ges eingeh geregelten Verf (§§ 284, 355-494a) bewiesen werden, dh es muss die richterl Überzeugung von der Wahrheit der streitigen Behauptung begründet werden (s § 286 Rn 17 ff). An zahlreichen Stellen verlangt das Gesetz jedoch nur Glaubhaftmachung (zB § 44 II, § 236 II, § 296 IV, § 511 III, § 769 I, § 805 IV, § 920 II). In diesen Fällen tritt an die Stelle des Vollbeweises eine Wahrscheinlichkeitsfeststellung (BGHZ 156, 139, 142; BGH VersR 76, 928, 929; s Rn 6) mithilfe sofort verfügbarer Erkenntnismittel.

2 Wo Glaubhaftmachung zugelassen ist, gilt das auch für **Gegenbehauptungen** und **Einwendungen** des Gegners (StJ/Thole Rn 20) sowie für die Entkräftung der Beweiskraft einer Urk iSd § 418 (BGH VersR 83, 491 = MDR 83, 749 [Eingangsstempel]).

3 **II) Zulässige Mittel der Glaubhaftmachung. 1) Präsente Beweismittel (§ 294 II).** Unbeachtl daher das Angebot nicht mitgebrachter Zeugen, Urkundenbeweisantritt gem § 421 oder Bezugnahme auf vom Gericht erst einzuholende Auskünfte (BGH NJW 58, 712). Zulässig und vom Gericht zu beachten ist ein nichtpräsenter Beweisantritt nur insoweit, als Terminsbestimmung (§ 216) erforderl ist und das Gericht vorbereitende Anordnungen (§ 273, zB Ladung von Zeugen, Beiziehung von Akten, Einholung von Auskünften) treffen kann, ohne das Verf zu verzögern (§ 379 beachten!). Dann kommt auch Einvernahme des Gegners (§ 445) in Betracht, sofern dieser erscheint, ebenso Vernehmung der beweisbelasteten Partei nach §§ 447, 448 (MK/Prütting Rn 17). – Zum Kostenfestsetzungsverf s § 104 Rn 8.

4 **2) Versicherung an Eides statt (§ 294 I).** Diese unter Strafdrohung (§§ 156, 161 StGB) stehende Erklärung, auch des Beweisführers selbst, genügt, soweit sie nicht ausdrückl für unzulässig erklärt ist (§§ 44, 406, 511 III). Sie bedarf keiner bes Form, kann von Naturalpartei schriftl oder mündl abgegeben werden, auch per Telefax (BayObLG NJW 96, 406; BGH GRUR 2002, 915, 916) oder anwaltl begl Kopie (Wehlau/Kalbfus MittPat 2011, 167); *zur elektron Übermittlung* ans Gericht durch RA s § 130a Rn 21a. Notwendig ist eine **eigene Darstellung** der glaubhaft zu machenden Tatsachen; Bezugnahme auf Angaben oder Schriftsätze Dritter (zB des RA) genügt nicht (BGH NJW 88, 2045; BGH NJW 96, 1682), desgl die Schilderung eines Vorgangs, der sich der eigenen

Wahrnehmung entzieht (BGH NJW 2004, 3491, 3492). Einzelheiten zur Abfassung bei Wehlau/Kalbfus MittPat 2011, 165 ff; Dölling NZFam 2014, 115 f.

3) Sonstige geeignete Mittel. Was der RA in dieser Eigenschaft *selbst wahrgenommen* hat (s dazu BayObLG WuM 94, 296), kann er durch ausdrückl **anwaltl Versicherung** glaubhaft machen (BGH MDR 2017, 1071 [Greger 1169] mwN); ein einfacher Schriftsatz genügt hierfür nicht (BGH NJW 2015, 171 Tz 16); RA muss die Richtigkeit der vorgetragenen Angaben unter Bezugnahme auf die anwaltl Berufspflichten versichern (BGH MDR 2024, 929 [sehr formalistisch]). Einreichung: §§ 130d, 130a. Von dem als richtig versicherten Vortrag darf ausgegangen werden, solange nicht konkrete Anhaltspunkte es ausschließen, den geschilderten Sachverhalt mit überwiegender Wahrscheinlichkeit für zutr zu erachten (BGH NJW 2015, 349; BGH VersR 84, 861); anderenfalls muss Gelegenheit zum Beweisantritt gegeben werden, sofern nicht schon in der Erklärung ein solcher zu sehen ist (BGH MDR 2022, 1364 [Schmitt MDR 2022, 1531]). Eine auf Grund richterl Sachprüfung ergangene **rechtskräftige Entscheidung** reicht idR zur Glaubhaftmachung des aus ihr ersichtl Sachverhalts aus (BGHZ 156, 139). **Weitere Möglichkeiten:** schriftl Erklärungen von Zeugen (§ 377 III), Privatgutachten, Bezugnahme auf dem Gericht sofort verfügbare Akten, unbegl Kopien, Abschriften von Urk (BGHZ 156, 139, 143), Screenshots (BGH MDR 2024, 58), nach BGH NJW 2015, 873 (Althammer) jedenfalls bei § 511 III auch bloße Parteierklärung. 5

III) Wahrscheinlichkeitsfeststellung. Für sie gilt ebenfalls der Grundsatz der freien Würdigung des gesamten Vorbringens (s § 286 Rn 13 ff; BGH MDR 2007, 669, 670). Ein festes „Beweismaß" wie beim Vollbeweis (s § 286 Rn 17 ff) gibt es hier aber nicht. Die häufig verwendete Formel, es genüge „überwiegende Wahrscheinlichkeit" (BGHZ 156, 139, 142; BGH NJW 96, 1682; StJ/Thole Rn 1; Dölling NZFam 2014, 116), ist unscharf, denn der Richter darf nicht in jedem Fall schon dann, wenn nur ein Quäntchen mehr für als gegen die Richtigkeit der Behauptung spricht, die mit ihr begehrte Entscheidung treffen. Zu fordern ist vielmehr ein den konkreten Umständen angepasstes Maß an Glaubhaftigkeit, dh die Sicherheit der Feststellung muss von den Folgen der zu treffenden Entscheidung abhängig gemacht werden (ebenfalls auf die Tragweite der Entscheidung abstellend, aber zu starr Scherer, Das Beweismaß bei der Glaubhaftmachung, 1996, S 75 ff). 6

§ 295 Verfahrensrügen

(1) Die Verletzung einer das Verfahren und insbesondere die Form einer Prozesshandlung betreffenden Vorschrift kann nicht mehr gerügt werden, wenn die Partei auf die Befolgung der Vorschrift verzichtet oder wenn sie bei der nächsten mündlichen Verhandlung, die auf Grund des betreffenden Verfahrens stattgefunden hat oder in der darauf Bezug genommen ist, den Mangel nicht gerügt hat, obgleich sie erschienen und ihr der Mangel bekannt war oder bekannt sein musste.

(2) Die vorstehende Bestimmung ist nicht anzuwenden, wenn Vorschriften verletzt sind, auf deren Befolgung eine Partei wirksam nicht verzichten kann.

I) Bedeutung. Die Verfahrensvorschriften sind Garanten richtiger Sachentscheidungen. Ihre Verletzung allein kann zur Aufhebung des Urteils führen (vgl § 538 II Nr 1, §§ 546, 547). Sie dürfen aber nicht Selbstzweck werden. Daher schließt § 295 (ebenso §§ 534, 556 für die höheren Instanzen) die Berufung auf einen Verfahrensmangel aus, wenn die Partei, deren Interesse die betr Vorschrift dienen soll, auf deren Beachtung *nachträgl* verzichtet hat. Soweit Parteien auf Einhaltung bestimmter Vorschriften *vorab* verzichten (s vor § 128 Rn 32), liegt gar keine Verletzung vor (daher nur iErg zutr StJ/Thole Rn 32). Verzicht kann auch darin liegen, dass die Partei einer fehlerhaften Anordnung Folge leistet (BGH NJW 2017, 3304 Tz 40) oder von der Möglichkeit der Verfahrensrüge in der nächsten mündl Verh keinen Gebrauch gemacht hat. Der Zweck des § 295 schließt es aus, einen heilbaren Verstoß deswegen für unheilbar zu erklären, weil er bei einem Gericht ständig vorkommt (so aber OLGR Köln 1998, 56; missverständl BGH MDR 79, 567). 1

II) Anwendungsbereich. § 295 gilt nur bei Verletzung einer **Verfahrensvorschrift**, dh einer Vorschrift, die den äußeren Prozessablauf betrifft (zB § 253, §§ 159 f, §§ 166 ff, §§ 271, 274, 283, 285, 311 ff, §§ 355 ff, § 377). Auf Normen, die den Inhalt von Partei- und Gerichtshandlungen betreffen, wie zB §§ 139, 286, 287, 308 (s aber § 308 Rn 7), ist § 295 nicht anwendbar (RSchwab/Gottwald § 67 Rn 10). Zudem muss die Partei auf die Befolgung der Vorschriften wirksam verzichten können. **Verzichtbar** sind Normen, an deren Einhaltung kein öffentl Interesse (zB geordnete, funktionsfähige Rechtspflege, bes Schutzbedürfnis der Partei) besteht. Einzelfälle: 2

Bsp für verzichtbare Normen: Zuständigkeit, soweit nicht ausschließl (BayObLG NJW-RR 2021, 1000; dazu s §§ 39, 40; sa § 39 Rn 12); Geschäftsverteilung innerhalb des Gerichts (BGH NJW 52, 879; BGH NJW 64, 201); Beibringungsgrundsatz (BGH NJW 2017, 3304 Tz 40); Unmittelbarkeit der Beweisaufnahme (s § 355 Rn 5, § 375 Rn 6); Verfahrensfehler im sBV (BGH NJW 70, 1920); Prozesshandlung während Unterbrechung des Verf (s § 249 Rn 4); Recht auf Verh des Beweisergebnisses (s § 285 Rn 1); unberechtigte Aussageverweigerung des Zeugen (s § 387 Rn 2); Beweisaufnahme ohne Beweisbeschluss (s § 450 Rn 1); Ladung der Partei zum Beweistermin (s § 357 Rn 6); Vernehmung des ges Vertreters einer Partei als Zeuge (s vor § 373 Rn 11); Ladung 3 des SV zur persönl Anhörung (OLG Dresden NJW 2022, 3017); Belehrung des Angehörigen über ZeugnisverweigerungsR (s § 383 Rn 21); Zustellung der Klageschrift (s § 253 Rn 27) bzw des klageerweiternden Schriftsatzes (§ 261 II; BGH VersR 67, 395; BGH NJW 60, 820); Mängel der Klageschrift (s § 253 Rn 22); Einlassungsfrist (s § 274 Rn 6); Verwertung unzulässiger Beweismittel (BGH NJW-RR 2007, 1624, 1627; BGH MDR 84, 824; einschr Baumgärtel/Laumen/Prütting Bd 1 Kap 6 Rn 43); Videoverh ohne Bildübertragung (OLG Saarbrücken RDi 2022, 185 [Windau]; zw); vorzeitiger Verhandlungsbeginn (BAG MDR 2023, 802).

4 **Bsp für unverzichtbare Normen:** vAw zu beachtende Prozessvoraussetzungen (s vor § 253 Rn 9 ff, § 282 Rn 5 ff) u Zulässigkeitsvoraussetzungen von Rechtsmitteln (StJ/Thole Rn 28; zur fehlenden Unterschrift s BAG NJW 2015, 3533; BAG NJW 2019, 698); Pflicht zur elektron Einreichung nach § 130d; ordentl Besetzung des Gerichts bei der Entscheidung (BGH WM 93, 1656, 1658; BAG MDR 2024, 251 mwN); fehlende Zuweisung an den streitentscheidenden, nicht nur vorbereitenden ER (BGHZ 86, 104, 113; BGH NJW 93, 600; BGH NJW 2001, 1357 = MDR 2001, 585); Hinweis- u Erörterungspflichten (§§ 139, 279 III); die ges Voraussetzungen einer Zurückweisung verspäteter Prozesshandlungen (§ 296; BGH NJW 90, 2389, 2390 = MDR 90, 1095, 1096); die Regeln der WE (RGZ 131, 262; RGZ 136, 281); die Regeln der Entscheidungsverkündung (s § 310 Rn 7); die Vereidigung des beigezogenen Dolmetschers (s § 189 GVG Rn 1); die ordnungsgem Protokollierung von SV- oder Zeugenaussagen gem § 160 III Nr 4, § 161 I (s § 161 Rn 9).

5 **Besonderheiten.** Auf einen Verstoß gegen die grds unverzichtbare Gewähr **rechtl Gehörs** (s Einl Rn 22) kann sich die Partei nicht mehr berufen, wenn sie nachträgl Gelegenheit zur Äußerung erhalten, diese aber nicht genutzt hat (BGH MDR 2010, 948; MK/Prütting Rn 31). Ebenso kann ein Verstoß gegen die **Öffentlichkeit** durch Wiederholung des betr Verfahrensteils geheilt werden (s § 169 GVG Rn 12). Dasselbe muss gelten, wenn die Parteien kein entspr Verlangen stellen, denn sie könnten auf eine mündl Verh nach § 128 II sogar ganz verzichten (BVerwG HFR 78, 147; BFHE 161, 427, 429; BSG SGb 2001, 81; MskV/Röß Rn 4; aA BAG MDR 2022, 648; OLG Köln NJW-RR 86, 560; StJ/Thole Rn 6; Lückemann, s § 169 GVG Rn 15). Modernem Prozessverständnis entspräche es, die Öffentlichkeit *de lege ferenda* ganz zur Disposition der Parteien zu stellen (Greger FS Prütting, 2018, S 305, 314 f). Keine Heilung von Mängeln der Streitverkündungsschrift durch Nichtrügen des Empfängers (BGH 12.6.2025 – VII ZR 14/24).

6 **III) Rügeverlust. 1) Voraussetzungen. a)** Partei muss auf Geltendmachung des Verfahrensfehlers ausdrückl oder konkludent **verzichten** (unwiderrufl Prozesshandlung, StJ/Thole Rn 33) oder in Kenntnis des Mangels (s Rn 7) **weiterverhandeln**, ohne diesen zu rügen. Bloße Wiederholung der Sachanträge (s § 137 Rn 2) stellt kein rügeloses Verhandeln dar (BGHZ 177, 25 = ZIP 2008, 1526 Tz 20; aA wohl MskV/Röß Rn 6; PG/Deppenkemper Rn 10). Rüge geht aber verloren, wenn sie nicht bis zum Schluss der **nächsten mündl Verh** zur Hauptsache erhoben wird; dabei genügt Bezugnahme auf vorbereitenden Schriftsatz, die auch in Antragstellung liegen kann (s § 137 Rn 3; BGH NJW 2013, 386). Nach einer Beweisaufnahme ist Rüge in der sich anschließenden Verh nach § 370 zu erheben (BGH NJW 85, 1158; OLG Nürnberg MDR 2005, 473; StJ/Thole Rn 38; MskV/Röß Rn 6). Im **schriftl Verf** (§ 128 II, III, § 495a) muss der Fehler in dem nachfolgenden Schriftsatz gerügt werden (BAG NJW 2022, 2058; Bischof NJW 85, 1143). Reicht die Partei bis zum Ablauf der Schriftsatzfrist keine Erklärung mehr ein, geht Rügerecht mit Ablauf dieser Frist verloren (WSch/Assmann Rn 42; ThP/Seiler Rn 6; aA Bischof NJW 85, 1144), wenn für sie keine Schriftsatzfrist läuft, mit der nächsten gerichtl Entscheidung (BGH WM 2021, 894 Tz 25).

7 **b)** Rügeverlust tritt nur ein, wenn die Partei oder ihr ProzBev (§ 85 II) von dem Verfahrensfehler **Kenntnis** hatten oder bei Anwendung der iSv § 276 II BGB gebotenen Sorgfalt (BGHZ 25, 71 = NJW 57, 1517; MK/Prütting Rn 40) gehabt hätten. Wer nachträgl rügt, muss unverschuldete Unkenntnis dartun (BGH NJW-RR 99, 1251, 1252 m hohen Anforderungen). Kenntnis äußerl wahrnehmbarer Verfahrensvorgänge wird unterstellt, nicht jedoch die Kenntnis gerichtsinterner Vorgänge (BAG NJW 60, 1542); daher auch keine Heilung durch rügeloses Verhandeln, wenn erst anhand der Entscheidungsgründe beurteilt werden kann, ob Verfahrensfehler vorliegt (BGH NJW 99, 363, 364: fehlerhafte Parteivernehmung). Eine Aufklärungspflicht des Gerichts nach § 139 über die Folgen der Nichtrüge besteht nur dann, wenn die rechtsunkundige Partei sonst unzumutbar überrascht würde (s § 139 Rn 19; BGH NJW 58, 104). In solchen Fällen wird es aber idR schon am Kennenmüssen fehlen. Zum Zuständigkeitsmangel beim AG s § 504.

8 **2) Wirkung.** Bei Verlust des Rügerechts wird Verletzung der Verfahrensvorschrift rückwirkend geheilt. Daran sind auch die höheren Instanzen gebunden (§§ 534, 556). Ist eine Klage nicht zugestellt worden, kann nur eine Heilung ex nunc eintreten, s § 253 Rn 26. Zum Zeitpunkt der Heilung beim Fehlen einer wirksamen Klage s § 253 Rn 22 sowie beim tatsächl Zugang nach fehlerhafter Zustellung s § 189 Rn 4 ff. Behebung unverzichtbarer Verfahrensmängel durch **Wiederholung oder Ergänzung** der betr Prozesshandlung wirkt nur ex nunc.

§ 296 Zurückweisung verspäteten Vorbringens

(1) Angriffs- und Verteidigungsmittel, die erst nach Ablauf einer hierfür gesetzten Frist (§ 273 Abs. 2 Nr. 1 und, soweit die Fristsetzung gegenüber einer Partei ergeht, 5, § 275 Abs. 1 Satz 1, Abs. 3, 4, § 276

Abs. 1 Satz 2, Abs. 3, § 277) vorgebracht werden, sind nur zuzulassen, wenn nach der freien Überzeugung des Gerichts ihre Zulassung die Erledigung des Rechtsstreits nicht verzögern würde oder wenn die Partei die Verspätung genügend entschuldigt.

(2) Angriffs- und Verteidigungsmittel, die entgegen § 282 Abs. 1 nicht rechtzeitig vorgebracht oder entgegen § 282 Abs. 2 nicht rechtzeitig mitgeteilt werden, können zurückgewiesen werden, wenn ihre Zulassung nach der freien Überzeugung des Gerichts die Erledigung des Rechtsstreits verzögern würde und die Verspätung auf grober Nachlässigkeit beruht.

(3) Verspätete Rügen, die die Zulässigkeit der Klage betreffen und auf die der Beklagte verzichten kann, sind nur zuzulassen, wenn der Beklagte die Verspätung genügend entschuldigt.

(4) In den Fällen der Absätze 1 und 3 ist der Entschuldigungsgrund auf Verlangen des Gerichts glaubhaft zu machen.

I) Allgemeines. 1) Normzweck. Um die Parteien zu einer sorgfältigen und förderungsbewussten Mitwirkung (§§ 277, 282) und zur Einhaltung der ihnen hierfür vom Gericht gesetzten Fristen (§§ 273, 275, 276, 277) anzuhalten, entbindet § 296 von der Pflicht zur vollständigen Berücksichtigung des Parteivorbringens. 1

2) Verfassungsrechtliche Problematik. Präklusionsregelungen kollidieren zwar mit dem Grundrecht auf **rechtl Gehör** (Art 103 GG; dazu sa Einl Rn 17, § 321a Rn 9), sind aber nicht per se verfassungswidrig (BVerfGE 54, 117 = NJW 80, 1737 mwN), sondern unter Beachtung rechtsstaatl Grundsätze anzuwenden (BVerfGE 75, 302 = NJW 87, 2733 [Deubner]; Waldner NJW 84, 2925 mwN). Demnach begründet nicht jede fehlerhafte Anwendung von § 296 einen Grundrechtsverstoß. Wenn die Partei ausreichend Gelegenheit hatte, sich zu allen für sie wichtigen Punkten zur Sache zu äußern, dies aber aus von ihr zu vertretenden Gründen versäumt hat, verstößt die Präklusion nicht gegen Verfassungsrecht (BVerfGE 69, 145, 149 = NJW 85, 1150 mwN). Wegen Rechtsmissbrauchs grundrechtswidrig ist sie aber dann, wenn sie nicht dem Zweck dient, pflichtwidrige Verfahrensverzögerungen abzuwehren (so zB wenn die Verspätung sich eindeutig nicht verfahrensverzögernd ausgewirkt hat; BVerfGE 75, 302 = NJW 87, 2733, 2735). Das Verfassungsrecht lässt auch durchaus Raum für eine sachgerechte Prozesstaktik (BVerfG NJW 80, 1737, 1738; zu den Grenzen s § 282 Rn 3; Leipold ZZP 93 [1980], 237, 258; Leipold ZZP 97 [1984], 395). 2

Aus den genannten rechtsstaatl Grundsätzen ergibt sich auch, dass eine Zurückweisung ausscheidet, wenn das **Gericht selbst das Verf nicht ordnungsgemäß gefördert** hat, sei es durch das Unterlassen gebotener Vorbereitungsmaßnahmen nach § 273 (s Rn 14a) oder rechtzeitiger Hinweise nach § 139 (BVerfG NJW 92, 678, 679), durch das Unterlassen der ergänzenden Vernehmung eines noch anwesenden Zeugen (BVerfG NJW-RR 95, 377), durch unklare Anordnungen (BVerfG NJW 82, 1453; OLG Oldenburg NJW 80, 295 [Deubner]); Einräumen der Möglichkeit zu weiterem Vortrag nach Fristablauf (BGH NJW 2012, 2808); Ansetzen unangemessen kurzer Erklärungsfristen (OLG Köln NJW 80, 2421; s § 277 Rn 3), bloßer pro-forma-(„Durchlauf-“)Termine (s § 272 Rn 1) oder zu kurzer Verhandlungszeit (BVerfG NJW 92, 299). Zur Ausnahme bei verzichtbarer Zulässigkeitsrüge s Rn 28. 3

3) Anwendungsbereich. a) § 296 ahndet allein die Verzögerung von **Angriffs- und Verteidigungsmitteln** (s § 282 Rn 2), ist also nicht anwendbar gegen Verzögerungen bei der Beweisaufnahme, zB verspätetes Nachreichen der Anschrift eines Zeugen (BVerfG NJW 2000, 945, 946; BGH NJW 93, 1926; hier greift § 356 ein; zur verspäteten Einzahlung des Auslagenvorschusses s § 379 Rn 7 f), durch Rechtsausführungen (hierzu s § 282 Rn 2) 4 oder (selbst verzögerl) Sachanträge (zB Widerklage, Klageänderung oder -erweiterung; s § 282 Rn 2a) sowie deren Begründungen (BGH NJW 86, 2257; OLG Karlsruhe NJW 79, 879 [Deubner]). Entspr Anwendung: s Rn 8c aE.

4a **b) Verfahrensstadium.** Die Verzögerung muss in der Zeit zwischen der Klagebegründung und der (letzten) mündl Verh (§ 282 I) eintreten. § 296 daher nicht anwendbar auf ein Vorbringen nach dem Schluss der mündl Verh (BGH NJW-RR 2014, 505; s dazu §§ 156, 296a, 531-534, § 767 II).

5 Im **frühen 1. Termin** ist § 296 I nur anwendbar, wenn (zB durch Vorbereitungsmaßnahmen iSv § 272 I, § 273) den Parteien erkennbar gemacht ist, dass dort bereits Entscheidungsreife (§ 300) herbeigeführt werden soll (BVerfG NJW 85, 1149; BGHZ 86, 31; BGHZ 98, 368; abw Deubner NJW 87, 465; NJW 87, 2736; Leipold ZZP 97 [1984], 396; Hermisson NJW 83, 2231), also nicht, wenn aus der Sicht der Parteien eine Streitbeendigung in diesem Termin ausscheidet (BVerfGE 69, 126; BGHZ 98, 368; BGH MDR 2005, 1366; Leipold ZZP 93 [1980], 237, 249). Ist der frühe 1. Termin als bloßer „Durchlauftermin" konzipiert (s § 272 Rn 1), scheitert eine Zurückweisung schon an dem darin liegenden Fehlverhalten des Gerichts (s Rn 3; ebenso MK/Prütting Rn 101 f). Auf § 296 II iVm § 282 I kann eine Zurückweisung im frühen 1. Termin nicht gestützt werden (s § 282 Rn 1).

6 Im **Mahnverf** gilt § 296 I für die Anspruchsbegründungsfrist nach § 697 III, § 700 V, nicht schon für jene nach § 697 I (s § 697 Rn 4, 10).

7 Zur **Entscheidung nach Aktenlage** s § 251a Rn 3, zum **schriftl Verf** nach § 128 II s § 128 Rn 14, nach § 128 IV s § 128 Rn 18, zu **Arrest** und **einstw Verfügung** s § 922 Rn 21, zum **sBV** s § 492 Rn 1.

7a **c) Sondervorschriften.** §§ 39, 504 für Zuständigkeitsrüge, §§ 530-534 für Berufungsverf, § 571 III im Beschwerdeverf.

8 **4) Überblick über die verschiedenen Fallgestaltungen. a) Fristversäumung (§ 296 I).** Werden Angriffs- und Verteidigungsmittel (s Rn 4) unter schuldhafter (s Rn 23) u verfahrensverzögernder (s Rn 11 ff) Missachtung der in Rn 8c genannten richterl Fristen (§ 221) vorgebracht, ist die Zurückweisung **obligatorisch**, auch gegen den Willen der Parteien (MK/Prütting Rn 179). Zu den Folgen des Unterbleibens s Rn 35.

8a **b) Verspätete Zulässigkeitsrügen (§ 296 III).** Ebenfalls **obligatorisch** ist die Zurückweisung verzichtbarer Rügen zur Zulässigkeit der Klage, die entgegen § 282 III (s § 282 Rn 5 ff) nicht spätestens in der 1. mündl Verh oder (noch früher) nach VU innerhalb der Einspruchsfrist (§ 340 III) bzw innerhalb der gem §§ 275, 276 gesetzten Klageerwiderungsfrist vorgebracht werden (s Rn 28 f).

8b **c) Verletzung der allgemeinen Prozessförderungspflicht (§ 296 II).** Werden Angriffs- u Verteidigungsmittel (s Rn 4) unter grob nachlässiger Verletzung der Pflicht zur Verfahrensförderung (s Rn 27; § 282 Rn 3) verspätet und verfahrensverzögernd vorgebracht, ohne dass dabei richterl Fristen gesetzt waren, steht die Zurückweisung im **Ermessen** des Gerichts (BTDrs 7/5250, 4, 10; BGH NJW 81, 1218; StJ/Thole Rn 123; aA MK/Prütting Rn 181; Weth, Die Zurückweisung verspäteten Vorbringens im ZP, S 291 ff; näher dazu s Rn 27a). Für Zulässigkeitsrügen iSv III gilt II nicht (BGH MDR 2006, 767).

8c **II) Voraussetzungen der Zurückweisung nach § 296 I. 1) Anwendungsbereich.** Angriffs- und Verteidigungsmittel (s Rn 4 ff), für die eine der in I aufgezählten richterl Fristen gesetzt wurde. Entspr anwendbar ist I nach § 340 III 3, § 411 IV, § 530, § 697 III 2, § 700 V.

9 **2) Ordnungsgemäße Fristsetzung.** Der BGH stellt hieran hohe formale Anforderungen. Sie muss **a)** durch eine **vom zuständigen Richter unterzeichnete** (nicht nur paraphierte) **Verfügung** angeordnet sein (BGHZ 76, 236 = MDR 80, 573); unwirksam daher zB Fristsetzung nach § 276 I 2 durch anderen Richter als den Vors (BGH NJW 91, 2774 = MDR 92, 185);

9a **b)** Dauer und zu erfüllende Anforderungen **eindeutig** erkennen lassen (BVerfG NJW 82, 1453);

9b **c)** das **gesetzliche Mindestmaß** (zB § 276 I 2, § 277 III) einhalten (zu im Einzelfall unangemessen kurzer Frist s Rn 24);

9c **d)** in den Fällen § 276 II u § 277 II **Belehrung** des Bekl und im Fall § 277 IV Belehrung des Kl über die Folgen der Fristversäumung enthalten (BGHZ 86, 218 = MDR 83, 383) und

9d **e)** (falls sie nicht mündl verkündet wird) der Partei, an die sie sich richtet, **förmlich zugestellt** werden (§ 329 II, BGHZ 76, 236, 241; BGH NJW 80, 1960); für die andere Partei ist formlose Mitteilung ausreichend. Zuzustellen ist begl Abschrift bzw signierte Verfügung (BGHZ 76, 236); bloße Mitteilung der GeschSt genügt nicht, auch wenn sie zugestellt wurde (BGH MDR 2009, 216). Zur Heilung von Zustellungsmängeln s § 189.

10 **3) Versäumung der Frist.** Sie liegt vor, wenn die Partei ihr Angriffs- und/oder Verteidigungsmittel nicht innerhalb der ihr gesetzten Frist (s Rn 8c ff) einreicht (dazu s § 167 Rn 5, § 222 Rn 8). Fristverlängerung: § 224 II. Bei NI kommt es zwar auf die Versäumung der Partei an (s § 67 Rn 4), diese kann sich aber auf Tatsachen berufen, die der NI fristgerecht vorgetragen hat (MskV/Weth § 67 Rn 6). Rein formale, nicht auf konkrete Fragen oder Hinweise eingehende Erklärung hindert Zurückweisung späteren Vortrags nicht. Dagegen ist die Frist nicht be-

reits dann versäumt, wenn der Vortrag der Partei ledigl Inhaltsmängel aufweist, die dem Gericht unabhängig von der Fristsetzung Anlass geben, sein Fragerecht auszuüben oder seine Hinweispflicht zu erfüllen; hier aber uU Zurückweisung nach II, wenn nicht unverzügl nachgebessert wird (MskV/Röß Rn 12).

4) Verzögerung des Verfahrens. Die Fristversäumung muss den Prozessablauf kausal und in erhebl Umfang verlängert haben (zum hierbei anzulegenden Vergleichsmaßstab s Rn 22; zum Fehlen der Kausalität bei unzulängl Prozessleitung durch das Gericht s Rn 3, 14 f). Diese (prognostische) Entscheidung trifft das Gericht nach „freier Überzeugung". 11

a) Nicht nur die Verlängerung des **gesamten Rechtsstreits**, sondern schon die eines gesondert abzuschließenden **Verfahrensabschnitts** kann die Zurückweisung verspäteten Vorbringens rechtfertigen, so zB wenn Entscheidungsreife für ein **Zwischenurteil über den Grund** (s § 304 Rn 6) besteht (BGH MDR 80, 50, 51); ebenso bei **Vorbehaltsurteil** nach § 302 (StJ/Thole Rn 54). In einem (nach der Prozesslage gem § 301 zulässigen) **Teilurteil** kann verspätetes Vorbringen zurückgewiesen werden, wenn es nur für den dort entschiedenen Streitgegenstand relevant ist (StJ/Thole Rn 57; MK/Prütting Rn 111; Prütting/Weth ZZP 98 [1985], 131, 138 ff; generell gegen Zurückweisung durch Teilurteil BGHZ 77, 306 = NJW 80, 2355 [Deubner] u BGH NJW 81, 1217 [für Widerklage], wodurch aber Anreiz für eine Umgehung des § 296 durch eine nachgeschobene Klageerweiterung, Klageänderung oder Widerklage geschaffen wird (s Rn 42). – Zur Zulässigkeit und Wirkung der Zurückweisung verspäteten Vorbringens in den Verfahrensabschnitten der **Stufenklage** s § 254 Rn 8. 12

b) Keine Verzögerung liegt vor bei **Möglichkeit sof Verh** über das verspätete Vorbringen, zB wenn der verspätete Sachvortrag unstreitig ist und keine weiteren Erklärungen des Gegners veranlasst (BGH NJW 80, 945, 947; Dengler NJW 80, 163, 164; Schneider MDR 78, 971) und auch, wenn ein verspätet angebotener, jedoch **präsenter Beweis** sofort erhoben werden kann und damit dem Gegner auch nicht die Möglichkeit des Gegenbeweises abgeschnitten ist (zur Verzögerung durch die dann **zweistufige Beweiserhebung** BVerfG NJW 90, 2373; BGHZ 83, 310, 312; BGHZ 86, 198, 203; BGH NJW 86, 2257); hier kann allerdings der Grundsatz der Parteiöffentlichkeit (§ 357 I, § 397) aus ggf vom Gegner darzulegenden Gründen eine sof Beweiserhebung verbieten (s § 279 Rn 4; BGHZ 86, 198, 201 = NJW 83, 1495; BGHZ 83, 310 = NJW 82, 1535; vgl BVerfG NJW 83, 2187, 2188). Der etwaige Zeitdruck des Gerichts durch eine nicht vorgesehene Beweiserhebung im Termin kann grds dem Beweisführer nicht als dessen Verschulden angelastet werden (BGH NJW 74, 1512; BGH NJW 80, 1848, 1849; s Rn 14a), wenn die Beweiserhebung nicht außergewöhnl zeitaufwendig ist (StJ/Thole Rn 48; Schneider MDR 85, 730). 13

c) Mangels Kausalität kann keine Verzögerung angenommen werden bei **aus anderem Grund notwendiger Vertagung** (s Rn 25), so bei nur formal anberaumtem frühen 1. Termin (s Rn 5), bei Nichterscheinen des ordnungsgemäß geladenen Zeugen (selbst wenn der Auslagenvorschuss gem § 379 nicht fristgerecht eingezahlt war; BGH NJW 86, 2319; BGH NJW 82, 2559, 2561; Prütting ZZP 98 [1985], 136; abw OLG Köln MDR 84, 675; Schneider MDR 84, 726; Schneider MDR 86, 1019; Deubner NJW 82, 2561), Veränderung der Prozesslage (zB wegen Klageänderung, OLG Düsseldorf MDR 80, 943); Verbindung verspäteten Vorbringens mit einer Widerklage (s Rn 12; BGH MDR 85, 667, 668) oder unterbliebener, mangelhafter oder unvollständiger Terminsvorbereitung durch das Gericht (s Rn 3). 14

d) Trotz Verspätung fehlt es an einer Verfahrensverzögerung iSv § 296, wenn das Gericht bei **sachgerechter Terminsvorbereitung** (§ 139 IV, § 273) die Verzögerung noch hätte verhindern können, auch nach einer gesonderten Güteverhandlung (StJ/Thole Rn 28). Keinesfalls darf das Gericht von einer vor dem Termin zeitl noch mögl Zeugenladung (§ 273 II Nr 4) allein deshalb absehen, weil der Beweisantritt unter Fristüberschreitung erfolgt war; die zusätzl Beweiserhebung im Termin muss vielmehr unzumutbar sein (BVerfG NJW 90, 2373; BVerfG NJW-RR 99, 1079; BGHZ 75, 138 = NJW 79, 1988 [Walchshöfer ZZP 93 (1980), 184]; BGH NJW 91, 1181, 1182 = MDR 91, 518). Je später der Termin stattfindet, umso eher kann und muss eine entspr längere Zeit für die Verh und Beweiserhebung eingeplant und damit die Verzögerungswirkung verspäteten Parteivorbringens durch das Gericht abgewendet werden (BVerfG NJW 90, 2373; BVerfG NJW 92, 299). Zur nachträgl Ermöglichung einer umfangreichen Beweisaufnahme im bereits anberaumten Termin ist das Gericht jedoch nicht verpflichtet (BGH NJW 71, 1564; anders bei eingegrenztem Beweisthema BVerfG NJW-RR 99, 1079; BGH NJW 76, 1744), ebenso wenig zu Eilanordnungen zur Ladung eines erst 5 Tage vor dem Termin benannten Zeugen (BGH NJW 80, 1102, 1104 = MDR 80, 487). Vor einer Maßnahme nach § 273 wird zudem oft Stellungnahme des Gegners zu dem neuen Vorbringen abzuwarten sein (OLGR Frankfurt 1994, 176/7). Nach einem Hinweis gem § 139 muss Reaktion ermöglicht werden (s § 139 Rn 14). Zur Terminierung des Einspruchstermins nach einem VU s § 340 Rn 8. 14a

e) Das **Ansetzen eines Verkündungstermins** (§ 310 II) stellt keine Verzögerung iSd § 296 dar, selbst wenn Gericht durch verspätetes Vorbringen an sof Verkündung gehindert ist (BGH NJW 85, 1556, 1558). Daher ist es (entgegen OLG Karlsruhe NJW 84, 620) auch ohne Bedeutung, ob Gericht entgegen § 310 I 2 den Verkündungstermin erhebl über 3 Wochen hinaus ansetzt (Deubner NJW 84, 620). 15

f) Auch Gewährung einer **Schriftsatzfrist nach § 283** ist keine durch verspätetes Vorbringen verursachte Verzögerung (BVerfG NJW 89, 705; StJ/Thole Rn 63). Der Gegner der säumig gewesenen Partei hat kein Recht, durch 16

Verweigerung jeder – selbst nachgereichten – Einlassung das Gericht zu zwingen, das verspätete Vorbringen zurückzuweisen. § 138 II gilt auch hier; zudem ist der Möglichkeit Rechnung zu tragen, dass das verspätete Vorbringen in sich schlüssig und unstreitig ist und den Rechtsstreit ohne Verzögerung iS dieses Vorbringens entscheidungsreif macht (BGH NJW 85, 1539, 1543; BGH NJW 85, 1556, 1558). Erst die dem Gegner der säumigen Partei nachgelassene Erwiderung erlaubt die Prüfung, ob das verspätete Vorbringen zurückzuweisen ist. An der Möglichkeit der Zurückweisung ändert die Einräumung der Schriftsatzfrist nichts (näher s § 283 Rn 3).

17 **g)** Wo gegen die Partei nach Überschreitung einer ihr gesetzten Erklärungsfrist **VU** ergangen war, ist es ihr, obwohl das Säumnisverf die vorausgegangene Versäumung von Erklärungsfristen grds nicht behebt (§ 342; BGH NJW 80, 1105; BGH NJW 81, 286; BGH NJW 81, 1378), gleichwohl nicht verwehrt, das versäumte Vorbringen innerhalb der Einspruchsfrist (s § 340 Rn 7) nachzuholen, damit es tunlichst (s § 340 Rn 8) im Einspruchstermin noch berücksichtigt werden kann und muss (BGHZ 76, 173 = MDR 80, 574; OLG München NJW 79, 2619; zur hierdurch gebotenen Möglichkeit zur Umgehung der Präklusion s Rn 40).

18 **h)** Eine völlig **unerhebl Verzögerung** darf nach dem Übermaßverbot nicht zum Anlass einer Präklusion genommen werden (OLG Karlsruhe NJW 80, 296; RSchwab/Gottwald § 68 Rn 32; aA OLG Stuttgart NJW 84, 2538; MK/Prütting Rn 107 f; Berner ZZP 136 [2023], 23, 45).

19-21 Einstweilen frei.

22 **i)** Für das **Vorliegen einer Verzögerung** genügt nach stRspr des BGH grds, dass das Verf bei Zulassung des verspäteten Vorbringens länger dauern würde als bei Zurückweisung (**absoluter Verzögerungsbegriff**; BGHZ 86, 31 = NJW 1983, 575 mwN); ein Vergleich mit der (hypothetischen) Verfahrensdauer, die sich bei rechtzeitigem Vorbringen ergeben hätte (relativer Verzögerungsbegriff), ist nicht anzustellen. Als rechtsmissbräuchl und demzufolge Verletzung des rechtl Gehörs wird es jedoch von BVerfG und BGH angesehen, wenn sich ohne weitere Erwägung aufdrängt, dass das Verf durch die Präklusion früher beendet wird, als dies bei einem ungestörten Verlauf des Verf zu erwarten war, etwa weil das Gericht in diesem Fall ein SV-Gutachten hätte einholen müssen (**Verbot der Überbeschleunigung**; BVerfGE 75, 302; BGH NJW 2012, 2808 mwN; s Rn 25).

23 **5) Verschulden.** Zurückweisung setzt voraus, dass die Partei oder ihren Vertreter (§ 51 II, § 85 II; wegen des Streitgehilfen s § 67 Rn 4) ein Verschulden an der Verspätung trifft (BVerfG NJW 87, 2003; BGH NJW 88, 60, 62). Dabei genügt einfaches Verschulden (anders II; s Rn 27). An Sorgfaltspflichten des Anwalts sind strengere Anforderungen zu stellen als für die Partei selbst (s § 233 Rn 13; BGH VersR 72, 148). Doch muss das Gericht Informationsschwierigkeiten des Anwalts (zur Informationspflicht zwischen Anwalt und Partei vgl BGH MDR 82, 386, 387) ebenso berücksichtigen wie das prozessuale Recht, ein zunächst unmaßgebl Vorbringen so lange zurückzuhalten, bis sich seine Erheblichkeit tatsächl ergibt (s Rn 2; § 282 Rn 3; Grunsky JZ 77, 204). Ein zu strenger Maßstab würde die Parteien zum Nachteil des Verf zu gehäuftem Vorbringen evtl überflüssigen Tatsachenstoffes zwingen (hierzu s § 282 Rn 3). Andererseits setzt Verschulden keineswegs Verschleppungsabsicht voraus (Schneider MDR 84, 726). Ob Krankheit oder stationäre Kur entschuldigt, hängt von den konkreten Umständen ab; Vorsorge für diesen Fall kann auch von GmbH mit Alleingeschäftsführer nicht verlangt werden (OLG Hamm NJW-RR 92, 122). Dass die Partei eine Tatsache nicht vortragen konnte, weil sie ihr nicht bekannt oder von ihr noch nicht geschaffen war, entschuldigt nicht, wenn frühere Ermittlung oder Herbeiführung zumutbar und nach den Umständen geboten war. Dies bejaht der BGH nur unter „bes Umständen" (BGH NJW 2003, 200, 202; BGH NJW-RR 2011, 211, 212), insb wenn die Prozesslage Anlass zu Erkundigungen bei Dritten gab, mit denen sich die Partei unschwer Gewissheit hätte verschaffen können (BGH NJW-RR 2021, 56); BGH NJW-RR 2004, 167 lässt es ohne jede Einschränkung zu, eine nachträgl erstellte Schlussrechnung noch im Berufungsrechtszug einzuführen (krit Schenkel MDR 2004, 790 f).

24 Das Gesetz geht von verschuldeter Verspätung aus und verlangt eine **Entschuldigung** der Partei (s Rn 30). Diese muss nicht zugleich mit dem verspäteten Vorbringen, sondern kann auch in der mündl Verhandlung vorgetragen werden; für eine vom Gericht verlangte Glaubhaftmachung (IV iVm § 294) ist der Partei eine kurze Frist zu setzen (BGH MDR 86, 1002; MskV/Röß Rn 24). – Eine genügende Entschuldigung erfordert auch, dass der verspätete Vortrag ohne schuldhaftes Zögern nach Wegfall des (zunächst) entschuldigenden Hinderungsgrundes **nachgeholt** wird (Werner FS Wiedererrichtung OLG Jena, S 227 ff). – Entsprach die Fristsetzung zwar dem ges Mindestmaß (sonst unwirksam, s Rn 9d), war sie aber den konkreten Umständen nach **zu kurz bemessen**, so ist die Versäumung unabhängig davon entschuldigt, ob die Partei eine Verlängerung hätte erwirken können (BGHZ 124, 71 = NJW 94, 736); das Unterlassen eines Verlängerungsantrags ist nicht mit der Präklusionsfolge bewehrt (OLG Karlsruhe NJW-RR 97, 828, 829).

25 **6) Kausalität.** Das Parteiverschulden muss für die Verfahrensverzögerung ursächl sein; das ist nicht der Fall, wenn ihm ebenfalls relevante Unterlassungen oder Fehlleistungen des Gerichts (s Rn 3) gegenüberstehen oder wenn iSe überholenden Kausalität andere, von der Partei nicht verschuldete, Umstände (zB das Nichterscheinen eines geladenen Zeugen; BGH NJW 82, 2559 = MDR 82, 1012; s Rn 14) ohnedies eine Verfahrensverzögerung bedingen. Das Verbot der „Überbeschleunigung" (s Rn 2), die Ausdehnung des Verzögerungsverschuldens auch auf nicht erkannte Verspätungsfolgen (s Rn 23) und die wegen Art 103 I GG notw restriktive Inter-

pretation des § 296 (s Rn 22; BGH NJW 90, 2389) gebieten es, der säumig gewesenen Partei solche Verzögerungen des Verf nicht zuzurechnen, deren Ursachen nicht mehr in einem **adäquat-kausalen Zusammenhang** mit ihrem Prozessverschulden stehen, weil mit ihrem Eintritt auch in einem ordnungsgemäß betriebenen Prozess allg zu rechnen ist (BGH NJW 86, 2319, 2320 = MDR 86, 1017; BGH NJW 89, 719 = MDR 89, 249).

III) Voraussetzungen der Zurückweisung nach § 296 II. 1) Anwendungsbereich. Angriffs- und Verteidigungsmittel (s Rn 4 ff), für die keine Frist iSv I gesetzt wurde. **Verspätung** ergibt sich hier aus Verstoß gegen § 282 I u II (dazu s § 282 Rn 3b ff). Hinsichtl **Verzögerungswirkung** und **Kausalität** gilt dasselbe wie zu I. 26

2) Verschulden. Abw von I wird hier **grobe Nachlässigkeit** verlangt, dh dass die Partei oder ihr ProzBev die prozessuale Sorgfalt (s § 282 Rn 3) in ungewöhnl großem Maße verletzt und dasj unbeachtet gelassen hat, was jedem, der einen Prozess führt, hätte einleuchten müssen (BGH NJW 2019, 3456 [Schäfer] = MDR 2019, 1464 [Schwenker MDR 2020, 13). Zur Feststellung s Rn 30 ff. 27

3) Ermessen. Hierzu muss nach Gewährung rechtl Gehörs (s Rn 32) eine bewusste Entscheidung getroffen u im Urteil begründet werden. Abzuwägen sind insb Grad der Nachlässigkeit, voraussichtl Folgen der Präklusion für den Ausgang des Rechtsstreits u Maß der Verzögerung (StJ/Thole Rn 123; Nasall NJW 2020, 1939, 1941 f). Aus Gründen der fairen Verfahrensgestaltung kann es geboten sein, von einer Zurückweisung abzusehen (BVerfG ZIP 98, 881, 882). 27a

IV) Voraussetzungen der Zurückweisung nach § 296 III. 1) Anwendungsbereich. Verspätete Zulässigkeitsrüge (s Rn 8a), die keine vAw zu beachtende Prozessvoraussetzung betrifft. Dies ist der Fall bei Rüge der mangelnden Vollmacht (§ 88; LG Münster MDR 80, 853), der fehlenden Ausländersicherheit (§ 110; BGH NJW 81, 2646) und der fehlenden Kostenerstattung nach Klagerücknahme (§ 269 VI). III gilt (wegen Sonderregelung in §§ 39, 504) nicht für Zuständigkeitsrügen (OLG Frankfurt OLGZ 83, 99; sa § 39 Rn 5, § 532); auch die Rüge der fehlenden internationalen Zuständigkeit kann ungeachtet einer Klageerwiderungsfrist noch in der 1. mündl Verh erhoben werden (BGHZ 134, 127 = NJW 97, 397). Für Einrede des Schiedsvertrages Sonderregelung in § 1032 (BGHZ 147, 394, 396). – Auf eine **Verzögerungswirkung** kommt es hier nicht an (verfassungsrechtl unbedenkl, vgl MK/Prütting Rn 18), mithin auch nicht darauf, ob das Gericht selbst zu der Verzögerung beigetragen hat. 28

2) Verschulden. Maßstab ist das einfache Verschulden wie in I (s Rn 23). Zur **Entschuldigung** s Rn 24. 29

V) Verfahren. 1) Feststellung der Zurückweisungsgründe. a) Verschulden iSv I und III wird vermutet; säumige Partei muss Verspätung entschuldigen, dh fehlendes Verschulden darlegen. Hinweis auf unangemessen kurz gesetzte Fristen (s § 277 Rn 3) oder auf unsachgemäße Vorbereitungsmaßnahmen des Gerichts (s Rn 3) kann genügen. Bezweifelt das Gericht den Entschuldigungsgrund, darf es erst zurückweisen, wenn es Glaubhaftmachung (IV iVm § 294) verlangt und dazu ausreichend Gelegenheit gegeben hat (BGH NJW 86, 3193, 3194). – **b) Grobe Nachlässigkeit iSv II** wird nicht vermutet. Ihre Grundlagen müssen unter Würdigung aller Umstände positiv festgestellt werden (BAG NJW 2020, 2912; AG/Bünnigmann Rn 15). Sprechen die äußeren Umstände für grobe Nachlässigkeit, ist es allerdings Sache der Partei, entkräftende Tatsachen zu behaupten und zu beweisen (MK/Prütting Rn 170; weiter gehend BGH NJW 82, 2560, 2561). – **c)** Für die **übrigen Voraussetzungen** (Verletzung der Prozessförderungspflicht, Verzögerung, Kausalzusammenhang) trifft die Partei keine Beweislast. Das Gericht muss sie zu seiner Überzeugung feststellen, wobei es bzgl der Verzögerung (nur dieser!) in I u II ausdrückl freier gestellt ist. 30

2) Form der Zurückweisung. Die Zurückweisung verspäteten Vorbringens erfolgt erst im Urteil; sie ist in den Entscheidungsgründen konkret, bezogen auf das einzelne Angriffs- bzw Verteidigungsmittel, zu begründen (BGH NJW 2003, 200, 202; BGH NJW-RR 96, 961), um ggf dem Berufungsgericht (§ 531 I) die Nachprüfung der Ermessensausübung (s Rn 8b) zu ermöglichen (BVerfG MDR 87, 904). Eine Zurückweisung durch Beschluss ist wirkungslos (BGH NJW 2002, 290). 31

3) Rechtliches Gehör. Hinweis auf die vom Gericht in Betracht gezogene Präklusion ist stets geboten, um der Partei Gelegenheit zur Stellungnahme u ggf zur Entschuldigung der Verspätung zu geben (s § 139 Rn 19; BGH NJW 2014, 550 Tz 25; StJ/Thole Rn 146; einschr Deubner NJW 79, 880, der obj Erkennbarkeit der Zurückweisungsgefahr genügen lässt). Der Hinweis hat sich in allen Fällen auf die Frage des Verschuldens, in den Fällen I u II auch auf die Frage der mögl Verfahrensverzögerung zu erstrecken. Entbehrl ist gerichtl Hinweis uU, wenn der Gegner der säumigen Partei die Verfahrensverzögerung geltend gemacht hat. 32

4) Wirkung der Zurückweisung. Das konkrete Angriffs- oder Verteidigungsmittel – nicht etwa das Parteivorbringen insgesamt – bleibt unbeachtet, dh die Partei wird in der Sachentscheidung so behandelt, als hätte sie das verspätete Vorbringen nicht vorgetragen. Das hat ggf die Geständnisfiktion des § 138 III oder auch Beweisfälligkeit (s vor § 284 Rn 18) zur Folge. Keinesfalls kann aber die Klage „wegen verspäteten Vorbringens" ohne jede Sachprüfung abgewiesen werden (so die Vorinstanz zu BGH NJW-RR 96, 961). – Das Vorbringen ist endgültig ausgeschlossen und kann allenfalls Gegenstand des Berufungsverf (s aber § 531 I: „zu Recht"?), nicht jedoch einer Abwehrklage sein (§ 767 II). Wegen der Wirkung der Zurückweisung einer Aufrechnungseinrede s aber § 145 Rn 15. 33

34 Einstweilen frei.

35 **5) Rechtsmittel. a) Zulassung** verspäteten Vorbringens entgegen I, II kann ein Rechtsmittel des Gegners nicht rechtfertigen (BGH NJW 91, 1896, 1897; BGH NJW 81, 928; aA aus generalpräventiven Gründen Ostermeier ZZP 120 [2007], 227 ff), denn die durch die Zurückweisung zu verhindernde Verfahrensverzögerung ist bereits eingetreten. Das Berufungsgericht kann daher die vom Erstgericht (selbst fehlerhaft) unterlassene Zurückweisung verspäteten Vorbringens nicht nachholen (vgl BGH NJW 2017, 2288; BGH NJW 80, 343), trotz gebotener Zurückweisung erhobene Beweise nicht unberücksichtigt lassen (BGHZ 166, 283, 288 = NJW 2006, 1657, 1659) und auch nicht eine fehlerhafte Zurückweisung gem I durch eine (vom Erstgericht nicht geprüfte) Zurückweisung gem II ersetzen (BGH NJW 81, 2255; BGH NJW 2006, 1741). Anders verhält es sich bei der Zulassung verspäteter Zulässigkeitsrügen iSv III (zB Schiedseinrede), weil sie sich auf die Gewährung des gerichtl Rechtsschutzes auswirkt (BGH WM 2021, 894 Tz 18 ff; StJ/Thole Rn 153).

36 **b) Zurückweisung** anfechtbar mit Rechtsmittel gegen das Urteil (soweit statthaft, sonst uU § 321a), jedoch beschränkte Nachprüfung durch das Berufungsgericht gem § 531 I (§ 531 Rn 8); bei fehlerhafter Nichtzulassung ist Zurückverweisung (§ 538 II Nr 1) mögl. Verzögerung, Verschulden u grobe Nachlässigkeit sind revisible Rechtsbegriffe.

37 **6) Sonstige Abhilfe.** Gegen Versäumung der in I genannten Fristen keine Abhilfe über § 296 hinaus durch WE in den vorigen Stand, denn diese richterl Fristen (§ 221) sind keine Notfristen iS § 223 II, § 233 (anders nur die Anzeigefrist des § 276 I 1). UU § 321a u nachfolgend Verfassungsbeschwerde wegen Verletzung rechtl Gehörs (s Rn 2 f).

38 Einstweilen frei.

39 **VI) Umgehung der Präklusion.** Der Kl kann ein klageabweisendes Urteil vermeiden, indem er die Klage (solange ohne Zustimmung des Bekl mögl u unter Inkaufnahme der Kostenfolge, § 269) zurücknimmt. Daneben bietet das Verfahrensrecht weitere Möglichkeiten, eine drohende Präklusion verspäteten Vorbringens zu verhindern. Diese Prozesstaktiken sind jedoch auch mit Risiken behaftet.

40 **1) Flucht in die Säumnis.** Hier lässt die von Zurückweisung nach § 296 I oder II bedrohte Partei (durch Nichterscheinen oder Nichtverhandeln im Termin) ein VU gegen sich ergehen und trägt ihr verspätetes Angriffs- oder Verteidigungsmittel zusammen mit dem Einspruch vor (s § 340 III; dazu StJ/Thole Rn 79 ff; MK/Prütting § 340 Rn 23 ff; Prütting/Weth ZZP 98 [1985], 134 ff). Hierdurch ändert sich zwar nichts an der Verspätung (§ 342), aber das Gericht hat im Rahmen der Vorbereitung des Einspruchstermins (§§ 273, 341a) alles Zumutbare zu unternehmen, um eine verzögerungsfreie Berücksichtigung des neuen Vortrags zu ermöglichen. Unterlässt es dies, scheidet eine Präklusion aus diesem Grund aus (s Rn 3). Die Partei trägt hierbei allerdings das Risiko, dass eine volle Berücksichtigung an Art und Umfang der gegnerischen Erwiderung sowie an der Kürze der bis zum Einspruchstermin verbleibenden Zeit scheitert; auf ein Hinausschieben dieses Termins hat sie keinen Anspruch (BGH NJW 81, 286 = MDR 81, 309; sa § 340 Rn 8). Außerdem setzt sich die Partei den kosten- und vollstreckungsrechtl Konsequenzen eines VU (§§ 344, 708 Nr 2) aus. Sofern die Anberaumung des neuen Termins nur wegen der gezielt herbeigeführten Säumnis erforderl wird und dieses Verhalten der Partei zum Verschulden gereicht, kann das Gericht gegen sie – nach Gewährung rechtl Gehörs – auch eine Verzögerungsgeb nach § 38 GKG verhängen (Krbetschek NJW 2017, 517, 521; zu eng, allerdings iErg richtig OLG Hamm NJW-RR 95, 1406). Mit ihrem Verhalten widerlegt sie auch die Dringlichkeitsvermutung des § 12 II UWG (OLGR Celle 2009, 217). – Im Falle des § 296 III **versagt** die Flucht in die Säumnis: der in der schuldhaften Versäumung einer verzichtbaren Zulässigkeitsrüge liegende Verzicht (s Rn 8a) ist endgültig (OLG München NJW-RR 95, 127; PG/Deppenkemper Rn 57; aA ThP/Seiler § 340 Rn 9). Liegen die Voraussetzungen nach §§ 331a, 251a II vor, kann der Gegner statt eines VU eine Entscheidung nach Lage der Akten erwirken; der Säumige kann das verspätete Vorbringen dann nur noch in der nächsten Instanz (soweit eine solche gegeben ist) einführen. Nicht mehr mögl ist eine Flucht in die Säumnis, wenn die betr Partei im Termin bereits verhandelt hat (s § 333 Rn 1); die Erklärung, nicht weiter zu verhandeln, hindert bei Entscheidungsreife ein Endurteil nicht.

41 **2) Flucht in die Berufung.** Ein Zurückhalten von Sachvortrag für die 2. Instanz ist seit der Beschränkung neuen Tatsachenvortrags durch § 529 I Nr 2, § 531 II Nr 3 praktisch ausgeschlossen.

42 **3) Flucht in die Klageerweiterung bzw Widerklage.** Diese Sachanträge können nicht wegen Verspätung zurückgewiesen werden (s Rn 3); dies muss auch für die zu ihrer Begründung vorgetragenen Behauptungen gelten, selbst wenn diese den bisher unzureichend unterfütterten Klageantrag rechtfertigen sollen (BGH MDR 2016, 1348 [Bacher MDR 2017, 14]). Sofern wegen Selbständigkeit der Ansprüche ein Teilurteil ergehen kann, kann das verspätete Vorbringen dort uU zurückgewiesen werden (s Rn 12, auch zur abw Rspr des BGH, die allerdings für Fälle rechtsmissbräuchl Umgehungsstrategien später relativiert wurde, BGH NJW 86, 2257, 2258).

43 **4) Verständigung der Parteien.** Die Zurückweisung ist zwar auch gegen den Willen beider Parteien vorzunehmen (s Rn 8). Sie können diese aber durch beidseitigen Ruhensantrag unter den Voraussetzungen des § 251 unterlaufen oder eine Güte(richter)verh anregen. Ein übereinstimmender Vertagungsantrag reicht dagegen, sofern nicht bes Gründe hinzutreten, nicht (§ 227 I 2 Nr 3; vgl Schneider NJW 79, 2506).

§ 296a Vorbringen nach Schluss der mündlichen Verhandlung

[1]Nach Schluss der mündlichen Verhandlung, auf die das Urteil ergeht, können Angriffs- und Verteidigungsmittel nicht mehr vorgebracht werden. [2]§ 139 Absatz 5, §§ 156, 283 bleiben unberührt.

1) Bedeutung, Anwendungsbereich. Konsequenz des Verhandlungsgrundsatzes (s vor § 128 Rn 10) und des Grundsatzes der Mündlichkeit (s § 128 Rn 1 ff) ist, dass der Entscheidung des Gerichts ein **Schluss der mündlichen Verhandlung** (§ 136 IV) vorausgeht. Dieser ist bei Entscheidungsreife (§ 300) vom Vors anzuordnen (s § 136 Rn 4). Er bietet bis zum Verkündungstermin (§ 311 IV) dem Gericht die Gelegenheit zum ungestörten Absetzen der Entscheidung. Zugleich soll er verhindern, dass noch Prozessstoff vorgebracht wird, zu dem sich der Gegner nicht mehr äußern kann. § 296a schützt also auch das rechtl Gehör. – Bei Entscheidung im **schriftlichen Verfahren** (§ 128 II, § 495a S 1) entspricht der nach § 128 II 2 bestimmte Zeitpunkt dem Schluss der mündl Verh (s § 128 Rn 14), bei Entscheidung nach Aktenlage der versäumte Termin (s § 251a Rn 3). – § 296a bezieht sich nur auf das Urteilsverf; bei **Beschlüssen** sind bis zu deren Erlass (Hinausgabe aus dem gerichtsinternen Bereich; s § 329 Rn 19) eingehende Schriftsätze zu berücksichtigen (BVerfG NJW 1993, 51; BGH NJW 1997, 2524). Da die GeschSt bei der Hinausgabe uU noch keine Kenntnis vom Eingang des Schreibens bei den maßgebl Empfangsstellen des Gerichts (s § 167 Rn 5, § 130a Rn 22) hat, kann es zu einer unvermeidbaren Verletzung des rechtl Gehörs kommen, die durch Beschwerde oder Anhörungsrüge zu bereinigen ist. Um dies zu verhindern, kann es sich empfehlen, durch Setzen einer § 128 II 2 entspr Frist (s § 128 Rn 18) einen Endzeitpunkt für Parteivorbringen zu bestimmen (StJ/Kern § 129 Rn 120, 123). Die gem § 522 II gesetzte Frist reicht hierfür nicht (offen lassend BGH MDR 2017, 107 Tz 13). 1

2) Erfasstes Vorbringen. Unzulässig und deshalb vom Gericht nach Verhandlungsschluss nicht mehr in der Entscheidung zu berücksichtigen sind **Angriffs- oder Verteidigungsmittel** (Begriff: s § 282 Rn 2), über die nach notwendiger mündl Verh (s § 128 Rn 2) zu entscheiden ist. Nicht anwendbar ist § 296a auf rein prozessuale Gesuche (zB auf Aussetzung des Verf; BGHZ 225, 51 Tz 25 = MDR 2020, 621) sowie Rechtsausführungen (BGH MDR 2017, 107). Solche hat das Gericht bis zur Verkündung des Urteils (BGH MDR 2016, 1111) bzw Hinausgabe des Beschlusses (BGH MDR 2017, 107) auf ihre Entscheidungsrelevanz zu prüfen u ggf die mündl Verh wieder zu eröffnen (s § 156 Rn 2). Klagerücknahme bleibt mögl (s § 269 Rn 8). Gericht wird dann Verkündungstermin absetzen und klären, ob Bekl zustimmt. 2

Neue **Sachanträge** (s § 282 Rn 2a) fallen nicht unter § 296a (WSch/Assmann Rn 10), sind aber gleichwohl unzulässig, da sie, wie aus § 261 II, § 297 folgt, spätestens in der letzten mündl Verh zu stellen waren (zB eine Widerklage, BGH NJW-RR 92, 1085, Klageänderung, Erledigungserklärung; vgl Fischer NJW 94, 1316). Allerdings kann das Gericht gem § 156 die mündl Verh wiedereröffnen. Um eine Verzögerung des Verf zu vermeiden, wird es dies jedoch nur ausnahmsw tun (und schon gar nicht zu dem Zweck, die Widerklage als unzulässig abzuweisen, vgl BGH NJW 2000, 2512). Sieht es hiervon ab, ist der neue Antrag nicht zuzustellen, sondern nur formlos zu übermitteln (OLGR Stuttgart 2003, 395; OLG Schleswig SchlHA 2013, 421; WSch/Assmann Rn 10; Fischer NJW 94, 1316; aA StJ/Thole Rn 23; Schur ZZP 114 [2001], 340 f). Die antragstellende Partei ist von der Nichtberücksichtigung zu unterrichten und ggf zu befragen, ob der Schriftsatz als neue Klage behandelt werden soll (insb bei Widerklage; AG/Bünnigmann Rn 3). Eine ohne Wiedereröffnung vorgenommene Zustellung begründet keine Rechtshängigkeit (StJ/Thole Rn 23; BGH NJW-RR 97, 1486 für den Fall einer aus anderem Grund gebotenen Zustellung; aA OLG München MDR 81, 502; Schur ZZP 114 [2001], 341). Der Streit- und Beschwerdewert erhöht sich nicht (BGH NJW-RR 2009, 853; OLG Düsseldorf MDR 2000, 1457). 2a

3) Behandlung nicht zugelassener Schriftsätze (§ 296a S 1). Auch sie geben Anlass zur Prüfung, ob Wiedereröffnung der Verh erforderl (s § 156 Rn 3 ff), zB weil mündl Verh geschlossen wurde, ohne dass ausreichend Gelegenheit zur Äußerung zu einem erst dort erteilten Hinweis nach § 139 bestand (BGH NJW-RR 2014, 177; s § 139 Rn 14b) oder die Schlusserörterung des Beweisergebnisses (§ 279 III, § 285 I) noch nicht stattgefunden hat (s § 285 Rn 2). Besteht ein solcher Anlass nicht, werden sie ledigl zu den Akten genommen und Abschriften formlos an den Gegner geleitet (Fischer NJW 94, 1320). Verbescheidung ist nicht erforderl (BVerfG WuM 91, 465, 466), Hinweis auf Nichtbeachtung aber ratsam. Für die 2. Instanz ist das Vorbringen nicht nach § 531 I ausgeschlossen, sondern als neues Vorbringen nach § 531 II zu behandeln (StJ/Thole Rn 1). 3

4) Behandlung zugelassener Schriftsätze (§ 296a S 2). Im Falle des **§ 283** ist die Erwiderung auf das verspätete Vorbringen des Gegners idR verwertbar, ohne dass dem Gegner eine Replik ermöglicht wird (zum Verf u zu Ausnahmen, die eine Wiedereröffnung der mündl Verh erfordern, s § 283 Rn 5 ff). Anders bei **§ 139 V**, dh wenn das Schriftsatzrecht wegen eines nicht rechtzeitig erteilten richterl Hinweises gewährt wurde: Hier gebietet der Anspruch des Gegners auf rechtl Gehör idR eine erneute mündl Verh oder ein Verf nach § 128 II (s § 139 Rn 14b). Bei **Versäumung der Schriftsatzfrist:** § 283 S 2 analog (BGH NJW-RR 2014, 505). Wurde ein Schriftsatznachlass zur **Würdigung des Ergebnisses einer Beweisaufnahme** gewährt (s § 285 Rn 2), ist diesbezügl Vorbringen ebenfalls zu berücksichtigen (BGH MDR 2025, 188, 189; Schäfer NJW 2013, 654 f). 4

5) Unzulässige Verwertung. Schwerer Verfahrensfehler, der im Berufungsverf zu Aufhebung und Zurückverweisung nach § 538 II 1 Nr 1 führen kann (BGH 21.2.2024 – XII ZR 103/21). Entscheidet Berufungsgericht 5

selbst, kann es das verspätete Vorbringen nur nach Maßgabe von § 531 II verwerten (Katzenstein ZZP 121 [2008], 41, 57; aA OLG Hamm VersR 2005, 1444; offen lassend BGH 21.2.2024 – XII ZR 103/21, wo allerdings verlangt wird, dass in der Berufungsbegründung nicht nur der Verstoß gegen § 296a gerügt, sondern der unzulässig verwertete Vortrag auch sachl angegriffen wird; zw).

§ 297 Form der Antragstellung

(1) [1]Die Anträge sind aus den vorbereitenden Schriftsätzen zu verlesen. [2]Soweit sie darin nicht enthalten sind, müssen sie aus einer dem Protokoll als Anlage beizufügenden Schrift verlesen werden. [3]Der Vorsitzende kann auch gestatten, dass die Anträge zu Protokoll erklärt werden.

(2) Die Verlesung kann dadurch ersetzt werden, dass die Parteien auf die Schriftsätze Bezug nehmen, die die Anträge enthalten.

1 **1) Anwendungsbereich.** § 297 gilt im Anwalts- u Parteiprozess und betrifft nur **Sachanträge** iSv § 33, § 253 II Nr 2, § 261 II, § 263, § 264 Nrn 2 u 3, § 520 III Nr 1, § 524 III, § 551 III Nr 1, also Anträge, die iSv § 308 die Sachentscheidungsbefugnis des Gerichts abgrenzen. Daher gilt § 297 auch für die einseitige Erledigterklärung, denn sie ist Klageänderung im weiteren Sinn (s § 91a Rn 34; Habscheid JZ 63, 625), sowie für den Antrag zur Vollstreckbarerklärung iS § 714. Er gilt nicht für nur den Verfahrensgang betreffende **Prozessanträge**, falls sie nicht zugleich Sachanträge beinhalten (so bei Säumnis gem §§ 330, 331; aA MskV/Röß Rn 2). – Der **Abweisungsantrag** des (Rechtsmittel-)Bekl ist nicht unbedingt ausdrückl zu stellen; es genügt (auch zur Meidung der Folge des § 333), wenn sich aus dem Verhandeln zur Sache ergibt, dass der Bekl sich gegen eine Verurteilung wendet (BGH NJW 65, 397; aA – außer für § 333 – StJ/Thole Rn 9).

2 **2) Verlesung (§ 297 I).** Sie erfolgt idR aus dem vorbereitenden Schriftsatz (§ 130 Nr 2), ausnahmsw auch aus einer (evtl erst im Termin erstellten) Schrift, die dann dem Protokoll als Anlage beizufügen ist (§ 160 V). Handschriftl Änderung des schriftl vorbereiteten Antrags im Termin ist zulässig (dann §§ 263, 264 beachten!), doch muss diese Änderung zwingend den Zeitpunkt u den Urheber erkennen lassen (OLG Köln NJW 73, 1848). Bei teilw Verlesung ist aufzuklären, ob darin teilw Rücknahme liegt (§§ 139, 269). – Wird Antrag mit (im freien Ermessen stehender) Gestattung des Vors **zu Protokoll** gestellt, ist die Niederschrift vorzulesen bzw vorzulegen oder abzuspielen (§ 162 I).

3 **3) Bezugnahme auf schriftlichen Antrag (§ 297 II).** Diese Ersetzung der Verlesung ist weithin übl und bedarf keiner Gestattung durch das Gericht. Allg Bezugnahme auf das schriftsätzl Vorbringen genügt aber nicht; der Antrag muss bestimmt („Schriftsatz vom …") bezeichnet werden (BAG NJW 2003, 1548, 1549). Bezugnahme auf Klageschrift umfasst sämtl darin angekündigte Anträge, sofern sich aus dem Verhandlungsprotokoll nicht unmissverständl Einschränkung ergibt (BGH NJW 2019, 1950).

4 **4) Protokollierung.** Die Sitzungsniederschrift (s § 165 Rn 2) muss die Tatsache u Form der Antragstellung wiedergeben (§ 160 III 2), bei mündl zu Protokoll erklärten Anträgen auch deren Vorlesen bzw Vorlage oder Abspielen (s § 162 Rn 3 f). Entscheidung über einen nicht protokollierten Antrag verstößt gegen § 308 I 1 (BAG NJW 2022, 1475).

5 **5) Wiederholung.** Einmal gestellter Antrag braucht in späteren Terminen nicht wiederholt zu werden (BGH NJW 74, 2322), auch nicht nach Richterwechsel (MK/Prütting Rn 8; Kirchner NJW 71, 2158; aA BAG NJW 71, 1332).

§ 298 Aktenausdruck

(1) [1]Werden die Akten in Papierform geführt, ist von einem elektronischen Dokument ein Ausdruck für die Akten zu fertigen. [2]Kann dies bei Anlagen zu vorbereitenden Schriftsätzen nicht oder nur mit unverhältnismäßigem Aufwand erfolgen, so kann ein Ausdruck unterbleiben. [3]Die Daten sind in diesem Fall dauerhaft zu speichern; der Speicherort ist aktenkundig zu machen.

(2) Wird das elektronische Dokument auf einem sicheren Übermittlungsweg eingereicht, so ist dies aktenkundig zu machen.

(3) Ist das elektronische Dokument mit einer qualifizierten elektronischen Signatur versehen und nicht auf einem sicheren Übermittlungsweg eingereicht, muss der Ausdruck einen Vermerk darüber enthalten,

1. welches Ergebnis die Integritätsprüfung des Dokumentes ausweist,

2. wen die Signaturprüfung als Inhaber der Signatur ausweist,

3. welchen Zeitpunkt die Signaturprüfung für die Anbringung der Signatur ausweist.

(4) Ein eingereichtes elektronisches Dokument kann nach Ablauf von sechs Monaten gelöscht werden.

1) Bedeutung. Die Vorschrift regelt die Behandlung von Dokumenten, die in elektron, dh nur maschinenlesbarer Form bei Gericht eingereicht werden (§ 130a) oder bei Gericht in elektron Form erstellt wurden (§ 130b), obwohl die Akten noch in Papierform geführt werden (dazu s § 298a I 3, § 43 EGZPO). **I** gilt für jegl Art solcher Dokumente, unabhängig von ihrer Formwirksamkeit; Dokumente, die auf einem hierfür überhaupt nicht vorgesehenen Weg übermittelt werden (zB auf einem USB-Stick, als einfache E-Mail an die Pressestelle des Gerichts oder an die persönliche E-Mail-Adresse des Richters) sollten jedoch nicht ausgedruckt werden. **II** gilt für Dokumente, die auf einem Weg nach § 130a IV eingereicht wurden, **III** für Dokumente, die nicht auf einem solchen Weg eingereicht wurden, aber qualifiziert elektron signiert sind (s § 130a Rn 7). – Zu elektron erstellten Gerichtsentscheidungen s § 317 III, IV, § 329 I 2. 1

2) Speicherung elektronischer Dokumente (§ 298 I). Sie sind, solange die **Akten in Papierform** geführt werden, zum Zwecke vollständiger Dokumentation des Verfahrensablaufs in den Akten sowie zur Übermittlung an nicht an den elektron Rechtsverkehr angeschlossene Prozessbeteiligte (sonst Zustellung nach § 169 IV bzw § 173 I) auszudrucken (farbige Inhalte in Farbe; s dazu KG MDR 2020, 1143 u zu den technischen Fragen BeckOK IT-Recht/Loos § 130a Rn 40). Anlagen, deren Ausdruck unverhältnism Aufwand verursachen würde, sind nach I 2, 3 ledigl dauerhaft zu speichern (zB auf CD/DVD), für die Übermittlung an eine nicht am elektron Rechtsverkehr teilnehmende Gegenpartei wird ein Ausdruck aber unvermeidl sein (jurisPK-ERV/Müller Rn 45 ff). 2

3) Vermerk über gesicherte Übermittlung (§ 298 II). Wurde das Dokument auf einem Weg nach § 130a IV eingereicht, ist dies, soweit noch Papierakte geführt wird, in dieser zu dokumentieren. Bei Zuleitung als Nachrichtenanhang reicht es aus, wenn der Übertragungsweg und das Datum auf dem Ausdruck vermerkt werden. Andernfalls ist nicht nur die Datei, sondern auch die elektron Nachricht, mit der sie an das Gericht übermittelt wurde, auszudrucken. Zudem muss dokumentiert werden, dass der Einreicher die genügende Form beachtet hat. Dazu gehört bei Einreichung über beA der VHN (s § 130a Rn 11), bei De-Mail die Bestätigung der sicheren Anmeldung nach § 130a IV Nr 1 iVm § 5 V De-Mail-G u der Unversehrtheit der qeS des De-Mail-Providers (BTDrs 17/12634, 29). Beispiel eines Übermittlungsvermerks: BeckOK IT-Recht/Loos § 130a Rn 41.1. 3

4) Integritätsprüfung und -vermerk (§ 298 III). Sie sind nur erforderl, wenn das Dokument nicht auf einem gesicherten Weg nach § 130a IV eingereicht wurde. Aus dem Vermerk auf dem Papierausdruck (sog **Transfervermerk**) müssen sich die Integrität des übermittelten Dokuments, dh das Ergebnis des automatischen Abgleichs der Hash-Werte zum Zeitpunkt des Signierens und zum Zeitpunkt des Ausdrucks (s BTDrs 15/4952, 7; näher Müller NJW 2015, 822, 824), der Signaturschlüssel-Inhaber u der Zeitpunkt, zu dem die Signatur mit dem Dokument verbunden wurde, ergeben (krit Degen NJW 2008, 1475; Bsp eines Transfervermerks: BeckOK IT-Recht/Loos § 130a Rn 50.1). Eine handschriftl Unterzeichnung wird nicht verlangt, damit der Medientransfer automatisiert erfolgen kann. – Der **Prozessgegner** kann, soweit ihm das signierte Dokument nicht elektron übermittelt wird, verlangen, dass ihm Datei und Signatur zu Prüfzwecken auf einem Datenträger zur Verfügung gestellt werden (Müller NJW 2015, 822, 824). – Eine **materiellrechtl Bedeutung** (Ersatz des Schriftformerfordernisses) hat der Transfervermerk nicht (BGH MMR 2025, 129 = MDR 2025, 162 Tz 40 ff [Elzer MDR 2025, 225]; s dazu § 130e Rn 1). 4

5) Beweisfragen. Zum Beweis der Echtheit des elektron Dokuments u dessen Erschütterung s § 371a. Der Transfervermerk nach III ändert daran bei *privaten* Dokumenten nichts, denn er bezieht sich nur auf den Übermittlungsvorgang, kann also zB die Möglichkeit einer unbefugten Fremdsignierung (s § 130a Rn 8) nicht ausschließen. Dem Ausdruck eines *gerichtl* Dokuments, insb einer Entscheidung, verleiht er jedoch die Beweiskraft einer öffentl Urkunde in beglaubigter Abschrift (§ 416a; BGH MMR 2025, 129 Tz 51 ff). 5

6) Weitere Behandlung des elektronischen Dokuments. Eingereichte (nicht vom Gericht erstellte) elektron Dokumente können 6 Monate nach der Übertragung in den Aktenausdruck (BTDrs 17/12634, 29) gelöscht werden (**§ 298 IV**). Für gespeicherte Daten iSv § 298 I 2, 3 gilt dies nicht; für sie gelten die Aussonderungsfristen der Papierakte, desgl das Akteneinsichtsrecht. Sie verbleiben an dem aktenkundig gemachten Speicherort nach I 3. 6

§ 298a Elektronische Akte; Verordnungsermächtigung

(1) [1]Die Prozessakten werden ab dem 1. Januar 2026 elektronisch geführt. [2]Die Bundesregierung und die Landesregierungen bestimmen jeweils für ihren Bereich durch Rechtsverordnung die organisatorischen und dem Stand der Technik entsprechenden technischen Rahmenbedingungen für die Bildung, Führung und Aufbewahrung der elektronischen Akten einschließlich der einzuhaltenden Anforderungen der Barrierefreiheit. [3]Die Bundesregierung und die Landesregierungen können jeweils für ihren Bereich durch Rechtsverordnung bestimmen, dass Akten, die in Papierform angelegt wurden, in Papierform weitergeführt werden. [4]Die Landesregierungen können die Ermächtigungen nach den Sätzen 2 und 3 durch Rechtsverordnung auf die für die Zivilgerichtsbarkeit zuständigen obersten Landesbehörden übertragen. [5]Die Rechtsverordnungen der Bundesregierung bedürfen nicht der Zustimmung des Bundesrates.

(2) [1]Werden die Prozessakten elektronisch geführt, sind in Papierform vorliegende Schriftstücke und sonstige Unterlagen nach dem Stand der Technik zur Ersetzung der Urschrift in ein elektronisches Do-

kument zu übertragen. [2]Es ist sicherzustellen, dass das elektronische Dokument mit den vorliegenden Schriftstücken und sonstigen Unterlagen bildlich und inhaltlich übereinstimmt. [3]Das elektronische Dokument ist mit einem Übertragungsnachweis zu versehen, der das bei der Übertragung angewandte Verfahren und die bildliche und inhaltliche Übereinstimmung dokumentiert. [4]Wird ein von den verantwortenden Personen handschriftlich unterzeichnetes gerichtliches Schriftstück übertragen, ist der Übertragungsnachweis mit einer qualifizierten elektronischen Signatur des Urkundsbeamten der Geschäftsstelle zu versehen. [5]Die in Papierform vorliegenden Schriftstücke und sonstigen Unterlagen können sechs Monate nach der Übertragung vernichtet werden, sofern sie nicht rückgabepflichtig sind.

(3) Die Bundesregierung und die Landesregierungen können jeweils für ihren Bereich durch Rechtsverordnung bestimmen, dass Akten, die vor dem 1. Januar 2026 in Papierform angelegt wurden, ab einem bestimmten Stichtag oder Ereignis in elektronischer Form weitergeführt werden. Die Zulassung der Weiterführung in elektronischer Form kann auf einzelne Gerichte oder Verfahren beschränkt werden; wird von dieser Möglichkeit Gebrauch gemacht, kann in der Rechtsverordnung bestimmt werden, dass durch Verwaltungsvorschrift, die öffentlich bekanntzumachen ist, geregelt wird, in welchen Verfahren Akten in elektronischer Form weitergeführt werden. Die Rechtsverordnung der Bundesregierung bedarf nicht der Zustimmung des Bundesrates. Die Landesregierungen können die Ermächtigung durch Rechtsverordnung auf die zuständigen obersten Landesbehörden übertragen.

(4) Die Bundesregierung kann durch Rechtsverordnung mit Zustimmung des Bundesrates die für die Übermittlung elektronischer Akten zwischen Behörden und Gerichten geltenden Standards bestimmen.

Bisheriger I aufgehoben, bisheriger Ia mit Änderung zu I geworden durch G zur Einführung der elektron Akte in der Justiz und zur weiteren Förderung des elektron Rechtsverkehrs v 5.7.2017 (BGBl I 2017, 2208) mWv 1.1.2026. Erneute Änderung mWv 1.1.2026 (insb Verlängerung der Frist gem I) geplant in RefE eines G zur Änderung der Vorschriften über die Einführung der elektron Akte ua. Zeitnah zum Inkrafttreten des G finden Sie eine Kommentierung der Änderung in der Online-Version des Zöller (Ihre persönlichen Zugangsdaten s zu Beginn des Werkes).

III u IV angefügt durch G zur weiteren Digitalisierung der Justiz v 12.7.2024 (BGBl 2024 I Nr 234) mWv 17.7.2024.

1 **1) Bedeutung.** Mit der ab 1.1.2026 grds obligatorischen elektron Aktenführung (zu Ausnahmen s § 298a I 3 u für Verschlusssachen § 43 EGZPO) soll die auf anderen Gebieten längst umgesetzte Transformation ins digitale Zeitalter auch für die Effektivierung des Zivilprozesses nutzbar gemacht werden. Trotz langjähriger Entwicklung bleibt die E-Akte in der heute vorliegenden Form aber weit hinter den Möglichkeiten der Digitalisierung zurück. Sie erleichtert zwar die Erschließung des Prozessstoffs (zu entspr Tools s Hundertmark/Meller-Hannich RDi 2023, 317, 319). Um die Möglichkeiten der digitalen Technik für einen effizienteren Prozessablauf voll nutzen zu können, bedarf es jedoch einer grundlegenden Modernisierung des Verfahrensrechts (s dazu Münchener Thesen der Gerichtspräsidentinnen und -präsidenten zum Zivilprozess der Zukunft ; Riehm/Yuan ZRP 2024, 101; Greger NJW 2019, 3429; zu den Möglichkeiten u Grenzen des Einsatzes von KI s KI Rn 13 ff). Die technischen u organisatorischen Einzelheiten der elektron Aktenführung werden durch Bundes- bzw LandesVO geregelt (s zB Bundesgerichte-AktenführungsVO v 27.3.2020, BGBl I 2020, 745 Nr 16), weitere Details in den Aktenordnungen sowie weiteren Verwaltungsvorschriften, auch zur Verknüpfung mit den länderspezifischen Fachanwendungen (Hinw zu gegebener Zeit in der Online-Version des Zöller sa www.justiz.de). Für Verf, die mit Papierakten geführt wurden, kann durch VO deren (evtl befristete) Weiterführung angeordnet werden (§ 298a I 3; zu teilw Digitalisierung s § 298a III). Zum Unterschriftserfordernis bei elektron Gerichtsdokumenten s § 130b; zur Akteneinsicht s § 299 III.

2 **2) Führung der E-Akte.** Unter Aktenführung ist nicht nur der technische Vorgang der Aufbewahrung des angefallenen Schriftguts, sondern auch die Herstellung u Dokumentation des Verfahrensinhalts zu verstehen (eingeh Beschreibung der Arbeit mit der E-Akte bei Riehm/Dörr/Jansen/Schlicht, Digitalisierung und Zivilverf, 2023, § 15). Medienbrüche und Parallelstrukturen sind mit der von § 298a angestrebten Verfahrensökonomie nicht vereinbar und daher nach Möglichkeit zu vermeiden. Aus diesem Grund schreibt § 130d vor, dass Schriftsätze u andere Dokumente von den dort Genannten in elektron Form einzureichen sind. Eingaben in Papierform (zB von Naturalparteien) sind gem § 298a II in elektron Form zu übertragen. Auch für Richter u Rechtspfleger ist die elektron Aktenbearbeitung obligatorisch; die richterl Unabhängigkeit wird dadurch nicht verletzt (Huber/Voßkuhle/Classen, 8. Aufl 2024, Art 97 GG Rn 29a; jurisPK-Internetrecht/Bernhardt/Leeb, 8. Aufl, Kap. 6 Rn 130 ff [Stand 29.4.2025]; Starosta DÖV 2020, 216, 220 ff). Aus ihr folgt kein Anspruch auf Zurverfügungstellung einer Akte in Papierform (BGH MDR 2011, 140 = CR 2011, 89 [Hullen]), u es berührt den Kernbereich der durch Art 97 GG geschützten Rechtsprechungstätigkeit nicht, dass richterl Entscheidungen u Verfügungen als gem § 130b signierte Datei zur Akte zu geben sind. Soweit § 298a II 4 zulässt, dass handschriftl unterzeichnete gerichtl Schriftstücke durch qeS des UdG in die elektron Form überführt werden, handelt es sich um eine Ausnahmevorschrift für den Fall, dass die signierte Aufzeichnung durch den Richter nicht mögl ist, zB bei Einsatz außerhalb der Gerichtsstelle oder durch ehrenamtl Richter (BTDrs 18/12203, 80 f; AG/Bünigmann Rn 9); aus ihr folgt nicht, dass dem Richter weiterhin eine analoge Aktenbearbeitung gestattet ist (so aber Dietrich JR 2024, 509 ff).

3) Transfer (§ 298a II). Die übereinstimmende Übertragung von Papier- in elektron Form (zum umgekehrten Transfer s § 298) ist für alle bei Gericht vorliegenden schriftl Unterlagen vorgeschrieben (II 1, 2; s dazu die Technische Richtlinie TR-03138 über Ersetzendes Scannen (RESISCAN) des Bundesamts für Sicherheit in der Informationstechnik. Die Übereinstimmung ist durch einen **Übertragungsnachweis** (II 3; Bsp: BeckOK IT-Recht/Loos Rn 14) zu dokumentieren, bei ausnahmsw handschriftl unterzeichneten gerichtl Schriftstücken (s Rn 1) durch qeS des UdG (II 4). Der Nachweis ist zu den Akten zu nehmen und bei elektron Zustellung nach § 169 V Nr 3 beizufügen; einer gesonderten Beglaubigung bedarf es demnach nicht mehr (BTDrs 18/12203, 80). **Vernichtung der Papierdokumente** (gleich ob eingereicht oder gerichtl) 6 Monate nach Übertragung, sofern sie nicht (wie zB Urkunden, die nach §§ 142, 420 im Original vorzulegen waren; s § 142 Rn 16) zurückzugeben sind (**II 5**). 3

4) Hybridakten (§ 298a III). Um zu vermeiden, dass Akten, die vor dem 1.1.2026 in Papierform geführt wurden, nur dann elektron weitergeführt werden können, wenn der bisherige Bestand gem § 298a II vollständig nachdigitalisiert wird, ermöglicht III, durch VO anzuordnen, dass nur das ab einem bestimmten Zeitpunkt oder Ereignis anfallende Schriftgut elektron zu erfassen u zu bearbeiten ist. Die Regelung kann auf einzelne Gerichte oder Verf beschränkt werden. Zum aktuellen Stand in Bund u den einzelnen Ländern s www.justiz.de. 4

5) Elektronischer Aktenaustausch mit Behörden (§ 298a IV). Um die Übermittlung elektron Akten zwischen Behörden und Gerichten (auch über Ländergrenzen hinweg) zu erleichtern und Medienbrüche bei der Verarbeitung zu vermeiden, wurde die Bundesregierung ermächtigt, durch VO bundeseinheitl Standards (zB Übermittlungsformate, Übertragung von Metadaten) festzulegen. Die Behördenaktenübermittlungsverordnung (BehAktÜbV; BGBl 2025 I Nr 125) ist am 6.5.2025 in Kraft getreten. Nach § 2 I, II BehAktÜbV sollen elektronische Akten von Behörden und juristischen Personen des öffentl Rechts in elektron Form, dh auf einem sicheren Übermittlungsweg nach § 130a IV 1, an die Gerichte übermittelt werden; ab 1.1.2028 sind die Verwaltungsbehörden dazu verpflichtet. Die Dokumente müssen im Dateiformat PDF (unter den Voraussetzungen von § 2 I 2, 3 ERVV auch TIFF) und, soweit dies technisch mögl ist, in digital durchsuchbarer Form übermittelt werden; sie müssen zur Bearbeitung durch das Gericht geeignet sein und den Standards nach § 5 I ERVV entsprechen (§ 3 I BehAktÜbV). Damit die Gerichte die übermittelten Dokumente unmittelbar nutzen können, werden in § 2 IV BehAktÜbV Mindestanforderungen an einen strukturierten maschinenlesbaren Datensatz festgelegt, der bei der Übermittlung beigefügt werden soll. Die in den Verwaltungsakten enthaltenen elektron Dokumente sollen als Einzeldokumente übermittelt werden (§ 3 I 2 BehAktÜbV). Sind sie in der Verwaltungsakte in einem Gesamt-PDF zusammengefasst, muss die Eignung zur Bearbeitung für das Gericht dadurch sichergestellt sein, dass die einzelnen Bestandteile der Akte in einer sinnvollen Reihenfolge wiedergegeben und über ein nachvollziehbares Inhaltsverzeichnis und Sprungmarken unschwer ansteuerbar sind (BRDrs 81/25, 12). Zu weiteren technischen Einzelheiten s § 3 II, § 4 BehAktÜbV. 5

§ 299 Akteneinsicht; Abschriften

(1) Die Parteien können die Prozessakten einsehen und sich aus ihnen durch die Geschäftsstelle Ausfertigungen, Auszüge und Abschriften erteilen lassen.

(2) Dritten kann der Vorstand des Gerichts ohne Einwilligung der Parteien die Einsicht der Akten nur gestatten, wenn ein rechtliches Interesse glaubhaft gemacht wird.

(3) [1]Werden die Prozessakten elektronisch geführt, gewährt die Geschäftsstelle Akteneinsicht durch Bereitstellung des Inhalts der Akten zum Abruf oder durch Übermittlung des Inhalts der Akten auf einem sicheren Übermittlungsweg. [2]Auf besonderen Antrag wird Akteneinsicht durch Einsichtnahme in die Akten in Diensträumen gewährt. [3]Ein Aktenausdruck oder ein Datenträger mit dem Inhalt der Akte wird auf besonders zu begründenden Antrag nur übermittelt, wenn der Antragsteller hieran ein berechtigtes Interesse darlegt. [4]Stehen der Akteneinsicht in der nach Satz 1 vorgesehenen Form wichtige Gründe entgegen, kann die Akteneinsicht in der nach den Sätzen 2 und 3 vorgesehenen Form auch ohne Antrag gewährt werden. [5]Eine Entscheidung über einen Antrag nach Satz 3 ist nicht anfechtbar.

(4) Durch technische und organisatorische Maßnahmen ist zu gewährleisten, dass im Rahmen der Akteneinsicht Dritte keine Kenntnis vom Akteninhalt nehmen können. Personen, denen Akteneinsicht gewährt wird, dürfen die ihnen überlassenen Akten oder Akteninhalte weder ganz noch teilweise öffentlich verbreiten oder sie Dritten zu verfahrensfremden Zwecken übermitteln oder zugänglich machen.

(5) Die Entwürfe zu Urteilen, Beschlüssen und Verfügungen, die zu ihrer Vorbereitung gelieferten Arbeiten sowie die Dokumente, die Abstimmungen betreffen, werden weder vorgelegt noch abschriftlich mitgeteilt.

II geändert, IV eingefügt, bish IV geändert in V durch G zur Förderung des Einsatzes von Videokonferenztechnik in der Zivilgerichtsbarkeit und den Fachgerichtsbarkeiten v 15.7.2024 (BGBl 2024 I Nr 237) mWv 19.7.2024.

Lit: *Hirte*, Der Zugang zu Rechtsquellen u Rechtsliteratur, 1991; *Liebscher*, Datenschutz bei der Datenübermittlung im Zivilverf, 1994.

1 **I) Bedeutung.** Anlage und Führung der Gerichtsakten sind durch landesrechtl Verwaltungsvorschriften (AktO) geregelt. § 299 regelt die Teilhabe Außenstehender an dem gerichtl Schriftgut als lex specialis zu den DatenschutzG (Prütting ZZP 106 [1993], 456; sa BGH VersR 88, 38). Die DSGVO gilt jedoch auch für die Verarbeitung personenbezogener Daten durch die Ziviljustiz und hat als unmittelbar geltendes Unionsrecht Vorrang (Deutschmann ZD 2021, 414, 415; zu den hieraus folgenden Ansprüchen s Rn 13). § 299 unterscheidet zwischen der aus dem Prozessrechtsverhältnis fließenden und daher privilegierten Rechtsstellung der Verfahrensbeteiligten (in I ungenau als Parteien bezeichnet; s Rn 2 ff) und dem eingeschränkten Einsichtsrecht sonstiger Personen („Dritter") nach II (s Rn 7 ff). Nicht erfasst werden Einsichts- u Auskunftsrechte öffentl Stellen (s Rn 16). Die Vorschrift gilt auch für ZwV- und Zwangsverwaltungsakten (OLGR Stuttgart 1997, 66) sowie Akten des InsVerf (BGH MDR 2021, 124; ausf Schuster/Friedrich ZIP 2009, 2418), nicht aber des Insolvenz- oder Zwangsverwalters (OLGR Stuttgart 1997, 66). Nicht unmittelbar anwendbar ist sie auf **Auskünfte** aus den Akten oder über die Anhängigkeit von Verf. Hierbei handelt es sich um Maßnahmen der Justizverwaltung, für die II allerdings entspr gilt (OLG Frankfurt Rpfleger 92, 267; OLG Brandenburg NJW-RR 2001, 1630; näher s § 23 EGGVG Rn 4). **Sondervorschriften:** § 760 (GV); § 882f (Schuldnerverzeichnis); § 42 ZVG (Zwangsversteigerung); § 72 GWB (Beteiligte am Beschwerdeverf); §§ 16, 19 GeschGehG (Geschäftsgeheimnisstreitsachen). – Zur Behandlung von Schriftstücken im Güterichterverf s § 278 Rn 31.

2 **II) Einsichtsrecht Prozessbeteiligter (§ 299 I). 1) Rechtsnatur.** Zur Prozessführung gehört, dass die Beteiligten während der Rechtshängigkeit (s Rn 10) ein Recht auf Einsicht in die Akten u Anfertigung von Auszügen u Abschriften haben. Es steht auch dem beigetretenen Streitgehilfen zu, dem Ag im einstw Verfügungsverf erst ab seiner tatsächl Beteiligung bzw Hinterlegung der Schutzschrift (s vor § 916 Rn 5a; OLG Rostock MDR 2011, 384; aA OLGR Hamm 1994, 96) u mit mögl Einschränkung zum Erhalt des Überraschungseffekts (OLG Rostock MDR 2011, 384).

3 **2) Umfang. a)** Es umfasst grds **nur die eigenen Akten** des Prozessgerichts, beigezogene Akten anderer Behörden oder Gerichte nur, wenn die Ursprungsbehörde dieses Recht bei Übersendung nicht ausgeschlossen hat; dann dürfen diese Akten im Prozess aber auch nicht verwertet werden (s § 273 Rn 8a, § 432 Rn 3; BVerfG NJW 2014, 1581, 1582; BGH NJW 52, 305).

4 **b)** Der Einsicht unterliegen grds **die gesamten Akten**. Eine Vorenthaltung (etwa zur Wahrung von Geschäftsgeheimnissen) würde den Anspruch auf rechtl Gehör verletzen (BGH MDR 2020, 688, 689; Prütting ZZP 106 [1993], 456; Liebscher aaO S 74 f). In Verf nach § 16 GeschGehG sowie gem § 273a kann der Zugang zwar beschränkt werden; mind einer natürl Person jeder Partei sowie ihren Prozessvertretern oder sonstigen Vertretern ist er aber zu gewähren (§ 19 I GeschGehG). Auch dienstl Äußerungen und Selbstanzeigen von Befangenheitsgründen müssen den Verfahrensbeteiligten mitgeteilt werden (BVerfG NJW 93, 2229). **Vorläufige Protokollaufzeichnung:** s § 160a Rn 11. – **Eingereichte Urkunden:** s § 142 Rn 16. – Die mit einem **PKH-Gesuch** gem § 117 II vorgelegten Vermögensangaben und -nachweise unterliegen keinem Einsichtsrecht des Gegners (BVerfG NJW 91, 2078; BGHZ 89, 65 = NJW 84, 740; s § 117 Rn 29). – Einsendungen, die **nicht zu den Akten genommen** werden, zB wegen entspr Vorbehalts der Partei (BGH MDR 2020, 688) oder weil von nicht am Verf beteiligter Person stammend (OLG Brandenburg NJW-RR 2000, 1454), werden nicht Gegenstand des Verf u des Einsichtsrechts. Davon ausgeschlossen ferner die in V genannten **Interna** (zB Referendarsgutachten [OLG Celle MDR 2012, 428], mit KI erstellte Entwürfe). Erkenntnisse aus einer zu Unrecht gewährten Akteneinsicht unterliegen aber nicht allein aus diesem Grund einem Verwertungsverbot (zB für Befangenheitsantrag; OLG Frankfurt NJW 2007, 928 [Kroppenberg]).

5 **3) Gewährung der Einsicht bzw Abschrift.** Zuständig UdG. Richterl Verfügung ist nicht erforderl. Kein Anwaltszwang. Bevollmächtigter (auch RA) muss dem UdG schriftl Vollmacht nachweisen, sofern sich diese nicht zweifelsfrei aus dem Akteninhalt ergibt. Einsicht in Papierakte (zu E-Akte s Rn 11) grds nur auf der GeschSt (BGH NJW 61, 559; BFH NJW 68, 864; BFH DB 2021, 1721 (auch in Pandemie); Düsseldorf MDR 87, 768). Nach Ermessen des Vors aber Hinausgabe oder kostenpflichtige (s Rn 17) Versendung, wenn Akten entbehrl u Empfänger vertrauenswürdig (BGH MDR 73, 580; BGH NJW 2021, 3402, 3404; OLG Hamm FamRZ 91, 93; sa § 13 IV FamFG), evtl auch Versendung an das örtl zust AG zur Gewährung der Einsicht auf der dortigen GeschSt (AG/Bünnigmann Rn 24).

6 **4) Rechtsbehelf.** Gegen Entscheidung des UdG Erinnerung (§ 573 I); gegen Entscheidung des Gerichts sof Beschwerde nur bei Verweigerung (OLG Brandenburg NJW-RR 2000, 1454), nicht bei Bewilligung (OLG Karlsruhe MDR 2021, 447). – Verletzt die Verweigerung den Anspruch auf **rechtliches Gehör**, kann dies auch mit Rechtsmittel gegen die Hauptsacheentscheidung gerügt werden (StJ/Thole Rn 64; s zB BGH MDR 2008, 706/7); uU auch Richterablehnung (OLG Köln MDR 2001, 891).

7 **III) Nicht am Verfahren Beteiligte (§ 299 II). 1) Entscheidung.** Nur durch Ermessensentscheidung im Verwaltungswege kann ihnen Akteneinsicht bewilligt werden. Auch ein Anspruch auf Erteilung von Abschriften besteht nicht, sie kann aber bewilligt werden (OLG Celle NJW 2004, 863; MK/Prütting Rn 28). Zuständig ist der Präsident bzw Direktor des Gerichts, bei dem die Akten geführt bzw verwahrt werden. Die Entscheidung kann durch Verfügung, nicht im allg GVP, auf einen Richter (auch den erk) übertragen werden, bleibt aber gleichwohl VA. – **Rechtsbehelf:** §§ 23 ff EGGVG (s § 23 EGGVG Rn 4).

2) Voraussetzungen. Sofern die Parteien nicht **einwilligen**, muss der Dritte ein **rechtl Interesse** gem § 294 glaubhaft machen. Rein wirtschaftl oder gesellschaftl Interesse genügt nicht (BGHZ 4, 323, 325). Es muss auch rechtl Bezug zum Streitstoff der Akten haben (KG MDR 76, 585). Das Interesse des Dritten, durch die Akteneinsicht Tatsachen zu erfahren, die es ihm erleichtern, einen Anspruch geltend zu machen, der in keinem rechtl Bezug zu dem Prozessgegenstand steht, genügt also nicht (KG NJW 88, 1738; OLG Hamm NJW-RR 97, 1489; Zuck NJW 2010, 2913). Zu Einsicht in InsAkten s BayObLG ZIP 2021, 2496 (Baumert EWiR 2021, 760). Rechtl Bezug besteht aber, wenn Inhaber eines mat-rechtl Auskunftsanspruchs Einsicht in VKH-Heft zu anderem Verf beantragt (OLG Hamm NJW 2020, 3181), Auftraggeber, der sich auf Baumängel beruft, Einsicht in Akte eines diese Mängel betr Rechtsstreits zwischen Haupt- u Subunternehmer begehrt (OLG Oldenburg NJW 2015, 1255), Rechtsschutzversicherer zur Prüfung von Regressansprüchen Akten des von ihm gedeckten Rechtsstreits einsehen will (OLG Hamm AGS 2020, 355 [Tillner]; OLG Düsseldorf VersR 2021, 1395 LS) oder Gl zum Zweck der ZwV Anschrift des Sch oder der ZwV unterliegende Vermögensgegenstände ermitteln will (KG NJW 2008, 1748), nicht dagegen, wenn er zur Vorbereitung einer mögl Rechtsverfolgung Kenntnis über das vorhandene Haftungsvermögen der Gegenseite erlangen will (KG NJW 2008, 1748; OLG Bremen NZI 2022, 666). Allein die Bezugnahme auf ein Schriftstück aus einem anderen Rechtsstreit begründet für den Prozessgegner noch kein rechtl Interesse an Einsicht in die betr Akten (aA OLGR Saarbrücken 2000, 297). Anzuerkennen ist dagegen grds das Interesse des SV am Urteil (Jessnitzer Rpfleger 74, 423), ebenso das Interesse des Streitverkündeten zur Prüfung der Beitrittsfrage. UU kann die Bewilligung von einer mit Vertragsstrafe bewehrten Vertraulichkeitsvereinbarung zwischen dem Antragsteller u der geschützten Partei abhängig gemacht werden (Schlosser FG Vollkommer, S 228). Akteneinsichtsersuchen zu wissenschaftl Zwecken erhalten bes Gewicht durch Art 5 III GG (vgl Peglau NJ 93, 440; Haertlein ZZP 114 [2001], 441 ff mwN). Die Datenschutzgesetze treffen hierzu teilw besondere Bestimmungen (s zB § 45 Hess Datenschutz- und InformationsfreiheitsG). 8

3) Schranken. Das aus Art 1 I u 2 I GG herzuleitende **informationelle Selbstbestimmungsrecht** der Prozessparteien (vgl BVerfG NJW 88, 2031; BVerfG NJW 88, 3009) ist bei der Ermessensausübung zu beachten. Vor einer stattgebenden Entscheidung ist daher zu prüfen, ob schutzwürdige Belange verletzt werden können und eine Abwägung gegen das ebenfalls verfassungsrechtl Gebot effektiven Rechtsschutzes vorzunehmen (Zuck NJW 2010, 2916). Zum Zwecke dieser Abwägung ist der betr Partei rechtl Gehör zu gewähren (BGH ZIP 98, 961). Dass über den Rechtsstreit mündl verhandelt wurde, ist (entgegen München OLGZ 84, 477) kein entscheidender Gesichtspunkt, denn die öffentl Verh offenbart (wegen § 137 III) regelmäßig weniger als der Akteninhalt. Daher ist auch zu prüfen, ob dem rechtl Interesse des Dritten nicht durch eine auf bestimmte Aktenteile begrenzte Einsicht entsprochen werden kann (näher zu datenschutzrechtl Fragen s Rn 12 f; Liebscher aaO S 104 ff; Pardey NJW 89, 1647 mwN). Zum Schutz von **Geschäftsgeheimnissen**, deren Geheimhaltungsbedürftigkeit nach § 16 I GeschGehG, ggf iVm § 273a, festgestellt wurde (s § 273a Rn 1 ff), darf Dritten nur ein Akteninhalt zur Verfügung gestellt werden, in dem die geheimhaltungsbedürftigen Teile unkenntlich gemacht wurden (§ 16 III GeschGehG). Welche Teile dies sind, ist der Kennzeichnung nach § 20 IV 1 GeschGehG iVm dem Anordnungsbeschluss zu entnehmen. 9

IV) Zeitlicher Bezug. Vor dem Prozess gibt es kein Recht auf Akteneinsicht, zB in Schutzschriften (Prütting ZZP 106 [1993], 458; Liebscher aaO S 95 ff; für Analogie Marly BB 89, 770 ff). – **Nach Abschluss des Prozesses** besteht das privilegierte Teilhaberecht der Parteien nach I nicht mehr. Sein bes Zweck, die Gewährung rechtl Gehörs u die Partizipation am Verf, ist erloschen. Daher können auch die früheren Parteien nur noch im Verwaltungswege (II), dh bei rechtl Interesse, Einsicht verlangen (BGH NJW 2015, 1827; BFH NJW 2006, 399; OLG München MDR 2009, 1065; MskV/Röß Rn 2; Werner FS Kim, S 319; aA OLG Schleswig SchlHA 2012, 488; StJ/Thole Rn 12; MK/Prütting Rn 9). Eine bereits erteilte Bewilligung nach I wird gegenstandslos (BGH MDR 2022, 53 [Conrad MDR 2022, 224]). Für Geschäftsgeheimnisstreitsachen gilt nur noch § 16 III GeschGehG. 10

V) Elektronische Akten (§ 299 III). Hier erfolgt die Akteneinsicht idR ebenfalls auf elektron Wege, näml durch Zugänglichmachen des sog Repräsentats (Wiedergabe der wesentl Inhalte im PDF-Format). Die Akteneinsicht ist beim zuständigen Gericht zu beantragen und wird dann von der GeschSt durch Bereitstellen auf einem Akteneinsichtsportal unter www.akteneinsichtsportal.de zum Abrufen (einschl Herunterladen; BTDrs 18/9416, 78) über das Internet oder – falls der Berechtigte über eine entspr Verbindung verfügt – durch Übermittlung auf einem sicheren Übertragungsweg iSv § 130a IV gewährt (§ 299 III 1). Bereitstellung erfolgt für 30 Tage; Einsicht in aktualisierter Fassung muss erneut beantragt werden. Auf Antrag, aus wichtigem Grund auch ohne Antrag, kann Einsicht über ein Terminal am Gericht gewährt werden (§ 299 III 2, 4). Übermittlung von Ausdrucken und Datenträgern nur ausnahmsw auf Antrag bei Darlegung berechtigten Interesses (zB fehlenden technischen Möglichkeiten, Unzumutbarkeit der Einsicht bei Gericht); Entscheidung hierüber nicht anfechtbar (§ 299 III 3, 5). 11

VI) Datenschutz. 1) Schutzvorkehrungen. Nach **§ 299 IV 1** ist durch technische und organisatorische Maßnahmen sicherzustellen, dass Dritte im Rahmen der Akteneinsicht keine Kenntnis vom Akteninhalt nehmen können, insb durch Sicherung des Datenverkehrs (zB Verschlüsselung). Diese Verpflichtung trifft sowohl die aktenführende Stelle als auch die Einsicht nehmende Person (BTDrs 20/8095, 61). § 299 IV 2 untersagt die Weitergabe von Akten oder Akteninhalten. Bei Zuwiderhandlung Haftung nach § 823 II bzw § 839 BGB. 12

13 **2) Ansprüche aufgrund DSGVO.** In den Gerichtsakten, gleich ob in Papierform oder elektron geführt, werden personenbezogene Daten (Art 4 Nr 1 DSGVO) gespeichert. Eine davon betroffene Person kann daher nach Art 15 I DSGVO Auskunft über diese Daten sowie nach Art 15 III 1, 12 V 1 DSGVO eine kostenlose Kopie verlangen. Daraus folgt aber kein Anspruch eines ehem Prozessbeteiligten auf eine kostenlose Kopie der kompletten Gerichtsakte (OLG Köln CR 2023, 185). Der Anspruch auf Überlassung einer Kopie ist zudem begrenzt durch die Rechte und Freiheiten anderer Personen (Art 15 IV DSGVO). Auf den Auskunftsanspruch wird sich diese Einschränkung nicht übertragen lassen (Deutschmann ZD 2021, 414, 417; aA Dörr MDR 2022, 605, 611). Hier hilft nur der Missbrauchseinwand nach Art 12 V 2 DSGVO (dazu eingeh Korch/Chatard CR 2020, 438, 443 ff).

14 **VII) Veröffentlichung von Gerichtsentscheidungen.** Sie ist aus dem Rechtsstaatsgebot fließende, **öffentl Aufgabe** der Gerichte (BVerfG NJW 2015, 3708; BGH NJW 2017, 1819 Tz 16). Für deren Erfüllung bietet sich heute die Publikation im Internet (Datenbank, Homepage des Gerichts) an, sie kann aber auch der privaten Initiative Interessierter einschließl der beteiligten Richter überlassen werden (BVerwG NJW 97, 2694; dazu Albrecht CR 98, 373). § 299 II ist auf die Erteilung anonymisierter Abschriften von Entscheidungen (dazu gehören auch Hinweisverfügungen, OLG München MDR 2022, 457; eingeh dazu Laukemann ZZP 134 [2021], 67 ff) nicht (analog) anwendbar (BGH NJW 2017, 1819). Solche sind daher auf Anforderung oder auch vAw an Interessenten (insb RA, Rechtslehrer, Behörden, Autoren, Redaktionen, Agenturen u Verlage) zu versenden (zum presserechtl Informationsanspruch, auch über nicht rechtskräftige Entscheidungen, s BVerfG NJW 2015, 3708). Das gilt auch im InsVerf u unabhängig davon, ob das Gericht die Entscheidung für veröffentlichungswürdig erachtet; jedoch ist in bes Maße zu prüfen, ob schutzwürdige Belange Beteiligter entgegenstehen (BGH ZIP 2021, 1173). Wird mit der Anforderung ein im öffentl Interesse liegender Zweck verfolgt, kann (nach LG Lüneburg NJW 2010, 881: muss) von der Erhebung der Pauschale nach 2000, 2001 JVKostG-KV abgesehen werden (§ 11 II Nr 1 JVKostG). Einzelne Bezieher dürfen nicht (zB durch Überlassung bearbeiteter Texte) bevorzugt werden (VGH Mannheim NJW 2013, 2045). Richter brauchen die Gerichtsverwaltung nicht über solche Einsendungen zu unterrichten (OVG Berlin NJW 93, 676). Keinen vernünftigen Grund gibt es auch dafür, für Anfragen von Fachzeitschriften nach der Rechtskraft von Urteilen ein förml Ersuchen an den Gerichtspräsidenten zu verlangen. – Zur Veröffentlichung von Entscheidungen durch Prozessbeteiligte OLG Hamm NJW-RR 2008, 640; zur Benennung von Prozessgegnern durch RA BVerfG NJW 2008, 838.

15 Der **Schutz personenbezogener Daten** ist zu gewährleisten (§§ 1, 3 BDSG bzw Landesdatenschutzgesetze). Alle Namen und sonstigen Angaben, die eine sachl nicht gebotene Identifizierung der Verfahrensbeteiligten ermöglichen könnten, sind, sofern nicht allgemeinkundig, unkenntl zu machen (OLG München OLGZ 84, 477); dass die Prozessparteien der Öffentlichkeit oder einzelnen Dritten trotz Anonymisierung bekannt werden können, schließt eine Veröffentlichung zwar nicht aus (OLG Karlsruhe JZ 2021, 687; dazu Heese JZ 2021, 665; Rox AfP 2022, 304), bei besonders sensiblen Daten kann das Schutzinteresse des Betroffenen das Allgemeininteresse an der Veröffentlichung aber überwiegen (VGH Mannheim MMR 2011, 277). Nur in diesem Fall hat die Veröffentlichung oder Erteilung einer Abschrift zu unterbleiben (BGH NJW 2017, 1819). Sind zur Herstellung einer veröffentlichungsfähigen Fassung inhaltl Kürzungen geboten, können diese nur von dem Richter bzw Spruchkörper vorgenommen werden, der die Entscheidung gefällt hat (VGH Mannheim MMR 2011, 277). Die Anonymisierung der Richternamen ist nicht geboten und kann sogar einem legitimen Informationsinteresse widerstreiten (Hirte Mitt der dt Patentanwälte 93, 298).

16 **VIII) Information von Behörden.** Sie geschieht im Rahmen der Amtshilfe nach Art 35 GG (MK/Prütting Rn 22; aA [§ 299 II] StJ/Thole Rn 39). In bestimmten Fällen sind die Gerichte hierzu ges **verpflichtet** (zB § 22a I FamFG, § 116 AO [hierzu Klos ZRP 97, 50], § 90 I GWB, § 6 SubvG; bei Straftaten in der Sitzung: § 183 GVG). IÜ gelten für die Übermittlung personenbezogener Daten, wenn sie vAw erfolgt, die §§ 12 ff EGGVG, ansonsten die Datenschutzgesetze von Bund u Ländern iVm DSGVO (s Art 6 I 1 e DSGVO), für familien- oder betreuungsgerichtl Maßnahmen § 22a II FamFG. – **Rechtsbehelf** des Betroffenen: bei Übermittlung vAw § 22 I 1 iVm §§ 23 ff EGGVG, bei Stattgabe von Auskunfts- oder Einsichtsersuchen (auch während des laufenden Verf) §§ 23 ff EGGVG (zu den rechtsstaatl Erfordernissen s BVerfG NJW 2015, 610).

17 **IX) Auslagen des Gerichts. 1)** Die Akteneinsicht (I) ist kostenfrei. Bei Versendung auf Antrag zur Einsicht fällt die Auslage 9003 GKG-KV an. Versendung bedeutet, dass die Akte nicht nur in das Gerichtsfach des RA bei dem aktenführenden Gericht eingelegt wird (OLG Köln AGS 2014, 513). Auslagensch ist der, der mit seinem Antrag ggü der aktenführenden Stelle die Versendung unmittelbar veranlasst (§ 28 II GKG; BGH MDR 2011, 758), also idR der ProzBev. Fälligkeit: § 9 III GKG. Vorschuss: § 17 II GKG. Rechtsbehelf gegen Vorschussanforderung: § 67 GKG; gegen Kostenansatz: § 66 GKG. – Portokosten für die Rücksendung können von der Pauschale nicht abgesetzt werden (9003 Anm I GKG-KV; OLG Naumburg MDR 2008, 1186). – **2)** Ausfertigungen, Auszüge u Abschriften (I): 9000 GKG-KV; dort: „Ausfertigungen, Kopien u Ausdrucke". – **3)** Von Dritten (II) für die Versendung zu zahlende Auslagen: Vorbem 2 des Verzeichnisses zu § 4 I JVKostG iVm 9003 GKG-KV. – **4)** Elektron Aktenführung (III): Dokumentenpauschale nur im Fall III 3: 9000 IV GKG-KV. – **5)** Amts- und Rechtshilfe sind auslagenfrei.

§ 299a Datenträgerarchiv

[1]Sind die Prozessakten nach ordnungsgemäßen Grundsätzen zur Ersetzung der Urschrift auf einen Bild- oder anderen Datenträger übertragen worden und liegt der schriftliche Nachweis darüber vor, dass die Wiedergabe mit der Urschrift übereinstimmt, so können Ausfertigungen, Auszüge und Abschriften von dem Bild- oder dem Datenträger erteilt werden. [2]Auf der Urschrift anzubringende Vermerke werden in diesem Fall bei dem Nachweis angebracht.

1) Bedeutung. Die Aufbewahrung der Akten abgeschlossener Verf ist im JAktAG (BGBl I 2017, 2208, 2214; 1
dazu s BTDrs 18/9416, 71 ff) u der VO v 8.11.2021 (BGBl I 2021, 4834) geregelt. § 299a regelt, dass dann, wenn diese Akten mikroverfilmt oder elektron gespeichert wurden, für die Erteilung von Aktenauszügen das Speichermedium an die Stelle des Originals tritt, sofern die Übereinstimmung schriftl nachgewiesen wird. Die elektron Akten*führung* ist in § 298a geregelt.

2) Akteneinsicht. Einsicht gem § 299 II wird bei mikroverfilmten Akten mittels eines Lesegerätes auf der 2
GeschSt gewährt (vgl entspr § 261 HGB). – Auszüge, Abschriften oder Ausfertigungen werden von der GeschSt in der Form von (begl) Rückvergrößerungen erteilt; für die Erteilung von (nicht begl) Abschriften kommen bei Zustimmung des ASt auch Filmduplikate in Betracht. Zur Einsicht in **elektronische Dokumente** s § 299 III.

Titel 2
Urteil (§§ 300-329)

Vorbemerkungen zu §§ 300-305b

Lit: *Furtner*, Das Urteil im Zivilprozess, 5. Aufl 1985; *Huber*, Das Zivilurteil, 2. Aufl 2003; *Jauernig*, Das fehlerhafte Zivilurteil, 1958; *R. Schneider*, Rechtsschutzmöglichkeiten gegen formelle Verlautbarungsmängel beim zivilprozessualen Urteil unter bes Berücksichtigung der Gruppe der Nichturteile, 1999. – Sa Lit zu §§ 303, 304, 313.

I) Entscheidungsformen. Sa § 160 III Nr 6. **1) Urteile.** Dies sind Entscheidungen, die idR nur auf Grund obli- 1
gatorischer mündl Verh ergehen; Ausnahmen: § 251a (Urteil nach Aktenlage), § 128 II u III, § 307 S 2, § 331 III (Urteil im schriftl [Vor-]Verf); sa § 341 II, § 922, § 936.

2) Beschlüsse. Sie können durch das (erkennende) Gericht, den Rpfleger und den UdG erlassen werden. Es 2
handelt sich um Entscheidungen, die weder über den Klageanspruch noch über einzelne dafür erhebl Streitpunkte entscheiden, also den Prozessstoff weder ganz noch teilw in der Hauptsache erledigen. Die Beschlüsse des Gerichts können ohne oder auf Grund fakultativer mündl Verh ergehen (§ 128 IV). Bsp für Beschlüsse ohne mündl Verh: § 128 III, § 358a. IE s § 329 Rn 5 ff.

3) Verfügungen. Das sind Anordnungen des Vors, ER, beauftragten oder ersuchten Richters, Rpflegers und des 3
UdG, die der Prozessleitung dienen. IE s § 329 Rn 52 ff.

II) Arten der Urteile. 1) Allgemeines. Welches Urteil rechtl vorliegt, richtet sich nicht nach seiner Bezeichnung 4
oder der rechtl Auffassung des Gerichts, sondern dem Inhalt der Urteilsformel iVm den Urteilsgründen (BGH NJW-RR 2006, 565; BGHZ 157, 159). Zu den Rechtsmitteln bei inkorrekten Entscheidungen s vor § 511 Rn 29 ff.

2) Einteilung. Man unterscheidet: **a) Nach dem Gegenstand der Entscheidung (Sach- und Prozessurteil).** 5
Entscheidet das Urteil über die Sache, den Anspruch selbst, liegt ein Sachurteil vor. Wird nur über die Zulässigkeit der Klage entschieden (iE s vor § 253 Rn 9), handelt es sich um ein Prozessurteil.

b) Nach streitiger oder nichtstreitiger Verhandlung. Beruht das Urteil auf dem Ergebnis einer zweiseitigen oder 6
einseitigen str mündl Verh, so liegt ein **kontradiktorisches** Urteil vor; Gleiches gilt bei Urteilen nach Lage der Akten (§§ 251a, 331a). Nichtstreitige Urteile sind **VU** (§§ 330, 331, 334), **AU** (§ 307) und **Verzichtsurteil** (§ 306).

c) Nach dem sachlichen Inhalt. aa) Leistungsurteile. Dies ist die häufigste Art des Urteils. Mit ihm wird der 7
Bekl zu einer Leistung (Tun oder Unterlassen) – § 241 I BGB – verurteilt. Der Ausspruch des Gerichts ist eine Verpflichtung des Bekl, etwas zu leisten; zB: „Der Bekl hat an den Kl 1.000 Euro zu zahlen." Auch Duldungsurteile in Haftungsklagen sind Leistungsurteile, und zwar sowohl die materiellen Haftungsklagen (§ 772 II 1; § 1033 I 2; § 1132 I 2; § 1147; § 1204 I BGB; § 371 III 1 HGB) als auch die Klagen auf Duldung der ZwV (§ 2213 III BGB, §§ 737, 743, 745 II, § 748 II ZPO). Die Leistungsurteile sind vollstreckungsfähig.

bb) Feststellungsurteile. In ihnen wird nur darüber entschieden, ob zwischen den Parteien das str Rechtsver- 8
hältnis besteht oder nicht (positives bzw negatives Feststellungsurteil), oder auch, ob eine Urk echt oder unecht ist und ob der Gegner zur Anerkennung der Urk verpflichtet ist. IE s § 256 Rn 1 ff.

9 **cc) Gestaltungsurteile.** Sie führen unmittelbar eine Änderung des bestehenden Rechtszustandes herbei und sind nur mögl, wenn das materielle oder das Prozessrecht auf Grund eines bestimmten Tatbestandes ein Recht auf Änderung des Zustandes gibt, zur Änderung selbst aber die Erklärung des Berechtigten nicht ausreicht, vielmehr eine gerichtl Entscheidung erforderl ist. Die Rechtsänderung tritt mit der Urteilsrechtskraft ein (zB BGH MDR 2018, 786). Das Urteil kann je nachdem nur für die Zukunft wirken, wie zB das eine Gesellschaft auflösende Urteil, oder mit rückwirkender Kraft ausgestattet sein, wie zB das Urteil, das die Nichtigkeit eines Hauptversammlungsbeschlusses ausspricht. Eine Vollstreckung des Gestaltungsausspruchs ist weder mögl noch notwendig. Hierher gehören zB: die handelsrechtl Gestaltungsklagen der § 116 V, § 124 V, § 139; § 134, § 161 II HGB; § 60 I Nr 3, § 61 GmbHG; §§ 246, 248, 275 AktG, die Erbunwürdigkeitsklage nach §§ 2342, 2344 BGB, die Fälle der § 315 III 2; § 319 I 2 BGB, die prozessualen Gestaltungsklagen der §§ 323, 722, 767, 768, 771, 785/786, nicht aber die Klage nach § 731, die eine prozessuale Feststellungsklage ist (s § 731 Rn 4).

10 **d) Nach dem Umfang der Erledigung des Rechtsstreits. aa) Endurteile.** Sie betreffen den ganzen Streitgegenstand oder einen Teil desselben (Teil-Endurteil) (§§ 300, 301).

11 **bb) Zwischenurteile.** Sie erledigen nur einen Zwischenstreit, der zur Entscheidung reif ist (§ 303), nie aber endgültig den eingeklagten Streitgegenstand. Zwischenurteile über die Zulässigkeit der Klage gelten hinsichtl der Rechtsmittel als Endurteile (§ 280 II). Ein Zwischenurteil bes Art ist das Grundurteil gem § 304.

12 **cc) Vorbehaltsurteile.** Dies sind auflösend bedingte Endurteile. In ihnen wird der Bekl zunächst verurteilt; es wird ihm aber vorbehalten, in ders Instanz erhobene Einwendungen, die verfahrensrechtl nicht berücksichtigt werden konnten, in einem sog Nachverf geltend zu machen (§ 302 III, § 599 III).

13 **III) Fehlerhafte Entscheidungen. 1) Scheinurteile. a) Begriff.** Sie werden teilw auch als „Nichturteil" bezeichnet. Hier liegt der bloße Anschein eines Urteils vor. **aa) Fehlende Verkündung.** Das Fehlen einer Verkündung iSv § 310 I, § 311 II iVm § 160 III Nr 6, 7, § 165 – oder einer Zustellung an Verkündungs statt gem § 310 III (BGH NJW 1996, 1969) – ist der Hauptanwendungsfall eines Scheinurteils (vgl zB BGH GesR 2025, 245; BGH NJW-RR 2012, 1025 = MDR 2012, 928 Tz 18; BAG MDR 2021, 186; BGH NJW 1999, 1192). Ohne Verkündung handelt es sich der Sache nach nur um einen – allenfalls den Rechtsschein eines Urteils erzeugenden – Urteilsentwurf (BGH GesR 2025, 245; BGH NJW 2014, 1304; BGH NJW-RR 2012, 1025 = MDR 2012, 928 Tz 18; BGH NJW 2012, 1591). **Beispiel:** Mitteilung eines versehentl an die GeschSt gelangten Entwurfs (OVG Magdeburg NJW 2012, 1386); Zustellung bei irriger Annahme der Verkündung (BGH NJW-RR 2012, 1025 = MDR 2012, 928). Dasselbe gilt bei der Zustellung einer vom verkündeten Urteil wesentl abweichenden Ausfertigung (BGH NJW 1999, 1192; sa § 317 Rn 9). Näher s § 310 Rn 7, auch zum Sonderfall einer bewussten Zustellung statt Verkündung. Zur Abgrenzung einer nur fehlerhaften Verkündung s § 310 Rn 8.

14 **bb) Sonstige Fehler.** Nur ein Scheinurteil/-beschluss liegt vor, wenn die **Unterschrift** bzw qualifizierte elektron Signatur des Richters fehlt (BGH NJW 2003, 3136 = MDR 2003, 1316), es sei denn, die Entscheidung ist durch Verkündung existent geworden (BGH NJW 2006, 1881; BGH NJW 1998, 609). Enthält das Urteil keinen **Tenor** oder (vollständiges) **Rubrum**, sondern einen Verweis auf die konkrete Stelle in den Akten, ist die Entscheidung zwar fehlerhaft, aber wirksam, wie sich auch aus der in § 313b II 3, 4 eröffneten Möglichkeit ergibt (BGH NJW 2003, 3136 = MDR 2003, 1316; aA OLG Hamm MDR 2023, 597 mwN; OLG Düsseldorf FamRZ 2020, 530; sa § 313 Rn 4). – Weitere – eher theoretische – Fallgestaltungen eines Scheinurteils: Es wurde durch ein **Nichtgericht** oder nicht in Ausübung der Gerichtsbarkeit entschieden, zB vom Richter als Leiter einer Arbeitsgemeinschaft für Referendare. Dem steht das fehlerhaft besetzte Gericht nicht gleich. Daher kein Scheinurteil, wenn ein **ausgeschiedener Richter** mitgewirkt hat, vielmehr handelt es sich um einen Fall der nicht ordnungsgemäßen Besetzung iSv § 579 I Nr 1 (Jauernig DtZ 93, 173; HessVGH DRiZ 83, 234; aA BezG Leipzig DtZ 93, 27).

15 **b) Rechtliche Behandlung.** Das Scheinurteil entfaltet keine Rechtswirkungen (zB BGH NJW-RR 2006, 565; BGH NJW 1999, 1192), bindet das Gericht nicht, erwächst nicht in formelle oder materielle Rechtskraft und ist keine Grundlage für eine ZwV (BGHZ 121, 98; inzident BGH NJW 2003, 3136 = MDR 2003, 1316; KGR Berlin 2006, 680); zu vollstreckungsrechtl Maßnahmen s vor § 704 Rn 34. Gegen das Urteil ist aber das auch sonst statthafte **Rechtsmittel** eröffnet, um den Anschein eines Urteils zu beseitigen (BGH MDR 2012, 928 Tz 18; BAG MDR 2021, 186; BGH NJW 1999, 1162). Es ist unabhängig von den sonst geltenden Zulässigkeitsvoraussetzungen, insb Rechtsmittelfristen, zulässig (BGH NJW 1995, 404; BGH VersR 1984, 1192). Der Rechtsstreit ist unter klarstellender Aufhebung des „Urteils" an die Vorinstanz zur Beendigung des noch nicht abgeschlossenen Verf zurückverweisen (BAG MDR 2021, 186; BGH NJW 1995, 404). Die Wiederholung eines eingelegten Rechtsmittels nach Existentwerden (Verkündung, Zustellung iSv § 310 III) der Entscheidung ist nicht erforderl (BGH NJW 1996, 1970 mwN).

16 **2) Wirkungslose Urteile.** Die Wirkungslosigkeit (zum Begriff s BGH NJW-RR 2006, 565) gerichtl Entscheidungen kommt nur in extremen Ausnahmefällen bei Vorliegen eines bes schwerwiegenden Mangels in Betracht (BGH MDR 2018, 891 = NJW 2018, 2047; BGH NJW-RR 2014, 903 Tz 7 mwN). Nicht ausreichend ist, dass es sich um eine **inkorrekte Entscheidung** handelt; diese muss zur Verhinderung der Rechtskraft angefochten werden. *Bsp: Urteil ohne Gründe (BGH NJW 2015, 2342 Tz 16)*; verfahrensfehlerhaft nicht alle notwendigen Streitgenossen erfassendes Urteil (BGH NJW-RR 2014, 903 mwN; BeckOK/Elzer Rn 62); Beschluss (BGH MDR 2024, 795) oder Urteil in unterbrochenem Rechtsstreit (BGH MDR 2023, 518; BGH MDR 2009, 1000 mwN).

Mängel iSv § 579 sind durch Nichtigkeitsklage gem § 578 geltend zu machen. – Folgende Konstellationen eines wirkungslosen Urteils kommen in Betracht:

a) Funktionelle Kompetenzüberschreitung. Entscheidung durch den Rpfleger statt des Richters in einem Fall gem § 8 IV 1 RPflG. Eine solche Entscheidung ist unwirksam (BGH NJW-RR 2009, 718 = MDR 2009, 464), da aber existent, anfechtbar (BGH NJW-RR 2009, 718; BGH NJW-RR 2005, 1299). Die Feststellung der Unwirksamkeit ist zulässig (BGH NJW 2014, 636 Tz 22). Keine Nichtigkeit hingegen bei Erteilung einer vollstreckbaren Ausfertigung nach § 726 durch den UdG statt den Rpfleger (BGH NJW-RR 2012, 1146; aA OLG Hamm FGPrax 2011, 222; KG FGPrax 99, 189). Ebenso keine Nichtigkeit bei Verstößen gegen die Zuständigkeitsverteilung zwischen str Zivilgerichtsbarkeit, Familien- und sonstigem FamFG-Gericht (BayObLG NJW-RR 2005, 1384). 17

b) Nichtexistente Partei. Existiert die Partei, gegen die das Urteil ergeht, nicht (mehr) – zB durch Tod der natürl Partei oder Auflösung der Gesellschaft (s vor § 50 Rn 12, 13) –, ist das Urteil wirkungslos, es entfaltet keine Rechtswirkungen (BGH NJW 2010, 3100 Tz 11 = MDR 2010, 1279; OLG Hamm MDR 1986, 417). Zur fehlenden Gerichtsbarkeit ggü Exterritorialen s vor § 18 GVG Rn 3. 18

c) Mängel des Rechtsfolgenausspruchs. Wirkungslos ist eine Entscheidung, mit der eine sittenwidrige, der Rechtsordnung unbekannte oder eine gesetzl unzulässige Rechtsfolge ausgesprochen wird (BGH NJW-RR 2014, 903 = MDR 2014, 1168) oder wenn die Entscheidung aus tatsächl Gründen keine Wirkung entfalten kann (OLG Oldenburg FamRZ 1989, 300). Sa Rn 22. 19

d) Fehlende Rechtshängigkeit. Entscheidung trotz fehlender Rechtshängigkeit (BGH NJW 2014, 636 Tz 22 = MDR 2014, 243; BGH NJW-RR 2006, 565) und außerhalb des Prozessrechtsverhältnisses, zB über nicht verfahrensgegenständl Anspruch (BGH NJW-RR 2006, 565); Entscheidung nach **Klage-** oder **Rechtsmittelrücknahme** (OLGR Koblenz 2001, 331; KG Rpfleger 1982, 304), nach übereinstimmender Erledigungserklärung (s § 91a Rn 12) oder (nicht rechtzeitig widerrufenem) **Prozessvergleich** (OLG Stuttgart NJW-RR 1987, 128). 20

e) Rechtliche Behandlung. Ein wirkungsloses Urteil entfaltet keine materielle Rechtskraft (BGH NJW-RR 2006, 565), kann aber, wenn es nicht angefochten wird, formelle Rechtskraft erlangen (BGH NJW 2014, 636 Tz 22 = MDR 2014, 243; BGH NJW-RR 2006, 565; aA Vollkommer MDR 1992, 642). Um deren Eintritt zu verhindern, kann es mit dem Rechtsmittel angefochten werden, das gegen ein rechtsfehlerfreies Urteil gleichen Inhalts gegeben wäre (BGH NJW-RR 2006, 565). Die Unwirksamkeit kann zum Gegenstand einer **Feststellungsklage** gemacht werden (BGH NJW 2014, 636 Tz 22 = MDR 2014, 243). 21

3) Wirkungsgeminderte Urteile. Wirkungsgemindert (zum Begriff zB BGH NJW 1994, 460) kann ein Urteil insb im Hinblick auf **Vollstreckbarkeit**, was entspr § 767 I geltend zu machen ist (BGH NJW 1994, 460; BGH NJW-RR 2007, 1724 = MDR 2007, 1340), und **materielle Rechtskraft** sein. An beidem fehlt es zB: bei einem Leistungsurteil bei fehlender inhaltl Bestimmtheit (BGH NJW 1994, 460: nicht bestimmte Teilforderung; BGH NJW-RR 1999, 1223; sa vor § 322 Rn 48; § 700 Rn 16f) oder einem Tenor mit nicht auflösbarem Widerspruch (BGHZ 5, 240); bei Zwischenurteil, das über nicht zwischenurteilsfähige Fragen entscheidet, zB selbständige Angriffs- oder Verteidigungsmittel. Bei Beschlüssen kann die Bindungswirkung bei willkürlicher Entscheidung usw eingeschränkt sein, s § 281 Rn 17, § 318 Rn 12. 22

§ 300 Endurteil

(1) Ist der Rechtsstreit zur Endentscheidung reif, so hat das Gericht sie durch Endurteil zu erlassen.

(2) Das Gleiche gilt, wenn von mehreren zum Zwecke gleichzeitiger Verhandlung und Entscheidung verbundenen Prozessen nur der eine zur Endentscheidung reif ist.

I) Endurteil (§ 300 I). 1) Begriff. Endurteile sind Urteile, die die Hauptsache und somit den Rechtsstreit ganz oder teilw (s § 301 Rn 1) für die Instanz endgültig entscheiden, so dass ein weiteres Urteil in dems Rechtsstreit oder über dens Anspruch weder erforderl noch mögl ist. 1

2) Voraussetzungen. Ein Endurteil muss ergehen, wenn der Rechtsstreit – auch prozessual (OLG München NJW-RR 2019, 886: notwendige mündl Verhandlung durchgeführt) – entscheidungsreif ist, falls nicht die Klage zurückgenommen, durch Vergleich oder gem § 91a erledigt wird. **Entscheidungsreif** ist der Rechtsstreit, sobald – aber auch erst wenn – der Sachverhalt völlig geklärt, die angebotenen zu erhebenden (sa vor § 284 Rn 8, 9 ff) Beweise erschöpft oder aber eine Partei mit noch ungeklärtem Vorbringen zulässigerweise nicht mehr zugelassen bzw zurückgewiesen (§§ 296, 296a, 530 ff) wird (BGH WM 2021, 2116). Für die Entscheidungsreife ist die – zutreffende – materielle und prozessuale Rechtslage zugrunde zu legen; eine (weitere) Beweisaufnahme zur Umgehung schwieriger Rechtsfragen ist unzulässig (BGH NJW 1987, 2372 = MDR 1987, 929). Bei (endgültig) *unschlüssigem* Vorbringen besteht Entscheidungsreife iSe Klageabweisung (BGH NJW 1985, 1539 = MDR 1985, 754). Verzögerung der Entscheidung bei bestehender Entscheidungsreife verletzt den Justizgewährungsanspruch (s Einl Rn 32 ff) und löst ggf Haftungsansprüche aus (BGH NJW 2011, 1072 = MDR 2011, 32). 2

3 **3) Urteilsgrundlage. Zeitlich** entscheidet als Urteilsgrundlage für den **Prozessstoff** der Schluss der mündl Verh (zB BGH MDR 96, 309) – im Verf nach § 128 II der entspr Zeitpunkt (dazu iE s § 128 Rn 14). Für die anzuwendenden **Rechtsnormen** ist hingegen der Zeitpunkt der Entscheidung, idR also der Verkündung, maßgebl (BGH ZIP 2024, 692; BGH ZIP 2021, 566 Tz 6 mwN, je für Revisionsinstanz), sofern der Gesetzgeber nicht ausdrückl etwas anderes regelt (BGH NJW 2010, 377 mwN). – Zum Einsatz von **KI-Systemen** bei der Vorbereitung und Erstellung des Urteils s KI Rn 4 ff, 13 f.

4 **4) Prüfungsreihenfolge und -umfang.** Das Gericht prüft zunächst, ob die Prozessvoraussetzungen vorliegen. Fehlt es hieran, ist die Klage (als unzulässig) abzuweisen; dasselbe gilt, wenn ein Prozesshindernis entgegensteht. Ist die Klage zulässig, aber unbegründet, ist sie (als unbegründet) abzuweisen. Es darf nicht offen bleiben, ob die Klage als unzulässig oder als unbegründet abgewiesen wird (iE s vor § 253 Rn 10 f). Das Gericht hat die Wahl, aus welchem von mehreren schlüssigen Gründen es die Klage sachl abweisen will. Greift eine Einwendung gegen den Klageanspruch durch, bedarf es nicht mehr der Prüfung, ob er an sich begründet war. Ausnahme: Bei Entscheidung über eine Aufrechnung muss zunächst das Bestehen der Forderung geprüft werden (s § 322 Rn 20), da die Rechtskraft gem § 322 II auch diese Einwendung ergreift (s § 322 Rn 15). Stützt sich der Kl auf mehrere *gleichwertige rechtl Gründe*, ist der Rechtsstreit zur Entscheidung reif, wenn das Gericht die tatsächl Voraussetzungen eines dieser Gründe positiv festgestellt hat; andere kann es offen lassen. Es kann seine Entscheidung aber auch auf mehrere – auch sich gegenseitig ausschließende – Gründe stützen. Bsp: fehlende Fälligkeit und Verjährung (vgl BGH NJW 2000, 590). Auch eine Alternativbegründung unter Offenlassen mehrerer (sich ausschließender) Sachverhaltsvarianten ist mögl, wenn die Klärung der Frage, welcher Sachverhalt tatsächl gegeben ist, im Ergebnis keinen Einfluss auf die Entscheidung haben kann (OLG Köln NJW-RR 87, 50).

5 **II) Endurteile bei besonderen Verfahrenslagen. 1) Haupt- und Hilfsantrag.** Eine Klageabweisung erfolgt nur, wenn alle Anträge unzulässig bzw unbegründet sind. Die Prüfung des Hilfsantrags ist nur zulässig, wenn der Hauptantrag erfolglos bleibt; wird dann der Hilfsantrag zugesprochen, muss die Klage „im Übrigen", also wegen des abgesprochenen Hauptantrags, abgewiesen werden (s § 260 Rn 4).

6 **2) Subjektive Klagehäufung (§ 300 II).** II betrifft die Klageverbindung iSv § 147, nicht auch die obj Klagehäufung iSv § 260. Ist von mehreren in einer Klage geltend gemachten **Ansprüchen** nur der eine zur Entscheidung reif, *kann* (s § 301 II) Teil-Endurteil gem § 301 ergehen. Ist einer von mehreren **verbundenen** Prozessen zur Entscheidung reif, so *muss* insoweit ein Endurteil, das kein Teilurteil ist (BGH NJW 1957, 183), mit Kostenentscheidung ergehen (also kein Ermessen gem § 301 II). Durch dieses Endurteil tritt – auch ohne ausdrückl Ausspruch – eine **Trennung** der verbundenen Prozesse ein (BGH NJW 1957, 183).

§ 301 Teilurteil

(1) [1]Ist von mehreren in einer Klage geltend gemachten Ansprüchen nur der eine oder ist nur ein Teil eines Anspruchs oder bei erhobener Widerklage nur die Klage oder die Widerklage zur Endentscheidung reif, so hat das Gericht sie durch Endurteil (Teilurteil) zu erlassen. [2]Über einen Teil eines einheitlichen Anspruchs, der nach Grund und Höhe streitig ist, kann durch Teilurteil nur entschieden werden, wenn zugleich ein Grundurteil über den restlichen Teil des Anspruchs ergeht.

(2) Der Erlass eines Teilurteils kann unterbleiben, wenn es das Gericht nach Lage der Sache nicht für angemessen erachtet.

Lit: *Feskorn*, Teil-Vorbehaltsurteil im Architektenhonorarprozess, NJW 2022, 1144; *Jauernig*, Teilurteil u Teilklage, FS BGH Bd III, 2000, S 311; *Jurgeleit*, Das Teilurteil in der bauprozessualen Praxis, BauR 2016, 375.

1 **I) Allgemeines.** Teilurteil ist ein **Endurteil**, das nicht über den ganzen Streitgegenstand, sondern nur über einen individualisierbaren, selbständig zur Bescheidung geeigneten, größenmäßig bestimmten Teil des – teilbaren – Streitgegenstandes entscheidet. Ein entspr Wille muss zum Ausdruck kommen; s Rn 21. Dem (1.) Teilurteil können noch weitere folgen; das letzte Teilurteil heißt **Schlussurteil**. Die Verbindung von Teil- und **Grundurteil** ist mögl (vgl **I 2**; s § 304 Rn 1) und uU geboten (s Rn 13).

2 **Zweck** des Teilurteils ist insb eine Vereinfachung und Beschleunigung der Entscheidungen (BGH NJW 2015, 2429), womit auch dem Justizgewährungsanspruch des Kl auf eine frühzeitige Titulierung Rechnung getragen werden kann. Es kann Übersichtlichkeit und Ordnung bei umfangreichem Prozessstoff schaffen. Angesichts der nicht immer leicht zu beurteilenden Voraussetzungen, insb dem Gebot der Widerspruchsfreiheit (s Rn 12), und den praktischen Problemen bei einer Berufung gegen das Teilurteil und Fortsetzung des Verf im Übrigen ist in der Praxis eine gewisse Zurückhaltung zu beobachten, durch Teilurteil zu entscheiden. Pläne des Gesetzgebers in der Vergangenheit, dass der Erlass des Teilurteils bei Vorliegen seiner Voraussetzungen den Regelfall bilden sollte, sind nicht umgesetzt worden.

3 **II) Voraussetzungen. 1) Überblick.** Die Voraussetzungen sind nur teilw dem Wortlaut der Vorschrift zu entnehmen. Die Voraussetzungen für den Erlass eines Teilurteils sind unverzichtbar (§ 295 II; uU aber nachholbar:

s Rn 23), ihr Vorliegen unterliegt in der Berufungs- und Revisionsinstanz der Prüfung vAw, s Rn 22. Der Erlass eines Teilurteils setzt – anders als eine Teilklage, da diese den Streitstoff von vornherein begrenzt (BGH MDR 2016, 1211) – iE voraus: **a) Teilbarkeit des Streitgegenstands** (s Rn 4); – **b) Entscheidungsreife** – nur – eines Teils des Streitverhältnisses (s Rn 11); – **c)** als ungeschriebenes Merkmal Unabhängigkeit des Teilurteils von der Entscheidung des Rest-Streits (**Widerspruchsfreiheit zum Schlussurteil**; s Rn 12). Durch die Verbindung mit einem **Grundurteil**, ggf auch einem Feststellungsurteil, kann die sonst fehlende Zulässigkeit eines Teilurteils geschaffen werden (s Rn 12, 15).

2) Teilbarkeit des Streitgegenstands. Durch Teilurteil kann nur über einen eigenständigen, einer **isolierten Entscheidung zugänglichen** Teil des Verfahrensgegenstandes entschieden werden. Er müsste im Wege einer 4
Teilklage geltend gemacht werden und über ihn müsste durch ein Endurteil entschieden werden können (BGH NJW-RR 1989, 1149). Ein Teilurteil scheidet daher aus, wenn eine **einheitliche Entscheidung geboten** ist, zB bei notwendiger Streitgenossenschaft (s Rn 6), gesellschaftsrechtl Nichtigkeits- und Anfechtungsklage (BGH NJW 99, 1638), gegenläufigen Abänderungsklagen (s Rn 9), gegenläufigen Anträgen von Prätendenten bei Hinterlegung (BGH NJW-RR 92, 1339). Ein Teilurteil kommt in folgenden Konstellationen in Betracht, wobei sich grds in allen Einschränkungen unter dem Gesichtspunkt der Unabhängigkeit und Widerspruchsfreiheit (s Rn 12) ergeben können (BGH NJW 2011, 1815 Tz 15 = MDR 2011, 939):

a) Mehrere Ansprüche – objektive Klagehäufung (§ 301 I 1 Alt 1). Das sind die Fälle, in denen in einem einheitl Rechtsstreit – der nach Trennung gem § 145 nicht mehr besteht – eine Mehrheit von selbständigen pro- 5
zessualen Ansprüchen (dazu s § 260 Rn 1) geltend gemacht wird, also die Fälle von § 260 (Anspruchshäufung), § 254 (Stufenklage) und § 256 II (Zwischenfeststellungsklage). **Beispiel** für zulässiges Teilurteil: Entscheidung über Auskunft/eidesstattl Versicherung im Rahmen einer Stufenklage gem § 254 (BGH NJW 2006, 217; BGH NJW 1989, 2821 = MDR 1989, 895; s Rn 16 u s § 254 Rn 10); prozessual selbständige, in einem Gesamtanspruch zusammengefasste Ansprüche wie einerseits den materiellen und andererseits den immateriellen Schadensersatzanspruch aufgrund eines einheitl Vorfalls (BGH NJW 1993, 2173; BGH NJW 89, 2757).

b) Mehrere Streitgenossen – subjektive Klagehäufung (§ 301 I 1 Alt 1). Teilbarkeit kann bei einfacher Streit- 6
genossenschaft iSv § 59 bestehen (s Rn 13). Bei notwendigen Streitgenossen ist ein Teilurteil grds ausgeschlossen (BGH WM 2021, 2116; BGH NJW 1999, 1638). Ausnahme: Eine Einzelklage wäre ausnahmsw mögl, weil die übrigen Streitgenossen vor Klageerhebung erklärt hatten, zu der mit der Klage begehrten Leistung verpflichtet und bereit zu sein (BGH NJW-RR 2014, 903 Tz 10 mN; s § 62 Rn 18, 30).

c) Teil eines einheitlichen Anspruchs (§ 301 I 1 Alt 2). Ein einheitl Anspruch besteht, wenn sich die geltend 7
gemachten Forderungen auf dieselben Anspruchsvoraussetzungen gründen lassen, deren Vorliegen sich aus dems Lebenssachverhalt ergibt, und sie daher ledigl Einzelposten eines einheitl Schuldverhältnisses sind (BGH NJW-RR 2012, 101 mwN = MDR 2012, 304). Einheitlichkeit des Anspruchs bedeutet noch nicht seine Unteilbarkeit, auf die es für die Zulässigkeit des Teilurteils nach § 301 I allein ankommt (BGH NJW 1992, 1769). Die Teilbarkeit hängt vielmehr vom Umfang des Streits ab. Ist der Anspruch schon **dem Grunde nach** str, kann ein individualisierter Teil durch Teilurteil nur dann zugesprochen werden, wenn gem I 2 (dazu s Rn 17) zugleich ein Grundurteil über die restl Anspruchsteile ergeht (BGH NJW 1992, 1769; BGH NJW 89, 2821 = MDR 89, 895). Daher setzt zB ein Teilurteil über den materiellen oder immateriellen Schaden bei str Haftung ein Grundurteil voraus (OLG Koblenz NJW-RR 2003, 1722). Denn über den Grund des Anspruchs kann nur einheitl entschieden werden.

Bei einem aus **mehreren Einzelposten** zusammengesetzten Anspruch ist ein Teilurteil hinsichtl einzelner bezif- 7a
ferter Posten zulässig (BGH NJW 1992, 1769; BGH NJW-RR 1989, 1149). Ohne Bezifferung müssen die verschiedenen Einzelposten (notfalls in den Urteilsgründen) eindeutig konkretisiert sein, eine *rein* zeitl Zuordnung (zB: Aufwendungen von … bis …) genügt nicht (BGH NJW 89, 2745 = MDR 89, 1096). Zur Heilung durch nachträgl Individualisierung s Rn 23. – Bei Klagen auf **Feststellung** des Fortbestands eines Rechtsverhältnisses bis zu einem bestimmten Endzeitpunkt kann über einen früher endenden Zeitabschnitt (Mindestdauer) durch Teilurteil entschieden werden (so BAG NJW 91, 3172 bei Feststellung von arbeitsrechtl Kündigungsfristen; iE str). Über **Vollstreckungsgegenklage** (§ 767) kann bei teilw (Nicht-)Bestehen der titulierten Forderung durch Teilurteil entschieden werden (vgl BGH NJW-RR 2009, 1431 Tz 15 = MDR 2009, 1183). – Bei einheitl Anspruch kann nicht durch echtes und unechtes VU (OLGR Koblenz 2008, 163) sowie durch **Teil-VU** neben einem Teil-(end-)Urteil (BGH NJW 1999, 1718; OLG Hamm MDR 2016, 671; OLGR München 2008, 696) entschieden werden, zumal nach Einspruch die Gefahr widersprüchl Entscheidungen iSv Rn 12 besteht (BGH NJW 1999, 1718).

Nicht teilbar und daher einem Teilurteil nicht zugängl sind: der Ausgleichsanspruch gem § 89b HGB (OLG 8
München NJW-RR 92, 1192); im Wege einer Vermögenssaldierung ermittelte Ausgleichsansprüche (OLG Naumburg FamRZ 2010, 393 für Zugewinnausgleich, offen lassend BGH NJW 1989, 2821; OLG Brandenburg FamRZ 2004, 384, 386; OLG Köln VersR 97, 623 für Bereicherungssaldo). – **Unzulässig** ist ein Teilurteil über: einzelne Angriffs- oder Verteidigungsmittel; über einzelne **Anspruchsgrundlagen** (BGH NJW 2020, 3386; BGH NJW 93, 2173), auch dann, wenn über sie in unterschiedl Rechtswegen zu entscheiden wäre (BGH NJW

2020, 3386); einzelne Elemente des Klagegrundes (BGH NJW-RR 89, 1149 = MDR 89, 535; BGH NJW 93, 2173; wie § 304 Rn 4); nicht der Rechtskraft fähige „Begründungselemente" iSv vor § 322 Rn 31 f (BGH NJW 2009, 1824); einzelne **Rechnungsposten** in einem Abrechnungsverhältnis (BGHReport 2005, 591, 592; OLGR Zweibrücken 2004, 667), bei der Ermittlung des entgangenen Gewinns (BGH NJW 93, 2173) oder eines Schadensersatzanspruchs (BGH NJW-RR 91, 1469 = MDR 91, 1197), sofern sie nicht (s Rn 7a) quantitativ, zahlenmäßig oder sonstwie bestimmt und **individualisiert** sind (zB BGHZ 122, 363; BGH NJW 1992, 1769); einen „Mindestbetrag" bei aus mehreren Einzelforderungen zusammengesetztem Anspruch ohne entspr betragsmäßige Aufteilung (BGH NJW 2000, 959); **einzelne Elemente** einer Schadensersatzforderung (BGH VersR 1989, 603: Zeitraum der Erwerbsunfähigkeit); einzelne Rechtsfragen (BGH NJW 90, 1050); über nur sachl/zeitl, nicht ziffernmäßig bestimmte Elemente einer Schadensberechnung (BGH NJW-RR 89, 1149; OLGR Karlsruhe 2003, 145, s aber auch Rn 5 zu selbständigen Ansprüchen); über einzelne Berechnungsfaktoren eines einheitl Entschädigungsanspruchs (BGH WM 97, 1163; BGH NJW 93, 2173); die Abweisung ziffernmäßig nicht bestimmter Zinsansprüche, wenn über die zu verzinsende Hauptforderung nicht entschieden wird (OLG Frankfurt MDR 75, 321); über einzelne Vorwürfe bei Streit um die Rechtmäßigkeit einer Abmahnung (LAG Düsseldorf LAG-E § 611 BGB Nr 8).

9 **d) Klage und Widerklage (§ 301 I 1 Alt 3).** Ein Teilurteil kann ergehen, wenn eine davon selbstständig zur Endentscheidung reif und von der Entscheidung über die andere Klage unabhängig ist, also die allg Voraussetzungen für ein Teilurteil vorliegen (BGH NJW-RR 2012, 849 Tz 11; BGH NJW 91, 2700). **Kein Teilurteil** darf daher ergehen, wenn Klage und Widerklage dens Gegenstand betreffen (BGH NJW-RR 92, 1340 mN); von ders Vorfrage abhängen (BGH NJW-RR 2005, 22 = MDR 2005, 46; BGH NJW-RR 2011, 189 Tz 25 = MDR 2010, 944); in einem untrennbaren Zusammenhang stehen (BGH NJW-RR 2011, 189; BGH MDR 2005, 46; OLGR Celle 2007, 236), so wenn mit der Forderung der Widerklage gegen die Klageforderung aufgerechnet ist (BGH MDR 2007, 1394; auch bei Hilfswiderklage, OLGR Frankfurt 2005, 509 und OLG Düsseldorf NJW-RR 95, 575; anders bei verfahrensrechtl Präklusion [§ 767 II] der Aufrechnung: BGH MDR 2007, 1394, sa BGH NJW 2022, 1174 für den Fall des Teilvorbehaltsurteils) oder umgekehrt (BGH NJW-RR 94, 380); wenn die gegenläufige Abänderung desselben Unterhaltstitels für denselben Zeitraum begehrt wird (BGH NJW 99, 1718; BGH NJW 87, 441; OLG Bremen MDR 2008, 44; OLGR Rostock 2008, 652); kein Teilurteil über die Klage, bevor nicht über eine Inzidentfeststellungswiderklage entschieden ist (OLG München MDR 57, 425); kein Teilurteil über die Kündigungsfeststellungsklage des Mieters ohne Entscheidung über die Mietzins-Widerklage des Vermieters (BGH NJW 2009, 1824); kein Teilurteil über die hinsichtl eines Teilanspruchs erhobene Klage ohne Entscheidung über die hinsichtl des Restanspruchs erhobene negative Feststellungswiderklage (BGH NJW 2002, 1806 = MDR 2002, 903). Ist die Erhebung der Widerklage **rechtsmissbräuchl**, hindert sie ein Teilurteil über die Klage nicht (BGH NJW 87, 3139; LG Gießen NJW-RR 2003, 381). Zum auch im Verhältnis von Klage und Widerklage mögl Ausschluss der Gefahr der Widersprüchlichkeit s Rn 15, zu Ausnahmen von dem Gebot s Rn 16.

10 Einstweilen frei.

11 **3) Teilentscheidungsreife.** Zur Entscheidungsreife s § 300 Rn 2. Sie muss im Zeitpunkt des Erlasses des Teilurteils bestehen. Ein Teilurteil darf Vorbringen nicht **als verspätet** zurückweisen, das im Schlussurteil ohne Verzögerung noch berücksichtigt werden kann (BGH WM 2021, 2116; BGH ZIP 93, 622). Anders als beim Grundurteil (s § 304 Rn 8) können beim stattgebenden Teilurteil zum Anspruchsgrund gehörende Fragen (zB Quote des *Mitverschuldens* oder der *Mitverursachung*) nicht offen bleiben (BGH MDR 2003, 1230).

12 **4) Unabhängigkeit von Teil- und Schlussurteil. a) Gebot der Widerspruchsfreiheit.** Teilw ist bestr, ob es sich dabei um eine eigenständige Voraussetzung handelt (verneinend de Lousanoff, Zur Zulässigkeit des Teilurteils gem § 301 ZPO, S 16 ff, 40 ff, 85 ff; dagegen die hM, s MskV/Wolff Rn 3 mwN). In der zugrunde liegenden Wertung gibt es sicher Überschneidungen mit den anderen Voraussetzungen für ein Teilurteil, insb der Teilbarkeit (s Rn 4); von BGH NJW-RR 92, 1053 ist die Widerspruchsfreiheit unter die Entscheidungsreife subsumiert. Unabhängig von der dogmatischen Einordnung setzt ein Teilurteil aber nach ständiger Rspr voraus, dass – auch bei grds Teilbarkeit des Streitgegenstandes – die Entscheidung über den Teil unabhängig davon sein muss, wie über den Rest des noch anhängigen Streitgegenstandes entschieden wird (vgl zB BGH WM 2021, 2116; BGH MDR 2017, 839; BGH NJW 2016, 2662 Tz 29 = MDR 2016, 1408; BGH NJW 2011, 2736 = MDR 2011, 935 Tz 13). Ein Teilurteil darf nur ergehen, wenn die **Gefahr einander widersprechender Entscheidungen** ausgeschlossen ist (BGH WM 2021, 2116; BGH MDR 2013, 1116 = NJW-RR 2014, 23 Tz 12; BGH NJW 2011, 3736 Tz 13 mwN = MDR 2011, 935; stRspr). Eine solche Gefahr besteht insb, wenn in dem Teilurteil eine Frage entschieden wird, die sich im weiteren Verf über die sonstigen Ansprüche oder Anspruchsteile noch einmal stellt oder stellen kann. Dies gilt auch, soweit es um die Möglichkeit einer unterschiedl Beurteilung von bloßen Urteilselementen geht, die weder in Rechtskraft erwachsen noch das Gericht gem § 318 für das weitere Verf binden (BGH MDR 2016, 1408; BGH FamRZ 2016, 1044; BGH NJW-RR 2014, 23; BGH NJW-RR 2011, 189; BGH NJW 2011, 2736; BGH NJW 2011, 1815; stRspr). Es genügt also eine **Präjudizialität:** Sie besteht, *wenn der durch Teilurteil* beschiedene und der noch rechtshängige Anspruch von gemeinsamen Vorfragen abhängen (BGH MDR 2014, 1138 Tz 9; BGH NJW-RR 2012, 849; BGH NJW-RR 2003, 303; stRspr). Es reicht aus, dass es zu einer widersprechenden Entscheidung (erst) infolge einer späteren Änderung der Beurteilung durch

das entscheidende Gericht oder einer abweichenden Beurteilung durch das Rechtsmittelgericht kommen kann (vgl zB BGH MDR 2016, 1408; BGH NJW 2011, 2736; BGH NJW-RR 2011, 189; stRspr). Ausreichen soll dafür, dass eine aktuell außer Streit stehende Frage später str werden könnte (BGH NJW 2000, 800; großzügiger BGH NJW 2022, 1174). **Beispiel für gemeinsame Vorfragen:** Aktiv-, Passivlegitimation, rechtsvernichtende usw Umstände (zB Nichtigkeit, Anfechtung, Kündigung, Verzicht); (Un-)Wirksamkeit eines Vertrages (BGH NJW 91, 571); Vorliegen von Mangel/Fehler bei Erheblichkeit für Mehrheit von Ansprüchen; Eingreifen von Mitverschulden (s Rn 11); Haftungsquote (BGH NJW 2001, 760). Für die *vAw* zu berücksichtigenden **Zulässigkeitsfragen** gilt das Verbot idR nicht, da nie ausgeschlossen werden kann, dass diese im weiteren Verf anders beurteilt werden und daher sonst ein Teilurteil praktisch ausgeschlossen wäre (OLG Köln NJW-RR 92, 892). Bei nur *auf Einrede* zu beachtenden Zulässigkeitsrügen (zB § 1032, Schlichtungsklausel, §§ 110, 269 IV) gilt das Verbot, wenn nicht zugleich ein – dann bindendes – Zwischenurteil gem § 280 ergeht (OLGR Celle 1996, 119 für Schiedseinrede; aA wohl OLG Köln NJW-RR 92, 892). Bei Verbindung von **Leistungs- und Feststellungsantrag** kann kein Teil-Grundurteil über den Leistungsantrag ohne gleichzeitige Entscheidung über den Feststellungsantrag ergehen (BGH NJW 2009, 2814; BGH NJW 2001, 155), wie umgekehrt kein Teil-Feststellungsurteil ohne gleichzeitiges Teil-Grundurteil erlassen werden darf (OLGR München 2004, 17). – Zur Entscheidung durch **Teil-VU** neben Teil-(end-)Urteil s Rn 7a.

Bei einer **Mehrheit von prozessualen Ansprüchen** besteht die Gefahr widersprüchl Entscheidungen insb (zum Folgenden s BGH NJW 2011, 2736 Tz 14; BGH NJW 2011, 2800 Tz 25) bei *mat-rechtl Verzahnung* (s die Bsp sogleich) und bei Bestehen eines *prozessualen Abhängigkeitsverhältnisses* (s Rn 18). Die Abhängigkeit von ders (abstrakten) Rechtsfrage steht einem Teilurteil bei Anspruchshäufung nicht entgegen (BGH NJW 2004, 1662 = MDR 2004, 389). Bei (einfacher: s Rn 6) **Streitgenossen**schaft ist ein Teilurteil nur zulässig, wenn es auf Gründen beruht, die allein einen Streitgenossen betreffen (BGH NJW-RR 2020, 956 mwN). Anderenfalls ist es unzulässig, insb bei übergreifenden Beweisthemen oder gemeinsamen Vorfragen (BGH NJW 99, 1035 = MDR 99, 496; BGH NJW-RR 92, 254; OLG München NJW-RR 94, 1278), zB im Arzthaftungsprozess gegen mehrere beteiligte Ärzte (OLG Karlsruhe NJW-RR 2005, 798), im Haftungsprozess gegen mehrere an einer Schlägerei Beteiligte (OLG Koblenz NJW-RR 2011, 315), im Räumungsprozess gegen Mieter und Mitbewohner (BGH NJW-RR 2020, 956). **Beispiel** für **Unzulässigkeit des Teilurteils:** Es ist unzulässig im Haftpflichtprozess, wenn die verschiedenen (Teil-)Ansprüche aus dem gleichen tatsächl Vorgang abgeleitet werden und einen einheitl Klagegrund (§ 253 II Nr 2, § 260) bilden (BGH NJW 2003, 2380, 2381; BGH NJW 2002, 302, 303; BGH NJW 2001, 155), wie bei einem **Verkehrsunfall** (BGH NJW 2001, 760; BGH NJW 2000, 800; OLG Saarbrücken MDR 2007, 1422), einem ärztl **Behandlungsfehler** (BGH NJW 99, 1035; BGH NJW 97, 1709; OLG Hamm NJW-RR 2001, 95) oder fehlerhafter **Architektenleistung** (OLG Koblenz MDR 2011, 944); im **Amtshaftung**sprozess bei gleichzeitiger Klage gegen Dritten iSv § 839 I 2 BGB (BGH NJW 2018, 623 = MDR 2018, 210); im Bauprozess über einen Vorschussanspruch für die Mängelbeseitigung und auf Schadensersatz wegen (mängelbedingten) Mietausfalls sowie von SV-Kosten zur Mangelfeststellung (BGH NJW-RR 2014, 1298 = MDR 2014, 1138) oder über das Vorliegen einer Leistungsänderung als Voraussetzung für den Mehrvergütungsanspruch und das Vertretenmüssen der damit verbundenen Verzögerung (BGH NJW-RR 2014, 23 Tz 13); bei **Beschlussmängelstreitigkeiten** auch im Verhältnis zu Nichtgesellschaftern als Streitgenossen (BGH MDR 2009, 102); im Prozess auf **Räumung und Zahlung** rückständiger Miete wegen Zahlungsverzugs (BGH NJW-RR 2008, 460 = MDR 2008, 331); im Prozess über **Pflichtteilsansprüche**, wenn ein Erbverzicht str ist (OLG Schleswig NJW-RR 97, 1092); im Prozess über die Feststellung von **Versicherungsschutz** die Frage des Vorsatzes (OLG Schleswig VersR 84, 1164); im **Unterhaltsverfahren** über einen Teil des Unterhalts *der Höhe nach* (sog „horizontales Teilurteil"), wenn eine unterschiedl Beurteilung von für beide Anspruchsteile erhebl Umständen für dens Zeitraum in Frage kommt (BGH NJW 99, 1719 mwN; OLG Koblenz FamRZ 2014, 2021; Götsche MDR 2005, 1087 mwN); *anders* nur bei *zeitl* Abgrenzung („vertikales Teilurteil"), wenn nicht für beide Zeiträume dies Vorfragen (zB Einkommensermittlung) erhebl sind (OLG Frankfurt FamRZ 2023, 1136; OLG Düsseldorf FamRZ 2020, 1090; OLG Celle FamRZ 2013, 1752; OLG Bremen MDR 2008, 44; Götsche MDR 2005, 1087); zu gegenläufigen Abänderungs- und Widerklagen s Rn 9; keine Teilentscheidung bei Antrag mehrerer gleichrangiger Unterhaltsberechtigter im Mangelfall (OLGR Zweibrücken 2001, 133; OLG Frankfurt FamRZ 87, 1275) oder beim Zugewinnausgleich (BGH FamRZ 2016, 1044 = MDR 2016, 1211). Im Zahlungsprozess kann nicht durch Teilurteil *allein* über die Hauptforderung *ohne* Einbeziehung des **Zinsanspruch**s entschieden werden (BGH MDR 2013, 740 Tz 15), nicht allein über die **Anwaltskosten**, wenn deren Höhe sich nach dem zuzusprechenden Betrag bemisst (BGH NJW 93, 1255). Im **Reiseprozess** ist Teilentscheidung über (gemeinsam geltend gemachten) Minderungs- und Schadensersatzanspruch (§§ 651c, 651f II BGB) ausgeschlossen (LG Frankfurt NJW-RR 90, 189), dgl die Teilabweisung des Minderungsanspruchs für einzelnen Mangel (LG Frankfurt NJW 89, 1935 = MDR 89, 550). Im **Handelsvertreter**prozess kann kein Teilurteil über den Ausgleichsanspruch (§ 89b HGB) vor Entscheidung über den Provisionsanspruch (§ 87 HGB) ergehen (OLGR Celle 2007, 790). Zur Zulässigkeit eines Teilurteils bei Verbindung einer **Teilklage mit einer Stufenklage** s OLG Karlsruhe FamRZ 2024, 871.

Einreden und Gegenrechte, die den **ganzen Streitstoff** betreffen (*Aufrechnung, Zurückbehaltungsrecht, Verjährung*) stehen grds einem Teilurteil über einen Teil der Klageforderung wegen der Gefahr des Widerspruchs zum Schlussurteil entgegen. **Unzulässigkeit eines Teilurteils** daher: wenn der Bekl mit einer die gesamte Kla- 14 geforderung übersteigenden Gegenforderung **aufgerechnet** hat und beide Forderungen der Höhe nach streitig sind (BGH NJW 98, 3117; OLG Düsseldorf ErbR 2016, 160; OLGR Celle 2002, 124; OLG Hamm NJW-RR 89, 828; einschr OLG Koblenz NJW-RR 88, 533 für zusätzl Feststellungsantrag); wenn der Bekl mit mehreren Gegenforderungen gegen einen aus mehreren Einzelforderungen zusammengesetzten Klageanspruch aufrechnet und die Zuordnung der Aufrechnung zu den Einzelforderungen unterblieben ist (BGH NJW 2000, 958); wenn der Bekl mit einer Gegenforderung gegen mehrere (selbständige) Klageforderungen die Hilfsaufrechnung erklärt (OLGR Koblenz 2009, 802); wenn ein beide Forderungsteile umfassendes **Minderungsrecht** geltend gemacht wird (OLG Hamm NJW-RR 89, 828; sa OLGR Düsseldorf 2009, 360); wenn (ggü sämtl Ansprüchen) die **Einrede der Verjährung** erhoben wird (BGH NJW 97, 3448). Ist wegen einer Gegenforderung ein **Zurückbehaltungsrecht** geltend gemacht, kann ein Teilurteil über den Klageanspruch nur ergehen, wenn der Restbetrag für die Druckfunktion des Leistungsverweigerungsrechts ausreicht (BGH NJW 92, 1633 = MDR 92, 708; zur Mängeleinrede sa OLG Köln VersR 92, 853). Ein Teilurteil über das Bestehen eines Zurückbehaltungsrechts ist unzulässig, da es sich um keinen Anspruch handelt (OLG Bremen 19.2.2010 – 2 U 105/09).

15 **b) Ausschluss drohender Widersprüchlichkeit.** In den vorgenannten Fällen ist ein Teilurteil zulässig, wenn durch ein zugleich erlassenes **Grund**-(Zwischen-, Vorbehalts-)**Urteil** über den Restanspruch die (sonst) drohende Widersprüchlichkeit verhindert wird (**I 2**; s Rn 17). Durch **Zwischenfeststellungsurteil** (§ 256 II) kann – auch noch in der Berufungsinstanz – die Möglichkeit eines Widerspruchs zwischen Teil- und Schlussurteil ebenfalls ausgeräumt werden (BGH NJW 2013, 1744 Tz 20; BGH MDR 2012, 992; BGH NJW-RR 2003, 303). Dies setzt aber entspr Klageantrag (§ 308 I) voraus (BGH MDR 2005, 645). – Zur **Heilung** durch Wegfall drohender Widersprüchlichkeit bei Änderung der Verfahrenssituation s Rn 23.

16 **c) Ausnahmen vom Gebot der Widerspruchsfreiheit** sind in folgenden Konstellationen anerkannt: **aa)** Bei einer **Stufenklage** (§ 254) ist eine Vorabentscheidung durch Teilurteil über den – vorbereitenden – Auskunftsanspruch auch dann zulässig, wenn eine Widerspruchsfreiheit nicht gewährleistet ist (BGH NJW-RR 2011, 189; BGH NJW 2006, 217; BGH NJW 1989, 2821; s § 254 Rn 10); das gilt sowohl im Verhältnis zu den Ansprüchen der „höheren" Stufen (BGH NJW-RR 2011, 189 Tz 24 = MDR 2010, 944) als auch bei einer Stufenwiderklage im Verhältnis zum gegenläufigen Zahlungsanspruch des Kl (BGH NJW-RR 2011, 189 Tz 26 f). Das Gleiche gilt wegen vergleichbarer Interessenlage bei gleichzeitiger Geltendmachung von Auskunftsbegehren gem § 84a AMG mit dem Schadensersatzanspruch gem § 84 AMG (BGH NJW 2011, 1815 Tz 14 = MDR 2011, 939). **bb)** Wegen des Anspruchs auf effektiven Rechtsschutz (vgl BGH NJW-RR 2013, 683 Tz 16) und der Wirkung einer **faktischen Trennung** bei Unterbrechung des Verf durch **Insolvenz** (§ 240) kann durch Teilurteil über den von der Unterbrechung nicht erfassten (nicht massebezogenen) Anspruch entschieden werden (BGH NJW 2010, 2213 Tz 22 = MDR 2010, 583), solange das Insolvenzverf dauert (OLG Hamm MDR 2012, 551). Dasselbe gilt: bei Insolvenz oder **Tod** eines *einfachen Streitgenossen* (BGH NJW 2011, 2736 Tz 7 = MDR 2011, 935; BGH NJW 2007, 156 = MDR 2007, 539); bei zum Verlust der Rechtsfähigkeit führender (s § 50 Rn 4) Löschung eines *notwendigen Streitgenossen* (vgl BGH NJW-RR 2011, 115); wenn ein unterbrochenes Verf nur teilw aufgenommen werden kann (BGH MDR 2012, 180), nicht aber, wenn die vollständige Aufnahme mögl wäre (BGH MDR 2013, 740 Tz 16). – Durch das – jederzeit beendbare – einverständl *Ruhenlassen* eines abtrennbaren Teils des Rechtsstreits wird keine ein Teilurteil ermöglichende faktische Trennung im og Sinn bewirkt (BGH MDR 2011, 935 = NJW 2011, 2736 Tz 18). **cc)** Wegen der Eilbedürftigkeit gilt das Gebot der Widerspruchsfreiheit nicht bei einem eine Widerklage auf **Sicherheitsleistung gem § 650f BGB** betreffenden Teilurteil (BGH MDR 2021, 1002). **dd)** Ein **Vorbehaltsurteil** iSv § 302 kann angesichts seines Zwecks auch ergehen, wenn die Entscheidung über die Aufrechnung von denselben Vorfragen abhängt (BGHZ 231, 365 = NJW 2022, 1174 [Feskorn NJW 2022, 1144]). Dies soll auch ohne Grundurteil (gem I 2) einer Teilentscheidung über die Klageforderung nicht entgegenstehen, auch wenn eine Widerklage über die die Aufrechnung übersteigende Gegenforderung anhängig ist (BGHZ 231, 365 = NJW 2022, 1174 [Feskorn NJW 2022, 1144]).

17 **5) Verbindung von Teil- und Grundurteil (§ 301 I 2).** Ist bei einem einheitl (Zahlungs-)Anspruch (zur Definition s Rn 7) nur ein Teil (insb ein Mindestbetrag) voll zur Entscheidung reif, so würde einem (isolierten) Teilurteil die fehlende Unabhängigkeit von der Restentscheidung (s Rn 12) entgegenstehen (vgl BGH NJW 2004, 949; BGH NJW 92, 511). Durch die *Verbindung mit einem (Teil-)Grundurteil* (§ 304) über den Anspruchsrest wird dieser Hinderungsgrund ausgeräumt (BGH MDR 2017, 839; BGH NJW 2004, 949). Dabei muss das Grundurteil nicht notwendig im Tenor der Entscheidung zum Ausdruck kommen, wenn nur die Gründe insoweit eindeutig sind (BGH MDR 2017, 839; BGH NJW 2004, 949; aA KG NJW 2019, 2785); allein die Bezeichnung als „Grundurteil" in der Überschrift reicht aber nicht (BGH MDR 2017, 839). – Nach dem Wortlaut von I 2 („nach Grund *und* Höhe str Anspruch") wäre die Vorab-Titulierung eines Teilbetrages – sinnwidrig – gerade dann ausgeschlossen, wenn nur noch der **Spitzenbetrag umstritten** ist (so BGH NJW 2000, 800, 801 unter II A; dazu krit Schmitz NJW 2000, 3622; sa BGHZ 231, 365 = NJW 2022, 1174 [Feskorn NJW 2022, 1144]). Im Hinblick auf die stets gegebene Möglichkeit eines künftigen Streitigwerdens des Grundes im Betragsverf ohne proz Bindung (§ 304) sollte in „berichtigender" Auslegung von **I 2** auf die Voraussetzung „streitiger Grund" überhaupt verzichtet werden (so iE auch Schmitz aaO). **Beispiel für Verbindung** von Teil- und Grundurteil: Zahlungsklage auf Grund vertragl Leistungspflicht bei Streit über das wirksame Zustandekommen des Vertrags

und die betragsmäßige Höhe der Forderung; Klage auf Ersatz von materiellem und immateriellem Schaden, bei der ein Mindestschaden feststeht und nur noch über den weiter gehenden „Spitzenbetrag" Beweis zu erheben ist (BGH NJW-RR 2009, 494, 496 Rz 19; BGH NJW 96, 1478).

III) Eventualverhältnisse. Bei eventueller Klagenhäufung (s § 260 Rn 4) ist grds die **Abweisung des Hauptanspruchs** durch Teilurteil zulässig (BGH NJW-RR 2014, 979 Tz 12 = MDR 2014, 769; BGH NJW 95, 2361; einschr BGH NJW 92, 2081 bei wechselseitigem Eventualverhältnis). Die Gefahr unvereinbarer Entscheidungen (Stattgabe sowohl des Haupt- als auch des Hilfsantrags aufgrund eines Rechtsmittels) besteht nicht, da die Entscheidung über den Hilfsantrag unter einer auflösenden Bedingung steht (BGH NJW-RR 2014, 979 Tz 12; sa § 260 Rn 4a). Es darf aber vor Erledigung des Hauptantrags kein Teilurteil über den **Hilfsantrag** ergehen (BGH NJW-RR 2002, 1617; BGH NJW-RR 89, 650). Denn ein Teilurteil ist unzulässig, wenn über einen Anspruch entschieden wird, der „prozessual in ein Abhängigkeitsverhältnis gestellt" ist (BGH NJW 2011, 1815; BGH NJW 2011, 2736 = MDR 2011, 935; BGH NJW 2011, 2800 Tz 25), wie dies bei einem Hilfsantrag der Fall ist. 18

IV) Teilurteil in der Rechtsmittelinstanz. Zulässigkeit ergibt sich aus §§ 525, 555 I; Bsp für Berufungsinstanz: BGH NJW 2002, 302; für Revisionsinstanz: BGH MDR 99, 823 = NJW 99, 1706. Für das Teilurteil der Berufungsinstanz gelten keine Besonderheiten (§ 525). Einem Teilurteil gleich steht eine teilw abschließende Sachentscheidung und eine **teilweise Zurückverweisung** durch das Berufungsgericht. Dies ist nur zulässig, wenn über den zurückverwiesenen Teil des Rechtsstreits durch Teilurteil entschieden werden konnte (BGH MDR 2016, 1408 = NJW 2016, 2662 Tz 28; BGH NJW 2016, 1648; BGH NJW-RR 2012, 101 Tz 28 = MDR 2012, 304). Unzulässig ist ein Teilurteil über ein unselbständiges **Anschlussrechtsmittel** (BGH NJW 94, 2236 = MDR 1994, 940 mwN; einschr Rimmelspacher FS Odersky, 1996, S 623). Eine unzulässige Teilentscheidung liegt auch vor, wenn bei einheitl Vorfragen über Hauptrechtsmittel und Anschließung zugleich durch str und VU entschieden wird (BGH NJW 1999, 1718, s Rn 7a; einschr OLGR Koblenz 2005, 17 für den Fall der Zurückweisung des Anschlussrechtsmittels durch VU gem § 539); sa § 524 Rn 20 f, 40. 19

V) Entscheidung durch Teilurteil (§ 301 II). Ob ein Teilurteil bei Vorliegen seiner Voraussetzungen erlassen wird, steht im – nur auf Ermessensfehler überprüfbaren (OLGR Naumburg 2007, 970; BeckOK/Elzer Rn 63) – **Ermessen** des Gerichts („angemessen"), wenn auch die Fassung von II erkennen lässt, dass der Gesetzgeber den Erlass als die Regel ansieht. Ermessensgesichtspunkte ergeben sich aus dem Zweck des Teilurteils; s Rn 2. Die Zweckmäßigkeit einer Entscheidung durch Teilurteil ist im Rechtsmittelverf nicht zu überprüfen (OLGR Düsseldorf 1993, 264; OLG Köln MDR 1977, 938; BeckOK/Elzer Rn 63). In geeigneten Fällen ist Verbindung mit einem **Grundurteil** zu prüfen (**I 2**; s Rn 17). Anträge der Parteien auf Entscheidung durch Teilurteil sind nur Anregungen, ihre Zurückweisung ist nicht anfechtbar (RGZ 97, 32). – Ein Teilurteil **muss ergehen** im Fall des § 300 II (s § 300 Rn 6); im Rahmen der Stufenklage iSv § 254 (näher s § 254 Rn 10); bei Teilverzicht und -anerkenntnis, §§ 306, 307 (s § 307 Rn 14); allg im Säumnisverf, insb bei Säumnis eines *einfachen Streitgenossen* (MskV/Wolff Rn 26). Willkürl Aufspaltung des Rechtsstreits durch Teilurteile zur Unterschreitung der Rechtsmittelbeschwer ist unzulässig (iE Jauernig FS BGH Bd III, S 327; sa Rn 22). 20

Zur Klarstellung sollte das Urteil **als „Teilurteil" bezeichnet** werden. Es genügt aber, dass ein entspr Wille in der Entscheidung selbst oder wenigstens in den Begleitumständen (zB Erlass eines Trennungsbeschlusses, keine Kostenentscheidung) zum Ausdruck kommt (BGH NJW 2002, 1115; BGH NJW 1999, 1035). Es muss erkennen lassen, über welche Teile des Klageanspruchs entschieden wurde (BGH NJW 2000, 958). Das Teilurteil enthält grds keinen **Kostenausspruch** (nahezu allgM, aA LAG Berlin BB 84, 1362 LS); über ihn wird im Schlussurteil entschieden. Ausnahme: Entscheidung über die außergerichtl Kosten bei Ausscheiden oder Insolvenz eines Streitgenossen (BGH NJW-RR 2001, 642; KGR Berlin 2003, 311; OLGR Köln 2000, 475; s § 100 Rn 2). Ein ausdrückl Vorbehalt, dass die Kostenentscheidung im Schlussurteil erfolgt, ist nicht erforderl, steht aber ggf einer anderweitigen Kostenentscheidung, zB durch Beschluss, nicht entgegen (OLGR Köln 2005, 488; OLGR Köln 2000, 475). Zur Entscheidung über die Kosten des Teilurteils im Schlussurteil und zu ihrer isolierten Anfechtung s § 99 Rn 10. 21

VI) Wirkungen und Anfechtbarkeit. Das Teilurteil teilt den Rechtsstreit in **2 selbständige Verfahren** (BGH NJW 98, 687 = MDR 98, 179). Bei Erlass des Schlussurteils ist das Gericht gem § 318 an das Teilurteil, nicht aber an seine Begründung **gebunden** (BGH NJW 2001, 79 = MDR 2001, 165; s § 318 Rn 5). Das Teilurteil ist (wie das Schlussurteil) der Rechtskraft fähig. Die **Rechtskraftwirkung** ist auf den entschiedenen Teil des Streitgegenstandes beschränkt (BGH NJW 1992, 511 = MDR 1992, 519; BGH NJW 81, 1045; iE s vor § 322 Rn 46). Teilurteil und Schlussurteil sind selbständig anfechtbar; die **Anfechtung** des Teilurteils hemmt nicht den Eintritt der Rechtskraft des Schlussurteils (BGH VersR 1986, 1210; BGH NJW 1977, 1152). Folgen: Die Rechtsmittelbeschwer muss hinsichtl jedes Teilurteils selbständig gegeben sein (BGH ZfBR 2011, 348; BGH NJW 2000, 217; BGH NJW 96, 3216). Nur in Fällen willkürl Aufspaltung kommt eine Addition der Beschwer aus mehreren Teil- und/oder Schlussurteilen in Betracht (BGH ZfBR 2011, 348; BGH NJW 2000, 217; BGH NJW 96, 3216), sofern sämtliche – oder zumindest mehrere, die notwendige Beschwer erreichende (Bacher MDR 2019, 787) – durch die Verfahrenstrennung geschaffenen Einzelverf in die Rechtsmittelinstanz gelangen (BGH MDR 2019, 757). Während des Rechtsmittelverf ist dem in **1. Instanz** anhängig gebliebenen Verfahrensteil – auch ohne entspr Antrag – **Fortgang** zu geben (OLG Köln JMBlNRW 84, 115; OLG Frankfurt JurBüro 82, 613), so dass der Rechtsstreit in beiden Instanzen *zugleich* geführt werden kann (OLGR Karlsruhe 2003, 145). Das Gericht 22 darf die Fortsetzung des Rechtsstreits nicht mit der Begründung ablehnen, dass sich die Akten beim Rechtsmittelgericht befinden; ggf sind Zweitakten anzulegen (Begr BTDrs 16/511, 18). Das angerufene Rechtsmittelgericht kann grds nicht über einen noch beim Untergericht anhängigen Streitteil mitentscheiden (BGH NJW 86, 2108; BGH VersR 77, 430). Es werden aber Ausnahmen (sog „**Ansichziehen**" des „Rests" von Klage oder Widerklage) zugelassen, wenn der Erlass des Teilurteils unzulässig war (s § 538 Rn 55), ein nur noch über die abschließenden Kosten entscheidendes Schlussurteil ergangen ist (OLGR Schleswig 2007, 734) oder die Parteien mit der Entscheidung durch das Berufungsgericht einverstanden sind (BGH NJW 86, 2108; BGH VersR 77, 430). Nach der Rspr des BGH (FamRZ 90, 863; NJW 85, 2405) kann das *Berufungsgericht* auch bei zulässigem Teilurteil die Klage insgesamt abweisen – auch ohne darauf gerichteten Rechtsmittelantrag (BGH NJW 59, 1827) –, wenn mit seiner Entscheidung notwendigerweise auch dem weiteren Anspruch die Grundlage entzogen wird. Bsp: Abweisung des Auskunftsantrags, weil keine Unterhaltspflicht mehr bestehe, ermöglicht die Abweisung auch der noch in 1. Instanz anhängigen restl Teile des Stufenantrags. Dem Revisionsgericht ist ein solches Ansichziehen grds verwehrt (BGH NJW 2020, 3386, auch zu Ausnahme; BGH NJW 2001, 78).

23 Ein **Verstoß gegen § 301** ist ein in Berufungs- und Revisionsinstanz **von Amts wegen** zu berücksichtigender (BGH NJW 2011, 2736 = MDR 2011, 935; BGH NJW 2001, 155), idR zur Aufhebung und auch ohne Antrag (§ 538 II 3) zur Zurückverweisung (§ 538 II Nr 7) führender wesentl Verfahrensfehler (BGH NJW 2011, 2736 = MDR 2011, 935). Wenn im Einzelfall keine Gründe der Prozesswirtschaftlichkeit dafür sprechen, dass der Rechtsstreit an das Berufungsgericht zurückverwiesen wird und dieses ausnahmsw den noch im 1. Rechtszug anhängigen Teil des Verfahrens an sich zieht (s Rn 22), verweist der BGH grds an die 1. Instanz zurück (vgl zB BGH NJW 2001, 155, 156; BGH FamRZ 2002, 1097). – **Heilung** von Mängeln des Teilurteils ist im Rechtsmittelverf mögl: Unbestimmtheit des Gegenstands bei Mehrheit von Klageansprüchen(s Rn 7) durch entspr Klarstellung noch in der Revisionsinstanz (BAGE 30, 197 = NJW 78, 2114); Gefahr der Widersprüchlichkeit (iSd Rn 12) in der Berufungsinstanz durch Entscheidungen iSv Rn 15. Allg endet die Unzulässigkeit eines Teilurteils immer dann, wenn sich die **prozessuale Situation so entwickelt** hat, dass es nicht mehr zu widersprüchl Entscheidungen kommen kann (BGH NJW-RR 2014, 979 Tz 16). Bsp: Stattgabe des (in 1. Instanz) abgewiesenen Hauptantrags bei eventueller Klagenhäufung (BGH NJW-RR 2014, 979 Tz 15, 17); Rücknahme der Klage gegen einen Streitgenossen bei Widersprüchlichkeit (KG MDR 2005, 291); Verbindung der Rechtsmittel gegen Teil- und Schlussurteil zu einem einheitl Verf (BGH NJW 91, 3036; OLGR Saarbrücken 2002, 109); Mitentscheidung nach Heraufziehen des Rests (s Rn 22). – Ggf kommt **Niederschlagung der Kosten** wegen unrichtiger Sachbehandlung gem § 21 GKG in Betracht (im Einzelfall verneinend BGH NJW 2013, 1009 Tz 21; OLG Hamburg MDR 2013, 424).

24 Bei **teilweiser Anfechtung** des Teilurteils steht einer Aufhebung des gesamten Teilurteils das Verbot der *reformatio in peius* (s § 528 Rn 24 ff) entgegen (BGH NJW 2013, 1009 Tz 16 ff = MDR 2013, 240).

25 Auch ein **unzulässiges Teilurteil** kann in **Rechtskraft** erwachsen (BGH VersR 2024, 1556; BGH NJW 2013, 1009 Tz 19), ihm kommen alle Wirkungen der materiellen Rechtskraft zu (BGH NJW 1996, 1060 = MDR 1996, 737), sofern es hinreichend bestimmt ist (s vor § 300 Rn 22). Es unterliegt auch der Bindungswirkung von **§ 318** (BGH VersR 2024, 1556). Diese und eine eventuelle Rechtskraft sind bei der Schlussentscheidung zu berücksichtigen (BGH VersR 2024, 1556). Bsp: Die Teilentscheidung über die Hauptforderung muss der Entscheidung über Nebenforderungen zugrunde gelegt werden (vgl BGH DStR 94, 512 [Goette]).

§ 302 Vorbehaltsurteil

(1) Hat der Beklagte die Aufrechnung einer Gegenforderung geltend gemacht, so kann, wenn nur die Verhandlung über die Forderung zur Entscheidung reif ist, diese unter Vorbehalt der Entscheidung über die Aufrechnung ergehen.

(2) Enthält das Urteil keinen Vorbehalt, so kann die Ergänzung des Urteils nach Vorschrift des § 321 beantragt werden.

(3) Das Urteil, das unter Vorbehalt der Entscheidung über die Aufrechnung ergeht, ist in Betreff der Rechtsmittel und der Zwangsvollstreckung als Endurteil anzusehen.

(4) [1]In Betreff der Aufrechnung, über welche die Entscheidung vorbehalten ist, bleibt der Rechtsstreit anhängig. [2]Soweit sich in dem weiteren Verfahren ergibt, dass der Anspruch des Klägers unbegründet war, ist das frühere Urteil aufzuheben, der Kläger mit dem Anspruch abzuweisen und über die Kosten anderweit zu entscheiden. [3]Der Kläger ist zum Ersatz des Schadens verpflichtet, der dem Beklagten durch die Vollstreckung des Urteils oder durch eine zur Abwendung der Vollstreckung gemachte Leistung entstanden ist. [4]Der Beklagte kann den Anspruch auf Schadensersatz in dem anhängigen Rechtsstreit geltend machen; wird der Anspruch geltend gemacht, so ist er als zur Zeit der Zahlung oder Leistung rechtshängig geworden anzusehen.

Lit: *Feskorn*, Teil-Vorbehaltsurteil im Architektenhonorarprozess, NJW 2022, 1144.

I) Allgemeines. § 302 soll – ähnlich wie § 599 – dem Kl zu einem schnellen, wenn auch vorläufigen (IV) Titel verhelfen können. Seit 2000 besteht die Möglichkeit des Vorbehaltsurteils auch bei konnexen Gegenforderungen, damit ein Schuldner nicht mit unberechtigten Gegenforderungen die frühzeitige Titulierung einer gegen ihn bestehenden Forderung verhindern kann (BGH NJW 2006, 698). Eine Verpflichtung des Gerichts von der Möglichkeit eines Vorbehaltsurteils Gebrauch zu machen, besteht aber nicht (s Rn 5). Frühere Bestrebungen, den Erlass bei Vorliegen der ges Voraussetzungen zum Regelfall zu machen, sind nicht umgesetzt worden. – Ein *Feststellungsurteil* steht dem Vorbehaltsurteil nicht gleich; inwieweit in dem einem Feststellungsurteil nachfolgenden Leistungsverf (noch) die Aufrechnung mögl ist, richtet sich ausschließl nach den Grundsätzen der Rechtskraftpräklusion (BGH MDR 88, 667 = NJW 88, 2542). Ein „umgekehrtes" Vorbehaltsurteil, in dem die Entscheidung über die Klage unter dem Vorbehalt einer (in einem anderen Verf zu treffenden) Entscheidung über die zur Aufrechnung gestellte Gegenforderung suspendiert wird, ist der ZPO fremd (BGH NJW-RR 2011, 1383). 1

II) Voraussetzungen des Vorbehaltsurteils (§ 302 I). 1) Entscheidungsreife Klageforderung. Der Klage muss stattgegeben werden können, wenn man die Aufrechnung nicht berücksichtigt. Die Verurteilung unter Vorbehalt setzt eine Leistungsklage (§ 253) voraus. Das Vorbehaltsurteil gem I ist idR ein *Leistungsurteil* (arg III, IV), das in seinem Bestand von der Entscheidung im Nachverf abhängig ist (s Rn 15). Ist die Klageforderung nach Grund und Höhe str, kann bei Entscheidungsreife nur hinsichtl des Grundes in kombinierter Anwendung von §§ 302, 304 auch ein *Vorbehaltsurteil dem Grunde nach* erlassen werden (BGHZ 11, 63; BGH LM § 304 Nr 6; OLG Celle NJW 2011, 3462; OLG Hamm NZBau 2009, 43). 2

2) Aufrechnung. Der Bekl muss mit einer Gegenforderung iSv § 387 BGB aufrechnen (**I**), unabhängig davon, ob sie mit der Klageforderung im rechtl Zusammenhang steht; eine Hilfsaufrechnung genügt. Unerheblich ist, ob die zur Aufrechnung gestellte Forderung die Klageforderung erreicht, hinter ihr zurückbleibt oder übersteigt (BGH NJW 2022, 1174; BeckOK/Elzer Rn 12). Keine Aufrechnung ist die **Verrechnung**, bei der es (im Gegensatz zu §§ 387, 388 BGB) an selbständigen, sich aufrechenbar gegenüberstehenden Forderungen fehlt (vgl OLG Koblenz MDR 2002, 715; OLG München NJW-RR 2003, 863; OLG Celle NJW-RR 2005, 654, hM; offen BGH NJW 2006, 698 = BGH-Report 2006, 319 [Vollkommer]). Bei der „Abrechnung" von Werklohn mit selbständigen Mängelansprüchen handelt es sich aber um Aufrechnung (BGH NJW-RR 2008, 31, 32; BGH NJW 2006, 698; BGH NJW 2005, 2771 = MDR 2005, 1433; dazu eingeh Kessen BauR 2005, 1691; abw frühere OLG-Rspr ist überholt); idR ist aber kein Vorbehaltsurteil zu erlassen (s Rn 6). Der Aufrechnung ist die Geltendmachung von **Leistungsverweigerungs-** und **Zurückbehaltungsrechten** gem §§ 273, 320 BGB nicht gleichzustellen (BGH NJW 2006, 698 Tz 13; OLG München MDR 2018, 110), die zu einer Zug-um-Zug-Verurteilung führt (§§ 274, 322 BGB); ebenso nicht die **Minderung** (§§ 441, 638 BGB), die auf eine unmittelbare Herabsetzung der Vergütung gerichtet ist (OLG Celle NJW-RR 2005, 654; aA Buscher BauR 2002, 870). 3

3) Nicht entscheidungsreife Gegenforderung. Ist sie entscheidungsreif – steht also fest, dass die Aufrechnung unzulässig (BGH NJW 2014, 3156 Tz 24 mwN) oder die Gegenforderung nicht begründet ist – darf nicht nach § 302 verfahren werden, sondern muss ein Endurteil ergehen (BGHZ 25, 360). Das Gericht muss die Erheblichkeit des Aufrechnungseinwands prüfen (MskV/Wolff Rn 5, iE str). Ist trotz Unzulässigkeit der Aufrechnung gegen den Bekl ein Vorbehaltsurteil (statt vorbehaltloser Verurteilung) ergangen, ist er dadurch nicht beschwert (BGHZ 25, 366 = NJW 58, 18). Zu klären ist auch der Verbrauch der Gegenforderung durch eine bereits früher erklärte Aufrechnung (s BGH WM 1975, 795). Gleichgültig ist, ob für die Gegenforderung ein **anderes Gericht** ausschließlich zuständig ist (zB FamG für Unterhaltsanspruch, LG für Amtshaftungsanspruch, s § 23a I 1, § 71 II Nr 2 GVG), ein anderer Rechtsweg gegeben ist (zB ArbG bei arbeitsrechtl Gegenforderung, VerwG bei öffrechtl Gegenforderung) oder ein Schiedsgericht zu entscheiden hat (§ 1032; s § 145 Rn 20; § 13 GVG Rn 49); Besonderheiten bestehen insoweit nur für das **Nachverfahren** (s Rn 11). Ist das Gericht für die Gegenforderung *internat nicht zuständig*, darf es nicht (auch nicht gem I, IV) über sie entscheiden (hM, s § 145 Rn 19; für EU-Bereich offen lassend BGHZ 201, 252 Tz 16 = NJW 2014, 3156; sa § 322 Rn 13). 4

4) Ermessensausübung. Der Erlass eines Vorbehaltsurteils steht im Ermessen des Gerichts, das in der Revisionsinstanz auf Ermessensfehler (Nichtausübung, Fehlgebrauch) überprüfbar ist (BGHZ 231, 365 = NJW 2022, 1174 [Feskorn NJW 2022, 1144]; BGH NJW 2006, 698). **Ermessenskriterien** sind neben dem Zweck des Vorbehaltsurteils, einer Verzögerung der Titulierung durch unberechtigte Gegenforderungen entgegen zu wirken, insb der Grad der Erfolgsaussicht des Gegenanspruchs, die mutmaßl Dauer eines Nachverf, die dem Kl ohne Vorabentscheidung drohenden Nachteile (BGH NJW 2006, 698) und für den Fall der Aufhebung des Vorbehaltsurteils (IV 2, 3) für den Bekl etwa bestehende Sicherheiten (vgl OLG Düsseldorf NJW-RR 2001, 882: bestehende Haftpflichtversicherung). Nach der Rspr des BGH (mit Recht krit BeckOK/Elzer Rn 22; StJ/Althammer Rn 7) ist der Erlass eines Vorbehaltsurteils nur im Ausnahmefall (Beispiele BGH NJW 2006, 698 Tz 16) ermessensfehlerfrei, wenn Klage- und Aufrechnungsforderung aus einem **gegenseitigen Vertrag** hervorgegangen sind und in einem synallagmatischen Verhältnis zueinander stehen (BGH NJW 2006, 698 = MDR 2006, 509; BGH NJW-RR 2008, 31 = MDR 2007, 1418; s aber auch KG NJW 2018, 3721 für den Fall, dass über die Klageforderung bereits ein Titel besteht). So insb bei Aufrechnung mit Schadensersatzansprüchen wegen des **Mangelbeseitigungs**- oder des Fertigstellungsaufwands (§§ 633, 634 Nr 4, §§ 637, 280 BGB) ggü der eingeklagten Werklohnforderung (BGH NJW 2006, 698) und umgekehrt (BGH NJW-RR 2008, 31 = MDR 2007, 1418). 5

Entspr gilt für Werklieferungsverträge (OLG München MDR 2018, 110). Hingegen gilt diese Beschränkung des Ermessens nicht, wenn mit einer Forderung aufgerechnet wird, die nicht im Synallagma steht, wie ein Mangelfolgeschaden (BGHZ 231, 365 = NJW 2022, 1174 [Feskorn NJW 2022, 1144]; BGH NJW-RR 2008, 31), ein Verzugsschaden oder eine Forderung aus einem anderem Vertragsverhältnis (BGH NJW 2006, 698 Rz. 17). – Andererseits ist es ermessenfehlerhaft, kein Vorbehaltsurteil zu erlassen und den ganzen Rechtsstreit im Hinblick auf die Aufrechnungsforderung auszusetzen, wenn Gegenstand der Klage eine „existenziell notwendige" Leistung ist (OLG Schleswig MDR 2006, 707); auszusetzen ist ggf das Nachverf. – Eine **Widerklage** über die Aufrechnungsforderung hindert den Erlass des Vorbehaltsurteils nicht (BGH NJW 2022, 1174).

6 **III) Entscheidung.** Über den Erlass eines Vorbehaltsurteils wird **von Amts wegen** entschieden, eventuelle Anträge sind als Anregung zu verstehen. Die Parteien können den Erlass nicht durch Vereinbarung ausschließen (BGH LM § 355 HGB Nr 12, str). Das Gericht kann gem § 145 III getrennte Verhandlung anordnen (iE s § 145 Rn 23 ff). Durch das Vorbehaltsurteil wird der Bekl gem dem Klageantrag, aber unter dem Vorbehalt seiner Aufrechnung mit der genau zu bezeichnenden Gegenforderung verurteilt. Ein **Formulierungsvorschlag** in Anlehnung an **I** lautet: „Der Bekl wird unter Vorbehalt der Entscheidung über die von ihm wegen einer Forderung iHv … aus/wegen … erklärten Aufrechnung verurteilt …"; mögl ist auch eine eigene Ziffer im Tenor, etwa: „Die Entscheidung über die Aufrechnung des Bekl mit einer Forderung iHv … aus/wegen … bleibt dem Nachverf vorbehalten" (vgl zB ThP/Seiler Rn 6). Der Vorbehalt muss im Tenor ausgesprochen werden, ein Hinweis in der Begründung reicht nicht (RGZ 47, 364). Wird der Vorbehalt übersehen, ist eine **Urteilsergänzung** gem **II** iVm § 321 mögl; für ein Rechtsmittel dürfte das Rechtsschutzbedürfnis fehlen (aA BeckOK/Elzer Rn 28). Eine **Kostenentscheidung** ist notwendig (BGH MDR 88, 227), wie sich aus IV 2 („anderweit") und der Qualifikation als Endurteil (III) iVm § 308 II ergibt. Die **vorläufige Vollstreckbarkeit** richtet sich nach den allg Regeln.

7 **IV) Wirkungen.** Das Vorbehaltsurteil ist Vollstreckungstitel. Es kann zwar formelle, nicht aber materielle Rechtskraft erlangen (BGH NJW 67, 566), da es auflösend bedingt ergeht und eine endgültige Entscheidung nicht bezweckt. Soweit der Vorbehalt reicht, bleibt der Rechtsstreit anhängig. Das Gericht ist an sein Vorbehaltsurteil gem § 318 **gebunden** (BGH NJW 79, 1046). Dies gilt sowohl hinsichtl des Bestehens der Klageforderung als auch, soweit es die Zulässigkeit der Aufrechnung bejaht hat (BGH NJW 79, 1046), selbst wenn tatsächl nicht alle Aufrechnungshindernisse geprüft wurden (BGHZ 35, 248 = NJW 61, 1721). Durch diese Bindungswirkung ist der Kl beschwert; er kann das Vorbehaltsurteil mit Rechtsmitteln anfechten (BGHZ 35, 248 = NJW 61, 1721; BGH NJW 79, 1046; sa Rn 8). Soweit der Kl im Nachverf die Klageforderung erweitert (s Rn 11), entfällt die Bindungswirkung, der Beklagte kann neue Verteidigungsmittel geltend machen (BGH NJW 2022, 3443 für § 600); dasselbe gilt, wenn neue Einwendungen entstanden sind (RSchwab/Gottwald § 59 Rn 83; MskV/Wolff Rn 14). Die Bindungswirkung umfasst nicht die Annahme von Prozessvoraussetzungen, deren Fehlen sich erst im Nachverf herausstellt (OLGR Jena 2009, 750 für § 599).

8 **V) Anfechtung (§ 302 III).** Das Vorbehaltsurteil ist selbständig anfechtbar (III). Mit dem Rechtsmittel kann der Bekl ua geltend machen, dass das Vorbehaltsurteil zu Unrecht erging, zB weil die Klage als unzulässig oder unbegründet hätte abgewiesen werden müssen. Der Kl kann den Wegfall des Vorbehalts zu erreichen suchen, da die Aufrechnung unzulässig sei (BGHZ 35, 248 = NJW 61, 1721; BGH NJW 79, 1046). Die Berufung des Bekl darf nicht deshalb zurückgewiesen werden, weil das Erstgericht vorbehaltlos verurteilt hätte, wenn es über die Gegenforderung entschieden hätte (BGH LM Nr 1). Die Entscheidung über den Erlass des Vorbehaltsurteils kann das Rechtsmittelgericht (nur) darauf prüfen, ob Ermessensfehler vorliegen (s Rn 5). – Bei *zulässigem* Vorbehaltsurteil gelangt in die Berufungsinstanz nur der Prozessstoff, der Gegenstand des Vorbehaltsurteils war, nicht auch der vorbehaltene Streitstoff über die Gegenforderung. War ein Vorbehaltsurteil ergangen, obwohl seine Voraussetzungen *nicht vorlagen*, rechtfertigt der Verfahrensmangel die **Zurückverweisung** entspr § 538 II Nr 7 (str, wie hier zB OLG Koblenz MDR 2002, 715; OLG Hamm BauR 2005, 1344), da durch die Aufspaltung des Rechtsstreits unzulässig nur über einen Teil entschieden wird. Bei einer **Selbstentscheidung** (§ 538 I) kann das Berufungsgericht in diesem Fall – im Rahmen der gestellten Anträge – auch über die zur Aufrechnung gestellten Ansprüche selbst sachl entscheiden (BGHZ 25, 360 = NJW 1958, 18; BGH LM Nr 4 = ZZP 67 [1954], 302; OLG Karlsruhe NJW-RR 87, 254). Denn die Trennung des Streitstoffes in einen Teil, der beim erstinstanzl Gericht den Gegenstand des Nachverf bildet, und den anderen Teil, der vom Vorverf erfasst und durch das Rechtsmittel in die Berufungsinstanz gebracht wird, tritt nur ein, wenn die verfahrensrechtl Voraussetzungen für den Erlass eines Vorbehaltsurteils erfüllt sind (BGH LM Nr 4 = ZZP 67 [1954], 302). Anderenfalls gelangt mit der Berufung gegen das Vorbehaltsurteil der gesamte Streitstoff in die Berufungsinstanz. – Wird im Berufungsverf gegen ein Vorbehaltsurteil zulässig eine **Gegenforderung neu** eingeführt, deren Berücksichtigung nicht für sachdienl erachtet wird, so erstreckt sich der vom Berufungsgericht bestätigte erstinstanzl Vorbehalt auch auf diese Gegenforderung (OLG München MDR 75, 324). – **Erlässt das Rechtsmittelgericht** erstmals das Vorbehaltsurteil, ist § 538 II Nr 5 entspr anwendbar (BGH NJW-RR 88, 61; iE dazu s § 538 Rn 43 ff).

9 **VI) Vollstreckung.** Gegen die Vollstreckung eines für vorläufig vollstreckbar erklärten Vorbehaltsurteils kann *sich der Bekl bei Rechtsmitteleinlegung gem* **§ 719** schützen. Ist es rechtskräftig, kann der Bekl im Hinblick auf das Nachverf gem **§ 707** die vorläufige Einstellung beantragen (BGHZ 69, 270). Nach Rechtskraft des Vorbehaltsurteils kann der Kl unabhängig vom Nachverf Rückgabe der hinterlegten Sicherheit gem § 715 verlangen (RGZ 47, 364).

VII) Nachverfahren. 1) Beginn. Das Nachverf kann vor Rechtskraft des Vorbehaltsurteils beginnen. Terminansetzung und Ladung erfolgen vAw; s § 216 Rn 1, 2. Die Ladungsfrist (§ 217) ist einzuhalten; nicht die Einlassungsfrist (§ 274 III). Wegen der vorbehaltenen Aufrechnung bleibt der Rechtsstreit mit den gleichen Parteirollen **anhängig**. Er wird in den bish Akten fortgeführt, ohne Neueintragung im Zivilprozessregister des AG und LG. 10

2) Verfahren. Die Klage kann noch **erweitert** werden (BGH NJW 1962, 1249; BGH NJW 2022, 3443 für § 600). Dann können dagegen neue Verteidigungsmittel vorgebracht werden (s Rn 7). Ansonsten ist neues Vorbringen gegen die Klageforderung, auch die Aufrechnung mit einer anderen als der vorbehaltenen Forderung, nicht mehr mögl. Entschieden wird grds allein über die Gegenforderung; nur deren Bestehen kann eine Abweisung der Klage (noch) rechtfertigen. – Zur **Aufrechnung mit rechtswegfremder Gegenforderung** s § 145 Rn 19a. Zur Aufrechnung bei Zuständigkeit eines Schiedsgerichts s § 145 Rn 20, bei fehlender *internat Zuständigkeit* s Rn 4 aE; § 145 Rn 19, bei Aufrechnung im Verh zwischen str und freiwilliger Gerichtsbarkeit s § 145 Rn 19b. 11

3) Beendigung. Das Nachverf wird durch das **Endurteil** abgeschlossen: Ist die vorbehaltene Einwendung *unbegründet*, so wird „das Vorbehaltsurteil vom … unter Wegfall des Vorbehalts aufrechterhalten“, „das Vorbehaltsurteil vom … wird aufrechterhalten, der Vorbehalt fällt weg“ oder „das Vorbehaltsurteil vom … wird für vorbehaltlos erklärt“ (vgl § 708 Nr 5). Zu entscheiden ist über die weiteren Kosten, vorl Vollstreckbarkeit gem § 708 Nr 5 ohne Sicherheitsleistung. – *Anderenfalls* „wird das Vorbehaltsurteil aufgehoben und die Klage abgewiesen“ (vgl IV 2); in diesem Fall ist über die Kosten neu zu entscheiden. Im letzteren Fall tritt die vorläufige Vollstreckbarkeit des Vorbehaltsurteils außer Kraft, § 717 I. Beseitigt ist es erst mit Rechtskraft des Schlussurteils. Besteht die Gegenforderung nur teilw, ist entspr zu tenorieren, zB „Das Vorbehaltsurteil vom … (Datum) wird in Höhe von … aufgehoben und die Klage insoweit abgewiesen. Im Übrigen wird das Vorbehaltsurteil für vorbehaltlos erklärt“ (vgl BeckOK/Elzer Rn 45). 12

4) Säumnis. Ist der Bekl säumig, muss sein allein noch anhängiger Gegenangriff gegen das Vorbehaltsurteil mittels Aufrechnung erfolglos bleiben. Also ist der Wegfall des Vorbehaltes auszusprechen. Ist der Kl säumig, gilt nur das Vorbringen des Bekl zur Gegenforderung als zugestanden, § 331. Ist es schlüssig, ist das Vorbehaltsurteil aufzuheben und die Klage abzuweisen. Die Gegenforderung bleibt aber durch die Aufrechnung gem § 322 II verbraucht. 13

5) Schadensersatzanspruch (§ 302 IV 3, 4). Dieser wird durch Stellung eines diesbzgl Antrags im laufenden Rechtsstreit, förml Widerklage oder in neuem Prozess geltend gemacht. Nur in den beiden ersten Fällen, nicht aber im letzteren Fall besteht gem IV 4 Hs 2 eine Rückwirkung der Rechtshängigkeit auf den Zeitpunkt der Zahlung oder Leistung (RGZ 63, 369). Die Ersatzpflicht umfasst unabhängig von einem Verschulden des Kl (RGZ 91, 195, 203) das Gezahlte oder Geleistete samt Zinsen und Kosten, die der Kl auf Grund der Kostenfestsetzung erhielt, und jeden durch die Vollstreckung oder Leistung entstandenen weiteren Schaden. Auf den Schadensersatzanspruch finden §§ 249 ff, § 254 BGB Anwendung. S iÜ Anm zu § 717; doch ist mangels entspr Regelung § 717 III nicht anwendbar (hM, zB MskV/Wolff Rn 17). Ersatz immateriellen Schadens für auf Grund später aufgehobenen Vorbehaltsurteils gem § 802g erlittene Haft ist nach Übernahme dieses Ersatzanspruchs in den allgemeinen Schadensersatz seit 1.8.2002 (vgl § 253 II BGB) mögl (aA MskV/Wolff Rn 17). 14

VIII) Abhängigkeit von Vorbehalts- und Schlussurteil. Das Vorbehaltsurteil ist in seinem Bestand von der Entscheidung im Nachverf abhängig (auflösend bedingt). Umgekehrt hängt der Bestand auch des formell rechtskräftigen, das Vorbehaltsurteil aufrechthaltenden Schlussurteils vom Bestand des Vorbehaltsurteils ab, das ja selbständig anfechtbar ist. Hat zB das Schlussurteil das Vorbehaltsurteil bestätigt, weil die Gegenforderung nicht erweisbar war, wird es ohne weiteres wirkungslos, wenn auf die Berufung des Bekl hin das Vorbehaltsurteil später aufgehoben und die Klage abgewiesen wird, weil die Klageforderung nicht beweisbar ist. Auch im Umfang der Entscheidung über die Gegenforderung bleibt das Schlussurteil nicht bestehen, denn die Rechtskraftwirkung gem § 322 II setzt eine Entscheidung über den Streitgegenstand (Klageforderung) voraus. 15

IX) Gebühren. 1) Gericht: Das Nachverf bildet mit dem vor Erlass des Vorbehaltsurteils liegenden Verf eine einheitl Kosteninstanz (§ 35 GKG); die allg VerfGeb darf daher nur einmal erhoben werden. Hinsichtl des Ergänzungsurteils im Fall des II s § 321 Rn 15. – **2) RA:** Das Vor- und Nachverf gelten als eine Gebühreninstanz (§ 15 II RVG). § 17 Nr 5 RVG findet auf das Nachverf im Fall des § 302 keine Anwendung. 16

§ 303 Zwischenurteil

Ist ein Zwischenstreit zur Entscheidung reif, so kann die Entscheidung durch Zwischenurteil ergehen.

Lit: *Jäger*, Zwischenstreitverf nach den §§ 280, 303 ZPO, 2002.

I) Allgemeines. 1) Zweck, Begriff. Zwischenurteile iSv § 303 dienen dazu, eine unter den Parteien str, das Verf betr Frage für die jew Instanz verbindl zu klären (BGH MDR 2009, 1000). Durch Zwischenurteil entscheidet das Gericht vorweg über einzelne prozessuale Vorfragen oder Streitpunkte, nicht aber – weder ganz noch teilw 1

(BGH NJW 1994, 1651: mat-rechtl Vorfrage der Nichtigkeit von Verträgen) – über den materiellen Streitgegenstand (zB NJW-RR 2006, 565; BGH NJW 1996, 3345). – **Einteilung:** „*Echte*" *Zwischenurteile* ergehen zwischen den Parteien (s Rn 4 ff), sind teils selbständig (§ 280 II, § 304 II, § 252), teils nur zusammen mit dem Endurteil anfechtbar (s Rn 11). „*Unechte*" *Zwischenurteile* ergehen ggü Dritten (s Rn 3) und unterliegen idR der sof Beschwerde (zB § 71 II, § 135 III, § 387 III). – Entscheidend ist nicht die Bezeichnung, sondern die tatsächl getroffene Entscheidung (BGH NJW-RR 2006, 565). Zur **Umdeutung** anderer Urteile in Zwischenurteile und umgekehrt s BGH NJW-RR 2006, 565; BGH NJW 1994, 1651; OLG Köln NJW-RR 96, 122.

2 **2) Anwendungsbereich.** Das Zwischenurteil über die *Zulässigkeit* der Klage ist in § 280 II und das über den *Grund* des Anspruchs in § 304 geregelt. § 303 betrifft nur Zwischenurteile mit anderen Regelungsgegenständen. Er gilt auch im **Revisionsverfahren** (BGH ZIP 2024, 1909; BGH 25.4.2017 – II ZR 72/12). Ist in der Hauptsache durch Beschluss zu entscheiden, ergeht eine Entscheidung entspr § 303 ebenfalls **durch Beschluss** (BGH BGH NJW 2020, 3102; BGH WM 2019, 681 = ZIP 2019, 773 mwN), zB im sBV (OLG Düsseldorf MDR 2014, 926), im Beschwerdeverf (BGH NJW 2020, 3102 Tz 13; BGH NJW-RR 2016, 889 Tz 8; BGH NJW 2012, 3725 Tz 5 = MDR 2013, 304) und im Verf der NZB (BGH NJW-RR 2016, 889 mwN). **Bsp:** Zwischenentscheidung über die Zulässigkeit der sof Beschwerde (OLG Düsseldorf OLGZ 79, 454), die (Nicht-)Unterbrechung des NZB-Verf (BGH NJW-RR 2016, 889; BGH NJW 2012, 3725 Tz 5 = MDR 2013, 304) oder die Nicht-Erledigung des Verf (LG Duisburg ZIP 2009, 342).

3 **II) Arten. 1) Zwischenurteile zu einem Dritten.** Sie beenden einen Zwischenstreit zwischen einer **Partei und** einem **Dritten** endgültig, auch hinsichtl der Kostentragung. Fälle: § 71 I, II; § 135 II, III; § 142 II, § 144 II; §§ 372a; 387 (dazu OLG Frankfurt NJW-RR 2012, 832; OLG Düsseldorf MDR 2014, 926); 402. Hierher gehört auch der Zwischenstreit mit einer **Scheinpartei** (s vor § 50 Rn 9) oder der nicht „wahren" Partei (s vor § 50 Rn 11) über deren Parteiidentität (BGH NJW-RR 95, 764 = MDR 95, 1163; OLG München NJW-RR 2017, 256). Die Entscheidung über die Zulassung als Partei ist mit Zwischenurteil nach § 303 zu treffen, s Rn 6.

4 **2) Zwischenurteile zwischen den Parteien.** Sie ergehen auf Grund **mündlicher Verhandlung** über einzelne prozessuale Fragen, von denen der Fortgang des Rechtsstreits abhängt, nicht also über den materiellen Streitgegenstand. Zu **unterscheiden** sind – insb wegen der unterschiedl Anfechtbarkeit (s Rn 11):

5 **a)** Zwischenurteile über das **Vorliegen einer Prozessvoraussetzung.** Sie entscheiden insb über die **Zulässigkeit der Klage** gem § 280 (s § 280 Rn 7, 8) und die **Verfahrensfortsetzung. Bsp:** *Bejahung* der (internat) **Zuständigkeit** (BAG ZIP 2014, 939 Tz 25; OLG Koblenz NJW-RR 2010, 1004; OLG München SpuRt 2015, 78 Tz 117 = WRP 2015, 379); gerichtsinterne Zuständigkeit nach dem GVP (OLG Karlsruhe NJW-RR 2013, 437); Vorliegen der dt Gerichtsbarkeit (BGH NJW 2009, 3164 = MDR 2009, 1239); **Prozessfähigkeit** des Kl/Bekl (BGH MDR 2011, 314 für Fall von § 86); Bejahung der Zulässigkeit der Wiederaufnahme gem § 590 II 1 (BGH NJW 2005, 222); *Verwerfung* der Einrede der Schiedsvereinbarung (OLG München SpuRt 2015, 78 Tz 49 ff = WRP 2015, 379) und der mangelnden Prozesskostensicherheit (BGHZ 102, 234 = NJW 88, 1733; OLG München ZIP 2010, 2069; zur *Stattgabe* s Rn 6). Hierher gehört auch das Zwischenurteil, das die *Nichtbeendigung* des Rechtsstreits durch einen unwirksamen **Vergleich** feststellt (BAG NJW 60, 2211; str; offenlassend BGH NJW 96, 3345 mN; iE s § 794 Rn 16a). Gem § 280 zu beurteilen ist auch die Zulässigkeit eines gewillkürten **Parteiwechsels** auf Seiten des Bekl in der Berufungsinstanz (BGH NJW-RR 2024, 1017; BGH NJW 81, 989; Roth NJW 88, 2984). **Anfechtung** wie Endurteil: § 280 II, s Rn 11. Sondervorschrift für Rechtsweg in § 17a III, IV GVG.

6 **b)** Zwischenurteile über **sonstige prozessuale Vorfragen.** Dies ist der Anwendungsbereich von **§ 303**. Die Abgrenzung zu den Fragen der Zulässigkeit der Klage und ihrer Fortsetzung (s Rn 5) ist im Einzelfall oft zweifelhaft. Die neuere Rspr tendiert im Interesse des Rechtsschutzes gegen Zwischenurteile (s Rn 11) zu einer Erweiterung der Fallgruppe gem Rn 5; ältere Rspr ist zT überholt. **Beispiele** für durch Zwischenurteil iSv § 303 zu entscheidende Streitigkeiten: **Unterbrechung** des Verf durch Insolvenzeröffnung (BGH ZIP 2024, 1909; BGH NJW 2020, 3102 Tz 13; BGH WM 2019, 681); Anordnung der **Sicherheitsleistung** gem § 110 (BGH AGS 2018, 522 = NJW-Spezial 2018, 763; BGH NJW 88, 1733; s § 110 Rn 5; § 112 Rn 1; § 113 Rn 1; zur Zurückweisung des Verlangens s Rn 5); Zulässigkeit der *WE* (BGH FamRZ 1993, 1191); Zulässigkeit oder Wirksamkeit einer **Klagerücknahme** (OLG Celle MDR 2012, 669; sa § 269 Rn 21); Zulassung als „*wahre*" **Partei** (s näher vor § 50 Rn 11; zur Zurückweisung oben Rn 3), Zulässigkeit einer **Klageänderung** (zum Parteiwechsel hingegen s Rn 5), oder des Einspruchs, § 341 (vgl Demharter NJW 86, 2754); **Zulässigkeit eines Rechtsmittels** (BGH FamRZ 2018, 1248 Tz 6; BGH NJW 2007, 1466); Verpflichtung einer Partei zur Vorlegung einer **Urkunde**, § 142 I, § 144 I, § 422, § 423 (zu Dritten s Rn 3); Echtheit einer Urkunde, §§ 440 ff; Zulässigkeit der obj oder subj **Klagehäufung**; Widerruf eines **Geständnisses**, § 290. – Hingegen **keine Entscheidung** durch Zwischenurteil: über selbständige Angriffs- oder Verteidigungsmittel, wie zB über Einrede der Verjährung (vgl BGH FamRZ 2002, 1097), oder ihre Verspätung; über einzelne *Elemente der sachl Begründetheit* des Anspruchs (BGH NJW 78, 1920 mN), wie die Sachbefugnis (BGHZ 8, 383), die Gesellschafterstellung (BGH NJW-RR 2006, 565; BGH WM 94, 313) oder die Nichtigkeit eines Vertrags (BGH NJW 1994, 1651). – Keine isolierte Anfechtung, s Rn 11.

7 ***III) Entscheidung durch Zwischenurteil; Ermessen.*** Die Entscheidung **muss** durch Zwischenurteil erfolgen in den Fällen der §§ 280 II (Zulässigkeit der Klage), 347 II (Versäumniszwischenurteil über einen Zwischenstreit), 366 (Streit über die Beweisaufnahme vor einem beauftragten oder ersuchten Richter).

Ist in den übrigen Fällen (iSv Rn 6) zwar der Zwischenstreit, nicht aber schon die Hauptsache entscheidungsreif, so kann das Gericht nach freiem, nicht nachprüfbarem **Ermessen** ein Zwischenurteil gem § 303 erlassen; es kann aber – und tut dies in der Praxis meist – den Zwischenstreit auch erst in der Endentscheidung entscheiden. Seiner Rechtsnatur nach ist das Zwischenurteil regelmäßig Feststellungsurteil (Ausnahme: § 135 II, III). Es ist zumindest kurz zu **begründen** (BeckOK/Elzer Rz 22). Zwischenurteile gem § 303 enthalten **keinen** Ausspruch zur **Vollstreckbarkeit** und keine **Kostenentscheidung**. 8

Betrifft der Zwischenstreit eine **Prozessvoraussetzung** (s Rn 5), kommt ein Zwischenurteil nur bei Entscheidungsreife im *bejahenden* Sinn in Frage. Ist sie zu verneinen, ist die Klage als unzulässig abzuweisen (BGH NJW 88, 1733). Dies gilt bei einer Anfechtung von (bejahenden) Zwischenurteilen (aber s Rn 11 aE) auch für die Rechtsmittelinstanz. 9

IV) Wirkungen. Die Bedeutung des Zwischenurteils liegt darin, dass das Gericht an seine Entscheidung **gebunden** ist, § 318, also im Endurteil nicht von ihr abweichen kann (BGH MDR 2009, 1000; BGH FamRZ 1993, 1191; s § 318 Rn 4). Ein unzulässigerweise ergehendes, weil eine mat-rechtl Frage entscheidendes Zwischenurteil bindet dagegen nicht (BGHZ 8, 383; BGHZ 3, 244; Tiedtke ZZP 89 [1976], 75). Dasselbe gilt für eine unzulässigerweise ergangene Entscheidung des Berufungsgerichts über eine Berufung gegen ein nicht anfechtbares Zwischenurteil (BGHZ 3, 244). 10

V) Anfechtung. Die Differenzierung zwischen Zwischenurteilen nach § 303 und (entspr) § 280 II (s Rn 5 f) hat ihren Grund va in der unterschiedl Anfechtbarkeit: **1) Zwischenurteile nach § 303.** Diese (s Rn 6) sind, soweit *zulässigerweise* ergangen, nie selbständig anfechtbar (§§ 511, 542 „Endurteile"), Nachprüfung also nur durch ein Rechtsmittel gegen das Endurteil (BGH FamRZ 2018, 1248 Tz 7; BGH MDR 2009, 1000; BGH MDR 88, 298 = NJW 88, 1733). Ausnahme: Zurückweisung eines Antrags auf WE (BGH NJW-RR 2003, 569 mwN). – Entscheidet das Berufungsgericht irrtüml über ein nicht anfechtbares Zwischenurteil durch Sachurteil, ist eine Revision nicht statthaft (BGH MDR 88, 298 = NJW 88, 1733). Das – wegen Entscheidung über den materiellen Streitgegenstand – *unzulässigerweise* ergangene Zwischenurteil ist nach dem Meistbegünstigungsgrundsatz (s vor § 511 Rn 30) wie ein Sachurteil uneingeschränkt anfechtbar (BGH NJW-RR 2006, 565; BGH NJW 2004, 2983; BGH NJW 2005, 290). Die Rspr tendiert im Interesse des Justizgewährungsanspruchs (vgl zB BGH NJW 2005, 290) inzwischen zu einer Ausdehnung der Fallgruppe gem Rn 5 und damit zur Anfechtbarkeit. **2) Zwischenurteile über die Zulässigkeit der Klage.** Diese sowie dem gleichgestellte Gegenstände der Entscheidung (Fallgruppen s Rn 5) sind wie Endurteile anfechtbar (§ 280 II). Einschränkung: Hat das Gericht 1. Instanz seine Zuständigkeit *bejaht*, kann dies nicht mit der Berufung angefochten werden (§ 513 II); ergeht die Entscheidung (inkorrekt) durch Beschluss, ist auch sof Beschwerde unzulässig (OLGR Dresden 2001, 350). **3) Unechte Zwischenurteile.** Diese (s Rn 3) sind als erstinstanzl Entscheidungen entspr der jew ausdrückl Anordnung selbständig mit sof Beschwerde gem § 567 anfechtbar, eine Abhilfemöglichkeit besteht gem § 572 I 2, § 318 nicht. In 2. Instanz ergangene unechte Zwischenurteile sind – auch bei Zulassung der Rechtsbeschwerde – unanfechtbar (BGH NJW-RR 2013, 490 = MDR 2013, 485, auch mit Nw zur Gegenansicht). 11

VI) Gebühren. 1) Gericht: keine. Da das Zwischenurteil nicht in 1211 Nr 2 GKG-KV aufgeführt ist, ist es ein idS „anderes" Urteil und hindert folgl die Ermäßigung (1211 GKG-KV) der VerfGeb (1210 GKG-KV; OLG Koblenz MDR 2005, 119). 1211 GKG-KV differenziert nicht nach Gegenstand oder Aufwand zur Erstellung des Zwischenurteils. Ermäßigung ist daher auch nach Zwischenurteil iSd § 110 ausgeschlossen (OLG Köln JurBüro 2020, 147; OLG Braunschweig NJW 2018, 1555 [Stix]; aA OLG München MDR 2003, 115) oder wenn es nicht zwischen den Parteien ergangen ist (OLG Düsseldorf 28.6.2012 – 10 W 51/12). – Beschwerde: 1810 GKG-KV (§ 71 II); Ermäßigung: 1811 GKG-KV; iÜ (zB § 135 III) 1812 GKG-KV. – Rechtsbeschwerde: 1823 GKG-KV; Ermäßigung: 1824, 1825 GKG-KV (§ 71 II); iÜ 1826 KG-KV; Ermäßigung: 1827 GKG-KV. – **2) RA:** Die Tätigkeit gehört zum Rechtszug/Verf (§ 19 I 2 Nr 3 RVG). 12

§ 304 Zwischenurteil über den Grund

(1) Ist ein Anspruch nach Grund und Betrag streitig, so kann das Gericht über den Grund vorab entscheiden.

(2) Das Urteil ist in Betreff der Rechtsmittel als Endurteil anzusehen; das Gericht kann jedoch, wenn der Anspruch für begründet erklärt ist, auf Antrag anordnen, dass über den Betrag zu verhandeln sei.

Lit: *Foerster*, Der Vorbehalt des Mitverschuldens in Grundurteilen usw, ZZP 127 (2014), 203; *Voit*, Vorabentscheidung über einzelne Verteidigungsmittel aus prozessökonomischen Gründen, NJW 2017, 203.

I) Allgemeine Grundsätze und Bedeutung. Die Vorabentscheidung über den Grund (Grundurteil) ist ein materielles Zwischenurteil bes Art über den geltend gemachten Anspruch (BGH NJW 98, 1709); anders als das nur prozessuale Fragen klärende Zwischenurteil gem § 303. Es erledigt nur einen Teil des Streitstoffes, der geltend gemachte Anspruch wird weder ganz noch zum Teil aberkannt oder zuerkannt (BGH NJW 2016, 3244 = MDR 2017, 359). Das Grundurteil ist Ausdruck der **Prozessökonomie** (BGH NJW 2016, 3244 = MDR 2017, 1

359; BGH NJW-RR 91, 600; zu den Konsequenzen s Rn 8), mit ihm wird der zum „Grund" gehörige Prozessstoff vom Betragsverf endgültig „abgeschichtet" (BGH NJW 1980, 2355). Bei der Abgrenzung zwischen Grund- und Betragsverf (iE s Rn 9 ff) kommt es auf die Prozesswirtschaftlichkeit und praktische Brauchbarkeit der Trennung an. Dem Gericht steht ein gewisser Gestaltungsspielraum hinsichtl der ins Nachverf verwiesenen Fragen und somit der Bindungswirkung des Vorbehaltsurteils zu (s Rn 10). Die Verbindung von Teil- (§ 301) und Grundurteil ist mögl und im Fall von § 301 I 2 erforderl (s Rn 30; s § 301 Rn 17). – Die Grundsätze von § 304 gelten auch bei einer Entscheidung im **Adhäsionsverfahren** gem **§ 406 I 2 StPO** (vgl BGH NJW 2002, 3560).

2 **II) Voraussetzungen des Grundurteils. 1) Klagezulässigkeit.** Die Klage, der dem Grunde nach *stattgegeben* werden soll, muss zulässig sein, dh die Prozessvoraussetzungen (s vor § 253 Rn 9 ff) müssen vorliegen, und es dürfen keine Prozesshindernisse bestehen.

3 **2) Grundurteilsfähiger Klageanspruch.** § 304 setzt einen Anspruch voraus, der – zumindest bis zum Ende des Rechtsstreits (BGH NJW 2006, 2110 mwN: unbezifferter Schmerzensgeldantrag) – **summenmäßig zu bestimmen**, also mengenmäßig zu bestimmen oder **beziffert** ist (BGH NJW 2024, 149 Tz 23). Das ist insb ein Anspruch auf Zahlung einer Geldsumme, auf Leistung vertretbarer Sachen (BGH NJW 2024, 149 Tz 23; BGH NJW-RR 2013, 363), auf Befreiung von einer auf eine bezifferte Leistung gerichteten Verbindlichkeit (BGH NJW 1990, 1367 mwN; BGH NJW 2001, 156), auf Duldung der ZwV wegen einer bestimmten Forderung (zB gem §§ 737, 748 II), auf Zahlung gerichtete Anfechtungsklage (BGH NJW 1995, 1093, 1095 = MDR 1995, 919; zur Abgrenzung s Rn 4), auf Einwilligung in die Auszahlung eines hinterlegten Betrages (RG JW 12, 400). Es genügt, die Bezifferung zulässigerweise ins gerichtl Ermessen zu stellen (BGH NJW 2006, 2110 mwN: unbezifferter Schmerzensgeldantrag). Gleichgültig ist die **Rechtsnatur** des Anspruchs (BGHZ 53, 17: Bereicherungsanspruch). – Der Anspruch, über dessen Grund entschieden wird, muss **Gegenstand der Klage** oder Widerklage und darf nicht (nur) Gegenstand einer Einwendung sein, wie die *Aufrechnungsforderung* (BGH NJW 2007, 82 = MDR 2007, 352, 353) oder ein *Zurückbehaltungsrecht* (BGH NJW-RR 2013, 363). Wird mit einer Widerklageforderung gegen die Klageforderung aufgerechnet, kann nach RGZ 49, 339; RGZ 101, 41 ein Vorbehaltsurteil über die Widerklage nur ergehen, wenn deren Gegenstand den der Klage übersteigt, so dass bei Verrechnung ein Überschuss bleibt. Zur Zulässigkeit eines Grundurteils über Ansprüche aus mehreren Verträgen s BGH MDR 74, 558 = VersR 74, 587. – Im Regelfall eines unbezifferten **Feststellungsantrags** ist ein Grundurteil unzulässig (BGH NJW 2024, 149; BGH NJW-RR 2021, 1068; BGH NJW-RR 2002, 1576; aA Foerster ZZP 127 [2014], 218 ff), auch bei Verbindung mit einem bezifferten Antrag. Zu entscheiden ist dann durch Teil-Grundurteil hinsichtl des Leistungsantrags und Teil-Endurteil hinsichtl des Feststellungsantrags (BGH NJW 2024, 149; BGH NJW-RR 2021, 1068; BGH VersR 2023, 387). Nur ausnahmsw kann ein Grundurteil über einen Feststellungsantrag ergehen, wenn ein bestimmter Betrag in der Weise geltend gemacht wird, dass die Klage auch zu einem Ausspruch über die Höhe des Anspruchs führen soll (BGH NJW 2024, 149; BGHZ 213, 224: Feststellung der Erledigung bzgl Zahlungsantrag; BGH VersR 2002, 1555); nicht ausreichend ist, dass der Anspruch „berechenbar" wird (BGH NJW 2024, 149).

4 **Unzulässig** ist ein Grundurteil bei anderen als den in Rn 3 genannten Ansprüchen. § 304 ist daher unanwendbar zB bei Klagen über **unbezifferte** Ansprüche (BGH MDR 96, 906 = NJW 96, 2025; BGH NJW 90, 1367 mN); bei unbezifferten Freistellungsklagen (s Rn 3); bei Herausgabe- (BGH NJW-RR 2013, 363; BGH NJW 91, 1048) und Räumungsklagen; bei Rückgewähransprüchen gem § 11 AnfG, § 143 InsO, soweit sie nicht auf Geldleistung gerichtet sind (s Rn 3); bei Beseitigungs- und Unterlassungsklagen gem §§ 1004, 906 BGB (BGH MDR 97, 825 = NJW 97, 2234); bei Klagen auf Einwilligung in einen Leistungsvorbehalt (BGH NJW 79, 2250), auf Abgabe einer Willenserklärung (BGH NJW-RR 2013, 363 Tz 15: Auflassung oder Eintragungsbewilligung; BGH NJW 91, 1048: Löschungsbewilligung; aA OLGR Celle 2004, 445 für Bewilligung von Bauhandwerkersicherungshypothek); bei Anspruch auf Übertragung eines Erbbaurechts (BGH NJW 84, 2213), auf Vornahme einer Handlung oder auf Duldung.

5 **3) Streit nach Grund und Betrag. a) Grund und Betrag.** Beide müssen str sein (BGH NJW 91, 1896; BGH NJW 92, 2487 mN). Also darf kein Grundurteil ergehen, wenn nur der Betrag str ist, wie bei Haftpflichtfällen, falls über die Schadensersatzpflicht selbst kein Streit besteht (BGH NJW-RR 89, 1149); ebenso wenn nur der Grund, nicht aber der Betrag (OLG Frankfurt NJW-RR 86, 1353; OLG Frankfurt NJW-RR 88, 640) oder weder Grund noch Betrag, nur die Zulässigkeit str ist (BGH NJW 92, 2487). **Ausnahme:** kein Streit auch über Betrag ist bei für Teilurteil gem § 301 I 2 notwendigem Grundurteil erforderl (str, s § 301 Rn 17). – **b) Streit.** Streit zum Grund ist jede nicht ganz fern liegende Rechtsunsicherheit. Bloßes (derzeitiges) Nichtbestreiten des Anspruchsgrundes steht daher nach zutr Ansicht Grundurteil nicht entgegen. Kein Streit besteht aber zB bei Erklärung des Bekl, zum Schadensersatz verpflichtet zu sein (BGH NJW-RR 89, 1149). Ggf ist Klärung gem § 139 geboten. – Der (voraussichtl andauernde) Streit zum Grund muss **bei Erlass** des Grundurteils bestehen.

6 **4) Entscheidungsreife zum Grund.** Diese muss *vollständig* und im *bejahenden* Sinn gegeben sein, andernfalls erfolgt sofort Klageabweisung durch (ggf Teil-) Endurteil (s Rn 25). Erforderl ist, dass *alle* zum Grund gehörenden Fragen – *nicht nur einzelne* Anspruchselemente (s Rn 9) – erledigt werden und die Bejahung des Anspruchs nicht offen bleibt (BGH WM 2022, 2421 Tz 16; BGH NJW-RR 2012, 880 Tz 13; BGH NJW 2005, 928 = MDR 2005, 921; BGH NJW 2007, 305 = MDR 2007, 602). Wenn die Klage insgesamt (noch) nicht schlüssig ist,

darf kein Grundurteil ergehen (BGH NJW-RR 2005, 1008; BGH NJW 2008, 1397 = MDR 2008, 815). Eine **Zurückweisung verspäteten Vorbringens** zum Klagegrund ist zulässig, da über den Klagegrund bereits abschließend entschieden wird (BGH MDR 80, 927 = NJW 80, 2355; BGH MDR 80, 50; s § 296 Rn 12).

5) Höhe des Anspruchs. Ferner ist erforderl, aber auch ausreichend, dass der geltend gemachte Anspruch auch unter Berücksichtigung der Einwendungen gegen ihn mit **Wahrscheinlichkeit zumindest teilweise** besteht (stRspr des BGH, zB BGH NJW 2024, 149; BGH WM 2022, 2421 Tz 16; BGH NJW-RR 2012, 880 Tz 13 = MDR 2012, 179), wobei idR eine „hohe Wahrscheinlichkeit" (so zB BGH NJW 95, 2106; BGH NJW-RR 2008, 1397; BGH NJW-RR 2005, 928; BGH NJW-RR 2001, 383) verlangt wird (weniger weitgehend BGH WM 2022, 2421 Tz 20; BGH NJW 2014, 2354 Tz 27; BGH MDR 2003, 769: „zumindest wahrscheinlich"). Bei Schadensersatzklagen muss daher wahrscheinl sein, dass irgendein Schaden entstanden ist (zB BGH NJW 2024, 149), wobei die Erleichterung des § 287 gilt. Daran fehlt es, wenn noch Gegenvortrag zur Höhe offen ist (BGH WM 2022, 2421 Tz 17: zur Aufrechnung gestellte Gegenforderung), der die Gesamtheit der Klageforderung erfasst (BGH NJW-RR 2005, 1008; sa Rn 12 f). Fehlt es bei *konkreter Schadensberechnung* (noch) an der erforderl Wahrscheinlichkeit für einen Schadenseintritt, kann ein Grundurteil nicht im Hinblick auf einen Schaden bei *abstrakter* Berechnung erlassen werden (BGH NJW-RR 2012, 880 Tz 14 = MDR 2012, 179; sa Rn 33). Ist die Höhe des Anspruchs vereinbarungsgemäß durch Schiedsgutachten (s § 1029 Rn 4) festzustellen, fehlt es bis zu dessen Vorlage an (stattgebender) Entscheidungsreife (BGH NJW-RR 88, 1405). – Das Gericht muss eine Anspruchsgrundlage bejahen, die die Klageforderung der Höhe nach **vollständig decken** würde (BGH MDR 2020, 1257 Tz 23). Ist eine **einheitliche Klageforderung** in Höhe eines (bestimmten) Teilbetrags abweisungsreif, braucht insoweit kein (klageabweisendes) Teilurteil zu ergehen (vgl § 301 I 2, II), sondern kann ein (uneingeschränktes) Grundurteil erlassen werden (BGH NJW-RR 2004, 1034; Abgrenzung zur Anspruchsmehrheit: s Rn 25). 7

6) Zweckmäßigkeit des Grundurteils. Weiterhin setzt ein Grundurteil eine **sinnvolle Trennbarkeit** von Grund und Betrag voraus. Unzulässig ist ein Grundurteil, wenn die Tatsachen für Grund und Höhe annähernd dieselben sind oder in einem so engen Zusammenhang stehen, dass die Herausnahme einer Grundentscheidung unzweckmäßig und verwirrend wäre (BGH WM 2022, 2421 Tz 20; BGH NJW 2016, 3244 Tz 36 mwN). Bsp: Obliegenheitsverletzung des Versicherungsnehmers (BGH NJW-RR 93, 91; BGH NJW-RR 92, 1053); Bedürftigkeit eines Unterhaltsgläubigers, die sowohl Tatbestandsvoraussetzung des Unterhaltsanspruchs ist als auch dessen Höhe bestimmt (OLG Köln MDR 95, 412; OLG Karlsruhe FamRZ 94, 1122). – Ein Grundurteil setzt ferner voraus, dass die Trennung von Grund und Höhe **prozesswirtschaftlich** ist. § 304 beruht auf der Erwägung, dass idR für die Entscheidung über den Anspruchsgrund andere Tat- und Rechtsfragen zu beurteilen sind als für die Entscheidung über den Betrag, so dass die Erledigung des Rechtsstreits gefördert wird, wenn über den Grund vorab entschieden wird. Bei Anwendung und Auslegung von § 304 ist vor allem den Erfordernissen dieser Prozessökonomie (BGH WM 2022, 2421 Tz 19; BGH NJW 2016, 3244 = MDR 2017, 359) Rechnung zu tragen. Der Erlass eines Grundurteils ist daher immer dann unzulässig, wenn es nicht zu einer **echten Vorabentscheidung** des Prozesses, sondern zu dessen ungerechtfertigten Verzögerung und Verteuerung führt (BGH WM 2022, 2421 Tz 20; BGH NJW 2016, 3244). Bsp: Notwendigkeit einer erneuten Beweisaufnahme im Betragsverf über Tatsachen, die bereits Gegenstand einer Beweisaufnahme im Grundverf waren (BGH NJW 2016, 3244); sowohl Grund als auch Höhe erfassender Einwand aus § 242 BGB (BGH WM 2022, 2421 Tz 21). 8

7) Abgrenzung von Grund und Betrag. Als beschränkte Klagestattgabe muss das Grundurteil den Prozessstoff **zum Grund vollständig** erledigen, also alle Fragen erledigen, die zum Grund des Anspruchs gehören (BGH MDR 2019, 1056; BGH MDR 2016, 1377). Die rechtl Grundlage des Anspruchs darf nicht offen bleiben (BGH MDR 2019, 1056). Unzulässig ist ein Grundurteil über einzelne **Elemente der Begründetheit** des Klageanspruchs (BGH NJW 89, 2745 = MDR 89, 1096; BGH NJW-RR 89, 1149 = MDR 89, 535), wie präjudizielle Rechtsverhältnisse (BGH NJW 90, 1367), tatsächl Elemente einer Schadensberechnung (BGH NJW-RR 89, 1149: Ausmaß der Minderung der Erwerbsfähigkeit in einem bestimmten Zeitraum), einzelne „Streitpunkte" hinsichtl des Klagegrundes, einzelne „Verteidigungsmittel", punktuelle Tatbestandsmerkmale (BGHReport 2003, 349) usw. 9

Auszugehen ist von dem Grundsatz, dass zum Grund des Anspruchs alles gehört, was den **Anspruch insgesamt entfallen** lassen kann. Aus prozessökonomischen Gründen wird in dafür geeigneten Konstellationen aber ausnahmsw eine Ausklammerung von an sich zum Grund gehörenden Fragen und ihre Verweisung ins Betragsverf zugelassen (vgl zB BGH MDR 74, 558; BGH NJW 89, 2745); Bsp: s Rn 17, 22. 10

8) Elemente des Anspruchsgrunds. Zum Grund gehören daher: **a) alle anspruchsbegründenden Tatsachen** (BGHZ 80, 222, 224; BGH NJW 2014, 2354 Tz 27; BGH NJW 2001, 225 = MDR 2001, 167). Welche dieser Tatsachen zum Grund des Anspruchs gehören, ist nicht nur nach dem zugrunde liegenden materiell-rechtl Anspruch, sondern auch in Bezug auf den jew mit der Klage geltend gemachten Anspruch zu beurteilen (BGH NJW 2014, 2354 Tz 27); 11

b) alle Einwendungen, die den Anspruchsgrund in vollem Umfang entfallen lassen (BGH NJW 98, 3117; BGH NJW 2001, 225 = MDR 2001, 167, 168): zB volle Erfüllung und Erfüllungssurrogate, Verzicht, Leistungsbefreiung des Versicherers (BGH MDR 79, 385; sa Rn 8); Nichtigkeit zB wegen Verstoß gegen ein Verbotsgesetz (OLG Hamm NJW-RR 93, 693) oder die guten Sitten. 12

13 **c) Einreden, (nur)** soweit sie zur vollen Klageabweisung führen (zB Verjährung, s Rn 20). Daher können dem Betragsverf verbleiben zB die Einreden aus §§ 273, 320, 438 IV, § 634a IV BGB (BGH NJW 90, 2384 = MDR 91, 142).

14 **9) Einzelfragen zum Anspruchsgrund. a) Sachbefugnis.** Zum Grund gehören die Tatsachen, die die Sachbefugnis (aktive und passive) begründen oder sie wieder entfallen lassen, wie der **Forderungsübergang** auf Dritte durch Zession oder kraft Gesetzes (§ 116 SGB X, § 67 VVG; BGH NJW 56, 1236; Schilken ZZP 95 [1982], 59 f). Ausnahme: Bei nur teilw Abtretung oder ges Forderungsübergang kann Grundurteil ergehen und die Klärung dem Betragverf vorbehalten werden, da sich der Einwand auch auf die Höhe bezieht (BGH NJW 68, 2105; BGH VersR 67, 1002; OLG München NJW 2023, 3173; OLG Frankfurt NJW-RR 2022, 402). Der Einwand, dass die Klageforderung **gepfändet** und daher nicht mehr an den Kl zu erfüllen sei, kann dem Betragsverf überlassen werden (RGZ 170, 283).

15 **b) Aufrechnung.** Sie kann dem Betragsverf vorbehalten werden, wenn auch bei ihrem Durchgreifen eine zumindest teilw Verurteilung zu erwarten ist (s Rn 7; BGH NJW 2005, 1935). Dasselbe gilt für die **Verrechnung** von Ansprüchen. Durch Erlass eines kombinierten *Grund- und Vorbehaltsurteils* (§ 304 iVm § 302) können sowohl die Höhe der Klageforderung als auch die Gegenforderung dem Nachverf vorbehalten werden (s § 302 Rn 2).

16 **c) Kausalität.** Zum Grund des Anspruchs gehören die *haftungsbegründende* Kausalität (BGH NJW 84, 1226 = MDR 84, 567; BGH NJW-RR 91, 600) und der *Zurechnungszusammenhang* (BGH NJW-RR 91, 601). Die *haftungsausfüllende* Kausalität kann, insb bei mehreren Schadensposten (BGH NJW-RR 87, 1277), dem Betragsverf vorbehalten bleiben (BGH NJW 95, 1550; BGH NJW-RR 97, 189); erforderl ist aber zumindest, dass eine Wahrscheinlichkeit (zum Maßstab s Rn 7) für die kausale Entstehung zumindest irgendeines Schadens besteht (BGH NJW-RR 91, 599). Geht die Absicht des Gerichts, über die Kausalität erst im Betragsverf zu entscheiden, aus dem Grundurteil nicht klar hervor, ist der Bekl insoweit beschwert, als er den Kausalzusammenhang bestreitet (BGH NJW-RR 87, 1277).

17 **d) Mitverursachung, mitwirkendes Verschulden** (§ 254 BGB, Art 77 CISG), **mitwirkende Betriebsgefahr** (§ 17 StVG). Diese gehören grds zum Grund des Anspruchs (s zB BGH NJW 97, 3176; BGH NJW 90, 1106 für § 254 BGB; BGH NJW 2005, 1935 für Art 77 CISG). Sie können aber ausnahmsw dem **Betragsverfahren vorbehalten** (Überblick: Foerster ZZP 127 [2014], 203, 206 ff; Form des Vorbehalts: s Rn 29) werden, wenn sie, wie idR, nicht zum vollen Haftungsausschluss führen (BGH NJW 99, 2441 = MDR 99, 1009; BGH NJW 90, 1106 = MDR 90, 619; BGH NJW 80, 1579). Anders aber, wenn sich der Einwand des Mitverschuldens nicht vom Haftungsgrund trennen lässt, weil sich beides aus einem einheitl zu würdigenden Schadensereignis ableitet (BGH NJW 2013, 1948; BGH MDR 2002, 964). Doch ist es nicht nur zulässig, sondern idR auch zweckmäßig und wird in der Praxis auch so gehandhabt, das Mitverschulden usw im Grundurteil in der Weise zu berücksichtigen, dass der Grund des Anspruchs nur zu einer bestimmten Quote zugesprochen wird (BGH NJW 80, 1579). Zur Tenorierung s Rn 29. Bei offen gelassener *alternativer haftungsbegründender Kausalität* darf die Frage des Mitverschuldens nicht dem Betragsverf vorbehalten werden (BGH NJW 79, 1933 = MDR 79, 833). Zur Bindungswirkung bei vorbehaltlosem Grundurteil s Rn 33.

18 **e) Schmerzensgeld.** Zur Zulässigkeit eines Grundurteils s Rn 3. Ein **Mitverschulden** des Geschädigten (allg s Rn 17) ist nur ein Element der Bemessung des Schmerzensgeldes, so dass dieses nicht nach einer Quote zu bemessen ist (zB BGH MDR 2024, 521; BGH VersR 2001, 1578; BGH NZV 1991, 305); auch im Grundurteil kann es daher nicht nach einer Quote zuerkannt werden (BGH MDR 2024, 521; BGHSt 47, 378; BGH VersR 1984, 739; BGHZ 18, 149; zur älteren abw Rspr s 31. Aufl Rn 14). Zulässig ist aber, im Grundurteil ein angemessenes Schmerzensgeld „unter Berücksichtigung eines Mitverschuldens des Kl von (Quote)" zuzubilligen (BGH MDR 2024, 521; BGH VersR 1984, 739). Wie sich das Mitverschulden endgültig bei der Bemessung des Schmerzensgeldes auswirkt, ist eine Frage des Betragsverf.

19 **f) Schaden im Übrigen.** Mögl ist, für den unstr Teil der Verletzungen unter Zuerkennung eines **Mindestbetrags** durch Grund- und Teilurteil zu entscheiden (BGH NJW 2004, 949; sa § 301 Rn 17). Der Einwand des Verstoßes gegen die **Schadensminderungspflicht** (§ 254 II BGB) gehört zum Betragsverf (BGH NJW 80, 1579); ebenso grds die Frage der **Erstattungsfähigkeit** einzelner Schadensposten (BGH NJW 93, 1793). Dem Nachverf vorzubehalten ist auch die Frage, ob ein Schaden konkret oder abstrakt zu berechnen ist (RG LZ 25, 40; sa BGH NJW-RR 2012, 880 Tz 14 = MDR 2012, 179). Vorbehalten werden können auch Beginn und Dauer einer **Rente** (BGH VersR 67, 1002) sowie die Frage, ob der Schadensersatz als Kapital oder Rente zu leisten ist (BGHZ 59, 139; OLG Zweibrücken OLGZ 88, 480). Wenn **Zinsen** als eigenständige Schadensposition geltend gemacht werden, handelt es sich grds um eine Frage des Grundes (BGH WM 85, 1167), nicht aber bei den üblichen laufenden Zinsen gem §§ 288, 291 BGB, § 353 HGB (BGH WM 85, 1167). Zum Grund gehört die Frage, ob sich der Schaden nach dem **Zedenten oder Zessionar** berechnet, wenn ein Schadenseintritt bei einem fragl ist (BGH NJW 2004, 2526).

20 **g) Verjährung** gehört zum Grund des Anspruchs, wenn sie die gesamte Forderung erfasst (BGH NJW 89, 2745; BGH NJW 89, 2821; BGH NJW 95, 2107). Sofern sich die Einrede nur gegen einen Teilbetrag richtet, ist eine Entscheidung darüber im Betragsverf zulässig (BGH NJW 68, 2105; BGH MDR 74, 558).

10) Weitere Rechtsprechung zur Abgrenzung Grund – Betrag. Zum Grund gehört: Die Möglichkeit **anderweitigen Ersatzes** gem § 839 BGB (RGZ 156, 87), es sei denn, sie deckt den Schaden nicht voll ab (BGH WM 76, 873); die Frage eines qualifizierenden Verschuldens gem **§ 435 HGB** (BGH MDR 2020, 1257 Tz 24); die Wirksamkeit einer für die Berechnung der Vergütung maßgebenden **Preisabrede** (BGH NJW 2014, 2354 Tz 27); das Bestehen der **Hauptschuld** bei einem Bürgschaftsanspruch (BGH NJW 90, 1367 = MDR 90, 539); die **Ersetzungsbefugnis** des Sch (BGH NJW 72, 1202); im **Anwaltshaftung**sprozess, wenn dem RA vorgeworfen wird, seine Vertragspflichten bei der Durchsetzung eines Anspruchs verletzt zu haben, die Frage, ob jener Anspruch überhaupt bestand (BGH NJW 2015, 3453; BGH MDR 80, 925); die hohe Wahrscheinlichkeit erhebl Vorteile aus der vom Handelsvertreter geschaffenen Geschäftsverbindung beim Ausgleichsanspruch gem **§ 89b HGB** (BGH NJW 96, 849 f); die Dauer der Mitgliedschaft und die Höhe der Beteiligungsquote eines (ausgeschiedenen) **Gesellschafters**, der Abfindung begehrt (BGH WM 85, 1166 f); das Aufbrauchen eines **Vorschusses** bei Anspruch auf Aufwendungsersatz (BGHReport 2003, 350); die Frage der Haftungsbeschränkung des Erben (OLG Köln VersR 68, 380), es sei denn, diese wird erst im Betragsverf geltend gemacht (OLG Schleswig SchlHA 69, 231). 21

Dem **Betragsverfahren** kann vorbehalten werden: Die Zumutbarkeit von Abwehrmaßnahmen beim Anspruch gem **§ 906 II 2 BGB** für die Frage der Höhe eines zumindest wahrscheinl Anspruchs (BGH NJW 81, 1370). Der **Zinsanspruch** kann auch stillschweigend dem Betragsverf vorbehalten werden, wenn die Rechtslage, wie häufig (zB im Fall der §§ 288, 291 BGB; § 353 HGB), einfach ist (BGH WM 85, 1167; bei schadensersatzrechtl Begründung s Rn 19). 22

11) Besondere Verfahrenslagen. a) Anspruchskonkurrenz. Bei mehrfacher rechtl Begründung des gleichen Streitgegenstandes (sog Anspruchskonkurrenz) muss das Grundurteil über *sämtl* Anspruchsgrundlagen entscheiden (BGH NJW-RR 91, 601 = MDR 91, 767; BGH MDR 80, 927 = NJW 80, 2355), es sei denn, die festgestellte Anspruchsgrundlage reicht allein zur Begründung für die Höhe des gesamten (BGH MDR 2020, 1257) eingeklagten Betrags aus und der andere Klagegrund ist für die Höhe des Betrags ohne jede Bedeutung (BGH NJW 78, 1920; BGH NJW 70, 608). Bsp für letzteres: Schadensersatz aus §§ 909, 823 II BGB und aus Eigentumsverletzung gem § 823 I BGB (BGH NJW 70, 608). Ist dagegen der konkurrierende Anspruch im Verhältnis zu dem im Grundurteil bejahten der weiter gehende (Bsp: gem Vertrag ggü §§ 812, 818 BGB), muss der Anspruch aus dem weiter gehenden Klagegrund für unbegründet erklärt werden (BGH NJW 78, 1920; BGH LM Nr 5; Schilken ZZP 95 [1982], 51). Dies hat wegen der Bindungswirkung für das Betragsverf (s Rn 33, 35) grds im Urteilstenor zu geschehen (RGZ 131, 347; BGH LM Nr 5 u 10), wobei eine Teilabweisung des nicht abgedeckten Betrages (zB bei Haftungshöchstgrenzen) sachdienl sein kann (MskV/Wolff Rn 28). Im Einzelfall kann sich ein entspr Entscheidungswillen aber auch aus den Entscheidungsgründen ergeben. Wird ein weiter als andere gehender Klagegrund – und sei es nur in den Urteilsgründen – für unbegründet erklärt, kann der Kl dies mit der Berufung angreifen (OLG Frankfurt NJW-RR 87, 191 = MDR 87, 62; sa Rn 35 und vor § 511 Rn 16). Bei **alternativer Konkurrenz** der Anspruchsgrundlagen kann im Grundurteil die genaue Anspruchsgrundlage offenbleiben, wenn alle die Klagestattgabe tragen und die geltend gemachte Leistung aus demselben Sachverhalt hergeleitet wird (BGH NJW 2001, 225; BGH NJW 98, 377, 379). 23

Ist im Grundurteil unzulässigerweise (s Rn 23) die Entscheidung über den erhebl weiter gehenden Klagegrund **offen geblieben**, ist eine saubere Trennung zwischen Grund- und Betragsverf nicht mehr mögl und die Entscheidung unterliegt wegen der **Unklarheit** ihrer Tragweite im Rechtsmittelverf der Aufhebung (BGH WM 2003, 1919; BGH NJW-RR 1996, 700). Zu Einschränkungen der **Bindungswirkung** bei Anspruchskonkurrenz s Rn 23, 34. 24

b) Objektive und subjektive Klagenhäufung. Sind mehrere selbständige – wenn auch in einem Leistungsantrag zusammengefasste – Forderungen eingeklagt, muss das Grundurteil sämtl Ansprüche umfassen (BGH NJW 2015, 3453; BGH NJW 98, 3117; BGH NJW 94, 1791) oder die verneinten Einzelforderungen durch Teilendurteil abweisen (BGH NJW 84, 1226). Die bei Anspruchsmehrheit gebotene Aufteilung (s § 253 Rn 15) ist auch für das Grundurteil erforderl (BGH NJW 98, 1140 = MDR 98, 400). Hinsichtl eines **Gesamtanspruchs**, der sich aus mehreren Einzelpositionen zusammensetzt, kann ein Grundurteil (nur) ergehen, wenn er auf demselben tatsächl und rechtl Grund beruht und das Gericht diesen festgestellt hat (BGH NJW 2015, 3453; BGH NJW-RR 2007, 305; BGHReport 2003, 1364; BGH NJW 94, 1791). Doch kann auch eine der mehreren selbständigen Klageforderungen in einem **Teil-Grundurteil** bejaht werden, wenn die übrigen Streitgegenstände noch nicht entscheidungsreif sind (Schilken ZZP 96 [1982], 45, 55; aA AK/Fenge Rn 13; offen, im Einzelfall verneinend BGH NJW-RR 92, 1053). Zur Bestimmtheit der Entscheidung s Rn 30. – Zur Zulässigkeit eines Grundurteils über Ansprüche aus **mehreren Verträgen** s BGH MDR 74, 558 = VersR 74, 587. 25

c) Teilklagen. Auch bei diesen ist ein Grundurteil mögl (BGH NJW 93, 1779, 1782 = MDR 93, 690). Sind mit der Teilklage selbständige Einzelforderungen gestaffelt aus einem Gesamtanspruch geltend gemacht, so kann ein Grundurteil (abw von den Grundsätzen gem Rn 25) schon dann ergehen, wenn trotz Ausfalls einzelner Forderungen eine Forderung in Höhe des insgesamt geltend gemachten Teilbetrags für mögl erachtet wird (BGH NJW 93, 1779, 1782 = MDR 93, 690). 26

27 **d) Hilfsantrag.** Über diesen darf ein Grundurteil erst nach Abweisung des Hauptanspruches durch Teilendurteil ergehen (BGH WM 2003, 1919; BGH NJW-RR 1992, 290). Unzulässig ist daher ein Grundurteil entgegen der vorgegebenen Reihenfolge sogleich über den Hilfsanspruch (BGH WM 2003, 1919 = MDR 2003, 769; BGH NJW 1998, 1140 = MDR 1998, 400) oder über Haupt- und Hilfsantrag zugleich (BGH NJW 2002, 3478 = MDR 2002, 1302; BGH NJW-RR 1992, 290); ebenso ein Teilurteil, das gleichzeitig alternativ den Hauptantrag (Naturalschadensersatz) und den Hilfsantrag (Geldersatz) für dem Grunde nach gerechtfertigt erklärt (BGH NJW 69, 2241). Zur Bindungswirkung bei unzulässigem Grundurteil s Rn 33 f.

28 **III) Entscheidung. 1) Allgemeines.** Ob ein Grundurteil ergeht, steht im freien, durch das Rechtsmittelgericht nicht nachprüfbaren gerichtl **Ermessen** (BGH NJW-RR 2003, 68); ein Antrag auf Erlass eines Grundurteils ist Prozessantrag (BGH NJW-RR 2003, 68). Als **VU** kann es nicht ergehen, da die Geständnisfiktion gem § 331 I 1 einem „Streit" über den Grund (s Rn 5) entgegensteht (MskV/Wolff Rn 5; StJ/Althammer Rn 19; aA Bergenroth NJW 53, 51). Als Entscheidung nach Aktenlage kann es ergehen. Ein Grundurteil kann auch im **Rechtsmittelverfahren** (zB BGH NJW 2025, 581; BGH NJW 91, 1893 = MDR 91, 670 je für Berufung; BGH MDR 2015, 390 für Revision) unter Zurückverweisung wegen des Betrags ergehen, auch vom Revisionsgericht an das Ausgangsgericht (BGH NJW-RR 94, 1171 = MDR 94, 1120). Es darf aber nicht in der Weise ergehen, dass das Berufungsgericht die Berufung teilw zurückweist, soweit sie sich gegen den Grund des Anspruchs richtet (BGH NJW 2025, 581). Mögl ist die eingeschränkte Aufhebung der Erstentscheidung unter Aufrechterhaltung als Grundurteil (BGH NJW 2014, 1544 Tz 11). IE s § 538 Rn 43 ff. – Die **Zulässigkeitsvoraussetzungen** für den Erlass eines Grundurteils sind in allen Instanzen vAw **zu prüfen** (stRspr, s Rn 37). Im **Adhäsionsverfahren** gem §§ 403 ff StPO kann auch durch Grundurteil entschieden werden (§ 406 I 2 StPO); das Betragsverf findet dann vor den Zivilgerichten statt (§ 406 III 3 StPO; eingeh BGH NJW 2002, 3560; BGH NJW 2013, 1163; Foerster JZ 2013, 1143).

29 **2) Tenorierung.** Es kann zB formuliert werden: „Die Klage ist dem Grunde nach gerechtfertigt" oder wenn teilw: „Der Klageantrag ist dem Grunde nach – zur Hälfte – gerechtfertigt, soweit der Anspruch nicht auf Sozialversicherungsträger übergegangen ist"; „der Anspruch ist nur wegen Bereicherung dem Grunde nach gerechtfertigt" (vgl RGZ 131, 347). Weiteres Bsp (OLG Celle VersR 82, 598): „Die Klage ist dem Grunde nach gerechtfertigt für Schäden, die … (es folgt der Zeitpunkt) entstanden sind, im Übrigen nur im Rahmen des § 830 Abs. 1 S. 2 BGB." Der **Vorbehalt** einzelner Elemente für das Betragsverf (s Rn 10, 22) muss idR ausdrückl, am besten im Tenor, zumindest in den Urteilsgründen ausgesprochen werden (BGH NJW 90, 1106; BGH NJW 99, 2440 = MDR 99, 1009), kann sich aber uU auch durch Auslegung ergeben (vgl BGH NJW-RR 2014, 1118 Tz 18, Foerster ZZP 127 [2014], 206). Ein **eingeschränktes Grundurteil** („… ist gerechtfertigt, soweit der Anspruch auf [bestimmte Schädigungshandlung, bestimmte Anspruchsgrundlage] beruht …") ist mit einer **Klageabweisung** iÜ zu verbinden (BGH NJW 2000, 3424). Auch beim gequotelten Grundurteil („… zu ⅓ gerechtfertigt") ist die Klage „im Übrigen" (durch Teilurteil) abzuweisen (OLG Koblenz VRS 68, 179; E. Schneider MDR 78, 706 mwN, str; aA AK/Fenge Rn 17). Ist die erforderl Teilabweisung unterblieben, kann sie noch im Rechtsmittelverf nachgeholt werden (OLG Koblenz VRS 68, 179 mN). – Das Grundurteil enthält **keinen** Ausspruch über **Kosten** und **Vollstreckbarkeit**.

30 **3) Bestimmtheit.** Aus der Bindungswirkung eines Grundurteils ergeben sich Anforderungen an seine Bestimmtheit: Aus ihm muss sich eindeutig ergeben, inwieweit es den Streit vorab entschieden hat und welchen Teil es dem Betragsverf vorbehalten will (stRspr, zB BGH MDR 2003, 769; BGH NJW 2000, 3423; BGH MDR 1996, 846). Das gleiche gilt für die Frage, **welcher Anspruch** dem Grunde nach für gerechtfertigt erklärt wird: Unzulässig ist zB ein Teil-Grundurteil, das den Klageanspruch im Rahmen der Grenzen des StVG (Haftungshöchstbetrag gem § 12 StVG) dem Grunde nach zuspricht, jedoch weiter gehende Ansprüche aus unerlaubter Handlung offenlässt (BGH NJW 78, 1920; s Rn 23). Wird zugleich **Grund- und Teilurteil** erlassen (§ 301 I 2), muss im Hinblick auf die unterschiedl Urteilswirkungen eindeutig feststehen, in welchem Umfang über den Klageanspruch abschließend entschieden und in welcher Höhe er – im Betragsverf – noch anhängig ist (BGH NJW 1989, 2746 = MDR 1989, 1096; BGH NJW 94, 2349 = MDR 94, 1098; BGH NJW-RR 87, 1277). Bei der Geltendmachung eines einheitl aus einer **Mehrheit von Einzelposten** zusammengesetzten Anspruchs muss hinsichtl jedes Einzelpostens zweifelsfrei feststehen, ob er abschließend beschieden (§ 301) oder der Zwischenentscheidung über den Grund zugeordnet ist (BGH NJW 1989, 2746 = MDR 1989, 1096); hierfür reicht idR eine nur zeitl, nicht auch gegenständl Individualisierung der Einzelposten nicht aus (BGH NJW 1989, 2746 = MDR 1989, 1096: Aufwendungen von … bis …; sa Rn 25). Bei der **Abweisung eines Teilbetrages** durch Teilurteil neben dem Grundurteil muss der aberkannte Teil des Klageanspruchs betragsmäßig bestimmt sein (BGH NJW 1994, 2349).

31 **4) Auslegung, Umdeutung.** Maßgebend ist der durch Auslegung zu ermittelnde wahre Charakter der Entscheidung, eine *irrtüml* Bezeichnung als „Teilurteil" ist unschädl (BGH NJW 2004, 949). Hat das Gericht nur ein „Grundurteil" erlassen, liegt darin idR (Auslegungsfrage) nicht zugleich ein stattgebendes Feststellungsurteil (BGH NJW 2009, 2814), wenn sich ein entspr Wille des Gerichts nicht aus den Urteilsgründen ergibt (BGH NJW 2009, 2814; BGH NJW-RR 1992, 531 mwN). Ist das Grundurteil unzul, ist eine *Umdeutung* in ein (Teil-)Feststellungsurteil im Einzelfall mögl (BGH MDR 2003, 21 = NJW-RR 2002, 1576; BGH MDR 92, 746); in der Rechtsmittelinstanz kann ihr das Verbot der *reformatio in peius* entgegenstehen (BGH NJW-RR 2013, 363 Tz 18 mwN = MDR 2013, 538; BGH NJW 84, 2213).

IV) Wirkung des Grundurteils. 1) Auf das Verfahren. Der Rechtsstreit bleibt bei dem Ausgangsgericht anhängig (BGH NJW 2021, 1303 = MDR 2021, 571), er kann gem **II Hs 2** auf Antrag einer Partei auch während des Berufungsverfahrens gegen das Grundurteil fortgeführt werden (BGH NJW 2021, 1303 = MDR 2021, 571; BGH NJW-RR 2004, 1294). Ihm steht insoweit ein Ermessen zu (KG MDR 71, 588). Grds spricht der Zweck des Grundurteils, im Interesse der Prozessökonomie zunächst die Haftung dem Grunde nach abschließend zu klären, dafür, seine Rechtskraft abzuwarten, sofern nicht erhebl Interesse der Parteien an einer baldigen Fortsetzung des Betragsverf besteht (OLG Köln 3.9.2014 – 16 W 29/14, juris; OLG Celle NJW-RR 2003, 787). Nach Eintritt der formellen Rechtskraft ist vAw **Termin zur Fortsetzung** des Betragsverf zu bestimmen (BGH NJW 79, 2307). – Lehnt das AG/LG die Verh zur Höhe bis zur Rechtskraft des Grundurteils ab, ist dagegen gem § 567 I Nr 2 die **sofortige Beschwerde** statthaft (OLG Köln 3.9.2014 – 16 W 29/14, juris; KG MDR 71, 588; OLG München NJW 74, 1514). Hingegen ist die Entscheidung, vor Rechtskraft des Grundurteils über den Betrag zu verhandeln, nicht anfechtbar (OLG Frankfurt MDR 85, 149, mit Nw auch zur Gegenansicht; OLG München NJW 74, 1514). 32

2) Bindungswirkung. a) Grundlagen. Die Bindungswirkung (s § 318 Rn 4 f) ist von der Rechtskraft (§ 322) zu unterscheiden und ergibt sich aus § 318 (BGH NJW-RR 2014, 1118; BGH NJW 2011, 3242 Tz 16 = MDR 2011, 1315; BGH NJW-RR 87, 1197 = MDR 87, 841). Nach der Rspr des BGH (zB BGH NJW 2016, 3244 Tz 29 = MDR 2017, 359; BGH NJW-RR 2014, 1118 Tz 17 mwN = MDR 2014, 830) ist von folgenden Grundsätzen auszugehen: Das Grundurteil bindet (§§ 318, 512, 555 iVm § 304 II) für das Betragsverf, soweit es das Vorhandensein des Klageanspruchs überhaupt bejaht und soweit dessen Höhe durch den im Grundurteil anerkannten Klagegrund gerechtfertigt ist. Es legt fest, auf welcher Grundlage das Betragsverf aufzubauen hat und welche Umstände bereits – für die Parteien bindend – abschließend im Grundverf geklärt sind. Der Umfang der Bindungswirkung richtet sich danach, worüber das Gericht **wirklich entschieden** hat, was durch Auslegung von Urteilsformel und Entscheidungsgründen zu ermitteln ist, wozu auch das Revisionsgericht befugt ist. Die Bindung besteht also nur, soweit das Grundurteil bindende Feststellungen und eine bindende Entscheidung von Streitpunkten treffen will. Sie erstreckt sich auf Tatbestand und Entscheidungsgründe, soweit durch sie der festgestellte Anspruch gekennzeichnet und inhaltl bestimmt wird (BGH NJW 2016, 3244 Tz 29; BGH NJW-RR 2014, 1118 Tz 17; allg sa § 318 Rn 5). **Beispiel:** Kausalzusammenhang zwischen Werkmangel und eingetretenem Folgeschaden (BGH NJW-RR 97, 188); Schadensberechnung aus der Person (nicht des Zedenten, sondern) des Zessionars (BGH NJW 2004, 2526); Grundlagen der Schadensberechnung, zB Gesamtvermögensvergleich im Gegensatz zu tatsächl entstandenen Mehrkosten (vgl BGH NJW 2011, 3242 Tz 18, 22). Das Grundurteil bindet, soweit der Anspruch rechtshängig geworden ist. Maßgebl Zeitpunkt für die Bindung ist die letzte mündl Verh im Grundverf (§ 767 II; BGH NJW 85, 496 = MDR 84, 649; s Rn 38); bei späteren **Klageerweiterungen** oder -änderungen besteht keine Bindung (BGH NJW 85, 496 = MDR 84, 649; Stuttgart NJW-RR 96, 1085). Soweit das Grundurteil **Einwendungen** (zB Mitverschulden) zurückweist oder auch nur **übergeht** und nicht dem Betragsverf vorbehält, steht die Bindungswirkung ihrer Berücksichtigung im Betragsverf entgegen (BGH NJW 99, 2440 = MDR 99, 1009; BGH NJW 90, 1106; OLG Karlsruhe MDR 2011, 979), es sei denn, die Einwendung gehört nicht zum Grund des Anspruchs (s Rn 34). Ist das Grundurteil vom Rechtsmittelgericht erlassen, ist es (nach Zurückverweisung) im 2. Rechtsmittelverf selbst gebunden (BGH NJW-RR 87, 841). Zur Beschwer bei einer Unsicherheit über den Bindungswillen s Rn 24. 33

b) Umfang und Einschränkung der Bindungswirkung. Der Umfang der Bindungswirkung ist durch **Auslegung** des Grundurteils anhand des Tenors und der Entscheidungsgründe zu ermitteln (stRspr, zB BGH MDR 2016, 1162; BGH NJW-RR 2014, 1118; BGH NJW 2011, 3242 mwN). Daraus kann sich ein eingeschränkter Bindungswille (s Rn 33) ergeben (BGH NJW-RR 2014, 1118 Tz 21; BGH NJW 1995, 1549). Weist das Grundurteil Streitpunkte **fehlerhaft** dem Betragsverf zu, sind diese dort ohne Rücksicht auf die Bindungswirkung des Grundurteils zu berücksichtigen (s Tiedtke ZZP 89 [1976], 76). Hat das Grundurteil über einen ins Betragsverf gehörenden Punkt unzulässig mitentschieden, so binden diese Feststellungen nicht (BGH MDR 2016, 1162; BGH MDR 2006, 768 = NJW-RR 2007, 138; BGH MDR 2005, 1241 = NJW-RR 2005, 1157), zB: **zur Höhe** eines Schadens (BGH MDR 2016, 1162), Verneinung einzelner Schadensposten ohne Teilabweisung (OLGR Hamm 2006, 166). Zulässig und bindend ist aber eine **Eingrenzung** des Schadens in zeitl/objektiver Hinsicht (BGH NJW-RR 2014, 1118 Tz 21 ff = MDR 2014, 830). Die Bindung an ein unzulässiges Grundurteil über einen **Hilfsantrag** (s Rn 27) entfällt, wenn die Bedingung, unter die der Hilfsantrag gestellt war, durch rechtskräftige Entscheidung über den Hauptantrag nicht mehr besteht (BGH NJW 2002, 3478). 34

Problematisch ist die Bindung bei **Anspruchskonkurrenz** (s Rn 23) an die eine Anspruchsgrundlage verneinende Entscheidung im Grundurteil. Die Verneinung einer von mehreren Anspruchsgrundlagen im Grundurteil scheidet diese aus dem Betragsverf aus (BGH LM Nr 12). Für den **Rechtsmittelzug** gilt diese Bindungswirkung aber nur eingeschränkt (vgl BGH LM Nr 12; BGH WM 72, 372 zu III 1, iE str). Reichen die beiden Klagegründe quantitativ gleich weit, erkennt das Gericht aber nur einen als begründet an, so obsiegt der Kl mit dem auf ihn gestützten Grundurteil in vollem Umfang. Mangels Beschwer könnte der Kl mit einem Rechtsmittel nicht geltend machen, dass der andere Klagegrund seiner Forderung nicht anerkannt wurde. Gerade deshalb ist das Rechtsmittelgericht aber in seinem Verf an den Ausschluss einer Anspruchsgrundlage im Grundurteil *nicht* 35 *gebunden.* Bsp: Ist die Enteignungsentschädigungsklage *allein* wegen Eingriffs in den Gewerbebetrieb dem Grunde nach für gerechtfertigt erklärt worden, kann das Rechtsmittelgericht auch den im Grundurteil *verneinten* Eingriff in das Grundeigentum prüfen (BGH WM 72, 372 zu III 1). Anderes gilt – also Beschwer des Kl und damit Rechtsmittel für ihn (vgl OLG Frankfurt NJW-RR 87, 191 = MDR 87, 62; s Rn 37) –, wenn der nicht anerkannte Klagegrund dem Umfang nach weiter reichte als der zuerkannte, auch wenn wegen des negierten Überschusses kein klageabweisendes Teilurteil ergangen war (zB: Aberkennung des Schadensersatzanspruchs aus § 823 BGB, Zuerkennung dem Grund nach aus § 7 StVG, beschwert wegen § 12 StVG). In diesem Fall besteht daher für eine Einschränkung der Bindungswirkung keine Rechtfertigung.

36 c) **Grenzen der Bindungswirkung.** Die Bindung hindert nicht eine Abweisung der Klage, wenn sich erst im Betragsverf das Fehlen einer Prozessvoraussetzung (RGZ 89, 119) oder eines Schadens ergibt (s Rn 38) sowie die Berücksichtigung von Wiederaufnahmegründen gegen das Grundurteil im Betragsverf (BGH NJW 1963, 587 LS; BGH LM § 304 Nr 12 = NJW 59, 1918). Hat das Grundurteil einen Teil der Klagegründe übergangen, so kann die Entscheidung hierüber im Betragsverf ohne Bindung an das Grundurteil nachgeholt werden (BGH LM § 318 Nr 2).

37 **V) Anfechtung (§ 304 II Hs 1).** Das Grundurteil ist selbständig anfechtbar. Im Revisionsverf werden die Voraussetzungen für den Erlass **von Amts wegen geprüft** (BGH NJW 2024, 149; BGH NJW 2017, 265; BGH NJW-RR 2013, 363 Tz 14). Die **Beschwer** richtet sich nach dem Umfang der für den Rechtsmittelführer (ggf auch den Kl, s Rn 35) *negativen Bindungswirkung* (BGH MDR 2024, 521; BGH MDR 2016, 1162; BGH NJW-RR 2007, 138; sa vor § 511 Rn 16); bei Berufung des Kl nach der Höhe der Klageforderung bzw. dem zuerkannten Bruchteil (BGH MDR 2024, 521 für Schmerzensgeld; BGH NJW 2010, 681 Tz 6). Der bloße Anschein einer Bindungswirkung, der zB von einem unzulässig die Höhe des Schadens erörternden Grundurteil ausgeht, rechtfertigt die Zulässigkeit eines Rechtsmittels nicht (BGH MDR 2016, 1162; BGH NJW-RR 2013, 363 Tz 19; sa Rn 33). – Zur Entscheidung des Berufungsgerichts gem **§ 538 II Nr 4** s § 538 Rn 43 ff, 55 aE. Aus § 538 II 1 Nr 4 Hs 2 ergibt sich der allg Grundsatz, dass das Berufungsgericht bei der Überprüfung eines erstinstanzl Grundurteils befugt ist, auch **über den Betrag zu entscheiden**, wenn der Streit insoweit zur Entscheidung reif ist, und zwar unabhängig davon, ob das Grundurteil fehlerhaft oder fehlerfrei erlassen wurde (BGH NJW 2021, 1303 = MDR 2021, 571; für unzulässiges Grundurteil BGH NJW 2016, 3244). Einer Anschlussberufung des Klägers, Zustimmung der Parteien oder Wiederholung des diesbezügl Sachantrags in der Berufungsinstanz bedarf es nicht (BGH NJW 2021, 1303 = MDR 2021, 571; BGH NJW 2016, 3244). Das Berufungsgericht hat aber auf diese Absicht hinzuweisen.

38 **VI) Betragsverfahren.** Das erstinstanzl Gericht hat vAw das noch bei ihm anhängige Betragsverf durchzuführen (s Rn 32). Dessen Gegenstand ist grds allein die **Höhe des Anspruchs**. Einwendungen, die den Grund des Anspruchs betreffen (s Rn 11 ff), sind daher ausgeschlossen (BGH MDR 2024, 521). Zu berücksichtigen sind aber – entspr § 767 II – **neue Einwendungen**, die erst nach dem Schluss der mündl Verh über den Grund entstanden sind (BGH 27.1.2012 – V ZR 224/10, juris; BGH NJW 1965, 1763) oder Einwendungen, die – wenn auch zu Unrecht – dem Nachverf vorbehalten worden sind. Zur Bindung an das Grundurteil s Rn 33 f. Ungeachtet des Grundurteils ist die Klage auch abzuweisen, wenn sich im Betragsverf ergibt, dass überhaupt **kein Schaden** entstanden oder noch zu erwarten ist (BGH NJW-RR 2005, 1157, 1158 = MDR 2005, 1241 mwN).

39 Ist der Kl **säumig**, wird die Klage ungeachtet des Grundurteils abgewiesen (§ 347 I, § 330); ist der Bekl säumig, ist das VU gegen ihn an das Grundurteil gebunden.

40 **VII) Kostenentscheidung.** Über die Kosten wird erst im Endurteil über den Betrag entschieden (RGZ 13, 390). Dies gilt auch dann, wenn erst in der Berufungsinstanz unter Aufhebung des die Klage abweisenden Urteils 1. Instanz ein Urteil über den Grund des Anspruchs ergeht (RG JW 1928, 156, 157). Wird dagegen die Berufung des Bekl gegen das Grundurteil in vollem Umfange zurückgewiesen, so sind ihm gem § 97 I schon in diesem Urteil die Kosten des Berufungsverf aufzuerlegen (BGHZ 20, 397 = NJW 56, 1235; OLG Oldenburg JurBüro 92, 492; aA OLG Frankfurt NJW-RR 88, 1213; sa § 97 Rn 2), auch wenn die Klage im Schlussurteil letztl abgewiesen wird.

41 **VIII) Vollstreckung; Aufhebung des Grundurteils.** Das im Betragsverf erlassene vorläufig vollstreckbare Urteil kann mit der Vollstreckungsklausel versehen werden, auch wenn die Vorentscheidung (bzgl des Grundes) noch nicht rechtskräftig ist (RGZ 107, 330). Das Endurteil im Betragsverfahren hat – auch wenn es rechtskräftig wird – auf die Berufung über das Grundurteil keine Wirkungen (BeckOK/Elzer Rn 57). Wird das **Urteil über den Grund** des Anspruchs nach Erlass des Urteils über den Betrag **aufgehoben**, verliert das Letztere, auch wenn es rechtskräftig ist, seine Wirkung, ohne dass es eines gesonderten Ausspruchs bedarf (BGH WM 2007, 1901 = MDR 2007, 1445 LS; BGH NJW 2006, 3496). Zur Abwehr einer etwaigen ZwV in diesem Fall: §§ 767, 732. Zum Schadensersatz bei voreiliger Vollstreckung: § 717 II.

42 **IX) Gebühren. 1) Gericht:** Grund- und Betragsverf sind gebührenrechtl eine Instanz. Zu gebührenrechtl Folgen des Grundurteils s § 303 Rn 12. – **2) RA:** Auch hier bildet das Betragsverf keine neue Instanz. – Rechtsmittel: Anrechnung der bereits entstandenen VerfGeb (3100 RVG-VV) nach Vorbem 3 VI RVG-VV bei Zurückverweisung an das mit der Sache bereits befasst gewesene Gericht. – Wird die Berufung gegen das Grundurteil sachl zurückgewiesen, liegt hierin keine Zurückverweisung iSd § 21 I RVG.

§ 305 Urteil unter Vorbehalt erbrechtlich beschränkter Haftung

(1) Durch die Geltendmachung der dem Erben nach den §§ 2014, 2015 des Bürgerlichen Gesetzbuchs zustehenden Einreden wird eine unter dem Vorbehalt der beschränkten Haftung ergehende Verurteilung des Erben nicht ausgeschlossen.

(2) Das Gleiche gilt für die Geltendmachung der Einreden, die im Falle der fortgesetzten Gütergemeinschaft dem überlebenden Ehegatten oder Lebenspartner nach dem § 1489 Abs. 2 und den §§ 2014, 2015 des Bürgerlichen Gesetzbuchs zustehen.

I) Ansprüche gegen den Nachlass (§ 305 I). 1) Vor Annahme der Erbschaft. Gem § 1958 BGB darf ein Anspruch, der sich gegen den Nachlass richtet, vor Annahme der Erbschaft durch den Erben nur gegen den auf Antrag des Berechtigten zu bestellenden Nachlasspfleger (vgl § 1961 BGB) geltend gemacht werden; die Klage gegen den Erben ist unzulässig (Grüneberg/Weidlich § 1958 BGB Rn 1; ThP/Seiler Rn 1; StJ/Althammer Rn 1). Dieser ist zur Aufnahme des Rechtsstreits nicht verpflichtet, § 239 V. 1

2) Nach Annahme der Erbschaft. a) Materiell-rechtliche Lage. Der Erbe ist grds – Ausnahme: §§ 2016, 1994 BGB – berechtigt, die Berichtigung von Nachlassverbindlichkeiten bis zum Ablauf der Frist von 3 Monaten nach der Annahme bzw bis zur Beendigung des binnen Jahresfrist beantragten und zugelassenen Aufgebots der Nachlassgläubiger zu verweigern (§§ 2014, 2015). 2

b) Prozessuale Konsequenzen (I). Wird der Erbe verklagt, kann das Gericht entweder die Frage des **Haftungsumfangs** sachl aufklären und darüber entscheiden oder aber sich mit dem **Ausspruch des Vorbehalts** der Haftungsbeschränkung begnügen und die sachl Klärung insoweit dem Verf gem § 785 überlassen (BGHZ 227, 198 = FamRZ 2021, 231; BGH FamRZ 2018, 767 mwN; BGH NJW 1983, 2378 mwN). Voraussetzung für den Vorbehalt ist, dass der Bekl die **Einrede** erhebt – also nicht bei seiner Säumnis – oder der Kl von sich aus seinen Antrag entspr beschränkt. Anerkennt der Erbe den Anspruch sofort mit dem Vorbehalt, treffen ihn keine Kosten (KG OLG 3, 131; KG OLG 18, 318). – Die **Erhebung** der Einrede bedarf hinsichtl der Frage keiner Begründung, ob der Bekl nur mit dem Nachlass haftet (BGH FamRZ 2010, 636), eine sachl Prüfung ist insoweit nicht erforderl (BGHZ 227, 198 = FamRZ 2021, 231; BGH FamRZ 2010, 636). Voraussetzung für den Ausspruch des Vorbehalts ist aber die **Feststellung**, dass eine reine **Nachlassverbindlichkeit** vorliegt (BGHZ 227, 198 = FamRZ 2021, 231). 3

Die Einrede kann **bis zum Verhandlungsschluss** in der Tatsacheninstanz geltend gemacht werden, ausnahmsw auch im Verf der NZB oder der Revision, wenn der Erbfall während diesem eingetreten ist (BGH FamRZ 2018, 767 mwN). Der Vorbehalt ist in die **Urteilsformel** aufzunehmen, etwa: „… unter Vorbehalt seiner Haftung auf den Nachlass …" oder „Dem Kl bleibt die beschränkte Erbenhaftung vorbehalten" (so OLG München 1.12.2016 – 23 U 2755/13, juris). Unterbleibt dies trotz Einrede, ist **Urteilsergänzung** entspr § 321 (OLG Koblenz NJW-RR 97, 1160) oder ein Rechtsmittel (OLG Schleswig MDR 2005, 350) erforderl; der Vorbehalt kann dann auch im Revisionsurteil noch ohne bes Antrag aufgenommen werden (BGH NJW 1983, 2378). Keine entspr Anwendung des § 305, wenn der Erblasser zur Zeit des Urteilserlasses noch lebte und nur das Kostenfestsetzungsverf gegen den Erben betrieben wird (OLG Hamm MDR 82, 855). Für die in seiner Person entstandenen Prozesskosten haftet der Erbe trotz Vorbehalts stets persönl (OLG Köln NJW 52, 1145). – Aus dem Ausspruch des Vorbehalts ergibt sich idR eine **Rechtsmittelbeschwer** des Kl, da damit von einer reinen Nachlassverbindlichkeit ausgegangen wird (BGHZ 227, 198 = FamRZ 2021, 231). – Die Zwangsvollstreckung erfolgt zunächst ohne Berücksichtigung der beschränkten Haftung. Der Erbe kann jedoch bei entspr Vorbehalt bis zum Ablauf der genannten Fristen die Beschränkung auf die zur Vollziehung eines Arrestes zulässigen Maßregeln (Pfändung) verlangen (§§ 780 ff). IE s § 780 Rn 4 ff. 4

II) Haftung bei fortgesetzter Gütergemeinschaft (§ 305 II). Gem § 1489 BGB haftet der überlebende Ehegatte bei fortgesetzter Gütergemeinschaft für die Gesamtgutsverbindlichkeiten persönl; er kann jedoch, sofern er nicht schon aus einem anderen Grund für die Verbindlichkeit persönl haftet, ebenso wie ein Erbe die Berichtigung von Gesamtgutsverbindlichkeiten bis zum Ablauf der in den §§ 2014, 2015 BGB bestimmten Fristen verweigern. Vergleichbares gilt für den eingetragenen Lebenspartner. Rn 3, 4 gelten in diesen Fällen entspr. 5

§ 305a Urteil unter Vorbehalt seerechtlich beschränkter Haftung

(1) [1]Unterliegt der in der Klage geltend gemachte Anspruch der Haftungsbeschränkung nach § 611 Absatz 1 oder 3, §§ 612 bis 616 des Handelsgesetzbuchs und macht der Beklagte geltend, dass

1. aus demselben Ereignis weitere Ansprüche, für die er die Haftung beschränken kann, entstanden sind und

2. die Summe der Ansprüche die Haftungshöchstbeträge übersteigt, die für diese Ansprüche in Artikel 6 oder 7 des Haftungsbeschränkungsübereinkommens (§ 611 Absatz 1 Satz 1 des Handelsgesetzbuchs) oder in den §§ 612, 613 oder 615 des Handelsgesetzbuchs bestimmt sind,

so kann das Gericht das Recht auf Beschränkung der Haftung bei der Entscheidung unberücksichtigt lassen, wenn die Erledigung des Rechtsstreits wegen Ungewissheit über Grund oder Betrag der weiteren Ansprüche nach der freien Überzeugung des Gerichts nicht unwesentlich erschwert wäre. [2]Das Gleiche gilt, wenn der in der Klage geltend gemachte Anspruch der Haftungsbeschränkung nach den §§ 4 bis 5n des Binnenschifffahrtsgesetzes unterliegt und der Beklagte geltend macht, dass aus demselben Ereignis weitere Ansprüche entstanden sind, für die er die Haftung beschränken kann und die in ihrer Summe die für sie in den §§ 5e bis 5k des Binnenschifffahrtsgesetzes bestimmten Haftungshöchstbeträge übersteigen.

(2) Lässt das Gericht das Recht auf Beschränkung der Haftung unberücksichtigt, so ergeht das Urteil

1. im Falle des Absatzes 1 Satz 1 unter dem Vorbehalt, dass der Beklagte das Recht auf Beschränkung der Haftung geltend machen kann, wenn ein Fonds nach dem Haftungsbeschränkungsübereinkommen errichtet worden ist oder bei Geltendmachung des Rechts auf Beschränkung der Haftung errichtet wird,

2. im Falle des Absatzes 1 Satz 2 unter dem Vorbehalt, dass der Beklagte das Recht auf Beschränkung der Haftung geltend machen kann, wenn ein Fonds nach § 5d des Binnenschifffahrtsgesetzes errichtet worden ist oder bei Geltendmachung des Rechts auf Beschränkung der Haftung errichtet wird.

Lit: *Stahl*, Seerechtliche Haftungsbeschränkung ohne Haftungsfonds, TranspR 1987, 205.

1 **I) Allgemeines. 1) Regelung.** Die mit der Errichtung von Haftungsfonds verbundene schifffahrtsrechtl Haftungsbeschränkung beruht auf internationalen Übk. Neben dem Übk von 1976 über die Beschränkung der Haftung für Seeforderungen (BGBl II 1986, 787; Bek v 17.7.1987, BGBl II 1987, 407) war dies ursprüngl das Straßburger Übk über die Beschränkung der Haftung in der Binnenschifffahrt (BGBl II 1998, 1643), das aber von Deutschland zum 1.7.2019 gekündigt worden ist. Die aktuelle Fassung von § 305a beruht auf dem SeehandelsRRG v 20.4.2013 (BGBl I 2013, 831) und dem 2. Gesetz zur Änderung der Haftungsbeschränkung in der Binnenschifffahrt v 5.7.2016 (BGBl I 2016, 1578).

2 **2) Zweck und Bedeutung.** Nach den schifffahrtsrechtl Haftungsbeschränkungsregelungen (insb §§ 611 ff HGB, BinSchG) können zur Haftungsbeschränkung berechtigte Personen (Schiffseigentümer usw) ihre der Höhe nach begrenzte Haftung für Schäden aus einem bestimmten Ereignis durch Bildung eines Haftungsfonds mit ggf anteiliger Befriedigung mehrerer beschränken. Als kraft Gesetzes geltende Anspruchsbegrenzung ist eine geltend gemachte Haftungsbeschränkung an sich im Erkenntnisverf zu berücksichtigen. Daher müsste in einem entspr Einzelrechtsstreit ggf der Gesamtbetrag aller aus demselben Ereignis entstandenen Ansprüche ermittelt werden, für die der Schuldner seine Haftung beschränken kann (näher s BTDrs 10/3852, 35). (sa Rn 8). Dies soll durch § 305a für das Erkenntnisverf unter bestimmten Voraussetzungen vermieden werden können; die korrespondierende Regelung für die ZwV ist § 786a.

3 **3) Anwendungsbereich.** Die Regelung unterscheidet zwischen seerechtl und ihnen gleichgestellten Forderungen (**I 1, II Nr 1**) und binnenschifffahrtsrechtl Forderungen (**I 2, II Nr 2**). – **a) Seeforderungen und gleichgestellte Forderungen. aa) Seeforderungen** sind Forderungen iSv § 611 I HGB). – **bb)** Ansprüche wegen **Ölverschmutzungsschäden** (I 1 iVm § 611 III 1 HGB) iSv Art I Nr 6 des Ölhaftungs-Übk, soweit es sich um einen der folgenden Fälle handelt: **(1)** Ansprüche, die gegen *andere Personen* als den Schiffseigentümer geltend gemacht werden; **(2)** Ansprüche, für die das Ölhaftungs-Übk *nicht gilt*. **Nicht** dagegen allg Ansprüche nach dem – in § 611 II HGB genannten – Ölhaftungs-Übk, denn § 611 II HGB ist in I 1 nicht genannt und damit eindeutig vom Anwendungsbereich der §§ 305a, 786a ausgenommen (ebenso StJ/Althammer Rn 4 Fn 7; BeckOK/Elzer Rn 9). Die Haftungsbeschränkung gem § 611 II HGB kann daher nicht gem § 305a berücksichtigt werden. – **b) Binnenschifffahrtsrechtliche Forderungen**, die der Haftungsbeschränkung nach §§ 4-5n BinSchG unterliegen (zB OLG Köln TranspR 2007, 75).

4 **II) Voraussetzungen des Vorbehalts. 1) Eintritt der Haftungsbeschränkung.** Diese setzt voraus: Gegenstand der **Klage** ist eine schifffahrtsrechtl Forderung iSd Rn 3; Bestehen einer **Gläubigermehrheit** für Ansprüche iSv Rn 3 aus dems Ereignis (I 1 Nr 1, 2); **Überschreiten der Haftungshöchstbeträge** durch die Summe aller Ansprüche (I 1 Nr 2, 2). Die Einrichtung eines **Haftungsfonds** (vgl § 617 II 1 HGB, § 5d BinSchG) ist für den Vorbehalt noch **nicht** erforderl.

5 **2) Geltendmachung der Haftungsbeschränkung.** Der Bekl muss sich auf die Haftungsbeschränkung berufen und deren Voraussetzungen geltend machen. Dazu gehört die konkrete Angabe weiterer Forderungen (OLG Karlsruhe TranspR 2016, 316). Eines förml Antrags bedarf es nicht (BeckOK/Elzer Rn 11).

6 **3) Nicht unwesentliche Erschwerung.** Die Erledigung des Rechtsstreits muss wegen der Ungewissheit über Grund und Höhe der weiteren Ansprüche nach der freien Überzeugung des Gerichts nicht unwesentl erschwert sein *(I 1 aE, 2). Dies ist nur dann der Fall*, wenn der Kl die anderen vom Bekl behaupteten **Ansprüche bestreitet** und das Gericht hierüber **Beweis** erheben müsste (OLG Karlsruhe TranspR 2016, 316; sa OLG Köln TranspR 2007, 75).

III) Entscheidung des Gerichts. 1) Ermessensentscheidung. Das Gericht ist an einen „beantragten" Vorbehalt nicht gebunden, sondern entscheidet nach pflichtmäßigem Ermessen, ob es ein Urteil ohne (s Rn 8) oder mit Vorbehalt (s Rn 9) erlässt (zB OLG Köln TranspR 2007, 75). 7

2) Entscheidung ohne Vorbehalt. In diesem Fall hat das Gericht ein „fiktives Verteilungsverf" durchzuführen (OLG Karlsruhe TranspR 2016, 316). Das Gericht hat dem Kl den ihm unter Berücksichtigung der Haftungsbeschränkung zukommenden Betrag zuzusprechen. Das Urteil unterliegt vollstreckungsrechtl keinerlei Beschränkungen, § 786a gilt nicht. Es hat keine Rechtskraftwirkung ggü anderen Geschädigten; eine Bindung kann nur durch eine Streitverkündung gem § 68 herbeigeführt werden. 8

3) Urteil unter Vorbehalt der Haftungsbeschränkung (§ 305a II). Es ist kein Vorbehaltsurteil iSd ZPO (s vor § 300 Rn 12), sondern Vollendurteil. Mit ihm wird der dem Kl zustehende Betrag ohne Kürzung um eine Haftungsbeschränkung zuerkannt. Der **Tenor** sollte den Vorbehalt in Anlehnung an den Gesetzeswortlaut (II Nr 1 bei seerechtl Forderung, II Nr 2 bei binnenschifffahrtsrechtl Forderung) formulieren. Unterbleibt ein solcher trotz Geltendmachung (s Rn 5), ist das Urteil entspr § 321 zu ergänzen (s § 321 Rn 8), sofern keine Berichtigung gem § 319 mögl. ZwV: § 786a. 9

§ 305b Urteil unter Vorbehalt spaltungsrechtlicher Haftungsbeschränkung

Durch die Geltendmachung der dem Rechtsträger nach § 133 Absatz 3 Satz 2 des Umwandlungsgesetzes zustehenden Einrede wird eine unter dem Vorbehalt der beschränkten Haftung ergehende Verurteilung des Rechtsträgers nicht ausgeschlossen.

I) Allgemeines. Gem **§ 133 III 2 UmwG** ist die Mithaftung der in § 133 III 1 UmwG bezeichneten Rechtsträger auf den Wert des ihnen am Tag des Wirksamwerdens der Spaltung zugeteilten Nettoaktivvermögens beschränkt. Damit wird Art 160j II 2 GesRRL in dt Recht umgesetzt. Der darin verwendete Begriff des Nettoaktivvermögens ist nicht näher definiert; seine Konturierung soll nach dem Willen des Gesetzgebers (BTDrs 20/4806, 93) Rspr und Lehre überlassen werden, was bis dahin zeitnah rkr Entscheidungen insoweit unwahrscheinl macht. Da außerdem über den Wert des bei Wirksamwerden der Spaltung vorhandenen Nettoaktivvermögens oft aufwendige Sachverständigengutachten einzuholen sein werden, ist § 305b durch G v 22.2.2023 (BGBl 2023 I Nr 51) mWv 1.3.2023 auf Vorschlag des Rechtsausschusses des BT nach entspr Bedenken eingefügt worden (krit wegen mögl Aushöhlung der GesRRL BeckOK/Elzer Rn 3). Mit ihm wird der Erlass eines Vorbehaltsurteils ermöglicht, wenn der Sch den Einwand des § 133 III 2 UmwG geltend macht, um eine **Prozessverschleppung** zu Lasten des Gl zu vermeiden (BTDrs 20/4806, 93). Dessen Erlass hat zur Folge, dass die – auch nach Ansicht des Gesetzgebers – schwierige Frage der Bestimmung des Nettoaktivvermögens **in das Vollstreckungsverfahren** verlagert wird. In welcher Form dies zu geschehen hat, ist aber – wohl versehentl angesichts der späten Einfügung im Gesetzgebungsverfahren – nicht geregelt. Sachgerecht ist eine entspr Anwendung von § 785, also durch Vollstreckungsabwehrklage (ebenso BeckOK/Elzer Rn 19). 1

II) Voraussetzungen. Voraussetzung ist, dass der Rechtsträger iSv § 133 III 1 UmwG die **Einrede** gem § 133 III 2 UmwG erhebt. Dieser **Rechtsträger** ist derj, dem die Verbindlichkeiten im Spaltungs- und Übernahmevertrag nicht zugewiesen worden sind (BeckOK/Elzer Rn 9). 2

III) Entscheidung. Da die Regelung ersichtl an § 305 I angelehnt ist, können grds die für dieses Vorbehaltsurteil entwickelten Grundsätze (s § 305 Rn 3 f) entspr angewendet werden. Angesichts des Zwecks der Regelung (s Rn 1) steht dem Gericht ein **Ermessen** zu (BeckOK/Elzer Rn 11), ob es das Nettoaktivvermögen ermittelt und sodann eine uneingeschränkte Entscheidung trifft oder ein **Vorbehaltsurteil** erlässt. Kriterium ist va die Verzögerung durch die Ermittlung des Nettoaktivvermögens. Ein Vorbehaltsurteil ergeht in etwa „unter dem Vorbehalt einer Beschränkung der Haftung gem § 133 III 2 UmwG". Das Urteil enthält eine Kostenentscheidung und ist gegen Sicherheitsleistung für vorläufig vollstreckbar zu erklären, § 709. 3

§ 306 Verzicht

Verzichtet der Kläger bei der mündlichen Verhandlung auf den geltend gemachten Anspruch, so ist er auf Grund des Verzichts mit dem Anspruch abzuweisen, wenn der Beklagte die Abweisung beantragt.

Lit: *Stamm*, Die Entzauberung von Anerkenntnis- und Verzichtsurteil – Das Sachurteil zum materiell-rechtlichen Anerkenntnis und Erlass, JZ 2020, 494.

1 **I) Allgemeines, Rechtsnatur.** Der Klageverzicht ist **Prozesshandlung** (BGH MDR 2011, 1064). In ihm kommt der Wille des Klägers zum Ausdruck, den prozessualen Anspruch überhaupt nicht mehr geltend machen zu wollen (RGZ 66, 14); damit nimmt der Kl seine Rechtsfolgebehauptung zurück. Gegenstand des Verzichts ist also der **prozessuale Anspruch**, nicht aber einzelne Elemente daraus (BGH NJW 2002, 436 für Anerkenntnis). Der Verzicht führt zu einem – nicht kontradiktorischen (s vor § 300 Rn 6) – Sachurteil. Erst dieses erledigt die Hauptsache (BGH MDR 2022, 264 für Anerkenntnis) der Instanz, nicht notwendig den Rechtsstreit (s Rn 13). – Grds (Ausnahme: das abw geregelte Antragserfordernis) können die **für das Anerkenntnis entwickelten Grundsätze** auch auf den Verzicht angewendet werden (BGHZ 49, 213).

2 **II) Anwendungsbereich.** Der Verzicht ist auch im Verf des Arrests oder der einstw Verfügung zulässig (OLG Koblenz NJW-RR 1986, 1443), ebenso im Verf der NZB (BGH MDR 2022, 589).

3 **III) Verzichtserklärung. 1) Abgabe.** Der Klageverzicht ist als Prozesshandlung zulässig, soweit der Rechtsstreit (noch) **rechtshängig** ist (BGH MDR 2011, 1064). Er erfolgt durch einseitige Prozesshandlung ggü dem Gericht. Einer Annahme durch den Gegner bedarf es nicht (BGH NJW-RR 2021, 1505 für Anerkenntnis). Die Erklärung unterliegt im Anwaltsprozess (§ 78) dem **RA-Zwang** (BGH NJW 1988, 210). Eine den Verzicht ausschließende Beschränkung der Prozessvollmacht ist auch mit Außenwirkung mögl, § 83 I. – Der Verzicht ist „bei der", also in **mündlicher Verhandlung** abzugeben. Zwar hat der BGH dies für einen Verzicht im Verf der NZB für nicht erforderl angesehen (BGH NJW 2022, 790 unter Aufgabe der früheren Rspr). Auf das Verf 1. und 2. Instanz lassen sich die auf das Revisionsverf bezogenen Erwägungen des BGH aber nicht übertragen (von BGH offengelassen), so dass in ihnen der Verzicht – außer im schriftl Verf gem § 128 II (LG Karlsruhe WRP 2019, 805) – nicht schriftsätzl erklärt werden kann (BGH 28.9.2010 – X ZR 112/07, juris; OLG Düsseldorf ZUM 2014, 406; aA LG Heidelberg 30.6.2010 – 5 O 301/09, juris; BeckOK/Elzer Rn 17). Denn eine § 307 S 2 entspr Regelung ist in § 306 gerade nicht eingefügt worden, so dass auch eine Analogie mangels Planwidrigkeit ausscheidet.

4 Ob ein Verzicht gewollt ist, ist jew im Einzelfall durch **Auslegung** zu ermitteln. Alternativ in Betracht kommen va Klagerücknahme (§ 269) und Erledigungserklärung (§ 91a), insb wenn gleichzeitig beantragt wird, dem Gegner die Kosten aufzuerlegen (vgl §§ 91a, 269 III 3). Abzugrenzen ist der Verzicht auch von einem außergerichtl Verzicht auf die Klagbarkeit eines Anspruchs (BGH 12.4.2006 – III ZR 153/05). Die (ordnungsgemäße) **Protokollierung** gem § 160 III Nr 1, § 162 ist keine Wirksamkeitsvoraussetzung (BGHZ 107, 142 = NJW 1989, 1934 für Anerkenntnis); ohne sie kann die Erklärung in anderer Weise nachgewiesen werden (BGHZ 107, 142 = NJW 1989, 1934 für Anerkenntnis).

5 **2) Verzicht in den Rechtsmittelinstanzen.** In der **Berufungsinstanz** kann der Verzicht bereits während des Laufs der Begründungsfrist erklärt werden (BGH NJW-RR 2013, 1333 = MDR 2013, 1423 für Anerkenntnis); nicht aber nach deren Ablauf ohne Begr der Berufung (BGH NJW-RR 2010, 275 = MDR 2010, 164 für Anerkenntnis) oder bei einer sonst unzulässigen Berufung (BGH NJW-RR 2010, 275; BGH NJW 1994, 944 je für Anerkenntnis), da der Rechtsstreit dann rechtskräftig abgeschlossen ist. In der **Revisionsinstanz** kann der Verzicht durch den ProzBev der Vorinstanz erklärt werden, solange die Revision noch nicht begründet worden ist (BGH MDR 2022, 589; sa § 78 Rn 20); nach Begr aber nur noch durch einen BGH-Anwalt (BGH NJW 2015, 2193 für Anerkenntnis). Entgegen dem Wortlaut („bei der") bedarf der Verzicht im Verf der **Nichtzulassungbeschwerde** keiner mündl Verh (BGH NJW 2022, 790 unter Aufgabe der früheren Rspr); sa Rn 3. – **Erkennt** Kl im 2. Rechtszug den Antrag des Bekl und Berufungskl auf Klageabweisung **an**, ist dies ein Klageverzicht (s § 307 Rn 7, str), so dass Verzichtsurteil, nicht AU zu ergehen hat.

6 **3) Wirksamkeitsvoraussetzungen.** Der Verzicht setzt – entspr dem Anerkenntnis (s § 307 Rn 8) – die **Dispositionsbefugnis** des Kl voraus, die in vermögensrechtl Streitigkeiten idR gegeben ist. Bsp: Der Verzicht des auf Feststellung seines Erbrechts Klagenden ist unzulässig (Blomeyer MDR 1977, 675). – Keine Wirksamkeitsvoraussetzung ist die nach materiellem Recht notwendige **Genehmigung des Betreuungs-(Familien)gerichts** (BGH FamRZ 55, 359 = LM Nr 1; aA Thomas ZZP 89 [1976], 80).

7 Ist die sich aus dem Verzicht ergebende Rechtsfolge **gesetz- oder sittenwidrig**, ist er entspr den Grundsätzen zum Anerkenntnis (s § 307 Rn 8) unwirksam; so wenn der Kl beantragt hatte, festzustellen, dass ein sittenwidriger Anspruch nicht bestehe. Ggf ist gem § 139 zu klären, ob der unwirksame Verzicht in eine Klagerücknahme umzudeuten ist.

8 **IV) Bindung.** Da die für das Anerkenntnisurteil entwickelten Grundsätze grds auch auf das Verzichtsurteil anzuwenden sind (BGHZ 49, 213 = NJW 1968, 503), gilt dies auch für die Bindung und eine eventuelle Lösung (zB BeckOK/Elzer Rn 13). Dazu s § 307 Rn 9 f.

9 **V) Verfahren.** Das Verzichtsurteil ergeht nur auf **Antrag**. Dieser unterliegt im Anwaltsprozess dem **Anwaltszwang** (BGH NJW 1988, 210).

10 **VI) Entscheidung.** Fehlen Prozess- oder Rechtsmittelvoraussetzungen, ist die Klage unabhängig von der Verzichtserklärung als unzulässig abzuweisen, das Rechtsmittel als unzulässig zu verwerfen. Ist der Verzicht mangels Dispositionsmacht des Klägers **unwirksam** (s Rn 6), kann kein Verzichtsurteil ergehen. Über die Wirksamkeit des Verzichts kann ein Zwischenurteil (§ 303) ergehen (für AU OLG Schleswig MDR 94, 460). Der Antrag

auf Erlass eines Verzichtsurteils ist aber nicht (durch Beschluss) zurückzuweisen, weil es sich bei diesem Antrag ledigl um die Wiederholung seines Abweisungsantrags handelt, über den durch Endurteil zu entscheiden ist.

Ein Verzichtsurteil ist ohne Prüfung des materiellen Anspruchs zu erlassen (BGH NJW-RR 1998, 1651, 1652). Die **Urteilsformel** lautet: „Der Kläger wird aufgrund des Verzichtes mit dem Anspruch abgewiesen" (BGH 2.6. 2005 – III ZR 452/04, juris). Zur Bestimmung der Rechtskraft bietet sich aber eine genaue Umschreibung des Anspruchs an (BeckOK/Elzer Rn 24). Das – in diesem Fall (s § 313b Rn 6) – als solches zu bezeichnende Verzichtsurteil kann gem § 313b in **erleichterter Form** abgefasst werden, insb ohne Tatbestand und Entscheidungsgründe. Eine **Verkündung** ist vor schriftl Abfassung der Urteilsformel zulässig, § 311 II 2. – Bei einem teilw Verzicht muss abweichend von § 301 II **Teilurteil** ergehen (BGH MDR 2022, 264 für Anerkenntnis). – Einem Antrag auf Erlass eines **streitigen Urteils** fehlt beim Vorliegen eines wirksamen Verzichts das Rechtsschutzbedürfnis; die Klage ist gleichwohl durch Verzichtsurteil abzuweisen (BGHZ 49, 213 = NJW 1968, 503; BGHZ 76, 50 = NJW 1980, 838). 11

Das Verzichtsurteil ist gem § 708 Nr 1 ohne Sicherheitsleistung **vorläufig vollstreckbar**. Die Kostenentscheidung folgt aus § 91. Eine „reziproke" Anwendung von § 93 bei „sofortigem" Verzicht war in der Vergangenheit str (ablehnend die hM, zB BGH NJW 94, 2895; OLG Hamm MDR 82, 676 mN; OLG Koblenz NJW-RR 86, 1443 mN; aA zB OLG Frankfurt NJW-RR 94, 62; OLG Schleswig NJW 2013, 2765, 2766; Foerste FS Stürner, 2013, S 280 ff; sa § 93 Rn 2). Da die Regelung von § 269 III 3 für den Verzicht nicht übernommen wurde, ist dies bereits deshalb nicht gerechtfertigt, weil eine planwidrige Regelungslücke nicht mehr angenommen werden kann. 12

VII) Rechtsmittel. Gegen das Verzichtsurteil sind die auch sonst zulässigen Rechtsmittel statthaft. Der Kl ist durch die Klageabweisung **beschwert**. Die Bindungskraft des Verzichts wirkt aber auch in der 2. Instanz, so dass das Rechtsmittel nur aussichtsreich ist, wenn der Verzicht beseitigt werden kann (s Rn 8). Verzichtet der Kl im Berufungsverf auf einen Teil seines Anspruchs, wird dadurch die Berufung auch dann nicht unzulässig, wenn der Restanspruch **unter der Berufungssumme** bleibt (RGZ 165, 85). 13

VIII) Gebühren. 1) Gericht: Das Verzichtsurteil ist durch die allg VerfGeb abgegolten. Sie ermäßigt sich in allen Rechtszügen (1211 Nr 2 GKG-KV von 3,0 auf 1,0 im 1. Rechtszug; 1222 Nr 2 GKG-KV von 4,0 auf 2,0 in der Berufung; 1232 Nr 2 GKG-KV von 5,0 auf 3,0 in der Revision). – **2) RA:** Ob im Verzicht des Kl und dem Klageabweisungsantrag eine nichtstr Verh zu sehen ist, kann offenbleiben. Das Mitwirken im Termin löst unabhängig von Anträgen die volle 1,2 Terminsgeb 3104 RVG-VV aus. 14

§ 307 Anerkenntnis

[1]Erkennt eine Partei den gegen sie geltend gemachten Anspruch ganz oder zum Teil an, so ist sie dem Anerkenntnis gemäß zu verurteilen. [2]Einer mündlichen Verhandlung bedarf es insoweit nicht.

Lit: *Heiß*, Anerkenntnis und Anerkenntnisurteil im ZP, 2012; *Stamm*, Die Entzauberung von Anerkenntnis- und Verzichtsurteil – Das Sachurteil zum materiell-rechtlichen Anerkenntnis und Erlass, JZ 2020, 494.

I) Allgemeines, Rechtsnatur. Das **Anerkenntnis** beendet den Streit um die Begründetheit des Anspruchs (BGH MDR 2022, 264). Der Bekl unterwirft sich ohne weiter durchzuführende Sachprüfung dem Klageanspruch als einem zu Recht bestehenden Anspruch (BGH MDR 2023, 1592 Tz 26; BGH MDR 2022, 264; BGH MDR 2020, 504 Tz 15). Gegenstand des Anerkenntnisses ist also – ganz oder teilw – der prozessuale Anspruch, mag dieser leistungs-, feststellungs- oder gestaltungsbegehrend sein, nicht aber einzelne Elemente daraus (BGH NJW 2002, 436). Nur der prozessuale Anspruch wird anerkannt, die ihn begründenden Tatsachen aber werden gestanden (§ 288; zur Unterscheidung s § 288 Rn 2). Das Anerkenntnis führt zu einem – nicht kontradiktorischen (s vor § 300 Rn 6) – **Sachurteil**. Erst dieses erledigt die Hauptsache (BGH MDR 2022, 264: Zulässigkeit einer zwischenzeitl Erweiterung) der Instanz, nicht notwendig den Rechtsstreit (s Rn 18). 1

Das Anerkenntnis ist **reine Prozesshandlung** (BGH NJW-RR 2021, 1505) und daher nur wirksam, wenn die Prozesshandlungsvoraussetzungen (s vor § 50 Rn 15) gegeben sind. Denn die Parteien können grds nicht über vAw zu prüfende Fragen, insb Prozess- und Rechtsmittelvoraussetzungen verfügen (BGH NJW-RR 2010, 275 Tz 15). – Zwar kann mit dem prozessualen Anerkenntnis auch eine materiell-rechtl Erklärung verbunden sein; es selbst enthält aber keine materiell-rechtl Komponente und hat insb keine materiell- und verfahrensrechtl Doppelnatur (BGH NJW 1981, 2193), wie etwa der Prozessvergleich (s § 794 Rn 3). 2

II) Anwendungsbereich. Das AU ist auch zulässig in Verf von Arrest und einstw Verfügung (zur Beschränkung auf den Verfügungsanspruch vgl OLG Hamm NJW-RR 86, 1232), der NZB (BGH MDR 2022, 589 mwN), im aktienrechtl Beschlussanfechtungsprozess (OLG Düsseldorf AG 2019, 348), bei der Verbandsklage gegen den AGB-Verwender (BGH NJW 89, 1675) sowie in Verf mit öff-rechtl Streitgegenstand, soweit dieser der Verfügungsbefugnis der Parteien unterliegt (BVerwG BauR 2012, 1631). Ein AU kann auch über wiederkehrende Leistungen iSv § 323 I ergehen. § 307 ist nicht entspr anzuwenden, wenn der Kl nach vorbehaltloser Erfüllung des Bekl den Rechtsstreit einseitig für erledigt erklärt (BGH NJW 81, 686 = MDR 81, 399; LG Leipzig NJW-RR 97, 571). 3

4 **III) Anerkenntniserklärung. 1) Abgabe.** Das Anerkenntnis kann die Klageforderung ganz oder teilw erfassen. Es erfolgt durch einseitige Prozesshandlung ggü dem Gericht. Es ist nur wirksam, wenn es **unbedingt** erklärt wird (BGH NJW-RR 2014, 1358). Unschädl ist, wenn sich der anerkennende Bekl gegen die Kosten verwahrt (§ 93). Einer **Annahme** durch den Gegner bedarf es nicht (BGH NJW-RR 2021, 1505). Die Erklärung unterliegt im Anwaltsprozess (§ 78) dem **RA-Zwang** (BGH NJW 2015, 2193; BGHZ 127, 368 = NJW 1995, 318). Eine das Anerkenntnis ausschließende Beschränkung der Prozessvollmacht ist auch mit Außenwirkung mögl, § 83 I. – **Partei:** *Bekl* kann den Klageanspruch, *Kl* und Widerbekl den durch Widerklage geltend gemachten Anspruch anerkennen. Der *streitgenössische NI* kann ein Anerkenntnis der Partei verhindern und ohne ihren Widerspruch selbst anerkennen (s § 69 Rn 6, 7). Sa Rn 7. – Die (ordnungsgemäße) **Protokollierung** gem § 160 III Nr 1, § 162 ist keine Wirksamkeitsvoraussetzung (BGHZ 107, 142 = NJW 1989, 1934; OLG Brandenburg NJW-RR 2000, 741); ohne sie kann die Erklärung in anderer Weise nachgewiesen werden (BGHZ 107, 142 = NJW 1989, 1934).

5 Die Erklärung bedarf gem S 2 **keiner mündlichen Verhandlung**, kann also auch schriftl abgegeben werden, auch im schriftl Vorverfahren (BGH MDR 2023, 1592 Tz 27; BGH NJW 1993, 1717). Mündl kann das Anerkenntnis in Verf ohne RA-Zwang zu Protokoll des UdG erklärt werden (§ 496); ansonsten in der mündl Verh (s § 160 III Nr 1), auch in der **Güteverhandlung** gem § 278 II (OLG Köln MDR 2006, 226). Das Anerkenntnis kann auch **konkludent** (BGH MDR 2023, 1592 Tz 26; BGH NJW 2006, 217: beschränkte Urteilsanfechtung) erklärt werden, muss den Willen zum Anerkenntnis aber eindeutig erkennen lassen (BGH NJW 1985, 2713). Der Gegenstand des Anerkenntnisses ist durch **Auslegung** der Erklärung zu bestimmen (BGH BauR 2017, 915; OLG Hamm NJW 2015, 357). Wer vorbehaltlos die Klageforderung erfüllt, aber weiterhin Klageabweisung beantragt, erklärt kein Anerkenntnis (OLG Brandenburg 2.5.2019 – 6 U 23/19, juris; BeckOK/Elzer Rn 11). Ein Widerspruch der Erklärung, zB zu einem Abweisungsantrag, muss gem § 139 geklärt werden (vgl BVerfG NJW 2014, 291). Es darf sich nicht um eine bloße Ankündigung eines Anerkenntnisses, sondern es muss sich um eine (sofort) verbindl Erklärung handeln (OLGR Stuttgart 2005, 894). In zeitlicher Hinsicht kann das Anerkenntnis **ab Rechtshängigkeit** (§ 253 I, § 261) erklärt werden. Vor Rechtshängigkeit scheidet ein Anerkenntnis aus; der Ag im Mahnverf muss sich auf einen mögl Kostenwiderspruch beschränken (s § 694 Rn 1).

6 **2) Anerkenntnis in den Rechtsmittelinstanzen.** In der **Berufungsinstanz** kann das Anerkenntnis bereits während des Laufs der Begründungsfrist erklärt werden (BGH BGH NJW-RR 2013, 1333 = MDR 2013, 1423); nicht aber nach deren Ablauf ohne Begr der Berufung (BGH NJW-RR 2010, 275 = MDR 2010, 164) oder bei einer sonst unzulässigen Berufung (BGH NJW-RR 2010, 275; BGH NJW 1994, 944), da der Rechtsstreit dann rechtskräftig abgeschlossen ist. In der **Revisionsinstanz** kann das Anerkenntnis durch den ProzBev der Vorinstanz erklärt werden, solange die Revision nicht begründet worden ist (BGH NJW-RR 2014, 831 Tz 4 ff); nach Begr aber nur noch durch einen BGH-Anwalt (BGH NJW 2015, 2193; sa § 78 Rn 20). Nach Schluss der mündl Verh ist ein Anerkenntnis nicht mehr mögl (§ 296a), sondern nur nach einer Wiedereröffnung der Verh gem § 156 (ebenso BeckOK/Elzer Rn 20; aA Kirschbaum NJW 2012, 1329); ebenso nicht zwischen den Instanzen (§ 318).

7 Erkennt der Bekl, der Berufungsführer ist, den Anspruch an, ist die Berufung durch AU zurückzuweisen (BGH NJW-RR 2013, 1333 = MDR 2013, 1423); ist der Kl Berufungsführer, ergeht AU unter Abänderung des Ersturteils. Str ist die Entscheidung, wenn der Kl den Berufungsantrag des Bekl und Berufungskl **auf Klageabweisung anerkennt**. Teilw wird ein entspr AU als zulässig angesehen, da dies der Dispositionsmaxime entspr und § 307 das Anerkenntnis nicht auf den Bekl beschränke (KG 20.2.2024 – 7 U 53/24, juris; OLG München MDR 2023, 1409; OLG Hamm 6.11.2018 – 21 U 112/18; OLG Frankfurt 8.8.2017 – 16 U 47/17, juris). Dies ist abzulehnen, die entspr Erklärung kann – ggf nach Rückfrage bei dem Kl – als Klageverzicht oder -rücknahme ausgelegt werden (LAG Sachsen 7.8.2000 – 10 Sa 509/99; OLG Braunschweig NdsRpfl 61, 245; BeckOK/Elzer Rn 14). Denn gem § 307 kann nur über den sachl-rechtl Anspruch durch Anerkenntnis disponiert werden (BGH NJW-RR 2010, 275 Tz 15).

8 **3) Wirksamkeitsvoraussetzungen.** Das Anerkenntnis setzt die Dispositionsbefugnis des Beklagten voraus, die in vermögensrechtl Streitigkeiten idR gegeben ist. Einzelfälle: Ein verklagter TV kann zwar anerkennen, dass seine persönl Amtszeit abgelaufen ist, nicht aber, dass das Amt institutionell erloschen ist, da es nicht auf seinem rechtsgeschäftl Willen, sondern auf dem letzten Willen des Erblassers beruht (RGZ 156, 70). Die Erbunwürdigkeit gem § 2342 BGB kann aber nach wohl hM anerkannt werden (vgl OLG Jena ZEV 2008, 479 mwN; aA LG Aachen NJW-RR 1988, 263 = MDR 1988, 240 mN). Ob die beklagte AG im Beschlussanfechtungsverf gem §§ 246 ff AktG anerkennen kann, ist wegen der Gestaltungswirkung des Urteils (§ 248 AktG) zweifelhaft (bejahend Gehrlein AG 94, 105 mN; Austmann ZHR 158 [1994], 508 mN; von BGH NJW-RR 1993, 1253 offen gelassen). Das Anerkenntnis einer **unmöglichen, gesetz- oder sittenwidrigen Leistung** ist unwirksam (BGH NJW-RR 2014, 1358 Tz 14; OLG Köln NJW 1986, 1350, 1352; OLG Koblenz NJW-RR 2000, 529: Anerkenntnis einer ges nicht mehr eröffneten Rechtsfolge; eingeh Heiß aaO S 77 ff). – Als Prozesshandlung ist ein Anerkenntnis ohne Rücksicht auf eine **gerichtliche Genehmigung** wirksam, die zu dem zugrunde liegenden materiellen Rechtsgeschäft nötig wäre (BGH FamRZ 55, 359 für Verzicht; aA Thomas ZZP 89 [1976], 80).

9 ***IV) Bindung an das Anerkenntnis.*** An ein wirksames Anerkenntnis ist die Partei **gebunden** (BGH MDR 2023, 1592 Tz 29 ff; BGH NJW 2006, 217, 218 = MDR 2006, 220). Es **bleibt** zumindest bis zum Schluss der mündl Verh der Instanz **wirksam**, auch wenn nicht (sogleich) AU erlassen wird (BGH MDR 2023, 1592 Tz 26; BGH

NJW-RR 2021, 1505; BGH NJW 1993, 1717), auch nach zwischenzeitl str Verh oder VU (BGH NJW 1993, 1717), sofern der Antrag nicht geändert wurde (s Rn 12).

Wegen des Charakters als Prozesshandlung kann ein Anerkenntnis **nicht** aus § 812 BGB zurückgefordert (RGZ 145, 74), entspr §§ 119, 123 BGB **angefochten** (BGH FamRZ 2024, 32 Tz 30; BGH NJW-RR 2021, 1505; OLG Karlsruhe FamRZ 2021, 510) oder analog § 290 **widerrufen** (BGH FamRZ 2024, 32 Tz 30; BGH NJW-RR 2021, 1505) werden; auch nicht bei einer fehlerhaften Beurteilung der Rechtslage (BGH FamRZ 2024, 32 = MDR 2023, 1592 Tz 34). **Ausnahmsweise** kann ein Anerkenntnis widerrufen werden, wenn es durch ein Verhalten veranlasst worden ist, das (nach rkr Abschluss des Verf) einen **Restitutionsgrund** (§ 580 Nrn 2-4 und 7b) bilden würde (BGH NJW 1993, 1717; BGH NJW 1981, 2194; OLG Karlsruhe FamRZ 2021, 510; OLG Hamm MDR 2015, 37) oder wenn ein **Abänderungsgrund** iSv § 323 bzw § 238 FamFG vorliegt (BGH FamRZ 2024, 32 Tz 30; BGH FamRZ 2002, 88), sofern der Abänderungsgrund nach Abgabe des Anerkenntnisses eingetreten ist (BGH FamRZ 2024, 32 Tz 30). Der Widerrufsgrund kann auch noch mit der Berufung geltend gemacht werden (s Rn 17). Ebenso kann nach hM (vgl OLG Karlsruhe MDR 1974, 588; König MDR 1989, 706) ein Anerkenntnis zurückgenommen werden, wenn und soweit es durch einen **Schreibfehler** oder ein klares, offensichtl Versehen veranlasst worden ist. – Die Berufung auf ein irrtüml abgegebenes Anerkenntnis kann uU **rechtsmissbräuchlich** sein, wenn es der wahren (materiellen) Rechtslage nicht entspricht und die Unrichtigkeit dem Kl bekannt ist (BGH NJW-RR 2021, 1505; BGH NJW 1981, 2194; OLG Köln FamRZ 1991, 856: unrichtige Angaben). 10

V) Verfahren und Entscheidung. 1) Gerichtliche Prüfung. Das Gericht prüft außer der Wirksamkeit des Anerkenntnisses nur die **unverzichtbaren Prozess-(Rechtsmittel-)Voraussetzungen** (BGH NJW-RR 2010, 275 Tz 14 = MDR 2010, 164; BGH NJW 94, 945), da eine Rüge der verzichtbaren durch das Anerkenntnis ausgeschlossen ist. Eine unterbliebene **obligatorische Schlichtung** steht einem AU nicht entgegen (BGH NJW-RR 2014, 1358 = MDR 2014, 1340). Nicht geprüft wird, ob die Klage schlüssig und begründet ist (BGH MDR 2020, 504 Tz 15; BGH NJW-RR 2014, 831 Tz 6; OLG Hamm MDR 2015, 37). Bei Streit um die Wirksamkeit des Anerkenntnisses kann ein **Zwischenurteil** gem § 303 hierüber ergehen (OLG Schleswig NJW-RR 93, 932). 11

2) Verfahrensgestaltung. a) Keine notwendige mündliche Verhandlung (S 2) (s Rn 5). Diese ist aber nicht ausgeschlossen und kann im Einzelfall sachgerecht sein, zB bei Einschränkungen (s Rn 14 ff) oder Unklarheiten des Anerkenntnisses. Unabhängig von einer Terminierung ist das Anerkenntnis dem Kl aber nach Ansicht des BGH (BGH NJW 2004, 2019) vor Erlass des AU **zur Kenntnis zu geben**, um ihm die Möglichkeit zu eröffnen, sich zu diesem zu äußern und ggf einen weiter gehenden Antrag zu stellen. Diese Verpflichtung ist **nicht gerechtfertigt**, da der Kl nicht schutzbedürftig ist: Er bestimmt mit seinem Antrag den Streitgegenstand. Ein berechtigtes Interesse, nach Erreichen seines von ihm definierten Prozesszieles (zur daraus resultierenden fehlenden Beschwer vgl BGH NJW 94, 2697) Gelegenheit zu einem weiter gehenden Antrag zu erhalten, ist nicht erkennbar und widerspricht der Wertung von § 308 I 1. – Im **Parteiprozess** besteht im schriftl Vorverf Belehrungspflicht gem § 499 II. – **b) Kein besonderer Verfahrensantrag.** Seit der ZPO-Reform 2001 ist ein Antrag auf Erlass eines AU grds nicht mehr erforderl, außer im Revisionsverf gem § 555 IV (s § 555 Rn 6). Entgegen einer teilw vertretenen Ansicht (Johannsen Anm LM § 307 Nr 1; Heiß aaO S 162) kann der Kl nach der gesetzgeberischen Entscheidung, nach der es auf seinen Willen gerade nicht mehr ankommen soll, auch bei der Vereinbarung eines **Musterprozesses** den Erlass eines AU – außer im Revisionsverf, § 555 IV – nicht, zB durch die Arglisteinrede, verhindern. – **c) Sachantrag und Änderung.** Grundlage des AU ist der **Sachantrag** des Kl und das **Anerkenntnis** des Bekl (KGR Berlin 2004, 308 f). Der Antrag muss inhaltl der anerkannten Rechtsfolge genau entsprechen; ein AU kann daher nicht mehr ergehen, wenn der Kl den (anerkannten) Klageanspruch später **geändert** hat. Bsp: Geht der Kl nach Anerkenntnis von der zunächst geltend gemachten Feststellungsklage zur Leistungsklage über, kann weder ein Anerkenntnis-Feststellungs- noch ein Anerkenntnis-Leistungsurteil ergehen (OLG Frankfurt MDR 78, 583); für ersteres ist das Anerkenntnis überholt, für letzteres fehlt das Anerkenntnis. – Da das Anerkenntnis den Prozess nicht unmittelbar beendet, ist eine nachfolgende **Antragserweiterung** mögl (BGH MDR 2022, 264). 12

3) Erlass, Verlautbarung, Vollstreckung. Das in mündl Verh ergangene AU ist zu **verkünden** (§ 310 I, II). Eine vorherige Abfassung der Urteilsformel ist nicht erforderl (§ 311 II 3). Es kann gem § 313b I 1, II abgekürzt abgefasst werden, insb ohne Tatbestand und Entscheidungsgründe; iE s Erl zu § 313b. In diesem Fall (s § 313b Rn 6) ist es gem § 313b I 2 als **Anerkenntnisurteil zu bezeichnen**. Ergeht es ohne mündl Verh (S 2), wird das Urteil an Verkündung statt vAw (§ 166 II) zugestellt (§ 310 III 1). Mit der letzten amtswegigen Zustellung ist es existent und beginnt die Rechtsmittelfrist zu laufen (BGH NJW 94, 3359; BGH NJW 96, 1969; sa § 310 Rn 6). Die vorläufige **Vollstreckbarkeit**serklärung erfolgt gem § 708 Nr 1 vAw ohne Sicherheitsleistung. Die **Kosten** können in Abweichung von dem Grundsatz des § 91 dem Kl auferlegt werden, § 93. Maßgebl Zeitpunkt für die Präklusion von Einwendungen gem **§ 767 II** ist bei Fehlen einer mündl Verh der Eingang des Anerkenntnisschriftsatzes bei Gericht (OLGR Brandenburg 2001, 80). 13

VI) Prozessuale Besonderheiten. 1) Allgemein. Ein **Teilanerkenntnisurteil** muss in Abweichung von § 301 II ergehen (BGH MDR 2022, 264); die **Kostenentscheidung** erfolgt dann in der Schlussentscheidung. IE s § 93 Rn 5, § 99 Rn 11 ff. Ein auf die Kosten beschränktes Anerkenntnis (**„Kostenanerkenntnis“**) ist bei übereinstimmender Hauptsachenerledigung mögl (s § 91a Rn 25). Wird ein nur **hilfsweise** geltend gemachter Anspruch 14 anerkannt, darf nur ein AU ergehen, wenn das Gericht den Hauptantrag abgewiesen und deshalb über den Hilfsantrag zu entscheiden hat (OLG Zweibrücken 4.6.1986 – 2 U 65/85, OLGZ 1987, 371, 373).

15 **2) Anerkenntnisgrundurteil.** Ob ein solches ergehen kann, ist str, aber zu bejahen. Dies folgt daraus, dass der teilw – beschränkten – Erledigung des Streitgegenstandes und Gliederung des Prozesstoffs durch str Entscheidung die übereinstimmende Parteitätigkeit in Form eines eingeschränkten Anerkenntnisses gleichstehen muss. Der Klageanspruch muss nicht vorbehaltlos anerkannt werden (s Rn 16). Für ein Anerkenntnis dem Grunde nach hat entspr zu gelten. Erkennt der Bekl daher an, dass der Klageanspruch dem Grunde nach besteht, bestreitet er aber die Höhe, kann ein Anerkenntnis-Grundurteil ergehen (ebenso LG Mannheim MDR 92, 898; Stamm JZ 2020, 494, 496; WSch/Rensen Rn 34; RSchwab/Gottwald § 133 Rn 42; aA MskV/Wolff Rn 7; StJ/Althammer Rn 15).

16 **3) Anerkenntnis Zug um Zug und unter Vorbehalt.** Erkennt der Bekl an, die geforderte Leistung zu schulden, aber nur **Zug um Zug** gegen Gegenleistung des Kl, und passt dieser seinen Antrag diesem Vorbehalt an, hat eine Zug-um-Zug-Verurteilung durch AU zu ergehen (BGH NJW 89, 1934). Hält der Kl an seinem uneingeschränkten Antrag fest, kann zwar nur str Urteil, kein AU ergehen. Das Gericht hat aber seiner Entscheidung den anerkannten Anspruch ohne Sachprüfung zugrunde zu legen und inhaltl nur über die Berechtigung des Gegenrechts zu entscheiden (BGH NJW 2006, 217; BGH NJW 89, 1934; OLGR Jena 2005, 555; aA MskV/Wolff Rn 4 ff). – Der Beklagte kann die Klageforderung (teilw) unter dem **Vorbehalt** einer erklärten **Aufrechnung** anerkennen (BGH NJW 2022, 1174 Tz 38). Ebenso ist das Anerkenntnis um **Urkundenprozess** unter Vorbehalt der Rechte im Nachverf zulässig (s § 599 Rn 4). Es ergeht dann ein entspr Vorbehaltsurteil.

17 **4) Hilfsweises Anerkenntnis.** Es ist neben dem Klageabweisungsantrag in der Weise mögl, dass der Bekl die (ohnehin vAw zu prüfenden: s Rn 9) Prozessvoraussetzungen rügt und das Anerkenntnis nur für den Fall der Zulässigkeit der Klage erklärt (BGH MDR 76, 838; OLG Hamm WRP 92, 252; str). Bsp: hilfsw Anerkenntnis neben der Rüge der (internationalen) Unzuständigkeit des Gerichts (BGH MDR 76, 838) oder neben Bestreiten des Vorliegens des Rechtsschutzbedürfnisses für eine negative Feststellungsklage (OLG Karlsruhe WRP 79, 223). Zum Anerkenntnis eines Hilfsantrags s Rn 14.

18 **VII) Anfechtung.** Das AU ist ein Endurteil und wie ein solches anfechtbar (OLG Koblenz NJW-RR 2000, 529). IE ist zu unterscheiden: – **1) Beklagter.** Hat er anerkannt, fehlt nicht etwa die erforderl Beschwer (OLG Koblenz NJW-RR 93, 462; aA LAG Berlin EzA ArbGG § 64 Nr 5 [abl Dütz]), denn seine Beschwer ist materiell zu bestimmen (OLG Koblenz NJW-RR 93, 462; Dütz aaO; s vor § 511 Rn 19 ff mN). Auch in der Rechtsmittelinstanz besteht die grundsätzl Bindung an das Anerkenntnis (s Rn 9) aber fort. Sofern ausnahmsw der Widerruf des Anerkenntnisses zulässig ist (s Rn 10), kann dies auch mit der Berufung gegen das AU geltend gemacht werden (BGH NJW 81, 2194; OLG Schleswig NJW-RR 93, 1416; KG NJW-RR 95, 958; OLG Koblenz FamRZ 98, 915). Stellt sich die Unwirksamkeit des Anerkenntnisses in der Rechtsmittelinstanz heraus, erfolgt eine Zurückverweisung analog § 538 II Nr 6 (OLG München MDR 91, 795; KG NJW-RR 95, 958; OLGR Jena 2009, 622; sa § 538 Rn 54). – **2) Kläger.** Er kann das AU anfechten, um die verfahrensrechtl Unzulässigkeit (zB Verstoß gegen § 308; Art 103 I GG) geltend zu machen (BGH NJW 2004, 2019), nicht aber, um ein str Urteil statt des AU zu erwirken (BGH NJW 94, 2697). Aufhebung und Zurückverweisung erfolgen gem § 538 II Nr 1 (BGH NJW 2004, 2019; OLGR Jena 2005, 555). – **3) Kostenentscheidung.** Eine isolierte Anfechtung ist gem **§ 99 II** mit der sof Beschwerde mögl (s § 99 Rn 6 ff).

19 **VIII) Gebühren. 1) Gericht:** Bei Annerkenntnisurteil ermäßigt sich die allg VerfGeb im 1. Rechtszug von 3,0 auf 1,0 (1211 Nr 2 GKG-KV), in der Berufung von 4,0 auf 2,0 (1222 Nr 2 GKG-KV), in der Revision von 5,0 auf 3,0 (1232 Nr 2 GKG-KV) und im einstw Rechtsschutz auf 1,0 (1411 Nr 2 GKG-KV). Das gilt auch bei einem Anerkenntnis „unter Verwahrung gegen die Kostenlast", denn das KV differenziert nicht danach, ob eine str Kostenentscheidung ergehen muss (hM; KGMDR 2024, 806; OLG Koblenz 29.3.2011 – 14 W 182/11 mwN; aA KG MDR 2018, 494 mwN; Herget MDR 1995, 1097). Eine Korrektur dieser gegenüber Klagerücknahme und Erledigterklärung systemwidrigen Begünstigung eines solchen Anerkenntnisses, bei dem unter Berücksichtigung von § 93 sachl über die Kosten zu entscheiden ist, hat durch den Gesetzgeber zu erfolgen, der davon aber trotz bekannter Problematik bisher abgesehen hat. – Erkennen von mehreren Bekl nicht alle an, verringert sich die VerfGeb nicht. Die unterschiedl Verursachung der Gerichtskosten ist bei der Kostengrundentscheidung durch Anwendung von §§ 96, 100 III zu berücksichtigen (KG WM 2012, 527). Der Anerkennende wird in dieser so behandelt, als sei in seinem Prozessrechtsverhältnis ledigl 1,0 VerfGeb angefallen. Bsp für die Gerichtskosten bei zwei verurteilten Bekl, von denen der zu 1 anerkannt hat: „Von den Gerichtskosten tragen die Bekl 1/3 als Gesamtsch, der Bekl zu 2 weitere 2/3 allein." Entspr muss ein Kl mehr belastet werden, wenn er gegen den nicht anerkennenden Bekl unterlegen ist. – **2) RA:** Volle Terminsgeb entsteht auch bei einem AU ohne mündl Verh (3104 I Nr 1 RVG-VV). Das gilt auch für das einstw Verfügungsverf, weil auch dort grds eine mündl Verh vorgeschrieben ist (BGH MDR 2020, 954). – Zum Gebührenvergleich mit einem VU N. Schneider NJW-Spezial 2012, 731.

§ 308 Bindung an die Parteianträge

(1) [1]Das Gericht ist nicht befugt, einer Partei etwas zuzusprechen, was nicht beantragt ist. [2]Dies gilt insbesondere von Früchten, Zinsen und anderen Nebenforderungen.

(2) Über die Verpflichtung, die Prozesskosten zu tragen, hat das Gericht auch ohne Antrag zu erkennen.

I) Allgemeines und Anwendungsbereich. § 308 ist Ausdruck der den Zivilprozess beherrschenden Dispositionsmaxime (BAGE 62, 104; s vor § 128 Rn 9). Die maßgebl Bestimmung des Streitgegenstandes durch den Antrag und den Lebenssachverhalt, aus dem der Kläger die von ihm begehrte Rechtsfolge ableitet (BGH WM 2023, 236 Tz 73; BGH NJW 2018, 3448; sa Einl Rn 63) bedeutet zugleich eine Beschränkung der Entscheidungsbefugnis des Gerichts (vgl I) iSe Antragsbindung (s Rn 2-5). Sie gilt auch in der Rechtsmittelinstanz (§ 528 S 1, § 557 I, § 577 II), einschließl des Beschwerdeverf (vgl OLG Köln NJW 80, 1531). Eine bes Ausprägung ist das Verschlechterungsverbot (§ 528 S 2). § 308 gilt ferner im Verf nach dem KapMuG (BGH NJW 2017, 3777 Tz 56), im Kostenfestsetzungsverf (OLG Hamm JurBüro 69, 769 [E. Schneider]; OLG Hamburg MDR 2005, 1138), im sBV (OLG Frankfurt NJW-RR 90, 1024) sowie (mit Einschränkungen) für Arrest und einstw Verfügung (s § 938 Rn 1 f). Im FamFG-Verf ist § 308 gem § 113 I 2 FamFG (nur) in Ehe- und FamStreitsachen entspr anwendbar; sa § 38 FamFG Rn 27. 1

II) Bindung des Gerichts an die Parteianträge (§ 308 I). 1) Grundsatz. Das Gericht darf nichts zusprechen, was nicht beantragt ist (**I 1**). Die Antragsbindung besteht sowohl in **quantitativer** als auch in **qualitativer Hinsicht:** Das Gericht darf nicht *mehr* (kein „plus") oder *anderes* (kein „aliud") zusprechen als beantragt, wohl aber weniger („minus"). Dies hängt von dem Begehren des Kl ab, wobei entscheidend nicht allein dessen Wortlaut, sondern sein ggf durch **Auslegung** zu ermittelnder Inhalt ist (BGH NJW 94, 790; BAG NZA 93, 562). Über einen eindeutigen Antrag darf sich das Gericht aber nicht hinwegsetzen (BAG NZA 93, 562). Ist ein Antrag nur **hilfsweise** gestellt, darf über ihn nicht entschieden werden, bevor die Erfolglosigkeit des vorgehenden Hauptantrags feststeht (s § 260 Rn 7). **Ausnahmen** vom Grundsatz des I stellen die § 308 II, § 308a ZPO, § 9 UKlaG dar. – **Ausprägungen der Bindung:** Das Gericht darf einen Anspruch, den es für unbegründet hält, nicht durch einen anderen ersetzen, den es für begründet hält, der aber einen anderen Streitgegenstand hat und damit nicht Gegenstand der Klage ist (BGH NJW 2003, 2317 = MDR 2003, 1126; BGHZ 168, 179, 185 Tz 16 = WM 2006, 1877). Es darf über einen Anspruch, der nicht mehr gestellt ist, nicht entscheiden (BGH MDR 2017, 299); es darf ihn weder aberkennen (BAG NJW 2021, 3345 Tz 42; BGH NJW 99, 288 f; BVerfG NJW 2005, 2138: willkürl Rechtsanwendung) noch zusprechen (BGH NJW 2004, 2019, 2021 = MDR 2004, 958; BGH MDR 2005, 645). Bei (nur) auf **abgetretenes** Recht gestützter Klage darf das Gericht nicht über Ansprüche des Kl aus *eigenem* Recht entscheiden (BGH 13.11.1997 – III ZR 217/96). Es darf bei einer **Falschberechnung** der Klagesumme nicht zur Zahlung des richtigen höheren Betrags verurteilen, sondern muss ggf (bei fehlender Zuordnungsmöglichkeit des Fehlers) sämtl Klagepositionen anteilig kürzen (BGH NJW-RR 2002, 255, 257). Soweit zulässigerweise ein **unbezifferter Klageantrag** gestellt wird (s § 253 Rn 14), können der angegebene Mindestbetrag oder die Größenvorstellung auch erhebl überschritten werden, sofern nicht ausdrückl eine Obergrenze benannt ist (BGH NJW 96, 2427 = MDR 96, 886; BGH NJW 2002, 3769; BGH NJW 2007, 2475 Tz 11 = MDR 2007, 1074 für Schmerzensgeld); zur Beschwer in diesen Fällen s vor § 511 Rn 17 ff. 2

Auch **Nebenforderungen** werden gem **I 2** von der Antragsbindung erfasst. Ohne Verstoß gegen diese kann eine **Zinsforderung** auch dann auf „Prozentpunkte" (vgl zB § 288 I 2, II BGB) lauten, wenn im Antrag erkennbar versehentl „Prozent" begehrt wurden (BGH NJW-RR 2013, 511). 2a

2) Einzelfälle. a) Unzulässige „Mehr-" und „Aliud"-Entscheidungen. Das Gericht darf bei der Grenzscheidungsklage nach § 920 BGB eine andere Grenzlinie festsetzen, als die vom Kl beantragte, doch darf ihm hierdurch nicht mehr zugesprochen werden, als er begehrte (BGH NJW 65, 37). Im Rentenprozess keine **Kapitalabfindung** statt **Rente** (RGZ 136, 375), umgekehrt nicht Schmerzensgeldrente statt -kapital (BGH NJW 98, 3411), nicht Aufteilung zuerkannten Schmerzensgeldes in Kapital- und Rentenbeträge durch Berufungsgericht (BGH NJW 98, 3411); bei auf **bestimmte Zeiträume** bezogene Ansprüche keine Verrechnung zwischen diesen (BGH WM 2023, 236 für § 198 GVG; BGH NJW 2016, 322 = FamRZ 2016, 199 für Unterhalt; BGH VersR 1990, 212 Schadensersatzrente). Nicht Schadensersatz in Geld statt in Natur; nicht laufender nachbarrechtl Ausgleich (§ 906 II 2 BGB) statt abw berechnetem Schadensersatz (§ 823 I, §§ 249 ff BGB; vgl BGH NJW 93, 928); nicht Ersatz ***anderer*** **Schadensart** (BGH NJW 1994, 442: Umzugskosten statt erhöhtem Steueraufwand; OLG Schleswig NJW-RR 2015, 636); nicht Herausgabe statt Zahlung und umgekehrt, nicht Leistung an den Kl statt **an einen Dritten** (BGH NJW-RR 1995, 572); nicht Zahlung in ausl statt inländischer **Währung** und umgekehrt (BGH 8.3.2023 – XII ZR 37/22; BGH NJW 2022, 3644 Tz 38; BGH WM 93, 2011; sa BGH NJW 87, 3181 = MDR 87, 1002 zu mögl Umrechnungsvereinbarung); nicht Abgabe von Rückübertragungserklärung statt Zustimmung zur **Grundbuchberichtigung** (OLG Köln NJW-RR 95, 1535); nicht Zustimmung zu **festzustellender Leistungspflicht** statt Verurteilung zur Leistung (OLGR Zweibrücken 2005, 358); nicht Beschränkung der Geschäftsführungs-(Vertretungs-)befugnis eines Gesellschafters (s §§ 125, 126 HGB) statt *vollständiger* **Entziehung gem §§ 117, 127 HGB** (BGH NJW-RR 2002, 540 = MDR 2002, 467; sa BGHZ 167, 166, 169 f = MDR 2006, 1421); nicht Einwilligung in die Entfernung der (gefälschten) Signatur statt Kennzeichnung des Bildes als Fälschung (BGH NJW 90, 1986 = MDR 89, 1076); nicht zur Abgabe einer **Willenserklärung** mit anderem Inhalt (OLG Köln MDR 92, 613); eine **Zug-um-Zug-Verurteilung** ist gegenüber der unbeschränkten Verurteilung ein Weniger (BGH 31.10.2022 – VIa ZR 189/22; BGHZ 117, 1), daher bei Zug-um-Zug-Antrag keine uneingeschränkte Verurteilung, selbst wenn sich die zurückzugebende Sache bereits beim Bekl befindet (BGH NJW 1996, 2504); nicht **Zwischenfeststellung** (§ 256 II) als Teilurteil (§ 301), wenn *allein* Leistung beantragt 3 ist (BGH MDR 2005, 645; zur Abgrenzung bei unbegründeter Leistungsklage s Rn 4); nicht Feststellung von **Stimmrecht** nach Bruchteilen statt eigenen (zusätzl) Stimmrechts (BGH NJW 2012, 2434 Tz 12). – Im **Berufungsverfahren** fällt eine Mehr-Verurteilung idR mit einem Verstoß gegen das Verschlechterungsverbot zusammen (s Rn 1). IE s § 528 Rn 24 ff).

4 **b) Zulässige Entscheidungen.** Zulässig ist, ein in dem beantragten „Mehr" steckendes **„Weniger"** unter Klageabweisung iÜ (BGH NJW 92, 1172 = MDR 92, 293) zuzusprechen (vgl zB BGH MDR 2006, 1421; ausf Musielak FS Schwab, 1990, S 354 ff). **Beispiele:** bei (derzeit nicht begründeter) Leistungsklage **Feststellungs**urteil (das sich der Höhe nach im Rahmen des Leistungsbegehrens halten muss: BGH NJW 1992, 1834 mwN = MDR 1992, 664; BGH MDR 2005, 645; Abgrenzung zur unzulässigen Teilfeststellung: s Rn 3), nicht umgekehrt; auf **künftige Leistung** statt auf sof, wenn die Voraussetzungen der §§ 257 ff erfüllt sind; auf Einräumung einer Mitberechtigung statt der vollen Übertragung des Rechts (BGH MDR 2006, 1421); auf **Hinterlegung** oder uU unvertretbare Handlung statt auf Zahlung (vgl BGH NJW 90, 2252); auf Freistellung statt auf Zahlung (OLG Frankfurt FamRZ 1990, 49); eingeschränkte Verurteilung, zB **Zug um Zug** (§§ 274, 320, 322 BGB; BGH NJW 92, 1172 = MDR 92, 293; BGH NJW 92, 2160 = MDR 92, 902, nicht umgekehrt: s Rn 3 aE); Verurteilung unter **Vorbehalt** beschränkter Haftung (§§ 305, 780) oder der Erteilung einer behördl Genehmigung (BGH NJW 93, 925 = MDR 93, 868, dazu eingeh Regenfus, Komplexe Prozessführung, 2007, S 224 f); auf **Duldung der ZwV** gem §§ 11, 13 AnfG statt auf Leistung der Sache (BGH NJW 95, 2849) oder Zahlung; auf Duldung der Herausgabe statt auf Herausgabe (offen lassend OLG Zweibrücken JurBüro 83, 1866); bei Anpassung von Erbbauzinsen Erhöhung nur in geringerer Höhe als beantragt oder zu einem späteren Zeitpunkt (BGH NJW 85, 2524 = MDR 85, 747); auf Zahlung von **Vorschuss** statt endgültiger Leistung (BGH NJW 2019, 1527). Bei negativer **Feststellungsklage** Stattgabe wegen bestehender Verjährung statt wegen Nichtbestehens des Anspruchs (BGH NJW 83, 392 f) oder (eingeschränkte) positive Feststellung (vgl BAG WM 88, 1516), zB Feststellung der Vergütungspflicht nach einer niedrigeren Vergütungsgruppe (vgl BAG EzA 21/2008, S 16). Bei positiver Feststellungsklage die Feststellung eines Dauerschuldverhältnisses mit kürzerer Laufzeit. Bei Klage auf rückständigen und künftigen **Mietzins** können (zwischenzeitl) fällig gewordene Beträge in einer Summe zusammengefasst werden (BGH NJW 86, 3206 = MDR 86, 750), bei Klage auf der Basis eines Mietkontos ohne Zuordnung erbrachter Zahlungen hat das Gericht über die Anrechnung ggf gem § 366 II BGB zu entscheiden (BGH NJW 2018, 3448 Tz 35). Setzt sich der einheitl Streitgegenstand aus einzelnen (unselbständigen) Posten zusammen, darf das Gericht Einzelposten mit höheren Beträgen einstellen, wenn nur die **Endsumme** nicht überschritten wird (BGH VersR 2023, 615 Tz 6; BGH NJW-RR 89, 387 für einzelne Unterhaltsposten; iE Wosgien FamRZ 1987, 1104); zum Austausch von Geb im KFV s § 104 Rn 21.20. Die nicht ausdrückl beantragte Verurteilung mehrerer Bekl als **Gesamtschuldner** ist zulässig, wenn sich dieses Begehren aus der Klagebegründung ergibt.

4a Bei **Unterlassungsanträgen** kann – unter Beachtung von § 139 – in der Einschränkung eines zu weit gefassten Verbots uU nur ein *minus* (vgl BGH NJW 2012, 1589 Tz 16 = MDR 2012, 360: Verbot – nur – der konkreten Verletzungsform) oder aber eine Änderung des Streitgegenstands (s Einl Rn 63 ff) und damit ein *aliud* liegen (so BGHZ 168, 179, 185 Tz 16 = WM 2006, 1877). Allg darf das Gericht das Verbot nicht inhaltl verändern (BGH NJW 2001, 157 = MDR 2001, 168), es nicht erweitern oder auf einen vom Kl nicht geltend gemachten Klagegrund (iSv Einl Rn 83) stützen (BGH MDR 2018, 291; BGH NJW 2003, 2317 = MDR 2003, 1126), wohl aber in der Formulierung verdeutlichen, etwa durch einen „insb"-Zusatz (OLG Hamburg WRP 2010, 954). **Beispiele:** Auf den Klageantrag, Geräuschimmissionen über einen bestimmten Schallpegel hinaus zu unterlassen, kann nicht zu zeitl Einschränkung des Flugbetriebs verurteilt werden (BGHZ 69, 118 = NJW 77, 1920); jedoch können bei einem Antrag, durch geeignete Maßnahmen wesentl Lärm- und Geruchsbeeinträchtigungen zu verhindern, im Urteil bestimmte Grenzwerte festgelegt werden (BGH WM 93, 1479). Ist eine bestimmte wertende Veröffentlichung zu unterlassen, darf ihr Gegenstand nicht ausgetauscht werden (BGH NJW 2001, 157 = MDR 2001, 168). Anstelle der beantragten Androhung kann sofort Zwangsgeld gem § 888 festgesetzt werden (OLG Köln NJW-RR 95, 1406).

5 **3) Keine Beschränkung der Begründung. I** betrifft nur den **Sachantrag** des Kl (s § 297 Rn 1), nicht auch seine rechtl Begründung. Die Subsumtion des vorgetragenen Sachverhalts unter die in Betracht kommenden gesetzl Tatbestände ist vielmehr Sache des Gerichts (zB BGH NJW 2013, 540 Tz 16 = MDR 2012, 1486 mwN; sa Einl Rn 71, 84). Es kann eine Verurteilung also rechtlich anders als vom Kläger vorgenommen begründen. Die Entscheidung über einen bestimmten rechtl Gesichtspunkt kann der Kl im Einzelfall, in dem dies zulässig ist, nur durch entsprechend differenzierte, im Wege der Klagenhäufung geltend gemachte Anträge (BGHZ 194, 314 Tz 25 = MDR 2013, 417 für Wettbewerbsverstöße), nicht im Rahmen desselben Streitgegenstands erreichen (Einl Rn 84). Dies gilt auch, soweit ausnahmsw ein berechtigtes Interesse an einer bestimmten mat-rechtl Einordnung besteht (zB Qualifizierung als deliktisch iSv § 850f II); dem kann mit entspr Feststellungsantrag Rechnung getragen werden (vgl BGH NJW 2003, 515 = MDR 2003, 290; BGH NJW 90, 834).

6 **III) Folgen eines Verstoßes.** Ein Verstoß gegen § 308 ist (auch) vom Revisionsgericht ohne Rüge **von Amts wegen zu beachten** (BGH MDR 2016, 291; BGH MDR 2016, 539 für Hilfsantrag BGH NJW-RR 2002, 257; BGH NJW-RR 1995, 10; BGH NJW 1993, 928; sa vor § 300 Rn 20). Er stellt einen Verfahrensmangel dar, der – bei zulässigem Rechtsmittel (OLG Hamm MDR 1985, 241) – gem § 538 II Nr 1 eine Aufhebung und Zurückverweisung durch das Berufungsgericht rechtfertigen kann (s § 538 Rn 18). Ein Verstoß gegen § 308 stellt zu-

gleich eine **Verletzung des rechtlichen Gehörs** zum Nachteil der betroffenen Partei dar (BVerfGE 28, 378, 385; BGH VersR 2023, 615 Tz 4; BGH VersR 2023, 615; BGH MDR 2017, 1076). Daher steht ihr bei nicht mit Rechtsmitteln anfechtbaren Urteilen die Anhörungsrüge (§ 321a) zu. Nichtanfechtung führt (auch) zu **materieller Rechtskraft** (BGH NJW 99, 287 mwN; s § 322 Rn 14).

Heilung ist nicht durch rügeloses Verhandeln (§ 295) mögl (BGH MDR 61, 395), wohl aber uU durch nachträgl Genehmigung. Beantragt näml der Kl, dem mehr zugesprochen wurde, als er im 1. Rechtszug beantragt hatte, das Rechtsmittel des Bekl zurückzuweisen, so wird durch die darin liegende Genehmigung der Mangel geheilt. Denn im Sichzueigenmachen der gegen § 308 verstoßenden Entscheidung liegt eine (noch in der Berufungsinstanz mögl) **Klageerweiterung** (BGH MDR 2005, 645, 646; BGH NJW 94, 1060; BGH NJW 90, 1910; BGH NJW-RR 91, 1127); auch nur hilfsw Sichzueigenmachen der Antragsüberschreitung durch den Kl genügt (BGH NJW 99, 61 = MDR 99, 314). Dies gilt aber nicht, wenn das *Berufungsgericht* mehr zugesprochen hatte, da eine Klageerweiterung in der Revisionsinstanz nicht mehr mögl ist (BGH NJW 2003, 2317 = MDR 2003, 1126; BGH WM 2006, 1877 Tz 24). Ausnahmsw entscheidet der BGH aber in einem solchen Fall, wenn auf der Grundlage des festgestellten und unstr Sachverhalts eine abschließende Entscheidung mögl und sachdienl ist (BGH NJW 91, 1684 mwN). 7

IV) Besonderheiten bei der Kostenentscheidung (§ 308 II). 1) Notwendige Kostenentscheidung. Bewilligung von PKH oder Gebührenfreiheit machen den Kostenausspruch nicht entbehrl. Die Kosten eines sBV sind von der Kostenentscheidung im Hauptsacheverf erfasst (BGH NJW-RR 2006, 810; iE s § 91 Rn 13.87). Keiner Kostenentscheidung bedürfen idR die Entscheidungen über erfolgreiche Rechtsmittel, wenn das Rechtsmittelgericht aufhebt und zurückverweist (s § 97 Rn 7; § 538 Rn 58). Zum Erfordernis einer Kostenentscheidung in **Nebenverfahren** s die Erl der einzelnen Verf, zB zu einstw Anordnungen nach § 769 s § 769 Rn 11, Richterablehnung s § 46 Rn 8. Im **Abhilfeklageverfahren** hat gem § 18 I Nr 4 VDuG eine Kostenentscheidung zu ergehen; s § 18 VDuG Rn 5. Dasselbe gilt im **Verbandsklageverfahren**; s § 13 VDuG Rn 18. Keine Kostenentscheidung ergeht im **Musterverfahren** gem § 19 II KapMuG. **Fehlt** eine notwendige Kostenentscheidung, ist **Urteilsergänzung** gem § 321 erforderl (s § 321 Rn 2 f), sofern nicht gem § 319 berichtigungsfähig (s § 319 Rn 29). 8

2) Amtswegige Kostenentscheidung. Jede mit der Sache befasste Instanz hat ohne Bindung an einen Antrag über die Kosten des Rechtsstreits zu entscheiden, also auch vAw ggf die Kostenentscheidung der **Vorinstanz** zu ändern, auch wenn das Rechtsmittel in der Hauptsache keinen Erfolg hat (zB BGH NJW-RR 95, 1211; OLG Hamm ZfSch 2019, 77); eine Ausnahme gilt bei Zurückweisung der NZB, da dann das Verf dem BGH nicht anfällt (BGH MDR 2004, 1254). Dabei kann auch über die Kosten eines bereits **ausgeschiedenen Streitgenossen** neu entschieden werden (BGH MDR 81, 928; OLGR München 1993, 228), wobei vor nachteiliger Entscheidung rechtl Gehör zu gewähren ist (BGH MDR 81, 928; OLG Düsseldorf MDR 2010, 1487). In der Rechtsmittelinstanz gilt das Verschlechterungsverbot (**„reformatio in peius“**, s § 528 Rn 24 ff) für die Kostenentscheidung nicht (BGH NJW 93, 1260 = MDR 93, 509; BGH NJW 1981, 1453; BGH MDR 81, 928; OLG Jena MDR 2002, 892; OLG Düsseldorf MDR 2010, 1487; OLG Köln NJW 89, 720). Ein Anschlussrechtsmittel ist daher zu ihrem Angriff nicht erforderl, nach Ansicht des BGH (BGH NJW-RR 2017, 815) aber zulässig. Dies gilt auch für ein **Beschwerdeverfahren** gegen die Kostenentscheidung (KG – 19. ZS – KGR Berlin 2000, 145; aA OLG Celle AGS 2014, 533; KG – 16. ZS – FamRZ 94, 1608), da das Verbot ein Ausdruck der Antragsbindung ist (s Rn 1), die gem § 308 II für die Kostenentscheidung gerade nicht gilt. Sind Urteil und auf § 91a beruhende Teilkostenentscheidung angegriffen, liegt Verbindung zum Berufungsverf entspr § 147 nahe (OLG Stuttgart MDR 2018, 1273). Zur nach Teilerledigung gemischten Kostenentscheidung des Berufungsgerichts in der Revision s Gehle MDR 2024, 816. 9

3) „Isolierte“ Kostenentscheidung. Sie ergeht, wenn nach Teilentscheidung, -rücknahme, -erledigung nur noch über die Kosten zu entscheiden ist. Zu Entscheidungsform und Rechtsmittel s § 91a Rn 54 ff, § 93 Rn 5, § 99 Rn 10 ff, § 269 Rn 19 ff. 10

§ 308a Entscheidung ohne Antrag in Mietsachen

(1) [1]Erachtet das Gericht in einer Streitigkeit zwischen dem Vermieter und dem Mieter oder dem Mieter und dem Untermieter wegen Räumung von Wohnraum den Räumungsanspruch für unbegründet, weil der Mieter nach den §§ 574 bis 574b des Bürgerlichen Gesetzbuchs eine Fortsetzung des Mietverhältnisses verlangen kann, so hat es in dem Urteil auch ohne Antrag auszusprechen, für welche Dauer und unter welchen Änderungen der Vertragsbedingungen das Mietverhältnis fortgesetzt wird. [2]Vor dem Ausspruch sind die Parteien zu hören.

(2) Der Ausspruch ist selbständig anfechtbar.

I) Bedeutung. Die Vorschrift ist eine Ausprägung des „sozialen Zivilprozessrechts“ (so auch MskV/Wolff Rn 1). Sie ergänzt die vom Gesetzgeber aus sozialen Erwägungen geschaffene mat-rechtl Regelung. Um den durch die §§ 574-574b BGB geschaffenen Schutz zugunsten des Mieters nicht an formellen Fehlern scheitern zu 1 lassen, durchbricht § 308a die dem Richter durch § 308 gezogenen Schranken und ermächtigt ihn, private Rechtsverhältnisse zu gestalten, ohne dass ein solches Rechtsfolgebegehren erhoben wurde. Der ausdrückl „Ausspruch" (s Rn 2) der Fortsetzungsbedingungen des Mietverhältnisses gewährleistet Rechtsfrieden und Rechtsklarheit, die durch die bloße Abweisung der Räumungsklage nicht erreichbar wären.

2 **II) Voraussetzungen des Fortsetzungsanspruchs und Anwendungsbereich.** Vorliegen muss eine **Räumungsklage** des Vermieters gegen den Mieter (oder des Mieters gegen den Untermieter), die abzuweisen ist, weil die Voraussetzungen für die Vertragsfortsetzung gem §§ 574-574b BGB vorliegen, der Mieter also eine Fortsetzung des Mietverhältnisses „verlangen kann" (s I). Hierfür ist ein förml Fortsetzungsverlangen des Mieters nicht erforderl (StJ/Althammer Rn 2, 4), es wird aber meist von dem mat-rechtl idR nötigen fristgemäßen Widerspruch des Mieters (§ 574 I, § 574b I BGB) mitumfasst sein. Gegen den Willen des Mieters ergeht der Ausspruch aber nicht (MskV/Wolff Rn 3). Der Mieter kann sein Fortsetzungsverlangen auch mit Widerklage (BGH NJW-RR 2023, 229) oder Gegenantrag geltend machen. Bei der isoliert (ohne Räumungsklage) erhobenen **Fortsetzungsklage** des Mieters (mit unbestimmtem Verlängerungsantrag) gilt § 308a entspr (MK/Musielak/Hüntermann Rn 2; aA wohl BeckOK/Elzer Rn 3), ebenso im Fall des § 574c BGB, nicht aber bei der selbständigen Verlängerungsklage gem § 575 BGB (vgl LG Berlin MDR 99, 1436), doch muss das Gericht hier ggf gem § 139 auf entspr Antragstellung hinweisen.

3 **III) Fortsetzungsausspruch.** Auch ohne Antrag des Mieters – erst recht auf die diesbzgl Widerklage des beklagten Mieters (BGH NJW-RR 2023, 229) – **muss** das Gericht durch **Gestaltungsurteil** (BVerfG NJW-RR 2015, 526) im **Tenor** (MskV/Wolff Rn 4; ThP/Seiler Rn 3, 4) aussprechen, für welche Dauer (ggf unbegrenzt, BVerfG NJW-RR 2015, 526; LG Berlin ZMR 2010, 962) und unter welchen Änderungen der Vertragsbedingungen das Mietverhältnis fortgesetzt wird. Dabei beseht ein weiter **Gestaltungsspielraum**, das Mietverhältnis zu Bedingungen fortzusetzen, die den Interessen beider Parteien möglichst nahe kommen (BGH NJW-RR 2023, 229). Dabei ist auch eine Erhöhung des Mietzinses mögl (BGH NJW 2017, 1474 = MDR 2017, 635; LG Berlin MDR 2024, 98); der neue Mietzins ist im Urteil konkret festzulegen (aA LG Heidelberg WuM 1994, 682). Formulierungsvorschlag bei BeckOK/Elzer Rn 26. Ist § 308a übersehen worden, ist eine Urteilsergänzung entspr § 321 erforderl. Sieht das LG anders als das AG die Kündigung als wirksam an, steht einer erstmaligen Entscheidung gem § 308a nicht das **Verschlechterungsverbot** entgegen (BGH NJW 2020, 1215).

4 **Nebenentscheidungen. Streitwert:** § 41 III, IV GKG. – **Kosten:** §§ 91 ff, vor allem die Sondernormen des § 93b. – **Vorläufige Vollstreckbarkeit:** § 708 Nr 7.

5 **IV) § 308a im Säumnisverfahren.** Ist der Bekl säumig, gilt grds § 331, also Prüfung des Vorbringens des Kl auf Schlüssigkeit iS auch der §§ 574-574b BGB. Zwar dürfen die eine Vertragsfortsetzung begründenden Tatsachen nicht vAw ermittelt werden, da § 308a nicht den Verhandlungsgrundsatz (s vor § 128 Rn 10) durchbricht (so auch ThP/Seiler Rn 7). Wenn aber der Sachvortrag des Kl dies rechtfertigt, ist auch im VU die Fortsetzung anzuordnen (BeckOK/Elzer Rn 13; MskV/Wolff Rn 7; aA StJ/Althammer Rn 14). Ohne Anhörung des säumigen Mieters (I 2) wird allerdings idR nicht festgestellt werden können, ob die Fortsetzung des Mietverhältnisses seinem Willen entspricht (s Rn 2) und wie dieses auszugestalten ist.

6 **V) Anfechtung (§ 308a II).** Der Ausspruch ist selbständig anfechtbar, also auch ohne Anfechtung des Räumungstenors. Maßgebend ist mangels Antragserfordernisses die materielle Beschwer. Jede Partei kann eine ihr günstigere Ausgestaltung der Fortsetzung des Mietverhältnisses und der Kl auch deren völlige Versagung anstreben. Ist mit der Berufung nur der Fortsetzungsausspruch angefochten, steht das Verschlechterungsverbot einer Prüfung der Kündigung entgegen (LG München NJW-RR 2014, 1108).

7 **VI) Gebühren. 1) Gericht:** Abgeltung mit der allg VerfGeb 1210 GKG-KV. Keine Urteilgeb, auch nicht für ein Ergänzungsurteil (§ 321), wenn § 308a übersehen worden war. – **2) RA:** Regelgeb 3100 RVG-VV, 3104 RVG-VV für das Mietstreitverf, aber keine zusätzl Geb für die Teilnahme an der Anhörung (I 2), es sei denn, der RA ist erstmals hierfür mandatiert (Vorbem 3 III RVG-VV). Dass der Ausspruch keinen Antrag voraussetzt, ist unerhebl, denn die 1,2 Terminsgeb 3104 RVG-VV setzt keine Antragstellung voraus.

§ 309 Erkennende Richter

Das Urteil kann nur von denjenigen Richtern gefällt werden, welche der dem Urteil zugrunde liegenden Verhandlung beigewohnt haben.

Lit: *B. Schmidt*, Richterwegfall u Richterwechsel …, Diss Hannover 1993.

1 **I) Allgemeines.** Das Urteil fällen dürfen nur diej Richter, die an der letzten, dem Urteil vorausgehenden mündl Verh und der Entscheidungsberatung (§§ 192-197 GVG) teilgenommen haben (näher s Rn 2-4). § 309 ist ein Niederschlag der Verfahrensgrundsätze der **Mündlichkeit und Unmittelbarkeit** der Verh (BGH NJW 2002, 1426 = MDR 2002, 658). Als Regelung der vorschriftsmäßigen Besetzung des Gerichts (vgl § 547 Nr 1, § 579

Nr 1) bildet § 309 zugleich eine Ausprägung der Garantie des **gesetzlichen Richters** iSv Art 101 I 2 GG (BGH NJW-RR 2015, 893 = MDR 2015, 851). Ein Verstoß begründet eine Verletzung des **rechtlichen Gehörs** (BGH MDR 2025, 812 Tz 8). Zur Anwendung von **KI-Systemen** bei Vorbereitung und Fällung der Entscheidung s KI Rn 13 f.

II) Urteilsfällung. Gefällt ist ein Urteil iSv § 309, wenn abschließend beraten und abgestimmt wurde (BGH NJW-RR 2015, 893 = MDR 2015, 851 mwN). Das Kollegialgericht fällt sein Urteil nach mündl Verh (Ausnahmen § 128 II, § 307 S 2) auf Grund geheimer Beratung und Abstimmung (§§ 192 ff GVG). Die Urteilsfällung geht der Verkündung (§ 310) voraus und ist durch schriftl Niederlegung der Urteilsformel abgeschlossen (Ausnahme: § 311 II 3). Verkündet darf das Urteil von anderen Richtern werden (§ 310; BAG NJW 2015, 3181; BGHZ 61, 370 = NJW 74, 144). Zur schriftl Niederlegung des gefällten Urteils ist seine Signierung durch die Richter erforderl, die an der Entscheidung mitgewirkt haben. Bei Kollegialgerichten kann jedoch die Signatur eines verhinderten Richters nach Maßgabe des § 315 I 2 ersetzt werden. Die Signaturen der Richter brauchen bei Verkündung noch nicht vorzuliegen (s § 311 Rn 4). Notwendig ist nur, dass die Urteilsformel schriftl festliegt, damit diese verlesen werden kann (§ 311). 2

§ 309 gilt idR (Ausnahme: s Rn 4) auch für Entscheidungen über eine freigestellte (§ 296a iVm § 156 I) oder notwendige (§ 156 II Nrn 1 u 2) **Wiedereröffnung der mündlichen Verhandlung**, die also in der bish Besetzung zu erfolgen hat, gleichgültig, ob das Urteil bereits gefällt (s Rn 2) war oder nicht (BGH NJW 2002, 1426 = MDR 2002, 658). 3

III) Richterwechsel. Ein Richterwechsel **vor Schluss der mündlichen Verhandlung** erfordert (entgegen BAG NJW 71, 1332) nicht, dass Anträge (§ 297) notwendig zu wiederholen sind (OLGR Jena 2004, 170 mwN; Kirchner NJW 71, 2158; s § 297 Rn 5). Auch werden bindende Prozesslagen nicht in Frage gestellt, wie zB rügelose Einlassung, unterlassene Rügen iSv § 295, Geständnis, Anerkennung und Verzicht. Zum Problem eines Richterwechsels nach Beweisaufnahme s § 355 Rn 4. – Ist ein Richter **nach Schluss der mündlichen Verhandlung** und vor (abgeschlossener) Urteilsfällung aus dem Spruchkörper ausgeschieden, kann ein Urteil in der durch § 309 vorgeschriebenen Besetzung nicht mehr ergehen und muss die Verh gem § 156 II Nr 3 wieder eröffnet werden (BGH NJW-RR 2012, 508 Tz 9 = MDR 2012, 538). Dies gilt auch dann, wenn der Richterwechsel nach Verhandlungsschluss, aber *vor Ablauf* einer bewilligten *Schriftsatzfrist* (§ 283) erfolgt; eine zuvor bereits stattgefundene „Urteilsfällung" ist ohne Bedeutung (BGH NJW-RR 2015, 893 Tz 17 f = MDR 2015, 851). Das Ausscheiden eines Richters *nach abgeschlossener Beratung und Abstimmung* hindert die Verkündung des ordnungsgemäß zustande gekommenen Urteils dagegen nicht; auch nicht, wenn danach noch *nicht nachgelassene* Schriftsätze eingehen (BGH NJW 2002, 1426 = MDR 2002, 658; BGH NJW-RR 2015, 893 Tz 13 = MDR 2015, 851). Zur ggf erforderl Ersetzung der Signatur/Unterschrift in diesem Fall s § 315 Rn 2. Vor der Verkündung noch erforderl Entscheidungen über die Wiederaufnahme der mündl Verh trifft das Gericht in der verbleibenden Besetzung ohne Hinzuziehung eines Vertreters entspr § 320 III 2, 3 (BGH NJW 2002, 1426, 1427 = MDR 2002, 658; BGH NJW-RR 2015, 893 Tz 13 = MDR 2015, 851). 4

IV) Verstoß gegen § 309. Ein Verstoß macht das Urteil nicht nichtig, stellt aber einen absoluten Revisions- und Nichtigkeitsgrund dar, § 547 Nr 1, § 579 I Nr 1, sowie eine Verletzung des Rechts auf den ges Richter (Art 101 I 2 GG) dar (BGH NJW-RR 2015, 893 = MDR 2015, 851; BGH NJW-RR 2012, 508 Tz 8 = MDR 2012, 538; Vollkommer NJW 68, 1311). IE s § 547 Rn 2 ff. 5

V) Anwendungsbereich. § 309 findet keine Anwendung, wenn ein Urteil im **schriftlichen Verfahren**, insb gem § 128 II, – auch bei früherer mündl Verh – (BGH NJW-RR 1992, 1065 mN) oder als **Entscheidung nach Aktenlage** (insb gem §§ 251a, 331a) ergeht (vgl BVerfG NJW 2004, 3696; RGZ 132, 330; RGZ 149, 157; StJ/Althammer Rn 10; MskV/Wolff Rn 2; von BGHZ 11, 27 offen gelassen). Denn die Verfahrensmaximen der Mündlichkeit und Unmittelbarkeit der Verh entfallen damit (BGH MDR 68, 314; aA Volmer NJW 70, 1300). Das Gericht entscheidet – auch bei einem Richterwechsel – durch die im Zeitpunkt der Entscheidungsfindung geschäftsplanmäßig zuständigen Richter (BGH NJW-RR 1992, 1065; BVerfG NJW 2004, 3696; sa § 128 Rn 11). 6

Die Besetzung gem § 309 gilt grds für die Tatbestandsberichtigung (§ 320 III 2, 3), nicht aber für die Urteilsberichtigung (s § 319 Rn 34), Urteilsergänzung (s § 321 Rn 13) und eine Rüge gem § 321a (s § 321a Rn 15a). – § 309 gilt entspr auch für **Beschlüsse**, die auf Grund mündl Verh ergehen (§ 329 I 2, s § 329 Rn 35). Im **FamFG-Verfahren** ist § 309 (nur) in Ehe- und FamStreitsachen auf Beschlüsse iSv § 38 FamFG, die auf mündl Verh ergehen, entspr anwendbar (§ 113 I 2 FamFG). 7

§ 310 Termin der Urteilsverkündung

(1) [1]Das Urteil wird in dem Termin, in dem die mündliche Verhandlung geschlossen wird, oder in einem sofort anzuberaumenden Termin verkündet. [2]Dieser wird nur dann über drei Wochen hinaus angesetzt, wenn wichtige Gründe, insbesondere der Umfang oder die Schwierigkeit der Sache, dies erfor-

dern. [3]Der Vorsitzende kann den Verfahrensbeteiligten gestatten, an der Urteilsverkündung per Bild- und Tonübertragung teilzunehmen.

(2) Wird das Urteil nicht in dem Termin, in dem die mündliche Verhandlung geschlossen wird, verkündet, so muss es bei der Verkündung in vollständiger Form abgefasst sein.

(3) [1]Bei einem Anerkenntnisurteil und einem Versäumnisurteil, die nach §§ 307, 331 Abs. 3 ohne mündliche Verhandlung ergehen, wird die Verkündung durch die Zustellung des Urteils ersetzt. [2]Dasselbe gilt bei einem Urteil, das den Einspruch gegen ein Versäumnisurteil verwirft (§ 341 Abs. 2).

Durch G zur Förderung des Einsatzes von Videokonferenztechnik in der Zivilgerichtsbarkeit und den Fachgerichtsbarkeiten v 15.7.2024 (BGBl 2024 I Nr 237) wurde I 3 mWv 19.7.2024 eingefügt.

1 **I) Allgemeines.** Um rechtl existent zu sein, muss das Urteil wie jeder andere Staatsakt aus dem inneren Bereich des handelnden Organs, hier also des Gerichts, heraustreten. Es muss, nachdem es iSd § 309 „gefällt" (= inhaltl festgelegt; s § 309 Rn 2) ist, den Parteien kundgemacht (verlautbart) werden. Erst dieser Vorgang ist **„Erlass des Urteils"** iSv § 318 (sa § 38 III 3 FamFG) und damit (vorbehaltl §§ 319-321) bindend. Solange das nicht geschehen ist, ist das Urteil nur ein Internum, auch wenn es bereits signiert sein sollte (s vor § 300 Rn 13). Das Gericht kann es daher revidieren und eine andere Entscheidung fällen (BGH NJW-RR 2015, 893 Tz 16 = MDR 2015, 851). – § 310 sieht für den Erlass des Urteils grds – auch für Urteile im schriftl Verf und nach Aktenlage (s § 128 Rn 16; § 251a Rn 6) – die **Verkündung**, für die in III genannten Urteile ausnahmsw (III 2) **die Zustellung an Verkündungs statt** vor. Zur Anwendung auf Beschlüsse s § 329 Rn 36. Nach Ansicht des BGH (BGH NZM 2020, 811) darf ein Urteil nicht verkündet werden, wenn beide Parteien dies wegen Vergleichsverhandlung beantragen.

2 **II) Verkündung (§ 310 I).** Das Urteil wird stets – also auch nach nichtöffentl Verh – **öffentlich** (§ 173 GVG; Art 6 I 2 MRK) verkündet, und zwar entweder am Schluss der mündl Verh (s Rn 3) oder in einem bes Verkündungstermin (s Rn 4 f). Zu den Förmlichkeiten der Verkündung s § 311 Rn 2 ff. Die ordnungsgemäß protokollierte (s § 311 Rn 3a) Verkündung setzt grds die **5-Monatsfrist** der §§ 517, 548 in Lauf (s Rn 9, s § 517 Rn 18). Mit Verkündung oder Zustellung gem III an beide Parteien ist das Urteil instanzbeendend und vollstreckungsfähig existent, allenfalls fehlerhaft verlautbart, jedenfalls anfechtbar, für das erkennende Gericht bindend gem § 318 und der formellen Rechtskraft fähig.

2a Gem **I 3** idF des G zur Förderung des Einsatzes von Videokonferenztechnik in der Zivilgerichtsbarkeit und den Fachgerichtsbarkeiten (s vor Rn 1) kann der Vors den Verfahrensbeteiligten gestatten, an der Urteilsverkündung mittels **Bild- und Tonübertragung** teilzunehmen. Mangels anderweitiger Regelung gilt dies bei einer Verkündung sowohl im Anschluss an den Verhandlungstermin als auch in einem gesonderten Verkündungstermin. Wer Verfahrensbeteiligter iSv I ist, ergibt sich aus § 128a I 3 nF. Die Entscheidung liegt im **Ermessen** des Vors (BTDrs 20/9354, 39). Die Regelung gilt mangels anderweitiger Bestimmung (vgl Art 19 I des Gesetzes) auch für bereits **anhängige Verfahren.**

3 **III) Verkündungszeitpunkt.** Es gibt gem I zwei Möglichkeiten, wobei die Wahl im Ermessen des Gerichts liegt: **1) Im Termin der mündlichen Verhandlung.** Es wird als Stuhlurteil bezeichnet (vgl BGH NJW 2004, 1666 = MDR 2004, 827). Zulässig und verbreitete Praxis ist auch Verkündung **„am Schluss der Sitzung"**, dh noch im Laufe des Sitzungstages ggf, aber nicht notwendig nach Verh weiterer Sachen nach erneutem Aufruf der Sache (BGH NJW-RR 2012, 1359; BGH NJW 2004, 1666 = MDR 2004, 827; OLG München NJW 2011, 689). Entscheidend ist, dass die Verh nur unterbrochen, nicht aber geschlossen wird. Sofern Letzteres aber – ausweisl des Protokolls – geschieht, handelt es sich bei der Verkündung, auch wenn sie am selben Tag erfolgt, um einen gesonderten Verkündungstermin, zu dem das Urteil gem II vollständig vorliegen muss (BGH NJW 2022, 1816 Tz 11; BGH NJW 2004, 1666 = MDR 2004, 827). Fehlt es daran, steht dies dem wirksamen Erlass aber nicht entgegen (BGH NJW 2022, 1816 Tz 12; s Rn 5). Zur **Frist** für die nachträgl schriftl Begründung des in der Schlussverh verkündeten (Stuhl-)Urteils s § 315 II u s § 315 Rn 10. Zum sog. Protokollurteil gem § 540 I 2 s § 540 Rn 28.

4 **2) In einem Verkündungstermin (II).** Dieser gesonderte, nur der Verkündung dienende Termin ist sofort, dh im Termin zur mündl Verh, anzuberaumen; eine Ladung ist entbehrl, § 218. Späterer Termin als 3 Wochen gem I 2 nur aus wichtigem Grund – zB Vergleichsverhandlungen (BGH NZM 2020, 811), Umfang oder Schwierigkeit der Sache, Überlastung des Gerichts, Urlaub –, wobei dem Gericht insoweit ein Beurteilungsspielraum zusteht (BVerfG NJW-RR 93, 253).

5 Das in einem bes Verkündungstermin verkündete Urteil muss bei der Verkündung **in vollständiger Form** abgefasst sein, also mit Urteilsformel, Tatbestand und Entscheidungsgründen signiert vorliegen. Ein Tonband genügt nicht (OLG München MDR 86, 62; LG Köln NJW-RR 2014, 182). II will das Gericht zur zügigen Absetzung des vollständigen schriftl Urteils in der Frist bis zum Verkündungstermin anhalten (ebenso § 315 II), ist aber nur **Ordnungsvorschrift** für das Gericht und stellt bei ihrer Verletzung die Wirksamkeit der – wenn auch fehlerhaften – Urteilsverkündung nicht in Frage (BGH NJW 2022, 1816 Tz 12; BGH NJW-RR 2015, 508 Tz 6 = *MDR 2015, 789*). Das derart fehlerhaft verkündete Urteil wird rechtskräftig, wenn es nicht angefochten wird. Das Gericht kann die Absetzung des vollständigen Urteils (und die Zustellung, § 317) nach dessen Verkündung **nachholen**. Dann muss das vollständige Urteil spätestens **binnen 5 Monate** nach der Verkündung an die

GeschSt (vgl § 315 II) übermittelt werden; anderenfalls gilt das Urteil als iSv § 547 Nr 6 „nicht mit Gründen versehen", selbst wenn die Urteilsbegründung später noch nachgeholt wird; s § 547 Rn 11. Die 5-Monatsgrenze gilt auch für die Nachholung von Signaturen/Unterschriften (§ 315) unter einem iÜ vollständigen Urteil (s § 315 Rn 8). Zu den Auswirkungen der verzögerten Absetzung und Zustellung des vollständigen Urteils auf die Berufungs-(begründungs-)frist und die WE s § 517 Rn 18; § 520 Rn 29 aE.

IV) Verkündung bei besonderen Verfahrenslagen. Durch **Unterbrechung** des Verf (§§ 239 ff) nach Schluss 5a
der mündl Verh wird die Verkündung der Entscheidung nicht gehindert (§ 249 III), sofern nicht eine Schriftsatzfrist gem § 283 läuft (vgl BGH NJW 2012, 682; sa § 249 Rn 8). Zum **Richterwechsel** nach Urteilsfällung s § 309 Rn 4, 6.

V) Zustellung an Verkündungs statt (§ 310 III). An Verkündungs statt zuzustellen sind gem III schriftl AU 6
gem § 307 S 2, die im schriftl Vorverf gem § 276 ergangenen VU (§ 331 III) und die den Einspruch gegen ein VU gem § 341 II verwerfenden Urteile. An Verkündungs statt zuzustellen ist „das Urteil" (III 1 aE), nicht nur die Formel (StJ/Althammer Rn 27). Beim AU und VU genügt aber die Zustellung einer Ausfertigung in abgekürzter Form (§ 313b I iVm § 317 VI), nicht aber beim Urteil gem III 2, für das § 313b nicht gilt. Die Zustellung gem III macht eine (weitere) Zustellung iSv § 317 gem § 317 I 2 entbehrl. – **Existent** werden die gem III durch Zustellung verlautbarten Urteile erst nach Zustellung an **beide Parteien** (BGH NJW 2012, 1591 Tz 17 = MDR 2012, 424; BGH NJW 96, 1970; BGH NJW 94, 3359). Die Bindung gem § 318 tritt aber bereits mit der 1. Zustellung an eine Partei ein (BGH 11.6.2024 – IV ZR 83/24, juris Tz 17). Ein wirksames Urteil iSv III setzt voraus, dass es von allen Richtern **signiert/unterzeichnet** ist (s § 315 Rn 9).

VI) Folgen von Verlautbarungsmängeln. 1) Fehlen der Verkündung. Verkündungsmängel stehen dem wirk- 7
samen Erlass eines Urteils nur entgegen, wenn gegen elementare, zum Wesen der Verlautbarung gehörende Formerfordernisse verstoßen wurde, so dass von einer Verlautbarung im Rechtssinne nicht mehr gesprochen werden kann (BGH GesR 2025, 245 mwN). Sind die Mindestanforderungen gewahrt, hindern selbst Verstöße gegen zwingende Formerfordernisse das Entstehen eines wirksamen Urteils grds nicht (BGH NJW 2014, 1304; BGH NJW 2012, 1591 mwN; BGH NJW 2004, 2019). Zu den Mindestanforderungen gehört, dass die **Verlautbarung** von dem Gericht **beabsichtigt** war oder von den Parteien derart verstanden werden durfte und die Parteien von Erlass und Inhalt der Entscheidung förml unterrichtet wurden (BGH GesR 2025, 245 mwN; BGH NJW 2014, 1304; BGH NJW 2012, 1591 mwN). Unter diesen Voraussetzungen ist ein Urteil auch wirksam erlassen, wenn es verfahrensfehlerhaft nicht verkündet, sondern auf Anordnung des Vors/ER **unmittelbar zugestellt** wird (BGH GesR 2025, 245 mwN; BGH FamRZ 2012, 1287; BGH FamRZ 2004, 1187 = NJW 2004, 2019). Darüber hinaus setzt eine wirksame Verkündung voraus, dass die Verlautbarung eindeutig und mit **hinreichender Bestimmtheit** erfolgt ist (BGH NJW 2014, 1304). Sind diese Mindestanforderungen nicht erfüllt, bleibt die nicht verkündete Entscheidung ein – allenfalls den Rechtsschein eines Urteils erzeugender – Entscheidungsentwurf (s vor § 300 Rn 13). Das Verf bleibt in der Instanz anhängig (BAG MDR 2021, 186). Die Anfechtung eines solchen Scheinurteils ist zulässig, um den Anschein eines Urteils zu beseitigen; s vor § 300 Rn 15; sa § 517 Rn 2. Eine unterbliebene Verkündung kann durch Rügeverzicht **nicht geheilt** werden (BAG MDR 2023, 319). Der **Nachweis** einer Verkündung kann nur durch ein formgerechtes Protokoll geführt werden (s § 311 Rn 3a).

2) Fehlerhafte Verkündung. An der **Wirksamkeit** fehlt es nur dann, wenn den an die Verlautbarung eines Ur- 8
teils zu stellenden Mindestanforderungen nicht genügt ist (s Rn 7; vor § 300 Rn 13). IdR handelt es sich bei der fehlerhaften Verkündung aber um einen die Wirksamkeit des Urteils nicht in Frage stellenden **Verfahrensfehler**. Dieser kann zur Aufhebung und zur Zurückverweisung der Sache führt (§ 538 II Nr 1, § 562 II, § 563), soweit die Entscheidung auf dem Verfahrensfehler beruht oder zumindest beruhen kann (BGH NJW 2004, 2019 Tz 12). Letzteres ist aber nur dann der Fall, wenn der Fehler den Rechtsmittelführer sachl benachteiligt hat, so insb bei Beschneidung des rechtl Gehörs, wie bei Verhinderung eines Rechtsbehelfs (BGH NJW-RR 2012, 398 Tz 14 = MDR 2012, 430). Bei formalen Verkündungsmängeln wird das kaum der Fall sein. **Beispiele** für der Wirksamkeit der Verkündung nicht entgegen stehende **Verlautbarungsfehler:** Verkündung im Dienstzimmer des Vorsitzenden statt im Sitzungssaal (BGH MDR 2018, 169); nicht ordnungsgemäße Bekanntgabe des Verkündungstermins (BGH MDR 2004, 406; BGHZ 14, 39: falscher Tag; OLGR Frankfurt 2004, 312 falsche Uhrzeit); Bezeichnung im Protokoll als „Beschluss" (BGH NJW 2012, 1591 = MDR 2012, 424); Verkündung unter Ausschluss oder Nichtwiederherstellung der Öffentlichkeit (BGH FamRZ 2015, 1006 Tz 17; OLG Hamm FamRZ 95, 945; OLG Celle NJW 2014, 3458 = MDR 2014, 1325); Verkündung durch hierzu nicht zuständigen Richter des erkennenden Gerichts (RGZ 161, 61; OLG Düsseldorf MDR 77, 144; KGR 1999, 229); Verkündung ohne signierte/unterschriebene Urteilsformel (BAG MDR 2003, 47; näher s § 311 Rn 4 aE). – Auch eine fehlerhafte Verkündung setzt grds die **5-Monats-Frist** (§§ 517, 548, 569 I 2) in Lauf. Verkündungsfehler können grds durch **Nachholung** der Verkündung oder nachfolgende fehlerfreie Zustellung bis zur Entscheidung der Rechtsmittelinstanz **geheilt** werden (BGH NJW 2004, 2019, 2020; OLG Frankfurt NJW-RR 95, 511; Fischer DRiZ 94, 98; sa § 311 Rn 3a). Ist bei der Verkündung ein geltend gemachter Anspruch *übergangen* worden, muss das Urteil gem § 321 ergänzt (nicht das Protokoll berichtigt) werden (BGH NJW 2014, 1304 Tz 16 ff). – Zur **fehlerhaften Zustellung** nach Verkündung s § 317 Rn 9.

VII) Gebühren des RA. Keine Terminsgeb durch Teilnahme an einem Verkündungstermin (Vorbem 3 III 2 RVG-VV). 9

§ 311 Form der Urteilsverkündung

(1) Das Urteil ergeht im Namen des Volkes.

(2) [1]Das Urteil wird durch Vorlesung der Urteilsformel verkündet. [2]Die Vorlesung der Urteilsformel kann durch eine Bezugnahme auf die Urteilsformel ersetzt werden, wenn bei der Verkündung von den Parteien niemand erschienen ist. [3]Versäumnisurteile, Urteile, die auf Grund eines Anerkenntnisses erlassen werden, sowie Urteile, welche die Folge der Zurücknahme der Klage oder des Verzichts auf den Klageanspruch aussprechen, können verkündet werden, auch wenn die Urteilsformel noch nicht schriftlich abgefasst ist.

(3) Die Entscheidungsgründe werden, wenn es für angemessen erachtet wird, durch Vorlesung der Gründe oder durch mündliche Mitteilung des wesentlichen Inhalts verkündet.

(4) Wird das Urteil nicht in dem Termin verkündet, in dem die mündliche Verhandlung geschlossen wird, so kann es der Vorsitzende in Abwesenheit der anderen Mitglieder des Prozessgerichts verkünden.

1 **I) „Im Namen des Volkes" (§ 311 I).** Dass das Urteil im Namen des Volkes ergeht, folgt aus Art 20 II GG. Die Formel verweist auf die demokratische Legitimation der Rspr und die aus ihr folgende Kontrollierbarkeit durch die Öffentlichkeit (Kroitzsch NJW 94, 1033). Ihr Fehlen ist prozessual ohne Folgen. Zur fehlenden Anwendung auf Beschlüsse s § 329 Rn 32 und in FamSachen s § 38 FamFG Rn 7.

2 **II) Verkündung (§ 311 II).** Die Verkündung obliegt dem **Vorsitzenden** (§ 136 IV) und kann in 2 Formen erfolgen. **1) Verlesung des Urteilstenors (II 1).** Da die Verkündung durch Verlesung zu erfolgen hat, muss – wie sich auch aus II 3 ergibt – zumindest der Urteilstenor bei der Verkündung grds **schriftlich vorliegen** (BGH MDR 2022, 1435 Tz 23; BGH NJW 2015, 2342 mwN); stenografische Niederlegung genügt, Unterschrift/Signatur ist nicht erforderl (s Rn 4 aE). Die schriftl fixierte Urteilsformel muss nicht zu den Akten genommen werden (BGH NJW 2015, 2342). **Ausnahme**: Kein schriftl Tenor ist gem II 3 erforderl bei: **VU:** §§ 330, 331; hierher gehören nicht sog unechte VU (s vor § 330 Rn 11); **AU:** § 307; **Verzichtsurteil:** § 306. In diesen Fällen genügt die mündl Mitteilung der Urteilsformel; bei Stattgabe der Klage in den Fällen des § 313b gem § 313b II 4 die Bezugnahme auf den Klageantrag (BGH ZIP 2022, 1021 Tz 9). Entscheidungen, die die Wirkungen der Klagerücknahme aussprechen (vgl **II 3**, 3. Fall) ergehen idR durch Beschluss (§ 269 IV; str Ausnahme bei Zwischenstreit: s § 269 Rn 21), ebenso Entscheidungen nach Rücknahme von Einspruch und Rechtsmittel, § 346, § 516 III, § 555 V.

3 **2) Bezugnahme statt Verlesung (II 2).** Sie genügt, wenn die Verkündung in Abwesenheit der Parteien und ihrer Bevollmächtigten erfolgt; gleichgültig ist, ob dies in einem bes Verkündungstermin oder – durch sog Stuhlurteil – am Ende der Sitzung geschieht (s § 310 Rn 3). Hier wäre Verlesung der Urteilsformel sinnlose Förmelei.

3a **3) Förmlichkeiten.** Die Verkündung ist stets im **Protokoll** festzustellen, § 160 III Nr 6, 7, § 165. Nur durch dieses (das ggf auszulegen ist: OLGR Rostock 2001, 43) kann, sofern es formgerecht ist (OLG München AnwBl 2019, 111 LS: Protokoll ohne qualifizierte elektron Signatur gem § 130b), – nicht durch einen Verkündungs- oder Erlassvermerk – eine ordnungsgemäße **Verkündung bewiesen** werden (BGH GesR 2025, 245; BGH MDR 2024, 1061; BGH FamRZ 2017, 821 = NJW-RR 2017, 386; BGH NJW 2015, 2342; BGH NJW-RR 2012, 1025 = MDR 2012, 928 Tz 16 mwN). Die Urteilsformel kann in das Protokoll durch **wörtliche Wiedergabe** oder durch das **Urteil als Anlage** aufgenommen werden (BGH MDR 2022, 1435; BGH NJW 2015, 2342 mwN). Eine feste Verbindung zwischen Protokoll und Urteil ist in letzterem Fall aber nicht erforderl (BGH MDR 2022, 1435). Eine vorübergehende abw Behandlung des Urteils kann unschädl sein (BGH NJW-RR 2015, 508 Tz 5 f). Entscheidend ist, dass feststeht, um welchen Tenor es sich handelt (BGH MDR 2022, 1435). Äußerste Zeitgrenze für die **nachträgliche** Protokollerstellung ist die 5-Monatsfrist des § 517 (BGH NJW 2015, 2342 Tz 14; BGH NJW 2011, 1741 Tz 21 unter Aufgabe der früheren Rspr). Unerhebl ist, wenn das rechtzeitig erstellte Protokoll erst später **zu den Akten** gelangt (BGH MDR 2022, 1435, auch zu einer WE; BGH FamRZ 2015, 1006 Tz 19).

4 **Beide Formen** der Verkündung (II 1 u 2) sind **gleichwertig**. Es ist nicht erforderl, dass das Verkündungsprotokoll erkennen lässt, ob das Urteil durch Bezugnahme auf die Urteilsformel oder durch deren Verlesen verkündet wurde (BGH MDR 2022, 1435; BGH NJW-RR 2015, 508) und ob das Urteil zu diesem Zeitpunkt bereits vollständig abgefasst war. Der Tenor muss aber schriftl vorliegen (s Rn 2). Es genügt die **Formulierung:** „Es wurde folgendes Urteil verkündet: …" (BGH NJW 2015, 2342 Tz 3, 12) oder dass „das anliegende Urteil verkündet" wurde (BGH NJW-RR 2015, 508 Tz 6); ausreichen kann auch die Formulierung im Protokoll, das „folgende Urteil" sei verkündet, wenn nur feststeht, um welchen Tenor es sich handelt (BGH MDR 2022, 1435). Der **Wirksamkeit der Verkündung** steht es bei ordnungsgemäßer Protokollierung (s Rn 3a) nicht entgegen, wenn das vollständig abgefasste Urteil – entgegen § 310 II – noch nicht vorliegt (BGH MDR 2022, 1435; BGH NJW-RR *2015, 508 Tz 6), der Tenor nur* sinngemäß mitgeteilt wird (BGH MDR 2022, 1435) oder es nicht von allen Richtern signiert ist (BGHZ 137, 49, 52 = NJW 98, 609; BGH NJW 2006, 1881; verkannt von OLGR Rostock 2005, 835). Wegen der Folgen von fehlender oder fehlerhafter Verkündung s vor § 300 Rn 13; § 310 Rn 7, 8.

III) Verkündung der Entscheidungsgründe (§ 311 III). Sie ist nicht notwendig. Angemessen ist ihre Mitteilung zumindest zusammengefasst dann, wenn Parteien persönl anwesend sind, ferner bei Pressepräsenz (vgl Huff DRiZ 2008, 111). Die mündl Begründung sollte sich an den anwesenden Personen (RA, Parteien persönl, Presse) orientieren, ggf auch auf juristische Fachsprache verzichten (vgl Huff DRiZ 2008, 111). Bei späteren (unschädl) Widersprüchen zur schriftl Begründung ist nur diese maßgebl. – Zur MRK-Konformität („Öffentlichkeit") der (eingeschränkten) dt Verkündungspraxis s Tubis NJW 2010, 415; Althammer ZZP 126 [2013], 3, 16 f. 5

IV) Anwesenheit der beisitzenden Richter (§ 311 IV). Ihrer bedarf es bei der Verkündung eines Stuhlurteils, nicht aber bei Verkündung im gesonderten Verkündungstermin gem § 310 II. Verkündung durch unzuständigen Richter hindert die Wirksamkeit der Verkündung nicht; s § 310 Rn 8. 6

§ 312 Anwesenheit der Parteien

(1) [1]Die Wirksamkeit der Verkündung eines Urteils ist von der Anwesenheit der Parteien nicht abhängig. [2]Die Verkündung gilt auch derjenigen Partei gegenüber als bewirkt, die den Termin versäumt hat.

(2) Die Befugnis einer Partei, auf Grund eines verkündeten Urteils das Verfahren fortzusetzen oder von dem Urteil in anderer Weise Gebrauch zu machen, ist von der Zustellung an den Gegner nicht abhängig, soweit nicht dieses Gesetz ein anderes bestimmt.

I) Bedeutung der Verkündung des Urteils (§ 312 I). Verkündung des Urteils ist Prozesshandlung des Gerichts nach Schluss der Verh (§ 136 IV), also ohne weitere Handlungsbefugnis der Parteien (s § 136 Rn 4, § 296a Rn 2, § 156 Rn 2, 4). Deshalb wird das Urteil existent, auch wenn Parteien bei der Verkündung des Urteils nicht anwesend sind. Fehlerhafte Verkündung, zB unrichtige Bekanntmachung des Verkündungstermins, hat grds keinen Einfluss auf die Wirksamkeit des Urteils; iE s § 310 Rn 8. 1

Kommt es nach materiellem Recht auf die Kenntnis des Urteilserlasses einer Partei an, so ist der Zeitpunkt der Verkündung maßgebend, der Zeitpunkt der tatsächl Kenntnisnahme ist irrelevant (vgl RGZ 32, 424). Zur entspr Anwendung auf Beschlüsse insb mit Fristsetzungen s § 329 Rn 14, 38. 2

II) Wirkung der Verkündung (§ 312 II). Aus II ergibt sich, dass das Urteil bereits mit der Verkündung existent ist. Es muss nach Verkündung aber noch **zugestellt** werden, um die Notfristen (§§ 339, 517, 548, 569 I 2) sowie die Frist für den Antrag auf Urteilsergänzung (§ 321 II) in Lauf zu setzen und um die ZwV (§ 750 I) betreiben zu können. – Wird im Verkündungstermin die Wiedereröffnung der Verh beschlossen (s § 156 Rn 2a) und **neuer Termin** anberaumt, so bedarf es gem § 218 keiner Ladung der Parteien; iE s § 218 Rn 1, 2. 3

§ 313 Form und Inhalt des Urteils

(1) Das Urteil enthält:

1. **die Bezeichnung der Parteien, ihrer gesetzlichen Vertreter und der Prozessbevollmächtigten;**
2. **die Bezeichnung des Gerichts und die Namen der Richter, die bei der Entscheidung mitgewirkt haben;**
3. **den Tag, an dem die mündliche Verhandlung geschlossen worden ist;**
4. **die Urteilsformel;**
5. **den Tatbestand;**
6. **die Entscheidungsgründe.**

(2) [1]Im Tatbestand sollen die erhobenen Ansprüche und die dazu vorgebrachten Angriffs- und Verteidigungsmittel unter Hervorhebung der gestellten Anträge nur ihrem wesentlichen Inhalt nach knapp dargestellt werden. [2]Wegen der Einzelheiten des Sach- und Streitstandes soll auf Schriftsätze, Protokolle und andere Unterlagen verwiesen werden.

(3) Die Entscheidungsgründe enthalten eine kurze Zusammenfassung der Erwägungen, auf denen die Entscheidung in tatsächlicher und rechtlicher Hinsicht beruht.

Lit: *Balzer*, Schlanke Entscheidungen im ZP, NJW 1995, 2448, 2452; *Caspar*, Was spricht gegen Maschinenjustiz? – KI-Justiz und Richterbild, DRiZ 2025, 160; *Crückeberg*, Tatsachenfeststellungen im Urteil der 1. Instanz, MDR 2003, 199; *Dreyer/Schmees*, Künstliche Intelligenz als Richter?, CR 2019, 758; *Foerste*, Rechtsschutz bei Begründungsdefiziten unanfechtbarer zivilgerichtl Entscheidungen, FS H. Roth, 2021, S 191; *Heitmann* NJW 97, 1827 (Entscheidungsstil); *Otte/Künnen*, Einsatz von künstl Intelligenz zur Unterstützung richterl Entscheidungsfindung: Ein Paradox zwischen Black-Box und gebotener Transparenz?, ZdiW 2024, 111; *Stürner*, Künstl Intelligenz im Zivilprozess – welche Perspektiven bietet die E-Justiz-Strategie 2024-2028?, GPR 2025, 62; *van den Hövel*, Die Tenorierung im Zivilurteil, 9. Aufl 2024; *Werner*, Urteil per KI im Selbstversuch, DRiZ 2023, 248.

1 **I) Allgemeines.** § 313 gilt uneingeschränkt nur für *erstinstanzl* Urteile. Für das Berufungsurteil ergeben sich Modifikationen aus § 540. Durch die gem § 540 I Nr 1 ermöglichten Bezugnahmen auf die tatsächl Feststellungen des erstinstanzl Urteils sowie die grundsätzl Bindung (§ 529 I Nr 1) haben diese Feststellungen auch für die Berufungsinstanz Bedeutung. Erleichterungen für das Revisionsurteil enthält § 564. Zur entspr Anwendung auf **Beschlüsse** s § 329 Rn 23 ff, 39.

2 **Aufgabe des Urteils** ist es, über die in der Urteilsformel (I Nr 4) enthaltene Entscheidung hinaus die Parteien von deren Richtigkeit zu überzeugen und dem Rechtsmittelgericht die Nachprüfung in materieller und formeller Hinsicht zu ermöglichen. Darüber hinaus dient die schriftl Darstellung von Tatbestand und Gründen der Selbstkontrolle des erkennenden Gerichts, aber auch der Kontrollierbarkeit der Rspr durch die Öffentlichkeit. Alles Weitere, insb die schriftl Wiedergabe von Nebensächlichkeiten und Selbstverständlichkeiten sowie die Anreicherung mit Hinweisen auf Rspr und Schrifttum sollte auf das Notwendige beschränkt bleiben (krit Lüke NJW 95, 174). Literarische Form (vgl LG Mannheim NJW 82, 650: Urteil in Versform) ist unangebracht. „Theorielastige" Gemeinplätze sollten unterbleiben (sa § 540 Rn 13 ff). Das Urteil sollte in klarer, schlichter und prägnanter, von entbehrl Fremdwörtern und nicht allg üblichen Ausdrücken freier **Sprache** in sachl Stil abgefasst sein (Steinberg/Rüping JZ 2012, 184 f); es sollte sich auf das Wesentl und den Gegenstand der Entscheidung beschränken und möglichst kurz sein (so § 13 GeschO BGH; sa Rn 19 sowie Heitmann NJW 97, 1827). *Leit-*(Orientierungs-)*sätze* sind, auch wenn sie vom Gericht verfasst und selbst wenn sie mit zugestellt werden, kein Entscheidungsbestandteil (BGH NJW 92, 1316 = MDR 92, 467) und damit prozessual unverbindl. Zur Veröffentlichungspraxis der Gerichte s § 299 Rn 14.

3 **II) Inhalt des streitigen Urteils. 1) Überschrift und Aufbau.** Die Überschrift lautet „Im Namen des Volkes", § 311 I. Die Bezeichnung als **„Urteil"** gehört außerhalb des Anwendungsbereichs von § 313b I nicht zu den Formerfordernissen (vgl OLG Oldenburg MDR 91, 159; OLGR Frankfurt 1996, 11), kann aber sachgerecht sein: Urteil oder Endurteil, Zwischen-, Teil-, Schluss-, Versäumnis-, Anerkenntnis-, Verzichts- oder Vorbehaltsurteil. Bei unrichtiger Überschrift (zB „Urteil" statt „VU") kann für die Anfechtung der Meistbegünstigungsgrundsatz gelten (s vor § 511 Rn 30). – Weiterer **Aufbau:** Das sog **Rubrum** (= Kopf) des Urteils enthält die zur Identifizierung des Rechtsstreits erforderl Angaben, iÜ die Angaben zu **I Nr 1-3** (s Rn 4-7). Ebenfalls anzuführen ist das (im Gesetz nicht bes erwähnte) **Aktenzeichen**, ein in § 4 AktO geregeltes verwaltungstechnisches Mittel für die Aktenordnung, dessen Fehlen (BGH NJW 2003, 3418 für RA-Schriftsatz) oder falsche Angabe (BGH MDR 2024, 796 für RA-Schriftsatz) aber unschädl ist. Es folgen der entscheidende Teil (s Rn 8-10), der Tatbestand (s Rn 11-18), die Entscheidungsgründe (s Rn 19-24) und die qualifizierte elektron Signaturen/Unterschriften der Richter (s Rn 26). Eine Rechtsmittelbelehrung ist seit 1.1.2014 (idR) außerhalb des Anwaltszwangs vorgeschrieben (s Rn 25).

4 **2) Bezeichnung der Parteien und Prozessbevollmächtigten.** Die **Parteien** sind so **genau** wie mögl zu bezeichnen, um Schwierigkeiten bei der ZwV zu vermeiden; allein die Nennung ihres Nachnamens genügt nicht (BGH MDR 2024, 926). Hinzuzufügen ist die Parteirolle (Kl, Bekl). Aufzunehmen ist, wer den Rechtsstreit am Schluss der mündl Verh führt. Ist eine Partei nach Klageerhebung gestorben, so sind im Urteil alle **Erben** anzugeben. Wird der Rechtsstreit aber ohne Kenntnis der Erbfolge – oder sonstiger Gesamtrechtsnachfolge, zB bei Verschmelzung – fortgesetzt (§ 246 I Hs 2), kann die ursprüngl Partei aufgenommen und das Rubrum nach Kenntnis des Rechtsnachfolgers berichtigt werden (BGH NJW 2004, 1528). Ist ein TV in den Prozess eingetreten, so ist er Partei, nicht der Erbe. Vergleichbares gilt für den InsVerwalter nach InsEröffnung. Bei einer Einzelfirma wird im Urteil zweckmäßig auch der Inhaber angegeben; denn wenn auch Verurteilung unter dem Namen der Firma erfolgte, so gilt doch als Partei, wer zur Zeit der Klageerhebung Firmeninhaber war (§§ 17 ff HGB); iE s § 750 Rn 10. Zur Frage der Parteibezeichnung von (parteifähigen) BGB-Gesellschaften s § 50 Rn 17; § 750 Rn 5. Die gem § 9a I 1 WEG parteifähige **WE-Gemeinschaft** ist als „Gemeinschaft der Wohnungseigentümer" oder „Wohnungseigentümergemeinschaft" sowie mit dem gemeinschaftl Grundstück zu bezeichnen (§ 9a I 3 WEG), sie wird gem § 9b I 1 WEG grds durch den Verwalter vertreten; näher s § 50 Rn 24. – Bei jur Personen sind die (dh alle) **gesetzlichen Vertreter** mit Namen zu bezeichnen, bei einem minderjährigen Kind und gemeinsamer elterl Sorge daher zB beide Elternteile. Die Vertreter müssen so genau wie mögl bezeichnet werden (OLG Hamburg GRUR 81, 90), da an sie zugestellt werden muss (§ 170 I 1). Bei öff-rechtl Körperschaften ist die Vertretungsbehörde (§ 18) genau zu bezeichnen; ggf ist die „richtige" Partei durch Auslegung zu ermitteln (BGH MDR 2005, 530). Neben den Parteien sind deren **Streitgehilfen** (nicht die Personen, die trotz Streitverkündung nicht beigetreten sind) zu benennen; ansonsten fehlt insoweit Kostentitel (BGHZ 199, 207 Tz 29 = NJW 2014, 1018 = MDR 2014, 293; iE Schneider MDR 66, 811). – Die **Prozessbevollmächtigten** sind so genau wie mögl zu bezeichnen (OLG Hamburg GRUR 81, 90); das sind die RA, die am Schluss der mündl Verh (Haupt-)Bevollmächtigte sind, Terminsvertreter oder Unterbevollmächtigte sind nicht aufzunehmen. Handelt es sich um mehrere RA (zur Sozietät usw s § 80 Rn 6) sind grds alle aufzuführen. Wenn eine Sozietät aus vielen Mitgliedern besteht, ist es aber zulässig, mindestens 2 RA zu nennen, wobei als 2. RA der Sachbearbeiter angeführt werden kann (ebenso Beck-OK/Elzer Rn 27; aA Balzer NJW 95, 2448). Unrichtige Bezeichnung der Parteien, ges Vertreter oder ProzBev ist *nach § 319 durch das Gericht zu* **berichtigen** (näher s § 319 Rn 16 ff), nicht etwa durch den UdG (s § 317 Rn 9). Zu den Grenzen einer zulässigen Berichtigung der Parteibezeichnung und deren Abgrenzung vom Parteiwechsel s § 263 Rn 9; vor § 50 Rn 7 ff. Die Parteibezeichnung muss im Urteil (Original) *selbst* enthalten sein; eine Verwei-

sung (zB „Rubrum 1“ bzw „Rubrum 2“, „**pp [volles Rubrum]**“) genügt nicht (BGH NJW 2003, 3136 = MDR 2003, 1316; OLG Hamm MDR 2023, 597; OLG Köln ZIP 2002, 443, 446; sa vor § 300 Rn 14). Die Bezeichnung der Parteien und ihrer Vertreter hat für die ZwV **Beweiskraft** (BGHZ 179, 102, 114 Tz 25 = NJW 2009, 594, 597).

3) Bezeichnung des Gerichts. Das Gericht ist – ua wegen einer mögl Zurückverweisung (§ 563 I 2) – als **Spruchkörper** (1. Zivilkammer, KfH usw) zu bezeichnen, auch bei Entscheidung durch Einzelrichter oder Vors. Die im Eingang des Urteils (= Rubrum) aufgeführten **Richter** müssen sich mit denen, die das Urteil gem § 315 signiert/unterschrieben haben, decken; sonst ist Urteilsausfertigung unmögl. Trotzdem erfolgte Ausfertigung führt zu unwirksamer Zustellung (RGZ 90, 173). Die Angabe ist berichtigungsfähig (BGHZ 18, 350). Die Namen der erkennenden Richter sind – außer bei Versäumnis-, Anerkenntnis- und Verzichtsurteilen, § 313b II 2 – anzugeben; das Unterlassen ist jedenfalls dann unschädl, wenn kein Zweifel besteht, dass die signierenden/unterzeichnenden Richter an der Entscheidung mitgewirkt haben (BGH MDR 2016, 543; BGH FamRZ 77, 124). Die Angabe der **Dienstbezeichnung** der Richter ist sachgerecht und übl, aber nicht notwendiger Bestandteil des Urteils (BGH MDR 2016, 543). 5

4) Tag des Schlusses der mündlichen Verhandlung. Zum Schluss der mündl Verh s § 136 IV. Zu nennen ist (nur) die letzte mündl Verh, zB „auf die mündl Verh vom …“. Bei Entscheidung gem §§ 251a, 331a ist anzugeben: „nach Lage der Akten am …“ (= Tag des versäumten Termins). Bei schriftl Entscheidung ist maßgebend die gesetzte Schriftsatzfrist (s § 128 Rn 14): zB „im schriftl Verf auf Grund der bis zum … eingereichten Schriftsätze“. Bei einem schriftl AU oder einem VU im schriftl Vorverf (§ 276 I 1) ist das Datum anzugeben, an dem das Urteil vom Gericht erlassen wird (BeckOK/Elzer Rn 38). 6

Der Tag der letzten mündl Verh (bzw der entspr Tag im schriftl Verf) setzt die Frist zum Verzicht auf Tatbestand und Entscheidungsgründe (§ 313a III) in Lauf und ist wegen der Präklusionswirkung gem § 323 II, § 767 II wesentl. 7

5) Urteilsformel („Entscheidungstenor“). Der Tenor hat in möglichst knapper und genauer Form die Entscheidung des Gerichts zu enthalten. Der Urteilstenor muss hinreichend **bestimmt** sein (BGH NJW 2000, 2207); es darf nicht im Ergebnis dem Vollstreckungsorgan die Entscheidung darüber überlassen bleibt, was dem Beklagten verboten oder geboten ist (BGH NJW 2024, 3152). Er muss idR aus sich heraus oder ggf im Zusammenhang mit der Begründung bestimmbar sein, so dass der Urteilsinhalt grds in einer einheitl Urkunde festzulegen ist (BGH NJW 2000, 2207). Zu Ausnahmen s Rn 8a. Die Anforderungen an die Bestimmtheit iSv § 253 II Nr 2 gelten auch für das Urteil (BGH NJW 2024, 3152; BGH VersR 2024, 1082; BGH ZMR 2015, 901 Tz 44; BGH NJW 2005, 2550). Die Verwendung auslegungsbedürftiger Begriffe kommt nur in Betracht, wenn für den Kl eine weitere Konkretisierung nicht mögl oder zumutbar ist und für die Parteien kein Zweifel an ihrem Inhalt besteht, so dass die Reichweite des Urteils feststeht (BGH VersR 2024, 1082; BGH NJW 2016, 708 Tz 8 mwN). Das Bestimmtheitserfordernis erstreckt sich auch auf eine *Zug-um-Zug-Verurteilung*; diese muss im Titel so bestimmt sein, dass sie ihrerseits zum Gegenstand einer Leistungsklage gemacht werden kann (BGH NJW 2015, 2812 Tz 47). – Mängel in der Urteilsformel sind unschädl, wenn der Sinn dennoch klar ist (BGHZ 182, 307 Tz 22; BGH ZMR 2015, 901 Tz 44; BGH MDR 2015, 294; sa vor § 322 Rn 31), wobei der Tenor anhand der Entscheidungsgründe (BGHZ 242, 50; BGH NJW-RR 2017, 763; BGHZ 208, 182 = ZIP 2016, 362; BGH ZInsO 2016, 1776) und ggf auch dem Parteivorbringen (BGH 30.7.2024 – VI ZR 244/22, juris) **ausgelegt** werden kann. Widersprechen sich Urteilsformel und Gründe, so ist idR die Erstere maßgebend, jedenfalls bei Widersprüchlichkeit der Gründe (BGH NJW 2003, 140 = MDR 2003, 57; BGH NJW-RR 2002, 136; BGH NJW 97, 3447; allg s vor § 322 Rn 31). Der Tenor muss erschöpfend (§ 308) über die Anträge erkennen (sonst § 321). Er soll grds **keine Elemente der Entscheidungsgründe** (zB … aus Darlehen) enthalten. Daher grds auch keine Klageabweisung „als unbegründet“ oder „als unzulässig“ im Tenor, es sei denn, dies ist gesetzl vorgeschrieben (zB Verwerfung „als unzulässig“, § 341 I 2, § 522 I 2, § 552 I 2; „im Urkundenprozess unstatthaft“, § 597 II) oder die Aufnahme in den Tenor zur Klarstellung erforderl. Bsp: Bei Urteil gegen Bürgen wegen dessen gem § 767 BGB bedingter Haftung der Zusatz „als Bürge des Hauptschuldners NN“ (BGH WM 68, 918). Nicht aber bei Abweisung als „derzeit unbegründet“ (BGH WuM 2022, 217; BGH NJW 2009, 1139; BGH MDR 2001, 83); dies ergibt sich aus der Begründung. Zur Sicherung des ZwV-Privilegs gem § 850f II ZPO, § 174 II, § 302 Nr 1 InsO ist die Bezeichnung der Forderung als eine „aus einer vorsätzl begangenen unerlaubten Handlung“ im Tenor zweckmäßig, wenn auch eine entspr Klarstellung in den Gründen ausreicht (s § 850f Rn 9; BGH NJW 2005, 1663, 1664; BGH NJW 2003, 515, je „ggf im Wege der Auslegung“; zur Bindungsproblematik allg s vor § 322 Rn 19, 35). – Geldbeträge sind in **Euro** anzugeben, soweit nicht ausl Valuta geschuldet (vgl § 244 I BGB; sa § 308 Rn 3; Maier-Reimer NJW 85, 2049). Zum Zinsausspruch s Rn 10. – Ein unbestimmter, widerspruchsvoller oder **der Zwangsvollstreckung nicht zugänglicher Tenor** führt, sofern er auch nicht als Feststellungsausspruch zu verstehen ist (s § 256 Rn 29), im Rechtsmittelzug zur Aufhebung (zB BGHZ 242, 50; BGH NJW-RR 2001, 1351). Ein solches Urteil ist – sofern es formell rechtskräftig wird – der materiellen Rechtskraft und Vollstreckbarkeit nicht fähig (BGHZ 5, 240). Es muss ggf neue Klage erhoben werden (BGH NJW 72, 2268; BGH NJW 62, 109). Zur Klage auf Feststellung des Inhalts eines Urteils: BGH NJW 2000, 2207 = MDR 2000, 896; BGH NJW 97, 2320. Wiedergabe der Urteilsformel ist entbehrl im Fall § 313b II; hier genügt Bezugnahme auf Schriftsatz. Maßgebend ist die **Urschrift** des Urteils, abweichende Ausfertigungen sind unbeachtl (BGH NJW-RR 2022, 709; BGH NJW-RR 2016, 1463). 8

8a Bei **Unterlassungsurteilen** muss der Tenor den Gegenstand des Verbots deutl bezeichnen (BGH WRP 2025, 774; BGH NJW 2003, 3406; BGH NJW-RR 2004, 251; BGH NJW 2005, 2550 = MDR 2005, 1240). Bei Schwierigkeiten der Umschreibung des Störungstatbestands werden aber Erleichterungen zugelassen (vgl BGH NJW 2000, 2207 = MDR 2000, 896). Wenn der Gegenstand, auf den sich eine Verurteilung zur Unterlassung bezieht, nicht mit Worten zu umschreiben ist, kann eine Abbildung in den Tenor aufgenommen werden (BGH NJW 2000, 2207 = MDR 2000, 896; BGH NJW-RR 86, 1041). Sofern dies nicht mögl ist – aber auch nur dann (BGH NJW-RR 89, 1085), zB bei Kino- oder Fernsehaufnahmen, Theateraufführungen, Software – kann auch auf Anlagen, insb entspr Datenträger, Bezug genommen werden (BGH NJW 2000, 2207 = MDR 2000, 896 – Videoaufzeichnung, auch zur grds erforderl körperl Verbindung; MDR 2003, 1306 = NJW-RR 2003, 910 – Software; BGH NJW 97, 2379 – Telefonbücherfarbe), nicht aber auf eine Internetseite (OLG Nürnberg MDR 2022, 193). Die Wiedergabe nur des ges Verbotstatbestandes genügt idR dem Bestimmtheitserfordernis nicht (BGH WRP 2025, 774; BGH NJW 92, 1692). Ausnahmsw kann dies aber ausreichend sein, wenn eine Konkretisierung, zB wegen fehlender Grenz- oder Richtwerte, nicht mögl ist (BGHZ 140, 1 = NJW 99, 356 für Geruchsimmissionen) oder bereits der Verbotstatbestand selbst entspr eindeutig und konkret gefasst oder der Anwendungsbereich einer Rechtsnorm durch eine gefestigte Auslegung geklärt ist (BGH WRP 2025, 774).

9 Bei stattgebendem Leistungsurteil ist der Sch zu **„verurteilen"**; abweichende Formulierungen sind aber ggf auslegungsfähig (s Rn 8). Eine Klage wird allein „abgewiesen", ein Zusatz als unzulässig oder unbegründet ist im Tenor unstatthaftes Begründungselement (s Rn 8). Ein **Rechtsmittel** ist bei Unbegründetheit „zurückzuweisen", bei Unzulässigkeit zu „verwerfen".

10 **Nebenentscheidungen usw.** Der **Zinstenor** (vgl zB § 288 I 2, II BGB) hat auch dann auf „Prozentpunkte" zu lauten, wenn erkennbar versehentl „Prozent" beantragt (s § 308 I 2) waren (BGH NJW-RR 2013, 511). Mangels Bestimmtheit unzul ist die Verurteilung nach einem variablen nichtamtl Zinssatz (OLG Frankfurt NJW-RR 92, 685); anders dagegen bei Verzugszins gem § 288 I, II BGB (dazu Grüneberg/Grüneberg § 288 BGB Rn 7; sa § 688 Rn 5; § 690 Rn 15). – Teil der Urteilsformel ist die vAw zu treffende **Kostenentscheidung** (§ 308 II), ggf auch über die NI (§ 101; s § 66 Rn 19); ebenso die Entscheidung über die **Vollstreckbarkeit** des Urteils (§§ 708 ff). In den Tenor aufzunehmen ist zweckmäßigerweise (aber nicht zwingend, s § 511 Rn 39; § 543 Rn 20, 33) ggf die **Zulassung der Berufung** und **Revision** (§ 511 II Nr 2, IV; § 543 I, II 1). Die Nichtzulassung muss im ZP nicht im Tenor ausgesprochen werden; verbreitet ist aber eine Ablehnung der Zulassung bei entspr „Antrag" einer Partei. In diesem Fall oder wenn eine Zulassung naheliegt, ist zumindest eine Rechtfertigung in den Gründen geboten (BVerfG NJW 2012, 1715). Entspr „guter Übung" (BGH NJW-RR 96, 1239 = MDR 96, 1061) gehören in den Tenor auch alle *sonstigen Nebenentscheidungen*, zB: **Vorbehalte**, zB gem § 302, § 599, Erteilung einer behördl Genehmigung (BGHZ 120, 239, 247 = NJW 1993, 925; OLGR München 2008, 691, 692; näher Regenfus Komplexe Prozessführung, 2007, S 225); **Haftungsbeschränkungen** (BGH NJW-RR 96, 1239 = MDR 96, 1061), zB des Erben, Minderj, Schiffseigentümers, Haftpflichtversicherers usw (§§ 780, 781, 785; § 1629a BGB); Fristsetzungen, Abwendungs- und Ersetzungsbefugnisse usw (s § 302 Rn 3; § 599 Rn 2; iE Wallisch/Spinner JuS 2000, 377); die öffentl Bekanntmachung des Urteils (zB § 12 III 1 UWG; § 103 UrhG; § 9 Nr 4 UKlaG). – Wegen **Berichtigung** oder **Ergänzung** der Urteilsformel s §§ 319, 321.

11 **6) Der Tatbestand (§ 313 I Nr 5, II). a) Funktion und Anforderungen.** Der Tatbestand gibt die Grundlagen der im Weiteren begründeten Entscheidung wieder. Es muss erkennbar sein, welchen Streitstoff das Gericht seiner Entscheidung zugrunde gelegt hat (BAG NZA 2009, 1227; OLG Zweibrücken NJW-RR 2017, 338), der **Kern des Rechtsstreits** muss also erkennbar sein (MK/Musielak/Hüntermann Rn 12). Dies soll aber nicht langatmig und unter Anführung von nicht entscheidungserhebl Elementen (sei es Parteivortrag, sei es Prozessgeschichte), sondern gem I 2 in knapper Form geschehen, was durch die Formulierung „wesentl Inhalt" nochmals betont wird. Wiederzugeben ist daher nur, was in den Entscheidungsgründen dann auch rechtl gewürdigt wird. Wo dies sachgerecht ist, kann für die „Einzelheiten" auf „Unterlagen" Bezug genommen werden (s Rn 18). Das **„Knappheitsgebot"** schließt Vollständigkeit aus (BGHZ 158, 269, 281 = NJW 2004, 1876, 1879). Fehlende Angaben im Tatbestand können durch entspr Angaben in den Entscheidungsgründen ersetzt werden (BGH NJW 85, 1784, 1785; BGH NJW 91, 3038 = MDR 92, 188). Da dem Tatbestand keine negative Beweiskraft zukommt (s § 314 Rn 5), kann zur Ergänzung auch der Akteninhalt herangezogen werden (BGHZ 158, 269, 281 = NJW 2004, 1876, 1879; BGH NJW 2004, 2152, 2155). Zur **Beweiskraft** des Tatbestands s § 314 Rn 1 f. **Rechtsmeinungen** der Parteien gehören in den Tatbestand nur, soweit zum Verständnis unerlässl. – Ganz **entbehrlich** ist der Tatbestand in den Fällen der §§ 313a, 313b, 540 II. Das **Berufungsurteil** kennt keinen förml Tatbestand (vgl § 540 I: „anstelle"); iE s § 540 Rn 5 ff; zur Beweiskraft dortiger Feststellungen s § 314 Rn 4 f. – Zum Einsatz von **KI-Systemen** bei der Erstellung des Tatbestandes s KI Rn 14.

12 **b) Aufbau.** IdR wird die **Überschrift** „Tatbestand" verwendet; ein Fehlen ist aber unschädl, wenn sich aus dem Urteil ergibt, dass es sich um einen solchen handelt (BGH NJW 2024, 2751). Die Gliederung ist nicht vorgegeben. Übl, der besseren Übersichtlichkeit und Verständlichkeit dienend und daher möglichst zu Grunde zu legen *ist folgender Aufbau:* ***aa) Einleitung.*** Einleitende, möglichst in einen Satz gekleidete, Angabe des Streitstoffs, zB: „Gegenstand der Klage ist die Forderung des Kl als Bauherr gegen den Bekl als Unternehmer auf Schadensersatz wegen Mängeln an einem am … in … errichteten Wohnhaus".

bb) Unstreitiger Tatbestand. Aufzunehmen ist der von beiden Parteien übereinstimmend vorgetragene tatsächl und rechtl Sachverhalt, soweit dieser entscheidungserhebl ist. Hierher gehört idR auch, was ausdrückl zugestanden (§ 288) oder nicht bestr (§ 138 III) ist. Nicht in den unstreitigen Tatbestand gehört jedoch, was nicht *wirksam* bestr ist (BGH NJW-RR 2014, 830 Tz 6), mithin eine – den Entscheidungsgründen vorbehaltene – Verhandlungs- (zB gem § 138 IV) oder Beweiswürdigung (vgl Einsiedler MDR 2011, 1454). Beweistatsachen gehören in den Tatbestand nur, soweit ihre Wiedergabe die gem § 161 unterbliebene Protokollierung ersetzt (s § 161 Rn 9; auch hier aber Beweiswürdigung nur in den Entscheidungsgründen). 13

cc) Streitiges Vorbringen des Klägers. Tatsachen- und Rechtsbehauptungen, denen der Bekl nach dem Stand der letzten mündl Verh entgegengetreten ist. Soweit mögl kann hier (vorwegnehmend) bereits die Erwiderung des Kl auf die Rechtsverteidigung des Bekl dargestellt werden. Zu den gem II anzuführenden Angriffs- und Verteidigungsmitteln (s § 282 Rn 2) gehören auch die unerledigten Beweisanträge, soweit entscheidungserhebl (zB bei Zurückweisung als verspätet). 14

dd) Anträge (II). Vollständige (BGH NJW-RR 94, 362; BGH NJW 91, 3038) und idR wörtl Wiedergabe der Anträge, insb des Klageantrags § 253 II 2. IdR nur Wiedergabe des zuletzt gestellten Antrags, es sei denn, die Antragsänderung ist für das Verständnis der Entscheidung von Bedeutung (zB bei teilweiser Erledigungserklärung). Nur Sachanträge, Haupt- und Hilfsanträge, keine Prozessanträge, auch keine (vAw zu entscheidenden) Anträge hinsichtl der Kosten und der Vollstreckbarkeit. Zum Berufungsurteil s § 540 Rn 8, 9. 15

ee) Streitiges Vorbringen des Beklagten. Ggf auch Vorbringen zur Begründung einer Widerklage; Gliederung zweckmäßig nach tatsächl Bestreiten, Einwendungen, Einreden. Streitige Replik des **Kl** (soweit nicht bereits oben s Rn 14) dargestellt. 16

ff) Prozessgeschichte. Anzuführen ist nur, was nach Maßgabe der Entscheidungsgründe entscheidungserhebl: ggf Fristsetzung bei Zurückweisung von Angriffs- oder Verteidigungsmitteln gem § 296; anderweitig nicht aktenkundig gemachte Hinweise gem § 139 (vgl dort IV 1; näher BGH NJW 2006, 60 = MDR 2006, 411; Rensen MDR 2006, 1201; s § 139 Rn 13). Anzugeben ist, welche Beweise wie und mit welchem Ergebnis erhoben sind. Auf das Ergebnis der Beweiserhebung darf (und sollte) Bezug genommen werden, sofern es aktenkundig ist (zB Protokoll der Vernehmung, SV-Gutachten). Bezugnahme auf nach Verhandlungsschluss eingereichte (auch nicht vorbehaltene) Schriftsätze (§§ 283, 296a; s BAG NJW 2009, 1163, 1164 Tz 10). 17

c) Bezugnahmen (II 2). In allen Teilen des Tatbestandes „soll" ergänzend oder „ersetzend" (zur Unterscheidung Fischer JuS 2005, 906 f) auf zum Aktenbestandteil gewordene **„Unterlagen"** Bezug genommen werden, zB auf das Ergebnis einer Beweisaufnahme (s Rn 17), Schriftsätze, Protokolle, Urkunden aller Art, Unfallskizzen, Photos, Abbildungen (vgl § 267 I 3 StPO), Prospekte usw. Keine „Unterlage" sind Videoaufzeichnungen (CD-ROM; vgl BGHSt NJW 2012, 244 Tz 14 ff). *Überflüssig* ist als Konsequenz aus § 137 III und wegen der insoweit fehlenden negativen Beweiskraft (s § 314 Rn 5) eine pauschale Bezugnahme auf die gewechselten Schriftsätze, sog salvatorische Klausel (OLG Hamburg MDR 88, 974; OLG Oldenburg MDR 89, 551; Fischer JuS 95, 537; JuS 2005, 906; frühere aA – s 32. Aufl Rn 18 – dürfte angesichts der neueren Rspr des BGH zur fehlenden negativen Beweiskraft überholt sein). Auch bei Fehlen einer förml Bezugnahme ist davon auszugehen, dass der Akteninhalt im Rahmen des zur Entscheidung gestellten Lebenssachverhalts Gegenstand der mündl Verh gewesen ist (BGH NJW 2004, 1876 = MDR 2004, 954; BGH NJW 2004, 1876; BGH NJW 92, 2148, 2149; sa § 137 Rn 3). 18

d) Fehlen (Mängel) des Tatbestandes. Sie können Revision gem § 547 Nr 6 (s § 540 Rn 6; § 547 Rn 11) sowie Aufhebung und Zurückverweisung durch das Berufungsgericht gem § 538 II Nr 1 (s § 538 Rn 29) rechtfertigen. Tatbestandsberichtigung: § 320. Ein **Verzicht** auf den Tatbestand scheidet bei anfechtbaren Urteilen aus (BGH NJW-RR 2012, 1535 = MDR 2012, 1362). 18a

7) Entscheidungsgründe (§ 313 I Nr 6, III). a) Anforderungen. Gem § 313 III müssen die Entscheidungsgründe (nur) eine kurze Zusammenfassung der Erwägungen enthalten, auf denen die Entscheidung in rechtl und tatsächl Hinsicht beruht (BGH MDR 96, 604= NJW-RR 95, 700). Die **tragenden Gründe** sind so darzustellen, dass sowohl die Parteien als auch ggf das Rechtsmittelgericht die maßgebenden Erwägungen verstehen und nachvollziehen können (vgl zB BayVerfGH NJW 2005, 3771, 3772; OLG Saarbrücken FamRZ 93, 1099). Es muss nicht jedes einzelne Vorbringen ausdrückl beschieden werden (BVerfG NJW 97, 2310; BGH NJW 2005, 1432 = MDR 2005, 887; BGH VersR 2009, 130); die wesentl, der Rechtsverfolgung oder Rechtsverteidigung dienenden Rechts- und Tatsachenausführungen müssen in den Gründen aber verarbeitet werden, sofern sie nicht nach dem Rechtsstandpunkt des Gerichts unerhebl oder offensicht unsubstantiiert sind (BVerfG MDR 2024, 1396; BVerfGE 86, 133, 146; BGH MDR 2024, 792; BGH NJW 2018, 2133 = MDR 2018, 760; BGH MDR 2018, 172). Für die Entscheidung nicht notwendig zu klärende Tatsachen oder Rechtsfragen können (und sollten) offen gelassen werden. Die **Bezugnahme** auf die Gründe einer anderen Entscheidung (auch eines Beschlusses, BGH MDR 2023, 122), die zwischen den Parteien ergangen ist oder sonst Gegenstand der mündl Verh war, ist zulässig (BGH MDR 2023, 122; BGH 18.5.2017 – I ZR 21/16, Tz 43; BGH NJW 1994, 803). Zum Einsatz von **KI-Systemen** bei der Erstellung der Entscheidungsgründe s KI Rn 14. Zur Darstellung der **Beweiswürdigung** s § 286 Rn 21. Zur **Sprache** s Rn 2. 19

19a Nicht erforderl ist, dass das Urteil die in Frage kommenden *Rechtsgrundlagen* erschöpfend nennt. Der **Verweis auf Rechtsprechung und Schrifttum** genügt dem Erfordernis einer Begründung, wenn die Zitate ohne weiteres nachprüfbar sind (BGH NJW 1991, 2761). Die Verweisung auf höchstrichterl Rspr ist bei deren Befolgung aber entbehrl (BGHZ 181, 268 Tz 26 = NJW 2010, 302). Der Gebrauch von Hilfsmitteln (zB Computerprogrammen zur Unterhaltsberechnung) ist auf die interne Vorbereitung der Entscheidung beschränkt, zu ihrer alleinigen Begründung jedoch unangebracht (OLG Zweibrücken FamRZ 2004, 1735; Bezugnahme auf Computerausdruck im Urteil). Eine Entscheidung mittels „Textbaustein-Technik" genügt den Anforderungen idR nicht (OLG München NJW-RR 2008, 1091; OLG Celle FamRZ 90, 419; zur Abgrenzung aber BGH NJW 2001, 1653). Zu revisionsrechtl relevanten Begründungsmängeln s § 547 Rn 12 f. – Die Anwendung *ausl Rechts* (§ 293) muss aus den Gründen ersichtl sein (BGH MDR 2013, 866 Tz 39). – **Besonderheiten:** AG-Urteile im vereinf Verf gem **§ 495a:** Verf nach billigem Ermessen bedeutet keine Freistellung vom Begründungszwang (BayVerfGH NJW 2005, 3771, 3782; LG München I NJW-RR 2004, 353), vielmehr gelten §§ 313, 313a; näher s § 495a Rn 12, 13. Zur Begründung von **Berufungsurteilen** s § 540 Rn 13 ff, zum sog Protokollurteil (§ 540 I 2) s § 540 Rn 28. **Unanfechtbare** und **nichtstreitige** (AU, VU usw) Urteile: §§ 313a, 313b.

20 **b) Zweckmäßige Gliederung. aa) Prozessrechtliche Darlegungen.** Im Rahmen der Notwendigkeit (zB die Darlegung str Prozess- und Sachurteilsvoraussetzungen). Bei Verneinung der **Zulässigkeit** haben Ausführungen zur Begründetheit zu unterbleiben (allgM, zB BGH NJW 2015, 955 Tz 54).

21 **bb) Vorwegnahme des Ergebnisses.** Das erfordert der Urteilsstil. IdR anzugeben ist die anspruchsbegründende oder -vernichtende Rechtsnorm (zB: Die Klage ist begründet, weil der Bekl als nicht berechtigter Besitzer dem Kl als Eigentümer zur Herausgabe verpflichtet ist, § 985 BGB; der Bekl hat den ihm obliegenden Beweis für ein Recht zum Besitz, § 986 BGB, nicht erbracht).

22 **cc) Begründung des Ergebnisses.** Darlegung des vom Gericht für festgestellt (insoweit Beweiswürdigung) erachteten **Sachverhalt**s und dessen **Subsumtion** unter das (bezeichnete) Gesetz. Zur Tatsachenfeststellung ist das Parteivorbringen ggf als nicht (wirksam) „bestr" (s § 138 III) und damit „unstr" rechtl zu würdigen (BGH NJW-RR 2014, 830 = MDR 2014, 674). Zur Begründung einer Beweiswürdigung iSv § 286 I 2 s § 286 Rn 21. Bei Grundrechtsrelevanz (Bsp: BVerfG NJW 2010, 220 = MDR 2010, 73: Hausverbot) muss die vorgenommene Würdigung und Abwägung in den Gründen zum Ausdruck gebracht werden (Schmid MDR 2010, 66).

23 **dd) Nebenfolgen.** Deren Begründung bildet den Abschluss des Urteils: Kosten, Vollstreckbarkeit, Rechtsmittelzulassung (BGHZ 182, 241 Tz 11 = NJW 2010, 148) usw (s Rn 10). Zur Rechtsmittelzulassung (und deren Beschränkung) in den Entscheidungsgründen s § 511 Rn 39, § 543 Rn 16, 19.

24 **c) Folgen eines Begründungsmangels.** Dieser Mangel (s Rn 19 f) stellt einen unverzichtbaren (§ 295) Verfahrensfehler (§ 538 II Nr 1, § 562 II, § 563), uU einen Grundrechtsverstoß (faires Verf, rechtl Gehör) dar (vgl EGMR NJW 99, 2429; zur BVerfG-Rspr die Nw in Rn 19a). Ein **Verzicht** auf eine Begründung ist nur in den Grenzen von § 313a I, II (ggf iVm § 540 II) zulässig (vgl BGH NJW-RR 2012, 1535 = MDR 2012, 1362). Gänzl Fehlen der Gründe – außerhalb der Ausnahmen gem §§ 313a, 313b, 540 II – und verspätete Absetzung ist **Verfahrensfehler** iSv § 538 II Nr 1 (OLG München 21.5.2015 – 23 U 1151/15) und **absoluter Revisionsgrund** iSv § 547 Nr 6 (s § 547 Rn 11 ff); die regelmäßigen Rechtsmittelfristen gem §§ 517, 548 laufen nicht („in vollständiger Form abgefasstes Urteil"; vgl BGH NJW-RR 91, 255; s § 517 Rn 17 f), vielmehr nur die 5-Monatsfrist: s § 310 Rn 5. Zur nach Verkündung **nachgeschobenen Urteilsbegründung** s § 315 Rn 6, § 310 Rn 2, 5. Eine nachträgl **Abänderung** der (verlautbarten) Urteilsgründe ist nur im Rahmen von § 319 mögl.

25 **8) Rechtsbehelfsbelehrung.** Zum Erfordernis s § 232 Rn 2. Sie ist Bestandteil der Entscheidung (§ 232 S 1: „hat … zu enthalten") und muss daher von der Richtersignatur gedeckt sein (BAG NJW 94, 3181; BAG NJW 99, 1205).

26 **9) Unterschrift der Richter.** Das Gesetz geht noch von einer **Papierakte** aus. Für diese gilt: Zu unterschreiben ist die idR bei den Akten verbleibende Urschrift (= Original; s § 315 Rn 11), sie ist zu unterscheiden von Reinschrift und begl Abschrift/Ausfertigung (s § 317 Rn 4 ff). Die Urschrift kann noch in der Reinschrift auszuführende Korrekturen enthalten (BGH NJW 2001, 1653 = MDR 2001, 646). Der notwendige Inhalt des Urteils (zB Parteibezeichnung) muss aber bereits in der Urschrift vorhanden sein; eine Verweisung (zB „Rubrum 1" bzw „Rubrum 2", „pp [volles Rubrum]") genügt nicht (s Rn 4; sa vor § 300 Rn 14). Zur richtigen Wiedergabe der Unterschriften in der begl Abschrift s § 169 Rn 8. – Bei **elektronischer Aktenführung** tritt gem § 130b an die Stelle der Unterschrift die qualifizierte elektron Signatur. Zu Mangel und Nachholung der Unterschrift/Signatur s § 315 Rn 1 ff.

§ 313a Weglassen von Tatbestand und Entscheidungsgründen

(1) [1]*Des Tatbestandes bedarf es nicht,* wenn ein Rechtsmittel gegen das Urteil unzweifelhaft nicht zulässig ist. [2]In diesem Fall bedarf es auch keiner Entscheidungsgründe, wenn die Parteien auf sie verzichten oder wenn ihr wesentlicher Inhalt in das Protokoll aufgenommen worden ist.

(2) [1]Wird das Urteil in dem Termin, in dem die mündliche Verhandlung geschlossen worden ist, verkündet, so bedarf es des Tatbestands und der Entscheidungsgründe nicht, wenn beide Parteien auf Rechtsmittel gegen das Urteil verzichten. [2]Ist das Urteil nur für eine Partei anfechtbar, so genügt es, wenn diese verzichtet.

(3) Der Verzicht nach Absatz 1 oder 2 kann bereits vor der Verkündung des Urteils erfolgen; er muss spätestens binnen einer Woche nach dem Schluss der mündlichen Verhandlung gegenüber dem Gericht erklärt sein.

(4) Die Absätze 1 bis 3 sind nicht anzuwenden im Fall der Verurteilung zu künftig fällig werdenden wiederkehrenden Leistungen oder wenn zu erwarten ist, dass das Urteil im Ausland geltend gemacht werden wird.

(5) Soll ein ohne Tatbestand und Entscheidungsgründe hergestelltes Urteil im Ausland geltend gemacht werden, so gelten die Vorschriften über die Vervollständigung von Versäumnis- und Anerkenntnisurteilen entsprechend.

Lit: *Wilke*, Urteilsvervollständigung nach dem AVAG n.F. für die Geltendmachung im Ausland, IPRax 2016, 41.

I) Allgemeines. 1) Zweck. Die Einschränkung (§ 313a I 1, 2 Hs 2) oder völlige Durchbrechung des Begründungszwangs (§ 313a I 2 Hs 1, II) hat Entlastungsfunktion. Das Gericht soll von der Verpflichtung zur Herstellung eines Urteils in vollständiger Form freigestellt sein, soweit dies von den Zwecken des Begründungszwangs nicht geboten ist. Der weniger zur Unterrichtung der Parteien, sondern für eine effektive Rechtsmittelkontrolle bestimmte Tatbestand (s § 313 Rn 1, 2) ist entbehrl, wenn die Entscheidung unzweifelhaft einer Nachprüfung in der höheren Instanz nicht unterliegt. Bei einem sog Stuhlurteil kann auch auf die schriftl Entscheidungsgründe dann völlig verzichtet werden, wenn ihr wesentl Inhalt in das Protokoll aufgenommen wird oder die Parteien auf die vollständige Urteilsbegründung keinen Wert legen oder auf Rechtsmittel gegen die Entscheidung verzichten. Die Regelung unterscheidet zwischen dem Verzicht auf die Entscheidungsgründe (§ 313a I 2 Hs 1) und dem einen Begründungsverzicht einschließenden Rechtsmittelverzicht (§ 313a II, näher s Rn 6). 1

2) Anwendungsbereich. § 313a gilt für alle str **Urteile** sämtl Instanzen (vgl § 540 II, § 555), ist für Revisionsurteile wegen der Sondervorschrift von § 564 aber kaum praktisch. Für nichtstreitige Urteile enthält § 313b eine Sonderregelung. Zur entspr Anwendung auf **Beschlüsse** s § 329 Rn 40, s § 91a Rn 22. 2

II) Erfasste Urteile. 1) Urteile ohne Tatbestand (§ 313a I 1). Keines Tatbestandes bedarf es bei unzweifelhaft **nicht rechtsmittelfähigen** Urteilen. Diese Voraussetzung erfüllen alle erstinstanzl Urteile der AG und LG, bei denen keine Partei die notwendige Rechtsmittelbeschwer von über 600 Euro erreicht (§ 511 II Nr 1; s § 511 Rn 10 ff) und auch das Gericht die Berufung nicht zugelassen hat (§ 511 II Nr 2). Ferner sind von der Regelung gem § 544 II Nr 1 diej Berufungsurteile erfasst, bei denen die Revision nicht vom Berufungsgericht zugelassen wurde (§ 543 I Nr 1) und die für die NZB (§ 544) erforderl Rechtsmittelbeschwer von 20.000 Euro nicht übersteigt, sofern es sich nicht um eine Verwerfungsentscheidung handelt (§ 544 II Nr 2). Die Ausnahmen vom Begründungszwang gem § 313a I, II unterliegen der Prüfung vAw (BGH NJW-RR 2012, 1535 = MDR 2012, 1362). An der **Offensichtlichkeit** der Unanfechtbarkeit kann es fehlen, wenn die Rechtsmittelzulässigkeit wertabhängig und die Bewertung im Einzelfall nicht zweifelsfrei ist (vgl die Fallgestaltung in BGH NJW 82, 3088 zu § 543 I aF). Zur Rechtsfolge der **vom Gericht verkannten Rechtsmittelfähigkeit** seines Urteils s Rn 5, 12. Eine kostenmäßige Vergünstigung ist mit der Weglassung (ledigl) des Tatbestandes nicht verbunden (iE s Rn 13). 3

2) Urteile ohne Tatbestand mit Gründen in Protokollform (§ 313a I 2 Hs 2). Bei nicht rechtsmittelfähigen Urteilen (s Rn 3) bedarf es keiner schriftl Entscheidungsgründe iSd § 313 III, wenn ihr „wesentl Inhalt" in das Protokoll aufgenommen worden ist. Dies kann auch das Protokoll eines Verkündungstermins (§ 310 I 1 Alt 2) sein (BeckOK/Elzer Rn 28; sa § 495a Rn 13). Denn eine Regelung wie in § 313a II 1 (Verkündung im Verhandlungstermin) ist nicht getroffen und eine sachl Rechtfertigung für die Einschränkung fehlt, vielmehr wird dem Gericht die Möglichkeit längeren Nachdenkens genommen. Die Entscheidungsgründe sind nur ihrem „wesentl Inhalt" nach aufzunehmen. Zwar sollen auch die Entscheidungsgründe in der Form von § 313 III nur eine „kurze Zusammenfassung der Erwägungen" enthalten, wenn aber nur deren „wesentl Inhalt" aufzunehmen ist, stellt das eine Absenkung der Anforderungen an die schriftl Abfassung dar (aA Herget s § 495a Rn 13; wie hier BeckOK/Elzer Rn 29). Aus BGHZ 158, 60 (= NJW 2004, 1389) lässt sich anderes nicht ableiten, da diese Entscheidung § 540 I 2 betrifft, der eine ausdrückl Bezugnahme auf die sonst erforderl Darlegungen enthält, was § 313 a I 2 gerade anders regelt. 4

3) Urteile ohne Tatbestand und ohne Entscheidungsgründe (§ 313a I 2 Hs 1, II). Voraussetzung ist bei nicht rechtsmittelfähigen Urteilen (s Rn 3) ein **Begründungsverzicht** (I 2). Bei rechtsmittelfähigen Urteilen ist ein (wirksamer) **Rechtsmittelverzicht** (§ 313a II) erforderl, so dass das Urteil nicht der Anfechtung unterliegt (§ 515); weiter muss das Urteil in dem Termin, in dem die mündl Verh geschlossen wurde, verkündet worden sein (sog Stuhlurteil). Der Rechtsmittelverzicht hat unter der Verfahrenssituation des § 313a II zugleich die Bedeutung eines Begründungsverzichts (§ 313a II 1: „bedarf es … nicht"). Der Verzicht ist von den urteilsbe- 5 schwerten Parteien zu erklären, ggf nur von einer (vgl II 2). War das **Urteil (doch) anfechtbar** (zB mit der NZB), steht der Begründungsverzicht (§ 313a I 2) weder einem Rechtsmittel (s Rn 6) noch der Rüge des Begründungsmangels entgegen (BGH NJW-RR 2012, 1535 = MDR 2012, 1362). Vorgehen des Rechtsmittelgerichts: s Rn 12. – Zu den **gebührenrechtlichen** Konsequenzen s Rn 13.

6 **4) Erklärung des Verzichts (§ 313a III).** Begründungs- (I) und Rechtsmittelverzicht (II) sind auslegungsfähige (§ 139) Prozesshandlungen (s vor § 128 Rn 17-18). Der Begründungsverzicht enthält idR keinen Rechtsmittelverzicht (BGH NJW 2006, 3498 = MDR 2007, 290; OLG Frankfurt WRP 2020, 96). Er ist im Fall von § 313a I stets von beiden Parteien, im Fall von § 313a II uU von nur einer Partei zu erklären (§ 313a II 2), in der mündl Verh mündl (Protokollierung: § 160 III Nr 9; aber keine Wirksamkeitsvoraussetzung: BGH NJW-RR 2007, 1451), sonst schriftl, auch vor der Verkündung des Urteils. Der Verzicht muss sich auf ein zeitl bestimmtes Urteil beziehen; für die Zulassung eines abstrakten Rechtsmittelverzichts „im voraus“ besteht kein Grund, denn die Streichung der Zeitschranke in § 514 aF erfolgte gerade im engen Zusammenhang mit der „Neuregelung in § 313a II“ (vgl Begr BTDrs 14/4722, 94). Die **Wochenfrist** gem III Hs 2 wird gem § 222 berechnet; ihr Lauf beginnt gem § 187 I BGB mit dem Schluss der mündl Verh (s § 136 Rn 4) und endet gem § 188 II BGB mit Ablauf des der mündl Verh entspr Wochentages. Zweck dieser Frist ist es, dem Gericht wegen § 310 II, § 315 II alsbald Gewissheit zu verschaffen, ob das Urteil mit Gründen abzusetzen ist, und zu vermeiden, dass ein mit Gründen abgesetztes Urteil durch spätere Verzichtserklärung der Parteien überflüssig wird. Die Frist ist also Schutzfrist zugunsten des Gerichts (LAG Köln LAGE § 313a ZPO 2002 Nr 1 = NZA 2006, 878 LS). Daher bleibt eine **Verzichtserklärung nach Fristablauf** analog § 283 S 2 (E. Schneider MDR 85, 906) wirksam, so dass das Gericht das Urteil abgekürzt absetzen darf – was das Gericht aber nicht muss, zB weil das Urteil bereits vollständig abgesetzt ist (OLG München NJW 2015, 1765; LAG Köln LAGE § 313a ZPO 2002 Nr 1 = NZA 2006, 878 LS).

7 **5) Begründung trotz Verzichts.** Auch wenn nach § 313a I und II Tatbestand und Begründung im schriftl Urteil entbehrl sind, ist eine vollständige Begründung zulässig (vgl OLG Zweibrücken NJW-RR 97, 1087 zu § 313b; Meyer MDR 2008, 1009); sa Rn 13 zur kostenrechtl Folge. Wenn sie unterbleibt, ist gleichwohl zur Feststellung des Umfangs der **materiellen Rechtskraft** der Entscheidung (§ 322) oder auch im Fall des § 850f II (s § 850f Rn 9) eine kurze Darstellung des Streitgegenstandes ggf sachgerecht. Das kann entweder im Urteilstenor geschehen (zB: „Die Klage auf Schadensersatz wegen des Verkehrsunfalls des Kl am … wird abgewiesen“) oder in einer Kurzbegründung (E. Schneider MDR 78, 3), die den Anforderungen an Entscheidungsgründe iSv § 313 III nicht zu entsprechen braucht.

8 **III) Ausnahmsweise erforderliche vollständige Form (§ 313a IV). 1) Überblick.** In den geregelten Fällen ist eine vollständige Begründung unverzichtbar, weil diese Urteile für ein Folgeverf (zB §§ 258, 323) Bedeutung haben können oder sie nach den Regeln des internat Verfahrensrechts (vgl zB § 30 AVAG) einer Begründung bedürfen, um im Ausland anerkannt zu werden.

9 **2) Verurteilung zu künftig fällig werdenden Leistungen. IV Alt 1** sieht für die Fälle der Verurteilung zu künftig fällig werdenden wiederkehrenden Leistungen (§ 258) stets die schriftl Urteilsbegründung vor. In derartigen Fällen ist es erforderl, die Grundlage des Urteils festzuhalten, damit bei einer künftigen Abänderungsklage nach § 323 beurteilt werden kann, ob eine wesentl Änderung der Verhältnisse eingetreten ist. Angesichts dieses Zwecks hängt die entspr Anwendung auf insoweit klageabweisenden Urteilen davon ab, ob § 323 auf diese anzuwenden ist (s § 323 Rn 4).

10 **3) Auslandsbezug. IV Alt 2** regelt als weitere Ausnahme vom Verzicht auf schriftl Urteilsbegründung die Fälle, in denen zu erwarten ist, dass es auf eine Vollstreckung oder Anerkennung des Urteils im Ausland ankommen wird (sa Rn 11). In derartigen Fällen ist nach den Regelungen des internationalen Rechtsverkehrs im Allg ein vollständig begründetes Urteil vorzulegen, das auch erkennen lassen muss, welche Rechtsordnung das Gericht seinem Urteil zugrunde gelegt hat (BGH NJW 88, 3097).

11 **IV) Nachträgliche Vervollständigung abgekürzter Urteile (§ 313a V).** V erfasst ganz allg die Fälle, in denen sich – unabhängig von § 313a IV – erst nachträgl die Notwendigkeit der Geltendmachung eines in abgekürzter Form (s Rn 3-4) ergangenen Urteils im Ausland herausstellt. V stellt klar, dass diese in abgekürzter Form hergestellten Urteile nach den in Ausführungsgesetzen zu internationalen Verträgen enthaltenen Vorschriften über Versäumnis- und Anerkenntnisurteile iVm dem – auch außerhalb seines unmittelbaren Anwendungsbereichs sachgerecht analog anzuwendenden (Wilke IPRax 2016, 41) – AVAG zu vervollständigen sind (näher s § 313b Rn 5).

12 **V) Fehlen als Verfahrensmangel.** Das Fehlen von erforderl Tatbestand und Entscheidungsgründen ist ein Verfahrensfehler iSv § 538 II Nr 1, § 547 Nr 6; s § 538 Rn 29; s § 547 Rn 11 ff. Ein in Verkennung der Voraussetzungen von § 313a nicht niedergelegter Tatbestand begründet für sich allein aber noch keinen Revisionszulassungsgrund, führt aber dazu, dass der Beschwerdevortrag, soweit er anhand des Urteils nicht überprüft werden kann, als richtig zu unterstellen ist (BGH VersR 2017, 1294). Zum Nachschieben der Gründe binnen der 5-Monatsfrist s § 310 Rn 5, § 547 Rn 11.

13 ***VI) Gebühren. 1) Gericht:*** Die VerfGeb ermäßigt sich: **a)** in 1. Instanz von 3,0 auf 1,0 bei einer Entscheidung nach II oder IV Alt 2. Der Verzicht nur auf Entscheidungsgründe nach I 2 ist hier nicht gebührenbegünstigt (1211 Nr 2 GKG-KV); – **b)** in der Berufung von 4,0 auf 2,0 bei einer Entscheidung nach II (1222 GKG-KV), auf 3,0 bei einer Entscheidung nach I 2 (1223 GKG-

KV); – **c)** Arrest und einstw Verfügung: bei II von 1,5 auf 1,0 (1411 GKG-KV); – **d)** Berufung im Arrest- und einstw Verfügungsverf: von 4,0 auf 3,0 (1423 GKG-KV bei I 2). – Die Vervollständigung eines Urteils nach V steht einer Ermäßigung nicht entgegen (1211 aE GKG-KV; 1411 aE GKG-KV). – Die Gebührenbegünstigung durch Verzicht auf ein Rechtsmittel gegen ein Urteil gilt entspr auch für Beschlüsse (Petershagen JurBüro 2013, 118; str; s § 91a Rn 59). – Überflüssige, aber keine unrichtige Sachbehandlung (§ 21 GKG), wenn das Gericht trotz Verzichts der Parteien das Urteil begründet (OLG Brandenburg MDR 2007, 1216; Meyer MDR 2008, 1009; aA OLGR Köln 2007, 636) und daran die Ermäßigung scheitert. – **2) RA:** Der Verzicht (I, II) löst keine Geb aus; der Antrag auf Vervollständigung (V) gehört zum Rechtszug (§ 19 I 2 Nr 8 RVG). Wird der RA nur mit diesen Einzeltätigkeiten beauftragt: Geb von 0,8 nach 3403 RVG-VV; evtl nur 0,3 nach 3404 RVG-VV (Schreiben einfacher Art).

§ 313b Versäumnis-, Anerkenntnis- und Verzichtsurteil

(1) [1]Wird durch Versäumnisurteil, Anerkenntnisurteil oder Verzichtsurteil erkannt, so bedarf es nicht des Tatbestandes und der Entscheidungsgründe. [2]Das Urteil ist als Versäumnis-, Anerkenntnis- oder Verzichtsurteil zu bezeichnen.

(2) [1]Das Urteil kann in abgekürzter Form nach Absatz 1 auf die bei den Akten befindliche Urschrift oder Abschrift der Klage oder auf ein damit zu verbindendes Blatt gesetzt werden. [2]Die Namen der Richter braucht das Urteil nicht zu enthalten. [3]Die Bezeichnung der Parteien, ihrer gesetzlichen Vertreter und der Prozessbevollmächtigten sind in das Urteil nur aufzunehmen, soweit von den Angaben der Klageschrift abgewichen wird. [4]Wird nach dem Antrag des Klägers erkannt, so kann in der Urteilsformel auf die Klageschrift Bezug genommen werden. [5]Wird das Urteil auf ein Blatt gesetzt, das mit der Klageschrift verbunden wird, so soll die Verbindungsstelle mit dem Gerichtssiegel versehen oder die Verbindung mit Schnur und Siegel bewirkt werden.

(3) Absatz 1 ist nicht anzuwenden, wenn zu erwarten ist, dass das Versäumnisurteil oder das Anerkenntnisurteil im Ausland geltend gemacht werden soll.

(4) Absatz 2 ist nicht anzuwenden, wenn die Prozessakten elektronisch geführt werden.

Lit: *Wilke*, Urteilsvervollständigung nach dem AVAG n.F. für die Geltendmachung im Ausland, IPRax 2016, 41.

I) Anwendungsbereich (§ 313b I 1). Tatbestand und Entscheidungsgründe sind über die Regelung in §§ 313a, 540 II hinaus entbehrl, wenn ganz oder auch nur im Teilurteil durch **echtes VU** (§§ 330, 331) gegen Kl oder Bekl sowie durch **Anerkenntnis-** (§ 307) oder **Verzichtsurteil** (§ 306) entschieden wird. Eine Einschränkung bei Verurteilung zu künftig fällig werdenden Leistungen wie gem § 313a IV besteht nicht. I 1 gilt nicht für Entscheidung nach Aktenlage (§ 331a), nicht für sog unechtes VU (BGH NJW-RR 91, 255; s vor § 330 Rn 11, § 517 Rn 7), nach Ansicht des BGH (NJW-RR 2008, 876, 877 Tz 11) angesichts des eindeutigen Wortlauts aber für das **2. VU** gem § 345, § 514 II, § 700 VI (krit Vollkommer WuB VII A § 565 ZPO 1.09; aA WSch/Rensen Rn 2). 1

Die mit II beabsichtigte Erleichterung setzt eine in Papierform vorliegende Klageschrift voraus, an der es bei **elektronischen Aktenführung** fehlt; bei dieser ist daher II gem **IV** ausgeschlossen. In diesem Fall ist das Urteil als neues elektron Dokument anzulegen (s Begr BTDrs 15/4067, 33). 1a

Ob das Gericht (auch der Rechtsmittelinstanz: § 540 II) von dieser Ausnahmeregelung Gebrauch macht, steht in seinem **Ermessen** (OLGR Brandenburg 2003, 503 f; KG MDR 2008, 125; OLG Zweibrücken NJW-RR 97, 1087); insb in der BGH-Praxis werden VU häufig mit Tatbestand und Entscheidungsgründen versehen (zB BGH NJW 2016, 3720 = MDR 2016, 1132). Zulässig, uU aber problematisch (vgl BGH NJW 69, 1427), ist ein abgekürztes VU bei unbeziffertem Antrag (s § 331 Rn 7; allg s § 253 Rn 14 ff), dgl bei beabsichtigter Vollstreckung gem § 850f II (zur Bindung des VU in der ZV s § 850f Rn 9). 2

Der **Kostenausspruch im Anerkenntnisurteil** (§ 307) bedarf stets einer Begründung, wenn die Parteien wegen § 93 hierzu str Anträge gestellt haben (OLG Brandenburg NJW-RR 2000, 517 = MDR 2000, 233; KG MDR 2008, 45). Anderenfalls wäre bei der hier zulässigen Kostenbeschwerde (§ 99 II) das Rechtsmittelgericht nicht in der Lage, diese Entscheidung sachl nachzuprüfen. Das Beschwerdegericht kann die nicht begründete Kostenentscheidung aufheben (KG MDR 2008, 45) und dem Erstrichter gem § 572 III eine erneute – begründete – Kostenentscheidung übertragen. 3

Ein abgekürztes Urteil ist auch zulässig, wenn ohne Benachteiligung des Kl von dessen **Antrag abgewichen** wird: zB durch Datierung der Prozesszinsen (§ 291 BGB), Bestimmung der Sicherheitsleistung (§ 709), Abweichung von der Form (nicht vom Inhalt) des Klageantrags. Nicht entgegen stehen auch bei Anerkenntnisurteil **Vorbehalte** zugunsten des Bekl aus § 302 IV, §§ 308a, 599, 711, 721, denn diesen ges Vorbehalten unterwirft sich der Kl mit dem Antrag nach § 307. 4

Wo das Urteil **Auslandsbezug** hat, ist es in abgekürzter Form regelm im Ausland nicht anerkennungsfähig (s § 313a Rn 8, 11). **III** fordert daher entspr § 313a IV (das zu § 313a Rn 8, 11 Gesagte gilt hier entspr) auch für Versäumnis-, Anerkenntnis- und Verzichtsurteile die Absetzung mit Tatbestand und Entscheidungsgründen, 5 wenn ihre Geltendmachung (= Vollstreckung oder sonstige Verwertung im Rechtsverkehr) erwartungsgemäß im Ausland erfolgen wird. Das ist, falls nicht beide Parteien die Geltendmachung des Urteils ausschließl im Inland versichern, idR „zu erwarten", wenn eine Partei im Ausland wohnt, der Streitgegenstand im Ausland belegen ist oder der Zahlungsantrag auf ausl Valuta lautet. In Zweifelsfällen hat das Gericht den Kl zu fragen (§ 139). Nach OLG Celle (NJW-RR 2019, 63) steht ein entgegen III abgekürztes Urteil dem Beginn der Einspruchsfrist nicht entgegen. – Wurde der Auslandsbezug des Urteils zunächst übersehen (OLGR Celle 2007, 702) oder nicht bekannt, ist **nachträgliche Vervollständigung** zulässig und gem **§ 30 AVAG** auf Antrag der begünstigten Partei vorzunehmen. Dafür sind Tatbestand und Entscheidungsgründe nachträgl abzufassen, von den Richtern – die nicht notwendig an dem Urteilserlass mitgewirkt haben müssen – besonders zu signieren und der GeschSt zu übergeben, § 30 II AVAG. Für die nachträgl Vervollständigung besteht keine Frist (OLGR Celle 2007, 702). § 30 AVAG ist sachgerecht auch außerhalb seines unmittelbaren Anwendungsbereichs **analog anzuwenden**, da der Gesetzgeber offensichtl die Konsequenzen der seit Anfang 2015 geltenden Änderung – das AVAG erfasst nicht mehr die EuGVVO – auf die Urteilsvervollständigung nicht gesehen hat (näher s Wilke IPrax 2016, 41).

6 **II) Verfahren und Entscheidung.** Das abgekürzte Urteil muss gem **I 2** als „Versäumnisurteil" usw **bezeichnet** werden, sofern von den Erleichterungen nach I 1 oder II Gebrauch gemacht wird (BGH FamRZ 88, 945; OLG Hamm NJW-RR 95, 187). Anderenfalls ist dies zwar uU auch sinnvoll, aber nicht geboten (BGH FamRZ 88, 945), da sich die Grundlage der Entscheidung aus dem vollständigen Urteil ergibt. Das **abgekürzte Urteil** gem II kann auf die Klageschrift oder auf den Mahnbescheid (vgl § 697 V) gesetzt und so gem § 317 V ausgefertigt werden. Tenor dann etwa: „Es wird nach Klageantrag im Schriftsatz vom … erkannt". Notwendiger Inhalt der Ausfertigung, soweit nicht aus begl Abschrift der Klageschrift ersichtl: Bezeichnung des Gerichts, der Parteien, der Art des Urteils, des Tages der letzten mündl Verh (wie § 313 I Nr 3), Urteilsformel (mit den oben zu I dargelegten zulässigen Abweichungen oder Ergänzungen), Verkündungsvermerk (§ 315 III). Zur Rechtsbehelfsbelehrung s Rn 7. Entbehrl ist gem II 2 die namentl Bezeichnung der beteiligten Richter im Urteilsrubrum (§ 313 I Nr 2), nicht jedoch die Signatur/Unterschrift dieser Richter (§ 315), die auch in der begl Abschrift des Urteils (§ 317 II) wiederzugeben sind. Zu Förmlichkeiten der begl Abschrift sa § 317 Rn 2, § 169 Rn 13 f. Zur Fassung der Sitzungsniederschrift bei den Urteilen gem § 313b s § 160 Rn 10.

7 Gem § 232 muss das Urteil in den dort genannten Konstellationen eine **Rechtsbehelfsbelehrung** enthalten, die – da Bestandteil des Urteils – von der Signatur/Unterschrift der Richter gedeckt sein muss (s § 313 Rn 25, § 232 Rn 5). Das ist bei der abgekürzten Fassung nach I 1 unproblematisch mögl, aber bei der abgekürzten Fassung gem II schwer umzusetzen.

8 **III) Gebühren. 1) Gericht:** Wegen III unentbehrl Tatbestand und Entscheidungsgründe hindern Gebührenermäßigung bei AU (s § 307 Rn 19) nicht, ebenso wenig eine nachträgl Vervollständigung (s Rn 5). – **2) RA:** Der Antrag auf Vervollständigung gehört zum Rechtszug (§ 19 I 2 Nr 8 RVG).

§ 314 Beweiskraft des Tatbestandes

[1]Der Tatbestand des Urteils liefert Beweis für das mündliche Parteivorbringen. [2]Der Beweis kann nur durch das Sitzungsprotokoll entkräftet werden.

Lit: *Bausch*, Haftungsfalle Tatbestandsberichtigung, AnwBl 2011, 126; *Dräger*, Grundsätzlich keine negative Beweiskraft des Tatbestands, MDR 2015, 131; *Schultzky*, Wenn Streitiges unstreitig wird – Zur Bindung des Berufungsgerichts an einen unrichtigen Tatbestand des Ersturteils, MDR (Festheft für Greger) 2016, 968.

1 **I) Allgemeines.** Bei dem **Urteil** handelt es sich um eine **öffentliche Urkunde**, der die Beweiskraft der §§ 415, 417, 418 zukommt. So kann das Rubrum für die ZwV Beweis für den Namen und die Zusammensetzung einer GbR erbringen (BGH NJW 2009, 594). Diese **Beweiskraft steigert** § 314: Die durch § 314 S 1 bewiesenen Tatsachen hat der Richter seinem Urteil zu Grunde zu legen, ohne dass es darauf ankommt, ob er von ihrer Richtigkeit überzeugt ist (MskV/Wolff Rn 1), der Gegenbeweis ist gem S 2 auf das Sitzungsprotokoll beschränkt. Die Beweiskraft des Tatbestands hat **Bedeutung** für die Rechtsmittelinstanzen. Für diese dokumentiert der Tatbestand das maßgebl mündl Parteivorbringen (vgl zB BGH NJW 83, 2030). Wegen dieser Bedeutung eröffnet § 320 eine Berichtigung des Tatbestands (s § 320 Rn 1, 12); grds nur durch dieses Berichtigungsverf kann eine Unrichtigkeit des Tatbestandes geltend gemacht werden (BGH NJW-RR 2014, 830; s § 320 Rn 5). Zur Bedeutung des erstinstanzl Tatbestands für die Berufungsinstanz s Rn 5, s § 529 Rn 2 ff, für die Revisionsinstanz s § 559 I 1. Keine Bedeutung hat der Tatbestand für eventuelle Folgeprozesse (OLG München MDR 2025, 612).

2 **II) Anwendungsbereich. 1) 1. Instanz.** Da § 314 die Beweiskraft des mündl Parteivorbringens bestimmt, ist erforderl, *dass eine mündl Verh* stattgefunden (BGH NJW-RR 2008, 1566) und der Ast in dieser mündl verhandelt hat (BGH 22.6.2022 – RiZ 2/16). Bei Entscheidungen, die im **schriftlichen Verfahren** gem § 128 II oder nach **Lage der Akten** gem §§ 251a, 331a ergangen sind, findet die Beweisregel daher nur auf Parteivorbringen

Anwendung, das (ggf) Gegenstand einer früheren mündl Verh gewesen ist (BGH NJW-RR 2008, 1566; BGH WM 72, 656), sofern die Entscheidung von dens Richtern gefällt wird, die an der mündl Verh teilgenommen haben (BGHZ 20, 154 = NJW 56, 945 LS). Aus dems Grund ist § 314 nicht auf den Inhalt von nach Schluss der mündl Verh noch nachgelassenen Schriftsätzen (§ 283) anwendbar (von BGH MDR 2022, 1042 offen gelassen; zweifelnd Greger MDR 2022, 1076); erst recht nicht auf nicht nachgelassene Schriftsätze (OLG Köln MDR 1991, 988). – **2) Berufungsurteil.** § 314 gilt auch für die tatbestandl Feststellungen in diesem (BGH NJW 2014, 1107 Tz 20; BGH NJW-RR 2007, 1434 = MDR 2007, 853; BGH NJW 2011, 1513 Tz 12), auch soweit sie sich aus einer Bezugnahme gem § 540 I Nr 1 ergeben; s Rn 4 oder sich in den Entscheidungsgründen befinden (BGH NJW 97, 1931). Das Revisionsgericht ist insoweit gem § 314 gebunden (BGH NJW 2014, 1107 Tz 20), wenn nicht eine Tatbestandsberichtigung (§ 320) stattgefunden hat. – **3) Revisionsurteil.** Dessen Tatbestand kommt idR keine Beweiskraft gem § 314 zu, weil die in ihm enthaltene gekürzte Wiedergabe des Parteivorbringens keine urkundl Beweiskraft besitzt (BGH BGHReport 2008, 345; BGH GRUR 2004, 271; BGH NJW 1999, 796 = MDR 1999, 434). Ausnahme: Das Urteil enthält Feststellungen, die für das weitere Verf (nach Zurückverweisung) von Bedeutung sind (BGH BGHReport 2008, 345; BGH NJW 1999, 796 = MDR 1999, 796), etwa die Wiedergabe von Erklärungen in der Revisionsverh (BGH 22.2.1990 – IX ZR 257/88, BGHR ZPO § 320 Revisionsurteil 1 [Gründe]).

III) Tatbestand im Sinne von § 314. Das sind der formelle Tatbestand gem § 313 I Nr 5, II sowie die tatbestandl Feststellungen des Berufungsurteils (BGH NJW 2024, 3069; BGH NJW 2012, 928; zu deren Beweiskraft s Rn 4). Zum Tatbestand iSv § 314 gehören aber auch die in den **Urteilsgründen** getroffenen tatbestandl Feststellungen (BGH NJW 2024, 3069; BGH MDR 2023, 1333; BGH NJW 2012, 928; Einsiedler MDR 2011, 1457). Die Beweiskraft umfasst aber grds nur die wiedergegebenen **Tatsachen**, nicht aber deren Bewertung oder rechtl Beurteilung (BGHZ 242, 50). Daher ist zu unterscheiden, ob es sich um die Wiedergabe von Tatsachen (dann tatbestandl Feststellung) oder um eine Wertung (dann keine Beweiskraft) handelt: Die Feststellung eines Vorbringens in den Entscheidungsgründen **als „unstreitig“** ist tatbestandl Feststellung (BGH MDR 2023, 1333; BGH NJW 2012, 928; BGH NJW 2011, 1513 Tz 12), während die Feststellung, eine Behauptung sei nicht *wirksam* bestritten, eine gerichtl Wertung ohne Beweiswirkung iSv § 314 ist (BGH NJW-RR 2014, 830 = MDR 2014, 674). 3

IV) Beweiskraft (§ 314 S 1). 1) Grundsätze. Der Beweis bezieht sich nur auf das **mündliche Parteivorbringen** (BGH 16.11.2023 – RiSt 1/21, juris), einschl der Bezugnahme auf Schriftsätze Sv § 137 III, vor dem erkennenden Gericht. Die Beweiskraft erstreckt sich auch auf die Abgabe von **Prozesserklärungen** Bsp: Erklärungen gem § 91a (BGH MDR 2013, 671); Angabe der Größenordnung des Schmerzensgeldes (BGH NJW 1999, 1339), Feststellung (nicht) angebotenen Beweises (BGH MDR 2015, 1004). Sie erstreckt sich aber nicht auf (sonstiges) **Prozessgeschehen** (BGH NJW 83, 2031), wie zB Fristverlängerung (BGH NJW 83, 2031) oder einen Hinweis (OLGR Koblenz 2000, 369). Die Beweiswirkung kann sich uU auch auf Rechtstatsachen erstrecken, die die Parteien durch allg geläufige Begriffe umschreiben, wie zB Eigentum (BGHZ 242, 50; sa § 138 Rn 2). Die Verwendung eines **Rechtsbegriff**s erfasst aber nicht notwendig auch dessen regelmäßige Rechtsfolgen, da die Beweiskraft grds nur die wiedergegebenen **Tatsachen** umfasst, nicht aber deren Bewertung oder rechtl Beurteilung (BGHZ 242, 50 für Abtretung). – Den Beweis für das mündl Vorbringen vor dem **erstinstanzlichen Gericht** bietet (nur) dessen Tatbestand, nicht dessen Darstellung im Berufungsurteil (BGH NJW 99, 1339; BGH WM 96, 89). Für das mündliche Parteivorbringen in der **Berufungsinstanz** erbringen die Feststellungen im Berufungsurteil iSv § 540 I Nr 1 Beweis, sowohl die eigenen als auch die in Bezug genommenen erstinstanzl (BGH NJW-RR 2014, 381; BGH NJW-RR 2007, 1434). 4

Der Tatbestand beweist, *dass* die Parteien etwas mündl zum maßgebl Zeitpunkt des Verhandlungsschlusses vorgetragen haben (BGHZ 140, 339 = NJW 99, 1339). Ihm kommt aber im Hinblick auf das schriftsätzl angekündigte Parteivorbringen **keine** sog **negative Beweiskraft** zu (BGHZ 158, 269, 280 ff = NJW 2004, 1876 = MDR 2004, 954; BGH NJW 2004, 2152; Dräger MDR 2015, 131 mwN; abw frühere Rspr ist überholt). Anderes wäre mit dem Knappheitsgebot (§ 313 II) kaum vereinbar. Es besteht aber eine negative Beweiskraft für solche Angriffs- und Verteidigungsmittel, die in der mündl Verh ohne vorherige schriftsätzl Ankündigung vorgebracht werden (BGHZ 158, 269, 280 ff = NJW 2004, 1876 = MDR 2004, 954). – Die Beweiskraft erstreckt sich auch auf konkret **in Bezug** genommenes (§ 313 II 2) Parteivorbringen (BGH NJW 2011, 1513 Tz 12; sa § 313 Rn 18). Die Bezugnahme auf Sachvortrag in der „Berufungsbegründung“ kann als solcher auf alles Berufungsvorbringen verstanden werden (BGH MDR 2022, 1042). Bei **Widerspruch** zwischen ausdrückl Feststellungen im Tatbestand und (nur pauschal) in Bezug genommenem **schriftsätzlichem Vorbringen** geht der Tatbestand vor (BGH NJW-RR 2007, 1434, 1435 = MDR 2007, 853; BGH NJW 2002, 3478, 3480; Crückeberg MDR 2003, 199; Abgrenzung s Rn 6). Die Aufhebung des Urteils beseitigt die Beweiskraft des Tatbestands nicht (RGZ 77, 29, 31), anders aber bei Aufhebung auch des Verf (§ 538 II Nr 1). – Das **Berufungsgericht** hat gem § 314 von der Richtigkeit des erstinstanzl Tatbestandes auszugehen, soweit dessen Beweiskraft reicht (BGH NJW-RR 2012, 622; Schultzky MDR 2016, 968, 969 mwN). Davon abweichender Sachvortrag in der Berufungsinstanz ist damit aber nicht ausgeschlossen (BGH MDR 2021, 1152); er ist aber als neu iSv § 531 II anzusehen (BGH NJW-RR 2012, 622). Soweit der Tatbestand keine abweichenden Feststellungen trifft, hindert § 314 wegen seiner insoweit fehlenden negativen Beweiskraft das Berufungsgericht hingegen nicht, den gesamten Streitstoff in 5 den Grenzen der §§ 529-531 zu berücksichtigen (BGHZ 158, 269, 281 f = NJW 2004, 1876; BGH NJW 2004, 2152; BGH NJW 2005, 1583; BGH NJW 2007, 2414, 2416 = MDR 2007, 353).

6 **2) Einschränkung der Beweiskraft.** Dem Tatbestand kommt keine Beweiskraft zu, soweit er aus dem Urteil selbst ersichtl **Widersprüche,** Lücken oder Unklarheiten aufweist (std Rspr, zB BGH NJW 2000, 3007; BGH VersR 2015, 1165 Tz 48; BGH NJW-RR 2018, 873). Bsp: wenn der wiedergegebene unstreitige Parteivortrag in sich widersprüchl ist (BGH NJW 2000, 3133 = MDR 2000, 1235); wenn sich Tatbestand und die in den Urteilsgründen getroffenen Feststellungen widersprechen (BGH NJW 92, 1108; BGH NJW 96, 2306; BGH NJW 2014, 1529 Tz 6), auch bei Bezugnahme gem § 540 I Nr 1 (BGH NJW-RR 2014, 381 Tz 11 = MDR 2014, 175); wenn sich Tatbestand und *konkret in Bezug* genommenes Parteivorbringen widersprechen (BGH VersR 2015, 1165 Tz 48; BGH NJW 2011, 1513 Tz 12); wenn sich der Widerspruch aus den Gründen der Entscheidung über den (abgelehnten) Tatbestandsberichtigungsantrag ergibt (BGH NJW 2011, 1513 Tz 12 aE; BGH NJW-RR 2014, 830 Tz 4 ff). Dagegen geht der eindeutige Tatbestand einer abweichenden Darstellung in den Entscheidungsgründen vor (BGH NJW 89, 898 = MDR 89, 340; BAG NJW 72, 789; StJ/Althammer Rn 2; aA MskV/Wolff Rn 5). Trotz Bezugnahme auf den abweichenden Tatbestand des angefochtenen Urteils gem § 540 I Nr 1 kann sich aber aus dem Gesamtzusammenhang ergeben, dass das Berufungsgericht einen anderen Sachverhalt als unstr feststellen wollte (BGH 12.12.2022 – VIa ZR 267/22, juris Tz 13).

7 **3) Entfallen der Beweiskraft.** Eine Beweiskraft des Tatbestands entfällt, soweit ein Antrag auf **Tatbestandsberichtigung sachlich nicht beschieden** werden kann, weil der ER oder alle Richter eines Spruchkörpers dauerhaft verhindert sind (vgl § 320 III 3). In diesem Fall scheidet im Umfang der beantragten Berichtigung eine Beweiskraft des Tatbestands aus: s § 320 Rn 14.

8 **V) Gegenbeweis (§ 314 S 2).** Der durch den Tatbestand erbrachte Beweis kann nur durch die im **Sitzungsprotokoll** (§ 160 II u IV, s § 160 Rn 3 ff) getroffenen ausdrückl oder doch unzweideutig widersprechenden Feststellungen **entkräftet werden** (BGH NJW-RR 2013, 1334 Tz 8 = MDR 2013, 1115); diese gehen dann für die Bestimmung des Parteivorbringens vor (BGH MDR 2019, 31). Lücken des Protokolls oder sein Schweigen über bestimmte Vorgänge reichen nicht (BGH NJW-RR 2013, 1334 Tz 8 = MDR 2013, 1115). Der Tatbestand kann **nicht** durch die vor der letzten mündl Verh eingereichten **Schriftsätze** entkräftet werden (BGH NJW-RR 2007, 1434 = MDR 2007, 428; BGH NJW 99, 1339; sa Rn 5). – Als **Sitzungsprotokoll** iSd § 314 kommt nur das Protokoll über die Verh in Betracht, auf Grund deren das Urteil ergangen ist. Durch den widersprechenden Inhalt eines früheren Sitzungsprotokolls wird der Tatbestand des Urt nicht entkräftet (BGH MDR 2015, 1004), da damit nicht ausgeschlossen ist, dass in der letzten mündl Verh dem Tatbestand entspr vorgetragen wurde. Ausnahmsw kann der Tatbestand aber durch ein früheres Sitzungsprotokoll entkräftet werden, wenn im Tatbestand zB ausgeführt ist: „Im Termin vom … hat der Kl vorgetragen" und diese Feststellung dem Sitzungsprotokoll widerspricht, das über diesen Termin geführt wurde (BGH MDR 2015, 1004). – S 2 gilt nicht bei der Geltendmachung der Unrichtigkeit im **Tatbestandsberichtigungsverfahren**; insoweit besteht aber die Beweisbeschränkung gem § 320 III 1 (s § 320 Rn 13).

§ 315 Unterschrift der Richter

(1) [1]Das Urteil ist von den Richtern, die bei der Entscheidung mitgewirkt haben, zu unterschreiben. [2]Ist ein Richter verhindert, seine Unterschrift beizufügen, so wird dies unter Angabe des Verhinderungsgrundes von dem Vorsitzenden und bei dessen Verhinderung von dem ältesten beisitzenden Richter unter dem Urteil vermerkt.

(2) [1]Ein Urteil, das in dem Termin, in dem die mündliche Verhandlung geschlossen wird, verkündet wird, ist vor Ablauf von drei Wochen, vom Tage der Verkündung an gerechnet, vollständig abgefasst der Geschäftsstelle zu übermitteln. [2]Kann dies ausnahmsweise nicht geschehen, so ist innerhalb dieser Frist das von den Richtern unterschriebene Urteil ohne Tatbestand und Entscheidungsgründe der Geschäftsstelle zu übermitteln. [3]In diesem Falle sind Tatbestand und Entscheidungsgründe alsbald nachträglich anzufertigen, von den Richtern besonders zu unterschreiben und der Geschäftsstelle zu übermitteln.

(3) [1]Der Urkundsbeamte der Geschäftsstelle hat auf dem Urteil den Tag der Verkündung oder der Zustellung nach § 310 Abs. 3 zu vermerken und diesen Vermerk zu unterschreiben. [2]Werden die Prozessakten elektronisch geführt, hat der Urkundsbeamte der Geschäftsstelle den Vermerk in einem gesonderten Dokument festzuhalten. [3]Das Dokument ist mit dem Urteil untrennbar zu verbinden.

1 **I) Richterunterschrift (§ 315 I). 1) Anforderungen.** § 315 geht weiterhin davon aus, dass das Urteil zu unterschreiben ist. Ab 1.1.2026 sind die **Prozessakten** aber gem § 298a ZPO nur noch **elektronisch** zu führen, und *wurden es verbreitet schon* seit einiger Zeit. In der elektron Welt gibt es grds (Ausnahme: § 130b S 2, insb relevant für ehrenamtl Richter) keine Unterschrift mehr. An ihre Stelle tritt vielmehr gem § 130b S 1 die Angabe des Namens und das Hinzufügen einer **qualifizierten elektronischen Signatur.**

Alle Richter, die bei der Fällung des Urteils (§ 309) mitgewirkt haben (auch die ehrenamtl Richter der KfH, s § 105 GVG Rn 3), müssen das vollständig abgefasste Urteil mit ihrem vollen Familiennamen versehen und qualifiziert elektronisch signieren (§ 130b S 1) bzw unterschreiben (§ 130b S 2); ein (ggf abgekürzter) Vorname ist zur Individualisierung nur bei Namensgleichheit im Spruchkörper erforderl. Die Unterschrift/Signatur **dokumentiert** nicht Zustimmung, sondern dass das Urteil (zumindest mehrheitl) so beschlossen wurde (vgl BGHSt 26, 92). Zu unterzeichnen/signieren hat daher auch ein **überstimmter Richter** (BGHSt 26, 92); ein angebrachter Vermerk, dass mit dem Urteil kein Einverständnis bestehe, beeinträchtigt die Wirksamkeit der Unterschrift/Signatur nicht (BGHSt 26, 92). Wirksam kann nur unterzeichnen/signieren, wer zu diesem Zeitpunkt **Richter ist** (BAG MDR 2003, 47; BayObLG JR 67, 389 = NJW 67, 1578; zum Ausscheiden aus dem Richteramt als Verhinderung s Rn 6). Wird das Urteil durch andere Richter verkündet, sind deren Unterschriften/Signaturen weder erforderl noch ausreichend. – Bei Papierform ist das **Original** zu unterzeichnen (ebenso zB BeckOK/Elzer Rn 5), die Zulässigkeit nachträgl Verbindung mehrerer unterschriebener Schriftstücke (so WSch/Rensen Rn 5) wird der Beurkundungsfunktion nicht gerecht. – Zu den praktisch kaum noch relevanten Anforderungen an die Unterschrift s 35. Aufl Rn 1. – Anwendbar ist I auf alle Urteile, insb auch auf sog **Protokollurteile** gem § 540 I 2; deren Aufnahme in das vom Vors und ggf UdG signierte/unterzeichnete (§ 167) Protokoll (vgl § 160 III Nr 6, 7) ersetzt die Unterschriften/Signaturen weiterer Richter nicht (BGH NJW-RR 2010, 911 = MDR 2010, 709). IE s § 540 Rn 28. – Zur Anwendung von I auf **Beschlüsse** s § 329 Rn 42 f. 1a

2) Ersetzung der Unterschrift (§ 315 I 2). Eine Ersetzung der Signierung/Unterschrift ist bei Kollegialgerichten bei Verhinderung eines Richters gem I 2 mögl. Voraussetzung ist aber, dass der verhinderte Richter noch an der Fällung des Urteils durch Beratung und Abstimmung mitgewirkt hat (s § 309 Rn 2). Die Ersetzung der Unterschrift/Signatur macht deren Nachholung (s Rn 8) überflüssig (Schneider MDR 77, 748). Keine Ersetzungsmöglichkeit besteht bei **Entscheidung durch Einzelrichter** (OLG Koblenz VersR 81, 688); bei dessen Verhinderung ist ebenso wie bei Verhinderung aller Richter ggf das Urteil ohne Unterschrift/Signatur auszufertigen und zuzustellen (BGH VersR 92, 1155), jedoch auf Rechtsmittel zwingend aufzuheben (Fischer DRiZ 94, 96 mN). 2

Zweckmäßigerweise unterschreibt/signiert der Vors (bzw älteste Beisitzer) den **Verhinderungsvermerk** gesondert (BGH VersR 84, 287; Einzelheiten: Fischer DRiZ 94, 96). Es genügt aber, wenn sich wenigstens aus der räuml Stellung (zB oberhalb der eigenen Urteilsunterschrift/Signatur) und/oder der Fassung des Vermerks zweifelsfrei ergibt, dass er vom Vors (ältesten Beisitzer) stammt (BGH VersR 84, 287; BGH VersR 78, 138). Gem I 2 ist zu vermerken, dass und warum der Richter verhindert ist, etwa „Richter … ist wegen … an der Unterschriftsleistung/Signierung verhindert" (vgl BGH VersR 78, 138); nicht etwa eine Unterzeichnung/Signierung „für" den anderen (BGHSt 31, 212), da es sich nicht um eine Vertretungsbefugnis handelt. Dennoch wird eine entspr Formulierung wie „zugleich für …" als ausreichend angesehen (BGH VersR 84, 287). 3

Anzubringen ist der Vermerk vom **Vorsitzenden**, bei dessen Verhinderung vom ältesten Beisitzer, also nicht notwendig vom geschäftsplanmäßigen Vertreter des Vors iSv § 21f II 1 GVG. **„Ältester" Beisitzer** ist der dienstälteste, bei gleichem Dienstalter der lebensälteste (vgl § 21f II, § 197 GVG; BeckOK/Elzer Rn 18; MK/Musielak/Hüntermann Rn 9; aA StJ/Althammer Rn 9: Lebensalter). Bei Verhinderung sowohl des Vors als auch des ältesten Beisitzers genügt die Signatur/Unterschrift des jüngeren Beisitzers – auch wenn er noch nicht auf Lebenszeit ernannt ist (BGH VersR 92, 1155) – mit Verhinderungsvermerk für beide anderen Richter (BGH VersR 92, 1155; BGHSt 31, 212; eingeh Fischer DRiZ 94, 96). Ohne Verhinderung des Vors kann der Verhinderungsvermerk nicht von dem Beisitzer angebracht werden (OLGR München 2002, 346). 4

Die Verhinderung darf **nicht nur kurzfristig** sein, um die mit der Unterzeichnung/Signierung bezweckte Authentitätsgewähr nicht zu entwerten; in diesem Fall ist die Signatur/Unterschrift nachzuholen (BGH NJW 77, 765). Eine Abwesenheit von nicht mehr als 1 Woche wird grds – Ausnahme zB Eilentscheidungen – als nicht erhebl angesehen (vgl zB BAG NJW 2010, 2300; BVerwG NJW 2008, 3450); maßgebend ist die Einschätzung des Vors zum Zeitpunkt der/Signierungs-/Unterzeichnungsreife (BAG NJW 2010, 2300). Es genügt allg Angabe des **Verhinderungsgrundes**, so wenn zB vermerkt wird, der Richter sei krank oder im Urlaub (ohne Angabe von Art und Dauer der Erkrankung bzw Abwesenheit), auch wenn sich daraus nicht zwingend ergibt, dass er außerstande war, das Urteil zu signieren/unterzeichnen (BGH GRUR 2016, 860; BGHR ZPO § 315 I 2 Verhinderungsvermerk 1; BGH MDR 61, 391; aA und zu weit gehend BAG NJW 2010, 2300 Tz 7, 12 = MDR 2010, 1079, wonach Dauer eines Urlaubs anzugeben wäre). Die **Rechtsmittelinstanzen** haben grds nicht zu prüfen, ob der angegebene Verhinderungsgrund auch tatsächl vorlag (BGH GRUR 2016, 860; BGH MDR 83, 421; weitergehend BAG NJW 2010, 2300 Tz 7), es sei denn, der Verhinderungsvermerk beruht auf willkürl, sachfremden Erwägungen oder verkennt ersichtl den Rechtsbegriff der Verhinderung (BGH GRUR 2016, 860). Ist letzteres der Fall oder kein Grund vermerkt, aus dem sich eine nicht nur ganz kurzfristige Verhinderung ergibt, hat das Rechtsmittelgericht selbständig im Wege des Freibeweises zu klären, ob tatsächl eine solche vorlag (BGH GRUR 2016, 860; BGH NStZ 91, 297; BGH NJW 80, 1849). 5

Beispiele für Verhinderung: Erkrankung (BGHR ZPO § 315 I 2 Verhinderungsvermerk 1); Urlaub (BGH NJW-RR 94, 1406 = MDR 94, 1239; BGH VersR 81, 576; BGH VersR 84, 287); dienstl Abwesenheit; Überlastung mit anderen Dienstgeschäften (BGH NStZ 2011, 358); Fortbildung; Ausscheiden aus dem Richterdienst (BGH MDR 94, 1072 – Ernennung zum Staatsanwalt; BGH NJW 2011, 1741 Tz 22 – Ruhestand; BayObLG NJW 67, 1578; 6

Fischer DRiZ 94, 96; aA Vollkommer NJW 68, 1309). – **Keine Verhinderung:** Nichterreichbarkeit am letzten Tag der Urteilsabsetzungsfrist (BGH NStZ 91, 297); Unterschriftsverweigerung (BGH NJW 77, 765, str); Wechsel des Spruchkörpers (BGH GRUR 2016, 860; BayObLGSt 82, 133); Abordnung (OLG Naumburg 28.2.2022 – 12 U 183/21) oder Versetzung an anderes Gericht desselben Bundeslandes (BGH NStZ 1982, 476; OLG Naumburg 28.2.2022 – 12 U 183/21; BeckOK/Elzer Rn 14; aA OLG Stuttgart OLGZ 76, 241; undifferenziert BGH VersR 81, 552), die angesichts der mögl Aktenversendung auch keine tatsächl Verhinderung begründen dürfte (OLG Naumburg 28.2.2022 – 12 U 183/21; aA WSch/Rensen Rn 14; MK/Musielak/Hüntermann Rn 8); Wechsel eines Richters *auf Probe* zur Staatsanwaltschaft, da damit keine Statusänderung verbunden ist (BGH wistra 1992, 349 = MDR 93, 9); anders bei Laufbahnwechsel eine planmäßigen Richters (BGH MDR 94, 1072).

7 **Ohne Angabe** des Verhinderungsgrundes setzt die Zustellung des Urteils bei Fehlen einer Signatur/Unterschrift **keine Rechtsmittelfrist** in Lauf (BGH VersR 84, 586; BGH VersR 78, 138; BGH NJW 80, 1849 = MDR 80, 842). Da die Verkündungswirkung von der Signierung/Unterzeichnung unabhängig ist (s § 311 Rn 4), beginnt aber ggf die 5-Monatsfrist der §§ 517, 548.

8 **3) Nachholung.** Fehlende Signaturen/Unterschriften der Richter und Verhinderungsvermerke können jederzeit nachgeholt werden (BGH NJW 2006, 1881; BGH NJW 2003, 3057; BGH NJW 98, 610; BGH NJW-RR 98, 1065; sa § 310 Rn 5; § 319 Rn 15), auch nach Einlegung von Rechtsmitteln und selbst wenn die Revision eine Verfahrensrüge darauf gestützt hat (BGH NJW 2003, 3057 = MDR 2003, 1310 mwN). Äußerste zeitl Grenze ist die 5-Monatsfrist gem §§ 517, 548 (BGH NJW 2006, 1881; BGH NJW-RR 2007, 141; BGH NJW-RR 2007, 1567, 1568); dies entspricht der zeitl Grenze für die Nachholung fehlender Gründe (s § 310 Rn 5). Ebenso kann die Signierung/Unterschriftsleistung eines nicht beteiligten Richters im Wege der Berichtigung gem § 319 durch die Signatur/Unterschrift des beteiligten Richters ersetzt werden (s § 319 Rn 15).

9 **4) Verstöße gegen das Unterschriftserfordernis.** Fehlen die nach § 315 I erforderl Signaturen/Unterschriften, so ist das Urteil im Fall der *Verkündung* (§ 310 I) existent geworden (BGH NJW 2006, 1881); auf die Signierung/Unterzeichnung durch die Richter kommt es hierfür nicht an (s § 311 Rn 4). Im Fall der Verkündung *durch Zustellung* (§ 310 III) ist es hingegen unerlässl, dass im Zeitpunkt der Zustellung das Urteil gem I signiert/unterschrieben ist (BGH NJW 98, 610; BGH NJW-RR 98, 141). Anderenfalls liegt kein existentes Urteil vor, weder reguläre Rechtsmittelfristen noch die 5-Monatsfrist gem § 517 Alt 2 werden durch eine Zustellung in Lauf gesetzt (s BGH NJW 98, 610; BGH NJW-RR 98, 141). Das Rechtsmittelgericht hat dies vAw zu prüfen, da davon die Zulässigkeit des Rechtsmittels abhängt, insb durch Einholung von dienstl Stellungnahmen der Richter. – Wegen der **Wiedergabe** der Richter-Unterschriften **in der beglaubigten Abschrift/Ausfertigung** des Urteils s § 169 Rn 8. Die fehlende Wiedergabe der (tatsächl abgegebenen) Signaturen/Unterschriften in der Urteilsausfertigung macht deren Zustellung unwirksam und setzt keine Rechtsmittelfrist in Lauf (BGH NJW 75, 781; BGH VersR 77, 1129; BGH VersR 83, 874; vgl auch BGH NJW 2010, 2519). Für die Zulässigkeit eines Rechtsmittels ist das aber ohne Bedeutung, denn es kann, wenn nur Verkündung erfolgt war, schon vor Zustellung wirksam eingelegt werden. Zur Nachholung der Signatur/Unterschrift nach Rechtsmitteleinlegung s Rn 8.

10 **II) Übermittlung an die Geschäftsstelle (§ 315 II).** Die Regelung betrifft allein im Anschluss an die Verh verkündete Urteile (sog **Stuhlurteile**); in einem besonderen Termin verkündete Urteile müssen gem § 310 II bei diesem bereits vollständig vorliegen. **„Übermittlung"** umfasst sowohl eine Übergabe als auch den elektronischen Datentransfer zwischen Richter und GeschSt. Das vollständig mit Gründen (zur Vollständigkeit § 313 I; s § 310 Rn 5; OLG München MDR 86, 62) abgefasste Urteil ist, wenn es – wie idR – bei Verkündung im Verhandlungstermin noch nicht in vollständiger Form vorlag, binnen 3 Wochen nach der Verkündung der GeschSt zu übermitteln. Die Frist entspricht der des § 310 I (für Verkündung in bes Termin) und ist, wie aus II 2 und 3 ersichtl, **keine Ausschlussfrist**. Ist fristgerechte Übergabe des vollständigen Urteils ausnahmsw nicht mögl (zB wegen Überlastung des Gerichts oder bes Schwierigkeit der Begründung), muss binnen 3 Wochen jedenfalls das Urteil ohne Tatbestand und Gründe, aber signiert/unterschrieben, der GeschSt übermittelt werden. Dann muss das vollständige **„alsbald"** der GeschSt übermittelt werden; zu den verfassungsrechtl Anforderungen insb in Eilfällen s BVerfG 10.4.2025 – 2 BvR 468/25. Spätester Zeitpunkt für die Übermittlung des vollständigen Urteils ist **5 Monate** nach Urteilsverkündung. Anderenfalls ist das Urteil (iSv § 538 II Nr 1, § 547 Nr 6) als „nicht mit Gründen versehen" anzusehen (GemS-OGB NJW 93, 2603; BGH FamRZ 2009, 1481; BGH MDR 2001, 1184, stRspr; s § 310 Rn 5). Denn dann ist nicht mehr gewährleistet, dass der Eindruck von der mündl Verh und das Beratene zuverlässigen Niederschlag in den so viel später abgefassten Gründen finden; außerdem sollen die Parteien nicht übermäßig lange auf die schriftl Urteilsgründe warten müssen (GemS-OGB NJW 93, 2603; BGH FamRZ 2009, 1481).

11 **III) Aktenmäßige Behandlung des Urteils.** Die unterschriebene Urschrift (Original) des erstinstanzl Urteils verbleibt bei Papierakten (idR) bei den Gerichtsakten (§ 4 VI AktO), während es in den Rechtsmittelinstanzen gesondert verwahrt wird und bei dem Rechtsmittelgericht verbleibt (vgl § 541 II), in Urteilssammlungen oder – beim BGH – in dessen Senatsakten (vgl BGH MDR 2012, 1185 Tz 13 f). Alle Varianten sind vom Verfahrensrecht gedeckt (vgl BGH MDR 2012, 1185), in den letztgenannten Fällen ist eine Ausfertigung oder begl Ab*schrift des Urteils zu den Hauptakten zu nehmen.* – Erteilte (zugestellte) Ausfertigungen bzw begl Abschriften (§ 317 I, II) müssen mit dem Original übereinstimmen, was durch den Beglaubigungs- bzw Ausfertigungsvermerk des UdG bewiesen wird (s § 317 Rn 2, 5).

IV) **Verkündungsvermerk (§ 315 III).** Anzubringen ist der Verkündungsvermerk durch den **UdG**, nicht notwendig durch einen ggf hinzugezogenen Protokollführer. III ist nur Ordnungsvorschrift. **Bewiesen** wird die Verkündung nicht durch den Verkündungsvermerk, sondern nur durch das Sitzungsprotokoll (s § 311 Rn 3a). Das Fehlen des Verkündungsvermerks auf der zugestellten Urteilsausfertigung macht die Zustellung nicht unwirksam (BGHZ 8, 303; BGH VersR 1987, 680). – Wo an Verkündungs statt zugestellt werden darf (§ 310 III), tritt der **Zustellungsvermerk** an die Stelle des Verkündungsvermerks. – In Verf mit **elektronischer Aktenführung** ist gem **III 2, 3** der Vermerk nicht auf dem Urteil, sondern in einem mit diesem untrennbaren eigenständigen Dokument niederzulegen. Für seine Form gilt § 130b. 12

§ 316 (weggefallen)

§ 317 Urteilszustellung und -ausfertigung

(1) [1]Die Urteile werden den Parteien, verkündete Versäumnisurteile nur der unterliegenden Partei in Abschrift zugestellt. [2]Eine Zustellung nach § 310 Abs. 3 genügt. [3]Auf übereinstimmenden Antrag der Parteien kann der Vorsitzende die Zustellung verkündeter Urteile bis zum Ablauf von fünf Monaten nach der Verkündung hinausschieben.

(2) [1]Ausfertigungen werden nur auf Antrag und nur in Papierform erteilt. [2]Solange das Urteil nicht verkündet und nicht unterschrieben ist, dürfen von ihm Ausfertigungen, Auszüge und Abschriften nicht erteilt werden. [3]Die von einer Partei beantragte Ausfertigung eines Urteils erfolgt ohne Tatbestand und Entscheidungsgründe; dies gilt nicht, wenn die Partei eine vollständige Ausfertigung beantragt.

(3) Ausfertigungen, Auszüge und Abschriften eines als elektronisches Dokument (§ 130b) vorliegenden Urteils können von einem Urteilsausdruck erteilt werden.

(4) Die Ausfertigung und Auszüge der Urteile sind von dem Urkundsbeamten der Geschäftsstelle zu unterschreiben und mit dem Gerichtssiegel zu versehen.

(5) [1]Ist das Urteil nach § 313b Abs. 2 in abgekürzter Form hergestellt, so erfolgt die Ausfertigung in gleicher Weise unter Benutzung einer beglaubigten Abschrift der Klageschrift oder in der Weise, dass das Urteil durch Aufnahme der in § 313 Abs. 1 Nr. 1 bis 4 bezeichneten Angaben vervollständigt wird. [2]Die Abschrift der Klageschrift kann durch den Urkundsbeamten der Geschäftsstelle oder durch den Rechtsanwalt des Klägers beglaubigt werden.

I) Urteilszustellung (§ 317 I). 1) Grundsätze. Die Urteile (ebenso Beschlüsse gem § 329 II u III) sind gem **I 1** iVm § 166 II vAw zuzustellen. Zu den Folgen von Zustellungsmängeln s § 166 Rn 11, § 189 Rn 2 ff. Zuzustellen ist, mit Ausnahme der in abgekürzter Form zulässigen Urteile (**V** iVm **§ 313b**), das *vollständige* Urteil „in Abschrift" (I 1; s Rn 2). Die Zustellung setzt, auch wo sie gem § 310 III ausnahmsw die Verkündung ersetzt (**I 2**), die Rechtsmittel(behelfs-)fristen in Lauf und erfüllt (neben oder an Stelle der Urteilszustellung im Parteibetrieb; s § 750 Rn 16) die ZwV-Voraussetzung des § 750 (BGH MDR 2005, 1433). Grds ist beiden Parteien zuzustellen; bei Zustellung von ***verkündeten* VU** genügt Zustellung an die unterlegene Partei. Zustellung an beide Parteien ist aber bei VU im schriftl Vorverf (s § 310 Rn 6, § 331 Rn 12) und unechtem VU (s vor § 330 Rn 11) erforderl (§ 310 Rn 6). Wird eine Partei durch einen **Prozessbevollmächtigten** vertreten, ist gem § 172 I an diesen zuzustellen, bei mehreren ProzBev (§ 84) ist die 1. Zustellung maßgebend (s § 84 Rn 3). Das die Klage eines vollmachtlosen Vertreters (s § 88 Rn 6) aus diesem Grund abweisende Urteil ist der Partei persönl (nicht dem „Vertreter") zuzustellen (OLG Zweibrücken MDR 82, 586). § 317 gebietet Zustellung des Urteils **nur an die Parteien**; Zustellung auch an deren (einfachen) **Streithelfer** ist nicht erforderl (BGH NJW 90, 190), formlose Mitteilung genügt (OLGR Frankfurt 2005, 641; sa § 67 Rn 5). Streitgenössischen NI ist hingegen zuzustellen (s § 69 Rn 6). – Zur Zustellung eines fehlerhaft nicht verkündeten Urteils s § 310 Rn 7; vor § 300 Rn 13. 1

2) Zustellung von beglaubigter Abschrift. An die Stelle der Zustellung einer Ausfertigung ist seit 1.7.2014 die Zustellung von begl Abschriften als Regelform (BGH NJW 2019, 1374; BGH MDR 2016, 667) getreten. Dies ist Folge des elektron Rechtsverkehrs: „Die Erteilung einer Ausfertigung findet in der elektronischen Welt keine Entsprechung" (Begr BTDrs 17/12634, 30). Zugestellt wird eine von der GeschSt begl (§ 169 II, BGH MDR 2022, 846 Tz 19) Abschrift des Urteils. Dies gilt gleichermaßen für die Zustellung von in Papierform vorliegenden Abschriften wie auch bei begl **elektronischen Abschriften** (s § 169 IV, V). Zu den formellen Anforderungen der begl Abschrift s § 169, s § 169 Rn 9 f, 13 ff. Wird einer Partei statt einer begl Abschrift nur eine einfache Abschrift des Urteils zugestellt, wird dieser Zustellungsmangel gem § 189 **geheilt**, wenn keine Zweifel an der Authentizität und Amtlichkeit der Abschrift bestehen (BGH MDR 2022, 846 für Zustellung über das bes elektron Anwaltspostfach). – Die Zustellung einer Ausfertigung anstelle einer begl Abschrift ist für die Wirksamkeit der Zustellung jedoch unschädl. 2

3 **3) Hinausschieben der Zustellung (§ 317 I 3).** Von den Parteien kann bis längstens 5 Monate nach Verkündung ein Hinausschieben übereinstimmend beantragt werden (zB wegen Vergleichsgesprächen). Bei unterschiedl Anträgen ist von Übereinstimmung hinsichtl der kürzeren Frist auszugehen. **Antrag** ist Prozesshandlung, daher bindend (s vor § 128 Rn 18) und unterliegt Anwaltszwang (§ 78). Der Vors **entscheidet** durch Verfügung, die den Parteien formlos mitzuteilen ist, § 329 II 1. Ein Ermessen steht ihm nicht zu (MK/Musielak/Hüntermann Rn 7; WSch/Rensen Rn 22); „kann" in I 3 ist nur als Kompetenznorm zu verstehen. Sofern das Ende der Frist nicht datiert wird, beginnt diese am Tag nach der Verkündung, und wird gem § 222 ZPO, § 188 BGB berechnet. Höchstfrist sind 5 Monate (wegen der 5-Monatsfrist der §§ 517, 548), innerhalb dieser ist auch wiederholte Verlängerung gem § 224 II zulässig. – Gegen Versagung sof Beschwerde, § 567 I Nr 2.

4 **II) Urteilsausfertigung (§ 317 II-V). 1) Antragserfordernis (§ 317 II 1).** Eine Urteilsausfertigung wird nur ausnahmsw **auf Antrag** einer Partei erteilt (II 1), und zwar idR ohne Tatbestand und Entscheidungsgründe (II 3 Hs 1). Eine vollständige Ausfertigung muss bes beantragt werden (II 3 Hs 2). **Anwendungsfälle** für die Ausfertigung ist va die Zwangsvollstreckung (BGH MDR 2022, 846 Tz 33): Wenn diese betrieben (§ 724 „vollstreckbare Ausfertigung") oder eingestellt bzw beschränkt werden soll (§ 775 Nr 1, Nr 2).

5 **2) Begriff.** Eine **Ausfertigung** ist eine in gesetzl bestimmter Form gefertigte Abschrift, die dem Zweck dient, die bei den Akten verbleibende Urschrift nach außen zu vertreten (BGH NJW 2010, 2519 = MDR 2010, 946; BGH FamRZ 90, 1227 mwN). Der Ausfertigungsvermerk bezeugt als eine bes Art der Beurkundung, dass die Ausfertigung mit der Urschrift des Urteils übereinstimmt. Sie muss diese daher wortgetreu und richtig wiedergeben (BGH NJW 81, 2345). Ihr kommt die **Beweiskraft** von § 418 I zu (BGH MDR 2012, 1185 Tz 13).

6 **3) Erteilung und Form (§ 317 IV).** Die Ausfertigung wird nur in Papierform (**II 1**) sowie idR in abgekürzter Form (**II 3 Hs 1**) erteilt (s Rn 4) und ist mit einem **Ausfertigungsvermerk** des UdG zu versehen. Erteilung erfolgt durch den **UdG**, dem die Urschrift vorliegt, also ggf des Rechtsmittelgerichts (BAG AP Nr 1 zu § 317 ZPO = NJW 1986, 1008 LS). Die **formellen Anforderungen** regelt IV abschließend (BGH MDR 2012, 1185 Tz 21): Unterschrift des UdG, für die die Anforderung an die Unterzeichnung bestimmender Schriftsätze durch RA gilt (BGH NJW 2013, 3451; BGH MDR 93, 383; s § 130 Rn 9). Ferner Gerichtssiegel, wobei nach Ansicht des BGH (BGH MDR 93, 383; BGH VersR 85, 551) auch ein Stempelabdruck genügen soll; dies überzeugt angesichts der Funktion und Beweiskraft der Ausfertigung (s Rn 5) nicht, da mit der Befugnis zur Siegelführung gerade die Ermächtigung zur Beurkundung zum Ausdruck kommt. Nicht erforderl ist Angabe des Datums. Eine Bezeichnung als „Ausfertigung" ist zwar üblich, aber nicht unbedingt erforderl, da das Gesetz eine bestimmte Form für den Ausfertigungsvermerk nicht vorsieht (BGH NJW 2010, 2519). Die Urteilsabschrift muss aber zumindest durch die Unterschrift des UdG, das Gerichtssiegel und Worte wie „Ausfertigung" oder „ausgefertigt" erkennen lassen, dass es sich um eine Ausfertigung iSv IV handeln soll (BGH NJW 2010, 2519). Zur Wiedergabe der Namen der Richter s § 169 Rn 8; Fischer DRiZ 94, 96 f). – **Rechtsbehelf** gegen Versagung der Erteilung einer Ausfertigung: Erinnerung gem § 573.

7 **III) Zeitpunkt der Erteilung (§ 317 II 2).** Ausfertigungen, (begl) Abschriften und Auszüge von Urteilen (entspr Beschlüssen, s § 329 Rn 44) darf der UdG erst erteilen, wenn die Entscheidung von den Richtern signiert/unterzeichnet und verkündet bzw im Fall von § 310 III an Verkündungs statt zugestellt ist. Denn zuvor handelt es sich allein um einen Entwurf (s § 310 Rn 1; vor § 300 Rn 13). Wird dagegen verstoßen, kann dies uU zum Rechtsschein eines bereits existenten Urteils (s vor § 300 Rn 13) oder – bei Offenkundigkeit – zur Unwirksamkeit der Zustellung führen (BGH NJW-RR 93, 956).

8 **IV) Urteil als elektronisches Dokument (§ 317 III).** Liegt das Urteil als elektron Dokument (§ 130b) vor, ist zunächst gem § 298 ein **Urteilsausdruck** anzufertigen. Dieser ist dann gem III Grundlage für die Erteilung von Ausfertigungen, Abschriften und Auszügen, auf ihm ist daher zB der Ausfertigungsvermerk durch den UdG anzubringen. Ein Vermerk gem § 298 III ist auf dem Ausdruck nach der Rechtslage seit 1.1.2022 (G v 5.10.2021, BGBl I 2021, 4607) nicht mehr anzubringen. Dafür besteht kein Erfordernis, da auch bei Urteil in Papierform die Echtheit der Unterschrift des Richters durch den Ausfertigungsvermerk bestätigt wird (BTDrs 19/31119, 6).

8a **V) Abgekürzte Urteile (§ 317 V).** Die Ausfertigung von abgekürzten **Versäumnis-, Anerkenntnis- und Verzichtsurteilen** (V) in Papierform kann entspr § 313b II unter Verwendung einer (vom RA oder UdG) begl Abschrift (hierzu s § 169 Rn 7 ff) der Klageschrift oder des MB (§ 697 V) erteilt werden (V 1 Alt 1; zum Verf hierbei s § 313b Rn 6). Das Urteil kann aber auch als Einheit unter Vervollständigung der nach § 313 I Nr 1-4 erforderl Angaben ausgefertigt werden (V 1 Alt 2). – Die Regelung hat für die **elektronische Aktenführung** keine Bedeutung mehr (s § 313b Rn 1a).

9 **VI) Mängel und Folgen. Vorbemerkung:** Da seit 1.7.2014 keine Ausfertigung, sondern eine begl Abschrift zugestellt wird (s Rn 2), kommt es auf deren Ordnungsgemäßheit an. Die nachfolgend zitierte Rspr bezieht sich noch auf die Zustellung einer Ausfertigung, ist aber auf die aktuelle Rechtslage übertragbar. – **Unrichtigkeiten** der begl Abschrift, also Abweichungen von der Urschrift (die nur richterl berichtigt werden kann), kann der *UdG* entspr *§ 319* selbst berichtigen (BGH NJW-RR 93, 1214; OLG Brandenburg MDR 97, 1064), auch ein anderer als der, der die 1. Ausfertigung erteilt hat. Für die Zustellung als Voraussetzung für den Beginn der Rechtsmittelfrist ist bei **Abweichungen** zwischen Urschrift und begl Abschrift/Ausfertigung allein letztere maß-

gebend (BGH NJW 2010, 2519 Tz 15). Nur **schwerwiegende Abweichungen** führen zur Unwirksamkeit der Zustellung (BGH NJW 2001, 1653; BGH VersR 82, 70). Das ist der Fall, wenn aus der Ausfertigung der Umfang der Beschwer und die tragenden Entscheidungsgründe nicht erkennbar sind (BGH MDR 2024, 1061; BGH NJW-RR 2006, 1570); bei Zustellung eines vom verkündeten Tenor erhebl abweichenden Urteils (BGH NJW 2014, 1304; BGH NJW 1999, 1192: Abweisung der Klage statt Stattgabe; OLG Hamm MDR 2016, 670 = FamRZ 2016, 1387). Nicht zur Unwirksamkeit der Zustellung führen solche Abweichungen ggü der Urschrift, die als Fehler des Urteils selbst ohne weiteres gem § 319 hätten korrigiert werden können (BGH NJW-RR 2006, 1570 = MDR 2006, 1360 für Rubrumsdivergenz; sa § 319 Rn 38 f). – **Unvollständigkeiten** können zur Unwirksamkeit der Zustellung führen (BGH NJW 98, 1959 = MDR 98, 1179: fehlende Seite), nicht aber schon stellenweise Unleserlichkeiten (BGH NJW-RR 2005, 1658 = MDR 2005, 1184) oder Auslassungen (BGH NJW 2001, 1653, 1654 = MDR 2001, 646). Rückgabe bei unwesentl Mangel (vgl BGH NJW 98, 1959 = MDR 98, 1179) und nochmalige Zustellung ändern an der Wirksamkeit der (1.) Zustellung nichts, jedoch kann Zustellungswiederholung durch das Gericht ggf WE rechtfertigen (BGH MDR 2024, 1061; BGH NJW-RR 2005, 1658 = MDR 2005, 1184). **Folge** einer unwirksamen Zustellung ist, dass die reguläre Rechtsmittelfrist nicht läuft, sondern allein die 5-monatige Berufungsfrist gem § 517; s § 517 Rn 18.

VII) Mitteilung des Urteils an Dritte. Sie erfolgt, soweit vorgeschrieben (vgl zB **MiZi** Allg/5 II Nr 1, XXIII/4 10
Ic), durch Übersendung einer ggf mit Rechtskraftvermerk versehenen (idR abgekürzten) Abschrift.

§ 318 Bindung des Gerichts

Das Gericht ist an die Entscheidung, die in den von ihm erlassenen End- und Zwischenurteilen enthalten ist, gebunden.

I) Allgemeines. Das Abänderungsverbot gehört zum **Kernbestand der überlieferten Prozessgrundsätze.** Mit 1
der Verkündung eines Urteils wird die vom Gericht getroffene Entscheidung des Rechtsstreits existent und nach außen wirksam (s § 310 Rn 1). Die Autorität, auf die die Gerichte bei der Erfüllung ihrer Aufgaben angewiesen sind, und das Vertrauen, das die Bürger der Rechtsprechung entgegenbringen, verlangen, dass die abschließende Entscheidung eines Gerichts einen definitiven Charakter besitzt und allenfalls durch eine Rechtsmittelinstanz aufgehoben oder geändert werden kann (KG NJW-RR 2006, 1577).

II) Bindungswirkung der Urteile. 1) Gericht. Gebunden ist der Spruchkörper der Instanz, in der das Urteil er- 2
ging. Ein Wechsel in der Richterbesetzung ist bedeutungslos. Das Kollegialgericht ist auch an die Urteile seines **Einzelrichters** gebunden. Ergeht in einem strafrechtl **Adhäsionsverfahren** ein Grundurteil, ist das Zivilgericht im nachfolgenden Betragsverfahren an diese Entscheidung gem § 406 I 2 Hs 2 StPO iVm § 318 gebunden (BGH NJW 2013, 1163).

2) Innenbindung. Eine Bindung besteht in zweierlei Hinsicht: **a) Abänderungsverbot.** Das Gericht kann das 3
von ihm erlassene Urteil grds weder aufheben noch ändern oder – außerhalb von § 321 – ergänzen (zB BGH MDR 2016, 1352; BGH MDR 2008, 1292). Nur eine Berichtigung offenbarer Unrichtigkeiten ist gem § 319 zulässig. Aufgehoben und geändert wird das Urteil grds allein im Rechtsmittelverf. Daran kann auch durch Vereinbarung der Parteien nichts geändert werden (Baumgärtel MDR 69, 173; StJ/Althammer Rn 9; ThP/Seiler Rn 5; aA BeckOK/Elzer Rn 38; Schlosser, Einverständl Parteihandeln im ZP, 1968, S 16 ff). – Das Abänderungsverbot gilt für **alle Teile des Urteilsausspruchs** einschließlich der Entscheidung über die Kosten (BGH MDR 2008, 1292; KG NJW-RR 2006, 1577) und eine Rechtsmittelzulassung (s § 543 Rn 22).

b) Abweichungsverbot. Die in einem Teil- (s § 301 Rn 22), Vorbehalts-, Grund-(s § 304 Rn 33 ff) oder Zwi- 4
schenurteil (§ 303 Rn 10) enthaltene Entscheidung ist für das Gericht im Weiteren maßgebend, dh es muss den Inhalt der Entscheidung zugrunde legen, ohne Rücksicht darauf, ob es seine frühere Entscheidung für richtig oder falsch hält. Es darf neues Parteivorbringen zu den entschiedenen Streitpunkten nicht mehr zulassen (OLGR Naumburg 2001, 222). Die Bindung besteht auch dann, wenn nach Erlass des Ersturteils eine Gesetzesänderung mit rückwirkender Kraft ergeht (zust MskV/Wolff Rn 6). Diese Bindungswirkung ist kein Ausfluss der mat Rechtskraft, die nur nach formeller Rechtskraft (Unanfechtbarkeit mit ordentl Rechtsmitteln) eintritt, sondern sie ist eine **innerprozessuale Feststellungswirkung** bes Art (s § 303 Rn 10; § 304 Rn 33; zur Abgrenzung s Jauernig MDR 82, 286). Inhaltl entspricht sie jedoch der materiellen Rechtskraftwirkung (BGH NJW-RR 94, 1145; OLG Hamm NJW-RR 93, 693).

Gegenstand der Bindung ist ledigl der sich aus Urteilsformel und -gründen ergebende Ausspruch des Gerichts 5
zu den konkret entschiedenen Streitpunkten (BGH WM 2021, 2116; BGH NJW-RR 2014, 1118 Tz 17, 22; sa § 304 Rn 33). Ihr Umfang ist durch Auslegung von Urteilsformel und Entscheidungsgründen zu ermitteln (BGH VersR 2014, 1130; BGH NJW 2013, 1163). Keine Bindung besteht hinsichtl rechtl oder tatsächl Vorfragen (BGH WM 2021, 2116), die rechtl Begründung (BGH NJW 2001, 78 = MDR 2001, 165) oder die tatsächl Feststellungen (BGH NJW 2001, 79 = MDR 2001, 165; OLG Hamm NJW-RR 93, 915, 918).

6 **3) Grenzen und Ausnahmen der Innenbindung. a) Grenzen.** Voraussetzung für den Eintritt der Bindungswirkung ist, dass das Urteil **prozessual statthaft** war, zB bindet ein gem § 303 nicht zulässiges Zwischenurteil das Gericht nicht (s § 303 Rn 10; sa § 304 Rn 34). Zeitl tritt die Bindungswirkung **mit dem Erlass** der Entscheidung ein, bei einem Urteil also mit Verkündung bzw Zustellung gem § 310 III (s § 310 Rn 1, 6); an ein Scheinurteil (s vor § 300 Rn 13) besteht keine Bindung (BGHZ 10, 346). Sie **endet** mit der Aufhebung der Entscheidung im Instanzenzug (BGH 19.2.2015 – V ZR 97/14, juris; BGH NJW 1989, 1486). Deshalb ist das Berufungsgericht nach Zurückverweisung (§ 563 I) im Rahmen der Aufhebung nicht an seine frühere Entscheidung gebunden (BGH 19.2.2015 – V ZR 97/14, juris; BGH NJW 95, 1673). Bei Vorliegen eines **Restitutionsgrundes** besteht ausnahmsw keine Bindungswirkung (BGHZ 102, 236 = NJW 88, 1733, 1734 für § 580 Nr 7b).

7 **b) Ausnahmen.** Das Gericht darf ausnahmsw die von ihm erlassenen Urteile selbst aufheben und abändern, wenn das Gesetz es ausdrückl zulässt oder der Sachzusammenhang es zwingend ergibt: **a) Versäumnisurteil**, wenn Einspruch eingelegt ist, § 343; **b) Vorbehaltsurteil** auf Grund des Nachverf, §§ 302, 599, 600; **c)** auf Anhörungsrüge gem **§ 321a** (BGH MDR 2020, 1459); **d)** nach **Wiedereinsetzung** in den vorigen Stand Urteile, die ein Rechtsmittel wegen nicht fristgemäßer Einlegung oder Begründung verwarfen; **e)** auf Grund einer **Wiederaufnahmeklage** gem §§ 578 ff; **f)** ein die **Rechtsnachfolge bejahendes Zusatzurteil**, wenn nach Erlass des Urteils, aber vor Einlegung des Rechtsmittels das Verf durch Tod einer Partei unterbrochen ist (RGZ 68, 247, 256); **g) Arrest** oder **einstweilige Verfügung** bei Änderung der Verhältnisse gem § 927.

8 **4) Bindung im Instanzenzug. a) Untergericht.** Zur Bindung an Urteile der Rechtsmittelgerichte, die ein Urteil der Vorinstanz aufheben und die Sache zurückverweisen, s § 538 Rn 60, § 563 Rn 4 ff. An die eigene Entscheidung bleibt das untere Gericht gem § 318 auch nach Zurückverweisung insoweit gebunden, als diese vom Rechtsmittelgericht *nicht* aufgehoben wurde (RGZ 35, 40); iÜ entfällt eine Bindung (s Rn 6).

9 **b) Rechtsmittelgericht.** Dieses ist an die Entscheidung des unteren Gerichts insoweit gebunden, als diese nicht angefochten wurde (BGH NJW-RR 87, 250). Dies folgt aber nicht aus § 318, sondern ist eine Auswirkung der beschränkten Prüfungsbefugnis. – **c) Erneutes Rechtsmittel:** Wird gegen eine Entscheidung der unteren Instanz, die nach Zurückweisung durch das Rechtsmittelgericht erneut in der Sache entschieden hat, wieder ein Rechtsmittel eingelegt, so ist das Rechtsmittelgericht an die in seiner 1. Rechtsmittelentscheidung enthaltene, die Aufhebung tragende (BGH MDR 2005, 1241) Rechtsauffassung grds gebunden (BGH NJW 2017, 1480 = MDR 2017, 478; BGH NJW-RR 2017, 1020 Tz 6; BGH WM 2007, 200 Tz 20; BGH NJW-RR 2017, 1020 Tz 6; BGH WM 2007, 200 Tz 20). Die Bindung geht dahin, dass es den in der Entscheidung gezogenen Schluss auf die darin ausgesprochene Rechtsfolge dem weiteren Verf zugrunde legen muss; ihr Umfang ist ggf durch Auslegung der Gründe der aufhebenden Entscheidung zu klären (BGH NJW 2017, 1480). Die Bindung besteht auch, soweit das Rechtsmittelgericht in seiner Entscheidung ohne weitere Begründung über eine bestimmte Frage mitentschieden hat (BGH NJW 2017, 1480 = MDR 2017, 478 für Zulässigkeit des Rechtsmittels). Eine **Einschränkung** der Bindungswirkung ist in der Rspr jedoch für folgende Konstellationen anerkannt: Änderung des zugrundeliegenden Sachverhalts, eine zwischenzeitlich veröffentlichte, abweichende Entscheidung des BVerfG oder des EuGH oder die Aufgabe anderslautender Rspr durch das Revisionsgericht oder des Gemeinsamen Senats der obersten Gerichtshöfe des Bundes (GmS BGHZ 60, 392, 395 f; BGH NJW 2013, 1310 = MDR 2013, 176 Tz 22; BGH NJW 2007, 1127 Tz 20; BGH NJW 96, 924).

10 **III) Entsprechende Anwendung. 1) Beschlüsse.** Sie binden das sie erlassende Gericht **grundsätzlich nicht** (BGH NJW-RR 2009, 210 Tz 15; BGH NJW 1995, 2107; BGH NJW 1992, 982; sa §§ 124, 150, 155, 925 II, § 927; § 54 FamFG). Das Gericht kann sie, solange es instanziell mit der Sache befasst ist, nach der Rspr des BGH zumindest im Insolvenzverf auch vAw aufheben oder ändern (BGH NJW-RR 2006, 1554 mN zum Streitstand, str; von BGH NJW 2021, 553 Tz 27 offen gelassen). Anfechtbare Beschlüsse (§ 567) sollen danach während des Laufs der Rechtsmittelfrist auch dann abänderbar sein, wenn kein Rechtsmittel eingelegt ist (BGH NJW-RR 2006, 1554 = MDR 2007, 175; aA MskV/Wolff § 329 Rn 15).

11 Unabänderlich und damit grds **bindend** sind rechtskräftige Beschlüsse (BGH NJW 2004, 1531; BGH MDR 2018, 1404) sowie solche, die auf sof Beschwerde (§ 567) ergangen sind und der Rechtsbeschwerde (§ 574) unterliegen (BGH ZIP 2024, 306; BGH WM 2018, 2144; BGH MDR 2018, 1404), ferner alle urteilsähnl (BGH NJW-RR 1995, 765 für Verwerfungsbeschluss; OLG München MDR 2003, 522) und verfahrensgestaltenden Beschlüsse. **Beispiele:** Bindungswirkung entfalten Beschlüsse, mit denen der Ablehnung eines Richters stattgegeben (§ 46 II Hs 1) oder diese zurückgewiesen wird (s § 46 Rn 1); Verweisungsbeschlüsse (§§ 281, 506; § 102 GVG; zu Einschr s Rn 9); Entscheidung über die Zuschlagsbeschwerde in Zwangsversteigerung (BGH MDR 2018, 1404); VB im Mahnverf (§ 700 I); der rechtskräftige KFB (OLG Hamburg MDR 86, 244) sowie Beschluss über die Vergütung des InsVerw (BGH WM 2018, 2144); die Gewährung (vgl § 238 III; BGHZ 130, 98 mwN = NJW 95, 2497) oder Versagung der WE (BAG MDR 84, 83); die Beschlüsse, durch die die Berufung oder Revision zugelassen (§ 511 IV 2, § 543 II 2) oder nach § 522 I, § 552 verworfen wird (BGH NJW-RR 1995, 765; *BGH NJW 91, 1116*; *BAG NJW* 2004, 174), sofern nicht nachträgl WE in den vorigen Stand gewährt wird; Beschlüsse über die Zurückweisung einer NZB (BGH NJW 2004, 1531); die Berufung gem § 522 II zurückweisende Beschlüsse (BGH NJW-RR 2007, 767; OLG München MDR 2003, 522); die Anhörungsrüge abl Be-

schlüsse (§ 321a IV 4); in den Grenzen von § 124 die PKH/VKH bewilligenden Beschlüsse (OLG Hamm FamRZ 86, 583), soweit es um eine Änderung zu Lasten der Partei geht.

Sofern ein Beschluss der Bindung unterliegt, tritt diese mit dem **Zeitpunkt** ein, in dem das Gericht ihn verkündet (BGH NJW-RR 2010, 232) oder sich ihm in einer vergleichbaren Weise entäußert (BGH MDR 2017, 107; BGH NJW-RR 2004, 1574; iE s § 329 Rn 19). – Eine **Bindungswirkung entfällt** bei einer erfolgreichen Rüge gem § 321a (BGH MDR 2020, 1459; sa Rn 7). Daneben kommt nach der Rechtsprechung eine Einschränkung oder Verneinung der Bindungswirkung bei grundrechtsrelevanten Verfahrensverstößen in Betracht. Fallgruppen sind insbesondere ein Verstoß gegen das Gebot rechtl Gehörs bei Zwischenentscheidungen, die gem § 321a I 2 nicht der Anhörungsrüge unterliegen (BGH NJW-RR 2009, 1223 Tz 8; OLG Frankfurt FamRZ 2016, 1799), sowie willkürl Verweisungsbeschlüsse (s § 281 Rn 17). 12

2) Verfügungen. Diese unterliegen keiner Bindung entspr § 318; sa § 329 Rn 52. 13

3) Schiedssprüche. Auf diese ist § 318 entspr anwendbar, wobei sich die Bindungswirkung nur auf die Entscheidung selbst, nicht auf ihre Elemente wie tatsächl oder rechtl Vorfragen erstreckt (BGH WM 2021, 2116 Tz 22). 14

§ 319 Berichtigung des Urteils

(1) Schreibfehler, Rechnungsfehler und ähnliche offenbare Unrichtigkeiten, die in dem Urteil vorkommen, sind jederzeit von dem Gericht auch von Amts wegen zu berichtigen.

(2) [1]Der Beschluss, der eine Berichtigung ausspricht, wird auf dem Urteil und auf den Ausfertigungen vermerkt. [2]Erfolgt der Berichtigungsbeschluss in der Form des § 130b, ist er in einem gesonderten elektronischen Dokument festzuhalten. [3]Das Dokument ist mit dem Urteil untrennbar zu verbinden.

(3) Gegen den Beschluss, durch den der Antrag auf Berichtigung zurückgewiesen wird, findet kein Rechtsmittel, gegen den Beschluss, der eine Berichtigung ausspricht, findet sofortige Beschwerde statt.

Lit: *Proske*, Die Urteilsberichtigung gem § 319 ZPO, 2002.

I) Allgemeines. 1) Bedeutung. Die §§ 319 ff bieten eine Möglichkeit, unterlaufene Unrichtigkeiten und Versehen zu korrigieren und so die Parteien vor den Folgen von im Justizalltag unvermeidl „technischer Fehlleistungen" und „banaler Irrtümer" zu schützen (BVerfG NJW 92, 1496; tendenziell auch BGH NJW-RR 2002, 712). Eine nachträgl Änderung des Urteils außerhalb der Schranken der §§ 319-321 ist unzulässig, da darin ein Verstoß gegen § 318 liegt (s § 318 Rn 3) und – soweit das Urteil bereits rechtskräftig ist – eine verbotene Durchbrechung der Rechtskraft. Aus dem Charakter als Ausnahmevorschrift soll nach einer Entscheidung des BGH eine enge Auslegung folgen (BGH MDR 2008, 1292; aA BGH NJW 85, 742: im Interesse des „besseren Richterspruchs weit auszulegen"; KGR Berlin 2006, 457; Stackmann NJW 2009, 1539); sa Rn 5. – **I** enthält allg Rechtsgedanken (übereinstimmend: § 42 I FamFG; § 118 I VwGO; § 107 I FGO; § 138 S 1 SGG; vgl auch § 42 VwVfG; § 129 AO). 1

2) Abgrenzung. Zu unterscheiden ist zwischen offenbaren und sonstigen Unrichtigkeiten. Für offenbare gilt **§ 319**, für sonstige Unrichtigkeiten **§ 320**, der aber allein eine Berichtigung des Tatbestands eröffnet. **§ 321** kommt zur Anwendung, wenn ein geltend gemachter Anspruch völlig übergangen wurde (iE s § 321 Rn 2; sa Rn 24 f). Eine Korrektur inhaltl Mängel von unter Verletzung des rechtl Gehörs zustande gekommenen unanfechtbaren Entscheidungen ermöglicht die Anhörungsrüge gem **§ 321a.** 2

3) Anwendungsbereich. Urteile (§ 319 I) und **Beschlüsse** (BGH WM 2025, 522; BGH NJW 2014, 3101 Tz 7); Bsp: Verweisungsbeschluss (s § 281 Rn 14), Kostenbeschluss gem § 91a (OLG Hamm NJW-RR 2000, 1524), VB (§ 700; OLG Köln MDR 88, 150; OLG Frankfurt NJW-RR 90, 768), nach hM auch MB (OLG Düsseldorf NJW-RR 98, 1077 mN; aA OLG München MDR 90, 60; sa vor § 688 Rn 6), KFB (OLG Koblenz MDR 2015, 236; OLG München NJW-RR 96, 51), Berichtigungsbeschluss nach § 319 (OLG Köln FamRZ 93, 456), Tatbestandsberichtigungsbeschluss nach § 320 (BGH NJW-RR 88, 407 = MDR 88, 389). § 319 gilt auch im sBV (vgl BVerfG NJW 2014, 205 Tz 21), in der ZwV (s § 725 Rn 5; § 727 Rn 31 ff), im ZVG-Verf (OLG Hamm Rpfleger 76, 146: Zuschlagsbeschluss). Sonderregelungen gelten für Schiedssprüche (§ 1058 I Nr 1). Der BGH berichtigt auch Leitsätze durch Senatsbeschluss (zB BGH 20.12.2022 – VI ZB 48/21). Eine I-III entspr Regelung für das **FamFG-Verfahren** außer Ehe- und FamStreitsachen (für diese gilt gem § 113 I 2 FamFG § 319, OLG Celle MDR 2011, 1255) enthält § 42 FamFG. Auf einen gerichtl protokollierten **Vergleich** ist § 319 unanwendbar (BAG NJW 2009, 1161, 1163; OLG Celle MDR 2022, 1112; BeckOK/Elzer Rn 7; aA OLG Hamm MDR 1983, 410; offen OLGR Celle 1999, 94). Es kommt allenfalls eine Protokollberichtigung nach § 164 in Betracht (s § 278 Rn 39), die aber mangels fehlerhafter Protokollierung idR nicht mögl sein dürfte (s zB BayVerfGH NJW 2005, 1347; OLG Hamm MDR 83, 410); zu deren Anfechtung s § 164 Rn 11 f. Auch der einen Vergleich feststellende Beschluss ist nicht gem § 319, sondern durch Verweisung in § 278 VI 3 allein entspr § 164 zu berichtigen (OLG Celle MDR 2022, 1112; s § 278 Rn 35a). – Zur Anwendbarkeit in zeitl Hinsicht s Rn 33. 3

4 **4) Internationaler Rechtsstreit.** Gerichtl Bestätigungen inländischer Titel als Europ Vollstreckungstitel (§§ 1079, 1080) unterliegen auf Antrag der Berichtigung und dem Widerruf (§ 1081 I). Für diese gelten § 319 II u III entspr (§ 1081 III; dazu näher BGH NJW 2012, 858).

5 **II) Voraussetzungen der Berichtigung. 1) Unrichtigkeit.** Darunter fallen alle unrichtigen und unvollständigen Verlautbarungen des vom Gericht Gewollten im Urteil. Die Erklärung des richterl Willens hinsichtl der Entscheidung muss von der bei der Urteilsfällung vorhandenen Willensbildung abweichen. Es handelt sich nur um Fälle der Unstimmigkeit zwischen Willen und Erklärung des Gerichts. Mit Hilfe einer Urteilsberichtigung kann also nicht das vom Gericht bei der Urteilsfällung Gewollte geändert werden. Eine **falsche Willensbildung** des Gerichts, insb **falsche oder unterlassene Subsumtion** (falsche Gesetzesanwendung durch unzutreffende Gesetzesauslegung, durch Übersehen ges Bestimmungen, durch Übergehen von Streitstoff oder durch – auch versehentl – Unterlassen einer gebotenen Entscheidung) kann nicht nach § 319 korrigiert werden (BGH NJW 2014, 3101 Tz 8; BGH MDR 2013, 421; BGH NJW 89, 1281; BGH NJW 85, 742 = MDR 84, 824), auch bei späterer anderweitiger Erkenntnis (BGH NJW-RR 93, 700 für Verweisungsbeschluss). Oft macht die Unterscheidung zwischen falscher Willenserklärung (die berichtigungsfähig ist) und falscher Willensbildung (die nicht berichtigt werden kann) Schwierigkeiten (krit daher OLG Köln FamRZ 93, 457; LAG München MDR 85, 170; Proske aaO S 69 ff). Die Rspr tendiert zT – ersichtl im Interesse einer nachträgl Fehlerkorrektur –, dazu, auch Fälle der offensichtl falschen Willensbildung in § 319 miteinzubeziehen (vgl zB LG Stade NJW 79, 168: „Berichtigung" bei Entscheidung über ein nicht eingelegtes Rechtsmittel; Braunschweig NJW-RR 94, 34, 35: „Berichtigung" von [nicht beantragter] MwSt auf Zinsen; OLG Bamberg FamRZ 2000, 38: „Berichtigung" von Wertermittlung bei übergangenem Vermögensposten). Bsp von berichtigungsfähigen und nichtberichtigungsfähigen Fehlern: s Rn 9 ff.

6 **2) Offenbare Unrichtigkeit. a) Anforderungen an die „Evidenz" des Fehlers.** Die Unrichtigkeit ist dann offenbar, wenn sie sich für den Außenstehenden aus dem Zusammenhang des Urteils oder Vorgängen bei Erlass und Verkündung **ohne weiteres ergibt** (BGH FamRZ 2024, 684 = MDR 2024, 520 für § 42 FamFG; BGH NJW 2013, 2124 Tz 10; BGH NJW 2014, 3101 Tz 7). Maßgebendes Kriterium ist, ob auch ein nicht an der ursprüngl Entscheidung beteiligter Richter (s Rn 34) das Erfordernis der Berichtigung erkennen kann (BGH FamRZ 2024, 684 = MDR 2024, 520 für § 42 FamFG). Gleichzeitig mitverkündete Parallelentscheidungen können dabei mit berücksichtigt werden (BGH NJW-RR 2015, 46; BGH NJW 1980, 2813 = MDR 1981, 41), dgl andere außerhalb des Urteils liegende „offenbare" Umstände, wie zB Tabellen (BFH DB 84, 2602; OLG Düsseldorf FamRZ 97, 1407), öffentl Register (OLG Celle MDR 2011, 1255: Geburtsurkunde; LAG München MDR 85, 170: Handelsregister), ohne weiteres zugängl Informationsquellen (BGH MDR 2013, 421; OLG Bamberg FamRZ 98, 764: je gängiges Berechnungsprogramm) usw. Unrichtigkeiten im **Rubrum** des Urteils (falsche Bezeichnung der Richter, Parteien, ProzBev usw) sind nach der Rspr bereits dann offenbar, wenn sie dies für die beteiligten Richter sind (BGH MDR 2013, 421 Tz 2). Für die Offenkundigkeit, insb eines Rechenfehlers, kommt es auf dessen *sofortige* Erkennbarkeit nicht an; auch die Notwendigkeit der Überprüfung umfangr Rechenwerks steht der Berichtigung nicht entgegen, wenn nur kein Zweifel besteht, dass das Gericht, hätte es den Fehler rechtzeitig bemerkt, einen bestimmten anderen Betrag zu- oder aberkannt hätte (BGH NJW 95, 1033 mN; OLG Karlsruhe MDR 2003, 523). Unerhebl ist auch, ob die offenbare Unrichtigkeit auf **Versehen der Partei** oder des Gerichts beruht (vgl OLG Celle MDR 2011, 1255; LAG München MDR 85, 170). Bsp: Übernahme von versehentl Falschangaben in der Klageschrift (OLG Celle MDR 2011, 1255; OLGR Frankfurt 2003, 430, 431; OLGR Düsseldorf 1995, 203); Übertragungsfehler des Gerichts (BVerfG NJW 2014, 205 Tz 21).

7 **Wann** eine Unrichtigkeit offenkundig ist, wird in der Rspr auch des BGH allerdings nicht stets einheitl beantwortet. Zugelassen wird die Berichtigung unrichtiger Angaben über die Mitwirkung eines Richters am Erlass einer Entscheidung (s Rn 15 f), obwohl die Unrichtigkeit doch nur den beteiligten Richtern erkennbar ist; restriktiv ist dagegen insb die Rspr zur Rechtsmittelzulassung (s Rn 27). Fehlen Entscheidungsgründe, wie bei **abgekürzten Urteilen** gem § 313a I 2 Alt 1, scheint der BGH auf das Evidenzerfordernis überhaupt zu verzichten, um zu verhindern, dass ein Urteil, „das so vom erkennenden Gericht nicht gewollt war", Rechtskraft erlangt (BGH NJW-RR 2002, 712). Maßgebl Zeitpunkt für die Beurteilung der Offenkundigkeit ist der **Zeitpunkt** der Entscheidung selbst (BGH NJW 2013, 2124 = MDR 2013, 927; BGH MDR 2008, 1292).

8 **b) Fehlende Evidenz der Unrichtigkeit.** Keine *offenbare* Unrichtigkeit ist ein gerichtsintern gebliebenes Versehen, das nicht ohne Beweiserhebung überprüft werden kann (BGH NJW 85, 742; KG MDR 2013, 1487), zB der Inhalt der Beratung (OLG Düsseldorf NJW-RR 2015, 360). Eine vom Erstrichter nach sachl Prüfung verneinte Unrichtigkeit ist nicht mehr „offenbar" (BGH NJW 89, 1281 = MDR 89, 531; arg III Hs 1). Zu **Einzelheiten** der Evidenz in den jeweiligen Konstellationen s Rn 15 ff.

9 **3) Berichtigungsfähiger Fehler. a) Schreibfehler.** Bsp: Falsche Grundbuchnummer des str Grundstücks (bei Identitätsirrtum über das Grundstück aber keine Berichtigung, sondern neue Klage erforderl: RG JW 02, 588), versehentl Zahlenfehler (Ziffernverwechslung oder falsche Setzung des Dezimalkommas). Unerhebl ist, ob der Fehler bereits in dem Klageantrag enthalten war (s Rn 6).

10 **b) Rechenfehler.** Bsp: bei Ermittlung der Kostenquote (OLG Köln FamRZ 93, 457), einer Addition mehrerer Positionen (OLG Hamm NJW-RR 87, 188).

c) Auslassungen und **Unvollständigkeiten**, wenn sie versehentl sind und dies offenbar iSv Rn 6 f ist. Bsp: versehentl in den Tenor nicht aufgenommene, aus den Gründen ersichtl Entscheidung (iE s Rn 24 ff); nachträgl Verbindung einer in Bezug genommenen Anlage mit dem Urteil (OLGR München 2008, 691, 693); Bestimmung des Revisionsgerichts durch bayerisches OLG (BGH NJW-RR 2021, 507). 11

d) „Ähnliche offenbare Unrichtigkeiten“. Widerspruch zwischen Tenor und Gründen (s Rn 24 ff „Tenorierungsfehler“); fehlerhafte Saldierung auf Grund übersehener Rechnungsposten (OLG Bamberg FamRZ 2000, 38: Nichtberücksichtigung eines Grundstücks bei Zugewinnausgleich); Verwechslung von einzelnen **Positionen**, wenn sich die Klage aus einer Vielzahl von Positionen zusammensetzt (BGH NJW 85, 742: Verwechslung von verjährten und unverjährten Positionen); Eingabefehler bei Verwendung eines Berechnungsprogramms (OLG Bamberg NJW-RR 98, 1620 = FamRZ 98, 764; OLG Karlsruhe MDR 2003, 523, je Versorgungsausgleich; einschr OLGR Saarbrücken 2004, 485). 12

e) Ungenauigkeiten und Inkorrektheiten der Formulierung. Bsp: irrtüml Verwendung des Begriffs „Offenbarungseid“ statt „eidesstattl Versicherung“ (OLG Köln MDR 71, 56), von „Hinterlegungsstelle des LG“ statt „Hinterlegungsstelle des AG“ (OLG Zweibrücken MDR 94, 831), von „Beschluss“ statt „Urteil“ (OLG Brandenburg MDR 97, 1064); „5 Prozent“ statt „5 Prozentpunkte“ über dem Basiszinssatz (vgl § 288 I 2 BGB; sa BGH NJW-RR 2013, 511); falscher Nachweis von Rspr oder Literatur (KG 1.3.2018 – 8 W 2/18). Eine Berichtigung ist auch dahin mögl, dass ein Urteil, das den Beginn des Zinslaufs nicht datumsmäßig bestimmt („ab Rechtshängigkeit“), um den sich aus den Gründen ergebenden Zinsbeginn ergänzt wird (BAG NJW 2001, 1517, 1518). 13

III) Fallgruppen der Urteilsberichtigung. Als Gegenstand der Berichtigung kommen alle Urteilsbestandteile in Frage, so Angaben gem § 315 I (Unterschriften/Signaturen; s Rn 15) und § 313 I Nrn 1-3 (Rubrum; s Rn 16), Tenor (§ 313 I Nr 4; s Rn 24), Bezeichnung „…-Urteil“ (s § 313 Rn 3; s Rn 23) und Nebenentscheidungen (s Rn 27 ff); außerdem Tatbestand und Entscheidungsgründe (s Rn 32). 14

1) Richterbank- und Unterschriftsfehler. Die Bezeichnung der erkennenden Richter kann berichtigt werden, auch nach Einlegung eines Rechtsmittels (BGHZ 18, 350; BayObLGZ 86, 399). Fehlt in dem Urteil die Unterschrift/Signatur eines mitwirkenden Richters bzw ein entspr Verhinderungsvermerk, kann dies nachgeholt werden (s § 315 Rn 8, auch zur zeitl Grenze). Ist das Urteil eines Kollegialgerichts von einem Richter irrtüml mitunterzeichnet/signiert worden, der bei Beratung und Beschlussfassung nicht mitgewirkt hat, kann dies – auch nach Einlegung eines Rechtsmittels (BGH NJW 2003, 3057 = MDR 2003, 1310) – dadurch beseitigt werden, dass die Signatur/Unterschrift des Richters gestrichen und die unrichtige Angabe über die Mitwirkung des Richters durch Berichtigungsbeschluss richtiggestellt wird (BGH NJW 2003, 3057 = MDR 2003, 1310 mwN; BGH NJW-RR 98, 1065 = MDR 98, 336). Ein unvollständiger Schriftzug kann in eine ordnungsgemäße Unterschrift berichtigt werden (OLG Frankfurt NJW 83, 2395). 15

2) Rubrumsfehler. Die Parteien, ihre ges Vertreter, die ProzBev oder die Parteirolle (zB als Bekl/Widerbekl, OLGR Düsseldorf 2007, 491) sind nicht oder unrichtig bezeichnet. 16

a) Parteibezeichnung. Eine Berichtigung ist mögl, wenn feststeht oder erkennbar ist, wer als Partei gemeint war, und Interessen Dritter durch die Berichtigung nicht berührt werden (BGH NJW-RR 2008, 582; BAG NJW 2007, 2877; BAG NJW 2009, 1293; OLG Frankfurt NJW-RR 90, 768 mwN; näher s vor § 50 Rn 7). Die Identität der Partei, im Verhältnis zu der das Prozessrechtsverhältnis begründet worden ist, muss feststehen und durch die Berichtigung gewahrt bleiben (BGH 25.4.2024 – IX ZR 159/22, juris; BGH FamRZ 2020. 1385; BGH NJW 2007, 518; BGHReport 2003, 1168; Einzelfälle s Rn 21). Es genügt, dass eine Partei bereits in der Klage unrichtig bezeichnet war und dies vom Gericht so übernommen wurde (s Rn 6 aE). 17

Einzelfälle (zum Folgenden sa vor § 50 Rn 7): Die bisherige Parteibezeichnung ist unrichtig geworden, zB durch Gesamtrechtsnachfolge (BGH NJW 2002, 1430; BGH NJW 2004, 1528: Verschmelzung), identitätswahrenden Rechtsformwechsel (BGH MDR 2004, 640), Löschung der Firma eines Einzelkaufmanns. Bei Auftreten unter anderem Namen ist Berichtigung in den zutreffenden mögl (AG Hagen NJW-RR 95, 486), bei Naturalpartei idR Änderung von „Herr“ in „Frau“ (LG Köln MDR 88, 150) und umgekehrt (LG Stuttgart Rpfleger 96, 166), Änderung in den zutr Vornamen (s BGH MDR 91, 523; LG Dresden JurBüro 96, 95; anders bei abweichender Identität: OLG Koblenz JurBüro 98, 312); falsche Wiedergabe des (ausl) Namens der Partei (OLG Celle MDR 2011, 1255 = FamRZ 2011, 1968); Verurteilung des „Bekl“ in Einzahl statt Mehrzahl (BGH NJW 96, 2101), Angabe eines weiteren (verurteilten) Bekl (OLG Celle MDR 99, 499); bei Unternehmensbezeichnung Berichtigung auf den wahren Inhaber (OLGR Saarbrücken 1998, 499); bei nicht existenter GmbH Berichtigung in den Unternehmensinhaber (BGH NJW-RR 2004, 501) oder tatsächl existierende GbR (vgl OLG Zweibrücken NJW-RR 2002, 212 nach Rechtslage vor Anerkennung der Rechtsfähigkeit); die Gesellschaft ist versehentl mit dem Namen einer anderen bezeichnet (OLG Koblenz NJW-RR 97, 1352); eine ausl Handelsgesellschaft ist – unzutr – als „GmbH“ bezeichnet (OLG Düsseldorf Rpfleger 97, 32); es ist eine zur gleichen Versicherungsgruppe gehörende falsche Versicherungs-AG genannt (OLG Hamm NJW-RR 99, 469); die Klage richtet sich gegen die Vertreterbehörde anstelle des Fiskus (OLG Schleswig NJW-RR 2013, 1151; sa § 18 Rn 4). – Bei Klage durch einen bereits Verstorbenen ist Berichtigung auf die Erben grundsätzl zulässig (vgl BGH NJW 93, 1654), es dürfte aber an der Offenkundigkeit fehlen (LG Frankfurt NJW-RR 91, 1470). 18

19 Bei **notwendiger Streitgenossenschaft** ist eine nachträgl Ergänzung der fehlenden Mitglieder mögl, wenn ersichtl alle klagen oder verklagt werden sollten (BGH NJW 2000, 292; BGH NJW 97, 1236). – Bei der Beteiligung von parteifähigen Gebilden wie **GbR** und **WE-Gemeinschaft** (s § 50 Rn 17, 24) ist zu beachten: Sind bei Prozessen die (übrigen) Mitglieder anstelle des Verbandes (der Gemeinschaft) und umgekehrt als Partei im Urteil angeführt, kommt es für die Zulässigkeit einer Rubrumsberichtigung darauf an, ob mit dieser die Identität gewahrt bleibt (s Rn 17) oder es sich in Wirklichkeit um einen Parteiwechsel handelt. Dies ist im Einzelfall zu entscheiden (instruktiv BGH NJW 2011, 1453). Für GbR nach Änderung der Rspr zur Rechtsfähigkeit s BGH NJW 2003, 1043 = MDR 2003, 591; allg s § 50 Rn 17. Für WE-Gemeinschaft s BGH NJW 2011, 1453; BGH NJW 2011, 2050; BGH NJW 2010, 446 u § 50 Rn 24. Sind im Rubrum neben der GbR nicht auch sämtl Gesellschafter angeführt, obwohl dies für die Vollstreckung zweckmäßiger ist (BGH NJW 2011, 615 Tz 9; s § 50 Rn 17), kommt eine Berichtigung in Betracht (OLG München MDR 2011, 1381). – Ist der WE-Verwalter unzutr als Ag (Bekl) angegeben, ist dies ggf in die WE-Gemeinschaft zu berichtigen (BVerfG NJW 2014, 205 Tz 22). Bei einem **Binnenstreit** einer Rechtsgemeinschaft wird eine Streichung des in Anspruch genommenen Gemeinschaftsmitglieds aus dem Rubrum der Aktivseite zugelassen (BGH NJW 99, 3713 = MDR 2000, 21 für WE-Gemeinschaft).

20 Im Prozess gegen die **Insolvenzmasse** kommt eine Parteiberichtigung auf den InsVerwalter und umgekehrt in Betracht (vgl BGH NJW 94, 2832 = MDR 94, 1142), ebenso bei Geltendmachung von Masseforderungen eine Berichtigung des Aktivrubrums (Inkassozessionar statt InsVerwalter: BGH NJW-RR 2008, 860 Tz 11); bei persönl Inanspruchnahme des Verwalters eine Berichtigung von der „Amtspartei“ auf ihn persönl (BGH NJW 2005, 675 = MDR 2005, 354).

21 **Unzulässig** ist eine Berichtigung der Parteibezeichnung, wenn durch sie eine **Identitätsänderung** herbeigeführt werden würde (s Rn 17). Bsp: Aufnahme der durch Erbschein ausgewiesenen Erben als Beklagte statt derj, die den Rechtsstreit aufgenommen hatten (BGH FamRZ 2020, 1385); auf Passivseite war eine Scheinpartei in den Prozess gezogen (OLG Stuttgart NJW-RR 99, 216; bereits Rechtshängigkeit fehlt, s vor § 50 Rn 9); die „falsche“ Partei (s vor § 50 Rn 10) oder eine Nicht-(mehr-)Partei (OLG Stuttgart NJW-RR 2009, 1364) wurde verurteilt; ein Verstorbener wurde verurteilt (BGH WM 2000, 260; sa vor § 50 Rn 13); Änderung des beklagten InsVerwalters, da dies eine Parteiänderung ist (OLG Düsseldorf ZInsO 2003, 663); eine einstw Verfügung ist gegen (50) „nicht bekannte Personen“ erlassen und der ASt nennt dann Namen von (12) Personen, die Ag seien (OLG Düsseldorf OLGZ 83, 351; sa § 935 Rn 4).

22 **b) Gesetzlicher Vertreter.** Ist dieser falsch bezeichnet, kommt eine Berichtigung bei versehentl Falschbezeichnung in Betracht (BGH 25.4.2024 – IX ZR 159/22, juris; BGH NJW-RR 2017, 812), nicht aber bei irriger Benennung des falschen Vertretungsorgans (BGH NJW-RR 2017, 812); Bsp für letzteres: Vorstand statt Aufsichtsrat im Fall des § 112 AktG (vgl BGH ZIP 2009, 717, 718); anderer Gesellschafter statt des vertretungsberechtigten bei der GbR (BGH NJW 2010, 2886 Tz 7).

23 **3) Überschrift, Urteilseingang.** Die **Bezeichnung** des Urteils ist berichtigungsfähig. Bsp: Bezeichnung als „Grund- und Teilurteil“, obwohl über den Grund nicht entschieden wurde (BGH NJW 2018, 621 = MDR 2017, 839) oder es fehlt umgekehrt trotz Entscheidung über den Grund diese Bezeichnung (BGH NJW 2004, 949 = MDR 2004, 392). Ebenso berichtigungsfähig ist das Datum des **Verhandlungsschlusses** (§ 313 I Nr 3) bzw entspr Zeitpunkt bei schriftl Verf (OLGR Schleswig 2009, 394). Für eine Berichtigung dahin, ob das AG **als Familien- oder Prozessgericht** entschieden hat, sind an die Evidenz des Fehlers angesichts der Auswirkungen auf das statthafte Rechtsmittel hohe Anforderungen zu stellen (BGH FamRZ 93, 690 = MDR 93, 382; BGH FamRZ 94, 1520).

24 **4) Tenorierungsfehler.** Sie liegen bei einer Divergenz zwischen dem Urteilsausspruch (Tenor) und der vom Gericht beabsichtigten Entscheidung vor. Sie ist **offenkundig** (s Rn 6) und damit berichtigungsfähig, wenn sich zweifelsfrei feststellen lässt, dass der Ausspruch den tatsächl Entscheidungswillen des Gerichts unvollkommen wiedergibt und dies auch für Dritte erkennbar ist (vgl zB BGH NJW-RR 2014, 769 = MDR 2014, 653). Irrtümer und Versehen, die nur die beteiligten Richter kennen, können nicht nachträglich berichtigt werden (BAG NJW 2002, 1142). Maßgebend für diese Beurteilung ist der Zeitpunkt der Entscheidung selbst (BGH NJW 2013, 2124 = MDR 2013, 927; BGH MDR 2008, 1292). Die Divergenz kann sich aus den Gründen der Entscheidung ergeben. Nach zutr Ansicht fehlt es an der Offenkundigkeit des Tenorierungsfehlers nicht, wenn sich die Divergenz erst aus den nach Verkündung des Urteilstenors abgesetzten Urteilsgründen ergibt (BGH NJW-RR 90, 893; KGR Berlin 2006, 457; sa BVerfG NJW 92, 1496; aA BAG NJW 2002, 1142; OLG München NJW-RR 86, 1447 = MDR 87, 63). Denn es handelt sich nicht um ein nur gerichtsintern bekannt gewordenes Versehen, sondern dieses manifestiert sich in dem Urteil selbst, da Tenor und Gründe divergieren. Der Tenor bildet mit den Entscheidungsgründen ein einheitl Urteil, auch wenn er bereits am Schluss der mündl Verhandlung verkündet wurde. – Die Divergenz kann sich auch aus dem Sitzungsprotokoll und ähnl obj Kriterien ergeben (s Rn 6), nicht hingegen aus Entscheidungsentwürfen, Ankündigungen in der mündl Verhandlung oder subj Vorstellungen des Gerichts (LAG Düsseldorf NZA 92, 427). Ist mangels Gründen (zB gem § 313a) eine Divergenz zum Tenor nicht offenkundig, ist eine dennoch erfolgte Berichtigung zumindest nicht greifbar gesetzwidrig (BGH NJW-RR 2002, 712). Bei Vorliegen der vorgenannten Voraussetzungen kann durch die Berichtigung der Tenor auch **in sein Gegenteil** verkehrt werden (BAG NJW 2002, 1142; KGR Berlin 2006, 457; allgM). – Auch ein **unklarer Tenor** kann gem § 319 klargestellt werden (BGH VersR 1984, 675).

Beispiele: Im Urteilstenor fehlt ein Anspruch, über den das Gericht nach den Gründen erkannt hat (BGH NJW 2010, 227 Tz 67; BGH NJW-RR 91, 1278; BGH NJW-RR 90, 893; OLGR Saarbrücken 2001, 330; aA BAG NJW 59, 1942, wonach nur eine Berichtigung gem § 321 zulässig sein soll), insb die Verurteilung erfolgt ohne „Zug-um-Zug"-Einschränkung (vgl OLGR Frankfurt 1999, 139); in der Klage stattgebendem Tenor fehlt die Abweisung „iÜ" (BGH NJW 2010, 227 Tz 67); obwohl ausweisl der Begr über den Grund entschieden wurde, fehlt ein entspr Ausspruch (BGH NJW 2004, 949); bei Klägermehrheit Abweisung der Klage des einen anstelle des – wie richtig – anderen Kl; bei Beklagtenmehrheit Verurteilung des einen anstelle des – wie richtig – anderen (vgl BGH NJW 91, 1834); die Parteibezeichnung (Kl-Bekl) wird verwechselt (OLG Düsseldorf MDR 2009, 947); Irrtum über die Höhe des aberkannten Betrags (BGH NJW 84, 1041 = MDR 84, 387: Klageabweisung in Höhe von rd 20.000 DM anstatt von – wie richtig – ca 30.000 DM); Verurteilung zu „% Zinsen über dem Basiszinssatz" statt „Prozentpunkten" (vgl BGH NJW-RR 2013, 511 Tz 13); sachl Umschreibung des Zinsbeginns („ab Rechtshängigkeit" usw) statt Datumsangabe (s Rn 13); Datumsfehler bei Fristsetzung (OLG Düsseldorf FamRZ 2022, 470); Falschbezeichnung der zu räumenden Wohnung (AG Heilbronn ZMR 98, 297). Zur Berichtigung der Kostenentscheidung s Rn 29 f. Auch die Entscheidung über die **Vollstreckbarkeit** ist der Berichtigung zugänglich (KG MDR 2013, 1487, insb zur Offenkundigkeit des Fehlers). 25

Unzulässige Berichtigung. Erlässt das Gericht nach einem VB (1.) VU auf Zahlung (§ 331), statt den Einspruch durch (2.) VU gem § 345 zu verwerfen, dürfte es idR an einer Divergenz zwischen Entscheidung und Gewolltem fehlen (OLGR Oldenburg 2006, 336). 26

5) Unterbliebene oder fehlerhafte Rechtsmittelzulassung. War die Zulassung des Rechtsmittels beschlossen, aber versehentl nicht in das Urteil (den Beschluss) aufgenommen worden, ist eine Berichtigung nach der ständigen Rspr des BGH (nur) zulässig, wenn der Wille des Gerichts, das Rechtsmittel zuzulassen, aus dem Zusammenhang des Urteils selbst oder mindestens aus den Vorgängen bei seinem Erlass oder seiner Verkündung **nach außen hervorgetreten** ist (BGH FamRZ 2024, 684 = MDR 2024, 520 für § 42 FamFG; BGH NJW-RR 2015, 46; BGH NJW 2013, 2124 Tz 10 = MDR 2013, 927; BGH NJW 2014, 2879 Tz 8 = MDR 2014, 976; BGH NJW 2004, 2389 = MDR 2004, 1073). Anderenfalls, insb bei einem gerichtsintern gebliebenem Versehen (zB BGH FamRZ 2024, 684 = MDR 2024, 520 für § 42 FamFG; BGH NJW-RR 2015, 46; BGH NJW-RR 2001, 61), fehlt es an der erforderlichen (s Rn 6) Offenkundigkeit des Fehlers. Eine solche ist hingegen gegeben, wenn in einem vollständig verkündeten Urteil (vgl § 310 II) die Zulassung aus den Gründen ersichtl ist, aber nicht in den Tenor aufgenommen wurde (allg s BGH NJW-RR 2014, 769 = MDR 2014, 421). Dies hat auch zu gelten, wenn zunächst nur der eine Zulassung nicht enthaltende Tenor verkündet wurde (vgl § 310 I) und die beabsichtigte Zulassung aus den **später abgesetzten Gründen** erkennbar wird. Nach zutr, aber str Ansicht ist auch in diesen Fällen eine Berichtigung mögl (s Rn 24). Hier kommt hinzu, dass nach der Rspr (zB BGH NJW 2016, 1179 = MDR 2016, 476) eine Rechtsmittelzulassung nicht notwendig im Tenor ausgesprochen werden muss, sondern dies auch den Gründen entnommen werden kann; daher muss eine – dann nur klarstellende – Berichtigung im Tenor erst recht mögl sein. – Erkennbar ist eine Divergenz ferner zB bei Rechtsmittelzulassung in zusammenhängender, gleichzeitig entschiedener Parallelsache (BGH NJW-RR 2015, 46; BGH NJW 80, 2813 = MDR 81, 41). Keine Berichtigung rechtfertigt die irrtüml Annahme eines zulassungsfreien Rechtsmittels (BGH NJW 2014, 2879 Tz 6 = MDR 2014, 976; BGH NJW-RR 2009, 1349 = MDR 2009, 887). Berichtigungsfähig ist auch eine bei der Revisionszulassung unterlaufene **Parteiverwechslung** (Revisionszulassung für den Bekl anstatt den Kl und umgekehrt, BGH NJW 84, 1041 = MDR 84, 387; BGH VersR 81, 548). Zur Bindungswirkung der fehlerhaft berichtigten Rechtsmittelzulassung s Rn 43. Zur Nachholung der Zulassung durch das Rechtsmittelgericht bei irriger Annahme der Zulässigkeit eines Rechtsmittels s § 511 Rn 39. – Zulässig ist die berichtigende **Bestimmung des Revisionsgerichts** durch bayerisches OLG (BGH NJW-RR 2021, 507) 27

6) Rechtsmittelbelehrung. Eine unrichtig erteilte Rechtsmittelbelehrung (vgl § 232; § 39 FamFG) kann berichtigt werden (BAG NJW 2005, 2251). 28

7) Kostenentscheidung. a) Unterbliebene Kostenentscheidung. Sie kann insgesamt nachgeholt werden, wenn sich aus der Begr ergibt, dass sie erlassen werden sollte (OLG München MDR 2003, 522; OLG Hamm NJW-RR 86, 1444) oder sich bei vollständigem Fehlen einer Kostenentscheidung für alle Beteiligten aufdrängt, dass sie versehentl unterblieben ist (BGH NJW 2014, 3101; BGH AnwBl 2010, 68). Grds berichtigungsfähig ist auch eine teilw unterbliebene Kostenentscheidung, zB bei der Entscheidung nur über einen Teil der Kosten einer Partei (Hamburg JurBüro 85, 1560: Versehen bei Anwendung der sog Baumbach'schen Formel). Grds mögl ist eine Berichtigung auch bei einer nicht erfolgten Entscheidung über die Kosten eines **Nebenintervenienten** (zB BGH NJW 2016, 2754 = MDR 2016, 607 mwN). Problematisch ist aber die erforderl (s Rn 6) Evidenz der fehlerhaften Äußerung des ursprüngl Gewollten, da ein irrtüml Unterlassen der Kostentscheidung eine Berichtigung nicht rechtfertigt (zB BGH NJW 2014, 3101; BGH MDR 2013, 807). Nicht ausreichend ist nach der Rspr des BGH, dass der NI im Rubrum angeführt ist (BGH NJW 2016, 2754 = MDR 2016, 607 mwN; BGH NJW 2014, 3101; aA OLG München MDR 2011, 1005). Hingegen ist Berichtigung zB mögl, wenn in der Begr § 101 angeführt wird (BGH NJW 2014, 3101; OLG Jena MDR 2009, 1066). Scheidet eine Berichtigung aus, bleibt nur eine fristgebundene Ergänzung nach § 321 (BGH NJW 2016, 2754 = MDR 2016, 607; BGH NJW 2014, 3101). – Vergleichbares gilt für auszusondernde Kosten, zB gem **§ 281 III 2** nach Verweisung: Berichtigung nur zulässig, 29 wenn erkennbar ist, dass das Gericht entspr entscheiden wollte, nicht bei versehentl Übersehen (OLG Hamm NJW-RR 2000, 1524 = MDR 2000, 1149).

30 **b) Fehlerhafte Kostenentscheidung.** Fehlerhafte Kostenentscheidungen sind vielfach die Folge von Rechenfehlern (s Rn 10), die zu berichtigungsfähigen Quotierungs- und damit Tenorierungsfehlern führen. Aber auch eine anderweitige – offenbare (Rn 6) – Unrichtigkeit der Quotierung ist berichtigungsfähig. Bsp: übersehene im Instanzenzug eingetretene Beschränkung des Streitgegenstandes (OLGR Köln 1999, 292); Klagerücknahme gegen einen Streitgenossen (dazu OLGR Frankfurt 2005, 505). Ein berichtigungsfähiger Quotierungsfehler liegt auch vor, wenn das Gericht bei der Bildung der Kostenquote eine falsche Bezugsgröße (Streitwert) zugrunde gelegt hat (OLG Hamm MDR 86, 594; OLG München JurBüro 93, 680), zB bei der Abänderungsklage den Gesamtbetrag statt des str Mehrbetrages (OLG Köln FamRZ 93, 457); zur nachträgl Anpassung der Quote an geänderte Streitwertfestsetzung s Rn 31. Klarstellung des (kopfanteiligen) Haftungsverhältnisses (vgl § 100) gem § 319 ist zulässig (OLGR Köln 2007, 232). – Berichtigung unzulässig: Eine aus den Akten nicht ersichtl Klagerücknahme konnte das Gericht nicht berücksichtigen, eine Berichtigung der Kostenentscheidung ist mangels entspr Willensbildung nicht zulässig (BGH MDR 2013, 421 für Verf nach KapMuG).

31 **c) Anpassung.** Bei einer Berichtigung der Entscheidung in der **Hauptsache** ist ggf nach Maßgabe des anderweitigen beiderseitigen Unterliegens auch die Kostenentscheidung zu berichtigen (BGH MDR 2015, 52; OLG Hamm MDR 1975, 764). Bei einer nachträgl Änderung der **Streitwertfestsetzung** lehnt der BGH eine Anpassung der Kostenentscheidung an das nunmehrige Unterliegensverhältnis mangels analogiefähiger Regelungslücke ab (BGH MDR 2008, 1292; ebenso OLG Stuttgart NJW 2015, 421; aA OLG Düsseldorf MDR 2006, 118, 119; OLG Düsseldorf MDR 2001, 1074; OLG Hamm MDR 2001, 1186; Proske NJW 2015, 423).

32 **8) Tatbestand und Entscheidungsgründe. a) Tatbestand.** Die Berichtigung von offenkundigen Fehlern iSv Rn 9 ff geht der Tatbestandsberichtigung gem § 320 vor, wie sich aus § 320 I ergibt. **b) Entscheidungsgründe.** In diesen können Fehler iSv Rn 9 ff berichtigt werden, zB die fehlerhafte Übernahme eines Begründungselements aus einer anderen Entscheidung (BGH 18.1.2012 – IV ZR 40/11). Unzulässig ist eine „Berichtigung" dahin, dass nicht fristgemäß (§ 547 Nr 6) abgesetzte Entscheidungsgründe eingefügt werden (BVerwG NJW 2010, 550).

33 **IV) Verfahren (§ 319 II). 1) Einleitung.** Dass Berichtigungsverf wird vAw (I) oder auf Antrag eingeleitet. Das Gericht ist vAw zur Fehlerbehebung verpflichtet, wenn und sobald es von einem berichtigungsfähigen Fehler Kenntnis erlangt (OLG Hamm NJW-RR 87, 187); dies gilt insb bei einem vom Gericht verursachten Fehler (s BVerfG NJW 2014, 205 Tz 21), da § 319 der „Selbstkorrektur" dient (s Rn 1). Für einen förml Antrag besteht zwar Anwaltszwang (§ 78), jedoch löst auch jede formlose Anregung die Amtsprüfung aus (vgl OLG Hamm NJW-RR 87, 188). Die Berichtigung ist **„jederzeit"** zulässig, also auch nach Einlegung eines Rechtsmittels, nach Eintritt der Rechtskraft (OLG Hamm NJW-RR 1987, 188 mwN) oder im Rahmen der ZwV (OLG Rostock NJW-RR 2007, 188). Eine zT erwogene Beschränkung aus dem Gesichtspunkt von Verwirkung oder Rechtsmissbrauch (OLG Brandenburg NJW-RR 2000, 1522; OLG Hamm NJW-RR 1987, 189) kann angesichts der grundsätzl Verpflichtung zur Berichtigung nur in Extremfällen gerechtfertigt sein. – Die Berichtigungsmöglichkeit beseitigt das **Rechtsschutzbedürfnis für ein Rechtsmittel** zumindest dann nicht, wenn der Erfolg eines Berichtigungsverf nicht zweifelsfrei ist (BGH WM 2023, 981 = MDR 2023, 794 Tz 17; OLG Schleswig MDR 2022, 1500; OLG Saarbrücken NJW-RR 2010, 1221; OLG Karlsruhe MDR 2003, 325; weitergehend OLGR Koblenz 1997, 129: bis zur Entscheidung über Berichtigung), ggf aber bei evidentem Rechenfehler (OLG Köln JurBüro 2011, 530; OLG Zweibrücken FamRZ 1985, 614).

34 **2) Zuständigkeit.** Die Berichtigung erfolgt durch das Gericht (Kollegium, Einzelrichter oder Rpfleger), das die Entscheidung erlassen hat. Die Mitwirkung desselben Richters ist nicht erforderl (BGH NJW 2004, 2389 = MDR 2004, 1074; BGH NJW 89, 1281 = MDR 89, 531; BayObLG NJW-RR 97, 57). Nach Verweisung des Rechtsstreits kann die Berichtigung noch durch das Gericht erfolgen, das das Urteil gefällt hat (OLG Stuttgart MDR 60, 930). Nach einer Änderung des GVP unter Auflösung des entscheidenden Spruchkörpers können die ursprüngl befassten Richter, auch wenn sie inzwischen anderen Spruchkörpern angehören, die Berichtigung vornehmen (OLGR Rostock 2009, 74). Solange der Rechtsstreit in der Rechtsmittelinstanz schwebt, ist auch das mit der Sache befasste **Rechtsmittelgericht** zur Berichtigung zuständig (BGH WM 2025, 522; BGH NJW 96, 2100 = MDR 96, 696), im Bestimmungsverf gem § 36 I Nr 6 das dafür zuständige Gericht (OLGR Karlsruhe 2007, 957); nicht aber im Rahmen der NZB, da das Verf insoweit dem Revisionsgericht nicht angefallen ist (BGH MDR 2006, 1124; aA ohne Begr BGH 15.2.2023 – VII ZR 132/22, juris). Bei Berichtigung durch das Rechtsmittelgericht gilt das Verschlechterungsverbot nicht (s § 528 Rn 31).

35 **3) Entscheidung (§ 319 II).** Zulässig ist die Änderung eines Teils der Entscheidung, nicht deren Aufhebung insgesamt (OLG Stuttgart NJW-RR 2009, 1364: Aufhebung eines VU gegen falschen Bekl; OLG Köln FamRZ 97, 569: Aufhebung einer VersAusgl-Regelung wegen Ausschlussvereinbarung). Die Entscheidung ergeht auf Grund freigestellter mündl Verh (§ 128 IV) stets durch Beschluss (**II 1**). Die Anhörung der Parteien ist idR geboten, bei *Parteiberichtigung (s Rn 17 ff)* unerlässl (Art 103 I GG). Der Berichtigungsbeschluss ist bei herkömml Aktenführung auf dem Urteil zu vermerken (vgl II 1); dies ist aber kein Wirksamkeitserfordernis. Verbreitet ist auch eine Verbindung des Urteils mit dem Berichtigungsbeschluss. Zweckmäßig ist die Rückforde-

rung einer erteilten **Ausfertigung**, um auf sie den Berichtigungsvermerk setzen zu können oder mit dem Berichtigungsbeschluss zu verbinden. Erzwungen werden kann die Rückgabe aber nicht. Dann erfolgt die Zustellung des Berichtigungsbeschlusses vAw an beide Parteien. Dass die **beglaubigte Abschrift** als (neue) Regelform der Zustellung (§ 317 I 1, s § 317 Rn 2) in § 319 nicht erwähnt wird, dürfte ein Redaktionsversehen im Zusammenhang mit der Neufassung von § 317 I sein. Angebracht werden kann daher der Berichtigungsvermerk auch auf der erteilten begl Abschrift. Anderenfalls tritt an die Stelle des Berichtigungsvermerks der Berichtigungsbeschluss (Begr BTDrs 17/12634, 30). – Ergeht der Beschluss – wie ab 1.1.2026 idR – als gerichtl **elektronisches Dokument** (§ 130b), ist er in einem ges elektron Dokument festzuhalten (II 2). Der Beschluss ist von den Richtern in der Form von § 130b zu signieren und mit dem elektron Urteil untrennbar zu verbinden (**II 3**). Bei herkömml Aktenführung ist ein mit dem Transfervermerk versehener Beschlussausdruck (§ 298) herzustellen und dies auf dem Urteil zu vermerken (II 1).

4) Kosten des Berichtigungsverfahrens. Eine Entscheidung über die Kosten ist nicht zu treffen, diese sind Kosten des Rechtsstreits (OLGR Naumburg 2004, 388; s § 91 Rn 9). 36

V) Wirkung der Berichtigung. 1) Allgemein. Die Berichtigung wirkt auf den Zeitpunkt der Urteilsverkündung **zurück** (BGH NJW 2019, 993 Tz 15; OLG Schleswig MDR 2022, 1500); von nun an ist ausschließl das Urteil in der Fassung des Berichtigungsbeschlusses maßgebend (BGH NJW 2019, 993 Tz 15; BGH NJW 1994, 2832 = MDR 1994, 1142). Ist nach der unberichtigten Fassung bereits ein (zulässiges) Rechtsmittel eingelegt worden, wird es unzulässig, wenn durch die berichtigte Fassung die erforderl Rechtsmittelbeschwer entfällt (BGH NJW-RR 2024, 1185; BGH WM 2023, 981 = MDR 2023, 794 Tz 18); das Rechtsmittel kann dann in der Hauptsache für erledigt erklärt werden (BGH NJW-RR 2024, 1185; BGH WM 2023, 981 = MDR 2023, 794 Tz 18; s § 91a Rn 19). Ab Erlass des Berichtigungsbeschlusses kann die ZwV nur nach Maßgabe der berichtigten Fassung des Urteils betrieben werden; sonst Erinnerung nach § 766. Zur Bindung s Rn 43. 37

2) Für Rechtsmittelfrist. Die Zustellung des Berichtigungsbeschlusses setzt grds **keine neue** Rechtsmittelfrist in Lauf; maßgebend ist vielmehr grds die Zustellung der (unberichtigten) Urteilsfassung (std Rspr, zB BGH MDR 2022, 848; BGH NJW-RR 2017, 55 = MDR 2017, 228; BGH NJW 2003, 2991 = MDR 2003, 1128; verfassungsrechtl unbedenklich: BVerfG NJW 2001, 142 LS). Den Parteien wird zugemutet, im Rahmen ihrer Entscheidung über die Einlegung eines Rechtsmittels eine offenbare Unrichtigkeit des Urteils zu berücksichtigen, schon bevor dieses gem § 319 berichtigt wird. Dies gilt auch dann, wenn nicht die Urteilsurschrift, sondern die den Parteien erteilte Ausfertigung zu berichtigen ist (BGH 17.10.2023 – X ZR 96/21, juris; BGH MDR 2022, 848; OLG Köln FamRZ 2023, 724). – **Beispiele** für erkennbare Unrichtigkeit: Aus den Entscheidungsgründen ergibt sich, dass das Gericht entgegen dem Tenor offensichtl einen Betrag zusprechen oder aberkennen wollte, der ein Rechtsmittel eröffnen würde (BGH NJW 84, 1041 = MDR 84, 387: Abweisung in Höhe von ca 20.000 DM statt – wie richtig – ca 30.000 DM); erst recht gilt dies, wenn die Berichtigung zu einer geringeren Beschwer als nach dem unberichtigten Tenor führt (BGH VersR 92, 636 = FamRZ 92, 48); Tenorierung eines Anerkentnnisurteils gegen den Kl (BGH NJW-RR 2017, 55 = MDR 2017, 228). 38

Ausnahmsw beginnt eine **neue Rechtsmittelfrist** mit der Bekanntmachung des Berichtigungsbeschlusses zu laufen, wenn die unberichtigte Urteilsfassung insgesamt nicht klar genug war, um die Grundlage für die Entschließungen und das weitere Handeln der Partei zu bilden (BGH NJW-RR 2017, 55 = MDR 2017, 228; BGH NJW-RR 2009, 1443; BGH NJW-RR 2004, 713). In Frage kommen namentl folgende **Fälle: (1)** Erst aus der berichtigten Fassung des Urteils geht hervor, **welche Partei beschwert** ist: Parteiverwechslung bei einer Mehrheit von Kl oder Bekl (BGHZ 17, 149; BGH NJW 84, 1041); Berichtigung (teilw) Klagestattgabe in Klageabweisung (BGH NJW 95, 1033); Berichtigung der Verurteilung um einen weiteren Bekl (OLG Celle MDR 99, 499). – **(2)** Erst aus der berichtigten Urteilsfassung geht hervor, **gegen wen** das Rechtsmittel zu richten ist: Parteiverwechslung beim Gegner der beschwerten Partei (BGH NJW 91, 1834 = MDR 91, 523; krit Novak JR 91, 423). – **(3)** Bei einem nur bei **Zulassung** anfechtbaren Urteil erfährt die Partei erst durch die Berichtigung (ggf auch nur der Berichtigung der zugestellten Ausfertigung/Abschrift, BGH MDR 2022, 848), dass das Rechtsmittel (nicht) zugelassen ist (BGH MDR 2022, 848; BGH NJW 2004, 2389). Entspr gilt, wenn bei der Entscheidung über die Rechtsmittelzulassung eine Parteiverwechslung unterläuft (BGH NJW 84, 1041; BGH VersR 81, 548). – **(4)** Erst aus der Berichtigung ergibt sich eine vorher nicht erkennbare **höhere Beschwer** (vgl BGH NJW 86, 935 = MDR 85, 835; wohl auch OLG Hamm FamRZ 92, 1452); dass diese erhebl sein muss (so BGH VersR 1966, 956; „nur gering") erscheint mangels sachgerechter Abgrenzung kaum begründbar. Entsprechendes gilt, wenn sich diese höhere Beschwer erst daraus ergibt, dass ein mit dem Urteil zugestellter Berichtigungsbeschluss später wieder aufgehoben wird (BGH NJW 86, 935 = MDR 85, 835). Dies gilt auch, wenn der später auf Anfechtung wieder aufgehobene Berichtigungsbeschluss während des Laufs der Rechtsmittelfrist erlassen worden ist (BGH NJW 98, 3280). 39

VI) Anfechtung (§ 319 III). 1) Berichtigung. Gegen sie ist im 1. Rechtszug gem III Hs 2 die **sofortige Beschwerde** gegeben (§ 567), mit der Möglichkeit der Abhilfe (§ 572 I). Sie dient der Nachprüfung des Vorliegens der Berichtigungsvoraussetzungen, nicht aber der Überprüfung der Berichtigungsentscheidung selbst (OLG Düsseldorf FamRZ 2022, 470; OLG Koblenz MDR 2015, 236; OLGR Karlsruhe 2000, 164; BayObLG NJW-RR 97, 57). Berichtigungsbeschlüsse des OLG sind (nur) mit der zugelassenen Rechtsbeschwerde anfechtbar (§ 574 I Nr 2, III), dgl Berichtigungsbeschlüsse des LG im Berufungs- und Beschwerdeverf (§ 574 I Nr 2, III; OLGR 40

Hamm 2004, 72); ein außerordentl Rechtsbehelf ist nicht eröffnet (s Rn 41). Nach Rechtskraft des Berichtigungsbeschlusses ist dieser auch für die Berufungs- und Revisionsinstanz grds bindend (s Rn 43), das Rechtsmittelgericht darf deshalb nur das berichtigte Urteil ändern, nicht jedoch den Berichtigungsbeschluss als solchen (BGH NJW 85, 743). Die Beschwerdefrist beginnt mit Zustellung des Beschlusses, auch bei Verkündung des Beschlusses (vgl § 329 III). – Für die Anfechtung der Berichtigung von **Kostenentscheidungen** (s Rn 29 ff) gelten keine Besonderheiten. Da es nur um das Vorliegen der Berichtigungsvoraussetzungen, nicht um die Entscheidung in der Sache geht, ist die Mindestbeschwer von § 567 II nicht erforderl (OLG Koblenz MDR 2015, 236). – Gegen Berichtigungsbeschlüsse des *Rpflegers* findet ebenfalls die sof Beschwerde statt (§ 11 I RPflG, § 319 III Hs 2, § 567). – Nicht anfechtbar sind Entscheidungen über eine **„Rubrumsberichtigung"** im laufenden Verf vor Urteilserlass (OLG Schleswig MDR 2025, 544).

41 **2) Zurückweisung des Berichtigungsantrags.** Es ist **keine Beschwerde** eröffnet (§ 319 III Hs 1). Abweichend davon in Ausnahmefällen eine außerordentl Beschwerde zulassende ältere Rspr ist überholt, da seit dem 1.1. 2002 (ZPO-RG) für eine solche kein Raum mehr ist (BGH NJW-RR 2005, 214 = MDR 2005, 46; BGH NJW-RR 2004, 1654 = MDR 2004, 1316). – Bei **Rechtspfleger**-Entscheidung ist gegen die Ablehnung der Berichtigung gem § 11 II RPflG die befristete Erinnerung gegeben, der der Rpfleger abhelfen kann und über die bei Nichtabhilfe der Richter entscheidet (§ 11 II 3, § 28 RPflG; AG Hagen NJW-RR 95, 486); erlässt der Richter den Berichtigungsbeschluss, ist dagegen die sof Beschwerde gem III Hs 2, § 567 gegeben (zutr Deubner JuS 2001, 274 f gegen LG Karlsruhe 8.8.2000 – 9 T 65/00).

42 3) Entscheidet das Gericht **durch Urteil statt durch Beschluss**, ist III, insb auch der Ausschluss nach Hs 2, anzuwenden (OLG Hamm NJW-RR 86, 739 = MDR 86, 417).

43 **VII) Bindung.** Ein in formelle Rechtskraft erwachsener Berichtigungsbeschluss ist grds auch dann wirksam und – auch für die Vollstreckung – bindend, wenn er die Grenzen einer Berichtigung nicht einhält, weil er tatsächl eine falsche Willensbildung des Gerichts korrigiert (BGH FamRZ 2018, 1006 für § 42 FamFG; BGH NJW 94, 2832). Er ist auch selbst der materiellen Rechtskraft fähig, soweit er den Tenor berichtigt (BGH NJW 85, 742). Nach der allgem gehaltenen Formulierungspraxis des BGH (s nachfolgende Nachweise) sollen aber **fehlerhafte Berichtigungsbeschlüsse**, die erkennbar keine ges Grundlage haben, trotz formeller Rechtskraft nicht bindend sein. Die Entscheidungen betreffen Konstellationen, die die fehlerhafte Berichtigung die gerichtl Zuständigkeit (BGH NJW-RR 93, 700), den Tatbestand als Entscheidungsgrundlage für das Rechtsmittelgericht (BGH NJW-RR 88, 407) und den Instanzenzug insb durch nachträgl Rechtsmittelzulassung (BGH MDR 2014, 1338; BGH NJW-RR 2015, 46; BGH NJW-RR 2009, 1349) betreffen. Allein derartige Verstöße gegen zwingende prozessuale Grundsätze können eine fehlende Bindung rechtfertigen (s BGH FamRZ 2018, 1006; BGH NJW 94, 2832). Einer weitergehenden Aufweichung der Bindungswirkung steht der allg anerkannte Grundsatz entgegen, dass gerichtl Entscheidungen nur in extremen Ausnahmefällen bei Vorliegen eines besonders schwerwiegenden Mangels unwirksam sind (zB BGH NJW-RR 2014, 903).

44 In der Instanzrechtsprechung wird dieser Gedanke auf vergleichbar schwerwiegende Verstöße übertragen. Bsp: Die Rubrumsberichtigung führt in Wahrheit zu einer unzulässigen Parteierweiterung (vgl OLGR Koblenz 1998, 452: InsVerwalter *und* Masse) oder einem unzulässigen Parteiwechsel (OLG Frankfurt NJW-RR 90, 1471; LG Fulda Rpfleger 2001, 609; Vollkommer MDR 92, 642); ein auf eine bestimmte Währung lautender Zahlungstitel wird „berichtigend" in eine andere Währung umgerechnet (Hamm Rpfleger 60, 298); der über den Klageantrag hinaus zugesprochene Betrag wird gekürzt (OLG Köln NJW 60, 1471).

45 **VIII) Gebühren. 1) Gericht:** Die Berichtigung ist durch die VerfGeb mit abgegolten. Ausfertigungen, Kopien oder Ausdrucke des Berichtigungsbeschlusses sind nach Maßgabe von 9000 (3) GKG-KV frei von der Dokumentenpauschale. – **2) RA:** Die Tätigkeit ist durch die Regelgeb 3100 RVG-VV abgegolten (§ 19 I 2 Nr 6 RVG). – Bei sof Beschwerde (III) s § 567 Rn 20.

§ 320 Berichtigung des Tatbestandes

(1) Enthält der Tatbestand des Urteils Unrichtigkeiten, die nicht unter die Vorschriften des vorstehenden Paragraphen fallen, Auslassungen, Dunkelheiten oder Widersprüche, so kann die Berichtigung binnen einer zweiwöchigen Frist durch Einreichung eines Schriftsatzes beantragt werden.

(2) [1]Die Frist beginnt mit der Zustellung des in vollständiger Form abgefassten Urteils. [2]Der Antrag kann schon vor dem Beginn der Frist gestellt werden. [3]Die Berichtigung des Tatbestandes ist ausgeschlossen, wenn sie nicht binnen drei Monaten seit der Verkündung des Urteils beantragt wird.

(3) [1]Das Gericht entscheidet ohne Beweisaufnahme. [2]Bei der Entscheidung wirken nur diejenigen Richter mit, die bei dem Urteil mitgewirkt haben. [3]Ist ein Richter verhindert, so gibt bei Stimmengleichheit die *Stimme des Vorsitzenden und* bei dessen Verhinderung die Stimme des ältesten Richters den Ausschlag. [4]Eine Anfechtung des Beschlusses findet nicht statt. [5]Der Beschluss, der eine Berichtigung ausspricht, wird auf dem Urteil und den Ausfertigungen vermerkt. [6]Erfolgt der Berichtigungsbeschluss in

der Form des § 130b, ist er in einem gesonderten elektronischen Dokument festzuhalten. [7]Das Dokument ist mit dem Urteil untrennbar zu verbinden.

(4) Die Berichtigung des Tatbestandes hat eine Änderung des übrigen Teils des Urteils nicht zur Folge.

Lit: *Bausch*, Haftungsfalle Tatbestandsberichtigung, AnwBl 2011, 126; *Einsiedler*, Die Berichtigung des Tatbestandes nach § 320 ZPO, MDR 2011, 1454.

I) Allgemeines. 1) Zweck. Da der Tatbestand eines Urteils gem § 314 (positiven) Beweis für das mündl Parteivorbringen liefert (nicht auch negativen: s § 314 Rn 5), soll durch § 320 verhindert werden, dass unrichtig wiedergegebener Parteivortrag infolge der Beweiskraft zur fehlerhaften Entscheidungsgrundlage des Rechtsmittelgerichts wird (BGH NJW 83, 2030, 2032). 1

2) Anwendungsbereich. Gem § 320 berichtigungsfähig (und ggf -bedürftig) sind in anfechtbaren Urteilen (s Rn 12) der erstinstanzl Tatbestand sowie die tatbestandl Feststellungen des – anfechtbaren (s Rn 12) – **Berufungsurteil**s gem § 540 I Nr 1 (BGH NJW-RR 2007, 1434 Tz 11 = MDR 2007, 853; BGH NJW 2013, 3578), einschl der Bezugnahme auf Feststellungen der 1. Instanz (BGH NJW-RR 2014, 381 = MDR 2014, 175); zum Umfang der Beweiskraft des Tatbestandes insoweit s § 314 Rn 4. Berichtigungsfähig sind auch tatbestandl Feststellungen, die in den Entscheidungsgründen enthalten sind (BGH NJW 2024, 3069; BGH NJW 2012, 928), da sich auch darauf die Beweiskraft des Tatbestands erstreckt (s § 314 Rn 3). 2

Der Tatbestand eines **Revisionsurteils** unterliegt grds nicht der Berichtigung gem § 320, weil die in ihm enthaltene gekürzte Wiedergabe des Parteivorbringens keine urkundl Beweiskraft besitzt. Sie kann ausnahmsw nur insoweit verlangt werden, als das Urteil Feststellungen enthält, die für das weitere Verf (nach Zurückverweisung) urkundl Beweiskraft zukommt. IE s § 314 Rn 2. 3

Zur entspr Anwendung auf **Beschlüsse** s § 329 Rn 47. Tatbestandsberichtigungsbeschlüsse ihrerseits unterliegen nicht der Berichtigung gem § 320 (BGH NJW-RR 88, 407 = MDR 88, 389), allenfalls nach § 319. In **Ehe- und Familienstreitsachen** ist § 320 gem § 113 I 2 FamFG entspr anwendbar (vgl BGH NJW 2013, 3578 Tz 29 = MDR 2013, 1403). Sondervorschrift im Patentnichtigkeitsverf: § 96 I PatG (dazu BGH NJW-RR 97, 232). 4

3) Verhältnis zu anderen Änderungsmöglichkeiten. a) Zur Urteilsberichtigung gem § 319: Diese ist gem I vorrangig; – **b) Zur Urteilsergänzung** gem § 321: Ist ein (zB hilfsw) gestellter Antrag bei der Entscheidung übergangen und auch nicht in den Tatbestand aufgenommen worden, hat der Urteilsergänzung eine Tatbestandsberichtigung voranzugehen (BGH NJW-RR 2005, 790; BGH NJW 82, 1821; BAG NJW 2009, 1165); – **c) Zu Rechtsmitteln:** Die Berichtigung des Tatbestands kann die Grundlage für eine erfolgreiche Anfechtung oder Ergänzung (vgl § 321 I Hs 1) des Urteils schaffen, jedoch kann durch Rechtsmittel – auch mit entspr Verfahrensrüge – keine Berichtigung des Tatbestands bzw der tatbestandl Feststellungen des Ersturteils erreicht werden (BGH NJW 2013, 3578 Tz 28 = FamRZ 2013, 1958; BGH NJW 2011, 2292 Tz 19, stRspr). Zum Rechtsschutz bei abgelehnter Tatbestandsberichtigung s Rn 17; – **d) Zur Gehörsrüge** gem § 321a besteht keine relevante Überschneidung, da sie auf unanfechtbare Entscheidungen anzuwenden ist (§ 321a I 1 Nr 1), während § 320 den zutr Beweis des Tatbestandes für das Rechtsmittelverf gewährleisten soll (s Rn 1). 5

II) Gegenstand der Berichtigung (§ 320 I). § 320 regelt nur die Berichtigung des **Tatbestandes** iSv § 314, nicht auch der Urteilsformel und Entscheidungsgründe (RGZ 122, 334), dgl nicht von wiedergegebenem Prozessgeschehen (BGH NJW 83, 2031: Fristverlängerung; OLGR Koblenz 2000, 369: Hinweis; sa § 314 Rn 4). Daher kann eine im Tatbestand oder in den Entscheidungsgründen des Urteils wiedergegebene Aussage eines Zeugen oder SV nicht gem § 320 berichtigt werden (MK/Musielak/Hüntermann Rn 4; aA OLG Celle NJW 70, 53; StJ/Althammer Rn 9). Zum Tatbestand gehört jedoch auch das in den Entscheidungsgründen enthaltene tatsächl Vorbringen (s § 314 Rn 3). Parteivorbringen nach Verhandlungsschluss ist nicht Prozessstoff und gehört daher nicht zum Tatbestand, s § 314 Rn 2. 6

„Unrichtigkeiten“, **„Dunkelheiten“** usw liegen nicht vor, wenn das Parteivorbringen sinngemäß zutr (wenn auch nicht wörtl) wiedergegeben ist (AG Hattingen MDR 90, 729; Bsp bei Müller/Heydn NJW 2005, 1753); **„Auslassungen“** nicht, soweit das Vorbringen nicht in den (ohnehin nur) „knappen“ Tatbestand aufzunehmen war (AG Frankfurt NJW 2002, 2328; s § 313 Rn 11). Da dem Tatbestand insoweit keine negative Beweiskraft zukommt (s § 314 Rn 5), kann grds die Wiedergabe des Inhalts von **Schriftsätzen**, die zumindest konkludent in Bezug genommen sind (s § 313 Rn 11), nicht unter Berufung auf eine Unvollständigkeit verlangt werden (LAG Köln MDR 85, 172; OLG Oldenburg NJW 89, 1165; OLGR Karlsruhe 2009, 147, 148; Oehlers NJW 94, 713). Verlangt werden kann aber die Aufnahme („Auslassung“) bzw Berichtigung („Unrichtigkeit“) entscheidungserhebl, von den Schriftsätzen abw **mündlichen Parteivorbringens** (LAG Köln MDR 85, 172; OLG Oldenburg NJW 89, 1165; Oehlers NJW 94, 713), da für solches dem Schweigen des Tatbestands eine negative Beweiskraft zukommt (BGH NJW 2004, 1876; sa § 314 Rn 5). Eine pauschale Verweisung auf die gewechselten Schriftsätze kann nicht verlangt werden (OLG Oldenburg NJW 89, 1165; OLGR Karlsruhe 2009, 147, 148), da diese überflüssig ist (s § 313 Rn 18). **Widersprüche** zwischen Tatbestand und Begründung der Entscheidung können nur durch Rechtsmitteleinlegung beseitigt werden (RGZ 80, 174; RG JR 26 Nr 637). Ist ein selbständiges Verteidigungs- 7 mittel im Tatbestand und den Gründen übergangen, kann zwar der Tatbestand gem **IV**, aber nicht die Gründe oder die Urteilsformel berichtigt werden. Letztere können angesichts der Wertung von IV auch nicht gem § 319 berichtigt werden; mögl ist nur Rechtsmitteleinlegung (RGZ 122, 332). Dasselbe gilt, wenn sich nach der Tatbestandsberichtigung ein Verstoß gegen § 308 ergibt (BGH NJW-RR 95, 572 = MDR 95, 739).

8 **III) Antrag auf Berichtigung. 1) Form (§ 320 I).** Im Anwaltsprozess (§ 78 I) ist ein bei Gericht einzureichender Schriftsatz erforderl; im Parteiprozess ist auch privatschriftl Erklärung oder Erklärung zu Protokoll des UdG mögl (§ 496). Die Zustellung des Antrags an den Gegner erfolgt bei mündl Verh (s aber Rn 13) mit der Ladung (Einhaltung der Ladungsfrist, § 217), sonst vAw. Der Antrag muss die geltend gemachten Unrichtigkeiten innerhalb der Frist (II) **konkret bezeichnen** (LAG Bremen DB 1997, 1088 LS; Einsiedler MDR 2011, 1454).

9 **2) Frist (§ 320 II). a) Zweiwochenfrist.** Binnen dieser ist der Antrag zu stellen (I letzter Hs). Sie beginnt mit **Zustellung** des vollständigen Urteils (II 1); der Antrag kann zwar schon vorher gestellt werden (II 2), dürfte aber noch kaum sinnvoll mögl sein. Die Frist kann nicht verlängert werden, § 224 II letzter Hs. WE ist nicht mögl, da es sich nicht um eine Notfrist (s § 233) handelt (BGHZ 232, 284 = NJW 2022, 1620 Tz 29; BGHZ 32, 27 für Frist nach II 3; OLGR Frankfurt 2002, 28; MK/Musielak/Hüntermann Rn 8; krit Wächter ZZP 119 [2006], 421); für eine entspr Anwendung fehlt es sowohl angesichts der langjährigen ablehnenden Rspr als auch der gesetzgeberischen Wertung, nur im Ausnahmefall eine WE zu eröffnen (BGHZ 232, 284 = NJW 2022, 1620 Tz 24 ff), an einer planwidrigen Regelungslücke. Spätestes Fristende: II 3 (s Rn 10). – Für den **Streithelfer** beginnt die Frist mit der Zustellung des vollständigen Urteils an eine der Parteien (§ 221), nicht erst mit der Zustellung an ihn (BGH LM Nr 5; sa § 317 Rn 1 aE).

10 **b) 3-Monatsfrist (§ 320 II 3).** Sie beginnt mit Verkündung des Urteils (§§ 310, 311), bei nicht zu verkündenden Urteilen (vgl § 310 III) mit Zustellung der Urteilsformel (RGZ 90, 296). Gegen die Versäumung der nicht abkürzbaren oder verlängerbaren Ausschlussfrist ist aus den Rn 9 angeführten Gründen eine **WE nicht zulässig**, auch dann nicht, wenn entgegen § 315 II selbst innerhalb der 3-Monatsfrist die Abfassung und Übergabe der Urteilsgründe unterbleibt (BGHZ 32, 17, 27; OLG Hamburg MDR 2005, 1010; str). Für eine Verlängerung der Frist, wenn das Urteil nicht binnen 3 Monaten vollständig abgefasst ist (so KG NJW-RR 2001, 1296), fehlt es angesichts der eindeutigen gesetzl Regelung an einer Grundlage. Kann die 3-Monatsfrist nicht gewahrt werden, weil Tatbestand und Gründe vor Ablauf dieser Frist noch nicht vorlagen, bildet die behauptete Fehlerhaftigkeit des Tatbestandes nur dann einen rügefähigen Verfahrensfehler, wenn er entscheidungserhebl (§ 513 I, § 520 III Nr 2, § 529 I Nr 1, § 551 III Nr 2b) ist (OLG Hamburg MDR 2005, 1010). Zum Revisionsgrund des § 547 Nr 6 s § 310 Rn 5; § 547 Rn 11 ff.

11 Einstweilen frei.

12 **3) Rechtsschutzbedürfnis.** Es besteht angesichts des Zwecks von § 320 (s Rn 1) im Umfang der Beweiskraft des Tatbestands (s § 314 Rn 4) und sofern das Urteil **anfechtbar** ist. Denn durch die Tatbestandsberichtigung soll die zutreffende Grundlage für die Entscheidung des Rechtsmittelgerichts gewährleistet werden (BGH 3.3.2022 – RiZ 5/20; BGH 3.3.2022 – RiZ 6/20; BGH NJW 1983, 2030, 2032). Sofern das Urteil nicht anfechtbar ist, fehlt es daher grds an einem Rechtsschutzbedürfnis für einen Antrag nach § 320 (BGH 16.11.2023 – RiSt 1/21; BGH 3.3.2022 – RiZ 6/20; BGH 3.3.2022 – RiZ 5/20). Dieses **entfällt** auch grds mit Eintritt der **formellen Rechtskraft** des zu berichtigenden Urteils, selbst wenn es im Zeitpunkt der Antragstellung noch nicht in Rechtskraft erwachsen war (OLG Bamberg NJW-RR 2013, 1079; KG BauR 2012, 537; BFH NJW 2003, 3440, str). Das Rechtsschutzbedürfnis kann sich bei nicht (mehr) anfechtbaren Urteilen allein aus **anderen zivilprozessualen Gründen** ergeben, zB für die Auslegung des Titels für die ZwV, die Bestimmung der Rechtskraft oder die Grundlagen iSv § 323 (Einsiedler MDR 2011, 1454), und bedarf entspr Darlegung des ASt (WSch/Rensen Rn 16). Der Annahme eines generellen (fortbestehenden) Rechtsschutzbedürfnisses im Hinblick auf die Möglichkeit einer Verfassungsbeschwerde (so OLG Oldenburg NJW 2003, 149; MskV/Wolff Rn 9; wie hier OLG München MDR 2025, 612), kann nicht gefolgt werden; dies verkennt die Verknüpfung von § 320 mit der zivilprozessualen Beweiskraft gem § 314 (BGH 3.3.2022 – RiZ 6/20; BFH NJW 2003, 3440). Das Verfassungsgericht ist bei einer Prüfung nicht an die Beweiskraft des Tatbestandes gebunden (BGH 16.11.2023 – RiSt 1/21; näher s Einsiedler MDR 2011, 1454, 1455).

13 **IV) Verfahren und Entscheidung (§ 320 III). 1) Verfahren.** Eine **mündliche Verhandlung** ist seit 1.1.2020 auch auf Antrag nicht mehr erforderl, sondern liegt im pflichtgemäßen Ermessen des Gerichts. Wird mündl Verh anberaumt, gelten die Regeln über das mündl Verf (s § 128 Rn 1). Eine Beweisaufnahme findet nicht statt (**III 1**), es kommt allein auf die Erinnerung beteiligten Richter (III 2) und den Akteninhalt an. Es gibt keine Dispositionsbefugnis der Partei durch Anerkenntnis oÄ (WSch/Rensen Rn 27) oder eine Säumnisentscheidung.

14 **2) Besetzung des Gerichts (§ 320 III 2).** Es entscheiden (nur) der oder die Richter, die an der zu ergänzenden Entscheidung mitgewirkt haben. Ist ein Mitglied eines Kollegialgerichts verhindert, entscheiden die übrigen. **Verhindert** ist, wer dem Spruchkörper nicht mehr angehört; die anderweitigen Erwägungen zur Unterzeich*nung/Signierung des Urteils* (s § 315 Rn 6) sind nicht übertragbar, da hier eine neue Entscheidung durch den gesetzl Richter zu treffen ist. Sind alle Richter, der ER oder Amtsrichter verhindert, kann eine Tatbestandsberichtigung nicht erfolgen; dies kann aber angesichts der Justizgewährungspflicht nur unter engeren Vorausset-

zungen als nach § 315 angenommen werden (zutr LAG Hamm 11.3.2015 – 12 Ta 91/15; BeckOK/Elzer Rn 41; Hirte JR 85, 138 mN; Rößler NJW 2004, 267; Einsiedler MDR 2011, 1456; aA Schmidt JR 93, 459; MK/Musielak/Hüntermann Rn 9; offen BFH NJW 2003, 3440). Insb eine auch längere Urlaubsabwesenheit oder vorübergehende Erkrankung rechtfertigen es nicht, einen Tatbestandsberichtigungsantrag nicht zu bescheiden. Dasselbe gilt, wenn der einzige entscheidende Richter in einen anderen Spruchkörper gewechselt ist (OLGR Frankfurt 2007, 216), nicht aber nach einem Wechsel zur Staatsanwaltschaft (OLG München 20.1.2025 – 36 W 67/24e). Wenn hingegen bei einem Kollegialgericht durch einen Teil der Richter eine Entscheidung mögl ist, besteht keine Rechtfertigung, von den zu § 315 entwickelten Grundsätzen (s § 315 Rn 6) abzuweichen (KG MDR 2015, 1439), zumal der Gesetzgeber mit der kurzen Antragsfrist der mit Zeitablauf schwindenden Erinnerung an die mündl Verh Rechnung tragen will (BGH NJW-RR 1988, 407). Verhindert an einer Entscheidung ist auch ein erfolgreich wegen Besorgnis der Befangenheit abgelehnter Richter (vgl BGH NJW-RR 2007, 1653 = MDR 2007, 1331). Ist der **Vorsitzende der KfH verhindert**, ist zweifelhaft, ob die Handelsrichter allein entscheiden können (bej ArbG Hanau BB 96, 539 für Arbeitsrichter, überholt durch § 55 I Nr 10 ArbGG; MK/Musielak/Hüntermann Rn 9). – Kann der Antrag wegen Verhinderung sachl nicht beschieden werden, scheidet im Umfang der beantragten Berichtigung eine **Beweiskraft** des Tatbestands aus (arg Art 103 I GG; BVerfG NJW 2005, 657, 658 f; BAG AP Nr 2 zu § 320 ZPO; Crückeberg MDR 2003, 200; WSch/Rensen Rn 23; MK/Musielak/Hüntermann Rn 9; StJ/Althammer Rn 25).

15 **3) Entscheidung.** Das Gericht entscheidet durch **Beschluss** (III). Dieser ist zu verkünden, wenn über den Antrag mündl verhandelt wurde (§ 329 I), sonst den Parteien gem § 329 II formlos mitzuteilen, wenn er nicht anfechtbar ist (s Rn 17), anderenfalls zuzustellen. Ein stattgebender Beschluss bedarf einer Begründung nur, wenn die Gegenseite ihm entgegengetreten ist (s § 329 Rn 25 f). Zurückweisende Beschlüsse sind im Hinblick auf Rn 17 zu begründen. Können die Richter sich an den geltend gemachten mündl Vortrag nicht **erinnern**, ist der Antrag zurückzuweisen (BGH 22.2.1990 – IX ZR 257/88, BGHR ZPO § 320 Revisionsurteil 1 [Gründe]). Die Berichtigung ist auf dem Urteil und den Ausfertigungen zu **vermerken (III 4)**. Dass die begl Abschrift als (neue) Regelform der Zustellung (§ 317 I 1, s § 317 Rn 2) nicht erwähnt wird, dürfte ein Redaktionsversehen im Zusammenhang mit der Neufassung von § 317 I sein. Angebracht werden kann daher der Berichtigungsvermerk auch auf der erteilten begl Abschrift. Anderenfalls tritt an die Stelle des Berichtigungsvermerks der Berichtigungsbeschluss (Begr BTDrs 17/12634, 30). – Zum Vorgehen bei **elektronischer Aktenführung (III 6, 7)** s § 319 Rn 35.

16 **4) Keine Kostenentscheidung.** Kostenrechtl gehört das Berichtigungsverf (anders das Verf nach § 321) zu der Instanz, deren Urteil berichtigt wird. Eine Entscheidung über die Kosten ist daher nicht erforderl (MK/Musielak/Hüntermann Rn 13; BAG AP Nr 5).

17 **V) Anfechtung (§ 320 III 4).** Der Berichtigungsbeschluss ist gem III 4 **unanfechtbar**. Grund dafür ist, dass ein Rechtsmittelgericht keine Überprüfung der Erinnerung der beteiligten Richter vornehmen könnte (OLG Düsseldorf NJW-RR 2004, 1723). Dieser Zweck ist aber auf eine – positive oder negative – sachl Entscheidung beschränkt. Er rechtfertigt den Rechtsmittelausschluss nicht, wenn über den Antrag **sachlich überhaupt nicht entschieden** wurde, so dass im Wege teleologischer Reduktion dann eine sof Beschwerde gem § 567 I Nr 2 zulässig ist (zB OLG Düsseldorf NJW-RR 2004, 1723; OLG Bamberg NJW-RR 2013, 1079). Die sof Beschwerde ist auch eröffnet, wenn die Zurückweisung nicht begründet wurde (OLG Brandenburg 26.11.2008 – 12 W 57/08), da dann nicht erkennbar ist, ob eine Entscheidung in der Sache vorliegt. – Nach erfolgloser Durchführung des Berichtigungsverf kann zur Wahrung des Anspruchs der betroffenen Partei auf rechtl Gehör eine Unrichtigkeit tatbestandl Feststellungen mit einer **Verfahrensrüge** gem § 520 III Nr 3, § 551 III Nr 2b, § 575 III Nr 2b geltend gemacht werden (BGH NJW 2011, 1513 Tz 12; BGH NJW-RR 2014, 830 = MDR 2014, 674; Vollkommer MDR 2010, 1162 f). Dies hat im Revisionsverf wegen der Bindung gem § 559 I 1 nur Erfolg, soweit sich aus der den Berichtigungsantrag zurückweisenden Entscheidung des Berufungsgerichts ergibt, dass seine tatbestandl Feststellungen widersprüchl sind (BGH NJW 2011, 1513 Tz 12; BGH NJW-RR 2014, 830 = MDR 2014, 674). Ist kein Antrag auf Tatbestandsberichtigung gestellt worden, verbleibt es dabei, dass eine solche durch eine Verfahrensrüge nicht erreicht werden kann (s Rn 5).

18 **VI) Gebühren des Gerichts und des RA.** Wie § 319 Rn 45.

§ 321 Ergänzung des Urteils

(1) Wenn ein nach dem ursprünglich festgestellten oder nachträglich berichtigten Tatbestand von einer Partei geltend gemachter Haupt- oder Nebenanspruch oder wenn der Kostenpunkt bei der Endentscheidung ganz oder teilweise übergangen ist, so ist auf Antrag das Urteil durch nachträgliche Entscheidung zu ergänzen.

(2) Die nachträgliche Entscheidung muss binnen einer zweiwöchigen Frist, die mit der Zustellung des Urteils beginnt, durch Einreichung eines Schriftsatzes beantragt werden.

(3) [1]Auf einen Antrag, der die Ergänzung des Urteils um einen Hauptanspruch zum Gegenstand hat, ist ein Termin zur mündlichen Verhandlung anzuberaumen. [2]Dem Gegner des Antragstellers ist mit der Ladung zu diesem Termin der den Antrag enthaltende Schriftsatz zuzustellen. [3]Über einen Antrag, der die Ergänzung des Urteils um einen Nebenanspruch oder den Kostenpunkt zum Gegenstand hat, kann ohne mündliche Verhandlung entschieden werden, wenn die Bedeutung der Sache keine mündliche Verhandlung erfordert; § 128 Absatz 2 Satz 2 gilt entsprechend.

(4) Eine mündliche Verhandlung hat nur den nicht erledigten Teil des Rechtsstreits zum Gegenstand.

1 **I) Anwendungsbereich.** § 321 I gilt in allen **Instanzen** (BGH NJW-RR 2005, 790 = MDR 2005, 1069 LS für Berufungsinstanz; zu dieser näher s Rn 8); er findet auch auf **Beschlüsse** entspr Anwendung (s § 329 Rn 48). Zur entspr Anwendung iÜ s Rn 7 f. Die Urteilsergänzung stellt (wie §§ 320, 321a) einen Fall der instanzinternen Selbstkontrolle dar (vgl BVerfG NJW-RR 2000, 1664). Überschneidungen zur **Berichtigung** (§ 319) ergeben sich insb bei Nichtentscheidung über die Kosten (§ 319 Rn 29), insb der Streithilfe (Rn 9), und bei unterbliebener Zulassung von Rechtsmitteln (s § 319 Rn 27; unten Rn 5). Wird bei der Verkündung eines Urteils versehentl ein Anspruch übergangen, kann dieser Mangel nicht durch Berichtigung des **Protokolls** (§ 164) über die Verkündung, sondern nur gem § 321 behoben werden (BGH NJW 2014, 1304 Tz 17).

2 **II) Voraussetzungen der Urteilsergänzung. 1) Lückenhaftes Urteil.** § 321 dient der Ergänzung eines lückenhaften Urteils (BVerfG NJW-RR 2000, 1664; BGH NJW-RR 96, 1238), nicht hingegen der Richtigstellung eines falschen Urteils (BGH 29.10.2020 – I ZR 172/19; BGH NJW-RR 96, 1238). Urteilsergänzung ist daher eröffnet, wenn das Urteil **versehentlich lückenhaft** ist, es sich als ergänzungsbedürftige Teilentscheidung darstellt (BGH NJW-RR 2010, 19 = MDR 2009, 1406); nicht dagegen, wenn ein prozessualer Anspruch bewusst nicht beschieden worden ist (BGH MDR 2022, 264; BGH NJW 2019, 1950; BGH MDR 2011, 1064), mag dies auch auf einem Rechtsirrtum beruhen (zB BGH 29.10.2020 – V ZR 300/19; BGH NJW 2019, 1950 Tz 20: unzutreffende Antragsauslegung). Im letztgenannten Fall ist grds nur ein Rechtsmittel eröffnet (s Rn 3). Für ein Ergänzungsurteil ist nur Raum, wo sonst nach Rechtskraft des mangelhaften Urteils ein Anspruch weder zugesprochen noch abgewiesen wäre, dem Fordernden also allenfalls die Möglichkeit eines neuen Rechtsstreits offenstünde (BGH NJW 2003, 1463 = MDR 2003, 589); denn durch eine solche Auslassung ist er nicht iSd Rechtsmittelrechts beschwert (BGH VersR 80, 263 = NJW 80, 840). Maßgebend ist der Tenor (BGH 29.10. 2020 – V ZR 300/19). Erfasst dieser, insb eine Klageabweisung, – auch ohne dies rechtfertigende Entscheidungsgründe – den gesamten Streitstoff, fehlt es an einer Entscheidungslücke (BGH WM 2024, 1770; BGH 29.10.2020 – V ZR 300/19). Ob eine solche vorliegt, beurteilt sich gem I 1 aus dem **Vergleich** des **Tenors** mit dem **Tatbestand** des Urteils (BGH WM 2024, 1770; BGH VersR 80, 263), ggf auch dem gem § 320 nachträgl berichtigten. Über einen danach geltend gemachten prozessualen Haupt- oder Nebenanspruch (s Rn 4), einen sonstigen Anspruch (s Rn 7 f) oder den Kostenpunkt muss im Urteil versehentl, – positiv oder negativ – nicht entschieden worden sein. Enthält das Urteil – zB gem § 313a – **keinen Tatbestand**, steht dies einer Urteilsergänzung nicht entgegen (BGH NJW-RR 2005, 790); die Frage, ob ein Antrag übergangen worden ist, dürfte in diesem Fall anhand der schriftsätzl und protokollierten Anträge zu beurteilen sein. Ist eine eindeutige Entscheidungslücke nicht erkennbar, kann ein Ergänzungsurteil nicht ergehen (BGH VersR 80, 263 = NJW 80, 840); für großzügige Eröffnung der Berufung in Zweifelsfällen BGH MDR 2011, 810. Der Anspruch oder die Kostenentscheidung sind nicht „übergangen", wenn sich die **Urteilsgründe** über sie verhalten; dies ist der Fall einer – vorrangigen – Urteilsberichtigung gem § 319 (BGH VersR 82, 70; OLGR Rostock 2002, 324; s § 319 Rn 24 f). – **Zulässig** ist der Ergänzungsantrag, wenn er auf die Schließung einer Entscheidungslücke im og Sinn gerichtet ist; ob diese tatsächl besteht, ist eine Frage der Begründetheit des Antrags (BGH NJW 2006, 1351).

3 **2) Abgrenzung zum Rechtsmittel.** Hat das Gericht bewusst, wenn auch fehlerhaft über einen Anspruch nicht entschieden, ist – auch wenn es davon ausging, dass der Anspruch nicht (mehr) rechtshängig war – keine Urteilsergänzung, sondern nur ein **Rechtsmittel** zulässig (BGH NJW 2019, 1950 Tz 20; BGH NJW 2010, 227 Tz 70 mN). Dasselbe gilt, wenn das Gericht den Antrag aufgrund von Rechtsirrtum oder Missverständnis unrichtig und zu eng ausgelegt und deshalb nur teilw über ihn entschieden hat (BGH FamRZ 2022, 1634). Ein Rechtsmittel als solches kann nicht auf Ergänzung gerichtet sein kann, denn eine Beschwer liegt nicht in der getroffenen, sondern in der unterlassenen Entscheidung (BAG NJW 94, 1429). In der Berufungsinstanz kann aber im Wege der Klageerweiterung der Anspruch, über den die 1. Instanz nicht entschieden hat, erneut geltend gemacht werden (BGHZ 182, 158 = NJW 2010, 227 Tz 71; näher s Rn 12). Wenn eine Urteilsergänzung beantragt werden kann oder beantragt ist, fehlt für ein mit dems Ziel eingelegtes Rechtsmittel grds das **Rechtsschutzbedürfnis** (BGH NJW-RR 2010, 19 = MDR 2009, 1406). Wird das Urteil durch die unterlassene Entscheidung iSv § 321 aber nicht nur unvollständig, sondern auch inhalt falsch, ist sowohl eine Urteilsergänzung als auch ein Rechtsmittel statthaft (BGH NJW-RR 2010, 19 Tz 13 f = MDR 2009, 1406; BGH NJW 2006, 1351). **Beispiele** *(vgl BGH NJW-RR 2010, 19): die unterbliebenen* Vorbehalte gem § 302 II, § 599 II; Übergehen unselbständiger Entscheidungsteile wie die Kosten oder die vorläufige Vollstreckbarkeit; Abweisung der Klage „im Übrigen" bei übergangenem Anspruch und fehlendem Tatbestand.

3) Übergehen eines Haupt- oder Nebenanspruchs. Gemeint ist nicht ein Anspruch im materiell-rechtl, sondern im prozessualen Sinn; also ein in einen bestimmten Antrag gekleidetes Begehren, über das im Urteil hätte entschieden werden müssen (BGH 30.4.2004 – V ZR 343/02, juris; BGH NJW-RR 96, 1238). Gem I 1 muss es sich nicht um einen Hauptanspruch handeln, sondern kann auch einen Nebenanspruch betreffen, zB die Zinsforderung. Ist über einen Antrag **teilweise** nicht entschieden, rechtfertigt auch dies eine Urteilsergänzung (BVerfG NJW-RR 2000, 1664). Dasselbe gilt, wenn über einen **Hilfsantrag**, dessen Bedingung eingetreten ist, nicht entschieden wurde (BGH MDR 1997, 630). Zu beachten ist insoweit aber, dass der Tenor maßgebl ist (s Rn 2): Bei voller Klageabweisung ist auch der Hilfsantrag abgewiesen, eine Entscheidungslücke liegt nicht vor. Das Übergehen eines einzelnen **Angriffs- oder Verteidigungsmittels** rechtfertigt keine Urteilsergänzung (BGH NJW 2003, 1463 = MDR 2003, 589; BGH NJW-RR 96, 1238; BGH VersR 80, 263 = NJW 80, 840). Daher ist kein Ergänzungsurteil zulässig bei Übergehen einer *Aufrechnung* (OLG Frankfurt NJW-RR 89, 640) oder eines *Zurückbehaltungsrechts* und Unterlassen einer Zug-um-Zug-Verurteilung (BGH NJW 2003, 1463; aA StJ/Althammer Rn 15). 4

4) Übergehen des Kostenpunktes. Es wurde übersehen: dem obsiegenden Kl die Kosten nach § 281 III 2 (BGH NJW-RR 96, 1238 = MDR 96, 1061; OLG Koblenz NJW-RR 92, 892; OLG Hamm NJW-RR 2000, 1524), der säumigen Partei die Mehrkosten im Fall des § 344 (BGH NJW-RR 96, 1238 = MDR 96, 1061; OLG Stuttgart Justiz 84, 19) aufzuerlegen, über die Kosten der Streithilfe (BGH NJW 2014, 1018 Tz 11 = MDR 2014, 293; näher Jungemeyer/Teichmann MDR 2011, 1019) oder über die Kosten des ausgeschiedenen Bekl im Fall von § 265 Rn 7 selbständig zu entscheiden (BGH NJW 2006, 1351, 1354), über die Kosten eines 1. Rechtsmittelverf (OLGR Celle 1998, 330) oder der Vorinstanz (BGH 1.3.1999 – II ZR 364/97) zu entscheiden. Der Kostenpunkt ist nicht übergangen, wenn (im Fall eines Teilurteils) die Entscheidung darüber dem Schlussurteil vorbehalten wurde. 5

5) Übergehen der Rechtsmittelzulassung. Hat das Gericht über die Rechtsmittelzulassung entscheiden wollen, liegt in einem fehlenden Ausspruch im Tenor ein nach **§ 319** korrigierbares Versehen; das muss sich wegen der erforderl Offensichtlichkeit der Unrichtigkeit aus dem Urteil selbst (insb der Begründung) oder mindestens aus den Vorgängen bei seinem Erlass oder seiner Verkündung ergeben (s § 319 Rn 27). Durch **Urteilsergänzung** kann eine unterbliebene Rechtsmittelzulassung **nicht nachgeholt** werden (BGH NJW-RR 2015, 46 Tz 8; BGH NJW-RR 2014, 1470 mwN). Denn es fehlt an einem versehentl Übergehen der Entscheidung über die Zulassung. Es entspricht gefestigter Rspr, dass ein Schweigen im Urteil (Tenor und Gründen) zur Zulassungsfrage die Ablehnung einer Zulassung bedeutet (vgl zB BGH NJW 2011, 2974; BGH NJW 2011, 926; BGH NJW-RR 2014, 1470; BGH NJW-RR 2012, 633; sa § 511 Rn 39, § 543 Rn 22 je mwN), auch wenn das Rechtsmittelgericht die Möglichkeit einer Zulassung gar nicht bedacht hat (BGH VersR 2020, 1605 mwN). Dann ist es aber nur konsequent, wenn der BGH eine davon später abweichende Zulassungsentscheidung nicht als zulässige Urteilsergänzung, sondern als Verstoß gegen § 318 ansieht. Die dies kritisierende Gegenansicht, nach der eine Urteilsergänzung entspr dem Übergehen einer Kostenentscheidung zuzulassen sei (so MK/Musielak/HüntermannRn 9; WSch/Rensen Rn 19), berücksichtigt nicht ausreichend, dass eine Kostenentscheidung immer ausgesprochen werden muss (§ 308 II), während eine negative Zulassungsentscheidung vom Gesetz nicht vorgeschrieben ist (BGH NJW 2011, 2974; BGH NJW 2011, 926; anders als nach § 64 IIIa ArbGG) und in der Praxis nicht selten nicht nur im Tenor, sondern auch in den Gründen nicht erwähnt wird, wenn dazu kein konkreter Anlass – wegen einer entspr Anregung oder weil dies wegen der sich stellenden Rechtsfragen nahe liegt – besteht. Daran knüpft der BGH zutr mit der Ausgangsüberlegung an, dass ein Schweigen über eine Rechtsmittelzulassung deren Ablehnung bedeutet, da eine Zulassung ausdrückl erklärt werden müsste. Von einer durch eine Analogie zu schließenden unbeabsichtigten Regelungslücke kann auch deshalb nicht ausgegangen werden, weil der Gesetzgeber die entspr Anwendung von § 321 zwar in § 64 IIIa, § 72 I ArbGG durch G v 30.3.2000 angeordnet hat, nicht aber in der ZPO, obwohl dies nahe gelegen hätte, wenn er die langjährige Rspr des BGH hätte ändern wollen. 6

6) Anwendung kraft Verweisung. Sie wird in folgenden Fällen angeordnet: fehlende Entscheidung: zur vorläufigen Vollstreckbarkeit gem § 716, wovon auch Entscheidungen zum Vollstreckungsschutz gem §§ 711, 712 erfasst sind (BGH WuM 2018, 221; BGH WuM 2017, 607; BGH NJW 84, 1240); über eine Räumungsfrist gem § 721 I 3; über den Vorbehalt der Aufrechnung gem § 302 II; über den Vorbehalt der Rechte in einem dem Urkundenprozess folgenden Nachverf gem § 599 II. 7

7) Analoge Anwendung. Sie ist bei auf einen unselbständigen Entscheidungsteil gerichteten prozessualen Begehren gerechtfertigt (BGH NJW-RR 96, 1238 = MDR 96, 1061). Angeführt werden vom BGH folgende Konstellationen: Beschränkung der Einstandspflicht des Haftpflichtversicherers auf die Versicherungssumme; Fristbestimmung nach § 255; Fortsetzung des Mietverhältnisses nach § 308a I 1; Abwendungsbefugnis nach § 923. Weitere Bsp: Vorbehalt beschränkter Erbenhaftung (OLG Koblenz NJW-RR 1997, 1160; tendenziell auch OLG Schleswig MDR 2005, 350); Vorbehalt gem § 14 AnfG; Haftungsbeschränkung des Minderjährigen usw gem § 786 I sowie des schifffahrtsrechtl gem § 786a beschränkt Haftenden. – Keine entspr Anwendung ist möglich auf einen gem § 278 VI festgestellten **Vergleich** (OLG Braunschweig 21.10.2024 – 9 U 75/23, juris). 8

III) Antrag. 1) Anforderungen. Gem **I** ist ein Antrag erforderl, eine Entscheidung vAw ist unzulässig (OLG Hamm NJW-RR 2000, 1524; OLG München NJW-RR 2003, 1440; OLGR Celle 1998, 59). Dies gilt nach der ein- 9 deutigen Regelung trotz § 308 auch für die Kostenentscheidung (OLG Hamm NJW-RR 2000, 1524). Der Antrag ist bei dem Gericht zu stellen, das das Urteil erlassen hat und unterliegt dem Anwaltszwang (§ 78); im Parteiprozess gilt § 496. Aus ihm muss sich ergeben, in welchem Sinne ein **konkret** zu bezeichnendes Urteil ergänzt werden soll (OLG München NJW-RR 2003, 1440). Daher genügt zB ein Kostenfestsetzungsantrag nicht für eine Ergänzung der Kostenentscheidung (OLG München NJW-RR 2003, 1440). Der Ergänzungsschriftsatz ist mit der Ladung zum Termin (§ 214) vAw **zuzustellen (III 2).**

10 **2) Frist. a) Allgemein.** Die 2-wöchige Frist kann mangels anderweitiger ges Regelung gem § 224 durch Parteivereinbarung abgekürzt, nicht aber verlängert werden. Da sie keine Notfrist ist, kann **WE** gem § 233 nicht gewährt werden (BGHZ 232, 284 = NJW 2022, 1620 Tz 29; BGH FamRZ 80, 669, 670 = NJW 80, 1636); für eine entspr Anwendung fehlt es angesichts der langjährigen ablehnenden Rspr sowie der gesetzgeberischen Wertung, nur im Ausnahmefall eine WE zu eröffnen (BGHZ 232, 284 = NJW 2022, 1620 Tz 24 ff), an einer planwidrigen Regelungslücke und angesichts der von der Rspr eröffneten Modifikationen beim Fristbeginn (s Rn 11) auch an einer Rechtfertigung.

11 **b) Fristbeginn.** Mit Urteilszustellung, bei Zustellung in abgekürzter Form aber nur, wenn sich daraus die Ergänzungsbedürftigkeit der Entscheidung eindeutig ergibt (BGH MDR 2019, 438 = NJW-RR 2019, 509). Zulässig ist jedoch die Antragstellung schon vor Urteilszustellung. War zunächst der **Tatbestand zu berichtigen** (§ 320), beginnt die Frist des § 321 erst mit der Zustellung des Berichtigungsbeschlusses (BGH NJW 82, 1821, 1822 = MDR 82, 663; BGH MDR 1997, 630). Dasselbe hat für den Fall der Berichtigung gem § 319 zu gelten, wenn dies erst die Voraussetzungen für die Urteilsergänzung begründet (OLG Düsseldorf FamRZ 97, 1408). Hat das Gericht die Entscheidung über die durch die **Streithilfe** verursachten **Kosten** (§ 101) übergangen, beginnt für den Streithelfer die Frist für die Ergänzung des Kostenpunktes erst mit der Zustellung an ihn (BGH NJW 2014, 1018 = MDR 2014, 293), unabhängig von einer Rechtskraft der Entscheidung (BGH NJW-RR 2005, 295 = MDR 2005, 526). – Zum Fristbeginn bei **Beschlüssen** s § 329 Rn 48.

12 **c) Folgen bei Fristversäumung.** Ist die Frist gem II abgelaufen, **erlischt** die **Rechtshängigkeit** des übergangenen Anspruchs (BGH NJW 2015, 1826; BGH NJW-RR 2005, 790; BGH MDR 97, 630; BGH NJW 91, 1684; sa § 528 Rn 12). Damit ist für die Geltendmachung ein neuer Prozess nötig und mögl (KG Rpfleger 80, 158; OLG Hamm DAR 80, 482). Dies gilt auch, wenn eine Urteilergänzung nicht mögl ist, weil die vorher erforderl Tatbestandsberichtigung wegen dauerhafter Verhinderung des Richters nicht mögl ist (AG Castrop-Rauxel ZMR 93, 229). Zum Gegenstand eines **Berufungsverfahrens** kann der übergangene Anspruch daher (nur) durch eine (zulässige) Klageerweiterung, ggf auch durch Anschlussberufung (OLGR Braunschweig 1998, 331), gemacht werden (BGH NJW 2010, 227 Tz 71; BGH NJW 91, 1684 mN; BGH MDR 2015, 607 Tz 6; zum Ganzen s § 528 Rn 12 f). Entspr gilt bei Übergehen eines **Berufungsantrags** durch das Berufungsgericht: Mit Fristablauf entfällt insoweit die Anhängigkeit der Berufung und die Rechtshängigkeit der ihr zugrundeliegenden Klage; das erstinstanzl Urteil wird insoweit wirkungslos (BGH NJW-RR 2005, 790). – Besonderheiten bestehen, soweit der **Kostenpunkt** (s Rn 5) übergangen ist. Die übergangenen Kosten des Rechtsstreits können nicht in einer neuen Klage geltend gemacht werden, da sie mit dem Rechtsstreit, in dem sie entstanden sind, untrennbar verbunden sind und jeder Eigenständigkeit entbehren (RGZ 22, 421); sofern es zu einem Rechtsmittel kommt, hat das Rechtsmittelgericht gem § 308 II auch über die übergangenen Kosten der Vorinstanz zu entscheiden. – Die Rechtshängigkeit eines Anspruchs, über den das Gericht **bewusst nicht entschieden** hat, weil es ihn als nicht (mehr) anhängig angesehen hat (s Rn 2), erlischt, wenn das Urteil insoweit nicht angefochten wird (BGH NJW 2010, 227 Tz 70).

13 **IV) Verfahren und Entscheidung (§ 321 III, IV).** Über den Antrag ist, nach dem eindeutigen Wortlaut auch bei seiner Ablehnung (aA KG MDR 2019, 124, aber: spätestens mit der Änderung zum 1.1.2020 in III 3, die sich nicht auf unbegründete Anträge bezieht, hat der Gesetzgeber deutl zum Ausdruck gebracht, wann eine mündl Verh entbehrl ist), gem III 1 **mündliche Verhandlung** anzuberaumen, wenn der Antrag sich auf einen Hauptanspruch bezieht und auf mündl Verh nicht gem § 128 II verzichtet wird. Einer mündl Verh bedarf es seit 1.1.2020 auch ohne Zustimmung der Parteien nicht, wenn die begehrte Ergänzung nur **Nebenansprüche** (insb Zinsen und vorgerichtl Kosten) oder den Kostenpunkt betrifft und die Bedeutung der Sache eine mündl Verh nicht erfordert. Sieht das Gericht in diesen Fällen von einer mündl Verh ab, hat es gem III 3 Hs 2 entspr § 128 II 2 eine dem Schluss der mündl Verh entsprechende Schriftsatzfrist zu setzen und einen Verkündungstermin anzuberaumen. Mangels anderweitiger **Übergangsbestimmung** in Art 10 des Änderungsgesetzes gilt diese Regelung unmittelbar seit 1.1.2020, ist daher auch auf Ergänzungsanträge in zu diesem Zeitpunkt laufenden Verf anzuwenden. – Sowohl Verh als auch Entscheidung haben allein den übergangenen Anspruch zum Gegenstand **(IV)**. Die Entscheidung ergeht durch **Urteil** (BGH WM 82, 491). Dieses unterliegt den Anforderungen wie jedes Urteil, insb den §§ 308 ff. Es kann als VU oder AU ergehen. Das Urteil steht zum ergänzten Urteil wie ein Schlussurteil zum Teilurteil (BGH NJW 1984, 2687; OLG Zweibrücken NJW-RR 98, 508 = FamRZ 97, 1164) und muss die Bindung gem § 318 beachten (s § 318 Rn 4 f). Es muss einen selbständigen Ausspruch *zur vorläufigen Vollstreckbarkeit* und zu den Kosten enthalten (§ 308 II). Wird dem Antrag stattgegeben und unterbleibt ein Kostenausspruch, so ist anzunehmen, dass das Gericht die Kostenentscheidung des ergänzten Urteils gelten lassen will. Über das Ergänzungsurteil entscheiden die geschäftsplanmäßig **zuständigen**

Richter, unabhängig davon, ob sie bei dem Hauptурteil mitgewirkt haben (RGZ 30, 345). – Im Rahmen der entspr Anwendung auf **Beschlüsse** (s § 329 Rn 48) ist eine mündl Verh nicht erforderl, wenn der Hauptbeschluss ihrer nicht bedurfte (OLGR Jena 2007, 414).

V) Anfechtung. Das Ergänzungsurteil gem § 321 ist hinsichtl der Rechtsmittel als **selbständiges Urteil** anzusehen (BGH NJW 2000, 3008; BGH NJW 84, 2687; BGH NJW 80, 840). Daher ist ein Rechtsmittel nur zulässig, wenn durch das Ergänzungsurteil selbst seine Voraussetzungen – erforderl Beschwer, ggf Zulassung – vorliegen (BGH NJW 2000, 3008; BGH NJW 84, 2687; BGH NJW 80, 840); dies gilt auch, wenn geltend gemacht wird, das Ergänzungsurteil sei ohne den erforderl Antrag ergangen (BGH NJW 2000, 3008 = MDR 2000, 1209). Ist das Ausgangsurteil unanfechtbar (zB gem § 542 II), ist dies auch das Ergänzungsurteil (vgl BGH MDR 2009, 100 = NJW-RR 2009, 209). Wird das Urteil nur um eine Kostenentscheidung ergänzt, ist gem **§ 99 I** ein Rechtsmittel nur statthaft, wenn auch die Hauptsache angegriffen wurde (BGH MDR 2017, 105); eine Zulassung des Rechtsmittels ändert daran nichts (BGH MDR 2017, 105). Wurde die Hauptsache angegriffen, hat das Rechtsmittelgericht gem § 308 II vAw auch über die vorinstanzl Kosten zu entscheiden (s § 308 Rn 9); wird dennoch in diesem Fall selbständig Revision gegen das die Kosten betreffende Ergänzungsurteil eingelegt, ist diese zulässig, wenn die Revision gegen das vorausgegangene Urteil zulässig ist (BGH NJW 1984, 2687). Die **Rechtsmittelfrist** für das Ergänzungsurteil ist grds eigenständig. Eine Sonderregelung enthält § 518 S 1 für den Fall, dass das Urteil innerhalb der Berufungsfrist (auf Revision entspr anwendbar: BGH LM Nr 1 zu § 517) ergänzt wird; s § 518 Rn 1 ff. Wegen der Selbständigkeit der Anfechtung kann durch eine Partei sowohl gegen das Erst- als auch gegen das Ergänzungsurteil Berufung eingelegt werden. In diesem Fall sind gem § 518 S 2 beide Berufungen notwendig zu verbinden. – Ist statt einem Ergänzungsurteil ein Ergänzungs*beschluss* ergangen, ist er nach dem Meistbegünstigungsgrundsatz (s vor § 511 Rn 29) mit der sof Beschwerde anfechtbar, jedoch nur in den Grenzen des Hauptrechtsmittels (OLG Zweibrücken NJW-RR 98, 508 = FamRZ 97, 1164). – Ein Ergänzungsurteil, mit dem ein erstinstanzl Gericht während des Berufungsverf sein Urteil ohne die Voraussetzungen von § 321 oder sonst verfahrensrechtl Grundlage zu Lasten des Berufungsführers abändert, entfaltet auch ohne Anfechtung keine Bindungswirkung für das Berufungsgericht (BGH NJW 2019, 1527). 14

VI) Gebühren. 1) Gericht: Da keine Urteilsgeb erhoben werden, ist auch die nachträgl Entscheidung, sei es auf Ergänzung oder auf Zurückweisung des Antrags, gerichtsgebührenfrei. – **2) RA:** Der ProzBev erhält keine zusätzl Geb (§ 19 I 2 Nr 6 RVG). Als Einzeltätigkeit Vergütung iHv 0,8 nach 3403 RVG-VV. 15

§ 321a Abhilfe bei Verletzung des Anspruchs auf rechtliches Gehör

(1) [1]Auf die Rüge der durch die Entscheidung beschwerten Partei ist das Verfahren fortzuführen, wenn

1. ein Rechtsmittel oder ein anderer Rechtsbehelf gegen die Entscheidung nicht gegeben ist und

2. das Gericht den Anspruch dieser Partei auf rechtliches Gehör in entscheidungserheblicher Weise verletzt hat.

[2]Gegen eine der Endentscheidung vorausgehende Entscheidung findet die Rüge nicht statt.

(2) [1]Die Rüge ist innerhalb einer Notfrist von zwei Wochen nach Kenntnis von der Verletzung des rechtlichen Gehörs zu erheben; der Zeitpunkt der Kenntniserlangung ist glaubhaft zu machen. [2]Nach Ablauf eines Jahres seit Bekanntgabe der angegriffenen Entscheidung kann die Rüge nicht mehr erhoben werden. [3]Formlos mitgeteilte Entscheidungen gelten mit dem vierten Tage nach Aufgabe zur Post als bekannt gegeben. [4]Die Rüge ist schriftlich bei dem Gericht zu erheben, dessen Entscheidung angegriffen wird. [5]Die Rüge muss die angegriffene Entscheidung bezeichnen und das Vorliegen der in Absatz 1 Nr. 2 genannten Voraussetzungen darlegen.

(3) Dem Gegner ist, soweit erforderlich, Gelegenheit zur Stellungnahme zu geben.

(4) [1]Das Gericht hat von Amts wegen zu prüfen, ob die Rüge an sich statthaft und ob sie in der gesetzlichen Form und Frist erhoben ist. [2]Mangelt es an einem dieser Erfordernisse, so ist die Rüge als unzulässig zu verwerfen. [3]Ist die Rüge unbegründet, weist das Gericht sie zurück. [4]Die Entscheidung ergeht durch unanfechtbaren Beschluss. [5]Der Beschluss soll kurz begründet werden.

(5) [1]Ist die Rüge begründet, so hilft ihr das Gericht ab, indem es das Verfahren fortführt, soweit dies auf Grund der Rüge geboten ist. [2]Das Verfahren wird in die Lage zurückversetzt, in der es sich vor dem Schluss der mündlichen Verhandlung befand. [3]§ 343 gilt entsprechend. [4]In schriftlichen Verfahren tritt an die Stelle des Schlusses der mündlichen Verhandlung der Zeitpunkt, bis zu dem Schriftsätze eingereicht werden können.

Durch G zur Modernisierung des Postrechts v 15.7.2024 (BGBl 2024 I Nr 236) mWv 1.1.2025 wurde in II 3 das Wort „dritten“ durch das Wort „vierten“ ersetzt.

Lit (Auswahl): *Becker-Eberhard*, Wandlungen des rechtl Gehörs, ZZP 135 (2022), 219; *a.d. Heiden*, Haftungsfallen der Anhörungsrüge, NJW 2023, 480; sa Lit zu Einl Rn 16, 35.

1 **I) Allgemeines. 1) Zweck; Begriff.** Die Anhörungsrüge (auch Gehörsrüge, Rüge gem § 321a oder schlicht „Rüge", so **I-V**) ist ein eigenständiger, wiedereinsetzungsähnl ausgestalteter (Begr BTDrs 15/3706, 14, 16), außerordentl Rechtsbehelf zur Geltendmachung von Gehörsverletzungen ggü dem Ausgangsgericht (*judex a quo*). Sie ist kein Behelf zur Überprüfung der inhaltl Richtigkeit der Entscheidung (BVerfG GRUR-RR 2009, 441; BGH GRUR 2009, 90; BGH NJW-RR 2020, 1389 Tz 13).

2 **2) Rechtsnatur.** Die Anhörungsrüge ist ggü anderen Rechtsbehelfen *subsidiär* (**I 1 Nr 1**); sie unterliegt nicht der Belehrungspflicht gem § 232 (s § 232 S 1 „anfechtbare"; Begr BTDrs 17/10490, 13), uU ist aber nach allg Grundsätzen ein individueller Hinweis des Gerichts geboten (s Rn 6, 14). Die erfolgreiche Rüge führt zu einer „Abhilfe" der Verletzung des Anspruchs auf rechtl Gehör (s Überschrift § 321a) durch Forts des Verf (**V**). Die Rüge ist kein Rechtsmittel (BGH NJW 2014, 2443 Tz 12 = MDR 2014, 894), sondern „Annex" zum Hauptsacheverf (s Rn 15). Ihre Erhebung hemmt nicht den Eintritt der Rechtskraft (§ 705 S 2; BGH NJW-RR 2022, 1070 Tz 5 = MDR 2022, 1042; Elzer MDR 2022, 1138); die Rechtskraft der angegriffenen Entscheidung steht der Rüge nicht entgegen (**I 1 Nr 1** „Rechtsmittel nicht gegeben" – iVm § 705 S 1). Die „begründete" Rüge beseitigt die bestehende Bindungswirkung gem § 318 (BGH NJW 2018, 3388 Tz 10 = MDR 2018, 1404; BGH MDR 2019, 370 Tz 15) und führt zur **Durchbrechung der Rechtskraft** (BGH NJW 2005, 1432; BGH NJW 2012, 3087 Tz 13; BGH NJW 2016, 3035 Tz 19; BGH NJW 2023, 1718 Tz 19; sa Rn 19). Das Gericht ist von der Bindung des § 318 und von der formellen und materiellen Rechtskraft freigestellt (BGHZ 220, 90 Tz 15; BGHZ 225, 252 Tz 11; BGH NJW-RR 2020, 1389 Tz 12). Während des Rügeverf ist die **Verjährung** gehemmt und **Vollstreckungsschutz** ist mögl (§ 707; s Rn 14a). Zur Anfechtbarkeit u Überprüfbarkeit der Rügeentscheidung s Rn 19, 20.

3 **3) Anwendungsbereich.** Der Rüge unterliegen (in bestimmten zeitl Grenzen: s Rn 14) *alle* unanfechtbaren instanzbeendenden „Entscheidungen". Gleichgültig ist die Entscheidungsform (Urteil oder Beschluss), die Art des Verf (Urteils- oder Beschlussverf, Haupt- oder Nebenverf; Hauptsacheverf oder Verf des einstw Rechtsschutzes etc) und die *Instanz*, in der die Entscheidung ergangen ist (erst-, zweit- oder letztinstanzl Entscheidung; Einzelheiten s Rn 5 [a]). Gegen der Endentscheidung vorausgehende unanfechtbare unselbständige *Zwischenentscheidungen* findet dagegen die Anhörungsrüge idR nicht statt (**I 2**; iE s Rn 5 [a]).

3a **4) Rügegegenstand. a) Gehörskontrolle.** Statthafter **Rügegegenstand** ist *jede* Verletzung des **Anspruchs auf rechtl Gehör (I 1 Nr 2)**, mag er zugleich eine Verletzung der „Mindestgarantie" des Art 103 I GG darstellen oder sich aus „überschießenden" einfachrechtl ZPO-Vorschriften ergeben (Einl Rn 17; Becker-Eberhard ZZP 135 [2022], 225; Roth ZZP 131 [2018], 21; Jauernig/Hess § 29 Rn 11, str; **aA** BVerfG NJW 2009, 3710 Tz 17; BGH NJW 2008, 2126, 2127 Tz 4; BGH NJW 2016, 3035 Tz 22; BGH NJW-RR 2020, 1389 Tz 13; Heiden NJW 2023, 480 Tz 17; Hk-ZPO/Saenger Rn 5; PG/Thole Rn 6; StJ/Althammer Rn 39; WSch/Rensen Rn 60). Die Praxis ermittelt den Verstoß gegen Art 103 I GG unter Rückgriff auf die ZPO-Grundsätze; danach darf das gehörswidrige Verfahren „im Prozessrecht keine Stütze finden" (zB BGH NJW 2018, 2730 Tz 9, 15; BGH MDR 2018, 1395; sa Rn 9).

3b **b) Verletzung anderer Verfahrensgrundrechte.** Die Verletzung anderer Verfahrensgrundrechte und -garantien (Einl Rn 15, 24-33) wird von **I 1 Nr 2 nicht** erfasst (BVerfG NJW 2009, 3710 Tz 18; BGH NJW 2016, 3035 Tz 22; = MDR 2016, 787; BGH ZIP 2024, 306 [krit Baumert ZIP 2024, 799]; Heiden NJW 2023, 480 Tz 9; Hk-ZPO/Saenger Rn 6; MskV/Wolff Rn 6; StJ/Althammer Rn 73; WSch/Rensen Rn 56 ff; Lechner/Zuck § 90 BVerfGG Rn 147 f; **aA** OVG Lüneburg NJW 2006, 2506; Poelzig ZZP 121 [2008], 237 ff mN; ThP/Seiler Rn 18; dazu neigend RSchwab/Gottwald § 61 Rn 55 mN; PG/Thole Rn 9, 18). Die Vertreter der **aA** befürworten zur Geltendmachung der Verletzung anderer Verfahrensgrundrechte die Gegenvorstellung mit analoger Anwendung von **II 1**; s Rn 4 [2f], offenlassend BGH NJW-RR 2024, 336 Tz 9 = MDR 2024, 460. Bei beabsichtigter Vb kann uU „vorsorgliche" Rügeerhebung geboten sein (s näher Rn 21 mN). Die Beschränkung auf das rechtl Gehör hat Konsequenzen für den Prüfungsumfang im Rügeverf (IV, V; dazu Rn 16-19). Bei bewusster und systematischer Beeinträchtigung der prozessualen Rechte *einer* Partei im EilVerf kommt der mit der Verletzung der prozessualen Waffengleichheit einhergehenden Gehörsverletzung keine eigenständige Bedeutung zu (s vor § 916 Rn 12).

4 **II) Abgrenzung. 1) Allgemeines.** Im Verhältnis der Rüge zu Rechtsmitteln und anderen Rechtsbehelfen gilt der Grundsatz des **Vorrangs des Rechtsmittels**, dem der der **Subsidiarität der Anhörungsrüge** entspricht. Soweit durch eine **Korrektur** gem §§ 319-321 der Fehler der Gehörsverletzung vollständig beseitigt wird, scheidet eine Anhörungsrüge aus (RSchwab/Gottwald § 61 Rn 46; AG/Hunke Rn 10 ff); iÜ ist Abhilfe gem **I, V** mögl und geboten (vgl MskV/Wolff Rn 8). – **2) Einzelne Rechtsbehelfe. a) Anschließung.** Ist für die rügewillige Partei der Weg des Rechtsmittels versperrt (die Rechtsmittelfrist war im Zeitpunkt gem **II 1** bereits verstrichen), hat aber der Gegner Rechtsmittel eingelegt, ist die Rüge im Weg der Anschließung (§ 524 I) zu erheben (so auch ThP/Seiler Rn 2a, str; aA: MskV/Wolff Rn 5). Es besteht kein Wahlrecht (Heiden NJW 2023, 480 Tz 8). Der Zwang der Anschließung ändert an der Rüge als eigenständigem Grundrechtsbehelf nichts; die Frist- und Formerfordernisse gem § 524 II 2, III werden durch **II 1-5** ersetzt; bei Rücknahme der Berufung behält die *Anschließung (entgegen § 524 III)* ihre Wirkung (str; aA StJ/Althammer Rn 23, hM); andernfalls müsste – prozessunökonomisch – ein (neues) Rügeverf beim Ausgangsgericht unter Aufrechterhaltung der fristwahrenden Anschließung eingeleitet werden (gleicher Ansatz bei Wolf ZZP 116 [2003], 523, 527; aA – Verf gem **IV, V**

geht vor – ThP/Seiler Rn 2a; StJ/Althammer Rn 23; OLG Saarbrücken NJW-RR 2009, 1151, 1152). – **b) Berufung.** Bestehen Zweifel, ob die Berufungsbeschwer (§ 511 II Nr 1) erreicht ist, ist *zugleich* (neben § 321a) Berufung einzulegen (BGH NJW 2012, 2523 = MDR 2012, 1116). – **c) NZB.** Ein „anderer Rechtsbehelf" iSv **I 1 Nr 1** ist auch die NZB (*arg* § 544 IX). Hat das Berufungsgericht die Revision nicht zugelassen, muss der Betroffene mit Hilfe der NZB den Gehörsverstoß geltend machen (BVerfG NJW 2007, 3418; BAG NJW 2020, 357). Die Verletzung des Grundrechts auf rechtl Gehör ist ein Revisionszulassungsgrund iSv § 543 II 1 Nr 2, Fall 2 (BGHZ 154, 289; BGHZ 159, 135; BGHZ 161, 346; sa § 543 Rn 18). Wegen der kassatorischen Ausgestaltung der NZB in § 544 IX kommt es im Fall eines erhebl Gehörsverstoßes und „Gehörsrüge" in der Berufungsinstanz idR nicht zur Durchführung eines Revisionsverf, sondern zur Aufhebung der angefochtenen Entscheidung und Zurückverweisung (BGH NJW 2005, 1950; BGH NJW 2005, 2710; BGH MDR 2019, 692 Tz 19; rechtspolitisch krit Siegmann JZ 2017, 606). Eine Ausnahme vom Vorrang der NZB kann sich uU aus dem Meistbegünstigungsgrundsatz ergeben (vgl BGHZ 161, 343, 347 f, im Einzelfall verneinend). – Im Fall der ausdr ges Zulassung (§ 574 I Nr 1) geht die **Rechtsbeschwerde** der Rüge vor (§ 574 II Nr 2 iVm § 543 II; BGHZ 161, 346; BGH NJW-RR 2022, 346 Tz 11). Da eine NZB nicht eröffnet ist, ist bei fehlender Zulassung die Rechtsbeschwerdeinstanz versperrt; eine Ausnahme soll allerdings bei willkürl Nichtzulassung gelten; dann soll eine ergänzende Zulassung der Rechtsbeschwerde analog § 321a mögl sein (so BGH NJW 2004, 2529; BGH MDR 2014, 976 Tz 15; BAG NJW 2011, 3532 Tz 16; offen lassend u im Einzelfall verneinend BGH NJW 2011, 1516 Tz 10; einschr BGH NJW-RR 2012, 306; sa § 321 Rn 6). **I Nr 1** gilt in Fällen, in denen die Wertgrenze gem § 544 II Nr 1 nicht erreicht ist. – **d) Außerordentl Beschwerde.** Der BGH verneint eine außerordentl Beschwerde wegen greifbarer Gesetzwidrigkeit (BGHZ 150, 133; BGH NJW-RR 2011, 640, ebenso BAG NZA 2009, 396; BVerwG NJW 2002, 2657; BVerfG NJW 2005, 771 LS; BFH NVwZ-RR 2012, 128; hier s vor § 567 Rn 6, § 707 Rn 22, str; bejaht aber bei „irrevisiblem" Grundrechtsverstoß eine „ausnahmsweise" Anfechtbarkeit auch unanfechtbarer Entscheidungen (BGHZ 233, 258 Tz 15, 23 = NJW 2022, 2622). – **e) Richterablehnung.** Gegen nicht anfechtbare Entscheidungen im Ablehnungsverf kommt grds Rüge in Frage, soweit nicht Inzidentkontrolle stattfindet (s § 46 Rn 23, 24). Ein abgelehnter Richter darf nicht über die Rüge entscheiden (§ 47; BVerfG NJW 2011, 2191, 2193 zu bb), auch nicht die Vertreterbesetzung gem § 45 I (§ 45 Rn 1). Durch Kombination von Richterablehnung und Rüge kann idR ein Richterwechsel nicht erreicht werden: Vorbefassung und Unrichtigkeit der Entscheidung sind (unterhalb von Willkür) keine Ablehnungsgründe (s § 42 Rn 16, 20, 28; abw Schnabl, Die Anhörungsrüge nach § 321a ZPO, 2007, S 226 ff; E. Schneider ZAP 2010, 1027); nachträgl bekannt gewordene Ablehnungsgründe können mit nicht offensichtl unzulässiger Rüge geltend gemacht werden (BGH NJW-RR 2022, 138 = MDR 2002, 265; Alpes MDR 2022, 294; sa Rn 2, 15, 19; § 42 Rn 3; § 44 Rn 16; § 46 Rn 23). – **f) Gegenvorstellung.** Die Rüge und die Gegenvorstellung schließen sich gegenseitig aus, da letztere eine für das Gericht nicht bindende (§ 318; dagegen hier Rn 2) Entscheidung voraussetzt (BGHZ 220, 90 Tz 13 u 18, jew mN, BGH NJW-RR 2024, 336 Tz 13 = MDR 2024, 460; str, vgl Rn 3b; näher hier vor § 567 Rn 8 ff; ferner MskV/Ball § 567 Rn 27; ThP/Reichold vor § 567 Rn 13, 15 **aA** Baumert ZIP 2024, 799, 800: § 321a analog). Auslegung als (Umdeutung in) Gehörsrüge ist möglich (s Rn 13). Die Gegenvorstellung hält die Frist für die Verfassungsbeschwerde nicht offen (BVerfG NJW 2009, 3710 Tz 19). – **g) Nichtigkeitsklage gem § 579 Nr 4.** Sie betrifft einen speziellen Fall der Gehörsverletzung (BVerfG NJW 98, 745), schließt in ihrem Anwendungsbereich aber § 321a nicht aus (Braun § 67 III 3). Eine entspr Anwendung auf andere Fälle von Verstößen gegen das rechtl Gehör oder gar der Verletzung anderer VerfGrundrechte scheidet aber aus (s § 579 Rn 7, hM; aA zB MK/Braun § 579 Rn 14). – **h)** Der Antrag auf **Wiedereröffnung** (§ 156 II) hat Vorrang vor der AnhRüge (BGH MDR 2016, 1111 u 1173 [Greger]). Die Nachholung der Prüfung gem § 156 im Rügeverf führt uU nicht zur Heilung des Gehörsverstoßes (Bsp BGH MDR 2017, 107 Tz 14). – **i) Untätigkeitsbeschwerde?** Gegen die Untätigkeit des Rügegerichts (Rn 15a) kann nur mit der Verzögerungsrüge (Entschädigungsklage) gem § 198 ff GVG vorgegangen werden (Heiden NJW 2023, 480 Tz 21). – **j) Verfassungsbeschwerde** verbleibt, wenn bei Gehörsverletzung das Rügeverf nicht zur Abhilfe führt; die Anhörungsrüge ist „Rechtsweg" iSv § 90 II 1 BVerfGG (BVerfGE 122, 198; BVerfGE 126, 17; BVerfGE 134, 106 Tz 22 = NJW 2013, 3506; BVerfG NJW 2024, 956 Tz 45; iE Zuck MDR 2011, 399; Lechner/Zuck § 90 BVerfGG Rn 147a ff; sa Rn 21). Darüber hinaus ist auch das Erfordernis der Subsidiarität zu beachten (Rn 21; vor § 916 Rn 12). – **k)** Keinen einfachrechtlichen Rechtsbehelf gibt es gegen die gegen die prozessuale Waffengleichheit verstoßende Beschlussverfügung (BVerfG NJW 2018, 3631 Tz 10; sa § 924 Rn 1).

III) Voraussetzungen der statthaften Rüge. 1) Rügefähige Entscheidung (§ 321a I 1 Nr 1, I 2). a) Unanfechtbare Entscheidung. aa) Unanfechtbare Endentscheidung. Hierher gehören zunächst alle **von Anfang an** unanfechtbaren Entscheidungen, so die letztinstanzl Entscheidungen, wie Urteile des BGH auf Revision (Sprungrevision) und Beschlüsse des BGH auf Rechtsbeschwerden sowie Beschlüsse über die Ablehnung der NZB (§ 544 VII); ferner Urteile der OLG als Berufungsgerichte ohne Zulassung der Revision, bei denen die NZB gem § 544 II ausgeschlossen ist; im Arrestverf (Verf über einstw Verfügungen) ergangene Berufungsurteile (§ 542 II) und auf Beschwerde ergangene Beschlüsse (§ 574 I 2 iVm § 542 II); Beschlüsse der Beschwerdegerichte (OLG/LG), bei denen die Rechtsbeschwerde nicht statthaft und auch nicht zugelassen ist (§ 574 I Nrn 1, 2), ER-Entscheidungen (s § 568 S 2, § 574 III), die Gegenvorstellung zurückweisende Beschlüsse (OLG Rostock NJW-RR 2010, 215); die Einstellung der ZwV abl Beschlüsse (§§ 707, 719, 769, s § 707 Rn 22); erstin- 5 stanzl, nicht berufungsfähige Urteile des AG oder LG, bei denen die notwendige Rechtsmittelbeschwer 600 Euro nicht übersteigt und das Gericht auch nicht die Berufung zugelassen hat (§ 511 II Nr 1, 2; iE s § 511 Rn 13); „isoliert" nicht anfechtbare Kostenentscheidungen (§ 99 II); Gewährung von WE (§ 238 III; dazu sogleich unten „b"). – **bb) Nicht angefochtene Entscheidung. Unanfechtbar** sind auch alle einem befristeten Rechtsmittel oder Rechtsbehelf unterliegenden Entscheidungen, die durch Ablauf der Rechtsmittel-(Rechtsbehelfs-)Frist formell rechtskräftig geworden sind. Dies entspricht dem Normwortlaut von **I 1 Nr 1** und der Fristenregelung in **II 1, 2.** (Schnabl NJ 2007, 289 u AnwBl 2008, 188; Kettinger Jura 2007, 164, str; aA StJ/Althammer Rn 21). – **b) Rügeausschluss bei der Endentscheidung vorausgehenden Entscheidungen (I 2).** Bei der Rügefähigkeit von unanfechtbaren **Zwischenentscheidungen** – zB gem § 238 III, § 303, § 320 IV 4, § 348 IV, § 348a III, § 526 III, § 512, § 557; § 102 S 1 GVG – ist zu unterscheiden: Bei sog **unselbständigen** Zwischenentscheidungen – Bsp: Beweisbeschlüsse (§§ 358a, 359), Trennungs- u Verbindungsbeschlüsse (§§ 145, 147) – ist der Rügeausschluss idR unproblematisch (zu Ausnahmen sogleich unten); bei ihnen fehlt es an einer abschließenden Entscheidung. Bei **selbständigen** Zwischenentscheidungen, die über eine wesentl Rechtsfrage mit bindender Wirkung für das weitere Verf entscheiden u keiner weiteren Nachprüfung mehr unterliegen, ist die Anhörungsrüge unter verfassungskonformer Auslegung von **I 2** zur Vermeidung einer Rechtsschutzlücke **statthaft** (vgl BVerfGE 119, 292 = MDR 2008, 223; BVerfG NJW 2009, 833; BGH NJW-RR 2009, 642 Tz 6; WSch/Rensen Rn 29; Bernau NJW 2014, 2236 ff; abw Schnabl, Die Anhörungsrüge nach § 321a ZPO, 2007, S 52 ff). **Bsp:** Richterablehnungsentscheidungen (BVerfG NJW 2010, 2421 LS; sa § 46 Rn 23, 25), insb auch beim BGH, BAG (BVerfGE 119, 292 = MDR 2008, 223; BVerfG NJW 2009, 833; BGH [StS] NJW 2009, 833 und BSG (§ 46 Rn 26); aA BGH NJW 2007, 3786 [abl Fölsch]; sa § 46 Rn 24 aE); PKH-Ablehnung (OLG Naumburg FamRZ 2007, 917; Zuck, Die Anhörungsrüge im ZP, 2008, Rn 84 f; sa Lechner/Zuck § 90 BVerfGG Rn 145 ff zu Vb); Verlustigerklärung von Rechtsmittel (§ 516 III; vgl BGH NJW-RR 2022, 209 Tz 6); Erteilung von WE (§ 238 III) im Verhältnis zum Gegner (BGH NJW-RR 2009, 642 = MDR 2009, 520); Beweisbeschluss unter Verstoß gegen vorh persönl Anhörung (s § 56 Rn 8 [b]); Verweisungsbeschluss (§ 281 II 2); dass nach hRspr die Bindungswirkung von Zwischenentscheidungen in Beschlussform (insb Verweisungsbeschlüssen) bei grundrechtsrelevanten Verfahrensfehlern eingeschränkt ist (s § 36 Rn 38; § 281 Rn 17), ändert an der Rügezulässigkeit nichts (Rieble/Vielmeier JZ 2011, 924 f, str; aA Begr BTDrs 15/3706, 16; sa § 318 Rn 12).

6 **2) Rügeberechtigung; Rüge (§ 321a I 1). a) Rügeberechtigung.** Die Rüge kann nur die **Partei**, die durch die (instanzabschließende) Endentscheidung **beschwert** ist, einlegen. Dies ist der Fall, wenn die Entscheidung im Verhältnis zu den gestellten Anträgen ihr nachteilig ist (iE s vor § 511 Rn 10); bei selbständigen Zwischenentscheidungen ist eine „Rüge-Beschwer" zu bejahen (s Rn 5 [a]). Für die Rüge reicht **jede** Beschwer (arg Grundrechtsverstoß), irgendein bestimmter Beschwerdewert ist nicht erforderl. Auf einen (Mindest- oder Höchst-)Beschwerdewert kann es aber uU für die Rechtsmittelfähigkeit der Entscheidung ankommen (s Rn 5 [a]). Außer den (Haupt-)Parteien kann auch jeder *Verfahrensbeteiligte*, dem ein – eigenes oder abgeleitetes – Recht auf Gehör zusteht (**Nebenparteien**, s vor § 50 Rn 3), die Rüge erheben. Der **NI** (§§ 66, 67) kann – aus abgeleitetem Recht – Gehörsverletzungen zum Nachteil der von ihm unterstützten Hauptpartei geltend machen (s § 67 Rn 5); soweit ihm als „Beteiligtem" (s § 71 III, s § 71 Rn 8) ein originärer Gehörsanspruch zusteht (s § 67 Rn 2), kann er bei dessen Verletzung die Rüge ohne Rücksicht auf einen Widerspruch zum Verhalten der Hauptpartei (§ 67 letzter Hs) geltend machen; er hat *insoweit* die Rechtsstellung eines streitgenössischen NI (Art 103 I GG-konforme Auslegung von § 67; vgl BGH NJW 2009, 2679, 2681 Tz 24 = MDR 2009, 1173) und kann so eine VerfFortsetzung in der Instanz u ggf eine Abänderung der Entscheidung gem **V** erreichen (sa § 71 Rn 8). Eine *ausgeschiedene* Partei ausnahmsw dann, wenn sie durch die Endentscheidung betroffen ist. Bsp: Kostenentscheidung zum Nachteil eines früheren Streitgenossen (OLG Düsseldorf MDR 2010, 1487). Nicht rügeberechtigt sind grds **Dritte** (Nichtparteien/-beteiligte). Bsp: Der Gegner in nichtkontradiktorischen Verf (OLG Bremen MDR 2014, 493 für PKH). Eine Ausnahme besteht für nicht zugezogene **notwendig Beteiligte** iSv vor § 64 Rn 2 (näher Rieble/Vielmeier JZ 2011, 928 f). Gesetzl **Vertreter** und ProzBev haben kein eigenes Rügerecht (s Einl Rn 19), wohl aber selbständige Interessenwahrer einer Partei (BVerfG NJW 2013, 2658 zu § 276 FamFG). – **b) Rüge.** Für die „Abhilfe" ist eine **Rüge** (s Rn 13 ff) der rügeberechtigten Partei erforderl (vgl demggü § 236 II 2 Hs 2; § 33a StPO). Allerdings gebietet der Grundsatz des fairen Verf (BVerfG NJW 2013, 446; allg s Einl Rn 24 ff), dass das Gericht, dem ein entscheidungserhebl Gehörsverstoß nachträgl zur Kenntnis gelangt, die betroffene Partei – und aus Gründen der Wahrung rechtl Gehörs – auch die Gegenpartei darauf hinweist (vgl BVerfG NJW 2005, 3629 zu WE-Grund). Ohne oder gegen den Willen der rügeberechtigten Partei scheidet aber eine **Abhilfe vAw** aus, anders aber bei Fehlen der Bindungswirkung (s Rn 5 [b aE]).

7 **IV) Rügegrund (§ 321a I 1 Nr 2). 1) Gehörsverletzung.** Gegenstand der Rüge nach **I 1, II** ist nur eine **neue und eigenständige Verletzung** des **rechtl Gehörs** durch das zuletzt befasste Gericht (iSv I 1 Nr 2) *selbst* (vgl BVerfG NJW 2007, 3418, 3419; BVerfG NJW 2008, 2635 [Zuck]; BVerfG NJW 2009, 1609; BVerfG NJW-RR 2010, 274 = MDR 2010, 100; BVerwG NJW 2009, 457; StJ/Althammer Rn 36; WSch/Rensen Rn 55; **„originäre" Gehörsverletzung** durch den *judex a quo*). In einem Rechtsmittelverf nicht behobene, vielmehr aufrechterhaltene (*„perpetuierte"*) *Verstöße* der *Vorinstanz* können nicht Gegenstand eines Rügeverf gegen die Entscheidung der *höheren* Instanz sein; unzulässig ist damit eine sog **sekundäre Gehörsrüge** (vgl BayVerfGH NJW 2014, 683 LS; OLG Jena MDR 2011, 450; Lechner/Zuck § 90 BVerfGG Rn 147d).

2) Fallgruppen der Gehörsverletzung. Die Einteilung ist nicht erschöpfend. – **a) Sog Pannenfälle.** Bei ihnen erfolgt der Verstoß gegen das rechtl Gehör unbeabsichtigt. **Bsp:** Ein fristgerecht eingereichter Schriftsatz wird nicht berücksichtigt, weil er versehentl von der GeschSt nicht rechtzeitig vorgelegt wird (BVerfGE 46, 187; BVerfGE 60, 122 f; BVerfGE 61, 122 f; BVerfGE 62, 352; BGH NJW-RR 2011, 424 Tz 14) oder nicht zu den Akten gelangt (BVerfG NJW 2023, 2173 Tz 26; BGH NJW-RR 2024, 480 Tz 9 = MDR 2024, 395 – elektron Dokument), zB bei falschem Az (BVerfG NJW 2013, 925), in eine falsche Akte (BVerfGE 42, 248) oder sonst verloren geht (BGH NJW-RR 2022, 995 Tz 8); „Verlust auf dem Postweg" ist dagegen uU Fall von WE (§ 236 Rn 6). Ein nicht nachgelassener, neues Vorbringen enthaltender Schriftsatz wird zu Lasten des Gegners berücksichtigt (BVerfGE 55, 99); eine gerichtl Fristsetzung erreicht die Partei nicht (BGH GRUR-RR 2008, 458 Tz 8); das Gericht verwertet eingeholte Auskünfte, ohne Gelegenheit zur Stellungnahme gegeben zu haben (Einl Rn 18); es übergeht wesentl Tatsachenvorbringen, entscheidungserhebl Beweisangebote (BVerfGE 60, 252; BVerfG NJW-RR 2004, 1150; BVerfG NJW-RR 2020, 60 Tz 7, 10; BVerfG MDR 2020, 55 Tz 10) oder Klageanträge (BVerfGE 28, 385; BVerfGE 54, 92; sa Rn 11: Übergehungsfälle); es unterstellt eine tatsächlich nicht abgegebene prozessuale Erklärung als abgegeben (BGH NJW-RR 2022, 209 Tz 7); es verwirft ein Rechtsmittel als (vermeintl) verspätet (vgl BVerfG NJW 2012, 1065: unauffindbares Voraus-Fax). Die Gehörsrüge erweitert insoweit die Möglichkeiten gem §§ 320, 321. Bei nachträgl Bekanntwerden von nachgereichtem Schriftsatz ist nach § 156 vorzugehen (BGH MDR 2016, 1111; sa Rn 4 [2 h]. 8

b) Sog Präklusionsfälle. Bei ihnen wird das Äußerungsrecht der Partei durch fehlerhafte Rechtsanwendung bewusst verkürzt; es handelt sich um Fälle ungerechtfertigter Präklusion **iwS**, also über die Nichtberücksichtigung von Vorbringen als verspätet (vgl §§ 296, 296a, 530, 531) hinaus um jeden Ausschluss aus Gründen, die „im Prozessrecht keine Stütze finden" (BVerfGE 50, 36; 69, 144; BGH NJW 2017, 736 Tz 11; BGH NJW 2020, 1740 Tz 4; BGH NJW 2022, 2935 Tz 11 = MDR 2022, 1299; BGH MDR 2019, 1333 = MDR 2020, 15 [Alpes]; BGH NJW-RR 2022, 1144 Tz 12). Nichtberücksichtigung von Vorbringen aus Gründen des materiellen oder formellen Rechts ist dagegen keine Frage des rechtl Gehörs (vgl BVerfGE 69, 144; BVerfGE 96, 216; BVerfGE 105, 311; BVerfG NJW 2020, 142 Tz 8; BGH NJW 2009, 1609 Tz 11; s Rn 7). **Bsp:** Zurückweisung von Vorbringen unter falscher Anwendung von Präklusionsvorschriften (BVerfGE 60, 5; 67, 41 ff; BGH NJW 2018, 1686 Tz 13; BGH NJW 2018, 2730 Tz 15; BGH NJW 2025, 658 Tz 16) oder wegen zu Unrecht angenommener Bindung an die Rechtskraft eines früheren Urteils (BGH NJW 2017, 893 Tz 12); Zurückweisung (Übergehen) von Vorbringen oder Beweisanträgen aus Gründen, die dem Prozessrecht unbekannt sind (BVerfGE 50, 36; BVerfGE 60, 252; BGH NJW-RR 2010, 1217 Tz 10; BGH NJW-RR 2015, 829 Tz 9; BGH MDR 2018, 1395; sa Rn 11), wie Abhängigmachen der BA von Wahrscheinlichkeit und Plausibilität des Parteivorbringens (BGH NJW 2015, 409 Tz 14 = MDR 2015, 48), wie bei unzulässiger Beweisantizipation (BGH NJW 2022, 2935 Tz 11 = MDR 2022, 1299); Nichtberücksichtigung von Parteivortrag wegen Widerspruchs zu früherem, aufgegebenen Vorbringen (BGH MDR 2018, 1395); Verfristung mit Vorbringen, obwohl gesetzte Äußerungsfrist unklar, widersprüchl (BVerfGE 60, 6), zu kurz bemessen oder bei der Entscheidung noch nicht abgelaufen war (BVerfGE 49, 215; BVerfGE 61, 41; BVerfG NJW 2009, 3779; BGH NJW 2012, 2201 Tz 17; BGH NJW 2017, 1111); Verweigerung von Akteneinsicht (BVerfG NVwZ 2010, 954); *überspannte Anforderungen* an die *Substantiierung* (BGHZ 202, 180 Tz 60 = NJW-RR 2014, 1248; BGH NJW 2012, 1647 Tz 15; BGH NJW 2022, 935 Tz 15; BGH NJW-RR 2022, 775 Tz 10; BAG NJW 2022, 1558 Tz 22; s § 138 Rn 7b; vor § 284 Rn 8a); gerichtl Schätzung, wo deren ges Voraussetzungen (§ 287) fehlen (BVerfG NJW 79, 413); Ablehnung oder Übergehung eines begründeten Vertagungsantrags (§ 227 I 1; BVerfG NJW 2021, 3384 Tz 10); unzutr Behandlung von bloßem Nichtbestreiten (§ 138 III) als bindendes Geständnis gem §§ 288, 290 (BVerfG NJW 2001, 1565). 9

c) Hinweisfälle (Verbot von Überraschungsentscheidungen). Das BVerfG lehnt es zwar ab, aus Art 103 I GG eine allg richterl Aufklärungs- und Hinweispflicht abzuleiten (s Einl Rn 17), erkennt aber im Einzelfall aus Gründen des rechtl Gehörs, insb zur Vermeidung von Überraschungsentscheidungen richterl Hinweispflichten an (s BVerfGE 84, 188, 190; BVerfGE 86, 133, 144; BVerfG NJW-RR 2009, 562; BVerfG MDR 2018, 694 Tz 6; BGH NJW-RR 2010, 1075 = MDR 2010, 710). **Ges Ausprägungen:** § 139 I 2, II, IV; § 279 III; § 504; § 522 II 2; § 28 I, II FamFG; § 6 S 2 KSchG; § 265 StPO. So darf das Gericht ohne vorh Hinweis nicht Anforderungen an den Sachvortrag stellen oder auf rechtl Gesichtspunkte abstellen, mit denen auch eine gewissenhafte und kundige Partei nach dem bish Prozessverlauf nicht zu rechnen braucht (BVerfGE 84, 190; BVerfGE 86, 144; BVerfGE 98, 263; BVerfGE 108, 345 = NJW 2003, 3687; BVerfG NJW 2023, 599 Tz 8; BVerfG NJW 2023, 2173 Tz 22; BVerfG NJW 2024, 1645 Tz 29; BFH NJW 2024, 695 Tz 11). **Überraschungsentscheidungen** verletzten daher (zugleich) das rechtl Gehör (§ 139 II; vgl BVerfG NJW 2012, 2262 Tz 23; BVerfG MDR 2018, 614 Tz 4 u 6; BVerfG NJW-RR 2018, 694 Tz 18; BGH NJW 2014, 2796; BGH NJW 2016, 3100 Tz 31 f; BGH NJW-RR 2020, 188 Tz 8 = MDR 2020, 185; BGH MDR 2022, 1233 Tz 33; BFH NJW 2024, 695 Tz 10; Fellner MDR 2022, 1403). **Bsp:** Das Gericht darf dem Kl nichts entgegen § 308 zusprechen (BGH MDR 2022, 599). Das Gericht muss auf eine Änderung seiner Rechtsauffassung oder seiner bisher geübten Praxis hinweisen (BGH NJW 2014, 2796; BGH MDR 2020, 364; OLG Koblenz NJW-RR 2023, 570); von der Beurteilung der Vorinstanz darf es nicht ohne Hinweis abweichen (BVerfG NJW 2003, 2524; BVerfG NJW 2023, 599 Tz 18, 25; BGH NJW-RR 2006, 977 Tz 4; BGH MDR 2014, 47 Tz 13). Will das Gericht aus eigener Sachkunde (ohne SV) entscheiden, muss es vorher darauf hinweisen (BGH NJW 2018, 2730 Tz 16), ebenso auf die beabsichtigte Zugrundelegung offen- 10 kundiger Tatsache iSv § 291 (BGH NJW-RR 2022, 499 Tz 8). Das Gericht darf ein Rechtsmittel nicht als verfristet verwerfen, ohne vorher durch einen Hinweis Gelegenheit zu einem WE-Antrag gegeben zu haben (BGH NJW 2013, 1281); nach Zurückverweisung muss vor Neuentscheidung angemessene Zeit zugewartet, besser Frist gesetzt werden (BGH MDR 2006, 409); es darf nicht ohne vorh Hinweis überzogene – dh von der allg geübten Prozesspraxis abweichende – Anforderungen an die Substantiierung von Sachvortrag, die prozessualen Formalien oder die Vornahme mat-rechtl Rechtsgeschäfte im Prozess stellen (BVerfGE 74, 235; BVerfGE 84, 188; BVerfG NJW 94, 1274; BVerfG NJW-RR 93, 764; BGH NJW-RR 2007, 1409; sa Rn 9). Im Verfahren nach § 495a muss das AG die Parteien auf ihr Recht auf mündl Verh hinweisen (BVerfG NJW 2022, 2677 Tz 44; Röß NJW 2022, 3679 Tz 24). Dem unterbliebenen richtigen Hinweis steht die Erteilung unklarer, sachl unrichtiger und rechtl verfehlter Hinweise gleich (vgl zB BGH BB 2009, 128; BGH GRUR 2011, 654 Tz 15, 18); dann ist ggf ein *erneuter* Hinweis geboten (BGH MDR 2011, 1133 LS = GRUR 2011, 851 Tz 14). Ein verspäteter erstmaliger Hinweis ohne die Möglichkeit zu sachdienl neuem Vorbringen genügt nicht (BGH NJW 2010, 363 Tz 26; OLG Stuttgart 28.3.2023 – 6 U 18/23); ggf ist er mit einer Äußerungsfrist zu verbinden (BGH NJW 2013, 1358; sa § 139 V). Zur Entscheidungserheblichkeit und Rügebegründung in Hinweisfällen s Rn 12, 13a. **Lit:** Kern, Richterliche Hinweise als Mittel zur Herstellung von Waffengleichheit, ZZP 136 (2023), 201; Spickhoff, Richterliche Hinweispflichten: Gründe und Grenzen, FS Roth, 2021, S 527.

11 **d) Sog Übergehensfälle („krasse Fehlentscheidungen").** Eine weitere Konstellation von Gehörsfehlern bilden die sog Übergehens-(auch Nichtberücksichtigungs-)fälle, bei denen das Gericht die Pflicht zur Kenntnisnahme und Erwägung verletzt. Dies liegt aber nicht schon bei Fehlen des Parteivorbringens in den Gründen vor (BVerfG NJW 2018, 2251; BVerfG NJW-RR 2018, 694 Tz 18; BAG NJW 2012, 3196 Tz 27). Das **Kernvorbringen** der Parteien ist aber in den Entscheidungsgründen zu verarbeiten (BVerfG NJW 2023, 1803 Tz 17, 19, 28; BGH NJW-RR 2020, 1389 Tz 17; BGH NJW 2024, 2393 Tz 12; BGH MDR 2024, 595 Tz 8; s Einl Rn 18; Bezeichnung im Anschluss an den Übergehens-Tatbestand des § 321 I). Zu dieser Gruppe gehören auch die Fälle der *evidenten Verfehlung des Sachverhalts* und der Gehörsvereitelung durch eine *willkürl Verfahrensgestaltung.* Bei Letzteren ist das vom Gericht eingeschlagene Verf so fehlerhaft, dass es „unter Berücksichtigung des Schutzzwecks von Art 3 I und 103 I GG nicht mehr verständl erscheint" (BGHZ 171, 326 = NJW 2007, 3575). **Bsp:** Entscheidung ohne mündl Verh ohne Nachweis des Zugangs der Anordnung des vereinf Verf (BVerfG NJW 2006, 2248; BVerfG NJW-RR 2009, 562; BayVerfGH NJW-RR 2008, 1312); Entscheidung durch Beschluss nach Bestimmung von Termin zur mündl Verh (BVerfG NJW-RR 2006, 1654) oder entgegen dem gestellten Antrag gem § 495a S 2 (BVerfG NJW 2012, 2262; BVerfG NJW 2015, 3779; BVerfG NJW-RR 2017, 690); Entscheidung vor Ablauf der Äußerungsfrist (BVerfG MDR 2018, 614 Tz 5); krasse Mängel bei der Sachverhaltsaufklärung (BGHZ 171, 326) u -erfassung (BGH NJW-RR 2009, 786); Missachtung der gebotenen vorh persönl Anhörung (§ 34 I Nr 1, § 278 FamFG entspr; sa § 56 Rn 8 [b]). Hier einzuordnen sind auch: Das Gericht hat den **Kern** („Sinn") des Vorbringens der Parteien überhaupt nicht erfasst (BVerfGE 47, 189; BVerfG NJW 2018, 2251; BGH NJW 2018, 2133 Tz 8; BGH NJW 2018, 2730 Tz 11; BGH NJW 2019, 1754 Tz 7; BGH NJW-RR 2020, 693 Tz 9; BGH NJW-RR 2020, 1389 Tz 14, 17) oder grob missverstanden (vgl BVerfG NJW 2009, 1585, 1587 Tz 36; BGHZ 173, 43 Tz 8; BGH NJW 2009, 2137); es hat den **zentralen Vortrag** einer Partei gar nicht (BVerfG NJW 2023, 1803 Tz 17, 19, 28; BVerfG NJW 2023, 2106 Tz 33, 37; BGH NJW 2009, 2139; BGH NJW-RR 2010, 1216; BGH NJW 2024, 2393 Tz 12; BGH NJW-RR 2024, 705 Tz 8; BGH NJW 2025, 659 Tz 11; BGH MDR 2024, 1398 Tz 10), oder nur beiläufig behandelt (BAG NJW 2009, 461), zu wesentl Parteivorbringen nicht Stellung genommen (BGH NJW 2022, 2683 Tz 8) oder sich mit umfangreichem Tatsachenmaterial nur „ausschnittsweise" (BGH NJW-RR 2009, 786) oder nur „bruchstückhaft" befasst (BGH ZIP 2010, 1669 Tz 12). Oft geht es um grobe Fehler in tatsächl oder rechtl Hinsicht (Abgrenzung: einfache Rechtsfehler, s Rn 7). **Bsp:** „offenkundig unrichtige Rechtsanwendung" bei Rechtsmittelformalien (BVerfG NJW 2004, 3551); Mitabweisung eines nachträgl „aus den Augen verlorenen" Klageantrags „im Übrigen" (BVerfGE 54, 92); Verkennen *ges Beweisregeln* (BGH MDR 2024, 1398 Tz 11); eine *Beweiswürdigung*, die wesentl Parteivortrag nicht in Erwägung zieht (BGH NJW-RR 2013, 1240), ein SV-Gutachten trotz Einwendungen ohne nähere Begründung als „überzeugend" übernimmt (BVerfG FamRZ 97, 151) oder sich nicht mit dem auf ein *Privatgutachten* gestützten Parteivortrag auseinandersetzt (BGH NJW-RR 2010, 711), das antragswidrige Unterlassen der Ladung des SV zur mündl Anhörung (BVerfG NJW-RR 2013, 626; s § 411 Rn 4), die von der 1. Instanz abw Würdigung einer Zeugenaussage durch das Berufungsgericht ohne erneute Vernehmung (BVerfG NJW 2011, 49; BGH NJW-RR 2009, 1291); Nichteingehen auf nachgewiesene einschlägige BGH-Rspr (BVerfG MDR 2013, 1113; BVerfG NJW 2023, 1803 Tz 22, 29); Übersehen, dass früherer Vortrag nicht mehr aufrechterhalten wird (BVerfG NJW 2001, 1200); Verdrehung einer Sachverhaltsdarstellung in ihr Gegenteil (BVerfGE 57, 42); Bezeichnung von Unstreitigem als streitig (BVerfG NJW 94, 2279) und umgekehrt; Widersprüchlichkeit von Tatbestand und Entscheidungsgründen (BGH NJW 2014, 1529 Tz 6; BGH NJW-RR 2014, 381 Tz 11); Bezeichnung von bereits zu den Akten überreichten Angaben als fehlend (BVerfG NJW 91, 2622); Behandlung von nicht mitgeteiltem Vorbringen als mitgeteilt (BVerfG NJW 2006, 2248), wie überhaupt Verstöße gegen den klaren Inhalt der Akten (BFHE 191, 190; BFH NJW 2019, 3472; BVerwG NJW 2012, 1672 Tz 14: Aktenwidrigkeit); das Verkennen des Grundsatzes, dass eine Partei sich die bei einer Beweisaufnahme zu Tage tretenden ihr günstigen Umstände regelmäßig zumindest hilfsw zu eigen macht (BGH NJW-RR 2010, 495). – Will sich die Partei bei einem *Zusammentreffen* der Ge-

hörsverletzung mit anderen Grundrechtsverstößen (insb gegen das Willkürverbot oder das Gebot fairen Verf) die Verfassungsbeschwerde zum BVerfG offen halten, muss sie zunächst die Anhörungsrüge erheben (BVerfG NJW-spezial 2023, 280; BayVerfGH NJW 2019, 2297; s Rn 3b, 21).

3) Entscheidungserheblichkeit. Von einer Entscheidungserheblichkeit der Gehörsverletzung ist wie bei dem im 12
Revisionsrecht geläufigen Begriff des „Beruhens" (§§ 545, 547) immer dann auszugehen, wenn nicht ausgeschlossen werden kann, dass das Gericht ohne die Verletzung des Anspruchs auf rechtl Gehör zu einer *anderen* Entscheidung gekommen wäre (BVerfG NJW 2018, 1077 Tz 16; BVerfG NJW 2023, 599 Tz 31; BVerfG NJW 2023, 1803 Tz 29; BVerfG NJW 2024, 1645 Tz 48, 52; BGH NJW 2022, 2683 Tz 12; StJ/Althammer Rn 41; MskV/Wolff Rn 7; WSch/Rensen Rn 67). Ausreichend ist damit, dass eine dem Rügeführer günstigere Entscheidung **nicht ausgeschlossen** werden kann (BayVerfGH NJW-RR 2011, 1209, 1210), nicht erforderl ist, dass die Entscheidung bei Gehörsgewährung für ihn (tatsächl) günstiger ausgefallen wäre (Frage der Rüge-„Begründetheit", zu entscheiden ggf nach BA im Fortsetzungsverf, s Rn 18). Maßgebend für die „Erheblichkeit" der Gehörsverletzung ist, anders als beim Umfang des Parteirechts (s Einl Rn 18), der Rechtsstandpunkt des (über die Rüge entscheidenden) Gerichts (wie Rn 7). **Bsp:** Hat das Gericht erhebl Beweisanträge übergangen, beruht das Urteil auf der Gehörsverletzung, da nicht ausgeschlossen werden kann, dass das Urteil bei Durchführung der Beweisaufnahme anders ausgefallen wäre (BVerfGE 53, 223; BVerfGE 60, 250 u 252; BayVerfGH NJW-RR 2011, 1209; BGHZ 187, 69 Tz 14); dasselbe gilt, wenn die Gehörsverletzung in der Nichtdurchführung einer gebotenen mündl Verh besteht (vgl § 156 II Nr 3; dazu BVerfG NJW 2019, 2919 Tz 12; BGH NJW-RR 2022, 1425 Tz 27), desgl bei gehörswidriger Durchführung einer mündl Verh (OVG Münster NJW 2022, 3303 Tz 2, sa Rn 13a). War eine Äußerungsfrist zu kurz bemessen oder ist neues Tatsachenvorbringen der Gegenpartei nicht mitgeteilt worden, beruht die Entscheidung auf der Gehörsverletzung, wenn nicht auszuschließen ist, dass sie bei gehöriger Anhörung anders ergangen wäre (BVerfGE 55, 99; BVerfGE 62, 396; BVerfGE 64, 208). Ist eine Partei zu Unrecht mit Vorbringen ausgeschlossen worden, ist die Gehörsverletzung erhebl, wenn bei Berücksichtigung des präkludierten Vorbringens anders zu entscheiden gewesen wäre. Das als übergangen gerügte Vorbringen ist konkret zu bezeichnen (BVerfG MDR 2018, 614 Tz 7; sa Rn 13a). Hat das Gericht einen notwendigen Hinweis (§ 139) unterlassen, setzt die Beruhensprüfung voraus, dass der Rügeführer ggf vorträgt, dass und welche erheblichen (weiteren) Beweise er angetreten hätte, wenn der Hinweis gegeben worden wäre (BGH NJW 2008, 378; BGH NJW 2009, 148, 150 Tz 10; BGHReport 2009, 35; BAG NJW 2005, 1885; sa Rn 13a). Bei mehrfach (alternativ, hilfsw) begründeter Entscheidung ist der Gehörsverstoß nur erhebl, wenn er *sämtl* Begründungsstränge betrifft (BGH NJW 2017, 2623 Tz 12). Ist eine Rechtsmittelbegründung unberücksichtigt geblieben, die sich mit der angefochtenen Entscheidung argumentativ auseinandersetzt, ist der Gehörsverstoß iZw erhebl (BGH NJW-RR 2011, 424 Tz 17). Ist die Rüge in diesem Sinn erhebl (Möglichkeit günstigerer Entscheidung genügt), so ist sie *begründet* u kann nicht mit der Begründung – *als unbegründet* – zurückgewiesen werden, das Gericht wäre auch ohne Gehörsverstoß zu keiner anderen Entscheidung gekommen; ob es bei dem erlassenen Urteil verbleibt (s V 3 iVm § 343) ist nach Behebung des Mangels auf Grund mündl Verh im fortgesetzten Verf zu entscheiden; diese Entscheidung darf nicht im Rahmen einer Rügezurückweisung vorweggenommen werden (näher s Rn 18). Die Darstellung der Erheblichkeit der Gehörsverletzung gehört zu den Förmlichkeiten der Rügeerhebung (s Rn 13a).

V) Rüge als Rechtsbehelf (§ 321a II). 1) Formerfordernisse (§ 321a II 4; § 130a, § 130d S 1). Die Rüge ist „in 13
ges Form" **(IV 1) „schriftl"** zu erheben (**II 4 Hs 1**). Bei der „Rügeschrift" handelt es sich um einen bestimmenden Schriftsatz (s § 129 Rn 3); **§§ 130a, 130d S 1** gelten. **Adressat** der Rüge ist das Gericht, dessen Entscheidung angegriffen wird (**II 4**). Handelt es sich um ein Gericht mit **Anwaltszwang** (§ 78 I), ist die Rüge Anwaltsschriftsatz (BGH NJW 2005, 2017 = MDR 2005, 1182; BGH NJW-RR 2017, 187 Tz 4, 6). Beim BGH ist § 78 I 3 zu beachten (BGH NJW-RR 2021, 375). In Verf ohne RA-Zwang (s § 79 Rn 2; Bsp: s § 78b Rn 7, § 117 I, § 127 II) kann die Rüge auch von der Partei selbst schriftl erhoben (BGH NJW-RR 2011, 640 = MDR 2011, 748; OLG Köln NJW-RR 2015, 576) oder mündl zu Protokoll der GeschSt des Prozessgerichts (§ 496) oder jeden anderen AG (§ 129a) erklärt werden (wie § 236 Rn 2). – Der Rügeführer muss die angegriffene (rügefähige) Entscheidung bezeichnen (**II 5 Hs 1 iVm I 1 Nr 1**) und darlegen, dass das Gericht seinen Anspruch auf rechtl Gehör in entscheidungserheblicher Weise verletzt hat (**II 5 Hs 2** iVm **I 1 Nr 2**; Heiden NJW 2023, 480 Tz 6-12; s Rn 13a). Eine bestimmte *Bezeichnung* des Behelfs ist nicht erforderl. Liegen die Voraussetzungen eines Rechtsmittels vor, kommt *Umdeutung* in Frage (KG NJW-RR 2010, 142; offen lassend BVerfG NJW 2014, 991 Tz 26; allg s vor § 511 Rn 37).

2) Rügebegründung. Die Rüge muss das Vorliegen eines Falls der entscheidungserhebl Verletzung des An- 13a
spruchs auf rechtl Gehör durch die angegriffene Entscheidung (BGH NJW 2009, 1609) innerhalb der Frist gem Rn 14 **darlegen (II 5 Hs 2, I 1 Nr 2)**. Erforderl ist eine substantiierte Darstellung der Verletzung des rechtl Gehörs und ihrer Entscheidungserheblichkeit (s Rn 7-12). Es handelt sich um den Sonderfall einer **Verfahrensrüge**, so dass auf die entspr Grundsätze zurückgegriffen werden kann (§ 520 III 2 Nr 2; § 551 III Nr 2b, auch § 236 II; § 72 II Nr 3 ArbGG; § 138 Nr 3 VwGO; iE BGH NJW 2016, 2890 = MDR 2016, 1106 zu § 520 III 2 Nr 2). In der Rügebegründung sind daher die einzelnen Umstände („Tatsachen", Verfahrenssituation uÄ) darzustellen, aus denen sich aus der Sicht der rügenden Partei die Gehörsverletzung ergibt (BGH NJW 2009, 1609; OLG Jena MDR 2011, 1377), ferner, warum die Entscheidung ohne die Gehörsverletzung möglicherw *anders*

ausgefallen wäre. Je nach der Art der gerügten Gehörsverletzung kann zur Begr der Entscheidungserheblichkeit hypothetisches Vorbringen im Ausgangsverf erforderl sein (BGH NJW-RR 2020, 573 Tz 14), so etwa bei den Hinweisfällen (s Rn 10 u 12), dagegen idR nicht bei den Präklusionsfällen (s Rn 9) oder bei einer gehörswidrig durchgeführten mündl Verh (OVG Münster NJW 2022, 3303 Tz 2). Bei Offenkundigkeit der Erheblichkeit der Gehörsverletzung gelten Erleichterungen (BGH NJW 2016, 2890 = MDR 2016, 1106). Bsp: Unterbleiben von zwingend gebotener mündl Verh (BVerfG NJW 2015, 3779). In den Entscheidungsgründen nicht erörtertes Vorbringen muss durch Angabe bes Umstände (zB Widersprüche, Nichterfassen des „Kerns" des Streits) als „übergangen" aufgezeigt werden (BGH NJW 2009, 1609; sa Rn 11, 12). Richtet sich die Anhörungsrüge gegen eine zu Recht nicht begründete Entscheidung (wie zB bei § 544 VI), sollen keine Erleichterungen gelten, da sonst eine „Nachholung" der Begründung erzwungen werden könnte (BGH NJW 2009, 1609 Tz 6; bedenkl, s Rn 17). Bei einer *Mehrheit* von Gehörsverletzungen sind *alle* mit *ders* Anhörungsrüge geltend zu machen (wie § 767 III); eine 2. Rüge scheidet aus (s BVerfG NJW 2007, 3054; s Rn 17a). Bei mehrfach begr Entscheidung ist entspr Rügebegr erforderlich (s Rn 12). Eine **Glaubhaftmachung** der die Rüge begründenden Tatsachen ist (anders als bei § 236 II 1) nicht vorgesehen (s Rn 15b). **Nicht** zu den Erfordernissen der Rügebegründung gehört ein bestimmter *Antrag* (s **II 4, 5**; Konsequenz: Rn 18). Die fristgerechte Rügebegründung ist Zulässigkeitsvoraussetzung. Fehlt es am ordnungsgemäßen Vortrag einer Gehörsverletzung und ihrer Entscheidungserheblichkeit, ist die Rüge unzulässig (**IV 1:** „ges Form"). Übertriebene Anforderungen in formeller Hinsicht haben zu unterbleiben (so auch BayVerfGH NJW-RR 2011, 1209, 1210; Sangmeister NJW 2007, 2366 f; abw OLG Jena MDR 2011, 1377; allg s Einl Rn 26, 33, 48). Wie bei der WE ist eine Ergänzung der Rügebegr uU auch nach Fristablauf mögl (s § 236 Rn 6a). Neues Vorbringen zur fristgebundenen (s Rn 14) Rügebegründung ist ausgeschlossen (BGH FamRZ 2007, 1463).

14 3) **Fristerfordernisse (§ 321a II 1-3, 5).** Sie beziehen sich sowohl auf die Rügeerhebung als auch die -begründung gem Rn 13 u 13a (BSG NJW 2010, 1694; OVG Lüneburg NJW 2011, 326). Die Regelung ähnelt § 234 (auch § 586 II); auf deren Auslegung kann bei Zweifelsfragen zurückgegriffen werden. – **a) Rügefrist (II 1).** Sie ist eine Notfrist und beträgt 2 Wochen, eine Verlängerung ist ausgeschlossen (§ 224 II). Die **Wiedereinsetzung** in die Rügefrist ist statthaft (BGH NJOZ 2022, 987); ein Hinweis in der Rechtsbehelfsbelehrung ist nicht erforderlich (arg I 1 Nr 1: nicht anfechtbare Entscheidung; BGH NJOZ 2022, 987). Frühester Zeitpunkt des Fristbeginns ist die Zustellung (Bekanntgabe) des in vollständiger Form abgefassten Urteils, mündl Mitt der Entscheidungsgründe ist unerheblich (BAG m zust Anm Gravenhorst jurisPR-ArbR 10/2017); erst (aA: nur) in Kenntnis der (schriftl) Entscheidungsgründe kann die Entscheidungserheblichkeit einer Gehörsverletzung beurteilt werden (tendenziell verallg OLG Oldenburg MDR 2009, 764; OLG Jena NJW-RR 2011, 1694; auch BGH MDR 2013, 421 Tz 5: idR; abw BAG EzA 2/2017, 15: nur). Auch bei aus den Entscheidungsgründen ersichtl Gehörsverletzungen beginnt die Frist grds aber erst mit dem Zeitpunkt der positiven **Kenntniserlangung** (BVerfG NJW 2007, 2242; BAG NJW 2006, 2346; BVerwG NVwZ-RR 2013, 340 Tz 4; Rensen MDR 2007, 695; Schnabl NJW 2007, 2244); dieser ist bei Überschreitung der an die Bekanntgabe anknüpfenden Frist (BVerwG NVwZ-RR 2013, 340 Tz 5) **glaubhaft** zu machen (**II 1 Hs 2**; § 294); die von der WE-Frist (§ 234 II) abw Regelung entspricht im Wesentl der Wiederaufnahmeklage (§ 586 II 1); auf die dazu ergangene Auslegung kann zurückgegriffen werden; so steht Kennenmüssen der Kenntnis nicht gleich (BVerfG, BAG, Rensen, Schnabl, jew aaO, abw BGH FamRZ 2006, 1029; BGH MDR 2013, 421 Tz 5; Rieble/Vielmeier JZ 2011, 926 f); jedoch darf sich der Zustellungsempfänger *nicht bewusst der Kenntnisnahme verschließen* (BVerfG NJW-RR 2010, 1215; OLG Jena NJW-RR 2011, 1694). Kenntnis des anwaltl Vertreters entscheidet (s § 85 Rn 3). RA-Wechsel während der Rügefrist ändert nichts an Fristbeginn (uU aber WE-Grund). Kenntnis der rügebegründenden tatsächl Umstände genügt, auf die zutr Einordnung iSv I 1 Nr 2 kommt es nicht an (BFH BFH/NV 2011, 1882). Hat das Gericht auf den Gehörsverstoß hinzuweisen (s Rn 2, 10), beginnt der Lauf der Rügefrist nicht ohne Hinweis (vgl dazu BVerfG NJW 2005, 3629); bes Bedeutung wird der Glaubhaftmachung eines ggü § 234 II späteren Zeitpunkts (II 1 Hs 2) zukommen (Rensen MDR 2007, 697). – **b) Ausschlussfrist.** Äußerste Zeitschranke für die Erhebung der Rüge ist die **Jahresfrist** gem **II 2**; sie beginnt mit Bekanntgabe der Entscheidung (**II 2**), bei förml Übermittlung mit der Zustellung des in vollständiger Form abgefassten Urteils (s § 317 Rn 1); ist das Urteil in abgekürzter Form durch Aufnahme des wesentl Inhalts der Entscheidungsgründe in das Protokoll hergestellt worden (§ 313a I 2), beginnt die Jahresfrist mit Zustellung des Protokolls. Bei formloser Mitteilung der Entscheidung tritt an die Stelle des Zeitpunkts der Zustellung der der Bekanntgabe (**II 2, 3**). Nach der **Bekanntgabefiktion** gem **II 3** gelten formlos mitgeteilte Entscheidungen mit dem 4. Tag nach Aufgabe zur Post als bekannt gegeben (wie § 15 II 2 FamFG); dies setzt einen entspr Aktenvermerk voraus (vergleichbar: § 184 II 4 u s § 184 Rn 11). Die Bekanntgabefiktion wurde durch G zur Modernisierung des Postrechts v 15.7.2024 (BGBl 2024 I Nr 236) mWv 1.1.2025 dahin geändert, dass formlos mitgeteilte Entscheidungen nicht mehr am dritten, sondern am vierten Tag als zugestellt gelten. Dies betrifft alle ab dem 1.1.2025 zur Post aufgegebene Entscheidungen (arg § 112 IV 1 PostG; BTDrs 20/10283, 149, 151). Vor dem 1.1.2025 aufgegebene Entscheidungen unterfallen bei den Postlaufzeiten gem der Übergangsregelung des § 112 IV 1 PostG noch dem alten Rechtszustand, so dass auch für die Zugangsfiktion altes Recht anzuwenden ist.

Durch die ausdrückl Zulassung der formlosen Bekanntgabe wird klargestellt, dass die Entscheidung nicht im Hinblick auf eine mögl Anhörungsrüge zustellungspflichtig wird (s § 329 II 1 ggü **II 2**). Die Bekanntgabefiktion gilt nicht für den Fristbeginn gem **II 1** (BVerfG NJW 2007, 2242). Die Jahresfrist ist als materielle Ausschlussfrist (wie § 234 III, § 586 II 2) der **WE nicht zugängl** (Begr BTDrs 15/3706, 16).

4) Vollstreckungsschutz und Verjährungshemmung. a) Schutzanträge. Mit der Rüge zu verbinden sind idR Schutzanträge gem § 707. Die Einstellung der ZwV ist gegen und ohne Sicherheitsleistung mögl (§ 707 I 1). Die Entscheidung ergeht durch nicht anfechtbaren Beschluss (s OLG Saarbrücken NJW-RR 2006, 1579; § 707 Rn 22; sa Rn 15, 18). – **b) Verjährungshemmung.** Die „begründete", zur rückwirkenden Fortsetzung des Ausgangsverf führende Rüge steht hinsichtl der Verjährung iErg der Einlegung von Rechtsmitteln und der NZB gleich (s § 705 S 2, § 544 VII 1 iVm § 204 II 1 BGB: „rechtskräftige Entscheidung"); Grund: **V 2**. Dagegen bleibt die als unzulässig verworfene oder unbegründet zurückgewiesene Rüge ohne verjährungsrechtl Auswirkungen (vgl BGH NJW 2012, 3087 Tz 12 ff); der Zeitpunkt gem § 204 II 1 BGB wird nicht hinausgeschoben. 14a

VI) Rüge- und Abhilfeverfahren (§ 321a III-V). 1) Allgemeines. Das durch die Rüge eingeleitete (Selbst-) Kontrollverf ist zunächst ein (auch kostenrechtl, s Rn 16) unselbständiges, 2-seitiges Annexverf (BGH NJW 2014, 2443 Tz 12; SächsVerfGH NJW 2019, 1132 Tz 12; sa Rn 2) ohne Antragstellung (s Rn 13a, 18), das durch „Abhilfe" (s Überschrift u V 1) in die „Fortführung" des ursprüngl Prozesses übergehen kann. Am Rügeverf (s Rn 16, 18) ist außer dem Rügeführer auch der Gegner als **Partei beteiligt**. Die Rügeschrift ist daher – ähnl wie die Einspruchsschrift (vgl 340a) – der Gegenpartei mitzuteilen, um ihr Gelegenheit zur Stellungnahme zu geben (**III**). Die Gegenpartei hat bereits im Rügeverf Anspruch auf rechtl Gehör, denn durch das mit der Rügeerhebung eingeleitete Verf wird sie unmittelbar in ihrer Rechtsposition (Rechtskraft der Ausgangsentscheidung) betroffen. Im Rügeverf gilt der Amtsprüfungsgrundsatz, den Rügeführer trifft weder eine Glaubhaftmachungs- noch Beweislast (Rn 15b). Die Rüge kann, wie der Einspruch (vgl § 342: „soweit der Einspruch reicht") auf einen abgrenzbaren Teil des Streitgegenstands **beschränkt** werden (**V 1** aE: „soweit … auf Grund der Rüge geboten"; sa OLG Saarbrücken NJW-RR 2009, 1151, 1152 unter II 1; PG/Thole Rn 16 [4. Abs]; Abgrenzung zur ges Beschränkung des Umfangs: s Rn 18); Bsp: isolierte Kostenrüge (s Rn 5 [a]). Die rechtzeitige Rüge bildet die Grundlage für eine Einstellung des ZwV mit und ohne Sicherheitsleistung (§ 707 I 1; s Rn 14a), vor der der Gegner (ohnehin) zu hören ist (s § 707 Rn 18); sie bereitet eine „Abhilfe" durch Verfahrensfortführung (**I 1 Hs 1, V 1**) ohne Bindung an das Ausgangsurteil (**V 3** iVm § 343) vor (s Rn 18). Die Einschränkung in **III** („soweit erforderl") kann nur für die – wohl seltenen – Fälle gelten, in denen die Unstatthaftigkeit der Rüge (keine rügefähige Entscheidung) oder ihre fehlende Ordnungsmäßigkeit in Form und Frist offenkundig sind und das Verf ohne weiteres iSe Verwerfungs- oder Zurückweisungsentscheidung (**IV 2, 3**) reif ist. Endet das Verf nicht schon in dieser *„a limine"*-Abweisung, sind 2 Verfahrensabschnitte zu unterscheiden, die zur Prüfung der Zulässigkeit und der Begründetheit der Rüge bestimmt sind (s Rn 16, 17, 18a); erst bei – nicht notwendig beschlussförmiger – Entscheidung im bejahenden Sinne kommt es zur Prozessfortführung (s Rn 18). 15

2) Zuständigkeit und Besetzung. Das Abhilfeverf ist (wie in § 572 I) eine „Fortführung" (s **I 1, V 1**) des Verf vor dem *judex a quo* (s Rn 1, 2). Zuständig ist der im Ausgangsverf befasste Spruchkörper (Alleinrichter, Einzelrichter, Kollegium) in der sich aus GVP u ggf Mitwirkungsgrundsätzen (s § 21g GVG) ergebenden regulären Besetzung (BGH NJW-RR 2006, 63 = MDR 2006, 168; BAG NJW 2009, 541 = MDR 2009, 287), die mit den an der Ausgangsentscheidung mitwirkenden Richtern nicht übereinzustimmen braucht (OVG Münster NVwZ 2012, 779), etwa bei einem zwischenzeitl Richterwechsel (s E. Schneider MDR 2005, 248), wie nach erfolgreicher Richterablehnung (s § 42 Rn 7; dazu Schnabl, Die Anhörungsrüge nach § 321a ZPO, 2007, S 250 f; zur Verbindung von Rüge mit Befangenheitsablehnung s Rn 4 [e]) oder einer Änderung des GVP (BVerfG NJW 2009, 1660 = NVwZ 2009, 580, 581); eine dem § 320 III 2 entspr Vorschrift fehlt, § 320 III 2 ist auch nicht entspr anwendbar (BGH NJW-RR 2006, 63 = MDR 2006, 168; BAG NJW 2009, 541 = MDR 2009, 287), denn es geht um Verfahrenskontrolle, nicht um die Verwertung persönl Wissens des Richters als Mitwirkender an der zu korrigierenden Ausgangsentscheidung und dem zugrundeliegenden Verf (demggü s § 320 Rn 14). Einer Änderung der Zuständigkeitsregelung durch GVP stünde daher nichts entgegen (befürwortend Kettinger JR 2006, 443). 15a

3) Amtsprüfungsgrundsatz, keine Glaubhaftmachung. Beweislast. Im Hinblick auf die Möglichkeit der Rechtskraftdurchbrechung (s Rn 2) gilt im Rügeverfahren der Amtsprüfungsgrundsatz (s vor § 322 Rn 18), der dazu führt, dass der Gehörsverstoß vom Gericht **vAw** zu prüfen ist (BGH NJW 2016, 3035 Tz 8, 16, 22), auch in der höheren Instanz (BGHZ 220, 90 Tz 9; sa Rn 19). Den Parteien kommt in seinem Umfang keine Dispositionsmöglichkeit zu (s vor § 322 Rn 18), auch für das Gericht besteht insoweit kein Spielraum (BGH NJW 2016, 3035 Tz 20: keine „Disposition des Gerichts"). Der Rügeführer hat die rügebegründenden Tatsachen zwar substanziiert darzustellen (s Rn 13a), jedoch ist eine Glaubhaftmachung nicht vorgesehen (Vorschrift entspr § 236 II 1 Hs 2 fehlt); ihn trifft daher keine Glaubhaftmachungs- und auch keine (volle) Beweislast (Hk-ZPO/Saenger Rn 12). Dem Gericht obliegt insoweit eine ergänzende Aufklärungs- und Amtsermittlungspflicht (BVerfG NJW 2020, 142 Tz 13 ff), insb bei der Partei typischerweise nicht zugänglichen gerichtsinternen Vorgängen (Bsp: Faxempfang). Das Gericht muss den unterlaufenen Fehler beheben (s Einl Rn 23); es darf eigenes Versagen nicht dem Bürger zur Last legen, eine selbst verursachte Unaufklärbarkeit entscheidungserhebl Umstände nicht auf die Partei abwälzen (BVerfG NJW 98, 2044; BVerfG JR 2013, 237 Tz 26 [zust Kröpil JR 2013, 203]; RSchwab/Gottwald § 61 Rn 50; sa Einl Rn 26). Besteht vielmehr die ernstl und nicht auszuschließende Möglich- 15b keit einer Gehörsverletzung, ist von einem Grundrechtsverstoß auszugehen (BVerfG NJW 2013, 2658 Tz 10; RSchwab/Gottwald § 61 Rn 50; PG/Thole Rn 16; aA OLG Hamm NJW-RR 2011, 139, 140).

16 **4) Verfahren bei erfolgloser Rüge (§ 321a IV).** Zu unterscheiden ist – ähnl wie bei der Wiederaufnahmeklage (§§ 589, 590) – zwischen verschiedenen Verfahrensabschnitten (s Rn 17a-18a). – **a) Rügeverwerfung.** Im 1. Abschnitt hat das Gericht **vAw** zu prüfen, ob die Rüge an sich *statthaft* und in der ges Form und Frist erhoben ist (IV 1, s Rn 13-14). Fehlt es an einem dieser Erfordernisse, wird die Rüge kostenpflichtig (zur Kostenentscheidung näher Rn 17a) als *unzulässig verworfen* (**IV 2**). Der unanfechtbare Verwerfungsbeschluss (s Rn 17a) soll „kurz" begründet werden (**IV 5**). Durch eine offensichtl unzulässige Anhörungsrüge wird die Frist für die Verfassungsbeschwerde nicht offengehalten, so dass eine Verfassungsbeschwerde gegen die Ausgangsentscheidung idR ausscheidet (BVerfG NJW-RR 2008, 75). Die Verwerfung einer zulässigen Rüge als unzulässig verletzt ihrerseits auch Art 103 I GG und eröffnet die Verfassungsbeschwerde gegen die Verwerfungsentscheidung (BVerfG NJW 2007, 2241; BayVerfGH NJW-RR 2011, 1209; allg sa Rn 4 [i] mwH).

17 **b) Rügezurückweisung.** Kommt es nicht zur Verwerfung, hat das Gericht **vAw** die Begründetheit der Rüge zu prüfen. Voraussetzung der Begründetheit ist, dass das Ausgangsgericht (iSv **I 1 Nr 2**) den Anspruch auf rechtl Gehör in entscheidungserhebl Weise verletzt hat (iE s Rn 7-12). Insoweit trifft den Rügeführer zwar die Darlegungslast (s Rn 13a), jedoch keine Glaubhaftmachungs- (s Rn 13a) und (volle) Beweislast (s Rn 15b). Kann das Gericht eine entscheidungserhebl Gehörsverletzung nicht feststellen (so Fallgestaltung in BGH MDR 2022, 1494 Tz 19) und hat es auch nicht von einer solchen auszugehen (s Rn 15b), weist es die Rüge durch unanfechtbaren **Beschluss** (s Rn 17a) kostenpflichtig (§ 97 I) als „*unbegründet*" zurück (**IV 3, 4**); die Verletzung anderer VerfGrundrechte oder sonstige Mängel der Ausgangsentscheidung sind nicht Entscheidungsgegenstand und nicht zu berücksichtigen (BGH MDR 2022, 1994 Tz 29). Die Zurückweisung stellt der Sache nach eine Nichtabhilfe dar. Auch der Zurückweisungs-(Nichtabhilfe-)Beschluss soll „kurz" begründet werden. Die geänderte Formulierung in **IV 5** („soll" statt „ist … zu") soll eine Herabsetzung der Begründungsanforderungen, insb bei letztinstanzl Beschlüssen zum Ausdruck bringen (Begr BTDrs 15/3706, 16); bei einer Ablehnung der NZB ist eine über § 544 VI 2 hinausgehende „Begründungsergänzung" nicht geboten (BGH NJW-RR 2006, 63 = MDR 2006, 168). **Abgrenzung:** Zur Überprüfung der die Rüge fehlerhaft nicht als unbegründet zurückweisenden Entscheidung im Rechtsmittelverf s Rn 19.

17a **c) Entscheidung. aa)** Ist die Rüge „unzulässig" (Rn 16) oder „unbegründet" (Rn 17), ist der die Rüge verwerfende (zurückweisende) Beschluss **unanfechtbar (IV 4**; BAG MDR 2023, 796; KG MDR 2022, 850; sa Rn 17). – **bb)** IdR erfolgt **keine Kostenentscheidung**. Grund: Gerichtskosten bestehen in Pauschalgebühr (s Rn 22), keine Kostenerstattung, soweit die ProzBev im Rügeverf tätig waren (arg § 19 I Nr 5b RVG). Im Fall der selbständigen Beauftragung eines RA für das Rügeverf (Rn 22) gilt § 97 entspr, nicht aber bei vorangegangenem PKH-Verf (arg § 127 IV; vgl SächsVerfGH NJW 2019, 1132; OLG Dresden NJW-RR 2019, 890). – **cc)** Eine **Wiederholung** der verworfenen (zurückgewiesenen) Rüge findet nicht statt, auch wenn neue („originäre" iSv Rn 7) Gehörsverletzungen im Rügeverf geltend gemacht werden (BayVerfGH NJW-RR 2011, 430; KG MDR 2022, 850; AG/Hunke Rn 92, str; **I 1 Nr 2** gilt nur für das Ausgangs-, nicht für das Rügeverf); das Gleiche gilt für die Gegenvorstellung (BGH aaO; BAG EzA 5/2015, 24), außerordentl Beschwerde oder Untätigkeitsbeschwerde (s Rn 4 [i]). – **dd)** Einziger Behelf *ggü* (erfolglos) gerügten oder im Rügeverf neu unterlaufenen Gehörsverstößen ist die Verfassungsbeschwerde (BVerfG NJW 2024, 1645 Tz 40; Rn 21).

18 **5) Fortsetzung der Verhandlung bei erfolgreicher Rüge (§ 321a V). a) Abhilfeverfahren.** Dieser Verfahrensabschnitt ähnelt der Fortsetzung der mündl Verh nach zulässigem Einspruch, wobei an die Stelle des „zulässigen Einspruchs" (§ 342) die „begründete Rüge" iSd § 321a V 1 tritt; so wenig der zulässige Einspruch beschlussmäßig bes festgestellt wird (s § 341 Rn 11), geschieht dies mit der begründeten Rüge (abw StJ/Althammer Rn 56), empfiehlt sich aber im Hinblick auf die ohnehin zu treffenden Nebenentscheidungen (Einstellung der ZwV ohne/gegen Sicherheitsleistung: § 707 I 1, II; sa Rn 14a, 15). Bsp (s Zimmermann Rn 3): „Der Rüge wird abgeholfen"; eine Begründung ist nicht vorgesehen. Durch den für das Gericht gem § 318 bindenden Abhilfebeschluss (VerfGH Rh-Pf MDR 2007, 544, zust Petry MDR 2007, 497; ThP/Seiler Rn 14; AG/Hunke Rn 85; sa Rn 18a) wird das Verf in die Lage zurückversetzt, in der er sich vor dem Schluss der mündl Verh befunden hat (**V 2**, wie § 342; BGH NJW-RR 2022, 209 Tz 5); im schriftl Verf tritt an die Stelle der mündl Verh der Zeitpunkt, bis zu dem Schriftsätze eingereicht werden können (**V 4** iVm § 128 II 2). Es wird – vorbehaltl einer neuen Entwicklung – in der Verfahrensart, in der es sich vor dem Erlass der Ausgangsentscheidung befunden hatte (zB § 128 II, § 495a) in dem (uU beschr) Umfang fortgeführt, „soweit dies auf Grund der Rüge geboten ist" (**V 1**). Gegenstand der Neuverh ist nur noch der Streitgegenstand (Teil des Streitgegenstandes), der von der gerügten Gehörsverletzung betroffen ist (Begr BTDrs 15/3706, 16), bei Anspruchsmehrheit (§ 260) uU nur 1 Anspruch, uU nur abgrenzbarer Teil des Anspruchs (OLG Saarbrücken NJW-RR 2009, 1151, 1152). Innerhalb dieses Rahmens muss das Gericht dann auch andere bis dahin unterlaufene Grundrechtsverstöße beseitigen (BVerfGE 134, 106 = NJW 2013, 3506 Tz 30). Die Gegenpartei kann in diesem Rahmen ihr eigenes Vorbringen verbessern. Ein neuer *Streit*gegenstand kann nicht eingeführt werden (WSch/Rensen Rn 75), eine Widerklage (§ 33) ist aber nicht ausgeschlossen (vgl Fallgestaltung in BGH NJW 2016, 3035 Tz 2, 3). Das Gericht ist in seiner Entscheidung ohne Bindung (§ 318) an die Ausgangsentscheidung völlig frei, ein **Verbot der *reformatio in***

peius gibt es nicht (BGH NJW-RR 2012, 977 Tz 14 = MDR 2012, 988; Braun § 67 III 3; Grund: Keine Antragstellung iVm Rüge, s Rn 15). Durch die Beschränkung der Rüge (s Rn 15) kann der Rügeführer dieser Gefahr Rechnung tragen. Bei der Formulierung seiner Entscheidung hat das Gericht das ergangene Urteil zu berücksichtigen und je nach dem Ergebnis der neuen Verh aufrechtzuerhalten oder aufzuheben (**V 3** iVm § 343). Ist als Gehörsverstoß ein relevanter Begründungsmangel (zB im Fall gem Rn 10, 11) zulässigerw gerügt und führen die nachgeholten rechtl Erwägungen zu keinem abw Ergebnis, ist der Mangel nicht etwa – mit der Folge der Rügezurückweisung als unbegründet – durch eine entspr Begründungsergänzung **„geheilt"**, vielmehr ist die Ausgangsentscheidung aufrechtzuerhalten (**V 3** iVm § 343; uU abw anscheinend BVerfG NJW 2009, 1660 = NVwZ 2009, 580, 581; BGH NJW-RR 2017, 189 Tz 9; Lechner/Zuck § 90 BVerfGG Rn 147h). Bei einer Abänderung der Ausgangsentscheidung zum Nachteil der gegnerischen Partei, die bereits Rechtsmittel eingelegt hat (Fallgestaltung gem Rn 4 [2a]), ist für die zusätzl Anfechtung keine weitere Beschwer erforderl (OLG Saarbrücken NJW-RR 2009, 1151, 1152).

b) Entscheidung (§ 321a V 3, § 343). Die Abhilfeentscheidung ist – gleich ob beschlussmäßig ergangen oder nicht (s Rn 18) – für das Ausgangsgericht bindend, stellt dieses zugleich von der Bindung (§ 318) an die Ausgangsentscheidung frei (BGH NJW 2016, 3035 Tz 19; BGH NJW-RR 2020, 1389 Tz 12; sa Rn 2 und zum Prüfungsumfang der Rechtsmittelinstanz Rn 19) und eröffnet damit den Weg für eine neue Entscheidung (V 2, 3 iVm § 343). Aus der wiedereinsetzungsähnlichen Ausgestaltung der Abhilfe (s Rn 2) folgt – entgegen dem BGH (BGH NJW 2016, 3035 Tz 11 ff) – die Unanfechtbarkeit der Abhilfeentscheidung; das Fehlen einer § 238 III entspr ausdr Vorschrift ist unschädlich, da die Abhilfe bereits nach der Rechtslage unanfechtbar ist. Der Rügeführer ist durch die Abhilfe nicht beschwert; der Gegner hat kein eigenes Anfechtungsrecht, ein Verfahrensantrag wird durch die Abhilfe nicht zurückgewiesen (§ 567 I). Die Formlosigkeit des – begründungslosen – Abhilfebeschlusses (s Rn 18) zeigt, dass eine rechtsmittelförmliche Überprüfung durch das Ausgangsgericht (zum Rechtsmittelgericht s Rn 19, 20) nicht vorgesehen ist. 18a

VII) Rechtsmittel; Prüfungsumfang. 1) Anfechtung. Kommt es auf „begründete Rüge" zu einer die Ausgangsentscheidung aufhebenden, abändernden oder bestätigenden Entscheidung (**V 3** iVm § 343; Fall von Rechtskraftdurchbrechung, s Rn 2), ist selbständig zu prüfen, ob diese (abw von der Ausgangsentscheidung: s Rn 5 [a]) einem **Rechtsmittel** unterliegt. Hauptanwendungsfälle sind die (erstmalige) Erreichung der Rechtsmittelbeschwer (§ 511 II Nr 1) und die Anfechtung mit einem – erstmals im Rügeverf – zugelassenen Rechtsmittel. So kann die unter Verletzung des rechtl Gehörs (BGH NJW 2023, 1708 Tz 19) oder obj willkürlich entgegen § 511 IV Nr 1 nicht zugelassene Berufung auf Rüge nachgeholt werden (BGH WM 2014, 251, 252 f). Nach der Rspr das BGH prüft das Rechtsmittelgericht von Amts wegen, ob die Anhörungsrüge statthaft zulässig und begründet war (BGHZ 220, 90 Tz 9; BGH NJW 2023, 1718 Tz 19). Dabei versteht der BGH die „Begründetheit" der Anhörungsrüge nicht rein formal iSd Erfordernisses einer „Rügebegründung" (s Rn 13a), sondern „materiell" iSd Feststellung einer Gehörsverletzung durch das untere Gericht oder dem Vorliegen einer Gehörsverletzung überhaupt (BGH MDR 2022, 1494 Tz 19, 29; sa Rn 17). Bei der Revisionszulassung (BGH NJW-RR 2012, 977 = MDR 2012, 988) hat der BGH bisher eine volle Nachprüfung des Rügeverf praktiziert und – entgegen § 543 II 2 – eine Bindung an eine nicht auf einem Gehörsverstoß beruhende „nachträgl" Zulassungsentscheidung verneint (BGH NJW 2011, 1516 Tz 17; BGH NJW-RR 2012, 306 = MDR 2012, 245; BGH NJW-RR 2024, 409 Tz 14). Zur nachträglichen Zulassung der Rechtsbeschwerde auf Anhörungsrüge s Rn 20. 19

2) Sonderproblem. Nachträgliche Zulassung der Rechtsbeschwerde auf Anhörungsrüge. Im Beschwerdeverf hat die Anhörungsrüge bei Gehörsverletzungen die Funktion einer (ges nicht vorgesehenen) NZB (zum Urteilsverf vgl § 544 IV, IX in iVm § 543 II). Folgende Fälle sind zu unterscheiden: Bei der „isolierten" Anhörungsrüge wird die in der Endentscheidung unterbliebene Zulassung der Rechtsbeschwerde (§ 574 I) nachgeholt (vgl BGH NJW-RR 2020, 1190 und 1389); sie ist nur zulässig, wenn die Gehörsverletzung in der (Nicht-)Zulassungsentscheidung selbst erfolgt, wenn das Gericht also entscheidenden Vortrag zur Zulassung übergangen hat (BGH NJW-RR 2020, 1190 Tz 15 und 1389 Tz 13; BGH NJW-RR 2024, 409 Tz 9, 10). Zulässig ist sie auch bei „integrierter" Zulassung der Rechtsbeschwerde; hier ergibt sich der nachträgliche Zulassungsgrund entweder aus dem ursprünglichen Gehörsverstoß oder dem sich anschließenden Fortsetzungsverfahren (BGH NJW-RR 2020, 1190 Tz 15). Nicht anerkannt ist eine „ergänzende" nachträgliche Zulassung der Rechtsbeschwerde (insb keine Gegenvorstellung: BGHZ 220, 90 = MDR 2019, 370; aA Baumert ZIP 2024, 799); bei ihr fehlt es (außer der fehlenden Zulassungsentscheidung in der Endentscheidung) an übergangenem Vortrag zur Zulassung; das Gericht hat erst aufgrund der Anhörungsrüge den Entschluss zur Zulassung der Rechtsbeschwerde gefasst (vgl die Fallgestaltung in BGH NJW-RR 2020, 1190 Tz 16; BGH NJW-RR 2024, 409 Tz 14); hier soll es an einer entscheidungserheblichen Gehörsverletzung für die Zulassungsentscheidung fehlen; sa allg zum Nachholen der Rechtsmittelzulassung Rn 19. 20

VIII) Verfassungsbeschwerde. Lit: Allgayer, Auswirkungen des AnhRügeVerf auf die Zulässigkeit von Verfassungsbeschwerden?, NJW 2013, 3484; a.d. Heiden, Haftungsfallen der Anhörungsrüge, NJW 2023, 480 Tz 24 ff. – Die Vb (Art 93 I Nr 4a, Art 103 I GG, § 90 BVerfGG) ist (idR nur) gegen die Ausgangsentscheidung (s Rn 5, 13) zu richten, der Zurückweisungs-(Verwerfungs-, Nichtabhilfe-)beschluss ist grds nicht selbständig anfechtbar (nur bei eigenständiger, verfassungsrechtl erhebl Beschwer: BVerfGE 119, 292, 295; BVerfG NJW 2023, 21

2173 Tz 20). Die Frist für die Vb beginnt wegen § 90 II BVerfGG gem § 93 I 2 BVerfGG erst mit Zugang des Zurückweisungs-(usw)beschlusses (BVerfGE 122, 190, 198 = NJW 2009, 829 Tz 30; BVerfG NJW 2009, 3710 Tz 16; LSAVerfG NJW 2020, 980 Tz 36; sa § 329 II 1 und s § 329 Rn 17). Soll mit der Vb ein Verstoß gegen Art 103 I GG geltend gemacht werden, ist die Durchführung des Rügeverf („Rechtsweg" iSv § 90 II BVerfGG) zur Zulässigkeit der Vb erforderlich (BGH NJW-RR 2022, 1070 Tz 6). Erforderlich ist, dass der Zurückweisungsbeschluss (Rn 17a) eine eigenständige Gehörsverletzung enthält (BVerfG NJW 2024, 1645 Tz 39). Auch bei beabsichtigter Rüge *anderer* VerfGrundrechte mit der Vb kann unter dem Gesichtspunkt der *Subsidiarität* der Vb ein Rügeverf gem § 321a durchzuführen sein (allg zum Grundsatz der „Subsidiarität" BVerfG NJW 2022, 2099 Tz 12; BVerfG NJW spezial 2023, 280). Das BVerfG ist bei seiner Entscheidung nicht auf den gerügten Grundrechtsverstoß (zB Art 103 I GG) beschränkt und kann der Vb auch wegen einer anderen Grundrechtsverletzung stattgeben (BVerfG NJW 2013, 3774 Tz 23: obj Willkür; BVerfG NJW 2019, 3137 Tz 14: allg Justizgewährungsanspruch, effektiver Rechtsschutz).

22 **IX) Gebühren. 1) Gericht:** Festgeb iHv 72 Euro, wenn die Rüge in vollem Umfang verworfen oder zurückgewiesen wird (1700 GKG-KV). Keine Geb, wenn die Rüge auch nur teilw Erfolg hat, denn eine Ermessensregelung für den Fall eines Teilerfolgs wie zB in 1812 aE GKG-KV fehlt. – **2) RA**, der ProzBev war, erhält keine weitere Geb, § 19 I 2 Nr 5 b RVG; das gilt aber nicht für solche, die im Hauptsacheverf noch nicht entstanden waren. Ist er nur für das Rügeverf beauftragt: VerfGeb 3330 RVG-VV und Terminsgeb 3331 RVG-VV, jeweils in der Höhe, wie sie für das Verf, in dem die Rüge erhoben wird, anfällt, aber höchstens 0,5. – Gegenstandswert: § 23 II 3 RVG.

Vorbemerkungen zu § 322

Lit: *Braun*, Rechtskraft u Restitution, Teil 1: Der Rechtsbehelf gem § 826 BGB gegen rechtskräftige Urteile, 1979; Teil 2: Grundlagen des geltenden Restitutionsrechts, 1985; *Koussoulis*, Beiträge zur modernen Rechtskraftlehre, 1986; *Zeuner*, Die objektiven Grenzen der Rechtskraft im Rahmen rechtl Sinnzusammenhänge, 1959; *Zeuner* FG BGH 2000 III, S 337 (BGH-Rspr).

1 **I) Urteilswirkungen. 1) Bindungswirkung.** Das Gericht ist grds daran gehindert, sein Urteil im laufenden Verf wieder aufzuheben oder (in einem Nachverf gleicher Instanz) von ihm abzuweichen (§ 318; Ausnahme: § 321a, s § 321a Rn 15 ff). Zum Zusammenwirken mit der formellen und materiellen Rechtskraft s Rn 6. Bei Verstoß gegen Bindungswirkung: § 580 Nr 7a.

2 **2) Vollstreckbarkeit.** Vollstreckbarkeit im eigentl Sinn kommt (rechtskräftigen oder vorläufig vollstreckbaren) Leistungsurteilen, ferner der Kostenentscheidung eines jeden Urteils zu.

3) Materielle Rechtskraft. Die materielle („innere") Rechtskraft hindert abweichende Entscheidungen desselben oder eines anderen Gerichts innerhalb bestimmter **obj, subj** und **zeitl** Grenzen (s Rn 14 ff, 30 ff, 52, 53 ff). 3

4) Gestaltungswirkung. Sie kommt hierauf gerichteten sog Gestaltungsurteilen auf Grund geschriebener oder ungeschriebener Normen des materiellen Rechts zu (vgl Schlosser, K. Schmidt, jew aaO [s vor § 300 Rn 9]; MK/Gottwald § 322 Rn 19). Bsp: s § 69 Rn 3; vor § 300 Rn 9; Abgrenzung zu den Fällen erweiterter Rechtskraftwirkung: s § 325 Rn 29, 30, 43. 4

5) Tatbestandswirkung. Sie kann jedem Urteil durch eine Norm des materiellen Rechts beigelegt sein, ohne dass das Urteil hierauf gerichtet ist; Bsp: § 197 I Nr 3, § 201, § 775 I Nr 4, § 864 II BGB; § 302 IV 3, § 717 II, III, § 1065 II ZPO. Abgrenzung zur Rechtskrafterstreckung: s § 325 Rn 43. – **Lit:** Gaul, Die „Bindung" an die Tatbestandswirkung des Urteils, FS Zeuner, 1994, S 317. 5

6) Verhältnis zur formellen Rechtskraft und Innenbindung. Diese Urteilswirkungen treten teilw erst ein, wenn das Urteil nicht mehr auf einen gewöhnl Rechtsbehelf hin aufgehoben werden kann, wenn es also formell rechtskräftig ist. Die formelle Rechtskraft (s § 705 Rn 1) ist also im Gegensatz zu der materiellen Rechtskraft nicht Urteilswirkung, sondern Voraussetzung von Urteilswirkungen (s Rn 1-5). Hingegen ist das erlassende Gericht nach **§ 318** bereits im laufenden Verf an sein Urteil gebunden, und zwar schon bevor es formell rechtskräftig wird (sog Innenbindung, iE s § 318 Rn 6). 6

II) Allgemeines zur materiellen Rechtskraft. 1) Rechtskraftfähige Entscheidungen. a) Der materiellen Rechtskraft fähig sind dt (vgl iÜ § 328) **Zivilurteile**, soweit sie eine Rechtslage feststellen. Letzteres ist bei allen **klageabweisenden Entscheidungen** der Fall (iE s § 322 Rn 11, 12), ferner bei **Leistungs-** und **Feststellungsurteilen**, die einer Klage stattgeben (iE s § 322 Rn 6). Der Inhalt der Entscheidung ist für die Frage nach der Rechtskraftfähigkeit ohne Bedeutung; insb ist auch ein **Prozessurteil**, das eine Klage als unzulässig abweist, der materiellen Rechtskraft fähig (OLG Brandenburg NJW-RR 2000, 1735; MK/Gottwald § 322 Rn 27; sa § 322 Rn 1a). Der materiellen Rechtskraft fähig sind nicht nur **Vollend- und Teilurteile** (Rn 46), nicht nur streitige, sondern auch **VU** (BGHZ 35, 338; BGH NJW-RR 87, 832 mN), **Anerkenntnis-** und **Verzichtsurteile**, die endgültig ganz oder teilw entscheiden (vgl OLG Karlsruhe NJW-RR 91, 1151). Letzteres ist nicht der Fall bei Vorbehaltsurteilen (s § 599 Rn 7) sowie bei Urteilen, die nur über einen Rechtsbehelf entscheiden (vgl BAG JZ 63, 925); sie können formell, aber nicht materiell rechtskräftig werden. Ein Berufungsurteil, das aufhebt und zurückverweist, bindet das Erstgericht innerhalb des anhängigen Verf (s Anm zu § 538), äußert aber keine materielle Rechtskraft (BGH DB 73, 868). Das summarische Verf gem § 916, §§ 935 ff schließt eine materielle Rechtskraft von **Arrest-** und **Verfügungsurteilen** nicht aus (KG MDR 79, 64), ist jedoch beim Umfang der Rechtskraftwirkung zu berücksichtigen (s vor § 916 Rn 13). **Zwischenurteile** sind der materiellen Rechtskraft nur ausnahmsw fähig, soweit sie im Verhältnis zu Dritten endgültig entscheiden (§§ 71, 135, 387, 402; iÜ s § 303 Rn 10; § 304 Rn 33). – Verurteilungen zu künftig fällig werdenden wiederkehrenden Leistungen (Urteile gem § 323) entfalten in die Zukunft reichende Rechtskraft (BGHZ 82, 250; iE s § 323 Rn 2, 44). – Der **Schiedsspruch** wirkt zwischen den Parteien Rechtskraft (§ 1055), §§ 322 ff gelten entspr; sa § 322 Rn 13 [l] (iE Althammer s § 1055 Rn 7). – Der **Vergleich** hat Urteilsersatzfunktion (Rn 8a). 7

b) Soweit **Beschlüsse** formell rechtskräftig werden und sachl Entscheidungen enthalten, die der materiellen Rechtskraft fähig sind, können sie materielle Rechtskraftwirkung entfalten (vgl BGH NJW 2004, 1805, 1806; BGH NJW 2018, 235 Tz 13 = MDR 2018, 229; iE Werner, Rechtskraft und Innenbindung zivilprozessualer Beschlüsse, 1983, S 84 ff). Dazu gehören Beschlüsse, die einen kontradiktorischen Parteienstreit endgültig befrieden sollen (BGH NJW 2004, 1805, 1806). Zur materiellen Rechtskraft der Entscheidungen im ZwV-Verf s Peters ZZP 90 [1977], 145. **Bsp:** Verwerfungsbeschlüsse gem § 522 I, § 552 I (BGH NJW 91, 1117 mN; BGH DtZ 93, 54); VB (§ 699 I 1, § 700 I), ungeeignet für ZwV gem § 850f II: Rn 35; Ablehnung der WE in den vorigen Stand (RG JW 31, 1808), familienrechtl Beschlüsse über Versorgungsausgleich (BAG MDR 2018, 1066); oder Zurückweisung der nachträgl Klagezulassung gem § 5 IV KSchG (BAGE 42, 301 f); Ermächtigungsbeschlüsse gem § 887 (BGH NJW 95, 3190); Zwangsgeldbeschlüsse gem § 888 (BGH NJW 2018, 235 Tz 14 = MDR 2018, 229); Zuschlagsbeschluss in der Zwangsversteigerung (RGZ 138, 127); Beschlüsse im arbeitsgerichtl Beschlussverf, §§ 80 ff ArbGG (BAGE 82, 294 mwN); Feststellung zur **InsTabelle** im InsVerf (§ 178 III, § 201 II InsO [sa Rn 8a], geeignet zur ZwV gem § 850f II: Rn 35); Musterentscheid gem § 25 II KapMuG. **Weitere Bsp:** s § 329 Rn 50. Beschlüssen im **FamFG-Verf** kommt grds keine materielle Rechtskraft zu (arg § 48 FamFG), anders Beschlüssen in Ehe- und FamStreitsachen im Rahmen der entspr Anwendung der allg ZPO-Vorschriften (§ 113 I 2, § 116 III FamFG iVm §§ 322 ff entspr). 8

c) Anwendungsbereich, Abgrenzung. Weitere rechtskraftfähige Titel: VB (§ 700 I, iE str; s § 700 Rn 16 ff); Eintragung in die InsTabelle (§ 178 III, § 201 II InsO; BGHZ 217, 327 Tz 22; BGHZ 231, 17 Tz 44). **I** gilt **entspr** in nichtgerichtl justizförmigen Verf mit bestandskräftiger Entscheidung (BGHZ 182, 325 Tz 18 – patentamtl Löschungsverf). **Prozessvergleichen** (s § 794 Rn 3 ff) kommt keine der Rechtskraft ähnl Wirkung zu (BGHZ 86, 186; BGH NJW-RR 86, 22 = MDR 85, 923, allgM), auch nicht bei einem Vergleichsbeschluss gem § 278 VI 2 (hM). Im Fall von § 265 II ist allerdings der Rechtsnachfolger an den (urteilsvertretenden) Vergleich gebunden (BGH NJW 2019, 310 Tz 23 ff = MDR 2019, 121; sa § 325 Rn 2). 8a

9 **2) Rechtskraftwirkung und verschiedene Gerichtsbarkeiten. a) Rechtskraftwirkung der Zivilgerichtsurteile ggü anderen Zweigen der Gerichtsbarkeit.** Die Rechtskraft des Zivilurteils ist **von allen Zweigen der Gerichtsbarkeit** zu beachten, soweit die rechtskräftig beurteilte Frage als Vorfrage erneut zu entscheiden ist. Voraussetzung ist aber, dass das andere Gericht über Rechte der **Parteien des Vorprozesses** im Verhältnis zueinander oder nach §§ 325-327 von der Rechtskraft betroffenen Personen zu befinden hat (vgl BGH NJW 98, 3055, 3056 mN). Soweit danach eine Bindung besteht, ist diese **vAw zu beachten** (iE s Rn 18). Keine Bindung besteht dagegen an tatsächl Feststellungen eines Gerichts eines anderen Rechtszweigs (StJ/Althammer § 322 Rn 303). Danach sind die Rechtskraftwirkung gebunden insb die Gerichte im FG-, zB im **Erbscheinsverf** gem §§ 352 ff FamFG (OLG München NJW 2016, 2512 = MDR 2016, 484 = Rpfleger 2016, 478). Unerhebl ist dabei, ob an diesem Verf alle oder nur einige von der Rechtskraft betroffene Personen oder nur eine einzelne Person beteiligt ist. **Bsp:** Hat A in einem Feststellungsprozess um das Alleinerbrecht gegen B ein siegreiches Urteil erstritten, so darf der Richter im Nachlassverf keinesfalls B, wohl aber dem C einen Erbschein erteilen; denn A darf er den Erbschein nicht mit der Begründung versagen, B sei Erbe, wohl aber, weil C Erbe geworden sei. Für **Verwaltungs-, Finanz-** und **Sozialgerichte** gilt zwar im Grundsatz das Gleiche (BGHZ 77, 341 mN = NJW 80, 2814), aber sie werden nur selten über einen Streitgegenstand (und sei es auch nur als Vorfrage) zu entscheiden haben, der bereits einem Zivilprozess zugrunde lag; sollte dies doch der Fall sein, so wird es meist an der Identität der Prozessparteien fehlen. Ist daher in einem Zivilurteil rechtskräftig zwischen zwei Privatrechtssubjekten entschieden, wer Eigentümer der Sache ist, kann sich die siegreiche Partei in einem verwaltungs-, finanz- oder sozialgerichtl Verf dem Staat oder anderen Körperschaften des öffentl Rechts ggü nicht darauf berufen (ebenso MK/Gottwald § 322 Rn 76, der aber Fall von Tatbestandswirkung [dazu hier s Rn 5] annimmt; str). Aus dens Gründen kommt eine Bindung der **Strafgerichte** an Zivilurteile kaum je in Betracht (vgl BGHZ 5, 106 u OLG Stuttgart FamRZ 61, 180; zum umgekehrten Verhältnis s Rn 11).

10 **b) Bindung der Zivilgerichte an rechtskräftige Urteile anderer Gerichtszweige. aa)** Die Zivilgerichte sind umgekehrt an rechtskräftige Entscheidungen anderer Gerichte in den obj und subj (zu Beteiligten nach § 121 Nr 1, § 63 Nr 3 VwGO: BGH MDR 2021, 164 Tz 20; BGH VersR 2021, 650 Tz 18) Grenzen deren Rechtskraft gebunden (vgl zB BGHZ 86, 232 mN; BGH NJW 92, 314 mN; BGH MDR 2021, 899; BGH MDR 2019, 1183; iE s § 13 GVG Rn 33 ff). **Bsp:** Bildet im Entschädigungsprozess die Rechtmäßigkeit des VA – Enteignungsbeschluss – eine „Vorfrage", ist das ordentl Gericht an die rechtskräftige Bejahung der Rechtmäßigkeit der Enteignung durch das VG gebunden (BGHZ 95, 35 ff), ebenso bei Klage auf Rückforderung von Erschließungsbeiträgen an rechtskräftigen Beitragsbescheid (BGH NJW 87, 773); dagegen nicht an die Auslegung des Beitragsgesetzes durch die VGe (BGH MDR 2019, 1183); dgl besteht im Amtshaftungsprozess eine Bindung des Zivilgerichts an die rechtskräftige Entscheidung des VG über die Rechtswidrigkeit der Amtshandlung (BGHZ 134, 273; BGHZ 146, 156; BGHZ 161, 309, stRspr; Rinne/Schlick NJW 2005, 3549), im Nachbarschaftsprozess (§§ 1004, 906 BGB) ders Beteiligten (zB Beigeladener u Kläger des VG-Prozesses) an die Abweisung der Klage auf Erteilung der Baugenehmigung samt der tragenden Gründe (BGH MDR 2021, 164 Tz 21), im Schadensersatzprozess an die bindende Entscheidung gem § 108 SGB VII über das Vorliegen eines Versicherungsfalls (BGHZ 181, 160 Tz 12, 21 = NJW 2009, 3235; BGH NJW-RR 2008, 1239), im allg ZP an rechtskräftige Entscheidungen über JustizVA in Verf gem §§ 23 ff EGGVG (BGH NJW-RR 2016, 445 Tz 11: Eingangsstempel) und im RA-Zulassungsverf (§ 6 BRAO) an die frühere rechtskräftige Ablehnungsentscheidung (BGH NJW-RR 2009, 138).

11 **bb)** Das Zivilgericht ist nicht an ein **Strafurteil** gebunden (BGH NJW 2022, 705 Tz 11; BGH NJW-RR 2005, 1024 = MDR 2005, 1114 [betr Erbunwürdigkeit]; BGH MDR 2019, 120 [G. Vollkommer MDR 2019, 275]; ThP/Hüßtege § 14 EGZPO Rn 1), es hat zB im Wiederaufnahmeverf (§ 580 Nrn 1-5, § 581 I) vielmehr selbständig zu prüfen, ob ein Restitutionsgrund vorliegt und die Straftat tatsächl begangen worden ist (BGHZ 85, 35 ff; iE str; sa Braun ZZP 97 [1984], 71 ff; s § 581 Rn 1). Im zivilrechtl Folgeprozess nach Verurteilung wegen eines Vermögensdelikts (zB § 263 StGB) darf es die zivilprozessuale Sachaufklärung (§§ 355, 286, 287) nicht verweigern (Art 103 I GG), auch wenn das Strafurteil urkundenbeweislich vorliegt (OLG Saarbrücken NJW-RR 2019, 953 Tz 29) oder auf Geständnis des Angekl (Bekl) beruht (BGH NJW 2022, 705 Tz 11). Die Einführung einer beweisrechtl Bindung an Tatsachenfeststellungen wird als Reformvorhaben diskutiert (G. Vollkommer MDR 2019, 275; Emmert ZRP 2018, 82; Heese JZ 2016, 390). **Abgrenzung.** Im *Adhäsionsverf* (§§ 403 ff StPO) ergangene (stattgebende) Entscheidungen stehen auch hinsichtl Rechtskraft und Bindungswirkung im ZP ergangenen Urteilen gleich (§ 406 III 1 StPO; § 406 I 2 Hs 2 StPO; dazu BGH MDR 2015, 1094; eingeh Foerster JZ 2013, 1143; de lege ferenda verallgemeinernd Emmert ZRP 2018, 84). Nach einem Grundurteil findet das Betragsverf vor dem zuständigen Zivilgericht statt (§ 406 III 3 StPO; dazu sa § 304 Rn 1).

11a **cc)** Die Entscheidungen des **BVerfG** sind für alle Gerichte bindend (§ 31 BVerfGG). Die Bindung umfasst auch die tragenden Gründe, zB bei der Konkretisierung von Generalklauseln am Maßstab der Grundrechte (BVerfGE 89, 214 – Bürgschaften naher Angehöriger). Eine Bindung besteht auch an die Entscheidungen des **EGMR** (*arg* § 580 Nr 8 u Art 20 III GG, vgl BVerfGE 111, 307). Die Entscheidungen des **EuGH** binden jedenfalls im Rahmen ihrer *Rechtskraft (s Art 65 EuGH VerfO)*. Umgekehrt ist der EuGH an die Rechtskraft von Entscheidungen nationaler Gerichte nicht gebunden, soweit sie dem Gemeinschaftsrecht widerspricht (EuGH JZ 2008, 141 [Haratsch/Hensel]; dazu näher Poelzig JZ 2007, 858).

c) Bindung der Zivilgerichte an bestandskräftige Verwaltungsentscheidungen; Feststellungen der Kartellbehörden. Eine Rechtskraftbindung an eine bestandskräftige Entscheidung der Verwaltungsbehörde besteht dagegen nicht (BGHZ 158, 19, 22 = MDR 2004, 766, 767 [insoweit zust Althammer JZ 2005, 253, 254]); desgl nicht an Steuerbescheide oder eine unmissverständl Rechtsauffassung der Finanzbehörde (OLG Hamm MDR 2014, 679). Dagegen ist das (Zivil-)Gericht des Schadensersatzprozesses an die bestandskräftige **Feststellung der Kartellbehörden** eines Kartellverstoßes **gebunden** (§ 33b I GWB; s BGH NJW 2019, 661 Tz 45; BGH NJW 2018, 2479). Die Eintragungen des BfJ in die **Liste qualifizierter Einrichtungen** (§ 4 I UKlaG) hat Tatbestandswirkung; bei Zweifeln am Vorliegen der Eintragungsvoraussetzungen ist das Überprüfungsverfahren einzuleiten (§ 4a II UKlaG). 12

3) Internationaler Rechtsstreit. a) Maßgebliches Recht. Für die obj und subj Grenzen der Rechtskraft und deren Eintritt ist das Prozessrecht maßgebend, das für den Erlass des **Ersturteils** anzuwenden war. – **b)** Die Bestimmung des Urteilsgegenstandes über den Streitgegenstand im dt Recht (s Rn 39) findet im ausl Recht keine Entsprechung. EU-Vorschriften fehlen; insb trifft die „Kernpunkttheorie" (Einl Rn 62) keine Aussage zur Rechtskraft von Sachurteilen; allerdings zeigt die EU-Rspr Ansätze für eine bes (weite) Rechtskraft von Unzuständigkeitsentscheidungen auf der Grundlage der Brüssel Ia-VO (s näher StJ/Althammer § 322 Rn 315). Der Umfang der mat Rechtskraft wird in den europ Rechtsordnungen eigenständig (idR aus allg Grundsätzen) bestimmt. Zur Rechtskraftdurchbrechung im EU-Bereich s Rn 76. **Lit:** Gebauer, Rechtskraftwirkungen ausl Unzuständigkeitsentscheide, FS Geimer, 2017, S 103; Laukemann, Unionsrechtsschutz und res judicata im ZP, ZZP 130 (2017), 439; Payandeh, Grenzen der Rechtskraft mitgliedschaftl Gerichtsentscheidungen, JuS 2020, 800 – **c)** Die Rechtskraft einer **ausl**, gem § 328 anzuerkennenden Entscheidung steht nach der Rspr des BGH einer neuen (inländischen) Klage, die auf eine inhaltl übereinstimmende Sachentscheidung gerichtet ist, nicht entgegen (so BGH NJW 87, 1146 = MDR 87, 393; OLG Hamm FamRZ 91, 718; Hau § 328 Rn 12). 13

III) Materielle Rechtskraft. 1) Bedeutung. Die materielle Rechtskraft hindert die Gerichte daran, in einem neuen Verf (unabhängig von der sachlichen Richtigkeit) abweichend vom rechtskräftigen Urteil des Vorprozesses zu entscheiden. Ob sich die Wirkung der materiellen Rechtskraft in dieser negativen Funktion erschöpft oder – weiter gehend – auch die materielle Rechtslage ergreift, war und ist Gegenstand des Streites der sog **Rechtskrafttheorien** (s Rn 15 ff). Der Theorienstreit ist allerdings ohne wesentl praktische Bedeutung (so auch MK/Gottwald § 322 Rn 12; StJ/Althammer § 322 Rn 24 ff; einschr Gaul FS Schilken, 2015, S 284 ff; Koussoulis aaO S 4, 69 f. Überblick: Vollkommer MDR 2016, 977). 14

2) Materielle Rechtskrafttheorien. Die Vertreter dieser Lehre in ihrer älteren Ausgestaltung (Savigny, Kohler, Pagenstecher, Mendelssohn-Bartholdy) sahen in einem rechtskräftigen Zivilurteil einen Entstehungs- oder Erlöschenstatbestand für das in dem Urteil festgestellte oder verneinte materielle subj Recht („*res iudicata ius facit inter partes*"). Es sollte aber keine Verdoppelung eines Anspruchs eintreten, wenn der Gl für diesen einen 2. Titel erreichte (BAG MDR 68, 180), außerdem sollten die materiellen Wirkungen nur in den subj Grenzen der §§ 325 ff eintreten, dh dass Rechte nur relativ, im Verhältnis zwischen den Prozessparteien, entstehen oder erlöschen. In ihrer ursprüngl Form werden die mat-rechtl Rechtskrafttheorien heute nicht mehr vertreten. Nach einer modernen Variante tritt mit der Rechtskraft des Urteils die verbindliche Festlegung einer konkreten Rechtsfolge an die Stelle der bis dahin bestehenden Rechtsunsicherheit (StJ/Althammer § 322 Rn 27 ff; Sondermeinung: Thomale ZZP 135 [2022], 34: „Rechtskraft als materielles ZPR"). 15

3) Prozessuale Rechtskrafttheorie. Herrschend ist die prozessuale Rechtskrafttheorie. Sie wurde begründet durch Stein, Hellwig, Rosenberg und Bötticher und später von der Rspr übernommen (zB RGZ 129, 248; RGZ 167, 334; BGHZ 3, 86; AG/Gehle Rn 14; grds krit Braun § 58 II 2; eingeh Thomale JZ 2018, 430 u 1125). – **a) Prozessuale Bindungslehre.** Im Gegensatz zur materiellen Theorie (s Rn 15) leugnet sie, dass das rechtskräftige Urteil – vom Gestaltungsurteil abgesehen – auf das materielle Recht einwirkt und sieht das Wesen der materiellen Rechtskraft zunächst darin, dass die Gerichte in einem späteren Verf die rechtskräftige Entscheidung zu beachten haben (bei Divergenz mit „doppelter Rechtsordnung" als Folge); aber auch im Verhältnis *zwischen den Parteien* besteht eine Bindungswirkung (arg § 325 I: „… wirkt für und gegen die Parteien …"), die die rechtskräftig festgestellte Rechtsfolge ihren Rechtsbeziehungen als „maßgebl" zugrundezulegen (RSchwab/Gottwald § 152 Rn 9; MK/Gottwald § 322 Rn 14; StJ/Althammer § 322 Rn 31), dem Urteil „faktisch nachzuleben" haben (Braun § 58 II 1, S 902). Über die Wirkungskraft und die Folgen dieser Bindung herrscht wiederum Streit (s Rn 17; ausf Koussoulis aaO S 26 ff). 16

b) Rechtskraft als Wiederholungs- und Abweichungsverbot (ne bis in idem-Lehre). Nach Rspr (BGHZ 34, 337; BGHZ 36, 365; BGHZ 93, 288 f mwN; BGHZ 123, 34 = NJW 93, 2942; BGHZ 157, 47, 50 = NJW 2004, 1252, 1253; BGHZ 198, 294 Tz 13 = NJW 2014, 314; BGH NJW 2018, 2056 Tz 14, stRspr) und Schrifttum (RSchwab/Gottwald § 152 Rn 6, 8; StJ/Althammer § 322 Rn 36; ThP/Seiler § 322 Rn 7; MK/Gottwald § 322 Rn 9; Jauernig/Hess § 62 Rn 5 ff; Schellhammer Rn 835; Gaul FS Flume, 1978, S 513 ff mwN; Mädrich MDR 82, 455) ist zu unterscheiden: – **aa)** In den seltenen Fällen, in denen der **Streitgegenstand** des 2. Rechtsstreits mit dem des 1. **identisch** ist (s Rn 20), ist die Rechtskraft eine **negative Prozessvoraussetzung**, dh sie verbietet nicht nur eine abweichende Entscheidung, sondern macht das neue Verf und eine Entscheidung darin schlechthin unzulässig (BGHZ 93, 289; BGHZ 123, 139; BGHZ 157, 50; BGH NJW 2003, 3058, 3059; BGH NJW 2008, 17

1227 f; BGH NJW-RR 2009, 790; OLG Braunschweig NJW 2022, 3584), ohne das Rechtsschutzbedürfnis bemühen zu müssen. – **bb)** In der Mehrzahl der Fälle, in denen die im Vorprozess entschiedene Rechtsfolge nur **Vorfrage** für die Entscheidung des nachfolgenden Rechtsstreits ist (s Rn 22 ff), erschöpft sich die Wirkung der Rechtskraft in der **Bindung des später entscheidenden Gerichts** an die Vorentscheidung (BGH NJW 83, 2032; BGH NJW 85, 2535 f; BGH NJW 95, 1757; BGH NJW 95, 2993; BGH NJW 2003, 3058, 3059); dieses Ergebnis kann auch als eine modifizierte Geltung des ne bis in idem-Grundsatzes verstanden werden (RSchwab/Gottwald § 152 Rn 15; Jauernig/Hess § 62 Rn 18; sa Gaul FS Flume, S 513 ff).

18 **c) Amtsprüfungsgrundsatz und fehlende Parteidisposition. aa)** Als negative Prozessvoraussetzung (s Rn 17 [aa]), aber auch im Rahmen ihrer Bindungswirkung bei Präjudizialität (s Rn 17 [bb]) ist die Rechtskraft in jeder Lage des Rechtsstreits **vAw** zu beachten (BGHZ 36, 367; BGHZ 93, 290; BGHZ 123, 32; BGHZ 166, 253 Tz 22; 182, 325 Tz 15; BGH MDR 2021, 446; ThP/Seiler § 322 Rn 13; MK/Gottwald § 322 Rn 58; eingeh Gaul FS Flume, S 504 ff, 512 f, 519 ff; Konsequenz der prozessualen Auffassung, s Rn 17). – **bb)** Sowohl die formelle wie die materielle Rechtskraft (nicht natürl das rechtskräftig festgestellte Rechtsgut selbst) sind der **Parteidisposition** entzogen (vgl BGH NJW-RR 87, 643; RSchwab/Gottwald § 152 Rn 17; StJ/Althammer § 322 Rn 212, 214; MK/Gottwald § 322 Rn 59; abw Schlosser, Einverständl Handeln im Zivilprozess, 1968, S 12 ff; iE s § 325 Rn 43).

19 **d) Besonderheiten.** Besteht in **Ausnahmefällen** ein schutzwürdiges Bedürfnis nach dem **nochmaligen Erlass eines Titels**, muss die hM hier ihren Grundsatz ne bis in idem durchbrechen und ein neues Verf zulassen (so BGH NJW 85, 1711 = MDR 85, 562 [Hagen LM Nr 103]). Anerkannt sind folgende **Fälle: Verlust** des nicht wieder herstellbaren Titels (BGHZ 4, 321; BGH NJW 57, 1111; BGH NJW 64, 1626); berechtigtes Interesse an nochmaliger Feststellung des Inhalts eines für die ZwV zu **unbestimmt** tenorierten Urteils (BGHZ 36, 14; BGH NJW 72, 2268; OLG Zweibrücken NJW-RR 97, 1) oder eines Titels, der Gegenstand von **Auslegungsstreitigkeiten** ist (BGH NJW 2018, 235); Notwendigkeit erneuter Feststellungsklage, um den Eintritt der **Verjährung** zu verhindern (zB bei wiederkehrenden Leistungen (§ 258), deren Verjährung gem § 197 I Nr 3, II BGB von der rechtskräftigen Feststellung unberührt blieb, s BGH NJW 1985, 1711 = MDR 1985, 562; BGH MDR 2007, 595, 596; Ricken NJW 99, 1148 f mwN; der Weg gem § 212 I Nr 2 BGB darf aber nicht gangbar sein: BGH NJW-RR 2003, 1076 = MDR 2003, 1067) oder wenn bei Verurteilung zum Ersatz von Zukunftsschäden (§ 256) **Schäden** noch nach Ablauf der 30jährigen Verjährung (§ 197 I Nr 3 BGB) eintreten können (BGH NJW 2018, 2056 Tz 16); Notwendigkeit erneuter Klage zur Feststellung eines privilegierten Klagegrundes (BGH NJW 2003, 515 = MDR 2003, 290; BGH NJW 2010, 2210 = MDR 2010, 352; zu **§ 850f II ZPO, § 302 Nr 1 InsO**); sog titelergänzende Feststellungsklage (näher s Rn 35; § 700 Rn 16; § 850f Rn 9).

20 **IV) Wirkung der Rechtskraft in späteren Prozessen. 1) Unzulässigkeit bei Identität und kontradiktorischem Gegenteil. a) Allgemeines.** In den seltenen Fällen der **Identität der Streitgegenstände** (allg s Einl Rn 60 ff) der beiden Verf ist **jede erneute Verh und Entscheidung unzulässig** (s Rn 17 [aa]). Das gilt nicht nur, wenn der näml Streitgegenstand zwischen den näml Parteien rechtshängig gemacht wird – der Kl klagt dens Anspruch ein 2. Mal ein (Bsp Rn 21) – vielmehr sind die Streitgegenstände auch identisch, wenn im Zweitprozess der Ausspruch des **kontradiktorischen Gegenteils** einer im Erstprozess festgestellten Rechtsfolge begehrt wird (BGHZ 123, 139 = NJW 93, 2685; BGHZ 210, 348 Tz 19 = NJW 2016, 3158; BGH BGHZ 237, 157 Tz 18 ff = NJW 2023, 3582; MskV/Wolff § 322 Rn 21; sa § 322 Rn 11). **Bsp** (sa Doderer NJW 91, 879): Ein Prätendent nimmt mit einer Feststellungsklage ein absolutes oder relatives (gegen einen Dritten gerichtetes) Recht für sich in Anspruch, das im Vorprozess bereits dem nunmehrigen Bekl rechtskräftig zuerkannt worden war. Grund: Mit der *Bejahung* (nicht auch: Verneinung; dazu sogleich) des alleinigen Eigentums, Erbrechts usw des jetzigen Bekl im Vorprozess wurde zugleich das Eigentum, Erbrecht usw des jetzigen Kl als kontradiktorisches Gegenteil verneint (BGHZ 35, 171; BGH NJW-RR 92, 1339 f). Ist im Prätendentenstreit im Vorprozess die Klage auf Einwilligung in die Auszahlung abgewiesen worden, steht die Auszahlungsberechtigung des nunmehrigen Kl (damaligen Bekl) dagegen noch nicht rechtskräftig fest, denn mit der *Aberkennung* des Rechts des einen ist die Berechtigung des anderen nicht positiv festgestellt (BGH NJW 2000, 291, 294; sa § 75 Rn 5). Ist dagegen der Kl im vorangegangenen Prozess mit der auf Vertragswiderruf gestützten negativen Feststellungsklage unterlegen, kann der damalige Beklagte im folgenden Leistungsprozess als Kl Vertragserfüllung als kontradiktorisches Gegenteil verlangen (OLG Braunschweig NJW 2022, 3584 Tz 38, 41; sa § 322 Rn 11). Der im Erstprozess auf positive Feststellungsklage hin unterlegene Bekl klagt erneut auf negative Feststellung der näml Rechtsfolge gegen den Erstkläger. Der im Vorprozess Verurteilte verlangt das rechtskräftig Zugesprochene im Zweitprozess, da in Wahrheit nicht geschuldet, als Bereicherung zurück (BGH NJW 2000, 2023). Der im Vorprozess zur Herausgabe Verurteilte macht im Folgeprozess ein Herausgabeverweigerungsrecht geltend (BGH NJW 2006, 63; sa Rn 34, 40). **Abgrenzung.** Bei einer *Wiederholung der abgewiesenen Klage* wird idR auf abw Umstände abgestellt werden (Fälligwerden der Forderung, zwischenzeitl Ausübung von Gestaltungsrechten, Ergänzung des Sachverhalts um weitere Tatsachen, wie Abtretung, Rechtsübergang, Genehmigung u dgl); die *Rückforderung des Verurteilungsbetrags* wird als Rückabwicklung eines gegenseitigen Vertrags geltend gemacht werden. Hierbei handelt es sich um Fragen der Reichweite der Rechtskraft und *damit des Streit-* und Urteilsgegenstands, der Tatsachenpräklusion und der Präklusion von Gestaltungsrechten (s Rn 30 ff, 37 ff, 56, 62 ff, 70). Auch durch eine *abweichende rechtl Einordnung* kann die Identität des Streitgegenstandes nicht umgangen werden (KGR Berlin 2004, 472 u allg s Einl Rn 70).

b) Weitere Bsp aus der Rspr: Identität besteht auch zwischen der Klage auf Verzicht auf ein Sicherungsrecht und Unterlassung der Geltendmachung der Rechte daraus (BGH NJW-RR 87, 683, 685). Ein Fall der Identität ist auch dann zu bejahen, wenn bei einer Geldschuld (§ 270 BGB) die Klage auf „Zinsen" mangels Verzugs (§ 286 I BGB) abgewiesen wurde und im Folgeprozess nun „Prozesszinsen" (§ 291 I BGB) verlangt werden (LG Frankfurt MDR 2022, 1179; sa Einl Rn 67). Teilw Identität der Streitgegenstände besteht, wenn nach einer Verurteilung des Bekl zur Zahlung von Zinsen ab 1.1.2015 der Kl später – wegen § 197 II, § 195 BGB – Klage auf Feststellung erhebt, dass der Bekl zur Zahlung von Zinsen seit dem 1.1.2018 verpflichtet ist (BGHZ 93, 288, str; s Rn 19). Nimmt der im Vorprozess zur Auflassung verurteilte Verkäufer im Folgeprozess den Käufer auf Zustimmung zur Löschung der Auflassungsvormerkung in Anspruch, macht er das **kontradiktorische Gegenteil** geltend (BGH NJW 96, 396); das Gleiche trifft zu, wenn die im Vorprozess zur Auflassung verurteilte Partei im Folgeprozess Rückauflassung auf Grund eines Erwerbstatbestands verlangt, der zur Zeit des Vorprozesses bereits verwirklicht war (BGH NJW 95, 968). Ist die Klage eines Grundstückseigentümers auf Unterlassung der Benutzung seines Grundstücks als Weg abgewiesen worden, weil dem Bekl ein Wegerecht zusteht, ist die spätere Klage des Eigentümers auf Feststellung, dass dem Bekl kein die Bebauung des Grundstücks durch den Kl hinderndes Recht zustehe, auf das kontradiktorische Gegenteil des 1. Urteils gerichtet (BGH NJW 65, 42). Ist im Vorprozess ggü sämtl Miterben die Beendigung eines mit dem Erblasser geschlossenen Pachtverhältnisses festgestellt worden, kann der einzelne Miterbe in einem Zweitprozess nicht mehr das Fortbestehen des Pachtverhältnisses geltend machen (allgM, s Schilken NJW 91, 281); ist im Vorprozess dem einzelnen Miterben ggü die Beendigung des Pachtverhältnisses rechtskräftig festgestellt worden, kann er später nicht mehr gemeinsam mit den übrigen Miterben auf Feststellung dessen Fortbestands klagen (BGH NJW 89, 2133), anders aber, wenn die Erstklage gegen ihn als Einzelrechtsnachfolger gerichtet war (Schilken NJW 91, 281, sa § 62 Rn 31). Ist der Kl im Erstprozess mit der Räumungsklage auf Grund der Kündigung vom 1.3.2020 rechtskräftig abgewiesen worden, ist die wiederholte Klage auf Grund der Kündigung vom 1.3.2021 mit der früheren nicht identisch (BGH NJW 98, 375), mögen auch die Kündigungsgründe die gleichen sein; es handelt sich um ein Problem der Präklusion (s Rn 60, 65, 70). Hat der Kl des Vorprozesses ein rechtskräftiges Räumungsurteil erwirkt, ist die spätere Klage des Räumungsschuldners auf Wiedereinräumung des Besitzes auf das kontradiktorische Gegenteil gerichtet (BGH NJW-RR 99, 376); die – zeitl begrenzte (s Rn 53 ff) – Rechtskraft des Räumungsurteils steht ihr gleichwohl nicht entgegen, wenn sich die Verhältnisse zwischenzeitl wesentl geändert haben (zB Wegfall der Störungen; BGH NJW-RR 99, 376; sa Rn 27, 36). 21

2) Bindung bei Präjudizialität. In der Mehrzahl der Fälle, in denen die rechtskräftig erkannte Rechtsfolge für den 2. Rechtsstreit nur vorgreifl („präjudiziell") ist, **hindert** die Rechtskraft das nachentscheidende Gericht **nur an einer abweichenden Entscheidung.** Ein *Verstoß* gegen die **Bindungswirkung** (BGH NJW 2012, 1964 Tz 11 f; OLG Braunschweig NJW 2022, 3584 Tz 35) macht die Klage (anders als in den Fällen der Rn 21) *nicht unzulässig*, sondern ggf *unbegründet* (BGH NJW 2008, 1227, 1228 Tz 23). 22

a) Begriff der Entscheidung. Das Gericht „entscheidet" auch schon immer dann, wenn es eine Rechtsfrage beurteilen muss, um eine solche Prozesshandlung vorzubereiten. Die materielle Rechtskraft bindet also in einem neuen Verf auch dann, wenn das Gericht in einem 2. Prozess die bereits rechtskräftig entschiedene Frage (Rechtsfolge) nur als **Vorfrage** zu beurteilen hat (s Rn 24); sie besagt ferner, dass das Gericht nicht nur bei **Urteilen**, sondern auch bei **Beschlüssen** und **Verfügungen** an rechtskräftige Entscheidungen gebunden ist, falls von der rechtskräftig entschiedenen Frage das Ob oder das Wie von Beschlüssen und Verfügungen abhängig ist. Es darf zB kein Beweisbeschluss ergehen, dem zufolge über Tatsachen Beweis erhoben werden soll, die (nur) im Hinblick auf ein bereits rechtskräftig zu- oder aberkanntes Recht entscheidungserhebl sein können; das Gericht darf von einer rechtskräftigen Entscheidung nicht nur nicht abweichen, sondern es darf auch nicht die bloße Möglichkeit abweichender Entscheidung einem Beweisbeschluss zugrunde legen. 23

b) Streitgegenstand als Vorfrage. Hat das Gericht im Zweitprozess den Streitgegenstand des rechtskräftig entschiedenen Erstprozesses als Vorfrage erneut zu prüfen, hat es den Inhalt der rechtskräftigen Entscheidung seinem Urteil zugrunde zu legen (BGH NJW 93, 3205; BGH NJW 2008, 1227 f; BGH NJW 2023, 2281 Tz 11, 12 = MDR 2023, 654; RSchwab/Gottwald § 152 Rn 15; MK/Gottwald § 322 Rn 51). Wann der Streitgegenstand des Erstprozesses in einem Zweitprozess entscheidungserhebl ist, bestimmt das anzuwendende sachl Recht, das je nach dem Streitgegenstand des Zweitprozesses auch Prozessrecht sein kann, so bei den prozessualen Gestaltungsklagen der §§ 771 ff. Es kommt darauf an, ob das im Zweitprozess anzuwendende sachl Recht (StJ/Althammer § 322 Rn 194; Blomeyer § 89 V 2) das Bestehen oder Nichtbestehen des im Erstprozess rechtskräftig zu- oder aberkannten subj Rechts oder des im Erstprozess rechtskräftig bejahten oder verneinten Rechtsverhältnisses voraussetzt. **Nicht** zu verwechseln hiermit ist die Frage, inwieweit **Vorfragen des Erstprozesses** in Rechtskraft erwachsen (iE s Rn 28, 34a, 36). 24

aa) Rückzahlungsfälle. Präjudizielle Bedeutung hat der Streitgegenstand des Erstprozesses, wenn der zunächst auf Grund einer vertragl Leistungspflicht verurteilte Bekl aus § 812 BGB auf **Rückzahlung** dessen klagt, was er **auf Grund des Urteils geleistet** hat oder was auf Grund des Urteils **beigetrieben** wurde (BGHZ 131, 87 f = NJW 96, 58; Zeuner S 55; MK/Gottwald § 322 Rn 45), anders wenn die Rückforderung zB bei Verurteilung zu laufenden Leistungen wegen später eingetretener Umstände an Stelle der „überholten" Klage gem § 767 ver- 25 langt wird (BGHZ 83, 278, 280; BGH NJW 84, 127). Ebenso liegt es, wenn der zur Zahlung des Kaufpreises rechtskräftig verurteilte Käufer die Forderung zunächst erfüllt, später jedoch Rückgewähr des Betrags nach § 437 Nr 2, § 346 BGB verlangt; der im Zweitprozess eingeklagte Anspruch setzt voraus, dass der Kaufpreisanspruch nicht (und zwar: nicht mehr; wegen der zeitl Komponente des Problems s Rn 59, 60) besteht; teilw (vgl RSchwab/Gottwald § 155 Rn 7; MK/Gottwald § 322 Rn 144 ff) werden diese Fälle allerdings der Gruppe Rn 21 (Identität des Streitgegenstandes/kontradiktorisches Gegenteil iSv „Unvereinbarkeit") zugeordnet; so OLGR Celle 2004, 399; wie hier zutr Klimke ZZP 126 (2013), 54 f.

26 **bb) Doppelte Leistung. Lit:** Foerste ZZP 133 (2020), 319; Gaul FS Schilken, 2015, S 275; Lipp FS Pawlowski, 1996, S 359; Reichel FS Wach III, 1913, S 63; Vollkommer FS Stürner, 2013, S 581 u Vollkommer MDR 2016, 976. – Hat der Sch vorprozessual oder im Laufe des Rechtsstreits seine Schuld – ganz oder teilw – bezahlt („Erstleistung"), ergeht aber gleichwohl gegen ihn ein rechtskräftiges Urteil auf die volle Leistung, da die erfolgte Zahlung von keiner Seite in den Rechtsstreit eingeführt worden war, und wird in der Folge der Urteilsbetrag beigetrieben, soweit es der Sch nicht vorzieht, zur Abwendung der ZwV freiwillig zu leisten („Zweitleistung"), ist umstr, ob die Doppelleistung zurückgefordert werden kann (s Vollkommer MDR 2016, 978 f). Die Rückforderung der „Zweitleistung" setzt Beseitigung (§ 580) oder Durchbrechung (s Rn 72 ff) der Rechtskraft der Verurteilung voraus. Restitution (§ 580 Nr 7b, § 582) scheitert idR daran, dass ein urkundl belegter Erfüllungseinwand ohne weiteres im Ausgangsverf mögl gewesen wäre (LG Hannover NJW 79, 221). Die Rechtskraftdurchbrechung wegen „Urteilsmissbrauchs" (Rn 72) hängt davon ab, ob man die typischerweise vorliegende „evidente Urteilsunrichtigkeit" (Vollkommer MDR 2016, 982) ausreichen lässt und (abw vom „Ausnutzungstatbestand", s Rn 74) auf „bes sittenwidrigkeitsbegründende Umstände" verzichtet (dafür iVm § 242 BGB Vollkommer MDR 2016, 982; insoweit zust AG/Gehle § 322 Rn 99 „Zweitleistung"). Überblick über die Lösungsversuche: Vollkommer MDR 2016, 979 ff.

Die „Erstleistung" ist gem § 812 I 2 1. Fall BGB rückforderbar. Der Sch kann sich mit der Rückforderung der „Erstleistung" auch auf den Boden des rechtskräftigen Leistungsurteils stellen und sich die auf den Streitgegenstand beschränkte Präklusion zunutze machen. Die Rückforderungsklage hat einen ggü dem Ausgangsprozess eigenständigen Streitgegenstand (s Vollkommer MDR 2016, 978, 980; sa BGH MDR 2012, 368 Tz 16 aE). Die Präklusionswirkung des rechtskräftigen Leistungsurteils findet ihre Grenze am Streitgegenstand des Ausgangsverf (Rn 54 aE; 70). Die klageweise Berufung auf die „Erstleistung" ist damit nicht als „Erfüllungseinwand" präkludiert (so aber StJ/Althammer § 322 Rn 267; MK/Gottwald § 322 Rn 214; RSchwab/Gottwald § 163 Rn 1; Gaul/S/B-E § 40 Rn 53 m Fn 242; dagegen wie hier Braun § 59 IV 3). Der Rückforderungsanspruch entsteht erst mit Rechtskraft und kann (jedenfalls) mit der Rückforderungsklage durchgesetzt werden. In dem **ähnlichen Fall**, dass das Gericht die außerprozessual erklärte **Aufrechnung** (§§ 387, 389 BGB) übergeht, bleibt dem verurteilten Bekl der Gegenanspruch durchsetzbar erhalten (Foerste ZZP 133 [2020], 319, 336; MK/Fritsche § 145 Rn 28). Die Gleichbehandlung beider Fälle ist nach der hier vertretenen Auffassung gewährleistet (abw Foerste ZZP 133 [2020], 319, 337; StJ/Althammer § 145 Rn 70). **Abgrenzung:** Ist der Erfüllungseinwand im Ausgangsverf vorgebracht, aber zurückgewiesen oder übergangen worden, muss Rechtsmittel, notfalls Rüge gem § 321a eingelegt werden; eine Rückforderung gem § 812 BGB scheidet aus (MK/Braun vor § 578 Rn 19; Braun NJW 79, 2380, 2381; Zeuner, Obj Grenzen der Rechtskraft, 1959, S 95 f).

27 **c) Weitere Fälle von Präjudizialität** des Streitgegenstandes des Erstprozesses aus der **Rspr.** Die **Feststellung des Fortbestehens** des (gekündigten) Mietverhältnisses hindert die Geltendmachung der (Form-)Unwirksamkeit des Mietvertrags im folgenden Prozess auf Zahlung des Mietzinses (BGH NJW 2004, 294; sa Rn 70). Der im Vorprozess rechtskräftig zur Mietzinszahlung verurteilte Mieter kann im Folgeprozess einen Kündigungsgrund nicht wegen fehlenden Mietrückstands (aber wegen fehlenden Verzugs) bestreiten (OLG Koblenz NJW-RR 2005, 1174). Die Abweisung der **Räumungsklage** hindert den Erfolg einer Klage auf Vertragsstrafe wegen angebl verspäteter Räumung (BGH LM Nr 23 zu § 322); umgekehrt wirkt das Räumungsurteil (**Herausgabeurteil** nach § 985 BGB) Rechtskraft im Rechtsstreit, in dem der Kl Ansprüche gegen den Räumungsschuldner daraus herleitet, dass dieser nicht geräumt hat (BGH NJW 69, 1064), zB auf **Nutzungsentschädigung gem § 987 BGB** (BGH NJW 85, 1553; verallgemeinernd BGH NJW 2006, 63, 64; Hackspiel NJW 86, 1148; sa Rn 34). Das auf eine Vertragsverletzung gestützte Unterlassungsurteil entfaltet Rechtskraft für einen späteren Schadensersatzprozess wegen Zuwiderhandlungen gegen die Unterlassungspflicht (BGHZ 42, 352; StJ/Althammer § 322 Rn 196; str, abw zur ges Unterlassungspflicht [zB gem § 1004 I 2 BGB] s Rn 28 mN). Ist im Vorprozess rechtskräftig die Unwirksamkeit einer fristlosen Kündigung festgestellt worden, kann im folgenden Zahlungsprozess die **fristlose Kündigung** nicht nachträgl in eine fristgemäße umgedeutet werden (BAG DB 70, 1182; BAG AP Nr 3 zu § 13 KSchG 1969 [insow krit Vollkommer]). Ist die prozessbeendigende Wirkung eines **Prozessvergleichs** rechtskräftig festgestellt, kann in einem neuen Prozess grds auch nicht die mat-rechtl Unwirksamkeit des Vergleichs geltend gemacht werden (BGHZ 79, 71 = NJW 81, 823 = MDR 81, 492). Ist im **Kündigungsschutzprozess** der Klage stattgegeben worden, kann in einem späteren Prozess das Fehlen eines Arbeitsverhältnisses überhaupt nicht mehr geltend gemacht werden (BAG NJW 77, 1895; anders bei Klageabweisung: BAG ZIP 91, 885; sa § 322 Rn 13 [c]). Ist der Sch rechtskräftig zur **Rechnungslegung** verurteilt worden, steht im späteren Prozess auf Urkundenvorlage die Rechnungslegungspflicht bindend fest (OLG Köln NJW-RR 89, 567, 568).

Ist die Klage auf Feststellung der Schadensersatzpflicht aus unbefugter Bildveröffentlichung rechtskräftig abgewiesen worden, steht im Folgeprozess auf Ersatz bezifferten Schadens die fehlende Ersatzpflicht bindend fest (BGH NJW 89, 393). Die rechtskräftige Abweisung der auf den Eintritt *ges Erbfolge* gestützten Klage eines Miterben auf Einwilligung in eine entspr **Berichtigung des Grundbuches** hindert diesen Kl nicht, mit einer neuen Klage die Berichtigung des Grundbuches mit der Behauptung zu verlangen, nicht der Eingetragene, sondern er habe den Erblasser kraft *Verfügung von Todes wegen* allein beerbt (BGH NJW 76, 1095 = MDR 76, 302 [zust Schwab FamRZ 76, 268]). Das Urteil im **Erbprätendentenstreit** bindet im Erbscheinsverf zwischen den gleichen Parteien (OLG München NJW 2016, 2512, s Rn 9). Im Verhältnis zwischen **Hauptsache-** und **PKH-Verf** ist die Rechtskraft der Hauptsacheentscheidung für die Frage der Erfolgsaussicht der Rechtsverfolgung(-verteidigung) vorgreifl (BGH NJW 2012, 1964 Tz 12).

3) Abgrenzung zu nicht bindend entschiedenen Vorfragen. Nicht gebunden ist das Gericht des Zweitprozesses, wenn nicht der Streitgegenstand, sondern nur eine Vorfrage des Erstprozesses im Zweitprozess präjudiziell ist, wenn also **beiden Prozessen** ledigl eine **gemeinsame Vorfrage** zugrunde liegt. Die materielle Rechtskraft wirkt hier nicht, weil sie sich auf präjudizielle Rechtsverhältnisse und bestehende **Sinn- und Ausgleichszusammenhänge** nicht erstreckt (s Rn 34a, 36). Schulbsp: Zinsklage ist abgewiesen, weil das Darlehen nicht bestehe. Die Rechtskraft dieses Urteils hindert nicht, eine neue Zinsrate im Zweitprozess zuzusprechen, da das Darlehen bestehe. Weiteres **Bsp:** Ist im Vorprozess der Käufer rkr zur Zahlung restlichen Kaufpreises verurteilt worden, steht im Folgeprozess nicht das Bestehen des Kaufvertrages mit Bindungswirkung fest (BGH NJW 2023, 2281 = MDR 2023, 654). Ist der Mieter bei Zahlungsverzugskündigung rechtskräftig zur Zahlung des Mietrückstands verurteilt worden, ist der Zahlungsverzug zzt der Kündigung nicht bindend festgestellt (BGH NJW 2019, 1745 Tz 15 ff). Wird die Klage des Zessionars wegen dessen fehlender Aktivlegitimation abgewiesen, ist die Nichtigkeit der Abtretung (§ 398 BGB) nicht bindend festgestellt (BGH NJW 2024, 3299 Tz 18 = MDR 2024, 1311). Bei einer Klage aus *abgetretenem* Recht erwächst ein verneintes *eigenes* Recht auf die Leistung nicht in Rechtskraft (BGH NJW 2008, 2922; sa Einl Rn 74 u unten Rn 57). Hierher gehört auch die Klage des Partners eines **gegenseitigen Vertrages**, der einen Teil der ihm hieraus gebührenden Leistungen einklagt; alsdann wird weder über den gegenseitigen Vertrag als solchen, noch über die nicht eingeklagten Ansprüche aus ihm rechtskräftig entschieden (BGHZ 34, 339; BAG AP Nr 8 zu § 322; zur Teilklagenproblematik näher s Rn 44 ff, zur Problematik der im **„Sinnzusammenhang"** stehenden Gegenleistung näher s Rn 36). Weitere **Bsp:** Wird Käufer im Erstprozess mit dem Anspruch auf Rückzahlung des bar entrichteten Kaufpreisteils abgewiesen, weil der Kaufvertrag bestehe, ist das Gericht im späteren Prozess auf Zahlung des Restkaufpreises nicht gehindert, die Klage wegen Unwirksamkeit des Kaufvertrags (Widerruf gem § 355 BGB) gleichfalls abzuweisen (vgl BGHZ 91, 17). Ist umgekehrt die Mietzinsklage für einen bestimmten (früheren) Zeitraum wegen Nichtbestehens eines Mietverhältnisses rechtskräftig abgewiesen worden, ist das Gericht nicht gehindert, für einen späteren vom Bestehen eines wirksamen Mietvertrages auszugehen (Wirksamkeit des Mietvertrages – anders als im Fall BGH NJW 2004, 295 – nicht Streitgegenstand). Ist im Unterlassungsprozess eine ges (negatorische) Unterlassungspflicht rechtskräftig bejaht worden, ist das Gericht im Schadensersatzprozess wegen Schutzrechtsverletzung nicht gebunden (BGHZ 150, 377, 383; BGHZ 133, 71, 77 Tz 21; Teplitzky, Wettbew Anspr, 13. Aufl. 2023, Kap 30 Rn 3; Kap 51 Rn 64; aA StJ/Althammer § 322 Rn 207; zum Ganzen näher § 322 Rn 13 [e]; zur vertraglichen Unterlassungspflicht Rn 27. 28

Gelegentlich bereitet es Schwierigkeiten, diese Fälle richtig einzuordnen. In einem Erstprozess war ein Sch zur Geldzahlung verurteilt worden (Abwandlung von BGH NJW 2017, 1313 = MDR 2017, 43, 321 [G. Vollkommer], wo ein außergerichtl Titel vorlag); später erhob er **Vollstreckungsgegenklage**, die rechtskräftig abgewiesen wurde. Vor der Beitreibung der Urteilssumme begehrte der Sch aufgrund desselben SV in einem Drittprozess auf Schadensersatz Freistellung von den Vollstreckungsschäden. Der BGH wies die Schadensersatzklage ab, da ihr die Rechtskraft des Zweiturteils entgegenstehe. Mit der Abweisung der Vollstreckungsgegenklage stehe die Rechtmäßigkeit der ZwV aus dem Titel bindend fest (Vorfrage), davon sei dann im Streit um den Vollstreckungsschaden auszugehen. „Ein bereits entschiedener Streit um dieselbe Rechtsfolge darf nicht in abgewandelter Form erneut ausgetragen werden" (BGH NJW 2017, 1313 Tz 45; sa § 322 Rn 13). Eine Bindung zu bejahen ist auch in einem Fall, in dem ein Kl zunächst erfolglos **Schadensersatz in Natur** und später in einem Zweitprozess **Schadensersatz in Geld** gefordert hatte (BGH NJW 91, 2014 mN; StJ/Althammer § 322 Rn 196; RSchwab/Gottwald § 155 Rn 2), denn der rechtskräftig verneinte Schadensersatzanspruch auf Naturalrestitution (§ 249 I BGB) ist präjudizielles Rechtsverhältnis für den Anspruch auf Geldersatz (§ 249 II 1 BGB: „statt"), wenn nicht schon Fall von Identität (s Einl Rn 71, 73). Ist umgekehrt der Bekl rechtskräftig zur Herstellung verurteilt worden (§ 249 I BGB), kann er später den Geldersatzanspruch des Geschädigten (§ 249 II 1 BGB) nicht mehr dem Grunde nach bestreiten (BGH NJW 91, 2014). An die getroffene Wahl der **Schadensberechnung** ist der Gl mit Rechtskraft der Entscheidung über den einheitl Schadensersatzanspruch gebunden (BGH NJW 2008, 373, 375 Tz 16; sa Rn 48 f). Ist der **Hauptsch** rechtskräftig mit der Folge 30jähriger Verjährung (§ 197 I Nr 3 BGB) verurteilt worden, ist auch der Bürge daran gebunden (BGHZ 210, 348 Tz 19 = NJW 2016, 3158, str; krit Brinkmann ZZP 130 [2017], 347 f). 29

V) Objektive Grenzen der Rechtskraft. 1) Allgemeines. Die Rechtskraft des Sachurteils (Prozessurteil s Rn 7 u § 322 Rn 1a) bindet, wenn der **Streitgegenstand** des Erstprozesses in einem Zweitprozess erneut zur Entschei- 30 dung steht. Zunächst einmal gilt es (s Rn 31), die Entscheidung über den Streitgegenstand von ihren **Gründen** abzugrenzen, da diese an der materiellen Rechtskraft nicht teilnehmen. Da sich die obj Grenzen der Rechtskraft eines Urteils nur anhand des Streitgegenstands bestimmen lassen (s Rn 37; grds BGHZ 85, 367, 374 = NJW 83, 390, 391; BGHZ 215, 157 Tz 11 = NJW 2017, 3438; sa Rn 70), stellt sich schließl die Frage, ob zwischen Streit- und Urteilsgegenstand ein qualitativer (s Rn 38 ff) oder quantitativer (s Rn 44 ff) Unterschied besteht. **Lit:** Piekenbrock, Die Bedeutung der Urteilsgründe für die Rechtskraft und die Beschwer, FS Becker-Eberhard, 2022, S 42; Zeuner, Die obj Grenzen der Rechtskraft im Rahmen rechtl Sinnzusammenhänge, 1959.

31 **2) Rechtskraftfähiger Inhalt der Entscheidung (§ 322 I). a) Beschränkung auf den Entscheidungssatz.** Nur der Entscheidungssatz erwächst in Rechtskraft. Die Abgrenzung des Entscheidungssatzes von den tatsächl und rechtl Zwischenergebnissen, auf denen er beruht („Urteilselemente", „Begründungselemente"; s BGHZ 93, 330, 335 mN; BGHZ 107, 243; BGHZ 123, 140 = NJW 93, 2685; BGHZ 234, 102 Tz 22 = NJW 2022, 2754; Piekenbrock FS Becker-Eberhard, 2022, S 422 ff), ist eine Frage der obj Grenzen der Rechtskraft. Unzutr wird oft gesagt, dass die **Urteilsformel** iSv § 313 I Nr 4 im Gegensatz zu den „Entscheidungsgründen" iSv § 313 I Nr 6 in Rechtskraft erwüchse (vgl BGHZ 218, 213 Tz 22; BGH NJW 2017, 893 Tz 19 aE = MDR 2017, 297). In Wirklichkeit müssen **auch Tatbestand** und **Entscheidungsgründe** (BGHZ 234, 102 Tz 22 = NJW 2022, 2754) und bei nicht streitigen (vgl §§ 307, 331) und bestimmten streitigen Urteilen ohne Tatbestand und Entscheidungsgründe (vgl §§ 313a, 313b) das Parteivorbringen (BGHZ 34, 339; BGHZ 35, 340; BGHZ 124, 166; BGH NJW 2008, 2716 mN; BGH NJW-RR 2010, 19 Tz 15; BGH GRUR 2015, 269 Tz 19), die Anträge (§ 313 II 1) und Parteierklärungen (BGHZ 5, 192; BGH GRUR 2015, 269 Tz 19: auch der Parteiwille) zur Auslegung **herangezogen** werden, wenn der Streitgegenstand und damit der Umfang der Rechtskraft abgegrenzt werden sollen (zB BGHZ 82, 254; BGHZ 92, 304; BGHZ 93, 330, 335 f; BGHZ 124, 166; BGHZ 168, 121; BGHZ 182, 307 Tz 22; BGHZ 234, 102 Tz 22 = NJW 2022, 2754; zu VU und AU s BGH GRUR 2015, 269 Tz 19); bei Inkongruenz von Tenor und Gründen sind die allg Auslegungsregeln (s § 313 Rn 8) sowie §§ 319, 321 zu beachten; näher BGH NJW 97, 3447; BGH FamRZ 2002, 1706; Lindacher ZZP 88 [1975], 64; Hilfe bei Auslegungsstreit: Rn 19); das gilt stets, wenn eine Klage als unzulässig oder unbegründet **abgewiesen** wird (BGH NJW 85, 2535; BGH NJW 86, 1046; BGH NJW 93, 334; BGH NJW 93, 3205; BGH NJW 95, 1757; BGH NJW 99, 288; sa § 322 Rn 1a, 2, 11, 12); ist zB die Klage gegen einen mittelbaren Besitzer auf Herausgabe abgewiesen, so kann damit auch über den Anspruch auf Abtretung des Herausgabeanspruchs gegen den unmittelbaren Besitzer rechtskräftig erkannt sein (BGHZ 2, 164; vgl weiter BGH NJW 65, 42; J. Blomeyer NJW 69, 587 u s Rn 42 aE). Das gilt aber auch, wenn eine Leistungs- oder Feststellungsklage wegen Gattungsverbindlichkeiten Erfolg hat. Es gilt also, den durch Auslegung des ganzen Urteils zu gewinnenden Entscheidungssatz von den **Urteilselementen** und **Vorfragen** abzugrenzen, die nicht in Rechtskraft erwachsen (BGHZ 92, 335; BGHZ 123, 140; BGHZ 150, 383; BGHZ 183, 77 Tz 9 = NJW 2010, 2210; BGHZ 234 Tz 22 = NJW 2022, 2754; BGH NJW 2023, 2281 Tz 12 = MDR 2023, 654; BGH NJW 2024, 3299 = MDR 2024, 1311; s Rn 28, 32-34a). Ist der Klage dagegen voll stattgegeben worden, soll der Kl durch einschränkende Gründe der Entscheidung nicht **beschwert** sein (s Einl Rn 84). Ist umgekehrt die Klage abgewiesen, ist auch der Bekl durch ihm nachteilige Feststellungen nicht beschwert (BGHZ 82, 253 = NJW 82, 579; uU auch nicht bei Verurteilung: BGHReport 2003, 1235); etwas anderes gilt freilich, wenn es sich nur um eine eingeschränkte Klageabweisung handelt. Bsp: Abweisung als „zurzeit unbegründet" (BGHZ 234, 102 Tz 22 = NJW 2022, 2754). Hat das Gericht bei einer Abweisung der Klage als „zZt" unbegründet in den Entscheidungsgründen dem Kl günstige Feststellungen getroffen, kommt dem Urteil neben der „negativen" zu Lasten des Kl auch eine „positive" Rechtskraftwirkung zu, soweit zugunsten des Kl entschieden wurde (BGH NJW 2023, 632; sa Rn 58a u allg s vor § 511 Rn 10). Zum Umfang der Rechtskraft von positiven und negativen Feststellungsentscheidungen s § 322 Rn 11, 12.

32 **b) Nicht rechtskraftfähige Urteilsbestandteile. aa) Tatsachen**, von denen das Gericht als unstreitigem oder erwiesenem Prozessstoff ausgeht, werden niemals rechtskräftig festgestellt (BGHZ 123, 140; BGHZ 215, 157 Tz 8 f = NJW 2017, 3438; BGHZ 237, 157 Tz 20 = NJW 2023, 3582; zur davon zu unterscheidenden Tatsachenpräklusion s Rn 70), zB die Annahme von Vorsatz durch den Berufungsrichter an Stelle von Fahrlässigkeit durch das Erstgericht (vgl BGHZ 183, 77 Tz 9, 20 = NJW 2010, 2210), die Begehung einer arglistigen Täuschung durch eine Vertragspartei (BGH NJW 2017, 893 Tz 20, 23 = MDR 2017, 297), das Vorliegen eines Sachmangels und die Kenntnis davon (BGH NJW 2017, 893 Tz 14 = MDR 2017, 297), Zahlungsverzug zzt der Kündigung (BGH NJW 2019, 1745 Tz 18 f), Geschäftsunfähigkeit (§ 104 BGB) zzt des Vertragsschlusses (BGH MDR 2019, 692 Tz 23), Deliktsfähigkeit (§§ 817 f BGB) zzt der schädigenden Handlung, unselbständige Rechnungsposten innerhalb eines Gesamtschadens (BGHZ 119, 64; sa Rn 34, 46 u § 322 Rn 15), Nichtigkeit einer Abtretung (§ 398 BGB) (BGH NJW 2024, 3299 Tz 11 = MDR 2024, 1311). Dies gilt auch, wenn nach sachl Recht die getroffene Entscheidung ohne die zugrunde gelegte Tatsache keinesfalls hätte ergehen dürfen. Ausnahme: bei der Feststellungsklage (§ 256) über die Echtheit oder Unechtheit einer Urkunde; ferner „Feststellungsziele" (s Rn 34a). Zur Bindungswirkung des VollstrGerichts an die Einordnung des Anspruchs (zB gem § 850f II) bei Titeln ohne Schuldnerwiderspruch (§ 700; §§ 174, 178 I 1 InsO) s Rn 35.

33 **bb)** Auch **abstrakte Rechtsfragen** (BGH NJW 83, 2032 mN; AG/Gehle § 322 Rn 20), über die das Gericht befinden muss, um zu einer Entscheidung über den Streitgegenstand zu gelangen, sind nicht Gegenstand der

rechtskraftfähigen Entscheidung, können also ebenso wie der Tatsachenstoff in einem neuen Prozess zwischen den Parteien abw beurteilt werden. **Bsp:** Berechnung des Pflichtteils nach Ertrags- oder Verkehrswert (BGH NJW 92, 66). Das Gleiche gilt für die vom Gericht gezogenen **rechtl Folgerungen**, entschiedene **Vorfragen**, angenommene **präjudizielle Rechtsverhältnisse** (BGH NJW 2023, 2281 Tz 12 = MDR 2023, 654), soweit sie nicht Streitgegenstand waren (zB bei Feststellungsklage gem § 256 II, s Rn 34a). Bsp in Rn 28, 26.

cc) Einwendungen, Einreden, Gegenrechte. Diese sog **Einreden** (zB gem §§ 273, 320, 348, 438 IV, § 634a IV BGB; auch § 242 BGB: Dolo-agit-Gegenrecht) nehmen idR nicht an der Rechtskraft teil (arg § 322 II, s § 322 Rn 15; BGHZ 210, 348 Tz 19 = NJW 2016, 3158; eingeh: Doderer NJW 91, 878; Batschari/Durst NJW 95, 1650). 34
Bsp: Bei einer Verurteilung **Zug um Zug** (§§ 274, 322 BGB) wird der Anspruch auf die Gegenleistung nicht rechtskräftig festgestellt (BGHZ 117, 1, 2 f mwN = NJW 92, 1172 = MDR 92, 293; BGH NJW 2010, 1295 Tz 9; BGH MDR 2019, 692, Feststellungsklage geboten: BGHZ 219, 187 Tz 14), bei einem **Abrechnungsverhältnis** werden es nicht die einzelnen Rechnungsposten (BGH MDR 2004, 702, 703; zum Sonderfall der Aufrechnung vgl § 322 II u s § 322 Rn 15 ff). Rechtskräftig festgestellt wird aber bei gleichzeitiger Teilabweisung der uneingeschränkt erhobenen Klage die aus dem Bestehen des Gegenanspruchs sich ergebende Beschränkung des Klageanspruchs (BGHZ 117, 1, 4 = aaO im Anschluss an Zeuner, Die obj Grenzen der Rechtskraft im Rahmen rechtl Sinnzusammenhänge, 1959, S 75 ff; sa Rn 57 aE); dies gilt nicht, wenn der Kl von vorneherein auf eingeschränkte Leistung geklagt hat (BGHZ 117, 1, 3 = aaO; BGH MDR 2019, 692 Tz 23). Zur Präklusion nicht ausgeübter Gestaltungsrechte s Rn 62 ff, nicht (erfolglos) geltend gemachter Einwendungen s Rn 70. **Abgrenzung:** Das **Herausgabeurteil** stellt zugleich das Fehlen von ges oder vertragl Herausgabeverweigerungsrechten bindend fest (BGH NJW 2006, 63) und das **Zahlungsurteil** das Fehlen eines Leistungsverweigerungsrechts (BGHZ 210, 348 Tz 19 = NJW 2016, 3158). Grund: Die Verurteilung umfasst auch die Verneinung dieser Gegenrechte (sa Rn 21, 40). So verliert der rechtkräftig verurteilte Hauptsch (iS § 768 I 1 BGB) die erfolglos erhobene Einrede der Verjährung (BGHZ 210, 348 Tz 20 = aaO). **Besonderheiten bei Einwendungen gg die ZwV und Haftungsbeschränkungen.** Die Abweisung der gg die ZwV erhobenen Einwendungen (vgl § 767 I) stellt die Zulässigkeit der ZwV aus dem Titel bindend fest (BGH NJW 2017, 1313 Tz 41) und verneint damit zugleich – als kontradiktorisches Gegenteil – deren Bestehen; der zugrundeliegende SV ist endgültig präkludiert (§ 767 II) und auf ihn kann keine Schadensersatzklage (ZwV als Schadenszufügung) gestützt werden (BGH NJW 2017, 1313 Tz 42, 44; s Rn 29). Bei dem der Vollstreckungsgegenklage stattgebenden Urteil erstreckt sich die Rechtskraft nicht auf das Bestehen der gegen den titulierten Anspruch erhobenen Einwendungen (BGH NJW-RR 2023, 66 Tz 23). Das Urteil mit Haftungsbeschränkung gem § 780 I stellt die Nachlassverbindlichkeit (§ 1967 BGB) fest (BGH NJW 2021, 701 = MDR 2021, 103; Stamm LMK 2021, 437148; sa § 322 Rn 13 [k]).

dd) Besondere Verfahrens- und Entscheidungsarten. Über **Tatsachen, präjudizielle Rechtsverhältnisse und rechtliche Vorfragen** wird ausnahmsweise rechtskraftfähig entschieden, wenn sie unmittelbar Streitgegenstand sind. Dies kann der Fall sein bei der (begleitenden) Feststellungsklage (zB § 256 I 2. Fall; sa Rn 35), einer Zwischenfeststellungsklage (§ 256 II) oder einer nachträglichen titelergänzenden Feststellungsklage (s Rn 35). Die auf Feststellung von Urteilselementen (s Rn 31, 32-34) gerichtete Feststellungsklage – „Elementenfeststellungsklage" – nur unter den Voraussetzungen von § 256 zulässig (BAG EzA 14/2024, 16: Wochenarbeitszeit, dagegen verneinend für Zustehen von bestimmter Anzahl von Urlaubstagen, BAG NJW 2019, 3330 Tz 17). Vor allem aber betrifft dies die **„Feststellungsziele"** nach § 1 I Nr 2, § 41 I VDuG und des KapMuG (§ 2 I KapMuG), die bestimmte Anspruchsvoraussetzungen (Rechtsfragen, Subsumtionsschlüsse, Tatsachen) für Folgeverfahren bindend klären sollen (§ 11 III 1 VDuG; § 25 I KapMuG); sa § 325a Rn 2. 34a

c) Bestimmung durch den Streitgegenstand. Der Anknüpfungspunkt für die obj Grenzen der Rechtskraft sind also weder Tatsachen noch Rechtsfragen noch Rechtsverhältnisse, sondern ist ausschließl der **Streitgegenstand**, über den im Erstprozess tatsächl *entschieden* wurde (BGHZ 85, 367, 374 = NJW 83, 390; BGHZ 94, 29, 33 = NJW 85, 2481; BGHZ 117, 1, 5 = aaO [s Rn 34]; BGHZ 124, 166 = NJW 94, 460; BGH NJW 93, 2938; BGH MDR 2008, 500, 501; BayObLGZ 87, 333 ff; allg s Einl Rn 60 ff). Wird er in einem neuen Verf als Vor- oder Hauptfrage erneut zur Entscheidung gestellt, so hindert die Rechtskraft das Gericht an einer abweichenden Beurteilung bzw macht den Prozess unzulässig (s Rn 17, 20). Dagegen nimmt die **rechtl Einordnung** (Qualifikation) des Anspruchs (zB aus – ggf vorsätzl – „unerlaubter Handlung"; als „Unterhalt") als Vorfrage (Urteilselement) nicht an der Rechtskraft des Leistungsurteils teil (BGHZ 183, 77 Tz 11 ff = NJW 2010, 2210 = MDR 2010, 352; OLG München MDR 2016, 415, 474 [Fischer], str; zT weiter gehend StJ/Althammer § 322 Rn 111 ff, 119; MK/Gottwald § 322 Rn 93 f; RSchwab/Gottwald § 154 Rn 22; dagegen eingeh Roth ZZP 124 [2011], 7 ff; überholt BGHZ 42, 349, klarstellend BGHZ 183, 77 Tz 21; sa Rn 31-34a). Soll die Einordnung im Prozess verbindl entschieden werden, muss eine Feststellung gem **§ 256 II** beantragt werden (BGHZ 183, 77 Tz 15 = aaO; BGH NJW 2012, 601 Tz 7) oder nachträgl eine titelergänzende Feststellungsklage erhoben werden (BGHZ 183, 77 Tz 18 = aaO; BGH NJW 2016, 1663 = MDR 2016, 851 [Althammer/Lorenz MDR 2016, 811]; hier § 256 Rn 19). Besonderheiten bestehen bei nicht kontradiktorischen Titeln (Auszug aus der InsTabelle, VB). Ist im InsVerf eine Forderung aus vorsätzlich begangener unerlaubter Handlung angemeldet worden und hat ihr der Sch im Prüfungstermin nicht (ggf auch nicht beschränkt auf den Schuldgrund) widersprochen, nimmt die Einordnung an der Rechtskraft der Forderungsfeststellung (§ 178 I, III InsO) teil und sie ist von der Restschuldbefreiung 35 ausgenommen (§ 302 Nr 1 InsO); dem Gl steht bei der Vollstreckung gegen den Sch das Pfändungsprivileg gem § 850f II zu (BGHZ 223, 123 Tz 9 ff = NJW 2019, 3237 = MDR 2019, 1405 [Schörnig MDR 2020, 78]; BGH MDR 2020, 830). Demgegenüber kann der Gl mit einem entspr titulierten VB gegenüber dem VollstrGericht den Nachweis einer vorsätzlich begangenen unerlaubten Handlung nicht führen. Im Mahnverf findet keine gerichtl Schlüssigkeitsprüfung statt; dem Sch ist ein auf den Schuldgrund beschränkter Widerspruch nicht mögl (vgl § 694); im Verhältnis zum VollstrVerf gehört die Feststellung des Schuldgrundes (Einordnung der Forderung) zum Aufgabenbereich des Erkenntnisverf. Will der Gl gem § 850f II vorgehen, muss er den Weg der titelergänzenden Feststellungsklage beschreiten (BGHZ 223, 123 Tz 5, 8; sa Rn 19, § 700 Rn 16 sowie eingehend Seibel hier § 850f Rn 9).

36 **d) Bsp für nicht von der Rechtskraft erfasste präjudizielle Rechtsverhältnisse und Vorfragen.** Bei der Klage aus **§ 894 BGB** erwächst ebenso wie beim Anspruch aus **§ 985 BGB** die Entscheidung über das Eigentum nicht in Rechtskraft, da es in beiden Fällen nur präjudizielles Rechtsverhältnis darstellt (BGH NJW-RR 99, 376, 377 mN für § 985 BGB; BGH NJW 2019, 71 Tz 20 für § 894 BGB). Durch die Rechtskraft des Räumungsurteils gegen den Inhaber eines dingl Wohnrechts wird nicht festgestellt, dass das dingl Wohnrecht nicht (mehr) besteht (BGH NJW-RR 99, 376). Ist die Klage des Grundeigentümers auf Löschung der Hypothek abgewiesen worden, so steht die Rechtskraft dieses Urteils nur der Vollstreckungsklage wegen des dingl Anspruchs, nicht aber wegen der persönl Forderung entgegen (BGH LM § 322 Nr 16). Die Abweisung der Klage des Grundeigentümers auf Rückabtretung der Grundschuld wirkt nach BGH LM § 322 Nr 47 auch Rechtskraft, wenn der Erstbeklagte nun aus § 1147 BGB gegen den Eigentümer klagt. In beiden Fällen wird zu Unrecht einer Vorfrage Rechtskraft zugeschrieben. Um ein präjudizielles Rechtsverhältnis handelt es sich auch bei **gegenseitigen Verträgen**, wenn ein bestimmter Anspruch aus einem solchen eingeklagt wird. Über das Vertragsverhältnis wird hier grds nicht entschieden, so dass ein Gericht in einem 2. Prozess über die Gegenleistung des Kl des Erstprozesses nicht gebunden ist (BGHZ 117, 1, 2 f; MK/Gottwald § 322 Rn 57, 100; StJ/Althammer Rn 204 f; str; aA Foerste ZZP 108 [1995] 175 ff im Anschluss an Zeuner aaO S 75 ff; sa Blomeyer § 89 V 4a; RSchwab 14. Aufl § 155 III 2). Bsp: Ist eine Partei aus einem gegenseitigen Vertrag rechtskräftig zur Leistung verurteilt worden, steht deswegen im Zweitprozess über die Gegenleistung die Wirksamkeit des Vertrags noch nicht bindend fest (OLGR Rostock 2003, 218; aA Foerste ZZP 108 [1995] 190). Ist im Vorprozess der Käufer rkr zur Zahlung restlichen Kaufpreises verurteilt worden, steht im Folgeprozess nicht das Bestehen des Kaufvertrages mit Bindungswirkung fest (BGH NJW 2023, 2281 Tz 15 = MDR 2023, 654). Ist im Schadensersatzprozess eine Schutzrechtsverletzung des Bekl verneint worden, steht dies einer Stattgabe der Unterlassungsklage, die auf das gleiche Verhalten als Verletzungshandlung gestützt ist, nicht entgegen (BGHZ 150, 377, 383 mN; iErg zust Kocher ZZP 117 [2004], 487; dazu sa Rn 27). Zu Unrecht beruft sich eine aA auf den von Zeuner (S 75 ff) geprägten Begriff des „Ausgleichs- oder Sinnzusammenhangs", der aber zu unbestimmt ist, um mit seiner Hilfe die Grenzen der Rechtskraft abstecken zu wollen (zutr BGH NJW 2003, 3058, 3059 mwN = MDR 2003, 1247 [Grunsky LMK 2003, 197]; iSv Zeuner aber Blomeyer § 89 V 4a u weiterführend Foerste ZZP 108 [1995] 175 ff). Besteht für eine Partei das Bedürfnis nach rechtskraftfähiger Entscheidung über vorgreifl Rechtsverhältnisse, so muss und kann sie den Weg des § 256 II gehen (skeptisch Foerste aaO S 174 f). – Wegen weiterer Bsp für präjudizielle Rechtsverhältnisse, über die nicht rechtskraftfähig entschieden wird, s Rn 28, 46 f u StJ/Althammer § 322 Rn 80 ff. Abgrenzung zu Bindung bei Präjudizialität: s Rn 22 ff, 27, 29.

37 **3) Entscheidung über den Streitgegenstand (§ 322 I).** Das Urteil entscheidet rechtskraftfähig darüber, ob eine bestimmte Rechtsfolge eingetreten ist oder nicht (BGHZ 42, 349; BGH NJW 93, 3205 mN; BGH NJW 95, 967; BGH NJW-RR 96, 827; Abgrenzung zu Tatsachen: s Rn 32, zur Präklusion: s Rn 70). Das gilt einheitl für das Urteil nach Leistungs-, nach Feststellungsklagen; für Gestaltungsurteile s § 322 Rn 4; für Prozessurteile s § 322 Rn 1a, 2. **Rechtsfolge** iSd **Streitgegenstandsbegriffs** kann sowohl ein Leistungsanspruch gegen den Bekl sein, um den in einem Leistungsprozess gestritten wird, als auch ein absolutes Recht oder Rechtsverhältnis, das gem § 256 I, II festgestellt werden soll. Für den Streitgegenstandsbegriff belanglos ist es, ob die Rechtsfolge (wirkl oder angebl) auf Grund einer oder mehrerer konkurrierender Normen des sachl Rechts eingetreten ist; der prozessuale Streitgegenstandsbegriff ist vom Begriff des materiellen subj Rechts zu lösen (vgl zB BGHZ 36, 368; MK/Gottwald § 322 Rn 114; allg s Einl Rn 63 ff, 67 ff). Handelt es sich um eine Rechtsfolge, die ihrer Art nach einmalig ist, bedarf es keiner weiteren Abgrenzungsmerkmale (Blomeyer § 89 III 2). Ist dagegen die **Rechtsfolge ihrer Art nach wiederholbar**, wie zB ein Anspruch auf Übereignung und (oder) Übergabe von Gattungssachen, dient der dem Erstprozess zugrunde liegende **Lebenssachverhalt** dazu, die streitgegenständl Rechtsfolge zu individualisieren (s Einl Rn 82). Ihrer Art nach wiederholbar sind auch andere zahlenmäßig bestimmte Rechtsfolgen, zB der Anspruch auf Einräumung eines bestimmten Miteigentumsanteils an einer Sache (vgl BGHZ 36, 368). Keine rechtskraftfähige Entscheidung liegt vor, wenn ein Zahlungsanspruch auf verschiedene Lebenssachverhalte gestützt wurde, das Gericht aber – zu Unrecht (s BGHZ 189, 56) – nicht darauf besteht, dass der Kl den zu verbescheidenden Streitgegenstand bestimmt (näher s Einl Rn 74). Die Abgrenzung zwischen einem einheitl (einzigen) Streitgegenstand und davon verschiedenen (anderen) Streitgegenständen (s Einl Rn 71 ff) ist daher für *den Umfang der Rechtskraft* von entscheidender Bedeutung. Die rechtskräftige *Klageabweisung* steht der Neuklage mit einem *anderen* Streitgegenstand nicht entgegen, die rechtskräftige Klagestattgabe hindert die Abweisung einer Neuklage mit anderem Streitgegenstand nicht. **Beispiele:** Abweisung

der Klage aus eigenem Recht, Neuklage aus abgetretenem und umgekehrt (BGH NJW 2008, 2922 u s Einl Rn 74; zur Zweitzession s Rn 57). Ist der Kaufpreis in mehreren Raten zahlbar und ist über die 1. Rate – im stattgebenden oder abweisenden Sinn – rechtskräftig entschieden, ist das Gericht bei der Entscheidung über die folgenden Raten nicht gebunden (s näher Rn 36, 47). Hat der Kläger im 1. Prozess unter Zurverfügungstellung des Vertragsobjekts „großen" Schadensersatz verlangt, kann er im 2. Prozess auf der Grundlage der Wirksamkeit des Vertrags zum „kleinen" Schadensersatz übergehen (BGH NJW 2017, 893 Tz 26, 28 = MDR 2017, 297; sa Einl Rn 73).

4) Beschränkung der Rechtskraft auf den „Urteilsgegenstand"? a) Fragestellung. Wird die streitige Rechtsfolge bejaht, so stimmen Streitgegenstand und Urteilsgegenstand überein. Verneint dagegen das Urteil die Rechtsfolge, so ist umstritten, ob dieses Urteil ausnahmslos bindet oder ob in einem Zweitprozess wenigstens solche rechtl Gesichtspunkte erneut geprüft werden dürfen, die das Urteil des 1. Verf nicht behandelt hat. 38

b) Grundsätzl Identität von Urteils- und Streitgegenstand. Der ersteren Ansicht ist idR zuzustimmen. Der Streitgegenstand, über den *entschieden* wird, ist auch für die Grenzen der Rechtskraft kein anderer als er den Begriffen der Klagehäufung, Klageänderung und Rechtshängigkeit zugrunde liegt (Jauernig/Hess § 37 Rn 38, § 63 Rn 27; RSchwab/Gottwald § 154 Rn 2; MK/Gottwald § 322 Rn 112, str; **aA** zB StJ/Althammer § 322 Rn 93; StJ/Roth Rn 61 vor § 253; sa Einl Rn 61). Auch nach der Rspr des BGH bildet der Streitgegenstand die Grenze für die Rechtskraftwirkungen des Urteils (BGH NJW 2017, 893 Tz 18 = MDR 2017, 297 zur Präklusionswirkung; sa Rn 61). Zur Bindung an die mat-rechtl Einordnung des Klageanspruchs s Rn 35, zu Einschränkungen des Grundsatzes s Rn 31 aE u s Rn 42 f, 58. 39

Das der Leistungsklage **stattgebende Urteil** stellt fest, dass die bejahte Rechtsfolge mit allen in Betracht kommenden Gegennormen vereinbar ist, dass ihr ggü also keine solche Gegennorm durchgreift (zB nicht § 986 I 1 BGB ggü dem Herausgabeanspruch, BGH NJW 98, 1710; BGH NJW 2006, 63 [sa Rn 20, 34], nicht § 254 BGB ggü einem rechtskräftig festgestellten Schadensersatzanspruch, BGH NJW 82, 2257), gleichgültig, ob das Gericht alle Gegennormen geprüft hat (BGH NJW 82, 2257; BGH NJW 88, 2375 f = MDR 88, 944). 40

Umgekehrt stellt das **klageabweisende Urteil** nach einer Leistungs- oder positiven Feststellungsklage fest, dass die streitige (nur der Gattung nach bestimmte) Rechtsfolge unter keinem denkbaren rechtl Gesichtspunkt aus diesem Lebenssachverhalt hergeleitet werden kann, mag auch das Gericht die rechtl Gesichtspunkte nicht vollzählig geprüft haben (BGH NJW 95, 1758; BGH NJW 97, 2955 mN; BGH NJW 2024, 3299 Tz 11 = MDR 2024, 1311 [Greger MDR 2024, 1296]; OLG Hamm MDR 2016, 114). Wird in einem Prozess wegen eines Kaufpreisanspruches vorgetragen, dass die Ware dem Bekl geliefert und von ihm inzwischen verbraucht wurde, die Klage aber gleichwohl abgewiesen, so kann der Kl diesen Geldanspruch in einem späteren Prozess auch nicht mehr unter den Gesichtspunkten des Schadensersatzes (§§ 987, 989 BGB) oder der Bereicherung (§§ 812 ff BGB) durchsetzen, mag auch das Gericht im Erstprozess diese Gesichtspunkte nicht geprüft (übersehen) haben (BGH NJW 90, 1796; BGH NJW 97, 2955; OLG Köln MDR 84, 151, hM; **aA** Blomeyer § 89 III 4; Musielak NJW 2000, 3599; sa Einl Rn 67; § 322 Rn 13 [c]). Wird ein bezifferter Leistungsantrag abgewiesen, erfasst die Klageabweisung auch den unbezifferten Hilfsantrag (BGH NJW-RR 91, 1278). 41

c) Einschränkungen. Die Gegenansicht wird teils damit begründet, dass der Streitgegenstand mit dem materiellen subj Recht gleichzusetzen sei (s dazu die Ausführungen über den Begriff des Streitgegenstands, s Einl Rn 63), teils damit, dass der Begriff des prozessualen Streitgegenstandes iSd Lebenssachverhalts (s Rn 37) zu vage sei, um die obj Grenzen der materiellen Rechtskraft abzustecken (Blomeyer § 89 III 2; Musielak NJW 2000, 3595 ff). Diese Lehrmeinungen sind abzulehnen. Auch eine Beschränkung des Urteilsgegenstands (ggü einem weiter gehenden Streitgegenstand) durch Zuständigkeits- und Rechtswegnormen scheidet aus (iE s Einl Rn 85; § 12 Rn 20); das zulässig angegangene Gericht hat vielmehr den Rechtsstreit umfassend „unter allen in Betracht kommenden rechtl Gesichtspunkten" zu entscheiden (§ 17 II GVG; dazu BGHZ 153, 173 = NJW 2003, 828 = MDR 2003, 345). Zu einer *Einschränkung der Rechtskraft* kann es aber ausnahmsw noch kommen, wenn das Gericht in der klageabweisenden Entscheidung ausdrückl sagt, dass es einen oder mehrere rechtl Gesichtspunkte nicht geprüft hat (BGHZ 218, 213 Tz 12), etwa weil der Kl (zulässiger- oder unzulässigerw, s Einl Rn 84) verlangt hatte, die streitgegenständl Rechtsfolge nur unter ganz bestimmten rechtl Gesichtspunkten zu prüfen oder sie unter bestimmten Gesichtspunkten nicht zu prüfen. Ferner kann ein Gericht auch deswegen einen Gesichtspunkt bewusst ungeprüft lassen, weil es einen mat-rechtl Streitgegenstandsbegriff zugrunde legt (ebenso MK/Gottwald § 322 Rn 118). Stets aber ist erforderl, dass das Gericht **einen rechtl Gesichtspunkt bewusst ausgespart** hat (zu entspr Vorbehalten s Rn 43); keinesfalls ermangelt die formell rechtskräftige Klageabweisung deshalb der umfassenden materiellen Rechtskraft, weil das Gericht eine Anspruchsnorm übersehen hat, mag dies auch darauf beruhen, dass der Kl diesen Anspruchsgrund nicht in den Prozess eingeführt hat. *Jura novit curia!* 42

Um die obj Grenzen der Rechtskraft des klageabweisenden Urteils zu bestimmen, darf also nicht geprüft werden, welche Klage begründenden Normen das Gericht untersucht und abgelehnt hat. Vielmehr muss umgekehrt gefragt werden, welche Gesichtspunkte des materiellen Rechts das Gericht ausnahmsw bewusst – wenn auch vielleicht zu Unrecht – außer Betracht gelassen hat. Ergibt sich derartiges aus den Entscheidungsgründen nicht, so ergreift die materielle Rechtskraftwirkung den Streitgegenstand in vollem Umfang (vgl Jauernig/Hess 43

§ 63 Rn 27 f; BGH VersR 78, 59). **Einschränkungen** dieses Grundsatzes können sich jedoch bei einem *fehlerhaften Verf* des Gerichts ergeben. **Bsp:** Hat das Gericht zu Unrecht entspr einer Mindermeinung entgegen der Vorrangregel (s vor § 253 Rn 10) die *Zulässigkeit der Klage* bewusst ungeprüft gelassen, weil die Unbegründetheit der Klage ohne weiteres feststehe, so erwächst das (alternativ begründete) klageabweisende Urteil nicht in Rechtskraft (vgl Grundmann ZZP 100 [1987], 37 ff, 39; aA BGH NJW 2008, 1227, 1228; MK/Gottwald § 322 Rn 172). Wird die Klage zugleich als unzulässig und als unbegründet abgewiesen, erwachsen die Ausführungen zur Begründetheit nicht in Rechtskraft (stRspr, s OVG Münster NJW 2019, 3738). Ebenso ist eine Einschränkung der Rechtskraft anzunehmen, wenn das Gericht – ggf auch zu Unrecht – durch einen entspr *Vorbehalt* eindeutig zum Ausdruck bringt, keine „umfassende", sondern nur eine in bestimmte Richtung eingeschränkte Entscheidung treffen zu wollen (BGH NJW 2024, 3299 Tz 16 = MDR 2024, 1311; offen lassend BGH NJW 89, 393, 394). Bsp: Bei Abweisung des eingeklagten vertragl *Vergütungs*anspruchs wegen Nichtigkeit des Vertrags wird ein in Frage kommender *Bereicherungs*anspruch ausdrückl als nicht verbeschieden bezeichnet (BGH LM § 197 BGB Nr 36 = MDR 2002, 1140 LS = EWiR 2002, 1087; allg sa Einl Rn 71). Auch **ohne ausdrückl Vorbehalt** kann im Einzelfall die *Auslegung* des Urteils (allg s Rn 31) ein Zurückbleiben des Urteils- ggü dem (umfassenden) Streitgegenstand ergeben. Bsp: Ist auf Feststellung der KG-Mitgliedschaft geklagt und ist die klageabweisende Entscheidung auf die Verneinung eines (erbrechtl) Erwerbs eines KG-Anteils gestützt, ist die Stellung als Mitglied auf Grund eines (fortbestehenden) originären KG-Anteils nicht rechtskräftig aberkannt (BayObLGZ 87, 335). Wird die Klage des (treuhänderischen) Zessionars allein wegen der Unwirksamkeit der Abtretung rkr abgewiesen, ist über die abgetretene Forderung selbst nicht entschieden; kommt es zur Rückabtretung an den ursprünglichen Anspruchsinhaber, steht dessen Klage die Rechtskraft wegen des eingeschr Urteilsgegenstands nicht entgegen (**aA** BGH NJW 2024, 3299 Tz 14, 16 = MDR 2024, 1311; Greger MDR 2024, 1296; sa Rn 57, Einl Rn 74).

44 **5) Umfang der Rechtskraft bei Teilentscheidungen und Entscheidung über Teilklagen. Lit:** Schack, Rechtskraft und Bindungswirkung bei offenen und verdeckten Teilklagen, FS Becker-Eberhard, 2022, S 41. – **a) Allgemeines**. Der Urteilssatz, der mit Hilfe von Tatbestand und Entscheidungsgründen auszulegen ist (s Rn 31), bestimmt Inhalt und Umfang der bejahten oder verneinten Rechtsfolge. Geht das Gericht hierbei über die Anträge der Parteien hinaus, so liegt zwar wegen § 308 ein Verfahrensverstoß vor, aber die Rechtskraft eines solchen Urteils ist gleichwohl in vollem Umfang zu beachten (BGHZ 34, 339; OLG Hamm MDR 85, 241). Schwierigkeiten können dagegen entstehen, wenn das (zusprechende) Urteil **hinter dem Streitgegenstand** (s Rn 46) oder jedenfalls hinter dem (nicht in vollem Umfang) eingeklagten **materiellen subj Recht** (s Rn 47 ff) **zurückbleibt**. Insoweit ist nach Art der eingeklagten Rechtsfolge zu unterscheiden. Soweit sie ihrer Art nach unwiederholbar ist, wirft die quantitative Abgrenzung des Urteilsgegenstandes keine Probleme auf; Ansprüche anderer Art, die im Erstprozess nicht Streitgegenstand waren, darf der siegreiche Kl auch auf Grund desselben Sachverhalts in einem Zweitprozess unbeschränkt geltend machen.

45 Anders liegt es möglicherw bei **ihrer Art nach wiederholbaren und deshalb zahlenmäßig bestimmten Ansprüchen**. Häufigster Fall sind Ansprüche auf Übergabe und Übereignung von Geld und anderen vertretbaren Sachen („Teilklagen"). Hierher gehört aber zB auch ein Anspruch auf Einräumung eines zahlenmäßig bestimmten Bruchteils an einer Sache (s Rn 37, str; abw BGHZ 36, 368: einheitl Anspruch). Macht in solchen Fällen der im Erstprozess siegreiche Kl einen weiteren Anspruch ders Art in einem Zweitprozess zusätzl geltend, fragt es sich, ob dem die Rechtskraft des 1. Urteils entgegensteht. Das Problem der Rechtskraft *gegen* den siegreichen Kl stellt sich nur, wenn der zusätzl Anspruch und der rechtskräftig zugesprochene Anspruch, wären sie zusammen in der 1. Klage geltend gemacht worden, einen einheitl Streitgegenstand (also keinen Fall der obj Klagenhäufung) gebildet hätten, insb also, wenn der zusätzl Anspruch auf dems Sachverhalt beruht wie der zunächst eingeklagte. Nicht erhebt sich das Problem, wenn der Streitgegenstand des 2. Rechtsstreits zwar auf dem gleichen Lebenssachverhalt beruht, sich jedoch nach Art und Inhalt vom Streitgegenstand des Erstprozesses unterscheidet; nicht erhebt es sich, wenn ein zwar gleichartiger Anspruch erhoben wird, dieser aber einem anderen Lebenssachverhalt entspringt (BGH LM § 322 Nr 4; BAG NJW 63, 925). Wegen der danach verbleibenden Fälle eines gleichartigen Anspruchs aus dems Sachverhalt ist zwischen offenen und verdeckten Teilklagen, voll stattgebenden und die Teilklage (teilw) abweisenden Urteilen zu unterscheiden (s Rn 47-50). Besonderheiten gelten für nicht individualisierte Teilklagen (Rn 51).

46 **b) Materielle Rechtskraft bei Teilentscheidungen.** § 301 erlaubt dem Gericht, ein **Teilendurteil** zu erlassen, also in seinem Urteil zunächst quantitativ hinter dem Streitgegenstand zurückzubleiben. Der Restanspruch bleibt dann in der Instanz anhängig (BGH NJW 67, 1231), wobei das Teilurteil für den Rest keine Rechtskraft wirkt (BGHZ 85, 367, 373 f; BGH NJW 67, 1231; BGH NJW 85, 2826; BGH NJW 2007, 1466, 1467 Tz 8), selbst wenn sich das Urteil darüber auslässt (BGHZ 93, 330, 334 mwN; BGH NJW 94, 3166; s § 301 Rn 22). Beachte: Bei einem Teilurteil über einen Gesamtschaden erwachsen Feststellungen zu den einzelnen Rechnungsposten („Urteilselemente") nicht in Rechtskraft (BGHZ 119, 64; BGH NJW 97, 453, 455; BGH NJW 97, 1709, 1710; s Rn 32; s § 301 Rn 8). *Weder bei zulässigen noch bei unzulässigen Teilurteilen kommt es idR zu einem Rechtskraftkonflikt* (s § 301 Rn 12 f). Da aber auch unzulässige Teilurteile voll der Rechtskraft fähig sind (s § 301 Rn 25), kann es bei Präjudizialität zu einer Bindungswirkung kommen. Bsp: Der Streitgegenstand des rechts-

kräftigen Teilurteils (Deckungsanspruch des Versicherungsnehmers) ist vorgreifl für die Widerklage (Rückgriffsanspruch des Versicherers; vgl OLG Frankfurt VersR 70, 217). Entscheidet das Gericht in einem als (Voll-)Endurteil bezeichneten Urteil versehentl über den Streitgegenstand nicht in vollem Umfang, so steht dem Kl der Weg des § 321 und daneben nach hM auch die Möglichkeit einer neuen Klage offen, wenn die Rechtshängigkeit erloschen ist, § 321 II; näher s § 321 Rn 2, 12; Rechtskraft bei nicht individualisierter Teilklage: s Rn 51.

c) Materielle Rechtskraft bei Teilklagen und Nachforderungsklagen. Wo dagegen das Urteil den Streitgegenstand der Klage quantitativ ausschöpft (**Vollendurteil**), entsteht das Problem, ob die Rechtskraft *stets* auf den geltend gemachten Anspruchsteil *beschränkt* bleibt oder, namentl bei teilw oder völliger Klageabweisung, eine *Rechtskrafterstreckung* auf den Gesamtanspruch zu Lasten des Kl anzuerkennen ist. 2 Fallgestaltungen sind zu unterscheiden: – **aa**) Bei der **offenen Teilklage** entspricht es stRspr und hM, dass der *siegreiche* Kl durch das rechtskräftige Urteil nicht gehindert sein kann, Ansprüche der gleichen Art aus dems Sachverhalt zu erheben (BGHZ 93, 330, 334 = NJW 85, 1341; 135, 181 f = NJW 97, 1990; BGH NJW 2017, 893 Tz 19 = MDR 2017, 297; ThP/Seiler § 322 Rn 22 ff; StJ/Althammer § 322 Rn 139 ff; RSchwab/Gottwald § 155 Rn 14 f; Schack FS Becker-Eberhard, 2022, S 494; MK/Gottwald § 322 Rn 125; zur Abgrenzung s Rn 48). Für diese Meinung wird angeführt, dass die Klage den Streitgegenstand quantitativ umgrenzt und weitere Ansprüche nicht Gegenstand des Erstprozesses waren (grds BGHZ 93, 330, 334 f; BGHZ 135, 178, 181 f). Umgekehrt bedeutet rechtskräftige Bejahung des eingeklagten Teils noch keine Bindungswirkung hinsichtl des (rechtskraftfreien) Rests (BGHZ 34, 339, ganz hM; aA Leipold FS Zeuner, 445 ff: § 304 entspr; abzulehnen: § 308 I). Aber auch bei dem die Teilklage (voll oder teilw) *abweisenden* Urteil ist die Rechtskraft auf den geltend gemachten Anspruchsteil beschränkt (BGH NJW 2017, 893 Tz 19 = MDR 2017, 297; RSchwab/Gottwald § 155 Rn 17; Jauernig/Hess § 63 Rn 11; Schellhammer Rn 858; ThP/Seiler § 322 Rn 26, hM; **aA** Schack FS Becker-Eberhard, 2022, S 494 f; MskV/Wolff § 322 Rn 72 f; eingeh Leipold FS Zeuner, S 439 ff), der Kl also an einer neuen Klage auf den Rest nicht gehindert. Die Gegenansicht verstößt gegen § 308 (s § 308 Rn 2) und den Antragsgrundsatz (Dispositionsmaxime), der auch eine Risiko beschränkende Prozessführung ermöglicht (BGHZ 218, 213 Tz 18); der Bekl kann gem § 256 II vorgehen. Bsp: Ist dem Verkäufer die 1. Kaufpreisrate rechtskräftig zugesprochen worden, kann der Käufer ggü der Klage auf die 2. Rate den bereits verneinten Vertragsnichtigkeitseinwand geltend machen. Ist die eingeklagte 1. Rate wegen Vertragsnichtigkeit rechtskräftig aberkannt worden, ist der Kl nicht gehindert, die nach dem Vertrag geschuldete 2. Rate einzuklagen (vgl BGH NJW 2017, 893 Tz 19 = MDR 2017, 297). **Abgrenzung:** s Rn 49, 50. 47

bb) Umstr ist, inwieweit diese Grundsätze auch in den Fällen der sog **verdeckten Teilklagen**, bei denen für Gericht und Gegner nicht erkennbar nur ein Teil eines (behaupteten) weiter gehenden Gesamtanspruchs geltend gemacht wird, zur Anwendung kommen. Nach Auffassung des **BGH** schließt die Rechtskraft des einer verdeckten Teilklage in vollem Umfang stattgebenden Urteils Mehr- oder Nachforderungen aus dems Sachverhalt grds nicht aus (BGHZ 135, 178, 181 ff = NJW 97, 1990 = JZ 97, 1126 [Jauernig] = JR 98, 153 [Tischner] = ZZP 110 [1997], 499 [Windel] = LM Nr 148 [Leipold]; BGHZ 151, 1, 3 = NJW 2002, 2167 = MDR 2002, 1062; BGH NJW 2008, 373, 375; MK/Gottwald § 322 Rn 129; StJ/Althammer § 322 Rn 145 ff; offen lassend BGH NJW 98, 995 = MDR 98, 431). Für den Rechtskraftumfang ist damit der Vorbehalt von Nachforderungen ohne Bedeutung (BGHZ 187, 227 Tz 9; s aber unten). Ausnahmen kommen in Frage, wenn über einen einheitl Gesamtanspruch oder über Ansprüche auf wiederkehrende Leistungen entschieden wurde (näher s Rn 49 f). Die Gleichbehandlung mit der offenen Teilklage (s Rn 47) ist aber auch bei *voller oder teilw Klageabweisung* geboten (hM, vgl OLG Frankfurt NJW-RR 97, 700; Elzer JuS 2001, 227; Brötel JuS 2003, 429; MK/Gottwald § 322 Rn 128, 131, str; **aA** Jauernig FG BGH Bd III, S 322 ff; Jauernig/Hess § 63 Rn 12; Schack FS Becker-Eberhard, 2022, S 497, 499; StJ/Althammer § 322 Rn 142; MskV/Wolff Rn 73). Fehlt es an einer den Streitgegenstand überschreitenden Rechtskraftwirkung, ist der Nachforderungsanspruch weder aberkannt noch bildet er das kontradiktorische Gegenteil des aberkannten Forderungsteils noch besteht eine Bindungswirkung; eine ohne bes Rechtsschutzinteresse (s § 256 Rn 39) mögl (§ 256 II) rechtskraftfähige Feststellung zum „Grund" ist unterblieben, für eine negative Feststellungswiderklage hinsichtl weiter gehender Ansprüche kann aber bei „freier" Nachforderungsklage schwerl das Feststellungsinteresse verneint werden (vgl Leipold Anm LM Nr 148 unter Nr 3; sa allg Rn 47). Die **aA** sieht in der Möglichkeit überraschender Nachforderungen eine ungerechtfertigte (ungleiche, unfaire) Benachteiligung des Bekl. Als **Schranken** der Nachforderungsklage kommen in Frage die Verjährung des nicht eingeklagten Anspruchsteils (§§ 195, 199 BGB), Verzicht (dazu BGHZ 135, 178, 183; BGH NJW 97, 3021; sa Rn 50), Erlassangebot (§ 397 II BGB) und Verwirkung (BGHZ 135, 178, 183; jew strenge Anforderungen, bloße Klagereduzierung im Vorprozess genügt nicht: BGH NJW 97, 3021). Ohne hinreichende ges Absicherung ist die von Marburger GS Knobbe-Keuk, 1997, S 194 ff vorgeschlagene (rechtskraftfremde) Präklusion von Nachforderungen, die bereits im Ausgangsverf hätten geltend gemacht werden können und müssen (abl Schack FS Becker-Eberhard, S 498 f); diese Ansicht läuft auf eine Unzulässigkeit verdeckter Teilklagen überhaupt hinaus und ist auch deshalb abzulehnen. 48

d) Einzelne Fallgruppen ausgeschlossener Nachforderungsklagen. Auszugehen ist vom Grundsatz der Zulässigkeit von Nachforderungsklagen, gleichgültig ob über offene oder verdeckte Teilklagen stattgebend oder abweisend entschieden worden ist; ein (fehlender) Vorbehalt ist für den Umfang der Rechtskraft ohne Bedeutung (s Rn 47-48). Ausnahmen vom Grundsatz ergeben sich aus der fehlenden **Teilbarkeit** (Einheitlichkeit) des An- 49 spruchs oder bei Ansprüchen auf wiederkehrende Leistungen. In Frage kommen: – **aa) Schmerzensgeldansprüche bei unbestimmter Antragstellung.** Der zugesprochene Betrag stellt die angemessene Entschädigung für den erlittenen Gesamtschaden dar (BGH NJW 97, 3019, 3021 = MDR 97, 967), so dass Nachforderungen nicht mit der Begründung erhoben werden können, die eingetretenen Verletzungsfolgen seien nicht zutr gewürdigt (BGH NJW 88, 2300 mN = MDR 88, 951; BGH NJW 2015, 1252 Tz 9; dann Einlegung von Rechtsmittel geboten; aA u abzulehnen BGHZ 140, 335 = aaO [s § 308 Rn 2]) oder die Mithaftungsquote sei unzutr angenommen worden (dazu BGH MDR 2002, 49 u s § 308 Rn 2). Trotz der Einheitlichkeit des Anspruchs (BGH NJW 2015, 1252 Tz 27) sind aber (offene und verdeckte) Teilklagen auf sog Teilschmerzensgeld nicht ausgeschlossen (BGH NJW 2004, 1243, 1244 mwN = MDR 2004, 701), jedoch scheidet eine Aufspaltung des einheitl Anspruchs auf einzelne – vom Streitgegenstand umfasste – Verletzungen aus (BGH MDR 2017, 762). Die Rechtskraft des 1. Urteils steht dann der Klage auf weiteres Schmerzensgeld nicht entgegen, wenn Verletzungsfolgen geltend gemacht werden, die bei der ursprüngl Bemessung noch nicht eingetreten waren oder mit deren Eintritt nicht oder nicht ernstl zu rechnen war (BGH NJW 2004, 1243, 1244 mwN = MDR 2004, 701; BGH NJW 2015, 1252 Tz 8; BGH NJW-RR 2006, 712, 713 mwN; eingeh zur Teilklagenproblematik Kannowski ZZP 119 [2006], 63; sa Rn 57; § 322 Rn 13). – **bb)** Wird ohne Bezifferung „angemessene" **Enteignungsentschädigung** verlangt, ist Streitgegenstand der Gesamtanspruch; auch bei bezifferter Antragstellung soll dies „ausnahmsw" der Fall sein können (so BGHZ 34, 337 in der Interpretation von BGHZ 135, 178, 182, zweifelhaft). **Abgrenzung:** Obwohl bei der Ermittlung des **Zugewinns** auf unteilbare Gesamtvermögensgrößen abzustellen ist (vgl § 1378 BGB), kann der Ausgleichsanspruch doch in offenen oder verdeckten Teilklagen und damit auch Nachforderungsklagen geltend gemacht werden (BGH NJW 94, 3166; BGH FamRZ 96, 853; OLG Düsseldorf FamRZ 98, 916).

50 **cc)** Bei der Geltendmachung von **Unterhaltsansprüchen** spricht die Vermutung gegen eine Teilklage (BGHZ 96, 213; BGH NJW 94, 3166 mN; StJ/Althammer § 322 Rn 151); dasselbe gilt für **andere** Klagen auf **wiederkehrende zukünftige Leistungen** (§§ 258, 323 I), wie Klagen auf Verdienstausfall-Renten (§§ 843-845 BGB; vgl BGHZ 34, 110, 113; OLG Hamm FamRZ 98, 766), Versorgungsbezüge (BGH NJW 86, 3142, neuere Rspr fehlt), Betriebsrenten (BAG 21.11.2006 – 3 AZN 370/05, veröff Rspr fehlt) u dgl (zu Zinsansprüchen s unten „ee"). Ist danach über den einheitl Unterhalts(usw)anspruch entschieden, kommt nur eine Abänderungsklage gem § 323 in Frage und scheidet eine Nachforderungsklage aus (BGH NJW 86, 3142; OLG Hamm FamRZ 84, 393; OLG Karlsruhe NJW 95, 2795); (offene) Teilklagen sind allerdings mögl (zB bei Geltendmachung von „Spitzenbetrag" über den freiw bezahlten Unterhalt hinaus, s BGHZ 93, 330) und ermöglichen insoweit auch Nachforderungsklagen (BGHZ 93, 330, 336 f; zum Ganzen näher s § 323 Rn 17, 18). **Abgrenzung:** Die Rechtskraft der Entscheidung über die Berufsunfähigkeitsrente umfasst nicht die zusätzl vertragl zugesagten Überschussanteile (BGH NJW-RR 2007, 1433 = MDR 2007, 1073). – **dd)** Ist auf Grund eines vertragl Wettbewerbsverbots eine zeitl beschränkte **Unterlassung** verlangt und zugesprochen worden („Unterlassung bis …"), so ist über den Unterlassungsanspruch in seiner Gänze und nicht nur zum Teil entschieden worden, so dass der Geltendmachung einer zeitl Erstreckung der Unterlassungspflicht mit einer neuen Klage die Rechtskraft des Unterlassungsurteils entgegensteht (OLG Koblenz GRUR 88, 478). – **ee)** Die Klageabweisung in der Hauptsache umfasst auch den **Zinsanspruch** (BGH FamRZ 87, 352), so dass dessen nachträgl gesonderte Geltendmachung ausscheidet. Bei Geltendmachung von Zinsen in bestimmter Höhe als Verzugsschaden ist eine Nachforderung mögl, auch wenn zunächst ein „Mindest"-%-Satz verlangt war (BGH NJW 79, 720; uU aber Verzicht auf weitergehenden Zinsschaden) oder die Erstklage teilw abgewiesen worden war (OLG Frankfurt NJW-RR 97, 700); anders bei vollständiger Abweisung des Antrags auf „Zinsen" (LG Frankfurt MDR 2022, 1179).

51 **e) Sonderprobleme. aa)** Beim Schadensersatzanspruch wegen **Schutzrechtsverletzung** handelt es sich (trotz der unterschiedl Berechnungsmöglichkeiten) um einen *einheitl* Anspruch, nach rechtskräftiger Entscheidung kann der Gl nicht mehr zu einer anderen (ihm günstigeren) Berechnungsart übergehen (BGHZ 173, 374 = NJW 2008, 373 [Loschelder]). – **bb)** Fehlt bei einer aus mehreren Einzelansprüchen zusammengesetzten Teilklage die erforderl Aufteilung auf die Klagesumme (s BGHZ 189, 56 Tz 9; s § 253 Rn 15; sog **nicht individualisierte Teilklage**), kommt einem stattgebenden Urteil keine materielle Rechtskraft zu (BGHZ 124, 166 mwN [dazu krit Pawlowski AcP 195 (1995), 548]; BGH NJW-RR 99, 1223 = JZ 2000, 161 [Münzberg]; OLG Hamm NJW-RR 99, 70; OLG Brandenburg MDR 2000, 227; sa § 253 Rn 15; vor § 300 Rn 22; § 301 Rn 25); verneint das Gericht *ohne Teilabweisung* einzelne Posten, die es aus der Gesamtforderung ergänzt, so wirkt das Urteil hinsichtl der verneinten Posten keine Rechtskraft gegen den Kl (Zeiss JR 87, 460 [zust zu BGH NJW-RR 87, 525]). **Abgrenzung:** Bloße Individualisierungsmängel bei einer *Gesamt*klage schließen materielle Rechtskraft nur dann aus, wenn dadurch die Voraussetzungen gem vor § 300 Rn 20 f vorliegen.

52 **VI) Subjektive Grenzen der Rechtskraft.** Das Urteil wirkt grds nur im Verhältnis der (tatsächl) Parteien zueinander (s § 325 Rn 3); wegen der Ausnahmen s Anm zu §§ 325 ff. Die subj Rechtskrafterstreckung gem § 325 I ändert an den obj Grenzen der Rechtskraft (s Rn 30 ff) nichts (BGHZ 216, 83 Tz 14 f = NJW-RR 2018, 719; sa § 325 Rn 13).

53 ***VII) Zeitliche* Grenzen der Rechtskraft und Präklusion. 1) Allgemeines.** Das Zivilurteil berücksichtigt grds nur Tatsachen, die vor der letzten mündl Tatsachenverh eintreten. Im Fall des § 128 II oder § 522 II 2 ist der

entspr Zeitpunkt maßgebend, s § 128 Rn 18; s § 522 Rn 33. Daraus ergeben sich die **sog zeitl Grenzen der Rechtskraft:** Die unterlegene Partei kann nicht gehindert sein, in einem Zweitprozess geltend zu machen, die Rechtslage habe sich ggü dem Stand zu dem genannten Zeitpunkt geändert. In § 767 II, § 796 II ist eigens ausgesprochen, dass Einwendungen auf Grund von „neuen" Tatsachen (aber auch *nur* auf Grund solcher) durch Vollstreckungsgegenklage geltend gemacht werden können. Dieser Grundsatz gilt indessen ganz allg (BGHZ 154, 47, 52 f = NJW 2004, 1252, 1253 f; BGH NJW 2017, 893 Tz 17 = MDR 2017, 297; BGH NJW-RR 2018, 719 Tz 15), also nicht nur für Vollstreckungsgegenklagen ggü Leistungsklagen, sondern für jeden Zweitprozess, in dem die Rechtskraft eines Ersturteils zu beachten ist (BGHZ 83, 278, 280 = NJW 82, 1148 = MDR 82, 562 u BGH NJW 84, 126, 127 = MDR 83, 1010; BGH NJW 2000, 2022, 2023 für Bereicherungsklage; BGH NJW 2017, 1313 Tz 44 = MDR 2017, 43, 321 für Schadensersatzklage; BGH NJW 85, 2825, 2826 für Beseitigungsklage; BGHZ 154, 47 = NJW 2004, 1252 für kaufrechtl Rückabwicklungsklage; BGH NJW 98, 378; BGH NJW-RR 99, 376, 377 für Räumungsklage; BGH NJW 95, 2993 für Unterlassungsklage). Er gilt für beide Parteien des Erstprozesses und für alle rechtserhebl Tatsachen, also gleichgültig, ob sie auf Grund einer rechtsbegründenden oder einer Gegennorm für die streitgegenständl Rechtsfolge erhebl sind. Die Maßgeblichkeit des genannten Zeitpunkts für die der Entscheidung zugrunde zu legende Sach- und Rechtslage schließt nicht aus, dass die Rechtskraft nach Maßgabe des jew *Streitgegenstandes* auch in die Vergangenheit (iE Hackspiel NJW 86, 1148) oder die Zukunft (s §§ 257 ff, § 323) wirken kann. **Abgrenzung:** Eine Änderung der Gesetzgebung und ein Wandel der Rspr lassen die Rechtskraftwirkung früherer Urteile idR unberührt (BGHZ 89, 121; BGH MDR 2021, 446 Tz 28 [nicht abgedruckt]; iE Würthwein ZZP 112 [1999], 447, 466 f), anders aber bei wesentl Änderung der entscheidungserhebl tatsächl oder rechtl Verhältnisse BAG BB 2001, 210; sa § 927 Rn 9a. **Sondervorschriften:** § 79 II 3 BVerfGG (dazu s Rn 73); § 10 UKlaG. Soweit die Rechtskraft Wirkungen für die Zukunft entfaltet, ist jedoch eine Rechts-(Rspr-)änderung zu berücksichtigen; Bsp: zukunftsgerichtetes **Unterlassungsurteil** (BGHZ 181, 373 Tz 17 ff, 23 = NJW 2009, 3303; sa § 323 Rn 34; § 767 Rn 13.15 iVm Rn 13.1; s § 927 Rn 9a, 15); auch kann eine Einschränkung durch Beachtung neuer wissenschaftl Erkenntnisse geboten sein. Davon betroffene „alte" Tatsachen iSv Rn 54-61 gelten dann als „neue" (so Würthwein ZZP 112 [1999], 447, 468 ff). Bsp: Feststellbarkeit von Schadensursache auf Grund neuer Erkenntnismethoden.

2) Neue Tatsachen bei neuem Streitgegenstand. Neue Tatsachen können den auf sie gestützten Anspruch zu einem – in Beziehung zum Erstprozess – neuen Streitgegenstand machen. Problematisch sind dagegen die Fälle, in denen der neue Streitgegenstand mit dem Erstprozess im **engen Zusammenhang** steht. Durch das rechtskräftige Urteil wird keine der Parteien gehindert, aus dem „abgeurteilten" Lebenssachverhalt neue selbständige – im Vorprozess nicht geltend gemachte – Ansprüche herzuleiten, einzuklagen und (bei gegenüberstehenden Ansprüchen) aufzurechnen (§ 322 II). Bsp: Hat der vom Kaufvertrag wirksam zurückgetretene (§ 346 BGB) Käufer im Vorprozess Rückgewähr und Schadensersatz eingeklagt (vgl § 325 BGB), kann der Verkäufer in einem Folgeprozess vom Käufer für dessen Besitzzeit im Vorprozess nicht geltend gemachte Nutzungsentschädigung (§ 346 I BGB) verlangen. Abgrenzungsprobleme mit der Fallgruppe „gleicher Streitgegenstand" (Rn 55 ff) ergeben sich, wenn die einander gegenüberstehenden Vermögenspositionen einer automatischen Saldierung (Anrechnung) unterliegen. Bsp: Hat der Käufer den Kaufvertrag wegen arglistiger Täuschung angefochten (§§ 123, 142 BGB), ist auf seinen Schaden (§§ 249, 823 II BGB, § 263 StGB) der Wert der gezogenen Nutzung als „Vorteil" anzurechnen (schadensrechtl Rückabwicklung). Entspr gilt bei einer bereicherungsrechtl Rückabwicklung nach der Saldotheorie (§ 812 BGB). Die mit dem Schadensersatzanspruch des Vorprozesses zu saldierenden Vermögenspositionen („Vorteile" usw) gehören zum Streitgegenstand des Vorprozesses und unterliegen damit der Präklusion (so BGHZ 215, 157 Tz 12, 14 f = NJW 2017, 3438 = MDR 2017, 291; StJ/Althammer § 322 Rn 228 f; krit G. Vollkommer MDR 2018, 197). Der Umfang der Rechtskraft der Entscheidung im Vorprozess hängt damit von dem im Einzelfall zur Anwendung kommenden „Rückabwicklungsregime" ab. Richtigerweise hängt der Umfang der Rechtskraft im Vorprozess davon ab, ob über die fragliche Vermögensposition („Vorteil" usw) „entschieden" wurde (§ 322 II). Im Vorprozess übersehene Posten können daher noch „nachträglich" geltend gemacht werden (G. Vollkommer MDR 2018, 197). Eine Präklusion außerhalb der Grenzen des Streitgegenstands findet nicht statt, selbst wenn mit der neuen Klage ein wirtschaftlich identisches Ziel verfolgt wird und sich die Tatsachen überschneiden (BGHZ 215, 157 Tz 11 = aaO; BGHZ 218, 213 Tz 16 f; BGH MDR 2019, 692 Tz 25). Bsp: Rn 26. 54

3) Neue Tatsachen bei gleichem Streitgegenstand. Das Problem der zeitl Grenzen der Rechtskraftwirkung stellt sich nur dann, wenn die neuen Tatsachen als Teil des **Lebenssachverhalts** (unter den die umstrittene konkrete Rechtsfolge subsumiert werden soll; zur Schwierigkeit der Abgrenzung insoweit vgl BGHZ 84, 125, 127; BGHZ 117, 1, 5 f = aaO [s Rn 34]; Thole ZZP 124 [2011], 49 f; StJ/Althammer § 322 Rn 218 ff, 226 ff) des Erstprozesses erscheinen und deshalb im Zweitprozess über dens Streitgegenstand wie in einem Erstprozess zu entscheiden ist. Das kommt vor allem in Betracht, wenn ein bejahtes Rechtsverhältnis nachträgl erlischt (dazu s Rn 59). Umgekehrt ist es aber auch mögl, dass ein zunächst erfolglos erhobener Anspruch in einer zweiten Klage erneut geltend gemacht wird, ohne dass seine Identität bestritten werden könnte. In diesen Fällen ist das rechtskräftige Urteil zu beachten (näher s Rn 60). **Abgrenzung:** Bei der Wiederholung abgewiesener Klagen mit abweichender Begründung unter Einbeziehung von (im Erstprozess nicht berücksichtigten) *Alttatsachen* stellt sich das Problem der **Tatsachenpräklusion** (s Rn 70). 55

56 **a) Nachträgl Begründetwerden eines aberkannten Anspruchs. aa) Folgeprozess nach uneingeschränkter Aberkennung.** War **im Erstprozess** ein **Anspruch uneingeschränkt verneint** worden, so kann eine Zweitklage wegen ders Rechtsfolge nicht mit der Begründung erfolgreich erhoben werden, der (abgewiesene) Anspruch sei **inzwischen fällig** geworden (Abgrenzung: s Rn 58, 58a). Ob das Urteil den Anspruch uneingeschränkt verneint hatte (weil er nicht entstanden oder erloschen oder mit einer dauernden Einrede behaftet war), ist aus den Gründen zu entnehmen. Das Gericht muss mindestens in den Gründen des Urteils sagen, dass es den Anspruch als (nur) **zur Zeit unbegründet** abweist (BGH NJW 2000, 653, 656; BGH NJW 2009, 1139, 1140; BGH NJW-RR 2001, 310 = MDR 2001, 83; Walchshöfer FS Schwab, 1990, S 521; Arz NJW 2023, 1847 Tz 3 f; iE s Rn 58). Ein klageabweisendes **VU** nach § 330 soll nach hM stets als unbeschränkte Klageabweisung zu verstehen sein, auch dann, wenn der in der Klageschrift und in der Klageerwiderung vorgetragene Sachverhalt auf einen bestehenden, ledigl noch nicht fälligen Anspruch hindeutet; Zweck des § 330 sei es näml, den säumigen Kl wegen seines Anspruchs **endgültig** auszuschließen (so BGHZ 35, 341; BGHZ 153, 239 = NJW 2003, 1044 = MDR 2003, 468; Stamm ZZP 122 [2009], 410 ff; dagegen überzeugend Roth LMK 2003, 116; Reischl Anm ZZP 116 [2003], 493; eingeh Siemon MDR 2004, 301); dies gilt aber jedenfalls dann *nicht*, wenn durch das rechtskräftige VU die Berufung zurückgewiesen wird und damit das (eingeschränkte) kontradiktorische Urteil bestehen bleibt (zutr Greger EWiR 2003, 441; Just NJW 2003, 2289; Deubner JuS 2003, 894; Hau JuS 2003, 1158; Siemon MDR 2004, 306; Heiderhoff ZZP 118 [2005], 200, jew gegen BGH aaO; insoweit auch Stamm ZZP 122 [2009], 417 ff).

57 **bb) Folgeprozess bei neuen Tatsachen.** Der (uneingeschränkt) aberkannte Anspruch kann durch **nachprozessuale Tatsachen** (die jedoch die Identität des Streitgegenstandes nicht berühren, weil sie dems Lebenssachverhalt im obigen Sinne zugehören) **nachträgl begründet werden:** Eine Rechtsgutverletzung nach § 823 I BGB ist eingetreten, die Schadensfolgen haben sich jedoch noch nicht oder nicht voll realisiert (so insb bei Verkehrsunfällen, wo aber praktisch meist mit Feststellungs- oder Nachforderungsklagen – vgl BGH NJW 80, 2754; OLG Naumburg NJW 2014, 798 u näher s Rn 44, 47 ff, 49 – gearbeitet wird). Die im Erstprozess noch verneinte Unzumutbarkeit der Vertragsfortsetzung iSv § 543 I BGB ist durch fortgesetzten vertragswidrigen Gebrauch auch nach dem Ersturteil inzwischen eingetreten (vgl BGH NJW 98, 374 [Gottwald/Pfaller LM § 553 BGB Nr 16]). Die abgewiesene Rückforderungsklage wegen Schenkungswiderrufs (§ 530 BGB) wird hinsichtl desselben Gegenstandes auf Grund neuer Verfehlungen des Beschenkten wiederholt (BayObLGZ 1996, 24). Die wegen fehlender Nachfristsetzung abgewiesene Rückforderungsklage des vom Kauf zurückgetretenen Käufers (§ 323 I, § 346 I, § 437 Nr 2 BGB) wird nach erfolgloser Nachfristsetzung und erneutem Rücktritt wiederholt (Skamel NJW 2010, 273). Die auf Eigenbedarfskündigung gestützte Räumungsklage kann zu einem späteren Zeitpunkt wiederholt werden, wenn die der 1. Kündigung entgegenstehenden Gründe inzwischen nicht mehr bestehen (BGH NJW 2009, 1139, 1140). Die wegen nicht vollständiger Darlehnstilgung abgewiesene Klage auf Rückübertragung der Sicherungsgrundschuld wird nach vollständiger Tilgung wiederholt (BGH MDR 2021, 446; sa Rn 60). Die abgewiesene **Unterlassungsklage** kann wiederholt werden, wenn die im Erstprozess noch fehlende Begehungsgefahr inzwischen „nachgewachsen“ ist (vgl Ahrens/Ahrens Wettbewerbsprozess, 8. Aufl, Kap 36 Rn 114); ist die auf eine Wegedienstbarkeit gestützte Klage abgewiesen worden, weil ohnehin ein öffentl Weg bestehe, kann sie nach Verneinung eines öffentl Wegs durch das VG (= neue Tatsache) wiederholt werden (BGH NJW 95, 2993; dazu Lenenbach ZZP 109 [1996], 398). – Hat der Kl im Erstprozess eine **abgetretene Forderung** eingeklagt und ist mangels wirksamer Abtretung (also wegen fehlender Aktivlegitimation) abgewiesen worden, so kann er die gleiche Forderung auf Grund einer nachträgl (§ 767 II) erfolgten wiederholten Zession erneut einklagen (Grund: neue Tatsache; vgl BGH NJW 86, 1046 = MDR 86, 312; ebenso als Klage aus eigenem Recht: s Rn 37); das gilt auch dann, wenn die Abtretung noch vor dem maßgebl Zeitpunkt (§ 767 II) hätte herbeigeführt werden können (BGH NJW 86, 1047 = MDR 86, 312; allg sa Rn 62, 64 [aa]); bei einer Rückabtretung der Forderung an den Zedenten soll dagegen nach Abweisung der Zessionarsklage wegen fehlender Aktivlegitimation die Rechtskraft einer erneuten Klage entgegenstehen (BGH NJW 2024, 3299 = MDR 2024, 1311; abzulehnen s Rn 43 und Einl Rn 74). Der Zweitklage des Zessionars steht dagegen die Rechtskraft des Ersturteils entgegen, wenn die – im Erstprozess nicht vorgetragene oder bekannte – Zweitzession bereits vor Verhandlungsschluss erfolgt ist (BGH MDR 76, 136 = ZZP 89 [1976], 330 [abl Greger]; abl auch Musielak NJW 2000, 3598; iErg zust Flieger MDR 78, 534); dgl der Zweitklage auf uneingeschränkte Leistung die Rechtskraft des Zug-um-Zug-Urteils unter Abweisung der weitergehenden Klage, wenn der Untergang der Gegenleistung bereits im Erstprozess geltend gemacht werden konnte (BGHZ 117, 1 = aaO [s Rn 34]; dazu klarstellend BGH NJW-RR 99, 1006).

58 **cc) Folgeprozess nach Abweisung als „jedenfalls zur Zeit unbegründet“.** Weist ein rechtskräftiges Urteil einen **Anspruch** als **„jedenfalls zzt unbegründet“** ab (durch Auslegung zu ermitteln: s Rn 56), steht (nur) bindend fest, dass dem Kl bis zum Schluss der mündl Verh kein fälliger Anspruch gegen den Bekl zustand (BGH WM 2021, 44 Tz 22 = MDR 2021, 10; BGH BGHZ 234, 102 Tz 22 aE = NJW 2022, 2754; BGH NJW 2023, 632 Tz 14 f); eine „positive“ Feststellung einzelner Anspruchsvoraussetzungen erfolgt hier nicht (s dazu Rn 58a). Das Ersturteil bindet nicht hinsichtl der Einzelheiten der noch erforderl Anspruchsvoraussetzungen; der Beklagte *kann im Zweitprozess weiterhin alle* Einreden und Einwendungen erheben. Das Zweitgericht kann die (nunmehrige) Fälligkeit des Anspruchs aber nur auf den Eintritt neuer Tatsachen stützen (BGH MDR 2011, 1252; BGH NJW 2014, 1306 Tz 11 = MDR 2014, 337). **Bsp:** Ist die Werklohnklage (Architekt, Bauunternehmer

usw) wegen fehlender Prüffähigkeit der Schlussrechnung als (derzeit) unbegründet (weil nicht fällig) abgewiesen worden, kann eine zweite Klage bei unverändertem Sachverhalt nicht darauf gestützt werden, dass bei zutr Rechtsauffassung die Prüffähigkeit der Rechnung und damit die Fälligkeit des Anspruchs (doch) zu bejahen ist (BGH NJW 2014, 1306 = MDR 2014, 337); sie kann aber nach Erstellung einer ordnungsgemäßen Schlussrechnung wiederholt werden (BGHZ 140, 365, 368; Löffelmann/Fleischmann BauR 87, 34 ff). Das Zweitgericht kann die (zulässigerweise wiederholte) Klage (ohne Rechtskraftbindung an das Ersturteil) als (endgültig) unbegründet abweisen, etwa weil der Werklohnanspruch nicht besteht oder weil der zunächst als nicht fällig abgewiesenen Klageforderung die Einrede des Rechtsmissbrauchs (§ 242 BGB) entgegensteht (BGH WM 2021, 44 Tz 22 = MDR 2021, 110). Ist bei gesellschaftsrechtl Qualifikation der Zahlungsanspruch im Erstprozess wegen Fehlens einer Auseinandersetzungsbilanz als nicht fällig abgewiesen worden, kann im Zweitprozess bei darlehensrechtl Qualifikation nach Kündigung ein späterer Fälligkeitszeitpunkt festgestellt werden (OLG München MDR 2016, 415, 574 [Fischer]), da die Urteilsgründe zur rechtl Qualifikation des Anspruchs nicht in Rechtskraft erwachsen (Rn 35).

dd) Folgeprozess nach Abweisung als „zur Zeit unbegründet“. Hat das Gericht (anders als bei Rn 58) im Ersturteil sämtliche Anspruchsvoraussetzungen geprüft und bejaht, die Klage aber wegen des Nichteintritts einer aufschiebenden Bedingung (§ 158 I BGB) oder wegen der Subsidiarität (§ 839 I 2 BGB) als „zZt unbegründet“ abgewiesen (also eine Art „klageabweisendes Endurteil mit Vorbehaltsgrundurteil“ erlassen), liegen auch dem Kl günstige Feststellungen vor. Einem solchen Urteil kommt neben der „negativen“ zu Lasten des Kl auch eine **„positive“ Rechtskraftwirkung** für den Folgeprozess zu, soweit zugunsten des Kl entschieden wurde (BGH NJW 2023, 632 = MDR 2023, 521 Tz 10, 13; BGHZ 234, 102 Tz 18 ff = NJW 2022, 2754; Arz NJW 2023, 1847 Tz 4 ff; **aA** Maus ZZP 138 [2025], 39, 61 ff; sa Rn 31 aE). Wegen der Rechtkraftbindung kann die Klage im Zweitprozess nicht mit der Begründung abgewiesen werden, dass der Anspruch im Zeitpunkt der letzten mündlichen Verhandlung im Vorprozess aus anderen Gründen als der dort angenommenen fehlenden Fälligkeit nicht bestand. **Bsp:** Ist die Amtshaftungsklage (§ 839 I 1 BGB) im 1. Prozess wegen anderweitiger Ersatzmöglichkeit (§ 839 I 2 BGB) als „derzeit unbegründet“ abgewiesen und in dem folgenden 2. Prozess eine Ersatzpflicht des Dritten rechtskräftig verneint worden, kann die Amtshaftungsklage in einem 3. Prozess nicht deshalb abgewiesen werden, weil der Anspruch dem Grunde nach nicht besteht (BGHZ 234, 102 Tz 23 = NJW 2022, 2754 = MDR 2022, 1092; Itzel MDR 2022, 1332). Entsprechendes gilt, wenn das Erstgesicht den Widerruf (§ 355 BGB) als wirksam ansieht, die Zahlungsklage aber wegen der nicht erfolgten Vorleistungspflicht des Kl (§ 357 IV BGB) als zZt unbegründet abweist; im Zweitprozess kann der Bekl die Unwirksamkeit des Widerrufs nicht mehr geltend machen (Abgrenzung zu BGH WM 2021, 44 Tz 22; Arz NJW 2023, 1847 Tz 11). 58a

ee) Abgrenzung. Eine Pflicht des 1. Gerichts vor der Abweisung als „zZt unbegründet“ den Haftungsgrund iSv dd) zu klären, besteht nur bei der Amtshaftung (arg effektiver Rechtsschutz), nicht aber auch allg (zB Werklohnfällen, so auch Piekenbrock FS Becker-Eberhard, 2022, S 426 ff). 58b

b) Nachträgliches Erlöschen zuerkannter Ansprüche. Die im Erstprozess unterlegene Partei kann den Untergang des Anspruchs durch negative Feststellungsklage oder Vollstreckungsgegenklage (§ 767) geltend machen (s § 322 Rn 13 [f]; § 767 Rn 1, 5), uU auch durch Erfüllungseinwand im ZwV-Verf gem § 887 I (BGH NJW 2005, 367 [Becker-Eberhard LMK 2005, 30]; sa § 887 Rn 7). Das Gericht darf in einem solchen Zweitprozess zwar über den Streitgegenstand erneut entscheiden, aber nur auf der **Basis des vorliegenden rechtskräftigen Urteils.** Es kann also zB die negative Feststellungsklage abweisen, oder es kann ihr bzw der Klage gem § 767 stattgeben, weil der rechtskräftig festgestellte Anspruch **inzwischen** erloschen ist. Dagegen bleibt das Gericht im Zweitprozess insofern gebunden, als es nicht etwa offen lassen darf, ob der Anspruch nachträgl erloschen sei, weil er von vornherein nicht bestanden habe. 59

c) Entscheidungserheblichkeit der neuen Tatsache. Im Gegensatz zur Rechtslage bei den obj und subj Grenzen der Rechtskraft besagen ihre zeitl Grenzen niemals, dass das **Ersturteil** völlig außer Betracht bleiben dürfte, sondern ermöglichen eine neue Entscheidung nur, soweit auch das Gericht des Erstprozesses von seinem Standpunkt aus unter Berücksichtigung der neuen Tatsachen zu einer solchen hätte kommen müssen. Die neuen Tatsachen *allein* genügen also für die Zulässigkeit der neuen Klage noch nicht; sie müssen vielmehr geeignet sein, die in der rechtskräftigen Entscheidung **festgestellte Rechtsfolge zu beeinflussen** (vgl BGH NJW 84, 127; BGH NJW 2000, 2023; BGH MDR 2021, 446 Tz 27; StJ/Althammer § 322 Rn 245, 250; MK/Gottwald § 322 Rn 151). Neue Tatsachen sind also nur entscheidungserhebliche Tatsachen, dh die Entscheidung wäre, hätten sie schon damals vorgelegen, anders ausgefallen (sa § 321a Rn 12). Beiläufige, für die Entscheidung irrelevante Tatsachen, genügen dagegen nicht. Rechtserheblichkeit der neuen Tatsache bedeutet freilich nicht Zulässigkeit einer Neuentscheidung ohne jede Rechtskraftbindung. Die Rechtskraft der Ausgangsentscheidung „weicht“ nur im Umfang der rechtserheblichen Veränderung. Hat das Gericht die rechtskräftige Klageabweisung auf mehrere Klageabweisungsgründe gestützt, beschränkt sich die neue Tatsache aber nur auf einen, ist auch die neue Klage erfolglos (so BGH MDR 2021, 446 Tz 27 f; MK/Gottwald § 322 Rn 154 f, iE str; teilw aA Henckel, Prozessrecht und materielles Recht, 1970, S 152 ff, 170; Rimmelspacher, Materiellrechtlichl Anspruch und Streitgegenstandsprobleme im ZP, 1970, S 255 ff). Die veränderte Tatsachenlage muss sich vielmehr auf alle Abweisungsgründe beziehen. **Bsp** (nach BGH MDR 2021, 446): Der frühere Grundstückseigentümer hat 60 dem Bekl für ein Darlehen eine Sicherungsgrundschuld bestellt. In der Sicherungsvereinbarung war von dem „dreifachen Wahlrecht" (BGHZ 197, 155 Tz 7) des Eigentümers der Rückübertragungsanspruch durch eine AGB-Klausel ausgeschlossen worden. Mit seiner ersten Klage auf Rückübertragung der Grundschuld ist der Kl abgewiesen worden; das Gericht ging davon aus, dass das Sicherungsbedürfnis noch fortbestehe, da das Darlehen noch nicht vollständig zurückgezahlt sei; den Ausschluss des Rückübertragungsanspruchs erachtete es als wirksam. Die 2. Klage war auf die vollständige Tilgung als neue Tatsache gestützt. Inzwischen wurde der klauselmäßige Ausschluss des Rückübertragungsanspruchs jedenfalls dann für unwirksam gewertet, wenn zwischenzeitlich (wie hier) ein Eigentumswechsel stattgefunden hat (BGHZ 202, 150). Auch die zweite Klage wurde abgewiesen; auf die Änderung der AGB-Rspr kam es nicht an (s Rn 53 „Abgrenzung", abzulehnen). Im Hinblick auf die zwischenzeitliche Darlehenstilgung ist die 2. Klage zulässig (Rn 57); die Entscheidung über den Rückübertragungsanspruch nimmt nicht an der Rechtskraft teil (Rn 31; eingehend M. Vollkommer FS Becker-Eberhard, 2022, S 625) Weitere Bsp zur „Präklusion von Tatsachen" Rn 70.

61 **d) Neue Entscheidung.** Der Inhalt der neuen Entscheidung richtet sich nach der (verbliebenen) Rechtskraft der Ausgangsentscheidung. Die Präklusion entfaltet ihre Wirkung nicht neben der Rechtskraft, sie ist vielmehr deren „Kehrseite" (BGHZ 215, 157 Tz 11 = NJW 2017, 3438 = MDR 2017, 1291; BGH MDR 2019, 692 Tz 25; sa Rn 54 aE); ohne sie würde die tatsächl Grundlage für den Rechtsfolgeschluss des Urteils und damit dessen Bestand, also auch die Rechtskraft entfallen (RSchwab/Gottwald § 156 Rn 6 f). Bezeichnet man eine bestimmte Tatsache als präkludiert (ausgeschlossen), muss man sich darüber klar sein, dass es sich um eine Folge der Rechtskraftwirkung handelt und deshalb die Präklusion von Tatsachen stets nur bzgl des **Streitgegenstandes** des Erstprozesses eintritt, nicht dagegen, wenn dieselbe Tatsache für die Entscheidung über einen anderen Streitgegenstand entscheidungserhebl wird (BGH NJW 2017, 893 Tz 18, 24 = MDR 2017, 297; BGH MDR 2019, 692 Tz 25). Die Begrenzung der Präklusion auf den Streitgegenstand ist nicht unumstritten. Teilw wird insb bei Entscheidung von Kern-Streitpunkten eine streitgegenstandsüberschreitende Präklusion befürwortet (so Magnus aaO [Rn 70] 294 ff, StJ/Althammer § 322 Rn 229; abl MK/Gottwald § 322 Rn 169).

62 **4) Präklusion von Gestaltungsrechten. Lit:** Klimke ZZP 126 (2013), 43; Thole ZZP 124 (2011), 45. – **a) Gestaltungsmöglichkeit oder Gestaltungserklärung?** Neue Tatsachen können auch dann nachträgl geltend gemacht werden, wenn die Partei schon vor der letzten mündl Tatsachenverh des Erstprozesses auf den Zeitpunkt des Eintritts dieser Tatsachen Einfluss hätte ausüben können (BGHZ 94, 29, 34 mN = NJW 85, 2481 = MDR 85, 574; BGH NJW 86, 1046, 1047 = MDR 86, 312 [dazu s Rn 57]; OLG Stuttgart NJW 94, 1226; einschr wohl BGH ZZP 89 [1976], 330, vgl Greger ZZP 89 [1976], 334). Dies gilt jedoch grds dann nicht, wenn die Partei schon während des Erstprozesses durch eine Erklärung oder sonstige Handlung die Rechtslage zu ihren Gunsten hätte **gestalten** können; macht sie von dieser Möglichkeit erst nach der letzten mündl Tatsachenverh Gebrauch, so ist die **Gestaltungsfolge idR präkludiert** (Bsp: s Rn 64 [ee]; Ausnahmen: s Rn 65; Präklusion von Kündigungsgründen: s Rn 70).

63 **b) Meinungsstand und Stellungnahme.** Die **hM in der Rspr** stellt maßgebl auf die bestehende Gestaltungsmöglichkeit ab (BGHZ 24, 98; BGHZ 34, 274; 42, 37; [einschr] BGHZ 94, 34 mN = aaO [s Rn 62]; BGHZ 125, 351, 353; BGHZ 157, 47, 52 = NJW 2004, 1252, 1253 = JR 2005, 67 (krit Zeuner); BGHZ 163, 339, 342 = NJW 2005, 2926 = MDR 2006, 109; BGH NJW 2009, 1671 Tz 11 mwN = MDR 2009, 706), entscheidet aber meist nur für Einzelfälle, insb solche des § 767 II (s § 767 Rn 12 ff), ordnet also die Frage nicht in den größeren Zusammenhang der zeitl Grenzen der Rechtskraft ein (krit auch Thole ZZP 124 [2011], 45, sa Rn 53). Ein Teil des **Schrifttums** folgt dieser Ansicht (vgl AG/Gehle § 767 Rn 70 ff; ThP/Seiler § 767 Rn 22a; Herget hier s § 767 Rn 14; Rimmelspacher JuS 2004, 563 f; Beck NJW 2006, 337 f; Ulrici NJW 2019, 3387); überwiegend steht es auf einem anderen Standpunkt und spricht sich **gegen eine Präklusion** nicht ausgeübter Gestaltungsmöglichkeiten aus (Heiderhoff ZZP 118 [2005], 190 ff; MK/Gottwald § 322 Rn 157; MskV/Wolff Rn 41; StJ/Althammer § 322 Rn 241 ff; Hk-ZPO/Saenger § 322 Rn 33; RSchwab/Gottwald § 156 Rn 4; StJ/Münzberg § 767 Rn 32 ff; Braun § 59 III 3; tendenziell auch Thole ZZP 124 [2011], 45 f). Für das von der hRspr vertretene Ergebnis sprechen nicht nur prozessökonomische, sondern auch rechtssystematische Gründe: So wird für die Frage der Verspätung in den Fällen der §§ 296, 530, 531 II, § 533 allg darauf abgestellt, wann die *Gestaltungsmöglichkeit* entstanden ist, nicht dagegen darauf, wann von ihr Gebrauch gemacht wurde. Folgerichtig muss das Gleiche auch für die zeitl Grenzen der Rechtskraft gelten, denn es geht nicht an, dass derj schlechter steht, der sein Gestaltungsrecht zwar verspätet iSd § 296 usw, aber immerhin noch während des Erstprozesses ausübt, als derj, der von seiner Gestaltungsmöglichkeit erst nach der letzten mündl Tatsachenverh des Erstprozesses Gebrauch macht (sa M. Schwab JZ 2006, 174 ff; Klimke ZZP 126 [2013], 45). **Abzulehnen** sind die Ansichten, die eine Präklusion nur bejahen wollen, wenn der Gestaltungsberechtigte die maßgebenden Tatsachen während des Erstprozesses gekannt hatte. Es kommt näml auch sonst für die Grenzen der Rechtskraft auf **subj Momente** nicht an (s Rn 70). Eine Tatsache kann nicht deshalb zu einer abw Entscheidung im Zweitprozess führen, weil die Partei, zu deren Gunsten sie rechtserhebl ist, sie im Erstprozess nicht gekannt hat (BGHZ 42, 37, 42; StJ/Althammer § 322 Rn 230). Auch für den speziellen Fall der Gestaltungsmöglichkeiten darf daher nicht darauf abgestellt werden, ob die berechtigte Partei *sie während* des Vorprozesses kannte oder kennen musste (BGHZ 34, 274; *BGHZ 125*, 351, 353; BGHZ 157, 47, 51 = NJW 2004, 1252, 1253 f = JR 2005, 67 [Zeuner]; aA OLG Stuttgart NJW 55, 1562). Ob allerdings eine Ausnahme für bestimmte *vertragl Gestaltungsrechte* und Verbraucher schüt-

zende *Widerrufsrechte* gilt, ist zweifelhaft (näher s Rn 64 [ee], 65); insoweit wäre dann der Zeitpunkt der Gestaltungserklärung maßgebend.

c) Gesetzliche Gestaltungsrechte. Präkludiert sind in erster Linie *ges Gestaltungsrechte*, die durch Willenserklärung ausgeübt werden, bei im Vorprozess bereits *entstandenem* Gestaltungsgrund; in Frage kommen folgende Fälle: – **aa)** die **Aufrechnung** (BGHZ 103, 362, 366 = NJW 88, 2542 = MDR 88, 667; BGHZ 155, 392, 396 = NJW 2003, 3134; BGH NJW 2009, 1671 = MDR 2009, 706), und zwar ohne Rücksicht auf die Zeit der Kenntniserlangung des Sch von seiner Gegenforderung (BGHZ 34, 279; BGHZ 125, 351, 353; daran hat die Maßgeblichkeit der Aufrechnungs*erklärung* als Erledigungsereignis nichts geändert: Schröcker NJW 2004, 2204 f; aA Wolf/Lange JZ 2004, 419; zweifelnd Gaul/S/B-E § 40 Rn 58: „Parallelproblem"; sa § 91a Rn 58.6 u § 767 Rn 12.4, 14); die Aufrechnungslage muss bereits im Vorprozess *eingetreten* sein, unerhebl für die Präklusion ist, ob sie hätte herbeigeführt werden können (BGHZ 163, 339, 343 = NJW 2005, 2926 = MDR 2006, 109; zust Beck NJW 2006, 336); ist die RPosition erst durch Abtretung entstanden, kommt es auf den Zeitpunkt ihres Erwerbs an (BGH NJW-RR 2012, 110); für die Aufrechnung gegen (rechtskräftig) titulierte Forderungen gelten hins der zeitlichen Voraussetzungen (§ 767 II) keine Besonderheiten (BGH NJW 2019, 3385); – **bb)** die **Anfechtung**, ebenfalls ohne Rücksicht auf die Kenntnis von der arglistigen Täuschung (BGHZ 42, 37; BGHZ 157, 47, 52 = NJW 2004, 1252 = JR 2005, 67 [krit Zeuner]; OLGR Celle 2005, 116; abl Heiderhoff ZZP 118 [2005], 192); – **cc) ges Rücktrittsrechte** (§ 323 I, § 326 V BGB), insb mangelbezogene Gestaltungsrechte wie **Rücktritt** (§ 437 Nr 2, § 634 Nr 3 BGB) und **Minderung** (§ 437 Nr 2, § 441 BGB). Ihre Präklusion setzt voraus, dass der (auch unerkennbare) Mangel im Vorprozess vorlag und eine Fristsetzung entweder entbehrl (§ 323 II, § 326 V BGB) oder iSv § 296 I (s Rn 63) geboten war (Klimke ZZP 126 [2013], 47 ff); nicht hierher gehören im Vorprozess nicht geltend gemachte Gegenrechte wie Nacherfüllungs- und Schadensersatzansprüche; Grund: s Rn 34; – **dd)** das Recht der **außerordentl Kündigung** aus wichtigem Grund (anders bei § 543 I, §§ 569, 627 BGB, s Rn 65) sowie die Möglichkeit, eine reine **Potestativbedingung** herbeizuführen, insb einen sog verhaltenen Anspruch auszulösen (Problem nicht klar erkannt in BGH LM Nr 39 zu § 322). – **ee)** Eine Sonderstellung nehmen nach teilw vertretener Ansicht die **verbraucherschützenden Widerrufsrechte** ein. Das Widerrufsrecht bei Verbraucherverträgen gem § 355 BGB ist als Gestaltungsrecht ausgebildet (Grüneberg/Grüneberg § 355 BGB Rn 3; MK-BGB/Masuch § 355 Rn 30). Aus Gründen des Verbraucherschutzes (Erhaltung der vollen Widerrufsfrist) soll das Gestaltungsrecht dem nicht belehrten Verbraucher (s § 356 III 1 BGB) auch nicht im Weg der Rechtskraftpräklusion entzogen werden können (so M. Schwab JZ 2006, 170 ff; 175; Rohfing NJW 2010, 1788, str; **aA** BGHZ 225, 44 Tz 15 = NJW 2020, 2876 = Rpfleger 2020, 676 = JuS 2020, 1168 [Fischer] zum Widerrufsrecht nach § 495 I, § 355 BGB idF bis 10.6.2010). 64

d) Vertragliche Gestaltungsrechte. In den Rn 64 genannten Fällen (str bei „ee") verliert die gestaltungsberechtigte Partei die Möglichkeit, frei darüber zu entscheiden, wann und ob sie überhaupt die Rechtsfolge in dem abgekürzten Zeitraum herbeiführen will. Dieses Ergebnis kann und muss jedenfalls dann in Kauf genommen werden, wenn es sich bei der zeitl Wahlfreiheit des Berechtigten nur um eine Nebenfolge, nicht dagegen um das Hauptmotiv für die Existenz des Gestaltungsrechts handelt (vgl BGHZ 103, 366). Ist es dagegen Hauptzweck des Gestaltungsrechts, dem Gestaltungsberechtigten die **Wahl des Zeitpunkts** zu überlassen, so greift die Präklusion nicht Platz (BGHZ 94, 29, 34 f = aaO [s Rn 62]; krit zur Unterscheidung Arens JZ 85, 752). Dieser Ausnahmefall ist gegeben bei dem **vertragl Rücktrittsrecht**, bei dem Recht der **ordentl Kündigung**, der außerordentl Kündigung bei Vertrauensstellung gem **§ 627 BGB** (LG Bielefeld NJW-RR 91, 182) oder bei Unzumutbarkeit der Vertragsfortsetzung gem § 543 I, § 569 II BGB (BGH NJW 98, 375) und dem in einem Mietvertrag vereinbarten (Verlängerungs-)**Optionsrecht** (BGHZ 94, 29 = aaO [iErg zust Arens JZ 85, 751]). Anders ist es dagegen, wenn der Vertrag den Rücktritt oder die ordentl Kündigung nur unter bestimmten Voraussetzungen zulässt und diese Voraussetzungen nach Meinung der Vertragspartner auch das wirtschaftl Motiv des Rücktritts bzw der Kündigung bilden werden, nicht etwa nur den Anfangstermin, von dem an der Berechtigte zeitlich freie Wahl haben soll; in diesen Fällen muss also unter Umständen durch Vertragsauslegung geklärt werden, ob die Präklusion Platz greift. 65

e) Materiell-rechtliche Rechtsfolgen bei Präklusion von Gestaltungsrechten. Die Formulierung, ein Gestaltungsrecht oder eine sonstige Gestaltungsmöglichkeit sei präkludiert, besagt nur, dass der Gestaltungsberechtigte eine abw Entscheidung über den Streitgegenstand nicht mit der Begründung erwirken kann, nach dem Erstprozess sei die Gestaltungswirkung eingetreten. Hingegen kann nicht die Rede davon sein, dass etwa Gestaltungsmöglichkeit als solche erloschen sei. Das bedeutet, dass alle Rechtswirkungen des Gestaltungsakts, die nicht den rechtskräftig beurteilten Streitgegenstand betreffen, nach wie vor eintreten und geltend gemacht werden können. Nach **hM** (Blomeyer § 90 III; StJ/Althammer § 145 Rn 64 ff; StJ/Münzberg § 767 Rn 39; RSchwab/Gottwald § 104 Rn 45) ist eine prozessual präkludierte Gestaltungserklärung **materiell unwirksam**; dem ist jedenfalls für den wichtigsten Fall der Aufrechnung zu folgen (so auch BGHZ 125, 351, 354; BGH NJW 2009, 1671 Tz 12 = MDR 2009, 706; BGH NJW 2019, 3385 [zust Ulrici]); die durch die präkludierte Aufrechnung nicht verbrauchte Gegenforderung kann daher selbständig eingeklagt (BGH NJW 2009, 1671 Tz 12; sa § 145 Rn 15; § 322 Rn 18) oder erneut für eine (2.) Aufrechnung verwendet werden. 66

Einstweilen frei. 67-69

70 5) **Präklusion von Tatsachen. Lit:** Magnus, Rechtskraft und Tatsachenpräklusion, ZfPW 2019, 283. **a) Präklusion durch Rechtskraft** bedeutet: Die im Vorprozess unterlegene Partei kann sich in einem neuen Rechtsstreit zur Erreichung einer gegenteiligen Entscheidung nicht mehr auf solche Tatsachen berufen, die in den Grenzen des Streitgegenstands (s Rn 61; Einl Rn 83, 90) zu dem „abgeurteilten" Lebensvorgang gehören und im maßgebl Zeitpunkt (§ 767 II) bereits vorgelegen haben (BGHZ 98, 358 f; BGHZ 101, 382 f; BGHZ 117, 1, 6 f = aaO [s Rn 34]; BGH NJW 2018, 235 Tz 16; BGH 31.5.2023, XII ZB 274/21; BGHZ 237, 157 Tz 18 ff = NJW 2023, 3582; allg sa Rn 53, 62, 61 u Einl Rn 83). Bei der Wiederholung abgewiesener Klagen unter Rückgriff auf *Alttatsachen* ergibt sich damit als Abgrenzungskriterium: „Ausgeschlossen sind alle Tatsachen, die bei einer natürl, vom Standpunkt der Parteien ausgehenden Betrachtung zu dem durch ihren Sachvortrag zur Entscheidung gestellten Tatsachenkomplex gehört hätten" (BGHZ 123, 137, 141 = NJW 93, 2685; BGHZ 157, 47, 51 = NJW 2004, 1252, 1253; BGHZ 215, 157 Tz 9, 11 = NJW 2017, 3438 = MDR 2017, 1291; StJ/Althammer § 322 Rn 222; Musielak NJW 2000, 3594 f; Thole ZZP 124 [2011], 49; Einl Rn 83 m Bsp). Die Präklusion durch Rechtskraft tritt ohne Rücksicht auf die subj Kenntnis des Betroffenen von der präkludierten Tatsache während des Prozesses ein (StJ/Althammer § 322 Rn 230; BGHZ 157, 47, 51; BGHZ 215, 157 Tz 9 = aaO); sie ist auch von einem Verschulden (Kennenmüssen) der Partei und einer Erkennbarkeit der Tatsache unabhängig (Foerste NJW 96, 347 f; sa Rn 63 mwN). Die Präklusion ist als Urteilswirkung auf den Streitgegenstand und damit auf den Umfang der Rechtskraft beschränkt (BGHZ 215, 157 Tz 11 = aaO; sa Rn 61). **Bsp** (sa die Fallgruppenbildung Rn 54-59): Ist der Käufer mit seiner auf „Zusicherung" einer Eigenschaft gestützten Klage rechtskräftig abgewiesen worden, kann er nicht mehr mit der Begründung, der Verkäufer habe ihr Fehlen „arglistig verschwiegen", neu klagen (vgl BGHZ 157, 47, 52 = NJW 2004, 1252), anders bei abw Streitgegenstand, s sogleich unten. Ist die Klage wegen fehlerhafter Anlageberatung rechtskräftig abgewiesen worden, kann sie später nicht wegen eines neuen (nicht geprüften) Beratungsmangels wiederholt werden (BGHZ 198, 294 = NJW 2014, 314 = MDR 2014, 218; sa Einl Rn 67). Ist ein bestimmter Kündigungssachverhalt rechtskräftig als Kündigungsgrund verneint worden, kann der im Vorprozess Unterlegene in einem neuen Rechtsstreit eine wiederholte Kündigung nicht mehr auf den rechtskräftig aberkannten Kündigungsgrund stützen (BAG NJW 94, 473; s Rn 61); anders aber, wenn der Kl während des Erstprozesses von den (obj vorliegenden) Tatsachen keine Kenntnis hatte, die Kenntnis aber gerade zum Tatbestand des Kündigungsgrundes gehört (BGH NJW 98, 375: Zerstörung der Vertrauensgrundlage). Hat der verurteilte Bekl von der (zum Verlust der Aktivlegitimation führenden) Zession keine Kenntnis gehabt, kann er nicht nachträgl die fehlende Aktivlegitimation geltend machen (BGHZ 145, 352). Ist im Vorprozess eine nicht oder erfolglos geltend gemachte Einwendung (zB teilw Erfüllung) unberücksichtigt geblieben, kann nach rechtskräftiger Verurteilung zur (vollen) Leistung der nicht berücksichtigte Tilgungsbetrag nicht zum Gegenstand einer Rückforderungsklage gemacht werden (anders bei abw Streitgegenstand: s Rn 26, 54 aE). Ist der Käufer unter Verneinung einer argl Täuschung zur Zahlung der 1. Kaufpreisrate verurteilt worden, ist er nicht gehindert gg die Klage auf die 2. Rate sich erneut auf arglistige Täuschung zu berufen (BGH NJW 2017, 893 Tz 22 = MDR 2017, 297, sa Rn 47). Kein Fall von neuen Tatsachen ist idR eine Rechtsnachfolge (Erwerb der streitbefangenen Sache). Grund: § 325 I (vgl BGH NJW-RR 2018, 719 Tz 17). – **b) Rechtskraftfremde Präklusion.** Von der allg Präklusion durch Rechtskraft unterscheidet der BGH (grundl BGHZ 45, 329 = NJW 66, 1509 = LM § 322 Nr 56 [Johannsen]; ihm folgend die hM – vgl RSchwab/Gottwald § 156 Rn 11) eine zusätzl, in Einzelfällen ges angeordnete (rechtskraftfremde, nach Otto, Die Präklusion, 1970, S 67 rechtskraftergänzende) Präklusion (§ 767 III, § 145 PatG). Im Gegensatz zur Präklusion durch Rechtskraft (s oben a) ist das subj Moment in der genannten Vorschrift zugunsten des Betroffenen berücksichtigt. Im Schrifttum wird teilw die entspr Anwendung des (subj bestimmten!) Gedankens aus § 767 III auf andere Gestaltungsklagen (gesellschaftsrechtl Auflösungsklagen) befürwortet (zB Blomeyer § 89 VII; abl StJ/Althammer § 322 Rn 231; MK/Gottwald § 322 Rn 166); dessen bedarf es nicht, wenn man dem engeren Streitgegenstandsbegriff insoweit folgt (s Einl Rn 79 f).

71 **VIII) Durchbrechung der Rechtskraft bei sachlich unrichtigen Urteilen. 1) Grundsatz.** Auch das sachl unrichtige Urteil (wegen des fehlerhaft ergangenen s vor § 300 Rn 13 ff) wirkt materielle Rechtskraft; die Rechtskraft verbietet es gerade, die Frage der Richtigkeit oder Unrichtigkeit nochmals aufzuwerfen (BGH NJW 85, 2535; OLG Stuttgart NJW 2019, 2547 Tz 27). Von diesem Grundsatz macht das Gesetz Ausnahmen in § 36 I Nrn 5 u 6 (OLGR Hamm 2007, 188, 189), §§ 233 ff, § 321a (s § 321a Rn 2), §§ 323, 324, 578 ff. Ein Umkehrschluss aus diesen Vorschriften ergibt, dass in anderen als den ges geregelten Fällen die Rechtskraft grds nicht beseitigt oder umgangen werden darf. Die Rechtsstaatlichkeit des Verf gebietet die Rechtsbeständigkeit des Abschlusses von Rechtsstreitigkeiten (BVerfGE 54, 291, 293; BGHZ 89, 114, 120). Rechtsfriede und Rechtssicherheit sind so hohe Rechtsgüter, „dass um ihretwillen die Möglichkeit einer im Einzelfall unrichtigen Entscheidung in Kauf genommen werden muss" (BGHZ 89, 121 unter Hinweis auf BVerfGE 2, 403; ferner BVerfG NJW 93, 1125; sa BGHZ 112, 58). „Die Möglichkeit, dass infolge der Rechtskraft eine unrichtige Entscheidung maßgebl bleibt, ist geringer zu veranschlagen als die Rechtsunsicherheit, die ohne die Rechtskraft bestehen würde" (BAG NJW 94, 475).

72 **2) Durchbrechung der Rechtskraft bei Urteilsmissbrauch (§§ 826, 242 BGB). a) Ausgangspunkt.** Die höchstrichterl *Rspr lässt zu Recht seit* über 100 Jahren (vgl RGZ 46, 79) eine Durchbrechung der Rechtskraft zu, wenn es mit dem Gerechtigkeitsgedanken schlechthin unvereinbar wäre, dass der Titelgläubiger seine formelle Rechtsstellung unter Missachtung der materiellen Rechtslage zu Lasten des Sch ausnutzt (BGHZ 101,

383; BGHZ 103, 46, stRspr; eine umfassende Analyse bei Walker FG BGH Bd III, 2000, S 367, 372 ff; sa Braun ZZP 136 [2023], 153). Die Lit ist dem ganz überwiegend gefolgt (Jauernig/Hess § 64 Rn 10 ff; WSch/Büscher § 322 Rn 233, 235 ff; MK/Gottwald § 322 Rn 221; StJ/Althammer § 322 Rn 272; AG/Gehle Rn 33; PG/Völzmann-Stickelbrock § 322 Rn 49; SchWKT/Raebel Anh zu § 767 Rn 1; abl Schilken Rn 1072 mwN; Gaul/S/B-E § 7 Rn 15 f). Das Institut der Rechtskraft hat keinen absoluten Selbstwert und -zweck (arg: § 323) und ist, wie jede formale Rechtsposition, nur in den Grenzen von Treu und Glauben durchsetzbar (BGHZ 210, 348 Tz 40; Vollkommer MDR 2016, 982; Einl Rn 40 f, 43). Der „Rechtsbehelf gem § 826 BGB" gegen erschlichene usw rechtkräftige Urteile stellt daher eine unverzichtbare Rechtsfortbildung dar, die auch tatsächlich nicht zur Erschütterung der Rechtssicherheit (s Rn 71) geführt hat.

b) Abgrenzung und Anwendungsbereich. Die Klage aus § 826 BGB ist ggü den Vorschriften über die **Restitutionsklage** (§ 580) nicht subsidiär (BGHZ 50, 115, 120; sa vor § 578 Rn 17). § 581 gilt auch dann nicht entspr, wenn die Behauptung, der Kl habe das Urteil erschlichen, den Vorwurf einer strafbaren Handlung enthält (BGHZ 50, 115, 124 in Abweichung von BGH LM § 826 (Fa) BGB Nr 15 = NJW 64, 1672). Allerdings gebietet der Ausnahmecharakter des Behelfs gem § 826 BGB eine entspr Anwendung von § 582 (vgl BGH NJW 89, 1285, 1286 mN; sa Rn 74 [aa]). Die **Abänderungsklage** (§ 323) ist kein spezifischer Behelf zur Durchbrechung der Rechtskraft (§ 323 Rn 2). Die **Vollstreckungsgegenklage** (§ 767) richtet sich nur gegen die Vollstreckbarkeit auf Grund nachträgl (§ 767 II) entstandener Einwendungen (zu Überschneidungen im Einzelfall s § 767 Rn 2.6). Einen Sonderfall bildet die Vollstreckungsabwehr mit Hilfe von **§ 767 entspr iVm § 79 II 3 BVerfGG**, die auch eingreift, wenn das **BVerfG** die dem Titel zugrundeliegende Auslegung der zivilrechtl Generalklauseln (§§ 138, 242 BGB) missbilligt (BVerfGE 115, 51: sittenwidrige Bürgschaften). Bei **klageabweisenden Urteilen** (kein Fall von § 79 II 3 BVerfGG) scheidet der verfassungsgerichtl initiierte Wandel der Rechtsauffassung als Grund für eine Durchbrechung der Rechtskraft (§ 580 Nr 6) aus (BVerfG NJW 2007, 1802; BGHZ 167, 272 = NJW 2006, 2856 = MDR 2006, 1422); sie können aber uU die Grundlage für eine Schadensersatzklage aus § 826 BGB bilden (vgl BAG EzA 1/2020, 15). Weitere Behelfe zur Rechtskraftdurchbrechung: § 233 (**WE**), ferner § 321a (**Anhörungsrüge**; s § 321a Rn 2). Hat der EGMR einen **Verstoß** des Urteils **gegen die EMRK** festgestellt, findet gegen das Urteil bei Entscheidungserheblichkeit des Verstoßes die Restitutionsklage statt (§ 580 Nr 8; Übergangsvorschrift 35 EGZPO, die verfassungsmäßig sind, BVerfG NJW 2016, 63). Zur Rechtskraftdurchbrechung bei Verstoß gegen EU-Recht s Rn 76. Die Grundsätze gem Rn 72 finden auch Anwendung auf Schiedssprüche (vgl BGHZ 145, 382 = NJW 2001, 374 [zust Böcker EWiR 2001, 345]; sa hier § 1059 Rn 82), nicht aber Prozessvergleiche (vgl dazu OLG Bremen NJW-RR 2001, 1037; KGR Berlin 2005, 85). 73

c) Voraussetzungen. Nach der Rspr des BGH setzt die Beseitigung der Rechtskraft aus § 826 BGB voraus (vgl BGH NJW 96, 59 mN; BGH NJW 99, 1258): – **aa) Obj Unrichtigkeit** (BGHZ 101, 384; BGHZ 103, 46) und Unanfechtbarkeit des Urteils; die Beweislast hierfür (strenge Anforderungen!) trägt der Kl (BGHZ 40, 134; BGH MDR 70, 134; BGH NJW 2005, 2994). Die Unrichtigkeit darf nicht auf nachlässiger Prozessführung des Betroffenen beruhen (BGH NJW 96, 59; BGH NJW 98, 2818, 2819 [Vollkommer EWiR 98, 889]; BGH NJW-RR 2012, 304 Tz 16 = MDR 2012, 368 [Vollkommer]). – **bb) Kenntnis** der vollstreckenden (bzw sich einredew auf die Rechtskraft „berufenden": s Rn 75) Partei hiervon (BGHZ 40, 132; BGHZ 101, 385; BGHZ 103, 47), auch wenn diese Kenntnis erst nach Rechtskraft erlangt wird (BGHZ 101, 385; BGHZ 103, 47). Bei Zession kommt es bei der Erschleichung auf die Kenntnis des Zedenten an, die Gutgläubigkeit des Zessionars als Kl ist nicht geschützt (s allg Jauernig/Stürner § 404 Rn 1; Larenz Schuldrecht I, 14. Aufl, § 34 I, S 576; verkannt von BGH NJW 2005, 2994 = ZZP 119 [2006], 211 [M. Stürner]). – **cc) Zusätzl bes Umstände**, die die Vollstreckung (Ausnutzung) des Titels durch den Gl als missbräuchl erscheinen lassen (BGHZ 101, 385; BGHZ 103, 47; BGHZ 131, 89; BGHZ 151, 328; BGH NJW 94, 592; BGH NJW 96, 49; BGH NJW 2005, 2993 f, jew mN); insoweit kann die RA-Vertretung des Betroffenen im Ausgangsverf von Bedeutung sein (BGHZ 151, 328). Anerkannte **Fallgruppen** des Urteilsmissbrauchs sind: **(1)** Arglistige *Urteilserschleichung* durch Irreführung des Gerichts (Missbrauchstatbestand); Bsp: Verfahrensmissbrauch, -manipulation; kollusives Verhalten (zB BGH NJW 96, 658); Erschleichung öffentl Zustellung von VU (BGHZ 149, 316; BGHZ 153, 189, 198; s § 186 Rn 10); Titelerschleichung (BVerfG WRP 2021, 461 Tz 12; Dienstbühl WRP 2021, 444 Tz 16 ff; MK/Braun vor § 578 Rn 12); Umgehungsstrategien (zB Zession, s oben bb); **(2)** *Ausnutzung* des (nicht erschlichenen) Urteils *in sittenwidriger Weise* (Ausnutzungstatbestand; zB BGHZ 26, 396; BGHZ 40, 132; BGHZ 112, 54 [krit Vollkommer NJW 91, 31]; OLG Düsseldorf FamRZ 97, 828; restriktiv Foerste FS Werner, 2009, S 426). Diese zusätzl Kriterien beruhen auf der Achtung vor der Rechtskraft, die nur in bes schwerwiegenden Fällen durchbrochen werden darf (BGHZ 112, 58 mN; BGHZ 151, 327). Weitergehend – obj Unrichtigkeit des Urteils genügt – zT instanzgerichtl Rspr (zB LG Hannover NJW 79, 221; krit Spellenberg JuS 79, 554; abl Würthwein ZZP 112 [1999], 447, 463 für auf Grund neuer wissenschaftl Erkenntnisse offenbar gewordener Unrichtigkeit; aber s Rn 53), für **Extremfälle**, wie bei offenbaren Fehlurteilen (vgl BGH JZ 79, 533; BGH NJW 83, 2317) oder bei evident krasser Sittenwidrigkeit der titulierten Forderung (vgl BGHZ 101, 386; BGHZ 151, 329; vgl auch den Sonderfall der Rückforderung bei Doppelleistung, s Rn 26), teilw auch der BGH (einschr BGHZ 112, 57 = NJW 91, 30; abl OLG Köln ZIP 99, 1709 für zwischenzeitl, verfassungsrechtl gebotene Rspr-Änderung). Eine **erleichterte Durchbrechung der Rechtskraft** kommt in bes Fallgruppen mit einer *klar umrissenen sittenwidrigen Typik* u einem *bes Schutzbedürfnis* des Titelschuldners in Frage (BGHZ 103, 44, 50; LG Heilbronn NJW 2003, 2389, 2390 f); hierher gehö- 74 ren außer den Ratenkreditfällen (näher s § 700 Rn 16a) u (sittenwidrigen) Gewinnzusagen (§ 661a BGB; s § 700 Rn 16c) die sittenwidrigen Bürgschaftsverträge mit vermögenslosen nahen Angehörigen oder Arbeitnehmern (s Rn 73 u § 700 Rn 16b; ebenso Tiedtke NJW 2003, 1367; verkannt von BGHZ 151, 316, 327 ff = NJW 2002, 2940, aufgehoben von BVerfGE 115, 51; in der Folge Rspr-Änderung, s BGH FamRZ 2006, 1024, s Rn 73).

75 **d) Rechtsfolgen.** Der in solchen Fällen gewährte Schadensersatzanspruch aus § 826 BGB geht bei Leistungsurteilen auf Unterlassung der ZwV und Herausgabe des Titels (BGHZ 26, 398; BGHZ 103, 45; BGH NJW 83, 2317), iÜ auf Schadensersatz, zB in Geld, wie in BGH LM § 826 (Fa) Nr 7; Bsp: Rückforderung des Beigetriebenen (LG Bochum NJW-RR 93, 302), wie bei verlängerter VollstrGegenklage (s § 767 Rn 8). War die Einlegung von Rechtsmitteln versäumt worden, gilt § 254 BGB (Grüneberg/Sprau § 826 BGB Rn 50). Der mit § 826 BGB zu rügende Urteilsmangel kann nicht nur *klagew*, sondern auch *einredew* geltend gemacht werden (BGHZ 42, 204; BGHZ 145, 382 = NJW 2001, 374; BGH NJW 96, 658; BGH ZIP 2007, 1406 mwN; MskV/Wolff § 322 Rn 96), zB wenn sich nach einem – unrichtigen – Feststellungsurteil oder nach einer – unrichtigen – Klageabweisung die begünstigte Partei in einem Folgeprozess auf die Rechtskraftwirkung des erschlichenen oder als unrichtig erkannten Urteils „beruft" (BGH NJW 93, 3205 = MDR 94, 724; BGH NJW-RR 96, 827; KGR Berlin 2004, 472, 473; Fall der *exceptio doli praesentis*, vgl BGH MDR 79, 835). Die Rechtskraftdurchbrechung umfasst alle Rechtskraftwirkungen, auch die Präklusionswirkung (Rn 53, 61). Zur einstw Einstellung der ZwV entspr § 769, s § 769 Rn 1, str; sa § 940 Rn 8.37 mwN.

76 **3) EU-rechtliche Rechtskraftdurchbrechung.** Für den EU-Bereich fehlt eine dem § 580 Nr 8 entspr Vorschrift. Für eine Rechtskraftdurchbrechung bei Verstößen inländischer rechtskräftiger Entscheidungen gegen zwingendes EU-Recht gibt es auch keine unionsrechtl Vorschriften (Ruffert JuS 2016, 660; Payandeh JuS 2020, 800). Die Rspr des **EuGH** lässt zur Durchsetzung unionsrechtl Verbote eine Durchbrechung der (inländischen) Rechtskraft mit Hilfe allg Rechtsgrundsätze zu (EuGH EuZW 2016, 57 = EWiR 2016, 223 [Kopczynski] = JuS 2016, 660 [Ruffert]). Bsp: Beihilfeverbot (Art 107 AEUV), Kartellverbot (Art 101 AEUV); Klauselrichtlinie 93/13/EWG (EuGH ZIP 2023, 1299; Schmidt EWiR 2023, 542); vgl MK/Gottwald § 322 Rn 212a; StJ/Althammer § 322 Rn 314; Laukemann ZZP 130 [2017], 439, 448, 450 ff; Payandeh JuS 2020, 800.

77 **IX) Kollision mehrerer rechtskräftiger Entscheidungen.** Sind in *ders Sache* einander widersprechende Urteile ergangen, so geht nach § 580 Nr 7a die Rechtskraft des älteren der des jüngeren vor (BGH NJW 81, 1517, 1518; BAG NJW 86, 1832, str; aA StJ/Althammer § 322 Rn 215). Dies gilt jedoch nur, wenn die zweite Entscheidung unter Verstoß gegen die Rechtskraft der ersten erlassen wurde (Gaul FS F. Weber, 1975, S 155, 171 f; Mädrich MDR 82, 456); dem zweiten Urteil kommt dann keine materielle Rechtskraft zu (Lenenbach aaO [su], S 62 f, 73 f). Bei *anderem* Streitgegenstand entfaltet die zuletzt ergangene, dem gegenwärtigen Erkenntnisstand zeitnähere Entscheidung bindende Geltung für weitere Verf, da insoweit die *lex posterior*-Regel auch für entgegengesetzte Entscheidungen gilt (RGZ 52, 215, 218; AG Gummersbach NJW-RR 86, 1391; Mädrich MDR 82, 456; aA Gaul, Möglichkeiten u Grenzen der Rechtskraftdurchbrechung, 1986, S 34 f; teilw abw u eingeh zum Ganzen Lenenbach, Die Behandlung von Unvereinbarkeiten zwischen rechtskräftigen Zivilurteilen usw, 1997, S 84 ff). Ein Sonderproblem bilden Rechtskraftkonflikte in **Verbandsklageverf**; s dazu § 10 UKlaG, § 767 u zu § 13 UWG Hasselbach GRUR 97, 40. **EU-Bereich.** Für die Anerkennung und Vollstreckbarkeit des zweiten Urteils ist ein (etwaiger) Entscheidungswiderspruch zu einem früheren ersten Urteil unerheblich; Art 45 I d Brüssel Ia-VO ist nicht entspr anwendbar (EuGH NJW 2014, 203 zu Art 34 Nr 4 EuGVVO aF).

§ 322 Materielle Rechtskraft

(1) Urteile sind der Rechtskraft nur insoweit fähig, als über den durch die Klage oder durch die Widerklage erhobenen Anspruch entschieden ist.

(2) Hat der Beklagte die Aufrechnung einer Gegenforderung geltend gemacht, so ist die Entscheidung, dass die Gegenforderung nicht besteht, bis zur Höhe des Betrages, für den die Aufrechnung geltend gemacht worden ist, der Rechtskraft fähig.

1 **I) Einzelheiten zur materiellen Rechtskraft.** Die materielle Rechtskraft von Urteilen wurde systematisch in der Übersicht vor § 322 behandelt. Zur Ermittlung ihres Umfangs bei **nichtstreitigen Urteilen** (**AU, VU**) s vor § 322 Rn 31 u 56, hinsichtl des Inhalts und der Wirkungen (s vor § 322 Rn 14 ff, 20 ff) bestehen idR keine Besonderheiten (zB BGHZ 183, 77 Tz 15 aE; BGH NJW 96, 49 u 1061; BGH NJW 2007, 2921, 2922 f; BGH NJW-RR 2018, 522 Tz 15; abw zum klageabweisenden VU aber BGHZ 153, 239 = NJW 2003, 1044, bedenkl, s vor § 322 Rn 56; abw zur Abänderbarkeit von verurteilendem VU aber BGHZ 185, 322 Tz 14, 18 = NJW 2010, 2437, bedenkl, s § 323 Rn 36). Die *materielle* Rechtskraft setzt die *formelle* (§ 705) voraus; die „zeitl Grenzen" der materiellen Rechtskraft (*s vor § 322 Rn 56 ff*) fallen mit dem Zeitpunkt des Eintritts der formellen/materiellen Rechtskraft nicht zusammen (dazu s § 705 Rn 5 ff). Im Folgenden sind noch einige Einzelfragen zu erörtern. Zur materiellen Rechtskraft von Beschlüssen s vor § 322 Rn 8; § 329 Rn 50.

1) Materielle Rechtskraft bei Prozessurteilen. Die materielle Rechtskraft des Prozessurteils besagt nicht nur, dass die abgewiesene Klage unzulässig war, sondern, dass die Klage mit dem damals anhängigen Streitgegenstand unter den damals gegebenen prozessualen Umständen mindestens aus dem in den Entscheidungsgründen genannten Grund unzulässig war und ist (BAG NJW 2017, 1500; OLG Zweibrücken MDR 2025, 340). Der angenommene Unzulässigkeitsgrund (zB Mangel der Parteifähigkeit) erwächst nicht als solcher losgelöst vom Streitgegenstand in Rechtskraft; einer neuen Klage mit anderem Streitgegenstand steht die Rechtskraft nicht entgegen (BAG NJW 2024, 1764 Tz 29 mwN). Eine neue Klage über dens (s Einl Rn 63) Streitgegenstand kann also nur als zulässig behandelt werden, wenn sich die prozessualen Umstände in dem fragl Punkt ggü dem Vorprozess geändert haben (anderer Rechtsweg, anderes Gericht, anderes Alter oder geänderter Geisteszustand der früher prozessunfähigen Partei, nunmehr vorliegende Prozessführungsbedürfnis [OLG Brandenburg NJW-RR 2000, 1735]; vgl auch Grundmann ZZP 100 [1987], 37; hier Greger vor § 253 Rn 9). 1a

Außerdem hat das Gericht in einem Zweitprozess zu prüfen, ob nicht die Klage noch aus einem weiteren – ggü dem Erstprozess unveränderten – Grund unzulässig ist, denn das Erstgericht durfte sich damit begnügen, die Klage aus einem bestimmten Grund als unzulässig abzuweisen; es brauchte nicht zu prüfen, ob noch weitere Prozesshindernisse bestanden. Das Prozessurteil entscheidet also rechtskraftfähig nur über die Prozessfrage, auf die es gestützt ist (BGH NJW 85, 2535; BGH NJW 91, 1116; OLG München OLGZ 86, 67, 70 = MDR 86, 61 f; OLG Brandenburg NJW-RR 2000, 1735; ThP/Seiler Rn 3; sa vor § 322 Rn 31). Wurde das sachl klageabweisende Ersturteil im 2. Rechtszug durch ein Prozessurteil ersetzt, wird dadurch der Eintritt der *weiterreichenden* Rechtskraftfolgen der *Sach*entscheidung (Ersturteil) verhindert (vgl BGH NJW-RR 2001, 929, 930). Wird umgekehrt ein Prozessurteil in der höheren Instanz durch ein Sachurteil ersetzt, muss dies der Kl, auch wenn es ihm ungünstig ist, hinnehmen (OLG Stuttgart NJW 2019, 2047, 2050). – **Besonderheiten** gelten, wenn eine Klage wegen entgegenstehender Rechtskraft als unzulässig (s vor § 322 Rn 17 [aa]) abgewiesen wurde; hier scheidet eine erneute Klageerhebung unter Vermeidung des prozessualen Mangels schlechthin aus; die Identität der Streitgegenstände im 1. und 2. Prozess (s vor § 322 Rn 21) steht für jedes künftig befasste Gericht bindend fest. **Beschränkte Rechtskraft** der Klageabweisung bei Kognitionsschranken: s Einl Rn 85) oder bei Abweisung als „jedenfalls zZt" unbegründet (iE vor § 322 Rn 58); **keine Rechtskraft** bei alternativer Klageabweisungsbegründung (als unzulässig *oder* unbegründet): s vor § 322 Rn 43. Ausführungen zur Begründetheit im Prozessurteil sind unverbindlich (BAG NJW 2017, 1500; OVG Münster NJW 2019, 3738: „nicht geschrieben"). 2

Ist ein **Rechtsmittel** als unzulässig verworfen worden (§ 522 I, § 552 I), ergreift die Rechtskraft der Verwerfungsentscheidung nur den konkreten Unzulässigkeitsgrund; sie steht einer *Wiederholung* des Rechtsmittels unter Vermeidung dieses Mangels nicht entgegen (BGH NJW 91, 1116). 2a

2) Materielle Rechtskraft bei Gestaltungsurteilen. Lit: Lakkis, Gestaltungsakte im internat Rechtsverkehr, 2007. – **a) Gestaltungswirkung.** Ergeht auf eine begründete Gestaltungsklage ein Gestaltungsurteil, so ist es von jedermann zu beachten. Darin unterscheidet sich die Wirkung des Gestaltungsurteils von der Rechtskraftwirkung des Leistungs-, Feststellungs- oder Abweisungsurteils. Das rechtskräftige Gestaltungsurteil führt eine Rechtslage erst herbei (oder erlaubt dem Kl, sich auf sie zu berufen, vgl etwa § 315 III 2, §§ 343, 1313, 1564, 2342 ff BGB; §§ 243, 246 AktG; dazu RSchwab/Gottwald § 92 Rn 4 ff; Becker AcP 188 [1988], 30 f, 50 ff), während sonstige Urteile eine schon bestehende Rechtslage feststellen. Praktisch ist dieser Unterschied aber nicht allzu bedeutsam (vgl Jauernig/Hess § 65 Rn 8), denn Gestaltungsurteile binden nicht auch dahin, dass die neu gestaltete Rechtslage bis dahin noch nicht bestanden hätte. Wird durch Gestaltungsurteil eine OHG aufgelöst, so steht nicht etwa bindend fest, dass die OHG zuvor existiert hatte. Wird durch Gestaltungsurteil eine Vertragsstrafe um 50 % herabgesetzt, so steht nicht etwa bindend fest, dass die Vertragsstrafe zunächst in doppelter Höhe vereinbart gewesen war. Vielmehr ist die zunächst bestehende und zu gestaltende Rechtslage im Gestaltungsprozess nur Vorfrage, über die nicht rechtskräftig entschieden wird. Wird ein Gesellschafter durch Urteil aus der GmbH ausgeschlossen, ist die Ausschließung mit Rechtskraft des Urteils wirksam (BGH NJW 2023, 364). 3

b) Materielle Rechtskraft. Ob **zusprechende Gestaltungsurteile** neben dieser Gestaltungswirkung auch noch eine nur zwischen den Parteien wirkende **materielle Rechtskraft** entfalten, ist str, wird aber von der hM bejaht (StJ/Althammer Rn 58, 109; ThP/Seiler Rn 3; RSchwab/Gottwald § 92 Rn 16; Jauernig/Hess § 65 Rn 8; MK/Gottwald Rn 185; Lakkis aaO S 172; BGH NJW-RR 2018, 522 Tz 13; BGHZ 237, 157 Tz 18 = NJW 2023, 3582). Hiernach wird rechtskräftig festgestellt, dass das Rechtsfolgebegehren des Kl auf Rechtsgestaltung begründet war; dadurch werden Schadensersatz- oder Bereicherungsansprüche ausgeschlossen, die später mit der Begründung erhoben werden könnten, der Kl habe kein Gestaltungsrecht gehabt, die Gestaltungswirkung sei also zu Unrecht eingetreten (MK/Gottwald Rn 188; Blomeyer § 94 IV; eingeh dazu u krit Lakkis, Gestaltungsakte im internat Rechtsverkehr, 2007, S 172 ff). 4

c) Klageabweisung. Wird eine Gestaltungsklage **abgewiesen**, steht rechtskräftig fest, dass der Kl zur Zeit der letzten mündl Tatsachenverh des Erstprozesses die begehrte Gestaltung (im Rahmen des Streitgegenstandes, s Einl Rn 79) nicht verlangen konnte (BGHZ 237, 157 Tz 19 = NJW 2023, 3582; BAG NJW 94, 475 mwN). **Besonderheiten** gelten für die Rechtskraft bei Abweisung der Vollstreckungsgegenklage und allg bei proz Gestaltungsklagen (Rn 13) sowie für die Rechtskraft von Beschlüssen in Abstammungssachen gem § 182 II FamFG. 5

6 **3) Materielle Rechtskraft bei Feststellungsurteilen. a) Stattgebende positive Feststellungsklage.** Hat eine **positive Feststellungsklage Erfolg**, wird festgestellt, dass das in dem Urteil bezeichnete Recht oder Rechtsverhältnis besteht, und zwar unabhängig davon, ob das Gericht alle einschlägigen Aspekte gesehen und zutr gewürdigt hat (BGH NJW 82, 2257 mN = MDR 83, 47). Es kann sich um ein absolutes, relatives oder ein Gestaltungsrecht handeln. Die Divergenz zwischen dem Streitgegenstand als dem prozessualen und dem diesem zugrunde liegenden materiellen (§ 241 I BGB) Anspruch ist für die Feststellungsklage nicht praktisch. Streitgegenstand des Feststellungsprozesses kann nach dem Wortlaut des § 256 ein behauptetes materielles Recht sein. Soweit an dem festgestellten Rechtsverhältnis Dritte beteiligt sind, wirkt die Rechtskraft des Feststellungsurteils gleichwohl nur in den Grenzen der §§ 325 ff. Das ist bes zu beachten, wenn absolute Rechte festgestellt werden. Gegenstand der Feststellungsklage und des Feststellungsurteils sind **materielle Rechte oder Rechtsverhältnisse**, dagegen nicht abstrakte Rechtsfragen, mögen sie auch für ein bestimmtes Rechtsverhältnis Bedeutung haben. Daraus ergeben sich wichtige Folgerungen:

7 **aa)** Das Gericht darf sich bzgl eines umstrittenen Rechts nicht auf **bestimmte Streitpunkte** beschränken (zu Unrecht zweifelnd OGH NJW 50, 502; zu Besonderheiten s vor § 322 Rn 34a).

8 **bb)** Die Rechtskraft erstreckt sich nicht auf den **Entstehungsgrund** des festgestellten Rechts (BGH NJW-RR 88, 200; entspr nicht auf den Auflösungsgrund des verneinten; sa vor § 322 Rn 32 ff), uU aber auf einen in der Vergangenheit liegenden **Entstehungszeitpunkt** (vgl Hackspiel NJW 86, 1149 mN; sa vor § 322 Rn 53 aE). Zum Umfang der Präklusion von Entstehungsgründen bei verneinter Feststellung s Rn 12.

9 **cc)** Bei relativen Rechten ist zu beachten, dass bei einer Mehrheit von materiellen Ansprüchen gleichen Inhalts **(„Anspruchskonkurrenz")** das Urteil die Existenz speziell eines dieser Ansprüche feststellen kann; ein Rechtsschutzbedürfnis hierfür kann – **anders als bei Leistungsklagen**, mit deren Hilfe Rechtsfolgen (daher sind nur sie Streitgegenstand) realisiert werden sollen – in Fällen gegeben sein, in denen an einen der Ansprüche bes Rechtsfolgen geknüpft sind (vgl zB § 848 BGB für Ansprüche aus unerlaubter Handlung u § 393 BGB für Ansprüche aus vorsätzl unerlaubter Handlung; weitere Bsp unten). Handelt es sich dagegen **(Gesetzeskonkurrenz)** mat-rechtl um einen einheitl Anspruch, so erwächst die Ansicht des Gerichts über den Entstehungsgrund nicht in Rechtskraft. Wie im obigen Zusammenhang ist die Feststellungsklage auch zulässig zur (künftigen) Geltendmachung der Privilegierung eines konkurrierenden Anspruchs durch § 850f II oder § 302 Nr 1 InsO (vgl dazu BGHZ 152, 166 = NJW 2003, 515 = MDR 2003, 290; BGHZ 223, 123 = NJW 2019, 3237 = MDR 2019, 1405 u zum Ganzen sa vor § 322 Rn 19, 35). Die Rechtskraft der **Einordnung** zB als *InsForderung* (§ 38 InsO) kann durch das Verf (zB gem §§ 179 ff InsO) beschränkt sein. Das stattgebende Feststellungsurteil gem § 183 InsO entfaltet keine (negative oder positive) Rechtskraftwirkung bei späterer Geltendmachung der Forderung als *Masseforderung* (BGHZ 168, 112 = NJW 2006, 3068 = MDR 2007, 53 LS).

10 **dd)** Ist im Feststellungsurteil eine unbegrenzte Haftung des Bekl ausgesprochen, kann im nachfolgenden Leistungsprozess der Einwand **begrenzter Haftung** (zB gem § 3 Nrn 1, 4 u 6 PflVersG, § 117 III VVG; aber s § 313 Rn 10) nicht mehr geltend gemacht werden (BGH NJW 79, 1047 = MDR 79, 484); dagegen ist die Beschränkung der Haftung (auf eine bestimmte Haftungsmasse) im Folgeprozess mögl, wenn im Vorprozess nur über eine Vorfrage der Haftung entschieden wurde (BGH NJW-RR 90, 702 = MDR 90, 815); ausgeschlossen sind der (schon im Zeitpunkt des Feststellungsprozesses gegebene) Einwand des *Mitverschuldens* (BGH NJW 89, 105 = MDR 88, 1048; iE Piekenbrock MDR 98, 201 ff), der *Aufrechnung* (BGHZ 103, 362, 366 = NJW 88, 2542; s vor § 322 Rn 64) sowie alle Einwendungen und Einreden, die sich auf bereits im Feststellungsprozess bestehende Tatsachen stützen (BGH NJW 89, 105; StJ/Althammer Rn 218). Ist dagegen im Feststellungsurteil die Ersatzpflicht hinsichtl sämtl materieller Schäden aus einem Unfallereignis ausgesprochen, steht im Verf über die betragsmäßige Leistung der Eintritt einer bestimmten Schadensart (zB Verdienstausfallschaden oder Haushaltsführungsschaden) noch nicht bindend fest (BGH NJW-RR 2005, 1517 = MDR 2005, 1363; OLG Naumburg NJW 2014, 799); ist in dem die umfassende Ersatzpflicht aussprechenden Feststellungsurteil – trotz insoweit fehlender Entscheidungsreife – eine **Einschränkung** vorgenommen (Bsp: Eigenbeteiligung des Ersatzberechtigten), so entfaltet diese im Folgeprozess uU ebenfalls keine betragsmäßige Bindung (BGH NJW-RR 88, 1044 = MDR 88, 1049 betr „Sowieso"-Kosten; zum Ganzen sa Rn 13 [b]).

11 **b) Abweisung negative Feststellungsklage.** Wird eine **negative Feststellungsklage** aus Sachgründen **abgewiesen**, so hat das Urteil im allg das Rechtsverhältnis zu bezeichnen, das es entgegen der Ansicht des Kl bejahen will; die Rechtskraftwirkung entspricht dann derj eines Urteils, das einer umgekehrten positiven Feststellungsklage des Bekl stattgegeben hätte (BGH NJW 86, 2508 Nr 9 = MDR 86, 741; BGH NJW 95, 1757; BGH NJW 2003, 3058, 3059; BayObLGZ 87, 334; OLG Braunschweig NJW 2022, 3584 Tz 32; Habscheid NJW 88, 2643, insoweit allgM, sa vor § 322 Rn 21). Dies soll auch dann gelten, wenn die negative Feststellungsklage unter Verkennung der Beweislast abgewiesen wurde (so BGH NJW 86, 2509 = MDR 86, 1016; zust Habscheid NJW 88, 2641; MskV/Wolff Rn 62, str), abzulehnen: Es geht hier (entgegen Habscheid NJW 88, 2641, 2643 f) nicht um *die Frage der Rechtskraft* einer (unrichtigen) Beweislastentscheidung (s Rn 14), sondern um die gebotene (s vor § 322 Rn 43) Berücksichtigung des (wenn auch fehlerhaft getroffenen) eingeschränkten Entscheidungsinhalts (zutr Tiedtke JZ 86, 1031; Tiedtke NJW 90, 1697; MK/Gottwald Rn 183; StJ/Althammer Rn 107). Einzelheiten:

Ist die Klage auf Freistellung von der Unterhaltsverpflichtung im Vorprozess rechtskräftig abgewiesen worden, steht die Unterhaltspflicht im Folgeprozess bindend fest (OLG Braunschweig FamRZ 79, 928). Negative Feststellungsklagen gegen unbezifferte Ansprüche sind mögl und können abgewiesen werden, ohne dass der Gegner seinen Anspruch beziffert haben müsste; eine solche Abweisung ist rechtskräftig, besagt aber nichts über die Höhe des bejahten, aber nicht bezifferten Anspruchs, ist also einem Grundurteil vergleichbar (BGH NJW 86, 2508).

c) Stattgabe negativer oder Abweisung positiver Feststellungsklage. Hat eine **negative Feststellungsklage Erfolg** oder wird eine **positive Feststellungsklage abgewiesen**, ist dem Tenor und den Gründen des Urteils zu entnehmen, welches Recht oder Rechtsverhältnis rechtskraftfähig verneint wurde (zB BGH NJW 94, 659; BayObLGZ 87, 333 ff; BayObLG Rpfleger 95, 406). Verneint werden jedenfalls nicht etwa nur die in den Gründen erörterten und verneinten Entstehungsgründe, sondern das umstrittene materielle Recht schlechthin (LG Frankfurt MDR 2022, 1179); es kann also nicht in einem Zweitprozess geltend gemacht werden, das streitige Recht habe schon zur Zeit des Erstprozesses aus einem in diesem Verf nicht vorgetragenen Grund bestanden (aA Schwab, Streitgegenstand, 1954, S 174; StJ/Althammer Rn 95; Brox JuS 62, 125; wie hier zB Henckel, Parteilehre u Streitgegenstand im Zivilprozess, 1961, S 284; OLG Celle NdsRpfl 76, 196; offen lassend OLGR Köln 2001, 67, 68 f). Auch die Rechtskraft der abgewiesenen Leistungsklage entspricht zugunsten des Bekl der einer negativen Feststellungsklage (s allg vor § 322 Rn 60). 12

d) Kündigungsschutzklage. Lit: Boemke, Rechtskraft eines obsiegenden Urteils im Kündigungsschutzprozess und Anfechtung des Arbeitsvertrages, FS Becker-Eberhard, 2022, S 59. – Bei der Kündigungsschutzklage mit dem Antrag gem § 4 S 1 KSchG bestimmt sich die Rechtskraft des Urteils nach dem sog erweiterten punktuellen Streitgegenstandsbegriff (s Einl Rn 78). Danach steht bei Stattgabe der Klage rechtskräftig fest, dass das Arbeitsverhältnis durch die angegriffene Kündigung nicht aufgelöst wurde, sondern bis zur Kündigung bestanden hat. Der Arbeitgeber ist damit mit allen Auflösungsgründen, die bis zu diesem Zeitpunkt „entstanden" sind, ausgeschlossen (s vor § 322 Rn 53; § 767 II). Fraglich ist, ob dies auch dann gilt, wenn der Arbeitgeber die aus einer nachträglich erfolgten Anfechtung wegen arglistiger Täuschung hergeleitete Vertragsnichtigkeit (§§ 123, 142 I BGB) geltend macht (eingeh Boemke FS Becker-Eberhard, 2022, S 64 ff). Der Ausschluss ist zu bejahen, wenn das Arbeitsverhältnis bereits in Vollzug gesetzt war (Regelfall), da die Anfechtung dann nur ex nunc wirkt, also einer 2. Kündigung gleichsteht; bei ausnahmsweiser Rückwirkung der Anfechtung (§ 142 I BGB) kann sich der Arbeitgeber dagegen rechtskraftdurchbrechend auf die Vertragsnichtigkeit berufen (str). Bei rechtskräftiger Klageabweisung steht die Auflösung des Arbeitsverhältnisses zum Kündigungszeitpunkt bindend fest. 12a

4) Materielle Rechtskraft bei verschiedenen weiteren Klageformen und Urteilen. Sa vor § 322 Rn 20 ff, 58. **a)** Die Rechtskraft des **Herausgabeurteils** umfasst auch die Verneinung eines Besitzrechts des Bekl im Zeitpunkt des Verhandlungsschlusses (s vor § 322 Rn 53), bei unverändertem Sachverhalt auch schon für die Zeit vorher ab Rechtshängigkeit (BGH NJW 2006, 63 u s vor § 322 Rn 21, 34, 40); dgl ist das rechtskräftige Herausgabe-(Räumungs-)urteil für den Anspruch auf Nutzungsentschädigung gem § 987 BGB bindend (s vor § 322 Rn 27), bei Grundstücken steht dem Herausgabeurteil insoweit das Urteil auf Grundbuchberichtigung (§ 894 BGB) idR gleich (s BGH NJW-RR 2005, 965, 967 mwN, im Einzelfall verneinend); anders als das auf § 985 BGB gestützte Herausgabeurteil erwächst das über die Grundbuchberichtigungsklage entscheidende Urteil nach hM auch hinsichtl des Eigentums in Rechtskraft (s vor § 322 Rn 36). – **b)** Bei der **Schmerzensgeldklage** ist eine Prognoseentscheidung erforderl, die idR abschließend ist (BGH NJW 88, 2300; BGH NJW 2004, 1243, 1244; BGH NJW 2015, 1252 Tz 7; sa vor § 322 Rn 49); allerdings kann das Gericht seine Entscheidung auf das bei Verhandlungsschluss bereits feststehende „Teilschmerzensgeld" beschränken (BGH NJW 2004, 1243, 1244 = BGH MDR 2004, 701; zur entspr Möglichkeit des Kl Bussmann MDR 2007, 447); Nachforderungsklagen sind dann je nach ihrer Begründung nicht ausgeschlossen (iE BGH aaO; zust Kannowski ZZP 119 [2006], 63); Bsp: BGH NJW-RR 2006, 712; BGH NJW 2015, 1252 Tz 8; sa vor § 322 Rn 49, 57; § 323 Rn 17; zum materiellen Schaden sa Rn 10. Der Geltendmachung einer *anderen* (vom Vorprozess verschiedenen) Unfallfolge steht die Rechtskraft des Ersturteils nicht entgegen (BGH NJW 98, 1786). – **c)** Wird bei der **Stufenklage** (§ 254) der Auskunftsklage (Stufe I) stattgegeben, schafft dies keine Rechtskraft für den Grund des Leistungsanspruchs (BGH NJW 92, 2428; BAG EzA 23/2009, S 24; OLG Karlsruhe MDR 92, 804; s § 254 Rn 3); wird sie mit der Begründung abgewiesen, dass ein Leistungsanspruch nicht bestehe, steht die Rechtskraft dieses die Stufenklage *insgesamt* abweisenden Urteils der Weiterverfolgung des (nunmehr bezifferten) Leistungsanspruchs (Stufe II) entgegen (BGH NJW-RR 90, 390 = FamRZ 90, 864; anders, wenn über die II. Stufe nicht mitentschieden wurde: OLG Oldenburg MDR 86, 62). Bei den gestaffelten Informationsansprüchen des Handelsvertreters (§ 87c II-IV HGB) steht die Rechtskraft der Abweisung der Buchauszugklage (Stufe I) der späteren Geltendmachung von Bucheinsicht (§ 87c IV HGB – Stufe II oder III) nicht entgegen (OLGR Köln 2001, 49, zust Emde EWiR 2000, 1161). – **d)** Beim **Unterlassungsurteil** erwächst – bei ges Unterlassungspflicht – nicht der in die Zukunft gerichtete Verbotsausspruch als solcher in Rechtskraft (BGHZ 166, 253, 261 Tz 29 = NJW-RR 2006, 1118 = JZ 2006, 1180 [Ahrens]), sondern nur in seiner Beziehung zu den vom „Kern" der Verbotsform umfassten Verletzungshandlungen (BGHZ 126, 296; enger BGHZ 166, 253 Tz 29: „konkreten" Verletzungshandlungen; eingeh TeplitzkyWettbewerbsrechtl Ansprüche, 13. Aufl, Kap 51 Rn 51 ff; Kap 57 Rn 11 ff; Ahrens/Ahrens Wettbewerbsprozess, 8. Aufl, Kap 36 Rn 73 ff, 80, 96; Kap 65 Rn 7 ff; sa Einl Rn 75), erstreckt sich aber nicht auf die be- 13 jahte (verneinte) zugrunde liegende Rechtsverletzung (RSchwab/Gottwald § 155 Rn 10; sa vor § 322 Rn 28; abw dagegen bei vertragl Unterlassungspflicht: vor § 322 Rn 27); zu den zeitl Grenzen der Rechtskraft von Unterlassungsurteilen s BGHZ 181, 373 Tz 17 ff, 23 = NJW 2009, 3303 u dazu s vor § 322 Rn 53; § 323 Rn 37. Die Rechtskraft eines Unterlassungsurteils nach §§ 1, 9 UKlaG erstreckt sich bei Zuwiderhandlung uU auch auf Dritte (betroffene künftige Vertragspartner: § 11 UKlaG; iE str, s § 325 Rn 40). – **e)** Die Rechtskraft eines die **Vollstreckungsgegenklage** abweisenden Urteils erstreckt sich nicht auf das Bestehen des (titulierten) Anspruchs (BGH MDR 85, 138; sa § 767 Rn 5), die des stattgebenden nicht auf sein Nicht-(mehr-)Bestehen (BGHZ 127, 149; BGH NJW 2009, 1671 Tz 9 = MDR 2009, 706; Hau FS Lindacher, 2007, S 50) oder die geltend gemachten (bejahten) Einwendungen (BGH NJW-RR 2023, 66 Tz 23; sa vor § 322 Rn 34). Die Rechtskraft des klageabweisenden Urteils steht einer Klage des Sch auf der Grundlage des dieser Klage zugrundeliegenden Sachverhalts entgegen, mit der Schäden aus der Vollstreckung des bestätigten Titels geltend gemacht werden (BGHZ 212, 286 Tz 44 = NJW 2017, 1313 = MDR 2017, 43 [G. Vollkommer MDR 2017, 321]). Besonderheiten gelten wegen **II** für den **Aufrechnungseinwand** (dazu BGH NJW 2015, 955 Tz 48 u näher s Rn 24. Geltendmachung dauerender Einrede aufgrund Leistungsverweigerungsrechts steht nicht gleich (BGH NJW 2015, 955 Tz 49; Rn 15). – Präjudizial- und Präklusionswirkung des Urteils: vor § 322 Rn 29, 36. – **f)** Die Rechtskraft des Urteils über die **Drittwiderspruchsklage** gem § 771 stellt im Verhältnis zwischen den Parteien verbindl die Begründetheit des Widerspruchs gegen die ZwV fest (OLG Düsseldorf NJW-RR 96, 720; sa § 771 Rn 4). – **g) Subsidiäre Haftung** zB bei Amtshaftungsklagen (§ 839 I 2 BGB; § 19 I 2 BNotO). Feststellungen zum Haftungsgrund im klageabweisenden Urteil im 1. Amtshaftungsprozess binden im 2. Amtshaftungsprozess, dem uU 3. Prozess (s vor § 322 Rn 58). – **h) Haftungsbeschränkungen**, zB für Nachlassverbindlichkeiten (§ 780). Das Urteil stellt die Nachlassverbindlichkeit rechtskräftig fest und präkludiert auf unbeschränkte Haftung gerichtete Tatsachen (BGH NJW 2021, 701). – **i)** Besonderheiten gelten für die „Rechtskraft" des Urteils im **Verfahren nach dem VDuG** beim Antrag auf Zahlung des kollektiven Gesamtbetrags und bei Musterfeststellungen (§ 11 III 1, § 16 I 1 1. Fall, IV VDuG; § 11 III 1, § 41 I VDuG) und des **Musterentscheids** (§§ 19, 25 II KapMuG); dazu näher s vor § 322 Rn 34a; § 325a Rn 2. – **j)** Rechtskraft der Eintragung in die **InsTabelle:** § 178 III InsO; s vor § 322 Rn 8, 35. – **k)** Rechtskraft der **Erledigungsfeststellung:** s § 91a Rn 46. – **l)** Rechtskraft des **Schiedsspruchs:** § 1055; hier Geimer § 1055 Rn 7; sa § 325 Rn 2. – **m) Zug-um-Zug-Urteil:** allg s vor § 322 Rn 34, zum Untergang der Gegenleistung s vor § 322 Rn 57 aE, zur Feststellung von Annahmeverzug für ZwV gem §§ 756, 765 BGHZ 219, 187 Tz 14. – **n)** Der Umfang der Rechtskraft bei Klageabweisung als **„zZt unbegründet"** ist gegenüber der bei endgültiger Klageabweisung beschränkt (s vor § 322 Rn 58; vor § 322 Rn 58a).

14 **5) Die materielle Rechtskraft fehlerhafter Urteile. a) Grundsatz.** Urteile, die auf Verstößen gegen materielles oder Verfahrensrecht beruhen, sind gleichwohl rechtskräftig; insb kommt idR auch (fehlerhaften) non-liquet-Entscheidungen volle Rechtskraftwirkung zu (insoweit zutr Habscheid NJW 88, 2643; OLG Stuttgart NJW 2019, 2547 Tz 27; zu Ausnahmen sogleich unter b). Wegen der Rechtskraft sachl unrichtiger Urteile s vor § 322 Rn 71. Noch weniger hindert ein Verfahrensverstoß den Eintritt der Rechtskraft (grundl BGH NJW 96, 1061 f: Verstoß gegen § 62, s § 62 Rn 21), und zwar grds auch dann nicht, wenn eine Prozessvoraussetzung gefehlt hatte; in einigen Fällen (zB wenn eine Partei nicht prozessfähig war) helfen §§ 579 ff. Deshalb ist die Rechtskraft eines unter Verstoß gegen die Rechtswegvorschriften (§§ 17, 17a GVG) ergangenen Urteils der ordentl Gerichte zu beachten, wenn ein VG zuständig gewesen wäre und umgekehrt (BGH MDR 2000, 598 für Bindungswirkung eines gesetzwidrigen Verweisungsbeschlusses gem § 17a II 3 GVG), wenn das Urteil sich nicht im Rahmen des **§ 308 I** hält (BGHZ 34, 339; BGH NJW 99, 287, 288 = LM Nr 154 zu § 322 [Ahrens]; Rechtsmittel notwendig: s § 308 Rn 6 f) oder das Prozesshindernis des § 261 nicht beachtet worden ist (BGH LM Nr 6). – **b) Einschränkung.** Betrifft der Verfahrens- oder Beweislastfehler aber gerade den *Entscheidungsinhalt*, so kommt dem Urteil nur *eingeschränkte*, uU überhaupt keine Rechtskraftwirkung zu. **Bsp:** alternativ begründete Klageabweisung (s vor § 322 Rn 43; einschr BGH NJW 2008, 1227, 1228); bewusstes Offenlassen einzelner Streitpunkte durch entspr Vorbehalte (s vor § 322 Rn 43); Entscheidung bei nicht individualisierter Teilklage (BGHZ 124, 166 = NJW 94, 460; s vor § 300 Rn 22; vor § 322 Rn 51; § 253 Rn 15); Abweisung negativer Feststellungsklage bei non liquet (s Rn 11) usw.

15 **II) Sonderfall der materiellen Rechtskraft bei der Aufrechnung (§ 322 II). 1) Allgemeines. a) Anwendungsbereich; Abgrenzung. Lit:** Junglas, Forderungsmehrheiten in der Prozessaufrechnung, 2012. **II** regelt eine **Ausnahme** von dem Grundsatz, dass über Vorfragen und insb Einwendungen des Bekl nicht rechtskräftig entschieden wird (s vor § 322 Rn 34); nach **aA** handelt es sich beim Aufrechnungseinwand um eine „unentwickelte Widerklage" (so zB Schreiber ZZP 90 [1977], 398; zu Fragen von [Rechtsweg-]Zuständigkeit und Rechtshängigkeit s Rn 18); die „Aufrechnung im Prozess" ist Rechtsverfolgung (s § 204 I Nr 5 BGB). Die Gleichbehandlung von Klage- und Aufrechnungsforderung hinsichtl der Rechtskraft gebietet die gleichmäßige Verteilung des Prozessrisikos (so Zeuner JuS 87, 356 f; ähnl Niklas MDR 87, 99). **II** gilt **nur** für die **Aufrechnung** (s § 145 Rn 11 ff) und ist als Ausnahmenorm eng auszulegen (vgl BGHZ 89, 352 f; BGH NJW 92, 318; BGH NJW-RR 93, 388, OLG Stuttgart NJW 2019, 2547 Tz 30; str; **aA** Foerste ZZP 108 [1995], 178 f, 191). Rechnet also der Bekl nicht auf, sondern *macht er ledigl ein Zurückbehaltungsrecht* wegen einer Gegenforderung geltend, so ist **II** nicht etwa analog anzuwenden; die Gegenforderung, auf die das Zurückbehaltungsrecht gestützt wird, kann nicht dadurch rechtskraftfähig aberkannt werden, dass das Gericht den Bekl uneingeschränkt verurteilt (BGH MDR 96,

960; BAG AP Nr 2 zu § 314); allerdings kann der Bekl die ZwV aus seiner Verurteilung nicht mit Hilfe der Gegenforderung abwehren (arg BGH NJW 2015, 955 Tz 49). Die Gegenforderung wird umgekehrt durch eine Zug-um-Zug-Verurteilung nicht festgestellt (s vor § 322 Rn 34). Auch die **„Abrechnung"** im Kontokorrent oder bei der Ermittlung eines Schadens oder einer Bereicherung nach der Differenz- bzw Saldotheorie fällt nicht unter § 322 II (BGHZ 215, 157 Tz 11 = NJW 2017, 3438 = MDR 2017, 1291), dgl nicht die **„Anrechnung"**, zB bei Vorteilsausgleichung (s BAG MDR 94, 177). Die sich aus dem Rückabwicklungsverhältnis ergebenden automatisch zu saldierenden Vermögenspositionen (zB „Vorteile" usw) gehören zum Streitgegenstand der Klage des Vorprozesses und sind im Folgeprozess präkluduiert (näher vor § 322 Rn 54). Dagegen stehen sich bei der rücktrittsrechtlichen Rückabwicklung selbständige Rückgewähr-, Schadens- und Wertersatzansprüche (s §§ 346 f, § 325 BGB) aufrechenbar gegenüber und werden von der Rechtskraft des Urteils im Vorprozess nur unter den Voraussetzungen von II erfasst (BGHZ 215, 157 Tz 11 = aaO). Enspr gilt, wenn bei nicht ordnungsgemäß durchgeführten gegenseitigen Verträgen Vergütungs- und Schadensersatzansprüche „verrechnet" werden sollen (BGHZ 163, 274, 278 = NJW 2005, 2771 = MDR 2005, 1344; OLG Stuttgart NJW 2019, 2547 Tz 30; s § 145 Rn 11; § 302 Rn 3; vor § 322 Rn 54); durch einseitige „Abrechnung" zB nach einer Pfandverwertung, kann daher kein Verrechnungsverhältnis begründet werden (verkannt von BGH NJW-RR 2004, 1715 = WuB VII A § 322 ZPO 1.05 [krit Vollkommer]). Ob die Aufrechnung (erstmals) im Prozess erfolgt (sog Prozessaufrechnung, s § 145 Rn 11) oder – nach vor-/außerprozessualer Erklärung – im Prozess geltend gemacht wird, ist für die Rechtskraftwirkung gleichgültig. **II** gilt **entspr** im FamFG-Verf im Rahmen der ZPO-Verweisung (s vor § 322 Rn 8). **Mehrfache** Aufrechnung mit ders Forderung in verschiedenen Prozessen ist mögl; Grund: keine entspr Anwendung von § 261 III Nr 1 (näher s Rn 18).

b) Bedeutung. II macht eine Ausnahme von dem Grundsatz, dass die **Entscheidungsgründe** nicht **in Rechtskraft** erwachsen (s vor § 322 Rn 31). Im Hinblick auf **II** muss vielmehr den Entscheidungsgründen entnommen werden, ob die Klage aus sonstigen Gründen oder aber gerade wegen der Aufrechnung abgewiesen wurde, oder ob der Klage trotz Aufrechnung stattgegeben wurde, weil die Gegenforderung nicht besteht oder weil die Aufrechnung nicht wirksam erklärt oder unzulässig war. IE ist zwischen den Fällen der Klagestattgabe (s Rn 17 f) und der Klageabweisung (s Rn 20 f) zu unterscheiden. 16

2) Rechtskraft bei der Klage stattgebendem Urteil. a) Nichtbestehen der Gegenforderung. Wird der Klage trotz Aufrechnung stattgegeben, weil die Gegenforderung nicht bestehe, so ist die Gegenforderung rechtskraftfähig aberkannt. Die **Beschwer** des Bekl ist dann die Summe von Klage- und Gegenforderung (BGH MDR 2023, 520 = NJW-RR 2023, 569; G. Vollkommer MDR 2023, 551; sa § 145 Rn 26). Wird die ua mit Aufrechnung begründete Vollstreckungsgegenklage (§ 767) abgewiesen, ist der Kl sowohl in Höhe der titulierten Forderung als auch der aberkannten Aufrechnungsforderung beschwert (BGHZ 48, 356; BGH MDR 95, 407 = NJW-RR 95, 508). Bestreitet der Bekl die Hauptforderung nicht, rechnet er aber mit einer Gegenforderung auf (*Primäraufrechnung*), so ist er durch ein der Klage stattgebendes Urteil nur in Höhe des Betrages beschwert, zu dessen Zahlung er verurteilt ist (BGHZ 57, 301; BGH MDR 95, 407 = NJW-RR 95, 508). – Wegen des Gebührenstreitwerts (§ 45 III GKG) s § 3 Rn 16.26. 17

b) Unzulässigkeit und Unwirksamkeit der Aufrechnung. Das Gericht kann der Klage auch mit der Begründung stattgeben, dass die Aufrechnung nicht rechtswirksam erklärt, aus mat-rechtl Gründen (§ 390 S 2 BGB) nicht zulässig oder als verspätet zurückzuweisen (§§ 296, 533) sei (iE s § 145 Rn 14, 15) oder die Aufrechnung später „zurückgenommen", dh der Aufrechnungseinwand fallen gelassen worden ist (vgl BGHZ 179, 1 Tz 12; BGH NJW-RR 91, 156, 157; OLG Schleswig MDR 2009, 889 mN; s § 145 Rn 11 aE). In diesen Fällen ist über die Gegenforderung nicht rechtskraftfähig entschieden (BGHZ 173, 328, 335 Tz 25; BGH NJW 94, 2770; BGH NJW 97, 743 mwN; BGH NJW 2001, 3616); das Gleiche gilt, wenn die Aufrechnung wegen *mangelnder Individualisierung* der Gegenforderung *als unzulässig* zurückgewiesen wurde (§ 253 II Nr 2 entspr; s § 145 Rn 16a), zB bei Aufrechnung mit einer Forderung aus einem nicht individualisierten VB (s OLGR Köln 2001, 95). Zur Auswirkung der Zurückweisung des Aufrechnungseinwands aus prozessualen Gründen, zB gem § 533 vgl BGHZ 125, 351 = NJW 94, 2769 sowie BGHZ 179, 1 Tz 12; sa § 145 Rn 15 f. Fehlt dem Gericht der Klage die internationale Zuständigkeit zur Entscheidung über die Gegenforderung, ist die Aufrechnung unzulässig (BGH NJW 93, 2753; OLG Jena NJW 2009, 689, str; für EU-Bereich immer noch offen BGHZ 149, 120 = NJW 2002, 2182 = MDR 2002, 410; BGHZ 201, 252 Tz 16 = NJW 2014, 3156 [Mankowski JZ 2015, 50]; Busse MDR 2001, 729; s § 145 Rn 19; § 302 Rn 4; Art 8 Brüssel Ia-VO Rn 14; Bsp für deren Vorliegen bei rügeloser Einlassung des Kl: BGH WM 93, 1216). 18

Eine rechtskraftfähige Entscheidung nach **II** ergeht dagegen, wenn die unsubstantiierte Gegenforderung als unschlüssig und damit als *unbegründet* behandelt wurde (BGH MDR 2023, 520 Tz 12, missverständlich Tz 13 („unschlüssig"); G. Vollkommer MDR 2023, 551, 552)) oder wenn das Gericht der Aufrechnung den Erfolg deswegen versagt, weil es an der Gegenseitigkeit oder Gleichartigkeit oder Fälligkeit der Gegenforderung fehlt. In diesen Fällen wird die Existenz einer gegen den Kl gerichteten Forderung des im Prozess geltend gemachten Inhalts endgültig oder (wenn die Fälligkeit fehlt) zurzeit verneint (BGH MDR 2023, 520 Tz 12; G. Vollkommer MDR 2023, 551, 552;). Immer wird ein vom Gericht *verkannter* Mangel der Gegenseitigkeit von der Rechtskraft gem II gedeckt (vgl Reinicke/Tiedtke NJW 84, 2791). Zur Aufrechnung mit einer rechtswegfremden Gegenforderung s § 145 Rn 19a u § 302 Rn 11. – **Abgrenzung:** Anderweitige *Rechtshängigkeit* der Forderung, mit der aufgerechnet wird, steht nicht entgegen (BGH NJW 99, 1179, 1180 = MDR 99, 562), drohenden Rechtskraftkonflikten ist gem § 148 zu begegnen (OLGR Koblenz 2007, 949, 952; s § 145 Rn 18, 18a). Eine *Rechtshängigkeit der Gegenforderung* wird von der hM verneint (s Musielak FS Leipold, 2009, S 85 ff), § 261 III Nr 1 ist danach auf die Aufrechnung nicht entspr anwendbar (BGH NJW-RR 2004, 1000 mwN = MDR 2004, 705 = ZZP 117 [2004], 497 [Althammer]; Greger s § 145 Rn 18; abw Schreiber FG BGH Bd III, 2000, S 248), so dass eine doppelte Aufrechnung mit ders Gegenforderung in Parallelprozessen mögl ist (BGH aaO). Das Bestehen der Gegenforderung ist vom Gericht auch im Prozess der 2. Aufrechnung zu prüfen, doch wird idR bis zur Entscheidung über die 1. Aufrechnung auszusetzen sein (BGH aaO; allg sa § 145 Rn 18a). Kombination von Hilfsaufrechnung und *Eventualwiderklage* ist mögl (BGH NJW 99, 1179, 1180 = MDR 99, 562; s § 145 Rn 18). Aufrechnung mit *rechtskräftig festgestellter* Gegenforderung ist unproblematisch mögl (§ 309 Nr 3 BGB; Anwendungsfall: s § 145 Rn 19a). Negative Zwischenfeststellungsklage des Kl hinsichtl der Aufrechnungsforderung des Bekl scheidet aus (BGHZ 169, 153, 156: *arg* Rechtskraft gem **II** = NJW 2007, 82 = MDR 2007, 352; s § 256 Rn 40); iErg wie § 261 III Nr 1 (s dazu aber oben). Bei der Aufrechnung mit einer *Mehrheit von Forderungen* sind §§ 396, 366 II BGB zu beachten (s § 145 Rn 16b; instruktiv BGHZ 179, 1 = NJW 2009, 1071). Widerspruchsrecht des Kl ggü Tilgungsbestimmung des Bekl: § 396 I 2 BGB (dazu Musielak FS Leipold, 2009, S 95; Junglas, Forderungsmehrheiten in der Prozessaufrechnung, 2011, S 248 ff).

19 **c) Gemeinsames zu a und b.** Bejaht das Gericht die Klageforderung, so darf es die Zulässigkeit der Aufrechnung und die Rechtsgültigkeit ihrer Erklärung (s oben b) nicht unentschieden lassen (BGH NJW 84, 128, 129; BGH NJW 94, 2770; BGH NJW-RR 91, 972). Verstößt das Gericht gegen diese Regel und gibt es der Klage statt, weil die Gegenforderung – unabhängig von der Zulässigkeit usw der Aufrechnung – „jedenfalls nicht bestehe", so ist über die Gegenforderung nicht etwa rechtskraftfähig (verneinend) entschieden (BGH NJW 88, 3210), denn § 322 II ist nur anwendbar, wenn sich aus den Gründen des Urteils mit Sicherheit ergibt, dass die Entscheidung über die Klageforderung auf der negativen Entscheidung über die Gegenforderung beruht. Verneint das Gericht die Zulässigkeit der Aufrechnung und stützt seine Entscheidung hierauf, so sind zusätzl Ausführungen zur Begründetheit der Aufrechnung als nicht vorhanden zu behandeln (BGH NJW 84, 128, 129; BGH NJW 94, 2770). Weist das Gericht die Klageforderung ab, weil die Aufrechnung durchgegriffen habe, obwohl also die Klageforderung bestanden habe, so ist der Verbrauch der Gegenforderung auch dann rechtskraftfähig festgestellt, wenn das Gericht die Frage der Zulässigkeit der Aufrechnung bewusst oder unbewusst nicht geprüft hat, obwohl dies geboten gewesen wäre.

20 **3) Rechtskraft bei Abweisung der Klage. a) Nichtbestehen der Klageforderung.** Wird die Klage abgewiesen, weil die Klageforderung, gegen die vorsorgl auch aufgerechnet worden war, aus anderen Gründen nicht bestehe, so ist über die Gegenforderung nicht entschieden (Bsp: OLG Stuttgart NJW 2019, 2547 Tz 31). Wegen § 322 II **muss** das Gericht zunächst alle sonstigen Einwendungen gegen den Bestand der Klageforderung erledigen (BGHZ 80, 97, 99): Beweiserhebungs- gegen Klageabweisungstheorie (sa OLG Stuttgart NJW 2019, 2547; Schreiber FG BGH Bd III, 2000, S 230 f; Althammer/Löhnig NJW 2004, 3079 mN; s § 145 Rn 13; § 300 Rn 4 aE).

21 **b) Durchgreifen der Aufrechnung.** Wird die Klage abgewiesen, weil die Aufrechnung durchgreife, so steht rechtskraftfähig fest, dass die Gegenforderung (im Umfang der Klageforderung) verbraucht und dadurch erloschen ist (BGH NJW 2002, 900; StJ/Althammer Rn 160 mN); bei Teilaufrechnung mit weiter gehender Gegenforderung gilt auch bei **II** die Rechtskraftbeschränkung entspr vor § 322 Rn 47 ff (dazu BGH NJW 98, 995 = MDR 98, 431). Ist die Klage nur wegen der Aufrechnung durch den Bekl abgewiesen worden, so ist die Forderung des Kl rechtskräftig festgestellt, wenn nur er ein Rechtsmittel eingelegt hat (BGHZ 109, 188 ff = NJW 90, 449; BGH NJW-RR 95, 241 f; OLG Düsseldorf MDR 2009, 1355). Das Gericht darf unstreitig (BGH LM Nr 21) nicht in dem Sinn entscheiden, dass es die Klage ohne Rücksicht darauf abweise, ob die Klageforderung bestehe, weil jedenfalls die Aufrechnung durchgreife (OLG Köln NJW-RR 92, 260 mwN; s Rn 20 aE). Ergeht ein solches Urteil gleichwohl, so ist es einer umfassenden materiellen Rechtskraft nicht fähig (vgl OLG Stuttgart NJW 2019, 2547 Tz 34). Über den Bestand der Klageforderung bis zur Aufrechnung ist nicht rechtskräftig entschieden (aA MK/Gottwald Rn 197; MskV/Wolff Rn 84). Die Gegenforderung ist nicht rechtskraftfähig aberkannt (OLG Stuttgart NJW 2019, 2547 Tz 34 f). Die Gegenforderung ist endlich auch nicht etwa rechtskraftfähig als bestehend festgestellt, denn die Ausnahmenorm des **II** gilt nach ihrem Wortlaut nur, wenn über die Gegenforderung negativ entschieden wird, dh dahin, dass sie **nicht** oder **nicht mehr** besteht (Zeuner JuS 87, 355; StJ/Althammer Rn 160).

22 **c) Doppelte Begründung.** Das Gericht darf eine Klageabweisung auch nicht etwa doppelt in dem Sinn begründen, dass es die Klageforderung verneint und außerdem die zur Aufrechnung gestellte Gegenforderung bejaht. Tut das Gericht dies dennoch, so erwächst nur die Negation der Klageforderung in Rechtskraft. Die Gegenforderung ist dagegen rechtskraftfähig weder zu- noch aberkannt, denn § 322 II ermöglicht eine rechtskraftfähige Entscheidung über die Gegenforderung nur, wenn auf ihr auch die Entscheidung über die Klageforderung beruht. Dgl darf das Gericht nicht zugleich die Aufrechnung für unzulässig und die Gegenforderung für unbegründet erklären (vgl BGH NJW 94, 2770; sa Rn 19).

23 **4) Offenlassen der Berechtigung zur Aufrechnung im Teilurteil.** Ist in den Gründen des Teilurteils ausgeführt, ein – begründeter – Anspruch werde nur deshalb nicht zuerkannt, weil die aufgerechnete Gegenforde-

rung noch der Prüfung bedürfe, kann das Gericht, wenn es kein Urteil nach § 302 erließ, später den Klageanspruch als unbegründet abweisen (BGH NJW 67, 1231). – Keine Bindung nach § 318.

5) Aufrechnung des Klägers. – **Lit:** Musielak FS Leipold, 2009, S 91. – Für sie gilt nach hM **II** grds nicht (vgl BGHZ 89, 352 = NJW 84, 2790; BGH NJW 92, 983 mwN = MDR 92, 611; OLG Koblenz NJW-RR 97, 1426; Tiedtke NJW 92, 1473; krit Zeuner NJW 92, 2870; Foerste NJW 93, 1183; Grunsky Anm LM Nr 132; sa § 145 Rn 12). In den Fällen der Aufrechnung des *klagenden Sch* werden Ausnahmen zugelassen: – **a)** Die Rechtskraft eines der **Vollstreckungsgegenklage** stattgebenden oder sie abweisenden Urteils ergreift auch die Zu- oder Aberkennung einer Gegenforderung, mit der der Kl gegen die titulierte Forderung aufrechnete (BGHZ 48, 356; BGHZ 89, 352; BGH NJW 2015, 955 Tz 48 = MDR 2015, 179). Geltendmachung einer dauernden Einrede aufgrund eines Zurückbehaltungsrechts ist Fall der Rn 13 [f] (s dort BGH NJW 2017, 1313 Tz 49). – **b)** Dem gleich steht der Fall der **negativen Feststellungsklage**, wenn das Nichtbestehen der geleugneten Forderung mit der vom Kl erklärten Aufrechnung begründet wird (BGH NJW 92, 983 mN = MDR 92, 611; Tiedtke NJW 92, 1474; s demggü die abw Fallgestaltung Rn 18 aE). Dem ist zuzustimmen, denn bei Vollstreckungsgegen- und negativer Feststellungsklage sind nur die Parteirollen vertauscht und der *Schutz des Gegners* (Inhaber der titulierten oder geleugneten Forderung) gebietet die Erweiterung der Rechtskraft entspr **II**. Überzeugend befürwortet Zeuner weiter gehend eine Rechtskrafterstreckung **entspr II** auf die Gegenforderung *zugunsten* des mit seiner Klage abgewiesenen *aufrechnenden Gl* (Zeuner NJW 92, 2870; ähnl Foerste NJW 93, 1183; Grunsky Anm LM Nr 132; Musielak FS Leipold, 2009, S 96 f; MK/Gottwald Rn 196, 203; MskV/Wolff Rn 82, str; aA OLG Frankfurt NJW-RR 97, 527; OLGR Jena 1997, 136). Dagegen findet **II** keine Anwendung auf eine Aufrechnung des Kl mit einer von der Klageforderung verschiedenen Forderung, um ein gegen sie bestehendes Zurückbehaltungsrecht auszuräumen (OLG Koblenz NJW-RR 97, 1426, wo aber Rechtskraft schon wegen Teilaufrechnung [s Rn 21] fehlt; einschr Greger s § 145 Rn 12: nur bei entspr Klageerweiterung). – Die Aufrechnung des Kl führt auch dann zu einer Hemmung der Verjährung der Aufrechnungsforderung (§ 204 I Nr 5 BGB), wenn eine Entscheidung über sie gem **II** nicht in Frage kommt (BGHZ 176, 128, 131 Tz 18). 24

§ 323 Abänderung von Urteilen

(1) [1]Enthält ein Urteil eine Verpflichtung zu künftig fällig werdenden wiederkehrenden Leistungen, kann jeder Teil die Abänderung beantragen. [2]Die Klage ist nur zulässig, wenn der Kläger Tatsachen vorträgt, aus denen sich eine wesentliche Veränderung der der Entscheidung zugrunde liegenden tatsächlichen oder rechtlichen Verhältnisse ergibt.

(2) Die Klage kann nur auf Gründe gestützt werden, die nach Schluss der Tatsachenverhandlung des vorausgegangenen Verfahrens entstanden sind und deren Geltendmachung durch Einspruch nicht möglich ist oder war.

(3) Die Abänderung ist zulässig für die Zeit ab Rechtshängigkeit der Klage.

(4) Liegt eine wesentliche Veränderung der tatsächlichen oder rechtlichen Verhältnisse vor, ist die Entscheidung unter Wahrung ihrer Grundlagen anzupassen.

I) Abänderungsklage bei Urteilen. 1) Allgemeines. Die Abänderungsklage nach § 323 gilt für **Urteile** wegen künftig fällig werdender wiederkehrender Leistungen. Da für ges Unterhaltsansprüche (§ 231 FamFG; zB §§ 1360, 1361, 1602, 1603 BGB usw) die (Sonder-)Regelungen in den §§ 238-241 FamFG gelten, ist ihre praktische Bedeutung sehr gering. Wegen der Detailfragen des § 323 ist auf die Kommentierung des identischen § 238 FamFG zu verweisen. 1

2) Rechtsnatur. § 323 gewährt eine **prozessuale Gestaltungsklage**; sie ist Leistungsklage, soweit mit ihr die Neufestsetzung der Leistungspflicht erstrebt wird (BGH NJW 2001, 2260; StJ/Althammer Rn 60). Mit ihr kann die dem abzuändernden Urteil zugrundeliegende Prognose der künftigen Entwicklung im Interesse der materiellen Gerechtigkeit und des materiellen Rechts (s BGH NJW 83, 228 = MDR 83, 189) korrigiert werden. 2

II) Anwendungsbereich. 1) Künftig wiederkehrende Leistung. a) Verurteilungen. Erfasst sind Urteile, die auf künftig (nicht die ges Unterhaltsansprüche betreffende, s Rn 9) wiederkehrende Leistungen gerichtet sind. Das sind **Leistungsurteile** (streitige Endurteile; AU [BGHZ 173, 210 = NJW 2007, 2921 = MDR 2007, 1374] und VU [BGHZ 185, 322 Tz 12 = NJW 2010, 2437 = MDR 2010, 868) wegen einseitiger Leistungen, deren Fälligkeit lediglich vom Zeitablauf abhängt. **Bsp:** Verurteilung zu **Schadensersatzrenten** gem § 843 I, II, § 844 II 1, § 845 S 1 BGB (auch wenn „auf Lebenszeit" tituliert, OLG Celle DAR 2020, 625), auch *Schmerzensgeldrenten* gem §§ 843 ff, § 253 II BGB (BGHZ 18, 167; – einschr – BGH NJW 2007, 2475 [krit Teichmann] = MDR 2007, 1074); periodisch zu ersetzender *Haushaltsführungsschaden*; **Verzugszinsen** (BGHZ 100, 213 = NJW 87, 3266; OLG Karlsruhe NJW 90, 1738, zust Kahlert S 1716; Brehm ZZP 101 [1988], 456; Braun ZZP 108 [1995], 321 ff; Münzberg JuS 88, 345, str; krit Zimmermann JuS 91, 676 f; noch aA Gottwald MDR 96, 980); **Indexmiete** (§ 557b I, III BGB; BGH NZM 2021, 878); **betriebl Altersruhegeld** (iVm § 16 BetrAVG zur rechtsgeschäftl – 3 hilfsw richterl – Anpassung an die gestiegenen Lebenshaltungskosten, BAG NJW 76, 1861; BAG NJW 77, 2370; BAG NJW 81, 190; BAG ZIP 2020, 431); zur Abrechnungsart von künftigen **Nebenkosten** beim WohnungsmietV (zB nach Heiz-KostenV; BGH MDR 2019, 340); **Altenteilsleistungen** (OLG Celle AUR 2017, 98).

4 **b) Weitere Fälle.** § 323 gilt ebenso für **Feststellungsurteile** über die in **I** genannten Ansprüche, soweit die Voraussetzungen der Änderungen bei einem Leistungsurteil gleichen Inhalts gegeben wären (BGH NJW-RR 96, 65; MK/Gottwald Rn 16; differenzierend AG/Anders Rn 16; StJ/Althammer Rn 21). Gleiches muss für **klageabweisende Urteile** gelten, die eine Klage wegen Schadensrente nur deshalb abweisen, weil derzeit kein Schaden vorhanden sei (RGZ 162, 281; BGH NJW 61, 871; KG FamRZ 80, 892 mwN; OLG Karlsruhe FamRZ 92, 938 mN; StJ/Althammer Rn 16; aA hM: BGHZ 82, 250; OLG München NJW 2009, 3246; MK/Gottwald Rn 28 f) oder die Leistungspflicht auf Abänderungsklage (§§ 323, 323a) weggefallen ist und nun ihr Wiederaufleben geltend gemacht wird (BGH NJW 85, 1345; OLG Hamm FamRZ 2007, 1032; RSchwab/Gottwald § 159 Rn 12). Erfasst sind auch **Schiedssprüche** (§ 1054); auch mit vereinbartem Inhalt (§ 1053 II; arg s § 1053 Rn 6).

5 **2) Keine Anwendbarkeit.** § 323 ist nicht anwendbar auf **a) Urteile auf Kapitalabfindung**, die an Stelle einer Rente (§ 843 III, § 844 II 1 BGB) treten, da damit eine endgültige und verbindliche Klärung der Rechtslage erfolgen soll (BGHZ 79, 192 f mN = NJW 81, 818 = MDR 81, 306; MK/Gottwald Rn 18; StJ/Althammer Rn 12; Hk-ZPO/Saenger Rn 14; MK-BGB/Wagner § 843 BGB Rn 82; Staudinger/Vieweg/Lorz (2023) § 843 BGB Rn 37). Bei geändertem Streitgegenstand ist aber Neuklage möglich (Rn 20).

6 **b) Unterlassungsurteile**, bei denen nachträgliche Veränderungen gem § 767 geltend zu machen sind (BGHZ 176, 35, 39 = NJW 2008, 1446; BGHZ 181, 373 Tz 17 ff, 23 = NJW 2009, 3303); sa vor § 322 Rn 53; § 927 Rn 9a.

7 **c) Einstw Verfügungen**, auch wenn diese in Urteilsform ergehen (§§ 936, 927 maßgebend; BGH NJW 83, 1331; BGH NJW-RR 91, 1155). § 323a gilt bei einem im einstw Verfügungsverf geschlossenen Vergleich mit (selten) endgültiger Regelung (vgl OLG Brandenburg FamRZ 2000, 1377).

8 **d) VB**; Grund: Ausschluss von Ansprüchen gem § 258 vom Mahnverf (s § 688 Rn 3).

9 **e) Entscheidungen im Anwendungsbereich des FamFG**; unter § 323 fallen dagegen vertragl vereinbarte Unterhaltsansprüche (zB Leibrenten). Eine Unterhaltssache iSd FamFG liegt aber auch vor, wenn eine als eigenständig gewollte vertragl Unterhaltsregelung die ges vorgegebenen Grundsätze aufnimmt und – wenn auch mit erhebl Modifikationen – abbildet (BGH FamRZ 2009, 219 zu § 621 Nr 5 aF).

10 **f)** Für **Prozessvergleiche, vollstreckbare Urkunden** (§ 794 I Nrn 1, 5), vollstreckbar erklärte **Anwaltsvergleiche** (§§ 796a-796c) und uU auch **außergerichtl Vergleiche**; für diese gilt § 323a. War der Vergleich aber bereits Gegenstand einer (ersten) Abänderungsklage, ist die weitere Abänderungsklage nach 323 gegen das abändernde Urteil zu richten (BGH NJW 2012, 2514 Tz 13; näher s § 323a Rn 9).

11 **g) Privatschriftl** Vereinbarungen (OLG Zweibrücken FamRZ 82, 303) und (nicht vollstreckbare) **notarielle Verträge**; sie fallen auch nicht unter § 323a (s § 323a Rn 3).

12 **3) Internationaler Rechtsstreit.** Ggü anzuerkennenden **ausl Urteilen** ist die Abänderungsklage gem § 323 zulässig (BGH NJW 83, 1976 = MDR 83, 1007). Ein inländischer Gerichtsstand muss nach den allg Grundsätzen (zB Brüssel Ia-VO) vorliegen (BGH NJW 83, 1976 = MDR 83, 1007). Das anwendbare Sachrecht ist nicht notwendig dem Ersturteil zu entnehmen, auch nicht § 323 als der lex fori (so aber StJ/Althammer Rn 28, str; aA MK/Gottwald Rn 110; offen lassend BGH NJW 83, 1976 = MDR 83, 1007), sondern über das IPR (zB Rom II VO) zu bestimmen (MK/Gottwald Rn 110). **III** ist zu beachten (OLG Düsseldorf Celle NJW-RR 93, 138 u 652, str; offen KG NJW-RR 94, 140 mN). Im Vollstreckbarerklärungsverf können Abänderungsgründe iSv § 323 nicht geltend gemacht werden (BGH NJW 90, 1420 = MDR 90, 718; KG NJW 91, 645; OLGR Köln 2000, 373, str; einschr Gottwald FamRZ 90, 1377; allg sa § 723 Rn 25).

13 **III) Abgrenzung zu anderen Rechtsbehelfen. 1) Rechtsmittel und Einspruch. a)** Die Abänderungsklage gem § 323 setzt die **Rechtskraft** des abzuändernden Urteils **nicht** voraus (BGHZ 34, 116; BGHZ 94, 146, stRspr, str; aA zB Roth NJW 88, 1236). Die abänderungsberechtigte Partei hat daher eine *Wahlmöglichkeit*, solange es nicht zu einem **Berufungsverf** (auch vom Gegner) kommt (BGHZ 96, 207 ff; OLG Hamm FamRZ 96, 1088) und die Abänderungsgründe im Wege zulässiger *Anschließung* und *Klageerweiterung* geltend gemacht werden können (§ 524 II 3, § 533). Wenn als Rechtsmittel die **Revision** in Betracht kommt, ist die Möglichkeit der Abänderungsklage nicht beschränkt (wie hier StJ/Althammer Rn 56; MK/Gottwald Rn 35).

14 **b)** Gegen ein VU ist jedoch die Abänderungsklage nur dann zulässig, wenn eine **Einspruchsmöglichkeit** nicht oder nicht mehr besteht (**§ 323 II** aE).

15 **2) Vollstreckungsabwehrklage. a)** Abänderungs- und Vollstreckungsgegenklage (§ 767) **schließen sich gegenseitig aus** (BGHZ 163, 187, 189 = NJW 2005, 2313 = MDR 2005, 1293; BGH NJW 2008, 1446, 1447 Tz 12; MK/Gottwald Rn 32 mwN). **Abgrenzung:** § 323 ist die (auch stufenlos verlaufende) Änderung in den wirtschaftl *Verhältnissen (Bsp:* Änderung des Zinsniveaus (BGHZ 100, 213), Wegfall der Geschäftsgrundlage (OLG Karlsruhe FamRZ 91, 353), Anpassung auf Grund Wertsicherungsklausel (AG Charlottenburg FamRZ 93, 1105), Änderung des Mietindex gem § 557b I, III BGB (BGH NZM 2021, 878 Tz 62), § 767 sind diej (punktuellen) Er-

eignisse zuzuordnen, bei denen über den Einfluss auf den Anspruch und den Zeitpunkt ihres Eintritts idR keine Unklarheit besteht (Bsp: Erfüllung, Erfüllungssurrogate, Verjährung, Stundung, Aufrechnung, Kapitalabfindung, Abänderung durch Vergleich, Verzicht, Erlöschen, Gesetzesänderung [BGHZ 133, 323]), Wegfall der Überlassung der Mietsache (BGH NZM 2021, 878 Tz 62); ferner s § 767 Rn 2.1).

b) Einzelfragen. Die **Umdeutung** einer Abänderungsklage in eine Vollstreckungsgegenklage und umgekehrt ist grds mögl (BGH NJW 2008, 1446, 1448 Tz 18; BGH NJW-RR 91, 899; OLG Brandenburg NJW-RR 2002, 1586; Grenzen: BGHZ 163, 187, 195 = NJW 2005, 2313, 2315). Eine **hilfsw Verbindung** von Abänderungs- und Vollstreckungsgegenklage bei Vorliegen der Voraussetzungen gem § 260 (s aber § 767 I, § 802 ggü Rn 32) ist zulässig (BGH FamRZ 79, 575); liegen sowohl Einwendungen iSv § 767 als auch Abänderungsgründe vor, ist eine **kumulative** Verbindung beider Klagen zulässig (MK/Gottwald Rn 32). 16

3) Abänderungs- und selbständige Klagen. a) Zusatzklage. Die Möglichkeit einer „freien" Zusatz-(Nachforderungs-)Klage gem § 258 wird ganz überwiegend zu Recht abgelehnt (so BGHZ 34, 110; BGHZ 94, 146 mN; BGHZ 98, 357, stRspr und hM, RSchwab/Gottwald § 159 Rn 14; StJ/Althammer Rn 5; ThP/Hüßtege Rn 36; Sonderfall von sog verdeckter Teilklage, allg s vor § 322 Rn 48, 50; aA Roth NJW 88, 1236); nicht vorbehaltene Teile können nur gem § 323 geltend gemacht werden (BGHZ 34, 110; BGHZ 98, 357 mwN). Dies bedeutet allerdings für den Gläubiger keinen endgültigen Rechtsverlust; nach Eintritt der wesentl Änderung (**I 2**), kann er den „vollen" (nicht nur: anteilig erhöhten) Betrag verlangen; die Beschränkung gem **II** gilt nicht (so ausdr BGHZ 98, 357 ff; BGH NJW 87, 1553 f = MDR 87, 653, str; näher Niklas FamRZ 87, 869; Roth NJW 88, 1236; Gottwald FamRZ 92, 1377). 17

b) Nachforderungsklage. Raum für eine Nachforderungsklage nach **§ 258** ohne die Voraussetzungen des § 323 verbleibt nur dann, wenn der Anspruch im Vorprozess (erkennbar, BGHZ 94, 147 mN; BGH FamRZ 87, 368 mN = NJW-RR 87, 642; str; aA Roth NJW 88, 1237) unter Zugrundelegung der seinerzeitigen Verhältnisse **nur teilw** geltend gemacht worden ist (grundl: BGHZ 93, 330, 334 ff = NJW 85, 1340). **Bsp:** Klage auf eine Unterhaltsrente „über einen freiw bezahlten Betrag hinaus" (BGH NJW 91, 430; BGH MDR 93, 650 f). Der Anspruch ist dann im vollen Umfang nach Grund und Höhe anhand der beim Schluss der mündl Verh des zweiten Prozesses maßgebenden Verhältnisse zu beurteilen, und zwar ohne Bindung an die Beurteilung des titulierten Forderungsteils als über den „Grund- oder Sockelbetrag" hinausgehender „Spitzenbetrag" (BGHZ 93, 330, 335 ff; BGH NJW 91, 430). 18

c) Die **Umdeutung** einer „Abänderungsklage" in eine Leistungs-(Nachforderungs-)Klage (BGH FamRZ 86, 662 mN; aA OLG Zweibrücken FamRZ 2000, 681 für negative Feststellungsklage) und umgekehrt (BGH NJW 98, 2050 mN; BGH NJW-RR 2005, 371 = FamRZ 2004, 1712) ist mögl. 19

d) Neue Klage auf wiederkehrende Leistungen. Hat die Änderung der Verhältnisse zugleich zu einer **Änderung des Streitgegenstands** geführt (s Einl Rn 71 ff), so kann nicht Anpassung gem § 323 verlangt, sondern muss Neuklage gem § 258 erhoben werden (bspw bei Eintritt nicht vorhersehbarer Spätfolgen eines Verletzungsschadens s vor § 322 Rn 49 u 57; § 322 Rn 13). Neuklage ist auch zu erheben, wenn über einen zeitl begrenzten Teil des Anspruchs sachl entschieden wurde (BGH NJW 67, 2403 f). 20

e) Schadensersatz- und Rückforderungsklagen gem §§ 826, 812 BGB kommen in Frage, wenn die allg Voraussetzungen der Rechtskraftdurchbrechung ggü dem abzuändernden Urteil vorliegen; Verbindung (§ 260) von Rückforderungs- und Abänderungsklage ist dann mögl (BGHZ 143, 75), auch im Hilfsverhältnis, s Rn 22. 21

IV) Zulässigkeit und Verfahren der Abänderungsklage (§ 323 I 2). 1) Klage und Klageantrag. a) Die **Klage** muss sich gegen ein (nicht notwendig rechtkräftiges) **Urteil nach I** (oder früheres Abänderungsurteil nach I) richten und kann idR nur die Erhöhung (Herabsetzung) der künftig fällig werdenden Leistungen erreichen (zum Abänderungszeitpunkt s Rn 38). Die Verbindung von Auskunftsklage und unbezifferter Abänderungsklage in einer *Stufenklage* (§ 254) ist zulässig (BGH NJW 93, 1920), dgl einer (negativen) Abänderungsklage mit einer hilfsw Rückzahlungsklage (s näher OLGR Zweibrücken 2001, 296, 299 f; OLG Zweibrücken ZAP 2009, Fach 11, S 949; sa Rn 21). 22

b) **Der Kläger** muss eine **wesentl Veränderung** der für die Bejahung oder Verneinung des Anspruchs (bez Inhalt oder Umfang) maßgebenden Umstände **nach Schluss der Tatsachenverh des vorausgegangenen Verf** (I 2 mit II) **behaupten** (s Rn 33 ff); bei VU dürfen diese durch **Einspruch** nicht mehr geltend gemacht werden können **II**). Fehlt eine solche Behauptung wird die Klage als **unzulässig** abgewiesen. Der Eintritt der wesentl Veränderung selbst ist eine Frage der Begründetheit (**IV**, s Rn 44). 23

c) Im gleichen Verf können beide Parteien mit **Klage** und **Widerklage** gegenläufige Abänderung des gleichen Titels verlangen (dann keine Entscheidung durch Teilurteil: s Rn 40), in der Rechtsmittelinstanz auch mittels nicht befristeter *Anschlussberufung* und *Berufungserweiterung* (BGH NJW 85, 2030). Die Abänderungswiderklage ist nicht von der Erhebung einer Abänderungsklage abhängig (BGH NJW-RR 2005, 371 = FamRZ 2005, 1712, 1713). 24

d) Die Rechtshängigkeit der auf Herabsetzung gerichteten Abänderungsklage führt nach § 323b zur verschärften Haftung gem **§ 818 III, IV BGB** bez des Rückzahlungsanspruchs. 25

e) Der ProzBev des Vorprozesses bedarf neuer **Vollmacht** (StJ/Althammer Rn 94). 26

27 **2) Streitgegenstand und Parteien. a) Streitgegenstand.** Der Abänderungsklage muss derselbe Streitgegenstand wie im Vorprozess zugrunde liegen (BGHZ 78, 136; OLG Düsseldorf FamRZ 94, 1536 mN; StJ/Althammer Rn 60, str; aA RSchwab/Gottwald § 159 Rn 4). „Gegenläufige" Abänderungsklagen haben den gleichen Streitgegenstand iSv § 261 III Nr 1 (BGHZ 136, 377 iVm BGH FamRZ 97, 488; RSchwab/Gottwald § 159 Rn 5; MK/Gottwald Rn 10), so dass der später erhobenen Klage die Rechtshängigkeit der ersten entgegensteht (StJ/Althammer Rn 64).

28 **b)** Klagebefugt sind nur die **Parteien** des zu dem abzuändernden Titel führenden Rechtsstreits (BGH NJW 83, 685; BGH NJW 92, 1626; BGH FamRZ 86, 254) und diej, auf die sich die Rechtskraft erstreckt (BGH NJW 83, 685; BGH NJW-RR 93, 5). Zur Erhebung der Abänderungsklage befugt ist daher der Zessionar (BGH NJW 70, 1319; BGH NJW 83, 685), die Abänderungsklage des Sch ist uU gegen den Rechtsnachfolger als nunmehrigen Gl zu richten.

29 **3) Zuständigkeit.** Zuständig ist das nach den allg Vorschriften der ZPO und des GVG sachl und örtl zuständige Gericht, zB gem §§ 12 ff, §§ 29, 32 (BGH NJW-RR 93, 700; AG Siegburg MDR 98, 61), nicht notwendig das Gericht des Vorprozesses; § 767 I trifft hier nicht zu (BayObLG NJW-RR 99, 1293; MskV/Borth Rn 17, hM). Bei „gegenläufigen" Abänderungsklagen ist wegen des identischen Streitgegenstands iSv § 261 III Nr 1 das *zuerst* angegangene Gericht zuständig (BGHZ 136, 377 = NJW 98, 162; BGH FamRZ 97, 488).

30 **4) Allgemeine und besondere Prozessvoraussetzungen.** Die allg u bes Prozessvoraussetzungen müssen vorliegen (s dazu Anm vor § 253), ein Güteverf nach § 15a EGZPO findet nicht statt (s § 15a II Nr 1 EGZPO).

31 **5) Vollstreckungsschutz.** In entspr Anwendung des § 769 darf das Gericht ab Anhängigkeit der Klage (OLGR Naumburg 2000, 388; wie § 769 Rn 4) die **vorläufige Einstellung der ZwV** anordnen (s BGH NJW 86, 2057; BGH NJW 98, 2434; OLG Hamburg NJW-RR 90, 7; OLGR Zweibrücken 2002, 209). Die sof Beschwerde ist analog § 707 II 2 ausgeschlossen (s § 769 Rn 13).

32 **V) Entscheidung über die Abänderungsklage (§ 323 IV). 1) Urteil.** Es lautet entweder auf Abweisung der Klage oder auf Aufhebung des alten Urteils und anderweitige Entscheidung über den Streitgegenstand, zB Verurteilung in anderer Höhe. Es ist für vorläufig vollstreckbar zu erklären, §§ 708 ff (näher hierzu Scheffler FamRZ 86, 532); eine ZwV aus dem abgeänderten Titel wird ohne weiteres in einem weiter gehenden Umfang unzulässig, § 775 Nr 1 (OLG Zweibrücken FamRZ 86, 376). Über gegenläufige Abänderungsverlangen darf nur einheitl entschieden werden (BGH NJW 87, 441; BGH NJW 98, 162; OLG Oldenburg FamRZ 96, 367).

33 **2) Wesentliche Veränderung; Beweislast.** Die Klage ist begründet, wenn eine tatsächliche oder rechtliche **wesentl Veränderung** (I 2, II, IV) der für den Grund, den Betrag oder die Dauer der Leistung bedeutsamen, bei der früheren Verurteilung **maßgebend gewesenen Verhältnisse** vorliegt. Die **Beweislast** liegt beim Kl (BGH NJW 87, 1201; eingeh Baumgärtel/Laumen Beweislast Bd 2, vor § 1601 Rn 8-9 mwN; Hilfe: § 254), dagegen beim Bekl (auch als Gl) für Tatsachen, die die Aufrechterhaltung des Titels rechtfertigen (BGH NJW 90, 2753 = MDR 90, 625; OLG Zweibrücken FamRZ 2004, 1884).

34 Mögliche **tatsächliche Änderungen** sind zwar nicht der Angriff gegen die festgestellte Unfallbedingtheit eines Leidens, wohl gegen den Umfang seiner Auswirkungen; weiter der Wegfall einer bei der zugesprochenen Entschädigung berücksichtigten Unfallrente; Eintritt einer zeitl unbestimmten Befristung des Stammrechts (BGH NJW 2012, 923 Tz 38 ff; Graba NJW 2011, 3692); erhebl Kaufkraftverlust der Währung der titulierten Geldleistung (BGH MDR 93, 54 = FamRZ 92, 1060); Veränderung der steuerl Einstufung bei wesentl finanziellen Auswirkungen (BGH FamRZ 2002, 879 u dazu BVerfG FamRZ 2002, 1693); Erhöhung des fiktiven Einkommens des Verstorbenen bei Witwenrente im Fall des § 844 II BGB (OLG Frankfurt NJW-RR 98, 1699); Anpassung von wiederkehrenden Leistungen aus Verträgen mit Versorgungscharakter gem § 313 BGB an die **gestiegenen Lohn- und Preisverhältnisse** (grundl BGHZ 61, 31: Ruhegeldanpassung bei 40%iger Teuerung; **„Dynamisierung" der Renten** BGHZ 79, 194 = NJW 81, 820 = MDR 81, 306); zur Anpassung der Betriebsrenten (BAG-Rspr s Rn 3); zur Anwendung des § 323 im Fall der Gefährdung eines Unternehmens durch Fortzahlung von Versorgungsbezügen vgl BAG NJW 72, 723; Änderung des Verteilungsschlüssels von Nebenkosten beim MietV (BGH MDR 2019, 340). Zur Anpassung führt weiter die **Änderung der Rechtslage** zB durch Gesetzesänderung (BGHZ 183, 197 Tz 16 = NJW 2010, 365 = MDR 2010, 154; BGH NJW 2010, 3582 Tz 34; BGH NJW 2012, 1209 Tz 25), Nichtigerklärung (BGH NJW 88, 2377) oder **abw verfassungskonforme Auslegung** einer Norm durch das BVerfG (vgl BVerfGE 115, 51 = JZ 2006, 968 zu § 767 II entspr iVm weiter Auslegung von § 79 I, II BVerfGG; s vor § 322 Rn 73) sowie die **Änderung der gefestigten höchstrichterl Rspr** (BGH NJW 2012, 2514 Tz 16), wobei die Rechtsänderung usw für den konkreten Einzelfall erhebl sein muss (BGH NJW 2012, 2514 Tz 22).

35 **Nicht ausreichend** sind dagegen zuverlässig voraussehbare Veränderungen (BGHZ 171, 206, 228 Tz 60; OLG Köln FamRZ 80, 398; OLGR Hamburg 2007, 184; einschr KG FamRZ 90, 1122 mN; OLG Karlsruhe NJW-RR 2004, 585), die Änderung der **Beurteilung** der maßgebend gewesenen (nicht geänderten) Verhältnisse (BGH NJW-RR *86, 938 mwN; BGH NJW-RR 92, 1092*; OLG Hamm NJW-RR 95, 457, hM), zB eine veränderte Anschauung der Medizin über Unfallfolgen (vgl BGH VersR 81, 281; **aA** Würthwein ZZP 112 [1999], 469 f bei Durchsetzung neuer wissenschaftl Erkenntnisse; sa vor § 322 Rn 53), die abw Bewertung eines Grundstücks

(BGH NJW-RR 86, 938) oder dass die dem Urteil zugrunde liegende Prognose aus nachträgl Sicht anders zu treffen wäre (BGHZ 80, 397 = NJW 81, 2193 = MDR 81, 924; BGH NJW 93, 1795).

Bei einem verurteilendem **VU** soll nach der Rspr des BGH für den Vergleich von den *tatsächl* Verhältnissen bei Urteilserlass und nicht von den fingierten (zugestandenen) Verhältnissen auszugehen sein (BGHZ 185, 322 = NJW 2010, 2437 [krit Norpoth] = MDR 2010, 868 [krit Vollkommer] = FamRZ 2010, 1150 [krit Graba]; bestätigend BGH FamRZ 2010, 1318 Tz 38), was im Widerspruch zum Normwortlaut von **I 2** (die „der Entscheidung zugrunde liegenden … Verhältnisse" sind beim VU die gem § 331 I 1 zugestandenen Tatsachen) steht. Entspr gilt beim **AU** (BGHZ 173, 210 = NJW 2007, 2921 = MDR 2007, 1374; MK/Gottwald Rn 62; dazu krit StJ/Althammer Rn 35; Hk-ZPO/Saenger Rn 45). 36

3) Präklusion von Abänderungsgründen (§ 323 II). a) Entstehung. Maßgebend ist der Zeitpunkt der **Entstehung** der „Abänderungstatsachen", spätere Kenntniserlangung steht dem nicht gleich (OLG Köln FamRZ 87, 846). Die **Vorhersehbarkeit** der später eingetretenen Tatsachen schließt die Abänderungsklage nicht aus (BGH NJW 92, 364; OLG Karlsruhe NJW-RR 2004, 585; MK/Gottwald Rn 68). Ausnahmen gelten bei Tatsachen, die bereits zur Zeit des Vorprozesses eingetreten waren, aber noch *fortwirken* (BGH NJW-RR 90, 1411 = FamRZ 90, 1095; OLG Koblenz NJW-RR 97, 1229 = FamRZ 98, 565, sa Rn 33). **Bsp:** nach dem Vorprozess fortgesetztes betrügerisches Verhalten (BGH aaO); bereits im Vorprozess feststehende zeitl Begrenzung des Rentenanspruchs (BGHZ 183, 197 Tz 58 ff). Das Gleiche gilt für Tatsachen, die als Abänderungsgründe erst nach einer Rspr-Änderung voll erkennbar geworden sind (BGHZ 171, 206, 228 f = NJW 2007, 1961, 1967); ist allerdings die Abänderungsklage unabhängig von Alttatsachen zulässig, können diese im Wege der Anschluss-Korrektur des Urteils mitberücksichtigt werden (Konsequenz aus BGHZ 136, 379 = NJW 98, 162, str; abw BGHZ 98, 358 f; BGH FamRZ 2001, 906; BGHReport 2001, 394, 396). 37

b) Zeitpunkt. aa) Streitiges Verf. Die Abänderungsgründe müssen **nach Schluss der letzten Tatsachenverh** entstanden sein (ggf Fristablauf gem § 283, s § 283 Rn 1; näher OLG Köln FamRZ 96, 355), im schriftl Verf s § 128 Rn 18. Ist **Berufung** eingelegt, entscheidet bei einer Sachentscheidung der Zeitpunkt der Sachverh in der Berufungsinstanz (BGHZ 96, 209 = NJW 86, 383; BGH FamRZ 2001, 906), bei Berufungszurücknahme (vor oder nach Sachverh) der der Sachverh in 1. Instanz (BGH NJW 2012, 923 Tz 21 = FamRZ 2012, 288); bei **mehreren** aufeinander folgenden **Abänderungsprozessen** ist der des letzten Verf maßgebend (BGHZ 136, 377 = NJW 98, 161 f; BGH NJW 2000, 3789 = MDR 2000, 1134 = FamRZ 2000, 1499). – **bb) Säumnisverf.** Von der **Einspruchsmöglichkeit** muss stets Gebrauch gemacht werden, deshalb sind auch nur Abänderungsgründe zu berücksichtigen, die *nach Ablauf* der Einspruchsfrist entstanden sind (BGHZ 185, 322 Tz 12 = NJW 2010, 2437 = MDR 2010, 868). 38

c) Alttatsachen. Der **Kl** kann die Abänderungsklage nicht auf Tatsachen stützen, die zur Zeit des Vorprozesses bereits eingetreten, aber nicht geltend gemacht waren (sog **Alttatsachen, II**). Der **Gegner** unterliegt bei der Geltendmachung von Alttatsachen keinen Schranken, soweit er den Bestand der abzuändernden Entscheidung verteidigt (BGHZ 98, 360 f; BGHZ 171, 206, 220 Tz 38; OLG Schleswig NJW-RR 2007, 502) oder der auf Erhöhung gerichtete vorangegangene Abänderungsantrag vollständig abgewiesen wurde (BGHZ 218, 213 Tz 17 = NJW 2018, 1753). Die Parteien haben es damit kraft ihrer Dispositionsbefugnis in der Hand, ob der Einfluss veränderter Umstände auf den titulierten Renten-(usw)anspruch in einem einheitlichen Verfahren nach beiden Seiten hin geklärt wird oder ob es zu einer „Aufteilung" von (bekannten) Abänderungsgründen auf eine Mehrheit von aufeinanderfolgenden Verf mit unterschiedlicher Zielrichtung kommt (BGHZ 218, 213 Tz 18; Hk-ZPO/Saenger Rn 36; MskV/Borth Rn 26b). Das Interesse an einer Verfahrenskonzentration genießt keinen Vorrang vor der Dispositionsbefugnis der Parteien. 39

d) Für eine Durchbrechung der Präklusion müssen die allg Voraussetzungen der Rechtskraftdurchbrechung vorliegen (allg s vor § 322 Rn 74; sa § 767 Rn 12.28). Eine die Rechtskraftgrenzen überschreitende Präklusion ermöglicht § 323 nicht (BGHZ 218, 213 Tz 17 ff = aaO). 40

4) Zeitpunkt der Abänderung (§ 323 III). a) Die Abänderung ist nur für die Zeit **nach der Klageerhebung** (vgl § 253 I, § 261) zulässig (**III**). Eine Vorwirkung auf den Einreichungszeitpunkt gem § 167 findet nicht statt (BTDrs 16/6308, 258). Die Abänderung ist mit dem Tag der Klagezustellung mögl (BGH NJW 90, 710 mwN auch zur aA). Bei der Klageerweiterung ist der Zeitpunkt der Zustellung (Geltendmachung) des weiter gehenden Antrags maßgebend (§ 261 II). 41

b) War die Abänderung bereits vor der Erhebung der Abänderungsklage im Rahmen eines **Berufungsverf** mittels gem **§ 524 IV unwirksam** gewordener *unselbständiger Anschließung* geltend gemacht worden, sind die Wirkungen der Klageerhebung auf den Zeitpunkt der Anschließung zurückzubeziehen; **III** steht nicht entgegen, da der Zwang zur Geltendmachung von Abänderungsgründen mittels unselbständiger Anschließung sich nicht zum Nachteil der abänderungsberechtigten Partei auswirken darf und die Zwecke des **III** bereits durch die Anschließung erreicht sind (zutr BGHZ 96, 211 f; BGHZ 103, 396 ff = NJW 88, 1734; MK/Gottwald Rn 39, str). – Der Zugang des **PKH-Antrags** an den Gegner soll nicht ausreichen (BTDrs 16/6308, 258; BGH NJW 82, 1051 mN = MDR 82, 565; Hilfe: § 14 Nr 3b GKG). 42

43 c) Bei unverschuldeter Unmöglichkeit früherer Klageerhebung scheidet **WE** in die „Null-Frist" des III aus. Eine rückwirkende Abänderung ist dagegen mögl nach § 323a bei Vergleichen und vollstreckbaren Urkunden.

44 **5) Prüfungsumfang und Bindung an das Ersturteil (§ 323 IV).** Die *sachl Begründetheit* richtet sich nach den Grundsätzen des materiellen Rechts, soweit es um vertragl Rentenansprüche geht, also nach den Grundsätzen über den Wegfall (die Änderung) der Geschäftsgrundlage (vgl BGH NJW 2001, 3619). Im Abänderungsverf hat das Gericht bei der Prüfung, inwieweit das frühere Urteil aufrechtzuerhalten bzw abzuändern ist, außer den zulässigerw zu berücksichtigenden (**II**) und selbst festzustellenden **neuen** Tatsachen die im Ersturteil festgestellten unverändert gebliebenen *„Verhältnisse"* (vgl Wortlaut von I) samt ihrer rechtl Bewertung als maßgebl zugrunde zu legen (**Anpassung nach IV**); insow ist der über die Abänderungsklage entscheidende Richter **an das Ersturteil gebunden** (so BGHZ 78, 136 = NJW 80, 2812; BGH NJW 2001, 937 mN).

45 Zu den von der **Bindungswirkung** umfassten Urteilselementen gehören **nicht** die vom Erstrichter angewendeten Rechtsgrundsätze als solche und die zu ihrer Ausfüllung entwickelten Anwendungshilfen (zB Berechnungsmethoden; BGH NJW 97, 737); *insoweit* ist eine Rspr-Änderung (s Rn 34) bei der Abänderung zu beachten. Besonderheiten bestehen bei der Bindung an die Entscheidungsgrundlagen **nichtstreitiger Urteile** (**AU, VU**; dazu näher s Rn 36). *Ausnahmsw* besteht dann **keine Bindung**, wenn die Grundlagen der früheren Leistungsbemessung nicht feststellbar sind, wie zB uU bei einem AU (BGHZ 173, 210, 215 Tz 15), bei einem ausl Urteil (OLG Hamm FamRZ 94, 764; sa Rn 12) und allg dann, wenn sie zu *unverhältnismäßigen Ergebnissen* führen würde (BVerfG NJW-RR 2008, 1025 = FamRZ 2008, 1145). Zur Bindung an die Vergleichsgrundlagen näher s § 323a Rn 12).

46 **VI) Gebühren. 1) Gericht:** Für Verf nach § 323 richtet sich die VerfGeb nach 1210 GKG-KV. Vorauszahlungspflicht: § 12 I 1 GKG. – **2) RA:** Regelgeb nach 3100 ff RVG-VV, 3104 ff RVG-VV.

§ 323a Abänderung von Vergleichen und Urkunden

(1) [1]Enthält ein Vergleich nach § 794 Abs. 1 Nr. 1 oder eine vollstreckbare Urkunde eine Verpflichtung zu künftig fällig werdenden wiederkehrenden Leistungen, kann jeder Teil auf Abänderung des Titels klagen. [2]Die Klage ist nur zulässig, wenn der Kläger Tatsachen vorträgt, die die Abänderung rechtfertigen.
(2) Die weiteren Voraussetzungen und der Umfang der Abänderung richten sich nach den Vorschriften des bürgerlichen Rechts.

1 **I) Abänderungsklage bei Vergleichen und Urkunden. 1) Allgemeines.** Bei § 323a handelt es sich um eine **prozessuale Gestaltungsklage** zur (*erstmaligen*) Anpassung von Prozessvergleichen und vollstreckbaren Urkunden über künftig fällig werdende wiederkehrende Leistungen, die nicht Unterhaltssachen nach § 231 I FamFG sind. Die Einschränkungen nach § 323 I 2, II und III bei der Abänderung von entspr Urteilen gelten nicht. Wegen der Detailfragen des § 323a ist auf die Kommentierung des identischen § 239 FamFG zu verweisen.

2 **2) Anwendungsbereich. a)** Nach § 323a kann, wenn die Partei in einem gerichtl **Prozessvergleich** (§ 794 I Nr 1), einem Vergleich im PKH-Verf (§ 118 I 3) oder in einer **vollstreckbaren Urkunde** (§ 794 I Nr 5; dazu BGH NJW-RR 93, 773) die Verpflichtung künftig fällig werdender Leistungen (mit Ausnahme ges Unterhaltsansprüche, näher s § 323 Rn 9 u unten Rn 4) übernommen hat, von ihr oder ihrem Gegner die Herabsetzung oder Erhöhung der Leistungen im Wege der Klage verlangt werden, wenn die mat-rechtl Voraussetzungen dafür (insb Wegfall oder Änderung der Geschäftsgrundlage) vorliegen (s § 313 BGB). Der für **vollstreckbar erklärte Anwaltsvergleich** (§§ 796a-796c) fällt in entspr Anwendung unter § 323a.

3 Auf privatschriftl oder sonstige **außergerichtl Vergleiche** und nicht vollstreckbare notarielle Verträge ist **§ 323a** nicht anzuwenden, außer, wenn sich die Parteien vergleichsw der Regelung des § 323a vertragl unterworfen haben (BGH FamRZ 60, 60; OLG Köln FamRZ 86, 1018) oder wenn nachträgl eine Titulierung erfolgt ist (vgl BGH NJW 2012, 1209 Tz 20 zu § 323). Fehlen dem Titel die inhaltl Voraussetzungen, scheidet § 323a aus. **Bsp:** zeitl befristete Pauschalunterhaltsrente.

4 **b) Nicht** erfasst sind Titel, die die ges Unterhaltspflicht (§ 231 I FamFG) betreffen, also insb **Jugendamtsurkunden** (§ 239 FamFG). Auf **Schuldenbereinigungspläne** ist § 323a (trotz § 308 I 2 InsO; § 794 Nr 1) nicht anwendbar (MK/Gottwald Rn 7, str).

5 **c)** Ein vertragl **Ausschluss** der Abänderung gem § 323a richtet sich nach materiellem Recht (näher BGH NJW 2010, 440 = MDR 2010, 390).

6 **3) Abgrenzung zu anderen Rechtsbehelfen.** Näher s § 323 Rn 13 ff.

7 **4) Zulässigkeit der Abänderungsklage. a) Schlüssige Behauptung die Abänderung rechtfertigender Verhältnisse (I 2).** Die Abänderungsklage *setzt gem* **I 2** *die* Darlegung von Tatsachen voraus, die, ihre Richtigkeit *unterstellt, die* Abänderung des Titels rechtfertigen, s § 323 Rn 22 ff. Der Eintritt der Veränderung selbst ist eine Frage der Begründetheit (**II**).

b) Identität des Titels und der Parteien; wiederholte Abänderungsklage. aa) Die Abänderungsklage muss den titulierten Anspruch iSv **I 1** betreffen (s Rn 3). Parteien sind die im Titel genannten Personen, die daraus vollstrecken können, sowie deren Rechtsnachfolger (iE s § 323 Rn 27 f). Klageberechtigt sind außerdem Dritte, denen der abzuändernde Titel (zB Vergleich) eigene Rechte in Form eines echten Vertrags zugunsten Dritter verschafft hat (OLG Bamberg FamRZ 79, 1060; StJ/Althammer Rn 9, str; aA OLG Hamburg FamRZ 82, 322 mN; offen gelassen BGH NJW 83, 685 mwN = MDR 82, 740 = FamRZ 82, 587). 8

bb) Wiederholte Abänderungsklagen. Ist ein Titel nach I 1 bereits **durch Urteil** *abgeändert* worden, richtet sich die *erneute Abänderungsklage* gegen dieses (Abänderungs-)Urteil; es gilt § 323 (für § 323 II s BGH NJW 95, 536 mwN; für § 323 III s BGH NJW 90, 710 = MDR 90, 525). Wurde eine frühere Abänderungsklage nach § 323a gegen den Titel nach I 1 *abgewiesen*, soll zu unterscheiden sein: Berücksichtigt die klageabweisende Entscheidung vorausschauend die künftige Entwicklung der Verhältnisse, ist die *erneute* Abänderungsklage nach *§ 323* gegen das (klageabweisende) Urteil zu richten (BGH NJW 2008, 1525; BGH NJW 2012, 923 Tz 22; Graba NJW 2009, 2411; sa OLG Düsseldorf FamRZ 89, 1207 [Vollkommer/Steindl]; sa § 323 Rn 4); andernfalls erfolge die Abänderung eines Titels iSv I 1 gem § 323a (s BGH NJW 95, 536; iE OLG Karlsruhe FamRZ 2005, 816). Ist die Abänderungsklage nach § 323a gegen Titel nach I 1 als unzulässig abgewiesen worden (zB wegen unschlüssigen Zulässigkeitsvorbringens iSv Rn 7), kann sie der Kl unter Vermeidung des prozessualen Mangels wiederholen (s § 322 Rn 1a). 9

c) Allg und bes Prozessvoraussetzungen. Die **Zuständigkeit** für die Abänderungsklage folgt §§ 12 ff, §§ 29, 32; § 797 V ist unanwendbar. S § 323 Rn 29. 10

5) Klageantrag; Verfahren der Abänderungsklage. Zum Klageantrag s § 323 Rn 22; vorläufige Einstellung der ZwV, s § 323 Rn 32. Die Rechtshängigkeit der herabsetzenden Abänderungsklage schließt den Entreicherungseinwand aus, § 323b. 11

6) Entscheidung (§ 323a II). a) Ein **Prozessvergleich** ist an geänderte Verhältnisse anzupassen (**II**). Hinsichtl des Umfangs und des Zeitpunkts der Abänderung ist maßgebend allein das materielle Recht (zB **§§ 242, 313 BGB**; BGH NJW 2020, 925 Tz 19). Die Abänderbarkeit eines Vergleichs unterliegt weder einer Wesentlichkeitsgrenze noch einer zeitl Beschränkung. Die Vertragsparteien des Vergleichs können die Kriterien der Abänderbarkeit autonom *vereinbaren* (BGH NJW 97, 2177 mwN; OLG Hamburg FamRZ 88, 742; OLG Zweibrücken FamRZ 2004, 1884; OLG Koblenz FamRZ 97, 25) Bei der Anpassung einer in einem Vergleich vereinbarten Rente muss die Grundlage des Vergleichs gewahrt bleiben (BGH NJW 86, 2054 f; BGH NJW 92, 1622; BGH NJW 2001, 2260; KGR Berlin 2004, 546; OLGR Köln 2005, 340); fehlgeschlagene einseitige Erwartungen genügen nicht (OLG Bamberg FamRZ 84, 301). 12

b) Vollstreckbare Urkunden können ebenfalls nach **II** nach den Vorschriften des bürgerl Rechts an veränderte Verhältnisse angepasst werden. Für die **inhaltl Anpassung** ist zu unterscheiden (eingeh Graba FamRZ 2005, 680 ff): Bei vertragl Grundlage gilt bei Änderung der Geschäftsgrundlage (§§ 242, 313 BGB) das Gleiche wie bei Prozessvergleichen, s Rn 12 (vgl BGH NJW 97, 2177; BGH FamRZ 2003, 304, 306; OLG Hamm FamRZ 99, 794). Bei Titeln auf Grund einseitigen Schuldbekenntnisses fehlt es zwar an einer Geschäftsgrundlage; allerdings schließt die Bindung an das erklärte Anerkenntnis eine freie Abänderung für den Sch aus (BGHZ 189, 284 Tz 22 ff = NJW 2011, 1874 [Hoppenz FamRZ 2011, 1045]; OLG Hamm NJW 2013, 3377). Genau wie beim Prozessvergleich besteht weder eine Wesentlichkeitsgrenze noch ein Verbot rückwirkender Änderung (OLG Naumburg NJW-RR 2015, 197 Tz 6 f). 13

II) Gebühren. Wie § 323 Rn 46. 14

§ 323b Verschärfte Haftung

Die Rechtshängigkeit einer auf Herabsetzung gerichteten Abänderungsklage steht bei der Anwendung des § 818 Abs. 4 des Bürgerlichen Gesetzbuchs der Rechtshängigkeit einer Klage auf Rückzahlung der geleisteten Beträge gleich.

1) Schon die Rechtshängigkeit der auf Herabsetzung gerichteten Abänderungsklage (§§ 323, 323a) schließt den Entreicherungseinwand des Titel-Gl nach § 818 III BGB bzgl des zuviel gezahlten Betrags aus. Auch bei rückwirkender Abänderung des Titels (insb nach § 323a) tritt die verschärfte Haftung des Titel-Gl (erst) mit Rechtshängigkeit der Abänderungsklage ein. Die Rückforderungsklage wird nicht ersetzt; sie kann mit der (negativen) Abänderungsklage (auch hilfsw) verbunden werden (näher s § 323 Rn 22). Prozesszinsen (§ 291 BGB) sind erst mit der Rechtshängigkeit der Rückforderungsklage zu entrichten. 1

2) Beim internat Rechtsstreit setzt § 323b die Anwendbarkeit dt Sachrechts auf den Rückforderungsanspruch (zB Rom II-VO) voraus. 2

§ 324 Nachforderungsklage zur Sicherheitsleistung

Ist bei einer nach den §§ 843 bis 845 oder §§ 1569 bis 1586b des Bürgerlichen Gesetzbuchs erfolgten Verurteilung zur Entrichtung einer Geldrente nicht auf Sicherheitsleistung erkannt, so kann der Berechtigte gleichwohl Sicherheitsleistung verlangen, wenn sich die Vermögensverhältnisse des Verpflichteten erheblich verschlechtert haben; unter der gleichen Voraussetzung kann er eine Erhöhung der in dem Urteil bestimmten Sicherheit verlangen.

1 **1) Anwendungsbereich.** In Betracht kommende Fälle: §§ 843-845 BGB: Geldrente wegen Körperverletzung oder Tötung des Ernährers; §§ 1569 ff BGB: Geldrente für Unterhalt bei Ehescheidung; § 618 III BGB: Anwendung der §§ 843-845 BGB bei Verletzung der dem Dienstberechtigten in Ansehung des Lebens und der Gesundheit des Verpflichteten obliegenden Verpflichtungen; § 62 III HGB; § 8 III HaftpflG; § 13 III StVG; § 38 III LuftVG; § 30 III AtomG; § 9 II ProdHaftG; § 14 II UmweltHG.

2 **2) Verfahren.** Das Verlangen des Berechtigten erfolgt durch neue Klage (neue Prozessvollmacht) auch nach Rechtskraft des ersten Urteils (Zusatzklage). Ziel der Klage ist die Anordnung oder Erhöhung der Sicherheit für die Zukunft (ab Rechtskraft oder vorläufiger Vollstreckbarkeit); demgem Höhe der auszusprechenden Sicherheitsleistung. Sinngemäß besteht ein Recht des Verpflichteten, bei Besserung seiner Vermögensverhältnisse nachträgl Entbindung von der Sicherheitsleistung bzw Ermäßigung zu verlangen (MK/Gottwald Rn 10).

§ 325 Subjektive Rechtskraftwirkung

(1) Das rechtskräftige Urteil wirkt für und gegen die Parteien und die Personen, die nach dem Eintritt der Rechtshängigkeit Rechtsnachfolger der Parteien geworden sind oder den Besitz der in Streit befangenen Sache in solcher Weise erlangt haben, dass eine der Parteien oder ihr Rechtsnachfolger mittelbarer Besitzer geworden ist.

(2) Die Vorschriften des bürgerlichen Rechts zugunsten derjenigen, die Rechte von einem Nichtberechtigten herleiten, gelten entsprechend.

(3) [1]Betrifft das Urteil einen Anspruch aus einer eingetragenen Reallast, Hypothek, Grundschuld oder Rentenschuld, so wirkt es im Falle einer Veräußerung des belasteten Grundstücks in Ansehung des Grundstücks gegen den Rechtsnachfolger auch dann, wenn dieser die Rechtshängigkeit nicht gekannt hat. [2]Gegen den Ersteher eines im Wege der Zwangsversteigerung veräußerten Grundstücks wirkt das Urteil nur dann, wenn die Rechtshängigkeit spätestens im Versteigerungstermin vor der Aufforderung zur Abgabe von Geboten angemeldet worden ist.

(4) Betrifft das Urteil einen Anspruch aus einer eingetragenen Schiffshypothek, so gilt Absatz 3 Satz 1 entsprechend.

Lit: *Berger*, Die subj Grenzen der Rechtskraft bei der Prozessstandschaft, 1992; *Bettermann*, Die Vollstreckung des Zivilurteils in den Grenzen seiner Rechtskraft, 1948; *Calavros*, Urteilswirkungen zu Lasten Dritter, 1978; *W. Lüke*, Die Beteiligung Dritter im ZP, 1993; *Schack*, Rechtskrafterstreckung auf den Einzelrechtsnachfolger, FS Roth 2021, S 501; *Schwab*, Zur Drittwirkung der Rechtskraft, FS H.U. Walder, Zürich 1994, S 261.

I) Allgemeines. 1) Zweck. § 325 (§§ 326 u 327) regelt die Frage, für und gegen wen das rechtskräftige Urteil wirkt („subj Grenzen" der Rechtskraft), ergänzt damit § 265 (s Rn 13) und bestimmt zugleich den Umfang der ZwV (vgl § 750 I, § 727). Das rechtskräftige Urteil wirkt nur in Ansehung der Hauptsache, nicht auch bzgl der Kosten ggü dem Rechtsnachfolger (str; aA zB StJ/Althammer Rn 20; unterscheidend MK/Gottwald Rn 15). Die Erweiterung der „subj Grenzen" der Rechtskraft lässt die „obj" (s vor § 322 Rn 30 ff) unberührt. Eingehende (auch rechtspolitische) Kritik an der Rechtskrafterstreckung auf einen gutgläubigen Rechtsnachfolger übt Schack FS Roth 2021, S 504 ff; 509 ff; 512 ff. 1

2) Anwendungsbereich. Die Rechtskrafterstreckung gem **I** setzt ein materiell rechtskräftiges Urteil voraus, das auf Leistung eines veräußerten Gegenstands (Sache. Recht) gerichtet ist (arg § 265; II, III). Sie gilt **entspr** für **Schiedssprüche** (s § 1055 Rn 7; Pika ZZP 131 [2018], 225), **nicht** aber für den **Prozessvergleich** (§ 794 I Nr 1). Grund: vor § 322 Rn 8a. Die Bindungswirkung ggü dem Rechtsträger ist Folge der gem § 265 II fortbestehenden ges Prozessstandschaft des Veräußerers, die auch Dispositionsakte wie die verbindliche Prozessbeendigung durch Vergleich umfasst (BGHZ 219, 314 Tz 23 ff = NJW 2019, 310 = MDR 2019, 121; str; **aA** M. Mankowsky JR 2020, 1; hier Greger § 265 Rn 6; eingehend Berger FS Roth 2021, S 173 (zust); Schack FS Roth 2021, S 515 (teilw krit); sa vor § 322 Rn 7, 8a). 2

II) Beschränkung der Rechtskraft auf die Parteien des Rechtsstreits. 1) Allgemeines. Grds wirkt die Rechtskraft also nur zwischen den **(formalen) Parteien** des rechtskräftig entschiedenen Rechtsstreits (RGZ 148, 169; BGHZ 123, 33 f; BGHZ 124, 95; BGH NJW 84, 127; Lüke, Die Beteiligung Dritter im ZP, 1993, S 116). Wer *tatsächl* Partei ist, bestimmt die (obj auszulegende) Klageschrift (s vor § 50 Rn 8 f), nicht die unzutr Vorstellung des Gerichts (OLG Nürnberg OLGZ 87, 486). Ein (vorgeschobener) „Strohmann" steht der rechtskräftig abgewiesenen Partei gleich (BGHZ 123, 35; BGHZ 182, 325 Tz 20 f; BGH MDR 2012, 236 Tz 15 = ZIP 2012, 698). Die „obj Grenzen" gelten grds auch, wenn Dritte von dem rechtskräftig beurteilten Rechtsverhältnis betroffen oder wenn sie an ihm beteiligt sind oder waren (Rn 13). Den Parteien stehen notwendig Beizuladende als **„Beteiligte"** gleich (s Rn 30). Fälle ausnahmsw Rechtskrafterstreckung auf Dritte: s Rn 28 ff. 3

2) Abgrenzung zu Nichtparteien („Dritten"). Die Rechtskraft erstreckt sich nicht auf einfache **Streitgenossen** der Parteien (BGH NJW 2019, 1751 Tz 12 = MDR 2019, 291), insb nicht bei gesamtschuldnerischer Haftung (§ 425 II BGB; sa Rn 7, 18), nicht auf notwendige Streitgenossen bei Verstoß gegen § 62 (s § 62 Rn 31), nicht auf **NI** gem § 67 (wohl aber auf streitgenössische gem § 69), nicht auf ihre ges oder gewillkürten **Vertreter**, seit dem 1.12.2020 nicht mehr gegenüb **WEG-Verwalter** (§ 44 III WEG, Schultzky MDR 2020, 1473, 1477), eine **Ausnahme** gilt aber für den Vorstand im Fall von § 248 AktG, nicht **zugunsten des Dritten**, wenn der Versprechensempfänger eines Vertrages zugunsten Dritter gegen den Versprechenden ein Urteil erwirkt hatte (BGH LM Nr 1; abl MK/Gottwald Rn 89 u Schwab ZZP 77 [1964], 149, der hier Drittwirkung annimmt), nicht **gegen die Gesellschaft**, wenn das Urteil gegen den Alleingesellschafter ergangen ist (BGH MDR 2012, 236 = ZIP 2012, 698), nicht **gegen den Haftpflichtversicherer**, wenn das Urteil gegen den VN (Schädiger) ergangen ist (s Rn 6, 39), grds nicht gegen den Zedenten bei Klage des Zessionars (unklar BGH NJW 2008, 2852 Tz 33; sa Rn 30 [bb]). Ein Urteil auf Feststellung eines Rechtsverhältnisses zwischen Dritten oder zwischen einer Prozesspartei und einem Dritten wirkt Rechtskraft *nur* zwischen den Parteien (unabhängig von ihrer Beteiligung am Rechtsverhältnis), nicht aber für und gegen den am Rechtsstreit nicht beteiligten Dritten (BGH LM Nr 4). **Abweichende Lehrmeinung:** Von der Rechtskrafterstreckung gem § 325 zu unterscheiden ist die sog Drittwirkung der Rechtskraft (Schwab ZZP 77 [1964], 124). Ihr zufolge haben Dritte die unter den Parteien wirkende rechtskräftige Entscheidung in dieser Beschränkung anzuerkennen („absolute" Wirkung der „relativen" Feststellung; abl StJ/Althammer § 325 Rn 31 ff); sa Rn 28, 38, 41. 4

3) Subjektive Begrenzung der Rechtskraft als materiell-rechtlicher Grundsatz. a) Überblick. Um Fälle von prozessualer Rechtskrafterstreckung geht es bei I (Rn 13-27). Soweit die Rechtskraft über § 325 I hinaus für und gegen Nichtparteien („Dritte") Wirkungen entfalten, handelt es sich um die im mat Recht nicht abschließend geregelten Fälle der Rechtskrafterstreckung auf Dritte (Rn 29-40). Fehlt es an einem anerkannten Fall dieser Gruppe, verbleibt es bei der subj Begrenzung gem § 325 I. Dies gilt grds auch bei Mehrparteienverhältnissen mit enger Verflechtung der wechselseitigen Rechtsbeziehungen (sa Rn 41). Den im folgenden Überblick dargestellten Fällen subj Begrenzung (Rn 6-10) stehen Fälle der Rechtskrafterstreckung auf Dritte infolge mat-rechtl Abhängigkeit (Rn 31-40) gegenüber, die sich aber nach hM nicht auf ein allg Prinzip zurückführen lassen (Rn 41). 5

b) Akzessorische Schuld und Haftung. Sind akzessorische Verbindlichkeiten oder Haftungen (des Bürgen, Mithaftenden, Schuldbeitretenden, Gesellschafters, Gemeinschafters, Hypothekenschuldners, Haftpflichtversicherers) **vor** Rechtskraft des Urteils gegen den Primärschuldner begründet worden (wegen der **nach** Rechtskraft begründeten akzessorischen Haftung s Rn 34), scheidet eine Rechtskrafterstreckung gegen den Bürgen (usw) nach allgM aus. IE: Wird der (Haupt-)Sch *verurteilt*, so ist hieran der **Bürge** (BGHZ 76, 230 f = NJW 80, 1461; 139, 218 = NJW 98, 2073 f; BGHZ 210, 348 Tz 21, 24 = NJW 2016, 3158), der Vermögens-(Geschäfts-) Übernehmer nach § 419 BGB aF, § 25 HGB (BGH NJW 84, 793, 794; sa Rn 26), oder der **Eigentümer** der mit 6 einer Hypothek belasteten unbewegl oder einer verpfändeten bewegl Sache *nicht* gebunden; der Bürge kann zB einwenden, der Hauptschuldner habe vor dem rechtskräftig entschiedenen Prozess wirksam aufgerechnet, mag auch dem Hauptschuldner die Gegenforderung nach § 322 II wirksam aberkannt sein (RGZ 122, 148; abw für Verjährungseinrede BGHZ 210, 348 Tz 28 = BGH NJW 2016, 3158), oder (§ 770 II BGB) der Hauptschuldner sei mit einer vor dem Erstprozess erworbenen Gegenforderung aufrechnungsberechtigt, mag auch der Hauptschuldner durch § 767 II die Aufrechnungsmöglichkeit verloren haben (zT abw in der Begründung BGHZ 24, 98). Ist der Gesellschafter A im Vorprozess zur Zahlung seiner Einlageschuld verurteilt worden (§ 21 GmbHG), entfaltet dieses Urteil keine Rechtskraftwirkung gegen den im Folgeprozess gem § 24 GmbHG auf den *Ausfall* in Anspruch genommenen Gesellschafter B (BGH NJW-RR 2005, 338); B kann vielmehr (noch) einwenden, A habe seine Einlage doch geleistet (BGH aaO). **Umgekehrt** kann sich der Bürge nach § 768 I BGB auf das die Klage gegen den Hauptschuldner *abweisende* rechtskräftige Urteil berufen (BGH NJW 70, 279; BGH NJW 96, 396; BGH NJW-RR 87, 685; eingeh Fenge NJW 71, 1920 mwN); ähnl der Eigentümer der verpfändeten Sache oder des hypothekarisch belasteten Grundstücks gem § 1137 I, § 1211 I BGB (BGH NJW 96, 396) oder der Wohnungseigentümer auf das die Klage gegen die GdWE abweisende Urteil (§ 44 III WEG), dagegen nicht umgekehrt der persönl Sch auf die abweisende Entscheidung im Verhältnis zum abhängig (akzessorisch) Haftenden (Bürge, Eigentümer, vgl LG Frankenthal Rpfleger 83, 163).

7 **c) Mehrheit von Mitverpflichteten und Mitberechtigten.** Das Urteil gegen einen **Gesamtschuldner** (§ 425 II aE BGB; BGH NJW 84, 794; BGH NJW 92, 2413; BGH NJW 2019, 1751 Tz 12), **Gesamtgläubiger** (§ 429 III, § 425 I, II BGB; BGH NJW 84, 127) oder gegen einen **Miteigentümer** (§§ 1011, 432 II BGB) wirkt nicht gegen die übrigen Gesamtschuldner oder Miteigentümer; beachte die erweiterte Geltung des § 425 II BGB durch § 429 III, §§ 431, 432 II BGB. Bsp: Wird die Grundbuchberichtigungsklage des einen Miteigentümers abgewiesen, erwächst das klageabweisende Urteil nicht in Rechtskraft zu Lasten des anderen Miteigentümers (BGHZ 79, 245 = NJW 81, 1097 = MDR 81, 481); das Gleiche gilt bei Abweisung der Klage des einen Miteigentümers auf Unterlassung der Benutzung des Grundstücks (BGHZ 92, 354).

8 **d) Prätendentenstreit.** Der **Nachlassgläubiger** kann wegen einer Nachlassforderung auch gegen eine Person klagen, die zuvor in einem Feststellungsprozess um das Erbrecht gegen einen anderen Prätendenten rechtskräftig unterlegen ist (aA Schwab ZZP 77 [1964], 148). Ob der beklagte **Nachlassschuldner** das Erbrecht des Kl auch dann noch bestreiten kann, wenn dieser in einem rechtskräftig entschiedenen Vorprozess mit einer Klage auf Feststellung des Erbrechts durchdrang, ist bestritten. Ja: die hL, StJ/Althammer Rn 104).

9 **e) Entscheidung über eingetragene Rechte.** Über den Bestand einer **Hypothek** kann zwischen dem Grundstückseigentümer und dem eingetragenen Hypothekar nicht mit Wirkung gegen einen vor Rechtskraft schon eingetragenen nachrangigen Hypothekar entschieden werden. Nicht zu verwechseln damit ist der Fall, dass der auf Wiedereintragung einer gelöschten Hypothek verklagte Grundstückseigentümer während des Rechtsstreits eine weitere Hypothek bestellt; dies ist ein Fall der Rechtskrafterstreckung kraft Rechtsnachfolge, dazu s Rn 20.

10-12 Einstweilen frei.

13 **III) Rechtskrafterstreckung auf Rechtsnachfolger; Titelumschreibung. 1) Rechtsnachfolge.** Die Rechtsnachfolge **iSd § 325 I** kann als Hauptfall sowohl in den noch streitbefangenen – *rechtshängigen* – Streitgegenstand iS § 265 (Rechtskrafterstreckung aus prozessualem Grund) als auch wegen der (Gesamt-)Rechtsnachfolge erfolgen (BGHZ 114, 363, 364 [zu II mN]; BGH NJW 81, 1517; BGH NJW 83, 2032). Die Rechtsnachfolge und die Rechtskrafterstreckung entsprechen sich ihrem Umfang nach. Die Rechtskrafterstreckung gem § 325 I reicht nur soweit, wie der Rechtsnachfolger in die Rechtsstellung des Rechtsvorgängers eingetreten ist (BGHZ 216, 83 Tz 12 = NJW-RR 2018, 719). Durch die Rechtskrafterstreckung gem I werden die obj Grenzen der Rechtskraft (s vor § 322 Rn 30 ff, insb 37) nicht erweitert (BGHZ 216, 83 Tz 14 = NJW-RR 2018, 719; sa vor § 322 Rn 52). Mit der Rechtskrafterstreckung ist eine entsprechende Erstreckung der Vollstreckbarkeit verbunden; dies setzt eine entspr Titelumschreibung voraus (§ 727); Abgrenzung zur Prozessnachfolge: s Rn 27b. – **Lit:** Berger s vor Rn 1; Leitmeier, Die schwache Position des Rechtsnachfolgers nach Veräußerung der streitbefangenen Sache durch den Rechtsvorgänger, ZZP 136 [2023], 359.

14 **2) Gesamtrechtsnachfolge nach Rechtshängigkeit. a) Natürl Personen. aa) Erbfolge.** Dass rechtskräftige Entscheidungen für und gegen den Erben wirken, ergibt sich schon aus § 1922 BGB. Aber der Erbe ist nur in dieser Eigenschaft, nicht wegen seines persönl Vermögens und auch nicht insoweit gebunden, als er vor Rechtskraft des Vorprozesses und vor der Gesamtrechtsnachfolge eine selbständige Rechtsstellung hinsichtl der umstrittenen Sache erworben hatte (BGH MDR 56, 542 = LM Nr 6; AG/Gehle Rn 27 „Erbrecht"). Hatte also einer von 2 Miteigentümern eine negative Feststellungsklage gegen einen Dritten erhoben, der sich des Alleineigentums berühmt, war die Klage rechtskräftig zugesprochen worden und beerbt dann der andere Miteigentümer den Kl jenes Prozesses, so kommt diesem das rechtskräftige Urteil nur hinsichtl des geerbten Anteils zugute, während iÜ im Streitfall neu zu entscheiden ist. Haftet dagegen ein Erbe für eine rechtskräftig titulierte Nachlassverbindlichkeit unbeschränkbar *auch persönl*, so muss er das rechtskräftige Urteil auch mit Wirkung gegen sein persönl Vermögen gelten lassen. Ist der Erblasser rechtskräftig zur Rechnungslegung (§§ 259, 260 BGB) verurteilt worden, kann die geschuldete Auskunft vom Erben erzwungen werden (OLG München MDR 87, 416).

bb) Gesamtnachfolge unter Lebenden liegt iErg auch vor beim Ein- oder Austritt eines **Gesamthänders** aus der Gesamthand im Gesellschaftsrecht (einschr MK/Gottwald Rn 23; Hk-ZPO/Saenger Rn 13), ferner wenn die OHG (Außen-GbR) dadurch vollbeendet wird, dass ein Gesellschafter durch Vertrag das Geschäft ohne Abwicklung mit Aktiven und Passiven übernimmt (vgl BGH NJW 2002, 1207; sa ThP/Hüßtege § 239 Rn 3; MskV/Wolff Rn 8). Gesamtrechtsnachfolger sind weiter die Abkömmlinge bei fortgesetzter Gütergemeinschaft (§ 1483 BGB; aA Hk-ZPO/Saenger Rn 13; aber § 745 beachten). Zur Frage der Rechtskrafterstreckung auf **Übernehmer** eines Handelsgeschäfts unter der bish Firma (§ 25 HGB) oder Betriebs (§ 613a BGB) s Rn 26. 15

b) Juristische Personen. Für und gegen den Gesamtrechtsnachfolger wirkt das Urteil auch, wenn das gesamte Vermögen einer jur Person auf eine andere übergeht, so bei der Umwandlung durch **Verschmelzung** von Kapitalgesellschaften untereinander oder mit Personenhandelsgesellschaften (§§ 2-122 UmwG), bei Vermögensübertragung nach §§ 174-189 UmwG, zB unter Versicherungsunternehmen, und bei dem Anfall eines Vereinsvermögens an den Fiskus (§ 46 BGB). In den Fällen von Ausgliederungen (§ 123 III UmwG) handelt es sich um partielle Gesamtrechtsnachfolge (so wohl BGH NJW-RR 2006, 1628, 1629 Tz 9; offen BGH NJW 2001, 1217). 16

3) Einzelrechtsnachfolge nach Rechtshängigkeit. a) Allgemeines. § 325 I baut auf § 265 I auf (§ 265 Rn 1). Die Einzelrechtsnachfolge während des Prozesses ändert nichts an der Prozessführungsbefugnis des Veräußerers, der den Prozess weiterhin im eigenen Namen in **ges Prozessstandschaft** unabhängig vom Rechtsnachfolger führt (BGH NJW 2019, 310 Tz 7, 21 f; § 265 Rn 6 ff). Im Interesse des Gegners muss das Urteil auch für und gegen den Rechtsnachfolger wirken. Tritt die Rechtsnachfolge schon vor Rechtskraft ein, so kommt es für § 325 I nicht darauf an, ob das zusprechende Leistungsurteil auf Leistung an den Kl oder an den Rechtsnachfolger lautet (BGH NJW 2014, 1886 Tz 11); wegen der Vollstreckbarkeit vgl §§ 727 ff. 17

b) Veräußerung der streitbefangenen Sache oder des geltend gemachten Anspruchs (I iVm § 265 I; sa § 265 Rn 5 f): **aa) Übergang des materiellen Rechts**, aus dem auf Leistung oder auf dessen Feststellung geklagt war, auf einen anderen Rechtsträger, sei es durch Vertrag (**Abtretung der eingeklagten Forderung**, § 398 BGB), **Gesetz** (zB § 86 VVG; §§ 268, 412 BGB, § 116 SGB X, § 94 SGB XII) oder **Hoheitsakt**; Bsp: Pfändungsbeschluss (§§ 829, 835; vgl BGHZ 86, 337, 339; BGH WM 88, 1462 f); Überleitungsanzeige gem § 33 SGB II, § 93 SGB XII. Hierher gehören auch die Fälle, dass nicht das Vollrecht, sondern eine mindere Rechtsstellung übertragen wird (s Rn 20) sowie dass eine **auflösende Bedingung** oder ein Endtermin eintreten (§ 158 II, § 163 BGB): hier kein originärer, sondern abgeleiteter Rechtserwerb (MskV/Wolff Rn 8; StJ/Althammer Rn 26, str; aA AG/Gehle Rn 32). Dagegen ist **nicht Rechtsnachfolger**, wer durch wirksame Anfechtung wieder in die alte Rechtsstellung einrückt, wohl aber im Fall der Rückübertragung (BGH NJW 2008, 2852 Tz 34; BGH MDR 2021, 446 Tz 21 f; BGH 7.8.2024, Via ZR 929/23; NJW 2024, 3299 Tz 17 = MDR 2024, 1311). Soweit eine Rechtskrafterstreckung zwischen als **Gesamtschuldnern** verurteilten Streitgenossen ausgeschlossen ist (s Rn 4, 7), stellt der Forderungsübergang nach Leistung eines Gesamtschuldners gem § 426 II 1 BGB keine Rechtsnachfolge iSv § 325 dar, so dass der Innenausgleich ohne Bindungswirkung erfolgt (BGH NJW 2019, 1751 Tz 12). 18

Ist der **Rechtsübergang aufschiebend bedingt** vereinbart, ist streitig, ob Rechtsnachfolge iSv §§ 265, 325 schon im Zeitpunkt der bedingten Verfügung oder erst mit der Bedingung eintritt (so RSchwab/Gottwald § 101 Rn 15; StJ/Althammer Rn 24 mN auch zur aA; MK/Gottwald Rn 44; Flume Allg Teil II, § 393; Berger KTS 97, 403; iErg vermittelnd Henke, Bedingte Übertragungen im Rechtsverkehr u im Rechtsstreit, 1959, S 104 ff). Da der Eintritt der aufschiebenden Bedingung ungewiss ist, wird man erst in diesem Zeitpunkt Rechtsnachfolge annehmen können. Im praktisch wichtigsten Fall des § 449 BGB erwirbt allerdings der Käufer regelmäßig schon zur Zeit der Einigung den Besitz (s Rn 22) der gekauften Sache (überdies die Anwartschaft: s Rn 20) und ist damit Rechtsnachfolger (AG/Gehle Rn 30; abw bei bedingter Zession Berger KTS 97, 403). 19

bb) Einzelrechtsnachfolge ist auch der **Erwerb minderer Rechtsstellung**. Rechtsnachfolge in diesem Sinne ist daher auch gegeben, wenn die Partei, nachdem ihr Eigentum streitbefangen wurde, Dritten daran ein Pfandrecht, eine Hypothek, einen Nießbrauch bestellte. Rechtsnachfolger ist auch, wer (über § 449 BGB) ein Anwartschaftsrecht erwirbt (MK/Gottwald Rn 28, str; dazu Henke aaO [s Rn 19] S 92 ff). Demnach löst sich auch der Fall, dass der auf Wiedereinräumung einer Hypothek verklagte Eigentümer während des Rechtsstreits die Eintragung einer Zwangshypothek auf seinem Grundstück hinnehmen muss. Der Zwangshypothekar als minderer Rechtsnachfolger muss das gegen den Eigentümer ergehende Urteil gegen sich gelten lassen (Blomeyer § 92 III 1b); Entspr gilt für den Vollstreckungsgläubiger bei Pfändung einer rechtshängigen Forderung (vgl Brehm JZ 96, 527). **Abgrenzung:** In den Fällen der gewillkürten Prozessstandschaft (s Rn 30 [bb]) kommt es umgekehrt zu einer Rechtskrafterstreckung auf den Inhaber des Vollrechts. 20

cc) Rechtsnachfolge iSv **I Alt 1** liegt ferner vor, wenn das Eigentum, die Inhaberstellung, ein beschränktes Recht oder der Besitz an einer in Streit befangenen bewegl oder unbewegl Sache oder an einem sonstigen in Streit befangenen Recht (Gegenstand) nach Rechtshängigkeit oder auch erst nach Rechtskraft (BGH NJW 83, 2032 mN; BGH ZIP 91, 873; Jauernig ZZP 101 [1988], 375) erworben wird (BGHZ 114, 305, 309; BGH NJW-RR 2018, 79 Tz 9, 34). In den Fällen des Besitzwechsels nach Rechtskraft hat die Rechtskrafterstreckung ihren Grund in der rein mat-rechtl Rechtsnachfolge; ein Prozessrechtsverhältnis des Rechtsvorgängers besteht nicht 21 mehr. Trat die Rechtsnachfolge dagegen bei bestehender Rechtshängigkeit ein, hat sie ihren Grund in der ges Prozessführungsmacht des Rechtsvorgängers nach § 265 (Rn 17), also im Prozessrecht.

22 c) **Besitzübergang.** Mittelbarer Besitzer (§ 868 BGB) ist zB der Vermieter und Verpächter. Der Nießbraucher, Pächter, Mieter, Pfandgläubiger, Verwahrer haben unmittelbaren Besitz. Die Rechtskraft des Urteils wirkt gem **I Alt 2** auch gegen den, der vom Nießbraucher, Pächter oder Mieter, der selbst Partei ist, gepachtet oder gemietet (Untermieter, iE s Rn 38) oder von ihm die Sache in Verwahrung genommen hat. Auf Besitzdiener (Dienstboten des Mieters) iSd § 855 BGB, gegen die das Urteil ohne weiteres ohne Umstellungen der Vollstreckungsklausel vollstreckt werden kann, ist § 325 nicht anwendbar.

23 **4) Schuldnachfolge. a) Rechtskrafterstreckung im Allg.** Insoweit ist zu unterscheiden: **aa)** Ist die Schuldnachfolge nur eine Folge der Rechtsnachfolge, so ist die Rechtskrafterstreckung zu bejahen. Das ist unzweifelhaft bei Schuldnachfolge im Wege der Gesamtrechtsnachfolge (Erbgang) der Fall; ein weiteres Bsp bilden die Fälle „dingl Schuld" (Rn 25). – **bb)** Bei einer Schuldnachfolge im Wege der Einzelnachfolge ist dagegen eine Rechtskrafterstreckung grds zu verneinen (s Rn 24).

24 **b) Fälle von Schuldübernahme** (s §§ 414, 415 BGB). **aa)** Bei der *kumulativen* Schuldübernahme (Schuldmitübernahme, Schuldbeitritt) scheidet eine Erstreckung der Rechtskraft des gegen den Altschuldner ergangenen Urteils auf den Übernehmer (NeuSch) aus; da sie als Gesamtschuldner haften, steht § 425 II BGB entgegen. – **bb)** Bei der *befreienden* (privativen) Schuldübernahme gilt iErg nichts anderes. Hat der NeuSch die Schuld übernommen, während der Rechtsstreit gegen den AltSch **noch rechtshängig** war, kommt es mangels Passivlegitimation nicht mehr zu dessen Verurteilung, ein Fall von § 265 (als Voraussetzung für § 325) liegt damit nicht vor (BGHZ 61, 140, 141 f; RSch/Gottwald § 101 Rn 10; ThP/Seiler § 265 Rn 10; hier § 265 Rn 5a; sa vor § 50 Rn 28). Die Übernahme der gegenüber dem AltSch rechtskräftig festgestellten Forderung enthält aber zugleich die Erklärung des Übernehmers (§§ 133, 157 BGB), die Rechtskraft des Urteils gegen sich gelten lassen zu wollen (vgl StJ/Althammer Rn 93 [zur Bürgschaft], aber kein Fall von § 727; sa Rn 34).

25 **c) Fälle „dinglicher Schuld" ua.** Zur Rechtskrafterstreckung kommt es auch bei Rechtsnachfolge in ein mit einem dingl Recht belasteten Grundstück (s § 266 I, § 325). Schwebt zwischen dem Eigentümer und einem Dritten ein Rechtsstreit über das „dingliche Recht" am Grundstück und veräußert der Eigentümer das Grundstück während des Rechtsstreits, erstreckt sich die Rechtskraft des zwischen den Parteien des Rechtsstreits ergangenen Urteils auf den neuen Eigentümer („Rechtsnachfolger" iSv § 266 I). Weitere Bsp (nach Blomeyer § 47 I 3): Der vom Nachbar auf Beseitigung eines Überbaus oder vom Mieter auf Mängelbeseitigung verklagte Eigentümer veräußert sein Grundstück während des Rechtsstreits. Die schuldrechtl „Last" obliegt hier dem Erwerber, wie seinem Rechtsvorgänger. Dies gilt nicht für rein persönl, nicht gegen den Eigentümer als solchen gerichtete Ansprüche (vgl BGHZ 18, 223). Bsp zur Abgrenzung: Das Urteil im Rechtsstreit zwischen dem Besteller des Erbbaurechts und dem ersten Erbbaurechtsberechtigten über die Erhöhung des (dinglich gesicherten) **Erbbauzinses** wirkt nicht gegen einen späteren Inhaber des Erbbaurechts, der schon vor der Erhebung der Klage im GB eingetragen war (BGH NJW 2014, 3521).

26 **d) Fälle von Geschäfts-, Unternehmens- und Betriebsübernahme** (§ 25 HGB, § 613a BGB). **aa)** Erfolgt die Geschäftsübernahme während der Rechtshängigkeit des Rechtsstreits, wird eine Rechtskrafterstreckung überwiegend im Hinblick auf § 425 II BGB iVm § 25 I 1 HGB verneint (vgl Rn 24 [aa]), dagegen bei Übernahme nach rechtskräftiger Feststellung der Schuld bejaht (arg § 729 I; RSch/Gottwald § 157 Rn 17). – **bb)** Bei **Betriebsübergang** gem **§ 613a BGB** nach Rechtshängigkeit wirkt das gegen den alten Arbeitgeber ergehende Urteil auch für und gegen den neuen als Vertragsnachfolger (BAG NZA 94, 261; BAGE 85, 334 mN = NJW 98, 332; Hess LAG EzA 3/2013, 16; MK/Gottwald Rn 39; PG/Völzmann-Stickelbrock Rn 38; Erman/Edenfeld/Bieder § 613a BGB Rn 118). Für den Fall der Schuldnachfolge nach Rechtskraft s Rn 34.

27 **5) Rechtsnachfolge vor Rechtshängigkeit. a) Regel.** Hat die Rechtsnachfolge **vor der Rechtshängigkeit** stattgefunden, wirkt das rechtskräftige Urteil **nicht** für und gegen den Rechtsnachfolger. Eine Entscheidung zwischen dem Verletzten und dem Schädiger wirkt daher keine Rechtskraft gegenüber dem Sozialversicherungsträger, auf den die Schadensersatzforderung im Unfallzeitpunkt gem § 116 SGB X übergegangen ist (BGH MDR 64, 588; OLG Dresden MDR 2015, 1097; sa BAG ZIP 99, 1142: Betriebsübergang vor Rechtshängigkeit).

27a **b) Ausnahmen.** In bestimmten Fällen der **Übertragung von Forderungen** und anderen Rechten, § 407 II, §§ 408, 412, 413 BGB; § 372 II HGB; § 55 IV MarkenG gelten Ausnahmen. Die Rechtskraftwirkung „gegen" den Zessionar gem **§ 407 II BGB** bezieht sich nach hM nur auf das die Klage des Zedenten *abweisende*, nicht auf das ihr *stattgebende* Urteil (BGHZ 52, 152, BGH NJW 94, 252; OLG Dresden MDR 2015, 1017; MK/Gottwald Rn 47; StJ/Althammer Rn 19; Hk-ZPO/Saenger Rn 8, str; **aA** – auch Rechtskrafterstreckung *zugunsten* des Zessionars – Braun ZZP 117 [2004], 12 f; Schwab GS Bruns, 1980, S 181, 187; Stamm NJW 2016, 2372 ff; Schilken ZZP 130 [2017], 292 ff, 301). Der aA ist iErg zu folgen. Die Verurteilung des Schuldners wirkt in verschiedener Hinsicht zugleich auch *zum Nachteil* („gegen") der Rechtsposition des Zessionars. Der Zessionar muss Leistungen des Titel-*Sch an den Titel-Gl* als „Erfüllung" hinnehmen; der Ausgleich erfolgt im Verhältnis zwischen Alt- und Neu-Gl gem § 816 II BGB. Einer Klage des Zessionars gegen den Sch steht der Einwand der Rechtskraft entgegen; der Zessionar muss den Titel auf sich umschreiben lassen (§ 727 entspr). Der Sch ist dann vor der ZwV durch den Zedenten geschützt; er ist zu keinem Zeitpunkt der „doppelten" Inanspruchnahme durch 2 verschiedene Gl ausgesetzt. Umstr ist eine Rechtskrafterstreckung „gegen" den Zessionar **entspr § 407 II BGB** von der Entscheidung über eine zur Aufrechnung gem § 406 BGB geeignete **Gegenforderung** des Sch gegen den Zedenten (befürwortend v. Olshausen JZ 76, 85; abl BGH NJW 94, 252). Zu einer Rechtskrafterstreckung für und gegen den Zessionar ohne die bes Voraussetzungen des § 407 II BGB usw (s oben „Ausnahmen") kommt es in den Fällen der **Prozessstandschaft** (s Rn 30 [bb]).

6) Insolvenzrechtliche Prozessnachfolge als Fall der „Rechtsnachfolge"? Führt der Sch nach Aufhebung des InsVerf (§ 200 InsO) den noch gegen den Verwalter begonnenen Prozess (zB Masseschuldprozess) als Partei fort (Prozessnachfolge), entfaltet das zugunsten des Sch ergangene Urteil keine Rechtskraftwirkung zugunsten des Verwalters im Haftungsprozess (§ 60 InsO). Der Verwalter ist in dem gegen ihn als Partei eingeleiteten Prozess Vorgänger des Sch, nicht sein „Rechtsnachfolger" (BGH NJW-RR 2022, 701 = MDR 2022, 595). Dagegen wirkt das zugunsten des Verwalters ergangene Urteil auch für den Schuldner als Prozessnachfolger Rechtskraft (arg § 727; vgl § 727 Rn 11). 27b

IV) Rechtskrafterstreckung auf Dritte. 1) Allgemeines. Die dogmatische Begründung und Abgrenzung der zur Gruppe der **Rechtskrafterstreckung infolge rechtl Abhängigkeit** (vgl dazu Bettermann S 79 ff; Blomeyer § 91 II u § 93 mwN) gehörigen Fälle (s Rn 31 ff) ist sehr umstritten (vgl auch Schwab NJW 60, 2169; Schwab ZZP 77 [1964], 124 u Schwab FS Walder, S 282; RSchwab/Gottwald § 157 Rn 22 ff, 35 ff; Nikisch § 108 VI aE; ThP/Seiler Rn 5; StJ/Althammer Rn 87 ff; Braun § 60 I 1). Die Einordnung schwankt von echter Rechtskraft-, über Reflex- oder Tatbestands- und „privatrechtl Nebenwirkung des Zivilurteils" (Kuttner) bis zur Drittwirkung (vgl Bettermann S 113 ff u Schwab aaO; Koussoulis, Beiträge zur modernen Rechtskraftlehre, 1986, S 163 ff). Dass das Gesetz selbst neben der Drittwirkung des Urteils aus prozessualen Gründen (Rechtsnachfolge in den Prozessgegenstand, Fälle der Prozessstandschaft) auch die Rechtskrafterstreckung aus mat-rechtl Gründen eingeplant hat, ergibt sich aus den folgenden Einzelfällen (s Rn 29-40). 28

2) Rechtskrafterstreckung auf Dritte kraft ausdrücklicher gesetzlicher Vorschriften. a) Rechtskraft inter omnes. Dieser Fall ist selten. Derzeit sind dies die „rechtskräftigen" Beschlüsse in *Abstammungssachen* (§§ 169 ff FamFG), durch die das „Nichtbestehen einer Vaterschaft" oder die „Feststellung der Vaterschaft" „für und gegen alle" geklärt wird (§ 184 FamFG). 29

b) Fälle von Rechtskrafterstreckung aa) auf Personengruppen. Feststellungsklage im InsVerf (§ 183 I InsO: Rechtskraft ggü InsVerwalter und allen InsGläubigern; zur Tabelleneintragung s § 178 III InsO; sa Rn 31); Drittschuldnerklage bei mehreren Pfändungsgläubigern (§ 856 IV: Rechtskraft für und gegen sämtl Gläubiger; sa Rn 5); aktienrechtl Anfechtungs- und Nichtigkeitsklage (§§ 248, 249, 257 II, § 275 IV AktG: Rechtskraft ua für und gegen alle Aktionäre; dazu BGHZ 132, 285); Urteile über Beschlussklagen gegen die GdWE (§ 44 I, II 1 WEG) wirken für und gegen alle Wohnungseigentümer, auch wenn sie nicht Partei sind (§ 44 III WEG). – Musterfeststellungsklage (§§ 41, 11 III VDuG: Bindungswirkung für und gegen alle angemeldeten Verbraucher/Kl); – **bb) auf einzelne Dritte.** Versicherungsrechtl Direkt- und Haftpflichtklage (§ 124 VVG; BGH NJW 82, 996, 999, Einordnung str; sa Rn 39). Hierher gehören auch die Fälle gem § 407 II BGB usw (s Rn 27); § 1357 BGB bei Ehegatte als Kl (MK-BGB/Roth § 1357 BGB Rn 54, zw; sa § 62 Rn 15) sowie – bei Einordnung als Fall der Rechtskrafterstreckung – § 11 UKlaG (s Rn 40). Zu einer Rechtskrafterstreckung auf den Inhaber des geltend gemachten Anspruchs kommt es bei **gewillkürter Prozessstandschaft** (s vor § 50 Rn 51) und **ges Prozessstandschaft** (s vor § 50 Rn 19 ff, 30 ff) ohne die Fälle der Einzelklagebefugnis Mit- und Teilberechtigter (s vor § 50 Rn 21 ff, 33 f). Bei der **Inkassozession** (§ 2 II, § 10 I Nr 1 RDG) wirkt das zwischen Gl und Sch ergehende Urteil auch Rechtskraft gegenüber dem Inkassozedenten (Hk-ZPO/Saenger Rn 29, str). Im Fall der frachtrechtl **Doppellegitimation** (vgl § 421 I 2 HGB) erstreckt sich die Rechtskraft des in Prozessstandschaft erwirkten Urteils auf Empfänger und Absender (iE Becker AcP 202 [2002], 739 ff). 30

3) Rechtskrafterstreckung auf Dritte infolge materiell-rechtlicher Abhängigkeit. a) Insolvenz- und vollstreckungsrechtl Fälle. aa) Wer als **InsGläubiger** einen Widerspruch gegen eine titulierte Forderung gem § 179 II InsO verfolgt, ist auf die Angriffsmittel des Gemeinschuldners beschränkt und daher – wie dieser – an die Rechtskraft des angegriffenen Titels gebunden (Wiederaufnahme, Vollstreckungsabwehrklage, § 767 II). Das gleiche Problem stellt sich im Verhältnis des Anfechtungsbeklagten nach **§ 11 AnfG**, der – ebenfalls in den Grenzen des § 767 II – die Forderung des Anfechtungsklägers gegen den Vollstreckungsschuldner nicht mehr bestreiten kann (BGH LM § 2 AnfG Nr 1 u 2; zust Koussoulis aaO [Rn 28] S 186; MskV/Wolff Rn 17; abw Gaul FS Schwab, 1990, S 134 ff: Tatbestandswirkung). **Abgrenzung:** Verurteilung im Anfechtungsprozess gegen den Zessionar wirkt **nicht** gegen den Drittschuldner; dieser kann vielmehr noch befreiend an den (gem § 11 AnfG zur Rückgewähr verurteilten) Zessionar leisten (BAG NJW 93, 2699, 2701 mN). 31

bb) Dieser Prätendentenstreit zwischen konkurrierenden Gl begegnet auch in der **Einzel-ZwV (§ 878; § 115 I ZVG)**. Er ist auch hier iSd § 767 II zu lösen, so dass die durch diese Vorschrift präkludierten Einwendungen des Vollstreckungsschuldners auch dem Kl aus § 878 abgeschnitten sind. Auch dies ist eine Folge der Rechtskrafterstreckung auf Dritte infolge mat-rechtl Abhängigkeit (s BGHZ 63, 62; BGH NJW 88, 829 = MDR 88, 314; Bettermann aaO S 173 ff; Blomeyer § 93 I 2; ThP/Seiler § 878 Rn 5; iErg auch MK/Eickmann § 878 Rn 22; 32

hier s § 878 Rn 11, str; nach Koussoulis aaO [Rn 28] S 183 Fall von Drittwirkung, nach Braun aaO S 72 f Fall von materieller Rechtskraft iSv „mat" Theorie).

33 cc) Ähnl stellt sich das Problem, wenn ein Gl gegen den anderen auf **vorzugsw Befriedigung nach § 805** klagt. Dem Bekl kommt die Rechtskraft eines Urteils zugute, das den Anspruch des Kl gegen den Vollstreckungsschuldner verneint hat. Der Kl kann sich dem Bekl ggü auf die Rechtskraft seines gegen den Vollstreckungsschuldner obsiegenden Urteils nur berufen, wenn die Rechtskraft vor der für den Bekl ausgebrachten Pfändung eingetreten ist (Bettermann S 182 ff).

34 **b) Fälle akzessorischer Schuld und Haftung. aa)** Ist eine akzessorische Schuld oder Haftung erst **nach Rechtskraft** des Urteils gegen den primären Sch begründet worden (Unterschied zu Rn 6, 24 aE), muss der **Bürge**, Schuldmitübernehmer, Verpfänder, Besteller der sichernden Hypothek, Betriebsübernehmer, Übernehmer eines Handelsgeschäftes die Rechtskraft dieses Urteils gegen sich gelten lassen, und zwar ohne Rücksicht auf die Kenntnis hiervon. Er hat sich ja in der Vorstellung verbürgt usw, die Hauptschuld bestehe; also ist ihm die Bindung an das dies aussprechende Urteil zuzumuten (OLG Koblenz MDR 98, 1022; StJ/Althammer Rn 93; idR auch MK/Gottwald Rn 76, iE str; **aA** Hk-ZPO/Saenger Rn 20; offen lassend BGH NJW 87, 2863 für § 419 BGB aF); dies gilt auch für den Fall der **Prozessbürgschaft**, bei der der Bürge die Haftung im Umfang der Rechtskraft des gegen den HauptSch ergangenen Urteils anerkennt (BGHZ 169, 308, 317 Tz 27 = MDR 2007, 550, 551). – Ebenso wenig aber wie der Sch die Stellung des Sichernden nachträgl verschlechtern kann, vermag er dies durch die Rechtskraft eines nach schlecht geführtem Prozess ergangenen Urteils (dazu BGHZ 120, 348 Tz 34 ff); Argument: § 1210 I 2, § 1211; § 1137 II; § 767 I 3, § 768 II BGB; s Rn 6. Ist dagegen für eine schon rechtskräftig festgestellte Schuld eine Hypothek usw bestellt worden, haftet das Grundstück für sie in ihrer rechtskräftig festgestellten Form, erstreckt sich also die Rechtskraft auf den Eigentümer.

35 **bb)** Ausdrückl bestimmt **§ 129 I HGB** die Erstreckung der Rechtskraft (BGH NJW-RR 2005, 338, 339; insoweit offen BGHZ 54, 254) des im **Gesellschaftsprozess** gegen die OHG ergangenen Urteils auf ihren Gesellschafter, und zwar sowohl zu seinen Gunsten, wie zu seinen Ungunsten, indem er die Einwendungen nicht mehr geltend machen kann, die der OHG durch die Rechtskraft abgeschnitten sind (BGHZ 64, 156; BGHZ 73, 224; BGHZ 139, 218; BGH NJW 96, 658; BGH NJW 2011, 2048 Tz 9). Diese Grundsätze gelten auch für die Schein-OHG und -KG (BGH NJW 80, 784), die Außen-GbR (vgl BGHZ 146, 341, 358 f = MDR 2001, 459) u die GdWE (§ 9a IV 2 WEG). Der Gesellschafter braucht sich allerdings das gegen die OHG ergangene Urteil nicht entgegenhalten zu lassen, wenn er vor Klageerhebung aus dieser ausgeschieden war (BGHZ 44, 229).

36 **cc)** Nach allg Grundsätzen (**I:** „Parteien"; keine akzessorische Haftung der Gesellschaft) erstreckt sich umgekehrt die Rechtskraft des **im Prozess gegen die (sämtl) Gesellschafter** wegen deren persönl Haftung für eine Gesellschaftsschuld ergehenden Urteils nicht auf die Gesellschaft (BGH NJW 2011, 2048 = ZZP 124 [2011], 519; iErg zust Weller ZZP 124 [2011], 491 ff, 503). Demggü ist ein im **Gesellschafterprozess** ergangenes Urteil über die Grundlagen des Gesellschaftsverhältnisses – Bsp: §§ 117, 127, 140 HGB (s § 62 Rn 19, 20) – für die OHG bindend, wenn in ihrem Prozess gegen einen Gesellschafter der Fortbestand der OHG Vorfrage ist (BGHZ 48, 175, 176 f; BGHZ 91, 133 mwN; dazu Roth FS Lindacher, 2007, S 101). – Hat von zwei Gesellschaftern einer OHG einer gegen den anderen rechtskräftig seine Gewinnbeteiligung feststellen lassen, kann die auf Auszahlung verklagte OHG deren Höhe nicht mehr bestreiten (vgl U. Huber JuS 72, 627 im Anschluss an BGHZ 48, 175). – Die Abweisung der vom Alleingesellschafter gegen einen Dritten erhobenen Klage wirkt nicht gegen die Gesellschaft (BGH MDR 2012, 236 = ZIP 2012, 698; sa Rn 4).

37 **dd)** Ist auf eine **Auflösungsklage** eine **GmbH** aufgelöst worden (§ 61 I GmbHG), wirkt das gegen die Gesellschaft ergangene Urteil auch gegen den nicht beteiligten Mitgesellschafter Rechtskraft (so BVerfGE 60, 7, 9, 14 f; dazu Marotzke ZZP 100 [1987], 208 f; s aber Häsemeyer ZZP 101 [1988], 406 ff: Rechtskraftbeschränkung auf die Parteien; ferner auch Waldner, Der Anspruch auf rechtl Gehör, 2. Aufl 2000, Rn 327; Lüke, Die Beteiligung Dritter im ZP, 1993, S 127 f, 144 f; Roth FS Lindacher, 2007, S 101). Umgekehrt wirkt ein nur zwischen den Gesellschaftern der GmbH ergangenes Urteil über die Gesellschafterstellung einer Partei keine Rechtskraft ggü der GmbH (OLG Düsseldorf ZIP 94, 624 mwN). Grund: fehlende Beteiligung der GmbH.

38 **ee)** Aus den **§ 546 II, § 604 IV BGB** ergibt sich, dass die Rechtsstellung des **Untermieters** (Unterentleihers) materiell völlig von der des **Mieters** (Entleihers) abhängt. Das muss zur Rechtskrafterstreckung insoweit führen, dass Untermieter und Unterentleiher dem aus § 546 II oder § 604 IV BGB Klagenden ggü die Beendigung des Hauptmiet-(Leih-)verhältnisses nicht mehr bestreiten können (vgl Bettermann S 217 ff; Blomeyer § 93 III 2b; AG Hamburg NJW-RR 92, 1487; LG Karlsruhe, das hier § 727 anwendet; Schwab ZZP 77 [1964], 124, 152 nimmt hier wie bei § 129 HGB Drittwirkung an (s Rn 4 aE, Rn 28); ebenso Koussoulis aaO [Rn 28] S 168 f; Braun § 60 I 1 einen Fall von „zivilistischer Abhängigkeit"). Überwiegend wird hier eine Rechtskrafterstreckung abgelehnt (BGH NJW 2010, 2208 mwN = MDR 2010, 856; StJ/Althammer Rn 94; MK/Gottwald Rn 88; MskV/Wolff Rn 18; Grüneberg/Weidenkaff § 546 BGB Rn 24); auch ihre Bejahung ersetzt nicht einen Titel zur ZwV gegen den Untermieter (BGH *NJW-RR 2003, 1450*; s § 885 Rn 13). Hilfe für den Vermieter: Erstreckung der *Vollstreckbarkeit* des Räumungstitels gegen den Mieter auf den Untermieter durch ergänzende Räumungsverfügung gem § 940a II (s § 940a Rn 4, 6). Soweit bei gewerbl Weiter-(Zwischen-)Vermietung von Wohnraum

(s § 565 BGB) dem Endmieter („Dritter“ iSv § 565 I 1 BGB) der mietrechtl Bestandsschutz auch ggü dem (Haupt-)Vermieter zukommt (§ 565 I 1, §§ 573, 574 ff BGB; s § 29a Rn 8), scheidet „mat-rechtl Abhängigkeit“ (und damit Rechtskrafterstreckung) aus (abgrenzend zu uneigennütziger Zwischenvermietung AG Hamburg NJW-RR 92, 1487).

ff) Im Fall von **§ 124 VVG** wirkt das zugunsten des Versicherers ergehende Urteil auch zugunsten des Versicherungsnehmers und umgekehrt (vgl BGH NJW 82, 996 f u 999; BGH NJW-RR 2003, 1327; BGH NJW-RR 2008, 803; BGH NJW-RR 2012, 233 Tz 5; sa § 62 Rn 8a). Diese **beschränkte Rechtskraftwirkung** (zur Einordnung näher Gerhardt FS Henckel, 1995, S 280) gilt dagegen *nicht* für das der Klage gegen einen der Gesamtschuldner (iSv § 115 I 4 VVG) *stattgebende* Urteil (BGH NJW 2013, 1163 Tz 14). – Die Bindungswirkung besteht aber ausschließl im Verhältnis Versicherungsnehmer/Versicherer; die rechtskräftige Abweisung der Klage gegen den Versicherungsnehmer (Halter) hindert den Kl daher nicht, einen neuen Prozess gegen den (schädigenden mitversicherten) Fahrer und insoweit auch gegen den Haftpflichtversicherer zu führen (BGHZ 96, 22 = ZIP 86, 32 = JZ 86, 342 [zust Prölss]); zur Einbeziehung von Mitversicherten in die Bindungswirkung bei Klageabweisung gegen den Versicherer s BGH 27.4.2021 – VI ZR 883/20; OLG Saarbrücken NJW-RR 2010, 326, 329: Fahrer. § 124 VVG gilt auch, wenn Versicherer und Versicherungsnehmer gleichzeitig verklagt worden sind (vgl BGH NJW-RR 2003, 1327 f; BGH NJW-RR 2008, 803, 804; OLG Saarbrücken NJW-RR 2010, 326, 329); wird die *klageabweisende* Entscheidung ggü *einem* Bekl (zB den Versicherer wegen Verjährung gem § 115 II VVG) vor der Entscheidung über die Berufung des verurteilten Bekl (Versicherungsnehmer/Schädiger) rechtskräftig, ist daher auch die Klage gegen diesen abzuweisen (s BGH NJW-RR 2003, 1327 = MDR 2003, 1231); die Rechtskrafterstreckung greift dagegen nicht ein, wenn vor der klageabweisenden Entscheidung bereits die Leistungspflicht eines Gesamtschuldners rechtskräftig festgestellt worden ist (BGH MDR 85, 923). Eine **rechtskraftfremde Bindungswirkung** an die entscheidungserhebl Feststellungen zum Haftungsgrund entfaltet (uU) das *stattgebende* Urteil im Haftpflichtprozess ggü dem Versicherer im Deckungsprozess (BGHZ 117, 350 f; 119, 278 = NJW 93, 68 = MDR 93, 30; BGH NJW 2013, 1163 Tz 12; LG Bonn NJW-RR 2014, 212; MK/Gottwald Rn 67; eingeh Gottwald/Adolphsen NZV 95, 129; Bayer NVersZ 98, 11); das gilt auch bei Verurteilung des Versicherungsnehmers durch VU (OLG Karlsruhe NJW-RR 2010, 1043). Die auf das Verhältnis Versicherer/Versicherungsnehmer beschränkte Bindungswirkung gilt umgekehrt auch für den Regressanspruch des Versicherers gegen den Versicherungsnehmer im Rahmen des Gesamtschuldnerausgleichs gem § 116 I 2, § 124 II VVG, kommt aber dem Geschädigten bei der Direktklage *nicht* zugute (BGH NJW 2013, 1163 Tz 11, 14; eingeh u weiterführend Foerster JZ 2013, 1143, 1146 ff). 39

4) Rechtskrafterstreckung bei Verbandsklage und gewillkürter Gruppenklage. a) UKlaG. Nicht anerkannt ist eine allg Rechtskrafterstreckung des auf **Verbandsklage** nach dem UKlaG ergehenden Urteils (dazu MK/Gottwald § 325a Rn 18). **§ 11 UKlaG** hat deshalb einem Urteil, das die Verwendung von AGB auf eine Verbandsklage hin untersagt, eine bes „Feststellungsdrittwirkung kraft Einrede“ zuerkannt (Gilles ZZP 98 [1985], 25); ihre Einordnung ist umstr (BGH NJW-RR 2022, 621 Tz 24 vgl mwN Ulmer/Brandner/Hensen, AGB-Recht, 13. Aufl, § 11 UKlaG Rn 14; Wolf/Lindacher/Pfeiffer, AGB-Recht, 7. Aufl, § 11 UKlaG Rn 3). Nach § 204a I Nr 2 BGB nF hemmt jedoch (mit dem Inkrafttreten des VRUG) die Unterlassungsklage die **Verjährung** der Ansprüche der Verbraucher gegen den Unternehmer, die auf Grund der Zuwiderhandlung entstanden sind, gegen die sich die Unterlassungsklage richtet. In Kombination mit der Abhilfeklage (s Rn 40a) kann eine Erstreckung der Urteilswirkungen der Verbandsklage für die Verbraucher erreicht werden. 40

b) VDuG. Zu unterscheiden ist zwischen einer erneuten Abhilfeklage gegen dens Unternehmer einerseits (aa) und den Urteilswirkungen für die angemeldeten Verbraucher andererseits (bb). – **aa) Rechtskraft; Sperrwirkung.** Das im Abhilfeverfahren ergehende Urteil (§ 16 VDuG) entfaltet Rechtskraft nur zwischen den Parteien (§ 322 I, § 325 iVm § 13 I VDuG); im Fall einer Klageabweisung als unzulässig oder als unbegründet kann die Klage vom klagenden Verband nicht wiederholt werden. Im Falle einer Klagestattgabe auf Zahlung eines kollektiven Gesamtbetrags (§ 16 I 1 Fall 1 VDuG) ist eine (Zusatz-)Klage auf Erhöhung möglich (§ 21 VDuG). Die zeitlich frühere Abhilfeklage (vorläufige Sperrwirkung) und eine dort ergangene Sachentscheidung (§ 8 S 2 VDuG; dauerhafte Sperrwirkung) stehen einer inhaltlich identischen Abhilfeklage, die die gleichen Ansprüche und den gleichen Lebenssachverhalt betrifft, eines anderen Verbands (§ 2 I VDuG) entgegen (§ 8 S 1 VDuG). Die Sperrwirkung entfällt, wenn die erste Abhilfeklage ohne Sachentscheidung beendet wird (Klagerücknahme; Abweisung als unzulässig; § 8 S 2 VDuG). – **bb) Bindungswirkung; Prozessstandschaft.** Die Rechtskraft des die Abhilfeklage auf Zahlung eines kollektiven Gesamtbetrages oder auf eine andere Leistung (zB Reparatur) stattgebenden Abhilfegrund- oder eines diese in der Sache abweisenden Abhilfeendurteils „bindet“ auch die angemeldeten Verbraucher (§ 11 III 1, § 14 S 2, § 16 I 1 Fall 1, IV VDuG); Gleiches gilt für ein Urteil, in dem über Musterfeststellungsanträge in der Sache entschieden wird (§ 11 III 1, § 41 I VDuG). Macht der Verband Ansprüche namentlich genannter Verbraucher geltend (§ 14 S 1, § 16 I 1 Fall 2 VDuG; Inkasso-Abhilfeklage), liegt ein (neuartiger) Fall der gewillkürten Prozessstandschaft vor (s allg Althammer vor § 50 Rn 18 ff); das vom Verband erstrittene Urteil wirkt für und gegen den „betroffenen Verbraucher“ (§ 14 S 1 VDuG) Rechtskraft (§ 322 I). 40a

c) Gewillkürte Gruppenklage. Hat der Kartellgeschädigte als Kl seinen eingeklagten Preiserhöhungsschaden auf seinen Abnehmer „weitergewälzt“, ist er dennoch zur Geltendmachung des Schadens seines Abnehmers be- 40b fugt (§§ 265, 325 entspr). Nach hM bedarf er einer Abtretung der Schadensersatzansprüche seiner Abnehmer („Abtretungskonstruktion", nach aA genügt Prozessführungsermächtigung). Der Bündelung aller Ansprüche beim Kl entspricht die Erstreckung der Rechtskraft auf alle Beteiligten (Gruppen-Mitglieder, zB Zedenten); eingehend G. Vollkommer MDR 2020, 1304 zu BGH MDR 2020, 1328; zum Entw eines Gruppenverf sa BTDrs 19/243; zur schadensersatzrechtlichen Problematik der „Schadensabwälzung" s § 33c GWB; sa Einl Rn 8.

41 **5) Kein allgemeiner Grundsatz.** Im Schrifttum (insb von Schwab, Bettermann, A. Blomeyer) ist versucht worden, über die anerkannten Einzelfälle der Rechtskrafterstreckung hinaus ein allgemeines Prinzip zu entwickeln („Drittwirkung"; Abhängigkeit der Rechtsstellung des Dritten; Zumutbarkeit; s näher 32 Aufl mwN). Diese Lehren haben sich nicht durchsetzen können (BGH NJW 1996, 396; StJ/Althammer Rn 89; MK/Gottwald Rn 4; MskV/Wolff Rn 3; WSch/Büscher Rn 4; zust aber vom Standpunkt der mat Rechtskrafttheorie Braun § 60 I 1). Die Ablehnung eines allg Prinzips schließt freilich nicht aus, in geeigneten Einzelfällen eine Rechtskrafterstreckung auf Dritte anzuerkennen (s Rn 34, 35, 36, 38). Es gilt damit der gegenteilige Grundsatz der subj Begrenzung der Rechtskraft (Rn 6).

42 **6) Abgrenzung der Rechtskrafterstreckung.** Nicht zu verwechseln mit der Rechtskrafterstreckung auf Dritte sind: **a) Tatbestandwirkung.** Diese besteht darin, dass das Vorliegen eines Zivilurteils Tatbestandsmerkmal einer mat-rechtl Norm ist (s vor § 322 Rn 5). Bsp: § 775 I Nr 4 BGB; § 302 IV 2 u 3; § 717 II ZPO; § 864 II BGB; rechtkr Verurteilung des Hauptschuldners u Befugnis des Bürgen gem § 768 I 1 BGB, die dem Hauptschulder (noch) zustehenden Einreden zu erheben (BGH NJW 2016, 3158 Tz 21, 26). – **b) Interventionswirkung.** S Anm zu § 68. – **c) Gestaltungswirkung.** Die Gestaltungswirkung eines Gestaltungsurteils tritt erst mit der formellen Rechtskraft des Gestaltungsurteils ein und ist von dessen materieller Rechtskraft zu unterscheiden; diese ist auf die Parteien beschränkt und bezieht sich auf den Gestaltungsgrund (ausf K. Schmidt JuS 86, 38 ff).

43 **V) Rechtskrafterstreckung durch Parteivereinbarung. 1) Materiell-rechtliche Rechtsfolgen.** Die rein **materiellen Rechtswirkungen** des Urteils betreffen in erster Linie private Interessen der Parteien (Koussoulis, Beiträge zur modernen Rechtskraftlehre, 1986, S 49). Die Anerkennung der Parteidisposition in diesem Bereich (so bereits RGZ 46, 336) bedeutet der Sache nach keinen „Eingriff" in die Rechtskraft, sondern ist nur die Folge davon, dass die Parteien den Streitgegenstand, soweit er ihrer Verfügung unterliegt, anders regeln können als er in dem rechtskräftigen Urteil festgestellt ist (Rschwab/Gottwald § 152 Rn 18). Davon ist auch für das Verhältnis zu Dritten auszugehen (unter 3). – **2) Öffentlich-rechtliche (prozessuale) Rechtsfolgen.** Die **öff-rechtl Wirkungen** der Rechtskraft sind der Parteivereinbarung schlechthin entzogen (StJ/Althammer § 322 Rn 212; Koussoulis aaO S 50 mwN); insb kann auf die Rechtskraft des Urteils nicht ohne Änderung der materiellen Rechtsbeziehungen verzichtet werden, nur um eine neue gerichtl Entscheidung über dens Streitgegenstand zu ermöglichen (BVerfG MDR 62, 427; BSG JZ 61, 504; s vor § 322 Rn 18 [bb]; aA Schlosser, Einverständl Parteihandeln, 1968, S 14, gegen ihn zutr Koussoulis aaO S 51 Fn 157). – **3) Erstreckung auf Dritte.** Die Möglichkeit einer vertragl Erweiterung der Rechtskraft durch die *Parteien des Rechtsstreits* auf **Dritte** ist nicht anzuerkennen, da eine Dispositionsbefugnis der Parteien (oben 1) nur innerhalb der durch das Urteil gezogenen subj Grenzen der Rechtskraft besteht (Rschwab/Gottwald § 152 Rn 17 f; MK/Gottwald Rn 92; aA Wagner, Prozessverträge, 1998, S 722 ff). Dies schließt eine schuldrechtl Unterwerfung des Dritten unter die Urteilsrechtskraft nicht aus (Roth FS Lindacher, 2007, S 104 ff m Rspr-Nw). Bsp: Beim Leasingvertrag (Abtretungskonstruktion) erkennt der Leasinggeber die im Gewährleistungsprozess zwischen Leasingnehmer und Lieferant ergehende Entscheidung als für sich verbindlich an (BGHZ 81, 298, 304 ff). Weitere Bsp s Rn 34.

43a **4) Sonderfall: Musterprozessvereinbarung. a) Musterprozess** ist ein Rechtsstreit, in dem ein „Modellfall", dessen Sachverhalt (im Wesentl) mit einer Mehrzahl von Streitfällen übereinstimmt, als prozessuales Exempel dienen soll (vgl Kempf ZZP 73 [1960], 342; Hirte ZZP 104 [1991], 55; Stadler FS Schumann, 2001, S 466, 481; Rschwab/Gottwald § 47 Rn 19 ff). – **b)** Eine **Musterprozessvereinbarung** kann verschiedenartigen Inhalt haben (iE Wagner aaO [s Rn 43] S 728 f); Bsp: BGHZ 92, 14; BAG DB 92, 2249. Es geht um die Herbeiführung einer „Breitenwirkung" der im Musterprozess entschiedenen Rechtsfrage für eine Vielzahl von Betroffenen. Eine in AGB enthaltene Musterprozessvereinbarung kann gem § 307 BGB unwirksam sein, wenn sie durch ihre konkrete Ausgestaltung den Kl in seiner Rechtsverfolgung unangemessen benachteiligt und einseitig die Interessen des Verwenders an einer Reduzierung des Kostenrisikos und alsbaldiger Streiterledigung wahrt (BGHZ 92, 13 = NJW 84, 2408 = JR 85, 150 [teilw zust Lindacher]). Musterprozessbezogene Vereinbarungen über die Verjährung sind jetzt zulässig (vgl § 202 II BGB nF ggü § 225 BGB aF). Rechtskrafterstreckung ist durch Musterprozessvereinbarung nicht mögl (Kempf ZZP 73 [1960], 365 ff; Dütz BB 78, 214; Stadler FS Schumann, 2001, S 479; aA Wagner aaO [s Rn 43] S 727 ff; sa Rn 43a [3]). – **c) Abgrenzung.** Das Gericht darf das Einverständnis der Parteien zur Durchführung eines Musterprozesses nicht durch gerichtl Aussetzung der weiteren Verf erzwingen (LAG Nürnberg EzA 2/2021, 16). – **d) Sonderregelungen.** § 93a VwGO; KapMuG; §§ 1, 14, 41 VDuG).

44 **VI) Schutz des gutgläubigen Rechtsnachfolgers (§ 325 II-IV). 1) Bedeutung.** Das zwischen den ursprüngl Parteien des Rechtsstreits ergangene Urteil wirkt nach § 325 I immer **für** den Rechtsnachfolger, also immer dann, wenn der Rechtsvorgänger den Prozess gewonnen hat. Es wirkt grds auch **gegen** den Rechtsnachfolger, also dann, wenn der Rechtsvorgänger den Rechtsstreit verloren hat. **II** macht bei Gutgläubigkeit des Rechtsnachfolgers eine Ausnahme von der Rechtskrafterstreckung **gegen** ihn (iE str). **II** setzt nach hM stets einen **Er-**

werb vom Nichtberechtigten voraus (BGHZ 119, 305, 314 Tz 32 = NJW 2019, 310 = MDR 2019, 121; StJ/Althammer Rn 35 ff, 40; MK/Gottwald Rn 99, 103; MskV/Wolff Rn 23; Hk-ZPO/Saenger Rn 30; ThP/Seiler Rn 8; iE v. Olshausen JZ 88, 584 ff; s Rn 45); dagegen ist nach aA **II** auch beim Erwerb vom Berechtigten anwendbar (Schack FS Roth, 2021, S 509: Schlechterstellungsverbot arg Art 103 I GG); abzulehnen. **Grund: II** enthält keinen eigenständigen Gutglaubenstatbestand. Ein Erwerb vom Nichtberechtigten liegt vor, wenn dem Veräußerer das Recht nicht oder nicht voll (zB bei Belastung) zusteht; der Erwerb vom Berechtigten fällt unter **I**, die (Un-)Kenntnis des Erwerbers von der Rechtshängigkeit ist bedeutungslos. **Bsp:** Hat der im Vorprozess auf Störungsbeseitigung (§ 1004 I, § 906 BGB) verklagte (frühere) Eigentümer sein (streitbefangenes) Grundstück während des Prozesses veräußert, ist sein Rechtsnachfolger auch dann an die Verurteilung zur Störungsbeseitigung gebunden, wenn er beim Erwerb von der Rechtshängigkeit der Beseitigungsklage nichts gewusst hat (Fall von **I**). Der urspr Kläger kann nach der Titelumschreibung (§ 727) gegen den Rechtsnachfolger die ZwV auf Störungsbeseitigung betreiben (BGHZ 219, 314 = NJW 2019, 310 Tz 32, 33). Nach einer weiteren aA soll **II** kein eigenständiger Anwendungsbereich zukommen und „leerlaufen" (Hager FS W. Krüger, 2017, S 396; Stamm ZZP 130 [2017], 185), das mag auf die Veräußerung der streitbefangenen Sache durch den nicht besitzenden Kl zutreffen, gilt aber nicht für die Veräußerung durch den besitzenden Bekl.

2) Voraussetzungen. a) Erstreckung des guten Glaubens auch auf die Rechtshängigkeit. Wer als Einzelnachfolger (an sich) ein Urteil **gegen** sich gelten lassen muss, das dem Rechtsvorgänger (als Nichtberechtigten, Rn 44) das übertragene Recht abspricht, kann sich gleichwohl auf die Vorschriften zum **Schutz des gutgläubigen Erwerbs** (zB § 135 II, §§ 405, 932 ff, §§ 936, 892 f, §§ 1032, 1138, 1155, 1207 f, §§ 1244, 1357, 1412, 2113 III, § 2129 II, § 2211 II, §§ 2366, 2368 III, § 2370 BGB; §§ 363 f, § 366 HGB; Art 17 WechselG, § 81 InsO) berufen; jedoch muss sich der gute Glaube zur Zeit des Erwerbs **auch auf die Rechtshängigkeit** eines Prozesses bzw auf die Existenz eines rechtskräftigen Urteils erstrecken (BGHZ 114, 305, 309 mwN = NJW 91, 2420; BGHZ 119, 305, 314 Tz 32 = NJW 2019, 310 = MDR 2019, 121), sog „doppelte Gutgläubigkeit" (BGHZ 119, 305, 314 Tz 32 = aaO; iE v. Olshausen JZ 88, 584 ff); ausnahmsw begründet auch die Unkenntnis der Rechtshängigkeit keinen guten Glauben (s Rn 48). 45

b) Grad der Kenntnis bzw Unkenntnis. § 325 II begründet keinen Gutglaubensschutz, sondern bestätigt nur, dass gutgläubiger Erwerb auch mögl ist, wenn die Nichtberechtigung des Rechtsvorgängers rechtskräftig festgestellt ist oder in einem anhängigen Prozess behauptet wird; § 325 II erhöht ledigl die Anforderungen an den guten Glauben in dem bezeichneten Sinn. Ob dem Rechtsnachfolger nur positive Kenntnis oder schon grob fahrlässige Unkenntnis schadet, ist in jedem Fall den materiellen Schutzvorschriften zu entnehmen. Die Kenntnis der Rechtshängigkeit ist erforderl im Fall des § 892 I BGB (OLG Stuttgart OLGZ 79, 303). Der gute Glaube an die Gläubigerstellung eines Zedenten wird idR nicht (vielmehr nur in den seltenen Fällen des § 405 BGB) geschützt (KG MDR 81, 940). 46

c) Geschützter Personenkreis. § 325 II regelt die Stellung des Rechtsnachfolgers der in einem Prozess unterlegenen Partei. Nicht geschützt wird in der Regel der gute Glaube des Prozessgegners an die Legitimation der unterlegenen Partei. Ausnahmen gelten nur in den Fällen, in denen das materielle Recht ausnahmsw generell den guten Glauben an eine bestimmte Rechtsstellung eines anderen schützt: §§ 409, 1058, 1245 BGB. 47

3) Ausschluss eines gutgläubigen Erwerbs (§ 325 III 1). III 1 durchbricht die Regel des **II** und schließt für gewisse Fälle jeden gutgläubigen Erwerb entgegen dem rechtskräftigen Urteil völlig aus. Wer ein Grundstück erwirbt, das mit einem eingetragenen Recht belastet ist, muss dieses Recht gegen sich gelten lassen, auch wenn er keine Einsicht in das Grundbuch genommen hatte und das Recht nicht kannte. Besteht das Recht in einer Reallast, Hypothek, Grundschuld oder Rentenschuld, so muss er nach III 1, wenn der Gl auf Grund derselben auf Zahlung aus dem Grundstück geklagt hat und infolgedessen die Vollstreckbarkeit des Anspruchs in das Grundstück eintritt, dieses Urteil auch dann gegen sich gelten lassen, wenn er die Rechtshängigkeit nicht gekannt hat. Derj, der ein mit einem solchen Rechte belastetes Grundstück erwirbt, muss daher von vornherein mit der Möglichkeit rechnen, dass ein Rechtsstreit bzgl desselben anhängig ist oder gar – was zwar in III nicht zum Ausdruck gebracht, aber selbstredend ist – dass bereits ein rechtskräftiges Urteil vorliegt. Der Hypotheken-(usw) Gl kann sich deshalb eine vollstreckbare Ausfertigung gegen den Erwerber erteilen lassen (§ 727), jedoch nur in Ansehung des Grundstücks. Ist der Veräußerer auch persönl (zur Zahlung schlechthin) verklagt, so wirkt insoweit das Urteil gegen den Erwerber nicht. Ebenso wenig findet § 325 Anwendung bei vollstreckbaren Urkunden nach § 794 I Nr 5, es sei denn, dass die sof Vollstreckbarkeit eingetragen ist (§ 800). Hat die Zwangsversteigerung oder Zwangsverwaltung des Grundstücks wegen des Anspruchs aus dem eingetragenen Recht schon begonnen, dh ist wegen ders die Beschlagnahme bewirkt, so geht nach § 26 ZVG das Verf (auch ohne neue Vollstreckungsklausel gegen den Erwerber) weiter, und zwar richtet es sich auch fernerhin gegen den alten Sch; der neue Eigentümer gilt nur, wenn er seinen Erwerb anmeldet, als Beteiligter iSd § 9 ZVG; auch ist ihm dann ein etwaiger Erlösüberschuss auszuzahlen. 48

4) Anmeldung der Rechtshängigkeit bei Zwangsversteigerung (§ 325 III 2). Bei der Zwangsversteigerung bleiben die Hypotheken usw, die dem Anspruch des betreibenden Gl vorgehen, bestehen, § 48 I, §§ 53, 91 I ZVG. Der Ersteher erwirbt also das Grundstück mit jenen Rechten belastet. Verlangen die Gl dieser Hypothek usw später Befriedigung aus dem Grundstück, muss der Ersteher die ZwV in dasselbe dulden. Dazu gehört ein 49 vollstreckbarer Titel gegen ihn auf Zahlung aus dem Grundstück. Nach III 1 wäre ein gegen den früheren Eigentümer in einem anhängigen Rechtsstreit ergehendes oder bereits ergangenes rechtskräftiges Urteil auch gegen den Ersteher wirksam, und der Gl könnte sich nach § 727 eine vollstreckbare Ausfertigung gegen ihn erteilen lassen. Um aber den Ersteher vor Täuschung zu bewahren, bestimmt schon § 54 ZVG, dass eine von dem seitherigen Eigentümer dem Gl oder von diesem dem seitherigen Eigentümer erklärte Kündigung (§ 1141 BGB) und andere die vorzeitige Fälligkeit der Hypothek usw herbeiführende Tatsachen dem Ersteher ggü nur wirksam werden, wenn sie vor der Aufforderung zur Abgabe von Geboten angemeldet wurden; III 2 führt diesen Grundsatz konsequent durch, indem er auch die Wirksamkeit des Urteils dem Ersteher ggü an diese Voraussetzung knüpft. Die Anmeldungen werden im Versteigerungstermin verlesen, so dass die Bieter wissen, woran sie sind. Die Anmeldung ist auch dann erforderl, wenn der Ersteher die Rechtshängigkeit kennt (RGZ 122, 158).

50 5) **Eintragungsfähigkeit der Rechtshängigkeit.** Die Rechtshängigkeit stellt immer dann eine in das Grundbuch eintragungsfähige Tatsache dar, wenn eine Prozesspartei dartun kann, dass sie Gefahr läuft, die Wirkungen eines obsiegenden Urteils durch gutgläubigen Erwerb einzubüßen (vgl BGH NJW 2013, 2357 Tz 4 mwN = MDR 2013, 839 = Rpfleger 2013, 377); wird in solchen Fällen die Eintragung der Rechtshängigkeit nicht bewilligt, so kann sie unter den Voraussetzungen des § 935 durch einstw Verfügung angeordnet werden (allgM). Die Eintragung der Rechtshängigkeit im Wege der Grundbuchberichtigung (§§ 19, 22, 29 GBO) ist dagegen nicht möglich (BGH NJW 2013, 2357 Tz 8 ff; Singbartl/Zintl MDR 2014, 1241 f; Folge: nur § 899 BGB).

§ 325a Feststellungswirkung des Musterentscheids

Für die weitergehenden Wirkungen des Musterentscheids gelten die Vorschriften des Kapitalanleger-Musterverfahrensgesetzes.

Lit: *Gebauer*, Zur Bindungswirkung des Musterentscheids nach dem KapMuG, ZZP 119 (2006), 159; *W. Lüke*, Der Musterentscheid nach dem neuen KapMuG, ZZP 119 (2006), 131. – S ferner Lit zu § 32b.

1 **I) Zweck.** Der im Musterverf nach dem KapMuG ergehende **Musterentscheid** stellt entscheidungserhebl Tatsachen und Rechtsfragen für eine Vielzahl inländischer Parallelverfahren einheitl und verbindl fest. Die hier angesprochene „Feststellungswirkung" (s Überschrift) meint dessen Bindungswirkung nach § 25 I KapMuG. Das KapMuG gilt jetzt idF 2024 (G v 16.7.2024, BGBl 2024 I Nr 240 mWv 20.7.2024); inhaltlich entspricht diese der früheren Fassung (§ 22 I KapMuG aF). Um die Bindungswirkung (insb im Falle der Klagerücknahme des Musterklägers oder eines Beigeladenen) auch auf ein späteres Verf im europ Ausland erstrecken zu können, will § 325a die ggü §§ 322, 325 „weitergehenden Wirkungen" des Musterentscheids in die ZPO integrieren, damit dieser als „Entscheidung" nach Art 32 (iVm Art 65 II 2) Brüssel Ia-VO) anerkannt werden kann (so Hess WM 2004, 2332; aA MK/Gottwald Rn 15 f mwN).

2 **II) Rechtskraftwirkung des Musterentscheids.** Die dem Musterentscheid zukommende Rechtskraft (§ 25 II KapMuG) ist auf die Parteien des Musterverf (MusterKl und MusterBekl) und ihre Rechtsnachfolger begrenzt (§ 325 I); sie erstreckt sich nicht auf Beigeladene (BGHZ 213, 65 Tz 50; StJ/Althammer Rn 26, str.), also die Kl der ausgesetzten Verfahren (§ 10 I, II KapMuG; Unterschied zu Rn 3). In obj Hinsicht entspricht die Rechtskraft der daneben eintretenden Bindungswirkung (vgl § 25 II KapMuG), die aber eine eigenständige Folge der Rechtskraft darstellt (StJ/Althammer Rn 32).

2a **III) Inhalt des Musterentscheids.** Der Musterentscheid trifft im Rahmen seines besonderen Streitgegenstands (KK-KapMuG/G. Vollkommer § 9 Rn 29 ff; sa Einl Rn 81) verbindliche Feststellungen zu den einzelnen Feststellungszielen (§ 2 I KapMuG: „Feststellung des Vorliegens oder Nichtvorliegens von tatsächlichen und rechtlichen Voraussetzungen für das Bestehen oder Nichtbestehen von Ansprüchen oder Rechtsverhältnissen"). Damit können insb auch der Rechtskraft zugängliche Feststellungen zu sog Urteilselementen erfolgen (s vor § 322 Rn 31; ferner s § 68 Rn 9).

Damit geht auch die an die Rechtskraft anknüpfende **obj Bindungswirkung** des Musterentscheids nach § 25 I-III KapMuG inhaltlich über die typischen Rechtskraftwirkungen des § 322 I (s vor § 322 Rn 30 ff) hinaus (iE sehr str, s näher Lüke aaO S 147 ff; Gebauer aaO S 169 ff).

3 **IV) Bindungswirkung. 1) Regelmäßiger Umfang.** Der rechtskräftige Musterentscheid bindet **die Prozessgerichte** (§ 25 I 1 KapMuG) und wirkt in subj Hinsicht **für und gegen alle Beteiligten** des Musterverf (§ 25 I 2 iVm § 11 I KapMuG), aber nur innerhalb des Streitgegenstandes der nach § 10 I, II KapMuG ausgesetzten Verfahren (BGHZ 213, 65 Tz 52). **Beteiligte** des Musterverf (§ 11 I KapMuG) sind der Musterkläger (§ 11 II KapMuG), die Musterbeklagten (§ 11 III KapMuG) und die Beigeladenen (§ 11 IV KapMuG); auf einen „Beitritt" der Beteiligten zum *Musterverf kommt* es für den Eintritt der Bindungswirkung nicht an. Die Beteiligten sind an den Musterentscheid auch im Falle der Klagerücknahme im Ausgangsverf (§ 25 I 3 KapMuG) und unabhängig davon gebunden, ob sie sich an einem im Musterverf durchgeführten Rechtsbeschwerdeverf (§ 23 Kap-

MuG) beteiligt haben (§ 25 V KapMuG). Andererseits können sie sich auch auf solche Feststellungen im Musterentscheid berufen, die sie in ihren Individualverf nicht geltend gemacht hatten (§ 25 I 2 KapMuG); Bsp: Stellt der Musterentscheid fest, dass der streitgegenständl Börsenprospekt (nur) aus dem Grund A unrichtig ist, kann sich ein Beteiligter in seinem Individualprozess auch dann hierauf berufen, wenn er selbst bislang die Unrichtigkeit allein auf Grund B gestützt hatte.

2) Einschränkungen. Die **Bindungswirkung** des Musterentscheids wird **zu Gunsten der Beigeladenen** in § 25 III KapMuG **eingeschränkt**. Beigeladene sind danach an den Musterentscheid nicht gebunden, wenn sie durch die Lage des Musterverf zur Zeit ihrer Beiladung gehindert waren, Angriffs- oder Verteidigungsmittel geltend zu machen oder wenn ihnen unbekannte Angriffs- oder Verteidigungsmittel vom Musterkläger absichtl oder durch grobes Verschulden nicht geltend gemacht worden sind (§ 25 III Nr 1, 2 KapMuG). Umstritten ist, ob ein **negativer Musterentscheid** (der ein Feststellungsziel verneint) auch im Musterverf unbekannten Tatsachenstoff präkludiert (Reuschle WM 2004, 2337; StJ/Althammer Rn 39; **aA** Maier-Reimer/Wilsing ZGR 2006, 104 f; MK/Gottwald Rn 10). **Keine Bindungswirkung** (wohl aber Präjudizwirkung) kommt dem Musterentscheid in sonstigen Folgeprozessen (sogar zwischen denselben Beteiligten) zu, die eine andere (uU parallele) Fallgestaltung (zB eine wortgleiche Formulierung in einem anderen Prospekt) betreffen (BGHZ 213, 65 Tz 52). 4

§ 326 Rechtskraft bei Nacherbfolge

(1) Ein Urteil, das zwischen einem Vorerben und einem Dritten über einen gegen den Vorerben als Erben gerichteten Anspruch oder über einen der Nacherbfolge unterliegenden Gegenstand ergeht, wirkt, sofern es vor dem Eintritt der Nacherbfolge rechtskräftig wird, für den Nacherben.

(2) Ein Urteil das zwischen einem Vorerben und einem Dritten über einen der Nacherbfolge unterliegenden Gegenstand ergeht, wirkt auch gegen den Nacherben, sofern der Vorerbe befugt ist, ohne Zustimmung des Nacherben über den Gegenstand zu verfügen.

I) Allgemeines. Da der Nacherbe nicht Rechtsnachfolger des Vorerben, sondern des Erblassers ist, wirken für oder gegen den Vorerben ergangene rechtskräftige Urteile für und gegen den Nacherben nur, weil und soweit § 326 dies ausdrückl anordnet. Kein Rechtsnachfolger ist auch der endgültige Erbe im Verhältnis zum vorläufigen im Fall der Ausschlagung (BGHZ 106, 364 f = NJW 89, 2885), so dass nur eine **entspr** Anwendung von § 326 in Frage kommt (m Einschr dafür StJ/Althammer Rn 2). 1

II) Prozesse um eine Nachlassverbindlichkeit. Bei diesen (Ansprüche gegen den Erben als solchen) wirkt nach § 326 I das dem Vorerben **günstige** Urteil auch **für** den Nacherben, wenn die Nacherbfolge nach Rechtskraft des Urteils eingetreten ist. War dagegen die Erbfolge vor Rechtskraft eingetreten oder ist das Urteil zuungunsten des Vorerben ergangen, so ist der Nacherbe von der Rechtskraft nicht betroffen. Enthält ein Urteil für den Vorerben teils günstige und teils ungünstige Feststellungen, so dürfen die günstigen rechtskräftigen Feststellungen nur dann gesondert betrachtet werden, wenn über ihren Gegenstand ein Teilurteil zulässig gewesen wäre. 2

III) Prozesse um einen Nachlassgegenstand. Bei diesen wirkt ebenfalls das dem Vorerben günstige Urteil zugunsten des Nacherben, wenn die Nacherbfolge nach Rechtskraft eingetreten ist; s iÜ § 242. Ist das Urteil für den Vorerben **ungünstig**, so wirkt es **gegen** den Nacherben nur, wenn der Vorerbe über den Gegenstand verfügen durfte; tritt die Nacherbfolge vor Rechtskraft ein, so gelten auch insoweit §§ 242, 239. Beachte § 728. 3

§ 327 Rechtskraft bei Testamentsvollstreckung

(1) Ein Urteil, das zwischen einem Testamentsvollstrecker und einem Dritten über ein der Verwaltung des Testamentsvollstreckers unterliegendes Recht ergeht, wirkt für und gegen den Erben.

(2) Das Gleiche gilt von einem Urteil, das zwischen einem Testamentsvollstrecker und einem Dritten über einen gegen den Nachlass gerichteten Anspruch ergeht, wenn der Testamentsvollstrecker zur Führung des Rechtsstreits berechtigt ist.

I) Allgemeines. Der TV führt Nachlassprozesse im eigenen Namen (als Partei kraft Amtes), sonst hätte es des § 327 nicht bedurft. Zur Prozessführung kraft Amtes allg s vor § 50 Rn 19. 1

II) Testamentsvollstrecker als Prozesspartei. Rechtskräftige **Urteile**, die **für oder gegen den TV** ergangen sind, wirken Rechtskraft für und gegen den Erben, falls das streitige, zum Nachlass gehörige Recht der Testamentsvollstreckung unterlag (§ 2212 BGB; § 327 I), bzw falls der TV bzgl des gegen den Nachlass erhobenen Anspruchs prozessführungsberechtigt war (§ 2213 BGB; § 327 II). Zur ZwV: vgl § 728 II, § 748. In allen Fällen des § 327 2 kann also der Erbe ggü der Rechtskraft eines gegen den TV ergangenen Urteils noch geltend machen, das rechtskräftige Urteil habe die Prozessführungsbefugnis des TV zu Unrecht bejaht und binde daher den Erben nicht.

3 **III) Erbe als Prozesspartei.** Ergeht **für oder gegen den Erben** ein rechtskräftiges **Urteil** betr den Nachlass, ist wegen einer Bindung des TV zu unterscheiden: – **1) Aktivprozess des Erben.** Betrifft der Prozess ein **zum Nachlass gehöriges Recht** und unterliegt dieses der Testamentsvollstreckung, ist der Erbe nicht prozessführungsbefugt, seine Klage deshalb unzulässig, es sei denn, der TV hat ihn zur Prozessführung ermächtigt oder dieser zugestimmt (vgl BGHZ 31, 279; BGHZ 38, 287; Grüneberg/Weidlich § 2212 BGB Rn 5 mwN). Liegen diese Fälle nicht vor, wirkt ein gleichwohl ergangenes Urteil weder für noch gegen den TV.

4 **2) Passivprozess gegen den Erben.** Ist eine **Nachlassverbindlichkeit** (§§ 1967, 1968 BGB) gegen den Erben geltend gemacht (was, solange er persönl haftet, mögl ist, vgl § 728 II 2), so wirkt die Rechtskraft dieses Urteils zwar für, nicht aber gegen den TV (vgl § 748 I).

§ 328 Anerkennung ausländischer Urteile

(1) Die Anerkennung des Urteils eines ausländischen Gerichts ist ausgeschlossen:

1. wenn die Gerichte des Staates, dem das ausländische Gericht angehört, nach den deutschen Gesetzen nicht zuständig sind;

2. wenn dem Beklagten, der sich auf das Verfahren nicht eingelassen hat und sich hierauf beruft, das verfahrenseinleitende Dokument nicht ordnungsmäßig oder nicht so rechtzeitig zugestellt worden ist, dass er sich verteidigen konnte;

3. wenn das Urteil mit einem hier erlassenen oder einem anzuerkennenden früheren ausländischen Urteil oder wenn das ihm zugrunde liegende Verfahren mit einem früher hier rechtshängig gewordenen Verfahren unvereinbar ist;

4. wenn die Anerkennung des Urteils zu einem Ergebnis führt, das mit wesentlichen Grundsätzen des deutschen Rechts offensichtlich unvereinbar ist, insbesondere wenn die Anerkennung mit den Grundrechten unvereinbar ist;

5. wenn die Gegenseitigkeit nicht verbürgt ist.

(2) Die Vorschrift der Nummer 5 steht der Anerkennung des Urteils nicht entgegen, wenn das Urteil einen nicht vermögensrechtlichen Anspruch betrifft und nach den deutschen Gesetzen ein Gerichtsstand im Inland nicht begründet war.

Lit: *Bajrami/Payandeh*, Die innerstaatliche Anerkennung ausländischer Gerichtsentscheidungen im Lichte der völkerrechtlichen Nichtanerkennungspflicht, IPRax 2018, 580; *Braksiek*, Urteilswirkungen gegenüber Dritten im US-amerikanischen Recht und deren Anerkennung in Deutschland, 2020; *Brüggemann*, Die Anerkennung prorogationswidriger Urteile im Europäischen und US-amerikanischen Zivilprozessrecht, 2019; *Gebauer*, Rechtskraftwirkungen ausländischer Unzuständigkeitsentscheide, FS Geimer, 2017, S 103; *Geimer*, Anerkennung ausländischer Entscheidungen in Deutschland, 1995; *Gottwald*, Grundfragen der Anerkennung und Vollstreckung ausländischer Entscheidungen in Zivilsachen, ZZP 103 (1990), 257; *Hau*, Anerkennungsrechtliches Günstigkeitsprinzip und Anerkennungsverbote in Zivil- und Handelssachen, FS Herbert Roth, 2021, S 733; *Hau*, Drittstaaten und die Revision der EuGVVO, IPRax 2025, 1; *Hess* (Hrsg), Die Anerkennung im Internationalen Zivilprozessrecht – Europäisches Vollstreckungsrecht, 2014; *Jacobs*, Das Haager Anerkennungs- und Vollstreckungsübereinkommen vom 2. Juli 2019, 2021; *Kopczynski*, Urteilsanerkennung unter Gegenseitigkeitsvorbehalt, 2024; *Laugwitz*, Die Anerkennung und Vollstreckung drittstaatlicher Entscheidungen in Zivil- und Handelssachen, 2015; *Loyal*, Zur Struktur und Dogmatik der Anerkennung ausländischer Gerichtsentscheidungen, ZZP 131 (2018), 373; *Mankowski*, Die Kumulationstheorie bei der Urteilsanerkennung, FS Schack, 2022, S 764; *Martiny*, Anerkennung ausländischer Entscheidungen nach autonomem Recht, in: Handbuch des Internationalen Zivilverfahrensrechts III/1, 1984; *Martiny*, Das Günstigkeitsprinzip bei der Koordination unterschiedlicher Regeln für die Anerkennung ausländischer Entscheidungen, FS Geimer, 2017, S 451; *Schack*, „Anerkennung" ausländischer Entscheidungen, FS Schilken, 2015, S 445; *Schack*, Das neue Haager Anerkennungs- und Vollstreckungsübereinkommen, IPRax 2020, 1; *Schönau*, Die Anerkennung von Urteilen aus Mehrrechtsstaaten nach § 328 Abs. 1 ZPO am Beispiel der USA und Kanadas, 2009; *Schütze*, Die politische Dimension der Gegenseitigkeitsfeststellung bei der Anerkennung ausländischer Zivilurteile, FS Schack, 2022, S 845; *Siebel*, Die Anerkennung und Vollstreckung von Gerichtsentscheidungen zwischen Deutschland und China, 2018; *Sonnentag*, Anerkennungs- und Vollstreckbarkeitshindernisse im autonomen deutschen Recht, ZVglRWiss 113 (2014), 83; *Spiecker genannt Döhmann*, Die Anerkennung von Rechtskraftwirkungen ausländischer Urteile, 2002; *Stein*, Das Haager Anerkennungs- und Vollstreckungsübereinkommen 2019, IPRax 2020, 197; *Zekoll*, Die Anerkennungsfähigkeit von Punitive Damages – Bedarf nach einer Neubewertung?, FS Kronke, 2020, S 645. – WN: vor EuIZPR Rn 1; *Geimer* IZPR vor Rn 2751; *Linke/Hau* IZVR vor Rn 12.1, vor Rn 13.1. Zur Vollstreckbarerklärung s vor § 723 Rn 1, zur innereurop Anerkennung s vor Art 36 Brüssel Ia-VO Rn 1.

1 **I) Überblick.** Die Vorschrift befasst sich mit der Anerkennung ausländ Urteile in Deutschland. Das Anerkennungsrecht soll zum *einen* **Prozessökonomie** und **internationalen Entscheidungseinklang** sichern, zum anderen festlegen, wann diese Ziele zurücktreten müssen. Zu vermeiden gilt es daher einerseits unökonomische doppelte Arbeit durch in- und ausländ Gerichte, aber auch, dass ein Rechtsverhältnis in einem Staat als gültig,

in einem anderen als ungültig angesehen wird, oder dass einer Partei ein Verhalten aufgegeben wird, das in einem anderen Staat nicht geschuldet oder sogar untersagt ist. Andererseits müssen jedenfalls solche ausländ Entscheidungen unbeachtlich bleiben, die mit **grundlegenden inländ Gerechtigkeitsvorstellungen** unvereinbar sind (vgl insb § 328 I Nr 4, Rn 62 ff).

Dem Wortlaut nach enthält § 328 (anders als § 108 I FamFG) nicht den eigentlichen Anerkennungsbefehl, dieser wird vielmehr stillschweigend vorausgesetzt. Ausdrücklich geregelt werden hingegen (wie in § 109 FamFG) die sog **Anerkennungsversagungsgründe**, also die Gründe, aus denen die Anerkennung und damit auch die Vollstreckbarerklärung (§ 723 II 2) „eines ausländischen Urteils" in Deutschland – ausnahmsweise – versagt werden darf (Rn 40 ff). Klärungsbedürftig sind **weitere Grundfragen**: welche ausländ Entscheidungen (Rn 3 ff) und welche Entscheidungswirkungen (Rn 11 ff) sind anerkennungsfähig, was genau ist unter Anerkennung iSv § 328 zu verstehen (Rn 16 ff) und wie erfolgt sie verfahrensmäßig (Rn 31 ff)? Unberührt lässt § 328 die zahlreichen EU- und konventionsrechtl Verpflichtungen zur Anerkennung (Überblick: Rn 24 ff) sowie Anerkennungsverbote (Rn 30). 2

II) Grundlagen. 1) Anerkennungsfähige Entscheidungen. Gegenstand der Anerkennung ist laut § 328 I ein „Urteil eines ausländischen Gerichts" (ebenso: § 722 I). Im Regelfall geht es um die Anerkennung der **Entscheidung** (genauer: der Wirkungen einer Entscheidung; s Rn 16) **eines ausländischen staatlichen Gerichts** (zur entspr Anwendung von § 328 auf Entscheidungen durch Gerichte der ehem DDR vgl BGH NJW 1997, 2051). **Entscheidungen ausländischer Behörden** werden erfasst, wenn diese nach dem erststaatlichen Gerichtsverfassungsrecht mit staatlicher Autorität ausgestattet sind und funktional Gerichten entsprechen (vgl BGH NJW 2019, 1608, dort in casu gegen die Anerkennung einer Registereintragung durch ein ukrainisches Standesamt). Außerhalb von Sondervorschriften wie Art 3 lit a Brüssel Ia-VO oder Art 3 II EuErbVO kann sich insb die Frage stellen, inwieweit auch **ausländ Notare** gerichtl Funktionen ausüben, also anerkennungsfähige Entscheidungen erlassen können. 3

Entscheidungen **privater Schiedsgerichte** unterfallen nicht § 328, sondern § 1061 bzw speziellen staatsvertraglichen Regelungen (s § 1061 Rn 1 ff); zum Sonderproblem der sog Zwangsschiedsgerichtsbarkeit s WSch/Schütze Rn 20a ff. Auch Entscheidungen ausländ staatlicher Gerichte, die einen **Schiedsspruch bestätigen** oder für vollstreckbar erklären, werden nicht von § 328 erfasst. Davon zu unterscheiden ist die Frage der Anerkennungsfähigkeit einer ausländ staatlichen Entscheidung, die einen Schiedsspruch aufhebt (auch insoweit gegen die Anwendbarkeit von § 328: BGH ZIP 2023, 1150 Tz 43 ff mN). 4

Auf die vom ausländ Verfahrensrecht vorgesehene **Bezeichnung** als „Urteil" kommt es für die Anwendbarkeit von § 328 nicht an (vgl die verallgemeinerungsfähige Klarstellung in Art 2 lit a S 1 Brüssel Ia-VO: „Urteil, Beschluss, Zahlungsbefehl oder Vollstreckungsbescheid, einschließlich des Kostenfestsetzungsbeschlusses eines Gerichtsbediensteten"). Unerheblich ist grds auch, ob die Form der ausländ Entscheidung den ZPO-Vorgaben entspricht, denn die Form bestimmt sich allein nach der lex fori des Erststaats. Soweit insb ausländ **Versäumnisentscheidungen** in einer vereinfachten oder abgekürzten Ausfertigung vorgelegt werden, berührt das nicht ihre Entscheidungsqualität, sondern nur die Frage der Nachprüfbarkeit im Hinblick auf eventuelle Anerkennungshindernisse. Grds anerkennungsfähig sind auch Entscheidungen, die **automatisiert oder unterstützt durch künstliche Intelligenz** (KI) erlassen werden (zum Ordre-public-Vorbehalt s Rn 73). 5

Eine ausländ Entscheidung, die schon aus Sicht ihres Ursprungsstaats nicht gilt, weil sie dort entweder **nie wirksam geworden oder nachträglich weggefallen** ist, kann auch in Deutschland keine Wirkung entfalten, also nicht anerkannt werden. Das wird bisweilen ausdrücklich klargestellt (so in Art 8 III HGÜ, Art 4 III HAVÜ), gilt aber auch für § 328 und unabhängig davon, ob man die Anerkennung als Wirkungserstreckung oder als Gleichstellung deutet (s Rn 16 f). Während die Brüssel Ia-VO keine besondere **Bestandskraft** der ausländ Entscheidung voraussetzt (s Art 36 Brüssel Ia-VO Rn 2), verlangt die hM zu § 328 (wie zu § 108 FamFG), dass die Entscheidung formell rechtskräftig geworden ist bzw diejenigen Eigenschaften besitzt, die das dt Recht mit dem Begriff der formellen Rechtskraft verbindet (BGH NJW 1999, 3198, 3200; StJ/Roth Rn 65 f; Schack IZVR Rn 970; offenlassend BGH NJW 2019, 3575, 3578). Freilich lässt sich aus § 723 II 1 (wie aus § 110 III 2 FamFG) eher auf das Gegenteil schließen. Davon abgesehen ist aber stets zu klären, ob eine im Erststaat noch nicht unanfechtbar gewordene Entscheidung nach dem dortigen Verfahrensrecht überhaupt schon Wirkungen entfaltet, die auf den Zweitstaat erstreckt werden können. 6

Weil Gegenstand der Anerkennung die prozessualen Wirkungen von **Sachentscheidungen** sind (zu den einzelnen Wirkungen s Rn 11 ff), sind auch **klageabweisende Entscheidungen** anerkennungsfähig. Dasselbe gilt für **Kostenentscheidungen**, und zwar unabhängig davon, ob sie einem Sach- oder Prozessurteil enthalten sind oder gesondert ergehen. Nicht anerkennungsfähig sind im Regelfall **ausländ Prozessurteile** wie zB Zwischenurteile zur Zulässigkeit oder Unzulässigkeit einer Klage. Das folgt freilich nicht aus der Natur dieser Entscheidungen, vielmehr daraus, dass sie normalerweise keine über das ausländ Forum hinaus anerkennungsrelevanten Wirkungen entfalten. Zumindest im Anwendungsbereich von § 328 nicht anzuerkennen sind ausländ **Entscheidungen zur internationalen (Un-)Zuständigkeit**: Stellt zB ein türkisches Gericht rechtskräftig fest, dass die dortigen Gerichte ausschließlich internat zuständig sind, so bindet dies ein gleichwohl in Deutschland in derselben Angelegenheit angerufenes Gericht nicht etwa in dem Sinne, dass die Unzuständigkeit der dt Gerichte fest- 7 stünde. Ebenso wenig ist das dt Gericht gebunden, wenn das türkische Gericht die dort erhobene Klage abweist, weil es umgekehrt allein die dt Gerichte für zuständig hält. Zur umstr Parallelproblematik im Anwendungsbereich der Brüssel Ia-VO s Art 36 Brüssel Ia-VO Rn 3.

8 Auch eine ausländ Entscheidung, die eine dort erlassene, eine dt oder eine drittstaatl **Entscheidung abändert**, kann anerkannt werden. Nicht gem § 328 anerkennungsfähig sind hingegen ausländ Entscheidung, welche die Anerkennungsfähigkeit oder Vollstreckbarerklärung einer drittstaatl Entscheidung aussprechen (kein **Doppelexequatur**, vgl BGH EuZW 2023, 901 Tz 33; beachte aber Rn 26 zur fragwürdigen EuGH-Judikatur zur Brüssel Ia-VO), sowie ausländ **Vollstreckungsakte** (näher zur Abgrenzung zwischen Entscheidungen und Vollstreckungsmaßnahmen BGH ZIP 2024, 1287 Tz 16 ff, dort zur Brüssel Ia-VO). Für die Anerkennung der Eröffnung eines **Insolvenzverfahrens**, von diesbezügl Sicherungsmaßnahmen sowie von Durchführungs- und Beendigungsentscheidungen gilt nicht § 328 ZPO, sondern § 343 InsO (bzw die EuInsVO, s Rn 27).

9 Für die Anerkennungsfähigkeit von Entscheidungen, die in einem **einstweiligen Verfügungs-, Anordnungs- oder Arrestverfahren** ergangen sind, kommt es darauf an, ob sie nach dem Recht des Urteilsstaates – ausnahmsweise – geeignet sind, die Streitsache endgültig zu erledigen. Tun sie dies, so können ihre anerkennungsfähigen Wirkungen von § 328 erfasst werden (Geimer IZPR Rn 2857; noch enger zB ThP/Nordmeier Rn 2: nur Geldzahlungstitel; MskV/Stadler Rn 5: nur Anerkennung kraft EU- oder Konventionsrechts).

10 Der Anerkennung steht es nicht entgegen, wenn das ausländ Gericht seine Entscheidung entsprechend dem übereinstimmenden Parteiwillen erlassen hat (sog **Urteil mit vereinbartem Inhalt** bzw consent judgment; zu Abgrenzungsfragen in Verfahren des kollektiven Rechtsschutzes vgl Stadler NJW 2020, 265, 268 ff). Weitergehend ist im EU- und Konventionsrecht bisweilen vorgesehen, dass ausländ **öffentliche Urkunden** und **Prozessvergleiche** vollstreckt bzw für vollstreckbar erklärt werden können (vgl etwa Art 2 lit. b, c, Art 58 f Brüssel Ia-VO; Art 12 HGÜ; Art 11 HAVÜ); zum abweichenden dt Recht s § 723 Rn 13. Der verfahrensrechtl Anerkennung sind sie nach hM aber gleichwohl weder im EU- und Konventionsrecht noch im Anwendungsbereich von § 328 zugänglich (aA WSch/Schütze Rn 144 f; Geimer IZPR Rn 2864 für nach ihrem Ursprungsrecht rechtskraftfähige Prozessvergleiche). Allgemein sind **Rechtsgeschäfte** (wie zB außergerichtl Vergleiche) nicht im verfahrensrechtl Sinne anerkennungsfähig.

11 **2) Anerkennungsfähige Entscheidungswirkungen.** Gem § 328 anerkennungsfähige Entscheidungswirkungen sind die materielle Rechtskraft, zudem die Gestaltungswirkung sowie die Interventions- bzw. Streitverkündungswirkung (deutlich etwa BGH NJW 2022, 2928 Tz 19; vgl im Einzelnen etwa Geimer IZPR Rn 2799 ff; MK/Gottwald Rn 166 ff). Besonderheiten gelten für die Vollstreckbarkeit, die nach dt Recht nach Maßgabe von §§ 722, 723 für das Inland verliehen werden muss.

12 Im Falle der Anerkennung muss die **materielle Rechtskraft** einer ausländ Entscheidung auch im Inland beachtet werden. Der Umfang dieser Rechtskraftwirkung in subjektiver und objektiver Hinsicht sowie der Zeitpunkt ihres Eintritts richten sich nach dem Recht des Erststaats (Wirkungserstreckung, s Rn 16). Damit hängt die Frage zusammen, inwieweit eine anerkennungsfähige ausländ Entscheidung ein weiteres Erkenntnisverfahren im Inland sperrt. Laut BGH führt eine rechtskräftige ausländ Entscheidung nur dazu, dass eine neue inländ Sachentscheidung der ausländ inhaltlich entsprechen müsse (BGH NJW-RR 1986, 1130). Damit bestünde letztlich ein Wahlrecht zwischen Anerkennung und erneutem Erkenntnisverfahren (krit etwa Geimer IZPR Rn 2801 f; Linke/Hau IZVR Rn 12.42; sa § 723 Rn 33).

13 Anzuerkennen ist zudem (vorbehaltlich § 328 I Nr 2 u 4) eine nach erststaatlichem Recht eingetretene, rechtskraftbezogene oder rechtskraftfremde **Präklusionswirkung**, die die Berücksichtigung von im Erstverfahren nicht vorgetragenen Tatsachen auch in einem späteren Verfahren ausschließt oder es dem Kläger verwehrt, weitere Schadensposten noch gesondert geltend zu machen (näher Hau IPRax 2024, 41). Ausländ **Gestaltungsentscheidungen**, die eine Rechtsänderung herbeiführen, sind ebenfalls gem § 328 anerkennungsfähig (beachte auch § 107 FamFG, dort zur Eheauflösung). Das gilt zB für die Verurteilung zur Abgabe einer Willenserklärung, wenn das erststaatliche Recht dem Urteil (wie § 894) Gestaltungswirkung beimisst (s auch § 723 Rn 12).

14 **Drittwirkungen** eines ausländ Urteils können die Folge eines der dt Nebenintervention oder Streitverkündung entsprechenden Vorgangs nach ausländ Prozessrecht sein. Die daraus nach dem ausländ Recht resultierenden Bindungswirkungen sind in einem nachfolgenden dt Prozess grds zu beachten. Anerkennungsfähig sind aber auch die manchen Rechtsordnungen geläufigen **Garantie- oder Gewährleistungsurteile**, die im Zusammenhang mit dem Hauptprozess bereits die Frage der Regresspflichtigkeit entschieden haben (ausf zum US-Recht und diesbezügl Anerkennungsfragen Braksiek S 119 ff; vgl zum innereurop Rechtsverkehr Art 65 II Brüssel Ia-VO).

15 Nicht zu den anerkennungsfähigen Entscheidungswirkungen gehört die sog **Tatbestandswirkung**. Dabei geht es richtigerweise nicht um eine Anerkennung im verfahrensrechtl Sinne, sondern um die Auslegung der lex causae (vgl BGH NJW 2022, 2928 Tz 24; Geimer IZPR Rn 2826; Schack IZVR Rn 928): Es ist zu prüfen, ob auch eine ausländ *Entscheidung den Tatbestand* einer (dt oder vom dt IPR berufenen ausländ) Vorschrift erfüllt, die eine Entscheidung voraussetzt (sog Substitution). Bsp: unter welchen Voraussetzungen kann ein ausländ Urteil die Verjährungsverlängerung iSv § 197 I Nr 3 BGB auslösen (dazu Geimer IZPR Rn 2827 ff)?

3) Anerkennung als Wirkungserstreckung. Anerkennung bedeutet nach hM nicht etwa Gleichstellung mit einer vergleichbaren dt Entscheidung, sondern Erstreckung derjenigen Wirkungen auf das Gebiet des Zweitstaats, die der ausländ Entscheidung im Erststaat zukommen (**Wirkungserstreckung**). 16

In Konsequenz der Wirkungserstreckung können die ausländ Entscheidungswirkungen über diejenigen hinausgehen, die nach dt Recht einer hier erlassenen Entscheidung zukämen, so zB dann, wenn nach ausländ Verfahrensrecht, über § 322 I hinaus, auch Vorfragen in materielle Rechtskraft erwachsen. Die Erstreckung solcher **starken Wirkungen** auf Deutschland ist hinzunehmen, denn gerade auf diese Wirkungen konnten sich die Parteien im Erststaat einrichten. Etwas anderes erscheint dann – aber eben: erst dann – geboten, wenn der dt ordre public entgegensteht (§ 328 I Nr 4), was allerdings nur ganz ausnahmsweise der Fall sein dürfte (und gewiss nicht bereits bei einem etwas weiteren ausländ Rechtskraftverständnis, zumal auch das dt Recht ausweislich § 256 II zu vergleichbaren Ergebnissen gelangen kann; vgl MK/Gottwald Rn 174; aA zB Geimer IZPR Rn 2781). Eine Absage erteilt ist damit der sog **Kumulationstheorie**, wonach die ausländ Entscheidung im Inland von vornherein keine weitergehende Wirkung entfalten könne als eine funktional vergleichbare dt Entscheidung (dafür Schack IZVR Rn 943 f; Mankowski FS Schack, S 764; WSch/Schütze Rn 1). 17

Die gem § 328 anzuerkennenden ausländ Entscheidungswirkungen können auch hinter denjenigen des dt Rechts zurückbleiben (**schwache Wirkungen**), so zB dann, wenn das ausländ Prozessrecht im Fall der Prozessaufrechnung keine § 322 II entsprechende Rechtskraft hinsichtl der Gegenforderung oder eine weniger weitreichende Drittwirkung als § 325 vorsieht. Dann wäre es schon mit dem rechtlichen Gehör unvereinbar, eine „Gleichstellung" anzustreben und der Entscheidung auf diese Weise im Inland eine Wirkung zu unterstellen, mit der die Beteiligten im ausländ Verfahren nicht gerechnet haben. Ferner folgt aus dem Prinzip der Wirkungserstreckung, dass es nur dann anerkennungsfähige Wirkungen gibt, wenn die Entscheidung nach dem erststaatlichen Recht überhaupt **internationale Geltung** beansprucht. 18

Die Wirkungserstreckung auf das Inland vollzieht sich **zeitlich** in dem Moment, in dem im Erststaat die in Rede stehende Entscheidungswirkung eintritt (Geimer IZPR Rn 2798). Die inzidente oder selbständige Feststellung der Anerkennung als Ergebnis der dt Prüfung, die erst durch das Geltendmachen der ausländ Entscheidung im Inland ausgelöst wird (s Rn 31 f), ist also nur deklaratorischer Natur. Zum maßgeblichen Zeitpunkt für die Anerkennungszuständigkeit s Rn 45, für den Ordre-public-Vorbehalt s Rn 65. 19

4) Teilanerkennung. Eine Teilanerkennung kommt in Betracht, wenn die ausländ Entscheidung nur hinsichtl eines Teilausspruchs oder nur im Verhältnis zu bestimmten Personen oder nur hinsichtl einzelner Entscheidungswirkungen anerkennungsfähig ist (näher Geimer IZPR Rn 3068 ff). Demnach kann, wenn eine vollständige Anerkennung an § 328 I scheiterte, zB eine nach dem Recht des Ursprungsstaats erga omnes wirkende Entscheidung wenigstens mit Wirkung inter partes anerkannt oder ein Schadensersatzunterhalt wenigstens bezüglich Arztkosten und Schmerzensgeld, wenn auch nicht bezüglich einer zugleich zugesprochenen Strafleistung anerkannt werden (BGH NJW 1992, 3096, 3104 f; s Rn 68). 20

5) Anerkennung und Kollisionsrecht. Pointiert lässt sich formulieren, dass dem IZVR Vorrang vor dem IPR gebührt (so etwa Schack IZVR Rn 23 f, 1024). In diesem Sinne ist zB die Anerkennung einer im Ausland erfolgten gerichtl Gestaltung (Bsp: Auflösung einer Gesellschaft durch Urteil) verfahrensrechtl zu deuten. Die Anerkennung hängt deshalb im Anwendungsbereich von § 328 ua davon ab, ob das ausländ Gericht für den Erlass der Entscheidung internat zuständig war (§ 328 I Nr 1), setzt aber nicht etwa voraus, dass das ausländ Gericht dasjenige Sachrecht (im Bsp: Gesellschaftsstatut) angewendet hat, das aus Sicht der dt Kollisionsregeln einschlägig gewesen wäre. Eine **„kollisionsrechtliche Relativierung"** ist aber auch für die Anerkennung der Rechtskraftwirkung ausländ Leistungs- oder Feststellungsurteile abzulehnen (Geimer IZPR Rn 44; Nagel/Gottwald IZPR Rn 12.159; Schack IZVR Rn 1085). Die in § 328 aF vorgesehene kollisionsrechtliche Kontrolle durch den dt Anerkennungsrichter wurde bereits anlässlich der IPR-Reform 1986 gestrichen. In Betracht kommt allenfalls noch eine Überprüfung des Ergebnisses der ausländ Rechtsanwendung nach Maßgabe des anerkennungsrechtl ordre public (§ 328 I Nr 4; nicht: Art 6 EGBGB), wobei aber stets das Verbot der révision au fond zu berücksichtigen ist (s Rn 39). 21

6) Anerkennung deutscher Entscheidungen im Ausland. Bei § 328 geht es nur um die Anerkennungsfähigkeit ausländ Entscheidungen im Inland. Um umgekehrt die Anerkennung und Vollstreckung eines dt Titels im Ausland zu erleichtern, stellt der dt Gesetzgeber besondere Anforderungen an das Abfassen von Entscheidungen (§ 313a IV, § 313b IIO) bzw sieht die Möglichkeit einer nachträglichen Vervollständigung vor (§ 313a V ZPO, § 30 AVAG); dazu Wilke IPRax 2016, 41. Auch iÜ sollte ein dt Gericht beim Erlass einer womöglich auf **Anerkennung im Ausland** angewiesenen dt Entscheidung nach Möglichkeit so vorgehen, dass das Entstehen von Anerkennungsversagungsgründen von vornherein vermieden wird. Anderenfalls kann auch der durch die dt Entscheidung Begünstigte rechtsmittelberechtigt sein, wenn ein dem dt Gericht unterlaufener Fehler die Anerkennungsfähigkeit im Ausland und damit seinen Verfahrenserfolg zu gefährden droht (vgl zum Parallelproblem im FamFG: OLG Zweibrücken FamRZ 2021, 299). 22

III) Vorrangige Regelungen. 1) Verhältnis zum FamFG. § 328 betrifft (ebenso wie §§ 722, 723) **bürgerl Rechtsstreitigkeiten** iSv § 13 GVG; §§ 107-110 FamFG betreffen hingegen Familien- und FG-Sachen. Über die 23

Abgrenzung bestimmt die dt lex fori, nicht etwa die lex fori des ausländ Gerichts oder das in der Sache anwendbare Recht (lex causae): Daher ist § 328 anzuwenden, wenn die ausländ Entscheidung, wäre sie von einem dt Gericht erlassen worden, als bürgerl Rechtsstreitigkeit einzuordnen wäre. Dabei kommt es nicht darauf an, ob das im ausländ Verfahren in Rede stehende Rechtsinstitut dem dt Recht in der konkreten Form bekannt ist (vgl BGH NJW 2019, 3575: dort zur Anwendbarkeit von §§ 108, 109 FamFG auf die aus dt Sicht güterrechtlich zu qualifizierende Entscheidung eines US-Gerichts zur Auseinandersetzung einer zweigliedrigen Gesellschaft, deren Gesellschafter verheiratet sind; ferner OLG Frankfurt StAZ 2022, 110, 112).

24 **2) EU- und konventionsrechtliche Anerkennungsgebote. a) EU-Verordnungen.** Beachte die Übersicht mNw zu den in Zivil- und Handelssachen einschlägigen Verordnungen in EuIZPR Rn 12 f. IE ergeben sich **Pflichten zur Anerkennung** im Verhältnis zu den anderen Mitgliedstaaten aus:

- **Brüssel Ia-VO:** Art 36 ff Brüssel Ia-VO für gerichtl Entscheidungen (Art 2 lit a Brüssel Ia-VO). Dt Durchführungsrecht: §§ 1112 ff. Gem Art 66 II Brüssel Ia-VO bleiben für Entscheidungen aus Verfahren, die vor dem 10.1.2015 eingeleitet worden sind, die Anerkennungsregeln der Brüssel I-VO anwendbar.
- **EuMahnVO:** Art 19 ff EuMahnVO für Europäische Zahlungsbefehle. Dt Durchführungsrecht: §§ 1083 ff.
- **EuBagatellVO:** Art 20 ff EuBagatellVO für Urteile im europäischen Verfahren für geringfügige Forderungen. Dt Durchführungsrecht: §§ 1105 ff.
- **EuVTVO:** Art 5 ff EuVTVO für Europäische Vollstreckungstitel. Dt Durchführungsrecht: §§ 1082 ff.
- **EuKoPfVO:** Art 22 ff EuKoPfVO für Beschlüsse zur vorläufigen Pfändung. Dt Durchführungsrecht: §§ 952 ff.
- **EuErbVO:** Art 39 ff EuErbVO für erbrechtl Entscheidungen. Dt Durchführungsrecht: IntErbRVG.

25 Weil die Anerkennung in den Verordnungen großzügig geregelt und Anerkennungsversagungsgründe, sofern überhaupt vorgesehen, eng definiert sind, stellt sich praktisch nicht die Frage, ob ausnahmsweise auf anerkennungsfreundlichere mitgliedstaatl Vorschriften wie § 328 zurückgegriffen werden darf (näher zu den europarechtl Grenzen des sog anerkennungsrechtl **Günstigkeitsprinzips**: Hau FS Roth, S 733, 736 f).

26 Die genannten Verordnungen regeln ausdrücklich nur die Anerkennung von **Entscheidungen aus anderen EU-Mitgliedstaaten** (wobei für Dänemark nur die Brüssel Ia-VO gilt, s ABl EU 2013 L 79/4, ABl EU 2014 L 240/1), nicht hingegen die **Anerkennung drittstaatlicher Entscheidungen** (näher Hau IPRax 2025, 1, 3 f, 8 ff). Probleme bereitet allerdings der Fall, dass ein mitgliedstaatliches Gericht auf der Grundlage eines drittstaatlichen Urteils einen vollstreckbaren Beschluss mit einer Zahlungsanordnung erlässt: Nach Ansicht des EuGH stellt der Beschluss, der das drittstaatliche Urteil inkorporiert, eine Entscheidung iSv Art 2 lit a, Art 39 Brüssel Ia-VO dar, die in den anderen Mitgliedstaaten anzuerkennen und zu vollstrecken sei (EuGH EuZW 2022, 533). Damit verlangt der EuGH den Mitgliedstaaten der Sache nach ein systemwidriges Doppelexequatur ab (s Rn 8) und verwässert ihre de lege lata bestehende Kompetenz, die Anerkennungsfähigkeit drittstaatlicher Entscheidungen zu regeln (näher etwa Hau IPRax 2025, 1, 3 f; Hess IPRax 2022, 349; Oppolzer EuZW 2022, 516). Art 33 u 34 Brüssel Ia-VO regeln die **Beachtlichkeit drittstaatlicher Parallelverfahren**, wobei für die erforderliche Anerkennungsprognose auf mitgliedstaatl Regelungen wie § 328 verwiesen wird (dazu Hau IPRax 2025, 1, 3).

27 Zu Anerkennungsgeboten in den hier ausgeklammerten **familienrechtl Verordnungen** vgl PH/Hau § 108 FamFG Rn 28 ff). Die EuInsVO 848/2015 (ABl EU 2015 L 141/19) regelt neben der Anerkennung der Eröffnung eines Insolvenzverfahrens (Art 19 ff EuInsVO) auch die Anerkennung sonstiger **insolvenzrechtl Entscheidungen** (Art 32 EuInsVO).

28 **b) Konventionsrecht.** Beachte die Übersicht mNw zu den in Zivil- und Handelssachen einschlägigen (multilateralen) Übereinkommen und (bilateralen) Abkommen in EuIZPR Rn 18 ff (zu konventionsrechtl Anerkennungsgeboten in den hier ausgeklammerten Familien- und FG-Sachen vgl PH/Hau § 108 FamFG Rn 28 ff). Im Einzelnen ergeben sich **Pflichten zur Anerkennung** aus:

- **LugÜ:** Art 32 ff LugÜ für gerichtl Entscheidungen aus Island, Norwegen und der Schweiz. Zeitl Anwendungsbereich: Art 63 LugÜ. Dt Durchführungsrecht: AVAG.
- **HGÜ:** für die EU in Kraft seit 1.10.2015 (für Dänemark seit 1.9.2018). Einführend zB Eichel GPR 2014, 159; Huber IPRax 2016, 197; Reuter/Wegen ZVglRWiss 116 (2017), 383. Art 8 ff HGÜ betreffen gerichtl Entscheidungen aus anderen Vertragsstaaten (derzeit: Albanien, Mexiko, Montenegro, Nordmazedonien, Moldawien, Singapur, Ukraine, Vereinigtes Königreich; vgl zum jeweils aktuellen Stand: www.hcch.net/en/instruments/conventions/specialised-sections/choice-of-court), sofern die Zuständigkeit des ausländ Gerichts auf einer ausschließlichen Gerichtsstandsvereinbarung beruht. Im Verhältnis zu anderen EU-Mitgliedstaaten geht das Verordnungsrecht (Rn 24), im Verhältnis zur Schweiz das LugÜ vor. Zeitl Anwendungsbereich: Art 16 HGÜ. Dt Durchführungsrecht: AVAG.
- **HAVÜ:** für die EU (ohne Dänemark) in Kraft seit 1.9.2023 (vgl BGBl 2023 I Nr 216). Einführend zB Fuchs GWR 2019, 395; *Schack IPRax 2020, 1;* Stein IPRax 2020, 197; ausf Jacobs, Das Haager Anerkennungs- und Vollstreckungsübereinkommen vom 2. Juli 2019, 2021; speziell zu den erfassten Entscheidungen Weller/Czubaiko FS Rauscher, S 585. Art 4 ff HAVÜ betreffen gerichtl Entscheidungen aus anderen Vertragsstaaten

(derzeit: Albanien, Montenegro, Ukraine, Vereinigtes Königreich, Uruguay; vgl zum jeweils aktuellen Stand: www.hcch.net/en/instruments/conventions/specialised-sections/judgments). Im Verhältnis zu anderen EU-Mitgliedstaaten geht das Verordnungsrecht vor. Zeitl Anwendungsbereich: Art 16 HAVÜ. Dt Durchführungsrecht: AVAG (idF v Art 1 G v 7.11.2022, BGBl I 2022, 1982; Bekanntmachung v 15.8.2023: BGBl 2023 I Nr 216; RegE: BTDrs 20/2164).

- Beachte ferner die Nw in EuIZPR Rn 22 zu anerkennungsrelevanten Übereinkommen in materiell-rechtl Spezialmaterien, insb im Transport- und Umwelthaftungsrecht (vgl auch Geimer IZPR Rn 2761, ausf WSch/Schütze Rn 184 ff, 201 ff).
- Deutsch-**israelischer** Vertrag v 20.7.1977. Dt Durchführungsrecht: AVAG. Einf Pirrung IPRax 1982, 130.
- Deutsch-**tunesischer** Vertrag v 19.7.1966. Dt AusfG v 29.4.1969: BGBl I 1969, 333, BGBl I 1970, 307.
- Deutsch-**britisches** Abkommen v 14.7.1960. Dt AusfG v 28.3.1961: BGBl I 1961, 301.
- Deutsch-**türkisches** Nachlassabkommen (Anlage zu Art 20 des Deutsch-türkischen Konsularvertrags v 28.5. 1929), dort § 15 S 2 für erbrechtl Entscheidungen.

Im Konventionsrecht wird die Möglichkeit zum Rückgriff auf (ausnahmsweise) anerkennungsfreundlichere nationale Vorschriften wie § 328 (**Günstigkeitsprinzip**) bisweilen eigens betont, so zB in Art 15 HAVÜ, iÜ zumindest im Grundsatz vorausgesetzt (dazu Hau FS Roth, S 733, 741 f). 29

3) EU- und völkerrechtliche Anerkennungsverbote. Das EU-Recht schreibt den Mitgliedstaaten zwar nicht die Anerkennung drittstaatlicher Entscheidungen vor (s Rn 26), es gibt jedoch sekundärrechtliche Regelungen, die es den Mitgliedstaaten in bestimmten Fällen untersagen, drittstaatliche Entscheidungen anzuerkennen oder zu vollstrecken. So verhält es sich mit Art 48 DSGVO 2016/679 v 27.4.2016 (ABl EU 2016 L 119/1) und Art 16 Anti-SLAPP-RL 2024/1069 v 11.4.2024 (ABl EU L 2024/1069). Ein vergleichbares konventionsrechtliches **Anerkennungsverbot** ergibt sich aus Art 6 u 15 HAVÜ (dingliche Rechte an Immobilien betreffende Urteile, die außerhalb des Belegenheitsstaats ergehen). Zur Diskussion über Anerkennungsverbote kraft allg Völkerrechts vgl Bajrami/Payandeh IPRax 2018, 580; Geimer IZPR Rn 2768; WSch/Schütze Rn 17a. 30

IV) Verfahrensfragen der Anerkennung. Als Erleichterung der anzustrebenden Entscheidungsfreizügigkeit (s Rn 1) soll die Anerkennung grds **automatisch bzw ipso iure** erfolgen, also weder ein besonderes Anerkennungsverfahren noch einen förmlichen Gestaltungs- oder Feststellungsakt durch ein Gericht des Anerkennungsstaats voraussetzen. Betont wird dies im Europarecht (vgl etwa Art 36 I Brüssel Ia-VO: „kraft Gesetzes", „ohne dass es hierfür eines besonderen Verfahrens bedarf") und im Konventionsrecht (vgl etwa Art 33 LugÜ). Für das autonome Recht wird der Grundsatz zwar nicht in § 328 hervorgehoben, wohl aber – verallgemeinerungsfähig – in § 108 I FamFG („ohne dass es hierfür eines besonderen Verfahrens bedarf"). 31

Wird kein besonderes Feststellungsverfahren (s Rn 34) durchgeführt, hat ein dt Gericht oder eine dt Behörde, wenn sich in einem inländ Verfahren die Frage der Anerkennungsfähigkeit stellt, diese inzident zu klären. Die ZPO stellt, anders als zB Art 36 III Brüssel Ia-VO, die gerichtliche Befugnis zur **Inzidentanerkennung** nicht eigens klar, setzt sie aber stillschweigend voraus. Praktisch wird die Inzidentanerkennung regelmäßig relevant, wenn sich eine Partei im Inlandsverfahren auf eine ausländ Entscheidung beruft, in der rechtskräftig über denselben Streitgegenstand oder ein vorgreifliches Rechtsverhältnis befunden wurde. Die daraufhin vom dt Gericht vorzunehmende Prüfung der Anerkennungsfähigkeit führt nur zu einer deklaratorischen Inzidentfeststellung, der keine Bindungswirkung über das laufende Verfahren hinaus zukommt (soweit nicht von **§ 256 II** Gebrauch gemacht wird, s Rn 34). 32

Ein Sonderfall der Inzidentanerkennung ist die sog Anerkennungsprognose, von der die Beachtung **ausländischer Rechtshängigkeit** abhängt (s Art 33 I, 34 I Brüssel Ia-VO sowie EuIZPR Rn 67). Zur Anerkennung als Voraussetzung der **Vollstreckbarerklärung** s § 723 Rn 1. 33

Unbeschadet des Ipso-iure-Prinzips werden im Interesse der Rechtssicherheit vielfach fakultative **Anerkennungs- bzw. Delibationsverfahren** eröffnet, um die Anerkennungsfrage im Zweifelsfall förmlich und verbindlich klären zu können, so zB gem Art 36 II Brüssel Ia-VO. Für das autonome dt Recht ist ein fakultatives Delibationsverfahren in § 108 II FamFG geregelt (weitergehend § 107 FamFG: obligatorisches Delibationsverfahren für drittstaatliche Eheauflösungsentscheidungen). Im Anwendungsbereich der ZPO fehlt eine vergleichbare Regelung. Hier kann die Frage der Anerkennungsfähigkeit einer bereits ergangenen ausländ Entscheidung aber nach allg Regeln zum Gegenstand einer **positiven oder negativen Feststellungsklage** gem § 256 gemacht werden, sei es in einem gesonderten Prozess oder mittels Zwischenfeststellungsklage (näher Geimer IZPR Rn 2995 ff). Die Entscheidung darüber kann als VU hingegen; ausgeschlossen sind hingegen ein Vergleich über die Anerkennungsfähigkeit oder ein Anerkenntnisurteil gem § 307 (entsprechend § 723 Rn 29). 34

Das Vorliegen sowohl der **Anerkennungsvoraussetzungen** (insb: wirksame Entscheidung eines ausländ staatlichen Gerichts in einer bürgerl Rechtsstreitigkeit) als auch der in § 328 I genannten **Anerkennungsversagungsgründe** ist grds **von Amts wegen** zu prüfen (Ausnahme: § 328 I Nr 2, s Rn 56). Die Feststellungen des ausländ Gerichts wird der dt Anerkennungsrichter im Zweifel zugrunde legen, er ist daran aber nicht gebunden (Ausnahmen sind vorgesehen im Europa- und Konventionsrecht, vgl etwa Art 45 II Brüssel Ia-VO, Art 8 II 2 HGÜ). 35

36 Ausweislich der negativen Fassung von § 328 I geht das Gesetz im **Grundsatz von der Anerkennungsfähigkeit** ausländ Entscheidungen aus; das Vorliegen von Anerkennungsversagungsgründen und damit die Nichtanerkennung bilden daher die begründungsbedürftige Ausnahme (aA etwa WSch/Schütze Rn 84). Demgegenüber meint der BGH, dass § 328 I, „trotz seines Wortlauts, nicht durchweg Ausnahmen von einer regelmäßigen Anerkennungsfähigkeit, sondern überwiegend die Voraussetzungen jeder Anerkennung" regele; folglich trage die anpassungsinteressierte Partei die **Darlegungs- und Beweislast** (BGH NJW 1999, 3198, 3202, dort speziell zu § 328 I Nr 5; anders und zutreffend aber etwa BGH NJW 2006, 701, 702: die Darlegungs- und Beweislast trage derjenige, der die Anerkennung verhindern möchte [dort zum EuGVÜ, aber verallgemeinerungsfähig, im Zusammenhang mit der Behauptung angeblicher Gehörsverstöße im ausländ Verfahren]).

37 **V) Anerkennungsversagungsgründe gem § 328: Grundlagen. 1) Überblick.** Es bietet sich an, zwischen den in § 328 I nur angedeuteten **Anerkennungsvoraussetzungen** (insb: wirksame Entscheidung eines ausländ staatlichen Gerichts in einer bürgerl Rechtsstreitigkeit) und dem in Nr 1-5 enthaltenen **Katalog statthafter Anerkennungsversagungsgründe** zu unterscheiden (unbeachtet bleibt diese sinnvolle Unterscheidung, wenn „Anerkennungsvoraussetzung" als beide Aspekte umfassender Oberbegriff verwendet wird; so zB bei BGH NJW 1999, 3198, 3202; Geimer IZPR Rn 2888 ff; Schack IZVR Rn 960 ff). § 328 II benennt eine anerkennungsfreundliche Abweichung von I Nr 5. Das Verbot einer sog révision au fond findet sich erst in § 723 I (s Rn 39). Zur Prüfung der Anerkennungsversagungsgründe s Rn 35 f.

38 **2) Vorrangige Regelungen.** Die FamFG-Parallelregelung zu § 328 ZPO ist **§ 109 FamFG**; zur Abgrenzung s Rn 23. Zum **Europa- bzw Konventionsrecht** s die Übersicht in Rn 24 ff. Die dort genannten Rechtsakte enthalten unterschiedlich umfangreiche Kataloge von Anerkennungsversagungsgründen; vgl etwa Art 45 Brüssel Ia-VO, Art 22 EuMahnVO, Art 22 EuBagatellVO, Art 21 EuVTVO, Art 34 EuKoPfVO, Art 40 EuErbVO, Art 34 LugÜ, Art 9 HGÜ, Art 5 HAVÜ. Zum **Günstigkeitsprinzip** s Rn 25, 29.

39 **3) Verbot der révision au fond.** Das Anerkennungsrecht ist geprägt von der Vorstellung, dass die Freizügigkeit von Entscheidungen zu einem geordneten internat Rechtsverkehr beiträgt und dass alle Rechts- und Gerichtssysteme im Ausgangspunkt zunächst als gleichwertig – aber eben auch als gleichermaßen fehleranfällig – zu betrachten sind. Daher sollen ausländ Entscheidungen im Regelfall anzuerkennen sein, und zwar selbst auf die Gefahr hin, dass sie sich aus dt Sicht im Einzelfall als unrichtig erweisen könnten. Dadurch erklärt sich, dass dem Anerkennungsrichter eine Überprüfung der ausländ Entscheidung in der Sache – eine sog révision au fond – im Grundsatz verwehrt ist. Dies wird im Europa- und Konventionsrecht besonders betont (vgl etwa Art 52 Brüssel Ia-VO, Art 22 III EuMahnVO, Art 22 II EuBagatellVO, Art 21 II EuVTVO Art 41 EuErbVO, Art 36 u 45 II LugÜ, Art 8 II 1 HGÜ, Art 4 II HAVÜ), zudem in § 109 V FamFG, in der ZPO hingegen – systematisch verfehlt – erst in § 723 I. Allerdings herrscht Einvernehmen, dass diese Vorschrift nicht nur für die Vollstreckbarerklärung, sondern auch für die Anerkennung iSv § 328 gilt. Gemäß dem **Verbot einer „Überprüfung der Gesetzmäßigkeit"** kann die Anerkennung nicht allein deshalb versagt werden, weil die vom ausländ Gericht angewandten Rechtsvorschriften von denen abweichen, die ein dt Gericht im Falle seiner eigenen Befassung mit dem Ausgangsrechtsstreit angewandt hätte (vgl zum Verbot einer kollisionsrechtlichen Kontrolle schon Rn 21); zudem darf der Anerkennungsrichter nicht nachprüfen, ob das ausländ Gericht den Fall rechtlich und tatsächlich fehlerfrei gewürdigt hat. Die als wirklich unabdingbar erachteten Mindestanforderungen an ausländ Entscheidungen ergeben sich aus § 328 I, wobei insb Nr 2 u 4 sicherstellen, dass Entscheidungen, die in einem inakzeptablen Verfahren zustande gekommen sind, in Deutschland ohnehin – ungeachtet ihrer inhaltl Richtigkeit – außer Betracht bleiben.

40 **VI) Anerkennungsversagungsgründe im Einzelnen. 1) Anerkennungszuständigkeit (§ 328 I Nr 1).** Gem § 328 I Nr 1 ist die ausländ Entscheidung nicht anzuerkennen, wenn das ausländ Gericht aus dt Sicht nicht zur Entscheidung berufen war. Es geht also um die Frage der sog **Anerkennungszuständigkeit** („compétence indirecte"; s EuIZPR Rn 44, dort auch zur Abgrenzung von der Entscheidungs- und der Vollstreckungszuständigkeit). Zur Versagung der Anerkennung, wenn die ausländ Entscheidung unter Verstoß gegen die völkerrechtl Vorgaben zu den Grenzen der **Gerichtsbarkeit** (EuIZPR Rn 33 ff) erlassen wurde, s Rn 74 (ordre public).

41 Als Maßstab für die Prüfung der Anerkennungszuständigkeit benennt § 328 I Nr 1 die „deutschen Gesetze", was Bezug nehmen soll auf die dt Regeln zur internat Entscheidungszuständigkeit der dt Gerichte (sog **Spiegelbildprinzip**): War ein Umstand, der nach unseren Regeln (also in doppelfunktionaler Anwendung der ZPO-Gerichtsstände; s EuIZPR Rn 50) zuständigkeitsbegründend ist, im ausländ Entscheidungsstaat verwirklicht, so ist aus dt Sicht die Anerkennungszuständigkeit des dortigen Gerichts gegeben (vgl etwa BGH NJW 2020, 3026, 3029 f). Über den zu engen Wortlaut von § 328 I Nr 1 hinaus, sollte dasselbe gelten, wenn das **Europa- oder Konventionsrecht** die internat Entscheidungszuständigkeit der dt Gerichte weitergehend eröffnet als die ZPO-Regeln. Relevant wird dies insb im Hinblick auf den Gerichtsstand der Streitgenossenschaft, den zwar Art 8 Nr 1 Brüssel Ia-VO vorsieht, nicht hingegen die ZPO (näher etwa Linke/Hau IZVR Rn 13.10 mN; vgl auch BGH NJW 2019, 3575, 3576, wo zur Parallelfrage hinsichtl § 109 I Nr 1 FamFG die Möglichkeit einer spiegelbildlichen Anwendung verordnungseigener Zuständigkeitsgründe unterstellt wird).

42 Für die Wahrung des Spiegelbildprinzips ist es ohne Belang, ob das ausländ Gericht seine Zuständigkeit im konkreten Fall auf einen aus dt Sicht irrelevanten Umstand gestützt hat. So schadet es zB nicht, wenn es einem

US-Richter für die Begründung seiner Zuständigkeit genügt hat, dass dem Beklagten die Klageschrift im Forum übergeben werden konnte, sofern die dortige Zuständigkeit aus dt Sicht zB auf den Erfüllungsort der fraglichen Verpflichtung (also: § 29 in doppelfunktionaler und spiegelbildlicher Anwendung) hätte gestützt werden können.

Für § 328 I Nr 1 genügt grds auch eine aus dt Sicht wirksame Prorogation zugunsten der ausländ Gerichte oder – in spiegelbildlicher Anwendung von § 39 (bzw Art 26 Brüssel Ia-VO) – eine **rügelose Einlassung** des Beklagten auf das ausländ Verfahren. Zu Letzterem ist allerdings eine Einschränkung zu machen: Waren die ausländ Gerichte aus ihrer (aber nicht aus unserer) Sicht auch ohne die Einlassung zuständig, so sollte man es der im Ausland beklagten Partei, die sich in der Sache eingelassen hat, nicht zum Nachteil gereichen lassen, dass sie von der ohnehin aussichtslosen Zuständigkeitsrüge abgesehen hat (BGH IPRax 1994, 204; aA Schack IZVR Rn 987). Problematisch erscheint, ob das vom BGH als Einschränkung des **Vermögensgerichtsstands** gemäß § 23 postulierte Erfordernis eines hinreichenden Inlandsbezugs (s § 23 Rn 13; Meder RIW 2024, 800) auch auf die Anerkennungszuständigkeit zu übertragen ist (verneinend etwa Haas IPRax 2001, 197; bejahend WSch/Schütze Rn 32). 43

Die ausländ Gerichte werden als unzuständig betrachtet, soweit Deutschland – ausnahmsweise (vgl EuIZPR Rn 46) – von einer **ausschließlichen internationale Zuständigkeit** der dt Gerichte ausgeht. Relevant kann das zB in den Fällen von Art 24 Brüssel Ia-VO werden sowie dann, wenn die Zuständigkeit der ausländ Gerichte aufgrund einer aus dt Sicht verbindlichen **Gerichtsstandsvereinbarung** derogiert war (vgl BGH NJW 2020, 399; insoweit abweichend die Brüssel Ia-VO, s Art 45 Brüssel Ia-VO Rn 31). In entsprechender Anwendung von § 328 I Nr 1 ist die Anerkennung zu versagen, wenn das ausl staatl Gericht eine **Schiedsvereinbarung** ignoriert hat, auf die sich der dortige Beklagte berufen hat und die aus dt Sicht wirksam ist (WSch/Schütze Rn 38a). 44

Das Spiegelbildprinzip beeinflusst auch den für die Anerkennungszuständigkeitsprüfung **maßgeblichen Zeitpunkt**: Eine Änderung der die Zuständigkeit begründenden Tatsachen während des ausländ Erstverfahrens hat keinen Einfluss auf die Anerkennungszuständigkeit, wenn wir auch in Deutschland von einer **perpetuatio fori internationalis** ausgehen würden (vgl den Verweis auf § 261 III Nr 2 bei BGH NJW-RR 2009, 1652; s auch EuIZPR Rn 56). Umgekehrt reicht es grds aus, wenn die Zuständigkeit des ausländ Gerichts aus Sicht des dt Rechts bis zum Erlass der Entscheidung eingetreten war. Allemal ginge es zu weit, wollte man das Vorliegen des die Anerkennungszuständigkeit begründenden Umstands noch für den Zeitpunkt fordern, in dem die Frage der Anerkennungsfähigkeit bzw Vollstreckbarkeit in Deutschland relevant wird. 45

Ist die ausländ Entscheidung in einem **Mehrrechtsstaat** ergangen (zB in den USA oder Kanada), so genügt es für § 328 I Nr 1, wenn der zuständigkeitsbegründende Bezug zum Territorium des Gesamtstaats besteht (BGH NJW 1999, 3198; krit WSch/Schütze Rn 37); denn geboten ist nur eine Kontrolle der internationalen, nicht der innerstaatlichen oder gar örtlichen Anerkennungszuständigkeit. Dies gilt speziell im Hinblick auf die USA auch dann, wenn kein Bundesgericht (Federal Court), sondern ein einzelstaatliches Gericht (State Court) entschieden hat (MK/Gottwald Rn 91; näher von Hoffmann/Hau RIW 1998, 344; aA aber etwa Schönau S 108 ff). Zur davon zu unterscheidenden Frage der Gegenseitigkeitsverbürgung s Rn 77. 46

Obwohl § 328 I Nr 1 vornehmlich dem Schutz desjenigen dient, gegen den das Verfahren im Ausland betrieben wurde, ist die fehlende Anerkennungszuständigkeit nach hM **von Amts wegen**, nicht nur auf Rüge zu beachten (StJ/Roth Rn 80; Schack IZVR Rn 1036; einschr Geimer IZPR Rn 2903). Anders als hinsichtl der dt Entscheidungszuständigkeit verlangt der BGH bei der Prüfung der Anerkennungszuständigkeit die positive Feststellung zuständigkeitsbegründender **doppelrelevanter Tatsachen** (also zB der unerlaubten Handlung), von denen sowohl die internat Zuständigkeit als auch die Begründetheit des im Erststaat zugesprochenen Anspruchs abhängen (BGH IPRax 1995, 101). An die Tatsachenfeststellungen des ausländ Gerichts ist der dt Richter nicht gebunden. Die **Darlegungs- und Beweislast** für das Fehlen der Anerkennungszuständigkeit trägt derjenige, der die Anerkennung verhindern möchte (s Rn 36; aA Geimer IZPR Rn 2905a: der Anerkennungsinteressent). 47

2) Rechtliches Gehör (§ 328 I Nr 2). § 328 I Nr 2 sichert – als Spezialausprägung des verfahrensrechtl ordre public (s Rn 71 ff) – das rechtliche Gehör des im Ausland unterlegenen Beklagten bei der Einleitung des dortigen Verfahrens. Hingegen werden Gehörsverletzungen, zu denen es erst im weiteren Verlauf des erststaatlichen Verfahrens gekommen ist, anhand von Nr 4 überprüft (so zB BGH NJW-RR 2012, 1013; s Rn 72). Die **Darlegungs- und Beweislast** für das Vorliegen einer Gehörsverletzung trägt derjenige, der die Anerkennung verhindern möchte (s Rn 36). 48

Was das für § 328 I Nr 2 maßgebliche **verfahrenseinleitende Dokument** ist, richtet sich nach dem Verfahrensrecht des Ursprungsstaats (BayObLG FamRZ 2000, 1170). Dabei handelt es sich normalerweise um eine Klageschrift samt Einlassungsaufforderung und Terminsladung, womöglich aber auch um einen Mahnbescheid oder Zahlungsbefehl. Allerdings sind, dem Schutzzweck von Nr 2 entsprechend, gewisse Mindeststandards zu verlangen: Das nach dem ausländ Verfahrensrecht maßgebliche Dokument muss so gestaltet sein, dass der Beklagte so weit über Ziel und Gegenstand des gegen ihn eingeleiteten Verfahrens informiert wird, dass er sich zweckentsprechend äußern, sein Risiko einschätzen und sich verteidigen kann (vgl etwa OLG München FamRZ 2012, 1512, 1513). 49

Ausweislich des Normtextes von § 328 I Nr 2 setzt die Anerkennungsfähigkeit **kumulativ** die **ordnungsgemäße und rechtzeitige** Mitteilung des verfahrenseinleitenden Dokuments voraus; eine teleologische Reduktion, wo- 50 nach bloß formale Zustellungsfehler ohne Gehörsbeeinträchtigung außer Betracht bleiben können, wird daher abgelehnt (BGH NJW 2019, 2940, 2941). Diese Position dürfte de lege lata zutreffen, überzeugt rechtspolitisch aber kaum, denn es geht um den Schutz des rechtl Gehörs, nicht etwa um die Wahrung internationaler Zustellungsstandards (konsequent daher die beschränkte Prüfung im Verordnungs- und Konventionsrecht, vgl etwa Art 45 I lit b Brüssel Ia-VO; Art 34 Nr 2 LugÜ, dazu BGH NJW 2019, 2862). § 328 I Nr 2 greift erst recht durch, wenn im ausländ Verfahren **überhaupt keine Zustellung** veranlasst worden ist.

51 Das ausländ Verfahrensrecht bestimmt, was es zur **ordnungsgemäßen Mitteilung** des verfahrenseinleitenden Dokuments bzw zur Heilung von Mitteilungsmängeln bedarf. Die Anforderungen und Grenzen können sich jedoch auch aus vorrangigen zwischenstaatlichen Regelungen ergeben, namentl dem HZÜ (s § 363 Rn 7); vgl BGH NJW 2019, 2940, 2942. Wenn der Beklagte das verfahrenseinleitende Schriftstück nur durch einen elektronischen Nachrichtendienst (wie WhatsApp) erhalten hat, ist die Anerkennung der ausländ Entscheidung ausgeschlossen, und zwar auch dann, wenn das ausländ Gericht den Kläger zu dieser Kommunikationsform ermächtigt hat (OLG Frankfurt FamRZ 2022, 219).

52 Die **Rechtzeitigkeit der Verfahrenseinbeziehung** bemisst sich nicht nach dem ausländ Verfahrensrecht, sondern ist vom dt Anerkennungsrichter eigenverantwortlich und ohne Bindung an die Feststellungen des Erstgerichts zu prüfen. Maßgeblich ist, ob dem Beteiligten in der konkreten Situation unter Gesamtwürdigung aller Umstände des Einzelfalls (Prozesslage, Verfahrensart, Zeitaufwand für eine angemessene Übersetzung, finanzielle Situation, Aufenthaltsort im Zeitpunkt der Kenntnisnahme, Kooperation der Beteiligten etc) eine Wahrnehmung seiner Rechte noch möglich war (BGH NJW 2006, 701). Dabei ist unter Berücksichtigung der Einzelumstände eine gewisse Orientierung an § 274 III 1, § 339 I möglich, und zwar abstellend auf den Zeitpunkt, zu dem der Adressat von dem zugestellten Schriftstück Kenntnis nehmen konnte (BayObLG FamRZ 2005, 923, 924).

53 **Schwerwiegende Zustellungsmängel** sind regelmäßig ein starkes Indiz dafür, dass bei der Verfahrenseinleitung kein ausreichendes rechtl Gehör gewährt wurde (BGH WM 2022, 1136 Tz 14, dort zur fehlenden Übersetzung). Bedenklich sind in dieser Hinsicht auch **fiktive Zustellungen**, die allerdings nicht zwingend einen Anerkennungsversagungsgrund nach sich ziehen (näher BGH NJW 2021, 3601 Tz 12 ff; BGH NJW-RR 2022, 868 Tz 13 ff).

54 Auch im Falle einer nicht ordnungsgemäßen oder nicht rechtzeitigen Mitteilung des verfahrenseinleitenden Dokuments schließt § 328 I Nr 2 die Anerkennung nicht aus, wenn sich der Beklagte auf das ausländ Verfahren eingelassen hat (insoweit abweichend § 109 I Nr 2 FamFG, der nur auf eine Äußerung zur Hauptsache abstellt). Für eine solche **Einlassung** genügt jedes Verhandeln, aus dem sich ergibt, dass der Beklagte Kenntnis vom ausländ Verfahren hat, sofern er dort nicht lediglich zum Ausdruck gebracht hat, dass er sich wegen der unzulänglichen Benachrichtigung von der Verfahrenseinleitung nicht ausreichend beteiligen könne (BGH NJW-RR 2009, 1292: Benennung eines Zustellungsbevollmächtigten; BGH NJW 2011, 3103, 3104 f).

55 Legt der Beklagte gegen die ihm zugestellte, mit dem Makel des § 328 I Nr 2 behaftete Entscheidung kein Rechtsmittel ein, so verliert er dadurch nicht die Möglichkeit, sich auf den Anerkennungsversagungsgrund zu berufen (BGH NJW 2019, 2940, 2942; Schack IZVR Rn 1001; aA Geimer IZPR Rn 2921). Insoweit ist § 328 I Nr 2 weniger anerkennungsfreundlich als zB Art 45 I lit b Brüssel Ia-VO oder Art 40 lit b EuErbVO. Allerdings wäre die Übernahme einer dementsprechenden **Rechtsbehelfsobliegenheit** in das autonome dt Recht (§ 328, zudem § 109 FamFG) de lege ferenda sinnvoll.

56 Gehörsverletzungen werden nach § 328 I Nr 2 nur auf **Rüge des Betroffenen** berücksichtigt („und sich hierauf beruft"; dazu BGH NJW 2019, 2940, 2942). Dieser kann also auf den Einwand verzichten mit der Folge, dass Nr 2 die Anerkennung nicht hindert (BTDrs 10/504, 88). Im Anerkennungs- bzw Vollstreckbarerklärungsverfahren (§§ 722, 723) ist somit stets ein möglicher Rügeverzicht zu prüfen. Ein solcher kann auch einem Verhalten außerhalb des Anerkennungs- bzw Vollstreckbarerklärungsverfahrens entnommen werden und schon im erststaatlichen Verfahren erfolgen. Handelt derjenige, der die Anerkennungsfähigkeit behauptet, arglistig, so soll der von § 328 I Nr 2 intendierte Schutz, wenn sich der Betroffene nicht darauf beruft, notfalls **von Amts wegen** über § 328 I Nr 4 erreicht werden (vgl BTDrs 10/504, 88). IÜ kann im Einzelfall eine amtswegige Prüfung erfolgen, wenn sich die Frage der Anerkennungsfähigkeit in einem Verfahren stellt, an dem derjenige, dem das verfahrenseinleitende Schriftstück ersichtlich nicht zugestellt wurde, nicht beteiligt ist (dazu Hau FamRZ 2021, 542, 543, dort gegen OLG Celle FamRZ 2021, 540, 541 f).

57 **3) Rechtskraft- und Rechtshängigkeitskonflikte (§ 328 I Nr 3).** Eine ausländ Entscheidung kann im Widerspruch zu einer dt Entscheidung stehen oder unter Nichtbeachtung früherer dt Rechtshängigkeit ergangen sein; zudem ist denkbar, dass die ausländ Entscheidung mit einer in einem Drittstaat ergangenen Entscheidung, die in Deutschland anzuerkennen ist, oder mit einer dortigen früheren Rechtshängigkeit konkurriert. Solche **Konkurrenzfragen** löst § 328 I Nr 3 klar (aber ungerecht): Einer **deutschen Entscheidung** wird stets Vorrang vor der Anerkennung einer *ausländischen* eingeräumt, und zwar unabhängig vom Erlasszeitpunkt. Das gilt also auch dann, wenn die dt Entscheidung fehlerhaft unter Missachtung der ausländ Rechtshängigkeit bzw Rechtskraft erlassen worden ist. Ein dt Prozessvergleich kann der Anerkennung nicht gem § 328 I Nr 3 entgegenstehen.

Konkurrieren mehrere an sich jeweils anerkennungsfähige **ausländische Entscheidungen** miteinander, so geht die früher erlassene vor; auf den Zeitpunkt der Verfahrenseinleitung kommt es dabei nicht an. 58

Ist es zu der ausländ Entscheidung trotz eines in Deutschland früher rechtshängig gemachten Verfahrens gekommen, so löst nach dem Wortlaut von § 328 I Nr 3 auch die **Missachtung der deutschen Rechtshängigkeit** durch das ausländ Gericht ein Anerkennungshindernis aus (ohne dass es zu einer entgegenstehenden dt Entscheidung kommen muss). Zur Bestimmung der Priorität stellt die hM für das dt Verfahren auf den Eintritt der Rechtshängigkeit gem § 253 I, für das ausländ Verfahren hingegen auf die dortige lex fori ab (vgl etwa OLG Hamm FamRZ 2023, 1814, 1815; aA EuIZPR Rn 67: entsprechende Anwendung von Art 32 Brüssel Ia-VO). Dem dt Verfahren soll allerdings auch dann Vorrang zukommen, wenn das verfahrenseinleitende Schriftstück im ausländ Verfahren zwar früher, aber fehlerhaft zugestellt worden ist (so OLG München FamRZ 2017, 131, dort auch gegen die Möglichkeit einer Heilung des Fehlers und zur Unbeachtlichkeit eines Verzichts auf das Anerkennungshindernis). 59

In allen Fällen des § 328 I Nr 3 sollte für die Beurteilung der **Unvereinbarkeit** nicht auf den engen Streitgegenstandsbegriff der ZPO (s Einl Rn 60 ff) abgestellt werden, sondern auf die Kernpunkte der konkurrierenden Verfahren bzw Entscheidungen. Insofern soll schon ein wesentl Widerspruch zu den Grundlagen einer dt Entscheidung genügen; daher können auch Kollisionen hinsichtl **bloßer Vorfragen** den Anerkennungsversagungsgrund auslösen. Hingegen ist eine spätere ausländ Entscheidung dann nicht mit einer früheren inländ unvereinbar, wenn sie sich auf veränderte Verhältnisse stützt (vgl auch BGH NJW-RR 2009, 1300: keine Unvereinbarkeit von dt Unterhaltstitel mit ausländ Entscheidung über Nachtragsklage). 60

Die **Darlegungs- und Beweislast** für das Vorliegen eines gem § 328 I Nr 3 relevanten Rechtskraft- oder Rechtshängigkeitskonflikts trägt derjenige, der die Anerkennung verhindern möchte (s Rn 36). 61

4) Ordre public (§ 328 I Nr 4). a) Grundlagen. Der in § 328 I Nr 4 verankerte Ordre-public-Vorbehalt wird von denjenigen, die sich gegen die Anerkennung einer ausländ Entscheidung wenden, häufig bemüht, führt in der Praxis aber nur selten zum Erfolg: Es besteht Einigkeit, dass er nur als „Notbremse" in **extremen Fällen** eingreift, in denen zudem eine hinreichende Inlandsbeziehung des Sachverhalts vorliegt, und dass nicht jede Vorschrift des dt oder des europ Sach- und Verfahrensrechts mit dem ordre public verteidigt werden muss bzw darf. Die Verordnungen verlangen einen „offensichtlichen" Widerspruch zur öffentlichen Ordnung (vgl zB Art 45 I lit a Brüssel Ia-VO), was den **Ausnahmecharakter der Vorbehaltsklausel** unterstreicht und sich auf § 328 I Nr 4 übertragen lässt. Dies vorausgesetzt, kann der ordre public sowohl dem Schutz Einzelner als auch dem Schutz inländ Hoheitsinteressen oder des Rechtsverkehrs dienen. Und zumindest im Grundsatz kann der ordre public nicht nur unter Berufung auf genuin rechtliche Interessen mobilisiert werden, sondern womöglich auch wegen extrem schwerwiegender wirtschaftlicher Folgen, soweit sich diese gewissermaßen zu einer Rechtsverletzung verdichten. Die **Darlegungs- und Beweislast** für das Vorliegen eines Ordre-public-Verstoßes trägt derjenige, der die Anerkennung verhindern möchte (s Rn 36). 62

Eine Anwendung des Ordre-public-Vorbehalts kommt nur dann in Betracht, wenn das Ergebnis der Anerkennung bzw Vollstreckung – also nicht die ausländ Entscheidung an sich – im konkreten Fall **schlechterdings untragbar** erscheint, weil sich ein eklatanter Widerspruch zu den Grundgedanken der in Deutschland geltenden Regeln und den in ihnen enthaltenen Gerechtigkeitsvorstellungen abzeichnet (statt vieler: BGH NJW 1992, 3096, 3098 ff; BGH NJW 2018, 3254, 3255 f). Auch ein nur geringer **Inlandsbezug** kann gegen einen Rückgriff auf § 328 I Nr 4 sprechen: Es besteht eine umgekehrte Proportionalität zwischen der Intensität der Inlandsbeziehung einerseits und der für das Eingreifen des ordre public nötigen Erheblichkeit der Abweichung von Grundgedanken des dt Rechts andererseits (zutr zu § 109 I Nr 4 FamFG: BGH NJW 2020, 3026, 3032; vgl auch BGH NJW 1999, 2372, 2373). Ist von einem Verstoß gegen den ordre public auszugehen, kann dieses Verdikt auf einzelne Teile oder Wirkungen einer iÜ anerkennungsfähigen ausländ Entscheidung beschränkt sein (**Teilanerkennung**, s Rn 20). 63

Der **anerkennungsrechtliche ordre public** iSv § 328 I Nr 4 ist nicht deckungsgleich mit dem **kollisionsrechtlichen ordre public** (vgl Art 6 EGBGB; Art 21 Rom I-VO; Art 26 Rom II-VO; Art 35 EuErbVO): Denn es besteht ein Unterschied, ob ein dt Gericht lediglich eine ausländ Vorschrift unangewendet lassen soll oder ob bereits eine ausländ Entscheidung ergangen ist, die diese Vorschrift angewendet hat. Im letztgenannten Fall kann die ausländ Entscheidung womöglich noch hinnehmbar sein, weil die Nichtanerkennung nunmehr den internationalen Entscheidungseinklang stören würde (vgl BGH NJW-RR 2018, 1473, 1474; BGH NJW 2020, 3026, 3031 f; Geimer IZPR Rn 27: „ordre public atténué de réconnaissance"). 64

Maßgeblich für die Beurteilung ist nach hM der **Zeitpunkt** der Anerkennungsentscheidung (BGH NJW 1998, 2358; OLG Stuttgart FamRZ 2005, 636, 637). Dies leuchtet prima facie ein, wenn sich die dt Standards seit Erlass der ausländ Entscheidung dahingehend verändert haben, dass eine Anerkennung nunmehr in Betracht kommt: Anzuerkennen wäre dann ab dem Zeitpunkt, in dem das Hindernis entfallen ist (so etwa Schack IZVR Rn 1035). Allerdings kann auch das Vertrauen des Anerkennungsopponenten auf fehlende Anerkennungsfähigkeit schutzwürdig sein, was die Frage aufwirft, ob diese Partei nach Lage der Dinge damit rechnen konnte, dass die ihr ungünstige ausländ Entscheidung irgendwann auch bei uns Wirkung entfalten wird, obwohl dies 65 im Zeitpunkt des Erlasses der Entscheidung gerade ausgeschlossen schien, und ob die Partei bereits dementsprechend disponiert hat. Denkbar ist auch der umgekehrte Fall, dass in Deutschland inzwischen etwas als nicht mehr hinnehmbar anstößig empfunden wird, was bei Erlass der ausländ Entscheidung (also im Moment der Ipso-iure-Anerkennung, s Rn 31) noch toleriert worden wäre. Dann ist grds nicht einzusehen, dass die einmal eingetretene Anerkennungsfähigkeit nachträglich wieder entfallen sollte (Schack IZVR Rn 1035). Aber auch hier kommt es letztlich darauf an, ob die restriktive dt Neuregelung Rückwirkung entfalten bzw ob sich der Anerkennungsinteressent legitimerweise auf Vertrauensschutz berufen darf (Hau FS Roth, S 733, 745 f).

66 **b) Materiell-rechtlicher ordre public.** Den Prüfungsmaßstab für die Handhabung von § 328 I Nr 4 im Hinblick auf materiell-rechtliche Bedenken gegen die ausländ Entscheidung bestimmt das in Deutschland maßgebliche Recht. Allerdings kommt es auch im Anwendungsbereich des Europa- und Konventionsrechts grds auf die nationalen Vorstellungen des jeweiligen Anerkennungsstaats an (s Art 45 Brüssel Ia-VO Rn 10).

67 Gem § 328 I Nr 4 kann der ordre public namentlich im Falle eines **Verstoßes gegen Grundrechte** der Anerkennung entgegenstehen (vgl etwa BGH NJW 2018, 3254, 3255 f: die Vollstreckung eines Urteils, welches der verurteilten Fernsehanstalt aufgibt, eine nach Ansicht des ausländ Gerichts in einer Äußerung enthaltene Geschichtsverfälschung zu bedauern und sich für eine daraus abgeleitete Persönlichkeitsrechtsverletzung zu entschuldigen, verstoße offenkundig gegen Art 5 GG und den dt ordre public; beachte auch EuGH EuZW 2025, 195 [dazu Lutzi JZ 2025, 98], dort zur Mobilisierung des ordre public gem Art 45 I lit a Brüssel Ia-VO zum Schutz von Meinungs- und Pressefreiheit). Auch insoweit ist allerdings wegen § 723 I vor Übermaß zu warnen; treffend betont BGH NJW 1999, 2372, 2373 (dort zur Verurteilung eines Bürgen): „Wenn die Bundesrepublik Deutschland sich gegenüber anderen Staaten mit gleichartiger, rechtsstaatlicher und freiheitlich-demokratischer Grundordnung verpflichtet, deren Urteile ohne inhaltliche Überprüfung anzuerkennen, kann auch hinsichtlich der Grenzen von Grundrechten nicht als Kriterium gelten, ob die Beurteilung der ausländischen Gerichte den inländischen Vorstellungen voll entspricht, ob also deutsche Gerichte genauso entscheiden würden. Maßstab ist vielmehr, ob gerade die Unterwerfung des Schuldners unter das ausländische Zahlungsgebot seine Handlungsfreiheit in verfassungswidriger Weise einschränkt. Derartiges kann allenfalls in besonders krassen Fällen der strukturellen Unterlegenheit in Betracht kommen, wenn der Schuldner nach dem Urteil aller billig und gerecht Denkenden zweifelsfrei zum wehrlosen Objekt der Fremdbestimmung gemacht und hierdurch auf Jahre hinaus auf das wirtschaftliche Existenzminium der Pfändungsfreigrenzen verwiesen würde.“ Auch **Diskriminierungsverbote** (wie Art 18 AEUV) können mit dem ordre public verteidigt werden (vgl dazu, wenngleich in casu einen Verstoß verneinend, BGH ZIP 2024, 1287 Tz 45 ff). In Anlehnung an die Rechtsprechung zum kollisionsrechtlichen ordre public können sich ferner Entscheidungen als bedenklich erweisen, die Kindern des Erblassers einen Pflichtteilsanspruch absprechen (vgl zum kollisionsrechtlichen ordre public BGH NJW 2022, 2547; kritisch, soweit es um einen bedarfsunabhängigen Pflichtteil geht, aber etwa Schmidt FamRZ 2022, 1493; Scholz IPRax 2023, 273).

68 Im Bereich des Vermögensrechts werden vor allem Besonderheiten des ausländ **Haftungs- und Schadensersatzrechts** im Hinblick auf den ordre public erörtert (ausf und grds anerkennungsfreundlich BGH NJW 1992, 3096, 3100 ff, dort zu einem US-Urteil). Kein Fall von § 328 I Nr 4 ist zB eine Verurteilung zu Zinseszins, die im Anwendungsbereich des dt Sachrechts wegen § 289 BGB so nicht erfolgt wäre (OLG HamburgRIW 1991, 152). Eine Versagung der Anerkennung ist auch nicht allein deshalb geboten, weil das ausländ Gericht zur Zahlung eines pauschalisierten Betrags verurteilt hat, der zwar tatsächlich entstandene, aber nicht näher bezifferbare Nachteile des Gegners ausgleichen soll (BGH ZIP 2017, 1538; differenzierend zu sog **statutory damages** nach US-Recht Thelen ZVglRWiss 117 [2018], 156, 183 ff). Demgegenüber geraten namentlich US-amerikanische Titel über **punitive damages** nach hM in Konflikt mit dem anerkennungsrechtlichen ordre public (zum Kollisionsrecht vgl Erwägungsgrund Nr 32 zur Rom II-VO): Jedenfalls soweit sie über die Kompensation materieller und immaterieller Schäden hinaus pauschal, völlig ungeachtet der Bedürfnisse oder der Verluste des Geschädigten gerade diesem zugesprochen werden, widersprechen sie nach dt Vorstellungen dem staatlichen Bestrafungsmonopol (grundlegend BGH NJW 1992, 3096, 3102 ff; vgl seither etwa Zekoll FS Kronke, S 645: für Einzelfallbeurteilung hinsichtlich Verhältnismäßigkeit und Wahrung des Bestimmtheitsgebot). Der Anerkennung des in einem US-Prozess titulierten Kostenerstattungsanspruchs steht aber nicht zwingend entgegen, dass dort in der Hauptsache auch Strafschadensersatz zugesprochen wurde. Im Rahmen des HGÜ verspricht man sich von Art 11 eine akzeptable Definition derjenigen Fälle, in denen die Anerkennung verweigert werden darf; dieselbe Lösung übernimmt Art 10 HAVÜ.

69 Mit dem dt ordre public unvereinbar ist eine ausländ Entscheidung, die es einer Partei untersagt, in Deutschland ein Erkenntnisverfahren einzuleiten oder fortzuführen (sog **anti-suit injunction**) oder die Vollstreckung aus einem dt oder ausländ Titel zu betreiben (sog **anti-enforcement injunction**). Nach der auf § 328 I Nr 4 übertragbaren EuGH-Judikatur ist auch einem Urteil die Anerkennung zu versagen, das einer Partei eine vorläufige finanzielle Entschädigung für die Kosten zuspricht, die ihr dadurch (womöglich) entstehen, dass der Gegner gegen sie in einem anderen Mitgliedstaat ein (erst bevorstehendes oder noch laufendes) zivilrechtliches Verfahren betreibt (EuGH *NJW 2023, 3279*; dazu Linke/Hau IZVR Rn 13.36 mN): Laut EuGH ist die Anwendung des ordre public auf solche **Quasi-Prozessführungsverbote** gerechtfertigt, weil sie dem Gegner de facto die Möglichkeit nimmt, sein Recht vor einem aus seiner Sicht zuständigen Gericht zu suchen.

Die Frage, ob grundrechtliche Vorgaben umgekehrt auch **für die Anerkennung** streiten und so bewirken können, dass sich einfachgesetzliche dt Bestimmungen nicht durchsetzen, wird weniger im Zusammenhang mit § 328, sondern insb im Hinblick auf ausländ Statusentscheidungen relevant und diskutiert (s PH/Hau § 109 FamFG Rn 49). 70

c) Verfahrensrechtlicher ordre public. Ist die ausländ Entscheidung in einem Verfahren zustande gekommen, das von zwingenden Bestimmungen des dt Gerichtsverfassungs- und Verfahrensrechts abweicht, so schließt dies die Anerkennung noch nicht aus; selbst erhebliche Unterschiede sind hinzunehmen (statt vieler: BGH NJW 2010, 153, 154 f). So widerspricht zB der Umstand, dass US-amerikanische Richter in einigen US-Bundesstaaten von der Bevölkerung gewählt werden, nicht per se dem dt ordre public. Dieser wird erst dann verletzt, wenn das ausländ Verfahren derart von **wesentlichen Grundprinzipien des deutschen Rechts** abweicht, dass die ausländ Entscheidung nicht mehr als Ergebnis eines geordneten, rechtsstaatlichen Verfahrens angesehen werden kann (BGH EuZW 2017, 623; BGH ZIP 2024, 1287 Tz 42). Ein Verstoß gegen das Verfahrensrecht des Erststaats ist dabei weder hinreichend noch notwendig (BGH NJW 2020, 3026, 3033 f). 71

Wichtiger Teil des verfahrensrechtlichen ordre public ist der **Anspruch auf rechtliches Gehör** (Art 103 I GG). Diesbezüglich ergänzt § 328 I Nr 4 die Sonderregel zur Mitteilung des verfahrenseinleitenden Schriftstücks in Nr 2 (s Rn 48). Eine Anerkennungsversagung kommt zB dann in Betracht, wenn der Beklagte im ausländ Prozess keine Gelegenheit zur Verteidigung bekommen hatte (vgl EuGH EuZW 2022, 533 Tz 45 f), wenn er nach dortigem Verfahrensrecht zu wenig Zeit hatte, um den Vorschuss für die Durchführung des Berufungsverfahrens einzuzahlen, und die beantragte Fristverlängerung ohne Weiteres versagt wurde (BGH NJW-RR 2010, 1221), wenn der Beklagte wegen einer angeblichen Missachtung des Gerichts vom ausländ Verfahren ausgeschlossen und seine Beschwerde gegen den Ausschluss deshalb als unzulässig zurückgewiesen wurde (BGH NJW 2010, 153, 155 ff) oder wenn die Ausschlussfrist für die Einzahlung eines Kostenvorschusses für das Rechtsmittelverfahren zu knapp bemessen war (BGH EuZW 2010, 960). Soweit die Anerkennung von Ex-parte-Entscheidungen in Betracht kommt, kann ein Ordre-public-Verstoß ausscheiden, wenn im Nachgang rechtliches Gehör und die Möglichkeit, die Aufhebung der Entscheidung zu erwirken, gewährt wird (so BGH ZIP 2024, 1287 Tz 43, dort zu Art 45 I lit a Brüssel Ia-VO). Zu erwägen ist ein Ordre-public-Verstoß auch dann, wenn der im Ausland verklagten Partei die Mittel für eine Verteidigung fehlten, ihr aber gleichwohl keine Prozesskostenhilfe gewährt wurde. Einen eigenen Versagungsgrund speziell für Adhäsionsentscheidungen, die in Abwesenheit des Beklagten ergehen, sieht, auf § 328 I Nr 4 übertragbar, Art 64 Brüssel Ia-VO vor. 72

Bedeutsam auf der Anerkennungsebene ist auch das **Recht auf ein faires Verfahren**, das auf europ Ebene durch Art 47 EuGRC und Art 6 EMRK bekräftigt wird. Wenig hilfreich ist hingegen die These, dass eine **betrügerisch erlangte Entscheidung** per se gegen den ordre public verstoße, bzw die Vorstellung, es bedürfe für solche Fälle sogar eines eigenständigen Anerkennungsversagungsgrunds (so Art 9 lit d HGÜ; Art 7 I lit b HAVÜ). Vielmehr kann die Anerkennung einer Entscheidung, deren (angebliche) Erschleichung erst auf der Anerkennungsebene geltend gemacht wird, durchaus noch hinnehmbar erscheinen, wenn die Möglichkeit zur Klärung dieses Vorwurfs bereits im Ausland bestand oder noch besteht, aber nicht genutzt wurde bzw genutzt wird (vgl BGHNJW 2014, 2365, 2366; Linke/Hau IZVR Rn 13.42). Vereinbar mit dem ordre public dürfte die Anerkennung einer Entscheidung sein, die ein mit menschlichen Richtern besetztes Gericht, diesen zurechenbar, **automatisiert oder unterstützt durch künstliche Intelligenz** (KI) erlassen hat, nicht hingegen eine Entscheidung, die vollständig einem KI-Instrument überlassen worden ist (vgl zu dieser Unterscheidung etwa die Schlussfolgerungen des Rates 2020/C 342 I/01, Nr 39, ABl EU 2020 CI 342/1). 73

Auch die Verletzung elementarer **Immunitätsgrundsätze** kann zur Anerkennungsversagung führen: Eine aus dt Sicht völkerrechtswidrige Inanspruchnahme der ausländ Gerichtsgewalt (EuIZPR Rn 33 ff) lässt sich als ordre-public-widrig iSv § 328 I Nr 4 begreifen, wird aber bisweilen auch entweder analog § 328 I Nr 1 behandelt (so Geimer IZPR Rn 2894) oder als eigenständiges – ungeschriebenes – Anerkennungshindernis gedeutet (vgl BGH NJW 2003, 3488). 74

Der Einwand des verfahrensrechtlichen ordre public soll unbeachtlich bleiben, wenn die Partei, die den Verstoß geltend macht, im Entscheidungsstaat nicht alles ihr Zumutbare unternommen hat, um angebliche Verfahrensfehler zu beseitigen (deutlich zur **Subsidiarität** etwa BGH NJW-RR 2012, 1013, 1014: „in erster Linie [hat] jede Partei selbst nach besten Kräften für ihre eigene ordnungsgemäße Vertretung in einem ihr bekannten Gerichtsverfahren zu sorgen"). Dabei kann die Partei durchaus gehalten sein, im Ausland ein **Rechtsmittel einzulegen** (BGH WM 2022, 1136 Tz 33; aA Schack IZVR Rn 1018; WSch/Schütze Rn 66). Die dagegen vorgebrachte Erwägung, nach einem Ordre-public-Verstoß sei eine weitere Gerichtspflichtigkeit im Ausland unzumutbar, ist in erster Linie für die Frage der Anerkennungszuständigkeit iSv § 328 I Nr 1 relevant, nicht jedoch für den ordre public. In extremen Fällen kann es sich als **unzulässige Rechtsausübung** erweisen, wenn eine Partei, die sich selbst auf eine ausländ Entscheidung berufen hatte, nunmehr geltend macht, dass die Anerkennungsfähigkeit wegen angeblicher Verfahrensfehler ausscheide (vgl BayObLG FamRZ 2002, 1637, 1638). 75

5) Verbürgung der Gegenseitigkeit (§ 328 I Nr 5, II). Der Anerkennungsversagungsgrund mangelnder Gegenseitigkeitsverbürgung dient, anders als die übrigen Versagungsgründe, nicht etwa dem unabdingbaren Schutz bestimmter Interessen, sondern **rechtspolitischen Zwecken:** Andere Staaten sollen dazu bewegt werden, 76 ihre zu restriktive Anerkennungspraxis zu überdenken. Weil sich Staaten darauf aber kaum einlassen werden, solange wir nicht den ersten Schritt tun, kann es zu einer Pattsituation kommen. Zudem trifft der dt Gesetzgeber den Falschen: nämlich nicht den anerkennungsunwilligen ausländ Staat, sondern denjenigen, der in einem aus dt Sicht zuständigen ausländ Forum in einem angemessenen Verfahren eine als solche nicht zu beanstandende Entscheidung erwirkt hat, die gleichwohl allein wegen § 328 I Nr 5 weder anerkannt noch vollstreckt wird. Wenigstens für Urteile betreffend **nicht vermögensrechtliche Ansprüche** sieht § 328 II von der Gegenseitigkeitsverbürgung ab, dies allerdings nur für den Sonderfall, dass „nach den deutschen Gesetzen" (was wiederum auch europa- und konventionsrechtl Zuständigkeitsgründe mit einbeziehen dürfte; s Rn 41) die internat Zuständigkeit der dt Gerichte für den Erlass der Entscheidung gefehlt hätte.

77 Die **Anerkennungsbereitschaft** des ausländ Entscheidungsstaats drückt sich in dem dort einschlägigen Gesetzes- oder Richterrecht aus. Die Verbürgung der Gegenseitigkeit setzt also keine förmlichen staatlichen Erklärungen voraus. Verfehlt wäre es aber auch, die Bestätigung einer aus der Gesetzeslage ersichtlichen Anerkennungsbereitschaft durch nachgewiesene Gerichtspraxis zu verlangen. Die Verbürgung ist vielmehr schon anzunehmen, wenn die Anerkennung einer dt Entscheidung in dem ausländ Staat auf keine wesentlich größeren Schwierigkeiten stößt als die seiner Entscheidungen in Deutschland (BGH NJW 2001, 524). Es genügt, wenn im Ausland **im Wesentlichen gleichwertige Anerkennungsregeln** gelten; eine völlige Deckung der ausländ Regeln mit denen des dt Rechts ist nicht erforderlich. Zudem kommt es nicht auf punktgenaue Vergleichbarkeit, sondern auf eine Gesamtbeurteilung an. Ausreichend ist schon sog **partielle Gegenseitigkeit**, also die im Wesentlichen gleichwertige Anerkennung von Entscheidungen des Typs, dessen Anerkennung oder Vollstreckbarerklärung in Rede steht. So kann die Gegenseitigkeit zB speziell für gewisse Entscheidungsarten (zB Geldzahlungsurteile) oder Vollstreckbarerklärungsverfahren (BGH NJW-RR 2009, 1652) oder für bestimmte Gerichtsstände verbürgt sein oder umgekehrt zB nur für Versäumnisurteile oder Vollstreckungsbescheide fehlen. In **Mehrrechtssystemen** wie den USA oder Kanada wird die Gegenseitigkeit nur im Verhältnis zur einzelnen Einheit (Bundesstaat, Provinz) untersucht (BGH NJW 1999, 3198, 3201; BGH NJW-RR 2009, 1652; ausf Schönau S 301 ff).

78 Die rechtspolitisch diskutierte **verwaltungsmäßige Feststellung der Gegenseitigkeitsverbürgung** ist mit dem AUG zumindest für gesetzl Unterhaltsansprüche verwirklicht worden. IÜ kann die **Prüfung im Einzelfall** erhebliche Probleme bereiten. Aktuelle ausländ gesetzliche Bestimmungen oder Referenzentscheidungen sind, sofern überhaupt vorhanden, häufig nicht ohne weiteres zugänglich. Länderübersichten (vgl etwa MK/Gottwald Rn 141 ff; ausf WSch/Schütze Rn 151) erlauben zwar eine erste Einschätzung, müssen jedoch teilweise auf sehr alte Nachweise oder bloße Mutmaßungen zurückgreifen. Die gutachterliche Feststellung der Gegenseitigkeit verursacht Kosten, Mühe und Zeitverlust. An die von Amts wegen zu treffende Feststellung dürfen nach alledem keine überspannten Anforderungen gestellt werden; dies räumt auch der BGH ein, der aber gleichwohl meint, dass es sich bei § 328 I Nr 5 um eine Anerkennungsvoraussetzung handele und die anerkennungsinteressierte Partei **darlegungs- und beweisbelastet** sei (BGH NJW 1999, 3198, 3202; vgl zudem etwa LG Saarbrücken 16.4.2021 – 5 O 249/19, juris, Tz 24 ff). Näher liegt es, den Normtext ernst zu nehmen und im Zweifel von Anerkennungsfähigkeit auszugehen, wenn sich die Frage nicht abschließend klären lässt (vgl etwa KG NJW-RR 2007, 143 [VR China]; LG Bremen IWRZ 2020, 191 [Aserbaidschan]).

79 **VII) Nichtanerkennung.** Fehlt eine Anerkennungsvoraussetzung oder greift ein Anerkennungsversagungsgrund durch, so muss die Anerkennung scheitern; die Frage steht also **nicht zur Disposition** der Beteiligten (s Rn 34 zum Ausschluss eines Vergleichs oder Anerkenntnisurteils, aber auch Rn 75 dazu, dass sich die Berufung auf mangelnde Anerkennungsfähigkeit als **unzulässige Rechtsausübung** erweisen kann). IÜ ist zu erwägen, ob sich eine prozessual unbeachtliche **Parteivereinbarung** zur Anerkennungsfähigkeit als ein nach Maßgabe der lex causae beachtliches Rechtsgeschäft über den Streitgegenstand der ausländ Entscheidung (insb als Erlass oder Anerkenntnis) verstehen lässt (dazu Geimer IZPR Rn 3060).

80 Scheitert die Anerkennung einer ausländ Entscheidung und besteht im Inland ein Rechtsschutzbedürfnis, fehlt es hier aber nach den allg Regeln an einem Gerichtsstand für eine **neue Austragung des Rechtsstreits**, so kann mit Rücksicht auf den Justizgewährungsanspruch ausnahmsweise die Eröffnung einer **Notzuständigkeit** geboten sein (OLG München MDR 2019, 1089; EuIZPR Rn 51).

81 Eine **nicht anerkennungsfähige ausländ Entscheidung** entfaltet als öffentl Urkunde iSv § 438 immerhin **Beweiskraft** für ihre Existenz, was im Rahmen der Tatbestandswirkung bedeutsam sein kann (s Rn 15). Weil eine nicht anerkennungsfähige Entscheidung materiell-rechtlich **keinen Behaltensgrund** schafft, kommt nach Maßgabe des Bereicherungs-, womöglich auch des Deliktsstatuts eine Rückforderung des im Ausland beigetriebenen Betrags in Betracht (zutr restriktiv hierzu etwa Schack IZVR Rn 1208 f mN).

82 **VIII) Gebühren. I) Gericht: 1) Feststellungsklage:** allg VerfGeb nach 1210 GKG-KV. – **2) Feststellungsverf:** Vollstreckbarerklärung, Feststellung, ob anzuerkennen ist, Erteilung der Vollstreckungsklausel sowie Aufhebung u Abänderung dieser Entscheidungen sind in Nr 1510 GKG-KV geregelt, das Anerkennungsverf nach § 3 II des G zur Ausführung des Vertrages zwischen Deutschland u Österreich v 6.6.1959 (BGBl I 1959, 169) ist in 1514 GKG-KV geregelt. Gebührenermäßigung: 1511 GKG-KV. – *Rechtsmittel: Es gilt einheitl* für alle Rechtsmittel 1520 GKG-KV; Gebührenermäßigung 1521, 1522 GKG-KV. Alle Geb 1510-1523 GKG-KV sind Festgeb, so dass Streitwertfragen vermieden werden. – **II) RA: 1) Feststellungsklage:** Geb wie im ordentl Prozess (§ 256): 3100 ff RVG-VV – **2) Feststellungsverf:** Vorbem 3.1. I RVG-VV; 3100 ff RVG-VV.

nem Erlass, nicht erst mit der Zustellung wirksam (BGHZ 133, 310 = MDR 97, 156). Ein die ZwV einstellender Beschluss ist bereits von seiner Existenz an von den Vollstreckungsorganen zu beachten (BGHZ 25, 62).

21 Hingegen tritt Wirksamkeit ggü beiden mit **Mitteilung an eine der Parteien** ua in folgenden Fällen ein: § 37 (Bestimmung des zuständigen Gerichts), Ablehnung des Antrags auf PKH sowie deren Entziehung; Bewilligung der öffentl Zustellung (§ 186 I); Ablehnung/Zurückweisung von Anträgen und Rechtsbehelfen. – Zur Wirksamkeit der einstw Verfügung bei Erlass im Beschlussweg s § 929 Rn 13.

22 Für die Frage, ob eine rkr Unzuständigkeitserklärung iSv **§ 36 I Nr 6** vorliegt, kommt es hingegen auf die Bekanntgabe **an alle Parteien** an (BGH NJW-RR 95, 641; OLG Braunschweig NJW-RR 2020, 317; OLG Düsseldorf MDR 2015, 419).

23 **4) Form, Inhalt und Begründung der Entscheidung. a) Form.** Diese ist im Gesetz nicht ausdrückl geregelt. Auf den das Urteil betreffenden § 313 verweist I gerade nicht, so dass eine vollständige Übernahme dieser Anforderungen nicht geboten (ohne Differenzierung BGH NJW 2001, 1653 = MDR 2001, 646) und auch in der Sache nicht gerechtfertigt ist (so zutr Balzer NJW 95, 2448). IE, insb zum **Rubrum**, s Rn 39. In Abgrenzung zu anderen Entscheidungsformen (Urteil und Verfügung) ist der Beschluss als solcher zu überschreiben (Elzer JuS 2004, 36). – Zur Bezeichnung der **Richter** und **Unterschrifts-/Signatur**erfordernis s Rn 42, 43. – Ebenfalls anzuführen ist das (im Gesetz nicht bes erwähnte) **Aktenzeichen**, ein in § 4 AktO geregeltes verwaltungstechnisches Mittel für die Aktenordnung, dessen Fehlen aber unschädl ist (vgl BGH NJW 2003, 3418 = MDR 2003, 1434 für RA-Schriftsatz).

24 **b) Begründung. aa) Erforderlichkeit.** Nicht allg vorgeschrieben sind Tatbestand (Sachverhalt) und Entscheidungsgründe. Eine Begründung wird aber für bestimmte Entscheidungen ausdrückl verlangt: § 227 V 2, § 321a IV 5, § 522 II 3 u 4, § 544 IV 2, § 922 I 2, § 17a IV 2 GVG. Üblicherweise wird dieser Teil des Beschlusses unter der einheitl Überschrift **„Gründe"** zusammengefasst, Sachverhaltsteil und Begründung ggf unter Ziffern getrennt dargestellt. Ob und in welchem Umfang eine Darstellung des **Sachverhalts** und der Begründung erforderl ist, ergibt sich aus dem jew Einzelfall. Eine Trennung zwischen tatbestandl Teil und Begründung ist zweckmäßig, aber rechtl nicht zwingend (BGH ZIP 99, 1575).

25 **Keiner** (näheren) **Begründung** bedarf ein Beschluss, der antragsgemäß nur rechtl Vorteil gewährt, zB einschränkunglose PKH-Bewilligung. **Letztinstanzliche und unanfechtbare Beschlüsse** bedürfen – soweit nicht ausdrückl angeordnet, s Rn 24 – idR keiner Begründung (BVerfG NJW 2011, 1497 Tz 12; BGH ZIP 2019, 96; BAG NJW 2014, 2976 Tz 2). Ausnahmsw folgt aber aus Art 2 I, 20 III GG eine Begründungspflicht, wenn vom eindeutigen Wortlaut oder von der höchstrichterl Auslegung einer Norm abgewichen wird und der Grund hierfür den Beteiligten weder bekannt noch erkennbar ist (BVerfG NJW 87, 1619; BVerfG NJW 94, 574) oder wenn die Entscheidung nicht nachvollziehbar und damit objektiv willkürl ist (BVerfG NJW 93, 1909; BVerfG NJW 95, 2911).

26 Hingegen bedürfen Beschlüsse einer **Begründung**, die einem (auch nur uU statthaften, OLG Hamm FamRZ 93, 719) **Rechtsmittel unterliegen** (allgM; s BGH NJW 83, 123; BGH FamRZ 88, 943; BGH NJW-RR 95, 701; OLG Hamm NJW-RR 97, 318; OLG Schleswig MDR 97, 1154; OLG München NJW-RR 2008, 1091, 1092; allg zum Begründungserfordernis als Bestandteil einer geordneten Rechtspflege EGMR NJW 99, 2429). – **Beispiele** für Begründungserfordernis: KFB (KG MDR 99, 1151; OLG Hamm MDR 2000, 174; OLG Frankfurt Rpfleger 2010, 111; Hansens Rpfleger 2001, 574; sa § 104 Rn 21.21), der Rechtsbeschwerde unterliegende Beschlüsse (zu bes Anforderungen s Rn 28), Kostenentscheidungen gem § 91a (OLG Hamm NJW-RR 2000, 212; OLGR Hamm 2000, 114), Einstellungen der ZwV gem § 769 (OLG Frankfurt MDR 99, 504; OLG Zweibrücken FamRZ 1999, 945), Nichtabhilfeentscheidungen (s § 572 Rn 8), richterl Durchsuchungsanordnungen gem §§ 758, 761, die mit der sof Beschwerde angreifbar sind (LG Hagen DGVZ 85, 75). Eine **Ausnahme** vom Erfordernis einer Begründung besteht, wenn diese unmittelbar aus dem Gesetz folgt, auf einer gefestigten Rspr beruht oder sich ohne Weiteres aus dem Streitstoff ergibt (BayObLG NJW-RR 91, 187; OLG Frankfurt Rpfleger 84, 477; OLG Karlsruhe FamRZ 91, 90). **Bsp:** Ohne weiteres verständl Streitwertfestsetzung; anders bei erhebl Abweichung von den Wertangaben (s § 253 III) der Parteien (OLG Nürnberg MDR 2001, 893) oder bei Unterschreiten der Wertgrenze gem § 511 II (BGH NJW-RR 2008, 1455).

27 **bb) Begründungsumfang.** Es sind keine höheren Anforderungen als an ein Urteil (s § 313 III „kurze Zusammenfassung der Erwägungen") zu stellen, so dass nicht verlangt werden kann, dass in der Begründung eines Beschlusses zu allem, was von der Partei vorgebracht worden ist, ausdrückl Stellung genommen wird (BGH NJW 83, 123). Es müssen aber die **wesentlichen** der Rechtsverfolgung und Rechtsverteidigung dienenden Tatsachenbehauptungen verarbeitet werden (BVerfG BVerfGE 58, 353, 357; BVerfGE 86, 146; BGH NJW-RR 2008, 1455; OLG Köln NJW-RR 87, 1152; OLGR Koblenz 2008, 68, 71; sa § 313 Rn 19a), bloße Floskeln und Leerformeln genügen nicht (OLG Frankfurt Rpfleger 2010, 111; OLG Hamm MDR 2000, 174; OLG Köln ZIP 2001, 1019), eine Ermessensausübung (zB gem § 91a, § 149, § 769) muss nachprüfbar sein (OLG Zweibrücken FamRZ 1999, 945; OLGR Celle 2001, 156). Die gebotene Begründung ist spätestens im Rahmen der Abhilfeentscheidung gem § 572 I **nachzuholen** (s § 572 Rn 8). **Widersprüchliche** Gründe gelten als fehlende (BGH MDR 78, 928). Begründungszwang schließt die ergänzende **Bezugnahme** auf die Gründe einer den Parteien bekannten Parallelentscheidung nicht aus (OLG Köln OLGZ 80, 1). Deshalb ist Bezugnahme auf eine nicht veröffentlichte, aber in

Abschrift beigefügte Entscheidung des BGH zulässig (BGH NJW 83, 123); daher auch auf vorangegangene Entscheidung in demselben Verf (s § 522 II 3). Bei Fehlen neuen Vorbringens kann die Bezugnahme „auf die zutr Gründe der angefochtenen Entscheidung" ausreichen (Köln VersR 83, 252). Bei der Abfassung des Beschlusses genügt nicht die Bezugnahme auf einen nicht signierten/unterschriebenen, aus sich heraus für die Parteien nicht verständl **Computerausdruck** (OLG Hamm FamRZ 93, 719: Unterhaltsberechnung); dgl nicht die Zusammensetzung der Urschrift aus einer Vielzahl von **Textbausteinen** iVm allg Kanzleianweisungen (OLG München NJW-RR 2008, 1091 mwN; sa § 313 Rn 19a). Jedoch macht nicht jede noch erforderl, nicht wesentl Textvervollständigung eine (signierte/unterschriebene) Urschrift zum Entwurf (BGH NJW 2001, 1653) oder zu einer nichtigen Entscheidung (BGH NJW 2003, 3136, 3137). Vorbehaltl der gebotenen Änderung und Ergänzung bestehen gegen die Verwendung von Textsystemen keine Bedenken (OLGR Köln 2008, 644). Zur Anwendung von § 313a s Rn 40. – **Einzelfälle:** Zurückweisung der NZB s § 544 Rn 23; stattgebender bzw zurückweisender Beschluss nach § 46 II (Richterablehnung) s § 46 Rn 9; Arrestbeschluss oder einstw Verfügung s § 922 Rn 12; § 936 Rn 1; Nichtabhilfeentscheidung s § 572 Rn 8.

28 Zum notwendigen Inhalt eines Beschlusses, der der **Rechtsbeschwerde** (§ 574 I 1) **unterliegt** (zB die Berufung als unzulässig verwerfender Beschluss, § 522 I 2, 4), gehören neben einer Begr der Entscheidung eine Sachverhaltsdarstellung und die gestellten Anträge (stRspr des BGH, zB BGH VersR 2022, 456; BGH NJW-RR 2013, 1077 = MDR 1013, 1243; BGH NJW-RR 2014, 315 Tz 6); anderenfalls ist der Beschluss bereits deshalb vAw aufzuheben (s § 577 Rn 3). Ausnahme: Der erforderl Sachverhalt ergibt sich mit hinreichender Deutlichkeit aus den Beschlussgründen und eventuellen Bezugnahmen (BGH VersR 2022, 456).

29 c) **Rechtsbehelfsbelehrung.** Soweit sie erforderl ist (s § 232 Rn 2), ist sie notwendiger Bestandteil des Beschlusses (s § 232 Rn 5).

30 5) **Mängel.** Wird formlos mitgeteilt, wo zugestellt werden musste (s Rn 17, 31), ist der Beschluss zwar existent geworden (s OLG Köln MDR 82, 330; OLG Köln MDR 76, 497 = Rpfleger 76, 101; s Rn 19). Ohne die vorgeschriebene Zustellung wird eine reguläre Rechtsmittelfrist aber nicht in Gang gesetzt (vgl II 2 Hs 2), idR aber die 5-Monatsfrist gem § 569 I 2 (näher s § 569 Rn 4).

31 **IV) Zustellungserfordernis gem § 329 III.** Zuzustellen sind Beschlüsse, die einen Vollstreckungstitel bilden oder der **sofortigen Beschwerde** oder der Erinnerung gem § 573 I unterliegen. Bei den der sof Beschwerde unterliegenden Beschlüssen ergibt sich das Erfordernis der Zustellung vAw infolge von §§ 567, 569 bereits aus II 2; das Gleiche gilt für die mit der Erinnerung gem § 573 I anfechtbaren Beschlüsse (vgl § 573 I 2, § 569). Beschlüsse als **Vollstreckungstitel** sind Beschlüsse nach § 794. Mangels Beschlusses gehört dazu nicht ein Vergleich, wohl aber der feststellende Beschluss gem § 278 VI 2 (s § 278 Rn 34, str). – Die gem III, insb zur Auslösung der Rechtsmittelfrist, erforderl Zustellung muss unabhängig davon erfolgen, ob es sich um einen **verkündeten** oder nicht verkündeten Beschluss handelt (allgM; vgl BGH NJW-RR 2009, 1427 Tz 15). Zur 5-Monatsfrist von § 569 I 2 s § 569 Rn 4.

32 **V) Entsprechende Anwendung von Urteilsvorschriften (§ 329 I 2).** Die ges Aufzählung in I 2 ist **nicht abschließend** (BGH NJW 2017, 2273; BGH NJW 2014, 3101). Andere Urteilsvorschriften sind entspr anwendbar, sofern deren Normzweck es rechtfertigt (BGH NJW 2017, 2273):

33 **§ 301** ist grds anwendbar. Die Möglichkeit von Teilbeschlüssen bei Entscheidung gem § 522 II ist umstr; s § 522 Rn 43.

34 **§ 308** ist entspr anwendbar. Keine Entscheidung über die gestellten Sachanträge hinaus (zB OLG Karlsruhe FamRZ 2004, 966; OLG München JurBüro 1995, 427, je für Kostenfestsetzung). Eine notwendige Kostenentscheidung ergeht vAw; notwendig ist sie idR nur in einem Beschluss, der ein Verf abschließt. Bei den meisten Beschlüssen handelt es sich um verfahrensbegleitende, in denen keine Kostenentscheidung zu treffen ist, da über diese mit Beendigung des Verf einheitl entschieden wird (Elzer JuS 2004, 36, 37).

35 **§ 309** gilt gem I 1 entspr für Beschlüsse (s § 309 Rn 7). Sofern der Beschluss nicht auf Grund einer mündl Verh ergeht, entscheidet das Gericht in seiner geschäftsplanmäßigen Besetzung bei Beschlussfassung (BVerfG NJW 2004, 3696; BGHReport 2005, 322). Für **Beratung und Abstimmung** gelten §§ 192 ff GVG.

36 **§ 310:** § 310 I wird in § 329 I 2 für die gem I 1 verkündeten Beschlüsse (s Rn 13) für anwendbar erklärt. Bei Bestimmung eines Termins zur Verkündung einer „Entscheidung" kann Urteil oder Beschluss ergehen (BGH VersR 83, 1082). Zur Wirksamkeit der Verkündung eines Beweisbeschlusses am Schluss der Sitzung „seinem wesentl Inhalt nach" vgl OLG Frankfurt NJW 86, 731. – Wegen der im schriftl Verf erlassenen Beschlüsse s Rn 16 ff.

37 **§ 311 I-III** (Verkündung von Urteilen) ist von der Verweisung ausgenommen. Ein Beschluss ergeht daher nicht „im Namen des Volkes". Beschlüsse, deren Verkündung (regelmäßige) Rechtsmittelfristen in Lauf setzt, gibt es praktisch (Ausnahme: § 98 ZVG) nicht mehr; für die 5-Monatsfrist ist die Verkündung weiter von Bedeutung (s § 569 Rn 4). **§ 311 IV** (Verkündung durch den Vors) ist gem I 2 anwendbar.

38 **§ 312** ist gem I 2 anwendbar. Die Verkündung ist daher ohne Rücksicht auf Parteianwesenheit und nachträgl Zustellung wirksam, so dass richterl Fristen (§ 221) mit Verkündung zu laufen beginnen, nicht erst mit Zugang

des Protokolls (OLG Hamm NJW-RR 2007, 1295, 1296; OLG Brandenburg NJW-RR 98, 500) oder Kenntniserlangung (KG MDR 2004, 770; sa Rn 14). Rechtsmittelfristen werden aber erst mit (zusätzl) Zustellung ausgelöst.

§ 313 ist in I 2 nicht genannt. Eine allein in Betracht kommende entspr Anwendung hat sich daran zu orientieren, ob eine Vergleichbarkeit die Übernahme der Anforderungen an ein Urteil rechtfertigt. Dies ist nicht durchgängig der Fall (sa Rn 23). Insb ein volles **Rubrum** (§ 313 I Nr 1) ist nur dann erforderl, wenn der Beschluss urteilsgleiche Qualität hat, weil durch ihn das Verf ganz oder teilw abgeschlossen wird, von seiner Rechtskraft weitergehende Wirkungen abhängen (BGH NJW-RR 2008, 367) oder weil aus ihm vollstreckt werden kann (BGH NJW 2003, 3136; OLG Köln WM 2002, 1244) – zB Arrest, einstw Verfügung (BGH NJW 2003, 3136), KFB – oder er die Einstellung der ZV anordnet. Die meisten Beschlüsse, insb Beweisbeschlüsse, PKH-Beschlüsse, Nichtabhilfeentscheidungen, bedürfen nur eines kurzen Rubrums – Angabe der Parteibezeichnungen, die aber erforderl ist (OLG Saarbrücken FamRZ 2021, 532) –, da dies zusammen mit dem Geschäftszeichen die allein erforderl Zuordnung zu dem richtigen Verf ermöglicht. Auch ein Beschluss, der eine *Kostenentscheidung* enthält (zB gem § 269 III, § 516 III), bedarf nicht allein deshalb eines vollen Rubrums (Balzer NJW 95, 2448; aA OLGR Jena 2003, 122), da die ZV erst aus dem KFB erfolgt und bei dessen Abfassung der Rpfleger aus der Akte eindeutig entnehmen kann, wer Kläger, Beklagter usw war; auch verfahrensbeendende Wirkung hat der Kostenbeschluss nicht, da diese mit der Rücknahme usw eintritt (s § 269 Rn 17, § 516 Rn 16). Das volle Rubrum muss im signierten/unterschriebenen Original enthalten sein; „in Sachen pp" reicht, auch bei bestimmter Bezeichnung der Aktenfundstelle (Blattzahl), nicht (BGH NJW 2003, 3136 = MDR 2003, 1316; BGH NJW-RR 2003, 842); mit Einführung der elektron Akte erübrigt sich dieses Problem weitgehend. – Der Entscheidungsausspruch ist in einer **Beschlussformel** wiederzugeben (BAG NZA 2011, 1304 = NJW 2011, 3806 LS). Die Entscheidung über eine **Rechtsmittelzulassung** ist sachgerecht, aber nicht notwendig in die Beschlussformel aufzunehmen (s § 574 Rn 12). Zum Begründungserfordernis s Rn 24 ff. 39

§ 313a gilt entsprechend (BGH NJW 2006, 3498 für § 91a-Beschluss), und zwar sowohl § 313a I (BGH NJW 2006, 3498; OLG Brandenburg NJW-RR 95, 1212; OLG Frankfurt NJW 89, 841) als auch § 313a II (OLGR München 2003, 352). 40

§ 314 gilt nicht, es sei denn, der Beschluss ergeht ausnahmsw auf Grund mündl Verh (OLG Frankfurt MDR 2004, 901; OLG Köln MDR 1976, 848; WSch/Rensen Rn 27; Vollkommer MDR 2010, 1161; Einsiedler MDR 2011, 1454; aA BGH NJW 2021, 2510; BGH MDR 2010, 957). Denn nur dann kann die Beweiswirkung von § 314 eingreifen, nicht bei schriftl Verf (BGH NJW-RR 2008, 1566; s § 314 Rn 2). Näher s Rn 47. 41

§ 315: Mindestanforderung ist, dass der Beschluss die **Namen sämtlicher Richter**, die an ihm mitgewirkt haben, erkennen lässt (BGH NJW-RR 94, 1406 = MDR 94, 1239) und dass zumindest eine eigenhändige **Unterschrift** bzw qualifizierte elektron **Signatur** (vgl BGH WM 2018, 242) vorhanden ist, weil nur damit die Authentizität des Beschlusses dokumentiert wird und dies für die Sicherheit und Klarheit im Rechtsverkehr erforderl ist (BGH NJW-RR 94, 1406; BGH NJW-RR 86, 412, je für Unterschrift). Die Unterschrift/Signatur des allein entscheidenden Richters (Rpflegers) ist unentbehrl (BGH NJW 1998, 609). Bloßes Handzeichen (**Paraphe**) genügt als Unterschrift nicht (vgl iE OLG Köln OLGZ 88, 460 = ZIP 1988, 1001; OLGR Braunschweig 1998, 166; BSG NJW 90, 2083; zu Verfügung s Rn 52). Dasselbe hat im Rahmen der elektron Aktenführung für eine **einfache Signatur** zu gelten. **Ausnahmen** im Mahnverf: § 692 II, § 703b. 42

Nicht geklärt ist, ob Beschlüsse eines Kollegialgerichts allgemein zu ihrer Wirksamkeit der qualifizierten elektron **Signatur/Unterschrift aller mitwirkenden Richter** bedürfen. Dies ist entgegen einer zT gepflegten Praxis, die Signatur/Unterschrift des Vors allein oder mit der des Berichterstatters genügen zu lassen (so RGZ 3, 400; OLGR Rostock 2009, 74; OLG Düsseldorf MDR 80, 943 mwN; ebenso einzelne Senate des BGH, insb der III. ZS) zu bejahen (ebenso OLGR Brandenburg 1999, 42; MskV/Wolff Rn 4; StJ/Roth Rn 17; AG/Becker Rn 192; Elzer JuS 2004, 36, 37 f; aA ThP/Seiler Rn 11; von BGH NJW-RR 94, 1406 offen gelassen). Der von der Gegenansicht angeführten fehlenden Verweisung in I auf § 315 kommt keine ausschlaggebende Bedeutung zu, da diese Verweisung anerkanntermaßen nicht abschließend ist und der entspr Anwendung anderer Urteilsvorschriften nicht entgegensteht (vgl zB BGH NJW 2017, 2273; s Rn 32). Es gibt keinen überzeugenden Grund, anders als bei einem Urteil nicht durch die Signatur/Unterschrift aller beteiligten Berufsrichter (zu ehrenamtl Beisitzern s BGHZ 148, 55 = WM 2001, 2019; BGH NJW-RR 2014, 243) dokumentieren zu lassen, dass die schriftl/elektron Fassung mit der beschlossenen Entscheidung übereinstimmt (so zutr MskV/Wolff Rn 4). Dementsprechend ist auch der FamFG-Gesetzgeber ohne Weiteres davon ausgegangen, dass die – hinsichtl der Personen nicht näher konkretisierte – Regelung in § 38 III 2 FamFG dahin verstanden wird, dass bei einer Kollegialentscheidung alle Richter zu unterschreiben haben, die daran mitgewirkt haben (BTDrs 16/6308, 195). 43

§ 317: § 317 I ist von der Verweisung wegen eigenständiger Regelung in I 1, II, III (s Rn 13, 14, 17) ausgenommen; noch erforderl Textvervollständigung des Beschlusses kann uU unschädl sein (vgl BGH NJW 2001, 1653 = MDR 2001, 646; sa § 317 Rn 9). § 317 II 1: Auch für Beschlüsse gilt gem I 2 iVm § 317 II 1, dass grds nur noch begl Abschriften erteilt werden, Ausfertigung nur auf Antrag (BGH NJW 2019, 1374 = MDR 2019, 481; s § 317 Rn 2, 4). § 317 II 2: vor Verkündung und Signierung/Unterzeichnung keine Erteilung von Ausfertigungen, Auszügen und Abschriften. § 317 II 3 ist von der Anwendung ausdrückl ausgenommen, woraus die Unzu- 44 lässigkeit einer abgekürzten Ausfertigung folgt (s StJ/Roth Rn 2, 8, 9, 26). § 317 III (elektron Form): wie bei Urteilen ist auch die **elektronische** Form von Abschriftsbeglaubigung und Zustellung zugelassen; die an die Stelle von § 317 V aF getretenen § 169 III, IV sind rechtsformunabhängig gefasst. § 317 IV: Unterzeichnung der Ausfertigungen durch den UdG bzw bei elektron Aktenführung gem § 130b die qualifizierte elektron Signatur. Zu den Anforderungen s § 317 Rn 6. – Hinsichtl der Zustellung **mangelbehafteter** begl Abschriften gelten die Urteilsgrundsätze entspr (s § 317 Rn 9).

45 **§ 318** ist in I 2 nicht genannt. Zur Anwendbarkeit s § 318 Rn 10 ff.

46 **§ 319:** anwendbar, s BGH NJW 2014, 3101 Tz 7; s § 319 Rn 3 mit Bsp.

47 **§ 320** ist grds unanwendbar. Die Vorschrift ist Korrelat zu § 314, der auf Beschlüsse grds nicht übertragbar ist, sofern sie nicht aufgrund mündl Verh ergehen (s Rn 41; OLG Frankfurt MDR 2004, 901; OLG Köln MDR 1976, 848; Vollkommer MDR 2010, 1161 ff; Einsiedler MDR 2011, 1454; WSch/Rensen Rn 27; aA BGH NJW 2021, 2510; BGH MDR 2010, 957; ThP/Seiler Rn 13). Die sich wohl auch auf im schriftl Verf ergangene Beschlüsse beziehende Entscheidungen des BGH widersprechen dem anerkannten Grundsatz, dass die Beweiskraft des § 314 gerade nicht für schriftl Entscheidungen gilt (BGH NJW-RR 2008, 1566 mwN; s § 314 Rn 2). Entspr Anwendung daher nur auf Beschlüsse, die auf Grund mündl Verh ergangen sind (vgl OLG Frankfurt MDR 2004, 901; Vollkommer MDR 2010, 1161).

48 **§ 321:** anwendbar (BGH MDR 2019, 438; BGH MDR 2017, 105; BGH NJW 2014, 3101; BGH NJW-RR 2009, 209), zB auf Zurückweisungsbeschlüsse gem § 522 II 1 (BGH NJW-RR 2009, 209), Beschwerdeentscheidungen (vgl BGH NJW 2004, 2529), KFB (KG Rpfleger 80, 158; OLG München Rpfleger 87, 263 mN). **Beispiele:** unterbliebene Kostenentscheidung (OLG Karlsruhe NJW 2014, 2053; OLG München MDR 2003, 522); Kosten der Streithilfe (BGH NJW 2014, 3101 Tz 12); übersehene ausscheidbare Kosten gem § 281 III 2 (OLG Hamm NJW-RR 2000, 1524). – Fristbeginn bei gem II, III zuzustellenden Beschlüssen mit Zustellung (s § 321 Rn 11), sonst mit Zugehen (BGH MDR 2019, 438; OLG Jena 9.3.2011 – 4 U 111/08 Tz 11; OLG Koblenz 21.7.2016 – 6 W 310/16, str; aA KG JurBüro 2015, 144; OLG Karlsruhe NJW 2014, 2053 zu LS 2 = MDR 2014, 1045: keine Frist [abl Vollkommer MDR 2014, 1046]). § 321 III ist nicht entspr anwendbar, soweit die Hauptsacheentscheidung ohne mündl Verh ergehen kann (KG 12.5.2025 – 21 U 186/24, juris; OLGR Jena 2007, 414).

49 **§ 321a** ist unmittelbar auf unanfechtbare und letztinstanzl Beschlüsse anwendbar (s § 321a Rn 3, 5).

50 **§§ 322-327:** Beschlüsse sind der materiellen Rechtskraft fähig, wenn sie in formelle Rechtskraft erwachsen und inhaltl eine der Rechtskraft fähige Entscheidung enthalten (BGH NJW 2004, 1805; BGH WM 86, 333). Näher s vor § 322 Rn 8. **Beispiele:** KFB (BGH VersR 2023, 676 mwN; BGH NJW 2019, 679 Tz 6; BGH NJW 2014, 1886 Tz 11; s § 104 Rn 21.74); Beschlüsse im Richterablehnungsverf (OLG Dresden FamRZ 2020, 37; BayObLG BayObLGZ 86, 367), im Arrest- und einstw Verfügungs-Verf (s vor § 916 Rn 13); Verwerfungs- und Zurückweisungsbeschlüsse gem §§ 522, 552 (BGH NJW 91, 1116; BGH NJW-RR 2007, 767, 768); Beschlüsse im ZwV-Verf gem §§ 887, 888, 891 (OLG Zweibrücken JurBüro 96, 443; OLGR Celle 2000, 59; LG Wiesbaden NJW 86, 939), mit Einschr VB (s § 700 Rn 15 ff), zT Beschlüsse gem § 766 (iE str; eingeh mwN Peters ZZP 90 [1977], 145); Beschlüsse gem § 807 (LG Kassel Rpfleger 1991, 118) und gem § 28 EGGVG (BGH WM 94, 994); Ablehnung der InsEröffnung (BGH ZIP 2002, 1695); Entscheidung über die Eröffnung des InsVerf (BGH NJW 2014, 391 Tz 12); Festsetzung der InsVerwaltervergütung (BGH NJW-RR 2010, 1430 = MDR 2010, 1349). – **Nicht rechtskraftfähig** sind PfÜB (OLG Köln Rpfleger 94, 426); PKH versagende Beschlüsse (BGH NJW 2004, 1805; BGH NJW-RR 2010, 209 Tz 11; sa § 127 Rn 27); Aussetzungsbeschlüsse gem § 148. – Zu Beschlüssen gem § 91a s § 91a Rn 31.

51 **§ 328:** zur Anwendbarkeit s § 328 Rn 3 ff.

§§ 578 ff: anwendbar bei urteilsvertretenden, der materiellen Rechtskraft fähigen Beschlüssen. IE s vor § 578 Rn 14.

§ 705 ist anwendbar bei der sof Beschwerde unterliegenden Beschlüssen (s § 705 Rn 1).

§§ 708 ff sind nicht anwendbar. Soweit Beschlüsse Vollstreckungstitel sind, sind sie ohne weiteres vollstreckbar/vollziehbar; Bsp: KFB (§ 794 I Nr 2); Arrest und einstw Verfügung (s vor § 916 Rn 14).

52 **VI) Verfügungen. 1) Allgemein.** Für Verfügungen des Gerichts gilt grds das für Beschlüsse Gesagte entspr. Jedoch brauchen Verfügungen, auch wenn sie ausnahmsw auf Grund mündl Verh ergehen, nicht verkündet zu werden (**§ 329 I**), Bekanntmachung gem § 329 II, III genügt. Urteilsvorschriften sind auch ohne ausdrückl Bezugnahme **entsprechend anwendbar**, wenn dies nach ihrem Normzweck gerechtfertigt ist (BGH NJW 2017, 2273). IE: **§§ 309, 310** sind nicht anwendbar; **§ 312** ist gem § 329 I 2 anwendbar. – § 329 I 2 erklärt **§ 317 II 1, 2, III, IV** auch für Verfügungen für anwendbar. Auch ohne Verweis auf **§ 315** müssen Verfügungen nach bisher hM **unterzeichnet** sein (BayObLG Rpfleger 96, 148), zumindest mit Paraphe (BSG MDR 92, 685; OVG Münster NJW 91, 1628), um sie von einem Entwurf abzugrenzen. Nach auf eine fristsetzende Verfügung bezogene, *aber allg formulierte Entscheidungen* des BGH (BGH NJW 80, 1167; BGH VersR 83, 33; BGH NJW 1990, 2389) genügt eine Paraphe nicht. Nach einer neueren Entscheidung (BGH NJW 2017, 2273 = MDR 2017, 632) soll für eine Rechtsmittelverlängerungsverfügung keinerlei Unterschriftserfordernis bestehen, die Niederlegung

im elektronischen Datenbestand genüge; angesichts der notwendigen Abgrenzung zum Entwurf ist das wenig überzeugend. Für fristsetzende Verfügungen und Terminsbestimmungen ist aber auch danach eine Unterzeichnung erforderl (BGH NJW 2017, 2273 = MDR 2017, 632). Soweit nach Vorstehendem eine Unterschrift erforderl war, bedarf es nach Einführung der elektron Aktenführung einer **qualifizierten elektronischen Signatur**. **§ 318** gilt grds nicht, doch kann auch die durch eine Verfügung einer Partei erwachsene günstige Prozesslage ihr nur in den gesetzl vorgesehenen Fällen wieder entzogen werden (zust Rimmelspacher FS Gaul, 1997, S 564), zB eine Fristverlängerung (s § 225 Rn 4). – **§ 319 I, II**, ist anzuwenden (BGH MDR 2022, 1560). **§ 320**, **§ 321**, **§§ 322 ff** sind nicht anwendbar. – Die Verfügung wird in gleicher Weise wie ein Beschluss (Rn 6) in dem Zeitpunkt rechtl **existent**, in dem sie den internen Bereich des Gerichts verlässt und nach außen in Erscheinung tritt (MskV/Wolff Rn 21). Gegenüber der Partei **wirksam** wird sie (erst) mit der entspr Mitteilung (BGH MDR 2022, 1560; BGH VersR 1999, 1304), die auch formlos, zB telefonisch, erfolgen kann (BGH NJW-RR 1994, 444; BGH NJW 1990, 1797).

2) Einzelne Verfügungen. a) Terminsverfügung. Ob Unterzeichnung mittels Paraphe genügte (so BSG MDR 1992, 685; OVG Münster NJW 1991, 1628), ist angesichts der Rspr des BGH zu fristsetzenden Verfügungen, die danach voll unterzeichnet werden mussten (s Rn 55), fragl, da sich mit den Säumnisfolgen vergleichbar schwerwiegende Konsequenzen wie durch eine Fristversäumnis ergeben können (BGH MDR 2017, 632 Tz 18 scheint von Unterschriftserfordernis auszugehen). Nach Einführung der elektron Akte ist danach die an die Stelle der Unterschrift getretene (§ 130b) qualifizierte elektron Signatur erforderl. 53

b) Fristverlängerung. Zur Verlängerung einer Rechtsmittelbegründungsfrist s § 520 Rn 16 ff. Allg ist die fehlerhafte Fristverlängerung iZw wirksam (BGH NJW 2009, 3655 Tz 16 f m zu weitgehendem LS = MDR 2010, 42). Ob die Verlängerungsverfügung einer schriftl Festlegung bedarf, hat der BGH bish offen gelassen (vgl BGH NJW 1985, 1558 = MDR 1985, 574); zum Erfordernis von Unterschrift/Signatur s Rn 52. Es besteht **kein Zustellungserfordernis** gem II 2; da sie keine Frist in Lauf setzt, genügt für die Verlautbarung gem II 1 formlose – auch telefonische – Mitteilung (BGH MDR 2022, 1560; BGH NJW-RR 1994, 444; BGH NJW 1990, 1797, stRspr; sa § 520 Rn 18). IE zur Fristverlängerungsverfügung s § 225 Rn 4 ff. 54

c) Fristsetzungsverfügung. Förml Zustellung ist erforderl (§ 329 II 2), soweit durch sie Präklusionsfristen (zB § 273 II Nr 1; § 275 I, II, IV; § 276 I 2, III; § 277 IV; § 524 II 2; § 531 II) in Lauf gesetzt werden; anderenfalls genügt formlose Mitteilung (KG NJW-RR 2024, 803 für Hinweis gem § 522 II). Zu den formellen Anforderungen s § 296 Rn 9 ff. Die Fristsetzungsverfügung bedurfte der **Unterschrift** des Richters, eine bloße Paraphe genügt nicht (BGH NJW 1990, 2390 = MDR 1990, 1095; BGH VersR 1983, 33; BGH NJW 1980, 1167); nach Einführung der elektron Aktenführung ist eine **qualifizierte elektronische Signatur** erforderl, da sie gem § 130b an die Stelle der Unterschrift tritt. Wird eine Frist zur Klage- oder Berufungserwiderung gesetzt, so ist die Partei auch über die Folgen einer Fristversäumung **zu belehren** (§ 277 II; § 340 III 4; § 521 II 2; § 697 II). Die Belehrung muss in deutl, leicht verständl Sprache abgefasst sein, die auch dem rechtsunkundigen Bürger die mögl Konsequenzen einer Fristversäumung verdeutlicht (einschr bei anwaltl Vertretung: OLG Hamm NJW 1984, 1566). Ist die ges vorgeschriebene **Belehrung** über die Folgen der Fristversäumung **unterblieben**, scheidet eine **Zurückweisung** von Vorbringen gem § 296 I, § 524 III aus (BGH NJW 2009, 515 = MDR 2009, 216; BGH NJW 83, 2507); dies gilt auch dann, wenn die Partei bei Zustellung der Fristsetzungsverfügung bereits durch einen RA vertreten war (BGH NJW 1983, 2507 = MDR 1983, 1017; einschr OLG Hamm NJW 1984, 1566). 55

Zur Verfügung der GeschSt mit der Aufforderung zur **Klagebegründung** gem § 697 I s § 697 Rn 4. 56

Titel 3
Versäumnisurteil (§§ 330-347)

Vorbemerkungen zu §§ 330-347

I) Abgrenzung Versäumung – Versäumnis. Versäumung ist die Unterlassung einzelner Prozesshandlungen innerhalb gesetzter Frist oder bis zum Eintritt bestimmter ges Prozesslagen (so insb §§ 277, 282, 296, 296a); hierzu s vor § 230 Rn 1. Versäumnis ist das Nichterscheinen oder Nichtverhandeln (§ 333) einer Partei in einem zur mündl Verh anberaumten Termin. Im Fall des § 454 können Versäumung und Säumnis zusammentreffen. 1

II) Voraussetzung der Säumnis iSd §§ 330-347. 1) Termin. Er muss zur notw **mündl Verh vor dem Prozessgericht** bestimmt worden sein (§ 216). Verhandlungstermin idS ist nicht der Gütetermin (StJ/Bartels Rn 6), dem allerdings regelmäßig die mündl Verh sofort folgt (§§ 278, 279), wohl aber der Beweistermin (§ 370 Rn 2), der Termin im schiedsrichterl Verf (§ 1063 II; OLG Hamm MDR 2007, 483; s § 1063 Rn 13) u der Termin zur mündl Verh über ein Arrest- oder Verfügungsgesuch (s § 922 Rn 2; § 936). Auch im Termin nach § 128a sind die §§ 330 ff anwendbar (Gomille/Frenzel NJOZ 2022, 1185 mwN; PG/Göbel § 330 Rn 7a). Gleichgültig ist, ob 2 der Verhandlungstermin der erste oder ein späterer ist (§ 332). Der Termin muss zur mündl Verh der Hauptsache bestimmt sein; zur Säumnisfolge im Zwischenstreit § 347 II. Prozessgericht ist auch der Einzelrichter (§§ 348, 348a, 349 II Nr 5, § 526 I, § 527 III Nr 3), nicht der beauftragte (§ 361) oder ersuchte (§ 362) Richter.

3 **2) Ladung.** Die Partei (im Anwaltsprozess der RA, § 172) muss zum Termin ordentl geladen sein (§ 335 I 2). Dabei Belehrungspflicht durch Hinweis nach § 215 I 1. Die Ladung muss unter Einhaltung der Ladungsfrist (§ 217) der Partei ordentl zugestellt (§§ 166 ff) worden sein. Ladung ohne Klageschrift ist unwirksam. Terminsverkündung ersetzt Ladung (§ 218). Ladungsmängel sind unschädl, wenn die Partei erschienen ist u ledigl nicht verhandelt (§ 333; s hierzu § 337 Rn 1).

4 **3) Nichterscheinen.** Die Partei darf nicht erschienen sein. Ob das der Fall ist, kann nur und erst nach Aufruf der Sache frühestens zur angesetzten Terminsstunde (§ 220, s § 220 Rn 1) festgestellt werden, denn die Partei darf den Aufruf außerhalb des Sitzungssaales abwarten, selbst wenn sie sich in der Sitzungsliste eingetragen hatte (BVerfG NJW 77, 1443). Als erschienen zu behandeln ist auch die Partei, die sich vor Aufruf der Sache beim Vorsitzenden abmeldet, weil ihr ein längeres Warten (s § 220 Rn 3) aus triftigem Grund nicht länger zumutbar ist. IÜ liegt aber Säumnis auch bei vorzeitiger Entfernung vor Schluss der mündl Verh vor (§ 220 II, § 333), so bei zwangsweiser Entfernung (§ 158), bei Zurückweisung oder Untersagung weiterer Vertretung (§ 79 III) und auch bei Verweigerung der Verh durch die erschienene Partei (§ 333). – Im **Anwaltsprozess** kommt es nur auf das Nichterscheinen des Anwalts an (§ 78). Terminsabsprachen der Anwälte untereinander binden das Gericht nicht, doch bleibt dann zu prüfen, ob nicht gem § 337 zu verfahren ist (s Rn 12). – Erscheinen des notw **Streitgenossen** (§ 62; KG ZInsO 2018, 934; s § 62 Rn 28) oder Streithelfers (§ 67; s § 67 Rn 3) wendet Säumnis der Partei ab. Bei einfachen Streitgenossen besteht diese Möglichkeit nicht, Teil-VU ist also möglich. Es ist aber § 301 zu beachten (Petzold JuS 2021, 646, 648; s § 301 Rn 20). – Zum Nichterscheinen in einer Videokonferenz s § 128a Rn 22. – VU unzulässig gegen den anwesenden und verhandlungsbereiten Kl nur wegen **Nichteinzahlung des Kostenvorschusses** (§ 12 GKG, BGHZ 62, 178). Zum **unverschuldeten** Fernbleiben s Rn 12 und § 337 Rn 3.

5 **4) Kein Vertagungsgrund.** Es darf kein Vertagungsgrund iS §§ 335, 337 vorliegen.

6 **5) Keine Unterbrechung.** Das Verf darf nicht (mehr) unterbrochen sein (§§ 239 ff).

7 **6) Schriftliches Säumnisverfahren.** Der Bekl muss unter Fristsetzung (§ 276 I) und Belehrung (§ 276 II) zur Erklärung seiner Verteidigungsbereitschaft aufgefordert worden sein und seine Anzeige der Verteidigungsbereitschaft darf im Zeitpunkt der Übergabe des VU an die Geschäftsstelle nicht nachgereicht sein (§ 331 III).

8 **7) Fehlende Voraussetzungen.** Es ist (s Rn 2-7) gem §§ 335, 337 der Prozessantrag durch Beschluss zurückzuweisen (Ausnahme: im schriftl Verf des § 331 III sind die Voraussetzungen vom Gericht nachzuholen; s § 335 Rn 5) und unter Ladung der abwesenden Partei (§ 218 gilt hier nicht) neuer Termin zu bestimmen. Jedoch darf u muss das Gericht trotz eines Säumnisantrags durch str Urteil entscheiden, wo die sachl (§ 300) u formalen Voraussetzungen für ein str Urteil vorliegen; so zB, wenn eine Partei sich in einem Termin nach Antragstellung während oder nach der anschließenden Beweisaufnahme entfernt (unstr; BGH NJW 74, 2322); ebenso, wenn Kl nach Antragstellung im selben Termin die Klage zurücknimmt, der Bekl jedoch die Einwilligung in die Klagerücknahme verweigert (s § 269 Rn 16), oder wenn die Voraussetzungen eines unechten VU (s Rn 11) erfüllt sind.

9 **III) Folgen der Säumnis. 1) Säumnis beider Parteien.** Gem § 251a Entscheidung nach Aktenlage, Vertagung oder Ruhen des Verf. – **2) Säumnis einer Partei.** Auf Antrag VU (§§ 330, 331) oder Entscheidung nach Aktenlage (§ 331a), soweit zulässig iS § 335, anderenfalls Vertagung. War der Termin für gegenständl beschränkte Verh bestimmt (§ 146), ist VU nur insoweit zulässig (§ 347 II).

10 **IV) Versäumnisurteil. 1) Echtes Versäumnisurteil.** Das ist das auf Grund der Säumnis gegen die säumige Partei ergehende Sachurteil. Es ist ein der formellen (§ 705) u materiellen (§ 322) Rechtskraft fähiges (BGH NJW 61, 1969: auch bei Klageabweisung, s hierzu § 330 Rn 6) u gem § 708 Nr 2 (im Nachverf nach Einspruch dann ggf § 709 S 3) für vorläufig vollstrb zu erklärendes Endurteil. Es bedarf keiner Begründung (§ 313b I 1, Ausnahme bei Auslandsbezug, § 313b III), wird nur der unterlegenen Partei zugestellt (§ 317 I) u unterliegt dem bes Rechtsbehelf des Einspruchs (§ 338), soweit nicht gem § 514 II beschränkt die Berufung gegen das 2. VU zugelassen ist.

11 **2) Unechtes Versäumnisurteil.** Das ist (krit zur Bezeichnung StJ/Bartels Rn 25) das gegen den anwesenden Kl mangels Zulässigkeit oder Schlüssigkeit der Klage ergehende (§ 331 II Hs 2) und das gegen den zwar abwesenden (oder nicht verhandelnden, § 333) Kl ergehende, jedoch nicht auf die Säumnis, sondern auf unbehebbare Mängel (wegen der behebbaren Mängel s § 335 Rn 2) gestützte abweisende Prozessurteil (BGH MDR 86, 998; AG/Anders vor § 330 Rn 19; MK/Prütting Rn 20; ThP/Seiler vor § 330 Rn 12; MskV/Stadler vor § 330 Rn 12). Zur Säumnis im Fall des § 239 IV s § 239 Rn 16a. Das auf Unschlüssigkeit oder sonstige Mängel der Klageerhebung (s vor § 253 Rn 14) gestützte unechte VU gegen den anwesenden Kl setzt voraus, dass dieser vorher vom Gericht (falls nicht bereits durch den Bekl geltend gemacht) auf diese verfahrensrechtl Bedenken hingewiesen wurde (s vor § 253 Rn 23; BGH NJW-RR 2008, 1649). – Wegen der Unzulässigkeit des schriftl unechten VU gegen den Kl s § 331 Rn 13. – ***Das unechte VU ist, ebenso wie die Entscheidung nach Aktenlage,*** **kontradiktorisches Endurteil**, daher im Urteil nicht als VU zu bezeichnen (s § 330 Rn 9) und nur mit Berufung und Revision anfechtbar.

V) Anwaltliche Vertretung. Sind beide Parteien anwaltl vertreten, so kann dem Erlass eines VU die unverschuldete Abwesenheit (§ 337) der säumigen Partei entgegenstehen, wenn ihr Anwalt am Erscheinen schuldlos verhindert ist. Der Einzelanwalt hat durch Anweisung seines Personals Vorsorge zu treffen für Fälle seiner plötzl und unvorhersehbaren Verhinderung (OLG Naumburg NJW-RR 2011, 484). Der Hauptbevollmächtigte muss alles tun, um sicherzustellen, dass der Unterbevollmächtigte den Termin wahrnimmt (OLG Saarbrücken VersR 2022, 1188). – Standesrecht der RA bindet nicht (BVerfG NJW 93, 121; hierzu Foerste NJW 93, 1309; Mennicke MDR 92, 221). Die vom Anwalt wahrzunehmenden Interessen des Mandanten haben Vorrang vor kollegialer Rücksichtnahme (BGH NJW 91, 42; OLG Düsseldorf MDR 2012, 556). Das Gericht muss im Anwaltsprozess dem Säumnisantrag (s § 330 Rn 1 f; § 331 Rn 5) des anwesenden Anwalts gegen den anwaltschaftl vertretenen Gegner grds stattgeben. Das schließt aber die Berücksichtigung anwaltstypischer Verhinderungsgründe bei Prüfung der Verschuldensfrage des § 337 nicht gänzl aus. Schuldlos ist die Säumnis, wenn der RA kurzfristig und unvorhersehbar an der Terminswahrnehmung gehindert ist und er alles ihm Mögliche und Zumutbare getan hat, um dem Gericht die Verhinderung rechtzeitig mitzuteilen (BGH MDR 2024, 517 [Dörr MDR 2024, 482]; BGH MDR 2024, 594 [Greger MDR 2024, 696] betr Verhinderung durch einen anderen Verhandlungstermin; BGH NZFam 2025, 201 [Prinz] betr Verhinderung durch Krankheit). Die Verschuldensfrage ist dabei zu beurteilen wie bei der WE in den vorigen Stand (BGH MDR 2024, 517; s hierzu Nw bei § 233). Beim VU liegt die übliche Wartefrist vor Erlass bei 15 Minuten. Sie kann sich aber verlängern, wenn der RA vor Ablauf telefonisch mitteilt, er werde sich verspäten (BGH MDR 99, 178 [Schneider]), insb ist ein längeres Zuwarten vor Erlass eines 2. VU geboten (BGH MDR 99, 626). Sekundengenaue Einhaltung der 15-Minutenfrist ist ohnehin nicht zwingend. In jedem Zweifelsfall kann das Gericht näml nach Stellung des Antrags verkünden, eine Entscheidung ergehe erst am Ende der Sitzung. Erscheint der säumige Anwalt verspätet, kann das Gericht danach und mit dem Wissen um dessen Entschuldigung seine Entscheidung treffen, ggf vertagen, aber auch VU erlassen. Sa § 337 Rn 3. 12

§ 330 Versäumnisurteil gegen den Kläger

Erscheint der Kläger im Termin zur mündlichen Verhandlung nicht, so ist auf Antrag das Versäumnisurteil dahin zu erlassen, dass der Kläger mit der Klage abzuweisen sei.

I) Voraussetzungen. Zum Vorliegen einer Säumnis s vor § 330 Rn 2 ff, über ihre Folgen, wenn kein VU beantragt wird, s vor § 330 Rn 9. Dem Bekl bleibt es überlassen, ob er VU beantragt oder (unter Voraussetzung einer früher stattgefundenen mündl Verh, § 251a) ein kontradiktorisches Urteil nach Aktenlage (§ 331a); beantragt er gar nichts, gilt auch er als säumig (§ 333) und das Gericht wählt unter den vor § 330 Rn 9 genannten Maßnahmen. Ein Vertagungsantrag der anwesenden Partei ist kein „Verhandeln" und bindet das Gericht nicht. Zum VU gegen den Kl nach dessen erfolglos einseitiger Klagerücknahme s § 269 Rn 16. 1

VU gegen den Kl setzt im Einzelnen voraus: **1)** die persönl und sachl Prozessvoraussetzungen (s vor § 253 Rn 9 ff), **2)** Säumnis des Kl trotz ordentl Ladung zur mündl Verh vor dem Prozessgericht (s vor § 330 Rn 3, 4), **3)** Nichtvorliegen der in § 335 u § 337 genannten Hindernisse, **4)** Antrag des Bekl (**Formulierungsvorschlag:** Vorwerk/Wiemer, PFB, M 34.5). Ob der Antrag ausdrückl als Säumnisantrag gestellt sein muss, ist bestr; BGHZ 37, 79, 83 entnimmt zutr und mit der hM (s MskV/Stadler Rn 3) dem in Abwesenheit des Gegners gestellten Sachantrag zugleich den Antrag, durch VU zu erkennen (krit Münzberg JuS 63, 220). Das Problem dürfte sich wegen § 139 I in der Praxis nicht stellen. Der Bekl darf den Säumnisantrag auch auf einen iS § 301 trennbaren Teil der Klage beschränken; dann Teil-VU. 2

Einstweilen frei. 3-5

II) Versäumnisurteil. 1) Echtes Versäumnisurteil. Sind die Voraussetzungen zu Rn 2 erfüllt, ergeht ohne sachl Prüfung der zulässigen Klage (bei unzulässiger Klage s Rn 7, vor § 330 Rn 11) echtes VU auf Klageabweisung (s vor § 330 Rn 10) mit der Folge der materiell rechtskräftigen Aberkennung des Klageanspruchs (BGH MDR 2003, 468; näher s vor § 322 Rn 56), aber nur mit Rechtskraftwirkung im Umfang eines entspr kontradiktorischen Urteils (MskV/Stadler Rn 4; StJ/Bartels Rn 31; str; aA BGH MDR 2003, 468). Dieses VU entscheidet, selbst wenn der Bekl sich nur mit einer Primäraufrechnung verteidigt hatte, nur über den Klageanspruch, nicht auch iS § 322 II über einen Verbrauch der aufgerechneten Forderung des Bekl; denn das echte VU auf Klageabweisung ergeht nur auf Grund der Säumnis, also ohne Prüfung der sachl Erfolgsaussichten der Klage (BGH NJW 61, 1969). Ausnahme: Die Klage wird „für zurückgenommen erklärt" (kann also gem § 269 IV erneut erhoben werden), wenn der klagende Ausländer mangels Kostensicherheit nicht zur Verh zugelassen wurde (§ 113) und bei Widerspruchsklage gegen den Teilungsplan gem § 881. 6

2) Kontradiktorisches Versäumnisurteil. Fehlen die pers oder sachl Prozessvoraussetzungen, ist trotz Versäumnisantrags des Bekl die Klage bei nicht behebbaren oder trotz Hinweises nicht behobener Verfahrensmängeln durch kontradiktorisches, die Instanz beendendes Prozessurteil (s vor § 330 Rn 11) als unzulässig abzuweisen (hM; MskV/Stadler vor § 330 Rn 12 mN; PG/Göbel Rn 18 mN, auch zur aA), denn der Kl soll mit seiner 7

unzulässigen Klage nicht allein deshalb besser gestellt sein (s §§ 338, 342), weil er auch noch säumig ist (BGH NJW-RR 86, 1041). – Wenn der Kl nach Übergang vom Mahnverfahren den Anspruch nicht begründet (§ 697 III) und im Termin dann säumig ist (s § 697 Rn 10 für den anderen Fall, dass der Kl zum Termin erscheint), gilt; **a)** Wenn die MB-Angaben, wie sie sollen (§ 690 I Nr 3), bereits die Identifizierung/Festlegung des Streitgegenstandes iSd § 253 II Nr 2 (zur Notwendigkeit s § 253 Rn 11) ermöglichen (hierzu BGH MDR 2009, 582), ist die Klage trotz fehlender Begründung zulässig. Es ergeht 1. (echtes) VU (OLG Stuttgart 29.11.2012 – 19 U 141/12 Tz 37, Tz 41; OLG München MDR 2019, 1017); **b)** Wenn sie die Identifizierung/Festlegung nicht ermöglichen (= Verstoß gegen § 253 II Nr 2; zur Folge s § 253 Rn 23), die Klage daher unzulässig ist (vgl BGH MDR 2016, 541 Tz 19): Abweisung durch Prozessurteil als unzulässig (ebenso MskV/Stadler Rn 2 aE, aber ohne wie hier nach a, b zu differenzieren). – Fehlen die Voraussetzungen zu Rn 2 (unter 2) oder 3)), ist der Antrag auf VU durch Beschluss (§ 336) zurückzuweisen u unter Ladung des Säumigen (§ 218 gilt hier nicht) zu vertagen (§ 337). Wird gegen den ein VU verweigernden Beschluss mit Erfolg sof Beschwerde (§ 336) erhoben, kann das Beschwerdegericht das VU nicht selbst erlassen, sondern nur den Erstrichter anweisen (s § 336 Rn 3).

8 **III) Widerklage.** § 330 gilt auch für die erhobene Widerklage. Es kann dann der erschienene Kl u Widerbekl Erlass des VU gegen den Bekl u Widerkl bzgl des Klageanspruchs nach § 331 u bzgl des Widerklageanspruchs nach § 330 beantragen. Ist der Kl nicht erschienen u hat Bekl die Erhebung der Widerklage in einem vAw oder gem § 195 zugestellten Schriftsatz angekündigt, kann er die Widerklage auch beim Ausbleiben des Kl im Termin „erheben" u VU bzgl des Klageanspruchs nach § 330 u bzgl des Widerklageanspruchs nach § 331 beantragen, sofern für die nachweisl zugestellte Widerklage die Einlassungsfrist (§ 274 III) gewahrt ist.

9 **IV) Bezeichnung.** Das VU ist als solches zu bezeichnen (s § 313 Rn 3), jedoch bleibt es auch bei fehlender Bezeichnung ein solches, wenn es sich nach seinem Inhalt als VU darstellt; ebenso ist das unechte VU ein str Urteil, selbst wenn es falsch als VU bezeichnet wurde (BGH FamRZ 88, 945); immer kommt es auf den Inhalt der Entscheidung an (BGH NJW 99, 583). Das echte VU ist nur der unterlegenen Partei zuzustellen (§ 317 I); die obsiegende Partei erhält Ausfertigung gem § 317 II nur noch auf Antrag (§ 317 Rn 2, 4). Zustellung des unechten VU jedoch an beide Parteien nötig (s § 317 Rn 1). Die Verkündung des VU ist mögl vor schriftl Abfassung (§ 311 II). Es bedarf (vorbehaltl Auslandsbezug) keiner Begründung (§ 313b), äußert aber in gleichem Umfang die Wirkungen der materiellen Rechtskraft (§ 322) wie ein kontradiktorisches Urteil (BGHZ 35, 338; MskV/Stadler Rn 4), so dass nach BGH ein Kl bei einem gegen ihn auf Grund seiner Säumnis ergangenen, rechtskräftig gewordenen VU nicht erneut klagen kann, auch wenn seiner 1. Klage nur ein vorübergehendes Hindernis entgegen gestanden hat (str; BGH NJW 2003, 1044 [Just NJW 2003, 2289]; aA MskV/Stadler Rn 4 mN; s ausf vor § 322 Rn 56). Der Streitgegenstand ist, wenn Rechtskraft später eingewendet wird, anhand der Akten zu ermitteln.

10 **V) Gebühren. 1) Gericht:** Die Verfahrensbeendigung durch VU ermäßigt die allg VerGeb nicht, weil das VU im Katalog der Ermäßigungstatbestände (zB 1211 GKG-KV, 1222 GKG-VV) nicht aufgeführt wird. Die Ermäßigung findet auch beim echten VU gegen den Kl, das ohne Schlüssigkeitsprüfung ergeht (§ 330), nicht statt (KG MDR 2006, 596; aA LG Koblenz MDR 2004, 237 [zust N. Schneider]). Zugleich hindert das VU als „anderes" Urteil in 1211 GKG-KV eine spätere Gebührenermäßigung bei Klagerücknahme, Vergleich usw (KG MDR 2006, 596; sa § 253 Rn 28). – **Verzögerungsgeb** (§ 38 GKG; 1901 GKG-KV) wegen „Flucht in die Säumnis" ist mögl (KG MDR 2025, 279). – **2) RA:** Bei nicht erschienenem oder vertretenem Kl, wenn ledigl Antrag auf VU gestellt wird: 0,5 Terminsgeb 3105 RVG-VV, iÜ volle 1,2 Terminsgeb 3104 RVG-VV für RA immer dann, wenn er über die Anträge 3105 RVG-VV hinaus sachdienl tätig war (BGH MDR 2007, 804; OLG Frankfurt JurBüro 2017, 528). So bei Erlass eines unechten VU, wenn das Gericht hinweist (§ 139) u erörtert. Wird nur zu einem Teil des Streitgegenstandes erörtert, ist die Geb 3104 RVG-VV aus dem Wert der Erörterung zu berechnen (OLG Hamburg MDR 2024, 738; OLG Köln JurBüro 2006, 254); iÜ aus 3105 RVG-VV. Es ist § 15 III RVG zu beachten. Ebenfalls fällt Geb 3104 RVG-VV trotz VU an, wenn im Termin beide Parteien anwesend oder ordnungsgemäß vertreten sind; daran ändert auch die „Flucht in die Säumnis" nichts (OLG Koblenz MDR 2005, 897). –. Bei zweimaliger Säumnis des Gegners entsteht die volle Terminsgeb 3104 RVG-VV (s § 345 Rn 7). – Zu beachten ist noch Vorbem 3 III RVG-VV: Stimmen die Parteivertreter sich vor dem VU (zB telefonisch) ab, dass VU ergehen kann, entsteht die Terminsgeb schon dafür. Zur Festsetzung in diesem Fall s § 104 Rn 21.88. Sa § 341 Rn 14. – Zum Gebührenvergleich mit einem AU N. Schneider NJW-Spezial 2012, 731.

§ 331 Versäumnisurteil gegen den Beklagten

(1) [1]Beantragt der Kläger gegen den im Termin zur mündlichen Verhandlung nicht erschienenen Beklagten das Versäumnisurteil, so ist das tatsächliche mündliche Vorbringen des Klägers als zugestanden anzunehmen. [2]Dies gilt nicht für das Vorbringen zur Zuständigkeit des Gerichts nach § 29 Abs. 2, § 38 sowie für Vorbringen zur Sprache des Gerichts nach § 184a Absatz 3 des Gerichtsverfassungsgesetzes.

(2) Soweit es den Klageantrag rechtfertigt, ist nach dem Antrag zu erkennen; soweit dies nicht der Fall ist, ist die Klage abzuweisen.

(3) [1]Hat der Beklagte entgegen § 276 Abs. 1 Satz 1, Abs. 2 nicht rechtzeitig angezeigt, dass er sich gegen die Klage verteidigen wolle, so trifft auf Antrag des Klägers das Gericht die Entscheidung ohne mündliche Verhandlung; dies gilt nicht, wenn die Erklärung des Beklagten noch eingeht, bevor das von den Richtern unterschriebene Urteil der Geschäftsstelle übermittelt ist. [2]Der Antrag kann schon in der Kla-

geschrift gestellt werden. [3]Eine Entscheidung ohne mündliche Verhandlung ist auch insoweit zulässig, als das Vorbringen des Klägers den Klageantrag in einer Nebenforderung nicht rechtfertigt, sofern der Kläger vor der Entscheidung auf diese Möglichkeit hingewiesen worden ist.

I 2 nach der Angabe „§ 38" erweitert durch das Justizstandort-Stärkungsgesetz v 7.10.2024 (BGBl 2024 I Nr 302) mWv 1.4. 2025.

I) Voraussetzungen. 1) Persönliche und sachliche Prozessvoraussetzungen. Das VU gegen Bekl setzt die persönl und sachl Prozessvoraussetzungen voraus (s vor § 253 Rn 9 ff, 13), die vom Kl darzulegen u nötigenfalls zu beweisen sind, soweit sie vAw zu beachten sind (§ 335 I Nr 1). Hierzu gehört auch die Prüfung des Rechtswegs (OLG München MDR 2017, 899). Über die Rüge der Zulässigkeit des Rechtswegs (§ 17a GVG) ist vorab zu entscheiden (§ 17a III 2 GVG). Nach LG Köln MDR 2017, 236 kann dann zunächst kein VU ergehen (ebenso PG/Göbel Rn 3; ThP/Hüßtege § 17a GVG Rn 16; MskV/Wittschier § 17a GVG Rn 12). Die Rüge kann jedoch so offensichtlich unbegründet sein, dass sie in diesen Fällen wegen des prozessualen Missbrauchsverbots (hierzu Einl Rn 41; vgl auch Riemer NZV 2017, 143 zu LG Köln: Rüge sollte „nicht zum Alltag verkommen") zwar zu bescheiden ist, aber zugleich VU ergehen kann (vgl § 17a GVG Rn 6). 1

2) Säumnis des Beklagten. Säumnis des Bekl trotz ordentl Ladung zur mündl Verh vor dem Prozessgericht (s vor § 330 Rn 2-4); 2

3) Keine Hindernisse. Nichtvorliegen der in § 335 und § 337 genannten Hindernisse; 3

4) Schlüssigkeit der Klage. S vor § 253 Rn 23. Auf die Geständnisfiktion des I kann Schlüssigkeit nur gestützt werden, soweit ein Geständnis überhaupt wirksam wäre (s § 288 Rn 7). Mat-rechtl (evtl vorprozessuale) Einwendungen des Bekl können, wenn vom Kl selbst vorgetragen, der Schlüssigkeit der Klage entgegenstehen (Nierwetberg ZZP 98 [1985], 442; OLG Düsseldorf NJW 91, 2089). 4

5) Antrag des Klägers. Der Antrag geht auf Erlass eines VU und ist, soweit er den Inhalt der gewünschten Entscheidung betrifft, Sachantrag iS § 297, daher im Anwaltsprozess zu verlesen, soweit er die Form der Entscheidung betrifft, Prozessantrag (MskV/Stadler Rn 6; ThP/Seiler § 297 Rn 2). Ohne den Prozessantrag wäre, selbst wenn Sachantrag verlesen, VU unzulässig (RGZ 28, 398; bestr: vgl BGH NJW 62, 1149). Die Frage ist wegen § 139 nicht von praktischer Bedeutung. Der Antrag darf auf einen Teil der Klage (§ 301) beschränkt werden. Dann: TeilVU, iÜ §§ 331a, 251a, soweit deren Voraussetzungen vorliegen. Erklärt der Kl vor dem Termin die Hauptsache für erledigt u greift wegen Zeitablaufs bereits die Zustimmungsfiktion (§ 91a I 2), kann im Termin kein VU mehr ergehen, da dann durch Beschluss zu entscheiden ist (§ 91a I 1). Gibt der Kl die Erklärung erst im Termin ab, kann VU („Der Rechtsstreit ist in der Hauptsache erledigt") ergehen (§ 91a Rn 37; StJ/Bartels Rn 44, 45; PG/Göbel § 335 Rn 10; aA MskV/Stadler Rn 15; AG/Anders Rn 17: Fall des § 335 I Nr 3; sa § 335 Rn 5). 5

II) Entscheidung. 1) Echtes Versäumnisurteil. Sind die Voraussetzungen Rn 1-5 erfüllt, ergeht echtes VU (s vor § 330 Rn 10) nach Klageantrag, soweit der Sachvortrag des Kl das Urteil rechtfertigt und ein VU gegen den Bekl nicht unzulässig ist (hierzu s vor § 330 Rn 9). Der Sachvortrag des Kl gilt als zugestanden (wie § 138 III, § 288), selbst wenn er in einem früheren Termin oder schriftl bestritten war (s § 332 Rn 1). 6

Jedoch **keine Geständnisfiktion** – **a)** hinsichtl der Behauptungen des Kl über einen vereinbarten sachl, örtl oder internat Erfüllungsort (§ 29 II) als Anknüpfungspunkt für die Zuständigkeit des Gerichts oder für eine Gerichtsstandsvereinbarung über die Zuständigkeit (§ 38), denn sie unterliegt nur beschränkt der Parteiherrschaft und ist gem § 335 I Nr 1 „nachzuweisen"; insoweit muss das Gericht vAw prüfen (§ 286 gilt aber auch hier), ob der Kl zuständigkeitsbegründende Tatsachen schlüssig vorgetragen hat u ob diese ggf den in § 29 II, § 38 gesetzten Rahmen einer zulässigen Vereinbarung nicht überschreiten. Zur kaufm Prorogation ist der Nachweis erforderl, aber auch ausreichend, dass der Bekl ein Gewerbe betreibt (StJ/Bartels Rn 13; OLG Karlsruhe MDR 2002, 1269; s § 38 Rn 50). Nur bei fortbestehenden Zweifeln muss der Kl weitere Nachweise (zB Handelsregisterauszug) beibringen. – **b)** hinsichtl der Behauptung, Englisch sei als Gerichtssprache vereinbart (s § 184a III 1 GVG). Die Partei soll nicht ohne ihr Zutun in einem fremdsprachigen Verf verurteilt werden. Davor wird sie bei ihrer Säumnis geschützt, indem das entsprechende Vorbringen des Kl nicht als zugestanden gilt (Wolf MDR 2024, 1015 Rn 18). – **c)** Wegen der beschränkten Geständnisfiktion hinsichtl des Inhalts des vom Kl behaupteten **ausl Recht** s § 293 Rn 13. 6a

2) Unbezifferter Antrag. Hier ist (s § 287 Rn 5) Schätzung der Anspruchshöhe im VU (gem § 313b ohne notw Begründung!) zulässig (BGH NJW 69, 1427). Das gilt aber nur, wo das Gericht auf Grund der vorgetragenen Tatsachen ohne Beweiserhebung selbst schätzen kann, und seine Schätzung mit der vom Kl angegebenen Größenordnung seines Anspruchs (s § 287 Rn 5) übereinstimmt oder diese übersteigt. Ist das nicht der Fall, der Kl also iS einer Teilabweisung seiner Klage beschwert, muss gegen den Bekl durch Teil-VU, iÜ gegen den Kl durch unechtes Schluss-VU (s vor § 330 Rn 11) entschieden werden (StJ/Bartels Rn 30; MskV/Stadler Rn 10). 7

3) Urkunden- und Wechselprozess. VU gegen Bekl ist wegen § 597 II unzulässig, wenn der Klageanspruch nicht vollständig urkundl belegt ist (s § 592 Rn 12, § 597 Rn 6, 8; BGHZ 62, 290), denn eine Geständnisfiktion 8

auch für die Verfahrensart ist dem § 331 nicht zu entnehmen. IÜ ist im Urkunden- und Wechselprozess nur vorbehaltloses VU mögl (s § 599 Rn 2; aA OLG Naumburg NJW-RR 95, 1087). Daher wäre Antrag auf Versäumnisvorbehaltsurteil zurückzuweisen (§ 336).

9 **4) Stufenklage.** VU gegen Bekl ist nur als Teilurteil über eine Stufe zulässig (s § 254 Rn 16).

10 **5) Haupt- und Hilfsantrag.** Hier ist Abweisung des Hauptantrags Voraussetzung einer Entscheidung über den Hilfsantrag. Zulässig wäre es daher, gleichzeitig den Hauptantrag durch unechtes VU (s vor § 330 Rn 11) abzuweisen und dem Hilfsantrag durch echtes VU stattzugeben. Gegen dieses Urteil kann hinsichtl Hauptantrag der Kl Berufung, hinsichtl Hilfsantrag der Bekl Einspruch einlegen; ebenso auch bei Teil-VU unter sachl Abweisung eines Teils des Klageanspruchs.

11 **6) Versäumnisgrundurteil.** Ist unzulässig (allgM; StJ/Bartels Rn 33; MK/Prütting Rn 25).

12 **III) Schriftliches Vorverfahren. 1) Schriftliches Versäumnisurteil gegen den Beklagten (§ 331 III).** Es ergeht, wenn dieser bei schriftl Vorverf (also nicht mehr nach Terminsbestimmung; s § 276 Rn 18; auch nicht im schriftl Verf) gem § 276 I 1 zur befristeten (Notfrist!) Erklärung über seine Verteidigungsbereitschaft unter Hinweis auf die Möglichkeit des III (§ 276 II) aufgefordert worden war (sonst § 335 I 4) und der Bekl bis zur Übergabe des gem § 315 unterschriebenen VU an die GeschSt (zur Zustellung gem § 317 I) seine Verteidigungsbereitschaft – Eingang bei GeschSt erforderl – nicht angezeigt hat (KG MDR 89, 1003; AG/Anders Rn 18; näher s § 276 Rn 9; **Formulierungsvorschlag:** Vorwerk/Wiemer, PFB, M 34.3); dabei gilt § 130d für die Form (LG Frankfurt MDR 2022, 393 [Dirnberger MDR 2022, 484]). – Bedenkl Stoffel/Strauch (NJW 97, 2372), die es in Einzelfällen für ein VU ausreichen lassen wollen, wenn der Bekl seine Verteidigungsanzeige konkludent zurücknimmt. – Der mit der Aufforderung verbundene Hinweis auf III reicht als „Warnung" aus. Der Antrag auf Erlass eines VU muss zwar gestellt (**Formulierungsvorschlag:** Vorwerk/Wiemer, PFB, M 34.2), aber nicht vor Erlass des VU dem Bekl übermittelt werden (KGR Berlin 1994, 71; AG/Anders Rn 22; ThP/Seiler Rn 2; MskV/Stadler Rn 22; aA OLG München MDR 80, 235; MK/Prütting Rn 48). Die Anzeige wird zur Abwendung des schriftl VU auch nicht dadurch entbehrl, dass der Sch im vorausgegangenen **Mahnverf Widerspruch** gegen den MB erhoben hatte. Erst die in Kenntnis der Anspruchsbegründung (§ 697 I) unterlassene Anzeige der Verteidigungsbereitschaft des Bekl begründet die Zulässigkeit des schriftl VU gegen den Bekl. Hierauf ist er mit der Fristsetzung zur Klageerwiderung gem § 276 I, II, § 697 II nach vorausgegangenem Mahnverf bes hinzuweisen. Die Verkündung des VU wird hier (abw von §§ 310, 311 II u auch von § 128 II) durch die Zustellung (§ 310 III, s § 310 Rn 6) ersetzt. Daher hier entgegen § 317 I 1 Zustellung an beide Parteien nötig, um das schriftl Urteil existent werden zu lassen (vgl BGHZ 8, 307; BGHZ 32, 370). Wegen des Beginns der Einspruchsfrist in diesem Fall s § 339 Rn 4. – **WE** wegen Versäumung der Notfrist (**Formulierungsvorschlag:** Vorwerk/Wiemer, PFB, M 34.4) mögl (aA KG MDR 96, 634), aber praktisch nutzlos (s § 276 Rn 10a). – In **Mietsachen** kann das VU schon vor Ablauf der Schonfrist (§ 569 III Nr 2 BGB) ergehen (LG Köln NJW-RR 2004, 87; Erman/Lützenkirchen/Selk § 569 BGB Rn 18 mN). – **PKH-Gesuch** des Bekl im Anwaltsprozess: s § 276 Rn 10. VU ohne Entscheidung über einen PKH-Antrag oder gleichzeitig mit seiner Zurückweisung mögl, denn kein grds Ablaufvorrang des PKH-Verf vor dem Hauptsacheverf (BGH MDR 2016, 1108 Tz 20 [Fischer LMK 2016, 381551] = NJW 2016, 3248 [zust Skamel]; näher § 337 Rn 3). – Kein schriftl Vorverf (§ 700 IV 2) mit 2. VU **nach Einspruch** gegen einen VB (OLG Dresden MDR 2008, 165). – Bei Säumnis des Bekl kein Anspruch des Kl auf Durchführung einer mündlichen Verh (AG Bad Iburg NZFam 2017, 81 [Ackermann-Sprenger]).

13 **2) Nebenforderung.** Ein VU gegen den Kl, das bei unzulässiger oder unschlüssiger Klage als unechtes VU ergeht (s vor § 330 Rn 11), sieht III 3 vor, wenn es eine Nebenforderung (hierzu s § 4 Rn 8 ff) betrifft und dem Kl rechtl Gehör gewährt wurde. III 3 erweitert als lex specialis den § 139 II 1 auf Nebenforderungen. Der Hinweis nach III 3 sollte daher konkret gehalten sein (aA Schmitt MDR 2022, 344: konkret nur, wenn auch die Kostenentscheidung betroffen ist). – Im Umkehrschluss folgt aus III 3, dass ein weitergehendes VU (Hauptforderung) gegen den Kl im schriftl Vorverf ausgeschlossen ist (AG/Anders Rn 24; MK/Prütting Rn 50 aE; StJ/Bartels Rn 62 ff; ThP/Seiler Rn 6; aA Stieper JR 2005, 397 auf Grund teleologischer Extension).

14 Die Anzeige der Verteidigungsbereitschaft sperrt in jedem Fall den Erlass eines VU im schriftl Vorverf, auch wenn dann auf die Klage nicht erwidert wird (MK/Prütting Rn 43; aA Stoffel/Strauch NJW 97, 2372 [Rücknahme der Anzeige mögl]).

15 **IV) Unechtes Versäumnisurteil gegen den anwesenden Kläger.** Es ergeht (s vor § 330 Rn 11), wenn entweder die Klage unzulässig (s Rn 1) oder unschlüssig (s Rn 4) ist, so zB wenn der Bekl nicht prozessfähig (BGH NJW-RR 86, 1041), die Klage nicht substantiiert (§ 253) oder Anspruchsgrund ein formnichtiger Vertrag (s Erman/Arnold § 125 BGB Rn 21, 27) ist. Das Gericht muss aber vorher auf seine Bedenken hinweisen (§ 139; offen gelassen v BGH NJW-RR 2008, 1649). Das Urteil ist kontradiktorisch, daher nicht Einspruch, sondern Berufung u Revision (s vor § 330 Rn 11).

16 **V) Fehlende Voraussetzungen.** *Der* Prozessantrag des Kl ist durch Beschluss gem § 335 oder § 337 zurückzuweisen und neuer Termin zu bestimmen (§ 216), falls nicht die Voraussetzungen für ein streitiges Urteil vorliegen (s vor § 330 Rn 8).

VI) Gebühren des Gerichts. 1) Gericht: Bei verfahrensbeendendem VU gegen den Bekl findet keine Ermäßigung nach 1211 GKG-KV statt (sa § 330 Rn 10; § 253 Rn 28). Überdies hindert das VU grds eine spätere Ermäßigung, wenn im Einspruchsverf der Rechtsstreit durch einen in 1211 GKG-KV aufgeführten Tatbestand beendet wird (KG MDR 2006, 596), auch wenn das VU nur gegen einen von mehreren Bekl ergangen ist (KG NJW-RR 2009, 1079); beim Teil-VU auch für den übrigen Streitwert (OLG Stuttgart JurBüro 2001, 548 u ganz hM). Ausnahme: VU nach III bei späterer Klagerücknahme (1211 Nr 1d GKG-KV). Bei VU im schriftl Verf hindert nicht bereits Erlass, sondern erst Zustellung die Ermäßigung (OLG Oldenburg JurBüro 2017, 468). Bei „Flucht in die Säumnis" ist Verzögerungsgeb mögl (s § 330 Rn 10). – **2) RA:** Bei nicht erschienenem oder vertretenem Bekl: 0,5 Terminsgeb 3105 RVG-VV; aber 1,2 Terminsgeb 3104 RVG-VV bei Erörterung der Sach- und Rechtslage (KG AGS 2025, 18; s iÜ § 330 Rn 10). Die reduzierte Geb fällt auch an, wenn VU nach III ergeht (3105 I Nr 2 RVG-VV), selbst wenn verfahrenswidrig kein Antrag gestellt wurde (BGH MDR 2017, 425). 17

§ 331a Entscheidung nach Aktenlage

[1]Beim Ausbleiben einer Partei im Termin zur mündlichen Verhandlung kann der Gegner statt eines Versäumnisurteils eine Entscheidung nach Lage der Akten beantragen; dem Antrag ist zu entsprechen, wenn der Sachverhalt für eine derartige Entscheidung hinreichend geklärt erscheint. [2]§ 251a Abs. 2 gilt entsprechend.

I) Zweck. Die Möglichkeit der **Entscheidung nach Aktenlage** will der Gefahr vorbeugen, dass eine Partei unter Inkaufnahme des relativ ungefährl (§§ 342, 719) VU in Verschleppungsabsicht dem Termin fernbleibt, ist aber auch gegen einen anwesenden Kl mögl (MskV/Stadler Rn 7; aA StJ/Bartels Rn 12 ff). Wo die Absicht der Verschleppung erkennbar ist, sollte das Gericht bei entscheidungsreifer Sache (§ 300) Antrag gem § 331a anregen (**Formulierungsvorschlag:** Vorwerk/Wiemer, PFB, M 35.1). Doch muss die anwesende Partei vor Antragstellung beachten, dass hier (anders als bei § 331) kein Geständnis des Säumigen fingiert wird, vielmehr früheres Bestreiten die Beweislast auslöst (RGZ 132, 330). 1

II) Verfahren. § 331a gilt für alle Instanzen (§ 539 III, § 555 I). Voraussetzung ist (verschuldete, s § 337 Rn 3) Säumnis einer Partei (bei beiderseitiger Säumnis: § 251a) trotz ordentl Ladung zur mündl Verh vor dem Prozessgericht (s vor § 330 Rn 2 ff). Ausreichend, wenn der versäumte Termin in einem früheren Termin, zu dem ordentl geladen war, durch ledigl verkündeten Beschluss (§ 218) ohne erneute Ladung bestimmt worden war (§ 332, BGH NJW 64, 658). – Für die Entscheidung gilt das in § 251a Rn 3-9 Geschriebene entspr. **Besonderheiten ggü § 251a: a)** Erforderl ist **Antrag** der anwesenden Partei. Der Antrag muss als Prozessantrag ausdrückl gestellt werden (allgM; OLG Hamm FamRZ 2016, 1289; MK/Prütting Rn 7). Bei Ablehnung muss vertagt werden; Ruhen des Verf wäre (anders § 251a III) unzulässig. Die grds Notwendigkeit einer früheren str Verh über den Klageantrag als Voraussetzung eines Urteils nach Aktenlage (§ 251a II 1) entfällt hier, soweit die zu treffende Entscheidung nach den für sie geltenden Vorschriften keiner mündl Verh bedarf, so bei Verwerfung einer Berufung oder Revision (§§ 522, 552; MskV/Stadler Rn 4; s § 251a Rn 5), auch unter Versagung der WE in den vorigen Stand (s § 238 Rn 1). Vorherige str Verh ist auch entbehrl (PG/Göbel Rn 9; aA MskV/Stadler Rn 7; MK/Prütting Rn 22), wenn die Voraussetzungen für unechtes VU (s vor § 330 Rn 11) gegen die anwesende Partei wegen deren unzulässiger oder unschlüssiger Klage (auch Widerklage oder Rechtsmittel) gegeben sind; dass die anwesende Partei statt eines VU eine Entscheidung nach Aktenlage beantragt hat, steht dem nicht entgegen (BGH NJW 62, 1149). Auch hier hat aber das Gericht vor seinem Urteil nach Aktenlage die Partei auf seine Bedenken gegen die Erfolgsaussichten der Klage (bzw des Rechtsmittels) hinzuweisen (s vor § 330 Rn 11). – **b)** Antrag auf VU und auf Aktenlageentscheidung können wechselseitig in ein Eventualverhältnis gestellt werden (MK/Prütting Rn 10). – **c)** Für die Besetzung des Gerichts bei der Entscheidung gilt § 309 nicht (s Greger § 251a Rn 9). Zuständigkeit des Vors der KfH: § 349 II 5, des ER beim Berufungsgericht: § 527 III Nr 2. Vorläufige Vollstreckbarkeit: § 708 Nr 2 (s § 708 Rn 4). Das Urteil ist kontradiktorisch, daher Berufung (nicht Einspruch) statthaft. – **d)** Stellt die anwesende Partei keinen Antrag auf Aktenlageentscheidung, verfährt das Gericht vAw nach einer der drei Möglichkeiten des § 251a. 2

III) Rechtsmittel. Die Anordnung, nach Aktenlage zu entscheiden, ist (weil kein Gesuch zurückgewiesen wird, § 567 I) nicht selbständig anfechtbar. Verfahrensfehler bei der Anwendung des § 331a (vgl § 335) können daher mit dem Rechtsmittel gegen die Hauptsacheentscheidung gerügt werden. 3

IV) Gebühren. 1) Gericht: wie § 330 Rn 10. Der Beschluss, durch den der Antrag auf Erlass einer Entscheidung nach Aktenlage zurückgewiesen wird, ist gebührenfrei (§ 1 GKG). – **2) RA:** IdR ist die Geb 3104 RVG-VV im früheren Termin schon verdient worden (§ 331a S 2 iVm § 251a II 1). 4

§ 332 Begriff des Verhandlungstermins

Als Verhandlungstermine im Sinne der vorstehenden Paragraphen sind auch diejenigen Termine anzusehen, auf welche die mündliche Verhandlung vertagt ist oder die zu ihrer Fortsetzung vor oder nach dem Erlass eines Beweisbeschlusses bestimmt sind.

1 **I) Verhandlungstermin.** § 332 durchbricht den Grundsatz der Einheitlichkeit der mündl Verh, indem er der Säumnisfolge den Vorrang vor bereits gewonnenen Prozessergebnissen gibt (PG/Göbel Rn 1). Jeder – nicht nur der 1. – Termin zur notwendigen mündl Verh kann Grundlage eines VU oder einer Entscheidung nach Aktenlage (BGH NJW 64, 658) sein (Ausnahme: § 347 II). Es kann daher in einem späteren Termin ein VU im Widerspruch zu den bish Prozessergebnissen ergehen. Die Behauptungen der säumigen Partei, die Geständnisse der anwesenden Partei, ihre Anerkenntnisse und Verzichte, die noch nicht zu Urteilen nach §§ 306, 307 geführt haben (anderenfalls Bindung), Beweisaufnahmen in früheren Terminen, haben unbeachtet zu bleiben, nicht jedoch (wegen § 318) früher ergangene End- oder Zwischenurteile. Ausnahme: Bleibt der Kl aus, ist trotz stattgebenden Grundurteils (§ 304) auf Antrag gem § 330 die Klage abzuweisen (PG/Göbel Rn 7). – § 330 ist anwendbar, selbst wenn die Beweisaufnahme alle Behauptungen des Kl als richtig dargetan, ebenso § 331 auch dann, wenn sämtl Klagebehauptungen widerlegt sind. Einschränkend OLG Brandenburg MDR 95, 1262, wonach das Gericht nicht sehenden Auges unrichtigen Vortrag zugrunde legen dürfe. Dem ist zuzustimmen, wenn sich der Verdacht des Prozessbetrugs geradezu aufdrängt (s § 370 Rn 2; MskV/Stadler § 331 Rn 9; MK/Prütting § 331 Rn 20). Ansonsten wird Früheres nur berücksichtigt bei der Entscheidung nach Lage der Akten (§ 331a). Außerdem behält früher erfolgte Heilung von Verfahrensmängeln (§§ 39, 295) ihre Wirksamkeit (PG/Göbel Rn 6).

2 **II) Beweisaufnahmetermin.** Ist ein Termin zur Beweisaufnahme und zugleich zur Fortsetzung der mündl Verh bestimmt (§ 370), so kann ein VU erst ergehen, wenn die Beweisaufnahme stattgefunden hat (§ 367; s § 367 Rn 2); ist aber der Termin auf Einspruch der säumigen Partei gegen ein sie treffendes VU anberaumt worden, so ist VU auf Verwerfung des Einspruchs (§ 345) ohne vorhergehende Beweisaufnahme zulässig, da das Gericht, bevor es sich mit der Sache selber befasst (also auch vor der Beweisaufnahme), über den Einspruch zu verhandeln hat (§§ 340a, 341; MK/Prütting Rn 6). Nach Beweisaufnahme ist, wenn vor ihr verhandelt worden war, nochmalige Antragstellung entbehrl; ihr Unterbleiben hat keine Säumnisfolgen (MskV/Stadler § 334 Rn 2 mwN; krit Schneider MDR 92, 827).

§ 333 Nichtverhandeln der erschienenen Partei

Als nicht erschienen ist auch die Partei anzusehen, die in dem Termin zwar erscheint, aber nicht verhandelt.

1 **I) Verhandeln.** Es wendet Säumnisfolgen ab. Bei bloßem Erscheinen ohne Verhandeln wird Säumnis fingiert (s hierzu aber auch § 337 Rn 1). Das Verhandeln erfordert in dem 1. Termin die Stellung der Sachanträge (§ 137 I, § 297; MK/Prütting Rn 3; PG/Göbel Rn 3). OLG Bamberg NJW-RR 96, 317 lässt zu Recht beim Bekl ein Verhalten ohne Klageabweisungsantrag ausreichen, wenn es auf eine Entscheidung in der Sache gerichtet ist (zust PG/Göbel Rn 3). Solche Auslegungsschwierigkeiten lassen sich aber leicht durch die materielle Prozessleitung (§ 139) vermeiden. Der reine Klageabweisungsantrag, ohne sich nach § 137 II, III zu verhalten, sollte beim Bekl ebenso ausreichen, die Säumnisfolgen zu verhindern (PG/Göbel Rn 4 mN, auch zur aA). Wiederholung dieser Anträge in späteren Terminen ist entbehrl (s § 332 Rn 2; vor § 330 Rn 4, 8), daher ist in späteren Terminen (§ 332) bloße Erörterung der Sache ausreichend für Verhandeln. In der Verlesung der Sachanträge (§ 297) liegt regelmäßig die Bezugnahme auf schriftl Vorbringen (§ 137 III), was für Verh genügt (AG/Anders Rn 4). § 220 II fordert Verhandeln „bis zum Schluss“, dh nur, dass Erklärungen nach Schließung der Verh (§ 136 IV) nicht mehr berücksichtigt werden, nicht aber, dass im Termin ständig verhandelt werden muss. Ist im Termin einmal verhandelt, kann aus Verweigerung weiterer Erklärungen keine Säumnisfolge abgeleitet werden. Insb kann eine Partei nach Antragstellung im Termin ihre Säumnis nicht dadurch herbeiführen, dass sie diesen Antrag „zurücknimmt“ (KG 22.1.2018 – 22 U 65/16 Tz 5), „korrigiert“ oder „widerruft“ (OLG München MDR 2011, 384). – Zum „Verhandeln“ im Einspruchstermin s § 345 Rn 2.

2 **II) Nichtverhandeln.** Das ist völlige (vgl § 334) Verweigerung der Einlassung zur Sache oder wenn im Fall § 78 I 1 der ProzBev erklärt, er trete nicht auf (PG/Göbel Rn 2). Daher Säumnis bei bloßem Vertagungsantrag (RG 31, 424) oder sonstigen bloßen Verfahrensanträgen (zB auf Aussetzung, Trennung, Verbindung; wegen Richterablehnung s BGH NJW-RR 86, 1252), auch wenn dabei hilfsw ein Sachantrag gestellt wird (OLG Frankfurt WM 92, 1088). Dagegen ist ein Beweisantrag (StJ/Bartels Rn 11) oder eine Erklärung zu Prozessvoraussetzungen, sachl Behaupten oder *Bestreiten und auch* Verhandeln über die Zuständigkeit (BGH NJW 67, 728; PG/Göbel Rn 5; sa § 345 Rn 2) echtes verhandeln. Im Termin kann die Säumnis durch Nichtverhandeln bis zum Schluss des Termins beendet werden, wenn sich der Säumige noch zum Verhandeln entschließt (BGH MDR 93, 1124).

III) Teilweises Verhandeln. Während bei ledigl unvollständigem Verhandeln (s § 334 Rn 1; BGH MDR 2001, 1371) gem § 334 Säumnisfolgen ausgeschlossen sind und allenfalls Versäumungsfolgen (hierzu s § 282 Rn 1) in Betracht kommen (zur Unterscheidung Säumnis/Versäumung s vor § 330 Rn 1), liegt teilw Verhandeln vor, wenn der Streitstoff mehrere einer Abtrennung oder einem Teilurteil zugängl Ansprüche umfasst und eine anwesende Partei nur über einen dieser Ansprüche verhandelt (§ 137 II, III). Nur im letzteren Fall ist **Teil-VU** gegen eine anwesende Partei zulässig (nach Hinweis gem § 139 I 2). 3

IV) Gebühren des RA. Die Fiktion der Partei, die nicht verhandelt, als nicht erschienene gilt gebührenrechtl nicht (3105 III RVG-VV). Es fällt daher die volle Terminsgeb an (3104 RVG-VV; sa § 330 Rn 10, § 331 Rn 17). 4

§ 334 Unvollständiges Verhandeln

Wenn eine Partei in dem Termin verhandelt, sich jedoch über Tatsachen, Urkunden oder Anträge auf Parteivernehmung nicht erklärt, so sind die Vorschriften dieses Titels nicht anzuwenden.

I) Teilweises Verhandeln. Zu unterscheiden ist unvollständiges Verhandeln vom Verhandeln über einen Teil des Klageanspruchs. Beschränkt sich das Verhandeln einer Partei auf einen selbständigen (dh iS §§ 145, 301 abtrennbaren) Teil der Klage oder Widerklage, so ist sie iÜ säumig iS § 333, soweit sie die Einlassung ausdrückl (über § 139 zu klären) verweigert (BGH MDR 2001, 1371). 1

II) Unvollständiges Verhandeln. Es wendet gem § 334 Säumnisfolgen insgesamt ab, denn die Parteien sind nicht verpflichtet, häufig auch nicht in der Lage (KG 22.1.2018 – 22 U 65/16 Tz 5), in jedem Termin den gesamten Streitstoff zu erörtern (s § 333 Rn 1). Daher ist das Nichterklären zu einzelnen Tatsachenbehauptungen des Gegners unschädl, das gem § 286 bei der str Entscheidung frei zu würdigen ist, vgl §§ 138, 439, 446, 510. An die Stelle des VU kann bei unvollständigem Verhandeln iS § 334 Versäumungsfolge gem §§ 282, 296 II treten. 2

§ 335 Unzulässigkeit einer Versäumnisentscheidung

(1) Der Antrag auf Erlass eines Versäumnisurteils oder einer Entscheidung nach Lage der Akten ist zurückzuweisen:

1. wenn die erschienene Partei die vom Gericht wegen eines von Amts wegen zu berücksichtigenden Umstandes erforderte Nachweisung nicht zu beschaffen vermag;

2. wenn die nicht erschienene Partei nicht ordnungsmäßig, insbesondere nicht rechtzeitig geladen war;

3. wenn der nicht erschienenen Partei ein tatsächliches mündliches Vorbringen oder ein Antrag nicht rechtzeitig mittels Schriftsatzes mitgeteilt war;

4. wenn im Falle des § 331 Abs. 3 dem Beklagten die Frist des § 276 Abs. 1 Satz 1 nicht mitgeteilt oder er nicht gemäß § 276 Abs. 2 belehrt worden ist;

5. wenn in den Fällen des § 79 Abs. 3 die Zurückweisung des Bevollmächtigten oder die Untersagung der weiteren Vertretung erst in dem Termin erfolgt oder der nicht erschienenen Partei nicht rechtzeitig mitgeteilt worden ist.

(2) Wird die Verhandlung vertagt, so ist die nicht erschienene Partei zu dem neuen Termin zu laden.

I) Fehlende Voraussetzungen. Der Antrag auf VU oder Entscheidung nach Aktenlage ist durch Beschluss (s Rn 6) zurückzuweisen, wenn die Voraussetzungen hierfür (s § 330 Rn 2, § 331 Rn 2 ff u § 331a Rn 2) fehlen, jedoch noch herbeigeführt werden können (zB BGH MDR 2015, 1151 Tz 8: unwirksames Anerkenntnis). Dagegen keine Zurückweisung durch Beschluss, sondern unechtes VU (s vor § 330 Rn 11), wenn der Mangel der Sachurteilsvoraussetzung nicht behebbar ist oder seine Behebung durch die Partei trotz Aufforderung hierzu verweigert wird. Nicht behebbare Mängel sind zB fehlende Partei- oder Prozessfähigkeit (BGH NJW 61, 2207), Gerichtsbarkeit (s vor § 253 Rn 15), Rechtsschutzbedürfnis, fehlende Klagbarkeit des Anspruchs, anderweitige Rechtshängigkeit, Unzulässigkeit des Rechtsmittels. Der Mangel muss für die erschienene Partei behebbar sein; daher ist – weil den Verweisungsantrag der Kl stellen müsste (§ 281) – bei dessen Säumigkeit die fehlende Zuständigkeit u die Unzulässigkeit des Rechtswegs für den Bekl nicht behebbar und führt auf Antrag zum unechten VU oder zum abw Prozessurteil nach Aktenlage. Bei Säumigkeit des Bekl wird die Zuständigkeitsbehauptung des Kl nur im Rahmen des § 331 I 2 (s § 331 Rn 6a) von der Geständnisfiktion umfasst. 1

I Nr 1: gilt für alle vAw zu beachtenden, **behebbaren Verfahrensmängel**, zB Prozessfähigkeit (BGH MDR 2021, 1081 [Lohr MDR 2021, 1318]), Nachweis der Zuständigkeit im Fall § 331 I 2, Mangel der Vollmacht § 88 II, Nachweis der Kostensicherheit oder Kostenerstattung (§§ 110, 269 VI; MskV/Stadler Rn 2), soweit diese 2 vom Gegner bereits beantragt war. Werden Nachweise von der erschienenen Partei nicht angeboten, ist Klage durch unechtes VU als unzulässig abzuweisen, falls nicht bei Unzuständigkeit Verweisungsantrag §§ 281, 506 gestellt wird.

3 **I Nr 2:** gilt nur bei echter Säumigkeit, nicht im Fall des § 333. Die erschienene, aber nicht verhandelnde Partei gilt auch bei fehlerhafter **Ladung** als säumig. Nr 2 ist ohne Bedeutung für das schriftl VU gem § 331 III (MskV/Stadler Rn 3) und gilt nicht, wo Ladung überhaupt entbehrl war (§ 218; verkündete „vorsorgliche" Terminsbestimmung ist aber unwirksam, BGH MDR 2016, 350; BGH MDR 2011, 252 [abl Stamm LMK 2011, 314722]). In allen anderen Fällen ist vor Erlass eines VU vAw zu prüfen u im Protokoll festzustellen, ob die abwesende Partei säumig iS vor § 330 Rn 4 ist, insb ob sie unter Mitteilung der Klageschrift (sonst Ladung zum 1. Termin wirkungslos) u Einhaltung der Einlassungsfrist § 274 III rechtzeitig (§ 217, § 604 II, § 239 III) u formgerecht (§§ 166 ff, § 497) geladen ist, und ob dabei die notw Belehrungen erfolgt sind (§ 215). Beim Einspruchstermin nach VB ist in der Ladung kein Hinweis auf ein mögl 2. VU u das Rechtsmittel der Berufung notw (BGH MDR 2010, 1340 [zust Rauscher LMK 2010, 311410]). – Unwirksam ist die Terminsladung zur Verh über die Hauptsache in einem unterbrochenen oder ausgesetzten Verf (§§ 239 ff) vor Aufnahme (§ 250; BGH NJW-RR 89, 255, 256). Zur Säumnisfolge bei Terminsladung lediglich in einem Zwischenstreit s § 347 II.

4 **I Nr 3:** ist nur bei Säumnis des (Rechtsmittel-)Bekl zu beachten (OLG Nürnberg MDR 2024, 599), denn nur Angriffsmittel müssen rechtzeitig, dh unter Wahrung der Wochenfrist des § 132 u vor dem 1. Termin auch der Einlassungsfrist (§ 274 III) sein. § 282 ist hier nicht zu beachten, weil er Gegenerklärung, also Anwesenheit des Bekl voraussetzt. Nur **Sachanträge u Tatsachenvortrag müssen rechtzeitig erfolgt sein**; Prozessanträge (s § 297 Rn 3) bedürfen keiner Ankündigung. Was in einem früheren Termin (selbst bei Abwesenheit des Gegners, soweit der Vortrag im Protokoll festgehalten ist) vorgetragen wurde, ist immer rechtzeitig (ThP/Seiler Rn 5; aA für den Fall der Abwesenheit des Bekl MskV/Stadler Rn 4). Das ergibt sich schon aus der Einheitlichkeit der mündl Verh, die in § 332 zwar für den Inhalt, nicht aber für die Zulässigkeit des VU durchbrochen ist (RGZ 28, 409). Entbehrl ist vorherige Mitteilung eines iSv § 264 Nr 2 ermäßigten Antrags, zB Feststellung statt Leistung. Das gilt auch für Erledigungserklärungen des Kl (str; s § 331 Rn 5 mN; aA OLG Hamm MDR 2022, 976, jedenfalls dann, wenn die Erledigungstatsachen ausschließlich aus der Sphäre des Kl kommen).

5 **I Nr 4: Schriftl VU** gegen Bekl gem § 331 III setzt voraus, dass ihm vor einer Terminsbestimmung (s § 276 Rn 16) im schriftl Vorverf die Fristsetzung § 276 I zur Erklärung der Verteidigungsbereitschaft mit Rechtsfolgenbelehrung nach § 276 II (zu deren notw Form u Inhalt s § 276 Rn 2) mit der Klageschrift zugestellt worden war. Sind diese notw Handlungen des Gerichts unterblieben, so ist nicht der Antrag des Kl auf VU „zurückzuweisen" (= Redaktionsfehler), sondern die Maßnahmen nach § 276 I, II sind vAw nachzuholen. Zum VU, wenn vom Bekl **PKH/VKH** beantragt ist, s § 337 Rn 3. Wegen der nach **Widerspruch des Bekl im vorausgegangenen Mahnverf** notwendigen Belehrung des Bekl über die zur Abwehr eines schriftl VU notwendige Anzeige der Verteidigungsbereitschaft s § 331 Rn 12; § 697 Rn 9.

6 **I Nr 5:** Für die Rechtzeitigkeit der Mitteilung nach § 79 III reicht die in § 217 gesetzte Frist von 3 Tagen ab Zustellung (MskV/Stadler Rn 5a). Ist die Zeitspanne geringer, kann kein VU mehr ergehen; das Gericht muss vertagen (II).

7 **II) Verfahren.** Die Ablehnung des VU erfolgt nach Gewährung des rechtl Gehörs zu den deshalb dem Antragsteller bekanntzugebenden Hindernissen in den Fällen I Nrn 1-3, 5 (wegen I Nr 4 s Rn 5) durch gem § 336 anfechtbaren, die Ablehnung der Entscheidung nach Aktenlage durch unanfechtbaren (§ 336 II) Beschluss unter gleichzeitiger Bestimmung eines neuen Termins. Terminsbestimmung allein genügt (konkludente Zurückweisung des VU-Antrags). Die Amtspflicht zur Terminsbestimmung ergibt sich aus § 216 (bestr; aA AG/Anders Rn 14; PG/Göbel Rn 14; sa StJ/Bartels Rn 24, MskV/Stadler Rn 8: Zweckmäßigkeitsfrage), daher kein Stillstand des Verf. Bei der Terminierung ist allerdings auf ein laufendes Beschwerdeverf Rücksicht zu nehmen (MK/Prütting Rn 23). Im Vertagungsantrag (§ 227 I 1 Alt 2) der erschienenen Partei liegt Verzicht auf sof Beschwerde. Dann besteht kein Grund, entgegen § 216 II Vertagung zu versagen. Die abwesende Partei (nicht die nichtverhandelnde iS § 333) ist hier entgegen § 218 stets zu laden (ThP/Seiler Rn 10; PG/Göbel Rn 18), daher Ladungsfrist (§ 217, § 604 II, § 239 III) beachten. Keine Ladung des Säumigen nötig, wenn die Vertagung aus anderen als den in I genannten Gründen erfolgt (MskV/Stadler Rn 8; RGZ 41, 355; aA PG/Göbel Rn 18), so insb zur Heilung behebbarer Verfahrensmängel (s Rn 2), wenn die anwesende Partei hierwegen keinen Säumnisantrag gestellt hatte. Dagegen ist der Säumige stets zu laden (II), wenn VU durch Beschluss versagt wurde, denn § 335 ist Schutzvorschrift zu Gunsten des befugt Säumigen. – Zur Zulässigkeit eines str Urteils entgegen des Säumnisantrags s vor § 330 Rn 8. Der gem § 335 zurückgewiesene Säumnisantrag des Kl ist kein Verhandeln iS § 269 I oder § 516 I, II.

8 **III) Gebühren des Gerichts.** Es darf keine Verzögerungsgeb verhängt werden (§ 38 S 1 GKG).

§ 336 Rechtsmittel bei Zurückweisung

(1) [1]Gegen den Beschluss, durch den der Antrag auf Erlass des Versäumnisurteils zurückgewiesen wird, findet sofortige Beschwerde statt. [2]Wird der Beschluss aufgehoben, so ist die nicht erschienene Partei zu dem neuen Termin nicht zu laden.

(2) Die Ablehnung eines Antrages auf Entscheidung nach Lage der Akten ist unanfechtbar.

I) Regelungsumfang. In **I** wird nur das Verf nach einem das beantragte VU versagenden Beschluss oder (dem Beschluss gleichbedeutend, OLG Hamburg MDR 2022, 1113) nach einer antragswidrigen Vertagung geregelt. Auf das bei gleicher Prozesslage auch mögl unechte VU (s vor § 330 Rn 11) ist § 336 nicht entspr anwendbar (BGH NJW 87, 1204). 1

1) Entscheidungsgrund. Warum der Antrag – sei es auch nur gegen einen Streitgenossen, RGZ 55, 310 – zurückgewiesen oder statt Zurückweisung vAw vertagt wurde, ist gleichgültig. – Wurde wegen eines Mangels der in § 335 Nr 1 bezeichneten Art nicht nur der Antrag des Kl auf Erlass eines VU, sondern darüber hinaus die Klage abgewiesen (s vor § 330 Rn 11), ist nur Berufung mögl. Beschwerdeverzicht: s § 335 Rn 6. 2

2) Sofortige Beschwerde. Formulierungsvorschlag: Vorwerk/Wiemer, PFB, M 34.7. Die Beschwerde kann nur von der Partei eingelegt werden, deren Antrag zurückgewiesen wurde (OLG Frankfurt 15.1.2024 – 6 W 105/23 Tz 12). Sie ist zulässig binnen 2 Wochen (Notfrist) nach Zustellung des Beschlusses (I 1 iVm § 329 III, § 569 I 2; MskV/Stadler Rn 1; PG/Göbel Rn 3; anders ThP/Seiler Rn 1: mit Verkündung). Die Verkündung ist für den Fristlauf unerhebl. Die sof Beschwerde kann nur darauf gestützt werden, dass der Erlass des VU zu Unrecht abgelehnt worden sei. – **Entscheidung:** (a) Beschwerde erfolglos. Spätestens jetzt (s § 335 Rn 6) ist vAw zu terminieren. Beide Parteien sind zu laden. – (b) Beschwerde erfolgreich: kein VU durch das Beschwerdegericht (OLG Hamm NJW-RR 91, 703). Zum neuen Termin ist nur die seinerzeit nicht säumige Partei zu laden (I 2). Der Termin ist zur Nachholung des Erlasses des VU bestimmt. Es muss im Termin wiederholend beantragt werden. Erscheint im neuen Termin der Beschwerdeführer nicht oder beantragt er jetzt kein VU mehr: § 251a. Erscheint die säumige Partei trotz Nichtladung in dem neuen Termin, ist sie zur Verh zuzulassen (StJ/Bartels Rn 6; MK/Prütting Rn 6); anderenfalls würde sie ohnedies sofort Einspruch einlegen. – Ging es um den Erlass eines **2. VU**, kann die zunächst säumig gewesene Partei dieses durch ihr Erscheinen nicht mehr abwenden (MK/Prütting Rn 6; StJ/Bartels Rn 7; Dörr MDR 2023, 152; aA PG/Göbel Rn 6). – Erscheint nur die zunächst säumige Partei, kann jetzt sie VU beantragen (PG/Göbel Rn 6). 3

II) Aktenlageentscheidung. Nach Ablehnung des Antrags (II) kann die erschienene Partei VU beantragen; zweckmäßig ist Stellung eines Hilfsantrags. Wird kein weiterer Antrag gestellt, so ist zu vertagen, nicht nach § 251a zu verfahren. 4

III) Gebühren. 1) Gericht: Für den zurückweisenden Beschluss keine Geb. – Beschwerdeverf 1812 GKG-KV. – **2) RA:** keine bes Geb. – Beschwerdeverf: 3500 RVG-VV, 3513 RVG-VV. 5

§ 337 Vertagung von Amts wegen

[1]Das Gericht vertagt die Verhandlung über den Antrag auf Erlass des Versäumnisurteils oder einer Entscheidung nach Lage der Akten, wenn es dafür hält, dass die von dem Vorsitzenden bestimmte Einlassungs- oder Ladungsfrist zu kurz bemessen oder dass die Partei ohne ihr Verschulden am Erscheinen verhindert ist. [2]Die nicht erschienene Partei ist zu dem neuen Termin zu laden.

I) Vertagung. § 337 ist Anwendungsfall des Anspruchs der unverschuldet säumigen Partei auf rechtl Gehör. Er gilt bei Abwesenheit der geladenen Partei und, wenn sie anwesend ist, aber nicht verhandelt, wenn die darin liegende Säumnis (§ 333) als entschuldigt gilt (BGH MDR 2016, 1108 = NJW 2016, 3248 [Skamel NJW 2016, 3250]; PG/Göbel Rn 3; aA MskV/Stadler Rn 1). Das Gericht muss vertagen, wenn dem Antrag auf VU oder auf Entscheidung nach Aktenlage ein in S 1 beschriebenes Hindernis entgegensteht. 1

Zu kurz bemessen können nur richterl Fristen (Begriff: s vor § 214 Rn 5) sein, niemals ges Fristen (s vor § 214 Rn 4). Dabei sind diese Fristen nach Prozesslage zu kurz bemessen, wenn ein iSd § 227 „erhebl Grund" zur Vertagung erkennbar vorliegt (PG/Göbel Rn 2). 2

Unverschuldet ist das Fernbleiben einer Partei nur, wenn ein erhebl Verhinderungsgrund entweder offenkundig (§ 291) ist oder von der abwesenden Partei dem Gericht vorher mitgeteilt worden war und glaubhaft ist; ausreichend ist, wenn die Entschuldigung nach Schluss der Verh, aber noch vor Verkündung mitgeteilt wird. Das Fernbleiben in der Erwartung, das Gericht werde einem Aussetzungsantrag wegen eines Ablehnungsgesuchs (BGH MDR 2018, 1204 Tz 10; BGH 24.1.2019 – VII ZR 123/18 Tz 20) oder eines Vertagungsgesuchs schon Rechnung tragen, entschuldigt die Säumnis grds nicht (BGH MDR 2010, 1077 Tz 7), jedoch dann, wenn 3 auf die Stattgabe vertraut werden durfte (BGH NJW-RR 2017 Tz 11). Verzögerung des Aufrufs der Sache sowie eine gewisse Dauer des Termins muss der ProzBev bei seiner Zeitplanung vorausschauend einbeziehen; beim Unterlassen ist vorzeitiges Entfernen dann nicht unverschuldet (OLG Hamburg MDR 2022, 1113 [zust Dötsch MDR 2022, 1257]). – **Bsp** für erhebl Grund: Gesuch um PKH/VKH ist noch nicht (oder erst ganz kurz vor dem Termin, OLG Braunschweig FamRZ 2023, 1649) beschieden, aber nur, wenn gerade die Mittellosigkeit die erforderl Prozesshandlung verwehrt oder unverhältnismäßig erschwert (BGH MDR 2016, 1108 Tz 20, 21: kein Vorrang des PKH-Verf). Das ist zB der Fall, wenn Anwaltszwang besteht und ein RA nicht aus eigenen Mitteln mandatiert werden kann (BVerfG 13.9.2017 – 1 BvR 1998/17 Tz 12; BVerfG MDR 2018, 1203 zu einem Unterhaltsverf; OLG Jena 28.10.2016 – 1 UF 323/16 zur Einspruchseinlegung). – Urlaub des RA (BGH 24.1.2019 – VII ZR 123/18 Tz 23) oder der Partei. – Arbeitsunfähigkeit der Partei entschuldigt nicht ausreichend; sie muss krankheitsbedingt verhandlungsunfähig sein (BGH MDR 2024, 60). Krankheit des RA kann Säumnis entschuldigen und Grund sein zu vertagen. Aber selbst eine schwere Vorerkrankung gebietet nicht per se eine Terminsverlegung (BGH 12.9.2022 – AnwZ (BrfG) 10/22 Tz 7). Unvorhergesehene, plötzliche Erkrankungen, die zeitnah mitgeteilt werden, entschuldigen idR. Bei länger andauernden Erkrankungen muss aber für Vertretung gesorgt sein (BGH MDR 2022, 389 [auch zur Terminierung während der Corona-Pandemie]); zur Darlegungslast OLG Hamm 14.9.2018 – 30 U 121/18 Tz 15 ff. – Flugverspätung (BGH NJW 2007, 2047 Tz 17); anders, wenn der Gerichtsort mit anderen Verkehrsmitteln oder auf anderer Strecke rechtzeitig zu erreichen gewesen wäre (BGH 8.3.2017 – III ZR 39/17 Tz 7: Sperrung einer Zugstrecke). – Fehlendes Verschulden, wenn sich die Partei/der ProzBev trotz Beachtung aller Sorgfalt nicht in die Videoverhandlung (§ 128a) einwählen konnte (Gomille/Frenzel NJOZ 2022, 1185; OLG Celle MDR 2022, 1561 [Dörr MDR 2023, 152]). – Verfahren mit **Anwaltszwang (§ 78):** Die Erkrankung der Partei zwingt nur zur Verlegung, wenn gewichtige Gründe die persönliche Anwesenheit der Partei erfordern (BGH MDR 2024, 60). Findet die Partei keinen zur Vertretung bereiten RA, muss sie alles ihr Zumutbare und Mögliche tun, um das Gericht rechtzeitig darüber zu informieren (BGH MDR 2024, 322 [Greger MDR 2024, 349]). Sa vor § 330 Rn 12; § 233 Rn 12 ff zum Verschulden und § 227 Rn 6 zu den Vertagungsgründen.

4 **II) Verfahren.** Vertagung durch Beschluss. Darin liegt Ablehnung des VU, daher sof Beschwerde gem § 336 I 1 zulässig (hM; ThP/Seiler § 336 Rn 1; MK/Prütting § 331 Rn 34; Dörr MDR 2023, 152; aA PG/Göbel Rn 11: nicht anfechtbar). – Bei Erlass eines VU kommt es auf die obj Lage an. Daher ist das VU gesetzwidrig ergangen, auch wenn dem Gericht das Hindernis nicht bekannt war. – Bei Vertagung ist die abwesende Partei vAw zu laden (§ 337 S 2).

§ 338 Einspruch

Der Partei, gegen die ein Versäumnisurteil erlassen ist, steht gegen das Urteil der Einspruch zu.

1 **I) Anwendungsbereich.** Der Einspruch (**Formulierungsvorschlag:** Vorwerk/Wiemer, PFB, M 34.9) ist der bes Rechtsbehelf der säumigen Partei gegen ein echtes VU (s vor § 330 Rn 10). Ob das Urteil iSd §§ 335, 337 zulässig als VU erlassen wurde, ist gleichgültig (BGH MDR 94, 199). Der Grundsatz der Meistbegünstigung (s vor § 511 Rn 30; § 345 Rn 5), der keine Erweiterung des gesetzl Rechtsmittelzuges rechtfertigt (BGH MDR 2024, 1469), setzt voraus, dass eine der Form nach nicht korrekte Entscheidung getroffen wurde, gilt also für eine, wenn auch fälschl, aber eindeutig als VU ergangene Entscheidung nicht (BGH MDR 94, 199; OLG Stuttgart 10.5.2016 – 7 U 55/16 Tz 12; StJ/Bartels Rn 6). Ob ein solches vorliegt, richtet sich nach der Art des Zustandekommens und nach dem Inhalt des Urteils, nicht nach seiner Bezeichnung, BGH NJW 99, 583. Daher ist ein Urteil, das teilw auf Grund der Säumnis ergeht, teilw trotz der Säumnis die Klage abweist (= unechtes VU: s vor § 330 Rn 11), teils mit Einspruch u teils mit Berufung anfechtbar (Beckmann MDR 97, 614 zur materiellen Rechtskraft). Berufung ist – auch – statthaft gegen ein als VU bezeichnetes Urteil, wenn es sich seinem Inhalt nach als ein Streiturteil darstellt (BGH NJW 99, 583, Abgrenzung zu BGH NJW 94, 665). Zulässig ist, den Einspruch auf einen abtrennbaren (§§ 145, 301) Teil des VU zu beschränken, dann tritt iÜ formelle Rechtskraft ein. – Im schriftl Vorverf (§ 331 III) ist der Einspruch jedenfalls schon statthaft, sobald die erste der erforderl Zustellungen (§ 310 III) wirksam geworden ist (BGH 11.6.2025 – IV ZR 83/24 Tz 11), aber auch gegen ein mangels ordnungsgemäßer Zustellung noch nicht existentes VU, um einen zuvor geschaffenen Rechtsschein zu beseitigen (OLG Brandenburg NJW-RR 96, 766). – Da der Einspruch keine Anfechtung des VU mit dem Ziel der Prüfung seines sachl Inhalts darstellt, sondern ausschließl Verfahrenswirkung (§ 342) hat, ist er entgegen § 99 I auch nur wegen des Kostenausspruchs im VU zulässig. Im **Mahnverf** gilt der verspätete Widerspruch als Einspruch (§ 694 II 2), sowie der rechtzeitige, wenn dennoch VB erging (s § 694 Rn 10).

1a Ein während Unterbrechung (§§ 239 ff) ergangenes VU kann trotz Unterbrechung (s § 249 Rn 10) mit Einspruch angefochten werden. Wird es daraufhin (durch Zwischenurteil, § 303) aufgehoben (ThP/Hüßtege § 249 Rn 9), ist dieses wiederum selbständig anfechtbar (Berufung; BGH MDR 2009, 1000).

Unzulässig ist der Einspruch: für die nicht säumig gewesene Partei, wenn gegen sie (unechtes) VU erging (s vor § 330 Rn 11); kein Einspruch, sondern Berufung bzw Revision gegen das echte 2. VU (§ 345, § 514 II, § 555 V) und bei Entscheidung nach Aktenlage (§ 331a); unzulässiger Einspruch im Fall des § 238 II; Einspruch oder Berufung, wenn statt 1. VU falsch ein 2. Erlassen wurde, OLG Frankfurt NJW-RR 92, 1468 (s § 345 Rn 5). 2

II) Verfahren. Der Einspruch hat keinen Devolutiveffekt; er stellt, wenn er fristgerecht (§ 339) eingelegt (§ 340) wird, ohne Rücksicht auf die inhaltl (Un-)Richtigkeit des Urteils u den Grund der Säumnis den vor der Säumnis bestehenden Verfahrensstand wieder her. Der Einspruch hat Hemmungswirkung (Suspensiveffekt, BGH 11.6.2025 – IV ZR 83/24 Tz 28; MK/Prütting Rn 3). Vollstreckungsschutz auf Antrag: § 719. Der Sachantrag (§ 297), das VU aufzuheben bzw aufrechtzuerhalten, sollte ausdrückl gestellt werden, doch genügt die Wiederholung der insoweit auslegungsfähigen ursprüngl Sachanträge. Entscheidung nach Einspruch: § 343. 3

§ 339 Einspruchsfrist

(1) Die Einspruchsfrist beträgt zwei Wochen; sie ist eine Notfrist und beginnt mit der Zustellung des Versäumnisurteils.

(2) [1]Muss die Zustellung im Ausland erfolgen, so beträgt die Einspruchsfrist einen Monat. [2]Das Gericht kann im Versäumnisurteil auch eine längere Frist bestimmen.

(3) Muss die Zustellung durch öffentliche Bekanntmachung erfolgen, so hat das Gericht die Einspruchsfrist im Versäumnisurteil oder nachträglich durch besonderen Beschluss zu bestimmen.

I) Zeitfenster. 1) Einspruchsfrist (§ 339 I). Zwei Wochen ab Zustellung, gleich ob Anwalts- oder Parteiprozess (auch gegen VB § 700) u gleichgültig ob VU zulässig war (s vor § 511 Rn 29, 30 zur Meistbegünstigung bei inkorrektem VU). Fristberechnung: § 222. Fristbeginn auch bei Zustellung an eine – nicht erkennbar – prozessunfähige Partei (BGH NJW 2014, 937 Tz 24; BGH MDR 2008, 762 zur Zustellung eines VB; krit, aber zust MK/Prütting Rn 2; abl hier Althammer § 52 Rn 13) oder wenn gegen § 313b III verstoßen ist (OLG Celle NJW-RR 2019, 63). Zustellung des Sitzungsprotokolls bewirkt Fristlauf, wenn das VU in ihm vollständig protokolliert ist (BGH MDR 2022, 846 [Vossler MDR 2022, 875]). Wiederholte Zustellung (bei korrekter erster) setzt keine neue Einspruchsfrist in Lauf (BGH NJW 2011, 522). Notfrist, daher Verlängerung u Abkürzung unzulässig: § 224 I. Heilung von Zustellungsmängeln nach § 189 (BGH MDR 2022, 846 [Vossler MDR 2022, 875]). Gegen Versäumung: § 233. 5-Monatsfrist der §§ 517, 548 gilt für den Einspruch nicht (MskV/Stadler Rn 1). 1

Einlegung vor Urteilszustellung ist zulässig (BGH 11.6.2025 – IV ZR 83/24 Tz 23 mwN), nicht aber vor Urteilsverkündung (RGZ 110, 169; MskV/Stadler Rn 1; differenzierend StJ/Bartels Rn 5). Urteilszustellung § 317; hierbei Hinweispflicht des Gerichts gem § 340 III (s § 340 Rn 12). Unterlassen für Fristbeginn unschädl (BGH NJW 2011, 522). Wegen der notwendigen Zustellung an den bestellten ProzBev der säumig gewesenen Partei s § 172. Aufhebung des VU durch Parteivereinbarung ist unwirksam. Ist zB die säumige Partei nach Urteilserlass erschienen u der Gegner mit sofortiger Verh einverstanden, muss vorher Einspruch eingelegt werden. 2

Die **Zustellung des VU** und die **Einhaltung der Einspruchsfrist** hat das Gericht vAw zu prüfen (§ 341 I 1, BGH MDR 2024, 591 [Alpes MDR 2024, 754]). In Verf mit mehreren Beteiligten, zB 2 säumigen Bekl, beschränkt sich die Prüfung, ob die Einspruchsfrist eingehalten ist, auf das jeweilige Prozessrechtsverhältnis, also zB Kl – Bekl zu 1, Kl – Bekl zu 2. – Beweis der Fristwahrung: vor § 230 Rn 2. Parteivereinbarung hierüber wäre unwirksam. Entscheidung bei versäumter Frist: § 341 I 2. 3

2) Schriftliches Vorverfahren. Im Fall des gem § 276, § 331 III, § 310 III an Verkündungs statt zugestellten VU im schriftl Vorverf wird die Einspruchsfrist erst mit der letzten vAw zu bewirkenden Zustellung in Lauf gesetzt (BGH 11.6.2025 – IV ZR 83/24 Tz 12 mwN), denn hier ersetzt gem § 310 III erst die letzte Zustellung die Verkündung, ohne die keine Einspruchsfrist zu laufen beginnt (BGH MDR 2023, 797). Zum Einspruch vor Beginn der Einspruchsfrist s § 338 Rn 1. 4

II) Zustellung. 1) Auslandszustellung. Gesetzl Mindest-Einspruchsfrist (II 1). Verlängerung nur im VU mögl, nicht mehr nachträglich (II 2). – Zustellung im Ausland: §§ 183, 1067 ff. Die Zustellung an einen benannten Bevollmächtigten oder durch Aufgabe zur Post (§ 184) ist Zustellung im Inland (s § 183 Rn 3; § 184 Rn 1); daher Einspruchsfrist nur 2 Wochen (OLG Karlsruhe 28.1.2019 – 6 U 79/18 Tz 25). – Keine Fristbestimmung nach II 2, wenn sich vor Bewirkung der Zustellung ein inländ ProzBev legitimiert hat (OLG Zweibrücken MDR 2014, 799). 5

2) Zustellung durch öffentliche Bekanntmachung (§ 339 III). Sie erfolgt nach §§ 185 ff. Die Bewilligung muss die öffentl Zustellung des VU aussprechen, Bewilligung nur für das Verf reicht nicht (OLG Jena 26.9.2017 – 5 U 140/17). Zeitpunkt der Zustellung: § 188. Die Einspruchsfrist ist im VU oder nachträgl vAw durch Beschluss des Gerichts (nicht ausreichend Vfg des Vors) zu bestimmen, der bei nachträgl öffentl Zustellung mit dem sie bewilligenden Beschluss zu verbinden ist. Ohne diese Fristbestimmung beginnt die Einspruchsfrist nicht zu lau- 6 fen (BGH Rpfleger 2011, 540; OLG Frankfurt 21.4.2016 – 1 U 222/15 zur Beweislast). Der die Einspruchsfrist nachträgl bestimmende, unanfechtbare Beschluss ist der Partei, die das VU beantragt hat, zu übersenden, der säumigen Partei mit dem Urteil zuzustellen. Die Einspruchsfrist läuft erst ab der Zustellung des Beschlusses. War eine nach III notwendige Fristbestimmung unterblieben, so wird das VU trotz Ablaufes der Frist des I nicht rechtskräftig, RGZ 63, 85. Wird nach Fristbestimmung im Inland zugestellt, so wird damit die Fristbestimmung nicht hinfällig; es läuft vielmehr die vom Gericht bestimmte Einspruchsfrist.

7 **3) Notfrist.** Die nach II 2, III bestimmte Einspruchsfrist ist wie die gesetzl (I, II 1) eine Notfrist (s vor § 214 Rn 5), daher einer Abänderung nicht zugängl (§ 224 I). Enthalten VU und Belehrung unterschiedl Angaben zur Frist, dann gilt die längere (BGH MDR 92, 805).

§ 340 Einspruchsschrift

(1) Der Einspruch wird durch Einreichung der Einspruchsschrift bei dem Prozessgericht eingelegt.

(2) [1]Die Einspruchsschrift muss enthalten:

1. die Bezeichnung des Urteils, gegen das der Einspruch gerichtet wird;

2. die Erklärung, dass gegen dieses Urteil Einspruch eingelegt werde.

[2]Soll das Urteil nur zum Teil angefochten werden, so ist der Umfang der Anfechtung zu bezeichnen.

(3) [1]In der Einspruchsschrift hat die Partei ihre Angriffs- und Verteidigungsmittel, soweit es nach der Prozesslage einer sorgfältigen und auf Förderung des Verfahrens bedachten Prozessführung entspricht, sowie Rügen, die die Zulässigkeit der Klage betreffen, vorzubringen. [2]Auf Antrag kann der Vorsitzende für die Begründung die Frist verlängern, wenn nach seiner freien Überzeugung der Rechtsstreit durch die Verlängerung nicht verzögert wird oder wenn die Partei erhebliche Gründe darlegt. [3]§ 296 Abs. 1, 3, 4 ist entsprechend anzuwenden. [4]Auf die Folgen einer Fristversäumung ist bei der Zustellung des Versäumnisurteils hinzuweisen.

1 **I) Einlegung.** Einspruch wird eingelegt durch einen fristgerechten (§ 339), bei versäumter Frist mit dem Gesuch um WE verbundenen (§ 236), Schriftsatz bei dem Gericht, welches das (echte; s vor § 330 Rn 10) VU oder den VB (§ 700) erlassen hat. – **LG:** Protokollerklärung des ProzBev der säumigen Partei genügt, wenn dabei Bezug auf einen eingereichten Schriftsatz genommen wird, der alle Merkmale einer Einspruchsschrift enthält (BGH MDR 89, 62 [zust Vollkommer/Weinland EWiR 89, 619]); die Erklärung zu Protokoll allein ist aber kein gleichwertiger Ersatz der notw Einspruchsschrift (StJ/Bartels Rn 2; MskV/Stadler Rn 1 mN, MK/Prütting Rn 2; aA OLG Zweibrücken MDR 92, 998). – **AG:** Es genügt gem §§ 496, 129a Einlegung zu Protokoll jedes AG, doch ist bei Erklärung zu Protokoll eines auswärtigen AG (§ 129a) die Frist nur bei rechtzeitigem Eingang beim Prozessgericht gewahrt (§ 129a II 2).

2 Der Schriftsatz ist ein bestimmender (s § 129 Rn 3), daher grds **Unterschrift** nötig (StJ/Bartels Rn 5; MskV/Stadler Rn 1; zu Ausnahmen s § 130 Rn 14 ff). Hieran als Wirksamkeitserfordernis festzuhalten, besteht aber kein Grund, wenn u solange der Urheber der Erklärung zweifelsfrei feststeht u kein bloßer Entwurf vorliegt (s § 130 Rn 20).

3 **II) Notwendiger Inhalt. 1) Bezeichnung.** Das VU (VB § 700) ist nach Gericht, Datum und Az zu bezeichnen. Formelle Mängel der Einspruchsschrift sind unschädl, wenn nur der Schriftsatz fristgerecht zu den Verfahrensakten gelangt und unter Heranziehung dieser Akten als Einspruch zu verstehen ist. Eine Verzögerung hierbei durch Angabe eines falschen Az ist jedoch vom Einspruchsführer zu vertreten (BGH VersR 83, 250).

4 **2) Erklärung.** Das Wort „Einspruch" ist nicht zwingend vorgeschrieben; es genügt jeder Ausdruck (zB „Aufhebungsantrag" [OLG Köln 11.4.2018 – 16 W 17/18], „Widerspruch" oder „Berufung"), der erkennen lässt, dass die Partei das VU nicht gegen sich gelten lassen will (BGH 17.12.2020 – III ZR 56/19 Tz 6); dabei sind mündl Äußerungen für die Auslegung nicht zu berücksichtigen (BGH MDR 95, 308). Antragsabweisung oder Beschwerde (§ 58 FamFG) werden von OLG Brandenburg (16.8.2018 – 13 UF 81/18 Tz 18, 19) nicht in einen Einspruch umgedeutet; Gleiches gilt für einen Antrag auf WE in den vorigen Stand (BGH NZFam 2023, 566 [Prinz]). – Ein Schriftsatz, der vom Bekl in Unkenntnis des gegen ihn ergangenen VU eingereicht wird, kann nicht in einen Einspruch umgedeutet werden (AG/Anders Rn 9; Zugehör NJW 92, 2261; OLG Köln MDR 2018, 821; aA OLG Braunschweig FamRZ 95, 237).

5 **3) Umfang des Einspruchs.** Erklärung, inwieweit Einspruch eingelegt wird, so insb Bezeichnung des Einspruchsführers u -gegners bei Urteil gegen bzw für Streitgenossen. – Zulässig ist der auf einen Teil der Verurteilung beschränkte Einspruch (s § 338 Rn 1).

6 ***4) Inhaltsmängel.*** *ISv Rn 3-4. Sie haben* – ebenso wie Versäumung der Frist des § 339 – die Unzulässigkeit des Einspruchs zur Folge. Da diese Mängel innerhalb der Frist des § 339 behebbar sind, sollte das Gericht den Einspruchsführer auf den Mangel hinweisen (§ 139), sofern noch fristgerecht mögl (BGH FamRZ 2006, 482). Die

Mitteilung nach § 338 S 2 macht den (weiteren) Hinweis nicht schon entbehrl. Unschädl sind Mängel, wenn das wirkl Gewollte dennoch deutl wird (BGH NJW-RR 99, 938: falsche Parteibezeichnung; BGH FamRZ 2006, 482: Einspruch für „den Bekl" bei Streitgenossen; BGH MDR 2010, 1482: Einspruch des RA in „Ich"-Form). – Die Unzulässigkeit des Einspruchs führt (erst nach Ablauf der Einspruchsfrist) zur Verwerfung gem § 341.

III) Begründung des Einspruchs (§ 340 III). 1) Prozessförderungspflicht. Der Einspruch gegen VU (ebenso VB § 700) ist kein Rechtsmittel, sondern Rechtsbehelf besonderer Art (s § 338 Rn 3). Dementspr bedarf er entgegen dem missverständl Wortlaut des Gesetzes (III 2) keiner Begründung (OLG Brandenburg FamRZ 2019, 1727 Tz 22), denn er greift das VU nicht inhaltl an, sondern in seinem Verfahrensbestand (BGH NJW-RR 93, 1408, auch zur **Parteiänderung** in der Einspruchsschrift). III fordert daher keine Begründung des Einspruchs, sondern konkretisiert die Prozessförderungspflicht der bereits einmal säumig gewesenen Partei (BGH NJW-RR 92, 957). Der Ablauf dieser Frist hat daher die gleiche Wirkung des § 296 I wie der Ablauf einer gem § 273 II Nrn 1, 5, § 275 I 1, III, IV, § 276 I 2, III, § 277 gesetzten Frist. War eine derart richterl gesetzte Frist bereits versäumt, so kann die säumig gewordene Partei durch Hinnahme eines VU die Rechtsfolge des § 296 faktisch unterlaufen („Flucht in das VU", s § 296 Rn 40), wenn sie nur die „Gnadenfrist" des III zur Nachholung des zunächst versäumten Vorbringens nutzt (OLG Celle 20.5.2020 – 14 U 3/20 Tz 14), mag auch das Säumnisverf wegen § 342 die vorausgegangene Versäumung von Erklärungsfristen nicht aufheben und bereits eingetretene Versäumungsfolgen grds nicht beheben (BGH NJW 81, 286; BGH NJW 81, 1378). Bei den verzichtbaren Zulässigkeitsrügen (§ 282 III, § 296 III) hilft „Flucht in das VU" aber deswegen nicht, weil es auf die Frage einer Verzögerung gar nicht ankommt; ausschließl genügende Entschuldigung rechtfertigt die Zulassung. Ist die Verspätung unentschuldigt, bleibt die Rüge daher auch im Einspruchsverf unbeachtl (OLG München MDR 94, 1244: Einrede des Schiedsvertrags; PG/Göbel Rn 14; s § 296 Rn 40; aA OLG Dresden NJW-RR 1999, 214; AG/Anders Rn 19; ThP/Seiler Rn 9). 7

III ist lex specialis ggü § 296 (OLG Celle 20.5.2020 – 14 U 3/20 Tz 14) und enthebt auch nicht das Gericht der Aufgabe, den **Einspruchstermin** (§ 341a) **sachgerecht** (§ 273) **vorzubereiten** und zeitl so anzusetzen, dass er iSd § 272 I umfassend vorbereitet ist (BGH MDR 80, 574). Für eine willkürl Abkürzung der „Gnadenfrist" durch kurzfristige Terminierung gibt das Gesetz (entgegen Deubner NJW 80, 294) keinen Raum (OLG Düsseldorf MDR 2005, 1189; StJ/Bartels § 341a Rn 2). Der BGH MDR 81, 309 vertritt hierzu die vermittelnde Meinung, dass der Einspruchstermin zwar auch gem § 273 vorzubereiten ist, jedoch bei umfangreichem Vorbringen der säumig gewesenen Partei nicht soweit hinausgeschoben werden muss, dass in ihm noch jegl Vorbringen „in vollem Umfang" berücksichtigt werden kann. Wo danach die Grenze einer Zulassung zu ziehen ist, lässt der BGH nicht klar erkennen; vgl dazu BVerfG NJW 90, 2373: maßgebl ist, was dem Gericht als Terminsvorbereitung zeitl noch zugemutet werden kann. Dieses Zumutbarkeitskriterium ist allerdings seinerseits wieder wertungsbedürftig. OLG Celle MDR 89, 1003 u OLG Köln MDR 2005, 1188 terminieren die Einspruchsverh auf den im normalen Geschäftsgang nächstmögl Termin. Sa § 341a Rn 2. 8

2) Fristverlängerung. Hatte die säumig gewesene Partei sich schon vor ihrer Säumnis den Erfordernissen der §§ 277, 282 entspr (schriftl) str eingelassen, so bedarf es keiner Wiederholung dieser Einlassung in der Einspruchsschrift (BGHZ 105, 197 lässt Bezugnahme auf früheren Schriftsatz genügen). Wo das noch nicht der Fall ist, ist diese str Einlassung in der Frist des § 339 nachzuholen oder zumindest in dieser Frist (entspr § 520 II 2, 3) Fristverlängerung hierfür (nicht für den Einspruch selbst, weil insoweit Notfrist: § 224 I) zu beantragen (**Formulierungsvorschlag:** Vorwerk/Wiemer, PFB, M 34.10). Verlängerungsantrag nach Ablauf der Einspruchsfrist ist verspätet; jedoch kann der vor Fristablauf gestellte Antrag noch nach Fristablauf positiv beschieden werden (s § 224 Rn 7). 9

3) Fristablauf. Entgegen dem Gesetzeswortlaut (III 1) muss die noch fehlende str Einlassung nicht „in der Einspruchsschrift", sondern innerhalb der Einspruchsfrist (§ 339) bei Gericht eingereicht werden. Das ergibt sich schon daraus, dass auch Einspruchsmängel in dieser Frist behoben werden könnten. Daher keine Verkürzung der Einlassungsfrist des III durch frühzeitig eingelegten Einspruch (BGHZ 75, 138). 10

4) Fristversäumung. Die Frist für die str Einlassung der säumig gewesenen Partei ist, obwohl sie der Notfrist für die Einspruchseinlegung entspricht, entgegen Hartmann NJW 88, 2659 (zutr krit Wedel MDR 89, 512) keine Notfrist (s Rn 7; MK/Prütting Rn 18; StJ/Bartels Rn 10), sondern verlängerungsfähige ges Einlassungsfrist (OLG Frankfurt NJW-RR 93, 1151). Daher kommt bei Überschreitung dieser Frist Präklusion gem § 296 in Betracht und nicht die strenge Ausschlussfolge des § 230. Auch eine WE in den vorigen Stand kommt bei Versäumung dieser Frist nicht in Betracht (s § 296 Rn 37, § 233 Rn 5), sondern das Absehen von einer Präklusion, wenn die Versäumung nicht verschuldet ist oder das Verf nicht verzögert. Dementspr ist der fristgerechte Einspruch zulässig iS § 342, auch wenn die Frist des III versäumt wurde (BGH NJW-RR 92, 957). Das VU ist jedoch (falls nicht bei nochmaliger Säumnis § 345 gilt) durch str Urteil gem § 343 aufrechtzuerhalten, wenn die Voraussetzungen der Zurückweisung verspäteten Vorbringens gem § 296 I, III vorliegen (BGH NJW 79, 1988). 11

Ausnahmen. Keine Zurückweisung gem § 296 I, wenn die säumige Partei bei Zustellung des VU (§ 317 I, IV) nicht nach § 340 III 4 belehrt wurde. 12

III gilt nicht bei Einspruch gegen VB (§ 700 III 3), denn bei dessen Erlass liegt eine erwiderungsfähige Klagebegründung noch nicht vor (vgl § 692 I 2, § 697 I). 13

§ 340a Zustellung der Einspruchsschrift

[1]Die Einspruchsschrift ist der Gegenpartei zuzustellen. [2]Dabei ist mitzuteilen, wann das Versäumnisurteil zugestellt und Einspruch eingelegt worden ist. [3]Die erforderliche Zahl von Abschriften soll die Partei mit der Einspruchsschrift einreichen. [4]Dies gilt nicht, wenn die Einspruchsschrift als elektronisches Dokument übermittelt wird.

1 **I) Zustellungszeitpunkt.** Da das VU gem § 317 I nur der unterlegenen Partei (vAw § 270) zugestellt wird (Ausnahme s § 339 Rn 4, § 317 Rn 1), erfährt die obsiegende Partei – vorbehaltl einer Anfrage beim Gericht (§ 169 I) – erst durch Zustellung der Einspruchsschrift (§ 340) von Tatsache u Zeitpunkt der Urteilszustellung. Mitteilung der Zustellungszeit durch die GeschSt des Prozessgerichts entbehrl, wenn sich diese richtig aus der Einspruchsschrift ergibt.

2 **II) Terminsvorbereitung.** § 340a dient (entspr § 521 I) der Vorbereitung des Einspruchstermins (§ 341a). Die Begründung (§ 340 III) bestimmt für den Gegner die Prozesslage iS § 277 IV, § 282, § 296 u damit seine Erwiderungspflichten. IÜ gilt § 340a unabhängig davon, ob der Einspruch als solcher zulässig oder unzulässig ist. Im letzteren Fall ist vor dem verwerfenden Urteil (§ 341 II) beiden Parteien unter Hinweis auf die Zulässigkeitsbedenken des Gerichts (§ 139) rechtl Gehör zu geben (BGH VersR 75, 899). Ist mündl Verh (§ 341a) vorgesehen, so ist die Terminsladung mit der Zustellung der Einspruchsschrift gem § 340a zu verbinden.

3 **III) Elektronisches Dokument.** Hier müssen Abschriften nicht beigefügt werden (S 4). Es soll sichergestellt sein, dass die Partei die für die Zustellung erforderl Abschriften nicht noch in Papierform nachreichen muss.

§ 341 Einspruchsprüfung

(1) [1]Das Gericht hat von Amts wegen zu prüfen, ob der Einspruch an sich statthaft und ob er in der gesetzlichen Form und Frist eingelegt ist. [2]Fehlt es an einem dieser Erfordernisse, so ist der Einspruch als unzulässig zu verwerfen.
(2) Das Urteil kann ohne mündliche Verhandlung ergehen.

1 **I) Einspruchsprüfung. 1) Umfang.** Die Prüfung umfasst:
a) Statthaftigkeit des Einspruchs, § 338; unstatthaft ist der Einspruch für die nicht säumig gewesene Partei, außerdem der Einspruch gegen ein unechtes VU (s vor § 330 Rn 11), gegen ein 2. VU (§ 345) u im Fall des § 238 II 2 (s § 238 Rn 7);

2 **b) formgerechte Einlegung** § 340 I u II;

3 **c) fristgerechte Einlegung**, § 339. Der gerichtl Eingangsstempel beweist den Tag des Eingangs; Gegenbeweis ist zulässig (BGH MDR 98, 57 Tz 6);

4 **d) Nichtvorliegen von Verzicht oder Rücknahme**, § 346, s § 346 Rn 1 f.

5 **2) Beweislast.** Der Einspruchsführer trägt grds die Beweislast bei Zweifeln an der Zulässigkeit, insb Rechtzeitigkeit seines Einspruchs (OLG Köln 11.4.2018 – 16 W 17/18 Tz 5 mwN). Begrenzt wird die Beweislast aber auch hier durch subj Unmöglichkeit und Zumutbarkeit (s vor § 284 Rn 22 ff), so bei Ungewissheit innergerichtl Geschehensabläufe (sa Rn 3).

6 **3) Prüfungsvorrang.** Die Prüfung (sa § 339 Rn 3) obliegt dem Prozessgericht vor jeder sonstigen Prozesshandlung vAw (BGH MDR 2024, 591 [Alpes MDR 2024, 754] betr Zustellung des VU und Fristwahrung), aber keine Amtsermittlung. Das Ergebnis der Prüfung ist im Protokoll festzustellen (§ 160 III Nr 6). Die Zulässigkeit des früheren Einspruchs ist stets, also selbst noch vom Revisionsgericht zu überprüfen, weil Unzulässigkeit die formelle Rechtskraft des VU herbeiführt, also ein fortdauerndes Verfahrenshindernis ist. – Das Berufungsgericht darf bei der Prüfung § 531 II nicht anwenden (BGH MDR 2024, 591 [Alpes MDR 2024, 754]).

7 **II) Verfahren.** Das Gericht kann frei wählen, ob es über den Einspruch mündl verhandelt (dann § 341a) oder nach Gewährung rechtl Gehörs (s § 340a Rn 2) über die Unzulässigkeit des Einspruchs gem II entscheidet; immer jedoch durch Urteil.

8 **1) Entscheidung nach mündlicher Verhandlung.** Bei **zulässigem Einspruch** ist die Zulässigkeit, ggf auch nach gem § 146 beschränkter Verh, durch Zwischenurteil (s § 341a Rn 3), sonst in der Begründung des Endurteils festzustellen. Bei Terminsbestimmung ohne Beschränkung gem § 146 ist der Termin gleichzeitig Termin zur *Hauptsache (s § 341a Rn 3); nur* in diesem Fall ist ein 2. VU (§ 345) mögl. Bei Säumnis des Einspruchsgegners (er ist aber nur unter gleichzeitiger Mitteilung der Einspruchsschrift ordnungsgemäß geladen, § 335 I 2) kann gegen diesen im Hauptsachetermin auf Antrag des Einspruchsführers 1. VU ergehen, in dessen (insoweit entge-

gen § 313b notwendiger) Begründung die Zulässigkeit des Einspruchs festzustellen ist. Zum Termin sind die Parteien u deren Streitgenossen zu laden. Ladung der unterstützten Partei notw auch, wenn nur deren Streitgehilfe (zulässig gem § 67) Einspruch eingelegt hatte. Aber keine Ladung solcher Parteien, auf die sich der persönl beschränkte Einspruch (s § 340 Rn 5) nicht erstreckt.

Bei **unzulässigem Einspruch** Verwerfung des Rechtsbehelfs ohne jede Sachprüfung durch kontradiktorisches Endurteil (BGH MDR 2011, 1251). Hier ist bei Säumnis des Einspruchsführers nicht gem § 345 durch 2. VU zu erkennen (weil hierfür ein zulässiger Einspruch Voraussetzung wäre, OLG Düsseldorf MDR 2001, 833), sondern die Verwerfung auszusprechen, denn diese Verfahrensentscheidung ergeht unabhängig von der Säumnis des Einspruchsführers (BGH NJW 95, 1561; MK/Prütting Rn 14; StJ/Bartels Rn 14; MskV/Stadler Rn 2). 9

2) Entscheidung ohne mündliche Verhandlung. Sie ist zulässig bei unzulässigem Einspruch; dann nach notw Gewährung des rechtl Gehörs (OLG Köln NJW-RR 96, 1151) Verwerfung durch Urteil (zB OLGR Köln 2007, 228). Die Verkündung wird durch Zustellung ersetzt (§ 310 III 2). Fehlerhafte Verwerfung durch Beschluss ist mit der sof Beschwerde anfechtbar (OLG Celle NJW-RR 2003, 647; MK/Prütting Rn 18; sa § 338 Rn 1; vor § 511 Rn 30). Das weitere Verf richtet sich dann nach den Regeln des richtigen Rechtsmittels (MskV/Stadler Rn 4; ThP/Seiler Rn 9). 10

Eine beschlussmäßige Feststellung der Zulässigkeit des Einspruchs (die nicht selbständig anfechtbar ist) ist im Gesetz nicht ausdrückl vorgesehen. Sie ist nur in Verbindung mit einem Verweisungsbeschluss veranlasst (s Rn 6), aber auch in anderen Fällen aus Gründen der Rechtsklarheit nicht unzulässig (Demharter NJW 86, 2754). 11

III) Rechtsmittel. 1) Unanfechtbarkeit. Unanfechtbar ist das die Zulässigkeit bejahende Zwischenurteil. Hier sind Einwände gegen die Zulässigkeit des Einspruchs nur mit der Berufung gegen das Sachurteil geltend zu machen. Auch ohne solche Einwände hat das Rechtsmittelgericht die Zulässigkeit des Einspruchs vAw zu prüfen (s Rn 6). 12

2) Anfechtbarkeit. Anfechtbar ist das verwerfende Urteil mit dem allg zulässigen Rechtsmittel (Berufung bzw Revision/NZB; BGH MDR 2011, 1251 Tz 4; BGH 5.12.2019 – III ZB 23/19 Tz 8). Zur Rechtsmittelfrist s § 310 Rn 6. 13

IV) Gebühren. 1) Gericht: Das Verf vor und das nach dem Einspruch bilden eine einheitl Instanz (§ 35 GKG). Es fällt keine neue VerfGeb an. Auch das Urteil auf Verwerfung löst keine Geb aus. – **2) RA:** Zu den Geb 3100 RVG-VV und 3105 RVG-VV (oder 3104 RVG-VV, s § 330 Rn 10) kommen für das schriftl Verf über die Einspruchsverwerfung (II) keine weiteren Geb hinzu (OLG Köln JurBüro 2019, 301; LG Berlin RVGreport 2006, 347 betr §§ 341, 700). Zur Frage, ob dann eine Geb iHv 1,2 für Besprechungen ohne Beteiligung des Gerichts (Vorbem 3 III aE RVG-VV) entstehen kann, s § 104 Rn 21.88. – Jedenfalls analoge Anwendung von § 15 V 2 RVG, wenn der Einspruch nach mehr als zwei Kalenderjahren eingelegt wird (BGH MDR 2018, 629). – Wird Termin bestimmt (§ 341a) und der Einspruch im Termin, in dem beide Parteien erschienen bzw ordnungsgemäß vertreten sind, verworfen: 3104 RVG-VV für die anwesenden ProzBev; ebenso wenn im Termin über den Einspruch und die Hauptsache str/unstr verhandelt/erörtert wird. Das RVG behandelt all dieses Prozessverhalten nicht unterschiedl. Eine zuvor angefallene Geb 3105 RVG-VV geht in der Geb 3104 RVG-VV auf (BGH MDR 2018, 629; s § 344 Rn 3). 14

§ 341a Einspruchstermin

Wird der Einspruch nicht als unzulässig verworfen, so ist der Termin zur mündlichen Verhandlung über den Einspruch und die Hauptsache zu bestimmen und den Parteien bekannt zu machen.

I) Einspruch. 1) Unzulässigkeit des Einspruchs. § 341 erlaubt Entscheidung ohne mündl Verh oder nach Wahl des Gerichts auch Terminsbestimmung. 1

2) Zulässigkeit des Einspruchs. Hier ist wegen dessen Wirkung (§ 342) Terminsbestimmung zwingend: § 216. Der Termin ist unverzügl (§ 216 II) und so früh wie mögl (§ 272 III) zu bestimmen, aber erst nach Eingang des Einspruchs (BGH MDR 2016, 350). – Da der Einspruchstermin iSd § 272 I, § 273 unter Berücksichtigung der sog Einspruchsbegründung (§ 340 III) umfassend vorzubereiten ist, hat das Gericht bei der Wahl des Termintages den Erfordernissen dieser Vorbereitung Rechnung zu tragen (s § 340 Rn 8). Ladung beider Parteien (§ 274 I, § 270 I) unter Einhaltung der Ladungsfrist und Angabe des Zwecks der Ladung (BGH NJW 82, 888). Dem Einspruchsgegner ist spätestens mit der Ladung die Einspruchsschrift zuzustellen (§ 340a), sonst ist seine Ladung fehlerhaft iS § 335 I 2. Zu laden sind außer den Parteien auch deren Streitgehilfen. Jedoch bei persönl beschränktem Einspruch (s § 340 Rn 5) keine Ladung der Partei, für die das VU unanfechtbar geworden ist. 2

II) Terminsbestimmung. Sie kann entspr § 146 auf die „mündl Verh über den Einspruch" beschränkt werden. Dann nur Zwischenurteil (nach § 303, nicht nach § 280; MK/Prütting Rn 1) über die Zulässigkeit des Einspruchs mögl (§ 347 II). Bei unbeschränkter Ladung gilt diese für die Verh sowohl über den Einspruch als auch über die Hauptsache (BGH NJW 82, 888). – Mit der Terminsbestimmung sind bei zulässigem Einspruch vorbereitende Maßnahmen (§ 273), soweit veranlasst, zu verbinden; hierzu s § 340 Rn 8. 3

III) Gebühren. S § 341 Rn 14. 4

§ 342 Wirkung des zulässigen Einspruchs

Ist der Einspruch zulässig, so wird der Prozess, soweit der Einspruch reicht, in die Lage zurückversetzt, in der er sich vor Eintritt der Versäumnis befand.

1 **I) Wirkung des zulässigen Einspruchs auf das Versäumnisurteil.** Das Urteil bleibt bis zu seiner Aufhebung (gem § 343 durch Urteil) bestehen, ledigl der Eintritt der formellen Rechtskraft ist gehemmt: § 705. ZwV ohne Sicherheitsleistung (§ 708 Nr 2) bleibt zulässig, doch kann auf Antrag (§§ 719, 707) die ZwV einstw eingestellt werden;

2 **II) Wirkung des zulässigen Einspruchs auf das Verfahren.** Der Status vor Eintritt der Säumnis wird im Umfang des Einspruchs (s § 340 Rn 5) wiederhergestellt, wobei Säumnis erst zum Schluss der mündl Verh eingetreten war (MK/Prütting Rn 4), so dass der Einspruch das Verf nur bis zu diesem Zeitpunkt zurückversetzt; aA BGH (stRspr; zB BGH MDR 2021, 306 Tz 18): Säumnis bereits zu Beginn der mündl Verh, so dass der Einspruch den Rechtszustand bei Terminsbeginn wiederherstellt (MskV/Stadler Rn 2; AG/Anders Rn 7). – Es entfällt unstr die Bindungswirkung des VU (§ 318). Unter Wegfall der Wirkung des § 332 (s § 332 Rn 1) werden alle vor dem von einer Partei versäumten Termin gewonnenen Prozessergebnisse wieder erhebl: Zwischenurteile werden wieder bindend (§ 318), Verzicht, Anerkenntnis, Geständnis werden wieder relevant, ebenso bereits gewonnene Beweisergebnisse (unstr; zB Msk/Stadler Rn 2). – Die Präklusionswirkungen treten wieder ein. Daher darf der Bekl, wenn er Säumnisantrag gestellt hatte (ausf B. Schneider NJOZ 2018, 1281), nicht mehr die fehlende Zuständigkeit, die Unzulässigkeit der Klageänderung, das Fehlen verzichtbarer Prozessvoraussetzungen rügen (§§ 39, 267, 282 III, § 296 [hierzu § 340 Rn 7 „Flucht in die Säumnis"]), Verfahrensrügen erheben (§ 295) oder das Gericht ablehnen (§ 43); nach der oben zitierten aA leben nach Einspruch des Kl die Rügemöglichkeiten für den Bekl dagegen wieder auf (Msk/Stadler Rn 2). § 342 dient aber nicht dem Schutz der erschienenen Partei (PG/Göbel Rn 7). Will der Bekl sich die Rügen erhalten, muss er ja nicht Erlass eines VU beantragen (B. Schneider NJOZ 2018, 1281). – Der säumig gewesene Bekl darf, soweit er früher nicht verhandelt hatte, jetzt die ihm offen gebliebenen Einreden nachholen. – Maßgebl ist also immer, wer den Säumnisantrag gestellt hatte u gegen wen sich die Präklusionswirkung richtet. – Der Säumnisantrag des Kl hindert diesen nicht, vor str Einlassung des Bekl (Einspruch nicht genügend) die Klage einseitig zurückzunehmen (s § 269 Rn 13).

§ 343 Entscheidung nach Einspruch

[1]Insoweit die Entscheidung, die auf Grund der neuen Verhandlung zu erlassen ist, mit der in dem Versäumnisurteil enthaltenen Entscheidung übereinstimmt, ist auszusprechen, dass diese Entscheidung aufrechtzuerhalten sei. [2]Insoweit diese Voraussetzung nicht zutrifft, wird das Versäumnisurteil in dem neuen Urteil aufgehoben.

1 **I) Wirksamkeit.** Das VU bleibt wirksam u lässt die ZwV zu, solange nicht ein neues Urteil (Endurteil, auch neues VU) an seine Stelle tritt, das den Rechtsstreit zumindest hinsichtl des Anspruchsgrundes gegenteilig entscheidet. Daher Aufhebung des VU im positiven Grund- (§ 304) oder Vorbehaltsurteil (§§ 302, 599) nach abweisendem VU, nicht aber bereits im Zwischenurteil (ThP/Seiler Rn 6) nach stattgebendem VU, weil dadurch eine Änderung oder Aufhebung des VU noch nicht präjudiziert wird. Erst im Betragsverf ist nach § 343 zu entscheiden, soweit ein Grundurteil ein stattgebendes VU bestätigt (BGH MDR 2015, 390). Keine Aufhebung des VU bei Verweisung des Rechtsstreits (§ 281), wohl aber bei Abgabe in eine andere Verfahrensart (zB FamFG), in welcher Entscheidung durch Urteil nicht in Betracht kommt. Wegen Einstellung der ZwV s § 342 Rn 1.

2 **II) Neues Urteil.** Seine Fassung entscheidet sich ausschließl an der Frage inhaltl Richtigkeit des VU (ThP/Seiler Rn 2; MskV/Stadler Rn 2). – **1) Bei abweichendem Prozessergebnis** ist das VU im neuen Urteil aufzuheben; damit entfällt seine Vollstreckbarkeit (§ 717 I), wird trotzdem weiter vollstreckt: § 775 Nr 1, § 766. Ist Aufhebung im neuen Urteil vergessen, ist Berichtigung gem § 319 (nicht § 321) zulässig, weil „offenbare Unrichtigkeit" vorliegt. Dagegen gilt § 321, wenn ein Ausspruch über die den Säumigen trotz seines Obsiegens gem § 344 treffenden Kosten des Säumnisverf unterblieben ist (s § 321 Rn 5).

3 **2) Bei teilw abweichendem Prozessergebnis** ist VU aufrechtzuerhalten, soweit es inhaltl (wenn auch aus geändertem Rechtsgrund) mit dem zu erlassenden kontradiktorischen Urteil übereinstimmt (OLG München 24.6. 2020 – 10 U 5582/19 Tz 4), denn bei Aufhebung des VU insgesamt wären gem §§ 775, 776 sonst die von der obsiegenden Partei getroffenen Vollstreckungsmaßregeln rückwirkend mit Verlust des Vollstreckungsrangs (§§ 804, 829) und der Folge des § 717 II unwirksam (OLG Köln NJW 76, 113). Fassung der Urteilsformel: „*Das VU vom ... wird mit der Maßgabe* aufrechterhalten, dass der Bekl verurteilt wird, an den Kl ... zu zahlen. IÜ werden das VU aufgehoben und die Klage abgewiesen." Nur so (nicht bei völliger Aufhebung des VU zur Klarstellung der Formel) bleiben Vollstreckungsmaßregeln im Umfang des Endurteils von Anfang an wirksam.

3) Bei gleichbleibendem Ergebnis ist das VU im neuen Urteil aufrechtzuerhalten, so auch bei völlig abweichender Begr, zB wenn an Stelle des sachl abweisenden VU ein abweisendes Prozessurteil tritt oder Klage geändert wurde (§ 263), jedoch der Urteilsausspruch inhaltl gleichbleibt. Der **Ausspruch über die vorl Vollstreckbarkeit** des aufrechterhaltenden Endurteils ergibt sich aus § 709 S 3. Damit bleiben die gem § 708 Nr 2 ohne Sicherheitsleistung bereits bewirkten Vollstreckungsmaßregeln bestehen u eine Nachleistung der Sicherheit kann unterbleiben; jedoch ist Fortsetzung der ZwV von der nunmehr erforderl Sicherheitsleistung (sonst § 775) abhängig. Das gilt auch bei Aufrechterhaltung des VU durch unechtes VU oder Aktenlageentscheidung gegen nichtsäumige Partei. Jedoch bleibt die unbedingte Vollstreckbarkeit gem § 708 Nr 2 bestehen bei Aufrechterhaltung des VU durch 2. VU (§ 345) gegen säumige Partei. Außerdem gilt § 709 S 3 nur für Urteile, die, würden sie nicht ein VU aufrechterhalten, unter § 709 S 1 fielen; für alle anderen Urteile verbleibt es bei § 708 Nrn 4-11, § 711 S 1 (s § 709 Rn 8; StJ/Bartels Rn 9). 4

III) Kein Urteil. Endet das Verf zB durch Klagerücknahme, Erledigung der Hauptsache, Vergleich, berührt das das VU in seiner formalen Wirksamkeit noch nicht. Zweckmäßig daher, in Vergleich Verzicht auf die Rechte aus dem Urteil aufzunehmen. Bei Klagerücknahme kann die materielle Wirkungslosigkeit des Urteils (§ 269 III 1) auf Antrag durch deklaratorischen Beschluss (zweckmäßig zugleich mit dem Kostenausspruch) ausgesprochen werden (§ 269 Rn 17; OLGR Celle 1995, 216 bei Teilrücknahme). 5

Erklärt der Kl in der mündl Verh die Hauptsache für erledigt und erwirkt sodann gegen den säumigen Bekl **Erledigungs-VU** (s § 91a Rn 37), so ist nach Einspruch des Bekl, sofern dieser sich der Erledigungserklärung anschließt oder die Erledigungsfiktion eingetreten ist, nach § 91a durch Beschluss zu entscheiden. Die Wirkungslosigkeit des VU kann bei noch drohender ZwV auf Antrag ausgesprochen werden (s § 91a Rn 12, 23 mN). Widerspricht der Bekl der Erledigung, ist über das VU durch Urteil nach § 343 zu entscheiden. 6

§ 344 Versäumniskosten

Ist das Versäumnisurteil in gesetzlicher Weise ergangen, so sind die durch die Versäumnis veranlassten Kosten, soweit sie nicht durch einen unbegründeten Widerspruch des Gegners entstanden sind, der säumigen Partei auch dann aufzuerlegen, wenn infolge des Einspruchs eine abändernde Entscheidung erlassen wird.

I) Kostentrennungsfall. § 344 ist eine Ausnahme von § 91, ähnl einer Prozessstrafe für die Säumnis. Danach hat die säumig gewesene Partei, selbst wenn sie letztl obsiegt, die durch ihre Säumnis bedingten ausscheidbaren Mehrkosten zu tragen. Voraussetzungen: 1

1) Versäumnisurteil. Es muss gegen sie ein echtes VU in ges Weise ergangen ist, das später gem § 343 ganz oder teilw aufgehoben wird. Wird das VU bestätigt, so trägt der unterlegene Säumige gem § 91 ohnedies alle Kosten. Nochmaliger Kostenausspruch im Endurteil ist wegen der weiteren Kosten nötig (MK/Prütting Rn 7; aA StJ/Bartels Rn 2). Ebenso gilt für das unechte VU (s vor § 330 Rn 12) nur § 91, denn es beruht nicht auf der Säumnis, sondern erging trotz dieser. Das VU ist in ges Weise ergangen, wenn die Voraussetzungen der §§ 330 ff erfüllt sind; bei einem VU im schriftl Vorverf reicht, wenn dies erst im Zeitpunkt der Zustellung der Fall ist (OLGR Koblenz 2005, 506). **Ungesetzl** ist danach ein VU, wenn es bei fehlender Säumnis (s vor § 330 Rn 4), trotz des Fehlens von Prozessvoraussetzungen, trotz Unschlüssigkeit der Klage (§ 331 II; BGH NJW 2004, 365, 366), entgegen § 334, trotz Vorliegens der in §§ 335, 337 genannten Hindernisse ergangen ist oder die Säumnis vom Gegner verschuldet war, zB wenn beiderseitiges Nichterscheinen vereinbart war. Ob dem Gericht das Fehlen der ges Voraussetzungen bei Erlass des VU bekannt war, ist gleichgültig (Nastansky MDR 2017, 131). 2

2) Mehrkosten. Es müssen infolge der Säumnis Mehrkosten entstanden sind: Ob das der Fall ist (ausf N. Schneider NJW 2019, 556), ist erst im KFV (§ 104) zu ermitteln. Die Kostenauferlegung gem § 344 ist immer nötig, auch wenn der Anfall von Mehrkosten ungewiss ist. Für das KFV gilt dann: Kausale Mehrkosten sind insb die Kosten der erneuten Terminswahrnehmung (abzustellen ist auf den Einspruchstermin, OLG Köln AGS 2018, 101 Tz 9), die Kosten nochmaliger Ladung von Zeugen, auch Kosten kausalen Zeitausfalls (N. Schneider NJW-Spezial 2023, 91). **Keine Kosten der Säumnis** sind Kosten der Zustellung des VU u der ZwV aus diesem (OLG Frankfurt Rpfleger 75, 260) u Kosten infolge eines unbegründeten Widerspruchs des Gegners gegen die Zulässigkeit des Einspruchs (zB bei Beweisaufnahme über Zeitpunkt der Zustellung des VU). – Der Partei, deren ProzBev ein 1. VU erwirkt hat, entstehen keine Mehrkosten infolge Säumnis, wenn im Einspruchsverf noch die Geb 3104 RVG-VV anfällt. Die Geb VV 3105 für den in Abwesenheit der Gegenseite gestellten Antrag auf Erlass des 1. VU geht näml in VV 3104 auf (BGH MDR 2018, 629 Tz 6). – Die Verfahrensgeb VV 3100 entsteht nach Einspruch gegen ein VU nicht erneut (OLG Celle AGS 2016, 318). – Kein Vorrang der Kostenfolge des § 269 III 2 ggü § 344 (s § 91 Rn 13.52). Für Kosten eines Prozessvergleichs ist § 98 lex specialis ggü § 344; auch die von § 98 abw vereinbarte Kostenregelung im Vergleich geht dem § 344 vor; näher s § 104 Rn 21.71. 3

4 **II) Urteilsfassung.** 1) Das VU vom … wird aufgehoben. 2) Die Klage wird abgewiesen (oder: Der Bekl wird verurteilt …). 3) Der Kl (oder Bekl) hat die Kosten des Rechtsstreits zu tragen mit Ausnahme der durch die Säumnis im Termin vom … bedingten Kosten, welche der Bekl (oder Kl) zu tragen hat. 4) Vollstreckbarkeit: a) Klageabweisung nach VU gegen Bekl: Bekl kann wegen seiner Kosten des Rechtsstreits, Kl wegen seiner Mehrkosten vollstrecken. Ob nach § 708 Nr 11 Alt 2, § 711 S 1 (ggf § 713) oder § 709 S 1 richtet sich für jede Partei nach der Höhe ihrer Kosten. b) Stattgebendes Urteil nach VU gegen Kl: Kl kann wegen Hauptforderung, Zinsen und seinen Kosten des Rechtsstreits nach §§ 708, 711 S 1 (ggf § 713) oder § 709 S 1 vollstrecken; Bekl wegen seiner Mehrkosten nach § 708 Nr 11 Alt 2, § 711 S 1 (ggf § 713) oder nach § 709 S 1, je nach der Höhe seiner Kosten. – Wurde § 344 im Urteil übergangen, gilt § 321 und evtl § 319 oder § 321a. Außerdem kommt im KFV eine Korrektur in Betracht (aA ThP/Seiler Rn 3; MskV/Stadler Rn 1 mit der wohl hM; sa § 104 Rn 21.71).

5 **III) Gebühren des Gerichts.** Wird im Einspruchsverf an sich ein Ermäßigungstatbestand verwirklicht (1211 GKG-KV), der wegen des VU gebührenrechtl aber folgenlos bleibt (s § 330 Rn 10), steht die ausbleibende Ermäßigung Mehrkosten iSd § 344 nicht gleich; denn die Kostenminderung wird nicht durch die Säumnis, sondern durch den Antrag auf Erlass des VU ausgeschlossen (OLG Köln NJW 2019, 614; OLG Brandenburg 7.3.2023 – 6 W 71/22; N. Schneider NJW 2019, 556, 558; aA AG Hannover JurBüro 2009, 487). Zur Verzögerungsgeb (§ 38 GKG) s § 330 Rn 10; zu den Geb, wenn ein VB vorausgegangen ist, § 700 Rn 18.

§ 345 Zweites Versäumnisurteil

Einer Partei, die den Einspruch eingelegt hat, aber in der zur mündlichen Verhandlung bestimmten Sitzung oder in derjenigen Sitzung, auf welche die Verhandlung vertagt ist, nicht erscheint oder nicht zur Hauptsache verhandelt, steht gegen das Versäumnisurteil, durch das der Einspruch verworfen wird, ein weiterer Einspruch nicht zu.

1 **I) Anwendungsbereich.** Gegen eine Partei können in einer Instanz mehrfach weitere (BGH VersR 86, 288) 1. VU ergehen, welche dann jew iSd § 343 das vorhergehende 1. VU bestätigen u jew mit Einspruch angefochten werden können (OLG Frankfurt NJW-RR 2011, 216). Gegen eine derartige Prozessverschleppung hilft Antrag auf kontradiktorische Entscheidung nach Aktenlage (§ 331a), die aber nur bei früherer str Verh zum Instanz beendigenden Urteil führt. – § 345 schafft für den Fall **zweimaliger aufeinander folgender Säumnis** Abhilfe durch die Möglichkeit des nicht mehr durch Einspruch und nur noch bedingt durch Rechtsmittel (§ 514 II, § 555 V) anfechtbaren sog **technisch 2. VU.**

2 **II) Voraussetzung.** Die durch echtes VU (s vor § 330 Rn 10) oder VB (§ 700) verurteilte Partei muss Einspruch eingelegt haben und in dem hierauf gem § 341a zur Verh über den Einspruch *und* die Hauptsache anberaumten Termin wiederum säumig (s vor § 330 Rn 4) gewesen sein oder nicht zur Hauptsache verhandelt (§ 333) haben. Ob der Termin der nächste nach dem VU ist oder ein gem § 227, § 335 II, § 337 vertagter, bleibt gleich, wenn nur der Säumige zwischen beiden VU nicht zur Hauptsache verhandelt hat. Säumnisantrag gegen den Gegner ist Verhandeln zur Hauptsache (LAG Bremen NJW 66, 1678). Um zu „verhandeln" müssen Sachanträge im Einspruchstermin (insoweit anders als im 1. Termin; s § 333 Rn 1) nicht gestellt werden (OLG Dresden NJW-RR 2001, 792 Tz 14; OLG Jena 3.7.2020 – 4 U 1201/19 Tz 24); es reicht, wenn über die Sachurteilsvoraussetzungen verhandelt wird (PG/Göbel Rn 4), zB, wenn beide Parteien zur Zuständigkeit Stellung nehmen (BGH NJW 67, 728); ungenügend ist aber bloßes Verhandeln über die Zulässigkeit des Einspruchs (ThP/Seiler Rn 2).

3 **III) Verfahren. 1) Zulässiger Einspruch.** § 345 behandelt nur die Folgen des zulässigen Einspruchs (§§ 339, 340; OLG Düsseldorf MDR 2001, 833); die Verwerfung des unzulässigen Einspruchs ergibt sich bereits aus § 341. – Dass der zulässige Einspruch bei nochmaliger Säumnis des Einspruchsführers zwingend zu verwerfen sei, besagt schon der Wortlaut des § 345 nicht; ihm ist nur zu entnehmen, dass das bestätigende 2. VU auf „Verwerfung des Einspruchs" zu lauten habe (nicht auf „Zurückweisung als unbegründet"), weil der Einspruch nicht Rechtsmittel, sondern gem § 342 ein bes Rechtsbehelf ist. Zu berücksichtigen ist daher die Restitutionswirkung des zulässigen Einspruchs (§ 342), die das Gericht unter Wegfall der Bindungswirkung des 1. VU (s § 342 Rn 2) erneut vor die Frage stellt, ob ein 2. VU, das sich vom 1. nur durch die Rechtsmittelbeschränkung unterscheidet, iSd §§ 330 ff überhaupt zulässig ist.

4 **2) Prüfungsumfang.** Entgegen der herrschenden und auch vom BGH vertretenen Meinung (BGH 27.3.2025 – I ZB 68/24 Tz 9 [Tz 11: auch, wenn die dann nicht überprüfte Sachentscheidung gegen das Unionsrecht verstieße]; BGH NJW-RR 2020, 575 Tz 10-12 mwN; MK/Prütting Rn 9; MskV/Stadler Rn 4; AG/Anders Rn 6; PG/Göbel Rn 7; s aber ThP/Seiler Rn 4: bedenkl, nicht wünschenswertes Ergebnis) ist bei Säumnis des Einspruchsführers im Termin des § 341a zu prüfen, **ob das 1. VU gesetzmäßig ergangen war**, ob ihm also kein Verfahrenshindernis iSv § 330 Rn 2, § 331 Rn 1-5 entgegenstand. Die Prüfung umfasst bei einem VU gegen den Kl die allg Prozessvoraussetzungen (s vor § 253 Rn 9 ff; fehlen diese, ist das 1. VU durch ein unechtes VU gem vor § 330 Rn 11 zu ersetzen) und die bes Säumnisvoraussetzungen (s vor § 330 Rn 2-6). Bei einem VU gegen den Bekl ist zusätzl zu prüfen, ob die Klage schlüssig ist (s vor § 253 Rn 23) und ob ggf die Voraussetzungen eines schriftl VU (s vor

§ 330 Rn 7) vorlagen (StJ/Bartels Rn 6; Braun JZ 99, 1157; BAG MDR 95, 201 = JZ 95, 523 [Braun]; OLG Stuttgart MDR 76, 51; LAG Frankfurt NZA 93, 816; Orlich NJW 80, 1782; eing Hoyer, Das technisch 2. VU, 1980, S 124 ff). Zwar liegt kein Verstoß gegen den Anspruch auf rechtl Gehör vor (MskV/Stadler Rn 4; MK/Prütting Rn 16), aber Verfahrensvorschriften sind nicht Selbstzweck und nicht formale Mittel zur Verhinderung einer materiell gerechten Entscheidung (BGHZ 10, 350, 359; BVerfGE 35, 279; BFH NJW 74, 1582; BSG NJW 75, 1380). Daher sollte technisches 2. VU nur bei Bestätigung eines zulässigen 1. VU nach zulässigem Einspruch ergehen, anderenfalls unter Aufhebung des unzulässigen 1. VU bei nochmaliger Säumnis ein technisch 1. (echtes oder unechtes; s vor § 330 Rn 10, 11) VU. Zur Einspruchsverwerfung (§ 700 VI) nach VB s § 700 Rn 14.

3) Rechtsmittel. Gegen das richtige technisch 2. VU: Berufung (§ 514 II; **Formulierungsvorschlag:** Vorwerk/ 5
Wiemer, PFB, M 34.12; s § 514 Rn 2, 3) bzw Revision (§ 555, s § 555 Rn 9), gestützt darauf, es habe kein Fall schuldhafter Versäumung vorgelegen. Der Wert der Beschwer ist unerheblich und eine Zulassung nicht erforderlich (PG/Göbel Rn 9). – Nach dem Grundsatz der **Meistbegünstigung** (s vor § 511 Rn 30) kann gegen ein 1. VU, wenn 2. VU hätte ergehen müssen, jedenfalls auch Einspruch eingelegt werden (BGH NJW 97, 1448; s § 514 Rn 4). Gegen ein als 2. VU bezeichnetes Urteil kann wahlweise Berufung oder Einspruch eingelegt werden, wenn wiederholtes 1. VU hätte ergehen müssen (s § 514 Rn 4 mwN; OLG Frankfurt NJW-RR 2011, 216; PG/Göbel § 338 Rn 12). Mit dem Grundsatz der Meistbegünstigung kann aber keine Erweiterung des Rechtsmittelzuges verlangt werden (unstr; zB BGH 21.2.2024 – XII ZR 41/22 Tz 11). – Im arbeitsgerichtl Verf Revision nur bei Zulassung; es gibt keine Regelung wie in § 514 II 1, § 555 (§ 72 I 1 ArbGG; BAG NJW 2020, 2573 Tz 11).

IV) Parteiwechsel/Änderung des Streitgegenstandes. Es ergeht nicht 2. VU, sondern 1. VU unter Aufhebung 6
des früheren Urteils, wenn der Einspruchsgegner wechselt (OLG Karlsruhe NJW-RR 93, 383; PG/Göbel Rn 8). – Beim gesetzl Parteiwechsel und der Rechtsnachfolge auf Seiten des Einspruchsführers kann bei dessen Säumnis 2. VU ergehen (Thöne NJW 2022, 119). – Wird die Klage erweitert, ergeht 2. VU über den bereits titulierten Betrag und, soweit die Voraussetzungen vorliegen, 1. VU über den Betrag der Erweiterung (2. Teil-VU und 1. Schluss-VU; ThP/Seiler Rn 5). – Bei der Klagebeschränkung sollte der Einspruch mit der Maßgabe dieser Beschränkung durch 2.VU verworfen werden können (zur dogmatischen Problematik Thöne NJW 2022, 119).

V) Gebühren. 1) Gericht: keine Urteilsgeb. – **2) RA: a)** ProzBev, der nur und in Abwesenheit der Gegenseite das 2. VU er- 7
wirkt: 0,5 Geb 3105 RVG-VV (OLG Nürnberg MDR 2008, 1127). **b)** ProzBev, der schon das 1. VU erwirkt hat: 1,2 Geb 3104 RVG-VV, denn es war nicht die Wahrnehmung „nur eines Termins", sondern der RA hat insgesamt zwei Termine wahrgenommen (BGH MDR 2007, 178: OLG Koblenz JurBüro 2015, 577). Bei der 1,2 Geb verbleibt es wegen § 15 II RVG, auch wenn zuvor bereits 3104, 3105 RVG-VV verdient wurden. Eine 1,2 Geb nach 3104 RVG-VV ist auch verdient, wenn das 1. VU nach § 331 III im schriftl Vorverf ergangen ist, denn die Entscheidung nach § 331 III ist durch 3105 I Nr 2 RVG-VV derj in einem Termin gebührenrechtl gleichgestellt (BGH NJW 2006, 3430 = MDR 2007, 115). – **c)** ProzBev des Einspruchsführers: 3104 RVG-VV, wenn er anwesend ist und 2. VU ergehen lässt. Auch hier gilt § 15 II RVG im Hinblick auf eine etwa bereits früher verdiente Terminsgeb. Beteiligt er sich nur im Einspruchsverf ohne Terminswahrnehmung, erhält er keine Terminsgeb. – Zu beachten ist Vorbem 3 III RVG-VV. Stimmen die Parteivertreter sich vor dem 2. VU zB telefonisch ab, entsteht die Geb 3104 RVG-VV schon dafür. – Zum 2. VU nach vorausgegangenem VB s § 700 Rn 18.

§ 346 Verzicht und Zurücknahme des Einspruchs

Für den Verzicht auf den Einspruch und seine Zurücknahme gelten die Vorschriften über den Verzicht auf die Berufung und über ihre Zurücknahme entsprechend.

I) Verzicht. Verzicht (wie § 515). Er ist nicht anfechtbar und grundsätzl auch nicht widerrufbar (BGH MDR 1
2021, 828 Tz 14 mit Ausnahmen). **1) Nach VU:** Der Verzicht wird gegenüber Gericht/Gegner erklärt oder kann vereinbart werden. – **2) Vor VU:** Ein Verzicht kann vereinbart werden (hM; MK/Prütting Rn 4; MskV/Stadler Rn 1 mN, auch zur aA), aber auch ein einseitiger Verzicht ist mögl (str; BGH MDR 2021, 828 Tz 22, 23 zum Verzicht auf den Einspruch vor einem VB; StJ/Bartels Rn 2; AG/Anders Rn 4; aA MK/Prütting Rn 4). Nach wirksamem Verzicht ist ein erneuter Einspruch ausgeschlossen (MK/Prütting Rn 3).

II) Zurücknahme. Zurücknahme (wie § 516) ist gegenüber dem Gericht zu erklären und ist ohne Zustimmung 2
des Gegners mögl; der Einspruch kann danach, solange die Einspruchsfrist läuft, wiederholt werden (s § 516 Rn 2, 17; MskV/Stadler Rn 1; StJ/Bartels § 341 Rn 6).

§ 347 Verfahren bei Widerklage und Zwischenstreit

(1) Die Vorschriften dieses Titels gelten für das Verfahren, das eine Widerklage oder die Bestimmung des Betrages eines dem Grunde nach bereits festgestellten Anspruchs zum Gegenstand hat, entsprechend.

(2) [1]War ein Termin lediglich zur Verhandlung über einen Zwischenstreit bestimmt, so beschränkt sich das Versäumnisverfahren und das Versäumnisurteil auf die Erledigung dieses Zwischenstreits. [2]Die Vorschriften dieses Titels gelten entsprechend.

1 **I) Widerklage u Betragsverfahren (§ 347 I). 1) Widerklage.** Erscheint der Widerkl nicht, kann VU gegen ihn nur ergehen, wenn Widerklage gem § 261 II erhoben war. Dagegen kann beim Ausbleiben des Widerbekl der Widerkl die rechtzeitig und ordnungsgemäß in einem Schriftsatz angekündigte, vAw oder von Anwalt zu Anwalt (§§ 166 ff, § 172 bzw § 195; s § 195 Rn 5) zugestellte Widerklage im Termin erheben und VU beantragen, soweit nur die Widerklage zur Zeit des Termins noch an sich und in der gegebenen Verfahrensart zulässig ist (s § 330 Rn 8).

2 **2) Betragsverfahren.** Ist der **Anspruch seinem Grund nach** durch **Zwischenurteil** festgestellt (vgl § 304) und wird, sei es nach dessen Rechtskraft oder auf Grund Anordnung gem § 304 II schon vor Rechtskraft, über die Höhe des Anspruchs verhandelt, so finden §§ 330, 331 Anwendung. Erscheint der Kl nicht, so ergeht nach § 330 VU auf Abweisung der Klage. Das Zwischenurteil steht nicht im Weg, da es dem Kl noch nichts zuspricht. Erscheint der Bekl nicht, so sind die Behauptungen des Kl bzgl der Höhe als zugestanden anzunehmen; es ist nach § 331 zu verfahren.

3 **II) Zwischenstreit (§ 347 II).** Das ist nur der Streit unter den Parteien (zB §§ 146, 280, sa § 341a Rn 3; Gegensatz: Zwischenstreit mit Dritten, wo es kein VU gibt). Zur Hauptsache verhandelt werden kann hier erst nach Ablauf der Einspruchsfrist oder Erledigung des Einspruchs gegen Versäumnis-Zwischenurteil. Voraussetzung ist, dass die Ladung der Parteien ausdrückl nur zur Verh des Zwischenstreits erfolgt war. Ladung ohne diese ausdrückl Einschränkung ist als Ladung zur Verh von Hauptsache *und* Zwischenstreit anzusehen (s § 341a Rn 3; BGH NJW 82, 888).

Titel 4
Verfahren vor dem Einzelrichter (§§ 348-350)

§ 348 Originärer Einzelrichter

(1) [1]Die Zivilkammer entscheidet durch eines ihrer Mitglieder als Einzelrichter. [2]Dies gilt nicht, wenn

1. das Mitglied Richter auf Probe ist und noch nicht über einen Zeitraum von einem Jahr geschäftsverteilungsplanmäßig Rechtsprechungsaufgaben in bürgerlichen Rechtsstreitigkeiten wahrzunehmen hatte oder

2. die Zuständigkeit der Kammer nach § 72a Absatz 1 und 2 des Gerichtsverfassungsgesetzes oder nach dem Geschäftsverteilungsplan des Gerichts wegen der Zuordnung des Rechtsstreits zu den nachfolgenden Sachgebieten begründet ist:

a) Streitigkeiten über Ansprüche aus Veröffentlichungen durch Druckerzeugnisse, Bild- und Tonträger jeder Art, insbesondere in Presse, Rundfunk, Film und Fernsehen;

b) Streitigkeiten aus Bank- und Finanzgeschäften;

c) Streitigkeiten aus Bau- und Architektenverträgen sowie aus Ingenieurverträgen, soweit sie im Zusammenhang mit Bauleistungen stehen;

d) Streitigkeiten aus der Berufstätigkeit der Rechtsanwälte, Patentanwälte, Notare, Steuerberater, Steuerbevollmächtigten, Wirtschaftsprüfer und vereidigten Buchprüfer;

e) Streitigkeiten über Ansprüche aus Heilbehandlungen;

f) Streitigkeiten aus Handelssachen im Sinne des § 95 des Gerichtsverfassungsgesetzes;

g) Streitigkeiten über Ansprüche aus Fracht-, Speditions- und Lagergeschäften;

h) Streitigkeiten aus Versicherungsvertragsverhältnissen;

i) Streitigkeiten aus den Bereichen des Urheber- und Verlagsrechts;

j) Streitigkeiten aus den Bereichen der Kommunikations- und Informationstechnologie;

k) Streitigkeiten, die dem Landgericht ohne Rücksicht auf den Streitwert zugewiesen sind.

(2) Bei Zweifeln über das Vorliegen der Voraussetzungen des Absatzes 1 entscheidet die Kammer durch unanfechtbaren Beschluss.

(3) [1]Der Einzelrichter legt den Rechtsstreit der Zivilkammer zur Entscheidung über eine Übernahme vor, wenn

1. *die Sache besondere Schwierigkeiten* tatsächlicher oder rechtlicher Art aufweist,

2. die Rechtssache grundsätzliche Bedeutung hat oder

3. die Parteien dies übereinstimmend beantragen.

[2]Die Kammer übernimmt den Rechtsstreit, wenn die Voraussetzungen nach Satz 1 Nr. 1 oder 2 vorliegen. [3]Sie entscheidet hierüber durch Beschluss. [4]Eine Zurückübertragung auf den Einzelrichter ist ausgeschlossen.

(4) Auf eine erfolgte oder unterlassene Vorlage oder Übernahme kann ein Rechtsmittel nicht gestützt werden.

Der RefE eines G zur Änderung des Zuständigkeitsstreitwerts der Amtsgerichte, zum Ausbau der Spezialisierung der Justiz in Zivilsachen sowie zur Änderung weiterer prozessualer Regelungen sieht vor, dass § 348 Abs 1 S 2 Nr 2 Buchst a und e aufgehoben werden. Zeitnah zum Inkrafttreten des G finden Sie eine Kommentierung der Änderung in der Online-Version des Zöller (Ihre persönlichen Zugangsdaten s zu Beginn des Werkes).

I) Grundsatz der Einzelrichterzuständigkeit (§ 348 I 1). 1) Bedeutung. Erstinstanzl Verf, für die nach § 71 GVG die Zivilkammer zuständig ist, sind grds von einem Mitglied der Kammer als ER zu verhandeln und zu entscheiden, dh der ER ist originär, kraft Gesetzes, das erkennende Gericht. Nur wenn eine Ausnahme nach I 2 vorliegt, ist – ebenfalls nach zwingender ges Regelung – die Kammer in voller Besetzung Prozessgericht (s Rn 6 ff). Sie kann es außerdem werden durch Vorlage und Übernahme nach III (s Rn 20 ff). 1

2) Reichweite. Der ER tritt (sofern nicht eine der genannten Ausnahmen eingreift) vollständig und vorbehaltlos an die Stelle des Kollegiums als Prozessgericht, auch für alle Nebenverf (zB PKH, sBV, Arrest, einstw Verfügung, Berichtigungsverf nach §§ 319 ff). Wo er in der Hauptsache entschieden hat (aber nur dort, OLG Koblenz NJW-RR 2002, 1724), ist er auch Vollstreckungsorgan nach §§ 887 ff (OLGR Celle 2004, 619) sowie zuständig für die Erinnerung im Kostenfestsetzungsverf (OLG Hamm MDR 93, 384), für die Vollstreckungsgegenklage (§ 767 I), für das Nachverf gem §§ 302, 600 sowie die Wiederaufnahmeklage (s § 584 Rn 1). Nach Zurückverweisung gem § 538 II gelangt die Sache wieder an ihn (BFHE 187, 206). Bei Verweisung an ein anderes Gericht kann Entscheidungsgewalt dort wegen I 2 uU anders zu beurteilen sein (s § 281 Rn 15b). Das Kollegium ist mit Sachen des ER in keiner Weise befasst, kann nicht gem § 140 angerufen werden. Weisungen des Vors an den ER wären Eingriff in dessen richterl Unabhängigkeit (vgl BGH NJW-RR 2002, 929). Orientierung an Linie der Kammer ist aber kein Befangenheitsgrund (OLG Karlsruhe NJW-RR 2013, 1535). Zur Zuständigkeit für Richterablehnung s § 45 Rn 3. 2

3) Anwendungsbereich. Die Vorschrift gilt nicht in Baulandsachen (§ 220 BauGB). Sonderregelung für KfH: § 349. Berufungsverf: § 526. Beschwerdeverf: § 568. 3

4) Geschäftsverteilung. Die Person des Einzelrichters ist im GVP der Kammer (§ 21g GVG) nach abstrakten Kriterien voraus zu bestimmen, dgl die Vertretung der ER untereinander. Auch dem Vors ist ein (angemessenes) ER-Deputat zuzuweisen (s § 21g GVG Rn 10). Wegen Richter auf Probe s Rn 6. 4

5) Zuteilung der Verfahren. Die GeschSt legt neu eingegangene Klagen unmittelbar dem zuständigen ER (s Rn 4), in Kammersachen (I 2) sowie bei **Zweifeln** über die Zuordnung dem Vors vor. Kann dieser die Zweifel selbst beseitigen, veranlasst er die Zuleitung an den zuständigen Richter, ansonsten führt er einen unanfechtbaren **Kammerbeschluss** herbei (II). Der Erlass eines solchen Beschlusses (wegen der Bedeutung für den gesetzl Richter nach Anhörung der Parteien; Stackmann JuS 2008, 131; aA AG/Göertz Rn 36) ist ratsam, weil durch ihn die Gerichtsbesetzung unangreifbar wird (vgl Rn 23). – Bei **fehlerhafter Zuteilung** formlose Abgabe innerhalb der Kammer (zu Streit über kammerinterne Geschäftsverteilung s § 21g GVG Rn 17). – Kammer muss bei originärer ER-Zuständigkeit auch dann abgeben, wenn sie Fall des III annimmt; über die Vorlage hat der ER zu entscheiden (WSch/Borck Rn 67). 5

II) Kammersachen kraft gesetzlichen Vorbehalts (§ 348 I 2). 1) Proberichtersachen (§ 348 I 2 Nr 1). Proberichter (§ 12 DRiG) mit weniger als 1-jähriger Zivilrichterpraxis können nicht originärer ER sein; auf sie entfallende Sachen bearbeitet die Kammer, damit ihre Einarbeitung gefördert und die Qualität der Rspr gesichert wird (BTDrs 14/4722, 63, 87). § 348a bleibt aber unberührt, dh wenn die Kammer keine bes Schwierigkeit und keine Grundsatzbedeutung sieht, muss sie die Sache doch dem ER übertragen. Dies bewirkt, dass über Schwierigkeit und Grundsätzlichkeit nicht der Anfänger, sondern die Kammer entscheidet. Sinnvoller kann es uU sein, den Proberichter im GVP überhaupt nicht mit ER-Aufgaben zu betrauen, sondern zB verstärkt als Berichterstatter in Kammersachen einzusetzen. 6

Für die **1-jährige Zivilrichterpraxis** (zur Fristberechnung Stackmann JuS 2008, 131 Fn 19) ist auf den GVP abzustellen; persönl Verhinderungszeiten bleiben außer Betracht (WSch/Borck Rn 27). Die Geschäftsaufgabe muss auch nicht ununterbrochen bestanden haben; mehrere kürzere Zeiten sind zu addieren. Auch Tätigkeiten als Arbeits- oder FamRichter fallen darunter (HM-S/Engers Rn 14). War der Proberichter nur teilzeitbeschäftigt oder teilw mit anderen Geschäftsaufgaben betraut, ist gleichwohl auf den Jahreszeitraum abzustellen (OLGR Celle 2004, 370, 371), weil man anderenfalls zu einer für die Bestimmung des ges Richters unerträgl Fristenarithmetik käme; eine ganz untergeordnete Beschäftigung mit Zivilsachen (wie sie bei Proberichtern ohnehin nicht vorkommen dürfte) müsste freilich nach der ratio legis außer Betracht bleiben (WSch/Borck Rn 26; Hartmann NJW 2001, 2579; aA HM-S/Engers Rn 16; Kranz DRiZ 2003, 371). – Vollendet der Proberichter das Zivilrichterjahr oder wird er durch einen älteren Richter ersetzt, findet **kein Übergang** der bereits bei der Kam- 6a mer anhängigen Sachen auf ihn statt (OLG Brandenburg MDR 2021, 640; StJ/Bartels Rn 15; PG/Schmaltz Rn 4; Kranz DRiZ 2003, 374; aA ThP/Seiler Rn 2a; HM-S/Engers Rn 20; MK/Stackmann Rn 30 für den Fall, dass noch kein Haupttermin stattgefunden hat). Die §§ 348, 348a entscheiden nur darüber, auf welche Weise der ER zur Entscheidung berufen wird (kraft Gesetzes bei Eingang der Sache oder kraft späterer Übertragung); eine „nachträgl originäre" ER-Zuständigkeit für bereits bei der Kammer angefallene Verf wäre sinnwidrig. Wird jedoch ein dienstälterer ER durch einen jungen Proberichter iSv § 348 I 2 Nr 1 ersetzt, werden die originären ER-Sachen ipso iure zu Kammersachen, die nur durch Beschluss nach § 348a I wieder auf den ER übertragen werden können (StJ/Bartels Rn 15 mwN; aA Streyl/Wietz NJW 2017, 353 ff; Kranz DRiZ 2003, 374 f; Vorstehendes folgt jedoch aus der Stellungnahme der BReg in BTDrs 15/1491, 35, auf Grund welcher eine vom BR vorgeschlagene Übertragungsregelung vom BT nicht weiterverfolgt wurde). Dies ist bei der Personal- und Geschäftsverteilungsplanung zu berücksichtigen (HM-S/Engers Rn 21).

7 **2) Spezialzuständigkeit (§ 348 I 2 Nr 2).** Für die im dortigen Katalog aufgeführten Sachen scheidet eine originäre ER-Zuständigkeit aus; der Rechtsstreit kann dann nur auf dem Wege einer Übertragung nach § 348a an den ER gelangen. Ob die Präsidien solche Spezialkammern einrichten und ob sie die Sachgebiete entspr dem Katalog in I 2 Nr 2 abgrenzen, steht ihnen, von den Verfahren nach § 72a GVG abgesehen, frei (krit zu diesem Einfluss der Gerichtsorganisation auf die Gerichtsbesetzung Nassall NJW 2012, 118 f). – Ob ein Rechtsstreit unter ein Kataloggebiet nach I 2 Nr 2 fällt, entscheidet in **Zweifelsfällen** die Kammer nach II (s Rn 5), über Meinungsverschiedenheiten bei der Auslegung des GVP muss aber ggf das Präsidium entscheiden (s § 21e GVG Rn 38; WSch/Borck Rn 50; aA AG/Göertz Rn 17, 35). Die Regelung in I 2 Nr 2 erfordert eine zweifache Prüfung: Ist die Kammer als Spezialkammer iSv § 72a GVG zuständig und fällt der Rechtsstreit unter den Katalog des § 348 I 2 Nr 2? Sie führt zu Abgrenzungsproblemen und ist zudem sinnwidrig, denn sie schließt den ER einer Spezialkammer von der Bearbeitung einer Katalogsache aus, während dann, wenn eine Katalogsache vor einer nicht spezialisierten Kammer zu verhandeln ist, der ER zu entscheiden hat (MK/Stackmann Rn 5). Ungereimt erscheint auch, dass dann, wenn ein Verf unter Übergehung der Spezialzuständigkeit einer anderen Kammer vor die allg Zivilkammer gelangt ist, der originären ER-Zuständigkeit nach dem Wortlaut von I 2 Nr 2 nichts im Wege steht (MK/Stackmann Rn 38). Zur Problematik bei kleinen LG s § 72a GVG Rn 11.

8 Maßgebl für die **Sachgebietszugehörigkeit** ist – wie bei § 13 GVG (s § 13 GVG Rn 54) – der Vortrag des Kl (StJ/Bartels Rn 18). Die Einlassung des Bekl verändert die Zuständigkeit nicht (aA WSch/Borck Rn 45); Abgabe an die Kammer jedoch, wenn sich deren Zuständigkeit nachträgl aus Vortrag des Kl ergibt. Es genügt, wenn (bei mehrfach begründetem Streitgegenstand oder Klagenverbindung) die Sache wenigstens teilw in das Kataloggebiet fällt; es sollte nicht wegen der ER-Frage zu einem Zerreißen des Prozesses kommen. Wird durch Klageerweiterung oder Widerklage (nicht durch Aufrechnung, StJ/Bartels Rn 18) nachträgl ein Kataloggegenstand eingeführt (und nicht nach § 145 abgetrennt), ist der Rechtsstreit insgesamt an die Kammer abzugeben (KG MDR 2020, 1464; StJ/Bartels Rn 18; aA MK/Stackmann Rn 48 unter Verweis auf § 261 III Nr 2, der jedoch bei neuem Streitgegenstand nicht gilt; Vergleichbarkeit besteht eher mit § 506). – IE geht es um folgende Sachgebiete:

9 **a) Ansprüche aus Veröffentlichungen (Nr 2a):** s § 72a GVG Rn 8;

10 **b) Bank- und Finanzgeschäfte (Nr 2b):** s § 72a GVG Rn 4;

11 **c) Bau-, Architekten- u baubezogene Ingenieurverträge (Nr 2c):** s § 72a GVG Rn 5;

12 **d) Rechts-, Steuer- und Wirtschaftsberatung (Nr 2d):** Erfasst werden alle Streitigkeiten aus entspr Berufstätigkeit, Vergütungs- ebenso wie Schadensersatzansprüche (BTDrs 14/4722, 88);

13 **e) Heilbehandlung (Nr 2e):** s § 72a GVG Rn 6;

14 **f) Handelssachen (Nr 2f):** Wenn an einem LG keine KfH besteht oder in einem Rechtsstreit iSv § 95 GVG kein Antrag auf Verh vor der KfH gestellt wurde, ist das Kollegium originär zuständig, sofern der Zivilkammer Handelssachen allg oder bestimmte Sachen aus dem Katalog des § 95 I GVG (zB Wettbewerbssachen) durch den GVP bes zugewiesen sind und der Rechtsstreit von dieser Zuweisung erfasst wird;

15 **g) Fracht-, Speditions- u Lagergeschäfte (Nr 2g):** Anders als bei Buchst f genügt hier einseitiges Handelsgeschäft;

16 **h) Versicherungsvertrag (Nr 2h):** Direktansprüche des Geschädigten gegen den Versicherer fallen nicht darunter. IÜ s § 72a GVG Rn 7;

17 **i) Urheber- u Verlagsrecht (Nr 2i):** Streitigkeiten nach dem UrhG, VGG, KunstUrhG, VerlG;

18 **j) Kommunikations- und Informationstechnologie (Nr 2j):** Dieser wenig konkrete Sammelbegriff soll nach BTDrs 14/4722, 89 die Ansprüche aus dem Bereich des telekommunikativen Geschäftsverkehrs ebenso erfassen wie vertragl und deliktische Ansprüche (einschl Produkthaftung) in Bezug auf Computer und Software;

19 **k) Streitwertunabhängige Spezialzuständigkeiten:** s § 71 II, III GVG.

20 ***III) Kammersachen kraft Übernahme* (§ 348 III). 1) Verfahren.** Der **Einzelrichter** muss einen Rechtsstreit der Kammer vorlegen, wenn er bes Schwierigkeit oder grundsätzl Bedeutung aufweist. Die Regelung umfasst auch die Fälle der Rechtsfortbildung und Sicherung einer einheitl Rspr und gewährt kein Ermessen (BGH NJW

2011, 2974, 2976; BGH NJW 2003, 1254). Die Vorlagepflicht wird in der Praxis vielfach missachtet (rechtstatsächl Angaben bei Greger JZ 2004, 815); dadurch wird uU das Verfassungsgebot des ges Richters verletzt (s Rn 24). Dies kann sich auch aus den Gründen der Entscheidung (BGH NJW 2003, 3712), der Zulassung der Rechtsbeschwerde (s § 574 Rn 9; zur Revisionszulassung s § 543 Rn 21) oder der Vorlage an das BVerfG (BVerfGK 18, 220) ergeben. Die Vorlage kann nicht durch eine Anfrage bei der Kammer ersetzt werden (BGH NJW 2004, 223). Eine zeitl Schranke besteht für die Vorlage nicht (MK/Stackmann Rn 17; aA Fölsch NZI 2003, 400: Entscheidungsreife). Nach III 1 Nr 3 muss ER auch vorlegen, wenn die Parteien dies übereinstimmend beantragen. Antrag ist Prozesshandlung (Anwaltszwang), bis zur Vorlage rücknehmbar (MK/Stackmann Rn 19). – Die **Kammer** spricht nach Anhörung der Parteien (MK/Stackmann Rn 24; aA AG/Göertz Rn 52) durch Beschluss die Übernahme aus, wenn sie Schwierigkeit oder Grundsätzlichkeit bejaht, andernfalls die Ablehnung der Übernahme. Kein Ermessen (MK/Stackmann Rn 22), keine Bindung an Parteianträge (MK/Stackmann Rn 23; WSch/Borck Rn 81 ff). Wurde Übernahme beschlossen, verbleibt die Sache endgültig in der Kammerzuständigkeit (III 4). Bei Ablehnung erneute Vorlage nur bei veränderter Prozesslage zulässig (HM-S/Engers Rn 54). – **Ohne Vorlage** kann die Kammer den Rechtsstreit nicht an sich ziehen (BVerfG NJW 2023, 2336 zu § 568 S 2: Verstoß gegen gesetzl Richter; StJ/Bartels Rn 46).

2) Voraussetzungen. a) Besondere Schwierigkeit kann sich aus tatsächl oder rechtl Gründen ergeben, liegt aber nur vor, wenn der Rechtsstreit deutl über das übliche Maß hinausgehende Anforderungen stellt. Dabei kommt es auch auf subj Gegebenheiten beim ER (zB Erfahrung, Spezialisierung) an (MK/Stackmann Rn 13; sa BTDrs 13/6398, 28). Erhebl Umfang, hoher Streitwert sowie Zugehörigkeit zu einem Sachgebiet nach I 2 Nr 2 (BGH NJW 2013, 2601) sind keine entscheidenden Gesichtspunkte. 21

b) Grundsätzliche Bedeutung kann sich (anders als bei § 543 II) auch aus tatsächl Gründen, insb wirtschaftl Art, ergeben. Entscheidend ist Bedeutsamkeit über den Einzelfall hinaus; wirtschaftl Bedeutung für die Parteien allein genügt nicht. Eine **Divergenzvorlage** ist nicht vorgesehen; jedoch wird in solchen Fällen oft grundsätzl Bedeutung zu bejahen sein (BGH NJW 2003, 3712). ER kann auch mit der Begründung vorlegen, dass er eine Änderung einer stRspr der Kammer für veranlasst hält. Folgt Kammer dem nicht, lehnt sie Übernahme ab; ER wird dadurch an abweichender Entscheidung nicht gehindert. 22

IV) Rechtsmittel. Beschwerde gegen **Beschlüsse nach II** ist ausgeschlossen, auch der (Nicht-)Übernahmebeschluss nach **III 3** ist unanfechtbar (**IV**). – Auf Fehlerhaftigkeit solcher Beschlüsse kann auch ein Rechtsmittel gegen die **Hauptentscheidung** (insb Berufung gegen das Urteil) nicht gestützt werden (§ 512), dgl nicht auf die unterbliebene Vorlage an die Kammer (IV; Ausnahme: s Rn 24). – IÜ können jedoch Urteile, die unter **Verstoß gegen die Funktionsverteilung** zwischen Kammer und ER ergangen sind, wegen Verfahrensfehlers mit Berufung angefochten werden, denn es handelt sich nicht um einen Zuständigkeitsmangel nach § 513 II, sondern um die **falsche Besetzung des Gerichts** (der ER entscheidet nicht statt der Kammer, sondern als Kammer, § 348 I 1; vgl BGH NJW 2003, 1254, 1255 [zu § 568]). Somit kann gerügt werden, dass ohne Vorliegen eines Kammerbeschlusses nach II der ER in einer Kammersache nach I 2 oder die Kammer an Stelle des originären ER nach I 1 entschieden hat oder dass das Urteil nach einer unzulässigen Zurückübertragung iSv III 4 ergangen ist (aA MK/Stackmann Rn 69; wie hier bei fehlerhafter ER-Entscheidung WSch/Borck Rn 102 ff, bei fehlerhafter Zurückübertragung StJ/Bartels Rn 51). Eine Heilung dieser Mängel ist ausgeschlossen (s § 295 Rn 4). – Ist die Sache deswegen vor den originären ER gelangt, weil die Spezialzuständigkeit einer anderen Kammer übersehen wurde (s Rn 7), liegt der Fehler in dem heilbaren (s § 295 Rn 3) u nicht rügbaren (§ 513 II) Zuständigkeitsmangel. 23

Neben Aufhebung auf Rechtsmittel ggf **Verfassungsbeschwerde** oder **Nichtigkeitsklage** nach § 579 I Nr 1 bei Verletzung des Anspruchs auf den gesetzlichen Richter (Art 101 I 2 GG); gegeben, wenn in offenbar unvertretbarer Anwendung von § 348 fälschl durch den ER oder das Kollegium entschieden wird (BGH NJW 2011, 2974, 2976; BGH MDR 2016, 413). 24

§ 348a Obligatorischer Einzelrichter

(1) Ist eine originäre Einzelrichterzuständigkeit nach § 348 Abs. 1 nicht begründet, überträgt die Zivilkammer die Sache durch Beschluss einem ihrer Mitglieder als Einzelrichter zur Entscheidung, wenn

1. die Sache keine besonderen Schwierigkeiten tatsächlicher oder rechtlicher Art aufweist,
2. die Rechtssache keine grundsätzliche Bedeutung hat und
3. nicht bereits im Haupttermin vor der Zivilkammer zur Hauptsache verhandelt worden ist, es sei denn, dass inzwischen ein Vorbehalts-, Teil- oder Zwischenurteil ergangen ist.

(2) [1]Der Einzelrichter legt den Rechtsstreit der Zivilkammer zur Entscheidung über eine Übernahme vor, wenn

1. sich aus einer wesentlichen Änderung der Prozesslage besondere tatsächliche oder rechtliche Schwierigkeiten der Sache oder die grundsätzliche Bedeutung der Rechtssache ergeben oder
2. die Parteien dies übereinstimmend beantragen.

[2]Die Kammer übernimmt den Rechtsstreit, wenn die Voraussetzungen nach Satz 1 Nr. 1 vorliegen. [3]Sie entscheidet hierüber nach Anhörung der Parteien durch Beschluss. [4]Eine erneute Übertragung auf den Einzelrichter ist ausgeschlossen.

(3) Auf eine erfolgte oder unterlassene Übertragung, Vorlage oder Übernahme kann ein Rechtsmittel nicht gestützt werden.

1 **I) Bedeutung.** Auch in den landgerichtl Verf 1. Instanz, in denen nicht schon kraft Gesetzes der ER zur Entscheidung berufen ist (§ 348 I), soll nur dann die vollbesetzte Kammer entscheiden, wenn dies wegen Schwierigkeit oder grundsätzl Bedeutung geboten ist. Anderenfalls ist sie (außer im Fall von I Nr 3) zur Übertragung auf den ER verpflichtet. Auf diesem Weg kann auch der Proberichter streitentscheidender ER werden (OLG München MDR 2016, 179). Vorschrift gilt auch für Nebenverf (PKH, sBV, Arrest, einst Vfg [MskV/Wittschier Rn 3], aber nicht mehr nach Widerspruch [OLG München MDR 2018, 1461]). Unter den Voraussetzungen von II ist der ER zur Rückübertragung auf die Kammer verpflichtet.

2 **II) Übertragung auf den Einzelrichter (§ 348a I). 1) Voraussetzungen.** Der Rechtsstreit darf keine bes Schwierigkeit und keine grundsätzl Bedeutung aufweisen (s § 348 Rn 21 f). Letzteres kommt in Betracht, wenn der ER bekanntermaßen eine von der Rspr des BGH oder der Kammer abw Ansicht vertritt (OLG Stuttgart NJW-RR 2020, 1323, 1325).

3 **2) Verfahren.** Übertragung ist frühestens nach Vorliegen der **Klageerwiderung** mögl (OLG München MDR 2016, 179; in der Gelegenheit zur Stellungnahme des Bekl nach § 277 I 2, § 275 I 2 Hs 2 liegt rechtl Gehör; zur Zurückstellung der Verfahrenswahl nach § 272 II s § 274 Rn 2) und nicht mehr, wenn bereits im **Haupttermin** verhandelt wurde. Darunter ist (unabhängig von seiner Bezeichnung) jeder gem § 272 I umfassend vorbereitete Termin zur mündl Verh (OLG Düsseldorf NJW-RR 96, 638; WSch/Borck Rn 67 ff) und auch der dem Schluss der mündl Verh entspr Termin im schriftl Verf (s § 128 Rn 14; OLG München NJW-RR 88, 1512; WSch/Borck Rn 72 ff) zu verstehen, nicht der Gütetermin gem § 278 II. – Ist die Sache schon vor Durchführung eines Haupttermins **entscheidungsreif** (zB bei Säumnis), geht selbstverständl der Erlass der Entscheidung vor (Übertragung ggf nach Einspruch). – **Ausnahmen:** Durchführung eines Haupttermins hindert die Übertragung nicht, wenn er zu einem Vorbehalts-, Teil- oder Zwischenurteil geführt hat. Nach **Verweisung** gem § 281 steht vor dem abgebenden Gericht durchgeführter Haupttermin der Zuweisung an den ER nicht entgegen.

4 **3) Form.** Beschluss der Kammer. Begründung ist nur erforderl, wenn Einwendungen erhoben wurden. In mündl Verh Verkündung, ansonsten formlose Mitteilung des Beschlusses (§ 329 I, II 1). Die **Person des ER** braucht im Beschluss nicht bestimmt zu werden (dazu s § 348 Rn 4).

5 **4) Wirkung. a)** Durch die Übertragung wird der ER an Stelle des Kollegiums **Prozessgericht** mit allen Kompetenzen (näher s § 348 Rn 2; zur Fortdauer bei Verweisung s § 281 Rn 15b). Er entscheidet auch, ob einer Beschwerde gegen Kammerentscheidung abzuhelfen ist (OLG Dresden MDR 2008, 645). Rückfall an das Kollegium nur im Wege des II (s Rn 8 ff), nicht bei Richterwechsel, Verhinderung oder Überlastung (s hierzu § 21g II, III GVG).

6 **b)** Eine Übertragung **nur zur Vorbereitung** der Kammerentscheidung (wie nach § 527 im Berufungsverf) ist nicht mögl; dieses Ziel kann nur durch eine Beauftragung nach § 372 II, § 375 I u Ia, §§ 402, 434, 451 unter den dort genannten Voraussetzungen erreicht werden. Fehlerhafter Übertragungsbeschluss kann uU so umgedeutet werden (BGH NJW 80, 2307, 2309). – Zu einer **Teilübertragung** des Rechtsstreits kann es nur kommen, wenn vorher eine Prozesstrennung nach § 145 I vorgenommen wurde.

7 **c) Identität des Verf** bleibt gewahrt. Der Prozess geht in dem Stand über, in dem er sich befand; die bish Ergebnisse bleiben bestehen. Klageerweiterungen und -änderungen, Parteiänderungen und Widerklagen lassen die Verfahrensidentität und damit die Zuständigkeit des ER ebenfalls unberührt (MK/Stackmann Rn 5; aA OLG München NJW-RR 92, 123: Bei Parteierweiterung vor dem ER soll Rechtsstreit bzgl des neuen Bekl vor der Kammer anhängig werden).

8 **III) Rückübertragung (§ 348a II). 1) Zulässigkeit.** Rückgabe widerspricht dem auf ökonomisches Verf gerichteten Normzweck und ist daher auf Ausnahmefälle zu beschränken, in denen sich aus einer **wesentl Veränderung der Prozesslage** nach dem Übertragungsbeschluss, zB durch Klageänderung oder völlig neuen Vortrag der Parteien, die bes Schwierigkeit oder grundsätzl Bedeutung der zu treffenden Entscheidung ergibt. In diesem Fall verletzt Unterlassen der Rückgabe aber das Verfassungsgebot des gesetzl Richters (BGH MDR 2023, 118). Veränderung in der Beurteilung der im Wesentl unveränderten Prozesslage genügt nicht. ER ist daher auch nicht zur Rückübertragung verpflichtet, wenn er Vorlage an den EuGH für geboten hält (OLG Stuttgart NJW-RR 2020, 1323, 1324 f; LG Ravensburg VuR 2020, 381, 386 [Maier]; Piekenbrock GPR 2020, 240, 244 f; aA beiläufig BGH ZIP 2020, 865 Tz 15).

9 **2) Verfahren.** *Entscheidung trifft die Kammer* nach Anhörung der Parteien; ER kann nur vorlegen (bei übereinstimmendem Antrag der Parteien muss er dies). **Teilrückgabe** mögl nach Prozesstrennung durch den ER (§ 145 I).

3) Wirkung. Jegl Entscheidungsbefugnis des ER endet; das gilt auch für seine Befugnis zu Ordnungsmaßnahmen gegen vorher vor ihm aufgetretene Zeugen iSv § 380, § 381 I 2, § 390 (OLG Köln MDR 74, 238). Vom ER bereits getroffene Zwischenentscheidungen und gewonnene Beweisergebnisse bleiben aber auch für das weitere Verf vor der Kammer wirksam, denn Verfahrenseinheit bleibt bestehen. Kammer muss neu verhandeln (§ 309). 10

4) Keine erneute Übertragung auf den Einzelrichter (§ 348a II 4). Sie scheidet auch dann aus, wenn die grundsätzl Bedeutung der Sache sich durch Vorbehalts-, Teil- oder Zwischenentscheidung erledigt hat (MskV/Wittschier Rn 19). Einem Einsatz des ER als beauftragter Richter (s Rn 6) steht dies aber nicht entgegen. 11

IV) Rechtsmittel. Keine Beschwerde gegen Übertragungs- u Rückübernahmebeschluss (§ 567 I). Auch Berufung kann nicht auf diesbzgl Fehlentscheidung gestützt werden (III). Rügbar wäre allenfalls ein Verstoß gegen den Grundsatz des ges Richters wegen willkürl Vornahme oder Unterlassung einer Übertragung, Vorlage oder Übernahme (s § 348 Rn 24). Dabei wäre es aber sinnwidrig, ein Urteil wegen des erst nach dem Haupttermin erlassenen Überweisungsbeschlusses aufzuheben (so OLG Schleswig NJW 88, 69 in Verkennung des Normzwecks der Prozessökonomie). Entscheidet der ER aber in einer originären Kammersache (§ 348 I 2), ohne dass der Rechtsstreit auf ihn übertragen wurde, oder auf Grund einer ausgeschlossenen Rückübertragung nach II 4, so ist das Urteil mit Berufung anfechtbar (s § 348 Rn 23). 12

§ 349 Vorsitzender der Kammer für Handelssachen

(1) [1]In der Kammer für Handelssachen hat der Vorsitzende die Sache so weit zu fördern, dass sie in einer mündlichen Verhandlung vor der Kammer erledigt werden kann. [2]Beweise darf er nur insoweit erheben, als anzunehmen ist, dass es für die Beweiserhebung auf die besondere Sachkunde der ehrenamtlichen Richter nicht ankommt und die Kammer das Beweisergebnis auch ohne unmittelbaren Eindruck von dem Verlauf der Beweisaufnahme sachgemäß zu würdigen vermag.

(2) Der Vorsitzende entscheidet

1. **über die Verweisung des Rechtsstreits;**
2. **über Rügen, die die Zulässigkeit der Klage betreffen, soweit über sie abgesondert verhandelt wird;**
3. **über die Aussetzung des Verfahrens;**
4. **bei Zurücknahme der Klage, Verzicht auf den geltend gemachten Anspruch oder Anerkenntnis des Anspruchs;**
5. **bei Säumnis einer Partei oder beider Parteien;**
6. **über die Kosten des Rechtsstreits nach § 91a;**
7. **im Verfahren über die Bewilligung der Prozesskostenhilfe;**
8. **in Wechsel- und Scheckprozessen;**
9. **über die Art einer angeordneten Sicherheitsleistung;**
10. **über die einstweilige Einstellung der Zwangsvollstreckung;**
11. **über den Wert des Streitgegenstandes;**
12. **über Kosten, Gebühren und Auslagen.**

(3) Im Einverständnis der Parteien kann der Vorsitzende auch im Übrigen an Stelle der Kammer entscheiden.

(4) Die §§ 348 und 348a sind nicht anzuwenden.

I) Bedeutung. Für die **Kammer für Handelssachen** (§§ 93 ff GVG) bedarf es einer bes Regelung der richterl Aufgabenverteilung, weil dort neben dem Vors nur ehrenamtl Richter tätig sind. Daher überträgt § 349 dem Vors der KfH zur selbständigen Erledigung alle Aufgaben bis auf diej, für die es „auf die bes Sachkunde der Handelsrichter ankommt". Diese Arbeitsteilung entlastet die Handelsrichter weitgehend durch die Beschränkung ihrer Inanspruchnahme auf die sachkundige Mitwirkung bei der Urteilsfindung. Kollegialentscheidung ist (vorbehaltl § 309) auch dort zulässig und wirksam, wo Alleinentscheidungskompetenz des Vors besteht (StJ/Bartels Rn 13). Eine Bestellung des Vors zum ER iSv §§ 348 f ist nicht mögl (IV). 1

II) Befugnisse des Vorsitzenden. 1) Verfahrensförderung (§ 349 I 1). Die Vorbereitung des Haupttermins (§§ 272, 273) obliegt dem Vors allein, also die Terminsbestimmung (§ 216), evtl auch -änderung (§ 227), die Veranlassung der in § 273 II vorgesehenen Förderungsmaßnahmen, das Setzen und Abändern (§ 224) von Erklärungsfristen für den Bekl (§ 275 I u III bzw § 276) u den Kl (§ 275 IV bzw § 276 III) mit den hierfür erforderl Hinweisen (§ 276 II, § 277 II u IV). 2

2) Beweiserhebung (§ 349 I 2). Sie ist ihm nur gestattet, soweit es sowohl für die Fragen der Entscheidungserheblichkeit des Beweisthemas, der Beweisbedürftigkeit und der Eignung des Beweismittels (s vor § 284 Rn 9 ff) 3 als auch für die Beweiserhebung selbst auf die bes Sachkunde der Handelsrichter nicht ankommt. Zudem müssen die Handelsrichter zur Würdigung des Beweisergebnisses auch ohne die Teilnahme voraussichtl in der Lage sein. Ergibt sich Maßgeblichkeit der bes Sachkunde der Handelsrichter erst während der Beweisaufnahme, ist sie vor der Kammer zu wiederholen. Nichtbeachtung dieser Grundsätze verstößt gegen § 355. Rechtsmittel s § 355 Rn 5.

4 3) **Alleinentscheidung (§ 349 II).** Der Vors ist hierzu ohne Einwilligung der Parteien in den in II genannten Fällen (s Rn 5-16) befugt. Der Katalog ist jedoch nicht erschöpfend; zu weiteren Befugnissen s Rn 17. **Überschreitung der Entscheidungskompetenz** ist gem § 295 heilbarer Verfahrensmangel (arg III); ansonsten ist die Entscheidung mit den gewöhnl Rechtsmitteln anfechtbar (§ 350).

5 **a) Verweisungen** (insb § 281 ZPO, §§ 97, 99 GVG, auch § 17a II GVG);

6 **b) Zwischen- oder Endurteil** über **Zulässigkeit der Klage**, soweit hierüber abgesondert verhandelt wird, einschl Anordnung dieser Verh nach § 280 (BGH NJW-RR 2001, 930);

7 **c) Aussetzung** des Verf gem §§ 65, 148, 149, 246, ebenso das **Ruhen** des Verf (§§ 251, 251a) sowie die Beendigung des VerfStillstands §§ 150, 155, 250. Zur Aussetzung und Vorlage an BVerfG oder EuGH (s § 148 Rn 3a f) ist der Vors nur berufen, wenn er für die Entscheidung (zB nach III) zuständig ist, für die es auf die Vorlagefrage ankommt (BVerfGE 98, 145, 151; WSch/Borck Rn 89);

8 **d) Klagerücknahme** (§ 269 IV), **Verzicht** auf den Klageanspruch (§ 306), **Anerkenntnis** (§ 307), auch Rücknahme des Einspruchs bzw Verzicht auf diesen (§ 346), Berufungsrücknahme (§ 516); auch Entscheidung über Vorliegen wirksamer Erklärungen dieser Art (StJ/Bartels Rn 17; aA WSch/Borck Rn 97 f);

9 **e) Säumnis**; Vors kann echtes oder unechtes VU (s vor § 330 Rn 10, 11) erlassen, auch Urteil nach Aktenlage (§§ 251a, 331a) bzw Anordnung des Ruhens des Verf (§§ 251, 251a), auch über Zulässigkeit des Einspruchs (§§ 303, 341, 345) u über WE in den vorigen Stand (§§ 233, 238 II) wegen Versäumung der Einspruchsfrist entscheiden (WSch/Borck Rn 102; StJ/Bartels Rn 19a);

10 **f)** Kostenentscheidung nach unstreitiger **Erledigung der Hauptsache**, § 91a;

11 **g)** Entscheidungen im **PKH-Verfahren** (§§ 114 ff), einschließl Beweiserhebung (§ 118 II) u Aufhebung der Bewilligung (StJ/Bartels Rn 22);

12 **h)** Entscheidung im **Wechsel- u Scheckprozess** (§§ 602, 605a); jedoch nicht im Nachverf (§ 600) u nicht im allg Urkundenprozess (§ 592; Bergerfurth NJW 75, 333), falls nicht Einverständnis der Parteien (III) hierfür vorliegt;

13 **i)** Entscheidung über **Art der Sicherheitsleistung** (§ 108), entspr auch über deren Höhe (§§ 108, 112; MskV/Wittschier Rn 14; aA WSch/Borck Rn 108) u Rückgabe (§§ 109, 715, soweit nicht Rpfleger zuständig, § 20 I Nr 3 RPflG);

14 **j) Einstellung der ZwV** (§§ 707, 719, 769);

15 **k) Streitwertfestsetzung** (§§ 3-9 ZPO, §§ 62, 63 GKG);

16 **l) Entscheidung über Kosten, Gebühren u Auslagen**, soweit hierüber nicht im Endurteil der Kammer oder durch den Rpfleger (§ 21 RPflG) zu entscheiden ist, also zB Erinnerung gegen dessen KFB.

17 **m) Weitere Entscheidungsbefugnisse** ergeben sich aus § 944 (Arrest u einstw Verfügung bei Dringlichkeit) sowie aus dem allg Förderungsauftrag in I, der alle „die bes Sachkunde der ehrenamtl Richter" nicht erfordernden **Vor- und Zwischenentscheidungen** umfasst, welche die Hauptsacheentscheidung nicht präjudizieren (StJ/Bartels Rn 28; Bergerfurth NJW 75, 331), also zB über Verbindung oder Trennung (§§ 145, 147), Anordnung u Durchführung der selbständigen Beweiserhebung (§§ 486, 490), Zulassung von Streithelfern (§ 71; vgl OLG Frankfurt NJW 70, 817), Bewilligung einer öffentl Zustellung (§ 186 I; OLG Frankfurt MDR 87, 414), Berechtigung der Zeugnisverweigerung (§ 387), Verweisung vor den Güterichter (§ 278 V). Zur Güteverh gem § 278 II s § 278 Rn 11. Vergleichsbeschlüsse nach § 278 VI kann der Vors wegen ihres deklaratorischen Charakters allein erlassen (StJ/Bartels Rn 32).

18 **4) Entscheidung mit Einverständnis der Parteien (§ 349 III).** In diesem Fall ist der Vors zu jeder Entscheidung des Prozessgerichts befugt; er kann aber trotzdem mit den Handelsrichtern entscheiden (MK/Stackmann Rn 31). Das Einverständnis ist als Prozesshandlung außerhalb der mündl Verh durch Schriftsatz, sonst mündl zu Protokoll zu erklären (zu weitgehend BVerfGE 98, 145, 153: konkludentes Einverständnis durch Stellen der Sachanträge nach Verh mit dem Vors) u wie jenes nach § 128 II nur bei einer wesentl Änderung der Prozesslage widerrufl (s § 128 Rn 5; StJ/Bartels Rn 33b; MskV/Wittschier Rn 19; weitergehend WSch/Borck Rn 126). Es wird (anders als bei § 128 II) nicht durch die nächstfolgende (Zwischen-)Entscheidung verbraucht, sondern verschafft dem *Vors für die ganze* Instanz einschließl ZwV die Stellung als Prozessgericht (OLG Karlsruhe OLGZ 73, 373; StJ/Bartels Rn 34). Neuverh nach Zurückverweisung durch das Berufungsgericht ist nicht umfasst (PG/Schmaltz Rn 5; aA RSchwab/Gottwald § 108 Rn 40). Zur Wiederaufnahme s § 584 Rn 1.

§ 350 Rechtsmittel

Für die Anfechtung der Entscheidungen des Einzelrichters (§§ 348, 348a) und des Vorsitzenden der Kammer für Handelssachen (§ 349) gelten dieselben Vorschriften wie für die Anfechtung entsprechender Entscheidungen der Kammer.

Die Vorschrift bestätigt die Stellung des ER und des Vors der KfH als – an die Stelle des Kollegiums tretendes – 1
Prozessgericht (s § 348 Rn 2). Näher zu den Rechtsmitteln s § 348 Rn 23, § 348a Rn 12, § 349 Rn 4.

§§ 351 bis 354 (weggefallen)

Titel 5
Allgemeine Vorschriften über die Beweisaufnahme (§§ 355-370)

Vorbemerkungen zu §§ 355-370

1) Systematik des Beweisrechts. Die §§ 355-370 regeln das Verf der Beweisaufnahme. Diese ist zwar nicht Teil 1
der mündl Verh iSv § 128 I, aber eng mit ihr verknüpft (s §§ 370, 285), idR in einem einheitl Termin (s § 279 II, III; Ausnahmen zB §§ 361 ff). Die Vorschriften über die Öffentlichkeit der Verh u deren Beschränkung (§§ 169 ff GVG, § 19 II GeschGehG, § 273a) gelten auch für die Beweisaufnahme. In den §§ 371-484 werden die im Zivilprozess zugelassenen Beweismittel geregelt. Weitere beweisrechtl Vorschriften, insb zu Beweisanträgen, Beweislast und Beweiswürdigung, finden sich in §§ 284 ff.

2) Grundsatz des Strengbeweises. Der ZPO liegt das Prinzip des Strengbeweises zugrunde, dh die Sachver- 2
haltsfeststellung darf grds nur in den in §§ 371 ff geregelten Formen geschehen: Augenschein (§§ 371-372a), Zeugen (§§ 373-401), SV-Gutachten (§§ 402-414), Urkunden (§§ 415-444) u Parteivernehmung (§§ 445-455). Die Einholung amtl Auskünfte kann vAw als vorbereitende Maßnahme (§ 273 II Nr 2), auf Antrag auch als Ersatz für Zeugen-, SV- oder Urkundenbeweis angeordnet werden (vgl § 358a 2 Nr 2; zur Beweismittelfunktion BWStGH NJW 2015, 1869; Ahrens Beweis Kap 21 Rn 4). Zur ausnahmsweisen Freistellung von diesen Vorschriften (sog Freibeweis) s § 284 I 2-4.

§ 355 Unmittelbarkeit der Beweisaufnahme

(1) [1]Die Beweisaufnahme erfolgt vor dem Prozessgericht. [2]Sie ist nur in den durch dieses Gesetz bestimmten Fällen einem Mitglied des Prozessgerichts oder einem anderen Gericht zu übertragen.

(2) Eine Anfechtung des Beschlusses, durch den die eine oder die andere Art der Beweisaufnahme angeordnet wird, findet nicht statt.

1) Bedeutung. § 355 normiert den **Grundsatz der Beweisunmittelbarkeit**. Er hängt zusammen mit dem 1
Grundsatz der freien Beweiswürdigung nach § 286, denn eine sachgerechte Bewertung der Beweismittel erfordert oft den unmittelbaren Eindruck (zB hins Glaubwürdigkeit eines Zeugen; sa § 375 u vor § 373 Rn 14). Verfassungsrang hat der Grundsatz der Beweisunmittelbarkeit aber nicht (BVerfGE 1, 418, 429 = NJW 53, 177); bei schwerwiegenden Verstößen kann Rechtsstaatlichkeit des Verf beeinträchtigt sein (BVerfG NJW 2008, 2243). Ein Verbot indirekter Beweismittel (s § 286 Rn 9a) oder ein Gebot der Heranziehung des sachnächsten Beweismittels folgt aus § 355 nicht und ist der ZPO auch sonst unbekannt (StJ/Berger Rn 29; Völzmann-Stickelbrock ZZP 118 [2005], 368). Zur Beweiserhebung per audiovisueller Übertragung s § 284 II, III.

2) Ausnahmen. Die Einvernahme von Zeugen, SV, Parteien oder die Einnahme des Augenscheins durch einen 2
beauftragten oder ersuchten Richter (§§ 361, 362) ist nur in den ges geregelten Ausnahmefällen (§ 372 II, §§ 375, 402, 434, 451) zulässig (OLG Köln NJW 76, 2218 [Schneider NJW 77, 301]); sa § 527 II zum **ER** in der Berufungsinstanz, § 363 zur Beweisaufnahme im Ausland (hierzu Leipold ZZP 105 [1992], 507). Auch in diesen Fällen wirkt der Grundsatz insofern weiter, als Eindrücke von dem Zeugen und seiner Glaubwürdigkeit vom erkennenden Gericht nur verwertet werden dürfen, wenn sie aktenkundig gemacht und den Parteien mitgeteilt, also zB im Protokoll niedergelegt wurden (BGH NJW 91, 3284; BGH NJW-RR 95, 1210). Oft wird es in diesen

Fällen aber schon an der Voraussetzung der Entbehrlichkeit des unmittelbaren Eindrucks (s § 527 II 2, § 375 I, Ia) fehlen, so dass die Beweisaufnahme dem erkennenden Spruchkörper zu überlassen ist. Erscheint ein Auslandszeuge nicht vor dem Prozessgericht, kann aber nicht allein unter Berufung auf den Unmittelbarkeitsgrundsatz von seiner Vernehmung im Rechtshilfewege abgesehen werden (Leipold ZZP 105 [1992], 510 f). – Zur **Tatsachenfeststellung durch Sachverständige** s § 404a Rn 4. – Zur **Übernahme von Beweisergebnissen anderer Verfahren** s vor § 373 Rn 12 f, vor § 402 Rn 11, § 411a; zur Beweisaufnahme für mehrere Verf in 1 Termin s § 147 Rn 10. – Zum **selbständigen Beweisverfahren** s § 493 Rn 1.

3 **3) Prozessgericht.** Darunter versteht § 355 das gesamte Kollegium, in den Fällen der §§ 348 f, § 526, § 527 (mit den dort vorgesehenen Maßgaben) den ER. Wegen des Vors der KfH s § 349 Rn 3. Zum beauftragten Richter s Rn 2. Unzulässig ist die Beweisaufnahme durch 2 Mitglieder des Kollegiums (zB Vors und Berichterstatter; BGHZ 32, 233, 236 = NJW 60, 1252). – Zu den Anforderungen an Beweiserhebung und -würdigung durch **Berufungsgericht** s § 529 Rn 2 ff.

4 Ein **Richterwechsel** nach einer Beweiserhebung erfordert nicht grds deren Wiederholung (BVerfG NJW 2008, 2243; BGHZ 53, 245, 257), denn eine frühere Aussage könnte, wenn sie nur zuverlässig – nötigenfalls auch bzgl der für die Glaubwürdigkeit des Zeugen sprechenden Umstände – protokolliert ist (§ 160 III 4), auch urkundenbeweisl verwertet werden (s vor § 373 Rn 12). Entspr gilt für den Augenscheinsbeweis. Bei der Beweiswürdigung darf aber nur das berücksichtigt werden, was auf der Wahrnehmung aller an der Entscheidung beteiligten Richter beruht oder aktenkundig ist und wozu die Parteien sich erklären konnten (BVerfG NJW 2008, 2243); kommt es auf nicht protokollierte Eindrücke an, ist die Beweiserhebung nach einem Richterwechsel daher zu wiederholen (BGHZ 212, 286 = NJW 2017, 1313 Tz 28; BGH NJW 97, 1586). Durch einen den Parteien zur Kenntnis gebrachten, mit Gründen versehenen Vermerk des ausgeschiedenen Richters über die Beurteilung der Glaubwürdigkeit kann dies uU vermieden werden (Selk NJW 2024, 1383, 1386). Zur Heilbarkeit eines Verstoßes s Rn 5.

5 **4) Rechtsmittel.** Liegt in der Verwertung des kommissarisch erhobenen Beweises eine Verletzung des Unmittelbarkeitsgrundsatzes (s Rn 1 f), kann dieser Verfahrensfehler mit Berufung oder Revision gerügt werden (BGH NJW 91, 1302). Die Beachtung des § 355 ist zwar nach § 295 verzichtbar (BGHZ 40, 179 = NJW 64, 108, wonach es hierfür schon ausreichen soll, wenn die Parteien selbst die kommissarische Vernehmung beantragt haben); jedoch wird den Parteien idR erst aus dem Urteil erkennbar werden, dass eine unzulässige Verwertung stattgefunden hat (BGH NJW 91, 1180; BGH NJW-RR 97, 506; BGH NJW-RR 2011, 569). **Beschluss**, mit dem Beweisaufnahme vor kommissarischem Richter angeordnet wird, ist unanfechtbar. Ausnahme: § 252 Rn 1.

§ 356 Beibringungsfrist

Steht der Aufnahme des Beweises ein Hindernis von ungewisser Dauer entgegen, so ist durch Beschluss eine Frist zu bestimmen, nach deren fruchtlosem Ablauf das Beweismittel nur benutzt werden kann, wenn nach der freien Überzeugung des Gerichts dadurch das Verfahren nicht verzögert wird.

1 **1) Bedeutung.** § 356 will der Prozessverschleppung durch Verzögerung der Beweisaufnahme vorbeugen. Ist bereits der Beweisantrag verspätet, erfolgt Zurückweisung gem §§ 282, 296 II. § 356 soll auch rechtl Gehör sichern: Die Übergehung eines Beweisantrags wegen eines Hindernisses iSv § 356 verstößt gegen Art 103 I GG, wenn das Gericht es unterlassen hat, der Partei Gelegenheit zu geben, innerhalb der richterl gesetzten Frist das Hindernis zu beheben (BVerfG NJW 1985, 3005, 3006 = MDR 1985, 817). Bloße Mitteilung des Hindernisses reicht nicht (OLG Frankfurt MDR 2014, 298). Zur Zurückweisung ungeeigneter, unzulässiger oder unerreichbarer Beweismittel s vor § 284 Rn 10a ff. Zur Nichteinzahlung des Auslagenvorschusses s § 379 Rn 7. Sondervorschrift für Urkundenbeweis: § 431.

2 **2) Anwendungsbereich. Hindernis** iS § 356 kann nur ein Umstand sein, der in der Risiko- und Einflusssphäre des Beweisführers liegt (zur Abgrenzung von der Beweisvereitelung durch den Beweisgegner: Gerhardt ZZP 86 [1973], 63). **Verschulden** ist unerhebl (BGH NJW 72, 1133; BGH NJW 89, 227 = MDR 89, 54); entscheidend ist die Behebbarkeit (bei Fehlen: s vor § 284 Rn 10a, 11c). Beispiele: fehlende Angabe der ladungsfähigen Anschrift des Zeugen (BGH NJW 74, 188), Weigerung, sich einer zu Beweiszwecken angeordneten und ihrer Art nach zumutbaren (OLG Düsseldorf VersR 85, 457) ärztl Untersuchung zu unterziehen (BGH NJW 72, 1133 = MDR 72, 508; OLG München NJW 67, 684; OLG Hamm MDR 2003, 1373), Weigerung des Beweisführers, der Verwertung ärztl Untersuchungsergebnisse zuzustimmen (BGH NJW 81, 1319 = MDR 81, 836), Weigerung des Beweisführers, sein Recht gegen einen Dritten auf dessen notwendige Mitwirkung bei einer Beweiserhebung durchzusetzen (OLG Nürnberg MDR 83, 942 zieht hier eine Klage des Beweisführers gegen den Dritten und Aussetzung des Verf in Betracht). Entspr Anwendung auf Beibringung eines Schiedsgutachtens (BGH NJW 2021, 1593).

3 Das Hindernis muss **von ungewisser Dauer** sein, dh seine Behebung muss überhaupt mögl und absehbar sein; ledigl der Zeitpunkt der Behebung darf ungewiss sein, anderenfalls Zurückweisung des Beweisantrages wegen

Unerreichbarkeit (s vor § 284 Rn 11c). Andererseits keine Fristsetzung, wo Dauer des Hindernisses bereits bekannt. Hier ist der Beweistermin entspr weit hinauszusetzen.

3) Entbehrlichkeit der Fristsetzung. Das nicht spezifizierte Angebot eines „**Zeugen NN**" entspricht nicht § 373 und ist daher grds unbeachtl (BGH NJW 83, 1905, 1908; BGH NJW 2011, 1738; Ahrens Beweis Kap 32 Rn 16; Laumen MDR 2020, 145, 148). Eines Hinweises darauf bedarf es nicht (BGH NJW 87, 3077, 3080; aA MK/Heinrich Rn 6; Gottschalk NJW 2004, 294), da dieser Mangel auch für den Beweisführer klar auf der Hand liegt. Dagegen ist das Beweisangebot ledigl unvollständig u gem § 356 Fristsetzung für Bekanntgabe von Namen u Anschrift des Zeugen geboten, wenn der Beweisantritt den Zeugen bereits hinreichend individualisiert u erkennen lässt, dass das Hindernis für die namentl Benennung alsbald behoben werden kann, so zB wenn der Zeuge bereits seiner dienstl Funktion nach bezeichnet (BGH NJW 98, 2368 = MDR 98, 855) oder wenn in Erwartung des Nichtbestreitens eine „Bankbescheinigung" über in Anspruch genommenen Kredit als Verzugsschadensnachweis angeboten wird u hilfsw Vernehmung des „sachkundigen Bankangestellten NN" (Zimmermann JuS 91, 587). – Einer **nochmaligen Fristsetzung** bedarf es nicht, wenn bereits der Beweisbeschluss befristete Auflagen (zB gem § 273) enthalten hatte. 4

4) Verfahren. Anordnung **vAw** (kein Antrag erforderl) durch **Beschluss** des Gerichts, der ohne mündl Verh ergehen kann (§ 128 IV) u dann wegen der Frist zuzustellen ist (§ 329 II 2). Verfügung des Vors oder der den Gerichtsbeschluss nicht wiedergebende Hinweis der GeschStelle genügen nicht (BVerfG NJW 1985, 3005, 3006). **Adressat** der Fristsetzung ist – unabhängig von der Beweislast – die beweisführende Partei (MskV/Stadler Rn 7). Die Frist ist eine richterl iSv § 221 u muss den Umständen nach (solche Umstände hat ggf die betroffene Partei vorzutragen) zeitl angemessen sein. Berechnung nach § 222, **Verlängerung und Abkürzung** zulässig (§ 224 II). Keine **Beschwerde** gegen Ablehnung beantragter Fristsetzung (OLG Celle NJW-RR 2000, 1166). Gegen Einräumung unangemessen langer Beibringungsfrist sof Beschwerde entspr § 252, wenn faktisch Aussetzung des Verf (OLG Köln FamRZ 60, 409). 5

5) Versäumung der Frist. Die Beweiserhebung unterbleibt (§ 230) ohne Androhung (§ 231); auf Verschulden kommt es nicht an (BGH NJW 89, 227; Reinecke MDR 90, 769; aM Sass MDR 85, 96, 98). Jedoch keine Ausschlusswirkung, denn die Fristversäumung kann durch die nachgeholte Beseitigung des Hindernisses behoben werden, solange hierdurch das Verf nicht verzögert wird (s § 296 Rn 11 ff). Bestehen andere Möglichkeiten der Erkenntnisgewinnung, dürfen sie nicht wegen der Fristversäumung ungenutzt bleiben (BGH NJW 2007, 2122). 6

6) Rechtsmittel. Verstöße gegen § 356 (zB Übergehen eines Beweisantritts trotz dessen behebbarer Unvollständigkeit) können Anfechtung des Urteils rechtfertigen (BGH NJW 74, 188), ggf Verfassungsbeschwerde (BVerfG NJW 1985, 3005, 3006 = MDR 1985, 817; BVerfG NJW 84, 1026) oder Rüge gem § 321a. 7

§ 357 Parteiöffentlichkeit

(1) Den Parteien ist gestattet, der Beweisaufnahme beizuwohnen.

(2) [1]Wird die Beweisaufnahme einem Mitglied des Prozessgerichts oder einem anderen Gericht übertragen, so ist die Terminsbestimmung den Parteien ohne besondere Form mitzuteilen, sofern nicht das Gericht die Zustellung anordnet. [2]Bei Übersendung durch die Post gilt die Mitteilung am vierten Tag nach der Aufgabe zur Post als bewirkt, sofern nicht die Partei glaubhaft macht, dass ihr die Mitteilung nicht oder erst in einem späteren Zeitpunkt zugegangen ist.

II 2 geändert durch G zur Modernisierung des Postrechts v 15.7.2024 (BGBl 2024 I Nr 236) mWv 1.1.2025.

I) Grundsatz. Die Beweisaufnahme vor dem erkennenden Gericht ist grds allg-öffentl (§ 169 GVG Rn 8). Auch bei fehlender Allgemeinöffentlichkeit haben aber die Parteien, Streitgehilfen und ProzBev grds das Recht auf physische, gem § 128a auch virtuelle, Anwesenheit, so in den Fällen der §§ 170 ff GVG, bei der Beweisaufnahme vor dem beauftragten (§ 361) oder ersuchten (§ 362) Richter oder an nicht allg zugängl Ort (§ 169 GVG Rn 2). Auch bei **Ermittlungshandlungen des SV** (s § 404a Rn 5) ist den Parteien grds die Anwesenheit zu ermöglichen (zB bei Augenschein, Messungen, Bodenproben: BVerwG NVwZ 2014, 744; zu Verstößen s Rn 6). Anwesenheitsrecht dient dem rechtl Gehör u der Sachaufklärung (Fragerecht, Stellungnahme zum Beweisergebnis). Im Anwaltsprozess darf Partei neben dem RA, allein oder mit einem anderen Vertreter (OLG Düsseldorf MDR 79, 409; E. Schneider MDR 91, 828) erscheinen. Das Gebot der Parteiöffentlichkeit kann der Verwertung eines präsenten, jedoch nicht rechtzeitig angekündigten Beweises entgegenstehen (s § 279 Rn 4). – Zum Vorgehen bei Säumnis s § 367; zu Videovernehmung s § 284 II. 1

II) Einschränkungen. 1) Wohnung, Grundstück. Soll die Beweisaufnahme dort stattfinden, kollidiert § 357 mit Art 13 GG. Wird einer Partei oder ihrem Vertreter der Zutritt verwehrt, muss, wenn die betroffene Partei auf Teilnahme beharrt und nicht durch Entsendung eines Vertreters Abhilfe geschaffen werden kann, die Beweisaufnahme in dieser Form unterbleiben. Kann sie nicht in anderer Weise durchgeführt werden, tritt Beweis- 2 fälligkeit ein; beruht die Unmöglichkeit auf einem sachl Gründe entbehrenden Verhalten des Prozessgegners, kommt auch eine Anwendung der Grundsätze über die Beweisvereitelung (s § 286 Rn 14b) in Betracht, bei entspr Verhalten eines Zeugen, der nur in seiner Wohnung vernommen werden kann, auch die Annahme einer unberechtigten Aussageverweigerung (s § 219 Rn 4); hierbei ist der Rang des Art 13 GG zu beachten (vgl Jankowski NJW 97, 3347).

3 **2) Ärztliche Untersuchung.** Hier besteht kein Anwesenheitsrecht des Gegners (OLG Frankfurt MDR 2011, 652; OLG München NJW-RR 91, 896), auch wenn es sich um den (ehemaligen) Arzt des zu Untersuchenden handelt (OLG Köln NJW 92, 1568; zu Zahnarzt ebenso OLG München GesR 2015, 634; aA OLG Frankfurt GesR 2011, 295).

3a **3) Sitzungspolizei.** Unter den Voraussetzungen von §§ 177 ff GVG kann Partei vorübergehend entfernt werden, ebenso analog § 247 StPO zur Herbeiführung einer ungehemmt wahrheitsgetreuen Aussage (StJ/Berger Rn 15); auch dann aber anschließende Unterrichtung über den Inhalt der Aussage u Gewährung des Fragerechts (§ 397; OLGR Frankfurt 2003, 130).

4 **4) Geheimnisschutz.** Effiziente Rechtsdurchsetzung oder -verteidigung kann gebieten, dass die Partei Tatsachen unter Beweis stellt, an deren Geheimhaltung sie ein verständl Interesse hat. Ein **Schweigegebot** nach § 174 III GVG bietet nur begrenzten Schutz, weil es nicht vor Kenntniserlangung u Nutzung für eigene Zwecke des Gegners bewahrt (Müller/Aldick ZIP 2020, 9, 10). Weiter gehender Schutz kann für Geschäftsgeheimnisse durch einen Antrag auf **Geheimnisschutz nach §§ 16 ff GeschGehG** erlangt werden. Die genannten Vorschriften gelten in Verfahren, in denen Ansprüche wegen rechtswidrigen Erwerbs, Nutzens oder Offenlegens von Geschäftsgeheimnissen oder der Verletzung von Patent- oder Gebrauchsmusterrechten (§ 145a PatG, § 26a GebrMG) geltend gemacht werden, unmittelbar, in anderen Verf nach § 273a analog (s § 273a Rn 1 ff). Mit einem Antrag auf **Zugangsbeschränkung** nach § 273a Hs 2, § 19 GeschGehG kann zwar erreicht werden, dass bestimmte Personen von einer Verh ausgeschlossen werden, in der Geschäftsgeheimnisse offengelegt werden könnten, eine begrenzte Parteiöffentlichkeit muss aber erhalten bleiben (s § 273a Rn 17).

4a Ein **in camera-Verfahren**, bei dem aus Gründen des Geheimnisschutzes Beweismittel nur dem Gericht, nicht dem Prozessgegner zugängl gemacht werden, ist mit § 357 I und dem dahinter stehenden Anspruch auf rechtl Gehör nicht vereinbar (StJ/Berger Rn 17; Baumgärtel/Laumen/Prütting Kap 7 Rn 8 ff; Völzmann-Stickelbrock FS Prütting, 2018, S 585, 592). Die Sonderregelung in § 99 II VwGO ist auf den Zivilprozess nicht entspr anwendbar (BGH NJW 2025, 1116 Tz 51; aA Stadler ZZP 123 [2010], 261, 275 ff). Erforderl wäre eine ausdrückl ges Grundlage (dafür Müller/Aldick ZIP 2020, 9, 15; dagegen Wagner JZ 2007, 717 f). Zulässig ist in camera-Verf aber, wenn die Parteien einverstanden sind (StJ/Berger Rn 18 unter Hinweis auf die von BVerfG NJW 2000, 1175, 1178 anerkannte Möglichkeit, das rechtl Gehör zum Zwecke effizienten Rechtsschutzes einzuschränken; aA Baumgärtel/Laumen/Prütting Kap 7 Rn 9). BGH NJW 2025, 1116 hat sich dazu nicht geäußert.

4b In bestimmten Fällen ist eine mittelbare Beweisführung mögl, zB durch **Zwischenschaltung einer Vertrauensperson** (zB Notar, öffentl bestellter Wirtschaftsprüfer; s § 87c IV HGB). Das BAG hat dies für den Nachweis des Vertretenseins einer Gewerkschaft im Betrieb zugelassen (BAG NJW 93, 612; bestätigend BVerfG NJW 94, 2347; Wagner ZZP 108 [1995], 193, 210 ff; dagegen Prütting/Weth NJW 93, 576), § 58 III ArbGG idF d G v 3.7. 2015 (BGBl I 2015, 1130) hat ein entspr Verf für die Zahl der Gewerkschaftsmitglieder im Betrieb eingeführt (verfassungsrechtl Bedenken bei Germelmann/Matthes/Prütting, § 58 ArbGG Rn 97; Weth FS Prütting, 2018, S 597, 605 ff). Bei einem **Betriebsversuch**, der Einblicke in Geschäftsgeheimnisse einer Partei eröffnet, kann Vertretung der anderen Partei durch einen zur Verschwiegenheit auch ihr gegenüber verpflichteten SV angeordnet u bei Verweigerung des Versuchs von Beweisvereitelung ausgegangen werden (BGH NJW 2014, 3033, 3034 f). Zur Verwertung von Geheimunterlagen durch SV s § 404a Rn 6. Zur Einsicht des Gegners in dem Gericht vertraul zugeleitete Unterlagen BGH MDR 2020, 688. Zum Geheimnisschutz im kartellrechtl Zivilverf s § 89b VI, VII GWB.

5 **III) Gewährleistung. 1) Verfahren.** Um ihr Anwesenheitsrecht ausüben zu können, sind die Parteien von dem Beweistermin zu **verständigen**. Falls die Beweisaufnahme nicht in dem zur mündl Verh bestimmten Termin stattfinden soll oder Terminstag und -ort in einem verkündeten Beweisbeschluss bestimmt wurden (§ 218), sind sie gem § 329 II 2 unter Einhaltung der Ladungsfrist nach § 217 (StJ/Berger Rn 12 f; Teplitzky NJW 73, 1675; OLG Köln MDR 73, 856; aA RG JW 32, 1137) zu dem Termin zu laden. Zustellung an ProzBev reicht (§ 172 I); persönl Ladung der Parteien nur im Falle von § 141 oder § 450. Nach § 370 II genügt bei Beweistermin vor beauftragtem oder ersuchtem Richter formlose Mitteilung; Ladungsfrist (§ 217) ist aber auch hier einzuhalten (zu deren Beginn s § 370 II 2). Zur Ladung bei mögl Teilnahme per Video s § 128a Rn 22; zu Beweistermin im Ausland s § 1073 I 2. – **Absehen von Mitteilung:** Bei Immissionen kann nicht angekündigte Messung durch Untersuchungszweck geboten sein (OLG Saarbrücken MDR 98, 492; OLG Koblenz VersR 2012, 922; OLG Hamm MDR 2015, 301: dann aber sof nachträgl Unterrichtung des Störers).

6 **2) Verstoß.** Beweisaufnahme ist bei Rüge unverwertbar (RGZ 136, 299; zu SV-Gutachten BVerwG NJW 2006, 2058). Aufhebung des Urteils (§ 513 I, § 546, § 562), sofern dieses auf der fehlerhaften Beweiserhebung beruht oder beruhen kann (BGH VersR 84, 946). **Heilung** mögl durch Wiederholung der Beweiserhebung (zu Ermitt-

lungshandlungen des SV s BVerwG NVwZ 2014, 744) oder durch unterlassene Rüge nach § 295 (BGH LM § 13 StVO Nr 7). Zur Ablehnung des SV, der nur 1 Partei zuzieht, s § 406 Rn 7.

3) Kosten. Zur Erstattungsfähigkeit der Anreisekosten einer Partei s § 91 Rn 13.79, zu Vorschuss s § 122 Rn 8 f. 7

§ 357a (weggefallen)

§ 358 Notwendigkeit eines Beweisbeschlusses

Erfordert die Beweisaufnahme ein besonderes Verfahren, so ist es durch Beweisbeschluss anzuordnen.

1) Bedeutung. Der Beweisbeschluss geht zurück auf die den früheren dt Zivilprozess kennzeichnende Trennung zwischen Behauptungs- und Beweisverf (vgl Engel, Beweisinterlokut u Beweisbeschluss im Zivilprozess, 1992, S 133 ff). Diese besteht heute nicht mehr. Das Gericht ist vielmehr angehalten, Verh und Beweisaufnahme möglichst in einem Haupttermin durchzuführen (§ 279 II) und dies durch vorbereitende Anordnungen sicherzustellen (§ 273 II). Ein Beweisbeschluss ist daher nur noch in wenigen Situationen erforderl. Die immer noch anzutreffende Praxis, Beweisaufnahmen durch einen verkündeten Beweisbeschluss anzuordnen, entspricht nicht dem Beschleunigungs- und Konzentrationsgebot der heutigen ZPO. Sie verhindert auch den Erlass eines VU vor Durchführung der Beweisaufnahme (s § 368 Rn 1). 1

2) Zulässigkeit. Erlass eines Beweisbeschlusses ist nur zulässig, wenn die Notwendigkeit der Beweiserhebung feststeht, also *nicht*, solange die Klage nicht schlüssig ist, soweit keine Beweisbedürftigkeit besteht (s vor § 284 Rn 10), wenn nur von der Partei Beweis angeboten wurde, die nicht die Beweislast trägt (s vor § 284 Rn 15 ff), und wo der Verfahrensstand eine Beweiserhebung noch nicht erlaubt, zB bei Stufenklage (§ 254), Hilfsantrag (s § 260 Rn 4), Eventualaufrechnung (s § 145 Rn 13). – Das Gericht kann in einer Instanz **mehrere Beweisbeschlüsse** erlassen. Wo die Notwendigkeit weiterer Beweiserhebung ein bestimmtes anderes Beweisergebnis voraussetzt, sollte idR zunächst nur der primäre Beweis beschlossen u erhoben werden. 1a

3) Erforderlichkeit. Ein förml Beweisbeschluss (statt formloser Beweisanordnung; s vor § 284 Rn 8a) ist nur erforderl bei Anordnung einer Parteivernehmung (§ 450), einer vorterminl Beweisaufnahme (§ 358a) sowie dann, wenn die Beweisaufnahme ein bes Verf erfordert (§§ 358, 284). Letzteres ist zB bei Anordnung einer Beweisaufnahme im Rechtshilfewege oder einer schriftl Begutachtung der Fall (MskV/Stadler Rn 2). Verstoß ist heilbar (BGH MDR 1959, 638). Zur Ernennung des SV s § 404 Rn 4. – Dass für die Beweisaufnahme ein neuer Termin bestimmt werden muss, begründet kein „bes Verf" (MskV/Stadler Rn 2; aA RGZ 10, 370, 371; StJ/Berger Rn 1; RSchwab/Gottwald § 117 Rn 28; Engel aaO S 142); ebenso gut können durch eine Anordnung nach § 273 II die benötigten Beweismittel herbeigeschafft werden. Allerdings kann es manchmal der Klarheit dienen, einen förml Beweisbeschluss zu erlassen, zB bei komplizierter Beweislastverteilung oder gegenläufigen Beweisantritten. Sind die Beweismittel bereits präsent (etwa in Verf des einstw Rechtsschutzes mitgebracht oder infolge einer Anordnung nach § 273 II), so bedarf es (vom Fall des § 450 abgesehen) keinerlei förml Anordnung der Beweiserhebung (MskV/Stadler Rn 2). Der in der Praxis vielfach übliche Beschluss, der Zeuge … sei zu … zu vernehmen, ist zwar unschädl, aber überflüssig (Engel aaO S 168 mwN). 2

4) Erlass. Der Beweisbeschluss kann ohne vorherige mündl Verh ergehen (§ 128 IV), auch im schriftl Verf nach § 128 II. Nur wenn über ihn mündl verhandelt wurde, ist er nach § 329 I zu verkünden. Zur Vermeidung von Verzögerungen sollte dies sogleich im Termin, nicht in einem Verkündungstermin geschehen (vgl § 310 I), und nur dann, wenn ein förml Beweisbeschluss wirkl erforderl ist (s Rn 2). Anderenfalls verdient das Vorgehen nach § 273 den Vorzug. Im vereinfachten Verf nach § 495a gibt es insoweit keine Formalitäten. Zum vorterminl Beweisbeschluss s § 358a Rn 2. – Wegen des Inhalts s § 359, wegen Aufhebung und Änderung Erl zu § 360. – Formmangel ist gem § 295 heilbar. 3

5) Rechtsmittel. Der Beschluss ist nicht selbständig anfechtbar. Ausnahmen: bei faktischem Verfahrensstillstand (s § 252 Rn 1) oder Grundrechtsverletzung, die durch Anfechtung der Hauptentscheidung nicht mehr behoben werden könnte (BVerfG NVwZ 2005, 681: Recht auf informationelle Selbstbestimmung; BGH NJW-RR 2009, 1223: Prozessfähigkeitsgutachten ohne rechtl Gehör; Ahrens FS Coester-Waltjen, 2015, S 1079 ff). Nicht ausreichend: behauptete Unerheblichkeit, Ausforschung, Verschlechterung der proz Situation, Kostenbelastung, unterbliebene Ankündigung (BGHZ 233, 258 = NJW 2022, 2622 [Schäfer] = MDR 2022, 1044 [Alpes MDR 2022, 1204]). 4

6) Kosten des Gerichts und RA. Es fallen weder für das Gericht noch für die ProzBev Beweisgeb an. Ausnahme ist die **Zusatzgeb 1010 RVG-VV**, wenn in mindestens 3 gerichtl Terminen (sa § 394 Rn 3) Sachverständige oder Zeugen vernommen wurden; die bloße Ladung ist nicht ausreichend (OLG München NJW-RR 2020, 1199). Die Anm zu 1010 RVG-VV („besonders umfangreiche Beweisaufnahmen") ist dabei nur als Erläuterung zu verstehen. Die Zusatzgeb ist nicht auf andere Fälle um- 5 fangreicher Beweisaufnahme entspr anzuwenden (OLG Hamburg MDR 2024, 740). Die Geb erwächst aufgrund ihres „Pauschalcharakters“ aus dem Gegenstandswert des Verf, nicht lediglich aus dem Wert des Gegenstands, über den Beweis erhoben wurde (GS/Mayer 1010 RVG-VV Rn 4; aA Enders JurBüro 2013, 449). – Auslagen werden nach 9000 ff GKG-KV erhoben, insb 9005 GKG-KV.

§ 358a Beweisbeschluss und Beweisaufnahme vor mündlicher Verhandlung

[1]Das Gericht kann schon vor der mündlichen Verhandlung einen Beweisbeschluss erlassen. [2]Der Beschluss kann vor der mündlichen Verhandlung ausgeführt werden, soweit er anordnet

1. eine Beweisaufnahme vor dem beauftragten oder ersuchten Richter,
2. die Einholung amtlicher Auskünfte,
3. eine schriftliche Beantwortung der Beweisfrage nach § 377 Abs. 3,
4. die Begutachtung durch Sachverständige,
5. die Einnahme eines Augenscheins.

1 **1) Normzweck.** Im Regelfall erfolgt die Beweiserhebung im Verhandlungstermin (§ 279 II, § 370 I), also auf Grund von Terminsvorbereitungen des Vors (§ 273) oder auf Grund eines in einer früheren Verh ergangenen Beweisbeschlusses (s § 358 Rn 2). Zwecks Verfahrensbeschleunigung bietet § 358a S 1 die Möglichkeit, einen solchen Beweisbeschluss bereits vor der 1. mündl Verh zu erlassen. Darüber hinaus können nach § 358a S 2 bestimmte Beweiserhebungen bereits in diesem Verfahrensstadium ausgeführt werden. Die praktische Bedeutung dieser Vorschriften ist gering, denn häufig wird sich die Beweisbedürftigkeit erst nach mündl Verh (und dem Versuch einer gütl Einigung) abschließend beurteilen lassen; anders kann es zB liegen, wenn schon nach Aktenlage oder Vorerörterungen (s § 273 Rn 15) feststeht, dass ein schriftl Gutachten eingeholt werden muss. An die Stelle eines vortermínl Beweisbeschlusses kann idR eine Anordnung nach § 273 treten.

2 **2) Vorterminlicher Beweisbeschluss.** Für den Inhalt gilt § 359. Erlassen wird er durch das Gericht, anders als die Anordnung nach § 273 nicht durch den Vors allein. Gericht ist auch der ER nach Übertragung gem § 348a I, der Vors der KfH im Rahmen seiner Kompetenz nach § 349 I, der ER im Berufungsverf nach Maßgabe von §§ 526 f. Der Beschluss wird den Parteien formlos mitgeteilt, nur bei Termins- oder Fristbestimmung (zB nach §§ 356, 402, 379) zugestellt (§ 329 II), wegen der Ablehnungsfrist nach § 406 II auch bei der Ernennung eines SV (s § 404 Rn 4). Wegen Aufhebung u Änderung s § 360 Rn 1 f.

3 **3) Vorterminliche Beweisaufnahme.** Zulässig sind nur die in S 2 aufgeführten Beweiserhebungen, eine Zeugenvernehmung also zB nur vor dem beauftragten oder ersuchten Richter (§§ 361 ff, § 375), nicht vor dem erkennenden Gericht (anders Augenschein, Nr 5). Der Grundsatz der Parteiöffentlichkeit (§ 357) gilt auch hier. Zur amtl Auskunft (Nr 2) s vor § 355 Rn 2.

4 **4) Rechtsmittel.** Der Beweisbeschluss ist nicht anfechtbar. Eine in Widerspruch zu § 358a angeordnete oder ausgeführte Beweiserhebung kann mit Rechtsmittel gegen das Urteil gerügt werden, sofern nicht Heilung nach § 295 eingetreten ist. § 295 ist auch anwendbar, wenn Beweisbeschluss fälschl vom Vors allein erlassen (MK/Heinrich Rn 7; aA AG/Göertz Rn 15).

§ 359 Inhalt des Beweisbeschlusses

Der Beweisbeschluss enthält:

1. die Bezeichnung der streitigen Tatsachen, über die der Beweis zu erheben ist;
2. die Bezeichnung der Beweismittel unter Benennung der zu vernehmenden Zeugen und Sachverständigen oder der zu vernehmenden Partei;
3. die Bezeichnung der Partei, die sich auf das Beweismittel berufen hat.

1 **I) Rechtsnatur.** Der förml Beweisbeschluss (zur Zulässigkeit u Notwendigkeit s § 358 Rn 2 f) ist prozessleitende Anordnung, daher für das Prozessgericht nicht bindend (s § 360); bindend ist er nur für den beauftragten (§ 361) oder ersuchten (§ 362; § 158 GVG) Richter.

2 *Einstweilen frei.*

3 **II) Inhalt. 1) Beweisthema (Nr 1).** Die zu beweisende Parteibehauptung muss nicht mit jener im Beweisantrag wörtl übereinstimmen, aber in allg Umschreibung deutl machen, welche Umstände das Gericht für beweisbe-

dürftig hält. Unzureichend ist es zB, Beweiserhebung „über den Hergang des Unfalls" statt über die behauptete Verkehrswidrigkeit des Bekl anzuordnen (StJ/Berger Rn 7). Statt alle Einzelheiten eines umfangreichen Beweisantritts im Beschluss wiederzugeben, kann das Gericht insoweit auf das Beweisangebot Bezug nehmen. Zur abw Bezeichnung des Beweisthemas in der Ladung des Zeugen s § 377 Rn 2. – Zu den Anforderungen beim SV-Beweis s § 404a III, IV.

2) Beweismittel (Nr 2). Zeugen und SV sind nach Namen und ladungsfähiger Anschrift zu bezeichnen, soweit nicht die Auswahl des SV gem § 372 II, § 405 dem kommissarischen Richter überlassen wird. Ist Anschrift noch unbekannt, ggf Fristsetzung nach § 356 (s § 356 Rn 4). Den Parteien und der Auskunftsperson muss klar gesagt werden, ob diese als Zeuge, sachverständiger Zeuge (§ 414) oder SV vernommen wird (schon wegen Ablehnungsrecht und Geb; OLG Köln OLGZ 66, 188). 4

3) Beweisführer (Nr 3). Er ist zu benennen, denn nur ihm steht das Verzichtsrecht (§ 399) zu; er ist Sch für den Auslagenvorschuss (§ 379; § 17 GKG). Ist ein Beweismittel von beiden Parteien benannt, so empfiehlt sich Angabe, welche Partei den Haupt- und welche den Gegenbeweis angetreten hat (denn Vorschusspflicht trifft ggf den Beweislastträger, s § 379 Rn 4). Erfolgt Beweiserhebung vAw (§§ 144, 448), ist das zum Ausdruck zu bringen (dann kein Auslagenvorschuss, s § 379 Rn 3). 5

4) Sonstiger Inhalt. Terminsbestimmung, ggf Abhängigkeit von Einzahlung eines Auslagenvorschusses nach §§ 379, 402 mit Fristsetzung, ggf Anordnungen ggü dem Zeugen nach § 378. Eine **Begründung** enthält der Beweisbeschluss nicht. 6

§ 360 Änderung des Beweisbeschlusses

[1]Vor der Erledigung des Beweisbeschlusses kann keine Partei dessen Änderung auf Grund der früheren Verhandlungen verlangen. [2]Das Gericht kann jedoch auf Antrag einer Partei oder von Amts wegen den Beweisbeschluss auch ohne erneute mündliche Verhandlung insoweit ändern, als der Gegner zustimmt oder es sich nur um die Berichtigung oder Ergänzung der im Beschluss angegebenen Beweistatsachen oder um die Vernehmung anderer als der im Beschluss angegebenen Zeugen oder Sachverständigen handelt. [3]Die gleiche Befugnis hat der beauftragte oder ersuchte Richter. [4]Die Parteien sind tunlichst vorher zu hören und in jedem Fall von der Änderung unverzüglich zu benachrichtigen.

1) Aufhebung oder Nichtausführung des Beweisbeschlusses. Das Gericht ist durch seinen Beweisbeschluss noch nicht zur Beweiserhebung verpflichtet (s § 359 Rn 1); es kann – nach Hinweis an die Parteien u Gewährung rechtl Gehörs (OLG Köln NJW-RR 92, 719) – ganz oder teilw von der Erledigung des Beschlusses absehen (RGZ 97, 126, 127; StJ/Berger Rn 12; MskV/Stadler Rn 2). Ist die Sache entscheidungsreif (§ 136 IV), kann sogleich Verkündungstermin bestimmt werden (AG/Göertz Rn 4; unklar StJ/Berger Rn 12, 14). 1

2) Abänderung des Beweisbeschlusses. a) Zulässigkeit. Parteien können eine solche ledigl beantragen. Gericht kann sie auch vAw und ohne mündl Verh, aber nach Anhörung der Parteien (S 3), vornehmen, wenn Beweisgegner zustimmt oder es sich um eine Änderung folgender Art handelt: Berichtigung oder Ergänzung des Beweisthemas, Benennung anderer oder weiterer Zeugen oder SV, auch Austausch einer Partei (§§ 447, 448) gegen einen Zeugen und umgekehrt oder Austausch des beauftragten Richters gegen einen anderen Richter, ebenso Beauftragung eines kommissarischen Richters mit der Beweiserhebung an Stelle des Prozessgerichts (insoweit aA StJ/Berger Rn 10) und umgekehrt. Unzulässig ist es dagegen, bei fehlender Zustimmung beider Parteien ohne mündl Verh das Beweisthema auf völlig neue Tatsachen zu erstrecken oder es gegen ein anderes auszutauschen. Für den vorterminl Beweisbeschl nach § 358a gelten diese Beschränkungen seinem Zweck entspr nicht (MK/Heinrich Rn 11; StJ/Berger Rn 3). Neben dem Prozessgericht ist auch der verordnete Richter (§§ 361 f) zur Abänderung berechtigt (S 3). Von dieser bedenkl Regelung (Mertens MDR 2001, 671 ff) sollte jedoch nur zurückhaltend (zB in Berichtigungsfällen oder nach Rücksprache mit dem Prozessgericht) Gebrauch gemacht werden (MskV/Stadler Rn 10; StJ/Berger Rn 15). 2

b) Verfahren. Gericht erlässt nach Anhörung der Parteien einen Änderungsbeschluss. Dieser ist den Parteien formlos mitzuteilen, bei Ernennung eines neuen SV wegen der Frist nach § 406 II 2 zuzustellen. Hat das Gericht unnötigerweise (s § 358 Rn 2) einen förml Beweisbeschluss erlassen, können ergänzende oder modifizierende Anordnungen auch gem § 273 getroffen werden. Verfahrensfehler ohnehin heilbar nach § 295, Änderungsbeschluss nicht gesondert anfechtbar (OLG Brandenburg FamRZ 2001, 294). 3

3) Änderungen bei der Beweisaufnahme. Augenschein sowie Befragung von SV können auch ohne ausdrückl Änderung des Beweisbeschlusses über das gem § 359 beschlossene Beweisthema hinaus ausgedehnt werden (denn sie wären nach § 144 I, § 273 II Nr 5 auch ohne förml Beweisbeschluss zulässig). § 373 verbietet jedoch eine über den Parteivortrag hinausgehende Zeugenbefragung (MskV/Stadler Rn 9). 4

§ 361 Beweisaufnahme durch beauftragten Richter

(1) Soll die Beweisaufnahme durch ein Mitglied des Prozessgerichts erfolgen, so wird bei der Verkündung des Beweisbeschlusses durch den Vorsitzenden der beauftragte Richter bezeichnet und der Termin zur Beweisaufnahme bestimmt.

(2) Ist die Terminsbestimmung unterblieben, so erfolgt sie durch den beauftragten Richter, wird er verhindert, den Auftrag zu vollziehen, so ernennt der Vorsitzende ein anderes Mitglied.

1 **1) Stellung und Kompetenz des beauftragten Richters.** Er ist (anders als der ersuchte Richter, § 362) Mitglied des erkennenden Spruchkörpers u muss bei dessen Überbesetzung zum Zeitpunkt der Beauftragung mit der Sache befasst sein (BGH NJW 2018, 1261). Anders als beim ER ist seine Kompetenz auf die vorbestimmte Beweiserhebung beschränkt. Er repräsentiert nicht das Prozessgericht, vor ihm gibt es keine mündl Verh iS § 128 (s § 370 I), daher auch keinen Anwaltszwang (§ 78 III). Zu den Kompetenzen bei der Beweisaufnahme s § 400; zur Beeidigung s § 391 Rn 6). In diesem Rahmen bestimmt er gleich einem Vors (§ 229) den Geschäftsbetrieb und die Sitzungsordnung (§ 180 GVG). Er kann Ordnungsstrafen verhängen (gem § 400 auch gegen säumige Zeugen), Geständnisse entgegennehmen (§ 288), Vernehmung per Video (§ 284 II, III) gestatten oder anordnen, den Auftrag gem § 365 an ein anderes Gericht weitergeben u auf gütl Einigungen hinwirken (s § 278 Rn 5). Beauftragung mit einem Güteversuch allein ist seit der Änderung von § 278 V 1 durch G v 21.7.2012 (BGBl I 2012, 1577) dagegen nicht mehr mögl (Greger NJW 2014, 2555); stattdessen Erörterungstermin (s § 273 Rn 15).

2 **2) Verfahren.** Beauftragung erfolgt, soweit die Zulässigkeitsvoraussetzung des § 375 erfüllt ist, durch Beweisbeschluss oder durch Änderungsbeschluss gem § 360. Der beauftragte Richter ist im Beschluss namentl zu bezeichnen (AG/Göertz Rn 4). Der anstelle der Kammer entscheidende ER (§§ 348 f) kann ein anderes Kammermitglied beauftragen, nicht aber sich selbst (etwa um Anwaltszwang oder Öffentlichkeit zu entgehen; OLG Frankfurt FamRZ 87, 737; aA OLG Koblenz NJW 71, 1043, 1045 [Schneider]). Dasselbe hat für den Vors der KfH zu gelten; sonst Umgehung von § 349 I 2 (aA MK/Stackmann § 349 Rn 5; zur Bestellung eines Handelsrichters als beauftragter Richter s § 105 GVG Rn 3). Einen für die Beweiserhebung erforderl Auslagenvorschuss erhebt das Prozessgericht (§ 379); der beauftragte Richter darf die Ausführung des Auftrags nicht von der Einzahlung abhängig machen. Er veranlasst – soweit die Terminsbestimmung nicht bereits im Beweisbeschluss erfolgte – die Ladung zum Beweistermin durch formlose Terminsmitteilung (§ 357 II) unter Wahrung der Ladungsfrist nach § 217 (OLG Köln MDR 73, 856; MskV/Stadler Rn 3; Teplitzky NJW 73, 1675). Terminsprotokoll: § 159 II. Wegen Rechtsbehelf gegen Entscheidung des beauftr Richters s § 573. – Die Beweiserhebung beim beauftragten Richter ist nicht notwendig allg-öffentl (§ 169 GVG), jedoch parteiöffentl iSd § 357. Die Erörterung des Beweisergebnisses erfolgt nur und erst vor dem Prozessgericht (s § 285 Rn 4).

§ 362 Beweisaufnahme durch ersuchten Richter

(1) Soll die Beweisaufnahme durch ein anderes Gericht erfolgen, so ist das Ersuchungsschreiben von dem Vorsitzenden zu erlassen.

(2) Die auf die Beweisaufnahme sich beziehenden Verhandlungen übermittelt der ersuchte Richter der Geschäftsstelle des Prozessgerichts in Urschrift; die Geschäftsstelle benachrichtigt die Parteien von dem Eingang.

1 **1) Stellung und Kompetenz des ersuchten Richters.** Er wird vom Prozessgericht als Richter eines anderen (auswärtigen) Gerichts (AG: § 157 GVG) im Wege der Rechtshilfe (§§ 156-164 GVG) mit der Beweisaufnahme gem Beweisbeschluss betraut. Seine Aufgaben und Befugnisse entsprechen denen des beauftragten Richters (s § 361 Rn 1 f). Das Ersuchen darf grds nicht abgelehnt werden (§ 158 GVG; zu Ausnahmen s § 158 GVG Rn 3 ff). Rechtsbehelf: § 159 GVG. Zur Weitergabe des Ersuchens an ein anderes Gericht s § 365. – Videovernehmung wäre sinnwidrig, denn diese könnte das Prozessgericht, ggf mit Anordnung nach § 284 III, selbst, ggf durch beauftragten Richter (§ 361) vornehmen.

2 **2) Verfahren.** Nach Beweis- oder Änderungsbeschluss (§§ 358 ff) sendet der Vors ein Ersuchungsschreiben mit den Akten oder Aktenauszügen (uU reicht Beweisbeschluss) an das Rechtshilfegericht. Das Beweisthema muss klar erkennbar sein; der ersuchte Richter ist nicht verpflichtet, sich den Beweisstoff aus den Akten selbst zusammenzusuchen (s § 158 GVG Rn 1). Nur hinsichtl des Beweisthemas (§ 359 Nr 1) ist der ersuchte Richter an den Beweisbeschluss gebunden. Hinsichtl der Beweismittel (§ 359 Nr 2) ist die Bindung durch § 360 beschränkt. In Ausübung der Änderungsbefugnis gem § 360 und seiner sonstigen Geschäftsaufgaben (§§ 229, 400, 365; § 180 GVG) ist der ersuchte Richter vom ProzGericht unabhängig. **Rechtsbehelf:** s § 400 Rn 2. – Vor dem ersuchten Richter kein Anwaltszwang, § 78 III und keine notwendig öffentl Verh (§ 169 GVG); wohl aber Parteiöffentlichkeit gem § 357. Protokoll: § 159 II 1. Zur Vergleichskompetenz s § 278 Rn 5.

§ 363 Beweisaufnahme im Ausland

(1) [1]Für die Durchführung der Verordnung (EU) 2020/1783 des Europäischen Parlaments und des Rates vom 25. November 2020 über die Zusammenarbeit zwischen den Gerichten der Mitgliedstaaten auf dem Gebiet der Beweisaufnahme in Zivil- oder Handelssachen (Beweisaufnahme) (ABl. L 405 vom 2.12. 2020, S. 1) in ihrer jeweils geltenden Fassung gelten die §§ 1072 und 1073. [2]Soweit die Verordnung (EU) 2020/1783 für die Beweisaufnahme im Ausland nicht maßgeblich ist, gelten hierfür die Absätze 2 und 3.

(2) [1]Die Beweisaufnahme im Ausland ist nach denjenigen völkerrechtlichen Vereinbarungen vorzunehmen, die im Verhältnis zu dem jeweiligen Staat gelten. [2]Das Ersuchen zur Durchführung der Beweisaufnahme im Ausland ist von dem Vorsitzenden des Prozessgerichts zu stellen. [3]Sieht eine völkerrechtliche Vereinbarung mehrere Wege zur Aufnahme von Beweisen vor, soll die Beweisaufnahme nur dann durch einen deutschen Konsularbeamten erfolgen, wenn ihre Erledigung durch die Behörden des ausländischen Staates nicht oder nicht innerhalb einer angemessenen Zeit zu erwarten ist, oder ein sonstiger begründeter Ausnahmefall vorliegt.

(3) [1]Bestehen keine völkerrechtlichen Vereinbarungen zur Beweisaufnahme im Ausland, ersucht der Vorsitzende des Prozessgerichts die Behörden des ausländischen Staates um Aufnahme des Beweises. [2]Ist eine Beweisaufnahme durch diese nicht oder nicht innerhalb einer angemessenen Zeit zu erwarten oder liegt sonst ein begründeter Ausnahmefall vor, so kann der Vorsitzende des Prozessgerichts deutsche Konsularbeamte um Aufnahme des Beweises ersuchen.

Lit: *Ahrens*, Der Beweis im Zivilprozess[2], 2025, Teil 10; *Berger*, Grenzüberschreitende Videobeweisaufnahmen, FS Rauscher, 2025, S 55; *Brinkmann/Vogt-Geisse*, Qualifikation und Anknüpfung von Instrumenten der prozessvorbereitenden Aufklärung, FS Kronke, 2020, S 3; *Heister*, Ende des Dornröschenschlafs von Art. 17 HBÜ?, GRUR 2022, 699; *Holzgreve*, Ausländische Beweissicherungsverfahren im inländischen Prozess, 2018; *Knöfel*, Rechtshilfe für pre-trial discovery in Deutschland!, IPRax 2023, 360; *Labonté/Rohrbeck*, Grenzüberschreitende Beweisaufnahmen im Zivilprozess unter Einsatz von Fernkommunikationsmitteln, IWRZ 2021, 99; *Lindacher*, Befundtatsachenfeststellung durch Gerichtssachverständige im Ausland, FS Pekcanitez, 2014, S 231; *Mankowski*, Auslandszeugen, Prozesstaktik, Videovernehmung und weitere Optionen, RIW 2014, 397; *Niggemann*, Ausländische Beweissicherungsmaßnahmen im Rahmen der EuGVVO, IPRax 2015, 75; *Schlosser*, Die Tätigkeit des gerichtlichen Sachverständigen auf fremdem Territorium, FS Klamaris, 2016, S 685; *Stürner*, US-amerikanische Discovery und kontinentales Prozessrecht: Auf dem Weg zu einer Verständigung?, FS Neumayr, 2023, S 1391; *Wagner*, Neuigkeiten zum internationalen Zivilverfahrensrecht, EuZW 2022, 733; *Windau*, Grenzüberschreitende Verhandlung und Beweisaufnahme im Wege der Bild- und Tonübertragung, jM 2021, 178. – Beachte auch vor Art 1 EuBewVO Rn 1 und vor § 1072 Rn 1.

I) Überblick. Für **Beweisaufnahmen innerhalb der EU** sind die in I 1 genannten deutschen Durchführungsvorschriften in Buch 11 Abschnitt 2 maßgeblich. Für **Beweisaufnahmen außerhalb der EU**, also in sog Drittstaaten, kommen § 363 II bzw III zur Anwendung (I 2): Besteht ein multi- oder bilateraler **völkerrechtlicher Vertrag** mit dem Staat, in dem die Beweisaufnahme erfolgen soll, gilt § 363 II; **außerhalb völkerrechtlicher Verträge** ist § 363 III einschlägig. Für inländische Beweisaufnahmen unter Mitwirkung von Mitgliedern einer ausländischen Truppe, eines zivilen Gefolges oder an Angehörige sind Art 38 f Nato-Truppenstatut-Zusatzabkommen idF v 18.3.1993 (BGBl II 1994, 2594) zu beachten. 1

§ 363 gilt nur für Beweisaufnahmen im Rahmen **inländischer Verfahren** (anders als § 1073 I, § 1074, § 1075) vor staatlichen Gerichten (nicht Schiedsgerichten) und nur für **Beweisaufnahmen ins Ausland** (also nicht für eine inländische Beweisaufnahme mit Auslandsbezug, etwa aufgrund ausländischer Staatsangehörigkeit oder ausländischen Wohnsitzes der Beweisperson). Zur Beachtlichkeit des **Ergebnisses der ausländischen Beweisaufnahme** vgl § 369. Eine Ausnahme von dem in § 363 zugrunde gelegten Grundsatz, dass das deutsche Gericht von Amts wegen die Beweisaufnahme im Ausland durch die dortigen Behörden zu veranlassen hat, sieht § 364 vor (s § 364 Rn 1). 2

Darüber, **ob eine Beweisaufnahme im Ausland erforderlich** ist, entscheidet nicht die EuBewVO oder das Konventionsrecht, sondern grds die **lex fori**, in Deutschland also insb die ZPO, das FamFG oder verordnungseigenes Verfahrensrecht (wie zB Art 9 EuBagatellVO, Art 9 EuKoPfVO). Allerdings verweisen § 64c II, § 64d I ZRHO darauf, dass der Auftrag an einen ausländischen (offenbar gemeint: auslandsansässigen) **Sachverständigen**, ein Gutachten für ein deutsches Verfahren zu erstatten, oder die an einen auslandsansässigen **Zeugen** gerichtete Aufforderung, Beweisfragen schriftlich zu beantworten, von dem betreffenden Staat als Eingriff in seine Hoheitsrechte gewertet werden könnte, sodass der Rechtshilfeweg einzuschlagen sei (str; vgl Ahrens Kap 59 Rn 50; Linke/Hau IZVR Rn 10.22, 10.24). Zur Ladung von Auslandszeugen im Anwendungsbereich der EuBewVO s Art 1 EuBewVO Rn 8. 3

Aus dem Umstand, dass eine Beweisperson im Ausland ansässig oder ein sonstiges Beweismittel im Ausland belegen ist, darf keinesfalls vorschnell auf **Unerreichbarkeit des Beweismittels** geschlossen werden; vielmehr sind die Möglichkeiten des Rechtshilfewegs auszuschöpfen, um dem Recht auf rechtliches Gehör des Beweisführers zu genügen (deutlich, jeweils zum Zeugenbeweis, etwa BGH 22.7.2021 – I ZR 180/20, MDR 2021, 1409 Tz 23; BGH 21.12.2023 – III ZR 21/23, Tz 13 ff; Geimer IZPR Rn 2351b). 4

5 **II) Beweisaufnahme innerhalb der EU (§ 363 I 1).** Die **EuBewVO** (Text und Kurzkommentierung s Art 1 EuBewVO ff) gilt für Beweisaufnahmen in anderen EU-Mitgliedstaaten, allerdings mit Ausnahme Dänemarks (s Art 1 EuBewVO Rn 5). Mit Rücksicht auf die unmittelbare und vorrangige Geltung der Verordnung (Art 288 II AEUV) verweist § 363 I 1 nur auf die deutschen Durchführungsvorschriften in Buch 11 Abschnitt 2. Gleichwohl soll I 1 die Rechtsanwender auf die Maßgeblichkeit der praktisch überragend wichtigen EuBewVO hinweisen (vgl BTDrs 20/1110, 26). Beachte zu ausgehenden Ersuchen im Anwendungsbereich der EuBewVO auch die Erläuterungen in §§ 55 ff ZRHO.

6 **III) Beweisaufnahme außerhalb der EU (§ 363 I 2, II, III). 1) Vertraglicher Rechtshilfeverkehr mit Drittstaaten (§ 363 II). a) Relevante Konventionen.** Gem II 1 sind Beweisaufnahmen im Ausland nach Maßgabe der im Verhältnis zum jeweiligen Staat bestehenden völkerrechtlichen Vereinbarung vorzunehmen, was freilich schon aus dem Vorrang des Völkerrechts folgt (vgl BTDrs 16/8839, 20, dort zur Zustellungshilfe). Wichtige aktuelle **Informationsquellen** zu relevanten Konventionen sind die Textsammlung von Jayme/Hausmann, der jährlich erscheinende Fundstellennachweis B (www.recht.bund.de/de/bundesgesetzblatt/fundstellennachweise/fnb/fnb_node.html), der Länderteil zur **ZRHO** (zugänglich unter www.bundesjustizamt.de, dort unter „Internationale Rechtshilfe in Zivilsachen") sowie die Homepage der Haager Konferenz für IPR (www.hcch.net).

7 Für Deutschland verbindliche **multilaterale Verträge** (Übereinkommen) zur Beweisaufnahme im Ausland:
- **HZPÜ:** Haager Übereinkommen v 1.3.1954 über den Zivilprozeß (BGBl II 1958, 576); dt AusfG v 18.12.1958 (BGBl I 1958, 939, BGBl III Nr 319-9). Einführend Nagel/Gottwald IZPR Rn 9.104 ff. Art 8 ff HZPÜ werden im Rechtsverkehr zwischen den Vertragsstaaten des HBÜ durch dieses ersetzt (Art 29 HBÜ). Hingegen gelten zum HZPÜ getroffene Zusatzvereinbarungen auch für das HBÜ weiter (Art 31 HBÜ), so die deutsch-norwegische Zusatzvereinbarung v 17.6.1977 (BGBl II 1979, 1292).
- **HBÜ:** Haager Übereinkommen v 18.3.1970 über die Beweisaufnahme im Ausland in Zivil- oder Handelssachen (BGBl II 1977, 1452); dt AusfG v 22.12.1977 (BGBl I 1977, 3105, zuletzt geändert durch Art 3 G v. 24.6.2022, BGBl I 2022, 959). Einführend Nagel/Gottwald IZPR Rn 9.42 ff. Dt Zentrale Behörden: § 7 AusfG. Zum Vorrang der EuBewVO ggü dem HBÜ im Rechtsverkehr zwischen EU-Mitgliedstaaten (ohne Dänemark) s Art 29 EuBewVO.

8 Die meisten der von Deutschland zum Beweishilferecht abgeschlossenen **bilateralen Verträge** (Abkommen) regeln den Rechtsverkehr zu (heutigen) EU-Mitgliedstaaten und treten deshalb gem Art 29 EuBewVO zurück. Für den Rechtsverkehr mit Drittstaaten sind zu beachten:
- **Deutsch-britisches Abkommen** v 20.3.1928 über den Rechtsverkehr (RGBl II 1929, 133, BGBl II 1953, 116; BGBl II 1960, 1518, BGBl I 2001, 1887). Zur Geltung nach dem Brexit (jeweils zu Zustellungsfragen) s OLG Köln 2.3.2023 – 18 U 188/21, IPRax 2023, 477 Tz 60 ff; Nitschmann IPRax 2023, 455. Anzuwenden ist das dt-brit Abk auch auf sonstige britische (Übersee-)Gebiete (s ZRHO-Länderteil [Rn 6] zum Vereinigten Königreich Anlage 1) und zudem für den Rechtshilfeverkehr mit ehemaligen britischen Dominions und Kolonien, so zB Australien und Neuseeland (zu Einzelheiten s Geimer/Schütze/Hau, Internat Rechtsverkehr in Zivil- und Handelssachen, Nr 405 ff).
- **Deutsch-marokkanischer Vertrag** v 29.10.1985 über die Rechtshilfe und Rechtsauskunft (BGBl II 1988, 1054; BGBl II 1994, 1192).
- **Deutsch-tunesischer Vertrag** v 19.7.1966 (BGBl II 1969, 889, BGBl II 1970, 125); dt AusfG v 29.4.1969 (BGBl I 1969, 333, BGBl I 1970, 307).

9 **b) Rechtshilfeersuchen.** Zuständig für das Stellen eines Ersuchens zur Durchführung der Beweisaufnahme im Ausland ist gem § 363 II 2 der **Vorsitzenden** des Prozessgerichts. Zum Ersuchen um vertragliche Rechtshilfe beachte §§ 64 ff ZRHO und speziell zum HBÜ auch §§ 64g ff ZRHO, zur Beteiligung der Prüfstellen s §§ 28 ff ZRHO. Das im Verhältnis zu etlichen Drittstaaten anzuwendende **HBÜ** regelt im Einzelnen die notwenigen Angaben im Ersuchen (Art 3 HBÜ), das Erfordernis von Übersetzungen (Art 4 HBÜ), die Kommunikation zwischen den nationalen Behörden (Art 5-7, 13 HBÜ) sowie Kostenfragen (Art 14, 26 HBÜ). Zu erledigen ist das Ersuchen grds nach dem Recht des ersuchten Staates, soweit das ersuchende Gericht keine damit vereinbaren besonderen Wünsche geäußert hat (Art 9 HBÜ; vgl dazu § 64b ZRHO sowie BGH 22.7.2021 – I ZR 180/20, MDR 2021, 1409 Tz 23, BGH 21.12.2023 – III ZR 21/23, Tz 13 ff, dort jeweils zum Zeugenbeweis). Die lex fori des ersuchten Staates begrenzt auch die Möglichkeit von Zwangsmaßnahmen (Art 10 HBÜ); Aussageverweigerungsrechte und Aussageverbote können sich hingegen aus der lex fori des ersuchten und des ersuchen Staats und sogar aus einem drittstaatlichen Recht ergeben (Art 11 HBÜ). Art 12 HBÜ benennt die Gründe, aus denen ein Ersuchen abgelehnt werden kann, zu denen auch der **ordre public** des ersuchten Staats zählt (I lit b). Zur Möglichkeit von Verfahrensbeteiligten und Parteien, bei der Beweisaufnahme im Ausland anwesend zu sein (evtl mittels Bild- oder Tonübertragung), vgl §§ 64e, 64h ZRHO. Zur **Anwesenheit** deutscher Richter bzw Sachverständiger im Ausland s Rn 12 f.

10 **c) Einsatz deutscher Konsularbeamte.** Eine Beweisaufnahme im Ausland durch einen deutschen Konsularbeamten, *wie sie insb in Art 15 ff HBÜ* vorgesehen ist (vorbehaltlich Art 33 HBÜ), soll ein deutsches Gericht gem § 363 II 3 nur noch ausnahmsweise veranlassen (zum Abrücken vom früher umgekehrten Regel-Ausnahmeverhältnis vgl BTDrs 20/1110, 26 f). Zu den **Ausnahmen** gehören neben Fällen, in denen Rechtshilfe nicht (bzw

nicht angemessen zügig) zu erwarten ist, va Eilsachen sowie Ersuchen um Beurkundung von Erklärungen nach deutschem Recht; allerdings ist in solchen Fällen stets zu klären, ob in dem betroffenen Staat überhaupt ein befugter oder ermächtigter deutscher Konsularbeamter zur Verfügung steht (vgl § 19 KonsG) und ob dieser nach den Regeln seines Gaststaates zu der gewünschten Beweiserhebung berechtigt ist (BTDrs 20/1110, 26). Die Prüfung, ob ein Ausnahmefall vorliegt, obliegt dem Gericht, nicht etwa dem Konsularbeamten (vgl BTDrs 20/1416, 8). Beachte auch §§ 13 f, §§ 64 ff ZRHO.

2) Vertragloser Rechtshilfeverkehr mit Drittstaaten (§ 363 III). Außerhalb völkerrechtlicher Vereinbarungen 11 kann eine Beweisaufnahme in einem Drittstaat gem § 363 im Wege der vertraglosen Rechtshilfe durch ausländische Behörden (III 1) oder ausnahmsweise durch deutsche Konsularbeamte (III 2) erfolgen. Zum Inhalt des Ersuchens des Vorsitzenden um **Rechtshilfe** iSv § 363 III 1 beachte §§ 64 ff ZRHO. Informationen dazu, welche Drittstaaten in der Praxis zeitnah und effektiv vertraglose Rechtshilfe leisten, finden sich im **ZRHO-Länderteil** (Rn 6). Zu den Ausnahmen iSv III 2, in denen **deutsche Konsularbeamte** eingeschaltet werden können, gilt Entsprechendes wie bei II 2 (s Rn 10).

3) Deutsche Richter und Sachverständige im Ausland. Im Falle einer Vernehmung durch einen deutschen 12 Konsularbeamten im Ausland kann sich das deutsche Gerichte per Video oder Telefon zuschalten (§ 64f II ZRHO). Art 8 HBÜ ermöglicht dem deutschen Gericht auch die **Anwesenheit bei einer Beweisaufnahme** durch die ausländische Rechtshilfebehörde (dazu § 64i ZRHO).

Von der bloßen Anwesenheit im Ausland ist die aktive Beteiligung an bzw die **Durchführung der Beweisaufnahme im Ausland** zu unterscheiden. § 64c I ZRHO weist zutreffend darauf hin, dass eine sog **stille Entsendung** eines vom deutschen Gericht ernannten Sachverständigen zur Befunderhebung im Ausland ohne Einschalten der dortigen Behörden unzulässig ist (zur Parallelfrage innerhalb der EU vgl Art 1 EuBewVO Rn 8). Vorgesehen (wenn auch mit der Möglichkeit eines Ausschlusses oder Genehmigungsvorbehalts) ist in Art 17 HBÜ allerdings die Möglichkeit einer **Beweisaufnahme durch Beauftragte** des ersuchenden Gerichts, wofür sowohl Richter des ersuchenden Gerichts als auch von diesem beauftragte Sachverständige in Betracht kommen (vgl § 64j ZRHO). 13

IV) Verstöße. Nicht jeder **Verstoß gegen § 363** durch das deutsche Gericht zieht ein Beweisverwertungsverbot 14 nach sich (vgl OLG Brandenburg 13.2.2025 – 12 U 68/24, Tz 21, dort zu einer Zeugenvernehmung per Video ohne Rechtshilfeersuchen; ebenso zu Verstößen gegen die EuBewVO 2001 schon OLG Oldenburg 29.11.2012 – 8 W 102/12, MDR 2013, 547; deutlich strenger Geimer IZPR Rn 2392 mwN zur Streitstand). Für die Beachtlichkeit von **Rechtsfehlern ausländischer Rechtshilfebehörden** gilt § 369 (s § 369 Rn 1; beachte auch Ahrens Beweis Kap 58 Rn 68).

V) Beweisaufnahme in Deutschland für ausländische Verfahren. Deutschland leistet Rechtshilfe in Beweissa- 15 chen als Mitgliedstaatsstaat der EuBewVO und als Vertragsstaat bi- und multilateraler Verträge (s Rn 6 ff), aber auch im vertraglosen Rechtshilfeverkehr. Beachte zum Vorgehen bei eingehenden Rechtshilfeersuchen die Erläuterungen in §§ 82 ff, 127 ff ZRHO, zudem Ahrens Kap 60 und Geimer IZPR Rn 2420 ff.

Hinzuweisen ist auf die **deutschen Ausschlüsse und Genehmigungsvorbehalte** zu verschiedenen HBÜ-Regelun- 16 gen, so zur Akzeptanz der englischen oder französischen Sprache in Ersuchen (§ 9 AusfG zu Art 4 II HBÜ), zur Anwesenheit ausländischer Richter bei der inländischen Beweisaufnahme (§ 10 AusfG zu Art 8 HBÜ) sowie zur Beweisaufnahme durch diplomatische oder konsularische Vertreter (§ 11 AusfG zu Art 16 HBÜ) bzw durch Beauftrage (§ 12 AusfG zu Art 17 HBÜ; dazu Heister GRUR 2022, 699). Demgegenüber wurde der bisherige restriktive deutsche Vorbehalt zur sog **Pre-trial Discovery** iSv Art 23 HBÜ durch die Neufassung von § 14 AusfG mit G v 24.6.2022 (BGBl I 2022, 959) mWv 1.7.2022 gelockert: Zwar soll eine Ausforschung deutscher Parteien ausgeschlossen bleiben, aber Dokumentenherausgabeverlangen im Zivilrechtshilfeverkehr in einem maßvollen Umfang ermöglicht werden, um Staaten des Common Law (insb USA und Vereinigtes Königreich) dazu anzuhalten, sich an die Vorgaben des HBÜ zu halten, statt ihr nationalen Regeln extraterritorial anzuwenden (BTDrs 20, 1110, 19 f; beachte dazu Knöfel IPRax 2023, 360; Stürner FS Neumayr, S 1391; Wagner EuZW 2022, 733, 735 f).

VI) Kosten. 1) Gericht: Prüfgeb (15-55 Euro) nach 1320 JVKostG-KV (OLG München RVGreport 2017, 34), idR 40 Euro (§ 75 17 II 2 Nr 2 ZRHO) und Erhebung der Auslagen (Übersetzung). – Geb und Auslagen des Ausw Amtes und der dt Auslandsvertretungen (§ 76 ZRHO; § 2 BGebG iVm AABGebV v 23.8.2021, BGBl I 2021, 3920). – Vertragloser Rechtshilfeverkehr: § 80 ZRHO iVm dem Länderteil. – Verf bei PKH: § 78 II ZRHO. – Vorschuss: § 80 ZRHO iVm §§ 379, 402 ZPO, § 68 GKG, § 14 GNotKG ist anzufordern, spätestens bei der Absendung des Ersuchens (§ 81 II ZRHO). – Die Kosten sind Auslagen des Gerichts (9014 GKG-KV) und werden auch erhoben, wenn keine Zahlungen zu leisten sind (9014 Anm GKG-KV). – **2) RA:** keine Beweisgeb; Ausnahme: die Zusatzgeb 1010 RVG-VV.

§ 364 Parteimitwirkung bei Beweisaufnahme im Ausland

(1) Wird eine ausländische Behörde ersucht, den Beweis aufzunehmen, so kann das Gericht anordnen, dass der Beweisführer das Ersuchungsschreiben zu besorgen und die Erledigung des Ersuchens zu betreiben habe.

(2) Das Gericht kann sich auf die Anordnung beschränken, dass der Beweisführer eine den Gesetzen des fremden Staates entsprechende öffentliche Urkunde über die Beweisaufnahme beizubringen habe.

(3) [1]In beiden Fällen ist in dem Beweisbeschluss eine Frist zu bestimmen, binnen der von dem Beweisführer die Urkunde auf der Geschäftsstelle niederzulegen ist. [2]Nach fruchtlosem Ablauf dieser Frist kann die Urkunde nur benutzt werden, wenn dadurch das Verfahren nicht verzögert wird.

(4) [1]Der Beweisführer hat den Gegner, wenn möglich, von dem Ort und der Zeit der Beweisaufnahme so zeitig in Kenntnis zu setzen, dass dieser seine Rechte in geeigneter Weise wahrzunehmen vermag. [2]Ist die Benachrichtigung unterblieben, so hat das Gericht zu ermessen, ob und inwieweit der Beweisführer zur Benutzung der Beweisverhandlung berechtigt ist.

1 § 364 sieht eine Ausnahme von dem in § 363 zugrunde gelegten Grundsatz vor, dass das deutsche Gericht von Amts wegen eine Beweisaufnahme im Ausland durch die dortigen Behörden zu veranlassen hat: Dies zu veranlassen kann gem § 364 I, II der **beweisführenden Partei** (also unabhängig von der Beweislast demjenigen, der sich auf das Beweismittel berufen hat; vgl BGH NJW 1984, 2039) übertragen werden; diese Partei hat sodann eine öffentliche Urkunde des ausländischen Staates über die erfolgte Beweisaufnahme in das inländische Verfahren einzuführen (III). Damit nicht zu verwechseln ist die weitergehende Praxis in Staaten des Common Law, die eigentliche Beweisaufnahme den Parteien zu übertragen.

2 Ein Vorgehen gem § 364 hängt vom **Einverständnis beider Parteien** ab (arg: § 295; vgl § 64d II 1 ZRHO) und steht nicht im freien Ermessen des Gerichts, sondern kommt **nur ausnahmsweise** in Betracht, so insb dann, wenn Deutschland zu dem Staat, in dem die Beweisaufnahme stattfinden soll, keine diplomatischen Beziehungen unterhält (dazu BGH NJW-RR 1989, 160, 161). Das erscheint letztlich nur dann erwägenswert, wenn aufgrund früherer Erfahrungen oder anderer Umstände damit gerechnet werden kann, dass der ausländische Staat auf Betreiben der Partei Rechtshilfe leisten wird (§ 64d II 3 ZRHO). Insgesamt spricht manches für die Einschätzung von Ahrens Beweis Kap 58 Rn 59, die Vorschrift sei „heute, von fehlerhafter oder überflüssiger Anwendung abgesehen, totes Recht und sollte aufgehoben werden".

3 Die **Frist iSv § 364 III** entspricht § 356. Stellt der Beweisführer entgegen § 364 IV 1 nicht sicher, dass der Gegner rechtzeitig von der Beweisaufnahme erfährt, so wird das gerichtliche Ermessen (S 2) wegen des Verstoßes gegen die Waffengleichheit idR gegen eine Verwertbarkeit des Beweismittels sprechen (ThP/Seiler Rn 2).

4 **Kosten.** Beim ProzBev mit der VerfGeb abgegolten. – Aufwendungen (Auslagen) der Partei zur Erfüllung gerichtl Auflagen sind notw Kosten des Rechtsstreits iSd § 91.

§ 365 Abgabe durch beauftragten oder ersuchten Richter

[1]Der beauftragte oder ersuchte Richter ist ermächtigt, falls sich später Gründe ergeben, welche die Beweisaufnahme durch ein anderes Gericht sachgemäß erscheinen lassen, dieses Gericht um die Aufnahme des Beweises zu ersuchen. [2]Die Parteien sind von dieser Verfügung in Kenntnis zu setzen.

1 § 365 will vermeiden, dass bei behebbaren Hindernissen der Beweiserhebung erst die Entschließung des ProzGerichts veranlasst u abgewartet werden muss. Daher darf der verordnete Richter (zB bei falscher Anschrift oder Wohnungswechsel des Zeugen) das Ersuchen direkt an das zuständige Gericht weitergeben. Weitergabe an eine ausl Behörde (§ 363) steht aber nur dem ProzGericht zu. Von einer Weitergabe soll der verordnete Richter das ProzGericht u die Parteien unverzügl verständigen. Ob die Hindernisse sich „später ergeben" oder nur später erkannt werden, ist gleichgültig. Nicht § 365, sondern § 36 gilt bei Streit über Verhinderung des Gerichts aus Rechtsgründen (RGZ 44, 394). – Die Verfügung ist nicht anfechtbar; wenn in der Verfügung eine Ablehnung des Rechtshilfeersuchens liegt: Antrag nach § 159 GVG (MskV/Stadler Rn 3).

§ 366 Zwischenstreit

(1) Erhebt sich bei der Beweisaufnahme vor einem beauftragten oder ersuchten Richter ein Streit, von dessen Erledigung die Fortsetzung der Beweisaufnahme abhängig und zu dessen Entscheidung der Richter nicht berechtigt ist, so erfolgt die Erledigung durch das Prozessgericht.

(2) Der Termin zur mündlichen Verhandlung über den Zwischenstreit ist von Amts wegen zu bestimmen und den Parteien bekannt zu machen.

1 Der **verordnete Richter** (§§ 361, 362) darf nur im eigenen Wirkungskreis (§§ 229, 360, 365, 400, 402, 405, 406 IV u § 180 GVG) die zur Ausführung des Ersuchens des ProzGerichts erforderl Maßnahmen ergreifen. Alle an-

deren Zwischenentscheidungen (insb §§ 387, 389, 393, 397 III) hat das **Prozessgericht** zu treffen, dem die Akten noch vor Erledigung der Beweiserhebung bei Entstehen eines Zwischenstreits (zwischen den Parteien oder zwischen einer Partei u einem Zeugen oder SV, auch zwischen den Beteiligten u dem verordneten Richter) sofort zu übersenden sind. – Das Prozessgericht entscheidet über den Zwischenstreit nach mündl Verh durch Zwischenurteil (§ 303). VU im Zwischenstreit: § 347 II. – **Rechtsbehelf:** § 573 (s § 400 Rn 2).

§ 367 Ausbleiben der Partei

(1) Erscheint eine Partei oder erscheinen beide Parteien in dem Termin zur Beweisaufnahme nicht, so ist die Beweisaufnahme gleichwohl insoweit zu bewirken, als dies nach Lage der Sache geschehen kann.

(2) Eine nachträgliche Beweisaufnahme oder eine Vervollständigung der Beweisaufnahme ist bis zum Schluss derjenigen mündlichen Verhandlung, auf die das Urteil ergeht, auf Antrag anzuordnen, wenn das Verfahren dadurch nicht verzögert wird oder wenn die Partei glaubhaft macht, dass sie ohne ihr Verschulden außerstande gewesen sei, in dem früheren Termin zu erscheinen, und im Falle des Antrags auf Vervollständigung, dass durch ihr Nichterscheinen eine wesentliche Unvollständigkeit der Beweisaufnahme veranlasst sei.

1) Zulässigkeit der Beweisaufnahme in Abwesenheit der Partei (§ 367 I). Auch bei Nichterscheinen einer oder beider ordnungsgem geladener (s §§ 172, 218, 357 II) Partei(en) hat das ProzGericht bzw der verordnete Richter die gleichwohl mögl Beweisaufnahme durchzuführen (kein Ermessen). Dies gilt auch, wenn bei Ladung zu mündl Verh eine vorbereitende Zeugen- oder SV-Ladung mitgeteilt wurde (§ 273 II Nr 4 iVm IV 1; MK/Heinrich Rn 3), ebenso bei Anordnung der SV-Anhörung nach § 411 III (BGH NJW 2002, 301). 1

2) Verfahren nach Durchführung der Beweisaufnahme. Übergang in mündl Verh nach § 370 I mit Möglichkeit von VU oder Entscheidung nach Aktenlage (s § 370 Rn 2), anderenfalls Bestimmung neuen Termins mit Schlusserörterung nach § 279 III, § 285. Nochmalige Beweisaufnahme nur gem II, in 2. Instanz nur bei Zweifeln iSv § 529 I Nr 1. 2

3) Verfahren bei Undurchführbarkeit der Beweisaufnahme. Denkbar, wenn die Partei Urk vorlegen sollte oder die Anhörung des SV beantragt hatte. Sie ist dann auch nach Einspruch gegen das in der anschließenden mündl Verh ergehende VU vorbehaltl II mit dem Beweismittel ausgeschlossen, falls sie beweisbelastet ist; Unmöglichkeit der Beweisaufnahme wegen Nichterscheinens der nicht beweispflichtigen Partei ist bei der Beweiswürdigung zu berücksichtigen (s § 286 Rn 14). Zur Säumnis bei Parteivernehmung s § 454. 3

4) Nachträgliche Beweisaufnahme (§ 367 II). Eine solche ist auf Antrag der säumigen Partei (**Formulierungsvorschlag:** Vorwerk/Fullenkamp, PFB, M 24.5) anzuordnen, wenn sich Prozessdauer dadurch nicht verlängert (zB weil ohnehin weiterer Termin zu bestimmen ist) oder die Partei glaubhaft macht (§ 294), dass die Verhinderung unverschuldet war; desgl bei Einwilligung des Gegners (StJ/Berger Rn 8; aA MskV/Stadler Rn 6; MK/Heinrich Rn 6). **Ergänzung** der Beweisaufnahme kann nur zugelassen werden, wenn wesentl Unvollständigkeit der Beweisaufnahme glaubhaft gemacht wird. Antrag nach II ist entspr § 295 in der nächsten mündl Verh vor dem ProzGericht zu stellen (BGH LM § 13 StVO Nr 7). – Stattgegeben wird dem Antrag durch Beweisbeschluss. Zurückgewiesen wird er durch nicht anfechtbares Zwischenurteil oder in den Gründen des Endurteils (MK/Heinrich Rn 8). 4

§ 368 Neuer Beweistermin

Wird ein neuer Termin zur Beweisaufnahme oder zu ihrer Fortsetzung erforderlich, so ist dieser Termin, auch wenn der Beweisführer oder beide Parteien in dem früheren Termin nicht erschienen waren, von Amts wegen zu bestimmen.

Die Vorschrift stellt klar, dass die im Beweisbeschluss angeordnete Beweisaufnahme auch bei Säumnis von Parteien u Erforderlichkeit eines weiteren Termins vAw fortzuführen ist. Ein VU oder Urteil nach Aktenlage ist erst möglich, wenn der Beweis erhoben und sodann gem § 370 in die mündl Verh eingetreten wurde (außer bei Verh über Einspruch gegen VU; s § 332 Rn 2). Neuer Termin ist zu verkünden (§ 218). Bei unterbliebener Verkündung sind die Parteien vor dem ProzGericht förml (§ 329 II; wegen § 370 I), vor dem verordneten Richter formlos (§ 357 II) zu laden. 1

§ 369 Ausländische Beweisaufnahme

Entspricht die von einer ausländischen Behörde vorgenommene Beweisaufnahme den für das Prozessgericht geltenden Gesetzen, so kann daraus, dass sie nach den ausländischen Gesetzen mangelhaft ist, kein Einwand entnommen werden.

1 Die Vorschrift regelt die **Verwertbarkeit** gem §§ 363 f im Ausland gewonnener Beweise. Wurde das hierfür geltende ausl Recht nicht eingehalten, genügt das Verf aber dem dt Recht, ist das Ergebnis verwertbar. Anderenfalls muss die Beweisaufnahme, soweit der Mangel nicht nach § 295 geheilt wird, wiederholt werden. Ist dies nicht mögl, bleibt das Ergebnis unverwertbar (MskV/Stadler Rn 6; aA StJ/Berger Rn 2: freie Würdigung).

§ 370 Fortsetzung der mündlichen Verhandlung

(1) Erfolgt die Beweisaufnahme vor dem Prozessgericht, so ist der Termin, in dem die Beweisaufnahme stattfindet, zugleich zur Fortsetzung der mündlichen Verhandlung bestimmt.

(2) [1]In dem Beweisbeschluss, der anordnet, dass die Beweisaufnahme vor einem beauftragten oder ersuchten Richter erfolgen solle, kann zugleich der Termin zur Fortsetzung der mündlichen Verhandlung vor dem Prozessgericht bestimmt werden. [2]Ist dies nicht geschehen, so wird nach Beendigung der Beweisaufnahme dieser Termin von Amts wegen bestimmt und den Parteien bekannt gemacht.

1 **1) Beweisaufnahme vor dem Prozessgericht (§ 370 I).** Nach deren Beendigung wird mündl Verh grds im selben Termin mit Beweiserörterung u Schlussverh (s § 279 Rn 5 ff; § 285 Rn 1) fortgesetzt, auch nach Beweisaufnahme außerhalb der Gerichtsstelle (MskV/Stadler Rn 1; zur Bekanntgabe zwecks Wahrung der Öffentlichkeit s § 169 GVG Rn 4). Zum Vorgehen bei Säumnis s Rn 2, § 368 Rn 1. Bes Anordnung der Fortsetzung ist nicht erforderl, da sie sich aus dem Ges ergibt (PG/Lindner Rn 2). Durch ausdrückl Bestimmung kann aber auch ein reiner Beweistermin angeordnet werden (OLG Düsseldorf OLGZ 71, 186; StJ/Berger Rn 1). Konnte Beweisaufnahme nicht abgeschlossen werden: § 368. Hat sie neue Erkenntnisse erbracht, zu denen eine sof Stellungnahme der Partei nicht erwartet werden kann, ist zur Wahrung rechtl Gehörs Vertagung, schriftl Verf nach § 128 II oder Schriftsatznachlass geboten (BGH MDR 78, 46; s § 285 Rn 2).

2 **Säumnis einer Partei** bei Beweisaufnahme hindert diese nicht (§ 367). Nach Übergang in mündl Verh nach I ergeht aber auf Antrag VU oder Urteil nach Lage der Akten (vgl BGH NJW 2002, 301). Beweisergebnis bleibt nach Einspruch verwertbar (s § 342 Rn 2). Für VU aber gem § 330 bzw § 331 keine Berücksichtigung des Beweisergebnisses (Ahrens Beweis Kap 14 Rn 176 f). Ausnahme: Beantragt der Kl VU gem § 331, obwohl die Beweisaufnahme sein Klagevorbringen als bewusst unwahr erwiesen hat, wird regelm die Schlüssigkeit der Klage (s § 331 Rn 4 iVm § 288 Rn 7) streng zu würdigen sein, so dass kein VU gegen den Bekl ergehen kann (MskV/Stadler Rn 5; aA StJ/Berger Rn 6), sondern ggf unechtes VU gegen den Kl (§ 331 II Alt 2). Ist **keine Partei erschienen**, so kann das Gericht (erst nach restlos durchgeführter Beweisaufnahme, vgl § 368) nach Lage der Akten entscheiden (unter Berücksichtigung des Beweisergebnisses; BGH NJW 2002, 301), neuen Termin ansetzen oder das Ruhen des Verf anordnen (§§ 251a, 331a).

3 **2) Kommissarische Beweisaufnahme (§ 370 II).** Vorherige Terminsbestimmung mögl, aber kaum zweckmäßig, da Zeitpunkt der Erledigung gewöhnl nicht vorauszusehen. Bei Anwendung keine bes Ladung mehr zum Termin vor dem ProzGericht. Ansonsten Bekanntmachung des Termins an die Parteien bzw ProzBev vAw (§ 329 II) unter Einhaltung der Ladungsfrist (§ 217; RGZ 81, 322). Im Termin Vortrag des Beweisergebnisses gem § 285 II.

Titel 6
Beweis durch Augenschein (§§ 371-372a)

§ 371 Beweis durch Augenschein

(1) [1]Der Beweis durch Augenschein wird durch Bezeichnung des Gegenstandes des Augenscheins und durch die Angabe der zu beweisenden Tatsachen angetreten. [2]Ist ein elektronisches Dokument Gegenstand des Beweises, wird der Beweis durch Vorlegung oder Übermittlung der Datei angetreten.

(2) [1]*Befindet sich der Gegenstand* nach der Behauptung des Beweisführers nicht in seinem Besitz, so wird der Beweis außerdem durch den Antrag angetreten, zur Herbeischaffung des Gegenstandes eine Frist zu setzen oder eine Anordnung nach § 144 zu erlassen. [2]Die §§ 422 bis 432 gelten entsprechend.

(3) Vereitelt eine Partei die ihr zumutbare Einnahme des Augenscheins, so können die Behauptungen des Gegners über die Beschaffenheit des Gegenstandes als bewiesen angesehen werden.

1) Anwendungsbereich. Der Beweis durch Augenschein soll dem Gericht die Überzeugung von der Richtigkeit streitiger Behauptungen durch eigene **gegenständliche Wahrnehmung** vermitteln. Objekt des Augenscheins können Personen oder Sachen (§ 90 BGB) hinsichtl ihrer Existenz und Substanz sowie hinsichtl der durch sie ausgelösten Vorgänge (zB Sichtbehinderung durch Zaun) sein. Ob die gegenständl Wahrnehmung ausschließl optisch oder auch durch akustische, sensorische oder taktile Wahrnehmung erfolgt, bleibt gleich. Auch Ton- oder Bildaufzeichnungen sind daher Objekte des Augenscheins (und nicht des Urkundenbeweises; s vor § 415 Rn 2a), dgl **elektronische Dokumente** (I 2), zB Text-, Graphik-, Audio- oder Videodateien (Berger NJW 2005, 1017), Internetseiten (eingeh McCorkle, Allgemeinkundigkeit, 2018, S 19 ff). Wo eine unmittelbare Wahrnehmung aus tatsächl Gründen nicht mögl ist (zB blinder Richter; OLG Frankfurt MDR 2010, 1015), kommt die Einschaltung einer Mittelsperson in Betracht (s § 372 Rn 2 f). 1

Keine Beweisaufnahme stellt die **informatorische Besichtigung** zur Veranschaulichung unstreitiger oder allgemeinkundiger Tatsachen dar. Das rechtl Gehör und die Wahrung der richterl Objektivität erfordern aber, dass den Parteien auch hier Gelegenheit zur Anwesenheit gegeben wird (StJ/Berger vor § 371 Rn 3). Dies gilt insb für richterl Internet-Recherchen (McCorkle, Allgemeinkundigkeit, 2018, S 179 ff; näher dazu s § 291 Rn 1b). 1a

Die **Abgrenzung von anderen Beweismitteln** (für die deren bes Regeln gelten) liegt grds in der gegenständl Wahrnehmung einer Person oder Sache im Gegensatz zur Wiedergabe eines Gedankeninhalts. Eine Person wäre Gegenstand des Augenscheins hinsichtl der Frage, *ob* sie sprechen kann, dagegen Zeuge oder SV hinsichtl dessen, *was* sie sagt. Der SV-Beweis setzt oftmals einen Augenschein voraus, diesen darf das Gericht dem SV überlassen (s § 404a Rn 5; BGH NJW 64, 1179). Ebenso beinhaltet der Urkundenbeweis einen Augenschein an der vorgelegten (§§ 420, 421) Urk hinsichtl ihrer gegenständl Existenz (§ 419) unabhängig von ihrem gedankl Inhalt. Bei Ton- oder Videoaufnahmen wird auch der Gedankeninhalt mittels „Augenscheins" vermittelt. Zur Abgrenzung der Fotografie (= Augenschein) von der Fotokopie (= Urk, wenn beglaubigt) s BGH MDR 76, 304. Näher zum Urkundenbegriff s vor § 415 Rn 2 f. 2

2) Beweisantritt (§ 371 I). Sofern Augenschein nicht vAw angeordnet wird (§ 144), ist er durch Benennung von Thema und Objekt zu beantragen. Themenangabe erforderl, da sonst eine Abgrenzung zur unzulässigen Beweisermittlung und Ausforschung nicht mögl wäre (s vor § 284 Rn 8c; zum Umfang der Wahrnehmung beim Augenschein selbst s § 360 Rn 4). – Beantragt der Beweisführer wegen fehlenden Besitzes (bei elektron Dokument: fehlender Verfügungsgewalt; Berger NJW 2005, 1017 f) oder fehlender Zutrittsberechtigung (fremdes Grundstück, Baustelle) eine **Vorlage- bzw Duldungsanordnung** nach § 144 I 2, 3, liegt bereits hierin der Antritt des Augenscheinsbeweises (II 1). Einem Antrag auf Augenschein mittels **Virtual Reality-Brille** (sie ermöglicht Wahrnehmungen in einer virtuellen dreidimensionalen Umgebung u ist in Strafverf schon vereinzelt zum Einsatz gekommen) ist stattzugeben, falls der Beweiszweck auf andere Weise nicht mit gleicher Zuverlässigkeit erreicht werden kann u die Kosten hierfür durch Vorschuss gedeckt werden (s dazu Rinke AK 2023, 20; Heetkamp Virtual Reality-Technologie im Zivilverfahren, 2022). 3

3) Anordnung. Sie erfordert nur unter den Voraussetzungen von §§ 358, 358a einen förml Beweisbeschluss u unterbleibt ohne ausdrückl Entscheidung, wenn Augenschein nach gerichtl Ermessen zur Wahrheitserforschung nicht erforderl (§ 244 V StPO analog; BGH NJW 70, 946, 949), kein ordnungsgem Beweisantritt vorliegt (s Rn 3) oder ein Beweisverbot besteht (s § 286 Rn 15a ff). Eine dem Gericht vorgelegte Fotografie kann den gegenständl Augenschein entbehrl machen, wenn keine Partei deren Unzulänglichkeit als Beweismittel konkret darlegt (BGH NJW-RR 87, 1237 = MDR 88, 42; OLG Köln NZV 94, 279); angesichts der Manipulationsmöglichkeiten, insb bei Digitalaufnahmen, ist aber Vorsicht geboten. Dasselbe gilt für Video-Aufnahmen oder Bildübermittlungen per Internet (Greger FS Stürner, 2013, S 297 f). Zur Ersetzung von Augenschein durch dreidimensionale Aufnahmen s Hähnchen/Bommel JZ 2018, 334, 339, zu VR-Brille s Rn 2. – Für das Erfordernis, einen Augenschein zu **wiederholen**, gilt § 398 entspr (BGH MDR 86, 220; sa BGH NJW 99, 356, 358). – Von Partei beantragte Anordnung soll von vorheriger Zahlung eines **Auslagenvorschusses** abhängig gemacht werden (§ 17 I GKG; eingeh hierzu Drehsen MDR 2017, 1224 ff; zu Anordnung vAw s BGH NJW 2000, 743). 4

4) Durchführung. Grds hat der Beweisführer die Besichtigung durch das ProzGericht (zu anderen Beteiligten s § 372 Rn 1 ff) zu ermöglichen. Ist er hierzu nicht in der Lage, kann er eine **Herausgabe- bzw Duldungsanordnung** nach § 144 I 2 beantragen (II 1 Alt 2). Dem Antrag ist stattzugeben, sofern der Besitz des Adressaten glaubhaft gemacht ist (OLG Celle NJW-RR 2019, 152, 153) u kein Ablehnungsgrund nach Rn 4 vorliegt, unabhängig davon, ob ein mat-rechtl Herausgabeanspruch gegen den Besitzer besteht (Ahrens Beweis Kap 22 Rn 54). Das Gericht hat dann kein Ermessen (Binder ZZP 122 [2009], 198 f), weil der Antrag zugleich Beweisantrag ist (s Rn 3), der nur aus bes Gründen (s vor § 284 Rn 8c ff) abgelehnt werden kann. Der daneben durch II 1 Alt 1 iVm 2 eröffnete Weg über eine Fristsetzung u entspr Anwendung der §§ 422 ff hat praktische Bedeutung nur dann, wenn eine Herausgabeanordnung gegen den Dritten nach § 144 II, zB wegen Unzumutbarkeit, ausgeschlossen ist, aber ein mat-rechtl Herausgabeanspruch gegen ihn besteht (dazu StJ/Berger Rn 15; MskV/Röß Rn 14; Binder ZZP 122 [2009], 187, 195 ff). – Zu Ortstermin s § 219 Rn 2 f, § 169 GVG Rn 2, 4. 5

6 Bei **elektronischen Dokumenten (I 2)** ist Übergabe des Speichermediums (USB-Stick, CD-ROM etc) oder Übermittlung gem § 130a erforderl, bei Internetseiten Screenshot oder Angabe der URL (sofern noch abrufbar, sonst wie vor). Bei Einverständnis aller kann nach § 284 S 2 Vorzeigen auf Smartphone genügen. Befindet sich das elektron Dokument nicht in der Verfügungsgewalt des Beweisführers, kann Anordnung auf Verschaffung des Zugangs zu dem Dokument beantragt werden (s Rn 5; zu vom Kfz-Hersteller gespeicherten oder nur mit dessen Hilfe auslesbaren Fahrzeugdaten eingeh Balzer/Nugel NJW 2016, 193, 198 f).

7 **5) Beweiswürdigung.** Bes Regelungen bestehen für die **Beweiskraft elektronischer Dokumente** (s §§ 371a f). Bei **Beweisvereitelung durch die Gegenpartei** (zB Beiseiteschaffung, schuldhafte Zerstörung, Betretungsverbot [OLG Koblenz NJW 68, 897], Verweigerung der Herausgabe oder einer zumutbaren Untersuchung [s hierzu OLG Düsseldorf VersR 85, 457]) kann von dem behaupteten Zustand des Augenscheinsobjekts ausgegangen werden (III), ebenso bei entspr Handlungen eines Dritten im Einvernehmen mit einer Partei (MskV/Röß Rn 20; PG/Trautwein Rn 16). Verhindert ein Dritter unabhängig davon die Einnahme eines Augenscheins (zB indem er sich auf den Schutz seiner Wohnung beruft, so dass auch Maßnahmen nach § 144 II 2 ausscheiden), bleibt diesem Beweisangebot der Erfolg versagt. – **Streit über die Identität** des Augenscheinsgegenstands entscheidet das Gericht gem § 286, ggf § 366. Die Beweislast für die Identität entspricht jener für die streitige Tatsache.

8 **6) Gebühren. Gericht:** keine Geb. Auslagen 9000 ff GKG-KV; Vorschuss § 17 GKG (ausf Drehsen MDR 2017, 1224). – **RA:** keine Beweisgeb. Durch Betrachten von Fotos, Abspielen von Ton- oder Videoaufzeichnungen kann die Geb 1010 RVG-VV nicht entstehen (s § 355 Rn 5). – **Dritter** (s Rn 3): wird nach § 23 JVEG entschädigt.

§ 371a Beweiskraft elektronischer Dokumente

(1) [1]Auf private elektronische Dokumente, die mit einer qualifizierten elektronischen Signatur versehen sind, finden die Vorschriften über die Beweiskraft privater Urkunden entsprechende Anwendung. [2]Der Anschein der Echtheit einer in elektronischer Form vorliegenden Erklärung, der sich auf Grund der Prüfung der qualifizierten elektronischen Signatur nach Artikel 32 der Verordnung (EU) Nr. 910/2014 des Europäischen Parlaments und des Rates vom 23. Juli 2014 über elektronische Identifizierung und Vertrauensdienste für elektronische Transaktionen im Binnenmarkt und zur Aufhebung der Richtlinie 1999/93/EG (ABl. L 257 vom 28.8.2014, S. 73) ergibt, kann nur durch Tatsachen erschüttert werden, die ernstliche Zweifel daran begründen, dass die Erklärung von der verantwortenden Person abgegeben worden ist.

(2) Hat sich eine natürliche Person bei einem ihr allein zugeordneten De-Mail-Konto sicher angemeldet (§ 4 Absatz 1 Satz 2 des De-Mail-Gesetzes), so kann für eine von diesem De-Mail-Konto versandte elektronische Nachricht der Anschein der Echtheit, der sich aus der Überprüfung der Absenderbestätigung gemäß § 5 Absatz 5 des De-Mail-Gesetzes ergibt, nur durch Tatsachen erschüttert werden, die ernstliche Zweifel daran begründen, dass die Nachricht von dieser Person mit diesem Inhalt versandt wurde.

(3) [1]Auf elektronische Dokumente, die von einer Behörde innerhalb der Grenzen ihrer Amtsbefugnisse oder von einer mit öffentlichem Glauben versehenen Person innerhalb des ihr zugewiesenen Geschäftskreises in der vorgeschriebenen Form erstellt worden sind (öffentliche elektronische Dokumente), finden die Vorschriften über die Beweiskraft öffentlicher Urkunden entsprechende Anwendung. [2]Ist das Dokument von der Behörde mit einer qualifizierten elektronischen Signatur oder einem qualifizierten elektronischen Siegel oder von der mit öffentlichem Glauben versehenen Person mit einer qualifizierten elektronischen Signatur versehen, so gilt § 437 entsprechend. [3]Das Gleiche gilt, wenn das Dokument im Auftrag der Behörde oder der mit öffentlichem Glauben versehenen Person durch einen akkreditierten Diensteanbieter mit seiner qualifizierten elektronischen Signatur gemäß § 5 Absatz 5 des De-Mail-Gesetzes versehen ist und die Absenderbestätigung die Behörde oder die mit öffentlichem Glauben versehene Person als Nutzer des De-Mail-Kontos ausweist.

III idF des G zur Änderung des Onlinezugangsgesetzes sowie weiterer Vorschriften zur Digitalisierung der Verwaltung v 19.7.2024 (BGBl 2024 I Nr 245) mWv 24.7.2024. Der RegE eines G zur Einführung einer elektron Präsenzbeurkundung sieht vor, dass die Beweiskraft nach § 371a auf Dokumente erstreckt wird, die mit einer notariell beglaubigten elektron Unterschrift oder einem notariell beglaubigten elektron Handzeichen versehen sind; außerdem sollen ausl öffentl elektron Dokumente den entspr Urk gleichgestellt werden. Zeitnah zum Inkrafttreten des G finden Sie eine Kommentierung der Änderung in der Online-Version des Zöller (Ihre persönlichen Zugangsdaten s zu Beginn des Werkes).

1 **1) Bedeutung.** Nach § 371 I 2 können elektron Dokumente Gegenstand des Augenscheinsbeweises sein. Ihr Beweiswert unterliegt freier Würdigung nach § 286. § 371a stattet sie jedoch bei Erfüllung bestimmter Anforderungen mit gesteigerter Beweiskraft (analog Urk) aus, wobei für private u öffentl Dokumente unterschiedl Regelungen gelten. Hinzu kommen weitere Beweisregeln auf Grund EU-Rechts (VO (EU) Nr 910/2014 [eIDAS-VO], ABl EU Nr L 257 v 28.8.2014, 73; s Rn 5). Tokens einer Blockchain erfüllen deren Anforderungen mangels qualifizierter Signatur nicht (für analoge Anwendung aber Kaulartz/Matzke NJW 2018, 3278, 3283).

2) Private elektronische Dokumente (§ 371a I). Sie erbringen, wenn sie nach Art 32 eIDAS-VO validiert sind, den vollen Beweis dafür, dass die in ihnen enthaltenen Erklärungen von der verantwortenden Person abgegeben sind (I 1 iVm § 416). Anders als bei Urkunden, wo die Echtheit der Unterschrift ggf bewiesen werden muss, müsste hier der sie bestreitende Gegner Tatsachen beweisen, die ernstl Zweifel an der Urheberschaft begründen (zu Recht krit ggü dieser an den ges nicht geregelten Anscheinsbeweis [s vor § 284 Rn 29] anknüpfenden Begrifflichkeit StJ/Berger Rn 15, Schemmann ZZP 118 [2005], 165 ff u Musielak FG Vollkommer, S 250 ff: Während der Anscheinsbeweis dem Beweispflichtigen zugutekommt, handelt es sich hier um die Entkräftung einer ges Vermutung durch den Beweisgegner, nach StJ/Berger Rn 15 um eine ges Beweisregel). An die Zweifel sollten keine hohen Anforderungen gestellt werden (Roßnagel NJW 2001, 1826; aA Heinemann ZNotP 2002, 422); sie dürfen ledigl nicht rein theoretischer Art sein. In Betracht kommt zB der Nachweis, dass die Signaturkarte gestohlen oder samt PIN einem Dritten überlassen wurde; mat-rechtl Zurechnung u Haftung bleiben hiervon unberührt (StJ/Berger Rn 18). Nicht signierte Dokumente sind wie andere Augenscheinsobjekte frei zu würdigen; dass die in ihnen enthaltene Erklärung vom behaupteten Urheber stammt, ist ggf mit den allg Mitteln zu beweisen, wobei uU das Sendeprotokoll des Beweisgegners helfen kann (Vorlage gem § 144 I 2; Borges EWiR 2002, 735). 2

Eine entspr Vermutungsregelung gilt für die von einem **De-Mail-Konto** versendete Nachricht, sofern der Absender der Nachricht sich von seinem Provider bestätigen lässt, dass er zum Zeitpunkt des Versands dieser De-Mail sicher angemeldet war (II iVm § 4 De-Mail-G). In diesem Fall wird gem § 5 V 2 De-Mail-G die De-Mail nebst Dateianhängen vom Provider qualifiziert elektron signiert. Die Signatur dieser Bestätigung des De-Mail-Providers umfasst alle Inhalte und alle zu diesem Zeitpunkt vorliegenden Metadaten der betr De-Mail (BTDrs 17/12634, 32). Dies gilt aber nur, wenn es sich beim Absender um eine natürl Person handelt. Bei Unternehmen ist eine beweissichere Zuordnung der jew Erklärungen zum einzelnen Mitarbeiter nicht gewährleistet; für diese müsste ein De-Mail-Konto mit persönl Identifizierung und direkter Verbindung zwischen Endgerät und De-Mail-Provider eingerichtet werden. Zu Behörden s III 3. 3

3) Öffentliche elektronische Dokumente (§ 371a III). Sie haben, wenn sie von der zuständigen Stelle in der vorgeschriebenen Form erstellt wurden (vgl §§ 3a, 33, 37 VwVfG), auch ohne Signatur die Beweiskraft öffentl Urkunden nach §§ 415, 417 ff (ebenso nach §§ 165, 314; BTDrs 15/4067, 34), falls ihre Echtheit feststeht, ggf bewiesen wird. Bei Vorliegen einer qualifizierten elektron Signatur (zu den Anforderungen Kienzle NJW 2019, 1712 f) gilt jedoch bei inländischen Dokumenten die Vermutung der Echtheit nach § 437 (III 2), die nur durch den Beweis des Gegenteils, anders als bei I 2 nicht durch Erschütterung eines Anscheins, entkräftet werden kann. Seit 1.7.2014 gilt dies auch für die Signatur nach § 5 V De-Mail-G. – Zu ausländischen Dokumenten s § 438 Rn 2 u Kienzle NJW 2019, 1712, 1713 ff. – Zur Beweiskraft des Ausdrucks eines öffentl elektron Dokuments s § 416a. 4

Seit 24.7.2024 gilt § 371a III 2 auch für den Fall, dass das elektron Dokument mit einem qualifizierten elektron Siegel (Art 35 ff eIDAS-VO) der Behörde oder der qeS einer mit öffentl Glauben versehenen Person versehen ist. 5

4) Weitere Beweisregeln. Die eIDAS-VO erweitert den Katalog der Erkenntnismittel um **qualifizierte Siegel** (bestätigen Ursprung und Unversehrtheit von Daten in elektron Form), **elektron Zeitstempel** (belegen das Vorhandensein von Daten zu einem bestimmten Zeitpunkt) und **qualifiziert signierte Einschreiben** (belegen Absendung, Empfang u Unversehrtheit von Daten). Weiter gehend als I 2 legt sie diesen nicht nur eine Anscheins-, sondern eine Vermutungswirkung bei, die sich zudem nicht nur auf die Echtheit einer Erklärung, sondern auch auf das Vorliegen von Tatsachen erstreckt (Art 35 II, Art 41 II, Art 43 II eIDAS-VO, s hierzu Roßnagel NJW 2014, 3686, 3691 f; Jandt NJW 2015, 1209 ff). 6

§ 371b Beweiskraft gescannter öffentlicher Urkunden

[1]Wird eine öffentliche Urkunde nach dem Stand der Technik von einer Behörde oder von einer mit öffentlichem Glauben versehenen Person in ein elektronisches Dokument übertragen und liegt die Bestätigung vor, dass das elektronische Dokument mit der Urschrift bildlich und inhaltlich übereinstimmt, finden auf das elektronische Dokument die Vorschriften über die Beweiskraft öffentlicher Urkunden entsprechende Anwendung. [2]Sind das Dokument und die Bestätigung von der Behörde mit einer qualifizierten elektronischen Signatur oder einem qualifizierten elektronischen Siegel oder von der mit öffentlichem Glauben versehenen Person mit einer qualifizierten elektronischen Signatur versehen, so gilt § 437 entsprechend.

Neugefasst durch G zur Änderung des Onlinezugangsgesetzes sowie weiterer Vorschriften zur Digitalisierung der Verwaltung v 19.7.2024 (BGBl 2024 I Nr 245) mWv 24.7.2024.

1) Bedeutung. Die Vorschrift erstreckt die Beweiskraftregeln für öffentl Urk (§§ 415, 417, 418) auf solche, die von der öffentl Stelle eingescannt worden sind, dgl (bei Vorliegen einer qualifizierten elektron Signatur) die Echtheitsvermutung des § 437. Anwendbar sind auch die Vorschriften über die Beweiskraft des gericht Proto- 1 kolls (§ 165) und des Urteilstatbestandes (§ 314). Für gescannte Privaturk gilt die Vorschrift nicht; über deren Echtheit entscheidet das Gericht in freier Beweiswürdigung.

2 Seit 24.7.2024 gilt S 2 auch für den Fall, dass das elektron Dokument mit einem qualifizierten elektron Siegel (Art 35 ff eIDAS-VO) der Behörde oder der qeS einer mit öffentl Glauben versehenen Person versehen ist.

3 **2) Voraussetzungen.** Die Übertragung durch die öffentl Behörde muss dem **Stand der Technik** entsprechen (s dazu TR 03138 des Bundesamts für Sicherheit in der Informationstechnik https://www.bsi.bund.de/DE/Themen/Unternehmen-und-Organisationen/Standards-und-Zertifizierung/Technische-Richtlinien/TR-nach-Thema-sortiert/tr03138/tr03138_node.html). Der sich auf die Urk Berufende trägt hierfür die Beweislast. – Es muss **bestätigt** werden, dass das elektron Dokument inhaltl und bildl mit der Urschrift übereinstimmt. Geringfügige technisch bedingte Abweichungen in Größe und Farbe hindern die Bestätigung nicht, soweit sie den beweisrelevanten Inhalt der Urschrift nicht beeinträchtigen (BTDrs 17/12634, 34).

§ 372 Beweisaufnahme

(1) Das Prozessgericht kann anordnen, dass bei der Einnahme des Augenscheins ein oder mehrere Sachverständige zuzuziehen seien.

(2) Es kann einem Mitglied des Prozessgerichts oder einem anderen Gericht die Einnahme des Augenscheins übertragen, auch die Ernennung der zuzuziehenden Sachverständigen überlassen.

1 **1) Einnahme des Augenscheins.** Sie erfolgt grds durch das **ProzGericht** selbst (§ 355), auch wenn die Beweisaufnahme nicht an der Gerichtsstelle, sondern nur „an Ort u Stelle" (§ 219; § 166 GVG) mögl ist. Die Parteien sind zur **Anwesenheit** berechtigt, § 357 (zu Einschränkungen s § 357 Rn 2 ff). Bei elektron Dokumenten, auch Internetseiten, ist gemeinsame Einsicht zu ermöglichen, sofern Parteien nicht den Inhalt eines Ausdrucks unstreitig stellen (McCorkle, Allgemeinkundigkeit, 2018, S 23 f). Zur **informellen Besichtigung** s § 371 Rn 1a, zum Tele-Augenschein per Video s § 284 Rn 16. – Die **Zuziehung eines SV** ist Ermessenssache (**Formulierungsvorschlag:** Vorwerk/Fullenkamp, PFB, M 24.8), jedoch dringend geboten, wenn das Ergebnis des Augenscheins Grundlage eines SV-Gutachtens werden soll oder kann (s § 404a Rn 4). – Das Ergebnis (nicht die beweismäßige Würdigung) des Augenscheins ist im **Protokoll** (§ 160 III Nr 5) festzuhalten (Ausnahme § 161), doch genügt Feststellung im Tatbestand des Urteils, wenn das Gericht in gleicher Besetzung (§§ 370, 309) entscheidet (BAG NJW 57, 1492). – Beweisaufnahme ist **öffentl** (außer im Fall von II u bei reinem Ortstermin ohne anschließende Verh nach § 370; Ahrens Beweis Kap 22 Rn 65), Verschaffen unmittelbaren sinnl Eindrucks (zB von Foto, Video) für Unbeteiligte aber nicht erforderl. Zu Einzelheiten s § 169 GVG Rn 2 ff.

2 Dem **beauftragten oder ersuchten Richter** (§§ 361, 362) darf der Augenschein ohne die Einschränkung des § 375 übertragen werden (BGH MDR 91, 33, 34). Protokollierung (§ 160 III Nr 5) ist dann unentbehrl. Ob der verordnete Richter einen SV hinzuzieht (Auswahl § 405), steht in seinem Ermessen, falls nicht das ProzGericht die Zuziehung angeordnet hat.

3 **2) Einnahme durch Dritte.** Stehen der Besichtigung durch Richter rechtl oder tatsächl Hindernisse entgegen (zB bei körperl Untersuchung, Aufsuchen gefährl Orte, Ahrens Beweis Kap 22 Rn 86 f), kann eine hierfür geeignete Person als **Augenscheinsmittler** eingesetzt werden. Berichtet sie ledigl das Wahrgenommene, ohne dafür bes Sachkunde einzusetzen, handelt es sich um einen mittelbar durchgeführten Augenscheinsbeweis. Soll sie dagegen aus ihren Wahrnehmungen sachkundige Schlussfolgerungen ziehen, dienen sie der Vorbereitung eines Gutachtens und unterfallen § 404a IV. Um ein Gutachten zu ersparen, könnte Partei aber auch beantragen, den SV über seine Wahrnehmung als Zeugen zu vernehmen; dann ist er sachverständiger Zeuge iSv § 414 (MskV/Röß Rn 3 f).

§ 372a Untersuchungen zur Feststellung der Abstammung

(1) Soweit es zur Feststellung der Abstammung erforderlich ist, hat jede Person Untersuchungen, insbesondere die Entnahme von Blutproben, zu dulden, es sei denn, dass die Untersuchung dem zu Untersuchenden nicht zugemutet werden kann.

(2) [1]Die §§ 386 bis 390 gelten entsprechend. [2]Bei wiederholter unberechtigter Verweigerung der Untersuchung kann auch unmittelbarer Zwang angewendet, insbesondere die zwangsweise Vorführung zur Untersuchung angeordnet werden.

1 Seit der Übernahme des Abstammungsprozesses in das Verf der freiw Gerichtsbarkeit (§§ 169 ff FamFG) hat die Vorschrift nur noch für die seltenen Fälle Bedeutung, in denen die Rspr die Ausschließlichkeit des Statusverf zurücktreten lässt (s PH/Grohmann § 178 Rn 1 m Erl des wortgleichen § 178 FamFG).

Titel 7
Zeugenbeweis (§§ 373-401)

Vorbemerkungen zu §§ 373-401

1) Begriff des Zeugen. Zeuge ist eine am Verf nicht selbst als Partei oder als ges Vertreter einer Partei unmittelbar beteiligte Auskunftsperson, welche auf Antrag einer Partei durch **Aussage über Tatsachen** und tatsächl Vorgänge Beweis erbringen soll. Dazu gehört auch die Aussage über Äußerungen Dritter (BGH NJW 84, 2039, 2040; zu deren Beweiswert s § 286 Rn 9a). Zum Begriff der Tatsachen und zur Unzulässigkeit des Ausforschungsbeweises s vor § 284 Rn 2c, 8c f u § 286 Rn 9 f, zur Beweisfähigkeit von Rechtstatsachen s § 288 Rn 1a. Durch die Beschränkung auf den Bericht über Tatsachen unterscheidet sich der Zeuge vom SV; Letzterer vermittelt Fachwissen zur **Beurteilung von Tatsachen** (s vor § 402 Rn 2). Dagegen ist es nicht Aufgabe eines Zeugen, auf Grund von Erfahrungssätzen oder bes Fachkenntnissen Schlussfolgerungen aus einem bestehenden Sachverhalt zu ziehen oder dem Gericht allg Erfahrungssätze oder bes Kenntnis in einem bestimmten Wissensgebiet zu vermitteln (BGH NJW 2007, 2122). Der sachverständige Zeuge (§ 414) ist echter Zeuge, der seine bes Sachkunde zur *Wahrnehmung* der bekundeten Tatsachen verwendet hat (BGH MDR 74, 382). – Die **Abgrenzung** des Tatsachenvortrags von der (dem Zeugen verwehrten) Wertung ist wesentl Aufgabe der Vernehmungstechnik. Der zu Wertungen und Hypothesen neigende Zeuge verliert an Glaubwürdigkeit. Trotzdem ist eine Tatsachenbekundung ohne jede Wertung oft unmögl. Die Grenzziehung ist letztl Frage der Beweiswürdigung (§ 286). 1

Die Verwertung **schriftl Äußerungen** eines Dritten ist im Fall von § 377 III Zeugen-, ansonsten Urkundenbeweis (BGH NZV 2007, 294, 295). Zu Vernehmungsprotokollen s Rn 12 f. **Amtl Auskünfte von Behörden** können uU zu Beweiszwecken verwertet werden (s vor § 355 Rn 2). Beweisführer kann aber auf Zeugenvernehmung des Sachbearbeiters bestehen, die ggf in schriftl Form (§ 377 III) erfolgen kann (Ahrens Beweis Kap 21 Rn 5). 2

2) Zeugnispflicht. Sie obliegt als öff-rechtl Verpflichtung jeder der Gerichtsbarkeit unterworfenen Person (§§ 18-20 GVG) und besteht in der erzwingbaren (§ 380) Pflicht zum Erscheinen, zur wahrheitsgemäßen Aussage (§ 390) und zur Eidesleistung, nicht jedoch zur Abgabe schriftl Erklärungen iS § 377 III, auch nicht zur eigenen Ermittlung von dem Zeugen unbekannten Tatsachen (OLG Köln NJW 73, 1983). Das schließt aber nicht aus, dass der Zeuge verpflichtet ist (§ 163 StGB), sein Wissen anhand von Aufzeichnungen zu überprüfen und sein Gedächtnis aufzufrischen (§§ 378, 273 II 4; Peters ZZP 87 [1974], 485). Von einer bürgerl-rechtl Pflicht zur Auskunftserteilung ist die Zeugnispflicht völlig unabhängig, ebenso von einer vertragl Verpflichtung, eine (bestimmte) Aussage zu unterlassen (dazu s § 384 Rn 4). Die Datenschutzgesetze stehen der Zeugenbenennung auch dann nicht entgegen, wenn die Personalien aus Dateien erhoben werden (Prütting ZZP 106 [1993], 459). Das Recht des Zeugen auf Wahrung seiner Intimsphäre (Art 2 I, 1 I GG) steht der Zeugenpflicht nicht entgegen; ihm ist aber durch Anwendung der §§ 169 ff GVG Rechnung zu tragen (BVerfG NJW 2024, 205 Tz 23). 3

3) Zeugnisfähigkeit. Aussagetüchtig u damit aussagepflichtig ist ohne Rücksicht auf Alter u Geschäftsfähigkeit jede Person, welche die Verstandesreife besitzt, tatsächl Wahrnehmungen zu machen, diesbzgl Fragen zu verstehen u zu beantworten. Zur Ausübung des Aussageverweigerungsrechts minderj Zeugen s § 383 Rn 4, zur Eidesmündigkeit s § 393. – Für den **nicht Deutsch sprechenden Zeugen** ist ein Dolmetscher zu bestellen (s § 185 GVG Rn 1). Auslagenvorschuss: s § 379 Rn 1. Unterlässt der Beweisführer den Hinweis auf diese Notwendigkeit, ist sein Beweisantritt gleichwohl beachtl (OLG Hamm MDR 2000, 657); ggf Vertagung und Verzögerungsgebühr gem § 38 GKG. – Wegen der Zeugenaussage des Richters und UrkB s § 41 Nr 5, § 49. 4

4) Zeugenstellung Prozessbeteiligter. Die Stellung als Partei schließt eine Vernehmung als Zeuge aus; hier kommt nur Parteivernehmung nach §§ 445 ff in Betracht. In dem vom ges Vertreter einer prozessunfähigen Partei geführten Prozess kann die Partei als Zeuge, der ges Vertreter nur nach §§ 445 ff vernommen werden (BGH NJW 2000, 289, 291; Ausnahme nur § 455 II, s § 455 Rn 2). Entscheidend ist die formale Stellung im Zeitpunkt der Vernehmung. Daher kann ein Forderungsinhaber seine Zeugenstellung erreichen, indem er die Forderung abtritt und durch den Zessionar einklagen lässt (Ahrens Beweis Kap 20 Rn 55 ff; aA MK/Damrau/Weinland § 373 Rn 16 unter Heranziehung von § 138 BGB; Stamm ZZP 132 [2019], 411, 459); ein Vertretungsorgan kann durch Abberufung Zeuge werden. Der Beweiswert solcher Zeugen ist allerdings wegen des offenkundigen Eigeninteresses idR gering (BGH NJW 2001, 826, 827). Nicht verallgemeinerungsfähig ist daher die (auf Besonderheiten des Falles beruhende) Aussage in BGH MDR 2003, 928, 929, wonach RA einer GmbH verpflichtet sei, auf die Möglichkeit der Zeugengewinnung durch Auswechseln des Geschäftsführers hinzuweisen. 5

Als Zeuge zu vernehmen ist daher: der Kommanditist (BGH NJW 65, 2253, 2254); der Komplementär der Liquidations-KG, der nicht selber Liquidator ist (BGHZ 42, 230 = NJW 65, 106); der durch Gesellschaftsvertrag von der Vertretungsmacht ausgeschlossene Gesellschafter der OHG (§ 124 HGB; BGH NJW 65, 2253, 2554); der Aktionär im Prozess der AG (RG JW 1899, 673); der im Zeitpunkt der Vernehmung bereits ausgeschiedene frühere Gesellschafter der OHG (RGZ 49, 425) oder sonstige frühere ges Vertreter einer Partei (RGZ 29, 370); der ges Vertreter einer Partei, der als solcher im Prozess nicht auftritt, zB Pfleger des Prozessfähigen (s § 53); 6

der Vormund in Sachen, für die ein Pfleger bestellt ist (§ 1789 I 2 BGB); der Betreuer außerhalb seines Aufgabenkreises (§ 1823 BGB); der Erbe im Prozess des TV; der Sch im Prozess des InsVerw (BFH NJW-RR 98, 63); der ProzBev, auch unter Fortdauer dieser Eigenschaft (BGH NJW 2007, 3069); der am Ausgang des Prozesses nicht formell, aber materiell beteiligte Dritte, zB Miterbe im Nachlassprozess; der Ermächtigende bei gewillkürter Prozessstandschaft (s vor § 50 Rn 50); der **Zedent** (BGH WM 76, 424), sofern er nicht in zulässiger Weise (s § 33 Rn 24 ff) durch Drittwiderklage zur Partei wird (BGH NJW 2007, 1753, 1754; BGH NJW 2008, 2852; Dräger MDR 2008 1373 f; zur Zulässigkeit von negativen Feststellungswiderklagen gegen den Zedenten s § 256 Rn 22).

7 Der einfache **Streitgenosse** ist als Zeuge zu vernehmen, soweit er vom Beweisthema nicht selbst betroffen ist (BGH MDR 84, 47; BAG JZ 73, 58; für weiter gehende Zulässigkeit Foerste FS Henckel, 2015, S 111 ff). Ein Interesse an der noch ausstehenden Kostenentscheidung (zB nach Teilurteil, Rechtsmittelrücknahme) berührt die Zeugenfähigkeit nicht (OLG Koblenz NJW-RR 2003, 283; OLG Düsseldorf FamRZ 75, 100, 101; MK/Damrau/Weinland § 373 Rn 17; Ahrens Beweis Kap 20 Rn 53).

8 **Als Partei ist zu vernehmen** der vertretungsberechtigte Gesellschafter oder ges Vertreter (das ist aber nicht der Sondervertreter iSv § 30 BGB; Barfuß NJW 77, 1273) der nicht prozessfähigen Partei (Ausnahme: s § 455 Rn 2); der streitgenössische NI (§ 69; RGZ 46, 405); der notwendige Streitgenosse (§ 62). Bei Gesamtvertretung sind alle Vertreter als Partei zu vernehmen, bei einem mehrgliedrigen Vertretungsorgan sämtl Mitglieder (StJ/Berger vor § 373 Rn 7).

9 **Nachträgliche Änderung** ist unerhebl: Zeugenaussage bleibt verwertbar, auch wenn der Zeuge später Partei (vertreter) wird (StJ/Berger vor § 373 Rn 10).

10 **Umdeutung** eines nach Vorstehendem unzulässigen Beweisantrags in einen solchen mit zutreffendem Inhalt ist in Erwägung zu ziehen. So kann Antrag auf Vernehmung eines ges Vertreters als Anregung nach § 448 aufzufassen sein (BGH NJW-RR 94, 1143, 1144).

11 **Fehlerhafte Vernehmung** (Partei als Zeuge oder umgekehrt) ist gem § 295 verzichtbarer Verfahrensmangel (BGH NJW 65, 2254; StJ/Berger vor § 373 Rn 2). Bestehen Zweifel, ob eine Person noch ges Vertreter einer Partei ist, sind die Zweifel bei der Beweiswürdigung zu berücksichtigen (BGH NJW 65, 2254). Hat das Gericht der Aussage keine höhere Wertigkeit beigemessen als die ihr richtigerw zukommende, ist die Beweiswürdigung nicht fehlerhaft (BGH WM 68, 1099; krit StJ/Berger vor § 445 Fn 22). Eingeh zu diesen Fragen Münks, Vom Parteieid zur Parteivernehmung, S 182.

12 **5) Vernehmungsprotokolle aus anderen Verfahren.** Solche sind auf Antrag (nicht vAw; s § 273 Rn 7) als Urkundenbeweis (§ 432 I) zu verwerten (BGH NJW-RR 2011, 1079); dgl die im dortigen Urteil wiedergegebenen Aussagen (BAG NJW 2015, 651, 652). Sie sind dann zum Gegenstand der mündl Verh zu machen (s BGH NJW 2004, 1324, 1325; nach BGH NJW-RR 2016, 957 ist klarzustellen, dass dies zu Beweiszwecken geschieht). Einer Zustimmung des Gegners zur Verwertung bedarf es nicht (BGH VersR 83, 667); er kann aber Antrag auf Vernehmung des Zeugen stellen (s Rn 13). Ob es sich um eine Zeugen- oder Beschuldigtenvernehmung handelte, ist unerhebl; der Vernommene muss aber ordnungsgemäß belehrt worden sein (BGH NJW 85, 1470, auch zur Zulässigkeit von Vorhalten aus dem Protokoll, wenn der Zeuge im Zivilprozess nach ordnungsgemäßer Belehrung aussagt; näher s § 286 Rn 15k). Nunmehrige Zeugnisverweigerung steht nicht entgegen (s § 383 Rn 6). Zur Beweiswürdigung s Rn 15.

13 Jede Partei hat aber das Recht, die **unmittelbare Anhörung** des Zeugen zu beantragen (BGHZ 7, 116 = NJW 52, 1171). Daher ist die ausschließl Verwertung der protokollierten Aussage unzulässig, wenn auch nur eine Partei die Vernehmung des Zeugen im anhängigen Verf beantragt (BGH MDR 2013, 1184; BGH NJW 2004, 1324, 1325; BGH NJW 2000, 1420, 1421 mwN). § 398 steht nicht entgegen (BGH NJW-RR 88, 1527). Der zunächst nur den Urkundenbeweis antretende Beweisführer darf, zB weil er Zweifel an der Überzeugungskraft der Urk erkennt, diesen Antrag stellen, ohne sich dem Vorwurf der Verfahrensverzögerung auszusetzen (BGH NJW 83, 999). Der Gegner kann den Gegenbeweis gegen die Urk antreten, indem er die Anhörung dieses (oder anderer) Zeugen beantragt (BGH VersR 70, 322; BGH WM 73, 560; BAG NJW 68, 957). Ein bloßer Widerspruch gegen die Verwertung des Protokolls genügt nicht (BGH VersR 70, 322); auf Notwendigkeit eines Beweisantritts muss aber ggf gem § 139 hingewiesen werden (BGH MDR 2013, 1184). Die Vernehmung darf auch nicht mit der Begründung abgelehnt werden, es bestünden nach dem übrigen Beweisergebnis Bedenken gegen die Glaubwürdigkeit des Zeugen oder die Glaubhaftigkeit seiner Angaben (BGH 11.7.2001 – IV ZR 122/00) oder die str Tatsache sei auf Grund der Beweisaufnahme in anderem Verf gerichtsbekannt (BGH NJW-RR 2011, 569).

14 **6) Beweiswürdigung.** Die Aussage eines Zeugen darf vom Gericht nicht unkrit übernommen werden. Kein anderes Beweismittel ist so anfällig gegen Verfälschung (durch Wahrnehmungs-, Erinnerungs- und Reproduktionsmängel, aber auch durch – bewusste oder unbewusste – Parteilichkeit) wie der Zeuge. Dies darf auf der anderen Seite aber nicht dazu führen, Zeugenaussagen überhaupt keinen Beweiswert zuzusprechen. Die Beurteilung der Richtigkeit einer Zeugenaussage ist ureigenste Aufgabe des Tatrichters, zu deren Erfüllung ihm die Erkenntnisse der Vernehmungspsychologie zur Verfügung stehen (s Arntzen, Psychologie der Zeugenaussage,

5. Aufl 2011; zu typischen Fehlern bei der Bewertung von Glaubhaftigkeitsmerkmalen s Geipel, Beweisführung und Lügenerkennung vor Gericht, 2021, S 61 ff). Erst wenn und soweit der Tatrichter sich davon überzeugt hat, dass der Zeuge persönl glaubwürdig und seine Aussage glaubhaft ist, darf er die von dem Zeugen bekundeten Tatsachen seinem Urteil zugrunde legen (BGH NJW 91, 3284; OLG Karlsruhe NJW-RR 98, 789). Fehlende Ausführungen hierzu können Zweifel des Berufungsgerichts begründen, die zu erneuter Vernehmung Anlass geben (s § 529 Rn 8; zu verstorbenem Zeugen s BGH VersR 2017, 378 [Gundlach]). Kommt es auf die Glaubwürdigkeit des Zeugen (Urteilsfähigkeit, Erinnerungsvermögen, Wahrheitsliebe) entscheidend an (zB weil seine Bekundungen in Widerspruch zu anderen Beweismitteln oder zu konkretem Parteivortrag stehen), muss sich der erkennende Richter nach Möglichkeit ein eigenes Bild hiervon machen bzw die Eindrücke eines kommissarischen oder früheren Richters in prozessordnungsgemäßer Weise vermitteln lassen (BGH NJW 97, 1586; sa § 355 Rn 2, 4). Auch Vollständigkeit und Widerspruchsfreiheit einer Aussage können nicht allein auf Grund eines Protokolls beurteilt werden (BGH NJW 98, 2222). Da eine Vorbereitung des Zeugen durch die Partei oder ihren ProzBev zwar nicht verboten ist, aber die Aussage beeinflussen kann, sind bei entspr Anhaltspunkten diesbezügl Fragen u Erwägungen angebracht (s dazu Schlosser SchiedsVZ 2004, 229; zur anwaltl Risikominimierung Ullrich NJW 2014, 1341 ff; Bertke/Schroeder SchiedsVZ 2014, 80 ff; Hoffmann/Maurer NJW 2018, 257 ff). – Zur Beurteilung der Glaubwürdigkeit ist der Richter idR selbst in der Lage; nur in Ausnahmefällen ist die Einholung eines Glaubwürdigkeitsgutachtens geboten (s vor § 402 Rn 12). Zum Polygraphentest (Lügendetektor) s vor § 284 Rn 10a.

Bei der **urkundenbeweislichen Verwertung** anderweitiger Aussagen (s Rn 12) darf das Protokoll nicht wie ein Zeugenbeweis gewertet werden (BGH NJW 95, 2856, 2857), denn es beweist nur, was der Zeuge im anderen Verf ausgesagt hat, nicht zwingend jedoch auch die Richtigkeit und Vollständigkeit dieser Aussage (Hartung VersR 82, 142). Eine Glaubwürdigkeitsbeurteilung ist idR nicht mögl (BGH NJW 2000, 1420); sie verstieße auch gegen den Grundsatz der Beweisunmittelbarkeit (BGH NJW 95, 2856, 2857; s § 355 m Erl). Es ist daher nicht zulässig, die Richtigkeit einer urkundl verwerteten Zeugenaussage aus Gründen anzuzweifeln, die sich nicht aus der Urk selbst ergeben und für die sich auch sonst keine belegbaren Umstände finden lassen (BGH NZV 92, 403 = MDR 92, 803). Dagegen darf der Richter Zweifel an der Richtigkeit solcher Aussagen auf alle nach § 286 verwertbaren Umstände stützen, insb auf die Wertung anderer Beweismittel (Hällmayer NZV 92, 482). Auf die begrenzte Beweiskraft hat das Gericht ggf gem §§ 139, 279 III hinzuweisen (BGH NJW 83, 999, 1000). 15

7) Zeugenbeistand. Jeder Zeuge ist befugt, seine Aussage vor Gericht von der Anwesenheit seines eigenen Rechtsbeistandes (auch in nichtöffentl Sitzung) abhängig zu machen (BVerfG NJW 75, 103 = MDR 75, 290). Ein eigenes Fragerecht (wie gem § 397 II) und einen Anspruch auf Unkostenerstattung durch Gericht oder Gegner hat dieser Beistand nicht (StJ/Berger vor § 373 Rn 38). 16

8) Haftung des Zeugen. Der Zeuge haftet für Schäden, die einem Prozessbeteiligten durch eine vorsätzl Falschaussage entstehen, nach § 823 II BGB iVm §§ 153 f, § 263 StGB, bei Fahrlässigkeit nur im Falle seiner Beeidigung (§ 163 StGB; aA Prange, Mat-rechtl Sanktionen bei Verletzung der prozessualen Wahrheitspflicht durch Zeugen u Parteien, S 73 ff, die der ZPO eine allg Wahrheitspflicht als ungeschriebenes Schutzgesetz entnimmt, die Zeugenhaftung dann aber [S 122 ff] auf grobe Fahrlässigkeit zurückführt; für analoge Anwendung von § 839a BGB Thole, Die Haftung des gerichtl SV nach § 839a BGB, 2004, S 201 ff). Die materielle Rechtskraft des unrichtigen Urteils steht einer Inanspruchnahme des Zeugen wegen ihrer subj Grenzen (§ 325) nicht entgegen, jedoch kann die geschädigte Partei ein Mitverschulden treffen, wenn sie nicht alle Möglichkeiten zur Verhinderung und Beseitigung des Urteils (Rechtsmittel, Restitution) ausgeschöpft hat (Prange aaO S 101 ff). Unzulässig sind Klagen auf Feststellung der Schadensersatzpflicht während des laufenden Verf oder auf Widerruf einer Zeugenaussage (kein Feststellungs- bzw Rechtsschutzinteresse; BGH NJW 65, 1803; BGH NJW 1986, 2502). 17

§ 373 Beweisantritt

Der Zeugenbeweis wird durch die Benennung der Zeugen und die Bezeichnung der Tatsachen, über welche die Vernehmung der Zeugen stattfinden soll, angetreten.

1) Voraussetzungen für Zeugenvernehmung. Sie muss konkret (dh unter Angabe von Person und Inhalt) von einer Partei **beantragt** werden; keine Vernehmung vAw (s vor § 128 Rn 11). Die **Person** ist individualisierend zu bezeichnen (wegen „Zeuge NN" s § 356 Rn 4); die Angabe der ladungsfähigen Anschrift kann nachgeholt werden (BGH NJW 93, 1926, 1927); hierfür Fristsetzung gem § 356 mögl (sa § 296 Rn 4). Die **Tatsachenbehauptung**, für deren Richtigkeit der Zeuge benannt wird, ist so konkret zu bezeichnen, dass Gericht und Gegner die Bedeutung für die Ermittlung des entscheidungserhebl Sachverhalts erkennen können (also zB nicht „für den Hergang des Unfalls", sondern Bezug nehmend auf die Unfalldarstellung des Kl). Eine weiter gehende Konkretisierung (zB von wo aus der Zeuge den Unfall beobachtet hat, auf welchem Wege er Kenntnis von der behaupteten Tatsache erlangt hat, usw) ist nicht erforderl (BGH NJW-RR 1987, 1403). Der Beweisführer muss 1 sich auch nicht darüber äußern, welche Anhaltspunkte er für die Richtigkeit der in das Wissen des Zeugen gestellten Behauptung habe (BGH MDR 2020, 115; BAG NJW 2022, 1558). Beweisantritt darf nicht in Widerspruch zum Parteivortrag stehen (BGH MDR 1988, 133). Zu den an die Substantiierung des Vorbringens zu stellenden Anforderungen, auch bei mittelbarer Beweisführung (Indizienbeweis) s vor § 284 Rn 4 ff, 8, 9), zum Ausschluss von Ausforschung s vor § 284 Rn 8c f.

2 **2) Mängel des Beweisantritts.** Auf solche hat das Gericht unter Fristsetzung zu deren Behebung (§ 356; BVerfG NJW 85, 3005, 3006; BGH NJW 89, 227) hinzuweisen. Erst nach Ablauf einer solchen Frist darf das Gericht das Beweisangebot unbeachtet lassen; § 296 II ist nicht anwendbar (BGH NJW 93, 1926, 1927).

§ 374 (weggefallen)

§ 375 Beweisaufnahme durch beauftragten oder ersuchten Richter

(1) Die Aufnahme des Zeugenbeweises darf einem Mitglied des Prozessgerichts oder einem anderen Gericht nur übertragen werden, wenn von vornherein anzunehmen ist, dass das Prozessgericht das Beweisergebnis auch ohne unmittelbaren Eindruck von dem Verlauf der Beweisaufnahme sachgemäß zu würdigen vermag, und

1. wenn zur Ausmittlung der Wahrheit die Vernehmung des Zeugen an Ort und Stelle dienlich erscheint oder nach gesetzlicher Vorschrift der Zeuge nicht an der Gerichtsstelle, sondern an einem anderen Ort zu vernehmen ist;

2. wenn der Zeuge verhindert ist, vor dem Prozessgericht zu erscheinen und eine Zeugenvernehmung nach § 284 Absatz 2 und 3 nicht stattfindet;

3. wenn dem Zeugen das Erscheinen vor dem Prozessgericht wegen großer Entfernung unter Berücksichtigung der Bedeutung seiner Aussage nicht zugemutet werden kann und eine Zeugenvernehmung nach § 284 Absatz 2 und 3 nicht stattfindet.

(1a) Einem Mitglied des Prozessgerichts darf die Aufnahme des Zeugenbeweises auch dann übertragen werden, wenn dies zur Vereinfachung der Verhandlung vor dem Prozessgericht zweckmäßig erscheint und wenn von vornherein anzunehmen ist, dass das Prozessgericht das Beweisergebnis auch ohne unmittelbaren Eindruck von dem Verlauf der Beweisaufnahme sachgemäß zu würdigen vermag.

(2) Der Bundespräsident ist in seiner Wohnung zu vernehmen.

Durch G zur Förderung des Einsatzes von Videokonferenztechnik in der Zivilgerichtsbarkeit und den Fachgerichtsbarkeiten v 15.7.2024 (BGBl 2024 I Nr 237) wurden die Verweisungen auf § 128a II ohne inhaltl Änderung an die neue Systematik (§ 284 II, III) mWv 19.7.2024 angepasst.

1 **I) Zulässigkeit kommissarischer Vernehmung.** Der **Grundsatz der Beweisunmittelbarkeit** (§ 355) gebietet, dass die Vernehmung nur in Ausnahmefällen einem kommissarischen Richter (§§ 361, 362) überlassen wird. Wie sich aus den Einschränkungen in I u Ia ergibt, ist sie nur zulässig, wenn laut Prognose des erkennenden Richters bzw Richterkollegiums zur Zeit des Beweisbeschlusses (§ 358) ein **unmittelbarer Eindruck vom Verlauf der Beweisaufnahme entbehrl** ist; einer mögl Vernehmung per Video (§ 284 II) ist Vorrang zu geben (I Nrn 2, 3). Kommissarische Vernehmung scheidet daher aus, wenn es auf die Beurteilung der Glaubwürdigkeit des Zeugen ankommt, insb wenn es voraussichtl zu einander widersprechenden Aussagen mehrerer Zeugen kommen wird (OLGR Köln 1998, 56). Ergibt sich entspr Bedarf nachträgl, ist nach § 398 zu verfahren.

2 **II) Anwendungsfälle (§ 375 I). 1) Vernehmung außerhalb des Gerichts (Nr 1).** Sie kann **sachdienl** (zB wegen Verbindung mit Augenschein, Gegenüberstellung mit verhindertem Zeugen; s § 219) oder **vorgeschrieben** sein (zB für Bundespräsidenten, II; Regierungsmitglieder u Abgeordnete, § 382).

3 **2) Dauernde Verhinderung (Nr 2).** In Betracht kommt zB Krankheit, nicht Mittellosigkeit (zu Reisekostenvorschuss s § 401 Rn 6). Zur Frage, ob der Zeuge das Betreten seiner Wohnung dulden muss, s § 357 Rn 2. Zu Video-Vernehmung s Rn 1.

4 **3) Große Entfernung (Nr 3).** Gilt entspr bei schlechter Verkehrsverbindung. Entscheidend ist, dass Zeit- u Kostenaufwand außer Verhältnis zur Bedeutung der Aussage stehen u dass Video-Vernehmung nicht ausreicht. Zu Beweiserhebung im Ausland s §§ 363, 364.

5 **4) Vernehmung durch Mitglied des Prozessgerichts (§ 375 Ia).** S dazu § 361. Hierfür genügt Zweckmäßigkeit; Entbehrlichkeit des unmittelbaren Eindrucks (s Rn 1) aber auch hier erforderl.

III) Verfahren. S § 361 Rn 2 u § 362 Rn 2. Zu Information und Teilnahme der Parteien § 357. Genaue **Niederschrift** (§ 160 III Nr 4 u § 162) unentbehrl. – Der verordnete Richter darf auch ohne ausdrückl Auftrag (gem § 78 III ohne Anwaltszwang) **Gütegespräche** führen und Prozessvergleich entgegennehmen (s § 278 Rn 5). Zur **Eidesleistung** s § 391 Rn 6. – Vernehmung ohne Voraussetzungen nach § 375 ist (nach § 295 heilbarer) **Verfahrensfehler** (BGH NJW 96, 2734, 2735; unrichtig OLGR Köln 1998, 56, wo Heilung wegen Häufigkeit des Verstoßes verneint wird). 6

§ 376 Vernehmung bei Amtsverschwiegenheit

(1) Für die Vernehmung von Richtern, Beamten und anderen Personen des öffentlichen Dienstes als Zeugen über Umstände, auf die sich ihre Pflicht zur Amtsverschwiegenheit bezieht, und für die Genehmigung zur Aussage gelten die besonderen beamtenrechtlichen Vorschriften.

(2) Für die Mitglieder des Bundestages, eines Landtages, der Bundes- oder einer Landesregierung sowie für die Angestellten einer Fraktion des Bundestages oder eines Landtages gelten die für sie maßgebenden besonderen Vorschriften.

(3) Eine Genehmigung in den Fällen der Absätze 1, 2 ist durch das Prozessgericht einzuholen und dem Zeugen bekannt zu machen.

(4) Der Bundespräsident kann das Zeugnis verweigern, wenn die Ablegung des Zeugnisses dem Wohl des Bundes oder eines deutschen Landes Nachteile bereiten würde.

(5) Diese Vorschriften gelten auch, wenn die vorgenannten Personen nicht mehr im öffentlichen Dienst oder Angestellte einer Fraktion sind oder ihre Mandate beendet sind, soweit es sich um Tatsachen handelt, die sich während ihrer Dienst-, Beschäftigungs- oder Mandatszeit ereignet haben oder ihnen während ihrer Dienst-, Beschäftigungs- oder Mandatszeit zur Kenntnis gelangt sind.

I) Bedeutung. Das Vernehmungsverbot des § 376 lässt die Sachverhaltsaufklärung zugunsten des öffentl Interesses an der Wahrung der dem Gemeinwohl dienenden Geheimnisse zurücktreten. Die Entscheidung hierüber wird dem Dienstherrn, ggf dem VG, nicht dem Zeugen oder dem ProzGericht überlassen (s Rn 7). Verletzung ist Straftat (§ 353b StGB) u begründet Amtshaftung (§ 839 BGB). 1

II) Verschwiegenheitspflicht. 1) Erfasster Personen. a) Angehörige des öffentlichen Dienstes iSv I sind nur Personen, die in einem Amtsverhältnis nach dt Recht stehen oder standen. Von der BaFin nach § 21 WpHG und § 9 KWG beauftragte Wirtschaftsprüfer fallen daher nicht darunter (BGH NJW-RR 2016, 683). Nach dem Recht der ehemaligen DDR begründete Schweigepflichten bestehen mangels einer entspr Regelung im EinigungsV nicht fort (eingeh hierzu Rein/Hilger DtZ 93, 261 ff). Zur Verschwiegenheitspflicht der **Angehörigen ausl Streitkräfte** s Art 38 Zusatz-Abk zum NTS (BGBl II 1961, 1218), der **Bediensteten der Europäischen Gemeinschaft** s Art 19 VO Nr 31 (EWG) 11 (EAG), ABl 45 v 14.6.1962, 1385 (entspricht § 67 BBG). Für **Notare** gilt nicht § 376, sondern das ZeugnisverweigerungsR nach § 18 BNotO. 1a

b) Richter sind die in § 1 DRiG genannten Berufsrichter und ehrenamtl Richter des Bundes und der Länder. Diese stehen hinsichtl Beratung und Abstimmung unter der Verschwiegenheitspflicht nach §§ 43, 45 I DRiG, von der auch der Dienstvorgesetzte nicht entbinden kann. Eine weiter gehende den beamtenrechtl Vorschriften angeglichene Verschwiegenheitspflicht über sonstige dienstl Belange besteht nur für die Berufsrichter nach § 46 DRiG bzw den entspr Vorschriften der Länder. Daneben gilt für Richter auch das ZeugnisverweigerungsR nach § 383 I Nr 6 (s § 383 Rn 19). **Schiedsrichter** unterliegen dem Beratungsgeheimnis (BGHZ 23, 138, 141; RGZ 129, 15, 17); insoweit gilt jedoch nur § 383 I Nr 6 (MK/Damrau/Weinland Rn 3). 2

c) Beamte sind die nach den Beamtengesetzen des Bundes und der Länder zu Beamten auf Lebenszeit, auf Probe und auf Widerruf ernannten Bediensteten des Bundes, der Länder, Gemeinden u Gemeindeverbände sowie der Körperschaften, Stiftungen u Anstalten des öffentl Rechts. Für **Soldaten** gelten die beamtenrechtl Vorschriften entspr (§ 14 II SG). Zu den Vorschriften für **kirchliche Beamte** s StJ/Berger Rn 21. 3

d) Für **andere Personen des öffentl Dienstes** (zB Arbeiter u Angestellte der in Rn 3 genannten Körperschaften, Anstalten, Stiftungen) gibt es keine bes Rechtsvorschriften iSv I; es können daher allenfalls Zeugnisverweigerungsrechte nach allg Vorschriften bestehen (StJ/Berger Rn 24 ff; Ahrens Beweis Kap 36 Rn 86 ff). Zu Bediensteten der Bundesbank s aber § 32 BBankG. – Nach Sinn u Zweck anwendbar ist § 376 jedoch auf nach dem **VerpflichtungsG** v 2.3.1974 (BGBl I 1974, 469, 547) verpflichtete Personen (BGH NStZ 1981, 70 für V-Leute der Polizei zum gleich lautenden § 54 I StPO; MK/Damrau/Weinland Rn 5), nicht aber auf nach § 3 S 2 ZSHG verpflichtete Privatpersonen (BGHSt 50, 318). 4

e) Politiker. Soweit sie nicht ohnedies Beamte sind, gelten bes Vorschriften, für Bundesminister zB §§ 6, 7 BundesministerG; über die Aussagegenehmigung für sie entscheidet die BReg (s dazu BVerwG NJW 2000, 160; 5

Linke AöR 141 [2016], 317 ff). Entspr Regelungen enthalten die LandesG (Nw bei StJ/Berger Rn 69 ff), für Abgeordnete § 44d AbgG), für **Fraktionsangestellte** § 57 AbgG.

5a **f) Bundespräsident (§ 376 IV).** Da er als Staatsoberhaupt keinen Dienstvorgesetzten hat, ist über den Vorrang öffentl Interessen von ihm selbst zu entscheiden. Die Entscheidung ist wie in den anderen Fällen des § 376 verwaltungsgerichtl überprüfbar (VG Berlin 27.2.2025 – VG 6 K 189/24; StJ/Berger Rn 47; aA Ahrens Beweis Kap 36 Rn 115).

6 **2) Gegenstand.** Unter die Verschwiegenheitspflicht fallen alle Angelegenheiten, die den von I erfassten Personen bei Ausübung ihrer amtl Tätigkeit bekannt geworden sind. Ausgenommen sind nach § 67 II Nr 2 BBG, § 37 II Nr 2 BeamtenstatusG Tatsachen, die offenkundig (wie § 291) oder ihrer Bedeutung nach nicht geheimhaltungsbedürftig sind.

7 **3) Aufhebung.** Die Verschwiegenheitspflicht kann nur durch Genehmigung des (letzten) Dienstherrn (§ 67 III BBG, § 37 III BeamtenstatusG) aufgehoben werden. **Versagung** ist nur in den ges geregelten Fällen zulässig (§ 68 I BBG, § 37 IV BeamtenstatusG), teilw den obersten Behörden vorbehalten (§ 68 III BBG). Gegen die Versagung steht den Parteien, nicht dem ProzGericht, der Verwaltungsrechtsweg offen (BVerwG NJW 71, 160).

8 **III) Verfahren (§ 376 III).** Die erforderl Genehmigung hat das ProzGericht schon vor der Ladung des Amtsträgers einzuholen. Bis zu ihrem Vorliegen besteht ein unverzichtbares Vernehmungsverbot. Das Beweismittel ist als nicht verfügbar (s vor § 284 Rn 11c) zu behandeln. Die einmal erteilte Aussagegenehmigung gilt grds für alle Rechtszüge (BGH DB 69, 703). Sie ist der Auskunftsperson mit der Ladung mitzuteilen.

9 **IV) Beweiswürdigung.** Aus der Versagung dürfen Schlüsse gezogen werden. Unter Verstoß gegen § 376 gemachte Aussagen unterliegen keinem Verwertungsverbot (OVG Lüneburg NVwZ 2004, 1381; MK/Damrau/Weinland Rn 18).

§ 377 Zeugenladung

(1) [1]Die Ladung der Zeugen ist von der Geschäftsstelle unter Bezugnahme auf den Beweisbeschluss auszufertigen und von Amts wegen mitzuteilen. [2]Sie wird, sofern nicht das Gericht die Zustellung anordnet, formlos übermittelt.

(2) Die Ladung muss enthalten:

1. **die Bezeichnung der Parteien;**
2. **den Gegenstand der Vernehmung;**
3. **die Anweisung, zur Ablegung des Zeugnisses bei Vermeidung der durch das Gesetz angedrohten Ordnungsmittel in dem nach Zeit und Ort zu bezeichnenden Termin zu erscheinen;**
4. **im Fall des § 284 Absatz 2 die Anweisung, zur Ablegung des Zeugnisses die Bild- und Tonübertragung sicherzustellen;**
5. **im Fall des § 284 Absatz 3 die Anweisung, zur Ablegung des Zeugnisses an der zu bezeichnenden Gerichtsstelle zu erscheinen.**

(3) [1]Das Gericht kann eine schriftliche Beantwortung der Beweisfrage anordnen, wenn es dies im Hinblick auf den Inhalt der Beweisfrage und die Person des Zeugen für ausreichend erachtet. [2]Der Zeuge ist darauf hinzuweisen, dass er zur Vernehmung geladen werden kann. [3]Das Gericht ordnet die Ladung des Zeugen an, wenn es dies zur weiteren Klärung der Beweisfrage für notwendig erachtet.

II Nr 4 u 5 angefügt durch G zur Förderung des Einsatzes von Videokonferenztechnik in der Zivilgerichtsbarkeit und den Fachgerichtsbarkeiten v 15.7.2024 (BGBl 2024 I Nr 237) mWv 19.7.2024.

1 **I) Ladung. 1) Bedeutung.** Ladung soll sicherstellen, dass der Zeuge erscheint und ggf Zwangsmittel (§ 380) gegen ihn ergriffen werden können. Sie ist aber nicht Voraussetzung der Vernehmung; auch mitgebrachte oder aus sonstigen Gründen präsente Zeugen können vernommen werden (s § 279 Rn 4). Die Vorschrift stellt zudem klar, dass die Zeugenladung Aufgabe des Gerichts ist; eine Ladung durch die Partei kennt die ZPO nicht. Das Gericht kann deshalb einer Partei auch nicht aufgeben, einen Zeugen herbeizuschaffen; wohl aber kann es auf ein entspr Anerbieten eingehen.

1a **2) Form.** Grds formlose Terminsmitteilung durch die GeschSt, auch per Fax oder E-Mail (BTDrs 15/4067, 35). Förml Ladung nur auf bes Anordnung des Gerichts (zB bei Besorgnis unentschuldigten Fernbleibens). Die Ladung soll von der Einzahlung des Auslagenvorschusses (§§ 379, 401; § 17 GKG) abhängig gemacht werden. Auch im ***Ausland befindlicher Zeuge*** kann postalisch geladen werden (eine Zustellung würde sich nach den in § 183 genannten Vorschriften richten), bei ausländ Staatsangehörigkeit aber ohne Androhung von Zwangsmitteln (AG/Gehle Rn 8; kein Geltungsvorrang der EuBewVO laut EuGH NJW 2012, 3771 = EuZW 2012, 831

[Bach]). Zur Ladung von Exterritorialen s vor § 18 GVG Rn 4, von Truppenangehörigen s § 166 Rn 6. Minderj Zeugen sind zweckmäßig zu Händen ihres ges Vertreters zu laden (zu Folgen des Ausbleibens s § 380 Rn 7).

3) Inhalt. Neben der **Bezeichnung der Parteien** (vgl § 253 II 1) und dem **Hinweis auf die Säumnisfolgen** 2 (§ 380) **Angabe des Vernehmungsgrundes.** Es genügt die summarische Bezeichnung des streitigen Sachverhalts, soweit das erforderl ist, um dem Zeugen eine Vorbereitung der Aussage (zum Umfang der Vorbereitungspflicht s vor § 373 Rn 3) zu ermöglichen (Reinecke MDR 90, 1062). Angabe des konkreten Beweisthemas (§ 359 Nr 1) ist entbehrl, bei am Ausgang des Rechtsstreits persönl interessierten Zeugen uU sogar untunl, wenn damit dem Zeugen eine Parteibehauptung „in den Mund gelegt" würde (Reinecke MDR 90, 1061); hier genügt allg Umschreibung. Auch bei vorbereitender Ladung (§ 273 II Nr 4) ist Bekanntgabe des Beweisthemas Voraussetzung für Anwendung von Ordnungsmitteln (s § 273 Rn 10). Soll die Beweisaufnahme gem § 219, § 375 I, II, § 382 Nr 2 in der Wohnung bzw am Amtssitz des Zeugen oder gem § 128a II per Video erfolgen, muss die Ladung Angaben dazu enthalten, wie der Zeuge sich bereit zu halten hat. Wird dem Zeugen die **Vernehmung per Video** gestattet, sind nach § 377 II Nr 4 mit der Ladung auch die Anweisungen zur Sicherstellung der Übertragung zu übermitteln (s § 284 Rn 9), bei deren Anordnung nur diese mit dem Hinweis auf die Frist für den Einspruch (s § 284 Rn 10). Soll die Vernehmung an einer Gerichtsstelle stattfinden (§ 284 III), ist der Zeuge (nach Abstimmung mit dem ersuchten Gericht) dorthin zu laden (§ 377 II Nr 5).

Inhaltl Mängel der Ladung befreien nicht von der Pflicht, zu erscheinen und auszusagen, sie verbieten aber 3 Zwangsmaßnahmen gem § 380 und sind Entschuldigungsgrund iS § 381.

4) Zeitpunkt. Eine Ladungsfrist ist nicht vorgeschrieben. Zeuge kann auch ganz kurzfristig, ggf telefonisch am 4 Sitzungstag, herbeigerufen werden, soweit nach den konkreten Umständen zumutbar; anderenfalls wäre der Zeuge entschuldigt (OLGR Düsseldorf 1994, 170; s § 381 Rn 1).

II) Schriftliche Beantwortung der Beweisfrage (§ 377 III). 1) Bedeutung. Statt einen Zeugen vorzuladen 5 kann das ProzGericht (nicht der ersuchte Richter gem § 362) auch eine schriftl Aussage anfordern, gem § 358a Nr 3 auch schon vor der mündl Verh (§ 358a; zur Vorabklärung einzelner Punkte uU sehr zu empfehlen; vgl Stadler ZZP 110 [1997], 137; 163 ff), ebenso zur Ergänzung einer bereits erfolgten Vernehmung. Einverständnis der Parteien ist hierfür nicht Voraussetzung (bei Einverständnis gilt ohnehin Freibeweis nach § 284 S 2); zu ihrem Fragerecht s Rn 10. – Zulässig ist entgegen § 62 ZRHO u beiläufiger Bemerkung in BGH NJW 1984, 2039 auch die schriftl Befragung von Zeugen im Ausland (StJ/Berger § 363 Rn 12; Ahrens Beweis Kap 59 Rn 39).

2) Rechtsnatur. Die Aussage ist Zeugen-, nicht Urkundenbeweis (anders die Verwertung einer bereits vorliegenden schriftl Äußerung), ebenso bei elektron Übermittlung gem § 130a (dazu Müller RDi 2025, 24, 29, der allerdings zu qeS rät). Auch bei vorbereitender Anordnung gem § 358a ist sie bereits Durchführung und nicht nur Vorbereitung der Beweisaufnahme (OLG Hamm NJW 66, 1370), setzt daher streitige Einlassung des Gegners voraus. 6

3) Voraussetzungen. Auch die schriftl Befragung setzt **Beweisantritt** nach § 373 voraus. Ob das Gericht von 7 dieser Form des Zeugenbeweises Gebrauch macht, liegt in seinem pflichtgem **Ermessen** (BTDrs 11/3621, 38). Maßgebl Kriterien hierfür sind: **a) Eignung der Beweisfrage.** Ihr Inhalt muss die Abweichung vom grds fortbestehenden Grundsatz der Beweisunmittelbarkeit rechtfertigen. Das kann der Fall sein bei der Beweiserhebung über Nebenforderungen oder über Fragen, die der Zeuge ohnehin nur anhand seiner Unterlagen beantworten kann. Ist absehbar, dass es zu einer Beeidigung der Aussage (s § 391 Rn 3), einer Gegenüberstellung von Zeugen (§ 394 II), Vorhaltungen oder Fragen des Gerichts (§ 396 II, III) oder der Parteien (§ 397) kommen wird, ist Eignung eher zu verneinen.

b) Eignung des Zeugen. Er muss die Erwartung einer zuverlässigen und der Beweiswürdigung (§ 286) zugängl Be- 8 antwortung der Beweisfrage rechtfertigen. Der Zeuge muss daher – was nötigenfalls der Beweisführer darzulegen hat – über die allg Aussagetüchtigkeit (s vor § 373 Rn 4) hinaus die für eine schriftl Auskunft vorauszusetzende bes Erkenntnis- und Erklärungsfähigkeit sowie auch Vertrauenswürdigkeit besitzen; forensische Erfahrung des Zeugen ist aber nicht vorausgesetzt. Bei Zeugen, die in näherer Verbindung zu einer Partei stehen (Angehörige, Freunde, Mitarbeiter), wird schriftl Befragung idR ausscheiden. Ein Mindestalter des Zeugen ist nicht gefordert.

4) Verfahren. Der Zeuge ist unter Hinweis auf seine Benennung als Zeuge und die daraus folgende Wahrheits- 9 pflicht (§ 395), ggf ein dem Gericht bekanntes ZeugnisverweigerungsR (§ 383 II), entspr § 396 zur Auskunft über die mitzuteilenden Beweisfragen innerhalb angemessener Frist aufzufordern (zu den Folgen unterbliebener Belehrung s § 383 Rn 21, § 395 Rn 1). Er ist auch darauf hinzuweisen, dass er ungeachtet der schriftl Auskunft vor das ProzGericht geladen werden kann. Bei **ausbleibender Auskunft** ist er zur Vernehmung zu laden (falls das nicht bereits vorsorgl geschehen war). Ordnungsmittel sind nicht zulässig, Nachfragen mögl, aber kaum zweckmäßig. **Eingegangene Auskunft** ist sofort den Parteien (formlos) mitzuteilen u Termin zur mündl Verh (mit Beweiserörterung nach § 279 III, § 285) zu bestimmen, sofern nicht Einverständnis mit schriftl Verf (§ 128 II) besteht.

5) Persönliche Ladung (§ 377 III 3). Ob das Gericht den Zeugen nach erteilter schriftl Auskunft noch persönl 10 vorlädt, steht in seinem Ermessen (§ 398), kann jedoch geboten sein, wenn die Erwartungen gem Rn 3 f sich nicht erfüllt haben. Dies kann sich aus Unzulänglichkeiten der schriftl Auskunft (zB bei offensichtl Vorformulierung; OLG Hamm NJW 2014, 78, 83) oder Erklärungen der Parteien hierzu ergeben. Deren Recht, dem Zeugen Fragen vorlegen zu lassen (§ 397), besteht auch hier. Ob eine ebenfalls schriftl Beantwortung dieser Fragen ausreicht oder eine persönl Vernehmung angezeigt ist, liegt (wie bereits das ganze Verf) im Ermessen des Gerichts (BAG NJW 2017, 1770 [abl Fölsch]; MK/Damrau/Weinland Rn 17; Metz MDR 2020, 1094, 1099; Petrasincu/Knebelsberger/Apell ZIP 2024, 2905, 2910 f; aA LG Berlin NJW-RR 97, 1289; StJ/Berger Rn 33; Stadler ZZP 110 [1997], 137, 161). – Hält das Gericht die **Beeidigung** des Zeugen für nötig (s § 391 Rn 3), kann die Vorladung nicht durch eine eidesstattl Versicherung des Zeugen ersetzt werden; in Betracht kommt hier allenfalls eine Eidesabnahme gem § 479.

11 **6) Unaufgeforderte schriftliche Auskunft.** Reicht ein geladener Zeuge eine solche ein, kann sie verwertet und die Ladung aufgehoben werden, wenn die Parteien einverstanden sind. Es handelt sich dann um Urkunden-, nicht Zeugenbeweis. Eine Umwandlung durch nachträgl Anordnung gem § 377 III ist nicht mögl (Ahrens Beweis Kap 38 Rn 15; aA OLG Koblenz MDR 94, 410; bei nachträgl Belehrung Metz MDR 2020, 1094, 1095).

12 **III) Auslagen.** Keine für die formlose Ladung. Bei Zustellung s 9002 GKG-KV. – Zeugen werden auch bei schriftl Befragung nach dem JVEG entschädigt (§ 19 I 2 JVEG).

§ 378 Aussageerleichternde Unterlagen

(1) [1]Soweit es die Aussage über seine Wahrnehmungen erleichtert, hat der Zeuge Aufzeichnungen und andere Unterlagen einzusehen und zu dem Termin mitzubringen, wenn ihm dies gestattet und zumutbar ist. [2]Die §§ 142 und 429 bleiben unberührt.

(2) Kommt der Zeuge auf eine bestimmte Anordnung des Gerichts der Verpflichtung nach Absatz 1 nicht nach, so kann das Gericht die in § 390 bezeichneten Maßnahmen treffen; hierauf ist der Zeuge vorher hinzuweisen.

1 **1) Pflichten des Zeugen.** Die **Vorbereitungspflicht (§ 378 I)** geht nicht so weit, dass der Zeuge Tatsachen, die er vor Gericht bekunden soll, erst zu erforschen (RGZ 48, 395; OLG Köln NJW 73, 1983), insb aus Büchern, Aufzeichnungen oder anderen Unterlagen zu ermitteln hat (Peters ZZP 87 [1974], 485). Das schließt aber nicht aus, dass es dem Zeugen zugemutet wird, sein Wissen vor der Einvernahme anhand von ihm zugängl oder in seinem Besitz befindl Aufzeichnungen zu überprüfen und sein Gedächtnis aufzufrischen. Hierauf kann der Zeuge allg (zB im Ladungsformular) oder durch „bestimmte Anordnungen" (die dann nach II erzwingbar sind) hingewiesen werden.

2 Eine Pflicht, zur Gedächtniserforschung verwendete Unterlagen dem Gericht oder den Prozessparteien **vorzulegen** oder auszuhändigen, begründet § 378 I nicht. Mögl ist aber Anordnung der Urkundenvorlegung nach § 142 oder – bei Bestehen einer mat-rechtl Vorlagepflicht – Klage gem §§ 428, 429.

3 **2) Zwangsmaßnahmen (§ 378 II).** Voraussetzung hierfür ist, dass das Gericht eine *bestimmte* Anordnung gegen den Zeugen iS I getroffen hatte; die pauschale Aufforderung, etwa vorhandene Unterlagen zu verwerten, genügt nicht. Die Aufforderung muss vor dem Beweistermin, tunlichst mit der Ladung gem § 377, verbunden mit der Androhung der etwaigen Zwangsmaßnahme gem § 390, zugegangen sein (hierzu § 273 II Nr 4). Außerdem muss der Zugang des Zeugen zu den Unterlagen für das Gericht (regelm durch den Inhalt des Beweisantritts) außer Zweifel stehen; dafür kann es genügen, dass der Zeuge Besitz oder Zugang zu solchen ihm konkret genannten Unterlagen nicht oder unsubstantiiert bestreitet. Unzulässig sind Zwangsmaßnahmen gegen den Zeugen, der von einem ZeugnisverweigerungsR Gebrauch macht.

4 **3) Rechtsmittel. Anordnung gem I** ist unanfechtbar; zum Rechtsmittel gegen **Maßnahmen gem II** s § 390 Rn 9. – **Unterlassen** einer Anordnung begründet keinen Verfahrensfehler. Anders kann es liegen, wenn sich bei der Vernehmung ergibt, dass der Zeuge (nur) anhand seiner Unterlagen genauere Angaben machen kann; dann handelt es sich um einen Fall von Nichtausschöpfen eines Beweismittels (Verstoß gegen § 286; s § 286 Rn 12; BGH ZIP 93, 1307, 1308).

§ 379 Auslagenvorschuss

[1]Das Gericht kann die Ladung des Zeugen davon abhängig machen, dass der Beweisführer einen hinreichenden Vorschuss zur Deckung der Auslagen zahlt, die der Staatskasse durch die Vernehmung des *Zeugen erwachsen.* [2]*Wird der Vorschuss* nicht innerhalb der bestimmten Frist gezahlt, so unterbleibt die Ladung, wenn die Zahlung nicht so zeitig nachgeholt wird, dass die Vernehmung durchgeführt werden kann, ohne dass dadurch nach der freien Überzeugung des Gerichts das Verfahren verzögert wird.

I) Bedeutung und Anwendungsbereich. Sondervorschrift zu § 17 I GKG: Über Vorschusspflicht für Zeugenladung soll allein das Prozessgericht, nicht der Kostenbeamte entscheiden. Sie gilt entspr für die Ladung des **SV** zur Gutachtenerstattung oder -erläuterung auf Antrag einer Partei (§§ 402, 397; zur Ladung vAw s Rn 3), ebenso für die Einholung eines schriftl Gutachtens (BGH NJW 1999, 2823, 2824). Für alle sonstigen mit notw Auslagen verbundenen Handlungen des Gerichts gilt § 17 I GKG, so für Einnahme des Augenscheins (§ 371), Durchführung von Terminen außerhalb der Gerichtsstelle (§§ 219, 375), Abschrifterteilung (§ 299 I). Für **Dolmetscher** Vorschusspflicht, wenn Beiziehung zu Zeugenvernehmung erforderl, nicht zur Verh mit Partei gem §§ 141, 278 II, denn hier ist gem § 185 GVG die Ladung des Dolmetschers Amtspflicht (StJ/Berger Rn 5). Keine Vorschusspflicht für **Ladung der Partei** gem § 445, weil die Partei ihre hierbei anfallenden Auslagen erst gem §§ 91, 104 liquidieren kann. 1

II) Vorschusspflicht (§ 379 S 1). 1) Anordnung. Sie steht im Ermessen des Gerichts. Schematische Anordnung ist Ermessensfehler. Verwaltungsaufwand u Verfahrensverzögerung sind abzuwägen gegen das fiskalische Interesse der Justizkasse u auch das Schutzbedürfnis des Kl ggü kostspieligen Beweisanträgen des Bekl (s § 22 I 1 GKG; Röbke NJW 86, 237; Schmid MDR 82, 94). Kostspielige Beweisanordnungen sollten aber vorschussfrei nur nach Erörterungen mit den Parteien ergehen, insb bei Beweisanordnungen gem § 358a vor dem Haupttermin. Andererseits darf das Gericht eine Beweiserhebung nicht bereits wegen der damit verbundenen Kosten (zB bei geringem Streitwert) als „unökonomisch" ablehnen (BVerfG NJW 79, 413). Das Prozessrisiko gegen das Kostenrisiko abzuwägen ist allein Sache der beweisbelasteten Partei. 2

2) Ausnahmen. a) Bei **Beweiserhebung vAw**, zB gem §§ 144, 411 III, kann kein Vorschuss angeordnet werden (BGH NJW 2000, 743). In diesem Fall auch keine Vorschusspflicht für Partei, die Anhörung des SV nach §§ 402, 397 beantragt. Dass Begutachtung oder Erläuterung auch vAw angeordnet werden könnte, schließt Anordnung zwar nicht aus; wird Vorschuss aber nicht geleistet, muss Gericht prüfen, ob Beweiserhebung vAw veranlasst ist (BGH MDR 76, 396; Ahrens Beweis Kap 42 Rn 26). 3

b) Keine Vorschusspflicht bei **Kostenfreiheit**, so für den Fiskus gem § 2 I GKG und soweit **PKH** bewilligt wurde; hier ggf im Rahmen des § 122 II auch zugunsten des Gegners der armen Partei, falls nicht die Beweisaufnahme ausschließl dessen Widerklage betrifft (RGZ 55, 268, 270; KG OLGZ 71, 423, 424; s § 122 Rn 15 ff). Gegen Vorschussanforderung trotz PKH-Bewilligung sof Beschwerde gem § 127 II (StJ/Berger Rn 11; RGZ 55, 268). Nachträgl PKH-Antrag ersetzt Einzahlung nur, wenn innerhalb der Frist und mit Aussicht auf Bewilligung (vgl § 233 Rn 23.29) gestellt. 3a

c) Verzichtserklärung des Zeugen (**Formulierungsvorschlag:** Vorwerk/Fullenkamp, PFB, M 24.4) beseitigt Vorschusspflicht, auch wenn Vorschussleistung bereits angeordnet war (BVerfG NJW 86, 833). Widerruf mögl bei Wegfall der Geschäftsgrundlage, zB wenn Verzicht erkennbar in Erwartung einer Einvernahme vor dem Wohnsitzgericht ausgesprochen wurde (OLG Düsseldorf MDR 91, 66; OLG Düsseldorf NJW-RR 97, 826). Widerruf muss aber unverzügl nach Eintritt der maßgebl Umstände und jedenfalls vor der Vernehmung dem Gericht ggü erklärt werden (OLG München NJW 75, 2108). 3b

d) Bei **Verbürgung eines RA** für die Kostenhaftung entfällt Anlass für Vorschusszahlung. RA wird weiterer Kostenschuldner iSd § 29 Nr 2 GKG (OLG Düsseldorf MDR 91, 161). 3c

3) Schuldner. Vorschusspflicht trifft den Beweisführer, das ist ohne Rücksicht auf die Beweislast (OLG Stuttgart MDR 87, 1035) die Partei, welche den Beweis angeboten hat (§ 359 Nr 3). Die Beweislast bestimmt den Sch aber, wenn beide Parteien den Beweis angeboten haben (BGH NJW 99, 2823; MskV/Röß Rn 4; aM Bachmann DRiZ 84, 401: beide Parteien). Beweisantritt des Streitgehilfen macht nicht diesen, sondern die unterstützte Partei zum Sch (MskV/Röß Rn 4; aA Berding/Deckenbrock NZBau 2006, 340). Wird die Vernehmung eines Zeugen oder SV von beiden Parteien für unterschiedl Themen beantragt, kommt Teilung des Vorschusses in Betracht (MskV/Röß Rn 4). Wer die Anhörung des SV (§ 411 III) beantragt, trägt insoweit die Vorschusslast, auch wenn das schriftl Gutachten vom Gegner beantragt worden war (BGH MDR 64, 501, 502). Entspr gilt, wenn Partei nach schriftl Zeugenaussage persönl Befragung oder eine wiederholte Vernehmung beantragt (MskV/Röß Rn 4). 4

4) Höhe. Diese ist in der Anordnung zu beziffern. Nachträgl Erhöhung ist zulässig (OLG München MDR 78, 412). Der Vorschuss soll ausreichen, die voraussichtl Auslagen (über deren Höhe s §§ 5 ff, §§ 19 ff JVEG) zu decken. Zum Einfluss der Höhe des Vorschusses auf den Gebührenanspruch des SV s § 413 Rn 8 u § 407a IV. 5

5) Anordnung. Sie obliegt dem ProzGericht, dem verordneten Richter nur im Falle des § 405, u wird idR im Beweisbeschluss oder der vorbereitenden Verfügung nach § 273 getroffen. Nachholung u Änderung (ohne mündl Verh) mögl. Anzugeben ist auch, bei welcher Kasse der Vorschuss einzuzahlen ist; sonst muss bei Fristablauf nachgefragt werden (BVerfG NJW-RR 96, 1533). Die nach S 2 zu setzende Frist ist eine richterl iS § 224 II, daher Verlängerung und Abkürzung mögl. Im Anwaltsprozess ist eine Frist von weniger als 3 Wochen idR unangemessen kurz (BGH 10.5.2016 – VIII ZR 97/15 Tz 13; OLG Frankfurt NJW 86, 731, 732). Wegen der Fristsetzung ist förml Zustellung geboten (§ 329 II), Hinweis auf Folge der Versäumung ratsam (s Rn 7 f). – **Anfechtbar** ist die Anordnung nur, wo sie trotz Bewilligung der PKH ergeht (s Rn 3a). In allen übrigen Fällen 6 bleibt bei unberechtigter Anordnung (zB in unangemessener Höhe, in unzumutbar kurzer Frist oder bei Belastung des Gegners des Beweisführers) nur die Gegenvorstellung (Abhilfe gem § 360) oder Anfechtung des Urteils (BGH MDR 2009, 763; OLG Frankfurt MDR 2004, 1255).

7 **III) Sanktion (§ 379 S 2). 1) Nichtzahlung.** Ladung unterbleibt, ohne dass es einer Androhung dieser Folge bedürfte (§ 231 I; BGH NJW 98, 761, 762; BVerfG NJW-RR 2004, 1150, 1151), und ohne Rücksicht darauf, ob die Partei ein Verschulden trifft (BGH NJW 82, 2559). Der Termin bleibt aber bestehen (OLG Düsseldorf NJW-RR 97, 1085), das Beweismittel ist nicht präkludiert (BGH NJW 80, 343; BGH NJW 82, 2559); grds kein Verzicht (s § 399 Rn 2), keine Beweisfälligkeit (BGH NJW 2007, 2122: Andere Möglichkeiten zur Erkenntnisgewinnung sind zu nutzen). Zum SV-Beweis s Rn 3. Wird Zeuge zum Termin gestellt, ist er trotz unterbliebener Vorschussleistung zu vernehmen (OLG Frankfurt OLGZ 68, 436; aber zu den Rechten des Beweisgegners, sich einer sof Vernehmung präsentierter Zeugen zu widersetzen, s § 279 Rn 4; zum Entschädigungsanspruch s § 401 Rn 2). Die Partei kann auch ihren Antrag auf Ladung des Zeugen ausdrückl aufrechterhalten. Das Gericht hat dann darüber zu entscheiden, ob es ihm noch stattgibt oder ihn unter den Voraussetzungen des § 296 II (insb grobe Nachlässigkeit) zurückweist (BGH NJW 82, 2559, 2560; BGH NJW 2017, 2288); eine weitere Fristsetzung (etwa nach § 356) ist mögl, aber nicht nötig (BGH NJW 98, 761, 762; BVerfG NJW-RR 2004, 1150, 1151). Unterbleibt die Beweiserhebung, obwohl die Frist nach § 379 versehentl nicht mitgeteilt wurde, ist das rechtl Gehör verletzt (BVerfG NJW-RR 2004, 1150). – Zur Präklusionswirkung für die 2. Instanz s § 531 Rn 7.

8 **2) Verspätete Zahlung.** Ladung unterbleibt, wenn die Vernehmung nicht mehr ohne Verzögerung des Verf durchgeführt werden kann (S 2); ebenso bei nachträgl Auslagenverzicht. Ist Ladung zum bestimmten Termin noch mögl, muss sie dagegen ausgeführt werden, denn die Versäumung der Zahlungsfrist allein hat keine Ausschlusswirkung (BVerfG NJW 86, 833; BayVerfGH NJW-RR 2001, 352); es gelten die allg Präklusionsregeln (§ 296 II, § 531 II 1 Nr 3) entspr. Erforderl ist daher neben dem Hinweis auf die beabsichtigte Zurückweisung (s § 296 Rn 32), dass die Verspätung auf grobe Nachlässigkeit zurückzuführen ist (woran es fehlen kann, wenn eine Gegenvorstellung gegen die Höhe des Vorschusses ohne sachl Begründung zurückgewiesen wird; BGH NJW 2019, 3456 [Schäfer] = MDR 2019, 1464 [Schwenker MDR 2020, 13]), u dass die Verspätung zur Verzögerung des Rechtsstreits führt (s § 296 Rn 25). Es gilt auch hier der absolute Verzögerungsbegriff (s § 296 Rn 22), wonach das Verf bei Zulassung der verspäteten Beweiserhebung länger dauern würde als bei deren Unterbleiben; die Ausnahme, dass dieselbe Verzögerung offensichtl auch bei rechtzeitigem Handeln eingetreten wäre (BVerfGE 75, 302; BGH NJW-RR 2011, 526), greift jedenfalls bei erhebl verspäteter Zahlung des Vorschusses für ein schriftl SV-Gutachten nicht ein, weil der spätere Gutachtensauftrag in jedem Fall zu einer längeren Verfahrensdauer geführt hätte (KG NJW 2017, 1889 [Linz] = NZBau 2017, 419 [Lenz]). Durch „Flucht in die Säumnis" kann die Verzögerungswirkung uU umgangen werden; aber zu den Nachteilen und Risiken s § 296 Rn 40 u OLG Hamm NJW-RR 95, 1038 (Sonderfall).

§ 380 Folgen des Ausbleibens des Zeugen

(1) [1]Einem ordnungsgemäß geladenen Zeugen, der nicht erscheint, werden, ohne dass es eines Antrages bedarf, die durch das Ausbleiben verursachten Kosten auferlegt. [2]Zugleich wird gegen ihn ein Ordnungsgeld und für den Fall, dass dieses nicht beigetrieben werden kann, Ordnungshaft festgesetzt.

(2) Im Falle wiederholten Ausbleibens wird das Ordnungsmittel noch einmal festgesetzt; auch kann die zwangsweise Vorführung des Zeugen angeordnet werden.

(3) Gegen diese Beschlüsse findet die sofortige Beschwerde statt.

1 **I) Bedeutung.** Zur Durchsetzung der Zeugenpflicht u Entlastung der Kostenschuldner sind gegen den säumigen, nicht gem § 381 entschuldigten Zeugen vAw und zwingend Sanktionen gem § 380 zu verhängen. Gesetz räumt kein Ermessen ein, daher auch keine entspr Anwendung von § 153 I StPO, § 47 OWiG (MskV/Röß Rn 4; dafür OLG Frankfurt NJW 72, 2093; MK/Damrau/Weinland Rn 7; Grüneberg MDR 92, 326 ff). Festsetzung auch dann, wenn sich die Vernehmung als entbehrl erweist (BFH/NV 2013, 1944; OLG Celle MDR 2016, 547; StJ/Berger Rn 7; aA OLG Koblenz MDR 2025, 541 [abl Palmen MDR 2025, 504]; OLG Oldenburg MDR 2017, 171; OLG Hamm NJW-RR 2013, 384; MskV/Röß Rn 4), selbst wenn der Beweisführer auf den Zeugen verzichtet (OLG Frankfurt OLGZ 83, 458), desgl wenn mit einer nachträgl Entschuldigung zu rechnen ist (MK/Damrau/Weinland Rn 5). Zur Vermeidung eines Aufhebungsverf nach § 381 I 3 ist aber Versuch einer telefon Rückfrage beim Zeugen ratsam; nicht selten kann dadurch auch der Beweisaufnahmetermin noch gerettet werden.

1a **II) Voraussetzungen. 1) Ordnungsgemäße Ladung.** Die Ladung muss rechtzeitig (s § 377 Rn 4) und mit dem in § 377 II vorgeschriebenen Inhalt (s § 377 Rn 2 ff) übermittelt worden sein, insb mit Bekanntgabe des Beweisthemas (OLGR Celle 1994, 286; OLG Frankfurt MDR 79, 236). Formlose Mitteilung reicht (§ 377 I). Von Zugang kann ausgegangen werden; Fehlen wäre vom Zeugen im Aufhebungsverf glaubhaft zu machen. Genügend auch, wenn der Zeuge nach Kenntnisnahme vom Termin durch Erklärung ggü dem Gericht auf Ladung verzichtet hat. Wegen Reisekostenvorschuss s § 401 Rn 6. – Ggü ausländ Zeugen, die im Ausland geladen wurden (zur Zulässigkeit s § 377 Rn 1a), findet § 380 keine Anwendung.

2) Säumnis. Liegt vor, wenn der Zeuge trotz Erscheinenspflicht (Ausnahme hiervon § 375 II, § 377 III, § 382, § 386 III) ohne ordnungsgem Entschuldigung (§ 381) nicht erscheint, in einem die Vernehmung unmögl machenden (zB betrunkenen) Zustand erscheint (Bergerfurth JZ 71, 84, 85; Kaiser NJW 68, 185), sich vor der Vernehmung ohne Entlassung durch das Gericht entfernt oder seine sitzungspolizeil Entfernung (§ 158; § 177 GVG) notwendig gemacht hat; im letzteren Fall kommen auch die schärferen Maßnahmen nach § 178 GVG in Betracht. Als nicht erschienen gilt auch der Zeuge, der sich der gestatteten Video-Vernehmung trotz Mitteilung der Einwahldaten nicht zuschaltet (OLG Koblenz MDR 2023, 458). 2

III) Verfahren. Ist der Zeuge im Beweisaufnahmetermin nicht erschienen und liegt keine genügende Entschuldigung vor, kann das Gericht (nicht der Vors allein) nach Prüfung der ordnungsgem Ladung (u evtl Versuchen der Kontaktaufnahme) sogleich den Beschluss nach § 380 I verkünden oder ihn anschließend im Büroweg erlassen. Er ist mit kurzer Begründung u Rechtsmittelbelehrung (§ 232) zuzustellen (§ 329 III). Vorherige Anhörung des Zeugen ist nicht erforderl, denn dieser kann ggf die Aufhebung nach § 381 I 3 beantragen. 3

IV) Sanktionen. 1) Kostentragung. Sie wird im Beschluss gem § 380 nur dem Grunde nach ausgesprochen. Festsetzung der zu erstattenden Kosten auf Antrag der Partei im Verf nach § 104. Dabei können nur notwendige Kosten iSv § 91 festgesetzt werden (BGH MDR 2005, 657, OLG Bamberg NJW-RR 2024, 679: Reisekosten des RA zum ausl Rechtshilfegericht bzw aus dem Ausland). Kosten, die auch bei rechtzeitiger Entschuldigung entstanden wären, können nicht festgesetzt werden (vgl OLG Nürnberg NJW-RR 99, 788). Der in der Hauptsache unterlegenen Partei können derartige Kosten nur in Rechnung gestellt werden, wenn dem Rpfleger die Uneinbringlichkeit beim Zeugen (durch Pfandabstandsprotokoll, Mitteilung über unbekannten Aufenthalt usw) glaubhaft gemacht und der Anspruch gegen den Zeugen von der obsiegenden an die unterlegene Partei abgetreten wird; OLG München NJW 68, 1727. – Wegen der Kosten der erfolgreichen Beschwerde s Rn 11. 4

2) Ordnungsgeld. 5-1.000 Euro. OLGR München 1994, 202 hielt auf Grund eines verfehlten Vergleichs mit Bußgeldern für Verkehrsordnungswidrigkeiten 200 DM bei einem Arzt für angemessen. Für Höhe, Beitreibung, Stundung, Umwandlung in Ordnungshaft und Verjährung gelten die **Art 6-9** des **EGStGB** v 2.3.1974 (BGBl I 1974, 469). Bei Tod des Zeugen Einstellung des Verf analog § 46 I OWiG iVm § 206a I StPO (OLG Bremen MDR 2023, 1206). 5

3) Ersatz-Ordnungshaft. Dauer: 1 Tag bis höchstens 6 Wochen (Art 6 II EGStGB). Zur Zuständigkeit für Vollstreckung: § 31 III RPflG. 6

4) Minderjährige Zeugen. Zwangsmaßnahmen sind gegen sie nur auszusprechen, wenn von ihrer Schuldfähigkeit (niemals unter 14 Jahren) auszugehen ist (LG Bremen NJW 70, 1429, 1430; OLG Hamm NJW 65, 1613; StJ/Berger Rn 14). Für Zwangsmaßnahmen gegen die Eltern des Kindes fehlt eine ges Grundlage (OLG Hamm NJW 65, 1613; StJ/Berger Rn 14; aA Ahrens Beweis Kap 8 Rn 19 ff). 7

5) Wiederholtes Ausbleiben. Ist der Zeuge wegen Ausbleibens schon einmal bestraft u bleibt er in ders Sache wieder aus, so ist erneut auf Ordnungsgeld zu erkennen **(II)**, desgl Kostentragung (AG/Gehle Rn 21; MskV/Röß Rn 5). Auch **mehrfache Verhängung** ist mögl, „noch einmal" nicht als Zahlwort zu verstehen (KG NJW 60, 1726; AG/Gehle Rn 22; aA OLG Dresden MDR 2002, 1088; OLG Karlsruhe NJW 67, 2166; StJ/Berger Rn 19; MK/Damrau/Weinland Rn 10). Daneben kann durch Beschluss des Gerichts (OLG Naumburg 8.3.2004 – 4 W 6/04) **zwangsw Vorführung** durch den GV angeordnet werden (§ 149 GVGA). Kosten der Vorführung muss Beweisführer vorschießen (§ 379). 8

V) Rechtsmittel. Gegen **erstinstanzliche Beschlüsse** sof Beschwerde (**III**; Frist u Form: § 569; aufschiebende Wirkung: § 570 I; für Zeugen kein Anwaltszwang, § 569 III, § 78 V). Bei Entscheidung des beauftragten oder ersuchten Richters Erinnerung nach § 573 (s § 400 Rn 2). Keine sof Beschwerde gegen **Beschluss des Berufungsgerichts** (§ 567 I); dieses kann aber die Rechtsbeschwerde zulassen (§ 574). – Minderj, gegen den Beschluss nach § 380 ergangen ist, kann selbständig Beschwerde einlegen (LAG Nürnberg MDR 99, 1342; MskV/Röß Rn 7; aA Ahrens Beweis Kap 8 Rn 80). Beschwerdeberechtigt ist auch die Partei, wenn dem Zeugen die durch sein Ausbleiben verursachten Kosten nicht auferlegt sind, nicht dagegen wegen Nichtverhängung eines Ordnungsgeldes (keine Beschwer; BFH ZfSch 2020, 642). 9

Enthält die Beschwerde eine **nachträgliche Entschuldigung** der Säumnis, ist nach § 381 I 3 vorrangig zu prüfen, ob die Anordnung aufgehoben werden kann (KG MDR 2022, 720 [Schultzky MDR 2022, 808]; MskV/Röß Rn 7; PG/Trautwein Rn 14; s § 381 Rn 5). 10

Die **Kosten** der erfolgreichen Beschwerde des Zeugen (das können nur dessen Auslagen sein; wegen Gerichtskosten s Rn 12) sind nicht der Staatskasse aufzuerlegen, sondern gehen als Auslagen gem § 7 JVEG zu Lasten der nach dem Urteil kostenpflichtigen Partei; einer Kostenentscheidung bedarf es daher nicht (BGH NJW-RR 2007, 1364, 1365 f). 11

VI) Gebühren. 1) Gericht: keine; Beschwerdeverf: 1812 GKG-KV. – **2) RA:** als Zeugenbeistand bei Beschwerde nach III: 3500 RVG-VV, 3513 RVG-VV; Vorbem 3 I RVG-VV; sa § 387 Rn 8. – **3) GV** im Fall II: 270 GvKostG-KV. 12

§ 381 Genügende Entschuldigung des Ausbleibens

(1) [1]Die Auferlegung der Kosten und die Festsetzung eines Ordnungsmittels unterbleiben, wenn das Ausbleiben des Zeugen rechtzeitig genügend entschuldigt wird. [2]Erfolgt die Entschuldigung nach Satz 1 nicht rechtzeitig, so unterbleiben die Auferlegung der Kosten und die Festsetzung eines Ordnungsmittels nur dann, wenn glaubhaft gemacht wird, dass den Zeugen an der Verspätung der Entschuldigung kein Verschulden trifft. [3]Erfolgt die genügende Entschuldigung oder die Glaubhaftmachung nachträglich, so werden die getroffenen Anordnungen unter den Voraussetzungen des Satzes 2 aufgehoben.

(2) Die Anzeigen und Gesuche des Zeugen können schriftlich oder zum Protokoll der Geschäftsstelle oder mündlich in dem zur Vernehmung bestimmten neuen Termin angebracht werden.

1 **1) Bedeutung.** Gegen den schuldlos säumigen Zeugen sollen keine Sanktionen verhängt werden. Der Zeuge kann dies sicherstellen, indem er eine ihm bekannte Verhinderung dem Gericht sogleich mitteilt, damit dieses noch umdisponieren, zB den Termin verlegen kann (§ 381 I 1; s Rn 2 f). Erreicht die Mitteilung das Gericht nicht mehr derart zeitgerecht, so entgeht er den Sanktionen nur, wenn er zusätzl sein fehlendes Verschulden an der Verspätung glaubhaft macht (§ 381 I 2; s Rn 4). Ist eine Festsetzung bereits ergangen, kann er deren Aufhebung erreichen, indem er sowohl das Ausbleiben als auch die nicht rechtzeitige Mitteilung u Glaubhaftmachung nachträgl ausreichend entschuldigt (§ 383 I 3). Auf andere Gründe (zB Entbehrlichkeit der Aussage) kann Aufhebung nicht gestützt werden (OLG Celle MDR 2016, 547).

2 **2) Rechtzeitige Entschuldigung.** Hierfür muss der Zeuge Tatsachen vortragen, die sein Ausbleiben rechtfertigen. Die Vorlage einer bloßen Arbeitsunfähigkeitsbescheinigung reicht hierfür nicht (vgl BGH MDR 2024, 60; BGH MDR 2025, 756). Auch wenn ein Entschuldigungsgrund vorliegt, bleibt es bei der Sanktion, wenn er ihn vorwerfbar nicht so zeitig vor dem Termin mitteilt, dass alle ProzBeteiligten noch abgeladen werden können.

3 **Bsp:** Krankheit (außer wenn sich Verhinderung durch zumutbare medikamentöse Einstellung hätte vermeiden lassen, KGR Berlin 1994, 239; aA BeckOK/Scheuch Rn 1.2), Quarantäne, Verkehrsstörung, die über die vorsorgl einzuplanende Dauer hinausgeht (OLG Nürnberg NJW-RR 99, 788), Unkenntnis von der Ladung wegen Abwesenheit von Wohnung oder Geschäftslokal (sofern nicht Vorkehrungen zur Postweiterleitung verlangt werden können, vgl OLG Nürnberg MDR 98, 1369) oder Zustellung an Ersatzperson (OLG Düsseldorf NJW-RR 95, 1341), schwere Erkrankung oder Tod des nächsten Angehörigen des Zeugen; unaufschiebbare Geschäfte (einschr OLG Hamm MDR 74, 330). *Nicht ausreichend:* Terminsüberschneidung bei als Zeuge geladenem RA, da die Zeugnispflicht seinen Berufspflichten vorgeht (einschr BFH NJW 75, 1248); falsche Auskunft eines RA (OLGR Köln 1999, 14); Unterbleiben einer vom Zeugen verlangten Terminsabstimmung (BVerfG NJW 2002, 955), „Vergessen des Termins", es sei denn, wichtige Ereignisse waren die Ursache hierfür (OLG München NJW 57, 306); Pandemie (für Infektionsschutz hat Gericht zu sorgen; MK/Damrau/Weinland Rn 18; aA OLG Brandenburg MDR 2021, 961). Zu Strafhaft s § 36 StVollzG; bei drohender Verhaftung uU Anordnung nach § 295 StPO (Bauer, Das sichere Geleit, 2006, S 195 f). Nichtzustandekommen einer Videovernehmung kann schuldlos sein, wenn die Ursache für IT-Laien schwer erkennbar ist (OLG Koblenz MDR 2023, 458).

4 Für den Entschuldigungsgrund trägt der Zeuge eine Darlegungs-, aber **keine Feststellungslast** (StJ/Berger Rn 11 f). Das ProzGericht (ggf der verordnete Richter, § 400) kann vAw entspr Ermittlungen anstellen u zB nähere Erläuterungen sowie die Vorlage von (amts)ärztl oder behördl Zeugnissen verlangen (OLG Nürnberg MDR 99, 315; auch zur Geheimhaltung entspr Angaben). Von einer unmittelbaren Nachfrage beim attestierenden Arzt sollte das Gericht aber im Hinblick auf dessen Verschwiegenheitspflicht absehen (zur Bedeutung von Art 9 II DSGVO und zur mutmaßl Einwilligung des Zeugen Ahrens MDR 2025, 961). Dass ihn an der verspäteten Mitteilung kein Verschulden trifft, muss der Zeuge glaubhaft machen (I 2 iVm § 294).

5 **3) Nachträgliche Entschuldigung.** Wird eine Entschuldigung nach Erlass des Beschlusses nach § 380 vorgetragen oder glaubhaft gemacht, ist hierüber auch ohne förml Antrag u ohne Einhaltung einer Frist zu entscheiden, auch soweit Entschuldigung als sof Beschwerde nach § 380 III geltend gemacht wird (s § 380 Rn 10). Bei ordnungsgem Entschuldigung ist die Anordnung durch dem Zeugen u den Parteien mitzuteilenden Beschluss aufzuheben (KG MDR 2022, 720 [Schultzky MDR 2022, 808]). Die Parteien, die wegen der Kostentragung beschwert sein können, sind anzuhören (MK/Damrau/Weinland Rn 14) u können, wenn sie die Ablehnung des Aufhebungsantrags beantragt haben, sof Beschwerde gem § 567 I Nr 2, II erheben. Verneint das Gericht die Voraussetzungen einer nachträgl Aufhebung, hat es den Antrag mit Nichtabhilfebeschluss dem Beschwerdegericht vorzulegen, soweit er als (fristgerechte) Beschwerde gegen den Ordnungsgeldbeschluss ausgelegt werden kann (iZw sollte der Zeuge hierzu befragt werden). Anderenfalls spricht es durch Beschluss aus, dass es bei dem Säumnisbeschluss sein Bewenden hat. Gegen einen (unnötigen) Beschluss, der den Aufhebungsantrag zurückweist, ist kein Rechtsmittel statthaft, weil sonst die Befristung der Beschwerde nach § 380 III obsolet würde (MK/Damrau/Weinland Rn 16; aA KG MDR 2022, 720 [Schultzky MDR 2022, 808]; StJ/Berger Rn 21; MskV/Röß Rn 12).

§ 382 Vernehmung an bestimmten Orten

(1) Die Mitglieder der Bundesregierung oder einer Landesregierung sind an ihrem Amtssitz oder, wenn sie sich außerhalb ihres Amtssitzes aufhalten, an ihrem Aufenthaltsort zu vernehmen.

(2) Die Mitglieder des Bundestages, des Bundesrates, eines Landtages oder einer zweiten Kammer sind während ihres Aufenthaltes am Sitz der Versammlung dort zu vernehmen.

(3) Zu einer Abweichung von den vorstehenden Vorschriften bedarf es:
für die Mitglieder der Bundesregierung der Genehmigung der Bundesregierung,
für die Mitglieder einer Landesregierung der Genehmigung der Landesregierung,
für die Mitglieder einer der im Absatz 2 genannten Versammlungen der Genehmigung dieser Versammlung.

Regierungsmitglieder sind am Amtssitz, hilfsweise an ihrem Aufenthaltsort, dh an der hierfür örtl zuständigen Gerichtsstelle (§ 219), nicht im Regierungsgebäude oder ihrer Wohnung, zu vernehmen, **Mitglieder eines Parlaments** an dessen Sitz, solange sie sich dort aufhalten. **Abweichungen** nur gem III. Vom Zeugen freiw vor dem ProzGericht geleistete Aussage ist gleichwohl verwertbar (StJ/Berger Rn 5). 1

§ 383 Zeugnisverweigerung aus persönlichen Gründen

(1) Zur Verweigerung des Zeugnisses sind berechtigt:

1. der Verlobte einer Partei;

2. der Ehegatte einer Partei, auch wenn die Ehe nicht mehr besteht;

2a. der Lebenspartner einer Partei, auch wenn die Lebenspartnerschaft nicht mehr besteht;

3. diejenigen, die mit einer Partei in gerader Linie verwandt oder verschwägert, in der Seitenlinie bis zum dritten Grad verwandt oder bis zum zweiten Grad verschwägert sind oder waren;

4. Geistliche in Ansehung desjenigen, was ihnen bei der Ausübung der Seelsorge anvertraut ist;

5. Personen, die bei der Vorbereitung, Herstellung oder Verbreitung von periodischen Druckwerken oder Rundfunksendungen berufsmäßig mitwirken oder mitgewirkt haben, über die Person des Verfassers, Einsenders oder Gewährsmanns von Beiträgen und Unterlagen sowie über die ihnen im Hinblick auf ihre Tätigkeit gemachten Mitteilungen, soweit es sich um Beiträge, Unterlagen und Mitteilungen für den redaktionellen Teil handelt;

6. Personen, denen kraft ihres Amtes, Standes oder Gewerbes Tatsachen anvertraut sind, deren Geheimhaltung durch ihre Natur oder durch gesetzliche Vorschrift geboten ist, in Betreff der Tatsachen, auf welche die Verpflichtung zur Verschwiegenheit sich bezieht.

(2) Die unter Nummern 1 bis 3 bezeichneten Personen sind vor der Vernehmung über ihr Recht zur Verweigerung des Zeugnisses zu belehren.

(3) Die Vernehmung der unter Nummern 4 bis 6 bezeichneten Personen ist, auch wenn das Zeugnis nicht verweigert wird, auf Tatsachen nicht zu richten, in Ansehung welcher erhellt, dass ohne Verletzung der Verpflichtung zur Verschwiegenheit ein Zeugnis nicht abgelegt werden kann.

I) Bedeutung. Die §§ 383, 384 begründen kein vAw zu beachtendes Vernehmungsverbot, sondern ein (grds verzichtbares) **Recht des Zeugen** (zur Geltendmachung s § 386). Macht er davon keinen Gebrauch, ist seine Aussage als Beweismittel zu verwerten (§ 286); zu nachträgl Verweigerung s Rn 6. Bei Verweigerung ist das Beweismittel als **ungeeignet** (s vor § 284 Rn 10a) zu behandeln. Ladung des Zeugen entfällt mit förml Erklärung der Aussageverweigerung (§ 386 III). Erneute Ladung grds nur, wenn der Beweisführer durch schriftl Erklärung des Zeugen nachweist, dass der Zeuge nunmehr aussagebereit ist (LAG Köln MDR 2000, 1337; OLG Köln NJW 75, 2074). Die Rechte nach § 383 und § 384 gründen sich auf unterschiedl Lebenssachverhalte u sind daher hinsichtl Geltendmachung, Entscheidung u Rechtsmittel getrennt zu betrachten (BGHZ 237, 376 = NJW 2023, 3729 [Laumen MDR 2024, 148]). 1

II) Reichweite. 1) Sachlicher Geltungsbereich. Das durch die **persönl Beziehung** des Zeugen zu einer Partei bestimmte Zeugnisverweigerungsrecht **(I Nrn 1-3)** gilt **unbeschränkt**, dh unabhängig vom Beweisthema, denn es dient (vorbehaltl § 385) der Vermeidung einer Konfliktsituation innerhalb der Familie. Bei dem durch die **berufl Funktion** des Zeugen bedingten ZeugnisverweigerungsR **(I Nrn 4-6)** ist dagegen entscheidend, ob das konkrete Beweisthema zu einem **Konflikt mit dem berufsspezifischen Vertrauenstatbestand** führen kann. Ein solcher Konflikt besteht nicht, wenn das Beweisthema eine Tatsache betrifft, deren Offenlegung dem **mutmaßlichen Willen** der geschützten, aber nicht mehr einwilligungsfähigen Person entspricht (s § 385 Rn 12). – Im **Hono-** 1a

rarprozess kann das sonst nicht durchsetzbare Interesse des Kl zum Zurücktreten der Schweigepflicht und damit zum Wegfall des VerweigerungsR (eines Mitarbeiters) führen (OLG Stuttgart MDR 99, 192; OLG Brandenburg MDR 2002, 905; sa BGHZ 122, 115, 120). – Bei **gesetzlicher Auskunftspflicht** (zB § 11 GwG; Steuergesetze) muss das ZeugnisverweigerungsR zurücktreten (BGH NJW 2005, 2406), ebenso zur Bekämpfung schwerster Straftaten (BGH NJW 2011, 1077, 1078) oder zum Schutz von Grundrechten (BGH NJW 2016, 2190).

2 **2) Persönlicher Geltungsbereich.** Zur Aussageverweigerung berechtigt ist nur der **Zeuge und** (§ 402) **SV**, niemals die Partei im Fall der §§ 445 ff, sofern sie nicht wegen Prozessunfähigkeit als Zeuge in eigener Sache zu vernehmen ist (BGH NJW 65, 2253, 2254; s vor § 373 Rn 5). Wo das Schweigerecht aus der persönl Beziehung des Zeugen zu einer Partei, bei einer jur Person zu deren Vertretungsorgan, hergeleitet wird (Nrn 1-3), genügt die entspr Beziehung zu lediglich einem von mehreren Streitgenossen, falls dessen Rechtsstreit von der Beweisfrage tangiert wird (OLG München OLG-Rspr 19, 113), ebenso (wegen der Wirkung des § 68) zu einem NI (PG/Trautwein Rn 5; aA MskV/Röß Rn 2). Beziehung zum Streitverkündeten genügt vor dessen Beitritt nicht, ebenso wenig Beziehung zur Partei kraft Amtes (s § 51 Rn 7), weil ggü Letzterer die in § 383 vorausgesetzte persönl Konfliktlage fehlt (MK/Damrau/Weinland Rn 5; iErg auch StJ/Berger Rn 24). § 383 gilt hier analog nur bei entspr Beziehung zu der amtl vertretenen Person, zB zum Sch im Prozess des InsVerwalters (MskV/Röß Rn 2).

3 **3) Vertraglich vereinbarte Schweigepflichten.** Solche Abreden (zB zwischen dem Zeugen u seinem Arbeitgeber oder Kunden) begründen kein ZeugnisverweigerungsR (zu strafbewehrten Unterlassungspflichten s § 384 Rn 4). Die Parteien können aber vereinbaren, dass bestimmte Personen nicht als Zeugen benannt oder bestimmte Tatsachen nicht unter Zeugenbeweis gestellt werden dürfen (Wagner NJW 2001, 1399 f; häufig in der Mediation). Hierin liegt kein Untergraben des Zeugniszwangs (so WSch/Ahrens Rn 54), sondern eine Konsequenz des Verhandlungsgrundsatzes. – Zu **gefährdeten Zeugen** s § 384 Rn 8.

4 **4) Minderjähriger Zeuge.** Er darf von einem AussageverweigerungsR selbständig Gebrauch machen (OLG Düsseldorf FamRZ 73, 547; StJ/Berger Rn 2); will er trotzdem aussagen, bedarf der Verzicht auf das WeigerungsR der Genehmigung des ges Vertreters, sofern nicht eindeutig feststeht, dass der Minderj die Tragweite seiner Entscheidung voll erkennt (StJ/Berger Rn 5); ggf ist hierfür ein Pfleger zu bestellen (BayObLG NJW 67, 207; OLG Stuttgart MDR 86, 58; vgl auch BGHSt 12, 235, 240; BGHSt 14, 159). Das Kind ist zu belehren, dass es die Aussage ungeachtet der Bewilligung des ges Vertreters verweigern darf (BayObLG NJW 67, 2273). Ist nur ein Elternteil Partei, muss der andere der Aussage des Kindes zustimmen (OLG Stuttgart NJW 71, 2237), soweit nicht bei Interessenkollision (§ 1629 BGB) ein Pfleger zu bestellen ist (noch weitergehend Schoene NJW 72, 930, 931). Wegen Zwischenstreit s § 387 Rn 3.

5 **5) Tod des Vertrauensgebers.** Er berührt das berufl bedingte SchweigeR (I Nrn 4-6) grds nicht (so für den Arzt BGH NJW 84, 2893, 2894; BAG NJW 2010, 1222; OLG Karlsruhe VersR 2015, 221; für den RA BayObLG NJW 66, 1664; OLG Düsseldorf NJW 59, 821; für den Steuerberater OLG Stuttgart MDR 83, 236, 237); aber zur mutmaßl Einwilligung s § 385 Rn 12; zur Entbindungsbefugnis der Erben s § 385 Rn 10. Bezügl **juristischer Personen** endet die Schweigepflicht mit dem Erlöschen (LG Bielefeld NJW-RR 2003, 1545).

6 **III) Beweiswürdigung. 1) Vor der Verweigerung getätigte Aussagen.** Solche bleiben, auch wenn in anderem Verf getätigt (s vor § 373 Rn 12), verwertbar; § 252 StPO gilt hier nicht entspr (BGH NJW-RR 2013, 159; OLG Köln VersR 93, 335). Macht ein vom Erstgericht als unglaubwürdig angesehener Zeuge in der Berufungsinstanz von seinem ZeugnisverweigerungsR Gebrauch, so ist das Berufungsgericht an einer abweichenden Beurteilung der erstinstanzl Aussage gehindert (BGH NJW 2007, 372; OLGR Hamm 1996, 224; Greger NJW 2008, 450). Hat das Berufungsgericht, anders als der Erstrichter, Zweifel an der Glaubwürdigkeit des Zeugen, ist es nicht auf Grund der Zeugnisverweigerung an die auf seine Aussage gestützte Tatsachenfeststellung gebunden (BGH NJW 2007, 2919).

7 **2) Ausübung des Verweigerungsrechts.** Da der Beweisführer hierauf keinen Einfluss hat (abgesehen von Möglichkeit der Entbindung; s § 385 Rn 13), ist eine ihm nachteilige Würdigung der Verweigerung unzulässig, sofern nicht bes, konkret festgestellte Indizien Rückschlüsse für die einer Partei nachteilige Beweiswürdigung rechtfertigen (BGHZ 26, 391, 400; OLG Hamm VersR 83, 870; offen lassend BGH NJW 2018, 68 Tz 28).

8 **IV) Einzelfälle. 1) Verlöbnis (§ 383 I Nr 1).** Darunter ist ein ernstl und noch bestehendes (RGSt 31, 142) Versprechen der Ehe (§ 1297 BGB) zu verstehen. Zu den Wirksamkeitsvoraussetzungen s Erman/Kroll-Ludwigs vor § 1297 BGB Rn 2 ff. Keine analoge Anwendung auf nichteheliche Lebensgemeinschaften (MK/Damrau/Weinland Rn 15; aA Ahrens Beweis Kap 34 Rn 14 ff), da nur das Versprechen einer rechtl verfestigten Beziehung die nötige Abgrenzungssicherheit bietet.

9 **2) Ehe oder Lebenspartnerschaft (§ 383 I Nrn 2, 2a).** Auch mit ges Vertreter einer Partei (BGH MDR 2015, 1436), auch nach Scheidung bzw Aufhebung (BGHSt 9, 37) und während einer Doppelehe (RGSt 41, 113, 114). Nicht ausreichend die Beziehung zwischen nicht miteinander verheirateten Eltern eines Kindes und das Bestehen einer (selbst gefestigten) nichtehelichen Lebensgemeinschaft.

10 **3) Verwandtschaft, Schwägerschaft (§ 383 I Nr 3).** Verwandtschaft (§ 1589 BGB) gibt in gerader Linie unbeschränktes, in der Seitenlinie ein auf den 1. bis 3. Grad (Geschwister, Neffe/Nichte, Onkel/Tante) beschränktes

Recht zur Aussageverweigerung, auch frühere Verwandtschaft, zB bei **Adoption**. Diese begründet nach Maßgabe der §§ 1754, 1764 BGB (also nicht mehr nach deren Aufhebung für die Folgezeit betr Tatsachen) weitere ZeugnisverweigerungsR. Erfolgreiche Anfechtung der Vaterschaft lässt Verwandtschaft nach § 1599 I BGB rückwirkend entfallen (Ahrens Beweis Kap 34 Rn 30). – Schwägerschaft (§ 1590 BGB): wie bei Verwandtschaft, jedoch in der Seitenlinie VerweigerungsR nur bis zum 2. Grad, dh einschl Geschwister des Ehegatten.

4) Geistliche (§ 383 I Nr 4). Darunter fallen nicht nur die Seelsorger anerkannter Religionsgemeinschaften (Art 140 GG iVm Art 137 WeimVerf), sondern auch Personen, denen von einer anderen Vereinigung mit religiösen Zielen die mit einem Schweigegebot verbundene seelsorgerische Tätigkeit der Religionsgemeinschaft übertragen wurde (BGH NStZ 2010, 646; Ahrens Beweis Kap 34 Rn 36). Sekten und Kasten fallen nicht darunter. Auf kirchl Weihe oder Ordination kommt es aber nicht an (BGH NJW 2007, 307). – Das Recht zur Aussageverweigerung umfasst nur **Angelegenheiten der Seelsorge**, nicht die ausschließl karitative, erzieherische oder verwaltende Tätigkeit sowie alltägl Handeln bei Gelegenheit der Seelsorge (BGH NJW 2007, 307). Bei Teilnahme an einem Versöhnungsgespräch können uU nur Teile der seelsorgerischen Tätigkeit zuzurechnen sein (BGH NStZ 2010, 646 Tz 24 ff). – Zum Begriff der **anvertrauten Tatsachen** s Rn 20a; zum Ausschluss einer Entbindung von der Schweigepflicht s § 385 Rn 9. 11

5) Pressemitarbeiter (§ 383 I Nr 5). Sie dürfen wegen des durch Art 5 GG geschützten Vertrauensverhältnisses zu ihren Informanten (BVerfGE 20, 162; BVerfGE 66, 116) bestimmte Angaben (s Rn 15) verweigern. Ob sie davon Gebrauch machen, liegt bei ihnen; eine Entbindung von einer Schweigepflicht gibt es hier nicht (s § 385 Rn 9). 12

a) Anwendungsbereich. I Nr 5 gilt nur für Mitarbeiter an **Rundfunk**, **Fernsehen u periodischen Druckwerken**, also Zeitungen, Zeitschriften, Magazine, Bücher nur bei regelm wiederholtem Erscheinen, wenn auch in ungleichen Abständen (Skibbe DRiZ 76, 159), entspr Medien, die nur über das Internet verbreitet werden (StJ/Berger Rn 35). Nicht ausreichend daher einmaliges Flugblatt, persönl Blog, Buch usw. – Geschützt ist nur der **redaktionelle Inhalt**, also nicht zB der Werbefunk, der Inseratenteil einer Zeitschrift, eine der redaktionellen Bearbeitung nicht zugängl Anzeige. Nur ausnahmsw kann über den redaktionellen Inhalt hinaus unter Beachtung des Grundsatzes der Verhältnismäßigkeit auch der Inseratenteil einer Zeitung dem Zeugnisverweigerungsrecht aus Gründen des Art 5 I GG unterliegen; so für das Chiffre-Geheimnis BVerfG NJW 90, 701; BVerfG NJW 84, 1101 = MDR 83, 993 (hierzu Fezer JZ 83, 797; Rath-Glawatz AfP 83, 387). 13

b) Personenkreis. Erfasst werden alle gegenwärtigen u früheren berufl (nicht notw hauptberufl; Löffler NJW 78, 913) Mitarbeiter im redaktionellen Bereich wie Verleger, Redakteur, Journalist, Rechercheur, Drucker, Sendeleiter, Reporter, Kameramann usw. 14

c) Reichweite. Keine Aussagepflicht über **Person** des Verfassers, Informanten, Einsenders, Gewährsmannes (das gilt bereits bei Fragen, deren Beantwortung die Identifizierung dieser Personen mittelbar ermöglichen könnte, BGH NJW 90, 525) sowie über den **Inhalt** der von diesen Personen erlangten Auskünfte, Unterlagen oder sonstigen Mitteilungen. Geschützt ist also nur das dem Journalisten von dritter Seite zugetragene, nicht auch das von ihm selbst recherchierte Material (BVerfG MDR 88, 200). IÜ keine Beschränkung auf best Informationsinhalt, insb gilt das VerweigerungsR auch für Informationen mit kriminellem Hintergrund (Groß NJW 75, 1764; Kunert MDR 75, 885; OLG München NJW 89, 1226). Es gilt nicht, wenn der Journalist den Gewährsmann und seine (angebl) Aussage selbst bekannt gegeben hat, zB in seiner Veröffentlichung (BVerfG NJW 2002, 592; OLG Bremen NJW 2025, 754) oder bei einer früheren Vernehmung in öffentl Sitzung (BGH NJW-RR 2013, 159). 15

6) Zur Verschwiegenheit verpflichtete Berufsträger (§ 383 I Nr 6). Personen, deren Amts- oder Berufsausübung die schutzwürdige Vertrauenssphäre Dritter (nicht notw der Parteien) berührt, sind insoweit verweigerungsberechtigt (s Rn 1a). Der Anwendungsbereich deckt sich nicht mit dem des § 203 StGB u ist nicht berufsbild-, sondern tätigkeitsbezogen abzugrenzen; entscheidend ist, dass dem Zeugen durch öffentl- oder privatrechtl Auftrag eine bes Vertrauensstellung übertragen wurde (ähnl Schlosser FS Schütze, 2015, S 522 f). Fehlt es an der bes Vertrauensstellung, kommt uU eine Aussageverweigerung nach § 384 Nr 3 in Betracht. Zur weiter gehenden, vAw zu beachtenden Schweigepflicht öffentl Bediensteter s § 376. Wegen der Schweigepflicht nach dem Tod des Vertrauensgebers s Rn 5. 16

a) Personenkreis. Schweigebefugt sind neben dem **Amts- bzw Berufsträger** auch dessen berufl **Gehilfen** und Bedienstete (vgl § 203 III StGB, § 53a StPO; RGZ 54, 360, 361) sowie Rechtsnachfolger, nicht aber Personen, die mit seiner Tätigkeit als Dritte (zB Teilnehmer einer Gruppentherapie) in Berührung gekommen sind (Drehsen MedR 2015, 100). 17

Heilberufe: Ärzte, Zahnärzte, Psychologen (Kaiser NJW 71, 491), Drogenberater, Sozialarbeiter (StJ/Berger Rn 55; sa OLG Hamm NJW-RR 92, 583), Apotheker, Heilpraktiker, Hebammen, Bedienstete von Krankenkassen, Krankenpflegepersonal, med-techn Gehilfen. Eine „staatl geregelte Ausbildung" wie in § 203 StGB ist hier nicht vorausgesetzt, weil diese mit der Schutzwürdigkeit der Intimsphäre Dritter nichts zu tun hat. Keine Schweigebefugnis des zur Pflichtuntersuchung des Angeklagten bestellten ärztl SV im Strafprozess, wohl aber im späteren Zivilprozess (BGHZ 40, 288, 293 = NJW 64, 449). Zur begrenzten Schweigepflicht des Truppenarztes BGH NJW 63, 409. Gefahr für höherwertiges Rechtsgut kann Arzt von der Schweigepflicht befreien, BGH NJW 68, 2289, 2290. 18

19 **Rechtspflegeberufe:** Richter (§ 383 gilt *neben* §§ 43, 45 DRiG u § 376, s § 376 Rn 2), RA (§ 43a II BRAO; zu § 76 BRAO (Kammervorstände) Eich MDR 91, 385; zum Syndikusanwalt Roxin NJW 92, 1129), Patentanwälte, Notare (§ 18 BNotO), Dolmetscher, Übersetzer, Steuer- u Wirtschaftsberater (§ 57 I StBerG; § 43 I WPO; BGH MDR 84, 48; OLG Stuttgart OLGZ 83, 6 = MDR 83, 236; Schroer DStR 94, 1173), jew einschließl des Büropersonals (RGZ 54, 360, 361). Notar auch, wenn er beide Parteien beraten hatte (RGZ 53, 168). **Ausnahme:** Aussagepflicht besteht, wenn Aussage durch Einwilligung oder vorrangige Interessen gerechtfertigt (s Rn 1a). Zum Hauptversammlungsnotar s Angerer/Backhaus AG 2022, 16 ff.

19a **Bankgeheimnis** (zu dessen Umfang BGH NJW 2006, 830) ist grds geschützt. Bei Kollision mit Aufklärungs- oder Auskunftsansprüchen eines anderen Kunden oder eines Dritten ist jedoch eine Interessen- und Güterabwägung zu treffen (BGH MDR 2024, 324). In markenrechtl Verletzungsverf darf die Auskunft über Namen und Anschrift des Kontoinhabers nicht verweigert werden, wenn dadurch das unionsrechtl Grundrecht auf Schutz geistigen Eigentums verletzt würde (BGH NJW 2016, 2190).

20 **Träger sonstiger Ämter oder Funktionen**, deren Ausübung Kenntnis schutzwürdiger Geheimnisse Dritter bedingt: zB Schiedsrichter (Schlosser FS Schütze, 2015, S 522 f), Schlichter nach Art 8 II 1 baySchlG, Mediatoren (§§ 1, 4 MediationsG), Streitmittler an den Verbraucherschlichtungsstellen (§ 22 VSBG), Mitarbeiter in Kriseninterventionsteams (Drehsen MedR 2015, 96 ff), Aufsichtsratsmitglieder und Vorstandsmitglieder einer AG (§§ 116, 93 I 2 AktG; OLG Koblenz NJW-RR 87, 809; Säcker NJW 86, 803), Abschlussprüfer (§ 168 AktG), Auskunfteien (RG 53, 15), Gewerkschaftssekretär (bzgl Gewerkschaftszugehörigkeit bestimmter Arbeitnehmer, LAG Hamm BB 95, 51), (ehem) Geschäftsführer einer GmbH (OLG München NJW-RR 1998, 1495).

20a **b) Reichweite.** Unter **anvertrauten Tatsachen** sind nicht etwa nur solche zu verstehen, die der Zeuge auf Grund einer vertraul Mitteilung erfahren hat (BGH NJW 84, 2893, 2894; Ahrens Beweis Kap 34 Rn 66); ausreichend ist die Kenntniserlangung von obj vertraul Tatsachen im Zusammenhang mit seiner Sonderstellung bzw seinem Mandat (BGH NJW 2011, 1077; BGH NJW 64, 449, 450; RGZ 54, 360, 361). Beim Notar fallen darunter zB auch Tatsache, Zeit und Ort der Verh, die Identität der Beteiligten, der Inhalt von Erklärungen, erteilte Belehrungen, vorbereitende Maßnahmen (BGH NJW 2005, 1948; hinsichtl Belehrungen aA OLG München DNotZ 81, 709, 710 [krit Kanzleiter DNotZ 81, 662]). Nur zufällig bei Gelegenheit der Berufsausübung erlangtes Wissen fällt nicht darunter (vgl BGH NJW 2011, 1077 zu § 43a II BRAO). Zur **Entbindung** von der Schweigepflicht s § 385 II, bei Notaren § 18 BNotO.

21 **V) Pflichten des Gerichts. 1) Belehrung (§ 383 II).** Die auf Grund persönl Verbindung zur Zeugnisverweigerung Berechtigten **(I Nrn 1-3)** sind hierüber zu belehren, bei Geschäftsunfähigen und Minderj ohne erforderl Verständnisfähigkeit (s Rn 4) der ges Vertreter (StJ/Berger Rn 69 f). Belehrung kann bereits in der Ladung erfolgen, bei schriftl Auskunft (§ 377 III) muss das geschehen. Ist Belehrung unterblieben, so ist auf Rüge hin (§ 295 ist anw; BGH NJW 85, 1158; BGH MDR 84, 824) die Aussage nicht verwertbar (Revisionsgrund BayObLG NJW 57, 386); dasselbe gilt für die Verwertbarkeit der Niederschrift über eine frühere Aussage in einem anderen Verf (s vor § 373 Rn 12; BGH NJW 85, 1470 = MDR 85, 567).

22 **2) Fragebeschränkung (§ 383 III).** Gegenüber den sonstigen Berechtigten **(I Nrn 4-6)** keine Belehrungspflicht; doch soll das Gericht selbst bei Aussagebereitschaft des Zeugen Fragen nur insoweit stellen bzw zulassen, als gem § 385 II Aussageermächtigung erteilt ist (BGH NJW-RR 2016, 683, 685). Das Gericht soll nicht zu offensichtl („erhellt") Verletzung der Schweigepflicht beitragen. Wird eine trotzdem gestellte Frage beantwortet, so ist die Antwort trotz Parteirüge verwertbar (BGH NJW 90, 1734, 1735; BGH NJW 77, 1198; aA Ahrens Beweis Kap 34 Rn 100 ff; Gießler NJW 77, 1185). Im Interesse höherwertiger Rechtsgüter kann Fragestellung sogar geboten und die Ausübung des vorhandenen AussageverweigerungsR unzulässig sein (RGZ 89, 13; Kohlhaas NJW 53, 401); zur Verwertbarkeit rechtswidrig erlangter Beweismittel s § 286 Rn 15a ff.

§ 384 Zeugnisverweigerung aus sachlichen Gründen

Das Zeugnis kann verweigert werden:

1. **über Fragen, deren Beantwortung dem Zeugen oder einer Person, zu der er in einem der im § 383 Nr. 1 bis 3 bezeichneten Verhältnisse steht, einen unmittelbaren vermögensrechtlichen Schaden verursachen würde;**
2. **über Fragen, deren Beantwortung dem Zeugen oder einem seiner im § 383 Nr. 1 bis 3 bezeichneten Angehörigen zur Unehre gereichen oder die Gefahr zuziehen würde, wegen einer Straftat oder einer Ordnungswidrigkeit verfolgt zu werden;**
3. **über Fragen, die der Zeuge nicht würde beantworten können, ohne ein Kunst- oder Gewerbegeheimnis zu offenbaren.**

1 **I) Umfang des Verweigerungsrechts.** Die Vorschrift gibt (anders als zB § 383 I Nrn 1-3) kein Recht, das Zeugnis insgesamt zu verweigern; sie gestattet dem Zeugen nur, solche Fragen nicht zu beantworten, die ihn in die

beschriebene Konfliktlage bringen können. Dies kann zwar im Einzelfall dazu führen, dass er zur Sache gar nichts auszusagen braucht. Voraussetzung ist aber, dass ihm zunächst einmal Fragen gestellt werden; es liegt dann bei ihm, sich auf sein AussageverweigerungsR zu berufen. Daher ist es verfahrensfehlerhaft, den sich auf § 384 berufenden Zeugen ohne Befragung sogleich zu entlassen (BGH NJW 94, 197). Zur Beschränkung auf die Eidesverweigerung s § 391 Rn 1. Zum weiter gehenden Schutz gefährdeter Zeugen s Rn 8.

II) Belehrung über das Verweigerungsrecht. Sie ist ges nicht vorgeschrieben (OLG Köln OLGZ 86, 60, 61), 1a
aber Gebot eines fairen Verf (Frommhold MDR 2016, 925, 928: Aussage im Zivilprozess dennoch verwertbar, nicht im Strafprozess gegen den Zeugen).

III) Begründung der Verweigerung. § 386 gilt nur eingeschränkt. Der Zeuge (gem § 402 auch der SV; jedoch 2
niemals die Partei, s § 383 Rn 2) braucht nur die allg Voraussetzungen des WeigerungsR iS Nrn 1-3 darzutun, die sich oft schon aus der Frage selbst ergeben werden; eine Angabe des konkreten Weigerungsgrundes (zB seines evtl unehrenhaften Verhaltens oder seiner evtl Strafbarkeit) ist ihm bereits nicht mehr zuzumuten, weil sonst der Schutzzweck des Gesetzes illusorisch wäre (RG JW 1896, 130). Daher besteht das Recht zur Zeugnisverweigerung auch dann, wenn die wahrheitsgemäße Aussage nichts Schadensverursachendes, Unehrenhaftes oder Strafbares offenbaren könnte (BGHZ 26, 391 = NJW 58, 826; OLG Hamburg FamRZ 65, 277); die Frage nach der Begehung einer Straftat braucht der Zeuge auch dann nicht zu beantworten, wenn er die Tat nicht begangen hat (StJ/Berger Rn 19; MK/Damrau/Weinland Rn 4). Die Gegenansicht (WSch/Ahrens Rn 2 ff) verlangt vom Zeugen, durch seine Weigerung die Frage mittelbar zu beantworten.

IV) Beweiswürdigung. Weitergehend als bei § 383 (s § 383 Rn 7) kann die Tatsache der Aussageverweigerung 3
hier gem § 286 beweiswürdigend gewertet werden (Dillenburger/Pauly MDR 95, 340, 342). Dabei ist aber vorsichtige Abwägung der mögl Motive für die Weigerung geboten, denn es ist zu berücksichtigen, dass das Aussageverweigerungsrecht unabhängig vom tatsächl Vorliegen des Verweigerungsgrundes besteht (Rn 2; ebenso StJ/Berger Rn 19; MK/Damrau/Weinland Rn 4; gegen jegl Verwertbarkeit Ahrens Beweis Kap 35 Rn 20 f).

V) Einzelfälle. 1) Drohender Vermögensschaden (§ 384 Nr 1). Dieser muss dem Zeugen oder einem seiner 4
Angehörigen (iSv § 383 I Nrn 1-3) als unmittelbare Folge der Aussage drohen. Ein Schaden, welcher der durch den Zeugen organschaftl vertretenen jur Person droht, genügt nicht, denn hier droht dem Zeugen allenfalls mittelbarer Schaden (StJ/Berger Rn 4; MskV/Röß Rn 3; offenlassend BGH NJW 2007, 155). Nicht ausreichend auch mittelb Schaden durch nachteiligen Prozessausgang oder bloße Möglichkeit eines noch nicht erkennbaren Schadens (RGZ 32, 379, 381), zB in den Beförderungsaussichten eines Beamten (OLG Nürnberg BayJMBl 63, 10) oder in der Gefährdung einer eigenen Forderung des Zeugen gegen eine Partei durch deren Unterliegen im Prozess u dadurch beeinträchtigte Zahlungsfähigkeit. Für die Annahme einer die Zeugnisverweigerung rechtfertigenden Vermögensgefährdung genügt es aber, dass durch die Aussage entweder die tatsächl Voraussetzungen einer Haftung des Zeugen (oder seiner Angehörigen) als Sch, Bürge, Gesellschafter usw erst begründet werden könnten oder dass hierdurch die Durchsetzung einer bereits bestehenden Schuldverpflichtung des Zeugen nur erleichtert werden könnte (BGH NJW 2007, 155; OLG Karlsruhe NJW 90, 2758 = MDR 90, 639 [Zeugnisverweigerungsrecht des Mehrverkehrszeugen wegen Möglichkeit der Inanspruchnahme]; OLG Stuttgart NJW 71, 945; StJ/Berger Rn 3; aM RGZ 32, 379, 381). Müsste der Zeuge in einem späteren eigenen Prozess zu der Beweisfrage wahrheitsgem vortragen, hat er wegen fehlender Kausalität seiner Aussage für die erschwerte Durchsetzung des eigenen Rechts kein Weigerungsrecht (BAGE 160, 37; AG/Gehle Rn 8; aA MskV/Röß Rn 3), ebenso wenn er sich gegen Vertragsstrafe zum Unterlassen der Aussage verpflichtet hat oder aufgrund eines Unterlassungstitels dazu verpflichtet ist; eine solche Vereinbarung ist gem § 138 BGB nichtig (Sasse/Dege MDR 2020, 1038, 1041), ein Unterlassungstitel nicht vollstreckbar (OLGR Frankfurt 2000, 311). – Kein Verweigerungsrecht im Fall von § 385 I.

2) Unehre (§ 384 Nr 2). Hierunter ist ein in den Augen der Mitmenschen des Zeugen unmoralisches Verhalten 5
zu verstehen. Die Aussage müsste also das Ansehen des Zeugen spürbar herabsetzen (MK/Damrau/Weinland Rn 8; nach Dillenburger/Pauly MDR 95, 340, 341 soll bereits Möglichkeit einer solchen Herabsetzung genügen). Hierbei kommt es nicht auf die Empfindlichkeit des Einzelnen an, sondern es ist ein generalisierender Maßstab anzulegen (Dillenburger/Pauly MDR 95, 340, 341); örtl Verhältnisse und Anschauungen sind zu berücksichtigen, nicht jedoch atypische Gruppeninteressen (OVG Lüneburg NJW 78, 1493). Außerehel Geschlechtsverkehr von oder mit Verheirateten (OLG Karlsruhe NJW 94, 528; zu Unrecht einschr Dillenburger/Pauly MDR 95, 340, 342), nicht aber unter Ledigen kann Vorwurf der Unehre einbringen (StJ/Berger Rn 6). Für die Witwe genügt Ehrenschutz für den verstorbenen Ehemann (OLG Nürnberg MDR 75, 937). Keine Unehre begründet, dass sich der Zeuge dem Vorwurf früherer Falschaussage aussetzt (sa Rn 6) oder die Aussage eine Verschwiegenheitsabrede zwischen Zeuge und Partei verletzt (OLG Hamm FamRZ 99, 939; MskV/Röß Rn 4).

3) Gefahr der Strafverfolgung (§ 384 Nr 2). Sie ist unabhängig von der tatsächl Begehung der Straftat (s Rn 2). 6
Es reicht aus, dass Tatsachen, die sich aus der Aussage des Zeugen ergeben, mittelbar einen Tatverdacht begründen oder verstärken (OLG Celle NJW-RR 2016, 827). Die Gefahr muss sich auf eine Tat beziehen, die bereits vor der Zeugenaussage begangen wurde (BGH NJW 2008, 2038, 2039 mwN); dass der Zeuge erst durch die Aussage eine Straftat oder Ordnungswidrigkeit begehen würde (zB nach dem BDSG), fällt nicht unter § 384, sondern ist, sofern kein anderweitiges Verweigerungsrecht eingreift, durch die Zeugenpflicht gerechtfertigt (StJ/

Berger Rn 9). Gefahr der **ehrengerichtlichen oder dienststrafrechtlichen Verfolgung** (auch wegen nicht unehrenhafter Vorgänge) genügt ebenfalls (StJ/Berger Rn 7), denn sie belastet den Zeugen jedenfalls mehr als die hier ebenfalls geschützte Gefahr, wegen einer schlichten **Ordnungswidrigkeit** mit einem Bußgeld belegt zu werden (Baumann FS Kleinknecht, 1985, S 19). Genügend auch Gefahr der Wiederaufnahme eines früheren oder der Beweiserleichterung für ein bereits anhängiges Strafverf. Das mit jeder Zeugenaussage verbundene Risiko der Strafverfolgung wegen eines Aussagedelikts (§§ 153 ff StGB) genügt nicht für eine Aussageverweigerung (BGHSt bei Dallinger MDR 58, 14), sonst könnte jeder Zeuge die Aussage verweigern (MskV/Röß Rn 4). Das gilt ebenso, wenn der Zeuge mehrfach vernommen wird (§ 398) und er damit evtl Gefahr läuft, bei der späteren Aussage die Unrichtigkeit seiner 1. Aussage offenbaren zu müssen; einem solchen Schutzbedürfnis trägt die Regelung in § 158 StGB hinreichend Rechnung. Dies gilt nach BGH NJW 2008, 2038 aber nicht bei erneuter Vernehmung in 2. Instanz, weil eine Berichtigung hier nicht mehr rechtzeitig iSd § 158 II StGB wäre. Damit wird dem Selbstschutz des Zeugen Vorrang vor der Wahrheitsfindung eingeräumt. Eine Aussetzung des Verf (§ 149) bis zum rechtskräftigen Abschluss des Strafverf gegen den Zeugen, um diesen sodann zu vernehmen, lehnt KG MDR 83, 139 zutr ab.

7 **4) Kunst- oder Gewerbegeheimnis (§ 384 Nr 3).** Darunter fallen nicht nur (noch nicht allg bekannte) technische Arbeitsmittel u -methoden, sondern auch wirtschaftl Betriebsgeheimnisse wie Preiskalkulation, Kreditumfang, Geldgeber, Teilhaber, Bankverbindung, Informationsquellen, sofern die Offenbarung gewerbl oder wettbewerbl Nachteil auslösen kann (RGZ 53, 40, 42; RGZ 54, 320, 325). Es muss sich um ein Geheimnis des Zeugen oder eines Dritten handeln, dem der Zeuge ges oder vertragl zur Geheimhaltung verpflichtet ist (Schlosser ZZP 95 [1982], 365), ggf aufgrund von § 16 GeschGehG, § 273a). Grund ist die Unzumutbarkeit der Inkaufnahme eigener berufl oder gewerbl Nachteile für den Zeugen durch die Aussage. Hier genügt mittelbar drohender Nachteil, zB für den Arbeitnehmer durch Schädigung des arbeitgebenden Unternehmens, sofern dieses nicht dem Kl oder Bekl gehört. Häufig wird gleichzeitig § 383 I Nr 5 oder 6 gegeben sein, so bei Aufsichtsrat, Abschlussprüfer, Auskunftei, Bank, Presse, Verlag (dazu s § 383 Rn 12 ff). Dann ist zu beachten, dass der Geheimnisträger nur vom Zeugnisverweigerungsrecht nach § 383 entbinden kann (s § 385 Rn 9).

8 **5) Schutz gefährdeter Zeugen.** Nach § 10 I ZSHG dürfen Personen, die auf Grund ihrer Aussagebereitschaft in Strafverf einer erhebl Gefährdung ausgesetzt sind (§ 1 I ZSHG), sowie deren Angehörige (§ 1 II, III ZSHG) Angaben verweigern, die Rückschlüsse auf gegenwärtige Personalien sowie den Wohn- und Aufenthaltsort erlauben (sa § 395 Rn 2).

§ 385 Ausnahmen vom Zeugnisverweigerungsrecht

(1) In den Fällen des § 383 Nr. 1 bis 3 und des § 384 Nr. 1 darf der Zeuge das Zeugnis nicht verweigern:

1. über die Errichtung und den Inhalt eines Rechtsgeschäfts, bei dessen Errichtung er als Zeuge zugezogen war;

2. über Geburten, Verheiratungen oder Sterbefälle von Familienmitgliedern;

3. über Tatsachen, welche die durch das Familienverhältnis bedingten Vermögensangelegenheiten betreffen;

4. über die auf das streitige Rechtsverhältnis sich beziehenden Handlungen, die von ihm selbst als Rechtsvorgänger oder Vertreter einer Partei vorgenommen sein sollen.

(2) Die im § 383 Nr. 4, 6 bezeichneten Personen dürfen das Zeugnis nicht verweigern, wenn sie von der Verpflichtung zur Verschwiegenheit entbunden sind.

1 **I) Bedeutung.** Zeugnisverweigerungsrechte zum Schutz von Individualinteressen (§ 383 I Nrn 1-3) oder eigenen Vermögensinteressen (§ 384 Nr 1), haben in den in I genannten Fällen zugunsten der Sachaufklärung zurückzutreten (I). Berufl bedingte Zeugnisverweigerungsrechte entfallen, wenn der geschützte Dritte selbst auf diesen Schutz verzichtet hat (II).

2 **II) Ausnahmegründe (§ 385 I). 1) Zuziehung als Zeuge (§ 385 I Nr 1).** Er muss bei dem Rechtsgeschäft von den Beteiligten **zum Zweck der Bezeugung** zugezogen, nicht nur zur Beratung oder zufällig anwesend gewesen sein. Er musste sich dieses Zwecks auch bewusst gewesen sein oder den Umständen nach damit rechnen (BayObLG MDR 84, 1025). Das ist auch der Fall, wenn RA bei Abfassung eines verloren gegangenen Testaments behilfl war (OLG Köln Rpfleger 85, 494; s § 383 Rn 1a). Zuziehung nur zu Vorverh genügt idR nicht (RG SA 56, 329).

3 **2) Angelegenheiten des Familienstands (§ 385 I Nr 2).** Erfasst sind Geburten, Eheschließungen u Todesfälle *des Zeugen und seiner Verwandten*, Verschwägerten, Ehegatten und Lebenspartner (StJ/Berger Rn 3), aber nur die Ereignisse selbst, nicht ihre Begleitumstände (zB nicht die Zeugung hinsichtl der Geburt, RGZ 169, 48; nicht die Todesursache).

3) Familiäre Vermögensangelegenheiten (§ 385 I Nr 3). Sie müssen mit der Beweistatsache in einem durch den Familienverband des Zeugen bedingten unmittelbaren Zusammenhang stehen (RGZ 40, 345; MK/Damrau/Weinland Rn 4; enger Ahrens Beweis Kap 36 Rn 27: nur genuin erb- oder familienrechtl Angelegenheiten), zB Fragen des ehel Güterstands, des Unterhalts (OLG Düsseldorf FamRZ 80, 616, 617), des Erb- oder Pflichtteilsrechts sowie der Erbauseinandersetzung (RG JW 1891, 179), der Mitgift (RGZ 40, 345), des Altenteils, auch Angehörigenmiete oder -bürgschaft, soweit das Verwandtschaftsverhältnis hierfür bestimmend war. 4

4) Eigene Handlungen (§ 385 I Nr 4). Über sie kann die Aussage nicht verweigert werden, wenn sie sich auf das str Rechtsverhältnis beziehen und der Zeuge sie als (Einzel- oder Gesamt-)**Rechtsvorgänger** oder **Vertreter** der Partei vorgenommen hat, nicht als bloße Unterstützungsperson wie zB Makler, Beistand oder Berater (OLGR München 1996, 242; Ahrens Beweis Kap 36 Rn 34) oder als vollmachtloser Vertreter (BGH NJW 2019, 517 [Tolani] = MDR 2019, 367 [Fischer MDR 2019, 595]). Der InsSchuldner ist iSd I Nr 4 nicht Rechtsvorgänger des InsVerwalters (BGH NJW 2019, 517 [Tolani] = MDR 2019, 367 [Fischer MDR 2019, 595]). Als Ausnahme vom ZeugnisverweigerungsR ist die Vorschrift eng auszulegen; auf die Wahrnehmung von Handlungen anderer bezieht sie sich nicht (RGZ 53, 112; StJ/Berger Rn 6; aA AG/Gehle Rn 11), wohl aber auf die der eigenen Handlung zugrunde liegenden inneren Tatsachen wie zB Motive oder Kenntnisse (Tyarks MDR 2019, 588, 592). 5

Einstweilen frei. 6-8

III) Entbindung von Schweigepflicht (§ 385 II). 1) Bedeutung. Wo das Zeugnisverweigerungsrecht im Interesse der Allgemeinheit besteht (zB Pressefreiheit, § 383 I Nr 5) oder aus persönl Gründen gewährt wird (§ 383 Nr 1-3) ist für eine Entbindung kein Raum. Bei den aus berufl Gründen bestehenden Verschwiegenheitspflichten nach § 383 Nr 4 u 6 führt der Verzicht des durch sie Geschützten aber dazu, dass der Zeuge die Aussage nicht verweigern darf. § 384 bleibt unberührt (StJ/Berger Rn 9). – Bei **Geistlichen** ist die Schweigepflicht über den Schutz des Einzelnen hinaus zur institutionellen Garantie erhoben, Entbindung daher unbeachtl (Art 9 RKonkordat v 20.7.1933, RGBl II 1933, 679); dies muss gem Art 4 GG für alle Religionsgemeinschaften gelten (LG Nürnberg-Fürth FamRZ 64, 513; Ahrens Beweis Kap 36 Rn 44). – Sondervorschriften für **öffentlich Bedienstete:** § 376 iVm §§ 67, 68 BBG; **Notare:** § 18 BNotO. 9

2) Berechtigung zum Verzicht. Entbinden kann grds nur der durch das Recht Geschützte, bei berufl Schweigepflichten der bzw die Auftraggeber (BGH ZIP 2021, 475 zu Wirtschaftsprüfer), bei **vermögensrechtlichen** Angelegenheiten auch der Erbe sowie sonstige Rechtsnachfolger (OLG Stuttgart MDR 83, 236, 237), Generalbevollmächtigte (OLG Celle NJW 55, 1844), InsVerwalter, soweit vermögensrechtl Interessen des Schuldners betroffen sind (BGH NJW 90, 510, 512; BGH NJW-RR 2016, 683, 685). Bei Schutzinteresse **höchstpersönlicher** Natur (zB Arztgeheimnis) besteht dagegen keine Ermächtigungsbefugnis von Erben oder nahen Angehörigen (OLG München AnwBl 75, 159; LSG München NJW 62, 1789, 1790); hier kommt es auf mutmaßl Verzicht des Verstorbenen an (s Rn 12; für mutmaßl Einwilligung in die Entbindung durch nahe Angehörige aber Spickhoff NJW 2005, 1984). Ausschließl der Patient selbst ist zur Ermächtigung des Arztes befugt, auch wenn ein Dritter den Arzt zugezogen oder beauftragt hatte (OLG Karlsruhe NJW 60, 1392). Das VertretungsR des Ehegatten nach § 1358 BGB nF hat daran nichts geändert. – Bei **nicht voll Geschäftsfähigen** bedarf es der Ermächtigung durch den ges Vertreter, in höchstpersönl Angelegenheiten auch durch den Geschützten, sofern er hierfür eine ausreichende natürl Einsichts- und Urteilsfähigkeit besitzt (StJ/Berger Rn 17). – Für eine **juristische Person** können diej die Entbindung erklären, die zu ihrer Vertretung zum Zeitpunkt der Zeugenaussage berufen sind (BGH ZIP 2021, 475). 10

3) Erklärung des Verzichts. Adressat ist der Zeuge, auch wenn die Erklärung dem Gericht ggü erfolgt. Sie unterliegt nicht dem Anwaltszwang u kann bis zum Abschluss der Vernehmung **widerrufen** werden (BGH NJW 86, 3077, 3079; OLG Celle NdsRpfl 62, 260; StJ/Berger Rn 21; Ahrens Beweis Kap 36 Rn 53; aA bei Erklärung ggü dem Gericht BayObLG NJW 90, 1857, 1858; MskV/Röß Rn 8). Benennung des Zeugen durch die befugte Partei enthält Aussageermächtigung, sofern in Kenntnis des Weigerungsrechtes erfolgt (StJ/Berger Rn 20). 11

4) Mutmaßliche Einwilligung. Auf sie kommt es an, wenn der Geschützte seinen Willen nicht mehr äußern kann, insb nach seinem Tode. Darlegungslast trägt Beweisführer; Glaubhaftmachung genügt entspr § 386 (Ahrens Beweis Kap 36 Rn 57). Daher ist zB der bei Abfassung eines Testaments mitwirkende RA über die Willensbildung des Testators aussagepflichtig (BayObLG NJW-RR 91, 6, 8), der Arzt über die Testierfähigkeit seines verstorbenen Patienten, soweit er keine Belege für dessen gegenteiligen Willen vorbringen kann (BGH NJW 84, 2893, 2895; BayObLG MDR 87, 66; Bartsch NJW 2001, 862). Für Notar Sonderregelung in § 18 II BNotO (s dazu BGH NJW 2021, 316; OLG Frankfurt ZEV 2021, 525). Im Versicherungsprozess kann von mutmaßl Einwilligung ausgegangen werden, wenn Nichtentbindung zu Lebzeiten zur Leistungsfreiheit des Versicherers führen würde (Knappmann NVersZ 99, 511; wohl übersehen von OLG Frankfurt NVersZ 99, 523 u OLG Naumburg NJW 2005, 2017). Auch zwecks Geltendmachung von Schadensersatzansprüchen wegen Fehlbehandlung kann uU mutmaßl Einwilligung angenommen werden (BGH NJW 83, 2627; OLG München MDR 2011, 1496; Fellner MDR 2011, 1453). Grds ist aber bei der Annahme einer mutmaßl Einwilligung Zurückhaltung geboten (Lenckner NJW 64, 1188). 12

5) Beweiswürdigung. Unterlassener Verzicht kann zum Nachteil der ermächtigungsbefugten Partei nach den Grundsätzen über die Beweisvereitelung (s § 286 Rn 14b) gewürdigt werden (BGH MDR 84, 48; RG JW 15, 13

1361). Keine Beweisvereitelung aber, wenn die Partei Anlass zu der Besorgnis haben kann, dass der Zeuge (zB Anwaltsnotar auf Grund mandantschaftl Verbundenheit oder unter dem Eindruck einer drohenden Schadensersatzpflicht) dazu neigen könnte, einseitig den Rechtsstandpunkt der Gegenpartei zu untermauern (BGH NJW-RR 96, 1534). Wird Verzicht **widerrufen**, bleibt bish Aussage verwertbar (StJ/Berger Rn 21).

§ 386 Erklärung der Zeugnisverweigerung

(1) Der Zeuge, der das Zeugnis verweigert, hat vor dem zu seiner Vernehmung bestimmten Termin schriftlich oder zum Protokoll der Geschäftsstelle oder in diesem Termin die Tatsachen, auf die er die Weigerung gründet, anzugeben und glaubhaft zu machen.

(2) Zur Glaubhaftmachung genügt in den Fällen des § 383 Nr. 4, 6 die mit Berufung auf einen geleisteten Diensteid abgegebene Versicherung.

(3) Hat der Zeuge seine Weigerung schriftlich oder zum Protokoll der Geschäftsstelle erklärt, so ist er nicht verpflichtet, in dem zu seiner Vernehmung bestimmten Termin zu erscheinen.

(4) Von dem Eingang einer Erklärung des Zeugen oder von der Aufnahme einer solchen zum Protokoll hat die Geschäftsstelle die Parteien zu benachrichtigen.

1 **1) Verweigerungserklärung (§ 386 I).** Sie kann im Termin oder (dann unter Wegfall der Erscheinenspflicht, III) in der Form gem I schon vorher abgegeben werden. Kein Anwaltszwang (§ 387 II). Anzugeben u, soweit nicht offenkundig, glaubhaft zu machen (s § 294, ggf II) sind die Umstände, die ein Urteil über das Bestehen des Weigerungsrechts ermöglichen (BGH NJW 2018, 2319 Tz 19 [Prütting]). Versicherung an Eides statt ist in zweifelhaften Fällen (BGH NJW 72, 1334: Verlöbnis) zu verlangen.

2 **2) Wahrnehmung des Termins (§ 386 III).** Sie kann unterbleiben, wenn das Verweigerungsrecht gem I angezeigt wurde u das gesamte Beweisthema (§ 377 II Nr 2) umfasst. Ob die Verweigerung berechtigt ist, entscheidet das Gericht nach § 387 u lädt ggf neu. Ist die Verweigerung jedoch offensichtl unbegründet u musste der Zeuge dies erkennen, Ahndung gem § 380 bzw § 390 (entgegen OLG Düsseldorf MDR 2010, 712 auch, wenn dem Zeugen die Entbindungserklärung beider Parteien mitgeteilt wurde).

3 **3) Benachrichtigung der Parteien (§ 386 IV).** Sie soll auch zur Prüfung anregen, ob eine Entbindung iS § 385 II in Betracht kommt oder ob Erklärungen zur Einleitung des Zwischenstreits (§ 387) geboten sind. Erneuter Antrag, den Zeugen zu laden, setzt Nachweis voraus, dass dieser jetzt aussagebereit ist (OLG Köln NJW 75, 2074).

§ 387 Zwischenstreit über Zeugnisverweigerung

(1) Über die Rechtmäßigkeit der Weigerung wird von dem Prozessgericht nach Anhörung der Parteien entschieden.

(2) Der Zeuge ist nicht verpflichtet, sich durch einen Anwalt vertreten zu lassen.

(3) Gegen das Zwischenurteil findet sofortige Beschwerde statt.

1 **1) Anwendungsbereich.** Aussage- oder Eidesverweigerung des Zeugen (gem § 402 auch des SV), gleichgültig ob Weigerung auf §§ 383-385 oder sonstige Gründe (zB wegen Kreuzes im Gerichtssaal, BVerfG MDR 74, 24; OLG Nürnberg NJW 66, 1926) gestützt ist.

2 **2) Voraussetzungen des Zwischenstreites. Antrag** des Beweisführers (**Formulierungsvorschlag:** Vorwerk/Fullenkamp, PFB, M 24.11), zumindest Rüge der Unzulässigkeit der Aussageverweigerung. Keine Einleitung vAw (MK/Damrau/Weinland Rn 1; aA StJ/Berger Rn 2). Antragsrecht erlischt durch rügelose Verhandlung (BGH NJW-RR 87, 445). In Hinnahme der unbegründeten Zeugnisverweigerung kann Verzicht auf den Zeugen zu sehen sein (s § 399 Rn 2); dann entsteht Antragsrecht des Gegners gem § 399 (OLG Nürnberg NJW 66, 1926). Bei unberechtigter Verweigerung Ordnungsmittel nach § 390.

3 **3) Verfahren.** Zuständig ist nur das ProzGericht, ggf der Einzelrichter (auch des OLG, s § 527 Rn 12) und der Vors der KfH (s § 349 Rn 2), soweit er Beweis erhebt, niemals der verordnete Richter (§§ 366, 389). Parteien des Zwischenstreits sind der Zeuge (hier entgegen § 52 auch der minderj Zeuge ohne ges Vertretung, s § 383 Rn 4, § 385 Rn 10) und der Beweisführer, im Fall des § 399 dessen Gegner (OLG Hamburg FamRZ 65, 277). Es ist (außer bei allseitiger Zustimmung nach § 128 II, OLG Frankfurt NJW 68, 1240) mündl zu verhandeln, bei *Anwesenheit des Zeugen sogleich*, anderenfalls in neuem Termin, zu dem der Zeuge nicht gem § 377, sondern als Partei des Zwischenstreits geladen wird (RGZ 67, 343; OLG Jena MDR 2018, 1078). Dabei sollte er darauf hingewiesen werden, dass auch ohne ihn verhandelt werden kann (§ 388) u dass es ihm freisteht, ob er einen

RA bestellt (II). Er erhält für die Teilnahme an dem Zwischenstreit keine Zeugenentschädigung, auch dann nicht, wenn er (zB wegen Verzichts auf das Zeugnisverweigerungsrecht) doch noch vernommen wird (RGZ 43, 409; MK/Damrau/Weinland Rn 14); bei der Ladung darf insoweit kein falscher Eindruck erweckt werden. Zum Ersatz seiner notw Auslagen (s Rn 5).

4) Entscheidung. Sie ergeht durch Zwischenurteil, gleichgültig ob Weigerung für berechtigt oder unberechtigt erklärt (RG JW 1896, 130). Entscheidung im Endurteil unzulässig, weil dieses eine erst nach Schluss der Beweisaufnahme zulässige Schlussverh zur Hauptsache voraussetzt (§§ 285, 370). Mit der Behauptung, das rechtskräftige Zwischenurteil sei falsch, kann das Endurteil nicht angefochten werden (§ 557 II; BGH MDR 66, 915). 4

Kosten (insb die im Zwischenstreit angefallenen Auslagen des Zeugen; OLG München Rpfleger 69, 358) trägt gem § 91 bei unberechtigter Weigerung der Zeuge, sonst der Antragsteller (entgegen RGZ 28, 439 nicht beide Hauptparteien als Streitgenossen im Zwischenstreit, denn der Beweisgegner ist im Zwischenstreit nicht Partei; er könnte sogar dem Zeugen als Streithelfer beitreten, OLG Köln JMBl NRW 73, 209). Der **Streitwert** des Zwischenstreits entspricht der Hauptsache, soweit sich die Aussage auf diese erstreckt (KG NJW 68, 1937; s § 3 Rn 16.222). 5

5) Rechtsmittel. Sofortige Beschwerde (§ 567). Nicht gegen Zwischenurteil des Berufungsgerichts oder OLG im 1. Rechtszug (§ 567 I), auch keine Rechtsbeschwerde, selbst wenn zugelassen (BGH MDR 2018, 1395). Sof Beschwerde auch, wo unzulässig im Endurteil entschieden wurde (RGZ 106, 57, 58). Die Beschwerdefrist (§ 569 I) beginnt mit Zustellung des Zwischenurteils im Amtsbetrieb, § 317. Beschwerdeberechtigt nur der unterlegene Beweisführer (im Fall des § 399 dessen Gegner) bzw der Zeuge, dessen Aussageverweigerung für unberechtigt erklärt wurde (im letzteren Fall nicht auch der Gegner der Beweis führenden Partei, OLG Frankfurt MDR 83, 236). Gegenstand des Beschwerdeverf ist nur der beschiedene Verweigerungsgrund; erklärt das erstinstanzl Gericht die Zeugnisverweigerung nur aus einem von zwei auf unterschiedl Lebenssachverhalten beruhenden Weigerungsgründen für rechtmäßig, fällt der andere in der Beschwerdeinstanz nur an, wenn der Zeuge insoweit Beschwerde oder Anschlussbeschwerde einlegt (BGHZ 237, 376 = NJW 2023, 3729 [Laumen MDR 2024, 148]). Für den Zeugen kein Anwaltszwang, § 569 III Nr 3, § 78 III, aber Zeuge darf stets (auch bei seiner Einvernahme) einen Anwalt zuziehen (§ 79; BVerfG MDR 75, 290). – **Rechtsbeschwerde** nur bei Zulassung im Beschluss des Beschwerdegerichts (§ 574 I Nr 2). 6

6) Fortsetzung der Verhandlung zur Hauptsache. Erfolgt im Amtsbetrieb nach Erledigung des Zwischenstreits (ggf sogleich nach § 370 I, wenn Zeuge nunmehr aussagebereit oder auf ihn verzichtet wird), bei Ergehen eines Zwischenurteils erst nach dessen Rechtskraft (MK/Damrau/Weinland Rn 18). Vorzeitige Fortsetzung ist nach § 295 heilbarer Verfahrensfehler. Bei **unberechtigter Weigerung** Fortsetzung der Beweisaufnahme. Geltendmachung **anderer Verweigerungsgründe** bleibt zulässig und darf auch nicht als verspätet zurückgewiesen werden (StJ/Berger § 386 Rn 4). 7

7) Gebühren. a) Gericht: Das Zwischenurteil ist gebührenfrei; es sperrt die Gebührenermäßigung nach 1211 GKG-KV (s § 303 Rn 12). Beschwerde: 1812 GKG-KV; Rechtsbeschwerde: 1826 GKG-KV; Ermäßigung 1827 GKG-KV. – **b) RA:** Der Zwischenstreit gehört für den ProzBev zur Instanz (§ 19 I 2 Nr 3 RVG). – Der RA als Zeugenbeistand erhält Geb wie ein ProzBev (Vorbem 3 I RVG-VV). 8

§ 388 Zwischenstreit über schriftliche Zeugnisverweigerung

Hat der Zeuge seine Weigerung schriftlich oder zum Protokoll der Geschäftsstelle erklärt und ist er in dem Termin nicht erschienen, so hat auf Grund seiner Erklärungen ein Mitglied des Prozessgerichts Bericht zu erstatten.

Der Zeuge ist, wenn nur die Aussageverweigerung ordentl (§ 386) erklärt wurde, zum Erscheinen im Termin des Zwischenstreits (§ 387) nicht verpflichtet. Daher auch keine Säumnisentscheidung gegen ihn oder gegen eine Partei. Bei seiner Abwesenheit entscheidet das Gericht über den vom Berichterstatter vorzutragenden Weigerungsgrund. 1

§ 389 Zeugnisverweigerung vor beauftragtem oder ersuchtem Richter

(1) Erfolgt die Weigerung vor einem beauftragten oder ersuchten Richter, so sind die Erklärungen des Zeugen, wenn sie nicht schriftlich oder zum Protokoll der Geschäftsstelle abgegeben sind, nebst den Erklärungen der Parteien in das Protokoll aufzunehmen.

(2) Zur mündlichen Verhandlung vor dem Prozessgericht werden der Zeuge und die Parteien von Amts wegen geladen.

(3) [1]Auf Grund der von dem Zeugen und den Parteien abgegebenen Erklärungen hat ein Mitglied des Prozessgerichts Bericht zu erstatten. [2]Nach dem Vortrag des Berichterstatters können der Zeuge und die Parteien zur Begründung ihrer Anträge das Wort nehmen; neue Tatsachen oder Beweismittel dürfen nicht geltend gemacht werden.

1 **1) Bedeutung.** Den Zwischenstreit nach § 387 entscheidet, auch wenn die Weigerung vor dem beauftragten oder ersuchten Richter (§§ 361, 362, 375) erfolgte, stets das ProzGericht. Der beauftragte oder ersuchte Richter hat das Verf nur gem I vorzubereiten.

2 **2) Verfahren.** Soweit nicht der Beweisführer auf den Zeugen verzichtet (§ 399), wird er vAw *als Partei* im Zwischenstreit zur mündl Verh vor dem ProzGericht geladen (**II**). Neue, nicht schon vor dem beauftragten Richter vorgebrachte Tatsachen und Beweismittel dürfen zu dem bish Weigerungsgrund weder vom Zeugen noch den Parteien geltend gemacht werden (**III 2**), auch wenn sie erst nachträgl entstanden oder bekannt geworden sind (KG OLG-Rspr 29, 121; MK/Damrau/Weinland Rn 6). Zum Verf iÜ u Kostenfragen s § 387 Rn 3 ff.

§ 390 Folgen der Zeugnisverweigerung

(1) [1]Wird das Zeugnis oder die Eidesleistung ohne Angabe eines Grundes oder aus einem rechtskräftig für unerheblich erklärten Grund verweigert, so werden dem Zeugen, ohne dass es eines Antrages bedarf, die durch die Weigerung verursachten Kosten auferlegt. [2]Zugleich wird gegen ihn ein Ordnungsgeld und für den Fall, dass dieses nicht beigetrieben werden kann, Ordnungshaft festgesetzt.

(2) [1]Im Falle wiederholter Weigerung ist auf Antrag zur Erzwingung des Zeugnisses die Haft anzuordnen, jedoch nicht über den Zeitpunkt der Beendigung des Prozesses in dem Rechtszug hinaus. [2]Die Vorschriften über die Haft im Zwangsvollstreckungsverfahren gelten entsprechend.

(3) Gegen die Beschlüsse findet die sofortige Beschwerde statt.

1 **1) Bedeutung.** Während § 380 das bloße Fernbleiben des Zeugen (oder SV § 402) ahndet, ist in § 390 unabhängig vom Erscheinen die vor oder im Termin unbefugt erklärte Aussage- oder Eidesverweigerung Voraussetzung der Anwendung von Ordnungsmitteln. § 390 setzt also eine Einlassung des Zeugen auf die Ladung (§ 377) voraus. IÜ unterscheidet sich § 380 von § 390 dadurch, dass § 390 mehrfaches Ordnungsgeld nicht zulässt u stattdessen auf Antrag Beugehaft angeordnet werden kann.

2 **2) Voraussetzung für Ordnungsmittel (§ 390 I).** Zeuge verweigert Aussage oder Eidesleistung **ohne Angabe eines Grundes** iSv §§ 383, 384 (zur Weigerung, unter einem Kruzifix auszusagen, BVerfG NJW 73, 2197) oder **nach Verwerfung der Aussageverweigerung** durch rechtskräftiges Zwischenurteil gem § 387, es sei denn, der Zeuge macht zulässigerw (s § 387 Rn 7) einen neuen Weigerungsgrund geltend.

3 Einstweilen frei.

4 **3) Verfahren.** Kostenfolge u Ordnungsmittel spricht das ProzGericht oder nach fehlender Begründung (§ 386) bzw nach Zurückweisung (§ 387) der Aussageverweigerung auch der verordnete Richter (§ 400) durch Beschluss aus (BGH NJW 90, 2936 = MDR 91, 33, 34). Zur Bemessung s § 380 Rn 5 f, zur Kostenfolge s § 380 Rn 4. Frühere Maßnahmen gem § 380 stehen der Anordnung gem § 390 nicht entgegen (StJ/Berger Rn 4). Zugleich mit der Festsetzung des Ordnungsgeldes (also vor Rechtskraft u Vollstreckung) ist neuer Termin zur Fortsetzung der Beweisaufnahme zu bestimmen (§ 368). Der Zeuge ist, auch wenn er bei Verkündung anwesend ist, neu zu laden. Dem abwesenden Zeugen u den abwesenden Parteien (Letzteren, weil sie Anspruch auf Kostenausspruch haben) ist die Anordnung vAw zuzustellen; § 329 II 2 u III.

5 **4) Ahndung erstmaliger Weigerung.** Wie § 380 (s § 380 Rn 3-7). Anordnung u Vollstreckung vAw. Der Beweisführer kann vor Erlass des Beschlusses auf das Zeugnis verzichten (s aber § 399). Nach Erlass des Beschlusses hindert Verzicht den Vollzug nicht mehr.

6 **5) Wiederholte Weigerung (§ 390 II).** Auf Antrag (**Formulierungsvorschlag:** Vorwerk/Fullenkamp, PFB, M 24.12) des Beweisführers, nach dessen Verzicht oder Untätigkeit gem § 399 auch des Gegners, Anordnung von **Beugehaft** zur Erzwingung des Zeugnisses (nicht des Eides, StJ/Berger § 392 Rn 5) entspr §§ 802g ff. Unterlassener Haftantrag bedeutet Verzicht auf den Zeugen. Die Verhängung eines 2. Ordnungsgeldes (wie in § 380 II) ist unzulässig.

7 **Haftanordnung** durch Beschluss, der keine zeitl Begrenzung der Haft enthält und zu verkünden oder dem Zeugen zuzustellen ist. Verweigert ein Zeuge, über den in 1. Instanz wegen wiederholter Zeugnisverweigerung bereits die Haft verhängt war, auch in der 2. Instanz das Zeugnis über die gleichen Fragen, darf er wiederum verhaftet werden; doch darf die Haft (1. u 2. Instanz) entspr § 802j zusammen nicht mehr als 6 Monate betragen.

Bei Weigerung des Zeugnisses über neue Tatsachen und auf Grund eines neuen Beweisbeschlusses kann die Haft abermals in voller Höhe verhängt werden (AG/Gehle Rn 18; aA Ahrens Beweis Kap 8 Rn 121).

Neben dem die Haft anordnenden Beschluss erlässt das ProzGericht den **Haftbefehl**, in dem der Zeuge und der Grund der Verhaftung zu bezeichnen sind. Es gelten sinngem §§ 802g ff. **Beendigung der Haft**, wenn der Zeuge aussagt, wenn das ProzGericht Instanz beendigend über das Beweisthema entschieden hat oder der Beweisführer auf das Zeugnis verzichtet. Der Prozessgegner hat dagegen kein WiderspruchsR. 8

6) Rechtsmittel (§ 390 III). Wie § 380 Rn 9. Eine Haftentschädigung entspr dem StrEG ist der ZPO fremd (BGH NJW 90, 397). 9

7) Gebühren. Gericht: Verf und Entscheidung sind gebührenfrei. – Beschwerde 1812 GKG-KV. **RA:** Das Verf gehört für den ProzBev zur Instanz (§ 19 I 2 Nr 3 RVG). – Dem RA als Zeugenbeistand erwachsen Geb wie einem ProzBev (Vorbem 3 I RVG-VV). 10

§ 391 Zeugenbeeidigung

Ein Zeuge ist, vorbehaltlich der sich aus § 393 ergebenden Ausnahmen, zu beeidigen, wenn das Gericht dies mit Rücksicht auf die Bedeutung der Aussage oder zur Herbeiführung einer wahrheitsgemäßen Aussage für geboten erachtet und die Parteien auf die Beeidigung nicht verzichten.

1) Pflicht zur Eidesleistung. Sie besteht für jeden zur Aussage verpflichteten Zeugen, soweit kein Eidesverbot iS § 393 besteht. Zumindest zur eidesgleichen Bekräftigung (§ 484) ist jeder Zeuge öff-rechtl verpflichtet. Der zur Aussageverweigerung befugte Zeuge (s §§ 376, 383-385) darf den Eid **verweigern**, selbst wenn er bereits ausgesagt hat (BGHZ 43, 368); seine Aussage wird damit aber praktisch wertlos. Wegen der Folgen unbefugter Eidesverweigerung s § 390. Einen Zwischenstreit iSd § 387 über die Befugnis bloßer Eidesverweigerung, soweit diese nicht auf §§ 383, 384 gestützt wird (also Teil der befugten Aussageverweigerung ist), sieht das Gesetz nicht vor, das Gericht entscheidet hierüber im Rahmen freier Beweiswürdigung. 1

2) Abnahme des Eides. Selbst wenn die Parteien hierauf nicht verzichten (s Rn 4), steht sie im pflichtgebundenen **Ermessen** des Gerichts. 2

Ermessensfehlerhaft (u mit Rechtsmittel angreifbar) kann Nichtbeeidigung sein, wenn das Gericht einer erhebl Zeugenaussage einen Beweiswert abspricht, ohne die Beeidigung erwogen zu haben (BGHZ 43, 368 = NJW 65, 1530, 1531). Ob der Zeuge bei seiner Aussage bleiben und wie sie dann zu würdigen sein wird, ist idR mangels Vorhersehbarkeit keine zulässige Erwägung; anders kann es sein, wenn auf Grund bes Umstände schwerwiegende Zweifel an der Glaubwürdigkeit des Zeugen begründet sind oder sonst Tatsachen vorliegen, die den Beweiswert der Aussage von Anfang an erhebl mindern, zB bei Vorliegen gegenteiliger Zeugen- oder Parteieide (BGH aaO). Entbehrl ist Beeidigung, wo die Aussage zwar nicht glaubhaft ist, der Zeuge aber erkennbar glaubwürdig sein subj Wissen kundgegeben hat (BGH DRiZ 67, 361; Dölling NZFam 2014, 114). Anhaltspunkte für die Ermessensausübung kann eine Gegenüberstellung der Zeugen (§ 394 II) liefern. UU empfehlenswert, die Beeidigung ledigl eines Teils der Aussage anzuordnen (RSchwab/Gottwald § 121 Rn 32). 3

3) Verzicht auf Beeidigung. Wird er von beiden Parteien erklärt, darf nicht beeidigt werden. Obwohl als Prozesshandlung unwiderrufl (s vor § 128 Rn 14), wird durch nach Verzicht erklärten Beeidigungsantrag analog § 398 das Gericht zur Beeidigung ermächtigt, jedoch niemals verpflichtet. Der Verzicht erfasst nur den seiner Erklärung vorausgehenden Teil der Aussage. Verzichtserklärung ausdrückl oder durch schlüssiges Verhalten (zB Nichtrüge der Nichtbeeidigung, RGZ 17, 380). 4

4) Verfahren. Nach der Zeugenaussage (§ 392) werden die Parteien gefragt, ob auf Beeidigung verzichtet wird. In diesem Fall bedarf es keiner ausdrückl Entscheidung; der Zeuge ist unbeeidigt zu entlassen. Wenn (mindestens) eine Partei nicht verzichtet, muss das Gericht die Ermessensentscheidung nach § 391 treffen. **Nichtbeeidigung** bedarf als Normalfall keiner ausdrückl Entscheidung; aus dem Urteil muss aber erkennbar sein, weshalb das Gericht trotz Zweifeln an wesentl Aussage von Beeidigung abgesehen hat (BGH DRiZ 67, 361; aA BGH NJW 52, 384; WSch/Ahrens Rn 17). Es empfiehlt sich deshalb auch in diesem Fall ein Gerichtsbeschluss („Der Zeuge bleibt unbeeidigt"): Wird er nicht in der anschließenden mündl Verh beanstandet, kann Nichtbeeidigung nicht mehr gerügt werden (§ 295). **Anordnung der Beeidigung** durch Beschluss des Gerichts (Ergänzung des Beweisbeschlusses). **Eidesbelehrung:** §§ 395, 480. **Verf** der Eidesabnahme: §§ 478-484. 5

Zuständig ist grds das Prozessgericht. Bei Vernehmung durch vorbereitenden Einzelrichter (s § 527 Rn 8) oder Vors der KfH (s § 349 Rn 3) kann es die Beeidigung nachholen. Der **verordnete Richter** kann vom Prozessgericht (am besten bereits im Beweisbeschluss) zur Beeidigung angewiesen werden, nicht eigenmächtig beeidigen (Ahrens Beweis Kap 39 Rn 51; aA StJ/Berger Rn 16; MskV/Röß Rn 3). Gleichwohl vorgenommene Beeidigung ist aber in die Beweiswürdigung einzubeziehen. 6

5) Beweiswürdigung. Aussage hat nicht allein wegen der Beeidigung höheren Beweiswert; freie Würdigung anhand aller Umstände, auch des Verhaltens bei der Eidesabnahme (Dölling NZFam 2014, 115). 7

§ 392 Nacheid; Eidesnorm

[1]Die Beeidigung erfolgt nach der Vernehmung. [2]Mehrere Zeugen können gleichzeitig beeidigt werden. [3]Die Eidesnorm geht dahin, dass der Zeuge nach bestem Wissen die reine Wahrheit gesagt und nichts verschwiegen habe.

1 Zur **Abnahme des Nacheides** s §§ 478-484; in fremder Sprache: § 188 GVG. Wegen der religiösen Form des Eides vgl § 481 u § 484 (s § 391 Rn 1). Eidesbelehrung: § 395. Wird der Zeuge vor der Vernehmung beeidigt, so ist die Aussage dennoch als wirksam beeidigt anzusehen (Dölling NZFam 2014, 114; aA OLG Kassel OLG 23, 184; StJ/Berger Rn 1; zur Strafbarkeit RGSt 70, 366). Es empfiehlt sich aber Abnahme der Versicherung gem § 398 III nach der Aussage. Verlesung der Aussage vor Eidesleistung: § 160 III Nr 4, § 162 (s § 162 Rn 5). Bei Ergänzung der Aussage nach Eidesleistung: § 398 III.

§ 393 Uneidliche Vernehmung

Personen, die zur Zeit der Vernehmung das 16. Lebensjahr noch nicht vollendet oder wegen mangelnder Verstandesreife oder wegen Verstandesschwäche von dem Wesen und der Bedeutung des Eides keine genügende Vorstellung haben, sind unbeeidigt zu vernehmen.

1 Die **Eidesmündigkeit** beginnt mit Vollendung des 16. Lebensjahres; sie fehlt auch dauernd Geistesschwachen, welche (obwohl uU noch aussagetüchtig, s vor § 373 Rn 4, BGH NJW 67, 360) die Einsicht der bes Bedeutung eines Eides nicht besitzen. Die von einem nicht Eidesmündigen beeidigte Aussage ist als unbeeidigte zu werten. Bei vorübergehendem Mangel der Einsichtsfähigkeit (zB Trunkenheit; s § 380 Rn 2) ist zu vertagen.

§ 394 Einzelvernehmung

(1) Jeder Zeuge ist einzeln und in Abwesenheit der später abzuhörenden Zeugen zu vernehmen.

(2) Zeugen, deren Aussagen sich widersprechen, können einander gegenübergestellt werden.

1 **1) Grundsatz der Einzelvernehmung.** Um eine wechselseitige Beeinflussung von Zeugen zu verhindern, sind diese erst zu ihrer Vernehmung in den Sitzungssaal zu rufen u haben ihn vor Beendigung ihrer Vernehmung, dh endgültiger Entlassung, auf Weisung des Gerichts wieder zu verlassen. Entlassung sollte nur mit Zustimmung der Parteien erfolgen; oft wird sich die Frage der Beeidigung oder einer Gegenüberstellung (II) erst nach Vernehmung aller Zeugen beantworten lassen. Nach der Entlassung darf der Zeuge (außer beim verordneten Richter) im Sitzungssaal bleiben (§ 169 GVG). § 394 ist aber nur Ordnungsvorschrift (OLG Düsseldorf MDR 79, 409); Verstoß kann Berufung oder Revision nicht begründen (RG JW 28, 1857). § 394 gilt nicht für den als Zeuge benannten ProzBev (Orthmann NJW 2024, 2576, 2578 f; zur Steigerung seines Beweiswerts kann Partei aber durch Bestellung eines weiteren RA ermöglichen, dass er während der Vernehmung anderer Zeugen den Sitzungssaal verlässt; BAG NZA 2014, 55) und für SV, wohl aber für sachverständige Zeugen (§ 414) u für Vertreter iSv § 141 III 2 (Orthmann NJW 2024, 2576, 2577 f). Gemeinsame Beeidigung: § 481 V.

2 **2) Gegenüberstellung.** Als Ausnahme von I kann Gericht (auch verordneter Richter) nach seinem grds nicht nachprüfbaren Ermessen (BAG NJW 68, 566) mehrere Zeugen im Anschluss an ihre Einzelvernehmung gemeinsam vernehmen, wenn dies zur Aufklärung von Widersprüchen angezeigt erscheint. Dies gilt auch für SV- und (obwohl in § 451 nicht erwähnt) Parteivernehmung (RSchwab/Gottwald § 124 Rn 33).

3 **3) Gebühren des RA.** Neben den allg Geb 3100 ff RVG-VV noch die Zusatzgeb 1010 RVG-VV (s § 358 Rn 5). Zu den drei Terminen, die für die Gebührenentstehung erforderlich sind, gehören nicht die, die der SV anberaumt (OLG München NJW-RR 2020, 1199).

§ 395 Wahrheitsermahnung; Vernehmung zur Person

(1) Vor der Vernehmung wird der Zeuge zur Wahrheit ermahnt und darauf hingewiesen, dass er in den vom *Gesetz vorgesehenen* Fällen unter Umständen seine Aussage zu beeidigen habe.

(2) [1]Die Vernehmung beginnt damit, dass der Zeuge über Vornamen und Zunamen, Alter, Stand oder Gewerbe und Wohnort befragt wird. [2]Erforderlichenfalls sind ihm Fragen über solche Umstände, die

seine Glaubwürdigkeit in der vorliegenden Sache betreffen, insbesondere über seine Beziehungen zu den Parteien, vorzulegen.

1) Ermahnungen und Belehrungen (§ 395 I). Außer dem Hinweis auf die Wahrheits- u Eidespflicht kann im Einzelfall Belehrung über Zeugnisverweigerungsrecht gem § 383 II geboten sein. Zweckmäßig Hinweis auf Strafbarkeit (§§ 153, 154, 161 StGB) u mögl Schadensersatzansprüche (s vor § 373 Rn 17). I ist Ordnungsvorschrift, Verstoß nicht revisibel. 1

2) Vernehmung zur Person (§ 395 II 1). Sie geht der Vernehmung zur Sache voraus, denn sie dient der Feststellung der Identität und der Eidesfähigkeit (Alter) des Zeugen. Zu erfragen sind ledigl Name, Alter, berufl Stellung und Wohnort (bei Wahrnehmung in dienstl Eigenschaft stattdessen der Dienstort; § 68 StPO analog), *nicht* Familienstand und Privatadresse. Gefährdete Personen iSd § 1 ZSHG (s § 384 Rn 8) können nach § 10 I ZSHG Angaben zur Person auf ihre frühere Identität beschränken. Wahrheitspflicht u Strafbarkeit beziehen sich auch auf diese Angaben. 2

3) Glaubwürdigkeitsfragen (§ 395 II 2). Solche Fragen, etwa zu persönl oder wirtschaftl Verhältnissen, sind Ermessenssache. Auf sie erstreckt sich auch ein etwaiges Zeugnisverweigerungsrecht. Unzulässig ist Frage nach der Religion (Art 140 GG, Art 136 III WRV). Nach Vorstrafen darf erst gefragt werden, wenn sich abzeichnet, dass es darauf für die Beweiswürdigung ankommt (Ahrens Beweis Kap 39 Rn 79). Zweckmäßig kann es sein, den Zeugen zunächst über seine Wissensquellen, erst dann gem § 396 über das Beweisthema zu befragen. 3

§ 396 Vernehmung zur Sache

(1) Der Zeuge ist zu veranlassen, dasjenige, was ihm von dem Gegenstand seiner Vernehmung bekannt ist, im Zusammenhang anzugeben.

(2) Zur Aufklärung und zur Vervollständigung der Aussage sowie zur Erforschung des Grundes, auf dem die Wissenschaft des Zeugen beruht, sind nötigenfalls weitere Fragen zu stellen.

(3) Der Vorsitzende hat jedem Mitglied des Gerichts auf Verlangen zu gestatten, Fragen zu stellen.

1) Bedeutung. Zur Sicherstellung einer unbeeinflussten Aussage ist dem Zeugen zunächst Gelegenheit zu geben, ungesteuert und ununterbrochen sein Wissen zum Beweisthema kundzutun; erst danach sind konkrete Fragen zu stellen. Verstoß begründet Verfahrensfehler, wird aber durch rügelose Einlassung gem § 295 geheilt (BGH NJW 2006, 830, 833). Er kann Einfluss auf die Verwertbarkeit der Aussage bei der Beweiswürdigung haben (BFHE 91, 385, 387; BGH NJW 61, 2168 [auch zur Strafbarkeit der Falschaussage]; MK/Damrau/Weinland Rn 2; MskV/Röß Rn 1). 1

2) Verwendung schriftlicher Aufzeichnungen. Sie ist grds statthaft (s § 378) u sinnvoll. Die Überreichung einer schriftl niedergelegten Aussage, deren Vortrag u Erklärung, dass Zeuge das schriftl Aufgezeichnete zum Inhalt s Aussage mache, kann zugelassen werden; sie ist nach Verlesung u Genehmigung zum Protokoll zu nehmen (RGZ 16, 116; RG JW 28, 1957). Hinsichtl Urheberschaft ist kritische Prüfung geboten; die Frage nach dem Verfasser, dem Grund der Niederschrift u den Wissensquellen ist unerlässl. Die Verwertung der schriftl Aussagen darf nicht großzügiger gehandhabt werden, als es nach § 377 III zulässig wäre. Sie ändert auch nichts an Fragerecht u -pflicht (II, III, § 397). 2

3) Ablauf der Vernehmung. Nach der zusammenhängenden Schilderung gem I kann der Vors, auf Verlangen jeder Richter (III) ergänzende Fragen stellen, auch abweichende Informationen vorhalten. Fragen sollten so gestellt werden, dass der Zeuge nicht nur mit „ja" oder „nein" antworten kann; Suggestivfragen (wie „ist es richtig, dass …?") sind zu vermeiden. Die Befragung wird nicht durch den Beweisbeschluss begrenzt, darf aber nicht über den Parteivortrag hinausgehen (s § 360 Rn 4). Zur Beanstandung richterl Fragen durch die Partei s § 140, beim beauftragten u ersuchten Richter § 400. Nach Abschluss der richterl Vernehmung, nicht während ders (BAG NJW 83, 1691, 1693), erhalten die **Parteien** Gelegenheit zur Befragung (§ 397). Zum Zeugenbeistand s vor § 373 Rn 16. Die Vernehmung ist ernsthaft u nachdrückl, aber auch respektvoll zu gestalten. Dem Zeugen (selbst bei längerer Aussage) das Sitzen zu verwehren, dient weder der Wahrheitsermittlung noch der Würde des Gerichts. **Protokollierung:** s § 160 Rn 8. Zu Recht krit ggü der Praxis, die Aussage des Zeugen in den Worten des Vors wiederzugeben, J. Stürner JZ 2016, 137 ff. 3

§ 397 Fragerecht der Parteien

(1) Die Parteien sind berechtigt, dem Zeugen diejenigen Fragen vorlegen zu lassen, die sie zur Aufklärung der Sache oder der Verhältnisse des Zeugen für dienlich erachten.

(2) Der Vorsitzende kann den Parteien gestatten und hat ihren Anwälten auf Verlangen zu gestatten, an den Zeugen unmittelbar Fragen zu richten.

(3) Zweifel über die Zulässigkeit einer Frage entscheidet das Gericht.

1 **1) Bedeutung.** Die Parteien (auch Streithelfer) sollen die Möglichkeit haben, durch ergänzende Fragen zur Sachverhaltsaufklärung beizutragen (u können sich nicht auf Verletzung des rechtl Gehörs berufen, wenn sie sie nicht ausschöpfen; BGH MDR 2020, 498). Sie sollen aber nicht die Vernehmung des Zeugen de facto selbst übernehmen. Der dt Zivilprozess kennt kein Kreuzverhör. Die Partei kann Fragen durch den Vors **stellen lassen (I)**; dieser kann auch die **direkte Befragung** gestatten, worauf die anwaltl Vertreter einen Anspruch haben **(II)**. – Vom Fragerecht zu unterscheiden ist das Recht, sich gem § 137 IV (s § 137 Rn 4) persönl zur Sache zu äußern; hierzu sollte das Gericht erst nach Einvernahme aller Zeugen im Rahmen der Beweiserörterung (§ 279 III, § 285) Gelegenheit geben, um Beweisaufnahme und -bewertung nicht zu vermengen u eine Beeinflussung der Zeugen zu vermeiden.

2 **§ 397 gilt entspr** für den SV-Beweis (s § 411 Rn 4), bei Parteieinvernahme (§ 451), im sBV (§ 492). Zum Fragerecht nach schriftl Auskunft des Zeugen s § 377 Rn 10, zum Recht auf Anhörung nach urkundenbeweisl Verwertung der Zeugenaussage in einem anderen Verf s vor § 373 Rn 13. Wurde der Zeuge beim ProzGericht vernommen, besteht Fragerecht nur im selben Termin; späterer Antrag ist nur beachtl, wenn Gericht Anlass zu wiederholter Vernehmung (§ 398) sieht (BGHZ 35, 370 = NJW 61, 2308).

3 **2) Unzulässige Fragen.** Das sind solche, die mit dem Beweisthema (§ 359 Nr 1, § 377 II Nr 2) nichts zu tun haben, Ausforschung bezwecken (s vor § 284 Rn 5), bereits beantwortet wurden (BAG NJW 2017, 1770, 1771 f), gegen § 383 III, § 376 verstoßen, suggestiv oder in ungebührl Form gestellt werden oder Werturteile und nicht tatsächl Wahrnehmungen des Zeugen zum Gegenstand haben. Sie sind zurückzuweisen. – Bei **Streit über die Zulässigkeit von Fragen** entscheidet das ProzGericht (auch der Einzelrichter) durch nicht selbst anfechtbaren Beschluss. Verordneter Richter: § 398 II, § 400. Im Protokoll (s § 160 I Nr 6) ist die nicht zugelassene Frage möglichst wörtl festzuhalten.

§ 398 Wiederholte und nachträgliche Vernehmung

(1) Das Prozessgericht kann nach seinem Ermessen die wiederholte Vernehmung eines Zeugen anordnen.

(2) Hat ein beauftragter oder ersuchter Richter bei der Vernehmung die Stellung der von einer Partei angeregten Frage verweigert, so kann das Prozessgericht die nachträgliche Vernehmung des Zeugen über diese Frage anordnen.

(3) Bei der wiederholten oder der nachträglichen Vernehmung kann der Richter statt der nochmaligen Beeidigung den Zeugen die Richtigkeit seiner Aussage unter Berufung auf den früher geleisteten Eid versichern lassen.

1 **1) Bedeutung.** § 398 lässt es zu, dass ein Zeuge (desgl SV oder Partei, §§ 402, 451) über dasselbe Beweisthema (RGZ 48, 386; OLG Schleswig OLGZ 80, 58) in ders Instanz (oder nach Vernehmung im sBV; BGH NJW 70, 1919, 1920) wiederholt vernommen wird. Zur Berufungsinstanz s § 529 Rn 12 f; zum Beschwerdeverf Dötsch MDR 2008, 893 ff; zur persönl Vernehmung des Zeugen, wenn Aussagen aus anderen Verf als Urkundenbeweis in den Prozess eingeführt wurden s vor § 373 Rn 13; zur Ladung des Zeugen nach schriftl Auskunft s § 377 Rn 10; zur Vorladung des SV zur Erläuterung seines Gutachtens s § 411 Rn 4. Hat ein verordneter Richter eine Frage nicht zugelassen, kann ProzG die nachträgl Vernehmung darüber anordnen (II; sa § 400).

2 **2) Entscheidung.** Die erneute Vernehmung steht im pflichtgebundenen Ermessen des Gerichts (BGH NJW 76, 1742; Schneider NJW 74, 841). Sie ist aber **geboten**, wenn die 1. Vernehmung verfahrensfehlerhaft erfolgte und die Partei das rechtzeitig rügt (§ 295); aus Gründen der Beweisunmittelbarkeit (§ 355), wenn es für die Beurteilung der Glaubwürdigkeit eines nicht vom erkennenden Gericht vernommenen Zeugen auf dessen persönl Eindruck ankommt (BGH NJW 84, 2629; BGH NJW 82, 2875; so auch nach Vernehmung des Zeugen im Rechtshilfeweg im Ausland BGH NJW 90, 3089; BGH MDR 91, 239); wenn gem § 391 eine Vereidigung des Zeugen notwendig wird; wenn nachträgl eine Gegenüberstellung (§ 394 II) notwendig wird; wenn die Aussage nicht (§ 161) oder unzulängl protokolliert ist (BGH MDR 87, 751; BGH NJW 82, 1052; BGH NJW 68, 1138) u zB die Besetzung des Gerichts wechselt (s § 355 Rn 4); wenn eine Partei schuldlos verhindert war, an der Beweisaufnahme teilzunehmen (§ 367 II). – Ist wiederholte Vernehmung geboten, kann sie nicht durch informatorische Anhörung ersetzt werden (BGH NJW-RR 98, 1601). – **Anordnung** durch – nicht selbst anfechtbaren (§ 355 II) – Beschluss des ProzGerichts. Bei Nichtbefolgung entspr Antrags genügt Begründung im Urteil. – Die **nachträgliche Vernehmung** zu einer vom verordneten Richter zu Unrecht nicht zugelassenen Frage **(II)** nimmt entweder das ProzGericht selbst vor oder es ordnet die Vernehmung durch den verordneten Richter verbindl (§ 158 GVG) an. In diesem Fall ist kein nochmaliger Auslagenvorschuss zu fordern (§ 21 GKG).

3) Beeidigung. Sofern überhaupt veranlasst (s § 391 Rn 2 ff), genügt (nach nochmaliger Belehrung gem § 480) die Versicherung der Richtigkeit unter **Berufung auf den früheren Eid (III)**. Bloßer Hinweis des Richters auf den früheren Eid genügt nicht (RGSt 58, 302). 3

§ 399 Verzicht auf Zeugen

Die Partei kann auf einen Zeugen, den sie vorgeschlagen hat, verzichten; der Gegner kann aber verlangen, dass der erschienene Zeuge vernommen und, wenn die Vernehmung bereits begonnen hat, dass sie fortgesetzt werde.

1) Bedeutung. Beweisführer kann bis zum Abschluss der Vernehmung des von ihm benannten Zeugen auf deren Durchführung bzw Fortsetzung verzichten; Gericht darf den Zeugen dann nicht (weiter) vernehmen u bisherige Aussage nicht verwerten. Nach Abschluss der Vernehmung kann das Gericht aber nicht mehr an der Verwertung gehindert werden. Zudem hat der Gegner die Möglichkeit, die Durchführung bzw Fortsetzung der Vernehmung eines erschienenen Zeugen zu verlangen. 1

2) Erklärung des Verzichts. Sie ist Prozesshandlung, unterliegt dem AnwZwang (§ 78). Schlüssiges Prozessverhalten, zB widerspruchslose Hinnahme des den Parteien erkennbaren Schließens der Beweisaufnahme (BGH MDR 94, 200; BGH NJW-RR 97, 342), des angekündigten Absehens von einer Zeugenvernehmung wegen Verwertung einer protokollierten Aussage (OLG Dresden MDR 2019, 57 [Laumen MDR 2019, 84]), einer Aussageverweigerung oder der Entfernung des Zeugen, kann genügen. Im Zweifelsfall muss das Gericht fragen (§ 139). Bloßes Nichtverlesen eines schriftl Beweisangebotes ist regelm noch kein Verzicht (s vor § 284 Rn 3); ebenso die Zustimmung zu Entscheidung im schriftl Verf (BGH NJW-RR 2022, 881 Tz 18); grds auch die Nichtzahlung des Auslagenvorschusses (BGH NJW 2017, 2288 Tz 21 [Manteuffel]). Kein Verzicht auch das Einverständnis mit der Nichterhebung weiterer angebotener Beweise für den Fall, dass das Gericht den Beweis als bereits erbracht ansieht (BGH 8.5.2025 – V ZR 152/24). 2

3) Wirkung. Der Zeuge wird abgeladen bzw entlassen. Verlangt der Gegner die Anhörung, so wird er Beweisführer u damit Partei im etw Zwischenstreit gem § 387 (OLG Hamburg FamRZ 65, 277). Der Verzicht wirkt nur für die Instanz; die Benennung des Zeugen in der 2. Instanz ist aber neues Vorbringen und nur unter den Voraussetzungen des § 531 II zulässig (näher Tiedemann MDR 2008, 237 ff). Erneute Benennung des Zeugen zum gleichen Beweisthema ist mögl (BGH 8.5.2025 – V ZR 152/24), kann aber an §§ 282, 296 scheitern (BAG NJW 74, 1349, 1350). – Wird Zeuge trotz Verzicht und ohne Verlangen des Gegners (weiter) befragt, ist diese Aussage im Urteil nicht verwertbar. Unterlassene Rüge heilt den Verfahrensfehler (§ 295). 3

§ 400 Befugnisse des mit der Beweisaufnahme betrauten Richters

Der mit der Beweisaufnahme betraute Richter ist ermächtigt, im Falle des Nichterscheinens oder der Zeugnisverweigerung die gesetzlichen Verfügungen zu treffen, auch sie, soweit dies überhaupt zulässig ist, selbst nach Erledigung des Auftrages wieder aufzuheben, über die Zulässigkeit einer dem Zeugen vorgelegten Frage vorläufig zu entscheiden und die nochmalige Vernehmung eines Zeugen vorzunehmen.

1) Bedeutung. § 400 regelt die Befugnisse des verordneten Richters (§§ 361, 362) nicht abschließend (s dazu § 366 Rn 1), sondern stellt klar, dass er **bei Nichterscheinen des Zeugen** Zwangsmaßnahmen gem § 380, auch deren Aufhebung oder Abänderung gem § 381 beschließen kann; **bei Aussage- oder Eidesverweigerung** Zwangsmaßnahmen gem § 390 anordnen kann (allerdings nur, sofern die Weigerung ohne Angabe von Gründen erfolgt, die ein Zwischenverf vor dem ProzGericht nach § 378 erfordern [BGH NJW 90, 2936]); über die **Zulassung von Fragen** vorläufig entscheiden kann (endgültige Entscheidung durch ProzGericht gem § 398 II). 1

2) Rechtsbehelf. Gegen alle Entscheidungen des verordneten Richters gem § 573 Erinnerung, sof Beschwerde erst gegen Entscheidung des ProzGerichts. Unmittelbare Beschwerde zum örtl übergeordneten Gericht nur gegen sitzungspol Maßnahmen (§ 181 GVG) u Gebührenfestsetzung (§ 401, § 4 III JVEG). 2

§ 401 Zeugenentschädigung

Der Zeuge wird nach dem Justizvergütungs- und -entschädigungsgesetz entschädigt.

1) Bedeutung. Die Vorschrift stellt klar, dass der öff-rechtl Entschädigungsanspruch des Zeugen abschließend durch das JVEG geregelt wird. Zum sachverständigen Zeugen s § 414 Rn 2 u 3. 1

2 **2) Voraussetzungen.** Der Zeuge muss vom Gericht iS § 1 I Nr 3 JVEG **zu Beweiszwecken herangezogen**, dh entweder vom Gericht geladen oder (falls mitgebracht) einvernommen worden sein (KG NJW 75, 1422, 1423). Bei geladenem Zeugen ist es unerhebl, dass er (zB wegen Zeugnisverweigerung, Verzicht) nicht vernommen wurde. Bei mitgebrachtem Zeugen uU beschränkter Anspruch, wenn er vor Rechtshilfegericht hätte vernommen werden können (OLG Koblenz NJW 67, 1866). – Zeuge darf keinen **Auslagenverzicht** erklärt haben (s § 379 Rn 3b); dann allenfalls Anspruch gegen die Partei gem Rn 2 (OLG Koblenz MDR 73, 859; OLG München MDR 58, 47). Der in Erwartung der kommiss Einvernahme vor dem Wohnsitzgericht erklärte Verzicht des Zeugen verliert idR seine Verbindlichkeit bei Vorladung vor das (entfernte) ProzGericht (OLG Düsseldorf MDR 91, 66).

3 **3) Anspruch gegen Partei.** Fehlt es an Heranziehung, kann der mitgebrachte Zeuge gegen die Partei einen Anspruch auf Ersatz seiner Aufwendungen aus § 670 BGB oder besonderer Vereinbarung haben. Eine über die Aufwandsentschädigung (die auch den Zeitaufwand für eine umfangreiche Vorbereitung umfassen kann) hinausgehende Honorierung des Zeugen ist idR als sittenwidrig anzusehen (näher Schlosser RIW 2005, 85). Hat Partei den herangezogenen Zeugen selbst entschädigt, sind diese Auslagen im Umfang des JVEG gem §§ 91, 104 erstattungsfähig (OLG Nürnberg MDR 2011, 889; KG NJW 75, 1422, 1423; einschr OLG Hamburg MDR 87, 147; OLG Hamburg MDR 72, 247; sa § 91 Rn 13.117).

4 **4) Befristung.** Entschädigungsanspruch muss binnen 3 Monaten ab Beendigung der Vernehmung geltend gemacht werden; hierüber ist der Zeuge zu belehren (§ 2 I JVEG). Bei unverschuldeter Fristversäumnis ist WE mögl; sie wird bei unterbliebener oder fehlerhafter Belehrung über die Frist vermutet (§ 2 II 1, 2 JVEG). Nach Ablauf 1 Jahres ist WE auch dann nicht mehr mögl (§ 2 II 3 JVEG). Beginn der Frist bei mehrfacher Heranziehung in 1 Verf nach der letztmaligen; bei schriftl Zeugenaussage (§ 377 III) mit Eingang der Schrift beim Gericht. Eine Fristverlängerung gem § 2 I 4 JVEG kommt nur bei berechtigtem Interesse in Betracht. **Verjährung** des Anspruchs: § 2 III JVEG.

5 **5) Festsetzung.** Die Berechnung der Entschädigung erfolgt zunächst ohne richterl Festsetzung in Form der Kostenanweisung durch die UrkB der GeschSt. Einwendungen hiergegen sind als Antrag auf gerichtl Festsetzung (§ 4 JVEG) zu behandeln. Gegen die richterl Festsetzung einfache Beschwerde, sofern die Beschwerdesumme 200 Euro übersteigt oder bei grundsätzl Bedeutung (§ 4 III JVEG). Bei Beschwerde gegen eine Festsetzung durch ein OLG nur Abhilfeentscheidung (§ 4 IV 3 JVEG). Nur bei Beschwerdeentscheidung durch LG und grundsätzl Bedeutung weitere Beschwerde (§ 4 V JVEG). Beschwerdeberechtigt sind Zeuge u Staatskasse, nicht der Kostenschuldner (vgl § 4 IX JVEG). Der Kostenschuldner hat den Rechtsbehelf gem § 66 GKG gegen den Kostenansatz; in diesem Verf ist die Berechtigung der Festsetzung ohne Bindung an das Verf nach dem JVEG in vollem Umfang nachzuprüfen (BGH NJW 84, 870, 871).

6 **6) Vorschuss.** Ein solcher kann (nur) auf erhebl Fahrtkosten oder sonstige Aufwendungen in angemessener Höhe bewilligt werden (§ 3 JVEG). Dies erfolgt auf Antrag durch den UrkB der GeschSt des ladenden Gerichts, in Eilfällen des AG am Aufenthaltsort. Bei Ablehnung kann gerichtl Festsetzung gem § 4 I JVEG beantragt werden; hiergegen Beschwerde gem § 4 III JVEG bei Beschwerdewert über 200 Euro oder grundsätzl Bedeutung.

7 **7) Zeugenentschädigung.** Zeugen werden nach dem JVEG entschädigt. Sie erhalten Fahrtkostenersatz (§ 5 JVEG; zB auch für Flexpreis 1. Klasse sowie Kosten der Bahncard, wenn diese anlassbezogen angeschafft wurde und kostenminimierend wirkt, str, KG JurBüro 2023, 42 mwN), Entschädigung für Aufwand (§ 6 JVEG), Ersatz für sonstige Aufwendungen (§ 7 JVEG; zB Stornogeb bei notw Reiserücktritt, OLG Celle Rpfleger 90, 273), Entschädigung für Zeitversäumnis (§ 20 JVEG: grds 4 Euro/Std), Entschädigung für die Nachteile bei der Haushaltsführung (§ 21 JVEG: 17 Euro/Std) und Entschädigung für Verdienstausfall (§ 22 JVEG: höchstens 25 Euro/Std).

Titel 8
Beweis durch Sachverständige (§§ 402-414)

Vorbemerkungen zu §§ 402-414

Lit: *Bayerlein/Bleutge/Roeßner*, Praxis-Hdb SV-Recht, 6. Aufl 2021; *Staudt/Seibel*, Hdb für den Bau-SV, 4. Aufl 2018; *Thole*, Die Haftung des gerichtl SV nach § 839a BGB, 2004.

1 **I) Stellung und Funktion des Sachverständigen.** Das Gesetz ordnet ihn als **Beweismittel** ein, obwohl seine Aufgabe, dem Richter die zur Entscheidung benötigte Sachkunde zu vermitteln, ihn eher als „Gehilfe" (BGHZ 168, 380 = NJW 2006, 3214) oder Berater des Gerichts erscheinen lässt (zu dieser Doppelrolle s § 144 Rn 2; Stamm ZZP 124 [2011], 433 ff). Er ist nur bei der Feststellung von Tatsachen (s § 286 Rn 9), nicht zur Klärung von Rechtsfragen einsetzbar. Er kann daher nicht mit der Feststellung eines Sachmangels iSv § 434 BGB, sondern nur mit der Beschaffung der hierfür maßgebl Kriterien beauftragt werden (OLG Hamm NJW 2013, 2980;

eingehend zu dieser häufigen Fehlerquelle Seibel NJW 2014, 1628 ff u Staudt/Seibel S 498 ff; für mögl Heilung des Fehlers AG/Gehle Rn 9 f). Auch für die Auslegung eines Vertrages kann er nur die tatsächl Grundlagen vermitteln, zB das Verständnis innerhalb des betr Verkehrskreises (BGH MDR 2004, 1180, 1181); anders der – daher oft vorzugswürdige – Schiedsgutachter (s Rn 4). Zu Rechtsnormen, Erfahrungssätzen, Verkehrssitten uÄ s § 286 Rn 10 f.– **Feststellung der Tatsachengrundlagen und Beschaffung der Begutachtungsobjekte** sind grds nicht Sache des SV; s § 404a Rn 3 ff, auch zur Leitungs- und Unterstützungsfunktion des Gerichts. Zur **Nutzung von KI** bei der Erstellung des Gutachtens s § 407a Rn 2b.

Das Gericht kann auch einen **ausländischen Sachverständigen** zum Gutachter bestellen (Ahrens Beweis 1a
Kap 59 Rn 50; zu undifferenziert § 63 ZRHO; Ersuchen im Wege der Rechtshilfe verlangend StJ/Berger § 363 Rn 17), hat ihm ggü aber keine Zwangsbefugnisse (Hau RIW 2003, 822, 825; aA Ahrens Beweis Kap 59 Rn 52). Zur Vorladung zwecks Anhörung nach § 411 III s § 411 Rn 6b). Für **Befunderhebungen im Ausland** (zB Besichtigung einer Baustelle, Probelauf einer Maschine) ist grds der Rechtshilfeweg geboten (Ahrens Beweis Kap 59 Rn 54 f; zur Rechtslage in der EU [außer Dänemark] s Art 1 EuBewVO Rn 8, Art 19 III EuBewVO, § 1073 II; iÜ s § 363 Rn 13).

II) Abgrenzungen. 1) Zeugen. Während diese dem Gericht über eigene Wahrnehmung von Tatsachen u tat- 2
sächl Vorgängen berichten, ohne diesen Bericht durch Schlussfolgerungen auszuwerten, unterstützt der (im Gegensatz zum Zeugen austauschbare, § 404 I 3; BGH NJW 85, 1399) SV das Gericht bei der Auswertung vorgegebener Tatsachen, indem er auf Grund seines Fachwissens subj Wertungen, Schlussfolgerungen u Hypothesen bekundet. Zum **sachverständigen Zeugen** s § 414.

2) Privatgutachter. Vorlage des von einer Partei in Auftrag gegebenen Gutachtens ist kein SV-Beweis, sondern 3
Teil des Parteivortrags (RGZ 9, 375, 380; BGH NJW 93, 2382, 2383; OLG Nürnberg MDR 2021, 1534; Meller-Hannich ZZP 129 [2016], 263, 276 ff), mit dem bezweckt wird, über die allg Substantiierungspflicht hinaus die zur Beurteilung von Sachverhaltsfragen erforderl Sachkunde in den Prozess einzuführen, um ein Unstreitigstellen, einen Vergleich, die Einholung eines Gerichtsgutachtens oder die Überprüfung eines bereits vorliegenden zu erreichen. Es wird zum SV-Beweis iSd §§ 402 ff auch nicht durch Zustimmung der anderen Partei, da die wesensbestimmenden Vorschriften (insb § 404 I) nicht der Disposition der Parteien unterliegen (PG/Katzenmeier Rn 8; aA BGH NJW 93, 2382, 2383); es kann ein Gerichtsgutachten aber entbehrl machen (s Rn 10). Urkundl Beweis erbringt Privatgutachten nur dafür, dass der betr SV sich in dieser Weise geäußert hat, nicht für die Richtigkeit des Inhalts. Die fehlende Beweisfunktion ändert aber nichts daran, dass sich das Gericht zur Wahrung des rechtl Gehörs mit dem Privatgutachten auseinandersetzen muss (BVerfG NJW 97, 122, 123; BGH NJW 98, 2735; sa Rn 14). – Eine mündl Anhörung des Privatgutachters nach § 411 III kann nicht beantragt werden (BGH NJW 93, 2989, 2990); mögl nur Benennung als sachverständiger Zeuge (§ 414) zu seinen Tatsachenfeststellungen (BGH MDR 74, 382). Eine grds mögl Bestellung zum Gerichtsgutachter scheitert idR daran, dass die Tätigkeit im Auftrag einer Partei Befangenheitsgrund liefert (s aber OLG Frankfurt NJW-RR 2017, 982; Schlosser FS Rechberger, 2005, S 506 ff). Anwesenheitsrecht bei Vernehmung bzw Anhörung des gerichtl SV (s § 357 Rn 1), aber kein Fragerecht nach § 397 (nur Gestattung nach richterl Ermessen; BGH VersR 67, 585).

3) Schiedsgutachten. Für den Schiedsgutachter (s § 1029 Rn 3 ff u Kurth NJW 90, 2038 ff) gelten die §§ 402 ff 4
nicht. Er ist im Gegensatz zum gerichtl bestellten SV ein von den Parteien vertragl beauftragter Dritter, dem die – auch für das Gericht grds verbindl – Feststellung entscheidungserhebl Tatsachen übertragen ist (näher Kleinschmidt, Delegation von Privatautonomie auf Dritte, 2014; Greger/Stubbe, Schiedsgutachten, 2007). Die Verbindlichkeit entfällt ledigl (entspr § 319 I 2 BGB), wenn die Feststellung offenbar unrichtig ist (BGHZ 6, 335, 340; BGH NJW 2001, 3775, 3777), sofern dieser Vorbehalt nicht abbedungen wird (idR ratsam; vgl Greger/Stubbe aaO Rn 178). Auch die Entscheidung vorgreifl Rechtsfragen kann von den Parteien dem Schiedsgutachter übertragen werden (BGHZ 48, 25 = NJW 67, 1804 für die Frage der veränderten Verhältnisse bei Wertanpassungsklauseln), allerdings ohne Bindungswirkung für das Gericht. – Bei **Nichtbeibringung** eines vereinbarten Schiedsgutachtens Fristsetzung entspr § 356 oder Hinweis auf beabsichtigte Abweisung der Klage als zurzeit unbegründet (BGH NJW 2021, 1593).

Einstweilen frei. 5-6

III) Person des Sachverständigen. SV kann sein, wer nicht Partei ist und sein persönl Fachwissen sowie seine 7
aus diesem Wissen hergeleiteten subj Wertungen dem Gericht zur Verfügung stellt. Daher geht die ZPO (vgl § 402) grds vom SV als **natürlicher Person** aus (MK/Zimmermann § 404 Rn 2). Auch wo die vom Gericht benötigte Sachkunde einer **Institution**, zB eines wissenschaftl Instituts, in Anspruch genommen werden soll, ist der Gutachtensauftrag grds einer Person zu erteilen (PG/Katzenmeier § 404 Rn 6; aA OLGR Koblenz 1998, 124); nötigenfalls kann sich das Gericht durch Voranfrage eine geeignete und verfügbare Person benennen lassen. Zur Einschaltung von Gehilfen oder Untergutachtern s § 407a Rn 2 f); zur Beauftragung mehrerer SV als Gruppe s § 404 Rn 1; zu mögl Lösungen bei demoskopischen Gutachten Lindacher GRUR 2016, 242 ff.

Nur ausnahmsw ist es im Zivilprozess (anders zB § 83 III StPO) zulässig, **Fachbehörden** als solche (also ohne 8
Beauftragung einer bestimmten Person) mit der Abgabe auch gutachtl und als SV-Gutachten zu wertender Auskünfte zu beauftragen (s § 273 Rn 7), näml dann, wenn der betr Stelle diese Aufgabe spezialgesetzlich übertragen

ist (BGH NJW 98, 3355). Bsp: Patentamt (§ 29 PatG, § 21 I GebrMG, § 58 I MarkenG), Gutachterausschuss gem §§ 192 ff BauGB für Grundstückswerte (BGHZ 62, 93 = NJW 74, 701), RA-Kammer gem § 14 II RVG für Anwaltshonorare (s Rn 13). Zur mündl Anhörung (§ 411 III) in diesen Fällen s § 411 Rn 6.

9 **IV) Beweisverfahren. 1) Notwendigkeit eines Sachverständigen-Gutachtens. a)** Sie ist dann gegeben, wenn aus feststehenden Tatsachen kraft bes Fachkunde Schlussfolgerungen gezogen werden müssen, um dem Gericht die Überzeugung von der streitigen Behauptung zu verschaffen, wenn es also um die **Vermittlung von Fachwissen** geht. Diese Funktion kann durch die Vernehmung von Zeugen nicht ersetzt werden (BGH NJW 93, 1796, 1797). UU kann eine Behördenauskunft ausreichen (s Rn 8; § 273 Rn 7), bei nach allg Lebenserfahrung zu beurteilenden Fragen auch ein Augenschein (BGH NJW-RR 2015, 847). Wenig systemgerecht ist es allerdings, wenn der BGH das Verständnis der durch eine Werbung angesprochenen Fachkreise unter Heranziehung von § 377 III über die schriftl Auskunft eines Fach- oder Berufsverbandes oder die Mitteilung des Ergebnisses einer von einer Spitzenorganisation der Wirtschaft durchgeführten Meinungsumfrage in das Verf einführen lässt (vgl BGH NJW 98, 2817, 2818 mwN). Zur eigenen Sachkunde s Rn 12.

10 **b)** Ein **Privatgutachten** (s Rn 3) kann den SV-Beweis nur entbehrl machen, wenn das Gericht es gem § 286 für ausreichend hält, um die Beweisfrage zuverlässig zu beantworten (BGH NJW 82, 2874; BGH VersR 87, 1007; BGH VersR 81, 576). Hierauf muss das Gericht gem § 139 hinweisen, wenn der Gegner der vorlegenden Partei den gutachterl Feststellungen widerspricht (OLG Karlsruhe NJW 90, 192). Er kann dann, obgleich nicht Beweisführer, auf die Einholung eines Gerichtsgutachtens hinwirken, indem er das Vertrauen des Richters in die durch den Privatgutachter vermittelte Sachkunde erschüttert. Das Gericht darf sich in diesem Fall dem Privatgutachten nicht ohne Darlegung der eigenen Sachkunde anschließen (BGH NJW-RR 2008, 1252). Haben beide Parteien Privatgutachten kompetenter SV vorgelegt, die einander in wesentl Punkten widersprechen, darf das Gericht bei Fehlen eigener Sachkunde grds nicht ohne Einholung gerichtl SV-Gutachtens einem der beiden Privatgutachten den Vorzug geben (BGH NJW 98, 2735; BGH NJW 93, 2382; BGH ZIP 2007, 1524). Wegen Widerspruchs zu Gerichtsgutachten s Rn 14.

11 **c) Gutachten aus anderen Verfahren** (auch Straf- oder Verwaltungsverf, Verf ärztl Schlichtungsstellen; BGH MDR 2008, 915) dürfen, sofern sich eine Partei darauf bezogen hat, als Urkunden iSv § 142 auch vAw und ohne Zustimmung der Parteien beigezogen und verwertet werden (BGH NJW 83, 121, 122), bezeugen dann aber nur, dass der SV ein solches Gutachten erstattet hat und erhöhen nicht die Darlegungslast (BGH MDR 2019, 802). Unter den Voraussetzungen des § 411a kann das Gericht aber auch die Verwertung als SV-Gutachten zulassen (s § 411a Rn 1). Keinesfalls kann es SV-Beweis wegen eigener Sachkunde auf Grund des anderen Gutachtens ablehnen (BVerwG NJW 2009, 2614). Reicht das urkundl zu verwertende Gutachten nicht aus, um die von einer Partei dazu gestellten aufklärungsbedürftigen Fragen zu beantworten, muss das Gericht eine schriftl oder mündl Begutachtung anordnen (BGH NJW 2000, 3072, 3073; BGH NJW 95, 1294; BGH MDR 2008, 915). Kein „anderes Verf" idS ist das sBV (§ 485); seine Verwertung im Prozess ist SV-Beweis (s § 493 Rn 1).

12 **d) Eigene Sachkunde des Richters** (bei Kollegialgerichten wenigstens eines Mitglieds; BGHSt 12, 18 = NJW 1958, 1596; BGH MDR 61, 784) kann Einholung eines SV-Gutachtens erübrigen; ein entspr Beweisantrag kann dann abgelehnt werden. Das Gericht muss den Parteien jedoch Gelegenheit zu Stellungnahme u evtl ergänzendem Sachvortrag geben (BVerfG JZ 60, 124; BGH NJW-RR 2000, 1547, 1548), auch im Bereich der Schadensschätzung nach § 287 (BGH MDR 2024, 729). Im Urteil ist die Sachkunde iE darzulegen (BGH NJW 2000, 1946, 1947; BGH NJW 2015, 1311). Hierbei ist insb bei schwierigen technischen oder medizinischen Fragen Zurückhaltung geboten; der Hinweis auf Fachliteratur reicht nicht (BGH MDR 94, 890); ungenügend auch die Klärung der Fachfrage mithilfe von Internet-Recherche (OLG Hamm MDR 2021, 815; Greger FS Stürner, 2013, S 296) oder KI. – **Einzelfälle aus der Rechtsprechung:** Die Beurteilung ärztl Maßnahmen anhand medizinischer Maßstäbe ist grds nicht ohne SV mögl (BGH NJW 2015, 1601), dgl die Beurteilung gesundheitl Auswirkungen bei gekündigtem Mieter (BGH MDR 2021, 923) oder die bilanzielle Bewertung risikobehafteter Forderungen (BGH MDR 2022, 366). Richterl Erfahrung ersetzt physikalische Sachkunde nicht (BGH VersR 2007, 1008). Dagegen ist die unterbliebene Einholung eines beantragten Glaubwürdigkeitsgutachtens auch bei einem kindl Zeugen nur dann fehlerhaft, wenn die Persönlichkeit des Zeugen solche Besonderheiten aufweist, dass Zweifel an der Sachkunde des Gerichts zur Beurteilung der Glaubwürdigkeit berechtigt sind (BGH NJW-RR 97, 1110, 1111). Zu den Voraussetzungen, unter denen die Auffassung der angesprochenen Verkehrskreise bei Klagen nach § 5 UWG auf Grund eigener Sachkunde beurteilt werden kann, s BGH NJW 2004, 1163, 1164 u BGH NJW-RR 95, 676, 677 mwN.

13 **e)** Im **Honorarprozess eines RA** ist ein Gebührengutachten der RA-Kammer zwingend vorgeschrieben bei beabsichtigter (OLG Köln NJW 98, 1960) Herabsetzung eines vereinbarten Honorars (§ 3a II 2 RVG) oder zur angemessenen Höhe (nicht auch über den Anspruchsgrund) einer streitigen Rahmengebühr (§ 14 III RVG); dieses Gutachten kann (§ 358a) und sollte schon vor der mündl Verh eingeholt werden, wenn der Anspruchsgrund nicht str ist. Es ist kein Schiedsgutachten (s Rn 4), für Parteien und Gericht nicht bindend (BGH VersR 2009, 415, 416). Die Vorschrift gilt nicht für den Deckungsprozess zwischen Mandant und Rechtsschutzversicherer (OLG Düsseldorf VersR 2008, 1685) oder wenn RA-Gebühren als Schadensersatz eingeklagt werden (OLG Frankfurt NJW-RR 2021, 63).

2) Beschleunigungsgebot. Der SV-Beweis ist oft für überlange Prozessdauern verantwortl (Keders/Walter NJW 2013, 1697, 1700). Die Gerichte sind daher gehalten, auf eine zügige Gutachtenserstattung hinzuwirken (EGMR NJW 2011, 1055 [Schneider/Schmaltz]); Unterlassung kann Amtshaftung begründen (BGH NJW 2011, 1072 Tz 22; OLG Koblenz VersR 2015, 474, 475). Bereits vor Erteilung des Gutachtensauftrags ist abzuwägen, ob nicht eine Hinzuziehung nach § 144 I 1 nF oder eine mündl Gutachtenserstattung ausreicht (s § 411 Rn 1) oder ob den Parteien ein Schiedsgutachten (s vor § 402 Rn 4) zu empfehlen ist. Bei schriftl Begutachtung ist zwingend eine Frist zu setzen (s § 411 Rn 8). Davor sollte mit dem SV über die voraussichtl Dauer gesprochen und ein Termin vereinbart, bei Überlastung des SV ein anderer beauftragt, der Gutachtensauftrag so konkret u eng wie mögl gefasst werden. Während der Begutachtung bestehen weitere Pflichten des Gerichts (§ 404a) und des SV (§ 407a). 13a

3) Beweiswürdigung. Das Gutachten unterliegt der **freien Beweiswürdigung** (s § 286 Rn 13 f). Ob die streitige Behauptung als bewiesen anzusehen ist, entscheidet nicht der SV, sondern der Richter. Er darf das Gutachten daher nicht unkritisch übernehmen, sondern muss sich unter Berücksichtigung des Parteivorbringens entscheiden, ob es ausreicht, die streitige Tatsache als bewiesen (iSv § 286) zu erachten (eingeh dazu Ahrens Beweis Kap 49 Rn 1 ff). Von einem als unvollständig oder unverständl erscheinenden SV-Gutachten darf er aber nicht abweichen, ohne von der Möglichkeit Gebrauch zu machen, das Gutachten vom SV ergänzen oder erläutern zu lassen (BGH NJW 81, 2578; BGH NJW 2001, 2791) oder gem § 412 einen weiteren SV zu beauftragen (BGH MDR 89, 902; BGH MDR 84, 660). Beurteilungslücken darf er nicht hinnehmen, wenn sie (zB mit Hilfe weiterer Anknüpfungstatsachen) geschlossen werden können (BGH VersR 2002, 1258). Auf die Aufklärung von Widersprüchen zum Verhandlungsergebnis (vgl BGH NJW-RR 98, 1035), zu einem von Parteiseite vorgelegten Privatgutachten (BGH NJW 2001, 2796; BGH NJW 2017, 3661; BGH NJW 2019, 3001; BGH MDR 2023, 1064 [Laumen MDR 2023, 1225]) oder Literaturbelegen (BGH MDR 2024, 1336), dem Gutachten einer ärztl Schlichtungsstelle (BGH NJW 2016, 639) oder geltend gemachten Erfahrungssätzen (BGH VersR 2006, 821) sowie zwischen mehreren SV (auch in 1. u 2. Instanz, BGH VersR 2009, 518) oder mehreren Bekundungen eines SV (BGH NJW 2001, 1787, 1788; BGH VersR 2001, 859, 860; BGH VersR 2009, 499) muss er von sich aus hinwirken (vgl BGH NJW 96, 1597; BGH NJW 95, 779; BGH VersR 2015, 1293; sa § 411 Rn 3, § 412 Rn 1 f); die Partei ist nicht verpflichtet, anderen Gutachter zu benennen oder ein Privatgutachten vorzulegen (BGH VersR 2009, 499; bedenkl daher BGH NJW 2013, 2965, 2966). In der Nichtbeachtung von Einwendungen der Partei kann Verletzung des rechtl Gehörs liegen (s § 321a Rn 11; zu den Anforderungen an deren Substantiierung s § 138 Rn 7b entspr; BGH NJW 2021, 1398 [Klindt]). Zur Geltung dieser Grundsätze bei der Schadensschätzung nach § 287 s § 287 Rn 6. 14

Trotz seiner Pflicht zur krit Würdigung des Gutachtens sollte das Gericht nicht wegen (vermeintl) besserer Sachkunde von ihm **abweichen**, nachdem doch gerade das Fehlen solcher Sachkunde Anlass gab, ein Gutachten überhaupt einzuholen (Schneider MDR 85, 199; Pieper ZZP 84 [1971], 28). Jedenfalls muss es seine Sachkunde bes ausweisen (BGH NJW 93, 2378; BGH NJW 97, 1446; BGH MDR 2016, 843) u den Parteien einen entspr Hinweis erteilen (BGH MDR 2024, 1332; BGH MDR 2024, 589 [Laumen MDR 2024, 620]). Das **Eigenstudium von Fachliteratur oder eigene Recherchen mittels KI** berechtigen das Gericht nicht, von einem SV-Gutachten abzuweichen, ohne seine Sachkunde den Parteien bekannt gegeben und mit dem SV erörtert zu haben (BGH NJW 84, 1408); dasselbe gilt bei Berufung auf langjährige Tätigkeit in einem Spezialsenat (BGH NJW-RR 2024, 148). – Hat der Richter **Zweifel an der Sachkunde** des SV, muss er den Prozessbeteiligten Gelegenheit zur Stellungnahme geben (BGH NJW 93, 2382). Dagegen ist es jedenfalls dann, wenn die Kompetenz des SV im Rechtsstreit nie in Frage stand, unschädl, wenn das Gericht ohne vorh Hinweis im Urteil ausführt, der SV sei ihm aus anderen Verf als kompetent und zuverlässig bekannt. – Zur abw Würdigung eines Gutachtens in der Berufungsinstanz s § 529 Rn 14. 15

V) Verantwortung des Sachverständigen. 1) Haftung. a) Der **Privatgutachter** haftet für die Schädigung seines Auftraggebers durch ein falsches Gutachten nach Vertragsrecht (§ 634 Nr 4, § 280 BGB; BGH NJW 67, 719). Dritte können nach allg Regeln in den Schutzbereich fallen (BGH NJW 84, 355; BGH NJW 98, 1059, 1060). 16

b) Der **gerichtlich bestellte SV** steht in keiner vertragl Beziehung zum Gericht und zu den Parteien; für ihn kommt daher nur Deliktshaftung nach **§ 839a BGB** in Betracht. Diese trifft nur den SV persönl, nicht gem Art 34 GG den Staat, denn der SV übt ungeachtet des gerichtl Auftrags kein hoheitl Amt aus (BGHZ 59, 315 = NJW 73, 554), falls er nicht ausnahmsw in beamteter Eigenschaft zugezogen wurde; in solchen Fällen sowie bei Behördengutachten (s Rn 8) richtet sich die Haftung ausschließl nach § 839 BGB, Art 34 S 1 GG (BGHZ 200, 253 = NJW 2014, 1665; Thole S 75 ff). § 839a BGB setzt eine vorsätzl oder grob fahrlässige Fehlbegutachtung voraus, die zur Schädigung eines Verfahrensbeteiligten durch eine auf dem Gutachten beruhende Gerichtsentscheidung geführt hat. Hierfür ist maßgebend, wie der Prozess bei Vorlage eines richtigen Gutachtens richtigerweise hätte entschieden werden müssen (BGH NJW-RR 2018, 1364). Anspruchsberechtigt sind nur die Parteien, Streithelfer und materiell Rechtsbetroffenen (zB bei Prozessstandschaft) des Verf, in dem der SV ernannt wurde, nicht also eines Verf, in dem das Gutachten urkundl verwertet wurde (Thole S 75 ff; zur abw Lage bei Verwertung nach § 411a s § 411a Rn 1). Haben sich die Parteien auf der Grundlage des falschen Gutachtens verglichen, gilt § 839a BGB nicht (so ausdrückl BTDrs 14/7752, 28; für analoge Anwendung aber BGHZ 226, 17

116 = NJW 2020, 2471 [abl Finkelmeier] = VersR 2020, 1324 [abl Thora]; zu Recht krit, da contra legem, auch Jäckel MDR 2021, 465, 468); hier kann uU Unwirksamkeit des Vergleichs nach § 779 BGB bejaht werden (Wagner NJW 2002, 2049, 2062 f; Thole AnwBl 2006, 92), nämlich wenn die vom Gutachter fälschl als feststehend deklarierten Tatsachen die Grundlage bildeten, auf der der Vergleich geschlossen wurde und der Streit bei Kenntnis der wirkl Sachlage nicht entstanden wäre (verneint von OLG Hamm MDR 2024, 861). – Die Haftung ist **ausgeschlossen**, wenn schuldhaft kein Rechtsmittel eingelegt wurde (§ 839a II, § 839 III BGB); darunter fällt auch das Unterlassen von Einwendungen u Fragen gem §§ 402, 397, 411 IV (BGHZ 173, 98 = VersR 2007, 1379; OLG München NJW 2014, 704; Thole AnwBl 2006, 94 m Hinw auf die Haftungsfolgen für den RA), nicht aber § 406 (Thole S 157 ff; Katzenmeier FS Horn, 2006, S 80; aA Kilian VersR 2003, 687 f), nicht das Einholen eines Privatgutachtens (BGH MDR 2017, 1121). – Eine **Streitverkündung** ggü dem SV wegen seiner potenziellen Haftung ist nicht zulässig (BGHZ 168, 380 = NJW 2006, 3214).

18 c) Wenn der Gerichts-SV **bei Gelegenheit der Gutachtertätigkeit** einen Dritten schädigt, zB durch Körperverletzung bei der Untersuchung (BGHZ 59, 310), Sachbeschädigung bei einer Ortsbegehung, Verletzung der Schweigepflicht § 203 StGB (OLG Hamm MedR 95, 328), haftet er nach den allg Grundsätzen des § 823 BGB (Thole S 180 f). – Keine Haftung für Verletzung des Persönlichkeitsrechts oder gem Art 82 DSGVO durch vom Gutachtensauftrag gedeckte **Mitteilung personenbezogener Daten** Dritter im Gutachten (OLG Düsseldorf FamRZ 2022, 269). – Für Schäden durch eine leichtfertige, Nachteile für die Prozessbeteiligten billigend in Kauf nehmende **Gutachtensverzögerung** haftet der SV uU neben dem das Beschleunigungsgebot (s § 411 Rn 8) verletzenden Gericht (vgl BGH NJW 2011, 1072 Rz 22).

19 2) **Folgenbeseitigung.** Zur Beseitigung von Schäden, die durch die Tätigkeit des SV (einschl ihm übertragener Vorbereitungsmaßnahmen, s § 404a Rn 8) zwangsläufig hervorgerufen werden (zB bei Öffnen von Bauteilen, Entnahme von Materialproben), ist der SV verpflichtet (vgl OLGR Düsseldorf 1997, 198; OLGR Celle 1998, 71; näher, auch zur Haftung für verschuldete Schäden, Seggewiße/Weber MDR 2017, 679, 682 f). Das Gericht hat ihn ggf dazu anzuhalten (§ 409), denn der Gutachtensauftrag ist sonst nicht voll erledigt (aA Dötsch NZBau 2008, 221 f: Sache des Betroffenen, der hierfür Sicherheitsleistung analog § 811 II BGB verlangen könne). Dies gilt aber nur für die Folgen der Begutachtung; die Beseitigung des begutachteten Mangels ist nicht Sache des SV (insoweit zutr OLG Celle MDR 2017, 422); auch die (sinnwidrige) Wiederherstellung des mangelhaften Zustands kann vom SV nicht verlangt werden (OLG Köln MDR 2018, 271). Die **Kosten** der Folgenbeseitigung durch den SV sind Kosten der Begutachtung. Der SV sollte vor der Verursachung solcher Schäden sicherstellen, dass der Auslagenvorschuss sie abdeckt.

20 3) **Sonstige Folgen von Pflichtverletzungen.** Zur Frage der Verwirkung des Honoraranspruchs wegen Mängeln des Gutachtens s § 413 Rn 5. Zwangsmittel gegen den SV sehen § 409, § 407a II 3, § 411 II vor.

21 **VI) Gebühren des Rechtsanwalts.** Neben den allg Geb 3100 ff RVG-VV noch 1010 RVG-VV, wenn mindestens 3 gerichtl Termine stattfinden, in denen SV oder Zeugen vernommen werden (näher § 358 Rn 5).

§ 402 Anwendbarkeit der Vorschriften für Zeugen

Für den Beweis durch Sachverständige gelten die Vorschriften über den Beweis durch Zeugen entsprechend, insoweit nicht in den nachfolgenden Paragraphen abweichende Vorschriften enthalten sind.

1 Aus dem **Verweis auf Vorschriften für Zeugen** folgt, dass Leitbild des SV-Beweises die **persönl Vernehmung** ist; die Erstattung eines schriftl Gutachtens muss besonders angeordnet werden (s § 411 Rn 1). Entspr gelten **§§ 375, 377** (ohne III, insoweit gilt § 411, BGHZ 6, 399), **§ 379** (jedoch nicht bei Beweiserhebung vAw; s § 379 Rn 3), **§§ 381-384, §§ 386-389, § 391, §§ 394 II-400**. Von bes Bedeutung (rechtl Gehör!) ist das **Fragerecht** der Parteien nach § 397 (hierzu u allg zur Anhörung des SV s § 411 Rn 4 f). – Zur **Protokollierung** der mündl Aussagen des SV s § 160a Rn 3 u OLG Nürnberg MDR 2025, 128.

§ 403 Beweisantritt

Der Beweis wird durch die Bezeichnung der zu begutachtenden Punkte angetreten.

1 1) **Bedeutung.** § 403 entspricht nur scheinbar dem § 373, der einen **Antrag** des Beweisführers *voraussetzt.* Mit dem Antritt des SV-Beweises bezeichnet die Partei ledigl die ihres Erachtens sachkundig aufzuklärenden Fragen, *gewissermaßen als* **Anregung** an das Gericht, ein Gutachten einzuholen (BGH NJW 2019, 3147 Tz 18; Ahrens Beweis Kap 45 Rn 1), denn das Gericht darf u muss vAw (§§ 3, 144, 287, 372, 442; uU sogar schon vor der mündl Verh § 358a) ein Gutachten einholen, wo seine eigene Sachkunde nicht ausreicht, um schlüssig vorgetra-

gene und wirksam bestrittene bzw vAw zu prüfende Tatsachen festzustellen (s vor § 284 Rn 4, 8; BGH MDR 2017, 783 [Conrad MDR 2017, 807]). Andererseits kann (was beim Zeugenbeweis nicht in Betracht kommt) das Gericht bei eigener Sachkunde den Parteiantrag auf Einholung eines SV-Gutachtens übergehen (s vor § 402 Rn 12), uU ein verfahrensfremdes Gutachten verwerten (§ 411a).

2) Inhalt des Beweisantrags. Es genügt (anders als im Beweisbeschluss; s § 359 Rn 3) die summarische Bezeichnung der streitigen Sachfrage. Eine substantiierte Darlegung des von der Begutachtung erwarteten Ergebnisses ist nicht geboten (BGH NJW 95, 665, 667; zu streng BAG NJW 2015, 1709, 1711). Der Beweisführer braucht sich auch nicht darüber zu äußern, welche Anhaltspunkte er für die Richtigkeit der unter den SV-Beweis gestellten Behauptung hat (BGH NJW 2020, 1679). Gesundheitsstörungen, auch psychischer Art, müssen nicht medizinisch klassifiziert werden (BGH MDR 2025, 468 [Laumen MDR 2025, 501]). Im Arzthaftungsproz ist es daher auch nicht erforderl, medizinischen Ausführungen der Gegenseite, etwa in einem Privatgutachten, mit ebenso detailliertem Sachvortrag entgegenzutreten (BGH MDR 2023, 53 [Laumen MDR 2023, 148]). Hier können auch Vermutungen Anlass zur Einholung von Gutachten geben (BGH MDR 2019, 802 mwN; eingeh Arz NJW 2021, 3004 ff), nach BGH NJW 2021, 1398 (krit Klindt NJW 2021, 1399) auch bei medizinischen Fragen im Produkthaftungsproz. Im Regressproz gegen medizinische SV sollen die allg Maßstäbe gelten (BGH MDR 2020, 348; zw). Beweisführer muss sich auch nicht auf Fachgebiet des Gutachters festlegen (BGH MDR 2022, 115 [Schwenker MDR 2022, 221] zu Schriftbegutachtung). – Sonderregelung für den Beweisantrag im **sBV:** § 487. 2

§ 404 Sachverständigenauswahl

(1) [1]Die Auswahl der zuzuziehenden Sachverständigen und die Bestimmung ihrer Anzahl erfolgt durch das Prozessgericht. [2]Es kann sich auf die Ernennung eines einzigen Sachverständigen beschränken. [3]An Stelle der zuerst ernannten Sachverständigen kann es andere ernennen.

(2) Vor der Ernennung können die Parteien zur Person des Sachverständigen gehört werden.

(3) Sind für gewisse Arten von Gutachten Sachverständige öffentlich bestellt, so sollen andere Personen nur dann gewählt werden, wenn besondere Umstände es erfordern.

(4) Das Gericht kann die Parteien auffordern, Personen zu bezeichnen, die geeignet sind, als Sachverständige vernommen zu werden.

(5) Einigen sich die Parteien über bestimmte Personen als Sachverständige, so hat das Gericht dieser Einigung Folge zu geben; das Gericht kann jedoch die Wahl der Parteien auf eine bestimmte Anzahl beschränken.

1) Auswahlverfahren. Nicht die beweisführende Partei, sondern das Gericht (zum verordneten Richter s § 405) bestimmt die Person des SV (I, Ausnahme V; s Rn 2). Um den für das Beweisthema am besten passenden, möglichst spezialisierten SV zu finden, sollte sich der Richter bei Kammern, Berufsverbänden, Instituten oder erfahrenen Kollegen kundig machen, auch mit SV telefonieren. Erfordert die Beweisfrage die Kompetenzen von SV verschiedener Fachrichtungen, sind **mehrere SV** mit gesonderten Gutachtensaufträgen oder eine **SV-Gruppe** zu bestellen (zum sog Team-Gutachten s Grossam in Bayerlein/Bleutge/Roeßner § 13 Rn 27 ff; Friederichs ZZP 83 [1970], 407; Friederichs NJW 70, 1991); die Notwendigkeit der Zuziehung eines weiteren SV kann sich auch aus dem zunächst eingeholten Gutachten ergeben (BGH NJW 87, 2593 = MDR 87, 690 zu § 244 IV StPO), oder bei der Erstellung des Gutachtens (dazu s Rn 4). Ein wichtiger Gesichtspunkt kann auch sein, ob der SV die richterl Fristsetzung (§ 411 I) einhalten kann. – Findet das Gericht **keinen geeigneten SV**, kann es nach entspr Information der Parteien und Ablauf einer Äußerungsfrist (§ 356) von der Beweiserhebung absehen; in den Urteilsgründen ist deren Unmöglichkeit unter Schilderung sämtl Bemühungen des Gerichts darzulegen (BGH MDR 2017, 896 = NJW 2017, 2354 [Huber]). – Rechtsmittel gegen das Urteil wegen **fehlerhafter** Auswahl kann grds nicht auf Ablehnungsgründe iS § 406 gestützt werden, wenn Ablehnung des SV nicht erfolgte (BGHZ 28, 303 = NJW 59, 434); die Bestellung eines SV, von dem das Gericht (anders als die Parteien) Umstände kennt, die selbst bei obj Betrachtung schwerwiegende Zweifel an der Unbefangenheit wecken, ist jedoch ermessensmissbräuchl (sa § 406 Rn 16 zur Beweiswürdigung in solchen Fällen). 1

2) Beteiligung der Parteien. Ihre **Anhörung** zur Auswahl des SV ist nicht vorgeschrieben (II), aber vielfach angezeigt (weiter gehend Meller-Hannich ZZP 129 [2016], 263, 272: Gebot des rechtl Gehörs). Bringt die nicht angehörte Partei nachträgl Einwendungen vor, so ist zu prüfen, ob das Gericht vor einer Beauftragung diesen Bedenken Rechnung getragen hätte, und bejahendenfalls ein neues Gutachten einzuholen (BGHZ 131, 76, 80 = NJW 96, 196, 197). – Das Gericht kann auch die **SV-Benennung durch die Parteien** anregen (IV), jedoch nicht erzwingen. – Bei **Einigung der Parteien** auf einen oder mehrere SV (Anwaltszwang) muss das Gericht diesen bzw diese beauftragen (V); die Anzahl der SV bestimmt aber das Gericht (I). Dieses darf bei ungenügendem Erkenntnisgewinn weitere(n) SV ernennen (AG/Gehle Rn 15; StJ/Berger Rn 38; aA MskV/Röß Rn 10; Wagner, Prozessverträge, S 690); der vom Gericht derart zusätzl benannte SV ist dann Gutachter vAw, daher für ihn 2 kein Auslagenvorschuss (s § 379 Rn 3a). Der parteibenannte SV ist kein Schiedsgutachter, das Ergebnis der Begutachtung also weder für das Gericht noch für die Parteien verbindl.

3 **3) Vorrang öffentlich bestellter Sachverständiger.** Solche sollen bevorzugt herangezogen werden (III), denn sie haben neben geprüfter Sachkunde u Fortbildungspflicht auch forensische Erfahrung, sind allg beeidigt (s § 410 II) u gem § 407 zur Begutachtung verpflichtet. Reine Ordnungsvorschrift (BayObLG FamRZ 91, 618). – Die öffentl Bestellung ist geregelt in § 36 GewO u einzelnen landesrechtl Vorschriften. – **Verzeichnisse:** http://www.svv.ihk.de; http://www.svd-hwk.de.

4 **4) Ernennung des Sachverständigen.** Der auf vorgenannte Weise ausgewählte SV muss vom Gericht als solcher ernannt werden (s § 404 I, § 407 I). Dies kann durch Beweisbeschluss (§ 359 Nr 2) oder einen diesen ändernden oder ergänzenden Beschluss geschehen, bei mündl Gutachtenserstattung auch durch Ladung gem § 272 II Nr 4 (aA Biller-Bomhardt/König DS 2023, 206, 211 f unter Hinweis auf BGH NJW-RR 2013, 193 [zu § 321 FamFG]: formlose Mitteilung stets ausreichend). Wegen der Ablehnungsfrist nach § 406 II 1 sollte Beschluss, sofern er nicht verkündet wurde, förml zugestellt werden (§ 329 II 2). Formlose Mitteilung ist aber unschädl (heilbar nach § 295). Entscheidend ist wegen der unterschiedl Rechtsfolgen die Klarstellung, dass Heranziehung als SV, nicht als sv Zeuge (s § 414) erfolgt. Ergibt sich nach der Ernennung die Notwendigkeit, einen anderen oder weiteren SV zu beauftragen, ist dieser nach Anhörung der Parteien vom Gericht zu ernennen, nicht etwa vom SV einzuschalten (OLG Frankfurt DS 2025, 99, auch zur Art und Weise der Ernennung).

§ 404a Leitung der Tätigkeit des Sachverständigen

(1) Das Gericht hat die Tätigkeit des Sachverständigen zu leiten und kann ihm für Art und Umfang seiner Tätigkeit Weisungen erteilen.

(2) Soweit es die Besonderheit des Falles erfordert, soll das Gericht den Sachverständigen vor Abfassung der Beweisfrage hören, ihn in seine Aufgabe einweisen und ihm auf Verlangen den Auftrag erläutern.

(3) Bei streitigem Sachverhalt bestimmt das Gericht, welche Tatsachen der Sachverständige der Begutachtung zugrunde legen soll.

(4) Soweit es erforderlich ist, bestimmt das Gericht, in welchem Umfang der Sachverständige zur Aufklärung der Beweisfrage befugt ist, inwieweit er mit den Parteien in Verbindung treten darf und wann er ihnen die Teilnahme an seinen Ermittlungen zu gestatten hat.

(5) [1]Weisungen an den Sachverständigen sind den Parteien mitzuteilen. [2]Findet ein besonderer Termin zur Einweisung des Sachverständigen statt, so ist den Parteien die Teilnahme zu gestatten.

1 **I) Leitungsfunktion des Gerichts (§ 404a I, II).** Der SV ist weisungsgebundener Gehilfe (besser: Berater) des Gerichts bei der sachkundigen Auswertung ihm vorgegebener Tatsachen (s vor § 402 Rn 1). Dementspr ist das Gericht verpflichtet, den SV in den Grund, Inhalt und Zweck des Gutachtensauftrags vollständig und unmissverständl **einzuweisen**. Eine Vorenthaltung von Akten-(teilen) aus Gründen des Persönlichkeitsschutzes kommt allenfalls in Extremfällen in Betracht (vgl Prütting ZZP 106 [1993], 460). Ggf besteht auch Anlass zu rechtl Anleitung (vgl OLGR Köln 1998, 318: Kausalitätsbegriff).

2 Eine **Hinzuziehung vor Abfassung des Beweisbeschlusses** (sa § 144 I 1 nF) bietet die Chance, den entscheidungserhebl Sachverhalt aus fachl u jur Sicht fehlerfrei zu erfassen, die Notwendigkeit der Aufklärung von Anschlusstatsachen zu klären (s Rn 3 ff) u die Beweisfrage zutr zu formulieren. Sie ist daher oft hilfreich (näher Schobel MDR 2014, 1004 f; zum Arzthaftungsprozess Schneider/Schmaltz NJW 2011, 3270, 3271; zum Bauprozess Seibel NJW 2014, 1628). – Die Hinzuziehung bedarf keines bes Termins; sie kann auch telefon erfolgen u ist dann in einem Aktenvermerk zu dokumentieren. Mögl auch Erörterung mit den Parteivertretern in einem „Strukturgespräch" (Schobel MDR 2014, 1004), bei einem Ortstermin oder im frühen 1. Termin. – Zur Beteiligung des SV an einer Beweiserhebung vor der Begutachtung s Rn 4.

3 **II) Tatsachenfeststellung (§ 404a III). 1) Anschluss- oder Anknüpfungstatsachen.** Die Tatsachen, auf deren Grundlage der SV seine sachkundige Beurteilung vorzunehmen hat, darf er grds nicht von sich aus ermitteln (Ausnahme s Rn 5). Das Beibringen dieser Tatsachen ist primär Sache der beweispflichtigen Partei (worauf diese bei unzulängl Vortrag hinzuweisen ist, BGH VersR 2009, 517); das Gericht kann aber nach § 144 I 2, 3 die Vorlage von Gegenständen (zB Dokumenten, Begutachtungsobjekten) oder die Duldung von Maßnahmen (Besichtigung von nicht zu Wohnzwecken genutzten Räumen, körperliche Untersuchung) anordnen (s § 144 Rn 3, 4). Ein für die Erstattung des Gutachtens notw Augenschein muss nicht eigens angeordnet werden (OLG Brandenburg MDR 2018, 178, 179), uU aber Besonderheiten bzgl Beiziehung der Parteien (BVerwG NJW 2006, 2058; hierzu s Rn 9, § 357 Rn 1 ff). – **Unbefugte Ermittlungstätigkeit** des SV kann zu seiner Ablehnung führen (OLG Karlsruhe VersR 2016, 345), zumindest Beweiswert des Gutachtens mindern (BGH NJW 2017, 160 Tz 41). Heilung des Verstoßes nach § 295 mögl; Rügeverzicht kann schon in Teilnahme an der Aufklärungshandlung liegen (MskV/Röß Rn 5).

Bei **streitigen Behauptungen** ist es Aufgabe des Gerichts, die Tatsachenfeststellung zu treffen u dem SV mitzuteilen. Schriftl Unterlagen, grds die vollen Akten (StJ/Berger Rn 8; einschr PG/Katzenmeier Rn 6), in Arzthaftungsfällen die nach § 144 beigezogenen Krankenunterlagen (OLG Oldenburg NJW-RR 97, 535), sind ihm zur Verfügung zu stellen. Hinzuziehung des SV, insb bei Augenschein (s § 372) oder bei der Einvernahme von Zeugen, ist geboten, wenn bereits für die Tatsachenfeststellung eine bes Sachkunde erforderl ist (BGH VersR 79, 939). Mitteilung der Anknüpfungstatsachen im Beweisbeschluss (§ 359 Nr 1) oder im Zuleitungsschreiben des Vors (mit Bekanntgabe an die Parteien, V 1). Das Gericht hat insoweit ggf schon seine Beweiswürdigung offen zu legen. Ist dies noch nicht mögl, kommt auch ein Auftrag zu **alternativer Begutachtung** in Betracht; eine solche kann bei der abschließenden Beweiswürdigung hilfreich sein. Bei Unaufklärbarkeit von Anschlusstatsachen gelten die allg Beweislastregeln. 4

Eine **Übertragung der Tatsachenfeststellung** auf den SV ist nur ausnahmsw (bei § 287 in weiterem Rahmen, vgl BGH NJW-RR 95, 715, 716) zulässig, insb wenn bereits hierfür die dem Gericht fehlende bes Sachkunde des SV in Anspruch genommen werden muss (BGHZ 37, 389 = NJW 62, 1770), zB beim Öffnen von Bauteilen, Zerlegen von Maschinen, Entnehmen von Materialproben (s Rn 8). – Der SV muss bei seinen Feststellungen ebenfalls die Beweislast beachten; entspr Hinweise sind zu empfehlen. Können relevante Einwendungen gegen die Richtigkeit der Feststellungen nicht ausgeräumt werden, zB bei der persönl Anhörung des SV, ist Beweiserhebung, ggf neues Gutachten desselben oder anderen SV, erforderl (BGH NJW 97, 1446). 5

Die wesentl Anknüpfungstatsachen sind im Gutachten **offenzulegen**. Eine **Geheimhaltung** von Anschlusstatsachen, die der SV in der Sphäre einer Partei gewonnen hat (zB betriebswirtschaftl Daten, Konstruktionspläne), vor der anderen Partei und dem Gericht ist mit dem Prinzip der Parteiöffentlichkeit (s § 357 Rn 1), dem Anspruch auf rechtl Gehör (s Einl Rn 18) und der Pflicht zu umfassender Beweiswürdigung (s § 286 Rn 2) nicht vereinbar (BGHZ 116, 47 = NJW 92, 1817, 1819; Kürschner NJW 92, 1804 f; aA RSchwab/Gottwald § 117 Rn 44); §§ 16 ff GeschGehG u § 273a bieten nur begrenzten Schutz (s § 357 Rn 4 ff). Das dadurch für die an Geheimhaltung ihrer Interna vor dem Gegner interessierte Partei entstehende Dilemma, entweder den Prozess zu verlieren oder ihr Geheimnis (Stadler NJW 89, 1202), kann jedoch im Einzelfall Unzumutbarkeit der Offenlegung begründen (ebenso wie zB die Parteiöffentlichkeit bei einer körperl Untersuchung ausgeschlossen ist). Es sollte zugelassen werden, dass die geheimhaltungsbedürftigen Tatsachen ledigl einem zu berufl Verschwiegenheit – auch ihr ggü – verpflichteten Vertreter der Partei (zB Wirtschaftsprüfer) und – in einer gesonderten Niederschrift – dem Gericht mitgeteilt werden (vgl Stadler NJW 89, 1204; Stürner, Die Aufklärungspflicht der Parteien des ZP, 1976, § 14 III 5; aA OLGR Köln 1995, 327; zum Patentverletzungsverf s BGHZ 183, 153). Ein solches Geheimverf hinterlässt zwar Unbehagen, ist aber das kleinere Übel ggü einer Rechtsverweigerung wegen unaufklärbaren Sachverhalts. Es muss auf Sonderfälle beschränkt bleiben. 6

2) Befundtatsachen. Umstände, die nicht den äußeren Sachverhalt, sondern die Anwendung seiner Sachkunde auf diesen betreffen, darf der SV, soweit dies vom Gutachtensauftrag umfasst ist, selbst ermitteln, also zB Vergleichsmieten feststellen, vorbehandelnde Ärzte befragen oder Krankenunterlagen einsehen (BGH NJW-RR 2011, 1459 Tz 18). Er muss aber im Gutachten nachprüfbar darlegen, wie er die betr Kenntnisse erlangt hat (beim Vergleichsmietengutachten also die Vergleichsobjekte bezeichnen; BVerfG NJW 95, 40; BVerfG NJW 97, 1909; zu Befragungen im Ausland s BGH WM 2007, 1901). Gerät er hierbei in Konflikt mit Geheimhaltungsinteressen Dritter, so können Abstriche beim Grad der Offenlegung gerechtfertigt sein (zB Lagebeschreibung statt konkreter Bezeichnung des Vergleichsobjekts). Unterbleibt eine vollständige Offenlegung aus anerkennenswerten Gründen und kann auf eine Verwertung des Gutachtens aus überwiegendem Interesse der beweispflichtigen Partei dennoch nicht verzichtet werden, muss das Gericht immerhin versuchen, sich Gewissheit zu verschaffen, wie der SV seine Daten erhoben hat (BVerfG NJW 95, 40). 7

III) Notwendige Vorbereitungsmaßnahmen. Sofern sie von der Fachkompetenz des SV umfasst werden (zB Augenschein, Einsicht in Unterlagen, Zerlegen von Bauteilen), ist der SV schon durch den Gutachtensauftrag zu ihnen ermächtigt (OLG Celle MDR 2017, 422; OLG Frankfurt NJW 98, 2834; StJ/Berger Rn 14; Greger FS Leipold, 2009, S 49; Henkel BauR 2003, 1654 f; zur Duldung entspr Maßnahmen durch hiervon Betroffene § 144 I 3, II; zum Hinweis auf entstehende Kosten § 407a III 2; zur Folgenbeseitigung s vor § 402 Rn 19). Zu sonstigen Maßnahmen (zB Bauteilsöffnungen, um an den Untersuchungsgegenstand zu gelangen) kann der SV nicht nach IV angewiesen werden; die faktischen Voraussetzungen für die Begutachtung zu schaffen, ist Sache des Beweisführers (s § 371 III) bzw (im Rahmen des § 144) des Gerichts (Greger FS Leipold, 2009, S 50 f; Dötsch NZBau 2008, 220 ff; Seggewiße/Weber MDR 2017, 679, 680). Nach BGH MDR 2020, 1391 (Seggewiße MDR 2020, 1361) ist das Unterbleiben einer Weisung zur Bauteilsöffnung jedenfalls nicht ermessensfehlerhaft. Wird der SV angewiesen, kann er die Kosten für notw Hilfskräfte nach § 12 I 2 Nr 1 JVEG ansetzen (sa § 413 Rn 1). Vor- und Nachbereitungskosten der Partei (nicht des SV) sind außergerichtl Kosten (BGH NJW 2021, 1400 [Hille]). Zeugen kann und muss das Gericht – nötigenfalls in Anwesenheit des SV, dem ein Fragerecht erteilt werden kann – selbst vernehmen. 8

IV) Beteiligung der Parteien (§ 404a IV, V). Sie hat ebenfalls das Gericht zu regeln (zum hierbei zu beachtenden Gebot der Parteiöffentlichkeit bei Ermittlungshandlungen s § 357 Rn 1 ff). Eigenmächtige Kontaktaufnahme mit einer Partei kann zu Ablehnung des SV führen (s § 406 Rn 7). Information der Parteien über Wei- 9 sungen oder Einweisungstermin ist Gebot des rechtl Gehörs. Unterlassung kann zu Ablehnung des Richters führen; das Gericht muss aber nicht jegl Kommunikation mit dem SV von sich aus offenlegen (OLG Hamm NJW-RR 2016, 1206).

10 **V) Rechtsbehelfe.** Anordnungen nach § 404a sind Bestandteil bzw Ergänzung des Beweisbeschlusses und daher grds (zu Ausnahmen s § 358 Rn 5) nicht anfechtbar (BGH NJW-RR 2009, 995), auch nicht für den SV (StJ/Berger Rn 17; aA Seggewiße/Weber MDR 2017, 679, 681). Dasselbe gilt für die Ablehnung entspr Anweisungen (BGH MDR 2020, 363 [Laumen MDR 2020, 589]).

§ 405 Auswahl durch den mit der Beweisaufnahme betrauten Richter

[1]Das Prozessgericht kann den mit der Beweisaufnahme betrauten Richter zur Ernennung der Sachverständigen ermächtigen. [2]Er hat in diesem Falle die Befugnisse und Pflichten des Prozessgerichts nach den §§ 404, 404a.

1 **1) Bedeutung.** Ermächtigung des verordneten Richters (§§ 375, 361, 362) zur Ernennung des SV (§§ 404, 404a). Dass überhaupt eine Beweiserhebung durch SV stattfindet, kann aber nur vom ProzGericht angeordnet werden. Zu selbständigen Anordnungen gem § 144 I ist der verordnete Richter nicht befugt. Die Vorschrift gilt auch für (richterl oder nichtrichterl) Organe internat Rechtshilfe (BGH LM § 209 BEG Nr 73).

2 **2) Befugnisse des verordneten Richters.** Auswahl u Anleitung des SV (§§ 404 f), Bestimmung der Anzahl der Gutachter (§ 404 I), Gutachterwechsel (§ 360), Entscheidung über ein Ablehnungsgesuch (§ 406 IV; Rechtsmittel s § 406 Rn 14). Nicht: Beeidigung (s § 391 Rn 6).

§ 406 Ablehnung eines Sachverständigen

(1) [1]Ein Sachverständiger kann aus denselben Gründen, die zur Ablehnung eines Richters berechtigen, abgelehnt werden. [2]Ein Ablehnungsgrund kann jedoch nicht daraus entnommen werden, dass der Sachverständige als Zeuge vernommen worden ist.

(2) [1]Der Ablehnungsantrag ist bei dem Gericht oder Richter, von dem der Sachverständige ernannt ist, vor seiner Vernehmung zu stellen, spätestens jedoch binnen zwei Wochen nach Verkündung oder Zustellung des Beschlusses über die Ernennung. [2]Zu einem späteren Zeitpunkt ist die Ablehnung nur zulässig, wenn der Antragsteller glaubhaft macht, dass er ohne sein Verschulden verhindert war, den Ablehnungsgrund früher geltend zu machen. [3]Der Antrag kann vor der Geschäftsstelle zu Protokoll erklärt werden.

(3) Der Ablehnungsgrund ist glaubhaft zu machen; zur Versicherung an Eides statt darf die Partei nicht zugelassen werden.

(4) Die Entscheidung ergeht von dem im zweiten Absatz bezeichneten Gericht oder Richter durch Beschluss.

(5) Gegen den Beschluss, durch den die Ablehnung für begründet erklärt wird, findet kein Rechtsmittel, gegen den Beschluss, durch den sie für unbegründet erklärt wird, findet sofortige Beschwerde statt.

1 **I) Anwendungsbereich.** § 406 gilt auch im **selbständigen Beweisverfahren** (s § 487 Rn 5). Soweit demnach eine Ablehnung des SV im sBV zulässig ist, hat sie bereits in diesem Verf zu erfolgen und ist dann für das ProzGericht bindend (OLG Frankfurt MDR 85, 853); eine bis zum späteren Hauptsacheverf zurückgestellte Ablehnung ist grds verspätet (s Rn 11), also unzulässig (OLG Köln VersR 93, 1502).

2 **Nicht anwendbar** ist § 406 auf Hilfskräfte des SV (s § 407a Rn 2a), auf Behörden- und Kammergutachten (s vor § 402 Rn 8; OLGR Frankfurt 1998, 381; OLG Hamm NJW-RR 90, 1471; OLG Stuttgart NJW-RR 87, 190; KG NJW 71, 1848) und auf den sachverständigen Zeugen (§ 414), soweit dieser nicht zusätzl als SV in Anspruch genommen wird, s § 414 Rn 2 (RGZ 59, 169).

3-4 Einstweilen frei.

5 **II) Ablehnungsgründe (§ 406 I). 1) Ausschluss (§ 42 I iVm § 41).** In Betracht kommen insb: persönl Beziehungen zu einer Partei (§ 41 Nr 1-4), frühere Befassung mit dem Rechtsstreit als (ehrenamtl) Richter oder Schiedsrichter (§ 41 Nr 6, 7), Mitwirkung an einem Verfahren der außergerichtl Konfliktbeilegung in ders Sache, *zB als Mediator, Schlichter*, Schiedsgutachter (§ 41 Nr 8), nach BGH MDR 2017, 356 auch als SV in Verfahren vor der Gutachter- und Schlichtungsstelle einer Landesärztekammer. Anders als beim Richter bedarf es auch in diesen Fällen der Ablehnungserklärung einer Partei, die dann aber absolut wirkt. Nicht anwendbar ist

§ 41 Nr 5 (**I 2**): Ein bereits als Zeuge vernommener SV kann nur bei Vorliegen bes Gründe abgelehnt werden, desgl ein in der Vorinstanz vernommener SV; auf diesen trifft auch § 41 Nr 6 nicht zu, weil er nicht am *Erlass* der angefochtenen Entscheidung mitgewirkt hat (StJ/Berger Rn 6; MskV/Röß Rn 3; aA MK/Zimmermann Rn 2; Kahlke ZZP 94 [1981], 50, 68).

2) Besorgnis der Befangenheit (§ 42 II). Hierfür genügt jede Tatsache, die ein auch nur subj Misstrauen der Partei (auf Misstrauen ihres RA kommt es nicht an) in die Unparteilichkeit des SV vernünftigerw rechtfertigen kann (BGH NJW 75, 1363). Dies ist stark von den Gegebenheiten des Einzelfalls abhängig (BGH MDR 2013, 739) u kann sich ergeben aus 6

a) Verhalten des SV, zB wenn er Ermittlungen in Anwesenheit 1 Partei durchführt, ohne der anderen Gelegenheit zur Teilnahme zu geben (BGH NJW 2019, 1691; OLG Saarbrücken MDR 2014, 180; einschr OLG Braunschweig MDR 2017, 172), oder es ablehnt, einen Ortstermin in Gegenwart eines technischen Beraters einer Partei durchzuführen (OLG Düsseldorf MDR 79, 409), wenn er Beweisthemen umformuliert und substantiierten Vortrag einer Partei gänzl unberücksichtigt lässt (OLG Bamberg MedR 93, 351), zu nicht von seinem Auftrag umfassten Fragen Stellung nimmt (OLG Celle VersR 2003, 1593, 1594; OLG Naumburg MDR 2012, 802; außer bei missverständl Beweisbeschluss: OLG Karlsruhe MDR 2014, 425; einschr auch OLG Oldenburg MDR 2020, 241 [Dörr MDR 2020, 591]), nicht aufdeckt, dass er wesentl Tatsachen durch eigene Recherchen ermittelt hat (OLG Karlsruhe VersR 2016, 345), sich zu Fragen außerhalb seines Fachgebiets äußert, die ein Zusatzgutachten erfordert hätten (OLG München DAR 2014, 273), den seines Erachtens gebotenen Weg zur Entscheidung weist (OLGR München 97, 10), das Gericht nach dem gewünschten Ergebnis fragt (OLG Nürnberg MDR 2021, 902), auf Fallumstände hinweist, die nicht von seinem Auftrag umfasst sind (OLG München VersR 2008, 944), den Eindruck erweckt, eine streitige Behauptung zu Lasten einer Partei für bewiesen zu halten (OLG München NJW 92, 1569) oder den Angaben des Gegners mehr Glauben zu schenken (OLG Nürnberg VersR 2001, 391), wenn er auf einen Vorhalt oder eine Frage völlig unangemessen reagiert (KG MDR 2008, 528; OLG Stuttgart MDR 2014, 1346: Vogelzeigen; OLG Stuttgart NJW-RR 2017, 1088 „Unsinn"; zw), sich unsachl über eine Partei oder ihren ProzBev äußert (OLG Nürnberg MDR 2012, 365), angekündigte Einwendungen gegen sein Gutachten unbesehen abqualifiziert (OLG Zweibrücken VersR 98, 1438) oder sich abfällig über Beweisthemen (OLG Hamm MDR 2015, 1320) oder andere Gutachter äußert (OLG Saarbrücken MDR 2007, 1393), wenn er verschweigt, dass er seinen berufl Werdegang maßgebl in einer Einrichtung des Gegners absolviert hat (OLG Jena MDR 2010, 170), einen umfangreichen Bauauftrag für eine Partei ausführt (OLGR Celle 1996, 46) oder sich Informationen von ihr beschafft (OLG Saarbrücken MDR 2005, 233; OLG Stuttgart MDR 2011, 190; OLG Koblenz MDR 2012, 994), sich bei einer Befragung durch den Privatgutachter einer Partei zu der Beweisfrage geäußert hat (OLG Köln MDR 2024, 328). 7

b) Nähe zu einer Partei, zB als Hausarzt (OLG Stuttgart MDR 62, 910; OLG 19, 114; OLG 25, 111), Arzt, der bereits eine privatärztl Diagnose über das Beweisthema erstattet hat (OLG Celle NdsRPfl 66, 197), oder der sich dem Versicherer des Gegners zur Begutachtung des Schadensfalles erboten hat (OLG Stuttgart NJW 58, 2122), Konkurrent (OLGR Koblenz 2001, 141; aA OLG München MDR 89, 828 für den öffentl bestellten SV), früherer Gegner in mehreren Patentanmeldungsverf (BGH 18.2.97 – X ZR 103/95), Gl oder Arbeitnehmer bzw -geber einer Partei (OLGR Köln 2000, 16); Hochschullehrer im Dienste des bekl Landes (OLG München MDR 2002, 291), bei langj wissenschaftl oder kollegialer Zusammenarbeit mit einer Partei (OLG Stuttgart MDR 2022, 1563; OLG Köln VersR 93, 72; OLG Jena NJW-RR 2021, 191; einschr OLG München MedR 2007, 359 [Riemer]) oder intensiven Geschäftsbeziehungen (OLG München MDR 98, 858), Erstattung eines entgeltl Privatgutachtens in derselben Sache (BGH NJW 72, 1133, 1134) oder für nicht am Rechtsstreit Beteiligten mit gleicher Interessenlage (BGH MDR 2017, 479; einschr BGH NJW 2020, 691). Zu Verflechtungen über soziale Netzwerke s Rojahn/Jerger NJW 2014, 1147. 8

c) Kein Ablehnungsgrund folgt allein daraus, dass der SV in ders Sache (BGH MDR 61, 397), einem parallelen Strafverf (OLG Köln MDR 90, 1121) oder in einem anderen Rechtsstreit einer Partei ein Gutachten erstattet hat (OLG München VersR 94, 704). Keine Ablehnung auch, wenn SV auf heftige Angriffe einer Partei deutlich, aber ohne überzogene Schärfe reagiert (OLG Zweibrücken MDR 2013, 1425), denn Ablehnungsgrund darf nicht provoziert werden (OLG Düsseldorf BB 75, 627). Daher auch unschädl, wenn SV wegen tatsächl erfolgter Ehrverletzung Strafantrag gegen die ihn provozierende Partei stellt (s § 42 Rn 29) oder Unterlassungsklage ankündigt (OLG Karlsruhe MDR 2013, 930); ebenso wenn Partei gegen den SV Schadensersatzklage nach § 839a BGB androht oder erhebt oder ihm (unzulässigerw, § 72 II) den Streit verkündet (BGHReport 2006, 674: selbst bei Beitritt). Keine Ablehnung des SV allein weil sein Gutachten Rechtsausführungen enthält (OLG Karlsruhe MDR 94, 725; OLG Nürnberg MDR 2002, 291) oder wegen unzulängl Anleitung durch das Gericht (§ 404a) auf entscheidende Fragen nicht eingeht (OLG Bamberg MDR 2018, 487), weil er Partei auf einen nicht von seinem Auftrag umfassten gravierenden Sicherheitsmangel hinweist (OLG Stuttgart MDR 2016, 1225), wegen eines umgangssprachl, nicht persönl herabsetzenden Negativbegriffs („Pfusch am Bau", OLG Rostock MDR 2020, 1503), wegen Anfertigens von Fotos, die für die Erstellung des Gutachtens nicht unbedingt erforderl sind (BGH MDR 2013, 739), wegen unterlassener Benachrichtigung beider Parteien von einem Besichtigungstermin (OLG Nürnberg MDR 2007, 237; OLG Dresden NJW-RR 97, 1354), wegen Beiziehung von Krankenunterlagen des zu 9

Begutachtenden (OLG Zweibrücken NJW-RR 2001, 1149) oder Anforderung benötigter Unterlagen bei Parteivertreter ohne ausdrückl gerichtl Ermächtigung (OLGR Frankfurt 1997, 306; anders wenn er dies im Gutachten nicht offen legt, OLG Saarbrücken MDR 2005, 233), wegen überhöhter Honorarforderung oder mangelnder Qualifikation (OLG München Rpfleger 80, 303), wegen Häufung sachl Fehler (aA OLG Karlsruhe MDR 2010, 230). Bei Vorwurf mangelnder Sorgfalt oder Sachkunde greifen nur § 404 (Verfahrensrüge wegen fehlerhafter Auswahl) und § 412 ein (OLG Frankfurt NJW 2021, 3204; OLG Bamberg MDR 2025, 129). Der SV kann nicht mit Erfolg abgelehnt werden, weil er eine zur Gutachtenerstattung herangezogene Person nicht benannt hat (OLG Bamberg MDR 2025, 129), zur ärztl Untersuchung einer Partei nicht deren Gegner geladen hatte (s § 357 Rn 3), weil er eine Partei (ohne Begründung eines bes Vertrauensverhältnisses) einmalig behandelt hat (OLG Köln VersR 92, 517), rein berufl Kontakte zu ihr hatte (OLG Hamm MDR 2012, 118), weil er Präsident einer Vereinigung ist, der eine Partei angehört (BGH 3.8.2000 – X ZR 33/97) weil er nebenberufl an einem Klinikum arbeitet, an dem auch der bekl Arzt tätig ist (OLG Oldenburg VersR 2009, 238) oder weil er (ohne wirtschaftl Abhängigkeit) bereits wiederholt für die bekl Versicherung (OLG Koblenz NJW-RR 92, 1470; OLG Celle VersR 2003, 1593) oder den Haftpflichtversicherer des bekl Arztes tätig war (OLG Köln VersR 92, 849).

10 **III) Verfahren. 1) Antrag.** Er ist Prozesshandlung (s vor § 128 Rn 14), kann daher nicht von **Bedingung** abhängig gemacht werden (zB bestimmter Beweiswürdigung, OLG Stuttgart NJW 71, 1090). Er unterliegt auch im Anwaltsprozess nicht dem Anwaltszwang (§ 78 III; zur sof Beschwerde aber s § 569 Rn 14). Ob ein solcher vorliegt (oder nur Einwendungen gegen das Gutachten), ist durch Auslegung zu ermitteln (OLG Rostock MDR 2019, 1337). Die Ablehnungsgründe sind glaubhaft zu machen (§ 294), jedoch genügt eidesstattl Versicherung der Partei nicht. Anzubringen (und zu verbescheiden) ist das Gesuch beim ProzGericht, auch wenn bereits Urteil ergangen u Rechtsmittel eingelegt ist (BayObLG FamRZ 1997, 1288; OLG Hamburg NJW 1960, 874; MskV/Röß Rn 15; MK/Zimmermann Rn 11; aA [gegen § 406 II, IV] OLGR Koblenz 2000, 442; StJ/Berger Rn 52; AG/Gehle Rn 23), im Fall des § 405 beim verordneten Richter. **Formulierungsvorschläge:** Vorwerk/Fullenkamp, PFB, M 24.13, M 24.14.

11 **2) Frist.** Die Ablehnung ist binnen 2 Wochen nach Bekanntgabe der Ernennung des SV (s § 404 Rn 4) zu beantragen. Die Frist läuft auch, wenn die Ernennung nur formlos mitgeteilt wurde, diese Mitteilung aber der Partei zugegangen ist (§ 189). In jedem Fall ist der Antrag **vor einer Vernehmung** des SV zu stellen (**II 1**). Der Ablauf der 2-Wochenfrist ist unschädl, wenn der ASt seine unverschuldete **Verhinderung** an einer früheren Ablehnung glaubhaft macht (**II 2**). Dies gilt insb, wenn der Ablehnungsgrund aus der Erstellung oder dem Inhalt des Gutachtens hergeleitet wird; der Antrag ist in diesem Fall unverzügl (§ 121 BGB entspr) nach Kenntnis von dem Ablehnungsgrund zu stellen (BbgVerfG NJW-RR 2019, 831; BGH NJW 2005, 1869; OLG Celle NJW-RR 95, 128). Eine angemessene Prüfungs- und Überlegungszeit steht der Unverzüglichkeit nicht entgegen (OLG Koblenz NJW-RR 99, 72; KGR Berlin 2001, 183; BayObLG MDR 95, 412, 413); sie kann aber nicht mit der anderen Zwecken dienenden Frist für Einwendungen und Anträge nach § 411 IV 2 gleichgesetzt werden (so jedoch BGH NJW 2005, 1869 mN zu der fast einhellig gegensätzl OLG-Rspr u Lit). Eine Pflicht, nach mögl Ablehnungsgründen zu forschen, besteht entgegen RGZ 64, 432 grds nicht (MK/Zimmermann Rn 10; Ausnahme wegen außergewöhnl Schwierigkeit der SV-Gewinnung: BGH NJW 2009, 84); schuldhaft kann es jedoch sein, wenn Partei ohne jegl Erkundigung erklärt, gegen die Person des SV bestünden keine Einwände (BGH MDR 2012, 1058). – Die 2-Wochenfrist unterliegt weder dem § 233 noch dem § 296; bei ihrer verschuldeten Versäumung gilt § 230, der Antrag wird also unzulässig.

12 **3) Verlust des Ablehnungsrechts.** Haben sich die Parteien auf einen SV geeinigt (§ 404 IV), so verzichten sie damit auf die bis zur Einigung bekannten Ablehnungsgründe (BGH MDR 2007, 103); ebenso der Beweisgegner, der in Kenntnis des Umstandes, dass der SV für den Beweisführer bereits als Privatgutachter tätig war, erklärt, er habe gegen dessen Beauftragung keine Einwände (OLG Köln VersR 93, 1502). Der SV kann einen Ablehnungsgrund uU (zB durch Klarstellung, Entschuldigung) ausräumen (OLG Frankfurt MDR 2017, 170). Verh zur Sache oder über das Beweisergebnis (§ 285) hat entspr § 43 Verlust des Ablehnungsrechts wegen solcher Gründe zur Folge, deren Geltendmachung bereits geboten war (OLG Stuttgart MDR 2024, 1199; OLG Düsseldorf MDR 94, 620; MskV/Röß Rn 16; aA MK/Zimmermann Rn 9), ebenso Vernehmung des SV (s Rn 11). Erlass des Sachurteils hindert (bis zur Rechtskraft) Ablehnung nicht (OLG Düsseldorf MDR 56, 305; OLG Hamburg NJW 60, 874; MskV/Röß Rn 15; dazu s Rn 10, 15).

12a **4) Anhörungen.** Notwendig nur insoweit, als die Entscheidung Rechte der Beteiligten berühren kann. Es ist daher nicht in jedem Fall erforderl, dem **SV** Gelegenheit zur Äußerung zu geben; § 44 III gilt nicht entspr (MK/Zimmermann Rn 14 mwN; aA StJ/Berger Rn 61). Der SV ist jedoch anzuhören, soweit das zur sachl Prüfung des Grundes erforderl ist (OLG Karlsruhe OLGZ 84, 105; Schultz MDR 85, 854) oder soweit bei einer begründeten Ablehnung sein PersönlichkeitsR berührt oder sein Honoraranspruch in Frage gestellt wird (zu Letzterem s § 413 Rn 4). Für die Stellungnahme erhält er keine Entschädigung (s § 413 Rn 1). Die ablehnende Partei muss sich zu ihr äußern können (OLG Koblenz NJW 77, 395). Enthält sie unsachl Äußerungen, so kann darin je nach den Umständen entweder eine Bestätigung des bereits geltend gemachten Ablehnungsgrundes oder ein neuer Grund (neuer Antrag, neue Frist) liegen. Der **Gegner** der ablehnenden Partei ist anzuhören, wenn das Gericht der Ablehnung stattzugeben beabsichtigt (StJ/Berger Rn 60; aA MK/Zimmermann Rn 14); die **ableh-**

nende Partei hat das Recht, sich vor der Zurückweisung ihres Gesuchs zu einer Erwiderung des Gegners zu äußern. – **Keine notwendige mündliche Verhandlung** über das Gesuch (§ 128 IV).

5) Weiteres Verfahren. Anbringung des Gesuches rechtfertigt nicht Verweigerung der Einlassung zur Sache (§ 333) bis zur Entscheidung über das Gesuch (Werthauer NJW 62, 1235 gegen KG RzW 62, 135; vgl die ähnl Situation in § 280 II Hs 2, § 304 II Hs 2). Gericht ist nicht gehindert, den Rechtsstreit fortzusetzen. Entscheidung in der Hauptsache ist aber unzweckmäßig, wenn das Gutachten dort verwertet wird: Bei Erfolg des Ablehnungsantrags wäre Urteil, soweit es auf der Verwertung des Gutachtens beruht, im Rechtsmittelwege aufzuheben (BayObLG FamRZ 95, 425). Zur Gewährleistung eines rechtsstaatl Verf muss die Verwertung daher einstw unterbleiben, wenn gegen das Urteil kein Rechtsmittel gegeben ist (MK/Zimmermann Rn 16). 13

6) Entscheidung. Sie ergeht durch Beschluss (IV, nicht in den Urteilsgründen, nicht im Bestellungsbeschluss, OLGR Frankfurt 1999, 381). Er ist, soweit nicht verkündet, der ablehnenden Partei im Fall der Zurückweisung förml, ggf mit Rechtsmittelbelehrung (§ 232), zuzustellen (§ 329 III), iÜ formlos mitzuteilen. 13a

7) Rechtsmittel. Nur gegen Zurückweisung des Ablehnungsantrags **sofortige Beschwerde** (§ 567) bzw **Rechtsbeschwerde**, wenn diese zugelassen wurde (§ 574); gegen Stattgabe auch nicht bei Zulassung (BGH MDR 2015, 1197). Hebt Beschwerdegericht auf, weil Erstgericht das Gesuch als verfristet angesehen hat, kann (u sollte idR) die Entscheidung in der Sache dem ProzGericht übertragen werden (§ 572 III; KGR Berlin 2001, 183). Gegen Entscheidung des **verordneten Richters** (§ 405) zunächst Erinnerung (§ 573), aber ebenfalls nur, wenn die Ablehnung für unbegründet erklärt wurde. – Zum Nachschieben neuer Gründe s § 46 Rn 18. – Wurde über die Ablehnung fälschl nicht durch Beschluss, sondern **mit dem Urteil** entschieden, kann es mit Berufung bzw Revision angefochten werden. Berufungsgericht kann inzidenter über die Ablehnung entscheiden; Zurückverweisung nur im Falle von § 538 II 1 Nr 1 (BGH NJW 2019, 3001 = JR 2020, 377 [krit Ahrens]). 14

IV) Einfluss auf den Rechtsstreit. 1) Erfolgreiche Ablehnung. Das Gutachten darf nicht mehr (auch nicht zugunsten der ablehnenden Partei) verwertet werden (außer wenn Ablehnungsgrund provoziert wurde und bei Erstattung des Gutachtens sicher noch nicht bestand; BGH MDR 2007, 1213; zu dieser Feststellung s BGH MDR 2024, 323). Das Gericht, ggf das Berufungsgericht, muss, sofern die Beweisfrage noch erhebl, gem § 404 einen neuen SV beauftragen (§ 412 II; s § 412 Rn 3). Der abgelehnte SV darf als sachverständiger Zeuge über sachkundig festgestellte Tatsachen vernommen werden (BGH NJW 65, 1492; BGH MDR 74, 382). – Zum **Vergütungsanspruch** des SV s § 413 Rn 4. 15

2) Unterbliebene oder erfolglose Ablehnung. Der Ablehnungsgrund kann grds (auch in höherer Instanz) nicht mehr geltend gemacht werden, auch nicht als Verfahrensfehler bei Auswahl des SV (s § 404 Rn 1). Dem Gericht bekannte Umstände, die Anlass zu einer begründeten Ablehnung hätten geben können, sind jedoch bei der Beweiswürdigung zu berücksichtigen (BGH NJW 2017, 160 Tz 41) und können Anlass zur Einholung eines weiteren Gutachtens geben (§ 412; vgl BSG NJW 93, 3022 = MDR 93, 907; MK/Zimmermann Rn 20 mwN). Das Verschweigen eines erhebl Ablehnungsgrunds vor den Parteien kann eine Ablehnung des Richters rechtfertigen (weiter gehend BSG MDR 99, 955: Verletzung des rechtl Gehörs). 16

V) Gebühren. 1) Gericht: keine. Beschwerdeverf 1812 GKG-KV; Rechtsbeschwerde: 1826 GKG-KV; Ermäßigung: 1827 GKG-KV. – **2) RA:** Für den ProzBev gehört das Verf zur Instanz (§ 19 I 2 Nr 3 RVG). – Beim Auftrag nur für das Ablehnungsverf: 3403 RVG-VV. – Beschwerde (V): § 18 I Nr 3 RVG; 3500 RVG-VV sowohl für den ProzBev als auch beim Einzelauftrag. – Kosten der Gegenpartei aus dem Beschwerdeverf sind erstattungsfähig (BGH MDR 2019, 189 = NJW 2019, 428). – Für den RA als Beistand des SV erwachsen die Geb wie für einen ProzBev (Vorbem 3 I 2 RVG-VV), allerdings nur aus dem Wert des Zwischenstreits (s § 3 Rn 16.6). 17

§ 407 Pflicht zur Erstattung des Gutachtens

(1) Der zum Sachverständigen Ernannte hat der Ernennung Folge zu leisten, wenn er zur Erstattung von Gutachten der erforderten Art öffentlich bestellt ist oder wenn er die Wissenschaft, die Kunst oder das Gewerbe, deren Kenntnis Voraussetzung der Begutachtung ist, öffentlich zum Erwerb ausübt oder wenn er zur Ausübung derselben öffentlich bestellt oder ermächtigt ist.

(2) Zur Erstattung des Gutachtens ist auch derjenige verpflichtet, der sich hierzu vor Gericht bereit erklärt hat.

Gutachterpflicht trifft – anders als Zeugenpflicht – nicht jedermann, sondern nur öffentl bestellte SV (s § 404 Rn 3); auf dem betr Fachgebiet der Öffentlichkeit ggü entgeltl Tätige (gleich ob für eigene oder fremde Rechnung; RGZ 50, 391); Lizenzträger, zB Ärzte, RA, Lehrer (aktive Berufsausübung ist hier nicht Voraussetzung, daher auch pensionierte Amtsärzte, Professoren usw); – Personen, die sich dem Gericht ggü allg (StJ/Berger Rn 5; PG/Katzenmeier Rn 3; aA MskV/Röß Rn 2) oder im konkreten Fall zur Gutachtenerstattung bereit erklärt haben (§ 407 II). Widerspruchslose Entgegennahme des Auftrags genügt (StJ/Berger Rn 5). – Zu den **zulässigen Weigerungsgründen** s § 408, zu den Folgen unzulässiger Weigerung s §§ 409, 411 II. 1

§ 407a Weitere Pflichten des Sachverständigen

(1) [1]Der Sachverständige hat unverzüglich zu prüfen, ob der Auftrag in sein Fachgebiet fällt und ohne die Hinzuziehung weiterer Sachverständiger sowie innerhalb der vom Gericht gesetzten Frist erledigt werden kann. [2]Ist das nicht der Fall, so hat der Sachverständige das Gericht unverzüglich zu verständigen.
(2) [1]Der Sachverständige hat unverzüglich zu prüfen, ob ein Grund vorliegt, der geeignet ist, Misstrauen gegen seine Unparteilichkeit zu rechtfertigen. [2]Der Sachverständige hat dem Gericht solche Gründe unverzüglich mitzuteilen. [3]Unterlässt er dies, kann gegen ihn ein Ordnungsgeld festgesetzt werden.
(3) [1]Der Sachverständige ist nicht befugt, den Auftrag auf einen anderen zu übertragen. [2]Soweit er sich der Mitarbeit einer anderen Person bedient, hat er diese namhaft zu machen und den Umfang ihrer Tätigkeit anzugeben, falls es sich nicht um Hilfsdienste von untergeordneter Bedeutung handelt.
(4) [1]Hat der Sachverständige Zweifel an Inhalt und Umfang des Auftrages, so hat er unverzüglich eine Klärung durch das Gericht herbeizuführen. [2]Erwachsen voraussichtlich Kosten, die erkennbar außer Verhältnis zum Wert des Streitgegenstandes stehen oder einen angeforderten Kostenvorschuss erheblich übersteigen, so hat der Sachverständige rechtzeitig hierauf hinzuweisen.
(5) [1]Der Sachverständige hat auf Verlangen des Gerichts die Akten und sonstige für die Begutachtung beigezogene Unterlagen sowie Untersuchungsergebnisse unverzüglich herauszugeben oder mitzuteilen. [2]Kommt er dieser Pflicht nicht nach, so ordnet das Gericht die Herausgabe an.
(6) Das Gericht soll den Sachverständigen auf seine Pflichten hinweisen.

1 **1) Prüf- und Mitteilungspflichten (§ 407a I, II).** Im Interesse einer zügigen und rationellen Abwicklung des Beweisverf hat der SV das Gericht sofort zu unterrichten, wenn er nicht die erforderl **Sachkunde** hat oder die Zuarbeit eines weiteren SV benötigt, die nach § 411 I gesetzte **Frist** nicht einhalten kann oder ein **Ablehnungsgrund** nach § 406 in Betracht kommt. Das Gericht kann und muss dann frühzeitig die erforderl Maßnahmen treffen (zB Entpflichtung des SV nach § 408 I 2, Bestellung eines anderen/weiteren Gutachters, Änderung des Beweisthemas, Weisungen nach § 404a, Friständerung, Anfrage bei Parteien, ob Ablehnungsantrag gestellt wird). **Nichterfüllung** kann zum Verlust des Vergütungsanspruchs führen (s § 413 Rn 4, 6), im Falle II auch zu Ordnungsgeld bis 1.000 Euro (Art 6 EGStGB). Unterlassen von I kann zu Verspätungsfolgen (§ 411 II; sa § 413 Rn 7) führen.

2 **2) Persönliche Gutachtenserstattung (§ 407a III).** Den SV bestimmt und beauftragt ausschließl das Gericht selbst. Der Auftrag geht auch nicht auf einen Stellennachfolger über (BSG jurisPR-MedizinR 4/2011 Anm 2 [Francke]). Der SV darf daher den ihm erteilten Auftrag nicht auf einen anderen übertragen oder einen anderen SV mit der Erstattung eines Untergutachtens (als Grundlage für sein eigenes) beauftragen, selbst wenn er seine eigene unzulängl Sachkunde erkennt oder seine dienstl Stellung aufgegeben hat oder sich außer Stande sieht, das Gutachten in angemessener Frist zu erstatten. Das Gutachten ist sonst unverwertbar u nicht zu vergüten (s § 413 Rn 6). Dies gilt auch für die verdeckte (dem Gericht und den Parteien verschwiegene) Hinzuziehung eines anderen Gutachters (Schikora MDR 2002, 1034; einschr BSG jurisPR SozR 9/2006 Anm 6 [Keller]: bei obj Interesse u Übergehen eines Antrags, dem SV die Mitteilung nach III 2 aufzugeben, durch das Gericht). Bei Anhaltspunkten für eine unzulässige Einschaltung Dritter Vernehmung des SV nach § 411 III (BVerwG NJW 84, 2645).

2a Die **Hinzuziehung von Gehilfen** durch den SV ist jedoch zulässig, solange sie die Eigenverantwortlichkeit des SV für sein Gutachten nicht in Frage stellt (vgl III 2, § 12 Nr 1 JVEG). Sie dürfen also lediglich für unterstützende Dienste nach Weisung und unter Aufsicht des SV herangezogen werden, während die wissenschaftl Auswertung dieser Arbeitsergebnisse beim SV bleiben muss (BGH NJW 85, 1400; BGH VersR 72, 927; BVerwG NVwZ 93, 771; Bleutge NJW 85, 1185). Bsp: einzelne Laboruntersuchungen oder technische Befunde; zur körperl Untersuchung bei ärztl Gutachten BSG jurisPR-SozR 17/2007 Anm 6 [Reyels]; zur Mitarbeit eines Oberarztes OLG Frankfurt VersR 94, 610. Mitunterzeichnung des Beigezogenen ist unschädl (OLG Dresden VersR 2023, 1318). Dagegen fehlt Verantwortungsübernahme, wenn der beauftragte SV ein Gutachten des Beigezogenen nur mit „einverstanden" abzeichnet (StJ/Berger § 404 Rn 10; BVerwG NJW 84, 2645; korrekt dagegen nach BGH VersR 72, 927, 929 u OLG Bamberg MDR 2025, 129: „einverstanden aufgrund eigener Untersuchung und Urteilsbildung"; zw). Fehlt es an der Übernahme der Verantwortung, kann und sollte der SV ohne Honorar entlassen und gem § 404 I 3, § 360 der „Gehilfe" zum SV ernannt werden (BGH NJW 85, 1399; BayObLG NJW 2003, 216, 219). Gehilfen des SV können nicht gem § 406 abgelehnt werden (OLG Zweibrücken MDR 86, 417).

2b Die **Nutzung von generativer KI** zur Beantwortung der Gutachtensfrage ist dem SV nach dem Rechtsgedanken von § 407a III ebenfalls untersagt; bedient er sich ihrer zur Vorbereitung des Gutachtens, zB bei der Ermittlung von Befundtatsachen, hat er dies offenzulegen (Schaub DS 2025, 38, 40).

3 **3) Aufklärungspflichten (§ 407a IV).** Bei Zweifeln über **Inhalt oder Umfang des Auftrags** ist der SV zur Klärung durch Rückfrage beim Gericht verpflichtet (IV 1). Unterlässt er dies in vorwerfbarer Weise, entfällt sein

Vergütungsanspruch, soweit das Gutachten infolgedessen unverwertbar ist (§ 8a II 1 Nr 1 JVEG). Dies gilt bereits dann, wenn sich Zweifel förml aufdrängen mussten.

Über **zu erwartende Kosten** hat der SV das Gericht zu informieren, wenn der Vorschuss nach § 379 voraussichtl erhebl (ca 20 bis 25 %; OLG Stuttgart MDR 2008, 652; MK/Zimmermann Rn 13 mwN) überschritten wird oder (bei fehlender Vorschussanordnung) die Unwirtschaftlichkeit der Begutachtung im Hinblick auf den Streitwert für ihn erkennbar ist (IV 2). Zur sof Einstellung seiner Tätigkeit ist der SV nicht verpflichtet (OLG Stuttgart MDR 2017, 1392). Das Gericht fordert ggf eine Aufstockung des Vorschusses an. – Zur Kürzung der Vergütung bei Unterlassen der Anzeige s § 413 Rn 8. 3a

4) Herausgabe von Unterlagen (§ 407a V). Um dem Gericht die gebotene eigenverantwortl Prüfung zu ermöglichen (s vor § 402 Rn 14 f) sowie zur Unterrichtung der Parteien oder eines ggf gem § 404 I 3 oder § 412 in Anspruch genommenen anderen oder weiteren SV hat der SV dem Gericht auf Verlangen neben den überlassenen Akten u dem Gutachten auch die diesem zugrunde liegenden **Bearbeitungsunterlagen** (zB Krankengeschichten, Röntgenaufnahmen, Lichtbilder, Aufzeichnungen) herauszugeben oder – falls der Schutz von Persönlichkeitsrechten (hierzu Prütting ZZP 106 [1993], 460) oder sonstige Rechte eines Dritten der Herausgabe entgegenstehen – mitzuteilen, nicht jedoch seine kompletten Handakten (aA Schikora MDR 2002, 1035). Das **Herausgabeverlangen** nach § 407a V 1 kann der Vors stellen, die **Anordnung der Herausgabe** oder Mitteilung (§ 407a V 2) geschieht durch Beschluss des Gerichts, der nicht anfechtbar ist (OLG Karlsruhe MDR 2007, 236). Ein Zurückbehaltungsrecht des SV an den Gerichtsakten, seinem Gutachten und hierzu gehörenden Unterlagen (etwa bis zur Zahlung seiner Entschädigung) besteht nicht. Bei unbegründeter oder gem §§ 408, 387 für unbegründet erklärter **Verweigerung der Herausgabe:** Kostenfolge und Ordnungsgeld gem § 409 I (hiergegen Beschwerde nach § 409 II) sowie Zwangsmittel gem § 1 I Nr 2b JBeitrG (hiergegen Erinnerung nach § 766 iVm § 6 I Nr 1 JBeitrG). 4

5) Hinweispflicht des Gerichts (§ 407a V). Sie ist nicht Voraussetzung für die Bejahung einer Pflichtwidrigkeit des SV, kann aber für das Vertretenmüssen iSv § 8a II 1 Nr 1 JVEG (s § 413 Rn 6) eine Rolle spielen. Ob und mit welchem Inhalt ein Hinweis geboten ist, richtet sich nach den Umständen des Einzelfalls, zB der forensischen Erfahrung des SV. Zweckmäßig ist ein dem Gutachtensauftrag beigefügtes Merkblatt. 5

§ 408 Gutachtenverweigerungsrecht

(1) [1]Dieselben Gründe, die einen Zeugen berechtigen, das Zeugnis zu verweigern, berechtigen einen Sachverständigen zur Verweigerung des Gutachtens. [2]Das Gericht kann auch aus anderen Gründen einen Sachverständigen von der Verpflichtung zur Erstattung des Gutachtens entbinden.

(2) [1]Für die Vernehmung eines Richters, Beamten oder einer anderen Person des öffentlichen Dienstes als Sachverständigen gelten die besonderen beamtenrechtlichen Vorschriften. [2]Für die Mitglieder der Bundes- oder einer Landesregierung gelten die für sie maßgebenden besonderen Vorschriften.

(3) Wer bei einer richterlichen Entscheidung mitgewirkt hat, soll über Fragen, die den Gegenstand der Entscheidung gebildet haben, nicht als Sachverständiger vernommen werden.

1) Bedeutung. Verweigerung der Gutachtertätigkeit ist, sofern kein Fall des § 407 vorliegt, ohne bes Gründe zulässig, ansonsten nur unter den Voraussetzungen der §§ 383-385 u § 376. 1

2) Amtsverschwiegenheit (§ 408 II). Die betr Personen benötigen auch für die Tätigkeit als SV die Genehmigung des Dienstherrn (zum Anwendungsbereich u den einschlägigen Vorschriften s § 376 Rn 1a ff). Diese ist durch das Gericht einzuholen (§ 376 III analog). 2

3) Mitwirkung an früherer richterlicher Entscheidung (§ 408 III). Die betr Personen (auch ehrenamtl oder Schiedsrichter) sollen nicht zum Gutachter in ders Sache bestellt werden, haben aber kein Verweigerungsrecht. Nichtbeachtung ist kein Verfahrensfehler (StJ/Berger Rn 12). 3

4) Verfahren bei Verweigerung. Das Gericht kann – im Fall § 404 IV nur nach Anhörung der Parteien – den SV **formlos entlassen** u gem § 360 einen anderen benennen. Der Beschluss ist nicht anfechtbar. Befugt hierzu ist auch der verordnete Richter, der den SV ernannt hatte: §§ 405, 404 I. Bei unberechtigt erscheinender Weigerung ist ein **Zwischenstreit** gem §§ 386-389 durchzuführen. Erst nach Rechtskraft des Zwischenurteils (§ 387 III) – bei unberechtigter Verweigerung ohne Angabe von Gründen auch ohne Zwischenstreit – sind die Zwangsmittel der §§ 409, 411 II anzuwenden. 4

§ 409 Folgen des Ausbleibens oder der Gutachtenverweigerung

(1) [1]Wenn ein Sachverständiger nicht erscheint oder sich weigert, ein Gutachten zu erstatten, obgleich er dazu verpflichtet ist, oder wenn er Akten oder sonstige Unterlagen zurückbehält, werden ihm die dadurch verursachten Kosten auferlegt. [2]Zugleich wird gegen ihn ein Ordnungsgeld festgesetzt. [3]Im Falle wiederholten Ungehorsams kann das Ordnungsgeld noch einmal festgesetzt werden.

(2) Gegen den Beschluss findet sofortige Beschwerde statt.

1 **1) Unberechtigte Gutachtenverweigerung.** Nichtablieferung des schriftl Gutachtens bzw Nichterscheinen zu mündl Gutachtenerstattung oder Erläuterung des schriftl Gutachten nach § 411 III löst Sanktionen nach I aus. Außerdem ist idR die Entziehung des Gutachtensauftrags, verbunden mit der Beauftragung eines anderen SV (§ 360) angezeigt (OLG Brandenburg MDR 2005, 1131). **Voraussetzung** ist, dass der SV gem § 407 zur Begutachtung verpflichtet ist u keinen Weigerungsgrund nach § 408 I geltend machen kann (ggf nach rechtskräftigem Abschluss des Zwischenstreits, s § 408 Rn 4). Im Fall des Nichterscheinens vor Gericht muss er ordentl (§ 377) geladen u darf nicht nach § 386 III entbunden oder nach § 381 entschuldigt sein. Entfernung vor der Vernehmung u sitzungspolizeil Entfernung (§ 158 GVG) stehen dem Nichterscheinen gleich. – Nicht § 409, sondern § 411 II gilt bei der **Verzögerung** des schriftl Gutachtens.

2 **2) Nichtherausgabe von Unterlagen.** Nichterfüllung eines Herausgabeverlangens (s hierzu § 407a V) hat dieselben Konsequenzen. Zum Beweis des Aktenerhalts s OLG Koblenz VersR 2015, 259.

3 **3) Sanktionen.** Wie § 380, aber keine Haft oder zwangsw Vorführung. Zur wiederholten Verhängung von Ordnungsgeld s § 380 Rn 8. Der Beschluss ist ggf zu verkünden (§ 329 I), jedenfalls zuzustellen (§ 329 III). – **Rechtsbehelf:** wie § 380 Rn 9 ff. Zum **Vergütungsanspruch** s § 413 Rn 7.

§ 410 Sachverständigenbeeidigung

(1) [1]Der Sachverständige wird vor oder nach Erstattung des Gutachtens beeidigt. [2]Die Eidesnorm geht dahin, dass der Sachverständige das von ihm erforderte Gutachten unparteiisch und nach bestem Wissen und Gewissen erstatten werde oder erstattet habe.

(2) Ist der Sachverständige für die Erstattung von Gutachten der betreffenden Art im Allgemeinen beeidigt, so genügt die Berufung auf den geleisteten Eid; sie kann auch in einem schriftlichen Gutachten erklärt werden.

1 **1) Bedeutung.** § 410 begründet **keine Pflicht zur Beeidigung**, er regelt nur das Wie (BGH NJW 98, 3355). IÜ gelten die Regeln für Zeugen (§ 391). Beeidigung daher unzulässig bei Verzicht der Parteien (s § 391 Rn 4). Ansonsten Anordnung nach Ermessen des ProzGerichts (nicht des verordneten Richters: s § 391 Rn 6). Dabei wird zu bedenken sein, dass der Eid bei Zweifeln des Gerichts an den Bewertungen des SV kaum geeignet ist, deren Überzeugungskraft zu erhärten; in solchen Fällen bietet sich Vorgehen nach § 412 an; anders uU, wenn bewusste Falschbegutachtung zu besorgen ist.

2 **2) Anordnung der Beeidigung.** Durch Beschluss des ProzGerichts (Peters NJW 90, 1832) kann wahlw Vor- oder Nacheid angeordnet werden. Voreid deckt schriftl u mündl Gutachten einschließl späterer Erläuterung (§ 411 III). Zeugeneid (§ 392) ersetzt den SV-Eid niemals, ist jedoch zusätzl nötig, wo der SV neben oder in dem Gutachten auch Zeugenaussagen (entspr § 414) macht, zB über äußere Wahrnehmungen anlässl einer vom Gutachtensauftrag unabhängigen (OLG Hamm NJW 54, 1820) Ortsbesichtigung. Abnahme des Eides: §§ 478-484. Eidesverweigerung: § 409.

3 **3) Berufung auf allgemeine Beeidigung (§ 410 II).** Bedeutung entspr Eid (vgl § 155 Nr 2 StGB), wenn Gericht die Vereidigung durch Beschluss angeordnet hat (StJ/Berger Rn 9; Peters NJW 90, 1834) u der allg Eid sich auf Gutachten der betr Art erstreckt (vgl BGH MDR 85, 27; Grossam in Bayerlein/Bleutge/Roeßner § 18 Rn 73). Wirkungslos wäre eine (ges nicht vorgesehene) **eidesstattliche Versicherung**, ebenso die bloße Angabe allg Beeidigung (Grossam in Bayerlein/Bleutge/Roeßner § 18 Rn 75).

§ 411 Schriftliches Gutachten

(1) Wird schriftliche Begutachtung angeordnet, setzt das Gericht dem Sachverständigen eine Frist, innerhalb derer er das von ihm unterschriebene Gutachten zu übermitteln hat.

(2) [1]Versäumt ein zur Erstattung des Gutachtens verpflichteter Sachverständiger die Frist, so soll gegen ihn ein Ordnungsgeld festgesetzt werden. [2]Das Ordnungsgeld muss vorher unter Setzung einer Nach-

frist angedroht werden. [3]Im Falle wiederholter Fristversäumnis kann das Ordnungsgeld in der gleichen Weise noch einmal festgesetzt werden. [4]Das einzelne Ordnungsgeld darf 3.000 Euro nicht übersteigen. [5]§ 409 Abs. 2 gilt entsprechend.

(3) [1]Das Gericht kann das Erscheinen des Sachverständigen zur Erläuterung des schriftlichen Gutachtens, eine schriftliche Erläuterung oder eine Ergänzung des Gutachtens anordnen. [2]Das Erscheinen kann auch als Teilnahme per Bild- und Tonübertragung nach § 128a gestattet oder angeordnet werden.

(4) [1]Die Parteien haben dem Gericht innerhalb eines angemessenen Zeitraums ihre Einwendungen gegen das Gutachten, die Begutachtung betreffende Anträge und Ergänzungsfragen zu dem schriftlichen Gutachten mitzuteilen. [2]Das Gericht kann ihnen hierfür eine Frist setzen; § 296 Abs. 1, 4 gilt entsprechend.

III geändert durch G zur Förderung des Einsatzes von Videokonferenztechnik in der Zivilgerichtsbarkeit und den Fachgerichtsbarkeiten v 15.7.2024 (BGBl 2024 I Nr 237) mWv 19.7.2024.

I) Form der Begutachtung. Ges Regelfall ist, wie sich aus § 402 iVm §§ 373 ff ergibt, die mündl Gutachtenserstattung durch **Vernehmung** des SV. Diese kann auch durch Videoübertragung gem § 284 II, III erfolgen (s § 284 Rn 6 ff). Nach I kann aber (als bes Verf iSv § 358) **schriftliche Begutachtung** angeordnet werden. Diese steht im Ermessen des Gerichts; einer Zustimmung der Parteien bedarf es nicht. Von ihr wird in der Praxis zumeist Gebrauch gemacht, was bei komplexeren Beweisfragen auch sachgerecht ist (gründlichere Ausarbeitung, bessere Nachvollziehbarkeit für Gericht und Parteien, mündl Erläuterung bleibt gleichwohl mögl, s III). Zur Vermeidung des oft erhebl Zeit- und Kostenaufwands ist aber zu prüfen, ob im Einzelfall mündl Gutachtenserstattung ausreicht (Schneider/Schmaltz NJW 2011, 3270, 3272). Entspr Auftrag schließt Erstellung schriftl Unterlagen zur Unterstützung des Vortrags nicht aus (OLG Köln MDR 2015, 856), ggf per Video (§ 284 II, III). Protokollierung: § 160 III Nr 4. – Zur Verwertung von Privatgutachten und schriftl Gutachten aus anderen Verf s vor § 402 Rn 10 f. 1

II) Verfahrensablauf bei schriftlicher Begutachtung. Anordnung durch Beweisbeschluss (§ 358), der zweckmäßigerw zugleich die Ernennung des SV (§ 404 I), die Fristbestimmung nach I sowie ggf die Festsetzung des Auslagenvorschusses (s § 379 Rn 1 ff) enthält. Sodann **Erteilung des Gutachtensauftrags** an den ernannten SV (ggf nach Eingang des Auslagenvorschusses) unter Beachtung von § 404a und mit **obligatorischer Fristsetzung** (I; s Rn 8). **Übermittlung** des Gutachtens als unterschriebenes Schriftstück oder elektron unter Beachtung von § 130a. **Überprüfung** der formalen und inhaltl Anforderungen, ggf Verlangen von Nachbesserung (zB von Unterschrift oder Signatur; nach Müller RDi 2025, 24, 28 aber verzichtbar). **Übersendung** von Abschriften an Parteien mit **Aufforderung nach IV**, idR mit Fristsetzung (s Rn 7). Falls beantragt oder vom Gericht für nötig befunden, **Anordnung schriftlicher Erläuterung bzw Ergänzung** (III 2) oder **Ladung** zur mündl Erläuterung (III 1), ggf zur Befragung durch die Parteien (§§ 402, 397; s Rn 4; zum Auslagenvorschuss s § 379 Rn 1, 3 f). **Einführung in die mündliche Verh** durch Vortrag der Parteien gem § 285 II (BGH NJW 1961, 2308), idR mittels Bezugnahme nach § 137 III. Ggf mündl Ausführungen des geladenen SV mit ausführl Protokollierung (BGH NJW-RR 1993, 1034, 1035). Abschließend **Erörterung u Verhandlung des Beweisergebnisses** (§ 279 III, § 285 I), ggf erneute Anhörung des SV (BGH NJW 1986, 2886) oder Gelegenheit zu nachträgl Stellungnahme nach Vorliegen des Protokolls zwecks rechtl Gehörs (BGH NJW 2009, 2604; BGH NJW 1982, 1335; s § 285 Rn 2). Beachtl Ausführungen (auch in nicht nachgelassenem Schriftsatz) erfordern Wiedereröffnung der mündl Verh (BGH MDR 2011, 160). 2

III) Mündliche Erläuterung des schriftlichen Gutachtens (§ 411 III). 1) Anordnung von Amts wegen. III 1 stellt diese zwar in das Ermessen des Gerichts, bei Unklarheiten und Zweifeln muss sie jedoch getroffen werden, sofern eine schriftl Erläuterung oder Ergänzung (III 2) nicht ausreichend erscheint oder nicht gleich nach § 412 ein anderer SV beauftragt wird (BGH NJW 2011, 852, 855); auch Einwände gegen das Gutachten in einem Parteigutachten können hierzu Anlass geben (BGH NJW-RR 98, 1527, 1528; BGH NZV 97, 72; BGH MDR 92, 407). Der Anordnung vAw steht nicht entgegen, dass ein entspr Antrag einer Partei wegen Verspätung zurückzuweisen wäre (BGH NJW-RR 98, 1527, 1528; BGH MDR 89, 535). 3

2) Anordnung auf Antrag einer Partei. Einem solchen Antrag (**Formulierungsvorschlag:** Vorwerk/Fullenkamp, PFB, M 24.16) hat das Gericht (unabhängig davon, ob es selbst noch Erläuterungsbedarf sieht oder ob ein solcher nachvollziehbar dargetan wurde) nach § 402 iVm § 397 stets zu entsprechen (BGHZ 6, 398; BGH NJW 98, 162; BGH MDR 2019, 1013). Nichtbeachtung verletzt grds (Ausnahmen: s Rn 5) rechtl Gehör (BVerfG NJW 98, 2273; BVerfG NJW 2012, 1346; BVerfG NJW 2018, 3097); Berufungsgericht muss wiederholtem Antrag stattgeben (BGH MDR 2005, 1308; BGH NJW-RR 2017, 1144); unerledigter Antrag aus sBV wirkt im Hauptsacheverf fort (BGH NJW 2018, 1171). § 398 und auch ein früher erklärtes Einverständnis mit schriftl Begutachtung stehen nicht entgegen, denn bei der Anhörung des SV soll das Gutachten nicht wiederholt, sondern der Partei Gelegenheit gegeben werden, Fragen zur Erläuterung u Ergänzung zu stellen (zur vorherigen Mitteilung dieser Fragen s IV u Rn 7). Kann die Partei dieses Recht nur mit Unterstützung eines eigenen SV sachgerecht ausüben, muss bei dessen Verhinderung einem Verlegungsantrag entsprochen werden (OLG Karlsruhe 4

VersR 2011, 1284 [Jahns]). Durch den Antrag auf Ladung des SV wird das Gericht nicht gehindert, vorrangig eine **schriftl Erläuterung** einzuholen; die Ladung des SV kann dann von der Benennung weiterer konkreter Fragen und Einwendungen abhängig gemacht werden (BVerfG NZS 2018, 859; enger [nur bei Verzicht] BGH VersR 2015, 257). Von Verzicht kann ausgegangen werden, wenn Partei nach Ergänzung des Gutachtens rügelos mündl verhandelt (OLG Dresden NJW 2022, 3017). Hat das Gericht gem § 412 einen neuen SV beauftragt, ist es zur Vorladung des früheren nur noch dann verpflichtet, wenn es auch dessen Gutachten verwerten will (unklar BGH NJW 2011, 852, 855).

5 **Ausnahmen.** Als missbräuchl zurückgewiesen werden darf (im Urteil) ein Antrag, wenn das schriftl Gutachten vollständig und überzeugungsfähig ist, der Antrag aber gleichwohl nicht gem IV 1 begründet wird (BGHZ 24, 9, 14; BAG MDR 68, 529; Rixecker NJW 84, 2135, 2137; Ankermann NJW 85, 1204, 1205) oder in seiner Begründung die Ankündigung abwegiger, bereits eindeutig beantworteter oder beweisunerhebl Fragen enthält (OLGR Saarbrücken 2004, 379; OLGR Oldenburg 1998, 17; OLG Hamm MDR 85, 593; s § 397 Rn 3). Dass das Gericht das Gutachten für ausreichend und überzeugend hält, reicht für sich alleine aber nicht (BVerfG NJW 2012, 1346; BGH NJW 97, 802; BGH NJW 98, 162; BGH NJW-RR 2003, 208). Zur Präklusion wegen Verspätung des Antrags s Rn 7.

6 **3) Sonderfälle. a)** Bei **Behördengutachten** (s vor § 402 Rn 8) kommt eine persönl Vorladung nach § 411 III nicht in Betracht (vgl OLG Celle NJW 73, 203 u OLG Frankfurt MDR 83, 327 zum Gebührengutachten der RA-Kammer). Ergibt sich in einem solchen Fall die Notwendigkeit einer Erläuterung des Gutachtens, so kann entweder eine ergänzende Stellungnahme der Behörde angefordert oder ein Bediensteter (zB der Gutachtenersteller) geladen werden (vgl BGHZ 62, 93, 95 für den Gutachterausschuss gem §§ 192 ff BauGB). Hierin liegt eine nachträgl Bestellung dieser Person zum SV und die Beauftragung mit der Erstattung eines mündl Gutachtens (BGH NJW 98, 3355).

6a **b) Anhörung per Video-Zuschaltung** kann das Gericht nach seinem Ermessen gestatten oder anordnen (§ 411 III 2). Es gilt dann dasselbe wie bei der Video-Vernehmung (s § 284 Rn 8 ff).

6b c) Ein **im Ausland wohnender Sachverständiger** kann, wenn er nicht zum Erscheinen bereit ist, nur im Wege internat Rechtshilfe (§ 363) angehört werden (BGH MDR 80, 931).

7 **IV) Mitwirkungspflicht der Parteien (§ 411 IV).** Damit das Gericht möglichst kurzfristig über den weiteren Prozessablauf entscheiden kann, verlangt IV 1, dass die Parteien ihre Einwendungen, Anträge oder Fragen zu den Gutachten in angemessener Zeit nach Übermittlung des Gutachtens vorbringen. Die Fragen müssen nicht abschließend ausformuliert werden; es genügt die allg Angabe, in welcher Richtung eine weiter gehende Aufklärung gewünscht wird (BGHZ 24, 9, 15). Dauer hängt von Schwierigkeit der Beweisfrage und Verständlichkeit des schriftl Gutachtens ab (vgl OLG Düsseldorf NJW-RR 96, 1527 u OLG Celle MDR 2001, 108: 10 bzw 12 Wochen zur Prüfung eines schwierigen technischen Gutachtens). Eine Präklusionswirkung hat diese Regelung jedoch nur, wenn den Parteien (am besten zugleich mit der Übersendung des Gutachtens) durch zuzustellenden Gerichtsbeschluss mit Hinweis auf diese Wirkung eine **Ausschlussfrist** nach IV 2 gesetzt wird (BGH NJW-RR 2006, 428); Verfügung des Vors reicht nicht (BGH NJW-RR 2001, 1432; MskV/Röß Rn 7; sa § 296 Rn 8c ff). Nicht auf das Gutachten bezogene Erklärungen werden von der Präklusion nicht erfasst (BGH MDR 2017, 1321). Ein erst in der mündl Verh gestellter Antrag ist nicht verspätet, wenn sich der Grund zur Antragstellung erst dort ergeben hat (BGH MDR 2009, 163). Zu kurze Frist verletzt rechtl Gehör (BSG NJW 2021, 2138), ebenso die Nichtberücksichtigung verfristeten Vorbringens ohne Feststellung der Verzögerungswirkung u des Verschuldens iSv § 296 I (BGH NJW-RR 2025, 529 Tz 19).

8 **V) Befristung des Gutachtensauftrags (§ 411 I).** Sie ist bei allen SV-Bestellungen **obligatorisch**. Geht das Gutachten nicht fristgerecht ein, darf der Richter sich nicht mit einer Sachstandsanfrage begnügen. Vielmehr ist idR eine **Nachfrist mit Ordnungsgeldandrohung** zu setzen (**II**). Vorherige Rücksprache mit Hinweis auf die Haftung für Schäden durch Verfahrensverzögerung (s vor § 402 Rn 18) kann sich empfehlen (OLG Koblenz VersR 2015, 474). **Nach Ablauf der Nachfrist** *soll* (dh muss im Regelfall) durch Beschluss des Gerichts ein **Ordnungsgeld** bis zu 3.000 Euro festgesetzt werden (zu Einzelheiten s § 380 Rn 5 f), sofern keine genügende Entschuldigung (entspr § 381) vorliegt (zu den Anforderungen OLG Celle NJW 72, 1524; OLG Koblenz VersR 2015, 474). Keine (ersatzw) Haft, keine Vorführung. Nach erneuter Fristsetzung und Androhung ist **nochmalige Festsetzung** von Ordnungsgeld mögl. Führt diese gleichfalls nicht zum Erfolg, ist Gutachtensverweigerung anzunehmen. Wenn das Gericht diese Reaktion bei der letzten Fristsetzung ankündigt, sind sodann weitere Maßnahmen entspr § 409 mögl (OLG Stuttgart MDR 2017, 900). Auf die Streitfrage, ob § 411 II 3 zu weiteren Ordnungsmaßnahmen berechtigt (abl OLGR Koblenz 2001, 369), kommt es dann nicht an. – Gegen die Anordnung von Ordnungsmitteln, nicht schon gegen die Fristsetzung oder die Androhung **sof Beschwerde** (II iVm § 409 II; Einzelheiten s § 380 Rn 9 ff). Mit ihr kann fehlendes Verschulden geltend gemacht werden; Nichtanzeige von Hinderungsgründen (§ 407a I) schließt dies aus (OLG Oldenburg MDR 2012, 247). Zur SV-Vergütung s § 413 Rn 7.

9 **VI) Gebühren. 1) Gericht:** keine. – **2) RA:** Im Fall des III 1 kann die Zusatzgeb 1010 RVG-VV entstehen (sa § 358 Rn 5). Die Tätigkeit nach IV ist durch die VerfGeb 3100 RVG-VV abgegolten.

§ 411a Verwertung von Sachverständigengutachten aus anderen Verfahren

Die schriftliche Begutachtung kann durch die Verwertung eines gerichtlich oder staatsanwaltschaftlich eingeholten Sachverständigengutachtens aus einem anderen Verfahren ersetzt werden.

1) Bedeutung. Die Vorschrift gilt sowohl für den beantragten als auch für den amtswegigen SV-Beweis. Sie soll vermeiden, dass das Gericht über einen Lebenssachverhalt, der bereits in einem anderen Verf begutachtet worden ist, ein neues SV-Gutachten erstellen lassen muss, weil die Verwertung des früheren Gutachtens als Urkundenbeweis (s vor § 402 Rn 11) nicht ausreicht. Das Gericht soll das bereits vorliegende Gutachten so verwerten können, als wäre es im nun zu entscheidenden Rechtsstreit erstattet worden; die Parteien sollen den SV nach § 406 ablehnen und seine Ladung zur mündl Erläuterung (s § 411 Rn 4) herbeiführen können (BTDrs 15/1508, 20). All dies setzt jedoch voraus, dass er auch in dem neuen Verf als SV ernannt wird; nur dann hat er auch einen Vergütungsanspruch nach §§ 8 ff JVEG (für zusätzl Aufwand, etwa bei mündl Erläuterung) und trifft ihn die Haftung nach § 839a BGB (MK/Zimmermann Rn 17; Kilian VersR 2003, 685; s vor § 402 Rn 17). Die Anordnung nach § 411a ist also zu verstehen als Ernennung des SV mit der Maßgabe, dass er kein neues schriftl Gutachten zu erstatten hat (Greger, NJW-Sonderheft BayObLG 2005, 40). Nur dadurch lassen sich auch urheberrechtl Komplikationen vermeiden (s Rn 5). 1

2) Anderes Verfahren. Da das dort erstattete Gutachten die Beweiserhebung nach §§ 402 ff „ersetzen" soll, muss es ebenfalls nach diesen Vorschriften, insb durch gerichtl Anordnung, erstellt worden sein. In einem Verwaltungsverf eingeholte Gutachten (§ 26 I Nr 2 VwVfG) scheiden damit aus, ebenso Gutachten aus ausl Gerichtsverf (StJ/Berger Rn 9); in Betracht kommen jedoch auch Gutachten aus Verf der VG (§ 98 VwGO), der ArbG (§ 46 II, § 80 II ArbGG) u der freiw Gerichtsbarkeit (§ 30 I FamFG). Bei Gutachten aus Strafverf werden häufig die Fragestellungen nicht identisch sein (Fölsch MDR 2007, 122). Das 2. JuMoG hat aber auch seitens der StA eingeholte Gutachten (§ 161a StPO) einbezogen. Zu Gutachten aus sBV zwischen denselben Parteien s § 493. 2

3) Ersetzung. Sie steht im **Ermessen** des Gerichts; die Gleichwertigkeit, insb die Identität der Beweisfrage, muss hingegen feststehen u ist auf Verfahrensrüge durch das Rechtsmittelgericht nachprüfbar. Beantragen die Parteien übereinstimmend die Verwertung des vorliegenden, hierfür geeigneten Gutachtens, wird das Gericht dem idR entsprechen; gezwungen ist es aber dazu nicht (vgl § 144 I). Beantragt auch nur eine der Parteien eine neue Begutachtung, muss sich das Gericht bei seiner Ermessensausübung mit den hierfür angeführten Gründen auseinandersetzen; bestehen beide auf einem neuen Gutachten, scheidet eine Ersetzung nach der Parteimaxime aus (aA StJ/Berger Rn 12). Im Falle der Verwertung (nach BTDrs 15/1508, 20 auch im Falle der Neubegutachtung; zw, da Regelfall) muss das Gericht die ermessensleitenden Umstände im Urteil darlegen (ebenso Völzmann-Stickelbrock ZZP 118 [2005], 381). Im Hinblick auf den Grundsatz der Beweisunmittelbarkeit (§ 355) u die Mitwirkungsbefugnisse der Parteien (insb § 357) ist von dem Ermessen sehr zurückhaltend Gebrauch zu machen. 3

4) Verfahren. Vor der Verwertung des verfahrensfremden Gutachtens müssen die Parteien, sofern sie nicht selbst die Verwertung beantragt haben, unter Übersendung von (ggf anonymisierten) Abschriften des Gutachtens **Gelegenheit zur Äußerung** erhalten (BGH MDR 2012, 226, 228; BGH ZEV 2012, 100; MK/Zimmermann Rn 6; MskV/Röß Rn 11; zw StJ/Berger Rn 16). Die Anordnung der Verwertung des (genau zu bezeichnenden) Gutachtens geschieht durch einen **Beschluss** (StJ/Berger Rn 17; Dölling NJW 2018, 2092, 2094); dieser bewirkt (auch ohne ausdrückl Ausspruch) die Ernennung des SV für dieses Verf (Saenger ZZP 121 [2008], 157; zu Bedeutung und Wirkungen s Rn 1) und ist aus diesem Grund auch dem SV mitzuteilen (PG/Katzenmeier Rn 7; aA MK/Zimmermann Rn 14); zugleich sollte den Parteien eine Erklärungsfrist nach § 411 IV gesetzt werden. Das Gutachtensergebnis ist sodann in mündl Verh nach § 279 III, § 285 I zu **erörtern** (BGH ZEV 2012, 100: sonst Verletzung des rechtl Gehörs). – Für Ablehnung des SV, Beeidigung u Ladung zur mündl Erläuterung gelten §§ 406, 410, 411 III (BGH MDR 2012, 226, 228). 4

5) Rechte des Sachverständigen. Er kann der Verwertung nur unter den Voraussetzungen des § 408 **widersprechen** (entgegen Fölsch MDR 2004, 1030 u Völzmann-Stickelbrock ZZP 118 [2005], 382 nicht nur bei persönl Hinzuziehung; generell gegen ein Widerspruchsrecht StJ/Berger Rn 20 f; MK/Zimmermann Rn 15; MskV/Röß Rn 15). Sofern das Gutachten den Schutz des **Urheberrechts** genießt (dazu BGH NJW 2010, 2354; Heinrich NZV 2015, 68; einschr OLG München NJW-RR 92, 741; KG ZUM 2011, 566; Husemann in Bayerlein/Bleutge/Roeßner § 31 Rn 9) kann er sich infolge der durch seine Ernennung (s Rn 1) begründeten Gutachterpflicht nach § 407 hierauf nicht berufen (Greger, NJW-Sonderheft BayObLG 2005, 40); er muss aber Gelegenheit haben, das Gutachten an etwaige Besonderheiten der neuen Verwendung anzupassen. Für den Fall, dass ihm durch die erneute Verwertung kein zusätzl Aufwand entsteht, sieht das JVEG keine Entschädigung vor; dies erscheint im Hinblick auf die Beschränkung des Urheberrechts u das gesteigerte Haftungsrisiko (s Rn 1) nicht unbedenkl (Greger, NJW-Sonderheft BayObLG 2005, 40; aA MK/Zimmermann Rn 17). 5

§ 412 Neues Gutachten

(1) Das Gericht kann eine neue Begutachtung durch dieselben oder durch andere Sachverständige anordnen, wenn es das Gutachten für ungenügend erachtet.
(2) Das Gericht kann die Begutachtung durch einen anderen Sachverständigen anordnen, wenn ein Sachverständiger nach Erstattung des Gutachtens mit Erfolg abgelehnt ist.

1 **I) Ungenügendes Gutachten (§ 412 I). 1) Fehlende Beweiskraft.** Reicht das SV-Gutachten, ggf nach mündl Erläuterung (s § 411 Rn 3 f), nicht aus, um dem Richter in freier Beweiswürdigung (s vor § 402 Rn 14) die Überzeugung von der Wahrheit der zu beweisenden Behauptung zu verschaffen, hat er grds nach der Beweislast zu entscheiden. Er *kann* aber auch unabhängig von Anträgen der Parteien eine weitere Begutachtung anordnen (I). Dies liegt in seinem nicht der Nachprüfung durch das Revisionsgericht unterliegenden Ermessen (BGH NJW 2011, 852; zur Berücksichtigung des Kostenaufwands s § 407a Rn 3a). Bei Vorliegen einander **widersprechender** Gutachten kann er, ebenfalls nach seinem Ermessen, ein Obergutachten in Auftrag geben (BGHZ 53, 245, 258); sieht er hiervon ab, muss er aber mit fundierter Begründung erklären, weshalb er einem von ihnen den Vorzug gibt (BGH VersR 80, 533; sa vor § 402 Rn 14).

2 **2) Mangelhaftigkeit.** In diesem Fall *muss* ein weiteres Gutachten eingeholt werden. Dies wird zT aus § 244 IV StPO analog abgeleitet, folgt aber schon daraus, dass der angeordnete SV-Beweis noch nicht ordnungsgemäß durchgeführt ist. In Betracht kommen folgende Fälle: Das Gutachten ist unvollständig (BGH NJW 96, 730), nicht nachvollziehbar oder in sich widersprüchl, der SV hat erkennbar oder erklärtermaßen nicht die notw Sachkunde oder konnte neue Forschungen noch nicht berücksichtigen (BGH NJW 84, 1184), die sog Anschlusstatsachen (s § 404a Rn 3) treffen nicht (mehr) zu. Dass ein anderer SV über überlegene Forschungsmittel oder Erfahrung verfügt, begründet keinen Mangel des früheren Gutachtens; seine Beauftragung hängt von Parteiantrag oder richterl Ermessensentscheidung ab (aA MK/Zimmermann Rn 3 mit wenig ergiebigen Rspr-Nw). Schwierigkeit der Gutachtensfrage ist entgegen manchen obiter dicta (zB BGH MDR 2010, 767) kein Grund für weiteres Gutachten (Ahrens Beweis Kap 49 Rn 32). Auch Einwendungen der Parteien begründen per se keine Pflicht hierzu; der Richter muss sich mit ihnen allerdings auseinandersetzen, was zur Notwendigkeit einer neuen Begutachtung führen *kann* (unklar BGH NJW 1986, 1928).

3 **II) Unverwertbares Gutachten infolge Ablehnung (§ 412 II).** Hier führt an der Einholung eines „weiteren" Gutachtens kein Weg vorbei, soweit noch Beweisbedürftigkeit besteht (s § 406 Rn 15).

4 **III) Verfahren. Anordnung** eines ergänzenden oder weiteren Gutachtens erfolgt ohne notw mündl Verh durch (nicht selbst anfechtbaren, § 355 II) Beschluss des ProzGerichts (BGH NJW 85, 1399), nicht des verordneten Richters (aA StJ/Berger Rn 20), denn diesem obliegt keine Beweiswürdigung. Auslagenvorschuss des Beweisführers (§ 379) auch hier erforderl, falls nicht Beweiserhebung vAw (s § 379 Rn 3) erfolgt. – **Ablehnung** einer beantragten Neubegutachtung erfordert keinen Beschluss; Anfechtung nur mit Rechtsmittel gegen das Urteil (MskV/Röß Rn 5). Zum Berufungsverf s § 529 Rn 14, zum sBV s § 490 Rn 4, § 493 Rn 2, zum Wegfall des Vergütungsanspruchs s § 413 Rn 4 f.

§ 413 Sachverständigenvergütung

Der Sachverständige erhält eine Vergütung nach dem Justizvergütungs- und -entschädigungsgesetz.

1 **I) Anspruch auf Vergütung.** Dieser besteht nach § 1 I 1 Nr 1 JVEG in allen Fällen, in denen der SV vom Gericht „herangezogen" wird. Dies kann nicht nur durch Beweisbeschluss geschehen, sondern auch durch Ladung nach § 273 II Nr 4, eine Vorbesprechung zwecks Abfassung des Beweisthemas, eine Hinzuziehung als Berater (§ 144 I) oder eine Teilnahme am Augenschein (§ 372 I), desgl wenn das Gericht der Hinzuziehung eines vom ernannten SV für erforderl erklärten weiteren Gutachters zustimmt (OLG Frankfurt DS 2025, 99; Biller-Bomhardt/König DS 2023, 206, 213). Keine Entschädigung erhält er für seine **Vorprüfung**, ob er zur Erstattung des Gutachtens in der Lage ist (BGH NJW 2002, 2253). Dagegen ist die dem SV vom Gericht aufgegebene Vorprüfung der voraussichtl Gutachtenskosten selbständig zu entschädigen, wenn diese Vorprüfung einen erhebl Arbeitsaufwand erfordert (KG MDR 88, 330) und dann das Gutachten nicht in Auftrag gegeben wird (OLG Stuttgart Rpfleger 85, 213). Die Kosten von **Vorbereitungsmaßnahmen** (zB Bauteilöffnungen) sind, sofern vom gerichtl Auftrag gedeckt (s § 404a Rn 8), zu erstatten; anderenfalls kommt nur ein Anspruch aus Vertrag oder GoA gegenüber dem Beweisführer in Betracht (Seggewiße/Weber MDR 2017, 679, 682). Für eine Stellungnahme zum **Ablehnungsantrag** einer Partei erhält der SV keine Entschädigung (OLG München MDR 94, 1050; *OLG Düsseldorf MDR 94, 1050;* OLG Köln VersR 95, 1508). – Die **Höhe** ist in § 9 JVEG geregelt, kann aber durch **Vereinbarungen** mit der Justizbehörde (§ 14 JVEG) oder den Parteien (§ 13 JVEG) beeinflusst werden. – Anspruch auf **Vorschuss** besteht nur unter den Voraussetzungen des § 3 JVEG.

II) Wegfall oder Beschränkung. Die Wirkung von Leistungsstörungen ist wegen der bes öff-rechtl Beziehung zwischen Beweismittel und Gericht (s § 401 Rn 1) nicht dem BGB zu entnehmen, sondern folgt aus § 8a JVEG. 2

1) Unterbleiben der Gutachtenserstattung. Hat der Sachverständige dieses **nicht zu vertreten** (zB Rücknahme des Auftrags durch Gericht, nicht vorhersehbare Erkrankung des SV, obj Unmöglichkeit der Feststellung der Anschlusstatsachen, s § 404a Rn 3), ist er ohne Rücksicht auf den Nutzen seiner Vorleistung nach der tatsächl erbrachten Leistung zu entschädigen (OLG Bamberg FamRZ 2022, 1646; MK-ZPO/Zimmermann Rn 4). Hat er das Unterbleiben **zu vertreten**, entfällt der Vergütungsanspruch, bei verwertbarer Teilleistung erhält er eine entspr geminderte Vergütung. 3

2) Ablehnung des Sachverständigen. Sie führt zum vollständigen Verlust des Vergütungsanspruchs, wenn der SV den zur Ablehnung führenden Umstand bei Übernahme des Auftrags entgegen § 407a II schuldhaft nicht angezeigt hat (§ 8a I JVEG). Schafft er den Ablehnungsgrund im Zuge der Begutachtung, tritt diese Folge nur bei Vorsatz oder grober Fahrlässigkeit (zB unsachl Äußerungen im Gutachten; OLG Nürnberg MDR 2012, 365) ein (§ 8a II 1 Nr 3 JVEG). Ist die Leistung trotz der Ablehnung (teilweise) verwertbar (zB als Grundlage einer neuen Begutachtung), kann der SV insoweit eine Teilvergütung verlangen (§ 8a II 1 Nr 1 JVEG iVm § 407a II; zum früheren Recht s OLG München NJW-RR 98, 1687). 4

3) Mängel des Gutachtens. Führen diese (ggf nach Fristsetzung) zu seiner Unverwertbarkeit, erhält der SV (unabhängig von Verschulden) keine Vergütung, bei eingeschränkter Verwertbarkeit nur eine entspr reduzierte (§ 8a II 1 Nr 2 JVEG). Wurde das Gutachten tatsächl berücksichtigt, kann seine Verwertbarkeit im Vergütungsverf nicht mehr in Frage gestellt werden (§ 8a II 2 JVEG). Zumindest wenn die Unverwertbarkeit auch auf eine unzulängl Anleitung durch das Gericht zurückzuführen ist, erscheint der volle Wegfall der Vergütung unangemessen (ebenso OLGR Frankfurt 2003, 311 zum früheren Recht). 5

4) Verletzung von Pflichten nach § 407a I-IV 1. Hier erhält der SV eine Vergütung nur, wenn ihn kein Verschulden trifft oder soweit die Verwertung nicht beeinträchtigt wurde (§ 8a II 1 Nr 1 JVEG). Dies betrifft die Prüfung und Offenbarung seiner Sachkunde, die persönl Gutachtenserstattung (OLG Koblenz MDR 2012, 1491 zum früheren Recht) und die Beseitigung von Unklarheiten des Auftrags. Kosten eines von ihm eigenmächtig eingeschalteten Untergutachters werden ihm nicht ersetzt; der weitere Gutachter müsste vom Gericht hinzugezogen werden und wird dann auch von diesem vergütet (s Rn 1). 6

5) Verspätete Gutachtenserstattung. § 8a II 1 Nr 4 JVEG regelt nur den Fall, dass nach wiederholter Festsetzung von Ordnungsgeld (§ 409 I, § 411 II) wenigstens ein teilweise verwertbares Gutachten vorliegt, und spricht hierfür eine entspr geminderte Vergütung zu. Legt der SV bis zum Ablauf der 2. Nachfrist nichts Verwertbares vor, wird idR der Gutachtensauftrag zu entziehen sein, so dass der Vergütungsanspruch zur Gänze entfällt (BTDrs 17/11471[neu], 260). 7

6) Überhöhte Gutachterkosten. Hat der SV entgegen § 407a IV 2 Alt 1 bei **fehlender Vorschussanforderung** nicht darauf hingewiesen, dass Kosten entstehen, die erheblich außer Verhältnis zum Streitwert stehen, bestimmt das Gericht die angemessene Höhe (§ 8a III JVEG). Der SV kann die Kürzung nur durch den Nachweis fehlenden Verschuldens vermeiden (§ 8a V JVEG); dass Kosten, die den Streitwert übersteigen, unverhältnismäßig sind, muss dem SV aber bewusst sein. Ansonsten gibt es für die Unverhältnismäßigkeit keine starre Grenze; das Gericht hat zur angemessenen Höhe die Parteien anzuhören (BTDrs 17/11471 [neu], 260). – Anders ist es, wenn, wie idR, ein **Kostenvorschuss angeordnet** wurde. In diesem Fall kappt § 8a IV JVEG die Vergütung auf die Höhe des Vorschusses, wenn der SV entgegen § 407a IV 2 Alt 2 das Gericht nicht rechtzeitig darauf hingewiesen hat, dass die Kosten den Vorschuss erheblich übersteigen werden. Die Erheblichkeit ist hier mit 20 % anzusetzen (BTDrs 17/11471 [neu], 260; OLG Brandenburg DS 2023, 28 mwN). Verschulden wird vermutet (§ 8a V JVEG); durch den Nachweis, dass ihm die Höhe des Vorschusses nicht erkennbar war, wird sich der SV entlasten können (OLG Hamm BauR 2014, 1819); dann ist § 8a III JVEG zu prüfen. Ob es auch bei pflichtgemäßer Anzeige zu einer Fortsetzung der Tätigkeit des SV gekommen wäre, spielt nach der jetzigen Gesetzesfassung keine Rolle mehr (OLG Düsseldorf BauR 2017, 771; aA OLG Karlsruhe JurBüro 2017, 368). Nicht mehr mögl ist es auch, dem SV etwas mehr als den Vorschussbetrag zuzusprechen (OLG Hamm MDR 2015, 300). Die Folge, dass der SV bei einer unerhebl Überschreitung die volle Vergütung, bei einer größeren Überschreitung nur den Vorschuss erhält, erscheint nur auf den ersten Blick befremdl. Sie findet ihren Grund darin, dass der SV die durch den Vorschuss klar definierte Anzeigepflicht gravierend verletzt hat, und enthält damit ein pönales Element (OLG Brandenburg DS 2023, 28, 29). – Reagiert das Gericht auf die pflichtgem Anzeige nicht, bleibt die Kostenüberschreitung ohne Folgen (OLG Frankfurt FamRZ 2024, 1574). 8

III) Verfahren bei Versagung oder Kürzung der Vergütung. IdR wird die Vergütung auf Grundlage der Rechnung des SV im Verwaltungsverf des Kostenbeamten ohne Beteiligung des Gerichts festgesetzt. Dabei sind auch die Kürzungs- oder Versagungsgründe zu prüfen. Auf Antrag des SV oder der Staatskasse, aber auch vAw kann das ProzGericht die Festsetzung übernehmen bzw ändern (§ 4 I JVEG). Das Verf ist gebührenfrei; kein Anwaltszwang, keine Kostenerstattung (§ 4 VI, VIII JVEG). Den Beteiligten (SV und Bezirksrevisor als Vertreter der Staatskasse) ist rechtl Gehör zu gewähren, sonst Anhörungsrüge nach § 4a JVEG. Die Parteien sind an dem Verf nicht beteiligt, denn die Festsetzung hat ihnen ggü keine Wirkung (§ 4 IX JVEG); sie können ihre 9

Rechte im Verf nach § 66 GKG wahren (BGH NJW 84, 870). Zu Rechtsmitteln s § 4 III-V JVEG; über sie ist zu belehren (§ 4c JVEG).

10 Die gerichtl Festsetzung kann zur **Rückforderung** einer bereits ausgezahlten Vergütung führen. Hierfür gilt das JBeitrG (§ 1 I Nr 8 JBeitrG); Einwendungen können nach § 4 I, III-V JVEG geltend gemacht werden (§ 8 I 1 JBeitrG). Der Rückzahlungsanspruch **verjährt** in 3 Jahren nach Ablauf des Kalenderjahrs, in dem die Zahlung erfolgt ist (§ 2 IV 1 JVEG; zur Berechnung s § 2 IV 2 JVEG iVm § 5 III GKG, §§ 194 ff BGB). Aus Gründen des **Vertrauensschutzes** kann Rückforderung schon vor der Verjährung ausgeschlossen sein (OLG Karlsruhe Justiz 91, 208; OLG Zweibrücken Rpfleger 91, 84: entspr § 48 VwVfG; KG Rpfleger 81, 456: entspr § 20 GKG).

§ 414 Sachverständige Zeugen

Insoweit zum Beweis vergangener Tatsachen oder Zustände, zu deren Wahrnehmung eine besondere Sachkunde erforderlich war, sachkundige Personen zu vernehmen sind, kommen die Vorschriften über den Zeugenbeweis zur Anwendung.

1 **1) Bedeutung.** Wird eine sachkundige Person nicht zur Bewertung, sondern zur Bekundung von Tatsachen herangezogen, gelten nicht die Vorschriften des SV-, sondern die des Zeugenbeweises. Sie ist von einer Partei zu benennen (§ 373), als Zeuge zu beeidigen (§ 392) u zu entschädigen (§ 401). Ablehnung (§ 406) ist ausgeschlossen; Gründen, die eine Ablehnung rechtfertigen könnten, wenn der Zeuge SV gewesen wäre, ist bei der Beweiswürdigung Rechnung zu tragen (BGH MDR 74, 382). Will das Gericht von den auf Grund der bes Sachkunde getroffenen Feststellungen abweichen, muss es seine eigene Sachkunde darlegen (BGH NJW 2003, 1325; s vor § 402 Rn 15).

2 **2) Überschneidung von Zeugen- und Sachverständigen-Eigenschaft.** Ob eine Auskunftsperson im Einzelfall sachverständiger Zeuge oder SV ist, richtet sich nicht nach der Bezeichnung in der Ladung, sondern nach der Beweisanordnung des Gerichts (OLG Düsseldorf VersR 83, 544). Wird sie im Rahmen der Zeugenvernehmung auch nach Bewertungen gefragt, ist sie davor als SV zu bestellen u ggf 2-fach zu beeidigen (s § 410 Rn 2). Soll der SV von seinem Gutachtensauftrag unabhängige Tatsachen (sog Zusatztatsachen) bekunden, ist dies nur nach den Regeln des Zeugenbeweises zul. Die Feststellung von Anknüpfungs- u Befundtatsachen kann dagegen von seinem Gutachtensauftrag umfasst sein (s § 404a Rn 5, 7). Der erfolgreich abgelehnte SV kann über seine sachkundig getroffenen Tatsachenfeststellungen noch als sachverst Zeuge vernommen werden (BGH NJW 65, 1492). Bei der Beweiswürdigung darf das Gericht Bewertungen, die nicht in der Eigenschaft als SV gemacht wurden, nicht verwerten (BGH NJW 93, 1796; BGH NJW 2013, 3570, 3572).

3 **3) Entschädigung.** Grds ist er als Zeuge zu entschädigen (§ 401). Seine Sachkunde führt nur dann zur Entschädigung als SV, wenn er im Verf als SV bestellt wird (s Rn 2; aA OLGR Rostock 2009, 226).

Titel 9
Beweis durch Urkunden (§§ 415-444)

Vorbemerkungen zu §§ 415-444

Lit: *Ahrens*, Der Beweis im ZP, 2. Aufl 2025, §§ 89 ff; *St. Huber*, Entwicklung transnationaler Modellregeln für Zivilverf am Bsp der Dokumentenvorlage, 2008; *Krapfl*, Die Dokumentenvorlage im internat Schiedsverf, 2007.

1 **I) Allgemeines.** Der 9. Titel enthält neben den **Verfahrensvorschriften** für die Führung des Urkundenbeweises (§§ 420-436, 444) in §§ 415-419 **ges Beweisregeln**, die den Grundsatz der freien Beweiswürdigung (§ 286) weitgehend einschränken (s § 286 Rn 3). Voraussetzung dieser Ausschlusswirkung ist die Echtheit und Unversehrtheit (§ 419) der Urk; für die Prüfung der Echtheit gelten die §§ 437-443. – Das Beweisverf nach §§ 415 ff findet nach dem lex fori-Prinzip (s EuIZPR Rn 29) auch dann Anwendung, wenn in der Sache **ausl Recht** anzuwenden ist. Dies ist deshalb von großer praktischer Bedeutung, weil das dt Recht (§§ 427, 429) – sieht man von § 142 und § 236 IV 2 FamFG ab – keinen unmittelbaren Zwang zur Vorlage von Urk kennt, während viele ausl Rechtsordnungen Zwang gegen Parteien und Dritte für zulässig erklären. Rechtsvergl Lorenz ZZP 111 (1998), 35, 59; Nagel/Gottwald IZPR § 10 Rn 10.161 ff. Auch über den Umweg des Ersuchens um ausl Rechtshilfe (§ 363 I) darf im dt Zivilprozess nicht mehr Zwang mobilisiert werden als in einem dt Beweisaufnahmeverf zulässig (aA Knöfel in Geimer/Schütze IRV 376 Art 10 HBÜ Rn 3).

2 **II) Urkundenbegriff iSv §§ 415 ff.** Urk sind durch übl oder vereinbarte Schriftzeichen **verkörperte Gedankenerklärungen**, die Aussagen über Rechtsgeschäfte oder Rechtsverhältnisse zum Inhalt haben, gleichgültig, in

welcher Weise die Niederschrift erfolgt (BGH VersR 2024, 632; BGH NJW 2014, 3312). Unerhebl für die Qualifikation als Urk ist, ob sie ursprüngl zu Beweiszwecken erstellt (Absichtsurkunde) oder erst später dazu geworden (Zufallsurkunde) ist. Ebenso kommt es nicht darauf an, aus welchem **Material** die Urk ist (Papier, Holz, Stein, Stoff usw). Die Unterzeichnung ist nicht Voraussetzung für das Vorliegen einer Urk, hat aber entscheidende Bedeutung für ihre Echtheit und Beweiskraft (vgl §§ 416, 440 II).

Abgrenzungskriterium zu den einer gegenständl Wahrnehmung dienenden Augenscheinsobjekten iSv § 371 ist die Schriftlichkeit (BGH NJW 76, 294 = MDR 76, 304), wie sich aus den daran anknüpfenden Regelungen (zB §§ 416, 419) ergibt. Augenscheinsobjekte sind daher zB **Tonträger** oder gegenständl **Beweiszeichen**, zB Grenzsteine, Siegelabdrucke, Fahrzeug- und Motornummern usw, weil bei diesen der Aussagezweck hinter dem Kennzeichnungszweck zurücktritt (anders ggf iSd StGB, BGHSt 16, 94). Dasselbe gilt für **Videoaufzeichnungen** uÄ, auch wenn auf ihnen Schriftstücke abgebildet sind (Ahrens Beweis Kap 22 Rn 13). Denn das Beweisobjekt ist in diesem Fall die Abbildung, vergleichbar einer **Fotografie** (zu dieser BGH NJW 76, 294 = MDR 76, 304). Aus dems Grund ist ein Microfiche keine Urk iSd §§ 415 ff (aA Zoller NJW 93, 429). Die **Fotokopie** oder sonstige Kopie einer Urk ist als solche nicht auch selbst Urk (BGH NJW 92, 829; BGH NJW 80, 1047; KG FamRZ 2009, 1781; aA Zoller NJW 93, 429), sie unterliegt daher freier Beweiswürdigung (BGH NJW 90, 1170; BGH WM 86, 400; § 420 Rn 3). Urkundeneigenschaft iSd §§ 415 ff kommt aber der begl Kopie einer öffentl Urk zu (§ 435, vgl BGH NJW-RR 2007, 1006 = MDR 2007, 1006), nicht aber der einer Privaturkunde (BGH NJW 80, 1047; BGH NJW 86, 1438 = MDR 86, 649; BGH 27.9.2007 – BLw 8/07); zur Beweiskraft des Beglaubigungsvermerks s § 418 Rn 3. – Augenscheinsobjekte sind auch **Datenträger** wie USB-Sticks, CDs oder DVDs, ebenso wie die auf ihnen gespeicherten Daten (§ 371 I 2). Zum elektron Dokument s Rn 5. 2a

III) Arten der Urkunden. 1) Privaturkunden (§ 416). Das sind von Privatpersonen erstellte und unterschriebene Erklärungen, auch wenn die Unterschrift öffentl beglaubigt ist. Wo die Urheberschaft der Urk aus deren sonstigem Inhalt erkennbar ist, stellt die Unterschrift kein Wesensmerkmal einer Urk dar. §§ 126, 127 BGB fordern die Unterschrift nur zur Wirksamkeit der Urk in bestimmten Fällen; zum elektron Dokument s Rn 5. 3

2) Öffentliche Urkunden (§§ 415, 417, 418). Das sind von Behörden oder hierfür öffentl bestellten Personen (Notare, Konsularbeamte usw) erstellte Zeugnisse über (privat- oder öff-rechtl) Erklärungen Dritter (§ 415), über behördl Erklärungen und Entscheidungen (§ 417) sowie über Wahrnehmungen (§ 418). Das Verf und die Zuständigkeit für die Erstellung notarieller Urk regelt das BeurkG. Die notarielle Beurkundung wird durch die Niederschrift eines gerichtl Vergleichs und eines Schiedsspruchs mit vereinbartem Wortlaut ersetzt, § 127a BGB, § 1053 III. Zu den konsularischen Urk Geimer DNotZ 78, 3. 4

IV) Elektronische Dokumente (§ 130a und § 371a). Sie stehen zwar Urk nahe, werden gem § 371 II 2 aber grds als Augenscheinsobjekte angesehen. Ihre Beweiskraft wird in § 371a aber zT entspr einer Urk bestimmt (Berger NJW 2005, 1016). – Dem **Ausdruck** eines elektron Dokuments kommt grds keine Urkundsqualität zu (Ahrens Beweis Kap 23 Rn 96); Ausnahme bei einem öffentl elektron Dokument, § 416a. 5

V) Beweiskraft. 1) Äußere oder formelle Beweiskraft. Sie bezieht sich auf die Abgabe der beurkundeten Erklärung, also auf die Feststellung der Urheberschaft der in der Urk enthaltenen Erklärung. Die formelle Beweiskraft privater Urk ist in § 416, öffentl Urk in § 417 geregelt. Voraussetzung der Beweiskraft ist die Echtheit der Urk, wofür die §§ 437-440 Vermutungen, die §§ 441-442 Beweisverfahrensregeln aufstellen. 6

2) Innere oder materielle Beweiskraft. Sie betrifft die Richtigkeit der beurkundeten Erklärung. Materielle Beweiskraft kommt nur öffentl Urk gem § 418 I zu. Sowohl Privaturkunden als auch öffentl Urk über Erklärungen iSv § 415 und über Entscheidungen usw iSv § 417 kommt eine materielle Beweiskraft nicht zu (s § 415 Rn 5; § 416 Rn 7; § 417 Rn 2). – Darüber hinaus besteht für die über ein Rechtsgeschäft aufgenommene – nicht nur notarielle (vgl BGH MDR 2000, 19; BGH NJW 85, 2329) – Urk die **Vermutung der Vollständigkeit und Richtigkeit** (stRspr, zB BGH MDR 2016, 1371; BGH NJW 2002, 3164 = MDR 2002, 1361), aber nur zwischen den Vertragsparteien, nicht ggü Dritten (BGH NJW 90, 716 = MDR 90, 331). Diese Vermutung hat derj zu widerlegen, der die inhaltl Unrichtigkeit oder Unvollständigkeit der Urk behauptet (zB BGH NJW 2000, 1179 Tz 25). Dafür genügt nicht die Vorlage eines inhaltl abweichenden Vertragsentwurfs (BGH MDR 2016, 1371). IÜ unterliegt die inhalt Richtigkeit der beurkundeten Erklärung der freien richterl Beweiswürdigung gem § 286 (BGH MDR 2024, 1398; BGH MDR 2014, 1455; BGH NJW-RR 93, 1379). § 415 I, § 418 I begründen keine negative Beweiskraft dahin, dass nicht protokollierte Erklärungen nicht abgegeben wurden (BGH NJW 2020, 1800 Tz 95). 7

3) Beweiskraft elektronischer Dokumente. Diese ist in § 371a geregelt, hinsichtl qualifiziert elektron signierter Dokumente entspricht die Beweiskraft denen einer Urk. Wegen der Einzelheiten s Erl zu § 371a. 8

VI) Zerstörte und abhanden gekommene Urkunden. Eine gem § 46 BeurkG erstellte Ersatzurk tritt an die Stelle der Urschrift und erbringt dens Beweis wie diese. Der Verlust privater Urk macht Beweis ihres Inhalts mit den allg Beweismitteln erforderl. 9

VII) Vernehmungsniederschriften und Gutachten aus anderen Verfahren. Deren Verwertung ist Urkundenbeweis. IE s vor § 373 Rn 12; s vor § 402 Rn 11. 10

11 **VIII) Vorlagepflichten des Prozessgegners. Matteriell-rechtliche Ansprüche** können im anhängigen Rechtsstreit nur nach Maßgabe der §§ 422 ff durchgesetzt werden (s § 421 Rn 3; Varga, Beweiserhebung in transatl Schiedsverf, 2006, S 49, 106); zu entspr Rechtsgrundlagen s § 422 Rn 2. – **Prozessuale Vorlagepflichten** können durch richterl Anordnung, insb gem § 142 ZPO, § 258 HGB, §§ 220, 235 f FamFG, entstehen. Wegen der Einzelheiten s Erl zu § 142 ZPO, §§ 235, 236 FamFG.

12 **IX) Ausländische und im Ausland befindliche Urkunden.** Im Ausland befindl Urk können im Wege der Rechtshilfe in Augenschein genommen werden, zB durch dt Konsularbeamte oder in den Fällen des § 434 durch ein Mitglied des Gerichts. Wegen der Einzelheiten s Erl zu § 363. Zur Vorlageanordnung gem § 425 s § 425 Rn 5. – Die **EU-UrkundenvorlageVO** 2016/1191 v 6.7.2016 (ABl EU Nr L 200 v 26.7.2016, S 1) senkt die Anforderungen an Förmlichkeiten für bestimmte öffentl Urk, die aus einem anderen Mitgliedstaat angefordert werden; hierzu Mansel/Thorn/Wagner IPRax 2017, 1, 6 mwN; Rechberger FS Geimer II, 2017, S 545. – Die Echtheit ausländischer öffentl Urk ist in § 438 geregelt; s § 438 Rn 1 ff. Zu ihrer Beweiswirkung s § 438 Rn 5.

§ 415 Beweiskraft öffentlicher Urkunden über Erklärungen

(1) Urkunden, die von einer öffentlichen Behörde innerhalb der Grenzen ihrer Amtsbefugnisse oder von einer mit öffentlichem Glauben versehenen Person innerhalb des ihr zugewiesenen Geschäftskreises in der vorgeschriebenen Form aufgenommen sind (öffentliche Urkunden), begründen, wenn sie über eine vor der Behörde oder der Urkundsperson abgegebene Erklärung errichtet sind, vollen Beweis des durch die Behörde oder die Urkundsperson beurkundeten Vorganges.

(2) Der Beweis, dass der Vorgang unrichtig beurkundet sei, ist zulässig.

1 **I) Allgemein.** § 415 enthält in I eine **Legaldefinition** der öffentl Urk, die auch für §§ 417, 418 gilt. Außerdem bestimmt I die Beweiskraft der öffentl Urk, die die Abgabe von Erklärungen Dritter ggü einer Behörde bzw Notar oder sonstigen Urkundsperson (zB Konsularbeamten) bezeugen, sowie über die Verweisung des § 371a II auch öffentl elektron Dokumente. Die Urk muss zur **wörtlichen Dokumentation** der Erklärung bestimmt sein. Nicht erfasst werden sinngemäße Wiedergaben, zB von Betroffenen in polizeil Unfallaufnahmen (sa § 418 Rn 2). – **Sondervorschriften** enthalten § 165 (Sitzungsprotokoll) und § 314 (Tatbestand). Diese bes Beweisregeln gelten aber nur für das Verf, in dem die gerichtl Urk erstellt wurden, sowie das entspr Rechtsmittelverf, nicht jedoch für den Beweis außerhalb dieses oder in einem anderen Verf (BGH NJW 63, 1060, 1062 für Protokoll über ZV-Termin).

2 **II) Voraussetzung der Beweiskraft. 1) Formgerechte Urkunde.** Zum Urkundsbegriff s vor § 415 Rn 2 f. Gleichgestellt ist gem § 371a II ein elektron Dokument; zu dessen formalen Anforderungen s § 371a Rn 4. Die Urk muss den jew ges Formvorschriften entsprechen. Bsp: BeurkG für notarielle Urk, Art 80 ff WG für Wechselprotest, §§ 159 ff für gerichtl Protokolle, §§ 166 ff für Zustellungsurk (OLG Naumburg FamRZ 2001, 1013, 1014; OLG Koblenz FamRZ 2015, 2074). – Die Urkundsperson muss eine beurkundete Erklärung selbst entgegengenommen haben (BGH NJW 63, 1012). Die Erfüllung aller Formerfordernisse muss aus der Urk oder aus mit deren Errichtung unmittelbar zusammenhängenden Umständen ersichtl sein (RGZ 86, 385, 390; Ahrens Beweis Kap 25 Rn 76). Eine Urk, die als öffentl Urk gewollt war, als solche wegen Formmängeln aber unwirksam ist, kann als Privaturkunde (§ 416) noch wirksam sein (BGH NJW 98, 58). – Die Verletzung reiner **Ordnungsvorschriften** steht aber der Beweiskraft nicht entgegen (BGH NJW 98, 58; BGH NJW 60, 2336). Solche sind zB: die Personenfeststellung gem § 10 BeurkG (OLG Celle NJW-RR 2006, 448), die Vorschriften über die Verbindung mehrerer Blätter gem § 44 BeurkG (BGH NJW 98, 58; aA OLG Schleswig DNotZ 72, 556) sowie das Verbot von § 28 DNotO, Stellen der Urk unleserl zu machen (BGH NJW 60, 2336).

3 **2) Erstellung durch Behörde oder öffentliche Urkundsperson.** Zum Behördenbegriff s § 273 Rn 8. Dazu gehören auch ein nach Landesrecht als Behörde geltender Sparkassenvorstand (BGH FamRZ 2018, 1253; BGH NJW-RR 2011, 953) oder eine ausländische Behörde (BGH NJW-RR 2007, 1006; BGH RIW 2002, 237; sa § 438 Rn 1). Urkundspersonen sind primär Notare, ferner Konsularbeamte (zum KonsularG Geimer DNotZ 78, 3), Urkb der Gerichte, Standesbeamte, GV. Für Zustellungen sind Bedienstete lizensierter **Postdienstleister**, nicht nur der Deutsche Post AG, auf Grund öff-rechtl Beleihung durch § 61 2 PostG Urkundspersonen (vgl BGH NJW 2001, 832; Ahrens Beweis Kap 25 Rn 56). Dies gilt aber nicht für den Auslieferungsbeleg eines Paketdienstes (OLG Koblenz NJW-RR 2014, 762). Die öffentl **Beglaubigung** einer Privaturkunde (§ 65 BeurkG, § 129 BGB) macht diese über den Beglaubigungsvermerk (zu dessen Beweiskraft s § 418 Rn 3) hinaus nicht zu einer öffentl Urk (s vor § 415 Rn 2a); ebenso nicht die **öffentliche Verwahrung** einer Privaturkunde (zB Testament). – Zum (geringen) Beweiswert der Urk des Ministeriums für Staatssicherheit der ehemaligen DDR BGH NJW 92, 1975 = MDR 92, 692.

4 **3) Im Rahmen ihrer Amtsbefugnis.** Die sachl Zuständigkeit der Behörde bzw Urkundsperson zur Errichtung der Urk muss gegeben sein. Hat ein zuständiger Amtsträger einer Behörde eine Beurkundung vorgenommen, ist

idR davon auszugehend, dass er im Innenverhältnis dazu berechtigt war (BGHZ 45, 362, 272). Das Fehlen der örtl Zuständigkeit stellt nur die innere Beweiskraft in Frage, nicht aber die Eigenschaft als öffentl Urk (Ahrens Beweis Kap 25 Rn 61). Der Beweiskraft der formgerechten öffentl Urk steht nicht entgegen, dass ihr Inhalt nicht hoheitl, sondern **privatrechtlicher Natur** ist (BGH NJW-RR 2011, 953 für Vollmacht; BGHZ 45, 362, 372 für Zustimmung des Amtsvormundes zur Adoption). Keine Beweiskraft iSv § 415 kommt aber einer Urk zu, die für **innerdienstliche Zwecke** bestimmt ist (BGHZ 6, 307; BayObLGZ 75, 229; Ahrens Beweis Kap 25 Rn 60).

III) Beweiskraft. Die formell wirksame (s Rn 6) Urk erbringt – unter Ausschluss richterl Beweiswürdigung (OLG Frankfurt MDR 90, 641) – den **vollen Beweis** dafür, dass die Erklärung des Urkundsbeteiligten mit dem niedergelegten Inhalt so, wie beurkundet und nicht anders, von ihm abgegeben wurde (BGH MDR 2024, 1398; BGH WM 2018, 475 Tz 6 mwN) – sog äußere oder formelle Beweiskraft. Bewiesen wird die Richtigkeit der Beurkundung, also die Abgabe der Erklärung nach Inhalt und Begleitumständen, auf den Ort und die Zeit der Abgabe der Erklärung sowie auf die Anwesenheit der genannten Urkundsperson (BGH MDR 2024, 1398; BGH NJW-RR 2023, 863 Tz 18; BGH NStZ 86, 550). Von der Beweiswirkung **nicht erfasst** ist ihre **inhaltliche Richtigkeit** (BGH MDR 2024, 1398; BGH NJW-RR 2023, 863 Tz 20; BGH FamRZ 2015, 1389), ob also zB die beurkundete Zahlung tatsächl erbracht wurde (BGH NJW-RR 93, 1379), oder die Wirksamkeit der Erklärung (BGH NJW-RR 2023, 863 Tz 20; KG NJW-RR 2016, 1133 für Beschluss). Insoweit gilt der Grundsatz der freien Beweiswürdigung (BGH MDR 2024, 1398). –Zur Beweiswirkung der Niederschrift gem § 130 I AktG s BGH WM 93, 2244. – Zur materiellen Beweiskraft der Urk, insb der Vermutung ihrer Vollständigkeit und Richtigkeit s vor § 415 Rn 7. 5

Keine formelle Beweiskraft besteht, wenn die Voraussetzungen nach Rn 2-4 fehlen, die Echtheit der Urk fragl, die Urk schadhaft (§ 419) oder der Gegenteilsbeweis (s Rn 7) der Fälschung (§ 267 StGB) oder Falschbeurkundung (§ 348 I StGB) erbracht ist. 6

IV) Beweis der Unrichtigkeit (§ 415 II). Der Nachweis einer unrichtigen Beurkundung bezieht sich auf alle Aspekte der formellen Beweiskraft, insb Abgabe der Erklärung durch die angegebene Person, Zeit (OLG Hamm NJW-RR 2000, 406), Ort usw (Ahrens Beweis Kap 26 Rn 16), nicht hingegen auf die Unrichtigkeit der Erklärung selbst, da dies eine Frage der materiellen Beweiskraft ist. Ebenfalls nicht erfasst ist ein Auseinanderfallen von Wille und Beurkundetem, zB wegen Überhörens eines Punktes beim Verlesen; insoweit ist nur die (Irrtums-)Anfechtung eröffnet (BGH NJW 78, 1480; unter Aufgabe von BGH MDR 65, 818). Für den Beweis ist die volle Überzeugung des Gerichts von einer unrichtigen Beurkundung erforderl, Zweifel genügen nicht (BGHZ 16, 217; OLG Celle NJW-RR 2006, 448; Ahrens Beweis Kap 26 Rn 19 mwN). – Der Beweis kann insb durch Zeugen **geführt** werden (vgl BGH WM 93, 2244), wegen § 445 II aber nicht durch Parteivernehmung (BGH MDR 65, 818). Es gilt der Grundsatz der freien Beweiswürdigung nach § 286 (vgl BGH WM 93, 2244). Der Verstoß allein gegen „Sollvorschriften" der notariellen Beurkundung genügt für den Beweis nicht (OLG Celle NJW-RR 2006, 448). 7

V) Beweiskraft gescannter öffentlicher Urkunden. Nach § 371b ist ein ersetzendes Scannen öffentl (Papier-) Urk ohne Beweiskraftverlust mögl. Dies gilt sowohl für notarielle Urk als auch für gerichtl Protokoll (§ 165) und den Urteilstatbestand (§ 314). Sie haben in gescannter Form dieselbe Beweiskraft wie die Papierurschrift. Zu den Einzelheiten s Erl zu § 371b. 8

§ 416 Beweiskraft von Privaturkunden

Privaturkunden begründen, sofern sie von den Ausstellern unterschrieben oder mittels notariell beglaubigten Handzeichens unterzeichnet sind, vollen Beweis dafür, dass die in ihnen enthaltenen Erklärungen von den Ausstellern abgegeben sind.

I) Grundsätze. Privaturkunden sind alle nichtöffentl Urk. Eine als öffentl gewollte, wegen Formmängeln als solche aber unwirksame Urk kann als Privaturkunde wirksam sein (BGHZ 37, 90 = NJW 62, 1152). Eine Privaturkunde bleibt es auch nach einer Beglaubigung der Unterschrift (BGH NJW 80, 1047). Eine echte und mangelfreie (§ 419) Privaturkunde erbringt den Beweis, dass die in ihr enthaltene Erklärung von dem Aussteller abgegeben wurde; der Inhalt der Erklärung wird nicht erfasst. Es gibt keine Vermutung der Echtheit, diese ist bei Bestreiten gem § 440 zu beweisen. Angetreten wird der Beweis durch Vorlage des Originals (§ 420) bzw den Antrag auf dessen Vorlage (§§ 421, 428, 432). Zur Fotokopie s § 420 Rn 3. Keine Urk ist eine **E-mail**, da es sich um ein elektron Dokument iSv § 371 I 2 handelt (Ahrens Beweis Kap 26 Rn 55). Sie unterliegt ebenso wie ein gescanntes elektron Privatdokument (Roßnagel/Wilke NJW 2006, 2145, 2149) gem § 371 I 2 als Augenscheinsobjekt nur einer Würdigung im Rahmen der freien Beweiswürdigung. § 371b bestimmt für Scan-Produkt von Privaturkunden keine Beweiskraft. 1

II) Voraussetzungen der Beweiskraft. 1) Erklärung. Erfasst werden alle Erklärungen mit rechtl Gehalt, es kommt weder auf ihren Rechtscharakter noch den Inhalt an (MK/Schreiber Rn 8; Ahrens Beweis Kap 25 Rn 128 ff, 2 auch mit Nw zur Gegenansicht). Daher sind zB Privaturkunden: Verträge, einseitige Willenserklärungen, Empfangsbestätigungen des Frachtführers (BGH MDR 2018, 750), Quittungen (OLGR Hamm 2001, 9), Schuldscheine (BGH RIW 98, 146), Empfangsbekenntnis des RA (BGH NJW 2012, 3378; zur Beweiswirkung s § 173 Rn 18, § 175 Rn 15), Protokoll der Versammlungen von WE (BayObLG NJW-RR 90, 210) und einer Gesellschafterversammlung (BGH NJW-RR 90, 737), Einlieferungsschein der Deutsche Post AG (OLGR Hamm 2001, 9).

3 **2) Unterschrift.** Anders als § 126 BGB verlangt § 416 (wohl aber die Anwendung von § 440 II) **keine Namensunterschrift** (Ahrens Beweis Kap 25 Rn 135). Es genügt, ist aber auch erforderl, dass sich die Person des Ausstellers unter Zuhilfenahme der Unterschrift ermitteln lässt. Ausreichend sind Familienbezeichnungen („deine Mutter", „dein einziger Bruder"), wenn sich der Aussteller iVm dem übrigen Urkundeninhalt ermitteln lässt. Das Gleiche gilt für Abkürzungen, Initialen, Verweisungen („Der Obige") sowie Künstlernamen, Titel, Amts- oder Berufsbezeichnungen (MK/Schreiber Rn 7). Zu den Anforderungen an eine Unterschrift s § 130 Rn 8 ff.

4 Die **Unterzeichnung** braucht – anders als nach § 126 BGB – **nicht handschriftlich** zu sein, es genügen mechanisch hergestellte Unterschriften, wie Schreibmaschine, Faksimilestempel und Vervielfältigungen von unterschriebenen Schriftstücken, wie zB Fax-Ausdrucke (Ahrens Beweis Kap 25 Rn 138). Die Schreibhilfe eines Dritten ist zulässig, solange nicht die Unterschrift nur durch die Herrschaft und Leitung des „Gehilfen" bestimmt ist (BGH NJW 81, 1900, 1901). Nicht unbedingt erforderl ist die Angabe von **Ort und Zeit** (RGZ 15, 310; RGZ 31, 397).

5 Zulässig ist eine **Vertretung** in der Unterschrift, wenn der Vertreter berechtigt – das ist Voraussetzung der Echtheit – mit dem Namen des Vertretenen unterschreibt (Ahrens Beweis Kap 25 Rn 139). Dieser ist dann Aussteller der Urk. Unterzeichnet der Vertreter mit eigenem Namen, handelt es sich urkundenrechtl um eine Urk des Vertreters, unabhängig von der materiell-rechtl Wirkung gem § 164 I BGB (Ahrens Beweis Kap 25 Rn 139; aA MK/Schreiber Rn 5).

6 **3) Handzeichen.** Der Aussteller kann seine Erklärung statt Unterschrift mit diesen „unterzeichnen", zB mit 3 Kreuzen. Es ist zwingend notariell zu beglaubigen (dazu § 40 VI BeurkG). Als Handzeichen sind auch nicht in Deutschland allg verständl Schriftzeichen zu behandeln, zB in fremder Schrift geschriebene oder stenografierte Zeichen.

7 **III) Beweiswirkung. 1) Formelle Beweiskraft.** Die echte (§ 440, BGH NJW-RR 2006, 847 = MDR 2006, 1181) Privaturkunde erbringt Beweis (nur) **in formeller Hinsicht** (s vor § 415 Rn 6). Die formelle Beweiskraft der Urk begründet den vollen Beweis dafür, dass die darin enthaltenen Erklärungen vom Aussteller abgegeben worden sind. Der Beweis wirkt **für und gegen jeden**, nicht nur ggü dem Aussteller (Ahrens Beweis Kap 26 Rn 54). Die Beweiskraft erstreckt sich nicht auf Ort und Datum der Erklärung, insoweit gilt der Grundsatz der freien Beweiswürdigung (BGH NJW-RR 93, 1397 = MDR 93, 1119; BGH NJW-RR 90, 737). Die Beweiswirkung erfasst ebenfalls nicht den Zugang der Urk iSv §§ 130 ff BGB.

8 Die Urk erbringt aber den – eine anderweitige Beweiswürdigung ausschließenden (BGH NJW 2013, 3306) – Beweis der Begebung, also das **Inverkehrbringen** der Erklärung mit Willen des Ausstellers (BGH NJW 2013, 3306; BGH NJW-RR 2006, 874 = MDR 2006, 1181; BGH NJW-RR 2003, 384 = MDR 2003, 406). Das gilt auch dann, wenn die Urk den Zusatz enthält, dass sie nur auf gesonderte Anweisung in den Verkehr gebracht werden soll (BGH NJW 2013, 3306). Gegen diese Beweiswirkung kann der Beweis angetreten werden, dass die Urk nicht willentl begeben worden, zB abhandengekommen oder gegen den Willen abgesandt worden ist; erforderl dafür ist der Gegenteilsbeweis (BGH NJW 2013, 3306; BGH NJW-RR 2006, 847).

9 Die Beweiswirkung bezieht sich auf den **oberhalb der Unterschrift** stehenden Text (vgl § 440 II), eine „Unterzeichnung" über (BGH NJW 91, 487 = MDR 91, 335) oder neben dem Text (BGH NJW 2002, 2707; BGH NJW 92, 829 = MDR 92, 806) genügt nicht. Sie erstreckt sich auch auf nachträgl gefertigte Einfügungen, die erkennbar von der Unterschrift gedeckt sind (BGH NJW 74, 1083 für Testament); sonst: § 419. – Unerhebl ist, ob die Unterschrift zeitl vor oder nach dem darüber stehenden Text geleistet wurde. Auch eine **Blankounterschrift** begründet die Beweiswirkung von § 416. Diese erstreckt sich in diesem Fall darauf, dass die nachträgl Ausfüllung des Blanketts vereinbarungsgemäß erfolgte, also inhaltl dem Willen des Unterzeichners entspricht (BGH NJW-RR 2015, 819; BGH NJW-RR 89, 1323 mwN; BGH NJW 86, 3086). Der Beweis des Gegenteils, also des Blankettmissbrauchs ist zulässig (BGH NJW-RR 89, 1323; BGH NJW 86, 3086), gem § 292 S 2 auch durch Parteivernehmung (BGH NJW 88, 2741 = BGH MDR 88, 770). Zu beweisen ist in diesem Fall die nicht vereinbarungsgemäße Ausfüllung des Blanketts (BGH NJW-RR 2015, 819).

10 **2) Materielle Beweiskraft.** Sie wird von § 416 nicht geregelt (s Rn 7). Für sie gilt die freie Beweiswürdigung gem § 286 (BGH NJW 2019, 421; BGH NJW-RR 93, 1379). Einer Urk kann aber eine Vermutung der Vollständigkeit und Richtigkeit zukommen (s vor § 415 Rn 7).

11 **IV) § 416 nicht unterfallende Privaturkunden.** Das sind insb nicht unterschriebene Urk, wie Handelsbücher, Rechnungen, Quittungen, Notizen, Vermerke, Kontoauszüge. Sie unterliegen der freien Beweiswürdigung gem § 286 (BGH NJW-RR 88, 881). Bsp zur materiellen Beweiskraft: (Bank-)Quittung: BGH NJW-RR 88, 881: Kontoauszug: OLG Hamm NJW 87, 964; Sparbuch: OLG München MDR 2008, 1353, OLG München MDR 2008, 1353.

§ 416a Beweiskraft des Ausdrucks eines öffentlichen elektronischen Dokuments

Der mit einem Beglaubigungsvermerk versehene Ausdruck eines öffentlichen elektronischen Dokuments gemäß § 371a Absatz 3, den eine öffentliche Behörde innerhalb der Grenzen ihrer Amtsbefugnisse oder eine mit öffentlichem Glauben versehene Person innerhalb des ihr zugewiesenen Geschäftskreises in der vorgeschriebenen Form erstellt hat, sowie der Ausdruck eines gerichtlichen elektronischen Dokuments, der einen Vermerk des zuständigen Gerichts gemäß § 298 Absatz 3 enthält, stehen einer öffentlichen Urkunde in beglaubigter Abschrift gleich.

Die Regelung soll einen Beweis durch Urk in Papierform auch dann ermöglichen, wenn das Originaldokument (nur) in elektron Form exisitiert. Der Beweis mit elektron Dokumenten selbst ist in § 371a geregelt. Anders als dieser erfasst § 416a nur öffentl elektron Dokumente iSv § 371a III 1 (zu Notarurkunden s §§ 39a, 42 IV BeurkG), außerdem das gerichtl elektron Dokument. Deren Papierausdruck wird nach Maßgabe von § 416a bzgl des Beweiswerts der begl Abschrift einer öffentl Urk, eines gerichtl Protokolls bzw eines Urteils gleichgestellt (s § 437). Nicht erfasst werden dagegen sekundär elektron Dokumente, die ihrerseits durch Medientransfer vom Papierdokument zum elektron Dokument geschaffen wurden (§ 298a II, § 39 IV BeurkG; BTDrs 15/4067, 35). 1

Angesichts seines Zwecks (s Rn 1) ist § 416a nur anzuwenden, wenn das elektron Dokument mit Ausnahme der Schriftlichkeit die Merkmale einer öffentl Urk iSd §§ 415, 417 f erfüllt (LSG NW 14.6.2016 – L 18 KN 33/12). Nicht verlangt ist eine **Signierung** des öffentl Dokuments (Ahrens Beweis Kap 23 Rn 103; str; aA MK/Schreiber Rn 3), da diese nicht Voraussetzung der in Bezug genommenen Regelung in § 371a III ist, sondern gem § 371a III 2 nur die Echtheitsvermutung von § 437 begründet. Die **Beglaubigung** muss nicht durch dieselbe Behörde/Urkundsperson erfolgt sein (str, wie hier MK/Schreiber Rn 5; aA Ahrens Beweis Kap 23 Rn 101), auch wenn dies schon wegen der Zugriffsmöglichkeiten der Regelfall sein dürfte. Dafür findet sich weder im Gesetz noch in der Begr (BTDrs 15/4067, 35) ein Anhaltspunkt. Wenn eine Beglaubigung vorgenommen wird, muss wie bei jeder Beglaubigung davon ausgegangen werden, dass die Übereinstimmung mit dem Ursprungsdokument verantwortl geprüft wurde. Bei Bedenken kann das Gericht entspr § 435 die Vorlage oder Übermittlung des Dokuments verlangen oder entspr § 437 II eine Erklärung über die Echtheit einholen. 2

§ 417 Beweiskraft öffentlicher Urkunden über amtliche Anordnung, Verfügung oder Entscheidung

Die von einer Behörde ausgestellten, eine amtliche Anordnung, Verfügung oder Entscheidung enthaltenden öffentlichen Urkunden begründen vollen Beweis ihres Inhalts.

I) Anwendungsbereich. § 417 betrifft öffentl Urk (Legaldefinition in § 415) über **eigene Erklärungen** einer Behörde (s § 415 Rn 3), die den zu beweisenden Inhalt selbst verkörpern; gem § 371a II gleichgestellt sind öffentl elektron Dokumente. Erfasst wird über den Wortlaut hinaus jede auf Außenwirkung gerichtete urkundl Willenserklärung einer Behörde, die diese innerhalb der Grenzen ihres Amtsbereichs abgibt (BGH NJW-RR 2011, 953). Eine sachl Zuständigkeit ist angesichts der allein formellen Beweiskraft (s Rn 2) nicht erforderl, entscheidend ist die Tatsache des Erlasses (BGH DNotZ 2024, 508; Ahrens Beweis Kap 25 Rn 79). Unerhebl ist, ob die Erklärung öff-rechtl oder privatrechtl Natur ist (s § 415 Rn 4). Bsp: Urteil, Beschluss, Erbschein, Verwaltungsakt, Vollmacht (BGH NJW-RR 2011, 953), Eigenurkunde des Notars (BGH MDR 81, 130). 1

II) Beweiswirkungen. Voraussetzung ist die Unversehrtheit (§ 419) und Echtheit (§ 437) der Urk. Diese erbringt Beweis, dass die Behörde die beurkundete Erklärung usw abgegeben hat (= formelle Beweiskraft). Ein Beweis der Unrichtigkeit ist nicht eröffnet (RGZ 146, 133, 143). Eine Analogie zu § 415 II, § 418 II (so Ahrens Beweis Kap 26 Rn 28; wie hier zB MK/Schreiber Rn 7) ist nicht gerechtfertigt, da angesichts der erkennbar abweichenden Regelungen nicht von einer analogiefähigen Lücke ausgegangen werden kann. Hingegen kann die inhaltl Unrichtigkeit der Urk geltend gemacht werden. Denn die Urk erbringt Beweis nur dafür, dass die beurkundete Entscheidung ergangen ist, nicht jedoch für ihre inhaltl Richtigkeit (BGH NJW 2018, 3029; BGH NJW-RR 2012, 823). Bei Ausfertigungen und begl Abschriften ist aber der Gegenteilsbeweis zulässig, dass sie obj falsch sind, dh mit der Urschrift nicht übereinstimmen. 2

Nur die Entscheidung usw wird von der Beweiskraft der Urk erfasst, nicht dagegen die sie tragenden Gründe und Motive (BGH MDR 2018, 1145; BGH MDR 2013, 1184). Die Beweiskraft des Urteils beschränkt sich daher – nach seiner Rechtskraft (BGH MDR 2018, 1145) – auf den Urteilsausspruch und erfasst weder den Tatbestand noch die Entscheidungsgründe (BGH MDR 2013, 1184). Materiell-rechtl an die Entscheidung anknüpfende Vermutungen (zB beim Erbschein gem § 2365 BGB) betreffen nicht die formelle Beweiskraft gem § 417. – Von der 3

Beweiswirkung erfasst werden auch die äußeren Umstände, wie Ort, Datum und beteiligte Personen (BVerwG NVwZ-RR 2013, 125; OLG Koblenz MDR 85, 1048; Ahrens Beweis Kap 26 Rn 6; MK/Schreiber Rn 6).

§ 418 Beweiskraft öffentlicher Urkunden mit anderem Inhalt

(1) Öffentliche Urkunden, die einen anderen als den in den §§ 415, 417 bezeichneten Inhalt haben, begründen vollen Beweis der darin bezeugten Tatsachen.

(2) Der Beweis der Unrichtigkeit der bezeugten Tatsachen ist zulässig, sofern nicht die Landesgesetze diesen Beweis ausschließen oder beschränken.

(3) Beruht das Zeugnis nicht auf eigener Wahrnehmung der Behörde oder der Urkundsperson, so ist die Vorschrift des ersten Absatzes nur dann anzuwenden, wenn sich aus den Landesgesetzen ergibt, dass die Beweiskraft des Zeugnisses von der eigenen Wahrnehmung unabhängig ist.

1 **I) Anwendungsbereich.** Erfasst werden öffentl Urk (Legaldefinition in § 415 I), die weder Erklärungen Dritter (§ 415) noch Willenserklärungen der Behörde selbst (§ 417) bezeugen. Das sind Urk über **Wahrnehmungen oder Handlungen** einer Behörde oder Urkundsperson (s § 415 Rn 3), sog Zeugnisurkunden. Gem § 371a III entspr Anwendung auf öffentl elektron Dokumente (s vor § 415 Rn 8). Eine Urk/Dokument kann sowohl § 418 als auch §§ 415, 417 unterfallen. Bsp: Eine notarielle Urk, in die neben den rechtsgeschäftl Erklärungen Wahrnehmungen des Notars aufgenommen werden. Die Beweiskraft ist dann jew unterschiedl zu bestimmen.

2 **II) Wahrnehmungen gem § 418 I.** I setzt – in Abgrenzung zu III – eine eigene Wahrnehmung der Behörde/Urkundsperson voraus (BGH NJW 2004, 2386; BGH NJW 63, 1010). Personenidentität zwischen Wahrnehmendem und Ersteller der Urk ist aber nicht erforderl, es reicht, dass ein Amtsträger der beurkundenden Behörde die Wahrnehmung gemacht hat (Ahrens Beweis Kap 25 Rn 89). Die Erklärung darf aber nicht allein innerdienstl Zwecken dienen (RGZ 105, 255, 258). – **Bsp** für Urk iSv § 418: Sitzungsprotokoll bzgl gerichtl Wahrnehmungen und Handlungen (BFH/NV 2019, 119); Tatbestand des Urteils (§ 314); Zustellungsurk jedes Postunternehmens (vgl § 182 II Nr 8, Ahrens Beweis Kap 25 Rn 121; sa § 415 Rn 3) kraft Anordnung in § 182 I 2; Vermerke über Aufgabe zur Post gem § 184 II 4 ZPO, § 15 II FamFG; Rechtskraftzeugnis (§ 706); Protokoll über Vollstreckungshandlungen (§ 762); Wechselprotest (Art 80 WG); Eingangsstempel (s Rn 4; BGH NJW-RR 2014, 179 mwN; BGH MDR 2012, 667); Unterschriftsbeglaubigung (§§ 40-42 BeurkG, OLG Celle NJW 91, 365; BayObLG Rpfleger 85, 105); amtl Auskünfte (§ 273 II 2); polizeil **(Unfall-)Protokolle** über tatsächl Wahrnehmungen (OVG Berlin-Brandenburg NJW 2018, 3470 für aufgestelltes Verkehrszeichen; OVG Lüneburg NVwZ 2004, 1381 für Ölspur; OLG Köln Schaden-Praxis 98, 287 für Bescheinigung über Grenzübertritt), ggf auch die Wahrnehmung bestimmter Äußerungen von Unfallbeteiligten (weitergehend für Erklärung selbst wohl Kuhnke NZV 2018, 447, 454, aber: die Beurkundung einer Erklärung unterfällt § 415).

3 **III) Beweiskraft.** Die Urk beweist – vorbehaltl ihrer Unversehrtheit (§ 419) und Echtheit (§ 437) – alle in ihr bezeugten Tatsachen, soweit diese (Ausnahme gem III) auf **eigenen Handlungen** oder eigenen **Wahrnehmungen** beruhen (BGH NJW 2004, 2386 = MDR 2004, 1196; BGH NJW-RR 94, 564; BVerfG NJW-RR 2002, 1084). Daher beweist zB eine (ausländische) Sterbeurkunde eine angeführte Todesursache nur, wenn diese Angabe auf der eigenen Wahrnehmung der Behörde beruht (BGH NJW 62, 1770 aE). Erfasst sind nur **Tatsachen,** nicht aber Bewertungen (BGH NJW 2001, 3135). Daher ist in notariellen Urk von der Beweiswirkung nicht erfasst eine vermerkte Kenntnis der dt Sprache (BGH NJW 2001, 3135) oder Geschäftsfähigkeit eines Testators (BayObLG DNotZ 75, 555), sondern nur entspr festgestellte Tatsachen sowie die Überzeugung des Notars, der (nur) eine Indizwirkung zukommt (BGH NJW 2001, 3135). Von der Beweiswirkung erfasst sind Ort und Zeit der Errichtung der Urk (Ahrens Beweis Kap 26 Rn 31). – Die **Unterschriftsbeglaubigung** (§ 40 BeurkG) erbringt Beweis, dass die angeführte Person die Unterschrift geleistet bzw anerkannt hat, also für die Echtheit der Unterschrift (OLG Hamm NJW 91, 365; BayObLG Rpfleger 85, 105). Nach Ansicht von OLG Karlsruhe (NJW 99, 1044, zu § 348 StGB) soll sich die Beweiswirkung nicht auf das Datum sowie die Feststellung erstrecken, ob die Unterschrift geleistet oder anerkannt wurde. – Zur Beweiskraft der Zustellungsurkunde s § 182 Rn 14 f; zur Beweiskraft eines Nachweises der Zustellung im Ausland s § 183 Rn 22 ff.

4 **IV) Beweis der Unrichtigkeit (§ 418 II).** Er ist zulässig, soweit er nicht – zB gem §§ 165, 314 – ausgeschlossen oder beschränkt ist. Für Urk, die auf Grund landesrechtl Vorschriften errichtet wurden (Ahrens Beweis Kap 26 Rn 34), ist eine Beschränkung auch durch Landesrecht eröffnet. Erforderl ist der **Beweis** der Unrichtigkeit, bloße Zweifel an der Richtigkeit der urkundl Feststellungen genügen nicht (BGH NJW 2009, 2207 für Niederschrift über Hauptversammlung; BVerfG NJW-RR 2002, 1008, BGH NJW 2006, 150 je für Zustellungsurkunde; BGH NJW-RR 2014, 179 für Eingangsstempel). Der Unrichtigkeitsnachweis widerlegt nur die betr konkrete Tatsache und erfasst grds nicht die gesamte Urk (BGH FamRZ 2023, 1803 für Zustellungsurk). Soweit es um die Wahrung gerichtl, insb Rechtsmittelfristen geht, ist der Freibeweis eröffnet (zB BGH NJW-RR 2002, 1008; BGH MDR 2010, 97). In dessen Rahmen kann sich das Gericht auch auf eidesstattl Versicherungen, allerdings

angesichts der Wertung von § 445 II nicht der Parteien, stützen, wenn sie – ausnahmsw (BGH MDR 2010, 97) – die volle Überzeugung von der Richtigkeit der versicherten Behauptung vermitteln (BGH FamRZ 96, 1004). Glaubhaftmachung genügt nicht (BGH FamRZ 2020, 767). Beim gegen die Richtigkeit eines **Eingangsstempels** gerichteten Beweis dürfen die Anforderungen wegen der Beweisnot des Berufungsführers hinsichtl gerichtsinterner Vorgänge nicht zu hoch angesetzt werden (BGH NJW-RR 2014, 179 mwN). Da der Außenstehende idR keinen Einblick in die gerichtsinternen Vorgänge und damit keinen Anhaltspunkt für etwaige Fehlerquellen hat, ist es zunächst Sache des Gerichts, die insoweit zur Aufklärung nötigen Maßnahmen zu ergreifen (BGH FamRZ 2020, 767; BGH NJW-RR 2014, 179 mwN; BGH MDR 2012, 667), zB durch Ermittlungen bei der Posteingangsstelle. Zum Beweis gegen die Richtigkeit einer **Zustellungsurkunde** s § 182 Rn 15. Ein Beweis der unrichtigen Beurkundung durch Parteivernehmung ist wegen § 445 II ausgeschlossen (BGH MDR 65, 818).

V) Wahrnehmungen gem § 418 III. Urk, die Tatsachen ausweisen, die nicht auf der Wahrnehmung der jew Behörde/Urkundsperson beruhen, haben nur kraft ausdrückl gesetzl Anordnung die Beweiswirkung von I. Nicht von III, sondern (unmittelbar) von I erfasst ist aber der Fall der Wahrnehmung durch einen anderen Amtsträger ders Behörde (s Rn 2). Kein Anwendungsfall von III sind (dt) Personenstandsurkunden gem § 55 PStG (aA Ahrens Beweis Kap 26 Rn 46; MK/Schreiber Rn 5), auch wenn in ihnen Ereignisse (Geburt, Tod) dokumentiert werden, die von dem Standesamt nicht selbst wahrgenommen werden. Denn ihre Beweiskraft ist in § 54 PStG, auch hinsichtl des Gegenbeweises, autonom geregelt. In Betracht kommt aber die Anwendung auf ausl Personenstandsurkunden (OLG Düsseldorf FamRZ 1994, 630; aA Ahrens Beweis Kap 26 Rn 49 f), da ihnen bei Echtheit grds die Beweiskraft dt Urk zukommt (s § 438 Rn 5). Der ursprüngl Anwendungsbereich der Vorschrift – landesrechtl Personenstandsvorschriften (MK/Schreiber Rn 5) – ist aufgrund einheitl Regelung im PStG überholt. 5

§ 419 Beweiskraft mangelbehafteter Urkunden

Inwiefern Durchstreichungen, Radierungen, Einschaltungen oder sonstige äußere Mängel die Beweiskraft einer Urkunde ganz oder teilweise aufheben oder mindern, entscheidet das Gericht nach freier Überzeugung.

I) Grundsätze. § 419 betrifft die Frage, wann die Beweisregeln der §§ 415 ff nicht mehr angewendet werden 1
können, weil ihr Inhalt dem Aussteller nicht mehr sicher zugeordnet werden kann. Er gilt daher für private und öffentl, auch ausländische Urk (Ahrens Beweis Kap 27 Rn 5).

II) Äußere Mängel. Erfasst werden („äußere“) nur Mängel, die sich aus der Urk selbst ergeben (RGZ 47, 66; 2
Ahrens Beweis Kap 27 Rn 13; aA OLG Düsseldorf MDR 2009, 1002). Das sind neben den ausdrückl genannten zB: Verschiedenheit der Tinte (KG MDR 2024, 1247), Auffälligkeiten im Schriftbild wie handschriftl Einfügung in maschinenschriftl Text (KG MDR 2024, 1247; OLGR Schleswig 2006, 918), Anordnung des Textes auf dem Papier (BGH NJW 80, 893 = MDR 80, 385), Überschreiben/-stempeln von Daten (BGH NJW 92, 512; BGH MDR 87, 821 für Empfangsbekenntnis eines RA). Ein Mangel iSv § 419 kann auch in einer nicht willentl Beschädigung, zB durch Wasser oder Feuer, bei Rissen und Löchern (BGH NJW 80, 893), liegen. Eine **Durchstreichung** liegt unabhängig davon vor, ob der ursprüngl Text noch erkennbar ist (Ahrens Beweis Kap 27 Rn 15). **Einschaltungen** sind äußerl erkennbare Einfügungen (BGH NJW 80, 893; BGH NJW 66, 1657; OLGR Schleswig 2006, 918). Nicht erforderl ist, dass eine nachträgl Änderung feststeht, die **Möglichkeit** reicht aus (BGH NJW-RR 87, 1151; BGH MDR 80, 385). – Zu unterscheiden ist die formelle Beweiswirkung von der Frage einer Formwirksamkeit. Dass für letztere eine Einschaltung unbedenkl sein kann, besagt für ihre formelle Beweiskraft nichts (RGZ 29, 430).

III) Rechtsfolge. Der Mangel schließt – unabhängig von einem Bestreiten (vgl RGZ 95, 70, 72) – die Beweisre- 3
geln der §§ 415 ff aus, nimmt der Urk aber nicht schlechthin jede Beweiskraft, sondern stellt den Grundsatz der freien Beweiswürdigung wieder her (BGH NJW 92, 512; BGH NJW 88, 60). Zu prüfen ist, welche Schlüsse unter Berücksichtigung aller Umstände gem § 286 aus der Urk zu ziehen sind (anschaulich BGH NJW 88, 60; OLGR Schleswig 2006, 918). Dies kann im Einzelfall zur Überzeugung einer vollen Beweiskraft führen (vgl BGH NJW 94, 2768; BGH NJW 88, 60) oder zu ihrem völligen Ausschluss. Zu würdigen ist die Beweiskraft der gesamten Urk, nicht nur, welcher Einfluss dem Mangel als solchem beizulegen ist, da die Beweiskraft insgesamt in Frage steht (BGH NJW-RR 89, 1323; BGH NJW 80, 893; RGZ 29, 430). Denn je nachdem, ob die Veränderung mit oder ohne Willen des Ausstellers vorgenommen wurde, kann sich der Sinngehalt der gesamten Urk ändern. Die Beweiskraft der Urk kann auch dann insgesamt aufgehoben sein, wenn die Veränderungen nur Teile betreffen, die für sich betrachtet keinen Einfluss auf die Entscheidung des Rechtsstreits haben (BGH NJW-RR 89, 1323). Der Beweis der Unverfälschtheit kann mit allen Beweismitteln geführt werden (vgl RGZ 29, 430: Zeugenbeweis). Geht das Gericht trotz des Mangels von einer Beweiskraft aus, ist der Gegenbeweis eröffnet; nicht der Gegenteilsbeweis iSv § 292, da es sich nicht (mehr) um eine Beweisvermutung handelt. Daher ist auch Parteivernehmung zulässig, da § 292 S 2 nicht eingreift (aA MK/Schreiber Rn 4).

4 Die vorstehenden Grundsätze gelten auch für **notarielle Urkunden.** Wenn eine Änderung, insb eine Einfügung, nicht ihrerseits ordnungsgemäß (vgl § 44a I BeurkG) beurkundet ist, bestimmt sich auch ihre Beweiskraft insgesamt nicht mehr nach §§ 415 ff (BGH NJW 94, 2768; OLG Düsseldorf MDR 2014, 242). Näher als bei Privaturkunden liegt hier aber eine Überzeugung der Echtheit gem § 286, zB wenn der Notar sie in der geänderten Form unmittelbar danach ausgefertigt und in den Verkehr gebracht hat (BGH NJW 94, 2768).

§ 420 Vorlegung durch Beweisführer; Beweisantritt

Der Beweis wird durch die Vorlegung der Urkunde angetreten.

1 **I) Überblick. 1) Beweiserhebung von Amts wegen.** §§ 142, 143, 273 II Nrn 2 u 5 ZPO, §§ 102, 258 ff HGB. – **2) Edition von Partei wegen.** § 420, wenn Beweisführer Urschrift besitzt. Bei Besitz des Gegners gelten §§ 421-427, bei Besitz eines Dritten §§ 428-431, bei Besitz einer Behörde § 432. Zur Verwertbarkeit rechtswidrig erlangter Urk im Prozess s § 286 Rn 15b ff.

2 **II) Beweisantritt.** Erforderl ist – spätestens in der mündl Verh (BGH NJW 86, 428) – **Vorlegung** der Urk, also die körperl Übergabe an das Gericht, damit dieses Echtheit und Mangelfreiheit (§ 419) prüfen kann (zu diesem Zweck BGH NJW-RR 2006, 847); ggf Anordnung der Verwahrung auf der GeschSt gem § 142 I 2. Die Ankündigung der Vorlegung genügt nicht (BGH NJW-RR 93, 691; BGH MDR 91, 525). Ggf ist die Partei gem § 139 zur Vorlage aufzufordern (BGH NJW 86, 428). Neben der Vorlage der Urk ist die Angabe des **Beweisthemas** erforderl.

3 Vorzulegen ist eine Privaturkunde im **Original** (BGH NJW-RR 2006, 847; BGH NJW 92, 829), eine öffentl Urk auch in begl Abschrift, § 435 (BGH DNotZ 2024, 508). Die begl Kopie einer Privaturkunde reicht nicht (BGH WM 86, 400). Die Vorlage einer **Kopie** kann das Gericht aber für die Beweiswirkung ausreichen lassen, wenn Besitz des Originals, Echtheit und (äußere) Fehlerfreiheit der Urk nicht str sind (BGH NJW-RR 2006, 847; BGH NJW 90, 1170; OLGR Schleswig 2009, 921; krit Ahrens Beweis Kap 28 Rn 40 ff). Bei umfangreichen Urk oder Akten sind die Bezugsstellen genau zu bezeichnen (BGH NJW 94, 3295; BGH MDR 63, 30).

4 **III) Beweisaufnahme.** Sie besteht in der Einsichtnahme (BGH DB 62, 1438) durch das Gericht, ausnahmsw den beauftragten/ersuchten Richter gem § 434, und Prüfung auf Echtheit und Mangelfreiheit. Dem Gegner ist ebenfalls Einsichtnahme zu ermöglichen, ggf gem § 134 II.

5 **IV) Gebühren des RA.** Die Vorlage ist mit der VerfGeb 3100 RVG-VV abgegolten.

§ 421 Vorlegung durch den Gegner; Beweisantritt

Befindet sich die Urkunde nach der Behauptung des Beweisführers in den Händen des Gegners, so wird der Beweis durch den Antrag angetreten, dem Gegner die Vorlegung der Urkunde aufzugeben.

1 **I) Urkunde in den Händen des Gegners.** Zu verstehen ist dies als **tatsächliche Verfügungsgewalt** über die Urk (Ahrens Beweis Kap 29 Rn 13; MK/Schreiber Rn 1). Neben dem unmittelbaren Besitz und der Besitzherrschaft im Verh zum Besitzdiener (§ 855 BGB) genügt daher mittelbarer Besitz, wenn die Urk jederzeit erlangt werden kann, zB aus Verwahrung (Ahrens Beweis Kap 29 Rn 15; ThP/Seiler Rn 1; str). Die weitergehende Ansicht, dass jede tatsächl Zugriffsmöglichkeit ausreicht (so MK/Schreiber § 420 Rn 2), überdehnt den Anwendungsbereich („in den Händen") im Verhältnis zur Vorlegungspflicht Dritter (§§ 428 ff). Hat der Gegner die Urk nicht in seiner Verfügungsgewalt, kommt § 428 zur Anwendung. – Die **Gegnerstellung** bestimmt sich nach dem Zeitpunkt der Entscheidung über den Antrag. Der NI gilt, sofern er nicht gem § 69 Streitgenosse der Gegenseite ist, nicht als Gegner, sondern als Dritter iSv § 428.

2 **II) Beweisantritt.** Er erfolgt durch den **Antrag** iSv § 424; dieser fällt als Prozessantrag nicht unter § 297. Die Anregung, das Gericht möge gem §§ 142, 143 bzw § 236 FamFG verfahren, ersetzt den Antrag nach § 424 nicht. Antragsbefugt sind auch Streithelfer (§ 66 I) und Streitgenosse (§ 69) (Ahrens Beweis Kap 29 Rn 21; MK/Schreiber Rn 3).

3 **III) Verhältnis zu anderen Anträgen und Verfahren.** Ein im selben Rechtsstreit gestellter **(Wider-)Klageantrag** auf Herausgabe oder Vorlage beweisrelevanter Urk ist mangels Rechtsschutzbedürfnis unzulässig (OLG Frankfurt MDR 80, 228: Umdeutung in Antrag nach § 421). – Ausgeschlossen ist der Vorlegungsantrag im ***Urkunden- und Wechselprozess,*** § 595 III.

§ 422 Vorlegungspflicht des Gegners nach bürgerlichem Recht

Der Gegner ist zur Vorlegung der Urkunde verpflichtet, wenn der Beweisführer nach den Vorschriften des bürgerlichen Rechts die Herausgabe oder die Vorlegung der Urkunde verlangen kann.

I) Grundsätze. Die Verpflichtung zur Vorlage der Urk bedarf – sofern nicht § 423 anzuwenden ist – einer mat-rechtl Verpflichtung. Der Gegner des Beweisführers ist zur Vorlage von Beweisurkunden **verpflichtet**, wenn **1)** der Beweisführer Vorlegungsantrag (§§ 421, 424) stellt, **2)** der Gegner den Besitz an der Urk einräumt (sonst § 426), **3)** ein mat-rechtl Anspruch des Beweisführers auf Vorlage besteht und **4)** das Gericht die Vorlage wegen Beweiserheblichkeit (s vor § 284 Rn 9, 10) gem § 425 anordnet. – Folgen der Nichtvorlage: §§ 427, 444. Unabhängig von den Voraussetzungen des § 422 kann das Gericht die Vorlage von Urk gem **§ 142** anordnen (BGH MDR 2019, 825; BGH MDR 2007, 1333). – Auf die Vorlagepflicht **elektron Dokumente** finden §§ 422-432 entspr Anwendung, § 371 II (hierzu Berger NJW 2005, 1016). 1

II) Materiell-rechtlicher Anspruch. Dieser muss auf Vorlage, Herausgabe oder Einsicht (Ahrens Beweis Kap 29 Rn 35) bestehen. Die Urk muss bereits errichtet sein. Zu beachten ist die Akzessorietät des prozessualen zum mat-rechtl Anspruch. Dieser muss durchsetzbar sein, ihm dürfen also keine dauernden Einwendungen und Einreden entgegenstehen, insb nicht die Einrede der Verjährung. Ein Zurückbehaltungsrecht begründende Einreden sind aber unerhebl (Ahrens Beweis Kap 29 Rn 47; aA wohl MK/Schreiber Rn 3). Erfasst werden nicht nur Vorschriften des BGB, sondern des gesamten Zivilrechts. Sofern Gegner eine Behörde ist, ist die entspr Anwendung auf öff-rechtl Pflichten zur Vorlage usw gerechtfertigt (Ahrens Beweis Kap 29 Rn 32). 2

Bsp: § 402 BGB (Pflicht des bish Gl zur Auslieferung der zum Beweis der Forderung dienenden Urk); § 675 BGB (Herausgabepflicht bei Geschäftsbesorgung); §§ 666, 667, 681 BGB (Pflicht des Geschäftsführers zur Auskunft und Herausgabe); § 717 BGB (bei Gesellschaft, ggf iVm § 105 III, 161 II); § 952 BGB (Pflicht des Eigentümers eines Schuldscheins zur Herausgabe); § 1605 BGB (Auskunftspflicht im UnterhaltsR), § 1790 IV BGB (bei Vormundschaft); vgl ferner §§ 896, 1145, 1379, 2018, 2027, 2314 BGB; §§ 166, 258-261 HGB; §§ 131, 170, 175 II AktG; §§ 19, 19a, 128, 135 MarkenG; §§ 101, 101a UrhG. 3

Praktisch wichtiger Anwendungsfall ist **§ 810 BGB.** Das erforderl schutzwürdige rechtl Interesse fehlt, wenn die Einsicht nur aufgrund vager Vermutungen verlangt wird, um erst dadurch Anhaltspunkte für eine Rechtsverfolgung zu gewinnen, da sie dann auf eine unzulässige Ausforschung zielt (BGH NJW 2014, 3312 = MDR 2014, 947). Auch die Urk selbst und deren angebl Inhalt müssen genau bezeichnet werden (BGH NJW 2014, 3312). Ein rechtl Interesse kann darin bestehen, dass die eigene Vertragsurkunde nicht mehr auffindbar ist (BGH NJW-RR 2002, 1419). Vom Einsichtsrecht nicht erfasst werden nur zum eigenen Gebrauch erstellte **Notizen** (BGHZ 60, 275). – Aus den Grundsätzen der **sekundären Darlegungslast** ergibt sich keine Vorlagepflicht (BGH MDR 2007, 1333). Erst recht gilt dies für die allg prozessuale Mitwirkungs- und Förderungspflicht (MK/Schreiber Rn 1; aA Schlosser JZ 91, 608 mwN). 4

III) Grenzen der Vorlagepflicht. Sachgerecht sind die § 383 I, § 384 entspr anwendbar (MK/Schreiber Rn 5; aA Ahrens Beweis Kap 29 Rn 52 ff, da Geheimhaltungsberechtigung bereits den mat-rechtl Anspruch entfallen lasse), sofern nicht bereits die zugrunde liegende Norm eine entspr Abwägung erfordert. 5

IV) Rechtsfolge. Die Verpflichtung geht auf Vorlage beim Prozessgericht, ausnahmsw beim Richter gem § 434. Folge der Nichtvorlage: § 427. 6

§ 423 Vorlegungspflicht des Gegners bei Bezugnahme

Der Gegner ist auch zur Vorlegung der in seinen Händen befindlichen Urkunden verpflichtet, auf die er im Prozess zur Beweisführung Bezug genommen hat, selbst wenn es nur in einem vorbereitenden Schriftsatz geschehen ist.

§ 423 begründet (unabhängig von dem mat-rechtl Anspruch nach § 422) einen selbständigen prozessualen Anspruch auf Vorlage einer Urk. Der Gegner, ggf auch der Streitgenosse oder Streithelfer, muss sich nach dem eindeutigen Wortlaut **zum Zwecke der Beweisführung** auf die Urk berufen haben. Der Hinweis ledigl auf den Inhalt ohne Beweisangebot genügt nicht (OLG Stuttgart ZIP 2007, 1210; RGZ 69, 405). Eine erweiternde Auslegung ist auch seit der Neufassung des § 142 nicht gerechtfertigt (so aber Ahrens Beweis Kap 29 Rn 84 ff). Beide Normen haben unterschiedl Voraussetzungen und Rechtsfolgen und sind daher unabhängig voneinander anzuwenden (vgl BGH NJW 2007, 2989 Tz 20 = MDR 2007, 1333). Verzicht des Gegners auf die Verwertung der einmal von ihm in Bezug genommenen Urk beseitigt die prozessuale Vorlagepflicht nicht mehr (MK/Schreiber Rn 1). 1

Der Anspruch geht **auf Vorlage** beim Prozessgericht, ausnahmsweise beim Richter gem § 434. Folge der **Nichtvorlage:** § 427. 2

§ 424 Antrag bei Vorlegung durch Gegner

Der Antrag soll enthalten:
1. **die Bezeichnung der Urkunde;**
2. **die Bezeichnung der Tatsachen, die durch die Urkunde bewiesen werden sollen;**
3. **die möglichst vollständige Bezeichnung des Inhalts der Urkunde;**
4. **die Angabe der Umstände, auf welche die Behauptung sich stützt, dass die Urkunde sich in dem Besitz des Gegners befindet;**
5. **[1]die Bezeichnung des Grundes, der die Verpflichtung zur Vorlegung der Urkunde ergibt. [2]Der Grund ist glaubhaft zu machen.**

1 **I) Allgemein.** § 424 bestimmt die Anforderungen, denen der Antrag nach § 421 genügen muss. Trotz der Formulierung „soll" handelt es sich um **notwendigen Inhalt** (KG VersR 2004, 1193; MK/Schreiber Rn 1; Ahrens Beweis Kap 29 Rn 93 unter Hinweis auf die Gesetzesmaterialien). Da es sich um einen Beweis- und damit Verfahrensantrag handelt, gilt § 297 nicht. Erfüllt der Antrag trotz Hinweises gem § 139 die Voraussetzungen nicht, ist er durch (selbständig nicht anfechtbares, s § 303 Rn 6, 11) Zwischenurteil oder im Endurteil (Bsp: KG ZIP 93, 1303) zurückzuweisen. Gestellt werden kann der Antrag nur durch den **Beweisführer** (BGH VersR 99, 254).

2 **II) Anforderungen im Einzelnen.** Diese sind im Einzelfall nach dem Zweck der Regelung zu bestimmen, dem Gericht zu ermöglichen, die Entscheidungs- und Beweiserheblichkeit sowie die Beweiseignung der Urk und die Verpflichtung zur Vorlage zu prüfen (BGH NJW 89, 717 = MDR 89, 347).

3 **Nr 1:** Die Urk ist zur Vermeidung einer Ausforschung konkret zu bezeichnen (BGH NJW 2014, 3312; LAG Niedersachsen NZA-RR 2018, 421), idR mit Angabe von Datum (KG ZIP 93, 1303; großzügiger wohl MK/Schreiber Rn 2) und Aussteller. Eine allgemeine Angabe, etwa als „Korrespondenz" oÄ, genügt nicht (KG VersR 2004, 1193).

4 **Nr 2:** Die Angaben sind zum Ausschluss einer Ausforschung erforderl. Daher ist nicht ausreichend die Behauptung, aus den Unterlagen ergäbe sich ggf eine abweichende Darstellung des maßgebl Vorgangs (KG VersR 2004, 1193 für Schadenakten über Verkehrsunfall).

5 **Nr 3:** Die Angabe ist notwendig, um die Erheblichkeit sowie Geeignetheit des Beweismittels zu prüfen und eine Ausforschung zu verhindern. Die Einschränkung „möglichst" entbindet aber von einer wörtl Wiedergabe, die dem Beweisführer oft nicht mögl ist. Sie ist aber für die Wirkung von § 427 S 2 relevant.

6 **Nr 4:** Konkrete Angaben sind erforderl (KG ZIP 93, 1303), auch um dem Gegner substantiiertes Bestreiten zu ermöglichen. Nähere Ausführungen sind aber entbehrl, wenn der Besitz der Urk durch den Gegner unstr ist (BGH NJW 89, 717 = MDR 89, 347). Eine Glaubhaftmachung ist nicht erforderl. Bestreitet der Gegner den hinreichend konkreten Vortrag zum Besitz: § 426.

7 **Nr 5:** Die Grundlage der mat-rechtl Vorlegungspflicht des Gegners iSv § 422 (im Fall des § 423 ergibt sie sich aus den Akten) ist darzulegen und bei Bestreiten glaubhaft (§ 294) zu machen. Sonderregelung für Handelsbücher: §§ 258-261 HGB.

§ 425 Anordnung der Vorlegung durch Gegner

Erachtet das Gericht die Tatsache, die durch die Urkunde bewiesen werden soll, für erheblich und den Antrag für begründet, so ordnet es, wenn der Gegner zugesteht, dass die Urkunde sich in seinen Händen befinde, oder wenn der Gegner sich über den Antrag nicht erklärt, die Vorlegung der Urkunde an.

1 **1) Voraussetzungen. 1) Allgemein.** Der Antrag auf Vorlegung muss den Anforderungen von § 424 genügen. Er ist begründet, wenn die Urk **1.** entscheidungserhebl (vor § 284 Rn 9), **2.** beweiserhebl (OLG Düsseldorf ZInsO 2018, 34), **3.** als Beweismittel geeignet (vor § 284 Rn 10a), **4.** der Gegner im Besitz der Urk und **5.** vorlegungspflichtig ist (vgl die Anm zu §§ 422-424). Fehlen die Voraussetzungen zu 1.-3., unterbleibt die Anordnung. Erst die Bejahung der Fragen zu 1.-3. löst den eigentl Vorlegungsstreit aus, wenn Besitz oder Vorlegungspflicht bestritten werden.

2 **2) Vorlegungspflicht.** Stellt der Gegner sie nicht in Abrede, hat das Gericht sie nicht weiter zu prüfen, da die Urk auch freiwillig vorgelegt werden kann (Ahrens Beweis Kap 29 Rn 108; aA MskV/Röß Rn 3). Anderenfalls muss sie vom Gericht festgestellt werden, wobei hinsichtl der rechtfertigenden Tatsachen Glaubhaftmachung genügt, § 424 Nr 5.

3 **3) Besitz.** Er wird zugrunde gelegt, wenn der Gegner ihn nicht bestreitet oder sich nicht erklärt (vgl BGH NJW-RR 2002, 1419). Wird er bestr, ist bei Vorliegen der übrigen Voraussetzungen nach § 426 zu verfahren.

II) Entscheidung. Die **Zurückweisung** des Antrags erfolgt idR in der Endentscheidung. Sie kann auch durch Beschluss oder Zwischenurteil ergehen; in diesen Fällen ist die Entscheidung nicht isoliert anfechtbar (näher Ahrens Beweis Kap 29 Rn 110). Ist der Besitz nicht bestr, wird die Vorlegung durch Beweisbeschluss (§§ 358 ff) **angeordnet**, der nicht anfechtbar ist, da die Voraussetzungen von § 567 I nicht vorliegen. Über einen Zwischenstreit zur Vorlagepflicht kann ein – nicht anfechtbares (s § 303 Rn 6, 11) – Zwischenurteil gem § 303 ergehen. Notwendig ist ein solcher Erlass aber nicht, eine Begründung in der Endentscheidung genügt. Bei **Säumnis** des Gegners ist zu differenzieren: War der Termin nur hinsichtl des Streits über die Vorlagepflicht anberaumt, ergeht gem § 347 II diese aussprechendes (Zwischen-)VU, das mit dem Einspruch anfechtbar ist. Ist der Termin auch zur Verhandlung in der Hauptsache bestimmt, kann über diese VU ergehen. 4

Der Anordnung steht nicht entgegen, dass sich die **Urkunde im Ausland** befindet. Dies gilt auch bei ausländischem (Wohn-)Sitz des Gegners, da keine über § 427 hinausgehende Sanktionen angeordnet werden können (Ahrens Beweis Kap 29 Rn 115). 5

§ 426 Vernehmung des Gegners über den Verbleib

[1]Bestreitet der Gegner, dass die Urkunde sich in seinem Besitz befinde, so ist er über ihren Verbleib zu vernehmen. [2]In der Ladung zum Vernehmungstermin ist ihm aufzugeben, nach dem Verbleib der Urkunde sorgfältig zu forschen. [3]Im Übrigen gelten die Vorschriften der §§ 449 bis 454 entsprechend. [4]Gelangt das Gericht zu der Überzeugung, dass sich die Urkunde im Besitz des Gegners befindet, so ordnet es die Vorlegung an.

I) Voraussetzungen der Vernehmung. 1) Beweisantritt gem § 421, **2)** Bestreiten des Besitzes iSv § 421 Rn 1 durch Gegner, **3)** § 424 entsprechender Vorlegungsantrag, **4)** Beweisgeeignetheit der Urk, Entscheidungserheblichkeit und Beweisbedürftigkeit der durch die Urk zu beweisenden Tatsache (s § 425 Rn 1). Außerdem ist die ggf. durch anderweitige Beweisaufnahme gebildete Überzeugung des Gerichts erforderl, dass die Urk überhaupt errichtet wurde (OLG Frankfurt 13.5.2015 – 15 U 122/08; OLGR München 2000, 354; MskV/Röß Rn 1), denn die Vernehmung soll nur deren Verbleib aufklären (RGZ 92, 225). Nicht erforderl ist aber die Überzeugung, dass sie aktuell existiert, vielmehr ist ggf der Gegner zu einer mögl Vernichtung zu vernehmen (Ahrens Beweis Kap 29 Rn 117). 1

II) Verfahren und Entscheidung. Die Anordnung erfolgt durch Beweisbeschluss (§ 450 I) auf Vernehmung des Gegners (bei Streitgenossen § 449, bei Prozessunfähigen § 455) über den Verbleib der Urk. Zu laden ist die Partei nicht über einen ProzBev, einer Zustellung bedarf es nicht, § 450 I 3. Vernehmung durch Prozessgericht oder beauftragten Richter (§ 451). Ggf Beeidigung gem § 452. Beweisthema ist nicht nur der Besitz, sondern auch der Verbleib der Urk, daher im Fall des früheren Besitzes auch die Frage, an wen der Gegner die Urk weitergegeben hat. Die Vernehmung ist ggf darauf zu erstrecken, welche Nachforschungen der Beweisgegner angestellt hat, da anderenfalls S 2 leerlaufen würde (aA wohl MK/Schreiber Rn 3). Die Nachforschungspflicht bezieht sich aber nur auf den eigenen Verfügungsbereich (Ahrens Beweis Kap 29 Rn 121), nicht auf das weitere Schicksal nach einer Weitergabe usw, da dies über die Frage der eigenen Verfügungsgewalt iSv § 421 Rn 1 hinausgeht. 2

Das Gericht hat gem **S 4** das Ergebnis der Vernehmung frei **zu würdigen**, § 286, ggf auch eine Verweigerung der Aussage (§§ 453 II, 446). Kommt es zu der Überzeugung, dass der Gegner die Verfügungsgewalt über die Urk (§ 421 Rn 1) hat, ordnet es deren Vorlegung durch – nicht anfechtbaren, § 355 II – Beschluss an. Vermag es diese Feststellung nicht zu treffen, lehnt es die Anordnung ab; entweder im Endurteil oder durch Zwischenurteil bzw Beschluss, die nicht anfechtbar sind. Kommt das Gericht zur Überzeugung, dass der Gegner nicht ausreichend nach der Urk geforscht hat, gilt § 427, bei bewusster Beweisverhinderung § 444. – Für den Besitz des Gegners an der Urk ist neben der Parteivernehmung ein **anderes Beweismittel** angesichts des eindeutigen Wortlauts von § 426 nicht zulässig (RGZ 16, 395 für Zeugen; aA Ahrens Beweis Kap 29 Rn 125). 3

III) Gebühren. 1) Gericht: keine. – **2) RA:** Die Tätigkeit im Vernehmungstermin ist mit der Terminsgeb 3104 RVG-VV abgegolten. 1010 RVG-VV ist bei der Parteivernehmung nicht einschlägig (s § 358 Rn 5). 4

§ 427 Folgen der Nichtvorlegung durch Gegner

[1]Kommt der Gegner der Anordnung, die Urkunde vorzulegen, nicht nach oder gelangt das Gericht im Falle des § 426 zu der Überzeugung, dass er nach dem Verbleib der Urkunde nicht sorgfältig geforscht habe, so kann eine vom Beweisführer beigebrachte Abschrift der Urkunde als richtig angesehen werden. [2]Ist eine Abschrift der Urkunde nicht beigebracht, so können die Behauptungen des Beweisführers über die Beschaffenheit und den Inhalt der Urkunde als bewiesen angenommen werden.

1 **I) Grundsätze.** Die Vorlage der Urk durch den Gegner ist **nicht erzwingbar.** Vielmehr sieht § 427 eine allein beweisrechtl Sanktion vor. Voraussetzung für diese ist, dass trotz entspr Anordnung die Vorlage unterbleibt oder das Gericht der Überzeugung ist, dass der Gegner seiner Nachforschungspflicht (§ 426) nicht nachgekommen ist.

2 **II) Rechtsfolge.** Legt der Beweisführer eine **Abschrift der Urkunde** vor, kann diese als richtig angesehen, ihr also dieselbe Beweiskraft wie der Urschrift beigemessen werden. In Betracht kommt dies va bei äußerl keine Auffälligkeiten aufweisenden Fotokopien. Dem Gesetzeszweck, einer Beweisverhinderung entgegen zu wirken, entspricht es, im Regelfall von einer Richtigkeit der Kopie auszugehen (so auch Ahrens Beweis Kap 29 Rn 132). Ausgeschlossen ist eine andere Würdigung aber nicht, zB wenn die Abschrift ohne nachvollziehbaren Grund erst nach einer verweigerten Vorlage der Urschrift vorgelegt wird (Ahrens Beweis Kap 29 Rn 138). Es gilt der Grundsatz der freien Beweiswürdigung gem § 286. Daneben ist aber die Echtheit der Urk iSv §§ 437 ff erforderl.

3 Legt der Beweisführer **keine Abschrift** vor, kann das Gericht seine Angaben zu Inhalt und Beschaffenheit (zB einheitl Schriftbild, Vorhandensein von Siegel usw) als bewiesen ansehen. Es gilt auch hier der Grundsatz der freien Beweiswürdigung. Voraussetzung sind entspr konkrete Darlegungen insb zum Inhalt (BAG DB 76, 1010). Die Beweiswirkung bezieht sich nur auf die behaupteten **Tatsachen**, nicht auf eine rechtl Wertung, wie eine sich aus der Urk angebl ergebende Sittenwidrigkeit eines Vertrages (BGH NJW-RR 92, 1072).

4 **III) Gegenbeweis.** Er ist gegen die angenommene Beweiswirkung zulässig. Da § 427 keine gesetzl Vermutung, sondern eine Beweiserleichterung enthält, bedarf es nicht des Beweises des Gegenteils gem § 292. Eine Parteivernehmung ist aber gem § 445 II ausgeschlossen. – Die Vorlage der Urk erstmals in der **Berufungsinstanz** unterfällt § 531 II.

§ 428 Vorlegung durch Dritte; Beweisantritt

Befindet sich die Urkunde nach der Behauptung des Beweisführers im Besitz eines Dritten, so wird der Beweis durch den Antrag angetreten, zur Herbeischaffung der Urkunde eine Frist zu bestimmen oder eine Anordnung nach § 142 zu erlassen.

1 **I) Besitz eines Dritten. Dritter** ist jeder, der nicht der Beweisführer oder als sein Gegner anzusehen ist (dazu s § 421 Rn 1), also auch der NI und der Streitgenosse des Beweisführers. Streitgehilfen des Gegners sind Dritte, außer im Fall des § 69. Streitgenossen des Gegners (§ 61) sind Dritte, soweit das Beweisthema sie selbst nicht unmittelbar betrifft. Notwendige Streitgenossen (§ 69) sind niemals Dritte. – Der **Besitz** bestimmt sich nach dem BGB. Besitz hat also auch der mittelbare Besitzer, nicht aber der Besitzdiener (§ 855 BGB).

2 **II) Fristsetzung zur Herbeischaffung.** Nach der ursprüngl Konzeption des Urkundenbeweises ist die Beschaffung einer im Besitz eines Dritten befindl Urk (Ausnahme § 432) allein **Sache des Beweisführers** selbst. Danach kann er nur eine vom Gericht zu bestimmende (§ 431) Schonfrist (= praktisch Aussetzung des Verf) beantragen, bis zu deren Ablauf er die Urk notfalls im Wege der Klage gegen den Dritten zu beschaffen hat. Voraussetzung ist ein Herausgabeanspruch des Beweisführers ggü dem Dritten (§ 429, OLG Braunschweig NdsRpfl 2010, 80). Inhalt des Antrags: § 430.

3 **III) Anordnung gem § 142.** Diese Möglichkeit besteht – im Interesse der Prozessökonomie – seit der ZPO-Reform 2001. Der Antrag setzt nicht voraus, dass ein mat-rechtl Anspruch ggü dem Dritten besteht (§ 429 S 2; BTDrs 14/4722, 92). Das Gericht hat dem Antrag stattzugeben, wenn es davon überzeugt ist, dass sich die – konkret bezeichnete (OLG Köln NZV 2018, 273) – Urk im Besitz des Dritten befindet, die zu beweisende Tatsache erhebl ist und der Inhalt der Urk zum Beweis dieser Tatsache geeignet erscheint (BTDrs 14/4722, 92); die Einschränkungen von § 142 II gelten entspr (dazu LG Stuttgart WM 2019, 166). Wegen der Einzelheiten s Erl zu § 142, insb s § 142 Rn 11. Bei Nichtvorlage: Anordnung von Ordnungsmitteln, § 142 II 2, § 390; kein unmittelbarer Zwang, da nicht auf § 380 II Hs 2 verwiesen wird.

§ 429 Vorlegungspflicht Dritter

[1]Der Dritte ist aus denselben Gründen wie der Gegner des Beweisführers zur Vorlegung einer Urkunde verpflichtet; er kann zur Vorlegung nur im Wege der Klage genötigt werden. [2]§ 142 bleibt unberührt.

1 Die **Vorlagepflicht des Dritten (§ 429 S 1)** setzt einen entspr mat-rechtl Anspruch voraus; insoweit gelten dieselben *Grundsätze wie bei der* Vorlagepflicht des Gegners (s § 422 Rn 2 ff). Eine Vorlagepflicht nach § 423 setzt eine frühere Beteiligung am Prozess voraus und dürfte kaum je praktisch werden. Für die Anordnung nach § 142 (**§ 429 S 2**) ist ein mat-rechtl Herausgabeanspruch des Beweisführers nicht erforderl (s § 428 Rn 3).

Ob vor Prozessgericht oder ersuchtem Richter vorzulegen ist, bestimmt das Prozessgericht gem § 434 zugleich mit Frist (§ 431). IÜ obliegen **Klage** und ZwV allein dem Beweisführer. Die Klage ist – nach Fristsetzung (§ 431) – auf Vorlage der Urk vor dem Gericht zu richten. 2

Es besteht kein bes Gerichtsstand für die Klage, es gelten die allg Zuständigkeitsregeln. **Vollstreckung** erfolgt entspr § 883 (vgl OLG Frankfurt NJW-RR 92, 171; OLG Köln NJW-RR 89, 568), wenn sich die Urk in Deutschland befindet. Wenn eine Urk aus dem Ausland zu beschaffen ist, ZV gem § 888 (Geimer ZfRV 92, 336; Ahrens Beweis Kap 30 Rn 23). 3

§ 430 Antrag bei Vorlegung durch Dritte

Zur Begründung des nach § 428 zu stellenden Antrages hat der Beweisführer den Erfordernissen des § 424 Nr. 1 bis 3, 5 zu genügen und außerdem glaubhaft zu machen, dass die Urkunde sich in den Händen des Dritten befinde.

Der Beweisantritt gem § 428 muss den Anforderungen des § 424 mit der Abweichung bzgl der dortigen Nr 4 genügen. Glaubhaft zu machen ist neben der Grundlage der Vorlageverpflichtung (§ 424 Nr 5) auch das Vorhandensein im Besitz des Dritten iSv § 428 (OLG Celle NJW-RR 2019, 152). Der Begriff „in den Händen" führt zu keiner abweichenden Beurteilung, er beruht auf der unterbliebenen Harmonisierung mit der seit 2001 geltenden Fassung von § 424. Ein die Glaubhaftmachung entbehrl machendes Zugestehen durch den Dritten (MK/Schreiber Rn 1) dürfte mangels Beteiligung am Prozess idR nicht vorliegen. Inhaltl ist Beweisantritt der Antrag auf Gewährung der Schonfrist (s § 428 Rn 1) zur Durchführung des selbständigen Prozesses gegen den Dritten. 1

§ 431 Vorlegungsfrist bei Vorlegung durch Dritte

(1) Ist die Tatsache, die durch die Urkunde bewiesen werden soll, erheblich und entspricht der Antrag den Vorschriften des vorstehenden Paragraphen, so hat das Gericht durch Beschluss eine Frist zur Vorlegung der Urkunde zu bestimmen.

(2) Der Gegner kann die Fortsetzung des Verfahrens vor dem Ablauf der Frist beantragen, wenn die Klage gegen den Dritten erledigt ist oder wenn der Beweisführer die Erhebung der Klage oder die Betreibung des Prozesses oder der Zwangsvollstreckung verzögert.

I) Voraussetzung der Fristsetzung. Erforderl sind der § 430 entsprechende Antrag iSv § 428 sowie Bejahung der Beweisbedürftigkeit und Beweiserheblichkeit (s vor § 284 Rn 9, 10). Die Frist kann bei Glaubhaftmachung eines erhebl Grundes gem § 224 II auf Antrag abgekürzt oder verlängert werden. 1

II) Entscheidung und Rechtsmittel. Die Bestimmung der Frist erfolgt durch **Beschluss** ohne notw mündl Verh. Sie hängt von der mutmaßl Dauer des Verf gegen den Dritten ab. Ob der Gegner gegen eine zu lange Frist oder die Versagung der gem II beantragten vorzeitigen Fortsetzung entspr § 252 sof Beschwerde einlegen kann (so MK/Schreiber Rn 3; aA ThP/Seiler Rn 2), ist fragl, da es nach Einführung von § 198 GVG an der erforderl Regelungslücke fehlen dürfte (s § 216 Rn 16). Gegen eine **Ablehnung** der Fristsetzung ist sof Beschwerde des Beweisführers statthaft, § 567 I Nr 2. Das Beschwerdegericht hat die Zulässigkeit der Fristsetzung in formeller Hinsicht (§§ 430, 431) und die angemessene Dauer zu prüfen, nicht aber die Frage der Beweisbedürftigkeit und -erheblichkeit, die das Prozessgericht selbständig zu beantworten hat (Ahrens Beweis Kap 30 Rn 33). 2

III) Weiteres Verfahren. Wird die Urk vorgelegt, ist vAw Termin zu bestimmen, § 216. **Fortsetzung vor Fristablauf** ist auf jederzeit zulässigen, als Verzicht auf Beweisantritt anzusehenden Antrag des Beweisführers mögl. Auf Antrag des Gegners gem II, wobei dies angesichts der Gefahr eines Ausschlusses des Beweismittels nur bei offensichtl Verschleppung gerechtfertigt ist. – **Nach Fristablauf** ist Termin vAw zu bestimmen (s § 216 Rn 1; Ahrens Beweis Kap 30 Rn 41; aA MK/Schreiber Rn 4; ThP/Seiler Rn 3: Antrag erforderl). Kann die Urk nicht beigebracht werden, ist der Beweisführer mit diesem Beweismittel ausgeschlossen, § 230. Für eine (erneute) Fristsetzung gem § 356 fehlt es an einer Rechtfertigung, da die Frist nach § 431 gerade der Beschaffung der Urk dient und daher Spezialvorschrift zu § 356 ist; in Betracht kommt allein eine Verlängerung der Frist (s Rn 1). 3

§ 432 Vorlegung durch Behörden oder Beamte; Beweisantritt

(1) Befindet sich die Urkunde nach der Behauptung des Beweisführers in den Händen einer öffentlichen Behörde oder eines öffentlichen Beamten, so wird der Beweis durch den Antrag angetreten, die Behörde oder den Beamten um die Mitteilung der Urkunde zu ersuchen.

(2) Diese Vorschrift ist auf Urkunden, welche die Parteien nach den gesetzlichen Vorschriften ohne Mitwirkung des Gerichts zu beschaffen imstande sind, nicht anzuwenden.

(3) Verweigert die Behörde oder der Beamte die Mitteilung der Urkunde in Fällen, in denen eine Verpflichtung zur Vorlegung auf § 422 gestützt wird, so gelten die Vorschriften der §§ 428 bis 431.

1 **I) Grundsätze.** Die Vorschrift ist **anwendbar** auf Urk, die sich im Besitz einer Behörde (Begriff: s § 273 Rn 8) oder eines Beamten in dessen dienstl Eigenschaft (nicht ausreichend Privatbesitz des Beamten) befinden, unabhängig davon, ob es öffentl (§§ 415, 417, 418) oder private Urk sind. Dazu gehören auch Ermittlungs- und **Strafakten** (BGH MDR 2023, 651). Für die Einführung in den Prozess gibt es **4 Möglichkeiten: 1.** formlose Anregung, die Urk gem § 273 II Nr 2 vorbereitend anzufordern, **2.** Vorlage vom Beweisführer zu beschaffender Ausfertigungen, Auszüge oder begl Abschriften öffentl Urk (§ 435) oder originaler Privaturk, soweit die besitzende Behörde zur Erteilung bzw Herausgabe an den Beweisführer bereit ist (II), **3.** Antrag gem I auf Vorlageersuchen des Gerichts an die Behörde und **4.** Antrag gem § 428 auf Fristsetzung (§ 431) zur (nötigenfalls klagew) Durchsetzung des Vorlageanspruchs (§ 422) durch den Beweisführer gegen die Behörde (III).

2 **II) Beweisantrag gem § 432 I. 1) Voraussetzung.** Erforderl ist, dass kein Fall von II oder III vorliegt, der Beweisführer die Urk also nicht selbst beschaffen kann (BGH MDR 2023, 651). Wie sich aus III ergibt, ist I auch dann nicht anzuwenden, wenn ein Vorlageanspruch gem § 422 geltend gemacht wird (MskV/Röß Rn 4; Beck-OK/Krafka Rn 3; aA Ahrens Beweis Kap 30 Rn 43; von MDR 2023, 651 offen gelassen). Die Behörde oder der Beamte (oder die jew öffentl Körperschaft) müssen **Dritter** iS § 428 (s § 428 Rn 2) sein; bei einer Gegnerstellung gelten nur §§ 421 ff (Ahrens Beweis Kap 30 Rn 42; MK/Schreiber Rn 3). Ob die Gegenpartei in Ermangelung der Voraussetzungen der §§ 422 f nicht zur Vorlage der Urk verpflichtet ist, ist unerhebl (BGH MDR 2023, 651 Tz 19 für Ermittlungsakten). Der Antrag muss die Behörde und die Akten **genau bezeichnen**. Dazu gehört, dass der Aktenbestandteil konkret bezeichnet wird, die pauschale Benennung einer Akte genügt nicht (BGH NJW 94, 3295; OLG Koblenz WuW 2018, 585). Ebenso sind die Tatsachen, die durch die Urk bewiesen werden sollen, und Anhaltspunkte für den Besitz der Behörde anzugeben (MK/Schreiber Rn 6).

3 **2) Entscheidung der Behörde.** Ob diese verpflichtet ist, dem Ersuchen des Gerichts zu entsprechen, richtet sich nach öffentl Recht, insb der Verpflichtung zur Amtshilfe, Art 35 GG (BVerwGE 30, 154 = MDR 69, 75: § 99 VwGO nicht analog anwendbar), bei landesrechtl Regelung: § 168 GVG. Lehnt die Behörde, zB aus Datenschutz- oder Geheimhaltungsgründen, eine Vorlage ab, ist das Gericht daran gebunden. Dies gilt auch, wenn die Behörde ihre Urk (Akten) nur unter Beschränkungen der Einsicht und Verwertung zur Verfügung stellt (BGH NJW 52, 305). Da sich aus § 299 kein Recht der Parteien zur Einsicht in beigezogene Akten fremder Behörden ergibt (BGH NJW 52, 305), kann der ihnen nicht zugängl Teil bei der Entscheidung nicht verwertet werden (BVerfG NJW 2014, 1581). Gegen eine Ablehnung des gerichtl Ersuchens oder Beschränkungen bei der Verwertung kann der Beweisführer ggf verwaltungsrechtl Rechtsschutz (zu dieser Problematik BVerwGE 30, 154) in Anspruch nehmen, für den ihm eine Frist gem § 356 gesetzt werden kann. Ist eine Ablehnung der (uneingeschränkten) Übersendung evident, kommt eine Ablehnung des Beweisantrags wegen Unerreichbarkeit (s vor § 284 Rn 11c) in Betracht.

4 **3) Gerichtliche Entscheidung und weiteres Verfahren.** Anders als die formlos mögl Beiziehung von Akten nach § 273 II Nr 2 ist das Ersuchen gem I durch **Beweisbeschluss** (§ 358) zu beschließen. Eine Ablehnung bedarf keines gesonderten Beschlusses, kann vielmehr in der Endentscheidung begründet werden; ergeht er dennoch, ist er nicht anfechtbar, § 355 II. – Kommt die Behörde dem Ersuchen nach, teilt die GeschSt den Parteien den Eingang entspr § 362 II formlos mit; Vorlegung in mündl Verh oder nach § 434 bzw Verwertung in der schriftl Entscheidung. – Rechte der anderen Partei oder Dritter, insb deren Grundrecht auf **informationelle Selbstbestimmung** gem Art 2 I iVm Art 1 I GG, stehen der Aktenbeiziehung und der Einsichtnahme – auch einer Ermittlungs- oder Strafakte – durch die Gerichte idR nicht entgegen. Ihnen kann vielmehr dadurch Rechnung getragen werden, dass das Gericht nach Erhalt der Akten unter Berücksichtigung dieser schutzwürdigen Interessen abwägt, ob und ggf in welchem Umfang Informationen aus ihnen im Zivilverfahren verwertet werden können; der Zugang zu den Informationen aus der beigezogenen Akte ist ggf angemessen zu beschränken (BGH MDR 2023, 651 Tz 15 für Ermittlungsakten).

5 **III) Ausschluss gem § 432 II.** Er betrifft Urk wie Urteile, notarielle Urk, Personenstandsurkunden, Grundbuch- und Registerauszüge, auf deren Erteilung der Beweisführer ein Recht hat. Wegen der Beweiskraft gem § 435 genügt idR, dass eine Ausfertigung oder begl Abschrift erlangt werden kann. II ist nicht anwendbar, wenn die Erteilung vom Ermessen der Behörde abhängt (RGZ 84, 142; sa auch BGH MDR 2023, 651 Tz 16). Aus dems Grund kann der Beweisführer gegen eine ablehnende Entscheidung nicht auf ein Rechtsbehelfsverf

verwiesen werden (str, vgl Nw bei Ahrens Beweis Kap 30 Rn 54). Die Urschrift einer öffentl Urk kann nicht herausverlangt werden (§ 45 II BeurkG für notarielle Urk). – Können sich die Parteien die Urk selbst beschaffen, erfolgt Beweisantritt gem § 420.

IV) Beweisverfahren gem § 432 III. Voraussetzung ist, dass Behörde bzw Beamter Dritter ist. Eröffnet wird die klageweise Durchsetzung eines zivilrechtl Vorlageanspruchs iSv § 422, wobei die fehlende Nennung von § 423 auf einem Redaktionsversehen beruhen soll (Ahrens Beweis Kap 30 Rn 72). Nicht erfasst wird eine öffentl-rechtl Vorlagepflicht (Ahrens Beweis Kap 30 Rn 71; MskV/Röß Rn 6). Für deren Durchsetzung ist dem Beweisführer ggf eine Frist gem § 356 zu setzen (s Rn 3). 6

V) Gebühren. 1) Gericht: keine. – **2) RA:** Die Tätigkeit ist durch die VerfGeb 3100 RVG-VV, beim Antrag im Termin durch die Terminsgeb 3104 RVG-VV abgegolten. 7

§ 433 (weggefallen)

§ 434 Vorlegung vor beauftragtem oder ersuchtem Richter

Wenn eine Urkunde bei der mündlichen Verhandlung wegen erheblicher Hindernisse nicht vorgelegt werden kann oder wenn es bedenklich erscheint, sie wegen ihrer Wichtigkeit und der Besorgnis ihres Verlustes oder ihrer Beschädigung vorzulegen, so kann das Prozessgericht anordnen, dass sie vor einem seiner Mitglieder oder vor einem anderen Gericht vorgelegt werde.

Unter **Durchbrechung des Grundsatzes der Beweisunmittelbarkeit** (§ 355) darf das Gericht bei Urk, deren Verlust bei Versendung eine unzumutbare Gefahr darstellt, entweder selbst die Urk an Ort und Stelle einsehen (§ 219, BGH DB 62, 1438) oder gem § 434 verordneten Richter (§§ 361, 362) in Anspruch nehmen. Dies ist unabhängig davon, wer die Urk im Besitz hat. Vor dem verordneten Richter besteht kein Anwaltszwang, § 78 III. Zu **im Ausland** befindl Urk s vor § 415 Rn 12. 1

Die **Anordnung** erfolgt durch Beweisbeschluss (§ 358) grds nach, gem §§ 358a, 360 auch ohne mündl Verh. Die – nicht anfechtbare, § 355 II – Anordnung steht im Ermessen des Gerichts. Die Vorlegung der Urk vor dem beauftragten oder ersuchten Richter beschränkt sich darauf. Der Richter wird daher, um dem Prozessgericht eine genaue Kenntnis zu verschaffen, eine begl Abschrift oder Ablichtung der Urk oder der Teile der Urk zu den Akten nehmen und seine Feststellungen über die Echtheit der ihm vorgelegten Urk zu Protokoll treffen (vgl § 439); eine entspr Verpflichtung besteht aber nicht, wenn ein Mitglied des Gerichts die Urk einsieht (BGH DB 62, 1438). Das weitere Verf bestimmt sich nach § 362 II, § 367, § 370. 2

§ 435 Vorlegung öffentlicher Urkunden in Urschrift oder beglaubigter Abschrift

[1]Eine öffentliche Urkunde kann in Urschrift oder in einer beglaubigten Abschrift, die hinsichtlich der Beglaubigung die Erfordernisse einer öffentlichen Urkunde an sich trägt, vorgelegt werden; das Gericht kann jedoch anordnen, dass der Beweisführer die Urschrift vorlege oder die Tatsachen angebe und glaubhaft mache, die ihn an der Vorlegung der Urschrift verhindern. [2]Bleibt die Anordnung erfolglos, so entscheidet das Gericht nach freier Überzeugung, welche Beweiskraft der beglaubigten Abschrift beizulegen sei.

I) Vorlage einer beglaubigten Abschrift. Anders als bei Privaturkunden (s § 420 Rn 3) genügt bei öffentl Urk (§§ 415, 417, 418) grds die Vorlage öffentl begl Abschriften. Eine Abschriftsbeglaubigung beweist die Übereinstimmung der Abschrift mit der bei der Beglaubigungsstelle vorgelegten Urk (BGH DNotZ 2024, 508). Gem § 435 erbringt eine begl Abschrift den vollen Beweis der in öffentl Urk abgegebenen Erklärung oder bezeugten Tatsache (BGH DNotZ 2024, 508). Voraussetzung hierfür ist gem S 1, dass die begl Abschrift hinsichtl der Beglaubigung die Erfordernisse einer öffentl Urk genügt, sie insb ordnungsgemäß durch eine dafür befugte Stelle im Rahmen ihrer Zuständigkeit erfolgt ist (BGH DNotZ 2024, 508). Das sind zB die ausstellende Behörde, ein Notar (§§ 39, 42 BeurkG), der UdG (§ 299); nicht aber ein RA, da die öffentl Beglaubigung gefordert ist, oder eine Sparkasse außerhalb ihrer Zuständigkeit (BGH DNotZ 2024, 508). Die Beglaubigung muss nicht durch den Aussteller erfolgen. Vorzulegen ist die begl Abschrift/Kopie der Urschrift oder Ausfertigung (s Rn 3); nicht ausreichend ist eine – einfache oder begl – Kopie der begl Abschrift. – Wie bei Privaturkunden (s § 420 Rn 3) 1 kann aber auch bei öffentl Urk das Nichtbestreiten der Identität einer einfachen Kopie die Vorlage beglaubigter Abschriften entbehrl machen.

2 **II) Anordnung der Vorlage der Urschrift.** Sie kann das Gericht nach Ermessen treffen, insb wenn es davon ausgeht, dass der Beweisführer im Besitz der Urschrift ist. Anderenfalls ist gem § 432 vorzugehen. Eine freie Würdigung der Beweiskraft der begl Abschrift – statt §§ 415, 417, 418 – hat das Gericht (erst) vorzunehmen, wenn der Beweisführer auf entspr Anordnung weder die Urk vorlegt noch glaubhaft macht, warum ihm dies nicht mögl ist (BGH NJW-RR 2007, 1006).

3 **III) Ausfertigung.** Eine Ausfertigung vertritt die Urschrift im Rechtsverkehr, da diese idR in amtl Verwahrung zu bleiben hat. Dies gilt zB für notarielle Urk gem §§ 45, 47 BeurkG, Verwaltungsakte (BGH NJW 87, 2868) und gerichtl Entscheidungen (BGH NJW 2010, 2519 mwN). Die Ausfertigung ist iSd Urkundenbeweises nicht als (begl) Abschrift anzusehen, da sie dens öffentl Glauben verkörpert wie die Urschrift (BGH DNotZ 2024, 508; BGHZ 31, 5; Ahrens Beweis Kap 30 Rn 84, 89). Die Vorlage einer Ausfertigung genügt daher zum Beweisantritt. Da sie aber der Sache nach eine Abschrift ist (vgl § 49 I BeurkG), muss der Beweis der fehlenden Übereinstimmung mit der Urschrift mögl sein, sachgerecht entspr § 437: Eröffnung des Gegenbeweises und bei Zweifeln Einholung einer Identitätsbestätigung.

§ 436 Verzicht nach Vorlegung

Der Beweisführer kann nach der Vorlegung einer Urkunde nur mit Zustimmung des Gegners auf dieses Beweismittel verzichten.

1 Die Ankündigung der Vorlegung ist frei widerrufl. Nach Vorlegung der Urk ist ein Verzicht – ähnl wie bei § 399 – nur mit Zustimmung des Gegners zulässig. Verzicht und Zustimmung sind ihrerseits unwiderrufl Prozesshandlungen und stehen einer Verwertung als Beweismittel entgegen. Nicht ausgeschlossen ist aber ein Vorgehen gem § 142 (str, wie hier MK/Schreiber Rn 2; Ahrens Beweis Kap 30 Rn 101; aA MskV/Röß Rn 1), da dieses unabhängig von den beweisrechtl Vorschriften anzuwenden ist (BGH NJW 2007, 2989 = MDR 2007, 1333).

§ 437 Echtheit inländischer öffentlicher Urkunden

(1) Urkunden, die nach Form und Inhalt als von einer öffentlichen Behörde oder von einer mit öffentlichem Glauben versehenen Person errichtet sich darstellen, haben die Vermutung der Echtheit für sich.
(2) Das Gericht kann, wenn es die Echtheit für zweifelhaft hält, auch von Amts wegen die Behörde oder die Person, von der die Urkunde errichtet sein soll, zu einer Erklärung über die Echtheit veranlassen.

1 **I) Anwendungsbereich.** Erfasst werden inländische öffentl Urk. Der Urkundsbegriff entspr dem von § 415 (s § 415 Rn 2 ff). Die Voraussetzung der Errichtung „innerhalb der Grenzen der Amtsbefugnisse" fehlt, da dies aus der Urk idR nicht ersichtl ist. Inländisch sind von dt Behörden/Urkundspersonen errichtete Urk; während des Bestehens des dt Reichs von diesem bzw entspr Urkundspersonen errichtete Urk. Als inländisch sind auch Urk der DDR anzusehen (MK/Schreiber Rn 3), da diese zumindest verfahrensrechtl nicht als Ausland galt (BGH NJW 82, 1947). Gleichgestellt sind Urk der EU-Behörden (Ahrens Beweis Kap 27 Rn 101). Erfasst werden auch Eigenurkunden des Notars bzw der Behörde (BGH MDR 81, 130). – § 437 ist entspr anwendbar auf **elektron Dokumente**, die mit einer qualifizierten elektron Signatur versehen sind, § 371a III 2 (näher Roßnagel/Fischer-Dieskau NJW 2006, 806). Gem § 371b S 2 entspr Anwendung auf gescanntes elektron Dokument, sofern dieses und der Vermerk der Bestätigung qualifiziert elektron signiert sind.

2 **II) Echtheitsvermutung (§ 437 I).** Voraussetzung ist, dass die Urk keine äußeren Mängel iSv § 419 aufweist (in diesem Fall Feststellung der Echtheit gem § 286) und dass sie den Eindruck der Echtheit erweckt, zB durch Kopfbogen, Unterschrift und Dienstsiegel; insb letzteres spricht für Echtheit (BAG BB 98, 539). Gegenstand der Vermutung ist die Echtheit, also, dass die Urk mit ihrem gegenwärtigen Inhalt von dem behaupteten Aussteller stammt (MK/Schreiber Rn 4). Keine Vermutung gilt für die Zuständigkeit oder die Einhaltung sonstiger Verfahrenserfordernisse. Die Vermutung erstreckt sich auch nicht auf den Inhalt der Urk; insoweit gelten §§ 415, 417, 418. – Der **Beweis**, dass die Urk **nicht echt** ist, ist gem § 292 eröffnet, gem § 292 S 2 auch durch Parteivernehmung. Erforderl ist die Überzeugung iSv § 286, dass die Urk nicht echt ist.

3 **III) Echtheitszweifel (§ 437 II).** Entspr Zweifeln hat das Gericht nachzugehen; mit der Formulierung „kann" wird kein Ermessen, sondern eine Ermittlung vAw eröffnet. Ein Bestreiten oder Anerkenntnis der Echtheit ist unerhebl (Ahrens Beweis Kap 27 Rn 106). Einzuholen ist eine schriftl Erklärung der Behörde/Urkundsperson. Dies kann gem § 273 II Nr 2 vor mündl Verhandlung geschehen. Die Beweiswirkung von I entfällt (nur), wenn

die Erklärung zur Überzeugung des Gerichts (§ 286) der fehlenden Echtheit führt, nicht allein bei fortbestehenden Zweifeln.

§ 438 Echtheit ausländischer öffentlicher Urkunden

(1) Ob eine Urkunde, die als von einer ausländischen Behörde oder von einer mit öffentlichem Glauben versehenen Person des Auslandes errichtet sich darstellt, ohne näheren Nachweis als echt anzusehen sei, hat das Gericht nach den Umständen des Falles zu ermessen.

(2) Zum Beweis der Echtheit einer solchen Urkunde genügt die Legalisation durch einen Konsul oder Gesandten des Bundes.

Lit: *Bindseil*, Internat Urkundenverkehr, DNotZ 92, 275; *Bindseil* in Hecker/Müller-Chorus, Hdb der konsularischen Praxis, EL 3, 2007, § 4 C Rn 10 u Rn 18 (zu korrupten oder sonstwie dubiosen ausl Urkundspersonen); *Fries*, Zur Aussagekraft (ausl) öffentl Urk, RpflStud 2017, 70; *Geimer* in Dutta/Herrler, Die Europ ErbVO, 2014, S 143; *Langhein*, KollisionsR der Registerurk: Anglo-amerik notarielle Beglaubigungen, Bescheinigungen u Belehrungen im dt RegisterR, 1995; *Reithmann*, Beurkundung, Beglaubigung, Bescheinigung durch inländische u ausl Notare, DNotZ 1995, 360; *Reithmann*, Urk ausl Notare in inländischen Verf, IPRax 2012, 133.

I) Ausländische öffentliche Urkunden. Das sind von ausl Amtspersonen ausgestellte Urk, auch wenn die Ausstellung im Inland erfolgte. Urk von EU-Behörden sind wie inländische zu behandeln (Ahrens Beweis Kap 27 Rn 111). Hingegen geltend Urk der Behörden anderer EU-Staaten als ausländisch. Dies verstößt nicht gegen Art 18 AEUV (Ahrens Beweis Kap 27 Rn 111; Heinze EuR 2008, 654, 686). – Das ausl Recht bestimmt, welche Behörde öffentl ist und wer zu den danach berufenen Urkundspersonen zählt (OLG Karlsruhe FamRZ 2013, 2011). Ein ausl **Notar** ist Urkundsperson iSd Urkundenbeweises, wenn das für ihn maßgebende Recht seinen Beurkundungen öffentl Glauben beimisst (OLG Düsseldorf IPrax 96, 423, 425). Seine Beurkundung ist in Deutschland wirksam, wenn sie einer solchen durch einen dt Notar gleichwertig ist (BGH NJW-RR 2014, 2026 Tz 13); davon ist bei einer reinen Beglaubigung idR auszugehen (OLG Zweibrücken FGPrax 99, 86 für notary public in den USA/Kanada). 1

II) Echtheit. 1) Grundsätze. Für die **Echtheit** ausl öffentl Urk spricht keine ges Vermutung wie gem § 437. Sie ist vielmehr vAw nach § 286 festzustellen, ohne dass es auf ein Zugestehen oder Bestreiten der Echtheit durch den Gegner des Beweisführers ankommt (OLG Düsseldorf IPrax 96, 423; OLG Zweibrücken FGPrax 99, 86; BVerwG ZOV 2008, 172), auch im Wege des **Freibeweises**, zB durch Auskunft der zuständigen dt Auslandsvertretung (BVerwG NVwZ 2010, 1162; LAG Hamm BB 89, 2191; aber nicht zwingend: BVerfG DVBl 2002, 834) oder bei Urk aus der EU gem Art 14 EuUrkVO v 6.7.2016. Daneben kann auch gewürdigt werden, ob sich durch Bestr oder sonst Anhaltspunkte für eine (fehlende) Echtheit ergeben (BVerwG NVwZ 2010, 1162). Indizwirkung kann auch der Einschätzung anderer, mit entspr Urk häufig befasster Behörden zukommen (OLG Köln Schaden-Praxis 98, 287 für Bundeskriminalamt). Zu problematischen Urk s Rn 6. 2

2) Legalisation. Lit: Luther MDR 86, 10. Eine Legalisation bestätigt gem § 13 II KonsularG die Echtheit der Unterschrift, die Eigenschaft, in der der Unterzeichner der Urk gehandelt hat, und ggf die Echtheit eines angebrachten Siegels (Legalisation im engeren Sinn). Auf Antrag kann (§ 13 IV) bei eindeutiger Rechtslage auch bestätigt werden, dass der Aussteller zur Aufnahme der Urk zuständig war und dass diese in der den Gesetzen des Ausstellungsorts entspr Form aufgenommen worden ist (Legalisation im weiteren Sinn). Vom Gericht verlangt werden kann eine solche erweiterte Bestätigung aber nicht. Die Legalisation erfolgt durch den dt Konsularbeamten, in dessen Bezirk die ausl Urk errichtet wurde, mit einem gesiegelten Vermerk auf der Urk, § 13 I, III KonsularG. sa Rn 6. – Mit der Legalisation gilt die Urk wie gem § 437 I als echt, mit der Möglichkeit des Gegenteilsbeweises (s § 437 Rn 2; aA MK/Schreiber Rn 5: einfacher Gegenbeweis ausreichend). Wie bei dt Urk (s § 437 Rn 2) erstreckt sich dies weder auf die Einhaltung von Verfahrensvorschriften (Ausnahme: Legalisation im weiteren Sinn) noch auf die inhaltl Richtigkeit. Es spricht aber ein Erfahrungssatz des internationalen Rechtsverkehrs dafür, dass öffentl Behörden und Notare die für sie maßgebenden Zuständigkeits- und Formvorschriften beachten (OLG Zweibrücken FGPrax 99, 86), von dem bei Fehlen anderweitiger Anhaltspunkte ausgegangen werden kann. 3

3) Befreiung von der Legalisation, Apostille. Vielfach ist nach EU-Recht oder nach völkerrechtl Verträgen die Legalisation entbehrl; zB gem Art 4 EuUrkVO v 6.7.2016, Art 52 EuEheVO, Art 72 EuUntVO, Art 74 EuErbVO, oder für mehrsprachige Urk aufgrund von CIEC-Übk (Fries, RPflStud 201770, 72), insb für Personenstandsurk das Wiener Übk v 8.9.1976 (BGBl 1997 II, 774), für Ehefähigkeitszeugnisse das Münchener Übk v 5.9.1980 (BGBl 1997 II, 1086). Ebenso enthalten bilaterale Verträge eine Befreiung, zB mit Belgien, Dänemark, Frankreich, Griechenland, Italien, Luxemburg, Österreich, Schweiz (Nw bei Schmidt in Geimer/Schütze IRV 760 ff; Jayme/Hausmann, Internationales Privat- und VerfahrensR). Soweit in Staatsverträgen die Legalisation für entbehrl erklärt ist, stehen die ausl Urk den inländischen gleich mit den sich daraus ergebenden Folgen zur **Beweiskraft** öffentl Urk gem §§ 415 ff (BVerwG ZOV 2008, 172). 4

4a Eine Sonderstellung nimmt das **Haager Legalisationsbefreiungsübereinkommen** v 5.10.1961 ein (BGBl II 1965, 875; hierzu Weber DNotZ 67, 469; Blumenwitz DNotZ 68, 728). Danach genügt (Art 3, 4) für die Anerkennung einer in einem Mitgliedstaat des Übk erstellten öffentl Urk statt der Legalisation eine **Apostille**. Das ist die Bestätigung der Echtheit der Unterschrift und des Stempels oder Siegels durch die hierfür zuständige Behörde des Herkunftslandes in dessen Sprache (Muster: BGBl II 1965, 883, 884; sa OLG Jena FamRZ 2020, 1461). Sie muss auf der Urk oder einem fest mit ihr verbundenen Blatt (Heftklammer genügt, OLG Jena FamRZ 2020, 1461) angebracht sein. Einer Apostille bedarf es nicht, wenn im Einzelfall auch ohne sie die Echtheit zur Überzeugung des Gerichts feststeht (OLG Schleswig Rpfleger 2008, 498). Keine Anwendung findet das Abkommen gegenüber Staaten, deren Beitritt Deutschland widersprochen hat. Diese ergeben sich aus einer vom Auswärtigen Amt veröffentlichten Liste (im Internet: https://www.auswaertiges-amt.de/de/-/2570832).

5 **III) Beweiswirkung ausländischer öffentlicher Urkunden.** Sie entspricht – wenn ihre Echtheit feststeht – auch außerhalb des EU-Rechts der einer dt öffentl Urkunde (BGH FamRZ 2018, 1253 für Zustellnachweis; BGH NJW-RR 2007, 1006 für französische Ermittlungsakten; BGH RIW 2002, 237 für Zustellnachweis; BVerwG NJW 87, 1159 für Beglaubigungsvermerk; OLG Köln FamRZ 2020, 1509 für Personenstandsurk; OLG Düsseldorf IPRax 96, 423 für notarielle Urk; OLGR Schleswig 2007, 305 für US-amerik Zustellungszeugnis), aber auch nur entspr deren Beweiswirkung. Weitergehende Beweiswirkungen des ausl Rechts sind unbeachtl (OLG Hamm NJW-RR 2000, 406; Ahrens Beweis Kap 25 Rn 29). Begrenzt wird die Beweiskraft durch die Beweiswirkung, die sie im Ursprungsstaat hat (Ahrens Beweis Kap 25 Rn 29). Ob ein Vorrang des unmittelbaren Personalbeweises gegenüber dem Urkundenbeweis besteht, bestimmt sich entspr dem lex fori nach dt Recht (Ahrens Beweis Kap 25 Rn 31 mwN).

6 **IV) Zweifelhafte Urkunden.** Für inzwischen über 50 Länder haben die dt Auslandsvertretungen eine **Legalisation** entweder ganz oder hinsichtl bestimmter Urk **eingestellt**, weil ein hoher Anteil der vorgelegten Urk gefälscht, verfälscht oder inhaltl unrichtig ist (sa Fries RpflStud 2017, 70, 80). Die entspr Liste ist auf der Internetseite des Auswärtigem Amtes, Stichwort „Internationaler Urkundenverkehr“ (https://www.auswaertiges-amt.de/de/urkunden/2007718?openAccordionId=item-2086468-1-panel) veröffentlicht. Da in diesem Fall das Gericht wohl kaum von einer Echtheit und/oder inhaltl Richtigkeit ausgehen wird, kann es im Rahmen der ihm obliegenden Feststellungen (s Rn 2) die dt Auslandsvertretung um entspr Ermittlungen im Wege der **Amtshilfe** bitten, wobei die Ermittlungen idR durch Dritte durchgeführt werden, sodass Kosten entstehen. Entspr Hinweise für die einzelnen Länder finden sich ebenfalls auf der Internetseite des Auswärtigem Amtes.

§ 439 Erklärung über Echtheit von Privaturkunden

(1) Über die Echtheit einer Privaturkunde hat sich der Gegner des Beweisführers nach der Vorschrift des § 138 zu erklären.

(2) Befindet sich unter der Urkunde eine Namensunterschrift, so ist die Erklärung auf die Echtheit der Unterschrift zu richten.

(3) Wird die Erklärung nicht abgegeben, so ist die Urkunde als anerkannt anzusehen, wenn nicht die Absicht, die Echtheit bestreiten zu wollen, aus den übrigen Erklärungen der Partei hervorgeht.

1 **I) Grundsätze.** Nur **echte Urkunden** haben die Beweiskraft der §§ 415 ff, wenn also die Unterschrift dem Namensträger zuzuordnen ist und die über ihr stehende Schrift vom Aussteller selbst stammt oder mit dessen Willen dort steht (BGH NJW 88, 2741). Für Privaturkunden (§ 416; sa § 435 Rn 1) besteht anders als für öffentl Urk (§ 437) keine Vermutung der Echtheit. Die Vorlage der Urk (§ 420) beinhaltet daher die Parteibehauptung ihrer Echtheit. Wird die Echtheit nicht – ausdrückl oder konkludent – bestr, gilt die Urk gem **III** als echt. Vor dem AG ist ausdrückl Aufforderung gem § 510 erforderl. Einräumen der Echtheit ist Geständnis iSv § 288 (RGZ 97, 162; OLG Saarbrücken MDR 2009, 109), Nichtbestreiten entfaltet entspr § 138 III (s § 138 Rn 9, § 288 Rn 3) keine Bindung. Zur Zwischenfeststellungsklage bzgl Echtheit einer Urk s § 256 Rn 38.

2 **II) Erklärung.** Sie hat sich wegen § 440 II zumindest auf die – nicht notwendig eigenhändige (s § 416 Rn 4) – **Unterschrift** zu beziehen; ohne Unterschrift auf den Text und die behauptete Zurechnung zum Aussteller (Ahrens Beweis Kap 27 Rn 36). Sie unterfällt als Angriffs- bzw Verteidigungsmittel §§ 282, 296, 296a sowie in der Berufungsinstanz § 531. Erstmaliges Bestreiten der Echtheit der Urk im Nachverf (§ 600) ist zulässig, wenn (sonst Bindung, OLGR Saarbrücken 2001, 472) der Gegner im Urkundenverf (§ 592) sich hierzu nicht geäußert hatte (BGH NJW 82, 183 = MDR 82, 209).

3 **III) Bestreiten.** Hat der Gegner an der Errichtung mitgewirkt, ist konkreter Sachvortrag zur behaupteten Unechtheit erforderl (vgl BGH MDR 2013, 486). Eine Erklärung mit **Nichtwissen** ist (nur) mögl, wenn der Gegner des Beweisführers an der Errichtung der Urk nicht mitgewirkt hat und er auch nicht gegen die – zB einen Ins-*Verwalter treffende* – *Obliegenheit* verstoßen hat, sich sorgfältig entspr zu informieren (BGH MDR 2013, 486). Beruft sich die Gegenseite auf eine **Fälschung** ihrer Unterschrift, muss sie dies konkret, idR unter Vorlage von Vergleichsunterschriften unter anderen Urk, tun (BGH NJW 2017, 3304 Tz 24 = MDR 2017, 1142).

§ 440 Beweis der Echtheit von Privaturkunden

(1) Die Echtheit einer nicht anerkannten Privaturkunde ist zu beweisen.

(2) Steht die Echtheit der Namensunterschrift fest oder ist das unter einer Urkunde befindliche Handzeichen notariell beglaubigt, so hat die über der Unterschrift oder dem Handzeichen stehende Schrift die Vermutung der Echtheit für sich.

1 **I) Systematik.** Zu den Voraussetzungen der Beweiskraft s § 416 Rn 1 f. Wird die Echtheit der Urk wirksam bestr (s § 439 Rn 3), ist sie zu beweisen (I). Das gilt grds für den gesamten Inhalt. II enthält eine Beweiserleichterung: Ist die Urk unterschrieben, genügt zunächst der Nachweis der Echtheit (s § 439 Rn 1) der Unterschrift. Daraus ergibt sich folgende **Beweislastverteilung:** Der Beweisführer hat bei Bestreiten die Echtheit der Unterschrift zu beweisen, für sie besteht keine Vermutung (BGH NJW 2017, 3304 = MDR 2017, 1142; BGH NJW 2001, 448). Steht die Echtheit fest, hat der Beweisgegner die sich daraus iSv § 292 ergebende Vermutung zu widerlegen. § 440 erfasst in jedem Fall nur die Echtheit der Urk iS ihrer formellen Beweiskraft; ob der Text zB den Inhalt eines Vertrags zutr wiedergibt, ist eine Frage der materiellen Beweiskraft, für die § 286 gilt (s vor § 415 Rn 7). Zur Klage auf Feststellung der Echtheit s § 256 Rn 3; OLG Karlsruhe FamRZ 2013, 232.

2 **II) Beweis der Echtheit (§ 440 I).** Er kann sowohl für die gesamte Urk als auch für die Unterschrift mit allen **Beweismitteln** geführt werden. Neben Parteivernehmung und Zeugenbeweis kommt als bes Beweismittel die Schriftvergleichung (§ 441) in Betracht. Es ist – in Anwendung von § 286 (OLG Hamm VersR 2012, 975; OLG Köln DB 83, 104) – **Vollbeweis** erforderl (BGH NJW 2017, 3304 = MDR 2017, 1142; BGH NJW 2001, 448). Dabei kann im Rahmen der eröffneten **freien Beweiswürdigung** gem § 286 auch gewürdigt werden, dass vorgerichtl die Echtheit eingeräumt oder nicht in Zweifel gezogen wurde (Ahrens Beweis Kap 27 Rn 39). Ebenso kann der Gesamteindruck der Urk die Überzeugung des Gerichts rechtfertigen oder zumindest ein substantiiertes Bestreiten des Gegners erforderndes Indiz darstellen (RGZ 72, 291 für Aktienbuch; OLG Köln DB 83, 104).

3 **III) Vermutung der Echtheit (§ 440 II).** Sie knüpft an die unbestr oder bewiesene Echtheit der Unterschrift. Erforderl ist – enger als für den Urkundenbegriff iSv § 416 (s § 416 Rn 3) – eine **Namensunterschrift** (Ahrens Beweis Kap 27 Rn 53). Unerhebl ist der Zeitpunkt der Unterzeichnung; zur Blankounterschrift s § 416 Rn 9. Erfasst wird nur der oberhalb der Unterschrift stehende Text (s § 416 Rn 9). **Entkräftet** werden kann die Vermutung durch Mängel iSv § 419 (s § 419 Rn 3; BGH NJW-RR 89, 1323; OLG Düsseldorf MDR 2009, 1002). Gegen die Echtheitsvermutung ist der Beweis des Gegenteils nach § 292 mit allen Beweismitteln eröffnet (BGH NJW-RR 2015, 819; BGH NJW 2000, 1179; BGH NJW-RR 89, 1323), auch durch Parteivernehmung (BGH NJW 88, 2741 = MDR 88, 770). Nicht ausreichend ist die Möglichkeit der fehlenden Authentizität. Das Gericht kann aber gem § 286 die positive Überzeugung, dass der Text der Urk nicht dem Willen des Unterzeichners entspricht, auch aus den Gesamtumständen gewinnen (BGH NJW-RR 2015, 819). – Greift die Vermutung gem II nicht ein, verbleibt es bei dem nach I erforderl Beweis (BGH MDR 2006, 1181).

§ 441 Schriftvergleichung

(1) Der Beweis der Echtheit oder Unechtheit einer Urkunde kann auch durch Schriftvergleichung geführt werden.

(2) In diesem Falle hat der Beweisführer zur Vergleichung geeignete Schriften vorzulegen oder ihre Mitteilung nach der Vorschrift des § 432 zu beantragen und erforderlichenfalls den Beweis ihrer Echtheit anzutreten.

(3) [1]Befinden sich zur Vergleichung geeignete Schriften in den Händen des Gegners, so ist dieser auf Antrag des Beweisführers zur Vorlegung verpflichtet. [2]Die Vorschriften der §§ 421 bis 426 gelten entsprechend. [3]Kommt der Gegner der Anordnung, die zur Vergleichung geeigneten Schriften vorzulegen, nicht nach oder gelangt das Gericht im Falle des § 426 zu der Überzeugung, dass der Gegner nach dem Verbleib der Schriften nicht sorgfältig geforscht habe, so kann die Urkunde als echt angesehen werden.

(4) Macht der Beweisführer glaubhaft, dass in den Händen eines Dritten geeignete Vergleichungsschriften sich befinden, deren Vorlegung er im Wege der Klage zu erwirken imstande sei, so gelten die Vorschriften des § 431 entsprechend.

1 **I) Grundsätze.** Zum Beweis der Echtheit steht neben den sonstigen Beweismitteln (s § 440 Rn 2) die Schriftvergleichung zur Verfügung. Dies gilt sowohl für die Unterschrift als auch den Text. Das Gericht kann den Schriftvergleich selbst durchführen (OLG Oldenburg FamRZ 2024, 899; OLG Koblenz MDR 2013, 1484). Dann handelt es sich um einen Beweis durch **Augenschein** (§ 371), für den der Grundsatz der Parteiöffentlichkeit (§ 357) gilt. Zieht es einen (Schrift-)SV hinzu (§ 442), handelt es sich um **SV-Beweis** (§ 402, dazu BGH MDR 2022, 115). Ob das Gericht einen SV beauftragt, liegt in seinem pflichtgemäßen Ermessen; ein Antrag ist nicht erford-

erl (BGH NJW 2017, 3304 Tz 11 = MDR 2017, 1142). Werden in den Akten befindl Vergleichsurkunden verwertet, ist darauf zur Wahrung rechtl Gehörs hinzuweisen. Die Vergleichsurkunden müssen echt sein, es gelten die §§ 437 ff. Ergiebig ist eine Vergleichung idR nur bei Urschriften, Kopien lassen Feinheiten (zB das An- und Absetzen beim Schreiben) nicht in gleicher Weise erkennen. – Vom Gegner – nicht aber einem Dritten, auch wenn er als Zeuge vernommen wird (MK/Schreiber Rn 5) – kann eine **Schriftprobe** zum Vergleich verlangt werden; dies gehört zum substantiierten Bestreiten (dazu s § 439 Rn 3). Wird sie ohne hinreichenden Grund verweigert, hat das Gericht dies gem § 286 zu würdigen.

2 **II) Beweisverfahren. 1) Urkunden des Beweisführers (§ 441 I).** Diese sind von ihm vorzulegen, ggf ist darauf hinzuweisen (BGH MDR 2013, 486). Ggf ist ihre Echtheit zu beweisen. **2) Urkunden in den Händen einer Behörde bzw Urkundsperson** iSv § 432 **(§ 441 II).** Der Beweisantritt besteht in dem Antrag, die Behörde usw um Überlassung der Urk zu ersuchen, zB einen Notar für dort beurkundete Erklärungen oder das Handelsregister für Anmeldungen usw (BGH NJW 2017, 3304 Tz 16 = MDR 2017, 1142; Jäckel MDR 2018, 1037, 1041).

3 **3) Urkunden in den Händen des Gegners (§ 441 III).** Der Beweis wird durch einen Antrag auf Verpflichtung des Gegners zur Vorlage angetreten; §§ 421-423 gelten entspr. Erforderl ist insb eine Vorlagepflicht iSd §§ 422, 423 (BGH NJW 2017, 3304 Tz 23 = MDR 2017, 1142 mN zur Gegenansicht). Da sich diese nur auf konkrete Urk beziehen kann, bedarf es entspr konkreter Bezeichnung (aA Ahrens Beweis Kap 27 Rn 77). Eine Anwendung von § 423 kommt in Betracht, wenn sich der Gegner im Rahmen des erforderl substantiierten Bestreitens (s § 439 Rn 3) auf eigene Urk bezieht (BGH NJW 2017, 3304 Tz 24 = MDR 2017, 1142). III 3 übernimmt die Regelung von § 427. – **4) Urkunden in den Händen eines Dritten (§ 441 IV).** Der Beweis wird durch einen Antrag auf Fristsetzung entspr § 431 angetreten. Erforderl ist die Glaubhaftmachung sowohl des Besitzes des Dritten ein einer entspr beweisgeeigneten Urk als auch eines klageweise durchsetzbaren Vorlageanspruchs.

4 **5) Vorlageanordnung gem § 142.** Eine solche kann das Gericht zum Zweck der Schriftvergleichung ggü dem Gegner unabhängig von den Voraussetzungen von III, insb ohne materiell-rechtl Vorlageanspruch, treffen. Voraussetzung ist aber, dass eine Partei sich auf eine konkret bezeichnete Urk bezogen hat (BGH NJW 2017, 3304 Tz 30 = MDR 2017, 1142). Kommt der Gegner der Anordnung nicht nach, gilt aber nicht III 3, sondern §§ 286, 427 S 2 (BGH NJW 2017, 3304 Tz 25 = MDR 2017, 1142). Auf § 144 kann eine Vorlageanordnung nicht gestützt werden (BGH NJW 2017, 3304 Tz 38 = MDR 2017, 1142). – Einer Übertragung der vorstehenden Grundsätze auf Urk im Besitz eines Dritten dürfte entgegenstehen, dass IV – anders als § 429 – einen Vorbehalt hinsichtl § 142 nicht enthält.

5 **6) Heilung.** Verstößt das Gericht durch die unberechtigte Anforderung von Urk vom Gegner gegen den Beibringungsgrundsatz, wird dies sowohl durch rügeloses Verhandeln (§ 295 I 1) als auch durch die Vorlage der Urk geheilt (BGH NJW 2017, 3304 Tz 40 f = MDR 2017, 1142).

§ 442 Würdigung der Schriftvergleichung

Über das Ergebnis der Schriftvergleichung hat das Gericht nach freier Überzeugung, geeignetenfalls nach Anhörung von Sachverständigen, zu entscheiden.

1 Zur Ermessensentscheidung, einen SV zu beauftragen, s § 441 Rn 1. Im Rahmen der freien **Beweiswürdigung** (§ 286) sind auch außerhalb der Urk liegende Umstände zu berücksichtigen, zB berufsrechtl Pflichten (BGH NJW 2001, 2888), die Erklärung der Partei zur mögl Echtheit (OLG Köln GesR 2012, 434) oder die Weigerung, ein vorhandenes Privatgutachten einzureichen (OLG Köln NJW-RR 94, 396 für Erbscheinsverf). Will das Gericht von dem Schriftgutachten abweichen, muss es seine entspr Sachkunde begründen (BGH NJW 2001, 2888; BGH NJW 82, 2874 = MDR 83, 35). Zur Würdigung eines Schriftgutachtens vgl BGH MDR 82, 862. Ein **linguistisches Gutachten** kann angesichts seiner geringeren Aussagekraft idR allenfalls neben anderen Beweismitteln herangezogen werden (LAG Köln VersR 95, 1074).

§ 443 Verwahrung verdächtiger Urkunden

Urkunden, deren Echtheit bestritten ist oder deren Inhalt verändert sein soll, werden bis zur Erledigung des Rechtsstreits auf der Geschäftsstelle verwahrt, sofern nicht ihre Auslieferung an eine andere Behörde im Interesse der öffentlichen Ordnung erforderlich ist.

1 Die von den *Parteien vorgelegten* Urk werden nicht Bestandteil der Gerichtsakten. Das Gericht kann aber gem § 142 I 2 ihren Verbleib auf der GeschSt anordnen, solange sie für das Verf, insb die Beweisaufnahme, benötigt werden. § 443 erweitert diese Befugnis bis zum Ende des Rechtsstreits, also auch eines Rechtsmittelverfahrens,

für Urk, deren Echtheit bestr ist, unabhängig davon, von wem sie vorgelegt wurden. Damit soll eine (weitere) Veränderung verhindert und eine mögl Weitergabe im Interesse der öffentl Ordnung sichergestellt werden. Ein Rechtsmittel gegen die Verwahrung ist nicht eröffnet. Nach Beendigung des Rechtsstreits sind auch die zurückbehaltenen Urk zurückzugeben, sofern nicht die Auslieferung der Urk an eine Behörde erforderl ist. Dies kann die StA bei Verdacht der Fälschung sein, aber auch andere (Ordnungs-)Behörden. Zurückzugeben sind sie demj, der sie vorgelegt hat.

§ 444 Folgen der Beseitigung einer Urkunde

Ist eine Urkunde von einer Partei in der Absicht, ihre Benutzung dem Gegner zu entziehen, beseitigt oder zur Benutzung untauglich gemacht, so können die Behauptungen des Gegners über die Beschaffenheit und den Inhalt der Urkunde als bewiesen angesehen werden.

I) Grundsatz. § 444 ist (ebenso wie § 427) eine Ausprägung des Grundsatzes, dass eine Beweisvereitelung nach- 1
teilig bei der Beweiswürdigung berücksichtigt werden kann. Dieser Grundsatz geht aber weiter als § 444, bezieht insb auch fahrlässiges Verhalten ein. IE s § 286 Rn 14b.

II) Vereitelung des Urkundenbeweises. 1) Voraussetzungen. a) Beseitigung oder sonst Untauglichmachen 2
einer Urk. Dies muss nicht durch die Partei selbst geschehen, Handeln eines Rechtsvorgängers oder mit ihm oder der Partei kollusiv zusammenwirkenden Dritten genügt (RGZ 101, 197; MK/Schreiber Rn 3). **b) Verpflichtung** zur Vorlage dieser Urk. **c) Vorsätzliches Verhalten**. § 444 verlangt eine Absicht der Beweisvereitelung, also Vorsatz; anders der allgem Grundsatz der Beweisvereitelung, s § 286 Rn 14b. Das Verschulden muss sich sowohl auf die Zerstörung bzw Entziehung der Urk als auch auf die Beseitigung ihrer Beweisfunktion beziehen, also darauf, die Beweislage des Gegners in einem Prozess nachteilig zu beeinflussen (BGH NJW 2004, 222). – Die Darlegungs- und **Beweislast** liegt für alle Voraussetzungen bei demj, der den Beweis mit der Urk führen will. – Unerhebl ist das Eigentum oder sonstige Verfügungsbefugnis an der Urk. Der **Zeitpunkt** ist unerhebl: Die Vereitelung kann vor oder während des Rechtsstreits erfolgen (BGH NJW 2004, 222).

2) Rechtsfolge. Das Gericht kann sowohl Beweiserleichterungen zu Gunsten des Beweisführers anwenden, zB 3
eine Kopie der Urk ausreichen lassen, als auch den durch die Urk zu erbringenden Beweis als geführt ansehen (BGH NJW 2004, 222). Dieser bezieht sich aber nur auf die formelle, nicht auf die materielle Beweiswirkung der Urk (dazu vor § 415 Rn 6 f), da die Beweiswirkung einer vernichteten Urk nicht weiter gehen kann als die einer noch existenten.

Titel 10
Beweis durch Parteivernehmung (§§ 445-455)

Vorbemerkungen zu §§ 445-455

1) Bedeutung der Parteivernehmung. Sie ist förml Beweismittel und nur nach §§ 445-455, §§ 287, 426, 595 II 1
zulässig, im Gegensatz zur persönl Anhörung einer Partei nach § 141, die ledigl zur Klärung des Sachvortrags der Partei dient u vAw angeordnet werden kann (s § 141 Rn 1). Zur (unterschiedl) Bedeutung für die Beweiswürdigung s § 141 Rn 1a. Zur Abgrenzung vom Geständnis s § 288 Rn 3b.

2) Parteibegriff. Partei iSv §§ 445 ff ist, wer zur Zeit seiner Einvernahme (BGH MDR 65, 287) selbst Kl oder 2
Bekl und prozessfähig ist, ebenso das Vertretungsorgan der prozessunfähigen Partei (§ 455 I). Zur Abgrenzung vom Zeugen s vor § 373 Rn 5 ff.

3) Bedeutung der Beweislast. Der **Beweispflichtige** kann die Vernehmung des Gegners (unter den Vorausset- 3
zungen des § 445) beantragen, desgl die eigene Vernehmung (die aber nach § 447 vom Einverständnis des Gegners und dem Ermessen des Gerichts abhängig ist). Der **Gegner des Beweispflichtigen** kann nur dessen Vernehmung beantragen, die zudem von dessen Einverständnis und dem gerichtl Ermessen abhängig ist (§ 447). **VAw** kann **jede Partei** ohne Rücksicht auf die Beweislast vernommen werden, wenn die Voraussetzungen des § 448 vorliegen. Zur Streitgenossenschaft s § 449. Der zulässigerweise widerbeklagte Dritte (s § 33 Rn 24 ff) teilt die Parteirolle des Kl.

4) Subsidiarität der Parteivernehmung. Dieser in §§ 445, 450 II u (undeutlicher) § 448 zum Ausdruck kom- 4
mende Grundsatz der vorrangigen Ausschöpfung anderweitiger Erkenntnisquellen trägt der naturgemäß beeinträchtigten Objektivität dieses Beweismittels Rechnung (Schilken ZZP 126 [2013], 418). Auch soll die Partei der

Last der Aussage und evtl Beeidigung sowie dem hiermit verbundenen Interessenkonflikt nur im Notfall ausgesetzt werden (Lent ZZP 52 [1927], 14); vgl den gleichen Zweck von § 383 I Nrn 1-3. IE s § 445 Rn 3, § 448 Rn 3. Für Aufgabe des Subsidiaritätsprinzips Nagel FS Habscheid, 1989, S 195 ff (rechtsvergl); Wagner ZEuP 2001, 493 f.

5 **5) Keine Aussagepflicht.** Partei trägt aber Risiko nachteiliger Beweiswürdigung der Weigerung, §§ 446, 453, 454. Zum mögl Verlust des Schutzes der Rechtsschutzversicherung s § 141 Rn 15b.

6 **6) Sondervorschriften.** Keine Parteivernehmung im Verf der PKH (nur informative Anhörung, § 118), beschränkte Zulässigkeit im Urkundenprozess (§ 595 II: keine Vernehmung vAw) und im Wiederaufnahmeverf (§ 581: nur Vernehmung vAw; s § 581 Rn 4). Schadensnachweis: § 287 I 3; Verbleib einer Urk: § 426.

7 **7) Urkundenbeweis.** Protokolle über frühere Aussagen der Partei (zB als Zeuge in einem Strafverf) sind als Urkundenbeweis verwertbar (s vor § 415 Rn 10) und unterliegen somit nicht den Regelungen der Parteivernehmung. Eine beantragte Parteivernehmung darf durch sie aber nicht ersetzt werden.

§ 445 Vernehmung des Gegners; Beweisantritt

(1) Eine Partei, die den ihr obliegenden Beweis mit anderen Beweismitteln nicht vollständig geführt oder andere Beweismittel nicht vorgebracht hat, kann den Beweis dadurch antreten, dass sie beantragt, den Gegner über die zu beweisenden Tatsachen zu vernehmen.
(2) Der Antrag ist nicht zu berücksichtigen, wenn er Tatsachen betrifft, deren Gegenteil das Gericht für erwiesen erachtet.

1 **I) Bedeutung.** Die Parteivernehmung ist, sofern sie unter Berücksichtigung der bes Verfahrensvorschriften (s Rn 2 ff) durchgeführt wird, ein **vollwertiges Beweismittel** (s § 453 I). Die Bestätigung einer Behauptung des beweispflichtigen Gegners hat hohen Beweiswert (zur Frage der Geständniswirkung s § 288 Rn 3b). Eine generelle Abwertung der Parteivernehmung als Beweismittel ist nicht gerechtfertigt. Die Besonderheit des Beweismittels besteht ledigl in seiner beschränkten Anwendbarkeit.

2 **II) Zulässigkeit des Beweisantrages. 1) Antragsbefugnis.** Nur die **beweisbelastete Partei** (s vor § 284 Rn 18) kann einseitig Vernehmung des Gegners beantragen, die andere nur unter den Voraussetzungen des § 447. Dabei ist eine etwaige Umkehr der Beweislast zu beachten (s BGHZ 193, 159 = NJW 2012, 2427 Tz 28 ff). Zur Verwertung einer fehlerhaften Einvernahme der beweisbelasteten Partei s Rn 7.

3 **2) Subsidiarität.** Die Parteivernehmung setzt nach I voraus, dass zunächst alle anderen vom Beweisführer vorgebrachten Beweismittel ausgeschöpft wurden und keinen Beweis erbracht haben. Das Gesetz nimmt hier Rücksicht auf den Interessenkonflikt der nicht beweisbelasteten, gleichwohl zur Vernehmung aufgeforderten Partei (s vor § 445 Rn 4). In diesem Schutzzweck erschöpft sich aber der Grundsatz der Subsidiarität: Er zwingt die Partei nicht, zunächst andere Beweismittel vorzubringen (StJ/Berger Rn 12; MK/Schreiber Rn 7) und hindert eine weitere Beweisaufnahme nach erfolgter Parteieinvernahme nicht, sofern nicht Verspätungsregeln eingreifen (§ 282 I, § 296 II, § 531 II; sa § 450 II). Wird aber gleichzeitig anderer Beweis (zB Zeuge) angeboten, muss die Anordnung der Parteivernehmung unterbleiben u ggf nach Erhebung der anderen Beweise erneut beantragt werden (RGZ 154, 229; OLG Oldenburg NJW-RR 90, 125; OLG Düsseldorf MDR 2013, 1370); stillschweigende Bezugnahme (s § 137 Rn 3) genügt hier nicht. Antrag auf Parteivernehmung hat aber Vorrang vor dem Antrag auf urkundl Verwertung einer Parteiaussage in einem anderen Prozess (BGH VersR 59, 46, 48), es sei denn, der Antrag betrifft Tatsachen, deren Gegenteil das Gericht durch andere Beweismittel als die frühere Aussage für erwiesen erachtet (BGH FamRZ 66, 566). – Anders als die Parteivernehmung nach § 448 setzt jene nach § 445 nicht voraus, dass bereits eine gewisse Wahrscheinlichkeit der unter Beweis gestellten Behauptung besteht (BGHZ 193, 159 = NJW 2012, 2427 Rz 39; StJ/Berger Rn 13; MK/Schreiber Rn 6). – Anhörung des Gegners nach § 141 ersetzt beantragte Parteivernehmung nicht (BGH NJW 2014, 2348, 2350).

3a **3) Unzulässige Ausforschung.** Bei der Parteivernehmung liegt ein Missbrauch zu Ausforschungszwecken bes nahe. Es ist daher zu prüfen, ob der Beweisantrag nicht nur zu dem Zweck gestellt wurde, den Prozessgegner zur Verschaffung von Erkenntnissen zu zwingen, die dem ASt einen substantiierten Vortrag erst ermöglichen. Ein solcher Antrag wäre als Beweisermittlungsantrag unbeachtl (s vor § 284 Rn 8c u zu der hiervon zu unterscheidenden Funktion der sekundären Behauptungslast s vor § 284 Rn 34). An den Beweisantritt dürfen aber keine übersteigerten Anforderungen gestellt werden, insb darf die Beweiserhebung nicht davon abhängig gemacht werden, dass Anhaltspunkte für die Wahrheit der unter Beweis gestellten Tatsache vorliegen oder die Partei ihre Behauptung sogar wahrscheinl macht (BGHZ 193, 159 = NJW 2012, 2427 Rz 40 ff; BGH NJW-RR 91, 888, 890). Der Beweisführer ist auch nicht gehindert, Tatsachen zu behaupten, über die er keine genauen Kenntnisse hat, die er aber nach Lage der Dinge für wahrscheinl hält; ein unzulässiger Ausforschungsbeweis liegt erst dort vor, wo die Partei ohne greifbare Anhaltspunkte für das Vorliegen eines bestimmten Sachverhalts willkürl Behauptungen „aufs Geratewohl" oder „ins Blaue hinein" aufstellt (BGHZ 193, 159 = NJW 2012, 2427

Rz 40; BGH NJW-RR 91, 888, 891; BGH MDR 2019, 825). Ggf ist der Beweis mittelbar (über Indizien) zu führen (vgl BVerfG NJW 93, 2165; s vor § 284 Rn 8d, 5).

4) Anderweitiges Beweisergebnis. Unzulässig ist die Parteivernehmung nach II, wenn das Gegenteil bereits erwiesen ist, sei es infolge Offenkundigkeit (§ 291), Würdigung anderer Beweise (§ 286) oder ges Beweisregeln (zB § 415 II; BGH MDR 65, 818). Grund: Keiner Partei ist es zumutbar, trotz des Erfolges der eigenen Beweisführung bzw Misserfolges der gegnerischen Beweisführung, dieses ihr günstige Prozessergebnis durch eine eigene Aussage in Frage zu stellen. Zulässigkeit der Parteivernehmung setzt somit eine abschließende Würdigung der bish Beweisaufnahme voraus. Dagegen hindern ges Vermutungen (§ 292 S 2; BGH NJW 88, 2741, 7742), bloße Wahrscheinlichkeit des Gegenteils oder bloßer Indizienbeweis (s § 286 Rn 9a) die Parteivernehmung nicht (BGHZ 33, 65). Wegen weiterer Beschränkungen der Zulässigkeit s vor § 445 Rn 6. 4

III) Antrag. Er muss auf Vernehmung des Gegners gerichtet sein und die zu beweisende Tatsachenbehauptung **konkret bezeichnen**. Der in Schriftsätzen häufig anzutreffende, stereotype Antrag auf „Parteivernehmung" ist bis zu näherer Konkretisierung, wer worüber vernommen werden soll, unbeachtl (ggf Hinweis nach § 139). Namentl Bezeichnung des Gegners ist nicht erforderl; bei Streitgenossen hat das Gericht dann die Wahl (§ 449). Bei jur Personen oder Geschäftsunfähigen bezieht sich Antrag auf den ges Vertreter (§ 455). 5

Der Antrag kann **zurückgenommen** und (vorbehaltl §§ 282, 296) **wiederholt** werden (BAG NJW 74, 1349). Auch eine konkludente Rücknahme ist mögl; sie liegt jedoch nicht schon darin, dass ein schriftsätzl angekündigter und gem § 137 III in Bezug genommener Antrag in der mündl Verh trotz Anwesenheit der Partei nicht ausdrückl gestellt wird (BGH NJW-RR 96, 1459). 5a

IV) Verfahren. Anordnung durch Beweisbeschluss (§ 450; näher dort). – Bei Unzulässigkeit Zurückweisung des Antrags (ausreichend in den Urteilsgründen). Im Fall des II muss das Urteil erkennen lassen, worauf die Überzeugung vom Gegenteil beruht, sonst revisibler Verfahrensfehler. Vernehmung ohne förml Beweisbeschluss ist verzichtbarer Verfahrensfehler (s § 450 Rn 1). Protokollierung der Aussage gem § 160 III 4. Die Art der Protokollierung entscheidet bei Zweifeln, ob die Partei zu Beweiszwecken gem § 445 oder nur informativ gem § 141 gehört wurde (BAG NJW 63, 2340). 6

V) Verwertung und Würdigung der Aussage. Die verfahrenswidrig herbeigeführte (selbst beeidigte) **Aussage der beweisbelasteten Partei** hat keinen Beweiswert, es sei denn, der Gegner der beweisbelasteten Partei stimmt nach Aufklärung über die Beweislast der Verwertung ausdrückl zu: § 447. Bloße rügelose Einlassung iSv § 295 sollte wegen der massiven Verletzung der proz Waffengleichheit u der oftmals nicht eindeutigen Verteilung der Beweislast nicht als ausreichend angesehen werden (MK/Schreiber Rn 9; aA StJ/Berger Rn 10; MskV/Röß Rn 7). Ein vorweggenommener Antritt des Gegenbeweises auf Vernehmung des beweisbelasteten Gegners stellt noch keine Zustimmung iSd § 447 dar (Born JZ 81, 775). – Die **Aussage des Gegners** ist unbeschränkt verwertbar (§ 286), auch soweit sie das Gegenteil des vom Beweisführer Behaupteten ergibt (Grundsatz der Einheitlichkeit der Beweiswürdigung, s § 286 Rn 2; OLG Stuttgart VersR 58, 649) oder über das Beweisthema hinausgeht (sa § 453). **Weigerung** des Gegners: § 446. 7

VI) Gebühren. 1) Gericht: keine. – **2) RA:** Ebenso wie bei der rein informatorischen Befragung der Partei (§ 141) kann die Parteivernehmung (§§ 445, 447, 448) keine Zusatzgeb nach 1010 RVG-VV auslösen (s § 358 Rn 5). 8

§ 446 Weigerung des Gegners

Lehnt der Gegner ab, sich vernehmen zu lassen, oder gibt er auf Verlangen des Gerichts keine Erklärung ab, so hat das Gericht unter Berücksichtigung der gesamten Sachlage, insbesondere der für die Weigerung vorgebrachten Gründe, nach freier Überzeugung zu entscheiden, ob es die behauptete Tatsache als erwiesen ansehen will.

1) Bedeutung. § 446 ist – ähnl wie § 444 – ein Anwendungsfall des Grundsatzes, dass auch das prozessuale Verhalten einer Partei Gegenstand der Beweiswürdigung sein kann (s § 286 Rn 14). **Beweiswürdigung zum Nachteil der sich weigernden Partei** setzt Zulässigkeit der Anordnung ihrer Vernehmung voraus (s § 445 Rn 2-4). Andererseits muss aus der Weigerung nicht notwendig Nachteiliges für die Partei gefolgert werden, denn die Weigerung kann achtenswerte Motive haben, zB Drohung Dritter, Besorgnis außerproz Nachteile, Scham, vgl § 384. Nur unmotivierte Weigerung rechtfertigt nachteilige Schlüsse (StJ/Berger Rn 6 ff); unmotiviert idS ist auch die Erklärung, nichts zu wissen, wenn der Gegner darlegt, worauf das Wissen der Partei beruhen kann. Anders bei erkennbarer Ausforschung (s § 445 Rn 3a). IÜ erfordert der Beweisantritt aber keine Glaubhaftmachung des Wissens der zu vernehmenden Partei (BGHZ 33, 63 = MDR 60, 830). 1

2) Verfahren. Weigerung ausdrückl oder durch Unterlassen einer Erklärung. Auf die Tragweite der Weigerung ist hinzuweisen (StJ/Berger Rn 9). Weigerung ist zu protokollieren, § 160 III Nr 3, § 510a. Bei nachträgl Bereiterklärung ist Vernehmung durchzuführen, wenn für die Weigerung anzuerkennende Gründe bestanden, die später weggefallen sind (StJ/Berger Rn 10; so für die 2. Instanz ausdrückl § 536). 2

§ 447 Vernehmung der beweispflichtigen Partei auf Antrag

Das Gericht kann über eine streitige Tatsache auch die beweispflichtige Partei vernehmen, wenn eine Partei es beantragt und die andere damit einverstanden ist.

1 **1) Bedeutung.** Abw von § 445 ist die **Vernehmung der beweisbelasteten Partei** über deren eigene Behauptung zulässig, wenn beide Parteien das übereinstimmend wünschen. Von welcher Partei der Antrag gestellt wird, ist unerhebl; es kann also auch die Vernehmung des Beweispflichtigen zum Zweck des Gegenbeweises beantragt werden. Vernehmung steht im **Ermessen des Gerichts**. Voraussetzungen des § 445 müssen auch hier erfüllt sein (s § 445 Rn 3 ff, auch zu Antrag u Verf).

2 **2) Einverständnis des Gegners.** Dieses muss ausdrückl erklärt werden; Antrag gem § 445 in Verkennung der Beweislast genügt nicht (Born JZ 81, 775). Daher ggf Belehrung über Beweislastverteilung (§ 139). Gericht ist aber nicht verpflichtet, auf eine ausdrückl Erklärung des Prozessgegners zum Antrag nach § 447 hinzuwirken (VerfGH Berlin JR 94, 499, 500). Protokollierung und Verlesung der Einverständniserklärung gem § 160 III Nr 3, § 510a, § 162; Anwaltszwang gem § 78. – Das Einverständnis gilt für die ganze Instanz, aber nur für einmalige Vernehmung der Partei.

3 **3) Rücknahme, Widerruf.** ASt kann seinen Antrag zurücknehmen (RSchwab/Gottwald § 124 Rn 18; nach StJ/Berger Rn 5 nur bis zur Einverständniserklärung), nach Beginn der Parteivernehmung jedoch nicht, wenn der Gegner auf der Fortsetzung beharrt (entspr § 399). Einverständnis des Gegners ist dagegen unwiderrufl Prozesshandlung (StJ/Berger Rn 5; RSchwab/Gottwald § 124 Rn 18; aA MK/Schreiber Rn 2). Übereinstimmender Widerruf hindert die Verwertbarkeit der bereits durchgeführten Vernehmung nicht (StJ/Berger Rn 5).

4 **4) Verwertung und Würdigung.** S § 445 Rn 7 u § 453 Rn 1. Aus Verweigerung des Einverständnisses dürfen keine nachteiligen Schlüsse gezogen werden (StJ/Berger Rn 9). Wurde Partei trotz fehlenden Einverständnisses vernommen und war die Vernehmung auch nicht nach § 448 statthaft, darf die Aussage nicht verwertet werden; zur begrenzten Möglichkeit der Heilung nach § 295 s § 445 Rn 7.

5 **5) Gebühren.** S § 445 Rn 8.

§ 448 Vernehmung von Amts wegen

Auch ohne Antrag einer Partei und ohne Rücksicht auf die Beweislast kann das Gericht, wenn das Ergebnis der Verhandlungen und einer etwaigen Beweisaufnahme nicht ausreicht, um seine Überzeugung von der Wahrheit oder Unwahrheit einer zu erweisenden Tatsache zu begründen, die Vernehmung einer Partei oder beider Parteien über die Tatsache anordnen.

Lit: *Effer-Uhe*, Die Parteivernehmung, 2015; *Kwaschik*, Die Parteivernehmung u der Grundsatz der Waffengleichheit im ZP, 2004; *Münks*, Vom Parteieid zur Parteivernehmung in der Geschichte des ZP, 1992.

1 **I) Bedeutung.** § 448 ist Korrektiv zu der äußerst restriktiven Regelung der beantragten Parteivernehmung (§§ 445-447) und Durchbrechung des Beibringungsgrundsatzes (s vor § 284 Rn 1), daher nur unter Beachtung seiner einschränkenden Voraussetzungen (Rn 3 ff) anzuwenden. Zur weiter gehenden Zulässigkeit der Parteivernehmung über Schadenseintritt oder -höhe s § 287 Rn 7. Wegen der Abgrenzung von der gem § 141 unbeschränkt zulässigen Anhörung der Parteien zur Aufklärung (nicht zum Beweis) des streitigen Sachverhalts s § 141 Rn 1.

2 **II) Normzweck.** § 448 will und darf nicht die beweisbelastete Partei von den Folgen der Beweisfälligkeit, etwa infolge Fehlens anderer Beweismittel (dazu s Rn 4a) befreien; sein Zweck besteht vielmehr darin, dem Gericht dann, wenn nach dem Ergebnis der Verh eine gewisse Wahrscheinlichkeit für die Richtigkeit der streitigen Behauptung spricht und andere Erkenntnisquellen nicht mehr zur Verfügung stehen, ein Mittel zur Gewinnung letzter Klarheit an die Hand zu geben. Die Vorschrift trägt damit dem Umstand Rechnung, dass in vielen Fällen die Parteien selbst die engsten, oft sogar die einzigen Wissensträger sind, und verhindert, dass die Nutzbarmachung dieses Wissens im Prozess an den starren Regeln der §§ 445, 447 scheitert. Auf der anderen Seite stellt sie durch das Erfordernis eines gewissen Anfangsbeweises (s Rn 4) und den Vorbehalt des richterl Ermessens (s Rn 4b) sicher, dass nicht in jedem Fall die Parteien als Beweismittel in eigener Sache auftreten können. Dies soll vielmehr wegen des damit möglicherw verbundenen Interessenwiderstreits die Ausnahme bleiben. Angesichts dieser Zweckbestimmung können entgegen Gehrlein ZZP 110 (1997), 474 verfassungsrechtl Bedenken gegen § 448 nicht erhoben werden; es steht dem Gesetzgeber frei zu bestimmen, welche Erkenntnisquellen bei *einer förml Beweis*erhebung zur Verfügung stehen sollen (vgl BVerfG NJW 98, 1938, 1939).

3 **III) Voraussetzungen. 1) Nachrang.** Zuvor müssen alle angebotenen, zulässigen und erhebl Beweise erhoben werden (BGH NJW 97, 1988; BGH VersR 84, 665, 666; MK/Schreiber Rn 2; aA Münks S 191 ff; einschr Effer-

Uhe S 257 f), ebenso Beweismittel, die das Gericht von sich aus heranziehen kann (§§ 142, 144). Ist dem Parteivortrag zu entnehmen, dass ein (weiterer) Zeuge existiert, wird dieser aber vom Beweispflichtigen nicht benannt, ist für eine Parteivernehmung kein Raum, wenn hierfür – nach Hinweis gem § 139 – keine plausiblen Gründe genannt werden (BGH MDR 2020, 237 [Laumen MDR 2020, 334]). Keinesfalls ist die Partei gehalten, die Vernehmung eines dem gegnerischen Lager zuzurechnenden Zeugen (oder gar des Gegners selbst) zu beantragen (BGH NJW 2013, 2601; BGH MDR 2020, 237 [Laumen MDR 2020, 334]; OLG Frankfurt MDR 2013, 107; Lange NJW 2002, 488; Schilken ZZP 126 [2013], 420).

2) Nicht ausreichendes Beweisergebnis. Dies besagt zweierlei: Zum einen darf die Würdigung des Verhandlungsergebnisses **noch keine Überzeugung** des Gerichts begründen, und zwar weder von der Wahrheit noch von der Unwahrheit der zu beweisenden Behauptung; es muss eine echte non-liquet-Situation bestehen. Zum anderen muss aber die richterl Gesamtwürdigung von Verh und bish Beweisaufnahme eine gewisse, nicht notwendig hohe oder überwiegende **Wahrscheinlichkeit für die Richtigkeit der streitigen Behauptung** erbringen, dh es müssen bereits einige Anhaltspunkte den streitigen Tatsachenvortrag stützen (MK/Schreiber Rn 3), bereits „einiger Beweis" erbracht sein (BGH NJW 89, 3222, 3223; BGH NJW 99, 363, 364; sog Anfangsbeweis oder Anbeweis; gegen dieses Erfordernis Gehrlein ZZP 110 [1997], 474, für seine Einordnung als Ermessenskriterium Kwaschik S 68 ff, 266 ff, für Einschränkung durch das Gebot effektiven Rechtsschutzes Effer-Uhe S 254 ff). Abzustellen ist aber nicht nur auf die unmittelbaren Beweise; auch die Würdigung einzelner Beweisanzeichen (BGHZ 110, 363, 366 = NJW 90, 1721, 1722), die glaubhaften Bekundungen bei einer Anhörung nach § 141 (BGH NJW-RR 91, 983, 984; StJ/Berger Rn 8; s § 141 Rn 1a) oder die urkundenbeweisl verwertete Aussage der Partei in einem anderen Verf (MK/Schreiber Rn 3) kann die erforderl Wahrscheinlichkeit begründen, nicht aber die Vorlage von vorprozessualen Schreiben, in denen die streitige Tatsache ledigl behauptet wird (BGH NJW 89, 3222, 3223) oder die bloße Behauptung bei der persönl Anhörung. Dass eine Wahrscheinlichkeit für die *Un*wahrheit der zu beweisenden Behauptung spricht, genügt entgegen dem etwas irreführenden Wortlaut des § 448 nicht (Münks S 188 f); da der Gegenbeweis bereits geführt ist, wenn die Bildung einer Überzeugung beim Gericht verhindert wird, bedarf es einer Verstärkung dieser Wahrscheinlichkeit zum Beweis der Unwahrheit auch gar nicht. 4

Die **Beweisnot** einer Partei (zB Fehlen eines [unabhängigen] Zeugen für den Inhalt eines Gesprächs) berechtigt nicht zu einer Parteivernehmung ohne den erforderl Anfangsbeweis; auch hier muss bereits eine gewisse Wahrscheinlichkeit für die zu beweisende Tatsache sprechen (BGHZ 110, 363, 366 = NJW 90, 1721, 1722; BGH NJW 99, 363, 364; zu undifferenziert BGH NJW 2013, 2601, 2602; für Verzicht auf dieses Erfordernis StJ/Berger Rn 28 ff; Schlosser NJW 95, 1404). Den Anforderungen des rechtl Gehörs u des fairen Verf (s dazu EGMR NJW 95, 1413; Müller EuGRZ 2019, 297 ff) ist wie folgt Rechnung zu tragen: Bietet die **beweisbelastete Partei** für einen von ihr selbst wahrgenommenen Vorgang keinen Zeugen, sondern nur ihre eigene Aussage an, ist sie zur persönl Anhörung nach § 141 zu laden (s § 141 Rn 3b); ergibt sich hieraus noch keine Wahrheitsüberzeugung, aber eine gewisse Wahrscheinlichkeit für die Richtigkeit ihrer Darstellung u sind vorrangige Beweismittel ausgeschöpft (s Rn 3), kann durch Beweisbeschluss (§ 450) die förml Vernehmung nach § 448, ggf auch Beeidigung nach § 452, angeordnet werden (s § 141 Rn 1a). Unterbleibt die Parteivernehmung, muss das Gericht in den Gründen seiner Entscheidung unter Würdigung aller Beweisanzeichen darlegen, weshalb es die erforderl Wahrscheinlichkeit verneint oder trotz bestehender Wahrscheinlichkeit von der Vernehmung abgesehen hat (BGHZ 110, 363, 366 = NJW 90, 1721, 1722; Letzteres ist allerdings kaum begründbar). Vernimmt das Gericht einen vom **Gegner** benannten Zeugen, ist der Partei, die für denselben Vorgang (zB ein Vertrags- oder Beratungsgespräch) keinen Zeugen benennen kann, zumindest die Gelegenheit zu Fragen an den Zeugen (§ 397 II) oder zu Erklärungen nach § 137 IV zu geben (BVerfG NJW 2008, 2170; BGH NJW 2010, 3292, 3293; BGH NJW-RR 2008, 1086). Vorzugswürdig ist, wenngleich verfassungsrechtl nicht geboten, auch hier die Anhörung nach § 141. Ausführl zu den verschiedenen Situationen bei Fehlen neutraler Zeugen s Greger MDR 2014, 313 ff. 4a

IV) Ermessen. Auch wenn die tatbestandl Voraussetzungen des § 448 (iE s Rn 3 ff) vorliegen, ist das Gericht zur Parteivernehmung vAw nicht verpflichtet (BGH NJW 99, 363, 364; StJ/Berger Rn 13; aA im Wege verfassungskonformer Auslegung Gehrlein ZZP 110 [1997], 474 f; zur Verwirklichung der „Waffengleichheit" Kwaschik S 272 ff). Für die Ausübung dieses Ermessens wird insb von Bedeutung sein, ob das Gericht von der Parteivernehmung eine Ausräumung seiner Restzweifel erwartet. Dies beurteilt sich nach dem Grad der Wahrscheinlichkeit, die bereits für die zu beweisende Behauptung spricht, einerseits und dem voraussichtl Überzeugungswert der Parteiaussage andererseits (BGH WM 68, 406, 407; B. Schmidt MDR 92, 638; aA Effer-Uhe S 274 f). Irreführend ist es, die Beweisnot der Partei oder den Umstand, dass sie einen Antrag auf Vernehmung nach § 448 gestellt hat, in Verbindung mit der Ermessensausübung zu bringen, wie dies in Entscheidungen des BGH immer wieder geschieht (vgl BGHZ 110, 363 = NJW 90, 1721, 1722; BGH NJW 2013, 2601; BGH NJW-RR 87, 1381; dagegen auch B. Schmidt MDR 92, 638 f): Das Fehlen anderer Beweismittel ist bereits Anwendungsvoraussetzung des § 448 (s Rn 3), der Parteiantrag nichts anderes als eine Prüfungsanregung an das Gericht. Zur revisionsgerichtl Überprüfung der Ermessensausübung s Rn 7; zur Darlegung der Gründe im Urteil s Rn 6. 4b

Welche Partei das Gericht vernimmt, steht ohne Rücksicht auf die Verteilung der Beweislast (RGZ 145, 273; BGH VersR 59, 199) gleichfalls in seinem Ermessen. Maßgebl ist, welche Partei zum Beweisthema überhaupt ei- 5

gene Wahrnehmungen bekunden könnte (BGH NJW 99, 363, 364), ggf auch von welcher Partei nach dem bish Prozessverlauf die höhere Glaubwürdigkeit zu erwarten ist (BGH VersR 69, 220). Die Vernehmung beider Parteien ist nicht unzulässig (nur die Beeidigung, § 452 I 2), im Interesse der Sachaufklärung und der Waffengleichheit oft sogar angezeigt (MK/Schreiber Rn 6; vgl OLG Hamburg MDR 70, 58).

6 **V) Verfahren.** Anordnung erfordert **Beweisbeschluss** (§ 450). Abgrenzung des Beweisthemas (§ 359 Nr 1) hier bes wichtig, denn die Vernehmung ist uU nur für bestimmte Fragen zulässig. Ob § 141 oder § 448 gewollt ist, muss klar erkennbar sein (BAG NJW 63, 2340). Die Zurückstellung anderer angetretener Beweise zu derselben Behauptung ist wegen des Subsidiaritätsprinzips (s Rn 3) unzulässig (aA StJ/Berger Rn 15; Effer-Uhe S 264 f). – In den **Urteilsgründen** ist der Inhalt der Aussage vom streitigen Sachvortrag zu trennen; die Zulässigkeit der Parteivernehmung, ggf auch des Absehens hiervon, ist darzulegen. Letzteres gilt insb dann, wenn die Vernehmung von einer Partei beantragt, dh angeregt, wurde oder wenn das Gericht trotz Vorliegens der Voraussetzungen (s Rn 3 f) sein Ermessen (s Rn 4b) im negativen Sinn ausgeübt hat (BGHZ 110, 363, 366; BGH NJW 83, 2033). Nach BGHZ 110, 363, 366 müssen die Gründe erkennen lassen, dass Beweisnot der Partei in Erwägung gezogen wurde. – **Berufungsverfahren:** § 536.

6a **VI) Beweiswürdigung.** Wurde Parteivernehmung durchgeführt, obwohl Voraussetzungen nicht vorlagen, darf ihr Ergebnis nicht verwertet werden (OLGR Celle 1994, 254), außer der Verfahrensfehler wurde nach § 295 geheilt (s dazu BGH NJW 99, 363, 364; BGH VersR 81, 1175, 1176). Ohne eigene Vernehmung darf Berufungsgericht Parteiaussage nicht anders als 1. Instanz bewerten (BVerfG MDR 2017, 1202).

7 **VII) Rechtsmittel.** Für Berufungs- u Revisionsgericht überprüfbar sind die ges Voraussetzungen nach § 448 (vgl BGH NJW-RR 94, 636 zur Wahrscheinlichkeit, BGH NJW 89, 3222 zu deren Fehlen), die Ermessensausübung nur auf Missbrauch (BGH NJW 2015, 74, 76). Ein solcher kann darin liegen, dass der Tatrichter sein Ermessen unsachgemäß ausgeübt, die Grenzen seines Ermessens überschritten oder, obwohl eine Anwendung des § 448 in Betracht kam, dessen Anwendung überhaupt nicht geprüft hat (BGH NJW-RR 94, 1143, 1144). Grds ist zwar bei Schweigen der Urteilsgründe davon auszugehen, dass sich der Tatrichter der Möglichkeit der Parteivernehmung vAw bewusst war, also kein Ermessensfehler durch Nichtgebrauch vorliegt. Ergibt sich aber aus der Darstellung des Beweisergebnisses, dass die Voraussetzungen des § 448 vorlagen, nicht aber der Grund für das Unterbleiben der Parteivernehmung, so unterliegt das Urteil der Aufhebung (BGH NJW-RR 94, 1143, 1144; B. Schmidt MDR 92, 639; ähnl StJ/Berger Rn 38; jew mN der uneinheitl Rspr).

8 **VIII) Gebühren.** S § 445 Rn 8.

§ 449 Vernehmung von Streitgenossen

Besteht die zu vernehmende Partei aus mehreren Streitgenossen, so bestimmt das Gericht nach Lage des Falles, ob alle oder nur einzelne Streitgenossen zu vernehmen sind.

1 **Bedeutung.** Wenn dem Beweisführer mehrere Prozessgegner gegenüberstehen (§§ 61, 62, 69), kann er den zu vernehmenden Gegner namentl bezeichnen; dann ist bei der gem § 445 beantragten Parteivernehmung nur diese benannte Partei zu vernehmen. Anderer Streitgenosse kann vAw (s § 448 Rn 4) erst dann vernommen werden, wenn die vom Beweisführer benannte Partei vernommen wurde (StJ/Berger Rn 4). Fehlt namentl Bezeichnung, hat das Gericht die Wahl, welchen der Streitgenossen es vernimmt; es darf auch alle vernehmen. Nachträgl Änderung des Beweisbeschl (§ 450) ist jederzeit mögl (§ 360). Bei einfacher Streitgenossenschaft (§ 61) muss das Gericht prüfen, ob das Beweisthema den namentl benannten Gegner selbst betrifft, weil dieser anderenfalls als Zeuge zu vernehmen ist (s vor § 373 Rn 7).

§ 450 Beweisbeschluss

(1) [1]Die Vernehmung einer Partei wird durch Beweisbeschluss angeordnet. [2]Die Partei ist, wenn sie bei der Verkündung des Beschlusses nicht persönlich anwesend ist, zu der Vernehmung unter Mitteilung des Beweisbeschlusses von Amts wegen zu laden. [3]Die Ladung ist der Partei selbst mitzuteilen, auch wenn sie einen Prozessbevollmächtigten bestellt hat; der Zustellung bedarf die Ladung nicht.

(2) [1]Die Ausführung des Beschlusses kann ausgesetzt werden, wenn nach seinem Erlass über die zu beweisende Tatsache neue Beweismittel vorgebracht werden. [2]Nach Erhebung der neuen Beweise ist von der Parteivernehmung abzusehen, wenn das Gericht die Beweisfrage für geklärt erachtet.

1 **1) Formale Voraussetzungen der Parteivernehmung (§ 450 I).** Sie muss durch **Beweisbeschluss** (Inhalt: § 359) angeordnet werden. Fehlen aber nach § 295 heilbar (BGH FamRZ 65, 212). Der Beschluss muss das **Be-**

weisthema genau bezeichnen und abgrenzen (s § 445 Rn 5, § 448 Rn 6), um die in der Einvernahme einer Partei liegenden Risiken (s vor § 445 Rn 4) zu begrenzen. Die zu vernehmende Partei ist, sofern bei Verkündung abwesend, **persönl zu laden** (also nicht zu Händen ihres ProzBev; BGH NJW 65, 1598). Zustellung ist nicht vorgeschrieben, aber iZw ratsam, um Sicherheit für die Anwendung der §§ 446, 454 zu schaffen (StJ/Berger Rn 6). Androhung dieser Folgen entbehrl. Für die Partei muss aber aus Beweisbeschluss u Ladung erkennbar sein, dass ihre Einvernahme Beweiszwecken dient, worüber sie aussagen soll und auf wessen Betreiben (§ 445 oder § 448) das geschieht; anderenfalls sind §§ 446, 453 II nicht anwendbar.

2) Aussetzung (§ 450 II). Ausführung kann wegen der Subsidiarität der Parteivernehmung (s § 445 Rn 3) bei nachträgl Angebot sonstiger Beweise **zurückgestellt** werden, sofern diese nicht gem §§ 282, 296 als verspätet zurückgewiesen werden. Dies steht im pflichtgemäßen Ermessen des Gerichts (StJ/Berger Rn 11) u geschieht entweder durch ausdrückl Beschluss (unanfechtbar) oder stillschw durch Anordnung der anderen Beweiserhebung. Der beauftragte Richter (§§ 451, 375) hat in diesem Fall Weisung des ProzGerichts einzuholen. 2

3) Absehen. Zwingend geboten, wenn das Gericht nach Erhebung der anderen Beweise die Beweisfrage für geklärt hält (BGH NJW 74, 56). Förml Aufhebung des Beweisbeschlusses nicht erforderl; Begründung des Absehens in den Urteilsgründen genügt. 3

§ 451 Ausführung der Vernehmung

Für die Vernehmung einer Partei gelten die Vorschriften der §§ 375, 376, 395 Abs. 1, Abs. 2 Satz 1 und der §§ 396, 397, 398 entsprechend.

1) Anwendbare Vorschriften. § 375: Vernehmung durch das ProzGericht; die Vernehmung durch einen beauftragten oder ersuchten Richter ist nur in den Fällen des § 375 Nrn 1-3 zulässig; Verstoß hiergegen ist verzichtbarer Verfahrensfehler, BGH NJW 64, 108. **§ 376:** Vernehmung von Beamten (im Fall § 376 Rn 6) nur mit Genehmigung der vorgesetzten Dienstbehörde; **§ 394 II:** Gegenüberstellung (s § 394 Rn 2); **§ 395 I:** Ermahnung zur Wahrheit u Hinweis auf mögl Beeidigung; **§ 395 II 1:** Befragung über Vor- u Zuname, Alter, Beruf oder Gewerbe u Wohnort. Obwohl S 2 nicht in Bezug genommen ist, müssen auch Fragen, die die Glaubwürdigkeit betreffen, zulässig sein (StJ/Berger Rn 14); **§ 396:** Die Partei ist zu veranlassen, sich zum Thema des Beweisbeschlusses (nur diesem!) zunächst von sich aus zu äußern; sodann Fragestellung zur Aufklärung u Vervollständigung der Aussage; **§ 397:** Befragung durch die Gegenpartei u die Anwälte, auch den eigenen; **§ 398:** wiederholte u nachträgl Vernehmung. – **Protokoll:** § 160 III Nrn 4 u 5, §§ 161, 162. – Zu Vernehmung per **Video** s § 284 Rn 6 ff. 1

2) Nicht anwendbare Vorschriften. § 377 III: keine schriftl Auskunft; **§ 394 I:** Sind beide Parteien zu vernehmen, hat die eine das Recht, der Vernehmung der anderen beizuwohnen (§ 357 I); auch bei Zeugenvernehmungen darf die noch zu vernehmende Partei im Sitzungssaal bleiben; zur Steigerung ihres Beweiswerts kann ihr aber ein freiwilliges Verlassen nahegelegt werden; **§ 399:** Verzicht auf die Vernehmung (zulässig ist dagegen die Zurücknahme des Antrags, BGH NJW-RR 96, 1459, 1460, BAG NJW 74, 1349; aber s § 447 Rn 3); **§ 401:** Die der Partei durch die Vernehmung entstandenen Kosten sind notwendige Kosten iSd § 91 I; sie sind daher erst nach abschließender Kostenentscheidung (§ 308 II) und -festsetzung (§ 104) erstattungsfähig. Wegen des Reisekostenvorschusses für die arme Partei s 9008 GKG-KV, §§ 19, 5 JVEG sowie s § 401 Rn 6. 2

§ 452 Beeidigung der Partei

(1) [1]Reicht das Ergebnis der unbeeidigten Aussage einer Partei nicht aus, um das Gericht von der Wahrheit oder Unwahrheit der zu erweisenden Tatsache zu überzeugen, so kann es anordnen, dass die Partei ihre Aussage zu beeidigen habe. [2]Waren beide Parteien vernommen, so kann die Beeidigung der Aussage über dieselben Tatsachen nur von einer Partei gefordert werden.
(2) Die Eidesnorm geht dahin, dass die Partei nach bestem Wissen die reine Wahrheit gesagt und nichts verschwiegen habe.
(3) Der Gegner kann auf die Beeidigung verzichten.
(4) Die Beeidigung einer Partei, die wegen wissentlicher Verletzung der Eidespflicht rechtskräftig verurteilt ist, ist unzulässig.

1) Bedeutung. Durch den Eid kann die Überzeugungskraft der Parteiaussage gesteigert werden, weil die Partei mit ihm das Risiko strafrechtl Verfolgung (§§ 153, 154, 163 StGB) u einer späteren Restitutionsklage (§ 580 Nr 1) übernimmt. Die Partei kann zwar den Eid verweigern, setzt damit aber ihre Glaubwürdigkeit aufs Spiel (§ 453 II, § 446). IÜ unterliegt auch die beeidigte Aussage der freien Beweiswürdigung nach § 453 I, § 286. Das 1

Gericht ist nicht gehindert, weiter an der Richtigkeit zu zweifeln (MK/Schreiber Rn 4; aA Nagel FS Habscheid, 1989, S 196 f).

2 **2) Anordnung der Beeidigung.** Sie liegt im **Ermessen des Prozessgerichts** (der verordnete Richter darf nur auf dessen Weisung vereidigen). Wegen der Grundsätze der Ermessensausübung s § 391 Rn 3. Ermessensmissbrauch kann unterbliebene Beeidigung der Parteiaussage über einen nur der Partei bekannten Sachverhalt sein, wenn das Gericht an der Richtigkeit der Aussage zweifelt (BGH NJW 64, 1027). Das Gericht muss dann im Urteil darlegen, warum es die Möglichkeit der Beeidigung nicht wahrgenommen hat, sonst revisibler Verfahrensfehler (RG JW 37, 233).

3 **Unzulässig** ist sie bei **Verzicht** des Gegners (**III**; s § 391 Rn 4) sowie bei rechtskräftiger **Vorstrafe der Partei** wegen eines wissentl, also vorsätzl, **Eidesdelikts** (**IV**; aA StJ/Berger Rn 15, der IV wegen der Aufhebung des entspr § 161 StGB als obsolet ansieht; wie hier MK/Schreiber Rn 4). Ob ein solches Delikt begangen und bestraft wurde, ist zwar vAw festzustellen; eine dahin gehende Amtsermittlung (Zentralregisterauskunft) ist aber nur zu verlangen, wenn dem Gericht Anhaltspunkte für eine solche Vorstrafe bekannt oder erkennbar sind. **Keine Beeidigung beider Parteien** bei divergierender Aussage über dieselben Tatsachen (**I 2**); hier entscheidet das Gericht nach Ermessen (s Rn 2), ob und wen es beeidigt. Sonderregelung für das Berufungsverf: § 536 II. – Wegen Vereidigung **Prozessunfähiger** s § 455 II.

4 **3) Verfahren.** Anordnung durch Beschluss des ProzGerichts nach Anhörung des Gegners (unerlässl schon wegen der Möglichkeit des Verzichts nach III). Bei **Nichtbeeidigung** kein Beschluss erforderl. War Antrag auf Beeidigung gestellt, ist im Urteil zu begründen, weshalb ihm nicht gefolgt wurde. – **Eidesleistung:** s II u § 481. **Eidesbelehrung:** § 480.

§ 453 Beweiswürdigung bei Parteivernehmung

(1) Das Gericht hat die Aussage der Partei nach § 286 frei zu würdigen.

(2) Verweigert die Partei die Aussage oder den Eid, so gilt § 446 entsprechend.

1 **1) Verwertung der Aussage.** Nicht nur ihr Inhalt, auch die äußeren Umstände ihrer Abgabe (s § 286 Rn 14) unterliegen der freien Beweiswürdigung (§ 286). Dass die Partei bei einer Zeugenvernehmung anwesend war, kann den Beweiswert ihrer Aussage mindern (zu Abhilfe s § 451 Rn 2). Zur Frage der Geständniswirkung einer Parteiaussage s § 288 Rn 3b. Erfolgt ausnahmsw die Parteivernehmung vor dem verordneten Richter, so dürfen über den Aussageinhalt (Protokoll: § 160 III Nr 4, § 162) hinausgehende Wahrnehmungen (zB Nervosität der Partei, Berichtigungen usw) beweiswürdigend nur berücksichtigt werden, wenn sie im Protokoll festgehalten sind (s § 355 Rn 1). Wegen des bes Gewichts des persönl Eindrucks der Partei während ihrer Aussage wird Anhörung vor dem ProzGericht (§ 355) aber idR unverzichtbar bzw nachzuholen sein.

2 **2) Verwertung der Weigerung.** Die Partei ist nicht verpflichtet, auszusagen und zu schwören. Weigerung kann aber ungünstige Beweiswürdigung zur Folge haben (§ 446). Ob Partei hierauf hingewiesen wurde (s § 446 Rn 2), spielt dabei keine Rolle. Wird Eidesleistung abgelehnt, kann Aussage schwerl zugunsten der vernommenen Partei gewürdigt werden (MK/Schreiber Rn 2).

§ 454 Ausbleiben der Partei

(1) Bleibt die Partei in dem zu ihrer Vernehmung oder Beeidigung bestimmten Termin aus, so entscheidet das Gericht unter Berücksichtigung aller Umstände, insbesondere auch etwaiger von der Partei für ihr Ausbleiben angegebener Gründe, nach freiem Ermessen, ob die Aussage als verweigert anzusehen ist.

(2) War der Termin zur Vernehmung oder Beeidigung der Partei vor dem Prozessgericht bestimmt, so ist im Falle ihres Ausbleibens, wenn nicht das Gericht die Anberaumung eines neuen Vernehmungstermins für geboten erachtet, zur Hauptsache zu verhandeln.

1 **1) Bedeutung.** Für die Aussage- oder Eidesverweigerung der *anwesenden* Partei gelten §§ 446, 453 II. **I** betrifft nur das *Ausbleiben* der Partei in einem für ihre Einvernahme anberaumten späteren Termin. Dieses kann bei der **Beweiswürdigung** nur unter folgenden Voraussetzungen nachteilig (s § 446 Rn 1) gewertet werden: Die Parteivernehmung ist überhaupt **zulässig** (§§ 445, 446, 448), die Partei wurde fristgerecht (§ 217) u persönl ordentl (s § 450 Rn *1*) ***geladen*** (*Ladung* iS § 141, § 273 II 3, § 278 III genügt nicht), die Partei ist bis zum Schluss des Termins (§ 220 II) **unentschuldigt** nicht erschienen u das Gericht erkennt hierin nach freiem Ermessen eine Verweigerung der Aussage (so zB bei mehrfacher fadenscheiniger Absage; BGH NJW 2001, 1500, 1502). Bloße

Säumnis reicht also nicht. IZw ist unter Hinweis auf das mit nochmaliger Säumnis verbundene Beweisrisiko zu neuem Termin (§ 368) zu laden (StJ/Berger Rn 8). Zur Möglichkeit der Anordnung sicheren Geleits (§ 295 StPO) bei einer strafrechtl verfolgten Partei BGH MDR 91, 882 u Bauer, Das sichere Geleit, 2006, S 197 ff.

2 **2) Folgen des Ausbleibens.** Anders als bei § 141 keine **Ordnungsmittel** oder **Kostenfolgen**; einzige Konsequenz ist die nachteilige Beweiswürdigung (§§ 446, 453 II). Auch § 95 ZPO, § 38 GKG sind nicht anwendbar (MK/Schreiber Rn 1; PG/Müller-Christmann Rn 8; aA StJ/Berger Rn 9; AG/Gehle Rn 5), denn für die Partei gibt es keine Aussagepflicht, nur eine Aussagelast.

3 **3) Weiteres Verfahren.** Sofern das Gericht nicht vertagt und die Voraussetzungen nach I erfüllt sind, **Verh zur Hauptsache** (§ 370 I). Mit dem Eintritt in die Verh zur Hauptsache gilt der Beweisbeschluss als erledigt. Ist auch kein ProzBev erschienen, ergeht auf Antrag **VU oder Entscheidung nach Aktenlage** (s § 370 Rn 2). Ansonsten je nach Verfahrensstand Schluss der mündl Verh oder Bestimmung eines neuen Termins, ggf VU, wenn der Gegner der säumigen Partei ebenfalls abwesend ist. – **Verordneter Richter** wird zunächst Grund für das Ausbleiben klären u ggf neuen Termin bestimmen, ansonsten die Akten zurückleiten.

§ 455 Prozessunfähige

(1) [1]Ist eine Partei nicht prozessfähig, so ist vorbehaltlich der Vorschrift in Absatz 2 ihr gesetzlicher Vertreter zu vernehmen. [2]Sind mehrere gesetzliche Vertreter vorhanden, so gilt § 449 entsprechend.
(2) [1]Minderjährige, die das 16. Lebensjahr vollendet haben, können über Tatsachen, die in ihren eigenen Handlungen bestehen oder Gegenstand ihrer Wahrnehmung gewesen sind, vernommen und auch nach § 452 beeidigt werden, wenn das Gericht dies nach den Umständen des Falles für angemessen erachtet. [2]Das Gleiche gilt von einer prozessfähigen Person, die in dem Rechtsstreit durch einen Betreuer oder Pfleger vertreten wird.

1 **1) Grundsatz.** Nur die prozessfähige Partei (§§ 51 ff) kann als solche vernommen werden. Bei fehlender Prozessfähigkeit ist sie (soweit natürl Person) als Zeuge, ihr ges Vertreter als Partei zu vernehmen (s vor § 373 Rn 5, 8; BGH NJW 65, 2254). Zur ges Vertretung jur Personen ausl Rechts s § 51 Rn 1, 6 u eingeh mit Kritik am bestehenden Recht v. Bary ZVglRWiss 120 (2021), 48 ff.

2 **2) Ausnahme.** Über eigene Handlungen oder Wahrnehmungen darf nach freiem Ermessen des Gerichts die prozessunfähige Partei parteiverantwortl vernommen werden, wenn sie als Minderj das 16. Lebensjahr vollendet hat oder trotz bestehender Prozessfähigkeit für den Rechtsstreit Pflegschaft oder Betreuung (vgl § 53) angeordnet ist (II). Der ges Vertreter kann dann Zeuge sein.

§§ 456 bis 477 (weggefallen)

Titel 11
Abnahme von Eiden und Bekräftigungen (§§ 478-484)

Vorbemerkungen zu §§ 478-484

1 **Geltungsbereich.** Die Vorschriften des Titels 11 beziehen sich auf alle zivilprozessualen Eide, also auf den Zeugen-, SV-, Dolmetschereid und den Eid bei Parteivernehmung. Sie gelten gem § 802c III 2 entspr für die eidesstattl Versicherung der Vermögensauskunft (vgl auch § 883 II, § 889 I). Zur Glaubhaftmachung durch Versicherung an Eides statt s § 294.

2 Zur **Strafbarkeit** des Meineids, fahrlässigen Falscheides, falscher eidesgleicher Bekräftigungen und falscher Versicherungen an Eides statt s §§ 154 ff StGB. Zur Frage, ob diese Strafnormen **Schutzgesetze** iS § 823 II BGB sind, vgl (grds bej) BGH MDR 59, 118.

§ 478 Eidesleistung in Person

Der Eid muss von dem Schwurpflichtigen in Person geleistet werden.

1 Die Vorschrift stellt klar, dass der Eid von der vernommenen, zur Eidesleistung aufgeforderten, eidesfähigen (s §§ 393, 455 II) u nicht zur Verweigerung berechtigten Person (s § 390) höchstpersönl zu leisten ist. **Folgen der Eidesverweigerung:** Zeugen s § 390, SV s § 410 Rn 2, Partei s § 453 II, gegen Dolmetscher keine Zwangsmittel.

§ 479 Eidesleistung vor beauftragtem oder ersuchtem Richter

(1) Das Prozessgericht kann anordnen, dass der Eid vor einem seiner Mitglieder oder vor einem anderen Gericht geleistet werde, wenn der Schwurpflichtige am Erscheinen vor dem Prozessgericht verhindert ist oder sich in großer Entfernung von dessen Sitz aufhält und die Leistung des Eides nach § 284 Absatz 2 und 3 nicht stattfindet.

(2) Der Bundespräsident leistet den Eid in seiner Wohnung vor einem Mitglied des Prozessgerichts oder vor einem anderen Gericht.

Durch G zur Förderung des Einsatzes von Videokonferenztechnik in der Zivilgerichtsbarkeit und den Fachgerichtsbarkeiten v 15.7.2024 (BGBl 2024 I Nr 237) wurden die Verweisungen auf § 128a II ohne inhaltl Änderung an die neue Systematik (§ 284 II, III) mWv 19.7.2024 angepasst.

1 **1) Bedeutung.** § 479 regelt den (seltenen) Fall, dass allein die Beeidigung vor dem Richterkommissar erfolgt (zur Beeidigungsbefugnis nach einer Vernehmung s § 391 Rn 6). Da es sich um eine Durchbrechung der Beweisunmittelbarkeit (§ 355) handelt, sind die Voraussetzungen (näher s § 375 Rn 3 f) streng zu prüfen. Die Möglichkeit einer Eidesleistung per Videokonferenz (§ 284 II) hat Vorrang.

2 **2) Verfahren.** Anordnung auch ohne mündl Verh (RGZ 16, 411) durch unanfechtbaren Beschluss (RGZ 46, 366), der, wenn nicht verkündet, den Parteien vAw mitzuteilen ist. Abänderung: § 360. Rechtshilfeersuchen: § 157 GVG. Bei Streit über die Eidespflicht gilt § 366.

§ 480 Eidesbelehrung

Vor der Leistung des Eides hat der Richter den Schwurpflichtigen in angemessener Weise über die Bedeutung des Eides sowie darüber zu belehren, dass er den Eid mit religiöser oder ohne religiöse Beteuerung leisten kann.

1 Geboten ist nachdrückl Hinweis durch Richter (Ermahnung durch Partei ersetzt ihn nicht, RGZ 76, 103) auf Bedeutung einschl strafrechtl Folgen des Eides. Dieser ist in der Niederschrift festzustellen (§ 160 II). Unterlassung bewirkt nicht Ungültigkeit des Eides. Zum Hinweis bzgl religiöser Beteuerung s § 481, zum Hinweis auf Möglichkeit eidesgleicher Beteuerung bei Verweigerung des Schwurs s § 484.

§ 481 Eidesleistung; Eidesformel

(1) Der Eid mit religiöser Beteuerung wird in der Weise geleistet, dass der Richter die Eidesnorm mit der Eingangsformel:
„Sie schwören bei Gott dem Allmächtigen und Allwissenden"
vorspricht und der Schwurpflichtige darauf die Worte spricht (Eidesformel)
„Ich schwöre es, so wahr mir Gott helfe."

(2) Der Eid ohne religiöse Beteuerung wird in der Weise geleistet, dass der Richter die Eidesnorm mit der Eingangsformel:
„Sie schwören"
vorspricht und der Schwurpflichtige darauf die Worte spricht (Eidesformel):
„Ich schwöre es."

(3) Gibt der Schwurpflichtige an, dass er als Mitglied einer Religions- oder Bekenntnisgemeinschaft eine Beteuerungsformel dieser Gemeinschaft verwenden wolle, so kann er diese dem Eid anfügen.

(4) Der Schwörende soll bei der Eidesleistung die rechte Hand erheben.

(5) Sollen mehrere Personen gleichzeitig einen Eid leisten, so wird die Eidesformel von jedem Schwurpflichtigen einzeln gesprochen.

§ 481 regelt die Form der Eidesleistung. Essentiell ist das Nachsprechen der Worte „Ich schwöre es" (mit oder ohne religiöse Beteuerung). Zu Sprachbehinderung s § 483. Sonstige Förmlichkeiten (Aufstehen, Handheben, s IV) berühren Wirksamkeit des Eides nicht. Zulässig sind konfessionelle Zusätze (s III) oder Gebräuche, zB Kopfbedeckung bei Juden (Jünemann MDR 70, 727) oder der Schwur „beim Worte Allahs" bei Mohammedanern (Leisten MDR 80, 636). – Beteuerungsformeln religiöser oder weltl Bekenntnisgemeinschaften (zu den Letzteren Heimann/Trosien JZ 73, 612) sind, soweit damit nicht offenbar eine Verhöhnung des Gerichts beabsichtigt ist (dann § 178 GVG), zuzulassen. – Kruzifix: s BVerfG NJW 73, 2197. 1

§ 482 (weggefallen)

§ 483 Eidesleistung sprach- oder hörbehinderter Personen

(1) [1]Eine hör- oder sprachbehinderte Person leistet den Eid nach ihrer Wahl mittels Nachsprechens der Eidesformel, mittels Abschreibens und Unterschreibens der Eidesformel oder mit Hilfe einer die Verständigung ermöglichenden Person, die vom Gericht hinzuzuziehen ist. [2]Das Gericht hat die geeigneten technischen Hilfsmittel bereitzustellen. [3]Die hör- oder sprachbehinderte Person ist auf ihr Wahlrecht hinzuweisen.

(2) Das Gericht kann eine schriftliche Eidesleistung verlangen oder die Hinzuziehung einer die Verständigung ermöglichenden Person anordnen, wenn die hör- oder sprachbehinderte Person von ihrem Wahlrecht nach Absatz 1 keinen Gebrauch gemacht hat oder eine Eidesleistung in der nach Absatz 1 gewählten Form nicht oder nur mit unverhältnismäßigem Aufwand möglich ist.

Die Vorschrift ergänzt § 186 GVG in Bezug auf die Eidesleistung. Zu Anwendungsbereich, Wahlrecht, Belehrung, Rechtsstellung der Mittelsperson s die dortigen Erl. 1

§ 484 Eidesgleiche Bekräftigung

(1) [1]Gibt der Schwurpflichtige an, dass er aus Glaubens- oder Gewissensgründen keinen Eid leisten wolle, so hat er eine Bekräftigung abzugeben. [2]Diese Bekräftigung steht dem Eid gleich; hierauf ist der Verpflichtete hinzuweisen.

(2) Die Bekräftigung wird in der Weise abgegeben, dass der Richter die Eidesnorm als Bekräftigungsnorm mit der Eingangsformel:

„Sie bekräftigen im Bewusstsein Ihrer Verantwortung vor Gericht"

vorspricht und der Verpflichtete darauf spricht:

„Ja".

(3) § 481 Abs. 3, 5, § 483 gelten entsprechend.

Die Verweigerung religiöser Beeidigungsformeln oder des Eides überhaupt braucht wegen Art 4 GG nicht mehr mit der Zugehörigkeit zu bestimmten Religions- oder Bekenntnisgemeinschaften motiviert zu werden. Jeder (auch der Christ) darf aus behaupteten (praktisch nicht nachprüfbaren) Glaubens- oder Gewissensgründen statt des Eides die Bekräftigung wählen. Wo auch diese verweigert wird, gilt § 390. – Strafbarkeit § 155 Nr 1 StGB. 1

Titel 12
Selbständiges Beweisverfahren (§§ 485-494a)

Vorbemerkungen zu §§ 485-494a

1 **I) Funktion.** Das sBV dient mit § 485 I dem Schutz des ASt vor der Gefahr, in einem Rechtsstreit in Beweisnot zu geraten und regelt zudem das einverständliche Beweisverf (Ahrens Beweis § 177 Rn 6). Mit § 485 II sollen einvernehmliche Lösungen unterstützt werden. Hierfür verzichtet im Interesse einer Entlastung der Gerichte von vermeidbaren Prozessen u einer Erleichterung bzw Beschleunigung der Prozesse das sBV für den SV-Beweis im Fall § 485 II auf die Zulässigkeitsvoraussetzung des drohenden Beweisverlustes. Es überträgt die Auswahl der Person des SV dem Gericht (§ 492 I, § 404 I 1) u stellt klar (§ 492 III, § 794 I 1), dass im sBV eine mündl Erörterung des Streites sowie der Abschluss eines vollstreckbaren Vergleichs zulässig sind (s § 492 Rn 6). Letzteres sollte insb bei Streitigkeiten, die maßgebl von der Klärung tatsächl Fragen abhängen (zB Bauprozessen/Arzthaftung), eine Entlastung der Gerichte von vermeidbaren Prozessen bringen. Diese Erwartung hat sich nicht erfüllt (Herget FG Vollkommer 2006, S 97 ff; Schwenker Anm zu BGHReport 2005, 1550). – Die Einleitung eines sBV gibt dem Gegner grds noch nicht das rechtl Interesse, negative Feststellungsklage zu erheben (BGH GRUR-Prax 2018, 586 Tz 20 [Rehmann] = MDR 2019, 51 [Bacher MDR 2019, 405]).

2 **II) Verjährung.** Das sBV gehört zur str Gerichtsbarkeit, ist aber nicht zwingend kontradiktorisch (§ 491 II, § 494; MK/Schreiber Rn 1; aA MskV/Röß § 485 Rn 5; Ahrens Beweis § 177 Rn 25 [Frage hat keine praktische Relevanz]). Der Antrag hemmt die Verjährung (BGH MDR 98, 530 zum unzulässigen, aber nicht unstatthaften Antrag; BGH MDR 98, 963 zum Umfang der Unterbrechung bei konkret bezeichnetem Mangel; BGH NJW-RR 2001, 385 zur Dauer der Unterbrechung bei Gegenanträgen; BGH MDR 2012, 458 zur Hemmung der Verjährung des Werklohnanspruchs durch sBV zum Nachweis der Fälligkeitsvoraussetzungen). Die rechtserhaltende Wirkung des Verf (§ 204 I Nr 7 BGB; ausf Pauly MDR 97, 1087) setzt voraus, dass ASt der Gl ist u dass ein Gegner vorhanden ist, der – soweit namentl bekannt – am Verf beteiligt wird (BGH MDR 80, 663). Damit Hemmung eintritt, muss der Antrag **förmlich zugestellt** werden (§ 204 I Nr 7 BGB; BGH NZBau 2011, 303; ausf Schlösser/Köbler NZBau 2012, 669). Zur Dauer der Hemmung s § 492 Rn 4.

3 **III) Antrag.** Für den Verfahrensantrag u seine Ergänzung oder Berichtigung (OLGR Naumburg 1997, 356) besteht **kein Anwaltszwang** (§ 486 IV, § 78 III; aber sa § 494a Rn 6), jedoch unterliegt die Durchführung des Verf dem Anwaltszwang, sofern sie vor einem diesem Zwang unterliegenden Gericht erfolgt, denn die Befreiung nach § 78 III gilt nur für die Prozesshandlung, für die sie ausgesprochen wird, nicht für das darauf folgende Verf (ThP/Hüßtege § 78 Rn 14), im sBV also nur für den Beweisantrag (§ 486 I, II 1), auch wenn man an der Sinnhaftigkeit dieser Beschränkung zweifeln kann (OLG Frankfurt MDR 99, 1223). Aber kein Anwaltszwang für den Beitritt des Streitverkündeten (BGH NJW 2012, 2810 [krit Schwenker]) oder den Antrag auf Fristverlängerung zur Stellungnahme.

4 **IV) Parteiwechsel.** Auf Seiten des ASt ist er zulässig (OLG Karlsruhe JurBüro 2015, 203, Fall einer Abtretung). Beiläufig ebenso BGH MDR 2012, 48 (s § 485 Rn 10 aE). Dort ist gesagt, dass der Zessionar nicht ein zweites, inhaltsgleiches sBV einleiten kann. Auch der BGH geht dabei davon aus, dass der Zessionar das Verf mit Zustimmung des Ag (§ 265 II 2) fortführen kann (aA OLG Karlsruhe JurBüro 2015, 203 betr die Zustimmung, wenn es kein schützenswertes Interesse des Gegners gibt).

5 **V) Beweismittel.** Im Fall § 485 I (Beweissicherung) kommen **nur Augenschein, Zeugen oder SV** in Betracht, also grds kein Urkundenbeweis (MskV/Röß § 485 Rn 5) u keine Parteivernehmung (OLG Hamm MDR 94, 307; aA StJ/Berger § 485 Rn 6). – Im Fall § 485 II ausschließl SV-Beweis in Form eines schriftl einzuholenden Gutachtens, allerdings mit dem Recht der Parteien, mdl Erläuterung durch den SV zu beantragen (BGH MDR 2006, 287). Zur grds zulässigen **Ablehnung des SV** s § 487 Rn 5.

6 **VI) Unterbrechung, Aussetzung, Ruhen. 1) Selbständiges Beweisverfahren:** Durch den Eilzweck des Verf (§ 485 I) u durch das zu keiner str Entscheidung führende Verf bedingt sind die Vorschriften über eine **Aussetzung oder Unterbrechung des Verf** (§§ 148 ff, §§ 239 ff) auf das sBV nicht anwendbar (BGH MDR 2004, 404 Tz 7 zu § 240; OLG Köln 21.8.2020 – 19 U 5/20 Tz 29; Ahrens Beweis § 187 Rn 50); anders aber für das Verf nach § 494a (BGH NJW 2011, 1679). Ist der Gegner verstorben (§ 239), kann das sBV erst fortgesetzt werden, wenn die Voraussetzungen des § 494 vorliegen; nach OLG München MDR 2004, 170 (Fall fehlender Eilbedürftigkeit) ist auszusetzen. Der Tod nur eines Streitgenossen unterbricht aber nicht auch für die übrigen (OLG München MDR 2004, 170). Das **Ruhen des Verf** kann angeordnet werden, soweit der Eilzweck nicht entgegensteht (OLG Düsseldorf NJW-RR 2009, 496), was insb in den Fällen des § 485 II denkbar ist.

7 **2) Hauptverfahren:** Keine **Aussetzung** wegen eines anhängigen sBV, wenn nicht alle Streitparteien am sBV beteiligt sind *(BGH MDR 2003, 1306)*; ansonsten ist sie grds zulässig (BGH NZBau 2007, 98 Tz 5 ff), weil Prozessökonomie es gebietet, mehrfache Beweiserhebungen zu verhindern. Dabei kann die Förderung des – ausgesetzten – Hauptsacheprozesses erreicht werden durch Beiziehung des sBV u damit Überleitung der Zuständigkeit

auf das Prozessgericht (BGH MDR 2005, 45). Auch teilw kann ausgesetzt werden (BGH MDR 2007, 600). In jedem Fall kann das Ergebnis des sBV im Einverständnis der Parteien – ohne Aussetzung – abgewartet werden (BGH NJW 2004, 2597).

VII) Verwertung. Die im sBV gewonnenen **Beweisergebnisse** werden **im Hauptsacheprozess** verwertet, sobald sich die beweisbelastete Partei auf Tatsachen beruft (s § 493 Rn 1), über die selbständig Beweis erhoben wurde; eines Beweisantrags bedarf es hierfür nicht mehr. Das Ergebnis der selbständigen Beweiserhebung ist dann **wie eine vor dem Prozessgericht durchgeführte Beweisaufnahme** zu behandeln (§ 493 I). Die Partei kann daher im Prozess neue oder andere Beweismittel nur gem §§ 360, 368, 398, 412 einführen. Das Recht, die mündl Erläuterung eines schriftl Gutachtens zu beantragen (s § 411 Rn 4, 5; dort auch zu den Einschränkungen), bleibt aber unberührt (s § 492 Rn 1). 8

Zur Verwertbarkeit des Beweisergebnisses in anderen Zweigen der Gerichtsbarkeit s § 486 Rn 2, Rn 3a. 9

§ 485 Zulässigkeit

(1) Während oder außerhalb eines Streitverfahrens kann auf Antrag einer Partei die Einnahme des Augenscheins, die Vernehmung von Zeugen oder die Begutachtung durch einen Sachverständigen angeordnet werden, wenn der Gegner zustimmt oder zu besorgen ist, dass das Beweismittel verloren geht oder seine Benutzung erschwert wird.

(2) [1]Ist ein Rechtsstreit noch nicht anhängig, kann eine Partei die schriftliche Begutachtung durch einen Sachverständigen beantragen, wenn sie ein rechtliches Interesse daran hat, dass
1. der Zustand einer Person oder der Zustand oder Wert einer Sache,
2. die Ursache eines Personenschadens, Sachschadens oder Sachmangels,
3. der Aufwand für die Beseitigung eines Personenschadens, Sachschadens oder Sachmangels
festgestellt wird. [2]Ein rechtliches Interesse ist anzunehmen, wenn die Feststellung der Vermeidung eines Rechtsstreits dienen kann.

(3) Soweit eine Begutachtung bereits gerichtlich angeordnet worden ist, findet eine neue Begutachtung nur statt, wenn die Voraussetzungen des § 412 erfüllt sind.

I) Sicherungsinteresse (§ 485 I). I dient der Abwehr eines dem ASt drohenden Rechtsnachteils durch den zu befürchtenden Verlust eines Beweismittels oder die Erschwerung seiner Eignung, in einem Rechtsstreit vom ASt verwertet zu werden (**Sicherungsinteresse**; zur Abgrenzung von der einstw Verfügung s § 940 Rn 8.7). Als Beweismittel kommen hierbei nur der Augenschein (§ 371), der Zeugenbeweis (§ 373) u das (schriftl oder mündl) SV-Gutachten (§§ 402, 411) in Betracht; eine Beweissicherung durch Urkundenbeweis (§§ 415 ff) oder Parteivernehmung (§ 445) ist also ausgeschlossen (OLGR Saarbrücken 2008, 26), selbst wenn hierfür ein Sicherungsbedürfnis bestünde. Die Beweissicherung ist während (**Formulierungsvorschlag:** Vorwerk/Ulbrich, PFB, M 7.1) oder außerhalb eines Streitverf (**Formulierungsvorschlag:** Vorwerk/Ulbrich, PFB, M 7.2) mögl, so zB, wenn im rechtshängigen Verf die Beweiserhebung noch nicht angeordnet wurde (nach Anordnung gilt III) u innerhalb der durch den Sicherungszweck gebotenen Zeit auch nicht zu erwarten ist. In jedem Fall muss der ASt neben der Darlegung u Glaubhaftmachung der Beweisgefährdung (§ 487 Nr 4) auch ein **Rechtsschutzinteresse** an der Beweissicherung darlegen (OLG Hamm NJW-RR 98, 933); das ergibt bereits das erklärte Ziel des Verf, die „Benutzung des Beweismittels" in einem gegenwärtigen oder zu erwartenden „Streitverf" zu sichern. Dieses Interesse an der Beweissicherung ist gegeben, wenn ein Rechtsstreit des ASt (als Kl oder Bekl) mit einem Dritten, mag dieser iSd § 494 auch noch nicht bekannt sein, auf der Grundlage einer bereits gegebenen rechtl Ausgangslage bereits anhängig (§ 486 I) oder möglicherw zu erwarten ist u wenn das zu sichernde Beweismittel in diesem Rechtsstreit zumindest möglicherw (s Rn 4) iSd § 493 „benutzt" werden kann. Dieses Rechtsschutzinteresse an der Sicherung ist als Verfahrensvoraussetzung stets zu prüfen, wobei geringere Anforderungen zu stellen sind als an das „rechtl Interesse" in II (Rn 8). Es entfällt zB nicht schon, wenn die Parteien eine Schiedsvereinbarung (§ 1029) oder eine Schiedsgutachterabrede getroffen haben (§ 1033 Rn 7; MskV/Voit § 1042 Rn 28; MskV/Röß Rn 7a). Bei der Schiedsgutachtenabrede kann wegen dessen Bindungswirkung aber das Rechtsschutzbedürfnis für ein sBV fehlen (MskV/Voit § 1042 Rn 28; sa Ahrens Beweis § 185 Rn 19 [keine gleichlautenden Feststellungen zulässig] und § 178 Rn 36 [Vorrang des Schiedsgutachtens]). – Bei Zustimmung des Gegners wird die Prüfung eines drohenden Beweisverlustes entbehrl. 1

II) Antrag und Verfahren. 1) Antrag. Zuständigkeit § 486, notw Inhalt des Antrags § 487. – Die **Zustimmung des Gegners** ist ggf dem Gericht vorzulegen oder vor diesem selbst zu erklären, mindestens glaubhaft zu machen, §§ 294, 487 Nr 4 (AG/Bünnigmann Rn 9; PG/Ulrich § 487 Rn 5; aA Ahrens Beweis § 183 Rn 20). Als Prozesshandlung ist die Zustimmung unwiderrufl u nicht wegen Willensmängeln anfechtbar (MK/Schreiber Rn 6). – Eine **Schutzschrift** des Gegners (vgl ihre Definition in § 945a I 2) ist nicht zulässig (MK/Schreiber Rn 38 mit Ausnahme für die Fälle nach I Alt 2). 2

3 **2) Gegner.** Er darf (anstelle einer ausdrückl Zustimmung) einen eigenen **Gegenantrag** stellen, zB eine Erweiterung der Beweisfrage oder Beweismittel beantragen oder Gegenbeweis antreten (OLG Koblenz 13.3.2015 – 10 W 135/15 Tz 5 m ausf Nw; OLG Düsseldorf BauR 95, 430: jedenfalls dann, wenn der Gegenantrag nur das Beweisthema präzisiert; OLG Nürnberg MDR 2001, 51: wenn keine wesentl Verzögerung eintritt u derselbe SV zugezogen werden kann; OLG Hamburg MDR 2001, 1012: wenn dem ASt sein Antragsrecht nicht aus der Hand genommen wird; OLG Karlsruhe MDR 2024, 932: wenn er im Rahmen des Sachkomplexes liegt, rechtzeitig gestellt ist und keine Verzögerung eintritt; idR immer, wenn ein selbständiges Rechtsschutzinteresse bejaht wird und ein Zusammenhang mit dem Antrag (§ 33 analog) besteht (AG/Bünnigmann § 487 Rn 13). Der Gegenantrag ist nur unzulässig, wenn das Gericht bei Identität beider Beweisthemen bereits einen SV mit der Begutachtung beauftragt hatte (s Rn 11) oder wenn er Rechtsbeziehungen zu Dritten betrifft (OLG Hamm MDR 2009, 166) oder das sBV beendet ist (OLG Koblenz 13.3.2015 – 10 W 135/15 Tz 5). – **Streithelfer.** Er darf nur Ergänzungsanträge stellen, die das Verf „seiner" Partei unterstützen (OLG Karlsruhe MDR 2008, 1354).

4 **3) Prüfung.** Das Gericht prüft die Verfahrensvoraussetzungen seiner Zuständigkeit (§ 486), des allg rechtl Interesses, des bes Beweisverlustrisikos (dessen Prüfung bei Zustimmung des Gegners entbehrl ist) u die Zulässigkeit der angebotenen Beweismittel (OLGR Saarbrücken 2008, 26). Dagegen außerhalb des Hauptsacheverf keine Prüfung, ob das Beweismittel für den Hauptprozess erhebl ist (BGH MDR 2000, 224; OLG Düsseldorf MDR 2001, 50: Verjährung). Ist das Beweismittel aber offensichtl ungeeignet, einen erhebl Beweis überhaupt zu erbringen, kann der Antrag als nutzlos zurückgewiesen werden. Ebenso, wenn sich die Einleitung des sBV als missbräuchlich erweist (Ahrens Beweis § 183 Rn 31 ff). – Bei Ablehnung des Gesuchs **sof Beschwerde** (§ 567 I Nr 2); der stattgebende Beschluss ist unanfechtbar (§ 490 II 2).

5 **4) Besorgnis. Besorgnis des Verlusts oder der erschwerten Benutzung** des Beweismittels (I): zB schwere Erkrankung eines Zeugen (OLG Hamburg NJW-RR 2020, 193), hohes Alter (OLG Hamm MDR 2020, 1529 Tz 24: 83 Jahre; Ahrens Beweis § 183 Rn 28). Beim Alter stellt das KG (21.12.2020 – 9 W 1070/20 Tz 2) darauf ab, ob der Zeuge die durchschnittliche Lebenserwartung bezogen auf seine Lebenserwartung im Zeitpunkt seines 65. Geburtstags deutlich überschritten hat (hier verneint für 77 Jahre). Mit guten Argumenten plädiert Effer-Uhe MDR 2018, 707 dafür, generell eine erwartbare (Zeitablauf) Abschwächung der Erinnerung eines Zeugen als ausreichend anzusehen (aA OLG Köln 3.9.2019 – 20 U 75/18 Tz 5; OLG Köln 19.12.2019 – 20 W 20/19 Tz 3 [Zeuge hat eine Behandlungsdokumentation]). – Bei Sachen: Verderblichkeit wie überhaupt drohende (aber auch die geplante, OLG Hamm MDR 2010, 714: Beseitigung von Baumängeln) Veränderung, ebenso der unzumutbare Erhaltungsaufwand oder das Bedürfnis alsbaldiger Veräußerung oder Beseitigung einer schadhaften bzw zerstörten Sache (zB der beschädigte Pkw). Während einer Pflichtteilsstufenklage kann der Wert eines bebauten Grundstücks festgestellt werden, weil die regelmäßig zu erwartende Verfahrensdauer die Besorgnis der Erschwerung begründet (OLG Düsseldorf ErbR 2024, 628). – Bevorstehende Verjährung rechtfertigt nicht die Besorgnis (Ahrens Beweis § 183 Rn 34; AG/Bünnigmann Rn 11 „Verjährung"); ebenso nicht, wenn Unterlagen sicher u langfristig aufbewahrt werden (OLG Frankfurt NJW 92, 2837: mikroverfilmte Kontounterlagen).

5a **5) Beweisthemen.** Inhaltlich kann in den Fällen des I Alt 2 Beweis erhoben werden über den Mangel, seine Ursachen (sa Hesse BauR 84, 23), den Beseitigungsaufwand, die Verantwortlichkeit für die Mängel (OLG Bamberg JurBüro 92, 629; OLG Düsseldorf NJW-RR 97, 1312). Es decken sich dabei II u I Alt 2 (MK/Schreiber Rn 13).

6 **III) Sachverständigenbeweis (§ 485 II).** II ermöglicht ein von einem Beweissicherungsbedürfnis (I) unabhängiges (OLG Celle NJW-RR 2011, 1180) sBV durch Erhebung nur des SV-Beweises, wobei auch hier § 404a III gilt (OLG München NJW-RR 2001, 1652; OLG Köln BauR 2002, 1120). Dieses Verf ist ausschließl vorprozessual zulässig (OLG Hamm FamRZ 2004, 956), denn es soll mit seinem Beweisergebnis die Voraussetzung für ein erfolgversprechendes Güteverf (§ 492 III) schaffen, also unter Meidung eines sonst zu erwartenden Prozesses eine gütl Einigung der Parteien in einem vereinf u beschleunigten Verf ermöglichen (ausf Fellner MDR 2014, 66; Becker ZfSch 2022, 544). Der sonst zu besorgende Hauptsacheprozess muss nicht mit Sicherheit zu erwarten oder gar vom Gegner bereits angedroht sein; schon die aus der Rechtslage herzuleitende Möglichkeit eines solchen Prozesses genügt u begründet das rechtl Interesse, ihn durch das sBV des II entbehrl zu machen. Ziel des Verf ist die Entlastung der Gerichte von Prozessen, deren Streitfragen weniger rechtl als tatsächl Art sind u für deren Entscheidung daher das Fachgutachten eines SV eine oft sogar allein ausschlaggebende Bedeutung hat, so insb bei Gewährleistungs- oder Schadensersatzprozessen. Keinesfalls dient das sBV dazu, erst die Voraussetzungen für eine Klage zu schaffen (OLGR Celle 2008, 379: Restitutionsklage).

7 **IV) Zulässigkeitsvoraussetzungen. 1) Keine Anhängigkeit.** Im Fall II darf der Rechtstreit in der Hauptsache **noch nicht anhängig** sein; das Mahnverf steht dabei einem Rechtsstreit gleich und sperrt II; anders ein Verf der einstw Vefügung und ein Arrestverf. Wird nach Einleitung des sBV in derselben Sache der Hauptsacheprozess anhängig, bleibt das sBV zulässig und die ursprüngl Zuständigkeit für das sBV bleibt solange erhalten, bis *das Gericht der Hauptsache eine* Beweisaufnahme für erforderl hält u die Akten des sBV beizieht (BGH MDR 2005, 45; OLG Schleswig BauR 2010, 124; sa § 486 Rn 7). – Wird ein Rechtsstreit **ausgesetzt** oder **unterbrochen**, wird die Beweiserhebung nach II möglich (PG/Ulrich Rn 19), weil dies fehlender Anhängigkeit gleich-

kommt. – Eine **negative Feststellungsklage** des Ag sperrt nicht das Verf nach II (OLG Köln 18.3.2022 – 11 W 54/21 Tz 10; aA Ahrens Beweis § 184 Rn 38).

2) Rechtliches Interesse. Notwendig ist ein über das Rechtsschutzinteresse (Rn 1) hinausgehendes „rechtl Interesse" des ASt. Es wird vom BGH MDR 2013, 1342 zutreffend auch dann bej, wenn das sBV evtl für eine abschließende Klärung nicht ausreichend ist. Das Interesse besteht nämlich auch, wenn sich das beabsichtigte sBV nicht auf alle beweisbedürftigen Tatsachen erstreckt (OLG München GesR 2022, 452). Steht Verjährung bevor, ist rechtl. Interesse gegeben (StJ/Berger Rn 33; MK/Schreiber Rn 15; Ahrens Beweis § 184 Rn 72). Erklärt der Ag, er lehne jegl gütl Einigung ab, kann dennoch rechtl Interesse bestehen, bleibt das sBV zulässig (OLG Koblenz FamRZ 2009, 804); ebenso, wenn er seine Einstandspflicht leugnet (OLGR Düsseldorf 1995, 75), Verjährung geltend macht (OLG Düsseldorf MDR 2001, 50; OLG Celle BauR 2003, 1076) oder sich auf einen Gewährleistungsausschluss beruft (KGR Berlin 2000, 219). Dafür spricht der Wortlaut des II 2, denn es heißt nicht: „ist *nur* anzunehmen" (OLG Zweibrücken MDR 92, 1178); OLG Frankfurt MDR 91, 989 sieht mit der hM in der Formulierung daher auch nur ein ges Bsp für rechtl Interesse (ebenso Thieme MDR 91, 938; Ahrens Beweis § 177 Rn 7). Die Gegenmeinung übersieht weiter, dass der ASt bei einem ihm negativen Ergebnis des sBV es unterlassen wird, einen risikoreichen Prozess anzustrengen, so dass auch bei einem nicht vergleichsbereiten Gegner das sBV einen Rechtsstreit durchaus vermeiden helfen kann (OLG Zweibrücken MedR 2023, 987). II 2 bestimmt also nur, wann das Gericht ein rechtl Interesse nicht verneinen darf („ist anzunehmen"), lässt aber Spielraum in anderen Fällen das Interesse auch zu bejahen (KG BauR 92, 403: Eignung zur Prozessvermeidung ist im weitesten Sinne zu verstehen; OLG Stuttgart MDR 2005, 347: ist weiter zu fassen als das für eine negative Feststellungsklage; OLG Karlsruhe 2.2.2017 – 9 W 57/16: wenn rechtl Erheblichkeit nicht von vornherein gänzlich ausgeschlossen ist). Die Rspr verneint das rechtl Interesse dementspr nur dann, wenn kein Rechtsverhältnis (OLG Hamm 5.5.2022 – 11 W 17/22), kein mögl Prozessgegner (OLG Frankfurt NJW-RR 2019, 191 Tz 20) oder kein Anspruch ersichtl ist (BGH MDR 2005, 162; OLG Naumburg NJ 2024, 80), befindet sich dabei aber stets in Gefahr unzulässiger (BGH MDR 2017, 357) Schlüssigkeits- oder Erheblichkeitsprüfung. Hat der SV keine Anschlusstatsachen, nach denen er begutachten kann, ist das rechtl Interesse zu verneinen, da das Beweismittel untauglich ist (OLG Hamm MDR 2022, 763 [Laumen MDR 2022, 942]). – Rechtl Interesse zB bejaht für Überprüfung von Strommesseinrichtung (OLG Hamm MDR 2010, 282); für die Feststellungen zu Jahre zurückliegenden Unfallfolgen (OLG Köln DAR 2022.340 [Riemer]); wenn sich der Ag auf einen Gewährleistungsausschluss beruft (OLG Hamm ErbbauZ 2022, 107); verneint für ein aussagepsychologisches Gutachten (OLG Koblenz 3.5.2018 – 6 W 101/18). Wo ein Gegner benannt wurde, ist dessen Verhandlungs- u Vergleichsbereitschaft nicht notwendig bereits im Antrag darzulegen oder gar glaubhaft zu machen; das wird dem ASt selten mögl sein (u ist ja auch keine Zulässigkeitsvoraussetzung). – **Schiedsrichterl Verf** (§§ 1025 ff) schließt rechtl Interesse für ein sBV nach II nicht aus (MskV/Voit § 1042 Rn 28 und § 1033 Rn 2; Ahrens Beweis § 185 Rn 17 [aber nur für sBV mit sicherndem Charakter]; aA MskV/Röß Rn 14 [weil die Parteien eine andere Abrede getroffen haben]). Bei der **Schiedsgutachterabrede** verneint der BGH die Zulässigkeit des sBV nach II jedenfalls in dem Fall, in dem der Ag sich auf eine Abrede nach § 18 IV VOB/B beruft (BGH MDR 2022, 359 mN zu allen Ansichten). Das muss grds gelten, soweit und solange der Schiedsgutachter tätig ist, denn in dieser Zeit und in diesem Umfang ist ein rechtl Interesse des ASt an einem weiteren Gutachten nicht erkennbar (MskV/Röß Rn 14; Ahrens Beweis § 184 Rn 64a). – **WEG**-Verf: Das Vorbefassungsgebot gilt nicht für das sBV; führt der ASt keinen Beschl der GdWE herbei, beseitigt das nicht sein rechtl Interesse (BGH MDR 2018, 1113 Tz 5, Tz 14 zu WEG aF; LG Baden-Baden ZWE 2021, 409 zu WEG nF; Riecke MDR 2022, 212 Tz 85; MskV/Röß Rn 13a; einschränkend Agatsy MietRB 2022, 243, 246). Zur Zulässigkeit eines sBV zwischen Wohnungseigentümer und GdWE s Riecke MDR 2023, 136 Rn 10 mN. – **Baulandsachen:** sBV grds zulässig und vorangehendes Verwaltungsverf nicht zwingend, aber das rechtl Interesse darf, wie immer, nicht fehlen (OLG Koblenz MDR 2019, 733). 8

3) Zulässiges Beweismittel. Es ist im Verf des II ausschließl das **schriftl SV-Gutachten** zulässig. Das Gesetz will die Durchbrechung des Grundsatzes der Beweisunmittelbarkeit (§ 355) im sBV auf das hiervon am wenigsten betroffene schriftl Gutachten beschränken (Ahrens Beweis § 184 Rn 39). Die mündl Erläuterung des Gutachtens (§§ 397, 402, 411 III, § 492 I) ist zulässig (BGH MDR 2006, 287). 9

4) Zulässige Beweisthemen. Die des sBV sind ausschließl die in II 1 Nrn 1-3 genannten Beweisfragen (**Formulierungsvorschläge:** Vorwerk/Ulbrich, PFB, M 7.3, 7.4 u 7.5). Auch hier soll die Durchbrechung des Grundsatzes der Beweisunmittelbarkeit (§ 355) auf solche einem SV-Gutachten zugängl Themen begrenzt werden, die auf der Grundlage eines Gutachtens am ehesten eine gütl Einigung erwarten lassen. – **II 1 Nr 1:** Feststellungen zum Zustand sind nicht auf den gegenwärtigen beschränkt (OLG München GesR 2022, 452 betr vergangene Zustände); anders aber, wenn dem SV dann keine eigenen Feststellungen mehr möglich sind (PG/Ulrich Rn 21). Die Beweisfrage nur nach künftigen Zuständen ist grds unzulässig (PG/Ulrich Rn 21). – Bsp: OLG Düsseldorf (MDR 92, 807) lehnt es ab, **Geräuschimmissionen** feststellen zu lassen, wenn deren Ausmaß je nach Maschinenbetrieb wechselt; ebenso LG Hamburg (MDR 99, 1344) für von einer Gaststätte ausgehenden Lärmstörungen; zuzustimmen ist der aA OLG Saarbrücken MDR 2015, 793 für Geräusch- u Geruchsimmissionen; OLG Hamm MDR 2020, 482 für Geräuschimmissionen, denn es geht dabei – zulässig – um den Betriebszu- 10 stand einer Sache (Ahrens Beweis § 184 Rn 48; aA 35. Aufl). – Unter den Begriff „Wert" einer Sache lässt sich zwanglos auch der Ertragswert (Mietwert) subsumieren, denn er ist – vor dem Hintergrund der Zielsetzung des sBV – weit zu verstehen. Daher kann im sBV auch die **ortsübliche Vergleichsmiete** ermittelt werden (Scholl WuM 97, 307; LG Köln WuM 95, 490); aA die überwiegende Rspr (LG Braunschweig WuM 96, 291; LG Köln WuM 96, 484; LG Berlin NJW-RR 97, 585; LG Freiburg WuM 97, 337 sowie StJ/Berger Rn 20; Ahrens Beweis § 184 Rn 49); LG Mainz WuM 97, 631 nimmt Zulässigkeit nach I an, wenn Räumung bevorsteht u auch Zustandsfeststellung begehrt wird. Kein zulässiges Thema iSd II 1 Nr 1 ist die Höhe eines Gewinnentgangs, da der Gewinn keine Sache u seine Höhe nicht Wert der Sache ist (BGH MDR 2014, 176; s zum entgangenen Gewinn aber auch unter II 1 Nr 3). – Zulässige Themen: **Vorhandensein** von Schäden und Mängel eines Gebäudes (OLG Hamburg BauR 2025, 293); **Verkehrswert** einer Immobilie (OLG Hamm 3.1.2023 – 10 W 71/22 Tz 12 [kein Verweis des pflichtteilsberechtigten ASt auf § 2314 BGB]); **Berufsunfähigkeit** (OLG Celle NJW-RR 2011, 536; aA OLG Köln NJW-RR 2009, 431); Ansprüche aus **Unfallversicherung** (OLG Celle NJW-RR 2011, 1180); Grad der **Invalidität** (OLG Nürnberg NJW-RR 2015, 160); **Krankheitsbild** in der Krankheitskostenversicherung (OLG München GesR 2022, 452); **Gesundheitsschäden** durch Körperverletzung (OLG Köln NJW-RR 2024, 338); **Minderwert** in einer Bausache (OLG Hamm NJW-RR 2002, 1674); **Zugewinnausgleich** (OLG Celle FamRZ 2008, 1197 [zust Born FPR 2009, 305]). Die Höhe einer **Mietminderung** kann Beweisthema sein (hM; OLG Saarbrücken 5.5.2021 – 2 W 11/21 Tz 6); ebenso die **Wertminderung** eines Objektes durch seine Umweltbeziehung (OLG Stuttgart MDR 2005, 347: Mobilfunkanlage). Für Eigentümer/Bewohner **Erkennbarkeit** von Schäden (BGH NJW-RR 2010, 233); **Geschäftsfähigkeit** eines Vollmachtgebers (Dodegge FamRZ 2010, 1788) oder der Mutter der Beteiligten (OLG Karlsruhe ZEV 2022, 184 [im konkreten Fall abgelehnt]); Erfolgsaussichten einer **künstl Befruchtung** (OLG Köln MDR 2011, 318). – Kein zulässiges Thema ist hingegen die Frage der Fehlerhaftigkeit eines **Bauzeitenplanes** (OLG Frankfurt 30.1.2017 – 12 W 34/16). – **II 1 Nr 2:** Die zulässige Feststellung der „Ursache eines Personenschadens" lässt zunächst an die Fälle ärztl Kunstfehler denken. Nach BGH (MDR 2003, 590; hierzu Rehborn MDR 2004, 375 VI; Bockey NJW 2003, 3453) kann in Arzthaftungssachen das rechtl Interesse nicht aus grundsätzl Erwägungen ohne Einzelfallprüfung verneint werden; dem sollte gefolgt werden (zB OLG Nürnberg MDR 2008, 997; OLG Köln ZfS 2009, 507), um im Einzelfall nicht „aus Prinzip" den Weg in die Beweissicherung (u einer mögl gütl Einigung) von vornherein zu verbauen. Der BGH hat mit der Entscheidung MDR 2013, 1342 das sBV in Arzthaftungssachen dahin „aufgewertet", dass der SV sich auch zu der Frage eines Behandlungsfehlers äußern kann, da ansonsten die dem Gericht vorbehaltene u sich dem sBV anschließende juristische Beurteilung nicht geleistet werden könne. Ebenso sind Beweisfragen zu Inhalt und Umfang der ärztlichen Aufklärungspflicht zulässig (BGH MDR 2020, 989 Tz 16; hierzu Scheuch jurisPR-MedizinR 9/2020 Anm. 4; Schwenker jurisPR-BGHZivilR 1/2021 Anm 6; BGH MDR 2020, 1122 Tz 8; ausf Martis/Winkhard-Martis MDR 2021, 144 Tz 37 ff; Graf/Johannes/Schwuchow VersR 2020, 1355). Dann sollten auch Beweisfragen zum Inhalt der ärztlichen Aufklärungsdokumentation zulässig sein (so zutr OLG Zweibrücken MedR 2022, 28). Weiter unzulässig bleiben aber rein abstrakte Fragen wie zB, ob die Aufklärung „ordnungsgemäß" war (OLG Dresden NJW-RR 2021, 1465). – Bei Zustimmung des Gegners ohne drohenden Beweismittelverlust kommt Feststellung nach I in Betracht. – Nach OLG München BauR 98, 363 u OLG Köln BauR 2005, 752 kann der SV, wenn mehrere Ag beteiligt sind, auch die **Verursachungsquoten** feststellen; nach OLG Frankfurt MDR 2003, 772 u OLG Brandenburg BauR 2004, 698 (zust Welte) den **Verursacher** ermitteln. Dem ist wegen des Zwecks des sBV (s vor § 485 Rn 1) zuzustimmen. Wegen des Kostenrisikos einer Verursachersuche krit Cuypers MDR 2004, 251 unter 3. – **II 1 Nr 3:** Hierunter fallen Mängelbeseitigungskosten, u zwar die Kosten für alle erforderl Arbeiten einschließl Schäden; nicht hierher gehört die Frage, welche Maßnahmen zur Mängelbeseitigung erforderl sind (MskV/Röß Rn 12; weitergehend aber OLG Hamm BauR 2014, 734). Dem OLG ist zuzugestehen, dass der Aufwand schwerlich zu ermitteln ist, wenn die Maßnahmen, die den Aufwand begründen, nicht feststehen. Im Zweifel sollte in solchen Fällen das Beweisthema entsprechend weiter gefasst werden. – Feststellung eines Behandlungsaufwandes fällt unter Nr 3 (OLG München GesR 2022, 452; str); möglich auch die von entgangenem Gewinn als Teil des Aufwandes zur Beseitigung eines Personenschadens (BGH MDR 2010, 39).

11 **V) Mehrere Gutachten (§ 485 III).** III verweist auf die Voraussetzungen des § 412 und schränkt zur Meidung von mehreren, sich uU sogar widersprechenden Gutachten die Möglichkeit, ein weiteres Gutachten einzuholen, ein, wenn ein inhaltsgleiches Gutachten bereits gerichtl angeordnet wurde. Diese Anordnung kann erfolgt sein in einem Rechtsstreit, in einem früheren sBV oder in dem gerade stattfindenden (ThP/Seiler Rn 9; MskV/Röß Rn 15). In den beiden ersten Fällen hindert III schon die Einleitung eines sBV für eine neue Begutachtung, wenn die Voraussetzungen des § 412 nicht erfüllt sind. Im dritten Fall, also innerhalb eines laufenden sBV, gilt III, wenn vom Gericht eine Begutachtung bereits angeordnet wurde (Ahrens Beweis § 184 Rn 79). § 412 kommt hier aber auch über die Verweisung in § 492 I zur Anwendung (s ThP/Seiler § 492 Rn 1) und seine Voraussetzungen müssen vorliegen, um eine neue Begutachtung zu ermöglichen. Ratio ist immer, mehrfache Gutachten zu vermeiden (OLG Hamm 29.10.2002 – 21 W 25/02 Tz 7 mN, BauR 2003, 1763 [m Kritik am Wortlaut von III]; PG/Ulrich Rn 25). Geprüft wird wie im Erkenntnisverf (OLG Frankfurt MDR 2008, 585; OLG Saarbrücken 27.10.2023 – 4 WLw 2/23 Tz 78; s dazu § 412 Rn 2; teilw aA PG/Ulrich Rn 25 [kein neues Gutachten auf Grund einer im sBV nicht erlaubten Beweiswürdigung]). – OLG Stuttgart MDR 2011, 319 dehnt III über den Fall eines

neuen (weiteren) Gutachtens zum Beweisantrag zu Recht aus auf den Fall eines – erstmaligen – Gutachtens zu einem Gegenantrag. – Hat der Zedent ein sBV eingeleitet, kann der Zessionar nicht seinerseits ein inhaltsgleiches sBV einleiten (BGH MDR 2012, 48: III iVm §§ 265, 325). – Eine **Ergänzung** oder **Erweiterung** der Beweiserhebung durch Anträge oder Gegenanträge wird aber weder durch III noch durch § 492 I, § 412 ausgeschlossen (Ahrens Beweis § 184 Rn 79; s Rn 3).

§ 486 Zuständiges Gericht

(1) Ist ein Rechtsstreit anhängig, so ist der Antrag bei dem Prozessgericht zu stellen.

(2) [1]Ist ein Rechtsstreit noch nicht anhängig, so ist der Antrag bei dem Gericht zu stellen, das nach dem Vortrag des Antragstellers zur Entscheidung in der Hauptsache berufen wäre. [2]In dem nachfolgenden Streitverfahren kann sich der Antragsteller auf die Unzuständigkeit des Gerichts nicht berufen.

(3) In Fällen dringender Gefahr kann der Antrag auch bei dem Amtsgericht gestellt werden, in dessen Bezirk die zu vernehmende oder zu begutachtende Person sich aufhält oder die in Augenschein zu nehmende oder zu begutachtende Sache sich befindet.

(4) Der Antrag kann vor der Geschäftsstelle zu Protokoll erklärt werden.

I) Antrag. Zu Form u Inhalt s § 485 Rn 2, § 487; über die mat-rechtl Wirkung s vor § 485 Rn 2. Der Antrag 1
darf in jedem Fall zu Protokoll der GeschSt des Gerichts gestellt werden, also des gem I-III zuständigen Gerichts oder auch eines sonstigen AG (§ 129a). Für den Antrag besteht gem § 78 III kein Anwaltszwang, jedoch unterliegt die mündl Verh im sBV dem Anwaltszwang, sofern sie vor einem diesem Zwang gem § 78 ausgesetzten Gericht erfolgt (MK/Schreiber § 485 Rn 5 mwN). Rechtshängigkeit (§ 261) begründet der Antrag nicht (AG/Anders § 261 Rn 12 „sBV"; ThP/Seiler Rn 3), denn er zielt noch auf keine Sachentscheidung ab (abw Schilken ZZP 92 [1979], 238, 251 ff). Zur Streitverkündung s § 487 Rn 3. Wegen Aussetzung oder Unterbrechung s vor § 485 Rn 6.

II) Zuständigkeit. 1) Rechtsweg. § 486 setzt für das sBV die Zulässigkeit des Rechtsweges zu den ordentl Ge- 2
richten (§ 13 GVG) voraus; zur entsprechenden Anwendung der §§ 485 ff in den anderen Gerichtsbarkeiten, § 46 II ArbGG, § 76 SGG, § 98 VwGO, § 82 SGO, sa PG/Ulrich § 485 Rn 10. Bei fehlender Zulässigkeit des Rechtsweges, ebenso bei sachl oder örtl Unzuständigkeit des angerufenen Gerichts, ist vAw (im Fall des § 17a II GVG) oder auf Antrag (§ 281 I 1) zu verweisen. Die Verweisung bindet (BGH BauR 2010, 934). Keine Verweisung nach § 506 (OLG Schleswig MDR 2009, 1302). – Ergibt sich nach der Beweiserhebung ein höherer/niedrigerer Wert mit (an sich) Auswirkungen auf die Zuständigkeit, ist dies unerhebl, kann nicht mehr Abgabe nach sich ziehen (OLG Schleswig MDR 2009, 1302). – Wurde fehlende Zuständigkeit im sBV nicht beachtet, kann das Beweisergebnis gleichwohl in jedem Zweig der Gerichtsbarkeit verwendet werden (OLG München 12.12.2017 – 1 W 1931/17).

2) Sachliche und örtliche Zuständigkeit (§ 486 I). Ist der Rechtsstreit über die **Hauptsache bereits anhängig** 3
(Anhängigkeit eines Arrest- oder Verfügungsverf genügt nicht, OLG Frankfurt NJW 85, 811), so ist grds (Ausnahme III) das **Gericht der Hauptsache** auch für die Sicherung des Beweises zuständig; ggf also auch das Berufungsgericht (Ahrens Beweis § 185 Rn 5). Während des Revisionsverf, wenn dort keine Tatsachen festgestellt werden können, bleibt das Berufungsgericht zuständig (PG/Ulrich Rn 2). Zulässigkeitsvoraussetzung für das sBV ist hierbei, dass derselbe Beweis nicht bereits im Hauptsacheverf angeordnet worden war (§ 485 III; wo der Beweissicherungsgrund das gebietet, kann Vorverlegung des Beweistermins gem § 227 beantragt werden). Am LG ist grds der ER zuständig (s § 348 Rn 2; § 348a Rn 5), an der KfH der Vors (s § 349 Rn 17). – § 1033 (Schiedsvereinbarung) gilt auch für die Zuständigkeit in einem sBV (s § 1033 Rn 7). – Nach Antragseingang in Kraft tretende **Gesetzes**änderungen berühren die einmal begründete Zuständigkeit nicht (OLG München BauR 93, 502). Spätere **Klagerücknahme** im Hauptsacheverf beseitigt die Zuständigkeit des Hauptsachegerichts für die selbständige Beweiserhebung nicht, kann aber ebenso wie eine rechtskräftige Hauptsacheentscheidung (LG Berlin MDR 93, 1015) das rechtl Interesse (s § 485 Rn 1 u Rn 8) beseitigen (StJ/Berger Rn 1). Ein **Rechtsmittel** gegen das Urteil des Hauptsachegerichts, welches das sBV angeordnet hatte, beseitigt die Zuständigkeit dieses Gerichts für die Beweiserhebung bis zu deren Ausführung solange nicht, als das Berufungsgericht das selbständige Beweisergebnis noch nicht gem § 493 I zum Gegenstand seiner Beweiserhebung gemacht hat (s entspr Rn 7), denn das Rechtsmittel kann zu einer Zurückverweisung der Sache führen (§ 538 II, § 563 I); überdies duldet der Sicherungszweck des sBV (s § 485 Rn 4) grds keine Verzögerung durch Abgabe. – Das für die selbständige Beweiserhebung zuständige Gericht (aber keinesfalls das AG im Fall III) darf diese unter den Voraussetzungen der §§ 361, 362, 375 einem **verordneten Richter** übertragen, sofern dem keine Gründe hinsichtl des auch hier zu beachtenden Grundsatzes der Beweisunmittelbarkeit (§ 355) entgegenstehen.

3) Einzelne Zuständigkeiten. Für sBV in WEG-Sachen ist die **WEG-Abteilung** des AG zuständig, denn sie ist 3a
„Prozessgericht"/„Gericht der Hauptsache" iSv § 486 I, II 1 (Ahrens Beweis § 185 Rn 3; aA Mollenkopf ZMR

2000, 582); dies entspricht dem Grundsatz der Beweisunmittelbarkeit. Zur **internationalen** Zuständigkeit s Art 35 Brüssel Ia-VO Rn 6. In **arbeitsgerichtl** Verf gelten § 46 II, § 80 II ArbGG. In **FamStreitsachen** gelten die §§ 485 ff (§ 113 I 2 FamFG), über § 30 FamFG gelten sie auch in den **fG-Verf** (OLG Hamburg FamRZ 2020, 525; Ahrens Beweis § 177 Rn 29).

4 **III) Keine Anhängigkeit.** Ist ein Rechtsstreit über die Hauptsache noch nicht anhängig (II), so ist der Antrag auf selbständige Beweiserhebung bei dem Gericht zu stellen, das nach der Darlegung u Behauptung des ASt (§ 487 Nr 4) zur künftigen Entscheidung in der Hauptsache berufen wäre (ausf Fischer MDR 2001, 608). Sein **Wahlrecht** (§ 35) ist damit für das sBV verbraucht (OLGR Jena 2008, 353). Es gilt auch § 261 III Nr 2 (BGH NJW-RR 2010, 891). Das Gericht muss darauf dringen, dass der ASt seinen Anspruch substantiiert beschreibt (MskV/Röß Rn 4; Ahrens Beweis § 185 Rn 14), weil dieser aus der Angabe der Beweisthemen, dem Gegenstand des sBV, noch nicht zwingend folgt. Danach ist für die Zuständigkeit der Wert (s § 3 Rn 16.149), sofern dieser über die Zuständigkeit entscheidet, zu ermitteln, bei Zweifeln auch durch SV-Beweis (zB durch eine vorbereitende Anfrage beim SV). – Der ASt kann sich im Interesse der fortdauernden Beweisunmittelbarkeit (§ 355) in einem späteren Hauptsacheverf auf die etwa fehlende Zuständigkeit des von ihm selbst gem § 486 II 1, § 487 Nr 4 als für beide Verf zuständig bezeichneten Gerichts nicht berufen (KG 21.3.2016 – 2 AR 9/16 Tz 9; anders im Bereich des LugÜ [OLG Karlsruhe 20.12.2018 – 4 U 31/18 Tz 22]). Bindung aber nur im Passivprozess des ASt, im Aktivprozess bleibt ihm die Gerichtswahl (allgM; Cuypers MDR 2004, 249 Fn 44; OLGR Jena 2008, 353). – Dagegen darf der Ag, selbst wenn er im sBV die Zuständigkeit des für dieses Verf angerufenen Gerichts nicht beanstandet hatte, im späteren Hauptsacheverf die Unzuständigkeit desselben Gerichts noch rügen (KG 21.3.2016 – 2 AR 9/16; StJ/Berger Rn 11), denn eine **Prorogation** gem **§ 39** gibt es im sBV nicht (OLG Celle NJW-RR 2000, 1737). Die somit bestehende Bindung nur des ASt an die von ihm geltend gemachte Zuständigkeit des (künftigen) Hauptsachegerichts muss dem Gericht Anlass geben, die Angaben des ASt über die Zuständigkeit des im sBV angerufenen Gerichts auch für das Hauptsacheverf zu prüfen, um einer späteren Zuständigkeitsrüge des Ag oder gar einer vom Ag erhobenen Hauptsacheklage vor einem anderen Gericht vorzubeugen. – Bei mehreren Ag u fehlendem gemeinsamen Gerichtsstand, ist die örtl Zuständigkeit nach **§ 36 I Nr 3**, der auch im sBV gilt (OLG Düsseldorf 8.11.2024 – 3 SA 1/24 Tz 3; § 36 Rn 3), an Hand der dabei nicht zu überprüfenden Behauptungen des ASt (BayObLG ZfIR 2024, 412) zu bestimmen (OLG Brandenburg MDR 2006, 1184; krit MskV/Röß Rn 6). Dies auch noch, wenn das sBV schon anhängig ist (BayObLG 23.6.2023 – 102 AR 9/23 Tz 23); aber idR keine Zuständigkeitsbestimmung mehr nach Beginn der Beweisaufnahme (§ 36 Rn 26). Nicht anwendbar ist § 36, wenn hinsichtl mehrerer Ag kollidierende ausschließl Gerichtsstandsvereinbarungen bestehen (BayObLG 28.10.2020 – 1 AR 78/20 Tz 29). – Zum Verf bei Unzuständigkeit des angerufenen Gerichts gilt das in Rn 2 Gesagte entspr. – Zum Verf, wenn vor Erledigung des selbständigen SV-Beweises nach § 485 II die Hauptsacheklage anhängig wird, s § 485 Rn 7, u zum Übergang der Zuständigkeit nach III s Rn 7.

5 **IV) Eilzuständigkeit. 1) Verlustgefahr.** Im Fall der akuten Gefahr des Verlustes des Beweismittels, also im Anwendungsfall des § 485 I Alt 2 bei einer das dort ohnehin (s § 485 Rn 4) vorausgesetzte Verlust- oder Beeinträchtigungsrisiko übersteigenden Dringlichkeit, eröffnet III ohne Rücksicht auf eine Anhängigkeit der Hauptsache oder den Streitwert die Sonderzuständigkeit des AG der Belegenheit des gefährdeten Beweismittels. Die Gründe für diese Zuständigkeit hat der ASt gem § 487 Nr 4 in seinem Antrag darzulegen u glaubhaft zu machen. Der etwaige Beweismittelverlust selbst ist nicht schon der Fall dringender Gefahr, der die Zuständigkeit nach III rechtfertigt, sondern es muss hinzukommen, dass dieser Beweismittelverlust nicht durch das nach I oder II zuständige Gericht verhindert werden kann (BayObLG 10.6.2020 – 1 AR 39/20 Tz 38, 39). – Die Zuständigkeit nach III sollte zurückhaltend bejaht werden, denn hier ist (anders als in den Anwendungsfällen der I u II) die grds zu wahrende Beweisunmittelbarkeit (§ 355) nicht gegeben.

6 **2) Wahlrecht.** Wo demnach die Sonderzuständigkeit des AG gegeben ist, hat der ASt das Wahlrecht, ob er seinen Antrag an das (gegenwärtige oder künftige) Hauptsachegericht oder an das gem III zuständige AG richtet. Bei Belegenheit der verlustbedrohten Beweismittel in mehreren AG-Bezirken kann im letzteren Fall gem § 36 I Nr 3 die Bestimmung eines gemeinsam zuständigen AG beantragt werden (BayObLG MDR 88, 60), falls der ASt es nicht vorzieht, im Interesse der Verfahrensbeschleunigung mehrere Anträge bei den jew zuständigen AG zu stellen oder das Hauptsachegericht, das gem § 362 verfahren kann, anzurufen.

7 **V) Zuständigkeitswechsel.** Wird die Hauptsache nachträgl anhängig, so bleibt das Gericht des sBV zunächst zuständig. Diese Zuständigkeit endet mit Anordnung der Beiziehung der Beweissicherungsakten durch das Gericht der Hauptsache (§ 485 Rn 7). Von nun ab kann u darf das Gericht des sBV in die auf das Prozessgericht übergegangene Beweiserhebungskompetenz (OLG Stuttgart BauR 2019, 155) weder durch Anordnungen noch durch Entscheidungen eingreifen. Unerledigte Beweisanträge sind im vorgefundenen Stand vom Prozessgericht zu erledigen (BGH MDR 2018, 358 [Elzer MDR 2018, 457]).

8 **VI) Zurücknahme des Gesuchs.** Sie bedarf keiner Zustimmung des Gegners. Zur Kostenfolge der Rücknahme: s § 91 Rn 13.87.

9 **VII) Kosten.** S § 490 Rn 5 ff, § 493 Rn 6 u § 494a.

§ 487 Inhalt des Antrages

Der Antrag muss enthalten:

1. **die Bezeichnung des Gegners;**
2. **die Bezeichnung der Tatsachen, über die Beweis erhoben werden soll;**
3. **die Benennung der Zeugen oder die Bezeichnung der übrigen nach § 485 zulässigen Beweismittel;**
4. **die Glaubhaftmachung der Tatsachen, die die Zulässigkeit des selbständigen Beweisverfahrens und die Zuständigkeit des Gerichts begründen sollen.**

I) Form des Antrags. Kein Anwaltszwang (§ 486 IV; s § 486 Rn 1). Antragstellung auch vor einem unzuständigen AG zulässig, § 129a. Der Antrag ist bestimmender Schriftsatz (s § 129 Rn 3). Eine Unterschrift (s § 130 Nr 6) sollte nicht zwingend erforderlich sein (s § 130 Rn 6 ff, Rn 20); für RAe gelten §§ 130a, 130d (PG/Ulrich Rn 3a). Angabe des Wertes: § 61 GKG (Streitwert s § 3 Rn 16.151). Geb: 1610 GKG-KV. Keine Pflicht zur Vorauszahlung, § 12 GKG. – Mehrere ASt haften als Gesamtsch (§ 31 I GKG; hierzu Cuypers MDR 2004, 314 I). – Auslagenvorschuss: § 379. Zahlungspflichtig ist auch der Ag, wenn er eigenständige Anträge stellt (OLG Köln NJW-RR 2009, 1365), aber nie der Anträge stellende Streithelfer (OLG Stuttgart 24.7.2018 – 13 W 14/18 Tz 10; OLG München 24.10.2017 – 11 W 1470/17 Tz 14 mwN). – Bei Mängeln des Antrags: s § 490 Rn 3. 1

II) Inhalt des Antrags. Die Angaben zu Nrn 1-4 sind Zulässigkeitsvoraussetzungen des sBV. Bei Antragsmängeln gelten für das Gericht aber auch in diesem Verf die Hinweispflichten des § 139 vor einer Zurückweisung des Antrags. – Mit dem Antrag bestimmt der ASt eigenverantwortl den Gegenstand der Beweisaufnahme u die Beweismittel (BGH MDR 2000, 224). 2

Zu Nr 1: Sowohl im Verf des § 485 I als auch im Fall des § 485 II ist die **Benennung eines Gegners** nicht Zulässigkeitsvoraussetzung (s § 494 Rn 1), doch ist dann jedenfalls im Antrag darzulegen u glaubhaft zu machen, wer als Gegner in Betracht kommt u warum dieser im Antrag (noch) nicht bekannt gegeben werden kann (§ 494 I). Kommen mehrere Personen (zB neben dem Gewährleistungspflichtigen der Bürge, OLG Frankfurt MDR 91, 938) als Gegner in Betracht (so zB oft im Baumängelprozess, OLG Frankfurt BauR 95, 275), sind alle zu benennen (hierzu Cuypers MDR 2004, 315 II). – Nachträgl Einbeziehung eines weiteren Gegners kann wegen drohender Verzögerung unzulässig sein (OLG Celle BauR 2005, 1670). – **Nebenintervention** (§ 66) u **Streitverkündung** (auch die weitere durch den Dritten, § 72 II) sind zulässig (**Formulierungsvorschlag:** Vorwerk/Ulbrich, PFB, M 7.7; s § 66 Rn 2 mN). Wechsel nach Beitritt ist grds mögl, wenn daran ein rechtl Interesse besteht (OLG München NZBau 2017, 354; OLG München NJW 2017, 3312). – Die Streitverkündung hemmt die Verjährung (§ 204 I Nr 6 BGB). Streit über Nebenintervention (§ 71) wird durch Beschluss beschieden. Zur Kostenentscheidung s § 101 Rn 3. Zum Antragsrecht s § 485 Rn 3. Die Wirkung iSd § 68 besteht darin, dass dem Streitverkündeten das Ergebnis der Beweisaufnahme, das im Verhältnis zum Ag von rechtl Relevanz ist, entgegengehalten werden kann (BGH NJW 2015, 559 [Schäfer]). – Ohne Benennung u Verfahrensbeteiligung des Gegners treten die mat-rechtl Wirkungen des sBV (s vor § 485 Rn 2) diesem ggü nicht in Kraft (BGH NJW 80, 1458). 3

Zu Nr 2: Bezeichnung der Beweisfrage entspricht § 359 Nr 1, §§ 371, 373, 377 II Nr 2, § 403. Das Beweisthema muss substantiiert vorgetragen werden. Grds gilt das Verbot des **Ausforschungsbeweises** bei unsubstantiiertem Vortrag (BGH MDR 2016, 295 [Laumen MDR 2016, 447]; OLG Hamburg 15.2.2024 – 4 W 15/24 Tz 6, BauR 2025, 293). Bsp: OLG Hamm 23.5.2022 – 22 W 9/22 Tz 12: SV darf den Sachverhalt nicht erst ermitteln müssen; OLG Köln NJW-RR 2024, 338: wenigstens minimales Maß an Substantiierung; OLG Stuttgart 30.3.2015 – 1 W 11/15: gewisse Anhaltspunkte bezeichnen; OLG Naumburg 25.2.2016 – 1 W 46/15 Tz 15: geringe Anforderungen bei Fragen der Arzthaftung; OLG Bremen GesR 2019, 520 Tz 8: Anhaltspunkte für einen ärztlichen Behandlungsfehler sind vorzutragen; OLG Köln MDR 2000, 226: Fehlerbild ist mitzuteilen; OLG Naumburg NJ 2022, 325: in Bausachen sind das Erscheinungsbild des Mangels und die Beschreibung der Schäden vorzutragen; OLG Hamburg 15.2.2024 – 4 W 15/24 Tz 6, BauR 2025, 293: ASt darf nicht ohne jede weitere Qualifizierung nur von Mängeln sprechen; KG NJW-RR 2000, 468: Verfahrensgegenstand muss zweifelsfrei abgrenzbar sein; OLG Schleswig NJW-RR 2016, 994: großzügiger Maßstab bei Fragen u Ergänzungsfragen; OLG Bamberg BauR 2017, 2033: bloße Frage, ob Mängel vorliegen, reicht nicht. – Das Gericht darf aber nicht zu hohe Anforderungen an die Darlegung stellen (Ahrens Beweis § 186 Rn 33 [„abgemilderte" Substantiierungslast]; OLG Hamm MDR 2020, 482 Tz 36; OLG Naumburg 14.10.2013 – 1 W 34/13 betr Schadensursache im Arzthaftungsfall), zumal eine Partei zB über die Ursache eines Schadens keine oder völlig falsche Vorstellungen haben kann (vgl BGH MDR 92, 780; OLG Celle MDR 2011, 385: zur Ursache reicht Erklärung mit Nichtwissen; OLG Dresden NJW-RR 2022, 1048: vertiefter medizinischer Vortrag kann nicht verlangt werden). Über die „normale" Substantiierungspflicht würde die Partei aber gerade in Bausachen dann gezwungen sein, um eine Zurückweisung ihres Antrags zu vermeiden, vorab erst einmal privat Gutachten in Auftrag zu geben. Daher sollte das Gericht bei Bewilligung der Beweissicherung nicht zu zurückhaltend sein, was auch der Zielsetzung des § 492 III nur dienl sein kann. Beweisthema kann daher auch sein, die Leistung verstoße gegen anerkannte Regeln der Technik (OLG Karlsruhe NJW-RR 2023, 1512); zu weit geht es aber, die Beantwortung von Rechtsfragen in das sBV zu verlagern (OLG Hamm NZBau 2013, 778). 4

Der Gegner kann (bei selbständigen Gegenanträgen auf seine Kosten, §§ 379, 402, OLGR Köln 1994, 232; s Rn 1 aE) **Gegenbeweis** antreten (s § 485 Rn 3; PG/Ulrich Rn 10 und Rn 11), denn das Ziel der gütl Einigung lässt sich eher erreichen, wenn die Behauptungen aller Beteiligten berücksichtigt/überprüft werden.

5 **Zu Nr 3: Bezeichnung des Beweismittels:** Das Beweismittel ist iVm dem Sachvortrag so zu bezeichnen, dass dem Gericht die Prüfung der Tauglichkeit des Beweises für den Zweck des sBV ermöglicht wird; eine Prüfung auch der Beweiserheblichkeit für ein (späteres) streitiges Verf findet aber im sBV noch nicht statt (s § 485 Rn 4). – Der ASt hat (nur) Zeugen zu *benennen*, alle anderen Beweismittel zu *bezeichnen*. Daher wird die **Person des SV vom Gericht bestimmt** (§ 492 I, § 404; allgM; hiergegen keine Beschwerde, OLG Frankfurt NJW-RR 93, 1341), falls sich die Verfahrensbeteiligten nicht auf einen bestimmten SV geeinigt haben (§ 404 IV). Diese Regelung der Auswahl des SV verringert das Risiko einer Ablehnung des SV (§ 406) durch den Gegner u einer damit verbundenen Verzögerung. Der Gegner darf die **Anhörung** des SV beantragen (BGH MDR 2006, 287) u ihn wegen Besorgnis der **Befangenheit** ablehnen (allgM; BGH MDR 2007, 103). Der Streithelfer/NI darf den SV auch noch im Hauptsacheverf ablehnen, wenn ihm das im sBV verwehrt war (BGH MDR 2007, 103 Tz 13).

6 **Zu Nr 4:** Der ASt hat schließl in seinem Antrag alle Tatsachen darzulegen, die die **Zulässigkeit des sBV** (§ 485) u die **Zuständigkeit des angerufenen Gerichts** (§ 486) begründen, also insb im Fall § 485 I die für die Gefahr des Beweismittelverlustes sprechenden Umstände bzw die Zustimmung des Gegners (s § 485 Rn 2), im Fall § 486 I die Bezeichnung des bereits anhängigen Verf, im Fall § 486 II die Gründe für die Zuständigkeit des Gerichts auch für einen etwaigen Hauptsacheprozess, im Fall § 486 III die akute Gefahr (s § 486 Rn 5, 6), welche einer Anrufung des gegenwärtigen oder künftigen Hauptsachegerichts entgegensteht u die das rechtl Interesse am sBV begründenden Umstände (AG/Bünnigmann Rn 14; ThP/Seiler Rn 4; aA PG/Ulrich Rn 5 betr das rechtl Interesse). Eine Glaubhaftmachung der Tatsachen, die im sBV festgestellt werden sollen, ist hingegen nicht erforderl (OLG Oldenburg 14.5.2008 – 5 W 31/08). – Das Gesetz bezeichnet die **Glaubhaftmachung** (§ 294) der gem Nr 4 darzulegenden Tatsachen als zwingend geforderten Teil des Antrags („muss enthalten"); diese Glaubhaftmachung ist bei iÜ vollständigem u schlüssigem Antrag zunächst entbehrl, wenn der Gegner dem Verf zugestimmt hat oder der Sachvortrag zugestanden ist (OLGR Oldenburg 1995, 135). Auch Sachvortrag des RA kann Glaubhaftmachung entbehrl machen (s § 294 Rn 5). Das Gericht hat zunächst zur Glaubhaftmachung aufzufordern, bevor es den Antrag wegen fehlender Glaubhaftmachung zurückweist.

§§ 488 und 489 (weggefallen)

§ 490 Entscheidung über den Antrag

(1) Über den Antrag entscheidet das Gericht durch Beschluss.

(2) [1]In dem Beschluss, durch welchen dem Antrag stattgegeben wird, sind die Tatsachen, über die der Beweis zu erheben ist, und die Beweismittel unter Benennung der zu vernehmenden Zeugen und Sachverständigen zu bezeichnen. [2]Der Beschluss ist nicht anfechtbar.

1 **I) Entscheidung.** Sie ergeht durch Beschluss **(I)** nach freigestellter mündl Verh (§ 128 IV). Schriftl Anhörung des Gegners ist notwendig (rechtl Gehör; OLG Koblenz MDR 2013, 171; MK/Schreiber Rn 1), soweit nicht der Eilzweck eines sBV sof Entscheidung über den Antrag gebietet (§ 491 I). Auch im letzteren Fall sind Antrag u Entscheidung dem Gegner mitzuteilen. Über Rechte des Gegners s § 485 Rn 3, § 487 Rn 4.

2 **Der stattgebende Beschluss**, in dem auch Gegenbeweis angeordnet werden kann, entspricht inhaltl (II) einem Beweisbeschluss (§ 359) u ist wie ein solcher nicht anfechtbar (II 2), aber jederzeit, zB auf Gegenvorstellung (OLG Koblenz MDR 2013, 171), abänderbar. Einer Begründung bedarf der Beschluss nur, soweit er vom Antrag (auch des Gegners) abweicht (OLG München 25.10.2017 – 9 W 1653/17; MK/Schreiber Rn 2; AG/Bünnigmann Rn 9); dann Zustellung (§ 329 III). Wird mit stattgebendem Beschluss gleichzeitig Termin zur Beweisaufnahme bestimmt, ist förml zuzustellen (§ 166 II, § 329 II 2), sonst formlos mitzuteilen. – Gibt erst das Beschwerdegericht dem Antrag statt, ist eine zugleich zugelassene Rechtsbeschwerde nicht statthaft (BGH MDR 2011, 1313).

3 **Abweisender Beschluss** ergeht **1)** bei iS §§ 485-487 unzulässigem Gesuch, **2)** bei fehlender Zuständigkeit (s § 486 Rn 3), **3)** bei Ungeeignetheit des Beweismittels (s vor § 284 Rn 10a). Jedoch grds keine Abweisung wegen fehlender Entscheidungserheblichkeit oder Beweisbedürftigkeit, denn deren Prüfung bleibt dem Hauptsacheprozess vorbehalten, soweit nicht das rechtl Interesse (§ 485 Rn 4, Rn 8) in Frage steht.

4 **II) Rechtsbehelf. 1) Sofortige Beschwerde** (§ 567 I Nr 2), danach Rechtsbeschwerde unter den Voraussetzungen des § 574 gegen (auch nur teilw) Abweisung oder Verschleppung (s § 252 Rn 3) der beantragten Beweiser-

hebung, ebenso gegen Ablehnung der Änderung, Ergänzung oder Aufhebung des Beschlusses sowie bei Ablehnung des Antrags auf **mündl** Erläuterung des Gutachtens (OLG Naumburg 8.3.2022 – 2 W 4/22 Tz 15 mN). – Das sBV fällt unter die Geschäftsgeheimnisstreitsachen iSv § 16 I GeschGehG. Es können in ihm Anordnungen nach § 16 I, § 19 I GeschGehG ergehen, die schon dort mit der sof Beschwerde angefochten werden können, weil § 20 V 4 GeschGehG nicht anwendbar ist (BGH MDR 2024, 187 = WRP 2024, 197 [Wiedemann] = GRUR-Prax 2024, 114 [Plaga]). **2) Kein Beschwerderecht**, wenn die Fortführung des sBV angeordnet wird (BGH NJW 2022, 3445); wenn das Gericht bei Auswahl des SV nicht dem Vorschlag der Partei folgt (OLG München MDR 1992, 520; s § 487 Rn 5); wenn es ablehnt, nach §§ 398, 402, 412 zu verfahren (BGH MDR 2011, 746; KG 2.1.2025 – 2 W 18/24 Tz 27 mwN); wenn es den Antrag auf ergänzende/erläuternde **schriftl** Begutachtung ablehnt (OLG Stuttgart MDR 2024, 1266 [zust Laumen MDR 2024, 1430], Aufg der bish Rspr; KG 2.1.2025 – 2 W 18/24 Tz 35; KG NJW-RR 2025, 596); wenn es Anhörungstermin bestimmt, anstatt ein beantragtes Obergutachten einzuholen (OLG Düsseldorf MDR 2009, 408) oder anstatt einen Ortstermin durchzuführen (OLG Hamburg BauR2025, 293); wenn es ablehnt, eine Urkundenvorlage anzuordnen (zu § 142: BGH MDR 2017, 357; OLG Köln 20.4.2020 – 5 W 5/20); wenn es dem ASt aufgibt, Urkunden vorzulegen (OLG Köln 15.5.2019 – 5 W 3/19 Tz 7); wenn es mit nur deklaratorischem Beschluss die Beendigung des sBV feststellt (OLG München BauR 2020, 879 [Rechtsschutzbedürfnis für Beschwerde fehlt]); sowie bei der Entscheidung, ob und welche Anweisungen (§ 404a) es dem SV gibt (OLG Frankfurt 29.8.2019 – 8 W 29/19 Tz 7; zur **Bauteilöffnung** BGH MDR 2020, 363 [Laumen MDR 2020, 589]). – **3) Grundrechtsverletzung**. Die Rspr des BGH zur Anfechtung von Beweisbeschlüssen (BGH MDR 2022, 1044) wird man in das sBV übertragen müssen. Danach ist die sofortige Beschwerde statthaft, wenn die irreversible Verletzung von Grundrechten durch die Ausführung des Beweisbeschlusses schlüssig behauptet wird. Für an sich nicht anfechtbare Zwischenentscheidungen im sBV ist dann darauf abzustellen, ob sie für eine der Parteien solch irreversible Verletzungen zur Folge haben werden. – **4)** Die Anforderung von **Auslagenvorschuss** ist nicht anfechtbar (BGH MDR 2009, 763).

III) Kostenentscheidung. 1) 1. Instanz: Eine Kostenentscheidung ist nicht veranlasst, weil eine Kostenerstattung grds nur u erst im Hauptsacheprozess mögl ist (allgM; zB BGH MDR 2004, 1373). Zu den **Ausnahmen**, bei denen dem ASt die Kosten aufzuerlegen sind, s § 91 Rn 13.87. – **2) Beschwerdeverf: a)** Hat die Beschwerde Erfolg, ergeht nach hM keine Kostenentscheidung (zB OLG Zweibrücken MedR 2023, 987; PG/Ulrich Rn 9); ebenso nicht beim Teilerfolg (zB OLG Dresden VersR 2022, 937; OLG Hamburg BauR 2025, 293; ThP/Seiler Rn 3). Die Kosten sind danach solche der Hauptsache. Konsequenz: Der ASt, der später in der Hauptsache unterliegt, hat auch die Kosten seines erfolgreichen Beschwerdeverf zu tragen (Geb nach 3500 RVG-VV der RAe; s dazu § 97 Rn 10). – **b)** Bei der erfolglosen Beschwerde sind die Kosten dem Beschwerdeführer aufzuerlegen (§ 97 I; AG/Bünnigmann Rn 10; KG NJW-RR 2025, 596). 5

IV) Prozesskostenhilfe. Die Gewährung von **PKH** (oder **VKH**, OLG Köln FamRZ 2010, 1585) für das sBV bedarf auch bei Anhängigkeit des Hauptsacheverf (§ 486 I) der gesonderten Bewilligung (vgl § 48 V 2 Nr 3 RVG). Diese Bewilligung ist auch außerhalb eines bereits anhängigen Rechtsstreits nicht ausgeschlossen (ganz hM; zB OLG Stuttgart MDR 2010, 169). Sie setzt für den ASt nur Darlegung u ggf Glaubhaftmachung der Zulässigkeitsvoraussetzungen eines sBV (s § 487 Rn 6) voraus (OLG Oldenburg MDR 2002, 910; s § 114 Rn 42). Bewilligung nur für das Hauptsacheverf erfasst Befreiung von SV-Kosten des sBV nicht (OLG Saarbrücken JurBüro 2017, 601). – Dem Ag ist PKH schon zu gewähren, wenn eine berechtigte Interessenverteidigung im sBV festgestellt werden kann (OLG Hamm MDR 2015, 727; OLG Naumburg MDR 2010, 403; Ahrens Beweis § 178 Rn 51). Mutwilligkeit schließt, wie immer, PKH aus (OLGR Celle 2006, 535) u ist am Nutzen der beabsichtigten Beweiserhebung festzustellen (OLG Köln 1.8.2016 – 5 W 18/16 Tz 3: Arzthaftungsstreit). Mangels Schlüssigkeitsprüfung im sBV (BGH 29.11.2016 – VI ZB 23/16 Tz 14) kann dabei nicht auf die Erfolgsaussichten eines Hauptsacheverf abgestellt werden (OLG Stuttgart MDR 2010, 169). – Auch beim **Streithelfer** darf die Gewährung von PKH (s § 114 Rn 3) nicht von der Prüfung der Erfolgsaussichten in einem späteren Hauptsacheverf abhängig gemacht werden. In all diesen Fällen kann sich die „Aussicht auf Erfolg“ (§ 114) nur auf das sBV beziehen (OLG Celle BauR 2004, 1659; OLG Hamm BauR 2005, 1360). 5a

V) Kostenschuldner. Außerhalb des Hauptsacheprozesses ist Kostenschuldner der ASt (§ 22 GKG), bei Gegenbeweis also der Gegner. Kommt es zu keinem Hauptsacheprozess, muss der ASt seine Kosten gegen den Gegner in einem gesonderten Verf geltend machen, sofern hierfür eine mat-rechtl Anspruchsgrundlage (zB §§ 280, 288 IV, § 311 BGB) besteht (s vor § 91 Rn 11). Allein die Erfolgschance eines letztl unterbliebenen Hauptsacheprozesses genügt als Anspruchsgrundlage nicht. Dementspr genügt das Unterbleiben des Hauptsacheprozesses auch nicht als mat-rechtl Anspruchsgrundlage eines KE des Gegners (OLG Düsseldorf MDR 91, 259); dieser kann aber nach § 494a vorgehen. 6

Kommt es zum **Hauptsacheprozess**, sind die Kosten des sBV Teil der Kosten dieses Rechtsstreits u nach Maßgabe der Notwendigkeit zu erstatten. Näher s § 91 Rn 13.87. 7

VI) Streitwert. Die Festsetzung des Streitwerts obliegt im Fall § 486 I u II dem Gericht des sBV, im Fall § 486 III dem AG (aber nur bis zur Beweisanordnung des Prozessgerichts gem § 493; s § 486 Rn 7). Streitwert: s § 3 Rn 16.151. 8

9 **VII) Gebühren. 1) Gericht:** Für das Verf nach §§ 485 ff erwächst – gleichviel, ob es innerhalb eines Prozesses oder isoliert davon eingeleitet wird – nach 1610 GKG-KV (1503 FamGKG-KV) eine 1,0 Geb, die mit Eingang des Antrags fällig wird (§ 6 I 1 Nr 1 GKG; OLG Hamm JurBüro 2020, 261). Diese Geb erhöht sich nicht, wenn der Antrag in höherer Instanz (§ 486 I) gestellt wird. Durch die Geb wird das gesamte Verf abgegolten, also auch die Bestellung eines Vertreters für den unbekannten Gegner (§ 494 II). Das sBV ist gebührenrechtl ein selbständiges Verf, so dass die nach 1610 GKG-KV entstandene Geb neben den im Hauptprozess bzgl desselben Gegenstandes anfallenden Geb zu erheben ist. Mehrere nacheinander gestellte Beweisanträge, auch (selbständige) Gegenanträge, leiten jew bes Verf ein, so dass für jeden Antrag eine bes Geb entsteht, und zwar selbst dann, wenn über die mehreren Anträge nach Verbindung eine gemeinsame Entscheidung ergeht. Ergänzung oder Berichtigung eines gestellten Antrags ist nicht gebührenpflichtig. – Wird in einem sBV ein **Vergleich** über die (nicht anhängige) Hauptsache geschlossen, fällt neben der Geb nach 1610 GKG-KV die gerichtl Vergleichsgeb (1900 GKG-KV; § 36 III GKG) nur an, soweit in den Vergleich weitere, über den Gegenstand des sBV hinausgehende u nicht rechtshängige Gegenstände zusätzl einbezogen werden. Dies ist idR nicht der Fall, denn, da der Verfahrenswert der der Hauptsache ist (§ 3 Rn 16.151), deckt er sich mit dem Vergleichswert, wenn sich die Parteien nur über die Hauptsache vergleichen. – Für die Vergleichsgeb haftet derj, der die Kosten im Vergleich übernommen hat (§ 29 Nr 2 GKG); als „Antragsteller der Instanz" haftet aber auch jeder am Vergleichsabschluss als Partei Beteiligter (§ 22 I 5 GKG). – Die **Zurücknahme** des Antrags ist ohne Einfluss auf die einmal angefallene Geb des 1610 GKG-KV. Die Geb wird auch erhoben, wenn das sBV nicht durchgeführt wird. – **Beschwerdeverf** nach 1812 GKG-KV gebührenpflichtig. – **2) RA:** Hinzuziehung grds notw iSd § 91 (OLG München JurBüro 2013, 22). – VerfGeb 3100 RVG-VV. Terminsgeb 3104 RVG-VV, für deren Anfall Teilnahme an einem vom SV bestimmten Termin (Vorbem 3 III 3 Nr 1 RVG-VV; s § 91 Rn 13.98) oder Mitwirkung an einer Besprechung ohne Beteiligung des Gerichts (Vorbem 3 III 3 Nr 2 RVG-VV) ausreichen. – Einigungsgeb: 1000 RVG-VV; ist die Hauptsache anhängig: 1003 RVG-VV. Anhängigkeit eines PKH-Verf für das sBV (nicht für die Hauptsache!) führt nicht zur Ermäßigung des Tabellensatzes (1003 I RVG-VV). Zu beachten: Da mündl Verh nicht vorgeschrieben ist (Rn 1), entsteht bei einem schriftl Vergleich (§ 278 VI) keine Terminsgeb nach 3104 I Nr 1 RVG-VV (N. Schneider NJW 2018, 523); sie kann aber nach Vorbem 3 III 3 Nr 2 RVG-VV entstehen. – Das sBV fehlt im Katalog des § 19 RVG und stellt daher immer eine eigene Angelegenheit dar. Allerdings erfolgt Anrechnung der VerfGeb des sBV auf die VerfGeb des Rechtszuges: Vorbem 3 V RVG-VV (Bsp bei N. Schneider AnwBl 2015, 221). – PKH: § 48 V 2 Nr 3 RVG ist zu beachten. – Zur Anrechnung auf Geb in Hauptsache s § 493 Rn 6.

§ 491 Ladung des Gegners

(1) Der Gegner ist, sofern es nach den Umständen des Falles geschehen kann, unter Zustellung des Beschlusses und einer Abschrift des Antrags zu dem für die Beweisaufnahme bestimmten Termin so zeitig zu laden, dass er in diesem Termin seine Rechte wahrzunehmen vermag.

(2) Die Nichtbefolgung dieser Vorschrift steht der Beweisaufnahme nicht entgegen.

1 **I) Ladung.** Sie soll dem Gegner (§ 487 Nr 1) die Wahrnehmung seiner Rechte gem §§ 357, 397, 402 (sa § 487 Rn 3) ermöglichen. Ladung vAw § 166 II. Einhaltung der Ladungsfrist nicht vorgeschrieben, aber wegen des Mitwirkungsrechts der Parteien (§§ 397, 402) sachl geboten. Ladung der Zeugen u SV vAw: §§ 377, 402. Mangel eines Gegners: § 494. – Erfordert die Beweissicherung keinen Termin (so bei schriftl Gutachten), genügt mangels Ladung die formlose Mitteilung des Beweisbeschlusses, § 329 II 1. Dennoch ist förml Zustellung aus Gründen des Zugangsbeweises dringend anzuraten im Hinblick sowohl auf die rechtserhaltende Wirkung des Gesuchs (s vor § 485 Rn 2) als auch auf die Beweisverwertungsvoraussetzung gem § 493 II u die Kostenfolge im Hauptsacheprozess (s § 490 Rn 7).

2 **II) Verwertungsverbot.** Keine Benutzung des Ergebnisses des sBV, wenn I nicht beachtet wurde (§ 493 II; aber s § 493 Rn 5, 6). Ist der Gegner trotz Ladung nicht erschienen, gilt § 367.

§ 492 Beweisaufnahme

(1) Die Beweisaufnahme erfolgt nach den für die Aufnahme des betreffenden Beweismittels überhaupt geltenden Vorschriften.

(2) Das Protokoll über die Beweisaufnahme ist bei dem Gericht, das sie angeordnet hat, aufzubewahren.

(3) [1]Das Gericht kann die Parteien zur mündlichen Erörterung laden, wenn eine Einigung zu erwarten ist; ein Vergleich ist zu gerichtlichem Protokoll zu nehmen. [2]Für den Erörterungstermin gilt § 128a entsprechend.

III 2 eingefügt durch G zur Förderung des Einsatzes von Videokonferenztechnik in der Zivilgerichtsbarkeit und den Fachgerichtsbarkeiten v 15.7.2024 (BGBl 2024 I Nr 237) mWv 19.7.2024.

1 ***I) Vorschriften* (§ 492 I).** Es gelten die §§ 355-371; daneben für den Augenschein §§ 371-372a, für Zeugen §§ 373-401, für SV §§ 402-414. – **§ 142:** keine Anwendung (überzeugend BGH 29.11.2016 – VI ZB 23/16 Tz 15, 17 [Toussaint FD-ZVR 2017, 387004]; in MDR 2017, 357 nur Tz 15; ThP/Seiler Rn 1; aA OLG Nürnberg VersR

2017, 969 für Arzthaftungssachen; Ahrens Beweis § 177 Rn 20 [§ 142 ist Norm der Beweiserhebung] und einschränkend § 184 Rn 12 [Vorlegung darf aber nicht Hauptziel sein]). – **§ 144:** Keine Anwendung für Bauteilöffnung in einer Wohnung (BGH MDR 2013, 864; OLG Karlsruhe 16.4.2024 – 8 W 7/24 Tz 13); aA KG für ein Bürogebäude (KG NJW-RR 2006, 241); zutr bejaht Willer (NJW 2014, 22, 23) die Anwendung ledigl für den Fall des Augenscheins (§ 485 I, § 492 I, § 371 II 1); nach aA gilt § 144 unbeschränkt (s Greger § 144 Rn 1; Ahrens Beweis § 184 Rn 42 [weil es der Überwindung eines Beweiserhebungshindernisses dient]). – Wegen **Ablehnung** des SV s § 487 Rn 5. – Schriftl SV-Gutachten (§ 411) ist zulässig (in § 485 II vorgeschrieben), vorbehaltl Antrag einer Partei auf Anhörung des SV (BGH MDR 2006, 287). – Die **Anhörung** des SV oder des Zeugen nach seiner schriftl Auskunft kann im sBV, sonst jedenfalls noch im Hauptsacheprozess (BGH ZfIR 2024, 592 zum SV) von allen Parteien u jew in der gebotenen Unverzüglichkeit (s § 411 Rn 7) beantragt werden. Die Fragen an den SV muss die Partei dabei nicht im Voraus konkret formulieren (OLG Köln 18.11.2019 – 5 W 33/19 Tz 10). – IdR keine **Präklusion** zwischen sBV u Hauptsacheverf (sehr str; ausf Seibel MDR 2017, 1397; Weingart BauR 2015, 189; Wintermeier NZBau 2015, 409 m ausf Hinw unter Berufung auf BGH NJW 2010, 2873 Tz 27, 28; für relative Präklusion Klein NZBau 2012, 8). Eine Ausnahme ist wegen der Einheit von sBV und Hauptsacheverf (§ 493 I; BGH MDR 2018, 358 Tz 13) anzunehmen, wenn der Partei bereits im sBV eine Frist gesetzt wurde, die allen Anforderungen des Verspätungsrechts genügt (vgl § 411 IV 2; MskV/Röß § 493 Rn 4; Schwenker jurisPR-PrivBauR 3/2018 Anm 4 zu BGH MDR 2018, 358; OLG Frankfurt BauR 2019, 282 Tz 30; aA PG/Ulrich § 493 Rn 5; sa Seibel MDR 2017, 1397, 1401 aE), denn dabei verhält es sich so, als habe das Prozessgericht selbst diese Frist gesetzt. – **Auslagenvorschuss:** s § 487 Rn 1.

Im Termin kann der Gegner Einwendungen gegen das Verf selbst vorbringen. Entscheidung hierüber durch Beschluss. Anfechtung s § 490 Rn 4. Das Gericht kann die Beweisaufnahme vAw vertagen, um Gegner Gelegenheit zur Äußerung zu geben. 2

Die **Vereidigung** von Zeugen oder SV kann, wenn die Hauptsache anhängig ist, nur das Prozessgericht nach mündl Verh anordnen. Ist die Hauptsache nicht anhängig, so entscheidet das Gericht des sBV. Die Beeidigung eines Zeugen im sBV wird nur ganz ausnahmsw geboten sein, denn die Frage der Notwendigkeit einer Vereidigung ist Teil der dem sBV fremden Beweiswürdigung. 3

Das sBV **hemmt** die Verjährung (§ 204 I Nr 7 BGB; vor § 485 Rn 2) bis zur sachlichen Erledigung der beantragten Beweiserhebung. Entscheidend für diesen Zeitpunkt ist dabei grds und einheitlich das Ende der gesamten Beweisaufnahme (BGH MDR 2023, 1334 [Kremer MDR 2023, 1503], Aufg der bish Rspr; Ahrens Beweis § 178 Rn 63). – Das **sBV ist beendet** (zum Ende der Verjährungshemmung: § 204 II BGB) mit Verlesung der mündl Aussage des Zeugen oder SV im Termin (§ 162; BGH NJW-RR 2009, 1243) bzw mit Zustellung des schriftl Gutachtens, wenn eine mündl Erläuterung nicht stattfindet (BGH JR 2004, 199 [zust Schreiber]), und, wenn das Gericht Ergänzungsfragen noch nachgeht, mit Zustellung des Ergänzungsgutachtens (OLG Saarbrücken 27.10.2023 – 4 WLw 2/23 Tz 71). Das Gericht prüft nicht vAw, ob das Gutachten den Anträgen gerecht wird (OLG Frankfurt NJW 2007, 852) u stellt die Beendigung auch nicht durch Beschluss fest (OLG Hamm NJW-RR 2007, 600; aA OLG Düsseldorf NJW-RR 2013, 346). Ein Antrag auf Ergänzung/Erläuterung ist in engem zeitl Zusammenhang mit der Zustellung des Gutachtens zu stellen (OLG Frankfurt NJW 2007, 852: je nach Umfang u Komplexität 1 bis 6 Monate; OLG Celle MDR 2001, 108 u OLG Düsseldorf MDR 2004, 1200: nicht mehr als 3 Monate; OLG München MDR 2001, 531: 4 Monate; OLG Jena BauR 2003, 581: spätestens 6 Monate; OLG Brandenburg NJW-RR 2024, 1575: jedenfalls nach 6 Monaten; OLG München MDR 2016, 352 zur Beendigung bei einem Teilgutachten). – Um Streit zu vermeiden, ob der enge zeitl Zusammenhang noch gegeben ist, empfiehlt es sich trotz fehlender Verpflichtung (OLG Bamberg BauR 2006, 560), dass das Gericht bei schriftl SV-Gutachten den Parteien eine Frist setzt (§ 411 IV 2), mit deren Ablauf dann die Beendigung des Verf feststeht (aA OLG Hamm BauR 2025, 670 [Fortführung auch bei einem lange nach Ablauf einer angemessenen Frist gestellten Antrag] [zu Recht abl Schwenker, jurisPR-PrivBauR 4/2025 Anm 6). OLG Celle BauR 2005, 1961 verlangt für eine wirksame Fristsetzung deren Zustellung (§ 329 II 2) u OLG Celle NZBau 2009, 385 einen Hinweis auf die Folgen der Fristversäumnis (ebenso OLG Braunschweig 18.7.2012 – 8 W 32/12; OLG Saarbrücken NJW-RR 2013, 185). Der BGH MDR 2011, 185 Tz 17 legt sich bei der Frist nicht fest; sie hänge von den Umständen des sBV ab. Hatten die Parteien innerhalb der Frist rechtzeitig Einwendungen erhoben, ist nach BGH MDR 2011, 185 Tz 14 das sBV jedenfalls beendet, wenn das Gericht a) zum Ausdruck bringt, dass eine weitere Beweiserhebung nicht stattfindet und b) dagegen innerhalb angemessener Frist keine Einwände erhoben werden. Die Frist selbst ist also trotz der weitreichenden Folgen nicht prognostizierbar. Wird der SV wegen Besorgnis der Befangenheit abgelehnt, beginnt die Frist zur Geltendmachung von weiteren Einwendungen erst nach der Entscheidung über das Ablehnungsgesuch (OLG Frankfurt 24.2.2021 – 17 W 5/21 Tz 19) – Abgelehnte Fristverlängerung zur Stellungnahme kann das rechtl Gehör verletzen (OLG Stuttgart NZBau 2010, 317). Die Frist berechnet sich idR ab Vorlage des Ausgangs-, nicht des Ergänzungsgutachtens (OLGR Frankfurt 2006, 310). – Zur Beendigung der Ausnahmezuständigkeit des AG (§ 486 III) s § 486 Rn 7. – Zur Unterbrechung oder Aussetzung des Verf s vor § 485 Rn 6. – Beendet ist das sBV iSd § 68 I 3, § 63 III 2 GKG (Fristbeginn für die **Streitwertbeschwerde/Änderungsbefugnis vAw**) bei nachfolgendem Hauptsacheverf erst mit dessen Abschluss (PG/Ulrich § 485 Rn 34; StJ/Berger vor § 485 Rn 11; KG MDR 2002, 1453; OLG Brandenburg JurBüro 4

2005, 429; aA zB OLG Stuttgart NJW-RR 2024, 807; OLG Zweibrücken MDR 2023, 733; OLG München BauR 2022, 973; Ahrens Beweis § 187 Rn 110). Ohne Hauptsache mit Übersendung des SV-Gutachten (OLG Nürnberg MDR 2002, 538; OLG Koblenz MDR 2005, 825), bzw dessen ergänzender Erläuterung oder Beendigung des Beweisaufnahmetermins. Kommt es noch zu einem Verf nach § 494a, dann endet das Beweisverf mit der Kostenentscheidung nach § 494a II 1.

5 **II) Protokoll (§ 492 II).** Es bleibt bis zur Beiziehung durch das Prozessgericht (§ 493), dann wieder nach Abschluss des Hauptsacheverf, beim anordnenden Gericht.

6 **III) Mündliche Verhandlung (§ 492 III).** Grds erfordert das sBV keine mündl Verh (§ 490 I, § 128 IV) u daher auch keinen notwendigen Beweiserörterungstermin (iS § 285). § 492 macht aber deutl, dass dennoch im Regelfall einer im Termin stattfindenden Beweiserhebung die Parteien ihre Rechte wahrnehmen, also das Beweisergebnis erörtern dürfen. III fordert (entspr § 118 I 3, § 278) das Gericht auf, eine solche **Erörterung** in beiden Verfahrensarten (§ 485 I u II) **mit dem Ziel einer gütl Einigung** durchzuführen, damit zur Befriedung der Beteiligten u Entlastung der Gerichte ein Hauptsacheprozess möglichst entbehrl wird. – Mit dem Verweis auf § 128a stellt III 2 klar, dass sämtliche Verfahrenshandlungen einer mündl Erörterung auch im Rahmen einer Videoverhandlung vorgenommen werden können.

7 Für den **Erörterungstermin** besteht im Fall § 78 I Anwaltszwang (s § 486 Rn 1, § 78 Rn 28), falls Termin nicht zulässigerw (§§ 278, 361, 362, 372 II, § 375 gelten entspr für die Beweiserörterung u Herbeiführung einer gütl Einigung) vor dem **beauftragten oder ersuchten Richter** stattfindet (dann § 78 III).

8 Beweisergebnis (§ 160 III Nr 4, 5) u etwaiger **Vergleich** (§ 160 III 1) sind im **Protokoll** festzustellen. Ein Vergleich kann wie im PKH-Verf (s § 118 Rn 15) auch analog § 278 VI geschlossen werden. Vollstreckbare Ausfertigung (§ 724) des Vergleichs ist **Vollstreckungstitel** gem § 794 I Nr 1.

9 **Zwangsmittel** für das persönl Erscheinen der Beteiligten im Erörterungstermin können, obwohl das Gericht das persönl Erscheinen anordnen soll (entspr § 278 III 1), nicht beschlossen werden.

10 **IV) Gebühren.** S § 490 Rn 9, § 493 Rn 6.

§ 493 Benutzung im Prozess

(1) Beruft sich eine Partei im Prozess auf Tatsachen, über die selbständig Beweis erhoben worden ist, so steht die selbständige Beweiserhebung einer Beweisaufnahme vor dem Prozessgericht gleich.

(2) War der Gegner in einem Termin im selbständigen Beweisverfahren nicht erschienen, so kann das Ergebnis nur benutzt werden, wenn der Gegner rechtzeitig geladen war.

1 **I) Bedeutung. 1) Verwertung.** Das Beweisergebnis des im Inland geführten (OLG Frankfurt EuZW 2022, 383) sBV dient, falls dieses Verf nicht gem § 492 III zu einer gütl Einigung geführt hat, der Vorbereitung u beweismäßigen Vereinfachung des Hauptsacheverf (I). Es ist daher bei Identität der Beteiligten beider Verf u bei Beteiligung des Gegners am sBV (§ 491; s § 487 Rn 3) wie ein vor dem Prozessgericht erhobener Beweis zu behandeln, nicht etwa als Urkundenbeweis (BGH MDR 2018, 358 Tz 13). Eines Beweisantrags der Parteien oder förml Beweisbeschlusses des Prozessgerichts (§ 359) bedarf es hierfür nicht; ausreichend, aber erforderl ist die im Protokoll festzustellende (§ 160 III) Beweisverwertung u ggf Beweiserörterung (§ 285 I, sofern diese nicht bereits hinreichend gem § 492 III stattgefunden hat). Den Parteien des Hauptsacheprozesses ist es nicht freigestellt, ob sie das (ihnen evtl nachteilige) Ergebnis des sBV in den Prozess einführen; beruft sich eine Partei auf Tatsachen, über welche selbständiger Beweis erhoben worden war, erfolgt die Beweisverwertung im Prozess vAw. Die hierfür vorausgesetzte Kenntnis des Prozessgerichts vom sBV wird in den Fällen § 486 I u II wegen der Identität des Gerichts beider Verf zu erwarten sein; im Fall § 486 III ist davon auszugehen, dass sich jedenfalls die Partei, der das Beweisergebnis günstig ist, im Prozess hierauf beruft. – Wird der Anspruch, der Hauptsache ist, nach Anhängigkeit des sBV abgetreten, kann der dann klagende Zessionar das Ergebnis verwerten (BGH MDR 2012, 48 Tz 21; OLG Frankfurt NZBau 2019, 172 Tz 19 [Luft]). – Sind im Hauptsacheverf weitere Parteien beteiligt, treten ihnen gegenüber die Wirkungen des § 493 nicht ein; ein Gutachten kann aber nach § 411a verwertet werden (BGH ZfIR 2023, 592).

2 2) Die **Gleichbehandlung** des (gem § 492 I verfahrensgerecht erzielten) selbständigen Beweisergebnisses mit einer vor dem Prozessgericht durchgeführten Beweiserhebung hat zur Folge, dass für eine Wiederholung oder Fortsetzung der Beweiserhebung über dasselbe Beweisthema vor dem Prozessgericht im Interesse der Verfahrensbeschleunigung die Einschränkungen gem §§ 360, 398, 411 IV, § 412 gelten. Demnach kommt eine *Wiederholung oder Fortsetzung* der Beweiserhebung durch das Prozessgericht nur in Betracht, wenn die selbständige Beweiserhebung iS § 492 I fehlerhaft war (s Rn 3), wenn Beweisanträge unerledigt geblieben sind (BGH MDR 2018, 358 Tz 14), wenn sie – obwohl dem Zweck des sBV genügend – dem Prozessgericht ergänzungsbe-

dürftig erscheint (BGH NZBau 2017, 476 Tz 12), wenn sie (insb im Fall § 486 III) aus Gründen der Beweisunmittelbarkeit geboten ist (s § 355 Rn 5), wenn eine Vereidigung nachzuholen ist (§§ 391, 410) oder wenn der SV erfolgreich abgelehnt wurde. Die rein tatsächl Feststellungen des erfolgreich abgelehnten SV anlässl seiner Begutachtung können aber Anlass geben, ihn als sachverständigen Zeugen zu vernehmen (§ 414); ebenso, wenn das sBV, in dem der SV sein Gutachten erstellte, nicht zwischen den Parteien des Rechtsstreits stattfand (BGH MDR 1991, 236). – Im **Urkundenprozess** kann das schriftl Gutachten nicht – als Urkunde – den unmittelbaren SV-Beweis ersetzen (BGH MDR 2008, 160 = NJW 2008, 523). – Zur **Präklusion** s § 492 Rn 1.

3) Verfahrensfehler im sBV sind vom Prozessgericht insoweit nicht zu beachten, als sie die Zulässigkeit dieses Verfahrens betrafen (s § 485 Rn 4-10). Zu berücksichtigen sind auf Beweiseinrede einer Partei (sonst gilt § 295; s § 295 Rn 6) aber Verfahrensfehler hinsichtl der Gesetzmäßigkeit der Beweiserhebung iSd § 492 I, §§ 355 ff, so insb die antragswidrige Missachtung des Fragerechts (§ 397, § 411), des Anwesenheitsrechts (§ 397; s § 411 Rn 3) u vor allem das Recht auf Beteiligung der Parteien (II; § 491) im sBV; die letztgenannten Verfahrensfehler können eine Wiederholung oder Fortsetzung der Beweiserhebung vor dem Prozessgericht gebieten; vom SV begangen, können sie zum Verlust seines Vergütungsanspruchs führen (OLGR Frankfurt 1994, 69). 3

II) Fehlende Beteiligung. Wurde der Gegner am sBV nicht beteiligt (II), so wäre er, falls er diese Nichtbeteiligung nicht selbst zu vertreten hat, durch die Verwertung des Beweisergebnisses im Hauptsacheprozess in seinem Recht auf Mitwirkung an der Beweiserhebung (§ 492 I, §§ 357, 397, 411 III, IV) u damit in seinem GrundR auf Anhörung (s vor § 128 Rn 3-8) verletzt. Die Gleichsetzung des selbständigen Beweisergebnisses mit einem vor dem Prozessgericht erzielten (I) setzt daher voraus, dass der Gegner (hierzu Wita MDR 2000, 1363) im sBV durch rechtzeitige (§ 217, § 491 I; s § 357 Rn 5) u nachweisbare (daher entgegen § 357 II hier förml Ladung, § 166, unverzichtbar; Ersatzzustellung oder öffentl Zustellung genügen aber) Ladung Gelegenheit hatte, an einem im sBV anberaumten Termin mitzuwirken oder, falls ohne Terminsladung ledigl ein schriftl Gutachten eingeholt wurde, seine Mitwirkungsrechte in der bei § 411 näher dargestellten Art auszuüben. 4

II entspricht § 367 für den Fall, dass der Gegner zum Beweistermin trotz Ladung nicht erschienen war; dass aber die Terminsladung des Gegners nicht unabdingbare Voraussetzung des sBV u der Verwertbarkeit seines Ergebnisses ist, ergeben die §§ 491, 494. **II enthält** daher **kein absolutes Beweisverwertungsverbot**; die Vorschrift befreit ledigl den zur selbständigen Beweiserhebung nicht rechtzeitig (§ 491 I) geladenen Gegner des ASt von der Regelung in I, eröffnet ihm also das ungeschmälerte Recht zum Beweisantritt im Hauptsacheprozess. Der ASt bleibt in diesem Fall aber befugt, das Ergebnis des sBV **urkundenbeweisl** in den Hauptsacheprozess einzuführen (MskV/Röß Rn 3). 5

III) Gebühren. 1) Gericht: Die Geb 1610 GKG-KV fällt ohne die Möglichkeit einer späteren Verrechnung auf die Gerichtsgeb des Hauptsacheprozesses bereits im sBV an und ist, falls sie nicht in die Kostenentscheidung des Prozessgerichts einbezogen wird, vom ASt zu tragen. – **2) RA:** zunächst s § 490 Rn 9. – Das Gebührenaufkommen kann sich völlig unterschiedl entwickeln. Vertritt der ProzBev bei identischen Streitgegenständen im sBV, in dem kein Termin iSd Vorbem 3 III RVG-VV stattfindet, und im Hauptsacheverf, verdient er für die Tätigkeit im sBV nichts, denn die VerfGeb wird gem Vorbem 3 V RVG-VV angerechnet, weitere Geb entstehen nicht. Einigt er sich im sBV in einem Termin nach § 492 III und hat er die Hauptsache nicht anhängig gemacht, verdient er 1,3 (3100 RVG-VV) und 1,2 (3104 RVG-VV) und 1,5 (1000 RVG-VV), also 4,0 Geb. Die Intention des Gesetzgebers, Streitverf zu vermeiden, wird hier „gebührendeutlich", denn auch bei einer Einigung im Hauptsacheverf kann der ProzBev für seine Tätigkeit in dann zwei Verf insgesamt nur 3,5 Geb verdienen (1,3 nach 3100 RVG-VV, 1,2 nach 3104 RVG-VV, 1,0 nach 1003 RVG-VV). – **3) Streithelfer:** Tritt er im sBV bei und ist er auch Beteiligter im Hauptprozess, besteht Identität (KG NJW-RR 2003, 133), und die VerfGeb wird angerechnet; ebenso, wenn der ASt des sBV im Hauptprozess Nebenintervenient ist (OLG Celle JurBüro 2016, 18). 6

§ 494 Unbekannter Gegner

(1) Wird von dem Beweisführer ein Gegner nicht bezeichnet, so ist der Antrag nur dann zulässig, wenn der Beweisführer glaubhaft macht, dass er ohne sein Verschulden außerstande sei, den Gegner zu bezeichnen.

(2) Wird dem Antrag stattgegeben, so kann das Gericht dem unbekannten Gegner zur Wahrnehmung seiner Rechte bei der Beweisaufnahme einen Vertreter bestellen.

I) Verschulden. Ein sBV ohne Beteiligung eines Gegners kommt nicht nur im Fall des § 485 I, sondern auch im Fall des § 485 II in Betracht, denn II setzt nicht zwingend einen vergleichsbereiten Gegner voraus (s § 485 Rn 7). – Unverschuldete Unkenntnis des Gegners zB bei Schadensfeststellung, wenn Täter noch unbekannt. Verletzung zumutbarer Nachforschungspflicht ist schuldhaft. Nichtbeteiligung des Gegners beeinträchtigt dessen Rechte nachhaltig; daher strenger Maßstab bei Verschuldensprüfung. Glaubhaftmachung: § 294. 1

II) Vertretung. Eine Vertreterbestellung (§ 51 I; Ahrens Beweis § 188 Rn 118: § 57 I) ist auch zulässig, wenn der Gegner gestorben oder sein gesetzl Vertreter weggefallen ist (MK/Schreiber Rn 3; StJ/Berger Rn 2). – Eine Verpflichtung zur Übernahme des Amtes besteht nicht; findet sich niemand, der die Vertretung unentgeltl 2 übernimmt, so hat die Kosten einstweilen der ASt zu tragen. Sie bilden für den nachfolgenden Prozess einen Teil der außergerichtl Prozesskosten.

3 **III) Gebühren. 1) Gericht:** Die Geb 1610 GKG-KV umfasst auch die Bestellung eines ges Vertreters für den unbekannten Gegner. – **2) RA:** Seine Tätigkeit ist mit der VerfGeb 3100 RVG-VV abgegolten (§ 19 I 2 Nr 3 RVG).

§ 494a Frist zur Klageerhebung

(1) Ist ein Rechtsstreit nicht anhängig, hat das Gericht nach Beendigung der Beweiserhebung auf Antrag ohne mündliche Verhandlung anzuordnen, dass der Antragsteller binnen einer zu bestimmenden Frist Klage zu erheben hat.

(2) [1]Kommt der Antragsteller dieser Anordnung nicht nach, hat das Gericht auf Antrag durch Beschluss auszusprechen, dass er die dem Gegner entstandenen Kosten zu tragen hat. [2]Die Entscheidung unterliegt der sofortigen Beschwerde.

1 **I) Kostentragung.** Das sBV ist auch gebührenrechtl ein selbständiges Verf, in dem die Gerichtsgeb (1610 GKG-KV) gem § 22 GKG der ASt (das kann bei Gegenbeweis mit eigenem Streitwert auch der Gegner sein; OLG Koblenz NJW-RR 97, 1024; s § 490 Rn 6) zu tragen hat, während ihre außergerichtl Kosten die Verfahrensbeteiligten jew selbst zu tragen haben. Ein Kostenausgleich entspr §§ 91 ff findet im sBV, das zu keiner Streitentscheidung führt u daher keine obsiegende oder unterlegene Partei kennt, grds nicht statt (s § 490 Rn 5). Erst im Hauptsacheprozess können u sollen die Kosten des sBV in die Entscheidung über die Prozesskosten einbezogen werden (s § 490 Rn 7).

2 **1) Prozessvorbereitung.** Das sBV erfüllt keinen Selbstzweck u darf insb nicht der ausschließl außerprozessualen Ausforschung von Tatsachen dienen. Erst die erkennbare Absicht des ASt, durch diese Beweiserhebung einen Prozess vorzubereiten (§ 485 I) oder gem § 485 II, § 492 III zu verhindern, begründet das für das sBV vorausgesetzte Interesse (s § 485 Rn 1, Rn 8). Deshalb u auch wegen des grds nur in einem Hauptsacheprozess mögl Kostenausgleichs für den Ag, gibt das Gesetz diesem das Recht, den ASt durch das Gericht unter Fristsetzung zur Erhebung der **Hauptsacheklage** auffordern zu lassen, wobei unschädlich ist, wenn mit der Klage der Rechtsweg gewechselt wird (OLG München 12.12.2017 – 1 W 1931/17). Die Klage auf **Kostenerstattung** steht nicht gleich (BGH MDR 2004, 1325: Es ist Feststellungsklage zu erheben). – Auch ein eingeleitetes, dann nicht betriebenes **Mahnverf** reicht nicht (OLG Hamm MDR 2009, 1187; Ahrens Beweis § 192 Rn 41). – **Widerklage** ist Klageerhebung (BGH MDR 2003, 1130; OLGR Saarbrücken 2008, 534). Hauptsacheklage ist auch die mit **„umgekehrtem" Rubrum** (OLG Koblenz NZBau 2020, 445). – Die **Aufrechnung** hat die Wirkung wie eine Klageerhebung u macht Anträge nach § 494a unzulässig, „wenn u solange" der Anspruch zur Aufrechnung steht (BGH MDR 2006, 167). Ob die Aufrechnung nur **hilfsw** erklärt ist, ist unerhebl, denn auch hier steht der Anspruch zur Aufrechnung, wenngleich innerprozessual bedingt (StJ/Berger Rn 8; OLG Frankfurt MDR 2022, 304; aA OLG Karlsruhe NJW-RR 2008, 1196). – Für das **Zurückbehaltungsrecht** sollte Gleiches gelten (OLG Stuttgart BauR 2007, 1098; aA OLG Zweibrücken BauR 2004, 1490). Die **Kostenvorschussklage** ist Klage iSd § 494a I (OLG Saarbrücken NJW-RR 2013, 316). – Der **Streithelfer** (zum notw rechtl Interesse am Beitritt § 487 Rn 3) des Ag kann die Anträge nach I u II stellen, jedoch nicht gegen den Willen des Ag (BGH MDR 2007, 1442). Weder der Streithelfer (BGH MDR 2009, 1296 mN; OLG Frankfurt 13.6.2015 – 13 W 32/15; ThP/Seiler Rn 1; aA Kießling NJW 2001, 3668, 3672 ff) noch der Ag (insoweit unstr) können beantragen, Klageerhebung **gegen den Streithelfer** anzuordnen. Die Klageerhebung gegen den Ag hindert, dem ASt im sBV die Kosten des Streithelfers des Ag aufzuerlegen (BGH MDR 2009, 1296 Tz 19: auch wenn nur einer von mehreren Ag, denen beigetreten ist, verklagt wird; OLG Düsseldorf MDR 2009, 894: auch wenn bei einer Teilklage der Streithelfer am Streitgegenstand nicht beteiligt ist). Zur Erstattung der Kosten des Streithelfers des sBV im Hauptsacheverf s § 101 Rn 2.

3 **2) Anordnung.** Sie ergeht auf Antrag (**Formulierungsvorschlag:** Vorwerk/Ulbrich, PFB, M 7.8; zur Reaktion des Gegners **Formulierungsvorschlag:** Vorwerk/Ulbrich, PFB, M 7.9) nach notw Anhörung des ASt des Beweisverf (rechtl Gehör) ohne mündl Verh durch Beschluss. Zustellung an die Partei, die klagen muss (§ 329 II 2), formlose Mitteilung an den Gegner. – Hat sich der Ag durch eigenständige Beweisanträge in die Rolle eines ASt begeben, gilt § 494a I auch für ihn, so dass ihm Klageerhebung aufgegeben werden kann. Hatte die eine Partei zB eine Leistungsklage vorbereitet, müsste die andere negative Feststellungsklage erheben. – Sollte im sBV kein Mangel, sondern Mangelfreiheit/Abnahmefähigkeit einer Sache festgestellt werden (**Formulierungsvorschlag:** Vorwerk/Ulbrich, PFB, M 7.6), u bestätigt dies der SV, kann der ASt (zB Auftragnehmer) die Klage erheben, derentwegen er Mangelfreiheit festgestellt wissen wollte (zB Zahlungsklage); entfällt der Anlass, der *zum sBV geführt hatte vorzeitig*, bleibt ihm die Feststellungsklage, dass ihm ein Anspruch zustand, u deren Kostenentscheidung erfasst auch die Kosten des sBV (BGH MDR 2004, 1325; krit Lenzen BauR 2005, 303f). – Antrag auf Fristsetzung hat auch zu ergehen, wenn der ASt nach teilweise durchgeführter Beweiserhebung

das Verf nicht fortsetzt, weil er teilweise verwertbare Ergebnisse sieht (OLG Braunschweig BauR 2018, 1467; OLG Koblenz 16.4.2015 – 3 W 214/15; OLG Düsseldorf NJW 2014, 1748: kein Fall der Antragsrücknahme; zur Rücknahme s § 91 Rn 13.87). – Die Fristsetzung ist auch erforderl, wenn schon Klage eingereicht ist, aber der hierfür angeforderte Kostenvorschuss nicht gezahlt wird; diese Klage ist nämlich noch nicht erhoben (§ 253; OLG Dresden BauR 2004, 700 [Handschumacher]). – Bei der **Fristsetzung** hat das Gericht etwaigen vom Betroffenen vorgetragenen Umständen, die einer alsbaldigen Klageerhebung noch entgegenstehen, Rechnung zu tragen; auf die Folgen der Säumnis ist hinzuweisen (OLGR Köln 1997, 116). Bei der Prüfung der Rechtzeitigkeit einer Klageerhebung ist § 167 zu beachten (OLGR Hamm 1994, 141). Erforderl ist **Identität** von Klage u sBV (zur Kostenentscheidung bei **Teil**identität s Rn 4a u § 91 Rn 13.87). – Wurden die Mängel während des sBV beseitigt, ist der Antrag nach I unzulässig (BGH MDR 2003, 454). Ergeht die Anordnung dennoch, bindet sie den ASt, der dann Feststellungsklage erheben muss (BGH MDR 2004, 1325), um eine Kostenbelastung zu vermeiden. Der BGH sieht den Antrag nach I auch dann als unzulässig an, wenn der Ag damit grundlos bis zur Verjährung des Anspruchs des ASt zuwartet (BGH NJW 2010, 1460 [Scholtissek]). – **Rechtsmittel** gegen Ablehnung der Anordnung: sof Beschwerde (§ 567 I Nr 2), daher Zustellung nach § 329 III. Kein Rechtsmittel gegen stattgebende Anordnung (BGH MDR 2010, 1144) u auch keines, wenn die gesetzte Frist verlängert wird (OLG Düsseldorf JurBüro 93, 622).

II) Keine Klageerhebung. Unterlässt der von der Androhung betroffene Beweisführer die Erhebung der Klage (oder Gleichstehendes, s Rn 2) innerhalb gesetzter Frist (für diese gilt § 167, OLG Koblenz MDR 2018, 60 zur verzögerten Klagezustellung), so sind ihm nach (§ 128 IV: nicht notwendig mündl) Anhörung auf Antrag die gegnerischen Kosten des im Inland geführten (OLG Hamburg MDR 2000, 53) sBV aufzuerlegen, auch die des **Streithelfers** des Ag (OLG Oldenburg NJW-RR 95, 829; ebenso zu diesen Kosten BGH MDR 2005, 227 für den Fall der Antragsrücknahme). Zu diesen Kosten können auch die eines privaten SV-Gutachtens des Ag gehören (BGH MDR 2013, 494 [Fischer LMK 2013, 344730]) u von ihm verauslagte Gerichtskosten (OLG Zweibrücken NJW 2016, 3602), aber nicht, wenn er sich mit eigenen Anträgen insoweit selbst in die Rolle des ASt u damit des Gerichtskostenschuldners begeben hat. – Bei **mehreren** Ag wirkt der Fristablauf nur für den, der die Fristsetzung beantragt hatte (OLG Frankfurt NJW 2014, 3256). – Hat der ASt wegen des eindeutigen Ergebnisses der Beweiserhebung ausdrückl (OLGR Frankfurt 2005, 514) auf seine Ansprüche verzichtet, verneint OLG Karlsruhe JurBüro 96, 375 Rechtsschutzbedürfnis für den Antrag nach I, erlässt dann ohne Fristsetzung Kostenbeschluss in analoger Anwendung von II (ebenso OLG München MDR 2001, 108). Das überzeugt, weil es Förmelei wäre, Frist zu setzen, wenn die Partei schon erklärt hat, sie werde keinesfalls klagen (Ahrens Beweis § 192 Rn 22). **Klageverzicht** des ASt u **Erfüllung** durch den Ag sind, richtig verstanden, spiegelbildl Folgen des Ergebnisses der Beweisaufnahme (OLG Jena NJW-RR 2011, 1219). Der Verzichtende unterlässt die Klageerhebung u hat deshalb die Kosten des Ag zu tragen; der Erfüllende „vereitelt" die Klageerhebung u kann daher nicht zu seinen Gunsten einen Kostenbeschluss erwirken (s Rn 5). Treffen Teilerfüllung u Teilverzicht zusammen, quotelt OLG Jena die Kosten (NJW-RR 2011, 1219; ebenso OLG München MDR 2014, 1346). Das ist bedenkl, weil im Verf nach § 494a dem Ag keine Kosten auferlegt werden können (krit auch Fellner MDR 2014, 1301). Sa § 91 Rn 13.87. 4

1) Kostenentscheidung. a) Der Beschluss ist für den Ag des sBV VollstrTitel iS § 103 I, der dem Grunde nach die Kostenerstattungspflicht dem ASt für die gesamten dem Ag im sBV erwachsenen Kosten, Geb u Auslagen auferlegt. Der Beschluss spricht die Kostenfolge der unterlassenen Klageerhebung so aus, wie II das vorgibt, also insgesamt zu Lasten des Beweisführers. Sind beide Parteien Beweisführer gewesen (s Rn 3), müssen die Kosten gequotelt werden (OLG Nürnberg MDR 2010, 889; PG/Ulrich Rn 13). Keine **Teil**kostenentscheidung im sBV, wenn zwischen dem Streitgegenstand des sBV u der nachfolgend erhobenen Klage nur **teilw Identität** besteht (BGH NJW 2005, 294; sa § 91 Rn 13.87, dort auch zur Teilidentität der **Parteien**); über den weitergehenden Streitgegenstand des sBV kann nach § 96 entschieden werden (BGHReport 2006, 687); ebenso u konsequent Schleswig (OLG Schleswig 30.8.2005 – 16 W 83/05) bei Zurückweisung einzelner Punkte des Beweisantrags. – **b)** Wird Hauptsacheklage zwar nicht in der Frist des I, jedoch noch **vor** einer Kostenentscheidung erhoben, ist die Entscheidung gem II abzulehnen (BGH MDR 2007, 1089). Ein erlassener Beschluss, der noch nicht das Gericht verlassen hat, ist nicht mehr mitzuteilen (OLG München MDR 2001, 833; Ahrens Beweis § 192 Rn 43). – **c)** Wird die Hauptsacheklage dagegen erst erhoben, **nachdem** der Kostenbeschluss ergangen ist u das Gericht verlassen hat, wird der Beschluss nicht mehr, auch nicht auf Beschwerde, aufgehoben (OLG Koblenz MDR 2015, 482; MK/Schreiber Rn 8; aA OLG Hamm JurBüro 2025, 142; OLG Köln NZBau 2022, 274; LG Lübeck NZBau 2021, 791 [krit Giesen NZBau 2022, 147]; Ahrens Beweis § 192 Rn 43). Diese aA stellt auf den Zeitpunkt der Beschwerdeentscheidung ab, sodass eine bis dahin rechtshängig gewordene Hauptsacheklage noch rechtzeitig ist (OLG Hamm MDR 2024, 874). – **d)** Ein rechtskräftiger Kostenbeschluss steht in der Folge unter der auflösenden Bedingung eines nachfolgenden Hauptsacheprozesses, durch dessen abweichende Kostenentscheidung die nach II dann überholt wird (str; OLG München BauR 2021, 1993 [Handschumacher jurisPR-PrivBauR 5/2021 Anm 4]; MskV/Flockenhaus § 91 Rn 65a; PG/Ulrich Rn 14; aA AG/Bünnigmann Rn 25). – Zu c und d: Die Bedeutung der beiden Streitpunkte relativiert sich. Entweder wird die Entscheidung nach II 1 bereits im Beschwerdeverf aufgehoben oder, wenn nach aA nicht, wird sie durch die Hauptsacheentscheidung überholt; anders nur, wenn man ablehnt, dass es zu II 1 eine auflösende Bedingung gibt. 4a

5 **2) Ausnahmen.** Zur Kostenentscheidung nach II (zu Problemfällen ausf Herget MDR 2016, 943) kann es bei unstr **Erfüllung** des Hauptsacheanspruchs deswegen nicht kommen, weil hier schon keine Fristsetzung nach I erfolgen darf (BGH MDR 2003, 454). Wird dennoch Frist gesetzt, muss vom ASt allerdings zwingend geklagt werden, wobei das Feststellungsinteresse (auf Feststellung, dass ein Anspruch bestanden hatte) ohne weiteres gegeben ist (s Rn 3). Frist zu setzen ist auf Antrag eines Ag, wenn der Anspruch durch das Verhalten eines anderen Ag erloschen ist (OLG Hamm MDR 2018, 822). – Erfolgt die Anordnung nach I nicht, bleibt die Kostenbelastung erst einmal offen. – Nach BGH kann weder **einseitig** noch **übereinstimmend für erledigt erklärt** werden (s § 91 Rn 13.87), auch dann nicht, wenn das Feststellungsinteresse entfallen ist (BGH MDR 2011, 503 Tz 8). Antragsrücknahme, sei es ausdrückl oder konkludent, mit der Kostenfolge des § 269 III 2 ist nicht zu empfehlen, wenn Erfüllung gerade durch Mängelbeseitigung eingetreten ist u der Ag für die Mängel verantwortl war. Die entsprechende Anwendung von § 269 III 3 schließt der BGH aus (BGH MDR 2021, 126 Tz 10 [Seggewiße MDR 2021, 84]; krit hier Althammer § 91a Rn 42). Es bleibt, das sBV fortzusetzen mit einem geänderten Antrag auf Feststellung, dass die Mängelbeseitigungsmaßnahmen Gewährleistung/Nacherfüllung waren. Das erforderl rechtl Interesse hierfür liegt dann im Kosteninteresse, weil die Feststellungen geeignet sein können, einen mat-rechtl KE zu tragen u eine Einigung im Kostenpunkt zu ermöglichen. – Beim Vergleich des ASt mit einem oder einem Teil der Ag ohne die anderen, haben diese im sBV einen Erstattungsanspruch, sei es nach § 269 III 2 analog (OLG Celle MDR 2010, 519; OLG Stuttgart NJW-RR 2010, 1462) oder nach II (OLG Stuttgart NJW-RR 2010, 1464). – Eine Kostenentscheidung unterbleibt zunächst, wenn der Beweisführer darlegt u glaubhaft macht (entspr § 487), dass die ihm für die Klageerhebung gesetzte Frist unangemessen kurz ist (zB wegen PKH-Antrags oder gebotenen Prozessvorbereitung) u deshalb unverschuldet nicht eingehalten werden konnte. Hier ist unter Zurückstellung der Kostenentscheidung eine neue Frist für die Hauptsacheklage zu setzen. – Gegen OLG Rostock (BauR 97, 169; ebenso OLG Karlsruhe BauR 2003, 1931; KG NZBau 2004, 157; OLG Schleswig NZBau 2014, 361; StJ/Berger Rn 35) sind dem ASt die Kosten auch dann aufzuerlegen, wenn eine Klage begründet gewesen wäre, nur deswegen unterbleibt, weil der Ag in Vermögensverfall geriet (OLG Dresden BauR 2000, 137; OLG Hamm BauR 2007, 2118; OLG Frankfurt NJW-RR 2008, 1552). – Schließl ist der ausschließl der Kostenerstattung an Beweisgegner dienende **Antrag nach I u II unzulässig**, wenn bereits im sBV in den Sonderfällen der Unzulässigkeit dieses Verf oder der Zurücknahme des dortigen Beweisantrags eine Kostenentscheidung getroffen wurde (s § 490 Rn 5, § 91 Rn 13.87), die im Verf des § 494a weder wiederholt noch abgeändert werden darf. – Keine Kostenentscheidung (entspr § 494a oder § 91a) zugunsten des **Streithelfers** (zum Streithelfer sa Rn 2 aE, 4), wenn sich die Parteien ohne Hauptsacheklage vergleichen (OLG Frankfurt BauR 2004, 536). Er kann dann keinen vom Vergleich abweichenden Kostenantrag stellen (BGH MDR 2007, 1442 zu § 269 III 2; s § 101 Rn 11).

5a **3) Materiell-rechtlicher Kostenerstattungsanspruch.** Ergeht Kostenbeschluss nach II, ist der ASt nicht gehindert, anschließend einen mat-rechtl KE klageweise geltend zu machen (OLG Köln ZfBR 2023, 50); das OLG Köln fordert aber mit der BGH-Rspr, dass zusätzliche Umstände hinzukommen, die bei der prozessualen Kostenentscheidung nicht berücksichtigt werden konnten (s dazu vor § 91 Rn 13 aE). – Der ASt kann mit dem mat-rechtl KE, jedenfalls solange er nicht Hauptsacheklage erhoben hat, aufrechnen (BGH MDR 2010, 796 Tz 14, 15). Er kann Leistungsklage erheben, jedenfalls solange kein Antrag nach § 494a I gestellt ist und ein Hauptsacheverf nicht geführt wurde/wird (BGH MDR 2018, 59 [Dötsch MDR 2018, 133] = NJW 2018, 402 [Bruns]); letztlich kann er den mat-rechtl KE im Wege der Widerklage verfolgen, die aber erledigt ist, wenn das sBV dann in den Rechtsstreit eingeführt wird (OLG Celle NJW 2013, 475 Tz 61, 62 [Busche] = NZBau 2013, 107 [Engbers]: Vorrang des prozessualen KE [hierzu vor § 91 Rn 12]).

6 **4) Anwaltszwang.** Die Anträge nach I, II unterliegen im sBV vor dem LG dem Anwaltszwang (sehr str; OLG Zweibrücken MDR 95, 744; ThP/Seiler Rn 1; MK/Schreiber Rn 4; Ahrens Beweis § 192 Rn 34; wohl auch PG/Ulrich § 487 Rn 14; aA OLG Stuttgart BauR 95, 135; OLG Schleswig BauR 96, 590; OLGR Braunschweig 1997, 71; OLG Düsseldorf NJW-RR 99, 509; OLG Jena MDR 2000, 783; Schmitz BauR 96, 340; MskV/Röß Rn 2b; StJ/Berger Rn 11); Umkehrschluss aus § 486 IV.

7 **5) Rechtsmittel.** Gegen den Kostenbeschluss ist sof Beschwerde (II 2) statthaft. Für die **Festsetzung der Höhe** der dem Ag zu erstattenden Kosten gelten §§ 103, 104.

8 **III) Gebühren. 1) Gericht:** keine; Beschwerdeverf: 1810 GKG-KV; Rechtsbeschwerdeverf: 1823 GKG-KV. – **2) RA:** Seine Tätigkeit ist durch die VerfGeb 3100 RVG-VV abgegolten. Kommt es ausnahmsw (§ 128 IV) zum Termin, entsteht die Geb 3104 RVG-VV aus dem Kostenstreitwert. – Beschwerdeverf (II 2): 3500 RVG-VV.

Abschnitt 2
Verfahren vor den Amtsgerichten (§§ 495-510b)

§ 495 Anzuwendende Vorschriften

Für das Verfahren vor den Amtsgerichten gelten die Vorschriften über das Verfahren vor den Landgerichten, soweit nicht aus den allgemeinen Vorschriften des Buches 1, aus den nachfolgenden besonderen Bestimmungen und aus der Verfassung der Amtsgerichte sich Abweichungen ergeben.

I) Zuständigkeit. Sie ist im GVG geregelt, §§ 23-27 GVG, § 157 GVG (Rechtshilfe). Darüber hinaus wird in der 1
ZPO u in anderen Prozessordnungen die Zuständigkeit des AG bestimmt (Übersicht s § 27 GVG Rn 1).

Zur Erschleichung des Gerichtsstands durch mehrere Teilklagen s § 1 Rn 19. 2

II) Verfahren der Amtsgerichte. Das amtsgerichtl Verf entspricht, soweit nicht bereits die Besetzung des Ge- 3
richts durch **Einzelrichter** (§ 22 GVG) Abweichungen bedingt, weitgehend dem landgerichtl Verf. Besonderheiten bestehen mit Rücksicht auf die relativ geringere Bedeutung (ein Argument, das mit jeder Wertgrenzenerhöhung fragwürdiger wird) bzw auf die Eilbedürftigkeit der oben genannten Zuständigkeiten insoweit, als **kein Anwaltszwang** besteht (§§ 78, 79) u der Prozess nicht notw schriftl vorzubereiten ist (§§ 496, 129, 129a). Dem hierdurch bedingten höheren **Fürsorgebedürfnis der Parteien** will das Gesetz Rechnung tragen: Die Parteien können den Prozess ohne Vertretung betreiben (entspr Hinweispflicht: § 499 I), eine Prozessvollmacht ersatzlos kündigen (§ 87) u sich (ganz oder teilw § 83 II) nicht-anwaltschaftl Beistände bedienen (§ 90). Vollmacht solcher Beistände hat das Gericht vAw zu prüfen (§ 88 II). Anträge u Erklärungen können zu Protokoll jedes AG (nicht notw Gericht der Hauptsache, § 129a) abgegeben werden. Wesentl Parteierklärungen in der Verh sind (abw v § 160 IV) vAw in der Sitzungsniederschrift festzuhalten (§ 510a). VAw zu belehren sind die Parteien über Zuständigkeitsmängel, deren Bedeutung u Verzichtbarkeit (§§ 504, 39 S 2), sowie über die Folgen eines schriftl erklärten Anerkenntnisses (§§ 499, 307). Vom Gegner vorgelegte Urkunden sind abw von § 439 III nur dann als stillschweigend anerkannt anzusehen, wenn die Partei zur Erklärung über die Echtheit der Urkunde aufgefordert worden war (§ 510). Die Aufklärungspflicht des Gerichts gem § 139 erhält im amtsgerichtl Verf ein bes Gewicht. Sie beinhaltet aber auch ein bes Risiko. Jede Partei will gewinnen; aus der Sicht der einen Partei schadet ihr jeder Hinweis, der der nicht oder schlecht vertretenen Partei von Vorteil ist. Hier ist stets zwischen dem noch notwendigen Hinweis u der schon begründeten Besorgnis der Befangenheit wegen übersteigerter Fürsorge abzuwägen.

Nicht der Fürsorge für die Parteien, sondern der **Vereinfachung u Beschleunigung des Verf** dient die gem 4
§ 217 abgekürzte Ladungsfrist von mindestens 3 Tagen u die Vereinfachung der Ladungen gem § 497. Die perpetuatio fori (§ 261 III 2) ist eingeschränkt durch § 506. Schließl kann – weitergehend als in § 255 – Verurteilung zur Vornahme einer Handlung (§§ 887, 888) für den Fall der Nichterfüllung bereits mit bedingter Verurteilung zur Schadensersatzleistung verbunden werden (§ 510b); Erzwingungsvollstreckung gem §§ 887, 888 ist dann ausgeschlossen (§ 888a).

§ 495a Verfahren nach billigem Ermessen

[1]Das Gericht kann sein Verfahren nach billigem Ermessen bestimmen, wenn der Streitwert 600 Euro nicht übersteigt. [2]Auf Antrag muss mündlich verhandelt werden.

I) Normzweck. Entlastung der Rechtspflege. Die Wertgrenze liegt bei 600 Euro. Richtig angewandt, kann 1
§ 495a aber kaum echte Entlastung bringen (weniger krit MK/Deppenkemper Rn 1); der Versuchung, ihn missbräuchl anzuwenden, muss der Richter widerstehen. In grenzüberschreitenden Rechtssachen kann alternativ das Verf nach §§ 1097 ff in Betracht kommen.

II) Verfahren. 1) Anwendungsbereich. § 495a ist auf sog **Bagatellverf** anwendbar. Dieser Begriff ist irrefüh- 2
rend. Nach Beweisaufnahme (Auslagen, zB für SV) u Streiturteil bei einem Streitwert von 600 Euro u anwaltl vertretenen Parteien können insgesamt mehr als 1.000 Euro zur Entscheidung stehen. Man sollte daher von Verf im unteren Streitwertbereich sprechen (krit Kunze NJW 95, 2751 III: Verf 2. Klasse). § 495a gilt in seinem Anwendungsbereich für das gesamte Verf (AG/Bünnigmann Rn 11; enger MK/Deppenkemper Rn 14: nur für Vorschriften, die die gerichtl Tätigkeit regeln).

2) Streitwert. Er darf 600 Euro nicht übersteigen. Abzustellen ist auf den **Zeitpunkt der Klageeinreichung** (§ 4 3
I); jedoch folgt die Möglichkeit, das vereinf Verf anzuwenden/die Pflicht, es nicht mehr anzuwenden, dann Änderungen (Erhöhungen, Reduzierungen) des Wertes, wenn hiermit zugleich eine Änderung des Streitgegen-

standes verbunden ist (PG/Schelp Rn 2). – Rechtl fehlerfrei vorgenommene Prozesshandlungen u bereits erhobene Beweise bleiben nach Übergang in das „Normalverf" voll wirksam/verwertbar (AG/Bünnigmann Rn 6; MK/Deppenkemper Rn 11; einschränkend Röß NJW 2022, 3679 Tz 42), gleichgültig, ob das Gericht von sich aus, wozu es jederzeit berechtigt ist, die Verfahrensart wechselt oder hierzu durch eine Klageerweiterung veranlasst wird.

4 **3) Verfahrensart.** Das Gesetz sieht keine Beschränkung vor (MK/Deppenkemper Rn 6; MskV/Wittschier Rn 1; aA Bergerfurth NJW 91, 962; StJ/Berger Rn 11). Dass § 495a nicht im 1. Buch steht, ist kein Hindernis (AG/Bünnigmann Rn 9), denn systematisch gehört die Vorschrift eben nicht zum Allg Teil, sondern zum „Verf vor den Amtsgerichten" u gilt dann auch im Rahmen der Zuständigkeit des AG für alle Verf (ausgenommen FamS/FamStreitsachen). Außerdem wäre es ein unverständl Widerspruch, in vorläufigen oder summarischen Verf den Richter weitergehend zu binden als im Hauptsacheprozess (oder im Nachverf, hierzu Bergerfurth NJW 91, 961, 962). Eigenheiten eines Verf (zB Wechselprozess, Arrest, PKH) gehen als leges speciales jedoch vor (MK/Deppenkemper Rn 7).

5 **4) Streitwertberechnung.** Mit dem Streitwert ist der **Zuständigkeitswert der ZPO** gemeint (§§ 2 ff; ganz hM; zB ThP/Seiler Rn 1; PG/Schelp Rn 2). Misslich ist, dass sich zB bei Stufenklage, Widerklage u Hilfsaufrechnung Zuständigkeits-, Gebührenwert u Beschwer unterschiedl errechnen können (vgl § 5; §§ 44, 45 GKG). – Eine **Widerklage** kann zu einer Gesamtbeschwer bis zu 1.200 Euro führen (zur Berechnung s § 5 Rn 2), das vereinfachte Verf ist aber zulässig (PG/Schelp Rn 2). Bei mehrfach gestaffelten u beschiedenen (§ 322 II) **Hilfsaufrechnungen** kann die Beschwer sogar viele tausend Euro erreichen; an der Behandlung als „Bagatelle" ändert sich nichts (ausf Röß NJW 2022, 3679 Tz 2 ff). – Mit § 495a lässt sich das Problem nicht lösen; iZw sollte er nicht angewandt werden, denn auch insoweit ist das Ermessen frei; § 495a erlaubt, ihn vorsorglich zu ignorieren. Zu einem ähnlichen Ergebnis kommt man mit Röß (NJW 2022, 3679 Tz 11), wenn man den Streitwert gegen die hM entsprechend der berufungsrelevanten Beschwer berechnet, weil dann die Fälle mit der geschilderten Problematik von vornherein aus dem Anwendungsbereich des § 495a fallen. Allerdings steht diese Beschwer zu Beginn und während des Verf noch nicht berechenbar fest.

6 **5) Berufung.** Unabhängig vom Streitwert u einer Mindestbeschwer ist Berufung mögl in den Fällen des § 511 II Nr 2. Hier sollte immer das „Normalverf" gewählt werden, zumal es widersprüchlich ist, ein Verf mit der Bedeutung des § 511 IV 1 Nr 1 erstinstanzlich als „Bagatellverf" zu bewerten. – IÜ bleibt die Verfassungsbeschwerde mit dem vorgeschalteten Verf nach § 321a (MskV/Wittschier Rn 11; aA Schneider MDR 2004, 549, der eine wirksame Selbstkontrolle in der Instanz bezweifelt). Im Rahmen dieser Anhörungsrüge (§ 321a) kann dann auch ausnahmsweise die nachträgliche Zulassung der Berufung zulässig werden (BGH MDR 2024, 1468).

7 **6) PKH-Verfahren.** Ob § 495a hier gilt, ist str; sollte aber bejaht werden (hM; AG/Bünnigmann Rn 66; PG/Schelp Rn 4; MskV/Wittschier Rn 1; MK/Deppenkemper Rn 7). Die Zielsetzung der PKH (Sozialhilfe) darf allerdings in keinem Fall außer Acht gelassen werden (s Rn 4).

8 **III) Verfahrenserleichterungen (§ 495a S 1). 1) Entlastung.** Seit Geltung des § 495a war das Schrifttum auf der Suche nach Möglichkeiten eines vereinfachten und dadurch entlastenden Verf (vgl Schneider ZAP F 13, 199; Bergerfurth NJW 91, 961; AG/Bünnigmann Rn 36 ff). Praktikabel sind die Verfügungsvorschläge von Kuschel/Kunze DRiZ 96, 195 III u Fischer MDR 94, 983 (der Hinweis zum VU in Nr 3 ist aber irreführend, weil sich nicht beim VU, sondern nur beim Anerkenntnis die Verfahrensgeb reduziert; s § 330 Rn 10). Die Dispositionsbefugnis der Partei sollte jedenfalls nicht eingeschränkt werden (Röß NJW 2022, 3679 Tz 12 ff). MK/Deppenkemper Rn 18 weist völlig zu Recht darauf hin, dass der Grundsatz des rechtl Gehörs die Ermessensfreiheit letztl in erhebl Umfang wieder einschränkt; anderenfalls besteht konkrete Gefahr, dass sich Rügeverf (§ 321a) häufen, was letztl doch zu Mehrbelastungen führt.

9 **2) Fristen.** Das Gericht kann Fristen verkürzen. Aber: Jede Frist muss angemessen sein, weil sonst rechtl Gehör nicht gewährt wird. Eine Verkürzung darunter ist in jedem Fall unzulässig, eine Verlängerung darüber hinaus hängt unabhängig von § 495a vom Einzelfall ab. Keinesfalls darf gegen die Dispositionsmaxime verstoßen werden, indem zB eine nach dem Gesetz sanktionslose Aufforderung durch eine **Präklusionsfrist** ersetzt wird (MK/Deppenkemper Rn 24; BayVerfGH MDR 2011, 1003). – Keine **WE**, wenn die Frist zur Stellungnahme auf die Klage versäumt wurde (BGH 15.7.2020 – IX ZB 34/20 Tz 2).

9a **3) Rechtliches Gehör.** Auf die Möglichkeit, einen Antrag nach S 2 zu stellen, sollten nicht anwaltl vertretene Parteien hingewiesen werden (Röß NJW 2022, 3679 Tz 15 ff). Wird ein Antrag nach S 2 übergangen, liegt hierin eine Verletzung des Anspruchs auf rechtl Gehör (BVerfG NJW 2012, 2262; ausf zum Antrag nach S 2 Thum NJW 2014, 3198). Rechtl Gehör wird ebenfalls verletzt, wenn kein Hinweis erfolgt, dass im schriftl Verf entschieden werden soll und bis wann die Parteien vortragen können (BVerfG NJW-RR 2017, 690; BVerfG 8.6.2018 – 1 BvR 896/17).

10 ***4) Beweisaufnahme.*** *Das Gericht* kann frei Beweis erheben. Hierin wird der Schwerpunkt einer Vereinfachung gesehen (Röß NJW 2022, 3679 Tz 34 ff); insb ist die telefonische Beweisaufnahme zulässig (Fischer MDR 94, 981), aber nicht praktikabel. Gerade beim Zeugenbeweis, der ohnehin hinreichend problematisch ist, stellt sich dann die Frage des Beweiswertes besonders deutl. Aber auch das Verf ist zu schwerfällig: Das Gericht muss die ProzBev zunächst vom Inhalt des Gesprächs informieren; dies idR schriftl. Die ProzBev müssen sodann ihre Parteien informieren u noch Stellung nehmen können, eingehende Schriftsätze werden zur wechselseitigen Kenntnisnahme weitergereicht, ergänzende Befragung muss erlaubt sein. Solch ein telefonisch/schriftl Beweisaufnahmezwitter kostet Zeit, belastet Schreibdienste u birgt kaum die Chance einer Einigung. Wie viel einfacher ist da doch ein Termin zur Beweisaufnahme vor dem Prozessgericht (Protokollierung unterbleibt nach § 161 I Nr 1 = Entlastung; ebenso MK/Deppenkemper Rn 38). Als Alternative bietet sich ein Verf nach § 128a II an, wodurch sich ein Rückgriff auf das billige Ermessen des § 495a S 1 erübrigt.

Allerdings kann das Gericht durch Anträge der Parteien nicht zu einem solchen Vorgehen gezwungen werden; S 2 bezieht sich näml nur auf die mündl Verh. Jedoch können übereinstimmende Anträge der Parteien zur Art des Beweisaufnahmeverf die Ermessensfreiheit des Gerichts einengen, denn diese ist nicht Selbstzweck. 11

IV) Urteil. Es muss nicht verkündet werden. Erlass durch Zustellung (§ 317) ist ausreichend (allgM; zB MK/Deppenkemper Rn 49; MskV/Wittschier Rn 6; Fischer MDR 94, 982). Bindungswirkung (§ 318) des str Urteils tritt aber bereits ein mit seiner Übergabe an die GeschSt (PG/Schelp Rn 16; aA MK/Deppenkemper Rn 49; ausf Schäfer NJOZ 2015, 601). Bei zu diesem Zeitpunkt eingegangenen, nicht vorgelegten Schriftsätzen: Rügeverf nach § 321a (BVerfG NJW 2020, 142 zum Übergehen einer Klageerwiderung per Telefax). – Bei **Säumnis** sollte kein kontradiktorisches Urteil ergehen; zwingend ist dies (entgegen Peglau NJW 97, 2222) aber nicht (BVerfG NJW 2007, 3486 [krit Deubner JuS 2008, 224]; MskV/Wittschier Rn 6), jedenfalls nicht, wenn zuvor hierauf hingewiesen worden war (StJ/Berger Rn 45). Dann muss dabei aber auch der schriftl Vortrag der säumigen Partei berücksichtigt werden (BVerfG JZ 2015, 1053 [Heiß]). Ergeht VU ohne Antrag, keine Berichtigung in ein Schlussurteil (AG Bielefeld NJW-Spezial 2020, 221). – Verzicht des Gerichts auf Abfassung von Tatbestand u Gründen findet sich in § 313a I 1, 2 Alt 2 (vormals § 495a II). 12

1) Tatbestand. Eine gewisse Entlastung liegt darin, dass auf die Abfassung eines Tatbestandes verzichtet werden kann, was aber bereits aus § 313a I 1 folgt. Jedoch werden der Verständlichkeit wegen idR Tatbestandsteile in die Gründe einfließen müssen, weshalb der Entlastungseffekt nur teilw erreicht werden kann. 12a

2) Entscheidungsgründe. Sie sind nicht erforderlich, wenn deren wesentl Inhalt in das Protokoll aufgenommen wurde (§ 313a I 2). Der Sinn oder Vorteil dieser Regelung bleibt im Dunkeln. Ist der Entscheidungshinweis im Protokoll gesetzmäßig, dh vollständig (wesentl Inhalt!), u setzt er sich mit den Argumenten der Parteien auseinander, dann taugt er ebenso als Entscheidungsgrund. Gerade in frühen 1. Terminen wird oftmals die Muße fehlen zum Diktat, weil auch noch das Ergebnis der Erörterungen zu überdenken ist, andere Verf schon auf ihren Aufruf warten. Ggü der Ruhe am Ende der Sitzung ist für einen eiligen, evtl gar unüberlegten, jedenfalls aber nur vorläufigen Hinweis im Termin nur selten Bedarf. Dieser Hinweis kann ja auch noch am Ende der Sitzung ergehen u in das Protokoll aufgenommen werden; dann idR in Abwesenheit der übrigen Beteiligten, was unschädl ist, denn ihre Anwesenheit beim Diktat ist nicht vorgeschrieben. Wie u wann sie vom Hinweis Kenntnis erlangen, lässt § 313a I 2 offen. Von daher ist auch unverständl, warum im Protokoll über den Termin zur Verkündung einer Entscheidung im schriftl Verf der Hinweis nicht zulässig sein soll (zB Schneider ZAP F 13, 199 IV 3). Einerseits gilt freies Ermessen; andererseits wird ohne erkennbaren Nutzen genau vorgeschrieben, wo der Hinweis zu platzieren ist. Da jedoch Hinweis u Entscheidungsgründe (hierzu LG München I NJW-RR 2004, 353) gleicher Qualität sein müssen, denn schon die kurze Zusammenfassung kann sich auf den wesentl Inhalt beschränken, ist die Diskussion letztl so überflüssig wie § 313a I 2 Alt 2 selbst (krit auch Kunze NJW 95, 2751 II 2). 13

3) Beschlüsse. Entspr anwendbar ist § 495a – ebenso wie § 313a – auf verfahrensbeendende Beschlüsse (zB § 91a) u auf Verweisungen (§ 281), wenn der Hauptsachewert 600 Euro nicht übersteigt. Er sollte hingegen nicht angewandt werden bei Urteilen in den Fällen des § 313a IV. 14

V) Kosten und formelle Rechtskraft der Entscheidung. Die gem §§ 91 ff zu treffende Kostenentscheidung ist zwingend. Eine Kostenaufhebung aus Vereinfachungsgründen wäre willkürl, daher unzulässig. Für den Eintritt der formellen Rechtskraft der Entscheidung gilt § 705. Ein Urteil wird daher unabhängig von der Statthaftigkeit einer Berufung erst mit Ablauf der (ggf fiktiven) Rechtsmittelfrist formell rechtskräftig. 15

VI) Gebühren. Sa § 253 Rn 28. **1) Gericht:** Ermäßigung der VerfGeb bei Klagerücknahme in Verf ohne mündl Verh nach 1211 Nr 1c GKG-KV. Dieser Ermäßigungstatbestand sperrt nicht die anderen (Nrn 1a, 1b), sondern gilt subsidiär (OLG Karlsruhe MDR 2006, 235). – **2) RA:** Bei mündl Verh vAw oder nach S 2 Geb nach Vorbem 3 II RVG-VV, 3100 f RVG-VV, Vorbem 3 III 1 RVG-VV, 3104 ff RVG-VV. – Beim Verf ohne mündl Verh Geb nach 3100 f RVG-VV, 3104 I Nr 1 RVG-VV (N. Schneider NJW-Spezial 2019, 667). Dabei fällt die Terminsgeb (3104 I Nr 1 RVG-VV) immer an, wenn „entschieden oder … mit oder ohne Mitwirkung des Gerichts ein Vertrag im Sinne der Nummer 1000 geschlossen wird …". Entscheidung idS ist nur die, die bei einem Wert über 600 Euro eine mdl Verh notwendig gemacht hätte (GS/Müller-Rabe VV 3103, 3104 Rn 68), also zB nicht die Einspruchsverwerfung (AG Ansbach AGS 2006, 544 [N. Schneider]). – Streiturteil im schriftl Verf ohne Beteiligung des Gegners löst die Geb 3104 RVG-VV iHv 1,2 aus (OLG Düsseldorf AGS 2009, 172; AG Kleve AGS 2006, 542 [Schons]; aA AG Cloppenburg JurBüro 2007, 79; AG München AGS 2007, 442; AG Freising JurBüro 2008, 142: 0,5), denn die 0,5 Geb des VV 3105 ist auf die Fälle beschränkt, in denen VU ergeht (AG Pforzheim NJW-Spezial 2019, 125). Für eine analoge Anwendung auf Streiturteile fehlt es schon an einer planwidrigen Regelungslücke. – Ist die Geb 3104 I Nr 1 RVG-VV nicht entstanden, kann eine Terminsgeb noch aus Vorbem 3 III RVG-VV folgen. 16

§ 496 Einreichung von Schriftsätzen; Erklärungen zu Protokoll

Die Klage, die Klageerwiderung sowie sonstige Anträge und Erklärungen einer Partei, die zugestellt werden sollen, sind bei dem Gericht schriftlich einzureichen oder mündlich zum Protokoll der Geschäftsstelle anzubringen.

1 **I) Wahlrecht.** Die Partei hat vor dem AG die Wahl, ob sie bestimmende Anträge oder sonstige Erklärungen schriftl einreicht oder mündl zu Protokoll der GeschSt anbringt. Nur durch gerichtl Anordnung gem § 129 II kann, wo das sachl geboten ist, das Wahlrecht der Parteien eingeschränkt werden (PG/Schelp Rn 1).

2 **1) Schriftsätze.** Soweit Schriftsätze eingereicht werden, gelten für deren Form u Inhalt die §§ 130-133 u § 253 entspr; ggfs also die Pflicht zur elektronischen Einreichung (§ 130d; Schultzky MDR 2022, 201 Rn 2). Inhaltsmängeln hat das Gericht durch Fragen u Hinweise (§ 139), notfalls durch Anordnung (§ 129a) ergänzender Angaben zu Protokoll zu begegnen.

3 **2) Erklärungen zu Protokoll.** Zu Protokoll der GeschSt (§ 153 GVG) können Erklärungen gem § 129a I vor jedem beliebigem AG (nicht nur Gericht der Hauptsache) abgegeben werden. Zur Entgegennahme u Protokollierung telefonischer Erklärungen ist die GeschSt berechtigt, aber nicht verpflichtet. Der UdG (§ 153 GVG), in den Angelegenheiten des § 24 RpflG der Rpfleger, ist zur Entgegennahme u Niederschrift sowie zur unverzügl Vorlage bzw Übersendung des Protokolls an das zust Prozessgericht amtl verpflichtet (§ 129a III). Soweit die Klage entgegengenommen wird, muss deren Inhalt den Erfordernissen des § 253 genügen (vgl § 498); die unverzügl Weitergabe an das Prozessgericht erhält hier durch § 167 bes Bedeutung (s § 498 Rn 1). Bei Niederschrift sonstiger Erklärungen soll der UdG auf den für Schriftsätze vorgeschriebenen Inhalt hinwirken. Zur Niederschrift eines wörtl Diktats ist der UdG bei verworrenen oder gar beleidigenden Erklärungen nicht verpflichtet; Inhaltsprotokoll genügt regelmäßig. IÜ sieht aber das Gesetz eine Zurückweisung des mündl Vorbringens wegen dessen Umfangs oder querulatorischen Inhalts mit Rücksicht auf das Fürsorgebedürfnis im Parteiprozess nicht vor (PG/Schelp Rn 3).

4 **II) Sondervorschrift für das Mahnverfahren.** § 702.

5 **III) Kosten des Gerichts.** Wird die Klage zu Protokoll der GeschSt angebracht, ist die Aufnahme des Protokolls (Original) nicht gebührenpflichtig. Müssen Kopien, zB als Protokollanlagen, gefertigt werden: 9000 GKG-KV. Mit dem Abschluss des Protokolls (durch Vorlesen bzw eigenes Durchlesen des Antragstellers und Genehmigung) entsteht und wird zugleich fällig die Geb für das Verf im Allg (§ 6 I 1 Nr 1 GKG; 1210 GKG-KV).

§ 497 Ladungen

(1) [1]Die Ladung des Klägers zu dem auf die Klage bestimmten Termin ist, sofern nicht das Gericht die Zustellung anordnet, ohne besondere Form mitzuteilen. [2]§ 270 Satz 2 gilt entsprechend.

(2) [1]Die Ladung einer Partei ist nicht erforderlich, wenn der Termin der Partei bei Einreichung oder Anbringung der Klage oder des Antrages, auf Grund dessen die Terminsbestimmung stattfindet, mitgeteilt worden ist. [2]Die Mitteilung ist zu den Akten zu vermerken.

1 **I) Terminsbestimmung.** Der Termin wird vAw bestimmt (unanfechtbar), sofern nicht eines der in § 216 Rn 3-9 genannten Verfahrenshindernisse vorliegt. Eines Antrags bedarf es im amtsgerichtl Verf nur, wenn die Partei ein ruhendes Verf aufnehmen (§ 251), nach einem Zwischenurteil nach § 304 über den Grund, nach einem Vorbehaltsurteil im Nachverf (§ 600) oder nach Widerspruch im Mahnverf über den Anspruch verhandeln will, § 696; s § 216 Rn 2. Bei Zurückweisung des Terminsantrags sof Beschwerde (§ 567 I Nr 2).

2 **II) Ladung.** Sie erfolgt durch die GeschSt. Dem Bekl wird mit der Ladung eine begl Abschrift der Klage (des Einspruchs usw) formell zugestellt, § 498. Dem Kl wird, wenn nichts Gegenteiliges angeordnet ist, die **Ladung formlos** ausgehändigt oder übersandt (= Ausnahme von § 329 II 2); von der formlosen Übersendung ist wegen mögl Schwierigkeiten beim Zugangsnachweis abzuraten (PG/Schelp Rn 3). Die formlose Ladung des Kl „gilt" im Ortsbereich am nächsten, sonst am übernächsten Werktag nach Aufgabe des Briefs „als bewirkt" (§ 270 S 2), kann also die Rechtzeitigkeit iSd § 335 I Nr 2 u damit die Zulässigkeit eines VU gegen den Kl indizieren, auch wenn es sich nicht um eine Zugangsvermutung handelt (MskV/Wittschier Rn 2; MK/Deppenkemper Rn 4; aA BeckOK-ZPO/Toussaint 6.1). – Termin iSd I 1 ist nur der frühe 1. Termin (§ 272 II, § 275; MskV/Wittschier Rn 2; MK/Deppenkemper Rn 2). Bei der Verlegung des frühen 1. Termins handelt es sich dann aber noch um den „auf die Klage bestimmten Termin" (AG/Bünnigmann Rn 4; MK/Deppenkemper Rn 3). Wird *nach Mahnverf und Eingang der Anspruchsbegründung* Termin bestimmt (§ 697 II 1), ist er ebenfalls „auf die Klage bestimmt" (AG/Bünnigmann Rn 4). Nicht hierher gehört der auf Antrag (§ 495a S 2) bestimmte Termin; das Gericht kann aber im Rahmen seines dort zulässigen Ermessens nach I 1 verfahren. – Keiner Ladung bedarf

es bei Terminsbestimmung in verkündeter Entscheidung (§ 218). Wegen Terminsverlegung s § 227. Ladungsfrist s § 217; Einlassungsfrist s § 274 III; Abkürzung dieser Fristen § 226; ohne Mitteilung der Abkürzung mit der Ladung kein VU, § 335 I 2; Belehrung: § 215 I.

III) Bekanntgabe. Dem Kl kann bei Anbringung der Klage, dem Bekl bei Einlegung des Einspruchs der Termin (mit Abkürzung der Einlass- oder Ladungsfrist) sofort formlos bekannt gegeben werden (wegen der umfassenden Belehrungspflicht, § 215 I, recht unpraktisch). Dass dies geschehen ist, ist in den Akten zu vermerken u von dem Bediensteten zu unterzeichnen (vgl § 174 S 3). Unterschrift der Partei ist nicht nötig. IÜ genügt Übersendung der Terminsmitteilung an Kl bzw seinen ProzBev. II gilt auch für die Nebenintervention. Bei Nichterscheinen des Kl kann VU erlassen werden (Rn 2). – Macht der Kl dann Nichtempfang der Ladung (Terminsmitteilung) glaubhaft, ist das VU nicht gesetzmäßig ergangen (Verletzung des rechtl Gehörs) u § 344 unanwendbar (StJ/Berger Rn 4). Ein kontradiktorisches Urteil (Fälle des § 495a) ist mit Kostenniederschlagung nach § 21 GKG aufzuheben (BayVerfGH NJW-RR 2001, 1647, das vor einem Endurteil zu Recht Feststellung des tatsächl Zugangs verlangt). – Empfehlenswert ist, immer die Zustellung anzuordnen (so auch PG/Schelp Rn 3). 3

§ 498 Zustellung des Protokolls über die Klage

Ist die Klage zum Protokoll der Geschäftsstelle angebracht worden, so wird an Stelle der Klageschrift das Protokoll zugestellt.

I) Klage. Die vor dem AG gem § 496 zu Protokoll gegebene Klage entspricht nach Zweck u Inhalt dem § 253 (s § 496 Rn 3). Erst ihre Zustellung an den Gegner begründet Rechtshängigkeit. Wegen Vorwirkung der Klageeinreichung, wenn Zustellung „demnächst" erfolgt, s § 167. Bei Protokollierung der Klage durch GeschSt eines anderen AG als des Prozessgerichts (§ 129a) ist diese erst mit Zugang des Protokolls beim Prozessgericht bei diesem „eingereicht" u damit anhängig (§ 129a III 2). Erst das Prozessgericht veranlasst die Zustellung des Klageprotokolls an den Bekl gem § 271 u trifft hierbei die Anordnungen gem §§ 272 ff, ggf mit Hinweisen gem §§ 499, 504, 510. 1

II) Mängel. Bei Mängeln des Klageprotokolls ist gem § 139 zu verfahren, die mangelhafte Klage aber gleichwohl unverzügl (§ 271 I) zuzustellen, weil rückwirkende Heilung mögl (§ 253) ist. 2

§ 499 Belehrungen

(1) Mit der Zustellung der Klageschrift oder des Protokolls über die Klage ist der Beklagte darüber zu belehren, dass eine Vertretung durch einen Rechtsanwalt nicht vorgeschrieben ist.

(2) Mit der Aufforderung nach § 276 ist der Beklagte auch über die Folgen eines schriftlich abgegebenen Anerkenntnisses zu belehren.

I) Belehrung. Vorgeschrieben wird in I eine Überfürsorge (krit auch StJ/Berger Rn 2). Zugleich besteht die Gefahr, dass eine unerfahrene Partei „nicht vorgeschrieben" als „nicht nötig" interpretiert, obwohl die Rechtsanwendung immer komplizierter wird. Der amtsgerichtl Zivilprozess hat mit dieser Regelung nichts gewonnen. 1

II) Schriftliches Anerkenntnisurteil. Vor dem AG gelten die Vorschriften über die Vorbereitung des frühen 1. Termins oder des Haupttermins (§§ 272 ff) entspr. Bei Wahl des schriftl Vorverf § 276 ist Bekl wegen seines Fürsorgebedürfnisses im Parteiprozess (s § 495 Rn 3) unabhängig von den durch § 276 gebotenen Hinweisen auf die Möglichkeit des schriftl AU (§ 307) bes hinzuweisen. Dieser Hinweis ist geboten, auch wenn der Bekl durch RA vertreten ist (MskV/Wittschier Rn 2). Eines Hinweises auch auf die mögl Form des Anerkenntnisses (§§ 496, 129a) u auf dessen Kostenfolge (§§ 91, 93) bedarf es nicht (allgM; AG/Bünnigmann Rn 4; MK/Deppenkemper Rn 7; StJ/Berger Rn 15), auch wenn der Schutzzweck hier bei den Kosten (§ 93) wohl eine Lücke hat (PG/Schelp Rn 3). 2

Fehlender Hinweis nach § 499 verbietet schriftl AU (StJ/Berger Rn 18), nicht aber ein solches in mündl Verh. 3

§§ 499a bis 503 (weggefallen)

§ 504 Hinweis bei Unzuständigkeit des Amtsgerichts

Ist das Amtsgericht sachlich oder örtlich unzuständig, so hat es den Beklagten vor der Verhandlung zur Hauptsache darauf und auf die Folgen einer rügelosen Einlassung zur Hauptsache hinzuweisen.

1 **I) Funktion.** Grds wird der Mangel der sachl oder örtl Zuständigkeit dadurch behoben, dass der Bekl ohne Geltendmachung der Unzuständigkeit des Gerichts mündl zur Hauptsache verhandelt (§ 39 S 1). Das gilt ohne Rücksicht darauf, ob der Bekl die an sich veranlasste Verfahrensrüge bewusst oder in Rechtsunkenntnis unterlassen hat. Um eine Erschleichung der amtsgerichtl Zuständigkeit unter Ausnutzung der Rechtsunkenntnis des Bekl zu verhüten (Schneider MDR 89, 606), gebietet § 504 die Belehrung des Bekl über Zuständigkeitsmängel u über die Rechtsfolge der rügelosen Einlassung zur Hauptsache. Solange diese Belehrung unterblieben ist, tritt die Rechtsfolge des § 39 nicht ein (§ 39 S 2) u kann die zunächst unterbliebene Verfahrensrüge abw von § 282 III nachgeholt werden (OLG Saarbrücken 19.10.2022 – 5 U 17/22 Tz 38; § 296 Rn 28). Die Vorschrift trägt dem bes Fürsorgebedürfnis der Parteien im amtsgerichtl Verf (s § 495 Rn 3) Rechnung.

2 **II) Belehrungspflicht.** Sie besteht im amtsgerichtl Verf unabhängig davon, ob der Bekl anwaltl vertreten ist oder gem § 78 vertreten sein muss. Belehrung hat gem § 273 schriftl oder spätestens mündl im Verhandlungstermin – dann wegen der verfahrensrechtl Bedeutung gem § 160 II Protokollierung geboten – vor Eintritt in die str mündl Verh (§ 137 I) zu erfolgen. Zunächst unterbliebene Belehrung kann u muss vom Gericht bis zum Schluss der mündl Verh (LG Hannover MDR 85, 772) nachgeholt werden, so auch bei iSd § 506 nachträgl Wegfall der amtsgerichtl Zuständigkeit (s § 506 Rn 3); dann gilt § 39 S 1 ex nunc. Die durch verspätete Belehrung bedingten gerichtl Mehrkosten sollten gem § 21 GKG niedergeschlagen werden.

3 **III) Bindungswirkung.** Besteht trotz fehlender Belehrung, wenn das Gericht dem Bekl zu einem Verweisungsantrag des Kl wegen fehlender Zuständigkeit des angerufenen Gerichts Gelegenheit zur Stellungnahme gibt (BGH MDR 2013, 1304; OLG Brandenburg 3.12.2019 – 1 AR 48/19 Tz 9; MskV/Wittschier Rn 3).

4 **IV) Internationale Zuständigkeit.** Bei ihrem Fehlen gilt § 504 über den Wortlaut hinaus wegen des gleichen Fürsorgegedankens (MK/Deppenkemper Rn 4; MskV/Wittschier Rn 2; AG/Bünnigmann Rn 3). Sa § 26 II Brüssel Ia-VO mit der dortigen Belehrungspflicht.

§ 505 (weggefallen)

§ 506 Nachträgliche sachliche Unzuständigkeit

(1) Wird durch Widerklage oder durch Erweiterung des Klageantrages (§ 264 Nr. 2, 3) ein Anspruch erhoben, der zur Zuständigkeit der Landgerichte gehört, oder wird nach § 256 Abs. 2 die Feststellung eines Rechtsverhältnisses beantragt, für das die Landgerichte zuständig sind, so hat das Amtsgericht, sofern eine Partei vor weiterer Verhandlung zur Hauptsache darauf anträgt, durch Beschluss sich für unzuständig zu erklären und den Rechtsstreit an das Landgericht zu verweisen.
(2) Die Vorschriften des § 281 Abs. 2, Abs. 3 Satz 1 gelten entsprechend.

1 **I) Anwendungsbereich.** § 506 ist **Ausnahme von der Regel der perpetuatio fori** (§ 261 III 2) u will (insofern ähnl § 504) der Erschleichung der amtsgerichtl Zuständigkeit durch Klageerweiterung erst nach Begründung der amtsgerichtl Zuständigkeit dadurch vorbeugen, dass Verweisung an das LG trotz ursprüngl sachl Zuständigkeit des AG zulässig bleibt. Dementspr gilt § 506 nur (BGH NJW-RR 96, 891) bei gem § 261 II nachträgl Veränderung der die sachl Zuständigkeit des AG (§ 23 Nr 1 GVG) begründenden Umstände durch Klageerweiterung (§ 264 Nrn 2, 3), Streitwert erhöhende Klageänderung (§ 263), Widerklage (§ 33) oder nachträgl Zwischenfeststellungsklage (§ 256 II).

2 Dem Normzweck entspr, die perpetuatio fori nur im sachl gebotenen Umfang zu durchbrechen (PG/Schelp Rn 3), **gilt § 506 nicht:** bei ursprüngl sachl oder örtl Unzuständigkeit (dann nur §§ 504, 281) u bei Eintritt anderer zuständigkeitsverändernder Umstände als den in § 506 genannten (keine extensive Auslegung der Ausnahmevorschrift!), also bei Streitwert erhöhender nachträgl Klageerweiterung oder Widerklage in den Fällen § 302 IV 4, § 510b, § 600 II, § 717 II 2, III oder bei **Prozessverbindung** (§ 147; Ausnahme § 112 II 1 GenG; OLG Rostock MDR 2018, 549; MskV/Wittschier Rn 1; MK/Deppenkemper Rn 6; aA AG Neukölln MDR 2005, 772; sa *§ 147 Rn 7). Eine Verweisung nach* Prozessverbindung ist idR aber bindend, weil nicht willkürl (KG MDR 2007, 173; OLG Hamm 24.7.2017 – 32 SA 42/17 Tz 13), es sei denn, das AG setzt sich trotz Hinweis nicht mit der ganz hM auseinander (OLG Hamm MDR 2014, 1196). – Beim Widerklageantrag mit LG-Streitwert,

verbunden mit einem PKH-Antrag, kann erst (und nur) verwiesen werden, wenn PKH für einen landgerichtl Streitwert bewilligt u die Rechtshängigkeit dieser Klage dann eingetreten ist (KGR Berlin 2007, 964). – Kein Fall des § 506, ist die Verweisung vom für die Klage ausschließl zust AG an das für die danach erhobene Widerklage zust LG; zutreffend ist, die Verf zu trennen (vgl § 33 Rn 17). Die Rspr hält eine Verweisung nach § 506 aber für jedenfalls nicht willkürlich (OLG Karlsruhe MDR 2011, 1499; OLG München BauR 2015, 313; OLG Brandenburg 19.6.2020 – 1 AR 12/20 Tz 16). – Bei einem unbezifferten Antrag kann vom AG an das LG verwiesen werden, wenn der Kl seine Mindestvorstellung nachträglich erhöht (OLG Hamm 19.7.2018 – 32 SA 24/18: Schmerzensgeld).

II) Verfahren. 1) Hinweispflicht. Da das Schutzbedürfnis des Bekl (s § 504 Rn 1) bei nachträgl Wegfall der amtsgerichtl Zuständigkeit nicht geringer ist als bei ursprüngl Unzuständigkeit des AG, besteht auch hier die Hinweispflicht des Gerichts gem § 504, ohne deren Erfüllung die Prorogationswirkung der rügelosen Einlassung (s § 39 Rn 10) nicht eintritt. Dem Umstand, dass § 39 S 2 nur auf § 504 verweist, nicht auch auf § 506, und dass er nur den Bekl anführt, ist keine den Normzweck einschränkende Bedeutung beizumessen. Mit nachträgl Wegfall der amtsgerichtl Zuständigkeit gem § 506 „ist das Amtsgericht … unzuständig" geworden iSd § 504 Hs 1. Der Unterschied des § 506 zu § 504 erschöpft sich in der von § 281 abw Regelung, dass jede der Parteien (MskV/Wittschier Rn 2) den Verweisungsantrag stellen kann u II nur Einzelregelungen des § 281 übernimmt (Müller JuS 86, 135). Die trotz zunächst rügeloser Einlassung weiter fortbestehende Möglichkeiten zur Rüge und dazu, einen Verweisungsantrag zu stellen (§ 39 S 2, §§ 504, 506), stehen daher auch dem Kl als Widerbekl zu (PG/Schelp Rn 4; str). 3

2) Antrag. Bei Zuständigkeitsrüge **Verweisung nur auf Antrag** u nur, wenn dieser Antrag vor str Einlassung zur zuständigkeitsverändernden Hauptsache gestellt wird (sonst § 39). Den Verweisungsantrag kann jede Partei stellen (PG/Schelp Rn 4), auch bei Säumnis des Gegners. Der Antrag kann auch auf Verweisung an die KfH gerichtet werden (§ 96 II GVG; dort gelten dann für Verweisungen § 97 II, § 98 II GVG). § 506 ermöglicht aber nicht die Verweisung an ein bes Gericht (zB ArbG; an dieses verweist ggf das LG weiter). Vor dem **LG als Berufungsgericht** ist Antragstellung nur mit dem Ziel der Verweisung an Zivilkammer 1. Instanz unmögl, da § 506 nur im amtsgerichtl Verf gilt u die Zuständigkeitsabgrenzung der Zivilkammern eine nur funktionelle ist (hM; KG MDR 99, 563); auch eine Verweisung vom Berufungs-LG an das **OLG als Berufungsgericht** kommt nicht in Frage (BGH NJW-RR 96, 891). Jedoch darf das LG als Berufungsgericht, wenn das hilfsw beantragt ist, unter Aufhebung des Ersturteils des unzuständigen AG die Sache (im Urteil oder durch Beschluss neben dem Urteil) antragsgemäß an die Zivilkammer (zur Wiederholung des 1. Rechtszugs) abgeben. 4

Wird trotz Belehrung der **Verweisungsantrag nicht gestellt**, erfolgt insoweit bei Verfahrensrüge Prozessabweisung durch Urteil des AG, ohne Verfahrensrüge tritt Zuständigkeit durch rügelose Einlassung ein. 5

3) Entscheidung. Der unbegründete Verweisungsantrag ist durch Zwischenurteil (§ 280) oder in den Gründen des Endurteils zurückzuweisen. – Bei begründetem Antrag Verweisung durch Beschluss, der gem § 281 II nicht anfechtbar u für das angewiesene LG hinsichtl seiner sachl Zuständigkeit bindend ist. Eine Bindung des LG hinsichtl seiner örtl Zuständigkeit führt der Beschluss nach § 506 nicht herbei; jedoch ist das LG auch örtl an die Verweisung gebunden, wenn das AG mit der Verweisung nach § 506 antragsgemäß eine solche nach § 281 an das örtl zuständige LG verbindet (Diagonalverweisung; ThP/Seiler Rn 2; StJ/Berger Rn 15) oder wenn das gem § 506 verweisende AG bereits durch eine frühere örtl Verweisung durch ein anderes AG gem § 281 II insoweit örtl gebunden war. Bindung besteht hinsichtlich der örtl Zuständigkeit auch, wenn der Widerkläger bei Erhebung der Widerklage sein Wahlrecht (§ 35) ausübt (OLGR Zweibrücken 2000, 299). – Weiterverweisung vom LG an ein bes Gericht, zB ArbG, bleibt möglich (MskV/Wittschier Rn 6). 6

4) Kostenfolge. § 281 III 2 gilt bei nur sachl Verweisung gem § 506 nicht, denn der Kl hatte hier ja beim ursprüngl sachl zuständigen AG geklagt. Jedoch gilt § 281 III 2, wo das AG zugleich gem § 281 (s Rn 6) an ein anderes als das ihm örtl übergeordnete LG verweist. 7

III) Gebühren. 1) Gericht: Ein Verweisungsbeschluss, das auf Abweisung erkennende Prozessurteil (s Rn 5) oder ein Zwischenurteil (s Rn 6) sind gebührenfrei. – **2) RA:** Dem vor und nach der Verweisung tätigen ProzBev erwachsen wegen der Einheit der Instanz (§ 20 S 1 RVG) die vor dem AG verdienten Geb nicht erneut. 8

§§ 507 bis 509 (weggefallen)

§ 510 Erklärung über Urkunden

Wegen unterbliebener Erklärung ist eine Urkunde nur dann als anerkannt anzusehen, wenn die Partei durch das Gericht zur Erklärung über die Echtheit der Urkunde aufgefordert ist.

1 **I) Urkunden.** § 510 gilt nur für Privaturkunden (§ 416), denn für die Echtheit öffentl Urkunden (§§ 415, 416a) spricht die vom Gegner zu widerlegende ges Vermutung (§§ 437, 438). Dagegen unterliegt die Frage der Echtheit von Privaturkunden der Parteidisposition (§ 439).

2 **II) Hinweispflicht.** Im Parteiprozess erhöht § 510 den Schutz des oft rechtsunkundigen Beweisgegners, indem die Geständnisfiktion (§ 439 III) von einem dahingehenden Hinweis des Gerichts abhängig gemacht wird (MK/Deppenkemper Rn 1, der die Hinweispflicht auf § 138 III ausgedehnt sehen möchte). Die Nachprüfbarkeit der Beweiswürdigung durch das Berufungsgericht bedingt, dass die gerichtl Aufforderung im Sitzungsprotokoll (MK/Deppenkemper Rn 3; MskV/Wittschier Rn 2) oder im Tatbestand des Urteils (ThP/Seiler Rn 1) festgestellt wird. Nachholung des Bestreitens in der Berufungsinstanz ist nach § 531 II 1 Nr 2 zu beurteilen.

§ 510a Inhalt des Protokolls

Andere Erklärungen einer Partei als Geständnisse und Erklärungen über einen Antrag auf Parteivernehmung sind im Protokoll festzustellen, soweit das Gericht es für erforderlich hält.

1 § 510a erweitert mit Rücksicht auf das Fürsorgebedürfnis der Parteien im amtsgerichtl Verf (s § 495 Rn 3) die Vorschrift des § 160 IV, da auch ohne bes Antrag wesentl „Vorgänge oder Äußerungen" vAw in die Sitzungsniederschrift aufzunehmen sind. Im Hinblick auf § 160 II hat § 510a keine zusätzl praktische Bedeutung.

§ 510b Urteil auf Vornahme einer Handlung

Erfolgt die Verurteilung zur Vornahme einer Handlung, so kann der Beklagte zugleich auf Antrag des Klägers für den Fall, dass die Handlung nicht binnen einer zu bestimmenden Frist vorgenommen ist, zur Zahlung einer Entschädigung verurteilt werden; das Gericht hat die Entschädigung nach freiem Ermessen festzusetzen.

1 **I) Allgemeines.** § 510b ist ein auf das amtsgerichtl Verf beschränkter Anwendungsfall der obj Klagenhäufung (§ 260; str, wie hier MskV/Wittschier Rn 3 mN), wobei der (nicht etwa als Hilfsanspruch bedingt gestellte) Entschädigungsanspruch unbedingt erhoben u rechtshängig wird, obwohl er materiell (Schadensersatz statt Leistung, §§ 280, 281 BGB) ein künftiger Anspruch (vgl § 259) u durch die Nichterfüllung des Hauptanspruchs bedingt ist. § 510b begründet dabei keinen Anspruch auf Schadensersatz, sondern setzt einen mat-rechtl Anspruch voraus (s Rn 7). Mit Fristablauf steht nicht rechtskräftig fest, dass der Leistungsanspruch nicht mehr besteht, und er wandelt sich auch nicht in einen Entschädigungsanspruch um (BGH MDR 2023, 1104). Die Gefahr dieses Verf liegt in der hypothetischen Schadensermittlung u -berechnung durch das Gericht, für den Kl im Verlust der Vollstreckungsbefugnis bzgl des Hauptanspruchs (§ 888a; PG/Schelp Rn 1) u in der dem Sch aufgezwungenen Notwendigkeit der späteren Vollstreckungsabwehrklage (§ 767), falls er die Nichterfüllung des Hauptanspruchs nicht zu vertreten hat (§ 280 I 2, § 286 IV, § 326 BGB) oder die Höhe der zuerkannten Entschädigung bestreitet. Wegen der Entbehrlichkeit des Nachweises einer Besorgnis der Nichterfüllung des bedingten Entschädigungsanspruchs geht § 510b über § 259 hinaus. Um die aufgezeigten Risiken abzugrenzen, ist das Verf auf die amtsgerichtl Zuständigkeit, insoweit aber auch auf das Berufungsverf vor dem LG beschränkt u keiner erweiternden Auslegung zugängl (abl Stamm ZfPW 2020, 86, 109, wonach die Beschränkung auf das AG als Eingangsinstanz schon grds nicht nachvollziehbar ist).

2 **II) Verfahren. 1) Anwendungsbereich.** Klage auf Vornahme einer vertretbaren oder unvertretbaren Handlung iS §§ 887, 888, 889. Nicht anwendbar auf Unterlassungs-, Duldungs- oder Herausgabeansprüche (arg: § 888a). Ob die Handlung durch ZwV erzwingbar ist (vgl § 888 II), ist gleichgültig; die Nichtvornahme muss nur Entschädigungsansprüche (auch Vertragsstrafe) auslösen können. Das AG ist zuständig, auch wenn der Entschädigungsanspruch seine Zuständigkeit übersteigt (MK/Deppenkemper Rn 28; s Rn 9).

3 **2) Antrag.** Der Antrag auf Fristsetzung u Entschädigung kann auch nachträgl (selbst in der Berufungsinstanz) gestellt (§ 261 II) werden, jedoch nicht mehr nach Verweisung gem § 506. Darlegung einer Besorgnis der Nichterfüllung (§ 259) ist entbehrl. Bezifferung der Entschädigung ist (wie bei § 287) entbehrl. Für den Antrag auf Fristsetzung gilt das in § 255 Rn 4 Ausgeführte. Der Antrag begründet Rechtshängigkeit (§ 261 I) des Entschädigungsanspruchs.

4 **3) Entscheidung.** Das Gericht muss über den Hauptanspruch u (insoweit gilt § 255) über die Fristsetzung entscheiden. *Teilurteil nur über den Hauptanspruch ist unzulässig* („zugleich"), weil dann dessen Vollstreckungsfähigkeit (§ 888a) ungewiss bliebe. **Entscheidung über die Entschädigung steht** (vgl „kann") **im Ermessen des Gerichts**; das Gericht darf von einer sachl Entscheidung zB absehen, wenn über Grund u Höhe der Entschädi-

gung umfangreiche Beweiserhebung nötig wäre (allgM; ThP/Seiler Rn 6). Da nur der Hauptanspruch den Streitwert bestimmt (s Rn 9), wäre Verweisung gem § 506 wegen Höhe der Entschädigung unzulässig u für das LG nicht bindend (PG/Schelp Rn 4).

a) Sieht das Gericht von einer Sachentscheidung über die Entschädigung ab, so ist das **nur in den Urteilsgründen** darzulegen; kein Ausspruch insoweit im Urteilstenor. Trotzdem ist Kl dann beschwert; er kann den Entschädigungsanspruch mit (Anschluss-)Berufung vor dem LG weiterverfolgen. Tut er das nicht, entfällt Rechtshängigkeit des Entschädigungsanspruchs mit formeller Rechtskraft (§ 705) des Urteils. 5

b) Der **Entschädigungsanspruch** ist als **unzulässig** (im Urteilstenor) abzuweisen, wenn die in Rn 2 genannten Voraussetzungen fehlen. 6

c) Der **Entschädigungsanspruch** ist als **unbegründet** abzuweisen – selbst bei begründetem Hauptanspruch –, wo seine mat-rechtl Voraussetzungen fehlen, sei es, dass die Nichterfüllung der Handlungspflicht keine Ersatzpflicht auslöst oder (trotz hypothetischer Schadensermittlung) ein geldwerter Schaden nicht denkbar ist. 7

d) Der **Entschädigungsanspruch** ist **begründet**, wo das Gericht – notfalls in Anwendung von § 287 – seine Voraussetzungen bejaht. 8

e) In jedem Fall der Zuerkennung oder auch der Nichtannahme (s Rn 5) bzw Abweisung des Entschädigungsanspruchs (als unzulässig oder unbegründet) bleibt *dieser* Ausspruch ohne **Kostenfolge** im Urteil. Das ist notwendige Konsequenz der hier uneigentl (dh nur zum Zweck der ZwV erfolgten) Anspruchshäufung. Bei Erlass des Urteils ist noch ganz ungewiss, ob die Bedingung, unter welcher der Entschädigungsanspruch steht (= Nichterfüllung des Hauptanspruchs), überhaupt eintreten wird (s Rn 1). Dementspr bestimmt auch allein der Hauptanspruch den **Streitwert** des gesamten Verf 1. Instanz, selbst wenn der (hypothetische) Entschädigungsanspruch einen höheren Wert haben sollte (§ 3 Rn 16.145; StJ/Berger Rn 7; MskV/Wittschier Rn 3; aA MK/Deppenkemper Rn 27 [die dort in Fn 38 für die aA zit BGH-Entscheidung betr ausdrückl nicht § 510b; s BGH NJW-RR 2018, 331 Tz 10]). – Auch § 5 (Werteaddition; s § 5 Rn 8) gilt hier nicht (wohl hM; MskV/Wittschier Rn 3; PG/Schelp Rn 4). 9

III) Zwangsvollstreckung. Das Urteil ist in vollem Umfang für vorläufig vollstreckbar (§§ 708-710) zu erklären. Vollstreckungsklausel (§ 725) ist sofort (nicht erst nach Ablauf der ges Frist; § 726 gilt hier nicht) zu erteilen. Ist auf Entschädigung erkannt, so ist (auch vor Fristablauf) ZwV auf Vornahme der Handlung ausgeschlossen: § 888a (ThP/Seiler Rn 11; AG/Bünnigmann Rn 9; MskV/Wittschier Rn 8); hierin sieht Stamm (ZfPW 2020, 86 ff, 110) einen Verfassungsbruch. Vollstreckt Kl trotzdem gem §§ 887, 888, hat Bekl hiergegen sof Beschwerde, § 793. 10

Alle **Einwände** gegen Vollstreckung der Entschädigung muss Sch gem § 767 geltend machen. 11

§ 510c (weggefallen)

Buch 3
Rechtsmittel (§§ 511-577)

Abschnitt 1
Berufung (§§ 511-541)

Vorbemerkungen zu §§ 511-541

Lit: *Rimmelspacher*, Zivilprozessreform 2002, 2002; *Kramer*, Die Berufung in Zivilsachen, 8. Aufl 2015.

I) Berufungsverfahren als Rechtskontrollinstanz. 1) Tatsachenelemente. Die Berufungsinstanz ist Rechtskontrollinstanz, die Elemente der Tatsacheninstanz enthält. Zum Umfang der Bindung an die Tatsachenfeststellungen aus der 1. Instanz liegen richtungweisende Entscheidungen (BGHZ 158, 269 = NJW 2004, 1876; BGHZ 158, 295 = NJW 2004, 2152; BGHZ 159, 245 = NJW 2004, 2825; BGHZ 159, 254 = NJW 2004, 2828 = BGHReport 2004, 1375 [Heßler]; BGHZ 160, 83 = NJW 2004, 2751; BGH NJW 2014, 74) vor. Der BGH erleichtert tendenziell die Berücksichtigung einer anderen Tatsachengrundlage als in erster Instanz im Interesse der materiellen Gerechtigkeit (s Greger JZ 2004, 805; Rimmelspacher JZ 2005, 1063; Büttner, Zehn Jahre ZPO-Reform – Ein kritischer Rückblick, FS Eichele, 2013, S 61). Die Revisions-Rspr (BGHZ 162, 313 = NJW 2005, 1583 = BGHReport 2005, 864 [Heßler]; BGH NJW 2004, 1458) lässt wie bei der prozessordnungswidrigen Berücksichtigung neuen Tatsachenvortrags nach § 531 II (BGH NJW 2004, 1458) fehlerhafte Anwendung des § 529 sanktionslos, weil die Beschränkung nicht vor der materiellen Wahrheit schützen solle. Damit liegt das Ausmaß der Berücksichtigung neuer Tatsachen weitgehend in der Hand der Berufungsgerichte. 1

2) Grundsätze bei der Anwendung. (1) Der Instanzenzug führt je nach Streitwert zu den LG und zu den OLG. Gegen alle Berufungsurteile ist die Zulassungsrevision zum BGH (oder zum BayObLG, wenn bayerisches Landesrecht zur Anwendung kommt) mögl. **(2)** Die Berufungssumme beträgt 600 Euro, darunter gibt es die Zulassungsberufung. **(3)** Die Berufungsbegründungsfrist beträgt 2 Monate und beginnt mit der Zustellung des vollständigen Ersturteils zu laufen. **(4)** Die Berufungsbegründung muss dem Gericht die Prüfung der Erfolgsaussichten nach § 522 II ermöglichen. Der Berufungsführer muss einkalkulieren, dass die Sache mit einer Beschlusszurückweisung erledigt werden kann. **(5)** Die Einlegung der Anschlussberufung ist an den Ablauf einer Berufungserwiderungsfrist gekoppelt. **(6)** Über die Beschlusszurückweisung nach § 522 II ist vorab im Gremium zu beraten und zu beschließen, noch ehe die Sache terminiert wird. Bei Terminierung ist auch über den Einsatz des entscheidenden ER nach § 526 zu entscheiden. **(7)** Der mat-rechtl Bewertung des Streitgegenstandes hat eine Klärung der Tatsachengrundlage nach dem Novenrecht (§§ 530, 531) und der zentralen Vorschrift des § 529 durch das Berufungsgericht vorauszugehen. Insb die Entscheidung über die Frage, ob eine Beweisaufnahme zu wiederholen ist, steht nicht im freien Ermessen des Berufungsgerichts. **(8)** In der 1. Instanz ist umfassend vorzutragen: Die Verzögerung des Rechtsstreits in der Berufungsinstanz durch die Berücksichtigung des neuen Sachvortrags ist nicht Voraussetzung für die Zurückweisung des neuen Vortrags und bloße Nachlässigkeit in der 1. Instanz kann zur Zurückweisung der Noven führen, wenn das Erstgericht seinerseits bei der Feststellung der Tatsachengrundlage korrekt verfahren ist (§ 531 II 1 Nr 3). **(9)** Klageänderung, Aufrechnungserklärung und Widerklage in der Berufungsinstanz können nur zugelassen werden, wenn auch der zugrunde gelegte 2

Sachvortrag nach § 529 Berücksichtigung finden kann. Das Berufungsgericht kann die Klageänderung, die Verteidigung mit einer neuen Aufrechnung oder die Widerklage aus dem Berufungsverf heraushalten. **(10)** Grundsätzlich sind alle Entscheidungen mit der NZB anfechtbar, wenn der Wert der mit der Revision geltend zu machenden Beschwer 20.000 Euro übersteigt (§ 544 II Nr 1).

3 **II) Rechtsmittel iSd ZPO.** Nur Berufung, Revision und Beschwerde, insb nicht das Abhilfeverf wegen Verletzung rechtl Gehörs (§ 321a), Einspruch (§§ 338 ff), Nichtigkeits- und Restitutionsklage (§§ 578 ff), Erinnerung (§§ 573, 766).

4 Rechtsmittel ist ein Rechtsbehelf, durch den eine Entscheidung vor ihrer Rechtskraft zur Nachprüfung einer höheren Instanz gestellt wird. Zum Wesen des Rechtsmittels gehört der **Devolutiveffekt** (Anfallwirkung: Die Sache geht zur Verh und Entscheidung auf die höhere Instanz über) und der **Suspensiveffekt** (Hemmungswirkung: Der Eintritt der formellen Rechtskraft wird aufgeschoben). Wegen der weiter gehenden Hemmungswirkung hindert die Berufungseinlegung auch den Eintritt der Rechtskraft bzgl derj Streitgegenstandsteile, die nicht angefochten werden (BGH NJW 92, 2296; BGH NJW 1994, 2896; OLG Oldenburg NJW-RR 2005, 368), solange Erweiterung der Berufung und Anschließung möglich ist. Den Ausgleich schafft die vorläufige Vollstreckbarerklärung nach § 537.

5 Mit der Einlegung der Berufung wird die ZwV nur hinausgeschoben, wenn das Urteil nicht für vorläufig vollstreckbar erklärt ist, § 704.

6 **III) Zulässigkeit des Rechtsmittels. 1) Statthaftigkeit.** Es liegt eine mit diesem Rechtsmittel anfechtbare Entscheidung vor und das Rechtsmittel ist von einem hierzu berechtigten Beteiligten (Partei oder Dritten) eingelegt.

7 **2) Form und Frist.** Bei der Einlegung – bei Berufung und Revision auch bei der Begründung – müssen **Form und Frist gewahrt** sein (zum verfassungsrechtl gebotenen Maßstab der Anwendung der formellen Rechtsschutzvoraussetzungen s § 522 Rn 2a).

8 **3) Beschwer, Beschwerdesumme (oder Zulassung).** Der Rechtsmittelkläger muss beschwert sein und die Beschwerdesumme (§ 511 II) erreicht oder das Rechtsmittel zugelassen (§ 511 III, § 543, § 574 I Nr. 2). Mat-rechtl Fehler des Urteils können diese Voraussetzungen nicht ersetzen, auch nicht bei Vorliegen einer greifbaren Gesetzwidrigkeit (BGH NJW 2002, 1577).

9 Fehlt eine der Voraussetzungen, ist das Rechtsmittel als unzulässig zu verwerfen (§§ 522, 552, 577 I). Umdeutung in zulässige Anschlussberufung oder -revision ist möglich (BGH ZZP 71 [1958], 84).

10 **IV) Beschwer. 1) Grundsatz.** Die Zulässigkeit eines Rechtsmittels setzt eine Beschwer des Rechtsmittelklägers voraus, die nicht allein im Kostenpunkt bestehen darf (s § 99 Rn 4), sowie das **Bestreben, diese Beschwer** mit dem Rechtsmittel **zu beseitigen** (stRspr, zB BGHZ 85, 142; BGH NJW-RR 88, 959). Das vorinstanzl Begehren muss also zumindest teilw weiter verfolgt werden; es darf nicht ausschließl ein neuer Anspruch geltend gemacht werden (BGH NJW 2003, 2172; BGH MDR 2008, 1351; BGH NJW 2011, 3653). Tauscht der Berufungsführer innerhalb ders Schadensart Berechnungsfaktoren aus, dann bleibt er innerhalb der Beschwer (BGH NJW-RR 2006, 253); ebenso beim Übergang vom Auskunfts- zum Zahlungsanspruch (BGH NJW 69, 1486) oder von der Zahlungs- zur Stufenklage (OLGR Stuttgart 1999, 293), sofern dies auf derselben tatsächl Grundlage geschieht. Der Berufungskläger kann auch im Unterhaltsprozess von der Leistungsklage in der 2. Instanz zur Abänderungsklage übergehen, wenn der Streitgegenstand identisch bleibt (BGH NJW 2001, 2259 = MDR 2001, 993). Nicht ausreichend ist es, bei Vorliegen einer vollstreckb Urk und Abweisung der Zahlungsklage hieraus, in der 2. Instanz zu einem Antrag nach § 731 überzugehen (BGH MDR 2004, 225). – Ob die Beschwer vorliegt, bestimmt sich nach dem rechtskraftfähigen Inhalt der Entscheidung, wobei die Gründe zur Auslegung heranzuziehen sind (BGH NJW 86, 2703; BGH NJW 99, 3564). Sie ergibt sich nicht schon aus dem Rechtsmittelkläger unerwünschten Feststellungen, zB einer von seinem Vortrag abweichenden Begründung (OLG Düsseldorf MDR 79, 956; OLG Celle OLGZ 79, 194). Erst recht genügt nicht, dass die Urteilsbegründung einem Streithelfer nachteilig (OLG Köln NJW 75, 2108) oder dass nur bei einem anderen Streitgenossen die Beschwer zu bejahen ist (BGH MDR 91, 427). Die Beschwer des Kl kann sich aber daraus ergeben, dass die Klage (zB wegen Verjährung) endgültig, statt mangels Fälligkeit nur „vorläufig" abgewiesen wurde (vgl BGH NJW 2000, 590 = MDR 2000, 291), so dass der Kl mit diesem Ziel Berufung einlegen kann. Eine gegebene Beschwer entfällt auch nicht, weil die verurteilte Partei vor Berufungseinlegung den Anspruch des Gegners zur Abwendung der ZwV erfüllt (OLG Karlsruhe OLGZ 79, 351); deshalb darf mit der Berufung auch die Rückzahlung des geleisteten Betrages aus § 812 BGB gefordert werden (OLG Schleswig MDR 91, 669).

10a Die Beschwer muss im **Zeitpunkt der Rechtsmitteleinlegung** vorliegen und darf nicht vor der Entscheidung entfallen (BGHZ 1, 29; BGH NJW-RR 2004, 1365; BGH NJW-RR 2018, 384; OLG Köln MDR 2021, 1350). Die Beschwer kann sich nur in Bezug auf den Streitgegenstand der 1. Instanz ergeben (BGHZ 24, 370; BGH NJW 93, 597; BGH NJW 94, 2896; BGH NJW 96, 527; BGHReport 2004, 974). Sie kann nicht durch Klageerweiterung im 2. Rechtszug (s § 520 Rn 12, 30) geschaffen werden, wenn nicht wenigstens ein Teilstück des ursprüngl Begehrens mit dem Rechtsmittel weiterverfolgt wird. Eine Erweiterung setzt ebenso wie die **Klageänderung** ein zulässig eingelegtes Rechtsmittel voraus (BGH NJW 99, 1407; BGH NJW 2003, 2172; BGH NJW-RR 2002, 1085; BGH FamRZ 2006, 402; BGH NJW 2011, 3653; BAG NJW 2009, 171), also die Weiterverfolgung eines vorinstanzl aberkannten Anspruchs oder Anspruchsteils. Ausreichend ist es, den abgewiesenen Hauptantrag der 1. Instanz als Hilfsantrag in der Berufungsinstanz weiterzuverfolgen (BGH NJW 2001, 226 = MDR 2001, 408), nicht aber einen in 1. Instanz nur hilfsweise gestellten Antrag zur Begründung einer obj Klagehäufung mit einem nun erstmalig gestellten Hauptantrag anzuführen (BGH NJW 2017, 140). Die Berufung ist dann mit dem Hilfsantrag zulässig. Allerdings ist bei **Wechsel in der Begründung** des Anspruchs zu unterscheiden, ob der Lebenssachverhalt ausgewechselt (= Klageänderung, somit keine Beschwer) oder nur ergänzt wird oder gar nur eine (weitere) rechtl Begründung nachgeschoben wird, die den Streitgegenstand nicht verändert (s BGH MDR 94, 305). Unzulässig ist daher die Berufung, die nach der maßgebl Berufungsbegründung (§ 513 II, § 520 III Nr 2) nur das Ziel verfolgt, einen in 1. Instanz noch nicht geltend gemachten Anspruch zur Entscheidung zu stellen, mögen hierfür auch Gründe der Prozessökonomie im Einzelfall sprechen (MskV/Ball vor § 511 Rn 26; aA Altmeppen ZIP 92, 449 u ZIP 93, 65; StJ/Althammer vor § 511 Rn 73; ausdr abl BGH NJW-RR 96, 1276). Entspr gilt, wenn nach Klageabweisung mangels Aktivlegitimation ein Dritter im Wege des Klägerwechsels Berufung einlegt. Auch hier wird das erstinstanzl Klageziel (Leistung an den Kl) nach dem **Parteiwechsel** (s dazu BGH NJW 98, 1496) nicht weiterverfolgt, ganz abgesehen von den Problemen bei der Rechtsmittelbegründung und mit der Beschränkung des Tatsachenstoffes (dazu BGH NJW 94, 3358 u s § 520 Rn 33, § 263 Rn 19).

Wer mit einer **Feststellungsklage** obsiegt hat, kann nicht Berufung einlegen, um zur Leistungsklage überzugehen, weil das eine reine Klageerweiterung wäre (BGH MDR 88, 308 = NJW 88, 827). Wohl darf ein Kl, der erstinstanzl mit dem Leistungsantrag unterlegen ist und mit dem Feststellungsantrag obsiegt hat, zweitinstanzl von der Feststellungs- zur Leistungsklage übergehen, wenn er zugleich die erstinstanzl Abweisung seines Leistungsantrags angreift, weil er dadurch beschwert ist und der Wechsel zur (weiteren) Leistungsklage nur eine Klageerweiterung, keine Klageänderung ist (BGH NJW 92, 2296; BGH NJW 94, 2098). Ist die Feststellungsklage als unbegründet abgewiesen worden, kann der Kl nach Berufungseinlegung zur Leistungsklage übergehen (§ 264 Nr 2; vgl BGH NJW 85, 1784; BGH NJW 92, 2297; BGH NJW 94, 2098), muss aber bei Klagenhäufung auch das nachteilige Feststellungsurteil durch zulässige Berufung oder Anschlussberufung angreifen (BGH NJW-RR 87, 249), allerdings kann dies während des Berufungsverf, ggf sogar noch nach Zurückverweisung nachgeholt werden, da durch die Teilanfechtung die Rechtskraft insgesamt gehemmt wird (BGH NJW 92, 2296). Ist die Feststellungsklage vorinstanzl als unzulässig abgewiesen worden, dann bleibt der Kl innerhalb seiner Beschwer, wenn er Berufung mit einem Leistungsantrag einlegt; er geht aus dems Sachverhalt wegen desselben materiellen Anspruchs vor (OLG Frankfurt NJW-RR 87, 1536). Die abw Ansicht OLG Köln NJW-RR 90, 1085 verkennt, dass der Leistungsantrag die schon vorinstanzl behauptete Begründetheit des Feststellungsbegehrens voraussetzt und einschließt. Auch prozessökonomisch erscheint die Verneinung der Beschwer in diesem Fall verfehlt. Würde die Beschwer in diesem Fall verneint, wäre der Kl gezwungen, eine neue Klage einzureichen oder zweitinstanzl Hauptantrag und Hilfsantrag zu stellen. 10b

Von dem Erfordernis, dass der Berufungskläger die vorinstanzl gesetzte Beschwer zumindest teilw beseitigen will, also zweitinstanzl nicht neue Anträge verfolgen darf, ist dann eine Ausnahme zu machen, wenn **zwischen den Instanzen** die Voraussetzungen des **§ 264 Nr 3** eintreten. Geschieht dies in der 1. Instanz, darf der Kl seinen Antrag ändern; geschieht es erst nach Verkündung des erstinstanzl Urteils, muss er die erforderl Antragsänderung mit der Berufung verfolgen dürfen, da er anderenfalls rechtlos gestellt würde (s BGH MDR 91, 42; BGH NJW-RR 92, 1033; OLG Schleswig NJW-RR 92, 192; OLG Hamm WM 92, 641). Es handelt sich dabei um Fälle wie Schadensersatz statt Rücktritt oder Nacherfüllung wegen Veräußerung der Kaufsache zwischen den Instanzen oder Umstellung der Vollstreckungsgegenklage auf eine Bereicherungsklage oder Herausgabe an einen Dritten statt an sich. 10c

Tritt **Rechtsnachfolge** ein (§ 265) und wird der übernahmebereite Nachfolger zurückgewiesen, kann er als Rechtsmittelkläger nur die Beschwer verfolgen, den Prozess anstelle des Vorgängers zu übernehmen (BGH MDR 88, 956). Wird während einer Elternklage (§ 1629 III BGB) nach Urteilserlass, aber vor Ablauf der Berufungsfrist das Kind vollj, dann beschwert das klageabweisende Urteil nur das Kind, so dass der Elternteil nicht Berufung mit dem Ziel der Klageerweiterung einlegen kann (OLG Zweibrücken FamRZ 89, 194). **Geänderte Antragsfassung** macht die Berufung nicht unzulässig (BGH WRP 89, 478: betr Widerrufs- u Unterlassungsanträge). 10d

2) Rechtsschutzinteresse. Regelmäßig ergibt sich aus der Beschwer zugleich das Rechtsschutzinteresse (BGHZ 57, 225). Trotz gegebener formeller Beschwer kann ein Rechtsmittel ausnahmsw unzulässig sein, weil es aus anderen Gründen am Rechtsschutzinteresse fehlt (BGHZ 50, 263; BGHZ 57, 225), zB weil der Beschwerdeführer keine Beseitigung seiner Beschwer erstrebt (OLG Karlsruhe FamRZ 80, 682). Ob das Rechtsschutzinteresse trotz Beschwer fehlt, ist im Einzelfall zu entscheiden: Der zu Unrecht in Anspruch Genommene kann die Aufnahme einer Forderung in die Insolvenztabelle auch dann abwehren, wenn die Quote voraussichtl 0 betragen wird (BGH MDR 2008, 1360). Eine ursprüngl vorhandene Beschwer kann entfallen, etwa wenn der zur Auskunft verurteilte Bekl die Auskunft zwischen den Instanzen erteilt und dennoch Berufung einlegt (OLG Schleswig FamRZ 84, 174) oder eine fehlerhafte Vorentscheidung höherinstanzl nicht mehr korrigierbar ist, etwa bei 11 fälschl Aufhebung eines Arrestbeschlusses und Verweisung nach dem Hilfsantrag (OLG Schleswig SchlHA 91, 94; zum Beschwerdeverf sa § 567 Rn 10 f). Das Rechtsschutzinteresse fehlt, wenn das Gericht den Klageanspruch zugesprochen und ihn nur anders als in der Klage geschehen rechtl eingeordnet hat (BGHZ 50, 263). Der Rechtsmittelkläger kann sich zur Begründung der Beschwer auch auf eine vor Ablauf der Rechtsmittelfrist eintretende Rechtsänderung berufen (OLG Rostock FamRZ 2002, 673).

12 **3) Beschwer des Klägers.** Die Frage, ob der Rechtsmittelkläger beschwert ist, ist nach seiner **Parteirolle** in der Vorinstanz zu beantworten. Ein nicht beschwerter Streitgenosse kann aber nicht die Zulässigkeit der von ihm eingelegten Berufung aus der Beschwer des anderen Streitgenossen herleiten (BGH NJW 2013, 2361). Werden Streitgenossen als Gesamtschuldner verurteilt, ist der Wert der Beschwer nach dem einfachen Betrag der Verurteilung zu berechnen (BGH MDR 2004, 406).

13 **a)** Beim **Kl** wird regelmäßig eine **formelle Beschwer** (BGHZ 140, 335; BGH NJW-RR 2015, 1203 mwN) vorausgesetzt. Sie ist gegeben, wenn die Verurteilung keinen vollstreckungsfähigen Inhalt hat oder dem Klageantrag nicht in vollem Umfang stattgegeben ist. Klageantrag und Entscheidung der 1. Instanz sind zu vergleichen, ggf anhand der Gründe auszulegen. Dies gilt auch dann, wenn das Gericht über einen evtl vorgetragenen Klageantrag oder Klagegrund, der weniger weit als der in 1. Linie vorgebrachte geht, vor Erledigung dieses Antrags oder Klagegrundes entscheidet (s Rn 11), oder wenn es unter Verstoß gegen § 308 I über mehr oder weniger erkennt, als beantragt war (BGH MDR 91, 329 = NJW 91, 703, 704 zu 3; sa Rn 30 zur „Meistbegünstigung"). Hat der Kl voll obsiegt, fehlt es an einer Beschwer auch dann, wenn ein prozessordnungswidriges AU vorliegt (BGH NJW 94, 2697). Aus der Maßgeblichkeit der formellen Beschwer folgt andererseits, dass eine Teilabweisung der Anträge des Kl im Tenor auch dann beschwert, wenn die Entscheidungsgründe ergeben, dass in Wahrheit der Klage ganz stattgegeben wurde (BGH NJW 93, 2052). – Der Kl, dessen Klage als unbegründet abgewiesen wurde, ist auch beschwert, wenn er mit der Berufung wegen der minderen Rechtskraft die Abweisung als unzulässig anstrebt (BGH NJW-RR 2001, 930; OLG Zweibrücken FamRZ 2000, 238).

13a Die Beschwer des Kl, der mit **Haupt- u Hilfsantrag** abgewiesen wird, berechnet sich durch Addition aller wirtschaftl selbständigen Anträge (BGH NJW-RR 94, 701; BAG NJW 2009, 171), auch wenn einem weiteren Hilfsantrag stattgegeben wird (BGHZ 26, 295). Eine Ausnahme gilt, wenn Haupt- u Hilfsantrag gleichwertig sind (BGHZ 50, 261); das ist nicht der Fall, wenn der Kl Schmerzensgeldrente, hilfsw einen Kapitalbetrag verlangt, selbst wenn Kapital und Rente wertgleich sind (BGH MDR 85, 40). Ist der im Berufungsverf gestellte geringerwertige Hauptantrag nicht berufungsfähig, wohl aber der höherwertige Hilfsantrag, dann ist das Rechtsmittel insgesamt zulässig; die Reihenfolge der Anträge ist unerhebl (KG OLGZ 79, 348). Wird ein Hilfsantrag abgewiesen, obwohl die Bedingung nicht eingetreten war, ist der Kl beschwert (BGH NJW 2017, 1180).

14 **b)** Eine formelle Beschwer des Kl liegt auch vor, wenn entgegen seinem Antrag, die **Hauptsache für erledigt** zu erklären, die Klage abgewiesen wird, selbst wenn es ihm nur auf eine Abänderung der ihn belastenden Kostenentscheidung ankommt (BGHZ 57, 224 [Zeiss JR 72, 68]; BGH WM 81, 386). Zur Erledigung **zwischen den Instanzen** s Rn 23.

15 **c)** Der Kl ist ferner beschwert: wenn statt begehrter Sachentscheidung durch Urteil in einen **anderen Rechtsweg** verwiesen wird (BGHZ 28, 349) oder wenn die verfahrensrechtl gebotene Kostenentscheidung zwischen den Parteien unterblieben ist, die Kosten vielmehr in der irrigen Annahme, es bestehe keine rechtsfähige Klagepartei, dem als ihr ges Vertreter aufgetretenen Dritten auferlegt wurden (BGH NJW 59, 291).

16 **d)** Das uneingeschränkte **Grundurteil** beschwert den Bekl in Höhe des eingeklagten Betrages. Bei gequoteltem Grundurteil ist für Kl und Bekl die Beschwer nach dem belastenden Bruchteil zu berechnen, wobei gleichgültig ist, ob teilw abgewiesen worden ist (Schmitt NJW 68, 1127). Im Haftpflichtprozess beschwert auch die Beschränkung auf Gefährdungshaftung im Grundurteil, wenn Ansprüche verfolgt werden, die oberhalb der Haftungsgrenzen bei Gefährdungshaftung liegen und nur bei Bejahung von Verschuldenshaftung durchsetzbar sind (BGH NJW 97, 2115, 2116). Beschwert ist der Kl auch, wenn statt Schadensersatz Mängelbeseitigungskosten zugesprochen werden, weil die Aufwendungen für die Abrechnung belasten (BGH MDR 2005, 470). Ebenso kann es wegen § 818 III BGB liegen, wenn ein Vertragsanspruch nur aus Bereicherungsrecht dem Grunde nach zugesprochen wird (OLG Frankfurt MDR 87, 62). Die in der Rechtsfolge abschwächende Anspruchsgrundlage schafft die Beschwer, auch wenn eine mit dem Grundurteil zu verbindende Teilabweisung versäumt worden ist. Stellt ein Grundurteil nicht klar, ob Mitverschulden oder bestrittener Kausalzusammenhang zwischen Schadensereignis und einzelnen Schadenspositionen dem Betragsverf überlassen worden ist, dann wird der Bekl dadurch beschwert (BGH NJW 68, 1968).

17 **4) Beschwer bei unbezifferten Klageanträgen.** Ob Beschwer vorliegt, ist unabhängig davon zu beantworten, welche Anforderungen an den „unbezifferten Antrag" unter dem Gesichtspunkt der Zulässigkeit der Klage (§ 253 II 2, s § 253 Rn 14) gestellt werden. Denn auch die Klageabweisung wegen zu unbestimmten Antrags beschwert den Kl (zum umgekehrten Fall s Rn 13). Auch Überschneidungen der Problemkreise kommen vor, wenn auf Grund eines an sich zu unbestimmten Antrags verurteilt wird, der Kl den zugesprochenen Betrag aber für zu niedrig hält. Es ist zu unterscheiden:

a) Hat der Kl keine (oder keine ausreichenden) Angaben zur Höhe gemacht, muss bei Klageabweisung die Beschwer nach dem höchstmögl Betrag bemessen werden, der für den unbestimmten Antrag obj in Betracht kommt, denn es fehlt ja gerade an hinreichenden Anträgen, nach denen die Beschwer bemessen werden könnte. Soweit dem Kl in einem solchen Fall ein Anspruch zuerkannt wurde, fehlt es dagegen an einer Beschwer (BGHZ 45, 91; BGH NJW 82, 340); Ausnahme wird allerdings bei offensichtl unangemessen niedriger Festsetzung zu machen sein (vgl BGHZ 45, 91, 94). 17a

b) Ist ein Mindestbetrag angegeben, was nicht im Klageantrag selbst geschehen muss (vgl etwa BGH NJW 92, 311), ist für die Berechnung der Beschwer des Kl von diesem Mindestbetrag auszugehen, ohne dass es auf die materielle Begründung, etwa den Verschuldensanteil, ankäme. Eine Beschwer besteht nur, soweit dieser unterschritten wurde (BGH NJW 2002, 212 = MDR 2002, 49; BGH MDR 2004, 349). Nennt der Kl einen Rahmen („ca 5.000-7.000 Euro"), so ist der bezifferte Mindestbetrag für die Berechnung der Beschwer maßgebend. Dies folgt aus dem Sinn der Zulässigkeit des unbezifferten Klageantrags, der es dem Gericht ermöglicht, den vom Kl verbindl genannten Betrag (Mindestbetrag) im Rahmen einer gewissen Bandbreite zu überschreiten (BGH NJW 93, 2875; BGH NJW 99, 1339; BGHZ 132, 341; OLGR Köln 2002, 186). 17b

c) Hat der Kl dagegen nur eine **Betragsvorstellung** (Mittelwert) angegeben („ca 7.000 Euro"), ist dieser maßgebl, da der Kl mangels anderer Bezifferung hierdurch den Umfang seines Begehrens begrenzt; wird dieser Betrag zugesprochen, ist der Kl nicht beschwert (BGHZ 132, 341; BGH NJW 99, 1339). 17c

d) Dagegen kommt es nicht darauf an, ob das angefochtene Urteil den unbezifferten Antrag auch teilw abgewiesen hat, denn auch **ohne Teilabweisung kann Beschwer vorliegen** (BGH MDR 79, 748; vgl auch BGH NJW 89, 2757). Bei Teilabweisung allerdings ergibt sich die (ausreichende formelle) Beschwer des Kl bereits aus dieser, auch wenn ihm in der Sache der Mindestbetrag zuerkannt wurde. 17d

5) Verfahrensfehlerhafter Zuspruch; abgewiesene Zinsforderung. a) Eine Beschwer des Kl ergibt sich nicht daraus, dass (gesetzwidrig) durch VU entschieden wurde, denn dass dem Kl das Begehrte verfahrensfehlerhaft zugesprochen wurde, beschwert ihn materiell nicht (OLG Bamberg NJW-RR 94, 459). – **b)** Zur Berechnung der Beschwer hinsichtl einer abgewiesenen Zinsforderung (Endzeitpunkt!) s OLG Köln NJW-RR 93, 1215. 18

6) Beschwer des Beklagten. In der Lit ist umstritten, ob von der formellen Beschwer auszugehen ist (RSchwab/Gottwald § 136 Rn 21; StJ/Althammer Einl vor § 511 Rn 84 ff m zahlr Nw; MK/Rimmelspacher Rn 14, 15; für materielle Beschwer: MskV/Ball vor § 511 Rn 20; AG/Göertz vor § 511 Rn 16; ThP/Seiler Rn 19; PG/Lemke § 511 Rn 17). 19

a) Dem Zweck, der mit dem Begriff der Beschwer im Rechtsmittelrecht verbunden wird, entspricht es, bei einem Rechtsmittel des Bekl auf die Nachteile abzustellen, die ihm aus dem Urteil entstehen (materielle Beschwer). Der Bekl kann deshalb auch gegen ein **AU** Berufung einlegen (BGH NJW 55, 545; OLG Koblenz NJW-RR 93, 462). Beschwer des Bekl liegt vor, wenn er ganz oder zum Teil verurteilt wurde, mag er dem widersprochen haben oder nicht. 19a

b) Deshalb kann in bes Fällen (BGH NJW 94, 735: Verurteilung zur Beseitigung einer Eigentumsstörung) der Wert der **Beschwer des Bekl den Wert des Streitgegenstandes übersteigen**. Die Nachteile, die der beklagten Partei aus der Erfüllung eines Anspruchs entstehen, können größer sein, als das Erfüllungsinteresse der Klagepartei (BGH NJW 94, 735: Kosten der Ersatzvornahme bei Beseitigungsanspruch; OLGR Köln 2002, 94 bei Feststellungsausspruch aus Produkthaftung). Eine erstmalig in der Berufungsinstanz erhobene Widerklage erhöht die Beschwer des Bekl nicht (BGH MDR 2022, 457). 19b

c) Nach stRspr des BGH ist bei einer **Verurteilung zur Erteilung einer Auskunft**, zur Rechnungslegung oder dergl (BGH NZM 2022, 269; Heizkostenabrechnung) grds das nach freiem Ermessen zu schätzende Interesse des Bekl maßgebl, die Handlungen nicht vorzunehmen, in 1. Linie also, welcher Aufwand an Zeit und Kosten für die Erteilung erforderl ist (BGH MDR 2001, 709; BGH MDR 2009, 1406; BGH MDR 2018, 286; BGH MDR 2022, 54; OLG München NJW-RR 2021, 1376 = MDR 2021, 1539: Kosten der Beschaffung der Belege). Entspr gilt, wenn die Richtigkeit der Auskunft an Eides statt zu versichern ist (BGH NJW-RR 94, 898), und für die Herausgabe von Geschäftsunterlagen (BGH NJW 99, 3049). Dabei können die für eine zwangsläufig einzusetzende Hilfskraft entstehenden Kosten angesetzt werden (BGH NJW-RR 92, 697; BGH NJW-RR 94, 660; BGH NJW-RR 2002, 145), ggf auch Rechtsanwaltskosten und Rechtsverfolgungskosten (BGH MDR 2014, 1099; BGH FamRZ 2022, 468). Ein bes Geheimhaltungsinteresse kann berücksichtigt werden, wenn durch die Offenlegung ein Nachteil droht (BGH NJW 99, 3049; BGHReport 2001, 809; BGH FamRZ 2005, 1064; BGH ZVI 2005, 199), soweit es nicht aus einer Drittbeziehung hergeleitet wird (BGH MDR 97, 970). Das Interesse des Bekl, den von der Auskunft betroffenen Hauptanspruch nicht erfüllen zu müssen, bleibt dagegen außer Betracht. Diese Rspr ist vom Großen Senat (BGHZ 128, 85 = NJW 95, 664) bestätigt und verfassungsrechtl nicht zu beanstanden (BVerfG NJW 97, 2229). 19c

d) Bei **Klageabweisung** in der Vorinstanz ist der Bekl beschwert, wenn Prozess- statt Sachabweisung ergangen ist (allgM, BGHZ 28, 349; BAGE 50, 179; BGH NJW-RR 2015, 1203; OLG Zweibrücken FamRZ 2000, 238). Im umgekehrten Fall wird Beschwer überwiegend verneint (BAG MDR 86, 961), weil Sachabweisung weiter reicht 20 als Prozessabweisung, jedoch ist auch hier auf das konkrete Rechtsschutzziel abzustellen (StJ/Althammer Einl vor § 511 Rn 97). Auch ein Vorbehaltsurteil beschwert trotz der damit verbundenen Verzögerung nicht, wenn es keine im Nachverf gem § 318 bindende nachteilige Sachentscheidung enthält (BGHZ 25, 366 f; BGH NJW 79, 1046). Fehlt allerdings der Vorbehalt, kann der Bekl statt des Verf nach § 321 auch Berufung einlegen (OLG Schleswig MDR 2005, 350).

21 e) Der Bekl kann auch nicht Rechtsmittel einlegen, um die gleiche Art der **Abweisung mit anderer Begründung** zu erreichen (OLG Celle MDR 2011, 449), etwa um materielle Anspruchsgrundlagen oder gar unerwünschte Formulierungen auswechseln zu lassen. Beschwert ist der Bekl, der volle Klageabweisung beantragt hat, wenn die Klage nur mit einer ihm nachteiligen Einschränkung abgewiesen wird, zB als zzt unbegründet (BGH MDR 2000, 966; sa Walchshöfer FS Schwab, 1990, S 521 ff), in einen anderen Rechtsweg verwiesen wird (BGHZ 28, 349), entgegen seinem Antrag die Hauptsache für erledigt erklärt wird, er zum vollen Schadensersatz statt nur zur angemessenen Entschädigung verurteilt wird (BGHZ 22, 43). Nicht ausreichend ist es, wenn sich die nachteilige Wirkung des Urteils erst aus dem Zusammenwirken mit anderen Umständen ergibt (BGH NJW-RR 2015, 1203).

22 **7) Beschwer nur wegen der Kosten.** Nach § 99 I unbeachtl. Ist aber das Rechtsmittel zulässig und nur unbegründet, darf eine falsche Kostenentscheidung vAw berichtigt werden, weil § 308 II die Antragsbindung aufhebt (BGH NJW 2018, 384; s § 528 Rn 31). Nach teilw Hauptsacheerledigung und einheitl Kostenentscheidung im Endurteil ist auch der Kostenpunkt berufungsfähig (KG MDR 86, 241). Zum Kostenangriff bei **Teilurteilen** s § 99 Rn 3, 9.

23 **8) Eintritt eines die Hauptsache erledigenden Ereignisses.** Tritt nach der letzten mündl Verh 1. Instanz, aber **vor Rechtsmitteleinlegung** Hauptsacheerledigung ein, entfällt die Beschwer, wenn der zugesprochene Anspruch erfüllt ist und es dabei sein Bewenden haben soll (BGH NJW 51, 274; OLG Hamm NJW-RR 91, 1343). Anderenfalls kann ein Rechtsschutzbedürfnis dafür bestehen, im Berufungsverf die Erledigung der Hauptsache zu erklären, um so die ursprüngl Begründetheit des Anspruchs inzidenter feststellen zu lassen (BGH NJW-RR 92, 1033; OLG Hamburg NJW-RR 89, 570; KG OLGZ 1989, 330). Die Bekl, die die Erledigungserklärung nicht selbst abgeben können, können auch nach Abgabe einer Unterlassungserklärung mit der Berufung die Klageabweisung weiterverfolgen (OLG Schleswig MDR 2002, 51). Unzulässig ist es, trotz zwischenzeitl Erledigung die Sachanträge weiterzuverfolgen, anstatt das Rechtsmittel auf den Kostenpunkt zu beschränken (BGH FamRZ 87, 469; zu Teilerledigungerklärung BGH NJW-RR 2019, 189). Die Erledigung während des Rechtsmittelverf macht ein Rechtsmittel nicht unzulässig (OLG Hamburg VersR 83, 1040 mNw); der Rechtsmittelkläger muss die Hauptsache für erledigt erklären (BGH NJW 67, 564). Auch die auf das Rechtsmittel beschränkte Erledigungserklärung wird für zulässig erachtet, um eine angemessene Kostenentscheidung zu ermöglichen (KG OLGZ 1986, 359; OLG Hamm FamRZ 87, 1056; OLG Frankfurt FamRZ 89, 195; sa § 91a Rn 19). Zur Erledigung, wenn der **Haftpflichtversicherer** die Urteilssumme zahlt, s Rn 27.

24 **9) Streithelfer.** Die Berufung des Streithelfers wirkt für die unterstützte Partei und bringt diese in die Stellung des Rechtsmittelklägers, auch wenn die Hauptpartei auf Berufungseinlegung verzichtet (OLG Hamburg NJW 89, 1362), sofern nicht der Beitritt als Streitgehilfe zurückgewiesen worden ist (BGH Warneyer 1982 Nr 47). Dispositionsbefugnis über den Streitgegenstand hat der Streithelfer nicht; insb kann er nicht wirksam neue Sachanträge verlesen, die Klage ändern oder erweitern, Widerklage oder Zwischenfeststellungsklage erheben (Schneider MDR 90, 505 mN), auch nicht die Anfechtungseinrede wegen Insolvenz erheben (BGH JR 89, 499). Für die Berufungseinlegung ist nur die für die Hauptpartei laufende Rechtsmittelfrist maßgebend (BGH VersR 88, 417; BGH NJW 90, 190), so dass auch eine von ihr erwirkte Verlängerung der Begründungsfrist dem Streithelfer zugutekommt (BGH NJW 82, 2069; BAG ZIP 91, 335). Eigene Beschwer ist nicht erforderl; es genügt die Beschwer der unterstützten Partei, in Abstammungssachen gilt § 184 III FamFG. – Widerspricht die Hauptpartei im Voraus der Berufungseinlegung durch den Streithelfer, ist dessen Berufung gem § 522 I zu verwerfen; widerspricht sie einer bereits eingelegten Berufung, dann kann sie das Rechtsmittel mit der Kostenfolge des § 516 III zu Lasten des Streithelfers zurücknehmen. Hat sich die Hauptpartei sachl an der Berufung des Streithelfers beteiligt, dann ist sie bei erfolgloser Berufung kostenpflichtig (OLG Hamburg VersR 87, 376, 379 mNw). – Haben Hauptpartei und Streithelfer Berufung eingelegt, handelt es sich gleichwohl nur um ein einheitl Rechtsmittel, über das einheitl zu entscheiden ist (BGH NJW 93, 2944; BGH MDR 2022, 260). Wegen des einheitl Streitgegenstands findet auch keine Wertaddition hinsichtl der Beschwer statt (BGH MDR 2001, 1006). Erklärt die Hauptpartei Berufungsrücknahme, obwohl sie weiterhin am Verf beteiligt sein will, kann der Streithelfer die Berufung allein fortführen (BGH NJW 89, 1357; BGH NJW 93, 2944). Hat sich die Hauptpartei mit dem Gegner ohne Beteiligung des Streithelfers außergerichtl verglichen und nimmt sie dann die Berufung zurück, ist der Streithelfer daran gebunden (BGH MDR 88, 44 = NJW 88, 712). Zu den Risiken des nicht unterstützten Streithelfers s Pantle MDR 88, 924. Dass die Urteilsgründe dem Streithelfer nachteilig sind, schafft keine Beschwer (OLG Köln NJW 75, 2108). Ist ein Streitgenosse nur im Kostenpunkt beschwert, wird seine Berufung nicht dadurch zulässig, dass ein anderer Streitgenosse bei hinreichender Sachbeschwer Berufung eingelegt hat (OLG Köln VersR 73, 641).

25 **10) Ehesachen.** S § 59 FamFG Rn 14.

11) Aufrechnung. Verteidigt sich der Bekl mit Aufrechnung (anders bei Abrechnung, bei der nur die Differenz Klagegegenstand ist, BGH NJW 92, 317; BGH MDR 2004, 702), dann gilt Folgendes: **a)** Rechnet er gegen eine unstreitige Klageforderung auf (**Primäraufrechnung**) und erreicht er Klageabweisung, dann wird er in Höhe der Aufrechnungsforderung beschwert, die er mit Eintritt der Rechtskraft verliert (§ 322 II; BGH FamRZ 2004, 1714). Bestreitet er die Klageforderung und erreicht er deren Abweisung, ohne dass über seine bestrittene Gegenforderung entschieden wird, fehlt es an einer Beschwer. Wird die Gegenforderung mit der streitigen Klageforderung verrechnet und deshalb die Klage abgewiesen, dann ist der Bekl entgegen seiner Auffassung doch Sch und verliert seine eigene Forderung. Gleichwohl ist er nur einfach beschwert, weil er den Verurteilungsbetrag statt mit bar gezahltem oder überwiesenem Geld durch den Verlust seiner Forderung begleicht (§ 389 BGB). Allein in diesem Verlust liegt seine Beschwer, so wie sie bei Barzahlung oder Überweisung im Verlust des Geldes oder des Guthabens liegt. Der Bekl kann aber seine Berufung auf die Abwehr der Klage unter Verzicht auf die Aufrechnung oder die Aufrechnung unter Anerkennung der Klageforderung beschränken (BGH MDR 2001, 1184). Zur Frage der Zulässigkeit eines nur auf die Geltendmachung einer Aufrechnung gestützten Rechtsmittels s § 520 Rn 41. 26

b) Bei **Eventualaufrechnung** sind, wenn die Klage wegen dieser abgewiesen wird, beide Parteien in Höhe der Klageforderung beschwert, der Bekl wegen § 322 II (BGHZ 26, 295); wird der Bekl trotz der Hilfsaufrechnung verurteilt, so liegt eine doppelte Beschwer des Bekl vor, die sich aus der Summe der zuerkannten Hauptforderung zzgl der gem § 322 II rechtskräftig aberkannten Aufrechnungsforderung ergibt (BGHZ 48, 212; BGH NJW 88, 3210; BGH NJW 92, 317). Wird in einem derartigen Fall die Klage mangels bestehender Hauptforderung abgewiesen, so ist nur der Kl – und dieser nur einfach – beschwert (vgl dazu auch RSchwab/Gottwald § 136 Rn 33). 26a

c) Wird die **Aufrechnung**, gleichgültig ob sie primär oder hilfsw erklärt wird, **als unzulässig zurückgewiesen**, so tritt hinsichtl der Aufrechnungsforderung mangels rechtskraftfähiger Sachentscheidung (§ 322 II) eine Beschwer nicht ein (BGH NJW 94, 1538); wird die Aufrechnungsforderung „mangels substantiierten Vortrags" zurückgewiesen, so kann entweder eine bloße prozessuale Zurückweisung vorliegen oder eine rechtskräftige Aberkennung der Gegenforderung als unschlüssig – iZw ist von Letzterem auszugehen (BGH NJW 94, 1538). Lässt das Berufungsgericht die Zulässigkeit der Aufrechnung ausdrückl offen, weil „die Gegenforderung jedenfalls unbegründet sei", so liegt über diese keine rechtskraftfähige Entscheidung vor, so dass sie die Beschwer nicht erhöht (BGH NJW 88, 3210). – Entgegen § 5 berechnet sich die Beschwer des zu **Klage und Widerklage** unterlegenen Bekl nach addierten Streitwerten. Der Gesamtwert ist auch insoweit maßgebl, als sich die Berufung gegen einen weiteren Widerbeklagten richtet und in diesem Punkt selbständig nicht berufungsfähig wäre (OLG Oldenburg NJW-RR 93, 827). 26b

d) Wenn in der höheren Instanz nur noch die **Zug um Zug** zu erbringende Gegenleistung streitig ist, ist die Beschwer danach zu berechnen. Der Wert des Klageanspruches begrenzt jedoch nach oben (BGH MDR 2009, 759; BGH MDR 2010, 1087); das Interesse an der Aufrechterhaltung des Vorteils der Zug-um-Zug-Leistung erhöht die Beschwer nicht (BGH MDR 86, 1007 = NJW-RR 86, 1062). Bei teilw Abweisung und teilw Obsiegen Zug um Zug sind die Werte der Teilabweisung und der Gegenleistung zusammenzurechnen, wiederum begrenzt durch den Wert des Klageanspruchs (BGH MDR 85, 1022). 26c

12) Zahlung bei vorläufig vollstreckbarer Verurteilung vor Rechtsmitteleinlegung. Es ist zu unterscheiden: **a)** Die Beschwer bleibt bestehen bei Zahlung ledigl zur Vollstreckungsabwehr (BGH NJW 1081, 2244), zB bei Überweisung „unter Vorbehalt" oder gleichzeitig mit Rechtsmitteleinlegung (OLG Karlsruhe OLGZ 79, 353) oder wenn Bekl nach Urteilserlass zahlt, weil er von einem späteren Fälligkeitstermin ausgeht als der Kl (BGH MDR 75, 388) oder vorher der Erledigterklärung des Rechtsstreits gerade widersprochen wurde (BGH MDR 2011, 384). – **b)** Beschwer fällt weg bei endgültiger Zahlung (BGH LM § 91a ZPO Nr 4; BGH MDR 76, 473). Das kann sich aus ausdrückl Erklärung ergeben, aber auch aus den Umständen, zB wenn zugleich mitgeteilt wird, es werde kein Rechtsmittel eingelegt (BGH MDR 76, 473). Fehlen solche Umstände oder ergeben sie kein eindeutiges Ergebnis, so ist – jedenfalls für die Rechtsmittelfrage – davon auszugehen, dass eine die Beschwer aufhebende vorbehaltlose Zahlung nicht vorliegt (BGH MDR 76, 1005; BGH NJW 94, 942). – **c)** In Haftpflichtsachen entfällt für die Berufung des Versicherungsnehmers das Rechtsschutzbedürfnis, wenn sein Versicherer die Urteilssumme für ihn erfüllt (BGH MDR 76, 473), nach OLG Frankfurt (MDR 85, 60 = VersR 85, 956) dagegen nicht, wenn der Versicherer auch als Mithaftender gem § 3 PflVG die eigene Verpflichtung erfüllt. – **d)** Bei der Vollstreckungsabwehrklage ist maßgebl, in welcher Höhe die Vollstreckbarkeit beseitigt werden soll, egal, ob bereits zum Teil getilgt wurde (BGH MDR 2011, 505). 27

13) Baulandsachen. Ohne Beschwer ist zur Rechtsmitteleinlegung die Stelle befugt, die einen Verwaltungsakt erlassen hat, der durch Antrag auf gerichtl Entscheidung durch das **Baulandgericht** angegriffen worden ist, § 222 I 2 BauGB (BGH MDR 75, 827). 28

V) Inkorrekte Entscheidungen. IdR ist eindeutig, welche Entscheidung das Gericht gewollt hat. Zweifel sind durch Auslegung aller Urteils- oder Beschlussteile zu ermitteln. Überschrift (Teil-, Grund-, Schluss-, Endurteil oder -beschluss usw) ist nicht maßgebend. Daher Teilurteil, wenn versehentl ein Antrag nicht verlesen und beschieden worden ist, auch wenn Gericht meinte, Vollendurteil zu erlassen und dementspr die Kosten voll verteilt hat. 29

30 **1) Grundsatz der Meistbegünstigung.** Hat ein Gericht eine Entscheidung abweichend von der im Gesetz vorgesehenen Form als Urteil oder Beschluss erlassen, dann darf der Fehler des Gerichts nicht zu Lasten der Parteien gehen; deshalb ist nach dem Grundsatz der Meistbegünstigung sowohl das Rechtsmittel gegeben, das der erkennbar gewordenen Entscheidungsart entspricht, wie dasj, das der Entscheidung entspricht, für die die Voraussetzungen gegeben waren (BGHZ 40, 265; BGHZ 98, 362; BGH NJW 97, 1448; BGH MDR 2002, 1204; ausf Schenkel MDR 2003, 136 u Althammer/Löhnig NJW 2004, 1567). Er ist Ausprägung der verfassungsrechtl Grundsätze der allg Gleichberechtigung und des Vertrauensschutzes (BGHZ 90, 3; BGH WM 86, 1098, 1099). Der Meistbegünstigungsgrundsatz greift etwa ein, wenn ein nach dem Inhalt kontradiktorisches Urteil im Rubrum irrig als VU bezeichnet wird (BGH NJW 99, 583) oder statt eines VU ein Endurteil verkündet wird (OLG München FamRZ 89, 1204) oder ein VU irrig als „2." bezeichnet wird (s § 514 Rn 4). Wird durch Urteil entschieden, wo Beschlussform vorgesehen ist, gibt es daher Berufung und Beschwerde (OLG Hamm MDR 86, 417; OLG Zweibrücken NJW-RR 92, 904), etwa wenn eine Klage als unzulässig abgewiesen wird, anstatt nach § 17a II 1 GVG zu verweisen (LG Trier NJW-RR 92, 1533). Umgekehrt gibt es die sof Beschwerde, wenn fälschl durch Beschluss statt durch Urteil entschieden wurde (BGH MDR 2009, 1000).

31 Über die Fälle inkorrekter (unklarer – zur Unterscheidung vgl RSchwab/Gottwald § 135 Rn 8) Entscheidung hinaus ist der Grundsatz der Meistbegünstigung immer dann anzuwenden, wenn für den Rechtsmittelführer eine **Unsicherheit besteht, welches Rechtsmittel er wo einlegen soll**, die auf einem Fehler oder eine Unklarheit der Entscheidung beruht, die angefochten werden soll (vgl BGH WM 94, 180). Wird statt der beantragten einstw Anordnung eine einstw Verfügung erlassen, dann gibt es dagegen wahlweise Widerspruch oder sof Beschwerde (OLG Karlsruhe MDR 92, 808). Erteilt das Gericht fehlerhaft einen Hinweis, eine analoge Anwendung des § 321a (aF) komme in Betracht, obwohl die Rechtsbeschwerde gegen einen Verwerfungsbeschluss nach § 522 I gegeben war, und setzt das Berufungsgericht das Verf fort, ist das daraufhin ergangene Berufungsurteil jedenfalls nicht deshalb aufzuheben (BGH NJW 2004, 1598 = MDR 2004, 527; zur Ausdehnung auf Begründetheitsfragen: Althammer/Löhnig NJW 2004, 1567).

32 **2) Kein weiterer Rechtsmittelzug.** Die in ihrer Form dem Gesetz nicht entspr Entscheidung kann allerdings keinen weiteren Rechtsmittelzug eröffnen, wenn gegen die formgerecht ergangene Entscheidung desselben Inhalts kein (weiteres) Rechtsmittel zulässig wäre (BGHZ 40, 267; BGHZ 46, 113; BGH NJW-RR 90, 1483; BGH NJW 97, 1448; OLG Brandenburg MDR 96, 635; OLG Köln NJW-RR 99, 1084), zB ist bei Beschluss statt Urteil über einen Ergänzungsantrag nach mdl Verh die Beschwerde nur zulässig, wenn die Berufungssumme erreicht ist (LG Bielefeld MDR 87, 941). Ebenso bei gewolltem VU statt Streiturteil (BGH FamRZ 88, 945; OLG Düsseldorf MDR 85, 1034: nur Einspruch). Dem ist nicht uneingeschränkt zu folgen. Wenn das Rechtsmittel, das nach der äußeren Form der angefochtenen Entscheidung gegeben wäre, auch nicht zu einer zweitinstanzl Entscheidung in der Sache führen kann, auf die bei richtiger Entscheidungsform kein Anspruch bestünde, so kann es doch zulässig sein, um die Beseitigung der angegriffenen falschen Entscheidung zu ermöglichen (vgl auch BGH NJW 97, 1448). So ist die Berufung gegen ein Urteil gegeben, das als Teilurteil bezeichnet u gewollt war, in Wirklichkeit aber ein unzulässiges Zwischenurteil darstellt (OLG Hamburg MDR 57, 743). **Vermischung** offener Rechtsmittelwege ist unzulässig; daher keine Berufung mit der Beschwer des § 567 II oder der Frist des § 569 I. Der Beschwerdeführer darf zwar wählen, muss dann aber auch die Voraussetzungen des gewählten Rechtsmittels erfüllen.

33 **3) Überleitung ins richtige Verfahren.** Wird das der äußeren Form der Vorentscheidung entspr Rechtsmittel eingelegt, so braucht das Rechtsmittelgericht dem Untergericht nicht auf dem eingeschlagenen falschen Weg zu folgen, sondern hat das Verf selbst in die richtige Bahn zu lenken (Überleitung eines Berufungs- in ein Beschwerdeverf: BGH MDR 66, 232; OLG Düsseldorf FamRZ 80, 811; OLG Zweibrücken MDR 2011, 448; eines Beschwerdeverf in ein Urteilsverf oder umgekehrt: BGH MDR 2009, 1000; Zurückführung eines fehlerhaften Endurteils in das Säumnisverf: OLG München FamRZ 89, 1204). § 281 kann entspr angewendet werden, wenn der Spruchkörper für das korrekte Verf nicht zuständig ist (BGH NJW-RR 97, 55; OLGR Köln 1997, 291; nach BGH NJW-RR 1995, 379 u Schenkel MDR 2003, 136 kommt Verweisung nur auf Antrag in Betracht).

34 **4) Falsches Kostenurteil.** Berufung zulässig gegen ein „Urteil", das nach Erledigung der Hauptsache nur über die Kosten entschieden hatte (BGH MDR 59, 554; BGH MDR 66, 232; BGHZ 98, 362; OLG Hamm FamRZ 89, 877). Ebenso, wenn bei der Stufenklage der mangels Bezifferung unzulässig gewordene Leistungsantrag nicht abgewiesen, sondern stattdessen nur ein Kostenschlussurteil erlassen wird (OLG Zweibrücken FamRZ 83, 1154).

35 **5) Beschluss im Urteil.** Kein Fall der inkorrekten Entscheidung liegt dann vor, wenn eine Entscheidung, die in selbständiger Beschlussform hätte ergehen sollen, in ein Endurteil mit aufgenommen worden ist (zB Streitwertfestsetzung; Entscheidung über PKH). Hier handelt es sich ledigl um eine äußere Verbindung zweier an sich selbständiger Entscheidungen, die nach den je für sie geltenden Bestimmungen anfechtbar sind.

36 **6) Scheinurteil.** Noch nicht existent gewordene Scheinurteile, zB Aufnahme einer Nichtpartei ins Rubrum (sa § 517 Rn 6 zu 3d), können mit den normalen Rechtsmitteln angegriffen werden, um die Scheinwirkung zu beseitigen (BGHZ 32, 370; BGH NJW 95, 404; BGH NJW 96, 1969; LG Köln NJW-RR 2014, 182), zB bei Zustellung einer Urteilsurkunde, die so nicht verkündet wurde (BGH NJW 99, 1192). Erlangt ein so angefochtenes

Urteil – zB durch nachträgl Zustellung – Wirksamkeit, so braucht es nicht noch einmal angefochten werden (s § 517 Rn 2). Nicht jeder Mangel bei der Verkündung oder Zustellung nach § 310 III hat aber zur Folge, dass nur der Schein eines Urteils vorliegt (BGHZ 15, 39; BGHZ 42, 94).

VI) Umdeutung von Rechtsmittelerklärungen. In entspr Anwendung des § 140 BGB kann Umdeutung ausnahmsw zulässig sein, wenn sich Erklärtes und Beabsichtigtes nach Ziel und Wirkung entsprechen (BGH WM 2001, 539: irrtüml Einlegung der Berufung als Partei in eine solche als beitretender NI; BGH VersR 86, 785, 786: verneint für WE und sof Beschwerde). Umdeutung einer Beschwerde in eine Anschlussberufung: BGHZ 40, 272; OLG Karlsruhe NJW-RR 2022, 1078), zB irrige Bezeichnung einer Beschwerde als Einspruch. Anders für Klageverzicht statt Erledigung BGH NJW 86, 588: „Es besteht keinerlei Anlass, der Prozesshandlung einer anwaltschaftl vertretenen Partei, die sich ausdrückl auf ein nicht verwechselbares prozessrechtl Rechtsinstitut bezieht, einen anderen Sinn beizumessen, als sie nach ihrem Wortlaut hat." 37

VII) Unterschiedliche Rechtsmittel. Gegen dieselbe Entscheidung können uU **verschiedenartige Rechtsmittel** gegeben sein, je nachdem von welcher Seite sie eingelegt werden (vgl BGHZ 40, 271). **Mehrmalige Einlegung** des gleichen Rechtsmittels durch dieselbe Partei gegen dieselbe Entscheidung wird als Gebrauchmachen von einem einheitl Anfechtungsrecht gewertet, über das einheitl – und nur einmal – zu entscheiden ist; es handelt sich nicht um mehrere Rechtsmittel (BGHZ 24, 179; BGH NJW 93, 3141; iÜ s § 519 Rn 3 u § 522 Rn 5). 38

VIII) Rechtsmittelbelehrungen. Im Parteiprozess sind nach § 232 Rechtsbehelfsbelehrungen vorgeschrieben. Rechtsmittelbelehrungen gibt es außerdem in § 39 FamFG (auch für das familiengerichtl Verf), im arbeitsgerichtl Verf und in den Verfahrensordnungen der Fachgerichtsbarkeiten (§ 9 V ArbGG, § 58 VwGO, § 66 SGG, § 55 I 2 FGO). 39

§ 511 Statthaftigkeit der Berufung

(1) Die Berufung findet gegen die im ersten Rechtszug erlassenen Endurteile der Amts- und Landgerichte statt.

(2) Die Berufung ist nur zulässig, wenn

1. der Wert des Beschwerdegegenstandes 600 Euro übersteigt oder

2. das Gericht des ersten Rechtszuges die Berufung im Urteil zugelassen hat.

(3) Der Berufungskläger hat den Wert nach Absatz 2 Nr. 1 glaubhaft zu machen; zur Versicherung an Eides statt darf er nicht zugelassen werden.

(4) [1]Das Gericht des ersten Rechtszuges lässt die Berufung zu, wenn

1. die Rechtssache grundsätzliche Bedeutung hat oder die Fortbildung des Rechts oder die Sicherung einer einheitlichen Rechtsprechung eine Entscheidung des Berufungsgerichts erfordert und

2. die Partei durch das Urteil mit nicht mehr als 600 Euro beschwert ist.

[2]Das Berufungsgericht ist an die Zulassung gebunden.

I geändert durch Justizstandort-Stärkungsgesetz v 7.10.2024 (BGBl 2024 I Nr 302) mWv 1.4.2025.

I) Gegenstand der Berufung. 1) Endurteile. Auch Anerkenntnis- (BGH FamRZ 2003, 1922), Verzichts-, Vorbehalts-, Teil- und Ergänzungsurteile (§§ 306, 307, 302 III, § 599 I, III, §§ 301, 321) u Urteile im Eilverf (§ 925 I, § 936) oder im vereinf Verf nach § 495a sind Endurteile. Wenn sie ordnungsgemäß verkündet oder nach § 310 III zugestellt worden sind, erledigen sie den Rechtsstreit in der Instanz vollständig oder hinsichtl eines Teiles des Streitgegenstandes (§§ 300, 301); ein Verstoß gegen § 310 II macht das verkündete Urteil nicht unwirksam (s § 517 Rn 2). Bzgl des VU s § 514. Den Gegensatz bilden die Zwischenurteile (§ 303), die idR nur mit dem Hauptsacheurteil anfechtbar sind, außer sie stehen ihrem Inhalt nach einer endgültigen Entscheidung gleich (BGH NJW 2005, 290; BGH FamRZ 2006, 408; BGH MDR 2004, 1312 Feststellung der Unterbrechung des Verf, zugleich aber wird dem Kl die Möglichkeit der Aufnahme abgesprochen; OLGR Düsseldorf 2001, 254 isolierte Zurückweisung eines WE-Gesuchs durch Urteil; s § 238 Rn 7); andere wieder sind hinsichtl der Rechtsmittel den Endurteilen gleichgestellt, § 280 II, §§ 302, 304, 599 III. Berufungsfähig sind auch Scheinurteile, die der Zurückverweisung nach § 538 II 1 Nr 1 auch ohne Antrag der Parteien unterliegen, weil ein ordnungsgemäßer Abschluss der Instanz gar nicht vorliegt (vgl BGH NJW 1995, 404, OLGR Saarbrücken 2001, 301). 1

Berufungsfähig sind **nur Urteile der 1. Instanz der Amts- und Landgerichte.** Diese Voraussetzung ist nicht erfüllt, soweit das Berufungsgericht über noch in 1. Instanz anhängige Streitteile oder einen im Wege der Klageerweiterung im Berufungsverf erstmals anhängig gemachten Anspruch entscheidet. Das hierzu ergehende Urteil ist eines der „2. Instanz" und daher nicht seinerseits mit der Berufung anfechtbar (BGH NJW-RR 94, 61). Dies gilt auch, wenn erst im Berufungsrechtszug die Klage auf einen weiteren Bekl erweitert wurde (BGH NJW 99, 62). Nicht berufungsfähig sind die Urteile der Commercial Courts, die die Länder nach § 119b GVG bei den 2

Oberlandesgerichten einrichten können. Nach § 614 ist gegen deren Urteile, obgleich erstinstanzliche Urteile, nur die Revision zum Bundesgerichtshof statthaft.

3 **2) Abweisung trotz Antrags auf Erklärung der Hauptsacheerledigung.** Der Berufung eines Kl, dessen Klage in 1. Instanz entgegen seines Antrags, die **Hauptsache** für **erledigt** zu erklären, abgewiesen wurde, steht § 99 auch dann nicht entgegen, wenn es ihm mit dem Rechtsmittel nur auf Änderung der ihn belastenden Kostenentscheidung ankommt (s vor § 511 Rn 14). Zur Verfolgung mat-rechtl KE mit der Berufung BGH MDR 68, 407 u KG WRP 89, 659. Rechtsmittel gegen inkorrekte Entscheidungen: s vor § 511 Rn 30 ff.

4 **3) Berufungsberechtigung.** Berechtigt zur Berufung sind die Hauptparteien 1. Instanz sowie diej, die in 1. Instanz oder im Laufe der Rechtsmittelfrist als Gesamtnachfolger oder Sondernachfolger, Parteiwechsel oder Parteibeitritt (§ 856 III) in den Prozess eingetreten sind oder deren Eintritt durch Urteil abgelehnt wurde. Der zugelassene (BGH MDR 82, 650) Streithelfer darf Berufung nur für die Hauptpartei einlegen (OLG Köln MDR 2016, 610; zu seiner Beschwer s vor § 511 Rn 24). Diese Befugnis hat jedoch nicht ein interessierter Dritter, selbst wenn er wegen der Urteilswirkung nach Art 103 I GG hätte gehört werden sollen. Wird ein Dritter hingegen irrtüml im Rubrum aufgeführt, darf er Berufung einlegen, um sich vor ungerechtfertigter Vollstreckung zu schützen (BGH MDR 78, 307); er ist nicht auf die Berichtigung nach § 319 verwiesen. Zum **Parteiwechsel** in der Berufungsinstanz s § 531 Rn 25, § 533 Rn 4, § 263 Rn 19.

5 **4) Streitgenossen.** Von mehreren Streitgenossen kann jeder für sich Berufung einlegen (unzulässige Klageänderung in der Berufungsinstanz allerdings der Übergang von 1 auf 2 Anspruchsgläubiger OLG Saarbrücken VersR 2002, 1091); den übrigen Streitgenossen kommt die Berufung nur bei notwendiger Streitgenossenschaft zugute. Im Verhältnis Hauptpartei zu Streithelfer (s vor § 511 Rn 24) ist die Zulässigkeit jeweils gesondert zu prüfen (BGH NJW 2001, 2638; BGH MDR 2022, 260). Zur Beschwer s Rn 25 u § 543 Rn 6.

6 **5) Rechtsmittelbefugnis.** Zur Rechtsmitteleinlegung befugt ist auch eine Partei, die sich gegen ihre Behandlung in der Vorinstanz als **prozessfähig** u gegen die dort ergangene Sachentscheidung wendet (auf das Rechtsmittel einer von Anfang an prozessunfähigen Partei, die in der 1. Instanz sachl unterlegen ist, ist die Klage als unzulässig abzuweisen, nicht etwa das Rechtsmittel zu verwerfen, BGH NJW 2000, 289), ebenso wie umgekehrt die Partei, der wegen angenommener Prozessunfähigkeit eine Sachentscheidung verweigert wurde (BGHZ 35, 6; BGHZ 110, 294 = NJW 90, 1734: Prozessfähigkeit ist vom Berufungsgericht zu prüfen). Das Gleiche gilt beim Streit um die **Parteifähigkeit** oder rechtl **Existenz** überhaupt; die nicht parteifähige Partei kann ein Rechtsmittel einlegen, um die gegen sie ergangene Sachentscheidung zu beseitigen, die in der Vorinstanz für nicht parteifähig gehaltene, um das Gegenteil feststellen zu lassen (BGHZ 24, 91; BGH NJW 2010, 3100). Eine nicht wirksam vertretene prozessunfähige Partei kann jedoch nicht die Fortsetzung des Berufungsverf wegen nichtigen Prozessvergleichs beantragen (BGHZ 86, 184; abl Hager ZZP 97 [1984], 174 ff; sa § 56 Rn 13). Die allg Rechtsmittelvoraussetzungen, insb die Beschwer, müssen gegeben sein (andernfalls kommt nur Nichtigkeitsklage nach § 579 I Nr 4 in Betracht). Löschung einer GmbH im Verlaufe des Berufungsverf lässt **Parteifähigkeit** nur entfallen, wenn kein vermögensrechtl oder nichtvermögensrechtl Abwicklungsbedarf mehr besteht, den schon der Prozesskostenerstattungsanspruch begründet (OLG München BauR 2007, 432). Die Parteifähigkeit einer englischen Limited endet mit ihrer Löschung im englischen Gesellschaftsregister (KG NJW 2014, 2717). Wurde eine Person als vermeintl (ges oder bevollmächtigter) **Vertreter** der zu verklagenden Partei vor Gericht gezogen, kann seine durch das Urteil beschwerte Partei durch ihren wirkl Vertreter Berufung einlegen, um den Rechtsstreit unter Genehmigung der bish Prozessführung fortzusetzen oder um durch Klarstellung des Vertretungsmangels die Abweisung der Klage als unzulässig zu erreichen (BGHZ 40, 198). Es kann auch der vermeintl Vertreter für seine Partei Berufung einlegen, um entgegen deren Auffassung seine Vertretungsmacht bestätigt zu erhalten oder um durch Feststellung des Vertretungsmangels Aufhebung des gegen die Partei ergangenen Urteils und Klageabweisung zu erwirken (RGZ 86, 340; OLG Saarbrücken NJW 70, 1664). Zu beachten ist jedoch, dass diese Grundsätze nur für die ges, nicht für die gewillkürte Vertretung gelten (BGH VersR 90, 993 = NJW 90, 3152), und erst recht nicht, wenn nach Erlass eines abweisenden Sachurteils die beschwerte Partei Berufung einlegt, das Rechtsmittel jedoch verworfen wird, weil das Berufungsgericht sich nicht von der Prozessfähigkeit überzeugen kann (BGHZ 110, 294 = NJW 90, 1734 = ZZP 103 [1990], 464 [Bork]).

7 **6) Rechtsmittelgegner.** Zu richten ist das Rechtsmittel gegen die dem Berufungskläger gegenüberstehende Hauptpartei oder deren Rechtsnachfolger; bei **notwendiger Streitgenossenschaft** (§ 62) gegen alle Streitgenossen (BGHZ 23, 73). Gegen **Nebenintervenienten** kann die Berufung nicht gerichtet werden, weil sie nicht Partei sind; wohl kann der NI selbst sof Beschwerde (§ 71 II) gegen eine Zurückweisung seines Beitritts in der Entscheidung zur Hauptsache einlegen (BGH MDR 82, 650).

8 Zur Rechtsmitteleinlegung gegen eine in Insolvenz gefallene Partei, die ein obsiegendes Urteil erstritten hatte, vor Aufnahme des Rechtsstreits durch den InsVerwalter s BGHZ 50, 397; Grunsky JZ 69, 235.

9 **II) Berufungsgericht.** Der Berufungsrechtszug führt von den AG zu den LG und von den LG zu den OLG. Wo LG Berufungsgerichte sind, bleibt es bei der Aufteilung der funktionellen Zuständigkeit zwischen Zivilkammern und KfH. Die Zuständigkeit des LG als Berufungsgericht bleibt erhalten, wenn durch Klageerweiterung

die Wertgrenze des § 23 Nr 1 GVG überschritten wird (s § 506 Rn 4). In FamSachen entscheidet das OLG nach § 119 I Nr 1a GVG über die Beschwerden nach § 58 FamFG gegen Beschlüsse des FamG.

III) Erwachsenheitssumme. Die in II Nr 1 vorgesehene sog Erwachsenheitssumme von 600 Euro ist zwingende Zulässigkeitsvoraussetzung. Wirtschaftl Bedeutung der Sache ersetzt sie nicht (BGH NJW-RR 2015, 1421). Eine Ausnahme gilt bei mit Berufung anfechtbaren VU (§ 514 II 2); zum vereinf Verf s § 514 Rn 5. 10

Gehörsverletzungen können im Abhilfeverf nach § 321a gerügt werden. Zur Unzulässigkeit einer außerordentl Beschwerde s vor § 567 Rn 6. 11

IV) Nichtvermögensrechtliche Streitigkeiten. Das Erfordernis der Berufungssumme gilt in gleicher Weise für nichtvermögensrechtl Streitigkeiten. 12

V) Beschwerdegegenstand. Maßgeblich ist der Betrag, um den der Berufungskläger durch das Urteil der 1. Instanz in seinem Recht verkürzt zu sein behauptet und in dessen Höhe er mit seinem Berufungsantrag Abänderung des Urteils beantragt. Zunächst ist durch Vergleich der in der Vorinstanz zuletzt gestellten Anträge mit dem angefochtenen Urteil der Umfang des Unterliegens und damit der durch das Urteil erlittenen Beschwer zu ermitteln. Der Beschwerdegegenstand ergibt sich sodann aus den Berufungsanträgen, mit denen die ganze oder teilw Beseitigung der erlittenen Beschwer verlangt wird (s § 520 Rn 30). Maßgebend für den Wert ist das Interesse des Berufungsklägers an der Abänderung des angefochtenen Urteils (BGHZ 57, 302; BGH NJW 73, 654), wobei wirtschaftl Betrachtung geboten ist (BGH NJW 92, 1513). Deshalb ist auch ein fehlerhafter Wortlaut des Urteilstenors nicht maßgebend; ebenfalls können die Entscheidungsgründe eine Beschwer offen legen (OLG Zweibrücken FamRZ 92, 972). Beschwer und Wert des Beschwerdegegenstands können sich mit dem Streitwert der 1. Instanz decken oder hinter ihm zurückbleiben, aber grds nicht höher sein als dieser (zum Gebührenstreitwert § 47 II 1 GKG). 13

VI) Zeitpunkt. Der Umfang der Beschwer ist grds nach dem **Zeitpunkt der Berufungseinlegung** zu berechnen (BGHZ 1, 29; BGH MDR 83, 388 = NJW 83, 1063). Ein zunächst die Berufungssumme unterschreitender Berufungsantrag kann erweitert werden, wenn die Berufungsbegründung das erweiterte Vorbringen deckt (BGH MDR 2005, 409; BGH MDR 2012, 932). Die nachträgl Minderung ist für die Zulässigkeit des eingelegten Rechtsmittels unschädl, sofern der Rechtsmittelkläger nicht durch willkürl Ermäßigung seiner Anträge oder teilw Klaglosstellung des Gegners bewirkt, dass die Rechtsmittelsumme nicht mehr erreicht ist (BGH MDR 2008, 1360; BGH NJW-RR 2009, 126; OLG Köln MDR 2021, 1350). 14

1) Anpassung der Anträge. Die Berufung ist nicht unzulässig, wenn der Kl die hinreichende Beschwer ausnutzt, um sein wirtschaftl Ziel zu erreichen, dass die ihn belastende Kostenentscheidung abgeändert wird (BGHZ 57, 224; BGH ZIP 91, 42; BGH NJW 92, 1513); und sie wird nicht unzulässig, wenn der Berufungskläger seine Anträge der vom Gegner geschaffenen prozessualen Lage anpasst, um eine Abweisung als unbegründet zu vermeiden, und mit den Anträgen nun hinter der Berufungssumme zurückbleibt. – Da der Kl durch eine in 1. Instanz erfolgte Klageabweisung beschwert ist, wird die Zulässigkeit des Rechtsmittels nicht dadurch in Frage gestellt, dass – wie schon bei Berufungseinlegung klar ist – der Zweck des Rechtsmittels in der Erklärung der Erledigung der Hauptsache wegen zwischenzeitl Zahlung liegt (vgl BGH NJW-RR 92, 1032). 15

2) Verzicht. Umgekehrt kann der Kl nicht durch Verzicht auf einen Teil des Klageanspruchs die bish zulässige Berufung des Bekl unzulässig machen (RGZ 165, 87). 16

3) Erfüllung. Die Berufung des Bekl wird unzulässig, wenn er der mit der Berufung bekämpften **Leistungspflicht** während des Berufungsverf **freiw genügt**, so dass die Urteilsbeschwer wegfällt (BGH NJW 51, 274). **Bsp:** Im Rahmen einer Stufenklage ergeht Teilurteil auf Auskunftserteilung, gegen das der Bekl Berufung einlegt, in der Berufungsbegründung dann aber die Auskunft erteilt; damit nimmt er sich die Beschwer (der Kl muss die Hauptsache der 1. Stufe für erledigt erklären). Anders aber bei Erfüllung wegen Fälligwerdens erst während des Berufungsverf (BGH NJW 66, 59; sa vor § 511 Rn 27) oder wenn der Kl auf die Berufung des vorbehaltlos verurteilten Bekl freiw die von diesem verlangte Gegenleistung erbringt und der Bekl daraufhin nur noch Abänderung der erstinstanzl Kostenentscheidung beantragt (OLG Frankfurt NJW 67, 1811; sa vor § 511 Rn 14). Die Berufung des zur Unterlassung verurteilten Bekl wird auch nicht unzulässig, wenn das mit der Berufung bekämpfte Verbot während des Rechtsmittelverf durch Zeitablauf endet (OLG Schleswig MDR 2003, 51), der Berufungskläger nun die Erledigterklärung abgibt u nur noch Abänderung der erstinstanzl Kostenentscheidung verlangt. Verteidigt sich ein Wettbewerber gegen eine Abmahnung mit negativer Feststellungsklage und erhebt später der Abmahnende in einem selbständigen Verf Unterlassungsklage, dann besteht das Feststellungsinteresse des Abgemahnten auch in höherer Instanz fort, solange nicht über die Unterlassungsklage rechtskräftig entschieden worden ist (OLG Hamm NJW-RR 86, 923). 17

4) Erweiterung. Die Berufungssumme wird auch erreicht, wenn der Berufungsführer nach uneingeschränkt eingelegter Berufung und Stellung eines zu niedrigen Berufungsantrags den **Antrag** noch **innerhalb der Begründungsfrist** auf die Erwachsenheitssumme **erweitert**, sofern nicht der vorangegangene Antrag einen Berufungsverzicht enthält (s § 520 Rn 32). 18

18a **5) Interesse des Gegners.** Der Rechtsmittelkläger kann sich bei fehlender Rechtsmittelsumme nicht auf ein höheres Interesse des Gegners berufen (BGHZ 23, 205). Das wird insb bei der Berufung eines zur Auskunft verurteilten Bekl praktisch (s vor § 511 Rn 19).

19 **VII) Der Wert des Beschwerdegegenstandes. 1) Wertveränderungen.** Zur Beschwer bei Kläger und Beklagten s ausf auch zur Berechnung im Einzelnen vor § 511 Rn 10-28. Der Wert bestimmt sich nach den Wertverhältnissen zur Zeit der Berufungseinlegung (BGH MDR 2008, 1360; BGH NJW-RR 2009, 126); Wertveränderungen bei gleichbleibendem Streitgegenstand nach diesem Zeitpunkt bleiben außer Betracht, verspätete Klageänderungen ebenso (BGH MDR 2009, 824), Rechtsänderungen zwischen Urteil und Berufungseinlegung können mit der Berufung realisiert werden (BGH FamRZ 2002, 673). Der Wert ist glaubhaft zu machen.

20 **2) Wertberechnung.** Sie richtet sich nach §§ 3-9, auch in Mietstreitigkeiten (s § 8 Rn 1; BGH NJW-RR 2025, 60 = MDR 2025, 127). Abzustellen ist auf das Interesse des Rechtsmittelführers, seine erstinstanzl Verurteilung zu beseitigen (BGH MDR 2019, 983 = NJW 2019, 2468). Auch in Wohnungseigentumssachen ist allein auf die Position des Rechtsmittelführers und sein Änderungsinteresse abzustellen (BGH MDR 2015, 1172; BGH NJW-RR 2015, 1421). Zu Auskunftsansprüchen s ausf vor § 511 Rn 19c. Zu Zinsen s Rn 32. Kosten sind nicht isoliert berufungsfähig (§ 99 I). Kostenpunkt ausnahmsw selbständig anfechtbar, wenn nach Teilurteil über die Hauptsache Schlussurteil über die Kosten ergeht; jedoch müssen dann beide Urteile angefochten werden (s § 99 Rn 10). Bei unbezifferten Zahlungsansprüchen – etwa auf angemessenes Schmerzensgeld – ist auf die erstinstanzl Betragsvorstellung des Kl abzustellen und zu fragen, inwieweit ihr durch das angefochtene Urteil entsprochen worden ist (s vor § 511 Rn 17-17d; BGH MDR 2002, 49; BGH MDR 2004, 1077).

20a Maßgebl ist die in der Rechtsbeschwerdeinstanz nur auf Ermessensfehlgebrauch überprüfbare (BGH MDR 2012, 1494) **Beurteilung durch das Berufungsgericht**, das an eine Streitwertfestsetzung in der 1. Instanz nicht gebunden ist (BGH NJW 2012, 2523; BGH NJW-RR 2015, 124); sie kann auch erst in den Gründen der Endentscheidung geschehen; eine Vorabentscheidung über den Wert des Beschwerdegegenstandes durch gesonderten Beschluss ist nicht anfechtbar (BGH NJW-RR 2015, 124).

21 **3) Wiederkehrende Leistungen.** Die zwischen Einreichung der Klage und Rechtsmitteleinlegung fällig gewordenen Bezüge an wiederkehrenden Leistungen (zB bei Unterhaltsurteilen) dürfen bei Berechnung der Berufungssumme nicht zu dem nach § 9 zu bezeichnenden Kapital hinzugerechnet werden (wohl aber für den Gebührenstreitwert die verlangten Rückstände aus der Zeit vor Anhängigkeit, § 42 III GKG). Titulierte, aber unstreitige freiw Zahlungen sind nur mit einem gem § 3 zu schätzenden Teilwert zu berechnen (BGH WM 85, 279).

22 **4) Widerklage.** Bei **Klage und Widerklage** entfällt eine Zusammenrechnung für die Eingangszuständigkeit (§ 5). Eine erstmalig in der Berufungsinstanz erhobene Widerklage erhöht nicht den Wert des Beschwerdegegenstandes der Berufung des Beklagten (BGH MDR 2022, 457). Wenn jedoch das Rechtsmittel einer Partei Klage und Widerklage betrifft, sind deren Werte zusammenzurechnen, sofern sie nicht dens Streitgegenstand betreffen (BGH NJW 94, 3292). Gebührenrechtl ist nach § 45 I GKG zusammenzurechnen.

23 **5) Eventualaufrechnung.** Die Frage, ob es zur Wertaddition führt, wenn der Bekl sich mit Eventualaufrechnung verteidigt, ist gebührenrechtl in § 45 III GKG beantwortet; Streitwertaddition, wenn über die Gegenforderung mit Rechtskraftwirkung nach § 322 II entschieden wird; die Höhe der Klageforderung begrenzt den ansetzbaren Wert der Gegenforderung. Die GKG-Regelung gilt **entspr** für die Berechnung der Beschwer. Gebührenstreitwert und Rechtsmittelbeschwer unterliegen hier denselben Bewertungsgrundsätzen. Ein Kl, der seine Klageforderung durch Eventualaufrechnung des Bekl verliert, ist nur in der Höhe der Klageforderung beschwert, da diese zuerkannt wird; der Bekl dagegen ist in doppelter Höhe beschwert (BGHZ 48, 212; BGHZ 59, 20 f).

24 **6) Teilweise Anfechtung.** Sie hemmt die Rechtskraft des ganzen Urteils (s § 705 Rn 11), jedoch die Anfechtung eines Teilurteils nicht den Eintritt der Rechtskraft des Schlussurteils (BGH VersR 86, 1210). Bei Berufung gegen mehrere Teilurteile muss der Wert des Beschwerdegegenstandes für jedes Teilurteil die Erwachsenheitssumme erreichen (BGH NJW 89, 2757), selbst dann wenn die getrennten Verf in der Berufungsinstanz verbunden werden (BGH NJW 2000, 217); Ausnahme bei willkürl Trennung (BGH NJW 96, 3216). Wird gegen ein Teilurteil zulässig Berufung eingelegt, kann die zugehörige Kostenentscheidung im Schlussurteil auch dann angefochten werden, wenn die Beschwer hinter der Erwachsenheitssumme zurückbleibt (s § 99 Rn 9-12).

25 **7) Streitgenossen.** Wenn nur ein Streitgenosse Berufung einlegt, ist seine Beschwer maßgebend (vgl RG JW 33, 2216; OLG Schleswig SchlHA 78, 198). Hingegen ist bei mehreren Streitgenossen die jew Beschwer, soweit sie sich nicht deckt, zusammenzurechnen (BGHZ 23, 333; ggf auch im Baulandverf, BGH WM 89, 324; aber BGH MDR 2001, 1006: keine Zusammenrechnung der Beschwer der GmbH und des Gesellschafters bei Beschlussanfechtung). Nimmt ein Streitgenosse sein Rechtsmittel zurück, verzichtet er darauf oder erklärt er für seine Person wegen eines insoweit abgeschlossenen Vergleichs die Hauptsache für erledigt, so wird das Rechtsmittel der Übrigen unzulässig, wenn der Wert des Beschwerdegegenstands damit unter die Erwachsenheitssumme sinkt (BGH NJW 65, 761; BGH DB 73, 521).

26 Bei **Streitgenossen als Berufungsbeklagte** verhält es sich entspr. Die gegen mehrere Streitgenossen gerichtete Berufung schafft einen einheitl Beschwerdegegenstand, der als solcher zu bewerten ist; es ist deshalb unschädl,

wenn die gegen einen Streitgenossen geltend gemachte Forderung die Berufungssumme nicht erreicht (OLG Celle NdsRpfl 69, 111). Zur Teilabweisung im Streitgenossenprozess mit anschließender Teilberufung s BGH NJW-RR 91, 186.

8) Ausspruch der Hauptsacheerledigung. Bei einem Rechtsmittel des Bekl gegen ein **entgegen** seinem **Antrag** die **Erledigung** aussprechendes Urteil richtet sich der Wert des Beschwerdegegenstands nach dem Hauptsachewert, nicht nach dem Kosteninteresse oder einem nach § 3 zu schätzenden Feststellungsinteresse; die Hauptsache bleibt Streitgegenstand (BGHZ 23, 340; BGHZ 37, 142). Hatte sich der Rechtsstreit in der Hauptsache zum Teil erledigt u hat das Urteil über den nicht erledigten Teil der Hauptsache u zugleich über die Kosten des erledigten Teils entschieden, so ist die Berufung nur zulässig, wenn der nicht erledigte Teil der Hauptsache die Berufungssumme erreicht; die Kosten des erledigten Teils bleiben außer Betracht (BGH WM 91, 658). 27

9) Hilfsanspruch. Wird der Kl mit **Hauptanspruch** und **Hilfsanspruch** oder mit mehreren Hilfsansprüchen abgewiesen, so ist für die Beschwer der Wert aller Ansprüche zusammenzurechnen, sofern sie nicht wirtschaftl identisch sind (BGH MDR 84, 208). Zur Beschwer bei nur in den Gründen abgewiesenen Teilpositionen trotz vollem Obsiegen im Antrag s BGH NJW 99, 3564. 28

Verfolgt der Rechtsmittelkläger Haupt- und Hilfsantrag, dann ist das Rechtsmittel zulässig, wenn auch nur einer der Anträge die Beschwerdesumme erreicht; welcher, ist gleichgültig, weil die Reihenfolge der Anträge unerhebl ist (KG OLGZ 79, 348; Schumann NJW 82, 1272). 29

10) Teilbetrag. Hat der Kl einen bestimmten Geldbetrag als Teilbetrag einer behaupteten Forderung gegen den Bekl, hilfsw als Teilbetrag einer anderen Forderung eingeklagt und erhält er auf Grund der hilfsw geltend gemachten Forderung einen Teilbetrag der Klagesumme zugesprochen, so ist er nach BGHZ 26, 295 in Höhe der vollen Klagesumme, nicht nur in Höhe der Differenz zwischen dieser und dem zugesprochenen Betrag beschwert. 30

11) Zug um Zug. Hat der Kl statt vorbehaltsloser Verurteilung des Bekl nur eine solche gegen eine Zug um Zug erbringende Gegenleistung erreicht, so bemisst sich für seine Berufung hiergegen die Beschwer nach dem Wert dieser Gegenleistung oder dem Zeit- und Kostenaufwand für die Erfüllung der Gegenleistung (BGH MDR 2010, 1087), nach oben begrenzt durch den Wert seines Klageanspruchs (BGH NJW-RR 95, 706); dass der Vorbehalt die Vollstreckung nicht hindert, ist für die Beschwer unerhebl (BGH NJW 82, 1048). Ändert das Berufungsgericht das angefochtene Urteil dahin ab, dass es die Verurteilung ohne die Leistung Zug um Zug bestätigt, dann fällt die Gegenleistung als Beschwer weg (BGH WM 92, 376). Wird nur die Art der Gegenleistung angegriffen und statt der zuerkannten eine andere verlangt, dann entspricht die Beschwer auch dann den vollen Mängelbeseitigungskosten, wenn zugesprochene und verlangte Gegenleistung hinsichtl der Höhe der aufzuwendenden Kosten nicht voneinander abweichen (BGH WM 85, 1457). Bei teilw Abweisung der Klage und Verurteilung Zug um Zug wegen des zuerkannten Restes sind Teilabweisung und Gegenleistung bis zur Höhe des ursprüngl Klageantrages zu addieren (BGH Warneyer 1985 Nr 61). 31

12) Zinsen. Ist der Zinsanspruch höher als der Hauptanspruch und wird das Rechtsmittel nur wegen der Zinsen eingelegt, kommt es für die Beschwer auf den Betrag der Zinsen an (BGHZ 26, 174; BGH NJW 1994, 1869). Zinsen aus einem nur zum Teil erledigten Hauptanspruch sollten dagegen nicht als Hauptforderung angesehen werden (BGH LM ZPO § 4 Nr 1; aA BGHZ 26, 174). Der Zinsanspruch kann aber dadurch zur Hauptsache werden, dass die Hauptforderung durch Klagerücknahme (§ 269 I) oder Verzicht (§ 306) wegfällt oder der Kl den Rechtsmittelantrag auf das Zinsbegehren beschränkt (BGH NJW 2012, 2513). Auf diese Weise kann auch bei einer nicht rechtsmittelfähigen Abweisung des Hauptanspruchs der Zinsanspruch rechtsmittelfähig werden (RGZ 47, 258; auch hier aA BGHZ 26, 177). 32

VIII) Glaubhaftmachung. §§ 294, 286, unter Ausschluss der eidesstattl Versicherung, ansonsten alle zugelassenen präsenten Beweismittel, zB durch Bezugnahme auf den in der Vorinstanz festgesetzten Streitwert oder auch bloße Parteianhörung (BGH NJW 2015, 873 [Althammer]); bei Verurteilung zur Auskunft konkrete Darlegung des notwendigen Aufwands (BGH MDR 2015, 352). 33

Die Glaubhaftmachung nach III ist Sache des Berufungsklägers; kommt er dieser Obliegenheit nicht nach, so schätzt das Berufungsgericht die Beschwer auf Grund eigener Lebenserfahrung und Sachkenntnis nach freiem Ermessen, § 3; für die Erholung eines SV-Gutachtens vAw ist kein Raum (BGH NJW-RR 2014, 1297). 34

IX) Zulassungsberufung. 1) Zweck. Unterhalb der Erwachsenheitssumme gibt es die Zulassungsberufung, um eine Klärung wichtiger Rechtsfragen oder die Herstellung der Rechtseinheit auch im Streitwertbereich bis 600 Euro zu ermöglichen. Ziel ist die Durchgängigkeit der Instanzen ohne Rücksicht auf das formale Kriterium des Erreichens der Erwachsenheitssumme. 35

2) Zulassungsgründe. Sie orientieren sich am Revisionsrecht. Sie entsprechen den Zulassungsgründen in § 544 IV, maßgebl ist bei der Auslegung aber die Funktion des Berufungsgerichts als eingeschränkte 2. Tatsacheninstanz für seinen Gerichtsbezirk. Willkürlich Nichtzulassung kann einen Verstoß gegen das Gebot effektiven Rechtsschutzes darstellen. 36

37 **a) Grundsätzl Bedeutung.** Sie ist gegeben beim Einzelfall überschreitender Gewichtigkeit der Rechtssache, die sich aber nicht nur aus einer allg interessierenden Rechtsfrage ergeben, sondern auch aus bes wirtschaftl oder tatsächl Bedeutung folgen kann (Einzelheiten s § 543 Rn 13). Grundsätzl Bedeutung ist darüber hinaus nur gegeben, wenn die zugrunde liegende Rechts- oder Tatsachenfrage klärungsbedürftig, klärungsfähig (nicht bei der Frage der Verfassungsgemäßheit nachkonstitutionellen Rechts) und entscheidungserhebl ist (nicht, wenn das Erstgericht die Entscheidung nicht auf die Frage stützt, sie also nur obiter erörtert).

38 **b) Fortbildung des Rechts, Einheitlichkeit der Rechtsordnung.** Sie sind als konkretisierte Unterfälle der grundsätzl Bedeutung anzusehen. Darunter fällt zunächst Divergenz zu obergerichtl Rspr. Anstoß zur Fortbildung des Rechts kann das Erstgericht auch geben, wenn es eine wichtige Rechtsfrage auf Grund neuerer Entwicklungen dem Berufungsgericht erneut zur Entscheidung unterbreiten will.

39 **3) Ausspruch im Urteil.** Das Erstgericht trifft die **Zulassungsentscheidung vAw im Endurteil**, nicht in einem beigefügten Beschluss, nicht zwingend im Tenor (BGH NJW 2016, 1179 = MDR 2016, 476). Ein Antrag einer Partei auf Zulassung ist nur eine Anregung an das Gericht, aber besonders zu empfehlen, wenn Zweifel über das Erreichen des Beschwerdewerts in der Berufungsinstanz bestehen, weil zur Zulassungsentscheidung rechtl Gehör zu gewähren ist (s Rn 41). Bei Zweifeln, ob der Wert erreicht wird, sollte das Gericht über die Zulassung entscheiden. Hat keine Partei die Zulassung beantragt, so ist eine ausdrückl Entscheidung entbehrl: Schweigen im Urteil bedeutet Nichtzulassung (BGH MDR 2011, 874; BGH NJW 2011, 2974). Die Zulassung kann grds nicht über eine Urteilsergänzung nach § 321 erreicht werden (BGH NJW 2004, 779; BGH NJW-RR 2020, 1389 = MDR 2020, 1459). Nachholung kommt aber bei erfolgreicher Anhörungsrüge in Betracht, wenn das Verfahren auf Anhörungsrüge hin fortgesetzt wird und sich aus dem dann gewährten Gehör ein Zulassungsgrund ergibt (BGH NJW-RR 2020, 1389 = MDR 2020, 1459; BGH NJW 2024 3520 = MDR 2024, 1468). Urteilsberichtigung nach § 319 kommt nur in Betracht, wenn die im Urteil fehlende Zulassungsentscheidung eine offenbare Unrichtigkeit darstellt, das Erstgericht also die Berufung zulassen wollte, dies aber versehentl weder in der Formel noch in den Gründen erwähnte, der Wille aber ansonsten hervortritt (BGH NJW 2004, 2389 = MDR 2004, 1073; BGH NJW 2013, 2124 = MDR 2013, 927; BGH NJW-RR 2015, 46).Die Zulassungsentscheidung hat das Erstgericht nach IV Nr 2 stets zu treffen, wenn die Beschwer (Zurückbleiben des Urteils hinter dem Antrag) zumindest für eine Partei 600 Euro nicht übersteigt. Sah das Erstgericht keinen Anlass zur Zulassung, weil es den Beschwerdewert für erreicht hielt, muss das Berufungsgericht die Entscheidung **nachholen**, wenn es einen geringeren Beschwerdewert annimmt (BGH MDR 2010, 765; BGH MDR 2010, 886; BGH MDR 2011, 124; BGH NJW 2011, 2974; BGH MDR 2012, 602; BGH WM 2015, 380; BGH NJW-RR 2016, 507; BGH MDR 2018, 462; BGH NJW-RR 2023, 1484 = MDR 2023, 1543; BGH NJW-RR 2024, 610 = MDR 2024, 659); dafür ist aber kein Raum, wenn Streitwert und Beschwer erhebl auseinanderfallen (idR bei Auskunftsklagen) und das Erstgericht wegen der geringen Beschwer das Urteil für unanfechtbar hielt (BGH NJW 2011, 926). Durch Zulassung der Revision kann die Nachholung der Zulassung konkludent zum Ausdruck gebracht sein (BGH NJW 2008, 218).

40 **a)** Die zur teilw Zulassung der Revision entwickelten Grundsätze gelten auch für die Berufung. Beschränkte Zulassung der Berufung ist immer dann zulässig, wenn über die Teilfrage durch Zwischen- oder Teilurteil hätte entschieden werden können oder eine teilw Anfechtung durch die beschwerte Partei – abgesehen vom Erreichen der Berufungssumme – in Frage gekommen wäre (BGH MDR 2009, 1183; BGH MDR 2018, 430 = NJW 2018, 937), also auf eine von mehreren Prozessparteien (nicht bei notwendigen Streitgenossen), auf einen von mehreren prozessualen Ansprüchen, auf Teile eines Anspruchs (auch Grund und Höhe), soweit durch Teilurteil hätte entschieden werden können, auf Aufrechnungsforderungen, sowie auf einzelne Angriffs- und Verteidigungsmittel, soweit es sich um tatsächl und rechtl abtrennbaren Streitstoff handelt. Nicht beschränkbar ist die Zulassung hingegen auf isolierte Rechtsfragen (BGH WM 2003, 1370).

41 **b)** Das Berufungsgericht ist an die Zulassung ebenso wie an die Nichtzulassung gebunden. Eine Überprüfung durch das Berufungsgericht findet nicht statt. Dies gilt auch, wenn nach der Ansicht des Berufungsgerichts die Voraussetzungen für eine Zulassung nicht vorlagen oder zu Unrecht verneint wurden. Ist die Berufung nur teilw zugelassen, so beschränkt sich die Überprüfungsbefugnis des Berufungsgerichts auf den zugelassenen Teil. Gegen die Nichtzulassung gibt es kein Rechtsmittel, aber Abhilfeverf nach § 321a bei Verletzung des rechtl Gehörs (s Rn 39; § 321a Rn 7; zu Willkür BVerfG NJW 2004, 2584; BVerfG NJW 2016, 3295; BayVerfGH BayVBl 2015, 102).

42 **X) Gebühren. 1) Gericht:** Mit der pauschalen 4,0 VerfGeb 1220 GKG-KV (zum Streitwert s § 3 Rn 16.39) wird das gesamte Verf abgegolten. Sie wird fällig mit Einreichung der Berufung (§ 6 GKG), auch wenn die Partei selbst die (damit unzulässige) Berufung einlegt (OLG Zweibrücken JurBüro 2007, 372) oder wenn sie mit einem WE-Antrag verbunden ist (OLGR Dresden 2007, 801). Sie fällt bei Anfechtung von mehreren Teilurteilen mehrfach an (OLG Düsseldorf AGS 2018, 569). Bei mehrfacher Einlegung der Berufung (vor § 511 Rn 38, § 519 Rn 3) gegen dasselbe Urt liegt hingegen auch gebührenrechtl nur ein Rechtsmittel vor, so dass 1220 GKG-KV nur einmal entsteht. Die Hauptpartei, die das Rechtsmittel des Nebenintervenienten widerspruchslos hinnimmt, bleibt in der Antragstellerhaftung (OLG München NJW-RR 2019, 512). – Hinzu kommen drei **Ermäßigungstatbestände: a)** Rechtsmittel- oder Klagerücknahme vor Eingang der Begründungsschrift: 1,0 nach 1221 GKG-KV. *OLG Dresden MDR 2009,* 1074 wendet 1221 GKG-KV auch an auf einen Vergleich vor Berufungsbegründung und nach gerichtsinterner Mediation. – **b)** Beendigung des Verf nach dem Katalog 1222 Nr 1-4 GKG-KV: 2,0 nach 1222 GKG-KV. Teilbeendigungen sind gebührenrechtl nicht begünstigt. Ausreichend ist, wenn mehrere Ermäßigungstatbestände in ihrer Ge-

samtheit das Verf insgesamt beenden. Auch Erledigungserklärung nach § 91a können zur Ermäßigung führen, wenn näml keine Entscheidung über die Kosten ergeht oder sie nur eine Parteivereinbarung wiederholt (1222 Nr 4 GKG-KV). Keine analoge Anwendung von 1222 Nr 2 GKG-KV auf Fälle des § 522 II (OLG Brandenburg MDR 2009, 1363). – **c)** Beendigung durch ein Urteil nach § 313a I 2: 3,0 nach 1223 GKG-KV. Insoweit eine Abweichung von der 1. Instanz, in der ein Urteil nach § 313a I 2 nicht gebührenbegünstigt ist. Kommt es nach einer Teilbeendigung (1222 GKG-KV) zu einer dann gesamten Beendigung des Verf durch ein Urteil über den restl Streitgegenstand nach 1223 GKG-KV, ermäßigt sich die Geb insgesamt auf 3,0 (1223 aE GKG-KV). – **2) RA:** 3200-3205 RVG-VV. Nur eine Angelegenheit (§ 15 I, II RVG) bei mehrfacher (wiederholter) Einlegung der Berufung (Hansens RVGreport 2010, 404). Jeweils Berufung gegen mehrere Teilurteile sind aber mehrere Angelegenheiten (GS/Müller-Rabe § 17 Rn 17). Die allg VerfGeb 3200 RVG-VV beträgt 1,6. Sie entsteht, wenn der RA in irgendeiner Weise über Neben- und Abwicklungstätigkeiten hinaus im Rahmen seines Auftrags tätig wird (BGH NJW 2013, 312 Tz 11; OLG Frankfurt NJW-RR 2020, 318); nach außen muss das nicht erkennbar werden. – Auftrag, ledigl die Erfolgsaussichten einer Berufung zu prüfen: 2100 RVG-VV. – Zur Erstattungsfähigkeit der Geb s § 91 Rn 13.21.

§ 512 Vorentscheidungen im ersten Rechtszug

Der Beurteilung des Berufungsgerichts unterliegen auch diejenigen Entscheidungen, die dem Endurteil vorausgegangen sind, sofern sie nicht nach den Vorschriften dieses Gesetzes unanfechtbar oder mit der sofortigen Beschwerde anfechtbar sind.

I) Grundsatz. 1) Entscheidungen. Die dem angefochtenen Urteil vorausgegangenen **Entscheidungen** (nicht 1
auch deren Begründung und Folgerungen daraus: BGH MDR 75, 569) sollen durch das Berufungsgericht nachprüfbar sein. Manchmal muss das Berufungsgericht aber die vorausgegangenen Entscheidungen (ggf samt ihrer Abänderung im Rechtsmittelweg) hinnehmen, zB den Beschluss, durch den die Ablehnung eines Richters (§ 46 II; KG FamRZ 86, 1023 mNw; krit dazu BVerfG NJW 2019, 505) oder SV für unbegründet erklärt wurde (§ 406 V; BGHZ 28, 305). Dem Endurteil vorausgegangen u nur mit ihm anfechtbar sind Beweis- (§§ 358a, 359), Verbindungs- u Trennungsbeschlüsse (§§ 145, 147; OLG München NJW 84, 2227) sowie das Zwischenurteil über einen Zwischenstreit (§ 303). Wenn dem angefochtenen Urteil ein **VU** vorausgegangen war, hat das Berufungsgericht auch die Zulässigkeit des Einspruchs zu prüfen. Überprüft werden kann die Entscheidung, das Verfahren auf Gehörsrüge nach § 321a hin fortzuführen auch daraufhin, ob zu Unrecht Sachvortrag zur Zulassung übergangen wurde (BGH NJW 2016, 3035 = MDR 2015, 787). Keine nachprüfbare Vorentscheidung ist die Vorlage oder Übernahme des Rechtsstreits im Verhältnis zwischen originärem Einzelrichter und Kammer nach § 348 III, IV oder Übertragung auf den obligatorischen ER gem § 348a I, III (OLG Saarbrücken VersR 92, 765).

2) Entscheidungen, die selbständig der Berufung unterliegen. Über den Wortlaut des § 512 hinaus ist das Be- 2
rufungsgericht an Entscheidungen der Vorinstanz gebunden, die selbständig der Berufung unterliegen (Teilurteil, Zwischenurteil über prozesshindernde Einreden § 280 II, über den Grund des Anspruchs § 304, Vorbehaltsurteil im Urkundenprozess § 599); vgl BGHZ 182, 10.

II) Unanfechtbare Entscheidungen. Auch sie sind für das Berufungsgericht bindend. 3

III) Mit sofortiger Beschwerde anfechtbare Entscheidung. S § 567; Zwischenurteile §§ 71, 135, 387, 409. 4
Auch insoweit ist das Berufungsgericht gebunden.

§ 513 Berufungsgründe

(1) Die Berufung kann nur darauf gestützt werden, dass die Entscheidung auf einer Rechtsverletzung (§ 546) beruht oder nach § 529 zugrunde zu legende Tatsachen eine andere Entscheidung rechtfertigen.
(2) Die Berufung kann nicht darauf gestützt werden, dass das Gericht des ersten Rechtszuges seine Zuständigkeit zu Unrecht angenommen hat.

I) Berufungsgründe. I schreibt das Grundprinzip der Berufungsinstanz fest; die Berufungsinstanz eröffnet 1
nicht eine im Wesentl uneingeschränkte und rechtsstaatl nicht gebotene umfassende 2. Tatsacheninstanz, sondern ermöglicht eine Fehlerprüfung unter grundsätzl Bindung an die in 1. Instanz getroffenen Tatsachenfeststellungen (BTDrs 14/4722, 94; HM-S/Meyer-Seitz Rn 1, 2). Die Prüfung durch das Berufungsgericht umfasst im Gegensatz zur Revision **Rechtsfehler** (also auch Rechtsfehler bei der Feststellung des Sachverhalts durch das Erstgericht) **und nicht auf Rechtsfehlern beruhende Irrtümer in der Tatsachenfeststellung** nach § 529. Die Berufungsinstanz bleibt damit **eingeschränkt Tatsacheninstanz.** Damit kann die Unterscheidung in Rechts- und Tatfragen, die selbst in der Revisionsinstanz umstritten ist, jedenfalls iErg keine entscheidende Rolle spielen (MK/Krüger § 546 Rn 2). Die Prüfung der Tatsachengrundlage nach § 529 erlangt dort Bedeutung, wo eine Kontrolle der Tatsachenfeststellung durch das Erstgericht wegen Rechtsverletzungen ausscheidet. Soweit der

Berufungsführer keine Rechtsfehler der 1. Instanz anführen kann, bleibt ihm die Möglichkeit, die Tatsachengrundlage über § 529 angreifen oder zulässig neu vorzutragen (so auch Gaier NJW 2004, 2041).

2 **1) Rechtsverletzung.** Der Begriff der Rechtsverletzung entspricht dem in § 546 (s § 546 Rn 21). Im Berufungsrechtszug wird demnach geprüft, ob Gesetzesvorschriften richtig angewendet wurden. Fehler sind Subsumtions- und Interpretationsfehler sowie das gänzl Übersehen von Rechtsvorschriften. Zur Normanwendung zählt auch die Auslegung unbestimmter Rechtsbegriffe und von Generalklauseln wie „gute Sitten“, „wichtiger Grund“ ua. Die aus § 545 I im Revisionsrecht abgeleitete Beschränkung auf revisibles Recht (kein ausl Recht) gilt in der Berufungsinstanz nicht. Die Anwendung von Erfahrungssätzen und Denkgesetzen zählt zur Rechtsanwendung. Überprüfbar ist auch die Verletzung von Rechtsnormen im materiellen Sinne, also von Rechtsverordnungen, selbst von Verwaltungsvorschriften, wenn sie obj Recht enthalten (s § 545 Rn 2). Da AGB, Formularverträge und Satzungen über Individualerklärungen hinausgehende typisierende Erklärungen sind, werden sie revisionsrechtl wie Rechtsnormen behandelt. Dies gilt auch für die Berufungsinstanz, in der sie unabhängig vom Erstgericht frei ausgelegt werden können (Rimmelspacher NJW 2002, 1899). Die Auslegung von Individualerklärungen ist hingegen reine Tatfrage: ist bei der Auslegung materielles oder formelles Recht verletzt worden (Auslegungsregeln des materiellen Rechts sind etwa §§ 133, 157, 242 BGB, solche des formellen Rechts §§ 286, 287, aber auch die hierher zählenden Verstöße gegen Denkgesetze), ist die Nachprüfung durch das Berufungsgericht ohne weiteres eröffnet (OLG München MDR 2003, 952; OLGR München 2003, 393; KG MDR 2004, 533). Umstritten ist, ob eine vertretbare Auslegung des Erstgerichts im Berufungsverf Bestand hat: Gegen die überwiegende Lit und Rspr der Instanzgerichte (OLGR Celle 2002, 238; OLG München MDR 2004, 112; KG MDR 2004, 647) räumt der BGH (BGH NJW 2004, 2751; BGH NJW 2016, 3015; so auch MskV/Ball § 513 Rn 4a) dem Berufungsgericht eine **unbeschränkte** Auslegungskontrolle ein.

3 **2) Fehler in der Tatsachenfeststellung.** Sonstige nicht auf Rechtsverletzung beruhende Fehler in der Tatsachenfeststellung des Erstgerichts unterliegen der Überprüfung durch das Berufungsgericht, wenn die Voraussetzungen des § 529 erfüllt sind. Hierher zählt auch das Ergebnis der reinen Beweiswürdigung durch das Erstgericht, die nicht auf der Verletzung von Rechtsvorschriften beruht (BGH NJW 2023, 3496 = MDR 2023, 1331). IE s § 529 Rn 4.

4 **3) Zulässige neue Tatsachen.** Die Berufung kann außerdem darauf gestützt werden, dass zulässigerw neu eingeführte Tatsachen eine abweichende Entscheidung des Berufungsgerichts rechtfertigen. Im Wesentl geht es hier um die nach § 531 II 1 Nr 3 zulässigen neuen Tatsachen, also um nova producta und nova reperta, sowie schuldlos nicht in der 1. Instanz vorgebrachte Tatsachen (zu den Einzelheiten s § 531 Rn 30). Fehlerhafte Tatsachenerhebung, die zur Zulässigkeit der neuen Tatsachen in der Berufungsinstanz nach § 531 II 1 Nrn 1 u 2 führt, ist bereits wegen Rechtsfehlerhaftigkeit Gegenstand des Berufungsverf.

5 **4) Beruhen.** Die Entscheidung des Erstgerichts **beruht** nur dann auf dem Rechtsfehler, wenn bei Verletzung materiellen Rechts die richtige Anwendung des Rechts zu einem dem Berufungsführer günstigeren Ergebnis führt (Schellhammer MDR 2001, 1141). Wird zur Begründung der Berufung die Verletzung verfahrensrechtl Normen gerügt, beruht die Entscheidung auf der Rechtsverletzung, wenn die Möglichkeit anderer Entscheidung nicht ausgeschlossen werden kann; bei Verletzung einer verfahrensleitenden Norm hat das Berufungsgericht aber im Gegensatz zum Revisionsgericht nach § 538 I idR unter Vermeidung des Fehlers **selbst** zu entscheiden (MK/Rimmelspacher § 513 Rn 15). Wird in zulässiger Weise die Tatsachengrundlage des Erstgerichts geändert, muss sich daraus eine andere, dem Berufungsführer günstige Entscheidung ergeben, um der Berufung zum Erfolg zu verhelfen.

6 **II) Zuständigkeitsfragen.** Fehlerhafte Annahme der Zuständigkeit durch Ausgangsgericht kann die Berufung nicht rechtfertigen. Dies dient der Verfahrensbeschleunigung und erhält die Sacharbeit der 1. Instanz auch bei fehlerhafter Annahme der Zuständigkeit.

7 **1) Sachliche, örtliche und funktionelle Zuständigkeit.** Zur sachl Zuständigkeit s §§ 23-23d, §§ 71, 72a GVG; berührt ist die Frage der Zuweisung der Sachen an die AG und LG als Eingangsgerichte. Örtl Zuständigkeit: §§ 12-35, auch die **ausschließl** (RGZ 110, 57; OLGR Naumburg 2008, 965) u **vereinbarte** (BGH NJW 2000, 2822 = MDR 2000, 1091). Bei der funktionellen Zuständigkeit wird es hauptsächl um die Zuständigkeit der Zivilkammer oder der KfH des LG (OLG München WM 2015, 2284; OLG Frankfurt GRUR-RR 2019, 70) oder des FamG und der streitigen Ziviljustiz gehen (s dazu § 266 FamFG). § 513 II gilt, gleichviel ob Vorderrichter seine Zuständigkeit in einem Zwischenurteil oder stillschweigend durch Eingehen auf die Sache selbst angenommen hat. Im 1. Fall findet gegen das Urteil überhaupt keine Berufung statt (BGH NJW 98, 1230), während Entscheidungen, die außerdem noch andere Fragen erledigen, insoweit angefochten werden können (BGH NJW 98, 1230). Ein (Zuständigkeits-)Streitwertbeschluss kann nicht mit der Beschwerde angefochten werden (OLG Karlsruhe MDR 2003, 276). Die Vorschrift erfasst auch die Fälle der Gerichtseinteilung, so etwa in Baulandsachen (§ 219 II BauGB), in Kartell- (§ 89 I, II GWB), Gebrauchsmuster- (§ 27 II GebrMG), Design- (§ 52 II, III DesignG), Halbleiter- (§ 11 II HalblSchG), Kennzeichen- (§ 140 II MarkenG), Patent- (§ 143 II PatG), Sortenschutz- (§ 38 II SortG) oder Urheberrechtsstreitsachen (§ 105 I, II UrhG). Mit der Berufung kann nicht angegriffen werden, dass ein unzuständiges LG oder ein unzuständiger Spruchkörper entschieden hat.

2) Internationale Zuständigkeit. § 513 II enthält im Wortlaut keine Beschränkung auf die örtl und die sachl Zuständigkeit. Dennoch kann wegen der Bedeutung der internationalen Zuständigkeit, die über das IPR des Gerichtsstaats auch das anwendbare Recht steuert, nach der Rspr des BGH das Fehlen internationaler Zuständigkeit in der Berufungsinstanz auch dann gerügt werden, wenn das Erstgericht sie unzutr angenommen hat (st Rspr: BGH NJW 2003, 426 = MDR 2003, 348; BGH MDR 2004, 707; MskV/Ball Rn 7; aA Schellhammer MDR 2001, 1141). Der Auslegung durch den BGH gegen den Wortlaut ist zuzustimmen: Der Kl wird bei der Wahl des Gerichtsstands nach europäischen oder nationalen Regeln des IZPR bes sorgfältig zu prüfen haben, in welchem Gerichtsstand er seine Klage erheben will, läuft er doch Gefahr eine Sachentscheidung zu erhalten, die im Ausland nicht vollstreckbar ist. Die Pflicht zur Amtsprüfung der Zuständigkeit besteht in allen Instanzen (EuGH IPRax 1895, 92; Piekenbrock/Schulze IPRax 2003, 1; Piekenbrock/Schulze IPRax 2003, 328; OLG Celle IPRax 2003, 252). Außerdem ist § 513 II unionsrechtskonform auszulegen, wenn Unionsrecht die Zuständigkeit bestimmt (OLG Hamm GRUR-RR 2020, 307). 8

3) Ausnahmen. Grundsätzlich findet § 513 II auch im einstweiligen Verfügungsverfahren Anwendung (OLG Düsseldorf GRUR 2022, 731), § 513 II ist aber nicht anzuwenden, wenn die Hauptsacheklage nach § 937 I bereits bei einem bestimmten Gericht anhängig ist. § 937 I will dann unabhängig von der Zuständigkeitsfrage auch den Sachzusammenhang zwischen einstw Verfügung und Hauptsache erhalten. Prüft hingegen das LG eine nur auf unerlaubte Handlung gestützte Klage auch nach vertragl oder vertragsähnl Ansprüchen, dann rechtfertigt diese Überschreitung der örtl Zuständigkeit die Berufung nach neuerer Rspr ohnehin nicht, weil man die Prüfungskompetenz des Erstgerichts im Gerichtsstand der unerlaubten Handlung weit zieht (s § 12 Rn 20 f). 9

4) Willkür. Auch wenn die örtl Zuständigkeit willkürl bejaht wurde, führt dies nicht zu einer Überprüfbarkeit in der Berufungsinstanz (so unzutreffend OLG Oldenburg NJW-RR 99, 865). Bei Gehörsverletzungen eröffnet § 321a eine gerichtl Überprüfung innerhalb der Instanz. Überprüfbarkeit kann nicht mit dem Hinweis begründet werden, dass die Bindungswirkung eines Verweisungsbeschlusses nach § 281 bei Willkür ausnahmsw verneint wird. Denn bei § 281 geht es um die Klärung der Zuständigkeit im Vorfeld der Erstentscheidung, § 513 II beschränkt aber die Anfechtungsmöglichkeit im Rechtsmittelzug (sa § 511 Rn 11). Im Falle der Anfechtung eines 2. VU nach § 514 II soll die fehlende örtl Zuständigkeit rügbar sein, weil keine Sachprüfung der 1. Instanz vorliege, die zu erhalten ist (OLG Schleswig MDR 2007, 906; aA OLGR Celle 1995, 29). 10

5) Verneinung der Zuständigkeit. Nur die **Bejahung der Zuständigkeit** durch das erstinstanzl Gericht ist durch § 513 II der Nachprüfung entzogen. Wird die Zuständigkeit verneint, dann ist § 513 II unanwendbar; diese Entscheidung ist berufungsfähig. Das folgt bereits aus dem Zweck der Vorschrift, die fehlerfreie Sacharbeit des Erstgerichts erhalten will. 11

6) Rechtsweg. § 513 II ist auch nicht anwendbar bei Streit darüber, ob der Rechtsweg zu den ordentl Gerichten gegeben ist. § 17a V GVG enthält insoweit eine abschließende Sonderregelung, die die Überprüfung der Rechtswegentscheidung im Urteil durch das Berufungsgericht ausschließt (OLG Köln NJW-RR 2024, 914; s § 17a GVG Rn 18). Dies gilt auch für die Frage, ob die Zivilgerichte oder die ArbG zur Entscheidung berufen sind oder eine Patentstreitsache nach § 143 PatG vorliegt (OLG Köln GRUR-RR 2018, 317). 12

7) Völkerrecht. Unter § 513 II fällt auch nicht die Frage, ob **völkerrechtl Befreiung von der dt Gerichtsgewalt** vorliegt (RGZ 157, 392). 13

III) Beschwerde und Rechtsbeschwerde. Der **Ausschluss der Zuständigkeitsprüfung** gilt auch für die Beschwerde und die Rechtsbeschwerde: § 571 II 2, § 576 II, § 65 IV FamFG. 14

IV) Berufungsbegründung. Die sich aus § 513 II ergebende Beschränkung ist bei der Berufungsbegründung (§ 520 III) zu beachten. Eine Berufung, die allein auf die fehlende Zuständigkeit gestützt wird, ist unzulässig, sie ist nach § 522 I durch Beschluss zu verwerfen. 15

§ 514 Versäumnisurteile

(1) Ein Versäumnisurteil kann von der Partei, gegen die es erlassen ist, mit der Berufung oder der Anschlussberufung nicht angefochten werden.

(2) [1]Ein Versäumnisurteil, gegen das der Einspruch an sich nicht statthaft ist, unterliegt der Berufung oder Anschlussberufung insoweit, als sie darauf gestützt wird, dass der Fall der schuldhaften Versäumung nicht vorgelegen habe. [2]§ 511 Abs. 2 ist nicht anzuwenden.

I) Echtes Versäumnisurteil. Nur das **VU** im echten Sinn, also das gegen die säumige Partei auf Grund dieser Säumnis ergehende Urteil ist gemeint: Näheres s bei §§ 330 ff. Ob es vorliegt, richtet sich nicht nach vorhandener oder fehlender Überschrift, sondern nach dem Entscheidungsinhalt (BGH NJW 99, 583). Maßgebl ist der 1

Standpunkt des Gerichts, das das Urteil erlassen hat, und nicht, wie es richtig hätte entscheiden müssen (BGH NJW 94, 665; BGH NJW 97, 1448); das – zu Recht oder zu Unrecht (OLG Düsseldorf MDR 85, 1034) – gegen den Säumigen erlassene VU (echtes VU) ist nur mit Einspruch anfechtbar; insb kann das als solches gewollte (da keine Säumnis vorlag, aber inhaltl unrichtige) technisch 1. VU nicht unter Berufung auf den Grundsatz der Meistbegünstigung (s Rn 4) mit Berufung angegriffen werden (BGH NJW 94, 665). Bei Teil-VU und Teil-Streiturteil gegen diese Berufung auf Grund selbständiger Zulässigkeitsprüfung (BGH FamRZ 86, 897). Gegen das bei Ausbleiben des Bekl die Klage ganz oder teilw abweisende VU (unechtes VU, § 331 II) ist Berufung nach § 511 zulässig (OLG München MDR 88, 973); das Gleiche gilt von dem beim Ausbleiben einer Partei (§ 331a) oder beider Parteien (§ 251a) erlassenen Urteil nach Aktenlage, weil hier Grundlage der Entscheidung nicht Säumnis in mündl Verh ist, also kontradiktorisch entschieden wird.

2 **II) Zweites Versäumnisurteil. 1) Kein Einspruch.** Einspruch ist gegen das VU nicht statthaft, wenn die säumige Partei im Einspruchstermin wieder nicht erschienen ist u der Einspruch durch neues VU verworfen wurde (§ 345) oder unter Verwerfung eines WE-Gesuchs neues VU ergeht (§ 238 II).

3 **2) Berufung mit beschränktem Inhalt.** Das den Einspruch verwerfende Urteil ist nur mit Berufung nach § 514 anfechtbar, und zwar auch dann, wenn die Berufungssumme des § 511 II Nr 1 nicht erreicht ist (II 2). Die Berufung kann schon vor Zustellung wirksam eingelegt und begründet werden (LAG Frankfurt LAGE ZPO § 513 Nr 4). Str ist, ob II 2 auch im arbeitsgerichtl Verf gilt, oder ob § 64 II ArbGG vorgeht (so BAG NJW 89, 2644 gegen hM, MK/Rimmelspacher Rn 2; StJ/Althammer Rn 22).

4 **3) Meistbegünstigung.** Wahlw Einspruch oder Berufung ist nach dem Grundsatz der Meistbegünstigung (s vor § 511 Rn 30) gegeben (BGHZ 40, 265; BGH NJW 97, 1448; BGH NJW-RR 2011, 216), wenn bei wiederholtem 1. VU das 2. irrig als „2. VU" bezeichnet wurde; zum umgekehrten Fall – „weiteres 1. VU" statt richtig „2. VU" – BGH NJW 97, 1448 = MDR 97, 495). Da aber in diesem Fall in der Sache ein Rechtsmittel nur unter den Voraussetzungen des II eröffnet wäre, kann der Einspruch, der der Form der Entscheidung nach eröffnet ist, nur Erfolg haben, wenn tatsächl keine Säumnis iSv II vorlag (OLG Brandenburg NJW-RR 98, 1286; sa vor § 511 Rn 32). Keine Beschränkung auf den Vortrag, Fall der Säumnis habe nicht vorgelegen, wenn das Erstgericht den Einspruch als unzulässig ansah und fälschl durch 2. VU statt durch kontradiktorisches oder durch unechtes VU entschied (OLGR Düsseldorf 2001, 281).

5 **4) Gehörsverletzung.** Wurde dem Bekl im vereinf Verf nach § 495a kein rechtl Gehör gewährt, ist Gehörsrüge nach § 321a zu erheben. Eine entspr Anwendung des II 2 kommt bei Fällen der Verletzung des Anspruchs auf **rechtl Gehör** nicht in Betracht, soweit eine dem Säumnisverf vergleichbare Verfahrenslage nicht besteht (s § 511 Rn 11; BGH NJW 90, 838; StJ/Althammer Rn 18).

6 **III) Voraussetzungen.** Die Berufung kann **allein** darauf gestützt werden, dass ein Fall der Säumnis nicht vorgelegen hat oder diese unverschuldet war. Es handelt sich um eine eng umgrenzte Ausnahmevorschrift (BGH WM 2018, 445; BGH NJW-RR 2020, 575). Trotz der ungeschickten Formulierung in der Neufassung des II, der nur noch von schuldhafter Versäumung spricht, können weiter beide Varianten eine Berufung begründen.

7 Auch bei Vorliegen eines Restitutionsgrundes gibt es keine Berufung gegen ein 2. VU (BGH MDR 2011, 1371; BGH FamRZ 2012, 27).

8 **1) Keine Säumnis.** Dass ein Fall der Versäumnis (beim 2. VU) nicht vorgelegen habe, ist in der Berufungsinstanz vollständig vorzutragen (BGH NJW 2007, 2047; KG MDR 2007, 49) und zu beweisen (BGH NJW 99, 2120), jedoch nicht notwendig vollständig innerhalb der Begründungsfrist, wenn die Berufung auf Grund anderer Darlegungen ordnungsgemäß begründet worden ist (s Schneider MDR 85, 376 wNw). In Betracht kommen insb Ladungsmängel (auch irreführende Ladung, BGH WM 82, 601) und Fehler beim Aufruf der Sache (LG Hamburg NJW 77, 1459).

8a **a)** Umstritten ist, ob über den Wortlaut hinaus gerügt werden kann, dass das 1. VU nicht hätte ergehen dürfen, weil die Klage unzulässig oder nicht schlüssig war. Weitgehende Einigkeit besteht, dass sich im Falle eines vorausgegangenen **VB** der Prüfungsumfang entspr erweitert, da § 700 VI ausdrückl vorschreibt, dass der Einspruch nur nach Prüfung von Zulässigkeit und Schlüssigkeit der Klage verworfen werden darf. Da § 514 II den Gleichlauf des Prüfungsumfangs für das 2. VU und die Berufung sicherstellen soll, kann die Berufung bei vorausgegangenem VB auch auf die Verletzung der im § 700 VI angeordneten Prüfungspflicht gestützt werden (hM BGHZ 73, 87; 112, 367 = NJW 91, 43; KG MDR 2007, 49; aA MK/Rimmelspacher Rn 18; Adolphsen/Dickler ZZP 125 [2012], 463). Entgegen OLG Hamm NJW 91, 1067 macht es keinen Unterschied, ob die Partei oder ihr Anwalt im Termin überhaupt nicht erschienen oder erschienen, aber nicht aufgetreten ist.

8b **b)** Der BGH (BGH NJW 99, 2599 = MDR 99, 1017; BGH NJW-RR 2020, 575) hat es aber ausdrückl abgelehnt, die für den **Sonderfall des § 700 VI** angenommene Erweiterung auf den Normalfall eines im **Streitverf ergangenen 1. VU** zu übertragen (zust Greger ZZP 112 [1999], 491, 495; abl Braun JZ 99, 1157 jew mwN). Der BGH geht zutr davon aus, dass die Berufungsfähigkeit dem Prüfungsumfang des Einspruchsrichters beim 2. VU entsprechen muss. Entscheidend ist daher letztl der Prüfungsumfang des Einspruchsrichters beim 2. VU (s § 345 Rn 4).

c) Ein Fall der Säumnis liegt auch nicht vor, wenn der säumige Rechtsmittelführer vorträgt, das Gericht habe in falscher Besetzung entschieden, weil seine Ablehnungsgesuche zu Unrecht als unzulässig verworfen worden seien (BGH NJW 2016, 642 = MDR 2016, 483). Über die Frage der Besetzung ist vor Erlass des Urteils zu entscheiden. 8c

2) Unverschuldete Säumnis. Ob die Säumnis unverschuldet war, richtet sich nach den gleichen Maßstäben wie bei der WE (BGH NJW 2007, 2047; BGH NJW-RR 2016, 60 = MDR 2015, 1318; OLG Koblenz MDR 2011, 1498; s § 233 Rn 12 ff). Die maßgebl Tatsachen für den Ausschluss des Verschuldens müssen vom Berufungskläger vollständig vorgetragen werden und können mit einer Revision nicht ergänzt werden (BGH NJW 91, 42; BGH NJW 99, 2120). Hierher gehören im Grundsatz alle Fälle unverschuldeter Verhinderung, etwa wegen plötzl Erkrankung (LG Düsseldorf MDR 88, 362; LAG Köln MDR 94, 1046), wegen Verkehrsbehinderung (Autopanne, Verspätung des Flugzeugs, Streik der öffentl Verkehrsmittel uÄ; zum angemessenen Maßstab für das Verschulden in solchen Fällen s BGH MDR 99, 178: dem verspäteten RA ist jedenfalls eine Zeittoleranz von 15 Minuten zu gewähren), wohl auch, wenn der ProzBev wegen anderer Termine nicht mehr länger (über 1 Stunde) warten kann (LAG Hamm NJW 73, 1950). Dabei wird in der Rspr das obj Vorliegen eines solchen Vertagungsgrundes unabhängig von der Kenntnis des Gerichts als ausreichend angesehen (LAG Frankfurt NJW 73, 1719; LAG Köln AnwBl 84, 159; sa StJ/Althammer Rn 8). Eine im Hinblick auf § 337 der fehlenden Säumnis gleichzusetzende unverschuldete Säumnis liegt jedoch nur vor, wenn die Partei den ihr bekannten Hinderungsgrund **dem Gericht rechtzeitig mitgeteilt** hat und dadurch die Vertagung mindestens ermöglicht hat, es sei denn, eine solche Mitteilung war der Partei nicht – mehr rechtzeitig – mögl oder zumutbar (BGH NJW 2007, 2047; BGH NJW-RR 2024, 550 = MDR 2024, 322; BGH NJW 2024, 1118 = MDR 2024, 517; OLG Düsseldorf MDR 2012, 556; ebenso StJ/Althammer Rn 9). Unverschuldet ist die Säumnis auch, wenn die Partei mit einer endgültigen Sachentscheidung nicht rechnen musste, weil zuvor über den Rechtsweg hätte entschieden werden müssen (BGH MDR 2017, 236). 9

Umstritten ist die Rspr, die fehlender Säumnis Fälle gleichsetzt, in denen die Partei bzw ihr ProzBev auf Grund **kollegialer Zusage** (OLG Karlsruhe NJW 74, 1096) oder **örtl Anwaltsbrauchs** (BGH NJW 76, 196; jedenfalls nicht mehr ausreichend Vertrauen auf anwaltl Standesrichtlinien, BGH NJW 91, 42, BVerfG NJW 2000, 347) nach dem Grundsatz der fairen Verfahrensgestaltung darauf vertrauen konnte, dass ein VU nicht beantragt werde (LG Mönchengladbach NJW-RR 98, 1287). Das muss gelten, wenn ein **Antrag auf Bewilligung der PKH** rechtzeitig gestellt, aber nicht beschieden wurde (Schneider MDR 85, 377; LG Münster MDR 91, 160; OLGR Düsseldorf 1995, 267). 10

3) Darlegungslast. Die Partei, die sich auf die fehlende Säumnis oder einen gleichzubehandelnden Fall trotz Bestehen der Säumnis beruft, muss dies darlegen (BGH NJW 2007, 2047; BGH MDR 2022, 1301). Der entspr Vortrag gehört zur Schlüssigkeit des Rechtsmittels (LAG Köln MDR 94, 1046; sa Rn 12). Der Säumige trägt auch die **Beweislast** der die fehlende oder unverschuldete Säumnis begründenden Tatsachen. 11

4) Verwerfung als unzulässig. Wird das Nichtvorliegen eines Falles der Versäumung nicht (innerhalb der Berufungsbegründungsfrist: OLG Saarbrücken NJW-RR 95, 1279) schlüssig vorgetragen, so ist die Berufung nach § 522 I als unzulässig zu verwerfen (BGH NJW 91, 43; OLG Hamm MDR 2016, 177; OLG Köln MDR 2015, 54); Ergänzung in der Revisionsinstanz also ausgeschlossen (BGH ZIP 90, 1629; BGH NJW 2007, 2047). Erweist sich die Behauptung als richtig: eigene **Entscheidung** nach § 538 I oder Aufhebung des VU u Zurückverweisung in die 1. Instanz (§ 538 II 1 Nr 6). Erweist sie sich als unrichtig: Zurückweisung der Berufung als unbegründet. 12

IV) Berufungssumme (§ 514 II 2). Als Zulässigkeitsvoraussetzung ist nur irgendeine Beschwer erforderl; die Erwachsenheitssumme (§ 511 II Nr 1) braucht nicht erreicht zu werden, die Berufung nicht zugelassen sein. 13

V) Anschlussberufung gegen Versäumnisurteil. Der Säumige kann sich in den Grenzen des II der Berufung des Gegners, also mit der Begründung, Säumnis habe nicht vorgelegen oder sei unverschuldet, anschließen. 14

VI) Gebühren. 1) Gericht: s § 511 Rn 42. – **2) RA:** 3200-3205 RVG-VV. Die allg VerfGeb beträgt 1,6. 15

§ 515 Verzicht auf Berufung

Die Wirksamkeit eines Verzichts auf das Recht der Berufung ist nicht davon abhängig, dass der Gegner die Verzichtsleistung angenommen hat.

I) Verzicht. 1) Zeitpunkt. Der Verzicht kann **vor Urteilserlass**, nach Urteilserlass und in der Berufungsinstanz erklärt werden, ohne dass es der Zustimmung des Gegners bedürfte. Zu unterscheiden ist der **einseitige** Verzicht, den die ges Vorschrift regelt, und der **zweiseitige vertragl Verzicht** wegen der unterschiedl Voraussetzungen und Wirkungen. Beim einseitigen Verzicht ist zudem zwischen dem ggü dem Gericht und ggü dem Gegner erklärten Verzicht zu differenzieren (BGHZ 2, 112; BGH NJW 2002, 2108 = MDR 2002, 900). 1

2) Ehesachen. S § 67 FamFG. 2

3 **II) Verzichtserklärung.** Sie muss ggü dem Gericht (Erstgericht oder Berufungsgericht) erklärt werden; ist Prozesshandlung und hat deren Regeln zu folgen. Ordnungsgemäße Protokollierung ist nicht Wirksamkeitsvoraussetzung; ist sie nicht gegeben, kann der Verzicht auch auf andere Weise als durch das Protokoll bewiesen werden (BGH NJW-RR 2007, 1451 = MDR 2008, 100).

4 **1) Anwaltszwang.** Die Erklärung **ggü dem Gericht** unterliegt im Anwaltsprozess dem Anwaltszwang, die ggü dem Gegner nicht (BGH WM 85, 739; BGH WM 86, 1061, 1062; BGH NJW-RR 94, 386), mag sie auch in Anwesenheit des Gerichts abgegeben werden (BGHZ 2, 112), weil sie als außergerichtl abgegeben anzusehen ist. Auch der Rechtsmittelverzicht eines Anwalts, der ledigl zu diesem Zweck beauftragt wird (sog Verzicht zwischen Tür und Angel), ist wirksam (OLG München OLGZ 67, 23; aA OLG Zweibrücken OLGZ 66, 26).

5 **2) Auslegung.** Inhalt und Reichweite eines ggü dem Gericht erklärten Rechtsmittelverzichts bestimmen sich danach, wie er bei **obj Betrachtung** zu verstehen ist (BGH NJW 81, 2816; BGH FamRZ 86, 1089; BGH FamRZ 2007, 1631). Er braucht nicht ausdrückl erklärt zu sein, bezieht sich aber immer auf das Rechtsmittel als Ganzes. Eine Verzichtserklärung durch schlüssige Handlung kann nur angenommen werden, wenn die Handlung bei obj Betrachtung unzweideutig erkennen lässt, dass die Partei auf das Rechtsmittel verzichten wollte (BGHZ 4, 314; BGH NJW-RR 1996, 1203). Erklärung, Kl lege keine Berufung ein, genügt im Allg (BGH LM § 514 ZPO Nr 6), desgl ein Verzicht hinsichtl der Klage in der Erklärung, die Berufung werde nur wegen der Widerklage durchgeführt (BGH MDR 89, 728 = VersR 89, 602), auch Verzicht auf die Begründung eines Kostenbeschlusses nach § 91a kann einen Rechtsmittelverzicht enthalten (OLG Hamm MDR 89, 910), fragl bei Einverständnis mit Entscheidungsentw, der im schriftl Verf übersandt wurde (so OLG Dresden FamRZ 2003, 1195). Wird bei Abweisung mehrerer Klageanträge Berufung mit dem Zusatz eingelegt, sie sei auf einen konkreten Antrag beschränkt, dann liegt darin ein teilw Rechtsmittelverzicht, der mangels Anfechtbarkeit der Prozesshandlung nicht mit dem Hinweis in der Berufungsbegründung berichtigt werden kann, es habe sich um einen Schreibfehler gehandelt (BGH NJW 90, 1118). **Nicht ausreichend**, dass der Berufungskläger in der mündl Verh nur PKH-Bewilligung beantragt (OLGR Hamm 1992, 191) oder erklärt, dass Rechtsmitteleinlegung nicht beabsichtigt sei (BGH FamRZ 58, 180), oder Formulierung eines Rechtsmittelantrags, der hinter der Beschwer zurückbleibt (BGH NJW 81, 2360, 2361). Ob in der kommentarlosen Zahlung der Urteilssumme ein Rechtsmittelverzicht liegt, ist nach den Umständen des Einzelfalles zu beurteilen; dann zu verneinen, wenn die Zahlung zur Abwendung einer mögl Vollstreckung geleistet wird (BGH NJW 81, 1729). Teilt dagegen ein Bekl dem Kl nach Urteilserlass schriftl mit, er habe den Urteilsbetrag zur Zahlung angewiesen und bitte deshalb, von ZwV-Maßnahmen abzusehen, so kann darin die Erklärung eines Verzichtswillens gesehen werden (OLG Hamm MDR 75, 496; sa BGH MDR 76, 473). UU kann auch Rechtsmittelverzicht gegen das ergangene Urteil in einem danach abgeschlossenen Vergleich gesehen werden (BGH MDR 69, 477).

6 **3) Anfechtbarkeit.** Der ggü dem Gericht erklärte Rechtsmittelverzicht ist als Prozesshandlung **unanfechtbar** (BGH JR 85, 423 [abl Zeiss] = ZZP 100 [1987], 79 [Orfanides ZZP 100 [1987], 63]; BGH FamRZ 86, 1089). Er ist auch **nicht frei widerrufl** (BGH MDR 86, 139; BGH NJW-RR 86, 1327). Ausnahme: bei Vorliegen eines Restitutionsgrundes (BGH WM 85, 1375 = MDR 85, 830; BGH FamRZ 86, 1089; BGH FamRZ 88, 1158). Dann muss das Rechtsmittel innerhalb der Frist des § 586 eingelegt werden, es genügt nicht der bloße Widerruf innerhalb dieser Frist (OLG Celle MDR 66, 1009). Rechtsmittelverzicht ist uU auch wirksam, wenn Verf nach § 249 unterbrochen ist (BGHZ 4, 314). Der Verzicht durch den ProzBev ist auch dann wirksam, wenn er weisungswidrig erfolgt (BGH FamRZ 94, 300), er ist jedoch unwirksam, wenn ihn der gesetzl Vertreter einer jur Person unter offensichtl Missbrauch seiner Vertretungsmacht erklärt (BGH MDR 62, 374). Der Berufungsverzicht der Hauptpartei macht die vom Streithelfer eingelegte Berufung nicht unzulässig (OLG Hamburg OLGZ 1989, 115 = NJW 89, 1362; sa vor § 511 Rn 24).

7 **4) Nach Einlegung der Berufung.** Der Berufungsverzicht nach Einlegung der Berufung entspricht iErg einer Berufungsrücknahme (§ 516) unter Rechtsmittelverzicht (eingeh dazu BGH NJW 94, 737 = ZZP 107 [1994], 237 [Köhler]); über seine Wirksamkeit kann aber nicht nach § 516 III entschieden werden (BGHZ 27, 60 = NJW 58, 868; BGH NJW 94, 737, 739). Teilverzicht bewirkt nur dann Teilrechtskraft des angefochtenen Urteils, wenn damit ein Rechtsmittelverzicht verbunden wird (BGH MDR 88, 1033 = WM 88, 1465).

8 **5) Verwerfung.** Wird der Rechtsmittelverzicht **ggü dem Berufungsgericht** erklärt, so kann die Berufung vAw durch Beschluss als unzulässig verworfen werden (BGHZ 27, 60).

9 **III) Erklärung gegenüber dem Gegner.** Berufungsverzicht kann wirksam auch dem **Gegner** erklärt werden und gibt diesem dann die Einrede des Rechtsmittelverzichts (BGHZ 28, 52; BGH NJW-RR 97, 1288; BGH MDR 2002, 900 = NJW 2002, 2108).

10 **1) Anwaltszwang.** Besteht für diese Verzichtserklärung nicht (BGHZ 2, 114; BGH NJW 85, 2335; BGH FamRZ 89, 268). Ein Sonderfall des dem Gegner ggü erklärten Verzichts liegt in der Zustimmung zur Sprungrevision, § 566 I 1 Nr 1 (s § 566 Rn 4).

11 **2) Anfechtung und Widerruf.** Aus der Wirkung des dem Gegner erklärten Verzichts ergibt sich, dass er – anders als die Zurücknahme der Berufung – vor Ablauf der Rechtsmittelfrist mit Zustimmung des Gegners wider-

rufl ist (BGH WM 85, 1375 = MDR 85, 830) und dass der Gegner auf seine Einrede verzichten kann (RGZ 150, 392; BGH JZ 53, 153). Einseitiger Widerruf ist aber auch hier mögl bei Vorliegen eines Restitutionsgrundes, nicht aber mit der Behauptung eines Verstoßes gegen die Wahrheitspflicht, § 138 I (BGH WM 85, 740).

3) Gegeneinrede der Arglist. Der Einrede des Verzichts kann mit der Gegeneinrede der Arglist begegnet werden (BGH NJW 85, 2335). Sie kann etwa bei einer unter Druck oder in einem Depressionszustand ohne anwaltschaftl Beratung übereilt abgegebenen Verzichtserklärung in Betracht kommen. Greift die Einrede, so ist die Berufung als unzulässig zu verwerfen (BGHZ 28, 52), was durch Beschluss geschehen kann, § 522 I. 12

IV) Vereinbarung zwischen den Parteien. Mögl ist weiterhin neben dem einseitigen Verzicht auch eine Vereinbarung zwischen den Parteien, kein Rechtsmittel einzulegen (BGH MDR 86, 313; BGH WM 89, 868). Eine solche Vereinbarung begründet nur eine Verpflichtung hierzu. Sie ist formfrei (OLG Nürnberg VersR 81, 887), für sie besteht kein Vertretungszwang (BGH MDR 86, 313). Der Vertrag begründet eine prozessuale Einrede, die vom Gegner geltend zu machen ist und zur beschlussmäßigen Verwerfung der Berufung führt (BGHZ 28, 52; BGH WM 84, 484; BGH NJW-RR 87, 307). Die Rücknahmeverpflichtung kann bedingt erklärt werden und führt auf Einwendung des Gegners ebenfalls zur Verwerfung, wenn der Bedingungseintritt treuwidrig verhindert worden ist (BGH WM 89, 868). 13

Die Vereinbarung braucht nicht als Verzicht bezeichnet zu werden, muss nur den **eindeutigen Willen** ausdrücken, es bei dem Urteil belassen zu wollen (BGH WM 85, 739). Die Erklärung kann einvernehml, nicht aber einseitig widerrufen werden (BGHZ 28, 54), außer wenn die Gegeneinrede der Arglist durchgreift (s Rn 12) oder ein Restitutionsgrund vorliegt (BGH MDR 86, 139). Ein Verstoß gegen die Wahrheitspflicht nach § 138 I genügt nur, wenn er auch die Arglistvoraussetzungen erfüllt (BGH MDR 86, 139). 14

V) Anschluss an Rechtsmittel der Gegenpartei. Dem steht der Verzicht auf eigenes Rechtsmittel nicht entgegen (§ 524 II); wohl kann die Auslegung ergeben, dass damit auch auf Anschlussrechtsmittel verzichtet worden ist (OLG Hamm FamRZ 79, 944). 15

VI) Teilverzicht. Ebenso wie eine Berufungsbeschränkung von Anfang an (s § 520 Rn 34) und eine teilw Berufungsrücknahme (s § 516 Rn 6) ist auch ein **Teilverzicht** mögl, soweit er sich auf einen abtrennbaren Teil des Streitgegenstands bezieht (BGHZ 7, 144). Ankündigung eines beschränkten Rechtsmittelantrags ist jedoch noch kein Verzicht auf weiter gehende Anfechtung (BGHZ 7, 144; BGH WM 85, 144). Bei beschränkten Berufungsanträgen u gleichzeitigem Rechtsmittelverzicht iÜ kann die Berufung hinsichtl des nicht angefochtenen Teils des Streitgegenstands nicht als unzulässig verworfen werden, weil die Sache insoweit beim Berufungsgericht nicht anhängig geworden ist (BGH NJW 68, 2106; J. Blomeyer NJW 69, 50). 16

VII) Gebühren. 1) Gericht: Ermäßigung der VerfGeb nach 1222 Nr 2 GKG-KV. Keine Urteilsgeb (s § 511 Rn 42). – **2) RA:** Der Verzicht ist mit der VerfGeb 3200 RVG-VV, im Termin mit der Terminsgeb 3202 RVG-VV abgegolten. Der auf den Verzicht beschränkte Auftrag löst die Geb 3403 RVG-VV aus. 17

§ 516 Zurücknahme der Berufung

(1) Der Berufungskläger kann die Berufung bis zur Verkündung des Berufungsurteils zurücknehmen.

(2) [1]Die Zurücknahme ist dem Gericht gegenüber zu erklären. [2]Sie erfolgt, wenn sie nicht bei der mündlichen Verhandlung erklärt wird, durch Einreichung eines Schriftsatzes.

(3) [1]Die Zurücknahme hat den Verlust des eingelegten Rechtsmittels und die Verpflichtung zur Folge, die durch das Rechtsmittel entstandenen Kosten zu tragen. [2]Diese Wirkungen sind durch Beschluss auszusprechen.

I) Zeitpunkt. Zurücknahme der Berufung ist erst nach Berufungseinlegung (§ 519) mögl; davor nur Verzicht (§ 515). Rücknahme ist auch mögl nach Aufhebung und Zurückverweisung durch Revisionsgerichts; ebenso nach Verkündung eines VU, gegen das Einspruch eingelegt ist oder wird (BGH MDR 2006, 1303). Erklärung **ggü dem zuständigen Gericht (Formulierungsvorschläge:** Vorwerk, PFB, M 67.19, 67.20, 67.21, 67.22); zwischenzeitl Zuständigkeitsveränderung muss nicht entgegenstehen (BGH MDR 91, 668). Von der Rechtsmittelrücknahme zu unterscheiden ist die **Zurücknahme der Klage** im Berufungsverf (sa § 269 Rn 12a): Einwilligungserfordernis des § 269 I wirkt fort (Batsch NJW 74, 300 f). In der Beschränkung des Rechtsmittelantrags liegt noch keine Klagerücknahme (s Rn 6). Zurücknehmen kann nur der Instanzanwalt, im höheren Rechtszug also nicht mehr der vorinstanzl ProzBev (sa Rn 15). Da die Klagerücknahme eine Prozesshandlung ist, deren Wirksamkeit sich über alle Instanzen erstreckt, ist keine zusätzl Rechtsmittelrücknahme mehr erforderl (RG JW 11, 51 Nr 46); Kostenfolge aus § 269 III 2 erstreckt sich auch auf die Kosten des Berufungsverf. 1

1) Einwilligung des Gegners. Der Berufungsführer kann die Berufung **ohne** Einwilligung des Gegners bis zur Verkündung des Urteils (§ 310) zurücknehmen. Schon aus praktischen Erwägungen wird man darunter nur 2 den Beginn der Verkündung verstehen können, nach der die Zurücknahme ausgeschlossen ist, weil der Rechtsmittelführer vorher nicht das Wort erhält (BGH NJW 2011, 2662; ausf Hartmann NJW 2001, 2591; v. Cube NJW 2002, 40; MK/Rimmelspacher Rn 9). Mit Einwilligung des Gegners ist die Rücknahme bis zum Eintritt der Rechtskraft mögl (BAG NJW 2008, 1379).

3 **2) Unzulässige Berufung.** Auch eine unzulässige Berufung kann zurückgenommen werden (OLG Hamburg OLGZ 15, 150; aA für die Rücknahme der Streithelfer-Berufung durch die Hauptpartei OLG Hamm FamRZ 84, 810 = MDR 84, 851; s Rn 1).

4 **3) Mehrere Berufungen.** Wird bei Vorliegen mehrerer Berufungserklärungen desselben Berufungsklägers eine Berufungsrücknahme erklärt, bedeutet dies idR ein Rückgängigmachen der Anfechtung überhaupt. Da trotz mehrfacher Einlegung der Berufung nur ein einziges Rechtsmittelverf anhängig werden kann (s vor § 511 Rn 38; § 519 Rn 3), ist iZw davon auszugehen, dass die Rücknahmeerklärung sämtl Einlegungsakte erfasst (BGH NJW 2007, 3640). Anders wenn ausdrückl oder erkennbar, nicht das Rechtsmittel, sondern nur eine bestimmte Einlegung zurückgenommen wird (BSG NJW 98, 2078; BGHZ 24, 179 betr den Sonderfall einer zunächst unwirksam eingelegten Berufung, die vorsichtshalber nochmals eingelegt wurde).

5 **4) Auslegung einer Erledigterklärung.** Erklärt der Berufungskläger den Rechtsstreit für erledigt, kann dies die Bedeutung einer Berufungsrücknahme haben (BGHZ 34, 200).

6 **5) Teilrücknahme.** Die Zurücknahme kann entspr der Möglichkeit, die Berufung von vornherein zu beschränken (s § 520 Rn 34), auch bzgl eines **Teils des Streitgegenstandes** erklärt werden (RGZ 134, 132; RGZ 142, 65). In der Beschränkung des Berufungsantrags ist nicht ohne weiteres eine Teilrücknahme oder ein Teilverzicht zu sehen (BGH NJW 85, 3079); ein ausdrückl Vorbehalt ist nicht nötig, auch nicht bei nachträgl Antragsbeschränkung (BGH NJW-RR 98, 572).

7 **6) Scheidungsbeschluss nach dem Tode eines Ehegatten.** S § 131 FamFG.

8 **7) Weisung, Prozessfähigkeit.** Weisungswidrige Rücknahme ist wirksam (BGH FamRZ 88, 496), jedoch unwirksam, wenn sie vom **ges Vertreter** einer jur Person unter offensichtl Missbrauch seiner Vertretungsmacht erklärt wird (BGH MDR 62, 374). Die Rechtsmittelzurücknahme durch eine **prozessunfähige**, aber für prozessfähig gehaltene Partei ohne ges Vertreter ist wirksam; nur Nichtigkeitsklage nach § 579 I 4 (BGH FamRZ 63, 131; Rosenberg FamRZ 58, 95).

9 **8) Bedingungen.** Die Rücknahmeerklärung ist **bedingungsfeindl** (BGH VersR 90, 327), sie kann wegen Willensmängeln nicht angefochten werden, auch mit Einverständnis des Gegners kann sie nicht **widerrufen** werden (BGH MDR 2008, 98). **Ausnahmen:** Die Rechtsmittelrücknahme beruhte auf einem vom Prozessgegner verursachten Irrtum (OLG Koblenz FamRZ 97, 368); der Irrtum war für Gericht und Gegner offensichtl (BGH MDR 2016, 1288). Dann steht der Berufung auf die Wirkungen der Rücknahme Treu und Glauben entgegen. Jedoch gibt es keine WE für eine erneut verspätet eingelegte Berufung, weil die erste irrtüml unverschuldet zurückgenommen worden war (BGH MDR 91, 1197).

10 **9) Widerruf bei Vorliegen von Wiederaufnahmegründen.** Bei Vorliegen von Wiederaufnahmegründen ist Widerruf möglich (BGHZ 12, 294; BGHZ 33, 73). Ein ergangener Verlustigkeitsbeschluss nach III hindert diesen Widerruf nicht. War die Rechtsmittelzurücknahme durch strafbare Handlung veranlasst, so setzt Wirksamkeit des Widerrufs das Vorliegen der Voraussetzungen des § 581 voraus (BGHZ 12, 284; BGHZ 33, 75). UU kann der Rechtsstreit aber ausgesetzt werden, bis das Strafverf durchgeführt ist (BGHZ 33, 76). Der Widerruf ist nur innerhalb 1 Monats seit Kenntnis der hierzu berechtigenden Tatsachen mögl, auch wenn das Strafverf zu diesem Zeitpunkt noch nicht durchgeführt ist (BGHZ 33, 73). Nach Ablauf von 5 Jahren seit Rechtskraft des Urteils kann die vom Gegner durch Täuschung veranlasste Rechtsmittelzurücknahme nicht mehr widerrufen werden (BGH NJW 58, 670). Wenn Rechtsmittelzurücknahme widerrufen wurde, beginnt die Frist zur WE in die versäumte Begründungsfrist ohne Rücksicht auf die Wirksamkeit des Widerrufs mit dem Tag zu laufen, an dem der Widerruf dem Gericht mitgeteilt wurde (BGHZ 33, 73).

11 **10) Widerruf einer Berufungserledigungserklärung.** Zum Widerruf einer einseitigen Berufungserledigungserklärung durch den Berufungskläger, wenn Berufungsbeklagter den Antrag auf Zurückweisung der Berufung aufrechterhält, s OLG Frankfurt NJW 67, 1811; sa Ulmer NJW 67, 2330.

12 **II) Außergerichtliche Verpflichtung zur Rücknahme.** Eine Partei kann sich frei vom Anwaltszwang auch außergerichtl zur Rechtsmittelrücknahme verpflichten (BGH WM 89, 868), sogar noch der Kl ggü dem beklagten Drittschuldner nach Pfändung der Klageforderung durch einen Gl des Kl (BGH Warneyer 1988 Nr 152). Dann kann der Gegner daraus eine **prozessuale Einrede** herleiten, die zur Verwerfung der gleichwohl aufrechterhaltenen Berufung führt (BGH MDR 84, 302 = NJW 84, 805; BGH FamRZ 85, 48; BGH FamRZ 89, 268). Bei bedingter Verpflichtung zur Rechtsmittelrücknahme kann treuwidriger Bedingungseintritt im Rechtsstreit einredeweise geltend gemacht werden (BGH WM 89, 868).

13 **III) Erklärung ggü Berufungsgericht.** Zurücknahmeerklärung ist dem Berufungsgericht ggü abzugeben. Sie wird mit Zugang wirksam.

1) Erklärung ggü Gegner. Zurücknahmeerklärung ggü dem Gegner ist unwirksam, kann aber als Verpflichtung zur Zurücknahme oder als Verzicht auf den Anspruch gewertet werden (s Rn 12). 14

2) Anwaltszwang. Die Erklärung ggü dem Gericht (in der mündl Verh oder durch Schriftsatz) unterliegt dem Anwaltszwang. Die weisungswidrige Rücknahme ist wirksam; Mandatskündigung steht der wirksamen Rücknahme bis zur Bestellung eines neuen ProzBev (§ 87 I) nicht entgegen (BGH VersR 90, 328; BGH NJW 2007, 3640). Hat jedoch die Partei selbst oder ein nicht postulationsfähiger Anwalt das Rechtsmittel eingelegt, kann der Betreffende selbst zurücknehmen (BGH NJW-RR 94, 759). 15

3) Zustellung an Gegner. Die Wirksamkeit der Rücknahme hängt von der Zustellung des Rücknahmeschriftsatzes (§ 270) an den Gegner nicht ab. 16

IV) Verlust des Rechtsmittels. Da der Berufungskläger durch die Zurücknahme nur des eingelegten Rechtsmittels verlustig geht, nicht aber das Recht auf Berufung überhaupt verliert (sofern mit der Rücknahme kein Verzicht verbunden ist), kann die Berufung innerhalb der Einlegungsfrist erneut eingelegt werden (BGHZ 27, 60; BGH NJW 94, 737). Zurücknahme innerhalb der Einlegungsfrist führt daher nicht Rechtskraft des angefochtenen Urteils herbei. Spätere Zurücknahme führt die Rechtskraft herbei, so dass die gleichwohl weiterverfolgte Berufung unzulässig geworden ist (BGHZ 15, 398; BGHZ 46, 112). Bezieht sich die Zurücknahme nur auf eine von mehreren Berufungserklärungen (s vor § 511 Rn 38), so ist sie auf den Fortgang des Berufungsverf ohne Einfluss (BGHZ 24, 179). – Ist jedoch die Berufungsfrist abgelaufen, so kann nach irrtüml Rücknahme (Missverständnis) **nicht WE** gewährt werden, um erneut Berufung einzulegen (BGH NJW 2007, 3640). 17

V) Folgeaussprüche. 1) Kostenausspruch. Der Rechtsmittelkläger, der sein Rechtsmittel zurücknimmt, hat die durch das Rechtsmittel entstandenen **Kosten** zu tragen (ohne Säumniskosten des Gegners: OLG Köln MDR 90, 256). Bei Rücknahme auf Grund außergerichtl Vergleichs gilt § 98, sofern die Parteien nicht die Geltung des angefochtenen Urteils auch im Kostenpunkt wollten (BGH WM 88, 1460). 18

Der Verlust des Rechtsmittels und Kostenfolge wird **vAw** ausgesprochen. Damit wird das Verf beschleunigt. Auch sonst bedürfen Kostenentscheidungen keines Antrags (**Formulierungsvorschlag:** Vorwerk, PFB, M 67.23). 19

Falls ein Anwalt **ohne Vollmacht** Berufung eingelegt hatte, sind die Kosten ihm aufzuerlegen (OLG Köln NJW 72, 1330). S dazu Schneider Rpfleger 76, 229 ff. 20

Die Kostenfolge des III tritt aber nicht ein bei Rücknahme einer nur zur Fristsicherung bestimmten 2. Berufung, die neben einer 1. Berufung eingelegt wurde, weil nur ein Rechtsmittel vorliegt (BGH MDR 2005, 824). 21

Haben beide Parteien Berufung eingelegt und werden **beide Berufungen zurückgenommen**, sind die Kosten nach § 92 verhältnismäßig zu verteilen. Nimmt nur eine von beiden Parteien die Berufung zurück, ist auch über die Kosten dieser Berufung im Endurteil, unter Anwendung des § 92, zu entscheiden; eine Vorwegnahme der Entscheidung über die Kosten ist zwar durch Kostenteilung nach Zeitabschnitten mögl, aber nur ausnahmsw zulässig, wenn dafür ein schutzwürdiges Interesse besteht, insb der erstattungsberechtigten Partei droht, dass bei Aufschieben der Teilkostenentscheidung ihr Anspruch nicht mehr realisierbar ist (s BGH MDR 91, 330). 22

2) Rechtsschutzbedürfnis. Muss auch bei der Entscheidung vAw vorliegen. Verlustigkeitserklärung auch, wenn ein Vergleich mit Kostenregelung geschlossen wurde (BGH MDR 72, 945; aber nicht für den Kostenbeschluss, wenn die Kosten auf Grund des Vergleichs bereits bezahlt sind). 23

3) Beschluss des Berufungsgerichts. Entscheidung durch Beschluss des Berufungsgerichts (selbst wenn fälschlicherw beim Ausgangsgericht eingelegt wurde: OLG Köln JurBüro 2008, 438). Mündl Verh, die auch nach § 128 IV nicht ausgeschlossen ist, kann sich empfehlen, wenn Wirksamkeit der Zurücknahme zweifelhaft. Wird sie bejaht, ist auch dann durch Beschluss nach § 516, nicht durch Urteil zu entscheiden (BGHZ 46, 112; OLG Frankfurt NJW 2014, 1678). 24

Der Beschluss ist im **Kostenfestsetzungsverf** als Grundentscheidung bindend (KG JurBüro 76, 628). Ist er gegen die Erben ergangen, darf er nicht nachträgl geändert werden, weil die Erbschaft ausgeschlagen worden sei (BAG AP § 246 ZPO Nr 2). 25

Hat der Rechtsmittelkläger die Berufung zurückgenommen und ist daraufhin Kostenbeschluss ergangen, dann behält dieser ebenso wie ein nach ihm abgewickeltes Festsetzungsverf seine Wirksamkeit, auch wenn später erneut Berufung eingelegt und auf diese hin ein Sachurteil mit Kostenentscheidung erlassen wird (OLG Frankfurt JurBüro 78, 1409). 26

4) Streitwert. Bei Verlustigerklärung richtet sich der Streitwert nach der Hauptsache (OLG München MDR 2004, 966; OLG Rostock MDR 2007, 1398 = NJ 2007, 556 [Zenker]), nicht nach dem Betrag der Kosten, die in der Rechtsmittelinstanz bis zum Antrag auf Verlustigerklärung und Kostenentscheidung entstanden sind (so BGHZ 15, 394 und MK/Rimmelspacher Rn 35). Eine Änderung des Streitwerts durch das Berufungsgericht ist bis zur Mitteilung des Beschlusses nach III zulässig (OLG Stuttgart NJW 2015, 421). 27

VI) Anwendbarkeit auf Beschwerde und sonstige Entscheidungen. § 516 III ist auf die Beschwerde (auch nach dem FamFG) (s § 572 Rn 18), Zurücknahme einer NZB nach § 544 (BGH MDR 2003, 347), Zurücknahme 28 einer Erinnerung (OLG Bamberg JurBüro 73, 348), Rücknahme des Widerspruchs gegen einstw Verfügung (OLG Celle NdsRpfl 64, 111) sowie bei VU und VB (§ 700 I, § 346) entspr anzuwenden.

29 **VII) Anfechtbarkeit.** Der Beschluss ist mit der **Zulassungs-Rechtsbeschwerde** nach § 574 I Nr 2 anfechtbar. Die Beschwerdemöglichkeit soll die Klärung von Rechtsfragen im Zusammenhang mit Anschlussberufungen beschleunigen, zumal sich der Anschließende der Rücknahme der Berufung nicht mehr widersetzen kann.

30 **VIII) Gebühren. 1) Gericht:** Ermäßigung der VerfGeb vor Berufungsbegründung auf 1,0 (1221 GKG-KV) und vor Schluss der mündl Verh auf 2,0 (1222 GKG-KV). Rücknahme der Berufung nach mündl Verh ist nicht gebührenbegünstigt (OLG Düsseldorf JurBüro 2008, 601). Ein vorangegangener Hinweis(beschl) nach § 522 II (OLG Koblenz MDR 2007, 619) und Terminsbestimmung zur Vorabentscheidung gem § 718 (OLG München FamRZ 2003, 1767) hindern Ermäßigung nicht. Der Beschluss (III 2) ergeht vAw (s Rn 19) und ist gebührenfrei. – (Zulassungs-)Rechtsbeschwerde (Rn 29): 1823 GKG-KV; Ermäßigung nach 1824, 1825 GKG-KV. – **2) RA:** Die Rücknahmeerklärung (II) ist durch die VerfGeb 3200 RVG-VV, im Termin durch die Terminsgeb 3202 RVG-VV abgegolten. Bei Berufungsbekl fällt bei vorzeitiger Beendigung 1,1 Verfgeb nach 3201 RVG-VV an. Zur Erstattung s § 91 Rn 13.21. – Die Kostenentscheidung und die über den Verlust des eingelegten Rechtsmittels (III 2) setzen keinen Antrag voraus, ein dennoch gestellter löst keine Geb aus (§ 19 I 2 Nr 9 RVG; OLG Hamburg MDR 2003, 1261 [Schütt]).

§ 517 Berufungsfrist

Die Berufungsfrist beträgt einen Monat; sie ist eine Notfrist und beginnt mit der Zustellung des in vollständiger Form abgefassten Urteils, spätestens aber mit dem Ablauf von fünf Monaten nach der Verkündung.

1 **I) Zustellung.** Auf zustellungsbedürftige, aber nicht oder fehlerhaft zugestellte **Beschlüsse** ist § 517 entspr anzuwenden.

2 **II) Existenz des Urteils.** Die Berufung setzt wie jedes Rechtsmittel an sich die rechtl Existenz des angefochtenen Urteils voraus (BGH NJW-RR 2025, 61; OLG Schleswig NJW-RR 2025, 61). **Vor der Verkündung oder der Zustellung** (in den Fällen des § 310 III) liegt kein Urteil, sondern ledigl dessen Entwurf vor; eine Berufungsfrist kann nicht zu laufen beginnen (BGH NJW 1985, 1782). Von einem solchen wirkungslosen Urteil können aber ebenso wie vom **Scheinurteil** (s vor § 511 Rn 36) die scheinbar unterlegene Partei gefährdende und damit beschwerende Wirkungen ausgehen. Ein Rechtsmittel ist auch zulässig, um den Anschein eines wirksamen Urteils zu beseitigen (BGHZ 10, 346; BGH NJW 95, 404; BGH MDR 96, 735). Dies ist iÜ auch deshalb notwendig, weil nicht jeder Verstoß bei Verkündung oder Zustellung den Eintritt der Urteilswirkungen ausschließt (vgl BGH NJW 88, 2046; BGH NJW-RR 2019, 1465). Nur gravierende Mängel führen zu einer Unwirksamkeit, die nur dann vorliegen, wenn von einer Verkündung im Rechtssinne nicht mehr gesprochen werden kann. – Umstritten ist, ob ein zulässigerw gegen ein Scheinurteil eingelegtes Rechtsmittel sich auch auf das Urteil selbst erstreckt, wenn der Verkündungs- oder Zustellungsmangel nachträgl geheilt wird. Dies ist mit dem BGH NJW 64, 248; BGH NJW 96, 1969 trotz rechtssystematischer Bedenken (vgl Jauernig NJW 64, 722; StJ/Althammer vor § 511 Rn 45) zu bejahen. Allerdings wird sich für die anwaltl Praxis die vorsorgl erneute Rechtsmitteleinlegung empfehlen.

3 **III) Verlautbarung.** Die Verlautbarung des Urteils muss äußerl erkennbar und gewollt sein, anderenfalls nur der Schein eines Urteils gesetzt wird (s vor § 511 Rn 36). Jedoch reicht dazu nicht aus, dass die Verkündung ledigl mit einem Mangel behaftet ist (BGH NJW-RR 2019, 1465).

4 **IV) Fristlauf. 1) Monatsfrist.** Sie wird nach § 222 ZPO, § 187 I, § 188 II, III BGB berechnet, endet also mit dem Ablauf des Tages des auf die Zustellung folgenden Monats, der seiner Zahl nach dem Zustellungstag entspricht, falls nicht § 222 II ZPO oder § 188 III BGB eingreifen. **Bsp** für den Normalfall: Urteilszustellung 3.5. – Ende der Berufungsfrist 3.6. Wird ein Urteil am 28.2. zugestellt, läuft die Berufungsfrist gem § 188 II BGB am 28.3. ab. Am letzten Tag darf die Frist bis 24 Uhr ausgenutzt werden. Der nächste Tag beginnt um 0:00 Uhr (§§ 1 u 2 ZeitG; s BGH NJW 2003, 3487 = MDR 2004, 46; BGH NJW 2007, 2045). Allg Feiertage (§ 193 BGB) wirken nur, wo das Landesrecht einen ges Feiertag vorsieht (BAG NJW 89, 1181).

5 **2) Entschädigungssachen.** Hier beträgt die Berufungsfrist 3 bzw 6 Monate (§ 218 II BEG).

6 **3) Urteilsberichtigung und Urteilsergänzung. a)** Nach § 321: neuer Fristbeginn, § 518; – **b)** nach § 320: unerhebl, da keine Änderung der Beschwer; – **c)** nach § 319: kein neuer Fristbeginn; Berichtigungsbeschluss wirkt grds auf Verkündung zurück, so dass die berichtigte Entscheidung als verkündet fingiert wird (BGHZ 89, 184; BGH MDR 91, 523; BGH NJW-RR 93, 1213; BGH MDR 2003, 1128 = FamRZ 2003, 1380; BGH MDR 2017, 228), es sei denn, erst aus der berichtigten Fassung war die Beschwer einer Partei zweifelsfrei erkennbar (BGH *NJW 99, 646; BGH NJW-RR* 2001, 211), s § 319 Rn 37. – **d)** Bei **fehlerhafter Berichtigung**, die tatsächl Parteiwechsel ist, beginnt die Monatsfrist nach OLG Düsseldorf MDR 90, 930 nicht mit Zustellung an den fälschl ausgeschiedenen Bekl und die Frist von 5 Monaten nicht vor der „Berichtigung“. Richtiger Ansicht nach beginnt

sie für den nicht informierten „neuen Bekl" überhaupt nicht; er kann nicht durch einen Berichtigungsbeschluss Partei werden (Vollkommer MDR 92, 642).

4) Vollständige Abschrift. Die zugestellte Abschrift muss **vollständig** sein (BGHZ 186, 22 = NJW 2010, 2519 = MDR 2010, 946), denn der Zustellungsempfänger muss in der Lage sein, auf sicherer Grundlage zu entscheiden, ob er innerhalb der vom Gesetz eingeräumten Frist Rechtsmittel einlegen will. Zwar führt nicht jeder Mangel der Abschrift (zB einzelne unleserl Worte) zur Unwirksamkeit der Zustellung; der BGH hält jedoch im Interesse einer klaren und praktikablen Handhabung eine typisierende Betrachtung für geboten. Beurteilungsmaßstab ist bei unwesentl Mängeln die Ausfertigung (BGH NJW 2001, 1653). Fehlt danach in der zugestellten Abschrift eine Seite, so ist dies nicht anders zu behandeln als wenn nur eine „leere Hülle" zugestellt wäre (BGH NJW 98, 1959); anders bei Unleserlichkeit einzelner Zeilen, die das Gesamtverständnis nicht beeinträchtigt (OLGR Naumburg 2000, 98; LAG Berlin MDR 2003, 1376). Bei einem verkürzt abgefassten Urteil müssen die Voraussetzungen dafür vorgelegen haben (BGH VersR 91, 85; BGH MDR 91, 236). 7

a) Nach wie vor ist jedoch Voraussetzung des Beginns der Frist eine **ordnungsmäßige Zustellung** einer Abschrift (zu den Einzelheiten s § 317), auch wenn der unzuständige UdG ausgefertigt hat (BGH MDR 2011, 65; BAG NJW 86, 1008). Keine wirksame Zustellung, solange ein Verf unterbrochen ist (BGHZ 111, 104 = VersR 90, 758: Berufsverbot eines sich selbst vertretenden RA). Parteizustellung ersetzt die Amtszustellung nicht: eine Heilung nach § 189 kommt nicht in Betracht, weil es bei der Parteizustellung am entspr Zustellungswillen des Gerichts fehlt (BGH NJW 2003, 1192; s § 189 Rn 3; Hornung Rpfleger 2002, 493; MskV/Wittschier § 189 Rn 2; aA Heilung der Parteizustellung mögl: StJ/Roth § 189 Rn 14; MK/Häublein/Müller § 189 Rn 2; AG/Vogt-Beheim § 189 Rn 3). 8

b) Bei **Bezugnahme** auf ein anderes zwischen den Parteien erlassenes Urteil muss dieses bereits zugestellt sein, bevor die Zustellung des bezugnehmenden Urteils fristauslösend wirken kann. Anderenfalls wäre der Sinn des § 517, vollständige Information zu gewährleisten, bevor Rechtsmittelüberlegungen anzustellen sind, nicht gewahrt. 9

5) Mängel im Zustellungsverfahren. Sie unterliegen der Heilung nach § 189 (MK/Rimmelspacher Rn 6). Zu den Einzelheiten s § 189 Rn 1 ff. 10

6) Streitgenossen. Die Berufungsfrist beginnt für jeden Streitgenossen selbständig mit der Urteilszustellung zu laufen (BGH VersR 80, 928; BGH NJW-RR 2017, 1086), auch bei notwendiger Streitgenossenschaft (RGZ 48, 417; 49, 427). Beim **NI** ist Zustellung an die Hauptpartei genügend und erforderl, da er nicht selbst Partei ist, sondern nur fremde Rechte wahrnehmen kann, wenn er ein Rechtsmittel einlegt (BGH WM 89, 1588 = VersR 89, 932; OLGR Frankfurt 2005, 641); es gibt also keine gesonderte Rechtsmittelfrist für den Streithelfer (BGH Warneyer 85 Nr 199). Es genügt, wenn er die Berufung der Partei fristgerecht begründet (BGH MDR 85, 751). Jedoch keine Berufung gegen den Willen der Hauptpartei (BGHZ 49, 188). Beim **streitgenössischen NI** (§ 69) ist auf die Zustellung an ihn selbst abzustellen (RGZ 108, 132); anders bei nicht beigetretenen streitgenössischen NI bei der gesellschaftsrechtl Nichtigkeits- oder Anfechtungsklage BGH WM 2005, 77; BGH WM 2008, 927 = NJW 2008, 1889; BGH ZIP 2010, 1822; und bei ihm hindert auch ein entgegenstehender Wille oder Rechtsmittelverzicht der Partei nicht die Rechtsverfolgung. Bei Urteil teils auf Säumnis, teils kontradiktorisch beeinflusst Einspruchseinlegung nicht den Lauf der Rechtsmittelfrist (BGH MDR 87, 39 = NJW-RR 86, 1326). 11

7) Mehrere Prozessbevollmächtigte. Die Rechtsmittelfrist beginnt mit der 1. Zustellung an einen von mehreren ProzBev zu laufen (BVerwG NJW 80, 2269). 12

V) Frist. 1) Notfrist. Die Monatsfrist ist eine Notfrist. Abkürzung oder Verlängerung ist ausgeschlossen (§ 224). Die Erhebung einer Anhörungsrüge hat keinen Einfluss auf den Fristlauf (BGH NJW-RR 2022, 1070 = MDR 2022, 1042). Unkenntnis von der fehlenden Möglichkeit einer Verlängerung schadet nach BGH VersR 70, 863 auch einem Ausländer. 13

2) Unterbrechung und Aussetzung. § 249 (sa Rn 8). Zum Beginn der Berufungsfrist für den **Erben** nach Aussetzung gem § 246 sa BGH NJW 72, 258. Die Eröffnung des InsVerf unterbricht Einlegungs- und Begründungsfrist, hindert aber nicht wirksame Einlegung (BGH VersR 82, 1054). 14

VI) Beweis. Es gilt freie Beweiswürdigung (§ 286). Freibeweis ist zulässig (BGH MDR 88, 136; BGH BB 2005, 2325; BGH MDR 2020, 431 = NJW-RR 2020, 499). Näher s § 519 Rn 20. 15

Ist Zustellung oder Frist wahrender Eingang der Berufungsschrift urkundl (etwa durch Empfangsbekenntnis) belegt, muss der Berufungsbekl eine frühere Zustellung darlegen und beweisen (BGH NJW 81, 1789; BGHReport 2002, 951). Zu Einzelheiten s § 519 Rn 20. 16

VII) Fehlende oder mangelhafte Zustellung. Ohne Zustellung läuft die Berufungsfrist nicht. Der letzte Hs des § 517 verhindert, dass deswegen nie Rechtskraft eintritt. Entspr der ratio der Regelung, die an die **Verkündung** anknüpft, genügt es, dass diese **wirksam war**, mangelfrei muss sie nicht sein (vgl BGH NJW 85, 1782; BGH NJW 89, 1156; BGH NJW-RR 94, 127; BGH NJW-RR 97, 770). Unkenntnis von der Einleitung des Verf (BGH MDR 2010, 1142) oder Verkündungsmängel, die verhindern, von dem Urteilserlass Kenntnis zu erlangen, 17 schließen jedoch den Lauf der 5-Monatsfrist aus (BGH NJW-RR 94, 127; s aber BGH NJW 99, 143 für Verkündung in einem verlegten, aber nicht mitgeteilten Termin).

18 **1) 5-Monats-Frist.** Ist nicht oder nicht wirksam zugestellt und keine Heilung nach § 189 eingetreten, beginnt die Berufungsfrist mit Ablauf von **5 Monaten seit der Verkündung** oder dem Verkündungsersatz (§ 310 III), selbst wenn keine Kenntnis über den Inhalt der Entscheidung erlangt werden konnte (BGH MDR 2004, 406; OLG Jena MDR 2008, 43) oder eine anwaltl nicht vertretene Partei im Ausland wohnt (BGH MDR 2011, 381). Die Einlegungsfrist endet dann längstens 6 Monate ab Verlautbarung des Urteils. Auch wenn später eine vom verkündeten Originalurteil abweichende Ausfertigung zugestellt wird, beginnt die 5-monatige Frist mit der Verkündung zu laufen (BGH MDR 2004, 1437). Auf die 5-Monatsfrist ist § 222 II unanwendbar, so dass gleichgültig ist, ob der letzte Tag dieser Frist ein Werktag oder ein Samstag, Sonntag, ges Feiertag ist (OLG Frankfurt NJW 72, 2313). Die Frist von 5 Monaten ersetzt die Zustellung und ist deshalb keine „Rechtsmittelfrist", bei deren Versäumung WE mögl wäre (RG HRR 41 Nr 902, vgl aber auch BGH NJW 89, 1432; OLG Stuttgart FamRZ 91, 342), vielmehr kann diese nur hinsichtl der dann beginnenden Monatsfrist in Betracht kommen. **Berechnungsbsp:** Urteilsverkündung am 19.4.; Beginn der Berufungsfrist spätestens 19.9.; letzter Tag zur Berufungseinlegung 19.10. – Auch die 6-Monatsfrist muss vom Anwalt von vornherein überwacht werden, um Verschulden iSv § 233 auszuschließen (BGH NJW 94, 459). Ist die Frist abgelaufen, eröffnet auch nach Ablauf durchgeführte Zustellung keine neue Frist (OLG Schleswig MDR 2004, 1256).

19 **2) Zustellung vor Ablauf der 5-Monats-Frist.** Wurde das Urteil vor Ablauf von 5 Monaten seit Verkündung zugestellt, endigt die Berufungsfrist 1 Monat nach Zustellung (OLG Bamberg VersR 72, 445; OLGR Hamburg 2005, 484). Eine Verlängerung der Frist ist nicht mögl. **Unterbrechung** und **Verfahrensaussetzung** nach Verkündung sind auf den Fristenlauf ohne Einfluss. Unterbrochen wird nur die im Anschluss an die 5 Monate laufende 1-monatige Berufungsfrist (§ 249; RGZ 122, 54; OLG Celle Rpfleger 57, 85).

20 **3) Keine Verkündung.** Fehlt es auch an einer Verkündung, läuft jedenfalls keine Frist (BGH NJW 85, 1783; BAG NJW 2008, 1610). Gleichwohl ist die Berufung mögl, um den Anschein des Urteils zu beseitigen (s Rn 2). Auch nachträgl Unterzeichnung des Verkündungsprotokolls kann der nach Ablauf der 5-Monatsfrist eingelegten Berufung die Wirksamkeit nicht nehmen (BGHZ 172, 298 = NJW 2007, 3210).

21 **4) Entsprechende Anwendung.** § 517 wird auf die sof Beschwerde, nicht aber auch auf Einspruch gegen VU (BGHZ 30, 300; BAG NJW 57, 518) entspr angewendet; ein VU wird ohne Zustellung nicht rechtskräftig. Ebenso liegt es bei VB (BGHZ 104, 111) und bei der Haftanordnung (OLG Koblenz JurBüro 90, 537). Für weiter gehende Analogie Rimmelspacher FS Schwab, 1990, S 421 ff.

§ 518 Berufungsfrist bei Urteilsergänzung

[1]Wird innerhalb der Berufungsfrist ein Urteil durch eine nachträgliche Entscheidung ergänzt (§ 321), so beginnt mit der Zustellung der nachträglichen Entscheidung der Lauf der Berufungsfrist auch für die Berufung gegen das zuerst ergangene Urteil von neuem. [2]Wird gegen beide Urteile von derselben Partei Berufung eingelegt, so sind beide Berufungen miteinander zu verbinden.

1 **I) Grundsatz.** Das **Ergänzungsurteil** (§ 321) ist ein selbständiges Teilurteil; gegen jedes der beiden Urteile findet (bei Vorliegen der allg Rechtsmittelvoraussetzungen hinsichtl jeden Urteils) selbständig Berufung mit bes Berufungsfrist statt, wobei sich die Beschwer des Ergänzungsurteils nur nach diesem berechnet (BGH NJW 1980, 840). Ist das Ergänzungsurteil fehlerhaft, weil in Wirklichkeit kein Antrag übergangen worden war, dann richtet sich das Rechtsmittel gegen das Haupturteil gleichwohl in seiner durch das Ergänzungsurteil gestalteten Fassung; danach ist die Beschwer zu berechnen, so dass die Gesetzwidrigkeit des Ergänzungsurteils unbeachtl ist (BGH NJW 1980, 840). „Innerhalb der Berufungsfrist" bedeutet: vor Ablauf der Berufungsfrist (BGH NJW 2009, 442); § 517 daher auch anwendbar, wenn das Ergänzungsurteil vor Beginn der Berufungsfrist gegen das Haupturteil ergeht.

2 War bei Erlass des Ergänzungsurteils die Berufungsfrist für das Haupturteil bereits abgelaufen, verbleibt es dabei. Die neue Rechtsmittelfrist für das ergänzte Urteil beginnt auch dann, wenn das Ergänzungsurteil für sich allein (zB wegen fehlender Beschwer oder Nichterreichens der Beschwerdesumme) nicht anfechtbar ist (RGZ 151, 308). Jedoch ist § 518 nicht anwendbar, wenn der Antrag auf Ergänzungsurteil **abgelehnt** wird (RGZ 151, 309). Für den Lauf der Berufungsbegründungsfrist ist die Zustellung des ursprüngl Urteils maßgebl (BGH NJW 2009, 442).

3 **II) Urteilsberichtigungen.** Bei Berichtigungen nach **§§ 319, 320** läuft die Rechtsmittelfrist ab Zustellung des Urteils, sofern *nicht eine rechtsmittel*fähige „Berichtigungsbeschwer" gesetzt wird (s § 517 Rn 6). Werden zur selben Zeit 2 Urteile zwischen dens Parteien verkündet und nimmt das eine Urteil teilw auf das andere Urteil Bezug (zulässig: BGH NJW 71, 39), dann muss § 518 als anwendbar angesehen werden. Das ergibt sich aus

§ 517, wonach die Berufungsfrist erst mit Zustellung des **in vollständiger Form** abgefassten Urteils zu laufen beginnt. Die Berichtigung des später zugestellten bezogenen Urteils wirkt auf die frühere Zustellung zurück. Zur (fehlenden) Bindungswirkung von Berichtigungsbeschlüssen s BGH VersR 88, 268.

III) Tod einer Partei. Wird vorher ein vollständiges Urteil verkündet, danach ein 2., das die Rechtsnachfolge 4
feststellt (§ 239 IV), dann ist § 518 unanwendbar (RGZ 140, 353).

IV) Revisionsverfahren. § 518 ist entspr anwendbar (BGH VersR 80, 263). Zur Urteilsberichtigung nach Revi- 5
sionszulassung (§ 543) für den falschen Bekl vgl BGH VersR 81, 548.

V) Verbindung. Verbindung nach S 2 ist entgegen § 147 zwingend. Entspr anwendbar, wenn nach Teilurteil 6
zur Hauptsache das Kostenschlussurteil angefochten wird (s § 511 Rn 24).

§ 519 Berufungsschrift

(1) Die Berufung wird durch Einreichung der Berufungsschrift bei dem Berufungsgericht eingelegt.

(2) Die Berufungsschrift muss enthalten:

1. die Bezeichnung des Urteils, gegen das die Berufung gerichtet wird;

2. die Erklärung, dass gegen dieses Urteil Berufung eingelegt werde.

(3) Mit der Berufungsschrift soll eine Ausfertigung oder beglaubigte Abschrift des angefochtenen Urteils vorgelegt werden.

(4) Die allgemeinen Vorschriften für die vorbereitenden Schriftsätze sind auch auf die Berufungsschrift anzuwenden.

I) Einlegung. Die Berufungsschrift (**Formulierungsvorschläge:** Vorwerk, PFB, M 65.4, 65.5, 65.6, 65.7, 65.8, 1
65.9, 65.10, 65.11, 65.12, 65.13, 65.14) muss zweifelsfrei die Absicht erkennen lassen, das erstinstanzl Urteil einer Nachprüfung durch die höhere Instanz zu unterstellen; der Gebrauch des Wortes „Berufung" ist nicht wesentl (BGH NJW 87, 1204: „sof Beschwerde" statt Berufung; BGH MDR 2008, 1293: „Antrag auf Zulassung" der zulassungsfreien Berufung). So kann in dem nach Bewilligung der PKH gestellten Antrag, das Verf fortzusetzen, auch die Berufungseinlegung gesehen werden (BGH NJW-RR 98, 507). Auch ein Schriftsatz eines postulationsfähigen Anwalts, der unter Angabe der Parteien und des Az eine Berufungsbegründung ankündigt, reicht (BGH MDR 2006, 110). – **1) Bedingungsfeindlichkeit.** Die Berufung kann nicht an eine **Bedingung** geknüpft werden (allgM, vgl § 119 Rn 10 ff: BGHZ 4, 54; BGH NJW 1999, 2823; BGH ZInsO 2018, 1379; aA Kornblum NJW 2006, 2888), auch nicht daran, dass die gleichzeitig beantragte PKH bewilligt wird. Zu prüfen ist aber, ob die Einreichung eines PKH-Gesuchs zugleich unbedingte Berufungseinlegung sein kann (BGH NJW-RR 2000, 879; BGH FamRZ 2004, 1553; BGHZ 165, 318), oder die „Berufung" einer Partei ein bloßes PKH-Gesuch (BGH VersR 91, 1424). Zu vermeiden ist der Eindruck, eine künftige Prozesshandlung solle nur angekündigt und von der PKH-Bewilligung abhängig gemacht werden (BGH NJW-RR 87, 376). Wird zusammen mit PKH-

Gesuch für die Berufungsinstanz auch eine Berufungsschrift eingereicht, so ist klarzustellen, ob die Berufung damit eingelegt sein soll oder ob die Berufungsschrift nur einen Entwurf darstellt, dessen Inhalt zur näheren Begründung des PKH-Gesuchs dienen soll (BGH FamRZ 2007, 895). Keine unzulässige Bedingung ist die Bitte, den Berufungsschriftsatz zunächst zu den Akten zu nehmen und vorab über den PKH-Antrag zu entscheiden (BGH MDR 88, 394 = NJW 88, 2046). In Zweifelsfällen ist eine Auslegung vorzuziehen, die zu einer **zulässigen** Einlegung führt; dass ein den formalen Anforderungen einer Berufungsschrift genügender Schriftsatz nicht als unbedingte Berufungseinlegung gemeint war, müsste sich aus den Begleitumständen mit einer jeden Zweifel ausschließenden Deutlichkeit ergeben (BGH NJW 2002, 1352 = MDR 2002, 775; BGH NJW 2006, 693; BGH MDR 2007, 1387; BGH NJW-RR 2007, 780; BGH MDR 2011, 182; BGH NJW 2014, 1307). Wird aber in einem zeitgleich mit der Berufungsschrift eingegangenen Schriftsatz erklärt, Berufung werde nur für den Fall der Gewährung der PKH eingelegt, oder ist nur der Entwurf einer Berufungsbegründung beigefügt, liegt eindeutig eine Bedingung vor, die Erklärung ist nicht auslegungsfähig (BGH MDR 2006, 43; BGH NJW 2012, 2041). Anschlussberufung kann von PKH-Bewilligung abhängig gemacht werden (s § 524 Rn 17). Zu der bes Lage bei Anwaltsverschulden im Rahmen der WE vgl BGH NJW 99, 2823: keine Verschuldenszurechnung der Partei, wenn RA nur im PKH-Verf auftrat und PKH versagt wurde.

2 **2) Vorbehalt der Antragserweiterung.** Wird ein Rechtsmittel unter Vorbehalt der Erweiterung der Anträge zunächst nur für einen Teilbetrag eingelegt, dann wird die Rechtskraft des angefochtenen Urteils voll gehemmt (BGHZ 7, 143; BGH NJW 65, 2055).

3 **3) Mehrfache Einreichung.** Ist mögl (BGHZ 24, 179; BGHZ 45, 380, 383; BGHZ 72, 1, 5; BGH NJW 85, 2480; BGH NJW 93, 3141; Pantle NJW 88, 2773). Es liegt nur **ein Rechtsmittel** vor, auch wenn Hauptpartei und Streithelfer eingelegt haben, oder die Berufungen zunächst bei verschiedenen Gerichten eingelegt wurden, dann aber an eines verwiesen wurden (BGH MDR 2005, 824; BGH NJW-RR 2006, 644). Die Berufung ist zulässig, wenn durch eine einzelne Rechtsmittelschrift oder aber erst durch mehrere zusammen die Voraussetzungen erfüllt sind. Auf den Lauf der Begründungsfrist hat mehrfache Einlegung keinen Einfluss (OLG Schleswig MDR 2004, 1256). Wird wegen Zweifeln an der Wirksamkeit der 1. Berufung eine 2. eingereicht, so sind beide nur Gebrauchmachen von einem einheitl Rechtsmittel (s vor § 511 Rn 38). Wenn die 1. Berufung zurückgenommen oder sonst wirkungslos ist, ist auf Grund der 2. Berufungsschrift über das Rechtsmittel zu entscheiden; die früher eingelegte Berufung darf nicht isoliert verworfen werden (BGHZ 45, 380). Der wiederholten Berufungseinlegung kann jedoch die Rechtskraft einer Verwerfung entgegenstehen (BGH Warneyer 1981 Nr 144), so dass zB nach Verwerfung wegen Fristversäumnis die 2. Berufung nicht darauf gestützt werden kann, die Frist habe mangels wirksamer Zustellung noch nicht zu laufen begonnen (OLG Frankfurt NJW 83, 2395). Wiederholte Berufungseinlegung wegen nur vermeintl **Verkündungsmangels** ändert nichts am Fristablauf (BGH VersR 87, 680).

4 Ist die Berufungsfrist noch nicht abgelaufen, weil das Urteil noch nicht zugestellt ist, dann ist eine **nach Ablauf der Berufungsbegründungsfrist** eingegangene Berufungsbegründung als zulässige Wiederholung der Berufung aufzufassen (BGH VersR 70, 184; BGH VersR 78, 720).

5 **4) Einem Wiedereinsetzungs-Antrag beigefügte Berufungsbegründung.** Sie enthält zugleich eine Wiederholung der Berufungseinlegung (BGH VersR 62, 218).

6 **5) Verlust eines Rechtsmittelschriftsatzes.** S dazu BGHZ 23, 291.

7 **6) Rechtsbehelfsbelehrung, Zuständigkeitskonzentration, Auswärtiger Senat.** Die Berufung ist beim Berufungsgericht einzulegen, unrichtige **Rechtsbehelfsbelehrung** kann Grund für Wiedereinsetzung sein (zu WEG-Sachen BGH MDR 2018, 108 = NJW 2018, 164), außer die Rechtsbehelfsbelehrung hat nicht einmal den Anschein der Richtigkeit (BGH NJW 2018, 165 – Landwirtschaftssachen). Bei **Zuständigkeitskonzentrationen** für den Berufungsrechtszug kann die Berufung fristwahrend nur beim nach der Zuständigkeitskonzentration zuständigen Gericht eingereicht werden (BGH NJW 2000, 1574). Wenn für die Berufung ein **auswärtiger Senat** des OLG zuständig ist, genügt auch fristgemäßer Eingang beim OLG-Stammgericht (BGH NJW 67, 107; OLG Karlsruhe OLGZ 84, 223).

8 **II) Einlegungsform: Grundsatz – elektronisches Dokument.** Die in § 130d S 1 Genannten, insb RAe und Behörden können grundsätzlich nur durch die Übermittlung eines elektron Dokuments nach § 130a einreichen (s dazu § 130d Rn 1-3). Die Einlegung mittels elektron Dokuments ist Zulässigkeitsvoraussetzung (BAG NJW 2023, 2213). Dabei ist das elektron Dokument an das EGVP des Berufungsgerichts zu übermitteln (§ 130a Rn 23). Nur bei technischer Störung nach § 130d S 2 und außerhalb des Anwaltsprozesses kommen die bisherigen Möglichkeiten der Einreichung noch in Betracht. Die vorübergehende technische Störung ist möglichst gleichzeitig mit der Ersatzeinreichung darzulegen und glaubhaft zu machen (BGH NJW 2023, 3799 = MDR 2024, 58; OLG Düsseldorf MDR 2024, 1069). Zu den Einzelheiten s Rn 10-15.

9 Die Frist zur Einlegung von Rechtsmitteln endet um 24.00 Uhr des Tages, mit dessen Ablauf die Frist endet *(s § 517 Rn 4). Der Berufungsführer darf die Frist voll ausnutzen.* Daraus ergeben sich im Wesentlichen nur noch im Bereich außerhalb § 130d praktische Probleme, die für die Mehrzahl der Fälle der Vergangenheit angehören. Für das elektronische Dokument ist der Eingang in § 130a V geregelt (s § 130a Rn 22-30).

III) Problemfälle bei Einreichung außerhalb des Anwendungsbereichs von § 130d S 1. 1) Einlegung nach Dienstschluss. Das Gericht muss durch entspr Organisation sicherstellen, dass der Rechtsmittelführer auch nach Dienstschluss bis 24.00 Uhr ein Schriftstück in die Verfügungsgewalt des Gerichts bringen kann (BVerfGE 52, 203). 10

2) Briefkasteneinwurf. Der **Nachtbriefkasten** erleichtert den Eingangsbeweis, ohne dass es auf die Leerung am selben Tag ankommt (BGH VersR 84, 388 = NJW 84, 1237). Aber auch jeder beliebige andere Zugang der Berufungsschrift beim Gericht bis 24.00 Uhr des letzten Tages wirkt Frist wahrend (BVerfGE 52, 213; BGH MDR 81, 576). 11

3) Mitwirkung eines Bediensteten. Bei der „Einreichung" handelt es sich um eine Prozesshandlung, die nicht der Mitwirkung eines Bediensteten des Gerichts bedarf (BVerfGE 52, 208; BVerfGE 57, 120; früher anders BGH MDR 87, 132). 12

4) Falsche Adressierung. Der bei einer **gemeinsamen Einlaufstelle** eingereichte Schriftsatz ist bei dem Gericht eingegangen, an das er adressiert ist (BGH NJW-RR 97, 892), ohne dass es auf die fristgerechte Weiterleitung ankäme (BGH NJW 92, 1047). Es genügt, wenn sich das zuständige Berufungsgericht ohne ausdrückl Benennung eindeutig auf Grund der genauen Bezeichnung des angefochtenen Urteils zuordnen lässt (BGH NJW 92, 1047). Nicht ausreichend jedoch der rechtzeitige Einwurf bei versehentl Adressierung an eine Anwaltskanzlei und Weiterleitung an diese (BGH NJW 90, 2822). Entscheidend ist nicht die Anschrift, sondern dass der Schriftsatz in die **Verfügungsgewalt** des Rechtsmittelgerichts kommt (BGH NJW-RR 97, 892). Eine **falsche Adressierung** ist bei Einlegung in ein Fach oder Einwurf in Nachtbriefkasten unschädl, wenn die Einrichtung nur einem einzigen Gericht dient. Gleiches gilt bei richtiger Adressierung für eine für mehrere Gerichte eingerichtete gemeinschaftl Briefannahmestelle (BGH AnwBl 81, 499; BGH MDR 86, 876) oder einen gemeinsamen Briefkasten (BAG NJW 69, 766), und zwar auch dann, wenn der Schriftsatz selbst richtig adressiert ist, sich aber zusammen mit anderer Post in einem Sammelumschlag befindet, der an eine andere Abteilung des Gerichts gerichtet ist (BGH NJW-RR 2005, 75); ebenso, wenn der als UrkB der angeschlossenen Gerichte bestellte Kanzleibeamte die Schrift entgegen der fälschl Adressierung an das zuständige Gericht weiterleitet, auch wenn sie dort erst nach Fristablauf eingeht (BGH NJW 61, 361). Leitet sie der Beamte entspr der Adressierung an das unzuständige Gericht weiter, so nützt der fristgemäße Eingang bei der gemeinsamen Briefannahmestelle nach BGH NJW 61, 361; BGH NJW-RR 96, 443 nichts, weil der Kanzleibeamte dann als UrkB des unzuständigen Gerichts tätig geworden ist; diese Auffassung ist mit der Einschränkung zutr, dass der Begriff der „Einreichung" nicht durch das Erfordernis der Mitwirkung eines zur Entgegennahme zuständigen Beamten eingeschränkt werden darf (BVerfGE 52, 208). Trotz gemeinsamer Einlaufstelle kommt es bei Faxeingang darauf an, ob die Nummer nach außen dem entspr Gericht zugewiesen ist (BGH NJW-RR 2012, 1461). – Die Berufung gegen das **Urteil eines Schifffahrtsgerichts** ist nach BGH MDR 79, 475 verspätet, wenn die Berufungsschrift vor Fristablauf beim OLG, das in einem anderen Gebäude an einem anderen Ort untergebracht ist, eingereicht wird, aber erst nach Fristablauf an das Schifffahrtsobergericht gelangt. 13

Wird die Einlegung beim unzuständigen Gericht erkannt, ist aus prozessualer Fürsorgepflicht die Rechtsmittelschrift ungehend im **normalen** Geschäftsgang (bes Maßnahmen müssen nicht ergriffen werden) unter Hinweis auf die Eilbedürftigkeit an das zuständige Gericht **weiterzuleiten**, um den rechtzeitigen Eingang dort sicher zu stellen und einer Fristversäumung vorzubeugen (vgl BVerfG NJW 95, 3173; BGH NJW-RR 2001, 1730; BGH MDR 2004, 1311; BGH MDR 2007, 1276; BGH MDR 2018, 173). Wird vom Ausgangsgericht, bei dem fälschlicherweise eingelegt wurde, trotz genügend Zeit nicht weitergeleitet, kann dies WE rechtfertigen (BVerfG NJW 2005, 2137), wenn die Unzuständigkeit des angerufenen Gerichts „ohne weiteres" erkennbar war (BGH MDR 2012, 116). Wer sich auf die Zusage besonderer Beschleunigung der Weiterleitung berufen will, muss dies darlegen und glaubhaft machen (BGH MDR 2023, 932). Von den Fällen der falschen Adressierung ist **rechtsfehlerhafte** Einlegung beim falschen Gericht zu unterscheiden, so etwa bei falscher Anwendung von § 72 II GVG (BGH MDR 2022, 261 = NJW-RR 2022, 567; BGH MDR 2016, 1164 = FamRZ 2016, 1762 mwN). Es ist als unzulässig zu verwerfen, § 281 ist grds nicht anwendbar (s § 525 Rn 2; BGH MDR 2021, 114 = NJW-RR 2021, 140; BGH MDR 2010, 887 = NJW-RR 2010, 1096 mwN; dies gilt auch für Baulandsachen: BGH NJW 2000, 1576). Bei Kartellsachen kann fristwahrend die Berufung auch beim allg zuständigen OLG eingelegt werden (BGHZ 71, 367). Ausnahmen gibt es bei höchstrichterl ungeklärten Fragen (BGH MDR 2023, 1335 = NJW-RR 2023, 1357) oder bei schwierigen Abgrenzungsproblemen zur Rechtsmittelzuständigkeit (BGH NJW 2018, 3720 = MDR 2019, 183). 14

Ist während der Dienststunden kein zuständiger Mitarbeiter zur Empfangnahme von Rechtsmittelerklärungen anzutreffen, so ist das grds belanglos. Da die Frist gewahrt ist, bedarf es nicht der Einleitung eines WE-Verf (BVerfGE 52, 213). Auch wenn der Anwalt weiß, dass nach Dienstschluss keine Gelegenheit zur Ablieferung mehr besteht, ist er nicht gehalten, die Berufungsschrift während der Dienststunden einzureichen (BVerfGE 52, 203; BGH MDR 81, 576). 15

IV) Verfassungskonforme Auslegung. Das **BVerfG** fordert eine rechtsstaatl Verfahrensgestaltung (BVerfGE 69, 385). Sie lässt sich wie folgt zusammenfassen: Der Bürger darf jede ihm gesetzte Frist bis zur Grenze ausnut- 16 zen. Er darf darauf vertrauen, dass alle Behörden die organisatorisch gebotenen Vorkehrungen zur Beförderung und Annahme von Schriftstücken treffen und beachten. Für fremdes Fehlverhalten hat er nicht einzustehen, auch nicht für Verzögerungen in Stoßzeiten (BVerfG NJW 92, 1952: Weihnachtszeit).

17 **V) Rechtsmitteleinlegung. 1) Regelfall: Elektronische Übermittlung.** Der elektronische Rechtsverkehr ist für die in § 130d S 1 Genannten vollumfänglich eröffnet. Sonstige Übermittlungsformen spielen nur noch außerhalb dieses Anwendungsbereichs eine Rolle. Wo die elektron Akte bei Gericht noch nicht im Regelverfahren eingeführt ist, wird das elektron Dokument zur Bildung der Papierakte bei Gericht ausgedruckt, was aber für den Eingang nicht maßgeblich ist. Auf das Anbringen der ordnungsgemäßen elektron Signatur ist zu achten. Das Anwaltspostfach muss dasjenige des Einreichers sein (BGH NJW 2024, 1129 = MDR 2024, 1129). Wegen der in § 130a III, II 2 ZPO, § 4 II ERVV getroffenen Regelung ist eine Container-Signatur nicht mehr zulässig (BGHZ 222, 105; s § 130a Rn 9).

18 **2) Herkömmliche Übermittlungsformen außerhalb von 130d S 1.** Die folgenden Ausführungen gelten ausschließlich dort, wo nicht elektronische Einreichung Pflicht ist. **a) Telefax, pdf-Datei, E-Mail.** Entspr den allg Grundsätzen für bestimmende Schriftsätze ist die Einlegung mittels **Telefax** zulässig (stRspr zB BVerfG NJW 96, 2857; BGH NJW 89, 589; BGH NJW 90, 188; BGH NJW 94, 2097; BGH NJW 97, 948). Das Telefax muss die Unterschrift wiedergeben (BGH NJW 94, 2097; BGH NJW 2006, 3784; BGH MDR 2005, 1182; OLG Zweibrücken MDR 2007, 294). Die Herstellung der Unterschrift auf technischem Weg beim **Computerfax** mittels eingescannter Unterschrift ist zulässig (vgl § 130 Rn 17; GemS BGHZ 114, 160 = NJW 2000, 2340; sa Wirges AnwBl 2002, 88). Die Differenzierung der Rspr zwischen eingescannter Unterschrift auf dem Computerfax und herkömml Unterschrift auf dem normalen Telefax ist verfassungsrechtl nicht zu beanstanden (BVerfG NJW 2007, 3117), auch wenn sie wenig logisch erscheint. Wird ein mit Unterschrift eingescannter Schriftsatz als pdf-Datei per E-Mail an das Gericht versandt, so genügt dies auch (BGH NJW 2008, 2649; BGH MDR 2008, 868; BGH MDR 2015, 533 = NJW 2015, 1527), wenn die pdf-Datei bei Gericht ausgedruckt und in den Geschäftsgang gegeben wird (BGH NJW 2019, 2096: Eingang erst dann). Darauf sollte man sich aber nicht verlassen, weil das Gericht zu diesem Ausdruck nicht verpflichtet ist. Eine bloße E-Mail ist kein elektron Dokument nach § 130a (BGH NJW-RR 2009, 357 = MDR 2009, 401). Wird dem Telefax der Originalschriftsatz nachgereicht, ist darin nach der Rspr (BGH NJW 93, 3141) eine Mehrfacheinlegung zu sehen, die nach den unter Rn 3 dargelegten Grundsätzen zu behandeln ist. Notwendig ist die Nachreichung des Originals nicht (BGH JurBüro 2004, 456).

18a **b)** Empfängergeräte, die in einer gemeinsamen Einlaufstelle stehen, gehören zu allen angeschlossenen Gerichten (BGH NJW-RR 2013, 830); das Schriftstück ist bei dem Gericht eingereicht, an das es gerichtet ist (BGH NJW 90, 990). Jedoch Frist wahrende Einlegung auch, aber auch nur dann, wenn auf einem Gerichtsbriefbogen eine Telefaxnummer angegeben ist, die einer anderen Justizbehörde gehört, von der aus die Rechtsmittelschrift an das Rechtsmittelgericht weitergeleitet wird (BGHZ 101, 276; OLG Köln MDR 2016, 1114).

18b **c)** Zu den **Organisationspflichten eines RA** und Übermittlungsfehlern s § 233 Rn 23.37 u 23.16. Der auf BGHZ 101, 276 zurückgehende Ansatz, dass die Schrift als in dem Zeitpunkt eingegangen gilt, in dem sie im Empfangsapparat ausgedruckt wird, wird den technischen Gegebenheiten zum Telefax nicht gerecht. Eingegangen ist die Erklärung mit dem **vollständigen Empfang der technischen Signale durch das Empfangsgerät** des Gerichts (BGH NJW 2006, 2263; BGH NJW 2007, 2045; BGH GRUR-RR 2011, 80; BGH NJW-RR 2016, 816). Der Vorgang des Ausdrucks selbst hat mit dem ordnungsgemäßen Empfang nichts mehr zu tun, sondern ist gerichtsinterne Wiedergabe (ähnl BGH MDR 95, 310). Sie mag in der Praxis aus Beweiszwecken von Bedeutung sein, rechtl maßgebl ist sie nicht. Der durch einen **Papierstau** im Empfangsgerät ausgelöste Ausdruckfehler ist, wenn das Gerät die Übermittlung als solche vollständig angenommen hat, rechtl nicht erhebl, es kommt darauf an, wann die Erklärung bei Gericht einging, nicht wann sie dort „weiterbearbeitet" wird (BGH MDR 2005, 526 = FamRZ 2005, 434). **Zugang eines rein elektron Dokuments** nach § 130a V bei Speicherung auf der Empfangseinrichtung des Gerichts, wobei der Einreicher von einer erfolgreichen Übermittlung erst ausgehen darf, wenn er die Eingangsbestätigung nach § 130 V 2 erhalten hat (BGH NJW 2023, 2433 = MDR 2023, 858).

18c **d)** Maßgebl für die Frage des **rechtzeitigen Zugangs beim Telefax** ist der Zeitpunkt der Übermittlung der abschließenden, die Unterschrift enthaltenden Seite (vgl BGH NJW 94, 2097).

19 **3) Telefon.** Berufungseinlegung durch Telefon genügt auch dann nicht der Schriftform, wenn bei Gericht ein Vermerk über das Gespräch aufgenommen wird (BGH NJW 81, 1627; BGH MDR 2009, 707).

20 **VI) Beweis des Eingangs.** Im Regelfall der elektronischen Einreichung gilt § 130a V (s § 130a Rn 22). Die **Beweislast** für die Fristwahrung hat der Berufungskläger (BGH NJW-RR 2006, 67; OLGR Frankfurt 1996, 249), bei Briefkastenbenutzung auch für den rechtzeitigen Einwurf (BGH NJW 81, 1789, 1790). Freibeweis (BGH NJW-RR 2002, 1070; BGH NJW 2005, 3501; BGH MDR 2010, 97; BVerwG NJW 2008, 3588; BGH MDR 2022, 1434) ist anwendbar; Glaubhaftmachung allein genügt nicht (BGH VersR 86, 60), auch nicht, wenn Gericht auf VU den Zustellungszeitpunkt attestiert hat (LAG Düsseldorf JurBüro 87, 1565). – Der Rechtsmittelführer trägt nicht die Beweislast für Vorgänge, die er nicht aufklären kann, weil sie sich ausschließl im gerichtsinternen Bereich abgespielt haben und die Unaufklärbarkeit deshalb allein in den Verantwortungsbereich des Gerichts fällt (BVerfG NJW 91, 2076). Ist der Zustellungsnachweis **im Bereich des Gerichts verloren gegangen** und nicht

mehr rekonstruierbar, muss die Frist als gewahrt angesehen werden (BGH NJW 81, 1673, 1674; BGH VersR 80, 90, 91); desgl wenn die Angabe des Datums im Empfangsbekenntnis unleserl und deswegen eine (frühere) Zustellung nicht feststellbar ist (BGH VersR 81, 354); eine Beweislast der Partei kann nur für Ungewissheiten bejaht werden, die in ihren Sorgfalts- und Nachweisbereich fallen (BVerfGE 69, 385; BGH FamRZ 91, 548; s ferner Vollkommer Rpfleger 71, 228 u Schneider JurBüro 76, 430 – zu „Irrläufern"). Auf jeden Fall muss sich das Gericht intensiv bemühen, Klarheit über den Fristbeginn zu gewinnen, um der Partei effektiven Rechtsschutz zu gewähren (BGH VersR 80, 91). Dazu gehört, dass alle aktenmäßig feststellbaren Indizien ausgewertet werden (BGH MDR 2001, 828; BGH NJW 2004, 2525: Bei Divergenz zwischen Empfangsprotokoll des Gerichtsfaxgeräts und ausgedruckten Seiten muss auch der Frage eines Datenstaus nachgegangen werden; zum Beweiswert des Zeitnachweises in der Abrechnung der Telekom s BGH NJW 2003, 3487 = MDR 2004, 46; BGH BB 2007, 2664) und die Parteien auch Gelegenheit bekommen, sich dazu zu äußern; uU kommt sogar die Möglichkeit einer Beweislastumkehr in Betracht (angedeutet in BGH VersR 80, 91). – Der **Verkündungsbeweis** (§ 165) wird durch ein mangelhaftes oder fehlerhaft berichtigtes (§ 164) Protokoll entwertet (BGH VersR 86, 487). – **Beurkundung** des Eingangs durch **Eingangsstempel:** § 418 I (BGH VersR 82, 652; BGH MDR 2017, 1019 = NJW 2017, 2285). Gegenbeweis ist zulässig (§ 418 II; BGH NJW-RR 2002, 1070; BGH MDR 2010, 97), und zwar ohne irgendwelche erschwerenden Beweisregeln (BGH VersR 77, 721; BGH VersR 74, 1021). – Bei Zustellung gegen **Empfangsbekenntnis** (§ 175 I) ist von der Datierung durch den Anwalt auszugehen, auch beim elektron Empfangsbekenntnis. Fehlende Datierung macht Zustellung nicht unwirksam (BGH NJW 2005, 3216). Wirksame Datierung nicht durch Kanzleiangestellte, sondern nur durch RA mögl; in diesem Fall aber maßgebend die Angabe in der Berufungsschrift (BGH NJW 87, 2679). Äußere Mängel durch Überstempeln einer Datierung mit anderem Eingangsdatum machen die Beweisregel des § 418 I unanwendbar (BGH WM 80, 340; BGH WM 91, 2008), beweisen aber nicht das ungünstige Datum (BGH WM 87, 1234 = MDR 87, 821). **Zustellungsurk** über Einwurf in den Briefkasten (§ 180) oder über Niederlegung bei der Post erbringt Vollbeweis über die Zustellungsvorgänge, etwa dass die Benachrichtigung in den Briefkasten eingeworfen worden ist, so dass die Zustellung ohne Rücksicht auf Empfängerbekenntnis wirksam ist (OLG Köln MittRAK Köln 92, 26).

VII) Inhalt der Berufungsschrift (§ 519 II). Mangel eines wesentl Punktes bewirkt Unzulässigkeit (§ 522 I); 21
Nachholung nach Fristablauf ist nutzlos (BGH DB 77, 1684). Fehlende Prozessvollmacht ist rückwirkend genehmigungsfähig (s Rn 24). Die Rspr legt bei den Inhaltserfordernissen einen strengen Maßstab an. Dies rechtfertigt sich deshalb, weil die Berufungsschrift nicht nur ein fristgebundener bestimmender Schriftsatz, sondern auch noch von unmittelbarer Auswirkung auf die Rechtskraft ist.

1) Eigenhändige Unterschrift. Die Berufungsschrift muss von einem postulationsfähigen Anwalt elektronisch 22
signiert (§ 130a III) oder außerhalb des Anwendungsbereichs des § 130d S 1 eigenhändig unterschrieben sein (BGH NJW 2012, 1737; BGH NJW-RR 2023, 209 = MDR 2023, 183). Bei Mängeln verlangt das BVerfG (NJW 2002, 3534) ein Eingehen auf den Einzelfall ohne überspannte Voraussetzungen.

2) Lesbare Unterschrift. Sie ist ein Schriftzug individuellen Charakters, aus dem ein Dritter den Namen, den er 23
kennt, noch herauszulesen vermag (BGH NJW 2005, 3775; BGH MDR 2012, 797; BGH MDR 2015, 3104; BGH MDR 2017, 227; BGH NJW-RR 2021, 314). Zu den Einzelheiten s bei § 130 (s § 130 Rn 6 ff).

3) Signatur oder Unterschrift des zugelassenen Rechtsanwalts. Die Signatur oder Unterschrift muss von ei- 24
nem im Zeitpunkt der Unterzeichnung (BGH NJW 90, 1305) nach § 78 postulationsfähigen **Anwalt** stammen (BGH VersR 73, 86; OLG Schleswig MDR 2003, 305) und muss die Wirksamkeitserfordernisse (s Rn 30 ff) abdecken (zur Frage, unter welchen Voraussetzungen eine stillschweigende „Genehmigung" durch nachfolgenden Schriftsatz des zugelassenen RA in Betracht kommt vgl BGH FamRZ 99, 1497). Bei Zweifeln ist amtswegige Klärung erforderl (BGH MDR 92, 1179), wobei es zur endgültigen Klärung der Identität des Unterzeichners auf den Zeitpunkt der Entscheidung über die Zulässigkeit der Berufung ankommt (BGH NJW 2013, 237); fernmündl „Klarstellung" reicht nicht aus (BGH NJW 85, 2650 = MDR 86, 309). Der Zusatz „i.V." vor der Unterschrift eines postulationsfähigen RA bringt zum Ausdruck, der RA wolle die Verantwortung für den von ihm unterzeichneten Schriftsatz übernehmen (BGH MDR 2020, 618 = NJW 2020, 618), was bei einer Unterzeichnung nur mit „**i.A.**" nicht der Fall ist (s § 130 Rn 13; BGH NJW 88, 210; BGH FamRZ 2007, 1638; BGH NJW 2018, 1689; auch nicht ausreichend „RA X für RA Y, nach Diktat verreist" KG BB 2002, 2152; praktisch gegenteilig aber BGH NJW 93, 2056), wohl aber derj postulationsfähige Unterbevollmächtigte, der „für" den Hauptbevollmächtigten handelt (BAG NJW 90, 2706) oder der Sozius, der auch in Ausführung des Mandats tätig ist (BGH NJW 2012, 3379; BGH NJW 2013, 237); dies gilt auch dann, wenn unter dem Namenszug des RA maschinenschriftlich derjenige des anderen vermerkt ist (BGH NJW-RR 2017, 760). Der bei der Partei angestellte RA muss deutlich machen, dass er als unabhängiger ProzBev auftritt (BAG NJW 2014, 247). Auch muss der RA bevollmächtigt sein; eine einmal erhobene Rüge fehlender Vollmacht wirkt für alle Instanzen, braucht also im höheren Rechtszug nicht wiederholt zu werden (BGH WM 86, 1128). Die Tatsache der Vollmacht darf nachträgl nachgewiesen werden, selbst noch im Revisionsverf (s Rn 29). Bei fehlender Vollmacht oder Untervollmacht gilt Folgendes: Ist der ProzBev postulationsunfähig, dann ist die Einlegung unwirksam und nicht rückwirkend genehmigungsfähig. Lässt die Formulierung die Auslegung zu, dass der postulationsfähige Anwalt eingelegt hat („wir"), so ist davon auszugehen (BGH NJW 2005, 3415).

25 **4) Unterschrift des allgemein bestellten Vertreters.** Signatur- oder unterschriftsbefugt ist auch der nach § 53 BRAO allg bestellte Vertreter (BGH NJW 66, 1362); das kann auch ein Referendar sein (OLG München AnwBl 85, 589). Der Zusatz „i.V." ist unschädl (OLG Koblenz MDR 91, 1097). Das Vertretungsverhältnis muss sich wenigstens durch Auslegung, etwa aus dem Kanzleibriefkopf ergeben (OLG Zweibrücken MDR 2005, 1132). Wenn der von der Rechtsanwaltskammer bestellte Vertreter den Berufungsschriftsatz noch während der Vertretungszeit unterzeichnet u in Auslauf gibt, schadet es nicht, dass der Schriftsatz erst nach Ablauf der Vertretungszeit bei Gericht eingeht (OLG Frankfurt DAVorm 81, 683; OLG Frankfurt JurBüro 85, 151); Entäußerung ist maßgebend, nicht der Eingang (BGH VersR 90, 65). Einmaliger Hinweis auf vertretendes Tätigwerden genügt (BGH NJW 91, 1175). Unterschriftsbefugt ist für alte Aufträge nach § 55 II 2 BRAO auch der zum **Abwickler der Kanzlei** eines verstorbenen RA bestellte Anwalt (BGH NJW 66, 1362), und zwar auch insoweit als der vertretene RA seinerseits Vertreter ist, da der allg Vertreter sämtl Befugnisse des RA hat, den er vertritt (BGH MDR 81, 753 = NJW 81, 1740). Für nach Beginn der Abwicklung eingelegte neue Berufungen ist die 6-Monatsfrist des § 55 II 2 BRAO zu beachten (BGH NJW 92, 2158 = VersR 92, 1420). Bei WE gegen den Ausschluss aus der Anwaltschaft bleiben frühere Prozesshandlungen wirksam (BGHZ 98, 325 = WM 87, 154; dazu Vollkommer JR 87, 225).

26 **5) Blankounterschrift.** Sie genügt nicht, auch nicht echte Unterschrift, die ausgeschnitten und auf einen per Telefax übermittelten Schriftsatz geklebt wird (BGH MDR 2015, 1258). Ausnahmsw kann Blankounterschrift des Berufungsanwalts durch Büroangestellten genügen, der auf Anweisung des Anwalts in dessen Abwesenheit die Berufungschrift fertigt, wobei der Anwalt den Inhalt so genau festgelegt haben muss, dass er die eigenverantwortl Prüfung nachweisen kann (BGH NJW 66, 351 = MDR 66, 232; BGH NJW 2005, 2709; BGH NJW 2012, 3378; OLG München NJW 89, 1166). Eine fehlende Unterschrift wird nicht dadurch ersetzt, dass in einem weiteren (unterzeichneten) Schriftsatz bemerkt wird, der andere (nicht unterzeichnete) Schriftsatz enthalte die Rechtsmittelerklärung (BGHZ 37, 156).

27 **6) Unterzeichnetes Anschreiben.** Einreichung einer nicht unterzeichneten Berufungsschrift zusammen mit einem unterzeichneten Anschreiben genügt (BGH NJW 74, 1582), auch die **Unterschrift unter den Beglaubigungsvermerk** der beigefügten Abschrift der Berufungsschrift (BGH LM § 519 Nr 14; BGH NJW-RR 2022, 716 = MDR 2022, 842); allerdings nur wenn der Beglaubigungsvermerk von dems RA herrührt, der die Berufungsschrift verfasst hat (BAG NZA 93, 655).

28 **7) Vertretungsbefugter Rechtsanwalt.** Auch dessen Unterschrift genügt, er darf mit dem Namen des Vertretenen unterschreiben (BGH VersR 76, 830); zu iA s Rn 24. Voraussetzung ist jedoch, dass er selbst postulationsfähig ist (BGH VersR 76, 689).

29 **8) Vollmachtheilung.** Mängel der Vollmacht sind in der noch nicht abgeschlossenen Instanz rückwirkend heilbar (BGHZ 91, 116; BGH VersR 84, 781). Zwischenzeitl Fristablauf schadet also nicht. Wird durch Urteil entschieden, müssen die Rechtsmittelvoraussetzungen nach dem Erkenntnisstand am Schluss der letzten mündl Verh gegeben sein; das gilt allerdings nicht für die Unterschrift (BGH MDR 2006, 283 = NJW 2005, 3773). Zum **Fehlen** der Vollmacht: s Rn 24.

30 **VIII) Einzelangaben.** Zweck der Rechtsmittelschrift ist es, dem Rechtsmittelgericht, bei dem sie einzureichen ist (§ 519 I), und dem Rechtsmittelgegner, dem sie zuzustellen ist (§ 521 I), **Klarheit über den Gegenstand und die Beteiligten** des Rechtsmittelverf zu verschaffen. Die Rechtsmittelschrift und die ihr beigefügten Anlagen (vgl insb die nach III beizufügende Urteilsabschrift) müssen dem Rechtsmittelgericht innerhalb der Rechtsmittelfrist die erforderl Klarheit verschaffen. Dies dient einem geregelten und zügigen Ablauf des Verf, der Rechtssicherheit und den berechtigten Interessen des Rechtsmittelgegners an alsbaldiger vollständiger Unterrichtung durch Zustellung der Rechtsmittelschrift (BGH NJW 85, 2651; BGH NJW 94, 1879; BAG NJW 2011, 3052). Gerade in einem notwendigerw auch von Förmlichkeiten geprägten Rechtsmittelverf kann hierauf nicht verzichtet werden (sa BVerfGE 74, 234). – Die Vorschrift ist aber nicht formalistisch anzuwenden: Die notwendigen Angaben können, wenn sie nicht vollständig in der Rechtsmittelschrift enthalten sind, auch aus dem beigefügten Urteil oder aus anderen vom Rechtsmittelkläger bis zum Ablauf der Rechtsmittelfrist angereichten Unterlagen entnommen werden (BGH NJW 93, 2943; BGH NJW 2008, 1740). Diese müssen aber die erforderl Angaben eindeutig ergeben, ergänzende **mündl** Quellen kommen nicht in Betracht (BGH NJW 85, 2650). Bei iÜ richtigen Angaben kann aber auch die Angabe eines falschen Az unschädl sein (BGH NJW 2006, 1003; BGH MDR 2006, 888).

30a **1) Berufungskläger.** Nötig ist dessen Angabe; er muss bis zum Ablauf der Berufungsfrist feststehen (BGHZ 21, 168; BGH NJW 91, 1834; BGH NJW 93, 2943; BGH FamRZ 2003, 1176; BGH MDR 2024, 834); er darf allerdings auch durch Auslegung ermittelt werden; es sind hier hohe Anforderungen angebracht, die jedoch nicht zur Förmelei werden dürfen (BVerfG NJW 91, 3140; BGH NJW-RR 2002, 1074 = MDR 2002, 714; BGH MDR 2004, 643; BGH MDR 2004, 703; BGH NJW-RR 2006, 284; BGH NJW-RR 2013, 1278; BGH WuM 2017, 736; BGH NJW-RR 2022, 784). Vorsicht ist insbesondere geboten, wenn ein Streithelfer Berufung einlegt: er muss *deutlich machen, für welche* Hauptpartei er handelt (OLG Köln MDR 2016, 610). Bei der streitgenössischen Nebenintervention ist das von der Partei und dem Streithelfer eingelegte Rechtsmittel jeweils gesondert zu betrachten (BGH MDR 2022, 125). Das Fehlen einer ausdrückl Angabe, die freilich empfehlenswert ist, ist unschädl, wenn aus den weiteren eingereichten Unterlagen (Urteilsabschrift, vgl § 519 III; PKH-Gesuch) zweifelsfrei zu entnehmen ist, wer Berufungskläger ist; es dürfen aber keine vernünftigen Zweifel bleiben (BGH NJW 94, 1879; BGH NJW 99, 291; BGH MDR 99, 625; BGH NJW 2002, 1430 = MDR 2002, 713 bei Gesamtrechtsnachfolge während des Prozesses; OLG Stuttgart NJW 2012, 1375; OLG Düsseldorf MDR 2012, 808). Notfalls reicht auch Erkennbarkeit aus einer vom Gegner bereits vorliegenden Berufungsschrift (BGH MDR 2008, 814). Bei Zweifeln ist zunächst dem „Vorspann" der Berufungsschrift maßgebl Bedeutung beizumessen (BGH NJW 98, 3499; BGH NJW-RR 99, 1587). Der Rückschluss aus dem Tenor des angefochtenen Urteils (volle Klageabweisung, beschwerte Partei) genügt nicht (OLGR München 1995, 129; OLG Brandenburg MDR 2004, 1438). Ebenso wenig die Reihenfolge der Parteinennung im Berufungsschriftsatz, wenn im Gerichtsbezirk nicht die Übung besteht, diese stets wie in der 1. Instanz anzuführen (BGH NJW-RR 2001, 572; BGH FamRZ 2007, 903). Die Möglichkeit der Ermittlung aus den Gerichtsakten kommt regelmäßig nicht in Betracht, weil diese dem Berufungsgericht innerhalb der Notfrist nicht vorliegen (BGHZ 21, 168); ist dies aber doch der Fall, müssen Mängel durch einen Abgleich mit den Akten ausgeglichen werden (BGH MDR 2007, 734); mündl oder telefonische Angaben dürfen selbst dann nicht berücksichtigt werden, wenn sie – vom Gericht – aktenkundig gemacht werden (BGH NJW 97, 3383; BGH MDR 2017, 1318). **Ladungsfähige** Anschrift des Berufungsklägers ist keine Zulässigkeitsvoraussetzung (BGHZ 102, 332; BGH MDR 2006, 283).

2) Berufungsbeklagter. Der Rechtsmittelbeklagte muss mindestens bestimmbar bezeichnet sein oder wenigstens innerhalb der Rechtsmittelfrist erkennbar werden (BGH MDR 2010, 45), die Angabe der ladungsfähigen Anschrift ist aber nicht Zulässigkeitsvoraussetzung (BGH NJW 2005, 3773). Das kann sich auch aus den schon in der Berufungsschrift enthaltenen Anträgen ergeben (BGH Warneyer 1991 Nr 163) oder aus dem Zusammenhang mit der Nennung des Rechtsmittelklägers und der Bezeichnung des angefochtenen Urteils (BGH NJW 91, 2775; BGH NJW 96, 320). Fehlt die in Bezug genommene Urteilsablichtung, dann muss vor der Berufungsverwerfung darauf hingewiesen werden (BGH MDR 91, 1198 = NJW 91, 2081). Nicht ordnungsgemäß ist eine Berufungsschrift, die als Rechtsmittelbeklagten nicht den wirkl Berufungsbeklagten, sondern den hinter ihm stehenden Haftpflichtversicherer (BGH VersR 92, 761; umgekehrt zum nicht ausdrückl erwähnten Haftpflichtversicherer nach PflVG OLGR Hamm 2000, 312) oder ein mit diesem nicht identisches Unternehmen benennt, ohne dass der gemeinte erstinstanzl Bekl innerhalb der Berufungsfrist erkennbar wird (BGH VersR 85, 570). **Ladungsfähige** Anschrift wie beim Berufungskläger (s Rn 30) nicht erforderl (BGHZ 65, 114; BAG MDR 87, 347), dgl nicht die Anschrift des ProzBev (BGH LM § 518 II Nr 1 ZPO Nr 6 [Doerry]), wenn sonstige Umstände zur zweifelfreien Identifizierung führen (BGH MDR 89, 730 = VersR 89, 646). 31

3) Streitgenossen. Höhere Anforderungen an die Angabe des Rechtsmittelbeklagten gibt es bei Vorhandensein mehrerer Gegner (BGH NJW 61, 2347). Bei der Bezeichnung streitgenössischer Rechtsmittelbeklagter ist die Rspr großzügiger. Die uneingeschränkt eingelegte Berufung richtet sich iZw gegen alle Streitgenossen, wenn diese in der Berufungsschrift alle angeführt sind (BGH NJW 69, 929; BGH NJW 94, 514; BGH MDR 2019, 240). Soll sich die Berufung nur gegen Einzelne richten, ist die Beschränkung der Anfechtung dadurch klarzustellen, dass in der Rechtsmittelschrift nur diese genannt werden. Ist nur der im Klagerubrum an 1. Stelle stehende Streitgenosse in der Berufungsschrift angeführt, kann die Auslegung gleichwohl ergeben, dass die Berufung sich gegen alle Streitgenossen richtet (BGH NJW 69, 928; BGH MDR 2000, 539; BGH NJW 2003, 3203 = MDR 2003, 1434; BGH MDR 2010, 828; BGH NJW-RR 2019, 640 = MDR 2019, 724). Bei einfacher Streitgenossenschaft muss das Berufungsgericht nicht ermitteln, welche Auslegung die für den Rechtsmittelführer zweckmäßige ist. Genügend auch die Angabe „Fa. Bauherrengemeinschaft X", wenn der Berufungsschrift eine Abschrift des angefochtenen Urteils beigefügt wird, in dessen Rubrum die gesamten „Bauherren" namentl aufgeführt sind. Die BGB-Gesellschaft ist nach Inkrafttreten des MoPeG (1.1.2024) ausdrücklich nach der gesetzlichen Regelung (§ 705 BGB idF des MoPeG) rechts- und damit parteifähig und als solche im Rubrum zu benennen. Bei Wohnungseigentümergemeinschaften sind die §§ 9a, 9b WEG zu beachten. 32

4) Urteilsbezeichnung. Die Bezeichnung des Urteils muss das Rechtsmittelgericht (BGH VersR 84, 870) eindeutig darüber informieren, welches Urteil angefochten wird (BGHZ 22, 272; BGH MDR 2001, 529). Zur vollständigen Bezeichnung gehört: Az, Verkündungsdatum, Zustellungsdatum (BGH FamRZ 89, 1063, 1064; BGH NJW 91, 2081). Fehlt eine dieser Angaben oder ist sie fehlerhaft, ist dies unschädl, wenn dadurch keine unbehebbaren Identitätszweifel auftreten (BGH NJW 93, 1719; BGH NJW 2003, 1950 = MDR 2003, 948, wenn Az u Gericht angegeben; BGH NJW 2006, 1003), zB weil sich aus einer beigefügten Urteilsausfertigung das erstinstanzl Gericht ergibt (BGH NJW-RR 89, 958). Werden in verbundenen Sachen Teilurteile unter verschiedenen Az zur selben Zeit verkündet, macht die Angabe des falschen Az die Berufung unzulässig (BGH VersR 81, 854; OLGR Frankfurt 1994, 202), ebenso wenn bei Teilurteil u Schlussurteil das Az des Teilurteils u das Zustellungsdatum des Schlussurteils angegeben wird (BGH MDR 78, 308). – **Berichtigungen** helfen nicht weiter, weil Schreibfehler nur beachtl korrigiert werden können, wenn sie einen Erklärungsinhalt bestätigen, den die Berufungsschrift bei sinnvoller **Auslegung** schon von Anfang an hatte (BGH MDR 78, 308). Anhand der Prozessakten kann das Berufungsgericht häufig Fehler erkennen und unschädlich machen (BGH VersR 84, 870; BGH AnwBl 2007, 379); meist gehen aber die Akten erst nach Fristablauf ein, so dass Fehlererkenntnis zu spät kommt; selbst bei früherem Eingang der Akten ist das Gericht nicht gehalten, sofort die Individualisierungsan- 33 gaben der Berufungsschrift mit dem Akteninhalt zu vergleichen. Ratsam daher, bei Erlass mehrerer Urteile im selben Rechtsstreit zusätzl eine kurze Kennzeichnung beizufügen, etwa „Grundurteil" oder „Schlussurteil" usw; noch besser, die Sollvorschrift des § 519 III zu beachten (s Rn 38)! Das Berufungsgericht muss aber alle Erkenntnismittel ausschöpfen.

34 **5) Prozessbevollmächtiger des Beklagten.** Angabe des ProzBev des Berufungsbeklagten ist angebracht, Fehlen aber nicht schädl, wenn der Berufungsbeklagte selbst genannt ist (BAG VersR 76, 104; BAG BB 77, 100; BAG BB 77, 1607; BAG NJW 78, 2120).

35 **6) Nebenintervenient.** Fehlende Angabe des NI unschädl: BAG NJW 78, 392.

36 **7) Anträge.** Braucht die Schrift nicht zu enthalten. Der unbedingte Wille zur Rechtsmitteleinlegung muss klar erkennbar sein (s Rn 1). Der Umfang der Anfechtung muss noch nicht festliegen (OLG Zweibrücken FamRZ 2007, 1573). War die Berufungseinlegung wegen Unterbrechung des Verf ohne Rechtswirkung, so kann im Aufnahmeschriftsatz eine zulässige Wiederholung der Berufung gesehen werden (BGHZ 36, 259).

37 **8) Heilung.** Ist mögl, wenn Mängel vor Fristablauf beseitigt werden (BGH VersR 83, 250; BAG MDR 82, 965 = NJW 83, 903) oder Lücken durch Heranziehung anderer Unterlagen geschlossen werden können (s Rn 30). Durch WE können Form- und Inhaltsmängel nicht geheilt werden (BGH NJW 97, 1309).

38 **IX) Ausfertigung oder beglaubigte Abschrift (§ 519 III).** Ordnungsvorschrift, die zu wenig beachtet wird, obwohl sie manche mangelhafte Berufung retten könnte (BGH FamRZ 89, 1063). Die Beifügung einer Ablichtung des angefochtenen Urteils sollte zur Büroroutine werden. **§ 519 IV:** Zu den vorbereitenden Schriftsätzen vgl §§ 129 ff. Die Berufung kann auch schon in der Berufungsschrift begründet werden.

39 **X) Gebühren des Gerichts.** Die allg VerfGeb (1220 GKG-KV) wird fällig mit dem Eingang der Rechtsmittelschrift in der Berufungsinstanz (§ 6 I 1 GKG). Sobald dann die Rechtsmittelbegründung eingegangen ist, ist eine Gebührenermäßigung auf weniger als 2,0 ausgeschlossen (1221 RVG-VV).

§ 520 Berufungsbegründung

(1) Der Berufungskläger muss die Berufung begründen.

(2) [1]Die Frist für die Berufungsbegründung beträgt zwei Monate und beginnt mit der Zustellung des in vollständiger Form abgefassten Urteils, spätestens aber mit Ablauf von fünf Monaten nach der Verkündung. [2]Die Frist kann auf Antrag von dem Vorsitzenden verlängert werden, wenn der Gegner einwilligt. [3]Ohne Einwilligung kann die Frist um bis zu einem Monat verlängert werden, wenn nach freier Überzeugung des Vorsitzenden der Rechtsstreit durch die Verlängerung nicht verzögert wird oder wenn der Berufungskläger erhebliche Gründe darlegt.

(3) [1]Die Berufungsbegründung ist, sofern sie nicht bereits in der Berufungsschrift enthalten ist, in einem Schriftsatz bei dem Berufungsgericht einzureichen. [2]Die Berufungsbegründung muss enthalten:

1. die Erklärung, inwieweit das Urteil angefochten wird und welche Abänderungen des Urteils beantragt werden (Berufungsanträge);

2. die Bezeichnung der Umstände, aus denen sich die Rechtsverletzung und deren Erheblichkeit für die angefochtene Entscheidung ergibt;

3. die Bezeichnung konkreter Anhaltspunkte, die Zweifel an der Richtigkeit und Vollständigkeit der Tatsachenfeststellungen im angefochtenen Urteil begründen und deshalb eine erneute Feststellung gebieten;

4. die Bezeichnung der neuen Angriffs- und Verteidigungsmittel sowie der Tatsachen, auf Grund derer die neuen Angriffs- und Verteidigungsmittel nach § 531 Abs. 2 zuzulassen sind.

(4) Die Berufungsbegründung soll ferner enthalten:

1. die Angabe des Wertes des nicht in einer bestimmten Geldsumme bestehenden Beschwerdegegenstandes, wenn von ihm die Zulässigkeit der Berufung abhängt;

2. eine Äußerung dazu, ob einer Entscheidung der Sache durch den Einzelrichter Gründe entgegenstehen.

(5) Die allgemeinen Vorschriften über die vorbereitenden Schriftsätze sind auch auf die Berufungsbegründung anzuwenden.

Lit: *Rimmelspacher*, Die Berufungsgründe im reformierten Zivilprozess, NJW 2002, 1897.

I) Notwendigkeit einer Begründung (§ 520 I). Der Begründungszwang fördert die sorgfältige Prüfung, ob Berufung eingelegt werden soll. Er führt zu einer raschen Konzentration auf den Gegenstand des Berufungsverfahrens, weil Gericht und Gegner Kenntnis von den Beweggründen erhalten. Außerdem soll der Begründungszwang sicherstellen, dass das Rechtsmittel nur nach anwaltlicher Überprüfung des Prozessstoffes weiterverfolgt wird, also die Erfolgsaussichten konkret überprüft werden (BGH NJW-RR 2016, 396). Die Begründung kann schon in der Berufungsschrift enthalten sein, wird idR aber in bes Schriftsatz eingereicht (III 1). Verhandlungstermin ist erst nach Eingang der Begründung und Prüfung nach § 522 anzuberaumen, § 523 I. 1

1) Anwendungsbereich. § 520 I-V gilt für jede Berufung, auch für die in Arrestsachen, § 922 I. Entspr anwendbar auch für Beschwerden in Ehe- und Familiensachen, § 117 I 4 FamFG. 2

2) Anwaltszwang (§ 78). Der Anwaltszwang ergänzt den Begründungszwang. Der RA muss die volle Verantwortung für den Inhalt der Begründungsschrift übernehmen (BGH NJW 2006, 1208). Er darf nicht nur eine Blankounterschrift leisten (BGH MDR 2005, 1427 = NJW 2005, 2709). Inwieweit er den Prozessstoff selbst durchgearbeitet hat, muss das Berufungsgericht im Regelfall aber nicht kontrollieren (BGH NJW 89, 3022; BGH NJW-RR 98, 574), außer wenn aus dem Inhalt unzweifelhaft klar wird, dass der RA die Ausführungen ohne eigene Prüfung übernommen hat (BGH NJW 2008, 1311). Mit der Unterschrift übernimmt der RA die Verantwortung für die Rechtsmittelbegründung, sofern er sie nicht gleichzeitig unmissverständl ablehnt (BGH NJW 89, 394; BGH NJW 89, 3022). 3

3) Auslegung der Erklärung. Der Wille zur Berufungseinlegung kann auch in einem dem § 520 III genügenden Vollstreckungseinstellungs- oder PKH-Antrag zum Ausdruck kommen (s Rn 42). Bei der Auslegung kommt es auf den **Zeitpunkt der Einreichung** des Schriftsatzes an (BGH FamRZ 89, 849, 950). Nachträgl Erklärungen des ProzBev haben keine Wirkung (BGH NJW 59, 725). 4

II) Begründungsfrist (§ 520 II 1). Die Begründungsfrist beträgt zwei Monate ab Zustellung des vollständig abgefassten Urteils, spätestens fünf Monate ab Verkündung des Urteils. 5

1) Fristbeginn. Die Frist beginnt mit Zustellung des Urteils (beglaubigte Abschrift genügt, BGH NJW 2016, 1180 [Kaiser]) in vollständiger Form, spätestens 5 Monate nach Verkündung. Die Begründung kann auch vor der Zustellung eingereicht werden (BGH NJW 99, 3269 = MDR 2000, 293). Die Berufungsbegründungsfrist beginnt zusammen mit der Berufungsfrist zu laufen. 6

2) Streithelfer. Die von der Hauptpartei eingelegte Berufung kann auch vom Streitgehilfen begründet werden (§ 67 Hs 2) u umgekehrt (BGH NJW 85, 2480). Bei notwendigen Streitgenossen muss ein Streithelfer begründen. Bei Berufungseinlegung durch Partei und **Streithelfer** handelt es sich nur um ein Rechtsmittel; deshalb braucht nur eine fristgerechte Einlegung mit einer fristgerechten Begründung zusammenzutreffen (s § 511 Rn 5). 7

3) Wiederholung der Begründung. Versäumung der Begründungsfrist bei offener Einlegungsfrist kann nicht vorkommen, da beide Fristen mit Zustellung des vollständigen Urteils oder spätestens fünf Monate nach der Verkündung zu laufen beginnen. Wird dem Berufungsführer ein unvollständiges Urteil zugestellt und legt er dann binnen 1 Monats Berufung ein, so ist weitere Einlegungs- und Begründungsfrist offen. 8

4) Verspätete Berufungseinlegung. Einlegungs- und Begründungsfrist beginnen unabhängig voneinander zu laufen (vgl BGH MDR 2001, 1072). Auch wenn die **Berufung verspätet eingelegt** wurde, läuft die Begrün- 9 dungsfrist normal. Durch ein Gesuch um WE in die Berufungseinlegungsfrist u durch die Entscheidung des Gerichts hierüber wird der Ablauf der Begründungsfrist nicht berührt (BGH NJW 98, 1155), eine Beschlussverwerfung nach § 522 I (BGH FamRZ 2005, 194) bleibt möglich. Wird die Berufung wegen Versäumung der Einlegungsfrist durch Beschluss verworfen u folgt ein Rechtsbeschwerdeverf, wird die Berufungsbegründungsfrist nicht unterbrochen (BGH FamRZ 2004, 1783). Diese Grundsätze gelten auch, wenn gegen einen Verwerfungsbeschluss eines LG oder OLG Verfassungsbeschwerde eingelegt wird, weil gem § 522 I jew die Rechtsbeschwerde gegeben ist, der Verwerfungsbeschluss den Rechtsstreit also noch nicht endgültig abschließt.

10 **5) Fristende.** Mit Ablauf des Tages des auf die Zustellung des vollständigen Urteils folgenden 2. Monats oder, falls kein vollständiges Urteil zugestellt wurde, des auf die Verkündung folgenden 7. Monats, der seiner Zahl nach dem Tag der Zustellung oder Verkündung entspricht, falls nicht § 222 II eingreift (**Bsp** für Regelfall: Zustellung des vollständigen Urteils 10.5., Ende der Begründungsfrist 10.7.; Verkündung des Urteils 10.5., keine Zustellung eines vollständigen Urteils, Ende der Begründungsfrist 10.12.). Zu Beweislast s § 519 Rn 20.

11 **6) Wiedereinsetzung nach § 233.** Die Berufungsbegründungsfrist ist **keine Notfrist** (§ 224 I 2). Gegen ihre Versäumung ist aber gleichwohl WE nach § 233 mögl. **WE** wegen Versäumung der Begründungsfrist kommt nach § 233 (s dort) grds wegen aller Versäumungsgründe in Betracht; eine unzulängl oder **lückenhafte Berufungsbegründung kann** nach Fristablauf nicht im Wege der WE geheilt werden (BGH NJW 97, 1309; BGH FamRZ 2007, 903; BGH MDR 2022, 267). WE dient dazu, eine Fristversäumung als solche zu heilen (s § 233 Rn 7 ff), nicht jedoch dazu, inhaltl Mängel in einer an sich fristgerecht abgegebenen Erklärung zu beheben. Die unvollständige Begründung – nach Fristablauf – führt ebenso wie die versäumte Begründung zur Unzulässigkeit des Rechtsmittels. Dies gilt auch, wenn die Unvollständigkeit einen abgrenzbaren und selbständigen Teil des Rechtsstoffes betrifft, eine einheitl Rechtsmittelbegründung lässt sich nicht auf einzelne, auf unterschiedl Teile des Streitgegenstands bezogene Begründungen aufteilen (BGH FamRZ 2007, 903; BGH NJW-RR 2021, 189). Allerdings ist die Gewährung der WE zur Nachholung von Verfahrensrügen ausnahmsw mögl, wenn die Rechtsmittelbegründungsschrift infolge eines Übermittlungsversehens nicht rechtzeitig und vollständig in das Rechtsmittelgericht gelangt ist; dies folgt daraus, dass in diesen Fällen die WE mögl wäre, wenn die Berufungsbegründungsfrist infolge des Versehens versäumt wäre. Ist die Rechtsmittelbegründung in einem solchen Fall ausnahmsw ausreichend, so kann der Rechtsmittelführer nicht schlechter gestellt sein als im Falle einer noch größeren Lücke (BGH NJW 2000, 364).

12 **7) Klageerweiterung.** Eine in der Berufungsinstanz vorgenommene **Klageerweiterung** ist nicht an die Frist des § 520 gebunden (BGH NJW-RR 2005, 714 = MDR 2005, 796); wird eine zunächst eingeschränkte Rechtsmitteleinlegung erweitert, muss sie aber auf die fristgerecht eingereichte Begründung gestützt werden. Anders bei gänzl neu in der Berufungsinstanz eingeführten Gegenständen: Der dazugehörige Tatsachenvortrag muss nach § 529 in der Berufung zulässig sein, § 533 (s Rn 34; MK/Rimmelspacher Rn 40). Die Berufung darf allerdings nicht allein der Klageerweiterung dienen, sondern muss auch das Ersturteil angreifen (BGH NJW-RR 2002, 1073; BGH NJW-RR 2002, 1435 = MDR 2002, 1085; s vor § 511 Rn 10 ff).

13 **III) Fristverlängerung (§ 520 II 2, 3). 1) Antrag.** (**Formulierungsvorschläge:** Vorwerk, PFB, M 67.1, 67.2, 67.3, 67.4, 67.5). Die Fristverlängerung wird nur auf Antrag gewährt (BGH NJW-RR 90, 68; BGH NJW-RR 2001, 572). Es gilt Anwalts- und Schriftformzwang mit den üblichen Einreichungsformalien (BGHZ 93, 300 = NJW 85, 1558; BGH NJW 98, 1155). Der Antrag kann ausgelegt werden (BGH NJW-RR 94, 568: „Berufungserwiderungsfrist“ statt „Berufungsbegründungsfrist“; BGH MDR 2010, 165: nicht ausreichend Antrag auf Ruhen des Verf), ledigl konkludente Antragstellung empfiehlt sich nicht (BGH NJW 2025, 197). Die Angabe des falschen Az im Antrag ist unschädl, wenn das dazu gehörige Verf eindeutig ermittelt werden kann (BGH NJW 2003, 3418 = MDR 2003, 1434). Dem Antrag muss sich ein bestimmtes Datum, bis zu dem die Frist verlängert werden soll, nicht entnehmen lassen (BGH NJW-RR 2001, 931; BGH MDR 2018, 421 = NJW 2018, 1022; BGH NJW-RR 2020, 313 = MDR 2020, 313). Kein Fristverlängerungsantrag ist die Bitte, die Berufsbegründung bei Scheitern laufender Vergleichsverh bis zu einem bestimmten Datum ergänzen zu dürfen (BGH NJW 90, 2628). Verlängerung für Streithelfer wirkt zugunsten der Hauptpartei (BGH NJW 82, 2069; BAG ZIP 91, 335). Auf Verlangen ist Glaubhaftmachung nötig (§ 224 II).

14 **2) Rechtzeitigkeit des Verlängerungsantrags.** Der Verlängerungsantrag muss **vor Fristablauf** gestellt werden, auch wenn ein gerichtsinternes Mediationsverf durchgeführt wird (BGH MDR 2009, 582 = NJW 2009, 1149). Eine einmal abgelaufene Frist kann nicht verlängert werden. Der Ablauf der Begründungsfrist führt unmittelbar zur Unzulässigkeit des Rechtsmittels und hat daher unmittelbare Auswirkungen auf die Rechtskraft (BGHZ 116, 377 = NJW 92, 842 unter Aufgabe der gegenteiligen Auffassung in BGHZ 102, 37; ebenso StJ/Althammer Rn 18). Eine gleichwohl gewährte Fristverlängerung ist unwirksam (BGH MDR 2015, 1027; BGH NJW-RR 2016, 1529). Wird aber der Verlängerungsantrag innerhalb laufender Frist gestellt, **kann er noch nach deren Ablauf positiv beschieden werden** (BGHZ 83, 217 = MDR 82, 637). Bevor über den Verlängerungsantrag nicht entschieden ist, darf eine Berufung nicht verworfen werden (BGH FamRZ 88, 831; BGH NJW-RR 2001, 931). Durch geeignete Maßnahmen, etwa Rückfrage, ist aber Gewissheit zu verschaffen, welche Fristverlängerung gewährt wurde, wenn darüber Unklarheit herrscht (BGH MDR 2015, 115). Bei rechtzeitig gestelltem Antrag darf

der Anwalt auf die Beachtung einer jahrelangen Bewilligungspraxis vertrauen, nicht aber darauf, dass ihm eine 2. Verlängerung ohne Zustimmung des Gegners gewährt wird (BGH NJW 2004, 1742 = MDR 2004, 765; vgl auch BVerfGE 79, 372 = NJW 89, 1147). Ist ein Verlängerungsantrag gestellt, muss er – irgendwann – beschieden werden, sei es auch nach Ablauf von 5 Monaten (BGHZ 102, 37 = JR 88, 280 [Teubner]) oder noch nach Aufhebung und Zurückverweisung auf Grund einer Rechtsbeschwerde gem § 522 I 2 (BGH NJW-RR 88, 581). Abhilfe bei Versäumung der Verlängerungsfrist ist allenfalls durch Auslegung des verspäteten Verlängerungsantrags als Antrag auf WE in die Begründungsfrist (s Rn 23) mögl.

3) Verlängerungsverfügung. Schriftl **Verfügung** des **Vors** (mit Unterschrift) ist grds nötig (BGHZ 76, 236; StJ/Althammer Rn 17; offen gelassen jedoch BGH NJW 85, 1558 u BGH NJW 98, 1155), wobei auch ein elektron Ausdruck genügt (BGH NJW 2017, 2273; MskV/Ball § 520 Rn 11). Die Verlängerung kann nicht stillschweigend gewährt werden (BGH VersR 90, 327 = NJW-RR 90, 68). Wegen des Vertrauensschutzes (s Rn 19 u 21) ist aber (außer bei offensichtl Unrichtigkeit) entscheidend, was dem Berufungsführer mitgeteilt wurde (BGH NJW 99, 1036). IÜ kann die Verlängerung – auch nach Fristablauf – nachgeholt werden, wenn sie nur mangels Unterschrift unwirksam wäre. Kürzere Verlängerung als beantragt ist gleichbedeutend mit teilw Ablehnung (BGH MDR 90, 45 = NJW-RR 89, 1278; BGH NJW-RR 2015, 1966). Auch eine nur teilw Gewährung ist rechtzeitig mitzuteilen (BVerfG NJW-RR 2001, 1076; BVerfG NJW 2007, 3342; BGH NJW 94, 2957; BGH NJW 97, 400; BGH MDR 2010, 645; BGH MDR 2018, 484; BGH MDR 2021, 446). Zurückweisung des Verlängerungsgesuchs ist unanfechtbar, § 225 III (BGH VersR 80, 772). 15

4) Zuständigkeit. Umstr ist, ob der **Vors allein** auch ein Gesuch um Verlängerung **zurückweisen** darf (bejahend BGH VersR 82, 1191; MskV/Ball Rn 9; Demharter MDR 86, 797; unklar MK/Rimmelspacher Rn 18). Die Frage ist zu verneinen, weil der Vors damit vorab über die Zulässigkeit des Rechtsmittels bestimmt. 16

5) Bestimmtheit der Verlängerung. Die Begründungsfrist kann **nicht unbestimmt** (unbefristet, undatiert) verlängert werden, etwa bis zur Entscheidung über ein PKH-Gesuch (s dazu BGH VersR 86, 91). Wird die Verlängerung befristet, dann ist es allerdings unschädl, dass zugleich mit der Datierung eine zu erwartende prozessuale Maßnahme erwähnt wird (zB Verlängerung bis zur Entscheidung über das PKH-Gesuch am 3.4.). 17

6) Zustellung der Verlängerungsverfügung. Die Verlängerungsverfügung **muss nicht** zugestellt werden, da keine Frist in Lauf gesetzt wird (BGH FamRZ 94, 302; BGH NJW-RR 2022, 1650 = MDR 2022, 1560; sa § 329 Rn 54). Hieraus folgert die Rspr (BGHZ 93, 304 u aaO), dass auch telefon Mitteilung – ggf durch die GeschSt – genügt. Dies bedingt wiederum, dass der telefon mitgeteilte Wortlaut (Endzeitpunkt!) maßgebl sein soll, da der Empfänger auf die Richtigkeit der Mitteilung vertrauen könne. Letztl wird Hörfehlern Tür und Tor geöffnet (vgl BGH FamRZ 94, 302). Der Vors sollte deshalb schriftl Zustellung anordnen und telefon Auskünfte der GeschSt untersagen. Eine Verpflichtung des Gerichts, eine abl Entscheidung noch vor Fristablauf telefon mitzuteilen, besteht nicht (BGH FamRZ 2007, 1808). 18

7) Erhebliche Gründe. Fristverlängerung ist ohne Zustimmung des Gegners um 1 Monat nach II 3 zu gewähren, wenn dadurch keine Verzögerung droht oder erhebl Gründe dargelegt werden. Wird der Verlängerungsantrag nicht begründet, dann darf der Anwalt nicht darauf vertrauen, dass der Vors keine Verzögerung annimmt (BGH NJW 2008, 3304; BGH ZAP 2024, 100) Eine ins Einzelne gehende Begründung ist nicht erforderlich (BGH NJW 2010, 1610; BGH NJW-RR 2011, 285; BGH MDR 2024, 321). Erhebl Gründe sind zB: Arbeitsüberlastung, Erkrankungen des Personals, Urlaube, festgelegte Kur, Beschaffungsschwierigkeiten bei Beweisurkunden oder Gutachten, fehlende Information (BGH NJW 97, 400), Rücksprache mit der Partei, deren Notwendigkeit sich erst aus Einsicht in die Gerichtsakten ergibt (BGH NJW 91, 1359). Wird ein **üblicherw als erhebl eingestufter Grund** angegeben, dann verstößt es gegen das Gebot der Gewährung fairen Verf, wenn der **Verlängerungsantrag** wegen mangelnder Substantiierung zurückgewiesen wird (BVerfG NJW 89, 1147; BVerfG NJW 98, 3703; BVerfG NJW 2000, 1634; BVerfG NJW 2001, 812). Eine restriktive Handhabung der Verlängerungsvorschriften ist regelmäßig nicht zu erwarten und rechtfertigt beim Verlängerungsantrag nach II 3, dem ohne Einwilligung des Gegners stattgegeben werden kann, die WE (BGH NJW-RR 2017, 564; BGH MDR 2017, 895 = NJW 2017, 2041; BGH MDR 2018, 547). Die Grundsätze gelten auch, wenn außer der Einwilligung keine weiteren Gründe vorgetragen werden (BGH MDR 2009, 1181; BGH MDR 2023, 1266). Auf die von der Einwilligung abhängige Verlängerung kann ohne eine solche nicht ohne weiteres vertraut werden (BGH MDR 2004, 765 = NJW 2004, 1742). 19

8) Fehlerhafte Verlängerung. ASt genießt grds Vertrauensschutz. Er darf sich auf den obj Inhalt der ihm zugehenden Erklärung verlassen. Verlängerung über den beantragten Zeitraum hinaus darf ausgenutzt werden (BGH MDR 63, 588). Auch auf die Zuständigkeit des verlängernden Richters darf vertraut werden (BGHZ 37, 125: Fristverlängerung durch Vors eines nach der Geschäftsverteilung unzuständigen Senats oder durch den dafür unzuständigen Berichterstatter). Vertrauensschutz gilt grds auch bei unbeanstandeten Antragsmängeln (BGHZ 93, 300 = NJW 85, 1558; BGH NJW 98, 1155; BGH MDR 99, 313). Eine **undatierte Verlängerungsverfügung** schützt bis zur Datierung, die aber nicht rückwirkend oder unzumutbar kurz sein darf (Art 103 I GG). Die Frist läuft überhaupt nicht, wenn der verfügte neue Endtermin versehentl nicht in die Ausfertigung aufgenommen worden ist (BGH MDR 87, 651 = NJW-RR 87, 1277). Nimmt die Verlängerungsverfügung auf den 20

Antrag Bezug, ist dieser für den Umfang maßgebl, selbst wenn im Antrag fehlerhaft berechnet wurde (BGH MDR 2008, 813; BGH MDR 2022, 907).

21 **9) Anhörung des Gegners.** Die **vorherige Anhörung** des Gegners und dessen Einwilligung ist nur bei Verlängerungen nach II 2 nötig, die über die 1-monatige Verlängerung des II 3 hinausgehen. Dies sind einmal erste Verlängerungsgesuche, die eine Verlängerung um mehr als 1 Monat anstreben, etwa wegen schwebender Vergleichsverhandlungen, oder weitere Verlängerungsgesuche, wenn die Verlängerungsmöglichkeit des II 3 bereits ausgeschöpft ist. Die Interessen und Belange des Gegners müssen berücksichtigt werden. Die Unterlassung der vorgeschriebenen Anhörung des Gegners beeinträchtigt die Wirksamkeit der Verlängerung aus Vertrauensschutzgründen nicht, weil sie für den Berufungsführer nicht unbedingt erkennbar ist; er darf deshalb auch auf die falsche Mitteilung vertrauen, die Einwilligung des Gegners liege vor (BGH NJW 2004, 1460 = MDR 2004, 589). Gewährung der Verlängerung unter der Bedingung, dass der Gegner zustimmt, führt zu unbedingter Verlängerung (BGH MDR 2017, 1019). Die Einwilligung des Gegners bedarf nicht der Schriftform, sondern kann vom ProzBev des Berufungsklägers eingeholt und dem Gericht versichert werden (BGH MDR 2005, 408 = NJW 2005, 72 = BGHReport 2005, 258 [Heßler]; Rimmelspacher JZ 2005, 522 wertet die anwaltl Versicherung des Berufungsklägeranwalts als schriftl Fixierung und Übermittlung als Bote), wobei ein bloßer Hinweis auf Vergleichsverhandlungen nicht genügt (BGH NJW-RR 2012, 1462). Übermittelt der Berufungskläger die ihm ggü erklärte Einwilligung nicht an das Gericht, kann er nicht auf Bewilligung vertrauen (BGH MDR 2005, 1129).

22 **10) Mehrere Berufungskläger.** Eine Verlängerungsverfügung bezieht sich nicht automatisch auf andere Berufungskläger (BGH MDR 2009, 460). Sie kann zugleich für die selbständige Berufung des Gegners gelten, wenn dies aus der Verfügung selbst zu entnehmen ist (BGH VersR 72, 1128).

23 **11) Wiedereinsetzung in die versäumte Antragsfrist.** Gegen die Versäumung der Antragsfrist gibt es (im Gegensatz zur Versäumung der Berufungsbegründung als solcher) **keine WE** (BGH VersR 87, 308; BGHZ 83, 217); das Risiko der Ablehnung der Verlängerung trägt der Rechtsmittelführer (BGH NJW 82, 1651). Ob in einem Verlängerungsantrag ein stillschweigender Antrag auf WE gesehen werden kann, wenn der Anwalt davon ausgeht, die Begründungsfrist laufe noch, ist zweifelhaft (vgl Vollkommer DRiZ 69, 244 gegen BGH MDR 68, 1004); ein ausdrückl Antrag auf WE wegen Versäumung der Begründungsfrist selbst, ist daher jedenfalls zu empfehlen.

24 **12) Ablauf der verlängerten Frist.** Genaue Datierung ist anzuraten. Bei Verlängerung nach Zeiträumen (Woche, Monat) schließt die Verlängerungsfrist an den Ablauf der vorhergegangenen Frist an, § 224 III (KG VersR 81, 1075). Wenn bei Verlängerung um einen bestimmten Zeitraum der letzte Tag der ursprüngl Frist auf einen Sonntag (allg Feiertag) fällt, so beginnt der verlängerte Teil der Frist erst mit Ablauf des nächstfolgenden Werktags (BGHZ 21, 43; BGH NJW 2006, 700; BGH MDR 2008, 40; BGH MDR 2009, 644). Fällt das Ende der vom Vors um einen bestimmten Zeitraum oder bis zu einem Endzeitpunkt verlängerten Frist nach dem Wortlaut der Verlängerungsverfügung auf einen Samstag, Sonntag oder allg Feiertag, so ist § 222 II anzuwenden (BGH LM § 765 BGB Nr 1).

25 **13) Abkürzung der Frist.** Ist durch Parteivereinbarung mögl, nicht durch das Gericht (§ 224 II; OLG Schleswig SchlHA 76, 28).

26 **IV) Einreichungsformalien (§ 520 III 1). 1) Schriftsatz.** Zur Einreichung s § 519 Rn 8 ff; im Regelfall elektronisches Dokument. Ein mit der nicht unterschriebenen Berufungsbegründung eingereichtes unterschriebenes Exemplar der für die Handakten des RA bestimmten sog 2. Urschrift genügt (BGH VersR 1993, 459). Nicht ausreichend allerdings, wenn Belegexemplar sogleich zurückgereicht wird und nicht einmal ein den Formerfordernissen nicht genügendes Stück zu den Akten gelangt (OLG Düsseldorf MDR 2001, 1010). Az darf fehlen oder falsch sein (BGH VersR 82, 673).

27 **2) Nachweis durch Unterschrift.** Zur Unterschrift s § 519 Rn 23, 24. Eigenhändig unterzeichnete begl Abschrift kann als Urschrift genommen werden (BGH VersR 86, 868).

28 **V) Inhalt der Berufungsbegründung (§ 520 III 2). 1) Grundsatz.** Die Berufungsanträge und -gründe sind zwingend anzuführen. Nichtbeachtung führt zur Verwerfung der Berufung als unzulässig nach § 522 I. Aus dem Charakter der Berufungsinstanz als Kontrollinstanz kann nicht auf erhöhte formale Anforderungen an den Inhalt der Berufungsbegründung geschlossen werden (BTDrs 14/4722, 95; so auch HM-S/Meyer-Seitz Rn 12; vielfach bestätigt vom BGH NJW 2003, 2531; BGH NJW 2003, 2532; BGH NJW-RR 2003, 1130 = MDR 2003, 1130; BGH NJW-RR 2015, 1532 = MDR 2016, 112).

29 **2) Vollständiger Angriff.** Es genügt zur Zulässigkeit der Berufung, wenn die Berufungsbegründung sich in ausreichender Weise mit einem der in III 2 Nrn 2-4 genannten Berufungsgründe auseinandersetzt. So reicht es bei einem prozessualen Anspruch, wenn die Begründung zu einem einzigen Streitpunkt eines prozessualen Anspruchs rechtzeitig eingereicht wird. Es muss aber das gesamte Urteil in Frage gestellt werden. Zum Umfang der zur Überprüfung gestellten Fehler und der Kontrolle der Tatsachengrundlage ist es trotz der Aufgliederung der Berufungsgründe in die Nrn 2-4 des III 2 ausreichend, einen materiellen Rechtsfehler zu rügen; der Berufungsführer kann dann später die Berufungsgründe auf formelle Fehler oder die Rüge der unzureichenden Tatsachengrundlage ausdehnen oder zulässige neue Angriffs- und Verteidigungsmittel vorbringen. Herabgesetzt

sind die Anforderungen an die Berufungsbegründung bei einer Berufung zur Wahrung der 5-Monatsfrist des § 517 letzter Hs: Hier reicht die Rüge der Prozessordnungswidrigkeit und die Erklärung, in welchem Umfang und mit welchem Ziel angefochten wird (BGH FamRZ 2004, 22; KG MDR 2007, 795); dies gilt aber nicht, wenn das Urteil vor der Begründung noch zugestellt wurde (BGH MDR 2005, 1127).

3) Berufungsanträge (§ 520 III 2 Nr 1). (**Formulierungsvorschlag:** Vorwerk, PFB, M 66). **a) Festlegung der Anfechtung.** Die Erklärung, inwieweit das Urteil angefochten u welche Abänderung des Urteils beantragt wird, muss bestimmt genug sein, um dem Gericht unter Berücksichtigung der Anfechtungsgründe eine Entscheidung in der Sache mögl zu machen (BGH FamRZ 85, 631; BGH MDR 2015, 232). Auch wenn nur ein Antrag auf Aufhebung und Zurückverweisung gestellt wird, wird regelmäßig davon auszugehen sein, dass auch ein solcher Antrag grds als Rechtsmittelziel die Weiterverfolgung des in der Vorinstanz gestellten Sachantrags enthält und auch hinreichend erkennen lässt (BGH WM 90, 2129; BGH FamRZ 93, 1192; BGH NJW-RR 95, 1154; BGH NJW-RR 2015, 1532 = MDR 2016, 112; BGH NJW-RR 2019, 1022 = MDR 2019, 1148; BGH NJW-RR 2019, 1293 = MDR 2019, 1327). Was beantragt wird, ist der Auslegung durch das Berufungsgericht zugänglich. Die mögl Absicht einer Klageerweiterung macht den Antrag nicht unbestimmt, wenn jedenfalls klar ist, dass die volle Beschwer bekämpft werden soll (BGH NJW-RR 99, 211; BAG NJW 2024, 3540). Im Zweifel bezieht sich die Anfechtung auf die gesamte Entscheidung (BGH NJW-RR 2020, 1188 = MDR 2020, 1331). Soweit unbezifferte Klageanträge zulässig sind, gilt dies auch für den Berufungsantrag (BGH MDR 2015, 232). Nicht ordnungsgemäß begründet ist allerdings, wenn ein die Berufungssumme erreichender Antrag zwar angekündigt wird, die Begründung sich dann aber nur auf einen Teil bezieht, der die Berufungssumme nicht erreicht (BGH MDR 2008, 225). Zu unbezifferten Schmerzensgeldanträgen s vor § 511 Rn 17. Will der Bekl nach einer Schmerzensgeldverurteilung Herabsetzung erreichen, muss er für Gericht und Gegner klarstellen, inwieweit er anficht und welche Abänderung er beantragen will (BGH MDR 87, 579 = NJW 87, 1335). 30

b) Teilanfechtung. Der Berufungskläger kann die Anfechtung auf einen Teil des Streitgegenstands **beschränken**, zB auf einen von mehreren Ansprüchen, einen quantitativ abgegrenzten Teil des Streitgegenstands, auf den Grund bei streitig bleibender Höhe, bei einander gegenüberstehenden Ansprüchen auf den einen oder den anderen, mag die Gegenforderung nun widerklagsweise, im Weg der Aufrechnung oder zurückbehaltungsw geltend gemacht werden (BGHZ 45, 289; BGHZ 53, 154; BGH NJW-RR 2002, 269; BGH MDR 2017, 963). Der Berufungsführer kann das Rechtsmittel auch auf den Einwand der Aufrechnung beschränken, das Bestehen der Klageforderung ist dann der Prüfungskompetenz des Berufungsgerichts entzogen (BGH NJW 2001, 2023; BGH NJW-RR 2001, 1572 = MDR 2001, 1184). Darin liegt weder eine teilw Klagerücknahme noch ein teilw Rechtsmittelverzicht (s § 516 Rn 6). 31

c) Erweiterung der Anträge. Da Teilanfechtung die Rechtskraft des angefochtenen Urteils nach § 705 S 1 insgesamt hemmt, sind die angekündigten Anträge nicht endgültig und dürfen innerhalb der Beschwer (s vor § 511 Rn 10) bis zum Schluss der mündl Verh (BGH NJW-RR 2002, 1435 = MDR 2002, 1085) erweitert werden, sofern sich der Berufungskläger im Rahmen der ursprüngl Berufungsbegründung hält und nicht neue Gründe nachschieben muss, die nach § 533 iVm § 529 nicht eingeführt werden können. 32

d) Klage- oder Parteiänderung in der Berufungsinstanz. Bes Probleme ergeben sich bei Klageänderung zwischen den Instanzen neben der Frage, welche Tatsachen zulässig eingeführt werden können, daraus, dass das Rechtsmittel nur zulässig ist, wenn der in 1. Instanz erhobene Anspruch wenigstens teilw weiterverfolgt wird, was nicht der Fall ist, wenn der Streitgegenstand geändert wird (s vor § 511 Rn 10, 10a). Dies muss sich aus der Rechtsmittelbegründung ergeben. An diesen Grundsätzen scheitert es insb, nach Klageabweisung mangels Aktivlegitimation im Wege der Berufung einen Parteiwechsel durchzuführen (vgl BGH NJW 94, 3358; BGH NJW 98, 1496), denn der neu auftretende Rechtsinhaber hat den Anspruch im Wege einer neuen Klage, nicht im Wege des Rechtsmittels durchzusetzen. 33

e) Erwachsenheitssumme bei Beschränkung oder Erweiterung. Zur Beschränkung der Anfechtung auf einen die Erwachsenheitssumme nicht erreichenden Teil s § 511 Rn 14. Dass die Erwachsenheitssumme durch Abschluss von Teilvergleichen unterschritten wird, berührt die Zulässigkeit nicht (KG FamRZ 88, 520); ebenso bei Teilverzicht, wenn nicht auch Rechtsmittelverzicht erklärt wird (BGH NJW 89, 170). Auf die **Berechnung der Erwachsenheitssumme** hat die **Erweiterung** keinen Einfluss (s § 511 Rn 14). Ist die Berufung wegen hinreichender Beschwer zulässig, hält sich der Berufungsantrag in der Begründungsschrift aber unterhalb der Beschwer, darf der Antrag bis zum Schluss der mündl Verh erweitert werden, um die Berufung zulässig zu machen (BGHZ 12, 67 f; BGH MDR 2005, 409). Damit ist nicht der Fall zu verwechseln, dass ein angekündigter Berufungsantrag oberhalb der Beschwerdesumme nur mit einem Anspruchsteil unterhalb der Beschwer begründet wird; dann ist die Berufung zu verwerfen (BGH BB 76, 815). Wenn sich aus der Berufungsschrift ergibt, dass bzgl eines bestimmt bezeichneten Teils des Streitgegenstands auf Anfechtung verzichtet wird, so ist eine **spätere Erweiterung** ausgeschlossen; das angefochtene Urteil wird dann insoweit rechtskräftig (BGHZ 7, 144; BGH NJW 89, 170; OLGR Celle 2002, 290), so dass die Berufung nicht teilw verworfen werden darf (s § 515 Rn 16). Der Zwang, sich bei einer späteren Antragserweiterung im Rahmen der Berufungsbegründung zu halten, kann nicht durch eine vorsorgl Zusatzbegründung in der Berufungsrechtfertigung umgangen werden. 34

35 **4) Grundlage des Änderungsbegehrens (§ 520 III 2 Nrn 2-4). a) Grundsatz.** Für das Berufungsgericht soll erkennbar werden, auf welche nach § 513 zulässigen Gründe der Berufungsführer sein Änderungsbegehren, das die Berufungsanträge nach III 2 Nr 1 festlegen, stützen will (s Rn 28). Der Zusammenhang zwischen Berufungsbegründung, Beschlussverwerfung nach § 522 I, Berufungsgründen nach § 513, Prüfungsumfang nach § 529 und Novenrecht nach § 530 ist zu beachten. Immer muss man auch mit einer **Beschlusszurückweisung** in der Sache nach § 522 II rechnen und Vorsorge für den Verlust einer formellen Rüge nach § 529 II treffen. Deshalb muss die Begründung gewährleisten, dass der Rechtsstreit für die Berufungsinstanz einschließl des Verf nach § 522 ausreichend vorbereitet wird, auch wenn das Gericht auf die beabsichtigte Beschlusszurückweisung nach § 522 II 2 gesondert hinweisen muss. Die Aufgliederung der Berufungsgründe in die Nrn 2-4 des III 2 folgt dabei der Systematik des Berufungsverf, die § 513 festlegt. Eine Änderung des Ersturteils erreicht der Berufungsführer im Rahmen der Berufungsgründe des § 513 und des Prüfungsumfanges des Berufungsgerichts nach § 529: Rechtsfehler im materiellen und formellen Recht, auf denen die Entscheidung beruht, führen zur Änderung. Hierauf bezieht sich **III 2 Nr 2**. Weiter erreicht der Berufungsführer eine Änderung, wenn jenseits von rechtsfehlerhafter Tatsachenfeststellung durch das Erstgericht eine andere Tatsachengrundlage zu berücksichtigen ist, die eine andere Entscheidung rechtfertigt. Hierzu muss der Berufungsführer nach **III 2 Nr 3** vortragen, um die Zulässigkeit der Berufung zu erreichen (BGH NJW 2003, 2531; BGH NJW-RR 2016, 164 = MDR 2016, 350). Im Arzthaftungsprozess genügt dafür der Hinweis auf die mangelnde Auseinandersetzung und Widersprüche mit dem Privatgutachten (BGH MDR 2014, 741). Wo die verschärfte Präklusion durchgreifen könnte, hat sich die Berufungsbegründung nach **III 2 Nr 4** auch auf die Zulässigkeit der Berücksichtigung nach § 531 II zu beziehen; ansonsten droht Verwerfung als unzulässig (BGH MDR 2015, 355; BAGE 167, 14). Nicht ausreichend ist es, nur den Tatbestand des Ersturteils als unrichtig zu rügen, dafür gibt es das Berichtigungsverfahren nach §§ 314, 320 (BGH NJW-RR 2016, 159).

36 **b) Schlüssigkeit der Begründung.** Dass die Ausführungen in der formell ordnungsmäßigen Berufungsbegründung tatsächl oder rechtl neben der Sache liegen, macht die Berufung nicht unzulässig. Weder **Schlüssigkeit** noch auch nur **Vertretbarkeit** der Begründung sind Zulässigkeitsvoraussetzungen (BGH NJW-RR 2003, 1580 = MDR 2003, 1130; BGH MDR 2012, 244; BGH NJW-RR 2020, 1114). Ungeachtet der bei der Vorbereitung des Beschlusses nach § 522 und dann in der mündl Verh vorzunehmenden rechtl Würdigung gibt es jedoch untere Grenzen, unterhalb deren nicht mehr von einer Begründung iSe wenigstens versuchten Darlegung der Urteilskritik gesprochen werden kann.

37 **c) Rechtfertigung der Berufung.** Der Berufungskläger kann sich auf falsche Rechtsanwendung des erstinstanzlichen Gerichts (§ 520 III 2 Nr 2), fehlerhafte Tatsachenfeststellung (§ 520 III 2 Nr 3) oder neue Angriffs- und Verteidigungsmittel (§ 520 III 2 Nr 4) stützen (s Rn 35). Wird die **Tatsachengrundlage** angefochten, ist mit Blick auf § 529 auszuführen, warum die Tatsachengrundlage rechtsfehlerhaft festgestellt wurde oder ansonsten andere Tatsachen zugrunde zu legen sind (BGH NJW 2003, 2531). Werden nur die erstinstanzl **Rechtsausführungen** angegriffen, dann muss die eigene Rechtsansicht dargelegt werden (BGH NJW-RR 2022, 1578). Es reicht nicht aus, die Auffassung des Erstrichters als falsch oder die Anwendung einer bestimmten Vorschrift als irrig zu rügen und dabei lediglich auf den erstinstanzlichen Vortrag zu verweisen (BGH NJW-RR 2020, 1187 = MDR 2020, 1268; BGH NJW 2020, 3728 = MDR 2020, 1334). Wird die Berufung auf die Verletzung des rechtl Gehörs gestützt, ist darzulegen, was vorgetragen worden wäre, wäre das Gehör ordnungsgemäß gewährt worden (BGH NJW 2016, 2890 [Manteuffel]; BGH NJW-RR 2020, 573 = MDR 2020, 687). Wird die Berufung ausschließl auf **neue Tatsachen und Beweise** gestützt, erübrigt sich eine Auseinandersetzung mit den vorinstanzl Gründen (BGH NJW 97, 859; BGH NJW 99, 3784; BGH MDR 2007, 966). Dann ist auszuführen, warum neue Tatsachen und Beweismittel nach § 531 II zulässig sind. Geschieht dies entgegen § 520 III 2 Nr 4 nicht, liegt keine ausreichende, die Zulässigkeit des Rechtsmittels auslösende Begründung vor (BGH NJW-RR 2021, 1646). Man kann nicht darauf verweisen, der Vortrag könnte unstreitig bleiben. Neues Vorbringen (neue Tatsachen, Beweismittel, Beweiseinreden) ist iÜ bei Meidung der Folgen der §§ 530, 296 I und IV in der Berufungsbegründung mitzuteilen. Dies bezieht sich nur auf neues Vorbringen zum bish Streitstoff, nicht auf Vorbringen zur Begründung von Ansprüchen, die in der Berufungsinstanz neu geltend gemacht werden sollen, die nach § 533 zu beurteilen sind. Auch Vorbringen, das in der 1. Instanz als verspätet zurückgewiesen worden war (§ 296), muss in der Berufungsbegründung gebracht werden, wenn der Berufungskläger darauf zurückkommen und die Präklusionsentscheidung angreifen will.

38 **d) Bezug auf den Streitfall.** Die Begründung muss auf den zur Entscheidung stehenden **Streitfall zugeschnitten** sein (BGH MDR 90, 1003 = NJW 90, 2628; BGH NJW-RR 2004, 1716). Formularmäßige Sätze und allg Redewendungen genügen nicht (BGH NJW 95, 1560; BGH NJW 99, 3784; BGH NJW 2000, 1576 = MDR 2000, 535; BGH NJW-RR 2020, 503 = MDR 2020, 626; BGH NJW 2020, 2119) Zielrichtung und Gründe des Angriffs müssen kenntl gemacht werden (BGH NJW-RR 92, 1340, 1341). Es genügt nicht den Anforderungen, dass sich aus einem insgesamt sprachlich und inhaltlich nicht verständlichen, umfangreichen anwaltlichen Schriftsatz mit Mühe einzelne Elemente herauslesen lassen, die als rechtlich bedenkenswert betrachtet werden könnten. Besonders relevant wird dies beim Berufungsvortrag in **Massenverfahren** (Diesel- und Scrapingfälle). Hier differenziert die Rechtsprechung. Textbausteine und Schriftsätze aus anderen Verf (BGH MDR 2008, 994; OLG

Hamm VersR 2022, 1467; OLG Celle MDR 2024, 711) reichen nicht aus. Zur Zulässigkeit ausreichend ist der Angriff aber, wenn neben allgemeinen Ausführungen auch hinreichend konkret auf den Einzelfall eingegangen wird (BGH MDR 2021, 1129; BGH MDR 2021, 1024; BGH MDR 2021, 1390; BGH NJW-RR 2021, 1647; BGH NJW-RR 2021, 1438; BGH MDR 2022, 428; BGH NJW-RR 2022, 642).

e) Mehrheit von Ansprüchen. Bei **Mehrheit** mit der Berufung **verfolgter Ansprüche** ist Begründung für jeden nötig (BGHZ 22, 272; BGH NJW 91, 1683; BGH NJW 93, 597; BGH NJW 98, 1399; BGH GRUR 2006, 429; BGH MDR 2020, 1334; BGH NJW-RR 2022, 731). Es genügt jedoch der Angriff gegen einen Rechtsgrund, wenn dieser im angefochtenen Urteil hinsichtl aller Ansprüche als für die Abweisung durchgreifend angesehen wurde (vgl BGH NJW 94, 2289; BGH NJW-RR 2001, 789; BGH NJW 2007, 1534 = MDR 2007, 903; BGH NJW-RR 2020, 1132 = MDR 2020, 1332). Auch die Angriffe wegen der im 1. Rechtszug primär geltend gemachten u dort abgewiesenen, im 2. Rechtszug nur noch hilfsw geltend gemachten Ansprüche sind zu begründen (BGHZ 22, 278). – Bei **einheitl Streitgegenstand** ist die Berufung insgesamt zulässig, wenn sie in einer den ganzen Anspruch erfassenden Rüge zureichend begründet worden ist, so dass uU ein einziger Satz genügen kann, zB **Erhebung der Verjährungseinrede** (BGH NJW-RR 91, 1186, 1187; BGH MDR 84, 310 = NJW 84, 177; BGH NJW 2001, 288; BGH NJW 2015, 3040 = MDR 2015, 1679) oder **Bestreiten der Fälligkeit** (BGH FamRZ 85, 1023) oder die Rüge, ein erhebl Beweisantrag sei übergangen, ein Schriftsatz entgegen Art 103 I GG nicht berücksichtigt worden. Die infolgedessen zulässige Berufung hindert den Rechtsmittelkläger nicht, vorgebrachte Berufungsgründe fallen zu lassen oder auszutauschen (BGH FamRZ 85, 1023, 1024; BGH NJW 85, 2828) oder sein Vorbringen nach Ablauf der Begründungsfrist zu ergänzen; insoweit unterliegt er jedoch den Zulassungsbeschränkungen der § 520 I, §§ 521, 530, 531. 39

f) Mehrheit von Abweisungsgründen. Hat dagegen das Erstgericht die Abweisung eines einheitl Klageanspruchs auf **2 rechtl voneinander unabhängige Gründe** gestützt, von denen jeder für sich die Abweisung trägt, liegt hinreichende Berufungsbegründung nur vor, wenn beide Gründe – in für sich ausreichender Weise – angegriffen werden. Stellt der Rechtsmittelkläger nur einen der beiden Gründe in Frage, so ist sein Rechtsmittel unzulässig (vgl BGH NJW 2002, 682; BGH WM 2004, 561; BGH MDR 2006, 466; BGH MDR 2011, 933; BGH NJW-RR 2015, 756; BGH NJW-RR 2015, 757; BGH MDR 2016, 1221; BGH MDR 2022, 1110). Die Abweisungsgründe müssen jedoch unter dem Blickpunkt der Beschwer gleichwertig sein; dies ist im Verhältnis fehlende Fälligkeit und Verjährung nicht der Fall, da erstere die Klage nur „zzt" unbegründet, Verjährung ihr jedoch endgültig den Erfolg verwehrt (BGH NJW 2000, 590 = MDR 2000, 291). Auch ein bloßer Hinweis des Gerichts ist kein weiterer tragender Grund (BGH MDR 2004, 768). 40

g) Aufrechnung. Wird das Rechtsmittel lediglich mit einer in der 1. Instanz nicht geltend gemachten Aufrechnung begründet, ist das Rechtsmittel nicht von Haus aus unzulässig, weil sie nach § 533 zugelassen werden kann. Zur Zulässigkeit der zu Grunde liegenden Tatsachen ist vorzutragen. Verfolgt der in 1. Instanz unbedingt verurteilte Bekl, der dort ein Zurückbehaltungsrecht einwandte, den Anspruch, aus dem er das Zurückbehaltungsrecht ableitete, selbst Zug-um-Zug gegen den Klageanspruch 1. Instanz weiter, so kann er sein Klageziel nur mit einer Widerklage erreichen. Ist sein Begehren nur so auszulegen, so greift er das Ersturteil nicht an, was zur Unzulässigkeit der Berufung führt (OLG Frankfurt MDR 2001, 53). 41

h) Zinsbegehren. Bei Forderungsklagen werden meist über § 288 BGB hinausgehende Zinsen geltend gemacht. In der Berufungsbegründung des unterlegenen Bekl finden sich dann oft keine Ausführungen zum Zinsanspruch. Ist die Berufung iÜ zulässig, aber unbegründet, so müsste sie streng genommen insoweit zurückgewiesen und wegen des Zinsbegehrens verworfen werden (Müller-Rabe NJW 90, 284). Denn ein uneingeschränkter Berufungs-Abänderungsantrag auf Zurückweisung der Klage erfasst auch das Zinsbegehren. Dieses ist ein prozessual selbständiger Anspruch (der Grund dafür, warum er für die Wertberechnung ausdrückl als unbeachtl erklärt worden ist, § 3, § 43 I GKG); er ist auch teilurteilsfähig und müsste deshalb nach § 520 III 2 Nr 2 selbständig begründet werden. In der Praxis wird jedoch der Begründungsmangel beim Zinsbegehren unter die Beurteilungsform der Hauptsache gefasst und die Berufung insgesamt „als unbegründet" zurückgewiesen (vgl BGH NJW 94, 1656, 1657; wie hier jedoch ausdrückl BGH FamRZ 95, 1138). 42

VI) PKH-Fälle. Da die Berufungsbegründungsfrist auch für die bedürftige Partei mit der Zustellung des Urteils zu laufen beginnt, bereiten PKH-Fälle Probleme (ausf s § 234 Rn 9; Kramer MDR 2003, 434; Braunschneider MDR 2004, 1045; Schultz NJW 2004, 2329; Kramer/Wolf NJW 2004, 2863; Born NJW 2007, 2088; Fölsch NJW 2009, 2796; Bernau NJW 2015, 20014; Kramer [vor § 511 vor Rn 1] Rn 579 ff). Abhilfe bietet **WE** (MskV/Ball Rn 5): Ist zunächst nur PKH beantragt und soll mit der Berufungseinlegung und -begründung zugewartet werden, bis über das PKH-Gesuch entschieden ist, ist nach Bewilligung der PKH WE (**Formulierungsvorschläge:** Vorwerk/Jaspersen, PFB, M 71.2, M 71.3) in die verstrichene Einlegungs- und Begründungsfrist zu beantragen (BGH MDR 2005, 1430; BGH MDR 2013, 670) und idR zu gewähren, wenn die Mittellosigkeit kausal für die Fristversäumung war (BGH NJW 2008, 2855 = MDR 2008, 994). Die WE-Frist des § 234 I 2 beträgt 1 Monat (BGH NJW 2008, 1164). Nach § 236 II 2 ist dann innerhalb 1 Monats auch zu begründen (BGH NJW 2006, 2857; BGH FamRZ 2006, 1754; BGH NJW 2007, 3354; BGH NJW 2008, 116); die Frist beginnt mit der Mitteilung des die WE gewährenden Beschlusses zu laufen (BGHZ 173, 14; BGH NJW 2014, 2442; anders bei der 43

Rechtsbeschwerde: BGH NJW 2008, 3500). Ausnahmsw kann sie auch schon früher beginnen, wenn die Partei wegen eines gerichtl Hinweises mit der Bewilligung nicht rechnen konnte (BGH NJW 2009, 854 = MDR 2009, 280). Will das Gericht einen abweichenden Zeitpunkt zu dem Fristbeginn annehmen, wird es regelmäßig am Verschulden iSv § 233 fehlen (BGH NJW 2013, 471). Damit ist die mittellose Partei weiter benachteiligt (s § 234 Rn 9; Schultz NJW 2004, 2329; Knauer/Wolf NJW 2004, 2862; Saenger ZZP 121 [2008], 112; MK/Rimmelspacher Rn 22). Jedenfalls muss das Gericht zunächst über das PKH-Gesuch entscheiden und dann Gelegenheit zur Stellung eines WE-Antrags geben (BGH MDR 2004, 588). WE ist der mittellosen Partei aber nur zu gewähren, wenn sie die Unterlagen zur Frage der Bedürftigkeit innerhalb der Berufungsfrist einreicht (BGH MDR 2006, 166). Nach Versagung der PKH ist eine zusätzl kurze Überlegungsfrist einzuräumen, ob Rechtsmittel auf eigene Kosten eingelegt werden soll (BGH MDR 2008, 99; BGH MDR 2009, 462: ca 3 Tage). Ein **PKH-Gesuch**, das innerhalb der Berufungsbegründungsfrist beim Rechtsmittelgericht eingeht und den **Begründungsanforderungen** genügt, wird idR auch dazu bestimmt sein, als Berufungsbegründung zu dienen (BGH NJW-RR 2001, 789; BGH NJW 2008, 1740; BGH MDR 2009, 760), selbst dann, wenn darin ausschließl Verlängerung der Frist zur Berufungsbegründung beantragt wurde (BGH NJW-RR 98, 1362; s aber BGH NJW-RR 99, 212). Lässt sich ein entspr Wille nicht feststellen, was sich aus den Begleitumständen mit unzweifelhafter Deutlichkeit ergeben muss (BGH MDR 2017, 1074), zB weil der Schriftsatz die Überschrift „Entwurf“ trägt, dann ist die Berufung idR unzulässig (iE BGH NJW-RR 2018, 497; BGH NJW 2024, 3230 = MDR 2024, 1603). Ungenügend ist die Begründung durch Bezugnahme auf das vom ProzBev 1. Instanz unterzeichnete Gesuch um Bewilligung von PKH (BGH FamRZ 81, 534). Die in Bezug genommenen Ausführungen ersetzen die Berufungsbegründung nur, wenn das Gesuch vom Berufungsanwalt unterzeichnet ist, sich auf das angefochtene Urteil bezieht, sich in denselben Akten befindet u inhaltl den Anforderungen einer Berufungsbegründung entspricht (BGH MDR 59, 282; BAG NJW 68, 1739; LAG Nürnberg LAGE ZPO § 519 Nr 1). Nicht ausreichend, wenn Berufungsführer außer der (unzulässigen) Bezugnahme auf ein PKH-Gesuch, das von einem beim Berufungsgericht nicht zugelassenen Anwalt herrührt, selbst ledigl ausführt, das Urteil werde nur in rechtl Hinsicht angefochten (BGH LM Nr 20 zu § 519 ZPO; BGH VersR 81, 531). – Entspr gilt, wenn im Rahmen eines **Antrags auf Einstellung der ZwV** eine hinreichende Auseinandersetzung mit dem angefochtenen Urteil erfolgt (BGH NJW 95, 2112).

44 **VII) Bezugnahme auf erstinstanzliche Schriftsätze. 1) Grundsatz.** Die Berufungsinstanz ist keine automatische Fortsetzung der 1. Instanz (vgl BTDrs 14/4722, 61). Pauschale Bezugnahme auf den Sachvortrag (Rechtsausführung) in 1. Instanz ist grds keine ausreichende Berufungsbegründung, selbst wenn der Streitstoff einfach liegt und nur eine einzige Rechtsfrage zu entscheiden ist (BGHZ 7, 170; BGH NJW-RR 91, 1186; BGH NJW 93, 3333; BGH NJW 95, 1560; BGH NJW-RR 96, 572; MK/Rimmelspacher Rn 70; MskV/Ball Rn 42; Stackmann NJW 2004, 1838). Dabei ist unerhebl, ob die Parteien in beiden Rechtszügen durch dens Anwalt vertreten werden (BGH ZZP 71 [1958], 147). Ferner ist zu beachten, dass die **Bezugnahme auf Ausführungen Dritter** (Rechtsgutachten, SV-Gutachten, Stellungnahme der Partei; BGH NJW 94, 1481 = MDR 94, 506; zur Bezugnahme auf gerichtl Entscheidung s Rn 45) mit dem Wesen der Berufungsbegründung generell unvereinbar ist; sie muss von einem zugelassenen Anwalt stammen und den Schluss rechtfertigen, dass dieser nach Durcharbeitung des Prozessstoffes die einzeln angeführten Anfechtungsgründe persönl dem Gericht vorträgt (BGHZ 111, 339, 344 = NJW 90, 3085; BGH NJW-RR 94, 569). Dagegen sind im Rahmen einer iÜ zulässigen Berufungsbegründung hinweisende konkrete Bezugnahmen – auch auf einzelne Schriftsätze des 1. Rechtszugs (BGHZ 35, 106; BGH VersR 66, 1138) – mögl. Die pauschale Bezugnahme auf erstinstanzl Vorbringen ist ausnahmsw als zulässig anzusehen, wenn dieses Vorbringen von der Vorinstanz aus Rechtsgründen nicht behandelt wurde (BGH WM 85, 1361, 1364: Eventualaufrechnung, auf die es nicht ankam), als rechtl unerhebl (BGH NJW 2007, 3070) oder unsubstantiiert behandelt oder gänzl übergangen wurde. In diesen Fällen ist es unter dem Gesichtspunkt der Verfahrensförderung nicht geboten, das alte Vorbringen nur zu wiederholen (vgl dazu auch BVerfGE 36, 99; BVerfGE 46, 320; BVerfGE 60, 311; BVerfGE 70, 295 sowie BGH NJW 93, 3333). Überflüssig ist schließl die Bezugnahme, soweit es sich um in 1. Instanz angegebene Erklärungen mit Gestaltungswirkung handelt (zB Aufrechnung: BGH MDR 86, 578; Zurückbehaltungsrecht: BGH WM 86, 841; Rüge des Mangels der Vollmacht: BGH WM 86, 1127).

45 **2) Bezugnahme auf Beweisanträge.** Fragl ist, ob die in Bezug genommenen erstinstanzl Beweisanträge erhebl bleiben (KG NJW 90, 844). Der Vortrag 1. Instanz wird nicht automatisch auch solcher der Berufungsinstanz. Dies ergibt sich schon aus den eingeschränkten Möglichkeiten, die Tatsachengrundlage anzugreifen, und den darauf zugeschnittenen Anforderungen an die Berufungsbegründung: Will der Berufungsführer das Übergehen eines Beweisangebotes als rechtsfehlerhaft rügen, so muss er es erwähnen und den Rechtsfehler darstellen (sa MK/Rimmelspacher Rn 73). Schon deshalb muss er es wiederholen. Jenseits der rechtsfehlerhaften Feststellung der Tatsachen kann sich die Tatsachengrundlage nur über § 529 I Nr 1 ändern. Auch hierzu ist nach III 2 Nr 3 in der Begründung vorzutragen. Unzulässig ist, pauschale Bezugnahme auf erstinstanzl Vorbringen dahin gehend zuzulassen, dass der Sachvortrag verwertet wird, die zugehörigen Beweisanträge jedoch unberücksichtigt bleiben (BGH NJW-RR 90, 831; BGH NJW-RR 2011, 1525). Globale Bezugnahme auf erstinstanzl Vorbringen reicht jedenfalls nicht aus, um das Berufungsgericht über Art 103 I GG zu verpflichten, vorinstanzl Schriftsätze auf Beweisanträge oder ergänzendes Vorbringen zu durchforschen (OLG München WRP 76, 393; OLG Mün-

chen WRP 77, 432 [Kiethe WRP 77, 508]); anders ist es, wenn vorinstanzl unter Beweis gestelltes Vorbringen dort als unerhebl behandelt worden ist und der Berufungskläger gerade diese Rechtsauffassung angreift, worin ihm das Berufungsgericht folgen will (BVerfGE 60, 311; BGH MDR 82, 29; BGH NJW-RR 2020, 60 = MDR 2020, 55). Auch hier macht der Berufungsführer aber Rechtsfehler geltend, die in der Begründung anzuführen sind. In Zweifelsfällen ist dem Berufungsführer zu empfehlen, die Beweisangebote zu wiederholen.

3) Sonderfälle. Zulässig ist im Hauptsacheprozess Bezugnahme auf die vom selben RA unterzeichnete Berufungsbegründung in einer **einstw Verfügungssache**, die dens Sachverhalt betrifft, wenn eine begl Abschrift dieser Begründung mit eingereicht wird (BGH VersR 85, 67), oder unter dens Voraussetzungen auf die Begründung eines Schriftsatzes, mit dem in ders Sache Einstellung der ZwV beantragt worden war (BGHZ 13, 244). Zur Berufungsbegründung in **Parallelprozessen** s BGH MDR 66, 665; BGH VersR 77, 1004. – Die Bezugnahme auf eine im Berufungsverf ergangene **gerichtl Entscheidung** (mit Gründen versehene PKH-Bewilligung) wird ausnahmsw aus Gründen der Prozessökonomie zugelassen (BGH NJW 93, 3333). 46

VIII) Wertangabe, Einzelrichtereinsatz. § 520 IV ist eine Sollvorschrift: IV Nr 1 folgt aus § 511 II Nr 1. IV Nr 2 bezieht sich auf den entscheidenden ER in § 526, der auch ohne Einverständnis der Parteien tätig werden kann. 47

IX) Vorbereitender Schriftsatz. § 520 V verweist auf §§ 129 ff. **Vorauszahlungspflicht:** § 12 I 2 GKG. 48

§ 521 Zustellung von Berufungsschrift und -begründung

(1) Die Berufungsschrift und die Berufungsbegründung sind der Gegenpartei zuzustellen.

(2) [1]Der Vorsitzende oder das Berufungsgericht kann der Gegenpartei eine Frist zur schriftlichen Berufungserwiderung und dem Berufungskläger eine Frist zur schriftlichen Stellungnahme auf die Berufungserwiderung setzen. [2]§ 277 gilt entsprechend.

I) Grundsatz. 1) Zustellung (§ 172 II). Die Urschriften bleiben bei den Akten. Es muss eine Zustellung vAw erfolgen (§ 166 II), Zustellung von Anwalt zu Anwalt genügt nicht (s § 195 Rn 8). Wirksame Einlegung hängt nicht von der Zustellung ab (BGHZ 17, 235). 1

2) Streitgenossen. Bei mehreren Streitgenossen Zustellung an alle, wenn nicht die Berufung auf einzelne beschränkt wird. 2

3) Nebenintervenient. Zustellung auch an bereits aufgetretenen NI. 3

4) Zustellungsempfänger. Nach § 172 dem erstinstanzl ProzBev, soweit noch keiner für den höheren Rechtszug bestellt. 4

5) Mängelheilung. Nach § 295 mögl (BGHZ 50, 400; BGHZ 65, 116). 5

II) Zeitpunkt der Zustellung. Er ist maßgebl für den Beginn der **Anschlussberufungsfrist** nach § 524 II 2; deshalb genügt bloße Mitteilung über die zur Erwiderung gesetzte Frist nicht (BGH MDR 2009, 216). Über die Frist zur Anschlussberufung muss nicht belehrt werden (BGHZ 215, 89). 6

III) Abschriften. Der Berufungsführer hat nach § 519 IV iVm § 133 I 1 der Berufungsschrift oder der Berufungsbegründung die erforderl Anzahl von begl Abschriften, die zur Zustellung benötigt werden, beizufügen. Dies ist Sollvorschrift (BGHZ 65, 116). 7

IV) Verfahrensgang. Der Gang des Verf nach Eingang der Berufungsbegründung dient der Vorbereitung der Entscheidung nach § 522 (s Stackmann NJW 2009, 3665). Es steht im Ermessen des Vors oder des Gerichts, dem Berufungsbeklagten eine Frist zur schriftl Berufungserwiderung zu setzen, auf die der Berufungskläger ggf nach weiterer Fristsetzung, die mit derj an den Berufungsbeklagten verbunden werden kann, replizieren muss. 8

1) Fristsetzung. Bei der Fristsetzung sollte großzügig verfahren werden. 9

2) Dauer. Das Gesetz verweist zur Fristsetzung insgesamt auf § 277. Aus III ist zu folgern, dass keine kürzere **Erwiderungsfrist** als 2 Wochen gesetzt werden darf. 10

3) Postulationsfähigkeit. Durch Bezugnahme auf § 277 ist klargestellt, dass der Gegner seine Verteidigungsmittel entspr sorgfältig beachteter Prozessförderungspflicht vorzubringen hat, und zwar durch einen postulationsfähigen Anwalt, worüber er nach II zu belehren ist. 11

4) Verlängerung. Alle Fristen können (bei Antragstellung vor Fristablauf: OLG Koblenz NJW 89, 987) **verlängert** werden, wenn erhebl Gründe dies erfordern und sie glaubhaft gemacht worden sind (§ 224 II). Die Parteien dürfen nicht ungleich behandelt werden. Jedoch ist es kein erhebl Verlängerungsgrund, dass die Partei den Berufungsanwalt verspätet beauftragt hat (OLG Schleswig SchlHA 78, 117). Anders wenn die Partei aus nachvollziehbaren Gründen an früherer Anwaltsbestellung gehindert war. 12

13 **5) Versäumung der Erwiderungsfristen.** Sie löst die prozessualen Nachteile aus, die in § 296 I u IV festgelegt sind (§ 530). Außerdem gilt das Novenrecht des § 531.

14 **V) Maßnahmen.** Über die Möglichkeiten der Fristsetzung nach II hinaus besteht die allg Förderungspflicht des Gerichts, das alle durch § 139 gebotenen und durch § 273 ermöglichten Anregungen und Mitwirkungshandlungen ausschöpfen sollte. Hat zB der Berufungsführer zwar das Übergehen von Beweisangeboten durch den Erstrichter als unerhebl als verfahrensfehlerhaft gerügt, auf vorinstanzl gestellte Beweisanträge aber nur pauschal Bezug genommen, was nicht mehr zulässig sein dürfte (s § 520 Rn 44), und will das Berufungsgericht sie als erhebl behandeln, muss es rechtzeitig vor mündl Verh auf seine abweichende Beurteilung hinweisen (BGH Warneyer 1981 Nr 88). Will das Gericht von der Zurückweisung nach § 522 II Gebrauch machen, so sind Hinweise ges vorgeschrieben (§ 522 II 2).

15 **VI) Berufungserwiderung.** Abweichend von § 520 III ist kein Mindestinhalt zwingend vorgeschrieben. Da Anwaltszwang besteht, gelten jedoch dieselben Unterschriftsanforderungen (s § 519 Rn 22 ff). Auch muss die Erwiderungsschrift erkennen lassen, dass sie das Werk des zweitinstanzl ProzBev ist. Unzulässig daher dessen bloßes Unterschreiben der vom erstinstanzl, nicht für die 2. Instanz beauftragten RA gefertigten Erwiderungsschrift; dgl keine zulässige Bezugnahme auf fremde Schriftstücke als Inhalt der Erwiderung. Wer vorinstanzl obsiegt hatte, braucht jedoch als Berufungsbeklagter seinen früheren Vortrag nicht zu wiederholen, sondern kann sich auf die Verteidigung des Urteils beschränken (BGH FamRZ 86, 1086; vgl auch BVerfG NJW 2000, 131). Auch zu den Voraussetzungen einer Zurückweisung nach § 522 II muss er nicht vortragen (OLG Oldenburg MDR 2003, 48).

§ 522 Zulässigkeitsprüfung; Zurückweisungsbeschluss

(1) [1]Das Berufungsgericht hat von Amts wegen zu prüfen, ob die Berufung an sich statthaft und ob sie in der gesetzlichen Form und Frist eingelegt und begründet ist. [2]Mangelt es an einem dieser Erfordernisse, so ist die Berufung als unzulässig zu verwerfen. [3]Die Entscheidung kann durch Beschluss ergehen. [4]Gegen den Beschluss findet die Rechtsbeschwerde statt.

(2) [1]Das Berufungsgericht soll die Berufung durch Beschluss unverzüglich zurückweisen, wenn es einstimmig davon überzeugt ist, dass

1. **die Berufung offensichtlich keine Aussicht auf Erfolg hat,**
2. **die Rechtssache keine grundsätzliche Bedeutung hat,**
3. **die Fortbildung des Rechts oder die Sicherung einer einheitlichen Rechtsprechung eine Entscheidung des Berufungsgerichts nicht erfordert und**
4. **eine mündliche Verhandlung nicht geboten ist.**

[2]Das Berufungsgericht oder der Vorsitzende hat zuvor die Parteien auf die beabsichtigte Zurückweisung der Berufung und die Gründe hierfür hinzuweisen und dem Berufungsführer binnen einer zu bestimmenden Frist Gelegenheit zur Stellungnahme zu geben. [3]Der Beschluss nach Satz 1 ist zu begründen, soweit die Gründe für die Zurückweisung nicht bereits in dem Hinweis nach Satz 2 enthalten sind. [4]Ein anfechtbarer Beschluss hat darüber hinaus eine Bezugnahme auf die tatsächlichen Feststellungen im angefochtenen Urteil mit Darstellung etwaiger Änderungen oder Ergänzungen zu enthalten.

(3) Gegen den Beschluss nach Absatz 2 Satz 1 steht dem Berufungsführer das Rechtsmittel zu, das bei einer Entscheidung durch Urteil zulässig wäre.

I) Zulässigkeitsprüfung. Eine sachl Entscheidung über die Begründetheit der Berufung setzt Feststellung ihrer **Zulässigkeit** vAw voraus. **Beweislast** und **Beweisführung:** s § 519 Rn 20. 1

1) Gegenstand der Zulässigkeitsprüfung. Entscheidungszuständigkeit des angerufenen Gerichts; Statthaftigkeit, also Vorliegen eines Urteils, gegen das Berufung an sich gegeben ist (§ 511), u Berufungsberechtigung (s § 511 Rn 4); ferner Beschwer (s vor § 511 Rn 10 ff) u Berufungssumme in den Fällen des § 511 II Nr 1 oder Zulassung nach § 511 II Nr 2, Form und Frist der Berufungseinlegung u der Berufungsbegründung. Zu den Rechtsfragen der **Streithelfer-Berufung** s vor § 511 Rn 24; zu Zweifeln an der Prozessfähigkeit oder der ges Vertretung s § 511 Rn 6. Solange ein **Verlängerungsantrag** noch nicht beschieden ist, darf nicht verworfen werden (s § 520 Rn 14). 2

2) Prüfungsmaßstab. Nach der Rspr des BVerfG sind die Fachgerichte gehalten, den Parteien den Zugang zu einer in der Verfahrensordnung eingeräumten Instanz nicht in unzumutbarer, aus Sachgründen nicht gebotener Weise zu erschweren. Bei Auslegung und Anwendung der Vorschriften über die formalen Voraussetzungen eines Rechtsmittels dürfen die Anforderungen „nicht überspannt werden" (BVerfGE 69, 381 = NJW 86, 244; BVerfG NJW 93, 1635; BVerfG NJW 97, 2941). Dies bedeutet, dass die Frist- und Formvorschriften so auszulegen sind, dass sie unter Berücksichtigung der praktischen Gegebenheiten ohne unangemessenen Aufwand und unter Einsatz der vorhandenen Technik erfüllt werden können. 2a

3) Wiedereinsetzung. Bei **WE-Antrag** wegen Versäumung der Berufungsfrist oder der Begründungsfrist gehört die Entscheidung hierüber (§ 238) zur Entscheidung über die Zulässigkeit der Berufung (BGH MDR 2014, 1225). Heilung von Zulässigkeitsmängeln ist nicht dadurch mögl, dass das Berufungsgericht die Zulässigkeit irrtüml bejaht (BAG AP § 518 ZPO Nrn 18, 22). Gewährung der WE beseitigt vorausgegangene Verwerfungsentscheidung (s Rn 26). 3

4) Klage und Widerklage. Betrifft die Berufung Klage und Widerklage, so ist Teilentscheidung mögl (RGZ 122, 54). 4

5) Wiederholung des Rechtsmittels. Hat der Rechtsmittelkläger die Berufung wiederholt, dann handelt es sich um ein einheitl Rechtsmittel (BGH NJW 85, 2834). Darüber muss einheitl entschieden werden; es darf also nicht die zuerst eingelegte Berufung isoliert verworfen werden, weil die 2. zulässig sein könnte mit der Folge, dass eine Verwerfung überhaupt nicht in Betracht kommt (BGHZ 45, 380; BGH NJW 93, 269; BGH NJW-RR 99, 287). Ebenso, wenn eine verfristet begründete Berufung wegen selbständiger Berufung des Gegners noch in eine Anschließung umgedeutet werden kann (BGH NJW 96, 2659). Ist die zuerst eingelegte Berufung bereits als unzulässig verworfen oder zurückgenommen worden, dann hindert das nicht, eine Sachentscheidung über die während noch laufender Einlegungsfrist wiederholte Berufung zu treffen, falls diese den Zulässigkeitsanforderungen entspricht (BGH WM 91, 882 = NJW 91, 1116; BGH FamRZ 2005, 791). Jedoch kann die Bindungswirkung einer Verwerfungsentscheidung entgegenstehen, wenn derselbe Sachverhalt zu beurteilen ist (BGH Warneyer 1981 Nr 144; OLG Frankfurt NJW 83, 2395; sa Rn 10). Bei Berufung durch Hauptpartei und Streithelfer liegt ebenfalls nur ein Rechtsmittel vor, das nicht teils verworfen, teils sachl beschieden werden darf (BGH MDR 82, 744). 5

II) Mündliche Verhandlung. Die Entscheidung über die Zulässigkeit mit oder ohne mündl Verh ergeht je nachdem durch Urteil oder durch (vAw zuzustellenden, § 329 III; BGH MDR 66, 757) Beschluss; vorheriges rechtl Gehör, für Rechtsmittelkläger (BGH MDR 2006, 44; BGH FamRZ 2007, 1725; BGH MDR 2010, 710) und für Gegner (BGH VersR 82, 246) nötig. 6

1) Bejahung. Eine die Zulässigkeit bejahende Entscheidung wird in den Gründen des Endurteils oder durch Zwischenurteil nach § 303 getroffen. 7

2) Verneinung. Eine die Zulässigkeit verneinende Entscheidung lautet auf Verwerfung der Berufung (ggf nach oder iVm Versagung der WE, vgl § 238 I). Dass die Parteien schon zur Sache verhandelt hatten, steht der Verwerfung durch Beschluss nicht entgegen (BGH MDR 79, 836). Der Beschluss ist mit Sachverhalt und Gründen zu versehen (BGH MDR 2014, 1099). 8

III) Bindungswirkung. Der Verwerfungsbeschluss steht einem entspr Urteil gleich und **bindet** deshalb **das Berufungsgericht** (§ 318 analog; BGH NJW-RR 1995, 765). Es kann ihn selbst dann nicht aufheben, wenn er mit zulässiger Rechtsbeschwerde angefochten wird, da es dort keine Abhilfemöglichkeit gibt. Eine Berichtigung nach § 319 ist jedoch zulässig (OLG Hamm FamRZ 86, 1136). 9

10 **1) Keine Selbstkorrektur.** Für eine Selbstkorrektur fehlerhafter Verwerfungsbeschlüsse ist kein Raum. Die Öffnung des § 522 I für die Korrektur im Wege der Gegenvorstellung führt zu Unklarheiten in der Rechtskraftfrage (BGH NJW-RR 95, 765). Für Selbstkorrektur besteht auch kein Bedürfnis, wenn wegen eines in der Sphäre des Gerichts liegenden Irrtums zu Unrecht verworfen wurde, weil dem Berufungskläger die Rechtsbeschwerde offen steht und ihm in Fällen gerichtl verursachter Fristversäumung WE zu gewähren ist.

11 **2) Unkenntnis von Verfahrensunterbrechung.** Ergeht ein unrichtiger Verwerfungsbeschluss, weil dem Berufungsgericht eine den Fristablauf hindernde Verfahrensunterbrechung nicht bekannt war, dann ändert das nicht den ges Fristlauf. Es muss WE bewilligt werden, obwohl in Wirklichkeit keine Frist versäumt worden ist (BAG NJW 71, 1822; OLG Köln OLGZ 73, 41; LG Bochum MDR 85, 239). Die zugunsten des Rechtsmittelführers als versäumt zu fingierende Prozesshandlung braucht nicht wiederholt zu werden (OLG Köln OLGZ 73, 41).

12 **3) Änderung einer höchstrichterlichen Rechtsprechung.** Ist wie eine Änderung der Rechtsanschauung kein Grund, einen Verwerfungsbeschluss abzuändern (OLG Schleswig SchlHA 56, 145).

13 **IV) Verwerfungsbeschluss. 1) Rechtliches Gehör.** Bevor er ergeht, muss der richterl Hinweispflicht (rechtl Gehör) entsprochen werden, weil sonst eine unzulässige Überraschungsentscheidung vorliegt (s Rn 6). Der Beschluss ergeht durch den vollbesetzten Spruchkörper, weil erst danach an den ER verwiesen werden kann, § 523. Durch Urteil kann hingegen auch der ER nach Übertragung des Rechtsstreits nach § 526 auf ihn entscheiden (BGH MDR 2012, 729). Wegen Versäumung der Begründungsfrist nach § 520 darf erst verworfen werden, nachdem über einen Verlängerungsantrag entschieden wurde (BGH NJW-RR 2001, 931). Der Verwerfungsbeschluss (auch des LG) ist, außer im Fall des § 542 II (BGH NJW 2003, 69 = MDR 2003, 827: keine Rechtsbeschwerde im Verfügungs- oder Arrestverf), ohne Rücksicht auf den Wert des Beschwerdegegenstands (BGH NJW 2002, 3783 = MDR 2002, 1440; BGH MDR 2003, 1007) mit der **Rechtsbeschwerde** (§ 574; BGH MDR 2002, 1448) anfechtbar, deren Zulässigkeit von den Voraussetzungen des § 574 II abhängt, worüber das Rechtsbeschwerdegericht befindet (BGH NJW 2003, 2172; BGH NJW 2004, 71 = MDR 2004, 107). Nicht statthaft ist ein Rechtsbehelf nach § 321a, weil die Entscheidung anfechtbar ist. Es gilt der Grundsatz der Meistbegünstigung, so dass die Rechtsbeschwerde auch eingelegt werden kann, wenn das Berufungsgericht fälschlich nach II als unbegründet zurückgewiesen hat (BGH NJW 2016, 3380 = MDR 2016, 1282; BGH NJW 2018, 2269). Der mit der Rechtsbeschwerde anfechtbare Beschluss muss den maßgebl Sachverhalt, den Streitgegenstand und die Anträge beider Instanzen erkennen lassen, ansonsten wird allein wegen des Fehlens dieser Ausführungen aufgehoben (BGH MDR 2010, 1210; BGH MDR 2014, 108; BGH MDR 2014, 1339; BGH NJW-RR 2021, 317). Wird durch Urteil verworfen, findet Revision statt (Zulassung mit NZB), § 544 II Nr 2). Die Rechtsbeschwerde gegen die Verwerfung durch Beschluss ist von der Überschreitung der Wertgrenze nach § 544 II Nr 1 (s vor § 542 Rn 2) **nicht** abhängig (BGH NJW 2002, 3783; BGH FamRZ 2007, 206). Anfechtbar ist auch ein Beschluss, durch den eine Anschlussberufung ohne ges Grundlage für wirkungslos erklärt wird, § 524 IV (BGH Warneyer 1984 Nr 174).

14 **2) Versagung der Wiedereinsetzung.** Der Beschluss, durch den die WE gegen die Versäumung der Berufungsfrist oder Berufungsbegründungsfrist **versagt** wird, ist praktisch ein die Berufung verwerfender Beschluss und daher gem § 238 II 1 wie dieser durch Rechtsbeschwerde an das Revisionsgericht anfechtbar (BGHZ 21, 147; BGHZ 26, 99; BGH MDR 73, 126; BGH NJW 2003, 69); auch dann, wenn das Berufungsgericht verfahrenswidrig (s Rn 3) bereits vor seiner Entscheidung über das WE-Gesuch die Berufung als unzulässig verworfen hatte und dagegen kein Rechtsmittel eingelegt wurde (BGH VersR 65, 898). Die Entscheidung über die Berufung selbst wird durch den ledigl die WE verweigernden Beschluss noch nicht entbehrl, während durch die nachträgl Gewährung der WE der Verwerfungsbeschluss gegenstandslos wird.

15 **3) Wiedereinsetzungs-Gesuch keine Rechtsbeschwerde.** Ein als WE bezeichnetes Gesuch kann nicht in eine Rechtsbeschwerde gegen den Verwerfungsbeschluss **umgedeutet** werden, weil die Rechtsbeschwerde beim BGH von einem dort zugelassenen Anwalt einzulegen ist. Ist ein Verlängerungsantrag mit vom Anwalt selbst gesetzter Frist fälschl abgelehnt und die Berufung deshalb verworfen worden, dann ist die Rechtsbeschwerde dagegen unbegründet, wenn die Berufung auch innerhalb der selbst gesetzten Frist nicht begründet worden ist (BGH FamRZ 91, 548).

16 Aussichtslos ist es, die **Verwerfungsbeschwerde auf WE zu stützen**. Ist die WE abgelehnt worden, so muss auch dagegen Beschwerde eingelegt werden, weil anderenfalls der BGH an die rechtskräftige Ablehnung des WE-Antrages gebunden wäre (BGH NJW 2002, 2397). S Rn 20.

17 **V) Rechtsbeschwerde.** Die Frist für die Rechtsbeschwerde gegen Verwerfungsbeschluss beginnt mit der Amtszustellung (BGH MDR 66, 757). **Beweis** und zur **Beweislast:** s § 519 Rn 20.

18 **1) BGH-Anwalt.** Die Beschwerde kann **nur beim BGH eingelegt** werden (§ 575 I; BGH MDR 2002, 1448). Dort ist die Vertretung durch einen beim BGH zugelassenen RA nötig.

19 **2) Rechtsverletzungen.** Die Rechtsbeschwerde kann nur auf Rechtsverletzungen gestützt werden (§ 576 I). Das Rechtsbeschwerdegericht prüft verzichtbare Verfahrensmängel nur, wenn sie gerügt sind (§ 577 II 2). Tatsächl Feststellungen sind nur eingeschränkt der Nachprüfung zugängl (§ 577 II 3, § 559). Neue Tatsachen und Beweise können damit nicht vorgebracht werden (BGH NJW 2004, 71 = MDR 2004, 107).

3) Wiedereinsetzungs-Gründe. Über WE-Gründe hat auf entspr Antrag das Berufungsgericht zu entscheiden (§ 238 I; s Rn 16). Bewilligung der WE macht den Verwerfungsbeschluss gegenstandslos (s Rn 26), während gegen den abl Beschluss gem § 238 II 1 die Rechtsbeschwerde zulässig ist. Wird diese selbständige Anfechtungsmöglichkeit versäumt, gibt es keine Nachprüfung der behaupteten WE-Gründe durch das Revisionsgericht mehr (BGH NJW 2002, 2397; BGH NJW-RR 2006, 142; BGH MDR 2016, 412; BGH NJW-RR 2020, 877 = MDR 2020, 687). Offen ist die Frage, ob der BGH selbst wieder einsetzen kann, wenn die Vorinstanz darüber nicht entschieden hat, WE-Gründe aber offensichtl gegeben sind (tendenziell bej BGH NJW-RR 2000, 1730). Prozesswirtschaftl Gründe sprechen dafür, erst recht verfassungsrechtl, wenn anderenfalls ein Grundrecht des Rechtsmittelführers verletzt würde. 20

VI) Verwerfendes Endurteil. Das Endurteil des Berufungsgerichts, durch das eine Berufung verworfen wird, ist vorbehaltl des § 542 II mit der (Zulassungs-)Revision anfechtbar, desgl ein die WE versagendes Urteil (s Rn 13, 14). Enthält das Verwerfungsurteil keine tragenden Gründe, führt dies entsprechend § 577 IV zur sofortigen Aufhebung und Zurückverweisung im NZB-Verfahren (BGH NJW 2014, 3583). 21

1) Ausbleiben des Berufungsklägers. Bleibt der Berufungskläger in der mündl Verh aus, wird das unzulässige Rechtsmittel regelmäßig (Ausnahme s BGH NJW 57, 1840) durch unechtes VU (BGH NJW 61, 829; BGH NJW 69, 845) verworfen; dagegen findet die (Zulassungs-)Revision statt (s § 543 Rn 5). 22

2) Verwerfung des Wiedereinsetzungs-Gesuchs. Wird dagegen sein Gesuch um **WE** in die versäumte Berufungs- oder Begründungsfrist bei seinem Ausbleiben in der mündl Verh als unzulässig **verworfen**, so handelt es sich um ein echtes VU (keine Nachprüfung der WE-Gründe), gegen das jedoch gem § 238 II 2 kein Einspruch gegeben ist (Revision kann gem §§ 555, 514 II nur darauf gestützt werden, dass keine Säumnis vorgelegen habe, BGH NJW 69, 845). 23

VII) Zulässigkeit bejahende Entscheidung. 1) Bindung. Die bejahende Zulässigkeitsentscheidung bindet das Berufungsgericht (§ 318) hinsichtl der einzelnen Zulässigkeitserfordernisse, über die darin befunden ist (BGHZ 26, 99). 24

2) Zulassungsbeschluss. Ein die Berufung zulassender Beschluss oder entspr Zwischenurteil des Berufungsgerichts ist nicht selbständig, sondern nur zusammen mit Endurteil durch Revision anfechtbar (§ 557 II). 25

VIII) Wiedereinsetzung nach Verwerfung. Eine die Berufung verwerfende Entscheidung (Endurteil oder Beschluss) wird durch die Erteilung der WE in den vorigen Stand gegen die Versäumung der Berufungsfrist oder der Berufungsbegründungsfrist gegenstandslos, ohne dass es einer ausdrückl Aufhebung bedarf (BGHZ 45, 384; BGH FamRZ 2005, 791; BGH FamRZ 2007, 1725). Davon zu unterscheiden ist der Sachverhalt, dass eine Berufung verworfen wird, daraufhin erneut Berufung eingelegt und nunmehr für diese WE gewährt wird, da dann die WE nur die 2., nicht verworfene Berufung betrifft; die 1. Berufung bleibt rechtsbeschwerdefähig (BGH MDR 78, 753). 26

1) Wiederholung der Berufung. Trotz der Verwerfung der Berufung als unzulässig ist die Wiederholung der Berufung bis zum Ablauf der Berufungsfrist zulässig, vorausgesetzt, dass der Mangel vermieden wird, der zur Verwerfung der 1. Berufung geführt hatte (BGHZ 45, 380; BGH NJW 68, 49 [Vollkommer NJW 68, 1092]). 27

2) Vollstreckbarkeit. Der Verwerfungsbeschluss ist nach § 794 I Nr 3 vollstreckbar (zu dessen Anwendungsbereich s § 794 Rn 20); Rechtsbeschwerde hat nach § 575 V iVm § 570 I keine aufschiebende Wirkung. Eines Ausspruchs der Vollstreckbarkeit bedarf es nicht, eine analoge Anwendung des § 708 Nr 10 mit der Wirkung, dass die erstinstanzl festgesetzte Sicherheitsleistung entfiele, ist nicht möglich (LG Stuttgart NJW 73, 1050). 28

IX) Begründetheitsprüfung – Zurückweisungsbeschluss. Nach II können Berufungen auch als unbegründet durch Beschluss zurückgewiesen werden und im Verfahren des einstw Rechtsschutzes (OLG München NJW 2024, 2117 = MDR 2024, 772). Bei FamStreitsachen gilt die Vorschrift zwar nicht entsprechend, das Ziel kann aber über § 68 III 2, § 117 III FamFG erreicht werden. Der Zurückweisung durch Beschluss geht eine materielle Prüfung voraus, die auf eine einfachere Erledigung offensichtl unbegründeter Berufungen zielt, bei denen durch Vermeidung des Termins richterl Arbeitskraft eingespart werden kann. Bei substanzlosen Berufungen muss im Interesse der obsiegenden Partei rasch Rechtskraft der erstinstanzl Entscheidung erzielt werden. Die Beschlusszurückweisung ist hinsichtl der Anfechtbarkeit einer Zurückweisung der Berufung durch Urteil gleichgestellt. Das Gericht ist zudem ausdrückl verpflichtet zu prüfen, ob eine mündl Verh – auch bei mangelnder Erfolgsaussicht – geboten ist. Die Berufung muss zudem „offensichtl“ aussichtslos sein. 29

1) Berufungsgericht. ISv II ist nur der vollbesetzte Spruchkörper (Kammer oder Senat, auch beim ArbG: LAG Düsseldorf MDR 2004, 160), nicht aber der ER nach §§ 526, 527 Berufungsgericht. Dies ergibt sich zum einen aus dem Erfordernis einstimmiger Entscheidung, aber auch aus § 523 I, der erst nach einer Entscheidung gem II die Übertragung auf den ER vorsieht. Richterwechsel zwischen Hinweis und Entscheidung verletzt nicht das Recht auf den ges Richter (BVerfG NJW 2004, 3696). 30

2) Verfahren. Das **Verf**, in dem das Berufungsgericht zu dem Beschluss nach II gelangt, ist in der Vorschrift vorgezeichnet (s Siegel MDR 2003, 481; Knops ZZP 120 [2007], 403). Es findet nach Eingang der Berufungsbe- 31 gründung und vor Terminierung statt, wobei Terminierung einen anschließend ergehenden Beschluss nicht hindert (BVerfG NJW 2011, 3357: jedenfalls keine verfassungswidrige Verletzung des Anspruchs auf wirkungsvollen Rechtschutz, wenn nur eine Terminsverfügung des Vorsitzenden vorlag; OLG Düsseldorf NJW 2005, 833); auf eine derartige Verfahrensgestaltung ist aber hinzuweisen, will man einen Verstoß gegen Art 103 GG vermeiden (BVerfG NJW 2007, 428; OLG Celle MDR 2009, 1303). „Unverzügl" bedeutet nicht, dass die Entscheidung an eine bestimmte Frist gebunden wäre (OLGR Zweibrücken 2004, 523; OLGR Frankfurt 2006, 86). Die Erfolgsaussichten der Berufung sollen in 1. Linie anhand der Berufungsbegründung (BGH MDR 2018, 223: die Entscheidung kann vor Eingang der Berufungserwiderung ergehen), ggf aber auch mit Hilfe von Erwiderung und Replik geprüft werden. Ob mündl verhandelt wird oder durch Beschluss zurückgewiesen, liegt im pflichtgemäßen gebundenen Ermessen des Berufungsgerichts. Liegen die Voraussetzungen für eine Beschlusszurückweisung vor, ist im Interesse der Beschleunigung zu Gunsten der in 1. Instanz obsiegenden Partei in der Regel von der Möglichkeit der Beschlusszurückweisung Gebrauch zu machen. Das Gericht kann auch durch Terminierung nach § 523 I konkludent zum Ausdruck bringen, dass es von der Möglichkeit des II keinen Gebrauch macht. Ein bes Beschluss, nicht nach § 522 II vorgehen zu wollen, braucht zusätzl zur Terminierung nicht zu ergehen. Allerdings hat dem immer eine Willensbildung im Spruchkörper vorauszugehen. Der Gegner hat keinen Anspruch auf Beschlusszurückweisung anstelle mündl Verh. Dies ergibt sich auch aus II 1 Nr 4. Terminierung und Entscheidung durch Urteil nach mündl Verh ist auch bei unbegründeter Berufung nie Verfahrensverstoß, der eine Revision begründet.

32 **a)** Der Beschluss muss in Abweichung von § 196 I GVG **einstimmig** ergehen. Dass diese Voraussetzung erfüllt ist, muss sich aus dem Beschluss ergeben. Einstimmigkeit setzt nicht notwendig Entschließung in einer Beratung voraus – die sich allerdings empfiehlt –, vielmehr kann auch im Umlaufverf beschlossen werden. Ablehnungsgesuch nach Unterschrift hindert den Versand des Beschlusses nicht (KG MDR 2009, 1303).

33 **b)** Dem Beschluss nach II geht **keine mündl Verh** voraus. Das Gesetz enthält hierzu zwar – im Gegensatz zu sonstigen Vorschriften, auch denen der freigestellten mündl Verh (s § 128 Rn 18) – keine ausdrückl Vorschrift. Auch lässt sich aus der Entscheidungsform des Beschlusses nicht ableiten, dass keine mündl Verh vorausgegangen ist. Die ZPO kennt auch Entscheidung durch Urteil in Fällen, in denen nicht mündl verhandelt werden braucht (§ 341 II). Der vom Gesetz vorgezeichnete Verfahrensablauf macht deutl, dass die Entscheidung nach § 522 II im schriftl Verf fällt. So ordnet II 2 Gelegenheit zur Stellungnahme binnen zu setzender Frist, also im schriftl Verf an. Außerdem ist Entbehrlichkeit der mündl Verh nach II 1 Nr 4 Voraussetzung der Beschlusszurückweisung. Alle Anträge – auch solche zum Vollstreckungsschutz – werden durch Einreichung eines Schriftsatzes angebracht (BGH NJW 2012, 1293). Materielle Rechtskraft bestimmt sich nach dem Zeitpunkt, bis zu dem das Berufungsgericht bei seiner Entscheidung Vortrag bei seinem Beschluss berücksichtigen musste (BGH MDR 2011, 1252). § 523 sieht Terminsbestimmung vor, wenn nicht durch Beschluss entschieden wurde. Damit kann das Berufungsgericht nicht nach mündl Verh durch Beschluss entscheiden, sondern muss dann Urteil erlassen.

34 **c) Rechtl Gehör** ggü den Parteien ist nach II 2 ausdrückl vorgeschrieben. Dabei ist die beabsichtigte Zurückweisung nach Vorliegen der Berufungsgründe (BGH NJW 2024, 2614 = MDR 2024, 1130) anzukündigen; die Gründe für die beabsichtigte Zurückweisung sind anzugeben. Im Einzelfall, wenn sich die Berufungsbegründung nur in der Wiederholung des erstinstanzl Vorbringens erschöpft, kann dafür auch der Verweis auf die zutr Gründe des angefochtenen Urteils genügen, nicht jedoch bloß formelhafte Erwägungen. Damit werden Überraschungsentscheidungen vermieden (BGH NJW-RR 2022, 286 = MDR 2022, 191). Hinweis muss also auch ergehen, wenn der Berufungsbeklagte in der Erwiderung auf die Gesichtspunkte verwiesen hat, die eine Zurückweisung tragen; dabei ist es zunächst Aufgabe des Berufungsklägers, die hinreichende Erfolgsaussicht darzutun (OLG Oldenburg NJW 2002, 3556). Erneute Anhörung oder Terminierung zur mündl Verh kann geboten sein, wenn in der Stellungnahme zulässig wesentl neu vorgetragen wird oder sich die Prozesssituation insbesondere durch den Hinweis ändert; neue Angriffs- und Verteidigungsmittel sind an § 531 zu messen, aber zuzulassen, wenn sie auf dem Hinweis beruhen (BGH MDR 2015, 296; BGH NJW 2017, 736; BGH NJW-RR 2020, 60 = MDR 2020, 55). Zu Noven muss folgerichtig der Gegner gehört werden, weil § 531 entfällt, wenn die neuen Tatsachen unstr werden (s § 531 Rn 10; Würfel MDR 2003, 1212; Schenkel MDR 2004, 121; Braunschneider ProzRB 2004, 133; Schellenberg MDR 2005, 612). Die vom Vors oder dem Gericht zu setzende Frist muss angemessen sein. Vor Ablauf der gesetzten Frist oder Entscheidung über ein Verlängerungsgesuch darf nicht entschieden werden (BGH MDR 2020, 304; BGH NJW-RR 2024, 548 = MDR 2024, 592), vor der Entscheidung ist verspätet eingegangenes Vorbringen zur Kenntnis zu nehmen und daraufhin zu überprüfen, ob mündl zu verhandeln ist (BGH MDR 2017, 107). Anhaltspunkt für die Angemessenheit ist, mangels ausdrückl ges Regelung, § 277 III. Zustellung empfiehlt sich wegen der Fristsetzung; Verlängerung der Frist nach § 225 mögl, WE gegen Versäumung der Frist soll nicht mögl sein (OLG Koblenz FamRZ 2008, 1460). Dem erstinstanzl erfolgreichen Berufungsbekl kann PKH im Verf nach II 2 jedenfalls nach Vorliegen der Berufungsbegründung nicht versagt werden, weil ihm im Hinblick auf die notwendige Anhörung die Möglichkeit nicht genommen werden kann, die Beschlusszurückweisung zu fördern (BGH MDR 2010, 829; BGH MDR 2017, 1022).

3) Voraussetzungen der Zurückweisung. Zurückweisen darf das Berufungsgericht durch Beschluss, wenn kumulativ offensichtl keine Erfolgsaussicht besteht, die Rechtssache keine grundsätzl Bedeutung hat, die Fortbildung des Rechts oder die Einheitlichkeit der Rspr keine Entscheidung des Berufungsgerichts erfordert und eine mündl Verh nicht geboten ist. Bei Zurückweisung vor Eingang der Erwiderung ist sachgerechte Verteidigung zu unterstellen (OLGR Rostock 2003, 119). Problematisch ist es mit Blick auf die unterschiedl Anfechtbarkeit, die Zulässigkeit der Berufung offen zu lassen (so OLG Köln NJW 2008, 3649 = MDR 2009, 47). 35

a) Wann von **offensichtl mangelnder Erfolgsaussicht** auszugehen ist, ist nicht klar, auch wenn es der Wunsch des Rechtsausschusses war, durch die Einfügung des Wortes „offensichtl" in den Gesetzestext den Anwendungsbereich zu präzisieren (s BTDrs 17/6406, 11; der Verweis auf § 328 I Nr 4 und § 807 II 2 hilft wegen des ganz anderen Regelungszusammenhangs nicht weiter). Der Anwendungsbereich der Vorschrift ist grds im Interesse der in 1. Instanz obsiegenden Partei an rascher Rechtskraft eröffnet, wenn schon auf Grund der Aktenlage unter Berücksichtigung zulässiger neuer Angriffs- und Verteidigungsmittel auch bei Durchführung der mündl Verh der Berufung kein Erfolg beschieden wäre; jedenfalls kann dann nicht von mangelnder Erfolgsaussicht ausgegangen werden, wenn hinreichende Erfolgsaussicht für die Gewährung von PKH zu bejahen ist (BTDrs 14/4722). Da es eine Abstufung zwischen mehr oder weniger erfolglos qualitativ nicht geben kann (so auch Gehrlein NJW 2014, 3393), bezieht sich die Offensichtlichkeit allein auf den Erkenntnisprozess des Gerichts. Ist sich das Gericht „zweifelsfrei" darüber klar, dass eine mündl Verh zu keinem höheren Erkenntnisgrad führen kann, ist offensichtl mangelnde Erfolgsaussicht anzunehmen. Nach der Begr des Rechtsausschusses muss die Aussichtslosigkeit „nicht auf der Hand liegen", sie darf vielmehr Ergebnis „vorgängiger gründl Prüfung" sein (BTDrs 17/6406, 11). Der Verzicht auf die mündl Verh ist kein Verstoß gegen Art 6 EMRK. Dies wird bei der insoweit ähnl Regelung in § 130a VwGO diskutiert (Sodan/Ziekow-Seibert[5] § 130a VwGO Rn 8 ff). Der EGMR hat wegen der bes Ausgestaltung des dt Berufungsverf einen Verstoß gegen Art 6 I 1 EMRK verneint (Entscheidung v 2.2.2006, Nr 5398/03). Zurückweisung durch Beschluss mangels Erfolgsaussicht kommt also in Betracht, wenn sich aus der Berufungsbegründung keine Gesichtspunkte ergeben, die eine Abänderung des Ersturteils aus rechtl oder tatsächl Erwägungen rechtfertigen; dabei darf die Begründung weiterhin auch ausgewechselt und materiell oder prozessual von einer anderen rechtl Beurteilung ausgegangen werden (OLG Rostock MDR 2003, 828; OLG Rostock MDR 2003, 1073; OLG Hamburg NJW 2006, 71; KG MDR 2008, 712; KG MDR 2008, 1062), weil bei bloß rechtl Erwägungen von der mündl Verh kein weiterer Erkenntnisgewinn ausgehen muss. Will das Berufungsgericht nach § 529 eine neue Tatsachengrundlage berücksichtigen, scheidet Zurückweisungsbeschluss idR aus (BGH NJW 2017, 736 [Kaiser]). Zurückweisungsbeschluss ist jedenfalls dann nicht möglich, wenn zulässig neuer Prozessstoff eingeführt wurde und dadurch eine Beweisaufnahme nötig wird (sa Piekenbrock JZ 2002, 540; MK/Rimmelspacher Rn 22; BGH MDR 2014, 1225). **Unstreitiges** muss in der Berufungsinstanz berücksichtigt werden, ohne dass § 531 Grenzen setzt (BGH NJW 2005, 291 = MDR 2005, 527; BGH NJW 2018, 2269). Reformatio in peius ist auch bei der Beschlusszurückweisung zu beachten (s § 528 Rn 32). Hält das Berufungsgericht die in der Sache abgewiesene Klage schon für unzulässig, ist ohne Änderung des Tenors zurückzuweisen. Ist das Berufungsgericht der Meinung, die als unzulässig zurückgewiesene Klage sei zwar zulässig, aber unbegründet, wird mündl zu verhandeln sein. 36

b) Mit der Berufung erhobene **Klageerweiterung**, vorgenommene **Klagebeschränkung** oder **Widerklage** schließen Beschlusszurückweisung nicht aus, weil der Berufungsführer sonst stets mündl Verh erzwingen könnte. Es liegt auch kein Fall vor, in dem eine mündl Verh geboten ist, weil sich der Erkenntniszuwachs durch mündl Verh in der Berufungsinstanz auf den ursprüngl Streitstoff beziehen muss. Widerklage, Klageerweiterung oder -beschränkung werden entspr § 524 IV mit Zurückweisung wirkungslos (BGHZ 198, 315; BGH NJW 2015, 251; BGH MDR 2017, 50; OLG Nürnberg MDR 2003, 770; OLG Rostock MDR 2003, 1195; OLG Frankfurt aM NJW 2004, 165; OLG Hamm VersR 2016, 647; OLG Hamm VersR 2021, 310; RSchwab/Gottwald § 138 Rn 8; MskV/Ball Rn 28a; Braunschneider Rn 702; zu Fragen der Verjährungsunterbrechung Baumert NJ 2014, 145), ebenso ein erstmals in der Berufungsinstanz gestellter Hilfsantrag (KG NJW 2006, 3505; OLGR Düsseldorf 2007, 465). Zurückweisen darf das Berufungsgericht einen klageerweiternden Antrag dann nicht im schriftlichen Verfahren, wenn der Berufungsführer damit auf einen Hinweis des Gerichts reagiert hat (BGH NJW 2016, 2508 [Bub] = MDR 2016, 664; BGH NJW-RR 2024, 715 = MDR 2024, 858) und zB seine Klageanträge konkretisiert (BGH MDR 2017, 1077 = NJW 2017, 2623). Dies gilt für alle nach § 533 nicht zuzulassenden Änderungen im Prozessverhalten und darüber hinaus für nach § 531 II nicht zuzulassende Angriffs- und Verteidigungsmittel, wie die erstmalige Erhebung einer Einrede. Verweigert der Berufungsbeklagte die Zustimmung zur Erledigterklärung in der Berufungsinstanz, kann auch mit Beschlusszurückweisung entschieden werden (OLG München NJW 2011, 1088). Ein Abstehen vom Urkundsprozess ist jedoch auch nach dem gerichtlichen Hinweis zulässig (BGH NJW-RR 2022, 1433 = MDR 2022, 1108). 37

c) Die Rechtssache darf zusätzl **keine grundsätzl Bedeutung** haben. Die Auslegung des Begriffs im Revisionsrecht ist hierbei heranzuziehen (s § 543 Rn 9 ff). Grundsätzl Bedeutung liegt vor, wenn die der Rechtssache zugrunde liegende Rechtsfrage auch künftig wiederholt auftreten wird und wenn über ihre Auslegung in der Rspr unterschiedl Auffassungen geäußert worden sind. Rein wirtschaftl Bedeutung zwischen den Parteien genügt allerdings nicht, so dass der unanfechtbare Zurückweisungsbeschluss auch bei sehr hohen Streitwerten ergehen 38 kann. Grundsätzl Bedeutung ist auch anzunehmen, wenn sich in einer gewichtigen Frage die Änderung der höchstrichterl Rspr andeutet (BVerfG NJW 2005, 1931), dies allerdings nur, wenn absehbar ist, dass sonst eine berechtigte Aussicht auf einen anderen Prozessausgang vereitelt würde (BVerfG NJW 2008, 504). Vereinzelte Stimmen in der Lit genügen nicht (BVerfG NJW-RR 2009, 1026; OLG Rostock MDR 2010, 48). Anwendbarkeit ausländischen Rechts begründet nicht per se grundsätzl Bedeutung (BGH NJW-RR 2025, 257).

39 **d)** Ein Zurückweisungsbeschluss darf auch dann nicht ergehen, wenn gegen die Entscheidung durch Urteil die Revision nach § 543 II 1 Nr 2 zuzulassen wäre (BVerfG NJW-RR 2022, 1377). Zur Auslegung der Begriffe der **Fortbildung des Rechts** und der **Wahrung der Einheitlichkeit der Rechtsordnung** s § 543 Rn 10, 14, 15.

40 **e)** Das Berufungsgericht muss zudem einstimmig eine mündl Verh für **nicht geboten** erachten. Die Gesetzesbegr verweist zu II 1 Nr 4 auf die Parallelvorschrift des § 130a VwGO (BTDrs 17/5334, 9). Bloßer neuer Vortrag des Berufungsklägers wird nicht reichen, die Hürde der Beschlusszurückweisung zu überspringen; dies wird nur gelingen, wenn der Gegner im Rahmen des rechtl Gehörs nach § 522 II 2 den neuen Vortrag ausdrückl bestätigt, wobei zu beachten ist, dass eine Erklärungspflicht des Gegners nicht besteht (Heßler FG Vollkommer, 2006, S 321; zu weitgehend Rimmelspacher FS Schlosser, 2005, S 747, der insoweit Geständnis nach § 288 verlangt). Mündl Verh ist dann geboten, wenn die Entscheidung des Berufungsgerichts auf **umfassend** neue rechtl Würdigung gestützt wird und diese angemessen mit dem Berufungsführer nicht im schriftl Verf erörtert werden kann, jede Auswechselung der Begründung wird nicht reichen (s Piekenbrock JZ 2002, 540: Forderung, es müsse stets durch Urteil entschieden werden, wenn die Zivilkammer nach § 348 I 2 hätte entscheiden müssen, ist zu formal). Wirtschaftl Bedeutung allein schließt Zurückweisung durch Beschluss nicht aus (OLGR München 2004, 455). Wie die in der Gesetzesbegr aufgeführte „existentielle" Bedeutung für die Parteien bemessen werden soll, ist fragl. Sie kann bei den in der Gesetzesbegr aufgeführten Arzthaftungssachen vorliegen, muss aber nicht. Liegen keine sonstigen Verstöße – zB gegen das rechtl Gehör – vor, ist die Entscheidung des Berufungsgerichts über das Gebotensein der mündl Verh nicht der Nachprüfung durch das Revisionsgericht zugängl, weil im Verf nach II die VerfGrundrechte, insb Gewährung rechtl Gehörs, gesichert sind (sa MK/Rimmelspacher Rn 25).

41 **4) Begründung.** Die Entscheidung ist zu begründen, zuzustellen und kann nach § 321 ergänzt werden (OLG München MDR 2003, 522; OLGR Jena 2007, 414; OLGR Rostock 2009, 267). Sie muss erkennen lassen, was der Berufungskläger mit seinem Rechtsmittel erstrebt hat (BGH NJW-RR 2018, 1087 = MDR 2018, 1074). Soweit sich aus der Stellungnahme des Berufungsführers nichts Neues ergibt, genügt nach ausdrückl ges Vorschrift auch ein Verweis auf den Hinweis nach II 2. Wegen der Anfechtbarkeit mit der NZB muss die Entscheidung eine Bezugnahme auf die tatsächl Feststellungen und die in Bezug darauf angenommenen Änderungen enthalten. Die Begründung kann knapper ausfallen als ein Berufungsurteil nach § 540, hat sich aber mit dem Vortrag des Berufungsführers auseinander zu setzen (BGH MDR 2016, 292; BGH NJW 2016, 3787 = MDR 2016, 1402; BGH MDR 2018, 1074; BGH NJW-RR 2023, 49). Sind neue rechtl Gesichtspunkte angeführt, ist auszuführen, warum sie keine andere Beurteilung als das Erstgericht rechtfertigen; sind neue Beweismittel vorgetragen, so ist anzugeben, warum diese unerhebl sind oder auf Grund der §§ 530, 531 nicht mehr eingebracht werden können. Nur dann ist näml mündl Verh entbehrl. Ansonsten muss nicht angegeben werden, warum das Berufungsgericht von Entbehrlichkeit der mündl Verh ausgegangen ist (Schoch/Schneider/Rudisile § 130a VwGO Rn 14). Zulässig ist auch die vAw mögl Berichtigung der erstinstanzl Kostenentscheidung (Stuttgart BauR 2010, 1642; MK/Rimmelspacher Rn 35) oder die Beseitigung offensichtl Unrichtigkeiten der erstinstanzl Entscheidung (OLGR München 2008, 691). Da der Beschluss an die Stelle des Berufungsurteils tritt, muss der Umfang der Rechtskraft bestimmt werden können, sich also aus dem Beschluss ergeben, in welchem Umfang die Berufung zurückgewiesen wird, soweit man teilw Zurückweisung für zulässig erachtet.

42 **5) Kostenentscheidung, Vollstreckbarkeit.** Folgt aus den allg Vorschriften, im Wesentl also aus § 97. Soweit man Teilentscheidung zulässt (s Rn 43), ist sie der Endentscheidung vorzubehalten. Nach § 708 Nr 10 ist das erstinstanzl Urteil ohne Sicherheitsleistung für **vorläufig vollstr** zu erklären. Wegen der Anfechtbarkeit des Beschlusses mit der NZB ist der Beschluss selbst wegen der Kosten ebenfalls für **vorläufig vollstr** zu erklären. Ggf ist eine Abwendungsbefugnis auszusprechen. Dies gilt auch dann, wenn die NZB durch § 544 II Nr 1 (s vor § 542 Rn 2) ausgeschlossen ist.

43 **6) Teilweise Zurückweisung.** Nach der Gesetzesbegr soll eine teilw Zurückweisung der Berufung durch Beschluss nicht mögl sein (BTDrs 14/4722, 97). Im Gesetzeswortlaut findet sich dafür keine Stütze. Die Teilzurückweisung ist in den Fällen zu erwägen, wo durch Teilurteil entschieden werden kann (OLG Karlsruhe MDR 2003, 711; OLGR Koblenz 2003, 460; OLG Dresden NJ 2004, 37 bei subj Klagenhäufung; OLG Rostock NJW 2003, 2754, OLGR Rostock 2009, 134 bei mehreren selbständigen Ansprüchen; KGR Berlin 2007, 466; ThP/Seiler Rn 21; MskV/Ball Rn 28a; offen gelassen BGH WM 2007, 570; aA Fölsch NJW 2006, 3521; Stackmann NJW 2007, 9; MK/Rimmelspacher Rn 35, kein Raum für schriftl Verf, weil ohnehin über den Rest mündl verhandelt werden müsse).

44 **7) Anfechtbarkeit.** Der Beschluss ist mit der NZB anfechtbar (wie eine Entscheidung durch Urteil), III, soweit diese nicht mangels ausreichender Beschwer ausgeschlossen ist (§ 544 II Nr 1, s Rn 42). Das statthafte Rechts-

mittel ist die NZB, weil die Revisionszulassungsgründe nach § 543 aus der Sicht des Berufungsgerichts nicht vorliegen können, denknotwendig also eine Revisionszulassung ausscheidet. An eine dennoch zugelassene Revision ist das Revisionsgericht nicht gebunden (BGH NJW 2019, 2034; BGHZ 221, 278; dazu Baumert EWiR 2019, 479). Ist die Berufung unzulässig, ist die Rechtsbeschwerde nach I 4 zulässig, weil der Zurückweisungsbeschluss nicht hätte ergehen dürfen (BGH NJW 2016, 3380 = MDR 2016, 1282; BGH NJW 2018, 2269). Der Beschluss unterliegt nicht dem Abhilfeverf nach § 321a (s § 321a Rn 4), soweit er mit der NZB anfechtbar ist. Es gibt gegen den Beschluss keine Gegenvorstellung (OLG Köln MDR 2005, 1070). Der Beschluss muss zugestellt werden (OLG München MDR 2003, 522). Das Revisionsgericht entscheidet wie sonst auch bei der NZB mit denselben Prüfungsmaßstäben; bei Erfolg wird das Verf als Revisionsverf fortgesetzt (§ 544 VIII) oder nach § 544 IX (BGH NJW 2017, 736: wenn eine Teilzulassung durch den BGH in Betracht kommt) vorgegangen.

X) Gebühren. 1) Gericht: Der Verwerfungs- (I 2) und der Zurückweisungsbeschluss (II) sind gebührenfrei, auch im Berufungsverf über Arreste und einstw Verfügungen. Entscheidungen sind mit den Pauschgeb abgegolten. – Der Hinweisbeschluss (§ 522 II 2) ist kein Beschluss in der Hauptsache iS 1222 GKG-KV, hindert also eine Gebührenermäßigung nicht (OLG Koblenz MDR 2007, 619). – Rechtsbeschwerde (I 4) gegen Verwerfungsbeschlüsse: 1820, 1822 GKG-KV. – **2) RA:** Verf-Geb 3200 RVG-VV; Ermäßigung von 1,6 auf 1,1 bei vorzeitiger Beendigung nach 3201 RVG-VV. – Zur Erstattung s § 91 Rn 13.21. – In den Beschlussverf (I, II) kann zwar keine Terminsgeb nach 3104 I Nr 1 RVG-VV, aber eine nach Vorbem 3 III 3 RVG-VV entstehen (N. Schneider NJW-Spezial 2019, 155 zu Verf nach II). – Rechtsbeschwerde (I 4): 3502 RVG-VV; vorzeitige Beendigung: 3503 RVG-VV. – Zur NZB (III) s § 544 Rn 34. 45

§ 523 Terminsbestimmung

(1) [1]Wird die Berufung nicht nach § 522 durch Beschluss verworfen oder zurückgewiesen, so entscheidet das Berufungsgericht über die Übertragung des Rechtsstreits auf den Einzelrichter. [2]Sodann ist unverzüglich Termin zur mündlichen Verhandlung zu bestimmen.

(2) Auf die Frist, die zwischen dem Zeitpunkt der Bekanntmachung des Termins und der mündlichen Verhandlung liegen muss, ist § 274 Abs. 3 entsprechend anzuwenden.

I) Fortgang des Verfahrens. Nach Entscheidung des Berufungsgerichts gem § 522 (Verwerfung oder Zurückweisung durch Beschluss) nimmt das Berufungsverf seinen Fortgang. Kammer oder Senat entscheiden über die Übertragung des Rechtsstreits auf den ER gem § 526 oder § 527. Das Berufungsgericht kann den Rechtsstreit dem entscheidenden ER oder dem vorbereitenden ER übertragen. Beide Möglichkeiten stehen im nicht nachprüfbaren Ermessen des Berufungsgerichts. Wird vor der Kammer oder dem Senat terminiert, so liegt darin zugleich konkludent die Entscheidung gegen einen ER-Einsatz. Eines ausdrückl Beschlusses des Gerichts bedarf es dafür nicht. Ist der Rechtsstreit auf den ER übertragen, hat dieser alsbald Termin zu bestimmen. Wird nicht übertragen, entscheidet der Vors (§ 216 II). 1

II) Unverzüglichkeit. Für die Terminsbestimmung gilt § 216. Der Termin ist unverzügl zu bestimmen (§ 121 I BGB, s § 216 Rn 13). Die Möglichkeiten der Fristsetzung ergeben sich aus § 521 II, so dass das Verf auch als schriftl Vorverf ausgestaltet werden kann. Diese Maßnahmen werden aber zumeist schon zur Vorbereitung der Entscheidung nach § 522 getroffen sein. 2

III) Ladungsfrist. Für den Berufungskläger (§ 217) beträgt mindestens 1 Woche. **Einlassungsfrist** für den Berufungsbeklagten (§ 523 II, § 274 III) mindestens 2 Wochen. Grds zu kurz, jedenfalls dann, wenn noch nicht erwidert ist, was allerdings wegen des Verf nach § 522 kaum je vorkommen wird. 3

IV) Bekanntmachung. Terminsbestimmung und Fristsetzungen sind bekannt zu machen, II. 4

§ 524 Anschlussberufung

(1) [1]Der Berufungsbeklagte kann sich der Berufung anschließen. [2]Die Anschließung erfolgt durch Einreichung der Berufungsanschlussschrift bei dem Berufungsgericht.

(2) [1]Die Anschließung ist auch statthaft, wenn der Berufungsbeklagte auf die Berufung verzichtet hat oder die Berufungsfrist verstrichen ist. [2]Sie ist zulässig bis zum Ablauf der dem Berufungsbeklagten gesetzten Frist zur Berufungserwiderung. [3]Diese Frist gilt nicht, wenn die Anschließung eine Verurteilung zu künftig fällig werdenden wiederkehrenden Leistungen (§ 323) zum Gegenstand hat.

(3) [1]Die Anschlussberufung muss in der Anschlussschrift begründet werden. [2]Die Vorschriften des § 519 Abs. 2, 4 und des § 520 Abs. 3 sowie des § 521 gelten entsprechend.

(4) Die Anschließung verliert ihre Wirkung, wenn die Berufung zurückgenommen, verworfen oder durch Beschluss zurückgewiesen wird.

Lit: *Jacoby*, Das Anschlussrechtsmittel u seine Kosten nach dem ZPO-RG, ZZP 115 (2002), 185.

1 **I) Grundsatz. 1) Prozessuale Billigkeit.** Der **Berufungsbeklagte** kann durch Anschlussberufung erreichen, dass nicht allein die Anträge des Berufungsklägers die Grenzen bestimmen, innerhalb deren der Rechtsstreit einer Überprüfung zugeführt wird, kann also das Verschlechterungsverbot zu Lasten des Berufungsführers ausschalten. Zweck des § 524 ist es, diej Partei zu schützen, die in Unkenntnis des Rechtsmittels der Gegenpartei trotz eigener Beschwer die Rechtsmittelfrist im Vertrauen auf den Bestand des Urteils verstreichen lässt. Wird die Hoffnung auf den Bestand des Urteils enttäuscht, soll trotz Verzichts auf die Berufung oder Verstreichens der Berufungsfrist die Möglichkeit der vollen Überprüfung des Urteils eröffnet werden. Wer sich sein Rechtsmittel auf jeden Fall unabhängig vom Gegner erhalten will, muss selbst Berufung einlegen, da auch die in der Berufungsfrist ausdrückl als solche eingelegte Anschlussberufung ohne weiteres hinfällig wird, wenn die Hauptberufung zurückgenommen, verworfen oder durch Beschluss nach § 522 zurückgewiesen wird (Grunsky NJW 2002, 802 Fn 7).

2 **2) Entscheidung über einen weiteren Rechtsmittelgegenstand.** Der Berufungsbeklagte **muss** sich **anschließen**, wenn er ohne eigenes Rechtsmittel mehr erreichen will als Verwerfung oder Zurückweisung der Hauptberufung (BGH NJW 2015, 2812; BGH MDR 2022, 586). Dass die Anschlussberufung den Streitgegenstand der Rechtsmittelinstanz erweitern soll, muss im Anschlussschriftsatz eindeutig erklärt werden (BGH WM 90, 30). Zu den Zielen einer Anschlussberufung s. Rn 30-35. Überflüssig ist die Anschlussberufung, wenn ledigl das Ziel verfolgt wird, die Zurückweisung der Berufung mit der Maßgabe zu erreichen, dass abweichend vom erstinstanzl Urteil Zahlung nicht an den Kl, sondern an dessen Zessionar zu erfolgen habe (BGH MDR 78, 398 = ZZP 91 [1978], 314 [Grunsky]) oder von Kostenvorschuss auf Kostenerstattung übergegangen wird, ohne dass der im Ersturteil ausgesprochene Betrag überschritten wird (BGH MDR 2006, 586). Hinweis: Zur Anschlussbeschwerde in Familiensachen s § 66 FamFG.

3 **II) Rechtsnatur.** Die Anschließung ist nicht selbst ein Rechtsmittel, sie ist ein auch als Angriff wirkender Antrag innerhalb der fremden Berufung, in ihrem Verhältnis zur Hauptberufung nur akzessorisch (BGH WM 84, 349 = NJW 84, 1240). Folgerungen daraus ergeben sich für die Notwendigkeit einer **Beschwer** (s Rn 30).

4 ***III) Form und Frist.*** *Die Form* der Anschließung regelt § 524 I 2, die **Frist**, innerhalb deren die Anschließung erklärt werden kann, § 524 II 2. Die Frist gilt auch für eine den Streitgegenstand ändernde Anschlussberufung (BGH NJW 2008, 1953).

1) Bezeichnung. Bezeichnung als Anschlussberufung ist unnötig (BGH NJW 90, 449). **Stillschweigende An-** 5
schlussberufung dadurch mögl. Notwendig ist, dass sich eindeutig bestimmen lässt, in welchem Umfang das Urteil angegriffen oder der Klageanspruch erweitert werden soll; der Anschlusswille sollte grds durch einen entspr Sachantrag ausgedrückt werden (ausf BGH NJW 90, 449; BGH NJW 2000, 3216). Umgekehrter Fall: Der Rechtsmittelgegner überschreibt seine Berufungserwiderung auch mit Anschlussberufung, stellt jedoch keinen Abänderungsantrag. Dann kommt es auf die Begründung an. Greift er darin ihm ungünstig entschiedene erstinstanzl Positionen an, spricht das für Anschließung. Schon vor mündl Verh, spätestens in ihr ist auf Klarstellung hinzuwirken (§ 139). Hat der Berufungsbeklagte sein Rechtsmittel als Anschlussberufung bezeichnet, kann dennoch eine Auslegung als eigenständige Berufung in Betracht kommen (BGH NJW 2003, 2388; BGH NJW 2011, 1455; sa Piekenbrock MDR 2002, 675). Dem RA ist in jedem Fall präzise Bezeichnung anzuraten (Grunsky NJW 2002, 800; Heiderhoff NJW 2002, 1402).

2) Umdeutung. Eine in der Berufungsfrist eingelegte, wegen fehlender Beschwer, Nichtzulassung oder Nichter- 6
reichung der Berufungssumme unzulässige eigene Berufung kann als Anschlussberufung aufrechterhalten werden (vgl BGH NJW 2000, 3215; BGH MDR 2016, 666). Auch eine eigene, aber wegen Fehlens einer ordnungsgemäßen Begründung unzulässige Berufung kann uU als Anschlussberufung aufrechterhalten werden (BGH NJW 2009, 442), würde aber voraussetzen, dass sie fristgerecht wenigstens in der Anschlussfrist begründet ist. Eine Anschlussberufung kann in Wirklichkeit auch eine zulässige Berufung (BGH NJW 2011, 1455) oder Berufungserweiterung sein (OLG München FamRZ 84, 492); eine unzulässige Anschlussberufung kann in die zulässige Neufassung des Klageantrags umgedeutet werden (BGH NJW 91, 3028 = MDR 92, 189).

3) Antragstellung. Wirksam wird die Anschlussberufung mit Stellung des Antrags in der mündl Verh. 7

4) Vorbereitung durch Schriftsatz. Ledigl durch mündl **Antrag in der Berufungsverh** kann eine Anschlussbe- 8
rufung nicht erhoben werden (BGHZ 33, 173; BGH MDR 89, 522; OLG Köln MDR 2025, 59). Nach Einreichen eines Schriftsatzes, der den zu stellenden Antrag nebst Begründung enthält und in dem Anschlussberufung angekündigt wird, genügt aber die Erklärung in der mündl Verh, dass Anschlussberufung eingelegt werde, und die Verlesung des angekündigten Antrags (BGHZ 33, 169). Signierung des Schriftsatzes nötig wie bei § 520.

5) Zustellung. Anschlussschrift und Begründungsschrift sind vAw zuzustellen (dazu § 521), jedoch nur Ord- 9
nungsvorschrift (OLG Düsseldorf FamRZ 82, 922).

6) Frist. Die Anschlussberufung ist innerhalb der dem Bekl gesetzten Erwiderungsfrist einzulegen. Wurde ihm 10
eine solche Frist nicht wirksam (BGH MDR 2009, 216 = NJW 2009, 515: Zustellung der richterl Vfg nötig) gesetzt, ist die Anschließung bis zum Schluss der mündl Verh mögl. Der Bekl muss nach § 277 belehrt werden, aber nicht über die Frist zur Einlegung der Anschlussberufung (BGHZ 215, 89). Wird die Erwiderungsfrist nach § 224 II verlängert, so verlängert sich automatisch auch die Einlegungsfrist. Eine WE in die versäumte Frist zur Anschließung kommt nicht in Betracht (BGHZ 232, 284; BGH NJW-RR 2024, 797 = MDR 2024, 732). Der Berufungsbeklagte kann zunächst das Verf nach § 522 II abwarten, weil er hier in aller Regel noch nicht zur Erwiderung aufgefordert wird. Anschließung bleibt ohne Frist mögl, wenn sie sich auf eine künftig fällig werdende wiederkehrende Leistung nach § 323 bezieht (s Rn 37). Bedeutung erlangt dies im Unterhaltsrecht (OLG Zweibrücken FamRZ 2004, 554) oder bei Betriebsrenten (BAG NZA 2020, 116). § 531 II, § 533 sind zu beachten. Die Anträge des Anschließenden können außerhalb der Begründungsfrist erweitert werden, wenn die Anschlussberufungsbegründung die Erweiterung abdeckt (BGH NJW 2005, 3067 = MDR 2006, 45). Allein prozessökonomische Gründe rechtfertigen die Zulässigkeit einer nach Ablauf der Frist eingelegten Anschlussberufung allerdings nicht (BGH MDR 2022, 1428).

7) Wiederholung. Eine zurückgenommene Anschlussberufung kann auch nicht bis zum Schluss der mündl 11
Verh **wiederholt** werden, wenn die Anschlussfrist mittlerw abgelaufen ist.

IV) Begründung. 1) Grundsatz. Die Anschlussberufung muss in der Anschlussschrift (**Formulierungsvor-** 12
schlag: Vorwerk, PFB, M 68.1) begründet werden, III 1; etwas anderes kann gelten, wenn sie der in 1. Instanz siegreich gebliebene Kl nur zur Erweiterung des Klageantrags, der in 1. Instanz erfolgreiche Bekl nur zur Erhebung einer Widerklage eingelegt hat, weil dann das erstinstanzl Urteil nicht angegriffen wird (RGZ 150, 249; RGZ 153, 104; RG JW 38, 895). In diesen Fällen gilt aber Verspätungsrecht und § 533 (sa Rn 10 aE).

2) Bestimmte Anträge. Sie (s § 520 III) sind erforderl. 13

3) Ausnahmen. Fragl ist, ob die Anschlussberufung auch in der Anschlussschrift zu begründen ist, wenn sie vor 14
Ablauf der Erwiderungsfrist eingelegt wurde, etwa weil eine solche Frist gar nicht gesetzt wurde. Da die Frist weiter der Beschleunigung dient, sollte die Begründung in diesem Fall spätestens mit Ablauf der Erwiderungsfrist vorliegen, ggf müsste das Gericht mit der Einreichung der Anschlussberufung eine derartige Frist setzen.

4) Form der Begründung. In dem seltenen Fall, dass die **Anschließungsfrist in der mündl Verh noch offen** 15
ist, genügt mündl Begründung nicht (BAG NJW 58, 357); da der Gesichtspunkt der Vorbereitung der mündl Verh entfällt, sind hier an den Inhalt der Berufungsbegründung geringere Anforderungen zu stellen (BGH LM Nr 15 zu § 519 ZPO).

5) Fehlen der Begründung. Unterbleibt die Begründung, so ist die Anschlussberufung unzulässig. 16

17 **V) Hilfsanschlussberufung.** Die Anschlussberufung kann auch bedingt erhoben werden, dh für den Fall, dass dem in 1. Linie gestellten Antrag auf Verwerfung oder Zurückweisung der Berufung nicht entsprochen werden sollte, sog Hilfsanschlussberufung (BGH NJW 84, 1240); Die Einlegung kann auch von der Bewilligung der PKH abhängig gemacht werden (OLG Frankfurt FamRZ 2000, 240) oder für den Fall erhoben werden, dass das Gericht nicht zurückverweist (OLG Düsseldorf NJW 2020, 71). Tritt die Bedingung nicht ein, erhöht sich der Streitwert nicht (BGH NJW-RR 1999, 1157). Unzulässig ist eine Anschlussberufung unter der Bedingung, dass ein anderer Streitgenosse im Rechtsstreit unterliege (BGH MDR 89, 899).

18 **VI) Angriffsziel. 1) Gegner.** Die Anschlussberufung ist nur Antragstellung innerhalb einer fremden Berufung und kann sich deshalb **nur gegen den Berufungsführer** richten, nicht gegen Dritte (BGH MDR 2000, 843; OLG München VersR 2010, 1521; OLG Hamm ZIP 2014, 1479), etwa um die Klage auf den InsVerwalter persönl auszudehnen (BGH ZIP 91, 42) oder auf den Streithelfer des Berufungsklägers (BGH NJW 95, 198). Dritter ist auch der Bekl, gegen den die Klage schon in 1. Instanz abgewiesen wurde (OLGR Hamm 1995, 38) oder der verfahrenswidrig nicht einbezogen wurde (BGH MDR 2000, 843). Deshalb ist es einer Partei, die im 1. Rechtszug beteiligt war, auch nicht mögl, mit Hilfe einer Anschlussberufung in die 2. Instanz zu gelangen, wenn sich die Hauptberufung nicht gegen sie richtet (BGH NJW 91, 2569). Bei Berufung im Eilverf muss der Antrag auf Neuerlass beim Eingangsgericht gestellt werden, auch wenn der Verfügungskläger Anschlussberufung eingelegt hat (BeckOK ZPO/Elzer/Mayer, § 929 Rn 85 mwN).

19 **2) Anschließung nicht an Anschlussberufung.** Die Anschlussberufung eröffnet keine Möglichkeit, das eigene Rechtsmittel zu erweitern (s OLG Frankfurt FamRZ 85, 821, 822). Anschließung **nur an** die **vom Gegner eingelegte Hauptberufung** (BGHZ 88, 360 = ZZP 97 [1984], 476 [abl Grunsky] = JZ 84, 476 [abl Fenn, der mit Recht auf die darin liegende Benachteiligung des Berufungsklägers hinweist]; sa BGH MDR 86, 658 = NJW 86, 1494 u Bergerfurth FamRZ 86, 940, der Berufungskläger kann so nach Verzicht oder außerhalb der Berufungsgründe nicht erweitern). Anschlussberufung der Hauptpartei an eine Berufung, die ihr **eigener Streitgenosse eingelegt** hat, ist unzulässig (OLG Köln MDR 2018, 1209). Jedoch ist eine Umdeutung in eigene (selbständige) Berufung zu erwägen; anderenfalls ist das Vorbringen der Hauptpartei als Unterstützung der Berufung des Streithelfers zugunsten der Hauptpartei zu beachten. Im Streitgenossenprozess können sich Verschachtelungen ergeben, die nicht immer überschaut werden. Bsp: A, B und C klagen als Streitgenossen gegen D je eigene Ansprüche ein. Die Klagen des A und des B werden abgewiesen, C obsiegt. D legt Berufung gegen seine Verurteilung ein. Dann können A und B nur selbständige Berufung einlegen. Anschließen können sie sich nicht (Klamaris, Das Rechtsmittel der Anschlussberufung, 1975, S 196 f).

20 **VII) Teilurteil. 1) Erstinstanzlich anhängiger Teil.** Bei einer Berufung des Bekl gegen ein Teilurteil kann der Kl nicht mit der Anschlussberufung erreichen, dass über den Teil des Anspruchs entschieden wird, der noch in 1. Instanz anhängig ist (BGHZ 30, 213; BGH FamRZ 83, 459). Jedoch darf das Berufungsgericht den in 1. Instanz noch anhängenden Teil des Rechtsstreits mitbescheiden, wenn das erstinstanzl Gericht unzulässigerw durch Teilurteil entschieden hat (s BGH MDR 60, 219; Schneider MDR 76, 95).

21 **2) Rechtskraft einer Teilabweisung.** Nach rechtskräftiger Teilabweisung eines mit Teilklage verfolgten Anspruchs darf der mit Anschlussberufung beanspruchte Mehrbetrag noch nicht Gegenstand des Rechtsstreits gewesen sein, da sonst die Rechtskraft der Teilabweisung unbeachtet bliebe (BGH NJW 61, 1813).

22 **VIII) Akzessorietät. 1) Zulässigkeit.** Die Anschlussberufung ist **zulässig, solange** das Verf über die Hauptberufung schwebt. Die zulässig eingelegte Anschlussberufung kann nach Schluss der mündl Verh nicht mehr erweitert werden (BGH MDR 84, 1014 = NJW 84, 2951; sa Rn 11 aE).

23 **2) Anschließung des Säumigen.** Sie ist nur mit der Begründung des § 514 II zulässig.

24 **3) Wirkungsverlust durch Berufungsrücknahme.** Die Anschließung verliert nach IV ihre Wirkung, wenn die **Berufung zurückgenommen**, als unzulässig **verworfen** oder durch Beschluss nach § 522 II **zurückgewiesen** wird. Deshalb darf über die Anschlussberufung nicht durch Teilurteil vorweg entschieden werden. Auch kommt damit keine Zurückweisung nach § 522 II vorab in Betracht. **Übereinstimmende Hauptsacheerledigung** steht der Berufungsrücknahme nicht gleich. Die Anschlussberufung wird dadurch nicht wirkungslos, weil bei der noch ausstehenden Kostenentscheidung gem § 91a die Erfolgsaussichten des Hauptrechtsmittels zur Erledigung zu prüfen sind, was zu einer Abänderung der vorinstanzl Kostenregelung zum Nachteil des Anschlussberufungsklägers führen kann (BGH NJW 86, 852).

25 **4) Wirkungsverlust durch Vergleich.** Eine Anschlussberufung verliert entspr IV auch dann ihre Wirkung, wenn die Parteien sich **vergleichen**. Erhält der Berufungsbeklagte trotzdem seine Anschlussberufung aufrecht, ist sie zu verwerfen (BGH NJW 84, 852; BAG MDR 76, 961).

26 **5) Sonstige Erledigung der Berufung.** Die Anschließung verliert ihre Wirkung auch, wenn der Berufungskläger nach dem Verlesen der Anträge und nach Erklärung der Anschließung die Berufung zurücknimmt. Sie bleibt jedoch wirksam, wenn der Berufungskläger **einseitig für erledigt erklärt**, im Verhandlungstermin auf seinen Anspruch nach § 306 **verzichtet** (RGZ 45, 409), **anerkennt** oder seine Berufung durch **VU** zurückgewiesen wird (RGZ 103, 125).

6) Ausspruch des Verlusts. Da die Verlustwirkung **kraft Gesetzes** eintritt, hat ein Ausspruch darüber nur deklaratorische Bedeutung und ist unanfechtbar (BGH NJW 90, 841). Anders jedoch, wenn die Entscheidung gerade einen Streit über die Wirksamkeit der Zurücknahme des Hauptrechtsmittels klären will (BGH NJW 86, 852) oder das als Anschlussberufung bezeichnete Rechtsmittel als eigenständige Berufung auszulegen ist und der Beschluss über die Verlustwirkung sich damit als Verwerfung als unzulässig darstellt (BGH NJW 2011, 1455); dann ist die Rechtsbeschwerde gem § 522 I 3 zulässig. 27

IX) Verzicht. Ein Verzicht des Berufungsbeklagten auf die **Berufung** (s zu § 515) hindert die Anschließung nicht (II 1). Der Verzicht auf die **Anschlussberufung** ist vor Einlegung des Hauptrechtsmittels unwirksam (OLG Köln FamRZ 83, 854 gegen OLG Stuttgart FamRZ 83, 1152; OLG Hamm FamRZ 83, 823). 28

X) Beschwer. 1) Keine Zulässigkeitsvoraussetzung. Da die Anschlussberufung nicht als Rechtsmittel angesehen wird (s Rn 4), wird allg eine Beschwer als Zulassungsvoraussetzung nicht gefordert (BGHZ 4, 234; BGH NJW 80, 702; OLG Saarbrücken OLGZ 88, 235; MskV/Ball Rn 10); gegen diesen Ansatz, der in der Praxis auch nicht durchgehalten wird, wenden sich Althammer (StJ Rn 8) und Gehrlein (FS Rüßmann, 2013, S 526) mit überzeugenden Gründen. Nach BGH (MDR 96, 522) ist Voraussetzung, dass eine Abänderung des angefochtenen Urteils zugunsten des Anschlussrechtsmittelklägers mindestens mögl ist; ferner muss das Begehren des Anschlussrechtsmittels auf mehr gehen als das, was das angefochtene Urteil bereits zugesprochen habe (BGH NJW-RR 88, 185). Die Berufungssumme muss nicht erreicht sein. 29

2) Keine Anschließung zur Änderung der Gründe. Nicht zulässig ist Anschließung zwecks Änderung der Urteilsgründe. Will der in der 1. Instanz erfolgreiche Kl in der Berufungsinstanz den Klagegrund auswechseln, muss er dazu Anschlussberufung einlegen (BGH NJW 2008, 1953). 30

3) Anschließung zur Klageerweiterung. Wegen der Entbehrlichkeit einer Beschwer kann sich der in 1. Instanz voll durchgedrungene Kl der Berufung des Bekl zur Klageerweiterung anschließen, wenn die Frist noch offen ist (BGHZ 4, 234; BAG NZA 94, 761; OLG Düsseldorf GRUR-RR 2020, 417; OLG Karlsruhe NJW-RR 2024, 1545; **Formulierungsvorschlag:** Vorwerk, PFB, M 68.2); auch, um vom ursprüngl Feststellungsanspruch zum Zahlungsanspruch überzugehen (KG VersR 69, 190). Soll der Zug-um Zug-Vorbehalt zugunsten des in erster Instanz erfolgreichen Klägers entfallen, muss Berufungsanschluss erklärt werden (OLG Frankfurt MDR 2024, 573). 31

4) Zahlung nach Urteilserlass. Zahlt der Bekl nach Berufungseinlegung, aber vor Einlegung der Anschlussberufung, dann kann er dadurch die Anschlussberufung nicht unzulässig machen (KG OLGZ 76, 361). 32

5) Anschließung im Kostenpunkt. Die Anschließung ist auch zulässig, wenn sie **auf den Kostenpunkt beschränkt** wird (BGHZ 17, 397; aA Gilles ZZP 92 [1979], 158 f; Musielak FS Schwab, 1990, S 356 f). Das ist aber nicht erforderl, weil die Kostenentscheidung ohnehin unter Ausschluss des Verschlechterungsverbots (BGH MDR 81, 928; OLG Köln NJW 89, 721; BSG MDR 88, 260; BVerwGE 14, 174, 175) vAw insgesamt zu überprüfen ist (BGH WM 81, 46), nach BGH auch bzgl eines am Rechtsmittelverf nicht beteiligten Streitgenossen (BGH VersR 81, 1033), der bei Verschlechterung jedoch gehört werden muss, Art 103 I GG (BGH VersR 81, 1035). 33

6) Anschließung gegen vorläufige Vollstreckbarkeit. Zulässig ferner Anschlussberufung gegen die Entscheidung zur vorläufigen Vollstreckbarkeit des erstinstanzl Urteils (OLG Düsseldorf FamRZ 85, 305; OLG Frankfurt MDR 87, 1033). 34

7) Anschließung zur Antragsänderung. Nach II 3 ist Anschließung ohne Einhaltung einer Frist mögl, wenn mit ihr künftig fällig werdende, wiederkehrende Leistungen verlangt wurden (s Rn 5). Wann die Gründe, die die Anschließung tragen sollen, entstanden sind, ist dabei nicht entscheidend (BGH NJW 2009, 1271 [zust Born]; BGH NJW 2016, 1963 = MDR 2016, 901; aA OLG Koblenz NJW 2007, 3362; OLG Celle FamRZ 2007, 1821; OLGR Nürnberg 2009, 16: nur wenn die zu Grunde liegenden Tatsachen während der Berufungsinstanz entstanden sind); ansonsten kann die Ausnahme für künftig wiederkehrende Leistungen aber nicht auf andere nachträgl Klageerweiterungen ausgedehnt werden (OLG Frankfurt MDR 2007, 1449; OLGR Frankfurt 2008, 165). WE soll gewährt werden, wenn der Anschließende erstmals auf einen Hinweis des Berufungsgerichts reagieren kann (OLG Stuttgart OLGR 2008, 25). 35

8) Anschließung bei Haupt- und Hilfsantrag. Anschlussberufung mit dem Ziel, einen **Hilfsantrag** zu stellen oder einen erstinstanzl abgewiesenen Hauptantrag nunmehr als Hilfsantrag weiterzuverfolgen, ist mögl (Schneider JurBüro 78, 490); dagegen keine Anschließung zur Stellung eines Hilfsantrages, wenn Kl erstinstanzl schon mit dem Hauptantrag erfolgreich war, weil er dann bereits erstinstanzl alles bekommen hat, was er primär erstrebt hat, und der gesamte Prozessstoff in der zweiten Instanz anfällt (BGH NJW-RR 2023, 1166 = MDR 2023, 998). Wurde Kl mit dem Hauptantrag abgewiesen, obsiegte aber mit dem Hilfsantrag und verfolgt nun in der Berufung seinen Hauptantrag weiter, so ist die Verurteilung zum Hilfsantrag auch dann vAw aufzuheben, wenn diese mit einer Anschlussberufung angefochten war, weil diese unter der innerprozessualen Bedingung stand, dass die Berufung gegen die Abweisung des Hauptantrags erfolglos bleibt (BGH NJW 2001, 1127). 36

9) Anschließung zur Erhebung der Widerklage. Der Bekl kann sich auch zur Erhebung einer Widerklage anschließen; eine in der Berufungsinstanz erhobene Widerklage kann so auszulegen sein (RGZ 156, 242; BGHZ 4, 37

234). Die Beschränkungen des § 533 sind zu beachten. Sind Klage und Widerklage abgewiesen worden, ist Anschließung zur Weiterverfolgung der Widerklage zulässig (RGZ 46, 373), selbst wenn der Bekl und Widerkläger eine von ihm vorher selbständig eingelegte Berufung zurückgenommen (§ 516) oder auf sie verzichtet (§ 515) hatte (RGZ 38, 430); gleich steht der Fall, dass diese Berufung bereits als unzulässig verworfen worden war (RGZ 153, 348).

38 **10) Endgültige Klarheit über Zulässigkeit.** Ist die Klage erstinstanzl **als zzt unbegründet** abgewiesen worden, kann die Anschließung darauf gerichtet werden, endgültige Klarheit zu erreichen (BGHZ 24, 279).

39 **11) Keine Anschließung zur Verfolgung von Einwendungen.** Zur Verfolgung von **Einwendungen**, die im 1. Rechtszug erfolglos vorgebracht worden sind, bedarf es keiner Anschlussberufung, weil dies zur Schlüssigkeitsprüfung gehört, zu der die Berufung zwingt (s BGH NJW 55, 825). Nach BGH MDR 78, 398 gilt das auch, wenn nach Berufung des Bekl der Kl deren Zurückweisung mit der Maßgabe beantragen will, der Bekl möge (nicht zur Zahlung an den Kl – so 1. Instanz –, sondern) zur Zahlung an einen Abtretungsempfänger verurteilt werden.

40 **XI) Entscheidung.** Über die Anschlussberufung kann (außer bei Anträgen nach § 718: OLG Düsseldorf FamRZ 85, 307) nicht durch Teilurteil oder Zurückweisungsbeschluss vorweg entschieden werden (BGHZ 20, 311). Dies folgt aus der Abhängigkeit nach IV und gilt selbst dann, wenn die Anschlussberufung unheilbar unzulässig ist (BGH NJW 94, 2235). Bei Teil-VU darf kein streitiges Teilurteil über die Anschlussberufung des Gegners ergehen (OLG Koblenz FamRZ 89, 770 = NJW-RR 89, 960). Ein Verstoß dagegen stellt einen erhebl Verfahrensmangel dar, der vom Revisionsgericht auch ohne Verfahrensrüge vAw beachtet wird (BGHZ 16, 74). **Ausnahme**, wenn das Berufungsgericht Teilurteil zur Hauptberufung erlässt, weil dann die Anschlussberufung durch Rücknahme der restl Berufung nicht mehr wirkungslos werden kann; danach darf auch über die Anschlussberufung durch Teilurteil entschieden werden, dessen Zulässigkeitsvoraussetzungen (s § 301 Rn 3 ff) vorausgesetzt (OLG Celle NJW-RR 86, 357). Eine **unzulässige** Anschlussberufung ist ohne Zustellung und Antragstellung in der mündl Verh zu verwerfen (BGH MDR 91, 422 = NJW-RR 91, 510).

41 **XII) Kostenentscheidung. 1) Hauptberufung zurückgenommen oder verworfen.** Wird die Hauptberufung zurückgenommen, treffen den Berufungskläger grds auch die Kosten der damit wirkungslos gewordenen Anschlussberufung (BGHZ 4, 241; BGHZ 100, 383; BGH MDR 2005, 704; OLG Koblenz MDR 2014, 1225; Maurer NJW 91, 72 u s § 554 Rn 10). Dies gilt auch, wenn auf Hinweis nach § 522 II hin die Berufung zurückgenommen wurde (BGH MDR 2006, 586). Die Kosten von Berufung und Anschließung sind nach § 92 I zu quoteln, wenn sich der Berufungsbeklagte einer von vornherein unzulässigen Hauptberufung angeschlossen hatte (BGHZ 4, 240; OLG Nürnberg MDR 89, 648) oder die Hauptberufung vor der Anschließung (wenn auch ohne Wissen des Berufungsbeklagten) wieder zurückgenommen war (BGHZ 17, 398), weil hier der Wegfall der Anschlussberufung nicht durch die Rücknahme der Hauptberufung willentl vom Berufungskläger herbeigeführt wird. Zur Kostentragungspflicht, wenn Rücknahme der Berufung zugleich mit Einlegung der Anschlussberufung eingeht, OLG Schleswig Anz 97, 98. Die Kosten einer **wegen eigener Mängel** (etwa Fristversäumung oder mangels Begründung) **unzulässigen Anschlussberufung** treffen den Anschließenden ebenfalls mit der Folge der Quotelung (BGHZ 4, 240; OLG Köln NJW 2003, 1879; KG MDR 2015, 1032; Stackmann NJW 2007, 9; aA Katzenstein NJW 2007, 737). Kostenpflichtig ist der Anschlussberufungskläger auch, wenn seine selbständige Berufung wegen Versäumung der Begründungsfrist unzulässig war und in eine zulässige Anschlussberufung umgedeutet worden ist, der Berufungskläger dann aber seine Berufung zurücknimmt (IV; vgl OLG Frankfurt NJW-RR 87, 1087 u OLGR Frankfurt 2003, 163; OLGR Stuttgart 2000, 58; OLG Stuttgart FamRZ 2007, 631; 748; **aA** BGH MDR 2007, 788; OLG München NJW-RR 96, 1280; OLG Oldenburg MDR 2002, 1208; Katzenstein NJW 2007, 737). Kostenbelastung ferner, wenn die infolge Zurücknahme der Hauptberufung wirkungslos gewordene Anschlussberufung weiterverfolgt und deshalb als unzulässig verworfen wird (BGHZ 100, 388 = MDR 87, 829 = JR 88, 113 u Rimmelspacher JR 88, 93).

42 **2) Hauptberufung durch Beschluss zurückgewiesen.** Fragl ist, wen die Kostenlast für die Anschlussberufung trifft, wenn die Berufung nach § 522 II durch Beschluss zurückgewiesen wird (ausf Vidal/Aufderheide NJW 2016, 3269). Auch in diesem Fall entfällt nach IV die Anschlussberufung. Im vergleichbaren Fall der Anschlussrevision hat sich der BGH für Kostenquotelung im Verhältnis der Werte von Haupt- und Anschlussrechtsmittel ausgesprochen (BGHZ 80, 146). Der Gedanke, dass der Anschließende von vorneherein weiß, dass sein Anschlussrechtsmittel von der Begründetheitsprüfung des Hauptrechtsmittels abhängt, greift auch bei der Zurückweisung durch Beschluss; deshalb ist die **Quotelung** die vorzugswürdige Lösung (für **Quotelung** OLG Düsseldorf MDR 2003, 288; OLG Düsseldorf MDR 2010, 769; OLG Celle NJW 2003, 2755; OLG Brandenburg MDR 2003, 1261; OLG München OLGR 2004, 456; OLG Celle MDR 2005, 1017; OLG Zweibrücken NJW-RR 2005, 507; OLGR Koblenz 2005, 419; Pape NJW 2003, 1150; KG MDR 2008, 1062; OLGR Schleswig 2009, 194; OLG Stuttgart MDR 2009, 585; OLG München MDR 2014, 985; OLG Stuttgart NJW-RR 2021, 1510; für **Kostentragung durch Berufungsführer** OLG Celle MDR 2004, 592; OLG Dresden MDR 2004, 1386; OLGR Köln 2004, 397; OLG Jena *NJ 2005, 178; KG AnwBl 2007, 386;* OLG Bremen MDR 2008, 1306; OLG Hamm MDR 2011, 447; OLG Dresden MDR 2015, 1227; OLG Braunschweig MDR 2020, 694; Ludwig MDR 2003, 670; Hülk/Timme MDR 2004, 14; differenzierend OLGR Karlsruhe 2004, 335; OLG Hamburg MDR 2003, 1251; KG NJW 2014, 1023; OLG

Schleswig NJW-RR 2022, 1217). Zur Vermeidung der Kostenlast kann an eine bedingte Einlegung der Anschlussberufung gedacht werden (OLG Nürnberg NJW 2012, 3451; so Vidal/Aufderheide NJW 2016, 3269).

3) Anschließung zur Widerklageerhebung gegen Dritten. Voraussetzung ist, dass die Anschlussberufung den Streitgegenstand betrifft, der zwischen Kl und Bekl verhandelt wird. Benutzt der Bekl die Anschlussberufung, um Widerklage gegen einen am Rechtsstreit nicht beteiligten Dritten zu erheben, dann darf der Kl bei Zurücknahme der Berufung nicht mit den dadurch erfallenen (Mehr-)Kosten belastet werden (OLG Köln VersR 77, 62). Ist der Anschlussberufungskläger jedoch aus verfahrensrechtl Gründen gezwungen, Widerklage zu erheben (zB bei der Abänderungsklage, s § 323 Rn 41), dann trägt der Berufungskläger auch diese Kosten (aA KG FamRZ 88, 1301). 43

XIII) Gebühren. 1) Gericht: Werden von beiden Parteien gegen dasselbe Urteil eingelegte Rechtsmittel in einem Verf verhandelt, so entsteht die allg VerfGeb (1220 GKG-KV) nur einmal, und zwar: von dem einfachen Wert, wenn ders Streitgegenstand vorliegt, von dem zusammengerechneten Wert der Streitgegenstände, wenn diese verschieden sind (§ 45 I 1, 3, II GKG). Rücknahme der Anschlussberufung ist ebenso wenig gebührenbegünstigt wie eine teilw Rücknahme der Berufung. Wird hingegen die Berufung insgesamt zurückgenommen, verliert die Anschließung ihre Wirkung (IV), so dass das Verf insgesamt beendigt ist und sich die Geb ermäßigt. – **2) RA:** Wenn gegen dasselbe Urteil zeitlich zusammentreffende Rechtsmittel beider Parteien eingelegt und in dems Prozess verhandelt werden, liegt nur eine Gebühreninstanz vor (§ 15 RVG; KGR Berlin 2003, 313). 44

§ 525 Allgemeine Verfahrensgrundsätze

[1]Auf das weitere Verfahren sind die im ersten Rechtszuge für das Verfahren vor den Landgerichten geltenden Vorschriften entsprechend anzuwenden, soweit sich nicht Abweichungen aus den Vorschriften dieses Abschnitts ergeben. [2]Einer Güteverhandlung bedarf es nicht.

I) Allgemeine Vorschriften. Die Vorschriften des 1. Buchs (§§ 1-252) gelten unmittelbar für das **Berufungsverf**, die Regelungen der §§ 253-494 sind, soweit das Berufungsverf nicht Sonderregelungen enthält, entspr anwendbar. – Bes Regelungen für das Berufungsverf enthalten zB §§ 530, 531 (Zulassung neuer Angriffs- und Verteidigungsmittel) und § 533 (Klageänderung, Widerklage und die erstmals in der Berufung geltend gemachte Aufrechnung). Hat das erstinstanzliche Gericht die Klage bereits für unzulässig gehalten und über das Beweisangebot des Klägers – von seinem Standpunkt aus folgerichtig – nicht entschieden, so wird dieses im ersten Rechtszug nicht zurückgewiesene Vorbringen ohne Weiteres Prozessstoff 2. Instanz, eines erneuten Vorbringens bedarf es insoweit grds nicht. Der durch einen notwendigen Hinweis nach § 522 II 2, § 139 II 1 veranlasste Vortrag einer Partei darf nicht als verspätet zurückgewiesen werden (BGH NJW-RR 2020, 60 = MDR 2020, 60). 1

II) Unanwendbare Vorschriften. Ausgeschlossen ist der **Übergang von Berufungsverf in das erstinstanzl Verf** durch Verweisung von der Berufungskammer zur erstinstanzl Zivilkammer, wenn im Berufungsverf die Klage über die Zuständigkeitsgrenze des AG hinaus erweitert wird und das Berufungsgericht dies als sachdienl zulässt. § 506 ist als Sonderregelung des amtsgerichtl Verf im Berufungsverf nicht anwendbar (str, s § 506 Rn 4). Im Berufungsverf vor dem LG kann weder an das OLG als Berufungsgericht (BGH NJW-RR 96, 891; aA Rimmelspacher JZ 96, 976), noch an die erstinstanzl Zivilkammer (zutr LG Zweibrücken NJW-RR 94, 1087 gegen OLG Oldenburg NJW 73, 810) verwiesen werden. § 281 ist – außer in Fällen der Meistbegünstigung (s vor § 511 Rn 31) – nicht anwendbar (BGH NJW-RR 97, 55, s aber zu Sonderfall – Baulandsache – OLGR Köln 1997, 166). 2

III) Besondere Vorschriften. Bes Regelungen für die Erhebung einer **Widerklage** und die Geltendmachung einer **Eventualaufrechnung** erstmals im 2. Rechtszug enthält § 533. 3

IV) Einzelne Hinweise. 1) Rechtliches Gehör. Erstinstanzl Versäumnisse können durch nachträgl Gewährung geheilt werden (BVerfGE 5, 24). Das gilt auch für **Überraschungsentscheidungen** (BGH MDR 76, 379; s § 139 Rn 20) sowie hinweislose Anwendung des § 296 (Kinne DRiZ 85, 15). Zur **erneuten Beweisaufnahme** bei Abweichung von der erstinstanzl Zeugenbeurteilung s § 529 Rn 12 f. Zur Rüge nach § 321a bei Verletzung des rechtl Gehörs in der Berufungsinstanz bei ansonsten unanfechtbarer Entscheidung (neben § 522 II bei Berufungsurteilen, bei denen die NZB nach § 544 II Nr 1 [s vor § 542 Rn 2] ausgeschlossen ist): s § 522 Rn 42; § 321a Rn 5. 4

2) Schriftsatzfrist nach § 283. § 283 ist auch in der Berufungsinstanz anwendbar (Mk/Rimmelspacher Rn 11). 5

3) Berufung des Gemeinschuldners. Nach Eröffnung des InsVerf wirksam (OLG Düsseldorf DB 74, 2001), Eintritt des InsVerwalters ist Klageänderung. 6

4) Anerkenntnis. Volles oder teilw Anerkenntnis (§ 307) des Bekl und Berufungsklägers in 2. Instanz bestätigt die Klage, so dass die Berufung als unbegründet zurückzuweisen ist. 7

5) Teilurteil. Hat das Erstgericht ein Teilurteil erlassen, das wegen Divergenzmöglichkeit zum Schlussurteil **unzulässig** ist (s Schneider MDR 76, 93), kann dies im 2. Rechtszug durch Zwischenfeststellungsantrag nach § 256 II geheilt werden, dessen Bescheidung die Möglichkeit eines Widerspruchs zwischen Teilurteil und Schlussurteil ausräumt (OLG Köln VersR 73, 89). 8

§ 526 Entscheidender Richter

(1) Das Berufungsgericht kann durch Beschluss den Rechtsstreit einem seiner Mitglieder als Einzelrichter zur Entscheidung übertragen, wenn

1. **die angefochtene Entscheidung von einem Einzelrichter erlassen wurde,**
2. **die Sache keine besonderen Schwierigkeiten tatsächlicher oder rechtlicher Art aufweist,**
3. **die Rechtssache keine grundsätzliche Bedeutung hat und**
4. **nicht bereits im Haupttermin zur Hauptsache verhandelt worden ist, es sei denn, dass inzwischen ein Vorbehalts-, Teil- oder Zwischenurteil ergangen ist.**

(2) [1]Der Einzelrichter legt den Rechtsstreit dem Berufungsgericht zur Entscheidung über eine Übernahme vor, wenn

1. **sich aus einer wesentlichen Änderung der Prozesslage besondere tatsächliche oder rechtliche Schwierigkeiten der Sache oder die grundsätzliche Bedeutung der Rechtssache ergeben oder**
2. **die Parteien dies übereinstimmend beantragen.**

[2]Das Berufungsgericht übernimmt den Rechtsstreit, wenn die Voraussetzungen nach Satz 1 Nr. 1 vorliegen. [3]Es entscheidet hierüber nach Anhörung der Parteien durch Beschluss. [4]Eine erneute Übertragung auf den Einzelrichter ist ausgeschlossen.

(3) Auf eine erfolgte oder unterlassene Übertragung, Vorlage oder Übernahme kann ein Rechtsmittel nicht gestützt werden.

(4) In Sachen der Kammer für Handelssachen kann Einzelrichter nur der Vorsitzende sein.

1 **I) Einzelrichter.** Der Rechtsstreit kann auch in der Berufungsinstanz ohne Zustimmung der Parteien auf den ER zur Entscheidung übertragen werden. Damit soll auch im Berufungsverf ein „ressourcenbewusster" Personaleinsatz erreicht werden. Für das Berufungsverf gilt eine ggü dem erstinstanzl Verf (§§ 348, 348a) stark eingeschränkte Regelung der ER-Zuständigkeit. Daraus folgt, dass das Berufungsverf (auch vor dem LG) in bedeutenderen Fällen durch das Kollegium selbst geführt und entschieden werden soll. Dies entspricht dem Wesen eines Rechtsmittelverf und ist sachgerecht. In Baulandsachen ist die Übertragung ausgeschlossen (§ 220 I 3 BauGB).

2 **II) Entsprechung zur 1. Instanz.** Ihrer **Struktur** nach entspricht die Übertragungsregel dem § 348a, der aber ER-freundlicher ausgestaltet ist. Die Erläuterungen hierzu können entspr herangezogen werden. Durch die Übertragung geht der Rechtsstreit in vollem Umfang auf den ER über. Auch spätere Veränderungen des Streitgegenstandes (selbst die nach § 533 zulässige Erhebung einer Widerklage) ändern daran nichts (vgl MK/Stackmann § 348a Rn 5).

3 **III) Ermessen.** Die Übertragung steht im reinen, nicht nachprüfbaren Ermessen des Berufungsgerichts.

4 **IV) Erstentscheidung durch Einzelrichter. 1) Grundsatz.** Zusätzl zu den Übertragungsvoraussetzungen materieller (keine bes Schwierigkeiten tatsächl oder rechtl Art, keine grundsätzl Bedeutung) oder prozessualer Art (keine Verh im Haupttermin zur Hauptsache) findet die Übertragung nur statt, wenn die angefochtene Entscheidung der 1. Instanz von einem ER erlassen war. Eine Entscheidung des ER über eine Kollegialentscheidung soll vermieden werden. – Der entscheidende ER kann also in Berufungssachen tätig werden, wenn die Entscheidung eines Amtsrichters, des originären (§ 348) oder des obligatorischen ER (§ 348a) des LG angefochten wird. Zum Vors der KfH s § 568 Rn 2.

5 **2) Besondere Schwierigkeit.** Bes Schwierigkeit tatsächl oder rechtl Art ist qualitativ zu verstehen; schwierig kann die notwendige Sachverhaltserfassung, die rechtl Beurteilung oder auch die Beweisaufnahme und deren Würdigung sein. Umstritten ist, ob sich aus bestimmten Materien generell bes Schwierigkeit ableiten lasse (zu Arztsachen OLG Köln VersR 1987, 164). Dies ist zu verneinen, auch wenn der Gesetzgeber in § 348 I 2 einen Katalog vermeintl bes schwieriger Sachen aufgestellt hat. Dieser Katalog erscheint aber zum einen eher beliebig, außerdem hängt auch dort die Zuständigkeit der Kammern teils von der Entscheidung des Präsidiums ab.

6 **3) Grundsätzliche Bedeutung.** Kann rechtl, aber auch tatsächl Art sein, so auch bei bes wirtschaftl Gewicht gegeben sein. Insofern unterscheidet sich die Bedeutung des Begriffes hier von derj in § 522 II, § 543 II, wo allein die wirtschaftl Bedeutung für die Parteien nicht reicht, grundsätzl Bedeutung zu begründen. Allerdings wird eine Übertragung auf den ER ausscheiden, wenn das Gericht vorher grundsätzl Bedeutung nach § 522 II bejaht hat.

7 **4) Haupttermin.** Er ist die durch Verfügungen nach § 521 II vorbereitete mündl Verh in der Berufungsinstanz. Wie bei der entspr Vorschrift in § 348a I Nr 3 ist vom Sinn der Vorschrift auszugehen. Dies wird auch durch § 523 I 1 gestützt: Geeignete Sachen werden nach der Entscheidung, ob nach § 522 II verfahren wird, dem ER zugewiesen.

8 **V) Übertragungsverfahren. 1) Beschluss des Spruchkörpers.** Die Zuweisung spricht das Berufungsgericht, also die Kammer oder der Senat aus. Anträge der Parteien und mündl Verh sind überflüssig. Das rechtl Gehör

für die Parteien wird durch § 520 IV Nr 2, § 521 II 2, § 277 I 2 sichergestellt (**Formulierungsvorschlag:** Vorwerk, PFB, M 65.15).

2) Zeitpunkt der Entscheidung. Nach § 523 I 1 fällt die Entscheidung über die Zuweisung an den ER, nachdem das Berufungsgericht entschieden hat, ob durch Beschluss zurückgewiesen wird. Der ER übernimmt das Verf in dem Stadium, in dem es ihm übertragen wird. Vom Vors oder dem Berufungsgericht gesetzte Fristen wirken demnach mit ihrer Präklusionswirkung fort. 9

VI) Wirkung der Übertragung. Die Entscheidungsbefugnis geht in vollem Umfang auch für die Nebenentscheidungen auf den ER über (zu den Einzelheiten s § 348 Rn 2). An vom ER getroffene Zwischenentscheidungen ist auch im Fall der Zurückübertragung die Kammer oder der Senat gebunden. Bei Zurückverweisung vom Revisionsgericht nach § 563 I bleibt der Spruchkörper, also der ER zuständig (OLGR Zweibrücken 2004, 554). Nach der ausdrückl Regelung in § 563 I 2 kann auch an einen anderen Spruchkörper zurückverwiesen werden, also an die Kammer oder den Senat, eine andere Kammer oder einen anderen Senat, nicht aber an den ER eines anderen Spruchkörpers, weil es insoweit an einem Übertragungsbeschluss dieses Spruchkörpers fehlt. 10

VII) Fehlen des Übertragungsbeschlusses. Bei Fehlen leidet das Verf, wie beim erstinstanzl ER auch, an einem unheilbaren Mangel (BGH NJW 93, 600). Auf Revision hin wird das Revisionsgericht in einem solchen Fall an den Spruchkörper zurückverweisen (vgl MK/Stackmann § 348a Rn 45). 11

VIII) Anfechtbarkeit. Auf die Übertragung auf den ER oder deren Unterlassung kann die Revision nach III nicht gestützt werden. Der Beschluss selbst ist nicht anfechtbar. Fragl ist, ob ein willkürl Übertragungsbeschluss, der einer Verletzung des verfassungsrechtl Gebots des ges Richters gleichkäme, die Revision eröffnet (so BGH NJW 2007, 1466 = JR 2008, 114 [Probst]). Der ER, der die Revision zulässt und damit die Frage der grundsätzl Bedeutung anders entscheidet als der übertragende Spruchkörper, entzieht nicht den ges Richter, weil er nur bei wesentl Veränderung der Prozesslage zurückzuübertragen hat (BGH MDR 2004, 49; BayObLG FamRZ 2004, 1136 zum FG-Verf), anders als bei der Zulassung der Rechtsbeschwerde durch den originären ER nach § 568 (BGH NJW 2003, 1254; BGH FamRZ 2003, 748). 12

IX) Rückübertragung. Die Rückübertragung auf den Spruchkörper soll Ausnahme bleiben; sie kommt nach II nur bei einer wesentl Änderung der Prozesslage in Betracht. Dies kann in einer Klageänderung oder in umfangreichem neuem Prozessstoff durch die Parteien gesehen werden. Es genügt auch die Steigerung der tatsächl Schwierigkeit der Sache. Der Spruchkörper entscheidet über die Rückübertragung nach Anhörung der Parteien durch unanfechtbaren Beschluss. Der ER ist zur Vorlage an das Kollegium verpflichtet, wenn die Voraussetzungen vorliegen. Ansonsten entzieht er den gesetzlichen Richter (BGH MDR 2023, 118): Der Beschluss des Kollegiums kann nach III keine Revision begründen. Eine erneute Übertragung auf den entscheidenden ER ist nach § 526 II 2 ausgeschlossen, selbst wenn die Schwierigkeit durch Teilurteil beseitigt ist (s § 348a Rn 11). Der Einsatz des vorbereitenden ER nach § 527 bleibt aber mögl. 13

§ 527 Vorbereitender Einzelrichter

(1) [1]Wird der Rechtsstreit nicht nach § 526 dem Einzelrichter übertragen, kann das Berufungsgericht die Sache einem seiner Mitglieder als Einzelrichter zur Vorbereitung der Entscheidung zuweisen. [2]In der Kammer für Handelssachen ist Einzelrichter der Vorsitzende; außerhalb der mündlichen Verhandlung bedarf es einer Zuweisung nicht.

(2) [1]Der Einzelrichter hat die Sache so weit zu fördern, dass sie in einer mündlichen Verhandlung vor dem Berufungsgericht erledigt werden kann. [2]Er kann zu diesem Zweck einzelne Beweise erheben, soweit dies zur Vereinfachung der Verhandlung vor dem Berufungsgericht wünschenswert und von vornherein anzunehmen ist, dass das Berufungsgericht das Beweisergebnis auch ohne unmittelbaren Eindruck von dem Verlauf der Beweisaufnahme sachgemäß zu würdigen vermag.

(3) Der Einzelrichter entscheidet
1. **über die Verweisung nach § 100 in Verbindung mit den §§ 97 bis 99 des Gerichtsverfassungsgesetzes;**
2. **bei Zurücknahme der Klage oder der Berufung, Verzicht auf den geltend gemachten Anspruch oder Anerkenntnis des Anspruchs;**
3. **bei Säumnis einer Partei oder beider Parteien;**
4. **über die Verpflichtung, die Prozesskosten zu tragen, sofern nicht das Berufungsgericht gleichzeitig mit der Hauptsache hierüber entscheidet;**
5. **über den Wert des Streitgegenstandes;**
6. **über Kosten, Gebühren und Auslagen.**

(4) Im Einverständnis der Parteien kann der Einzelrichter auch im Übrigen entscheiden.

1 **I) Anwendbarkeit.** Die Regelung ergänzt den **entscheidenden ER** durch den **vorbereitenden ER**, soweit die Voraussetzungen des § 526 nicht gegeben sind oder das Berufungsgericht von einer Übertragung nach dieser Vorschrift absieht.

2 Die Regelung **gilt für alle Berufungsverf**, unabhängig ob vor dem LG oder dem OLG, nicht für die Revision (vgl § 555 III, der die Vorschriften zum ER-Einsatz 1. Instanz ausschließt). Für das Beschwerdeverf, das schriftl abläuft, ist nach § 568 der originäre ER zuständig, bei dem das Beschwerdeverf anfällt, wenn die Voraussetzungen gegeben sind (ER- oder Rpflegerentscheidung in 1. Instanz).

3 Unanwendbar ist die Regelung auf **Baulandsachen** (BGHZ 86, 104).

4 **II) Zuweisungskompetenz.** Der Gesetzeswortlaut unterscheidet nicht mehr zwischen der Zuweisung außerhalb oder in der mündl Verh; zuständig ist das Berufungsgericht, nicht der Vors allein. In der KfH kann nur der Vors ER sein.

5 Nach dem Zweck der ER-Bestellung (Vorbereitung der Kollegialentscheidung) und im Hinblick auf die Regelung des § 526 und des IV ist die Gewährung **rechtl Gehörs** vor der Zuweisung nicht geboten und auch praktisch nicht nötig, da die Zuweisung auf etwaige begründete Gegenvorstellung jederzeit aufgehoben werden kann; jedoch muss die ER-Zuweisung mitgeteilt werden, soweit sie außerhalb der mündl Verh erfolgt.

6 Die Bestellung des ER kann vom Gesamtspruchkörper **jederzeit widerrufen** werden, da nur zur Vorbereitung, nicht zur endgültigen Entscheidung übertragen ist; anders wenn der ER durch Einverständnis der Parteien nach IV die Sachentscheidungsbefugnis erlangt hat. Im Falle des entscheidenden ER nach IV fehlt eine § 526 II entspr Regelung der Rückübertragung auf das Kollegium. Dies spricht für eine freie Rückübertragungsmöglichkeit, ohne dass sich die Prozesslage geändert haben muss.

7 **III) Aufgaben und Befugnisse. 1) Herbeiführung der Entscheidungsreife.** Der vorbereitende ER hat Entscheidungsreife herbeizuführen (II 1); eine Sachentscheidungsbefugnis im eigentl Sinn hat er nicht. Er wird zunächst prüfen, ob gütl Einigung mögl ist. Misslingt dies, soll er den Prozessstoff klären, Unterlagen zusammentragen, Berechnungen mit den Parteien abstimmen und auf diese Weise die Sache so fördern, dass sie vom Kollegialspruchkörper in einem Haupttermin abgeschlossen werden kann.

8 **2) Beweisaufnahme.** Nach II 2 kann er **„einzelne Beweise“** erheben. Der Beweisbeschluss kann vom Kollegium oder von ihm erlassen sein. Die Übertragung auf den ER zur Durchführung einer umfangreichen Beweisaufnahme ist nicht grds ausgeschlossen (BGH NJW 2013, 2516), kann aber insb bei Arzthaftungsverf verfahrenswidrig sein (BGH NJW 94, 801). Ist von vornherein absehbar, dass es auf den persönl Eindruck bei der Beweiswürdigung – insb bei Zeugenaussagen – ankommen wird, muss die Beweisaufnahme vor dem Kollegium stattfinden (II 2). In den anderen Fällen muss der ER einen persönl Eindruck im Protokoll festhalten, damit dieser überhaupt in die Entscheidung einfließen kann (BGH NJW 92, 1966). Die Beeidigung von Zeugen ist zwar nicht von Gesetzes wegen ausgeschlossen, kommt wegen II 2 iVm § 391 aber praktisch kaum in Betracht. Eine **Parteivernehmung** durch den ER erscheint generell unangebracht, sie gehört vor das Kollegium (vgl auch BGH FamRZ 65, 212; BGH WM 87, 1562). Eine informatorische Befragung nach § 141 fällt nur unter die Vorschrift, wenn sie zu Beweiszwecken verwertet wird (BGH FamRZ 2006, 1020). – Dagegen ist die Vorbereitung durch den ER angezeigt bei **Beweisaufnahme durch SV-Gutachten**, insb wenn dieses durch Ortsbesichtigung oder Zeugenbeweis vorzubereiten ist.

9 **3) Verfahrensverstöße des Einzelrichters. § 295** ist anwendbar; Verstöße etwa im Umfang der Beweiserhebung durch den ER, die nicht in der 1. mündl Verh vor dem Kollegium gerügt werden (vgl MskV/Ball Rn 7), gelten als geheilt. Dies deckt aber nicht Rechtsfehler bei der Würdigung des Beweisergebnisses (zB kein ausreichender persönl Eindruck) im Urteil (vgl BGH NJW 92, 1966).

10 **4) Erneute Befassung des Einzelrichters.** Betrachtet der ER seine **Vorbereitung als abgeschlossen**, so legt er die Sache dem Vors zur Verh vor dem Kollegium vor. Gleiches gilt, wenn er die Sache aus anderen Gründen für entscheidungsreif hält, ohne selbst entscheiden zu können. Die Zuweisung iSd I 1 ist damit beendet. Hält das Kollegium eine weitere Vorbereitung für erforderl, so kann es erneut zuweisen (MskV/Ball Rn 3). – Der ER bleibt jedoch trotz Rückgabe der Sache bei solchen Handlungen und Entscheidungen zuständig, die sich auf seine frühere Tätigkeit beziehen, zB Festsetzung eines Streitwerts für einen vor ihm abgeschlossenen gerichtl Vergleich (OLG München MDR 63, 688) oder eine Tatbestandsberichtigung nach § 320 (OLG Köln MDR 74, 238). Berichtigungen nach **§ 319** darf auch das Kollegium vornehmen.

11 **IV) Entscheidungsbefugnisse nach § 527 III.** Im Rahmen der ihm übertragenen Vorbereitungsaufgabe kann der ER die in III einzeln aufgezählten Entscheidungen treffen; in der Sache kann er nur im **Säumnisfall (III Nr 3)** entscheiden, allerdings nach hM auch durch unechtes VU. **Kostenentscheidung nach Hauptsacheerledigung (III Nr 4)** setzt voraus, dass die Erledigterklärung vor dem ER abgegeben wurde.

12 *Der ER kann* ***kraft Sachzusammenhangs*** ferner alle die Entscheidungen treffen, die mit der auf ihn übergegangenen Aufgabe der Verfahrensführung im Zusammenhang stehen (Schneider MDR 2003, 375), zB Hinweise nach § 139, WE der Fristen, die ihm ggü versäumt sind, Zulassung eines Streithelfers nach § 71 (OLG Frankfurt

NJW 70, 817) sowie alle im Rahmen der Beweisaufnahme anfallenden Maßnahmen wie Festsetzung des Ordnungsgeldes, Zwischenentscheidung über die Zeugnisverweigerung (OLG Köln MDR 74, 238), SV-Ablehnung. Zu den Einzelheiten sa bei § 349 II (s Rn 5 ff), der eine weitgehend gleiche Kompetenzabgrenzung enthält.

Der Erlass der Entscheidungen im Fall des III Nr 2 steht **nicht im Ermessen** (III: „entscheidet"). 13

V) Sachentscheidungen im Einverständnis (§ 527 IV). Die Parteien können den ER zur Entscheidung iÜ, somit insb zur Entscheidung in der Sache ermächtigen. Diese Variante hat wegen des entscheidenden ER in § 526 praktische Bedeutung in den Fällen, in denen in 1. Instanz die ZivK oder die KfH des LG tätig war. Das Einverständnis muss ausdrückl schriftsätzl oder zu Protokoll erklärt werden. Eine Einwilligung in eine Abweichung des GVP ist damit nicht verbunden (BGH MDR 2009, 823). Die Annahme eines „stillschweigenden Einverständnisses der Parteien" ist ausgeschlossen. Das Einverständnis bezieht sich auf die Sachentscheidung insgesamt und **gilt für das ganze Verf**; sie kann weder auf die nächste Entscheidung noch auf eine Entscheidung bestimmten Inhalts beschränkt werden. Widerruf des Einverständnisses ist allerdings entspr § 128 II 1 mögl (BGHZ 105, 270). Einverständnis liegt nicht vor, wenn zunächst nur eine Partei ihre Zustimmung erklärt hat und erst nach deren Widerruf die andere Partei ihre Zustimmung erklärt (BGH NJW 2001, 2479; BGH MDR 2021, 189). S iÜ auch zur inhaltsgleichen Regelung des § 349 III dort (s § 349 Rn 18). 14

§ 528 Bindung an die Berufungsanträge

[1]Der Prüfung und Entscheidung des Berufungsgerichts unterliegen nur die Berufungsanträge. [2]Das Urteil des ersten Rechtszuges darf nur insoweit abgeändert werden, als eine Abänderung beantragt ist.

I) Streitgegenstand. Der Streitgegenstand des Berufungsgerichts wird durch die Anträge bestimmt, auch soweit sie im Berufungsverf neu erhoben werden, wobei die Berufungsbegründung zur Auslegung heranzuziehen ist (BGH NJW-RR 2005, 1659). Bei Aufhebung und Zurückverweisung durch das Revisionsgericht s § 563 Rn 6. 1

1) Grenzen. Sie werden durch die verlesenen (§ 297) Anträge gezogen (vgl § 308), die von den in der Berufungsbegründung enthaltenen (§ 520 III) abweichen und bis zum Schluss der mündl Verh erweitert werden können (s § 520 Rn 12). 2

2) Beiderseitige Berufungseinlegung. Sie ändert nichts an der Einheitlichkeit des Rechtsstreits. Auch mehrfache Berufungseinlegung ders Partei lässt nicht mehrere Berufungsverf entstehen (s § 522 Rn 5). 3

II) Fortwirkung von Parteierklärungen. Obwohl das Berufungsrecht vom Grundsatz der Differenzierung der Instanzen ausgeht und der Berufungsinstanz eine Rechtskontrollfunktion zuweist, wirken insb **Parteierklärungen** fort (§ 535); die in der 1. Instanz gefundenen **Tatsachengrundlage** hat in den Grenzen des § 529 Bestand. 4

III) Vorentscheidungen. Zu überprüfen sind auch die Vorentscheidungen 1. Instanz, soweit sie unter § 512 fallen. 5

IV) Verfahrensgrundsätze. Sie müssen in jeder Instanz beachtet werden. Wichtig auch für das Berufungsgericht, der **Hinweispflicht** nach § 139 nachzukommen, und zwar möglichst früh vor dem Termin, meist schon im Verf nach § 522 II. 6

1) Beweisrecht. S § 529 Rn 2. 7

2) Erstinstanzliche Gehörsverletzungen. Sie werden regelmäßig durch nachträgl Gewährung geheilt (BVerfGE 5, 24). Das Berufungsgericht muss alle Ausführungen zur Kenntnis nehmen. Allerdings ist die automatische Fortgeltung erstinstanzl Vortrags genau auf den Prüfstand zu stellen; zur Frage der Bezugnahme auf erstinstanzl Schriftsätze und vor allem Beweisangebote s § 520 Rn 43. Ein Verstoß gegen Gehörsgrundsätze stützt die Verfassungsbeschwerde (zB BVerfGE 46, 315). 8

V) Bindung. S 2 entspricht § 308 I 1 und enthält zunächst das Verbot, das angefochtene Urteil weiter **abzuändern** als beantragt. Maßgebend sind die bis zum Schluss der mündl Verh gestellten Anträge; nach Zurückverweisung durch das RevGericht bis zum Schluss der mündl Verh in der wiedereröffneten Berufungsinstanz (BGH NJW 63, 444). 9

1) Rechungsposten. Mehr wird **nicht** zugesprochen, wenn ein Rechnungsposten zugunsten des Kl heraufgesetzt, ein anderer entspr heruntergesetzt wird, s Rn 28. 10

2) Aliud. Das Berufungsgericht darf (zwar weniger, aber) **nichts anderes** zusprechen als beantragt; daher bei hilfsw Anträgen Beachtung der vom Berufungskläger gewählten Reihenfolge (RGZ 104, 293; RGZ 152, 296; Merle ZZP 83 [1970], 436 ff). Über Ansprüche, die weder zu- noch aberkannt worden sind, kann das Berufungsgericht nicht urteilen, auch nicht über Anspruchsteile, die nach Teilurteil noch in der Vorinstanz anhängig sind (BGHZ 30, 213; BGH MDR 83, 652 = NJW 83, 1311). 11

12 **3) Übergangene Ansprüche.** Auch über im 1. Rechtszug versehentl **übergangene** Ansprüche (Anspruchsteile) ist vom Berufungsgericht nicht zu entscheiden, weil vorinstanzl nicht beschiedene Ansprüche in der Berufungsinstanz nicht anfallen können (BGH WM 91, 600 = NJW 91, 1684). In diesen Fällen ist nach § 321 vorzugehen (RGZ 59, 130; RGZ 75, 293; RGZ 171, 131); bei Versäumung der Frist des § 321 II erlischt die Rechtshängigkeit des übergangenen prozessualen Anspruchs (RGZ 59, 131; BGH WM 91, 600 = NJW 91, 1684). Anders, wenn das Übergehen das Ersturteil nicht nur unvollständig, sondern unrichtig macht, etwa wenn das Erstgericht (zB wegen vermeintl Teilzurücknahme der Klage) irrig geglaubt hat, über den Anspruch nicht mehr entscheiden zu können (sachl-rechtl Fehler; RGZ 105, 242), oder wenn durch das Übergehen gegen den Grundsatz der Einheitlichkeit der Entscheidung in Ehesachen verstoßen wurde (OLG München FamRZ 84, 404).

13 **4) Nicht mehr rechtshängiger Anspruch.** Kann als neuer im Berufungsverf geltend gemacht werden, wenn Berufungsinstanz schon auf andere Weise eröffnet ist, (BGH WM 91, 600 = NJW 91, 1684), falls ders Streitgegenstand vorliegt.

14 **VI) Neue Ansprüche.** Auch sonst kann in der Berufungsinstanz über neue Ansprüche entschieden werden, mit denen die Vorinstanz noch nicht befasst war, sofern sie im Wege der **Klageerweiterung** oder **Widerklage** (uU mittels Anschlussberufung) nach § 533 in zulässiger Weise im Berufungsverf anhängig gemacht worden sind (s § 520 Rn 33, 34; § 530 Rn 14; zum Verspätungsrecht s § 531 Rn 23-25). Die Erweiterung ist auch dadurch mögl, dass der Kl, dem unter Verstoß gegen § 308 I zu viel zugesprochen worden ist, sein Klagebegehren zweitinstanzl auf dieses Mehr erstreckt (BGH FamRZ 86, 661). Der Erweiterung steht es nicht entgegen, wenn nach Teilurteil der 1. Instanz dort noch ein Teilanspruch anhängig geblieben ist, so dass die Klageerweiterung (Widerklage) auch in 1. Instanz mögl wäre (RGZ 148, 131).

15 **VII) Teilurteil.** Dagegen ist es unzulässig, nach ordnungsgemäßem Teilurteil einen **noch erstinstanzl anhängigen Anspruch** (Teilanspruch) in der Berufungsinstanz durch Klageerweiterung geltend zu machen (BGHZ 30, 213) oder einen widerklagend geltend gemachten, durch das Teilurteil noch nicht erledigten Anspruch in der Berufungsinstanz ebenfalls mit Widerklage zu verfolgen (BGHZ 12, 276; BGHZ 30, 215; BGHZ 30, 219).

16 **1) Mitabweisung in 1. Instanz verbliebener Ansprüche.** Eine **Ausnahme** wird dann gemacht, wenn der dem Berufungsgericht angefallene Anspruch die **Grundlage des weiteren Anspruchs** bildet, so dass mit der Aberkennung beiden Ansprüchen die Grundlage entzogen wird (BGHZ 12, 276; BGHZ 30, 215; OLG Köln VersR 95, 1098); so bei der **Stufenklage** (BGHZ 12, 276; BGHZ 30, 215; BGH FamRZ 90, 863), beim **Auskunftsanspruch** in der Berufungsinstanz und Unterhaltsanspruch im 1. Rechtszug (OLG Zweibrücken JurBüro 79, 772), bei **Häufung von Feststellungs- oder Inzidentfeststellungs- und Leistungsklage** und bei Häufung von **Unterlassungs- und Schadensersatzanspruch** auf dem Gebiet des gewerbl Rechtsschutzes (BGH LM Nr 14 zu § 16 UWG; OLG Karlsruhe WRP 77, 502) oder wegen in der Vorinstanz verbliebener **Zinsansprüche** (BGH JR 91, 419). Dann kann das Berufungsgericht auf Antrag den noch beim Erstgericht anhängigen Anspruch mit abweisen (Grunsky JZ 70, 226; Baumgärtel JR 70, 186). Das kann der Stufenkläger nicht dadurch verhindern, dass er beim Erstgericht Verh über den Hauptanspruch beantragt (BGH NJW 85, 2405). Bei erstinstanzl Gesamtabweisung wirkt sich die Antragsstaffelung der Stufenklage (s Schneider Rpfleger 77, 92) dahin aus, dass zweitinstanzl zunächst nur über den Auskunftsanspruch zu entscheiden ist (BGH NJW-RR 87, 1029). Zulässig ist es, nach erstinstanzl Grundurteil in 2. Instanz über die Höhe mitzuentscheiden, wenn das Berufungsvorbringen der Parteien sich auf das Betragsverf erstreckt (BGH VersR 83, 735; OLG Koblenz MDR 92, 805).

17 **2) Rügelose Einlassung in der Berufungsinstanz.** Noch weiter gehend lässt der BGH die Mitabweisung eines in 1. Instanz anhängig gebliebenen Anspruchs zu, wenn sich der Kl auf den Antrag des Bekl rügelos eingelassen hat (BGHZ 8, 383; BGH LM § 303 ZPO Nr 4; BGH VersR 83, 735 mwN). Das Einverständnis beider Parteien rechtfertige eine Abweichung von diesem Grundsatz (BGHZ 97, 280; OLG Düsseldorf VersR 89, 705).

18 **3) Unzulässiges Teilurteil 1. Instanz.** Hier darf das Berufungsgericht über den Anspruchsrest, über den das Erstgericht nicht entscheiden wollte, mitbefinden. Ein Heraufholen in die Berufungsinstanz ist auch mögl bei unzulässigem Vorbehaltsurteil hinsichtl des vom Erstgericht vorbehaltenen Streitstoffs (BGHZ 25, 360; OLG Karlsruhe NJW-RR 87, 254) oder bei Erlass eines Grundurteils trotz unstreitiger Höhe (s § 538 Rn 43).

19 **VIII) Mehrfache Begründung eines einheitlichen Klageanspruchs.** Die Klage darf nicht abgewiesen werden, solange nicht alle Klagegründe verneint sind (BGHZ 22, 276; OLG München OLGZ 66, 180; OLG Hamm MDR 2005, 412), auch, wenn einer der Klagegründe nur hilfsw geltend gemacht ist. Daher hat das Berufungsgericht über den hilfsw vorgebrachten, vom Erstrichter nicht berücksichtigten Klagegrund mitzuentscheiden, wenn es den 1., vom Erstrichter als durchschlagend angesehenen Klagegrund nicht für begründet hält. Dies gilt unabhängig davon, ob die Eventualklagehäufung durch unterschiedl Antrag zum Ausdruck kommt oder nicht.

20 **1) Hauptantrag zuerkannt in 1. Instanz.** Hat der Erstrichter den Hauptantrag zuerkannt, so muss auf die Berufung des Bekl das Berufungsgericht, das den Hauptantrag für unbegründet hält, über den **Hilfsantrag** *entscheiden, ohne dass es eines* bes Antrags oder gar des Anschlussrechtsmittels des Kl bedarf (BGHZ 41, 39; BGH NJW 92, 117; BGH MDR 99, 1459; BGH FamRZ 2004, 1962; BGH NJW-RR 2013, 1334). Die gegenteilige Auffassung in der Lit (vgl MK/Rimmelspacher Rn 46; StJ/Althammer Rn 14), die eine Anschlussberufung des Kl

für erforderl hält, verkennt, dass die Grundbedingungen des Klageverf auch im Rechtsmittelzug weitergelten. Zu diesen gehört die Festlegung des Klagebegehrens, das durch ein Rechtsmittel des Bekl nicht eingeschränkt werden kann (ebenso BGH MDR 99, 1459; BGH NJW-RR 2013, 1334). Es kann nicht richtig sein, dass der Kl, der in 1. Instanz voll obsiegt hat, gegen dieses Urteil Rechtsmittel einlegen muss, um die volle Überprüfung seines unveränderten Klagebegehrens sicherzustellen.

2) Hilfsantrag zuerkannt in 1. Instanz. Wurde dagegen nur dem Hilfsantrag entsprochen, so kann der Kl den Hauptantrag nur durch eigene Berufung oder Anschlussberufung vor das Berufungsgericht bringen (BGHZ 41, 38). Dies ist unstr, denn dem Kl ist ein Teil seines Begehrens abgesprochen worden. Zu den Konsequenzen für die Entscheidung über den Hilfsanspruch, wenn das Berufungsgericht das Rechtsmittel zum Hauptanspruch für begründet hält, s BGHZ 106, 219. Legt in einem solchen Fall dagegen nur der Bekl Rechtsmittel ein, so fällt nur der zuerkannte Hilfsanspruch der Entscheidung des Berufungsgerichts an. 21

3) Aufrechnung. Wiederum anders ist es, wenn die Klage wegen einer durchgreifenden Aufrechnung abgewiesen wurde, wobei es nicht darauf ankommt, ob Aufrechnung unbedingt oder hilfsw erklärt wurde. Wegen § 322 II enthält das Urteil in diesem Fall 2 selbständige Teile, die als solche im Rechtsmittelverf zu beachten sind. Legt gegen die Klageabweisung infolge Aufrechnung nur der Kl Rechtsmittel ein, so ist nur die Aufrechnungsforderung zu überprüfen, die Entscheidung über das (ursprüngl) Bestehen der Grundforderung dagegen nicht (BGHZ 109, 179, 188 = NJW 90, 447; BGH WM 95, 115). Legt in einem solchen Fall hingegen nur der Bekl Rechtsmittel ein, so ist nur die Grundforderung zu überprüfen, vom Bestehen der Gegenforderung aber auszugehen (BGHZ 36, 316). Will in einem solchen Fall der Bekl bei Rechtsmittel des Kl das Bestehen der Grundforderung, der Kl bei Rechtsmittel des Bekl das Durchgreifen der Gegenforderung in Frage stellen, so müssen sie jew Anschlussrechtsmittel einlegen. Schließl kann der Bekl, der hilfsw aufgerechnet hat und verurteilt wurde, Rechtsmittel nur in Bezug auf die verneinte Aufrechnungsforderung einlegen (s BGH NJW 96, 527). 22

4) Eventualwiderklage. Zu den Auswirkungen der Abänderung bzgl des Hauptantrags auf zuerkannte, aber nur hilfsw geltend gemachte Ansprüche s BGHZ 106, 219; Ähnl gilt in Bezug auf eine Eventualwiderklage (BGHZ 21, 13; BGH LM § 33 ZPO Nr 23). 23

IX) Reformatio in peius. § 528 verbietet darüber hinaus, das Urteil zum Nachteil des Berufungsführers abzuändern. Der Rechtsmittelführer ist davor geschützt, dass er auf sein eigenes Rechtsmittel hin über die mit der angegriffenen Entscheidung vorhandene Beschwer hinaus weiter beeinträchtigt wird (BGHZ 85, 180, 185). Unter den Schutz des Verbots fallen generell nur Vorteile, die dem Rechtsmittelkläger ohne Fortführung des Verf sicher gewesen wären, also von jedem anderen Gericht hätten beachtet werden müssen. Eine teilw Klageabweisung als unbegründet, deren Umfang nicht hinreichend bestimmt ist und daher sachl wirkungslos bleibt, kann daher aufgehoben werden, auch wenn nur der Bekl wegen seiner Verurteilung iÜ Rechtsmittel eingelegt hat (BGH WM 96, 1240). Hingegen ist bei einer fehlerhaften Saldierung von Klage- und Widerklageforderung eine Klarstellung des Berufungsgerichts, die die Unabhängigkeit beider Aussprüche herstellt, unzulässig, wenn nur der Bekl seinen Klageabweisungsantrag mit der Berufung weiterverfolgt (BGH NJW 2003, 140). Das Verbot der reformatio in peius gilt selbstverständl nicht, wenn der Gegner Anschlussrechtsmittel eingelegt hat. 24

1) Zzt unbegründet. Keine Verschlechterung, wenn auf Berufung des Kl das Berufungsgericht die Abweisung der Klage **als zzt unbegründet** durch Abweisung schlechthin ersetzt (BGH WM 88, 1196; OLG Nürnberg NJW-RR 98, 1713; OLG Nürnberg BauR 2015, 509; OLG Hamm NJW 2022, 2120 = MDR 2022, 630; hierzu in Widerspruch steht die Beurteilung der entspr Problematik zur Frage der Beschwer in BGH NJW 2000, 590; vgl zu der Problematik auch Walchshöfer FS Schwab, 1990, S 521 ff). 25

2) Aufrechnung. Der **Bekl** als Berufungskläger **wird schlechter gestellt**, wenn die 1. Instanz seine Aufrechnungsforderung teilw für begründet erachtet hatte, das Berufungsgericht auf seine Berufung hin dagegen das Bestehen einer Aufrechnungsforderung verneint und die Urteilssumme aus anderen Gründen herabsetzt (BGHZ 36, 316; BGH NJW 2011, 848) oder entgegen der Vorinstanz die Aufrechnungsforderung für begründet hält, aber nun von einem höheren Betrag der Klageforderung ausgeht. 26

3) Zug um Zug. Bei Verurteilung zur Leistung Zug um Zug darf der Bekl auf seine Berufung hin nicht vorbehaltlos verurteilt, auf Berufung des Kl die Klage nicht abgewiesen werden. 27

4) Zusammengesetzter Anspruch. Keine Schlechterstellung, wenn bei einem aus **mehreren Posten zusammengesetzten Anspruch** einzelne Posten herabgesetzt oder gestrichen werden, infolge Erhöhung anderer Posten aber die Gesamtsumme nicht geringer wird (BGH LM Nr 6 zu § 536 ZPO; BGH MDR 2004, 47; BGH MDR 2005, 1434). Das ist nicht der Fall bei verbundener Geltendmachung eines Anspruchs der klagenden Ehefrau nach § 843 und eines abgetretenen des Ehemannes nach § 845 BGB (BGH VersR 56, 22). 28

5) Abänderung der Gründe. Kein Verstoß gegen § 528, wenn nur die Gründe zum Nachteil des Berufungsklägers geändert werden, zB Vorsatz statt Fahrlässigkeit (BGH LM Nr 2 zu § 322 ZPO) oder durch anderweitige Bewertung der für die Berechnung des Schmerzensgelds maßgebenden Faktoren. 29

6) Klageabweisendes Urteil. Diese Grundsätze gelten nicht nur für das stattgebende, sondern auch für das **klageabweisende Urteil** (aA StJ/Althammer Rn 24). Dieses Abänderungsverbot bezieht sich nur auf das beantragte 30

Begehren. Mit der Anfechtung der Klageabweisung unterstellt der unterlegene Kl den Anspruch als ganzen der Nachprüfung.

31 7) **Verfahrensfragen.** Das Verschlechterungsverbot bezieht sich grds nicht auf Verfahrensfragen, über die vAw zu befinden ist (BGHZ 140, 208; BGH MDR 2009, 706). Auch darf der Tenor klarer gefasst oder durch Beseitigung eines unzulässigen Zusatzes richtiggestellt werden.

32 8) **Sachabweisung statt Prozessabweisung.** Die Prozessabweisung in 1. Instanz darf auf Berufung des Kl durch Sachabweisung ersetzt werden (BGHZ 23, 36; BGH NJW 78, 2032; BGH NJW 88, 1983; OLG Celle MDR 2014, 1228 auch, wenn erstinstanzl Entscheidung auf Unstatthaftigkeit des Urkundenprozesses lautete). Dies entspricht trotz der unterschiedl Rechtskraftwirkung der hM (StJ/Althammer Rn 20). Die Abänderung kann nach § 538 I durch das Berufungsgericht selbst, bei Antrag einer Partei durch Zurückverweisung geschehen. – Umgekehrt muss der Bekl, der Berufung gegen eine Prozessabweisung einlegt und eine Sachabweisung anstrebt, es hinnehmen, dass das Berufungsgericht, wenn ein Antrag des Gegners vorliegt, statt die Klage als unbegründet abzuweisen, **zur Sachprüfung zurückverweist**, was dann zu seinen Ungunsten ausgehen kann (BGHZ 23, 50; BGH NJW 70, 1683). Wer gegen eine Prozessabweisung mit Rechtsmittel vorgeht, will eine Sachentscheidung; er muss daher in Kauf nehmen, dass dies zu seinen Lasten ausgeht. § 538 II 2 verpflichtet das Berufungsgericht ausdrückl zu umfängl Prüfung. Ein abweisendes Sachurteil hat das Berufungsgericht aufrecht zu erhalten, wenn es die Klage schon für unzulässig hält (MK/Rimmelspacher Rn 56).

33 9) **Teilweises Obsiegen und Fehlen einer Prozessvoraussetzung.** Bes Schwierigkeiten ergeben sich, wenn der Kl nach teilw Obsiegen Berufung einlegt und sich nunmehr das Fehlen einer Prozessvoraussetzung ergibt. Die Rspr ist schwankend (BGHZ 18, 98; OLG Köln NJW 67, 114, zweifelnd BGH NJW 70, 1683; StJ/Althammer Rn 21). Zutr hat der BGH NJW 86, 1494 den Weg zu einer differenzierenden Betrachtung eröffnet, die darauf abstellt, ob der Verfahrensmangel behebbar ist, und bei nicht behebbaren Mängeln eine Abwägung nach dem Gewicht der verletzten Norm für geboten hält.

34 10) **Prozessfähigkeit des Klägers.** Wird die Prozessfähigkeit des Kl erst zweitinstanzl unaufklärbar zweifelhaft, so bleibt seine Berufung zulässig, jedoch ist das angefochtene Urteil in Klageabweisung als unzulässig abzuändern (OLG Hamm MDR 92, 411).

35 11) **Kostenpunkt.** Eine Verschlechterung im Kostenpunkt ist immer zulässig. Dies folgt schon aus § 308 II. Eine falsche Kostenentscheidung darf mangels Antragsbindung auch bei erfolglosem Rechtsmittel immer korrigiert werden. Dies gilt sogar für die Korrektur ggü einem ausgeschiedenen Streitgenossen.

§ 529 Prüfungsumfang des Berufungsgerichts

(1) Das Berufungsgericht hat seiner Verhandlung und Entscheidung zugrunde zu legen:

1. die vom Gericht des ersten Rechtszuges festgestellten Tatsachen, soweit nicht konkrete Anhaltspunkte Zweifel an der Richtigkeit oder Vollständigkeit der entscheidungserheblichen Feststellungen begründen und deshalb eine erneute Feststellung gebieten;

2. neue Tatsachen, soweit deren Berücksichtigung zulässig ist.

(2) [1]Auf einen Mangel des Verfahrens, der nicht von Amts wegen zu berücksichtigen ist, wird das angefochtene Urteil nur geprüft, wenn dieser nach § 520 Abs. 3 geltend gemacht ist. [2]Im Übrigen ist das Berufungsgericht an die geltend gemachten Berufungsgründe nicht gebunden.

1 **I) Grundsatz. Tatsachenbindung des Berufungsgerichts.** § 529 enthält das Kernelement des Berufungsverf. Die Berufungsinstanz ist nicht Wiederholung der Tatsacheninstanz, sondern dient der Fehlerkontrolle und -beseitigung (vgl BTDrs 14/4722, 61, 64, 100; HM-S/Meyer-Seitz Rn 1 ff m ausf Hinw zur Gesetzgebungsgeschichte Rn 1 ff; Unberath ZZP 120 [2007], 323; Ullenboom ZZP 129 [2016], 235). Im Gegensatz zur Revision bleibt sie aber Tatsacheninstanz, weil sowohl Noven in den Grenzen der §§ 530, 531 eingeführt werden können, als auch eine Neubewertung der Tatsachengrundlage nach Wiederholung der Beweisaufnahme unter den Voraussetzungen des I Nr 1 gestattet ist. Damit wird eine allzu strikte Bindung (ohne Ausnahmen) an die von der 1. Instanz gefundene Tatsachengrundlage vermieden; das Festhalten an einer erkannt falschen Tatsachengrundlage der 1. Instanz ist unzumutbar und widerspricht der Gerechtigkeit. Deshalb ist eine Neubewertung der Tatsachengrundlage im Interesse der materiellen Gerechtigkeit möglich, wenn auf Grund Vorliegens „konkreter Anhaltspunkte **ernstl** Zweifel an der Richtigkeit und Vollständigkeit der entscheidungserhebl Feststellungen" bestehen (BTDrs 14/4722, 100). Dabei genügen konkrete Anhaltspunkte für bloße „Zweifel" (vgl Begr Beschlüsse Rechtsausschuss BTDrs 14/6036, 157), um die Neubewertung der Tatsachengrundlage zu eröffnen.

2 **II) Tatsachenerfassung und -bewertung durch das Berufungsgericht. 1) Grundsatz.** Die Berufungsinstanz ist Rechtskontrollinstanz mit Elementen einer Tatsacheninstanz (Heßler FG Vollkommer, 2006, S 322). Die Tatsa-

chengrundlage schafft das erstinstanzl Verf. Auch die Berufungsinstanz ist (eingeschränkt) Tatsacheninstanz: Neue Tatsachen können nur eingeführt werden, wenn Präklusion nach §§ 530, 531 nicht eingreift. I Nr 2 verweist auf das Novenrecht. I Nr 1 befasst sich nicht mit der Frage der Zulässigkeit der Einführung **neuer Tatsachen** in das Verf durch die Parteien, sondern wendet sich an das Gericht und zielt auf den erstinstanzl Erkenntnisprozess, also die Schaffung der Tatsachengrundlagen für die rechtl Würdigung im Urteil durch das Erstgericht und deren Bewertung durch das Berufungsgericht. Der Erkenntnisprozess umfasst die Differenzierung in streitigen und unstreitigen Sachvortrag, Feststellung der Beweislast, Anordnung und Erhebung der Beweise und Bewertung des Ergebnisses der Beweisaufnahme. Die Bindungswirkung erstreckt sich grds auch auf die offenkundigen und gerichtsbekannten, die zugestandenen und unstreitigen Tatsachen (BGHZ 158, 295 = NJW 2004, 2152). Die Judikate des BGH drängen die Bindungswirkung der erstinstanzl Tatsachenfeststellung gegenüber dem Wortlaut zurück und geben der materiellen Gerechtigkeit gegenüber formal festgestellter Tatsachengrundlage den Vorzug. Trotz der Rspr des BGH darf die rechtl Bindung des Berufungsgerichts an den erstinstanzl festgestellten Sachverhalt nicht vergessen werden. Die von der 1. Instanz abweichende Feststellung des Sachverhalts steht **nicht im Ermessen** des Gerichts (Saenger ZZP 121 [2008], 139; Manteuffel NJW 2005, 2963 spricht allerdings von „faktischem" Belieben).

2) Rechtsfehlerhafte Erfassung der Tatsachengrundlage. Die Korrektur der Tatsachengrundlage bei **rechtsfehlerhafter** Erfassung der Tatsachengrundlage durch das Erstgericht ist dem Berufungsgericht ohnehin erlaubt (BGHZ 158, 269 = NJW 2004, 1876 = MDR 2004, 954 = WuB VII A. § 529 ZPO 1.05 [Vollkommer]; BGHZ 159, 254 = NJW 2004, 2828 = MDR 2004, 1313 = BGHReport 2004, 1375 [Heßler]); dies ergibt sich bereits aus § 513 I Alt 1. 3

3) Zweifel trotz rechtsfehlerfreier Feststellung. I Nr 1 stellt Kriterien auf, anhand deren eine Neufeststellung durch das Berufungsgericht zulässig ist, selbst wenn dem Erstgericht kein Rechtsfehler unterlaufen ist (BGH NJW 2016, 713; BGH NJW 2016, 3015; Gaier NJW 2004, 2041; Stöber NJW 2005, 3601). Das Berufungsgericht darf, wenn die Voraussetzungen vorliegen, den Erkenntnisprozess wiederholen, eine neue Beweisaufnahme vornehmen und seine Würdigung an die Stelle des Erstgerichts setzen. Es genügt eine vom erstinstanzl Ergebnis abweichende Wertung eines Beweisergebnisses (BGH NJW 2016, 713 = MDR 2016, 270; BGH MDR 2017, 21). Dafür reicht es aus, wenn aus der für das Berufungsgericht gebotenen Sicht eine gewisse – nicht notwendig überwiegende – Wahrscheinlichkeit dafür besteht, dass im Fall der Beweiserhebung die erstinstanzliche Feststellung keinen Bestand haben wird, sich also deren Unrichtigkeit herausstellt (BGH NJW-RR 2019, 1343). Um diesen Zweifel zu hegen, genügt Parteivortrag in der 1. Instanz, jedenfalls muss nicht nach § 520 III gerügt werden (BGHZ 162, 313 = NJW 2005, 1583 = MDR 2005, 945 [Fellner] = BGHReport 2005, 864 [Heßler] = ZZP 118 [2005], 485 [Wolff]; krit Rimmelspacher JZ 2005, 1063; Unberath ZZP 120 [2007], 323). 4

4) Beispiele. An die vertretbare Auslegung einer Individualvereinbarung der 1. Instanz ist nach BGH das Berufungsgericht nicht gebunden, vielmehr habe die 2. Instanz eine eigene Auslegung vorzunehmen, die sie als Grundlage einer sachgerechten Entscheidung für geboten halte (BGHZ 160, 83 = NJW 2004, 2751). Auch die Ermessensausübung bei der Bemessung von Schmerzensgeld kann als Rechtsanwendung voll nachgeprüft werden (BGH NJW 2006, 1589; OLG Brandenburg VersR 2005, 953; aA OLG Braunschweig VersR 2004, 924; OLGR Karlsruhe 2004, 398; OLG Hamm VersR 2006, 134). 5

5) Bedeutung des Tatbestandes. Undeutlich ist die Funktion des Tatbestandes des Ersturteils für schriftsätzl angekündigtes Vorbringen: nach obiter dicta des BGH (BGH NJW 2004, 1876; BGH NJW 2004, 2152; BGH NJW 2007, 2414; so auch MskV/Ball Rn 7; Gehrlein MDR 2003, 421; Gaier NJW 2004, 110; Rixecker NJW 2004, 705) kommt dem Tatbestand keine negative Beweiskraft zu; (aA Braunschneider ProzRB 2003, 302 u 2004, 102; RSchwab/Gottwald § 139 Rn 45). Ist in Wahrheit streitiges Vorbringen als unstr dargestellt, muss Tatbestandsberichtigung beantragt werden (OLG Karlsruhe NJW-RR 2003, 891; OLGR Rostock 2004, 61; OLG Hamm NJW-RR 2022, 1616; Stöber MDR 2006, 5; Schultzky MDR 2016, 968). Die Beweiskraft des Tatbestandes schließt zulässigen neuen Vortrag in der Berufungsinstanz nie aus (BGH NJW-RR 2021, 1223 = MDR 2021, 1152). Für den Anwalt ist insgesamt Vorsicht geboten, weil die Rspr, was auch die Ausführungen des BGH zeigen, sehr uneinheitl ist; iZw ist auf Aufnahme einer Bezugnahmeklausel in das Sitzungsprotokoll zu dringen (nach Stackmann NJW 2004, 1831 wird mit Antragstellung immer auf die Schriftsätze Bezug genommen) oder Tatbestandsberichtigungsantrag zu stellen (Walch/Kern NJW 2006, 1315; Foerster/Sonnabend NJW 2010, 978 zum Verf bei rügeverkümmernder Protokollberichtigung; Stackmann NJW 2013, 2929). Dies sollte vorsichtshalber auch bei unvollständigem Tatbestand geschehen. 6

III) Prüfungsreihenfolge. Für das Berufungsgericht empfiehlt sich folgende Prüfungsreihenfolge: 7

1) Differenzierung nach alten und neuen Angriffs- und Verteidigungsmitteln. Liegen neue vor, so ist die Zulässigkeit ihrer Einführung in den Prozess über I Nr 2 nach §§ 530, 531 zu prüfen; zulässige Noven können die Tatsachengrundlage verändern und zu einer neuen Beweisaufnahme führen (BGH NJW 2004, 2152); 7a

2) Angriff auf die Tatsachengrundlage des Ersturteils ohne Noven. a) Fehlerhafte Erfassung, weil das Erstgericht **materielles Recht verletzt** hat (so die Verkennung von Anspruchsgrundlage oder Beweislast): Prüfung ohne Rüge der Parteien, Zulässigkeit und Notwendigkeit neuer Beweisaufnahme, wenn die Entscheidung auf 7b dem Fehler beruht (§ 513 I). Damit ergibt sich auch kein Problem, den dazu vom Gericht in 1. Instanz übergangenen Sachvortrag zu berücksichtigen (wie hier Barth NJW 2002, 1702; MK/Rimmelspacher Rn 20 u MskV/Ball Rn 9 sehen einen Fall des Zweifels an der Richtigkeit der Feststellungen; Grunsky NJW 2002, 800 verlangt entspr § 559 I 1, dass der Vortrag sich aus erstinstanzl Urteil oder Sitzungsprotokoll ergibt);

7c **b) Fehlerhafte Erfassung auf Grund von Verfahrensfehlern.** Fehlerhaft ist eine Beweiswürdigung unter Missachtung der zu § 286 entwickelten Rtspr (BGH MDR 2024, 1334). Unterscheidung nach § 529 II nach Fehlern, die vAw zu berücksichtigen sind oder nur auf Rüge; Zulässigkeit und Notwendigkeit neuer Beweisaufnahme, wenn die Entscheidung auf dem Fehler beruht (§ 513 I); bei Antrag der Parteien auch Möglichkeit der Zurückverweisung nach § 538 II 1 Nr 1;

7d **c) Sonstige Fehlerhaftigkeit des Beweisergebnisses.** Nur wenn konkrete Anhaltspunkte **Zweifel** begründen und Neufeststellung geboten ist, ist erneute Beweisaufnahme erlaubt; zu den Erwägungen des BGH s Rn 3.

8 **IV) Konkrete Anhaltspunkte für Zweifel an Richtigkeit und Vollständigkeit. 1) Zweifel.** Zweifel liegen schon dann vor, wenn aus Sicht des Berufungsgerichts eine gewisse – nicht notwendig überwiegende – Wahrscheinlichkeit dafür besteht, dass im Fall der Beweiserhebung die erstinstanzl Feststellung keinen Bestand haben wird, sich also deren Unrichtigkeit herausstellt. Hierzu wird auf die verfassungsgerichtl Rspr zu § 124 II Nr 1 VwGO verwiesen (vgl BVerfG NVwZ 2000, 1163). Dazu genügen schlüssige Gegenargumente, die die erhebl Tatsachenfeststellung in Frage stellen.

9 **2) Wiederholung der Beweisaufnahme.** Sie steht im **gebundenen Ermessen:** Wann das Berufungsgericht die Beweisaufnahme wiederholt, unterliegt nicht dem reinen Ermessen nach § 398 I (vgl BTDrs 14/6036, 157; HM-S/Meyer-Seitz Rn 14; RSchwab/Gottwald § 139 Rn 50). Der BGH missachtet in NJW 2004, 1876 die Gesetzesbegr: Der Rekurs auf § 398 über § 525 war früher geltendes Recht, ist aber durch § 529 ersetzt. Was revisionsrechtl als Rechtsfehler nach § 545 überprüft werden kann, steht der Prüfung durch das Berufungsgericht offen, die Prüfungsmöglichkeiten gehen aber darüber hinaus.

10 **3) Fallgruppen.** Nach den einzelnen Beweismitteln ist zu differenzieren.

11 **a) Augenschein.** Das Ergebnis des erstinstanzl Protokolls ist zugrunde zu legen. Wiederholung des Augenscheins, wenn das Protokoll lückenhaft (OLG Hamm MDR 2003, 830) oder schlüssig andere tatsächl Verhältnisse darlegt werden, etwa durch Vorlage von Fotografien.

12 **b) Zeugen.** Eine erneute Vernehmung ist bei **inhaltlichen** Mängeln angezeigt. Die erneute Beweisaufnahme ist eröffnet, wenn sich Zweifel bereits aus dem Protokoll ergeben, also die Beweisaufnahme nicht erschöpfend war oder die protokollierte Aussage im Widerspruch zu den Urteilsgründen steht. Aus der Sicht des Berufungsgerichts muss die Zeugenaussage die Urteilsgründe abdecken. Dabei kann es genügen, die Wiederholung auf einzelne, bes wichtige Aussageninhalte zu beschränken. Bei der wiederholten Vernehmung darf sich das Berufungsgericht nicht auf einen Zeugen beschränken, wenn erstinstanzl mehrere zum Thema vernommen worden sind, sofern nicht auf diese verzichtet worden ist (BGH MDR 91, 899 = NJW 91, 2082). Erneute Vernehmung nur mit der Begründung, dabei lasse sich eine bessere Aufklärung erwarten, ist nicht zulässig (Stackmann NJW 2002, 781). Nicht ausreichend ist also der bloße Wunsch, das Berufungsgericht möge die Zeugenaussage abweichend vom Erstgericht verstehen. Allein daraus lässt sich keine **Pflicht** zur Neuerfassung des Sachverhalts entnehmen, wenn nicht konkrete Anhaltspunkte hinzutreten (Greger NJW 2003, 2882 zu BVerfG NJW 2003, 2525; Rixecker NJW 2004, 705).

13 Konkrete Anhaltspunkte für Zweifel an der Richtigkeit der Tatsachengrundlage des Erstgerichts können sich auch aus **Glaubwürdigkeitsbeurteilung** durch das Erstgericht ergeben. Ausgangspunkt ist die Vernehmungsniederschrift. Es reicht, wenn das Berufungsgericht eine entscheidende Stelle der Aussageniederschrift abw vom Wortlaut und der Deutung des Erstrichters werten will (BGH NJW 91, 1183; BVerfG NJW 2011, 49), ohne dass es darauf ankommt, ob beeidet worden ist oder nicht (BGH MDR 82, 297). Schon aus der **Möglichkeit unterschiedl Wertung** können sich Zweifel des Berufungsgerichts an der Richtigkeit des Beweisergebnisses ergeben (BVerfG NJW 2003, 2524; BGH TranspR 2018, 312; BGH MDR 2019, 567; BGH NJW-RR 2020, 1519 = MDR 2021, 115; BGH NJW 2023, 3496 = MDR 2023, 1331; BGH MDR 2024, 459). Soweit das Berufungsgericht in der Glaubwürdigkeitsbeurteilung von derj der 1. Instanz abweichen will, muss es die Beweisaufnahme wiederholen, um sich selbst den zur Würdigung nötigen persönl Eindruck zu verschaffen (BVerfG NJW 2005, 1487; BVerfG NJW 2011, 49; BGH FamRZ 2006, 846; BGH MDR 2009, 1126; BGH NJW 2011, 1363; BGH MDR 2012, 601; BGH NZG 2013, 1436; BGH NJW-RR 2017, 1101; BGH NJW-RR 2019, 134; BGH NJW-RR 2024, 930 = MDR 2024, 928). Dazu reicht es, wenn die Vorinstanz mehreren Zeugenaussagen keine oder die gleiche Überzeugungskraft beimisst, das Berufungsgericht jedoch eine der Aussagen als überzeugungskräftiger ansehen und deshalb das Beweiswürdigungsergebnis anders beurteilen will (BGH WM 83, 1394; MDR 91, 1089; zur Neubewertung, wenn ein Zeuge verstorben ist oder seine Vernehmung aus anderen Gründen nicht möglich ist: BGH *MDR 2016, 1404*). Auch können Zweifel bestehen, wenn ein Zeuge vor dem Prozessgericht, ein anderer im Ausland vernommen worden ist und der persönl Eindruck ausschlaggebend ist (BGH NJW 90, 3088), oder bei einer Vernehmung mehrerer Zeugen ein Wechsel in der Gerichtsbesetzung stattgefunden hat (OLG Hamm

NJW-RR 2021, 1475). Hat das Erstgericht die Beweiserheblichkeit fälschl verneint und sich deshalb zur Glaubwürdigkeit gar nicht geäußert (BGH MDR 82, 220; BGH NJW-RR 86, 285), liegt bereits eine rechtsfehlerhafte Schaffung der Tatsachengrundlage vor, die den Weg zur Wiederholung der Beweisaufnahme öffnet. Schadensschätzung ist ebenfalls Rechtsanwendung; sieht das Berufungsgericht sie als fehlerhaft an, ist die neue Beweisaufnahme mögl, wenn das Berufungsgericht von der auf eine Zeugenaussage gestützten vorinstanzl Schadenschätzung abweichen will (vgl BGH WM 88, 1029).

c) **SV** (s Broß ZZP 102 [1989], 428 ff). § 412 I gilt für das Berufungsgericht nur noch im Rahmen des § 529. 14
Zweifel an der Richtigkeit und Vollständigkeit des Gutachtens können sich aus dem Gutachten oder der Person des Gutachters ergeben, auch wenn der SV-Beweis ansonsten fehlerfrei erhoben wurde. Dies liegt vor, wenn das Gutachten in sich widersprüchl oder unvollständig ist, wenn der SV erkennbar nicht sachkundig war, sich die Tatsachengrundlage durch zulässige Noven geändert hat, wenn es neue wissenschaftl Erkenntnismöglichkeiten zur Beantwortung der SV-Frage gibt (BGH NJW 2003, 3480; BGHZ 159, 254 = NJW 2004, 2828 = MDR 2004, 1313; BGH NJW-RR 2007, 212; BGH NJW 2014, 74) oder sich das Erstgericht nicht mit Einwendungen aus einem Privatgutachten auseinandergesetzt hat (BGH MDR 2014, 741). Auch die Möglichkeit unterschiedlicher Wertung reicht (BGH NJW-RR 2021, 76; BGH FamRZ 2020, 527; BGH NJW 2024, 286 = MDR 2023, 1405). Nicht ausreichend ist hingegen, dass das Berufungsgericht das Gutachten ohne Vorliegen solcher Anhaltspunkte für nicht überzeugend hält (KG MDR 2011, 447) oder der Berufungsführer einem Gutachten lediglich seine abweichende Meinung entgegenstellt (OLG Dresden NJW-RR 2022, 536). Die Neufeststellung ist je nach Einwand gegen das Gutachten durch eine neue Begutachtung oder Anhörung des bish SV mögl, was bei abweichender Würdigung immer nötig ist (BGH NJW-RR 2020, 1259 = MDR 2020, 1269). Die Zweifel kann die Partei durch Vorlage eines Privatgutachtens als substantiiertem Parteivortrag belegen (BGH NJW 2007, 1531). Bei rechtsfehlerhafter Verweigerung eines SV-Beweises oder der Anhörung des SV muss das Berufungsgericht ohnehin tätig werden (BGH MDR 2005, 1308; OLG Saarbrücken NJW-RR 2006, 250).

d) Neue **Urk** sind einzuführen, wenn dies §§ 530, 531 erlauben, also allemal neu aufgefundene Urk (nova reperta). 15
An die Auslegung der schon in der 1. Instanz vorgelegten Urk durch das Erstgericht ist das Berufungsgericht nicht gebunden, weil Auslegungsmängel aus der Sicht des Berufungsgerichts immer Zweifel an der Richtigkeit der Tatsachengrundlage begründen können; auch hier sind die Grenzen niedriger als im Revisionsrecht, das grds an die Auslegung des Tatrichters gebunden ist, wenn nicht Verstöße gegen Auslegungsregeln, Denkgesetze oder Erfahrungssätze sowie Verfahrensvorschriften vorliegen (anders als in der Revisionsinstanz OLGR Celle 2002, 238; s § 546 Rn 10).

e) Zur **Parteivernehmung** und Beeidigung durch das Berufungsgericht vgl § 536. Für die Würdigung der Par- 16
teiaussage gelten die Grundsätze zum Zeugenbeweis entspr. Eine in 1. Instanz angehörte Partei ist nochmals anzuhören, wenn das Berufungsgericht die Aussage anders würdigen will (BVerfG MDR 2017, 1202 = NJW 2017, 3218; BGH MDR 2018, 53 = NJW 2018, 308). Die informatorische Anhörung der Partei nach §§ 525, 141 I 1 ist ohne Beschränkung immer mögl, weil dies zur Aufklärungspflicht des Gerichts gehört und dem besseren Verständnis dessen dient, was die Partei behaupten und beantragen will (zum Arzthaftungsprozess BGH MDR 2014, 1445).

4) Beachtung von Amts wegen. Die Bestimmung zum Prüfungsumfang wendet sich an Berufungsgericht. Die 17
Beschränkungen sind also **vAw** zu beachten; die Parteien können nicht davon entbinden (MK/Rimmelspacher Rn 14). Auch bedarf es keines Antrags, um Neufeststellung nach I Nr 1 zu erreichen, wenn das Gericht von sich aus konkrete Anhaltspunkte für Zweifel findet, auf Grund gerichtsbekannter Tatsachen oder aus den Akten, etwa Vernehmungsniederschriften. Die Berufungsbegründung hat aber auch dazu vorzutragen: § 520 III Nr 3. Der Angriff auf die Beweiswürdigung der 1. Instanz ist konkret darzulegen (OLG Dresden NJW-RR 2003, 210 = MDR 2003, 289; Fellner MDR 2003, 721). Deshalb können sich Verspätungsfolgen nach § 530 ergeben, wobei aber immer noch von Seiten des Gerichts zu prüfen ist, ob Neufeststellung vAw notwendig ist.

V) Rügepflicht bei unverzichtbaren Verfahrensmängeln. II eröffnet die Überprüfung durch das Berufungsge- 18
richt bei prozessualen Fehlern nur auf Rüge, soweit es nicht um Mängel geht, die vAw zu beachten sind. Zur Differenzierung zwischen verzichtbaren und unverzichtbaren vAw zu berücksichtigenden Mängeln, ist § 295 heranzuziehen. Die Unterscheidung wird danach getroffen, ob an der Einhaltung der Norm ein öffentl Interesse besteht: Unverzichtbar sind nur Verfahrensvorschriften, die für das Funktionieren des Rechtsschutzes unerlässl sind (s § 295 Rn 2; MK/Prütting, § 295 Rn 10; MK/Rimmelspacher Rn 28). Unverzichtbar, also auch in der Berufungsinstanz vAw zu beachten, sind neben den vAw zu beachtenden Prozessvoraussetzungen (mit Ausnahme der Zuständigkeit des Erstgerichts) vor allem Vorschriften über den ges Richter (auch ordnungsgemäße Besetzung des Erstgerichts bis hin zu Mängeln beim ER-Einsatz); zum rechtl Gehör und zur Öffentlichkeit s § 295 Rn 5, Einl Rn 22.

VI) Umfassende materiell-rechtliche Überprüfung. Ansonsten ist das Berufungsgericht nach II 2 zu umfas- 19
sender Überprüfung verpflichtet, wobei die Bindung an die Anträge nach § 528 S 2 (s dort) zu beachten ist.

VII) Revision. Das Ermessen des Berufungsgerichts ist durch § 529 gebunden. Damit ist die Revision mit der 20
Rüge eröffnet, das Berufungsgericht habe seine Befugnisse nach dieser Vorschrift verkannt und eine gebotene

Beweisaufnahme unterlassen oder eine Beweisaufnahme auf Teile der erstinstanzl Sachverhaltsfeststellung erstreckt, die nicht zur Überprüfung eröffnet waren. IErg ist zum Erfolg solcher Rügen zu differenzieren. Unterlassene neue Beweisaufnahme wegen Verkennung der Befugnisse nach § 529 führt zur Aufhebung und Zurückverweisung, wenn die Entscheidung auf diesem Fehler beruht (BGHZ 159, 254 = NJW 2004, 2828). Theoretisch könnte das Revisionsgericht auch im umgekehrten Fall aufheben und mit der Maßgabe zurückverweisen, die unter Überschreitung des Rahmens von § 529 neu erfasste Tatsachengrundlage unberücksichtigt zu lassen, obwohl sie der materiellen Wahrheit entspricht (so wohl Ebel ZRP 2001, 312; Unberath ZZP 120 [2007], 323; Schmidt NJW 2007, 1172). Dies verneint der BGH aber im Anschluss an die Rspr zur Verkennung von Präklusionsvorschriften. § 529 schützt nicht vor Feststellung der materiellen Wahrheit; vielmehr wendet sich die Vorschrift an das Gericht und sichert die Konzentration der Tatsachenerfassung in der 1. Instanz. Wurde unter Verstoß gegen § 529 eine Beweisaufnahme durchgeführt, ist der Sinn der Vorschrift nicht mehr zu erreichen, die erhobenen Tatsachen bleiben berücksichtigungsfähig (BGH NJW 2004, 1458; BGH NJW 2005, 1583; BGH NJW-RR 2021, 76; sa MK/Rimmelspacher Rn 37; RSchwab/Gottwald § 139 Rn 68; Gehrlein MDR 2004, 661). Setzt sich das Gericht über die Schranken des § 529 hinweg, kann dies die Besorgnis der Befangenheit begründen.

§ 530 Verspätet vorgebrachte Angriffs- und Verteidigungsmittel

Werden Angriffs- oder Verteidigungsmittel entgegen den §§ 520 und 521 Abs. 2 nicht rechtzeitig vorgebracht, so gilt § 296 Abs. 1 und 4 entsprechend.

1 **I) Grundsätze des Novenrechts.** Die Erfassung der Tatsachengrundlage ist prinzipiell der 1. Instanz zugewiesen (vgl BTDrs 14/4722, 64). Die Berücksichtigung neuen Vorbringens ist in der Berufungsinstanz nur **ausnahmsw** mögl und an folgende Voraussetzungen geknüpft: (1) Die schriftl Berufungsbegründung muss vollständig sein, es muss innerhalb der gesetzten Fristen vorgetragen werden (§ 530); (2) was im 1. Rechtszug zu Recht zurückgewiesen wurde, kann in der Berufungsinstanz überhaupt nicht mehr eingeführt werden (§ 531 I); (3) die Parteien müssen ihren Prozessförderungspflichten im 1. Rechtszug vollständig genügen, bereits bei einfach fahrlässigem Verstoß hiergegen ist neuer Sachvortrag durch Nachschieben in der Berufungsinstanz ausgeschlossen, ohne dass es auf die Verzögerung des Rechtsstreits ankäme (§ 531 II Nr 3); (4) zulässig bleibt neuer Vortrag allerdings auch in diesem Fall, wenn die Tatsachen einen Gesichtspunkt betreffen, den das erstinstanzl Gericht übersehen oder der nach seinem Lösungsansatz keine Rolle gespielt hat oder der Sachvortrag auf Grund eines Verfahrensfehlers der 1. Instanz unterblieb, also der Grund für unterbliebenen Sachvortrag in der Sphäre des Gerichts, nicht aber der Parteien lag (§ 531 II Nrn 1, 2).

2 **II) Unvollständige Berufungsbegründungsschrift. 1) Grundsatz.** Bei **unvollständiger Berufungsbegründungsschrift** ist neues Vorbringen nur zuzulassen, wenn dem Gericht die Überzeugung verschafft wird, dass a) entweder dadurch **keine Verzögerung** auftreten kann oder b) der nachträgl Vortrag weder der Partei noch ihrem ProzBev (§ 85 II) als **Verschulden** angerechnet werden kann, wobei auf Verlangen Glaubhaftmachung nötig ist (§ 296 I, IV). Dieselben nachteiligen Wirkungen können für eine Partei eintreten, wenn die nach § 521 II gesetzten Fristen nicht eingehalten werden.

3 **2) Zusätzlich § 531.** Bei der Anwendung des § 530 ist zu beachten, dass in der Berufungsbegründung oder auf Fristsetzung hin rechtzeitig vorgebrachte Angriffs- und Verteidigungsmittel damit noch nicht ohne weiteres verwertbar sind. Zusätzl ist vielmehr (gedanklich eigentl vorrangig) zu prüfen, ob der Berücksichtigung nicht **nachlässige erstinstanzl Prozessführung** (§ 531 II 1 Nr 3) oder gar **erstinstanzl gerechtfertigte Zurückweisung** (§ 531 I) entgegensteht (s Rn 1).

4 **3) Sorgfalts- und Förderungspflicht (§ 296 II).** Schließl kann die Prozesslage eintreten, dass der Sachvortrag zwar in der Berufungsbegründung oder der fristgerecht eingereichten Erwiderung oder Replik enthalten ist (§ 530), auch kein Ausschluss nach § 531 in Betracht kommt, eine Partei jedoch auf Grund nachträgl eintretender Veränderungen der Sachlage ihr Vorbringen ändert, dabei aber ihre **prozessuale Sorgfalts- und Förderungspflicht** (§ 282) verletzt. Dann ist § 296 II über § 525 unmittelbar anzuwenden (s § 525 Rn 1).

5 Auch mit zunächst in der Berufungsbegründung nicht weiterverfolgten **selbständigen Klagegründen** ist der Berufungskläger nicht ausgeschlossen (s § 520 Rn 32).

6 **III) Geltungsbereich des § 530. 1) Fristen.** Anwendbar immer, soweit befristet zu begründen ist oder Fristen gesetzt worden sind (§ 521 II). Also für Berufungsbegründung, Anschlussberufungsbegründung, für die **Berufungserwiderung** (Antrag auf Verlängerung der Frist **Formulierungsvorschlag:** Vorwerk, PFB, M 67.5) und eine befristete **Replik** darauf sowie entspr Erwiderung auf die Anschlussberufungsbegründung.

7 ***2) Rechtsausführungen.*** *Sie zählen nicht hierher;* ihr Fehlen kann zudem nicht verzögern, da das Gericht das Recht vAw richtig anzuwenden hat. Deshalb sind auch unterlassene **Anregungen** zu Maßnahmen, die **amtswegig** zu erledigen sind, unschädl. Jedoch kann es so liegen, dass nachgeschobene Rechtsausführungen deshalb

nicht durchschlagen, weil sie auf neue Tatsachen oder Beweismittel gestützt werden, die nach § 530 unberücksichtigt bleiben müssen.

IV) Vollständiger Vortrag. Vorzubringen sind in der Begründung alle **Tatsachen, Beweismittel** und **Beweiseinreden**, die den Parteien zu diesem Zeitpunkt **bekannt** sind, gleichgültig ob dazu schon im 1. Rechtszug vorgetragen worden ist oder nicht. Muss nach dem Berufungsangriff auf die erstinstanzl Beurteilung mit abweichender zweitinstanzl Würdigung gerechnet werden, dann hat die Berufungserwiderung darauf einzugehen (OLG Stuttgart NJW 81, 2581). Begrenzt wird die Darlegungslast durch den Sachverhalt des Rechtsstreits; keine Partei ist gezwungen, sich schon vorsorgl auf ein bloß mögl neues Vorbringen einzulassen (s § 531 Rn 3); idR auch keine Ermittlungspflicht unbekannter Tatsachen (BGH NJW 2003, 200 = MDR 2003, 408). – **Beweiseinreden** sind Einwendungen gegen die Zulässigkeit oder Glaubwürdigkeit eines Beweismittels. Dabei ist zu unterscheiden: tatsächl Behauptungen (von Hilfstatsachen), um die Überzeugungskraft des Beweismittels zu erschüttern, fallen unter § 530 (oder § 531 II). Eine abw Meinung über den Wert des Beweismittels, insb Glaubwürdigkeit eines Zeugen, ist als Rechtsanwendung immer zu beachten und kann zur Wiederholung der Beweisaufnahme Anlass geben (§ 529 I). 8

1) Neu oder „nicht rechtzeitig". Das sind Angriffs- oder Verteidigungsmittel (s § 531 Rn 22 ff), die vorinstanzl nicht oder verspätet mitgeteilt worden sind (BVerfGE 67, 39). Der Grund der Verspätung ist erst beim Verschulden zu prüfen (BGH WM 89, 278). **Nicht neu** ist die bloße Konkretisierung erstinstanzl Vorbringens (BGH NJW-RR 91, 1214; auch nicht eine bloße geordnete Darstellung OLGR Köln 2003, 32). Vorzubringen ist auch **erstinstanzl zurückgewiesener Prozessstoff**; ob es bei der Nichtbeachtung bleibt, beurteilt sich nach § 531 I. In 1. Instanz nicht zurückgewiesenes Vorbringen ist hingegen automatisch Prozessstoff der Berufungsinstanz (BGH NJW-RR 2020, 1454 = MDR 2020, 1009). 9

2) Nachgeschobene Beweisanträge. Sie gehören zu den häufigsten Verstößen, die unter § 530 fallen. – **a)** Sie müssen in der Berufungsbegründung stets gebracht werden, die **floskelhafte allg Bezugnahme** deckt sie nicht ab: nur ausnahmsw (BGH WM 86, 1509) kann eine Berücksichtigung diskussionsfähig sein, zB wenn das Erstgericht ein unter Beweis gestelltes Vorbringen als unerhebl behandelt hat und die Berufung sich gerade dagegen richtet (BVerfGE 32, 92). 10

b) „Neu" ist ein Beweisantrag auch, wenn er im 1. Rechtszug gestellt, dort aber wieder **fallen gelassen** worden war (BGH NJW 98, 2977); erst recht ist er „neu", wenn in 1. Instanz nur der **Zeuge „N.N."** benannt worden war (OLG Köln MDR 72, 332; Rixecker NJW 84, 2136). 11

3) Nachgeholtes Bestreiten. In der Berufungsbegründung unterlassenes, später nachgeholtes Bestreiten fällt unter § 530 (BGHZ 12, 49), zB Unkenntnis von AGB (OLG Celle OLGZ 75, 358) oder die Beanstandung des Zinsbegehrens (BGH WM 77, 172). Verspätungsrecht ist auch anzuwenden, wenn eine Partei nach begonnener Vernehmung zu ihrer Person die Fortsetzung der Beweisaufnahme durch Weigerung (§ 446) unterbindet und sich im 2. Rechtszug wieder zur Aussage bereiterklärt, obwohl der Gegner den Antrag auf Parteivernehmung nicht mehr stellt (OLG Karlsruhe FamRZ 91, 191). Neu ist auch ein Bestreiten, wenn erstinstanzl schriftsätzl bestritten worden war, im Tatbestand des angefochtenen Urteils der Vorgang jedoch als unstr wiedergegeben und deswegen keine Berichtigung nach § 320 erwirkt worden ist. Die Beweiskraft des § 314 ist jedoch widerlegbar; das Berufungsgericht ist also nicht gebunden und muss neues Bestreiten berücksichtigen, wenn auch unter Verspätungsgesichtspunkten (Schneider ZAP F 13 S 139; BGH NJW-RR 92, 1214). 12

4) Neue Anträge, auch Änderung oder Erweiterung der Klage. Sie fallen nicht unter § 530, da sie keine Angriffs- oder Verteidigungs**mittel**, sondern Angriff oder Verteidigung selbst sind, zB Übergang von einer wegen mangelnder Individualisierung (§ 253 II Nr 2) unzulässigen unbezifferten Leistungsklage zur bezifferten in der Berufungsinstanz (BGH MDR 2016, 1348). Jedoch kann der zugehörige Tatsachenvortrag durch § 530 ausgeschlossen sein, so dass der Antrag schon deshalb erfolglos bleiben muss. 13

V) Verzögerung. S § 296 Rn 11 ff. Sie ist, im Gegensatz zu der Präklusion nach § 531, unabdingbare Voraussetzung für die Nichtbeachtung (BGH MDR 2005, 706). Da jede Präklusion die Gefahr eines falschen Urteils mit sich bringt, ist das Gericht verpflichtet, durch Hinweise (§ 139) und vorbereitende Maßnahmen (§ 273) dem Verzögerungsausschluss entgegenzuwirken, bevor es ungünstig entscheidet (s Rn 26). Um die gebotenen Maßnahmen treffen zu können, muss die Prozesslage **systematisch richtig eingeordnet** werden. Dabei ist zu unterscheiden: 1. Erstinstanzl ist verspätetes Vorbringen *zu Recht* zurückgewiesen worden. Dann ist es endgültig ausgeschlossen (§ 531 I); prozessleitende Maßnahmen sind nicht zu treffen. – 2. Erstinstanzl ist *zu Unrecht* zurückgewiesen worden. Dann ist das zweitinstanzl Vorbringen weder neu noch verspätet noch verzögernd. Das Berufungsgericht hat zu versuchen, den Verfahrensfehler auszugleichen (Maßnahmen wie Rn 18). – 3. Ist das Vorbringen wirkl *neu*, also erstmals in 2. Instanz gebracht worden, dann ist vorrangig § 531 II zu prüfen. In dessen Anwendungsbereich spielt Verzögerung keine Rolle mehr. – 4. Greift § 531 II nicht, so muss versucht werden, die Verzögerung durch geeignete Maßnahmen zu verhindern (s Rn 19). Die Frage der Verzögerung spielt also nur noch bei der Präklusion nach §§ 530, 296 I eine Rolle. Die folgenden Ausführungen betreffen nur diesen Fall. 14

1) Prozesslage. Ob die Berücksichtigung neuen Vorbringens den Rechtsstreit verzögert, ist nach der Prozesslage im **Zeitpunkt des Vorbringens** zu bestimmen (BGHZ 75, 138; BGHZ 76, 133). Prozessstoff, der nur wegen 15 einer den Parteien noch unbekannten Auffassung des Berufungsgerichts erhebl wird, darf nicht zu Maßnahmen nach § 530 führen. Die gegenteilige Auffassung verstößt gegen Art 103 I 2 GG (BVerfGE 62, 255) und dürfte durch BVerfGE 67, 39 überholt sein.

16 **2) Notwendigkeit einer Vertagung.** Eine Verzögerung kann auch dadurch eintreten, dass der Gegner sich nicht mehr rechtzeitig äußern kann und Vertagung nötig würde, weil Schriftsatznachlass (s § 296 Rn 16) nicht ausreichen würde. Unerlässl ist aber, dass der Gegner Gelegenheit erhalten hat, sich auf das verspätete Vorbringen einzulassen, und dass eine dazu gesetzte Frist beachtet wird (LG Münster MDR 90, 1021). Bei Verstoß dagegen keine Heilung wegen zweitinstanzl Einlassung (s § 531 Rn 9).

17 **3) Vorbereitende Maßnahmen in 1. Instanz.** Verzögert wäre auch eine **Beweisaufnahme**, die bei rechtzeitigem Vorbringen durch Maßnahmen nach §§ 273, 358a im 1. Termin hätte durchgeführt werden können; anders, wenn es ohnehin zu einer bes Beweisaufnahme (§ 358) gekommen wäre.

18 **4) Vorbereitende Maßnahmen des Berufungsgerichts.** Keine Verzögerung darf angenommen werden, wenn sie sich durch vorbereitende Maßnahmen des Gerichts nach § 273 hätte verhindern lassen (BVerfGE 75, 183; BVerfG NJW 90, 2373; BVerfG NJW 92, 680; BVerfG NJW 99, 585). Denn dann liegt der Fehler (auch) beim Gericht, und dafür haben die Parteien nicht einzustehen. Jede Zurückweisung setzt voraus, dass das Gericht die eigenen prozessualen Möglichkeiten, das Verf so zu fördern, dass Verzögerungen in Folge neuen Vortrags vermieden werden. Ist eine Verzögerung nach dem tatsächl Verfahrensablauf zweifelhaft, so muss aus den Entscheidungsgründen ersehen werden können, warum das Gericht die Verzögerung nicht verhindern konnte (BGH NJW 99, 585). – Geboten sind nur im Rahmen des Geschäftsganges **zumutbare** (BGHZ 75, 142; BGH MDR 99, 436) und erfolgversprechende **Maßnahmen**. Grds zumutbar ist Berücksichtigung von Beweisantritten vor Anberaumung eines Verhandlungstermins (BGHZ 91, 304; BGH NJW 75, 1746; BGH NJW 87, 260; BGH NJW 91, 2759; BGH NJW 99, 3272; BVerfG NJW 90, 2372; BVerfG NJW-RR 99, 1079). Zu berücksichtigen ist, dass Maßnahmen nach § 273 provisorisch sind, weil keine mündl Verh stattgefunden hat. Bei der Frage, ob vorbereitende Maßnahmen aus Zeit- und Belastungsgründen mögl sind, geht es vornehml um **Beweisanträge** der Parteien. Benennt eine Partei verspätet 3 Zeugen, der Gegner 4 Gegenzeugen, kann nicht erwartet werden, dass das Gericht mit einer Eil-Schlüssigkeitsprüfung die Beweisanträge auseinander dividiert und prüft, ob nicht mit 3 oder 2 Zeugen auszukommen ist. Vielmehr ist iZw darauf abzustellen, dass die Parteien ihre Beweisanträge für erhebl halten, weil sie sonst nicht gestellt worden wären. Danach ist dann auch die Prüfung vorzunehmen, ob Maßnahmen nach § 273 veranlasst sind; so auch bei zusätzl SV-Beweis (OLG Köln VersR 90, 674). Die Entscheidung kann nur von Fall zu Fall getroffen werden. Keine Zeugenladung auf Beweisanträge hin, deren Sinn oder Ziel erst in mündl Verh geklärt werden muss.

Das Ausmaß der dem Gericht obliegenden Maßnahmen hängt ab von den Möglichkeiten eines ordnungsgemäßen Geschäftsgangs, dem Umfang der erforderl tatsächl Feststellungen sowie davon, dass die Parteien das Verf so gefördert und vorbereitet haben, dass eine Beurteilung der Beweiserheblichkeit von Beweisangeboten mögl ist (vgl BGH NJW 99, 3272 = LM § 528 ZPO Nr 53). Große Belastung mit entspr weiter Terminierung entbindet nicht von verzögerungshindernder Terminsvorbereitung (BGH WM 85, 819; Deubner NJW 86, 858). Einzelne verspätete Zeugenbeweisanträge müssen idR berücksichtigt werden (BGHZ 91, 304; BGH NJW 91, 2759; BGH NJW 99, 3272; BVerfG NJW 90, 2372; BVerfG NJW-RR 99, 1079). Jedoch ist das Gericht nur zu solchen Anordnungen verpflichtet, die geeignet sind, Verspätungsfolgen im normalen Geschäftsgang auszugleichen (BGH NJW 81, 268; BGH NJW 84, 1964; BGH NJW 99, 3272); es besteht also keine Verpflichtung zu Eilanordnungen oder zur Anberaumung eines zusätzl Verhandlungstermins (OLG Celle NJW 89, 3023). Muss ohnehin ein bes Beweistermin anberaumt werden oder ist genügend Zeit im Termin, dann kann es auch geboten sein, mehrere – 4 bis 6 – Zeugen zusätzl zu laden (BGH NJW 91, 2759; BVerfG NJW 90, 2373; BVerfG NJW-RR 99, 1079). Es besteht keine Pflicht zur Klärung von Streitstoff erhebl Ausmaßes, insb wenn die Beweis führende Partei den Prozessstoff nicht so aufbereitet hat, dass eine abschließende Beurteilung der Beweiserheblichkeit der Zeugenangebote mögl ist (BGH NJW 99, 3272 = LM Nr 53 zu § 528 [alt] ZPO [Gummer]). – Werden umfangreiche Gegenbeweisanträge schon vor Vernehmung angekündigt, dann erübrigt sich die vorbereitende Ladung oder sie ist rückgängig zu machen (OLG Köln MDR 85, 772; vom BVerfG MDR 86, 896 bestätigt). Stellt eine Partei in der mündl Verh einen neuen Zeugen, dann darf dieser nicht vernommen werden, wenn der Gegner widerspricht, weil ihm dadurch Erkundigungen und die Stellung sachgerechter Fragen abgeschnitten würde (BGH NJW 86, 2257). Ist die Berufung oder Berufungsbegründung verspätet eingegangen, dann kommen vorbereitende Maßnahmen nach § 273 erst in Betracht, wenn über eine beantragte WE entschieden ist. Lässt sich diese Entscheidung erst auf Grund mündl Verh treffen, dann dürfen neue Beweisanträge nicht mehr zugelassen werden.

19 Präklusionsvorschriften haben Ausnahmecharakter (BVerfGE 62, 254; BVerfGE 66, 264; BVerfG NJW-RR 99, 1079) und unterliegen deshalb einer nicht nur auf Willkürkontrolle beschränkten **Nachprüfung des BVerfG** (BVerfG NJW 85, 1150; BVerfG NJW 90, 2373).

20 **VI) Sanktion. 1) Grundsatz.** Ist Verzögerung anzunehmen – was auf Grund bloßer Schlüssigkeitsprüfung fest*zustellen und damit immer eindeutig* zu beantworten ist –, dann darf das nachgebrachte Vorbringen **nicht berücksichtigt** werden. Es muss vielmehr auf der Grundlage der Berufungsbegründung oder -erwiderung entschieden werden, jedoch nur, soweit die Zulassung verzögerungskausal ist (OLG Düsseldorf NJW-RR 92, 1239).

2) Ausnahmen. a) Die vom Ausschluss bedrohte Partei kann dem Gericht die Überzeugung verschaffen, das Nachschieben des Sachvortrages gereiche ihr **nicht** zum **Verschulden**. Das ist etwa dann der Fall, wenn sie erstinstanzl siegreich war und keinen Anlass hatte, danach unerhebl Tatsachen vorzubringen (BVerfGE 62, 255; BGH MDR 82, 29 = NJW 82, 581), oder wenn sie es unterlassen hat, sich vorsorgl ggü einem nicht den Gegenstand des Rechtsstreits bildenden Sachverhalt zu verteidigen (BVerfGE 67, 42; BVerfG WM 91, 147), oder wenn die Verspätung durch **verfahrenswidriges Verhalten des Gerichts** mitverursacht worden ist (s Rn 19). Jedoch muss das Gericht davon **überzeugt** werden; ein **non liquet** geht zu Lasten der säumigen Partei (Schneider JR 65, 328; Schneider JurBüro 75, 293). Keine Pflicht der Partei, Zeugenanschriften alsbald ausfindig zu machen, sofern dies nicht durch einfache und erfolgversprechende Maßnahmen mögl ist (BGH MDR 87, 915). 21

b) Legt die säumige Partei einen entlastenden Sachverhalt dar, so muss sie ihn auf Verlangen des Gerichts (Hinweispflicht: BGH NJW 84, 2039) auch **glaubhaft machen** (§§ 294, 296 IV), wobei anwaltl Versicherung meist genügen wird. 22

3) Folge. Gelingt der Partei der **Entlastungsbeweis nicht**, dann **muss** das Gericht das Vorbringen unberücksichtigt lassen (OLG Stuttgart NJW 81, 2581). Es hat **keinen Ermessensspielraum**, sondern ist ges gebunden. 23

4) Klageerweiterung. Den Folgen des Ausschlusses kann die Partei nicht dadurch entgehen, dass sie zu dem Komplex, den das angefochtene Urteil erfasst, die Klage erweitert und diese Erweiterung dann mit nachträgl Begründung versieht. Dies scheitert schon an § 533, § 529 I Nr 2, § 530. 24

5) Rechtliches Gehör. Muss gewährt werden, bevor eine Partei mit neuem Vorbringen ausgeschlossen wird (Schneider JR 65, 329; Franke NJW 86, 3049). Sie darf also nicht erst im Urteil damit überrascht werden, sondern muss Gelegenheit erhalten, sich zu dem beabsichtigten Ausschluss zu erklären u ggf Entschuldigungsgründe glaubhaft zu machen (BGH NJW 84, 2039; bestätigt durch BVerfGE 75, 183 = EWiR § 528 ZPO 1/87, 1247 – Schneider; stRspr). BGH NJW-RR 90, 856 = WM 90, 1421 konkretisiert die Hinweispflicht wie folgt: „Neues Vorbringen, das nach Ablauf einer vom Berufungsgericht dafür gesetzten Frist vorgetragen wird, darf nur zurückgewiesen werden, wenn das Berufungsgericht die betroffene Partei mit der Fristsetzung unmissverständl über die Art und den Umfang der aus seiner Sicht erforderl Ergänzung des Sachvortrags hingewiesen hat". – Soweit dem Gericht Glaubhaftmachung der Partei nicht genügt, muss es Gelegenheit zur Ergänzung geben (BGH NJW 86, 3193). Rechtl Gehör wird auch durch eine **zu kurze Äußerungsfrist** versagt. Dann ist aber von der betroffenen Partei zu fordern, dass sie innerhalb angemessener Frist schriftsätzl vorträgt. Gehör ist auch dem Gegner zu gewähren, der Gelegenheit zur Einlassung bekommen muss (s Rn 16). 25

VII) Entscheidung über Zurückweisung. Sa § 531 Rn 37). Sie ist nach vorh Anhörung der Partei (s Rn 26) **im Urteil** zu treffen und **zu begründen** (BVerfGE 75, 302; BVerfG NJW 90, 566; BGH NJW-RR 91, 767, 768; Schneider MDR 87, 900). Teilurteil unzulässig (BGHZ 77, 306; zweifelhaft, s § 531 Rn 37). 26

VIII) Rechtsmittel. Fehlerhafte Zulassung ist unanfechtbar, da berücksichtigtes Vorbringen nicht mehr verzögern kann (s § 531 Rn 39). Insoweit ist deshalb auch keine Begründung erforderl. Die Zurückweisung wird jedoch vom Revisionsgericht überprüft, fehlerhafte Zurückweisung ist immer zugleich Verletzung des rechtl Gehörs (BGH NJW-RR 2021, 56). Ist Überprüfung durch das Revisionsgericht mangels einer Begründung nicht mögl, führt allein dies zur Aufhebung und Zurückverweisung (BGH NJW 71, 1564, 1565). 27

§ 531 Zurückgewiesene und neue Angriffs- und Verteidigungsmittel

(1) Angriffs- und Verteidigungsmittel, die im ersten Rechtszuge zu Recht zurückgewiesen worden sind, bleiben ausgeschlossen.

(2) [1]Neue Angriffs- und Verteidigungsmittel sind nur zuzulassen, wenn sie

1. **einen Gesichtspunkt betreffen, der vom Gericht des ersten Rechtszuges erkennbar übersehen oder für unerheblich gehalten worden ist,**
2. **infolge eines Verfahrensmangels im ersten Rechtszug nicht geltend gemacht wurden oder**
3. **im ersten Rechtszug nicht geltend gemacht worden sind, ohne dass dies auf einer Nachlässigkeit der Partei beruht.**

[2]Das Berufungsgericht kann die Glaubhaftmachung der Tatsachen verlangen, aus denen sich die Zulässigkeit der neuen Angriffs- und Verteidigungsmittel ergibt.

1 **I) Anwendungsbereich.** § 531 erfasst zu Recht wegen Verspätung zurückgewiesenes Vorbringen der 1. Instanz und alle Varianten neuen Vorbringens in der Berufungsinstanz (zur Systematik s § 530 Rn 1). Er gilt auch im Verf des einstw Rechtsschutzes (Stürner IPrax 2004, 513; OLG Karlsruhe DGVZ 2014, 127; OLG Celle MDR 2025, 58; aA G. Vollkommer § 922 Rn 25) und grds auch im Baulandverf (BGHZ 161, 38).

2 **1) Verzögerung.** Die **Verzögerung** des Rechtsstreits spielt im gesamten Anwendungsbereich der Vorschrift **keine** Rolle. Der Gesetzgeber schließt damit die Möglichkeit der Flucht in die Berufung aus (das Verzögerungselement wurde bewusst gestrichen; HM-S/Meyer-Seitz Rn 2; Ostermeier ZZP 120 [2007], 219). Der Präklusion kann man nicht dadurch entgehen, dass verspätetes Vorbringen in der 1. Instanz vorsorgl nicht mehr eingebracht wird, mit der Berufung vorgetragen und dort auf Grund der Verpflichtung des Gerichts, der Verzögerung durch vorbereitende Maßnahmen vorzubeugen, berücksichtigt werden muss. Die Streichung des früher geltenden Verzögerungselements ist verfassungsrechtl unbedenkl, weil sich aus der Rechtsschutzgarantie des GG keine Verpflichtung für eine unbeschränkte 2. Tatsacheninstanz entnehmen lässt (BVerfG NJW 2005, 1768).

3 **2) Anwendbarkeit von § 282 im Berufungsverfahren.** Im **Berufungsverf** selbst gilt § 530 und § 282 (über § 525). Begrenzt wird die Darlegungspflicht durch den Sachverhalt des Rechtsstreits; keine Partei ist gezwungen, sich auf **bloß mögl neues Vorbringen** einzulassen (BVerfGE 67, 39). Deshalb braucht der Berufungsbeklagte nicht in der Berufungserwiderung vorsorgl Darlegungen zu bringen, auf die es nach dem angefochtenen Urteil nicht ankommt. Er darf sich darauf verlassen, dass ihm das Berufungsgericht, soweit es dem Erstrichter nicht folgen will, so rechtzeitig einen Hinweis nach § 139 (auch im Verf nach § 522 II) gibt, dass er noch vor mündl Verh erfüllt werden kann (BVerfG NJW 91, 2275; BVerfG NJW 92, 678, 679 = VersR 91, 1268; BGH NJW 81, 1378; OLG Oldenburg NJW 2002, 271 = MDR 2003, 48).

4 **3) Fallenlassen von Vortrag.** Abstandnehmen von bereits vorgetragenen Behauptungen ist **kein Vorbringen** u kann daher nicht neu sein; es ist zulässig u zu berücksichtigen, selbst wenn es eine Beweisaufnahme nötig macht.

5 **II) Zulassungsausschluss nach § 531 I.** Unzulässig in 1. Instanz eingebrachte und unter Beweis gestellte Tatsachen bleiben auch in der Berufungsinstanz ausgeschlossen; analoge Anwendung ist ausgeschlossen (BGH NJW 81, 1218).

6 **1) Zurückweisung im 1. Rechtszug.** Erfasst sind § 296 I, II und III. Das Berufungsgericht prüft, ob dies zu Recht geschehen ist. Wird das verneint, ist das Vorbringen zu verwerten. Wird es bejaht, tritt unabänderl Ausschluss ein, so dass auch keine Maßnahmen nach § 273 zulässig und notwendig sind. Der Ausschluss wirkt innerhalb des gesamten Rechtsstreits fort, also auch nach Aufhebung und Zurückverweisung (Grunsky JZ 77, 206), selbst wenn seine Berücksichtigung nicht zu einer Verzögerung führen würde. Allerdings gilt das nur für dasselbe Begehren, so dass bei der Stufenklage der Ausschluss in der Auskunftsstufe nicht hindert, das Vorbringen in der Leistungsstufe wieder aufzugreifen (OLG Karlsruhe MDR 85, 239).

7 **a)** Von I kann nur **schlüssiges** (BGHZ 94, 195) **Vorbringen** betroffen sein, das vorinstanzl nach Verspätungsvorschriften zurückgewiesen worden ist (BGH NJW 80, 344; BGH NJW 79, 2109; BGH NJW 82, 2560); ledigl zurückgehaltenes Vorbringen kann nicht vom Berufungsgericht für die 1. Instanz zurückgewiesen werden (LG Freiburg NJW 80, 295; unrichtig OLG Frankfurt MDR 80, 943), fällt dann aber unter II. Wird ein Zeuge nicht geladen, weil kein Auslagenvorschuss eingezahlt worden ist (§ 379), ist das keine Zurückweisung (BVerfGE 69, 147; BGH MDR 80, 225; BGH MDR 2017, 963 = NJW 2017, 2288). Gleiches gilt, wenn ein Beweismittel nach Fristablauf gem § 356 nicht benutzt wurde (nur II anwendbar, vgl OLG Karlsruhe NJW-RR 94, 512). – Bleibt Vorbringen unberücksichtigt, das **nach Schluss der mündl Verh aktenkundig** gemacht wird (§ 296a), dann ist im 2. Rechtszug nur eine Prüfung nach II veranlasst; I ist unanwendbar, da es an einer Zurückweisung fehlt (vgl BGH NJW 79, 2109; OLGR Köln 2004, 60). Dass eine **Zurückweisung**, die sachl berechtigt ist, **fehlerhaft begründet** worden ist, etwa unter Nennung einer nicht passenden Vorschrift, ist unerhebl (KG NJW 1983, 580). Jedoch ist das Berufungsgericht nicht befugt, die Zurückweisung nach einer anderen Vorschrift oder mit anderen Gründen aufrechtzuerhalten (BGH NJW 2006, 1741; Fuhrmann, Zurückweisung, S 133); insb darf im 2. Rechtszug keine erstinstanzl unterlassene Ermessensentscheidung nach § 296 II nachgeholt werden (s Rn 9, vgl BGH NJW 80, 1102; BGH NJW 81, 2255; BGH NJW 2006, 1741). Unanwendbar ist I immer, wenn verspätetes Vorbringen zugelassen worden ist, mag dies auch zu Unrecht geschehen sein (BVerfG NJW 95, 2980; BVerfG NJW 90, 1302, 1304). Zugelassen ist verspätetes Vorbringen auch dann, wenn die Klage mangels Schlüssigkeit abgewiesen und zusätzl das neue Vorbringen hilfsw als verspätet bezeichnet wird, weil das neue Vorbringen zur Entscheidungsgrundlage gemacht wurde (BGHZ 94, 195).

b) Zu Recht zurückgewiesen ist das wichtigste Tatbestandsmerkmal des I (Fellner MDR 2004, 241). Da es sich um einen obj festzustellenden Umstand handelt, ist die Überprüfung aus der Sicht des Rechtsmittelgerichts vorzunehmen, so dass auch nachträgl bekannt werdende Tatsachen zu berücksichtigen sind (Schneider MDR 78, 969; BGHZ 94, 195; BGH NJW-RR 92, 122, 123). Nichtzulassung in 1. Instanz setzt immer eine wirksame Fristsetzung voraus, an der es bei nicht ordnungsgemäßer Unterzeichnung – Paraphe genügt nicht – fehlt (BGHZ 76, 236 = MDR 80, 543); das gilt auch für § 356 (BGH NJW 89, 227). Auch die Nichteinhaltung der Frist des § 132 ist für sich allein kein Zurückweisungsgrund (BGH WM 89, 1867). Zu Unrecht zurückgewiesen ist auch dann, wenn der Partei Entschuldigungsgründe zur Seite standen, sie aber obj gehindert war, diese erstinstanzl vorzubringen; sie kann sie dann noch im 2. Rechtszug vortragen, muss dazu aber darlegen und ggf glaubhaft machen, dass und warum sie im 1. Rechtszug dazu nicht imstande war. IÜ macht jeder mitursächl (BVerfG NJW 89, 706; BVerfGE 75, 183) Verfahrensmangel des erstinstanzl Gerichts I unanwendbar (s § 530 Rn 19). So liegt es auch, wenn dem Gegner der verspätet vortragenden Partei keine Einlassungsmöglichkeit geboten oder eine dafür gesetzte Frist nicht beachtet wird (LG Münster MDR 90, 1021). Soweit die Vorinstanz im Rahmen einer Zurückweisung Ermessen ausgeübt hat, geht die Ermessensentscheidung voll auf das Berufungsgericht über, da dieses auch weiterhin Tatsachengericht ist; also keine Beschränkung darauf, ob vorinstanzl der Ermesenspielraum überschritten worden ist (irrig OLG Düsseldorf WRP 83, 412, 414). Zu prüfen ist immer, ob die Entscheidung auf der fehlerhaften Zurückweisung **beruht**. Ob die angefochtene Entscheidung auf dem Verfahrensmangel beruht, muss aus den Vorgängen innerhalb der Instanz beurteilt werden. Daher darf zB zurückgewiesenes Verteidigungsvorbringen wiederholt werden, um einen vom Kl erstmals in 2. Instanz gestellten Hilfsantrag abzuwehren (OLG Frankfurt MDR 83, 235). Zurückweisung im 1. Termin ist unzulässig, wenn eine Streiterledigung von Vornherein ausscheidet, vor allem bei sog Durchlaufterminen (BVerfGE 69, 137; BVerfG NJW 89, 706; BGHZ 98, 269 = MDR 87, 225). 8

c) Unstreitigwerden. Werden erstinstanzl Behauptungen im 2. Rechtszug unstr, dann fallen sie nicht unter I (vgl BGHZ 76, 133 = LM § 528 ZPO Nr 14 [Girisch]). Das Interesse der schonenden Inanspruchnahme der Ressource Recht (vgl MK/Rimmelspacher § 531 Rn 1; Rimmelspacher FS Schlosser, S 751; aA Ostermeier ZZP 120 [2007], 219) steht im Vordergrund der Präklusionsvorschriften: Der Tatsachenvortrag soll grds in der 1. Instanz konzentriert werden. Wird die Tatsache aber unstr, entspricht die Interessenlage derj, bei der nach II die neuen Tatsachen zugelassen werden (Rimmelspacher FS Schlosser, S 757). Die Diskussion wird in 1. Linie zu der Präklusion nach II geführt; die Argumente gelten aber auch hier (MskV/Ball Rn 16; ThP/Seiler Rn 1; AG/Göertz Rn 6; s Rn 12). 9

d) Parteivereinbarung. Über Unstreitigstellen hinaus ist eine generelle Dispositionsbefugnis der Parteien über die Anwendung des I aus den bei Rn 9 angeführten Gründen zu verneinen. Dies ist darüber hinaus § 533 zu entnehmen, der auch Klageänderungen trotz Einwilligung des Gegners zusätzl von der Zulässigkeit der Berücksichtigung des zugrunde liegenden neuen Vorbringens nach Präklusionsvorschriften abhängig macht (s § 533 Rn 1, 34). 10

e) Zeugenausschluss. Ein erstinstanzl zurückgewiesener (nicht ein bloß unausgeführter: BGH MDR 80, 225 = NJW 80, 343) Beweisantrag auf Zeugenvernehmung darf wegen I zweitinstanzl nicht mehr ausgeführt werden (BGH MDR 80, 487 [Schneider]). Dieser Grundsatz gilt jedoch nicht ausnahmslos. Er setzt Teilbarkeit der Aussage voraus. Muss ein Zeuge, weil insoweit erstinstanzl nicht zurückgewiesen worden ist, zu einem neuen Beweisthema aussagen, dann muss das ausgeschlossene Beweisthema jedenfalls dann in die Vernehmung einbezogen werden, wenn anderenfalls eine Fehlerquelle gesetzt und der Erkenntnis- und Wahrheitsgehalt der Aussage verfälscht würde (Schneider MDR 80, 489). Die Berücksichtigung der Aussage ist dann auch nach § 529 I Nr 1 zulässig. Nicht unter I fällt das Auswechseln von Beweisanträgen: Bei erstinstanzl Zurückweisung des Beweisantrages Zeuge X ist die Partei nicht gehindert, statt des ausgeschlossenen Zeugen X nunmehr den Beweisantrag Zeuge Y zu stellen; dann ist jedoch II anwendbar. 11

f) SV-Gutachten. Ist der Antrag auf Einholung eines Gutachtens ausgeschlossen worden, dann bleibt es für diesen Beweisantrag dabei. Jedoch darf das Gericht stets vAw die Begutachtung durch SV anordnen, muss dabei aber die Beschränkungen des § 529 (s § 529 Rn 14) beachten. Ebenso verhält es sich bei erstinstanzl zurückgewiesenem Antrag auf Einholung eines Augenscheins (§§ 371, 144) und der amtl Auskunft (§ 273 II Nr 2, § 358a S 2 Nr 2). 12

Ist erstinstanzl ein schriftl Gutachten eingeholt worden, der Antrag auf mündl Erläuterung (§ 411 III, § 402, § 397) aber wegen Verspätung zurückgewiesen worden (s § 411 Rn 7), dann ist die **Anhörung** auch im 2. Rechtszug nicht mehr statthaft. Auch hier ist das Berufungsgericht aber in den Grenzen des § 529 I Nr 1 befugt, den SV mit einer Ergänzung seines Gutachtens zu beauftragen oder auch eine neue Begutachtung zu beschließen. 13

g) Parteivernehmung. Erstinstanzl Ausschluss mit einem Antrag nach § 445 wirkt nach I fort. Jedoch wird idR die Zurückweisung nicht zu Recht geschehen sein, da bei ordnungsmäßigem Verf (§ 141 I 1) die Parteien zum Haupttermin zu laden sind und dann ohne Verzögerung vernommen werden können (§ 278 I 2). Immer darf das Berufungsgericht aus eigener prozessualer Befugnis (§ 525, § 273 II Nr 1, § 141 I 1) Parteien laden und anhören – dies sogar außerhalb der Grenzen des § 529 (s § 529 Rn 16) –, unter Berücksichtigung des § 529 nach § 448 auch amtswegig vernehmen. 14

15 **h) Urkunde.** Nachschieben eines Urkundenbeweises kann erstinstanzl nicht zu einer Verzögerung führen. Die Urk brauchen ledigl gelesen und gewürdigt zu werden, so dass I unanwendbar ist (OLG Schleswig SchlHA 80, 213); dass dem Gegner evtl ein Schriftsatznachlass (§ 283) gewährt werden muss, damit er Stellung nehmen kann, würde keine Zurückweisung gestatten (BGH NJW 84, 1543; BGH NJW 84, 1556; Hensen NJW 84, 1672). Die Folgen des I lassen sich bei erstinstanzl zurückgewiesenem Vorbringen sogar dadurch umgehen, dass dieses Vorbringen durch Vorlage einer präsenten Beweisurk für das Berufungsgericht verwertbar gemacht wird; die Urk wird idR auch Zweifel des Gerichts iSv § 529 begründen und damit den Weg zu neuer Sachverhaltserfassung eröffnen.

16 **i) Non liquet.** Soweit das Gericht sich nicht davon überzeugen kann, dass erstinstanzl zu Recht zurückgewiesen worden ist, insb die Möglichkeit eines mitursächl Fehlers des Gerichts also nicht ausgeräumt werden kann, ist I unanwendbar (OLG Oldenburg NJW 80, 295). Dies gilt, auch wenn dies nicht wie in II ausdrückl erwähnt ist, weil die Zurückweisung dann nicht zu Recht erfolgt ist.

17 **2) Anwaltsverantwortung.** Soweit I zu Lasten einer Partei angewandt werden muss, sind wegen der dadurch möglicherw bedingten fehlerhaften Sachentscheidung **Regressansprüche gegen Anwälte** zu gewärtigen. Ist näml der ProzBev von seiner Partei rechtzeitig informiert worden, dann geht die Zurückweisung wegen verspäteten erstinstanzl Vorbringens zu seinen Lasten. Er haftet dafür aus dem Mandatsvertrag.

18 **3) Alternativbegründung.** Manchmal lässt sich I durch eine Alternativbegründung umgehen. Argumentationsschema: entweder zu Recht zurückgewiesen; dann deshalb unbegründet. Oder zu Unrecht; dann auch bei Berücksichtigung erfolglos.

19 **4) Versäumnisverfahren.** Zum Ausschluss nach I im Versäumnisverf s § 539 Rn 16.

20 **III) Novenausschluss nach § 531 II.** Das Gesetz enthält einen eingeschränkten Novenausschluss für die Berufungsinstanz. Was auf Grund eines Fehlers des erstinstanzl Gerichts, sei es in der materiellen Würdigung (II 1 Nr 1 Alt 2), im Verf (II 1 Nr 2) oder wegen versehentl Übergehens (II 1 Nr 1 Alt 1) nicht vorgebracht wurde, kann in die Berufungsinstanz eingeführt werden. Hat das erstinstanzliche Gericht die Klage bereits für unzulässig gehalten und über das Beweisangebot des Klägers – von seinem Standpunkt aus folgerichtig – nicht entschieden, so wird dieses im 1. Rechtszug nicht zurückgewiesene Vorbringen ohne Weiteres Prozessstoff 2. Instanz, eines erneuten Vorbringens bedarf es insoweit grds nicht (BGH NJW-RR 2020, 60 = MDR 2020, 55). Ansonsten kann nicht mehr vorgetragen werden, was der Partei vor Schluss der mündl Verh in 1. Instanz hätte bekannt sein müssen, also bei Anwendung der gebotenen Sorgfalt (einfache Fahrlässigkeit als Verschuldensmaßstab) bereits hätte vorgetragen werden können. Ob die Voraussetzungen zur Zulassung nach II vorliegen, ist aus der Sicht des Berufungsgerichts zu beurteilen. Neues **unstr** Vorbringen ist in der Berufungsinstanz zu berücksichtigen, selbst wenn dadurch eine neue Beweisaufnahme notwendig wird (BGH MDR 2005, 527; BGH FamRZ 2005, 1555; BGH NJW 2018, 2269; BGH GRUR 2022, 1550; Kramer Rn 475; Gehrlein MDR 2003, 421; Rixecker NJW 2004, 705; Rimmelspacher FS Schlosser, S 747; Stöber NJW 2005, 3601; Meller-Hannich NJW 2006, 3385; Noethen MDR 2006, 1024; Schmidt NJW 2007, 1172; PG/Oberheim Rn 21). Dies gilt auch für die erstmalige Erhebung der Verjährungseinrede in der Berufungsinstanz, wenn die den Verjährungseintritt begründenden Tatsachen unstr sind (BGH [GrS] NJW 2008, 3435; BGH NJW 2009, 685 = MDR 2009, 143; BGH BauR 2008, 666; OLG Celle NJW-RR 2006, 1530; OLGR Stuttgart 2006, 556; OLGR Köln 2007, 390; KGR Berlin 2007, 502; Kroppenberg NJW 2009, 642), auch hier selbst dann, wenn in der Folge neue Beweiserhebung notwendig wird (BGH NJW 2009, 685 = MDR 2009, 143 zur Sekundärhaftung im Anwaltshaftungsprozess; aA Kroppenberg NJW 2009, 642). Der Vorbehalt der beschränkten Erbenhaftung (BGH MDR 2010, 649) und die Ausübung des Widerrufsrechts nach § 355 BGB (Rohlfing NJW 2010, 1787) sind entspr zu behandeln. Wer zulässig erst in der Berufungsinstanz ein Gestaltungsrecht ausübt, darf dazu auch die Tatsachengrundlagen vortragen (BGH MDR 2019, 117 = NJW 2019, 80).

21 **1) Neue Angriffs- und Verteidigungsmittel.** Angriffs- und Verteidigungsmittel sind alle zur Begründung des Sachantrages oder zur Verteidigung dagegen vorgebrachten tatsächl und rechtl Behauptungen, Einwendungen (zB die hypothetische Einwilligung im Arzthaftungsprozess: BGH MDR 2009, 281), Bestreiten, Einreden und Beweisanträge, nicht aber Angriff und Verteidigung selbst, dh Sachanträge oder deren Änderung (s § 282 Rn 2, 2a; also auch die Verjährungseinrede Schenkel MDR 2005, 726 – dazu sa Rn 22). Neu sind Angriffs- und Verteidigungsmittel, wenn sie nicht schon in 1. Instanz vorgebracht sind. Maßgebl ist der Schluss der mündl Verh 1. Instanz, neu also auch alles Vorbringen in nicht nachgelassenem Schriftsatz, Schriftsatz, der die Grenzen des § 283 überschreitet, oder zwar nachgelassen ist, aber verspätet eingeht, und deshalb nach § 296a unberücksichtigt bleibt. Ob das Angriffs- oder Verteidigungsmittel neu ist, wird anhand des (ggf berichtigten) Tatbestandes des Ersturteils und des Protokolls geprüft. Zu den neuen Angriffs- und Verteidigungsmitteln rechnet auch die vorinstanzl versäumte Beanstandung eines SV-Gutachtens (OLGR Koblenz 2002, 275; KG MDR 2007, 48), die Benennung eines Zeugen, auf den erstinstanzl verzichtet wurde (Tiedemann MDR 2008, 238; BGH NJW 2017, 2288 zum *nicht gezahlten Vorschuss*), oder die Benennung des Zeugen N. N. Neu ist auch ein Zeuge, der in 1. Instanz Partei war und dort als solcher vernommen wurde. Wird eine Einrede in 1. Instanz fallen gelassen und dann in 2. Instanz wieder erhoben, ist sie neu (OLG Koblenz MDR 2021, 1061).

a) Auf den **Angriff selbst**, also auf einen neuen Anspruch, bezieht sich auch die **Aufgliederung eines** aus mehreren Posten zusammengesetzten **Teilanspruchs** (BGH NJW 93, 1393; BGH NJW 97, 870; BGHZ 218, 139). Ein neuer Antrag muss erfolglos bleiben, weil der zugehörige neue Tatsachenvortrag nach § 533 nicht mehr berücksichtigt werden darf. **Aufrechnung** ist zwar ein Verteidigungsmittel, fällt aber unter die Sonderregelung des § 533 (s § 533 Rn 16). Bsp: Bekl verteidigt sich gegen eine Zahlungsklage, indem er Aufrechnung mit der Forderung F-1 erklärt; die Beweisaufnahme ergibt, dass Sch der Forderung F-1 ein Dritter ist; daraufhin schiebt der Bekl eine neue Aufrechnungsforderung F-2 nach. Verspätungsrecht anwendbar über §§ 533, 529 I Nr 2. Problematisch ist folgende Situation: Der Bekl verteidigt sich mit Primäraufrechnung, die erstinstanzl wegen mangelnder Substantiierung nicht greift. Das Nachholen der Substantiierung in 2. Instanz würde an II 1 Nr 3 scheitern. Um den Verlust der Gegenforderung (§ 322 II) zu verhindern, erklärt der Bekl, sich zweitinstanzl nicht mehr mit Aufrechnung zu verteidigen. ME kann er damit die Rechtskraft der erstinstanzl Abweisung nicht verhindern. Dies hätte er durch Anerkenntnis (§ 307) erreichen können. Zum **Zurückbehaltungsrecht** s § 533 Rn 17. 22

b) Klageerweiterung gem §§ 525, 264 ist ohne Einwilligung des Gegners mögl; eine erstinstanzl Fristversäumung kann nicht stattgefunden haben (BGH NJW 81, 287). Jedoch kann II anwendbar sein, wenn die tatsächl Ausführungen ergänzt oder berichtigt werden; Novenrecht ist vorrangig vor § 264 Nr 1, der ledigl festlegt, dass darin keine Klageänderung zu sehen ist, aber nicht die uneingeschränkte Zulassung der Tatsachen vorschreibt (BGH MDR 2023, 253 u s Rn 23). Eine Klageänderung, die nicht unter § 264 fällt, kann trotz Einwilligung des Gegners daran scheitern, dass die der geänderten Klage zugrunde gelegten Tatsachen nach § 529 nicht mehr eingeführt werden können. 23

c) Auch ein in 1. Instanz **fallen gelassener Teilanspruch** kann in 2. Instanz wieder aufgegriffen werden. Das Gleiche wird für Teilansprüche angenommen, die im 1. Rechtszug anhängig gemacht worden und dort nach der Entscheidung „hängen geblieben“ sind, weil über sie mangels Antragstellung nicht mitentschieden worden ist (Riechert ZZP 80 [1967], 102). Hierher rechnen auch Ansprüche, die zwar bereits klageweise geltend gemacht, aber durch das Teilurteil 1. Instanz noch nicht miterledigt sind. In **beiderseitigem Einverständnis** der Parteien können sie an das Berufungsgericht „heraufgezogen“ werden (vgl Schneider MDR 73, 450; Schneider MDR 76, 95). Zurückzuweisendes Vorbringen können die Parteien aber nur dadurch zur Grundlage des Verf machen, dass sie es unstr stellen. Ein noch nicht Gegenstand des Rechtsstreits gewesener Teilanspruch kann nach Berufung des Bekl gegen ein Teilurteil auch im Berufungsverf durch Klageerweiterung geltend gemacht werden (RGZ 148, 131). 24

d) Klageänderung. Soweit die klageweise Geltendmachung eines neuen Anspruchs nicht unter § 264 fällt (zu dessen Nr 1 s Rn 23), ist die Einwilligung des Gegners oder die Sachdienlicherklärung durch das Gericht erforderl, die Einführung der Tatsachengrundlage in den Berufungsrechtszug richtet sich nach § 529, also auch nach Verspätungsregeln (§ 533). Als Klageänderung wird auch der **Parteiwechsel** behandelt (BGHZ 16, 317; 65, 268; BGH NJW 94, 3358; OLGR Bamberg 2002, 444; OLG Rostock MDR 2005, 1011), der eine zulässige Berufung voraussetzt (BGH NJW 88, 2540; BGH NJW 94, 3358) – zu den sich daraus ergebenden Fragen für die Berufungseinlegung s vor § 511 Rn 10a u § 533 Rn 4. Das Hereinziehen eines neuen oder weiteren Bekl in die Berufungsinstanz erfordert jedoch im Interesse des Hereingezogenen dessen **Zustimmung oder** deren **missbräuchl Verweigerung** (stRspr, BGHZ 21, 285; BGHZ 90, 19; BGH NJW 62, 633; OLG Celle NdsRpfl 90, 225; OLGR München 1994, 238). Kein Missbrauch, wenn vorinstanzl Beweis erhoben worden ist, der zweitinstanzl fortwirkt (§ 529), was aber ggü der hineingezogenen Partei wegen Art 103 I GG nur bei Einwilligung vertretbar ist. Auch das Ausscheiden des alten Bekl aus dem Prozess setzt dessen Zustimmung voraus (OLG München NJW 67, 1812); sie kann nicht durch Sachdienlicherklärung ersetzt werden (BGH WM 88, 1073). Er kann jedoch nicht das Hereinziehen eines weiteren Bekl verhindern (BGH NJW 62, 635). Unzulässig ist dagegen im Berufungsrechtszug die Klageerhebung gegen einen weiteren Bekl, wenn diese Klage einen **anderen Streitgegenstand** hat als die schon anhängige. 25

2) Erkennbares Übersehen eines Gesichtpunktes. Neue Angriffs- und Verteidigungsmittel können immer dann in der Berufungsinstanz eingeführt werden, wenn sie einen Gesichtspunkt betreffen, den das Gericht erkennbar übersehen hat. Mit dieser Alternative sind nicht erfasst die vom Gericht übergangenen Haupt- oder Nebenansprüche selbst, die im Verf nach § 321 (oder bei Versäumen der Frist nach § 321 nach Rechtskraft des Ersturteils in einem neuen Prozess oder durch nach § 533 zu beurteilende Klageänderung im Berufungsrechtszug) zu behandeln sind. Vielmehr geht es um das versehentl Übergehen von tatsächl und rechtl Ausführungen, die zur Begründung eines Sachantrages oder zur Verteidigung gegen ihn vorgetragen werden, Einwendungen, Einreden oder auch Bestreiten (MK/Musielak § 321 Rn 5). Hierzu kann auch neu vorgetragen werden. Das gilt dann auch für Gegenrechte, die zu dem vom Erstgericht übersehenen Gesichtspunkt geltend gemacht werden können (BGH MDR 2006, 1340). Der BGH wendet die Vorschrift auch auf die Neufeststellung der Tatsachengrundlage bei einem Rechtsfehler des Erstgerichts an (BGH NJW 2004, 2828 = BGHReport 2004, 3138 [Heßler]; BGH MDR 2018, 1182 = NJW 2018, 3652). Die Fallalternative erscheint iÜ gekünstelt und wird wenig praktische Bedeutung erlangen, weil es allemal schon an einem Hinweis des Erstgerichts nach § 139 fehlen wird (BGH NJW 2018, 2202). 26

27 **3) Vom Erstgericht für unerheblich gehalten.** Noven sind zulässig, wenn sie zur Stützung einer mat-rechtl Lösung nötig sind, die das Erstgericht für unzutr gehalten hat, die das Berufungsgericht aber seiner Rechtsansicht zugrunde legt (BGH FamRZ 2005, 195; BGH NJW 2007, 2414; BGH NJW-RR 2009, 332; BGH MDR 2010, 1012; BGH MDR 2012, 486; BGH NJW-RR 2024, 1079). Die fehlerhafte Rechtsansicht des Gerichts muss den erstinstanzl Vortrag der Partei mitverursacht haben (BGH MDR 2005, 206; BGH NJW-RR 2010, 1508). Dies kommt vor allem dann in Betracht, wenn das Erstgericht einen Hinweis hätte geben müssen, hätte es mat-rechtl den richtigen Lösungsweg gewählt (BGH MDR 2012, 487; BGH NJW-RR 2021, 249). Es kann also nicht automatisch zu allen, vom Erstrichter nicht erwähnten Anspruchsgrundlagen vorgetragen werden (BGH NJW-RR 2004, 927). Bsp: Das Erstgericht stützt sich auf eine vertragl Anspruchgrundlage; dies ist nach Ansicht des Berufungsgerichts unzutr, es kann der Klageforderung aber aus Bereicherungsrecht stattgeben. Zu den Tatsachengrundlagen des Bereicherungsanspruchs kann in der Berufungsinstanz neu vorgetragen werden.

28 **4) Infolge Verfahrensmangels nicht zugelassen.** Hierunter fallen insb die Fälle, in denen das Gericht einen Hinweis nach § 139 unterlassen hat, und die Partei deshalb Vortrag unterlassen hat (BGH NJW 2004, 2152; BGH MDR 2005, 161; BGH MDR 2005, 1365; OLG Düsseldorf MDR 2008, 1267; OLG Düsseldorf NJW-RR 2015, 1278; Stöber NJW 2005, 3601). Das gilt auch bei zu kurzer Fristsetzung in der 1. Instanz, innerhalb derer der Vortrag nicht mögl war, Entscheidung vor Ablauf der noch offenen Frist (BGH NJW 2008, 3361 = MDR 2008, 1231; auch Schriftsatzfrist BGH MDR 2018, 617 = NJW 2018, 1686) oder Zurückweisung, obwohl sich die Frist nicht auf den Sachvortrag bezog (BGH MDR 2017). Ebenso bei erstinstanzl Berufung auf protokollierte Zeugenaussagen in einem Strafverf und späterer Benennung der Zeugen, wenn die Partei davon ausgehen durfte, die Beiziehung der Strafakten werde den Beweis erbringen (BGH NJW 83, 999). Ferner bspw, wenn eine Partei es unterlassen hat, den Beweisantrag auf Einholung eines kostspieligen Meinungsforschungsgutachtens zu stellen, weil das Gericht diese Beweisanordnung nicht nach § 144 I vAw getroffen und auch nicht darauf hingewiesen hat, dass es einen solchen Beweisantrag für notwendig halte (BGH NJW 91, 493).

29 **5) Auf Grund Nachlässigkeit der Partei in der 1. Instanz nicht vorgetragen.** Soweit nicht ein Fehler des Gerichts dazu führte, dass Sachvortrag in 1. Instanz unterblieb (II 1 Nrn 1 u 2), kann nur in die Berufungsinstanz eingeführt werden, was ohne Nachlässigkeit der Partei in der 1. Instanz nicht vorgetragen wurde. Jederzeit zulässig sind damit nach Schluss der mündl Verh aufgefundene oder entstandene Beweismittel (nova reperta und nova producta; BGH MDR 2011, 1254; KGR Berlin 2003, 23; OLGR Zweibrücken 2003, 34; OLGR Saarbrücken 2003, 249); damit wird über die neu aufgefundene Urk hinaus die Restitutionsklage vermieden. Ansonsten muss sich die Partei, die neues Vorbringen einführen will, entschuldigen.

30 **a)** Nachlässigkeit liegt immer dann vor, wenn eine Partei **fahrlässig** (einfache Fahrlässigkeit) in der 1. Instanz nicht vorgetragen hat (OLG Dresden VersR 2023, 1534). Hierzu zählt also jedes Versäumnis des Vortrags, das gegen die allg Prozessförderungspflicht des § 282 verstößt; im einstw Rechtsschutz können die Anforderungen niedriger sein (OLG Hamburg GRUR-RR 2003, 135; Stürner IPrax 2004, 513). Tatsächl Umstände, die ihr nicht bekannt sind, muss eine Partei nicht ermitteln (BGH NJW-RR 2009, 329 = MDR 2009, 160; BGH NJW-RR 2014, 85). Dazu gehört Erklärung vor der mündl Verh, damit diese zur vollständigen Erörterung des Streitstoffes und Schaffung der Entscheidungsgrundlage taugl ist. Geschieht dies nicht, muss die Partei von sich aus Gründe darlegen, warum sie Vorbringen zurückgehalten hat. Kann eine Frist entschuldigt nicht eingehalten werden, muss nach Wegfall des Hinderungsgrundes vorgetragen werden (LG Koblenz NJW 82, 289). Hinweise auf Prozesstaktik (s Rn 32) sind grds ungeeignet, eine Verspätung auszuräumen (Schneider MDR 77, 794 f). Werden materielle Voraussetzungen für einen Anspruch erst nach Schluss der 1. Instanz geschaffen, können die Tatsachen dazu auch in 2. Instanz eingebracht werden, weil Präklusionsvorschriften zu alsbaldigem Vortrag, nicht aber zur raschen Realisierung mat-rechtl Voraussetzungen anhalten sollen (zur Schlussrechnung: BGH MDR 2006, 201; zum gescheiterten Nacherfüllungsverlangen: BGH MDR 2009, 996; Skamel NJW 2010, 271; aA OLGR Brandenburg 2005, 21). Insb dürfen Gegenrechte nicht zurückgehalten werden, desgl nicht Gegenbeweise (BGH NJW 2010, 376: erstmaliges Bestreiten im Berufungsrechtszug). Wenn die Partei beabsichtigt, sich zur gegebenen Zeit darauf zu berufen, riskiert sie den Ausschluss. Deshalb muss auch eine Eventualaufrechnung oder Verjährung (BGH WRP 2006, 483; OLG Oldenburg MDR 2004, 292; OLG Karlsruhe MDR 2005, 412; Schenkel MDR 2005, 726; Ostermeier ZZP 120 [2007], 219) alsbald vorgebracht werden; schon deshalb, weil dies prozessbeendigend wirken kann (zur Frage der Berücksichtigung, wenn die zugrunde liegenden Tatsachen unstr sind, s Rn 21). Die prozessualen Fristanforderungen des Verzögerungsrechts sind unabhängig von mat-rechtl Fristen; deshalb muss auch eine Täuschungsanfechtung ungeachtet des § 124 BGB rechtzeitig iSd § 282 erklärt werden (BAG MDR 84, 347 = BB 84, 345). Gewährung eines Schriftsatznachlasses verzögert nicht (BGH NJW 85, 1556, 1558 mwN); das Gericht muss sogar auf eine Erklärung des Gegners hinwirken; dieser kann sich dem nicht dadurch entziehen, dass er keinen Antrag nach § 283 S 1 stellt (BGH NJW 85, 1359 = ZIP 85, 616). Der Schuldvorwurf muss auf die Verletzung der Prozessförderungspflicht bezogen und beschränkt werden (BGH NJW 82, 1533). Im Arzthaftungsprozess sind „maßvolle" Anforderungen zu stellen (*BGH NJW 2004, 2825; BGH NJW 2016,* 1328 = MDR 2016, 586). Fremdverursachte Verzögerung, etwa bei Einholung eines zur Rechtsverteidigung benötigten Privatgutachtens, ist nicht zurechenbar (BGH VersR 90, 732). Bestrebungen der Parteien nach einem gütl Ausgleich dürfen nicht mit Präklusionsrecht durchkreuzt wer-

den (BGH WM 91, 883 = MDR 91, 523). Dagegen ist Nachlässigkeit zu bejahen, wenn gegen die Wahrheitspflicht (§ 138 I) verstoßen ist, etwa wenn das Gegenteil des ursprüngl Vorgetragenen behauptet wird (OLG Celle NdsRpfl 62, 35); ebenso wenn gerichtl Hinweise nicht beachtet werden (OLG Köln NJW 71, 2234: Zeugengeld-Vorschuss) oder eine Partei ohne Mitteilung einer Postanschrift ins Ausland reist (BGH WM 84, 1622) oder ihr bekannte Tatsachen nicht anlässl einer deswegen stattfindenden Ortsbesichtigung vorbringt (LG Bremen WuM 73, 256) oder sie einem sachkundigen Vertreter der Gegenpartei beim Ortstermin den Zutritt verwehrt (OLG München NJW 84, 807).

b) Problematisch ist der Entlastungsgrund der **Prozesstaktik**. Er steht im Konflikt mit der Prozessförderungspflicht, die nicht soweit ausgedehnt werden darf, dass der Partei jede Prozessplanung versagt wird (BVerfGE 54, 157); erst recht ist es ihr nicht zuzumuten, Behauptungen ins Blaue hinein aufzustellen. Die Beschleunigungstendenz fordert, dass nicht die subj Vorstellungen der Partei über ihre Prozesstaktik bei der Beurteilung dafür maßgebend sind, ob sie wesentl Vorbringen fahrlässig zurückgehalten hat. Jede Partei muss mit Zurückweisung rechnen, wenn sie mit möglicherw liquiden Anspruchsbegründungen oder Einwendungen zurückhält und erst einmal abwartet, wie sich das Gericht zu dem schon vorgebrachten Prozessstoff, etwa auch zum Ergebnis einer Beweisaufnahme, stellt (BGH VersR 2007, 373; OLG Karlsruhe MDR 2005, 92; OLGR Schleswig 2005, 8; KG MDR 2009, 1244; KG MDR 2010, 345). Wird etwa der Verjährungseinwand oder ein die Arglisteinrede stützendes Vorbringen zurückgehalten, dann kann das dazu führen, dass zunächst einmal eine zeitraubende und Kosten auslösende Beweisaufnahme durchgeführt wird, nach deren für die Partei ungünstigem Ausgang diese dann getreu ihrer Prozesstaktik ihre Behauptungen ergänzt und damit vielleicht – zB mit der Verjährungseinrede – ohne Beweisaufnahme obsiegt (sa Rn 21). Ebenso kann es liegen, wenn Zurückweisung befürchtet u deshalb erstmals im 2. Rechtszug vorgetragen wird (LG Koblenz NJW 82, 289; ausf Deubner JuS 82, 174). 31

c) Zweifelhaft kann der **Rechtsirrtum** sein (s Fuhrmann, Zurückweisung, 120). Wenn eine Partei – oder ihr Anwalt, § 85 II (s § 85 Rn 10 ff) – einen Sachverhalt fehlerhaft beurteilt hat und deshalb nicht auf den Gedanken gekommen ist, ihn aus anderer Sicht zu werten und vorsorgl auch insoweit vorzutragen, war sie nur dann fahrlässig, wenn der Irrtum auf der Hand liegt. Sind Anhaltspunkte dafür gegeben, dass das Gericht der von der Partei vertretenen Rechtsauffassung nicht folgen werde, dann handelt sie iZw fahrlässig, wenn sie dies außer Acht lässt (KG NJW 77, 395). Meist wird außerdem ein Hinweis des Gerichts nach § 139 nötig sein (s Rn 28, 29). 32

6) Darlegungslast. a) Die **Partei** muss darlegen, dass sie in der 1. Instanz nicht nachlässig war. Das Gericht kann die Glaubhaftmachung der Tatsachen verlangen, aus denen sich die Zulässigkeit des neuen Vortrags ergibt (II 2). Wird keine Erklärung abgegeben, dann kann das Gericht keine der Partei günstige Überzeugung gewinnen (LAG Köln LAGE ZPO § 528 Nr 3). – Ob die Partei sich genügend entschuldigt hat, entscheidet das Berufungsgericht in freier Überzeugung, wobei zuvor rechtl Gehör zu gewähren ist (Mertins DRiZ 85, 346 mNw). Zur Revisibilität s Rn 38. 33

b) Non liquet. Die säumige Partei muss dem Gericht die Überzeugung verschaffen, dass einer der Ausnahmetatbestände (s Rn 30) vorliegt (Schneider JR 65, 328; Schneider JurBüro 75, 293). Gelingt ihr das nicht, muss sie die Folgen der Beweisfälligkeit tragen, die in der Nichtberücksichtigung des neuen Vorbringens bestehen. Darauf muss sie vor einer ihr nachteiligen Entscheidung unter Gewährung von Erörterungsgelegenheit hingewiesen werden, ggf durch schriftl Hinweis im Verf nach § 522 II. Dies und die Entscheidung selbst ist vom Erkenntnisstand des Rechtsmittelgerichts aus zu beurteilen (BGH MDR 85, 403) u muss deshalb nachprüfbar begründet werden. Dass die Folgen der Nichterweislichkeit mangelnder Nachlässigkeit von der Partei zu tragen sind, ergibt sich bereits aus der Formulierung des II 1 Nr 3 („ohne dass“: Noven nicht zulässig, Ausnahme: keine Nachlässigkeit der Partei) und aus der Gesetzesbegr (BTDrs 14/4722, 12), die auf die Möglichkeit der Beschlusszurückweisung nach § 522 II verweist, wenn der Partei, die das Novum einführt, die Glaubhaftmachung misslingt. 34

IV) Sanktion und Entscheidung. 1) Zwingender Ausschluss. Die Sanktion in allen Fallgruppen der Vorschrift (rechtmäßige Zurückweisung in der 1. Instanz; nachlässiges Unterlassen des Vortrags in der 1. Instanz) besteht darin, dass das Berufungsgericht die neuen Angriffs- und Verteidigungsmittel nicht zulässt, ohne dass es auf die Verzögerung des Rechtsstreits in der Berufungsinstanz ankäme. Dies gilt auch nach Zurückverweisung (BGHReport 2005, 671). Der Ausschluss ist zwingend, das Gericht hat kein Ermessen, die fehlerhafte Zulassung kann allerdings Revision nicht begründen. Über die Nichtzulassung ist nach Gewährung rechtl Gehörs im Urteil zu befinden. Die Verfassungsgrundsätze der Verhältnismäßigkeit und des Übermaßverbotes sind weiterhin zu berücksichtigen. So liegt es zB, wenn das Gericht wegen der ihm obliegenden Aufklärungspflicht ohnehin und unter Anwendung des § 529 I Nr 1 in eine Neufeststellung des Sachverhalts eintritt: dann darf es sich dieser Pflicht nicht unter dem Vorwand entziehen, eine Partei sei ihrer Substantiierungspflicht zu spät nachgekommen (vgl BGHZ 107, 246). 35

2) Entscheidung. Sie muss zusammen mit der Hauptsacheentscheidung getroffen werden, nicht in einem darauf beschränkten Teilurteil (oder gar in einem Zwischenurteil oder gesonderten Beschluss). Bevor eine der Vorschriften des § 531 zu Lasten einer Partei angewandt wird, muss ihr **rechtl Gehör** gewährt werden. Zurückweisung ist zu begründen: Zu Recht zurückgewiesen, rechtzeitiges Vorbringen, genügende Entschuldigung und grobe Nachlässigkeit sind Rechtsbegriffe, so dass im Revisionsrechtszug überprüft wird, ob sie richtig ange- 36 wandt worden sind (BGH NJW 81, 2255; BGH NJW 2000, 2825). Wenn nicht, liegt ein Verfahrensmangel vor, der Aufhebung und Zurückverweisung rechtfertigt (§ 562 II). Eine fehlende Begründung stellt ihrerseits einen Verfahrensmangel dar (BGH NJW 71, 1564). Zulassung ist iErg nicht revisibel und bedarf daher keine gesonderten Begründung (s Rn 39).

37 **V) Rechtsmittel. 1) Fehlerhafte Zurückweisung.** Sie kann mit der Revision gerügt werden. Beruht das Urteil auf dem Fehler, führt dies zur Aufhebung durch das Revisionsgericht, ggf Zurückverweisung (BGH NJW 2004, 2825), damit das Berufungsgericht dann die Entscheidung selbst treffen kann (BGH WM 2012, 1620).

38 **2) Zulassung.** Sie ist **unanfechtbar**; sie muss deshalb auch nicht begründet werden. Der BGH gibt der materiell richtigen Entscheidung den Vorzug; ob bei Zulassung neuen Tatsachenvortrags § 531 II beachtet ist, ist mit der Revision nicht überprüfbar (BGH NJW 81, 928; BGH ZIP 83, 864; BGH NJW 2004, 1458). Das gilt auch für die erstmalig in der 2. Instanz erhobene Verjährungseinrede (BGH NJW 2007, 3127). Nach Zurückverweisung bleibt das ausgeschlossene Vorbringen aber weiter präkludiert (BGH NJW 2004, 2382)

39 **3) Nichtzulassung erstinstanzlich zurückgewiesenen Vorbringens.** Dies gilt auch für den Fall der Nichtzulassung des bereits in der 1. Instanz zu Recht zurückgewiesenen Vorbringens: **Zulassung** von Vorbringen **entgegen § 531 I ist ebenfalls nicht revisibel** (wie hier MK/Rimmelspacher Rn 34; RSchwab/Gottwald § 139 Rn 68; aA MskV/Ball Rn 24; Ostermeier ZZP 120 [2007], 219; offen gelassen BGHZ 134, 127 = NJW 97, 397 mwN).

§ 532 Rügen der Unzulässigkeit der Klage

[1]Verzichtbare Rügen, die die Zulässigkeit der Klage betreffen und die entgegen den §§ 520 und 521 Abs. 2 nicht rechtzeitig vorgebracht werden, sind nur zuzulassen, wenn die Partei die Verspätung genügend entschuldigt. [2]Dasselbe gilt für verzichtbare neue Rügen, die die Zulässigkeit der Klage betreffen, wenn die Partei sie im ersten Rechtszug hätte vorbringen können. [3]Der Entschuldigungsgrund ist auf Verlangen des Gerichts glaubhaft zu machen.

1 **I) Grundsatz.** Nach § 532 sind zunächst **alle Rügen**, gleichgültig wann sie erstmals erhoben worden sind oder hätten erhoben werden können, bereits in der **Berufungsbegründung** oder einer **fristgebundenen Erwiderung** geltend zu machen (§ 532 S 1). Bei **neuen Rügen** (s Rn 5) muss hinzukommen, dass sie **schuldlos nicht früher** erhoben worden sind (§ 532 S 2). **Zuständigkeitsrügen** s Rn 7. VAw zu prüfende Prozessvoraussetzungen gehören nicht hierher.

2 **II) Zulässigkeitsrügen. 1) Verzichtbare Rügen.** Gemeint sind: **Schiedsvereinbarung** (§§ 1029, 1032), **mangelnde Sicherheitsleistung** für die Prozesskosten (§§ 110-113); **mangelnde Kostenerstattung** aus einem früheren Verf (§ 269 VI), auch der Einwand, wegen der Unwirksamkeit des Prozessvergleichs müsse das Ursprungsverfahren fortgesetzt werden (BGH MDR 2014, 241). Die Bestimmung der Höhe der **Sicherheit** nach **§ 112 II** soll alle Kosten veranschlagen, die in allen mögl Rechtszügen anfallen können (BGH NJW 81, 2646; BGH NJW 2001, 3630). Deshalb muss die Einrede mangelnder Sicherheit nach § 282 III vor der 1. Verh zur Hauptsache (im 1. Rechtszug) vorgebracht werden, anderenfalls bei mangelnder Entschuldigung der Ausschluss nach § 296 III eingreift. In der höheren Instanz ist die Rüge nicht mehr zulässig, wenn sie in der Vorinstanz schuldhaft nicht erhoben worden ist (BGH NJW 2001, 3630; BGH MDR 2023, 126; BGH TansportR 2024, 171; OLG Nürnberg MDR 2016, 1112). Der Kl kann zu § 1032 die Gegeneinrede der Arglist vorbringen, wenn ihm aus in der Person des Bekl liegenden Gründen die Durchführung des Schiedsverf nicht zumutbar ist (BGH NJW 1988, 1215; BGH NJW 1999, 647). Die nicht eingehaltene Vereinbarung eines Güteversuchs bei einer Schiedsstelle vor Klageerhebung führt zur Abweisung als zzt unzulässig (BGH ZZP 99 [1986], 90 [Prütting]); die Prozessvoraussetzung der Durchführung der obligatorischen Streitschlichtung nach § 15a EGZPO ist vAw zu berücksichtigen. Unter die verzichtbaren Rügen wird aber der Einwand eines „verpflichtenden" Prozessvertrages fallen, so etwa ein Vertrag über die Rücknahme des Rechtsmittels (MK/Becker-Eberhard vor § 253 Rn 14).

3 **2) Unverzichtbare Rügen.** Sind vor allem: mangelnde Partei- oder Prozessfähigkeit; Postulationsunfähigkeit; Rechtskraft; auch fehlende Prozessvollmacht. Sie sind in jeder Instanz vAw zu prüfen und fallen nicht unter § 532 S 1.

4 **III) Allgemeine Zulassungsvoraussetzung.** Erhebung der Rüge in der Berufungsbegründung oder in einer fristgebundenen Erwiderung (§ 532 S 1). **1) Rechtzeitigkeit.** S § 521 Rn 9 ff. **2) Genügende Entschuldigung.** S § 531 Rn 29. **3) Glaubhaftmachung.** § 532 S 3, § 294.

5 **IV) Verspätung. 1) Neue Rügen.** Neue Rügen sind solche, die bislang nicht erhoben worden sind (dann „*genügende Entschuldigung*" *gem* § 532 S 2 nötig; vgl RGZ 155, 240). Bei Entstehen erst nach Abschluss 1. Instanz Zulässigkeitsprüfung nach § 532 S 1. So liegt es auch, wenn der Kl im 2. Rechtszug die Klage in zulässiger Weise ändert und dadurch eine verzichtbare Rüge zum Entstehen bringt (BAG AP § 61 ArbGG 1953 Kosten Nr 3).

2) Zur genügenden Entschuldigung. Es schadet jeder Sorgfaltsverstoß, s § 531 Rn 29. Der Vorbehalt, die Rüge „nur für die 1. Instanz" fallen zu lassen, stellt keine genügende Entschuldigung dar (OLG Frankfurt NJW 69, 380). § 532 S 2 will den Bekl gerade daran hindern, verzichtbare Einreden für den 2. Rechtszug aufzusparen (OLG Frankfurt MDR 82, 329). Deshalb muss auch ein Einverständnis des Kl mit erstmaliger Geltendmachung in der Berufungsinstanz als unbeachtl angesehen werden. 6

V) Zuständigkeitsrügen. Zuständigkeitsrügen können nach § 513 II insgesamt die Berufung nicht mehr rechtfertigen (Ausnahme: internationale Zuständigkeit s § 513 Rn 8). Die Sachentscheidung der 1. Instanz soll erhalten bleiben, selbst wenn das Erstgericht seine Zuständigkeit zu Unrecht angenommen hat. Dies gilt nach der Sonderregelung des § 17a V GVG ausdrückl auch für Fragen des Rechtswegs und nach § 17a VI GVG für die Zuständigkeit des Streitgerichts und des FamG. 7

VI) Revision. Die Zulassung einer verspäteten Rüge entgegen § 532 ist **revisibel** (BGH MDR 85, 207). 8

§ 533 Klageänderung; Aufrechnungserklärung; Widerklage

Klageänderung, Aufrechnungserklärung und Widerklage sind nur zulässig, wenn

1. **der Gegner einwilligt oder das Gericht dies für sachdienlich hält und**
2. **diese auf Tatsachen gestützt werden können, die das Berufungsgericht seiner Verhandlung und Entscheidung über die Berufung ohnehin nach § 529 zugrunde zu legen hat.**

I) Grundsatz. Klageänderung, Aufrechnung und Widerklage sind in der Berufungsinstanz bei Einwilligung des Gegners oder Sachdienlichkeit nur dann zulässig, wenn die dazu vorgetragenen Tatsachen nach § 529 berücksichtigt werden können. Neuer Tatsachenstoff, der der Begründung des neuen ändernden Antrags, der Widerklage oder der Aufrechnung zugrunde gelegt wird, muss nach § 529 in den Prozess eingeführt werden dürfen, ansonsten bleiben sie unzulässig, selbst wenn die Gegenseite einwilligt oder Sachdienlichkeit vorliegt. Zu beachten ist dabei allerdings auch hier, dass **unstr** Tatsachen in der Berufungsinstanz immer berücksichtigt werden können (BGH NJW 2018, 2269). Die Vorschrift verhindert die „Flucht in die Klageänderung, Widerklage oder Aufrechnungserklärung", nimmt der Partei also die Möglichkeit, durch diese prozessualen Maßnahmen die Beschränkung des Tatsachenstoffes in der Berufungsinstanz zu umgehen (MK/Rimmelspacher Rn 1). Auch sollen Friktionen vermieden werden, die dadurch entstehen könnten, dass zur Beurteilung einer Klageänderung, Widerklage oder Aufrechnung auf unzureichender Tatsachengrundlage zu entscheiden wäre, weil deren Berücksichtigung nach § 529 unzulässig ist (BTDrs 14/4722, 102). Die Vorschrift ist allerdings sehr kompliziert, weil stets eine 2-gliedrige Zulässigkeitsprüfung vorzunehmen ist: Neben Überprüfung auf Sachdienlichkeit oder Einwilligung (BGH NJW 2007, 2414) ist die nach § 529 notwendige, gestufte Prüfung vorzunehmen. Fehlt es an einer der kumulativ erforderl Voraussetzungen, ist die Zulässigkeit von Klageänderung, Widerklage und Aufrechnung zu verneinen. Zur Abstandnahme vom Urkundsprozess s § 596 Rn 5; Schneider NJW 2014, 2333. 1

II) Klageänderung. Die Klageänderung in der Berufungsinstanz zählt zu den Erweiterungen des Streitstoffes durch Ausweitung des Angriffs, so dass sie einheitl mit Widerklage und Aufrechnung (Verteidigung durch Angriff) geregelt ist. 2

1) Grundsätze des § 263. Ob eine Klageänderung vorliegt, ist nach den Grundsätzen zu prüfen, die zu § 263 entwickelt sind (s § 263 Rn 1 ff). In den Fällen des § 264 Nrn 2 u 3 liegt eine Klageänderung vor, die aber nicht an die Zulässigkeitsvoraussetzungen der Sachdienlichkeit oder Einwilligung gebunden ist (OLG Saarbrücken MDR 2006, 227; OLGR Hamburg 2005, 226; Braunschneider Rn 654). In der Berufungsinstanz sind die zusätzl Voraussetzungen des § 529 zu prüfen, die aber idR schon deshalb vorliegen werden, weil in diesen Fällen die dem geänderten Antrag zugrunde liegenden Tatsachen, zulässige Noven nach § 529 I Nr 2, § 531 II 1 Nr 3 sind, etwa weil der auf dieselben Tatsachen gestützte Schadensersatzanspruch anders berechnet oder auf Grund eines nachträgl eingetretenen Ereignisses von der Erfüllung auf Schadensersatz übergegangen wird. Nach BGH (BGH NJW 2004, 2152; BGH MDR 2010, 1011; BGH NJW 2017, 491 = MDR 2016, 1348; BGH MDR 2023, 253; BGH NJW-RR 2024, 797 = MDR 2024, 732) kommt § 533 in den Fällen des § 264 Nrn 2 und 3 gar nicht zur Anwendung (krit Greger JZ 2004, 805); das Ergebnis ist nicht anders, weil auch dann über die Frage der Verspätung nach § 531 II zu entscheiden ist. 3

2) Parteiwechsel. Der gewillkürte Parteiwechsel wird grds nach Klageänderungsregeln behandelt (s § 263 Rn 19 ff). Deshalb gilt in der Berufungsinstanz § 533 (OLG Nürnberg MDR 2016, 1112). Zusätzl müssen aber zur Herbeiführung des Parteiwechsels durch Rechtsmitteleinlegung die Zulässigkeitsvoraussetzungen des Rechtsmittels gegeben sein. Deshalb ist es praktisch kaum mögl, im Wege der Rechtsmitteleinlegung zugleich einen Parteiwechsel zu vollziehen. Dies scheitert idR daran, dass das mit der Klage verfolgte Ziel mindestens teilw weiterverfolgt werden muss (s vor § 511 Rn 10, 10a u eingeh BGH NJW 94, 3358; OLGR Frankfurt 2001, 138; zum in der Berufungsbegründung beantragten, aber nicht vollzogenen Parteiwechsel s BGH NJW 98, 1496) und neuer Tatsachenstoff einzuführen wäre (s § 263 Rn 19). 4

5 **3) Einwilligung.** Über § 525 kommt auch § 267 zur Anwendung: Einwilligung kann auch durch rügelose Verh erklärt werden (BGH MDR 2005, 588; OLG Frankfurt NJW-RR 2020, 10); in der Berufungsinstanz wird dies selten vorkommen, da sich das Gericht zur Frage der Zulässigkeit neuer Tatsachen nach § 529 erklären und den Parteien auch dazu Gehör gewähren muss.

6 **4) Sachdienlichkeit.** Sachdienlichkeit einer Klageänderung in der Berufungsinstanz: vgl BGH WM 81, 657; BGH MDR 83, 1017; LG Bonn MDR 2024, 264. Zur revisionsrechtl Überprüfung s § 546 Rn 16. Nur ausnahmsw zu verneinen, insb wenn Bejahung zur Beurteilung eines völlig neuen Streitstoffes nötigen würde, ohne dass dafür das Ergebnis der bish Prozessführung verwertet werden könnte. Maßgebl Gesichtspunkt ist der Gedanke der Prozesswirtschaftlichkeit (BGH MDR 2004, 1075), wobei es allein darauf ankommt, ob und inwieweit die Zulassung geeignet ist, den Streitstoff im Rahmen des anhängigen Rechtsstreits auszuräumen und weiteren Rechtsstreitigkeiten vorzubeugen. So liegt es zB, wenn der Kl sich zweitinstanzl das Verteidigungsvorbringen des Bekl hilfsw zu eigen macht (BGH MDR 85, 741 = NJW 85, 1841). – Gegen Sachdienlichkeit spricht zB, wenn über das neue Begehren keine abschließende zweitinstanzl Entscheidung mögl ist, weil ohnehin wegen eines Aufrechnungseinwandes zurückzuverweisen ist (BGH NJW 84, 1552, 1555). Unerhebl ist, ob noch Erklärungen der Parteien und Beweiserhebungen notwendig sind, ob Zulassung also verzögern würde oder ob die Parteien eine Tatsacheninstanz verlieren (BGH WM 83, 604; BGH WM 83, 769; BGH WM 86, 1200, 1201). Jedoch sollte Sachdienlichkeit verneint werden, wenn die Klageänderung zur Zuständigkeitseinrede führen würde, die eine kostenaufwendige Verweisung nach sich zöge oder die endgültige Beilegung des Streits nicht fördern würde (OLG Hamm FamRZ 81, 1200).

7 **5) Entscheidung.** Bei Bejahung der Sachdienlichkeit muss Berufungsgericht selbst entscheiden (BGH MDR 83, 1018; BGH NJW 84, 1552). Verneinung ist gleich Zurückweisung der neuen Klageansprüche, macht also das Rechtsmittel selbst nicht unzulässig. Vertrauensschutz, wenn die Partei einer Anregung des Gerichts zur Klageänderung folgt (BGH MDR 88, 223 = WM 87, 1470).

8 **III) Widerklage.** Erfasst von der Regelung ist die Widerklage des Bekl und die Wider-Widerklage des Kl. Sie gilt auch für die Widerklage eines Dritten oder gegen einen Dritten, die allerdings immer der Zustimmung der Partei oder des Dritten bedarf und die sonstigen Voraussetzungen des § 529 erfüllen muss (vgl MK/Rimmelspacher Rn 34). Widerklage gegen einen am Prozess bish nicht beteiligten Dritten deshalb nur ausnahmsw bei Zustimmung oder rechtsmissbräuchl Verweigerung mögl (OLGR Frankfurt 2006, 689; vgl Wieser ZZP 86 [1973], 36), zB Haftpflichtprozess aus einem einheitl Verkehrsunfall (OLG Karlsruhe VersR 79, 1033). Eine Änderung der Widerklage unterfällt ihrerseits § 533. Neu ist die Widerklage, wenn sie in der 1. Instanz noch nicht rechtshängig war, die Rechtshängigkeit richtet sich nach § 261 II (OLGR Stuttgart 2003, 395). War sie in der 1. Instanz bereits wirksam erhoben und ist darüber entschieden worden, ist gegen die Entscheidung Berufung einzulegen.

9 **1) Einwilligung.** Die Erhebung einer **Zwischenfeststellungswiderklage** (§ 256 II) bedarf nicht der Zulassung (BGHZ 53, 92). Die Einwilligungsvermutung des § 267 gilt auch in der Berufung (BGH MDR 2005, 588).

10 **2) Sachdienlichkeit.** Für die Frage der Sachdienlichkeit ist von Bedeutung, ob die Widerklage geeignet ist, den Streit zwischen den Parteien endgültig und alsbald (OLG Karlsruhe Justiz 83, 238) auszuräumen. Maßgebl ist der Gesichtspunkt der Prozesswirtschaftlichkeit; sie wird zu verneinen sein, wenn das Berufungsgericht bei Zulassung der Widerklage über einen völlig neuen, nach § 529 nicht zulässigen Streitstoff entscheiden müsste. Jedenfalls ist die Widerklage zulässig, wenn das Begehren auf unstreitigem Sachverhalt beruht (BGH MDR 2005, 588). Keine Zulassung, wenn dadurch Fragen entscheidungserhebl werden, die auch in einem zwischen den Parteien bereits anhängigen weiteren Rechtsstreit geklärt werden müssen (OLG Frankfurt MDR 80, 235). Aufwendige Beweisaufnahme kann gegen Sachdienlichkeit sprechen (BGH MDR 2012, 486).

11 **3) Eventualwiderklagen.** Über die Sachdienlichkeitsprüfung bei Eventualwiderklagen für den Fall der Begründetheit des Klagebegehrens s BGHZ 21, 13. Hilfsw Verfolgung einer in 1. Linie zur Aufrechnung gestellten Gegenforderung mit Eventualwiderklage, wenn Kl vertragl Ausschluss der Aufrechnung behauptet: BGH MDR 61, 932.

12 **4) Verschulden.** Es ist nicht Voraussetzung für Verneinung der Sachdienlichkeit, kann aber mit gewürdigt werden (vgl BGH MDR 87, 1019) und spielt über § 529 I Nr 2, § 531 II 1 Nr 3 eine Rolle.

13 **5) Entscheidung.** Die Entscheidung **über die Zulassung** ist im Wesentl eine Ermessensentscheidung des Berufungsgerichts; sie bindet die höhere Instanz (BGH WM 85, 145). Eine vom Berufungsgericht **zu Unrecht nicht zugelassene Widerklage** kann Revisionsgericht uU als zugelassen behandeln und bei Entscheidungsreife selbst eine Sachentscheidung treffen (BGHZ 33, 398).

14 **6) Prozessurteil.** Die Zurückweisung einer nicht zugelassenen Widerklage geschieht durch Prozessurteil (BGHZ 33, 401). Der Anspruch kann dann in einem anderen Prozess verfolgt werden.

15 **7) Änderung der Widerklageanträge.** Zu Fragen der Klageänderung und der Beschwer bei Änderung der Widerklageanträge in der Berufungsinstanz s BGH NJW 98, 2058 u allg s vor § 511 Rn 10a.

16 **IV) Aufrechnung.** Prozessuale Regelung (s Rn 1), die ledigl die Geltendmachung einer Aufrechnung, nicht deren mat-rechtl Erklärung betrifft (BGH NJW 92, 2575, 2576) und nur anwendbar ist, wenn die Gegenforderung

vorinstanzl noch nicht geltend gemacht worden war (s Rn 25). Wegen Nr 2 ist für die zugrunde liegenden Tatsachen auch das Novenrecht anwendbar.

1) Mehrere Aufrechungen. Die Aufrechnung ist wegen der Ähnlichkeit mit der Geltendmachung eines neuen Anspruchs durch Widerklage und wegen der Rechtskraftwirkung des § 322 II an die Regelung der Widerklage angeglichen worden; deshalb ist nicht § 533, sondern nur § 531 anwendbar, wenn der Bekl die Aufrechnung eines Dritten geltend macht (BGH NJW 92, 2575). **Bei mehreren** hintereinander hilfsw zu Aufrechnung gestellten **Gegenforderungen** sind die Zulässigkeitsvoraussetzungen für jede gesondert zu prüfen (BGH NJW 2000, 143). 17

2) Zurückbehaltungsrecht. Ein Zurückbehaltungsrecht fällt unter § 531; es darf nicht wie eine Aufrechnung behandelt werden (BGH DB 75, 145). Wird die **Zurückbehaltung mit einer Geldforderung** gegen eine Geldforderung erklärt, dann liegt darin der Sache nach eine Aufrechnungserklärung (vgl BGHZ 38, 122), so dass § 533 anzuwenden ist (OLG Celle OLGZ 72, 477; Schneider MDR 75, 980). Umgekehrt ist die Aufrechnung ggü einem **Freistellungsanspruch** mangels Gleichartigkeit nicht mögl, aber in die Geltendmachung eines Zurückbehaltungsrechts umzudeuten (BGHZ 47, 166, 167), so dass § 531 anzuwenden ist (OLG Köln EWiR § 528 ZPO 1/88, 103 [Schneider]). 18

3) Berechnung der Klageforderung. Rechnerisch wie eine Aufrechnung wirkt der **Angriff auf eine Berechnung**, die der Klageforderung zugrunde liegt. Hier sind die jew Sachverhalte genau zu unterscheiden: – **a)** Ob der Bekl sich mit Aufrechnung verteidigt, hängt nicht von der Wahl des Ausdrucks, sondern von der mat-rechtl Beurteilung ab. Deshalb nicht unter § 533 fallendes Klageleugnen, wenn der Bekl „Aufrechnung" mit Schadensersatzansprüchen aus Pflichtverletzung erklärt oder ggü einer Darlehensklage mit einem Anspruch wegen Belastung mit der Rückzahlungspflicht „aufrechnet" oder wenn der Bekl mit der Begründung „aufrechnet", in der Abrechnung des Kl seien Gegenposten nicht enthalten, die gutgeschrieben werden müssten (RG JW 1899, 96). 19

b) Die **Minderungseinrede** ggü einem Kaufpreisanspruch richtet sich gegen die Berechnung der Klageforderung und führt, wenn sie begründet ist, nicht zu einer Verrechnung, sondern zu einer anderen Berechnung ohne Verbrauch eigener Ansprüche; auch hierin liegt keine Aufrechnung (RGZ 63, 402). 20

c) Ebenso verhält es sich bei der Geltendmachung von **Gewährleistungsansprüchen** aus Kauf-, Miet- oder Werkvertragsrecht, die sich auf einen der Kauf- oder Mietsache, sowie dem Werk selbst anhaftenden Mangel beziehen, selbst wenn ein Nacherfüllungsanspruch in der Weise verfolgt wird, dass dem Unternehmer der noch offen stehende restl Werklohnanspruch versagt werden soll (BGH NJW 78, 814). 21

d) Werden indessen weiter gehende Ansprüche aus dem Pflichtverletzung geltend gemacht und zur Aufrechnung gestellt, dann ist § 533 anwendbar. 22

4) Erklärung der Aufrechnung. Die Aufrechnung muss erklärt werden, also der Wille der Partei erkennbar sein, ihre Gegenforderung zur Verrechnung zu stellen (BGH WM 65, 1062). Der bloße Hinweis darauf, sie habe solche Gegenforderungen, ist keine eindeutige Erklärung. IZw ist zu fragen (§ 139). Dies ist deshalb wichtig, weil nur eine erklärte Aufrechnung, nicht eine ledigl erstinstanzl erwähnte Gegenforderung nach § 533 zurückgewiesen werden kann (vgl BGH WM 76, 583). Entgegen OLG Schleswig (MDR 76, 50) muss bei Aufrechnung mit einer oder gegen eine Mehrheit von Forderungen keine Verrechnungsbestimmung getroffen werden (Schneider MDR 88, 928). 23

5) Einwilligung des Gegners. Der Gegner muss sich seinerseits dazu erklären, ob er in die Geltendmachung der Aufrechnung einwilligt. Schweigen bedeutet – analog § 267 – vermutete Einwilligung (vgl Schneider MDR 75, 979). Deshalb muss das Gericht fragen und hinweisen, § 139 (s Rn 5). 24

6) Neu in der Berufungsinstanz. Neu ist eine Aufrechnung immer, wenn sie in 1. Instanz nicht gebracht worden ist, zB weil dort die Aufrechnung mit einer **anderen Forderung** erklärt worden ist. Eine erstinstanzl **geltend gemachte Aufrechnung** fällt nicht unter § 533, wenn das Gericht darauf nicht eingegangen ist, weil es die Klage bereits aus anderen Gründen abgewiesen hat (BGH NJW 83, 931). Eine erstinstanzl **beschiedene Aufrechnungsforderung ist** im 2. Rechtszug **nie neu**, auch wenn sie wegen **ungenügender Substantiierung** erfolglos geblieben ist (aA BGH MDR 75, 1008; dagegen aber zutr OLG Düsseldorf NJW-RR 98, 1288). Nur eine wegen **mangelnder Individualisierung** unberücksichtigt gebliebene Aufrechnung ist zweitinstanzl neu (OLG Saarbrücken MDR 81, 679; Schneider MDR 90, 1122, was OLG Düsseldorf MDR 90, 833 verkannt hat). Hat der Aufrechnende den **Aufrechnungseinwand** dagegen im 1. Rechtszug vor einer Entscheidung wieder **fallen gelassen**, dann ist sie neu. Hat das Gericht aus prozessualen Gründen eine **Sachentscheidung** über die Aufrechnungsforderung gem § 296 **abgelehnt**, dann ist die zweitinstanzl Aufrechnungserklärung nicht neu (str, s OLG Celle NJW 65, 1338 gegen OLG Frankfurt NJW 71, 148). 25

7) Sachdienlichkeit. Die berechtigten Interessen an der Entscheidung über die Aufrechungsforderung, aber auch am Abschluss eines ansonsten entscheidungsreifen Verf sind gegeneinander abzuwägen (s BGHZ 17, 124; Schneider MDR 75, 982); ist der Rechtsstreit ohne die Aufrechnungsforderung entscheidungsreif, ist Sachdienlichkeit eher zu verneinen (BGH NJW 77, 49; BGH NJW-RR 87, 1196; sa BGH MDR 2004, 1075; OLGR Düsseldorf 2000, 168; OLG Celle NJW 2020, 3663; OLG Hamm NJW-RR 2024, 894). Sachdienlichkeit fehlt bei einer 26 rechtskräftig festgestellten Gegenforderung dann, wenn die Wirksamkeit der Aufrechnung aus Gründen in Frage steht, die durch die Rechtskraft nicht bereits entschieden sind (OLGR Hamm 2005, 94).

27 **a) Rechtl Zusammenhang** zwischen Klage- und Aufrechnungsforderung ist nicht erforderl, um Sachdienlichkeit bejahen zu können, allerdings auch nicht genügend (BGH NJW 66, 1029; Schneider MDR 75, 982).

28 **b) Sachdienlichkeit** ist idR **zu bejahen**, wenn die Aufrechnung ohne weiteres als **durchgreifend** oder als **unbegründet** erscheint, weil dann auch dieser Streitpunkt zwischen den Parteien ohne neuen Prozess bereinigt werden kann (§ 322 II).

29 **c) Sachdienlichkeit** wird **zu verneinen** sein, wenn mit einer erst **während des Berufungsverf erworbenen Forderung** die Aufrechnung erklärt wird und durch deren Zulassung der Prozess mit völlig neuem Stoff belastet würde (BGHZ 5, 373). Das wird häufig bei Aufrechnung mit Schadensersatzforderung der Fall sein, die aus einem Geschehen stammt, das mit dem Klagegrund in keinem oder keinem engen Zusammenhang steht (BGH VersR 67, 477). IdR wird es hier außerdem an den Voraussetzungen des § 529 fehlen. Nicht sinnvoll ist Sachdienlich-Erklärung auch dann, wenn die Aufrechnungsforderung auf Grund gerichtl Hinweise erst **noch substantiiert werden müsste** (BGHZ 17, 124).

30 **8) Entstehung nach Schluss der 1. Instanz.** Ist die Forderung erst nach Schluss der 1. Instanz entstanden, dann bleibt es bei den Zulassungsvoraussetzungen des § 533. Allerdings wird diese für den Bekl etwas missl Situation bei der Prüfung der Sachdienlichkeit in seinem Sinne zu berücksichtigen sein (s Rn 28).

31 **9) Begründung der Zulassung.** Über die **Zulassung** ist **im Endurteil** zu entscheiden. Einer **Begründung** bedarf es nicht, weil Zulassung (ebenso wie in den sonstigen Anwendungsfällen der Vorschrift) nicht revisibel ist (BGH JZ 73, 607). Wird sie **abgelehnt**, bedarf es einer Begründung, denn dann muss Revisionsgericht auf Rüge nachprüfen, ob Begriff der Sachdienlichkeit nicht verkannt worden ist (BGH NJW 77, 49).

32 **10) Widersprüchliche Begründung.** Wird fehlerhafterw die **Sachdienlichkeit verneint und zugleich** die **Aufrechnungsforderung für unbegründet erkannt**, dann kann dieser Denkfehler nur dadurch korrigiert werden, dass die Ausführungen zur Begründetheit **als nicht geschrieben gelten** und folgl unbeachtet bleiben (BGH MDR 83, 1018 = NJW 84, 128).

33 **11) Gesonderte Klage.** Bei **Zurückweisung der Aufrechnung** kann der Bekl seine Forderung in einem anderen Rechtsstreit verfolgen. Umgekehrt ist er berechtigt, eine anderweit bereits eingeklagte Forderung zur Aufrechnung zu stellen (BGHZ 57, 242; BGH NJW 84, 128, 129).

34 **V) Tatsachengrundlage.** § 533 knüpft die Zulassung von Klageänderung, Widerklage und Aufrechnung zusätzl an die Voraussetzung, dass die Tatsachengrundlage nach § 529 zulässig in den Prozess eingeführt werden kann (ausreichend, wenn der Sachvortrag der 1. Instanz zum Anspruchsgrund ausreicht, um den geänderten Klageantrag abzuweisen, auch wenn in der 2. Instanz unzulässig zur Höhe vorgetragen wird, OLGR Naumburg 2004, 62; OLG Hamm NJW-RR 2018, 1427). Das Vorbringen braucht nicht für die Begründung der Klage in 1. Instanz erhebl gewesen sein (BGH MDR 2012, 486).

35 Liegen schon die Voraussetzungen der Nr 1 nicht vor, erübrigt sich die Prüfung nach Nr 2. Ansonsten ist das Prüfungsschema des § 529 anzuwenden, also nach alten und neuen Tatsachen zu differenzieren, bei neuen anhand von § 529 I Nr 2, § 530, § 531 zu prüfen (s § 529 Rn 7).

36 **VI) Rechtsmittel.** Die Verletzung des § 533 Nr 2 kann mit der Revision gerügt werden. Wurde unberechtigt zugelassen, weil die Voraussetzung der Einbringung neuer Tatsachen bejaht wurde, so bleiben die Tatsachen gleichwohl berücksichtigungsfähig (BGH MDR 2008, 158; s § 529 Rn 20). Wurde Klageänderung, Widerklage und Aufrechnung nicht zugelassen, weil fälschlicherw davon ausgegangen wurde, der neue Tatsachenvortrag sei nicht zulässig, führt dies in der Regel zur Aufhebung und Zurückverweisung.

§ 534 Verlust des Rügerechts

Die Verletzung einer das Verfahren des ersten Rechtszuges betreffenden Vorschrift kann in der Berufungsinstanz nicht mehr gerügt werden, wenn die Partei das Rügerecht bereits im ersten Rechtszuge nach der Vorschrift des § 295 verloren hat.

1 Der in 1. Instanz eingetretene Rügeverlust (s § 295 Rn 1, 2) wirkt für das Berufungsverf fort. Ein nicht verlorenes Rügerecht kann in der Berufungsinstanz ausgeübt werden, wenn der Verfahrensfehler erst im Urteil begründet ist (MK/Rimmelspacher Rn 3; MskV/Ball Rn 1). Insoweit muss der Berufungsführer nach § 529 II rügen, sonst ist die Prüfungskompetenz des Berufungsgerichts nicht eröffnet. In der Berufungsinstanz selbst gilt *§ 295* originär (§ 525). Für Zulässigkeitsrügen gilt § 532.

§ 535 Gerichtliches Geständnis

Das im ersten Rechtszuge abgelegte gerichtliche Geständnis behält seine Wirksamkeit auch für die Berufungsinstanz.

I) Geständnis. Ob ein Geständnis vorliegt, beurteilt sich nach §§ 288-290 (s dort), nicht entscheidend ist, ob die Vorinstanz ein Geständnis angenommen hat. – Auf die Geständnisfiktion des § 138 III passt die Regelung nicht (hM, vgl StJ/Althammer Rn 3; MskV/Ball Rn 1; aA OLG München MDR 84, 321; ThP/Seiler Rn 1). Ob es sich um ein Geständnis oder einen Fall des Nichtbestreitens handelt, ist Auslegungssache, iZw ist wegen der milderen Folge von § 138 III auszugehen (vgl MK/Rimmelspacher Rn 7). 1

II) Widerruf. Ein Geständnis kann unter den Voraussetzungen des § 290 in der 2. Instanz widerrufen werden, auch wenn die Gründe dem Widerrufenden schon in der Vorinstanz bekannt waren (RGZ 11, 406); denkbar ist allerdings in diesem Fall ein Verzicht auf den Widerruf. Außerdem ist Präklusion nach §§ 530, 531 mögl. 2

§ 536 Parteivernehmung

(1) Das Berufungsgericht darf die Vernehmung oder Beeidigung einer Partei, die im ersten Rechtszuge die Vernehmung abgelehnt oder die Aussage oder den Eid verweigert hatte, nur anordnen, wenn es der Überzeugung ist, dass die Partei zu der Ablehnung oder Weigerung genügende Gründe hatte und diese Gründe seitdem weggefallen sind.

(2) War eine Partei im ersten Rechtszuge vernommen und auf ihre Aussage beeidigt, so darf das Berufungsgericht die eidliche Vernehmung des Gegners nur anordnen, wenn die Vernehmung oder Beeidigung im ersten Rechtszuge unzulässig war.

I) Ablehnung der Vernehmung einer Partei. S § 446; Aussage- oder Eidesverweigerung nach Bereiterklärung, sich vernehmen zu lassen: § 453 II. Die „Überzeugung" des Gerichts ist im Urteil zu begründen. Verstoß ist Verfahrensmangel nach § 551 III 1 Nr 2b. 1

II) Eid des Gegners. II will verhüten, dass über dieselbe Tatsache 2 verschiedene eidl Aussagen abgegeben werden (vgl § 452 I 2). Anders nur, wenn die 1. Vernehmung oder wenigstens die Vereidigung unzulässig war, zB bei Eidesunfähigkeit (§ 452 IV). Die uneidl Vernehmung des Gegners ist zulässig. 2

§ 537 Vorläufige Vollstreckbarkeit

(1) [1]Ein nicht oder nicht unbedingt für vorläufig vollstreckbar erklärtes Urteil des ersten Rechtszuges ist, soweit es durch die Berufungsanträge nicht angefochten wird, auf Antrag von dem Berufungsgericht durch Beschluss für vorläufig vollstreckbar zu erklären. [2]Die Entscheidung ist erst nach Ablauf der Berufungsbegründungsfrist zulässig.

(2) Eine Anfechtung des Beschlusses findet nicht statt.

I) Grundsatz. Grds werden **alle Urteile** für **vorläufig vollstreckbar** erklärt, §§ 708, 709; Ausnahme: § 704 II. § 537 gibt deshalb dem Gegner das Recht, bei dem Berufungsgericht zu beantragen, das Urteil insoweit erstmals oder ohne Sicherheitsleistung für vorläufig vollstreckbar zu erklären. Das ist der Ausgleich dafür, dass auch hinsichtl des nicht mit der Berufung verfolgten Teils der Beschwer keine Rechtskraft eintritt, weil die Hemmungswirkung weiter reicht als die Anfallswirkung (BGH NJW 92, 2296; OLG Hamm NJW-RR 90, 1470). Anwendbar auch, wenn vorinstanzl vorläufige Vollstreckbarkeit gegen Sicherheitsleistung entgegen § 708 ausgesprochen worden ist. Entscheidung über den Antrag (Anwaltszwang, da Prozesshandlung, § 78 I) nach § 128 IV außerhalb mündl Verh durch Beschluss; diese findet nur bei bes Anordnung statt. 1

Nicht erfasst von § 537 ist das Interesse des Gl, die **Höhe einer angeordneten Sicherheit herabsetzen** zu lassen, soweit er bei Teilanfechtung hinsichtl des vom Rechtsmittel betroffenen Teils vollstrecken will (vgl Groeger NJW 94, 431: nur Herabsetzung gem § 718 I mögl). 1a

1) Antragsberechtigung. Antragsberechtigt (**Formulierungsvorschläge:** Vorwerk, PFB, M 67.15, 67.16, 67.17) ist, wer aus dem Vorurteil vollstrecken kann, auch der teilw abgewiesene Kl (OLG Schleswig SchlHA 80, 188; KG MDR 88, 240; OLG Celle NdsRpfl 89, 107; OLG Hamm NJW-RR 90, 1470). **Berufungsanträge** sind auch Anschließungsanträge (§ 524); unerhebl ist, wer den Rechtsmittelantrag stellt. § 537 auch anzuwenden bei nachträgl Beschränkung durch **Teilrücknahme** (§ 516) oder **Teilverzicht** (s § 515 Rn 16). 2

3 **2) Rechtliches Gehör.** Der Beschluss ergeht **ohne sachl Prüfung** nach Gewährung rechtl Gehörs. Erklärt der Ag, er habe bereits erfüllt, dann ist bei Bestreiten gleichwohl antragsgemäß zu beschließen. Räumt der ASt die Erfüllung ein, ist sein gleichwohl aufrechterhaltener Antrag wegen fehlenden Rechtsschutzbedürfnisses kostenfällig (§ 91) abzuweisen. Nimmt er den Antrag zurück, wird er analog § 516 III mit den Kosten belastet. Daneben besteht für ihn die Möglichkeit, die Hauptsache des Beschlussverf für erledigt zu erklären.

4 **a)** Vorgängige Entscheidung über die **Zulässigkeit der Berufung** hat zu unterbleiben; vorbehaltlose Vollstreckbarkeit darf aber nicht in der Schwebe bleiben, bis Zulässigkeit geklärt ist.

5 **b) Feststellungs-** und **Gestaltungsurteile** sowie solche auf **Abgabe einer Willenserklärung** sind mangels vollstreckungsfähigen Inhalts nur im Kostenpunkt für vorläufig vollstreckbar zu erklären (s § 704 Rn 2; § 894 I). Ist entgegen § 894 die Hauptsache für vorläufig vollstreckbar erklärt worden, so fehlt für § 537 gleichwohl das Rechtsschutzinteresse, weil die Vollstreckungsmöglichkeit vom Eintritt der Rechtskraft abhängt (OLG Zweibrücken JurBüro 83, 1889).

6 **3) Vollstreckung wegen Kosten.** § 537 kann auch auf die **erstinstanzl Kostenverurteilung** angewendet werden (KG ZZP 53 [1928], 92; MK/Rimmelspacher Rn 7; aA OLG Schleswig MDR 85, 679; OLG Schleswig SchlHA 83, 168; OLG Braunschweig MDR 2006, 1185), jedoch seiner ratio nach (s OVG Lüneburg MDR 75, 174) nur, wenn die auszuwerfende anteilige Quote eindeutig bestimmbar und die Möglichkeit späterer Korrektur ausgeschlossen ist. Daher grds nicht, wenn: **a)** eine gemischte Kostenentscheidung gefällt worden ist (zB gem §§ 92, 91a, 93, 269); – **b)** wegen obj Klagenhäufung gequotelt worden und dabei der Streitwert (auch) nach Ermessen (§ 3) festgesetzt worden ist; hier muss die Kostenausgleichung (§ 106) abgewartet werden (OLG Schleswig SchlHA 83, 168); – **c)** die trotz Teilanfechtung erlaubte Überprüfung der Gesamtkostenentscheidung (s § 524 Rn 33) zu einer Berichtigung führen könnte.

7 **4) Unterbrechung.** Das Verf nach § 537 hat einen **anderen Streitgegenstand** als das Berufungsverf; daher ist bei dessen Unterbrechung oder Aussetzung vorbehaltlose Vollstreckbarerklärung zulässig und oft gerade dann sogar besonders wichtig, zB bei Eröffnung des InsVerfahrens, § 249 (aA MK/Rimmelspacher Rn 14 wegen Gewährung rechtl Gehörs).

8 **5) Hinfälligkeit der erstinstanzlich angeordneten Sicherheitsleistung.** Durch den unanfechtbaren (II) Beschluss wird auch die **vorinstanzl** Anordnung einer **Sicherheitsleistung** hinfällig.

9 **6) Überholung des Beschlusses.** Da der Beschluss keine Rechtskraft hat (OLG Zweibrücken JurBüro 83, 1889), ist **Erweiterung** des Berufungsantrags (s § 520 Rn 34) oder **Anschlussberufung** noch mögl. Es bleibt jedoch bei der Unanfechtbarkeit (II) und damit Unabänderlichkeit (§ 318). In solchen Fällen kann der (unrichtig gewordene) Beschluss nur für die Zukunft durch einstw Einstellung analog §§ 719, 707 unschädl gemacht werden (RGZ 47, 419; OLG Schleswig SchlHA 77, 190).

10 **7) Keine Abwendungsbefugnis des Gegners.** Stellt der Kl den Antrag nach § 537, kann der Bekl nicht verlangen, dass ihm gestattet wird, die dadurch unbedingt mögl gewordene ZwV durch Sicherheitsleistung abzuwenden (KG OLGE 23, 190), oder dass insoweit einstw eingestellt wird. Der Beschluss darf nicht einmal auf einen neuen Antrag hin abgeändert werden (s Rn 9), da sonst einer schon vollzogenen Vollstreckung die Grundlage genommen würde.

11 **8) Umdeutung eines Teilurteils oder Versäumnisurteils.** Der Erlass eines **Teilurteils** oder eines **VU** hinsichtl des nicht angefochtenen Teils durch das Berufungsgericht im Falle mündl Verh ist unzulässig (OLG München NJW 66, 1082). Es müsste als Beschluss gem § 537 gedeutet werden.

12 **9) Einzelrichter.** Der ER darf den Beschluss erlassen, wenn er mit der Sache befasst ist, auch der nach § 527, da dies der Vorbereitung der Endentscheidung dient.

13 **II) Keine Anfechtung.** Der Beschluss ist **nicht beschwerdefähig** (II), auch nicht, wenn fälschl (s Rn 11) durch Urteil entschieden wird oder bei Zurückweisung.

14 **III) Kostenentscheidung.** Es ist eine Kostenentscheidung zu treffen, weil sonst die Verfahrensgeb des Anwalts nach 3329 RVG-VV nicht festsetzbar ist. Jedoch keine isolierte Kostenentscheidung bei Teilrücknahme in 2. Instanz, weil dann ein Teil des dem Berufungsgericht angefallenen Streitgegenstandes betroffen ist. Wird Kostenentscheidung vergessen, ist **Ergänzungsantrag** nach § 321 geboten.

15 Wird der **Berufungsantrag nachträgl erweitert oder Anschlussberufung** eingelegt (s Rn 9), dann dehnt sich die Anfallwirkung des Rechtsmittels rückwirkend auf den Streitgegenstand des Beschlussverf aus. Es greift dann § 19 I 2 Nr 9 RVG ein. Die Kostenentscheidung des Beschlusses wird dadurch prozessual überholt.

16 **IV) PKH.** PKH für das Berufungsverf deckt den Antrag aus § 537.

17 **V) Tenorierungsvorschlag.** Auf den Antrag vom … wird das Urteil … wegen eines Betrages von … Euro nebst … *Zinsen ab … für vorläufig vollstreckbar* erklärt. Der Bekl trägt die Kosten des Verf. **Oder:** … auf Antrag des … vom … beschlossen: Das Urteil … ist in Höhe von … Euro nebst … Zinsen ab … vorläufig vollstreckbar. Der Bekl trägt die Kosten des Verf.

VI) **Gebühren. 1) Gericht:** keine. – **2) RA:** (Zusatz-)Geb 3329 RVG-VV iHv 0,5, wenn der Gegenstand nicht bereits durch allg VerfGeb 3200 RVG-VV abgegolten ist, zB bei Vollstreckbarerklärung nach teilw Rechtsmittelrücknahme, denn das Verf nach § 537 gehört zum Rechtszug (§ 19 I 2 Nr 9 RVG). Terminsgeb: 3332 RVG-VV. Gegenstandswert hierfür 1/5 des für vollstreckbar zu erklärenden Teils des Urteils (OLG Frankfurt AGS 2020, 397; s § 3 Rn 16.194). 18

§ 538 Zurückverweisung

(1) Das Berufungsgericht hat die notwendigen Beweise zu erheben und in der Sache selbst zu entscheiden.

(2) [1]Das Berufungsgericht darf die Sache, soweit ihre weitere Verhandlung erforderlich ist, unter Aufhebung des Urteils und des Verfahrens an das Gericht des ersten Rechtszuges nur zurückverweisen,

1. soweit das Verfahren im ersten Rechtszuge an einem wesentlichen Mangel leidet und auf Grund dieses Mangels eine umfangreiche oder aufwändige Beweisaufnahme notwendig ist,

2. wenn durch das angefochtene Urteil ein Einspruch als unzulässig verworfen ist,

3. wenn durch das angefochtene Urteil nur über die Zulässigkeit der Klage entschieden ist,

4. wenn im Falle eines nach Grund und Betrag streitigen Anspruchs durch das angefochtene Urteil über den Grund des Anspruchs vorab entschieden oder die Klage abgewiesen ist, es sei denn, dass der Streit über den Betrag des Anspruchs zur Entscheidung reif ist,

5. wenn das angefochtene Urteil im Urkunden- oder Wechselprozess unter Vorbehalt der Rechte erlassen ist,

6. wenn das angefochtene Urteil ein Versäumnisurteil ist oder

7. wenn das angefochtene Urteil ein entgegen den Voraussetzungen des § 301 erlassenes Teilurteil ist

und eine Partei die Zurückverweisung beantragt. [2]Im Fall der Nummer 3 hat das Berufungsgericht sämtliche Rügen zu erledigen. [3]Im Fall der Nummer 7 bedarf es eines Antrags nicht.

1 **I) Grundsatz der Selbstentscheidung. 1) Sachentscheidung durch das Berufungsgericht.** Der Gesetzgeber verlangt von den Berufungsgerichten in weitem Umfang eigene Sachentscheidung an Stelle von Aufhebung und Zurückverweisung (vgl BGH WRP 2000, 757; BGH MDR 2011, 378; BGH WM 2024, 83 = MDR 2024, 256). Damit weist die Berufungsinstanz aus Sachdienlichkeitsgründen und im Interesse der Parteien eindeutig Elemente einer 2. Tatsacheninstanz auf, die an anderer Stelle (§ 529) zurückgedrängt werden.

2 **2) Regel-Ausnahme-Verhältnis.** Die eigene Sachentscheidung des Berufungsgerichts ist die Regel (BGH NJW 2013, 2601), in den enumerativ aufgezählten Fällen des II darf das Berufungsgericht von der Sachentscheidung absehen und die Sache zurückverweisen. Dies wird oft nicht beachtet, ist aber selten Gegenstand von revisionsrechtl Überprüfung.

3 a) Die Ausnahmetatbestände gliedern sich in **2 Gruppen:** II 1 Nr 1 erfasst die wesentl Verfahrensmängel in der 1. Instanz. Die Zurückverweisung ist hier an die zusätzl Voraussetzung gebunden, dass auf Grund des Verfahrensmangels eine umfangreiche und aufwändige Beweisaufnahme vor dem Berufungsgericht notwendig wäre. II 1 Nrn 2-7 enthalten die Fälle, in denen das Erstgericht nicht oder nicht umfassend in der Sache entschieden hat.

4 b) Die Aufhebung und Zurückverweisung setzt grds den **Antrag** einer Partei voraus, auch in den Fällen von II (BGH MDR 2004, 1429; BGH NJW 2009, 431; BGH MDR 2011, 1251; OLG Schleswig NJW 2025, 233 = MDR

2025, 100). Dazu genügt es, wenn eine Partei hilfsw die Aufhebung und Zurückverweisung für den Fall beantragt, dass das Gericht nicht durchentscheidet. Der Antrag kann bis zum Schluss der mündl Verh gestellt werden, weil er einen Teilerfolg bringt (OLG Saarbrücken NJW-RR 2003, 573).

5 c) Wegen des Interesses an einer einheitl Führung des Rechtsstreits in einer Instanz bedarf es lediglich im Fall des **unzulässigen Teilurteils**, das nicht den Voraussetzungen des § 301 entspricht, keines Antrags einer Partei.

6 **II) Ermessensentscheidung des Berufungsgerichts.** Ob das Berufungsgericht statt eigener Sachentscheidung Zurückverweisung wählt, steht bei Vorliegen der sonstigen Voraussetzungen des II (Eingreifen einer der Fallgruppen, Antrag einer Partei) im revisionsrechtl nachprüfbaren Ermessen (BGH MDR 2005, 921; BGH MDR 2010, 650; s Rn 62) des Berufungsgerichts, das den Gesichtspunkt der Prozessökonomie in Betracht ziehen muss, etwa auch, dass die Sache bereits einmal zurückverwiesen wurde (BGH MDR 2011, 1251; BGH MDR 2018, 759). Das Berufungsgericht muss selbst entscheiden, wenn die Sache ohne weitere Verh spruchreif ist, etwa durch Klageabweisung (BGH FamRZ 2005, 882; OLG Braunschweig ZIP 2021, 1698). Das Berufungsgericht hat seine Ermessenserwägungen nachprüfbar darzulegen (BGH MDR 2005, 645; BGH MDR 2011, 1251).

7 **1) Sachdienlichkeit.** Das Berufungsgericht handelt ermessensfehlerfrei, wenn die Zurückverweisung **sachdienl** ist. Sachdienlichkeit ist zu bejahen, wenn das Interesse an einer schnelleren Erledigung ggü dem Verlust einer Tatsacheninstanz nicht überwiegt (BGH NJW 2000, 2024). Diese Frage ist mit den Parteien zu erörtern, um sachdienl Antragstellung zu erreichen (§ 139 I). Bei divergierenden Parteiwünschen ist die Zurückverweisungsmöglichkeit eröffnet, es sind aber die dagegen vorgebrachten Gründe zusätzl Entscheidungselemente. Übereinstimmenden Anregungen auf Zurückverweisung wird das Gericht häufig entsprechen; denn dahinter steht oft der Wunsch, nunmehr im 1. Rechtszug alsbald zu Ende zu kommen, zB durch erneute Vergleichsgespräche. Selbstentscheidung kann auch angebracht sein, wenn sich eine unsachl Auseinandersetzung zwischen den Instanzen anbahnt, die letztl auf dem Rücken der Parteien ausgetragen würde (OLG Schleswig SchlHA 82, 153: wiederholte Zurückverweisung wegen desselben Fehlers). Die Notwendigkeit umfangreicher Beweisaufnahme kann allerdings wegen der für die Berufungsinstanz bestehenden Erschwernisse auch außerhalb von II 1 Nr 1 ein sachgerechter Ermessensgesichtspunkt sein.

8 **2) Beispielsfälle für eigene Sachentscheidung.** Erstinstanzl Urteil ist in falscher Besetzung (BGH NJW 2008, 1672) oder unter Verstoß gegen § 348a I Nr 3 oder §§ 355, 375 ergangen (BGH NJW-RR 91, 472; KGR Berlin 2008, 449). Das Erstgericht hat ein über den beschiedenen Teilanspruch übergreifendes und damit unzulässiges (Schneider MDR 76, 93) Teilurteil erlassen; das Berufungsgericht kann durch Heraufziehen des noch unten anhängigen Streitteiles abschließend entscheiden (BGH NJW 92, 511; OLGR Saarbrücken 1998, 303; OLGR Frankfurt 2002, 324; sa § 301 Rn 22, 23). Berufung gegen ein unzulässiges Vorbehaltsurteil unter eigener Entscheidung über die zur Aufrechnung gestellte Gegenforderung (BGHZ 25, 360; BGH LM § 302 ZPO Nr 4). Erstgericht hat den Vorwurf der groben Nachlässigkeit unzulängl geprüft; er kann aber auf Grund des zweitinstanzl Sach- und Streitstandes ohne großen Aufwand festgestellt werden (ergibt er sich aus dem unstreitigen zweitinstanzl Sach- und Streitstand, dann muss das Berufungsgericht selbst entscheiden: OLG Köln NJW 73, 1847). Im Berufungsverf gegen ein Grundurteil ist auch der Streit über die Höhe entscheidungsreif geworden (vgl § 538 II 1 Nr 4) oder kann ohne nennenswerte Verzögerung entscheidungsreif gemacht werden oder sind Zeugen zu vernehmen, die auch über die Höhe informiert sind. Zurückverweisung ist dagegen mögl, wenn das Erstgericht eine Widerklage nicht beschieden hat, weil es sie irrtüml als nicht mehr anhängig angesehen hat (OLG Düsseldorf OLGZ 65, 186).

9 **III) Zurückverweisung wegen wesentlicher Verfahrensmängel (§ 538 II 1 Nr 1).** Die Möglichkeit der Zurückverweisung ist nur bei wesentl Verfahrensmängeln eröffnet. Hat das Erstgericht keinen Verfahrensfehler begangen, dann ist die Zurückverweisung unzulässig, auch wenn erstmals in 2. Instanz eine eigentl Sachprüfung stattfinden kann (BGH MDR 75, 915; BGH MDR 99, 1016).

10 **1) Kein error in iudicando.** Unter II 1 Nr 1 fällt **nur** ein **Verfahrensmangel** (error in procedendo), nicht die unrichtige mat-rechtl Beurteilung (error in iudicando; BGH NJW 2000, 2099; BGH MDR 2001, 469; BGH NJW 2001, 2550). Erfasst sind immer die Fälle des § 547 (vgl BGH NJW 92, 2099 = MDR 92, 804; BGH MDR 2009, 1238). Ob ein Verfahrensmangel anzunehmen ist, beurteilt sich allein aus der mat-rechtl Sicht des Erstrichters ungeachtet dessen, ob das Berufungsgericht sie billigt oder nicht (BGHZ 86, 221; BGHZ 123, 15; BGH MDR 2001, 469; BGH MDR 2010, 1072; BGH MDR 2012, 988; BGH MDR 2013, 2601; BGH MDR 2016, 1044; Stackmann NJW 2016, 2276); unrichtige Rechtsansicht des Erstrichters kann nicht wegen fehlenden Hinweises nach § 139 in einen Verfahrensmangel umgedeutet werden, wenn auf der Grundlage der fehlerhaften Auffassung des Erstrichters kein Hinweis geboten war (BGH NJW 91, 704 = MDR 91, 436; BGH NJW 93, 538 für angebl Verletzung des Anspruchs auf rechtl Gehör). Die Grenzen können jedoch im Einzelfall zerfließen.

11 a) Die **Beweislast** wird etwa, ebenso wie die Behauptungslast, im materiellen Recht geregelt, so dass Verstöße dagegen keine Verfahrensfehler sind (BGH NJW 83, 2032). Als wesentl oder schwer wird ein Mangel dann angesehen, wenn er seiner Natur nach so erhebl ist, dass das erstinstanzl Verf keine ordnungsmäßige Grundlage für eine Entscheidung des Berufungsgerichts abgibt (BGH NJW-RR 2003, 131 = MDR 2003, 108).

b) Die **Ursächlichkeit** des Verfahrensverstoßes wird sich idR schon daraus ergeben, dass dieser auf der Grundlage der mat-rechtl Sicht des Erstgerichts festzustellen ist. 12

2) Arten der Verfahrensmängel. Die Möglichkeiten, prozessordnungswidrig zu verfahren, sind prinzipiell unbegrenzt. Eine enumerative Einteilung der als wesentl anzusehenden Mängel über diej des § 547 hinaus ist daher nicht mögl. Sie zeigt aber, dass sich die Mehrzahl der einschlägigen Fälle in verhältnismäßig wenigen Gruppen erfassen lässt (sa Broß WM 92, 171 ff). 13

a) Falsche Besetzung des Gerichts (Art 101 I 2 GG) insb bei der Anwendung der Geschäftsverteilung (OLG Hamburg NZG 99, 1211), auch wenn dies auf gesetzwidrigen Präsidialbeschluss zurückgeht (LG Wiesbaden MDR 84, 676; LG Frankfurt NJW 88, 70) oder bei Fehlern im ER-Einsatz (BGH NJW 2024, 1348 = MDR 2024, 662; OLG Frankfurt MDR 2003, 1375; OLGR Saarbrücken 2007, 510; OLG Frankfurt MDR 2022, 1436). 14

Hierher rechnet auch die fehlerhafte Bescheidung der **Befangenheitsablehnung** eines Richters erstmals in den Entscheidungsgründen des Endurteils (BayObLG FamRZ 82, 1136; OLGR Hamburg 2008, 871; OLG München MDR 2014, 857; BGHZ 222, 44 zum SV); dieser Fehler kann – in einschr Auslegung der Vorschrift – durch Selbstentscheidung der Berufungsinstanz behoben werden (so BGH NJW 2008, 1672; dagegen OLG Köln MDR 74, 761; OLG Frankfurt NJW 76, 1545; OLG Düsseldorf JZ 77, 564; OLG Schleswig SchlHA 82, 30; OLG Hamm MDR 2023, 230). 15

b) Zuständigkeitsfehler. Alleinige Zuständigkeitsmängel dürfen im 2. Rechtszug nach § 513 II nicht beachtet werden. Sie können daher auch nicht als wesentl Verfahrensmängel die Aufhebung und Zurückverweisung rechtfertigen (BGH WM 86, 657; s § 513 Rn 2). Anwendbar ist II 1 Nr 1 allerdings bei einer Entscheidung trotz Fehlens einer ordnungsmäßigen Verweisung (OLG München OLGZ 69, 370). 16

c) Fehlerhafte Behandlung von Parteivorbringen. aa) Hierher rechnet jeder Verstoß gegen § 308 I (BGH NJW 91, 1683 = JR 91, 505 [Müller]; OLG Zweibrücken FamRZ 92, 973); jedoch besteht keine Bindung an Anspruchsgrundlagen (BAG ZIP 91, 335). Nicht ausreichend ist das bloße Übergehen von Parteivortrag (zu weitgehend OLGR Karlsruhe 2002, 363: Nichterwägen einer weiteren Anspruchsgrundlage). 17

Bsp: Verfahrenswidrig ist es, wenn mehr als beantragt zugesprochen wird (OLG Zweibrücken FamRZ 92, 973), etwa durch eigenmächtiges Auffüllen eines Zahlungsanspruchs mit streitgegenstandsfremden Positionen (BGH Warneyer 1989 Nr 325) oder wenn der Tenor des angefochtenen Urteils über das mit der Klage formulierte Unterlassungsbegehren hinausgeht (OLG Köln WRP 74, 503) oder über ledigl angekündigte, aber nicht verlesene Anträge (OLG Köln MDR 72, 1044) oder über für erledigt erklärte Anträge entschieden wird (OLG München FamRZ 83, 629), desgl die fehlerhafte Behandlung einer negativen Feststellungsklage (BGHZ 31, 362) oder die Nichtbescheidung einer zulässigen Klageänderung (OLG Frankfurt FamRZ 81, 978) oder Annahme von Beweisfälligkeit bzgl unstreitiger Tatsachen (OLG Köln MDR 83, 760; LG Frankfurt NJW-RR 89, 1212) oder umgekehrt die Behandlung streitiger Tatsachen als unstr oder wenn eindeutiges Parteivorbringen offensichtl sachwidrig und damit obj willkürl gewürdigt wird (BVerfGE 57, 42), zB wenn das Gericht ohne Erörterung ein entscheidungserhebl Schreiben in einem Sinn auslegt, den ihm keine Partei beimisst (OLG München NJW-RR 92, 61), oder den Kern des Parteivorbringens so verkennt, dass die entscheidungserhebl Frage unbeantwortet bleibt (BGH Warneyer 1990 Nr 107). 18

bb) Auch das Übergehen von Vertagungsanträgen kann einen wesentl Mangel darstellen (OLG Köln JurBüro 77, 410), ebenso der Erlass eines Urteils ohne mündl Verh trotz Fehlens der nach § 128 II nötigen Einverständniserklärungen (OLG Nürnberg MDR 69, 849; OLG Braunschweig ZInsO 2020, 1781). Versäumt das Erstgericht wegen entgegenstehender Rechtshängigkeit die Aussetzung nach Art 29 I Brüssel Ia-VO, muss das Berufungsgericht aussetzen und kann nicht deshalb zurückverweisen (BGH NJW 2002, 2795 = MDR 2002, 656; Hau IPRax 2002, 117 ist zuzustimmen, dass die Vorschriften § 538 ohnehin vorgehen). 19

d) Mangelhafte Prozessführung durch das Gericht. aa) Im Vordergrund stehen die Rügen, die sich auf die Verletzung des Anspruchs auf rechtl Gehör (Art 103 I GG) beziehen (vgl etwa BGH NJW 93, 538; KG MDR 2005, 1431; OLG Köln NJW-RR 2017, 217); ferner Verstoß gegen die richterl Aufklärungspflicht gem § 139 (OLG Brandenburg FamRZ 2020, 941). Wegen mangelnder Substantiierung darf nie abgewiesen werden, bevor auf Ergänzung des Sachvortrages hingewirkt worden ist (BGH NJW-RR 87, 797; BGH NJW-RR 91, 256; OLG Saarbrücken MDR 2003, 1372: Unterlassener Hinweis nach § 139 ist Verfahrensmangel, wenn Gericht zunächst Beweis erhebt, das Vorbringen dann aber als unsubstantiiert unberücksichtigt lässt; OLG Hamm NJW-RR 2022, 1336 = MDR 2022, 1215). Hinweispflicht zB, wenn das Gericht trotz günstigen Ausgangs der Beweisaufnahme weitere Beweisantritte für erforderl hält (BGH NJW 89, 2756) oder bei Zweifeln, ob ein Verfahrenshindernis besteht (BGH WM 89, 835). Allerdings besteht keine Hinweispflicht, wenn die Parteien den Streitpunkt bereits schriftsätzl behandelt haben (BGH WM 86, 657); auch besteht verfahrensrechtl kein Zwang, einer Partei nachzulassen, eine durchgeführte Beweisaufnahme schriftsätzl zu würdigen (BGH NJW 91, 1547). Gesetzte Fristen müssen ausreichend sein (OLG Frankfurt NJW 86, 731) und abgewartet werden (BVerwG NJW 92, 327). Zeigt sich ein Versäumnis des Gerichts nach Schluss der Verh, muss wiedereröffnet werden (§ 156), falls eine Partei schriftsätzl Ausführungen bringt, die nur deshalb nicht früher vorgetragen worden sind, weil das 20

Gericht seiner Aufklärungs- und Hinweispflicht (§ 139) nicht entsprochen hatte (Schneider MDR 90, 122; Sangmeister BB 92, 1535) oder ihr die Gelegenheit abgeschnitten worden ist, zu einem mündl erstatteten Gutachten nochmals sachgerecht Stellung nehmen zu können (BGH NJW 88, 2302).

21 **bb) Überraschungsentscheidungen** verstoßen gegen Art 103 I GG (BVerfGE 84, 188) oder das verfassungsrecht Willkürverbot (BVerfGE 69, 254; BVerfGE 70, 93). Parteien dürfen nicht erst im Urteil von einer bis dahin nicht erörterten Fallbewertung erfahren (BGH NJW 89, 2757; BGH NJW 93, 667; OLGR Naumburg 1997, 173; OLG Bamberg NJW-RR 98, 1608); die Entscheidung darf nicht auf einen Sachverhalt gestützt werden, den keine Partei vorgetragen hat (OLG Düsseldorf NJW 89, 1489), oder auf einen rechtl Gesichtspunkt, den beide Parteien für unerhebl gehalten haben (OLG Düsseldorf NJW-RR 92, 1268).

22 **cc)** Fehlerhafte Anwendung von Präklusionsrecht ist grds auch **Versagen rechtl Gehörs** (BVerfGE 62, 255; BVerfGE 69, 145; BVerfG NJW 89, 3212, s etwa BGH NJW 83, 822; OLG Düsseldorf NJW-RR 92, 959). Zurückhaltung ist insb bei der Zurückverweisung wegen Nichtberücksichtigung nachgereichter Schriftsätze geboten (vgl BVerfGE 70, 215; BGH NJW 86, 1867; BGH NJW 93, 134; BGH NJW 2000, 142).

23 **dd)** Auf offensichtl Irrtümer einer Partei muss (nach § 139) hingewiesen werden, bevor entschieden wird (OLG Düsseldorf VersR 75, 616). Tatsächl Feststellungen im Tatbestand des angefochtenen Urteils, die mit Inhalt der Parteischriftsätze in Widerspruch stehen, können nur verfahrenswidrig zustande gekommen sein, wenn vorher nicht versucht worden ist, diesen Widerspruch durch Ausübung der richterl Fragepflicht zu beheben (OLG Köln NJW-RR 87, 1152).

24 **ee)** Wird ein Hinweis erteilt, dann muss auch Gelegenheit gegeben werden, sich dazu zu äußern (§ 139 V). Das Gericht ist verpflichtet, darauf zu achten, dass die Partei ihr Anliegen wirkl hat vortragen können und genügend Zeit bekommt, um ihr gestellte Fragen zu beantworten (OLG Hamm AnwBl 84, 93), ggf nach Rücksprache mit der Partei (OLG Koblenz NJW-RR 91, 1087).

25 **e) Mangelhafte Tatsachenfeststellung. aa)** Den vielleicht wichtigsten Anwendungsfall des II 1 Nr 1 stellen mangelhafte Beweiserhebungen dar, die sich häufig mit anderen Verfahrensfehlern, insb mit der Nichtgewährung rechtl Gehörs oder dem Prinzip der Mündlichkeit überschneiden (vgl etwa OLGR Zweibrücken 2000, 221; OLG Nürnberg MDR 2022, 592; OLG Nürnberg NJW-RR 2022, 112 = MDR 2021, 1534; Deumeland JurBüro 2000, 32), zB bei Verwertung von Gutachten aus anderen Verf, die den Parteien nicht bekanntgegeben werden (BGH VersR 91, 1055). Hierher zählt auch die mangelnde Ermittlung ausländischen Rechts (OLG München NJW 2017, 151). Das Übergehen eines Beweisantrages ist ein Verfahrensfehler, wenn das Gericht die Beweiserheblichkeit nicht verneint hat, zB weil es für den Ausschluss nach §§ 356, 379 zu kurze Fristen gesetzt (OLG Frankfurt NJW 86, 731; KG MDR 2005, 1071) oder irrig einen Beweisantritts-Verzicht angenommen hat (BGH NJW-RR 87, 1403).

26 **bb)** Die Verwertung eines formal ordnungsmäßig gewonnenen Beweisergebnisses kann einen wesentl Verfahrensmangel darstellen, wenn die **Parteirechte verkürzt** worden sind, etwa weil die Parteien unangemessen kurzfristig vom Beweistermin in Kenntnis gesetzt und dadurch an seiner Wahrnehmung gehindert worden sind (OLG Köln MDR 73, 856) oder weil die Frist für den Auslagenvorschuss, § 379, zu kurz bemessen worden ist (OLG Frankfurt NJW 86, 731).

27 **cc)** Verfahrenswidrig ist die **Nichtbeachtung von Beweisverwertungsverboten**, etwa heiml Tonbandaufnahmen (BGHZ 27, 284; BGH VersR 82, 191; BGH NJW 2003, 1727 = MDR 2003, 767 zum heiml mitgehörten Telefonat; Kiethe MDR 2005, 965;), Ausforschungsbeweise, Beweiserhebung durch SV (BGH NJW 55, 671).

28 **dd)** Schließl können beweisrechtl Verfahrensfehler in mangelhafter Beweiswürdigung liegen (OLG Koblenz MDR 2014, 610; OLG München MDR 2014, 743), etwa in der nicht erschöpfenden Beurteilung des Streitstoffes, die gegen § 286 verstoßen kann (BGH NJW 57, 714), oder bei übersteigerten Substantiierungsanforderungen an die Partei mit korrespondierender Vernachlässigung der gerichtl Aufklärung durch Gutachterbefragung oder weitere Begutachtung (BGH VersR 81, 752; vgl auch OLG München NJW-RR 2001, 66) oder wenn die Anwendbarkeit des § 287 nicht gesehen wird (OLG Zweibrücken MDR 89, 268).

29 **f) Mängel des Urteils.** Nicht verkündetes oder zugestelltes Scheinurteil (s vor § 511 Rn 36). Erlass eines Urteils gegen die falsche Partei (OLG München NJW 71, 1615). Formelle Urteilsmängel, etwa bei Widersprüchen oder Unklarheiten in Tenor, Tatbestand oder Gründen (RGZ 57, 268; OLG Koblenz Rpfleger 85, 496, 497; OLG Düsseldorf NVwZ-RR 94, 6: mangelhafter Tatbestand; KGR Berlin 2007, 701) oder unbestimmbare Rechtskraftwirkung (BGHZ 45, 287; OLG Hamm NJW-RR 92, 1279) sowie Verstöße gegen das Verkündungsgebot in vollständiger Form iSd § 310 II (OLG München MDR 86, 62); fehlende, nicht nachholbare Unterschrift (OLG Koblenz VersR 81, 688), ferner fehlende Begründung für schwerwiegende Verfahrensgestaltungen, zB Abtrennung einer Folgesache (§ 140 II FamFG) unter bloßer Berufung auf den Gesetzeswortlaut (OLG Hamm MDR 79, 322; OLG Hamburg MDR 79, 678; OLG Frankfurt FamRZ 78, 924; OLG Stuttgart FamRZ 78, 809; OLG Düsseldorf FamRZ 88, 312; OLG Schleswig FamRZ 88, 1301); *erst recht* fehlende Gründe oder deren Nachschieben nach Monaten (BGH MDR 76, 658; OLG Stuttgart VersR 89, 863 = AnwBl 89, 323). Verspätete Zustellung allein reicht nicht, wenn das Urteil innerhalb von 5 Monaten zur GeschSt gelangt ist (BGH MDR 2009, 1238).

Mangel ordnungsmäßiger Verkündung des Urteils ist immer ein Verfahrensfehler (OLG Frankfurt AnwBl 87, 235 = NJW-RR 88, 128), hindert jedoch nicht die Selbstentscheidung nach I (OLG Schleswig SchlHA 79, 21; OLG Frankfurt FamRZ 79, 430).

30 g) Das **unzulässige Teilurteil** ist, ist in II 1 Nr 7 gesondert erwähnt, weil hier die Zurückverweisung nicht vom Antrag einer Partei abhängt. Wie Teilurteile sind Urteile zu behandeln, bei denen über Fragen entschieden wird, die sich dem Gericht im weiteren Verfahren für andere Ansprüche oder Anspruchsteile nochmals stellen oder stellen können (BGHZ 210, 30 = MDR 2016, 1408). Mit Blick auf die Zusammengehörigkeit der Sachentscheidung wird hier auch idR von der Zurückverweisung und nicht von der Selbstentscheidung nach II Gebrauch zu machen sein.

31 **3) Umfangreiche und aufwändige Beweisaufnahme.** Auch bei Vorliegen eines wesentl Verfahrensmangels darf das Berufungsgericht nur dann zurückverweisen, wenn auf Grund des Verfahrensmangels eine umfangreiche und aufwändige Beweisaufnahme durch das Berufungsgericht notwendig würde (BGHZ 222, 44). Die Gesetzesbegr (BTDrs 14/4722, 102) gibt nur geringe Anhaltspunkte; umfangreich sei die Vernehmung einer Vielzahl von Zeugen oder SV, aufwändig die Vernehmung an einem weit entfernten Ort, nicht aber die einfache Vernehmung eines Zeugen (sa BGH WM 2024, 83 = MDR 2024, 256). Es wird je nach Sachlage und Beweisthema zu entscheiden sein. Der Eintritt der Voraussetzungen muss sicher sein (BGH NJW 2025, 64). Auch die Vernehmung von nur 2 Zeugen kann zeitraubend und kompliziert sein. Ein SV-Gutachten zur Frage Verursachung eines Baumangels durch den Unternehmer soll nicht umfangreich und aufwendig sein (BGH MDR 2005, 645), ebenso eine bloße Augenscheinseinnahme (BGH MDR 2007, 289), aber ein SV-Gutachen im Arzthaftungsprozess (KGR Berlin 2007, 776; KG NJW-RR 2008, 371). Jedenfalls wird die aufhebende Entscheidung sich zu diesem Punkt äußern müssen (BGH NJW-RR 2010, 1048). Das Regel-Ausnahme-Verhältnis des Gesetzes zwischen eigener Sachentscheidung und Zurückverweisung ist bei der Ausübung des Ermessens durch das Berufungsgericht zu beachten (Baumert MDR 2011, 893 verweist auf Justizgewährungspflicht). Keinesfalls ausreichend ist, dass den Parteien lediglich Gelegenheit zu weiterem Vortrag zu geben ist (BGH NJW-RR 2013, 1013).

32 **IV) Zurückverweisung wegen nicht vollständiger Entscheidung des Erstgerichts.** Hat das Erstgericht nicht oder nicht umfassend sachl entschieden, soll eine weitere Verh in der 1. Instanz stattfinden, wenn eine Partei dies beantragt. – Die Zurückverweisung setzt dabei voraus, dass die Entscheidung des Berufungsgerichts über die in II 1 Nrn 2-7 bezeichneten Streitpunkte den **Rechtsstreit nicht endgültig erledigt** (RG JW 31, 2569). Das ist nicht der Fall, wenn es nur um Ansprüche geht, mit denen die 1. Instanz nicht befasst war; solche sind vom Berufungsgericht selbst zu erledigen (BGH NJW 84, 1555). Zurückverweisung kann allerdings eine Prozesssituation, die durch Rechtskraft einer erstinstanzl Entscheidung entstanden ist, nicht revidieren (BGH NJW 2009, 148 = MDR 2009, 100 zur Wider-Widerklage bei rechtskräftiger Abweisung der Widerklage in 1. Instanz).

33 **V) Zurückverweisungstatbestände nach § 538 II 1 Nrn 2-7.** Neben dem Fall des wesentl Verfahrensmangels sind dies iE:

34 **1) Zu II 1 Nr 2: Einspruch durch Urteil verworfen.** § 341. Erachtet das Berufungsgericht den **Einspruch** für **zulässig**, dann ist zurückzuverweisen, damit in 1. Instanz zur Sache verhandelt werden kann. Teilt das Berufungsgericht die Ansicht des Erstrichters, ist die Berufung zurückzuweisen. Der Unterschied zwischen II 1 Nrn 2 u 6 besteht darin, dass bei II 1 Nr 2 über den Einspruch mündl verhandelt und er durch berufungsfähiges Endurteil verworfen worden ist, während bei II 1 Nr 6 ein 2. VU (§§ 341a, 345) gem § 514 II mit der Berufung angegriffen wird. Bei II 1 Nr 2 ist die Partei im Einspruchstermin erschienen und gleichwohl unterlegen, bei II 1 Nr 6 ist sie nicht erschienen und unterlegen.

35 **2) Zu II 1 Nr 3: Entscheidung nur über Zulässigkeit.** a) Eine **Entscheidung** nur über die Zulässigkeit liegt vor, wenn deswegen die Klage in 1. Instanz als unzulässig abgewiesen (oder gem § 113 S 2 für zurückgenommen erklärt) worden ist. Wird die Unzulässigkeitseinrede durch Zwischenurteil (§ 280) verworfen, dann keine Zurückverweisung nach II 1 Nr 3, wenn das Berufungsgericht die Einrede im Gegensatz zum Erstrichter für unbegründet hält (BGHZ 27, 15). Verneint das Berufungsgericht entgegen der Vorinstanz die Zulässigkeit, dann ist die Klage als unzulässig abzuweisen. Wird eine unzulässige Klage rechtsfehlerhaft als unbegründet abgewiesen, dann ist ebenfalls II 1 Nr 3 anzuwenden (BGH WM 83, 660 zu 4a; OLG Düsseldorf NJW-RR 90, 1040; BayObLGZ 2002, 160; OLG Dresden VersR 2003, 93).

36 b) **Unerhebl** ist, **ob abgesondert verhandelt** worden ist (BGHZ 27, 27).

37 c) Eine **sachl-rechtl Hilfsbegründung** nimmt dem Berufungsgericht nicht die Befugnis zurückzuverweisen (Schneider MDR 74, 625; OLG Frankfurt FamRZ 81, 979).

38 d) Nr 3 ist auch dann anwendbar, wenn die Klage wegen eines **vAw** zu beachtenden Prozesshindernisses als unzulässig abgewiesen worden ist (BGH WM 83, 658).

39 e) **Entspr Anwendung.** Gem II 1 Nr 3 ist auch in solchen Fällen zu verfahren, in denen die 1. Instanz nur ein (vom Berufungsgericht nicht gebilligtes) **Prozessurteil** erlassen hat und der Erstrichter von seinem Standpunkt aus nicht zur Sache entscheiden konnte (BGHZ 14, 11; BGH NJW 84, 126, 128):

40 **aa)** Abweisung der Klage wegen **Versäumung der Klagefrist** (BGHZ 14, 11; LG Mannheim WuM 75, 98); **fehlendes Feststellungsinteresse** (OLG Koblenz NJW-RR 89, 510; Schneider MDR 74, 624), **fehlendes Rechtsschutzbedürfnis** (OLG Frankfurt NJW 62, 1920); **mangelhafte Klage** (KG VersR 71, 184); bei Annahme, dass ein vorausgegangener **Prozessvergleich** nicht rechtzeitig widerrufen worden sei (BGH LM § 794 Abs 1 Ziff 5 ZPO Nr 8). Dagegen gehört die Klageabweisung wegen zu Unrecht bejahter **Verjährung** nicht hierher, da eine Sachabweisung vorliegt (BGHZ 50, 25; BGH MDR 99, 1016); das Berufungsgericht muss mindestens über den Grund abschließend entscheiden, vgl II 1 Nr 4 (BGH NJW 85, 2945).

41 **bb) Unanwendbar** ist II 1 Nr 3, wenn die 1. Instanz die Klage **aus sachl Gründen abgewiesen** hat (zur Verjährung s aber Rn 40). Hierher rechnet etwa irrige Verneinung der **Aktivlegitimation** (BGH NJW 75, 1785; Schneider MDR 74, 627) oder **Klageabweisung wegen AGB**, die eine nähere Sachprüfung verhindern (BGH MDR 78, 838 [Schneider]).

42 **f)** Im Falle einer **Zulässigkeitsrüge** hat das Berufungsgericht nach II 2 über sämtl Rügen zu entscheiden (OLG Braunschweig MDR 2021, 1021). Wenn das Berufungsgericht zu dem Ergebnis kommt, dass es an einer anderen Prozessvoraussetzung fehlt als der Erstrichter angenommen hatte, kann es die Klageabweisung auf Grund des nach seiner Auffassung gegebenen Mangels bestätigen und darf nicht zurückverweisen. Hatte das Untergericht dagegen eine prozesshindernde Einrede durch Zwischenurteil verworfen, so kann das Berufungsgericht nur über diese, nicht über andere Prozesshindernisse befinden (BGHZ 27, 15; s § 280 Rn 8).

43 **3) Zu II 1 Nr 4: Grundurteil.** Nur anwendbar, wenn in 1. Instanz **Grund und Betrag streitig** waren (RGZ 77, 398; RGZ 97, 28) und die Klage abgewiesen oder über den Grund vorab (§ 304) entschieden worden ist, sofern das Berufungsgericht (mit dem Erstrichter oder gegen ihn) den Grund bejaht. Hat das Erstgericht eine Verpflichtung zum Schadensersatz anerkannt, die Klage aber, weil kein Schaden vorhanden sei, in vollem Umfang abgewiesen, so ist II 1 Nr 4 unanwendbar (BGH NJW 98, 613). Stets hat das Berufungsgericht auch bei Vorliegen der Voraussetzungen der Nr 4 eine Ermessensentscheidung über Zurückverweisung oder eigene Sachentscheidung zu treffen (BGH NJW 2001, 2551); nach eindeutigem Wortlaut ist Antrag auf Zurückverweisung nicht entbehrl (BGH MDR 2004, 1429; BGH NJW 2009, 431 = MDR 2009, 131). Hat der Erstrichter ein **Grundurteil** erlassen, obwohl die **Höhe unstr** war, er also endgültig hätte entscheiden müssen (§ 300 I), dann ist gem I durchzuentscheiden (OLG Frankfurt MDR 86, 945).

44 **a)** Bei Bejahung des Grundes entgegen dem Erstrichter ist ein **Grundurteil** zu erlassen (BGHZ 71, 232; BGH LM § 538 ZPO Nr 5). Das gilt auch dann, wenn eine erstinstanzl abgewiesene Stufenklage nach uneingeschränkter Berufung wegen des Auskunftsbegehrens für erledigt erklärt wird und wegen des Zahlungsanspruchs zurückverwiesen werden soll; das ist nur zulässig, wenn das Berufungsgericht vorab über den Anspruchsgrund entscheidet (BGH MDR 91, 670 = NJW 91, 1893). Über den Grund muss das Berufungsgericht in vollem Umfang entscheiden; bei einem rechtl mehrfach begründeten Klageanspruch gibt es daher keine Zurückverweisung zur Prüfung des 2. Klagegrundes (BGH VRS 9, 421); wohl kann das Berufungsgrundurteil beschränkt sein auf weniger weitreichende Anspruchsgrundlagen, zB nach StVG statt BGB, wobei jedoch wegen des nicht abgedeckten Anspruchsbereiches abzuweisen ist. In sog Punktesachen muss eine selbständige Grundentscheidung zu allen Positionen ergehen, die einen eigenen Streitgegenstand haben; dem Betragsverf dürfen nur solche Positionen überlassen werden, die ledigl die Höhe eines selbständigen prozessualen Anspruchs betreffen.

45 Auch das Berufungsgericht darf nur dann ein Grundurteil erlassen, wenn dessen **Zulässigkeitsvoraussetzungen** nach § 304 gegeben sind: hohe Wahrscheinlichkeit, dass im Betragsverf noch etwas zuerkannt wird; Überprüfung aller Klagegründe; Erledigung aller Einwendungen und Gegenrechte. Ist ein **Mitverschulden** zu berücksichtigen, so gelten an sich die allg Grundsätze (BGHZ 110, 196; s § 304 Rn 17). Ist zugleich zu einem Leistungsantrag ein Feststellungsantrag anhängig, so ist beim Leistungsantrag zu berücksichtigen, dass hinsichtl des Feststellungsantrags die Festlegung des Mitverschuldensanteils nicht abgespalten werden kann (BGH VersR 95, 706). Solange diese Frage offen ist, kann auch das Berufungsgericht nicht durch Grundurteil entscheiden, da ansonsten die Gefahr widersprechender Entscheidungen zur Mitverschuldensquote bestünde (BGH MDR 97, 774; OLGR Koblenz 2004, 601).

46 **b)** War in 1. Instanz ledigl der Betrag str, wird aber **in der Berufungsinstanz** zulässig auch **der Grund bestritten**, dann muss das Berufungsgericht, wenn es den Anspruch dem Grunde nach für gerechtfertigt hält, auch über den Betrag entscheiden (Schneider MDR 74, 628 zu Ziff 4). War in der klageabweisenden 1. Instanz ledigl der Grund str und wird **in der 2. Instanz zusätzl die Höhe str**, dann ist zunächst zu prüfen, ob das Bestreiten zugelassen werden darf (§§ 530, 531). Wird das bejaht, entspricht es der ratio von II 1 Nr 4, dass das Berufungsgericht ein Grundurteil mit Zurückverweisung ins Höheverf erlassen darf; denn auch bei erstinstanzl Bestreiten der Höhe wäre die Klage wegen Verneinung des Grundes abgewiesen worden. Bei erstinstanzl Abweisung einer Stufenklage und übereinstimmender Hauptsacheerledigung nach uneingeschränkt eingelegter Berufung kommt eine Zurückverweisung wegen des nunmehr verlesenen Zahlungsantrags ebenfalls nur in Betracht, wenn insoweit zweitinstanzl ein Grundurteil erlassen wird (BGH Warneyer 1991 Nr 65). Hält das Berufungsgericht nach Berufung gegen ein Grundurteil **Grund und Höhe** für begründet, dann darf es unter Zurückweisung der Berufung zur Höhe durchentscheiden (BGH VersR 83, 735; OLG Koblenz MDR 92, 805).

c) Geht der Kl **im 2. Rechtszug** von der Feststellungsklage zur **Leistungsklage** über, dann ist II 1 Nr 4 iVm Erlass eines Grundurteils anwendbar (OLG Frankfurt NJW-RR 87, 1536); ebenso bei Übergang vom Rechnungslegungsanspruch zur Stufenklage (BGH WM 74, 1162; BGH Warneyer 1978 Nr 271). Str ist folgender Sachverhalt: Im 1. Rechtszug wird eine **bezifferte Klage mit einer Feststellungsklage verbunden**. Weist der Erstrichter die Klage insgesamt ab, kann es dazu kommen, dass das Berufungsgericht die bezifferte Klage dem Grunde nach für gerechtfertigt erklärt, iÜ aber keine Entscheidungsreife besteht, weil der Feststellungsanspruch davon abhängt, in welcher Höhe die Leistungsklage begründet ist. Dann darf es, weil sonst der Prozess in 2 Instanzen geführt werden müsste, **insgesamt** zurückverweisen (Schneider MDR 624, 626; OLG Düsseldorf MDR 85, 61; OLGR Düsseldorf 1995, 250; aA: BGH VersR 62, 255; BGH NJW 88, 1984). 47

d) Entspr Anwendung des II 1 Nr 4 ist geboten, wenn in 1. Instanz bei einer **Stufenklage** der **Auskunftsanspruch** unzutr **verneint** und die Klage deshalb insgesamt abgewiesen wird, das Berufungsgericht aber dem Auskunftsbegehren stattgibt; es darf dann auf entspr Antrag hin zur Entscheidung in der Leistungsstufe zurückverweisen (BGH NJW 82, 235; OLG Hamm OLGZ 1988, 468; BGH NJW 2006, 2626; BGH NJW 2009, 431; OLG Rostock FamRZ 2021, 60). Gibt der Erstrichter der Klage in der 1. Stufe statt und weist das Berufungsgericht die Berufung des Bekl zurück, dann kann es nicht zur Zurückverweisung kommen, da der 1. Teilabschnitt der Stufenklage endgültig erledigt wird. Hält das Berufungsgericht in diesem Fall die Klage insgesamt für unbegründet, darf es sie auch insgesamt abweisen (BGH NJW 82, 235; BGH NJW 85, 862; zur Revisionsentscheidung in solchem Fall s BGH NJW 95, 2229). Das Berufungsgericht ist bei der Überprüfung eines erstinstanzlichen Grundurteils auch dann befugt, über den Betrag des Klageanspruchs zu entscheiden, wenn es das Grundurteil nicht beanstandet und der Streit über den Betrag zur Entscheidung reif ist (BGH WRP 2021, 492). Hat das Erstgericht wegen **Verneinung eines Zahlungsanspruchs** die Stufenklage insgesamt abgewiesen, kann das Berufungsgericht, das den Auskunftsanspruch bejaht, unter Aufhebung der Klageabweisung die Sache zurückverweisen, auch wenn der Kl zweitinstanzl nur den Auskunftsantrag stellt (BGH MDR 85, 840 = NJW 85, 862). Entsprechende Anwendung ist auch dann möglich, wenn in der 1. Instanz über sämtliche Stufen entschieden wurde und der Auskunftsanspruch rechtskräftig wurde (OLG Stuttgart MDR 2021, 1351). 48

e) Eine **teilw Zurückverweisung** wegen eines von mehreren Streitgegenständen oder wegen des Teiles eines teilbaren Streitgegenstandes ist zulässig, desgl die Zurückverweisung nach **erstinstanzl Teilabweisung**, wenn die Voraussetzungen eines Teilurteils vorliegen (BGH MDR 2011, 1131). 49

f) Nicht entspr anwendbar ist II 1 Nr 4, wenn die Vorinstanz fehlerhaft die **Aktivlegitimation** des Kl verneint hat, diese aber in der Berufungsinstanz nicht mehr bestritten oder ihr Vorhandensein vom Berufungsgericht bejaht wird (BGH NJW 75, 1785; Schneider MDR 74, 627). 50

g) Bei der Vorabentscheidung in 1. Instanz nur zum Grund ist ein ausdrückl **Zurückverweisungsausspruch** im Tenor des Berufungsurteils entbehrl (BGHZ 27, 27; BGH NJW-RR 2004, 1294). 51

h) Anweisungen oder Bemessungsrichtlinien **für das** sich anschließende **Höheverf** sind **unbeachtl** (OLG München WRP 61, 283). Sie binden weder das Untergericht nach § 563 II (analog) noch das Berufungsgericht nach § 318; entspr sind Höheausführungen im Ersturteil nicht nach § 512 bindend. Sie gelten einfach als nicht geschrieben. 52

4) Zu II 1 Nr 5: Vorbehaltsurteil. Zurückverweisung, wenn das **Vorbehaltsurteil** (§ 599) **bestätigt** wird. Entspr Anwendung, wenn erst das Berufungsgericht (nach Klageabweisung im 1. Rechtszug) Vorbehaltsurteil erlässt (OLG München OLGZ 66, 34; offen lassend BGH MDR 67, 757) oder ein Wechselvorbehaltsurteil vom Berufungsgericht aufgehoben wird, weil Einwendungen des Bekl gegen die Wechselforderung zu Unrecht nicht berücksichtigt wurden (OLG Schleswig SchlHA 66, 88). Eine Zurückverweisung in analoger Anwendung ist nicht mögl, wenn in der Berufungsinstanz zulässig vom Urkundsverfahren Abstand genommen wird (BGH NJW 2020, 2407; Ulrici NJW 2020, 2370). Wird dem Bekl erstmals im 2. Rechtszug die **Hilfsaufrechnung** durch Vorbehaltsurteil nach § 302 vorbehalten, dann ist II 1 Nr 5 auf die zur Aufrechnung gestellte Forderung entspr anwendbar (OLG Düsseldorf MDR 73, 856). Bei Erlass eines Vorbehaltsurteils im Urkundenprozess erst in der Revisionsinstanz darf wegen des Nachverf nicht an das LG, sondern muss an das OLG zurückverwiesen werden (aA BGH JR 88, 463 [abl Schneider] = WM 87, 1397 = ZIP 87, 1441). Analogiefähig der Fall, dass erstinstanzl eine Nichtigkeitsklage (§ 579) mangels Nichtigkeitsgrundes abgewiesen wird, während das Berufungsgericht den Nichtigkeitsgrund bejaht (KG FamRZ 89, 647). 53

5) Zu II 1 Nr 6: 2. Versäumnisurteil. Zurückverweisung, wenn das Berufungsgericht einen Fall der **Versäumung nicht für gegeben erachtet**. II 1 Nr 6 bezieht sich nur auf wirkl VU nach § 514 II (über die Abgrenzung zu II 1 Nr 1 s Rn 34), trifft also nicht zu beim unechten VU des § 331 II Hs 2. Beim **AU** trotz fehlenden Anerkenntnisses ist II 1 Nr 6 entspr anzuwenden (OLG München MDR 91, 795; sa LG Nürnberg-Fürth NJW 76, 633 u Prütting DRiZ 77, 78). Wird gegen das zu Unrecht ergangene 2. VU (statt 1. VU) nach dem Meistbegünstigungsgrundsatz Berufung eingelegt, kann zur Fortsetzung des Verf an das Erstgericht zurückverwiesen werden (OLG Frankfurt NJW-RR 2011, 216). 54

6) Zu II 1 Nr 7: Unzulässiges Teilurteil. Ein solches (zu den Zulässigkeitsvoraussetzungen iE s bei § 301) stellt einen wesentl Verfahrensmangel dar – entscheidend hierbei, dass durch die Möglichkeit abweichender Ent- 55 scheidung im Instanzenzug die Gefahr besteht, dass in der Sache widersprechende Entscheidungen ergehen (BGH MDR 2012, 304; BGH MDR 2018, 210 = NJW 2018, 623; sa § 301 Rn 12). Demgem wird es regelmäßig nötig sein zurückzuverweisen, auch ohne Parteiantrag; allerdings kann das Berufungsgericht zur Vermeidung der Gefahr divergierender Entscheidungen auch den in 1. Instanz anhängig gebliebenen Teil des Rechtsstreits an sich ziehen und dann gem I einheitl entscheiden (BGH NJW 60, 339; BGH WM 94, 865; OLGR Hamm 1995, 222); dies wird aber nur ausnahmsw gerechtfertigt sein (BGH WM 94, 865, dort auch zur Frage, ob das Verf des Berufungsgerichts in der Revision auch ohne Rüge überprüft werden kann mit der Folge einer Rückverweisung in die 1. Instanz durch das Revisionsgericht). Ein Grundurteil ist unzulässig, wenn nur die Schadenshöhe str ist (BGH VersR 89, 603) oder Feststellung der Ersatzpflicht zukünftigen Schadens bei ungewisser Entwicklung (BGH NJW 91, 1896). Hat das Berufungsgericht ein Grundurteil erlassen, bleibt es im 2. Berufungsverf daran gebunden.

56 **VI) Entscheidung des Berufungsgerichts. 1) Antrag.** Das Berufungsgericht entscheidet über die Aufhebung und Zurückverweisung durch selbständig anfechtbares Endurteil iSv § 542 I; es hat auch über die Revisionszulassung zu bestimmen. Voraussetzung ist immer der Antrag einer Partei (Ausnahme II 1 Nr 7), der auch als Hilfsantrag (OLGR Frankfurt 2003, 388; OLG Koblenz MDR 2007, 1411) und nach Ablauf der Begründungsfrist (OLG Saarbrücken NJW-RR 2003, 573) gestellt werden kann. Der Antrag auf Aufhebung und Zurückverweisung enthält konkludent auch den in der 1. Instanz gestellten Sachantrag (OLG Koblenz FamRZ 2008, 166).

57 **2) Aufhebung.** Eine gleichzeitige Aufhebung des zugrunde liegenden Verf erübrigt sich, wenn der Mangel nur das Urteilsverf betrifft (zB Hinausgehen über die gestellten Anträge, unzulässiges Zwischenurteil), die erstinstanzl getroffenen Feststellungen also weiterhin Entscheidungsgrundlage sein können. Nur, wenn sie selbst fehlerhaft zustande gekommen sind, ist auch insoweit Aufhebung veranlasst.

58 **3) Kostenentscheidung.** Das zurückverweisende Urteil enthält keine Kostenentscheidung; diese ist dem erstinstanzl Schlussurteil vorbehalten (OLG Köln NJW-RR 87, 1152). Jedoch ist ggf im Berufungsurteil die Niederschlagung der Kosten des Berufungsverf, der durch Erlass des erstinstanzl Urteils ausgelösten Kosten (KG MDR 2006, 49 beschränkt Niederschlagung im Fall von II 1 Nr 1 auf gewichtige Verstöße) und evtl der Kosten von zu wiederholenden Verfahrensabschnitten anzuordnen. Das ergibt sich aus § 21 GKG. Die Anordnung der Nichterhebung von Kosten wegen unrichtiger Sachbehandlung darf in den Urteilstenor aufgenommen werden; es ist kein bes Beschluss nötig.

59 **4) Vollstreckbarerklärung.** Aufhebende und zurückverweisende Urteile sind für **vorläufig vollstreckbar** zu erklären (OLG München NZM 2002, 1032): Aus ihnen kann die Vollstreckung insoweit betrieben werden, als erst die Vorlage eines für vorläufig vollstreckbar erklärten Urteils das Vollstreckungsorgan nach § 775 Nr 1, § 776 nötigt, eine eingeleitete Vollstreckung aus dem aufgehobenen Urteil einzustellen und getroffene Maßnahmen aufzuheben (vgl MK/Götz § 704 Rn 6).

60 **5) Bindung der Untergerichte.** Die der Aufhebung zugrundeliegende Rechtsansicht bindet das Untergericht entspr § 563 II (BGHZ 51, 135; OLG Hamm FamRZ 86, 1138). Bei Rückläufern ist das Berufungsgericht selbst gebunden (BGHZ 25, 203; s § 563 Rn 4; OLGR Bremen 2009, 202: ausnahmsw keine Bindung, wenn sich zwischenzeitl revisionsgerichtl Rspr geändert hat und Rspr ausdrückl aufgegeben wird). Bindung auch an ein Grundurteil im 2. Berufungsverf in ders Sache (BGH WM 87, 940). Die Bindung besteht unabhängig davon, ob die Auffassung des Rechtsmittelgerichts zutrifft oder nicht; das Erstgericht kann sich der Bindung auch nicht mit dem Hinweis entziehen, die Auffassung sei greifbar gesetzwidrig (BGH NJW 94, 2956). Nicht bindend sind Hinweise für das weitere Verf, auch solche mat-rechtl Inhalts (BGHZ 31, 364; BGHZ 59, 84). Entstehen zwischen Erstgericht und Rechtsmittelgericht Meinungsverschiedenheiten über den Umfang der Bindungswirkung, so ist die Auffassung des Rechtsmittelgerichts verbindl. Das Erstgericht ist also auch in der Frage, wie weit die Bindung geht, an die Auslegungen des Rechtsmittelgerichts gebunden.

61 **6) Kein Verbot der Schlechterstellung.** Im Rahmen der Zurückverweisung besteht kein Verbot der Schlechterstellung (reformatio in peius). Der Rechtsmittelführer, der Aufhebung des von ihm angefochtenen Urteils ohne zweitinstanzl neue Sachentscheidung erreicht, hat keinen Anspruch darauf, wegen eines prozessualen Mindesttatbestandsschutzes auf Grund neuer Verh eine materiell unrichtige Entscheidung zu erhalten (Schneider MDR 78, 525, 529; sehr str, aA BGH FamRZ 89, 957 = MDR 89, 979 mN zum Streitstand; zum Beschwerderecht s § 572 Rn 31). Weist ein Urteil die Klage teilw ab und gibt es ihr iÜ statt, kann auf die Berufung des Bekl das gesamte Urteil wegen eines Verfahrensfehlers aufgehoben und die Sache zurückverwiesen werden; dann besteht jedoch Bindung wegen der rechtskräftig gewordenen Teilabweisung und darf der Bekl insoweit nicht mehr verschlechtert werden.

62 **VII) Rechtsmittel.** Wer an Stelle eines beantragten Sachurteils nur Aufhebung und Zurückverweisung erhält (weil der Gegner einen entspr Antrag gestellt hat), ist durch ein solches Urteil beschwert (BGH NJW-RR 2023, 64); er kann nach allg Grundsätzen Revision oder NZB einlegen. Er kann durch das Revisionsgericht die richtige Anwendung des § 538 überprüfen lassen. Gerügt werden kann und muss (BGH MDR 2008, 462: mat-rechtl Rüge reicht hier nicht) das Fehlen der Voraussetzungen des II, also Fehlen eines wesentl Verfahrensmangels, Verpflichtung zur Durchführung einer nicht umfangreichen oder aufwendigen Beweisaufnahme, Verkennen

der Voraussetzungen und der Grenzen der Ermessensausübung (BGH NJW 93, 2318; BGH MDR 2005, 645) oder Nichtausübung des Ermessens (BGH NJW 2001, 2552). Allerdings gilt dann nicht das Verbot der Schlechterstellung, so dass der Anspruch auch als unbegründet abgewiesen werden darf (BGH WM 94, 1888).

VIII) Gebühren. 1) Gericht: Berufungsverf s § 511 Rn 42. Das gesamte Verf vor dem Gericht des 1. Rechtszugs (vor und nach der Zurückverweisung durch das Rechtsmittelgericht) bildet kostenrechtl 1 Instanz (§§ 35, 37 GKG). Vergleich nach Zurückverweisung ist nicht gebührenbegünstigt, denn auch ein im Rechtsmittelverf aufgehobenes Urteil zählt zu denen, die eine Ermäßigung ausschließen (OLG Düsseldorf JurBüro 2018, 527; OLG Köln JurBüro 2019, 32). – **2) RA:** Für das Berufungsverf fallen Geb nach 3200 ff RVG-VV an (s § 511 Rn 42). Das Verfahren nach Zurückverweisung in 1. Instanz ist neuer Rechtszug (§ 21 RVG), aber Anrechnung der VerfGeb für die 1. Instanz gem Vorbem 3 VI RVG-VV, es sei denn, bis zum erneuten Verf in 1. Instanz war die 2-Jahresfrist (§ 15 V 2 RVG) abgelaufen (OLG Düsseldorf AGS 2009, 212; OLG Köln MDR 2009, 1365) oder der ProzBev hat gewechselt (BGH MDR 2016, 1233 zu § 563; dies muss aber auch hier gelten). – Keine Zurückverweisung iSd § 21 RVG, wenn die 1. Instanz die Stufenklage insgesamt abweist, das Rechtsmittelgericht das Urteil aufhebt, zur Auskunft verurteilt und iÜ zurückverweist (OLG München MDR 2011, 574). – Bestätigt das Rechtsmittelgericht ein Grundurteil und wird dann in der Vorinstanz zur Höhe verhandelt, liegt keine Zurückverweisung iSd § 21 RVG vor (BGH MDR 2004, 1024). 63

§ 539 Versäumnisverfahren

(1) Erscheint der Berufungskläger im Termin zur mündlichen Verhandlung nicht, so ist seine Berufung auf Antrag durch Versäumnisurteil zurückzuweisen.

(2) [1]Erscheint der Berufungsbeklagte nicht und beantragt der Berufungskläger gegen ihn das Versäumnisurteil, so ist das zulässige tatsächliche Vorbringen des Berufungsklägers als zugestanden anzunehmen. [2]Soweit es den Berufungsantrag rechtfertigt, ist nach dem Antrag zu erkennen; soweit dies nicht der Fall ist, ist die Berufung zurückzuweisen.

(3) Im Übrigen gelten die Vorschriften über das Versäumnisverfahren im ersten Rechtszug sinngemäß.

I) Parteirollen. Die Parteirollen 1. Instanz sind **unerhebl.** 1

II) Einzelrichter. Auch der vorbereitende ER kann nach § 527 III Nr 2 auf Säumnis entscheiden (s § 527 Rn 11), der ER nach § 526 ohnehin. 2

III) Zulässigkeitsprüfungen. 1) Zulässigkeit der Berufung. Vor Erlass eines VU ist die Zulässigkeit der Berufung zu prüfen. Mangelt es daran, so ist nach § 522 I ungeachtet einer Säumnis des Berufungsbeklagten durch **unechtes VU** (BGH ZIP 86, 740; OLGR Brandenburg 1998, 324) zu verwerfen. 3

2) Entscheidung über WE-Antrag. War die Berufungsfrist versäumt und die Entscheidung über einen WE-Antrag der mündl Verh vorbehalten, dann ist bei Säumigkeit des Berufungsklägers das WE-Gesuch ebenfalls durch echtes VU zurückzuweisen; dagegen gibt es keinen Einspruch (§ 238 II 2). Die Revision ist dann nur mit der Rüge mögl, es habe kein Fall der Säumnis vorgelegen, § 514 II, § 555 V. 4

3) Zulässigkeit des erstinstanzlichen Verfahrens. Bei zulässiger Berufung ist weiter vAw zu prüfen, ob Zulässigkeitsbedenken gegen das **Verf 1. Instanz** bestehen. 5

a) Das angefochtene Urteil muss **prozessual ordnungsmäßig** zustande gekommen sein. Ist bspw erstinstanzl ein VU erlassen worden, obwohl der Einspruch verspätet eingelegt worden war, so dass er als unzulässig hätte verworfen werden müssen, dann muss dieser Mangel vom Berufungsgericht korrigiert werden. 6

b) Ebenso liegt es, wenn die **Zulässigkeit der Klage** zu verneinen ist, etwa wenn das Erstgericht übersehen hat, dass unverzichtbare Prozessvoraussetzungen fehlen oder der Bekl parteiunfähig oder prozessunfähig ist. Dann muss das erstinstanzl Urteil dahin abgeändert werden, dass die **Klage als unzulässig abgewiesen** wird (BGH NJW 61, 2207). 7

c) Ist der Kl im 1. Rechtszug mit der **Klage nur teilw abgewiesen** worden, dann führt auf seine Berufung hin die zweitinstanzl Feststellung des Fehlens einer unverzichtbaren Prozessvoraussetzung zur **Abweisung der gesamten Klage**, also auch hinsichtl des in 1. Instanz zugesprochenen Teils (BGHZ 18, 106). Wenn sich der Kl entschließt, es nicht bei der erstinstanzl Verurteilung zu belassen, dann muss er auch sämtl Konsequenzen auf sich nehmen. 8

d) In den Prozesslagen Rn 6-8 ist die Entscheidung ein **streitiges Endurteil**, kein VU (BGH MDR 61, 1011; OLG Nürnberg NJW-RR 96, 58). 9

IV) Säumnis des Berufungsklägers. Bleibt er trotz ordnungsmäßiger Ladung aus, dann ist die (zulässige) Berufung auf Antrag des Berufungsbeklagten (§ 330) durch **echtes VU** zurückzuweisen (§ 539 I; **Formulierungsvorschlag:** Vorwerk/Wiemer, PFB, M 34.8). Notwendig ist, dass der säumigen Partei der Sachvortrag des Bekl rechtzeitig mitgeteilt worden ist (§ 539 III, § 335 I Nr 3). Zu weitgehend ist die umfassende Rechtskraftwirkung, 10 die der BGH NJW 2003, 1044 = MDR 2003, 468 einem VU gegen den Kl beilegen will, der ein als derzeit unbegründet klageabweisendes Ersturteil anficht (Greger EWiR 2003, 441; Siemon MDR 2004, 301; Stamm ZZP 122 [2009], 399).

11 **1) Teilweise Anfechtung.** Wird das erstinstanzl Urteil nur zum Teil angefochten, darf über den nicht angefochtenen Teil kein VU erlassen werden (OLG Schleswig SchlHA 66, 14; bei gänzl Fehlen der prozessualen Grundlage s Rn 9).

12 **2) Berufung zurückgenommen.** Ist die Berufung bereits zurückgenommen worden, dann ist vAw durch Beschluss nach § 516 III zu entscheiden.

13 **V) Säumnis des Berufungsbeklagten.** Es kommt nicht darauf an, ob das tatsächl Vorbringen des Berufungsklägers mit dem erstinstanzl Sach- und Streitstand übereinstimmt. Sein letztes, zulässiges (§§ 529, 530, 531, s Rn 16) Vorbringen ist vielmehr als zugestanden zu behandeln.

14 **1) Schlüssigkeit des Berufungsvorbringens.** Wird sie verneint, ist die Berufung durch unechtes VU zurückzuweisen, bei prozessualen Hindernissen zu verwerfen (OLG Koblenz JurBüro 86, 119); dann kein Einspruch. Anderenfalls ist echtes VU gegen den Bekl nach Antrag zu erlassen. Bei **teilweiser Schlüssigkeit** ist die Berufung teilw kontradiktorisch zurückzuweisen, ihr iÜ durch echtes VU stattzugeben.

15 **2) Präkludiertes Vorbringen.** Die **Geständnisfiktion** des II 1 erstreckt sich nur auf das zulässige Vorbringen, präkludiertes Vorbringen ist auch im Versäumnisverf ausgeschlossen. Fragl ist allerdings, wie mit Vortrag zu verfahren ist, den die Geständnisfiktion der § 539 III, § 331 I 1 zweitinstanzl unstr macht; es ist durchaus zu rechtfertigen, solchen Vortrag nicht als verspätet anzusehen (vgl BGHZ 76, 133; bei zulässigem Einspruch [§§ 338, 341] kommt aber auch dann § 531 I wieder zum Zuge). Ein **echtes Geständnis** nach § 288 wirkt im 2. Rechtszug fort (§ 535), so dass die Widerrufsvoraussetzungen des § 290 nicht durch Säumnis ersetzt werden können (vgl OLG Düsseldorf MDR 2000, 1211).

16 **3) Fälle des § 533.** Ist im Säumnisverf **neu** eine **Klageänderung**, eine **Widerklage** oder **Aufrechnung** (§ 533) zu berücksichtigen, so ist das Gebot rechtzeitiger Mitteilung (§ 335 I Nr 3) zu beachten. Das Berufungsgericht muss eine **Sachdienlichkeitsprüfung** und eine Prüfung der Tatsachengrundlage anstellen (§§ 263, 533). Eine Einwilligungsfiktion (Ersetzung des § 267 durch Säumnis) scheidet aus, weil die vermutete Einwilligung nur auf das Verhalten der in mündl Verh anwesenden Partei gestützt werden darf.

17 **VI) Verfahren.** Mündl Verh ist notwendige Voraussetzung der Entscheidung. Eine **Aktenlageentscheidung** (§ 331a) ist nur statthaft, wenn beide Parteien in der Berufungsinstanz bereits streitig verhandelt hatten (§ 251a II 1; BGHZ 37, 81). **Tatbestand u Entscheidungsgründe** sind entbehrl (§ 313b I 1). Gegen ein 2. VU, das den Einspruch wegen Säumnis verwirft, ist Revision, mit der geltend gemacht wird, der Fall schuldhafter Säumnis habe nicht vorgelegen, zulassungsfrei eröffnet (§§ 555 V, 514 II 2; BGH MDR 2008, 706). Gegen ein streitiges Urteil findet Revision nur nach allg (Zulassungs)Regeln statt.

18 **VII) Gebühren. 1) Gericht:** Das VU hindert Ermäßigung der allg VerfGeb (1222 aE GKG-KV; sa § 330 Rn 10). – **2) RA:** Erscheinen im Termin beide ProzBev, gilt 3202 RVG-VV mit der Geb von 1,2, auch wenn VU ergeht. – 3203 RVG-VV greift ein, wenn der Berufungskl nicht ordnungsgemäß vertreten ist, gegen ihn VU (I) ergeht. – Das VU nach II gegen den Bekl fällt nicht unter 3203 RVG-VV. Hier entsteht die Termingsgeb 3202 RVG-VV. – Auch im Einspruchsverf kann die volle Terminsgeb entstehen, wenn näml beide Parteien im Termin ordnungsgemäß vertreten sind und 2. VU (§ 539 III, § 345; s § 345 Rn 7) ergeht. – In der Summe der Terminsgeb darf 1,2 aber nicht überschritten werden (§ 15 RVG). – Das Verf über den Einspruch ist keine bes Angelegenheit.

§ 540 Inhalt des Berufungsurteils

(1) [1]Anstelle von Tatbestand und Entscheidungsgründen enthält das Urteil

1. die Bezugnahme auf die tatsächlichen Feststellungen im angefochtenen Urteil mit Darstellung etwaiger Änderungen oder Ergänzungen,

2. eine kurze Begründung für die Abänderung, Aufhebung oder Bestätigung der angefochtenen Entscheidung.

[2]Wird das Urteil in dem Termin, in dem die mündliche Verhandlung geschlossen worden ist, verkündet, so können die nach Satz 1 erforderlichen Darlegungen auch in das Protokoll aufgenommen werden.

(2) Die §§ 313a, 313b gelten entsprechend.

1 **I) Ratio legis.** Das Berufungsurteil enthält zur Tatsachengrundlage „Änderungen oder Ergänzungen hinsichtl der tatsächl Feststellungen“ und zur Begründung der Entscheidung „Gründe“ für die Aufhebung, Abänderung oder Bestätigung der angefochtenen Entscheidung: Dies ermöglicht sehr kurze Abfassung der Berufungsurteile, ohne dass die sich aus der Zusammenschau mit dem erstinstanzl Urteil ergebende Verständlichkeit des Urteils

beeinträchtigt wird. Zusätzl wird in allen Fällen die Möglichkeit der Begründung zu Protokoll eröffnet, wenn das Urteil sogleich im Anschluss an die mündl Verh verkündet wird. Im Hinblick darauf, dass in jedem Zivilprozess der Haupttermin (§ 279) durch einen frühen 1. Termin (§ 275) oder ein schriftl Vorverf (§ 276) eingeh vorbereitet werden kann, die Parteien in der Güteverh persönl angehört werden sollen (§ 278 II 3), der streitigen Verh die Beweisaufnahme unmittelbar folgen soll (§ 279 II), auf übersehene rechtl Gesichtspunkte hingewiesen werden muss (§ 139 II) und die Prozessförderungspflicht der Parteien durch Präklusion (§ 296) sanktioniert ist, besteht kein schutzwürdiges Interesse der Parteien daran, nachträgl noch einmal schriftl durch einen ausf Tatbestand über ihr wechselseitiges Vorbringen und durch eine entspr umfangreiche rechtl Subsumtion über die Auffassung des Gerichts informiert zu werden. Dies gilt verstärkt für die Berufungsinstanz, weil diese sich auf Fehlerkontrolle und Fehlerbeseitigung konzentriert und die Zulässigkeit anderer Sachverhaltsbeurteilung und neuen Vorbringens beschränkt ist. An die vom **Gesetzgeber gewollte Knappheit** des Berufungsurteils sollte bei der Abfassung stets gedacht werden. Dabei ist auf einen Ausgleich zwischen den Interessen der Rechtspflege insgesamt (vernünftiger Ressourceneinsatz mit Schwergewicht auf der mündl Berufungsverh), Parteiinteressen (Verständlichkeit der gerichtl Entscheidung) und den Interessen des Revisionsgerichts (Überprüfbarkeit der Rechtsanwendung im Rahmen der §§ 545-547 bei Zulassung der Revision, Überprüfbarkeit nach § 544 bei Nichtzulassung) zu achten.

Für das Berufungsgericht gelten zusätzl alle Erleichterungen, die in den **§§ 313a und 313b** für das erstinstanzl Urteil vorgesehen sind; in Betracht kommen die Fälle des Rechtsmittelverzichts und Urteile, die nach § 542 der Revision nicht unterliegen oder bei denen nach § 544 II Nr 1 (s vor § 542 Rn 2) die NZB nicht gegeben ist (§ 540 Rn 7; BGH NJW-RR 2012, 1535). Außerdem gelten die Sondervorschriften für Versäumnis-, Anerkenntnis- und Verzichtsurteile auch im Berufungsverf (§ 313b). II ordnet die entspr Anwendung an, weil das Berufungsurteil Tatbestand und Entscheidungsgründe nicht mehr enthält, eine direkte Anwendung der Vorschriften, die sich mit diesen Bestandteilen des erstinstanzl Urteils befassen, also ausscheidet. Ist wegen Verkennung der Vorschriften das Rechtsschutzziel der Parteien nicht mehr zu erkennen, ist die Richtigkeit des Beschwerdevortrags zu unterstellen (BGH MDR 2017, 1076). 2

II) Grundsatz. 1) Gliederung des Berufungsurteils. An die Stelle von Tatbestand und Entscheidungsgründen treten im Berufungsurteil die Feststellungen nach I 1 Nrn 1 u 2. Im Berufungsurteil folgen deshalb auf den Tenor „Gründe“, die zweckmäßigerw nach der Gliederung des Gesetzes in 2 Abschnitte (etwa I. u II.) aufgeteilt werden. In Abschnitt I sind die Ausführungen zur Tatsachengrundlage enthalten, die sich idR auf die Änderungen ggü dem erstinstanzl Tatbestand beschränken. In Abschnitt II folgt die rechtl Würdigung des Berufungsgerichts, aus der sich ergeben muss, warum das Berufungsgericht dem Ersturteil folgt oder es abändert. Die äußere Gliederung des Berufungsurteils entspricht also derj, die vielfach bei der Abfassung von Beschlüssen im Beschwerdeverf gewählt wird (Fellner MDR 2004, 981). 3

2) Klarheitsgebot. Auch bei anzustrebender größtmögl Kurzfassung des Urteils muss der Umfang der **Rechtskraft** erkennbar bleiben. Die **Individualisierung des Streitgegenstandes** kann ggf auch im Urteilstenor vorgenommen werden (Verurteilung, wegen des Kaufs eines gebrauchten Opel Astra durch Vertrag vom … 3.000 Euro zu zahlen). Bei weiterem Verzicht auf die Feststellungen nach § 540 kann eine kurze selbständige Begründung zur Festlegung des Streitgegenstandes angefügt werden. 4

III) Feststellungen zur Tatsachengrundlage nach § 540 I 1 Nr 1. 1) Beurkundungsfunktion. Das Berufungsurteil enthält keinen formalen Tatbestand (s Rn 3). Die an die Stelle des Tatbestandes tretenden Feststellungen nach I 1 Nr 1 entfalten Beweiskraft nach § 314, weil sich diese Vorschrift nicht auf den formellen Tatbestandbegriff bezieht, sondern alle tatsächl Feststellungen umfasst, die sich in der Entscheidung des Gerichts finden (vgl MK/Musielak § 314 Rn 1). Das Berichtigungsverf nach § 320 findet bei den tatsächl Feststellungen nach I 1 Nr 1 Anwendung. 5

2) Revisionsgrund. Enthält das Urteil keinerlei Feststellungen nach I 1 Nr 1, so liegt darin ein vAw zu beachtender Revisionsgrund nach § 547 Nr 6 (BGH NJW 2003, 1743; BGH NJW 2004, 293; BGH NJW 2007, 2334; BGH MDR 2005, 346; BGH MDR 2007, 733; BGH MDR 2019, 757). Gänzl fehlenden Gründen steht es gleich, wenn Lücken in der entscheidungserhebl Begründung bestehen. Das gilt auch bei Fehlen von Ausführungen oder Bezugnahme, weil das Berufungsgericht die erstinstanzl Ausführungen für nicht maßgebl erachtet, also für seine rechtl Lösung nicht benötigt hat (BGH MDR 2009, 412). Das Maß der zu verlangenden Begründung ergibt sich aber aus § 540 und der Funktion der Gründe des Berufungsurteils. Damit sind an die Dichte der Gründe von Berufungsurteilen, die die Revision zulassen, höhere Anforderungen zu stellen, als an diej von Urteilen, die die Revisionszulassung versagen (BGH NJW-RR 2024, 1185 = MDR 2024, 1333). Im letzten Fall müssen die Gründe nur eine Überprüfung des Revisionsgerichts auf die Zulassungsgründe des § 543 II erlauben. Jedenfalls darf revisionsgerichtl Auslegung von § 540 nicht zu Anforderungen führen, die der Gesetzgeber bewusst abgeschafft hat (Seitz NJW 2003, 566). 6

Nach § 544 II Nr 1 ist die NZB bis zu einer Beschwer von 20.000 Euro ausgeschlossen. Das Berufungsgericht kann deshalb in diesen Fällen entweder nach § 540 begründen (mit tatsächl Feststellungen nach I 1 Nr 1) oder aber auch nach § 313a I vorgehen, also den Tatbestand ganz weglassen, schriftl Entscheidungsgründe verfassen 7 oder diese im Fall des § 313a I 2 zu Protokoll geben. Sieht allerdings der BGH die NZB als statthaft an, weil er die Beschwer von 20.000 Euro für überschritten hält, fehlt dem Urteil die Feststellung der Tatsachengrundlage nach I 1 Nr 1. Von einer Aufhebung allein wegen dieses Verfahrensfehlers wird der BGH absehen, wenn sich der Sach- und Streitstand in einem für die Beurteilung der Frage der Revisionszulassung ausreichendem Umfang aus dem Berufungsurteil ergibt.

8 **3) Anträge.** I 1 Nr 1 führt nicht ausdrückl auf, ob die Berufungsanträge in die Feststellungen nach I 1 Nr 1 aufzunehmen sind. Da insoweit eine Erwähnung durch Bezugnahme auf das erstinstanzl Urteil denknotwendig ausscheidet, muss sich aus der Feststellung der Tatsachengrundlage nach I 1 Nr 1 auch ergeben, was die Parteien im Berufungsverf anstreben. Die Sachanträge müssen also zumindest sinngemäß deutl werden (BGH NJW 2003, 1743; BGH NJW 2004, 293; BGH NJW 2004, 1390; BGH NJW-RR 2004, 494; BGH NJW-RR 2004, 573; BGH MDR 2005, 705; BGH MDR 2010, 1118; BGH NJW 2017, 2561; BGH NJW-RR 2021, 933 = MDR 2021, 1212). So kann bei der Berufung des Kl mit unverändertem Weiterverfolgen des Sachantrags 1. Instanz gegen ein klageabweisendes Urteil die Erwähnung dieser Tatsache ausreichen, bei der Berufung des Bekl gegen eine antragsgemäße Verurteilung der Hinweis genügen, der Bekl begehre Aufhebung des Ersturteils und Klageabweisung. Findet teilw Anfechtung statt, muss der Umfang des in die Berufung gelangten Streitgegenstandes deutl werden. Dies kann in komplizierten Fällen die wörtl Aufnahme der Anträge nötig machen. **Überflüssige Anträge** (zur Kostenverurteilung und vorläufigen Vollstreckbarkeit) oder **bloße Anregungen** (die Revision zuzulassen usw) sind ohnehin wegzulassen.

9 **4) Bezugnahme. a)** Auf die tatsächl Feststellungen im angefochtenen Urteil darf Bezug genommen werden. Die Tatsachengrundlage des Ersturteils findet sich in dessen Tatbestand. Dieser Tatbestand kann nach § 313 II 2 wegen der Einzelheiten auf Schriftsätze, Protokolle und andere Unterlagen verweisen. Damit können auch die tatsächl Feststellungen nach I 1 Nr 1 auf das angefochtene Urteil, Schriftsätze, Protokolle und andere Unterlagen verweisen. Die Bezugnahme ist ausnahmslos zulässig, also auch bei Urteilen, die die Revision zulassen. Zulässig ist auch die Bezugnahme auf ein früher oder gleichzeitig zwischen den Parteien erlassenes Urteil, auf die Gründe einer in einem anderen Rechtsstreit ergangenen Entscheidung, wenn sie Gegenstand der mündl Verh war; unerlässl ist jedoch in allen Fällen feststehende Kenntnis durch die Parteien (BGH MDR 91, 506 = WM 91, 789; BGH WM 91, 1005). Da eine zulässige Bezugnahme die tatsächl Feststellungen ergänzt, ist damit die Beweisfolge des § 314 verbunden (BGH ZIP 2011, 368; BAG MDR 89, 570 = EzA ZPO § 543 Nr 7). Wird der Sachvortrag in der Berufungsinstanz geändert oder ergänzt, ist dies aufzuführen; zusammen mit den Bezugnahmen auf die 1. Instanz muss sich ein widerspruchsfreier Sachverhalt ergeben (BGH WM 2004, 894; BGH MDR 2014, 175).

10 **b) Umfang der Bezugnahme-Erklärung.** Die Bezugnahme informiert das Revisionsgericht darüber, welcher nicht im Tatbestand aufgenommene Tatsachenvortrag in der Schlussverh aufrechterhalten war (BGH VersR 81, 951). Eine pauschale Bezugnahme auf den Inhalt der gewechselten Schriftsätze reicht aus. Ergibt sich aus Tatbestand oder Verhandlungsprotokoll nichts Gegenteiliges, dann ist selbst ohne Bezugnahme davon auszugehen, dass durch die Stellung der Anträge und das anschließende Verhandeln der gesamte bis zum Termin angefallene Akteninhalt Gegenstand der mündl Verh gewesen ist (BGH WM 92, 1269, 1271 = VersR 92, 1136).

11 **5) Beweisergebnis.** Die protokollierten Aussagen der Zeugen, SV und Parteien sowie das Ergebnis eines Augenscheins (§ 160 III Nrn 4, 5) gehören nicht in die tatsächl Feststellungen. Soweit das Berufungsurteil mit der NZB anfechtbar ist, ist Protokollierung nötig. Das Protokoll über die Beweisaufnahme kann dadurch ersetzt werden, dass der Inhalt von Zeugenaussagen **im Urteil** seinem wesentl Inhalt nach wiedergegeben wird, dann aber deutl getrennt von der Beweiswürdigung (BGH VersR 89, 189). Ausreichend auch, wenn der **Berichterstatter** über den Inhalt der Zeugenaussagen einen **Vermerk** zu den Akten nimmt, der im Urteil in Bezug genommen wird (BGHZ 40, 86; BGH VersR 89, 189; BGH WM 91, 285), wegen der geringeren Zuverlässigkeit aber unverzügl den Parteien zugängl zu machen ist (BGH NJW 72, 1673 = MDR 73, 132; sa BGH MDR 78, 826), sofern das Urteil nicht sofort verkündet wird (BGH NJW 91, 1547). Protokollierung empfiehlt sich aber, wenn die Gründe des Berufungsurteils knapp gehalten werden sollen. Zu **revisionsrechtl Folgen** eines Verstoßes s § 547 Rn 11

12 **6) Nicht nachgelassene Schriftsätze.** Sie sind kein verwertbarer Streitstoff und müssen nicht im Urteil – folgl auch nicht in den tatsächl Feststellungen – behandelt werden (OLG Köln JurBüro 69, 1107). Es ist jedoch **unschädl**, wenn das geschieht, um die Schreibarbeit eines bes Beschlusses zu ersparen.

13 **IV) Rechtliche Grundlagen der Entscheidung des Berufungsgerichts nach § 540 I 1 Nr 2.** Die Entscheidungsgründe des Berufungsurteils können sich auf eine **kurze Zusammenfassung derj Erwägungen** beschränken, auf denen die Entscheidung in tatsächl und rechtl Hinsicht **beruht** (§ 313 III). Der Schwerpunkt der rechtl Ausführungen soll in der Darstellung der bestätigenden oder abweichenden rechtl Würdigung ggü dem Ersturteil liegen. Damit ist die reine Bezugnahme auf die Entscheidungsgründe des angefochtenen Urteils erlaubt, wenn dadurch das zulässige Berufungsvorbringen erschöpft wird. Die erlaubte Bezugnahme stellt eine ordnungsmäßige Begründung dar (BGH MDR 85, 570 = NJW 85, 1784; sa § 551 Rn 11). Allerdings wird selten Anlass bestehen, allein so zu verfahren. Ist etwa der Sachverhalt ergänzt worden, muss das Urteil begründen, wa-

rum es dem erstinstanzl in vollem Umfang folgt (BGH NJW 2004, 293). Neue rechtl Gesichtspunkte sind zu erörtern (BGH MDR 2007, 1277).

1) Diktion. Sie soll **sachl, konkret, anschaul** und **fallbezogen** sein, frei von bloßen Vermutungen und emotionalen Äußerungen (BGH NJW 82, 2874). 14

2) Offenlassen. Jedes aufbaulogisch stringente Offenlassen von Rechtsfragen ist erlaubt. 15

Umstritten ist, **ob** in Ausnahmefällen die **Zulässigkeit dahingestellt bleiben darf**, wenn zur Begründetheit ohne weiteres durcherkannt werden kann. Die Frage taucht meist in Beschlussverf auf (s § 572 Rn 13). Im Erkenntnisverf stellt sie sich vor allem beim **Rechtsschutzinteresse** (BGH LM § 256 ZPO Nr 45; OLG Köln MDR 68, 332). 16

3) Zulässigkeit von Noven, Beweiswürdigung. Bei der Berücksichtigung neuer Tatsachen sollte dargelegt werden, warum die Noven zulässig in die Berufungsinstanz eingeführt werden konnten (§§ 530, 531 sind zwingende Vorschriften), auch wenn die fälschliche Berücksichtigung nicht revisibel ist. Dasselbe gilt, wenn das Berufungsgericht nach § 529 I Nr 1 von sich aus von den tatsächl Feststellungen des Erstgerichts abweicht. Die Beweiswürdigung ist auf eine „kurze Zusammenfassung" der Würdigungsgesichtspunkte zu beschränken. Ihr muss zu entnehmen sein, dass der wesentl Beweisstoff in den Gründen verarbeitet worden ist (BVerfGE 47, 189; 54, 46; s Schneider MDR 81, 462). 17

4) Teilabweichung. Weicht das Berufungsgericht nur teilw von den Ausführungen des Erstgerichtes ab, darf es, wo es mit dem angefochtenen Urteil übereinstimmt, darauf Bezug nehmen. Nur das abändernde Erkenntnis muss selbständig begründet werden, für den Rest reicht die bloße Bestätigung. 18

5) Nichtzulassung verspäteten Vorbringens. Sie (§§ 530, 531) ist zu begründen, da das Revisionsgericht überprüft, ob die maßgebenden Rechtsbegriffe richtig angewandt worden sind (BGH NJW 71, 1564, 1565). Dies gilt auch, wenn eine Partei die Änderung der Tatsachengrundlage nach § 529 I Nr 1 angestrebt hat, das Berufungsgericht aber die Voraussetzungen der Vorschrift für nicht gegeben erachtete. 19

6) Zinsen. Soweit antragsgemäß darauf erkannt wird, kann eine Begründung überflüssig sein (zust Stanicki DRiZ 83, 270). 20

7) Kostenentscheidung. Sie ist nur noch dann kurz zu begründen, wenn sie nicht ohne weiteres dem Obsiegen oder Unterliegen in der Hauptsache folgt. Aufhebende und zurückverweisende Urteile erhalten keine Kostenentscheidung (s § 538 Rn 62), anders aber bei Zurückweisung der Berufung gegen ein Grundurteil (s § 97 Rn 2). 21

8) Vorläufige Vollstreckbarkeit. Sie richtet sich nach § 708 Nr 10. 22

a) Aufhebende und zurückverweisende Urteile sind für vorläufig vollstreckbar zu erklären (BGH JZ 77, 232 unter Berufung auf OLG Frankfurt OLGZ 68, 440; ebenso OLG München MDR 82, 238; OLG München NZM 2002, 1032). Aus ihnen kann die Vollstreckung insoweit betrieben werden, als erst die Vorlage einer vollstreckbaren Entscheidung das Vollstreckungsgericht nötigt, eine eingeleitete Vollstreckung aus dem aufgehobenen Urteil einzustellen oder eine getroffene Maßnahme aufzuheben, § 775 Nr 1, § 776 (MK/Götz § 704 Rn 6). 23

b) Auch **Berufungsurteile**, die nicht der NZB unterliegen (§ 544 II Nr 1 [s vor § 542 Rn 2] unterhalb einer Beschwer von 20.000 Euro, s § 540 Rn 7, sowie die Fälle nach § 542 II), werden **nicht** bereits **mit ihrer Verkündung rechtskräftig** (BGHZ 109, 211), so dass sie für vorläufig vollstreckbar zu erklären sind. 24

9) Sicherheitsleistung. Alle Berufungsurteile (des OLG und des LG) sind **ohne Anordnung einer Sicherheitsleistung** (§ 708 Nr 10) für vorläufig vollstreckbar zu erklären. Kommt es aus den Gründen der §§ 711, 712 zur Anordnung einer Sicherheitsleistung, kann das Gericht über deren Art eine Bestimmung nach § 108 I 2 treffen, ansonsten kann sie idR durch Bankbürgschaft nach den Kriterien dieser Vorschrift erbracht werden. 25

10) Urteilsbeschwer. Sie muss im Berufungsurteil nicht mehr festgesetzt werden, weil grds die NZB statthaft ist (auch nicht im Bereich bis 20.000 Euro, in dem nach § 544 II Nr 1 [s vor § 542 Rn 2] die NZB ausgeschlossen ist, s Rn 7). 26

11) Entscheidung von Amts wegen. Über die Zulassung der Revision ist stets vAw zu entscheiden; „Anträge" der Parteien sind nur Anregungen. Übersteigt der Beschwerdewert nicht 20.000 Euro, so kann eine ausdrückl Nichtzulassung unterbleiben. 27

V) Protokollurteile. Nach I 2 ist eine schriftl Begründung des Berufungsurteils stets entbehrl, wenn das Urteil in dem Termin verkündet wird, in dem die mündl Verh geschlossen wird, und die nach I 1 Nrn 1 u 2 notwendigen Feststellungen zu Protokoll gegeben werden. Das Urteil muss nicht sogleich im Anschluss an die mündl Verh verkündet werden, ausreichend ist Verkündung am Schluss der Sitzung (BGH NJW 2004, 1666 = MDR 2004, 827). Protokollurteil ist auch in den Fällen mögl, in denen die NZB statthaft ist oder die Revision zugelassen wird. Ein Einverständnis der Parteien ist nicht notwendig. Das Gericht wird abzuschätzen haben, wann die Begründung zu Protokoll sinnvoll ist; dann sollte von der im Gesetz vorgesehenen wesentl Erleichterung, die die abschließende Bearbeitung des Falles sehr beschleunigt und die Parteien sogleich mit den Erwägungen des 28

Gerichts vertraut macht, Gebrauch gemacht werden. Protokollgründe dürften sich hingegen dann nicht empfehlen, wenn die Revision zugelassen wird (Fellner MDR 2004, 981). Die inhaltl Anforderungen sind nicht gesenkt (BGH NJW 2006, 1523 = MDR 2006, 1127; BGH MDR 2017, 529), richterl Hinweise im Protokoll ersetzen nicht die Darstellung des Begehrens in der Berufungsinstanz (BGH NJW 2004, 1389 = MDR 2004, 826; BGH NJW 2006, 1523). Nach BGH (BGH NJW 2004, 1666; BGH MDR 2005, 346; BGH WM 2007, 1192; BGH FamRZ 2007, 1314; BGH NJW-RR 2007, 141; BGH NJW-RR 2007, 1567; BGH MDR 2010, 709; BGH NJW-RR 2024, 931 = MDR 2024, 926) ist entweder ein Urteil mit dem verbleibenden Inhalt nach § 313 I Nrn 1-4 zu erstellen und mit dem Protokoll zu verbinden, in das die Gründe ausgelagert sind, wobei dann beides zuzustellen ist (Nachholung der Verbindung ist nach Ablauf von 5 Monaten seit der Verkündung nicht mehr mögl, BGH WM 2008, 1331); oder das Protokoll enthält alles einschließl der Unterschriften aller Richter nach § 315 I 1 und der sonstigen Angaben nach § 313 I Nrn 1-4. Dann ist das Protokoll, das zugleich Urteil ist, zuzustellen, weil davon Fristlauf für Revision und NZB abhängt.

§ 541 Prozessakten

(1) [1]Die Geschäftsstelle des Berufungsgerichts hat, nachdem die Berufungsschrift eingereicht ist, unverzüglich von der Geschäftsstelle des Gerichts des ersten Rechtszuges die Prozessakten einzufordern. [2]Die Akten sind unverzüglich an das Berufungsgericht zu übersenden.

(2) Nach Erledigung der Berufung sind die Akten der Geschäftsstelle des Gerichts des ersten Rechtszuges nebst einer beglaubigten Abschrift der in der Berufungsinstanz ergangenen Entscheidung zurückzusenden.

1 **I) Zweck des § 541 I.** Die Vorschrift betrifft elektronische Akten und Papierakten. Durch die Übersendung der Akten wird die Erteilung des Rechtskraftzeugnisses (§ 706) verhindert.

2 **II) § 541 II.** Die Berufung ist erledigt, wenn ein **Prozessvergleich** abgeschlossen oder ein **rechtskräftiges Urteil** ergangen ist. Falls die Urschrift der Berufungsentscheidung in einer Sammlung des Berufungsgerichts verbleibt, ist mit den Akten eine beglaubigte Abschrift der Entscheidung an das Erstgericht zu übersenden; die Urschrift kann aber auch in den Prozessakten verbleiben, wofür aus praktischen Gesichtspunkten viel spricht.

Abschnitt 2
Revision (§§ 542-566)

Vorbemerkungen zu §§ 542-566

1 **I) Wesen der Revision.** Die Revision ist das dem nach dem Instanzenzug an der Spitze stehenden Gericht vorbehaltene (letztinstanzl) Rechtsmittel. Gegenstand der Revision sind daher grds nur Berufungsurteile; allerdings ist ausnahmsw auch die revisionsrechtl Überprüfung erstinstanzl Urteile durch Sprungrevision gem § 566 eröffnet. Mit dem Rechtsmittel der Revision werden – auch nach der ZPO-Reform von 2001 – sowohl Individualbelange der **Einzelfallgerechtigkeit** als auch **Allgemeinbelange** verfolgt (BVerfG NJW 2018, 3699). Die Revision ist Parteirechtsmittel. Sie dient der Durchsetzung des Rechtsschutzziels des Revisionsführers; Zweck der Revision ist daher zumindest auch die Herstellung von Einzelfallgerechtigkeit durch Beseitigung zu Lasten einer Partei fehlerhafter Entscheidungen. Dieser individuelle Rechtszweck wird jedoch auf Grund der Aufgabenstellung des Revisionsgerichts überlagert durch das Allgemeininteresse an der Schaffung einheitl Rechtsbedingungen durch Rechtsfortbildung und Förderung der Rechtseinheit.

2 **II) Wertgrenze für NZB.** Die zunächst als Übergangsvorschrift (§ 26 Nr 8 EGZPO aF) vorgesehene Mindestbeschwer von über **20.000 Euro** als Voraussetzung für die Zulässigkeit der NZB gilt aufgrund des Gesetzes zur Regelung der Wertgrenze für die Nichtzulassungsbeschwerde in Zivilsachen, zum Ausbau der Spezialisierung bei den Gerichten sowie zur Änderung weiterer prozessrechtlicher Vorschriften v 12.12.2019 (BGBl I 2019, 2633) seit dem 1.1.2020 dauerhaft (s § 544 II Nr 1). Durch die Mindestbeschwer soll die Funktionsfähigkeit der Zivilsenate des BGH gesichert werden (vgl BTDrs 19/13828, 13 f). Den Berufungsgerichten ist eine Zulassung der Revision auch unterhalb der Wertgrenze möglich, lediglich die NZB ist ausgeschlossen.

3 **III) Revisionsgericht.** Grundsätzl entscheidet über die Revision gegen Berufungsurteile des LG und des OLG der ***BGH*** (§ 133 GVG). § 8 I EGGVG eröffnet daneben Ländern, in denen mehrere OLG bestehen, als Revisionsgericht ein oberstes Landesgericht zu errichten. Von dieser Möglichkeit hat nur Bayern mit dem **BayObLG**

Gebrauch gemacht (s iE § 8 EGGVG Rn 1 f). Dessen Zuständigkeit ist aber gem § 8 II EGGVG im Wesentlichen auf Landesrecht betreffende Rechtsnormen (zB Nachbarrecht) beschränkt; s § 8 EGGVG Rn 2. Das bayerische LG/OLG hat in dem Urteil über die Zulassung der Revision gem § 7 I 1 EGZPO zugleich darüber zu entscheiden, ob für diese der BGH oder das BayObLG zuständig ist. Ist dies – versehentl – unterblieben, kann die zugelassene Revision nach dem **Meistbegünstigungsgrundsatz** fristwahrend sowohl beim BGH als auch beim BayObLG eingelegt und begründet werden (BGH VersR 2021, 990, auch zur Berichtigung der Zulassungsentscheidung). Die Bestimmung des Revisionsgerichts kann auch noch **nach Einlegung der Revision** durch Beschluss des Berufungsgerichts erfolgen (BGH ZIP 2024, 1849).

IV) ZPO-RG 2001. Mit der ZPO-Reform von 2001 wurde die Revision auch gegen die Berufungsurteile des LG eröffnet und eine generelle **Zulassungsrevision** eingeführt, die durch eine **Nichtzulassungsbeschwerde** ergänzt wird. Die ursprüngl Vorstellung des Gesetzgebers, dass Wertgrenzen als Zugangsbeschränkung für Rechtsmittel ungeeignet sind (BTDrs 14/4722, 58), ist im Ergebnis nicht umgesetzt worden (s Rn 2). 4

V) Leitentscheidungsverfahren. Um in sog **Massenverfahren** (zB im Diesel-Skandal oder wegen unzulässiger Klauseln in Fitnessstudio-, Versicherungs- oder Bankverträgen), in denen sich oft die gleichen entscheidungserhebl Rechtsfragen stellen, eine zeitnahe Klärung durch den BGH zu ermöglichen, wurden in der Vergangenheit unterschiedl Möglichkeiten erörtert. Der Vorschlag der Justizministerkonferenz zur Einführung eines Vorabentscheidungsverf zum BGH – ähnl dem Vorlageverf zum EuGH gem Art 267 AEUV – wurde nicht umgesetzt. MWv 31.10.2024 trat das G zur Einführung eines Leitentscheidungsverfahrens beim BGH v 24.10.2024 (BGBl 2024 I Nr 328) in Kraft (näher Feskorn MDR 2024, 1413). Danach kann der BGH ein Revisionsverf gem § 552b zum Leitentscheidungsverfahren bestimmen. Endet das entspr Revisionsverf ohne begründetes Urteil (insb wegen Vergleich oder Rücknahme), kann der BGH dennoch gem § 565 nF eine sog Leitentscheidung zu den maßgebl Rechtsfragen treffen. Der frühere Inhalt von § 565 wurde in § 555 übernommen. Andere Verf können im Hinblick auf das Leitentscheidungsverfahren gem § 148 IV nF ausgesetzt werden. Ob dies für die beabsichtigte Entlastung der Instanzgerichte in den sog Massenverf ausreicht, ist zweifelhaft (vgl zB Feskorn MDR 2024, 1413; Vollkommer NJW 2024, 3257; Hettenbach WM 2025, 9, 13). Der BT will weitere Entlastungen durch ein Vorlage- oder Vorabentscheidungsverf prüfen, mit dem Instanzgerichte einzelne Verf dem BGH vor einer Sachentscheidung vorlegen können (BTDrs 20/13025, 12). 5

Die Änderungen sind gem Art 7 des G v 24.10.2024 am 31.10.2024 in Kraft getreten. Mangels Übergangsvorschrift sind sie auch auf **bereits anhängige Verfahren** anzuwenden. 6

§ 542 Statthaftigkeit der Revision

(1) Die Revision findet gegen die in der Berufungsinstanz erlassenen Endurteile nach Maßgabe der folgenden Vorschriften statt.

(2) [1]Gegen Urteile, durch die über die Anordnung, Abänderung oder Aufhebung eines Arrestes oder einer einstweiligen Verfügung entschieden worden ist, findet die Revision nicht statt. [2]Dasselbe gilt für Urteile über die vorzeitige Besitzeinweisung im Enteignungsverfahren oder im Umlegungsverfahren.

I) Statthaftigkeit der Revision. Die Revision ist gegen im Berufungsrechtszug erlassene Endurteile unabhängig davon eröffnet, ob das LG oder das OLG als Berufungsgericht entschieden hat (vgl §§ 72, 119 I GVG). – Die Revision setzt als Parteirechtsmittel eine **Beschwer** voraus (s vor § 511 Rn 10 ff). Zu den Rechtsmittelberechtigten s § 511 Rn 4 ff. 1

Ausnahmsw kann trotz formeller Beschwer das **Rechtsschutzbedürfnis** dafür fehlen, eine günstigere Entscheidung herbeizuführen (BGH LM Nr 21 zu § 546 ZPO; sa vor § 511 Rn 11). Ob es vorliegt, ist vom Revisionsgericht in tatsächl und rechtl Hinsicht zu prüfen (BGH LM Nr 21 zu § 546 ZPO). 2

II) Endurteile (§ 542 I). Zu den erfassten Urteilen s § 511 Rn 1. Endurteil iSv § 542 sind auch Urteile, die gem §§ 538, 539 auf Zurückverweisung an die 1. Instanz oder auf Aufhebung und Abgabe an ein anderes Gericht lauten (BGH FamRZ 1994, 98; BGH NJW 1986, 1994) oder Urteile, durch die eine Aufnahme des Prozesses nach § 239 zurückgewiesen wird (BGH NJW 2004, 2983; sa § 239 Rn 12). Gegen eine vom Gesetz ausdrückl als unanfechtbar bezeichnete Entscheidung ist die Revision nie statthaft (BGH NJW-RR 2013, 490; BGH NJW 2003, 211); daran kann auch die Zulassung nichts ändern (BGH NJW-RR 2013, 490; BGH NJW 2003, 211; sa § 574 Rn 4, 5). 3

1) Inkorrekte Entscheidungen. Nach dem Grundsatz der Meistbegünstigung (s zB BGH MDR 2009, 1000) ist die Revision gegen ein Urteil auch statthaft, wenn eigentl durch Beschluss hätte entschieden werden müssen, sofern nicht auch der Beschluss unanfechtbar gewesen wäre. Näher s vor § 511 Rn 29 ff. Hat das Berufungsgericht irrtüml die Revision für zulassungsfrei gehalten, ist im Verf der NZB über die Zulassung der Revision zu entscheiden (BGH MDR 2006, 1006). 4

5 **2) Versäumnisurteile.** Gegen (echte) **2. VU** ist die Revision – ohne Zulassung und Rücksicht auf den Wert des Beschwerdegegenstands, s § 543 Rn 5 – nur gegeben, wenn die Säumnis zu Unrecht angenommen worden sein soll (§§ 555, 514 II, BGH MDR 2019, 500 Tz 16; BGH NJW 2009, 687) oder der WE-Antrag des Berufungsklägers wegen dessen Säumnis zurückgewiesen und zugleich die Berufung verworfen worden ist (BGH MDR 1977, 1006). Ohne diese Einschränkung ist die Revision gegen **unechte VU** statthaft, die trotz Säumnis des Berufungsbekl die Berufung verwerfen oder zurückweisen.

6 **3) Zwischenurteile.** Zwischenurteile sind – soweit nicht ausnahmsweise, zB gem § 71 II, die sof Beschwerde statthaft ist (sa § 567 Rn 3) – grds nur mit der Revision gegen das Endurteil überprüfbar (BGH FamRZ 2018, 1248 Tz 7; BGH VersR 2007, 811). Sie können nur dann selbst mit der Revision angefochten werden, wenn sie in ihrer Wirkung einem Endurteil gleichstehen (BGH MDR 1981, 386). Dies ist gem § 280 II (Zulässigkeit der Klage) und § 304 II (Grundurteil) der Fall; ebenso gem § 238 II bei einem Zwischenurteil, das den Antrag auf WE wegen Versäumung einer Frist zurückweist, von deren Wahrung die Zulässigkeit der Berufung abhängt (BGH VersR 1979, 619; BGH VersR 1979, 960), sowie über die Zulässigkeit eines Parteiwechsels (BGH MDR 1981, 386).

7 **III) Ehe- und Familienstreitsachen.** Gem § 70 FamFG ist die Rechtsbeschwerde nach Zulassung eröffnet, ohne Eröffnung einer NZB.

8 **IV) Ausschluss in Arrest- und Verfügungssachen (§ 542 II).** II schließt in den bezeichneten Verf die Revision **generell** aus (BGH VersR 2003, 1056), auch wenn die Berufung als unzulässig verworfen wurde (BGH WuM 2009, 145; BGH VersR 2003, 1056). Auch eine Zulassung eröffnet nicht die Revision (BGH MDR 2012, 863; BGHZ 154, 102 = NJW 2003, 1531). Die Regelung ist gem § 574 I 2 auf die Rechtsbeschwerde entspr anzuwenden (s § 574 Rn 5). **Nicht unter II fallen** hingegen eigenständige Verf, zB ein Schadensersatzanspruch aus **§ 945** (vgl BGH NJW 2017, 1600), **Ordnungsmittelverfahren** (iVm § 574 I 2, BGH MDR 2024, 123) oder Entscheidungen über den Rechtsweg gem **§ 17a GVG** (BGH NJW 2003, 1194; BGH NJW 2001, 2181).

9 **V) Gebühren. 1) Gericht:** Mit der pauschalen 5,0 VerfGeb 1230 GKG-KV wird das gesamte Verf abgegolten. Sie ermäßigt sich nach 1231 GKG-KV auf 1,0 bei Beendigung des gesamten Verf vor Eingang der Revisionsbegründungsschrift durch Rücknahme oder Erledigung (§ 91a) ohne Kostenstreit, nach 1232 Nrn 1-4 GKG-KV auf 3,0 nach deren Eingang. Mehrere Ermäßigungstatbestände, die in der Summe das Verf insgesamt beenden, wirken auch ermäßigend. – **2) RA:** 3206-3211 RVG-VV. Regelgeb sind die VerfGeb 3208 RVG-VV iHv 2,3 für BGH-Anwalt (vorzeitige Beendigung: 3209 RVG-VV iHv 1,8; 3206 RVG-VV iHv 1,6 bei Revision zum BayObLG) und die Terminsgeb 3210 RVG-VV iHv 1,5. Sa § 91 Rn 13.80.

§ 543 Zulassungsrevision

(1) Die Revision findet nur statt, wenn sie
1. das Berufungsgericht in dem Urteil oder
2. das Revisionsgericht auf Beschwerde gegen die Nichtzulassung
zugelassen hat.

(2) [1]Die Revision ist zuzulassen, wenn
1. die Rechtssache grundsätzliche Bedeutung hat oder
2. die Fortbildung des Rechts oder die Sicherung einer einheitlichen Rechtsprechung eine Entscheidung des Revisionsgerichts erfordert.

[2]Das Revisionsgericht ist an die Zulassung durch das Berufungsgericht gebunden.

1 **I) Inhalt und Bedeutung. Lit:** Greger FS Link, 2003, S 885; Nassall NJW 2003, 1345; Ball FS Musielak, 2004, S 27; Gummer FG Vollkommer, 2006, S 325; Traut, Der Zugang zur Revision in Zivilsachen, 2006; Nassall NJW 2012, 113.

2 **1) Allgemeines.** Der Zugang zur Revision ist unabhängig von der Höhe der Beschwer von ihrer **Zulassung abhängig**. Die Partei kann eine sachl Überprüfung des von ihr mit der Revision anzufechtenden Urteils nur dann

erreichen, wenn die Revisionswürdigkeit der Sache wenigstens einmal geprüft und bejaht worden ist (BGH NJW-RR 2006, 791). Das geltende Recht kennt (Ausnahme: 2. VU, s Rn 5) eine zulassungsfreie, kraft Gesetzes statthafte Revision nicht. Es unterliegt **keinen verfassungsrechtlichen Bedenken**, den Zugang zum Revisionsgericht nicht für jeden Fall eines Rechtsfehlers vorzusehen, sondern ihn zugleich von einem bestehenden Interesse der Allgemeinheit an einer Korrektur des Ergebnisses, insb einer Wiederholungsgefahr, abhängig zu machen (BVerfG NJW 2008, 2493).

Die **Zulassungsgründe** sind in II 1 definiert. Die Rechtssache muss grundsätzl, dh über den Streit der Parteien hinausreichende Bedeutung haben oder die Streitentscheidung des Revisionsgerichts muss zur Fortbildung des Rechts oder zur Sicherung einer einheitl Rechtsprechung erforderl sein. 3

Über die Zulassung der Revision **entscheidet** primär das Berufungsgericht im Berufungsurteil (s Rn 20 ff). Die fehlende Zulassung durch das Berufungsgericht kann im Wege der NZB (§ 544) der Überprüfung durch das Revisionsgericht unterstellt und von diesem ersetzt werden. Hierdurch wird sichergestellt, dass es nicht ausschließl in der Hand der Berufungsgerichte liegt, den Umfang der revisionsrechtl Überprüfung ihrer Rechtsprechung festzulegen. 4

2) Anwendungsbereich. Das Erfordernis der Zulassung gilt **in jedem Fall** (BGH NJW-RR 2006, 791) für alle gem § 542 der Revision unterliegenden Endurteile, unabhängig von ihrem Inhalt oder ihrer Begründung, mit einer Ausnahme: Die Revision gegen ein **2. Versäumnisurteil** des Berufungsgerichts ist entspr § 514 II 2 mit der Rüge fehlender Säumnis auch ohne Zulassung und ohne Rücksicht auf den Wert des Beschwerdegegenstands statthaft (BGH NJW 2015, 3661 = MDR 2016, 350; BGH VersR 2009, 418; BGH NJW-RR 2008, 876). Auch Urteile, die die Berufung als unzulässig verwerfen, können nur im Wege der Zulassung – durch das Berufungsgericht oder auf NZB – der revisionsrechtl Nachprüfung unterstellt werden (sa § 522 Rn 21). 5

3) Beschwer. Da das Rechtsmittel der Revision Parteirechtsmittel ist, muss der Revisionskläger durch das anzufechtende Urteil beschwert sein (wobei diese Beschwer nicht allein im Kostenpunkt bestehen darf), und er muss diese Beschwer mit der Revision beseitigen wollen. Eine Beschwer liegt auch in der **Zurückverweisung** an das erstinstanzl Gericht (BGH ZIP 2022, 2567 Tz 14; BGH WM 2010, 892 Tz 10). Zur Beschwer iE s vor § 511 Rn 10 ff. Die Partei, die durch den rechtskraftfähigen Inhalt des Berufungsurteils nicht belastet ist, kann daher auch eine zugelassene Revision nicht mit dem Ziel einlegen, einen Verfahrensfehler festzustellen oder eine ihrer Meinung nach fehlerhafte, „zukunftsbedeutsame" Begründung zur Überprüfung zu stellen. 6

4) Entscheidungserheblichkeit. Eine Zulassung kommt nur in Betracht, wenn die Rechtsfrage, wegen der die Zulassung erfolgen soll, entscheidungserhebl ist (BGH K&R 2023, 440; BGHZ 154, 288 = NJW 2003, 1943; BGHZ 153, 254 = NJW 2003, 1125). Dies ist eine Rechtsfrage nur, wenn das Berufungsgericht sie beantwortet hat und bei einer anderen Beantwortung uU eine für den Revisionskläger günstigere Entscheidung getroffen hätte. An der Entscheidungserheblichkeit fehlt es, wenn ein anderer rechtl Gesichtspunkt die Entscheidung – unabhängig von der Beantwortung der Zulassungsfrage – **selbständig trägt**; sa § 544 Rn 14. Eine selbständige Hilfsbegründung genügt dafür (BGH NZG 2013, 783 = AG 2013, 643; BGH NJW-RR 2011, 377). Nach der Rspr des BGH ist eine Zulassung auch ausgeschlossen, wenn die Entscheidung alternativ auf **mehreren Rechtsfehlern** beruht, wenn sich darunter einer befindet, an dessen Bereinigung kein öffentl Interesse iSd Zulassungsgründe besteht (BGH MDR 2004, 226). Ebenso soll die Zulassung zur Sicherung einer einheitl Rspr nicht in Betracht kommen, wenn die Entscheidung infolge eines weiteren Rechtsfehlers, der den ersten quasi „aufhebt", im Ergebnis richtig ist (BGH NJW 2004, 1167) oder sich das Berufungsurteil im Ergebnis aus anderen Gründen **als richtig erweist** (BGH WM 2007, 683; BGH FamRZ 2005, 1667; BGH NJW 2003, 3205). Diese Rspr trägt die Gefahr in sich, die sich bei der grds unterschiedl Prüfung im Zulassungs- und Revisionsverf stellenden Fragen miteinander zu vermischen (krit daher zB WSch/Prütting/Winter Rn 86; Seiler MDR 2004, 286). – Außerdem muss die Rechtsfrage im Revisionsverf in dem konkreten Einzelfall **klärungsfähig** sein (BGH NJW 2004, 1458; BGH NJW 2003, 1943). Das ist zB nicht der Fall, wenn die zu beantwortende Frage von den Umständen des Einzelfalles abhängt und einer abstrakt-generellen Klärung nicht zugängl ist (zB BGH NJW-RR 2020, 1275; BGH ZIP 2010, 1690; BGHZ 151, 221 = NJW 2002, 3029). 7

5) Maßgebender Zeitpunkt. Ob ein Zulassungsgrund besteht, ist für das Revisionsgericht grds nach dem **Zeitpunkt seiner Entscheidung**, nicht dem des Erlasses des Berufungsurteils, zu beurteilen (stRspr, zB BGH VersR 2023, 719 Tz 14; BGH VersR 2015, 126; BGH NJW 2005, 154 mwN). War im Zeitpunkt der Einlegung der NZB aber ein **Zulassungsgrund** gegeben und ist dieser zwischenzeitlich durch eine Entscheidung des BGH in anderer Sache **entfallen**, ist die Revision zuzulassen, wenn dem Rechtsmittel Erfolgsaussichten beizumessen sind (BVerfG NJW 2008, 2493; BGH NJW 2010, 2812; BGH NJW 2005, 154 = MDR 2005, 104; BGH NJW 2004, 3188 mwN); denn dieser Erfolg kann dem Revisionskläger nicht aus Gründen entzogen werden, die gänzl außerhalb seiner Einflussmöglichkeit liegen. – **Ändert sich die Rspr** des BGH, auf der das Berufungsurteil beruht, nach dessen Erlass, ist die NZB nur begründet, wenn – wie nur selten zu erwarten – anzunehmen ist, dass das Berufungsgericht auch in Kenntnis der neueren BGH-Rspr an seiner Ansicht festhalten würde (BGH ZIP 2007, 1780 LS; bestätigt durch BVerfG NJW 2008, 2493). – Eine Rechtsfrage, die **auslaufendes Recht** betrifft, rechtfertigt idR die Zulassung der Revision nicht, es sei denn eine höchstrichterl Entscheidung kann gleichwohl rich- 8 tungsweisend sein, weil entweder noch über eine erhebl Anzahl von Fällen nach altem Recht zu entscheiden oder die Frage für das neue Recht weiterhin von Bedeutung ist (stRspr, zB BGH RdE 2018, 529; BGH NJW 2015, 1875; BGH WM 2003, 987).

9 **II) Zulassungsgründe (§ 543 II 1). 1) Allgemein.** Zulassungsgründe sind die grundsätzl Bedeutung einer Rechtssache oder das Erfordernis der Fortbildung des Rechts oder der Sicherung der Einheitlichkeit der Rechtsprechung.

10 Die Formel des II 1 enthält keine Gesamtdefinition, sondern alternativ miteinander verbundene Zulassungskriterien. Diese sind, wie der Gesetzgeber selbst einräumt (BTDrs 14/4722, 104), nicht immer scharf voneinander zu trennen. Der Zulassungsgrund der **grundsätzl Bedeutung** bildet quasi einen Oberbegriff, der in seiner weiten Fassung das Revisionsgericht nicht auf die Rechtsfortbildung und die Vereinheitlichung abw Spruchpraxis beschränkt (BTDrs 14/4722, 104). Die Zulassungsgründe „Fortbildung des Rechts" und „Sicherung einer einheitl Rechtsprechung" **konkretisieren** den Zulassungsgrund der „grundsätzl Bedeutung" einer Rechtssache, ohne ihn hierauf zu beschränken (BTDrs 14/4722, 104).

11 Nach Inkrafttreten der ZPO-Reform 2001 hat sich im Laufe der Zeit eine Rspr des BGH entwickelt (vgl WSch/Prütting/Winter Rn 10), die verstärkt auch eine **Richtigkeitskontrolle im Einzelfall** eröffnet. Dies geschieht im Rahmen der NZB mit der Zulassung der Revision wegen Sicherung einer einheitl Rspr, wenn die Wiederholung eines Rechtsfehlers durch das Berufungsgericht oder die Gefahr der Nachahmung eines solchen Fehlers durch ein anderes Gericht zu besorgen ist. Wegen der Einzelheiten s Rn 17 ff.

12 Daneben zeigt sich in der Rspr des BGH eine Tendenz, den **verfahrensrechtlichen Anforderungen** für die Begründung der NZB wesentl Bedeutung beizumessen (vgl BGHZ 152, 182 = NJW 2003, 65; iE s § 544 Rn 14 ff). Insb werden an die Darlegungspflicht des Beschwerdeführers der NZB hohe Anforderungen gestellt. Dies entspricht durchaus dem Sinn und der Aufgabe der Revision, die bewusst an der Spitze des Instanzenzuges angesiedelt ist und die zulässig nur unter Einschaltung der beim Revisionsgericht zugelassenen Rechtsanwaltschaft eingelegt werden kann. Sie erscheint grds geeignet, die Ressourcen des BGH im Blick zu behalten und dem Revisionsgericht den Kapazitätsspielraum zu eröffnen (den die ZPO-Reform 2001 zwar versprach, in der Praxis aber nicht brachte, insb seit auch die Beschlüsse gem § 522 II der NZB unterliegen), in angemessener Weise auch auf die Sicherung der Einzelfallgerechtigkeit hinzuwirken.

13 **2) Grundsätzliche Bedeutung (§ 543 II 1 Nr 1).** Bei dem Zulassungsgrund der grundsätzl Bedeutung handelt es sich um „einen überkommenen, hinreichend eingrenzbaren und durch die Rspr bereits weithin ausgefüllten Rechtsbegriff" (BVerfGE 49, 156). Grundsätzl Bedeutung iSv II 1 Nr 1 ist (nur) dann gegeben, wenn die Rechtssache eine entscheidungserhebl, klärungsbedürftige und klärungsfähige (s Rn 7) **Rechtsfrage** aufwirft, die sich in einer **unbestimmten Vielzahl von Fällen** stellen kann und deswegen das abstrakte Interesse der Allgemeinheit an der einheitl Entwicklung und Handhabung des Rechts berührt, dh die allg von Bedeutung ist (zB BGH NJW-RR 2022, 684 Tz 14; BGH NJW-RR 2020, 1275; BGH NJW 2018, 1008 mwN). Klärungsbedürftig ist eine Rechtsfrage nicht bereits dann, wenn der BGH sie noch nicht entschieden hat (BGH ZIP 2014, 191; BGH ZIP 2010, 985; BGH WM 2010, 81). Vielmehr muss ihre Beantwortung zweifelhaft sein, weil sie vom BGH noch nicht entschieden ist *und* in der obergerichtl Rechtsprechung **unterschiedlich beurteilt** wird oder wenn sie in der Literatur in gewissem Umfang umstritten ist (BGH NJW-RR 2022, 684 Tz 14; BGH ZIP 2014, 191; BGH ZIP 2010, 2397 Tz 3). Eine einzelne abweichende Gerichtsentscheidung genügt dafür nicht notwendig (vgl BGH WM 2010, 81). Derartige Unklarheiten bestehen nicht, wenn abweichende Ansichten in der Literatur vereinzelt geblieben und nicht oder nicht nachvollziehbar begründet sind (BGH ZIP 2014, 191; BGH ZIP 2010, 985). – Eine Klärung kann auch durch die Entscheidung eines Strafsenats des BGH erfolgt sein (so BGH VersR 2003, 1322: Lügendetektor). Auch nach Klärung einer Rechtsfrage durch den BGH kann sich weiterer Klärungsbedarf ergeben, wenn nicht nur einzelne OLG oder Literaturstimmen der Auffassung mit beachtenswerten **neuen Argumenten** widersprechen, mit denen sich der BGH noch nicht ausreichend auseinandergesetzt hat (BGH WuM 2024, 385; BGH NJW 2014, 456 Tz 9). Auch ohne Streit in Rspr oder Literatur kann sich die Grundsatzbedeutung einer Rechtsfrage im Einzelfall auch aus ihrem **Gewicht für die beteiligten Verkehrskreise** ergeben (BGH VersR 2023, 1156; BGH NJW 2003, 3765). Allein der Umstand, dass eine einheitl Entscheidung in mehreren denselben Sachverhaltskomplex betreffenden **Parallelverfahren** angestrebt wird, begründet keine grundsätzl Bedeutung (BGH NJW-RR 2019, 423). Eine solche ist aber gegeben, wenn in einem künftigen Revisionsverf eine **Vorabentscheidung des EuGH** einzuholen wäre (BVerfG HFR 2016, 279; BVerfG NJW 2014, 1796, BGH RdE 2018, 529; BGH LRE 46, 279). Eine bestehende grundsätzl Bedeutung entfällt nicht durch die Aussicht auf Klärung in einem anderen Rechtsstreit (BVerfG NJW 2018, 3699). – Aus der Anwendung **ausländischen Rechts** folgt für sich genommen keine grundsätzl Bedeutung (BGH MDR 2025, 336).

14 **3) Fortbildung des Rechts (§ 543 II 1 Nr 1 Alt 1).** Zur Fortbildung des Rechts ist die Zulassung der Revision dann geboten, wenn der zu entscheidende Einzelfall Veranlassung gibt, **Leitsätze für die Auslegung** von *Gesetzesbestimmungen* (BGH NJW-RR 2020, 1275 Tz 21 mwN) des materiellen oder des Verfahrensrechts (BGHZ 156, 97 = FamRZ 2003, 1831; BGHZ 151, 221 = NJW 2002, 3029) aufzustellen oder **Gesetzeslücken** auszufüllen (stRspr, zB BGH NJW-RR 2020, 1275 Tz 21 mwN; BGH NJW-RR 2017, 137). Für die Entwicklung höchstricht-

erl Leitsätze besteht aber nur dann ein Bedürfnis, wenn es für die rechtl Beurteilung typischer oder verallgemeinerungsfähiger Lebenssachverhalte an einer richtungsweisenden Orientierungshilfe ganz oder teilweise fehlt (stRspr, zB BGH NJW-RR 2020, 1275; BGH NJW-RR 2017, 137). Erforderl ist eine **über den Einzelfall hinausgehende** Bedeutung, da sich der Zulassungsgrund der Fortbildung des Rechts als Konkretisierung (s Rn 10) oder als „Unterfall" (so BGH MDR 2010, 229) des Zulassungsgrundes der grundsätzl Bedeutung darstellt. Fehlt es an einer grundsätzl Bedeutung, bedarf es einer Zulassung auch nicht zur Fortbildung des Rechts (so die Argumentation BGH NJW-RR 2011, 573; BGH NJW-RR 2007, 1022).

4) Sicherung einer einheitlichen Rechtsprechung (§ 543 II 1 Nr 1 Alt 2). a) Allgemein. Das Kriterium der Sicherung einer einheitl Rspr ist weiter gefasst als der vor der ZPO-Reform 2001 geltende Zulassungsgrund der „Abweichung von höchstrichterl Rechtsprechung" (§ 546 I 2 Nr 2 aF). Es sollen auch die Fälle erfasst werden, in denen das Vertrauen in die Rspr deshalb Schaden nimmt, weil das angefochtene Berufungsurteil materielle oder formelle Fehler enthält, die im Interesse des Vertrauens in eine geordnete Rechtspflege nicht bestehen bleiben können (s Rn 10). Um dies zu erreichen, wurden nach Inkrafttreten der ZPO-Reform von den einzelnen Senaten des BGH zunächst unterschiedl Ansätze und Argumentationslinien verfolgt. Auf die Darstellung in der 34. Aufl Rn 14 f wird insoweit verwiesen. Inzwischen ist von den nachfolgend dargestellten, in der Rspr des BGH gefestigten Grundsätzen auszugehen. 15

b) Divergenz. Der Zulassungsgrund der Sicherung einer einheitl Rechtsprechung ist in den Fällen einer Divergenz gegeben, wenn also die anzufechtende Entscheidung von der Entscheidung eines höher- oder gleichrangigen Gerichts abweicht und auf dieser Abweichung beruht. Eine **Abweichung** idS liegt nur vor, wenn die anzufechtende Entscheidung dieselbe Rechtsfrage anders beantwortet als die Vergleichsentscheidung, mithin einen Rechtssatz aufstellt, der von einem in anderen Entscheidungen eines höheren oder eines gleichgeordneten Gerichts aufgestellten **abstrakten Rechtssatz** abweicht (BGH NJW-RR 2019, 524; BGH MDR 2007, 1445; BGHZ 154, 288 = VersR 2003, 1144). Es kommt darauf an, ob die Divergenz tatsächl besteht; eine irrtüml vom Berufungsgericht angenommene begründet sie nicht (BGH WM 2012, 746; BGH VersR 2007, 1426). Die Divergenz muss im Hinblick auf eine das Verf abschließende Entscheidung bestehen. Bei einem Beweis- oder **Hinweisbeschluss** des Berufungsgerichts handelt es sich um eine reine Zwischenentscheidung, die von vornherein keinen zulassungsrelevanten Meinungsstreit begründen kann (BGH NJW 2020, 3312). Eine zwischenzeitl durch den BGH **aufgehobene Entscheidung** kann eine Divergenz nicht mehr begründen (BGH 28.5.2024 – VIa ZR 623/21, juris). – Gelangt ein Berufungsgericht im Einzelfall trotz **identischen Sachverhalts** zu einem anderen Ergebnis als ein anderes gleich- oder höherrangiges Gericht, so begründet dies für sich allein nicht die Notwendigkeit der Revisionszulassung zur Sicherung einer einheitl Rspr. Es kommt vielmehr darauf an, ob eine Divergenz in Rechtsfragen oder ein Rechtsfehler mit symptomatischer Bedeutung (s Rn 17) vorliegt (BGH MDR 2004, 168). – Aus einem gem § 544 VI 2 **nicht begründeten Beschluss** lässt sich eine Divergenz idR nicht herleiten (BGH WM 2022, 1684 = MDR 2022, 1367 Tz 27). Angesichts der Funktion einer **Leitentscheidung gem § 565 nF**, in anderen Verf sich stellende Rechtsfragen einem Revisionsurteil vergleichbar zu beantworten (s § 552b Rn 1), begründet auch eine Abweichung von einem in einer solchen Entscheidung aufgestellten Rechtssatz eine Divergenz iSv § 543 II 1 Nr 1 Alt 2 (so wohl auch Vollkommer NJW 2024, 3257). 16

c) Fehler bei der Rechtsanwendung. Der Zulassungsgrund der Sicherung einer einheitl Rechtsprechung ist auch dann gegeben, wenn einem Gericht Fehler bei der Rechtsanwendung unterlaufen, die eine **Wiederholung** durch dasselbe Gericht oder eine Nachahmung durch andere Gerichte erwarten lassen, und wenn dadurch so schwer erträgl Unterschiede in der Rspr zu entstehen oder fortzubestehen drohen, dass eine höchstrichterl Leitentscheidung notwendig ist (BGH VersR 2011, 236; BGH FamRZ 2010, 881 für § 574 II Nr 2). Eine solche Wiederholungsgefahr besteht grds nicht, wenn dem Berufungsgericht die abweichende Entscheidung des BGH noch nicht bekannt war (BGH 30.10.2023 – VIa ZR 248/22; BGH 16.4.2021 – XI ZR 137/20). Ein grundlegendes Missverständnis der höchstrichterl Rechtsprechung begründet eine strukturelle Wiederholungsgefahr (BGH NJW 2005, 154). Es muss sich aber um einen Rechtsfehler von **symptomatischer Bedeutung** handeln (BGH ZIP 2019, 1722; BGH FamRZ 2010, 881 für § 574 II Nr 2; BGHZ 152, 182, 187 = NJW 2003, 65). Diese Voraussetzungen sind also nicht schon dann erfüllt, wenn die Entscheidung des Berufungsgerichts, gemessen an der Rspr des BGH, **fehlerhaft** (BGH WM 2022, 1684 Tz 28; BGH FamRZ 2010, 881 für § 574 II Nr 2; BGHZ 154, 288, 293 = NJW 2003, 1943) oder sogar **offensichtlich unrichtig** ist (BGH VersR 2003, 1142). Ebenso wenig ist für sich das **Fehlen von Entscheidungsgründen** des Berufungsurteils ein Zulassungsgrund (BGH MDR 2017, 1076). Eine Entscheidung des Revisionsgerichts ist zur Sicherung einer einheitl Rspr aber erforderl, wenn nur so zu vermeiden ist, dass **schwer erträgliche Unterschiede** in der Rspr entstehen oder fortbestehen, wobei es darauf ankommt, welche Bedeutung die Entscheidung für die Rspr im Ganzen hat (BGH RdE 2018, 529 mwN). Ein schwerer, das Vertrauen der Allgemeinheit in eine funktionierende Rspr gefährdender Rechtsfehler liegt in folgenden Konstellationen vor: 17

aa) Das Berufungsgericht hat bei der Auslegung oder Anwendung von Vorschriften des materiellen Rechts oder des Verfahrensrechts gegen grundlegende, **verfassungsrechtlich** abgesicherte Gerechtigkeitsanforderungen verstoßen und die Entscheidung bedarf deswegen von Verfassungs wegen der Korrektur (BGH WM 2022, 1684 Tz 29). Unter diesem Gesichtspunkt ist die Revision zur Sicherung einer einheitl Rspr zuzulassen, wenn 18 die angefochtene Entscheidung auf einer Verletzung des allg Gleichheitssatzes (Art 3 I GG) in seiner Ausprägung als **Willkürverbot** (BGH WM 2022, 1684 Tz 29; BGH NJW 2005, 153) oder auf einer Verletzung der Verfahrensgrundrechte des Beschwerdeführers beruht, insb des Anspruchs auf Gewährung **rechtlichen Gehörs** gem Art 103 I GG (BGH WM 2022, 1684 Tz 29; BGH FamRZ 2010, 881 für § 574 II Nr 2; BGHZ 154, 288, 296 = NJW 2003, 1943), **wirkungsvollen Rechtsschutz** (BGH ZfSch 2022, 259 Tz 7; BGH NJW-RR 2022, 426 Tz 6) oder der Garantie des **gesetzlichen Richters** gem Art 101 I 2 GG (BGH WM 2022, 1684 Tz 29; BGHZ 154, 288, 296 = BGH NJW 2003, 1943). Der Verstoß muss nicht offenkundig sind (BGH NJW 2004, 2222 unter Aufgabe der früheren Rspr; BGH NJW 2003, 1943). Eine entspr Rechtsverletzung kann der Revisionsführer aber nur geltend machen, wenn er alle nach Lage der Sache zur Verfügung stehenden prozessualen **Möglichkeiten ergriffen hat**, um sie in der Vorinstanz zu verhindern (BGH ZfSch 2022, 259 Tz 12; BGH NJW-RR 2021, 1507 Tz 12; BGH NJW 2020, 1740; BGH VersR 2016, 137 Tz 7).

19 **bb)** Es wird ein **absoluter Revisionsgrund** gem **§ 547 Nr 1-4** mit der NZB geltend gemacht und liegt tatsächl vor (BGH MDR 2017, 538; BGHZ 172, 250 = MDR 2007, 1213; ebenso Piekenbrock/Schulze JZ 2002, 921; Gebauer ZZP 120 [2007], 507; sa BVerfG NJW 2001, 2163). Denn mit der Qualifikation schwerwiegender Verfahrensfehler als absolute Revisionsgründe und als Nichtigkeitsgründe hat der Gesetzgeber deutl gemacht, dass es nicht erträgl erschiene, der betroffenen Partei abzuverlangen, die auf der Grundlage eines solchen Verfahrensfehlers ergangene Entscheidung hinzunehmen und sie ggf auf ein Wiederaufnahmeverf zu verweisen Für den absoluten Revisionsgrund gem **§ 547 Nr 6** (nicht mit Gründen versehenes Urteil) gilt dies aber nicht ohne Weiteres, insb nicht, wenn es sich um eine im Verhältnis zur Hauptforderung geringfügige Nebenforderung handelt (BGH MDR 2012, 868). Vergleichbares hat beim Vorliegen des absoluten Revisionsgrundes aus **§ 547 Nr 5** (Öffentlichkeit) zu gelten: Wenn in einem Zivilprozess beide Parteien durch RA vertreten sind und diese im Verlauf einer zunächst öffentl Verh, nach einem Hinweis des Gerichts, dass nun aus tatsächl Gründen die Öffentlichkeit nicht mehr gewährleistet sei, ausdrückl den Verzicht auf die Einhaltung von § 169 I 1 GVG erklären, rechtfertigt dieses für sich nicht die Zulassung der Revision (BGH WM 2021, 198). Für diese beiden Revisionsgründe ist daher im Einzelfall zu prüfen, ob ein schwerer, das Vertrauen der Allgemeinheit in eine funktionierende Rechtsprechung gefährdender Rechtsfehler (s Rn 17) vorliegt.

20 **III) Zulassungsentscheidung. 1) Form.** Über eine Zulassung hat zunächst das Berufungsgericht zu entscheiden. Dies hat in dem Urteil zu geschehen. Eine **Zulassung** wird üblicher- und sinnvollerw in den **Urteilstenor** aufgenommen, verfahrensrechtl notwendig ist dies aber nicht. Eine aus dem Tenor nicht ersichtl Beschränkung der Revisionszulassung (s Rn 25 ff) kann sich auch aus den Urteilsgründen ergeben (s Rn 33). Das Berufungsgericht hat über eine Zulassung **von Amts wegen** zu entscheiden, ein „Antrag" hat nur die Bedeutung einer Anregung. Wird ein solcher gestellt, ist aber eine Nichtzulassung zu begründen, ebenso wenn sonst eine Zulassung nahe liegt (BVerfG FamRZ 2019, 1643; BVerfG NJW 2012, 1715; aA 34. Aufl/Heßler Rn 17; WSch/Prütting/Winter Rn 97, je nur nobile officium). Dann bietet sich auch eine **Ablehnung** im Tenor an, verfahrensrechtl notwendig ist dies im Zivilprozess (anders gem § 72 I 2, § 64 III a ArbGG) aber nicht. In **bayerischen Sachen** muss die Zulassungsentscheidung gem § 7 I 1 EGZPO zwingend – und eindeutig (BGH 23.1.2024 – XI ZR 38/23, juris; BGH WM 1994, 909 – auch den Ausspruch enthalten, ob die Revision zum BGH oder zum BayObLG zugelassen wird (s vor § 542 Rn 4).

21 **2) Zulassung durch Einzelrichter.** Anders als bei der Rechtsbeschwerde (s § 574 Rn 14) kann (und muss) der Einzelrichter, dem gem § 526 I das Berufungsverf übertragen wurde, die Revision bei Vorliegen eines Revisionsgrundes grds selbst zulassen (BGH MDR 2023, 317; BGH NJW-RR 2019, 942 Tz 10; BGH WM 2017, 1075 Tz 6; BGH WM 2012, 2251 Tz 31 f). Dies folgt daraus, dass der Gesamtspruchkörper bereits bei der Übertragung – wenn auch nicht bindend – die grundsätzl Bedeutung der Rechtssache verneint hat (BGH NJW 2003, 2900; Gehrlein MDR 2004, 912; sa § 526 Rn 12). Eine unzulässige und gegen das Gebot des ges Richters iSv § 547 Nr 1 (s § 547 Rn 2) verstoßende Entscheidung liegt aber vor, wenn der Einzelrichter trotz **nachträglicher Änderung** der Sachlage die gem § 526 II 1 Nr 1 gebotene Vorlage an den Gesamtspruchkörper unterlässt und sich dies als obj willkürl darstellt (BGH MDR 2023, 317; BGH WM 2017, 1075 Tz 6).

22 **3) Schweigen, Ergänzung, Berichtigung.** Die Zulassung muss – mindestens in den Gründen des Berufungsurteils (s Rn 20) – **ausgesprochen** werden. Befasst sich das Berufungsurteil nicht mit der Zulassung, spricht es damit aus, dass die Revision nicht zugelassen wird, und zwar auch dann, wenn es die Möglichkeit der Zulassung gar nicht bedacht hat (stRspr, zB BGH MDR 2014, 1338; BGH NJW 2011, 1516). Einer nachträgl Zulassung steht die Bindung des Berufungsgerichts gem § 318 entgegen (BGH MDR 2014, 1338; BGH MDR 2012, 245). Dasselbe gilt für eine **Ergänzung des Urteils** gem § 321 (BGH MDR 2014, 1338; BGH NJW 2011, 1516; BGH NJW 2004, 779).

23 Eine **Berichtigung** gem § 319 ist nur zulässig, wenn das Urteil selbst eine – auch für Dritte erkennbare – offenbare Unrichtigkeit der Entscheidung über die Zulassung erkennen lässt; s § 319 Rn 27. Ergibt sich erst aus der Berichtigung eine Zulassung, läuft die **Revisionsfrist** erst ab Bekanntgabe des Berichtigungsbeschlusses (BGH NJW 2004, 2389; BGH WM 2004, 891; sa § 319 Rn 39).

24 Eine **Anhörungsrüge** (§ 321a) führt (nur) dann zu einer das Revisionsgericht gem II 2 bindenden (s Rn 34) Zulassung der Revision, wenn das Verf gem § 321a V fortgesetzt worden ist, weil für die Zulassungsentscheidung erhebl

Parteivortrag verfahrensfehlerhaft übergangen worden ist (BGH FamRZ 2024, 451 Tz 23; BGH VersR 2018, 1451; BGH BGH MDR 2014, 1338 mwN; BGH MDR 2012, 245). Die unterbliebene Zulassung als solche kann den Anspruch auf rechtl Gehör nicht verletzen (BGH NJW 2011, 1516; BGH MDR 2012, 245). IE s § 321a Rn 20.

4) Teilzulassung. a) Zulässigkeit. Die Zulassung der Revision kann (nur) auf einen eindeutig **abgrenzbaren selbständigen Teil** des Streitstoffs beschränkt werden, der Gegenstand eines Teil- oder Zwischenurteils oder eines eingeschränkt eingelegten Rechtsmittels sein kann (stRspr, zB BGH NJW 2022, 2685 Tz 8; BGH MDR 2018, 818 mwN; BGH NJW 2017, 2679; BGH VersR 2015, 1428 mwN). Die Grundsätze von § 301, insb zur erforderl Widerspruchsfreiheit (s § 301 Rn 12 f), sind dabei anzuwenden (BGH GRUR 2024, 454; BGH FamRZ 2007, 117). Voraussetzung für eine wirksame Beschränkung ist eine Selbständigkeit des von ihr erfassten Teils des Streitstoffs in dem Sinne, dass dieser in tatsächl und rechtl Hinsicht unabhängig von dem übrigen Streitstoff beurteilt werden und auch im Falle einer Zurückverweisung kein Widerspruch zum nicht anfechtbaren Teil des Streitstoffs auftreten kann (BGH MDR 2018, 818 mwN; BGH NJW 2017, 2679). Es muss sich aber hierbei weder um einen eigenen Streitgegenstand handeln, noch muss der betroffene Teil des Streitstoffs auf der Ebene der Berufungsinstanz teilurteilsfähig sein; auch eine Beschränkung der Revisionszulassung auf einen abtrennbaren Teil eines prozessualen Anspruchs ist zulässig (BGH NJW-RR 2019, 610; BGH MDR 2018, 818 mwN; BGH NJW 2017, 2679). Für die Beurteilung, ob danach eine Beschränkung zulässig ist, kommt es aus Gründen der Rechtsmittelklarheit auf den **Zeitpunkt** der beschränkten Zulassung der Revision an (BGH NJW-RR 2019, 610). 25

Unzulässig ist die Beschränkung auf einzelne **Rechtsfragen** (zB BGH WRP 2025, 346; BGH NJW-RR 2023, 14 Tz 19; BGH NJW 2006, 2110) oder **Anspruchselemente** und -voraussetzungen (BGH NJW-RR 2023, 14 Tz 19 f; BGH MDR 2018, 953; BGH BGH NJW 2017, 2679), zB die nicht unabhängig von der mat-rechtl Natur des Anspruchs prüfbare Verjährung (BGH NJW-RR 2007, 182); formelle oder die materielle Unwirksamkeit einer Erklärung (BGH NJW-RR 2022, 606 Tz 17 für Beitragsanpassung einer Versicherung). Ggf kann darin aber eine Beschränkung der Zulassung der Revision auf die Prozesspartei liegen, zu deren Nachteil die Rechtsfrage entschieden wurde; s Rn 27. Weitere Fälle der Unzulässigkeit der Beschränkung: **nur Begründetheit** der Klage (BGH NJW 2023, 217; BGH NJW 2018, 227); **Zulässigkeit der Berufung** (BGH NJW 2005, 2086; BGH NJW 2001, 2259). 26

Zulässig ist eine Beschränkung der Zulassung insb: 27

aa) Auf **eine von mehreren Prozessparteien** (BGH VersR 2020, 208 Tz 33; BGH NJW 2018, 1880). Dies kann ausdrückl geschehen (vgl zB BGH VersR 2013, 120), sich aber auch aus der Auslegung der Urteilsgründe ergeben, sofern Grund der Zulassung eine bestimmte Rechtsfrage war, die das Berufungsgericht zum Nachteil einer Partei entschieden hat. Die Zulassung wirkt in diesem Fall nicht zugunsten des Gegners, der das Urteil aus einem anderen Grund angreift (BGH VersR 2020, 208 Tz 33; BGH MDR 2018, 953; BGH NJW 2018, 1880). Eine Beschränkung der Zulassung ist auch auf einen von mehreren (nicht notwendigen) **Streitgenossen** zulässig (BGHZ 193, 193 = NJW 2012, 2435).

bb) Hinsichtl der **Zulässigkeit der Klage** generell (BGH NJW 2023, 217; BGH NJW 2019, 3446; BGH NJW 2018, 1880) sowie einzelner Prozessvoraussetzungen, zB Prozessführungsbefugnis (BGH ZIP 1995, 1773). 28

cc) Auf einen von mehreren **selbständigen prozessualen Ansprüchen** (BGH NJW 2020, 3258; BGH NJW 2010, 3015; BGH NJW-RR 2010, 1432), zB einen Verzugsschaden (BGH VersR 2006, 1361); eine vorprozessual erklärte Aufrechnung (BGH NJW-RR 2010, 572); einen von mehreren aktienrechtl Beschlussanfechtungsgründen (BGH MDR 2010, 705); **Klage- oder Widerklage** (BGH ZIP 2024, 68), auch bei Hilfswiderklage (BGH ZIP 2024, 68; BGH NJW 2010, 3015), sofern es sich um einen rechtl und tatsächl selbständigen Teil des Gesamtstreitstoffs handelt (BGH NJW-RR 2003, 1192). 29

dd) Hinsichtl der **Anspruchshöhe** (BGH ZIP 2025, 101; BGH NJW 2022, 2685 Tz 8; BGH BauR 2018, 555; BGH NJW 2017, 736), insb auf einzelne abgrenzbare Schadenspositionen (BGH 30.1.2024 – VIa ZR 673/23, Tz 7 ff, juris), und des Grundes des Anspruchs. Eine auf den **Anspruchsgrund** bezogene Revisionszulassung erfasst jedenfalls alle Anspruchsvoraussetzungen und Einwendungen, die für den Erlass eines gedachten Grundurteils hätten erledigt werden müssen (BGH 22.9.2022 – VII ZR 786/21 Tz 16, juris; BGH ZIP 2021, 1922). – Die Beschränkung auf einen **Teilzeitraum** ist bei wiederkehrenden Leistungen (zB Unterhalt) zulässig, wenn eine Rechtsfrage nur für einen klar begrenzten Teil des Zeitraums von Bedeutung ist. 30

ee) Auf eine zur **Aufrechnung** gestellte Forderung (BGH NJW-RR 2001, 1572), unabhängig davon, ob sie hilfsw oder unbedingt erklärt wurde. Insoweit liegen prozessual selbständige Elemente des Streitstoffes vor, die getrennt angefochten werden können und deshalb auch einer getrennten Entscheidung über die Zulassung der Revision unterliegen. Dies gilt für eine Primäraufrechnung (BGH NJW-RR 2001, 1572), im Fall des Erfolgs einer Hilfsaufrechnung (BGH NJW 1990, 447) sowie in Fällen, in denen die Klageforderung bejaht und die Gegenforderung verneint wurde (BGH NJW 1996, 527). 31

ff) Auf **einzelne Angriffs- oder Verteidigungsmittel**, soweit es sich um tatsächl selbständige und abtrennbare Teile des Gesamtstreitstoffes handelt (BGH MDR 2010, 649; BGH NJW-RR 2001, 1572; BGH MDR 2002, 964). Dies gilt insb für ein **Mitverschulden**, wenn das Berufungsgericht befugt gewesen wäre, zunächst ein Grundurteil (§ 304 ZPO) zu erlassen und die Frage des Mitverschuldens dem Nachverf über den Betrag vorzubehalten 32

(BGH MDR 2002, 964 mwN; BGH NJW 1997, 2234). Eine Beschränkung ist auch zulässig auf den Vorbehalt der beschränkten Erbenhaftung (BGH MDR 2010, 649).

33 **b) Entscheidung.** Soweit die Zulassung der Revision beschränkt werden kann, muss die Beschränkung eindeutig sein. Dies kann durch eine entspr Einschränkung im **Tenor** geschehen. Es genügt aber, dass sie sich – auch bei uneingeschränktem Tenor – eindeutig aus den **Entscheidungsgründen** ergibt (stRspr, zB BGH NJW 2020, 3258; BGH ZIP 2020, 419; BGH NJW-RR 2019, 787). Das ist idR dann anzunehmen, wenn sich die vom Berufungsgericht als zulassungsrelevant angesehene Frage nur für einen eindeutig abgrenzbaren **selbständigen Teil** des Streitstoffs stellt, der Gegenstand eines Teilurteils oder eines eingeschränkt eingelegten Rechtsmittels sein kann (BGH NJW-RR 2024, 1185; BGH NJW 2022, 321; BGH NJW 2020, 3258 mwN), zB durch Verweis auf eine nur für einen Streitgegenstand relevante abweichende Entscheidung (BGH ZIP 2024, 68). Entsprechendes gilt, wenn durch die zulassungsrelevante Rechtsfrage nur eine Partei beschwert ist (s Rn 27). In diesen Fällen ist jedoch erforderl, dass sich die Beschränkung der Zulassung **klar ergibt** (BGH MDR 2005, 886). Daher genügt die bloße Angabe des Grundes für die Zulassung der Revision nicht, um von einer Zulassungsbeschränkung auszugehen, wenn nicht erkennbar ist, dass die Zulassung auf den durch die Rechtsfrage betroffenen Teil des Streitgegenstands beschränkt werden sollte (BGH NJW 2022, 321 Tz 16; BGH ZIP 2019, 513 Tz 17 mwN; BGH MDR 2005, 886).

34 **c) Unzulässige Beschränkung.** Fehlt es an einer wirksamen Beschränkung der Zulassung, ist allein die Beschränkung, nicht aber die Zulassung unwirksam; die Revision ist daher **unbeschränkt zugelassen** (BGH NJW 2022, 321; BGH NJW-RR 2007, 182; BGH NJW 2006, 2110; BGH NJW-RR 2003, 1192). Bei einer unzulässig auf eine Rechtsfrage beschränkten Zulassung der Revision ist stets zu prüfen, ob sie sich in eine Zulassung für einen Teil des Streitgegenstandes (s Rn 33) umdeuten lässt (BGH NJW 2006, 2110).

35 5) **Bindung an Entscheidung des Berufungsgerichts (§ 543 II 2).** Die verfahrensrechtl zulässige **Zulassung** der Revision durch das Berufungsgericht ist für das Revisionsgericht bindend. An eine prozessual nicht vorgesehene und daher unwirksame nachträgl Zulassung (s Rn 22 ff) besteht keine Bindung (BGH MDR 2014, 1338 mwN; BGH MDR 2012, 245; BGH MDR 2011, 686). Ist eine Revision nicht statthaft, wird sie auch durch eine Zulassung nicht eröffnet; s § 542 Rn 8.

36 Die **Nichtzulassung** der Revision durch das Berufungsgericht unterliegt der selbständigen Anfechtung und Überprüfung durch das Revisionsgericht gem § 544.

§ 544 Nichtzulassungsbeschwerde

(1) Die Nichtzulassung der Revision durch das Berufungsgericht unterliegt der Beschwerde (Nichtzulassungsbeschwerde).

(2) Die Nichtzulassungsbeschwerde ist nur zulässig, wenn

1. der Wert der mit der Revision geltend zu machenden Beschwer 20.000 Euro übersteigt oder

2. das Berufungsgericht die Berufung als unzulässig verworfen hat.

(3) [1]Die Nichtzulassungsbeschwerde ist innerhalb einer Notfrist von einem Monat nach Zustellung des in vollständiger Form abgefassten Urteils, spätestens aber bis zum Ablauf von sechs Monaten nach der Verkündung des Urteils bei dem Revisionsgericht einzulegen. [2]Mit der Beschwerdeschrift soll eine Ausfertigung oder beglaubigte Abschrift des Urteils, gegen das die Revision eingelegt werden soll, vorgelegt werden.

(4) [1]Die Beschwerde ist innerhalb von zwei Monaten nach Zustellung des in vollständiger Form abgefassten Urteils, spätestens aber bis zum Ablauf von sieben Monaten nach der Verkündung des Urteils zu begründen. [2]§ 551 Abs. 2 Satz 5 und 6 gilt entsprechend. [3]In der Begründung müssen die Zulassungsgründe (§ 543 Abs. 2) dargelegt werden.

(5) Das Revisionsgericht gibt dem Gegner des Beschwerdeführers Gelegenheit zur Stellungnahme.

(6) [1]Das Revisionsgericht entscheidet über die Beschwerde durch Beschluss. [2]Der Beschluss soll kurz begründet werden; von einer Begründung kann abgesehen werden, wenn sie nicht geeignet wäre, zur Klärung der Voraussetzungen beizutragen, unter denen eine Revision zuzulassen ist, oder wenn der Beschwerde stattgegeben wird. [3]Die Entscheidung über die Beschwerde ist den Parteien zuzustellen.

(7) [1]Die Einlegung der Beschwerde hemmt die Rechtskraft des Urteils. [2]§ 719 Abs. 2 und 3 ist entsprechend anzuwenden. [3]Mit der Ablehnung der Beschwerde durch das Revisionsgericht wird das Urteil rechtskräftig.

(8) [1]Wird der Beschwerde gegen die Nichtzulassung der Revision stattgegeben, so wird das Beschwerdeverfahren als Revisionsverfahren fortgesetzt. [2]In diesem Fall gilt die form- und fristgerechte Einlegung der Nichtzulassungsbeschwerde als Einlegung der Revision. [3]Mit der Zustellung der Entscheidung beginnt die Revisionsbegründungsfrist.

(9) Hat das Berufungsgericht den Anspruch des Beschwerdeführers auf rechtliches Gehör in entscheidungserheblicher Weise verletzt, so kann das Revisionsgericht abweichend von Absatz 8 in dem der Beschwerde stattgebenden Beschluss das angefochtene Urteil aufheben und den Rechtsstreit zur neuen Verhandlung und Entscheidung an das Berufungsgericht zurückverweisen.

Lit: *Kummer*, Die NZB, 3. Aufl 2022; *Winter*, Die Nichtzulassungsbeschwerde – ein Scheinrechtsmittel, NJW 2016, 922.

I) Anwendungsbereich und Zweck. § 544 regelt die Nichtzulassungsbeschwerde (NZB) gegen die Entscheidung des Berufungsgerichts durch **Urteil** oder **Zurückweisungsbeschluss** gem § 522 II. Zur Prüfungskompetenz, ob es sich um eine § 70 FamFG unterfallende **Familiensache** handelt, s § 70 FamFG Rn 5. 1

Die NZB ist notwendige Folge der einheitl Beschränkung des Zugangs zur Revisionsvorinstanz durch Zulassungsentscheidung (s vor § 542 Rn 2). Da die Zulassungsentscheidung durch das Berufungsgericht zu treffen ist, würde der Aufgaben- und Funktionsbereich des Revisionsgerichts sonst ausschließl durch die Berufungsinstanz festgelegt. Es könnte dazu kommen, dass die Revisionsinstanz durch die Praxis der Zulassungsentscheidung von der Rechtswirklichkeit abgeschottet würde. In einem solchen Fall könnte das Revisionsgericht weder seiner Aufgabe gerecht werden, Einheitlichkeit der Rspr und Rechtsanwendung sicherzustellen, noch könnte es der Kontrollfunktion im Instanzenzug gerecht werden, die ihm – auch bezogen auf die Rechtsgewährung im Einzelfall – zukommt. Die NZB gewährleistet, dass dem BGH stets genügend Fallmaterial für einen eigenen Überblick über die Rechtswirklichkeit vorgelegt wird. 2

Das System entspricht den Regelungen der Prozessordnungen für die Fachgerichtsbarkeiten bzgl des Zugangs zu den obersten Bundesgerichten (§ 72a ArbGG; § 133 VwGO; § 160a SGG; § 115 FGO). 3

II) Rechtscharakter. Die NZB hat zwar Suspensiv- und begrenzten Devolutiveffekt, ein Rechtsmittel im engeren Sinn ist sie gleichwohl nicht (str, vgl v. Gierke/Seiler JZ 2003, 403; Piekenbrock/Schulze JZ 2002, 912 mwN; MK/Krüger Rn 2; MskV/Ball Rn 2). Zwar ergreift die Suspensivwirkung gem VII auch die Hauptsache. Hinsichtl der Hauptsache fehlt es aber am Devolutiveffekt (BGH NJW-RR 2010, 783; BGH NJW-RR 2006, 1508). Erst mit der Entscheidung, der Nichtzulassung stattzugeben (VIII), fällt der Streitgegenstand dem Revisionsgericht an. 4

Die NZB ist jedoch Rechtsmittel iSd EU-Rechts. Ein Grund für die Zulassung der Revision liegt immer dann vor, wenn eine entscheidungserhebl Frage durch eine **Vorlage an den EuGH** gem Art 267 AEUV zu klären ist (BGH LRE 46, 279; vgl Baumert MDR 2003, 607; Piekenbrock/Schulze JZ 2002, 921). 5

III) Zulässigkeit. 1) Beschwer über 20.000 Euro (§ 544 II Nr 1). a) Allgemein. Die Zulässigkeit der NZB ist gem II Nr 1 – seit dem 1.1.2020 dauerhaft (s vor § 542 Rn 2) – von einer Beschwer **von mehr als 20.000 Euro** abhängig. Die Verfassungsmäßigkeit der Vorgängerregelung in § 26 Nr 8 EGZPO hat der BGH (BGH NJW-RR 2003, 645) bejaht. Die Vorschrift gilt auch für Verf gem §§ 198 ff GVG wegen überlanger Verfahrensdauer (BGH MDR 2015, 230). Die Wertgrenze muss als Voraussetzung für die Zulässigkeit der NZB noch im **Zeitpunkt** der Entscheidung über diese erreicht sein (BGH 27.3.2023 – VIa ZR 660/22 Tz 6, juris; für Berufungsbeschwer: BGH NZM 2017, 358 Tz 7). – Ist eine NZB zulässig, ein Zulassungsgrund aber nur für einen Teil des Streitstoffes tatsächl gegeben, ist die Revision hierauf **beschränkt zuzulassen**, auch wenn der verbleibende Wert der Beschwer unter 20.000 Euro liegt (BGHZ 179, 31 = MDR 2009, 459 mwN; BGHZ 166, 327 = MDR 2006, 1366). Die Revision kann nach ihrer Zulassung mit einem **20.000 Euro nicht überschreitenden Betrag** weiterverfolgt werden (s Rn 29). Ergibt sich aber bereits aus der NZB die Absicht, nach Zulassung den Anspruch nur noch in Höhe eines die Wertgrenze nicht erreichenden Betrags weiterverfolgen zu wollen, definiert dies das Rechtsschutzziel, sodass die NZB unzulässig ist (BGH 24.9.2024 – VIa ZR 209/24 Tz 8, juris). – Bei **Teilzulassung** durch das Berufungsgericht ist deren Beschwer mit der in der NZB geltend gemachten zusammenzurechnen (BGH WuM 2020, 785; BGH NZM 2019, 630). Keine Addition erfolgt bei **Rechtsbeschwerde** wegen Verwerfung der Berufung gegen einen und **Nichtzulassungsbeschwerde** gegen anderen Streitgenossen (BGH ZfSch 2024, 680). 6

b) Ermittlung der Beschwer. Maßgebend ist nicht die Beschwer aus dem Berufungsurteil, sondern in welchem Umfang der Beschwerdeführer mit der **beabsichtigten Revision** das Berufungsurteil abändern lassen will (BGH NJW-RR 2020, 1517 = MDR 2021, 53; BGH NJW 2019, 1531 Tz 16; BGH NJW 2017, 3164). Für das Rechtsmittel des Kl ist von der „formellen Beschwer", also dem Abweichen von seinem vorinstanzl Antrag, auszugehen (BGH 4.7.2023 – II ZR 53/22). Der Wert bestimmt sich gem **§ 3** (zB BGH NJW 2019, 1531 Tz 16; BGH NJW 2016, 2428). Maßgebend sind die tatsächl Angaben zum Wert zum Zeitpunkt der **letzten mündlichen Verhandlung** vor dem Berufungsgericht; ihre Änderung im Verf der NZB ist unzulässig (BGH NJW 2017, 3164; BGH NJW-RR 2013, 1402). Hat das Berufungsgericht den Streitwert mangels verlässlichen oder vollständigen Angaben geschätzt, können die der Wertfestsetzung zugrundeliegenden Annahmen mit neuem Vortrag nicht in Frage gestellt werden (BGH NJW-RR 2013, 1402). Über die Höhe der Beschwer hat das **Revisionsgericht selbst** zu befinden, es ist an die Wertfestsetzung des Berufungsgerichts nicht gebunden (zB BGH NJW-RR 2022, 1223; BGH ZInsO 2020, 440 Tz 4 mwN). Übereinstimmenden Angaben der Parteien zur Höhe des Werts kann zwar Gewicht zukommen, eine Bindung daran besteht aber nicht (BGH GRUR 2012, 1288). 7

7a Maßgebl ist der rechtskraftfähige Inhalt der angefochtenen Entscheidung ohne Berücksichtigung von **Gegenrechten** (BGH NJW-RR 2004, 714). Wendet sich ein Beklagter aber nicht (mehr) gegen seine Verurteilung als solche, sondern will er nur erreichen, dass diese nur **Zug um Zug** gegen Erfüllung eines Gegenanspruchs erfolgt, kann sich der Beschwerdewert nach dem Wert des Gegenrechts bestimmen (BGH NJW-RR 2004, 714; BGH NJW-RR 1995, 706). Der Feststellung des **Annahmeverzugs** im Falle einer Zug-um-Zug-Verurteilung kommt ein eigener wirtschaftlicher Wert nicht zu (BGH BGH NJW-RR 2020, 1517 = MDR 2021, 53). Maßgebend ist die geltend gemachte **Gesamtbeschwer**; unerhebl ist, wenn einzelne Rechnungsposten (BGH NJW 2006, 1142) oder Streitgegenstände (BGHZ 166, 327 = MDR 2006, 1366) unter der Wertgrenze liegen. Bei mehreren Beschwerdeführern, die **einfache Streitgenossen** sind, ist zu addieren (BGH NJW 2015, 2816 = MDR 2015, 1149); ebenso bei Inanspruchnahme von Streitgenossen, sofern die Ansprüche nicht wirtschaftl identisch sind (BGH 26.1.2021 – VIII ZR 369/19 Tz 17 mwN). Bei mehreren als **Gesamtschuldner** verurteilte Beklagte gibt es dagegen keine Zusammenrechnung (BGH NJW-RR 2004, 638). In **Mietsachen** gelten die Grundsätze der §§ 8, 9 (BGH WuM 2017, 162; BGH WuM 2020, 300). Bei einer **Verbandsklage** gegen die Verwendung von Bestimmungen in AGB richtet sich die Beschwer nicht nach der wirtschaftl Bedeutung des angestrebten Verbots, sondern allein nach dem Interesse der Allgemeinheit an der Beseitigung der angegriffenen Klauseln (BGH MDR 2021, 195). Bei in das Ermessen des Gerichts gestellter Höhe (**Schmerzensgeld**) gelten die allg Grundsätze (s vor § 511 Rn 17 ff). Zu weiteren Einzelheiten der Beschwer s vor § 511 Rn 12 ff; § 511 Rn 20 ff.

8 **2) Verwerfung als unzulässig (§ 544 II Nr 2).** Wird die Berufung durch Urteil als unzulässig verworfen, ist gem II Nr 2 die NZB **unabhängig von einer Mindestbeschwer** zulässig, da auch eine Verwerfung durch Beschluss unabhängig von einer Mindestbeschwer (durch Rechtsbeschwerde) anfechtbar ist (BGH MDR 2015, 230). Dies gilt auch, wenn das Berufungsgericht eine unzulässige Berufung obj willkürl als unbegründet zurückgewiesen hat (BGH MDR 2011, 877). Wird die Berufung nur hinsichtl eines einzelnen Streitgegenstands verworfen, ist die NZB insoweit ohne Mindestbeschwer zulässig (BGH MDR 2017, 299). Auf die Abweisung einer Klage gem § 198 GVG als unzulässig ist die Regelung nicht entspr anzuwenden (BGH MDR 2015, 230).

9 **IV) Einlegung (§ 544 III). 1) Allgemeines.** Da die NZB eine Revision eröffnen soll, müssen deren allg Zulässigkeitsvoraussetzungen erfüllt sein: Gegen das angefochtene Berufungsurteil muss die Revision iSd § 542 **statthaft** und der Beschwerdeführer muss **beschwert** sein. Die NZB kann ohne Zustimmung des Gegners bis zum Erlass des Zurückweisungsbeschluss **zurückgenommen** werden (BGH MDR 2017, 1259 = NJW 2017, 3239), also bis er die Geschäftsstelle mit der unmittelbaren Zweckbestimmung verlassen hat, den Parteien bekannt gegeben zu werden; zum Erlass iE s § 329 Rn 19. Sofern der Umfang der Zulassung einer Revision problematisch ist, kann eine NZB **vorsorglich eingelegt** werden, die bei unbeschränkter Zulassung gegenstandslos wird (BGH NJW 2013, 1948 Tz 12; BGH WM 2010, 1367 Tz 1).

10 **2) Adressat; Anwaltszwang.** Die NZB ist beim Revisionsgericht einzulegen. Dies ist immer der **BGH**, auch wenn das BayObLG (s vor § 542 Rn 4) zuständig wäre, § 7 II EGZPO. – Demgemäß muss sich die Partei bei der Einlegung der NZB gem § 78 I immer durch einen **beim BGH zugelassenen RA** vertreten lassen (zB BGH 20.9.2022 – IX ZR 118/22).

11 **3) Beschwerdefrist.** Die Einlegungsfrist beträgt **1 Monat**. Die beginnt mit der Zustellung des vollständigen Berufungsurteils; ist diese fehlerhaft oder nicht erfolgt, so endet die Frist mit Ablauf von 6 Monaten nach Verkündung des Berufungsurteils. Maßgeblich ist das Protokoll mit seiner Beweiskraft (BGH NJW-RR 2015, 509; sa vor § 300 Rn 13). Die Frist ist eine Notfrist iSd § 233; WE in den vorh Stand ist daher mögl. – Die Regelung entspr § 517 für die Berufungsfrist; zu den Einzelheiten s dort.

12 **4) Beschwerdeschrift.** Die Beschwerdeschrift muss entspr § 549 I 2 die **Bezeichnung** des Berufungsurteils sowie die Erklärung enthalten, dass gegen die Nichtzulassung der Revision Beschwerde eingelegt wird (BGH 13.3. 2024 – XII ZR 89/22, auch zur Auslegung und Umdeutung). IÜ gelten die allg Regeln für bestimmende Schriftsätze (§ 129) sowie wegen VIII 2 die Anforderungen einer Revisionsschrift (§ 549 I 2) entsprechend (ThP/Seiler Rn 15; MK/Krüger Rn 9). Zum Anwaltszwang s Rn 10. Die Einreichung einer Ausfertigung/Abschrift des Urteils gem III 2 ermöglicht eine schnelle Bestimmung des zuständigen Senats und kann ggf zur Auslegung der Beschwerdeschrift herangezogen werden.

13 **V) Begründung (§ 544 IV). 1) Allgemein.** Die NZB muss innerhalb der in IV 1 bestimmten **Frist** begründet werden. Diese beträgt 2 Monate nach Zustellung des in vollständiger Form abgefassten Urteils; spätestens ist bis zum Ablauf von 7 Monaten nach der Verkündung des Urteils zu begründen, wenn fehlerhaft oder gar nicht zugestellt wurde. Die Frist kann entspr der Regelung für die Revisionsbegründung vom Vors des Revisionsgerichts – ohne Einwilligung des Gegners um bis zu 2 Monate, mit dessen Einwilligung auch darüber hinaus – verlängert werden (s § 551 Rn 3). Es gelten dies Grundsätze wie hinsichtl der Verlängerung der Berufungsbegründungsfrist; s § 520 Rn 13 ff).

14 **2) Darlegungspflicht zu den Zulassungsgründen.** Gem IV 3 sind die Zulassungsgründe iSv II 1 darzulegen; das bedeutet erläutern, erklären oder näher auf etwas eingehen (BGH MDR 2010, 830). Daher genügt bloßes Behaupten eines Zulassungsgrundes nicht, vielmehr sind dessen Voraussetzungen **konkret darzulegen** (vgl zB BGH NJW 2020, 3312 Tz 9; BGH MDR 2011, 750; BGH MDR 2010, 830; kritisch Baumert MDR 2014, 1181).

Schlagwortartige Formulierungen (BGH MDR 2010, 830) oder formelhafte Wendungen (BGH NJW-RR 2007, 1435) genügen nicht. Der Zulassungsgrund muss so substantiiert vorgetragen werden, dass das Revisionsgericht allein anhand der Beschwerdebegründung und des Berufungsurteils die Voraussetzungen der Zulassung prüfen kann (BGH 1.6.2016 – I ZR 112/15; BGHZ 152, 182). Die strengen Anforderungen des BGH sind zumutbar, weil sich die Parteien durch beim BGH zugelassene Rechtsanwälte vertreten lassen müssen, die mit der speziellen Materie der NZB vertraut sind (BGH NJW-RR 2007, 1435). – Beruht das Berufungsurteil auf **mehreren selbständig tragenden Erwägungen**, muss die Zulassungsvoraussetzungen für alle konkret dargetan werden (BGH 24.10.2022 – VIa ZR 579/22; BGH NJW-RR 2006, 142).

Für eine **Grundsatzbedeutung** (s § 543 Rn 13) muss der Beschwerdeführer konkret auf die Rechtsfrage, ihre Entscheidungserheblichkeit, Klärungsbedürftigkeit und Klärungsfähigkeit sowie ihre über den Einzelfall hinausgehende Bedeutung eingehen; insb sind Ausführungen dazu erforderl, aus welchen Gründen, in welchem Umfang und von welcher Seite die betreffende Rechtsfrage umstritten ist (BGH NJW 2020, 3312; BGH WM 2014, 1456). Einer bes Darlegung soll es aber dann nicht bedürfen, wenn sich die Bedeutung der Frage bereits aus der angefochtenen Entscheidung selbst ergibt (BGH NJW 2004, 2222; BGH NJW 2003, 3765). – Die schlüssige Darlegung des Zulassungsgrundes der **Rechtsfortbildung** (s § 543 Rn 14) erfordert, dass der Beschwerdeführer eine bestimmte, für die Entscheidung des Streitfalls erhebl abstrakte Rechtsfrage herausstellt und substantiiert darauf eingeht, inwiefern diese Rechtsfrage klärungsbedürftig und im konkreten Fall auch klärbar ist (BGH MDR 2010, 229). – Für den Zulassungsgrund der **Divergenz** (s § 543 Rn 16) ist ein bestimmter, entscheidungserhebl Obersatz des Berufungsurteils herauszuarbeiten, der von dem Obersatz einer Vergleichsentscheidung abweicht (BGH MDR 2011, 750). Entsprechendes gilt, wenn die Zulassung zur Sicherung einer einheitl Rechtsprechung wegen **Fehlern bei der Rechtsanwendung** (s § 543 Rn 17 ff) begehrt wird (BGH NJW-RR 2007, 1435). Allein die Rüge, es seien bestimmte Grundrechte verletzt, genügt nicht (BGH 16.8.2012 – I ZR 199/11). Auch muss der Beschwerdeführer konkrete Angaben zur symptomatischen Bedeutung des Fehlers (s § 543 Rn 17) machen (BGH 1.7.2013 – IX ZR 226/12). Wird gerügt, das Berufungsgericht habe Parteivorbringen unter Verstoß gegen **Art 103 I GG** übergangen, müssen besondere Umstände deutl gemacht werden, die zweifelsfrei darauf schließen lassen, dass tatsächl Vorbringen entweder überhaupt nicht zur Kenntnis genommen oder bei der Entscheidung nicht erwogen worden ist (BGH NJW-RR 2007, 1435). Macht der Beschwerdeführer geltend, sein Anspruch auf rechtl Gehör sei durch gerichtl Versäumnisse im Zusammenhang mit der **richterl Hinweispflicht** verletzt worden, muss er schlüssig darlegen, was er auf einen richterl Hinweis vorgetragen hätte (BGH NJW-RR 2003, 1003). 15

Da Grundlage der Zulassungsprüfung allein das Beschwerdevorbringen sowie das angefochtene Urteil sind (s Rn 20), sind die maßgebl **tatsächlichen Grundlagen**, die im Berufungsurteil fehlen, in der Begründung der NZB darzulegen, soweit sie zu deren Verständnis erforderl sind (BGH NJW-RR 2004, 712; BGH NJW 2003, 3208). 16

3) Darlegungspflicht zum Wert der Beschwer. Der Beschwerdeführer muss, um dem Revisionsgericht die Prüfung der Wertgrenze von 20.000 € (s Rn 6) zu ermöglichen, bereits **innerhalb der Frist** zur Begründung der NZB (auch) darlegen und glaubhaft machen, dass er mit der beabsichtigten Revision das Berufungsurteil in einem Umfang, der diese Wertgrenze übersteigt, abändern lassen will (BGH NJW-RR 2022, 1223; BGH NJW-RR 2020, 1517; BGH NJW 2019, 1531 mwN). Fehlt es daran, ist die NZB nur dann zulässig, wenn sich aus dem Berufungsurteil selbst und den darin in Bezug genommenen Aktenbestandteilen oder anderen offenkundigen Umständen (§ 291 ZPO) ergibt, dass die Wertgrenze überschritten ist (BGH MDR 2021, 380; BGH MDR 2018, 983). Die entspr Darlegung führt zu keiner Bindung des Beschwerdeführers für das Revisionsverfahren (BGH NJW 2002, 2721). Eine NZB ist unzulässig, wenn ein Zulassungsgrund nur für einen **abtrennbaren Teil** des Streitstoffes dargelegt wird, der nicht mit mehr als 20.000 Euro beschwert (BGH MDR 2024, 1131). 17

Für die Ermittlung des Beschwerdegegenstandes gem II Nr 1 gilt ein gegenüber § 3 Hs 2 vereinfachtes Verf, das sich mit der **Glaubhaftmachung des Wertes** gem § 294 begnügt; ein Wertermittlungsverf iSd § 3 Hs 2 wäre mit dem Zweck des Nichtzulassungsverf nicht zu vereinbaren (BGH MDR 2021, 380). Daher ist auch weder Zeugen- noch Sachverständigenbeweis zur Glaubhaftmachung geeignet (BGH MDR 2023, 593; BGH MDR 2021, 380). Vielmehr sind – innerhalb der Begründungsfrist – geeignete Unterlagen einzureichen (BGH MDR 2023, 593; BGH MDR 2021, 380). – Einer Partei, die weder die Streitwertfestsetzung in den Vorinstanzen beanstandet noch sonst glaubhaft gemacht hat, dass für die Festlegung des Streitwerts maßgebl Umstände, die bereits dort vorgebracht worden sind, nicht hinreichend berücksichtigt worden sind (zu einem solchen Fall BGH WuM 2023, 709), ist es idR versagt, sich **erstmals** im Verfahren der NZB noch auf **einen höheren**, die erforderl Rechtsmittelbeschwer erreichenden Wert zu berufen (BGH MDR 2023, 593; BGH 1.6.2016 – I ZR 112/15 Tz 9 mwN; BGH ZMR 2020, 775; BGH MDR 2018, 224; sa Rn 7). Dies gilt aber dann nicht, wenn die NZB durch den Bekl eingelegt wird und dessen Beschwer aus der Verurteilung nicht dem Streitwert der Klage entspricht; dann kann sich der Bekl zur Glaubhaftmachung der erforderl Beschwer auf neues Vorbringen stützen (BGH MDR 2023, 857). 18

VI) Verfahren (§ 544 V). Dem Beschwerdegegner ist **rechtliches Gehör** zu gewähren (V). Notwendig ist dies allerdings nur, wenn die NZB Erfolg haben kann. Eine unzulässige oder offensichtl unbegründete Beschwerde kann ohne Anhörung der Gegenseite zurückgewiesen werden. Für die Stellungnahme des Beschwerdegegners gilt § 78 I, sie kann daher nur von einem beim BGH **zugelassenen RA** abgegeben werden. – Im NZB-Verfahren kann ein 19

Anerkenntnis erklärt werden (BGH MDR 2010, 708). Eine **Hilfsaufrechnung** kann frei zurückgenommen werden (BGH NJW-RR 2020, 761 = MDR 2020, 749). Die Erklärung einer **Erledigung der Hauptsache** ist auch im NZB-Verfahren mögl (BGH 27.3.2023 – VIa ZR 660/22; BGH MDR 2018, 423; BGH NJW-RR 2007, 693). Bei übereinstimmender Erledigungserklärung ist bei der gem § 91a zu treffenden Kostenentscheidung der mutmaßl Ausgang des Verf über NZB und Revision zu berücksichtigen (BGH NJW-RR 2007, 693). Stimmt der Beklagte der Erledigungserklärung nicht zu, ist zunächst zu prüfen, ob die NZB zulässig und begründet gewesen wäre. Nur dann ist in einem 2. Schritt zu untersuchen, ob die Klageforderung bis zum erledigenden Ereignis bestanden hat. Ergibt die Prüfung auf der 1. Stufe, dass kein Zulassungsgrund vorliegt, ist die Nichtzulassungsbeschwerde zurückzuweisen; auf die Frage der Erledigung der Hauptsache kommt es in diesem Fall nicht mehr an (BGH MDR 2018, 423; BGH NJW-RR 2007, 693). – Auf die **Rücknahme** der NZB ist § 516 III entsprechend anzuwenden (BGH MDR 2003, 347). Bei einer **Verpflichtung zur Rücknahme** der NZB gelten die hinsichtl der Berufung entwickelten Grundsätze (s § 516 Rn 12) entspr (BGH NJW 2019, 2479). – Eine **vorsorglich eingelegte** NZB (s Rn 9) wird bei unbeschränkter Zulassung gegenstandslos (BGH NJW 2013, 1948 Tz 12; BGH WM 2010, 1367 Tz 1).

20 **VII) Entscheidung des Revisionsgerichts (§ 544 VI). 1) Prüfungsumfang.** Grundlage der Prüfung sind grds allein Beschwerdebegründung und Berufungsurteil (vgl BGH 1.6.2016 – I ZR 112/15 Tz 14; BGHZ 152, 182). Grds (Ausnahme bei WE) werden nur die – entsprechend den Anforderungen (s Rn 14 f) – **geltend gemachten Zulassungsgründe** geprüft, die bis zum Ablauf der Begründungsfrist vorgetragen worden sind (BGHZ 186, 90; BGH NJW 2003, 754, 755; BGHZ 153, 254 = NJW 2003, 1125). Die Erfolgsaussichten der beabsichtigten Revision sind unerhebl. Für eine nachträgl inhaltl Ergänzung einer an sich fristgerecht eingereichten Begründung kann WE nicht gewährt werden (BGH VRS 144, 46; BGH NJW-RR 2018, 490 Tz 58; BGH WM 2021, 285 Tz 373).

21 Zum für die Entscheidung **maßgebenden Zeitpunkt** s § 543 Rn 8. Die Frage der **Entscheidungserheblichkeit** (s § 543 Rn 7) der Rechtsfrage, auf die das Zulassungsbegehren gestützt wird, überprüft das Revisionsgericht auf der Grundlage des Verfahrensstandes der NZB (BGHZ 153, 254 = NJW 2003, 1125; krit Baumert MDR 2003, 606; Lindner NJW 2003, 1097).

22 **2) Begründung des Beschlusses.** Das Revisionsgericht entscheidet über die NZB durch **Beschluss**; eine mündl Verh ist gem § 128 IV nicht erforderl und wird idR nicht durchgeführt (BGH MDR 2021, 380 Tz 10; BGH NZI 2020, 387). Die Entscheidung soll „kurz" begründet werden. Von einer **Begründung** kann gem VI 2 vollständig **abgesehen** werden, wenn der Beschwerde stattgegeben wird oder wenn eine Begr nichts (Neues) zur Klärung der Voraussetzungen einer Revisionszulassung beitragen würde; letzteres ist verfassungsgemäß (BVerfG BVerfGK 18, 301 = FamRZ 2011, 540). Denn die Begründung soll in 1. Linie den Berufungsgerichten Hinweise für die Zulassungspraxis geben (krit zum Unterlassen der Begründung durch den BGH Sangmeister NJW 2007, 2363 u NJW 2009, 2087; Zuck NJW 2008, 479; Lindner AnwBl 2008, 362). Auch über eine **Anhörungsrüge** gem § 321a kann eine Begründung mangels eigenständiger Verletzung des rechtl Gehörs nicht erreicht werden (stRspr, zB BGH FamRZ 2018, 1762 LS; BGH NJW 2009, 1609).

23 **3) Zustellung.** Die Beschwerdeentscheidung ist **in jedem Fall** den Parteien zuzustellen. Die Zustellung ist bei abl Entscheidung wegen der (erst, BGHZ 164, 347 = MDR 2006, 465) damit eintretenden Rechtskraft des angefochtenen Urteils (VII), bei stattgebender Entscheidung wegen des Beginns der Frist von VIII 3 notwendig.

24 **4) Kostenentscheidung.** Sie ist bei **Zurückweisung** der NZB notwendig zu treffen, auch bei Teilzurückweisung bereits mit dieser Entscheidung (BGH NJW 2004, 1048, auch zur Fassung der Teilkostenentscheidung). Maßstab ist § 97. Bei **erfolgreicher NZB** ergeht keine Kostenentscheidung, weil das Beschwerdeverf dann als Revisionsverf fortgesetzt wird (VIII 1). – Da das Verf insoweit dem Revisionsgericht nicht angefallen ist, kann eine Kostenentscheidung **des Berufungsgerichts** im Beschluss über die NZB nicht gem § 319 berichtigt werden (BGH MDR 2006, 1124; sa § 319 Rn 34). – Eine NZB, die sich auf den auf ein Anerkenntnis entfallenden Teil einer Kostenmischentscheidung bezieht, ist unstatthaft (BGH MDR 2010, 342).

25-26 Einstweilen frei.

27 **VIII) Suspensiveffekt der NZB (§ 544 VII). 1) Hemmung der Rechtskraft.** Die Einlegung der NZB hemmt gem VII 1 die Rechtskraft des Urt, auf das sie sich bezieht. Mit der Zustellung (BGHZ 164, 347 = MDR 2006, 465: nicht schon mit Erlass) der zurückweisenden Entscheidung wird das zugrunde liegende Berufungsurteil rechtskräftig (VII 3). Mit positiver Zulassungsentscheidung geht das Beschwerdeverf kraft Gesetzes (VIII 1) in das Revisionsverf über, so dass zum gleichen Zeitpunkt der Suspensiveffekt der Revision eintritt.

28 **2) Einstellung der Zwangsvollstreckung.** Gem VII 2 kann das Revisionsgericht im Verf über die NZB auf Antrag die ZwV einstw unter den gleichen Voraussetzungen einstellen, unter denen dies bei der Revision selbst mögl ist (§ 719 II 1; BGH MDR 2017, 50). Die verfahrensrechtl Regelungen des § 719 hierfür gelten entspr. Der Antrag kann nur durch einen beim BGH zugelassenen RA (s Rn 10) gestellt werden (BGH NJW-RR 2019, 72; BGH MDR 2012, 1432); auch wenn die Partei für das Verf der NZB die Bewilligung von PKH beantragt hat *(BGH NJW-RR 2019, 72). Die Anhängigkeit allein eines PKH-Verf* reicht aber nicht (BGH 22.2.2001 – I ZA 1/01). Wurde die ZwV im Nichtzulassungsverf eingestellt, so gilt die Einstellung grds im Revisionsverf weiter, da sich gem VIII 1 das Beschwerdeverf ohne Weiteres als Revisionsverf fortsetzt.

IX) Überleitung in das Revisionsverfahren (§ 544 VIII). 1) Bedingte Revisionseinlegung. Hat die NZB Erfolg, geht das Beschwerdeverf **eo ipso** in das Revisionsverf über (VIII 1). Dies bedeutet – auch unter kostenrechtl Aspekten –, dass die Einlegung der NZB zugleich eine bis zur Zustellung des Zulassungsbeschlusses bedingte Revisionseinlegung ist. VIII 2 stellt daher ausdrückl klar, dass die gesonderte Revisionseinlegung nicht mehr erforderl ist. – Die Revision kann nach ihrer Zulassung auf einen **20.000 Euro nicht überschreitenden Betrag beschränkt** werden (BGH 24.9.2024 – VIa ZR 209/24 Tz 8; BGH VersR 2006, 388; sa Rn 6). 29

2) Selbständige Revisionsbegründung. Dagegen bleibt es bei der Notwendigkeit einer selbständigen Revisionsbegründung, was auch VIII 3 zu entnehmen ist. Das gilt selbst dann, wenn die Begr der NZB bereits die Elemente der Revisionsbegründung enthält (BGH MDR 2008, 329; die abw Ansicht BGH NJW 2004, 2981 ist überholt). Dies ist sachl geboten, da die in IV 3 vorgeschriebene Begr der NZB ein anderes Rechtsschutzziel zum Gegenstand hat, als die in § 551 vorgeschriebene Revisionsbegründung. Die Begr der NZB zielt ausschließl auf die Kriterien des § 543 II 1. Diese können mit den eigentl Revisionsgründen übereinstimmen; idR wird dies aber nicht so sein. Dem trägt § 551 III 2 dahingehend Rechnung, dass zur Begr der Revision auf die Begr der NZB Bezug genommen werden kann; s § 551 Rn 16. Kraft Gesetzes gilt dies aber nicht, so dass eine entspr Erklärung zur Begr der Revision mindestens abgegeben werden muss (BGH MDR 2008, 329). 30

3) Fristlauf für Revisionsbegründung. Abweichend von § 551 II 3 beginnt **mit der Zustellung** des der NZB stattgebenden Beschlusses die Frist für die Revisionsbegründung. Diese Regelung des VIII 3 hat – wie auch § 551 II 4 zeigt – selbständige, die allg Regelung des § 551 II 3 überlagernde Bedeutung: Die Revisionsbegründungsfrist beginnt nicht etwa neu, sondern sie beginnt erstmals. Es ist sogar – in Fällen fehlerhafter Zustellung des Berufungsurteils – denkbar, dass die Revisionsbegründungsfrist auf diese Weise früher beginnt als nach der allg Regelung. Die Möglichkeit der **Verlängerung** der Revisionsbegründungsfrist (§ 551 II 5, 6) gilt uneingeschränkt. 31

4) Keine Bindung an Zulassungsfragen. Im Revisionsverf, dem eine erfolgreiche NZB vorausging, besteht **weder eine Bindung noch eine Beschränkung** der Rechtsprüfung auf die Fragen, die zur Zulassung geführt haben, vielmehr gilt § 557 (BGH MDR 2004, 48). 32

X) Sonderregelung bei Verletzung des rechtlichen Gehörs (§ 544 IX). Mit der Möglichkeit einer Aufhebung des Berufungsurteils und der Zurückverweisung an das Berufungsgericht bereits mit der der NZB stattgebenden Entscheidung soll im Beschleunigungsinteresse ein aufwändiges Revisionsverf mit mündl Verh entbehrl gemacht werden, da ein entscheidungserhebl Verstoß gegen Art 103 I GG in der Revisionsinstanz idR nicht geheilt werden kann. – Ein Verstoß gegen das Gebot rechtl Gehörs liegt insb in folgenden **Konstellationen** vor: **Nichtberücksichtigung von Parteivortrag** ohne Grundlage im Prozessrecht (BGH NJW 2017, 736 = MDR 2017, 358 Tz 11); Nichtberücksichtigung eines rechtzeitig eingegangenen, aber nicht vorgelegten Schriftsatzes (BGH MDR 2024, 796); Vorbringen wurde deutl erkennbar entweder überhaupt nicht zur Kenntnis genommen oder bei der Entscheidung nicht in Erwägung gezogen (BGH NJW 2023, 149 Tz 7; BGH MDR 2022, 1177); überspannte **Substantiierungsanforderungen** (BGH NJW-RR 2021, 147; BGH NJW-RR 2020, 593); Nichtberücksichtigung eines erhebl **Beweisangebot**s ohne Grundlage im Prozessrecht (BGH WuM 2020, 239 Tz 10; BGH NJW 2019, 3147 Tz 12 mwN), insb bei vorweggenommener Beweiswürdigung (BGH TranspR 2024, 77; BGH WuM 2012, 164 Tz 8 mwN); Verstoß gegen **§ 308** (BGH MDR 2022, 1233 Tz 42; BGH VersR 2023, 615); unzureichende gerichtl Hinweise gem **§ 139** (BGH NJW-RR 2007, 1221); falsche Anwendung von **Präklusionsvorschriften** (BGH MDR 2025, 188 mwN; BGH FamRZ 2020, 2021 Tz 8 mwN; BGH NJW 2017, 736 = MDR 2017, 358 Tz 10). – Entspr § 563 I 2 kann auch an einen **anderen Spruchkörper** des Berufungsgerichts zurückverwiesen werden (BGH NJW-RR 2023, 229; BGH NJW-RR 2022, 1453). – Wenn eine **teilweise** Zulassung in Betracht kommt, kann die Entscheidung gem IX auch auf diesen Teil beschränkt werden (BGH NJW 2017, 736 = MDR 2017, 358). – Ausnahmsw scheidet eine Zurückverweisung aus, wenn keine weitere Entscheidung in der Hauptsache mehr notwendig ist (BGH NJW 2017, 1180). 33

XI) Gebühren. 1) Gericht: 1242 GKG-KV iHv 2,0 bei Verwerfung oder Zurückweisung; Ermäßigung gem 1243 GKG-KV auf 1,0 bei Rücknahme oder anderweitiger Erledigung. Wird der NZB stattgegeben (VIII), entstehen für die NZB keine Geb; zum anschließenden Revisionsverf s § 542 Rn 9. Bei Teilerfolg 1242 GKG-KV für den erfolglosen Teil und iÜ die Geb für das Revisionsverf; §§ 35, 36 II, III GKG begrenzen Geb nicht, da NZB und Revision gesonderte Verf sind (BGH NJW-RR 2016, 189; BGH AGS 2021, 514: Erfolg gegen einen von mehreren Beschwerdegegnern). – Verfassungsbeschwerde oder Restitutionsklage hindern Fälligkeit (§ 6 I 1, 2; § 9 II Nr 1 GKG) der Gebühr nicht (BGH NJW-RR 2018, 1466). – Der Beschluss nach IX ist gebührenfrei (BGH MDR 2007, 917). – **2) RA:** VerfGeb 3508 RVG-VV iHv 2,3 bei Vertretung durch BGH-Anwalt (s Rn 10) mit Anrechnung auf die VerfGeb für ein nachfolgendes Revisionsverf (3506 RVG-VV aE). Ein nicht postulationsfähiger RA kann die VerfGeb nicht verdienen, gleichgültig, ob er den Beschwerdeführer oder -gegner vertritt (BGH NJW 2007, 1461). Es bleibt 3403 RVG-VV als Auffangtatbestand möglich (BGH NJW 2019, 3459 Tz 16, dabei auch zu den Tätigkeiten des Berufungsanwalts, die noch zum Rechtszug [§ 19 RVG] gehören; OLG München MDR 2025, 133). Ermäßigung der VerfGeb nach 3507 RVG-VV auf 1,1 bei vorzeitiger Beendigung (Begriff wie in 3201 Anm RVG-VV). – Terminsgeb 3516 RVG-VV iHv 1,2. Einschlägig ist Vorbem 3 III RVG-VV auch bei Verf, bei denen eine mündl Verh nicht erforderlich ist. – Das Rechtsmittelverf und das Verf über die Zulassung des Rechtsmittels sind dieselbe Angelegenheit (§ 16 Nr 11 RVG). Das Verf über ein Rechtsmittel und das Verf über die Beschwerde gegen die Nichtzulassung des Rechtsmittels (§ 17 Nr 9 RVG) sind verschiedene Angelegenheiten. Wechselseitige NZB betreffen idR dieselbe Angelegenheit (§ 15 II RVG; BGH MDR 2018, 1406). – Gegenstandswert bei nachträglich beschränkter NZB: voller Wert der Beschwer, wenn der Auftrag unbeschränkt erteilt war (BGH AGS 2020, 33 Tz 5). 34

§ 545 Revisionsgründe

(1) Die Revision kann nur darauf gestützt werden, dass die Entscheidung auf einer Verletzung des Rechts beruht.

(2) Die Revision kann nicht darauf gestützt werden, dass das Gericht des ersten Rechtszuges seine Zuständigkeit zu Unrecht angenommen oder verneint hat.

1 **I) Rechtsverletzung (§ 545 I). 1) Allgemeine Grundsätze.** Die Revision kann nur auf eine Rechtsverletzung (s § 546 Rn 2 ff) gestützt werden. Diese kann in einem Verstoß gegen Verfahrensvorschriften oder in fehlerhafter Anwendung des materiellen Rechts liegen. An die Begründung der sachl-rechtl und der verfahrensrechtl Rügen werden verschieden hohe Anforderungen gestellt (§ 551 III 1 Nr 2). Damit die Revision Erfolg haben kann, muss die angefochtene Entscheidung idR auf dem Rechtsverstoß beruhen (s Rn 8).

2 **2) Revisibles Recht.** Recht iSv § 545 ist jede allgemein **verbindlich Recht setzende Norm.** Dazu gehören Verfassungs-, Gesetzes- und Verordnungsrecht, ebenso Gewohnheitsrecht (BGH NJW-RR 2009, 311). Allg Verwaltungsanordnungen können Vorschriften iSd Revisionsrechts sein, wenn sie rechtl Außenwirkungen entfalten, etwa das Ermessen der Behörde binden (BGH VIZ 2001, 108). Zu AGB s § 546 Rn 3.

3 Auch alle **regional begrenzten** Rechtsvorschriften, insb Landesrecht, sind – anders als nach bis zum 1.9.2009 geltendem Recht – unabhängig davon revisibel, ob sie sich über den Bezirk eines OLG hinaus erstrecken. Revisibel ist ohne Weiteres auch **DDR-Recht**, das auf vor dem 3.10.1990 begründete Rechtsverhältnisse anwendbar ist (BGHZ 127, 57).

4 Revisibel sind auch das Recht **zwischenstaatlicher Abkommen**, soweit es innerstaatl umgesetzt worden ist (BGHZ 60, 68 = NJW 1973, 417), und die allg Regeln des **Völkerrechts** (Art 25 GG). Revisibel ist das **EU-Recht**, wobei die Auslegungskompetenz gem Art 267 AEUV grds beim EuGH liegt.

5 Revisibles Recht können auch die **Satzungen** von Gebiets- und sonstigen öff-rechtl Körperschaften und Anstalten enthalten (vgl BGHZ 32, 225, 229), das Statut einer Realgemeinde (BGHZ 36, 283), Anstaltsordnungen (BGHZ 25, 200, 208), Versicherungsbedingungen öff-rechtl Anstalten (BGHZ 6, 373), Mietspiegel von Gemeinden (BGH MDR 2011, 839).

6 **3) Ausländisches Recht.** Dieses ist **nicht revisibel** (BGH NJW 2014, 1244 Tz 14; BGH ZIP 2013, 2173 Tz 15 ff), auch soweit es sich um Verfahrensrecht handelt (BGH NJW 1988, 3090 für Schiedsordnung). Dies gilt selbst dann, wenn das ausl Recht den gleichen Wortlaut wie das dt hat (BGH VersR 1996, 515 mwN). – Mit der Revision kann daher nicht geltend gemacht werden, das ausl Recht sei unzutr angewendet; die beanstandungsfreien Feststellungen der Tatsacheninstanz über Bestehen und Inhalt des ausl Rechts sind grds bindend (BGH WM 2023, 1456 Tz 21; BGH NJW 1992, 438). Dies gilt grds auch dann, wenn die Ausführungen des Berufungsgerichts über das ausl Recht nicht erschöpfend sind (BGH NJW 1988, 647). Das irrevisible Recht ist der Nachprüfung durch das Revisionsgericht auch entzogen, soweit es nur eine **Vorfrage** revisibler Rechtssätze betrifft (BGH WM 2023, 1456 Tz 21; BGHZ 118, 295 = NJW 1992, 2769). – Von der Anwendung ist die verfahrensgerechte **Ermittlung** fremden Rechts zu unterscheiden. Die Verletzung dieser Ermittlungspflicht (zu deren Anforderungen s § 293 Rn 10 ff) kann mit der Verfahrensrüge (§ 557 III 2) beanstandet werden. Vom Revisionsgericht wird insoweit (nur) überprüft, ob der Tatrichter sein Ermessen bei der Ermittlung rechtsfehlerfrei ausgeübt, insb sich anbietende Erkenntnisquellen unter Berücksichtigung der Umstände des Einzelfalls hinreichend ausgeschöpft hat (stRspr, zB BGH NJW 2014, 1244 Tz 15; BGH VersR 2006, 1549).

7 **Revisibel** sind **Kollisionsnormen** des ausl Rechts (einschließl der in ihnen verwendeten Sachnormen), soweit in Frage steht, ob sie auf dt Recht verweisen (BGH NJW 1958, 750); hingegen nicht, wenn sie auf anderes Auslandsrecht weiterverweisen (BGHZ 45, 351). Eine ausl Vorschrift kann aber vom Revisionsgericht berücksichtigt und angewendet werden, wenn sie erst nach Ergehen des tatrichterl Urteils erlassen wurde (BGHZ 36, 348), sie dem Tatrichter sonst **unbekannt war** (BGH NJW 1985, 1335; BGHZ 40, 197) oder sonst **nicht angewendet** wurde (BGH NJW 2020, 2187; BGH ZEV 2015, 163 Tz 24). – Soweit für die Entscheidung über einen auf eine irrevisible Rechtsgrundlage gestützten Anspruch eine **Frage vorgreiflich** ist, die nach revisiblem Recht zu beurteilen ist, unterliegt diese der Nachprüfung durch das Revisionsgericht (BGHZ 118, 295 = NJW 1992, 2769).

7a Revisibel ist das **deutsche internationale Privatrecht**, da es zum inländischen Recht gehört (BGH VersR 2020, 485 Tz 18; BGH VersR 2019, 243 Tz 24; BGHZ 217, 350 = NJW 2018, 2324 Tz 20).

8 **4) Kausalität („beruht").** Die Revision hat nur Erfolg, wenn die angefochtene Entscheidung ohne die Rechtsverletzung für den Revisionsführer günstiger ausgefallen wäre. Maßgebend ist also nicht allein die Rechtsverletzung, sondern ihre Ursächlichkeit für die beschwerende Entscheidung. Erweist sich diese **im Ergebnis** als zutreffend, ist die Revision gem § 561 zurückzuweisen. Dies gilt nicht nur, wenn das Revisionsgericht aus anderen Gründen als das Berufungsgericht zum selben Ergebnis gelangt, sondern auch, wenn dieses seine Entscheidung auf eine alternative, die Entscheidung selbst tragende und von dem Rechtsfehler nicht betroffene Begründung stützt (vgl zB BGH NZG 2013, 783 = AG 2013, 643; BGH NJW-RR 2011, 377). Soweit es um eine Verletzung

des **materiellen Rechts** geht, „beruht" die Entscheidung auf ihr, wenn die Kausalität feststeht. Geht es um die Verletzung von **Verfahrensrecht**, genügt es, wenn nicht ausgeschlossen werden kann, dass die angefochtene Entscheidung ohne die Rechtsverletzung anders ausgefallen wäre (zB BGH NJW 2016, 3092 Tz 16 mwN; BAG NZA-RR 2013, 133; BGH NJW 1990, 121); dies entspricht auch der Rspr des BVerfG (vgl zB BVerfG NJW 2019, 41 Tz 60). Denn es lässt sich letztl nie genau beantworten, wie entschieden worden wäre, wenn das Verf prozessual ordnungsmäßig abgelaufen wäre. Bei Vorliegen der **absoluten Revisionsgründe** des § 547 wird der ursächl Zusammenhang zwischen dem Verstoß und dem Inhalt des angefochtenen Urteils unwiderlegl vermutet, eine Kausalität ist also nicht zu prüfen.

II) Zuständigkeitsrüge (§ 545 II). II schließt – mit Ausnahme der internat Zuständigkeit – Fragen der Zuständigkeit des Gerichts des 1. Rechtszugs vollständig von der revisionsrechtl Prüfung aus (BGH NJW-RR 2011, 72; BGH GE 2022, 531; BGH 31.10.2018 – I ZR 224/17; BGH WRP 2017, 179), damit die von den Vorinstanzen geleistete Sacharbeit nicht wegen fehlender Zuständigkeit hinfällig wird (BGH FamRZ 2021, 1908 Tz 12). Die Regelung betrifft daher die **örtliche, sachliche und funktionelle Zuständigkeit** und entspricht § 513 II; daher iE s § 513 Rn 6 ff. Ob eine Ausnahme bei willkürl Annahme der Zuständigkeit gilt (so OLG Oldenburg NJW-RR 1999, 865 für Berufung), hat der BGH offen gelassen (BGH FamRZ 2021, 1908 Tz 15 mwN). Die Vorschrift ist verfassungsrechtl unbedenkl (BGH NJW 1988, 3267). Sie gilt auch für die Qualifizierung als FamSache (BGH FamRZ 2009, 219 = MDR 2009, 265; sa BGH FamRZ 2025, 42) und bei einer Zuständigkeit kraft Sachzusammenhangs (BGH NJW 1998, 988). Aus der Regelung folgt nach ständiger Rspr des BGH ein **schlechthin bestehendes Verbot**, eine in den Vorinstanzen angenommene oder verneinte Zuständigkeit revisionsgerichtl nachzuprüfen, so dass auch eine zur Klärung dieser Frage **erfolgte Zulassung** der Revision eine solche Nachprüfungsmöglichkeit nicht eröffnet (zB BGH NJW 2025, 371; BGH WRP 2017, 179; BGH NJW-RR 2011, 72 mwN). Der Ausschluss erfasst auch die Verneinung der Zuständigkeit durch das **Berufungsgericht**, und zwar – entgegen dem Wortlaut der Vorschrift – unabhängig davon, ob das Berufungsgericht die Vorinstanz bestätigt oder abgeändert hat (BGH NJW 2003, 2917). Einem in der Revisionsinstanz gestellten Hilfsverweisungsantrag an das zuständige Gericht kann nicht stattgegeben werden (BGH 4.4.2017 – XI ZR 645/16; BGH MDR 2007, 1094). 9

Der Ausschluss gilt **nicht** für die **internationale Zuständigkeit** (BGH NJW 2022, 3644; BGH NJW 2003, 426; BGH NJW 2003, 2916; sa § 513 Rn 8). Denn diese hat ein ungleich größeres Gewicht als die Zuständigkeit innerstaatl Gerichte, da sie die Abgrenzung zu Souveränitätsrechten anderer Staaten betrifft (BGH NJW-RR 2007, 1509). Soweit internat und örtl Zuständigkeit von dens Voraussetzungen abhängen, prüft das Revisionsgericht ggf auch die örtl Zuständigkeit, da sonst die internat Zuständigkeit „inhaltsleer" bleiben könnte (BGH NJW 2025, 371; BGH NJW 1997, 397 = ZZP 110 [1997], 353 [Pfeiffer]). Dasselbe gilt, wenn die örtl Zuständigkeit von der Auslegung einer klärungsbedürftigen **Frage des Unionsrechts** abhängt und das Berufungsgericht wegen Zulassung der Revision eine eigene Pflicht zur Einholung einer Vorabentscheidung durch den EUGH verneint hat (BGH NJW 2025, 371 [Schultzky MDR 2025, 225]). 10

Für den zulässigen **Rechtsweg** gilt § 17a V GVG. Danach wird im Rahmen eines Rechtsmittels in der Hauptsache die Zulässigkeit des beschrittenen Rechtswegs grds nicht mehr überprüft. § 17a V GVG ist aber dann nicht anzuwenden, wenn die Vorinstanzen trotz Rüge einer Partei entgegen § 17a III 2 GVG über die Zulässigkeit des Rechtswegs nicht vorab durch Beschluss entschieden haben. In einem solchen Fall ist die Zulässigkeit des Rechtswegs vom Rechtsmittelgericht der Hauptsache zu prüfen; einer Prüfung in der Revisionsinstanz steht II nicht entgegen (BGH NJW 2022, 3644; BGH WRP 2017, 1488 Tz 19 ff). 11

Der Prüfung, ob der Rechtsweg zu den **staatlichen Gerichten** – insb in Angelegenheiten der Kirchen- oder Glaubensgemeinschaften – eröffnet ist, steht II nicht entgegen (BGH NJW 2003, 2097; BGH NJW 2000, 1555). Dasselbe gilt für die Prüfung einer Unzuständigkeit der staatl Gerichte wegen einer Schiedsgerichtsabrede (vgl BGH NJW 2018, 3014). 12

§ 546 Begriff der Rechtsverletzung

Das Recht ist verletzt, wenn eine Rechtsnorm nicht oder nicht richtig angewendet worden ist.

I) Rechtsprüfung. Aus § 546 ergibt sich zusammen mit § 545 I und § 559, dass das Revisionsgericht das Berufungsurteil nur in rechtl, nicht aber in tatsächl Hinsicht nachzuprüfen hat. Die Tatsachenfeststellung obliegt den ersten beiden Instanzen. Das Revisionsgericht prüft grds (allein), ob auf den bindend (§ 559 II) festgestellten Sachverhalt eine – revisible – Rechtsnorm nicht oder nicht zutreffend angewendet worden ist. Die Abgrenzung zwischen Rechts- und Tatfrage kann dabei im Einzelfall problematisch sein. 1

II) Rechtsnorm. 1) Allgemein. Allgemein zu revisiblen Rechtsnormen s § 545 Rn 2 ff. Daneben stellt der BGH auch privatrechtl Regelwerke teilw Rechtsnormen gleich und prüft ihre Anwendung auf Rechtsfehler: 2

2) AGB und ähnliche Vertragswerke. Obwohl keine Rechtsnormen, sind AGB nach der ständigen Rspr des BGH wie revisible Rechtsnormen zu behandeln, da ein Bedürfnis nach einheitl Handhabung besteht, und daher 3 vom Revisionsgericht **eigenständig auszulegen** (zB BGH NJW-RR 2015, 264 mwN; BGH NJW 2010, 2877 Tz 11 mwN; BGH WM 2008, 313 Tz 7; BGHZ 163, 321). Dies gilt unabhängig davon, ob sie über den räuml Bezirk des Berufungsgerichts hinaus Verwendung finden (BGH NJW-RR 2015, 264; BGH NJW 2010, 2877 Tz 11 mwN). Die Prüfungskompetenz erstreckt sich auch auf die im Wege der Auslegung zu klärende Frage, ob überhaupt (rechtsverbindliche) AGB vorliegen (BGHZ 200, 362 Tz 25). Im Inland verwendete **ausländische AGB** oder auf der Grundlage ausl Rechts formulierte AGB sind wie ausl Recht zu behandeln und vom Revisionsgericht daher grds nicht überprüfbar (BGH ZIP 1986, 653); nachprüfbar ist aber die Frage, ob es sich um ausl oder dt AGB handelt (BGHZ 112, 204 = NJW 1991, 37).

4 Die für AGB entwickelten Grundsätze gelten auch für sonstige **typische Vertragsgestaltungen**, die über den Bezirk des Berufungsgerichts hinaus regelmäßig mit gleichförmigem Inhalt im geschäftl Verkehr verwendet werden (BGH NJW 2018, 2469 Tz 20 mwN; BGH NZM 2013, 148 Tz 16; BGHZ 144, 245). Wie AGB behandelt wird auch die bundesweit formularmäßig verwendete Schiedsvereinbarung eines Sportverbands (BGH MDR 2018, 1338 Tz 12).

5 **3) Privatrechtliche Satzungen und vergleichbare Regelwerke.** Nach dem Vorbild der AGB werden auch privatrechtl Regelwerke behandelt, die objektiv auszulegen sind. Das sind insb privatrechtl (zu öffentl-rechtl s § 545 Rn 5) **Satzungen**, insb Satzungen von **Kapitalgesellschaften** (vgl BGH ZIP 2010, 575), soweit sie körperschaftsrechtl Regelungen enthalten (BGH GmbHR 2012, 92; BGHZ 116, 359 = ZIP 1992, 237), also nicht für eventuelle individualrechtl Bestimmungen (BGH MDR 1954, 734); Gesellschaftsverträge von **Publikums-KG** (BGHZ 64, 238); Satzungen eingetragener **Vereine** (BGHZ 96, 245) und nicht eingetragener Vereine, wenn diese nur ins Leben getreten sind (BGHZ 21, 370); **Stiftungs**satzungen und Stiftungsurkunden (BGH NJW 1957, 708). – Dies gilt auch für **außerhalb der Satzung** erlassenes Vereins- und Verbandsrecht (BGHZ 207, 144 = MDR 2015, 1311 Tz 24). Vom BGH eigenständig ausgelegt werden auch **WEG-Beschlüsse** (BGH NJW 2020, 1134 Tz 31; BGH NJW 2016, 2177 Tz 20 mwN).

6 **III) Prüfungskompetenz. 1) Rechtsfragen.** Der Prüfung des Revisionsgerichts unterliegen allein Rechtsfragen (s Rn 1). Dazu gehört die Feststellung des anzuwendenden Rechts, seine Wirksamkeit und ggf die Prüfung, ob sich die begehrte Rechtsfolge aus Normen ergibt, die vom Berufungsgericht nicht geprüft wurden. Sodann ist vom Revisionsgericht die Subsumtion des vom Berufungsgericht – verfahrensfehlerfrei – festgestellten Sachverhalts unter die einschlägige Norm zu prüfen.

7 **2) Tatsachenfeststellung, Beweiswürdigung.** Die vom Berufungsgericht vorgenommene Tatsachenfeststellung ist gem § 559 II grds für das Revisionsgericht bindend; s § 559 Rn 11. Sie kann primär mit der Rüge (§ 551 III Nr 2 b) angegriffen werden, die Tatsachen seien aufgrund eines Verfahrensfehler nicht zutreffend festgestellt. Zur Tatsachenfeststellung gehört insb die **Würdigung** des **Prozessstoffs** und erhobener **Beweise** (zB BGH NJW 2020, 776; BGH ZIP 2013, 1429; BGH VersR 2011, 223) einschl der Bewertung von **Indiztatsachen** (BGH NJW 1998, 2736). Das Revisionsgericht kann nur überprüfen, ob die Vorinstanz die Voraussetzungen und die Grenzen von § 286 ZPO gewahrt hat. Damit unterliegt der Nachprüfung nur, ob sich der Tatrichter mit dem Prozessstoff und den etwaigen Beweisergebnissen umfassend und widerspruchsfrei auseinandergesetzt hat, seine Würdigung also vollständig und rechtl mögl ist und nicht gegen Denkgesetze und Erfahrungssätze verstößt (stRspr, zB BGH NJW 2020, 776; BGH ZIP 2013, 1429; BGH VersR 2010, 1220, je mwN). Zu den nach der Rspr des BGH seiner Prüfung unterliegenden Fragen s § 286 Rn 25. Zu den sich daraus ergebenden Anforderungen an die Beweiswürdigung s § 286 Rn 21.

8 Die eingeschränkte Prüfungskompetenz des Revisionsgerichts besteht auch im Rahmen der Schadensschätzung gem **§ 287** (zB BGH NJW 2023, 3010; BGH NJW 2022, 472; BGH NJW 2021, 3594), insb für die Höhe anzurechnender Vorteile (BGH NJW 2023, 3010). Es nicht seine Aufgabe, eine bestimmte Berechnungsmethode vorzuschreiben (BGH NJW 2023, 3010; BGH NJW-RR 2022, 850; BGH NJW-RR 2022, 1104) oder eine solche Schätzung selbst vorzunehmen (BGH NJW 2023, 3010; BGH WM 2022, 85; BGH NJW-RR 2022, 1033). Das Tatsachengericht muss aber die tatsächl Grundlagen seiner Schätzung darlegen (BGH MDR 2025, 166). – Ob ein **Anscheinsbeweis** eingreift, unterliegt hingegen der Prüfung durch das Revisionsgericht (BGH NJW 2024, 1037; BGH VersR 2017, 374 mwN; BGH NJW 2016, 1100 Tz 12; BGH VersR 2013, 1000 Tz 27). Die Frage der **Beweislast** ist eine reine Rechtsfrage und unterliegt daher uneingeschränkt der Prüfung des Revisionsgerichts (vgl zB BGH NJW 2005, 2395; BGH ZEV 2003, 207).

9 **3) Rechtsgeschäftliche Willenserklärungen.** Die **Abgabe** der Erklärung und ihr **Wortlaut** sind das Revisionsgericht grds bindende Tatsachenfeststellung. Ob ein eindeutiger Wortlaut vorliegt oder die Erklärung auslegungsbedürftig ist, ist dagegen in vollem Umfang revisibel (BGH NJW-RR 1996, 932). Der uneingeschränkten Überprüfung unterliegt auch, ob ein Vertrag dem privaten oder dem öffentl Recht zuzurechnen ist (BGHZ 35, 69), oder eine Vereinbarung mit einem ausl Staat einen bürgerl-rechtl Vertrag oder ein zwischenstaatl Abkommen darstellt (BGHZ 32, 76). Die Frage, ob eine Erklärung oder ein bestimmtes Verhalten als (rechtsverbindl) Willenserklärung zu werten ist, beurteilt sich nach den für die Auslegung von Willenserklärungen geltenden Maßstäben (BGH NJW 2016, 3015).

10 Die **Auslegung** einer individuellen (zu AGB uÄ s Rn 2) Willenserklärung und eines Vertrags obliegt in 1. Linie den Tatsacheninstanzen (stRspr, zB BGH NJW 2024, 2246; BGH NJW 2016, 3015); dies gilt auch für eine er-

gänzende Vertragsauslegung (BGH NJW 2018, 2469 mwN; BGH NZM 2015, 211 Tz 65). Eine revisionsrechtl Überprüfung findet nur dahin statt, ob Verstöße gegen gesetzl Auslegungsregeln (§§ 133, 157 BGB), anerkannte Auslegungsgrundsätze, sonstige Erfahrungssätze oder Denkgesetze vorliegen oder ob die Auslegung auf Verfahrensfehlern beruht (stRspr, zB BGH NJW 2024, 2246; BGH BauR 2015, 535; BGH NJW 2012, 518). Zu den anerkannten Auslegungsgrundsätzen gehören die Berücksichtigung des gesamten Prozessstoffs und die Interessen der Parteien (BGH NJW-RR 2013, 51; BGH NJW 2010, 3436). Eine gegen die zur revisionsrechtl Prüfung stehenden Grundsätze verstoßende Auslegung bindet das Revisionsgericht nicht (BGH NJW 2010, 3436). In diesem Fall und wenn das Berufungsgericht überhaupt keine Auslegung vorgenommen hat (BGH ZIP 1988, 945), kann das Revisionsgericht die Auslegung **selbst vornehmen**, wenn weitere tatsächl Feststellungen nicht zu erwarten sind (BGH NJW 2010, 3436), auch wenn es sich um eine ergänzende Auslegung handelt (BGH NJW 1998, 1219).

Diese Grundsätze gelten auch für einen individuell ausgehandelten Vertrag, wenn er später als Formularvertrag 11
ggü neuen Vertragspartnern verwendet wird (BGH MDR 1974, 293), für die Auslegung von Schiedsverträgen (BGH ZIP 1988, 945), **Prozessvergleichen** (BGH NJW-RR 1996, 932) und **letztwilligen Verfügungen** (BGH LM Nr 1 zu § 133 BGB).

4) Entscheidungen von Gerichten und Behörden. An die **Auslegung** von Staatshoheitsakten durch das Beru- 12
fungsgericht ist das Revisionsgericht **nicht gebunden** (BGH VersR 2018, 1213; BGH ZIP 1993, 1656). Das gilt insb für behördl Entscheidungen (BGH ZIP 2009, 2343) wie **Verwaltungsakte** (BGH NJW 1994, 2893; BGHZ 86, 104) oder Zusagen und Erklärungen (BGH ZIP 2013, 2250), gerichtl Entscheidungen wie **Urteile** (BGH ZIP 1993, 1656; BGH FamRZ 1990, 280 mwN) oder PfÜB (BGH VersR 2018, 1213 mwN), Gemeinderatsbeschlüsse (BGH ZIP 1998, 822), schiedsgerichtl Entscheidungen (BGH FamRZ 1990, 280 mwN), Grundbucheintragungen (BGH NJW-RR 2019, 273 Tz 16; BGH NJW-RR 2015, 208 mwN) nebst in Bezug genommener Eintragungsbewilligung (BGH NJW-RR 2015, 208 mwN).

5) Prozesserklärungen. Die Auslegung von Prozesserklärungen kann vom Revisionsgericht – anders als diej 13
von sonstigen Willenserklärungen (s Rn 10 ff) – **unbeschränkt überprüft** werden (stRspr, zB BGH MDR 2024, 185 Tz 12 mwN; BGH NJW 2018, 3448 Tz 27; BGH VersR 2016, 913 Tz 11 mwN). Dazu gehören **zB** Anträge (BGH VersR 2016, 913 Tz 11), Rechtsmittelverzicht (BGH FamRZ 1996, 1071), Klageänderung (BGH VersR 1990, 1134 = WM 1990, 1748), Parteibezeichnung (BGH MDR 2019, 240 Tz 13), Geständnis iSv § 288 (BGH ZIP 2015, 1303 Tz 16; BGH NJW 2001, 2550), Rücknahmeerklärungen (BGH MDR 2006, 1126). – Die Kompetenz zur uneingeschränkten Auslegung gilt auch für in **anderen Verfahren** abgegebene Prozesserklärungen, wenn über sie noch nicht rechtskräftig entschieden wurde (BGH NJW 1959, 2119).

6) Unbestimmte Rechtsbegriffe. Als unbestimmt werden Rechtsbegriffe verstanden, deren Anwendung eine 14
wertende (Gesamt-)Betrachtung erfordert. Das sind **zB** grobe Fahrlässigkeit, grob fahrlässige Unkenntnis (BGH VersR 2020, 1109 Tz 18), Verwirkung (BGHZ 211, 105 mwN; BGH MDR 1993, 974), für den Mieter nicht zu rechtfertigende Härte (BGH NJW 2020, 835 Tz 21), Unzumutbarkeit iSv § 543 I 2 BGB (BGH WuM 2023, 747), sachl Grund für die unterschiedl Behandlung gem § 20 I 1 AGG (BGH ZIP 2020, 1967 Tz 23), Qualifizierung als groben Behandlungsfehler (BGH VersR 2018, 1192 Tz 19). Die Anwendung dieser Rechtsbegriffe prüft der BGH regelmäßig nur darauf, ob das Berufungsgericht den Rechtsbegriff verkannt oder sonst unzutreffende rechtl Maßstäbe angelegt hat. Im Rahmen der Anwendung des zutreffend definierten Rechtsbegriffs auf den konkreten Sachverhalt ist dem Tatrichter nach dieser Rspr ein **Beurteilungsspielraum** vorbehalten. Der BGH prüft die Anwendung im Einzelfall grds nur darauf, ob das Berufungsgerichts Denkgesetze und allg Erfahrungssätze hinreichend beachtet hat oder ob ihm von der Revision gerügte Verfahrensverstöße unterlaufen sind, indem es etwa wesentl Tatumstände übersehen oder nicht vollständig gewürdigt hat (stRspr, zB BGH ZIP 2020, 1967 Tz 23; BGH NJW 2020, 1215 Tz 23; BGH VersR 2020, 1109 Tz 18; BGH VersR 2010, 214 Tz 12; BGH WM 2018, 2271 Tz 13). Erweist sich danach die Entscheidung des Berufungsgerichts als fehlerhaft, kann das Revisionsgericht, wenn weitere tatsächl Feststellungen weder erforderl noch zu erwarten sind, die Anknüpfungstatsachen **selbst** dahin **würdigen**, ob sie die Subsumtion zulassen (BGH MDR 1993, 974); sa § 563 Rn 9.

Die Qualifizierung eines Verhaltens als **sittenwidrig** ist hingegen nach der Rspr des BGH eine Rechtsfrage, die 15
seiner uneingeschränkten Kontrolle unterliegt (BGH NJW 2020, 1962 Tz 14; BGH WM 2016, 1975 Tz 15 mwN; BGH NJW 2019, 2164 Tz 8). – Die Gewichtung der einzelnen Verursachungsbeiträge im Rahmen einer Abwägung gem **§ 254 BGB** ist durch das Revisionsgericht nur darauf zu prüfen, ob der Abwägung rechtl zulässige Erwägungen zugrunde liegen und dabei alle Umstände vollständig und richtig berücksichtigt sind sowie nicht gegen Denk- oder Erfahrungssätze verstoßen wurde (BGH NJW-RR 2000, 272; BGH NJW 1995, 395). Liegt insoweit aber ein Fehler des Berufungsgerichts vor, kann das Revisionsgericht die Abwägung selbst vornehmen, wenn keine weiteren tatsächl Feststellungen zu erwarten sind (BGH NJW-RR 2000, 272).

7) Denkgesetze und Erfahrungssätze. Insb im Rahmen eines Indizienbeweises können **Erfahrungssätze**, etwa 16
Regeln der allg Lebenserfahrung oder durch bes Sachkunde erworbene Regeln, Bedeutung erlangen. Die Existenz und der Inhalt eines Erfahrungssatzes sowie seine Anwendung durch den Tatrichter unterliegen der vollen revisionsgerichtl Überprüfung (BGH VersR 2020, 988 Tz 50; BGH NJW 2019, 661 Tz 49; BGH NJW-RR 1993, 653 mwN). Dasselbe gilt für den allg **Sprachgebrauch** (BGH MDR 2025, 307).

17 Ein Verstoß gegen die **Denkgesetze** liegt vor, wenn ein tatsächl Schluss aus Gründen der Logik schlechthin nicht gezogen werden kann. Dies ist zB der Fall, wenn der Tatrichter die Ambivalenz von Indizientatsachen nicht erkannt oder ihnen Indizwirkung zuerkannt hat, die sie nicht haben können (WSch/Prütting/Winter Rn 20). Das Revisionsgericht prüft eigenständig, ob ein vom Berufungsgericht zugrunde gelegtes Denkgesetz tatsächl existiert (BGH DStR 2000, 1272 Tz 37; WSch/Prütting/Winter Rn 20).

18 **8) Ermessen, Billigkeitsentscheidungen, Haftungsabwägung.** Eine der Tatsacheninstanz eingeräumte **Ermessensentscheidung** ist vom Revisionsgericht nur **eingeschränkt** daraufhin überprüfbar, ob das Ermessen ausgeübt worden ist, dabei alle wesentl Umstände rechtsfehlerfrei ermittelt und berücksichtigt sowie die Grenzen des tatrichterl Ermessens richtig bestimmt und eingehalten worden sind (BGH ZIP 2016, 824 Tz 22; BGH FamRZ 2013, 207 Tz 16). Dies gilt zum einen für durch **materiell-rechtliche Vorschriften** eingeräumtes Ermessen, zB, die Bestimmung einer anwaltl Rahmengebühr (BGHZ 48, 134), bis wann der Antragende bei einem Vertragsangebot unter Abwesenden eine Antwort auf sein Angebot erwarten durfte (BGH ZIP 2016, 824 Tz 22). Zum anderen gilt die eingeschränkte Überprüfung auch für durch **verfahrensrechtliche Vorschriften** eingeräumtes Ermessen, zB die Ladung eines SV zur mündl Erläuterung seines Gutachtens (BGH NJW 1982, 2874), die Durchführung einer Parteivernehmung gem § 448 (BGH FamRZ 1987, 152).

19 Dieselben Grundsätze gelten, wenn das Berufungsgericht eine Entscheidung **nach Billigkeit** zu treffen hat, zB die Bemessung eines **Schmerzensgeld**es (BGH NJW 2022, 1953 Tz 11; BGH VersR 2015, 590 Tz 7; BGH VersR 2010, 268 Tz 16), zur Befristung des Unterhalts gem 1578b BGB (BGH FamRZ 2014, 823 Tz 15; BGH FamRZ 2013, 1291). – Ebenso ist die Haftungsverteilung gem **§ 17 I, II StVG** grds Sache des Tatrichters und im Revisionsverf nur darauf zu überprüfen, ob alle in Betracht kommenden Umstände vollständig und richtig berücksichtigt und der Abwägung rechtl zulässige Erwägungen zugrunde gelegt wurden (BGH VersR 2024, 1425; BGH VersR 2024, 323). Ist dies nicht der Fall, hat die konkrete Abwägung die Tatsacheninstanz zu treffen, an die zurückzuverweisen ist (BGH VersR 2024, 323).

20 **9) Verkehrssitte, Handelsbrauch.** Es handelt sich bei Verkehrssitte und Handelsbrauch (§ 346 HGB) nach ständiger Rspr um eine **Tatsache**, die von den Tatsacheninstanzen festzustellen und vom Revisionsgericht nicht eigenständig inhaltl zu prüfen ist, sondern nur darauf, ob das Berufungsgericht den Rechtsbegriff als solchen verkannt oder ihm bei der Feststellung Verfahrensfehler unterlaufen sind (BGH VersR 2009, 419 mwN; BGH WM 2001, 1417 mwN; aA Oestmann JZ 2003, 285 mwN; gegen ihn zutr WSch/Prütting/Winter Rn 67).

21 **IV) Rechtsverletzung.** Der Begriff ist **rein objektiv** zu verstehen. Ob das Berufungsgericht in der Lage war, so zu entscheiden, wie es aus der Sicht des Revisionsgerichts notwendig ist, spielt keine Rolle. Eine Rechtsverletzung liegt deshalb auch dann vor, wenn das Berufungsgericht nach dem zur Zeit seiner Entscheidung geltenden Recht richtig entschieden hat, danach aber eine **Veränderung der Rechtslage** eingetreten ist. Das Revisionsgericht hat grds das zum Zeitpunkt seiner Entscheidung geltende Recht anzuwenden – unabhängig davon, ob die Vorinstanz es berücksichtigen konnte –, sofern es nach seinem zeitl Geltungswillen das str Rechtsverhältnis erfasst (BGH ZIP 2024, 692; BGH ZIP 2021, 566 Tz 6 mwN für FamFG-Rechtsbeschwerde; BGH FamRZ 1983, 1003). Umgekehrt hat das Revisionsgericht ein fehlerhaftes Urteil aufrechtzuerhalten, wenn es durch ein späteres Gesetz richtig geworden ist (BGH NJW 1951, 922). Dies gilt auch für Verfahrensrecht (BGH NJW 1956, 711).

§ 547 Absolute Revisionsgründe

Eine Entscheidung ist stets als auf einer Verletzung des Rechts beruhend anzusehen,

1. **wenn das erkennende Gericht nicht vorschriftsmäßig besetzt war;**
2. **wenn bei der Entscheidung ein Richter mitgewirkt hat, der von der Ausübung des Richteramts kraft Gesetzes ausgeschlossen war, sofern nicht dieses Hindernis mittels eines Ablehnungsgesuchs ohne Erfolg geltend gemacht ist;**
3. **wenn bei der Entscheidung ein Richter mitgewirkt hat, obgleich er wegen Besorgnis der Befangenheit abgelehnt und das Ablehnungsgesuch für begründet erklärt war;**
4. **wenn eine Partei in dem Verfahren nicht nach Vorschrift der Gesetze vertreten war, sofern sie nicht die Prozessführung ausdrücklich oder stillschweigend genehmigt hat;**
5. **wenn die Entscheidung auf Grund einer mündlichen Verhandlung ergangen ist, bei der die Vorschriften über die Öffentlichkeit des Verfahrens verletzt sind;**
6. **wenn die Entscheidung entgegen den Bestimmungen dieses Gesetzes nicht mit Gründen versehen ist.**

1 **I) Allgemein.** Liegt ein absoluter Revisionsgrund iSv § 547 vor, hat das Revisionsgericht die sonst erforderl (s § 545 Rn 8) *Kausalität nicht zu prüfen* (zB BAG MDR 2024, 251; BGH NJW 2003, 585). Es wird **unwiderleglich vermutet**, dass die angefochtene Entscheidung auf diesem Verfahrensfehler beruht. Es ist daher auch unerhebl, wenn – ausnahmsw – feststehen sollte, dass das Urteil auch ohne den Verstoß gegen die Verfahrensvor-

schriften genauso ergangen wäre. – Die Vermutung des § 547 betrifft nur die Begründetheit der Revision. Auch absolute Revisionsgründe können nur im Rahmen einer statthaften und auch iÜ **zulässigen Revision** geltend gemacht werden (BGH WM 2021, 198; BGH MDR 2012, 868 mwN), insb muss sie vom Berufungsgericht oder auf eine NZB vom Revisionsgericht **zugelassen** sein. Das Vorliegen eines absoluten Revisionsgrunds indiziert nicht ohne Weiteres das Bestehen eines Zulassungsgrunds iSv § 543 II (BGH WM 2021, 198; BGH MDR 2012, 868 mwN); iE s § 543 Rn 19. Bei einer Teilzulassung rechtfertigt ein absoluter Revisionsgrund auch nur in diesem Umfang die Aufhebung des Urteils (BGH NJW 2015, 1685). Auch müssen die Mängel, soweit es sich nicht um vAw zu prüfende unverzichtbare Prozessvoraussetzungen handelt, gem § 551 III 1 ordnungsgemäß **gerügt** werden (BGHZ 41, 253; sa BGH RuS 2019, 177).

II) Besetzungsmangel (§ 547 Nr 1). Gem § 309 kann das Urteil nur von den Richtern gefällt werden, die an der zugrundeliegenden **mündlichen Verhandlung** teilgenommen haben. Dieser Zeitpunkt ist daher für die ordnungsgemäße Besetzung maßgebend (BGH MDR 2017, 51; BGH NJW 2015, 1685 Tz 27; BGH FamRZ 2009, 223 mwN). Auf die Besetzung bei früherer mündl Verh, Beweisaufnahme oder Verkündung kommt es nicht an (BGH MDR 2017, 51; BGH FamRZ 2009, 223 mwN; BGH NJW 1998, 377, 378; aA wohl für Verkündung durch allg statt Spezialspruchkörper – Baulandkammer – BGHZ 41, 253). Die Teilnahme an der mündl Verh wird durch das – auch berichtigte – **Protokoll** bewiesen (BGH 16.4.2013 – XI ZR 94/11, juris). 2

Zu den Einzelheiten, insb einem **Richterwechsel**, s § 309 Rn 1 ff. Bei einer Entscheidung im **schriftlichen Verfahren**, zB gem § 128 II oder § 522 I, II, kommt es auf die Besetzung bei der abschließenden Beratung an (BGH MDR 1993, 39; BGH WM 1975, 117), auch wenn zuvor eine mündl Verh stattgefunden hatte (BGH MDR 1993, 39). Das erkennende Gericht iSv Nr 1 ist nur das **Berufungsgericht**, sodass ein Besetzungsfehler in 1. Instanz unerhebl ist, wenn das Berufungsgericht eine eigene Sachentscheidung mit eigener Würdigung getroffen hat (BGH AUR 2023, 102; BGH NJW 1987, 1772). – Besetzungsfehler sind grds nur **auf Rüge** zu berücksichtigen (BGH MDR 2023, 317 Tz 24; BGHZ 154, 200 = MDR 2003, 588). Auf das Rügerecht kann – auch gem § 295 – nicht verzichtet werden (BAG MDR 2024, 251; BGH GuT 2013, 216). Keine Rüge soll erforderl sein bei willkürl Zuständigkeitsüberschreitung (BGH MDR 2023, 317 Tz 23 ff; BGH MDR 2016, 413 mwN; BGHZ 154, 200 = MDR 2003, 588, alle für Entscheidung durch Einzelrichter statt Kollegium). Wenn beide Parteien Revision eingelegt haben, aber nur eine von ihnen die begründete Rüge nicht vorschriftsmäßiger Besetzung erhoben hat, ist das angefochtene Urteil in vollem Umfang aufzuheben (BGH MDR 1966, 400). – **Berichtigung des Protokolls** macht ohne Prüfung ihrer Richtigkeit entspr Rüge gegenstandlos (BGH).

Einzelfälle: Nicht ordnungsgemäße Besetzung liegt vor bei: Verstoß gegen § 309 (dazu s § 309 Rn 1 ff); unzulässige Mitwirkung eines zur Erprobung (BGH MDR 1985, 930) oder sonst (BAG MDR 2024, 251) abgeordneten Richters; unzutreffende Annahme einer Verhinderung des zuständigen Richters (BGH MDR 2017, 51); fehlende Vereidigung eines (ehrenamtl) Richters (BAGE 170, 72); Entscheidung einer gesetzl dem Kollegium zugewiesenen Sache unbefugt durch den Einzelrichter (BGH MDR 2023, 317 Tz 23 ff; BGH MDR 2023, 118; BGH MDR 2016, 413 mwN) und umgekehrt (BGH 12.4.2023 – VII ZB 33/22; BGH DGVZ 2021, 260); unterbliebene Vorlage an das Kollegium gem § 526 I (BGHZ 235, 163 mwN); zeitweilige Abwesenheit (BAG 23.6.2016 – 8 AZN 205/16) oder Schlafen (BSG NJW 2017, 3183) eines Richters während der mündl Verh. 3

Ein Besetzungsmangel liegt auch vor, wenn bei der **Geschäftsverteilung** gegen §§ 21e-21g GVG verstoßen wurde (BGH NJW 2015, 1685; BGHZ 164, 87), zB mangels Besetzung eines Spruchkörpers mit einem Vorsitzenden Richter (BGH NJW 2015, 1685); s § 21e GVG Rn 48 ff. Ob das Gericht ordnungsgemäß besetzt war, beurteilt sich nach dem Geschäftsverteilungsplan, der im Zeitpunkt der letzten mündl Verh galt (BGH NJW-RR 2023, 226; BGH NJW 2015, 1685; NJW-RR 2009, 210 Tz 14) oder bei schriftl Entscheidung im Zeitpunkt der letzten Beschlussfassung (BGH MDR 1993, 39; BGH WM 1975, 11). Die Rechtmäßigkeit der Geschäftsverteilung ist nicht nur auf Willkür, sondern auf jeden Rechtsverstoß zu prüfen (BVerfG NJW 2005, 2689; BGH NJW-RR 2023, 226; BGH NJW 2009, 1351). Diese Grundsätze gelten auch für die **interne Geschäftsverteilung** im Spruchkörper gem § 21g GVG (BGH ZIP 2009, 1373; BGH NJW-RR 2009, 1220 Tz 15). Beruht eine fehlerhafte Besetzung aber nicht auf der Aufstellung, sondern der **Anwendung des Geschäftsplans**, rechtfertigt dies nach der Rspr des BGH nicht in jedem Fall eine Revision. Beruht sie auf einer vertretbaren Auslegung und stellt sich die Abweichung von den Zuweisungen des Geschäftsverteilungsplans als irrtüml dar, liegt kein Fall von Nr 1 vor (BGH ZIP 1995, 158; BGHZ 126, 63 = ZIP 1994, 809 mwN). Dies ist (nur) der Fall, wenn die Fehlerhaftigkeit klar zutage liegt, schwer oder „qualifiziert" ist, auf einer nicht mehr hinnehmbaren Rechtsansicht, letztlich auf objektiver Willkür beruht (BAG NJW 2011, 3053; BGH ZIP 1995, 158; BGHZ 126, 63 = ZIP 1994, 809 mwN), so bei einer bewussten Hinzuziehung eines nicht mehr zuständigen Richters (BGH GuT 2013, 216: Einverständnis der Parteien ist unerhebl). 4

III) Ausschluss vom Richteramt (§ 547 Nr 2). Ob ein Richter iSv Nr 2 von der Ausübung des Richteramts kraft Gesetzes ausgeschlossen ist, beurteilt sich nach § 41 (BVerwG PersV 2020, 25). Daher s § 41 Rn 4 ff. Auf die Mitwirkung des Richters kann eine Revision nicht mehr gestützt werden, wenn ein Ablehnungsantrag gemäß §§ 42, 41 rkr abgelehnt wurde (§ 547 Nr 2 Hs 2), weil damit ein Ausschließungsgrund verbindl verneint worden ist. 5

IV) Begründete Ablehnung (§ 547 Nr 3). Erhebl ist nur die Mitwirkung an dem angefochtenen Urteil, nicht an vorangehenden Entscheidungen. Ein Fall von Nr 3 liegt nur vor, wenn der Richter wegen Besorgnis der Be- 6 fangenheit gem §§ 42 ff tatsächl abgelehnt und das Ablehnungsgesuch **für begründet erklärt** wurde. Nach Sinn und Zweck erfasst wird auch eine solche Entscheidung nach „Selbstablehnung" gem § 48. Nicht ausreichend ist aber, dass der Richter einer Verpflichtung zur Anzeige gem § 48 nicht nachgekommen ist (BAG 18.9.2012 – 3 AZR 382/10, juris Tz 16; BGH ZIP 1992, 1728). Es genügt auch nicht, dass ein Richter mitgewirkt hat, in dessen Person ein seine Ablehnung wegen Besorgnis der Befangenheit rechtfertigender Grund bestand (BGH ZIP 1992, 1728). Eine auf ein Verhalten des Richters **nach Signierung/Unterzeichnung des Urteils** gestützte erfolgreiche Ablehnung ist für Nr 3 irrelevant (BGH MDR 2001, 707).

7 **V) Mangelnde Vertretung (§ 547 Nr 4).** Nr 4 bezweckt den **Schutz desjenigen Beteiligten**, der in der Berufungsinstanz nicht ordnungsgemäß vertreten war; ihm sollen aus dem Prozessablauf keine Nachteile entstehen, die er selbst nicht veranlasst hat (BGH MDR 2017, 538). Daraus ergibt sich, dass nur dieser Beteiligte, nicht aber die Gegenseite diese Revisionsrüge erhaben kann (BGH MDR 2017, 538). Zwar ist der Mangel der ges Vertretung auch in der Revisionsinstanz vAw zu prüfen (zB BGH MDR 2007, 477 mwN). Dies setzt aber voraus, dass die Revision zulässig, insb zugelassen ist (BGH MDR 2017, 538).

8 Nr 4 erfasst zum einen die fehlende bzw unwirksame Vertretung durch einen **Prozessbevollmächtigten** (BGH MDR 2020, 1203; BGH NJW 2013, 3098 Tz 6). Der Revisionsgrund besteht aber dann nicht, wenn die Partei in dem konkreten Verf selbst handeln konnte, weil kein Anwaltszwang bestand (BGH MDR 2020, 1203). Zum anderen wird – als Hauptanwendungsfall – die fehlende ordnungsgemäße **gesetzliche Vertretung** der Partei erfasst (zB BGH NJW 2013, 3098; BGH ZIP 1991, 796: Vorstand statt Aufsichtsrat der AG), die Partei also überhaupt nicht oder durch den falschen gesetzl Vertreter vertreten wurde. So ist eine insolvente Partei ab Eröffnung des **Insolvenzverfahrens** über ihr Vermögen nicht mehr ordnungsgemäß vertreten. Ergeht trotz Eröffnung des Insolvenzverf ein Urteil, begründet dies den absoluten Revisionsgrund gem Nr 4 (BGH WRP 2020, 1025 Tz 16; BGH NZI 2009, 783 Tz 11). Der fehlenden Vertretung iSv Nr 4 steht gleich, wenn eine Partei überhaupt **nicht am Verfahren beteiligt** wurde (BGH WM 2021, 504 Tz 39; BAGE 162, 375 für NI) oder ihr die Klage **nicht** ordnungsgemäß **zugestellt** wurde (BGH NJW 1992, 2099).

9 Kein Revisionsgrund gem Nr 4 ergibt sich aus einer fehlenden **Postulationsfähigkeit** (BGH FamRZ 2018, 1347 Tz 25). Die **Genehmigung** der Prozessführung heilt den Mangel, so dass die Revision auf ihn nicht mehr gestützt werden kann. Zur Genehmigung s § 52 Rn 14, § 56 Rn 12.

10 **VI) Verletzung der Vorschriften über die Öffentlichkeit (§ 547 Nr 5).** Ein Verstoß gegen die Vorschriften über die Öffentlichkeit kann vorliegen, wenn diese entweder zu Unrecht **zugelassen, ausgeschlossen** oder **nicht gewährleistet** wurde, §§ 169 ff GVG. Zu den Anforderungen s Erl zu §§ 169 ff GVG, zur Gewährleistung der Öffentlichkeit s § 169 GVG Rn 2 ff. Der **Beweis** über die (Nicht-)Öffentlichkeit der Verh wird gem § 160 I Nr 5, § 165 S 1 durch das Sitzungsprotokoll geführt (BGH WM 2021, 198). Zu dem Fall, dass eine Verh wegen Dienstschlusses der Wachtmeister im Einverständnis der Parteien nichtöffentl weitergeführt wird, s BGH WM 2021, 198. Es kommt auf die mündl Verh an, auf die das Urteil ergeht. Sind in einem Termin die Vorschriften über die Öffentlichkeit verletzt, folgt danach aber eine weitere mündl Verh oder wird gem § 128 II im schriftl Verf entschieden, kann die Revision darauf nicht gestützt werden (BGHZ 164, 69 = FamRZ 2005, 1974).

11 **VII) Fehlende Gründe (§ 547 Nr 6).** Ein absoluter Revisionsgrund liegt vor, wenn das Urteil **überhaupt keine Gründe** enthält, soweit diese nicht gem §§ 540, 313a, 313b entbehrl sind. Bei einem Berufungsurteil genügt gem § 540 I 1 eine Bezugnahme auf die tatsächl Feststellungen im angefochtenen Urteil mit Darstellung etwaiger Änderungen oder Ergänzungen und eine kurze Begründung für die Abänderung, Aufhebung oder Bestätigung der angefochtenen Entscheidung. Es fehlt an einer Begründung iSv § 547 Nr 6, wenn aus ihr nicht zu erkennen ist, welche **tatsächlichen Feststellungen und rechtlichen Erwägungen** für die getroffene Entscheidung maßgebend waren (BGH NJW-RR 2025, 484), wobei auch knappe Ausführungen genügen können (BGH WuM 2023, 551 Tz 19 mwN). Zu den von Nr 6 erfassten Urteilselementen gehören nach der Rspr des BGH daher auch die **tatsächlichen Grundlagen**, von denen das Berufungsgericht ausgegangen ist, nebst den Klage- und **Berufungsanträgen** (zB BGH ZIP 2019, 380; BGH WM 2010, 796 Tz 8); das Rechtsschutzziel muss zumindest sinngemäß erkennbar sein (BGH MDR 2016, 1402). Ergeben sich die tatsächl Grundlagen sowie das Rechtsschutzziel der Parteien weder ausdrückl noch durch Bezugnahme aus dem Berufungsurteil und lassen sie sich mit der gebotenen Deutlichkeit auch nicht aus der inhaltl Begründung der Entscheidung entnehmen (BGH ZIP 2019, 380; BGH AnwBl 2009, 389), unterliegt das Urteil der Aufhebung gem Nr 6 vAw (zB BGH ZIP 2019, 380; BGH WM 2010, 796 Tz 8). Das Fehlen einer solchen Begr kommt insb bei einem fehlerhaft abgefassten **Protokollurteil** gem § 540 I 2 (zu dessen Anforderungen s § 540 Rn 28) in Betracht (zB BGH ZIP 2019, 380; BGH WM 2010, 796 Tz 8) sowie dann, wenn das Berufungsgericht irrtüml davon ausgegangen ist, dass eine Revision oder NZB mangels ausreichender Beschwer nicht zulässig ist, und daher von einer Begründung gem § 540 II, § 313a I 1 abgesehen hat (zB BGH AnwBl 2009, 389). – Ein bei Verkündung noch nicht vollständig abgefasstes Urteil ist „nicht mit Gründen versehen", wenn sein notwendiger Inhalt nicht **binnen 5 Monaten nach Verkündung** (vgl § 548 *S 2 Alt 2) schriftl niedergelegt*, von den Richtern besonders unterschrieben/qualifiziert elektron signiert und der GSt übergeben worden ist (BGH RuS 2019, 177 mwN; BGH VersR 2015, 1445 Tz 16 mwN; grundlegend GmS-OGB ZIP 1993, 1341). Auf das Datum der Zustellung des Urteils kommt es dabei nicht an, sodass ein Urteil, das

der beschwerten Partei erst nach Ablauf von 5 Monaten ab Verkündung zugestellt worden ist, nicht allein deshalb der Aufhebung unterliegt (BGH MDR 2009, 1238; aA wohl noch BGH NJW 1991, 1547); sa § 310 Rn 5.

Eine **mangelhafte Begründung** unterfällt grds nicht Nr 6, es sei dann, sie ist völlig unverständl und verworren, so dass sie in Wirklichkeit nicht erkennen lässt, welche Überlegungen für die Entscheidung maßgebend gewesen sind (BGH NJW-RR 2025, 484; BGH FamRZ 2020, 985; BGH WRP 2019, 736). Dies ist auch dann der Fall, wenn die Gründe sachl inhaltslos sind und sich auf Floskeln oder einfach auf die Wiedergabe des Gesetzestextes beschränken (BGH FamRZ 2020, 985; BGH NJW 1999, 3192). Nicht ausreichend ist es aber, wenn die Entscheidungsgründe nur unklar, unvollständig, oberflächl oder unrichtig sind (BGH FamRZ 2020, 985; BGH WRP 2019, 736; BVerwG NJW 1998, 3290). Der **Verweis auf Rechtsprechung und Schrifttum** genügt dem Erfordernis einer Begründung, wenn die Zitate ohne weiteres nachprüfbar sind (BGH NJW 1991, 2761). Die **Bezugnahme auf eine Entscheidung**, die zwischen den Parteien ergangen ist, sowie auf eine sonstige nicht zwischen den Parteien ergangene Entscheidung, sofern sie Gegenstand der mündl Verh oder eines Hinweises gem § 522 II (BGH 20.2.2024 – VIa ZR 593/22 Tz 9; BGH 23.1.2024 – VIa ZR 612/22) war, stellt keinen Verstoß gegen Nr 6 dar (BGH MDR 2023, 122; BGH 18.5.2017 – I ZR 21/16, Tz 43; BGH NJW 1994, 803). Dies gilt auch bei Bezugnahme auf einen Hinweisbeschluss gem § 522 II 2 in einem früheren Berufungsverf zwischen denselben Parteien, der zur Rücknahme der Berufung geführt hat (BGH MDR 2023, 122). 12

An einer Begr iSv Nr 6 fehlt es aber dann, wenn das Urteil überhaupt keine (eigenen) Entscheidungsgründe enthält (BGH NJW-RR 97, 689), wenn bei **mehreren** von der Entscheidung erfassten **selbständigen Ansprüche** oder Anträgen einer überhaupt nicht behandelt wird (BGH NJW-RR 2025, 484; BGH WRP 2004, 1285; BGH NJW 1999, 3192), widersprüchl Feststellungen in Entscheidungsgründen und unstreitigem Tatbestand getroffen wurden (BGH NJW-RR 2014, 381 Tz 11), vom eindeutigen Normwortlaut oder von der Auslegung einer ges Vorschrift iSd hRspr ohne Angabe von Gründen abgewichen wurde (BVerfG NJW 95, 2911; BGHZ 181, 268 Tz 25 = NJW 2010, 302) oder **zentrale Angriffs- oder Verteidigungsmittel** – zB Aufrechnung, Zurückbehaltungsrecht, Verjährung, Mitverschulden – übergangen werden (BGH WRP 2004, 1285; BGH NJW 1999, 3192; BGH NJW 1983, 2318); letzteres soll aber dann unschädl sein, wenn sie sich sachl ohne weiteres als ungeeignet erweisen (BGH NJW 2019, 2172 Tz 15; BGH NJW 2012, 1356 Tz 27; BGH NJW 1990, 2199). Ein Mangel iSv Nr 6 kann auch dann vorliegen, wenn die Beweiswürdigung vollständig fehlt (BGHZ 39, 333). Es stellt auch einen unter Nr 6 fallenden Begründungsmangel dar, wenn bei Auslandsbezug nicht erkennbar ist, ob dt oder **ausländisches Recht** angewendet worden ist (BGH NJW 2007, 1211). – Einer fehlenden Begr iSv Nr 6 steht es gleich, wenn das Urteil nicht von allen mitwirkenden Richtern gem § 315 I 1 **signiert/unterzeichnet** (s § 315 Rn 1a) wurde, sofern keine Verhinderung iSv § 315 I 1 (s § 315 Rn 2 ff) vorlag (BGH WRP 2016, 1142; BGH NJW 2006, 188; BGH NJW-RR 2007, 141). 13

§ 548 Revisionsfrist

Die Frist für die Einlegung der Revision (Revisionsfrist) beträgt einen Monat; sie ist eine Notfrist und beginnt mit der Zustellung des in vollständiger Form abgefassten Berufungsurteils, spätestens aber mit dem Ablauf von fünf Monaten nach der Verkündung.

Die Regelung entspr § 517; daher s Erl zu § 517. Die Revisionsfrist läuft für **jede Partei gesondert**. Bei Erlass eines **Ergänzungsurteils** ist § 518 analog anzuwenden (BGH LM ZPO § 517 Nr 1). Zum Fristbeginn bei **Berichtigung** des Urteils s § 319 Rn 38 f. 1

Für den Fristbeginn ist die Zustellung des **vollständig abgefassten Urteils** maßgebend, also einschl der Gründe iSv § 540 I Nr 2. Wird nur auf die Begr eines anderen Urteils Bezug genommen (s § 547 Rn 12; s § 540 Rn 9), beginnt die Frist erst mit einer späteren Zustellung dieses Urteils (BGH NJW 1971, 39). Wird dieses einer Partei nicht zugestellt – etwa weil sie an dem anderen Verf nicht beteiligt war –, wird die Revisionsfrist für sie nicht in Lauf gesetzt (BGH MDR 1991, 50). Bei einem sog **Protokollurteil** iSv § 540 I 2 (s § 540 Rn 28) ist für den Fristbeginn auch die Zustellung des Protokolls erforderl (BGH NJW-RR 2008, 1521; BGH NJW-RR 2007, 1567). 2

§ 549 Revisionseinlegung

(1) [1]Die Revision wird durch Einreichung der Revisionsschrift bei dem Revisionsgericht eingelegt. [2]Die Revisionsschrift muss enthalten:

1. **die Bezeichnung des Urteils, gegen das die Revision gerichtet wird;**
2. **die Erklärung, dass gegen dieses Urteil Revision eingelegt werde.**

[3]§ 544 Absatz 8 Satz 2 bleibt unberührt.

(2) Die allgemeinen Vorschriften über die vorbereitenden Schriftsätze sind auch auf die Revisionsschrift anzuwenden.

1 **I) Revisionsgericht.** Die Einlegung erfolgt durch Einreichung einer Revisionsschrift. Revisionsgericht ist der BGH (§ 133 Nr 1 GVG) oder das BayObLG (§ 7 I EGZPO); s vor § 542 Rn 4. Die zum BayObLG zugelassene Revision ist dort einzulegen.

2 **II) Revisionsschrift.** Die **Anforderungen** an die Revisionsschrift und ihre Einlegung entsprechen § 519 I, II, IV für die Berufung; daher s Erl zu § 519, für die Anforderungen von I 2 insb s § 519 Rn 21 ff. Die Einreichung einer Abschrift des Urteils (für Berufung § 519 III) ist für die Revision in § 550 I geregelt. – In einer beim Revisionsgericht eingereichten Aufnahmeerklärung nach Unterbrechung (§ 250) kann eine (neue) Einlegung der Revision zu sehen sein (BGHZ 36, 258). – Wie jedes Rechtsmittel kann die Revision nicht bedingt eingelegt werden (s § 519 Rn 1), auch nicht unter der **Bedingung** einer Zulassung der Revision durch das Berufungsgericht (BGH BauR 2013, 513 LS).

3 Gem **I 3** iVm § 544 VIII 2 ist eine gesonderte Revisionsschrift entbehrl, wenn eine erfolgreiche **NZB vorausging**; s § 544 Rn 29.

4 Die in **II** in Bezug genommenen Vorschriften sind insb §§ 129-133. Die Revisionsschrift ist gem § 550 II der Gegenseite **zuzustellen.**

5 **III) Gebühren des Gerichts.** S § 542 Rn 9.

§ 550 Zustellung der Revisionsschrift

(1) Mit der Revisionsschrift soll eine Ausfertigung oder beglaubigte Abschrift des angefochtenen Urteils vorgelegt werden, soweit dies nicht bereits nach § 544 Absatz 3 Satz 2 geschehen ist.
(2) Die Revisionsschrift ist der Gegenpartei zuzustellen.

1 **I** entspricht § 519 III (s § 519 Rn 38). Eine (erneute) Einreichung ist entbehrl, wenn dies bereits im Verf der NZB gem § 544 III 2 geschehen ist

2 **II** entspricht § 521 I (s § 521 Rn 1 ff). Zuzustellen ist dem zweitinstanzl Prozessbevollmächtigten, sofern noch kein Revisionsanwalt bestellt worden ist, § 172 II 1, 2.

§ 551 Revisionsbegründung

(1) Der Revisionskläger muss die Revision begründen.

(2) [1]Die Revisionsbegründung ist, sofern sie nicht bereits in der Revisionsschrift enthalten ist, in einem Schriftsatz bei dem Revisionsgericht einzureichen. [2]Die Frist für die Revisionsbegründung beträgt zwei Monate. [3]Sie beginnt mit der Zustellung des in vollständiger Form abgefassten Urteils, spätestens aber mit Ablauf von fünf Monaten nach der Verkündung. [4]§ 544 Absatz 8 Satz 3 bleibt unberührt. [5]Die Frist kann auf Antrag von dem Vorsitzenden verlängert werden, wenn der Gegner einwilligt. [6]Ohne Einwilligung kann die Frist um bis zu zwei Monate verlängert werden, wenn nach freier Überzeugung des Vorsitzenden der Rechtsstreit durch die Verlängerung nicht verzögert wird oder wenn der Revisionskläger erhebliche Gründe darlegt; kann dem Revisionskläger innerhalb dieser Frist Einsicht in die Prozessakten nicht für einen angemessenen Zeitraum gewährt werden, kann der Vorsitzende auf Antrag die Frist um bis zu zwei Monate nach Übersendung der Prozessakten verlängern.

(3) [1]Die Revisionsbegründung muss enthalten:
1. **die Erklärung, inwieweit das Urteil angefochten und dessen Aufhebung beantragt werde (Revisionsanträge);**
2. **die Angabe der Revisionsgründe, und zwar:**
   a) **die bestimmte Bezeichnung der Umstände, aus denen sich die Rechtsverletzung ergibt;**
   b) **soweit die Revision darauf gestützt wird, dass das Gesetz in Bezug auf das Verfahren verletzt sei, die Bezeichnung der Tatsachen, die den Mangel ergeben.**

[2]Ist die Revision auf Grund einer Nichtzulassungsbeschwerde zugelassen worden, kann zur Begründung der Revision auf die Begründung der Nichtzulassungsbeschwerde Bezug genommen werden.

(4) § 549 Abs. 2 und § 550 Abs. 2 sind auf die Revisionsbegründung entsprechend anzuwenden.

1 ***I) Allgemein (§ 551 I).*** *Die Revisions*begründung dient der Verfahrenskonzentration und ist zugleich Ausdruck der Parteimaxime im Revisionsverf. Die sachl hinreichende und fristgerechte Begründung ist Voraussetzung der **Zulässigkeit** des Rechtsmittels, § 552 I. **I** und **II 1** entsprechen § 520 I, III 1 für die Berufung (s § 520

Rn 1 ff). Mit der Einlegung wird die Revision praktisch nie begründet, da sich der Revisionsanwalt in die ihm idR bis dahin unbekannte Sache erst einarbeiten muss. – Auch wenn eine **NZB vorausgegangen** ist, ist die Revision – zumindest durch Bezugnahme auf die Begr der NZB gem III 2 – zu begründen, s Rn 16. – Die Begr **durch einen Streithelfer** genügt (BGH NJW 1999, 2046; BGH NJW 1985, 2480)

II) Begründungsfrist (§ 551 II). 1) Dauer. Sie beträgt 2 Monate und beginnt gem **II 2** mit der Zustellung des vollständigen Berufungsurteils, spätestens 5 Monate nach der Verkündung. Dies entspricht § 520 II 1 für die Berufung, daher s § 520 Rn 5 ff. Geht der Revision eine **NZB voraus**, beginnt die Revisionsbegründungsfrist von 2 Monaten gem **II 4** iVm § 544 VIII 3 mit der Zustellung des Zulassungsbeschlusses. – Gem § 233 S 1 kann bei Versäumung der Begründungsfrist **Wiedereinsetzung** in den vorigen Stand gewährt werden. – **Nach Ablauf** der Revisionsbegründungsfrist ist das Nachschieben einer Verfahrensrüge oder ihrer Begr ausgeschlossen (BGH NJW-RR 2015, 42 Tz 34; BAG BAGE 109, 145 = NJW 2004, 1683). Zur **nachträglichen Geltendmachung** einzelner Verfahrensrügen kann auch keine WE gewährt werden (BGH VRS 144, 46; BGH WM 2021, 285 Tz 373; BGH NJW-RR 2018, 490 Tz 58; Näheres s § 520 Rn 11). 2

2) Verlängerung. Die Regelungen über die Verlängerung der Begründungsfrist entsprechen denen von § 520 II 2, 3 für die Berufung; daher s § 520 Rn 13 ff. Abweichend davon kann der Vors die Begründungsfrist im Revisionsverf ohne Einwilligung des Gegners um **bis zu 2 Monate** verlängern. **Fristverlängerung für die NZB** bedeutet bei Teilzulassung der Revision nicht automatisch Verlängerung der Frist zur Begr der ebenfalls eingelegten Revision (BGH NJW-RR 2020, 1136 = MDR 2020, 1007). Ist aber eine Teilzulassung zweifelhaft und werden vorsorgl NZB und Revision eingelegt, kann die Auslegung eines Fristverlängerungsantrags für die Begr der NZB ergeben, dass er sich auch auf die Begr der Revision bezieht, da es sich um ein einheitl Rechtsschutzbegehren handelt, das nur vorsorgl mit unterschiedl Rechtsbehelfen verfolgt wird (BGH WRP 2009, 445 Tz 18 f). 3

Gem **II 6 Hs 2** kann der Vors bei innerhalb der verlängerten Frist nicht angemessen mögl **Akteneinsicht** die Frist um bis zu (weitere) 2 Monate so verlängern, dass für die Akteneinsicht und die Begr ein angemessener Zeitraum verbleibt. 4

III) Inhalt der Revisionsbegründung (§ 551 III). Unzureichende Begründung führt gem § 552 I zur Verwerfung (zB BGH VersR 2015, 1121; BGH WuM 2011, 543). – **Falsche Bezeichnung** (NZB statt Revision) schadet nicht, wenn die inhaltl Anforderungen von III erfüllt sind (BGH MDR 2005, 887), es sei denn, es liegt kein Versehen vor, sondern es sollte bewusst die Begr einer NZB eingereicht werden (BGH NJW-RR 2008, 876). 5

1) Anträge (§ 551 III 1 Nr 1). III 1 Nr 1 entspricht § 520 III 2 Nr 1. – Die Revisionsanträge müssen ergeben, ob das angefochtene Urteil im Ganzen oder zT angegriffen wird und **welche Abänderung** erstrebt wird. Lassen die Ausführungen der Revisionsbegründung das klar erkennen, ist das Fehlen eines formulierten Revisionsantrags unschädl (BAGE 134, 111 = NZA 2010, 883; sa BGH NJW 2006, 2705 für Berufung). Die Anfechtung kann auf einen abtrennbaren Teil des Streitgegenstandes **beschränkt** werden, so bei einer Mehrheit von Klageansprüchen oder einem teilbaren Anspruch, zB auf die Entscheidung über Klage oder Widerklage, bei Streit um Grund und Höhe der Klageforderung auf die Höhe (BGH NJW 2022, 2685 Tz 8), auf die Feststellung des Annahmeverzugs (BGH NJW-RR 2021, 316 = MDR 2021, 376) oder die Feststellung, der Anspruch beruhe auf einer unerlaubten Handlung (BGH 17.10.2022 – VIa ZR 521/21). Die Beschränkung ist so mögl, wie auch die Zulassung der Revision gem § 543 beschränkt werden kann (s § 543 Rn 25 ff). Die Ankündigung beschränkter Anträge in der Revisionseinlegungsschrift enthält noch keine Rechtsmittelbeschränkung (zB BGH NJW-RR 1988, 66). Wegen weiterer Einzelheiten s § 520 Rn 30 ff für § 520 III 2 Nr 1 für die Berufung. 6

Die Revisionsanträge können **nach Ablauf der Revisionsbegründungsfrist** bis zum Schluss der mündl Verh beschränkt werden. Bis dahin können sie auch geändert, insb **erweitert** werden, sofern sich die Änderung/Erweiterung im Bereich des Anspruchs hält, der den Gegenstand der Revisionsbegründung bildet (BGH VRS 144, 46; BGH NJW-RR 2021, 1141 Tz 14; BGH NJW-RR 1988, 66). Insoweit muss der innerhalb der Revisionsbegründungsfrist unterbreitete Prozessstoff unverändert bleiben, dh der durch die Begr zur Beurteilung stehende Sachverhalt muss auch den erweiterten Antrag tragen (BGH VRS 144, 46). Haupt- und Hilfsanträge können ausgetauscht werden. Der Antrag kann auch um einen zunächst – vor oder in der mündl Verh – zurückgenommenen Betrag erweitert werden (BGH NJW-RR 1988, 66 für Rücknahme und Erweiterung in ders Verh; BGH MDR 2022, 1559 für Berufung) wieder erweitert werden, sofern in der Beschränkung nicht ein teilw Rechtsmittelverzicht lag (BGH NJW-RR 1988, 66). Ein solcher liegt aber nicht schon dann vor, wenn der ursprüngl Rechtsmittelantrag hinter der Beschwer zurückbleibt (zB BGH NJW-RR 1988, 66; BGH MDR 1985, 667). 7

Eine notwendige **Individualisierung des Streitgegenstandes** kann der Kläger auch noch in der Revisionsinstanz vornehmen (BGH ZIP 2019, 663). Eine Erweiterung der Revisionsanträge auf Ansprüche, die nicht Gegenstand des Berufungsurteiles gewesen sind, ist grds unzulässig (zu Ausnahmen s § 559 Rn 9). 8

2) Begründung (§ 551 III 1 Nr 2). a) Allgemein. III 1 Nr 2 unterscheidet zwischen **Sach- und Verfahrensrügen** und stellt an ihre Begr unterschiedl Anforderungen. **Sachmängel** sind aus dem Urteil selbst ersichtl Mängel. **Verfahrensmängel** solche, zu deren Begr idR außerhalb des Urteils liegende Tatsachen herangezogen werden müssen, die deshalb mit der Begr dazulegen sind. Soweit Verfahrensmängel nicht gerügt werden, bleiben sie unberücksichtigt. 9

10 **b) Sachrügen (§ 551 III 1 Nr 2 a).** Die Anforderungen des III 1 Nr 2a entsprechen § 520 III 2 Nr 2; daher s § 520 Rn 35 ff. Die Revisionsbegründung muss sich grds mit den tragenden Gründen des angefochtenen **Urteils auseinandersetzen** und konkret darlegen, aus welchen Gründen das Urteil rechtsfehlerhaft sein soll (BGH VersR 2024, 1360; BGH VersR 2015, 1121; BGH WuM 2011, 543). Hierdurch soll der Revisionskläger dazu angehalten werden, die angegriffene Entscheidung nicht nur im Ergebnis, sondern auch in der konkreten Begr zu überprüfen (BGH VersR 2024, 1360; BGH 12.9.2022 – VIa ZR 230/22, juris Tz 13). Die Begr muss den angenommenen Rechtsfehler des Berufungsgerichts in einer Weise verdeutlichen, die Gegenstand und Richtung des Revisionsangriffs erkennen lässt (BGH VersR 2015, 1121; BAG NZA 2010, 245 = NJW 2010, 1771 LS). Die bloße Darstellung anderer Rechtsansichten ohne jede Auseinandersetzung mit den Gründen des Berufungsurteils genügt nicht (BAG NZA 2016, 782; BAG NZA 2010, 245 = NJW 2010, 1771 LS). Die Bezeichnung der nach Ansicht des Revisionsführers **verletzten Norm** ist weder erforderl (BAGE 130, 119; BAG NJW 2007, 3739; BGH NJW-RR 1990, 480) noch ausreichend. Es genügt auch nicht, wenn der Revisionsführer die tatsächl und/oder rechtl Würdigungen des Berufungsgerichts nur mit formelhaften Wendungen rügt (BAG NZA 2016, 782). – Bei einer kassatorischen Entscheidung des Berufungsgerichts gem **§ 538** ist eine Sachrüge nicht ausreichend, vielmehr ist darzulegen, warum die Zurückverweisungsvorschrift falsch angewandt wurde (BGH MDR 2008, 462).

11 Der notwendige **Umfang** des Revisionsangriffs richtet sich auch nach der Ausführlichkeit der Begr des angefochtenen Urteils; besteht diese hinsichtl des relevaten Gesichtspunkts nur aus einem Satz, kann sich die Revisionsbegründung ggf vergleichbar kurz fassen (BGH VersR 2000, 1127). Die **Bezugnahme** auf einen Schriftsatz in anderer zwischen den Parteien beim Revisionsgericht anhängiger Sache kann genügen. Eine Bezugnahme auf Schriftsätze aus früheren Verfahrensstadien ist idR nicht ausreichend, da diese nicht die erforderl konkrete Auseinandersetzung mit dem Berufungsurteil enthalten dürften. – Bei einer umfassenden Anfechtung muss die Revisionsbegründung das **gesamte Urteil in Frage stellen** (BGH NJW-RR 2024, 1073; BGH NJW 2011, 1342; BGH NJW 2000, 947). Sind mehrere Ansprüche Gegenstand des angefochtenen Urteils, müssen die Revisionsgründe für jeden von ihnen dargelegt werden (BGH NJW-RR 2024, 1073; BGH NJW-RR 2021, 15 Tz 25; für Berufung s § 520 Rn 39). Soweit bezügl quantitativ abgegrenzter Teile des Streitgegenstands oder hinsichtl eines von mehreren Streitgegenständen kein konkreter Angriff erfolgt, muss wenigstens eine alle Ansprüche durchgehend erfassende Rüge erhoben werden (BGH NJW-RR 2024, 1073; BGH NJW 2011, 1342; BGH NJW 2000, 947), zB wenn das Bestehen eines Anspruchs unmittelbar von dem Bestehen eines anderen abhängt, der seinerseits mit der Revision in zulässiger Weise angegriffen wird (BGH NJW-RR 2024, 1073; BGH NJW 1995, 722). Anderenfalls ist die Revision insgesamt unzulässig. Hat das Berufungsgericht die Entscheidung über einen Anspruch auf **mehrere selbständig tragende Begründungen** gestützt, muss der Revisionskläger für jede Begr darlegen, warum sie keinen Bestand haben können; anderenfalls ist das Rechtsmittel insgesamt unzulässig (BGH WuM 2011, 543; BGH NJW 2000, 947). – Sofern nach der letzten mündl Verh vor Berufungsgericht entstandene **neue Tatsachen** vom Revisionsgericht berücksichtigt werden dürfen, genügt allein deren Darlegung, da es dann auf eine Auseinandersetzung mit dem angefochtenen Urteil nicht ankommt (BGH MDR 2002, 409 = FamRZ 2002, 318; BAG NJW 90, 2641).

12 III 1 Nr 2a betrifft ausschließl die Zulässigkeit der Revision. Ist ein Anspruch durch Erhebung auch nur einer einzigen hinreichenden Sachrüge zulässig in das Revisionsverf eingeführt worden, richtet sich der Prüfungsumfang nach § 557 III 1. Es besteht **keine Beschränkung** der Prüfung auf die erhobenen Revisionsrügen (s § 557 Rn 7).

13 **c) Verfahrensrügen (§ 551 III 1 Nr 2b).** Anders als bei Sachrügen ist die Nachprüfung des Berufungsurteils gem § 557 III 2 auf den Umfang der ordnungsgemäß erhobenen Rügen beschränkt. Es muss ein **konkreter Verfahrensverstoß** gerügt werden (BGH VersR 2021, 1252; BGH WM 2015, 1055 Tz 42). Die Tatsachen, aus denen sich der Fehler ergeben soll, müssen konkret bezeichnet und die Auswirkungen auf die Entscheidung aufgezeigt werden (BGH VersR 2021, 1252; BGH VersR 2016, 1133). Wenn es sich dabei um gerichtsinterne Vorgänge handelt, darf die Rüge nicht auf bloßen Verdacht erhoben werden, vielmehr muss die Revision zumindest darlegen, dass zweckentsprechende Aufklärung versucht wurde (BGH AUR 2023, 102; BGH NJW 2018, 1261 Tz 13 für § 71 III Nr 2 b FamFG; BGH NJW 1992, 512). Eine Bezeichnung der verletzten Rechtsnorm ist nicht erforderl (BAGE 130, 119; BAG NJW 2007, 3739; BGH NJW-RR 1990, 480).

14 Ergibt sich aus dem Prozessvorgang, in dem der Verfahrensverstoß liegt, nicht ohne Weiteres dessen mögl **Kausalität** für das Urteil, müssen in der Revisionsbegründung die Tatsachen angegeben werden, die die Möglichkeit begründen, dass das Berufungsgericht ohne die Verfahrensverletzung anders entschieden hätte (BGH NJW 2016, 3092 Tz 16; BGH NJW 1986, 2371). Bei einer Rüge, das Gericht habe einen **Beweisantritt** übergangen, muss nicht nur das betreffende Beweisthema und das angebotene Beweismittel genau bezeichnet, sondern auch angegeben werden, zu welchem Ergebnis die Beweisaufnahme geführt hätte; eine nicht näher bestimmte Bezugnahme auf einen übergangenen Beweisantritt reicht nicht aus (BGH 21.3.2012 – IV ZR 264/10, juris Tz 28; BAG NJW 2008, 540). Die Fundstelle des Beweisangebots muss konkret bezeichnet sein (BAG NJW 2008, 540; BAGE 109, 145 = NJW 2004, 1683). Ebenso muss bei der Rüge, dass ein **Tatsachenvortrag** nicht berücksichtigt wurde, die entspr Fundstelle in den Schriftsätzen der Tatsacheninstanzen genau bezeichnet werden (BGH VersR 2021, 1252; BGH NJW 2016, 3233 Tz 17). Außerdem ist darzulegen, dass es sich um prozessual berücksichtigungsfähiges Vorbringen, insb von ausreichender Substanz, handelte (BGH VersR 2021, 1252).

Wird geltend gemacht, dass ein **Sachverständigengutachten** nicht der wissenschaftl Methodenlehre entspreche, muss ausgeführt werden, welche in der Fachliteratur erörterten oder sonst zugängl Erkenntnisse der SV bei der Erstattung des Gutachtens nicht berücksichtigt hat, welche anderen wissenschaftl Methoden hätten verwertet werden müssen und inwiefern bei Verwertung dieser Erkenntnisse ein anderes Ergebnis zu erwarten gewesen wäre (BAGE 109, 145 = NJW 2004, 1683). Wird gerügt, dass das Berufungsgericht von einer Beweiserhebung wegen **Beweisvereitelung** durch den Revisionskläger abgesehen hat, so muss die Rüge ergeben, dass dieser an der Durchführung der unterbliebenen Beweisaufnahme in der erforderl Weise mitgewirkt hätte (BGH FamRZ 1986, 663). Für die Rüge, der Anspruch auf rechtl Gehör sei wegen Verstoßes gegen die richterl Hinweispflicht (**§ 139 ZPO**) verletzt worden, muss darlegt werden, was auf einen Hinweis vorgetragen worden wäre; dabei ist der zunächst unterbliebene Vortrag so vollständig nachzuholen, dass er (nunmehr) schlüssig ist (BGH MDR 2003, 647). Wenn mangelnde Auswertung umfangreicher **Beiakten** gerügt wird, muss iE dargelegt werden, welche Aktenstellen nicht berücksichtigt wurden und inwiefern das angefochtene Urteil auf dem Mangel beruhen kann (BGH NJW 1956, 1755).

Zur Korrektur der **tatbestandlichen Feststellungen** des Berufungsgerichts kommt eine Verfahrensrüge nicht in Betracht; dies kann nur durch Berichtigung gem § 320 geschehen (BGH MDR 2022 Tz 30; BGHZ 211, 123 = ZIP 2016, 1958 Tz 57; BGH WM 2016, 780 Tz 24; BGH WM 2013, 2121 Tz 44). Zur ausnahmsw eröffneten Verfahrensrüge nach erfolglosem Berichtigungsverf s § 320 Rn 17. 15

3) Vorausgegangene NZB (§ 551 III 2). Wurde die Revision aufgrund einer NZB zugelassen, lässt deren Begr (§ 544 III) die Notwendigkeit einer Begr der Revision nicht entfallen (BGH FamRZ 2006, 856; BGH NJW 2008, 588 = MDR 2008, 329; sa § 544 Rn 30). Auf die Begr der NZB kann gem III 2 jedoch zur Begr der Revision **Bezug genommen** werden. Die Revisionsbegründung kann auch allein aus der Bezugnahme bestehen; dann muss die Begr der NZB aber den Anforderungen von III 1 genügen (BGH FamRZ 2006, 856). 16

IV) § 551 IV. Für die **Zustellung** wird auf § 550 II verweisen; s § 550 Rn 2. Die allg Vorschriften über **vorbereitende Schriftsätze** gelten über die Verweisung auf § 549 II; s § 549 Rn 4. 17

§ 552 Zulässigkeitsprüfung

(1) [1]Das Revisionsgericht hat von Amts wegen zu prüfen, ob die Revision an sich statthaft und ob sie in der gesetzlichen Form und Frist eingelegt und begründet ist. [2]Mangelt es an einem dieser Erfordernisse, so ist die Revision als unzulässig zu verwerfen.
(2) Die Entscheidung kann durch Beschluss ergehen.

I) § 552 I. Die Regelung entspricht § 522 I 1 und 2, daher s § 522 Rn 1 ff. Bei einer Mehrheit von Klageansprüchen (zB BGH NJW-RR 2010, 1546) oder Streitgenossen kann die Revision teils zulässig, teils unzulässig sein. Eine Verwerfung durch **Teilentscheidung** ist mögl, wenn keine Widerspruchsgefahr besteht (BGH ZInsO 2024, 24 für Rechtsbeschwerde), Die Prüfung erfolgt **von Amts wegen** und ggf im Wege des **Freibeweises** (BGH BauR 2014, 139 für Zulässigkeit der NZB). War die Revision bereits vor einer **Unterbrechung** des Verf unzulässig, kann sie analog § 249 III auch während dieser verworfen werden (BGH MDR 2014, 109). 1

II) § 552 II. Die Regelung entspricht § 522 I 3; s § 522 Rn 6. Vor der mündl Verh geschieht die **Verwerfung** der Revision als unzulässig durch – unanfechtbaren – Beschluss. Ansonsten Verwerfung durch Urteil, § 553 I. Auch eine **Feststellung der Zulässigkeit** kann durch Beschluss gem § 552 II erfolgen (BGHZ 9, 22), sonst nach mündl Verh in einem Zwischenurteil gem § 303 (BGHZ 9, 22) oder in den Gründen des Endurteils. 2

III) Gebühren. 1) Gericht: Alle Entscheidungen sind bereits mit der pauschalen VerfGeb abgegolten (s § 542 Rn 9). – Keine Ermäßigung der VerfGeb bei Verwerfung. – **2) RA:** Eine Terminsgeb kann für Besprechungen ohne Beteiligung des Gerichts (Vorbem 3 III RVG-VV aE) entstehen, s § 104 Rn 21.88. 3

§ 552a Zurückweisungsbeschluss

[1]Das Revisionsgericht weist die von dem Berufungsgericht zugelassene Revision durch einstimmigen Beschluss zurück, wenn es davon überzeugt ist, dass die Voraussetzungen für die Zulassung der Revision nicht vorliegen und die Revision keine Aussicht auf Erfolg hat. [2]§ 522 Abs. 2 Satz 2 und 3 gilt entsprechend.

I) Allgemein. Die Vorschrift ist der Regelung von § 522 II nachgebildet. Sie soll zu einer **Beschleunigung** des Verf führen (BGH MDR 2007, 968) und zur **Entlastung** des BGH beitragen, indem aussichtslose Revisionen, 1 deren Durchführung keinen Ertrag für die Fortentwicklung des Rechts verspricht, ohne den Aufwand einer mündl Verh zurückgewiesen werden können (BGH WRP 2017, 179). Diese wäre anderenfalls wegen der in § 543 II 2 angeordneten Bindung des Revisionsgerichts an eine Zulassung durch das Berufungsgericht erforderl. Bei beiderseits eingelegter Revision kann auch nur die **einer Partei** zurückgewiesen werden (BGH MDR 2007, 968). – Die Regelung ist **verfassungsgemäß** (BVerfG NJW 2012, 443 Tz 26; BVerfG NJW 2005, 1485). Die Gewährung von **PKH** durch das Revisionsgericht schließt Beschlusszurückweisung nicht aus (BGH WRP 2017, 179). Ihr steht auch nicht entgegen, dass zunächst Termin zur mündl Verh bestimmt worden war (BGH WRP 2017, 179).

2 **II) Voraussetzungen der Zurückweisung (§ 552a S 1). 1) Zulassung** muss durch das Berufungsgericht erfolgt sein, nicht auf NZB durch den BGH. – **2) Zulässigkeit** der Revision (vgl zB BGH VersR 2019, 1134 Tz 11). Anderenfalls ist sie gem § 552 II zu verwerfen. – **3)** Nach der Überzeugung des Revisionsgerichts liegt **kein Zulassungsgrund** iSv § 543 II 1 Nr 1, 2 vor. Maßgebend ist der Zeitpunkt der Entscheidung des Revisionsgerichts, sodass die Zulassungsvoraussetzung auch **nachträglich**, zB wegen zwischenzeitl Entscheidung der Rechtsfrage durch den BGH, weggefallen sein kann (zB BGH VersR 2023, 719 Tz 14; BGH VersR 2015, 126). – **4)** Die Revision hat **keine Aussicht auf Erfolg**. Die Begründetheit der Revision ist nach Aktenlage zu prüfen. Dem verfassungsrechtl Gebot der Verwirklichung der Einzelfallgerechtigkeit (vgl BVerfG NJW 1981, 39 zur Annahmerevision aF) ist daher genügt (sa Fölsch MDR 2004, 1034). „Offensichtliche" Erfolglosigkeit, wie gem § 522 II Nr 1, ist aber nicht erforderl. – **5)** Die Voraussetzungen für die Zurückweisung müssen mit 5 Richterstimmen **einstimmig** festgestellt werden.

3 **III) Verfahren und Entscheidung (§ 552a S 2).** Entspr § 522 II 2 sind die Parteien auf die beabsichtigte Entscheidung **hinzuweisen**, ihnen ist Gelegenheit zur Stellungnahme zu geben; s § 522 Rn 34. Der BGH setzt idR eine Frist von 3 Wochen oder 1 Monat. Die Zurückweisungsentscheidung ist entspr § 522 II 3 zu **begründen**; s § 522 Rn 41.

4 **IV) Gebühren.** S § 552 Rn 3.

§ 552b Bestimmung zum Leitentscheidungsverfahren

[1]Wirft die Revision Rechtsfragen auf, deren Entscheidung für eine Vielzahl anderer Verfahren von Bedeutung ist, so kann das Revisionsgericht nach Eingang einer Revisionserwiderung oder nach Ablauf eines Monats nach Zustellung der Revisionsbegründung das Revisionsverfahren durch Beschluss zum Leitentscheidungsverfahren bestimmen. [2]Der Beschluss enthält eine Darstellung des Sachverhalts und der Rechtsfragen, deren Entscheidung für eine Vielzahl anderer Verfahren von Bedeutung ist.

Eingefügt durch G zur Einführung eines Leitentscheidungsverfahrens beim Bundesgerichtshof v 24.10.2024 (BGBl 2024 I Nr 328) mWv 31.10.2024.

Lit: *de Lind van Wijngaarden/Shingler/von Haugwitz*, Die Einführung des Leitentscheidungsverfahrens beim BGH, ZIP 2025, 237; *Feskorn*, Das neue Leitentscheidungsverfahren beim BGH, MDR 2024, 1413; *Hettenbach*, Das neue Leitentscheidungsverfahren, WM 2025, 9; *Riehm*, Massenverfahren und kein Ende? JZ 2024, 945; *Vollkommer*, Das Leitentscheidungsverfahren beim BGH, NJW 2024, 3257.

1 **I) Allgemeines; Zweck.** Das Leitentscheidungsverfahren ist im Jahr 2024 – unter dem Eindruck von **Massenverfahren** wie zB den sog Dieselverfahren – eingeführt worden (s vor § 542 Rn 5). Durch die Bestimmung eines Verf zum Leitentscheidungsverfahren soll das Revisionsgericht (im Folgenden wird insoweit von dem BGH ausgegangen) seine Aufgabe der **Rechtsfortbildung** und -vereinheitlichung auch dann wahrnehmen können, wenn das Revisionsverfahren nicht durch mit inhaltl Begründung versehenes Urteil beendet wird. Es eröffnet ihm die Möglichkeit, maßgebl Rechtsfragen, die für eine Vielzahl anderer Verf von Bedeutung sind, auch in diesem Fall zu klären. Damit soll einer zu beobachtenden Tendenz entgegengewirkt werden, eine möglicherw negative **Grundsatzentscheidung** des BGH, die in anderen Verf faktische Präzedenzwirkung entfalten könnte, durch Vergleiche und Revisionsrücknahmen zu verhindern (BTDrs 20/8762, 10).

2 Die Vorschrift ist gem Art 7 des G v 24.10.2024 am 31.10.2024 in Kraft getreten. Mangels Übergangsvorschrift ist sie auch auf **bereits anhängige Verfahren** anzuwenden (vgl zB BGH MDR 2024, 1584).

3 **II) Voraussetzungen (§ 552b S 1).** Zugrunde liegen muss ein **Revisionsverfahren**, nicht aber ein Verf der Rechtsbeschwerde, wie zB ein KapMuG-Verf (Vollkommer NJW 2024, 3257). In diesem Verf müssen Rechtsfragen zu klären sein, die für eine **Vielzahl anderer Verfahren** von Bedeutung sind. Ob dies der Fall ist, entscheidet der BGH, wobei ihm ein Beurteilungsspielraum zusteht. Grundlage der Beurteilung sind zum einen die bei ihm bereits eingegangenen Verf, zum anderen veröffentlichte Entscheidungen der Tatsacheninstanzen. Da eine Leitentscheidung allein an die Stelle eines sonst zu erlassenden Revisionsurteils tritt, muss die Revision in dem ausgewählten Verf **zulässig** sein (ebenso zB Hettenbach WM 2025, 9, 12).

Die Bestimmung kann **frühestens** nach Eingang einer Revisionserwiderung oder einen Monat nach Zustellung der – ggf 1. (BTDrs 20/8762, 14) – Revisionsbegründung getroffen werden. Die Monatsfrist ist an die Frist zur Einlegung der Anschlussrevision gem § 554 II 2 angelehnt (BTDrs 20/8762, 14). Sofern eine längere Frist zur Erwiderung gesetzt wurde, ist zur Wahrung rechtl Gehörs – zumal für die Bestimmung zum Leitentscheidungsverfahren selbst eine Anhörung nicht erforderl ist (s Rn 5) – diese Frist abzuwarten (ebenso Hettenbach WM 2025, 9, 12). Die Bestimmung ist iÜ **nicht fristgebunden**. Sie kann daher auch noch im weiteren Lauf des Revisionsverf vorgenommen werden. Aus dem Zweck der Regelung ergibt sich aber, dass sie vor einer verfahrensbeendenden Erklärung der Parteien erfolgt sein muss. 4

III) Verfahren (§ 552b S 1). Welches der bei ihm ggf in einer Vielzahl anhängigen Verf der BGH zum Leitentscheidungsverfahren bestimmt, entscheidet er nach seinem **Ermessen**. Sachgerechter Maßstab ist, welches Verf sich am ehesten eignet, möglichst umfassend in den weiteren Verf auftretende Rechtsfragen einer Klärung zuzuführen. Ein Gesichtspunkt kann auch sein, in welchem Verf dies möglichst zeitnah geschehen kann. Nicht ausgeschlossen ist, dass zu einem inhaltl Komplex **mehrere Verfahren** zu Leitentscheidungsverfahren bestimmt werden. Dies ist zB sachgerecht, wenn in einem Revisionsverf nicht alle für andere Verf relevanten Rechtsfragen entscheidungserhebl sind. – Eine **Anhörung** der Parteien ist nicht erforderl (BGH MDR 2024, 1584) und wird angesichts des Gesetzeszwecks auch nicht als sachdienl angesehen (BGH MDR 2024, 1584). 5

IV) Entscheidung (§ 552b S 2). Die Bestimmung zum Leitentscheidungsverfahren erfolgt durch **Beschluss**. Dieser hat eine Darstellung des **Sachverhalts** und der **Rechtsfragen**, deren Entscheidung für eine Vielzahl anderer Verf von Bedeutung ist, zu enthalten. Diese Rechtsfragen formuliert der BGH in Frageform (vgl BGH MDR 2024, 1584). Da auch das Leitentscheidungsverfahren nicht der Klärung abstrakter Rechtsfragen dient und die Leitentscheidung allein an die Stelle eines sonst zu erlassenden Revisionsurteils tritt, können nur Rechtsfragen zum Gegenstand gemacht werden, die für eine Revisionsentscheidung **entscheidungserheblich** sind bzw wären. 6

Mit dem Beschluss erhalten die Instanzgerichte eine Beurteilungsgrundlage, ob sie bei ihnen anhängige Verf gem § 148 IV (s § 148 Rn 14 f) aussetzen. Damit der Beschluss dies bewirken kann, ist er in geeigneter Weise, insb auf der Homepage, zu **veröffentlichen**, nach dem Willen des Gesetzgebers unverzügl (BTDrs 20/8762, 15). Außerdem wird durch die Benennung der Rechtsfragen der Entscheidungsrahmen einer ggf zu treffenden Leitentscheidung bestimmt, § 565 II Nr 2 nF. 7

V) Rechtsfolgen. Wird das Revisionsverf nicht unstreitig beendet, ergeben sich keine Besonderheiten: Es ergeht ein herkömmliches Revisionsurteil mit inhaltl Begr. Nur für den Fall, dass kein Urteil nach den §§ 561 ff ergeht, trifft der BGH gem § 565 nF eine Leitentscheidung. 8

VI) Gebühren. 1) Gericht: Keine zusätzl Geb. – **2) RA:** Eine Tätigkeit im Bestimmungsverf (s Rn 5) gehört zum Rechtszug (§ 19 I 2 Nr 3 RVG). 9

§ 553 Terminsbestimmung; Einlassungsfrist

(1) Wird die Revision nicht durch Beschluss als unzulässig verworfen oder gemäß § 552a zurückgewiesen, so ist Termin zur mündlichen Verhandlung zu bestimmen und den Parteien bekannt zu machen.

(2) Auf die Frist, die zwischen dem Zeitpunkt der Bekanntmachung des Termins und der mündlichen Verhandlung liegen muss, ist § 274 Abs. 3 entsprechend anzuwenden.

Soweit nicht durch Beschluss gem § 552, § 552a oder § 544 IX (fehlende Erwähnung ist ersichtl Redaktionsversehen) entschieden wird, ist mündl zu verhandeln, **I.** Entspr § 274 III müssen für den Revisionsbeklagten zwischen Ladung und Termin mindesten **2 Wochen** liegen, **II.** Für den Revisionskläger gilt die Ladungsfrist gem § 217. 1

§ 554 Anschlussrevision

(1) [1]Der Revisionsbeklagte kann sich der Revision anschließen. [2]Die Anschließung erfolgt durch Einreichung der Revisionsanschlussschrift bei dem Revisionsgericht.

(2) [1]Die Anschließung ist auch statthaft, wenn der Revisionsbeklagte auf die Revision verzichtet hat, die Revisionsfrist verstrichen oder die Revision nicht zugelassen worden ist. [2]Die Anschließung ist bis zum Ablauf eines Monats nach der Zustellung der Revisionsbegründung zu erklären.

(3) [1]Die Anschlussrevision muss in der Anschlussschrift begründet werden. [2]§ 549 Abs. 1 Satz 2 und Abs. 2 und die §§ 550 und 551 Abs. 3 gelten entsprechend.

(4) Die Anschließung verliert ihre Wirkung, wenn die Revision zurückgenommen, verworfen oder durch Beschluss zurückgewiesen wird.

1 **I) Allgemein (§ 554 I 1).** Die Anschlussrevision ist **kein Rechtsmittel** im eigentl Sinn, sondern nur ein angriffsweise wirkender Antrag innerhalb der gegnerischen Revision (BGH WRP 2019, 1013 Tz 97; BGHReport 2001, 450). Ihr Zweck entspricht dem der Anschlussberufung; s § 524 Rn 1. – Eine **Gegenanschließung** des Revisionsklägers ist, auch wenn dieser zunächst nur beschränkt Revision eingelegt hat, nicht statthaft (BGH VersR 2019, 492 Tz 30; BGHZ 174, 244 = NJW 2008, 920 Tz 41).

2 **II) Erklärung der Anschließung (§ 554 I 2).** Die Anschließung erfolgt durch Einreichung einer **Anschlussschrift** bei dem mit der Revision befassten Revisionsgericht durch einen dort zugelassenen RA. Die Anschlussrevision kann **hilfsweise** für den Fall erhoben werden, dass die Hauptrevision Erfolg hat (BGH 23.5.2023 – XI ZR 272/22, juris Tz 26; BGH NJW 1992, 1897; BGH NJW 1984, 1240); die Bedingung kann sich auch aus einer Auslegung der Anschließung ergeben (BGH 23.5.2023 – XI ZR 272/22, juris Tz 26). Eine unzulässige Revision ist regelmäßig in eine Anschlussrevision **umzudeuten**, wenn deren Zulässigkeitsvoraussetzungen erfüllt sind (BGH MDR 2020, 1007; BGH MDR 2012, 865 Tz 9). Die Anschließung muss **nicht notwendig ausdrücklich** erklärt werden; es muss aber klar und eindeutig der Wille zum Ausdruck kommen, eine Änderung des vorinstanzl Urteils zugunsten des Rechtsmittelbeklagten zu erreichen (BGHZ 109, 179 = MDR 1990, 325 mwN). Der bloße Antrag auf Zurückweisung des gegnerischen Rechtsmittels reicht daher nicht aus (BGHZ 109, 179 = MDR 1990, 325).

3 **III) Anschließungsfrist (§ 554 II 2).** Die **Monatsfrist** beginnt mit Zustellung der Revisionsbegründung an den Revisionsbeklagten. Diese Frist kann **nicht verlängert** werden (BGHZ 232, 284 = MDR 2022, 717 Tz 49). Ggf kann aber gem § 233 **Wiedereinsetzung** in den vorigen Stand gewährt werden (BGHZ 232, 284 = MDR 2022, 717 Tz 47; BGH LM Nr 15 zu § 233 ZPO = NJW 1952, 425 LS; BGH VersR 1977, 152).

4 **IV) Voraussetzungen der Anschließung (§ 554 II 1).** Zulässigkeit der Revision ist nicht Zulässigkeitsvoraussetzung der Anschlussrevision, da diese gem IV erst mit einer Verwerfung ihre Wirkung verliert. Gem **II 1** stehen der Anschließung ein Verzicht auf die Revision, der Ablauf der Revisionsfrist und eine fehlende Zulassung nicht entgegen. Insb aus letzterem Grund kann eine Anschlussrevision bei beschränkter Zulassung der Revision auch dann eingelegt werden, wenn sie nicht den **Streitstoff** betrifft, auf den sich die Zulassung bezieht (BGH NJW-RR 2024, 1185; BGH WM 2021, 1541 Tz 48 ff; BGH NZI 2015, 799 Tz 28). Sie muss aber einen Lebenssachverhalt betreffen, der mit dem von der Revision erfassten Streitgegenstand in einem **unmittelbaren rechtlichen oder wirtschaftlichen Zusammenhang** steht (BGH NJW-RR 2024, 1185; BGH WM 2021, 1541 Tz 50; BGH NZI 2015, 799 Tz 28; BGHZ 202, 258 Tz 69 f).

5 Die Anschlussrevision ist außerdem nur zulässig, wenn und soweit das Berufungsurteil den Revisionsbeklagten **beschwert** (BGH NJW-RR 2021, 1312 Tz 36; BGH NJW-RR 2021, 401 Tz 53; BGH WM 2011, 1950 Tz 29; BGH GRUR 2011, 1043 Tz 22). Dies setzt voraus, dass das Berufungsurteil zu seinen Gunsten abgeändert werden kann (BGH NJW-RR 2021, 1312 Tz 36). Unzulässig ist daher die Anschließung mit einem Antrag, der dem bereits in der Vorinstanz zuerkannten Klageantrag entspricht (BGH NJW-RR 2021, 1312 Tz 36; BGH NJW-RR 2021, 401 Tz 53). An einer Beschwer fehlt es auch, wenn statt eines kontradiktorischen Urteils ein VU begehrt werden soll (BGH MDR 1996, 522). Ob die Beschwer 20.000 Euro (§ 544 II Nr 1) übersteigt, ist unerhebl (BGH ZIP 2011, 816 Tz 19). Die Beschwer muss sich **aus dem angefochtenen Urteil**, nicht aus der Beseitigung dieses Urteils durch das Revisionsgericht ergeben, so dass sie nicht darin liegt, dass das Berufungsurteil auf die Revision der Gegenseite aufzuheben ist (BGH WuM 2021, 451 Tz 37; BGH NJW-RR 2021, 401 Tz 54).

6 **V) Begründung (§ 554 III).** Die Anschlussrevision muss in der Anschlussschrift begründet werden (BTDrs 14/4722, 108). Mangels Verweisung auf § 551 II 5, 6 kann die Begründungsfrist **nicht verlängert** werden. – Für die Begr gelten die Anforderungen des § 549 I 2, II sowie der §§ 550, 551 III entspr. Wie für die Revision (s § 551 Rn 7) ist eine spätere **Antragserweiterung** zulässig, soweit sie sich im Rahmen der Begr der Anschlussrevision hält (BGHZ 210, 321 = ZIP 2016, 1226 Tz 91).

7 Auf Grund der ausdrückl Verweisung auf § 551 III müssen die **Rügen** für die Anschlussrevision selbständig erhoben werden; nur mit der Revision erhobene Verfahrensrügen kommen der Anschlussrevision auch dann nicht zugute, wenn der Verfahrensfehler das gesamte Verf betrifft, sofern nicht die Angriffe beider Seiten in einem untrennbaren Zusammenhang stehen (BGH NJW 2016, 2274).

8 Der Anschlussrevisionskläger kann **alle Anträge** stellen, die auch bei selbständiger Revision zulässig sind. Darüber hinaus kann auch allein eine Änderung der ihn beschwerenden **Kostenentscheidung** begehrt werden (BGH VersR 2011, 1056 Tz 36; BGH WM 2010, 1161 Tz. 25). Die Anschlussrevision eröffnet aber **keine weitergehende Anfechtungsmöglichkeit** als eine zugelassene Revision (BGH WRP 2019, 1013 Tz 117; BGH GRUR 2011, 1140 Tz 30 = WRP 2011, 1606). Daher kann eine Überprüfung mat-rechtl Fragen im Rahmen einer Entscheidung gem § 91a nicht begehrt werden (BGH WRP 2019, 1013 Tz 117).

9 **VI) Akzessorietät (§ 554 IV).** Die Anschlussrevision ist akzessorischer Natur (zB BGHZ 174, 244 = NJW 2008, *920 Tz 40), so dass sie ihre Wirkung* verliert, wenn die Revision zurückgenommen, verworfen oder durch Beschluss (§ 552a) zurückgewiesen wird. Dies kann **deklaratorisch festgestellt** werden (BGH MDR 2020, 1007 Tz 11).

VII) Kostenentscheidung. Hat die **Anschlussrevision Erfolg**, hat der Revisionskläger die auf sie entfallenden Kosten zu tragen. Ist sie unzulässig (BGH 23.4.2012 – II ZR 215/10; BGHZ 86, 51= NJW 1983, 578) oder unbegründet oder zurückgenommen, hat der Revisionsbeklagte die (anteiligen) Kosten seiner Anschlussrevision zu tragen, § 97, § 516 III 1, § 555. Verliert eine zulässige Anschlussrevision gem IV ihre Wirkung durch **Rücknahme der Revision**, hat der Revisionskläger grds auch ihre Kosten zu tragen (BGH MDR 2020, 1007; BGH NJW 2013, 875; BGH NJW 2012, 2446, je mwN). Dies gilt auch im Falle der Umdeutung einer unzulässigen Revision in eine Anschlussrevision (BGH MDR 2020, 1007; BGH NJW 2013, 875; BGH NJW 2012, 2446). Verliert die Anschlussrevision aber ihre Wirkung dadurch, dass die Revision als unzulässig **verworfen** (BGH WuM 2005, 576) oder durch **Beschluss gem § 552a** zurückgewiesen (BGH 16.6.2009 – XI ZR 22/08; BGHZ 80, 146 = MDR 1981, 638) wird, sind die Kosten des Revisionsverfahrens nach der Rspr des BGH quotal zu verteilen. 10

VIII) Gebühren. 1) Gericht: Werden von beiden Parteien gegen dasselbe Urteil eingelegte Rechtsmittel in einem Verf verhandelt, entsteht die allg VerfGeb (1230 GKG-KV) nur einmal, und zwar: von dem einfachen Wert, wenn ders Streitgegenstand vorliegt, von den zusammengerechneten Werten der Streitgegenstände, wenn diese verschieden sind (§ 45 I 1, 3, II GKG). Die Rücknahme der Anschlussrevision ist ebenso wenig gebührenbegünstigt wie eine teilw Rücknahme der Hauptrevision. Wird hingegen die Hauptrevision insgesamt zurückgenommen, verliert die Anschließung ihre Wirkung (IV), so dass das Verf insgesamt beendigt ist und sich die Geb ermäßigt. – **2) RA:** Es liegt nur eine Gebühreninstanz vor (§ 15 II RVG). 11

§ 555 Anwendbare Vorschriften

(1) Auf das weitere Verfahren sind die im ersten Rechtszug für das Verfahren vor den Landgerichten geltenden Vorschriften entsprechend anzuwenden, soweit die Vorschriften dieses Abschnitts nicht Abweichendes regeln.

(2) Einer Güteverhandlung bedarf es nicht.

(3) Die §§ 348 bis 350 sind nicht anzuwenden.

(4) Ein Anerkenntnisurteil ergeht nur auf gesonderten Antrag des Klägers.

(5) Auf die Revision sind folgende für die Berufung geltende Vorschriften entsprechend anzuwenden:

1. **Vorschriften über die Anfechtbarkeit der Versäumnisurteile,**
2. **Vorschriften über die Verzichtsleistung auf das Rechtsmittel und seine Zurücknahme,**
3. **Vorschriften über die Rügen der Unzulässigkeit der Klage sowie**
4. **Vorschriften über die Einforderung, Übersendung und Zurücksendung der Prozessakten.**

(6) Die Revision kann ohne Einwilligung des Revisionsbeklagten nur bis zum Beginn der mündlichen Verhandlung des Revisionsbeklagten zur Hauptsache zurückgenommen werden.

Neugefasst durch G zur Einführung eines Leitentscheidungsverfahrens beim Bundesgerichtshof v 24.10.2024 (BGBl 2024 I Nr 328) mWv 31.10.2024.

I) Allgemeines. Durch das G zur Einführung eines Leitentscheidungsverfahrens beim BGH v 24.10.2024 (BGBl 2024 I Nr 328) wurden die ursprüngl in § 555 und § 565 getroffenen, systematisch zusammengehörenden Regelungen in § 555 zusammengefasst. Dabei wurden redaktionelle Änderungen vorgenommen, aber keine inhaltl Änderung. Damit konnten die Regelungen zum Leitentscheidungsverfahren (s vor § 542 Rn 5) – systematisch sinnvoll eingeordnet – in § 565 aufgenommen werden. 1

II) Allgemeine Verfahrensvorschriften (§ 555 I, II, III). Vorbehaltl konkreter abw Regelungen gelten gem **I** grds – wie gem § 525 für die Berufung – die Vorschriften über das Verf vor den LG, also §§ 253-494a; ausgenommen sind gem **II** § 278 II-V (Güteverhandlung) und gem **III** §§ 348-350 (Einzelrichter). Vorrangige Spezialregelungen enthalten **IV, V, VI** sowie § 564 (für Begr). – Zur PKH s § 114 Rn 39. 2

III) Säumnisverfahren. Mangels eigenständiger Regelung gelten über I §§ 330 ff entspr. 3

1) Säumnis des Revisionsklägers. Eine **unzulässige Revision** ist auch bei Säumnis des Revisionsklägers durch kontradiktorisches Urteil (sog unechtes VU, s vor § 330 Rn 11) zu verwerfen (BGH NJW 1961, 829), sofern dies nicht gem § 552 durch Beschluss geschehen ist. Ist die **Revision zulässig**, ist sie bei säumigem Revisionskläger auf Antrag der Gegenseite entspr § 330 ohne Sachprüfung durch VU zurückzuweisen (zB BGH 14.9. 2005 – VIII ZR 328/04; sa § 539 Rn 10). Dagegen steht dem Revisionskläger entspr § 338 der Einspruch zu. 4

2) Säumnis des Revisionsbeklagten. Ist der Revisionsbeklagte säumig, kann gegen ihn **VU** gem § 331 ergehen. Dieses beruht aber inhaltl grds nicht auf einer Säumnisfolge, sondern auf einer **Sachprüfung** unter Berücksichtigung des gesamten Sach- und Streitstands, soweit er in der Revisionsinstanz angefallen ist (stRspr, zB BGH WuM 2020, 493; BGH VersR 2020, 229 Tz 28; BGH WM 2013, 231 Tz 3; eingeh BGHZ 37, 79). Soweit in der Revisionsinstanz aber noch **neue Tatsachen** berücksichtigungsfähig sind (s § 559 Rn 4 ff), kann solcher Sachvortrag des Revisionsbeklagten nicht berücksichtigt werden, wenn er in der mündl Verh säumig ist (BGH 5

VersR 2020, 229 Tz 28). Dementsprechend muss solcher Sachvortrag der Gegenseite auch entspr § 331 I als zugestanden gelten, wenn die Voraussetzungen von § 335 I Nr 3 erfüllt sind (so auch ThP/Seiler Rn 10; WSch/Prütting/Winter Rn 23). Gegen das VU steht dem Revisionsbeklagten entspr § 338 der **Einspruch** zu. – Ergibt die Sachprüfung, dass die **Revision unbegründet** ist, ist sie durch sog unechtes VU (s vor § 330 Rn 11) zurückzuweisen (BGH NJW-RR 2024, 1017 Tz 6; BGH NJW-RR 2022, 803 Tz 5 mwN; BGH ZIP 2022, 2499 Tz 5). Ist die **Revision unzulässig**, ist sie auch bei Säumnis der Gegenseite zu verwerfen (BGH WM 2013, 231 Tz 4).

6 **IV) Anerkenntnis (§ 555 IV).** Abw von § 307 S 1 ergeht in der Revisionsinstanz ein Anerkenntnisurteil nur auf gesonderten Antrag des Kl; ohne solchen ist str zu entscheiden. Damit soll der BGH in seiner Funktion als Revisionsinstanz gestärkt werden, indem eine zu erwartende nachteilige str Entscheidung nicht einseitig verhindert werden kann (BTDrs 17/13948, 2). Dems Zweck dient VI (s Rn 13); sa §§ 552, 565 nF. Das Antragserfordernis gilt auch für ein bereits **vor der mündlichen Revisionsverhandlung** erklärtes Anerkenntnis (BGHZ 223, 57 = VersR 2019, 1284 mN zum damaligen Streitstand). Zur Erklärung des Anerkenntnisses, insb auch im Revisionsverfahren, s § 307 Rn 4 ff. – Diese Grundsätze gelten für einen **Verzicht** entspr (BGH MDR 2023, 1404).

7 **V) Gegenstandloswerden des Revisionsverfahrens.** Das Revisionsverfahren wird – auch teilw – gegenstandlos, soweit die Revision ausdrückl oder durch **Einschränkung des Revisionsantrags** (BGH NJW 2022, 2752 Tz 5) zurückgenommen oder die **Klage** mit Zustimmung der Gegenseite **zurückgenommen** (zB BGH VersR 2022, 1038 Tz 10) wurde.

8 **VI) Verfahrensvorschriften der Berufung (§ 555 V). 1) Allgemein.** Im Allg gelten gem I die Vorschriften über das landgerichtl Verf in 1. Instanz. Ergänzend werden in V wegen der insoweit bestehenden Ähnlichkeit der Rechtsmittelverfahren auch einige Vorschriften des **Berufungsverfahrens** für entspr anwendbar erklärt.

9 **2) Anfechtbarkeit der Versäumnisurteile (§ 555 V Nr 1).** Für die Anfechtung eines **VU** des Berufungsgerichts gilt § 514 entspr; iE s § 542 Rn 5 und s § 514 Rn 6 ff. Erforderl ist die schlüssige Darlegung, dass der Termin nicht schuldhaft versäumt worden sei (BGHZ 208, 75 = NJW 2016, 642; BGH FamRZ 2012, 27 Tz 5); die Rüge falscher Besetzung des Gerichts genügt nicht (BGHZ 208, 75 = NJW 2016, 642).

10 **3) Verzicht und Rücknahme (§ 555 V Nr 2).** Für den **Verzicht** auf die Revision gilt § 515 entspr, für ihre **Rücknahme** grds § 516; s aber VI (s Rn 13).

11 **4) Rügen der Unzulässigkeit der Klage (§ 555 V Nr 3).** Für Rügen gegen die Zulässigkeit der Klage gilt § 532 entspr.

12 **5) Prozessakten (§ 555 V Nr 4).** Für die Anforderung, Übersendung und Zurücksendung der Prozessakten gilt § 541 entspr.

13 **VII) Einseitige Rücknahme der Revision (§ 555 VI).** Die Revision kann gem VI ohne Einwilligung des Revisionsbeklagten nur bis zum Beginn der mündl Verh in der Revisionsinstanz zurückgenommen werden. Der Revisionskläger soll dadurch eine von ihm nach den Erörterungen im Termin erwartete ungünstige Entscheidung nicht verhindern können (BGH NZBau 2017, 366 Tz 20). Dems Zweck dient IV (s Rn 6); sa §§ 552, 565 nF.

14 **VIII) Gebühren. 1) Gericht:** S § 542 Rn 9. Im Säumnisverf fallen keine Urteilsgeb an. Das VU hindert aber eine Ermäßigung der VerfGeb endgültig (sa § 330 Rn 10). – **2) RA:** Erscheinen im Termin beide ProzBev, gilt für beide 3210 RVG-VV mit der Geb von 1,5, auch wenn VU ergeht. 3211 RVG-VV iHv 0,8 ist einschlägig, wenn der Revisionskl nicht ordnungsgemäß vertreten ist und VU gegen ihn ergeht. Das VU gegen den Revisionsbekl fällt nicht unter 3211 RVG-VV. Hier entsteht die Terminsgeb 3210 RVG-VV. – Auch im Einspruchsverf kann die volle Terminsgeb entstehen, wenn näml beide Parteien ordnungsgemäß vertreten sind und 2. VU (V Nr 1 iVm § 539 III, § 345; sa § 345 Rn 7) ergeht. In der Summe der Terminsgeb darf 1,5 aber nicht überschritten werden (§ 15 RVG). – Der Antrag, den Rechtsmittelführer seines Rechtsmittels für verlustig zu erklären und ihm die Kosten aufzuerlegen, gehört zum Rechtszug (§ 19 I 2 Nr 9 RVG).

§ 556 Verlust des Rügerechts

Die Verletzung einer das Verfahren der Berufungsinstanz betreffenden Vorschrift kann in der Revisionsinstanz nicht mehr gerügt werden, wenn die Partei das Rügerecht bereits in der Berufungsinstanz nach der Vorschrift des § 295 verloren hat.

1 Entspricht § 534 für die Berufung; s § 534 Rn 1. Dies gilt für den Verlust des **Ablehnungsrechts** gem § 43 entspr (BGHZ 165, 223 = FamRZ 2006, 261). Ein **erstinstanzlicher Verfahrensfehler**, den das Berufungsgericht nicht geheilt hat, kann grds nur dann erfolgreich gerügt werden, wenn diese Rüge bereits im Berufungsrechtszug erhoben wurde (BGH VersR 2001, 216).

§ 557 Umfang der Revisionsprüfung

(1) Der Prüfung des Revisionsgerichts unterliegen nur die von den Parteien gestellten Anträge.

(2) Der Beurteilung des Revisionsgerichts unterliegen auch diejenigen Entscheidungen, die dem Endurteil vorausgegangen sind, sofern sie nicht nach den Vorschriften dieses Gesetzes unanfechtbar sind.

(3) [1]Das Revisionsgericht ist an die geltend gemachten Revisionsgründe nicht gebunden. [2]Auf Verfahrensmängel, die nicht von Amts wegen zu berücksichtigen sind, darf das angefochtene Urteil nur geprüft werden, wenn die Mängel nach den §§ 551 und 554 Abs. 3 gerügt worden sind.

1 **I) Antragsbindung (§ 557 I). 1) Verbot der Schlechterstellung.** Aus der Bindung an die Anträge folgt das Verbot einer **reformatio in peius**, wenn nicht auch der Gegner Revision oder Anschlussrevision eingelegt hat. Die Regelung entspricht § 528 I für die Berufung; wegen des Umgangs des Verschlechterungsverbot iE daher s § 528 Rn 24 ff. Ein Verstoß gegen das Verbot der Schlechterstellung des Revisionsklägers liegt insb nicht darin, dass die Berufung nicht verworfen, sondern zurückgewiesen wird (BGHZ 102, 332 = FamRZ 1988, 382). Dasselbe gilt, wenn auf Revision des Bekl, mit der er eine Abweisung der Klage als unbegründet statt unzulässig erstrebt, der Klage nunmehr stattgegeben wird (BGH MDR 1962, 976).

2 **2) Prüfungsumfang.** Der Umfang der Anfechtung des Berufungsurteils werden durch Zulassung, Revisionsantrag und Revisionsbegründung bestimmt (BGH VRS 144, 46; BGH NJW-RR 1988, 66). Nur insoweit darf das Revisionsgericht sachl entscheiden. Ist ihm danach nur ein Teil des Streitstoffs des Berufungsurteils **angefallen**, darf das Revisionsgericht nur über diesen entscheiden und nicht etwa das ganze Berufungsurteil aufheben, auch wenn der von ihm festgestellte Mangel den nicht angefochtenen Teil miterfasst. Diese Beschränkung gilt auch bei vAw zu prüfenden Prozess(fortführungs)voraussetzungen (BGH VRS 144, 46 für Zulässigkeit der Berufung). Ebenso ist die Prüfung idR durch den Streitgegenstand begrenzt, über den das Berufungsgericht entschieden hat (BGH NJW 1986, 2765: nur zur Zulässigkeit).

3 Legt der Bekl gegen seine Verurteilung nach dem Hauptantrag Revision ein, so ist ohne Weiteres – ohne Anschlussberufung – auch ein auf einem einheitl Sachverhalt beruhender **Hilfsantrag** des Kl Gegenstand der Revisionsverf (BGH VersR 2022, 1036 Tz 25; BGH NJW 2020, 1354 Tz 32). Hat aber das Berufungsgericht die Berufung des Kl hinsichtl des Hilfsantrags zurückgewiesen, kann das nur mit einem zulässigen Rechtsmittel angegriffen werden (BGH 31.10.2022 – VIa ZR 591/21, juris Tz 21). Ist der Hauptantrag abgewiesen und dem Hilfsantrag stattgegeben worden, so fällt auf die Revision des Kl allein die Entscheidung über den Hauptantrag in der Revisionsinstanz an (BGHZ 106, 219 = MDR 1989, 432). Da das Schicksal des Hilfsantrags aber von dem weiteren Berufungsverf nach Zurückverweisung abhängt, hebt der BGH die Entscheidung über die Hilfsanträge vAw zur Klarstellung auf (BGH NJW-RR 2001, 620). – Legt nur der Kl gegen eine Klageabweisung wegen einer für berechtigt erkannten **Hilfsaufrechnung** Revision ein, ist nur diese, nicht aber die Klageforderung Gegenstand des Revisionsverf (BGH MDR 1995, 349). – Ist das Klagebegehren im Wege obj Klagenhäufung auf **mehrere Klagegründe** gestützt und hat das Berufungsgericht einen für gegeben erachtet, ohne sich mit den anderen zu befassen, fallen auch diese dem Revisionsgericht zur Prüfung an (BGH MDR 2017, 290; BGH MDR 1992, 46). – Wegen weitere Einzelheiten s § 528 Rn 20 ff. – Zu **neuen Anträgen** in der Revisionsinstanz s § 559 Rn 8.

4 **II) Vorentscheidungen (§ 557 II).** Die Regelung entspricht § 512. Die Vorentscheidungen werden als vorweggenommene Teile des mit der Revision angefochtenen Endurteils behandelt. Die Nachprüfung setzt eine konkrete Revisionsrüge (§ 551 III 1 Nr 2) voraus. Der Nachprüfung unterliegen **zB** ein Zwischenurteil über die Zulässigkeit der Berufung (BGH FamRZ 2018, 1248; BGH VersR 2007, 811); ein Zwischenurteil, das der Einrede der mangelnden Prozesskostensicherheit stattgibt und dem Kl Sicherheitsleistung aufgibt (BGH AGS 2018, 522; BGHZ 102, 232).

5 Im Rahmen der Revision nicht überprüfbar sind gem II solche Vorentscheidungen, die kraft Gesetzes **nicht anfechtbar** sind, zB Entscheidungen des Berufungsgerichts über ein Ablehnungsgesuch (BGH WM 2020, 991 Tz 20 mwN; BGH NJW-RR 2007, 411 Tz 9; BGH NJW-RR 2007, 775 Tz 4; aA Vollkommer § 46 Rn 23 mwN; BVerfG NJW-RR 2007, 409 ist überholt, s BVerfG BVerfGK 15, 18 = NJW 2009, 833), sofern die Entscheidung nicht obj willkürl ist (BVerwG NVwZ 2008, 1025; von BGH ZMR 2020, 737 offen gelassen); Zwischenurteile, die grds mit der sof Beschwerde anfechtbar wären, da diese gegen Entscheidungen des Berufungsgerichts gem § 567 I nicht statthaft ist (zB BGHZ 121, 266 = MDR 1993, 873 für § 387; BGH MDR 1982, 650 für § 71 II); Gewährung einer WE (§ 238 III), Verlängerung der Berufungsbegründungsfrist (BGHZ 102, 37 = MDR 1988, 131).

6 Über den Wortlaut von II hinaus sind auch solche Vorentscheidungen ausgenommen, die **selbständig anfechtbar** sind, insb auch mit der Revision, und mangels einer solchen Anfechtung rechtskräftig geworden sind. **Bsp:** Zwischenurteile gem § 280, Grundurteile gem § 304 (BGH NJW 2002, 3478, auch dazu, dass zwischenzeitl zur Höhe entschieden wurde), Vorbehaltsurteile (§§ 302, 599), Zwischenurteile auf Ablehnung der WE wegen versäumter Berufungsfrist (BGHZ 47, 289).

7 **III) Inhaltliche Prüfung (§ 557 III). 1) Grundsatz (§ 557 III 1).** In den Grenzen der Revisionsanträge (s Rn 1) und der Anfallwirkung (s Rn 2 f) hat das Revisionsgericht gem III 1 das Berufungsurteil ohne Bindung an die geltend gemachten Revisionsgründe sachl zu prüfen. Auf die allg Sachrüge hin hat das Revisionsgericht das Be-

rufungsurteil auch ohne konkrete Rügen **umfassend auf sachliche Richtigkeit** nachzuprüfen (zB BGH 10.10. 2022 – VIa ZR 716/21, juris Tz 15; BGH NJW-RR 1996, 1402). Eine Beschränkung auf erhobene Sachrügen besteht nicht (zB BGH NJW 1999, 2817). Die Prüfung ist auch nicht auf die Fragen beschränkt, deretwegen die Revision zugelassen wurde, sofern darin nicht eine zulässige Teilzulassung (s § 543 Rn 25 f) liegt. Geprüft wird, ob eine **Rechtsverletzung iSv § 545** vorliegt.

8 **2) Von Amts wegen zu prüfende Verfahrensmängel (§ 557 III 2).** VAw sind die notwendigen Voraussetzungen des Verf und die der **Zulässigkeit der Revision** zu prüfen. Dies hat auch durch das Revisionsgericht im Wege des **Freibeweises** zu geschehen (zB BGH NJW 2011, 778; BGH NJW 1996, 1059; BGH NJW-RR 1992, 1338), und zwar nicht beschränkt nicht auf die Tatsachen und Beweismittel, die dem Berufungsgericht vorgelegen haben. Vielmehr sind die Feststellungen ggf auch unter Berücksichtigung neuen Vorbringens in der Revisionsinstanz grds selbständig zu treffen (BGH ZIP 2008, 2094). Auch die amtswegige Prüfung von Prozessvoraussetzungen ist aber auf den **Umfang des Anfalls** beim Revisionsgericht (s Rn 2) beschränkt (BGH VRS 144, 46). – Mangels Rügepflicht können entspr Mängel **bis zum Schluss der mündlichen Verhandlung** vorgebracht werden. VAw zu prüfen sind insb:

9 **Allgemeine Prozessvoraussetzungen. Bsp:** Zulässigkeit der Klage, insb des Klageantrags (BGHZ 231, 116 = NJW 2021, 3786 Tz 12 f); Existenz und damit Parteifähigkeit jeder beteiligten Partei (BGH NJW 2011, 778); Prozessfähigkeit (BGHZ 222, 32 = ZIP 2019, 1374 Tz 29); Prozessführungsbefugnis (BGH ZMR 2016, 382; BGH ZIP 2008, 2094); keine anderweitige Rechtshängigkeit (BGH ZIP 2006, 2234); keine rkr Entscheidung über den Streitgegenstand (BGHZ 216, 83 = NJW-RR 2018, 719 Tz 15).

10 **Prozessfortsetzungsbedingungen** (BGH WM 1992, 71). Das sind zB Zulässigkeit der Berufung (BGH 13.11. 2023 – VIa ZR 510/22; BGH VRS 144, 46) – es sei denn, diese ist alleiniger Verfahrensgegenstand (BGH MDR 2023, 523; BGH ZInsO 2021, 1700 Tz 23; BGH NJW 2016, 3789 Tz 10; BGHZ 156, 165) –, unabhängig von den Feststellungen des Berufungsgerichts (BGH WM 1992, 71; BGH NJW-RR 1992, 1338); Zulässigkeit des Einspruchs gegen VU (BGH MDR 2014, 1103, Tz 7, auch zur Prüfung von WE; BGH VersR 2013, 735).

11 **Zulässigkeit des Berufungsurteils** (BGH ZIP 2000, 2222). **Bsp:** Zulässigkeit eines Grundurteils (BGH MDR 2013, 538 Tz 14; BGH WM 2000, 966, 967; BGH NJW 2003, 2380) und eines Teilurteils (BGH NJW 2011, 2800 Tz 31; BGHZ 189, 356); Beachtung von § 308 I (BGH NJW-RR 1989, 1087); Beachtung der Bindungswirkung des Revisionsurteils im Falle der Rückverweisung (BGH NJW 1992, 2831).

12 **3) Zu rügende Verfahrensmängel (§ 557 III 2).** Sofern das Revisionsgericht Verfahrensmängel prüfen soll, die nicht vAw zu berücksichtigen sind, müssen diese gem § 551 III 1 Nr 2 b – bei Anschlussrevision iVm § 554 III – gerügt werden. Zu den Anforderungen s § 551 Rn 13 ff. Nach Ablauf der Revisionsbegründungsfrist ist die Geltendmachung weiterer Verfahrensrügen ausgeschlossen; s § 551 Rn 2. Ohne – zulässige – Rüge ist der BGH an das mangelhafte Verf gem § 559 II gebunden; s § 559 Rn 11.

13 **4) Gegenrügen.** Der **Revisionsbeklagte** kann grds eigene Verfahrensrügen erheben, sog Gegenrügen (zB BGH ZIP 2015, 166 Tz 26 ff; BGHZ 121, 65 = NJW 1993, 933). Er kann insb rügen, dass die **Tatsachenfeststellungen** des Berufungsgerichts unzutreffend oder unvollständig sind, um zu verhindern, dass das Revisionsgericht auf dieser Grundlage zu seinen Lasten gem § 561 oder § 563 entscheidet. Dies gilt auch, wenn der Bekl nur durch Aufrechnung mit einer str Gegenforderung Klageabweisung erreicht hatte, während seine Einwendungen gegen den Bestand der Klageforderung vom Berufungsgericht verneint wurden (BGHZ 16, 394 = NJW 1955, 825). **Voraussetzung** einer zulässigen Gegenrüge ist aber, dass dem Revisionsbeklagten mangels Beschwer eine **eigene Revisionsrüge verwehrt** ist (BGH WRP 2016, 229 Tz 39). Sie ist unzulässig, wenn der Revisionsbeklagte selbst Revision oder Anschlussrevision hätte einlegen können, mit der er die Verfahrensrüge hätte erheben können (BGH WRP 2016, 229 Tz 39; WSch/Prütting/Winter Rn 40). – Da für die Erhebung von Gegenrügen durch den Revisionsbeklagten keine Frist vorgesehen ist, kann er sie bis zum **Schluss der mündlichen Verhandlung** anbringen (BGHZ 121, 65 = NJW 1993, 933).

§ 558 Vorläufige Vollstreckbarkeit

[1]Ein nicht oder nicht unbedingt für vorläufig vollstreckbar erklärtes Urteil des Berufungsgerichts ist, soweit es durch die Revisionsanträge nicht angefochten wird, auf Antrag von dem Revisionsgericht durch Beschluss für vorläufig vollstreckbar zu erklären. [2]Die Entscheidung ist erst nach Ablauf der Revisionsbegründungsfrist zulässig.

1 Die Vorschrift entspricht § 537 I; daher s § 537 Rn 1 ff. Eine Teilanfechtung hemmt (zunächst) den Eintritt der Rechtskraft des ganzen Urteils; s § 705 Rn 11. Die Entscheidung ergeht durch unanfechtbaren Beschluss. Die Vorschrift ist wegen § 708 Nr 10 ohne große Bedeutung.

2 **Gebühren.** S § 537 Rn 18.

§ 559 Beschränkte Nachprüfung tatsächlicher Feststellungen

(1) [1]Der Beurteilung des Revisionsgerichts unterliegt nur dasjenige Parteivorbringen, das aus dem Berufungsurteil oder dem Sitzungsprotokoll ersichtlich ist. [2]Außerdem können nur die im § 551 Abs. 3 Nr. 2 Buchstabe b erwähnten Tatsachen berücksichtigt werden.

(2) Hat das Berufungsgericht festgestellt, dass eine tatsächliche Behauptung wahr oder nicht wahr sei, so ist diese Feststellung für das Revisionsgericht bindend, es sei denn, dass in Bezug auf die Feststellung ein zulässiger und begründeter Revisionsangriff erhoben ist.

I) § 559 I. 1) Parteivorbringen (§ 559 I 1). Grundlage der Entscheidung des Revisionsgerichts ist gem I 1 das Parteivorbringen, das sich aus den Feststellungen im Berufungsurteil gem § 540 I, dem in Bezug genommenen erstinstanzl Urteil (zB BGHZ 202, 242 = VersR 2014, 1465 Tz 20; BGHZ 173, 159 = WM 2007, 1673 Tz 21), Sitzungsprotokollen (zB BGH NJW 2020, 208 Tz 29) und in Bezug genommenen Schriftsätzen und Anlagen (zB BGH NJW 2025, 581; BGHZ 202, 242 = VersR 2014, 1465 Tz 20) ergibt. Das aus dem **Berufungsurteil** einschl der Bezugnahme ersichtl Parteivorbringen erbringt gem § 314 **Beweis für das mündliche Parteivorbringen** in der Berufungsinstanz, der nur durch das Sitzungsprotokoll, nicht jedoch durch den Inhalt der Schriftsätze entkräftet werden kann (zB BGHZ 173, 159 = WM 2007, 1673 Tz 21; BGHZ 140, 335); zur Beweiskraft des Tatbestands iE s § 314 Rn 2 ff. Eine **Berichtigung** der tatsächl Feststellungen kann nur über § 320, nicht mit der Verfahrensrüge gem § 551 III 1 Nr 2 erreicht werden (stRspr, zB BGH WM 2011, 309; BGHZ 173, 159 = WM 2007, 1673 Tz 21; BGH NZG 2007, 428); zur ausnahmsw eröffneten Verfahrensrüge nach erfolglosem Berichtigungsverf s § 320 Rn 17. Fehlt im Berufungsurteil eine Bezugnahme auf das erstinstanzl Urteil, können dessen Feststellungen vom Revisionsgericht nicht berücksichtigt werden (BGH ZIP 2009, 228 Tz 22). 1

Nicht ausreichend ist eine pauschale **Bezugnahme auf den Akteninhalt** oder alle gewechselten Schriftsätze, da sich daraus nicht entnehmen lässt, was das Berufungsgericht für erhebl gehalten und seiner Entscheidung zugrundegelegt hat (BGH ZIP 2015, 1297 Tz 18; BGH NJW 2004, 293). – Wird im Tatbestand des Berufungsurteils eine **Urkunde** zwar nicht ausdrückl in Bezug genommen, diese aber mit der Einleitung „u.a." auszugsweise wiedergegeben, kann von einer konkludenten Bezugnahme auf die gesamte Urk ausgegangen werden (BGH NJW 1996, 1748). Ohne Bezugnahme auf die Urk kann das Revisionsgericht seiner Beurteilung nur die in den Vorinstanzen getroffenen Feststellungen zu ihrem Inhalt und ggf ihrer Beschaffenheit zugrundelegen (BGHZ 154, 171 = NJW 2003, 2158). – Der Vermerk, eine **Akte** sei Gegenstand der mündl Verh gewesen, ist dahin zu verstehen, dass die Bezugnahme sich nur auf die Teile der Akte bezieht, die einen von den Parteien konkret vorgetragenen Sachverhalt betreffen (BGH ZIP 2004, 1547; BGH WM 1994, 2113). 2

Keine Entscheidungsgrundlage für das Revisionsgericht besteht, wenn ein **Tatbestand** vollständig **fehlt** oder in sich derart **widersprüchlich** (s § 314 Rn 6) oder lückenhaft ist, dass sich die tatsächl Grundlagen der Entscheidung des Berufungsgerichts nicht mehr zweifelsfrei erkennen lassen (BGH ZIP 2015, 1297 Tz 15 mwN; BGH NJW-RR 2005, 962; BGHZ 144, 370 = NJW 2000, 3133). Das angefochtene Urteil ist dann schon allein aus diesem Grund – auch ohne entspr Rüge (zB BGH ZIP 2015, 1297 Tz 15 mwN; BGH NJW-RR 1989, 306) – **aufzuheben** (BGH ZIP 2015, 1297 Tz 15 mwN; BGH NJW-RR 2005, 962). Dasselbe gilt, wenn sich die **Berufungsanträge** nicht – zumindest sinngemäß (s § 547 Rn 11) – aus dem Berufungsurteil ergeben, auch wenn sie in dem Protokoll über die mündl Verh vor dem Berufungsgericht enthalten sind (BGH Grundeigentum 2021, 644; BGH NJW-RR 2005, 716). 3

2) Neue Tatsachen. Solche sind zu berücksichtigen, soweit sie vAw zu berücksichtende **Prozessvoraussetzungen** usw betreffen; zu diesen s § 557 Rn 7 ff. Zu diesen sind ggf auch unter Berücksichtigung neuen Vorbringens in der Revisionsinstanz Feststellungen zu treffen (zB BGH WM 1986, 1201; BGH WM 1985, 263 mwN). Das gilt auch für den Nachweis der Prozessvollmacht für das Berufungsverf (BGH MDR 2002, 773). 4

Ansonsten ist **neuer Sachvortrag** in der Revisionsinstanz grds unzulässig (BGHZ 202, 242 = VersR 2014, 1465 Tz 20; BGH VersR 2010, 923 Tz 15). Davon lässt die Rspr aus prozesswirtschaftl Gründen Ausnahmen zu (zB BGH WRP 2023, 961 Tz 31; BGHZ 202, 242 = VersR 2014, 1465 Tz 21; BGH NJW 2008, 1661 Tz 25). Danach ist I 1 insb einschränkend dahin auszulegen, dass in der Revisionsinstanz in bestimmtem Umfang auch neue, im Hinblick auf die materielle Rechtslage relevante Tatsachen berücksichtigt werden können, wenn die Tatsachen **unstreitig** sind (auch infolge Säumnis, BGH WRP 2023, 961 Tz 31) oder ihr Vorliegen in der Revisionsinstanz ohnehin **von Amts wegen zu beachten** ist und **schützenswerte Belange** der Gegenpartei nicht entgegenstehen (zB BGH WRP 2023, 961 Tz 31; BGH WRP 2017, 579 Tz 44; BGHZ 202, 242 = VersR 2014, 1465 Tz 21). Voraussetzung ist, dass die neuen Tatsachen erst während des Revisionsverf (BGHZ 202, 242 = VersR 2014, 1465 Tz 21; BGH NJW 2009, 3783 Tz 27; BGHZ 139, 214) bzw nach Schluss der letzten mündl Verh in der Berufungsinstanz (BGH WRP 2017, 579 Tz 44; BGH NJW 2008, 1661) entstanden sind. Bereits vor Schluss der mündl Verh in der Berufungsinstanz entstandene Tatsachen können dann berücksichtigt werden, wenn sie **gerichtskundig** und damit offenkundig iSv § 291 sind (BGH WM 2024, 1723). 5

Bsp: Während des Revisionsverf eingetretene Verjährung, wenn die Einrede bereits in der Tatsacheninstanz erhoben worden war (BGH NJW 1990, 2754 = MDR 1991, 47); rkr Scheidung der Parteien (BGH NJW 2002, 6

1130); Genehmigung einer Willenserklärung (BGHZ 213, 349 = NJW 2017, 1604 Tz 17); Ablauf einer Kündigungsfrist (BGH NJW 2008, 1661 Tz 25); Insolvenzeröffnung (BGH NJW 1984, 357); rkr Urteil über eine vorgreifl Frage (BGH WM 1985, 263); Fälligkeit einer Forderung (BGH NJW-RR 1992, 948); eine die Zivilgerichte bindende behördl Entscheidung (BGH VersR 1980, 822).

7 Die Berücksichtigung neuen Vorbringens ist außerdem in Fällen zulässig, in denen einer der in § 580 Nr 1-7a geregelten **Restitutionsgründe** geltend gemacht wird und, soweit diese auf einer strafbaren Handlung beruhen (§ 580 Nr 1-5), deswegen eine rkr Verurteilung (§ 581 I) ergangen ist (BGHZ 227, 49 = NJW 2020, 3451 Tz 27 mwN). Für den Restitutionsgrund des § 580 Nr 7b gilt dies nicht (BGHZ 227, 49 = NJW 2020, 3451 Tz 27 mwN), weil nur der Widerspruch zu einer anderen Entscheidung, nicht aber die bloße Prozesswirtschaftlichkeit die Berücksichtigung neuer Tatsachen in der Revisionsinstanz rechtfertigt. Dieser Restitutionsgrund rechtfertigt eine Berücksichtigung neuer Tatsachen im Revisionsverf nur ausnahmsw, wenn höhere Belange der Allgemeinheit und der Rechtspflege dies fordern (BGHZ 227, 49 = NJW 2020, 3451 Tz 27 mwN).

8 **3) Neue Anträge.** Die Einführung neuer Ansprüche in die Revisionsinstanz im Wege der **Klageänderung, Hilfsantrag, Klageerweiterung, Widerklage** oder Zwischenfeststellungsklage ist grds unzulässig (BGH NJW-RR 2022, 1288 = MDR 2022, 1495 mwN; BGH NJW-RR 2021, 187; BGH WM 2006, 592), insb ein Übergang von der erhobenen Feststellungsklage auf eine Leistungsklage (BGH NJW-RR 2022, 1288 = MDR 2022, 1495). Eine **Ausnahme** gilt, wenn die Änderung nur eine **Beschränkung** (BGH NJW-RR 2022, 1288 = MDR 2022, 1495) oder **Modifikation** des früheren Antrags darstellt und sich auf einen Sachverhalt stützt, der **von den Tatsacheninstanzen bereits gewürdigt** worden ist (BGH WRP 2024, 964; BGH VersR 2024, 441; BGH NJW 1998, 2969). Dann ist es insb zulässig, einen bisher als Hauptantrag gestellten Antrag in der Revision als Hilfsantrag zu verfolgen (BGH WM 1989, 1873), den Klageantrag auf Leistung an den Abtretungsempfänger umzustellen, wenn die Forderung während des Rechtsstreits abgetreten und dies vom Berufungsgericht festgestellt worden ist (BGH NJW 1998, 2969) oder wenn die Leistung aus Rechtsgründen nicht an den Kl, sondern an einen Dritten zu erbringen ist (BGH NJW 1998, 2969). Die Antragsänderung darf somit nicht zur Folge haben, dass die Würdigung eines Sachverhalts erforderl wird, der der Beurteilung durch den Tatrichter noch nicht unterlag (BGH VersR 2024, 441; BGH NJW-RR 2022, 1288 = MDR 2022, 1495). Neu gestellte Anträge sind daher nicht schon deswegen zulässig, weil sie sich im Rahmen des § 264 Nr 2 halten (BGH NJW-RR 2022, 1288 = MDR 2022, 1495). – Ein neuer Antrag kann im Revisionsverf aber **nur** durch den (Anschluss-)**Rechtsmittelführer** gestellt werden (BGH VersR 2024, 1082). – Ein **gewillkürter Parteiwechsel** ist in der Revisionsinstanz unzulässig (BGH ZIP 2008, 2094; BGH WM 1990, 742; aA in Sonderfall BAGE 138, 148 = NZA 2011, 1274). Nach einem unzulässigen Parteiwechsel ist das Verf zwischen den bisherigen Parteien fortzusetzen (BGH ZIP 2008, 2094; BGH NJW 1998, 1496). – Eine **einseitige Erledigungserklärung** ist in der Revisionsinstanz jedenfalls dann zulässig und zu berücksichtigen, wenn das erledigende Ereignis als solches außer Streit steht (BGH NZI 2024, 893). – Ist die Klageänderung unzulässig, ist **auf der Grundlage der bisherigen Klageanträge** zu entscheiden (BGH NJW-RR 2022, 1288 = MDR 2022, 1495).

9 In beschränktem Umfang ist die Zulässigkeit neuer Anträge **gesetzlich vorgesehen:** Gem § 303 IV 4, § 600 II, § 717 II 2. Diese Anträge können auch erstmals in der Revisionsinstanz gestellt werden (BGH WM 2017, 1472; BGH NJW 1994, 2095). Daher ist insoweit auch in der Revisionsinstanz neuer Sachvortrag zu berücksichtigen. – Ein erstmals in der Revisionsinstanz als solcher festgestellter **unbestimmter Antrag** kann auch in ihr noch **konkretisiert** werden, wenn das Berufungsgericht den – ggf auch erst auf der Grundlage der rechtl Beurteilung des Revisionsgerichts – gebotenen Hinweis gem § 139 I 2 unterlassen hat (BGH GRUR 2021, 746 Tz 54; BGH NJW 2012, 3241 Tz 16; BGHZ 173, 71 Tz 11).

10 **4) Verfahrensrügen (§ 559 I 2).** Gem I 2 sind ebenso die zur Begr von Verfahrensrügen vorgebrachten Tatsachen zu beachten, auch die zur Begr von Gegenrügen (s § 557 Rn 12) dienenden. Will der Revisionskläger geltend machen, dass sein Vorbringen vom Berufungsgericht übergangen worden ist, muss er dies konkret rügen (zB BGH WRP 2017, 579 Tz 43).

11 **II) Bindungswirkung (§ 559 II).** Das Revisionsgericht ist grds an die Festellung des **Bestehens oder Nichtbestehens einer Tatsache** gebunden. Dies ist unabhängig davon, ob diese Feststellung auf freier Überzeugungsbildung, ges Beweisregeln, Geständnis, Nichtbestreiten, Allgemeinkundigkeit usw beruht. Die Beweiswürdigung ist vom Revisionsgericht nur **eingeschränkt überprüfbar**. Grds ist die Würdigung der Beweise dem Tatrichter vorbehalten. Das Revisionsgericht kann nur nachprüfen, ob sich der Tatrichter gem § 286 mit dem Prozessstoff und den Beweisergebnissen umfassend und widerspruchsfrei auseinandergesetzt hat, die Beweiswürdigung also vollständig und rechtl mögl ist und nicht gegen Denkgesetze und Erfahrungssätze verstößt (stRspr, zB BGH 26.5.2020 – VI ZR 213/19 Tz 27; BGH VersR 2018, 1510 Tz 18; BGH VersR 2015, 327 Tz 13). Wegen der Einzelheiten s § 286 Rn 23 ff. Ein Fehler in der Beweiswürdigung und sonstige Fehler bei der Tatsachfeststellung, zB das Übergehen eines Beweisantritts, müssen mit einer **Verfahrensrüge** gem § 551 III Nr 2b geltend gemacht werden; zu dieser s § 551 Rn 13 f. – Keine Bindung besteht an tatsächl Feststellungen, die vom Revisionsgericht eigenständig vAw zu berücksichtigende Umstände betreffen; s § 557 Rn 8.

12 Beruhen die Tatsachenfeststellung des Berufungsgerichts auf entscheidungserhebl Mängeln, führt dies zur **Aufhebung und Zurückverweisung**, da das Revisionsgericht zu entspr Feststellungen nicht berufen ist.

§ 560 Nicht revisible Gesetze

Die Entscheidung des Berufungsgerichts über das Bestehen und den Inhalt von Gesetzen, auf deren Verletzung die Revision nach § 545 nicht gestützt werden kann, ist für die auf die Revision ergehende Entscheidung maßgebend.

Irrevisibel ist **ausländisches Recht**. auch soweit es sich um Verfahrensrecht handelt; iE s § 545 Rn 6. Die vom Tatrichter getroffenen Feststellungen über das insoweit **bestehende Recht und seinen Inhalt** binden das Revisionsgericht wie tatsächl Feststellungen. Angegriffen werden kann – notwendig mit einer **Verfahrensrüge** gem § 551 III Nr 2 b (BGH VersR 1996, 515 mwN) – grds nur die verfahrensgerechte Ermittlung des Rechts; wegen der Einzelheiten des Prüfungsumfangs und -maßstabs s § 545 Rn 6 ff. 1

§ 561 Revisionszurückweisung

Ergibt die Begründung des Berufungsurteils zwar eine Rechtsverletzung, stellt die Entscheidung selbst aber aus anderen Gründen sich als richtig dar, so ist die Revision zurückzuweisen.

Kommt das Revisionsgericht bei der ihm gem § 557 III 1 obliegenden umfassenden Prüfung zu dem Ergebnis, dass das angefochtene Urteil zwar auf einer Rechtsverletzung beruht, aus anderen Gründen aber **dieselbe Entscheidung** zu treffen ist, hat es die Berufung grds (Ausnahme s Rn 3) zurückweisen. Denn eine sonst erforderl Zurückverweisung zu dem Zwecke, die rechtl einzig zutreffende Entscheidung der Vorinstanz zu überlassen, würde dem Grundsatz der **Prozessökonomie** widersprechen (vgl BGHZ 132, 245 = NJW 1996, 1890). 1

Bsp: das Urteil wird auch durch die verfahrensfehlerfrei getroffenen Feststellungen getragen (BAG NZA-RR 2013, 133 Tz 50); die aufgrund fehlerhafter mat-rechtl Subsumtion getroffene Entscheidung erweist sich auch bei zutr Subsumtion als gerechtfertigt; eine andere Anspruchsgrundlage trägt die Entscheidung (zB BGH NJW-RR 1997, 1374); das Berufungsurteil stellt sich infolge einer zwischenzeitl Gesetzesänderung als richtig dar (BGHZ 10, 266; BGHZ 2, 324); im Revisionsverf berücksichtigungsfähige neue Tatsachen wirken zu Gunsten des Revisionsklägers (zB Wiedererlangen der Prozessführungsbefugnis, deren bish Fehlen der Tatrichter übersehen hatte). 2

Bei Vorliegen eines **absoluten Revisionsgrundes** iSv § 547 ist § 561 nicht anzuwenden (BAG NJW 2011, 3053 Tz 24; BGH WM 1993, 1656), da unwiderlegl vermutet wird, dass die Entscheidung auf dem Mangel beruht; s § 547 Rn 1. – Bei Teilbarkeit kann auch **teilweise bestätigt** und iÜ zurückverwisen werden (BGH NJW 2017, 61 Tz 43). **Offenbare Unrichtigkeiten** iSv § 319 können auch im Rahmen der Zurückweisungsentscheidung durch das Revisionsgericht berichtigt werden; s § 319 Rn 34. 3

§ 562 Aufhebung des angefochtenen Urteils

(1) Insoweit die Revision für begründet erachtet wird, ist das angefochtene Urteil aufzuheben.

(2) Wird das Urteil wegen eines Mangels des Verfahrens aufgehoben, so ist zugleich das Verfahren insoweit aufzuheben, als es durch den Mangel betroffen wird.

I) Aufhebung des Urteils (§ 562 I). Bei einem Erfolg der Revision wird das angefochtene Urteil nicht abgeändert, sondern aufgehoben. Dies eröffnet dem Revisionsgericht die weitere Entscheidung, entweder Selbstentscheidung gem § 563 III oder Zurückverweisung an das Berufungsgericht gem § 563 I. Mit dem angefochtenen Urteil sind auch die gem § 557 II der Beurteilung des Revisionsgerichts unterliegenden **Vorentscheidungen** aufzuheben, wenn sie fehlerhaft sind und dem Urteil als Grundlage gedient haben, um für das neue Berufungsurteil die Bindung gem § 318 zu beseitigen. 1

Eine Aufhebung ist nur in dem Umfang mögl, in dem das Berufungsurteil dem Revisionsgericht zur Entscheidung angefallen ist, also nur **im Rahmen der Zulassung**. Ist die Revision nur **teilweise begründet**, ist das Berufungsurteil nur in diesem Umfang („insoweit") aufzuheben (zB BGHZ 45, 287 = WM 1966, 86). Mit dem Wortlaut „insoweit … ist … aufzuheben" ist ein Wahlrecht des Revisionsgerichts zwischen teilw und vollständiger Aufhebung (so BGHZ 168, 152 = WM 2006, 1598; BGH WM 1966, 1207, je für ZBR) kaum vereinbar (ebenso WSch/Prütting/Winter Rn 9; iErg auch MskV/Ball Rn 3). Es besteht auch kein anerkennenswertes Bedürfnis dafür, dass ein Rechtsstreit, der iÜ entscheidungsreif ist, (zumindest) vor dem Berufungsgericht nochmals in vollem Umfang verhandelt wird, zumal den Parteien dadurch auch Mehrkosten entstehen (so zutr BGHZ 45, 287 = WM 1966, 86). Die **Voraussetzungen** für eine teilw Aufhebung entspr denen für eine teilweise Zulassung 2 (s § 543 Rn 25 ff). Sie kann sich also beschränken auf **zB** Zurückbehaltungsrecht (BGHZ 45, 287 = WM 1966, 86); Aufrechnung, Klage oder Widerklage; Grund oder Betrag. – Ein Urteil, dessen **Tenor in sich widersprüchlich** ist, ist im Umfang seiner Anfechtung (§ 557 I) insgesamt aufzuheben, und zwar auch insoweit, als es zugunsten des Revisionsführers ergangen ist (BGH NJW 2025, 581; BGH NJW-RR 2001, 1351; sa § 313 Rn 8).

3 **II) Aufhebung des Verfahrens (§ 562 II).** Wenn die Entscheidung auf einem Verfahrensfehler beruht, kann auch das Verf des Berufungsgerichts aufgehoben werden. Die Aufhebung kann sich auch auf einen **Teil des Verfahrens** beschränken („insoweit"), wenn nur dieser fehlerhaft war, zB eine Beweisaufnahme. Die übrigen Verfahrensvorgänge behalten ihre Bedeutung für die neue Berufungsverh. Eine beschränkte Aufhebung kann sich auch aus den Entscheidungsgründen ergeben, zumal der BGH idR im Tenor eine Aufhebung des Verf nicht ausspricht. Das aufgehobene Verf oder der aufgehobene Teil des Verf muss **wiederholt werden.**

§ 563 Zurückverweisung; eigene Sachentscheidung

(1) [1]Im Falle der Aufhebung des Urteils ist die Sache zur neuen Verhandlung und Entscheidung an das Berufungsgericht zurückzuverweisen. [2]Die Zurückverweisung kann an einen anderen Spruchkörper des Berufungsgerichts erfolgen.

(2) Das Berufungsgericht hat die rechtliche Beurteilung, die der Aufhebung zugrunde gelegt ist, auch seiner Entscheidung zugrunde zu legen.

(3) Das Revisionsgericht hat jedoch in der Sache selbst zu entscheiden, wenn die Aufhebung des Urteils nur wegen Rechtsverletzung bei Anwendung des Gesetzes auf das festgestellte Sachverhältnis erfolgt und nach letzterem die Sache zur Endentscheidung reif ist.

(4) Kommt im Fall des Absatzes 3 für die in der Sache selbst zu erlassende Entscheidung die Anwendbarkeit von Gesetzen, auf deren Verletzung die Revision nach § 545 nicht gestützt werden kann, in Frage, so kann die Sache zur Verhandlung und Entscheidung an das Berufungsgericht zurückverwiesen werden.

1 **I) Zurückverweisung (§ 563 I). 1) Allgemein.** Da idR noch weitere Tatsachenfeststellungen durch das **Berufungsgericht** zu treffen sind, ist der Regelfall die Zurückverweisung an dieses gem I. Ausnahmsw ist eine Zurückverweisung an die 1. Instanz zulässig, wenn schon das Berufungsgericht die Sache hätte zurückverweisen müssen (BGH WRP 2025, 609). Die **Zuständigkeit nach Zurückverweisung** – ohne Entscheidung gem I 2 – bestimmt sich nach der Geschäftsverteilung des Berufungsgerichts, nach der (inzwischen) auch ein anderer Spruchkörper zuständig sein kann (BGH NJW-RR 2023, 226; BGHZ 188, 43 = NJW 2011, 1279 Tz 5).

2 Das Revisionsgericht kann nach seinem Ermessen gem I 2 an einen **anderen Spruchkörper** des Berufungsgerichts zurückverweisen, insb wenn dies wegen einer Häufung von Sachfehlern oder einer möglicherw nicht bestehenden Unvoreingenommenheit geboten erscheint (BGH WRP 2020, 588 Tz 21 mwN). Dies kann entweder an einen konkreten Spruchkörper (BGH WRP 2020, 588 Tz 21) oder allgemein „an einen anderen Senat/eine andere Kammer" geschehen. Dann bestimmt sich die Zuständigkeit nach der Geschäftsverteilung des Berufungsgerichts. Der nach Aufhebung eines Teilurteils auf diese Weise zuständig gewordene Spruchkörper hat auch über den in der Berufungsinstanz anhängig gebliebenen Teil des Streitgegenstands zu entscheiden (BGH WM 1955, 265).

3 **2) Einheit des Verfahrens.** Durch die Zurückverweisung wird die Berufungsinstanz wieder eröffnet; die frühere Verh bildet mit der neuen eine Einheit. **Frühere Beweisaufnahmen** brauchen nicht wiederholt zu werden (vgl § 398), wenn das Verf insoweit nicht gem § 562 II aufgehoben worden ist und sofern nicht Zeugenaussagen durch andere Richter gewürdigt werden müssen. Neue Anträge können gestellt (BGH NJW 1963, 444), **neue Angriffs- und Verteidigungsmittel** in den Grenzen des § 531 II vorgebracht werden (BGH NJW-RR 2019, 719 Tz 21; BGH NJW-RR 2017, 72 Tz 19). – Aufhebung und Zurückverweisung begründen kein anteiliges Unterliegen. Für die **Kosten**belastung hinsichtlich aller Instanzen kommt es auf das Unterliegen in der Entscheidung an, die zuletzt zu treffen ist (BGHZ 37, 233, 246 = NJW 1962, 1715, 1718), so dass sich auch die Kosten des Revisionsverf nach dem Obsiegen/Unterliegen in der Entscheidung nach Zurückverweisung bestimmen.

4 **II) Bindungswirkung (§ 563 II). 1) Bindung des Berufungsgerichts.** Das Berufungsgericht ist nicht an frühere eigene Tatsachenfeststellungen, Beweiswürdigung oder Rechtsansichten gebunden, selbst wenn das Revisionsgericht sie teilt (BGH 19.2.2015 – V ZR 97/14, juris Tz 3; BGH NJW 1995, 1673 mwN). Die Bindung des Berufungsgerichts **an sein eigenes Urteil** gem § 318 entfällt mit und im Umfang von dessen Aufhebung (BGH 19.2. 2015 – V ZR 97/14 Tz 3; BGH NJW 1989, 1486). Es unterliegt aber dem **Verbot der reformatio in peius** (BGH FamRZ 2007, 366; BGH NJW-RR 1989, 1404 = FamRZ 1989, 957); das neue Berufungsurteil darf den Revisionskläger nicht schlechter stellen als das vorherige.

5 *Gebunden ist das Berufungsgericht (nur)* an diej rechtl Beurteilung, auf der die **Aufhebung unmittelbar beruht** (BGH BGH MDR 2017, 1386 mwN; BGHZ 163, 223 = MDR 2005, 1319). Sog obiter dicta binden nicht. Dies gilt auch für einzelne Revisionsrügen zurückweisende Ausführungen des Revisionsgerichts, da auf ihnen

die zur Zurückverweisung führende Entscheidung nicht beruhen kann. Wird das Urteil **allein wegen Verfahrensmängeln** aufgehoben, ist das Berufungsgericht in der mat-rechtl Beurteilung frei (BGH 7.5.2020 – V ZR 187/19; BGHZ 6, 76). Das Berufungsgericht kann sich der Bindung nicht mit der Begr entziehen, die Auffassung des Revisionsgerichts sei offenkundig unrichtig, „greifbar gesetzwidrig" oder es bestünden verfassungsrechtl Bedenken (BGH NJW 2007, 1127 Tz 20; BGH NJW 1994, 2956). Hat das Revisionsgericht ausnahmsw Tatsachenfeststellungen zu treffen, erstreckt sich die Bindungswirkung auch auf diese (BGH NJW 1995, 3115).

Einzelfälle: Bindend ist die Auslegung des **Klageantrags** durch das Revisionsgericht (BGH NJW 1963, 956; wohl auch BGH NJW 2011, 3657); bei einer **Stufenklage** (§ 254) bindet eine Verurteilung auf der 1. Stufe nicht für den Leistungsantrag (BGH NJW-RR 2018, 518 Tz 13); vom Revisionsgericht seiner Entscheidung zugrunde gelegte **technische Regeln oder Erfahrungssätze** binden nicht (BGH NJW 1982, 1049). 6

Die **Bindungswirkung entfällt**, wenn sich der Sachverhalt in **tatsächlicher Hinsicht ändert** (BGH MDR 2017, 1386 = NJW-RR 2017, 1020 mwN; BGH MDR 2013, 167). Dasselbe gilt bei einer **Änderung der Rechtslage** oder eine zwischenzeitl veröffentlichten, abw Entscheidung des BVerfG, des Gerichtshofs der Europäischen Union oder der **Änderung der Rechtsprechung** des Revisionsgerichts oder des Gemeinsamen Senats der obersten Gerichtshöfe des Bundes (BGH MDR 2013, 167). 7

2) Erneute Revision. Wird in ders Sache nach erneuter Entscheidung des Berufungsgerichts wieder Revision eingelegt, ist das Revisionsgericht im gleichen Umfang wie das Berufungsgericht **an seine frühere Entscheidung gebunden** (BGH NJW-RR 2017, 1020 Tz 6; BGH WM 2007, 200 Tz 20; BGHZ 132, 6 = ZIP 1996, 456), mit dens Einschränkung insb bei Änderung der Rechtslage usw. Sa § 318 Rn 9. 8

III) Eigene Sachentscheidung (§ 563 III). 1) Entscheidungsreife. Diese ist gegeben, wenn bei einer fehlerhaften Subsumtion durch das Berufungsgericht weitere tatsächl Feststellungen weder erforderl noch zu erwarten sind (zB BGH ZIP 2024, 2459; BGHZ 225, 59 = NJW 2020, 3386 Tz 36). Die Subsumtion der festgestellten Anknüpfungstatsachen unter einen Rechtsbegriff nimmt das Revisionsgericht eigenständig vor (zB BGHZ 225, 59 = NJW 2020, 3386 Tz 36; BGHZ 146, 217 = ZIP 2001, 670; BGHZ 122, 308 = NJW 1993, 2178). Es kann auch sonst den Tatsacheninstanzen vorbehaltene Bewertungen (s § 546 Rn 14 f) vornehmen, zB ob eine Verwirkung (BGHZ 122, 308 = NJW 1993, 2178) oder schwere Verfehlung iSv § 530 I BGB (BGH MDR 1992, 182) vorliegt. **Keine Entscheidungsreife** liegt vor, wenn in der Revisionsinstanz ein Gesichtspunkt Bedeutung erlangt, den die Vorinstanzen übersehen oder für unmaßgebl gehalten haben, und hierzu neuer Sachvortrag auch nur mögl erscheint oder einen Hinweis gem § 139 erfordert hätte (BGHZ 211, 309 = NJW 2017, 806 Tz 56; BGHZ 129, 112). **Feststellungen der 1. Instanz** genügen nicht für eine Entscheidung des Revisionsgerichts, wenn das Berufungsgericht noch nicht gem § 529 I Nr 1 geprüft hat, ob konkrete Anhaltspunkte Zweifel an der Richtigkeit und Vollständigkeit der Tatsachenfeststellung begründen (BGH NJW 2008, 576). 9

2) Entscheidung des Revisionsgerichts. Gem III besteht im Interesse der Prozeßökonomie eine **Pflicht zur eigenen Sachentscheidung** durch das Revisionsgericht bei Entscheidungsreife des Rechtsstreits (BGHZ 225, 59 = NJW 2020, 3386 Tz 36; BGHZ 218, 320 = VersR 2019, 236 Tz 18; BGHZ 146, 217 = ZIP 2001, 670). Ist die Sache **nur teilweise** zur Endentscheidung reif, ist insoweit durch das Revisionsgericht in der Sache zu entscheiden und iÜ zurückzuverweisen. Es kann auch ein **Grundurteil** erlassen und iÜ zurückverweisen (BGHZ 141, 79 = MDR 1999, 823). Es hat ggf auch über einen **Hilfsantrag** zu entscheiden, über den erst aufgrund seiner Entscheidung zu erkennen ist (BGH ZIP 2024, 2459). 10

Entscheidung „in der Sache selbst" bedeutet nicht notwendig eine Entscheidung über den Klageanspruch selbst. Das Revisionsgericht kann auch die **Klage als unzulässig abweisen** oder die vom Berufungsgericht als zulässig angesehene **Berufung verwerfen**. Es kann die Sache unmittelbar **an das erstinstanzliche Gericht zurückverweisen**, wenn dies auch nach einer neuen Verh die ermessensgerechte Entscheidung des Berufungsgerichts wäre (BGH GesR 2025, 245; BGH NJW 2016, 409 Tz 14). 11

Das Revisionsgericht kann über die sachl Berechtigung einer **als unzulässig abgewiesenen Klage** dann entscheiden, wenn sich aus dem Berufungsurteil ein Sachverhalt ergibt, der für eine rechtl Beurteilung eine verwertbare tatsächl Grundlage bietet, und bei einer Zurückverweisung der Sache ein anderes Ergebnis nicht mögl erscheint (BGHZ 216, 83 = NJW-RR 2018, 719; BGH ZIP 2010, 1752 Tz 13; BGH NJW 1992, 436), das Berufungsgericht vielmehr bei zutreffender verfahrensrechtl Behandlung der Klage sofort eine Entscheidung in der Sache hätte treffen können (BGH WM 2023, 979 Tz 17). Dasselbe gilt bei einer als unzulässig **verworfenen Berufung** (BGH MDR 1999, 181). Hat das Berufungsgericht hilfsweise **Ausführungen zur Sache** gemacht, gelten diese grds für die Revisionsinstanz als nicht geschrieben (stRspr, zB BGH NJW 2018, 2269 Tz 20; BGH NJW 2016, 3380). 12

Hätte das Berufungsgericht durch **Versäumnisurteil** entscheiden müssen, kann dies durch das Revisionsgericht mangels entspr Kompetenz nicht ausgesprochen werden; auch ein kontradiktorisches Urteil kommt nicht in Betracht, da sonst die Verteidigungsmöglichkeiten des Säumigen eingeschränkt wären (BGH MDR 1996, 522). 13

IV) Irrevisibles Recht (§ 563 IV). Gem IV steht es im **Ermessen** des Revisionsgerichts, bei Anwendung nicht revisiblen – also ausl (s § 545 Rn 6) – Rechts trotz Klärung der tatsächl Verhältnisse nicht unter Ermittlung des 14

Rechts (s § 293 Rn 10 ff) gem III selbst zu entscheiden, sondern dafür das Verf an das Berufungsgericht zurückzuverweisen. Davon macht der BGH insb Gebrauch, wenn nicht unwahrscheinl ist, dass bei Anwendung des zu ermittelnden Rechts ohnehin weitere tatsächl Feststellungen des Berufungsgerichts erforderlich sein werden (vgl. BGH ZIP 2016, 2060 Tz 17; BGH WuM 2003, 281).

15 **V) Gebühren. 1) Gericht:** keine Urteilsgeb. Vergleich nach Zurückverweisung ist nicht gebührenbegünstigt (OLG Köln JurBüro 2019, 32). – **2) RA:** § 21 I RVG; Vorbem 3 VI RVG-VV; sa § 538 Rn 63. – Wird an einen anderen Spruchkörper zurückverwiesen (I 2), greift die Anrechnung nach Vorbem 3 VI RVG-VV nicht ein, da dort die Verweisung an ein Gericht verlangt ist, „das mit der Sache bereits befasst war". An einer solchen Vorbefassung fehlt es auch bei Verweisung an einen anderen Spruchkörper (Escher/Stendel NJOZ 2016, 1433; aA LAG Rheinland-Pfalz AGS 2010, 163). – Für den Ablauf der Frist § 15 V 2 RVG (dann neue VerfGeb), ist nicht auf die Urteilsverkündung, sondern auf die Kenntnisnahme abzustellen (OLG Hamburg MDR 2014, 808).

§ 564 Keine Begründung der Entscheidung bei Rügen von Verfahrensmängeln

[1]Die Entscheidung braucht nicht begründet zu werden, soweit das Revisionsgericht Rügen von Verfahrensmängeln nicht für durchgreifend erachtet. [2]Dies gilt nicht für Rügen nach § 547.

1 Zur Entlastung des Revisionsgerichts bedarf es für die Zurückweisung von Verfahrensrügen, soweit sie keinen absoluten Revisionsgrund (§ 547) betreffen, keiner Begr. Eine solche sollte aber nobile officium sein, soweit die Revision wegen des Verfahrensmangels zugelassen wurde. Die fehlende Pflicht zur Begr erstreckt sich auch auf den Beschluss über eine Anhörungsrüge gem § 321a (std Rspr, zB BGH VersR 2009, 130; BGH MDR 2005, 887).

§ 565 Leitentscheidung

(1) [1]Endet die zum Leitentscheidungsverfahren bestimmte Revision, ohne dass ein mit inhaltlicher Begründung versehenes Urteil ergeht, so trifft das Revisionsgericht durch Beschluss eine Leitentscheidung. [2]Der Beschluss ergeht ohne mündliche Verhandlung.

(2) In dem Beschluss wird

1. festgestellt, dass die Revision beendet ist, und

2. eine Leitentscheidung zu den im Beschluss nach § 552b benannten Rechtsfragen getroffen.

(3) [1]Der Beschluss ist zu begründen. [2]Die Begründung ist auf die Erwägungen zur Entscheidung der maßgeblichen Rechtsfragen zu beschränken.

Neugefasst durch G zur Einführung eines Leitentscheidungsverfahrens beim Bundesgerichtshof v 24.10.2024 (BGBl 2024 I Nr 328) mWv 31.10.2024.

1 **I) Allgemeines.** Die Vorschrift regelt Inhalt und Form der Leitentscheidung. Mit ihr wird dem Revisionsgericht ermöglicht, sich auch dann zu für andere Verf bedeutsamen Rechtsfragen zu äußern, wenn ein mit inhaltl Begründung zu versehendes Revisionsurteil nicht mehr ergehen kann, sofern das Revisionsverfahren gem § 552b zum Leitentscheidungsverfahren bestimmt worden ist (s § 552b Rn 1). – Die früher in § 565 getroffenen Regelungen befinden sich jetzt in § 555.

2 **II) Voraussetzungen (§ 565 I 1).** Das Revisionsverf muss durch Beschluss gem § 552b zum **Leitentscheidungsverfahren** bestimmt worden sein. Voraussetzung ist ferner, dass ein mit inhaltl Begründung versehenes **Urteil nicht ergeht**, zB wegen Vergleichs oder Rücknahme der Revision. Anderenfalls besteht für eine Leitentscheidung kein Bedürfnis, es ist ein übliches Revisionsurteil mit inhaltl Begr zu erlassen (s § 552b Rn 8).

3 **III) Verfahren (§ 565 I 2).** Da das Revisionsgericht durch Beschluss entscheidet, bedarf es **keiner mündlichen Verhandlung.** Die Parteien können aber schriftsätzl zu den zu beurteilenden Rechtsfragen **Stellung nehmen**; dem trägt die Neufassung von § 19 I 2 Nr 3 RVG Rechnung (BTDrs 20/8762, 16).

4 **IV) Entscheidung (§ 565 II, III).** Das Revisionsgericht entscheidet durch **Beschluss**. Dieser enthält zum einen die Feststellung, dass die Revision beendet ist (II Nr 1), zum anderen eine Leitentscheidung zu den Rechtsfragen, die in dem Beschluss gem § 552b angeführt sind (II Nr 2); dieser Beschluss definiert daher den Gegenstand der Leitentscheidung. Die Leitentscheidung ist zu **begründen** (III 1). Dieser Systematik von II und III ist zu *entnehmen, dass die Entscheidung zu den Rechtsfragen* bereits in den **Tenor** des Beschlusses aufzunehmen und sodann in den Gründen zu begründen ist; die Gesetzesbegründung verhält sich dazu nicht. Dasselbe gilt für die Fassung des Tenors; denkbar ist eine Formulierung als Feststellung ähnlich einem Musterentscheid gem

§ 2 I, § 19 KapMuG. – Auch ohne entspr Regelung ist es sachgerecht, die **Parteien** des ursprüngl Revisionsverf entspr § 313 I Nr 1 aufzunehmen, obwohl es „Parteien" des Leitentscheidungsverfahrens nicht gibt; es handelt sich nach der anderweitigen Erledigung des Revisionsverf nicht mehr um ein Verf zwischen Parteien. Da aber eine Dokumentation nahe liegt, aus welchem Verf die Leitentscheidung hervorgegangen ist, ist ein Rubrum mit der Einleitung „in dem früheren/erledigten Revisionsverf" oÄ sachgerecht. – Auch die übrigen Vorschriften zur Entscheidungsfindung (§§ 315, 318, 319) sind entspr anzuwenden (ebenso Vollkommer NJW 2024, 3257).

Mit der Begr ist – vergleichbar einem Revisionsurteil – darzulegen, wie unter Berücksichtigung des zugrundeliegenden Sachverhalts die Entscheidung über die maßgebl Rechtsfragen gelautet hätte (BTDrs 20/8762, 15). Die **Tiefe der Begründung** hat sich an dem Zweck der Leitentscheidung zu orientieren, die für andere Verf erhebl Rechtsfragen so zu klären, dass möglichst weitere Rechtsmittel (und ggf Verf) entbehrl werden. Daher ist sie auf die Erwägungen zur Entscheidung der durch den Beschluss gem § 552b bestimmten **Rechtsfragen zu beschränken** (III 2). Weiterer Ausführungen, zB zu einer Zulässigkeit der Revision oder anderweitiger Rechtsfragen des ursprüngl Verf, bedarf es nicht. 5

Eine **Kostenentscheidung** kann nicht ergehen, da es sich nicht mehr um ein Verf zwischen Parteien handelt (s Rn 4). – Damit die Leitentscheidung ihren Zweck erfüllen kann, ist sie in geeigneter Weise, insb auf der Homepage, zu **veröffentlichen**, nach dem Willen des Gesetzgebers unverzügl (BTDrs 20/8762, 15). Auch wenn es sich nicht um ein Verf zwischen Parteien handelt, ist der Beschluss entspr § 329 II den Parteien des ursprüngl Revisionsverf **formlos mitzuteilen** (aA Vollkommer NJW 2024, 3257). Eine gesetzl Regelung fehlt. Wenn die ursprüngl Parteien aber im Leitentscheidungsverfahren Stellung nehmen können (s Rn 3), müssen sie auch von der Entscheidung Kenntnis erhalten. 6

V) Rechtsfolgen. Die Leitentscheidung hat keine Auswirkungen auf das ihr zugrundeliegende konkrete Revisionsverf, das bereits anderweitig abgeschlossen ist. Sie entfaltet auch **keinerlei formale Bindungswirkung** auf andere – auch im Hinblick auf das Leitentscheidungsverfahren gem § 148 IV nF ausgesetzte – Verf. Sie informiert (ledigl) Instanzgerichte, anwaltl Vertreter und Öffentlichkeit darüber, wie das Revisionsurteil gelautet hätte, und hat daher einem solchen vergleichbare Bedeutung. Diese liegt zum einen in dem **faktischen Leitbildcharakter**. Zum anderen begründet eine Abweichung von einem in einer Leitentscheidung aufgestellten Rechtssatz angesichts von deren Funktion, in anderen Verf sich stellende Rechtsfragen einem Revisionsurteil vergleichbar zu beantworten (s § 552b Rn 1), eine **Divergenz iSv § 543 II 1 Nr 1 Alt 2** (s § 543 Rn 16). 7

§ 566 Sprungrevision

(1) [1]Gegen die im ersten Rechtszug erlassenen Endurteile, die ohne Zulassung der Berufung unterliegen, findet auf Antrag unter Übergehung der Berufungsinstanz unmittelbar die Revision (Sprungrevision) statt, wenn

1. der Gegner in die Übergehung der Berufungsinstanz einwilligt und

2. das Revisionsgericht die Sprungrevision zulässt.

[2]Der Antrag auf Zulassung der Sprungrevision sowie die Erklärung der Einwilligung gelten als Verzicht auf das Rechtsmittel der Berufung.

(2) [1]Die Zulassung ist durch Einreichung eines Schriftsatzes (Zulassungsschrift) bei dem Revisionsgericht zu beantragen. [2]Die §§ 548 bis 550 gelten entsprechend. [3]In dem Antrag müssen die Voraussetzungen für die Zulassung der Sprungrevision (Absatz 4) dargelegt werden. [4]Die schriftliche Erklärung der Einwilligung des Antragsgegners ist dem Zulassungsantrag beizufügen; sie kann auch von dem Prozessbevollmächtigten des ersten Rechtszuges oder, wenn der Rechtsstreit im ersten Rechtszug nicht als Anwaltsprozess zu führen gewesen ist, zu Protokoll der Geschäftsstelle abgegeben werden.

(3) [1]Der Antrag auf Zulassung der Sprungrevision hemmt die Rechtskraft des Urteils. [2]§ 719 Abs. 2 und 3 ist entsprechend anzuwenden. [3]Die Geschäftsstelle des Revisionsgerichts hat, nachdem der Antrag eingereicht ist, unverzüglich von der Geschäftsstelle des Gerichts des ersten Rechtszuges die Prozessakten einzufordern.

(4) [1]Die Sprungrevision ist nur zuzulassen, wenn

1. die Rechtssache grundsätzliche Bedeutung hat oder

2. die Fortbildung des Rechts oder die Sicherung einer einheitlichen Rechtsprechung eine Entscheidung des Revisionsgerichts erfordert.

[2]Die Sprungrevision kann nicht auf einen Mangel des Verfahrens gestützt werden.

(5) [1]Das Revisionsgericht entscheidet über den Antrag auf Zulassung der Sprungrevision durch Beschluss. [2]Der Beschluss ist den Parteien zuzustellen.

(6) Wird der Antrag auf Zulassung der Revision abgelehnt, so wird das Urteil rechtskräftig.

(7) [1]Wird die Revision zugelassen, so wird das Verfahren als Revisionsverfahren fortgesetzt. [2]In diesem Fall gilt der form- und fristgerechte Antrag auf Zulassung als Einlegung der Revision. [3]Mit der Zustellung der Entscheidung beginnt die Revisionsbegründungsfrist.

(8) [1]Das weitere Verfahren bestimmt sich nach den für die Revision geltenden Bestimmungen. [2]§ 563 ist mit der Maßgabe anzuwenden, dass die Zurückverweisung an das erstinstanzliche Gericht erfolgt. [3]Wird gegen die nachfolgende Entscheidung des erstinstanzlichen Gerichts Berufung eingelegt, so hat das Berufungsgericht die rechtliche Beurteilung, die der Aufhebung durch das Revisionsgericht zugrunde gelegt ist, auch seiner Entscheidung zugrunde zu legen.

1 **I) Allgemeines. 1) Wesen der Sprungrevision.** Für Streitigkeiten, bei denen es im Kern nur um Rechtsfragen geht und deren tatsächl Grundlagen außer Streit stehen, ermöglicht die Sprungrevision den Parteien eine rasche obergericht Klärung unter Verzicht auf das Berufungsverf. Dem Übergehen der Berufungsinstanz müssen alle Parteien zustimmen (I 1 Nr 1). Mit dem Rechtsmittel der Sprungrevision kann nur die Klärung der materiellen Rechtsfrage herbeigeführt werden, auf Verfahrensmängel kann das Rechtsmittel nicht gestützt werden (IV 2).

2 **2) Zulassungsentscheidung.** Die Zulassungsentscheidung obliegt bei der Sprungrevision unmittelbar dem Revisionsgericht; dieses entscheidet idR in einem vorgeschalteten Zulassungsverf, das sich im Wesentl an das Verf der NZB anlehnt.

3 **II) Zulässigkeitsvoraussetzungen. 1) Statthaftigkeit.** Die Sprungrevision ist statthaft gegen Endurteile (s § 542 Rn 3 ff) des 1. Rechtszugs – LG oder AG –, wenn die Berufung gem § 511 II Nr 1 ohne Zulassung statthaft ist, also der **Wert** des Beschwerdegegenstands des Revisionsklägers **600 Euro** übersteigt (s § 511 Rn 10 ff); auf die Wertgrenze des § 544 II Nr 1 kommt es nicht an (BGH MDR 2003, 169 für § 26 Nr 8 EGZPO aF). Betrifft die Beschwer durch das angefochtene Urteil mehrere selbstständige Ansprüche und kommt ein Zulassungsgrund nur hinsichtl eines Streitgegenstandes in Betracht, kommt es allein auf diesen an (BGH MDR 2003, 169).

4 **2) Einwilligung des Gegners.** Erforderl ist die Einwilligung der Gegenpartei, gegen die sich das Rechtsmittel richtet, nicht notwendig also aller Streitgenossen. Die Einwilligungserklärung ist gem II 4 **schriftlich** zu erteilen und **unwiderruflich**. Sie unterliegt gem II 4 grds dem **Anwaltszwang** (vgl II 4), es sei denn, in der 1. Instanz bestand kein Anwaltszwang, II 4 Hs 2. Sofern die Einwilligung nicht telegrafisch, per Telefax, Computerfax (zu diesen Ausnahmen vom Unterschriftserfordernis s § 130 Rn 16 ff) oder elektron erklärt wird, muss die handschriftl unterzeichnete Einwilligungserklärung **im Original** eingereicht werden; eine vom RA gefertigte – auch begl – Fotokopie der Einwilligungserklärung genügt nicht (BGH NJW-RR 2007, 1075 = BGHR 2007, 627, auch zur WE; BGHZ 92, 76). – Die **außerprozessuale Vereinbarung** der Sprungrevision zwischen den Parteien ist vor Erlass des Urteils formfrei, insb ohne RA, zulässig (BGH NJW 1986, 198). Verweigert eine Partei trotz wirksamer Vereinbarung die schriftl Zustimmung zur Sprungrevision, kann sie sich auf einen Berufungsverzicht der Gegenseite nicht berufen (BGH NJW 1986, 198).

5 **3) Verzichtswirkung (§ 566 I 2).** Sowohl Antrag als auch Einwilligung gelten gem I 2 als **Verzicht auf die Berufung**. Dabei bleibt es auch, wenn die Sprungrevision nicht zugelassen wird, später zurückgenommen wird oder unzulässig ist. Ist die Berufung schon eingelegt worden, so steht dies der Sprungrevision nicht entgegen (RGZ 154, 144); die Berufung ist aber wegen der Verzichtswirkung unzulässig. Die Einwilligung der Gegenseite hat die Verzichtswirkung aber erst, wenn tatsächl Sprungrevision einlegt wird (BGHZ 153, 113 = VersR 2003, 390; BGH NJW 1997, 2387). Sinn des fingierten Verzichts ist es zu verhindern, dass dasselbe Urteil mit der Berufung und mit der Revision angefochten wird.

6 **4) Zulassungsgründe.** Die Gründe für die gem I Nr 2 erforderl Zulassung durch das Revisionsgericht entspr gem IV 1 grds denen für das Revisionsverf (vgl § 543 II 1); s Erl zu § 543. Gem **IV 2 ausgeschlossen** ist aber die Berufung auf **Verfahrensmängel.**

7 **III) Antrag (§ 566 II). 1) Einreichung.** Adressat des Antrags ist immer der **BGH**, auch wenn das BayObLG (s vor § 542 Rn 4) für eine Revision zuständig wäre, § 7 II EGZPO. Demgemäß muss sich die Partei gem § 78 I immer durch einen beim BGH zugelassenen **RA** vertreten lassen. Für **Frist und Form** des Antrags gelten gem **II 2** §§ 548-550 entspr. Innerhalb der Frist, entgegen dem Wortlaut nicht notwendig mit dem Antrag (BGHZ 16, 192), ist auch die Einwilligung der Gegenseite formgerecht (s Rn 4) einzureichen. WE ist mögl (BGH NJW-RR 2007, 1075).

8 **2) Begründung.** Gem II 3 müssen die Zulassungsgründe iSv IV (s Rn 6) in der Antragsschrift dargelegt werden. Dies hat in gleicher Weise wie im Rahmen einer NZB zu geschehen (BGH 16.4.2012 – I ZR 199/11, juris = GRUR-RR 2013, 312 LS; BGH WM 2008, 2225); dazu s § 544 Rn 14 ff.

9 **IV) Verfahrensrechtliche Folgen des Antrags (§ 566 III).** Der Antrag auf Zulassung der Sprungrevision **hemmt die Rechtskraft**. Er ermöglicht dem Revisionsgericht unter der Voraussetzung des § 719 II, III die **Einstellung der Zwangsvollstreckung.**

V) Entscheidung (§ 566 V, VI, VII). Das Revisionsgericht entscheidet über den Antrag auf Zulassung der Sprungrevision gem **V** durch **Beschluss**; eine mündl Verh ist nicht erforderl (§ 128 IV). Mit einer **Zurückweisung** des Antrags tritt gem **VI** Rechtskraft des Urteils ein. Mit einer **Zulassung** geht das Verf unmittelbar in das Revisionsverf über, **VII 1**. Einer gesonderten Revisionseinlegung bedarf es gem **VII 2** nicht. Mit der Zustellung des Zulassungsbeschlusses beginnt gem **VII 3** die Revisionsbegründungsfrist des § 551 II. 10

VI) Das weitere Verfahren (§ 566 VIII). Es richtet sich nach den allg Bestimmungen des Revisionsverfahrens. Im Falle einer **Zurückverweisung** gem § 563 I – diese wird nur ausnahmsw in Betracht kommen, wenn zur Sachentscheidung neue Tatsachenfeststellungen erforderl sind, da die Sprungrevision auf Verfahrensfehler nicht gestützt werden kann – muss gem **VIII 2** immer an das Gericht 1. Instanz zurückverwiesen werden. Gegen dessen Entscheidung ist grds die Berufung wieder eröffnet. Das Berufungsgericht ist dann aber – entspr dem Grundsatz des § 563 II – gem **VIII 3** an die rechtl Beurteilungen gebunden, die das Revisionsgericht seiner Entscheidung zugrunde gelegt hat. 11

VII) Gebühren. 1) Gericht: Bei Antragsablehnung eine Geb von 1,5 (1240 GKG-KV), bei Rücknahme oder anderweitiger Erledigung von 1,0 (1241 GKG-KV) und keine Geb, soweit die Sprungrevision zugelassen wird. – **2) RA:** Vorbem 3.2 I RVG-VV; 3208 RVG-VV (wegen notwendiger Einlegung durch BGH-Anwalt, s § 544 Rn 34); 3210 RVG-VV. Die Einwilligung und das Einholen der Einwilligung sind beim ProzBev mit der VerfGeb abgegolten (§ 19 I 2 Nr 9 RVG). – Das Zulassungs- u das Revisionsverf sind dieselbe Angelegenheit (§ 16 Nr 11 RVG). – Zurückverweisung (VIII 2): s § 563 Rn 15. 12

Abschnitt 3
Beschwerde (§§ 567-577)

Vorbemerkungen zu §§ 567-577

Lit: *Boeckh*, Beschwerde und Rechtsbeschwerde im Zivilverf, 2006.

I) Beschwerde. Die **Beschwerde** ist Rechtsmittel gegen die idR im Beschlussweg oder als Verfügungen ergehenden weniger bedeutsamen Entscheidungen, insb der Nebenentscheidungen, die dem Recht der ZPO unterliegen. Die wesentl **Grundsätze** sind: 1

1) Grundformen. Es gibt 2 Grundformen der Beschwerde: die **sofortige Beschwerde** als Erstrechtsmittel und die **Rechtsbeschwerde** als einziges zulässiges weiteres Rechtsmittel. Die Zulässigkeit der sof Beschwerde als Erstbeschwerde ist auf die Anfechtung von im 1. Rechtszug ergangenen Entscheidungen der AG und LG beschränkt. Die sof Beschwerde führt grds zur Überprüfung in tatsächl und rechtl Hinsicht (vgl § 571 II 1). Entscheidungen der LG im Berufungs- und Beschwerdeverf sowie Entscheidungen der OLG unterliegen nicht der Beschwerde; sie können nur durch Rechtsbeschwerde angegriffen werden, wenn diese statthaft ist (s § 574 I). Auf diese wird die Entscheidung grds nur auf Rechtsfehler überprüft (vgl § 576 I). 2

2) Beschwerdegerichte. Die LG sind in Zivilsachen **Beschwerdeinstanzen** für die beim AG geführten Verf (§ 72 I GVG); die OLG für die Entscheidungen der LG (§ 119 I Nr 2 GVG). Im Beschwerderechtszug ist in sehr weitreichender Weise der originäre Einzelrichter (§ 568) zuständig. – Für die **Rechtsbeschwerde** ist der BGH bzw gem § 7 EGZPO, § 8 EGGVG das BayObLG zuständig; s vor § 574 Rn 2. 3

II) Weitere Rechtsbehelfe. 1) Erinnerung. Die Erinnerung ist ein ges geregeltes Rechtsbehelfsverf, das zur Überprüfung innerhalb der gleichen Instanz führt. In der ZPO findet die Erinnerung gem § 573 gegen Entscheidungen des beauftragten oder des ersuchten Richters statt, und in der ZwV gem § 766. Hauptanwendungsfall der Erinnerung außerhalb der ZPO ist die Anfechtung von Rpfleger-Entscheidungen, § 11 II RPflG. 4

2) Anhörungsrüge (§ 321a). Diese dient der Fehlerkorrektur innerhalb der Instanz bei Verstößen gegen den Grundsatz des rechtl Gehörs. IE s Erl zu § 321a. 5

III) Außerordentliche Rechtsbehelfe. 1) Beschwerde wegen greifbarer Gesetzwidrigkeit. Für ein solches ges nicht geregeltes Rechtsmittel besteht seit der ZPO-Reform 2002 und der Einführung von § 321a **kein Raum** mehr (stRspr seit BGHZ 150, 133 = NJW 2002, 1577 = MDR 2002, 901). Es würde auch dem verfassungsrechtl Gebot der Rechtsmittelklarheit widersprechen (BVerfGE 107, 395). Sa § 321a Rn 4. 6

2) Untätigkeitsbeschwerde. Eine solche ist jedenfalls seit Inkrafttreten des Gesetzes über den Rechtsschutz bei überlangen Gerichtsverfahren und strafrechtl Ermittlungsverfahren am 3.12.2011 **nicht mehr statthaft** (BGH NJW 2013, 385). Durch dieses Gesetz ist in **§ 198 GVG** ein gesonderter Entschädigungsanspruch bei überlanger Verfahrensdauer geregelt, für den Voraussetzung eine im Verf zu erhebende Verzögerungsrüge ist (§ 198 III GVG). Für dem Vorrang- und Beschleunigungsgebot (§ 155 I FamFG) unterliegende Kindschaftssachen ist aufgrund einer Entscheidung des EGMR (EGMR NJW 2015, 1433) in **§ 155c FamFG** eine Beschleunigungsbeschwerde eröffnet worden. 7

8 **3) Gegenvorstellung.** Eine Gegenvorstellung ist ges nicht geregelt. Sie ist außerhalb förmlicher Verfahrensrechte (BGH FamRZ 2024, 684) eine Anregung auf Änderung einer für die Partei **unanfechtbaren Entscheidung** (BGHZ 220, 90 = MDR 2019, 370; BGH NJW 2018, 3388 Tz 9) durch dieselbe Instanz und denselben Spruchkörper (BGH WuM 2011, 323; BGH VersR 1982, 598). Erforderl ist eine **Beschwer** (BGH 15.6.2023 – I ZR 173/21). Mangels Rechtsschutzbedürfnisses ist eine Gegenvorstellung ausgeschlossen, wenn ein Rechtsmittel oder förml Rechtsbehelf eröffnet sind (BGH FamRZ 2015, 1698 Tz 12), zB eine Anhörungsrüge gem § 321a (BGH 28.6.2018 – I ZB 104/17, juris mwN; sa § 321a Rn 4). Sie kommt nur dann in Betracht, wenn das Gericht zu einer **Änderung seiner Entscheidung befugt** ist und diese auch vAw wegen vornehmen darf (BGH NJW 2021, 553 Tz 26; BGHZ 220, 90 = MDR 2019, 370; BGH NJW 2018, 3388 Tz 9). Hingegen ist eine Gegenvorstellung unzulässig, sofern das Gericht nicht berechtigt ist, seine getroffene Entscheidung zu ändern. Dies ist insb bei **Rechtskraft** eines Urteils (BGH MDR 2004, 768; BGH NJW 2004, 1531) oder einer vergleichbar streitentscheidenden Entscheidung (BGH FamRZ 2024, 684; BGH NJW 2021, 553 Tz 26) der Fall, sowie dann, wenn das Gericht an die von ihm getroffene Entscheidung gem oder entspr **§ 318 gebunden** ist (BGH NJW 2021, 553 Tz 26; BGHZ 220, 90 = MDR 2019, 370; BGH WM 2018, 1900 Tz 9 f). Eine solche Bindung besteht ua für Beschlüsse, die auf sof Beschwerde ergangen sind und der Rechtsbeschwerde unterliegen (BGH ZIP 2024, 306; BGHZ 220, 90 = MDR 2019, 370; BGH WM 2018, 1900 Tz 10), sowie die Ablehnung einer NZB (BGH 5.12.2024 – III ZR 273/23); iE zur Bindung gem § 318 s § 318 Rn 9. Wegen der Bindung an eine nicht ausgesprochene Zulassung eines Rechtsmittels kann eine solche nicht im Wege der Gegenvorstellung erreicht werden (s § 543 Rn 22 ff für Revision, s § 574 Rn 13 für Rechtsbeschwerde).

9 Bisher nicht abschließend geklärt ist die Frage, inwieweit die Gegenvorstellung einer **Frist** unterliegt. Bejaht worden ist dies vom BGH in folgenden Fällen: Die Gegenvorstellung gegen eine Entscheidung, mit der PKH für ein fristgebundenes Rechtsmittel abgelehnt wurde, hat die Wiedereinsetzungsfrist des § 234 einzuhalten (BGH 15.4.2019 – X ZA 1/17; BGH MDR 2001, 1007); bei Verstoß gegen ein Verfahrensgrundrecht soll die 2-Wochenfrist von § 321a II 1 entspr gelten (BGH NJW-RR 2007, 1654; BGHZ 150, 133 = NJW 2002, 1577, Zitat von § 321a II 2 bezieht sich auf aF; ebenso OLG Bremen MDR 2009, 889); die Gegenvorstellung gegen einen nicht anfechtbaren Streitwertbeschluss muss die Frist von § 68 I 3 GKG wahren (BGH ZEV 2024, 33; BGH 14.1.2025 – II ZR 117/23; BGH IHR 2020, 260). In der Rspr der OLG wird zunehmend die **2-Wochenfrist** von § 321a II 1 generell entspr angewendet (zB OLG Rostock MDR 2009, 49; OLG Koblenz MDR 2008, 644; OLG Dresden NJW 2006, 851; OLG Frankfurt FamRZ 2006, 964; ebenso ThP/Seiler Rn 15). Dies ist im Interesse der Rechtssicherheit **gerechtfertigt** (aA WSch/Jänisch Rn 93; MK/Hamdorf Rn 23), zumal die Anhörungsrüge gem § 321a als kodifizierte Form der Gegenvorstellung für bestimmte Rügen verstanden werden kann, da auch sie der Selbstkorrektur innerhalb der Instanz dient (BTDrs 14/4722, 85), und eine längere Möglichkeit zur Gegenvorstellung nicht gerechtfertigt ist, wenn selbst ein Verstoß gegen das Grundrecht des rechtl Gehör nur binnen 2 Wochen gerügt werden kann.

10 Eine unstatthafte Beschwerde kann in eine Gegenvorstellung **umgedeutet** werden (OLGR Bremen 2007, 922). Die Zurückweisung der Gegenvorstellung ist **nicht beschwerdefähig** (KGR Berlin 2008, 881; OLGR Saarbrücken 2008, 316).

Titel 1
Sofortige Beschwerde (§§ 567-573)

§ 567 Sofortige Beschwerde; Anschlussbeschwerde

(1) Die sofortige Beschwerde findet statt gegen die im ersten Rechtszug ergangenen Entscheidungen der Amtsgerichte und Landgerichte, wenn

1. dies im Gesetz ausdrücklich bestimmt ist oder

2. es sich um solche eine mündliche Verhandlung nicht erfordernde Entscheidungen handelt, durch die ein das Verfahren betreffendes Gesuch zurückgewiesen worden ist.

(2) Gegen Entscheidungen über Kosten ist die Beschwerde nur zulässig, wenn der Wert des Beschwerdegegenstandes 200 Euro übersteigt.

(3) [1]Der Beschwerdegegner kann sich der Beschwerde anschließen, selbst wenn er auf die Beschwerde verzichtet hat oder die Beschwerdefrist verstrichen ist. [2]Die Anschließung verliert ihre Wirkung, wenn die Beschwerde zurückgenommen oder als unzulässig verworfen wird.

1 **I) Allgemeines.** Der Beschwerde *kommt als* **echtes Rechtsmittel** Suspensiv- und Devolutiveffekt zu. Erfasst werden dem Grundsatz nach diej Entscheidungen, die der dem Urteil vorbehaltenen Sachentscheidung vorausgehen oder nachfolgen (ZwV), Nebenentscheidungen (Kostenentscheidung) sowie Entscheidungen, die am

Rechtsstreit beteiligte Dritte betreffen. – Wurde die angefochtene Entscheidung vom **Rpfleger** erlassen, gelten gem § 11 I RPflG für das Beschwerdeverf keine Besonderheiten.

II) Statthaftigkeit (§ 567 I). 1) Erstinstanzliche Entscheidung. Gem I findet die sof Beschwerde allein gegen Entscheidungen im erstinstanzl Verf statt. Sie ist daher unstatthaft, wenn das LG im Berufungs- oder Beschwerdeverf entscheidet (zB KGR Berlin 2008, 881; OLGR Naumburg 2008, 312; OLG Köln NJW 2004, 3642; aA OLGR Bremen 2007, 493 für die Beiordnung eines RA im Stundungsverf gem § 4 InsO in der Beschwerdeinstanz). Außerdem muss es sich um ein Verf vor dem **AG oder LG** handeln. Gegen Entscheidungen des OLG in – seltenen – erstinstanzl Verf ist eine sof Beschwerde nicht eröffnet (BGH ZIP 2024, 2994; BGH MDR 2019, 180; BGH NJW 2012, 2449, je für Verf gem §§ 198 ff GVG). Statthaft ist in diesen Fällen allein – nach Zulassung – eine Rechtsbeschwerde (BGH ZIP 2024, 2994). 2

2) Ausdrückliche Anordnung (§ 567 I Nr 1). Die sof Beschwerde ist in einer Vielzahl von Vorschriften eröffnet, idR **Beschlüsse**, zB § 46 II, § 91a II, § 99 II, § 127 II, § 934 II. Sie ist aber auch gegen einzelne Arten von **Urteilen** das statthafte Rechtsmittel, insb wenn diese gegen Dritte ergehen (zB § 135 III, § 387 III) oder einen Zwischenstreit entscheiden (zB § 71 II). Auch in Gesetzen **außerhalb der ZPO** kann die sof Beschwerde als statthaftes Rechtsmittel angeordnet werden zB § 30b III ZVG, § 74a V 3 ZVG. 3

3) Generalklausel (§ 567 I Nr 2). a) Mündliche Verhandlung nicht erforderlich. Entscheidend ist, ob eine mündl Verh **nach dem Gesetz notwendig** ist. Hat eine solche stattgefunden, ändert dies an der Statthaftigkeit der sof Beschwerde nichts. Keine mündl Verh ist gem § 128 IV grds für Entscheidungen erforderl, die keine Urteile sind. – Darf eine Entscheidung nur nach vorh mündl Verh erlassen werden, ist die sof Beschwerde nur bei entspr Anordnung gem Nr 1 zulässig. Anderenfalls kommt nur eine Anfechtung zusammen mit der Entscheidung in der Hauptsache in Betracht (§§ 512, 557 II). 4

b) Das Verfahren betreffende Gesuch. Diese Beschränkung der Statthaftigkeit dient dem Zweck, den Verfahrensablauf nicht durch ausufernde Beschwerdemöglichkeiten in unverhältnismäßiger Weise zu behindern (BGHZ 238, 93 Tz 23). Mit „Verfahren" ist nicht nur der äußere Verfahrensgang, sondern der Rechtsstreit schlechthin gemeint (BGH WM 2021, 2113 Tz 23). Erforderl ist ein den Rechtsstreit betreffender **förmlicher Antrag**; die sof Beschwerde ist nicht eröffnet, wenn die Entscheidung vAw ergehen kann, mag sie auch von einer Partei angeregt worden sein (BGH WM 2021, 2113 Tz 23; BGH MDR 2017, 357; BGH FamRZ 2016, 1679 = MDR 2016, 1286 Tz 15). Kein eigenständiger Antrag iSv Nr 2 ist ein Widerspruch oder Zurückweisungsantrag der Gegenseite (BGH FamRZ 2016, 1679 Tz 16; aA OLG München ZIP 2014, 2189). 5

c) Zurückweisung des Gesuchs. Das Gesuch muss zurückgewiesen worden sein. Ist dem Antrag **stattgegeben** worden, ist eine sof Beschwerde nicht eröffnet, auch nicht für die Gegenseite, die seine Zurückweisung begehrt hat (BGH FamRZ 2016, 1679 = MDR 2016, 1286 Tz 16; aA OLG München ZIP 2014, 2189). Unerhebl ist, ob der Antrag als unzulässig oder unbegr zurückgewiesen wird. Teilweise Zurückweisung genügt. Eine (teilw) Zurückweisung kann auch konkludent darin liegen, dass eine vom Antrag abweichende Entscheidung getroffen wird. Eine verzögerte Sachbehandlung genügt aber nicht. 6

III) Zulässigkeit im Übrigen. 1) Beschwer. Die Zulässigkeit der Beschwerde setzt eine Beschwer im Zeitpunkt der Entscheidung über das Rechtsmittel voraus (BGH MDR 2024, 858; BGH FamRZ 2004, 1553). Es gelten die allg Grundsätze (s vor § 511 Rn 10 ff). Für den **Antragsteller** ergibt sich die Beschwer idR aus der – ggf teilw – Zurückweisung seines Antrags, sog formelle Beschwer (BGH MDR 2024, 858). Der **Antragsgegner** ist beschwert, wenn er durch die angefochtene Entscheidung in eigenen schützenswerten Rechtspositionen beeinträchtigt wird, sog. materielle Beschwer (BGH MDR 2024, 858). Die Beschwer muss sich aus dem materiellen Inhalt der Entscheidung (Entscheidungssatz) ergeben. An einer Beschwer fehlt es daher, wenn nur die Begr der Entscheidung beanstandet wird. Außerdem muss mit dem Rechtsmittel die Beseitigung dieser Beschwer erstrebt werden, das vorinstanzl Begehren muss also zumindest teilw weiterverfolgt werden; es darf nicht ausschließl ein neues Begehren geltend gemacht werden (BGH MDR 2020, 622 Tz 6 mwN). 7

Einer **Mindestbeschwer** bedarf es grds nur bei Kostenbeschwerden gem II. Die sof Beschwerde gegen die Zurückweisung einer **einstweiligen Verfügung** ist aber entspr § 511 II nur zulässig, wenn der Wert 600 Euro übersteigt (LG Wuppertal MDR 2022, 1208 [zust Seggewiße MDR 2022, 1399]; LG Kiel NJW-RR 2012, 1211; LG Köln MDR 2003, 831; LG Konstanz NJW-RR 1995, 1102; aA LG Zweibrücken NJW-RR 1987, 1199). Denn der zurückweisende Beschluss ergeht an Stelle eines sonst erforderl Urteils. 8

2) Beschwerdeberechtigte. Beschwerdeberechtigt sind nicht nur die Parteien, sondern jeder **an dem Verfahren Beteiligte**, der durch die Entscheidung beschwert ist, also auch zB ein Zeuge bei Verhängung eines Ordnungsgeldes, eine Scheinpartei (BGH NJW-RR 1995, 764) oder ein Dritter, dem die Kosten des Rechtsstreits auferlegt wurden (BGH FamRZ 1987, 928; OLG Düsseldorf NJW-RR 1993, 828). – **Verfahrensorgane** haben kein Beschwerderecht, etwa der Gerichtsvollzieher gegen die Anordnung einer Amtshandlung durch das Vollstreckungsgericht (OLG Düsseldorf NJW-RR 1993, 1280; OLG Stuttgart Rpfleger 1980, 236). 9

3) Rechtsschutzbedürfnis. Neben der Beschwer ist wie für jedes Rechtsmittel (s vor § 511 Rn 11) auch ein – idR ohne Weiteres gegebenes – Rechtsschutzbedürfnis erforderl. Dies kann aber wegen **verfahrensrechtl Über-** 10

holung (s Kahlke ZZP 95 [1982], 288) entfallen, etwa wenn sich das laufende Verf vor Entscheidung des Beschwerdegerichts erledigt und eine spätere Beschwerdeentscheidung den Beschwerdeführer nicht mehr besserstellen könnte (BGH NJW-RR 1995, 765). **Bsp**; Eine Beschwerde im Kostenfestsetzungsverf kann durch eine Aufhebung oder Abänderung der Kostengrundentscheidung überholt werden (BGH MDR 2007, 742). Zum Problem der Überholung bei Beschwerde gegen die Zurückweisung eines Gesuchs auf Richterablehnung, wenn die Hauptsache in der Zwischenzeit entschieden wurde, s § 46 Rn 20.

11 Einer Beschwerde, die sich nur in Beleidigungen und Beschimpfungen erschöpft und ersichtl **nicht die Wahrnehmung von Verfahrensrechten bezweckt**, fehlt das Rechtsschutzbedürfnis an einer Entscheidung in der Sache (BFHE 169, 100 = NJW 1993, 1352; OLG Koblenz MDR 1987, 433; OLG Karlsruhe NJW 1974, 915). Dasselbe gilt idR bei wiederholten gleichlautenden Beschwerden trotz bereits erfolgter inhaltl Bescheidung (vgl BVerfGE 2, 225; OLG Köln ZIP 1980, 388) oder bei sonst erkennbar allein sachfremden Motiven, insb einer Verzögerung, dienenden wiederholten Beschwerden (LG Trier Rpfleger 1991, 70).

12 **4) Kein Rechtsmittelverzicht.** Ein Verzicht auf die Einlegung der Beschwerde macht diese unzulässig; § 515 gilt entspr. Der Verzicht ist Prozesshandlung und kann **sowohl vor als auch nach Erlass** der betroffenen Entscheidung erklärt werden (BGH MDR 2018, 223 Tz 14). Zwar muss nicht ausdrückl von einem „Verzicht" die Rede sein, aber klar und eindeutig der Wille zum Ausdruck gebracht werden, die Entscheidung endgültig hinzunehmen und nicht anfechten zu wollen (BGH NJW 2006, 3498 = MDR 2007, 290). Allein der **Verzicht auf eine Begründung** der Entscheidung beinhaltet ohne weitere Anhaltspunkte keinen Verzicht auf die Beschwerde (BGH NJW 2006, 3498 = MDR 2007, 290 mN zur damals stark vertretenen Gegenansicht).

13 **IV) Kostenbeschwerden (§ 567 II). 1) Anwendungsbereich.** Die Mindestbeschwer gilt für sämtl (BGH NJW 2020, 2564 Tz 7) im Verf nach der ZPO ergehenden Entscheidungen, in denen über Kosten entschieden wird. Dazu gehören die **Kostengrundentscheidungen**, soweit sie isoliert mit der sof Beschwerde angefochten werden können (§ 91a II 1, § 99 II 1), Entscheidungen im Verf der **Kostenfestsetzung** (§ 104 III, § 107 III) und Entscheidungen im Zusammenhang mit der Beitreibung von Kosten im Verf der **Zwangsvollstreckung** gem § 788 I (BGH NJW 2020, 2564 Tz 5; BGH NJW 2012, 3308 Tz 11).

14 **2) Ermittlung des Wertes des Beschwerdegegenstandes.** Wie bei der Berufung (s § 511 Rn 13) beurteilt sich der Wert des Beschwerdegegenstandes nach dem Betrag, um den der Beschwerdeführer durch den Festsetzungsbeschluss **in seinem Recht verkürzt** zu sein behauptet und in dessen Höhe er mit seinem Beschwerdeantrag die Abänderung der erstinstanzl Entscheidung begehrt (BGH 19.4.2012 – IX ZB 162/10, Tz 10; BGH MDR 2011, 811 = NJW-RR 2011, 1430). Ein reduzierter Beschwerdeantrag kann zwar den Wert des Beschwerdegegenstands im Verhältnis zur Beschwer verringern (BGH 19.4.2012 – IX ZB 162/10, Tz 10; BGH MDR 2009, 824 = NJW-RR 2009, 853). Eine **Erhöhung des Wertes** des Beschwerdegegenstands über die Beschwer hinaus ist aber nicht mögl (BGH 19.4.2012 – IX ZB 162/10, Tz 10); deshalb ist auch eine Antragserweiterung in der 1. Instanz, die nicht mehr Gegenstand der Ausgangsentscheidung werden konnte, bei der Bestimmung des Wertes des Beschwerdegegenstands außer Betracht zu lassen (BGH 19.4.2012 – IX ZB 162/10, Tz 10; BGH MDR 2009, 824 = NJW-RR 2009, 853). Dementsprechend können mit der sof Beschwerde auch Kosten, die zuvor nicht Gegenstand eines Kostenfestsetzungsantrags waren, nur geltend gemacht werden, wenn das Rechtsmittel unabhängig von der Anspruchserweiterung zulässig ist; andernfalls sind sie zur nachträgl Festsetzung anzumelden (BGH MDR 2011, 199). Zur Beschwerde im Kostenfestsetzungsverf iE s § 104 Rn 19 ff.

15 Ob die Beschwerdesumme erreicht ist, bestimmt sich grds (Ausnahme Teilabhilfe, s Rn 16) nach dem **Zeitpunkt der Beschwerdeeinlegung** (OLG Celle ZMR 2004, 51; KG JurBüro 1991, 1522). Eine spätere Verminderung der Beschwer ist daher ohne Bedeutung; dies gilt auch bei einer teilw Rücknahme, sofern diese nicht willkürl (dazu s § 511 Rn 14) erfolgt ist (KG JurBüro 1991, 1522). Legen beide Parteien Beschwerde ein, ist der Beschwerdewert für jedes Rechtsmittel getrennt zu bestimmen (KGR Berlin 2006, 1049).

16 Bei einer **Teilabhilfe** mit der Folge, dass die Beschwerdesumme nicht mehr erreicht ist, wird die sof Beschwerde unzulässig; bei Entscheidung durch den Rpfleger ist dann Erinnerung gem § 11 II 1 RPflG statthaft (OLG Köln FGPrax 2010, 216; KG MDR 2007, 235; OLG Stuttgart JurBüro 1988, 1504).

17 **V) Anschlussbeschwerde. 1) Grundsätze.** Bei der Anschlussbeschwerde handelt es sich um kein Rechtsmittel, sondern um einen angriffsweise wirkenden Antrag innerhalb des gegnerischen Rechtsmittels (BGH NJW 2022, 2689 Tz 47 für Anschlussrechtsbeschwerde; OLG Stuttgart MDR 2020, 1209; KG MDR 1987, 152). Zum Zweck eines Anschlussrechtsmittels s § 524 Rn 1. Die Anschlussbeschwerde ist gem III 2 **akzessorisch**, also vom Schicksal der Hauptbeschwerde abhängig.

18 **2) Zulässigkeitsvoraussetzungen.** Eine Anschlussbeschwerde ist unzulässig, wenn sie sich auf einen anderen als den vom Hauptrechtsmittel erfassten prozessualen Anspruch bezieht (BGH NJW 2022, 2689 Tz 47 für Rechtsbeschwerde). Die Wahrung einer **Frist** ist nicht erforderl, da das Verstreichen der Beschwerdefrist der Anschlussbeschwerde *gem III 1 nicht entgegensteht* und für deren Einlegung eine eigene Frist nicht bestimmt ist. Nach Erlass der Entscheidung über die Hauptbeschwerde kann sie aber nicht mehr wirksam eingelegt werden (BGH MDR 2013, 1118 Tz 11; OLG Köln FamRZ 2000, 1027). Einer **Beschwer** bedarf es nicht (OLG

Frankfurt 29.1.2019 – 6 W 93/18). Auch die Mindestbeschwer gem II muss die Anschlussbeschwerde nicht erreichen (OLG Stuttgart MDR 2020, 1209).

3) Verfahren. Für die **Einlegung** gelten mangels anderweitiger Regelung die allg Vorschriften, insb § 569 II und § 571. Mangels anderweitiger ges Regelung kann die Anschlussbeschwerde entspr I 1 sowohl beim Ausgangs- als auch beim Beschwerdegericht eingelegt werden (BGH MDR 2013, 1118 Tz 11). 19

VI) Gebühren. 1) Gericht: Die Geb für das Beschwerdeverf sind allg in 1810-1812 GKG-KV geregelt. 1810 GKG-KV bestimmt Festgeb von 108 Euro für Beschwerdeverf nach § 71 II, § 91a II, § 99 II, § 269 V, unabhängig vom Ausgang des Verf; Ermäßigung nach 1811 GKG-KV. Für in Vorbem 1.2.2 GKG-KV geregelte Beschwerden, Beschwerden über die Nichtzulassung des Rechtsmittels (1242, 1243 GKG-KV; s § 544 Rn 34) und Beschwerden gegen Zurückweisung eines Antrags auf Anordnung eines Arrests oder einer einstw Verfügung (1430 Nr 1, 1431 GKG-KV, s § 922 Rn 28) gelten bes Gebührentatbestände. Für alle nicht bes aufgeführten Beschwerden, die nicht nach anderen Vorschriften gebührenfrei sind (zB § 66 VIII 1, § 68 III 1 GKG), gilt Auffangvorschrift 1812 GKG-KV. Es fällt dann eine Festgeb von 72 Euro an, wenn die Beschwerde verworfen oder zurückgewiesen wird. Bei Teilerfolg kann die Geb ermäßigt werden auf die Hälfte oder unerhoben bleiben. – Mehrere Beschwerden gegen dieselbe Entscheidung gelten, wenn sie gleichzeitig entschieden werden, als ein Verf. Werden mehrere in ders Sache ergangenen Entscheidungen mit Beschwerde angefochten, ist jedes Beschwerdeverf gebührenrechtl selbständig zu behandeln. – Zur Rechtsbeschwerde s § 574 Rn 20. – Auslagenregelung in Vorbem 9 I GKG-KV – **2) RA:** VerfGeb 3500 RVG-VV iHv 0,5, sofern 3500 RVG-VV für bestimmte Beschwerden nicht ausgeschlossen ist (s Vorbem 3.5 RVG-VV; 3501 ff RVG-VV; s § 544 Rn 34). – Die Geb entsteht nicht schon mit der Entgegennahme der Beschwerdeschrift (§ 19 I 2 Nr 9 RVG), aber sobald der insoweit bevollmächtigte RA in die notw Prüfung des Inhalts eintritt (BGH JurBüro 2013, 483 Tz 8); im Erstattungsverf ist zur erfolgten Prüfung vorzutragen, denn sie wird nicht vermutet (OLG Naumburg FamRZ 2021, 976). – Terminsgeb 3513 RVG-VV iHv 0,5. In Arrest und einstw Verfügungsverf kann sich die Terminsgeb 3513 RVG-VV auf 1,2 erhöhen (3514 RVG-VV; s § 922 Rn 28), wenn Termin bestimmt wird. Daneben können in den Beschwerdeverf Rats- (2100 RVG-VV) u Einigungsgeb (1003 RVG-VV) anfallen; es kann sich die Geb erhöhen (1008 RVG-VV). 20

§ 568 Originärer Einzelrichter

[1]Das Beschwerdegericht entscheidet durch eines seiner Mitglieder als Einzelrichter, wenn die angefochtene Entscheidung von einem Einzelrichter oder einem Rechtspfleger erlassen wurde. [2]Der Einzelrichter überträgt das Verfahren dem Beschwerdegericht zur Entscheidung in der im Gerichtsverfassungsgesetz vorgeschriebenen Besetzung, wenn

1. die Sache besondere Schwierigkeiten tatsächlicher oder rechtlicher Art aufweist oder

2. die Rechtssache grundsätzliche Bedeutung hat.

[3]Auf eine erfolgte oder unterlassene Übertragung kann ein Rechtsmittel nicht gestützt werden.

I) Allgemeines. § 568 sieht als Regelfall im Beschwerdeverf die Zuständigkeit des Einzelrichters (ER) vor. Die Regelung gilt für LG und OLG in gleicher Weise. 1

II) Erstinstanzliche Entscheidung (§ 568 S 1). Voraussetzung ist, dass die angefochtene Entscheidung entweder von einem Rpfleger oder einem ER stammt. **Einzelrichter** idS ist entweder ein Amtsrichter oder im erstinstanzl Verf des LG ein ER gem §§ 348 ff (originärer oder obligatorischer ER). Kein ER iSv § 568 ist nach der dies für die Praxis klärenden Entscheidung des BGH (BGHZ 156, 320 = NJW 2004, 856 mN zum damaligen Streitstand) der **Vorsitzende der KfH**, wenn er gem § 349 II, III allein entscheidet, da er die gesamte Kammer auch dann repräsentiert, wenn die Sache bes Schwierigkeiten oder grundsätzl Bedeutung aufweist. Dies ist auf den Vors der Zivilkammer im Verf gem **§ 3 III AVAG** zu übertragen (so auch OLGR Köln 2002, 344 = IPRax 2003, 354). 2

Da maßgebend die „angefochtene Entscheidung" ist, kommt es nicht darauf an, ob (beim LG) ER oder Kammer **über eine Abhilfe** (§ 572 I) entschieden hat (OLG Karlsruhe MDR 2024, 1607; OLG Hamm NJW-RR 2011, 238; OLG Nürnberg MDR 2009, 1243; OLGR München 2007, 186; aA OLG Dresden AfP 2024, 71; KG JurBüro 2011, 148 LS; OLGR Saarbrücken 2007, 372), insb wenn der Rechtsstreit nach Erlass der angefochtenen Entscheidung auf die Kammer übertragen wurde (OLGR München 2007, 186). 3

III) Zweitinstanzliche Zuständigkeit. 1) Grundsätzlich Einzelrichter. Sowohl beim LG als auch beim OLG entscheidet bei Vorliegen der Voraussetzungen von S 1 grds der ER. Die Ausnahmen für die Zuständigkeit des originären ER des erstinstanzl Verf (§ 348 I 2) gelten nicht; somit ist zur Überprüfung einer amtsgerichtl Entscheidung auch ein Richter auf Probe beim LG im 1. Jahr seiner Verwendung berufen (BGH MDR 2017, 1447 Tz 10; BGH MDR 2003, 645). – Bestehen Meinungsverschiedenheiten oder **Zweifel** darüber, ob für die Beschwerdeentscheidung der ER zuständig ist (etwa deshalb, weil unklar oder str ist, ob in der 1. Instanz der ER entschieden hat), so entscheidet der Spruchkörper entspr § 348 II (BGHZ 225, 252 = MDR 2020, 1336 Tz 24; BGHZ 156, 147; OLG Karlsruhe MDR 2024, 1607). 4

In **PKH-Verfahren** kann die ER-Zuständigkeit für die Beschwerdeentscheidung dazu führen, dass dieser über die Erfolgsaussichten in der Hauptsache befindet, die in der Berufung dann letztl der vollbesetzte Spruchkörper 5 zu entscheiden hat. Dies rechtfertigt aber bei PKH-Beschwerden keine Übertragung auf den vollen Spruchkörper unabhängig vom Vorliegen der Voraussetzungen des S 2 (so aber OLG Köln NJW 2002, 1436, dagegen zutr OLG Celle NJW 2002, 2329; OLGR Köln 2003, 107). Die Zuständigkeitsabgrenzung zwischen Spruchkörper und ER ist auch sonst keineswegs so fein aufeinander abgestimmt, dass sie für alle Verfahrenskonstellationen bruchlos verliefe (vgl dazu auch BGH MDR 2003, 645 für Proberichter im Beschwerdeverf).

6 **2) Übertragung auf den Gesamtspruchkörper (§ 568 S 2).** S 2 sieht die Übertragung des Verf auf das Beschwerdegericht in voller Besetzung vor, wenn die Sache bes Schwierigkeiten aufweist (Nr 1) oder grundsätzl Bedeutung hat (Nr 2). Diese Voraussetzungen entsprechen denen des § 348 III Nr 1, 2 (s § 348 Rn 21 f); dagegen wurde der Übertragungsgrund des § 348 III Nr 3 nicht übernommen. Eine Pflicht zur Übertragung auf das Kollegium gem S 2 Nr 2 besteht nicht nur bei grundsätzl Bedeutung im engeren Sinn, sondern auch wenn eine **Fortbildung des Rechts** oder die Wahrung einer **einheitlichen Rechtsprechung** geboten ist (BGH WM 2016, 360; BGH MDR 2012, 245; BGH NJW 2003, 3712 mwN). Da somit die Übertragungsgründe gem S 2 Nr 2 den Gründen für die Zulassung der Rechtsbeschwerde gem § 574 II entsprechen, muss die Sache auf den gesamten Spruchkörper übertragen werden, wenn die Rechtsbeschwerde zugelassen wird. Da anderenfalls ein Verstoß gegen den ges Richter vorliegt, unterliegt die Entscheidung durch den ER ohne Weiteres der Aufhebung; s § 574 Rn 14.

7 Die **Entscheidung trifft der Einzelrichter**, nicht der Spruchkörper (BGH MDR 2024, 857; BGH DGVZ 2021, 260; BGHZ 225, 252 = MDR 2020, 1336 Tz 24). Dieser hat die Sache auch ohne weitere Prüfung zu übernehmen; es erfolgt eine Übertragung, nicht wie gem § 348 III nur eine Vorlage zur Prüfung einer Übernahme. Dem ER steht **kein Ermessen** zu (BGH ZIP 2010, 1366 Tz 7; BGH WM 2004, 1053). Erforderl ist ein **aktenkundiger Beschluss** des Einzelrichters **vor Erlass** des Beschlusses des gesamten Spruchkörpers (BGH ZIP 2019, 2021 Tz 10; BGH WM 2019, 39 Tz 11). Die Entscheidungskompetenz des Kollegiums setzt aber nicht voraus, dass vor dessen Entscheidung den Parteien der Übertragungsbeschluss des Einzelrichters zugegangen ist (BGH ZIP 2019, 2021 Tz 10).

8 **IV) Kein Rechtsmittel (§ 568 S 3).** Gem S 3 kann die **erfolgte oder unterlassene Übertragung** mit einem Rechtsmittel – der allein statthaften Rechtsbeschwerde – nicht geltend gemacht werden. Nach der Rspr des BGH (BGH DGVZ 2021, 260; BGHZ 225, 252 = MDR 2020, 1336 Tz 25; BGH MDR 2003, 645 = NJW 2003, 1875) bezieht sich S 3 aber allein darauf, dass das Verf gem S 2 – wenn auch möglicherw unrichtig – übertragen oder davon abgesehen wurde. Entscheidet dagegen der Gesamtspruchkörper, weil er sich irrig für zuständig hält, obwohl nach S 1 der ER berufen wäre, unterliegt danach die Entscheidung mangels ordnungsgemäßer Besetzung gem § 576 III, § 547 Nr 1 der Aufhebung (BGH MDR 2024, 857; BGH DGVZ 2021, 260; BGHZ 225, 252 = MDR 2020, 1336 Tz 26).

§ 569 Frist und Form

(1) [1]Die sofortige Beschwerde ist, soweit keine andere Frist bestimmt ist, binnen einer Notfrist von zwei Wochen bei dem Gericht, dessen Entscheidung angefochten wird, oder bei dem Beschwerdegericht einzulegen. [2]Die Notfrist beginnt, soweit nichts anderes bestimmt ist, mit der Zustellung der Entscheidung, spätestens mit dem Ablauf von fünf Monaten nach der Verkündung des Beschlusses. [3]Liegen die Erfordernisse der Nichtigkeits- oder der Restitutionsklage vor, so kann die Beschwerde auch nach Ablauf der Notfrist innerhalb der für diese Klagen geltenden Notfristen erhoben werden.

(2) [1]Die Beschwerde wird durch Einreichung einer Beschwerdeschrift eingelegt. [2]Die Beschwerdeschrift muss die Bezeichnung der angefochtenen Entscheidung sowie die Erklärung enthalten, dass Beschwerde gegen diese Entscheidung eingelegt werde.

(3) Die Beschwerde kann auch durch Erklärung zu Protokoll der Geschäftsstelle eingelegt werden, wenn
1. **der Rechtsstreit im ersten Rechtszug nicht als Anwaltsprozess zu führen ist oder war,**
2. **die Beschwerde die Prozesskostenhilfe betrifft oder**
3. **sie von einem Zeugen, Sachverständigen oder Dritten im Sinne der §§ 142, 144 erhoben wird.**

1 **I) Einlegung (§ 569 I 1).** Die sof Beschwerde kann **wahlweise** sowohl beim Ausgangsgericht (judex a quo) als auch beim Beschwerdegericht (judex ad quem) eingelegt werden kann. Regelmäßig wird sich die Einlegung beim Ausgangsgericht empfehlen: Dort befinden sich die Akten, das gem § 572 I erforderl Abhilfeverfahren kann sofort durchgeführt werden.

2 Die Beschwerde kann wirksam eingelegt werden, sobald die anzufechtende **Entscheidung erlassen ist**. Eine im Voraus eingelegte Beschwerde gegen eine möglicherweise künftig ergehende Entscheidung ist unzulässig; es tritt auch keine Heilung der Unwirksamkeit mit Erlass der Entscheidung ein (OLG Hamm Rpfleger 79, 461 = MDR 1980, 56). Der Erlass liegt bei zu verkündenden Beschlüssen im Akt der Verkündung. Bei nicht zu verkündenden, sondern zuzustellenden Entscheidungen gelten die allg Grundsätze. Es kommt nicht auf die wirk-

same Zustellung, sondern darauf an, dass die Entscheidung mit dem Willen, sie zu erlassen, herausgegeben wurde (s § 329 Rn 6, 19).

II) Beschwerdefrist. 1) Dauer. Die Beschwerdefrist beträgt idR **2 Wochen**. Ausnahmen („andere Frist bestimmt") bestehen zB mit **1 Monat** im PKH-Verf gem § 127 II 3, III 3 (s § 127 Rn 51 f) und gem § 953 III, § 956 II, § 1115 V 2. Da es sich um eine Notfrist handelt, kann ggf gem § 233 **Wiedereinsetzung** in den vorigen Stand wegen Versäumung der Frist gewährt werden. 3

2) Fristbeginn (§ 569 I 2). Die Frist beginnt – auch für verkündete Beschlüsse – gem § 569 I 2 grds mit der **Zustellung** (§ 329 III) der Entscheidung in vollständiger Form (entspr § 517) an die jeweilige Partei. Eine fehlende oder unzutreffende Rechtsmittelbelehrung (§ 232) hindert den Fristlauf nicht, sondern rechtfertigt nur ggf WE (BGH WM 2016, 803). Ist der Beschluss verkündet worden, beginnt die Frist ohne (wirksame) Zustellung spätestens mit Ablauf von **5 Monaten nach der Verkündung** zu laufen. Die Regelung entspricht § 517 für die Berufung; wegen der Einzelheiten daher s § 517 Rn 17 ff. Diese Regelung ist auf **nicht zu verkündende Beschlüsse** entspr anzuwenden (BGH MDR 2012, 302 Tz 12; BGH VersR 2011, 553 Tz 7). Wegen des grundgesetzl geschützten Anspruchs auf rechtl Gehör kommt dies aber nur dann in Betracht, wenn der Zugang der Entscheidung feststeht und es nur an der Wahrung oder am Nachweis von Zustellungsförmlichkeiten fehlt (BGH VersR 2011, 553 Tz 7; so auch BGH WM 2018, 99 Tz 38 für Beschwerde gem § 6 InsO; sa BGHZ 230, 147 = FamRZ 2021, 1357 Tz 35 f für § 63 III FamFG). Mit dieser Maßgabe ist es gerechtfertigt, für den Beginn der 5-Monatsfrist auf den Erlass (s § 329 Rn 19) des Beschlusses abzustellen (so BAG NJW 1994, 604; OLG Koblenz FamRZ 2004, 208; von BGH MDR 2012, 302 Tz 14 ausdrückl offengelassen); denn dies ist für nicht verkündete Entscheidungen das einer Verkündung entspr „Existenzwerden" des Beschlusses. 4

Eine **Verwirkung** des Rechtsmittels kommt nur in Betracht, wenn seit dem Erlass der Entscheidung ein erhebl Zeitraum verstrichen ist und die Beteiligten den durch die angefochtene Entscheidung geschaffenen Zustand infolge Ausbleibens eines Rechtsmittels als endgültig angesehen haben und ansehen durften (BGH WM 2018, 99 Tz 40; BGH VersR 2011, 553 Tz 9). Das dürfte bei der sof Beschwerde kaum in Betracht kommen, da sie idR vor diesem Zeitpunkt verfristet ist. 5

III) Beschwerdefrist bei Vorliegen von Wiederaufnahmegründen (§ 569 I 3). Wenn die Voraussetzungen der Wiederaufnahmeklage (§§ 579-582) gegeben sind, kann die sof Beschwerde auch noch nach Ablauf der Frist von I innerhalb der Frist von § 586 I eingelegt werden. Erforderl ist, dass der behauptete **Wiederaufnahmegrund** iSv §§ 579, 580 nicht nur behauptet wird, sondern **tatsächlich vorliegt** (KG OLGZ 1976, 364). Es handelt sich um **kein selbständiges Rechtsmittel** in Form einer Nichtigkeitsbeschwerde, sondern verlängert nur die Notfrist für eine an sich gem §§ 567 ff zulässige Beschwerde (OLG Düsseldorf FamRZ 1986, 86). Diese muss also iÜ zulässig sein. Auch wird kein weiterer Instanzenzug eröffnet; anfechtbar sind nur die Entscheidungen gem § 567 I. Zu einem eigenständigen Wiederaufnahmeverf für Beschlüsse s vor § 578 Rn 14. 6

Die Frist beträgt gem § 586 I **1 Monat**. Sie beginnt gem § 586 II 1 mit Kenntnis von dem Anfechtungsgrund, aber nicht vor Rechtskraft des anzufechtenden Beschlusses. Abzustellen ist dabei auf die Unanfechtbarkeit für den Beschwerdeführer (KG OLGZ 1976, 364). Nach Ablauf von 5 Jahren nach Rechtskraft ist die sof Beschwerde entspr § 586 II 2 nicht mehr zulässig. 7

IV) Beschwerdeschrift (§ 569 II). Zur Einreichung s Rn 1. Die Beschwerdeschrift ist ein bestimmender Schriftsatz, für den die allg Vorschriften der **§§ 130, 130a** gelten (BGH AfP 2016, 48 Tz 13). Wegen der Einzelheiten zur schriftl Form s § 130 Rn 1 ff. Eine **E-Mail** ist nur geeignet, die ges Frist für einen bestimmenden Schriftsatz zu wahren, wenn sie gem § 130a III mit einer qualifizierten elektron Signatur versehen ist (BGHZ 237, 375 Tz 26; BGH AfP 2016, 48 Tz 13; BGH MDR 2009, 401). Wird aber eine im Original unterzeichnete Beschwerdeschrift eingescannt und im Anhang einer elektron Nachricht als **PDF-Datei** übermittelt, ist sie nach der Rspr des BGH (erst, aber auch dann) in schriftl Form bei Gericht eingereicht, wenn bei diesem ein vollständiger Ausdruck des Schreibens vorliegt (BGH FamRZ 2019, 1260; BGH FamRZ 2015, 919); denn der Ausdruck erfüllt die Schriftform. – Die in § 130d Genannten, insb RA, müssen die Beschwerdeschrift in **elektronischer Form** einreichen (BGH FamRZ 2023, 1380 = MDR 2023, 1134). Dies gilt unabhängig davon, dass eine Privatperson gem III die sof Beschwerde auch zu Protokoll der GeschSt einlegen kann (BGH MDR 2023, 316 = FamRZ 2023, 461 Tz 8 für Beschwerdeeinlegung gem § 64 II FamFG). 8

Gem II 2 muss die Beschwerdeschrift die Bezeichnung der angefochtenen Entscheidung sowie die **Erklärung** enthalten, dass Beschwerde gegen die Entscheidung eingelegt werde. Wegen der geringen Formstrenge reicht es dabei aus, wenn die Schrift bei **großzügiger Auslegung** den Beschwerdeführer, die angefochtene Entscheidung und das Anliegen der Überprüfung derselben durch die höhere Instanz hinreichend klar erkennen lässt (BGH MDR 2004, 348; BGH NJW 1992, 243). Eine ausdrückl Bezeichnung als „Beschwerde" ist nicht erforderl (BGH NJW 1992, 243). Andererseits kann sich aus den weiteren Ausführungen auch ergeben, dass ein benanntes Rechtsmittel tatsächl (noch) nicht eingelegt werden sollte (BGH VersR 1986, 40). Ist aber der Anfechtungswille auch bei großzügiger Auslegung nicht erkennbar, kann eine Eingabe an das Gericht nicht nachträgl dadurch zu einer Beschwerde gemacht werden, dass die Partei erklärt, ihre Eingabe möge als Beschwerde gewertet werden (BGH MDR 2004, 348). – Eine ausdrückl als solche gewollte Gegenvorstellung kann mangels vergleichbarer 9 rechtl Wirkungen nicht in eine sof Beschwerde **umgedeutet** werden (BGH FamRZ 2000, 1565). – Die Angabe eines **falschen Aktenzeichens** schadet nicht, wenn aufgrund der sonstigen erkennbaren Umstände die Zuordnung zweifelsfrei möglich ist (BGH MDR 2017, 537 mwN).

10 **V) Anwaltszwang.** Besteht für die Instanz **Anwaltszwang**, erstreckt er sich auf die Einlegung der sof Beschwerde (zB BGH NJW 1999, 365; OLG Frankfurt NJW-RR 2009, 415; OLG Zweibrücken MDR 2008, 102 für sof Beschwerde gegen Ablehnungsentscheidung), sofern kein Fall von III (s Rn 11 ff) vorliegt (§ 78 III). Dies gilt auch für den gem § 114 I FamFG in Ehe- und Folgesachen sowie in selbständigen FamStreitsachen geltenden Anwaltszwang (OLG Frankfurt FamRZ 2022, 977; OLG Zweibrücken FamRZ 2014, 1393). Kein Anwaltszwang besteht aber gem § 13 RpflG für die sof Beschwerde (§ 11 RPflG) gegen Entscheidungen des **Rpflegers** (BGHZ 166, 117 = MDR 2006, 1076). – Zum Anwaltszwang für die Beschwerde gegen Ablehnung eines Arrestes oder einer einstw Verfügung s § 922 Rn 19.

11 **VI) Einlegung zu Protokoll der Geschäftsstelle (§ 569 III).** Soweit gem III die Einlegung der Beschwerde zu Protokoll der GeschSt zulässig ist, besteht gem § 78 III **kein Anwaltszwang**. Die Beschwerde kann daher nicht nur auf diesem Weg, sondern auch durch eine privatschriftl Beschwerdeschrift eingelegt werden. Der Einlegung zu Protokoll der GeschSt ist eine Einlegung zu **richterlichem Sitzungsprotokoll** gleichzustellen. Zum Anwaltszwang im weiteren Verf s § 571 Rn 8.

12 **1) Gemäß Nr 1.** Bestand in 1. Instanz kein Anwaltszwang, insb vor dem AG (sa Rn 10), kann Beschwerde durch die Partei selbst schriftl oder gem Nr 1 zu Protokoll der GeschSt eingelegt werden.

13 **2) Gemäß Nr 2.** Unabhängig davon, ob das Verf sonst dem Anwaltszwang unterliegt, können sof Beschwerden, die die PKH betreffen, zu Protokoll der GeschSt eingelegt werden. Das sind zB sof Beschwerden gem § 127 II 2, aber auch sonstige Beschwerde im PKH-Verf, zB gegen die Zurückweisung eines Ablehnungsgesuchs (OLG Stuttgart MDR 2025, 275; OLG Dresden AGS 2019, 33).

14 **3) Gemäß Nr 3.** Kein Anwaltszwang besteht für die Beschwerde eines **Zeugen oder SV** gem §§ 380, 387, 390, 411, ferner für Dritte, die gem §§ 142, 144 in Anspruch genommen werden. Denn sie sollen als außerhalb des Prozesses Stehende nicht gezwungen sein, einen RA zu beauftragen. Entspr hat für Personen zu gelten, die gem § 372a zur Duldung von Untersuchungen in Abstammungssachen verpflichtet werden (OLG Düsseldorf FamRZ 1971, 666). Dies ist auch für die gem **§ 141 III** sanktionierte Partei gerechtfertigt, da insoweit auf die für Zeugen geltenden Vorschriften verwiesen wird (aA WSch/Jänich Rn 33; wie hier iErg zB ThP/Seiler Rn 15; MK/Hamdorf Rn 22).

§ 570 Aufschiebende Wirkung; einstweilige Anordnungen

(1) Die Beschwerde hat nur dann aufschiebende Wirkung, wenn sie die Festsetzung eines Ordnungs- oder Zwangsmittels zum Gegenstand hat.

(2) Das Gericht oder der Vorsitzende, dessen Entscheidung angefochten wird, kann die Vollziehung der Entscheidung aussetzen.

(3) Das Beschwerdegericht kann vor der Entscheidung eine einstweilige Anordnung erlassen; es kann insbesondere die Vollziehung der angefochtenen Entscheidung aussetzen.

1 **I) Grundsatz.** Die sof Beschwerde hat im Regelfall keine aufschiebende Wirkung. Dies bedeutet insb, dass durch die sof Beschwerde der Fortgang des Rechtsstreits weder im Ganzen noch hinsichtl der angefochtenen Maßnahme/Entscheidung gehindert wird. Die Entscheidung ist gem § 794 I Nr 3 sof vollstreckbar.

2 **II) Aufschiebende Wirkung gem § 570 I.** In Abweichung vom allg Grundsatz (s Rn 1) hat die Beschwerde aufschiebende Wirkung, soweit sie sich gegen die Festsetzung von Ordnungs- oder Zwangsmitteln richtet. Hierzu zählen die Festsetzung von Ordnungsmitteln gegen die nichterschienene Partei (§§ 141, 273 IV), Zeugen (§§ 380, 390) und SV (§§ 409, 411 II). Wegen des weiten Wortlauts gilt die Regelung auch für Maßnahmen der **Zwangsvollstreckung**, insb Zwangs- und Ordnungsmittelbeschlüsse gem §§ 888, 890 (BGH GRUR-RR 2012, 496 LS; BGH MDR 2011, 1503) und Haftbefehle gem § 802g I (BGH MDR 2021, 1027). – Die aufschiebende Wirkung **beginnt** mit Einlegung der sof Beschwerde und endet mit der Entscheidung über sie oder ihrer Rücknahme.

3 **III) Aussetzung der Vollziehung (§ 570 II).** Gem II kann das **Ausgangsgericht** – auch der Rpfleger in den Fällen des § 11 I RPflG – oder dessen Vors die Vollziehung des Beschlusses aussetzen. Mit der Vorlage an das Beschwerdegericht geht die Entscheidungskompetenz auf dieses (gem III) über. Die Entscheidung kann **von Amts wegen** ergehen, wird aber idR vom Beschwerdeführer beantragt, was der Sache nach eine Anregung ist. *Die Kompetenz des Ausgangsgerichts* beschränkt sich auf eine – ggf auch teilw – Aussetzung. Der Entscheidungsmaßstab entspr dem gem III; s Rn 5. – Die Entscheidung ist **nicht anfechtbar** (OLG Frankfurt 14.10.2020 – 26 W 24/20; KG MDR 2010, 105; OLG Köln ZMR 1990, 419).

IV) Einstweilige Anordnung (§ 570 III). Gem III darf das **Beschwerdegericht** zum einen wie das Erstgericht die Vollziehung der angefochtenen Entscheidung **aussetzen.** Zum anderen kann es auch nach seinem pflichtgemäßen Ermessen **einstweilige Anordnungen anderer Art** treffen, etwa die Vollziehung gegen Leistung einer Sicherheit einstellen oder entspr § 711 eine Abwendungsbefugnis aussprechen (BGH ZIP 2005, 2333). Es ist aber darauf beschränkt, Anordnungen in Bezug auf die Wirkungen der angefochtenen Entscheidung zu treffen, und kann nicht vorläufigen Rechtsschutz durch die erstmalige Anordnung von Sicherungsmaßnahmen gewähren (BGH ZIP 2005, 2333). 4

Das Gericht hat nach **pflichtgemäßem Ermessen** zu entscheiden. Dabei sind die Erfolgsaussichten des Rechtsmittels und die dem Gl durch den Aufschub der Vollstreckung drohenden Nachteile gegeneinander abzuwägen (zB BGH WuM 2012, 158; BGH NJW 2002, 1658, je für die entspr Kompetenz in der Rechtsbeschwerde, § 575 V). 5

Die getroffene Anordnung tritt mit Erlass der Entscheidung über die sof Beschwerde **außer Kraft** (BGH ZIP 2005, 2333). Das Beschwerdegericht darf bereits erlassene Anordnungen – auch des Ausgangsgerichts – nach Gewährung rechtl Gehörs vAw **ändern** oder wieder aufheben. 6

V) Gebühren. 1) Gericht: Entscheidungen nach II, III sind gerichtsgebührenfrei (§ 1 GKG). – **2) RA:** II, III: 3328 RVG-VV; § 19 I 2 Nr 11 RVG, also beim ProzBev mit der Geb 3500 RVG-VV abgegolten, es sei denn, es fand abgesonderte mündl Verh oder ein bes Gerichtstermin statt. – Beim RA, der nicht ProzBev ist, 3328 RVG-VV analog, sobald er auftragsgemäß die 1. Tätigkeit beginnt (GS/Müller-Rabe VV 3328 Rn 10). 7

§ 571 Begründung, Präklusion, Ausnahmen vom Anwaltszwang

(1) Die Beschwerde soll begründet werden.

(2) [1]Die Beschwerde kann auf neue Angriffs- und Verteidigungsmittel gestützt werden. [2]Sie kann nicht darauf gestützt werden, dass das Gericht des ersten Rechtszuges seine Zuständigkeit zu Unrecht angenommen hat.

(3) [1]Der Vorsitzende oder das Beschwerdegericht kann für das Vorbringen von Angriffs- und Verteidigungsmitteln eine Frist setzen. [2]Werden Angriffs- und Verteidigungsmittel nicht innerhalb der Frist vorgebracht, so sind sie nur zuzulassen, wenn nach der freien Überzeugung des Gerichts ihre Zulassung die Erledigung des Verfahrens nicht verzögern würde oder wenn die Partei die Verspätung genügend entschuldigt. [3]Der Entschuldigungsgrund ist auf Verlangen des Gerichts glaubhaft zu machen.

(4) Ordnet das Gericht eine schriftliche Erklärung an, so kann diese zu Protokoll der Geschäftsstelle abgegeben werden, wenn die Beschwerde zu Protokoll der Geschäftsstelle eingelegt werden darf (§ 569 Abs. 3).

Lit: *Himstedt*, Die Präklusion neuer Tatsachen im Beschwerdeverfahren, MDR 2018, 1160.

I) Beschwerdebegründung (§ 571 I). Die Beschwerde „soll" begründet werden. Entspr dem allg juristischen Sprachgebrauch ergibt sich daraus, dass eine Begr keine Zulässigkeitsvoraussetzung der sof Beschwerde ist (zB OLG Dresden 12.12.2024 – 12 W 658/24, juris). Es entspricht aber einer sachgerechten Prozessführung, sowohl dem Ausgangsgericht, das über eine Abhilfe entscheiden muss, als auch dem Beschwerdegericht gegenüber zum Ausdruck zu bringen, aus welchen Gründen die Entscheidung angefochten wird (OLG Nürnberg MDR 2023, 722; OLG Frankfurt 28.5.2013 – 11 W 13/13). – Auch ein konkreter **Beschwerdeantrag** ist für die Zulässigkeit nicht erforderl, zur Verdeutlichung des Rechtsmittelziels aber sachgerecht. – Dem Beschwerdevorbringen muss aber zumindest zu entnehmen sein, **welches konkrete Ziel** er mit seinem Rechtsmittel verfolgt und wodurch er sich beschwert sieht (OLG Dresden 2.1.2018 – 4 W 1078/17; KGR Berlin 2009, 796; OLG Koblenz 22.8.2002 – 14 W 488/02). 1

Ist die Beschwerde mit der Beschwerdeschrift **nicht begründet worden,** hat das Beschwerdegericht oder der Vorsitzende (III 1) zur Wahrung des rechtl Gehörs des Beschwerdeführers eine Frist zur Begr zu setzen, bevor über die Beschwerde entschieden wird. 2 Wochen genügen (BGH WM 2011, 135 Tz 4). Kündigt der Beschwerdeführer in der Beschwerdeschrift an, eine Begr **nachreichen zu wollen,** ist das Beschwerdegericht zu einer Fristsetzung zwar nicht verpflichtet (BVerfG BVerfGK 15, 121 = NJW 2009, 1582; BGH 24.9.2009 – IX ZB 285/08). Es hat dem Beschwerdeführer aber eine **angemessene Frist** zur Begr zu lassen (BVerfG BVerfGK 15, 121 = NJW 2009, 1582; BGH 24.9.2009 – IX ZB 285/08; OLG Köln MDR 1990, 556). Deren Länge wird durch die Schwierigkeit der Sache, den Umfang der Akten und die Eilbedürftigkeit des Verf bestimmt; idR sind 2 Wochen angemessen (BGH 21.1.2010 – IX ZB 155/06; BGH 24.9.2009 – IX ZB 285/08; OLG Köln MDR 1990, 556; 2-3 Wochen). Zu einer Nachfrage nach der angekündigten Beschwerdebegründung ist das Gericht nicht verpflichtet (BVerfG BVerfGK 15, 121 = NJW 2009, 1582). Ist die Nachreichung der Begr binnen einer konkreten Frist angekündigt, ist diese zur Wahrung des rechtl Gehörs durch das Beschwerdegericht abzuwarten, wenn es sie nicht durch richterl Verfügung verkürzt (aA OLG Oldenburg MDR 1990, 1125). 2

3 **II) Prüfungsmaßstab (§ 571 II 1).** Die Beschwerdeinstanz ist eine vollwertige **2. Tatsacheninstanz** (BGH NJW 2010, 1002 Tz 9; BGH ZIP 2007, 188 Tz 20; BGH ZIP 2008, 1034 Tz 6). Neue Angriffs- und Verteidigungsmittel (s § 282 Rn 2 f), insb neue Tatsachen und Beweismittel, sind deshalb uneingeschränkt zu berücksichtigen, unabhängig davon, ob sie vor oder nach der erstinstanzl Entscheidung entstanden sind (BGH ZIP 2008, 1034 Tz 6). Sofern das materielle Recht nichts anderes anordnet, ist die Sach- und Rechtslage im **Zeitpunkt der Entscheidung** des Beschwerdegerichts maßgebend (BGH ZIP 2008, 1034 Tz 6).

4 Eine **Änderung des Antrags** ist entspr §§ 263 ff zulässig (OLG Düsseldorf GmbHR 2017, 194), insb eine Antragserweiterung (BGH ZIP 2007, 188 Tz 20 für neuen Hilfsantrag). Der **Streitgegenstand des Ausgangsverfahrens** begrenzt aber den Prüfungsumfang in der Beschwerdeinstanz und damit auch die Möglichkeit einer Änderung des Antrags (BGH FamRZ 2011, 1143 Tz 12; BGH FamRZ 2014, 1614 Tz 18 für den vergleichbaren § 65 III FamFG; OLG Düsseldorf GmbHR 2017, 194).

5 **III) Rüge der Zuständigkeit (§ 571 II 2).** Gem II 2 ist die Rüge ausgeschlossen, das Gericht des 1. Rechtszugs habe seine örtl oder sachl Zuständigkeit zu Unrecht bejaht. Die Regelung soll vermeiden, dass die vom Ausgangsgericht geleistete Sacharbeit wegen fehlender Zuständigkeit hinfällig wird (BGH WM 2015, 728 Tz 12). Sie entspricht § 513 II; daher s § 513 Rn 6 ff. Der Ausschluss gilt auch für eine Beschwerde gem §§ 11 ff AVAG (OLG Karlsruhe NJW-RR 2012, 331 = FamRZ 2012, 660).

6 **IV) Präklusion neuen Vorbringens (§ 571 III). 1) Fristsetzung (§ 571 III 1).** Gem III 1 kann der Vors oder das Beschwerdegericht (dann durch Beschluss) – praktisch idR aber der ER gem § 568 S 1 – eine Frist für das Vorbringen **neuer Angriffs- und Verteidigungsmittel** setzen. Zum Begriff s § 282 Rn 2 f. Die Frist kann mangels entspr Einschränkung beiden Parteien, nicht nur dem Beschwerdeführer, gesetzt werden (so auch BTDrs 14/4722, 113). Sie kann mit einer Fristsetzung zur Begründung der Beschwerde (s Rn 1) verbunden werden (BTDrs 14/4722, 113). Zur Angemessenheit der Frist gilt das zu Rn 2 Ausgeführte entspr. Eine **Belehrung** über eine mögl Präklusion ist mangels gesetzl Anordnung – anders als zB gem § 276 II, § 277 II – nicht erforderl (aA WSch/Jänich Rn 12).

7 **2) Ausschluss verspäteten Vorbringens (§ 571 III 2, 3).** Mit § 296 I entspr Wortlaut wird die Zulassung nach Fristablauf vorgebrachter Angriffs- und Verteidigungsmittel davon abhängig gemacht, dass dies entweder ausreichend entschuldigt wird oder nicht zu einer Verzögerung des Verf führt. Auch nach dem Willen des Gesetzgebers (BTDrs 14/4722, 113 f) sind die zu **§ 296 entwickelten Grundsätze** anzuwenden; daher s § 296 Rn 10 ff. Dasselbe gilt für eine mögl **Entschuldigung** gem III 2 (BTDrs 14/4722, 114); daher s § 296 Rn 23 f. Die Übertragung des Verspätungsbegriffs iSv § 296 führt iErg aber dazu, dass sich die Fristsetzung gem III 1 idR als **stumpfes Schwert** erweist, da die Regelfälle einer Verzögerung – Erforderlichkeit einer Beweisaufnahme oder eines neuen Verhandlungstermins – im weitgehend schriftl Beschwerdeverf kaum eine Rolle spielen und allein die notwendige Einräumung einer Schriftsatzfrist anerkanntermaßen (s § 296 Rn 16) nicht zu einer die Zurückweisung rechtfertigenden Verzögerung führt (ausführl Himstedt MDR 2018, 1160).

8 **V) Eingeschränkter Anwaltszwang (§ 571 IV).** Im Grundsatz gelten die Bestimmungen der §§ 78 ff für die Vertretung durch einen RA auch im Beschwerdeverf; s § 569 Rn 10. Für die Einlegung der Beschwerde sieht § 569 III Ausnahmen vor; s § 569 Rn 11 ff. Soweit danach die Beschwerde ohne RA zu Protokoll der GeschSt eingelegt werden kann, gilt dies gem IV auch für schriftl Erklärungen im Beschwerdeverf. Für die nach dem Wortlaut bestehende Beschränkung auf vom Gericht angeordnete Erklärungen besteht keine Rechtfertigung. Die Freistellung vom Anwaltszwang gem § 78 III ist daher auf **alle schriftlichen Erklärungen** im Beschwerdeverf zu erstrecken. Dies hat für **beide Parteien** zu gelten. Sofern aber im Beschwerdeverf eine **mündliche Verhandlung** durchgeführt wird, besteht für diese der Anwaltszwang.

§ 572 Gang des Beschwerdeverfahrens

(1) [1]Erachtet das Gericht oder der Vorsitzende, dessen Entscheidung angefochten wird, die Beschwerde für begründet, so haben sie ihr abzuhelfen; andernfalls ist die Beschwerde unverzüglich dem Beschwerdegericht vorzulegen. [2]§ 318 bleibt unberührt.

(2) [1]Das Beschwerdegericht hat von Amts wegen zu prüfen, ob die Beschwerde an sich statthaft und ob sie in der gesetzlichen Form und Frist eingelegt ist. [2]Mangelt es an einem dieser Erfordernisse, so ist die Beschwerde als unzulässig zu verwerfen.

(3) Erachtet das Beschwerdegericht die Beschwerde für begründet, so kann es dem Gericht oder Vorsitzenden, von dem die beschwerende Entscheidung erlassen war, die erforderliche Anordnung übertragen.

(4) Die Entscheidung über die Beschwerde ergeht durch Beschluss.

Lit: *Schmidt*, Probleme des Abhilfeverfahrens nach § 572 Abs. 1 ZPO, MDR 2010, 725.

1 **I) Abhilfeverfahren (§ 572 I 1). 1) Allgemein.** In Verf der sof Beschwerde ist gem I 1 ein Abhilfeverf vorgeschrieben. Dies gilt auch bei einer Entscheidung des **Rechtspflegers**, wenn gegen sie gem § 11 I RPflG die sof

Beschwerde statthaft ist. Das Abhilfeverf dient einer Fehlerbeseitigung durch Selbstkontrolle des Ausgangsgerichts (OLG Dresden MDR 2023, 1613) und damit einer Entlastung des Beschwerdegerichts (OLG Brandenburg MDR 2018, 1272). Eine **Ausnahme** besteht gem **I 2** in den Fällen, in denen Gegenstand der sof Beschwerde ausnahmsw ein Urteil ist – zB bei der Anfechtung eines Zwischenurteils gem § 387 III. Dann bleibt es bei der in § 318 angeordneten Bindung des Gerichts an die getroffene Entscheidung; eine Abhilfe ist also ausgeschlossen (OLGR Schleswig 2004, 387). – Das Abhilfeverf gehört nicht mehr zum 1. Rechtszug, sondern **zum Beschwerdeverfahren** (BGH NJW 2021, 553 Tz 17; BGH FGPrax 2018, 77 Tz 12; BGH FamRZ 2015, 572 Tz 11).

2) Zuständigkeit. Über die (Nicht-)Abhilfe entscheidet der ER, Vors oder der Spruchkörper, der die angefochtene Entscheidung erlassen hat (OLG Stuttgart MDR 2003, 110; OLG Dresden MDR 2008, 645). Bei einer Kammerentscheidung genügt daher eine Entscheidung allein des Vors nicht (OLG Stuttgart MDR 2003, 110). Überträgt aber die Kammer den Rechtsstreit dem ER, so ist dieser für die Abhilfeentscheidung zuständig, auch wenn die Ausgangsentscheidung die Kammer getroffen hat (OLG Dresden MDR 2008, 645). 2

3) Voraussetzung einer Abhilfe. Für eine Abhilfe gem I 1 sind Voraussetzung ein Beschluss – bei einem Urteil gilt § 318, s Rn 1 – des Gerichts und eine gegen ihn eingelegte sof Beschwerde. Entgegen einer teilw vertretenen Ansicht (so OLG Brandenburg FamRZ 2020, 1750; OLG Brandenburg FamRZ 2019, 1155; sa OLGR Schleswig 2004, 387) ist eine abhelfende Entscheidung dem Ausgangsgericht nur bei einer **zulässigen Beschwerde** möglich (BGH NJW 2021, 553 Tz 11 ff für den wortgleichen § 68 I 1 FamFG). Denn das Abhilfeverf ist Teil des Beschwerdeverf (s Rn 1), in dem eine abändernde Entscheidung nur bei einer Zulässigkeit des Rechtsmittels ergehen kann. Ob unabhängig von einer Abhilfe gem I 1 eine Abänderung auf eine – ggf in einer unzulässigen sof Beschwerde zu sehende – Gegenvorstellung zulässig ist, bestimmt sich unabhängig davon nach deren Grundsätzen (BGH NJW 2021, 553 Tz 22 für den wortgleichen § 68 I 1 FamFG); zu diesen Grundsätzen s vor § 567 Rn 8. 3

4) Entbehrlichkeit eines Abhilfeverfahrens. Da das Abhilfeverf der Prozessökonomie dient (s Rn 1), ist es nicht Voraussetzung für eine Entscheidung des Beschwerdegerichts, wenn die sof Beschwerde unmittelbar **beim Beschwerdegericht eingelegt** wird (OLG Dresden NJW-RR 2021, 59; OLG Frankfurt NJW-RR 2007, 1142; OLG Stuttgart MDR 2003, 110; aA OLG Stuttgart FamRZ 2008, 2133), jedenfalls wenn die Beschwerde **unbegründet** (OLG Dresden NJW-RR 2021, 59) oder die Sache **eilbedürftig** (OLG Koblenz MMR 2009, 261; OLG Frankfurt NJW-RR 2007, 1142) ist. Wird die sof Beschwerde aber **beim Ausgangsgericht eingelegt**, ist von diesem ein Abhilfeverf durchzuführen (OLG Oldenburg FamRZ 2015, 1996; OLG Rostock MDR 2012, 1433). 4

Ist die sof Beschwerde **offensichtlich unstatthaft**, bedarf es nach verbreiteter Rspr weder einer Abhilfeprüfung noch einer Vorlage an das Beschwerdegericht; das Ausgangsgericht könne sie selbst verwerfen (OLGR Stuttgart 2004, 458 = CR 2004, 82; OLGR Celle 2006, 268; OLG Zweibrücken FamRZ 1984, 1031). Dies ist angesichts der gem II 1 – auschließl – beim Beschwerdegericht angesiedelten Prüfungs- und Verwerfungskompetenz nicht wirklich überzeugend. Da nach der Rspr des BGH aber die Umdeutung einer unstatthaften sof Beschwerde in eine Rechtsbeschwerde nicht in Betracht kommt (s § 575 Rn 3) und der BGH in diesen Fällen die Sache an das Vordergericht zurückgibt (vgl zB BGH 20.3.2002 – XII ZB 27/02, Tenor in Zeitschriften nicht abgedruckt), ist eine Verwerfung durch dieses die einzige Möglichkeit einer Bescheidung. 5

5) Verfahren. Neue Angriffs- und Verteidigungsmittel sind gem § 571 zulässig (s § 571 Rn 3) und daher auch bei der Entscheidung über eine Abhilfe zu berücksichtigen (OLG Hamm FamRZ 2021, 293; OLG Brandenburg MDR 2018, 1272; OLG Karlsruhe FamRZ 2014, 680). – Vor einer die Gegenseite beschwerenden Abhilfeentscheidung ist ihr **rechtliches Gehör** zu gewähren (OLG Hamm FamRZ 1986, 1127). 6

Wird eine Beschwerde **ohne Begründung** eingelegt, darf das Erstgericht grds **sofort vorlegen**; es braucht also nicht abzuwarten, ob und wann der Beschwerdeführer Begr nachreicht (OLG Koblenz FamRZ 2008, 288). Hat er jedoch eine solche angekündigt, ist diese abzuwarten (OLG Koblenz FamRZ 2008, 288); iE s § 571 Rn 2. 7

6) Entscheidung. Über die Abhilfe oder Nichtabhilfe ist durch **Beschluss** zu entscheiden (OLG Brandenburg FamRZ 2020, 186; OLG Rostock MDR 2012, 1433), der den Parteien gem § 329 II 1 mitzuteilen ist. Eine **Nichtabhilfeentscheidung** muss jedenfalls dann **begründet** werden, wenn der Beschwerdeführer im angefochtenen Beschluss noch nicht berücksichtigte rechtl Gesichtspunkte oder neue Tatsachen angeführt hat, mit denen sich das Gericht auseinanderzusetzen hat (OLG Celle FamRZ 2024, 456; OLG Brandenburg MDR 2018, 1272; OLG Rostock MDR 2012, 1433; OLG Karlsruhe FamRZ 2014, 680). Floskelhafte Begründungen und/oder die alleinige Bezugnahme auf die angefochtene Entscheidung genügen in diesem Fall nicht (OLG Celle MDR 2020, 604; OLG Brandenburg MDR 2018, 1272; OLG Karlsruhe FamRZ 2014, 680). Andererseits wird eine fehlende oder **unzureichende Begründung** des Ausgangsbeschlusses durch eine ordnungsgemäß begründete Entscheidung im Abhilfeverf **geheilt**. Die Nichtabhilfeentscheidung ist nicht selbst anfechtbar (OLGR Celle 2006, 462). 8

Fehlt es an einer – ordnungsgemäßen oder völligen – Prüfung bzw Begründung der Abhilfe, ist das Beschwerdegericht berechtigt, die Sache an das Ausgangsgericht **zurückzugeben** (OLG Celle FamRZ 2024, 456; OLG Brandenburg FamRZ 2020, 186; OLG Oldenburg FamRZ 2015, 1996; OLG Rostock MDR 2012, 1433). 9

Eine **Abhilfe** ist zu begründen, wenn sie die Gegenseite beschwert. Da sodann diese sof Beschwerde einlegen kann, ist der Beschluss ihr gem § 329 II 2 wegen der ausgelösten Beschwerdefrist zuzustellen. Eine Abhilfe in 10 vollem Umfang erledigt die Beschwerde. Das Erstgericht hat dann auch über die **Kosten** des Beschwerdeverf zu entscheiden (LG Karlsruhe MDR 2003, 178).

11 Erachtet das Ausgangsgericht die Beschwerde **teilweise für begründet**, dann hilft es ihr insoweit ab und legt die Akten dem Beschwerdegericht wegen des unerledigten Teils der Beschwerde vor. Über die Kosten hat einheitl das Beschwerdegericht zu entscheiden (OLG Frankfurt JurBüro 1985, 1718). – Legt nach teilw Abhilfe die andere Partei Beschwerde gegen den Abhilfebeschluss ein, handelt es sich um 2 Beschwerdeverf.

12 **7) Vorlage an das Beschwerdegericht.** Mit der Verwendung des Begriffes „**unverzüglich**" wird vom Gericht verlangt, dass es die Entscheidung über die Abhilfe oder Nichtabhilfe entspr der Legaldefinition des § 121 I BGB ohne schuldhaftes Zögern trifft. Damit wird ihm eine angemessene Überprüfungsfrist eingeräumt, deren Dauer von den Umständen des Einzelfalls bestimmt wird (BTDrs 14/4722, 115). – **Mit der Vorlage** fällt die Sache beim Beschwerdegericht an. Das Erstgericht ist dann nicht mehr zur Abhilfe befugt (OLG Stuttgart FamRZ 2008, 2133).

13 **II) Zulässigkeitsprüfung (§ 572 II).** Die Regelung entspricht § 522 I 1, 2; daher s § 522 Rn 1 ff. Insb gilt auch für § 572, dass die Prüfung sich nicht nur auf die in II angeführten, sondern auf **sämtliche Zulässigkeitsvoraussetzungen** erstreckt. Der Vorrang der Zulässigkeitsprüfung gilt im Verf der sof Beschwerde aber nicht uneingeschränkt. Ist eine sof Beschwerde jedenfalls unbegründet, hat ihre Zurückweisung keine weitergehenden Folgen als ihre Verwerfung und stehen auch iÜ Interessen einer der Parteien nicht entgegen, kann die **Zulässigkeit dahingestellt** bleiben (BGH NJW-RR 2006, 1346 Tz 4; OLG Braunschweig 24.5.2016 – 1 W 92/15; OLG Köln NJW-RR 2022, 479). Denn sowohl für die Anfechtbarkeit der Beschwerdeentscheidung als auch für die materielle Rechtskraft der angefochtenen Entscheidung ist es unerhebl, ob die Beschwerde als unzulässig verworfen oder als unbegründet zurückgewiesen wird.

14 Eine **unzulässige Beschwerde** wird mit der Kostenfolge des § 97 I durch Beschluss (IV) verworfen.

15 **III) Verfahren des Beschwerdegerichts. 1) Allgemein.** Um den Parteien eine wirksame Teilnahme am Beschwerdeverf zu ermöglichen, ist ihnen grds dessen **Aktenzeichen** mitzuteilen (OLG Celle OLGZ 1992, 127). – Für das Beschwerdeverf gelten die **allgemeinen Vorschriften** (§§ 1-252). Die Vorschriften für das Verf im 1. Rechtszug (§§ 253 ff) sind hingegen nur insoweit anzuwenden, als sie wegen Gleichheit des Verfahrensganges auch für das Beschwerdeverf passen. Das ist zB für § 281 (Verweisung) der Fall (OLG Hamburg FamRZ 1984, 804). Gem IV iVm § 128 IV ist eine **mündliche Verhandlung** grds nicht erforderl, kann aber durchgeführt werden.

16 **2) Beweisaufnahme.** Nach Ansicht des BGH sind mangels obligatorischer mündl Verh im Beschwerdeverf die eine solche voraussetzenden Vorschriften über die Art der Beweisaufnahme (§§ 355 ff) nicht anzuwenden, vielmehr könnten erforderl Feststellungen im Freibeweisverf getroffen werden (BGH MDR 2008, 333 = FamRZ 2008, 390). Diese Schlussfolgerung ist aber nicht überzeugend. Erforderl Beweise können ohne Weiteres in einer mündl Verh erhoben werden, da eine solche auch im Beschwerdeverf stattfinden kann. Nur weil diese dort idR nicht erforderl ist, den Parteien die ihnen gem §§ 355 ff zustehenden Rechte (zB Teilnahme an der Beweisaufnahme, Fragemöglichkeit, Bewertung der Glaubwürdigkeit von Zeugen) nicht zu gewähren, erscheint nicht gerechtfertigt (iErg ebenso WSch/Jänich Rn 92; aA MK/Hamdorf Rn 20). Den Parteien bleibt es unbenommen, sich gem § 284 S 2 mit einem Freibeweis einverstanden zu erklären.

17 **3) Rücknahme der Beschwerde.** Eine Rücknahme der Beschwerde ist – entspr § 516 I – nur bis zum Erlass (s § 329 Rn 19) der Beschwerdeentscheidung mögl. Sie kann nur **bei dem Gericht** wirksam erklärt werden, bei dem das Verf zu diesem Zeitpunkt anhängig ist. Geht die Rücknahme beim Ausgangsgericht ein, das aber schon nach I vorgelegt hat, hat dieses die Erklärung unmittelbar weiterzuleiten (iE und zu den Folgen einer Entscheidung trotz Rücknahme vgl Abramenko MDR 2004, 860).

18 Für die **Kostenentscheidung** ist § 516 III entspr anzuwenden (BGH LM § 515 ZPO Nr 1; OLG Hamburg MDR 2015, 791). Hat zur Zeit der Rücknahme das Erstgericht die Beschwerde noch nicht weitergeleitet, dann obliegt ihm der Kostenausspruch (OLG Köln 19.5.2008 – 12 U 21/08).

19 **4) Anhörung der Gegenseite.** Sofern eine für die Gegenseite nachteilige Entscheidung in Betracht kommt, die sof Beschwerde also nicht bereits als unzulässig zu verwerfen oder aufgrund des eigenen Vorbringens des Beschwerdeführers zurückzuweisen ist, ist ihr gem Art 103 I GG rechtl Gehör zu gewähren. Zwar muss eine Partei zur Äußerung des Gegners nur angehört werden, wenn diese entscheidungserhebl tatsächl **neues Vorbringen** enthält oder neue rechtl Gesichtspunkte aufzeigt (OLG Köln FamRZ 1996, 300). Der Beschwerdegegner muss aber zur Wahrung seines rechtl Gehörs zumindest von der Beschwerde Kenntnis erhalten haben, um seinen Sachvortrag ergänzen zu können, wenn dieser zwar dem Ausgangsgericht, nicht aber – möglicherweise – dem Beschwerdegericht ausreicht.

20 Der Beschwerdegegner unterliegt bei einer schriftl Stellungnahme unter dens Voraussetzungen wie der Beschwerdeführer nicht dem Anwaltszwang; s § 571 Rn 8. – Grds besteht keine Pflicht, unter Fristsetzung zur Stellungnahme aufzufordern; vielmehr genügt es, wenn das Gericht eine **angemessene Äußerungszeit** abwartet (BVerfG ZIP 1986, 1336). IdR wird ein Zeitraum von ca 2 Wochen genügen (wie § 571 Rn 2), insb wenn mangels neuem Tatsachvortrag keine Rücksprache mit dem Mandanten erforderl ist (BVerfG ZIP 1986, 1336).

IV) Entscheidung bei zulässiger Beschwerde (§ 572 III). 1) Allgemein. Ist die Beschwerde zulässig, hat das Beschwerdegericht über ihre Begründetheit zu entscheiden. Die sodann zu treffende Entscheidung ist in III nur unvollkommen geregelt. Dies ist durch die allg Grundsätze des Rechtsmittelrechts zu ergänzen. 21

2) Unbegründete Beschwerde. Ist die Beschwerde unbegründet, ist sie durch Beschluss (IV) **zurückzuweisen.** Die Kosten hat gem § 97 I grds der Beschwerdeführer zu tragen, sofern das Unterliegen nicht allein auf neuem Vorbringen der Gegenseite beruht, § 97 II. 22

3) Begründete Beschwerde. Ist die Beschwerde begründet hat das Beschwerdegericht je nach dem Stande der Sache die folgenden 3 Möglichkeiten der Entscheidung (BGHZ 51, 131): 23

a) Eigene Sachentscheidung. Das Beschwerdegericht kann – wie gem § 538 I das Berufungsgericht – „in der Sache selbst entscheiden", dh abschließend eine den erstinstanzl Beschluss ersetzende eigene Sachentscheidung treffen. Die Tenorierung erfolgt in diesem Fall üblicherweise wie im Berufungsverf dahin, dass „auf die Beschwerde der Beschluss des … dahingehend abgeändert wird, dass …". – Eine solche abschließende Entscheidung in der Sache selbst kann ggf auch in der bloßen Aufhebung der beschwerenden Entscheidung der Vorinstanz bestehen (BGHZ 51, 131), nämlich dann, wenn damit die Beschwer beseitigt wird, zB die Verhängung eines Ordnungsgeldes. 24

b) Aufhebung und Zurückverweisung. Das Beschwerdegericht kann ferner – wie gem § 538 II das Berufungsgericht – unter Aufhebung der angefochtenen Entscheidung „die Sache zur anderweitigen Behandlung und Entscheidung (an die Vorinstanz) zurückverweisen" (BGHZ 51, 131). Aus der Anlehnung an § 538 II ergibt sich, dass dies nur bei idS erhebl Verfahrensfehlern zulässig ist. Dieser Einschränkung kommt aber wegen der umfassenderen Kompetenz gem III (s Rn 26 ff) keine erhebl Bedeutung zu. 25

c) Übertragung der erforderlichen Anordnung. Das Beschwerdegericht kann schließlich – wie in **III** bestimmt – der Vorinstanz „die erforderliche Anordnung übertragen". Es kann insoweit die Sache **in vollem Umfang** zur anderweiten Behandlung und Entscheidung an die Vorinstanz zurückverweisen und dieser nur gewisse „Weisungen" für das weitere Verf geben. Es handelt sich dann an sich um einen Fall wie bei der Zurückverweisung gem Rn 25 (BGHZ 51, 131). Das Beschwerdegericht kann aber auch in einem Hauptpunkt bereits abschließend in der Sache selbst entschieden und der Vorinstanz **nur noch gewisse „Anordnungen"** übertragen, zB weil es eine eigene Entscheidung nicht treffen kann oder dies für nicht zweckmäßig erachtet (BGHZ 51, 131). Bsp: Im Rahmen der PKH die Feststellung der hinreichenden Erfolgsaussicht und Übertragung der Ermittlung einer Ratenzahlungspflicht gem § 115. Schließlich kann das Beschwerdegericht auch **nur die Ausführung** auf der Grundlage seiner Entscheidung übertragen, zB den Erlass eines PfÜB (BGHZ 51, 131). – Die entspr Weisungen können sich auch allein aus den Entscheidungsgründen ergeben. 26

Diese Kompetenz besteht gem III **ohne weitere Einschränkung**, ist also nicht etwa auf die Fälle schwerer Verfahrensfehler iSv § 538 II beschränkt (aA wohl WSch/Jänich Rn 72; wie hier MskV/Ball Rn 16; MK/Hamdorf Rn 32; von BGH NJW-RR 2005, 1299 = MDR 2005, 1305 offengelassen). Eine Rückgabe an die 1. Instanz ist zB also auch dann zulässig, wenn sich eine weitere Sachverhaltsaufklärung erst aufgrund der Rechtsauffassung des Beschwerdegerichts als erforderl erweist. Die Tenorierung lautet in etwa: „Die Sache wird zur erneuten Behandlung und Entscheidung dem … übertragen." 27

Die Übertragung gem III liegt grds im **Ermessen** des Beschwerdegerichts. Auch bei Verfahrensmängeln ist nicht notwendig zurückzuverweisen (OLG Celle MDR 2003, 523). Hat aber das Ausgangsgericht durch Urteil zu entscheiden, so muss ihm die Entscheidung übertragen werden (OLG Frankfurt NJW-RR 2020, 1327). Hat der funktionell unzuständige Rpfleger entschieden, ist diese Entscheidung aufzuheben, weil sie unwirksam ist (BGH NJW-RR 2005, 1299 = MDR 2005, 1305). 28

4) Teilweise begründete Beschwerde. Soweit teilw Entscheidungsreife – sei es im Sinne einer Zurückweisung der Beschwerde oder einer (ersetzenden) Sachentscheidung – besteht, ist die insoweit gebotene **Teilentscheidung** zu treffen. Nur hinsichtl des weiteren Teils des Streitgegenstands darf eine Zurückverweisung an das Vordergericht erfolgen, da im Umfang der Entscheidungsreife eine **Pflicht zur eigenen Sachentscheidung** besteht (s § 563 Rn 10 für Revision). Eine teilw nicht gerechtfertigte Aufhebung der angefochtenen Entscheidungen kann zum Verlust von berechtigt bestehenden Rechtspositionen führen, zB eines in der Zwangsvollstreckung begründeten Rechts; weiteres Beispiel: BGHZ 159, 122 = MDR 2004, 1202. 29

5) Bindung. Das **Vordergericht** ist bei einer Zurückverweisung entspr § 516 II an die diese Entscheidung tragende Rechtsauffassung des Beschwerdegerichts gebunden, wobei auch die in der Revisionsrechtsprechung entwickelten Ausnahmen, wie zB Änderung der Sach- oder Rechtslage (s § 563 Rn 7) entspr gelten (BGH NJW 2013, 1310 Tz 18 ff). Diese Bindungswirkung besteht aber nur hinsichtl der rechtl Würdigung, die der Aufhebung unmittelbar zugrunde lag, nicht aber insoweit, als das Rechtsmittelgericht die angefochtene Entscheidung (stillschweigend) billigt (BGHZ 159, 122 = MDR 2004, 1202; sa § 563 Rn 5 für Revision). Wenn das Beschwerdegericht im Rahmen der ihm gem III zukommenden Kompetenzen konkrete Weisungen für das weitere Vorgehen erteilt, besteht die Bindung auch insoweit (BGHZ 51, 131). – Wie das Revisionsgericht (s § 563 Rn 8) ist auch das **Beschwerdegericht** selbst grds an seine frühere Rechtsansicht gebunden, sofern die Sache erneut zu ihm gelangt (BGH NJW 2013, 1310 Tz 21 mwN). 30

31 **6) Verschlechterungsverbot (reformatio in peius).** Entscheidet das Beschwerdegericht **in der Sache selbst**, dann darf der Beschwerdeführer entspr § 528 S 2 durch diese Entscheidung nicht schlechter als durch die angefochtene gestellt werden (BGH WM 2008, 1691; BGHZ 159, 122 = MDR 2004, 1202); iE s § 528 Rn 24 ff. Dieses Verbot gilt grds nicht, wenn das erstinstanzl Verf an einem vAw zu beachtenden, nicht behebbaren **Verfahrensmangels** leidet (OLG Celle MDR 2003, 523: Entscheidung durch unzuständigen ER; allg BGHZ 140, 208 = VersR 2000, 380).

32 Besteht ein Anspruch aus **mehrere Einzelpositionen** oder -elementen, steht das Verschlechterungsverbot nicht der Änderung oder dem Austausch einzelner Elemente entgegen, sofern nur der zugesprochene Gesamtbetrag nicht unterschritten wird (BGH NJW-RR 2006, 810; BGH MDR 2005, 1434). Dem kommt insb im **Kostenfestsetzungsverfahren** Bedeutung zu (vgl BGH NJW-RR 2006, 810); sa § 104 Rn 21.77.

33 Das Verbot der Schlechterstellung gilt auch nach **Aufhebung und Zurückverweisung**. Wenn das Rechtsmittelgericht nicht – möglicherweise fehlerhaft (s Rn 29) auch nicht teilw – in der Sache entscheidet, sondern die angefochtene Entscheidung insgesamt aufhebt und zurückverweist, darf dies den Rechtsmittelführer nicht schlechter stellen als eine (teilw) eigene Sachentscheidung des Rechtsmittelgerichts. Vielmehr ist der Beschwerdeführer davor zu schützen, auf sein eigenes Rechtsmittel hin in seinen Rechten über die mit der angegriffenen Entscheidung verbundene Beschwer hinaus weiter beeinträchtigt zu werden (BGHZ 159, 122 = MDR 2004, 1202; aA WSch/Jänich Rn 68).

34 **V) Entscheidung durch Beschluss (§ 572 IV).** Das Beschwerdegericht hat gem IV durch Beschluss zu entscheiden, unabhängig davon, ob es eine mündl Verh durchgeführt hat oder ein Urteil (s § 567 Rn 3) angefochten ist. – Der Beschluss ist **erlassen**, wenn er mit dem Willen des Gerichts aus dem inneren Geschäftsbetrieb herausgetreten ist (BGH MDR 2017, 107 Tz 12; BGH MDR 2004, 1076), ein im Beschluss angegebenes Entscheidungsdatum ist unerhebl; iE s § 329 Rn 19. Bis zum Zeitpunkt des Erlasses noch eingehende **Schriftsätze** sind bei der Entscheidung **zu berücksichtigen** (BGH MDR 2017, 107, Tz 11 f), unabhängig davon, ob sie den entscheidenden Richtern tatsächl zur Kenntnis gelangt sind (BGH NJW-RR 2011, 424). Ist dies nicht geschehen, handelt es sich um eine Verletzung des Anspruchs auf rechtl Gehör (BGH MDR 2017, 107; BGH NJW-RR 2011, 424), der eine Anhörungsrüge iSv § 321a rechtfertigt; s § 321a Rn 8.

35 Zu den Anforderungen an den **Inhalt des Beschlusses** s § 329 Rn 23 ff, insb zur **Begründung** s § 329 Rn 24 ff. Zu den bes Anforderungen an der Rechtsbeschwerde unterliegenden Beschlüssen s § 329 Rn 28, § 577 Rn 3.

36 Für die **Kostenentscheidung** gelten die allg Vorschriften der §§ 91 ff. Insb sind bei Zurückweisung oder Verwerfung einer Beschwerde die Kosten dem Beschwerdeführer gem § 97 I aufzuerlegen, sofern nicht ein Fall von § 97 II vorliegt. Bei Erfolg oder Teilerfolg ist die Kostenentscheidung gem §§ 91, 92 zu treffen. Werden mehrere Beschwerden eingelegt, ist der Grundsatz der Einheitlichkeit der Kostenentscheidung zu beachten (dazu s § 92 Rn 5); es dürfen nicht etwa die Kosten der Beschwerde dem Beschwerdeführer auferlegt werden, „soweit er unterlegen ist". – Bei **Aufhebung und Zurückverweisung** ist die Kostenentscheidung idR dem Erstgericht zu übertragen (OLG Brandenburg FamRZ 2020, 186), da der Ausgang des Verf und damit das Maß des Obsiegens und Unterliegens (§ 97 I, § 92) noch offen sind. Ausnahme: Die Kostenentscheidung für das Beschwerdeverf ist von der noch zu treffenden Entscheidung über die Hauptsache unabhängig ist, insb weil ein Fall von § 97 II vorliegt (OLG Hamburg Der Konzern 2005, 758; OLG Naumburg FamRZ 2009, 2019).

37 Soweit in **Zwischenverfahren** keine Kostenentscheidung zu treffen ist, weil die **Kosten Teil der Hauptsache** sind – zB der Beschluss über eine Aussetzung des Verf (str, aA Herget § 91 Rn 13.16 mwN) –, bilden nach der ständigen Rspr des BGH auch die Kosten des Beschwerdeverf einen Teil der Kosten des Rechtsstreits, die unabhängig von dem Ausgang des Beschwerdeverf gem §§ 91 ff ZPO die in der Hauptsache unterliegende Partei zu tragen hat, so dass über sie durch das Beschwerdegericht nicht zu entscheiden ist (zB BGH ZfSch 2022, 43; BGH NJW-RR 2021, 638; BGH VersR 2013, 1198). Ebenso ergeht im Beschwerdeverf keine Kostenentscheidung, wenn eine **Kostenerstattung nicht stattfindet**, wie insb in PKH-Beschwerden gem § 127 IV; die Haftung für die Gerichtskosten ergibt sich aus §§ 22 ff GKG.

38 **VI) Gebühren.** S § 567 Rn 20.

§ 573 Erinnerung

(1) [1]Gegen die Entscheidungen des beauftragten oder ersuchten Richters oder des Urkundsbeamten der Geschäftsstelle kann binnen einer Notfrist von zwei Wochen die Entscheidung des Gerichts beantragt werden (Erinnerung). [2]Die Erinnerung ist schriftlich oder zu Protokoll der Geschäftsstelle einzulegen. [3]§ 569 Abs. 1 Satz 1 und 2, Abs. 2 und die §§ 570 und 572 gelten entsprechend.

(2) Gegen die im ersten Rechtszug ergangene Entscheidung des Gerichts über die Erinnerung findet die sofortige Beschwerde statt.

(3) Die Vorschrift des Absatzes 1 gilt auch für die Oberlandesgerichte und den Bundesgerichtshof.

I) Allgemeines. Die **befristete Erinnerung** als gesonderter Rechtsbehelf ist statthaft, wenn die anzufechtende Entscheidung vom beauftragten oder ersuchten Richter oder vom UdG erlassen wurde. Für Entscheidungen des **Rechtspflegers** gilt nicht § 573, sondern die Sonderregelung des § 11 RPflG. Das Erinnerungsverf führt zur Überprüfung durch das Gericht der befassten Instanz; die Beschwerde ist zunächst ausgeschlossen. Gegen die Erinnerungsentscheidung ist dann jedoch gem II die sof Beschwerde unter den allg Voraussetzungen eröffnet. 1

Zum Begriff des **ersuchten und beauftragten Richters** s §§ 361, 362. Mit der Erinnerung anfechtbar sind **zB** dessen Entscheidungen über Ordnungsmittel gegen Zeugen und SV (BayLSG NJW 1965, 1350). 2

Zum **UdG** und seinen Aufgaben s § 153 GVG. Unerhebl ist, ob die Entscheidung des UdG in Abstimmung mit dem zuständigen Richter bzw Vors oder gar auf dessen Anordnung getroffen wurde (BGH NJW-RR 2020, 246). Mit der Erinnerung anfechtbar sind **zB** Entscheidungen über die (Nicht-)Erteilung eines Rechtskraftzeugnisses (BGH FamRZ 2010, 284), nicht aber hinsichtl eines sog Notfristattestes des Beschwerdegerichts (BGH FamRZ 2010, 284); zur Akteneinsicht (BGH NJW-RR 2020, 246); über die Erteilung einer vollstreckbaren Ausfertigung (LG Köln ZVI 2012, 379); über die (teilw) Ablehnung der Aufnahme einer Erklärung zur Niederschrift der GeschSt (OLG Köln 6.5.2019 – 7 VA 5/19). 3

II) Erinnerungsverfahren (§ 573 I). Die Entscheidung über den Rechtsbehelf trifft das mit dem Verf selbst befasste Gericht. Dies ist idR das Prozessgericht, das eines seiner Mitglieder mit der Durchführung der Güteverh (§ 278) oder mit der Beweisaufnahme beauftragt oder das AG im Wege der Rechtshilfe ersucht hat. Bei Entscheidungen des UrkB ist das Gericht zuständig, in dessen GeschSt der UrkB tätig ist. 4

Die Erinnerung ist befristet. Wie im Beschwerdeverf gilt eine Notfrist von 2 Wochen, die mit Zustellung der Entscheidung, spätestens 5 Monate nach ihrer Verkündung zu laufen beginnt. Die Erinnerung ist schriftl oder zu Protokoll der GeschSt einzulegen, es besteht also **kein Anwaltszwang** (zB BGH 30.4.2024 – II ZR 17/23, juris). Hinsichtl der Einzelheiten s die Erl zu § 569 I 1, 2, II. Entspr anzuwenden sind ferner die Regelungen über die aufschiebende Wirkung der Aussetzung der Vollziehung (§ 570), das Abhilfeverf (§ 572 I) und den Entscheidungsinhalt (§ 572 II, III). IdR wird der UdG entspr § 572 III zu bestimmten Handlungen angewiesen. 5

III) Beschwerdeverfahren (§ 573 II). II bestimmt iSd § 567 I Nr 1, dass der Beschluss über die Erinnerung, sofern er im Verf des 1. Rechtszugs erlassen wurde, mit der sof Beschwerde angefochten werden kann. Es gelten dann die allg Vorschriften für die sof Beschwerde. Gem § 567 I ist daher gegen Erinnerungsentscheidungen der LG im Beschwerde- oder Berufungsverf und gegen Erinnerungsentscheidungen des OLG eine sof Beschwerde nicht eröffnet. Vielmehr ist allein die Rechtsbeschwerde statthaft, sofern diese gem § 574 I Nr 2 zugelassen wurde (zB BGH 4.1.2023 – I ZB 89/22; BGH 4.1.2023 – I ZB 97/22). 6

IV) Entscheidungen der OLG und des BGH (§ 573 III). III stellt klar, dass der Rechtsbehelf der Erinnerung auch eröffnet ist gegen Entscheidungen des UdG oder des beauftragten Richters in Verf, die vor dem OLG oder dem BGH geführt werden. Es entscheiden dann die mit der Hauptsache befassten Senate dieser Gerichte. Die Regelung ist auf das **BayObLG entsprechend** anzuwenden; eine Anpassung der Regelung wurde bei dessen Wiedererrichtung offenbar übersehen. 7

V) Gebühren. 1) Gericht: Das Verf und die Entscheidung über die Erinnerung (I) sind gebührenfrei; wegen der sof Beschwerde (II) s § 567 Rn 20. – **2) RA:** Für das Erinnerungsverf fallen keine bes Geb an (§ 19 I 2 Nr 5 RVG). – Beschränkt sich die Tätigkeit des RA auf die Erinnerung: VerfGeb 3500 RVG-VV, Terminsgeb 3513 RVG-VV; § 15 VI RVG ist zu beachten. – Sof Beschwerde (II): 3500 RVG-VV, 3513 RVG-VV. 8

Titel 2
Rechtsbeschwerde (§§ 574-577)

Vorbemerkungen zu §§ 574-577

Die Rechtsbeschwerde dient – vergleichbar der Revision – als Zulassungsrechtsmittel einer Klärung grundsätzl **Rechtsfragen** (§ 576 I) in Beschwerdeverf, das Verf ist keine Tatsacheninstanz. 1

Ausschließl zuständig für die Rechtsbeschwerde – auch gegen Entscheidungen der LG – sind der **BGH** (§ 133 GVG) oder das **BayObLG** (§ 7 I EGZPO, § 8 EGGVG); zur Abgrenzung der Zuständigkeit s vor § 542 Rn 4. Gem § 7 II EGZPO sind auch Rechtsbeschwerden (nur) gem § 574 II Nr 1, für die das BayObLG zuständig ist, beim BGH einzulegen. 2

§ 574 Rechtsbeschwerde; Anschlussrechtsbeschwerde

(1) [1]Gegen einen Beschluss ist die Rechtsbeschwerde statthaft, wenn

1. dies im Gesetz ausdrücklich bestimmt ist oder

2. das Beschwerdegericht, das Berufungsgericht oder das Oberlandesgericht im ersten Rechtszug sie in dem Beschluss zugelassen hat.

[2]§ 542 Abs. 2 gilt entsprechend.

(2) In den Fällen des Absatzes 1 Nr. 1 ist die Rechtsbeschwerde nur zulässig, wenn

1. die Rechtssache grundsätzliche Bedeutung hat oder

2. die Fortbildung des Rechts oder die Sicherung einer einheitlichen Rechtsprechung eine Entscheidung des Rechtsbeschwerdegerichts erfordert.

(3) [1]In den Fällen des Absatzes 1 Nr. 2 ist die Rechtsbeschwerde zuzulassen, wenn die Voraussetzungen des Absatzes 2 vorliegen. [2]Das Rechtsbeschwerdegericht ist an die Zulassung gebunden.

(4) [1]Der Rechtsbeschwerdegegner kann sich bis zum Ablauf einer Notfrist von einem Monat nach der Zustellung der Begründungsschrift der Rechtsbeschwerde durch Einreichen der Rechtsbeschwerdeanschlussschrift beim Rechtsbeschwerdegericht anschließen, auch wenn er auf die Rechtsbeschwerde verzichtet hat, die Rechtsbeschwerdefrist verstrichen oder die Rechtsbeschwerde nicht zugelassen worden ist. [2]Die Anschlussbeschwerde ist in der Anschlussschrift zu begründen. [3]Die Anschließung verliert ihre Wirkung, wenn die Rechtsbeschwerde zurückgenommen oder als unzulässig verworfen wird.

1 **I) Statthaftigkeit der Rechtsbeschwerde (§ 574 I). 1) Kraft gesetzlicher Anordnung (§ 574 I 1 Nr 1).** Die Rechtsbeschwerde ist gegen einen Beschluss statthaft, wenn dies ges **ausdrücklich bestimmt** ist. **Bsp:** § 522 I 4 für die Verwerfung der Berufung; § 1065 I 1 für die Anfechtung der dem OLG übertragenen Entscheidungen im schiedsgerichtl Verf, § 15 I AVAG für Entscheidungen des OLG über die Vollstreckbarkeit ausl Titel; § 17a IV 4 GVG zur Rechtswegzuständigkeit (BGH NJW 2007, 1819; BGH NJW 2003, 433). Gegen eine Verwerfung der sof Beschwerde als unzulässig ist die Rechtsbeschwerde – anders als im Berufungsrecht gem § 522 I 4 – nicht kraft Gesetzes eröffnet (BGH MDR 2005, 927).

2 **2) Aufgrund Zulassung (§ 574 I 1 Nr 2).** Die Rechtsbeschwerde ist auch statthaft, wenn sie zugelassen wird, und zwar durch **a)** das **Beschwerdegericht** – also OLG oder LG –; bei Zulassung gegen die Endentscheidung ist sie der Sache nach eine weitere Beschwerde gegen eine Beschwerdeentscheidung; **b)** das **Berufungsgericht** – also OLG oder LG – wegen eines Beschlusses im Berufungsverf. Bsp: Entscheidung über Ablehnung eines Berufungsrichters (BGH VersR 2021, 134); **c)** das **OLG im 1. Rechtszug** wegen eines Beschlusses in diesem Verf. – Eine Zulassung durch ein **AG** ist ausnahmslos ausgeschlossen, auch wenn es gem § 11 II RPflG über Erinnerungen gegen Entscheidungen des Rechtspflegers entscheidet (BGH NJW-RR 2007, 285).

3 Ohne Zulassung – und ges Anordnung – ist eine Rechtsbeschwerde nicht statthaft (zB BGH 8.11.2004 – II ZB 24/03, NJW-RR 2005, 294). Ein **Rechtsmittel gegen die Nichtzulassung** ist ges nicht vorgesehen (BGH ZIP 2024, 2994; BGH DGVZ 2016, 24) und auch verfassungsrechtl nicht geboten (BGH ZIP 2024, 2994; BGH NJW-RR 2005, 294).

4 Trotz Zulassung ist die Rechtsbeschwerde nicht eröffnet, wenn die **Anfechtung** der Entscheidung **ausgeschlossen** ist. Dies kann sich aus der Natur des Beschlusses ergeben, so bei einem Zwischenbeschluss entspr § 303 (BGH ZIP 2023, 197), oder aus einer ausdrückl ges Anordnung (zB BGH NJW 2020, 1074 mwN; BGH FamRZ 2015, 1875); Bsp: die Bewilligung von PKH durch den Gegner (BGH MDR 2002, 1388), die Gewährung von WE (BGH MDR 2003, 41), die für begründet erklärte Ablehnung eines SV (BGH FamRZ 2015, 1875). Der Ausschluss gilt auch dann, wenn die Zulassung eigens zur Klärung der Zulässigkeitsfrage erfolgt ist (BGH NJW 2020, 1074; BGH MDR 2011, 746; BGH MDR 2010, 767).

5 **3) Ausschluss im einstweiligen Rechtsschutz (§ 574 I 2).** Gem I 2 iVm § 542 II ist in den dort genannten Verf des einstw Rechtsschutzes eine Rechtsbeschwerde ausgeschlossen, auch wenn sie zugelassen worden ist (BGH FamRZ 2024, 719 = WM 2024, 462; BGH NJW 2013, 1369 Tz 5; BGH NJW 2008, 2040). Diese Begrenzung gilt aber nicht für **selbständige Folgesachen** mit einem eigenen Rechtsmittelzug, wie zB das Kostenfestsetzungsverfahren (BGH NJW 2013, 1369 Tz 5; BGH NJW 2005, 2233; BGH NJW 2008, 2040) oder das Ordnungsmittelverfahren (BGH FamRZ 2024, 719 = WM 2024, 462; BGH MDR 2024, 123).

6 **II) Zulässigkeitsvoraussetzungen.** Jede Rechtsbeschwerde bedarf eines Zulassungsgrundes iSv II; s Rn 8 ff. Da die Rechtsbeschwerde echtes Rechtsmittel ist, ist außerdem – noch im Zeitpunkt der Entscheidung (zB BGH DGVZ 2019, 79) – eine **Beschwer** des Rechtsbeschwerdeführer erforderl, die nicht allein in der Kostenlast bestehen darf (BGH MDR 2018, 360; BGH NJW-RR 2004, 1365; zur Beschwer s vor § 511 Rn 10 ff). Eine Beschwer liegt insb in der Zurückweisung der Erstbeschwerde (BGH ZInsO 2007, 663). Eine **Mindestbeschwerdesumme** ist, auch in Kostensachen, nicht erforderl; § 567 II ist nicht anwendbar (BGH MDR 2005, 237).

7 Die Rechtsbeschwerde gegen eine auf sof Beschwerde ergangene Entscheidung ist nach der Rspr des BGH (dagegen Künkel MDR 2006, 486; Baumert MDR 2004, 71) unabhängig von einer Zulassung nur eröffnet, wenn

zuvor die **sofortige Beschwerde statthaft** war (BGH WM 2025, 491 mwN; BGH MDR 2024, 934; BGH NJW 2022, 2622); dies gilt auch dann, wenn die Rechtsbeschwerde gerade zur Klärung der Zulässigkeitsfrage zugelassen worden ist (BGH NJW 2022, 2622; BGH NJW 2020, 1074; BGH MDR 2011, 746; BGH MDR 2010, 767). Die Statthaftigkeit der sof Beschwerde prüft der BGH vAw (BGH WM 2025, 491). Hat das Beschwerdegericht fälschl eine unanfechtbare Entscheidung auf die sof Beschwerde hin geändert, ist die hiergegen eingelegte Rechtsbeschwerde danach auch dann unstatthaft, wenn das Beschwerdegericht sie zugelassen hat (BGH NJW 2009, 3653). War die **sofortige Beschwerde** aber statthaft, jedoch (nur) **unzulässig** – etwa weil es an der erforderl Beschwer fehlte (BGH NZI 2004, 447), die Beschwerde den Anforderungen von § 569 II 2 nicht genügte (BGH ZIP 2007, 188) oder verfristet war (BGH NJW 2004, 1112) – und hat das Beschwerdegericht über die unzulässige sof Beschwerde sachl entschieden, ist diese Entscheidung auf eine zulässige Rechtsbeschwerde hin aufzuheben und die sof Beschwerde als unzulässig zu verwerfen (BGH NJW 2009, 3653; BGH ZIP 2007, 188). Denn war die sof Beschwerde unstatthaft, weil die angefochtene Entscheidung unanfechtbar war, fehlt es für das Verf vor dem Rechtsbeschwerdegericht an einer Grundlage, die auch durch eine Fehlentscheidung des Beschwerdegerichts nicht eröffnet werden kann. Dies ist anders, wenn die Ausgangsentscheidung anfechtbar war, aber – vom Beschwerdegericht übersehen – nicht in zulässiger Weise angefochten worden ist (BGH NJW 2009, 3653).

III) Zulassungsgründe (§ 574 II). Für die durch ges Bestimmung statthafte Rechtsbeschwerde (I 1 Nr 1) ist das Vorliegen eines Zulassungsgrundes iSv II **zusätzliche Zulässigkeitsvoraussetzung**. Die Prüfung durch das Rechtsbeschwerdegericht entfällt auch dann nicht, wenn die Rechtsbeschwerde – unzutreffend – zugelassen worden ist (BGH FamRZ 2004, 1023; BGH FamRZ 2003, 1009). Fehlt es an einem Grund iSd II, ist die Rechtsbeschwerde gem § 577 I 2 durch das Rechtsbeschwerdegericht als unzulässig zu verwerfen. 8

Die Zulassungsgründe des II stimmen mit den **Gründen für die Zulassung der Revision** gem § 543 II 1 überein. Die dortigen Erläuterungen gelten hier entspr (s § 543 Rn 9 ff). Insb gilt auch die Obliegenheit (s § 543 Rn 18), eine drohende Rechtsverletzung in der Vorinstanz zu rügen (BGH NJW 2024, 3655; BGH ZfSch 2022, 259 Tz 12; BGH NJW-RR 2021, 1507 Tz 12; BGH VersR 2016, 137 Tz 7). Eine unzumutbare Erschwerung des Zugangs zu einem an sich gegebenen Rechtsmittel kann in einem Fehler bei der Bemessung der Beschwer liegen (BGH WuM 2024, 57) sowie der unterbliebenen Nachholung der Zulassung der Berufung (s § 511 Rn 39), sofern ein Grund für die Zulassung vorlag (BGH MDR 2023, 1543). 9

Die Rechtsfrage, auf die eine kraft Gesetzes statthafte Rechtsbeschwerde gestützt wird oder deretwegen die Zulassung erfolgt, muss **entscheidungserheblich** sein (s § 543 Rn 7). Hieran fehlt es auch, wenn die angefochtene Entscheidung auf mehrere selbständig tragende Gründe gestützt ist, mit der Begr aber nicht hinsichtl aller ein Zulassungsgrund dargelegt wird (BGH NJW 2006, 776 = MDR 2006, 346; BGH MDR 2004, 226). Dagegen ist bei Verfahrensverstößen (zB Verletzung des rechtl Gehörs) nicht zu prüfen, ob sich der Verstoß iErg ausgewirkt hat, da dies eine Frage der Begründetheit ist (BGH NJW 2009, 1084; BGH NJW 2004, 367). 10

Maßgeblicher Zeitpunkt für die Beurteilung des Vorliegens eines Zulassungsgrundes ist nicht derj der Rechtsmitteleinlegung, sondern – entspr allg Grundsätzen (s § 543 Rn 8) – derj der Entscheidung des Rechtsbeschwerdegerichts (BGH ZInsO 2007, 663; BGH NJW 2003, 3781; krit Künkel MDR 2006, 486, 490). Entspr der Rspr des BGH zur NZB (s § 543 Rn 8) bleibt eine bei ihrer Einlegung statthafte Rechtsbeschwerde aber trotz nachträgl Entfallens des Zulassungsgrundes zulässig, wenn sie Aussicht auf Erfolg hatte. Fällt die Grundsatzbedeutung weg, kann das Rechtsbeschwerdegericht aber Divergenz bejahen (BGH MDR 2006, 1305). 11

IV) Zulassungsentscheidung (§ 574 III 1). Die Zulassungsentscheidung ist eine gebundene Willensbetätigung des vorinstanzl Gerichts (BGH MDR 2014, 556). Es hat anhand der Maßstäbe des II **von Amts wegen** zu entscheiden. Ein Ausspruch im **Beschlusstenor** ist sachgerecht, aber nicht zwingend erforderl. Es reicht aus, wenn sich die Zulassung mit hinreichender Deutlichkeit aus den **Gründen** der Entscheidung ergibt (BGH MDR 2014, 556; BGH NJW 2004, 2529); allein eine Rechtsbehelfsbelehrung reicht dafür aber nicht (BGH MDR 2014, 556). Die Zulassung kann – wie bei der Revision (s § 543 Rn 25 ff) – **beschränkt** werden – auch allein in den Gründen, wenn dies deutl geschieht (BGH WRP 2025, 487) –, sofern sie sich auf einen tatsächl und rechtl selbständigen abtrennbaren Teil des Gesamtstreitstoffes bezieht (BGH WRP 2025, 487; BGH WM 2010, 1754 Tz 5 f). 12

Enthält der Beschluss **keinen Ausspruch** der Zulassung, bedeutet das, dass die Rechtsbeschwerde nicht zugelassen wird (BGH ZInsO 2014, 517; BGH WM 2009, 1058 Tz 7; BGH NJW 2004, 779). Eine **nachträgliche Zulassung** ist nicht gem § 321 oder auf Gegenvorstellung zulässig, da dies dem entspr anwendbaren (s § 318 Rn 11) § 318 widersprechen würde (BGH ZIP 2024, 306; BGH ZInsO 2014, 517; BGH WM 2009, 1058 Tz 7; BGH NJW 2004, 779). Zur Möglichkeit einer Berichtigung gem § 319 s § 319 Rn 27. Zur nachträgl Zulassung auf Anhörungsrüge gem § 321a s § 321a Rn 20. 13

Ist für die Entscheidung über eine Beschwerde der **Einzelrichter** gem § 568 zuständig, so hat er die Sache gem § 568 S 2 Nr 2 dem Gesamtspruchkörper zu übertragen, wenn er die Zulassungsvoraussetzungen für gegeben hält (s § 568 Rn 6 f). Lässt der ER zu, so bindet dies zwar gem III 2 das Revisionsgericht, führt aber zur Aufhebung und Zurückverweisung wegen Verletzung des Verfassungsgebots des ges Richters (BGH NJW-RR 2012, 441 Tz 9; BGH WuM 2008, 158 Tz 4; BGH VersR 2006, 718; BGH NJW-RR 2004, 1717); dies gilt auch dann, wenn der Rechtssache tatsächl keine grundsätzl Bedeutung beizumessen ist (BGH NJW-RR 2004, 1717) oder 14 die Zulassung auf die Gründe von II Nr 2 gestützt wird (BGH NJW-RR 2012, 441; BGH NJW 2003, 3712 mwN; BGH NJW 2004, 448).

15 **V) Bindung des Rechtsbeschwerdegerichts (§ 574 III 2).** Grds ist das Rechtsbeschwerdegericht an eine Zulassung durch das Vordergericht unabhängig davon **gebunden**, ob dieses die Voraussetzungen von § 574 II zutreffend beurteilt hat (BGH NJW 2024, 1653 für § 91a-Entscheidung; BGH WM 2022, 2147; BGH NJW-RR 2021, 737 Tz 10 mwN) und ob fehlerhaft durch Kammer/Senat oder ER entschieden wurde (BGH NJW-RR 2024, 800; BGHZ 225, 252 mwN). **Keine Bindung** besteht aber an eine Zulassung, die verfahrensfehlerhaft nachträgl (s Rn 13) erfolgt ist (BGH WM 2022, 2147; BGH ZIP 2018, 2229 Tz 7; BGH WM 2009, 1058 Tz 7 ff; BGH NJW-RR 2018, 900 Tz 7; BGH ZIP 2018, 2229 Tz 7). Gebunden ist das Revisionsgericht aber an eine auf Anhörungsrüge gem § 321a ergangene Zulassung, wenn sie in der Endentscheidung des wiedereröffneten Verf ausgesprochen wird (BGH WM 2022, 2147; BGH WM 2018, 1900 Tz 4); erweist sich aber die Anhörungsrüge als unbegr, ist diese durch das Rechtsbeschwerdegericht unter Aufhebung der Entscheidung des Berufungsgerichts zurückzuweisen (BGH WM 2022, 2147). Keine Bindung besteht an eine Zulassung, wenn die Rechtsbeschwerde bereits **gem I Nr 1 statthaft** ist (BGH FamRZ 2004, 1023; BGH FamRZ 2003, 1009). – Die Bindungswirkung betrifft **nur die Zulassung** gem I Nr 2, nicht aber eine davon unabhängige Statthaftigkeit; s Rn 4, 5.

16 **VI) Anschlussrechtsbeschwerde (§ 574 IV).** Bei der Anschlussrechtsbeschwerde handelt es sich – wie bei der Anschlussrevision (s § 554 Rn 1) – um kein Rechtsmittel, sondern um einen angriffsweise wirkenden Antrag innerhalb des gegnerischen Rechtsmittels (BGH NJW 2022, 2689 Tz 47). Eine Anschlussrechtsbeschwerde ist daher unzulässig, wenn sie sich auf einen anderen als den vom Hauptrechtsmittel erfassten prozessualen Anspruch bezieht (BGH NJW 2022, 2689 Tz 47). Auch iÜ ist eine Anschlussrechtsbeschwerde gem IV unter dens Voraussetzungen **wie eine Anschlussrevision** zulässig. Sie ist gem **IV 3** wie die Anschlussrevision zum Hauptrechtsmittel **akzessorisch**; s § 554 Rn 9.

17 Zu den **Voraussetzungen** der Anschließung s § 554 Rn 4, 5, zu ihrer **Erklärung** s § 554 Rn 2. Die **Anschließungsfrist** beträgt 1 Monat ab Zustellung der Rechtsbeschwerdebegründung. Da es sich um eine Notfrist handelt, ist gem § 233 I 2 WE mögl. Eine unzulässige Rechtsbeschwerde ist in eine Anschlussrechtsbeschwerde **umzudeuten**, wenn deren Zulässigkeitsvoraussetzungen vorliegen (BGH ZIP 2014, 1851). Die Anschließung kann unter einer innerprozessualen Bedingung, insb dem Erfolg der Rechtsbeschwerde **hilfsweise**, erklärt werden (BGH NJW 2022, 2689 Tz 51 f).

18 Die Anschlussrechtsbeschwerde bedarf der **Begründung (IV 2)** in der Anschlussbeschwerdeschrift (BTDrs 14/4722, 117). Mangels Verweisung auf § 575 II 3 ist die Frist nicht verlängerbar. Anders als in § 554 III 2 wird auf die Begründungsanforderungen des Hauptrechtsmittels (§ 575 III) nicht verwiesen, ohne dass sich ein Grund dafür in der Gesetzesbegründung findet (BTDrs 14/4722, 117). Der Sache nach sind aber dieselben Anforderungen zu stellen, da beide Begr denselben Zwecken dienen. Davon geht ersichtl auch § 577 II 3 aus.

19 **VII) Besonderheiten für das PKH-Verfahren. Die Bewilligung von PKH** ist im Rechtsbeschwerdeverf auch dann mögl, wenn die Rechtsbeschwerde ein PKH-Verf betrifft; der Grundsatz „keine PKH für das PKH-Verf" gilt im Rechtsbeschwerdeverf nicht (BGH JurBüro 2020, 19; BGH NJW 2016, 1520 Tz 12; BGH ZIP 2016, 1684 Tz 6). – **Mit der Rechtsbeschwerde nachprüfbar** sind nur Fragen des Verf und der persönl Voraussetzungen der PKH (BGH FamRZ 2013, 1214; BGH NJW-RR 2012, 125; BGH FamRZ 2007, 1720). Hängt die Bewilligung der PKH aus Sicht des Beschwerdegerichts allein von der Frage der Erfolgsaussicht ab, kann die Rechtsbeschwerde wegen dieser Frage nicht zugelassen werden. Denn wenn Fragen grundsätzl Bedeutung zu klären sind, ist PKH zu bewilligen, da im PKH-Verf nicht über zweifelhafte Rechtsfragen vorweg zu entscheiden ist (BGH NJW-RR 2020, 1267; BGH FamRZ 2013, 1214; BGH NJW 2003, 1126).

20 **VIII) Gebühren. 1) Gericht:** 1820 ff GKG-KV. Wertgeb (2,0) werden erhoben im Rechtsbeschwerdeverf gegen den Beschluss, mit dem eine Berufung als unzulässig verworfen wurde (1820 GKG-KV); Gebührenermäßigung auf 1,0 nach 1822 GKG-KV. Für Rechtsbeschwerden in den Fällen § 71 I, § 91a I, § 99 II, § 269 IV, § 516 III fällt nach 1823 GKG-KV eine Festgeb von 216 Euro an, unabhängig vom Ausgang des Verf; Ermäßigung nach 1824, 1825 GKG-KV. Auffangvorschrift ist 1826 GKG-KV für alle nicht bes aufgeführten Rechtsbeschwerden, die nicht nach anderen Vorschriften gebührenfrei sind. Es fällt eine Festgeb von 144 Euro an, wenn die Rechtsbeschwerde verworfen oder zurückgewiesen wird. Das gilt auch für nach I unstatthafte Rechtsbeschw (BGH NJW 2014, 1597). Bei Teilerfolg kann die Geb ermäßigt werden auf die Hälfte oder unerhoben bleiben. Bei rechtzeitiger Rücknahme der Rechtsbeschwerde Ermäßigung der Festgeb auf 72 Euro (1827 GKG-KV). – **2) RA:** VerfGeb 3502 RVG-VV; vorzeitige Beendigung 3503 RVG-VV; Terminsgeb 3516 RVG-VV. Nach Vorbem 3 III 3 Nr 2 RVG-VV kann eine Terminsgeb in Verf ohne notwendige mündl Verh für Besprechungen auch ohne Beteiligung des Gerichts anfallen.

§ 575 Frist, Form und Begründung der Rechtsbeschwerde

(1) [1]*Die Rechtsbeschwerde ist binnen* einer Notfrist von einem Monat nach Zustellung des Beschlusses durch Einreichen einer Beschwerdeschrift bei dem Rechtsbeschwerdegericht einzulegen. [2]Die Rechtsbeschwerdeschrift muss enthalten:

1. die Bezeichnung der Entscheidung, gegen die die Rechtsbeschwerde gerichtet wird und
2. die Erklärung, dass gegen diese Entscheidung Rechtsbeschwerde eingelegt werde.

[3]Mit der Rechtsbeschwerdeschrift soll eine Ausfertigung oder beglaubigte Abschrift der angefochtenen Entscheidung vorgelegt werden.

(2) [1]Die Rechtsbeschwerde ist, sofern die Beschwerdeschrift keine Begründung enthält, binnen einer Frist von einem Monat zu begründen. [2]Die Frist beginnt mit der Zustellung der angefochtenen Entscheidung. [3]§ 551 Abs. 2 Satz 5 und 6 gilt entsprechend.

(3) Die Begründung der Rechtsbeschwerde muss enthalten:

1. die Erklärung, inwieweit die Entscheidung des Beschwerdegerichts oder des Berufungsgerichts angefochten und deren Aufhebung beantragt werde (Rechtsbeschwerdeanträge),
2. in den Fällen des § 574 Abs. 1 Nr. 1 eine Darlegung zu den Zulässigkeitsvoraussetzungen des § 574 Abs. 2,
3. die Angabe der Rechtsbeschwerdegründe, und zwar
   a) die bestimmte Bezeichnung der Umstände, aus denen sich die Rechtsverletzung ergibt;
   b) soweit die Rechtsbeschwerde darauf gestützt wird, dass das Gesetz in Bezug auf das Verfahren verletzt sei, die Bezeichnung der Tatsachen, die den Mangel ergeben.

(4) [1]Die allgemeinen Vorschriften über die vorbereitenden Schriftsätze sind auch auf die Beschwerde- und die Begründungsschrift anzuwenden. [2]Die Beschwerde- und die Begründungsschrift sind der Gegenpartei zuzustellen.

(5) Die §§ 541 und 570 Abs. 1, 3 gelten entsprechend.

I) Allgemeines. Die Vorschrift regelt die Anforderungen an die Einlegung der Rechtsbeschwerde (Frist, Form und Inhalt) sowie an die Rechtsbeschwerdebegründung. Entspr dem auf die Rechtskontrolle beschränkten Wesen des Rechtsmittels lehnt sich die Regelung weitgehend an die Vorschriften für die Revision an. 1

II) Einlegung der Rechtsbeschwerde (§ 575 I). 1) Frist. Für die Einlegung der Rechtsbeschwerde gilt eine Frist von **1 Monat**, die mit der Zustellung des anzufechtenden Beschlusses beginnt. Anders als für die Revision (§ 548) besteht keine bes Regelung für den Fall der unwirksamen Zustellung; vielmehr beginnt die Rechtsbeschwerdefrist in diesem Fall nicht zu laufen (vgl BAG NJW 2008, 1610 Tz 10; wie hier: MK/Hamdorf Rn 6; BeckOK/Wulf Rn 3; aA ThP/Seiler Rn 1; entspr Anwendung von § 548). Im Gegensatz zu § 548, wo die Zustellung „des in vollständiger Form abgefassten" Urteils gefordert wird, genügt für § 575 jede Zustellung, der die Partei Erlass und Inhalt des Beschlusses entnehmen kann. Für den unselbständigen Streithelfer gilt die für die Hauptpartei laufende Frist (BGH MDR 2013, 1240). Einlegung ist auch vor Zustellung der Entscheidung mögl, sofern sie – durch formlose Mitteilung – „in der Welt" ist (BAG NJW 2008, 1610 Tz 10). – WE in den vorh Stand ist mögl, da es sich um eine Notfrist handelt (§ 233). 2

2) Beschwerdeschrift. Die allg Vorschriften für Schriftsätze – §§ 130 ff – sind gem **IV 1** anzuwenden. Die Rechtsbeschwerdeschrift muss gem **I 2** als **notwendigen Inhalt** die angefochtene Entscheidung bezeichnen und die Erklärung enthalten, dass gegen diese Rechtsbeschwerde eingelegt wird. Die Regelung entspricht § 549 I 1 für die Revision; s § 549 Rn 2. **Die Umdeutung** einer beim Beschwerdegericht eingereichten „sofortigen" oder „weiteren" Beschwerde als Rechtsbeschwerde und die Vorlage an den BGH kommt nur in Betracht, wenn die Rechtsbeschwerde zumindest statthaft wäre (BGH NJW 2002, 1958; OLG Düsseldorf MDR 2011, 319; OLG Köln MDR 2009, 1411). 3

3) Einlegung und Rücknahme. Die Rechtsbeschwerde muss von einem **beim BGH zugelassenen RA** eingelegt werden (BGH DGVZ 2016, 24; BGH FamRZ 2006, 548; BGH NJW 2002, 2181). Einzulegen ist sie **beim Rechtsbeschwerdegericht**, idR also dem BGH, ggf dem BayObLG (s vor § 574 Rn 2). – Für die **Rücknahme** gilt § 516 entspr, sofern nichts anderes bestimmt ist (BGH WM 2023, 1578 Tz 12). 4

III) Rechtsbeschwerdebegründung (§ 575 II, III). 1) Einreichung. Auch die Begr muss durch einen **beim BGH zugelassenen RA** erfolgen (BGH NZI 2012, 274 Tz 1). Die allg Vorschriften für Schriftsätze – §§ 130 ff – sind gem **IV 1** einzuhalten. Adressat ist das Rechtsbeschwerdegericht (s vor § 574 Rn 2). 5

2) Frist (§ 575 II). Gem **II 1** beträgt die Frist für die Rechtsbeschwerdebegründung **einen Monat**. Sie beginnt wie die Frist zur Einlegung der Rechtsbeschwerde (I) gem **II 2** mit der **Zustellung** des angefochtenen Beschlusses. Diese Frist kann gem II 3 entspr der Regelung des § 551 II 5, 6 für um bis zu 2 Monate, mit Einwilligung des Gegners auch darüber hinaus **verlängert** werden (s § 551 Rn 3 u § 520 Rn 13 ff). – Bei Gewährung von **PKH** beginnt die Frist mit der Bekanntgabe des Beschlusses über deren Gewährung (BGHZ 176, 379). Zu insoweit verfassungskonform erforderl Fristverlängerungen s BGH MDR 2007, 1332; BGH NJW 2003, 3782; sa § 234 Rn 9. 6

3) Inhalt (§ 575 III). a) Anträge. Wie für die Revision (§ 551 III Nr 1) ist die Angabe erforderl, **mit welchem Ziel** der angefochtene Beschluss angegriffen wird. Wegen der Einzelheiten s § 551 Rn 6, 7. Das Fehlen eines 7 ordnungsgemäß formulierten Rechtsbeschwerdeantrags ist unschädl, wenn aus der Begründung ersichtl ist, welche Abänderung begehrt wird (BGH NJW 2017, 3777 Tz 27; BGHNJW 2015, 236 Tz 54).

8 **b) Zulässigkeitsvoraussetzungen.** Da eine Rechtsbeschwerde, die kraft Gesetzes statthaft ist (§ 574 I Nr 1), außerdem noch den Anforderungen von § 574 II genügen muss (s § 574 Rn 8), ist dies mit der Begr darzulegen. Es reicht nicht, die Zulassungsvoraussetzungen zu benennen, vielmehr ist zu ihnen **substantiiert vorzutragen** (BGH FamRZ 2021, 300; BGH NJW-RR 2020, 762 = MDR 2020, 877 mwN; BGH VersR 2019, 122 Tz 5). Insoweit gelten dieselben Anforderungen wie für die Darlegung der Revisionsgründe gem § 543 II im Verf der NZB (BGH MDR 2010, 830); dazu s § 544 Rn 14 ff. – Entspr Ausführungen sind nicht deshalb entbehrl, weil das Beschwerdegericht trotz gem § 574 I Nr 1 statthafter Rechtsbeschwerde diese zugelassen hat; eine (ggf konkludente) Bezugnahme auf dessen Begr kann aber genügen (BGH MDR 2005, 948; BGH FamRZ 2004, 1023).

9 **c) Rechtsbeschwerdegründe.** Die Regelung in III Nr 3 entspricht wörtl § 551 III Nr 2; daher s § 551 Rn 10 ff. Es gelten dieselben Anforderungen wie für die **Begründung der Revision.** Insb gilt: Bei mehreren Streitgegenständen oder einem teilbaren Streitgegenstand muss sich die Rechtsbeschwerdebegründung grds auf alle Teile der angegriffenen Entscheidung erstrecken, hinsichtl derer eine Abänderung beantragt wird; andernfalls ist das Rechtsmittel für den nicht begründeten Teil als unzulässig zu verwerfen (BGH MDR 2018, 201 = NJW 2017, 3777 Tz 30).

10 In **KapMuG-Verfahren** ist eine genaue Benennung der angegriffenen Teile des Musterentscheids für jedes Feststellungsziel nötig (BGH NJW 2015, 236 Tz 55; BGH MDR 2018, 201 = NJW 2017, 3777; BGH NJW 2015, 236 Tz 54).

11 **IV) Aufschiebende Wirkung; einstweilige Anordnung (§ 575 V).** Durch die Verweisung auf § 570 I und III gelten insoweit die Regelungen der sof Beschwerde entspr: Die Rechtsbeschwerde hat **aufschiebende Wirkung** nur, soweit sie sich gegen die Festsetzung eines Ordnungs- oder Zwangsmittels richtet.

12 IÜ kann das Rechtsbeschwerdegericht **einstweilige Anordnungen** treffen, insb die Vollziehung der angefochtenen sowie der erstinstanzl Entscheidung (BGH WuM 2022, 57; BGH MDR 2017, 303; BGH WuM 2011, 703) aussetzen, die Vollziehung von einer Sicherheitsleistung abhängig machen oder gegen Sicherheitsleistung einstellen (BGH MDR 2006, 647). Es hat nach pflichtgemäßem **Ermessen** zu entscheiden und dabei die Erfolgsaussichten des Rechtsmittels und die dem Gl durch den Aufschub der Vollstreckung drohenden Nachteile gegeneinander **abzuwägen** (BGH WuM 2022, 57; BGH ZVI 2020, 99; BGH MDR 2017, 303). Die Aussetzung kommt nur in Betracht, wenn die Rechtsbeschwerde zulässig und nicht von vornherein ohne Erfolgsaussicht ist (BGH WuM 2022, 57 mwN; BGH ZVI 2020, 99; BGH MDR 2017, 303). Voraussetzung ist nicht, dass in der Vorinstanz ein Aussetzungsantrag gem § 712 gestellt wurde (BGH ZVI 2020, 99; BGH MDR 2017, 303). Vorläufiger Rechtsschutz durch die **erstmalige Anordnung** von Sicherungsmaßnahmen kann aber nicht erreicht werden (BGH NJW-RR 2006, 332 = MDR 2006, 647).

§ 576 Gründe der Rechtsbeschwerde

(1) Die Rechtsbeschwerde kann nur darauf gestützt werden, dass die Entscheidung auf der Verletzung des Bundesrechts oder einer Vorschrift beruht, deren Geltungsbereich sich über den Bezirk eines Oberlandesgerichts hinaus erstreckt.

(2) Die Rechtsbeschwerde kann nicht darauf gestützt werden, dass das Gericht des ersten Rechtszuges seine Zuständigkeit zu Unrecht angenommen oder verneint hat.

(3) Die §§ 546, 547, 556 und 560 gelten entsprechend.

1 **I) Rechtsverletzung (§ 576 I).** Das Rechtsbeschwerdegericht hat die angefochtene Entscheidung auf der Grundlage der in ihr festgestellten Tatsachen (s § 577 Rn 3) zu prüfen. Anders als auf die Revision (§ 545) ist **Landesrecht** nur zu prüfen, wenn es nicht nur in einem OLG-Bezirk gilt, unabhängig davon, ob es in dem betr Bundesland nur ein OLG gibt (BGH MDR 2004, 587). Maßgebend ist allein der räuml Bezirk, für den das Gesetz von der dort herrschenden Staatsgewalt erlassen worden ist; dass es ggf auch von anderswo ansässigen Gerichten anzuwenden ist, ist unerhebl (BGH MDR 2004, 587). Wegen der Prüfungskompetenz gelten die Grundsätze von § 545 entspr; iE daher s § 545 Rn 6. – Nicht überprüfbar ist auch **ausländisches Recht** (BGH ZInsO 2015, 1466 Tz 7), allenfalls mit der Verfahrensrüge eine unzureichende oder fehlerhafte Ermittlung (BGH NZG 2017, 227 Tz 66; s § 545 Rn 6).

2 **II) Zuständigkeit (§ 576 II).** Wie gem § 545 II für die Revision ist jede Prüfung der Zuständigkeit des Gerichts des 1. Rechtszugs ausgeschlossen, auch wenn die Rechtsbeschwerde zur Klärung eben dieser Frage zugelassen wurde (BGH MDR 2009, 460 für Gerichtsstandsvereinbarung); dies gilt auch für die Abgrenzung der Zuständigkeit zwischen Zivilkammer und KfH (BGH 25.7.2024 – I ZB 9/24). Eine allein darauf gestützte Rechtsbeschwerde ist unzulässig (BGH ZVI 2018, 278). Ausgenommen ist allein die Frage der **internationalen Zuständigkeit** (BGH FamRZ 2015, 2147 Tz 13; BGH NJW-RR 2010, 279; BGH MDR 2009, 460). IE s § 545 Rn 10 ff.

III) Anwendbare Vorschriften (§ 576 III). Entspr anwendbar sind: der **Begriff der Rechtsverletzung** (§ 546), die unwiderlegl Kausalitätsvermutung bei **absoluten Revisionsgründen** (§ 547), der Verlust des **Rügerechts** (§ 556). Wegen der Regelung in I kommt der Bindung an die **Feststellung nicht revisiblen Rechts** (§ 560) größere Bedeutung als bei der Revision zu. Wegen der anzuwendenden Grundsätze s die Erl zu den jew Vorschriften. 3

Bsp für die Übertragung der Grundsätze des Revisionsverf: Das Rechtsbeschwerdegericht darf eine tatrichterl **Beweiswürdigung** – auch im Rahmen der **Glaubhaftmachung** (zB BGH NJW 2018, 1691 Tz 11) – nur darauf überprüfen, ob sich das Tatgericht gem § 286 mit dem Prozessstoff und den Beweisergebnissen umfassend und widerspruchsfrei auseinandergesetzt hat, die Beweiswürdigung also vollständig und rechtl möglich ist und nicht gegen Denkgesetze und Erfahrungssätze verstößt (stRspr, zB BGH MDR 2022, 1364 Tz 23 mwN; BGH FamRZ 2022, 647 Tz 11; BGH NJW 2018, 1691 Tz 11). – Für die Prüfung der Rechtsverletzung maßgebend ist der **Zeitpunkt** der Entscheidung des Rechtsbeschwerdegerichts (BGH NJW-RR 2004, 1365). 4

§ 577 Prüfung und Entscheidung der Rechtsbeschwerde

(1) [1]Das Rechtsbeschwerdegericht hat von Amts wegen zu prüfen, ob die Rechtsbeschwerde an sich statthaft und ob sie in der gesetzlichen Form und Frist eingelegt und begründet ist. [2]Mangelt es an einem dieser Erfordernisse, so ist die Rechtsbeschwerde als unzulässig zu verwerfen.

(2) [1]Der Prüfung des Rechtsbeschwerdegerichts unterliegen nur die von den Parteien gestellten Anträge. [2]Das Rechtsbeschwerdegericht ist an die geltend gemachten Rechtsbeschwerdegründe nicht gebunden. [3]Auf Verfahrensmängel, die nicht von Amts wegen zu berücksichtigen sind, darf die angefochtene Entscheidung nur geprüft werden, wenn die Mängel nach § 575 Abs. 3 und § 574 Abs. 4 Satz 2 gerügt worden sind. [4]§ 559 gilt entsprechend.

(3) Ergibt die Begründung der angefochtenen Entscheidung zwar eine Rechtsverletzung, stellt die Entscheidung selbst aber aus anderen Gründen sich als richtig dar, so ist die Rechtsbeschwerde zurückzuweisen.

(4) [1]Wird die Rechtsbeschwerde für begründet erachtet, ist die angefochtene Entscheidung aufzuheben und die Sache zur erneuten Entscheidung zurückzuverweisen. [2]§ 562 Abs. 2 gilt entsprechend. [3]Die Zurückverweisung kann an einen anderen Spruchkörper des Gerichts erfolgen, das die angefochtene Entscheidung erlassen hat. [4]Das Gericht, an das die Sache zurückverwiesen ist, hat die rechtliche Beurteilung, die der Aufhebung zugrunde liegt, auch seiner Entscheidung zugrunde zu legen.

(5) [1]Das Rechtsbeschwerdegericht hat in der Sache selbst zu entscheiden, wenn die Aufhebung der Entscheidung nur wegen Rechtsverletzung bei Anwendung des Rechts auf das festgestellte Sachverhältnis erfolgt und nach letzterem die Sache zur Endentscheidung reif ist. [2]§ 563 Abs. 4 gilt entsprechend.

(6) [1]Die Entscheidung über die Rechtsbeschwerde ergeht durch Beschluss. [2]§ 564 gilt entsprechend. [3]Im Übrigen kann von einer Begründung abgesehen werden, wenn sie nicht geeignet wäre, zur Klärung von Rechtsfragen grundsätzlicher Bedeutung, zur Fortbildung des Rechts oder zur Sicherung einer einheitlichen Rechtsprechung beizutragen.

I) Zulässigkeitsprüfung (§ 577 I). Wortgleich mit § 552 I ordnet I die **vorrangige Prüfung** der Zulässigkeit der Rechtsbeschwerde vAw an; s § 552 Rn 1. Dazu gehört insb die Prüfung einer fortbestehenden Beschwer (BGH 31.8.2023 – I ZB 102/22 Tz 7). Eine Verwerfung durch **Teilentscheidung** ist mögl, wenn keine Widerspruchsgefahr besteht (BGH ZInsO 2024, 24). – Ebenso ist nach der Rspr des BGH die **Zulässigkeit der sofortigen Beschwerde** vAw zu prüfen; § 574 Rn 7. 1

II) Materielle Prüfung (§ 577 II). II 1 entspr § 557 I; daher s § 557 Rn 1 ff. **II 2, 3** entspr § 557 III; daher s § 557 Rn 7 ff. 2

Gem **II 4** iVm § 559 ZPO hat das Rechtsbeschwerdegericht grds von dem im Beschwerdeverf **festgestellten Sachverhalt** auszugehen (BGH BGH NJW-RR 2021, 317 = MDR 2021, 638; BGH MDR 2019, 954 Tz 4). Fehlen solche Feststellungen, ist eine rechtl Überprüfung nicht mögl, was zur Aufhebung und Zurückverweisung gem § 576 III, § 547 Nr 6 führt (zB BGH WM 2024, 743; BGH NJW-RR 2021, 317 = MDR 2021, 638; BGH MDR 2019, 954 Tz 4). Ausnahme: Der erforderl Sachverhalt ergibt sich mit hinreichender Deutlichkeit aus den Beschlussgründen und eventuellen Bezugnahmen (BGH WM 2024, 743; BGH VersR 2022, 456). Die tatsächl Feststellungen müssen die jew gebotene rechtl **Überprüfung ermöglichen** (BGH NJW-RR 2016, 952 Tz 16). Grds können in der Rechtsbeschwerdeinstanz – ebenso wie in der Revisionsinstanz – **neue Tatsachen und Beweise nicht** vorgebracht werden (BGH NJW-RR 2007, 1511; BGH NJW 2004, 71). Die für die Revisionsinstanz anerkannten Ausnahmen gelten entspr, insb bzgl vAw zu berücksichtigender Prozessvoraussetzungen (s § 557 Rn 7; BGH NJW 2004, 71) oder für neu entstehende Tatsachen (s BGH NJW-RR 2007, 1511). 3

4 **III) Entscheidung des Rechtsbeschwerdegerichts.** Das Rechtsbeschwerdegericht entscheidet durch **Beschluss (VI 1)**, auch dann, wenn eine – gem § 128 IV freigestellte – mündl Verh stattgefunden hat. Von einer **Begründung** kann gem **VI 2** entspr § 564 (nicht durchgreifende Verfahrensrüge) abgesehen werden; s § 564 Rn 1. Dasselbe gilt gem **VI 3**, soweit eine Begr unter Berücksichtigung der Aufgaben des Rechtsbeschwerdegerichts nicht veranlasst erscheint. Eine Gehörsrüge gem § 321a kann nicht zu dem Zweck eingelegt werden, eine Begr zu erreichen (BGH FamRZ 2006, 408).

5 Ergibt die Prüfung des Rechtsbeschwerdegerichts, dass die angefochtene Entscheidung eine Rechtsverletzung enthält, so gelten die gleichen Grundsätze **wie für das Revisionsurteil**. III-V enthalten – teils durch Verweisung, teils durch inhaltsgleiche Regelung – dieselben Grundsätze wie sie in §§ 561-563 festgelegt sind (iE s Erl zu §§ 561-563). In Betracht kommt:

6 **1) Gem III**, der § 561 entspr, Zurückweisung der Rechtsbeschwerde, weil die angefochtene Entscheidung sich **aus anderen Gründen als richtig** erweist; s § 561 Rn 1 ff. Nach der Rspr des BGH gilt dies auch nach Verwerfung der Berufung als unzulässig; erweist sich dies als nicht gerechtfertigt, die Berufung aber als unbegründet, wird sie aus Gründen der Prozessökonomie zurückgewiesen (BGH WM 2019, 204 Tz 16 ff mwN; BGH ZIP 2017, 1680 Tz 20 ff). Da damit eine Sachentscheidung getroffen wird, die sonst dem Berufungs- oder Revisionsverfahren mit den dortigen Verfahrensgrundsätzen, insb einer grds erforderl mündl Verh (§ 523 I 2, § 553 I), vorbehalten ist, ist dies problematisch.

7 **2) Gem IV**, der §§ 562, 563 I, II entspr, **Aufhebung** (ggf einschließl der Aufhebung des Verf) und Zurückverweisung an die Vorinstanz; s § 562 Rn 1 ff, s § 563 Rn 1 ff. Die **Beschwerdeinstanz** wird damit **wieder eröffnet** und fortgesetzt, es können neue Anträge gestellt und neue Angriffs- und Verteidigungsmittel vorgebracht werden (BGH MDR 2006, 409). Den Parteien ist daher Gelegenheit zu geben, sich zu äußern; eine Fristsetzung ist aber nicht zwingend erforderl (BGH MDR 2006, 409). Die Zurückverweisung kann **an die 1. Instanz** erfolgen, sofern das Beschwerdegericht ohne den Rechtsfehler vernünftigerweise ebenso verfahren wäre (BGH NJW 2004, 2976).

8 **3) Gem V**, der § 563 III, IV entspr, Aufhebung und **eigene Entscheidung** in der Sache (zB BGH 4.12.2023 – VIa ZB 17/23 Tz 16, juris); s § 563 Rn 9 ff.

9 **IV) Gebühren.** S § 574 Rn 20.

Buch 4
Wiederaufnahme des Verfahrens (§§ 578-591)

Vorbemerkungen zu §§ 578-591

Lit: *Braun*, Rechtskraft u Restitution, Teil I, 1979; Teil II, 1985.

I) Wiederaufnahmeklagen. 1) Bedeutung. Nichtigkeits- und Restitutionsklage unterscheiden sich in ihren Voraussetzungen, verfolgen aber das übereinstimmende Ziel, durch Aufhebung eines rechtskräftigen Endurteils eine Neuverhandlung des Rechtsstreits vor dem Ausgangsgericht zu erreichen. Wegen weiterer Mittel zur Beseitigung rechtskräftiger Urteile (bzw deren Wirkungen) s Rn 17 ff; zur Behandlung von Scheinurteilen, Nichturteilen und wirkungslosen Urteilen s vor § 300 Rn 13 ff. 1

2) Abdingbarkeit. Ein in Kenntnis des Wiederaufnahmegrunds erklärter Verzicht auf Nichtigkeits- oder Restitutionsklage ist wirksam, auch schon vor Urteilserlass (MskV/Spohnheimer § 578 Rn 15; aA StJ/Jacobs Rn 40; AG/Hunke Rn 24), und führt zur Abweisung der Klage als unzulässig. 2

3) Zulässigkeitsvoraussetzungen. S dazu, auch zu ihrer verfahrensmäßigen Behandlung, § 589 Rn 1 ff. Auch eine **Beschwer** (nicht aber bestimmte Beschwerdesumme) ist Klagevoraussetzung (BGHZ 39, 179); für die Restitution in Abstammungssachen ist sie nach § 185 II FamFG immer gegeben. Bei AU und Verzichtsurteilen kann geltend gemacht werden, dass die Anerkenntnis- bzw Prozesserklärung ihrerseits auf einem Wiederaufnahmegrund beruhe (MK/Braun/Heiß § 578 Rn 52). 3

4) Parteien des Wiederaufnahmeverfahrens. a) Grds sind es dieselben wie in dem vorangegangenen Verf (OLG Köln VersR 97, 341), ggf deren Gesamtrechtsnachfolger. Bei notwendiger Streitgenossenschaft sind alle Streitgenossen (§ 62 II), bei einfacher Streitgenossenschaft im Vorprozess nur diej Streitgenossen aktiv- bzw passiv legitimiert, in deren Person ein Wiederaufnahmegrund vorliegt. 4

b) Sonderrechtsnachfolger haben im Allg nicht die Legitimation für Wiederaufnahmeverf (MK/Braun/Heiß § 578 Rn 36; Rechtsgedanke des § 265 II). Hat der frühere Kl seinen Anspruch aus dem Urteil vor Rechtshängigkeit der Wiederaufnahmeklage an einen anderen abgetreten, dann ist die Klage gegen den früheren Kl zu richten (RGZ 168, 258). Zumindest ist dieses prozessuale Vorgehen mögl, auch dann, wenn die Sonderrechtsnachfolge erst nach rechtskräftigem Abschluss des Vorverf eingetreten war und der Rechtsnachfolger eine vollstreckbare Ausfertigung des früheren Urteils erhalten hat (BGHZ 29, 329). 5

c) Auch ein **Nebenintervenient** ist befugt, die Wiederaufnahmeklage zu erheben, auch wenn er dadurch erst beitritt (MK/Braun/Heiß § 578 Rn 38; aA WSch/Borck § 578 Rn 111 ff). 6

5) Prozessvollmacht. Sie deckt nach § 81 auch die Wiederaufnahme des Verf. Davon zu unterscheiden ist jedoch die Frage, ob der RA auch verpflichtet ist, für die Partei in dieser Richtung tätig zu werden. Hierzu bedarf es, da der Auftrag grds mit der Übersendung der Entscheidung und der Belehrung über die Voraussetzungen zur Einlegung eines Rechtsmittels endet, einer erneuten Beauftragung (BGHZ 31, 351, 354; BGH WM 78, 1162, 1163; dies ist insb für die Zurechnung der Kenntnis von Wiederaufnahmegründen wichtig; s § 586 Rn 4). 7

6) Wiederaufnahmefähige Entscheidungen. a) Statthaft ist die Wiederaufnahmeklage gegen **Endurteile** jeder Instanz. Sie müssen **formell rechtskräftig** sein (zur Geltendmachung von Wiederaufnahmegründen im Revisionsverf s Rn 16). Unerhebl ist, ob es sich um ein Sach- oder um ein Prozessurteil handelt. Wiederaufnahmefähig sind auch Gestaltungsurteile, AU, VU (OLG Oldenburg MDR 89, 168 = NJW-RR 89, 446; KG NJW-RR 87, 1215), Arrest- und Verfügungsurteile (OLG München JZ 56, 122; WSch/Borck § 578 Rn 49 f) sowie (s § 584 II) VB. Hat das Revisionsgericht teilw sachl entschieden und teilw an die Vorinstanz zurückverwiesen, muss ein etwaiger Nichtigkeitsgrund mit Wiederaufnahmeklage gegen dieses Urteil geltend gemacht werden (BGH DStR 94, 512 [Goette]). 8

Einstweilen frei. 9-10

11 **b)** Nicht selbständig anfechtbare **Zwischenurteile** (§ 303) sind nicht wiederaufnahmefähig. Sie können nur auf dem Weg der Wiederaufnahmeklage gegen das Endurteil angefochten werden (§ 583). Auch Zwischenurteile (§§ 280, 304) und Vorbehaltsurteile (§§ 302, 599), die in Bezug auf Rechtsmittel den Endurteilen gleichgestellt sind, können grds nur auf dem Weg der Wiederaufnahmeklage gegen das Endurteil angefochten werden (Gilles ZZP 78 [1965], 483 ff). Ausnahmsw sind sie dann unmittelbar mit der Wiederaufnahmeklage anzugreifen, wenn sie in einem höheren Rechtszug ergangen sind als das Endurteil (§ 583: „derselben oder einer unteren Instanz"; s dazu Gilles aaO 488). Ist der Wiederaufnahmegrund schon im Ausgangsverf hervorgetreten, dann kann er aber (und muss ggf, vgl § 579 I Nr 2, § 582) schon im Rechtsmittelweg gegen das Zwischen- oder Vorbehaltsurteil, evtl in dessen Nachverf, geltend gemacht werden (BGH JZ 63, 450).

12 **c) Beschränkung auf den Kostenpunkt** ist nicht mögl (s § 99 I; BGHZ 43, 239, 245; Schneider MDR 87, 287).

13 **d) Prozessvergleiche** unterliegen nicht der Wiederaufnahme. Ihre Nichtigkeit kann innerhalb der (bei Nichtigkeit nur scheinbar abgeschlossenen) Instanz geltend gemacht werden (s § 794 Rn 16a).

14 **e) Beschlüsse** sind (analog §§ 578 ff) wiederaufnahmefähig, wenn sie das Streitverf **urteilsvertretend beendigen**, zB nach §§ 91a, 522 II 1 (BGH GRUR 2010, 996), § 552 II (BGHZ 62, 19), § 544 VI (BGH NJW 95, 332, 333; BGH NJW 95, 335 zu § 554b aF), § 72a V ArbGG (BAG NJW 91, 1252; BAG NJW 95, 2125), § 1062 I Nr 4 (RG ZZP 61 [1939], 144); §§ 51a, 51b GmbHG (BGH MDR 2006, 1422). Auch Beschlüsse im **Zwangsvollstreckungsverfahren** einschließl rechtskräftiger Zuschlagsbeschlüsse im Zwangsversteigerungsverf sind wiederaufnahmefähig (ausf OLG Oldenburg NJW-RR 91, 61 = EWiR § 95 ZVG 1/90, 203 [Storz]; StJ/Jacobs Rn 39; MskV/Spohnheimer § 578 Rn 13), desgl Beschlüsse im **Insolvenzverfahren** (BGH ZIP 2006, 587; BGH ZIP 2007, 144). **Nicht wiederaufnahmefähig** sind Beschlüsse, wenn sie keiner Innenbindung unterliegen und deshalb abänderbar sind, keine prozessbeendende Wirkung haben oder nur den Kostenpunkt betreffen (Schneider Anm KoRsp GKG § 8 Nr 65 m Nw), also zB keine Beschlüsse nach § 21 GKG (irrig OVG Münster FamRZ 86, 493; s Schneider MDR 86, 289). – Für das **Verf** gelten die Regeln des Beschlussverf (Einleitung durch Antrag statt Klage, freigestellte mündl Verh; StJ/Jacobs Rn 37 ff; MskV/Spohnheimer § 578 Rn 18), Entscheidung durch Beschluss (BGH NJW 95, 335 mwN). Zur Abgrenzung von der Nichtigkeitsbeschwerde bei grds anfechtbaren Beschlüssen s § 569 Rn 6.

14a f) Bei **Schiedssprüchen** ist statt der Wiederaufnahme das Aufhebungsverf nach § 1059 gegeben. Zur Frage eines verbleibenden Anwendungsbereichs s § 1059 Rn 21.

15 **II) Geltendmachung von Restitutionsgründen ohne Wiederaufnahmeklage. 1) Widerruf von Parteihandlungen.** Bei Vorliegen eines Restitutionsgrundes können (an sich unwiderrufl) Bewirkungshandlungen der Parteien widerrufen werden (s vor § 128 Rn 24; zur Rechtsmittelrücknahme s § 516 Rn 10; zum Rechtsmittelverzicht s § 515 Rn 6; zum Anerkenntnis s § 307 Rn 10). Der Widerruf wird ggü dem Gericht erklärt, an welches die betr Prozesshandlung gerichtet war, und in dem Verf geprüft, welches bei Wegfall der Prozesshandlung durchzuführen wäre. Einer Klage bedarf es zur Geltendmachung des Restitutionsgrundes nicht (RSchwab/Gottwald § 65 Rn 48; aA MK/Braun/Heiß § 578 Rn 49 ff für Widerruf nach Eintritt der Rechtskraft; Gaul ZZP 74 [1961], 49 ff). Auch ein etwaiger Verlustigkeitsbeschluss nach § 516 III, § 555 hindert den Widerruf nicht. Die **Frist des § 586 I** gilt auch in diesen Fällen. Sie beginnt, sobald die Partei von den Tatsachen Kenntnis erlangt hat, die sie zum Widerruf berechtigen (BGHZ 33, 73); nach Ablauf von 5 Jahren ab Rechtskraft ist der Widerruf gem § 586 II 2 ausgeschlossen (BGH MDR 58, 670). Wegen der Anwendbarkeit von § 581 s vor § 128 Rn 24.

16 **2) Geltendmachung im Revisionsverfahren.** Das Vorbringen eines Restitutionsgrunds nach § 580 Nr 1-7a in der Revisionsinstanz ist nach der Rspr trotz § 559 zulässig, um zu vermeiden, dass zunächst die Revision durchgeführt und anschließend noch Wiederaufnahmeklage erhoben werden muss (BGHZ 3, 65, 68; BGHZ 5, 240, 249 f; BGH MDR 2007, 600, 601; krit MK/Braun/Heiß § 578 Rn 47; für Einzelfallprüfung Berner ZZP 136 [2023] 23, 53 ff). Im Falle des § 580 Nr 7b wird dies jedoch nur dann zugelassen, wenn höhere Belange der Allgemeinheit es erfordern (BGH NJW 2020, 3451 Tz 28 ff mwN).

17 **3) Weitere Mittel zur Rechtskraftdurchbrechung. a) Schadensersatzklage nach § 826 BGB** wegen Urteilserschleichung. Sie ist unabhängig davon, ob auch eine Restitutionsklage in Betracht kommt und auch nicht eingeschränkt durch § 581 (BGHZ 50, 115; BGH NJW 71, 1751; zu Einzelheiten s vor § 322 Rn 72 ff; § 581 Rn 1, § 582 Rn 1, § 586 Rn 1). Nicht mögl ist es dagegen, das im rechtskräftigen Urteil Zugesprochene im Wege einer auf ungerechtfertigte Bereicherung gestützten Klage zurückzuverlangen (s vor § 322 Rn 21).

18 **b) Anhörungsrüge** (§ 321a); **Verfassungsbeschwerde** (§ 90 BVerfGG); **Individualbeschwerde** nach Art 34 EMRK. **Einigung** der Parteien über Aufhebung von Urteilswirkungen, zB in Anwaltsvergleich (**Formulierungsvorschlag:** Vorwerk/Wiemer, PFB, M 72.1).

19 **c) Wiedereinsetzung** in den vorigen Stand (§ 233) kann zur Beseitigung der Rechtskraft führen (s § 238 Rn 3). Weitere Fälle: s vor § 322 Rn 71.

20 **III) *Ablauf des Wiederaufnahmeverfahrens.*** Es vollzieht sich in **3 Verfahrensabschnitten**, deren Voraussetzungen jew für sich zu prüfen sind, über die aber in einer gemeinsamen Entscheidung erkannt werden darf, so dass äußerl Trennung nicht notwendig ist:

1) Zulässigkeitsprüfung (§ 589 I). Zum Umfang dieser vAw vorzunehmenden Prüfung s § 589 Rn 2. Die Voraussetzungen eines Wiederaufnahmegrundes müssen für die Statthaftigkeit der Klage ledigl schlüssig behauptet werden; ob sie zu bejahen sind, ist in der 2. Stufe zu prüfen. Fällt die Zulässigkeitsprüfung negativ aus, wird die Wiederaufnahmeklage durch Endurteil als unzulässig verworfen (§ 589 I 2). 21

2) Begründetheitsprüfung. Im 2. Schritt prüft das Gericht ebenfalls vAw, dh ohne Möglichkeit der Parteidisposition durch Anerkenntnis, Geständnis usf, ob die geltend gemachten Wiederaufnahmegründe gegeben und nicht nach § 579 II, § 582 ausgeschlossen sind, denn über den Bestand der Rechtskraft können die Parteien nicht verfügen (BGHZ 30, 60, 62). Es gilt aber nicht der Amtsermittlungsgrundsatz (das Gericht darf zB nicht von sich aus Zeugen vernehmen), sondern es obliegt grds dem Wiederaufnahmekl, die Nachweise für die Begründetheit seiner Klage beizubringen; er trägt hierfür die Beweislast (BGHZ 85, 32, 39; zum Unterschied zwischen Amtsprüfung u Amtsermittlung s § 56 Rn 4). Ist Wiederaufnahmegrund nicht erwiesen, wird Klage durch Endurteil als unbegründet abgewiesen, anderenfalls eröffnet das Gericht durch Aufhebung des Urteils den Weg zum 3. Abschnitt (zu diesen Entscheidungen s § 590 Rn 3 f). 22

3) Neuverhandlung des Rechtsstreits (§ 590 I). Dort wird, soweit der Wiederaufnahmegrund reicht, neu über die Klage entschieden (s § 590 Rn 11). 23

4) Rechtskraftwirkung des Urteils im Wiederaufnahmeverfahren. a) Verwerfung als unzulässig (s Rn 21) erfasst nur den betr Mangel. Neue Klage unter Vermeidung des Mangels und Wahrung der Klagefrist (§ 586) kann erhoben werden. 24

b) Abweisung als unbegründet (s Rn 22) steht einer erneuten Wiederaufnahmeklage nur entgegen, wenn sie auf denselben Anfechtungsgrund gestützt wird. Anfechtungsgrund ist hierbei nicht der abstrakte Anfechtungstatbestand, sondern der konkret geltend gemachte Grund. Daher kann eine erneute Klage nach § 580 Nr 7b (innerhalb der zeitl Grenzen des § 586) auf das Auffinden einer anderen Urkunde gestützt werden, während es nicht genügt, dass für dens Anfechtungsgrund (zB einen Prozessbetrug) neue Beweismittel vorgelegt werden (aA MK/Braun/Heiß § 591 Rn 2) oder dass ein bish nur als Urkundenfälschung (§ 580 Nr 2) gewürdigtes Verhalten nunmehr als Prozessbetrug (§ 580 Nr 4) geltend gemacht wird. 25

c) Neue Hauptsacheentscheidung tritt an die Stelle der aufgehobenen; für sie gelten die allg Rechtskraftregeln. Besonderheiten ergeben sich aber, wenn ein rechtskräftiges **Gestaltungsurteil** aufgehoben wird, sei es durch ein Zwischenurteil im 2. Verfahrensabschnitt (s Rn 22) oder durch das Endurteil, da dann die umgekehrte Gestaltungswirkung eintritt: Eine geschiedene Ehe wird rückwirkend wiederhergestellt (eine neue Ehe also zur nichtigen Doppelehe), ein beendetes Gesellschaftsverhältnis (§§ 133, 140 HGB) lebt wieder auf (vgl hierzu BGHZ 18, 358; Friedrichs ZZP 58 [1934], 219). 26

§ 578 Arten der Wiederaufnahme

(1) Die Wiederaufnahme eines durch rechtskräftiges Endurteil geschlossenen Verfahrens kann durch Nichtigkeitsklage und durch Restitutionsklage erfolgen.

(2) Werden beide Klagen von derselben Partei oder von verschiedenen Parteien erhoben, so ist die Verhandlung und Entscheidung über die Restitutionsklage bis zur rechtskräftigen Entscheidung über die Nichtigkeitsklage auszusetzen.

1) Bedeutung. Die Vorschrift unterscheidet zwischen zwei **Klagearten** zur Einleitung eines Wiederaufnahmeverf (dazu allg s vor § 578 Rn 1 ff): für die Fälle schwerer Verfahrensverstöße – unabhängig von deren Kausalität für das Urteil – die **Nichtigkeitsklage** (§ 579), für die Fälle fehlerhafter – und urteilskausaler – Entscheidungsgrundlagen die **Restitutionsklage** (§ 580). IErg unterscheiden sich die Klagen jedoch nicht: Beide zielen auf die Beseitigung des rechtskräftigen Urteils und die Neuverh der Sache. Allerdings wird der Nichtigkeitsgrund idR das ganze Verf erfassen, während Restitutionsgründe (schon wegen des Kausalitätserfordernisses) sich häufig nur auf einzelne Urteilselemente auswirken. 1

2) Übergang zwischen den Klagearten. Er ist nur unter den Voraussetzungen der Klageänderung (§ 263) zulässig (MskV/Spohnheimer Rn 9; aA MK/Braun/Heiß Rn 43; StJ/Jacobs § 588 Rn 2), denn es handelt sich um eine andere Verfahrensart. Das Nachschieben anderer Anfechtungsgründe innerhalb derselben Verfahrensart hingegen ist zulässig (s § 586 Rn 2). 2

3) Gleichzeitige Rechtshängigkeit. Werden Nichtigkeits- und Restitutionsklage erhoben, ist das Verf über die Restitutionsklage abzutrennen und auszusetzen (II; für Aussetzungsermessen contra legem MK/Braun/Heiß Rn 42). Dringt die Nichtigkeitsklage durch, wird die ausgesetzte Restitutionsklage in der Hauptsache gegenstandslos. 3

4) Gebühren. a) Gericht: Geb wie im ordentl Prozess. Es handelt sich gebührenrechtl um eine neue Instanz (BGH 17.12. 2015 – IX ZA 37/15 Tz 6). §§ 35, 37 GKG sind nicht anwendbar. Ist für das Wiederaufnahmeverf das Berufungs- oder Revisi- 4 onsgericht zuständig (§ 584), erwachsen die Gerichtskosten je nach der Instanz, vor der verhandelt wird. – Wiederaufnahmeverf werden durch Klageerhebung (§ 585) eingeleitet, so dass § 6 GKG gilt und für den Kl hinsichtl der allg VerfGeb Vorauszahlungspflicht (§ 12 I 1 GKG) besteht. S § 253 Rn 28. – Die Wiederaufnahmeklagen beider Parteien sind getrennte Verf und bilden jew eigenständige Instanzen, so dass die Geb getrennt zu berechnen sind, bis eine etwaige Verbindung erfolgt. – **b) RA:** Geb nach 3100 ff RVG-VV. Bei Wiederaufnahmeverf vor dem Rechtsmittelgericht gelten – wie im GKG – 3200 ff RVG-VV oder 3206 ff RVG-VV (BPatG NJW-RR 1998, 934; MskV/Grandel Rn 20; MK/Braun/Heiß § 590 Rn 15; aA OLG Nürnberg NJW-RR 1996, 512).

§ 579 Nichtigkeitsklage

(1) Die Nichtigkeitsklage findet statt:

1. **wenn das erkennende Gericht nicht vorschriftsmäßig besetzt war;**
2. **wenn ein Richter bei der Entscheidung mitgewirkt hat, der von der Ausübung des Richteramts kraft Gesetzes ausgeschlossen war, sofern nicht dieses Hindernis mittels eines Ablehnungsgesuchs oder eines Rechtsmittels ohne Erfolg geltend gemacht ist;**
3. **wenn bei der Entscheidung ein Richter mitgewirkt hat, obgleich er wegen Besorgnis der Befangenheit abgelehnt und das Ablehnungsgesuch für begründet erklärt war;**
4. **wenn eine Partei in dem Verfahren nicht nach Vorschrift der Gesetze vertreten war, sofern sie nicht die Prozessführung ausdrücklich oder stillschweigend genehmigt hat.**

(2) In den Fällen der Nummern 1, 3 findet die Klage nicht statt, wenn die Nichtigkeit mittels eines Rechtsmittels geltend gemacht werden konnte.

1 **I) Bedeutung.** Die Nichtigkeitsklage (**Formulierungsvorschlag:** Vorwerk/Wiemer, PFB, M 73.1) bezweckt, eine Durchbrechung der Rechtskraft in Fällen zu ermöglichen, in denen **schwerste Mängel des Verfahrens**, die beim Erlass des Urteils unerkannt geblieben sind, gegen dessen Bestand sprechen (BAG NJW 2022, 3459 mwN; StJ/Jacobs Rn 1 f). Ob das Urteil auf dem Verfahrensmangel *beruht*, ist (ebenso wie bei § 547) unerhebl. Die Aufzählung der Nichtigkeitsgründe in § 579 ist erschöpfend. Beruht das ergangene Urteil auf einer ges Vorschrift, die vom BVerfG (in einem anderen Verf) für nichtig erklärt worden ist, dann rechtfertigt dies nicht die Wiederaufnahmeklage; nach § 79 II 2 BVerfGG ist jedoch die Vollstreckung aus einer solchen Entscheidung unzulässig.

2 **II) Die einzelnen Nichtigkeitsgründe. 1) Falsche Besetzung der Richterbank (§ 579 I Nr 1).** Entscheidend ist Besetzung in der letzten mündl Verh (BGH NJW 99, 796, 797). Kein Nichtigkeitsgrund, wenn die Besetzung auf einer irrigen Gesetzesauslegung oder einer irrtüml Abweichung von den Festsetzungen des GVP beruht, es muss sich vielmehr um eine klar zutage liegende Gesetzesverletzung handeln, die auf einer nicht mehr hinnehmbaren Rechtsansicht und damit auf obj Willkür beruht (BGH NJW 95, 332, 335; BAG NZA 2016, 127 Tz 16). Die Verletzung einer Vorlagepflicht nach Art 267 III AEUV begründet keinen Besetzungsfehler iSv § 579 I Nr 1 (BAG NJW 2024, 2204; BFH NJW 2023, 3534; aA bei willkürl Verstoß AG/Hunke Rn 7). Dass in einem solchen Fall vor Anrufung des BVerfG wegen Verstoßes gegen Art 101 I 2 GG Nichtigkeitsklage zu erheben sei, hat BVerfG [Brandt juris-PR-SteuerR 42/2021 Anm 5] angenommen (krit Hummel UR 2021, 736; ohne entspr Forderung aber zu Recht BVerfG BB 2021, 990). – **Ausschluss** bei mögl Rechtsmittel (II; s Rn 10). Zu Einzelheiten s § 547 Rn 2 sowie § 21e GVG Rn 49 ff.

3 **2) Mitwirkung eines ausgeschlossenen Richters (§ 579 I Nr 2).** Soweit der Verstoß gegen § 41 bereits erfolglos durch ein Ablehnungsgesuch gerügt worden ist, sind Revision und Nichtigkeitsklage aber nach dem Hs 2 ausgeschlossen, darüber hinaus auch dann, wenn der ges Ausschluss vom Richteramt erfolglos durch ein Rechtsmittel geltend gemacht worden ist. § 579 I Nr 2 ist entspr anwendbar auf den Rpfleger (§ 10 S 1 RPflG) beim Erlass eines VB gem § 699 (MK/Braun/Heiß Rn 7; aA WSch/Borck Rn 22).

4 **3) Mitwirkung eines erfolgreich abgelehnten Richters (§ 579 I Nr 3).** Dass eine Ablehnung wegen Befangenheit mögl gewesen wäre, reicht nicht, ebenso ein Verstoß gegen die Wartepflicht des § 47 I (BGH MDR 2016, 1403). Ausschluss bei mögl Rechtsmittel (II; s Rn 10).

5 **4) Nicht ordnungsgemäße Vertretung (§ 579 I Nr 4). a) Bedeutung.** Nachträgl Gewährung rechtl Gehörs, wenn eine Partei infolge von Umständen, die sie nicht zu vertreten hat, daran gehindert war, sich im Proz eigenverantwortl zu äußern (BVerfG NJW 98, 745). Nur die nicht ordnungsgemäß vertretene Partei, nicht ihr Gegner, kann die Nichtigkeitsklage erheben (BGHZ 63, 78). Verhältnis zu Rechtsmitteleinlegung s Rn 10 f.

6 **b) Anwendungsfälle. aa) Prozessunfähigkeit.** Die nicht prozessfähige Partei muss durch eine andere Person als ihren ges Vertreter *oder überhaupt nicht vertreten* worden sein (zB GmbH ohne Geschäftsführer: BGH ZIP 2007, 144). Der Mangel muss idR während des ganzen Rechtsstreits bestanden haben (BGH FamRZ 63, 131, 133; BGH ZIP 2007, 144; MK/Braun/Heiß Rn 14). War die Partei zB nur bei Klageerhebung geisteskrank und

später voll geschäftsfähig, hat sie durch die Fortführung des Prozesses den Mangel der bish Prozessführung genehmigt (s § 52 Rn 14). Genehmigung ist auch noch nach Eintritt der Rechtskraft mögl (OLG Stuttgart FamRZ 80, 379). Wurde Partei erst im Laufe des Prozesses geisteskrank, wirkt die einem ProzBev erteilte Vollmacht weiter, und die Nichtigkeitsklage ist unzulässig (BGH MDR 64, 126). Hatte die Partei aber keinen ProzBev bestellt und ist gegen sie ein Urteil erlassen worden, als sie bereits geisteskrank war, findet dagegen die Nichtigkeitsklage statt. – **Ausgeschlossen** ist Nichtigkeitsklage nach I Nr 4, wenn die Prozessfähigkeit im Hauptverf geprüft und bejaht worden ist (StJ/Jacobs Rn 11; MK/Braun/Heiß Rn 18; RSchwab/Gottwald § 44 Rn 36; aA BGHZ 84, 24 = MDR 82, 1004 = LM § 579 ZPO Nr 6 [Blumenröhr]; WSch/Borck Rn 115 ff; sa § 56 Rn 15) oder wenn die Partei durch einen Prozesspfleger (§ 57) vertreten wurde, obwohl die Voraussetzungen für dessen Bestellung nicht vorgelegen haben oder weggefallen sind (BGH MDR 2021, 449). – Wer Nichtigkeitsklage wegen Verkennens seiner Prozessunfähigkeit erheben will, muss dies konsequenterw **durch seinen gesetzlichen Vertreter** tun; eine Klage des (angebl) Prozessunfähigen selbst wäre unzulässig (Abel, Zur Nichtigkeitsklage wegen Mängeln der Vertretung im Zivilprozess, 1995, S 135 ff, 151 ff; aA Hager ZZP 97 [1984], 188; Oda, Die Prozessfähigkeit als Voraussetzung u Gegenstand des Verf, 1997, S 111 ff).

bb) Fehlende Parteifähigkeit. Geltendmachung ausgeschlossen, wenn Parteifähigkeit im Vorprozess geprüft und bejaht worden ist (BGH JZ 59, 127; RSchwab/Gottwald § 43 Rn 44). Bei **Nichtexistenz** einer Partei ist Urteil wirkungslos (s vor § 300 Rn 18), Wiederaufnahme also nicht erforderl (vgl WSch/Borck Rn 82). 7

cc) Sonstige Fälle. Der vom Kl als ProzBev des Bekl benannte RA hatte von diesem **keine Vollmacht** (BVerfG NJW 98, 745; OLGR Düsseldorf 1994, 307). Fehlt nur die Vollmachtsurkunde, war er aber von der Partei mündl bevollmächtigt, dann ist die Nichtigkeitsklage ausgeschlossen. – Trotz **Unterbrechung des Verfahrens** (§ 249) ist ein Urteil verkündet und dieser Mangel nicht durch Genehmigung geheilt worden (BGH MDR 67, 565). 8

dd) Unanwendbar ist I Nr 4 bei Fehlen der **Postulationsfähigkeit** (BAG NJW 91, 1252 = MDR 91, 674). – Vorschrift kann auch nicht über die vorstehend genannten Fälle hinaus zur Korrektur von **Verletzungen des rechtlichen Gehörs** herangezogen werden. Das Bedürfnis ist entfallen durch § 321a und die Rspr des BGH, wonach bei fehlerhaft zugelassener öffentl Zustellung keine Rechtsmittelfristen laufen (BGH NJW 2007, 303); bei Erschleichen der öffentl Zustellung greift § 580 Nr 4 ein (BGHZ 153, 189 = NJW 2003, 1326 = JZ 2003, 903 [Braun]). 9

III) Subsidiarität der Nichtigkeitsklage (§ 579 II). Sie ist in den Fällen von **I Nrn 1 u 3** nicht statthaft, wenn der Kl den betr Mangel durch ein Rechtsmittel im Vorprozess hätte geltend machen können. Dazu rechnet auch der **Einspruch** gegen ein VU (StJ/Jacobs Rn 12; RSchwab/Gottwald § 161 Rn 7). Nur die verschuldete Versäumung des Rechtsmittels ist schädl (MK/Braun/Heiß Rn 6). Ebenso wie die unterlassene Rechtsmitteleinlegung wirkt sich auch die **erfolglose Geltendmachung eines behaupteten Anfechtungsgrundes** im Rechtsmittelweg aus (BGH MDR 2008, 98; StJ/Jacobs Rn 12). Ist näml dieser Grund einmal geprüft, dann besteht kein Bedürfnis mehr für eine Nichtigkeitsklage. 10

In den Fällen von **I Nrn 2 u 4** hat die Partei die **Wahl**, vor Rechtskraft des Urteils das zulässige Rechtsmittel (nicht Einspruch: LG Konstanz NJW-RR 90, 320) einzulegen oder nach Eintritt der Rechtskraft Nichtigkeitsklage zu erheben (BGHZ 84, 24, 27; BGHZ 200, 9 = NJW 2014, 937). Eine entspr Anwendung von II auf die Fälle von I Nr 2 ist angesichts des klaren Gesetzeswortlauts nicht mögl (StJ/Jacobs Rn 13; aA MK/Braun/Heiß Rn 8). Bei erfolglosem Rechtsmittel ist Nichtigkeitsklage auch in den Fällen von Nrn 2 u 4 ausgeschlossen (BFH NJW 99, 2391). 11

IV) Gebühren. S § 578 Rn 4. 12

§ 580 Restitutionsklage

Die Restitutionsklage findet statt:

1. **wenn der Gegner durch Beeidigung einer Aussage, auf die das Urteil gegründet ist, sich einer vorsätzlichen oder fahrlässigen Verletzung der Eidespflicht schuldig gemacht hat;**
2. **wenn eine Urkunde, auf die das Urteil gegründet ist, fälschlich angefertigt oder verfälscht war;**
3. **wenn bei einem Zeugnis oder Gutachten, auf welches das Urteil gegründet ist, der Zeuge oder Sachverständige sich einer strafbaren Verletzung der Wahrheitspflicht schuldig gemacht hat;**
4. **wenn das Urteil von dem Vertreter der Partei oder von dem Gegner oder dessen Vertreter durch eine in Beziehung auf den Rechtsstreit verübte Straftat erwirkt ist;**
5. **wenn ein Richter bei dem Urteil mitgewirkt hat, der sich in Beziehung auf den Rechtsstreit einer strafbaren Verletzung seiner Amtspflichten gegen die Partei schuldig gemacht hat;**
6. **wenn das Urteil eines ordentlichen Gerichts, eines früheren Sondergerichts oder eines Verwaltungsgerichts, auf welches das Urteil gegründet ist, durch ein anderes rechtskräftiges Urteil aufgehoben ist;**

7. wenn die Partei

a) ein in derselben Sache erlassenes, früher rechtskräftig gewordenes Urteil oder

b) eine andere Urkunde auffindet oder zu benutzen in den Stand gesetzt wird, die eine ihr günstigere Entscheidung herbeigeführt haben würde;

8. wenn der Europäische Gerichtshof für Menschenrechte eine Verletzung der Europäischen Konvention zum Schutz der Menschenrechte und Grundfreiheiten oder ihrer Protokolle festgestellt hat und das Urteil auf dieser Verletzung beruht.

1 **I) Allgemeines. 1) Bedeutung.** Die Restitutionsklage (**Formulierungsvorschlag:** Vorwerk/Wiemer, PFB, M 72.3) soll einer Partei in den Fällen zu ihrem Recht verhelfen, in denen das Verfahrensergebnis durch strafbare Handlungen beeinflusst ist (Nrn 1-5) oder eine bestimmte Urteilsgrundlage weggefallen ist (Nr 6) oder diese Grundlage mit qualifizierten verbrieften Beweismitteln in Widerspruch steht (Nr 7). Mit dieser Zielsetzung soll die Restitutionsklage verhindern, dass die Autorität der Gerichte und das Vertrauen der Allgemeinheit in die Rspr beeinträchtigt werden, wenn rechtskräftige Urteile nicht überprüft werden können, obwohl ihre Grundlagen erschüttert sind (BGHZ 57, 211, 214 f; BGH NJW 2005, 222, 223). Ein derartiger Vertrauensschutz ist jedoch dann nicht veranlasst, wenn der Restitutionskläger den Anfechtungsgrund bei Anwendung gebotener Sorgfalt bereits im Vorprozess hätte geltend machen können, insb durch Einspruch, Berufung oder Anschlussberufung. Ist das versäumt worden, dann ist die Klage nicht zulässig (§ 582). Für die Fälle der Nrn 1-5 ist zusätzl Voraussetzung, dass entweder eine strafrechtl Verurteilung stattgefunden hat oder es dazu aus anderen Gründen als Beweismangel nicht gekommen ist (§ 581).

2 **2) Ausschließlichkeit der Gründe.** Nur die in § 580 aufgeführten Gründe können die Zulässigkeit einer Restitutionsklage stützen (BGHZ 38, 336); sie werden allerdings teilw erweiternd ausgelegt (zB zu Nr 6 s Rn 13). Die **Änderung der Rechtsauffassung** ist kein Restitutionsgrund (BVerfGE 2, 380, 395; BAG AP § 580 ZPO Nr 1), dgl die **Nichtigerklärung** einer ges Vorschrift durch das BVerfG (§ 79 II BVerfGG: ledigl Vollstreckungshindernis) oder die Vorgabe von allg verfassungsrechtl Maßstäben zur Auslegung zivilrechtl Generalklauseln durch das BVerfG (BGHZ 167, 272 = MDR 2006, 1422; BVerfG NJW 2007, 1802). – Auch **wissenschaftlicher Erkenntnisfortschritt** ist kein Restitutionsgrund (dafür aber StJ/Jacobs Rn 40; Foerste NJW 96, 350 ff; dagegen unter zutr Hervorhebung des Vertrauensschutzes Würthwein ZZP 99 [1999], 447 ff, die jedoch mit einer zeitl Begrenzung der Rechtskraftwirkung zu helfen versucht; ähnl WSch/Borck Rn 142 ff mit einer Analogie zu §§ 323, 767). – Es gibt de lege lata auch keine Möglichkeit, rechtskräftige Zivilurteile wegen der **Verletzung von EU-Recht** aufzuheben (PG/Meller-Hannich Rn 11; Poelzig JZ 2007, 858 ff mit Überlegungen de lege ferenda; zur Verletzung der EMRK s Rn 23).

3 **3) Kausalität.** Die in § 580 aufgeführten Restitutionsgründe stellen nur dann einen Wiederaufnahmegrund dar, wenn zwischen ihnen und dem Erlass der Vorentscheidung ein ursächl Zusammenhang besteht (BGH MDR 88, 566). Im Gesetz ist dies mit den Wendungen „gegründet" (Nrn 1, 2, 3, 6), „erwirkt" (Nr 4), „in Beziehung auf" (Nr 5) und „günstigere Entscheidung herbeigeführt haben würde" (Nr 7) ausgedrückt (s dazu Riezler AcP 139 [1934], 187 f). Der Restitutionsgrund muss zu der Vorentscheidung in solcher Beziehung stehen, dass er dem Urteil eine der Grundlagen entzieht, auf denen es beruht (näher dazu bei den einzelnen Restitutionsgründen).

4-7 Einstweilen frei.

8 **II) Die einzelnen Restitutionsgründe. 1) Verletzung der Eidespflicht (§ 580 Nr 1).** Sie kann sich auf **Nebenpunkte** beschränken (MskV/Spohnheimer Rn 6; krit WSch/Borck Rn 40 ff), solange Kausalität bejaht werden kann. Unter Nr 1 fallen der vorsätzl (§ 154 StGB) und der fahrlässige (§ 163 StGB) Falscheid sowie die falsche eidesgleiche Bekräftigung nach § 155 StGB. Bei falscher Versicherung an Eides statt und falscher uneidl Parteiaussage kommt nur Nr 4 in Betracht.

9 **2) Urkundenfälschung (§ 580 Nr 2).** Urkundenunterdrückung (§ 274 StGB) fällt nicht darunter (WSch/Borck Rn 51; für analoge Anwendung MK/Braun/Heiß Rn 18; evtl greift hier Nr 4 ein). Erfasst sind auch elektron Dokumente. Wer der Täter ist und ob die Partei von der Tat Kenntnis hatte, ist gleichgültig. Das Urteil muss jedoch auf der falschen Urkunde beruhen.

10 **3) Falscheid oder -aussage (§ 580 Nr 3).** Erfasst sind §§ 153-156, 163 StGB, also auch die vorsätzl uneidl Falschaussage sowie die vorsätzl oder fahrlässige falsche Versicherung an Eides statt. Der Dolmetscher gilt als SV (vgl § 191 GVG), so dass auch seine strafbare Eidesverletzung Restitutionsgrund ist. – Auf das Zeugnis oder Gutachten ist ein Urteil nicht schon dann **gegründet**, wenn darauf in den Gründen des Urteils Bezug genommen wird; erforderl ist vielmehr, dass das Zeugnis oder Gutachten die Entscheidung trägt, sei es für sich allein oder (§ 286 ZPO) im Zusammenhang mit dem Ergebnis einer weiteren Beweisaufnahme oder dem sonstigen Inhalt der Verh (RGZ 143, 46). Dies kann auch bei einer Falschaussage in der Vorinstanz der Fall sein (OLGR Hamm 99, 193, 194). Unerhebl ist wegen mögl Auswirkungen auf die Glaubwürdigkeitsbeurteilung, dass die Falschaussage nur einen Nebenpunkt betraf (RGZ 137, 90; OGH NJW 50, 105). Sie muss nicht in dems Prozess begangen worden sein, dessen Abschluss das mit der Restitutionsklage angegriffene Urteil bildet; auch das fal-

sche Zeugnis in einem **vorgreiflichen Verfahren** rechtfertigt die Anwendung der Nr 3, wenn die falsche Aussage im präjudiziellen Rechtsstreit die Ursache für das angefochtene Erkenntnis geworden ist (RGZ 143, 46).

4) Straftat des Parteivertreters oder Gegners (§ 580 Nr 4). In Betracht kommt jeder einschlägige Tatbestand des StGB, zB Betrug, Erpressung, Freiheitsberaubung zwecks Terminsversäumnis, Untreue, Parteiverrat, falsche eidesstattl Versicherung. **Prozessbetrug** liegt auch im Erschleichen der öffentl Zustellung (BGHZ 153, 189 Tz 26 = JZ 2003, 903 [Braun]) sowie in wissentl unwahrem Parteivortrag, wegen des Erfordernisses eines Vermögensschadens aber nicht in nichtvermögensrechtl Streitigkeiten (StJ/Jacobs Rn 16). 11

5) Straftat des Richters (§ 580 Nr 5). In Betracht kommen insb § 334 StGB (Bestechung) und § 336 StGB (Rechtsbeugung). **Disziplinarverstöße** genügen nicht (MskV/Spohnheimer Rn 11). Betrifft die Straftat nur einen abgrenzbaren Teil des Urteils, ist gleichwohl das gesamte Urteil aufzuheben (KG NJW 76, 1356; MskV/Spohnheimer Rn 11). Im Mahnverf steht der Rpfleger dem Richter gleich (StJ/Jacobs Rn 20; aA WSch/Borck Rn 71). 12

6) Aufhebung eines präjudiziellen Urteils (§ 580 Nr 6). Es müssen 3 Urteile vorliegen: ein präjudizielles Urteil, das darauf beruhende angegriffene Urteil und ein rechtskräftiges Urteil, das das präjudizielle Urteil aufgehoben hat. Auf Schiedssprüche ist Nr 6 entspr anwendbar (BGH MDR 2008, 460, 461). In welcher Gerichtsbarkeit das präjudizielle Urteil ergangen ist, ist (entgegen dem antiquierten Wortlaut der Vorschrift) unerhebl (BGHZ 89, 114, 116). Den Urteilen gleichzustellen sind **Verwaltungsakte** (s dazu BGH MDR 88, 566) und **Beschlüsse** (zB in FamFG-Verf), wenn sie ihrer Bedeutung nach einem Urteil gleichkommen (BGH MDR 2007, 600, 601) und das mit der Restitutionsklage angegriffene Urteil sich darauf gestützt hatte (vgl Haueisen NJW 65, 1214), auch Zustimmungsbescheide des Integrationsamts (früher Hauptfürsorgestelle) zur Kündigung von Schwerbehinderten (BAG MDR 81, 524); auf den Wegfall des Bestandes eines gewerbl Schutzrechts wird die Vorschrift entspr angewendet (BGHZ 187, 1; BGH GRUR 2017, 428); *nicht genügend* ist dagegen eine Auskunft des Trägers der Rentenversicherung über den VersAusgl (BGHZ 89, 114; BGH MDR 84, 922 = NJW 84, 2364). 13

Zwischen der aufgehobenen und der angegriffenen Entscheidung muss eine **Kausalbeziehung** bestehen (s Rn 3). Dass der Richter des Vorprozesses an die aufgehobene Entscheidung *gebunden* war, ist hierfür nicht Voraussetzung; es genügt vielmehr, dass die tatsächl Feststellungen oder die rechtl Erwägungen der aufgehobenen Entscheidung für das Urteil *mitbestimmend* waren (KG OLGZ 69, 114, 121); zumindest eine Berücksichtigung bei der Beweiswürdigung ist unerlässl (BGH VersR 84, 453, 455). Eine Restitutionsklage kann daher nicht darauf gestützt werden, dass das Urteil in einem Parallelprozess vom Revisionsgericht aufgehoben wurde (OLG Karlsruhe NJW-RR 94, 894). Inwieweit sich Entscheidungen des BVerfG auf rechtskräftig abgeschlossene andere Verf auswirken, ist in § 79 BVerfGG abschließend geregelt (s Rn 2). Aufhebung eines Teilurteils kann Restitutionsgrund für das Schlussurteil sein (BGH MDR 2007, 600, 601). 13a

7) Auffinden eines früheren Urteils (§ 580 Nr 7a). Es muss über dieselbe Sache (KG OLGZ 1969, 121) zwischen denselben Parteien oder mit Rechtskrafterstreckung auf diese erlassen und vor dem angefochtenen Urteil rechtskräftig geworden sein. Da das spätere Urteil bei Identität des Streitgegenstands ohnehin keine Rechtskraft erlangen konnte (s vor § 322 Rn 77), hat die Wiederaufnahme hier nur deklaratorische Bedeutung (weshalb für sie auch die Fristen des § 586 nicht gelten; MskV/Spohnheimer Rn 13). Nr 7a greift jedoch auch bei Präjudizialität (s vor § 322 Rn 22 ff) ein (StJ/Jacobs Rn 25; MK/Braun/Heiß Rn 43; aA WSch/Borck Rn 104). Es kann sich auch um einen Schiedsspruch (§ 1055; WSch/Borck Rn 101) oder ein ausl Urteil handeln, soweit es nach § 328 anzuerkennen ist (StJ/Jacobs Rn 26; OLG Köln NJW-RR 99, 363). Dass das Urteil in den Vorprozess nicht eingeführt werden konnte (wozu bereits der Hinweis auf seine Existenz genügen kann, OLG Köln NJW-RR 99, 363), muss nachgewiesen werden. 14

8) Auffinden einer Urkunde (§ 580 Nr 7b). Dieser wichtigste Restitutionsgrund enthält eine Ausnahme von dem Grundsatz, wonach schon zur Zeit des Vorprozesses vorhandene, aber erst später aufgefundene Beweismittel im Interesse der Rechtssicherheit einer rechtskräftig gewordenen Entscheidung nicht mehr die Grundlage entziehen und zu einer Wiederaufnahme führen sollen. Sie beruht auf der Annahme eines bes hohen Beweiswerts von Urkunden, der die Unrichtigkeit des rechtskräftigen Urteils augenfällig mache (BGHZ 38, 338 = NJW 1963, 715; BSG NJW 1969, 1079, 1080; MskV/Spohnheimer Rn 15 unter Bezug auf die Materialien zur CPO). Die Regelung begegnet nicht nur dogmatischen Bedenken, sondern ruft auch erhebl Anwendungsprobleme hervor (für ein Alternativkonzept daher MK/Braun/Heiß Rn 58 ff). 15

a) Der **Begriff der Urkunde** (s vor § 415 Rn 2) ist hier in einem weiteren Sinne zu verstehen. Er deckt auch die Fotokopie eines Schriftstückes (FG Berlin NJW 77, 2232; Zoller NJW 93, 432; aA KG NJW-RR 97, 123; StJ/Jacobs Rn 33; PG/Meller-Hannich Rn 14) und den Ausdruck eines elektron Dokuments mit urkundenähnl Gedankeninhalt (BVerwG NVwZ 2018, 81), **nicht** dagegen Fotografien, Tonaufzeichnungen und ähnl Augenscheinobjekte (BGH MDR 76, 304). Die Urkunde muss augenfällig machen, dass das mit ihr angegriffene Urteil möglicherw der sachl Rechtslage nicht entspricht (BGHZ 38, 336; BGHZ 46, 303). Dies muss sich nicht aus einer formellen Beweiskraft iSd §§ 415 ff ergeben (BGH NJW 80, 1000); Nr 7b meint also auch Urkunden, die für die zu beweisende Tatsache ledigl einen frei zu würdigenden Beweiswert haben (BGHZ 31, 356; BGHZ 57, 212, 215; BGH NJW-RR 91, 380). Es kann sich zB auch um eine Privaturkunde handeln, in der der Restitutionsbekl Erklärungen über Tatsachen abgegeben hat (BGHZ 57, 211). Nicht unter Nr 7b fällt aber eine schriftl Zeugen- 16 aussage oder das Protokoll über eine solche, weil sonst de facto die Zeugenaussage als Restitutionsgrund zugelassen würde (BGHZ 80, 389; BGHZ 38, 333, 337; StJ/Jacobs Rn 33; MskV/Spohnheimer Rn 18). Dasselbe gilt für ein schriftl Gutachten (BGHZ 1, 218; OLG Frankfurt VersR 74, 61; BAG NJW 58, 2133; BVerwG NJW 61, 235; wegen Verwertung neuer Abstammungsgutachten s aber § 185 I FamFG).

17 **b) Zeitpunkt der Errichtung.** Die Urkunde muss entweder schon zur Zeit der letzten mündl Verh im Vorprozess vorhanden gewesen (vgl BGHZ 30, 60; dazu Henke JR 60, 86) oder nach Verkündung des Urteils 1. Instanz, aber vor Ablauf der Berufungsfrist errichtet worden sein, da sie dann noch im Berufungsverf hätte benutzt werden können (RGZ 123, 304). Gleich steht die Errichtung einer Urkunde nach Erlass des VU, aber vor Ablauf der Einspruchsfrist (BGHZ 46, 305). Dagegen werden Restitutionsklagen grds (Ausnahmen s Rn 18) nicht zugelassen, wenn sie auf Urkunden gestützt werden, die **nach der letzten mündl Tatsachenverh** errichtet worden sind (BGHZ 30, 60; BGH VersR 84, 453, 455; aA Foerste NJW 96, 346). Als Grund dafür wird angeführt, dass solche Urkunden nicht zu den Beweismitteln gehören, die vom Tatrichter bei seiner Entscheidung hätten berücksichtigt werden müssen; denn sie hätten nur nach Wiedereröffnung der mündl Verh (§ 156) in das Verf eingeführt werden können, was aber eine Ermessensentscheidung des Gerichts voraussetze. Urkunden, die erst nach dem Zeitpunkt errichtet worden sind, bis zu dem neue Beweismittel in den Vorprozess eingeführt werden konnten, scheiden also als Restitutionsgrund aus (BGH VersR 75, 260), zB ein nach Abschluss des Vorprozesses erlassener Strafbefehl (BGH MDR 80, 31) oder Erbschein (BGH WM 2006, 1462; BVerwG NJW 65, 1295) oder eine geänderte Auskunft des Rentenversicherungsträgers nach rechtskräftiger Entscheidung über den VersAusgl, wenn die erste Auskunft unter dem ausdrückl Vorbehalt weiterer Ermittlungen ergangen war (OLG Koblenz FamRZ 80, 813).

18 Ausnahmsw werden bestimmte Urkunden als Restitutionsgrund zugelassen, die erst nach Schlussverh der letzten Tatsacheninstanz errichtet worden sind, aber eine **zurückliegende Tatsache bezeugen**, insb Geburtsurkunden als Beweismittel für Empfängniszeit (vgl BGHZ 2, 245; BGHZ 46, 300 = ZZP 81 [1968], 281 [Gaul]; OLG Nürnberg NJW 75, 2024; OLG Köln FamRZ 73, 543); Einbürgerungsurkunden (BGH MDR 77, 212); Feststellungsbescheid über die Schwerbehinderteneigenschaft zur Zeit der Kündigung (BAG NJW 85, 1485). *Nicht genügend* ist ein nachträgl Vaterschaftsanerkenntnis (OLG Neustadt NJW 54, 1372).

19 c) Die Urkunde darf **im Hauptprozess nicht benutzbar** gewesen sein, sei es, weil ihr Vorhandensein oder ihr Verbleib nicht bekannt war oder weil sie sich in Händen eines nicht vorlagebereiten bzw -verpflichteten Dritten befand (BGH NJW-RR 2013, 833; PG/Meller-Hannich Rn 14). Nach RGZ 151, 207 soll auch ausreichen, dass ihre Erheblichkeit für die Beurteilung des Rechtsstreites ganz fern lag (offen lassend BGH NJW-RR 2013, 833, 834). – Die Nichtbenutzbarkeit darf nicht auf **Verschulden** der Partei zurückzuführen sein (§ 582; s § 582 Rn 6).

20 d) Die Urkunde muss **geeignet** sein, ein der Partei **günstigeres Prozessergebnis** herbeizuführen, dh sie muss so beschaffen sein, dass sie, wenn sie dem Richter des früheren Verf vorgelegen hätte, zu einer dem Restitutionskl günstigeren Entscheidung hätte führen können. Deshalb kann nur eine solche Urkunde einen Wiederaufnahmegrund bilden, die für sich allein oder iVm den Beweisergebnissen des früheren Verf dem früheren Urteil eine tragende Stütze nimmt; es genügt also grds nicht, wenn die Urkunde erst iVm neuen Beweismitteln oder der Einlassung des Restitutionsbekl zu den aus der Urkunde abgeleiteten neuen Behauptungen des Kl (s Rn 21) entscheidungserhebl Beweiswert erlangen kann (BGHZ 38, 333; hiervon macht BGHZ 171, 232 dann eine Ausnahme, wenn der Restitutionskl eine negative Tatsache urkundl zu beweisen hat u den Restitutionsbekl insoweit eine sekundäre Darlegungslast [s vor § 284 Rn 34] trifft; dazu Deubner JuS 2008, 226 ff). Maßgebl ist für die Begründetheit der Restitutionsklage, ob der Vorproz vom Rechtsstandpunkt des früheren Richters (BGHZ 156, 153 = NJW 2003, 3708) aus möglicherw anders zu entscheiden gewesen wäre, wenn ihm zusätzl zu dem gesamten damaligen Prozessstoff auch die betr Urkunde vorgelegen hätte (s vor § 578 Rn 22); ob es tatsächl zu dem abw Prozessergebnis kommt, muss erst die Neuverh (§ 590) ergeben (BGHZ 57, 211).

21 **e) Neue Tatsachenbehauptungen** können mit der Restitutionsklage nach § 580 Nr 7b vorgetragen werden, wenn sie mit der durch die Urkunde bewiesenen Tatsache in Zusammenhang stehen und erst von dieser aus sinnvoll vorgetragen werden können (BGHZ 161, 1 = BGH NJW 2005, 222, 223). Auf Urkunden, die nur in Verbindung mit anderen im Vorproz nicht vorgebrachten Beweismitteln zu einer für den Restitutionskl günstigeren Entscheidung führen können, kann die Klage nicht gestützt werden (BGHZ 38, 338 = NJW 1963, 715). Es genügt aber, wenn mithilfe der Urkunde ein im Vorproz unstreitiger Vortrag nunmehr bestritten werden kann (BGHZ 161, 1 = BGH NJW 2005, 222; aA OLG Celle NJW 62, 1401); an der Unzulässigkeit der Einführung neuer Beweismittel (s Rn 20) ändert dies nichts.

22 **f) Verfahren.** Zur Vorlage der Urkunde mit der Klageschrift s § 588 Rn 3. Wird Existenz oder Inhalt bestritten, Urkundenbeweis nach §§ 420 ff; Zeugenbeweis genügt hierfür nicht (BVerwG MDR 1966, 619). Zum **Beweis der Echtheit** sind neue Beweismittel unbeschränkt zulässig (OLG Freiburg JR 52, 172).

23 **9) Entscheidung des EGMR (§ 580 Nr 8).** Das eine Konventionsverletzung feststellende Urteil des EGMR tangiert die Rechtskraft des mit der Beschwerde angegriffenen Urteils nicht. Die Rechtsverletzung wird ledigl festgestellt; der Beschwerdeführer erhält allenfalls eine Entschädigung nach Art 41 EMRK. Der durch das 2. JuMoG-E eingeführte Wiederaufnahmegrund nach § 580 Nr 8 ermöglicht dagegen (nach dem Vorbild des § 359

Nr 6 StPO) eine vollständige Restitution (auch wenn der zugrunde liegende Mangel des Urteils nach den allg Vorschriften keine Wiederaufnahme ermöglichen würde; krit Braun NJW 2007, 1621 f). Das Urteil beruht dann auf der Konventionsverletzung, wenn die Kausalität nicht ausgeschlossen werden kann (StJ/Jacobs Rn 45; MskV/Spohnheimer Rn 24; Braun NJW 2007, 1622; aA PG/Meller-Hannich Rn 17). Ob daneben, ggf hilfsw, eine Entschädigung zugesprochen wird, entscheidet der EGMR. Auf die Entscheidung im Wiederaufnahmeverf hat die Entschädigung keinen Einfluss (aA BRDrs 550/06, 82: Berücksichtigung zB bei Schmerzensgeldklagen); der Prozessgegner muss dagegen die Belastungen durch das Wiederaufrollen des rechtskräftig abgeschlossenen Rechtsstreits und evtl Kosten- sowie Rückabwicklungspflichten (s § 590 Rn 12) entschädigungslos tragen (bedenkl; zumindest Niederschlagung der Gerichtskosten für das Wiederaufnahmeverf ist unbedingt geboten; sa Braun NJW 2007, 1620). Zur Klagefrist s § 586 IV. Zur Zuständigkeit s § 584 Rn 3.

III) Gebühren. S § 578 Rn 4. Im Fall der Nr 8 keine Pflicht zur Vorauszahlung (§ 12 II Nr 4, § 22 I 1 GKG). 24

§ 581 Besondere Voraussetzungen der Restitutionsklage

(1) In den Fällen des vorhergehenden Paragraphen Nummern 1 bis 5 findet die Restitutionsklage nur statt, wenn wegen der Straftat eine rechtskräftige Verurteilung ergangen ist oder wenn die Einleitung oder Durchführung eines Strafverfahrens aus anderen Gründen als wegen Mangels an Beweis nicht erfolgen kann.
(2) Der Beweis der Tatsachen, welche die Restitutionsklage begründen, kann durch den Antrag auf Parteivernehmung nicht geführt werden.

1) Bedeutung. Die Vorschrift ordnet an, dass bei den Restitutionsklagen nach § 580 Nrn 1-5 die Behauptung ei- 1
ner entspr Straftat nicht genügt. Weiteres Zulässigkeitserfordernis iSv § 589 ist vielmehr, dass wegen der Tat bereits eine strafgerichtl Verurteilung ergangen oder die Durchführung eines Strafverf unmögl ist. Das Zivilgericht ist an das Strafurteil aber nicht gebunden, sondern muss sich selbst vom Vorliegen der strafbaren Handlung überzeugen (BGHZ 85, 32). – Da die Vorschrift auf eine **Schadensersatzklage aus § 826 BGB** (s vor § 322 Rn 72 ff) nicht anzuwenden ist (BGHZ 50, 116), wird sie weitgehend unterlaufen (vgl MK/Braun/Heiß Rn 11 ff, der die Ausnahme des § 581 I Hs 2 daher erweiternd auslegen will; weniger weitgehend WSch/Borck Rn 45 ff; abl BGH NJW-RR 2006, 1573). – Zur Anwendbarkeit des § 581 beim **Widerruf von Prozesshandlungen** s vor § 128 Rn 24.

2) Strafgerichtliche Verurteilung. Sie muss rechtskräftig sein, sonst wird die Wiederaufnahmeklage als unzu- 2
lässig verworfen (s § 589 Rn 2); Aussetzung bis zum rechtskräftigen Abschluss des Strafverf ist unzulässig (BGHZ 50, 122; OLG Köln JMBlNRW 91, 76; aA MskV/Stadler § 149 Rn 3). Strafbefehl reicht (MK/Braun/Heiß Rn 6), ebenso ausl Strafurteil (RGZ 140, 99). Freispruch steht Wiederaufnahmeklage entgegen, auch wenn er auf Schuldunfähigkeit beruht (BGHZ 50, 119; aA RSchwab/Gottwald § 161 Rn 20). Leitet die StA kein Verf ein, weil ihrer Ansicht nach keine strafbare Handlung vorliegt, ist die Restitutionsklage unzulässig. Das Zivilgericht ist nicht berechtigt, diese Frage selbständig zu prüfen (BGH VersR 62, 175). Zur Einstellung aus Opportunitätsgründen s Rn 3.

3) Undurchführbarkeit des Strafverfahrens. Dieser Fall liegt vor, wenn es aus anderen Gründen als Nichtbe- 3
weisbarkeit des Tatvorwurfs, die der Kl, zB durch unverzügl Strafanzeige, hätte verhindern können (BGH NJW-RR 2006, 1573), nicht zu einem Strafverf gekommen ist. Der Nachweis der strafbaren Handlung kann dann im Wiederaufnahmeverf geführt werden (RGZ 73, 152). Ein vom Kl nicht beeinflussbares Hindernis iSd Hs 2 kann zB bestehen, wenn der Angeklagte verstorben ist (OLG Düsseldorf MDR 69, 1071) oder sich im Ausland aufhält (RGZ 73, 150), bei zwischenzeitl eingetretener Geisteskrankheit, Verjährung der Strafverfolgung, Erlass einer Amnestie (BGH VersR 62, 177) oder Einstellung des Verf aus Opportunitätsgründen (§§ 153 ff StPO; MK/Braun/Heiß Rn 9; zu § 153a StPO vgl OLG Köln MDR 91, 452 u OLG Hamm FamRZ 97, 759; zu § 154 StPO OLG Hamburg MDR 78, 851 u OLGR Hamm 1999, 193, 194; aA OLG Hamm MDR 86, 679), und zwar auch dann, wenn die StA das Verf richtigerw nach § 170 II StPO hätte einstellen müssen (BGH WM 78, 1162).

4) Beweisführung. Das Vorliegen eines Restitutionsgrundes ist vAw zu prüfen. Die Beseitigung der Rechtskraft 4
eines früheren Urteils durch übereinstimmende Parteierklärungen soll dadurch verhindert werden (BGHZ 30, 60, 62). Aus diesem Grund kann der Beweis der Restitutionsgründe nicht durch beantragte Parteivernehmung geführt werden (II). Parteivernehmung vAw nach § 448 ist aber zulässig, wenn für die zu beweisende Restitutionstatsache bereits anderweitige Beweisumstände sprechen (BGHZ 30, 60). Anders als I gilt II für sämtl Restitutionsgründe des § 580. Die gebotene Amtsprüfung steht auch einem Anerkenntnis oder Geständnis entgegen (StJ/Jacobs Rn 7).

§ 582 Hilfsnatur der Restitutionsklage

Die Restitutionsklage ist nur zulässig, wenn die Partei ohne ihr Verschulden außerstande war, den Restitutionsgrund in dem früheren Verfahren, insbesondere durch Einspruch oder Berufung oder mittels Anschließung an eine Berufung, geltend zu machen.

1 **I) Bedeutung.** § 582 legt die **Hilfsnatur** der Restitutionsklage fest. Zu einer Wiederaufnahme des rechtskräftig abgeschlossenen Verf soll es nur kommen, wenn der betr Grund auch bei sorgfältiger Prozessführung nicht schon im Verf selbst hätte geltend gemacht werden können (zu erfolgloser Geltendmachung s Rn 7). Auf **Schadensersatzklagen gem § 826 BGB** (s vor § 322 Rn 72 ff) ist § 582 analog anwendbar (BGH NJW 89, 1285 mwN), nach aA § 254 BGB (vgl Walker FG 50 Jahre BGH, S 392 f).

2 **II) Verfahren.** Die Voraussetzungen des § 582 sind vAw zu prüfen (RGZ 99, 170). Ob man sie der Zulässigkeits- oder der Begründetheitsprüfung zurechnet, spielt daher iErg keine Rolle (s MskV/Spohnheimer Rn 1 mN der uneinheitl Rspr). Verneint das Gericht das Vorliegen eines Restitutionsgrundes, kann es auch offen lassen, ob die Voraussetzungen des § 582 gegeben wären (OLG Koblenz NJW-RR 89, 827).

3 **III) Beweislast.** Der Wiederaufnahmekläger muss beweisen, dass er den Restitutionsgrund ohne Verschulden nicht bereits in dem früheren Verf geltend machen konnte (RGZ 99, 170).

4 **IV) Zulassungsvoraussetzungen. 1) Unmöglichkeit der Geltendmachung im früheren Verfahren.** Hieran fehlt es, wenn der Restitutionsgrund dem Wiederaufnahmekläger bekannt gewesen ist und sein Vorbringen Aussicht auf Erfolg hatte (RGZ 99, 170; BGH GRUR 2017, 428). Die Frist für die Einlegung des **Einspruchs gegen ein VU** oder der **Berufung** (RGZ 123, 105), ggf für die WE in den vorigen Stand, darf daher bei Kenntniserlangung noch nicht abgelaufen gewesen sein. Bestand die Möglichkeit, den Restitutionsgrund noch im Nachverf nach einem Vorbehalts- oder Zwischenurteil geltend zu machen, dann musste sie gewahrt werden (BGH JZ 63, 450). Zum Revisionsverf s vor § 578 Rn 16. Trotz des § 581 sind auch **strafbare Handlungen** iSd § 580 Nrn 1-5 nach Möglichkeit schon im anhängigen Verf geltend zu machen (BGH MDR 58, 670), das Erfordernis einer strafgerichtl Verurteilung (§ 581 I) gilt hierfür nicht.

5 **2) Verschulden.** Die Geltendmachung im Ausgangsverf muss infolge Vernachlässigung der gebotenen Sorgfalt unterblieben sein. Fahrlässigkeit des ProzBev ist nach § 85 II zuzurechnen (BGH NJW 93, 1717, 1718).

6 **Beispiele:** Ein Verschulden der Partei liegt zB vor, wenn sie eine während des Rechtsstreits in ihrem Gewahrsam befindl Urkunde erst nachträgl vorlegt, weil diese wegen Unordnung in den Geschäftsunterlagen oder unterlassener Nachforschung unbemerkt geblieben ist (BGH MDR 74, 575) oder weil sie vergessen wurde. Schuldhaft kann die Nichtauswertung allg zugängl Urkunden, beigezogener Akten, öffentl Register oä sein (BGH NJW-RR 2013, 833), ebenso das Unterlassen eines Vorlegungsantrags nach § 428 oder eines Auskunftsantrags nach § 1580 BGB (BGH NJW 93, 1717, 1718). Das Unterlassen von Anregungen zu Maßnahmen, die im **Ermessen** des Gerichts stehen, ist dagegen nicht schuldhaft. Nur ganz ausnahmsw wird ein Irrtum über die Erheblichkeit der Urkunde entschuldbar sein (BGH VersR 62, 175, 176 [zu 2b]). – Der **RA** handelt schuldhaft, wenn er eine durch Prozessbetrug veranlasste Rechtsmittelzurücknahme nicht widerruft (BGH MDR 58, 670).

7 **V) Erfolglose Geltendmachung des Restitutionsgrundes im Vorprozess.** Sie schließt Restitutionsklage gleichfalls aus, ohne dass es auf Grund für den Misserfolg ankommt (StJ/Jacobs Rn 2; PG/Meller-Hannich Rn 7; teilw aA LAG Frankfurt NJW 62, 1886 [nur bei Verschulden]; MK/Braun/Heiß Rn 10 u MskV/Spohnheimer Rn 4 [nicht wenn Kl jetzt erst über geeignete Beweismittel verfügt]).

§ 583 Vorentscheidungen

Mit den Klagen können Anfechtungsgründe, durch die eine dem angefochtenen Urteil vorausgegangene Entscheidung derselben oder einer unteren Instanz betroffen wird, geltend gemacht werden, sofern das angefochtene Urteil auf dieser Entscheidung beruht.

1 **1) Anwendungsbereich.** Die Bestimmung, die für die Nichtigkeits- und die Restitutionsklage gilt, entspricht den §§ 512, 557 II, bezieht aber auch beschwerdefähige und unanfechtbare Vorentscheidungen ein. Sie gilt auch für etwaige Vorentscheidungen der unteren, nicht aber der höheren Instanz (s vor § 578 Rn 11), insb **Zwischenurteile** nach §§ 280, 303, 304 und **Vorbehaltsurteile** nach §§ 302, 599, aber auch Beschlüsse und Verfügungen innerhalb des Verf. Teilurteile fallen nicht darunter.

2 **2) Regelungsinhalt.** Die Wiederaufnahmeklage ist nicht unmittelbar gegen die Vorentscheidung zu richten, sondern **gegen das Endurteil** (§ 578 I). Bei dessen Überprüfung werden die vom Anfechtungsgrund betroffenen Vorentscheidungen mit überprüft, sofern das Endurteil auf ihnen beruht. Dies ist der Fall, wenn die Vorentscheidung eine Grundlage des Endurteils bildet, auch wenn es auf seinen Inhalt keinen Einfluss hat. Zur

Rechtsfolge s § 590 Rn 5. – Können **selbstständige Rechtsbehelfe gegen die Vorentscheidung** ergriffen werden, ist hiervon wegen § 579 I 2, II, § 582 Gebrauch zu machen. Wurde dies schuldlos unterlassen, bleibt die Wiederaufnahmeklage gegen das Endurteil (PG/Meller-Hannich Rn 4).

§ 584 Ausschließliche Zuständigkeit für Nichtigkeits- und Restitutionsklagen

(1) Für die Klagen ist ausschließlich zuständig: das Gericht, das im ersten Rechtszug erkannt hat; wenn das angefochtene Urteil oder auch nur eines von mehreren angefochtenen Urteilen von dem Berufungsgericht erlassen wurde oder wenn ein in der Revisionsinstanz erlassenes Urteil auf Grund des § 580 Nr. 1 bis 3, 6, 7 angefochten wird, das Berufungsgericht; wenn ein in der Revisionsinstanz erlassenes Urteil auf Grund der §§ 579, 580 Nr. 4, 5 angefochten wird, das Revisionsgericht.

(2) Sind die Klagen gegen einen Vollstreckungsbescheid gerichtet, so gehören sie ausschließlich vor das Gericht, das für eine Entscheidung im Streitverfahren zuständig gewesen wäre.

1) Bedeutung. § 584 regelt die **ausschließliche Zuständigkeit** (§ 40 II) desj Gerichts, dessen Urteil mit der Wiederaufnahmeklage angegriffen wird, und trifft Sonderregelungen für den Fall, dass ein Rechtsmittelgericht entschieden hat (s Rn 2 f). – **II** stellt klar, dass Wiederaufnahme auch bei rechtskräftigem **Vollstreckungsbescheid** statthaft ist und begründet die ausschließl Zuständigkeit des nach allg Regeln zuständigen Gerichts. – Zur **Fristwahrung** bei Klageerhebung beim falschen Gericht s § 586 Rn 2. 1

2) Entscheidung eines Berufungsgerichts. Hat es **in der Sache** entschieden (gleich ob bestätigend oder abändernd), ist für die Wiederaufnahmeklage nur das Berufungsgericht zuständig; etwaige Mängel des erstinstanzl Urteils sind im erneuerten Berufungsverf zu beheben. Bezieht sich bei teilweiser Berufungseinlegung der Wiederaufnahmegrund ausschließl auf den nicht angefochtenen Teil des Urteils, ist das Gericht 1. Instanz zuständig. Wird Wiederaufnahme sowohl gegen das erst- als auch gegen das zweitinstanzl Urteil begehrt, ist gem I Hs 2 Alt 2 einheitl das Berufungsgericht zuständig (StJ/Jacobs Rn 3; aA MK/Braun/Heiß Rn 8: Aufspaltung der Zuständigkeit). – Wurde die **Berufung verworfen**, ist das Gericht 1. Instanz ausschließl zuständig, weil es an einer zweitinstanzl Sachentscheidung fehlt (RGZ 75, 60). – Bei **Zurückverweisung** an das Gericht 1. Instanz und Erlass einer neuen Entscheidung ist das Gericht zuständig, gegen dessen Urteil sich die Wiederaufnahmeklage richtet, das Berufungsgericht, wenn sie sich gegen beide Urteile richtet; unerhebl ist dabei, ob dafür dieselben oder verschiedene Gründe vorgebracht werden (StJ/Jacobs Rn 4). 2

3) Entscheidung des Revisionsgerichts. Wurde die Revision **als unzulässig verworfen**, ist für das Wiederaufnahmeverf auch in den Fällen des I letzte Alt die Zuständigkeit des Berufungsgerichts begründet (BGHZ 14, 251, 257). Das gilt aber nicht, wenn tatsächliche Feststellungen des Revisionsgerichts angegriffen werden (BGHZ 62, 18 = MDR 74, 307). – Wurde die Sache zur weiteren Entscheidung an das Berufungsgericht **zurückverwiesen**, ist für die Wiederaufnahmeklage gegen das Revisions- und das neue Berufungsurteil ebenfalls das Berufungsgericht zuständig, wenn dessen tatsächl Feststellungen angegriffen werden (BGHZ 62, 95). – Hatte das Revisionsgericht **in der Sache selbst erkannt**, auch durch Zurückweisung der Revision als unbegründet (BGHZ 14, 251), dann ist es für die Wiederaufnahmeklage zuständig, falls diese sich auf § 579 oder auf § 580 Nrn 4, 5 stützt (I letzte Alt); dies gilt auch, wenn derselbe Nichtigkeitsgrund auch den vorinstanzlichen Urteilen anhaftet (BGH WM 80, 1350). Gründet sich die Klage dagegen auf § 580 Nrn 1-3, 6 oder 7, muss sie beim Berufungsgericht erhoben werden. Nach berichtigender Auslegung des BGH soll sich die Zuständigkeit aber vorrangig danach richten, ob mit der Wiederaufnahmeklage tatsächl Feststellungen des Berufungsgerichts oder des Revisionsgerichts angegriffen werden (BGHZ 61, 95; BGHZ 62, 18; StJ/Jacobs Rn 5; PG/Meller-Hannich Rn 5 f). Für den nicht ausdrückl geregelten Fall des § 580 Nr 8 (Verletzung der EMRK) hat dies entspr zu gelten (BGH ZEV 2018, 264; PG/Meller-Hannich Rn 7). – Werden Gründe geltend gemacht, für die teilweise das Revisions- und teilweise das Berufungsgericht zuständig ist, ist zur Vermeidung einer Verfahrensaufspaltung die einheitl Zuständigkeit des Berufungsgerichts anzunehmen (StJ/Jacobs Rn 7; aA MK/Braun/Heiß Rn 8; WSch/Borck Rn 15 f). – Bei der **Sprungrevision** tritt in Analogie zu § 584 I an die Stelle des Berufungsgerichts das Gericht 1. Instanz (WSch/Borck Rn 14). 3

§ 585 Allgemeine Verfahrensgrundsätze

Für die Erhebung der Klagen und das weitere Verfahren gelten die allgemeinen Vorschriften entsprechend, sofern nicht aus den Vorschriften dieses Gesetzes sich eine Abweichung ergibt.

1) Bedeutung. Wiederaufnahmeklagen sind keine gewöhnl Klagen, sondern **außerordentl Rechtsbehelfe**, für die bes Regeln gelten. Nach § 585 sind aber die Vorschriften über das Klageverf subsidiär anwendbar. 1

2 **2) Einzelne Verfahrensfragen.** Zum Inhalt der **Klageschrift** s §§ 587, 588; iÜ gilt § 253; kein Wechsel des Streitgegenstands (s § 589 Rn 2). **Beschränkung des Antrags** auf abtrennbaren Teil des Urteils (s § 590 Rn 4) mögl. – **Streitgenossenschaft** (§§ 59 ff) ist mögl; Wiederaufnahmeklage kann aber nur von den Streitgenossen erhoben werden, in deren Person ein Wiederaufnahmegrund gegeben ist. **Notwendige Streitgenossen** sind im Wiederaufnahmeverf zu beteiligen (§ 63; RGZ 96, 52). – **PKH** (§§ 114 ff) ist für die Wiederaufnahmeklage selbständig zu bewilligen, also unabhängig davon, ob sie im Vorprozess bewilligt worden war oder nicht. Die Beurteilung der Erfolgsaussicht erstreckt sich hierbei nicht nur auf das Wiederaufnahmeverf, sondern auch auf die Hauptsache (BGH NJW 93, 3140). – Da die im Vorprozess erteilte **Prozessvollmacht** sowohl zur Erhebung der Wiederaufnahmeklage wie zur Verteidigung ihr ggü ermächtigt (§ 81), sind **Zustellungen** (§ 172) an den ProzBev der Instanz zu richten, bei der die Klage erhoben wird. Beauftragt der Wiederaufnahmekläger jedoch einen **anderen Prozessbevollmächtigten**, so erledigt sich damit die Vollmacht (§ 87 I), was bei der Zustellung zu berücksichtigen ist. – Der **Verhandlungsgrundsatz** gilt nicht für die vAw vorzunehmende Prüfung des Wiederaufnahmegrundes (s vor § 578 Rn 22). Zu **Beweisführung, Anerkenntnis und Geständnis** s § 581 Rn 4. – Getrennte Verhandlung über einzelne Wiederaufnahmegründe mögl; Nichtigkeits- und Restitutionsklage müssen gesondert verhandelt werden (§ 578 II). Zu **Aussetzung** s § 581 Rn 2. – **Klagerücknahme** (§ 269) ist mögl. Zur „Hauptsache" iSd Vorschrift ist verhandelt worden, wenn das Vorliegen eines Wiederaufnahmegrundes erörtert worden ist. – **Klageänderung** (§§ 263, 264) ist im 3. Wiederaufnahmeabschnitt mögl (s § 590 Rn 8).

3 **3) Gebühren des Gerichts.** S § 578 Rn 4.

§ 586 Klagefrist

(1) Die Klagen sind vor Ablauf der Notfrist eines Monats zu erheben.

(2) [1]Die Frist beginnt mit dem Tag, an dem die Partei von dem Anfechtungsgrund Kenntnis erhalten hat, jedoch nicht vor eingetretener Rechtskraft des Urteils. [2]Nach Ablauf von fünf Jahren, von dem Tag der Rechtskraft des Urteils an gerechnet, sind die Klagen unstatthaft.

(3) Die Vorschriften des vorstehenden Absatzes sind auf die Nichtigkeitsklage wegen mangelnder Vertretung nicht anzuwenden; die Frist für die Erhebung der Klage läuft von dem Tag, an dem der Partei und bei mangelnder Prozessfähigkeit ihrem gesetzlichen Vertreter das Urteil zugestellt ist.

(4) Die Vorschrift des Absatzes 2 Satz 2 ist auf die Restitutionsklage nach § 580 Nummer 8 nicht anzuwenden.

1 **I) Bedeutung.** Damit die Endgültigkeit eines Urteils nicht zeitl unbegrenzt in der Schwebe bleiben kann, setzt § 586 für die Wiederaufnahmeklagen eine kenntnisabhängige (I) und eine absolute Frist (II). **Ausnahmen** s Rn 6 f, 9. – **Prüfung vAw** (§ 589). – Für die **Berechnung** der Frist gilt § 222 iVm § 187 BGB. **Verlängerung** oder **Abkürzung** ist nicht mögl (§ 224 II Hs 2), bei schuldloser Versäumung der Notfrist nach I **Wiedereinsetzung** gem § 233. – Für die **Schadensersatzklage aus § 826 BGB** (s vor § 322 Rn 72 ff) gilt § 586 nicht (BGHZ 50, 115, 120 f).

2 **II) Klagefrist (§ 586 I, II 1). 1) Wahrung.** Die Klage kann schon **vor Beginn der Notfrist** erhoben werden, sofern nur das anzufechtende Urteil formell rechtskräftig ist (BGH GRUR 2012, 753 Tz 22 mwN). Mangel der Rechtskraft wird zwar durch späteren Eintritt geheilt (WSch/Borck Rn 32; StJ/Jacobs Rn 9); Kenntnis vom Wiederaufnahmegrund noch vor Eintritt der Rechtskraft kann allerdings zum Ausschluss der Wiederaufnahme wegen unterlassener Rechtsmitteleinlegung führen (§ 579 II, § 582). – **PKH-Antrag** wahrt die Frist nicht (BGHZ 19, 22; MskV/Spohnheimer Rn 5). Mögl aber WE (§ 233). – Zu den **Erfordernissen einer fristwahrenden Klageschrift** s § 587. Die Nichtbeachtung der Sollvorschriften in § 588 hindert die Fristwahrung dagegen nicht (s § 588 Rn 1). Wie bei jeder Klage **Rückbeziehung** der Zustellung auf den Zeitpunkt der Einreichung, wenn die Voraussetzungen des § 167 gegeben sind. – **Klage vor unzuständigem Gericht** genügt zur Fristwahrung (BAG NZA 2003, 453, 455; BSG NJW 70, 966). Verweisung gem § 281. – **Nachschieben von Anfechtungsgründen** ist zulässig, wenn die Monatsfrist für sie *im Zeitpunkt der Klageerhebung* noch nicht abgelaufen war (BGH VersR 62, 175; BAG NZA 98, 1301). Erst nach der Klageerhebung entstandene oder bekannt gewordene Gründe können aber auch noch nach Ablauf 1 Monats seit Kenntniserlangung nachgebracht werden (RGZ 168, 225, 230).

3 **2) Fristbeginn.** Grds abhängig von Rechtskraft des angegriffenen Urteils und Kenntnis der Partei von Wiederaufnahmegrund (II 1). Zeitpunkt der Kenntniserlangung ist glaubhaft zu machen (§ 589 II; RGZ 99, 169).

4 **a)** Es reicht **Kenntnis des gesetzlichen Vertreters oder Bevollmächtigten**, dessen Auftrag auch dahin geht, die Partei in der den Gegenstand des Wiederaufnahmeverf bildenden Angelegenheit zu vertreten (Johannsen Anm zu LM § 586 ZPO Nr 5), sowie insb des **Prozessbevollmächtigten** (s § 85 Rn 3). Auf die Kenntnis des ProzBev des 1. Rechtszugs kommt es jedoch nicht an, wenn sein Auftrag bereits beendet war, als er die Kenntnis erlangte (BGHZ 31, 351); dies ist idR mit der Übersendung der abschließenden Entscheidung der Fall (s vor § 578 Rn 7). Dagegen muss die Partei sich seine Kenntnis zurechnen lassen, wenn er zur Vorbereitung des Restitutionsverf mit der Erstattung einer Strafanzeige beauftragt war und auf die Mitteilung der Verfahrenseinstellung hin nicht

tätig wird (BGH WM 78, 1162). **Kenntnis eines Terminvertreters der öffentlichen Hand** ist nur dann erhebl, wenn er diese Kenntnis als verantwortl Sachbearbeiter erlangt hat (BGH MDR 63, 119).

b) In Betracht kommt nur das **auf sicheren Grundlagen beruhende Wissen** über die Wiederaufnahmetatsachen (BGH VersR 62, 176); Kennenmüssen genügt nur, wenn sich die Partei oder ihr Vertreter der Kenntnisnahme bewusst verschließt (BGH NJW 93, 1596, 1597; BGH NJW 95, 332, 333; BAG NZA 2003, 453). Dagegen kommt es nicht auf die zutr rechtl Einordnung, also die Kenntnis davon an, dass die bekannt gewordenen Tatsachen einen Wiederaufnahmegrund ermöglichen (BGH NJW 93, 1596; BGH VersR 62, 175, 176). 5

c) Sonderregelungen. aa) Bei **Nichtigkeitsklagen gem § 579 I Nr 4** wegen mangelnder Vertretung beginnt die Monatsfrist des § 586 I nur bei **wirksamer Zustellung** an den ges Vertreter oder (nach Wiedererlangung der Prozessfähigkeit) die Partei (BGH ZIP 2007, 144), auch öffentl Zustellung (StJ/Jacobs Rn 14; aA WSch/Borck Rn 78 f). Unverschuldete Unkenntnis kann jedoch WE rechtfertigen, wobei die Frist des § 234 zu beachten ist. Zustellung an einen nicht wirksam bestellten früheren ProzBev oder sonstigen Vertreter ohne Vertretungsmacht ist bedeutungslos (RG JW 28, 2712; StJ/Jacobs Rn 14). – Die Klagefrist kann auch hier **nicht vor Rechtskraft** des Urteils beginnen (BGHZ 200, 9 = NJW 2014, 937 Tz 17). Wird wirksam vor Rechtskraft des Urteils zugestellt, beginnt der Fristablauf mit deren Eintritt ohne erneute Zustellung (OLG Köln OLGZ 77, 118; MskV/Spohnheimer Rn 9; aA MK/Braun/Heiß Rn 23, StJ/Jacobs Rn 14). – Die Frist beginnt nicht schon dadurch, dass die Partei oder ihr ges Vertreter bereits vor Zustellung oder Eintritt der Rechtskraft von dem Mangel der Vertretung Kenntnis erlangt (KG NJW 70, 817; KG FamRZ 79, 526). Sie hat dann nur die Möglichkeit, früher als nach § 586 III geboten Nichtigkeitsklage zu erheben (KG FamRZ 89, 647). Wird wirksam zugestellt, ist aber der Mangel der Vertretung aus dem zugestellten Urteil nicht zu erkennen, so beginnt die Notfrist nicht vor Erlangung entspr Kenntnis zu laufen (KG NJW 70, 817; StJ/Jacobs Rn 15). – Eine **Verwirkung** der Nichtigkeitsklage durch Fristablauf scheidet mit Rücksicht auf den Schutzzweck des § 586 III aus (so wohl auch BGH FamRZ 63, 131), zumal es idR auch an einem schutzwürdigen Vertrauenstatbestand fehlt; der Gegner des Nichtigkeitsklägers hat es in der Hand, die Frist des § 586 III durch Veranlassung ordnungsmäßiger Zustellung in Lauf zu setzen. 6

bb) Restitutionsklagen. In den Fällen des **§ 580 Nrn 1-5** beginnt die Frist mit dem Tag, an dem die Partei von der rechtskräftigen Verurteilung Kenntnis erlangt hat. Kann es aus anderen Gründen als dem Mangel an Beweis nicht zu einer rechtskräftigen Verurteilung kommen (§ 581 I Hs 2), ist abzustellen auf die Kenntnis von der Straftat und ihrer Beweisbarkeit sowie der Einstellung oder Unmöglichkeit eines Strafverf (BGH NJW-RR 2006, 1573, 1574); bei § 153a StPO erst der endgültigen Einstellung (BGH 26.6.2008 – I ZR 113/07; OLG Hamm FamRZ 97, 759). Soll die Restitutionsklage auf die strafbare Verletzung der Wahrheitspflicht durch einen inzwischen verstorbenen Zeugen gestützt werden, beginnt die Monatsfrist nicht vor Kenntnis des Todes (Düsseldorf MDR 69, 1017). – Gründet sich die Wiederaufnahme auf **§ 580 Nr 7b**, ist die Kenntnis des Inhalts der Urkunde und der Möglichkeit davon, sie zu benutzen, erforderl (BAG EzA ZPO § 580 Nr 2 S 10). Auf die Erkenntnis der Erheblichkeit der Urkunde kommt es auch hier regelmäßig nicht an (BGH VersR 62, 175; s Rn 5). Werden **nacheinander mehrere Urkunden** aufgefunden, mit denen je dieselbe Tatsache bewiesen werden soll, beginnt jedes Mal eine neue Klagefrist zu laufen, solange noch keine zulässige Klage erhoben ist (BGHZ 57, 211). – Zu **§ 580 Nr 7a** s § 580 Rn 14. – Im Fall des **§ 580 Nr 8** beginnt die Frist mit der Bekanntgabe der Entscheidung des EGMR. 7

III) Ausschlussfrist (§ 586 II 2). 1) Grundsatz. Nach 5 Jahren ab Rechtskraft (s § 705 Rn 5 ff) ist Wiederaufnahmeklage grds (Ausnahmen s Rn 1) unzulässig, auch wenn der Wiederaufnahmegrund bis dahin unbekannt ist. Kann wegen mangelhafter Aktenführung durch das Gericht ein vom Kl behaupteter Zeitpunkt nicht ausgeschlossen werden, ist von diesem auszugehen (BVerwG NVwZ 94, 1206). Der 1. Tag der Frist wird nicht mit eingerechnet (RGZ 65, 25). **Wiedereinsetzung**, **Abkürzung** oder **Verlängerung** sind **nicht** mögl, da es sich um eine absolute Frist handelt. Sie gilt auch in den Fällen des § 580 Nrn 1-5, ungeachtet der noch ausstehenden strafrechtl Verurteilung (§ 581; vgl BGHZ 50, 120). Zuzulassen ist aber das **Nachschieben** eines erst nach rechtzeitiger Klageerhebung entstandenen Restitutionsgrundes (MK/Braun/Heiß Rn 16; Bereiter/Hahn FamRZ 56, 272; aA RGZ 64, 227). 8

2) Ausnahmen (§ 586 III, IV). Die Ausschlussfrist gilt nicht in den Fällen von **§ 579 I Nr 4** (mangelnde Vertretung) u **§ 580 Nr 8** (EGMR-Entscheidung). Zu § 580 Nr 7a (früheres Urteil) s § 580 Rn 14. Keine weiteren Ausnahmen (aA MK/Braun/Heiß Rn 4 f für fortbestehende Vollstreckungsmöglichkeit u Entscheidungen über noch nicht aktualisierte Rechtsbeziehungen; wie hier WSch/Borck Rn 54 ff). 9

§ 587 Klageschrift

In der Klage muss die Bezeichnung des Urteils, gegen das die Nichtigkeits- oder Restitutionsklage gerichtet wird, und die Erklärung, welche dieser Klagen erhoben wird, enthalten sein.

1) Bedeutung. Bestimmung des notwendigen Inhalts der Wiederaufnahme-Klageschrift. Hierauf beschränkte Klageschrift reicht aus, um die Frist des § 586 zu wahren (RGZ 168, 230; WSch/Borck Rn 10). Zum weiteren, nicht notwendigen Inhalt der Klageschrift (zB Antrag, Begründung) s § 588. 1

2 **2) Mangel.** Verwerfung der Klage als unzulässig (§ 589 I), sofern Fehlen notwendigen Inhalts nicht noch vor Fristablauf (§ 586) behoben wird, ggf auf entspr Hinweis. Mangel oder Fehler bei der Bezeichnung der Klageart ist unschädl, wenn die gewollte Rechtsverfolgung aus dem Antrag oder dem sonstigen Inhalt der Klageschrift erkennbar ist (RGZ 61, 418). Auch die fälschl Anführung des erstinstanzl Urteils statt des ersetzenden Berufungsurteils ist unschädl, wenn erkennbar ist, was mit der Klage erreicht werden soll (BAG AP § 580 ZPO Nr 4). Zum Übergang von der Nichtigkeits- zur Restitutionsklage und umgekehrt s § 578 Rn 2.

§ 588 Inhalt der Klageschrift

(1) Als vorbereitender Schriftsatz soll die Klage enthalten:

1. die Bezeichnung des Anfechtungsgrundes;

2. die Angabe der Beweismittel für die Tatsachen, die den Grund und die Einhaltung der Notfrist ergeben;

3. die Erklärung, inwieweit die Beseitigung des angefochtenen Urteils und welche andere Entscheidung in der Hauptsache beantragt werde.

(2) [1]Dem Schriftsatz, durch den eine Restitutionsklage erhoben wird, sind die Urkunden, auf die sie gestützt wird, in Urschrift oder in Abschrift beizufügen. [2]Befinden sich die Urkunden nicht in den Händen des Klägers, so hat er zu erklären, welchen Antrag er wegen ihrer Herbeischaffung zu stellen beabsichtigt.

1 **1) Bedeutung.** Die Vorschrift regelt keine Wirksamkeitserfordernisse der Klage. Angaben nach I und Urkundenvorlage nach II können noch in der mündl Verh nachgeholt werden (zum Nachschieben von Anfechtungsgründen s § 586 Rn 2). Fehlt dort aber schlüssiger Vortrag, ist die Klage als unzulässig zu verwerfen (s § 589 Rn 2; PG/Meller-Hannich Rn 4). Prozessuale Nachteile können auch durch Präklusion verspäteten Vorbringens eintreten (§ 296). – **Formulierungsvorschläge:** Vorwerk/Wiemer, PFB, M 72.3, M 73.1.

2 **2) Beschränkung des Antrags (§ 588 I Nr 3).** Bei abtrennbarem Streitgegenstand auch dann zulässig und für das Gericht beachtl, wenn der Wiederaufnahmegrund das ganze Urteil betrifft (BAG NZA 2000, 733, 735).

3 **3) Beifügung von Urkunden (§ 588 II).** Entspr dem Normzweck von § 131 I (s § 131 Rn 2) ist nur noch die Beifügung in Abschrift zulässig. Der **Urkundenbeweis** wird gem §§ 420 ff durch Vorlage oder Antrag auf Vorlage durch den Gegner geführt (§§ 420 ff).

§ 589 Zulässigkeitsprüfung

(1) [1]Das Gericht hat von Amts wegen zu prüfen, ob die Klage an sich statthaft und ob sie in der gesetzlichen Form und Frist erhoben sei. [2]Mangelt es an einem dieser Erfordernisse, so ist die Klage als unzulässig zu verwerfen.

(2) Die Tatsachen, die ergeben, dass die Klage vor Ablauf der Notfrist erhoben ist, sind glaubhaft zu machen.

1 **1) Bedeutung.** § 589 betrifft die 1. Stufe, die Prüfung der **Zulässigkeit** der Wiederaufnahmeklage (zu deren Dreistufigkeit s vor § 578 Rn 20 ff). Diese ist – wie auch sonst – **vAw** durchzuführen, auch noch in der Revisionsinstanz und ohne Bindung an die Feststellungen des Berufungsgerichts (BGH NJW 94, 589, 591). Bei **Bejahung der Zulässigkeit** Übergang in die 2. Stufe. Zu **Säumnisverfahren** s § 590 Rn 6.

2 **2) Gegenstand der Prüfung.** Neben den allg **Prozessvoraussetzungen** müssen **Rechtskraft** des Urteils und **Beschwer** des Wiederaufnahmeklägers gegeben sein. Ein bes Rechtsschutzbedürfnis ist nicht erforderl. Das Fehlen eines solchen kann auch nicht aus der Rücknahme einer auf dieselben Gründe gestützten Wiederaufnahmeklage abgeleitet werden (so aber BVerwG NVwZ 94, 1206; dagegen Jauernig NVwZ 96, 31); idR wird eine solche Klage an der Frist des § 586 I scheitern; wenn nicht, muss sie als zulässig angesehen werden. Das Vorliegen eines Wiederaufnahmegrundes muss **schlüssig behauptet** werden (BGHZ 57, 211, 213). Hieran fehlt es, wenn mit der Klage eine Änderung des Streitgegenstands herbeigeführt wird (BGH ZIP 2021, 1835). Bei den Restitutionsgründen nach § 580 I Nrn 1-5 gehören auch die bindungsfrei festzustellenden Voraussetzungen des § 581 zur Zulässigkeit, laut BGH auch das Vorliegen der Voraussetzungen des § 582 (s § 582 Rn 2). Weiter zu prüfen ist die Wahrung von **Form** (§ 587) und **Frist** (§ 586).

3 **3) Mangel.** Bei Fehlen einer Zulässigkeitsvoraussetzung ist die Wiederaufnahmeklage nach mündl Verh, ggf nach abgesonderter Verh (§ 590 II), durch selbständig anfechtbares Endurteil als unzulässig zu verwerfen (§ 589 *I 2*). **Wiederholung** unter Vermeidung des Mangels ist mögl, wenn die erneute Klage die ges Fristen wahrt (AG/Hunke Rn 4).

4) Glaubhaftmachung (§ 589 II). Das (gem § 294 zu erfüllende) Erfordernis bezieht sich nur auf die Umstände, aus denen sich die Einhaltung der Klagefrist nach § 586 I ergibt. 4

§ 590 Neue Verhandlung

(1) Die Hauptsache wird, insoweit sie von dem Anfechtungsgrunde betroffen ist, von neuem verhandelt.

(2) [1]Das Gericht kann anordnen, dass die Verhandlung und Entscheidung über Grund und Zulässigkeit der Wiederaufnahme des Verfahrens vor der Verhandlung über die Hauptsache erfolge. [2]In diesem Falle ist die Verhandlung über die Hauptsache als Fortsetzung der Verhandlung über Grund und Zulässigkeit der Wiederaufnahme des Verfahrens anzusehen.

(3) Das für die Klagen zuständige Revisionsgericht hat die Verhandlung über Grund und Zulässigkeit der Wiederaufnahme des Verfahrens zu erledigen, auch wenn diese Erledigung von der Feststellung und Würdigung bestrittener Tatsachen abhängig ist.

I) Bedeutung. § 590 regelt die neue Verh über die Hauptsache (§ 590 I), dh die 3. Stufe des Verf nach der Prüfung der Zulässigkeit der Wiederaufnahmeklage (§ 589) und des Vorliegens des behaupteten Wiederaufnahmegrundes (s vor § 578 Rn 20 ff). Zum Verf bei Wiederaufnahme gegen **Beschlüsse** s vor § 578 Rn 14. 1

II) Verfahren. 1) Prüfung des Wiederaufnahmegrundes. Diese kann in gesonderter Verh erfolgen (II). Zuständiges Revisionsgericht (s § 584 Rn 3) kann dabei die einschlägigen Tatsachen selbst feststellen, auch wenn sie bestritten sind **(III)**. Zur fehlenden Bindung an **Strafurteil** iSv § 581 s § 581 Rn 1. 2

a) Ist der **Wiederaufnahmegrund nicht erwiesen** (zur Beweislast s vor § 578 Rn 22), wird die Wiederaufnahmeklage als **unbegründet** abgewiesen. 3

b) Liegt ein Wiederaufnahmegrund vor, wird das angefochtene Urteil aufgehoben. Das kann durch ein selbständig anfechtbares (s § 591 Rn 1) Zwischenurteil geschehen (BGH NJW 82, 2449; BGH MDR 79, 297), mit dessen formeller Rechtskraft das angefochtene Urteil beseitigt ist. Die Aufhebung kann auch zusammen mit der ersetzenden Entscheidung im 3. Verfahrensabschnitt ausgesprochen werden. Bei **mehreren Streitgegenständen** oder bei **teilbarem Streitgegenstand** des Vorprozesses ist die Aufhebung auf einen abtrennbaren Teil zu beschränken, wenn lediglich dieser von dem Anfechtungsgrund betroffen ist. 4

c) War im Vorprozess ein **Zwischen- oder Vorbehaltsurteil vorausgegangen**, sei es auch in einer unteren Instanz, so ist es ebenfalls mit aufzuheben, sofern es von dem Anfechtungsgrund betroffen ist (s § 583 Rn 2). Anderenfalls behält es eine Bindungswirkung nach § 318 auch für die ersetzende Entscheidung des 3. Verfahrensabschnittes. 5

2) Säumnis. a) Ist der **Wiederaufnahmekläger** säumig, ist vAw die Zulässigkeit der Klage (§ 589) zu prüfen. Ist diese zu verneinen, wird die Klage durch unechtes VU verworfen (s vor § 330 Rn 11), andernfalls durch echtes VU als unbegründet abgewiesen (BGH MDR 66, 40; StJ/Jacobs Rn 17; MskV/Spohnheimer Rn 7). **b)** Bei **Säumnis des Wiederaufnahmebekl** ergeht ebenfalls unechtes VU gegen den Kl, wenn die Klage unzulässig oder nach Hinweis nicht schlüssig begründet ist. Andernfalls hat das Gericht vAw das Vorliegen des behaupteten Wiederaufnahmegrunds zu prüfen. Für die Verh zur Hauptsache gelten dann die §§ 330 ff, wobei sich die Parteirolle nach dem Ursprungsverf richtet (StJ/Jacobs Rn 18; MskV/Spohnheimer Rn 8). 6

3) Neuverhandlung der Hauptsache. a) Bei Zulässigkeit der Klage und Bejahung eines Wiederaufnahmegrundes wird über die Hauptsache, soweit sie vom Wiederaufnahmegrund betroffen ist, neu verhandelt. **Neues Vorbringen** ist insoweit jetzt (anders als im 2. Abschnitt) mögl (BGH WM 83, 959; StJ/Jacobs Rn 6). Wenn in einem Zwischenurteil (s Rn 4) das Urteil des Vorprozesses nur **teilw** oder nur das Endurteil unter Bestehenlassen einer Vorentscheidung aufgehoben worden ist, ist auch nur in den dadurch gezogenen Grenzen neu zu verhandeln. Gleiches gilt, wenn nur beschränkte Aufhebungsanträge gestellt worden sind und die aufhebende Entscheidung zusammen mit der ersetzenden ergeht. 7

b) Die **Anträge zur Hauptsache** müssen spätestens jetzt gestellt werden (RGZ 168, 230). **Klageänderung** und **Klageerweiterung** sind mögl (RGZ 91, 197). Da mit Eintritt in die neue Verh zur Hauptsache das Verf in die alte Prozesslage zurückversetzt wird, sind auch die dafür geltenden Verfahrensvorschriften anzuwenden; der Wiederaufnahmekläger, der im Vorprozess Bekl war, kann jetzt **Widerklage** erheben (RGZ 91, 197) oder als früherer Berufungsbeklagter **Anschlussberufung** einlegen (BGH NJW 59, 1918, 1920 zu 4), sofern noch nicht verfristet (§ 524 II 2, 3). 8

c) Infolge der **Einheit der mündl Verh** des 3. Verfahrensabschnitts mit der mündl Verh des Vorprozesses wird über den Streitstoff nunmehr so verhandelt, wie wenn noch keine Vorentscheidung ergangen wäre. Die neue Verh zur Hauptsache erstreckt sich jedoch **nur auf den vom Anfechtungsgrund betroffenen Teil des Verf**, so dass auch nur in diesen Grenzen eine neue, selbständige und unabhängige Verh stattfindet; iÜ bleibt der nicht betroffene Rest des alten Verf maßgebend (RGZ 82, 273), zB auch ein Geständnis. 9

10 **d) Verfahrensergebnisse des Vorprozesses**, die von dem Anfechtungsgrund betroffen sind, scheiden als Urteilsgrundlage aus, in den Fällen des § 579 also regelmäßig die gesamten gerichtl Verh, Beweisergebnisse und Parteihandlungen (ebenso für § 580 Nr 5 KG NJW 76, 1356). Je nach Art und Tragweite des Anfechtungsgrundes scheiden jedoch auch nur **einzelne Verfahrensergebnisse** als Entscheidungsgrundlage aus, bspw ein abgenötigtes Geständnis oder eine unwahre Zeugenaussage. – Zur Begrenzung des Prozessstoffs im Fall der Urkundenauffindung (**§ 580 Nr 7b**) s § 580 Rn 21. – Bei der **tatsächl und rechtl Würdigung** der bestehen gebliebenen und neu hinzugekommenen Verfahrensergebnisse ist das Wiederaufnahmegericht frei und nicht an die Auffassung des früheren Richters gebunden. – Als verspätet zurückgewiesenes Vorbringen ist zu berücksichtigen, soweit es das Verf jetzt nicht mehr verzögert (StJ/Jacobs Rn 6), ebenso eine veränderte Rechtslage (BVerwG NVwZ 89, 68; MskV/Spohnheimer Rn 5). Bereits eingetretene Rechtsverluste oder Bindungen (zB nach § 282 III, § 290, § 295) bestehen aber fort. IÜ können die Parteien so disponieren, wie sie es in der früheren Verh gekonnt hätten.

11 **III) Entscheidung. 1) Tenor.** Im Urteil wird (neben Aufhebung des früheren Urteils, wenn diese nicht bereits durch ein Zwischenurteil ausgesprochen worden ist), ggf durch die Vorinstanz nach Aufhebung und Zurückverweisung, über die Klage des Vorprozesses entspr den alten oder den nunmehr gestellten Anträgen neu zur Hauptsache entschieden, was natürl auch zur Abweisung der ursprüngl Klage als unzulässig führen kann. Soll es bei der Entscheidung des Vorprozesses über die Hauptsache verbleiben, ist eine neue Entscheidung mit demselben Inhalt zu erlassen (RGZ 75, 53, 57; KG NJW-RR 90, 8). Diese wirkt ex nunc; eine Aufrechterhaltung analog § 343 kommt nicht in Betracht (RSchwab/Gottwald § 162 Rn 30; WSch/Borck Rn 42 ff; aA StJ/Jacobs Rn 11; Zeuner MDR 60, 87). Dem steht schon der mögl Erlass eines aufhebenden Zwischenurteils (s Rn 4) entgegen.

12 **2) Rückerstattung.** Ein **Antrag auf Erstattung** des auf Grund des angefochtenen Urteils beigetriebenen Hauptbetrages ist durch Zwischenantrag analog § 717 III (Einzelheiten s § 717 Rn 17 f) mögl (StJ/Jacobs Rn 15 mwN). Zur grds unzulässigen Aufrechnung mit einer Gegenforderung s BAG NJW 62, 1125, 1126. Ein etwaiger **Schadensersatzanspruch** nach §§ 823 ff BGB (nicht § 717 II; RGZ 91, 195, 202) kann mit gesonderter Klage geltend gemacht werden, die auch mit der Wiederaufnahmeklage verbunden werden kann (StJ/Jacobs Rn 15).

13 **3) Kostenentscheidung.** Sofern die Wiederaufnahmeklage zur Neuverh der Hauptsache geführt hat (sonst § 91), wird im Urteil über die gesamten Kosten des Vorprozesses und des Wiederaufnahmeverf nach dessen Ergebnis einheitl entschieden (MK/Braun/Heiß Rn 15). Rechtskräftige Teilurteile, die nicht vom Wiederaufnahmeverf betroffen sind, müssen beachtet werden, was zur Kostenquotierung führen kann, § 92 I. Bei dem Nichtigkeitsgrund der mangelnden Vertretung (§ 579 I Nr 4) sind die Grundsätze zur Kostenbelastung bei vollmachtloser Vertretung (s § 88 Rn 11) nicht anwendbar, da der Schein-Vertreter im Wiederaufnahmeverf nicht beteiligt ist. Bei der Nichtigkeitsklage und der Restitutionsklage gem § 580 Nr 5 kommt Nichterhebung der Gerichtskosten für das Wiederaufnahmeverf gem § 21 GKG in Betracht.

§ 591 Rechtsmittel

Rechtsmittel sind insoweit zulässig, als sie gegen die Entscheidungen der mit den Klagen befassten Gerichte überhaupt stattfinden.

1 **1) Statthaftigkeit von Rechtsmitteln. Endurteile** unterliegen den Rechtsmitteln, die gegen Urteile der Instanz, in der sie erlassen worden sind, statthaft sind; dabei ist das aktuell geltende Recht maßgebl (StJ/Jacobs Rn 2). Wird über die Zulässigkeit der Klage oder das Vorliegen eines Wiederaufnahmegrundes gesondert durch **Zwischenurteil** entschieden, ist dieses entspr § 280 II selbständig anfechtbar (BGH NJW 93, 1928, 1929; BGH MDR 79, 297).

2 **2) Wiederaufnahme.** Das Urteil im Wiederaufnahmeverf unterliegt auch insoweit den allg Vorschriften. Zur erneuten Erhebung einer Wiederaufnahmeklage nach deren Abweisung als unbegründet s vor § 578 Rn 25.

Buch 5
Urkunden- und Wechselprozess (§§ 592-605a)

Vorbemerkungen zu §§ 592-605a

Lit: *Hall*, Vorbehaltsanerkenntnis u Anerkenntnisvorbehaltsurteil, 1992; *Hertel*, Der Urkundenprozess, 1992.

1) Zweck des Urkundenprozesses. Er soll dem Kl, der seinen Anspruch durch Urkunden beweisen kann, schneller als im ordentl Verf (vgl hierzu Teske JZ 95, 472) zu einem vollstreckbaren Titel verhelfen, den er darüber hinaus ohne Sicherheitsleistung (§ 708 Nr 4), jedoch mit dem Risiko einer Schadensersatzpflicht (§ 600 II iVm § 302 IV 3), vollstrecken darf (BGH NJW-RR 2021, 638 mwN). Diese Beschleunigung wird durch Ausschluss des obligatorischen Schlichtungsverf (§ 15a II Nr 4 EGZPO) u der Widerklage (§ 595 I) sowie vor allem durch die Beschränkung der Beweismittel auf präsente Urkunden und Parteivernehmung erreicht. Kehrseite dieser Beschränkung ist, dass das Ergebnis des Verf möglicherw nicht endgültig ist und durch ein im ordentl Prozess zu verhandelndes Nachverf umgestoßen werden kann. Doch ändert dies nichts daran, dass zunächst ein vollstreckbarer Titel unter Verkürzung des rechtl Gehörs des Bekl entsteht. Verfassungsrechtl Bedenken hiergegen (vgl Hertel S 53 ff) erscheinen nicht unbegründet. Der Hinweis auf die ähnl Situation in Verf des einstw Rechtsschutzes (Schlosser ZZP 106 [1993], 541) vermag deswegen nicht voll zu überzeugen, weil nicht recht einleuchtet, dass die Einschränkung des rechtl Gehörs von der Zufälligkeit des Urkundenbesitzes abhängen soll. Die Ansicht von Hertel (S 193 ff), Grundlage dieses summarischen Verf dürfe nur eine Urkunde sein, an deren Errichtung der Bekl durch Unterzeichnung mitgewirkt hat, hat daher einiges für sich (ebenso MskV/Voit § 592 Rn 1, 12). Solange sie sich nicht durchgesetzt hat, ist der Bekl auf die Abwendungsbefugnis nach § 711 u ggf Anträge auf einstw Einstellung der ZwV (§§ 707, 719) angewiesen (hierzu Hertel S 138 ff). Um keinen endgültigen Rechtsverlust zu erleiden, muss er außerdem bei seiner Einlassung im Urkundenverf die vom BGH vertretene, hier abgelehnte Bindungswirkung des Vorbehaltsurteils (s § 600 Rn 12 ff, 19 f) in Rechnung stellen. – Eine **Verpflichtung** des Kl, im Urkundenprozess zu klagen, besteht nicht (§ 592: „kann"). Zur Schadensersatzpflicht eines RA, der nicht von der Möglichkeit schnellerer Titelerlangung im Urkundenprozess Gebrauch macht, s BGH NJW 94, 3295 = JZ 95, 467 (Teske). 1

2) Besonderheiten des Verfahrens. Der Kl hat für die klagebegründenden Tatsachen, sofern sie bestritten werden, **Beweis durch Urkundenvorlage** zu erbringen; die Verteidigung des Bekl ist in derselben Weise beschränkt. Zeugen-, SV- und Augenscheinsbeweis sind ausgeschlossen. Parteivernehmung ist nur im Rahmen des § 595 II zulässig. Ob die Urk den Beweis erbringt, unterliegt der freien Würdigung nach § 286 (PG/Hall § 592 Rn 16; sa § 597 Rn 5). – Gelingt es dem Kl nicht, den erforderl Beweis durch Urkundenvorlagen und – soweit zulässig – Parteivernehmung (§ 595 II) zu erbringen, dann ist seine Klage als „in der gewählten Prozessart unstatthaft" abzuweisen (§ 597 II). – Widerspricht der Bekl der Klageforderung (§ 599 I), ohne in der Lage zu sein, seine Behauptungen durch Urkundenvorlage oder Parteivernehmung zu beweisen, wird er verurteilt unter Vorbehalt seiner Rechte im Nachverf. Will er die ihm vorbehaltenen Rechte weiter verfolgen, bleibt der Rechtsstreit ohne weiteres anhängig (§ 600), unbeschadet natürl der aus dem Vorbehaltsurteil mögl ZwV (§ 708 Nr 4). – Für Ansprüche aus **Schecks und Wechseln** enthalten die §§ 602 ff weitere Vergünstigungen: zusätzl Gerichtsstand, kürzere Fristen, Erleichterungen für die Beweisführung. – Zu den Besonderheiten des **Mahnverfahrens** s § 703a. 2

3) Verfahrensregeln. Die **allg Vorschriften** gelten auch im Urkundenprozess, auch jene über die Wahl zwischen frühem 1. Termin und schriftl Vorverf (§ 272 II, §§ 275 ff) und Übertragung auf den Einzelrichter (§ 348). **Klagenhäufung** (§ 260) bzw **Verbindung** (§ 147) nur mögl zwischen mehreren Urkundenprozessen (s § 260 Rn 2). Eine **Aussetzung** (§ 148) kommt als mit dem Zweck des Urkundenprozesses unvereinbar regelmäßig nicht in Betracht, auch nicht bei Gefahr einer Divergenz (BGH NJW-RR 2021, 638; OLG Hamm NJW 76, 246; OLG Karlsruhe GRUR 95, 263; Ausnahme bei Aufrechnung: s § 593 Rn 3). Für den **Streitgegenstand** gilt ggü einer regulären Klage keine Besonderheit. Die **Einrede des Schiedsvertrags** kann auch im Urkundenprozess erhoben werden (BGHZ 165, 376 = NJW 2006, 779; aA OLG Düsseldorf WM 95, 1488); wegen dessen bes Zweckbestimmung aber nicht im Wechselprozess (BGH NJW 94, 136 u näher s § 1032 Rn 14). Kein obligatorisches **Güteverfahren** (§ 15a II Nr 4 EGZPO). **Videoverhandlung** (§ 128a) scheidet wegen § 595 III aus. 3

4) Verfahrensvereinbarungen. Es kann vertragl vereinbart werden, dass ein bestimmter Anspruch nicht im Urkundenprozess eingeklagt werden darf (RGZ 160, 241). Dies muss durch Einrede im Urkundenprozess geltend gemacht werden u hat zur Folge, dass die Klage als in der gewählten Prozessart unstatthaft abzuweisen ist (BGH NJW 2001, 3549). – **Über den Verfahrensgang** können dagegen keine wirksamen Vereinbarungen getroffen werden. Die Parteien können also nicht etwa den Richter durch Vertrag zwingen, die vorgeschriebenen Voraussetzungen des Urkundenprozesses teilw unberücksichtigt zu lassen (RGZ 160, 243). 4

5) Gebühren. a) Gericht: Vor- und Nachverf bilden eine Gebühreninstanz. – Erging Anerkenntnis-Vorbehaltsurteil (s § 599 Rn 4), kann im Nachverf noch die Gebührenermäßigung nach 1211 GKG-KV erfolgen, denn auch dieses Vorbehaltsurteil ist 5 ein in 1211 Nr 2 GKG-KV genanntes AU und hindert daher die Ermäßigung nicht (OLGR Hamburg 2004, 456). – **b) RA:** Bei Vor- und Nachverf handelt es sich um verschiedene Angelegenheiten (§ 17 Nr 5 RVG), in denen jew die Geb 3100 ff RVG-VV anfallen. Anrechnung der VerfGeb erfolgt nach Vorbem 3 VII RVG-VV, auch in der Berufungsinstanz (hierzu Mayer NJW 2021, 345, 348).

§ 592 Zulässigkeit

[1]Ein Anspruch, welcher die Zahlung einer bestimmten Geldsumme oder die Leistung einer bestimmten Menge anderer vertretbarer Sachen oder Wertpapiere zum Gegenstand hat, kann im Urkundenprozess geltend gemacht werden, wenn die sämtlichen zur Begründung des Anspruchs erforderlichen Tatsachen durch Urkunden bewiesen werden können. [2]Als ein Anspruch, welcher die Zahlung einer Geldsumme zum Gegenstand hat, gilt auch der Anspruch aus einer Hypothek, einer Grundschuld, einer Rentenschuld oder einer Schiffshypothek.

1 **I) Zulässigkeitsvoraussetzungen. 1) Klagegegenstand.** Die Klage muss auf **Zahlung oder Leistung vertretbarer Sachen** gerichtet sein. Die Klage auf **Hinterlegung** einer Geldsumme oder auf **Sicherheitsleistung** ist daher im Urkundenprozess nicht statthaft; wohl aber kann geklagt werden auf Zahlung einer bestimmten Geldsumme gemeinschaftl an den Kl und denj, dem die Forderung verpfändet worden ist (RGZ 104, 36), oder auf Zahlung einer Geldsumme **an einen Dritten** zum Zweck der Leistung einer Kaution (BGH NJW 53, 1707). Zulässig auch Klage auf künftige Leistung, soweit nach §§ 257 ff statthaft (OGHZ 4, 227; MK/Braun/Heiß Rn 9; Bussmann MDR 2004, 674 f), nicht aber Stufenklage (StJ/Berger Rn 6). **Vertretbare Sachen:** § 91 BGB. – **Nicht statthaft** ist Urkundenprozess zB bei Anspruch auf Herausgabe bestimmter Gegenstände (OLGR Celle 1996, 32) oder Übertragung eines GmbH-Anteils (OLG Köln DB 94, 1078).

2 Auf den **Entstehungsgrund** des Anspruches kommt es nicht an. Im Urkundenprozess verfolgbar sind somit Ansprüche sowohl persönl wie dingl Natur, Ansprüche aus Verträgen und anderen Rechtstiteln, solche, die von einer Vor- oder Gegenleistung (RGZ 56, 302), einer Leistung Zug um Zug (§ 322 I BGB; RGZ 56, 303), dem Eintritt einer Bedingung oder Kündigung abhängen usw, Vergütungsansprüche eines Organmitglieds (OLG München AG 2012, 295; Pauly FS Heidel, 2021, S 631, 634 ff; nicht aber von Arbeitnehmern: § 46 II 2 ArbGG), auch Bereicherungsansprüche, wenn sich die Nichtigkeit des Rechtsgrunds (zB bei Wucher) urkundl belegen lässt (OLG Dresden ZIP 97, 730). Für den Rückforderungsprozess bei der **Bürgschaft** auf erstes Anfordern ist nach deren Sinn das Urkundenverf idR unstatthaft (BGH NJW 2001, 3549). Dagegen sind fällige **Mietforderungen** nicht dadurch vom Urkundenprozess ausgeschlossen, dass der Mieter wegen Mängeln der Mietsache Minderung, die Einrede des nicht erfüllten Vertrags oder Störung der Geschäftsgrundlage geltend macht (BGH NJW 2022, 1378 Tz 18; BGH NJW 2007, 1061; BGH NJW 2005, 2701 mwN = JR 2006, 118 [Hinz]); sind allerdings erhebl Mängel der Mietsache unstreitig oder vom Vermieter nicht substantiiert bestritten, ergibt sich die Höhe der dadurch geminderten Miete nicht aus dem Mietvertrag, so dass sie nicht im Urkundenprozess eingeklagt werden kann (KG MDR 2012, 901). Zulässig ist der Urkundenprozess, wenn der Mieter anfängl Mängel behauptet, die Wohnung aber rügelos als Erfüllung angenommen hat, sofern dies unstr ist oder vom Vermieter durch Urk bewiesen werden kann (BGH NJW 2009, 3099; BGH MDR 2013, 993). Zu den Anforderungen bei Mietnebenkosten s BGH NJW 2015, 475 u Schmid MDR 2013, 1266 ff, bei Mieterhöhungen Burbulla MietRB 2015, 151. – Ob der Sch sich die **beschränkte Erbenhaftung** vorbehalten kann (s dazu §§ 780 ff), ist für die Frage der Zulässigkeit des Urkundenprozesses unerhebl.

3 **2) Klageart. Feststellungsklagen** (§ 256 I II) sind im Urkundenprozess ausgeschlossen (BGHZ 16, 213; BGH WM 79, 614). Das gilt jedoch nicht für die Klage auf Feststellung einer **bestrittenen Insolvenzforderung** (§§ 179-183 InsO; StJ/Berger Rn 4; MK/Braun/Heiß Rn 6; RSchwab/Gottwald § 164 Rn 7; aA OLG München NJW 85, 983; MskV/Voit Rn 3), denn auch hier geht der Streit darüber, ob ein bestimmter Geldbetrag zu zahlen ist. Abzulehnen ist daher die Ansicht, ein unterbrochener Urkundenprozess gehe von selbst in das ordentl Verf über (so OLG Hamm MDR 67, 929; AG/Gehle Rn 12; dagegen mit Recht RSchwab/Gottwald § 164 Rn 7; StJ/Berger Rn 4; MK/Braun/Heiß Rn 6; Teske ZZP 99 [1986], 185 ff mwN). **Zwischenfeststellungsklage** (§ 256 II) ist erst im Nachverf zulässig (BGH ZIP 94, 562, 563). Zur **einseitigen Erledigungserklärung** s § 596 Rn 11.

4 Klagen auf **Befreiung von einer Geldschuld** sind unstatthaft (RG Warn 17 Nr 236), dgl **Gestaltungsklagen** und Klagen auf **individuelle Sachleistungen** oder auf **Handlungen** oder **Unterlassungen**, etwa auf Abgabe einer Willenserklärung (OLG Köln MDR 59, 1017). In **S 2** ausdrückl zugelassen sind aber Klagen auf **Duldung der Zwangsvollstreckung**; die dortige Aufzählung ist nicht als abschließend anzusehen; auch sonstige Haftungsklagen sind mögl (StJ/Berger Rn 8; MK/Braun/Heiß Rn 13).

5 **3) Amtsprüfung.** Ob sich die Klage für den Urkundenprozess eignet, ist vAw zu prüfen. Wenn nicht, wird sie als in der gewählten Prozessart unstatthaft abgewiesen (§ 597 II), auch wenn der Bekl säumig ist (StJ/Berger § 597 Rn 14). Ebenso bei Vereinbarung, dass nicht im Urkundenprozess geklagt werden darf (s vor § 592 Rn 4).

Wird ein im Urkundenprozess unstatthafter Anspruch geltend gemacht, erklärt aber der Bekl ein **Anerkenntnis** (§ 307) oder der Kl den **Verzicht** (§ 306), wird das Fehlen der Prozessbedingungen des § 592 unerhebl; es ist ohne Prüfung der Eignung des Anspruchs für den Urkundenprozess zu entscheiden, so dass der Kl nicht gehalten ist, vom Urkundenprozess Abstand zu nehmen, um ein AU erlangen zu können. 6

II) Beweisführung durch Urkunden. Der Kl muss für alle anspruchsbegründenden Tatsachen Beweis durch Urkunden antreten (zu sonstigen Tatsachen s § 595 II). Zu den Folgen nicht ordnungsgem oder nicht ausreichenden Beweisantritts s § 597 II. 7

1) Reichweite. a) Was zur **Anspruchsbegründung** gehört, bestimmt sich nach den Tatbestandsvoraussetzungen der jew Anspruchsnorm und nach Beweislastgrundsätzen. **Bsp: Vertragsschluss** (nicht auch Fortbestand des Vertrags, LG Bonn NJW 86, 264), **Vollmacht** des Abschlussvertreters, Eintritt einer vereinbarten **Bedingung**, Umstände, von denen die **Fälligkeit** abhängt (etwa Kündigung oder Abnahme), **Abtretung**, bei **Bürgschaft** Bestehen und Fälligkeit der Hauptschuld (RGZ 97, 162). Der Bürge, der im Urkundenprozess Rückgriff nimmt, braucht nur seine Inanspruchnahme darzulegen; der Hauptschuldner, der das Erlöschen der Hauptschuld einwendet, ist dafür darlegungs- und beweisbelastet (BGH JR 88, 463 [Schneider] = EWiR § 774 BGB 1/87, 1187 [Alisch]). Wird ein der Saldotheorie unterliegender **Bereicherungsanspruch** eingeklagt, muss der nach Saldierung bestehende Überschuss urkundl belegt werden (BGHZ 173, 145, 157 f). Im Einzelfall muss eine **Schlüssigkeitsprüfung** angestellt werden, deren Ergebnis festlegt, welche tatsächl Behauptungen zur Beweislast des Kl stehen (vgl zur Dienstvergütung OLG Schleswig MDR 2007, 292). Auf diese bezieht sich dann der Zwang zum Urkundenbeweis. 8

b) Prozessvoraussetzungen sind vAw zu berücksichtigen und bedürfen nicht des Urkundenbeweises; die Beweiseinschränkungen der §§ 592, 595 II, III gelten nicht (BGH NJW 86, 2765 = MDR 86, 130). Das gilt auch für verzichtbare prozesshindernde Einreden (RGZ 160, 346), zB die des Schiedsvertrages (s § 1032 Rn 14, auch zu den Besonderheiten beim Wechselprozess). 9

c) Nur beweisbedürftige Tatsachen sind mit Urkunden zu belegen, nicht also **offenkundige Tatsachen** iSv § 291 (RGZ 113, 119; MK/Braun/Heiß Rn 23). 10

d) Auch **unstreitige oder zugestandene Tatsachen** bedürfen nach hM nicht des Urkundenbelegs (BGHZ 62, 286, 292 = NJW 74, 1199 [abl Bull NJW 74, 1513] = JZ 74, 679 [abl Stürner] = JR 74, 426 [zust Bassenge]; BGH NJW 2008, 523; StJ/Berger § 597 Rn 12; aA OLG Schleswig NJW 2014, 945; MK/Braun/Heiß Rn 26 ff; Leidig/Jöbges NJW 2014, 892; zum Meinungsstand Koch JR 2016, 159 ff). Dabei darf es allerdings nur um die Ausfüllung von Lücken in der Beweisführung gehen; ohne jede Urkunde wäre eine Klage im Urkundenprozess nicht statthaft (MskV/Voit Rn 11; OLG Köln MDR 2014, 1022; aA StJ/Berger § 597 Rn 12). Dass der Kl im Falle des Nichtbestreitens durch den Bekl den Urkundenbeweis nicht zu *führen* braucht, ändert nichts daran, dass die *Möglichkeit*, ihn zu führen, Statthaftigkeitsvoraussetzung des Urkundenverf ist (§ 597 II), also dem Kl überhaupt erst den Weg zu dieser vereinfachten, Einwendungen des Bekl zunächst ausschließenden Titelerlangung eröffnet; es kann auch nicht richtig sein, dass der fehlende Urkundenbeleg zwar einem VU, nicht aber einem Urteil gegen den erschienenen Bekl entgegensteht (MK/Braun/Heiß Rn 27; Stürner JZ 74, 681). Auf der anderen Seite ist es, da auch im Urkundenprozess der Grundsatz der freien Beweiswürdigung (§ 286) gilt, nicht gänzl auszuschließen, dass aus dem Verhalten des Bekl in der mündl Verh Schlüsse gezogen werden, die bis zur Ausfüllung von Lücken in der Urkundenbeweisführung gehen können. 11

e) Nebenforderungen sind ebenfalls mit Urkunden zu belegen (Ausnahmen bei Wechsel und Scheck: § 605 II, § 605a). 12

2) Urkunden. Grundlegend zum **Begriff** s vor § 415 Rn 2 f. Die Urkunden müssen nicht den Klageanspruch selbst verbriefen, wie etwa eine Vertragsurkunde; da auch im Urkundenprozess die freie Beweiswürdigung gilt (§ 597 Rn 5), genügt, dass sie einen **Indizienbeweis** ermöglichen (BGH NJW-RR 2006, 760; BGH WM 83, 22; BGH MDR 86, 304), wie zB ein Schuldschein (OLG Köln MDR 2014, 1227). Unerhebl ist nach der Rspr, ob der Sch bei der Errichtung der Urkunde mitgewirkt hat (RGZ 142, 306; OLG Köln MDR 2014, 1022, 1023: Schlussrechnung; zur Kritik s vor § 592 Rn 1). – Im Urkundenprozess (unzulässigerw) entstandene **Vernehmungsprotokolle** dürfen auch in 2. Instanz nicht verwertet werden (Karlsruhe BB 71, 1384), desgl Protokolle aus einem parallel laufenden Nachverf iSv § 600 Rn 1 aE (MskV/Voit § 595 Rn 10). Das Protokoll über die Vernehmung eines Zeugen in einem anderen Verf ist zwar urkundenbeweisl verwertbar; es belegt aber nur, dass der Zeuge entspr ausgesagt hat, hat also nicht den Beweiswert der Aussage selbst (OLG München AG 2007, 361; OLGR Rostock 2003, 171). – Entspr gilt für **SV-Gutachten**, auch aus sBV (BGHZ 173, 366 = NJW 2008, 523). Ein Schiedsgutachten kann dagegen zusammen mit der Schiedsgutachtenabrede das Bestehen eines Anspruchs belegen (OLG Brandenburg IBR 2005, 76 [Oberhauser]). – **Privatschriftliche Erklärungen**, auch in Form einer eidesstattl Versicherung (BGH NJW-RR 2012, 1242), die ihrem Inhalt nach eine Zeugenaussage, ein SV-Gutachten oder einen Augenschein ersetzen sollen, scheiden als Beweismittel aus (BGHZ 1, 218, 220; BGH NJW 2008, 523, 524; OLG München MDR 98, 1180; StJ/Berger Rn 24; aA Becht NJW 91, 1993 ff). 13

Urkundenauszüge können genügen, wenn sie die zur Begründung des Anspruches erforderl Tatsachen beweisen (RGZ 142, 304). Von **fremdsprachl Urkunden** darf das Gericht beweiskräftige Übersetzungen fordern (§ 142 14

III). **Elektron Dokumente** sind keine Urkunden iSv § 592 (MskV/Voit Rn 12; sa vor § 415 Rn 5), Ausdrucke von solchen nur im Fall von § 416a (weitergehend MskV/Voit Rn 12). Dass gem § 130d Kopien von Urkunden in elektron Form einzureichen sind, betrifft nur die Form der Übermittlung, nicht die Urkundenqualität.

15 **3) Verfahren.** Der Beweis der Echtheit der Urkunde kann nach § 595 II durch Antrag auf Parteivernehmung angetreten werden. Zur **Offenlegung** der Beweisurkunden ggü dem Bekl s § 593 II, zum (hiervon zu unterscheidenden) **Antritt** des Urkundenbeweises s § 595 III, zur **Beweiswürdigung** s § 597 Rn 5.

16 **III) Teil-Urkundenklage.** Lässt sich die Höhe des mat-rechtl Anspruchs durch die vorhandene Urkunde nicht vollständig nachweisen, ist es dem Kl unbenommen, denj bezifferten Teilbetrag im Urkundenprozess einzuklagen, der sich durch Urkunden belegen lässt (BGH WM 67, 367). Erst recht steht es ihm natürl frei, bei uneingeschränkter Beweisbarkeit durch Urkundenvorlage nur einen Teilbetrag geltend zu machen, etwa aus Kostengründen.

§ 593 Klageinhalt; Urkunden

(1) Die Klage muss die Erklärung enthalten, dass im Urkundenprozess geklagt werde.

(2) [1]Die Urkunden müssen in Abschrift der Klage oder einem vorbereitenden Schriftsatz beigefügt werden. [2]Im letzteren Fall muss zwischen der Zustellung des Schriftsatzes und dem Termin zur mündlichen Verhandlung ein der Einlassungsfrist gleicher Zeitraum liegen.

1 **I) Urkundenklage (§ 593 I). 1) Erklärung zur Prozessart.** Es ist bereits durch die Klageschrift klarzustellen, dass der Kl die Erschwerungen in der Beweisführung des Urkundenprozesses auf sich nehmen will und der Bekl in seiner Verteidigung entspr beschränkt wird. Es genügt aber jede Erklärung in der Klageschrift, die den Willen des Kl eindeutig erkennen lässt, in dieser Prozessart zu klagen (**Formulierungsvorschlag:** Vorwerk/Wiemer, PFB, M 38.13). Zur Erklärung im **Mahnverfahren** s § 703a.

2 Bei **Fehlen einer Erklärung** iSv I ist die Klage im ordentl Verf erhoben worden. Ein nachträgl Übergang in den Urkundenprozess ist mit Zustimmung des Bekl, nach hM auch bei (allerdings selten zu bejahender) Sachdienlichkeit zulässig (BGHZ 69, 66 = LM Nr 1 [Krohn] = MDR 77, 918; StJ/Berger Rn 2; aA MskV/Voit Rn 3).

3 **2) Klageerhebung.** Hierfür gelten die allg Vorschriften (§§ 253, 261, 496 ff), desgl für die Wirkungen der **Rechtshängigkeit**. Aufrechnung der im Urkundenprozess rechtshängigen Forderung in einem anderen Prozess bleibt mögl (StJ/Berger Rn 15; ebenso zum Wechselprozess BGH MDR 77, 1013). Zur weiteren Behandlung s § 145 Rn 18. Der dort zur Vermeidung von Rechtskraftkollisionen befürworteten Aussetzung steht das grundsätzl Aussetzungsverbot im Urkundenprozess (s vor § 592 Rn 3) nicht entgegen (BGH NJW-RR 2004, 1000 = MDR 2004, 705).

4 **II) Offenlegung der Urkunden (§ 593 II). 1) Form.** Die Urkunden sind grds der Klageschrift in **Abschrift** (nicht im Original; s § 131 Rn 2) **beizufügen** und dem Bekl mit dieser **zuzustellen**. Übermittlung durch **vorbereitenden Schriftsatz** reicht aus; dieser wird dem Bekl formlos mitgeteilt (§ 270), wobei die Frist des **II 2** zu wahren ist. Im elektron Rechtsverkehr (s § 130d) sind auch die Urkunden in entspr Form einzureichen (s § 130a Rn 6). Mitteilung der Urkunde in mündl Verh steht rechtzeitiger Übermittlung gleich, wenn die Frist bis zur letzten mündl Verh eingehalten wird (RGZ 104, 34, 37; MskV/Voit Rn 5).

5 **Beglaubigung** der Abschrift ist nicht vorgeschrieben (StJ/Berger Rn 4; MskV/Voit Rn 4; PG/Hall Rn 3; aA OLG Düsseldorf MDR 88, 504). Ist die **Unterschrift** auf der Urschrift der Urkunde unleserl, genügt auf der Abschrift entspr Feststellung. **Lücken, Schreibfehler** u dgl sind mangels Rüge des erschienenen Gegners unschädl (RGZ 44, 122), ansonsten durch Nachreichung heilbar.

6 **2) Folgen unterbliebener Urkundenmitteilung. a)** Es darf bei Ausbleiben des Bekl **kein VU** ergehen (§ 335 Nr 2). Vertagung auf Antrag des Kl, wenn mit Nachholung der Urkundenmitteilung rechtzeitig vor dem neuen Termin zu rechnen ist; sonst ist die Klage gem § 597 II als unstatthaft abzuweisen, sofern nicht der Kl nach § 596 vom Urkundenprozess Abstand nimmt (Hinweispflicht nach § 139).

7 **b) Heilung des Mangels** (§ 295), wenn erschienener Bekl ihn nicht rügt (RGZ 114, 371; StJ/Berger Rn 10). Auf seine **Rüge** ist idR zu vertagen, damit die Einlassungsfrist gewahrt werden kann (OLG Karlsruhe Justiz 68, 280; StJ/Berger Rn 11); scheidet diese nach § 227 I 2 Nr 2 aus: Abweisung nach § 597 II.

8 **3) Beweisführung.** Von der Urkunden-Information des § 593 II zu unterscheiden ist der nach § 595 III durch Vorlage des Originals zu erbringende **Urkundenbeweis**.

§ 594 (weggefallen)

§ 595 Keine Widerklage; Beweismittel

(1) Widerklagen sind nicht statthaft.

(2) Als Beweismittel sind bezüglich der Echtheit oder Unechtheit einer Urkunde sowie bezüglich anderer als der im § 592 erwähnten Tatsachen nur Urkunden und Antrag auf Parteivernehmung zulässig.

(3) Der Urkundenbeweis kann nur durch Vorlegung der Urkunden angetreten werden.

I) Widerklagen (§ 595 I). Sie sind im Urkundenprozess (nicht mehr im Nachverf; s § 600 Rn 18a) **ausgeschlossen**. Wird eine solche erhoben, ist sie gem § 597 II als „im Urkundenprozess unstatthaft" abzuweisen (StJ/Berger Rn 1; aA MskV/Voit Rn 3: Verfahrenstrennung). Nimmt der Widerkläger vom Urkundenprozess Abstand (§ 596), kann nach § 145 II abgetrennt werden (StJ/Berger Rn 1). – Auch eine **Urkundenwiderklage** ist im Urkundenprozess unzulässig. Der Erhebung einer solchen im ordentl Verf steht § 595 I nicht entgegen (BGHZ 149, 222 = MDR 2002, 406 [zust Remmerbach]; StJ/Berger Rn 1; zweifelnd MskV/Voit Rn 2). – **Nicht ausgeschlossen** sind Gegenanträge nach § 600 II, § 302 IV 4, § 717 II, Aufrechnung (zu den Beweisbeschränkungen s § 598 Rn 4 ff) sowie Streitverkündung und Nebenintervention. 1

Einstweilen frei. 2-4

II) Beweisführung. 1) Beschränkung der Beweismittel. a) Für die **anspruchsbegründenden Tatsachen** ist nur der Urkundenbeweis zugelassen (§ 592; s § 592 Rn 8, 10 ff). 5

b) Hinsichtl **anderer Tatsachen** sind Urkundenbeweis (s § 592 Rn 14 ff) und Antrag auf Parteivernehmung (§§ 445 ff mit Ausnahme von § 448) zulässig. Dies bezieht sich auf die **Einwendungen** und **Einreden** des Bekl, etwa der Erfüllung, Stundung, Arglist, sowie auf den **Gegenvortrag des Kl**, soweit er diese Einwendungen auszuräumen hat, zB mit der Behauptung, dass sich die vom Bekl vorgelegte Quittung auf ein anderes Geschäft bezogen habe. Zur Behandlung der infolge der Beschränkung der Beweismittel nicht bewiesenen Einwendungen s § 598. Zur Beweiswürdigung und mittelbaren Beweisführung s § 592 Rn 13, § 597 Rn 5. 6

c) Wird die **Urkundenechtheit** – bzgl der zur Begründung oder der zur Abwehr der Klage vorgelegten Urkunden (Habscheid ZZP 96 [1983], 313) – bestritten, so ist der Urkundenbeweis gleichfalls durch die Zulassung der Parteivernehmung auf Antrag erweitert. Zeugenbeweis, SV-Beweis (s dazu Becht NJW 91, 1995), Augenschein (durch Schriftvergleich; dazu MskV/Voit Rn 9), Verwertung eidesstattl Versicherungen und sonstiger „Berichtsurkunden" (s § 592 Rn 16) sind also ausgeschlossen, dgl die Parteivernehmung vAw (§ 448). Zu unterscheiden davon ist die **Würdigung der Urkunde selbst**, auch auf ihre Echtheit, die frei nach § 286, auch durch Indizienbeweis, vorzunehmen ist (BGH NJW 95, 1683 = JR 96, 333 [Olzen/Kuzaj]; BGH MDR 86, 304; StJ/Berger Rn 7; aA LG Bonn ZIP 82, 166). Sa § 597 Rn 5. 7

d) Prozessvoraussetzungen unterliegen keiner beweisrechtl Einschränkung. Ihr Nachweis ist durch Einsatz aller Beweismittel mögl (s § 592 Rn 9). Dasselbe gilt für die Feststellung ausl Rechts (BGH NJW-RR 97, 1154). 8

2) Beweisantritt. Er geschieht durch **Präsentieren der Urkunde** in der mündl Verh, idR des Originals (s § 420 Rn 2 ff, § 435 Rn 1). Beweisantritt durch Antrag auf Vorlegung einer Urkunde durch den Gegner, einen privaten Dritten oder eine Behörde (§§ 421-432) genügt nicht (BGH NJW 94, 3295, 3296). Unzulässig ist daher auch ein Antrag auf **Beiziehung von Akten** eines anderen Gerichts (OLG München NJW 53, 1835). Dagegen darf auf Urkunden in sonstigen Akten des ProzGerichts Bezug genommen werden, weil diese stets greifbar sind (BGH NJW 2008, 523). Aus diesem Grund muss auch eine Bezugnahme als zulässig angesehen werden, wenn sie sich zwar auf fremde Akten bezieht, diese dem Prozessgericht aber bereits **vorliegen** (OLG Karlsruhe Justiz 68, 260; Teske JZ 95, 473). Akten, auf die sich niemand berufen hat, sind nie beizuziehen, auch nicht gem § 273 II Nr 2 (OLG Karlsruhe Justiz 68, 260). – Ob die präsentierte Urkunde **echt** ist, entscheidet das Gericht – aber nur bei substantiiertem Bestreiten (StJ/Berger Rn 7) – nach Maßgabe von Rn 7. 9

Erforderl ist Urkundenvorlage nur, wenn die durch sie zu beweisende Tatsachenbehauptung **bestritten** ist. **Erneute Vorlage** in späteren Terminen, auch 2. Instanz, nur, wenn zu Beweiszwecken geboten (StJ/Berger Rn 6). Zur Vorlage bei **Säumnis** des Bekl s § 597 Rn 8. 10

3) Verbleib der Urkunde. Sie wird nicht Bestandteil der Akten. Zur Anordnung des Verbleibs bei Gericht s § 142 I 2. 11

§ 596 Abstehen vom Urkundenprozess

Der Kläger kann, ohne dass es der Einwilligung des Beklagten bedarf, bis zum Schluss der mündlichen Verhandlung von dem Urkundenprozess in der Weise abstehen, dass der Rechtsstreit im ordentlichen Verfahren anhängig bleibt.

1 **I) Erklärung der Abstandnahme. 1) Anforderungen.** Es handelt sich um eine **Prozesshandlung**. Da keine Form vorgeschrieben ist, genügt schriftsätzl Erklärung (StJ/Berger Rn 4; MK/Braun/Heiß Rn 3; WSch/Olzen Rn 4; aA OLG Köln VersR 93, 901; **Formulierungsvorschlag:** Vorwerk/Wiemer, PFB, M 38.6). Sie muss **unbedingt** abgegeben werden und ist **unanfechtbar** (unzulässig zB Abstandnahme für den Fall, dass das Gericht den Urkundenprozess für unstatthaft halte [RGZ 4, 350, 352]). Die Erklärung muss darüber hinaus **eindeutig** sein. Stellung eines Beweisantrags auf Zeugenvernehmung genügt diesem Erfordernis nicht (RG HRR 32 Nr 1791). Wer im Urkundenprozess ledigl Beweise antritt, die nur im ordentl Prozess erhoben werden dürfen, drückt damit nicht ohne weiteres aus, dass er vom Urkundenprozess Abstand nehme (BGH WM 79, 803). Eine konkludente Erklärung kann auch nicht ohne weiteres darin gesehen werden, dass der Kl die Erhebung der vom Bekl angetretenen, im Urkundenprozess unzulässigen Beweise geduldet hat (StJ/Berger Rn 3; MK/Braun/Heiß Rn 3; aA OLG Colmar Recht 01, 209 Nr 709). Das kann auf Unwissenheit oder Versehen beruhen. Deshalb muss das Gericht vorab auf Klarstellung hinwirken (§ 139).

2 **2) Teilweise Abstandnahme.** Eine solche setzt einen nach § 145 zulässigen **Trennungsbeschluss** voraus (BGH MDR 2003, 888).

3 **3) Säumnis des Beklagten.** Auch in diesem Fall kann Abstandnahme erklärt werden, denn seine Einwilligung ist nicht erforderl. VU kann aber gegen ihn nur dann ergehen, wenn ihm die Abstandnahme rechtzeitig mittels (zuzustellenden, § 270) Schriftsatzes mitgeteilt worden war (§ 335 I Nr 3; StJ/Berger Rn 15). – Auch **nach Einspruch** gegen ein VU kann Abstandnahme ohne Einwilligung des Bekl erklärt werden (aA MK/Braun/Heiß Rn 6 wegen des längeren Fortbestands des VU als Vollstreckungstitel; hier kann aber nach §§ 719, 707 abgeholfen werden [ebenso StJ/Berger Rn 5]).

4 **4) Berufungsverfahren.** Hier kann nach der Rspr des BGH die Abstandnahme analog § 263 erklärt werden, wenn der Bekl einwilligt oder das Gericht es für sachdienl erachtet (BGHZ 189, 182 = NJW 2011, 2796 [Stackmann]; BGH NJW 2012, 2662; BGH MDR 2012, 1184; aA OLG Celle MDR 2006, 111; KG ZMR 2011, 116; für generelle Zulassung MskV/Voit Rn 7; Ulrici NJW 2020, 2370). Mit § 533 ist dies schwerl in Einklang zu bringen; der BGH überwindet diese Klippe, indem er den Prozessstoff, der bis zur Abstandnahme wegen der Beweismittelbeschränkung unbeachtet bleiben musste, nicht als neu, sondern als nach § 529 I Nr 1, § 533 Nr 2 beim Berufungsgericht angefallen wertet (was allerdings voraussetzt, dass der Kl – unnötigerweise – im Urkundenverf auch zu den nicht urkundl belegbaren Anspruchsvoraussetzungen vorgetragen hat). Der Rechtsstreit sei als ordentl Verf weiterzuführen, das noch in der 1. Instanz anhängige Nachverf werde gegenstandslos, dort bereits erhobene Beweise könnten gem § 411a oder urkundl verwertet werden; eine für den Fall des Übergangs ins ordentl Verf angekündigte Hilfsaufrechnung des Bekl spiele für die Abstandnahme vom Urkundenverfahren keine Rolle (BGH NJW 2020, 2407, 2409 f = MDR 2020, 685 [Noack MDR 2020, 972]), ebenso wenig die Ankündigung der beabsichtigten Zurückweisung der Berufung wegen Aussichtslosigkeit nach § 522 II (BGH MDR 2022, 1108 [Greger MDR 2022, 1332]). Der Neugestaltung des Berufungsverf durch die ZPO-Reform entspricht es jedoch eher, den Rechtsstreit als Urkundenverf weiterzuführen u, soweit Berufung begründet, nach §§ 597 ff zu entscheiden (KG ZMR 2011, 116; OLG Celle MDR 2006, 111); allenfalls kann auf Antrag einer Partei unter Aufhebung des Vorbehaltsurteils in die 1. Instanz zurückverwiesen werden (MK/Braun/Heiß Rn 4; Ulrici NJW 2020, 2370, 2371; für den Fall neuen Tatsachenvortrags auch StJ/Berger Rn 11; M. Vollkommer NJW 2000, 1682, 1685; dagegen BGH NJW 2020, 2407 mwN).

5 **5) Revision.** In der **Revisionsinstanz** ist Abstandnahme ausgeschlossen (StJ/Berger Rn 12). Ob das Berufungsgericht den Begriff der Sachdienlichkeit verkannt oder die Grenzen seines Ermessens überschritten hat, wird vom BGH aber geprüft (BGH NJW 2020, 2407 = MDR 2020, 685 [Noack MDR 2020, 972]).

6 Einstweilen frei.

7 **II) Folgen der Erklärung. 1) Übergang ins Regelverfahren.** Dieser ist endgültig, eine Rückkehr zum Urkundenprozess nicht mehr mögl (BGH MDR 2012, 1184). Die Klage kann nicht mehr gem § 597 II abgewiesen werden (BGHZ 189, 182 = NJW 2011, 2796 [Stackmann]). Die Frage, ob der Urkundenprozess überhaupt zulässig war, ist prozessual überholt.

8 **2) Fortdauer der Rechtshängigkeit.** Ist der Bekl bei Abgabe der Erklärung im Termin anwesend, kann sofort weiterverhandelt werden. Die bis dahin abgegebenen Erklärungen (Geständnisse, Verzichte usw) behalten ihre Wirkung (RGZ 13, 399; StJ/Berger Rn 18). Darüber hinaus können neue – nicht durch §§ 592, 595 II beschränkte – Beweise angeboten werden (BGHZ 189, 182 = NJW 2011, 2796 [Stackmann]). Der Bekl darf jetzt Widerklage erheben und auch mit nicht nach § 595 II beweisbaren Gegenansprüchen die Aufrechnung erklären.

9 **3) Reaktion des Beklagten.** Einen **Vertagungsanspruch** hat der im Termin anwesende Bekl grds nicht, da er stets mit einer Abstandnahmeerklärung des Gegners rechnen muss. Ihm muss aber Gelegenheit gegeben werden, sich zu neuem Vorbringen des Kl zu äußern, sei es durch Vertagung oder durch Schriftsatznachlass gem *§ 283 (OLG Hamm NJW 74, 1515)*. Eine Zurückweisung von Vorbringen des Bekl gem § 296 II verletzt den Anspruch auf rechtl Gehör (SächsVerfGH NJW 98, 3266). – Ist der Bekl in dem Termin, in dem die Abstandnahme erklärt wird, **nicht erschienen**, dann hat der Kl idR die Vertagung zu beantragen. Dem Bekl sind neue

Ladung und Abstandnahmeerklärung zuzustellen. Hierbei braucht nur die Ladungsfrist des § 217, nicht die Einlassungsfrist des § 274 III eingehalten zu werden, sofern diese bei der ersten Ladung eingehalten war (StJ/Berger Rn 15). War der Bekl zu dem Termin unter Mitteilung der Abstandnahme (§ 335 I Nr 3) geladen worden (s Rn 3), darf der Kl VU beantragen, selbst wenn er seinen Anspruch nicht durch Urkunden beweisen kann.

4) Kostenentscheidung. Hierauf hat die Abstandnahme vom Urkundenprozess keinen Einfluss. Entscheidend 10
ist, wer am Ende obsiegt oder unterliegt. § 96 ist auch dann unanwendbar, wenn durch den Wechsel in der Prozessart bes Kosten entstanden sind, da die Klage kein Angriffsmittel ist, sondern der Angriff selbst.

5) Erledigung der Hauptsache. Wird vom Urkundenprozess Abstand genommen und nach Übergang in das 11
ordentl Verf die Hauptsache beidseitig für erledigt erklärt, so gelten die allg Vorschriften (OLG Naumburg NZM 99, 1007). Wird dagegen ohne Abstandnahmeerklärung der Urkundenprozess insgesamt in der Hauptsache für erledigt erklärt, dann gelten die Regeln des Urkundenprozesses und ergeht hinsichtl der Kosten ein **Vorbehaltskostenbeschluss** nach § 91a, der ggf im Kosten-Nachverf überprüfbar ist (näher StJ/Berger Rn 6; WSch/Olzen Rn 24; Göppinger ZZP 70 [1957], 221 ff). Bei **einseitiger Erledigungserklärung** ohne Abstehen vom Urkundenprozess ergeht, wenn Anspruch begründet war, Vorbehaltserledigungsurteil, anderenfalls Abweisung nach § 597 II (StJ/Berger Rn 8; WSch/Olzen Rn 25; aA MskV/Voit Rn 3).

III) Wechsel- oder Scheckprozess. Abstandnahme, um in den Urkundenprozess überzugehen, ist gleichfalls 12
zulässig (BGHZ 53, 11, 17 = JZ 70, 552 [Hadding]), auch in der 2. Instanz, ohne dass die Voraussetzungen des § 263 erfüllt sein müssen (BGH NJW 93, 3135; aA Steckler/Künzl WM 84, 862). Unzulässig ist es dagegen, dens Anspruch in erster Linie im Wechselprozess, **hilfsw** im gewöhnl Urkundenprozess geltend zu machen (BGHZ 82, 200). Da die nur hilfsw erklärte Abstandnahme vom Wechselprozess unzulässig ist (aA Steckler/Künzl WM 84, 862), bleibt der Rechtsstreit in dieser Verfahrensart anhängig mit der Folge, dass die Wechselklage als unbegründet und das Hilfsbegehren als im Wechselprozess unstatthaft abzuweisen ist, so dass keine Rechtskraftwirkung wegen sonstiger Ansprüche aus der Urkunde eintritt (BGHZ 82, 200, 208).

IV) Gebühren. S vor § 592 Rn 5. 13

§ 597 Klageabweisung

(1) Insoweit der in der Klage geltend gemachte Anspruch an sich oder infolge einer Einrede des Beklagten als unbegründet sich darstellt, ist der Kläger mit dem Anspruch abzuweisen.

(2) Ist der Urkundenprozess unstatthaft, ist insbesondere ein dem Kläger obliegender Beweis nicht mit den im Urkundenprozess zulässigen Beweismitteln angetreten oder mit solchen Beweismitteln nicht vollständig geführt, so wird die Klage als in der gewählten Prozessart unstatthaft abgewiesen, selbst wenn in dem Termin zur mündlichen Verhandlung der Beklagte nicht erschienen ist oder der Klage nur auf Grund von Einwendungen widersprochen hat, die rechtlich unbegründet oder im Urkundenprozess unstatthaft sind.

I) Bedeutung. Die Vorschrift regelt den Inhalt der Entscheidung, die bei erfolgloser Klage im Urkundenprozess 1
zu erlassen ist, deckt hierbei aber nur die zwei wichtigsten Fälle ab, näml den der Unbegründetheit der Klage (I) und den der Unstatthaftigkeit des Urkundenprozesses (II). Für die weiteren in Betracht kommenden Fälle (Abweisung der Klage als unzulässig wegen Fehlens einer allg Prozessvoraussetzung, Säumnis oder Verzicht des Kl) gelten die allg Vorschriften und Grundsätze.

II) Unbegründetheit (§ 597 I). 1) Voraussetzungen. Klageabweisung nach I erfolgt, wenn die Behauptungen 1a
des Kl den Klageanspruch nicht rechtfertigen, die Klage also **nicht schlüssig** begründet worden ist (BGH NJW 91, 1117) – das ist mit „an sich" in I gemeint – oder wenn eine **liquide Einrede** des Bekl eingreift, dh eine solche, die bereits im Urkundenprozess den Klageanspruch zu Fall bringt, weil sie mit den Mitteln des § 595 II bewiesen werden kann (etwa bei Erfüllung oder Erlass; zur Aufrechnung s § 598 Rn 6). Hat der Bekl Einwendungen erhoben, die er nicht nach § 595 II beweisen kann, gelten §§ 598, 599. Hat er die Einwendungen zwar gem § 595 II unter Beweis gestellt, der Kl aber Gegenbeweis mit Mitteln angeboten, die im Urkundenprozess nicht zulässig sind, gilt nicht I sondern II. Dass der Kl auch durch einen bloßen Widerspruch gegen die Einwendungen (ohne Beweisantritt) die endgültige Abweisung nach I soll verhindern können (so StJ/Berger Rn 5; MK/Braun/Heiß Rn 5), erscheint im Hinblick auf § 599 I konsequent; allerdings wird in diesem Fall Anlass bestehen, den Kl auf § 596 hinzuweisen. – **Urkundenmängel** (zB Unechtheit) führen nicht zur endgültigen Klageabweisung nach I (sondern zur Entscheidung nach II), wenn die Urkunde nur als Beweismittel dient. Macht der Mangel jedoch den Anspruch selbst hinfällig (wie uU beim Wechsel), so ist die Klage abzuweisen.

Bei **teilweiser Unbegründetheit** kann Teilurteil ergehen, wenn die Voraussetzungen eines solchen (s § 301 2
Rn 3 ff) erfüllt sind (RG Gruch 30, 1066).

3 **2) Entscheidung.** Die Klage wird durch Sachurteil abgewiesen. Die Abweisung ist – anders als im Fall des II – endgültig. Der Anspruch kann nach Rechtskraft des Urteils weder im ordentl Verf noch erneut im Urkundenprozess geltend gemacht werden (RGZ 148, 201).

4 **III) Unstatthaftigkeit (§ 597 II). 1) Voraussetzungen.** Der Urkundenprozess kann unstatthaft sein, wenn der erhobene Anspruch seinem Gegenstand nach nicht unter § 592 fällt (s § 592 Rn 1-5), wenn der Kl nicht für alle klagebegründenden Tatsachen den Beweis durch Urkunden antreten und – bei Bestreiten des Bekl – auch führen kann (s § 592 Rn 7 ff) oder wenn er einen anderen ihm obliegenden (Gegen-)Beweis nicht mit den Mitteln des § 595 II erbringen kann (s § 595 Rn 6). Die Eignung des Anspruchs zur Verfolgung im Urkundenprozess ist vAw zu prüfen; es handelt sich um eine bes Prozessvoraussetzung für dieses Verf. Der Urkundenprozess ist deshalb grds auch dann nicht statthaft, wenn der Kl für anspruchsbegründende Tatsachen keinen Urkundenbeweis anbieten kann, der Bekl die betr Tatsachen aber nicht bestreitet (str, s § 592 Rn 11; zu offenkundigen Tatsachen s § 592 Rn 10).

5 Zu beachten ist jedoch, dass der **Grundsatz der freien Beweiswürdigung** durch die Beweismittelbeschränkung im Urkundenprozess **nicht aufgehoben** wird; der Beweiswert der im Urkundenprozess zulässigen Beweismittel ist gem § 286 frei zu würdigen (s § 595 Rn 7). Daraus folgt, dass unstreitige oder vom Gegner zugestandene Tatsachen in engen Grenzen vom Urkundenbeleg ausgenommen werden dürfen (s § 592 Rn 11). Auch ein Anerkenntnis schließt daher die Abweisung nach § 597 II wegen unzureichender Beweisführung aus (s § 592 Rn 6). Unerhebl ist dagegen die Relevanz und Statthaftigkeit vom Bekl erhobener Einwendungen (II aE).

6 **2) Entscheidung.** Der Tenor lautet dahin, dass die Klage als im Urkundenprozess unstatthaft abgewiesen wird. Der Kl kann seinen Anspruch im ordentl Verf erneut geltend machen (RGZ 148, 201), aber nicht mehr im Urkundenprozess (StJ/Berger Rn 19 u MskV/Voit Rn 9 [mit Ausnahme für den Fall, dass wegen fehlenden Urkundenbelegs abgewiesen wurde u neue Beweislage entstanden ist]). Unter den Voraussetzungen von § 301 kann auch Teilabweisung ergehen; die betr Ansprüche können im Nachverf wieder einbezogen werden (RGZ 148, 202).

7 **IV) Konkurrenz von § 597 I und II.** Die im Urkundenprozess erhobene Klage kann zugleich nach I unbegründet und nach II unzulässig sein. Fehlen die bes Prozessvoraussetzungen des Urkundenprozesses, erweist sich die Klage aber darüber hinaus schon ohne Beweisaufnahme nicht als begründet, ist sie nicht als im Urkundenprozess unstatthaft, sondern als unbegründet nach § 597 I abzuweisen (BGHZ 82, 200, 208; Bassenge JR 76, 376; aA Steckler/Künzl WM 84, 862). Dies gilt auch für das Berufungsgericht, wenn die Klage in 1. Instanz nach II abgewiesen wurde (OLG Celle MDR 2014, 1228; aA StJ/Berger Rn 21). Der Bekl ist dann davor geschützt, in einem neuen Verf mit dem als unbegründet erkannten Anspruch überzogen zu werden. Ist die Klage nach den bestrittenen Behauptungen des Kl schlüssig, fehlt aber eine bes Prozessvoraussetzung des Urkundenbeweises, ist sie als im Urkundenprozess unstatthaft abzuweisen, nicht etwa Beweis zu erheben (§ 300 I). Zur Hilfsaufrechnung s § 598 Rn 6.

8 **V) Säumnis des Beklagten.** Auch in diesem Fall müssen die anspruchsbegründenden Tatsachen, soweit sie nicht offenkundig sind (§ 291), urkundl belegt werden, da sie nach § 597 II nicht als zugestanden behandelt werden dürfen. Die Geständnisfiktion des § 331 I 1 gilt jedoch für die Echtheit der Urkunden und die Übereinstimmung der gem § 593 mitgeteilten Abschriften mit den Urschriften (StJ/Berger Rn 14). Die Originalurkunden brauchen daher im Termin nicht vorgelegt und in Augenschein genommen zu werden (StJ/Berger Rn 14; MK/Braun/Heiß Rn 7; KG JW 29, 120; aA KG JW 31, 3566; RSchwab/Gottwald § 164 Rn 24). Ist die Mitteilung nach § 593 unterblieben, darf ohnehin kein VU ergehen (s § 593 Rn 6). Eine **Gerichtsstandsvereinbarung** (§ 38 II) ist wegen § 331 I 2 keiner Geständnisfiktion zugängl. Hierfür gelten die allg Grundsätze (s § 331 Rn 6a), nicht das Erfordernis urkundl Nachweises (s § 592 Rn 9). – Wird der nach Vorstehendem erforderl Beweis nicht geführt, ergeht Prozessurteil nach § 597 II, andernfalls VU ohne Vorbehalt (s § 599 Rn 2).

§ 598 Zurückweisung von Einwendungen

Einwendungen des Beklagten sind, wenn der dem Beklagten obliegende Beweis nicht mit den im Urkundenprozess zulässigen Beweismitteln angetreten oder mit solchen Beweismitteln nicht vollständig geführt ist, als im Urkundenprozess unstatthaft zurückzuweisen.

1 **I) Bedeutung.** Aus § 598 folgt, dass die Einwendungen, die wegen der Beweismittelbeschränkung nach § 595 II im Urkundenprozess unbeachtet bleiben, nicht endgültig verloren gehen. Gegen den Bekl ergeht zwar Vorbehaltsurteil nach § 599 I; in dessen Gründen (also nicht im Tenor) werden die betr Einwendungen aber nur als im Urkundenprozess unstatthaft zurückgewiesen, dh sie können im Nachverf (§ 600) weiter verfolgt werden. Sowohl die Darlegungen wie die Beweisanträge dürfen dort erweitert werden.

2 ***II) Geltungsbereich. 1) Zurückzuweisende Einwendungen.*** § 598 betrifft solche Einwendungen, die der Bekl wegen Fehlens oder Unzulänglichkeit im Urkundenprozess zulässiger Beweismittel (§ 595 II) nicht bewiesen hat (sei es auch infolge Entkräftung seiner Beweismittel durch Gegenvortrag des Kl).

2) Nicht erfasste Einwendungen. a) Erfolgreich erhobene Einwendungen. Sie führen zur Klageabweisung nach § 597 I. – **b) Nicht erhobene Einwendungen.** Sie bleiben Bekl, sofern er nur durch Widerspruch gem § 599 I einen Vorbehalt seiner Rechte erreicht hat, ohnehin für das Nachverf (§ 600) erhalten. – **c) Aus Rechtsgründen unerhebliche Einwendungen.** Keine Bedeutung hat die Vorschrift für Einwendungen, die im Vorbehaltsurteil nicht wegen der Beweismittelbeschränkung, sondern zB mangelnder Substantiierung oder Schlüssigkeit unbeachtet bleiben. Zur Bindungswirkung für das Nachverf s § 600 Rn 19 f. 3

3) Aufrechnung. Eine Einwendung iSd § 598 ist insb die Aufrechnung, die sich auch aus den vom Kl vorgelegten Urkunden ergeben kann (BGH MDR 72, 41). 4

a) Primäraufrechnung. Erweist sich die im Urkundenprozess primär zur Aufrechnung gestellte Gegenforderung in dort statthafter Weise (§ 595 II) als **begründet** (liquide), ist die Klage mit der Wirkung des § 322 II als unbegründet abzuweisen. Erlass eines Vorbehaltsurteils nach § 302 ist nicht ausgeschlossen (OLG Celle NJW 74, 1473 [Joch NJW 74, 1956]; RSchwab/Gottwald § 164 Rn 26; aA AG/Gehle Rn 5), aber kaum sachdienl. – Erklärt der Bekl die unbedingte Aufrechnung mit einer urkundl bewiesenen Gegenforderung, welcher der Kl schlüssige **Gegeneinwendungen** entgegensetzt, die er nicht mit den im Urkundenprozess zulässigen Beweismitteln beweisen kann, ist die Klage durch Prozessurteil als in der gewählten Prozessart unstatthaft abzuweisen (BGHZ 50, 112; BGH WM 81, 385, 386). – Kann die Gegenforderung **nicht mit den Beweismitteln des § 595 II nachgewiesen** werden, ist der Aufrechnungseinwand gem § 598 in den Gründen des Vorbehaltsurteils zurückzuweisen (BGH MDR 72, 41). 5

b) Hilfsaufrechnung. Keine Zurückweisung nach § 598, sondern Klageabweisung als in der gewählten Prozessart unstatthaft (§ 597 II) ist geboten, wenn der Bekl sich gegen eine im Urkundenprozess liquide Klageforderung mit nach § 595 II nicht bewiesener Einwendung und darüber hinaus mit einer liquiden Eventualaufrechnung verteidigt (BGHZ 80, 97 = JR 81, 332 [zust Zeiss]; StJ/Berger Rn 8; Dunz MDR 55, 722; aA Grunsky ZZP 77 [1964], 468). Nach § 597 II ist auch zu verfahren, wenn der Bekl gegen die urkundl nicht erwiesene Klageforderung hilfsw mit einer Gegenforderung aufrechnet, die unstreitig ist oder für die er den Beweis nach § 595 II erbringt. Würde hier die Klage wegen der Aufrechnung schon im Urkundenprozess als unbegründet (§ 597 I) abgewiesen, dann verlöre der Kl die Klageforderung endgültig ohne die Möglichkeit, die Aufrechnung mit allen Beweismitteln (außerhalb des Urkundenprozesses) zu bekämpfen. Deshalb ist § 597 II anzuwenden (StJ/Berger Rn 7; Dunz MDR 55, 721). Hat der Bekl mit dieser liquiden Gegenforderung bereits in einem anderen anhängigen Rechtsstreit ggü dem Kl die Aufrechnung erklärt, dann ist die Klage ebenfalls als im Urkundenprozess unstatthaft abzuweisen, wenn der Kl nicht den Urkundenbeweis führen kann, dass die Gegenforderung durch Aufrechnung in jenem anderen Prozess verbraucht ist (BGH NJW 86, 2767; MK/Braun/Heiß § 597 Rn 6). Der Kl kann der Abweisung entgehen, indem er vom Urkundenprozess Abstand nimmt (§ 596). 6

§ 599 Vorbehaltsurteil

(1) Dem Beklagten, welcher dem geltend gemachten Anspruch widersprochen hat, ist in allen Fällen, in denen er verurteilt wird, die Ausführung seiner Rechte vorzubehalten.

(2) Enthält das Urteil keinen Vorbehalt, so kann die Ergänzung des Urteils nach der Vorschrift des § 321 beantragt werden.

(3) Das Urteil, das unter Vorbehalt der Rechte ergeht, ist für die Rechtsmittel und die Zwangsvollstreckung als Endurteil anzusehen.

I) Bedeutung. Der Bekl, der sich wegen der Besonderheiten des Urkundenprozesses (insb § 595 II) in diesem nur eingeschränkt verteidigen kann, soll seine Rechte nicht endgültig verlieren, sondern in einem ordentl Verf (§ 600) weiterverfolgen können. 1

II) Widerspruch. 1) Erklärung. Der Vorbehalt nach I wird nur in das Urteil aufgenommen, wenn der Bekl dem Klageanspruch widersprochen hat. Der Widerspruch muss, wenn darüber auf Grund mündl Verh entschieden wird (also nicht im Falle von § 128 II), in dieser erklärt werden. Klageabweisungsantrag genügt (OLG Frankfurt MDR 2018, 1339). **Begründung** ist nicht erforderl, mangelnde Stichhaltigkeit einer solchen unerhebl. Keine Bindung an erklärten Widerspruch. – Bei **Säumnis** des Bekl ist in das daraufhin ergehende VU **kein Vorbehalt** aufzunehmen (Furtner MDR 66, 553). Das gilt wegen § 332 auch dann, wenn der Bekl **in einem früheren Termin widersprochen** hatte und erst dann säumig wurde (WSch/Olzen Rn 11; aA StJ/Berger Rn 6; MskV/Voit Rn 4). 2

2) Beschränkungen. a) Bei Anerkenntnis der Klageforderung unter **Widerspruch gegen die Kostentragung** (§ 93) wird durch vorbehaltloses (Teil)-AU über die Hauptsache und Schlussurteil über die Kosten ohne die Beweismittelbeschränkung des Urkundenprozesses entschieden (OLG Karlsruhe OLGZ 86, 124; MskV/Voit Rn 7; Schwarz ZZP 110 [1997], 181 ff; aA StJ/Berger Rn 3). 3

4 **b)** Wenn der Bekl den Klageanspruch bestreitet und **nur für den Urkundenprozess anerkennt** (**Formulierungsvorschlag:** Vorwerk/Wiemer, PFB, M 38.14), kann ein **Anerkenntnis-Vorbehaltsurteil** in der Hauptsache und im Kostenpunkt ergehen (OLG Brandenburg NJW-RR 2002, 1294; StJ/Berger Rn 4; MK/Braun/Heiß Rn 5; MskV/Voit Rn 6; Hall S 50 ff; Schwarz JR 95, 1; aA LG Hannover NJW-RR 87, 384; offen lassend BGH NJW-RR 92, 254). Will der Kl geltend machen, das Anerkenntnis sei unbeschränkt u der Vorbehalt daher unberechtigt, muss er Rechtsmittel (III) einlegen; im Nachverf kann er dies nicht mehr rügen (BGH NJW-RR 92, 254, 256; OLG Düsseldorf NJW-RR 99, 68, 69). Für den Bekl ist das beschränkte Anerkenntnis uU wegen der von der Rspr anerkannten Bindungswirkung des Vorbehaltsurteils gefährl (s § 600 Rn 19). – Auf die **Kostenentscheidung** des Anerkenntnis-Vorbehaltsurteils ist § 93 nicht anwendbar, da der Vorbehalt der Rechtsausführung im Nachverf die fehlende Leistungsbereitschaft des Bekl zeigt; die Kosten sind also stets ihm aufzuerlegen (MK/Braun/Heiß Rn 5; Schwarz JR 95, 1, 6). Das Endurteil, durch das ein Anerkenntnis-Vorbehaltsurteil für vorbehaltlos erklärt wird, kann aus dems Grund nicht nach § 99 II angefochten werden (OLG Naumburg NJW-RR 97, 893). **Vorläufige Vollstreckbarkeit:** s § 711 Rn 3.

5 **III) Vorbehalt. 1) Antrag.** Weder der Bekl noch der Kl braucht den Vorbehalt ausdrückl zu beantragen. Hat der Kl vorbehaltlose Verurteilung beantragt, so ist er, wenn dem nicht entsprochen wird, nicht etwa mit der Klage teilw abzuweisen; es handelt sich vielmehr um eine amtswegig zu beachtende Einschränkung (Künkel NJW 63, 1043).

6 **2) Ausspruch.** Er ist in die **Urteilsformel** aufzunehmen (BGH NJW 81, 393, 394). Auch ein Vorbehalt ledigl in den Entscheidungsgründen genügt aber (MK/Braun/Heiß Rn 7), Berichtigung nach § 319 dennoch ratsam. Bei **Fehlen** auch in den Gründen kann binnen 2 Wochen **Urteilsergänzung** beantragt werden (§ 599 II iVm § 321). Bei Fristversäumung oder Ablehnung der Ergänzung kann Vorbehalt nur noch mit dem gegen das Urteil statthaften Rechtsmittel erreicht werden (RGZ 10, 347, 348; OLG Hamm BB 92, 236). – Bei **klageabweisendem Urteil** kann kein Vorbehalt ausgesprochen werden (BGHZ 80, 97, 100; aA Grunsky ZZP 77 [1964], 468).

7 **IV) Vorbehaltsurteil. 1) Wirkung.** Der Rechtsstreit **bleibt anhängig** u ist im Nachverf fortzusetzen; s dazu u zur dort entfalteten Bindungswirkung Erl zu § 600. **Materielle Rechtskraft** erlangt das Vorbehaltsurteil erst und nur, wenn es im Nachverf bestätigt wird (RGZ 47, 190; StJ/Berger Rn 9) oder wenn der Bekl auf dessen Durchführung verzichtet (StJ/Berger § 600 Rn 15; MK/Braun/Heiß § 600 Rn 5; MskV/Voit Rn 12).

8 **2) Rechtsmittel.** Berufung (§ 511) bzw Revision (§ 542) können auch vom Kl eingelegt werden (mit dem Ziel der Beseitigung des Vorbehalts). Zur Bedeutung des Ausgangs des Rechtsmittelverf im Urkundenprozess für das Nachverf und umgekehrt s § 600 Rn 25 ff.

9 **3) Zwangsvollstreckung.** Das Vorbehaltsurteil ist ohne Antrag für **vorläufig vollstreckbar ohne Sicherheitsleistung** (§ 708 Nr 4), aber mit Abwendungsbefugnis nach § 711 zu erklären (zur Ausnahme bei Anerkenntnisvorbehaltsurteil s § 711 Rn 3). Die Abwendungsbefugnis entfällt, sobald das Vorbehaltsurteil formell rechtskräftig geworden ist, mag auch das Nachverf noch anhängig sein (BGHZ 69, 270). Zwar kann auf Antrag die **einstweilige Einstellung** der ZwV angeordnet werden (§ 707), hierbei ist jedoch Zurückhaltung geboten, damit der Zweck des Urkundenprozesses nicht unterlaufen wird (MskV/Voit Rn 13). Die Vollstreckbarkeit **endet**, sobald im Nachverf ein abänderndes Urteil ergeht (RG JW 1902, 163). Auf Vorlage der Urteilsausfertigung ist die ZwV einzustellen (§ 775 Nr 1). Ab dann wird auch der **Schadensersatzanspruch** nach § 600 II, § 302 IV 3, § 717 II realisierbar (OLG München OLGE 23, 195; StJ/Berger Rn 11).

10 **4) Kostenentscheidung.** Diese ist auch im Vorbehaltsurteil gem §§ 91 ff zu treffen, steht aber, ebenso wie der Hauptanspruch, unter dem Vorbehalt der Aufhebung im Nachverf. Zum Kostenpunkt bei Anerkenntnis und Hauptsacheerledigung s § 596 Rn 11.

§ 600 Nachverfahren

(1) Wird dem Beklagten die Ausführung seiner Rechte vorbehalten, so bleibt der Rechtsstreit im ordentlichen Verfahren anhängig.

(2) Soweit sich in diesem Verfahren ergibt, dass der Anspruch des Klägers unbegründet war, gelten die Vorschriften des § 302 Abs. 4 Satz 2 bis 4.

(3) Erscheint in diesem Verfahren eine Partei nicht, so sind die Vorschriften über das Versäumnisurteil entsprechend anzuwenden.

1 **I) Verhältnis zum Urkundenverfahren.** Das Nachverf ist die **Fortsetzung** des Vorbehaltsverf, bildet mit ihm *eine* ***Einheit*** *und hat den Zweck,* dem Bekl durch die Fortsetzung des Rechtsstreits im ordentl Verf die Möglichkeit zu geben, sein materielles Recht durchzusetzen. **Parteistellung** und Streitgegenstand ändern sich im Nachverf nicht. **Zuständigkeit** und **Rechtshängigkeit** bleiben erhalten. Gerichtl **Geständnisse** und das **Anerkenntnis**

der Echtheit von Urkunden behalten ihre Wirkung für das Nachverf. Es werden also die **bestehenden Prozesslagen übernommen**, so dass auch ein Rügeverlust nach § 295 fortwirkt. Der Vortrag **neuer Tatsachen** sowie **neue Angriffs- oder Verteidigungsmittel** können aber nicht als verspätet zurückgewiesen werden. Der Bekl ist zB auch dann nicht an der Erhebung der Verjährungseinrede gehindert, wenn er diese schon im Urkundenprozess hätte erheben und mit den dort zulässigen Mitteln beweisen können (BGH NJW-RR 92, 254 = MDR 92, 518). Die **Bewilligung von PKH** im Urkundenprozess erstreckt sich ohne weiteres auf das Nachverf (s § 119 Rn 3.18). Der **Streitwert** des Nachverf bleibt wegen der Einheit des Verf grds unverändert (s § 3 Rn 16.120). – Zu einer **Aufspaltung des Rechtsstreits** kommt es jedoch dann, wenn gegen das Vorbehaltsurteil ein Rechtsmittel eingelegt wird, denn das Nachverf bleibt in der 1. Instanz anhängig (zu den Konsequenzen s Rn 25 ff).

Einstweilen frei. 2-7

II) Übergang in das Nachverfahren. Er vollzieht sich **mit dem Erlass des Vorbehaltsurteils** und unabhängig von dessen formeller Rechtskraft, ohne dass es einer hierauf gerichteten Parteihandlung bedarf; das Verf wird also **vAw** fortgesetzt (MK/Braun/Heiß Rn 4; aA StJ/Berger Rn 13; MskV/Voit Rn 2; beiläufig auch BGHZ 86, 267, 270). Das Gericht hat daher nach Erlass des Vorbehaltsurteils Termin zu bestimmen und die Parteien zu laden (§§ 216 ff). Eine Fortsetzung der mündl Verh sogleich nach Verkündung des Vorbehaltsurteils ist nur mit Einverständnis der Parteien mögl. Aussetzung gem § 148 bis zur Rechtskraft des Vorbehaltsurteils ist unzulässig (BGH NJW 73, 467). Die bish Akten werden fortgeführt; keine Neueintragung. 8

Ergeht das Vorbehaltsurteil erst im **Berufungsverf** (auf erfolgreiche Berufung des im 1. Rechtszug abgewiesenen Kl oder des vorbehaltlos verurteilten Bekl) oder wird das erstinstanzl Vorbehaltsurteil dort bestätigt, so ist grds das Berufungsgericht für das Nachverf zuständig; nur auf Antrag (§ 538 II 1 Nr 5) kann an das erstinstanzl Gericht zurückverwiesen werden (BGH NJW 2005, 2701, 2703 = JR 2006, 118 [Hinz]; BGHZ 189, 182 = NJW 2011, 2796 Tz 31; StJ/Berger Rn 28; aA OLG Celle MDR 2024, 1539; sa § 538 Rn 53). 9

III) Anträge. Der Antrag des **Klägers** lautet dahin, das ergangene Urteil für vorbehaltlos zu erklären (**Formulierungsvorschlag:** Vorwerk/Wiemer, PFB, M 38.8), der Antrag des **Beklagten** auf Aufhebung des Vorbehaltsurteils und Abweisung der Klage (**Formulierungsvorschlag:** Vorwerk/Wiemer, PFB, M 38.7). 10

IV) Verteidigung des Beklagten im Nachverfahren. 1) Grundsatz. Infolge des **Wegfalls der Beweisbeschränkungen** (§§ 592, 595 II) kann der Bekl jetzt alle im ordentl Prozess zulässigen Beweismittel einführen, insb ggü anspruchsbegründenden Tatsachen, für die der Urkundenbeweis geführt war, mit anderen Beweismitteln den Gegenbeweis antreten. Einwendungen und Einreden, für die er den Beweis nach § 595 II nicht führen konnte und die deshalb als im Urkundenprozess unstatthaft (§ 598) zurückgewiesen wurden, kann er mit weiteren Beweismitteln verfechten. 11

2) Einschränkungen. Solche können sich aber aus einer umstrittenen, vom BGH jedoch in stRspr vertretenen **Bindungswirkung des Vorbehaltsurteils** ergeben (s dazu Rn 19 f). Diese kann indessen – von den Voraussetzungen des Urteilserlasses abgesehen – nicht weiter reichen als das Verteidigungsvorbringen des Bekl im Vorverf, ist also davon abhängig, ob er – was ihm nach § 599 freisteht – der Klageforderung ohne Begründung widersprochen, nur einzelne Einwendungen erhoben oder sich umfassend verteidigt hat. Zum **Anerkenntnisvorbehaltsurteil** (s § 599 Rn 4) s OLG Düsseldorf NJW-RR 99, 68; Hall S 137 ff). IE gilt nach der Rspr: 12

a) Anspruchsbegründende Tatsachen, die er im Urkundenprozess **nicht bestritten** hatte, kann der Bekl nunmehr wirksam bestreiten (BGH NJW 60, 100). Er kann zB die Echtheit der vorgelegten Urkunden (BGHZ 82, 115 = JR 82, 333 [Schreiber]), die Aktiv- oder Passivlegitimation angreifen. Das nachträgl Bestreiten ist selbst dann mögl, wenn der Bekl den Gegenbeweis bereits im Vorverf mit den Mitteln des § 595 II hätte führen können (BGH NJW 60, 100). Ein **Geständnis** nach § 288 behält allerdings für das Nachverf seine Wirkung und kann nur unter den Voraussetzungen des § 290 unbeachtl werden (OLG Frankfurt NJW 68, 2385). 13

b) Bisher nicht erhobene Einwendungen und Einreden, auch früher entstandene, kann er nunmehr geltend machen. Es macht dabei keinen Unterschied, ob die Einwendungen schon im Urkundenprozess mögl gewesen wären (BGH NJW 60, 100) oder ob ihr Vorbringen im Urkundenprozess ausgeschlossen war (vgl BGHZ 57, 300). Auch die Einrede der Verjährung bleibt zulässig (BGH NJW-RR 92, 254 = MDR 92, 518). 14

c) Vorgebrachte Einwendungen kann er weiterverfolgen, wenn sie wegen Beweismittelbeschränkung im Vorverf als dort **unstatthaft** (§ 598) zurückgewiesen worden sind (s Rn 11). Wurden sie im Vorbehaltsurteil aus anderen Gründen als unbegründet angesehen (zB wegen fehlender Schlüssigkeit), werden sie nach hM von der Bindungswirkung des Vorbehaltsurteils (s Rn 19 f) erfasst. 15

d) Nach dem Vorbehaltsurteil entstandene Einwendungen, etwa zwischenzeitl Zahlung, können selbstverständl im Nachverf vorgebracht werden; sie dürfen wegen § 767 II auch nicht für eine etwaige Vollstreckungsgegenklage aufgespart werden (RGZ 45, 432). 16

3) Wiederaufnahmegründe. Da eine Nichtigkeits- oder Restitutionsklage gegen das Vorbehaltsurteil grds nicht statthaft ist (s vor § 578 Rn 11), müssten die Angriffe gegen dieses, soweit bereits mögl, im Nachverf vorgebracht werden. 17

18 **4) Zurückweisung verspäteten Vorbringens.** Sie ist nur bei Fristversäumnissen bzw Nachlässigkeiten im Nachverf mögl. – Die **Einrede der mangelnden Sicherheit für** die **Prozesskosten** (§§ 110, 282 III) ist vom Beginn des Nachverf ab mögl, weil erst dann der Befreiungsgrund des § 110 II 2 entfällt (OLG Hamburg NJW 83, 526).

18a **5) Widerklage.** § 595 I steht der Erhebung nicht mehr entgegen. Zur Unzulässigkeit einer Urkundenwiderklage s § 595 Rn 1.

19 **6) Bindungswirkung des Vorbehaltsurteils. a)** Nach der **Rspr des BGH** entfaltet das Vorbehaltsurteil insoweit Bindungswirkung für das Nachverf, als es nicht auf den eigentüml Beschränkungen der Beweismittel im Urkundenprozess beruht. Daraus folgert der BGH, dass diej Teile des Streitverhältnisses, die im Vorbehaltsurteil beschieden werden mussten, damit es überhaupt ergehen konnte, im Nachverf als endgültig beschieden dem Streit entzogen sind (BGHZ 82, 115 = JZ 82, 333 [Schreiber]; BGH MDR 88, 207 = JR 88, 330 [Bilda]; BGH NJW 2004, 1159 = JR 2004, 499 [Probst]). Dies gilt auch für die Bejahung der **Prozessvoraussetzungen**, wobei es genügt, dass sie im Vorverf hätten geprüft werden müssen (BGH NJW 93, 668 = MDR 93, 475), sowie für die Zulässigkeit des Urkundenprozesses als solchen (BGH NJW 73, 467), insb aber für **materielle Einwendungen**, die im Vorbehaltsurteil als unbegründet, zB mangels Schlüssigkeit, erkannt worden sind (BGH NJW 60, 576; BGH NJW 68, 2244; BGH NJW 73, 467). Auch auf Unschlüssigkeit der Klage selbst kann im Nachverf nicht mehr zurückgegriffen werden (BGH NJW 91, 1117 = MDR 91, 423), auch nicht beim Anerkenntnisvorbehaltsurteil (OLG Düsseldorf NJW-RR 99, 68; s § 599 Rn 4). Die Echtheit der Urkunde darf aber im Nachverf noch bestritten werden, wenn der Bekl sich hierzu im Vorverf nicht erklärt hat (BGHZ 82, 115 = JR 82, 333 [Schreiber]; nach OLG Brandenburg NJW-RR 2002, 1294 sogar bei Anerkenntnis für das Vorverf) oder das Gericht sein Bestreiten nicht als ausreichend angesehen hat, um in eine Prüfung der Echtheit einzutreten (BGH NJW 2004, 1159 = JR 2004, 499 [Probst]).

20 **b)** Diese Rspr hat berechtigte **Kritik** erfahren (vgl StJ/Berger Rn 26 f; MK/Braun/Heiß Rn 19 ff; Stürner ZZP 85 [1972], 424; ZZP 87 [1974], 87; Schilken FS Prütting, 2018, S 527 ff; dem BGH im wesentl folgend hingegen RSchwab/Gottwald § 164 Rn 34; MskV/Voit Rn 8 ff). Eine Bindung an die Beurteilung der Sachurteilsvoraussetzungen kann nicht in Betracht kommen, da diese in jedem Stadium des Rechtsstreits vAw zu prüfen sind. Aber auch ein Abschneiden mat-rechtl Einwendungen erscheint nicht systemgerecht. Da der Bekl nicht zu einer Einlassung verpflichtet ist, sondern sich mit bloßem Widerspruch begnügen kann, sollte er nicht bei gleichwohl erfolgter, unsachgerechter Einlassung Einwendungen endgültig verlieren (vgl KG MDR 2005, 1010) bzw trotz (im Vorverf übersehener bzw wegen Anerkenntnisses iSv § 599 Rn 4 unbeachtl) Unschlüssigkeit der Klage verurteilt werden können. Im Hinblick auf die BGH-Rspr empfiehlt es sich für den Bekl, im Urkundenprozess nur urkundenbezogene Einwendungen geltend zu machen und iÜ der Klageforderung ohne Begründung zu widersprechen (Alpes MDR 2023, 87).

21 **V) Rechte des Klägers.** Er kann neue Angriffsmittel sowie Verteidigungsmittel gegen das nunmehrige Vorbringen des Bekl einführen, auch wenn ihm dies schon mit den Mitteln des Urkundenprozesses mögl gewesen wäre. Er darf die Klage auch nach den allg Vorschriften erweitern oder ändern (BGHZ 17, 31; BGHZ 37, 131; StJ/Berger Rn 32). Auf neu eingeführte Ansprüche oder den erweiterten Anspruch erstreckt sich die Bindungswirkung des Vorbehaltsurteils nicht (BGH MDR 2023, 54 [Alpes MDR 2023, 87]; sa Rn 19 f). Zur Wiedereinbeziehung von Teilansprüchen, mit denen der Kl nach § 597 II abgewiesen worden ist, s § 597 Rn 6.

22 **VI) Entscheidung. 1) Inhalt. a)** Erweist sich die Klage auch im Nachverf als **begründet**, so lautet der Urteilstenor dahin, dass das Vorbehaltsurteil „für vorbehaltlos erklärt“, „unter Wegfall des Vorbehalts aufrechterhalten“ wird oÄ. – Nach hM ist **Kostenentscheidung** wegen der Aufrechterhaltung des Vorbehaltsurteils und der Einheit des Verf entbehrl; zumindest zur Klarstellung empfiehlt sich aber Ausspruch, dass der Bekl die weiteren Kosten des Rechtsstreits zu tragen hat. Ist das Vorbehaltsurteil noch nicht rechtskräftig, muss über die Gesamtkosten entschieden werden (s Rn 25). – **Vorläufige Vollstreckbarkeit:** § 708 Nr 5, §§ 711, 713.

23 **b)** Bei **Unbegründetheit** wird die Klage unter Aufhebung des Vorbehaltsurteils und mit Kostenausspruch zu Lasten des Kl abgewiesen (V iVm § 302 IV 2). Die Kostenentscheidung umfasst unausgesprochen auch die Kosten des Urkundenprozesses (OLG Koblenz JurBüro 85, 1886). Obsiegt der Bekl mit Einwendungen, die er schon im Urkundenprozess hätte geltend machen können, kommt analoge Anwendung des § 97 II in Betracht (StJ/Berger Rn 45). – **Vorläufige Vollstreckbarkeit** (wegen Kosten) nach allg Vorschriften (§ 708 Nr 11, § 711, § 713 bzw § 709). – Zur **Schadensersatzpflicht** des Kl (§ 600 II iVm § 302 IV 2-4) s § 302 Rn 14.

24 **c)** Bei **Säumnis** richtet sich die Entscheidung nach §§ 330, 331. Bei **Ausbleiben des Klägers** wird auf Antrag des Bekl unter Aufhebung des Vorbehaltsurteils die Klage abgewiesen (§ 330). Auf Rechtskraft des Vorbehaltsurteils kommt es nicht an. Der Sachantrag des Bekl für das Nachverf muss dem Kl aber mitgeteilt worden sein (§ 335 I Nr 3). – Bei **Säumnis des Beklagten** ist das Vorbehaltsurteil für vorbehaltlos zu erklären. – **Einspruch** findet in beiden Fällen statt, denn es handelt sich um echte VU. – Für **Entscheidung nach Aktenlage** gelten §§ 331a, 251a. Das im Vorverf Vorgebrachte ist Teil des zu berücksichtigenden Prozessstoffes, auch wenn es *dort nicht berücksichtigt werden konnte* (StJ/Berger Rn 44). Vorgängige mündl Verh iSv § 251a II 1 kann wegen des uU eingeschränkten Vorbringens im Urkundenverf nur eine solche im Nachverf sein (s § 251a Rn 4; aA StJ/Berger Rn 44; MskV/Voit Rn 14).

2) Rechtsmittel. Zur Fortsetzung des Verf, wenn das Berufungsgericht ein Vorbehaltsurteil bestätigt oder erstmals erlässt, s Rn 9. Da sowohl das Vorbehaltsurteil als auch das Urteil im Nachverf mit Rechtsmitteln (Berufung, Revision) anfechtbar ist und das Nachverf schon vor Rechtskraft des Vorbehaltsurteils betrieben werden kann (BGH NJW 73, 467; MskV/Voit Rn 11; MK/Braun/Heiß Rn 2; aA StJ/Berger Rn 11), können sich Entscheidungskollisionen ergeben: 25

a) Das **Vorbehaltsurteil** wird in 2. Instanz **aufgehoben** und die Klage rechtskräftig abgewiesen. Dann wird dadurch das Nachverf hinfällig, selbst wenn in diesem inzwischen ein Urteil auf Verurteilung des Bekl ergangen ist. Das gilt auch dann, wenn die Aufhebung des Vorbehaltsurteils durch rechtskräftiges VU erfolgt. Ab Rechtskraft der Klageabweisung ist auch ein Rechtsmittel gegen ein bereits ergangenes Urteil im Nachverf unzulässig. Ist es bereits eingelegt worden, ist das Rechtsmittelverf durch prozessuale Überlagerung erledigt und auf die Kosten (§ 91a) zu beschränken. Dass auch ein rechtskräftiges Urteil im Nachverf (kraft auflösender Bedingung wie bei Zwischenurteil nach § 280) durch die Klageabweisung im Urkundenverf hinfällig wird (so BGH NJW 73, 467 = ZZP 87 [1974], 85 [abl Stürner]), lässt sich nur bei Annahme einer Bindungswirkung des Vorbehaltsurteils (s Rn 19) vertreten. Verneint man diese (s Rn 20), so gilt umgekehrt, dass durch die Rechtskraft des Urteils im Nachverf das Rechtsmittel im Urkundenprozess seinen Sinn verliert (Stürner ZZP 87 [1974], 93; MK/Braun/Heiß Rn 29) und sich ohne weiteren Ausspruch erledigt. Kostenentscheidung ist nicht erforderl; da das Urteil im Nachverf über die gesamten Kosten des (einheitl) Rechtsstreits entscheidet. 26

b) Das **Vorbehaltsurteil** wird auf Rechtsmittel des Kl dahin gehend **geändert**, dass der Bekl **vorbehaltlos verurteilt** wird. Auch in diesem Fall gilt, dass mit der Rechtskraft das Nachverf und die dort ergangenen nicht rechtskräftigen Entscheidungen hinfällig werden. 27

c) Wird das **Vorbehaltsurteil im Nachverfahren aufgehoben** und die **Klage** rechtskräftig **abgewiesen**, endet damit auch ein etwa in höherer Instanz noch schwebender Urkundenprozess (BGH NJW 73, 467 = ZZP 87 [1974], 86). Der Kl hat sämtl **Kosten** zu tragen, also auch diej des Urkundenprozesses, selbst wenn das Schlussurteil dies nicht ausdrückl anordnet (OLG Koblenz JurBüro 85, 1886). 28

d) Wird das **Vorbehaltsurteil im Nachverfahren aufrechterhalten**, hat die Fortsetzung des Rechtsmittels im Urkundenverf ebenfalls keinen Sinn mehr. Die Verfechter einer Bindungswirkung des Vorbehaltsurteils (s Rn 19) müssen freilich das rechtskräftige Urteil im Nachverf als auflösend bedingt durch die Bestätigung des Vorbehaltsurteils im Urkundenprozess ansehen. 29

VII) Gebühren. S vor § 592 Rn 5. 30

§ 601 (weggefallen)

§ 602 Wechselprozess

Werden im Urkundenprozess Ansprüche aus Wechseln im Sinne des Wechselgesetzes geltend gemacht (Wechselprozess), so sind die nachfolgenden besonderen Vorschriften anzuwenden.

1) Bedeutung. Der **Wechselprozess ist** eine bes Art des **Urkundenprozesses.** Somit gilt § 592, wonach sämtl anspruchsbegründenden Tatsachen urkundl bewiesen werden müssen. Zumeist reicht hierfür der Wechsel aus. 1

2) Geltungsbereich. Im Wechselprozess können alle **Ansprüche aus dem Wechsel** geltend gemacht werden, die dem Wechselinhaber gegen den aus der Wechselunterschrift Verpflichteten zustehen. Unter den Voraussetzungen der Art 91 ff WG kann es sich auch um einen ausl Wechsel handeln. Auch der Bereicherungsanspruch nach Art 89 WG ist als Fortwirkung des Wechselanspruchs wechselklagefähig (OLG Hamm NJW-RR 92, 499, 501; StJ/Berger Rn 3; WSch/Olzen Rn 4), doch wird die Bereicherung kaum urkundl belegbar sein. – Mögl ist auch die Geltendmachung von Wechselansprüchen durch **Rechtsnachfolger**, zB Erben, Zessionar, Pfändungspfandgläubiger oder Prozessstandschafter (BGH ZIP 83, 279), sowie gegen Personen, die kraft Gesetzes **für die wechselmäßige Verbindlichkeit haften**, zB Erben des Wechselzeichners, Übernehmer eines Handelsgeschäfts (§ 25 HGB), Gesellschafter einer oHG (BGH MDR 60, 379). – **Nicht statthaft** ist der Wechselprozess für Ansprüche aus Art 45, 50, 55 IV WG sowie für den Herausgabeanspruch nach Art 16 II WG (StJ/Berger Rn 5; aA AG/Gehle Rn 2). – Ansprüche, für die der Wechselprozess nicht zugelassen ist, können in ihm auch **nicht hilfsw** (zB gestützt auf Schuldanerkenntnis) mitverfolgt werden (BGHZ 53, 11, 17). 2

3) Verhältnis zum ordentlichen Verfahren. Der **Wechselanspruch** kann selbstverständl auch im ordentl Zivilprozess eingeklagt werden, nicht aber daneben im Wechselprozess (RGZ 160, 345). Anders ist es, wenn neben der Wechselklage im ordentl Rechtsstreit **aus dem Grundgeschäft geklagt** wird, denn dann sind die Streitge- 3 genstände der beiden Prozesse nicht identisch (s Einl Rn 68). Das muss auch dann gelten, wenn der Wechselprozess ins Nachverf übergeleitet wird. Ist keine gesonderte Klage aus dem Grundgeschäft erhoben, kann dieses im Wechselnachverf als weiterer Klagegrund herangezogen werden. Hierin liegt eine Klageänderung (s § 263 Rn 7b). Da auch die Aufrechnung eine Forderung nicht rechtshängig macht (BGHZ 57, 242), darf mit einer im Wechselprozess geltend gemachten Forderung in einem anderen Rechtsstreit die Aufrechnung erklärt werden, auch wenn das Wechselnachverf anhängig ist (BGH MDR 77, 1013). Das führt dann dazu, dass in beiden Prozessen dieselben Einwendungen geltend gemacht werden dürfen, insb also solche aus dem Grundgeschäft wie ungerechtfertigte Bereicherung, Zurückbehaltung oder Einrede des nicht erfüllten Vertrages (BGHZ 57, 300; aA OLG Oldenburg NJW 70, 667).

4 Zur Zulässigkeit eines **Übergangs vom Wechselprozess zum Urkundenprozess** s § 596 Rn 12. Er kann sich anbieten, wenn eine wechselrechtl unwirksame Annahmeerklärung in ein abstraktes Schuldversprechen umgedeutet werden soll (vgl BGH NJW 94, 447).

5 **4) Verfahren.** Bis auf die Sondervorschriften in §§ 603-605 gelten für den Wechselprozess die Vorschriften für das Urkundenverf. Gem § 592 müssen daher alle zur Begründung des Anspruchs erforderl Tatsachen **durch Urkunden bewiesen** werden. Die Wechselverbindlichkeit als solche ergibt sich idR aus dem Wechsel, der Protest aus der Urkunde gem Art 44 I WG (zum Beweis der Vorlegung bei entbehrl Protest s § 605 I). Die Anspruchsberechtigung nicht wechselrechtl legitimierter Personen muss urkundl belegt werden. Für Nebenkosten nach Art 48 f, 52 WG gilt die Beweiserleichterung des § 605 II. Zur freien Beweiswürdigung (zB hinsichtl Echtheit von Unterschriften, Legitimation des Protestanten) s § 595 Rn 7, zur Wirkung von Mängeln des Wechsels s § 597 Rn 1a. – Für die **Einwendungen** des Bekl gilt § 595 II; soweit solche nach materiellem Recht (Art 17 WG, § 812 II, § 813, § 821 BGB) überhaupt beachtl sind. Nach der Rspr des BGH können auch Einwendungen aus dem Grundgeschäft der Wechselforderung im Wege des Einwands unzulässiger Rechtsausübung entgegengesetzt werden (BGHZ 57, 292, 300; BGHZ 85, 346, 348); darlegungs- und beweispflichtig ist hierbei stets der Sch (BGH NJW-RR 94, 114). – In Wechselsachen **kein Anspruch auf Terminsverlegung** gem § 227 III (s § 227 Rn 15). Zur Einrede des Schiedsvertrages s § 1032 Rn 14.

6 **5) Entscheidung.** Die Urteilsformel ist wegen Art 39 WG dahin zu fassen, dass „gegen Aushändigung des quittierten Wechsels" zu zahlen ist (näher s § 756 Rn 4). Auch wenn dieser Zusatz fehlt, ist das Urteil aber in diesem Sinne auszulegen (RGZ 37, 5).

§ 603 Gerichtsstand

(1) Wechselklagen können sowohl bei dem Gericht des Zahlungsortes als bei dem Gericht angestellt werden, bei dem der Beklagte seinen allgemeinen Gerichtsstand hat.

(2) Wenn mehrere Wechselverpflichtete gemeinschaftlich verklagt werden, so ist außer dem Gericht des Zahlungsortes jedes Gericht zuständig, bei dem einer der Beklagten seinen allgemeinen Gerichtsstand hat.

1 **1) Bedeutung.** Die Vorschrift begründet einen **zusätzlichen Gerichtsstand** am Zahlungsort, aber nur für die Wechselklage einschl Nachverf. Wird ein Anspruch aus einem Wechsel unmittelbar im ordentl Verf oder im Urkundenprozess geltend gemacht, ist § 603 unanwendbar. Der durch die Erhebung der Wechselklage einmal begründete Gerichtsstand wird aber wegen fortdauernder Rechtshängigkeit durch den Übergang ins ordentl Verf nicht wieder aufgehoben (StJ/Berger § 596 Rn 17; aA RSchwab/Gottwald § 164 Rn 36). – Ein dt Zahlungsort begründet auch die **internationale Zuständigkeit** der dt Gerichte für Klagen gegen Ausländer (OLG Düsseldorf NJW 69, 380). Zur Zuständigkeit im Anwendungsbereich der Brüssel Ia-VO s BGH NJW 2004, 1456. – Da die Gerichtsstände des § 603 I **nicht ausschließlich** sind, hat der Kl auch die Wahl (§ 35), im allg (§§ 12-17) oder in einem bes Gerichtsstand nach §§ 20-23, §§ 28, 29, 31 zu klagen. Zulässig ist auch die **Vereinbarung eines Gerichtsstandes**, zB des Erfüllungsorts für das Grundgeschäft, soweit §§ 38 ff nicht entgegenstehen. Auch die Vereinbarung eines ausschließl Gerichtsstandes und der internationalen Zuständigkeit ist mögl (BGHZ 49, 126). – Für die **sachliche Zuständigkeit** gelten keine Besonderheiten. Am LG auf Antrag KfH (§ 95 I Nrn 2, 3 GVG).

2 **2) Zahlungsort (§ 603 I).** Er geht aus dem Wechsel hervor (Art 1 Nr 5; Art 75 Nr 4 WG). IZw ist der bei dem Namen oder der Firma des Bezogenen angegebene Ort maßgebend (Art 2 III WG).

3 **3) Schuldnermehrheit (§ 603 II).** Abw von § 36 Nr 3 räumt II dem Kl die Befugnis ein, den Gerichtsstand zu bestimmen, wenn er mehrere Wechselverpflichtete (Annehmer, Aussteller, Indossant, Wechselbürge) mit unterschiedl allg Gerichtsstand verklagt. Es ist nicht erforderl, dass alle Wechselverpflichteten zugleich verklagt werden, sofern nur die Zustellung an den im Gerichtsbezirk wohnenden Bekl bis zur Schlussverh durchgeführt wird. II trifft auch dann zu, wenn einer der Wechselverpflichteten im Ausland wohnt. – Eine **Gerichtsstands-**

vereinbarung, die nur mit einem der Streitgenossen getroffen worden ist, begründet keine Zuständigkeit für die anderen (MskV/Voit Rn 5). – **Fortbestand** der Zuständigkeit gem § 261 III Nr 2, wenn die Klage gegen den im Gerichtsbezirk wohnenden Bekl zurückgenommen wird. Wurde der Betreffende aber ledigl deshalb mitverklagt, damit die anderen dem für ihn begründeten Gerichtsstand unterworfen werden können, ist die **Arglisteinrede** gegeben (RGZ 51, 175; Lüttringhaus ZZP 127 [2014], 39 f).

§ 604 Klageinhalt; Ladungsfrist

(1) Die Klage muss die Erklärung enthalten, dass im Wechselprozess geklagt werde.

(2) [1]Die Ladungsfrist beträgt mindestens 24 Stunden, wenn die Ladung an dem Ort, der Sitz des Prozessgerichts ist, zugestellt wird. [2]In Anwaltsprozessen beträgt sie mindestens drei Tage, wenn die Ladung an einem anderen Ort zugestellt wird, der im Bezirk des Prozessgerichts liegt oder von dem ein Teil zu dessen Bezirk gehört.

(3) In den höheren Instanzen beträgt die Ladungsfrist mindestens 24 Stunden, wenn die Zustellung der Berufungs- oder Revisionsschrift oder der Ladung an dem Ort erfolgt, der Sitz des höheren Gerichts ist; mindestens drei Tage, wenn die Zustellung an einem anderen Ort erfolgt, der ganz oder zum Teil in dem Landgerichtsbezirk liegt, in dem das höhere Gericht seinen Sitz hat; mindestens eine Woche, wenn die Zustellung sonst im Inland erfolgt.

1) Erklärung zur Prozessart (§ 604 I). Sie muss in der Klageschrift enthalten sein; Nachholen in einem späteren Schriftsatz ist unwirksam (RGZ 79, 71). Es genügt, wenn sich aus der Klageschrift entnehmen lässt, dass eine Wechselklage erhoben werden soll. Bezeichnung als Urkundenklage führt zum normalen Urkundenprozess (§ 593). Zum Mahnverf s § 703a. 1

2) Fristverkürzung (§ 604 II). Abgekürzt ist unter den in II, III genannten Voraussetzungen ledigl die **Ladungsfrist** gem § 217. Für die **Einlassungsfrist** bleibt es bei § 274 III, jedoch kann diese auf Antrag nach § 226 abgekürzt werden. Auch eine weitere Verkürzung der Ladungsfrist nach § 604 II III ist nach dieser Vorschrift mögl. Wegen weiterer Einzelheiten zur Ladungsfrist s Erl zu § 217. 2

§ 605 Beweisvorschriften

(1) Soweit es zur Erhaltung des wechselmäßigen Anspruchs der rechtzeitigen Protesterhebung nicht bedarf, ist als Beweismittel bezüglich der Vorlegung des Wechsels der Antrag auf Parteivernehmung zulässig.

(2) Zur Berücksichtigung einer Nebenforderung genügt, dass sie glaubhaft gemacht ist.

1) Beweis der Vorlegung des Wechsels (§ 605 I). Er kann, wo es nicht des – nach § 592 urkundl zu erbringenden – Nachweises rechtzeitiger Protesterhebung (Art 44 WG) bedarf, also in den Fällen der Art 46, 53 I WG, durch Antrag auf Parteivernehmung angetreten werden. Erhoben werden muss der Beweis nur, wenn der Bekl bestreitet, also nicht bei Säumnis (KG OLGE 20, 330). 1

2) Nebenforderungen (§ 605 II). Für diese (s Art 48 f, Art 52 WG) genügt Glaubhaftmachung (§ 294). Dies gilt auch für diesbezügl Einwendungen des Bekl. **Vollbeweis** bleibt mögl, so dass auch trotz § 294 II der Beweisantrag auf Parteivernehmung beachtl ist (OLG Frankfurt OLGE 10, 361). 2

§ 605a Scheckprozess

Werden im Urkundenprozess Ansprüche aus Schecks im Sinne des Scheckgesetzes geltend gemacht (Scheckprozess), so sind die §§ 602 bis 605 entsprechend anzuwenden.

1) Bedeutung der Vorschrift. Sie ist durch das „beleglose Scheckeinzugsverf" der Banken stark zurückgegangen, weil in den von ihm erfassten Fällen eine Vorlegung der Scheckurkunde nicht mehr mögl ist (näher hierzu MK/Braun/Heiß § 605a Rn 1). IÜ verweist sie ledigl auf die Vorschriften über den Wechselprozess und damit auch auf §§ 592-600. 1

2) Gebühren. Wie vor § 592 Rn 5. 2

Buch 6 aF
Musterfeststellungsverfahren (§§ 606-614 aF)

Aufgehoben durch G v 8.10.2023 (BGBl 2023 I Nr 272)

Neuregelung der Verbandsklage

1) VDUG. Zwischen dem 1.11.2018 und dem 13.10.2023 war in den §§ 606-614 das Musterfeststellungsverfahren geregelt. Mit dem G zur Umsetzung der Richtlinie (EU) 2020/1828 über Verbandsklagen zum Schutz der Kollektivinteressen der Verbraucher und zur Aufhebung der Richtlinie 2009/22/EG sowie zur Änderung des Kapitalanleger-Musterverfahrensgesetzes (Verbandsklagenrichtlinienumsetzungsgesetz – VRUG) v 8.10.2023 (BGBl 2023 I Nr 272) wurde die Musterfeststellungsklage (ZPO-MFK) in das **G zur gebündelten Durchsetzung von Verbraucherrechten (VDuG)** überführt und integriert. S dazu die ausführliche Kommentierung zum VDuG (§ 1 VDuG ff) hier im Anschluss an die Kommentierung des EGZPO. 1

2) Übergangsrecht. 1) Auf nach dem Inkrafttreten des VRUG (13.10.2023) anhängige (Begriff: Greger § 253 Rn 4) Klagen findet nach **§ 46 EGZPO** das VDuG und die geänderte VerbandsklagenregisterVO Anwendung. Zur rechtssicheren Abgrenzung des intertemporal anwendbaren Rechts wird im Verbandsklagenregister der Zeitpunkt der Anhängigkeit der Klage bekannt gemacht (§ 44 Nr 4 Fall 1 VDuG; BTDrs 20/7631, 113). 2

2) Auf eine vor dem Inkrafttreten des VRUG anhängige (Begriff: Greger § 253 Rn 4) ZPO-MFK ist das alte Recht (§ 32c aF, §§ 606 ff aF ZPO; § 119 III aF GKG; MFK-RegisterVO aF) umfassend weiter anzuwenden (BGH ZIP 2025, 893 Tz 8). Eine ZPO-MFK kann auch nach dem Inkrafttreten des VRUG nicht um Abhilfe (leistungs)anträge nach §§ 1, 5, 14 VDuG iSv § 260 ZPO erweitert werden; der Anmeldezeitraum für Verbraucher verlängert sich ebenfalls nicht. Eine Erweiterung der ZPO-MFK um Leistungsanträge iS einer „Inkasso-Verbandssammelklage" für namentlich benannte Verbraucher nach dem Anwendungszeitpunkt der RL (EU) 2020/1828 (25.6.2023) würde eine (derzeit nicht anerkannte) erweiternde Auslegung des § 119 III aF GVG iS einer Annexkompetenz voraussetzen (s G. Vollkommer Editorial NJW-aktuell 29, 2023, 3). 3

Buch 6
Weitere besondere Verfahren (§§ 606-614)

Abschnitt 1
Englischsprachige Verfahren (§§ 606-609)

§ 606 Klageschrift

[1]Soll ein Verfahren nach Maßgabe des § 184a Absatz 1 des Gerichtsverfassungsgesetzes vollständig in englischer Sprache geführt werden, so ist dies in der englischsprachigen Klageschrift anzugeben. [2]Sofern die Parteien eine Vereinbarung über die Führung des Verfahrens in englischer Sprache getroffen haben, ist diese Vereinbarung in der Klageschrift darzulegen.

Eingefügt durch Justizstandort-Stärkungsgesetz v 7.10.2024 (BGBl 2024 I Nr 302) mWv 1.4.2025.

I) Bedeutung. § 606 regelt Anforderungen an die Klageschrift, wenn das Verf in englischer Sprache vor dem 1
Commercial Court (§ 119b I, II, § 184a I 1 Nr 2 GVG) oder der Commercial Chamber (§ 184a I Nr 1 GVG) geführt werden soll (s § 184a GVG Rn 2).

II) Differenzierte Anforderungen. 1) Die Angabe nach S 1, dass das Verf vollständig in englischer Sprache ge- 2
führt werden soll, in einer englischsprachigen Klageschrift ist nach der Gesetzesbegr (RegE BTDrs 20/8649, 34) ergänzend zu den Angaben nach § 253 Voraussetzung für ein englischsprachiges Verf. Da § 184a III 2 GVG es ausdrückl zulässt, dass die Parteien vereinbaren, in deutschsprachigen Verf vor den in § 184a I 1 GVG genannten Spruchkörpern auch in englischer Sprache vorzutragen, muss auch der Vortrag einer solchen Vereinbarung in der Klageschrift ausreichen, das Verf vor diese Spruchkörper zu bringen (s § 184a GVG Rn 6, 9, 10). **2)** Die weitere Anforderung nach S 2, dass eine Vereinbarung über die Verfahrensführung in englischer Sprache in der Klageschrift dazulegen ist, ist entgegen dem Wortlaut nur als Soll-Vorschrift zu verstehen. Dies ergibt sich schon aus der Möglichkeit der rügelosen Einlassung in englischer Sprache (§ 184a III 1 GVG) und wird auch in der Gesetzesbegr (RegE BTDrs 20/8649, 30) eingeräumt; danach soll die Formulierung als Ist-Vorschrift der „Disziplinierung der Parteien" dienen, sich möglichst vorab auf die Verfahrenssprache zu verständigen.

§ 607 Beteiligung Dritter am Rechtsstreit

(1) [1]In einem in englischer Sprache geführten Verfahren gilt ein englischsprachiger Schriftsatz, der die Einbeziehung eines Dritten in den Rechtsstreit bewirken soll, als nicht zugestellt, wenn der Dritte die englische Sprache nicht versteht und der Zustellung deshalb binnen zwei Wochen gegenüber dem Gericht widerspricht. [2]Auf das Recht zum Widerspruch nach Satz 1 hat das Gericht den Dritten in deutscher Sprache hinzuweisen.

(2) Hat der Dritte der Zustellung nach Absatz 1 Satz 1 widersprochen, so setzt das Gericht die betroffene Partei hiervon unverzüglich in Kenntnis und fordert diese auf, binnen einer Frist von zwei Wochen eine Übersetzung des Schriftsatzes in die deutsche Sprache einzureichen.

(3) [1]Hat der Dritte der Zustellung nach Absatz 1 Satz 1 widersprochen, so kann die Zustellung dadurch erfolgen, dass dem Dritten der englischsprachige Schriftsatz zusammen mit einer Übersetzung in die deutsche Sprache zugestellt wird. [2]In diesem Fall ist der Tag der Zustellung des Schriftsatzes der Tag, an dem die Zustellung nach Satz 1 bewirkt wird. [3]Soll durch die Zustellung eine Frist gewahrt werden oder die Verjährung neu beginnen oder nach § 204 des Bürgerlichen Gesetzbuchs gehemmt werden, tritt diese Wirkung mit dem Tag ein, an dem der englischsprachige Schriftsatz dem Dritten erstmals zugestellt worden ist, wenn die Frist des Absatzes 2 gewahrt wurde.

(4) Kosten einer Übersetzung nach Absatz 2 werden nicht erstattet.

Eingefügt durch Justizstandort-Stärkungsgesetz v 7.10.2024 (BGBl 2024 I Nr 302) mWv 1.4.2025.

I) Bedeutung. Die Vorschrift bildet die prozessuale Ergänzung zu der gerichtsverfassungsrechtl Regelung über 1
die Einbeziehung Dritter in ein englischsprachiges Verf (§ 184a IV GVG, s § 184a GVG Rn 12) und soll die Dritten davor schützen, mit einem Schriftstück, dessen Sprache sie nicht verstehen, mit Rechtsfolgen in ein Verf hineingezogen zu werden.

II) Regelungsgehalt. Die Einbeziehung eines Dritten in ein in englischer Sprache geführtes Verf wird in be- 2
wusster **Anlehnung an Art 12 EuZustVO** (vgl RegE BTDrs 20/8649, 34) in drei Schritten geregelt.

3 **1)** Nach **I** gilt der entsprechende englischsprachige Schriftsatz als nicht zugestellt, wenn der Dritte der Zustellung binnen zwei Wochen gegenüber dem Gericht widerspricht, weil er die englische Sprache nicht verstehe. Betreibt der Dritte ein arbeitsteilig organisiertes Unternehmen, kommt es für die Sprachkenntnis nicht auf die Person an, die das Schriftstück entgegengenommen hat, sondern darauf, ob die erforderl englischen Sprachkenntnisse im Unternehmen vorhanden sind (vgl Art 12 EuZustVO Rn 3). Für die Form des Widerspruchs macht das Gesetz bewusst keine Vorgaben (RegE BTDrs 20/8649, 34); der Widerspruch kann ggü dem Gericht ausdrückl erklärt werden oder zB durch Annahmeverweigerung oder auch schlicht durch Zurücksendung des Schriftstücks an das Gericht mit Eingang innerhalb der Zwei-Wochen-Frist. Fehlt der in **I 2** vorgeschriebene Hinweis in deutscher Sprache auf das Widerspruchsrecht, beginnt die Widerspruchsfrist erst dann, wenn die Belehrung nachgeholt wird, s Art 12 EuZustVO Rn 5. Ob der Widerspruch berechtigt war, ist ggf im Verf als Vorfrage zu entscheiden, wenn es auf die Wirksamkeit der Zustellung ankommt (s Art 12 EuZustVO Rn 6).

4 **2)** Nach fristgemäßem Widerspruch fordert das Gericht bei der Partei, die die Einbeziehung des Dritten in das Verf bewirken will, gem **II** die Vorlage einer deutschen Übersetzung des Schriftsatzes **binnen zwei Wochen** an. Die **Kosten der Übersetzung** des Schriftsatzes werden der Partei auch bei Obsiegen nicht erstattet **(IV).**

5 **3)** Sodann kann nach **III** die Zustellung des englischsprachigen Schriftsatzes zusammen mit der deutschen Übersetzung bewirkt werden. Nach **III 2** gilt dieser Tag als Zustellungsdatum; nach **III 3** ist jedoch in den dort genannten Fällen die **erstmalige Zustellung** nur des englischsprachigen Schriftsatzes **fristwahrend**; dies gilt aber nur, wenn die Frist für die Einreichung der Übersetzung nach II (s Rn 4) gewahrt wurde.

§ 608 Übersetzung

(1) [1]Auf Antrag einer Partei ist eine vollstreckbare gerichtliche Entscheidung in die deutsche Sprache zu übersetzen. [2]Die Übersetzung muss nicht den Tatbestand und die Entscheidungsgründe umfassen. [3]Die Übersetzung ist untrennbar mit der vollständig abgefassten Entscheidung zu verbinden.
(2) Auf Antrag einer Partei ist ein Vergleich nach § 794 Absatz 1 Nummer 1 in die deutsche Sprache zu übersetzen und die Übersetzung untrennbar mit dem Vergleich zu verbinden.
(3) [1]Ist die Veröffentlichung einer gerichtlichen Entscheidung beabsichtigt, hat das Gericht die Übersetzung der vollständig abgefassten Entscheidung in die deutsche Sprache zu veranlassen und beide Sprachfassungen zusammen zu veröffentlichen. [2]Wird das Verfahren aufgrund einer Entscheidung nach § 273a nichtöffentlich geführt, so soll die Übersetzung der Entscheidung dergestalt auszugsweise erfolgen, dass keine Rückschlüsse auf schutzwürdige Einzelheiten des Verfahrens möglich sind.

Eingefügt durch Justizstandort-Stärkungsgesetz v 7.10.2024 (BGBl 2024 I Nr 302) mWv 1.4.2025.

1 **I) Bedeutung.** Die Vorschrift betrifft **Übersetzungen** als **Vollstreckbarkeitsvoraussetzung (I und II)** und für **Entscheidungsveröffentlichungen (III).**

2 **II) Vollstreckbarkeit.** Nach **I 1, 3** und **II** sind **in einem englischsprachigen Verf entstandene englischsprachige** (Regelungsgegenstand u zugleich Beschränkung ergeben sich nicht aus dem Wortlaut der Norm, sondern nur aus dem Kontext u der Abschnittsüberschrift) vollstreckbare gerichtl Entscheidungen **(Urteile u Beschlüsse)** und **Vergleiche** auf Antrag einer Partei durch das Gericht in die deutsche Sprache übersetzen zu lassen; zum Zweck der Vollstreckung sind englischsprachige Originaltexte und deutsche Übersetzung untrennbar zu verbinden. Eine untrennbare Verbindung ist mehr als eine feste (nicht versehentlich trennbare) Verbindung; sie liegt vor, wenn der Zusammenhang nicht ohne sichtbare äußerl Beschädigung aufgehoben werden kann, also zB durch eine Verbindung mit Schnur u Prägesiegel, vgl § 44 BeurkG. Bei gerichtl Entscheidungen reicht idR die Übersetzung von Rubrum u Tenor aus (s I 2); ist eine Auslegung anhand der Gründe erforderlich (s § 704 Rn 5) oder ist dies absehbar, sollte die vom Gericht veranlasste Übersetzung auf diese Entscheidungsteile erstreckt werden und nicht dem Gläubiger aufgebürdet werden, zumal nicht ersichtl ist, wie eine vom Gläubiger veranlasste, von wem auch immer erstellte und „dem Vollstreckungsorgan zur Verfügung" gestellte „einfache Übersetzung" (RegE BTDrs 20/8649, 35) Vollstreckungsgrundlage sein soll.

3 **III) Entscheidungsveröffentlichung. III 1** betrifft die von Amts wegen als Justizverwaltungsangelegenheit (s § 169 GVG Rn 9, § 23 EGGVG Rn 5) zu veranlassende und damit auch von der Staatskasse zu bezahlende Übersetzung zur Veröffentlichung vorgesehener englischsprachiger Entscheidungen in die deutsche Sprache und die gemeinsame Veröffentlichung in beiden Sprachfassungen. **III 2** regelt rudimentär die Veröffentlichung von Entscheidungen mit Bezug zu Geschäftsgeheimnissen (§ 273a ZPO, §§ 16 ff GeschGehG). Vor allem betrifft die Pflicht zur geeigneten Anonymisierung und Pseudonymisierung einer zur Veröffentlichung vorgesehenen *Entscheidung (und erforderlichenfalls* auch zur Unterlassung der Veröffentlichung oder ihre Beschränkung auf Leitsätze) nicht nur die deutsche Übersetzung – so nach dem Wortlaut und der Begr (RegE BTDrs 20/8649, 36) der Vorschrift anzunehmen –, sondern selbstverständlich auch die Originalfassung der Entscheidung; und die

Pflicht gilt umfassend für den Schutz als geheimhaltungsbedürftig eingestufter Informationen iSd § 273a ZPO, § 16 I GeschGehG (s § 273a Rn 1, 13 ff) und nicht nur für den engen Ausschnitt des Ausschlusses der Öffentlichkeit nach § 19 II Nr 1 GeschGehG.

§ 609 Rechtsmittelschrift

(1) Rechtsmittelschriften gegen Entscheidungen in Verfahren, die in englischer Sprache geführt worden sind, sind in englischer Sprache einzureichen.

(2) [1]In Verfahren vor dem Bundesgerichtshof gilt Absatz 1 nur, wenn ein Antrag nach § 184b Absatz 1 Satz 1 Nummer 2 des Gerichtsverfassungsgesetzes gestellt wird. [2]Wird der Antrag abgelehnt, ist die Rechtsmittelschrift auf Anforderung des Gerichts in deutscher Sprache nachzureichen.

Eingefügt durch Justizstandort-Stärkungsgesetz v 7.10.2024 (BGBl 2024 I Nr 302) mWv 1.4.2025.

Rechtsmitteleinlegung. Dem Ziel, ein englischsprachiges Verf ohne Sprachenbruch zu ermöglichen, dient die Verpflichtung, gegen englischsprachige Entscheidungen das Rechtsmittel in dieser Sprache einzulegen. Revision u Rechtsbeschwerde können in deutscher Sprache eingelegt werden, wenn ein Antrag auf Fortführung des Verf in englischer Sprache (§ 184b I Nr 2 GVG) nicht gestellt wird. Wird ein solcher Antrag vom BGH abgelehnt, hat die in englischer Sprache eingereichte Rechtsmittelschrift fristwahrende Wirkung unabhängig von der nach II 2 nachzureichenden deutschen Fassung. 1

Abschnitt 2
Verfahren vor den Commercial Courts und den Commercial Chambers
(§§ 610-614)

§ 610 Anwendbare Vorschriften vor den Commercial Courts; Klageschrift

(1) Für das Verfahren vor den Commercial Courts im ersten Rechtszug (§ 119b Absatz 1 des Gerichtsverfassungsgesetzes) sind die im ersten Rechtszug für das Verfahren vor den Landgerichten geltenden Vorschriften mit Ausnahme der §§ 348 bis 350 entsprechend anzuwenden, soweit sich aus den Vorschriften dieses Abschnittes keine Abweichungen ergeben.

(2) [1]In der Klageschrift ist zu beantragen, dass das Verfahren in erster Instanz vor dem Commercial Court geführt wird. [2]Sofern die Parteien eine Vereinbarung über die Führung des Verfahrens in erster Instanz vor dem Commercial Court getroffen haben, ist diese Vereinbarung in der Klageschrift darzulegen.

Eingefügt durch Justizstandort-Stärkungsgesetz v 7.10.2024 (BGBl 2024 I Nr 302) mWv 1.4.2025.

I) Bedeutung. Die Vorschrift regelt das Verhältnis der bes Vorschriften für das erstinstanzl Verfahren vor den Commercial Courts zu den §§ 253-494a. Diese gelten subsidiär neben den §§ 610-614, mit Ausnahme der Vorschriften über das Verf vor dem Einzelrichter (§§ 348-350). Für das Verf in den Rechtsmittelinstanzen gelten die allg Vorschriften. §§ 612, 613 gelten auch vor den Commercial Chambers. 1

II) Antragstellung (§ 610 II). Der Commercial Court wird nur auf entspr Antrag in der Klageschrift zuständig. Die zudem erforderl Parteivereinbarung (§ 119b II GVG) ist ebenfalls in der Klageschrift darzulegen, kann aber auch durch rügelose Einlassung des Bekl ersetzt werden (§ 119b II 3 GVG). Liegt sie noch nicht vor, können Klage u Antrag auch regulär beim LG eingereicht werden (s dazu § 611). 2

§ 611 Verweisung an den Commercial Court

(1) [1]Wird in Verfahren, in denen die Parteien die Zuständigkeit des Commercial Courts vereinbaren können, die Klage beim Landgericht anhängig gemacht, so hat sich dieses für unzuständig zu erklären und den Rechtsstreit an den vom Kläger bezeichneten Commercial Court zu verweisen, wenn

1. der Kläger dies in der Klageschrift beantragt hat und

2. der Beklagte der Verweisung bis zum Ende der Klageerwiderungsfrist zustimmt.

[2]Satz 1 gilt entsprechend, wenn der Beklagte in der Klageerwiderung die Verweisung an den Commercial Court beantragt und der Kläger innerhalb der hierfür vom Gericht gesetzten Frist zustimmt.

(2) Wird durch Widerklage oder durch Erweiterung des Klageantrags (§ 264 Nummer 2 oder 3) ein Anspruch erhoben, der die Zuständigkeit des Commercial Courts begründet, so hat sich das angerufene Gericht auf Antrag einer Partei für unzuständig zu erklären und den Rechtsstreit an den Commercial Court zu verweisen, sofern die Parteien die Anrufung des Commercial Courts vereinbart haben oder mit der Verweisung einverstanden sind.

(3) Die Vorschrift des § 281 Absatz 2 und 3 Satz 1 gilt entsprechend.

Eingefügt durch Justizstandort-Stärkungsgesetz v 7.10.2024 (BGBl 2024 I Nr 302) mWv 1.4.2025.

1 **I) Bedeutung.** Nach § 611 I kann ein Rechtsstreit auch dann vor den Commercial Court gebracht werden, wenn bei Klageerhebung keine diesbezügl Verständigung zwischen den Parteien vorliegt. Das Verf kann dann nach Einreichung der Klage beim LG u nachträgl Einigung dorthin verwiesen werden. § 611 II ermöglicht Entsprechendes, wenn die Zuständigkeit des Commercial Court durch Widerklage oder Klageerweiterung begründet wird. – Hatten die Parteien bereits vor Klageerhebung die Zuständigkeit des Commercial Court vereinbart, ist dieser nach § 119b II 2 GVG (vorbehaltl bes ausdrückl Regelung) ausschließl zuständig, die beim LG erhobene Klage daher als unzulässig abzuweisen, sofern nicht Verweisung nach § 281 beantragt wird.

2 **II) Voraussetzungen.** Auf **Antrag des Klägers** findet die Verweisung statt, wenn er in der Klageschrift gestellt wurde u der Bekl ihm bis zum Ende der Klageerwiderungsfrist zustimmt, auf **Antrag des Beklagten,** wenn er in der Klageerwiderung gestellt wurde u der Kl innerhalb einer hierfür vom Gericht gesetzten Frist ausdrückl zustimmt (§ 611 I). Nach Ablauf der genannten Fristen ist eine Verweisung im Interesse der Verfahrenskontinuität nicht mehr mögl. Wird die Streitwertgrenze für ein Verf vor dem Commercial Court erst durch eine **Widerklage oder Klageerweiterung** überschritten, kann die Verweisung dorthin durch Vereinbarung oder Einverständnis zwischen den Parteien erreicht werden (§ 611 II). Hierfür sieht das Gesetz keine Befristung vor. Die zeitl Begrenzungen des I werden aber in II hineinzulesen sein, damit die Zuständigkeit des LG nicht zu lange in der Schwebe bleibt. Der Antrag wird also zugleich mit dem neuen Sachantrag zu stellen, die Zustimmung mit der hierfür verfügten Erwiderung zu erklären sein.

3 **III) Verfahren.** Die Anträge u Erklärungen zur Verweisung können auch beim UdG, dh ohne Anwaltszwang (§ 78 III), gestellt werden. Das angegangene Gericht hat durch Beschluss seine Unzuständigkeit auszusprechen u den Rechtsstreit an den Commercial Court zu verweisen. Der Beschluss ist unanfechtbar u bindet auch den Commercial Court, bei dem die Sache mit Eingang der Akten anhängig wird (§ 611 III, § 281 II). Nur bei einer obj willkürl, jeder Rechtsgrundlage entbehrenden Verweisung könnte die Bindungswirkung entfallen (s § 281 Rn 17).

4 **IV) Kosten.** Über sie entscheidet nicht das LG, sondern der Commercial Court (§ 611 III, § 281 III 1). Nicht entspr anwendbar ist § 281 III 2 (Kostenpflicht des Kl), denn das von ihm angerufene LG war ursprüngl zuständig.

§ 612 Organisationstermin

[1]Der Commercial Court im ersten Rechtszug und die Commercial Chamber treffen mit den Parteien so früh wie möglich in einem Organisationstermin Vereinbarungen über die Organisation und den Ablauf des Verfahrens, sofern keine sachlichen oder organisatorischen Gründe entgegenstehen. [2]Die §§ 224, 296 und 356 gelten für Vereinbarungen, die im Rahmen eines Organisationstermins getroffen wurden, entsprechend.

Eingefügt durch Justizstandort-Stärkungsgesetz v 7.10.2024 (BGBl 2024 I Nr 302) mWv 1.4.2025.

1 **I) Bedeutung.** Besprechungen über den Verfahrensablauf tragen wesentl zur Konzentration, Entlastung u Beschleunigung des Rechtsstreits bei. Für die oftmals sehr komplexen Verf bei Commercial Court u Commercial Chamber gilt dies ganz besonders. § 612 macht die Durchführung eines solchen, ansonsten im Ermessen des Gerichts stehenden Termins zur Abschichtung u Strukturierung des Prozessstoffs (§ 139 I 3) für das dortige Verf in der ersten Instanz daher zum festen Bestandteil. Vorbild ist die in ausl Verfahrensordnungen u der Schiedsgerichtsbarkeit bewährte Case-Management-Konferenz (BTDrs 20/8649, 37). Nach der Gesetzesbegründung soll der Organisationstermin auch dazu dienen, mit den Parteien Vereinbarungen zu einem Verfahrensfahrplan zu treffen (BTDrs 20/8649, 37; dazu s Rn 5).

2 **II) Gestaltung.** Beim Organisationstermin handelt es sich um eine informelle, nicht öffentl Besprechung, die vorzugsweise per Telefon- oder Videokonferenz geführt werden sollte (BTDrs 20/8649, 37; sa Greger MDR 2023, *810, 812 f). Ob daran neben den ProzBev auch die Parteien persönl u (evtl zeitweise) weitere Beteiligte wie NI oder SV, seitens des Gerichts auch Beisitzer, evtl ein Güterichter, teilnehmen, entscheidet der Vors. Die Konferenz soll so früh wie mögl stattfinden, dh nach Eingang der Klageerwiderung gem § 275 I, bei schriftl Vorverf

ggf nach Vorliegen der Replik nach § 276 III. Sachdienl kann ein solcher Termin aber auch in jedem späteren Verfahrensstadium sein. Er dient primär der **Erörterung des Verfahrensablaufs** u damit der Vorbereitung der mündl Verh, ersetzt diese also nicht. Die Parteivertreter können sich aber auf ein schriftl Verf nach § 128 II verständigen. Weitere Inhalte der Erörterung können zB sein: Abschichtung von Teilen des Prozessstoffs (§ 139 I 3, § 146; s § 139 Rn 4c); Trennung oder Verbindung von Verf (§§ 145, 147); Abstimmung, ggf Staffelung, von Beweis-, Verhandlungs- u Güteterminen; Verweisung vor den Güterichter (§ 278 V); Versuch einer außergerichtl Konfliktlösung (§ 278a); vorterminl Hinzuziehung eines SV (§ 144 I 1) oder Begutachtung (§ 358a 2 Nr 4); Durchführung eines Augenscheins (§ 144 I); Beibringung von Unterlagen (§ 142); Einholung amtl Auskünfte oder Beiziehung von Akten (§ 273 II Nr 2); Beweiserhebung durch schriftl Zeugenaussage (§ 377 III); Form der Gutachtenserstattung (s § 411 Rn 1); Verwertung eines Gutachtens aus anderem Verf (§ 411a); Rechtshilfe (§§ 362 ff) oder Videovernehmung (§ 284 II); Anordnung persönl Erscheinens (§ 141); Gestattung oder Anordnung der Teilnahme per Video (§ 128a); Durchführung einer Internet-Recherche (s § 291 Rn 1b); Ergänzung u Ordnung des Parteivortrags (§ 273 II Nr 1), uU in elektron Relationstabelle (s § 139 Rn 4c); Aussetzung oder Ruhen des Verf (§§ 148 f, § 251); schriftl Vergleichsvorschlag (§ 278 VI) usw. Wegen der mehrseitigen Kommunikation eignet sich der Organisationstermin auch gut zur Erfüllung der **Erörterungs- und Hinweispflichten** nach § 139 I, II. Außerdem können in ihm **Vereinbarungen** zum Verfahrensablauf getroffen werden (s Rn 5).

Ob über den Organisationstermin ein **Protokoll** zu führen ist, hängt vom Inhalt ab. Bloße Erörterungen über den Verfahrensablauf sind keine Verh iSv § 159, die Erteilung rechtl Hinweise ist ledigl aktenkundig zu machen (§ 139 IV 1; s § 139 Rn 13). Werden aber verbindl Vereinbarungen iSv § 612 getroffen (s Rn 5), sind diese zu protokollieren. 3

III) Absehen. Nach § 612 S 1 kann von einem Organisationstermin abgesehen werden, wenn sachl oder organisatorische Gründe entgegenstehen. Solche Gründe sind aber kaum ersichtl. Für die Durchführung ist kein Sitzungssaal erforderl; sie kann im Dienstzimmer des Vors bzw per Telefon oder Video vom Arbeitsplatz aus abgehalten werden. Zeitmangel kann angesichts der erhebl Zeitersparnis durch die Verfahrensstrukturierung kein Hinderungsgrund sein; die Terminsabstimmung mit den Parteivertretern ist mithilfe von elektron Terminplanern sehr einfach. Das in BTDrs 20/8649, 37 angeführte Beispiel (es seien nur Rechtsfragen zu entscheiden) trägt nicht, denn auch dann können unterschiedl Verfahrensoptionen (zB § 128 II, § 128a, § 278 VI) bestehen u Hinweise nach § 139 II geboten sein. Der Organisationstermin ist damit praktisch obligatorisch. Sein Unterbleiben ist allerdings kein revisibler Verfahrensfehler. Als Rechtsfolge kommen nur Verzögerungsrüge u Entschädigungspflicht nach § 198 GVG in Betracht, wenn es infolge unzureichender Strukturierung zu einer unangemessenen Verfahrensdauer kommt. 4

IV) Wirkung von Vereinbarungen. § 612 geht davon aus, dass es im Organisationstermin zu Vereinbarungen über den Verfahrensablauf kommt, an die nach S 2 auch rechtl Folgen geknüpft sind (sa Klink IPRax 2025, 127, 128 f). Eine Änderung vereinbarter Fristen soll dann nur unter Glaubhaftmachung erhebl Gründe erreichbar sein (§ 224 II), ihre prozessverzögernde Versäumung zur Präklusion nach § 296 I (sofern nicht entschuldigt) bzw zum Ausschluss eines Beweismittels nach § 356 (auch ohne Verschulden) führen. Weder Gericht noch Parteien sind aber zum Herbeiführen solcher Vereinbarungen verpflichtet. Die formelle Prozessleitung liegt seit der ZPO-Novelle 1924 in der Verantwortung des Vors (s §§ 216, 225); eine Änderung von Fristen und Terminen ist ohnehin nur aus erhebl Gründen zulässig (§ 224 II, § 227 I). Das Gericht wäre an etwa Vereinbartes nicht gebunden, hätte bei Abweichung allenfalls rechtl Gehör zu wahren (MskV/Wolff Rn 9). Vereinbarung ist deshalb hier nicht mit dem Herbeiführen einer Einigung gleichzusetzen, sondern meint, dass der Vors seine Verfahrensplanung mit den ProzBev abstimmt, indem er Gelegenheit zum Vortrag von Bedenken oder Hinderungsgründen gibt (mit der Wirkung, dass die Anforderungen an Fristverlängerungs- oder Terminverlegungsgesuche erhöht werden; BTDrs 20/8649, 38). Soll zwischen den Prozessbeteiligten ausnahmsweise eine verbindl Verfahrensabsprache (zB als Zwischenvergleich oder Beweismittelvertrag, s vor § 284 Rn 2b) geschlossen werden, ist diese zu protokollieren (s Rn 3). 5

V) Nichtteilnahme. Verweigert ein Parteivertreter die Teilnahme am Organisationstermin, erscheint er nicht bzw schaltet sich (nach vorsorgl Rückfrage des Vors in der Kanzlei) nicht zu, kann die Besprechung ohne ihn geführt werden. Es gibt kein VU, kein Ordnungsmittel. Der Nichterschienene verzichtet auf die Möglichkeit, auf den Prozessablauf Einfluss zu nehmen. Über das Ergebnis der Besprechung ist er zu unterrichten. Vereinbarungen iSv S 2 können nur wirksam werden, wenn er nachträgl zustimmt. 6

§ 613 Wortprotokoll

(1) [1]Vor dem Commercial Court und der Commercial Chamber ist auf übereinstimmenden Antrag der Parteien im ersten Rechtszug das Protokoll als ein während der Verhandlung oder einer Beweisaufnahme für die Parteien mitlesbares Wortprotokoll zu führen, soweit dem keine tatsächlichen Gründe entgegenstehen. [2]Abweichend von Satz 1 können die Parteien übereinstimmend auf die Mitlesbarkeit des Wortprotokolls verzichten.

(2) [1]Das Gericht kann auch eine oder mehrere geeignete gerichtsfremde Protokollpersonen zuziehen, wenn dies zur ordnungsgemäßen Aufnahme des Wortprotokolls erforderlich ist. [2]Jede Protokollperson hat einen Eid dahingehend zu leisten, dass sie das Wortprotokoll unparteiisch und nach bestem Wissen und Gewissen erstellen wird. [3]Ist die Protokollperson gemäß § 189 Absatz 2 des Gerichtsverfassungsgesetzes allgemein beeidigt, genügt die Berufung auf diesen Eid. [4]§ 189 Absatz 1 Satz 2 und 3 und Absatz 4 des Gerichtsverfassungsgesetzes ist entsprechend anzuwenden. [5]Für die Zwecke der Protokollführung gelten Protokollpersonen nach Satz 1 als Urkundsbeamte der Geschäftsstelle.

(3) Die Entscheidungen nach den Absätzen 1 und 2 sind unanfechtbar.

Eingefügt durch Justizstandort-Stärkungsgesetz v 7.10.2024 (BGBl 2024 I Nr 302) mWv 1.4.2025.

1 **I) Bedeutung.** „Um im Wettbewerb mit der Schiedsgerichtsbarkeit zu bestehen" (BTDrs 20/8649, 17), sollen Commercial Court im ersten Rechtszug und Commercial Chamber den Parteien auf Antrag ein mitlesbares Wortprotokoll bieten. Dies soll der sicheren Dokumentation, aber auch der Erleichterung der Verh (zB durch Bezugnahmen, Vorhalte oder bei Rückfragen in Sitzungsunterbrechungen) dienen.

2 **II) Form des Protokolls.** Anders als das gewöhnl Verhandlungsprotokoll (§ 159) enthält das **Wortprotokoll** nicht nur die in § 160 aufgeführten Angaben, sondern es gibt die in der Sitzung abgegebenen Äußerungen der Beteiligten unter Bezeichnung des Sprechenden (wie bei einem Parlamentsprotokoll) wörtlich wieder. Auch die Aussagen von Zeugen, SV u vernommenen Parteien sind nicht nur zusammengefasst, sondern unmittelbar aufzuzeichnen. Um **mitlesbar** zu sein, muss die Aufzeichnung für die Parteien zeitgleich auf einem Monitor sichtbar gemacht werden; es sollte auch ein Scrollen im gerade in Erstellung befindl Protokoll ermöglicht werden. Es handelt sich zwar um eine vorläufige Aufzeichnung iSv § 160a (MskV/Wolff Rn 7; unzutr BTDrs 20/8649, 38); da diese in elektron Form erfolgt, kann sie aber ohne Transkription in die E-Akte übernommen werden.

3 **III) Praktische Durchführung.** Die Führung eines Wortprotokolls erfordert einen **übereinstimmenden Antrag** der Parteien. Dabei kann auf die Mitlesbarkeit, ebenfalls nur übereinstimmend, verzichtet werden (§ 613 I 2). Der Antrag ist so rechtzeitig vor der Verhandlung zu stellen, dass die nötigen organisatorischen Vorkehrungen getroffen werden können. Ist dies nicht der Fall oder bestehen andere tatsächl **Hindernisse** (zB bei einem Ortstermin), kann von ihr abgesehen werden (§ 613 I 1 Hs 2). Das Fehlen einer geeigneten technischen oder personellen Ausstattung ist aber kein Hinderungsgrund, wenn dies durch Zuziehung **gerichtsfremder Dienstleister**, ggf auch Verlegung der Sitzung in einen externen (öffentl) Konferenzraum, behoben werden kann. Die Protokollanten erlangen durch Vereidigung insoweit die Funktion des UdG (s § 613 II), einschl Unterschrift bzw Signatur nach § 163 I, § 130b. Zu ihrer Vergütung § 9 VII, § 13 JVEG; zur Kosten- u Vorschusspflicht für die entstehenden Auslagen s Nr 9005 bzw 9006 Nr 1 GKG-KV; § 17 I GKG.

4 Die Anordnung bezieht sich auf die **gesamte Verhandlung.** Einmal angeordnet kann die Wortprotokollierung als gerichtsorganisatorische Maßnahme nicht mehr, etwa durch Rücknahme des Antrags oder Widerspruch eines Zeugen, verhindert werden. Im allseitigen Einverständnis kann aber von der wörtlichen Aufzeichnung einzelner Verhandlungsteile (zB Vergleichsverhandlungen) abgesehen werden. Im Zweifel beziehen sich Anträge und Anordnung auch auf Fortsetzungstermine.

5 **IV) Rechtsmittel.** Die Ablehnung des Antrags auf Wortprotokoll ist unanfechtbar, ebenso die Entscheidung über die Hinzuziehung einer gerichtsfremden Protokollperson (§ 613 III).

§ 614 Rechtsmittel gegen Urteile des Commercial Courts

[1]Gegen Urteile des Commercial Courts findet die Revision statt. [2]Die Revision gegen Urteile im ersten Rechtszug bedarf keiner Zulassung.

Eingefügt durch Justizstandort-Stärkungsgesetz v 7.10.2024 (BGBl 2024 I Nr 302) mWv 1.4.2025.

1 **I) Bedeutung.** Der Zugang zur Revisionsinstanz wird für erstinstanzl Entscheidungen der Commercial Courts zulassungsfrei eröffnet; für Berufungsverf gegen Urteile der Commercial Chambers bleibt es bei den allg Vorschriften der §§ 543 f.

2 **II) Einzelfragen.** § 542 II (Ausschluss der Revision im einstw Rechtsschutz) hat auch im Verf des Commercial Court zu gelten. Für die Rechtsbeschwerde gilt § 574.

§§ 615 bis 687 (aufgehoben)

Buch 7
Mahnverfahren (§§ 688-703d)

Vorbemerkungen zu §§ 688-703d

Lit: *Mock*, Der Mehrvergleich im Mahnverf, AGS 2022, 55; *Petzold*, Die Erfüllung im Mahnverf, NJW 2019, 822; *Pioch*, Die verjährungshemmende Wirkung des Mahnbescheids, MDR 2016, 863; *Salten*, Gerichtl Mahnverf u ZwV, 7. Aufl 2023; *Salten*, Die neue Anwalts- und Inkassovergütung im gerichtl Mahnverf, MDR 2022, 69; *N. Schneider*, Gerichtskosten im zivilrechtl Mahnverf, NJW 2020, 378; *N. Schneider*, Postulationszwang für Klagerücknahme nach Mahnverf?, NJW-Spezial 2024, 475; *Seidel*, Zum Verhältnis von Schiedsvereinbarung u gerichtl Mahnverf, SchiedsVZ 2021, 245.

I) Neuere Entwicklungen. Durch das G zur Förderung des elektron Rechtsverkehrs mit den Gerichten v 10.10. 1
2013 (BGBl I 2013, 3786) ist eine elektron Aktenführung (§ 689 I 4) ermöglicht worden. Durch das G zur Einführung der elektron Akte in der Justiz und zur weiteren Förderung des elektron Rechtsverkehrs v 5.7.2017 (BGBl I 2017, 2208) ist § 690 III aF mWv 1.1.2018 aufgehoben und in eine allg Formvorschrift überführt worden (§ 702 II 1), wonach die Parteien des Mahnverf grds alle Anträge und Erklärungen – auch unter Nutzung des elektron Identitätsnachweises – in nur maschinell lesbarer Form übermitteln *können*. RAe, Inkassodienstleister, Behörden und jur Personen des öffentl Rechts sind *verpflichtet*, Anträge und Erklärungen in nur maschinell lesbarer Form einzureichen, soweit maschinell lesbare Formulare eingeführt sind (§ 702 II 2). Seit dem 1.1. 2026 ist die elektron Aktenführung verbindl eingeführt (§ 689 I 4). Durch das G zur Änderung von Vorschriften im Bereich des Internat Privat- und Zivilverfahrensrechts v 11.6.2017 (BGBl I 2017, 1607) ist § 688 III, IV 1 aktualisiert und ergänzt worden (AVAG, AUG etc). Seit dem 1.1.2020 ist der ASt nach § 695 S 2, § 697 II 2 darüber zu belehren, dass die Klage als zurückgenommen gilt, soweit der Antrag in der Anspruchsbegründung hinter dem Mahnantrag zurückbleibt (G zur Regelung der Wertgrenze für die NZB in Zivilsachen, zum Ausbau der Spezialisierung bei den Gerichten sowie zur Änderung weiterer prozessrechtl Vorschriften v 12.12.2019, BGBl I 2019, 2633).

II) Allgemeines zum Mahnverfahren. 1) Zweck und Voraussetzungen. a) Durch das Mahnverf soll dem Gl 2
einer Geldforderung schnell und einfach ohne mündl Verh ein Vollstreckungstitel verschafft werden, wenn der Sch die Forderung nicht ernstl bestreitet, sie aber nicht erfüllen will oder kann (vgl BVerfG NJW 2007, 2032 Tz 11). Wenn mit einem Widerspruch des Sch zu rechnen ist, bedeutet das Mahnverf einen unnötigen Umweg. Kommt es zur Überleitung ins Streitverf, stellt das Mahnverf nur eine bes Form der Verfahrenseinleitung dar.

b) Die Forderung muss im Zivilrechtsweg verfolgbar sein (sa § 688 Rn 1), regelmäßig auf Euro lauten (sa § 688 3
Rn 2) und darf nicht oder nicht mehr von einer Gegenleistung abhängen (§ 688 I, II Nr 2, § 690 I Nr 4). Sie muss fällig sein oder innerhalb der Widerspruchsfrist fällig werden, da vom Ag Befriedigung innerhalb der Widerspruchsfrist verlangt wird, sofern er nicht widerspricht (§ 692 I Nr 3). Das Mahnverf findet nur statt, wenn der MB im Inland ohne Inanspruchnahme öffentl Zustellung oder in einem ausl Staat zugestellt werden kann, mit dem das Mahnverf durch zwischenstaatl Abk vereinbart ist (§ 688 II Nr 3; III iVm §§ 1, 32 I 1 AVAG; sa § 688 Rn 13). Für Ansprüche des Unternehmers aus Verbraucherdarlehensverträgen und Teilzahlungsgeschäften ist das Mahnverf nur eingeschränkt zulässig (§ 688 II Nr 1). Ein bes Urkunden-, Wechsel-, Scheckmahnverf ist in § 703a vorgesehen.

2) Verfahrensgang. a) Ausschließl **zuständig** ist das **AG** (§ 689 I 1), funktionell (mit Ausschluss eines nachfol- 4
genden Streitverf) der **Rpfleger** (§ 20 I Nr 1 RPflG), landesrechtl auch der **UdG** (§ 36b I 1 Nr 2 RPflG; sa § 689 Rn 1). Die örtl Zuständigkeit ergibt sich aus § 689 II, III, § 703d. Der ASt kann ohne Darlegung seiner Anspruchsberechtigung einen MB (§ 692) erwirken. Er kann sich durch einen Bev vertreten lassen (sa § 703 Rn 1). Legt der Ag keinen Widerspruch ein, ergeht auf rechtzeitigen Antrag des ASt ein VB, der einem für vorl vollstrb erklärten VU gleichsteht (§§ 699, 700). Ob der geltend gemachte Anspruch besteht, wird im Mahnverf grds nicht geprüft. Der Ag kann eine gerichtl Überprüfung wie folgt herbeiführen: – Er kann gegen den MB Widerspruch einlegen (§ 694); auf Antrag einer Partei ist die Sache dann ins Streitverf abzugeben (§ 696). – Ist mangels rechtzeitigen Widerspruchs oder wegen Rücknahme des Widerspruchs bereits VB erlassen, steht dem Ag der befristete Einspruch zu; in diesem Fall wird die Sache vAw ins Streitverf abgegeben (§ 700 III).

b) Anhängig wird die Sache mit der Stellung des MB-Antrags (vgl BVerfG NJW 2017, 318 Tz 18; iE s § 693 Rn 4, 5
§ 696 Rn 7); **Rechtshängigkeit** tritt zurückbezogen auf die Zustellung des MB ein, wenn nach dem Widerspruch des Ag die Sache alsbald ins Streitverf abgegeben wird (§ 696 III), sonst im Zeitpunkt des Akteneingangs beim Streitgericht (§ 696 I 4; iE s § 696 Rn 7) oder wenn der VB erlassen wird (§ 700 II; iE s § 700 Rn 1); den Umfang der Rechtshängigkeit bestimmt der Widerspruch bzw der VB. Das Mahnverf **endet** bei Widerspruch des Ag (§ 694) erst mit Abgabe an das Streitgericht gem § 696 I (vgl BGH MDR 95, 1059 = NJW-RR 95, 1335, 1336; sa § 696 Rn 7). Zu einem **Stillstand des Mahnverf** (sa OLG Dresden FamRZ 2019, 545, 546) kommt es, wenn nach dem Widerspruch die Abgabe unterbleibt, etwa bei Nichtzahlung der weiteren Gerichtskosten, nicht dagegen bei einem endgültigen Scheitern der Zustellung des MB (Vollkommer Rpfleger 2009, 398; sa § 688 Rn 8).

6 **III) Anwendbare Vorschriften.** Die **allg Verfahrensvorschriften** finden Anwendung, soweit sie sich mit dem Mahnverf vertragen. Das gilt insb für die Partei- und Prozessfähigkeit (§§ 50 ff, § 56), gewillkürte Prozessführungsbefugnis, (mit Einschränkungen) Streitgenossenschaft (§§ 59 ff; iE s Rn 7), Nebenintervention (§§ 66, 71; BGH MDR 2006, 826 = NJW 2006, 773), Streitverkündung (Seggewiße NJW 2006, 3037; allg zur Streitverkündung: Seibel BauR 2014, 456), Vertretung durch Bev (§ 79 II; sa § 703 Rn 1), Wahrheitspflicht (§ 138 I; BGH MDR 2014, 563 = NJW 2014, 711 Tz 19), Zwischenverfügung (§ 139 III), Anspruchshäufung (§ 260; sa § 690 Rn 13 f), (mit Einschränkungen) Abtretung des geltend gemachten Anspruchs (§ 265; sa Rn 8), Zustellungsverf (§§ 166 ff [insb § 189]; sa § 693 Rn 2), Unterbrechung des Verf (§§ 239 ff; BGH NJW 74, 494; sa Rn 9 ff), (auf das Mahnverf beschränkte) PKH (§§ 114 ff; BGH MDR 2019, 1326; BGH MDR 2017, 1261; BGH MDR 2017, 1259 LS; einschr BGH MDR 2010, 585 [nicht § 121 II aE]), VerfBev (§§ 89 ff, s aber § 703). Eine Antragserweiterung (§§ 263 f) ist unzulässig, da das Mahnverf selbst kein Streitverf, sondern diesem nur vorgelagert ist (vgl BGH MDR 91, 998 = NJW 91, 2084 mwN). Erweiterungsschriftsätze sind aber als antizipierte Klageerweiterung für das Streitverf zulässig, darum vom Rpfleger zu den Akten zu nehmen und dann vom Streitgericht zuzustellen (Vollkommer Rpfleger 88, 195 ff). Entspr gilt für die (im Mahnverf unzulässige) Widerklage (AG Lübeck NJW-RR 90, 1152). Es besteht kein Anwaltszwang (sa § 702 Rn 1). Eine Weiterleitung iSe Abgabe (im Gegensatz zur Verweisung) ist *vor* Erlass des MB mögl (BayObLG BB 2002, 1437 mwN; sa § 689 Rn 5), jedoch nicht mehr *nachher* zum Zweck des Erlasses des VB (BGH MDR 90, 222 = NJW 90, 1119; sa § 699 Rn 11). Entspr § 269 kommt eine Rücknahme von Verfahrensanträgen in Betracht (sa § 690 Rn 26; § 696 Rn 2); evtl auch eine Erledigung (sa § 690 Rn 27; § 91a Rn 58.27), auch eine teilw (Kießling ZZP 119 [2006], 453 ff). **§ 319** ist auf den MB und VB anwendbar (str, s OLG Düsseldorf NJW-RR 98, 1077; OLG Hamm NJW-RR 92, 480; einschr OLG München Rpfleger 90, 28), bei elektron Bearbeitung ist ggf § 130b zu beachten; dass die Unrichtigkeit schon im MB-Antrag enthalten war und auf einem Versehen des ASt beruht, steht nicht entgegen (verkannt von OLG Düsseldorf NJW-RR 98, 1077); Parteiberichtigung ist Sache des ASt (OLG München Rpfleger 90, 28); zulässig ist aber die Berichtigung vAw bei offenbarer Falschbezeichnung (OLG Hamm NJW-RR 92, 480; Zahlenfehler bei Betrag: OLGR Bremen 2005, 661 [jedoch unzutr LS 1]; aA OLG Düsseldorf NJW-RR 98, 1077; sa § 690 Rn 5, 25). **Unanwendbar** sind alle Vorschriften, die die Rechtshängigkeit des Verf (zB § 265 II; dazu s Rn 8) und eine mündl Verh voraussetzen (zB § 295 I Alt 2) oder beim MB Teilentscheidungen (§ 301) ermöglichen (sa § 691 Rn 4).

7 **IV) Besondere Verfahrenslagen. 1) Parteienmehrheit (Streitgenossenschaft).** Zum zust Gericht bei Mehrheit von ASt: s § 689 Rn 3. Bei Mehrheit von Ag (Hauptfall: Gesamtschuld) ist *für jeden ein selbständiger Vordruck* (mit Hinweis auf den anderen Gesamtschuldner) auszufüllen (iE s § 690 Rn 7, 23; § 703c Rn 12). Zur Zusammenführung von nach Widerspruch getrennten (Mahn-)Verf: s § 690 Rn 7; § 696 Rn 15. Kein gemeinsames Mahnverf bei Fehlen von inländischem Wohnsitz *eines* Ag: s § 703d Rn 3.

8 **2) Gläubigerwechsel.** Da der VB „auf der Grundlage des Mahnbescheids" ergeht (§ 699 I), kann, wenn der geltend gemachte Anspruch nach Erlass des MB abgetreten wurde, kein VB auf den neuen Gl ergehen; dieser muss seinerseits erst einen MB erwirken (vgl MK/Schüler vor § 688 Rn 22; aA [entspr Anwendung von § 265] MskV/Voit § 688 Rn 5). Eine Abtretung im Zeitraum nach Widerspruch, aber *vor* Rechtshängigkeit führt – entgegen dem nicht anwendbaren § 265 II 1, 2 – ohne Zustimmung des Sch zum Parteiwechsel (vgl BGH MDR 2008, 514 LS = NJW-RR 2008, 860 Tz 12 mwN); nach Erlass des VB gelten wegen § 700 II die allg Vorschriften.

9 **3) Tod einer Partei. a)** Stirbt der **ASt oder Ag vor Erlass** des beantragten **MB** und wird das bekannt, darf der MB nicht mehr erlassen werden; geschieht es dennoch, ist der auf eine nicht mehr existente Partei lautende MB unwirksam (AG Köln Rpfleger 69, 250; StJ/Berger § 692 Rn 11).

10 **b)** Stirbt der **ASt vor Zustellung** des bereits erlassenen **MB**, ist Letzterer mit seinem bish Inhalt unwirksam, kann aber ohne neuen Mahnantrag auf die Erben des ASt umgeschrieben und dann zugestellt werden (StJ/Berger § 692 Rn 11); das ist nicht erforderl, wenn ein ProzBev den Antrag gestellt hatte (§ 86). Bei **Tod des Ag vor Zustellung** kommt ohne neuen Mahnantrag Berichtigung auf die Erben und Zustellung an sie in Betracht (nach StJ/Berger § 692 Rn 11 muss neuer MB gegen die Erben beantragt werden).

11 **c)** Stirbt der **ASt oder Ag nach Zustellung** des **MB**, aber vor Widerspruch und vor Erlass eines VB, wird, sofern nicht § 264 eingreift, das Verf entspr § 239 unterbrochen (LG Aachen Rpfleger 82, 72); die Widerspruchsfrist kann nicht ablaufen, VB kann nicht ergehen. Die Erben des ASt oder Ag können das Verf durch vAw zuzustellenden Schriftsatz aufnehmen. Seitens des ASt bzw seiner Erben geschieht dies unter neuer Fristsetzung gem § 692 Nr 3 mit der Aufforderung, ihn bzw die Erben zu befriedigen oder Widerspruch einzulegen (LG Aachen Rpfleger 82, 72); bei erfolglosem Fristablauf wird VB für oder gegen die Erben erlassen. Der Ag bzw seine Erben nehmen das Verf mit Widerspruch (§ 694) auf. Eine Prüfung der behaupteten Erbfolge kann nur im Streitverf erfolgen (sa MK/Schüler vor § 688 Rn 27).

12 **d)** Bei **Tod einer Partei nach Widerspruch** finden §§ 239, 246, 250 Anwendung (ThP/Hüßtege vor § 688 Rn 8).

13 **e)** Bei **Tod einer Partei nach Erlass** des **VB** wird das Verf ebenfalls unterbrochen (ThP/Hüßtege vor § 688 Rn 8); *die Einspruch*sfrist kann nicht mehr ablaufen; Aufnahme nach § 239 durch Erben oder Gegner. War die Einspruchsfrist bereits abgelaufen, greifen §§ 727, 796 I ein (Vollstreckungsklausel für oder gegen Rechtsnachfolger).

14 **f)** Der **Tod des ProzBev** ist auf das Mahnverf ohne Einfluss (§ 244 I betrifft Anwaltsprozesse).

4) Insolvenz einer Partei. a) Im Verfahrensabschnitt **vor Zustellung** des **MB** ist zu unterscheiden: Insolvenz des **ASt** hindert die Zustellung des MB an den Ag nicht; die Wirkungen des § 167 (§ 693 II aF) treten zugunsten der Insolvenzmasse ein; der Verwalter kann das Mahnverf weiterführen (§ 80 I InsO); für eine Verfahrensunterbrechung nach § 240 ist kein Raum (hM, sa MK/Schüler vor § 688 Rn 23 mwN). Bei Insolvenz des **Ag** kann der MB weder an ihn noch an den Verwalter wirksam zugestellt werden (§§ 80, 81, 87 InsO; MK/Schüler vor § 688 Rn 24; für § 240 entspr [„Vorwirkung"]: Naraschewski EWiR 2009, 728 [gegen § 240 bei Klage: BGH MDR 2009, 411 = NJW-RR 2009, 566]; aA – jedoch falsch – AG Bremen ZIP 2014, 1356 LS); es bleibt nur eine Anmeldung zur Tabelle (§§ 174 ff InsO), ggf eine Feststellungsklage nach § 180 InsO; die Anmeldung zur Tabelle nach § 174 InsO tritt für § 167 (§ 693 II aF) an die Stelle der Zustellung (§ 204 I Nr 10 BGB). 15

b) Bei Insolvenz des **ASt oder Ag nach Zustellung** des **MB**, aber vor Widerspruch oder VB, wird das Mahnverf unterbrochen (§ 240 entspr: MK/Schüler vor § 688 Rn 23). Für den ASt als InsSch kann der Verwalter aufnehmen (§ 85 InsO). Bei Insolvenz des Ag kann das Mahnverf nicht gegen ihn nach § 250 aufgenommen werden; auch hier bleibt nur eine Anmeldung zur Tabelle (§§ 174 ff InsO), bei Bestreiten im Prüfungstermin die Feststellungsklage nach § 180 I InsO (MskV/Voit § 688 Rn 4). 16

c) Bei Insolvenz des **ASt oder Ag nach Widerspruch gegen** den **MB** bis zur Abgabe (und nachher) **oder nach Einspruch gegen** den **VB** sind §§ 240, 249, 250 unmittelbar anzuwenden (MskV/Voit § 688 Rn 4 aE); § 180 II InsO ist anwendbar (MskV/Voit aaO). 17

5) Sonstiges. a) Zum **Verfahrensstillstand durch Nichtbetreiben:** s § 693 Rn 8; § 697 Rn 10. **b)** Zum **Internationalen Mahnverf:** s § 688 Rn 13 f. 18

§ 688 Zulässigkeit

(1) Wegen eines Anspruchs, der die Zahlung einer bestimmten Geldsumme in Euro zum Gegenstand hat, ist auf Antrag des Antragstellers ein Mahnbescheid zu erlassen.

(2) Das Mahnverfahren findet nicht statt:

1. **für Ansprüche eines Unternehmers aus einem Vertrag gemäß den §§ 491 bis 508 des Bürgerlichen Gesetzbuchs, wenn der gemäß § 492 Abs. 2 des Bürgerlichen Gesetzbuchs anzugebende effektive Jahreszins den bei Vertragsschluss geltenden Basiszinssatz nach § 247 des Bürgerlichen Gesetzbuchs um mehr als zwölf Prozentpunkte übersteigt;**
2. **wenn die Geltendmachung des Anspruchs von einer noch nicht erbrachten Gegenleistung abhängig ist;**
3. **wenn die Zustellung des Mahnbescheids durch öffentliche Bekanntmachung erfolgen müsste.**

(3) Müsste der Mahnbescheid im Ausland zugestellt werden, so findet das Mahnverfahren nur insoweit statt, als das Anerkennungs- und Vollstreckungsausführungsgesetz in der Fassung der Bekanntmachung vom 30. November 2015 (BGBl. I S. 2146) und das Auslandsunterhaltsgesetz vom 23. Mai 2011 (BGBl. I S. 898), das zuletzt durch Artikel 5 des Gesetzes vom 20. November 2015 (BGBl. I S. 2018) geändert worden ist, dies vorsehen oder die Zustellung in einem Mitgliedstaat der Europäischen Union erfolgen soll.

(4) [1]Die Vorschriften der Verordnung (EG) Nr. 1896/2006 des Europäischen Parlaments und des Rates vom 12. Dezember 2006 zur Einführung eines Europäischen Mahnverfahrens (ABl. L 399 vom 30.12. 2006, S. 1; L 46 vom 21.2.2008, S. 52; L 333 vom 11.12.2008, S. 17), die zuletzt durch die Verordnung (EU) 2015/2421 (ABl. L 341 vom 24.12.2015, S. 1) geändert worden ist, bleiben unberührt. [2]Für die Durchführung gelten die §§ 1087 bis 1096.

I) Allgemeines. Für das Mahnverf müssen die **allg Prozessvoraussetzungen vorliegen**, insb: Parteifähigkeit, Prozessfähigkeit, ordnungsgem ges Vertretung, Zuständigkeit des angegangenen Gerichts. Der Rechtsweg zu den ordentl Gerichten muss gegeben sein; Besonderheiten bestehen zT für bestimmte Ansprüche nach dem WEG, FamFG (s Rn 10) sowie für (zur Sozialgerichtsbarkeit gehörende) Beitragsansprüche von Unternehmen der privaten Pflegeversicherung (§ 182a SGG; s Rn 11). Öff-rechtl Abgaben- oder Erstattungsansprüche, die in die Zuständigkeit von Verwaltungsbehörden, von allg oder bes VG fallen, können nicht im Mahnverf verfolgt werden. Ansprüche, die vor die ArbG gehören, sind dem arbeitsgericht Mahnverf vorbehalten, § 46a ArbGG. Ein **Rechtsschutzbedürfnis** muss vorliegen (BGH MDR 81, 390 = NJW 81, 875, 876). Dieses **fehlt** bei Ansprüchen, für die ein bes Festsetzungstitel erwirkt werden kann: zB § 89 GNotKG (Gebührenansprüche der Notare), § 11 RVG (Gebührenansprüche der RAe), es sei denn, dass außergebührenrechtl Einwendungen erhoben werden (BGH MDR 81, 390 mwN). Da das Nichteingreifen der Festsetzungsmöglichkeit gem § 11 I RVG im Mahnantrag nicht darzulegen ist, ist bei Ansprüchen auf Anwaltsgeb allg vom Vorliegen des Rechtsschutzbedürfnisses und damit der Zulässigkeit des Mahnverf auszugehen (vgl BGH MDR 81, 390); das gilt jedenfalls für verauslagte Gerichtskosten (nicht festsetzbar: BGH MDR 2003, 1201 = NJW 2003, 2834). Dgl ist das Mahnverf 1 zulässig, soweit zur Verjährungshemmung bei ausgeurteilten Zinsen wegen § 197 II BGB das Rechtsschutzbedürfnis für eine neue Klage bejaht wird (unzutr aA bzgl § 209 II Nr 5 BGB aF [§ 212 I Nr 2 BGB nF]: AG Hannover NJW-RR 88, 1343).

2 **II) Mahnfähiger Anspruch (§ 688 I). 1) Geldforderung.** Der für das Mahnverf geeignete Anspruch muss auf Zahlung einer bestimmten **Geldsumme in Euro** gerichtet sein. Die **Höhe** des Betrags ist nicht begrenzt. Ansprüche aus Hypothek, Grundschuld oder Rentenschuld stehen nicht gleich (arg: Aufhebung von I 2 aF), dgl nicht Ansprüche auf Freistellung von Zahlungsverbindlichkeiten (OLG Düsseldorf NJW-RR 98, 503). Ein in **ausl Währung** ausgedrückter Zahlungsanspruch kann Gegenstand des Mahnverf sein, wenn der MB im Ausland zugestellt werden muss und AVAG bzw AUG dies vorsehen oder die Zustellung in einem Mitgliedstaat der Europ Union erfolgen soll (III; iE s Rn 13). Eine einfache Fremdwährungsschuld iSv § 244 I BGB kann iÜ dann im Mahnverf geltend gemacht werden, wenn sie in Euro umgerechnet wird (vgl BGH MDR 88, 852 = NJW 88, 1964; K. Schmidt NJW 89, 65; Hanisch IPRax 89, 276); Gleiches sollte für eine echte gelten (Hanisch IPRax 89, 276, 279).

3 **2) Fälliger, unbedingter und nicht von einer Gegenleistung abhängiger Anspruch.** Die nicht zusammenhängend (§ 692 I Nr 3) und zT als Ausschlusstatbestand (**II Nr 2**) formulierten Erfordernisse umschreiben den (einseitig voll) **durchsetzbaren Anspruch**. Es kann sich um einen vertragl oder ges (zB §§ 823 ff, §§ 812 ff BGB) Anspruch handeln. Da dem Ag die Zahlung innerhalb der Widerspruchsfrist aufgegeben wird, sofern er nicht Widerspruch einlegt, muss die Forderung **fällig** sein oder spätestens innerhalb der Widerspruchsfrist fällig werden (allgM, vgl § 692 I Nr 3). Ansprüche auf künftig fällig werdende Leistungen (§§ 257 ff) können nicht im Mahnverf verfolgt werden (OLGR Naumburg 1999, 94, 96). Der Anspruch darf **nicht bedingt** sein und darf nicht oder **nicht mehr von einer Gegenleistung** des ASt **abhängen** (**II Nr 2**), was der ASt im Mahnantrag zu versichern hat (§ 690 I Nr 4); die Abhängigkeit von einer Gegenleistung (iwS: s Rn 6) besteht allg bei Zug um Zug zu erbringenden Leistungen (§§ 273, 320 ff, § 348 BGB), auch bei schadensersatzrechtl Rückabwicklungsverhältnissen (s Rn 6), nicht aber bei einer Vorleistungspflicht des Ag (Herbst Rpfleger 78, 200) oder bei Ansprüchen auf eine Vorschussleistung (vgl BGH MDR 2007, 1006 = NJW 2007, 1952 Tz 40 ff); die Behauptung, die Gegenleistung sei in Annahmeverzug begründender Weise vergebl angeboten worden, macht das Mahnverf nicht zulässig. Gegenleistung in diesem Sinne ist nicht die Ausstellung einer Quittung (§ 368 BGB) oder die Aushändigung der Schuldurkunde (Art 39 WG, Art 34 ScheckG). – Soweit das Mahnverf mangels geeigneten Anspruchs nicht zulässig ist, muss der **Klageweg** beschritten werden. Auch ein **unzulässiger** (unbegründeter, aber nicht missbräuchl) hinreichend individualisierter **Antrag hemmt** aber **die Verjährung** (vgl BGH MDR 2007, 1006 = NJW 2007, 1952 Tz 43). Bsp: noch nicht entstandener Anspruch (BGH aaO), zu Besonderheiten bei erschlichenem MB: s § 690 Rn 17.

4 **3) Ansprüche aus Urkunden, Wechseln, Schecks.** Diese können nach Wahl des ASt im gewöhnl oder im Urkunden-(Wechsel-, Scheck-)Mahnverf nach § 703a verfolgt werden.

5 **III) Ausschluss des Mahnverfahrens (§ 688 II).** Das Mahnverf ist in folgenden Fällen „nicht statthaft“:

5a **1) „Mahnverfahrenssperre“ bei hochverzinslichem Verbraucherkredit usw (II Nr 1).** Das Mahnverf ist **nicht zulässig** für Ansprüche des Unternehmers oder Zessionars aus Verbraucherdarlehensverträgen und Finanzierungshilfen (§§ 491-508 BGB), wenn der gem § 492 II BGB iVm Art 247 §§ 6-13 EGBGB im Vertrag anzugebende **effektive Jahreszins** den bei Vertragsschluss geltenden Basiszinssatz (§ 247 BGB) um mehr als **12 %-Punkte übersteigt** (**II Nr 1**). Das Datum des Vertragsabschlusses und der effektive Jahreszins (Berechnung: Art 247 § 3 II 3 EGBGB iVm § 6 PAngV) sind im Mahnantrag zu bezeichnen (§ 690 I Nr 3 Hs 2 Teil 2). Wenn dieser die genannte Grenze überschreitet, ist der Mahnantrag nach § 691 I Nr 1 vom Rpfleger zurückzuweisen. Maßgebend ist allein die Höhe des „anzugebenden“ Zinses (näher § 690 Rn 15); das Geltendmachen niedrigerer Zinsen (oder überhaupt keiner) macht das Mahnverf nicht zulässig. Mit der **Grenze nach II Nr 1** sollen „wegen Zinsüberhöhung gem § 138 BGB nichtige Darlehensforderungen vom Mahnverf ferngehalten werden. ‚Diskontsatz + 12 %‘ ist deshalb ein Zinssatz, der an die von der Rspr entwickelte Grenze der Sittenwidrigkeit von Verbraucherdarlehen anknüpft“ (so BTDrs 13/9347, 26 [zur Zeit von Hochzinsniveau]; bei Niedrigzinsniveau liegt die Grenze schon darunter: Coen NJW 2012, 3333). Den für den Zeitpunkt des Vertragsschlusses maßgebl **Basiszinssatz** ermittelt das Mahngericht; der Basiszinssatz verändert sich jew zum 1.1. bzw 1.7. nach Maßgabe des (Haupt-)Zinssatzes der Europ Zentralbank (iE § 247 I 2, 3, II BGB).

Überblick über die Zinssätze: Diskont-/Basiszinssätze von 1995-2014: s 34. Aufl; 1.1.2015-30.6.2016: –0,83 %; 1.7.2016-31.12.2022: –0,88 %; 1.1.2023-30.6.2023: 1,62 %; 1.7.2023-31.12.2023: 3,12 %; 1.1.2024-30.6.2024: 3,62 %; 1.7.2024-31.12.2024: 3,37 %; 1.1.2025-30.6.2025: 2,27 %; 1.7.2025-31.12.2025: 1,27 %.

Beim Geltendmachen von pauschaliertem Verzugszins oberhalb der **Zinsgrenze gem § 497 I BGB** ist das Mahnverf nicht ausgeschl, der MB-Antrag aber idR zurückzuweisen (sa § 690 Rn 15; § 691 Rn 1). Zum Prüfungsumfang des Rpflegers: vgl Markwardt NJW 91, 1220 gegen Bülow NJW 91, 129; allg dazu: § 690 Rn 25; § 691 Rn 1. **Übergangsrecht:** Soweit für vor dem 1.1.2002 geschlossene Verträge noch das VerbrKrG gilt (Art 229 § 5 S 1 EGBGB), greift als Übergangsvorschrift **§ 28 EGZPO** ein. Die Bezugnahme auf den Basiszinssatz bezeichnet bei einem Zeitraum vor dem 1.1.1999 den Diskontsatz (vgl Art 229 § 7 II EGBGB iVm §§ 1, 2

DÜG). – Im **EU-Bereich** besteht ggü **Verbrauchern** in grenzüberschreitenden Verf eine (räuml) Mahnverfahrenssperre außerhalb ihres Wohnsitzstaates (s Rn 14 aE).

2) Ausschluss bei Abhängigkeit von einer Gegenleistung (II Nr 2). Bloße Zulässigkeitsmängel (s Rn 3; § 691 Rn 1 f) genügen für die „Unstatthaftigkeit" des Mahnverf noch nicht; ausgeschl sind zB Ansprüche aus einseitig nicht voll erfüllten gegenseitigen Verträgen (§ 320 BGB), ferner Rückabwicklungsansprüche aus gescheiterten vollzogenen gegenseitigen (insb Anlage-)Verträgen (§§ 348, 273 BGB; dazu: Schultz NJW 2014, 827; Wagner ZfIR 2005, 856; sa BGH MDR 2015, 969 LS = NJW 2015, 3162 Tz 20 ff mwN). 6

3) Ausschluss bei Notwendigkeit öffentlicher Zustellung (II Nr 3). a) Das Mahnverf ist nicht eröffnet, wenn der MB **öffentl zugestellt** werden müsste (§§ 185 ff). Es ist ausgeschl, wenn der ASt die Anschrift des Gegners nicht beibringen kann, weil dessen Aufenthalt nicht bekannt ist. Gegen im Inland befindl Mitglieder der Streitkräfte und des zivilen Gefolges nebst Angehörigen ist das Mahnverf zulässig (vgl § 703c I Nr 4; Zustellung nach Art 32 des Zusatzabk zum NATO-TrST [BGBl II 1961, 1218]). 7

b) Stellt sich nachträgl heraus, dass der MB nicht zugestellt werden kann, weil sich der Ag im von **III** nicht erfassten Ausland aufhält oder sein Verbleib unbekannt ist, kommt eine Überleitung ins Streitverf nicht in Betracht – auch nicht in entspr Anwendung von § 696 (iE BGH MDR 2004, 1310 = NJW 2004, 2453, 2454 mwN; sa MK/Schüler Rn 15 f; aA MskV/Voit Rn 7a aE). 8

4) Abgrenzung. Kein Ausschluss des Mahnverf **durch ein notw Güteverf (§ 15a II 1 Nr 5 iVm I 1 EGZPO** iVm Landesrecht: näher dazu die Erläuterungen zu § 15a EGZPO). Bei vorangegangenem Mahnverf ist auch das anschl (auch erweiterte: AG Halle NJW 2001, 2099) str Verf vom notw Güteverf ausgenommen (Hartmann NJW 99, 3748; sa § 15a EGZPO Rn 13); dies gilt aber nicht bei unzulässigem oder erschlichenem Mahnverf (AG Rosenheim NJW 2001, 2030; AG Brakel NJW-RR 2002, 935). 9

IV) Besonderheiten des Mahnverfahrens. 1) WEG, FamFG. In **WE-Sachen** gibt es die Sondervorschrift § 43 Nr 6 WEG aF nicht mehr, da der allg Gerichtsstand der WE-Gemeinschaft, der nach § 689 II maßgebl ist, nun durch **§ 43 I 1 WEG nF** bestimmt wird (**Ort der Belegenheit des WE-Grundstücks**; dazu: BTDrs 19/18791, 81). Diese Zuständigkeit gilt auch bei Streitigkeiten iSv **§ 43 II Nrn 1-4 WEG nF** (ausschließl Zuständigkeit). In **Fam-Streitsachen** (Aufzählung: § 112 FamFG) gelten die Vorschriften über das Mahnverf entspr (§ 113 II FamFG). **Bsp:** rückständiger (nicht: künftiger) Unterhalt, Zugewinn. Streitgericht iSv § 690 I Nr 5 ist das zuständige FamG. 10

2) SGG. Gem **§ 182a SGG** können Unternehmen der priv Pflegeversicherung Beitragsansprüche nach SGB XI gegen Versicherte im Mahnverf vor dem AG geltend machen (§ 182a **I 1** SGG). Die Zuständigkeit des AG ist auf das Mahnverf beschränkt, für das Streitverf ist das SozG zust (Zeitpunkt: Eingang der Akten dort, § 182a **II 1** SGG), dem auch bei Abgabe nach Einspruch gg einen VB die Einspruchsprüfung und Entscheidung obliegt (§ 182a **II 2** SGG iVm §§ 700, 343). Abw von § 697 IV kann der Widerspruch nach der Abgabeverfügung nicht mehr zurückgenommen werden (§ 182a **I 3** SGG). Die Anspruchsbezeichnung – „Beiträge zur privaten Pflegeversicherung (Zuständigkeit des Sozialgerichts)" – ist im Vordruck für das maschinelle Verf berücksichtigt. Im MB-Antrag können (wegen sonst drohender Verfahrensspaltung) **andere Ansprüche** mit dem Beitragsanspruch **nicht verbunden** werden (§ 182a **I 2** SGG); das nach dem Wohnsitz (Aufenthaltsort) des Versicherten zust SozG ist zu bezeichnen (§ 690 I Nr 5 iVm § 57 I 2 SGG). Alle prozessualen und mat-rechtl Wirkungen der Verfahrenseinleitung treten ein (dazu s § 693 Rn 4 ff). 11

V) Fehlen notwendiger Voraussetzungen. Ergibt sich aus dem Mahnantrag, dass Voraussetzungen des Mahnverf fehlen, und kann der Mangel nicht behoben werden oder wird er trotz Beanstandung nicht behoben, ist der Antrag nach § 691 zurückzuweisen (sa § 691 Rn 6 ff). Ein dennoch erlassener MB ist wirksam; dem Ag steht gegen ihn nur der Widerspruch (§ 694) zu (keine Erinnerung: § 11 III 2 RPflG). Unterbleibt der Widerspruch, darf aber kein VB erlassen werden (sa § 699 Rn 12). 12

VI) Sog deutsches Auslandsmahnverfahren (§ 688 III, § 703d). Lit: Salten, Gerichtl Mahnverf u ZwV, 7. Aufl 2023, S 151 ff. Soll die Zustellung des MB im **Ausland** erfolgen, ist das nur insoweit statthaft, als es das **AVAG** und das **AUG** vorsehen oder die Zustellung in einem Mitgliedstaat der **Europ Union** (s Rn 14; § 703d Rn 2; zu den Auswirkungen des **Brexit** auf das VK: s Einl Rn 11d u Hau MDR 2021, 521) erfolgen soll (**III**; sa BTDrs 18/10714, 19). Nach **§ 32 AVAG** gelten für das Verf einige Besonderheiten (s § 703d Rn 4). Wenn sich der ASt auf einen vereinbarten Gerichtsstand (zB § 38) beruft, muss er dem Antrag die schriftl Unterlagen über die Vereinbarung beifügen (§ 32 II AVAG); bei der Zustellung des MB gelten für die Anordnung zur Benennung eines im Inland wohnenden ZustellungsBev durch den Ag keine Besonderheiten (§§ 183, 184); bei Zustellung an einen ZustellungsBev kommt es auf dessen (Wohn-)Sitz an (AG München Rpfleger 91, 425). Die Widerspruchsfrist beträgt 1 Monat (§ 32 III AVAG). Zur Einspruchsfrist und Auslandszustellung von VB: s § 699 Rn 17; § 700 Rn 3. Die internat Zuständigkeit des (fiktiven) Streitgerichts muss gegeben sein (näher s § 703d Rn 1). Zur Anwendbarkeit ausl Rechts: sa Hök MDR 88, 187. Auch der im sog Auslandsmahnverf erwirkte VB kann als Europ Vollstreckungstitel für unbestrittene Forderungen (§§ 1079-1086) erleichtert vollstr werden (sa § 700 Rn 1a). Bei **Unterhaltsansprüchen** ermöglicht **§ 75 AUG** (entspricht § 32 AVAG) das Auslandsmahnverf (eingeh Eichel FamRZ 2011, 1441; sa BTDrs 18/10714, 19). 13

14 **VII) Europäisches Mahnverfahren (§ 688 IV). Lit:** Salten MDR 2008, 1141; Salten, Gerichtl Mahnverf u ZwV, 7. Aufl 2023, S 156 ff; Sujecki NJW 2007, 1622. Es ist durch europ Recht (EuMahnVO) mWv 12.12.2008 eingeführt worden; gleichzeitig sind als Ausführungsbestimmungen §§ 1087-1096 in Kraft getreten. Das einstufig ausgestaltete Verf ist auf grenzüberschreitende Rechtssachen beschränkt (zu den Auswirkungen des **Brexit** auf das VK: s Einl Rn 11d u Hau MDR 2021, 521) und steht mit Einschränkungen für Geldforderungen zur Verfügung (außer zB güterrechtl Ansprüche). Die im Antrag erforderl Angaben gehen über eine bloße Individualisierung hinaus. Ihre Richtigkeit ist zu versichern. Nach Prüfung, ob die formalen Voraussetzungen erfüllt sind und „die Forderung begründet erscheint" (Art 8 S 1 EuMahnVO), erlässt das Gericht entweder den Zahlungsbefehl (ZB) oder weist ihn zurück (Art 11 EuMahnVO). Bei Einlegung von Einspruch wird das Verf als ordentl Verf weitergeführt (§§ 1090 f; s iÜ §§ 1092, 1092a), andernfalls wird der ZB für vollstr erklärt (Art 18 EuMahnVO, § 1093). Die Zuständigkeit richtet sich nach der Brüssel Ia-VO. Bei einem Verbraucher als Ag sind die Gerichte seines Wohnsitzstaats ausschließl zuständig (Art 6 II EuMahnVO, Art 18 II Brüssel Ia-VO). Innerstaatl ist die **Zuständigkeit** beim **AG Wedding in Berlin** konzentriert (§ 1087), bei arbeitsrechtl Ansprüchen verbleibt es bei der Regelzuständigkeit (§ 46b II ArbGG). Das Verf bei Gericht ist automatisierbar (§ 1088) und wird mit Hilfe von Formularen durchgeführt (Art 7 EuMahnVO). Zur Wahlmöglichkeit des ASt (Gl): s Art 1 II EuMahnVO. Die internat Zuständigkeit muss gegeben sein (Brüssel Ia-VO iVm Art 6 I EuMahnVO bzw § 703d II). Gegen Verbraucher mit Wohnsitz in einem anderen EU-Staat findet kein grenzüberschreitendes Mahnverf statt (Art 6 II EuMahnVO, Art 18 II Brüssel Ia-VO iVm § 703d II). Zum Europ ZB als VollstrTitel: s § 1093.

15 **VIII) Gebühren. 1) Gericht** (ausf N. Schneider NJW 2020, 378): 0,5 Geb, mindestens aber 38 Euro (1100 GKG-KV); auch in Familienstreitsachen (§ 1 I 3 FamGKG, s Rn 10). Sie wird fällig mit Einreichung des Antrags auf Erlass des MB (§ 6 GKG), fällt nicht mehr weg und ermäßigt sich auch nicht, wenn der Antrag zurückgenommen wird. Die Geb bemisst sich nach dem Betrag des bei Antragstellung (§ 40 GKG) geltend gemachten Anspruchs. Nachträgl Betragsreduzierungen sind unbeachtl. Wird ein zurückgewiesener Mahnantrag wiederholt, liegt gebührenrechtl ein neues Mahnverf vor. – Ist ein MB nach Ablauf von 6 Monaten wirkungslos geworden (§ 701), ist ein danach erneut gestellter Mahnantrag, der dens Anspruch betrifft, wiederum gebührenpflichtig. – **Vorauszahlungspflicht** für die Geb 1100 GKG-KV besteht nach § 12 III 1, 2 GKG für Erlass des MB und bei maschineller Erstellung (bundesweit eingeführt, s § 703c Rn 14) erst für den Erlass des VB (§ 12 III 2 GKG). – **2) RA.** 3305-3308 RVG-VV. Die VerfGeb für die Vertretung des ASt beträgt 1,0 (3305 RVG-VV) und ermäßigt sich auf 0,5 (3306 RVG-VV), wenn der Auftrag endet, bevor der RA den Mahnantrag oder einen Schriftsatz, der Sachanträge, Sachvortrag oder die Zurücknahme des Antrags enthält, eingereicht hat (3306 RVG-VV). – Für die Vertretung des Ag entsteht eine VerfGeb von 0,5 (3307 RVG-VV), die sich nicht mehr ermäßigt. Die Geb entsteht nicht „für die Erhebung des Widerspruchs", sondern für die Vertretung, also auch, wenn vom Widerspruch abgeraten wird. – **Honorarvereinbarung** unterhalb der gesetzl Geb nach § 4 II RVG und Vereinbarung eines **Erfolgshonorars** nach § 4a I 1 Nr 2 RVG mögl. – **3) Inkassodienstleister** (ausführl Salten MDR 2022, 69). Keine gesetzl Geb. Nach § 13e RDG sind erstattungsfähig die einem RA im Mahnverf entstehenden Kosten.

§ 689 Zuständigkeit; maschinelle Bearbeitung

(1) [1]Das Mahnverfahren wird von den Amtsgerichten durchgeführt. [2]Eine maschinelle Bearbeitung ist zulässig. [3]Bei dieser Bearbeitung sollen Eingänge spätestens an dem Arbeitstag erledigt sein, der dem Tag des Eingangs folgt. [4]Die Akten werden elektronisch geführt (§ 298a).

(2) [1]Ausschließlich zuständig ist das Amtsgericht, bei dem der Antragsteller seinen allgemeinen Gerichtsstand hat. [2]Hat der Antragsteller im Inland keinen allgemeinen Gerichtsstand, so ist das Amtsgericht Wedding in Berlin ausschließlich zuständig. [3]Sätze 1 und 2 gelten auch, soweit in anderen Vorschriften eine andere ausschließliche Zuständigkeit bestimmt ist.

(3) [1]Die Landesregierungen werden ermächtigt, durch Rechtsverordnung Mahnverfahren einem Amtsgericht für die Bezirke mehrerer Amtsgerichte zuzuweisen, wenn dies ihrer schnelleren und rationelleren Erledigung dient. [2]Die Zuweisung kann auf Mahnverfahren beschränkt werden, die maschinell bearbeitet werden. [3]Die Landesregierungen können die Ermächtigung durch Rechtsverordnung auf die Landesjustizverwaltungen übertragen. [4]Mehrere Länder können die Zuständigkeit eines Amtsgerichts über die Landesgrenzen hinaus vereinbaren.

I 4 geändert mWv 1.1.2026 durch G zur Einführung der elektron Akte in der Justiz und zur weiteren Förderung des elektron Rechtsverkehrs v 5.7.2017 (BGBl I 2017, 2208).

1 **I) Zuständigkeit. 1) Allgemeines. Sachl** ist für das Mahnverf das **AG** ohne Rücksicht auf den Streitwert ausschließl zuständig (**I 1**). **Funktionell** ist grds der **Rpfleger** zuständig, auch bei maschineller Bearbeitung; nur das nachfolgende Streitverf ist dem Richter vorbehalten (§ 20 I Nr 1 RPflG). Soweit eine landesrechtl RechtsVO gem § 36b I 1 Nr 2 RPflG ergangen ist, ist der **UdG** zuständig (dazu Wiedemann NJW 2002, 3449). Die Zuständigkeit des Rpflegers bzw UdG endet mit Beginn des Streitverf (= Eingang der Akten bei dem Gericht, an das abgegeben wird: vgl § 696 I 4). Auch die **örtl** Zuständigkeit ist ausschließl; eine vorrangige (**II** ausschließende) Sonderzuständigkeit besteht für das Mahnverf bei der **WE-Gemeinschaft** als ASt nicht mehr (§ 43 I 1, II WEG

nF; sa § 688 Rn 10). Auf das Mahnverf bezogene Zuständigkeitsvereinbarungen sind nicht mögl (§ 40 II 1 Nr 2, § 689 II 1; BGH MDR 85, 839 = NJW 85, 320, 322 f) mit Ausnahme des (zugelassenen) grenzüberschreitenden Mahnverf (vgl § 32 II AVAG; sa § 688 Rn 13). Die Zuständigkeitsregelung des § 689 gilt nur für das inländische Mahnverf (sa § 690 I Nr 5, § 692 I Nr 1), nicht für das Europ Mahnverf (Brüssel Ia-VO iVm § 1087 gelten: sa § 688 Rn 14) und nicht für das sog Auslandsmahnverf gem § 688 Rn 13 (dort gilt die Zuständigkeit des fiktiven Streitgerichts: sa § 703d Rn 1 ff). Im **arbeitsgerichtl Mahnverf** ist das ArbG zuständig, das für die im Urteilsverf erhobene Klage zuständig sein würde (§ 46a II 1 ArbGG). **II** begründet **keine internat Zuständigkeit** (vgl OLG Düsseldorf NJW-RR 97, 124; sa § 703d Rn 1, 3).

2) Weiteres zur örtlichen und internationalen Zuständigkeit (§ 689 II, III). a) II setzt ungeschrieben voraus, dass der **Ag** seinen **allg Gerichtsstand im Inland** hat. Andernfalls gilt § 703d II (BGH MDR 81, 908 = NJW 81, 2647; zum Auslandsmahnverf: s § 688 Rn 13). Auf den Ort, an dem der Ag im Inland seinen allg Gerichtsstand hat, kommt es nicht an; Aufenthaltswechsel des Ag im Inland berühren die örtl Zuständigkeit des Mahngerichts nach § 689 nicht. 2

b) Maßgebend ist in erster Linie der **allg Gerichtsstand des ASt** (§§ 12 ff), sofern ein solcher im Inland besteht (**II 1**), bei natürl Personen regelmäßig der Wohnsitz (§ 13), bei jur Personen, sonstigen Personenvereinigungen und Vermögensmassen, die als solche verklagt werden können, der Sitz (§§ 17 ff; BGH MDR 98, 733 = NJW 98, 1322); eine unselbständige Zweigniederlassung (§ 21; zB örtl Reisebüro) genügt nicht (BGH MDR 98, 733 = NJW 98, 1322), wenn nicht durch Statut ein Nebensitz begründet ist (§ 17 III; offen gelassen von BGH MDR 98, 733 = NJW 98, 1322). Bei Antragstellung durch eine AG-Niederlassung entscheidet daher der Sitz der AG (BayObLG BB 2002, 1437). Wollen **mehrere ASt** mit versch allg Gerichtsständen einen gemeinsamen MB erwirken, können sie zwischen den für sie bestehenden allg Gerichtsständen wählen (BGH MDR 78, 207 = NJW 78, 321). Der Sitz wird bei Kapitalgesellschaften und Genossenschaften durch das Statut bestimmt (§ 5 AktG, § 3 I Nr 1 GmbHG, § 6 Nr 1 GenG); zum Sitz der OHG und KG: s § 106 II Nr 1, § 161 II HGB. Bei einer **ausl Versicherungsgesellschaft** oder **Bank**, die im Inland eine selbständige Niederlassung unterhält, ist allg Gerichtsstand iSv II 1 der Ort des Sitzes der Niederlassung (BGH MDR 79, 647 = NJW 79, 1785; sa § 53 KWG). Inländische **EU-Auslandsgesellschaften** haben an ihrem tatsächl Verwaltungssitz einen inländischen allg Gerichtsstand (iÜ sa § 17 Rn 8 f). Hat der **ASt im Inland keinen allg Gerichtsstand**, ist das **AG Wedding** in Berlin örtl ausschließl zuständig (**II 2**), sofern der Ag einen inländischen Gerichtsstand hat, sonst gilt § 703d II (BGH MDR 81, 908 = NJW 81, 2647). II 2 gilt auch für ausl Handelsgesellschaften mit unselbständigen inländischen Zweigniederlassungen (BGH MDR 91, 321 = NJW 91, 110) oder inländischer Hauptverwaltung (OLG Frankfurt NJW-RR 2008, 633). Die Gerichtsstände des II gehen anderen als ausschließl bezeichneten Gerichtsständen (zB § 29a) vor (**II 3**). 3

c) Zentrale Mahngerichte, Zuständigkeitskonzentration. Nach **III 1** können die Landesregierungen (bzw gem **III 3** die LJV) durch RechtsVO für die Bezirke mehrerer AG **zentrale Mahngerichte** einrichten, auch auf maschinell bearbeitete Mahnverf beschränkte **zentrale EDV-Mahngerichte** (**III 2**; Folge für ASt: § 35). Der Bezirk solcher zentralen Mahngerichte kann auch über Landesgrenzen hinaus erstreckt werden (**III 4**; dazu sogleich). Ihre Zuständigkeit hat ebenfalls Vorrang vor anderen als ausschließl bezeichneten Zuständigkeiten. Die Zuständigkeitskonzentration erfasst iZw auch die sog Auslandsmahnverf nach § 703d (BGH MDR 94, 95 = NJW 93, 2752; sa § 703d Rn 3). Die erweiterte Zuständigkeit gilt für sämtl im Mahnverf zu treffenden Entscheidungen, zB die Zurückweisung unzulässiger Mahnanträge gem § 691 I (OLG Naumburg Rpfleger 2010, 605). Von der Ermächtigung gem **III haben alle Bundesländer Gebrauch gemacht** und bei bestimmten AG „zentrale Mahnabteilungen" eingerichtet, die das Mahnverf idR maschinell bearbeiten. **Überblick über die zentralen Mahngerichte:** Salten, Gerichtl Mahnverf u ZwV, 7. Aufl 2023, S 10 ff; www.mahngerichte.de (dort: Mahngerichte). Eine länderübergreifende Zuständigkeitskonzentration besteht in Berlin und Brandenburg (AG Wedding in Berlin); Hamburg und Mecklenburg-Vorpommern (AG Hamburg-Altona); Rheinland-Pfalz und Saarland (AG Mayen) sowie Sachsen, Sachsen-Anhalt und Thüringen (AG Aschersleben, Dienstgebäude Staßfurt). 4

3) Zuständigkeitsprüfung. Die Zuständigkeit ist von dem mit dem Mahnantrag angegangenen Gerichts **vAw** zu prüfen; maßgebend ist der Zeitpunkt der Einreichung des Antrags (Salten/Riesenberg/Jurksch MDR 95, 448, 450 mwN, str). Im Allg kann das nur anhand der Angaben im Mahnantrag geschehen (zum Prüfungsumfang: s § 690 Rn 25; § 691 Rn 1, 2). Fehlt sie, ist der ASt vor einer Antragszurückweisung (§ 691) darauf hinzuweisen. Nur mit seinem Einverständnis kann die Bezeichnung des anzurufenden Gerichts im Antrag (§ 690 I Nr 2) entspr abgeändert und der Antrag dann an das zuständige AG weitergeleitet werden (vgl BayObLG BB 2002, 1437 mwN). Es handelt sich bei dieser Weiterleitung um eine formlose Abgabe, nicht um eine (erst ab Rechtshängigkeit in Betracht kommende) Verweisung gem § 281 (BayObLG BB 2002, 1437). Die Abgabemöglichkeit besteht insb auch im *arbeitsgerichtl Verf* (vgl BAG NJW 82, 2792 LS; zur Verweisung AG-ArbG: OLG München MDR 2017, 899 [§ 17a GVG]). Gegen einen vom unzust AG erlassenen MB steht dem Ag nur der Widerspruch zu (keine Erinnerung: § 11 III 2 RPflG). Der MB ist dann zwar nicht wirkungslos, kann jedoch nicht die Grundlage für einen VB bilden (BGH MDR 90, 222 = NJW 90, 1119; sa § 699 Rn 12). 5

II) Maschinelle Bearbeitung. Sie ist nach **I 2** zulässig (iE s § 703c Rn 1 ff). Über die Einführung bestimmen die Landesregierungen bzw LJV (§ 703c III). Der Verfahrensablauf kann durch RechtsVO des BMJV mit Zustimmung des BR geregelt werden (§ 703b II). Für die maschinelle Bearbeitung sind bes Formulare eingeführt wor- 6 den (§ 703c I 2 Nr 1). Datenträgerlose Übermittlung des Mahnantrags ist mögl (§ 702 II; iE s § 702 Rn 5 f). **I 4** schreibt seit dem 1.1.2026 verbindl die **elektron Aktenführung** (§ 298a) vor (Änderung von I 4; dazu BTDrs 18/12203, 81). Für die Form der ausgedruckten Beschlüsse, Verfügungen und Ausfertigungen gelten Erleichterungen (§ 703b I). Bei maschineller Bearbeitung sollen Eingänge spätestens an dem Arbeitstag erledigt sein, der dem Tag des Eingangs folgt (**I 3**). Grds tritt an die Stelle der Akten ein maschinell erstellter Aktenausdruck (s § 696 II 1, § 697 V 2; Muster: Mayer NJW 83, 92, 94). Zu Besonderheiten beim VB: s § 699 II, III.

§ 690 Mahnantrag

(1) Der Antrag muss auf den Erlass eines Mahnbescheids gerichtet sein und enthalten:

1. **die Bezeichnung der Parteien, ihrer gesetzlichen Vertreter und der Prozessbevollmächtigten;**
2. **die Bezeichnung des Gerichts, bei dem der Antrag gestellt wird;**
3. **die Bezeichnung des Anspruchs unter bestimmter Angabe der verlangten Leistung; Haupt- und Nebenforderungen sind gesondert und einzeln zu bezeichnen, Ansprüche aus Verträgen gemäß den §§ 491 bis 508 des Bürgerlichen Gesetzbuchs, auch unter Angabe des Datums des Vertragsabschlusses und des gemäß § 492 Abs. 2 des Bürgerlichen Gesetzbuchs anzugebenden effektiven Jahreszinses;**
4. **die Erklärung, dass der Anspruch nicht von einer Gegenleistung abhängt oder dass die Gegenleistung erbracht ist;**
5. **die Bezeichnung des Gerichts, das für ein streitiges Verfahren zuständig ist.**

(2) Der Antrag bedarf der handschriftlichen Unterzeichnung.

1 **I) Antragstellung. 1) Allgemeines.** Der **MB** wird **nur auf Antrag erlassen** (§ 688 I). Die Benutzung der eingeführten **Formulare** (iE s § 703c Rn 1 ff) ist zwingend vorgeschrieben (§ 703c II, § 691 I). **Bes Formzwang** besteht **für RAe etc**, die Anträge nur in maschinell lesbarer Form übermitteln können (§ 702 II 2; sa § 702 Rn 6).

2 **2) Anbringung.** Der **ASt** (ges Vertreter, Bevollmächtigter) kann den Vordruck (Anl 1 MahnVordruckVO) selbst ausfüllen und – auch in maschinell lesbarer Form (§ 702 II 1; Anl 1 MaschMahnVordruckVO) – einreichen (Besonderheiten für **RAe usw**: s § 702 II 2 [nur in maschinell lesbarer Form]; sa Rn 24). Er kann seine Erklärung auch bei der GeschSt des (bzw gem § 129a eines jeden) AG abgeben; dann ist der UdG beim Ausfüllen des Vordrucks behilfl (§ 702 I). Eine handschriftl Unterzeichnung durch den ASt (ges Vertreter, Bevollmächtigten) ist stets erforderl (**II**); Faksimilestempel oder Druck genügen nicht. Das Fehlen der Unterschrift ist ein Zurückweisungsgrund iSd § 691 I 1 Nr 1 (BGH MDR 83, 657 = NJW 83, 1050, 1052); jedoch ist der Mangel unschädl, wenn der MB erlassen wurde und kein Zweifel an der Identität des ASt und seinem Willen, das Mahnverf in Gang zu bringen, besteht (BGH aaO). Ein *Bevollmächtigter* hat seine ordnungsgem Bevollmächtigung zu versichern (§ 703 S 2); die Vollmacht ist nicht vorzulegen (s § 703 Rn 1). Bei einer **Mehrheit von ASt (Ag)** ist uU für (gegen) jeden ein gesonderter Antrag nötig (s Rn 7, 23; vor § 688 Rn 7). Dem Ag wird der Antrag nicht mitgeteilt (§ 702 III). Zur Vorausentrichtung von Gerichtsgeb und Auslagen (außer bei maschineller Bearbeitung): s § 12 III GKG.

3 **3) Weiteres zur Antragstellung. a)** Zum **grenzüberschr Mahnverf:** s § 688 Rn 13 f. **b)** Mit dem Mahnantrag kann für den Fall des Widerspruchs der **Antrag auf Durchführung des str Verf** (ohne Kostennachteile) **verbunden** werden (vgl § 696 I 2; sa § 696 Rn 1) – was regelmäßig geschieht –, nicht aber für den Fall unterbleibenden Widerspruchs der Antrag auf Erlass des VB (§ 699 I 2); Grund: s § 699 Rn 3.

4 **II) Notwendiger Inhalt des Antrags. 1) Parteien usw (§ 690 I Nr 1).** Die Anforderungen an die **Bezeichnung der Beteiligten** entsprechen im Wesentl der Klageschrift (§ 253 II Nr 1); da die Angaben in einen etwaigen VB übernommen werden (s § 692 I Nr 1, § 699 I 1), müssen sie den an ein Urteilsrubrum (§ 313 I Nr 1) zu stellenden Anforderungen genügen (MK/Schüler Rn 5). Die Bezeichnung des Ag ist **auslegungsfähig** (vgl BGH MDR 99, 759 = NJW 99, 1871); erforderl ergänzende Angaben können in dem Verbesserungsverf gem § 691 I 2 nachgeholt werden (s § 691 Rn 6), soweit nicht eine Berichtigung vAw in Frage kommt (sa Rn 5 aE, 25).

5 **a)** Die **Bezeichnung** der Parteien, insb des **Ag**, muss so genau sein, dass Zweifel an der Identität nicht mögl sind (OLG Koblenz MDR 80, 149). **Unzureichende Angaben** können die Zustellung des MB unmögl oder unwirksam machen (OLG Nürnberg OLGZ 87, 482, 484 mwN) oder zu Verwechslungen führen, so dass durch die Zustellung eine andere als die gemeinte Person in das Verf einbezogen wird (vgl BGH MDR 95, 1163 = NJW-RR 95, 764 mwN). Außerdem können sie die Eignung eines späteren VB als Vollstreckungstitel in Frage stellen. Deshalb hat der Rpfleger auf eine Klarstellung hinzuwirken; eine Zurückweisung des Antrags nach § 691 kommt nur in Betracht, wenn der Beanstandung nicht Rechnung getragen wird (sa § 691 Rn 1). Eine Berichtigung der Parteibezeichnung im MB gem § 319 ist mögl (vgl MK/Schüler § 692 Rn 16; MskV/Voit § 692 Rn 4).

6 **b)** Zu fordern ist bei **natürl Personen** als Bezeichnung zumindest der Name, möglichst mit ausgeschriebenem Vornamen, und die genaue Postanschrift, die sich der ASt zu beschaffen hat; die Angabe eines Postfachs genügt

als Zustellanschrift nicht. Treffen Name und Anschrift auf mehrere Personen in gleicher Weise zu (zB Vater und Sohn), sind unterscheidende Zusätze geboten, zB „jun". Geburtsdatum und Angabe von Stand, Beruf, Gewerbe etc sind nicht vorgeschrieben, erleichtern aber die Identifizierung; auch eine Geschäftsbezeichnung ist als Zusatz erlaubt (iE Gräve/Salten MDR 2003, 1097, 1098 f; allg zu Parteibezeichnung, -berichtigung, -wechsel und Verjährung: Burbulla MDR 2007, 439). Ist der ASt RA in eigener Sache, genügt die Angabe der Kanzleianschrift (auch Sozietät), soweit er anwaltl versichert, dass er oder ein Sozius am Ort des Mahngerichts den Wohnsitz hat (AG Hamburg Rpfleger 93, 252; Gildemeister NJW 93, 1569).

c) Bei einer **Mehrheit von ASt oder Ag** (**Streitgenossenschaft**) sind diese Angaben für jeden von ihnen erforderl, bei mehreren Ag bei *nicht maschineller Bearbeitung* in gesonderten Mahnantragsformularen (vgl ThP/Hüßtege vor § 688 Rn 4); das Beteiligungsverhältnis ist jew anzugeben (LG Berlin MDR 77, 146; MK/Schüler Rn 3), idR durch entspr Ausfüllen des Vordrucks (zB bei Gesamtschuld). Bei der Überleitung ins Streitverf kommt es beim gemeinsamen Streitgericht (sonst: s § 696 Rn 5, 15) nicht zu getrennten Verf (vgl LG Berlin Rpfleger 98, 40), anfängl getrennte Aktenführung als Folge uneinheitl Abgabe ist unerhebl (OLG Frankfurt NJW-Spezial 2010, 28). Das bei nicht maschineller Bearbeitung erforderl Ausfüllen eines gesonderten Formularsatzes für jeden einzelnen Ag gilt nicht im Verf mit *maschineller Bearbeitung* (sa Rn 23; § 703c Rn 12). 7

d) Bei eingetragenen **Einzelkaufleuten** genügt die Angabe der **Firma** (§ 17 II, § 19 I HGB) mit Rechtsformzusatz, zB „eKfm", „eKfr" (näher Gräve/Salten MDR 2003, 1097); zusätzl Angabe des derz Inhabers ist ratsam, damit nicht bei Inhaberwechsel die ZwV auf Schwierigkeiten stößt. Phantasie- und Etablissementbezeichnungen (zB Gasthof Schwarzer Adler) sind ohne Zusatz gem § 19 I Nr 1 HGB keine Firmen und genügen nicht zur Bezeichnung des Inhabers oder der Rechtsform (vgl §§ 18 ff HGB). **OHG** und **KG** können unter ihrer Firma in Anspruch genommen werden (§ 19 I Nrn 2, 3 HGB; § 105 II HGB u § 705 II BGB; § 161 II HGB), parteifähige Personengesellschaften (s § 14 II BGB) und Gemeinschaften, wie die **BGB-Außengesellschaft**, soweit sie eine entspr Bezeichnung führen (seit 1.1.2024 Neuregelung der GbR in §§ 705 ff BGB!), die **Partnerschaft** mit Zusatz „und Partner" (§ 2 I, § 11 I 1 PartGG) und die **WE-Gemeinschaft** iVm der bestimmten Angabe des gemeinschaftl Grundstücks (§ 9a I 3 WEG), *nicht* sonstige Personenzusammenschlüsse unter einer firmenähnl Bezeichnung. Sachfirmen sind insb **AG** (§ 4 AktG), **GmbH** (§ 4 GmbHG) und **Genossenschaft** (§ 3 GenG). Der Rechtsformzusatz (zB „AG") ist für die Identifizierung idR nicht wesentl, die Angabe ist aber gleichwohl ratsam (OLGR Oldenburg 1999, 328). Bei einer **Personengesellschaft** kann ein unrichtiger Inhabername unschädl sein (BGH MDR 99, 759 = NJW 99, 1871). 8

e) Bei **prozessunfähigen** und **jur Personen** sind – schon im Hinblick auf die Zustellung des MB – auch die ges Vertreter anzugeben, bei Personenvereinigungen, die als solche verklagt werden können, die vertretungsberechtigten Organe. Eine namentl Bezeichnung des ges Vertreters einer jur Person ist nicht unbedingt erforderl, vielmehr genügt die Kennzeichnung des Zustellungsadressaten durch die Angabe der Organstellung (BGH MDR 93, 1009 = NJW 93, 2811, 2813). **Bsp:** Bei MB gegen GmbH & Co KG genügt (ohne Nennung der Komplementär-GmbH) die Angabe „vertreten durch die Geschäftsführer" (vgl BGH aaO); der **InsVerwalter** muss als solcher erkennbar sein; beim **Fiskus** genügt die Angabe der Vertretungsbehörde ohne Nennung des Namens einer natürl Person (BGH MDR 97, 459 = NJW 97, 1584, 1586 mwN; sa BGH MDR 2005, 530). 9

f) Wird der **Antrag durch** einen **Bevollmächtigten** gestellt, ist auch er im Antrag zu benennen; zur Versicherung der Bevollmächtigung: s Rn 2. Die Angabe eines **Bevollmächtigten** auf Seiten des **Ag** (Vertreter iSv § 79), an den der MB (VB) dann zuzustellen wäre (§ 172), ist nicht vorgesehen. Da im Mahnverf ein Vollmachtsnachweis (soweit für den Ag überhaupt mögl) nicht stattfindet (§ 703 S 1) und eine Vollmachtsversicherung ausscheidet (§ 703 S 2 betr nur die Vollmacht des ASt; sa § 703 Rn 3), bildet die bloße Bezeichnung als Bevollmächtigter im MB keine geeignete Grundlage für eine Zustellung des MB (VB) an den „Bevollmächtigten" (arg Art 103 I GG; sa § 703 Rn 3). 10

2) Mahngericht (§ 690 I Nr 2). Anzugeben ist das **AG, das den MB erlassen soll**. Das ist insb nötig, wenn der Mahnantrag gem § 129a bei einem anderen als dem zuständigen AG angebracht wird, ist aber auch von Bedeutung bei Zuständigkeitszweifeln. Der Antrag darf nur an das nach § 689 II, III bzw § 703d II für das Mahnverf zuständige AG gerichtet werden. Ist das angerufene AG nicht zuständig, kann der Rpfleger die Angabe nicht von sich aus durch die seiner Meinung nach zutreffende ersetzen (s § 689 Rn 5). 11

3) Bezeichnung des Anspruchs (§ 690 I Nr 3 Hs 1). Lit: Klose MDR 2010, 11; Pioch MDR 2016, 863; Salten MDR 2009, 549. **a) Allgemeines.** Anspruch meint den (vom mat Anspruch zu unterscheidenden) prozessualen Anspruch iSv Streitgegenstand (BGH MDR 2015, 27 = NJW 2015, 236 Tz 145 f; BGH MDR 2015, 969 LS = NJW 2015, 3162 Tz 15; Grothe NJW 2015, 17). Die Bezeichnung muss seine **hinreichende Individualisierung** und Abgrenzung von anderen in Betracht kommenden Ansprüchen ermöglichen. Nach stRspr des BGH ist für eine solche Kennzeichnung des Anspruchs erforderlich, dass er Grundlage eines der mat Rechtskraft fähigen Vollstreckungstitels (VB) sein kann *und* dem Ag eine Entscheidung darüber ermöglicht, ob er sich dagegen zur Wehr setzen will (vgl BGH MDR 2015, 943 = NJW 2015, 2407 Tz 19; BGH MDR 2018, 1270 Tz 12 – jew mwN). Die Anforderungen richten sich iE nach dem zwischen den Parteien bestehenden Rechtsverhältnis und der Art des konkreten Anspruchs (BGH MDR 2011, 123 = NJW 2011, 613 Tz 9 mwN). Dem Ag – im Gegensatz zu ei- 12 nem „außenstehenden Dritten" – bekannte Umstände außerhalb des MB sind zu berücksichtigen (vgl BGH MDR 2023, 1269 Tz 21 [„Erkenntnishorizont des Schuldners"]; BGH NJW 2020, 3653 Tz 19 ff; sa BGH MDR 2007, 1006, juris Tz 46; BGH MDR 2009, 143 = juris Tz 19; BGH MDR 2011, 123 = juris Tz 11; BGH MDR 2017, 847 Tz 12; BGH MDR 2018, 1270 Tz 11, 13). (Allein) nach dem MB gegebene Individualisierungsmängel sind damit ggf durch Auslegung „geheilt". Bsp: „Schadensersatz aus Mietvertrag" ohne Schadensaufstellung (BGH MDR 2011, 123 = NJW 2011, 613 Tz 12 ff). Eine **rückwirkende Heilung von Individualisierungsmängeln des MB** durch Nachholung der erforderl Aufschlüsselung usw im Streitverf wird von der **hM verneint** (vgl BGH MDR 2009, 215 = NJW 2009, 56 Tz 20; BGH MDR 2014, 1104 LS = NJW 2014, 3298 Tz 14 ff; *anders* bei einheitl, aus mehreren Rechnungsposten zusammengesetztem Anspruch: s dazu sogleich „b"); die **nachträgl Individualisierung des Anspruchs wirkt ausschl ex nunc** (vgl BGH MDR 2022, 1300; sa § 693 Rn 6).

13 **b) Einzelfragen.** Angabe des Rechtsgrunds ist idR nicht erforderl (BGH MDR 94, 470 = NJW 94, 323, 324 mwN), aber zulässig, insb die Bezeichnung „unerlaubte Handlung" (vgl AG Hagen Rpfleger 2005, 684), im Hinblick auf § 850f II aber ohne Bindung (BGH MDR 2005, 1014 = NJW 2005, 1663, 1664); eine (nicht individualisierende) **Falschangabe** ist unschädl (OLGR Oldenburg 1995, 246, 247); Bsp: „Schadensersatz" statt „Erfüllung" (verkannt zB von BGH MDR 92, 554 = NJW 92, 1111); „Schadensersatz wegen Beratungsverschuldens" statt „Bereicherung" (OLG Karlsruhe ZIP 2007, 2189; zu Unrecht aA BGH MDR 2009, 14 = NJW-RR 2009, 544 Tz 21); „Mietnebenkosten" statt „Schadensersatz" (BGH MDR 2008, 584 = NJW 2008, 1220); „Gewährleistungsansprüche" statt Kostenvorschuss (BGH MDR 2007, 1006 = NJW 2007, 1952 Tz 40); falsches Vertragsdatum oder unrichtige Vertrags-Nr uU unschädl, anders bei Mehrheit von Verträgen (KG MDR 2005, 859; OLG Dresden WM 2007, 297). Eine typische Anspruchsbezeichnung (Muster: Vorblatt des amtl Vordrucks) ist idR ausreichend, die bloße Bezeichnung „Forderung" ohne nähere Angaben (Entstehungszeitpunkt) genügt aber idR nicht (OLG Frankfurt NJW 91, 2091; im Einzelfall abw BGH MDR 2000, 348 = NJW 2000, 1420 f: für „Schadensersatz aus Unfall/Vorfall" [ohne Datum]; BGH MDR 2002, 286 = NJW 2002, 520: für „Anspruch aus Werkvertrag/Werklieferungsvertrag" [ohne Datum und Rechnung]; BGH MDR 2008, 584 = NJW 2008, 1220 Tz 15: für „einzigen" Mietvertrag). Der geforderte **Geldbetrag** muss in **Euro** und kann in **ausl Währung** nur nach § 688 III, § 32 I 2 AVAG angegeben werden (s § 688 Rn 2, 13); bei einem Mietzinsanspruch muss der Zeitraum, für den er geltend gemacht wird, ersichtl sein (KG MDR 2005, 859); Geltendmachen von abgetretenem Recht muss erkennbar sein (BGH MDR 2006, 689 = NJW-RR 2006, 275 Tz 15; OLG München NJW-RR 2010, 647, 648; sa BGH MDR 2005, 442 = NJW-RR 2005, 504 [Einziehungsermächtigung]; BGH MDR 2009, 215 = NJW 2009, 56 Tz 15, 17 ff [stille Sicherungszession]); bei einer aus einer **Mehrzahl von Einzelforderungen zusammengesetzten Gesamtforderung** ist jede Einzelforderung zu bezeichnen (BGH MDR 2008, 584 = NJW 2008, 1220 Tz 19; BGH MDR 2008, 1294 = NJW 2008, 3498 Tz 7 – jew mwN; s allg BGH MDR 2011, 812 LS = BGHZ 189, 56 Tz 9 [mehrere prozessuale Ansprüche in einer Klage]), bei Gewährleistungsansprüchen, zB Mängelbeseitigungskosten, nach hM die einzelnen Mängel und der anteilig auf sie entfallende Betrag (BGH MDR 2007, 1006 = NJW 2007, 1952 Tz 45; OLG München 29.9.2014 – 28 U 1200/14, juris [Baumängel u Verjährung]); bei Schadensersatz wegen fehlerhafter Anlageberatung müssen nicht einzelne Beratungsfehler, bei Prospekthaftung nicht einzelne Prospektfehler im MB-Antrag angegeben werden (vgl BGH MDR 2015, 27 = NJW 2015, 236 Tz 146 mwN; aA OLG Bamberg ZIP 2014, 1952; MskV/Voit Rn 6a); Sammelbezeichnungen (Rechnungen v [Datum] bis [Datum]) genügen nicht (OLG Zweibrücken NJW-RR 2010, 285, 286; iErg auch AG Mannheim NJW-RR 2011, 276 f); bei **Teilforderung**, insb Teilbetrag aus mehreren zusammengesetzten Ansprüchen einer Gesamtsumme, ist eine Aufteilung auf die Einzelansprüche (Anspruchsteile) vorzunehmen (BGH MDR 2009, 215 = NJW 2009, 56 Tz 18, 21; OLG Karlsruhe MDR 2015, 177). Abgrenzung: Nicht erforderl ist bei einem einheitl Schadensersatzanspruch seine Zusammensetzung aus *„unselbständigen Rechnungsposten"* (BGH MDR 2011, 123 = NJW 2011, 613 Tz 14; BGH MDR 2013, 1421 = NJW 2013, 3509 Tz 16). Bei Inanspruchnahme ledigl eines *Gesamtschuldners* ist dies ggf anzugeben (BGH MDR 2008, 1294 = NJW 2008, 3498 Tz 13 f); bei Inanspruchnahme als *Bürge* ist bei einer Mehrheit von besicherten Hauptforderungen die haftungsbegründende Hauptforderung anzugeben (OLGR Oldenburg 2009, 882). Die **Bezugnahme auf** (dem MB nicht beigefügte, aber dem Gegner zugegangene) **Rechnungen oder vorprozessuale Anspruchsschreiben** ist zulässig (BGH MDR 2008, 584 = NJW 2008, 1220 Tz 13; BGH MDR 2013, 1421 = NJW 2013, 3509 Tz 14); eine für den Ag erkennbar *falsche Datumsangabe* schadet nicht (BGH MDR 2010, 1097 = NJW-RR 2010, 1455), ebenso nicht eine für ihn erkennbar *falsche Bezifferung des Gesamtbetrages* (BGH MDR 2018, 1270 Tz 13 aE, 16 ff [Schreibversehen]). Die **Bezugnahme auf eine Anlage zum MB** („… gem Forderungsaufstellung/Schreiben v …") ist (jedenfalls im nicht autom Verf) zulässig (BGH MDR 2008, 1294 = NJW 2008, 3498 Tz 7; BGH MDR 2017, 847 Tz 12; krit Salten MDR 2009, 549, 551; sa Rn 24). Sind bei einem Gesamtanspruch die erforderl Angaben (zulässigerw) in einer Anlage zum MB enthalten (zB Aufstellung über versch Rechnungen), bildet diese einen notw Bestandteil des MB (BGH MDR 95, 844 = NJW 95, 2230, 2231; s allg BGH MDR 2004, 219 = NJW-RR 2004, 639); Folge bei Nicht(mit-)Zustellung: ggf keine Individualisierung (OLG Düsseldorf VersR 97, 721; LG Traunstein Rpfleger 2004, 366; E. Schneider MDR 98, 69, 70); jedoch sind auch ohne Hinweis im MB *vorangegangene Informationen ggü dem Ag* zu berücksichtigen (BGH MDR 2007, 1006 = NJW 2007, 1952 Tz 48; BGH MDR 2008, 584 = NJW 2008, 1220 Tz 15 f; BGH MDR 2009, 143 = NJW 2009, 685 Tz 19); Bsp: Aufstellungen, Abrechnungen, Privatgutachten. Nach **§ 702 II** (§ 690 III aF) soll der bes Formzwang der ma-

schinellen Lesbarkeit eine Bezugnahme auf (mit zuzustellende) **Anlagen zum MB ausschließen** (vgl AG Hagen NJW-RR 2010, 71; Hk-ZPO/Gierl Rn 32; **zutreffend aA** MskV/Voit Rn 6a; ohne Stellungnahme BGH MDR 2011, 123 = NJW 2011, 613 – jew noch zu § 690 III aF; näher dazu s Rn 24). Bei Ansprüchen aus **Wechseln und Schecks** sollen diese Urkunden bezeichnet werden (sa § 703a II Nr 2; § 703a Rn 4).

c) Haupt- und Nebenforderungen (I Nr 3 Hs 2) sind **gesondert und einzeln** individualisierbar zu bezeichnen. 14
Bsp für Nebenforderungen: notw vorproz Kosten, Auslagen, Inkassokosten, idR Zinsen (auch als Hauptforderung mögl: vgl § 497 III 5 BGB). Die einzelnen als „Nebenforderungen" geltend gemachten Posten sind genau zu bezeichnen, zB Kontoführungsgeb, Bearbeitungsgeb, Verzugszinsen, Inkassokosten. Geforderte **Zinsen** müssen nicht ausgerechnet werden, es genügt die Angabe von Zinssatz und Laufzeit; ausdrückl klargestellt werden muss aber, ob die Zinsen (nur) aus der Hauptsache oder (auch) aus den Nebenforderungen verlangt werden, denn insoweit handelt es sich um jew mehrere bezeichnungspfl Nebenforderungen (so zutr [noch zur aF] AG Tempelhof-Kreuzberg Rpfleger 91, 260 LS).

d) Verbraucherkreditforderungen usw (I Nr 3 Hs 2 Teil 2). Für Ansprüche aus **Verbraucherdarlehensverträ-** 15
gen und Finanzierungshilfen (§§ 491-508 BGB) ist zusätzl die Angabe des *Datums des Vertragsschlusses* und des *effektiven Jahreszinses* erforderl, soweit dieser gem **§ 492 II BGB** iVm Art 247 §§ 6-13 EGBGB notw Bestandteil der Vertragsurkunde (zum Fernabsatz s § 507 I 2 BGB) ist. **Bsp:** *„Anspruch aus Vertrag gem den §§ 491 bis 508 des Bürgerl Gesetzbuchs v … Effektiver Jahreszins … %"* (vgl § 2 I 1 Mahnvordruck-VO; sa BGBl I 2001, 3574, 3580). Die Angabe des effektiven Jahreszinses entfällt, soweit, wie uU beim Überziehungskredit (§ 504 II 2 BGB), mat-rechtl kein entspr Formgebot besteht; es genügt dann die Angabe: *„Anspruch aus Vertrag gem den §§ 491 bis 508 des Bürgerl Gesetzbuchs"* (vgl § 2 I 2 Mahnvordruck-VO). IÜ ist es bei bestehendem Formgebot wie bei § 688 II Nr 1 für die Angabepflicht gem **I Nr 3 Hs 2 Teil 2** gleichgültig, ob §§ 491-508 BGB auf die dort geregelten Verträge uneingeschränkt oder nur zT (§§ 504-507 BGB), unmittelbar oder nur entspr (zB § 506 I BGB) anwendbar sind (aA Hk-ZPO/Gierl Rn 35). **Nr 3 gilt** daher **auch** bei Immobiliardarlehensverträgen (§ 503 BGB), vereinbartem Überziehungskredit gem § 504 II 1 BGB, Umschuldungen und entgeltl Finanzierungshilfen (Leasing- u Teilzahlungsverträge: s Art 247 § 12 I 1 EGBGB), **dagegen nicht** bei den Bereichsausnahmen gem § 491 II 2 BGB (zB Bagatellkredit) oder bei Darlehensverträgen in gerichtl Protokoll oder gerichtl bestätigtem Vergleich (iE § 491 IV BGB). Die Angaben zum Effektivzins sind wegen § 688 II Nr 1 und für die Frage einer etwaigen Erschleichung des Mahnverf (§ 826 BGB; s iE § 700 Rn 15 ff) unerlässl. Soweit im (nicht schon gem § 688 II Nr 1 ausgeschl) Mahnverf das Geltendmachen von unzulässig überhöhtem pauschaliertem Verzugszins (§ 497 I, II BGB) für mögl gehalten wird (krit dazu § 691 Rn 1), ist der Verzugsschaden (§ 288 IV BGB) konkret darzulegen (so AG Hagen NJW-RR 95, 320; abl Rudolph MDR 96, 1, 4; sa § 688 Rn 5).

e) Bei **Beitragsansprüchen zur priv Pflegeversicherung** (s § 688 Rn 11) besteht ein Verbindungsverbot mit an- 16
deren Ansprüchen (§ 182a I 2 SGG).

4) Erklärung zur (erbrachten) Gegenleistung (§ 690 I Nr 4). Der ASt muss versichern, dass der **Anspruch** 17
nicht von einer Gegenleistung abhängt oder dass er die ihm obliegende Gegenleistung bereits erbracht hat. Dieser Erklärungszwang soll unter § 688 II Nr 2 fallende Ansprüche vom Mahnverf fernhalten. Die Nichtabgabe der Erklärung führt (nach Monierung) zur Zurückweisung des Mahnantrags (§ 691 I 1 Nr 1); allerdings bleibt dem ASt die Möglichkeit fristwahrender Klageerhebung erhalten (näher § 691 II). Der auf *bewusste Falschabgabe* der (nicht überprüfbaren) Erklärung erlassene MB ist erschlichen (BGH MDR 2012, 363 = NJW 2012, 995; BGH MDR 2015, 969 LS = NJW 2015, 3162), hemmt aber die Verjährung (näher § 693 Rn 6). Bei *fahrlässiger Falschabgabe* der Erklärung (bei Rückabwicklungsanspruch ist zB die Verpflichtung zur eigenen Zug-um-Zug-Leistung nicht berücksichtigt; vgl Wagner ZfIR 2005, 856) scheidet eine Rechtsmissbräuchlichkeit aus (vgl BGH MDR 2014, 1224 = NJW 2014, 3435 Tz 11; zu weitgehend Schultz NJW 2014, 827; aA Wagner ZfIR 2005, 856; s allg BGH MDR 2015, 969 = NJW 2015, 3160; BGH MDR 2015, 969 LS = NJW 2015, 3162).

5) Zuständiges Streitgericht (§ 690 I Nr 5). a) Der ASt hat das **Gericht** zu bezeichnen, das für die Entschei- 18
dung im Streitfall (endgültig) **örtl und sachl zuständig** ist. Der ASt soll schon im Mahnantrag das (zu wählende) Gericht eines bes oder vereinbarten Gerichtsstands benennen; konkurrierende Gerichtsstände können daher, ausschließl müssen im Mahnantrag vom ASt beachtet werden (vgl BGH MDR 94, 944 = NJW 93, 2810; zur nachträgl Benennung der KfH beim LG: s Rn 20). Durch § 690 I Nr 5, § 696 ist die Abgabeautomatik an den allg Gerichtsstand des Ag aufgehoben; der ASt muss schon im Mahnantrag von seinem **Wahlrecht nach § 35** Gebrauch machen (BGH MDR 2002, 1446 = NJW 2002, 3634). Nach der Zustellung des MB kann das Wahlrecht nicht mehr ausgeübt werden (BGH MDR 93, 576 = NJW 93, 1273; BGH MDR 2002, 1446 = NJW 2002, 3634, 3635; sa § 696 Rn 13). Beachte: Bei erst späterer Entstehung des Wahlrechts besteht keine Bindung (OLG München MDR 2007, 1154); § 261 III Nr 2 ist aber zu beachten (OLG München MDR 2007, 1278; sa § 696 Rn 11). Eine Korrektur des angegebenen Gerichtsstands ist dann nur auf Grund eines **übereinstimmenden Verlangens beider Parteien** mögl (§ 696 I 1, § 700 III 1; sa § 696 Rn 5). Bei Nichtbeachtung einer ausschließl Zuständigkeit gilt § 281 (BGH MDR 94, 944 = NJW 93, 2810; iE s § 696 Rn 11 ff). Ein einseitiges Abweichen von einem vertragl örtl AGB-Gerichtsstand ist nachträgl nicht möglich (OLG Dresden MDR 2007, 854 LS). **Besonderheiten bei mehreren Ag:** § 36 I Nr 3; sa § 696 Rn 15.

19 **b) Verfahren.** Der Rpfleger hat nur zu prüfen, ob an dem im Mahnantrag angegebenen Ort ein AG oder LG errichtet ist. Ist das nicht der Fall oder ist offenkundig missbräuchl ein unzust Gericht benannt (zB Wohnsitzgericht des ASt), soll der Antrag zurückgewiesen werden (so BTDrs 11/3621, 46; OLG Karlsruhe Rpfleger 2005, 270). Bei erkennbaren Unrichtigkeiten hat der Rpfleger auf eine Richtigstellung hinzuwirken (sa Rn 25; § 691 Rn 6). Ansonsten wird das im Mahnantrag bezeichnete Gericht in den MB übernommen (§ 692 I Nr 1). An dieses Gericht wird bei Widerspruch und Antrag auf Durchführung des str Verf abgegeben (§ 696 I 1), dgl bei Einspruch gegen den VB (§ 700 III 1).

20 **6) Bezeichnung des für das Streitverfahren zuständigen Gerichts in Sonderfällen. a)** Ein Antrag auf Entscheidung durch die **KfH des LG** kann nach dem Vordruck schon im Mahnantrag gestellt werden, so dass er nach § 692 I Nr 1 in den MB übergeht und mit diesem dem Ag zugestellt wird; er kann spätestens in der Anspruchsbegründung (vgl § 697 II), die insoweit der Klageschrift iSd § 96 GVG gleichsteht, nachgeholt werden, aber nur innerhalb der Frist des § 697 I 1 (OLG Düsseldorf NJW-RR 88, 1471 mwN; OLG Nürnberg Rpfleger 95, 369; insoweit krit MskV/Voit § 697 Rn 3; weiter gehend Eith MDR 96, 1099 [ohne Fristbeschränkung nach § 697 I 1]; sa § 697 Rn 3). Durch die Angabe „LG-ZK" im MB-Antrag verliert der Kl das Wahlrecht nach § 96 I GVG nicht (OLG Nürnberg Rpfleger 95, 369). Der Ag kann – wenn der ASt keine Verweisung begehrt – eine Verweisung an die KfH nur noch innerhalb der Erwiderungsfrist (§ 697 II, § 276) durch entspr Antrag erwirken, vgl § 101 I 2 GVG.

21 **b)** In FamStreitsachen (§ 112 FamFG) ist im Rahmen der entspr Anwendung des Mahnverf (§ 113 II FamFG) das **FamG** als das für FamSachen sachl zuständige Gericht (vgl § 23a GVG) zu bezeichnen.

22 **c)** In **Wohnungseigentumssachen** ist § 43 I 1, II WEG nF zu beachten (sa § 688 Rn 10); in einer **Binnenschifffahrtssache** das dafür zuständige AG (§ 3 II 2 BinnSchVerfG); in einer **Landpachtsache** das nach § 1 Nr 1a, §§ 2, 48 LwVG zuständige AG; bei **Beitragsansprüchen zur privaten Pflegeversicherung** (s § 688 Rn 11) das zuständige SozG (§ 182a SGG).

23 **d)** Bei **mehreren Ag** bestehen keine Besonderheiten; für jeden Ag ist bei nicht maschineller Bearbeitung (in dem jew gesonderten Vordrucksatz) das jew für das Streitverf zuständige Gericht anzugeben (s vor § 688 Rn 7); gleichwohl handelt es sich um ein **einheitl Verf** (OLG München MDR 98, 738 = NJW-RR 98, 1080; OLG Düsseldorf JurBüro 98, 82). Zur Überleitung zu getrennten Streitgerichten: s § 696 Rn 5, 15.

24 **III) Automatisiertes Mahnverfahren.** § 690 III aF ist in eine **allg Formvorschrift (§ 702 II)** überführt worden, die grds für alle Anträge und Erklärungen im Mahnverf gilt (BTDrs 18/9416, 79; ausführl dazu: § 702 Rn 5 f). **Besonderheiten zur Antragstellung:** Wie bei maschineller Bearbeitung sind zB **weitere Ag** in den MB-Antrag mit aufzunehmen. Nach der Praxis der Mahngerichte sollen nach **§ 702 II 2** abw von der maschinellen Bearbeitung, bei der Ergänzungsblätter zum MB zugelassen sind (vgl „Hinweise zum Vordruck": BGBl I 91, 1569), **Anlagen zum MB** ausgeschlossen sein (sa Rn 13 mwN). Das läuft auf eine Formverschärfung ggü dem früheren Rechtszustand hinaus, für die § 702 II 2 keine ausreichende Grundlage bietet. § 702 II 2 führt keinen neuen Formzwang ein, sondern macht nur die Nutzung einer bereits früher allg zugelassenen Übermittlungsform (vgl § 690 III 1 aF) für einen bestimmten Personenkreis (RAe etc) verpflichtend. Das Verbot von Anlagen zum MB als Hilfe zur Anspruchsindividualisierung entwertet iÜ das Mahnverf insges (verstärkte Verweisung auf das Klageverf: AG Hagen NJW-RR 2010, 71 f; Erweiterung der Streitigkeiten über die Hemmung der Verjährung: vgl BGH MDR 2011, 123 = NJW 2011, 613 Tz 11 ff) und insb den individuellen Rechtsschutz.

25 **IV) Prüfung des Antrags.** Der Rpfleger hat das Vorliegen der **allg Prozessvoraussetzungen** (BGH MDR 81, 390 = NJW 81, 875, 876; BGH MDR 84, 223 = NJW 84, 242) und der **bes Zulässigkeitsvoraussetzungen des Mahnverf** (s § 688 Rn 2 ff) zu prüfen (iE s § 691 Rn 1 ff); es handelt sich um eine echte **Prüfungspflicht** (BGH MDR 84, 223 = NJW 84, 242). Amtsermittlungen sind nicht anzustellen (BGH MDR 81, 390 = NJW 81, 875, 876), § 139 III ist aber zu beachten. Daher kann die Prüfung im Allg nur anhand der im Mahnantrag gemachten (zu machenden) Angaben geschehen; den Basiszinssatz (§ 247 BGB) hat das Mahngericht als offenkundige Tatsache aber selbst zu ermitteln (s § 688 Rn 5). Zu prüfen ist auch, ob die Angaben im MB-Antrag vollständig sind und keine offensichtl Unrichtigkeiten enthalten (BGH MDR 84, 223 = NJW 84, 242). Werden Mängel erkannt, kann der Rpfleger insb folgende Maßnahmen ergreifen: Berichtigung vAw (BGH MDR 84, 223 = NJW 84, 242; OLG Hamm NJW-RR 92, 480; MK/Schüler § 691 Rn 9; einschr MskV/Voit § 691 Rn 2 [nur Schreib- und Rechenfehler]), telefonische Rückfrage, **Zwischenverfügung** (§ 139 III) und (nach Anhörung: § 691 I 2) Zurückweisung des Antrags (§ 691; iE s § 691 Rn 6 f). Der Rpfleger entscheidet nach pflichtgem Ermessen, welche Maßnahme er ergreift; hierbei hat er sich an den Zielen des Mahnverf zu orientieren (BGH MDR 84, 223 = NJW 84, 242). Werden die Mängel nicht behoben, wird der Antrag nach § 691 zurückgewiesen. Dgl ist der Erlass eines MB abzulehnen, wenn die „begrenzte Schlüssigkeitsprüfung" (s BGH MDR 2015, 969 = NJW 2015, 3160 Tz 24, 26) ergibt, dass der geltend gemachte Anspruch schon nach den Angaben des ASt nicht besteht.

26 **V) Rücknahme des Mahnantrags.** Sie ist **analog § 269 I** ohne Zustimmung des Ag mögl bis zur Rechtskraft *des VB, bei Widerspruch oder Einspruch* bis zur Abgabe ins str Verf (§ 696 I bzw § 700 III; OLG Hamm MDR 2014, 617). Wie der Mahnantrag kann auch die Rücknahme schriftl oder mündl ggü dem UdG (§ 702 I) erklärt werden; ein amtl Vordruck ist dafür nicht vorgesehen. Bei Rücknahme durch einen Bevollmächtigten gilt § 703.

Mit der Rücknahme wird der MB entspr § 269 III 1 Hs 2 kraftlos (sa § 701 Rn 1), ein erlassener (noch nicht rechtskr) VB wirkungslos (Fischer MDR 94, 124). Die Rücknahmeerklärung ist dem Ag formlos mitzuteilen (§ 270 S 1 iVm § 269 II 3). Die Antragsrücknahme ist **grds unwiderrufl** (Fellner MDR 2010, 128); eine Ausnahme ist – entspr der Klagerücknahme – anzuerkennen, wenn der Ag zustimmt; dann sind seine Interessen hinreichend geschützt und ein weiteres Verf kann vermieden werden. Mit dem (wirksamen) Widerruf lebt der MB wieder auf. Auch wenn eine nachträgl ergänzende Festsetzung von Kosten durch das Mahngericht nicht generell ausgeschlossen ist (iE s § 699 Rn 10, 10a), erscheint eine Kostenentscheidung nach § 269 III 3, IV wegen der Formalisierung des Mahnverf und der notw Gewährung rechtl Gehörs für den Ag nur durch das Streitgericht mögl (vgl BGH MDR 2005, 287 LS = NJW 2005, 512, 513; BGH MDR 2005, 411 = NJW 2005, 513, 514; OLG Hamm MDR 2014, 1412 = NJW 2014, 3110; iE str, sa Ruess NJW 2006, 1915, 1918 f mwN). Ist kein Widerspruch erhoben, wird der ASt bei (teilw) Erfüllung ohne Antragsrücknahme nach § 699 I 2, III 1 vorgehen und es dem Ag überlassen, durch Einspruch die Überleitung ins Streitverf zu betreiben. **Nach der Abgabe** (§ 696 I, § 700 III) ist der bish ASt dann Kl, so dass nach der Anspruchsbegründung (§ 697 I, II) **§ 269 III 2, 3 unmittelbar anwendbar** ist; eine Rücknahme des Mahnantrags ist dann als Klagerücknahme auszulegen. Vor dem LG besteht für die Rücknahmeerklärung **Anwaltszwang** (§ 78 I 1); § 702 I gilt nicht, weil das Mahnverf beendet ist (vgl Fellner MDR 2010, 128). Die Zustellungsrückwirkungsfiktion gem § 696 III ist auf Zahlungen im Mahnverf (vor der Abgabe) nicht anzuwenden. **Mat-rechtl Folgen** der Rücknahme des Mahnantrags: Die durch die *Zustellung des MB* ausgelöste Hemmung der Verjährung (§ 204 I Nr 3 BGB) endet 6 Monate nach der Rücknahme (§ 204 II 1 BGB), von da an läuft die (gehemmte) Verjährungsfrist weiter (§ 209 BGB). Der ASt kann die verlängerte Verjährungshemmung aufrechterhalten, indem er innerhalb der 6-Monatsfrist des § 204 II 1 BGB einen neuen MB-Antrag stellt; Grenze bei periodisch wiederholter Antragstellung und -rücknahme: § 242 BGB (Ebert NJW 2003, 733 mwN; allg dazu Seibel MDR 2015, 491). Antragsrücknahme *ohne vorh Zustellung des MB* sichert die Zustellungsrückwirkung der später erhobenen Klage auf den Einreichungszeitpunkt gem § 691 II (sa § 691 Rn 8). Keine Rücknahme des Mahnantrags enthält die noch nach Abgabe mögl **Rücknahme des Streitantrags** (§ 696 IV 1, 3), die zur Rückversetzung ins Mahnverf führt (iE s § 696 Rn 2).

VI) Erledigung im Mahnverfahren. Ob im Mahnverf eine (einseitig oder übereinstimmend erklärte) Erledigung mögl ist, ist umstr (vgl Wolff NJW 2003, 553; eingeh Wagner, Die Erledigung im Mahnverf, 2015; sa § 91a Rn 58.27). 27

VII) Gebühren. S § 688 Rn 15. Ist der RA nur mit der Rücknahme des Mahnantrags beauftragt: 3305 RVG-VV; nach Abgabe: 3100 RVG-VV. 28

§ 691 Zurückweisung des Mahnantrags

(1) [1]Der Antrag wird zurückgewiesen:

1. wenn er den Vorschriften der §§ 688, 689, 690, 702 Absatz 2, § 703c Abs. 2 nicht entspricht;

2. wenn der Mahnbescheid nur wegen eines Teiles des Anspruchs nicht erlassen werden kann.

[2]Vor der Zurückweisung ist der Antragsteller zu hören.

(2) Sollte durch die Zustellung des Mahnbescheids eine Frist gewahrt werden oder die Verjährung neu beginnen oder nach § 204 des Bürgerlichen Gesetzbuchs gehemmt werden, so tritt die Wirkung mit der Einreichung oder Anbringung des Antrags auf Erlass des Mahnbescheids ein, wenn innerhalb eines Monats seit der Zustellung der Zurückweisung des Antrags Klage eingereicht und diese demnächst zugestellt wird.

(3) [1]Gegen die Zurückweisung findet die sofortige Beschwerde statt, wenn der Antrag in einer nur maschinell lesbaren Form übermittelt und mit der Begründung zurückgewiesen worden ist, dass diese Form dem Gericht für seine maschinelle Bearbeitung nicht geeignet erscheine. [2]Im Übrigen sind die Entscheidungen nach Absatz 1 unanfechtbar.

Lit: *Martin*, Die Prüfungsbefugnis des Rpflegers im gerichtl Mahnverf am Bsp der Geltendmachung von Inkassokosten usw, 1998.

I) Zurückweisung nach § 691 I 1 Nr 1. 1) Voraussetzungen. Wenn die Prüfung des Mahnantrags (s § 690 Rn 25) ergibt, dass **allg Prozessvoraussetzungen fehlen** oder **bes Zulässigkeitsvoraussetzungen des Mahnverf** (§ 688) **nicht gegeben** sind, insb das Mahnverf „nicht statthaft" (s § 688 Rn 5 ff) oder das angegangene **Gericht nicht zuständig** ist (s § 689 Rn 1 ff), oder der Antrag nach **Form** und **Inhalt** den Anforderungen der §§ 690, 702 II, § 703c II **nicht entspricht**, ist er **nach Anhörung des ASt (I 2)** durch zu begründenden Beschluss des Rpflegers mit der Kostenfolge des § 91 zurückzuweisen (**I 1 Nr 1**; ausführl dazu Crevecoeur NJW 77, 1320, 1324). Der Rpfleger darf nicht sehenden Auges einen unrichtigen Titel schaffen. „Bei Kenntnis der Nichtexistenz der geltend gemachten Forderung" darf er den MB nicht erlassen (BGH MDR 2014, 563 = NJW 2014, 711 Tz 19). Als unabhängiges Organ der Rechtspflege ist er der mat Gerechtigkeit verpflichtet (Art 20 III GG). Ihm 1 steht deshalb auch nach Wegfall der Schlüssigkeitsprüfung ein eng begrenztes **Prüfungsrecht** und eine diesem entspr **Prüfungspflicht** (vgl BGH MDR 2015, 969 = NJW 2015, 3160 Tz 24, 26) zu (hM, vgl MK/Schüler Rn 15; MskV/Voit Rn 2 – jew mwN; iE str, eingeh zum Ganzen Martin aaO S 153 ff mwN). Die beschränkte Prüfungskompetenz des Rpflegers entspricht dem Grundgedanken des Mahnverf, der Durchsetzung „eindeutig gegebener Ansprüche" zu dienen (BGH MDR 88, 126 = NJW 87, 3256, 3258) und steht im Einklang mit dem **europ Recht** (vgl EuGH NJW 2012, 2257). Ergibt sich aus den Angaben im Mahnantrag, dass die **behauptete Forderung offensichtl unbegründet** oder gerichtl undurchsetzbar ist, muss der Antrag zurückgewiesen werden (so schon BTDrs 11/5462, 31); das Geltendmachen dubioser Forderungen im Mahnverf ist missbräuchl (AG Bremen-Blumenthal Rpfleger 93, 117).

2 **2) Prüfungsbefugnis im Einzelnen. a) Überblick.** Das **formelle Prüfungsrecht** umfasst sämtl Zulässigkeitsvoraussetzungen (**I**; sa Rn 1): ua die Zinssätze bei Forderungen aus Verbraucherdarlehensverträgen usw (§ 688 II Nr 1, § 690 I Nr 3 Hs 2); die Unabhängigkeit von einer Gegenleistung (§ 688 II Nr 2, § 690 I Nr 4); die Zuständigkeit (§ 689 II); die Zulässigkeit des sog Auslandsmahnverf gem § 688 III (OLG Naumburg Rpfleger 2010, 605); die Zulässigkeit von Fax-Form (allg KG NJW 2009, 3247); die Ordnungsmäßigkeit der Anspruchsbezeichnung (§ 690 I Nr 3) usw; darüber hinaus besteht in gewissen Grenzen auch ein **materielles Prüfungsrecht** (sa Rn 1 mwN).

3 **b) Fallgruppen. aa) Offensichtl nicht bestehende oder klagbare Ansprüche** (sa Rn 1; übereinstimmend Art 11 I 1 b EuMahnVO): zB Zinseszinsen, § 289 S 1 BGB (BGH MDR 2008, 397 LS = NJW-RR 2008, 631 Tz 16); Verzugszinsen ab Rechnungsstellung; MwSt auf Verzugszinsen (BGH WM 83, 1006 mit Hinweis auf EuGH NJW 83, 505); sittenwidriges Geschäft, § 138 BGB, zB wucherähnl Ratenkredit (allg zum Problem: s § 700 Rn 15 ff); nicht „klagbare" Ansprüche wie Ehemäklerlohn (§ 656 BGB, auch bei „Tarnung" als Dienstleistung: OLG Stuttgart NJW 79, 2573) oder (Konsequenz aus BGH MDR 2004, 799 = NJW-RR 2004, 778 mwN) Partnervermittlungshonorar (OLG Stuttgart NJW 94, 330, 331; Börstinghaus MDR 95, 551, 553 mwN in Fn 32); Spiel- und Wettschulden (§ 762 BGB). **Abgrenzung: Nicht genügt**, dass ein Anspruch auf Vorschussleistung mat-rechtl nicht besteht (verkannt von AG Rosenheim NJW 2001, 2030, 2031; sa § 688 Rn 3). – **bb) Überhöhte und unberechtigte Nebenforderungen:** zB überhöhte ges Zinsen (LG Krefeld MDR 86, 418), ua überhöhte Scheck-(Wechsel-)Zinsen (Art 45 Nr 2 ScheckG, Art 48 Nr 2 WG); überhöhte pauschalisierte Verzugszinsen (zB §§ 497 I, II, 288 I BGB) aus Verbraucherverträgen (AG Hagen MDR 95, 535 = NJW-RR 95, 320; allg zum europ Recht: EuGH NJW 2012, 2257); die Nebenforderung steht in grobem Missverhältnis zur Höhe der Hauptforderung (MK/Schüler Rn 16; allg OLG Hamburg MDR 82, 502); unberechtigte vorgerichtl Auslagen (zB § 12a ArbGG); unzulässige Nebenentgelte, zB Kontoführungs- (BGH MDR 2011, 928 = NJW 2011, 2640; BGH MDR 2013, 117 = NJW 2013, 995 [ausf dazu: Seibel ua, ZwVR aktuell, 2. Aufl 2013, § 4, § 8 Rn 42]) und AGB-mäßige Bearbeitungsentgelte (BGH MDR 2014, 909 = NJW 2014, 2420; BGH NJW 2014, 3713 Tz 61). – **cc) Inkassokosten** sind die als Nebenforderung verlangten Aufwendungen für vorgerichtl Inkassodienstleistungen (§ 2 II 1, § 10 I 1 Nr 1 RDG). Nach § 4 V RDGEG sind außergerichtl Inkassokosten nur bis zur Höhe der RA-Vergütung nach dem RVG erstattungsfähig; für die Vertretung im gerichtl Mahnverfahren gilt § 4 IV 2 RDGEG (Vergütung: 25 Euro). – **dd)** Zu beachten ist das **Verbot der Zusammenfassung von Haupt- und Nebenforderungen** (§ 690 I Nr 3: „gesondert und einzeln"), zB von Hauptsache, Zinsen und Kosten; ferner die bes Kennzeichnung der Forderung bei der **Inanspruchnahme mehrerer**, zB als Gesamtschuld. – **ee)** Die im Mahnantrag betragsmäßig zu bezeichnenden **Verfahrenskosten** (§ 692 I Nr 3) sind vom Rpfleger **voll nachzuprüfen** und ggf in zutr Höhe festzusetzen (LG Stuttgart Rpfleger 88, 537; s § 692 Rn 8); das Gleiche gilt für die in den VB aufzunehmenden „bisher entstandenen" (§ 699 III 1) Kosten des Mahnverf (OLGR Stuttgart 2004, 181, 182); eine Zurückweisung wegen der Angabe überhöhter Verfahrenskosten scheidet daher aus (Hofmann Rpfleger 79, 446, 447).

4 **3) Maschinelle Bearbeitung.** Der durch Datenträger verkörperte oder datenträgerlos übermittelte Antrag kann nach I 1 Nr 1, § 702 II 1 zurückgewiesen werden, wenn er sich für die EDV-Anlage des Gerichts nicht eignet (sa III 1). Nach I 1 Nr 1, § 702 II 2 können Mahnanträge von RAen etc auch dann zurückgewiesen werden, wenn sie nicht in autom Form gestellt werden (Einzelheiten: s § 702 Rn 5 f). Zur Anfechtung (III 1): s Rn 9 f.

5 **II) Zurückweisung nach § 691 I 1 Nr 2.** Danach ist der Antrag (insges) zurückzuweisen, wenn bei einem **Anspruchsteil die Voraussetzungen für das Mahnverf fehlen**, dem ASt also ein der Höhe nach geringerer Anspruch zusteht als geltend gemacht. I 1 Nr 2 kann nur im Rahmen der eingeschr Prüfungskompetenz des Rpflegers (s Rn 1) bedeutsam werden (vgl LG Stuttgart Rpfleger 88, 534, 535), zB bei sittenwidrigen Ratenkredit- u Bürgschaftsverträgen (s § 700 Rn 16a f). Kein Anspruchsteil sind mehrere selbständige Ansprüche (zB Kaufpreis- und Mietzinsanspruch) oder Haupt- und Nebenansprüche (zB Zinsen, Kosten); hier kann der MB wegen des unbedenkl Anspruchs erlassen und der Mahnantrag iÜ zurückgewiesen werden (vgl Rudolph MDR 96, 1, 4 [für Zinsen als Nebenforderung]; dgl bei überhöhten Inkassokosten: vgl Martin aaO S 208); dagegen erfolgt bei überhöhter Kostenberechnung eine Reduzierung auf das erstattungsfähige Maß (s Rn 3).

6 **III) Beanstandungs- und Verbesserungsverfahren bei Mängeln (§ 691 I 2).** Grundlage ist die (formelle und beschr mat) Prüfungsbefugnis (sa Rn 1 f). § 139 III gilt. **1) Anhörung des Antragstellers.** Sie ist **in I 2 vorge-**

schrieben und soll dem ASt Gelegenheit geben, behebbare Mängel des MB-Antrags zu beseitigen und damit die Zurückweisung zu vermeiden, um sich die Wirkungen der Verfahrenseinleitung zu erhalten. Die Form der Gehörsgewährung steht im Ermessen des Mahngerichts; in Betracht kommen insb Beanstandung durch **Zwischenverfügung** (Monierungsschreiben) und formlose (auch telefonische) Rückfrage beim ASt. Die Zwischenverfügung wird idR mit einer Fristsetzung verbunden. Eine Beanstandung erübrigt sich, soweit – in engen Grenzen – eine **Berichtigung** offensichtl (Schreib- usw) Versehen **vAw** in Frage kommt (dazu MskV/Voit Rn 2). Alle **behebbaren Mängel** bzgl Form und Inhalt des MB-Antrags iSv I sind der Verbesserung zugängl, eine Unterscheidung nach der Schwere des Mangels findet nicht statt (BGH MDR 99, 1460 = NJW 99, 3717), ein Verschulden des ASt ist unerhebl. Die Verbesserung erfolgt idR durch (formlose) ergänzende oder berichtigende Angaben, auch durch Verwendung des richtigen Vordrucks (BGH MDR 99, 1460 = NJW 99, 3717) oder Teilrücknahme im Fall von I Nr 2. Bei dubiosen Forderungen (sa Rn 1 aE) und allg der Gefahr des Missbrauchs des Mahnverf kann ggf die Vorlage von Unterlagen, zB Verträgen, verlangt werden (arg § 138 I, § 139 III iVm § 142). Die Form des MB-Antrags ist mit der entspr Berichtigung gewahrt (verkannt von OLGR Dresden 2003, 174, 178 f). Kommt es nach der Mangelbehebung zur **Zustellung eines berichtigten MB**, genügt es für die Hemmung der Verjährung (§ 204 I Nr 3 BGB) und eine Zustellung demnächst (§ 167), dass zwischen der Zustellung der Zwischenverfügung (Zugang der Beanstandung) und der Verbesserung (Eingang der fehlenden Angaben usw) ein Zeitraum von **1 Monat** liegt (**II entspr**; BGH MDR 2002, 1085 = NJW 2002, 2794; BGH MDR 2008, 641 = NJW 2008, 1672 Tz 12 [differenzierend]; BGH MDR 2011, 287 = NJW 2011, 842 Tz 19). Eine über das Verbesserungsverf hinausgehende Wirkung entnimmt der BGH II nicht; zur Bestimmung „alsbaldiger" Abgabe (§ 696 III) oder „demnächstiger" Zustellung (§ 167) soll II daher nicht heranzuziehen sein (BGH MDR 2008, 641 = NJW 2008, 1672 Tz 12; str, aA zB Greger hier § 167 Rn 11; krit auch MK/Schüler § 696 Rn 19).

2) Zurückweisungsbeschluss. Der Antrag soll (zur Vermeidung von Rechts- und Kostennachteilen) erst zurückgewiesen werden, wenn die Beanstandung erfolglos bleibt. Zum Verf bei fehlender Zuständigkeit: s § 689 Rn 5. Der den Mahnantrag zurückweisende Beschluss ist dem **ASt zuzustellen** (vgl **II**), denn er setzt die Monatsfrist zur Klageerhebung (s Rn 8) in Lauf (§ 329 II 2); dem Ag ist der Beschluss nicht mitzuteilen. Durch die – grds **unanfechtbare** (**III 2**; sa Rn 9 f) – **Zurückweisung** des Mahnantrags wird der ASt auf den Klageweg verwiesen; soweit der Mahnantrag der Fristwahrung diente, ermöglicht II einen Schutz vor Rechtsnachteilen (s sogleich). 7

IV) Wirkung der Zurückweisung für Fristwahrung, Hemmung und Neubeginn der Verjährung (§ 691 II). 8
Erhebt der ASt innerhalb 1 Monats nach der Zustellung der Zurückweisung des Mahnantrags **Klage** und wird die Klage demnächst (§ 167) zugestellt, werden die Wirkungen der Klageerhebung – Fristwahrung (§ 167) und Verjährungshemmung (§ 204 I Nr 1 BGB) – auf den Zeitpunkt der Antragseinreichung zurückbezogen. Nach dem eindeutigen Wortlaut von II reicht ein **erneuter** (jetzt ordnungsgem) **MB-Antrag** im Anschluss an die Zurückweisung nicht aus, um die Wirkungen nach II herbeizuführen (vgl LG Gießen MDR 96, 965; MK/Schüler Rn 30 aE; MskV/Voit Rn 6). Der Zurückweisung steht die **Rücknahme des Mahnantrags** gleich (arg § 212 I, II BGB aF, dem § 691 II nachgebildet ist) (vgl MskV/Voit Rn 6; sa § 204 II 1 BGB: „anderweitige Beendigung des eingeleiteten Verf", dazu Erman/Schmidt-Räntsch § 204 BGB Rn 38 ff). Kommt es nicht zur Zurückweisung, weil der **Mangel im Mahnverf behoben** („geheilt") worden ist und wird der berichtigte MB zugestellt, ist die Frist gem II im Rahmen des § 167 entspr anzuwenden (sa Rn 6); der Hemmung der Verjährung steht nicht entgegen, dass der MB-Antrag im Zeitpunkt seiner Einreichung unzulässig war (BGH MDR 99, 1460 = NJW 99, 3717, 3718) oder sachl Voraussetzungen gefehlt haben (BGH MDR 2007, 1006 = NJW 2007, 1952 Tz 43). Wurde der **Mangel nicht beanstandet** und der MB (rechtzeitig) zugestellt, ist nach richtiger Ansicht auch durch den unzulässigen MB die **Verjährung gehemmt** (näher s § 693 Rn 6; ebenso BGH MDR 98, 530 = NJW 98, 1305 [unzulässiger Antrag im sBV]). Unklar ist die Bedeutung des in **II** genannten **Neubeginns der Verjährung**. Ein Fall von § 212 BGB liegt nicht vor. II stellt mit der Anknüpfung an die rechtskr Antragszurückweisung (kein Fall von § 204 I Nr 3 BGB) einen eigenständigen Tatbestand der Verjährungshemmung dar. **Abgrenzung:** § 204 II 1 BGB setzt einen Fall seines I voraus, die in II 1 genannte „rechtskräftige Entscheidung" erfasst daher § 691 II nicht (verkannt von Grüneberg/Ellenberger § 204 BGB Rn 36).

V) Anfechtung der Zurückweisung. 1) Bei maschineller Bearbeitung. Sof Beschwerde nach **III 1** wegen Zurückweisung eines das Verf betr Gesuchs (§ 567 I Nr 2). Grund: Betroffenheit einer Vielzahl von Einzelfällen, wirtschaftl Tragweite (LG Stuttgart NJW-RR 94, 1280). Über die Beschwerde gegen die Entscheidung des Rpflegers entscheidet die Beschwerdekammer des LG (§ 11 I RPflG iVm § 567) (idR) durch den Einzelrichter (§ 568 I 1); der Rpfleger kann der Beschwerde abhelfen (§ 572 I 1). Über die sof Beschwerde ist der ASt zu belehren (§ 232 S 1). Der Ag ist an dem Beschwerdeverf nicht beteiligt. 9

2) Zurückweisung aus den übrigen Gründen von § 691 I. Diese unterliegt nach **III 2** nur der **befristeten Erinnerung nach § 11 II 1 RPflG**, der der Rpfleger abhelfen kann (§ 11 II 5 RPflG); Erinnerungen, denen er nicht abhilft, legt er dem Richter vor (§ 11 II 6 RPflG); der Richter entscheidet über sie endgültig. Das gilt auch, wenn die Zurückweisung wegen Fehlens der allg Prozessvoraussetzungen (s Rn 1) erfolgt ist (LAG Düsseldorf Rpfleger 94, 342: fehlendes Rechtsschutzbedürfnis). Die Erinnerung wird unzulässig, wenn der Ag gegen den (teilw erlassenen) 10

MB Widerspruch erhoben hat (AG Köln MDR 91, 1198 [krit N. Schneider]; arg II). Eine **teleologische Erweiterung** (Ausnahme von der Schranke gem III 2) ist geboten (**III 1** gilt dann **entspr**), wenn ihr Grund (Beschreitung des Klageverf) nicht vorliegt. Bsp: kostenpflichtige Zurückweisung eines nicht gestellten MB-Antrags (LG Hagen NJW 92, 2036). Zur **Rechtsbehelfsbelehrung** des ASt: s § 232 S 1. **Abgrenzung:** Die Beschränkung gem **III 2 gilt nicht**, wenn das Mahngericht – nach Erlass des MB – die Fortsetzung des Mahnverf wegen Zeitablaufs ablehnt (verkannt von AG Brandenburg Rpfleger 2009, 161 [krit hierzu: Vollkommer Rpfleger 2009, 398 f]).

11 **3) Erneuerung des Mahnantrags.** Die Zurückweisung des Mahnantrags hindert nicht seine Erneuerung, wenn die bish Mängel vermieden werden. Sie ist auch kein Hindernis für eine Klageerhebung (AG Göttingen NdsRpfl 96, 291, 292).

§ 692 Mahnbescheid

(1) Der Mahnbescheid enthält:

1. **die in § 690 Abs. 1 Nr. 1 bis 5 bezeichneten Erfordernisse des Antrags;**
2. **den Hinweis, dass das Gericht nicht geprüft hat, ob dem Antragsteller der geltend gemachte Anspruch zusteht;**
3. **die Aufforderung, innerhalb von zwei Wochen seit der Zustellung des Mahnbescheids, soweit der geltend gemachte Anspruch als begründet angesehen wird, die behauptete Schuld nebst den geforderten Zinsen und der dem Betrag nach bezeichneten Kosten zu begleichen oder dem Gericht mitzuteilen, ob und in welchem Umfang dem geltend gemachten Anspruch widersprochen wird;**
4. **den Hinweis, dass ein dem Mahnbescheid entsprechender Vollstreckungsbescheid ergehen kann, aus dem der Antragsteller die Zwangsvollstreckung betreiben kann, falls der Antragsgegner nicht bis zum Fristablauf Widerspruch erhoben hat;**
5. **für den Fall, dass Formulare eingeführt sind, den Hinweis, dass der Widerspruch mit einem Formular der beigefügten Art erhoben werden soll, das auch bei jedem Amtsgericht erhältlich ist und ausgefüllt werden kann, und dass für Rechtsanwälte und registrierte Personen nach § 10 Absatz 1 Satz 1 Nummer 1 des Rechtsdienstleistungsgesetzes sowie Kreditdienstleistungsinstitute mit einer Erlaubnis nach § 10 Absatz 1 des Kreditzweitmarktgesetzes § 702 Absatz 2 Satz 2 gilt;**
6. **für den Fall des Widerspruchs die Ankündigung, an welches Gericht die Sache abgegeben wird, mit dem Hinweis, dass diesem Gericht die Prüfung seiner Zuständigkeit vorbehalten bleibt.**

(2) An Stelle einer handschriftlichen Unterzeichnung genügt ein entsprechender Stempelabdruck oder eine elektronische Signatur.

I Nr 5 geändert mWv 30.12.2023 durch KreditzweitmarktförderungsG v 22.12.2023 (BGBl 2023 I Nr 411).

1 **I) Erlass des Mahnbescheids.** Wenn der MB-Antrag weder nach § 691 zurückzuweisen noch wegen Unzuständigkeit an ein anderes Gericht weiterzuleiten ist (sa § 689 Rn 5) und auch nicht zwischenzeitl Tod einer Partei entgegensteht (s vor § 688 Rn 9 ff), ist der MB vom Rpfleger **ohne vorherige Anhörung des Ag** (§ 702 III) zu verfügen. Zur Vorwegentrichtung von Gerichtsgeb: s § 12 III GKG (ohne Zustellungskosten: vgl 9002 GKG-KV). Der Bescheid ist ein im schriftl Verf ergehender Beschluss (§ 329); diese Natur hat er auch, wenn er ohne Eingreifen des Rpflegers im Wege des Datenträgeraustauschs (§ 702 II) zustande kommt. Er ist zu datieren und zu unterzeichnen; ein Faksimilestempel genügt als Unterschrift (**II Alt 1**); bei maschinell erstellten Bescheiden wird die Unterschrift durch das mit ausgedruckte Gerichtssiegel ersetzt (§ 703b I). Ergeht der MB in elektron Form, genügt die einfache elektron Signatur (**II Alt 2**); wegen des fehlenden Unterschriftserfordernisses gilt § 130b für den elektron MB nicht. Zur Amtszustellung an den Ag und Benachrichtigung des ASt: s § 693 I, II. Eine nachträgl Berichtigung des MB ist mögl (sa § 690 Rn 5; § 699 Rn 12).

2 **II) Inhalt des Mahnbescheids. 1) Angaben im Mahnbescheids-Antrag (§ 692 I Nr 1).** In den MB werden die – ggf vom ASt ergänzten oder richtiggestellten – Angaben des MB-Antrags nach **§ 690 I Nr 1-5** übernommen (I Nr 1). Da die Formulare für den MB-Antrag und die gerichtl Verfügungen in einem einheitl Formularsatz zusammengefasst sind, vollzieht sich die Übernahme regelmäßig im Durchschreibeverf; beim Datenträgeraustausch durch Übernahme der eingespeisten Daten, die insgesamt den MB-Antrag bilden.

3 **2) Aufforderungen und Hinweise des Gerichts (§ 692 I Nr 2-6).** Hinzu kommen die nach I Nr 2-6 vorgeschriebenen (in das amtl Formular aufgenommenen) gerichtl Aufforderungen und Hinweise. Mangels Schlüssigkeitsprüfung im Mahnverf sind der Hinweis und die Aufforderung nach **I Nr 2 und 3 bes bedeutsam**; nach *ihnen soll der Ag in eigener Verantwortung* prüfen, ob und in welchem Umfang der erhobene Anspruch zu Recht besteht. Damit soll der Eindruck vermieden werden, das Gericht habe eine solche Prüfung vorgenommen und die Forderung als gerechtfertigt befunden. Dass Widerspruch auch veranlasst ist, wenn die ursprüngl be-

gründete Forderung infolge zwischenzeitl Zahlung nicht mehr besteht, ist nicht ausdrückl gesagt. Der Hinweis gem I Nr 2 gilt nicht für die Verfahrenskosten (s Rn 8). Die **Zahlungsaufforderung gem I Nr 3 ersetzt eine mat-rechtl erforderl Nachfristsetzung** (BGH MDR 87, 48 = NJW-RR 86, 1346 [für § 16 Nr 5 III VOB/B aF = § 16 V Nr 3 VOB/B nF]).

3) Widerspruchsfrist (§ 692 I Nr 3). Sie beträgt einheitl **2 Wochen**, im arbeitsgerichtl Mahnverf **1 Woche** 4
(**§ 46a III ArbGG**), bei Auslandszustellung in einem AVAG-Staat beträgt sie **1 Monat** (**§ 32 III AVAG**), in einem EU-Staat (dann „Einspruch") **30 Tage** (**Art 16 II EuMahnVO**). Zur Fristwahrung genügt der Eingang beim Gericht; nicht erforderl ist die Vorlage bei der Mahnabteilung innerhalb der Frist (BGH MDR 82, 557 = NJW 82, 888).

4) Amtliches Widerspruchsformular. Ist eingeführt (nicht maschinelle Bearbeitung: Anl 2 MahnVordruckVO; 5
maschinelle Bearbeitung: Anl 3 MaschMahnVordruckVO) und geht dem Ag mit dem MB zu; seine Benutzung ist (abw von § 703c) **nicht verpflichtend (I Nr 5: „soll")**. Für **RAe, registrierte Personen** nach § 10 I 1 Nr 1 RDG und **Kreditdienstleistungsinstitute** mit einer Erlaubnis nach § 10 I KrZwMG gilt davon abw nach § 702 II 2 ein **Benutzungszwang** (dazu § 702 Rn 6).

5) Hinweise nach § 692 I Nr 4 und 6. Sie unterrichten den Ag über das weitere Verf bei Einlegung und Unter- 6
lassung des Widerspruchs. In der Ausfertigung des MB wird er auch darüber belehrt, dass Zahlungen nicht an das Gericht, sondern nur an den ASt zu leisten sind (Empfehlung zur Angabe der Bankverbindung im MB-Antrag: MK/Schüler § 690 Rn 6) und nur dieser Ratenzahlung oder Zahlungsaufschub bewilligen kann. Durch die Hinweise gem I Nr 3-6 wird zugleich der Belehrungspflicht über den Widerspruch (§ 232 S 1) entsprochen (vgl BTDrs 17/10490, 18: I als lex specialis).

6) Auslandszustellung. Bei der Zustellung in einen AVAG-Staat bedarf es zusätzl der Aufforderung an den Ag, 7
für den Regelfall einen im Inland wohnenden Zustellungsbevollmächtigten (§ 184) zu benennen; es gelten die allg Vorschriften, Besonderheiten für das Auslandsmahnverf bestehen nicht. Zur Zustellung im EU-Bereich: s Art 13-15 EuMahnVO.

III) Kostenmitteilung (§ 692 I Nr 3). Zu den im Mahnverf anfallenden Geb des Gerichts, RA-(Rechtsbei- 8
stands-) und Zustellungsauslagen: s § 688 Rn 15. Parteikosten sind zB Porti für die Übersendung des ausgefüllten MB-Formulars an das Gericht sowie Auslagen für die Formularbeschaffung, nicht aber vorgerichtl Kosten (zB Ermittlungs-, Beitreibungs-, sonstige Fremdkosten: AG Bonn Rpfleger 82, 71, 72). Zum (vollen) Prüfungsrecht des Rpflegers: s § 691 Rn 3 aE. Es handelt sich um eine (vereinf) Kostenfestsetzung; **Rechtsbehelf** des ASt bei Nichtberücksichtigung angemeldeter Kosten: sof Beschwerde nach § 104 III 1, § 11 I RPflG; über die sof Beschwerde ist der ASt zu belehren (wie § 699 Rn 19). Genießt der ASt Kostenfreiheit (§ 2 GKG) oder ist ihm PKH bewilligt worden, kann zwar Kostenerstattung gem I Nr 3 nicht verlangt werden; in diesem Fall ist aber eine Kostengrundentscheidung zu Lasten des Ag in den MB aufzunehmen (so Hofmann Rpfleger 82, 325, 327; MK/Schüler vor § 688 Rn 45; iE str).

IV) Gebühren. S § 688 Rn 15. Geb für die Prüfung des Zustellungsersuchens ins Ausland (Rn 7): § 4 I JVKostG iVm 1320 9
JVKostG-KV (15-55 Euro); idR 30 Euro (§ 75 II 1 ZRHO). Diese Prüfgeb sowie die Kosten für die Übersetzung sind gerichtl Auslagen.

§ 693 Zustellung des Mahnbescheids

(1) Der Mahnbescheid wird dem Antragsgegner zugestellt.

(2) Die Geschäftsstelle setzt den Antragsteller von der Zustellung des Mahnbescheids in Kenntnis.

I) Regelungsinhalt. Nach § 693 ist der MB dem Ag zuzustellen (I) und der ASt davon in Kenntnis zu setzen 1
(II). Gem § 693 II aF wurde die **Wirkung der Zustellung des MB** auf den Zeitpunkt der Einreichung des MB-Antrags zurückbezogen. An seine Stelle ist **§ 167** als **allg Norm** getreten. Hinsichtl der MB-Zustellung sind die **prozessrechtl Wirkungen** (iE s Rn 4) von den **mat-rechtl Wirkungen** (iE Rn 5 ff; insb Hemmung der Verjährung [§ 204 I Nr 3 BGB]) zu unterscheiden.

II) Zustellung des Mahnbescheids. 1) Antragsgegner (§ 693 I). Ihm wird eine begl Abschrift (§ 169 II) des 2
MB **vAw zugestellt** (I). Zur Unzulässigkeit der öffentl Zustellung: s § 688 II Nr 3. Zur Zustellung im Ausland mit Ausnahme der Übk-Staaten: s § 688 III iVm §§ 1, 32 AVAG. Ausführung der Zustellung: §§ 166 ff, ohne § 172 (sa § 690 Rn 10); für Angehörige der Stationierungsstreitkräfte gilt Art 32 Zusatzabk zum NATO-Truppenstatut (BGBl II 61, 1183, 1218), in den Übk-Staaten gilt bes Vertragsrecht bzw ZRHO (iE s § 183 Rn 7 ff). Erst mit der Zustellung wird der MB wirksam (LG Oldenburg Rpfleger 83, 117, 118). Eine dem (Original des) MB beigefügte **Anlage** muss mit zugestellt werden (BGH MDR 95, 844 = NJW 95, 2230, 2231; sa § 690 Rn 13; zur maschinellen Bearbeitung gem § 702 II: s § 690 Rn 13, 24 mwN). Eine fehlerhafte Zustellung ist vAw zu wiederholen, wenn nicht feststeht, dass der Ag den MB erhalten hat (dann Heilung nach § 189); andernfalls

kommt eine Amtshaftung in Betracht (BGH MDR 90, 32 = NJW 90, 176). Eine Entscheidung über die Heilung von Zustellungsmängeln im Mahnverf nach § 189 oder § 295 ist erst im Streitverf mögl.

3 **2) Antragsteller (§ 693 II).** Er (sein ProzBev: § 172) wird von der erfolgten Zustellung **formlos benachrichtigt** (II). Dabei ist ihm der Zeitpunkt der Zustellung mitzuteilen, damit er die Widerspruchsfrist berechnen und beurteilen kann, ab wann Antrag auf Erlass des VB gestellt werden darf (§ 699 I 2) und bis wann dieser spätestens gestellt werden muss, damit der MB nicht seine Wirkung verliert (§ 701 S 1: 6-Monatsfrist ab Zustellung). Dem ASt ist auch Mitteilung zu machen, wenn der MB unter der angegebenen Anschrift nicht zugestellt werden kann, damit er für die richtige sorgen kann (BGH MDR 90, 32 = NJW 90, 176, 177). Wenn sich herausstellt, dass sich der Ag im nicht von § 688 III erfassten Ausland aufhält oder wenn er endgültig nicht aufzufinden ist, ist wegen der Unzulässigkeit öffentl Zustellung (§ 688 II Nr 3) das Mahnverf nicht durchführbar (sa § 688 Rn 8 mwN).

4 **III) Rechtswirkungen der Zustellung des Mahnbescheids. 1) Prozessrechtliche Wirkungen. a)** Die **Anhängigkeit** im Mahnverf tritt nicht erst mit wirksamer Zustellung des MB (so aber OLG Frankfurt NJW 93, 2448, 2449), sondern bereits mit der **Einreichung des MB-Antrags** ein (vgl BVerfG NJW 2017, 318 Tz 18; BGH MDR 99, 1460 = NJW 99, 3717, 3718; MK/Schüler vor § 688 Rn 18; MskV/Voit Rn 3). – **b)** Die (zwar erst später eintretende, jedoch ggf nach § 696 III zurückzubeziehende) **Rechtshängigkeit** wird auf den Zeitpunkt der **Zustellung des MB zurückbezogen**, wenn die Streitsache „alsbald" (wie „demnächst" bei § 167: s § 696 Rn 8) nach Erhebung des Widerspruchs abgegeben wird (§ 696 III, § 700 II; iE § 696 Rn 8, § 700 Rn 1).

5 **2) Materiell-rechtliche Wirkungen. a)** Die Zustellung des MB bewirkt den **Eintritt des Verzugs** (§ 286 I 2 BGB).

6 **b)** Sie führt zudem zur **Verjährungshemmung** (§ 204 I Nr 3 BGB; dazu Klose MDR 2010, 11; Pioch MDR 2016, 863; Schultz NJW 2014, 827), wenn für den Sch der Rechtsverfolgungswille des Gl erkennbar ist, also auch dann, wenn der Mahnantrag nicht handschriftl unterzeichnet (§ 690 II) oder sonst unzulässig ist (vgl BGH MDR 96, 932 = NJW 96, 2152, 2153; BGH MDR 99, 1460 = NJW 99, 3717, 3718; allg BGH MDR 2014, 454 = NJW 2014, 920 Tz 21), (auch schuldhaft) unrichtige Angaben (zB gem § 690 I Nr 4) enthält (BGH MDR 2015, 969 = NJW 2015, 3160 Tz 16, 24 [Grenze: § 242 BGB]; zum Vorsatz sogleich unten) oder mit Ausnahme der Aktiv- und Passivlegitimation unbegründet war (BGH MDR 2007, 1006 = NJW 2007, 1952 Tz 43 mwN); **nicht** aber, wenn der MB individualisierbare Ansprüche nicht erkennen lässt (vgl BGH MDR 2022, 1300 Tz 27 mwN; iE s § 690 Rn 12 f). Hat der ASt die Zustellung des MB durch **bewusste Falschangaben** (zB zu § 688 II Nr 2, § 690 I Nr 4) erschlichen, ist die Berufung auf den Eintritt der Verjährungshemmung idR rechtsmissbräuchl (§ 242 BGB; iE BGH MDR 2015, 969 = NJW 2015, 3160 Tz 24, 34; BGH MDR 2015, 969 LS = NJW 2015, 3162 Tz 18).

7 **aa)** Über den **Umfang der Verjährungshemmung** entscheidet nach hM der Streitgegenstand des Mahnverf (sa § 690 Rn 12 mwN), der über den im MB bezeichneten mat-rechtl Anspruch hinausgehen kann (§ 213 BGB; vgl BGH MDR 2015, 27 = NJW 2015, 236 Tz 145 mwN; bedenkl daher BGH MDR 92, 554 = NJW 92, 1111 [MB-Antrag „Schadensersatzanspruch wegen Nichterfüllung" soll nicht den betragsgleichen Erfüllungsanspruch hemmen]; BGH MDR 2009, 14 = NJW-RR 2009, 544 [MB „Schadensersatz wegen Beratungsverschuldens" soll nicht den sich aus der Rückabwicklung ergebenden Bereicherungsanspruch hemmen]). Nach der Rspr soll bei **fehlender (ungenügender) Individualisierung** auch dann keine Verjährungshemmung eintreten, wenn der MB (entgegen § 691 I 1 Nr 1 iVm § 690 I Nr 3) erlassen worden ist (vgl BGH MDR 2009, 215 = NJW 2009, 56 Tz 18 ff; BGH MDR 2009, 14 = NJW-RR 2009, 544 Tz 18 ff mwN); dies führt zu erhebl Rechtsverlusten, da im Streitverf die Verjährung idR eingetreten ist (sa E. Schneider NJW 98, 356, 357 mwN [„Haftungsfalle", Empfehlung: gleich Klage einreichen]; StJ/Berger § 690 Rn 11 [Verwischung zum Streitverf und Verringerung der Vorteile des Mahnverf]). Diese Rspr ist daher bedenkl (s aber die „Auflockerungstendenzen" in BGH MDR 2011, 123 = NJW 2011, 613; BGH MDR 2010, 1097 = NJW-RR 2010, 1455). Nach der Zustellung des MB eingereichte **Klageerweitungs-/Widerklageschriftsätze** hemmen die Verjährung bezogen auf den Einreichungszeitpunkt, wenn die Mahnsache alsbald gem § 696 III abgegeben wurde und die Erweiterungsschriftsätze etc gem § 167 auch demnächst zugestellt wurden (vgl BGH NJW 88, 1980). Zur Verjährungshemmung beim **Geltendmachen eines fremden Rechts:** BGH MDR 2005, 442 = NJW-RR 2005, 504 f mwN; durch den Zedenten bei stiller Sicherungszession: BGH MDR 78, 381 = NJW 78, 698; OLG Düsseldorf NJW-RR 93, 1327.

8 **bb) Dauer der Verjährungshemmung:** § 204 II BGB; bei Zurückweisung des Mahnantrags gilt § 691 II. Der **Beginn der Verjährungshemmung** (§ 204 I Nr 3 BGB) wird gem § 167 **auf den Zeitpunkt des Eingangs des MB-Antrags zurückbezogen**, wenn der MB „demnächst" zugestellt wird (allg zu § 167: BGH MDR 2009, 1350 = NJW 2010, 222 Tz 14 ff mwN). Zum Begriff des Eingangs: s § 167 Rn 5. Zur Fristwahrung bedarf es nicht der Entgegennahme durch einen hierzu befugten Beamten: s BVerfG MDR 80, 117 = NJW 80, 580. Die *Heilung von Zustellungsmängeln* (§ 189) ist auch bei der Verjährungshemmung zu beachten (BGH MDR 2010, 646 = NJW-RR 2010, 1438 Tz 15 f). Durch die Zustellung der *Anspruchsbegründung im Streitverf* kann eine *rückwirkende Heilung* bei (unverschuldet) unwirksamer Zustellung des MB eintreten (zur Zustellung der Anspruchsbegründung „demnächst": BGH MDR 95, 844 = NJW 95, 2230, 2231). Die **Verjährungshemmung endet** bei *Nichtzahlung des weiteren Gebührenvorschusses* 6 Monate nach der Mitteilung über den Widerspruch und (weiterer) Gebührenanforderung durch das Gericht und allg durch **Nichtbetreiben des Verf** (§ 204 II 2 BGB nF [= § 204 II 3 BGB aF]; vgl BGH MDR 95, 1059 = NJW-RR 95, 1336); maßgebender Zeitpunkt: letzte Verf-

Handlung. Ob es zu einer alsbaldigen Abgabe iSv § 696 III kommt, ist für die Hemmung ohne Bedeutung (BGH MDR 96, 932 = NJW 96, 2152; anders bei ges Ausschlussfristen: s § 696 Rn 9). Durch **Fortsetzung des Mahnverf** beginnt eine **neue Hemmung** der Verjährung (§ 204 II 3 BGB nF [= § 204 II 4 BGB aF]; **zeitl Grenze:** 6 Monate [vgl § 701], sa § 701 Rn 5). Bsp: Zahlung der weiteren Gebühren bei § 696 I 2; erstmaliges Stellen des Streitantrags. Die **Rücknahme des Mahnantrags** lässt die eingetretene Hemmung bestehen; diese endet dann 6 Monate nach der Rücknahme (§ 204 II 1 BGB) (iE s § 690 Rn 26 aE; ausf zu § 204 II BGB: Seibel MDR 2015, 491). Zum **Wegfall der Wirkungen des MB (§ 701):** s § 701 Rn 5.

c) Ob allein durch die Zustellung eines MB eine **(Ausschluss-)Frist gewahrt** wird oder zudem der Eintritt der Rechtshängigkeit (zB § 696 III) erforderl ist, hängt von der Art der jew (mat-rechtl oder prozessualen) Frist ab (vgl BGH MDR 73, 569 = NJW 73, 248 einerseits; OLGR Düsseldorf 2004, 73, 74 andererseits; sa § 696 Rn 9). Die durch MB-Antrag oder Zustellung des MB bereits begründete Anhängigkeit einer Mehrforderung des Auftragnehmers im Mahnverf macht dessen Vorbehalt bei der Annahme einer späteren „Schlusszahlung" des Auftraggebers (**§ 16 III Nr 2 VOB/B**) entbehrl (vgl BGH MDR 77, 486 = NJW 77, 531 [zu § 16 VOB/B aF]). 9

IV) Gebühren des Gerichts. Wegen der Vorauszahlungspflicht s § 688 Rn 15. 10

§ 694 Widerspruch gegen den Mahnbescheid

(1) Der Antragsgegner kann gegen den Anspruch oder einen Teil des Anspruchs bei dem Gericht, das den Mahnbescheid erlassen hat, schriftlich Widerspruch erheben, solange der Vollstreckungsbescheid nicht verfügt ist.

(2) [1]Ein verspäteter Widerspruch wird als Einspruch behandelt. [2]Dies ist dem Antragsgegner, der den Widerspruch erhoben hat, mitzuteilen.

I) Allgemeines; Beschränkung des Widerspruchs. Gegen den **MB** ist **nur Widerspruch** gegeben, keine Rechtspflegererinnerung (§ 11 III 2 RPflG). Der Widerspruch gegen den MB ist eine beim zust Gericht anzubringende Prozesshandlung, die auch mat-rechtl Wirkungen entfalten kann (BGH MDR 83, 1015 = NJW 83, 2699, 2700); er kann zugleich Widerruf iSv §§ 495, 355 BGB sein (BGH MDR 96, 890 = NJW 96, 2156, 2158) oder die Voraussetzungen für eine mat-rechtl Anspruchszurückweisung erfüllen (BGH MDR 83, 1015 = NJW 83, 2699, 2700); Bsp: Leistungszurückweisung des Versicherers gem § 15 VVG (vgl OLG Köln NJW-RR 2003, 890 [§ 12 II VVG aF]). Die **Person des Widerspruchsführers** ist ggf durch **Auslegung** zu ermitteln, bei verbleibenden Zweifeln durch Rückfrage (BGH MDR 90, 145 = NJW-RR 89, 1403). Der **Widerspruch** kann sich gegen die **gesamte Forderung** des ASt richten oder auf einen **abtrennbaren Teil beschränkt** werden (**I Hs 1**; sa Rn 9), auch auf Nebenforderungen, zB die behaupteten vorgerichtl Auslagen oder den geforderten Zinssatz. Er kann auch unter Anerkennung des geltend gemachten Anspruchs ledigl auf die **Kosten** beschränkt werden mit der Begründung, dass zur gerichtl Geltendmachung der Forderung kein Anlass bestanden habe (BGH MDR 2005, 287 LS = NJW 2005, 512, 513 [Kosten nach Rücknahme des MB-Antrags]; OLG Koblenz JurBüro 95, 323); unter dieser Voraussetzung ist § 93 anwendbar (OLG Schleswig MDR 2006, 228 [zust Sonnentag MDR 2006, 188]; OLG Naumburg NJOZ 2011, 1937; sa § 91a Rn 58.27; § 93 Rn 6.33). Wert: MB-Kosten (LG Bielefeld ZIP 2005, 1095; MK/Schüler Rn 18). Der Widerspruch gegen einen Urkunden-(Wechsel-, Scheck-)MB kann auf den Antrag nach § 703a II Nr 4 beschränkt werden. Ein Widerspruch ist auch angebracht, wenn die geltend gemachte Forderung wegen zwischenzeitl Zahlung nicht mehr besteht (sa § 700 Rn 10). Soll ledigl die rechtl Einordnung der Forderung (zB gem § 850f II) korrigiert werden, ist ein Widerspruch nicht erforderl (vgl BGH MDR 2016, 851 = NJW 2016, 1663 Tz 14 mwN); Grund: fehlende Bindung (dazu § 700 Rn 16). Im Hinblick auf die Auswirkungen einer Titulierung gem § 850f II für die ZwV ist der auf den Rechtsgrund beschränkte Widerspruch aber zulässig (arg § 175 II, § 302 Nr 1 InsO; sa BGH MDR 2009, 467 = NJW 2009, 1280 Tz 12). 1

II) Form und Inhalt des Widerspruchs. 1) Schriftform nach § 694 I. Formulierungsvorschläge: Vorwerk/Riedel, PFB, M 8.3-8.5 (Gesamt- und Teilwiderspruch). Der Ag kann sich des eingeführten amtl Vordrucks bedienen (sa § 692 Rn 5), es sei denn, sein Widerspruch richtet sich gegen einen nach dem Zusatzabk zum NATO-Truppenstatut oder im Ausland zugestellten MB (§ 1 I 2 MahnVordruckVO). Er kann den Widerspruch auch mit einem selbst formulierten Schreiben erheben. Der Ausdruck „Widerspruch" muss nicht verwendet werden (vgl OLG München OLGZ 83, 324, 325 [Bezeichnung als „Einspruch" unschädl]). Die von der Rspr bei bestimmenden Schriftsätzen verlangte eigenhändige Unterschrift (vgl BGH MDR 84, 1003 = NJW 84, 2890) ist nicht erforderl, denn diese wird aus dem dem Mahnverf fremden (sa § 702 Rn 1) Anwaltszwang oder aus der Anwaltsvertretung hergeleitet (vgl BGH MDR 85, 222 = NJW 85, 328; BVerfG NJW 63, 755 – jew mwN). Es genügt daher, dass bei der Einreichung eines nicht unterschriebenen Widerspruchsvordrucks kein ernstl Zweifel daran besteht, dass ihn der Ag ausgefüllt hat (ebenso OLG Oldenburg MDR 79, 588; Hk-ZPO/Gierl Rn 6; MK/Schüler Rn 10; MskV/Voit Rn 2; aA LG Hamburg NJW 86, 1997, 1998 f; LG München II MDR 87, 504 = NJW 87, 1340 [Einreichung durch Bevollm]; offen gelassen BGH MDR 87, 930 = NJW 87, 2588, 2

2589). Auch eine Einlegung durch Telegramm, Fernschreiben, (Computer-)Fax oder eMail ist mögl (allg dazu BGH MDR 86, 846 = NJW 86, 1759; BGH MDR 2000, 1089 = NJW 2000, 2340; sa § 700 Rn 5; § 702 Rn 1). Der Widerspruch unterliegt der **Auslegung**, ferner der **Umdeutung** (§ 140 BGB entspr; sa Rn 6, 10); **Bsp:** Bei MB gegen die (vermögenslose) GmbH und den GF als Gesamtsch wird Widerspruch vom GF zweimal für die GmbH eingelegt: Der zweite Widerspruch ist als solcher des GF persönl zu behandeln, da sonst sinnlos (sa BGH MDR 2000, 1092 = NJW 2000, 3216, 3217 f). Bei passiver Streitgenossenschaft (sa § 690 Rn 7) kann der Widerspruch zugleich in Vertretung für einen anderen Streitgenossen eingelegt werden (§ 703 S 2 ist zu beachten, außer zB bei § 62 I), dgl für ihn als (behaupteter) NI. Bsp: Widerspruch des Haftpflichtversicherers zugleich für den Schädiger/Versicherungsnehmer; ggf Auslegungsfrage (beachte: AKB § 7 V, § 10 V).

3 **2) Erklärung gegenüber dem Urkundbeamten der Geschäftsstelle.** Der Ag kann den Widerspruch auch ggü dem UdG des für das Mahnverf zust oder eines anderen AG (§ 129a) erklären (dazu § 702 Rn 2).

4 **3) Weiteres zum Inhalt des Widerspruchs.** Mit dem Widerspruch kann der **Antrag auf Durchführung des str Verf** (§ 696 I 1) verbunden werden. **Formulierungsvorschlag:** Vorwerk/Riedel, PFB, M 8.4 (Gesamtwiderspruch mit Abgabeantrag). Bei Widerspruchseinlegung durch einen Bevollm hat dieser seine **ordnungsgem Bevollmächtigung zu versichern** (§ 703 S 2). **Begründung des Widerspruchs** ist nicht vorgeschrieben, aber nützlich, damit der ASt in der Anspruchsbegründung (§ 697 I) schon auf die Einwendungen des Ag eingehen kann. Ist nach dem Inhalt eines bei Gericht eingegangenen Schreibens zweifelhaft, ob mit ihm Widerspruch beabsichtigt ist (zB Erklärung der Zahlungsunfähigkeit, Stundungsverlangen) oder durch wen, ist das Gewollte aufzuklären (vgl BGH MDR 90, 145 = NJW-RR 89, 1403). Dem Widerspruch soll die nach der Zahl der ASt **erforderl Anzahl von Abschriften** beigefügt werden (§ 695 S 3); bei der Verwendung des amtl Formulars kann das ihm angefügte Zweitblatt als Abschrift eingereicht werden. Die Zulässigkeit des Widerspruchs hängt aber nicht davon ab, dass § 695 S 3 beachtet wird; noch erforderl Abschriften werden ggf auf Kosten des Ag vom Gericht hergestellt (9000 GKG-KV).

5 **4) Zeitliche Geltung.** Der **Widerspruch ist erhoben**, sobald das ihn enthaltende Schriftstück in den Machtbereich des Gerichts gelangt ist (BGH MDR 82, 557 = NJW 82, 888). Zur **Rücknahme des Widerspruchs:** s Rn 12.

6 **III) „Widerspruchsfrist".** Diese beträgt **2 Wochen** ab Zustellung (§ 692 I Nr 3); wenn der MB in einem **AVAG-Staat** zugestellt wurde, beträgt sie 1 Monat (§ 32 III AVAG); die Frist für den Einspruch gegen den **EuZB** beträgt 30 Tage (Art 16 II EuMahnVO). Im **arbeitsgerichtl Mahnverf** beträgt die Widerspruchsfrist 1 Woche (§ 46a III ArbGG). Fristberechnung: § 222 iVm § 187 BGB. Die Frist ist keine Ausschlussfrist; auch nach ihrem Ablauf kann Widerspruch noch eingelegt werden, solange der VB vom Rpfleger nicht verfügt und vom GeschSt-Beamten noch nicht in den Geschäftsgang gegeben worden ist (BGH MDR 83, 224 = NJW 83, 633; OLG Brandenburg NJW-RR 98, 1286, 1287). Geht der **Widerspruch** erst danach ein, wird er **als Einspruch gegen den VB behandelt (II 1)**, sofern er den notw Anforderungen (zur Form: s § 700 Rn 5) genügt. Die **Umdeutung** erfolgt auch, wenn **fälschlicherweise VB erlassen** wurde, obwohl bereits Widerspruch eingelegt worden war (vgl BGH MDR 83, 224 = NJW 83, 633; sa Rn 10). Die Behandlung als Einspruch ist **dem Ag mitzuteilen (II 2)**, damit er, wenn ein str Verf (§ 700 III) nicht beabsichtigt war, den zum Einspruch gewordenen Widerspruch zurücknehmen kann. Die **Zustellung des MB** ist wesentl Voraussetzung des Widerspruchs; fehlt sie, findet trotz eines „Widerspruchs" Abgabe ins str Verf nicht statt (LG Oldenburg Rpfleger 83, 117); kommt es später noch zur Zustellung des MB, wird der Widerspruch wirksam (Fischer MDR 98, 885, 886; MK/Schüler Rn 5).

7 **IV) Mitteilung an Antragsteller.** Von der Erhebung des Widerspruchs ist der **ASt zu verständigen**, zweckmäßig unter Übersendung einer Abschrift. Dabei ist der Zeitpunkt des Eingangs mitzuteilen (§ 695 S 1), weil der Eintritt der Rechtshängigkeit nur dann gem § 696 III auf den Zeitpunkt der Zustellung des MB zurückzubeziehen ist, wenn die von einem Antrag abhängige Abgabe ins Streitverf (§ 696 I 1) der Erhebung des Widerspruchs „alsbald" (wie „demnächst" bei § 167: s § 696 Rn 8) nachfolgt. Auch die verspätete Einlegung des Widerspruchs und dessen Umdeutung in einen Einspruch ist dem ASt mitzuteilen, damit er sich auf das Streitverf (§ 700 III 1) einstellen kann.

8 **V) Wirkung des rechtzeitigen Widerspruchs. 1) Unbeschränkter Widerspruch.** Der vor Erteilung des VB, also rechtzeitig (s BGH MDR 82, 557 = NJW 82, 888; zum verspätet eingelegten Widerspruch: s Rn 6), uneingeschränkt eingelegte Widerspruch hat zur Folge, dass ein **VB nicht mehr erlassen** werden kann. Der Widerspruch eines **notw Streitgenossen** (§ 62) hindert die Erteilung des VB auch gegen die anderen. Das Verf kann nur dann seinen Fortgang nehmen, wenn von einer der Parteien ein Antrag auf Durchführung des str Verf (§ 696 I 1) gestellt wird. Geschieht das nicht, kommt das Mahnverf zum Stillstand (vgl BGH NJW-RR 92, 1021); die Akten werden dann nach 6 Monaten weggelegt (s zB § 7 III e), VI AktenO NRW).

9 **2) Beschränkter Widerspruch.** Wurde der Widerspruch **auf einen abtrennbaren Teil des Anspruchs beschränkt** (sa Rn 1), kann wegen des Rests VB ergehen (sa § 699 Rn 9). Bei gem § 703a II Nr 4 beschränktem Widerspruch gegen einen Urkunden-(Wechsel-, Scheck-)MB ist VB unter entspr Vorbehalt zu erteilen (sa *§ 703a Rn 8). Bei* ***unklarem Teilwiderspruch*** muss der Rpfleger dem Ag Gelegenheit zur Klarstellung geben (§ 139; BGH MDR 83, 224 = NJW 83, 633 f); bis zur Klarstellung ist der Widerspruch als unbeschränkt eingelegt zu betrachten (BGH MDR 83, 224 = NJW 83, 633 f; OLGR Düsseldorf 2002, 171). Der Teilwiderspruch

kann mit einem **Anerkenntnis iÜ** verbunden werden (Auslegungsfrage: LG Augsburg NJW-RR 2002, 360; wichtig für § 93 [insb bei Kostenwiderspruch] u ferner § 212 I Nr 1 BGB).

3) Inkorrektes Verfahren. Ergeht VB, obwohl Widerspruch eingelegt worden ist (Bsp: Rpfleger behandelt unklaren Teilwiderspruch entgegen Rn 9 nicht als unbeschränkten Widerspruch und erlässt beschränkten VB), gilt der **Widerspruch als Einspruch** (BGH MDR 83, 224 = NJW 83, 633 f; OLGR Frankfurt 1997, 60; OLGR Düsseldorf 2002, 171; sa Rn 6). Die **Beweislast** für die Rechtzeitigkeit des Widerspruchs trägt der Bekl/Ag (vgl BGH MDR 82, 557 = NJW 82, 888, 889; sa BVerfG NJW 98, 2044, 2045 [zT einschr bei Verlust im Gerichtsbereich]). **Einstw Einstellung der ZwV** bei inkorrektem VB: s §§ 719, 707 (dazu auch OLGR Düsseldorf 2002, 171). 10

VI) Rücknahme des Widerspruchs; Verzicht etc. 1) Vor Abgabe. Der Ag kann den eingelegten Widerspruch in den zeitl Grenzen des § 697 IV 1 zurücknehmen. Die Rücknahme bewirkt, dass der MB wieder Grundlage eines VB sein kann (OLG Hamm JurBüro 89, 195; Fischer MDR 94, 124). Wird der Widerspruch **vor Abgabe ins str Verf** (§ 696 I) – mit der das Mahnverf erst endet (sa § 696 Rn 7) – zurückgenommen, gelten keine verfahrensmäßigen Besonderheiten. Einzelheiten zu den Erklärungsformen und den Folgen der Rücknahme: s § 697 Rn 11, 12. 11

2) Nach Abgabe. Gem § 697 IV 1 kann der Ag den eingelegten Widerspruch trotz eingetretener Rechtshängigkeit auch noch **nach Abgabe ins str Verf** zurücknehmen, solange er noch nicht zur Hauptsache verhandelt hat und gegen ihn noch kein VU ergangen ist. IE s § 697 Rn 11. 12

3) Verzicht. Nach Zustellung des MB kann analog §§ 346, 515 auf den Widerspruch verzichtet werden (ThP/Hüßtege Rn 7 [ab Erlass]; weiter gehend StJ/Berger Rn 11 [auch schon vorher]; abl MK/Schüler Rn 22 [kein Bedürfnis]). Auch der Verzicht eröffnet den Weg zum VB (sa § 699 Rn 7). 13

4) Rücknahme des Mahnbescheids-Antrags. Wenn der ASt nach Einlegung des Widerspruchs den Mahnantrag zurücknimmt, **verliert der MB entspr § 269 III 1 seine Wirkung** (sa § 690 Rn 26), so dass der gegen ihn gerichtete Widerspruch gegenstandslos wird; zur Kostenfolge: s § 690 Rn 26. 14

VII) Gebühren. S § 688 Rn 15. Weitere Geb entstehen erst mit Antrag auf Durchführung des str Verfahrens, s § 696 Rn 18. Wird der verspätete Widerspruch als Einspruch behandelt (II), gilt § 700 Rn 18. 15

§ 695 Mitteilung des Widerspruchs; Abschriften

[1]Das Gericht hat den Antragsteller von dem Widerspruch und dem Zeitpunkt seiner Erhebung in Kenntnis zu setzen. [2]Gleichzeitig belehrt es ihn über die Folgen des § 697 Absatz 2 Satz 2. [3]Wird das Mahnverfahren nicht maschinell bearbeitet, so soll der Antragsgegner die erforderliche Zahl von Abschriften mit dem Widerspruch einreichen.

Zur Mitteilung der Widerspruchseinlegung an den ASt (**S 1**): s § 694 Rn 7. Nach **S 2** ist der ASt gleichzeitig darüber zu belehren, dass die Klage als zurückgenommen gilt, soweit der Antrag in der Anspruchsbegründung hinter dem Mahnantrag zurückbleibt (Folge von § 697 II 2; s § 697 Rn 9 aE). Zur Einreichung der erforderl Anzahl von Abschriften des Widerspruchs durch den Ag (**S 3**): s § 694 Rn 4. Soweit dem Widerspruch die Bedeutung einer mat-rechtl Anspruchszurückweisung zukommt, tritt diese Wirkung ein, sobald der ASt von dem Widerspruch in Kenntnis gesetzt wird (vgl BGH MDR 83, 1015 = NJW 83, 2699, 2700). Bei nachfolgendem Verfahrensstillstand ist die Widerspruchsmitteilung die letzte Prozesshandlung des Gerichts gem § 204 II 2 BGB nF (= § 204 II 3 BGB aF); maßgebend ist der Zeitpunkt des Zugangs beim ASt (BGH MDR 97, 628 = NJW 97, 1777 f; BGH NJW-RR 98, 954). 1

§ 696 Verfahren nach Widerspruch

(1) [1]Wird rechtzeitig Widerspruch erhoben und beantragt eine Partei die Durchführung des streitigen Verfahrens, so gibt das Gericht, das den Mahnbescheid erlassen hat, den Rechtsstreit von Amts wegen an das Gericht ab, das in dem Mahnbescheid gemäß § 692 Abs. 1 Nr. 1 bezeichnet worden ist, wenn die Parteien übereinstimmend die Abgabe an ein anderes Gericht verlangen, an dieses. [2]Der Antrag kann in den Antrag auf Erlass des Mahnbescheids aufgenommen werden. [3]Die Abgabe ist den Parteien mitzuteilen; sie ist nicht anfechtbar. [4]Mit Eingang der Akten bei dem Gericht, an das er abgegeben wird, gilt der Rechtsstreit als dort anhängig. [5]§ 281 Abs. 3 Satz 1 gilt entsprechend.

(2) [1]Ist das Mahnverfahren maschinell bearbeitet worden, so tritt, sofern die Akte nicht elektronisch übermittelt wird, an die Stelle der Akten ein maschinell erstellter Aktenausdruck. [2]Für diesen gelten die Vorschriften über die Beweiskraft öffentlicher Urkunden entsprechend. [3]§ 298 findet keine Anwendung.

(3) Die Streitsache gilt als mit Zustellung des Mahnbescheids rechtshängig geworden, wenn sie alsbald nach der Erhebung des Widerspruchs abgegeben wird.

(4) [1]Der Antrag auf Durchführung des streitigen Verfahrens kann bis zum Beginn der mündlichen Verhandlung des Antragsgegners zur Hauptsache zurückgenommen werden. [2]Die Zurücknahme kann vor der Geschäftsstelle zu Protokoll erklärt werden. [3]Mit der Zurücknahme ist die Streitsache als nicht rechtshängig geworden anzusehen.

(5) Das Gericht, an das der Rechtsstreit abgegeben ist, ist hierdurch in seiner Zuständigkeit nicht gebunden.

1 **I) Streitantrag (§ 696 I). 1) Stellung.** Der rechtzeitige Widerspruch hat zur Folge, dass kein VB mehr erteilt werden kann (Ausnahme: § 703a II Nr 4). Er leitet aber nicht ohne Weiteres ins str Verf über. Hierzu bedarf es idR (s unten) eines ausdrückl Antrags auf Durchführung des str Verf (**Streitantrag**), der sowohl dem ASt als auch dem Ag des Mahnverf offensteht (**I 1:** „eine Partei"). **Formulierungsvorschlag:** Vorwerk/Riedel, PFB, M 8.6 (Abgabeantrag). Der ASt kann den Streitantrag stellen, sobald er von der Widerspruchseinlegung erfährt (§ 695), oder ihn vorsorgl schon mit dem Mahnantrag verbinden (**I 2**), was idR auch geschieht (vgl BGH MDR 2010, 585). Der Ag kann zusammen mit dem Widerspruch oder gesondert die Durchführung des str Verf beantragen. Der Antrag kann schriftl gestellt oder mündl beim UdG, auch dem eines anderen AG (§ 129a), angebracht werden (§ 702). Ein PKH-Antrag für das str Verf genügt als „konkludenter" Antrag (OLG Hamm MDR 2014, 617); die Einzahlung der vollen VerfGeb idR hingegen nicht (sa Rn 6; vgl OLG München MDR 97, 890; anders bei ausdr gerichtl Hinweis, dass die Zahlung des Kostenvorschusses als Streitantrag gewertet wird: OLG Karlsruhe Rpfleger 2015, 566, 567). Wer den Antrag als Bevollm stellt, hat seine ordnungsgem Bevollm zu versichern (§ 703).

2 **2) Rücknahme des Streitantrags (§ 696 IV) und Antragsbeschränkung etc. a) Allgemeines.** Der Streitantrag kann über die Abgabe ins str Verf (**I 1**) hinaus bis zum Beginn der mündl Verh des Ag (Antragstellung: § 137 I) zur Hauptsache **zurückgenommen** werden (**IV 1**; Ausnahme: s Rn 4). Erklärt der ASt nach der Einlegung des Widerspruchs (auch teilw: vgl München MDR 92, 187; MK/Schüler Rn 22; offen OLG Düsseldorf NJW-RR 97, 704) und vor der mündl Verh die Hauptsache **einseitig für erledigt**, liegt darin idR die Rücknahme des Streitantrags (OLG Köln Rpfleger 82, 158; OLG Köln JurBüro 88, 616, 617; Jooß JR 2010, 507, 511 mwN; MK/Schüler Rn 25, str; aA OLG Nürnberg NJW-RR 87, 1278; OLG Bamberg JurBüro 92, 762; OLG München NJW-RR 96, 956, 957 mwN; Fischer MDR 94, 124, 125 f), bei **teilw Erledigungserklärung** eine entspr Beschränkung (BayObLG MDR 2003, 829; OLG Stuttgart MDR 84, 673; OLGR München 2003, 395; iÜ sa § 91a Rn 58.27); für die **übereinstimmende Erledigungserklärung** gilt dies nicht ohne Weiteres (MskV/Voit Rn 5 mwN). Die Rücknahme (IV 1) kann vor der GeschSt zu Protokoll erklärt werden (IV 2), weshalb für diese beim LG **kein Anwaltszwang** besteht (IV 2 iVm § 78 III), auch nicht für die zugleich erklärte sog Klagerücknahme (zur isolierten Klagerücknahme: s diese Rn aE) und den Kostenantrag entspr § 269 III 2 (LG Essen JZ 80, 237; sa MskV/Voit Rn 5 aE; aA MK/Schüler Rn 26). Die **Rücknahme** des **vom Antragsteller** des Mahnverf gestellten Streitantrags **enthält nicht die Rücknahme des Mahnantrags** (OLG Stuttgart MDR 90, 557; ThP/Hüßtege Rn 14; Fischer MDR 94, 124, 125; Wolf NJW 2003, 553, 558); von der Klagerücknahme unterscheidet sich die Rücknahme des Streitantrags (trotz **IV 3**) dadurch, dass sie nicht zu einer endgültigen Beendigung des Rechtsstreits führt, eine Rückkehr aus dem Mahnverf ins Streitverf vielmehr jederzeit mögl ist; eine **Kostenentscheidung entspr § 269 III 2 kann** daher nach Rücknahme des Streitantrags **nicht ergehen** (BGH MDR 2006, 42 = NJW-RR 2006, 201); auch eine entspr Anwendung von **§ 91a ist nicht mögl** (offen OLG Stuttgart OLGZ 89, 200, 201 f; abl OLG Stuttgart MDR 2000, 791), ihr steht die jederzeitige Erneuerbarkeit des Streitantrags (dazu sogleich) mit Rückkehr ins Streitverf entgegen. Die **Rücknahme** des **vom Antragsgegner** gestellten Streitantrags **enthält nicht die Rücknahme des Widerspruchs** (MK/Schüler Rn 29). Im Fall von **IV 1** wird das **Mahnverf in die Lage vor der Stellung des Streitantrags zurückversetzt** (OLG Hamm Rpfleger 98, 479); Konsequenz bei **entspr Anwendung von I:** Fortsetzung des Mahnverf vor dem Streitgericht (vgl AG Haßfurt NJW-RR 2000, 1232 f); bei **unmittelbarer Anwendung von I** wird der MB durch den Widerspruch blockiert und das Mahnverf kommt zum Stillstand, eine erneute Aufnahme des Verf durch Erneuerung des Streitantrags ist jederzeit mögl (OLG München OLGZ 87, 254; OLG Stuttgart OLGZ 89, 200, 201 mwN; OLG Stuttgart MDR 90, 557; LG Kaiserslautern MDR 94, 417). Wenn die **Rechtshängigkeit** bereits eingetreten war (§ 696 III), gilt sie **rückwirkend** als **nicht eingetreten** (**IV 3**); jedoch bleibt die beim Streitgericht eingetretene *Anhängigkeit* (I 4) bestehen (OLG Karlsruhe Rpfleger 2015, 566). Ist **VB ergangen**, ist für die **Rücknahme des Streitantrags kein Raum** (OLG Koblenz MDR 84, 322). Da bereits ein Titel vorliegt (§ 700 I), kann dieser nur durch Klagerücknahme (§ 269 III 1 Hs 2) beseitigt werden. Die Klagerücknahme unterliegt gem § 78 dem **Anwaltszwang**, die Erleichterung des (in § 700 III 2 nicht zitierten) IV 2 gilt nicht (vgl LG Bonn NJW-RR 86, 223 f; OLG Koblenz MDR 84, 322). Wird die **Forderung nach Zustellung des MB erfüllt** und das Verf nach Widerspruch an das *Prozessgericht abgegeben, kann der Kl* **im Streitverf** einen Antrag auf **Feststellung**, dass der **Rechtsstreit in der Hauptsache erledigt** ist, stellen; das erledigende Ereignis (Erfüllung) ist wegen der Rückwirkungsfiktion des § 696 III dann nach Rechtshängigkeit erfolgt (BGH MDR 2023, 251 [Schmitt MDR 2023, 277]).

b) Die **Kostenfolgen** bei (teilw) **Zahlung des Sch während des Mahnverf** richten sich weitgehend nach dem Verhalten des Gl (iE Fischer MDR 97, 706; Wolf NJW 2003, 553; sa § 91a Rn 58.27). Bei **teilw Rücknahme des Streitantrags** (IV 1; sa Rn 2) ist für das Streitverf der (ermäßigte) Wert im Zeitpunkt gem I 4 maßgebend (str, s OLG Rostock MDR 2002, 665 f mwN). Allg zu den **Kosten bei nachfolgendem Streitverf:** s Rn 17. 3

c) Besonderheit bei **Beitragsansprüchen zur privaten Pflegeversicherung** (sa § 688 Rn 11): Rücknahme des Streitantrags ist nur bis zur Abgabe an das SozG mögl (vgl **§ 182a I 3 SGG**). 4

II) Abgabe (§ 696 I). 1) Verfahren. Auf den Streitantrag hin hat der Rpfleger beim Fehlen eines übereinstimmenden abweichenden Abgabeantrags die Sache **vAw an das gem § 692 I Nr 1** (iVm § 690 I Nr 5) **im MB bezeichnete Gericht abzugeben** (I 1). Da bei der Abgabe keine Zuständigkeitsprüfung stattfindet (sie ist dem Empfangsgericht vorbehalten: s Rn 11), ist an das Gericht abzugeben, das der ASt als das für das Streitverf örtl und sachl zuständige Gericht im Mahnantrag bezeichnet hat. Verlangen ASt und Ag **vorher** (s sogleich unten) **übereinstimmend** die **Abgabe an ein anderes**, nicht im MB bezeichnetes **Gericht**, ist an dieses Gericht abzugeben (**I 1 letzter Hs**). Diese Möglichkeit hat praktische Bedeutung bei der Falschbezeichnung des zuständigen Gerichts oder bei zwischenzeitl Unzuständigkeit (Hansens NJW 91, 953, 959), jedoch ist auch eine Prorogation mögl (BayObLG MDR 95, 312 = NJW-RR 95, 635 f; MskV/Voit Rn 3). Die Erklärungen zur Abgabe können auch mündl oder fernmündl und zeitl nacheinander erfolgen; sie sind nur zu berücksichtigen, solange die Abgabe an das im MB bezeichnete Gericht **noch nicht vollzogen** ist (BayObLG MDR 94, 94 = NJW-RR 94, 891, 892; BayObLG Rpfleger 2002, 629, 630), später ist das übereinstimmende Abgabeverlangen unzulässig (BayObLG 10.4.2003 – 1Z AR 32/03, juris Tz 8). Wenn das im MB bezeichnete Empfangsgericht mit dem im Mahnverf tätigen AG identisch ist (§ 698), ist die Sache an die eigene Prozessabteilung, ggf das FamG, abzugeben. Wenn der MB gegen **mehrere Ag** gerichtet war, für die im MB versch Gerichtsstände angegeben sind, wird das Verf getrennt (s Rn 15; sonst: s § 690 Rn 7); die Sache wird bzgl eines jeden Ag an das im MB für ihn angegebene Gericht abgegeben (OLG Hamm MDR 83, 501); die Wiederverbindung kann im Wege des § 36 I Nr 3 herbeigeführt werden (iE s Rn 15). **I gilt nicht entspr**, wenn sich nachträgl herausstellt, dass der MB im Hinblick auf § 688 II, III nicht zugestellt werden kann (iE BGH MDR 2004, 1310 = NJW 2004, 2453, 2454 mwN; sa § 688 Rn 8). Bei einer **Ermäßigung der Hauptsache nach Zustellung des MB** auf einen Betrag **unter 5.000 Euro** (vgl § 23 Nr 1 GVG) ist auf (einseitigen) Antrag des ASt – anstelle des im MB genannten LG – an das AG als zuständiges Streitgericht abzugeben (OLG Frankfurt NJW-RR 92, 1341; OLG Rostock MDR 2002, 665 f). Die **Kosten des Mahnverf** gelten als Kosten des Rechtsstreits (**I 5 iVm § 281 III 1**; s Rn 17). Zu **Mängeln der Abgabe:** s Rn 6, 7 aE. 5

2) Gebührenvorschuss und Abgabeverfahren. Zum **Vorschuss** als gebührenrechtl **Voraussetzung der Abgabe:** s § 12 III 3, § 22 I GKG; sa § 688 Rn 15. Bei (bewusster) **Abgabe ohne Vorschusszahlung** wird das Streitverf gleichwohl anhängig (I 1, 4), das Streitgericht muss tätig werden (OLG Köln MDR 2013, 115) und darf die Sache nicht „zurückgeben" (OLG Karlsruhe Rpfleger 2015, 566); ein Verweigerungsrecht besteht nicht (OLG Köln MDR 2013, 115). Die **Abgabeverfügung des Rpflegers** (§ 20 I Nr 1 RPflG) ist **nicht anfechtbar** (**I 3 Hs 2**; auch keine Erinnerung nach § 11 II 1, § 36b III RPflG: vgl MskV/Voit Rn 3), für das Mahngericht bindend (nicht zurücknehmbar: OLG Karlsruhe Rpfleger 2015, 566), **für das Streitverf** jedoch inhaltl **nicht bindend** (**V**; s Rn 11). Die Abgabe ist beiden Teilen formlos mitzuteilen (**I 3 Hs 1**). Wurde die Sache maschinell bearbeitet, ist als Aktenersatz grds ein maschinell erstellter Aktenausdruck abzugeben (**II 1**; Muster: Mayer NJW 83, 92, 94), uU mit dem Original des Widerspruchs. 6

III) Wirkung der Abgabe. 1) Eintritt der Rechtshängigkeit (§ 696 III). Mit der **Abgabe endet das Mahnverf** (OLG München MDR 98, 62 = NJW-RR 98, 504; LG Stuttgart NJW-RR 98, 647, 648). Der beim Abgabegericht aufgetretene RA bleibt ProzBev bis zur evtl Neubestellung eines RA für das Streitverf beim LG als Empfangsgericht (s iE § 87 I). Mit **Eingang der Akten** (des Aktenausdrucks) **beim Empfangsgericht** wird die Sache dort **anhängig** (**I 4**). **Zugleich** tritt (im Fall von Rn 8 zeitl zurückbezogen) **Rechtshängigkeit** ein (ausf dazu BGH MDR 2009, 582 = NJW 2009, 1213 Tz 12 ff mwN). Der Zeitpunkt des Akteneingangs ist der vom Empfangsgericht vorzunehmenden Zuständigkeitsprüfung zugrunde zu legen (s Rn 11). Die Wirkungen der Abgabe treten grds auch bei **Mängeln** ein (zB unwirksamer Widerspruch; fehlender Vorschuss [s Rn 6]), nicht aber, wenn der Widerspruch überhaupt fehlt (iE str, s § 699 Rn 11 mwN). 7

2) Zurückbezogene Rechtshängigkeit. a) Alsbaldige Abgabe. Die Rechtshängigkeit wird auf den **Zeitpunkt der Zustellung des MB zurückbezogen**, wenn die Sache *„alsbald"* nach Widerspruchseinlegung ins Streitverf abgegeben wird (**III**). „Alsbald" ist wie *„demnächst"* in § 167 zu verstehen (BGH MDR 2008, 641 = NJW 2008, 1672 Tz 11; die Rspr zu „demnächst" zusammenfassend: BGH MDR 2009, 1350 = NJW 2010, 222 Tz 14-16; sa BGH MDR 2019, 1521 Tz 23). Die Monatsfrist des *§ 691 II* ist insofern *nicht anwendbar* (vgl BGH MDR 2008, 641 = NJW 2008, 1672 Tz 12 [*Zeitspanne bis zu 14 Tagen*]; BGH MDR 2009, 582 = NJW 2009, 1213 Tz 12 – jew mwN; sa MskV/Voit Rn 4 aE; krit § 167 Rn 11). Eine **weitere Rückbeziehung der *Rechtshängigkeit* auf den Zeitpunkt des Eingangs des MB-Antrags eröffnet § 167 nicht** (wohl aA [jedoch falsch] MskV/Voit Rn 4 aE [unter 3. Rechtshängigkeit]); § 167 ermögl das nur in den dort genannten Fällen (insb für die Verjährungshemmung [§ 204 I Nr 3 BGB]: Hk-ZPO/Gierl Rn 16; sa § 693 Rn 8). Die Rückbeziehung der Rechtshängigkeit ist bei im Mahnverf eingereichten **Klageerweiterungs- und Widerklageschriftsätzen** zu beachten. **§ 261 III Nr 2** (sog perpetuatio fori) **ist auf die zurückbezogene Rechtshängigkeit** wegen der Besonderheiten des Mahnverf **nicht anwendbar** (BayObLG MDR 95, 312 = 8

NJW-RR 95, 635, 636; BayObLG ZIP 2003, 1863, 1864; KG MDR 2002, 1147, 1148; OLG Frankfurt NJW-RR 95, 831; OLGR Braunschweig 1999, 310; Müther MDR 98, 619 f; Fischer MDR 2000, 301, 302; MK/Schüler Rn 20 mwN, str). **Maßgebl Zeitpunkt** für § 261 III Nr 2 ist der des Akteneingangs gem **I 4** (BayObLG, OLG Frankfurt, OLG Braunschweig – jew aaO; iÜ sa BGH MDR 2009, 582 = NJW 2009, 1213 Tz 13 ff u sogleich Rn 9); nach ihm richtet sich die sachl Zuständigkeit des Streitgerichts (KG MDR 98, 735). Das gilt nicht nur bei Widerspruch gegen MB, sondern auch bei Einspruch gegen VB (OLGR Braunschweig 1999, 310; arg § 700 III 2, § 696 I, V).

9 **b) Verzögerte Abgabe.** Sie liegt idR vor, wenn es aus vom ASt zu vertretenden Gründen zur verzögerten (Zeitspanne: s Rn 8) Abgabe nach der Mitteilung des Widerspruchs (§ 695) kommt. Eine **Rückbeziehung der Rechtshängigkeit scheidet** insofern **aus** (vgl **III**), **maßgebend** für ihren Eintritt ist dann der **Zeitpunkt gem I 4** (iE BGH MDR 2009, 582 = NJW 2009, 1213 Tz 12 ff). Für die Hemmung der Verjährung und die Wahrung vertragl Ausschlussfristen kommt es auf die alsbaldige Abgabe nicht an (vgl BGH MDR 2008, 514 LS = NJW-RR 2008, 860 Tz 33; Ebert NJW 2003, 732, 733), wohl aber für die Wahrung von ges Ausschlussfristen (OLGR Frankfurt 2002, 91; iÜ sa § 693 Rn 9). Verzögerung (Ausbleiben) der Abgabe kann als Fall des Nichtbetreibens iSv § 204 II 2 BGB nF (= § 204 II 3 BGB aF) zur Beendigung der Hemmung gem § 204 II 1 BGB führen.

10 **IV) Rücknahme und Beschränkung etc des Streitantrags (§ 696 IV).** S Rn 2.

11 **V) Zuständigkeitsprüfung und Verweisung durch das Empfangsgericht (§ 696 V). 1) Verfahren.** Das **Empfangsgericht wird durch die Abgabe** nach I 1 – anders als durch eine Verweisung nach § 281 – **nicht gebunden** (§ **696 V**); es hat unabhängig von der schon im Mahnverf angestellten Prüfung das Vorliegen der allg Prozessvoraussetzungen und ferner seine sachl und örtl Zuständigkeit vAw zu prüfen (§ 692 I Nr 6). **Maßgebl Zeitpunkt für die Zuständigkeitsprüfung** ist derj der Begründung der Rechtshängigkeit iSd Rn 7 f (vgl BayObLG MDR 95, 312 = NJW-RR 95, 635, 636; BayObLG ZIP 2003, 1863, 1864; KG MDR 98, 618, 619; KG MDR 98, 735; OLG Frankfurt MDR 2004, 832; OLG Schleswig MDR 2007, 1280, 1281), wobei die Rückbeziehung auf den Zeitpunkt der MB-Zustellung außer Betracht zu bleiben hat (KG MDR 98, 735; KG MDR 2002, 1147, 1148; OLG Frankfurt NJW-RR 95, 831 mwN; MskV/Voit Rn 6, str; iÜ sa Rn 8). Ergibt sich dabei die eigene **Unzuständigkeit**, ist die Sache auf entspr Antrag des Kl an das zust Gericht zu **verweisen** (§ 281 I; zur Verweisung nach **§ 17a GVG:** OLG München MDR 2017, 899 [AG – ArbG]). Da schon im Mahnantrag das für das str Verf örtl und sachl zuständige Gericht zu bezeichnen ist (vgl § 690 I Nr 5), also insb ein ausschließl Gerichtsstand anzugeben ist, wird eine Weiterverweisung nur in Ausnahmefällen in Betracht kommen (BayObLG Rpfleger 93, 411 f; dazu Rn 13). **Bsp:** unzutr Bezeichnung von vereinbartem Gerichtsstand (BayObLG JurBüro 97, 153); nicht beachtete Vereinbarung ausschließl Zuständigkeit vor der Abgabe (BayObLG MDR 95, 312 = NJW-RR 95, 635); Ermäßigung der Hauptsache nach MB-Zustellung und vor Akteneingang beim Empfangsgericht (sonst gilt § 261 III Nr 2, sa Rn 7 ff, 14) unter 5.000 Euro (vgl OLG München 6.8.2014 – 34 AR 97/14, juris Tz 8). Eine Verweisung (durch das zB gem § 29 zuständige Gericht) kommt ferner in Frage, wenn das Wahlrecht erst im Laufe des Mahnverf entstanden ist (OLG Schleswig MDR 2007, 1280, 1281); Grenze: § 261 III Nr 2 (OLG München MDR 2007, 1278, 1279). Bsp: Wohnsitzwechsel des Sch nach MB-Zustellung. Das Gericht kann im Verweisungsverf ohne mündl Verh entscheiden (§ 281 I 1 iVm § 128 IV).

12 **2) Anwaltszwang.** Für den **Verweisungsantrag** im Fall von V besteht vor dem LG kein **Anwaltszwang** (§ 281 II 1 iVm § 78 III); er kann vor dem UdG – eines jeden AG (§ 129a) – abgegeben werden. **Nur** soweit das Gericht über den Verweisungsantrag **in mündl Verh** entscheidet (§ 128 IV), müssen sich die Parteien ggf durch einen RA (§ 78 I) vertreten lassen.

13 **3) Verweisung bei eigener Zuständigkeit des Empfangsgerichts?** Die Voraussetzungen für eine Verweisung gem § 281 I liegen nicht vor, wenn neben der eigenen Zuständigkeit des Empfangsgerichts (zB allg Gerichtsstand des Bekl gem §§ 12 f) ein konkurrierender bes oder ein vor Eintritt der Rechtshängigkeit wirksam vereinbarter (nicht ausschließl) Gerichtsstand besteht und bereits im Zeitpunkt der Wahlmöglichkeit (s § 690 Rn 18) bestanden hat (uU anders bei früher vereinbarter ausschließl Zuständigkeit). Denn der Kl hat schon im MB-Antrag die Möglichkeit, diesen Gerichtsstand zu bezeichnen (§ 690 I Nr 5); dieses Gericht wird im MB übernommen (§ 692 I Nr 1) und an dieses wird die Sache im Fall des Widerspruchs abgegeben (I 1). Da der Kl somit schon im Mahnverf eine Zuständigkeitswahl getroffen hat, erlischt das Wahlrecht gem § 35 mit der Zustellung des MB (BGH MDR 93, 576 = NJW 93, 1273; BGH MDR 2002, 1446 = NJW 2002, 3634, 3635; BayObLGZ 2003, 187, 189; OLG München MDR 2007, 1278, 1279); hat dagegen im Zeitpunkt der MB-Zustellung ein Wahlrecht noch nicht bestanden, ist die Nachholung der Ausübung durch einen Verweisungsantrag mögl (s Rn 11 m Bsp). Unberührt bleibt die Möglichkeit, dass beide **Parteien** beim Mahngericht **übereinstimmend die Abgabe an ein anderes als das im MB bezeichnete Gericht verlangen** (**I 1 letzter Hs**; sa Rn 5).

14 **4) Fehlerhafte Verweisung.** Verweist das Empfangsgericht trotz bindender (§ 35) Zuständigkeitswahl entgegen den zuvor dargestellten Grundsätzen an ein anderes Gericht, kann dem Verweisungsbeschluss, weil obj willkürl, die Bindungswirkung fehlen (vgl BGH MDR 93, 576 = NJW 93, 1273; BGH MDR 2002, 1446 = NJW 2002, *3634; BayObLGZ 2003, 187, 189; OLG Schleswig* MDR 2001, 50 = NJW-RR 2001, 646; näher dazu: Fischer MDR 2002, 1401 mwN). Bsp: **Willkür** wird **bejaht** bei Hinwegsetzen des Gerichts über die eigene Zuständigkeit gem §§ 12, 13, 17 durch Verweisung nach Hinweis auf eine (in Wahrheit nicht) bestehende Verweisungsmög-

lichkeit (BGH MDR 2002, 1446 = NJW 2002, 3634), durch „Abgabe" an ein anderes Gericht auf übereinstimmendes Verlangen nach bereits erfolgter (s I 4) Überleitung ins Streitverf (BayObLG Rpfleger 2002, 629 f), durch Verweisung an einen nach Rechtshängigkeit vereinbarten Gerichtsstand entgegen § 261 III Nr 2 (BayObLGZ 2003, 187, 189 f; differenzierend: BGH MDR 94, 944 = NJW 93, 2810 f [vorprozessual vereinbarte ausschließl Zuständigkeit]), ferner wenn das im MB bezeichnete LG bei nicht alsbaldiger Abgabe den Rechtsstreit nach einer Hauptsachebeschränkung unter 5.000 Euro in der Anspruchsbegründung an das AG verweist (evidenter Verstoß gegen § 261 III Nr 2 [sa Rn 7 ff], vgl OLG München 6.8.2014 – 34 AR 97/14, juris Tz 8; aA KG MDR 2002, 1147, 1148 [jedoch durch BGH MDR 2009, 582 = NJW 2009, 1213 Tz 13 ff überholt]; verweisen darf das LG dann nur, wenn die Hauptsache bereits vor dem Akteneingang beim LG ermäßigt worden ist, vgl OLG München aaO). Dagegen wird **Willkür verneint**, wenn das alte Wohnsitzgericht den Zeitpunkt der Rechtshängigkeit nach der Abgabe verkennt und bei Wohnsitzwechsel zwischen Erlass des VB und Zustellung der Anspruchsbegründung an das neue Wohnsitzgericht verweist (BayObLGR 2002, 221 f), ferner wenn ein zust Gericht bei Zuständigkeitsrüge und fehlendem Vortrag der zuständigkeitsbegründenden Tatsachen an das Wohnsitzgericht verweist (BGH MDR 95, 951 = NJW-RR 95, 702).

5) Mehrere Antragsgegner; Zuständigkeitsbestimmung. Ist bei einer **Mehrheit von Ag** das Verf – gleichzeitig oder nacheinander – an das gleiche Streitgericht abgegeben worden, liegt unabhängig von der anfängl aktenmäßigen Behandlung Verf-Einheit vor (OLG Frankfurt NJW-Spezial 2010, 28; sa § 690 Rn 7). Sind dagegen bei mehreren Ag ohne gemeinschaftl bes Gerichtsstand in den MB-Anträgen jew versch Gerichte als für das str Verf zuständig bezeichnet worden, ist nach Widerspruch mehrerer Ag und Abgabe der Verf an die versch Streitgerichte eine nachträgl Zusammenführung der vorübergehend getrennten Verf durch einen Antrag auf Bestimmung eines für die gemeinsame Verh und Entscheidung zuständigen Gerichts gem **§ 36 I Nr 3** möglich (BGH MDR 2013, 1422 = NJW-RR 2013, 1531 Tz 7). Die Angabe des zuständigen Streitgerichts gem § 690 I Nr 5 stellt keine Zuständigkeitswahl (§ 35) dar (BGH aaO). Zum Vorgehen bei der Zuständigkeitsbestimmung und zum Zeitraum: s § 697 Rn 2. Nach Abgabe an eines der in den MB-Anträgen bezeichneten Gerichte ist eine Verweisung an das durch die Bestimmung zuständig gewordene Gericht mögl (vgl BayObLG Rpfleger 2003, 139, 140; sa KG MDR 2000, 413 = NJW-RR 2001, 62 f). Für die Bestimmungszuständigkeit gem § 36 II ist der Zeitpunkt der Anhängigkeit im Streitverf (I 1, 4) maßgebend (OLG Karlsruhe Rpfleger 2015, 566). 15

6) Verfahrens-Ablauf vor dem Empfangsgericht. S iE § 697. 16

VI) Kosten bei nachfolgendem Streitverfahren. Die **Kosten des Mahnverf** gelten als **Teil der beim Empfangsgericht entstehenden Kosten** (**I 5** iVm § 281 III 1; Ruess NJW 2006, 1915, 1916 f). Dazu gehören idR auch die Mahnanwaltskosten (s § 91 Rn 13.59), daneben nicht aber Rechtsbeistandskosten (BGH MDR 2006, 416 = NJW 2006, 446, 447 f; OLG Stuttgart Rpfleger 2009, 278). Der im Mahnverf eingeschaltete RA muss seinen Sitz nicht zwingend am Ort des (späteren) Prozessgerichts haben (vgl BGH FamRZ 2004, 866; s näher § 91 Rn 13.59). Zu den **Kosten ohne nachfolgendes Streitverf:** s § 690 Rn 26; § 699 Rn 10 f. Zur **Kostentragung beim sog „verhungerten Mahnverf":** s LG Köln MDR 2018, 1024. 17

VII) Gebühren. 1) Gericht (ausf N. Schneider NJW 2020, 378): Nach Antrag gem I entsteht 3,0 Geb für das Verf im Allg (1210 GKG-KV) mit dem Eingang der Akten bei dem Gericht, an das der Rechtsstreit abgegeben wird (Anm S 1 zu 1210 GKG-KV). Bei Streitwertreduzierungen im Mahnverf, auch wegen der Rücknahmefiktion des § 697 II, entsteht sie nur noch aus dem geringeren Wert, wobei die Geb 1100 GKG-KV angerechnet wird nach dem Wert, der in das Prozessverf übergegangen ist. IÜ bleibt Geb 1100 GKG-KV für Unterschiedsbetrag bestehen. Zur Frage, mit welchem Wert derjenige Streitgegenstandsteil zu bestimmen ist, der nur noch mit einem Erledigungsantrag in das Prozessverf übergeht s § 3 Rn 16.114, § 91a Rn 58.27. Bei der Kostenentscheidung muss dann darauf geachtet werden, dass diese Kosten nicht mit der Quote verteilt werden, die für den in das Streitverf übergegangene Streitwertteil gilt, denn von diesem sind sie ja gerade nicht verursacht. Grundlose Verf-Trennung nach Mahnverf gegen mehrere Sch führt nicht zu mehrfachem Gebührenanfall (§ 21 GKG; OLGR Zweibrücken 2007, 322). – **Vorauszahlungspflicht:** Abgabe auf Antrag des ASt an das Streitgericht soll erst nach Zahlung der Geb 1210 GKG-KV erfolgen (§ 12 III 3 GKG; Ausnahmen: § 14 GKG). – **Ermäßigung:** Im Prozessverf tritt Gebührenermäßigung von 3,0 auf 1,0 ein bei Zurücknahme des Antrags auf Durchführung des str Verf, des Widerspruchs gegen den MB oder des Einspruchs gegen den VB (1211 aE GKG-KV). Diese Prozesshandlungen stehen der Klagerücknahme gleich. Erledigt sich das Verf durch solche Erklärungen nur teilw, tritt die Ermäßigung ein, wenn weitere Tatbestände 1211 Nrn 1-4 GKG-KV erfüllt werden und diese dann in ihrer Gesamtheit das Verf insgesamt beenden. Dabei hindern teilw Erledigungserklärungen (§ 91a) den Eintritt der Ermäßigung nicht, wenn ihre Kostenfolge streitfrei bleibt (1211 Nr 4 GKG-KV). – **Kostenschuldner** für die nach Abgabe anfallenden Gerichtskosten ist nach § 22 I 2 GKG idF des KostBRäG 2025 der ASt, auch wenn der Ag das Streitverf beantragt hat. – **2) RA.** Mahn- und Streitverf sind verschiedene Angelegenheiten (§ 17 Nr 2 RVG). Dem RA entstehen Verf-Geb für die Vertretung der Partei im Mahnverf (3305 RVG-VV; s § 688 Rn 15) und für das Betreiben des Geschäfts einschließl der Information im Prozessverf (VorBem 3 II RVG-VV, 3100 RVG-VV). Der Widerspruch gehört noch zum Mahnverf; er löst keine Geb nach 3100 RVG-VV aus (OLG Düsseldorf NJW 2005, 1231). Anders der Antrag auf Durchführung des str Verfahrens (I 1): Er leitet das Prozessverf ein (Antrag iSv 3101 Nr 1 RVG-VV), gehört also schon zu diesem und damit entsteht auch die VerfGeb 3100 RVG-VV iHv 1,3 (LG München I Rpfleger 2005, 701 = JurBüro 2005, 540). – **Anrechnung:** Die Geb 3305 RVG-VV und 3307 RVG-VV werden bis zur Höchstgrenze des § 15a II RVG angerechnet auf die VerfGeb für einen nachfolgenden Rechtsstreit (s 3305 Anm RVG-VV, 3307 Anm RVG-VV; Bsp bei Volpert AGS 2024, 290, 295). Eine im Mahnverf nach Vorbem 3.3.2 RVG-VV angefallene Terminsgeb wird ebenfalls angerechnet (3104 IV RVG-VV; krit N. Schneider ZAP F 24, 1035). – Wird der RA erst nach Widerspruch für den ASt tätig, nimmt den MB teilw zurück, dann erfolgt die Anrechnung nur hinsichtl des noch weiter verfolgten Streitwertteils (OLG Düsseldorf JurBüro 2007, 81; aA OLG Frankfurt JurBüro 2007, 80 [abl Enders]). 18

§ 697 Einleitung des Streitverfahrens

(1) [1]Die Geschäftsstelle des Gerichts, an das die Streitsache abgegeben wird, hat dem Antragsteller unverzüglich aufzugeben, seinen Anspruch binnen zwei Wochen in einer der Klageschrift entsprechenden Form zu begründen. [2]§ 270 Satz 2 gilt entsprechend.

(2) [1]Bei Eingang der Anspruchsbegründung ist wie nach Eingang einer Klage weiter zu verfahren. [2]Soweit der Antrag in der Anspruchsbegründung hinter dem Mahnantrag zurückbleibt, gilt die Klage als zurückgenommen, wenn der Antragsteller zuvor durch das Mahngericht über diese Folge belehrt oder durch das Streitgericht auf diese Folge hingewiesen worden ist. [3]Zur schriftlichen Klageerwiderung im Vorverfahren nach § 276 kann auch eine mit der Zustellung der Anspruchsbegründung beginnende Frist gesetzt werden.

(3) [1]Geht die Anspruchsbegründung nicht rechtzeitig ein, so wird bis zu ihrem Eingang Termin zur mündlichen Verhandlung nur auf Antrag des Antragsgegners bestimmt. [2]Mit der Terminsbestimmung setzt der Vorsitzende dem Antragsteller eine Frist zur Begründung des Anspruchs; § 296 Abs. 1, 4 gilt entsprechend.

(4) [1]Der Antragsgegner kann den Widerspruch bis zum Beginn seiner mündlichen Verhandlung zur Hauptsache zurücknehmen, jedoch nicht nach Erlass eines Versäumnisurteils gegen ihn. [2]Die Zurücknahme kann zu Protokoll der Geschäftsstelle erklärt werden.

(5) [1]Zur Herstellung eines Urteils in abgekürzter Form nach § 313b Absatz 2, § 317 Absatz 5 kann der Mahnbescheid an Stelle der Klageschrift benutzt werden. [2]Ist das Mahnverfahren maschinell bearbeitet worden, so tritt an die Stelle der Klageschrift der maschinell erstellte Aktenausdruck.

1 **I) Anspruchsbegründung (§ 697 I). 1) Inhalt. a)** Da der MB abgesehen von der standardisierten Bezeichnung des Anspruchs (sa § 690 Rn 12 f) keine Begründung enthält, eignet er sich nicht als alleinige Grundlage des str Verf (s aber: V). Nach Abgabe gem § 696 I 1 hat der Kl (bish ASt) daher seinen **Anspruch zu begründen** (I). Ggü dem **AG** kann das schriftl oder zu Protokoll der GeschSt (§ 496) geschehen, auch zu Protokoll eines anderen AG (§ 129a; Fristwahrung in diesem Fall: § 129a III). Ist an ein **LG** abgegeben, bleibt eine von der Partei oder einem RA vorher abgegebene Anspruchsbegründung wirksam (BGH MDR 82, 846 = NJW 82, 2002; OLG Düsseldorf MDR 2008, 228, 229 mwN; zur Folge für I: s Rn 5). Hat die Partei nach der Abgabe an das LG einen Begründungsschriftsatz eingereicht, ist eine Bezugnahme hierauf durch den RA uneingeschränkt zulässig (BGH aaO). Im Verf mit Anwaltszwang (§ 78 I) hat somit die von der Partei selbst abgegebene („verfrühte") Anspruchsbegründung nur vorl Bedeutung, solange sie nicht durch ihren späteren RA übernommen wird (vgl OLG Düsseldorf MDR 83, 942, 943; OLG Karlsruhe MDR 88, 682 = NJW 88, 2806; OLG Schleswig MDR 88, 151 f; sa Rn 5).

2 **b)** Die Anspruchsbegründung soll den MB zu einer vollwertigen Klage ergänzen, stellt aber nicht selbst die Klage dar (BGH MDR 2009, 582 = NJW 2009, 1213 Tz 18); sonst könnte nicht bei ihrem Ausbleiben nach **III 1** Termin auf Antrag des nunmehrigen Bekl zu bestimmen sein. Nach Form und Inhalt muss sie den **Anforderungen an eine Klageschrift** (§§ 253, 130, 131) genügen (I; Hess LAG 29.1.2018 – 10 Ta 367/17, juris Tz 31). Erforderl ist vor allem eine Darstellung des Sachverhalts, auf den die Klageforderung gestützt wird; zu bereits bekannten Einwendungen des Gegners sollte Stellung genommen werden; die Beweismittel sind anzugeben; im Besitz des Kl befindl Urkunden sind idR in Abschrift beizufügen (§ 131; zum Urkunden-, Wechsel- oder Scheckmahnbescheid: s § 703a II Nr 2). Klageänderung, -erweiterung, -beschränkung und -rücknahme im Verhältnis zur bereits bestehenden Rechtshängigkeit (§ 696 III; sa § 696 Rn 7) sind mögl (MskV/Voit Rn 3). Hinsichtl des **Klageantrags** (§ 253 II Nr 2) ist eine Bezugnahme auf den MB zulässig (MK/Schüler Rn 6 mwN, str). Bei einem vorangegangenen Mahnverf gegen **mehrere Streitgenossen** und vorübergehender Verfahrensaufspaltung nach der Abgabe (sa § 696 Rn 15) ist der Bestimmungsantrag nach **§ 36 I Nr 3** zugleich mit der Anspruchsbegründung zu stellen oder zumindest anzukündigen und unverzügl (§ 121 I 1 BGB) nachzuholen (BGH MDR 2013, 1422 = NJW-RR 2013, 1531 Tz 8). Hat der Kl seinen Anspruch gegen sämtl Bekl begründet, ohne auf eine Zusammenführung der getrennten Verf hinzuwirken, scheidet eine Zuständigkeitsbestimmung aus (OLG Hamm MDR 2014, 1348 = NJW-RR 2015, 315); dasselbe gilt bei Verhinderung der Zusammenführung durch Verweisung (OLG Karlsruhe NJW-RR 2014, 444).

3 **2) Besonderheiten.** Bei der Zustellung eines **nicht individualisierten MB** kann die „demnächstige" Zustellung der Anspruchsbegründung die Rückwirkungsfolge gem § 167 auslösen (BGH MDR 95, 844 = NJW 95, 2230 [zu § 693 II aF]). Zum **Antrag auf Verh vor der KfH** des LG: § 96 I GVG (Verweisung ZK an KfH, wenn ein Antrag nach § 96 I GVG fehlt: s § 101 I 2 GVG): s § 690 Rn 20. Klageänderung und -erweiterung sind mögl (RGZ 90, 177).

4 **II) Verfahren vor Eingang der Anspruchsbegründung (§ 697 I). 1) Allgemeines. a)** Unverzügl nach Akteneingang *beim Empfangsgericht* hat der **UdG** (§ 153 GVG) den nunmehrigen Kl unter Hinweis auf die einzelnen Erfordernisse **zur Einreichung der Anspruchsbegründung innerhalb einer Frist von 2 Wochen aufzufordern** (I 1). Die Aufforderung ist dem **Kl formlos mitzuteilen** (durch Übersendung durch die Post); an einen bish

Bevollmächtigten erfolgt die Mitteilung nur, wenn er RA ist oder seine Vollmacht vorliegt (§ 88 II; § 703 gilt nicht mehr). Der Zeitpunkt der Absendung der Aufforderung ist im Interesse der Feststellbarkeit von Fristbeginn und Fristende (s III 1) gem § 270 S 2 aktenmäßig festzuhalten. Eine **förml Zustellung** ist **nicht erforderl** (BGH WM 2020, 857 Tz 6 f mwN). Das Verstreichenlassen der 2-Wochenfrist hat für den Kl keine Rechtsnachteile (vgl BGH aaO Tz 7); Präklusionsfolgen drohen erst mit der **richterl Begründungsfrist** gem **III 2** iVm § 296 I, IV (vgl BayVerfGH MDR 2011, 1003 = NJW-RR 2011, 1211, 1212; OLG Nürnberg MDR 99, 1151 = NJW-RR 2000, 445, 446; sa Rn 10). Bei Nichtbetreiben des Verf markiert der Zugang der Aufforderung nach I 1 den Eintritt des **Verfahrensstillstands** gem § 204 II 2 BGB nF (= § 204 II 3 BGB aF) (vgl BGH MDR 2010, 516 = NJW 2010, 1662 Tz 6 ff; sa Rn 10). Zur **Feststellung des Zugangszeitpunkts:** s **I 2** iVm **§ 270 S 2.**

b) Liegt bei Eingang der Akten (§ 696 I 4) bereits eine wirksame (**„verfrühte"**) **Anspruchsbegründung** vor (sa Rn 1), ist die Aufforderung nach I 1 durch die GeschSt entbehrl (str, ebenso OLG Köln NJW 81, 2265; aA OLG Karlsruhe MDR 88, 682 = NJW 88, 2806; MK/Schüler Rn 2, hM; offen gelassen BGH MDR 94, 1036 = NJW-RR 94, 889 mwN), sogleich vom Vors ggf Termin zu bestimmen und gem **II** zu verfahren (s Rn 7 ff). Stammt die „vorzeitige" Anspruchsbegründung von einer nicht postulationsfähigen Person, muss sie sich der ProzBev (§ 78 I) zu Eigen machen (BGH MDR 82, 846 = NJW 82, 2002; MskV/Voit Rn 2), § 139 ist ggf zu beachten (OLG Düsseldorf MDR 2008, 228, 229), bei Säumnis des Bekl auch § 274 III 1 (OLGR Rostock 1997, 75 f). 5

2) Besonderheiten. Solche bestehen im **arbeitsgerichtl Verf** (§ 46a IV ArbGG) und im **sozialgerichtl Verf** (§ 182a II SGG; sa § 688 Rn 11); im **WEG-Verf** hingegen nicht mehr (s § 688 Rn 10). 6

III) Weiteres Verfahren bei Eingang der Anspruchsbegründung (§ 697 II). 1) Allgemeines. Es ist wie nach Eingang einer Klage weiter zu verfahren (**II 1**). §§ 271 ff gelten mit folgenden Besonderheiten: Der UrkB hat die Akten dem Vors vorzulegen, damit dieser sich zwischen frühem 1. Termin (s Rn 8) und schriftl Vorverf (s Rn 9) entscheiden kann (II 1; § 272 II). Die Anspruchsbegründung ist dem Bekl unverzügl mit der Ladung zu einem frühen 1. Termin (§ 274 II) oder mit den Aufforderungen im schriftl Vorverf (§ 276 I) zuzustellen (II 1; § 271 I). Zustellungsadressat ist ggf der RA, der sich im Mahnverf für den Ag als ProzBev bestellt hat. Falls die Sache beim LG anhängig ist, ist der Bekl gleichzeitig zur Anwaltsbestellung aufzufordern (II 1; § 271 II). 7

2) Früher 1. Termin. Wählt der Vors frühen 1. Termin (II 1; §§ 272-275), ist unverzügl ein Verhandlungstermin zu bestimmen (§ 216 II). 8

3) Schriftliches Vorverfahren. Auf Grund der **allg Verweisung in II 1, 3 auf das Klageverf** und damit auch auf § 276 I 1 und 3, II kann im schriftl Vorverf ein VU gem § 331 III oder AU gem § 307 S 1, 2 ergehen. Die Widerspruchseinlegung gilt nach II nicht mehr als – vorweggenommene – Anzeige der Verteidigungsabsicht; vielmehr muss der Bekl seine Verteidigungsabsicht nochmals ausdrückl erklären (OLGR Düsseldorf 2000, 360). Es gilt: – **a)** Wählt der Vors schriftl Vorverf, ist der Bekl unter Hinweis auf den ggf bestehenden Anwaltszwang (§ 78 I) zur Erklärung seiner Verteidigungsbereitschaft binnen einer Notfrist von 2 Wochen nach Zustellung aufzufordern (II 1; § 276 I 1, II). Mit der Aufforderung nach § 276 I 1 ist der Bekl über die Folgen der Versäumung der Frist zu belehren (II 1; § 276 II). Die **Belehrung** muss den Hinweis enthalten, dass die Widerspruchserhebung oder sonstige Erklärungen im Mahnverf nicht als Anzeige der Verteidigungsabsicht gelten (Holch NJW 91, 3177, 3178; Hansens NJW 91, 953, 960). Bleibt der Bekl untätig, ergeht auf Antrag des Kl VU (§ 331 III). – **b)** Gleichzeitig ist dem Bekl eine **Klageerwiderungsfrist** zu setzen (II 1; § 276 I 2). Abw von § 276 I 2 sieht **II 3** vor, dass als Zeitpunkt für den Beginn der Erwiderungsfrist auch die Zustellung der Anspruchsbegründung bestimmt werden „kann", nicht erst, wie im Klageverf, der Ablauf der Frist für die Verteidigungsanzeige. Damit können Klageerwiderungsfrist und Frist zur Anzeige der Verteidigungsabsicht zusammenfallen und insgesamt nur 2 Wochen betragen. Grund: der Bekl hatte schon im Mahnverf Gelegenheit, sich mit dem Streitgegenstand zu befassen (BTDrs 11/3621, 49). Die Klageerwiderungsfrist ist aber stets **nach den Umständen des Einzelfalls zu bemessen** und darf nicht schematisch auf die ges Mindestfrist (§ 276 I 2) von 2 Wochen festgesetzt werden (OLG Köln NJW 80, 2421). Die Frist beginnt nur bei Vorliegen einer formell ordnungsgem (§ 78; s Rn 5), nicht aber bei einer „verfrühten" (s Rn 1 aE) Anspruchsbegründung zu laufen (OLG Düsseldorf MDR 83, 942 f; OLG Karlsruhe MDR 88, 682 = NJW 88, 2806). Folge bei Verstößen: keine Anwendbarkeit von § 296 I. Zusammen mit der Fristsetzung ist der Bekl über die Art der Anbringung der Klageerwiderung (beim AG: § 496) und ihren notw Inhalt zu **belehren** (II 1; § 277 I, II); auch darüber, dass die Zulässigkeit der Klage betr Rügen innerhalb der Klageerwiderungsfrist anzubringen sind (II 1; § 277 II, § 282 III 2); ferner über die Folgen des verspäteten Anbringens von Angriffs- und Verteidigungsmitteln (II 1; § 277 II, § 296 I). Dem Kl kann eine Frist von mindestens 2 Wochen zur **Stellungnahme zur Klageerwiderung** eingeräumt werden (II 1; § 276 III, § 277 IV), die inhaltl § 277 I zu entsprechen hat. – **c)** Soweit der **Antrag in der Anspruchsbegründung hinter dem Mahnantrag zurückbleibt, gilt die Klage nach II 2 als zurückgenommen, wenn der ASt** zuvor **durch das Mahngericht** über diese Folge **belehrt** (§ 695 S 2, s § 695 Rn 1) oder **durch das Streitgericht** auf diese Folge **hingewiesen** worden ist. 9

IV) Verfahren bei Ausbleiben der Anspruchsbegründung (§ 697 III). Reicht der Kl seine Anspruchsbegründung nicht (rechtzeitig) von sich aus bzw nicht spätestens innerhalb der von der GeschSt nach I 1 gesetzten 2-Wochenfrist ein, bestimmt das Gericht (Vors) **Termin zur mündl Verh nur auf Antrag des Bekl** (das Gesetz 10 spricht vom Ag) und nicht vAw (**III 1**); die Verantwortung für den Verfahrensfortgang liegt damit (allein) bei den Parteien (vgl BGH MDR 95, 1059 = NJW-RR 95, 1335, 1336). **Zweck** der Regelung: Förderung einer gütl Einigung, wenn zwischen den Parteien Vergleichsverhandlungen schweben oder der Bekl Teilzahlungen erbringen will; außerdem Schutz des Bekl vor unnötiger Anwaltsbestellung, wenn der Kl kein Interesse an der Fortführung des Prozesses hat (vgl OLG Hamm OLGZ 94, 358, 360; OLG Karlsruhe MDR 93, 1246). Die Versäumung der Frist nach I 1 ist für den Kl folgenlos (vgl BGH WM 2020, 857 Tz 7; sa Rn 4); eine Verlängerung ist nicht vorgesehen (Hogenschurz MDR 2014, 1055). **Beantragt der Bekl Termin zur mündl Verh**, ist dem Kl (das Gesetz spricht vom ASt) zusammen mit der Terminsnachricht **nochmals eine Frist zur Anspruchsbegründung zu setzen** (**III 2 Hs 1**). Die Aufforderung ist **förml zuzustellen** (§ 329 II 2; vgl OLG Karlsruhe MDR 93, 1246). Versäumt der Kl auch diese Frist, ist dafür (erstmals) § 296 I, IV anzuwenden (**III 2 Hs 2**; OLG Nürnberg MDR 99, 1151 = NJW-RR 2000, 445, 446); das Gericht darf demnach das verspätete Vorbringen des Kl nur unter den Voraussetzungen des § 296 I und IV zulassen. **Bleibt die Klagebegründung aus**, ist die (unschlüssige) **Klage** im Termin **als unbegründet abzuweisen** (str, ebenso MskV/Voit Rn 6; aA [Abweisung als unzulässig] OLG München MDR 88, 973 = NJW-RR 89, 1405; LG Gießen NJW-RR 95, 62; MK/Schüler Rn 6 – das ist abzulehnen, denn ein Fall nicht ordnungsmäßiger Klageerhebung liegt im Hinblick auf die Rechtshängigkeit des Klageverf nicht vor; s iÜ § 330 Rn 7 für den anderen Fall, dass der Kl zum Termin nicht erscheint; differenzierend: OLG München MDR 2019, 1017 [Alpes MDR 2019, 1240]). Bleibt die Klagebegründung aus und kommt es auch zu keinem Termin gem III 1, tritt **Verfahrensstillstand** mit der Folge von § 204 II 2 BGB nF (= § 204 II 3 BGB aF) ein (sa Rn 4 mwN). Die Verjährungshemmung endet damit 6 Monate nach dem Zugang der Aufforderung gem I 1 (vgl BGH MDR 2010, 516 = NJW 2010, 1662 Tz 8 ff). Ist **VB** ergangen, **gilt III 1 nicht:** vgl § 700 V Hs 1.

11 **V) Rücknahme des Widerspruchs (§ 697 IV). 1) Zeitpunkt; Form.** Der Ag kann den Widerspruch *vor der Abgabe* ins str Verf zurücknehmen, nach **IV 1** aber auch (trotz eingetretener Rechtshängigkeit) *nach der Abgabe*, solange er noch nicht gem § 137 I zur Hauptsache verhandelt hat; die Rücknahme ist ferner **ausgeschlossen** (IV 1 Hs 2), wenn gegen ihn bereits ein **VU ergangen** ist, damit nicht der bereits vorliegende Titel auf diese Weise aus der Welt geschafft und der ASt genötigt wird, stattdessen VB zu erwirken. Die Rücknahme ist nicht ausgeschlossen, wenn nach Abgabe an das Streitgericht die **Klage erweitert** worden ist; Folge: über den von der Rücknahme erfassten Teil kann auf entspr Antrag ein VB ergehen; der nicht von der Rücknahme erfasste Teil bleibt hingegen rechtshängig (str, ebenso MskV/Voit Rn 7; sa MK/Schüler Rn 30; aA LG Hannover JurBüro 84, 297; Fischer MDR 94, 124). Die (formularfreie) Rücknahme kann auch nach der Abgabe ins Streitverf **schriftl oder zu Protokoll der GeschSt** des Gerichts erklärt werden (**IV 2**), auch bei der GeschSt eines jeden AG (§ 129a, beachte: § 129a III). Diese Formerleichterungen gelten auch, wenn die Sache beim LG anhängig ist; es besteht **kein Anwaltszwang** (MK/Schüler Rn 31), selbst im Termin zur mündl Verh vor dem LG nicht, auch wenn die Rücknahme dort mündl erklärt wird (§ 78 III; sa MskV/Voit Rn 7). Ein Bevollmächtigter, der nach der Abgabe ins str Verf die Rücknahme erklärt (vorher gilt § 703), hat gem § 88 II seine Vollmacht nachzuweisen, wenn er nicht RA ist, da die Rücknahme dann nicht im Mahnverf erfolgt (sa MskV/Voit Rn 7; zweifelnd BTDrs 7/2729, 102). Bei der *Rücknahme des Einspruchs gegen einen VB*, den der Rpfleger des Prozessgerichts gem § 699 I 3 erlassen hat, liegt es anders (vgl § 700 Rn 6). **Sondervorschrift** bei einem MB über Beitragsansprüche zur privaten Pflegeversicherung: zeitl Grenze für die Widerspruchsrücknahme ist die Abgabe ins str Verf (**§ 182a I 3 SGG**).

12 **2) Wirkungen der Rücknahme.** Die Rücknahme bewirkt, dass das **str Verf endet** und die **Rechtshängigkeit entfällt**. Der MB kann wieder die Grundlage eines VB bilden (OLG München Rpfleger 85, 167; OLG Hamm MDR 85, 66). Die Rücknahme ist deshalb dem ASt mitzuteilen. Stellt dieser rechtzeitig (§ 701 S 1) **Antrag auf Erlass des VB**, lebt das Mahnverf wieder auf. Zur Vermeidung von Verzögerungen wird es nach Abgabe an ein anderes Gericht nicht vom Mahngericht fortgesetzt, sondern von dem mit dem str Verf befassten AG oder LG (**§ 699 I 3**). Den VB erlässt dessen Rpfleger (s § 699 Rn 11). Zur Antragstellung auf Erlass des VB in elektron Form: s § 702 II (allg Formvorschrift; s iE § 702 Rn 5 f); zum Formularzwang: s § 703c II (iE s § 703c Rn 6 ff). Wegen der mit dem Wechsel der Verfahrensform verbundenen praktischen Schwierigkeiten (dazu LG Hamburg Rpfleger 2013, 350) sollte auch im Fall von IV die **Antragstellung beim gem § 699 I 1 allg zuständigen Mahngericht** zugelassen werden. IV stellt eine (sich nur im herkömml Verf auswirkende) Erleichterung dar, begründet aber keine ausschließl Zuständigkeit des Streitgerichts für den Erlass des VB (s § 699 Rn 11).

13 **VI) Abgekürztes Urteil (§ 697 V).** Nach vorausgegangenem Mahnverf kann ein abgekürztes Urteil nach § 313b (Versäumnis-, Anerkenntnis-, Verzichtsurteil) statt wie sonst auf die Klage **auf den MB gesetzt** werden (**V 1**), bei maschineller Bearbeitung **auf den Aktenausdruck** (**V 2**). Ausfertigungen des abgekürzten Urteils werden in gleicher Weise hergestellt (§ 317 V).

14 **VII) Gebühren. 1) Gericht:** I, II: Alle Fristsetzungen sind gebührenfrei. – III: keine Geb fällt an für die Terminsbestimmung. – IV: Rücknahme des Widerspruchs führt zur Gebührenermäßigung nach 1211 aE GKG-KV (s § 696 Rn 18). – V: keine Urteilsgeb. – ***2) RA:*** *Die das Streitverf einleitenden Anträge* (Abgabe, Durchführung des str Verf, Einspruch) lösen die Geb 3100 RVG-VV aus (s § 696 Rn 18), nicht aber der Antrag ausschließlich auf Terminsbestimmung (III; hierfür: 3101 RVG-VV). Rücknahme des Widerspruchs (IV; 3307 RVG-VV; nach Abgabe 3100 RVG-VV).

§ 698 Abgabe des Verfahrens am selben Gericht

Die Vorschriften über die Abgabe des Verfahrens gelten sinngemäß, wenn Mahnverfahren und streitiges Verfahren bei demselben Gericht durchgeführt werden.

Ist für das str Verf das AG örtl und sachl zuständig, bei dem zB (auch) der Ag seinen allg Gerichtsstand hat, ist im Mahnantrag gem § 690 I Nr 5 das gleiche AG zu bezeichnen, an das der Mahnantrag gerichtet wird. Nach Widerspruch und Streitantrag vollzieht sich die Abgabe nach den Regeln des § 696 innerhalb des Gerichts; der Rpfleger hat die Sache an die Prozessabteilung seines AG abzugeben, ggf an das dortige FamG, wo nach § 697 weiter verfahren wird. Auch bei § 703d kommt eine Abgabe innerhalb desselben AG in Betracht (sa § 703d Rn 4). In Wohnungseigentumssachen ist § 43 I 1, II WEG zu beachten (sa § 688 Rn 10). 1

§ 699 Vollstreckungsbescheid

(1) [1]Auf der Grundlage des Mahnbescheids erlässt das Gericht auf Antrag einen Vollstreckungsbescheid, wenn der Antragsgegner nicht rechtzeitig Widerspruch erhoben hat. [2]Der Antrag kann nicht vor Ablauf der Widerspruchsfrist gestellt werden; er hat die Erklärung zu enthalten, ob und welche Zahlungen auf den Mahnbescheid geleistet worden sind. [3]Ist der Rechtsstreit bereits an ein anderes Gericht abgegeben, so erlässt dieses den Vollstreckungsbescheid.

(2) Soweit das Mahnverfahren nicht maschinell bearbeitet wird, kann der Vollstreckungsbescheid auf den Mahnbescheid gesetzt werden.

(3) [1]In den Vollstreckungsbescheid sind die bisher entstandenen Kosten des Verfahrens aufzunehmen. [2]Der Antragsteller braucht die Kosten nur zu berechnen, wenn das Mahnverfahren nicht maschinell bearbeitet wird; im Übrigen genügen die zur maschinellen Berechnung erforderlichen Angaben.

(4) [1]Der Vollstreckungsbescheid wird dem Antragsgegner von Amts wegen zugestellt, wenn nicht der Antragsteller die Übermittlung an sich zur Zustellung im Parteibetrieb beantragt hat. [2]In diesen Fällen wird der Vollstreckungsbescheid dem Antragsteller zur Zustellung übermittelt; die Geschäftsstelle des Gerichts vermittelt diese Zustellung nicht. [3]Bewilligt das mit dem Mahnverfahren befasste Gericht die öffentliche Zustellung, so wird diese nach § 186 Absatz 2 Satz 1 bis 3 bei dem Gericht vorgenommen, das in dem Mahnbescheid gemäß § 692 Absatz 1 Nummer 1 bezeichnet worden ist.

(5) Die Belehrung gemäß § 232 ist dem Antragsgegner zusammen mit der Zustellung des Vollstreckungsbescheids schriftlich mitzuteilen.

I) Antragserfordernis (§ 699 I). 1) Form; Rücknahme. a) Wegen des dem MB zugrunde liegenden Anspruchs kann erst vollstr werden, wenn für ihn in Gestalt des **VB** ein **Vollstreckungstitel** vorliegt (§ 794 I Nr 4). Der VB wird **nur auf Antrag erlassen** (I 1). Für diesen besteht **Formularzwang nach § 703c II** (Formular für die nicht maschinelle Bearbeitung: Anl 1 MahnVordruckVO; Formular für die maschinelle Bearbeitung: Anl 4 MaschMahnVordruckVO). Für das **arbeitsgerichtl Mahnverf** sind bes Formulare eingeführt (§ 46a VIII ArbGG iVm ArbGMahnVordruckVO). Der ASt kann das Formular selbst ausfüllen und einreichen oder sich des UdG bedienen (§ 702 I). Eigenhändige Unterzeichnung ist – im Gegensatz zum MB-Antrag (s § 690 II) – nicht ausdrückl vorgeschrieben; jedoch gehört die Unterschrift zur Formularausfüllung gem § 703c II (sa Hk-ZPO/Gierl Rn 4). Der Antrag kann auch von einem Bevollmächtigten gestellt werden, der seine Bevollmächtigung zu versichern hat (§ 703 S 2). Bei **maschineller Bearbeitung** der Mahnsachen kann der Antrag in einer nur maschinell lesbaren Aufzeichnung übermittelt werden, wenn sie sich für die EDV-Anlage des Gerichts eignet (§ 702 II 1 [allg Formvorschrift]; iE s § 702 Rn 5); dann entfällt das Unterzeichnungserfordernis (iÜ sa § 702 II 4). Der ASt kann den in maschinell lesbarer Form erstellten VB-Antrag mit Hilfe des neuen Personalausweises mit einer „einfachen" elektron Signatur versehen (§ 702 II 3 [allg Formvorschrift]; s iE § 702 Rn 5). Dem Ag wird der Antrag nicht mitgeteilt (§ 702 III). 1

b) Der **Antrag kann zurückgenommen werden, solange der VB noch nicht verfügt ist** (vgl Fischer MDR 94, 124, 126). Im Unterschied zur Rücknahme des Mahnantrags (s § 690 Rn 26) wird der MB nicht kraftlos, sondern erst mit Ablauf der 6-Monatsfrist des § 701 S 1. 2

2) Zeitliche Voraussetzungen. a) Wartefrist. Der **Antrag kann**, anders als der Streitantrag (§ 696 I 2), nicht mit dem MB-Antrag verbunden, sondern **grds erst nach Ablauf der** mit der MB-Zustellung beginnenden **Widerspruchsfrist von 2 Wochen** (§ 692 I Nr 3) **gestellt werden.** Gestellt ist der Antrag im Zeitpunkt seines Eingangs bei Gericht (str, ebenso LG Frankfurt NJW 78, 767; LG Braunschweig Rpfleger 78, 263; MskV/Voit Rn 3; differenzierend: LG Stade NJW 81, 2366; aA ThP/Hüßtege Rn 4 [Erklärungsdatum]; so auch Hk-ZPO/Gierl Rn 8). Da der ASt von der erfolgten Zustellung des MB benachrichtigt wird (§ 693 II), kann er den Fristablauf selbst berechnen. **Verfrüht** ist der Antrag jedenfalls dann, wenn er vor Fristablauf bei Gericht eingeht (LG 3

Frankfurt; LG Stade – jew aaO); ein solcher **Antrag** ist **zurückzuweisen** (sa Rn 18) und muss **neu gestellt** werden. Darauf ist der ASt hinzuweisen (arg § 139), damit er nach Ablauf der Widerspruchsfrist den Antrag erneut stellen kann (Hk-ZPO/Gierl Rn 8 aE). Dies kann formlos unter Bezugnahme auf den bereits gestellten Antrag und Hinzufügung einer Erklärung über etwaige Zahlungen des Ag geschehen (AG Duisburg Rpfleger 82, 230).

4 **b) Erklärung des ASt über vom Ag geleistete Zahlungen** (**I 2 Hs 2**; sa Rn 8). Diese Erklärung kann **nur nach Ablauf der Widerspruchsfrist** wahrheitsgemäß (§ 138 I) abgegeben werden. Ergibt sich aus dem Antrag, dass die Erklärung noch vor Ablauf der Widerspruchsfrist abgegeben (dh abgesandt) wurde, kann auch ein nicht verfrüht gestellter Antrag (s Rn 3) zurückgewiesen werden (sa LG Bielefeld BB 79, 19; LG Darmstadt NJW 78, 2204; MskV/Voit Rn 3; weiter gehend: LG Frankenthal Rpfleger 79, 72; LG Stade NJW 81, 2366; MK/Schüler Rn 7 [Datum der Erklärung maßgebend]). Damit Zahlungen, die der Ag kurz vor Fristablauf durch Banküberweisung leistet, im Antrag auf Erlass des VB noch berücksichtigt werden können, ist es angezeigt, den Antrag nicht sofort nach Ablauf der Widerspruchsfrist zu stellen. Im VB nicht berücksichtigte Spätzahlungen sind vom Ag mit dem Einspruch – nicht erst in der ZwV (vgl LG Kiel JurBüro 79, 1386) – geltend zu machen (s § 700 Rn 10).

5 **c) Verspäteter und zurückgenommener Widerspruch.** Auch ein erst nach Ablauf der Widerspruchsfrist gestellter Antrag kann zurückzuweisen sein, wenn der Ag zwar **verspätet, aber noch vor der Verfügung des VB Widerspruch einlegt**; auch dann kann ein VB nicht mehr erlassen werden (OLG München MDR 83, 675, 676). Dem fehlenden Widerspruch steht der zurückgenommene (§ 697 IV) gleich (sa Rn 7). Wird der VB-Antrag als verfrüht (s Rn 4) oder nach Widerspruch zurückgewiesen, kommt uU (in Einschr von § 701 S 2) eine Antragserneuerung in Betracht (s § 701 Rn 3). Lebt das Mahnverf nach Abgabe ins Streitverf durch **Rücknahme des Widerspruchs** wieder auf (s § 697 Rn 12), kann der VB vom ProzGericht erlassen werden (I 3); ob dafür der im (1.) Mahnverf gestellte, aber nicht zurückgewiesene VB-Antrag ausreicht (so LG Hamburg Rpfleger 2013, 350), erscheint – weil dann zwischenzeitl Zahlungen des Ag im VB unberücksichtigt blieben – zumindest zweifelhaft.

6 **d) 6-Monatsfrist.** Eine zeitl Grenze für den VB-Antrag setzt **§ 701 S 1** (6 Monate; Beginn: mit Zustellung des MB).

7 **e)** Ein vorzeitiger Antrag ist auch dann nicht zulässig, wenn der Ag den eingelegten **Widerspruch noch vor Ablauf der Widerspruchsfrist zurücknimmt**. Ein Antrag auf Erlass des VB kann jedoch sofort gestellt werden, wenn der Ag **wirksam auf den Widerspruch verzichtet** hat (sa § 694 Rn 13).

8 **3) Inhalt des Antrags. a)** Der ASt hat anzugeben, **ob und in welcher Höhe vom Ag** auf den geltend gemachten Anspruch **Zahlungen geleistet** wurden (**I 2 Hs 2**). Das gilt auch für Zahlungen, die noch vor der Zustellung des MB geleistet wurden und in ihm nicht mehr berücksichtigt worden sind. Um die gezahlten Beträge hat der ASt den Antrag zu ermäßigen. Die Angabe über etwaige Zahlungen gehört zu den **zwingenden Erfordernissen** des Antrags auf Erlass des VB (LG Stade NJW 81, 2366; LG Frankfurt Rpfleger 82, 295; zur Folge beim Fehlen der Angaben: s Rn 4, 18); zur Strafbarkeit des Verschweigens von Zahlungen: s BGH NJW 72, 545, 546 f.

9 **b)** Eine **Antragsbeschränkung** ist auch erforderl, wenn der **Ag nur Teilwiderspruch erhoben** hat. VB kann dann nur wegen des nicht angegriffenen Restbetrags erwirkt werden; iÜ kann ledigl Streitantrag (§ 696 I 1) gestellt werden. Die sachl Zuständigkeit richtet sich dann nach dem Wert des str gebliebenen Teils (Celle NJW-RR 2002, 1079, 1080). Der Antrag kann auch aus freien Stücken beschränkt werden (zB Ermäßigung des ursprüngl verlangten Zinssatzes; Aufnahme von außergerichtl eingeräumten Zahlungsfristen in den VB). Für den nicht mehr geltend gemachten Betrag tritt keine Erledigung der Hauptsache ein (KG MDR 83, 323; aA Hofmann Rpfleger 82, 325, 326). Ein **Mehr ggü dem MB kann**, von den Kosten abgesehen, **in den VB nicht aufgenommen** werden.

10 **c) Kosten des Mahnverfahrens, nachträgliche Festsetzung (§ 699 III).** Bei herkömmlicher Bearbeitung der Mahnsachen hat der ASt die bisher entstandenen **Verfahrenskosten**, die **nach III 1 in den VB aufzunehmen** sind, betragsmäßig zu berechnen; **nicht aber bei maschineller Bearbeitung (III 2)**. Die seit dem MB angefallenen weiteren Kosten (zB für die Beantragung und Zustellung des VB, erstattungsfähige Anwaltsgeb [zB Einigungs- und Termingeb; s allg § 696 Rn 17] oder durch den zurückgenommenen Widerspruch beim Prozessgericht entstandene Kosten) können im Antrag auf Erlass des VB zusätzl beansprucht werden (KG NJW-RR 2001, 58; OLGR Stuttgart 2004, 181, 183; zum Rechtsmittel des ASt: s Rn 19; zur Abgrenzung bei Mehrkosten: s Rn 10a). Ist dies unterblieben, können die Kosten auch noch **nachträgl vom Mahngericht gem III 1 durch Ergänzung des VB tituliert** werden (BGH MDR 2009, 589 = NJW-RR 2009, 860 Tz 10). Später anfallende Kosten, zB für die Zustellung des VB im Parteibetrieb, können nach **§ 788 I** bei der ZwV mit beigetrieben werden. Auch Kosten, die schon vor oder bei Anbringung des MB-Antrags angefallen waren, in diesem aber nicht aufgeführt wurden, können noch im Antrag auf Erlass des VB geltend gemacht werden (BGH MDR 2009, 589 = NJW-RR 2009, 860 Tz 12). Für die gesamten Kosten des Mahnverf kann ab Erlass des VB **entspr § 104 I 2 Verzinsung** iHv 5 Prozentpunkten über dem jew Basiszinssatz verlangt werden (MK/Schüler Rn 18; zur Zuständigkeit für den nachträgl Antrag: s Rn 10a). Nach der Begleichung der Hauptforderung durch den Sch kann ein VB nur über die Kosten des Verf ergehen, um über den Einspruch eine str Kostenentscheidung (zB entspr § 93) zu ermöglichen (vgl KG MDR 83, 323).

10a **d) Kostenentscheidung und Zuständigkeit in Sonderfällen.** Bei **Teilwiderspruch** sind im Teil-VB nur die durch Letzteren entstandenen ausscheidbaren Kosten aufzunehmen (Grds der Einheit der Kostenentscheidung;

str, ebenso OLGR Köln 2007, 67; LG Hagen Rpfleger 90, 518; aA LG Coburg JurBüro 2002, 198 f; Fritzsche Rpfleger 2001, 581; Blechinger Rpfleger 2009, 625, 626 f [für Kostenwiderspruch]); die Kosten des MB sind Teil der Kosten des Rechtsstreits (§ 696 I 5, § 281 III 1; AG Hannover MDR 2020, 249). Sind bei **zurückgenommenem Widerspruch** im Streitverf wegen einer Erweiterung des Streitgegenstandes (zB in Form einer zwischenzeitl zurückgenommenen Klageerweiterung oder Widerklage) abw von Rn 10 **Mehrkosten** entstanden, bedarf es einer vom Streitgericht zu treffenden Kostengrundentscheidung, auf deren Grundlage eine ergänzende Kostenfestsetzung zu III 1 stattfindet (vgl OLGR Stuttgart 2004, 181, 183 f). Wird nach Abschluss des Mahnverf durch VB ein **Antrag auf nachträgl Festsetzung der Verzinsung der Verfahrenskosten** (s Rn 10) gestellt, dürfte auch dafür auf Grund seiner umfassenden Kompetenz (I 1) das *Mahngericht* zuständig sein (Konsequenz aus BGH MDR 2009, 589 = NJW-RR 2009, 860; aA BayObLG MDR 2005, 769 = NJW-RR 2005, 1012 [jedoch „nicht tragend“: dazu BGH MDR 2009, 589 = NJW-RR 2009, 860 Tz 7]). Das *hypothetische Prozessgericht* als Gericht des 1. Rechtszuges, nicht das Mahngericht, ist aber zuständig für die **Festsetzung der RA-Kosten** gem § 11 RVG (vgl BGH MDR 91, 998 = NJW 91, 2084 [noch zu § 19 II 2 BRAGO] durch BGH MDR 2009, 589 = NJW-RR 2009, 860 nicht überholt [s dort Tz 6]); zur **Kostenfestsetzung des Titelumschreibungsverf** gem § 727: s Rn 11.

II) Zuständigkeit. Zuständig für den Erlass des VB ist das **AG, das den MB erlassen hat (I 1).** Voraussetzung ist, dass das Mahngericht zuständig war (§ 689 II, III); denn ein von einem unzuständigen Gericht erlassener MB kann nicht Grundlage eines VB sein, weder für das Mahngericht selbst noch für irgendein anderes – an sich zuständiges – Gericht (vgl BGH MDR 90, 222 = NJW 90, 1119). **I 3** begründet aus prozessökonomischen Gründen auch die (nicht ausschließl) **Zuständigkeit des mit der Sache befassten Prozessgerichts** (sa § 697 Rn 12). Funktionell zuständig ist der Rpfleger (§ 20 I Nr 1 RPflG). Der in I 3 ausdrückl genannten *Abgabe* (§ 696 I) stehen die *Verweisung* und *Weiterverweisung* (§ 696 V, § 281) gleich. Die Zuständigkeit nach I 3 **tritt ein**, wenn das Streitverf durch Rücknahme von Streitantrag (§ 696 IV) bzw Widerspruch (§ 697 IV) endet und sich als Mahnverf fortsetzt (sa § 696 Rn 2). I 3 gilt auch dann, wenn sich der äußerl ordnungsgemäße Widerspruch nachträgl als unwirksam herausstellt (BGH MDR 98, 304 = NJW 98, 235); nicht aber, wenn die Abgabe oder (Weiter-)Verweisung (ausnahmsw) wirkungslos ist. Bsp: Fehlen der Abgabevoraussetzungen mangels Widerspruchs (str, ebenso OLG München MDR 88, 871 = NJW-RR 89, 128; MskV/Voit Rn 4; aA StJ/Berger Rn 9; offen gelassen BGH MDR 98, 304 = NJW 98, 235). **Abgrenzung:** Hat nach der Abgabe gem § 700 III 1 ein Zwischenstreit vor dem Streitgericht mit einer Scheinpartei stattgefunden (s § 700 Rn 9), ist das Mahngericht für die Zustellung des VB an die „wahre“ Partei zuständig (BGH MDR 95, 1163 = NJW-RR 95, 764, 765). Das Mahngericht ist auch zuständig für die Erteilung der Vollstreckungsklausel bei einer Titelumschreibung gem § 727 (s § 796 Rn 1; zur maschinellen Bearbeitung: s § 703b Rn 1). Dagegen ist nach der Abgabe das Prozessgericht als Gericht des 1. Rechtszuges für die Erteilung einer 2. Ausfertigung des VB gem § 724 II zuständig (BGH MDR 2007, 364 LS = NJW-RR 2006, 1575). 11

III) Entscheidung. 1) Prüfung. Der Rpfleger hat erneut zu prüfen, ob das Mahnverf zulässig ist. Seine Prüfungskompetenz ist dieselbe wie bei Erlass des MB (iE s § 690 Rn 25; § 691 Rn 1, 2); zusätzl Akteninhalt darf er berücksichtigen (OLG Karlsruhe Rpfleger 87, 422; LG Stuttgart Rpfleger 88, 534). Die durch den MB erfolgte stillschweigende Bejahung der Zulässigkeitsvoraussetzungen bindet für den VB nicht. War der MB (teilw) zu Unrecht ergangen, so darf insoweit kein VB erlassen werden (hM, BGH MDR 90, 222 = NJW 90, 1119 mwN). Der **MB muss sich** auch sonst **als Grundlage für den VB eignen**. Daran fehlt es, wenn er nicht ordnungsgemäß zugestellt wurde und der Fehler nicht nach § 189 geheilt ist oder wenn er bereits nach § 701 kraftlos geworden ist. Regelmäßig darf der VB nicht für oder gegen andere Parteien ergehen als die im MB genannten (MK/Schüler Rn 40); zu den Sonderfällen der Rechtsnachfolge unter Lebenden, des Todes oder der Insolvenz einer Partei: s vor § 688 Rn 8 ff. Eine **ungenaue oder unrichtige Parteibezeichnung** im MB darf im VB gem **§ 319 berichtigt** werden (OLG München MDR 90, 60 mwN; zT abw MK/Schüler Rn 40 [Berichtigung iSv § 264 Nr 1]), wenn die Identität zweifelsfrei feststeht; eine neue Partei anstelle der bisherigen darf im Wege der Berichtigung jedoch nicht eingeführt werden (vgl OLG Düsseldorf MDR 77, 144). Ist ein **VB gegen Gesamtschuldner** ergangen und sind die **Ausfertigungen miteinander verbunden** worden, steht es dem Gl nicht frei, den verbundenen Titel zu trennen (str, ebenso AG Wilhelmshaven DGVZ 79, 189; aA AG Arnsberg DGVZ 79, 188; AG Montabaur DGVZ 86, 91; LG Marburg DGVZ 86, 77 mwN; MskV/Voit § 700 Rn 2; MK/Schüler § 700 Rn 5; sa § 703c Rn 12); *besteht eine solche Verbindung nicht*, ist für die Vollstr gegen einen Gesamtschuldner die Vorlage sämtl Titel nicht erforderl (LG Stuttgart DGVZ 83, 59 f; MskV/Voit § 700 Rn 2 mwN). Zu prüfen ist weiter, ob die **Widerspruchsfrist abgelaufen** ist und ggf ein verspäteter Widerspruch vorliegt, inwieweit ein Teilwiderspruch Raum für den VB lässt, ob der Antrag auf VB in der vorgeschriebenen Form (§ 703c II) und fristgemäß (§ 701) angebracht ist und ob er die erforderl Angaben enthält (s Rn 8 ff). Bei behebbaren Mängeln ist der ASt, ggf unter Fristsetzung, zur Beseitigung aufzufordern (KG MDR 2009, 1063 = NJW 2009, 3247); wenn der Mangel nicht behoben wird oder nicht behoben werden kann, ist der Antrag zurückzuweisen (sa Rn 18). 12

2) Form des Vollstreckungsbescheids (§ 699 II). Ist der Antrag zulässig, wird der **VB unter Verwendung des vorgeschriebenen Formulars** erlassen und vom Rpfleger unterzeichnet. Fehlt die Unterschrift oder lässt sie keine individuellen Züge erkennen, liegt keine ordnungsgemäße Ausfertigung des VB vor (OLG München 13

NJW 82, 2783); dieser Mangel kann nicht nachträgl beseitigt werden (OLG München MDR 83, 675 f). Nach II kann der **VB auf den MB gesetzt** werden. Bei maschineller Bearbeitung wird er selbständig ausgedruckt; dann entfällt die Unterschrift; das Gerichtssiegel, das bereits eingedruckt sein kann, genügt (§ 703b I). Mit Erlass des VB (zum Zeitpunkt: BGH MDR 82, 557 = NJW 82, 888, 889), nicht erst mit Zustellung, gilt die Sache rückwirkend auf den Zeitpunkt der MB-Zustellung bezogen als **rechtshängig** geworden (§ 700 II).

14 **3) Rechtsbehelf gegen Vollstreckungsbescheid.** Gegen den VB steht dem **Ag** wie gegen ein VU **nur** der **Einspruch** zu (§ 700 I iVm § 338; Ausnahme: § 703a II Nr 4, weil dort die Sache auch ohne Einspruch ins str Verf übergeht), keine Rechtspflegererinnerung (§ 11 III 2 RPflG) bzw UdG-Erinnerung (§ 573). Nur Einspruch ist daher gegeben, wenn der VB zu Unrecht erging, zB weil der ASt die rechtzeitige Zahlung des Ag entgegen I 2 Hs 2 nicht mitgeteilt hat (s Rn 4). Ein übersehener Widerspruch und ein Widerspruch, der erst nach Hinausgabe des VB bei Gericht eingeht, werden als Einspruch behandelt (§ 694 II). **Über den Einspruch ist der Ag mit der Zustellung des VB zu belehren** (**V** iVm § 232; sa Rn 15). Wird der VB formell rechtskräftig, erwächst er auch in (beschränkte) mat Rechtskraft (iE s § 700 Rn 15 ff). Zur zeitl Grenze für **Einwendungen gg den Anspruch in der ZwV:** s § 796 II.

15 **IV) Zustellung des Vollstreckungsbescheids mit Rechtsbehelfsbelehrung (§ 699 IV, V). 1) Verfahren.** Der VB wird dem **Ag** idR **vAw zugestellt** (**IV 1**). Zuständig für die Zustellung bleibt stets das Gericht (GeschSt), das den VB erlassen hat (vgl BAG MDR 83, 85 = NJW 83, 472). Bei Zustellungsmängeln kommt eine Amtshaftung in Betracht (BGH MDR 90, 32 = NJW 90, 176). Der ASt erhält eine mit einer Zustellungsbescheinigung versehene Ausfertigung des VB übersandt, die ihn zur ZwV ermächtigt. Eine Vollstreckungsklausel ist nur ausnahmsweise notw (vgl § 796 I; ferner § 31 AVAG [Vollstr in einem AVAG-Staat]). Die **Amtszustellung unterbleibt** (**IV 1 Hs 2**), wenn der **ASt** die **Zustellung** selbst **im Parteibetrieb** (durch Beauftragung eines GV) veranlassen will (§§ 191 ff; dazu BAG MDR 83, 85 = NJW 83, 472), etwa um zugleich mit der Zustellung die ZwV betreiben zu können (§ 750 I). Die Amtszustellung ist nicht von der Vorauszahlung der Zustellungsauslagen abhängig. Unterbleibt die Amtszustellung, wird dem ASt eine Ausfertigung des VB ausgehändigt. Wegen des für den VB eingeführten **Formularzwangs** (s § 703c Rn 12) muss es sich um das **amtl Formular mit der auf der Rückseite aufgedruckten Rechtsbehelfsbelehrung** handeln; die Zustellung (nur) einer begl Kopie der Vorderseite des VB ohne Rechtsbehelfsbelehrung an den Ag verstößt gegen den ges vorgeschriebenen Belehrungszwang (**V iVm § 232**) und führt idR zur WE bei Versäumung der Einspruchsfrist (§ 233 S 2). Die GeschSt des **Gerichts, das den VB erlassen hat, vermittelt nicht die Beauftragung eines GV** (**IV 2 Hs 2**); Vermittlung durch die GeschSt des AG, in dessen Bezirk die Zustellung erfolgen soll, bleibt aber mögl (§ 192 S 2). Die Parteizustellung steht in ihren Wirkungen der Amtszustellung gleich, durch sie wird insb die Einspruchsfrist (§ 700 I, § 339) in Lauf gesetzt (OLG Koblenz MDR 81, 235 = NJW 81, 408). Der ASt, der auf eine Amtszustellung verzichtet, behält damit auch die Möglichkeit, von der Zustellung des VB vorerst oder ganz abzusehen, etwa weil er mit einer gütl Einigung rechnet. Dann kommt das Verf zum Stillstand (OLG München OLGZ 76, 189); zur verjährungsrechtl Bedeutung: s BayVerfGH NJW 88, 1372, 1373 mwN; OLG München OLGZ 76, 189.

16 **2) Öffentliche Zustellung.** Anders als beim MB (§ 688 II Nr 3) ist eine solche beim VB mögl, insb wenn der Ag inzwischen unbekannten Aufenthalts ist (§ 185). Um die Bewilligung (§ 186 I) ist bei dem mit dem Mahnverf befassten Gericht (**IV 3**) nachzusuchen; das ist idR das Gericht, das den VB erlassen hat; zuständig dafür ist der Rpfleger (§ 4 I, § 20 I Nr 1 RPflG). Durchgeführt wird die öffentl Zustellung nach § 186 II 1-3 bei dem Gericht, das im MB als Streitgericht angegeben wurde (IV 3 iVm § 692 I Nr 1, § 690 I Nr 5; sa MskV/Voit Rn 7).

17 **3) Weitere Besonderheiten. a)** Der VB ist idR ohne **Vollstreckungsklausel** vollstr (vgl § 796 I; auch im EU-Bereich: Art 39 Brüssel Ia-VO, s iÜ §§ 1110 f); Ausnahmefälle zB: § 727 I; § 31 AVAG. Zuständig für die Erteilung ist das AG (Rpfleger), das den MB erlassen hat (sa Rn 11). – **b)** Der VB kann auch **im Ausland zugestellt** werden (iE BGH MDR 87, 228 = NJW 87, 592); anders als der MB (§ 688 III) auch außerhalb der AVAG-Staaten. Zur Festsetzung der Einspruchsfrist in beiden Fällen: s § 339 II. Zur Zustellung des EuZB: s Art 13-15 EuMahnVO. – **c) Zustellung an unerkannt Prozessunfähigen.** Die Gefahr ist im Mahnverf wegen der beschr Prüfungsmöglichkeiten bes groß (Sujecki NJW 2008, 2126); gem **§ 170 I 2** wird die Einspruchsfrist aber nicht in Gang gesetzt (aA BGH MDR 2014, 856 LS = NJW 2014, 937 Tz 14 ff mwN; diese Auffassung ist schon wegen des klaren Wortlauts von § 170 I 2 nicht überzeugend: sa MK/Schüler Rn 62; Sujecki NJW 2008, 2126). – **d)** Die **Rechtsbehelfsbelehrung (V) auf der Rückseite des VB** ist zul (sa Rn 15; § 700 Rn 8).

18 **V) Zurückweisung des Antrags auf Erlass des Vollstreckungsbescheids und Rechtsbehelfe. 1) Verfahren.** Ergibt die Prüfung nach Rn 12, dass der VB (teilw) nicht erlassen werden kann, hat der Rpfleger (§ 20 I Nr 1 RPflG) den Antrag (insoweit) zurückzuweisen. Der **Beschluss** ist dem **ASt** gem § 329 III **zuzustellen** (ebenso MskV/Voit Rn 5); eine Mitteilung an den Ag ist nicht geboten, da er auch vom VB-Antrag gem § 702 III keine Kenntnis erhielt (MK/Schüler Rn 31). Dem ASt steht **gegen die Zurückweisung** die **sof Beschwerde** nach § 11 I RPflG iVm § 567 I Nr 2 zu. Zum weiteren Verf: s § 691 Rn 9. Bei endgültiger Zurückweisung des Antrags auf Erlass eines VB wird der MB wirkungslos (§ 701 S 2). Über die sof Beschwerde ist der **ASt** zu **belehren** (§ 232).

19 **2) Teilweise Zurückweisung des Antrags.** Bei einer solchen durch **Absetzung geltend gemachter Kosten** ist dem ASt eine Ausfertigung des die Absetzung enthaltenden VB förml zuzustellen. Dem ASt steht dagegen die

sof Beschwerde (**Kostenbeschwerde**) nach § 104 III 1 iVm § 11 I RPflG, § 567 I Nr 2, II zu (vgl OLGR Stuttgart 2004, 181, 182 f mwN), uU (s § 567 II) die befristete Erinnerung (§ 11 II 1 RPflG); für das Beschwerdeverf gilt § 702 III (s § 702 Rn 7). Die Rechtsbehelfsbelehrung des ASt kann zusammen mit der Zustellung des VB in einer zusätzl Mitteilung erfolgen (V entspr).

VI) Gebühren. 1) Gericht: keine gesonderte Geb für das Verf über den VB und die Entscheidung. Dies ist mit der VerfGeb abgegolten. – Das gegen den Beschluss des Rpflegers, durch den der Antrag auf Erlass des VB zurückgewiesen wird (s Rn 18), gegebene Beschwerdeverf wird nach 1812 GKG-KV abgerechnet. – **2) RA:** Für die Vertretung des ASt im Verf über den Antrag auf Erlass eine VB fällt eine weitere VerfGeb von 0,5 an (3308 RVG-VV). Sie setzt voraus, dass innerhalb der Widerspruchsfrist kein oder nur ein gem § 703a II Nr 4 beschränkter Widerspruch erhoben wurde. – Die Anwendung von 1008 RVG-VV (Gebührenerhöhung bei Mehrvertretung) ist eingeschränkt (3308 aE RVG-VV). – Keine Anrechnung der Geb 3308 RVG-VV auf die VerfGeb für einen nachfolgenden Rechtsstreit. 20

§ 700 Einspruch gegen den Vollstreckungsbescheid

(1) Der Vollstreckungsbescheid steht einem für vorläufig vollstreckbar erklärten Versäumnisurteil gleich.

(2) Die Streitsache gilt als mit der Zustellung des Mahnbescheids rechtshängig geworden.

(3) [1]Wird Einspruch eingelegt, so gibt das Gericht, das den Vollstreckungsbescheid erlassen hat, den Rechtsstreit von Amts wegen an das Gericht ab, das in dem Mahnbescheid gemäß § 692 Abs. 1 Nr. 1 bezeichnet worden ist, wenn die Parteien übereinstimmend die Abgabe an ein anderes Gericht verlangen, an dieses. [2]§ 696 Abs. 1 Satz 3 bis 5, Abs. 2, 5, § 697 Abs. 1, 4, § 698 gelten entsprechend. [3]§ 340 Abs. 3 ist nicht anzuwenden.

(4) [1]Bei Eingang der Anspruchsbegründung ist wie nach Eingang einer Klage weiter zu verfahren, wenn der Einspruch nicht als unzulässig verworfen wird. [2]§ 276 Abs. 1 Satz 1, 3, Abs. 2 ist nicht anzuwenden.

(5) Geht die Anspruchsbegründung innerhalb der von der Geschäftsstelle gesetzten Frist nicht ein und wird der Einspruch auch nicht als unzulässig verworfen, bestimmt der Vorsitzende unverzüglich Termin; § 697 Abs. 3 Satz 2 gilt entsprechend.

(6) Der Einspruch darf nach § 345 nur verworfen werden, soweit die Voraussetzungen des § 331 Abs. 1, 2 erster Halbsatz für ein Versäumnisurteil vorliegen; soweit die Voraussetzungen nicht vorliegen, wird der Vollstreckungsbescheid aufgehoben.

I) Wirkungen des Vollstreckungsbescheids. 1) Versäumnisurteil (§ 700 I). Der VB steht einem für vorl vollstrb erklärten VU gg den Bekl (§§ 331, 708 Nr 2) gleich (I); nur der im Urkunden-(Wechsel-, Scheck-) Mahnverf auf entspr beschränkten Widerspruch des Ag (§ 703a II Nr 4) ergehende VB entspricht einem Vorbehaltsurteil (§ 599). Der VB ist **ab Zustellung** (auch Parteizustellung: s § 699 IV 1) nach § 750 ohne Weiteres **vollstrb** (§ 794 I Nr 4, § 796 I); bei Einspruch kann die **ZwV einstw eingestellt** werden (§ 719 I 1, § 707), bei Vorliegen der Voraussetzungen gem § 719 I 2 Hs 2 ohne Sicherheitsleistung, ohne dass zugleich § 707 I 2 erfüllt sein muss (str, dazu Müssig ZZP 98 [1985], 324 mwN). Der VB bedarf nur ausnahmsweise einer **Vollstreckungsklausel** (§ 796 I; sa § 699 Rn 17). Mit Erlass, nicht erst mit Zustellung, tritt **Rechtshängigkeit** ein (Fischer MDR 2000, 301, 303; Folge: § 261 III Nr 2; iE str, zum Meinungsstand: BayObLGR 2002, 221, 222); sie wird nach **II** auf den **Zeitpunkt der MB-Zustellung zurückbezogen** (vgl iÜ § 696 Rn 8). Zur Zuständigkeit für die Erteilung des VB: s § 699 Rn 11; zur Zustellung des VB: s § 699 Rn 15 ff. Legt der Ag gegen den VB nicht fristgemäß Einspruch (s Rn 2 ff) ein, wird er formell rechtskräftig. Der VB unterliegt der **Vollstreckungsgegenklage** (§ 794 I Nr 4, § 795, § 767 I, II, § 796 II, III) und der **Wiederaufnahmeklage** (vgl § 584 II); zust ist jew das fiktive Streitgericht (dazu OLGR Hamburg 2005, 803 f). Die ges Regelung geht damit von der mat Rechtskraft des VB aus. Zur **Rechtskraftproblematik:** s Rn 15 ff. 1

2) EuVTVO. Der VB fällt in den Anwendungsbereich der **VO zur Einführung eines europ Vollstreckungstitels für unbestrittene Forderungen** (EuVTVO; allg Rellermeyer Rpfleger 2005, 389; Wagner NJW 2005, 1157). Zust Gericht für die erforderl Bestätigung als europ Vollstreckungstitel ist das AG als Gericht des 1. Rechtszuges iSv §§ 1079, 724; funktionell zuständig ist der Rpfleger. 1a

II) Einspruch. 1) Allgemeines; Einlegung. Formulierungsvorschlag: Vorwerk/Riedel, PFB, M 9.1 (Einspruch). **a)** Dem (zu belehrenden: s Rn 8) Ag steht (außer im Fall des § 703a II Nr 4) **gegen den VB nur Einspruch** zu, die Erinnerung ist ausgeschlossen (§ 11 III 2, § 36b III RPflG). Der Einspruch findet daher (auch) statt, wenn der VB nicht hätte erlassen werden dürfen, zB weil die MB-Zustellung mangelhaft war (vgl BGH MDR 84, 122 = NJW 84, 57 f); aber auch dann, wenn der gegen den MB erhobene Widerspruch wieder zurückgenommen wurde (§ 697 IV, § 699 I 3). 2

b) Frist. Der Einspruch ist innerhalb einer **Notfrist** von **2 Wochen** ab (wirksamer: vgl BGH MDR 88, 766 = NJW 88, 2049 [auch an nicht erkennbar prozessunfähige Partei]; s dazu aber § 699 Rn 17) Zustellung einzulegen (§ 339 I); wenn die Zustellung im Ausland (§§ 183, 1067 ff) oder durch öffentl Bekanntmachung erfolgen 3 muss, wird die Einspruchsfrist nach § 339 II durch bes Beschluss bestimmt. WE ist mögl (§ 233 S 1 iVm § 339 I Hs 2). Der Einspruch kann schon vor Zustellung des VB eingelegt werden. In **Beitragssachen zur privaten Pflegeversicherung** gilt ebenfalls die **2-Wochenfrist** (§ 182a II 2 SGG iVm § 700 I, § 339 I). Im **arbeitsgerichtl Mahnverf** beträgt die Frist **1 Woche** (§ 46a I 1, § 59 S 1 ArbGG iVm § 700 I), im **EuMahnverf** (Einspruch gegen EuZB) hingegen **30 Tage** (Art 16 II EuMahnVO).

4 **c) Adressat und Form. aa)** Die Einspruchsschrift ist an das **Gericht** zu richten, **das den VB erlassen hat (III 1** iVm § 340 I; sa Rn 12); die erforderl Anzahl von Abschriften soll beigefügt werden (§ 340a S 3; Ausnahme: Einspruchsschrift wird als elektron Dokument übermittelt [§ 340a S 4]).

5 **bb)** Für die **Form des Einspruchs** – ein **Formular** ist **nicht eingeführt** – gelten keine strengeren Anforderungen als für die des Widerspruchs, da ein verspäteter Widerspruch als Einspruch behandelt wird (§ 694 II 1), der Einspruch noch zum Mahnverf gehört und damit nicht dem Anwaltszwang unterliegt (s Rn 6). Bei schriftl Einlegung des Einspruchs ist eigenhändige **Unterzeichnung nicht unbedingt erforderl** (vgl OLGR Celle 2006, 811; MskV/Voit Rn 4 mwN; **aA BGH** MDR 87, 930 = NJW 87, 2588 mwN; LAG BadWürtt NZA 94, 575 f), insb ist Einlegung durch **Telegramm**, **Fernschreiben**, (Computer-)**Fax** oder **eMail** zulässig (vgl BGH MDR 86, 846 = NJW 86, 1759 [Fernschreiben]; BGH MDR 2000, 1089 = NJW 2000, 2340 [Computerfax]; LG Köln NJW 2005, 79 [Einspruch gegen VU mit nicht unterschriebenem Fax]). Die **Erleichterungen des § 702 I** finden Anwendung. Gegen eine **fernmündl Einlegung** ggü dem UrkB der GeschSt bestehen aber nicht zuletzt wegen der damit verbundenen Rechtsunsicherheiten durchgreifende **Bedenken** (str, ebenso MskV/Voit Rn 4; sa BGH MDR 81, 596 = NJW 81, 1627; OLG Schleswig ZIP 84, 1017; MK/Schüler Rn 16; aA BGH MDR 80, 232 = NJW 80, 1290 [für Einspruch gem § 67 OWiG]).

6 **d)** Der **Einspruch** kann **anwaltsfrei** erklärt werden, auch wenn er sich gegen einen gem § 699 I 3 vom Rpfleger des LG erlassenen VB richtet (str, ebenso MK/Schüler Rn 18 mwN; MskV/Voit Rn 4; aA Crevecoeur NJW 77, 1320, 1324). Denn mit der Rücknahme des Widerspruchs, der zur Abgabe an das LG geführt hatte, war das str Verf beendet und das Mahnverf lebte wieder auf (sa § 697 Rn 12); der Erlass des VB und der Einspruch gehören dagegen zum Mahnverf, das zum 2. Mal erst endet, wenn die Sache auf den Einspruch hin vom Rpfleger (§ 20 I Nr 1 RPflG) abermals ins str Verf abgegeben wird. Wegen der Zugehörigkeit zum Mahnverf reicht bei einem Bevollmächtigten, der gegen einen gem § 699 I 3 erlassenen VB Einspruch einlegt, die Versicherung seiner Vollmacht (§ 703 S 2) aus, auch wenn er nicht RA ist.

7 **e) Inhalt, Beschränkung.** Notw Angaben: **§ 340 II.** Abw von § 340 III ist eine **Begründung nicht vorgeschrieben (III 3)**. Der Einspruch kann **auf einen Teil** des durch den VB zugesprochenen Anspruchs **beschränkt** werden, auch auf Nebenforderungen, dgl auf die Kosten als solche (OLGR Stuttgart 2004, 181, 183; OLGR Naumburg 2004, 395; MK/Schüler Rn 21, hM). Gegen den **Ansatz von Kosten** ist auch für den Ag die **sof Beschwerde (Kostenbeschwerde)** nach § 11 I RPflG iVm § 104 III 1 gegeben (str, ebenso MK/Schüler § 699 Rn 67; MskV/Voit Rn 4; aA PG/Sommer Rn 5 [nur Einspruch]; iÜ sa § 699 Rn 19). Bei unklaren Eingaben des Ag ist deren Bedeutung aufzuklären.

8 **f)** Eine **Rechtsbehelfsbelehrung über den Einspruch** war früher durch I iVm § 338 S 2 aF vorgeschrieben und durch den Formularzwang (§ 703c) näher ausgestaltet; das amtl Formular für den VB sieht auf der Rückseite ausf Hinweise auf den Einspruch vor (s Vordruck-VO v 18.7.1991, BGBl I 1991, 1547; sa Thiele MDR 2010, 177, 181). Die Einführung der Rechtsbehelfsbelehrung (**§ 232**) hat an der Rechtslage im Mahnverf daher nichts geändert. Durch **§ 699 V** („zusammen mit“) ist sichergestellt, dass die Belehrung über den Einspruch nicht im VB selbst enthalten sein muss, sondern auch auf der Rückseite des VB erfolgen kann (BTDrs 17/10490, 15); zur Sicherung des Formular-(Belehrungs-)zwangs bei der Parteizustellung: s § 699 Rn 15.

9 **2) Verhältnis zu anderen Rechtsbehelfen. a)** Zur Behandlung des **Widerspruchs als Einspruch:** s § 694 Rn 6, 10. – **b)** Für die Entscheidung des **Zwischenstreits mit der Scheinpartei**, die gegen den ihr zugestellten VB „Einspruch“ eingelegt hat, ist das Streitgericht zust (BGH MDR 95, 1163 = NJW-RR 95, 764 f). Stellt sich die Identität mit der „wahren“ Partei heraus, nimmt das Verf seinen Fortgang; ist an eine Scheinpartei zugestellt worden, ist das Mahngericht für die Zustellung des VB an die „wahre“ Partei zuständig (s § 699 Rn 11).

10 **c) Rechtsbehelfe der ZwV und des materiellen Rechts.** Nach Rechtskraft des VB (s Rn 15 ff) können den Mahnanspruch selbst betr Einwendungen mit der **Vollstreckungsgegenklage** nur noch geltend gemacht werden, wenn sie nach der Zustellung des VB entstanden sind (**§ 796 II, § 767**, uU iVm **§ 79 II BVerfGG**, vgl LG Köln ZIP 99, 920; aA [jedoch nicht überzeugend] BGH MDR 2002, 1334 = NJW 2002, 2940); örtl *zuständig ist das fiktive Streitgericht* (§ 796 III), bei mehreren Gerichtsständen hat der Kl die Wahl (§ 35); eine Bindung an die im MB-Antrag getroffene Zuständigkeitswahl (sa § 690 Rn 18) besteht nicht (OLGR Karlsruhe 2003, 246); die sachl Zuständigkeit gem § 796 III iVm § 23 Nr 1 GVG richtet sich nach dem (ggf beschränkten) Klagebetrag, nicht notw nach der vollen Titelsumme (OLG Celle NJW-RR 2002, 1079; sa § 699 Rn 9); ferner kommt ausnahmsweise eine **Durchbrechung der Rechtskraft aus mat-rechtl Gründen** (zB **§§ 138, 826 BGB**) in Frage *(s Rn 15 ff). Hinsichtl aller anderen Einwendungen* ist **Einspruch** geboten, insb in den Fällen der Zahlung durch Banküberweisung kurz vor Fristablauf, deren Eingang der ASt im VB-Antrag nicht berücksichtigen konnte (sa § 699 Rn 4). Die Praxis lässt für die **vorl Einstellung der ZwV gem § 775 Nr 4, 5** den urkundl Zah-

lungsnachweis genügen, indem der Zeitpunkt des „Urteilserlasses" demj des Erlasses des MB gleichgestellt und § 796 II nicht angewendet wird (vgl LG Kiel DGVZ 83, 24; MK/K. Schmidt/Brinkmann § 775 Rn 23; str, iE dazu Bittmann ZZP 97 [1984], 32, 42 ff mwN).

3) Rücknahme, Verzicht. Formulierungsvorschlag: Vorwerk/Riedel, PFB, M 9.2 (Einspruchsrücknahme). Der Einspruch kann **zurückgenommen** werden (§ 346): wie beim Widerspruch ohne Zustimmung des ASt **bis zum Beginn der mündl Verh des Ag (Bekl) zur Hauptsache** (**III 2** iVm § 697 IV 1, § 137 I); die Rücknahme kann schriftl oder zur Niederschrift der GeschSt erklärt werden (III 2 iVm § 697 IV 2), deswegen besteht hierfür auch vor dem LG **kein RA-Zwang** (LG Bonn NJW-RR 86, 223 f; Fischer MDR 94, 124, 126; sa § 697 Rn 11). Auf den Einspruch kann **analog § 515 verzichtet** werden (§ 700 I iVm § 346; auch schon vor Erlass des VB: BGH MDR 2021, 828 Tz 19). Zum Kosten- und Verlustigkeitsbeschluss: s §§ 346, 516 III. 11

III) Überleitung ins Streitverfahren (§ 700 III). 1) Abgabeverfahren. Der Einspruch leitet – anders als der Widerspruch (§ 696 I 1) – ohne Weiteres ins str Verf über (**III 1**). Der Rpfleger, der den VB erlassen hat, gibt die Akten (bei maschineller Bearbeitung den Aktenausdruck: III 2 iVm § 696 II) vAw an das im MB gem § 692 I Nr 1, § 690 I Nr 5 bezeichnete Gericht ab; in den Fällen von § 698 und § 703d ggf an die für das Streitverf zust Abteilung des eigenen Gerichts; im Fall von § 699 I 3 an die zuvor tätig gewordene Spruchabteilung. **Benennen die Parteien übereinstimmend ein anderes** als das im MB bezeichnete **Gericht**, ist an dieses abzugeben (III 1 letzter Hs). Die Zulässigkeit des Einspruchs ist bei der Abgabe nicht zu prüfen; sie obliegt dem Empfangsgericht. Die Abgabe ist den Parteien mitzuteilen; sie ist nicht anfechtbar (III 2 iVm § 696 I 3). **2) Verfahren vor dem Empfangsgericht.** Mit dem Eingang beim Empfangsgericht ist die Sache dort anhängig (III 2 iVm § 696 I 4). Das Empfangsgericht hat die Einspruchsschrift dem bish ASt vAw zuzustellen (§ 340a S 1) und die Zulässigkeit des Einspruchs vAw zu prüfen (§ 341 I); bei Unzulässigkeit kann er ohne mündl Verh durch Urteil verworfen werden (§ 341 I, II); Anfechtung durch Berufung, bei inkorrekter Entscheidung (Beschluss) nach allg Grundsätzen (iE OLG Celle NJW-RR 2003, 647; OLGR Zweibrücken 2004, 440; OLGR Naumburg 2007, 1015). Wird die Zulässigkeit bejaht, hat die GeschSt den nunmehrigen Kl wie nach Widerspruch gegen den MB zur Begründung seines Anspruchs innerhalb von 2 Wochen aufzufordern, sofern eine Anspruchsbegründung nicht bereits vorliegt (III 2 iVm § 697 I). Weitere Einzelheiten: s Rn 13, 13a. **3)** Die durch eine **Verweisung** nach Abgabe an ein unzuständiges Gericht (III 2 iVm § 696 V; zur Verweisung nach § 17a GVG: OLG München MDR 2017, 899 [AG – ArbG]) entstandenen Mehrkosten hat der Kl zu tragen. **4) Besonderheiten beim SozG als Empfangsgericht** (sa § 688 Rn 11). Das Verf richtet sich nur nach dem SGG, unanwendbar sind §§ 341, 697, 700 III 2, 3, IV-VI (vgl BTDrs 13/9609, 12 f); bei seiner Entscheidung hat das SozG den VB zu beachten (§ 700 I, § 343 iVm § 182a II 2 SGG). 12

IV) Verfahren nach Eingang der Anspruchsbegründung (§ 700 IV). Es ist wie nach Eingang einer Klage zu verfahren (§§ 272 ff), dh der Vors wählt zwischen frühem 1. Termin (unten 2) und einem modifizierten schriftl Vorverf (unten 1), es sei denn, der Einspruch ist als unzulässig zu verwerfen (IV 1 Hs 2 iVm § 341; sa Rn 12). **1) Modifiziertes schriftliches Vorverfahren.** Abw zum Verf nach Widerspruch (s § 697 Rn 9) kann im schriftl Vorverf **kein VU gem § 331 III** ergehen: Nach **IV 2** ist die Anwendung von § 276 I 1, 3, II ausdrückl ausgeschlossen; eine Anzeige der Verteidigungsabsicht unter Fristsetzung kann von dem Bekl daher nicht gefordert werden; folglich hat auch eine Belehrung gem § 276 II zu unterbleiben. **Grund:** Ein VU in diesem Verfahrensstadium wäre 2. VU, da nach I der VB einem (1.) VU gleichsteht. Der Bekl soll aber nicht mit den Wirkungen eines 2. VU nach § 345 überzogen werden (kein weiterer Einspruch, eingeschränkte Berufung gem § 514 II), solange er nicht die Möglichkeit hatte, seine Rechte in einer mündl Verh geltend zu machen (vgl OLG Nürnberg MDR 96, 311 = NJW-RR 96, 58 mwN). Bei der Wahl des schriftl Vorverf hat das Gericht dem Bekl daher ledigl eine Frist von mind 2 Wochen zur Klageerwiderung zu setzen (**IV 1, 2** iVm § 276 I 2) und nach Ablauf der Frist Termin zu bestimmen, in dem ggf der Einspruch durch 2. VU gem § 700 I iVm § 345 verworfen werden kann (s Rn 14). Ein unzulässigerweise bereits im schriftl Verf ergangenes 2. VU ist auf Berufung (§§ 345, 514 II) aufzuheben (OLG Dresden MDR 2008, 165; OLG Schleswig MDR 2007, 906, 907). – **2)** Keine Unterschiede bestehen bei der Wahl eines **frühen 1. Termins** zum Verf nach der Widerspruchseinlegung: dazu § 697 Rn 8. 13

V) Ausbleiben bzw nicht rechtzeitiger Eingang der Anspruchsbegründung (§ 700 V). Sofern der Einspruch nicht als unzulässig zu verwerfen ist (s Rn 12), hat der Vors **unverzügl Termin zur Verh** über den Einspruch und die Hauptsache zu bestimmen; abw von § 697 III 1 geschieht das **vAw**. Grund: Es liegt bereits ein vollstr Titel vor. Mit der Terminsbestimmung ist dem Kl eine Frist zur Anspruchsbegründung zu setzen, bei deren Versäumung § 296 I, IV gilt (V Hs 2 iVm § 697 III 2). Bei Unterbleiben der Terminsbestimmung kommt es zum Verfahrensstillstand, der aber nicht iSv § 204 II 2 BGB nF (= § 204 II 3 BGB aF) zum Ende der Verjährungshemmung führt (vgl BGH MDR 94, 1036 = NJW-RR 94, 889 f [zu § 211 II, § 213 BGB aF]); Grund: Prozessförderungspflicht liegt beim Gericht. 13a

VI) Säumnis des Beklagten (§ 700 VI). Bleibt der Einspruchsführer (nunmehrige Bekl) in der mündl Verh über den Einspruch und die Hauptsache aus, kommt **2. VU nach § 345** in Betracht. Neben dem Vorliegen der allg Prozessvoraussetzungen und der bes des Mahnverf sowie der verfahrensrechtl Zulässigkeit und Ordnungsmäßigkeit des VB (vgl BGH MDR 99, 1017 = NJW 99, 2599 f mwN) und der Zulässigkeit des Einspruchs setzt dieses VU voraus, dass das tatsächl mündl Vorbringen des Kl den Anspruch und damit die Aufrechterhaltung 14 des VB rechtfertigt (**VI** iVm § 331 I, II Hs 1); die bisher grds unterbliebene Schlüssigkeitsprüfung ist nun nachzuholen (BGH MDR 99, 1017 = NJW 99, 2599). Fehlt es an einer der genannten Voraussetzungen, ist der VB aufzuheben (**VI** Hs 2; vgl BGH MDR 99, 1017 = NJW 99, 2599); außerdem ist die Klage abzuweisen (MK/Schüler Rn 43). Liegen die Voraussetzungen dagegen vor, ist der Einspruch durch echtes VU zu verwerfen (§ 345); dagegen nur beschr Berufung (**§ 514 II**). In weiter Auslegung des Merkmals „Fall der Versäumung" kann die Berufung gegen ein den Einspruch verwerfendes VU auch auf die verfahrensrechtl Unzulässigkeit des VB gestützt werden (hM, BGH MDR 99, 1017 = NJW 99, 2599 mwN; OLG Nürnberg MDR 2013, 871 = NJW-RR 2013, 1337 f; MskV/Voit Rn 9), ebenso darauf, dass das technisch 2. VU nicht ergehen durfte (str, ebenso BGH MDR 91, 146 = NJW 91, 43, 45; aA [jedoch abzulehnen] OLG Hamm MDR 91, 796 = NJW 91, 1067; unterscheidend BAG MDR 95, 201). Ist der Einspruch zu Unrecht durch ein als „2. VU" bezeichnetes VU verworfen worden, ist nach dem Grds der Meistbegünstigung (s dazu iE vor § 511 Rn 30) außer dem Einspruch auch das Rechtsmittel der Berufung gegeben (BGH MDR 97, 495 = NJW 97, 1448 f mwN), ebenso im umgekehrten Fall eines weiteren (1.) VU anstelle eines „2." VU (iE BGH MDR 97, 495 = NJW 97, 1448 f). Bei unzulässigem Einspruch erfolgt keine Verwerfung gem § 345, sondern eine solche durch kontradiktorisches Endurteil (§ 341 I 2, II), auch bei Säumnis des Einspruchsführers (BGH MDR 95, 629 = NJW 95, 1561).

15 **VII) Materielle Rechtskraft des Vollstreckungsbescheids und Rechtskraftdurchbrechung. 1) Meinungsstand.** Die ZPO geht von der mat Rechtskraft des VB aus (sa Rn 1). Unter dem Eindruck massenhafter Titulierung von Ansprüchen aus sittenwidrigen Ratenkreditverträgen wurde zunehmend zweifelhaft, ob einem VB seit Abschaffung der Schlüssigkeitsprüfung noch dieselbe Rechtskraft zukommt wie einem VU. Der **BGH** hält dennoch in **stRspr** an der **hM** von der **vollen mat Rechtskraft des VB** fest (vgl BGH NJW 2005, 2991, 2994 mwN; **zust** zB WSch/Olzen Rn 16 ff; **krit** zB MskV/Voit § 688 Rn 2, § 700 Rn 3 mwN; StJ/Berger Rn 14), sieht sich aber zu Einschränkungen gezwungen (s Rn 16 ff). Das **BVerfG** hat dazu (soweit ersichtl) bisher noch nicht Stellung genommen (vgl BVerfG NJW 91, 2412, 2413; vermittelnd BVerfG NJW 93, 1125; BVerfG NJW-RR 93, 232 f).

16 **2) Eingeschränkte Rechtskraft und Fallgruppen der Rechtskraftdurchbrechung. a)** Im Gegensatz zum str Urteil, bei dem die Qualifizierung des geltend gemachten Anspruchs im ZwV- und InsVerf bindet, kommt dem VB als Titel ohne gerichtl Prüfung hinsichtl der Einordnung des geltend gemachten Anspruchs (zB als „Forderung aus vorsätzl begangener unerlaubter Handlung" iSv § 850f II, § 174 II, § 302 Nr 1 InsO; dazu BGH MDR 2014, 245 = NJW-RR 2014, 432) keinerlei Bindungswirkung zu (str, ebenso BGH MDR 2010, 352 = NJW 2010, 2210 Tz 7; BGH MDR 2011, 690 = NJW-RR 2011, 791 Tz 9; BGH MDR 2016, 851 = NJW 2016, 1663 Tz 9 ff [für § 850d I 1]; Gaul NJW 2005, 2894, 2895 – jew mwN). Ist für bestimmte Ansprüche durch eine Entscheidung des BVerfG eine „Inhaltskontrolle" geboten (zB durch die Bürgschaftsentscheidung: BVerfG NJW 94, 36; sa BVerfG JZ 2006, 968), kommt dem VB als Titel ohne gerichtl Prüfung nur eine geminderte Bestandskraft zu (vgl § 79 II 2, 3 BVerfGG in der Auslegung durch BVerfG JZ 2006, 968).

16a **b) Einzelne Fallgruppen. aa) Sittenwidrige Kreditverträge.** Der BGH lässt die Rechtskraftdurchbrechung gem § 826 BGB beim VB unter erleichterten Voraussetzungen zu, soweit eine wegen Sittenwidrigkeit nicht bestehende **Ratenkreditforderung** tituliert wurde (vgl BGH NJW 2005, 2991, 2994 mwN). Der bes Umstand iSd Rspr zu § 826 BGB zum „**Erschleichungstatbestand**" liegt allein in der Wahl des Mahnverf, wenn der Gl zum Zeitpunkt der Beantragung des VB erkennen konnte, dass bereits die gerichtl Schlüssigkeitsprüfung im Klageverf zur Ablehnung des begehrten Titels geführt hätte (BGH aaO mwN). Dies soll nicht gelten, wenn der Sch damals anwaltl vertreten war (BGH MDR 2002, 1334 = NJW 2002, 2940, 2943 mwN; krit Braun JZ 88, 48, 50; abl Prütting/Weth, Rechtskraftdurchbrechung bei unrichtigen Titeln, 2. Aufl 1994, Rn 220 ff). Der „**Ausnutzungstatbestand**" ist entgegen BGH (BGH MDR 91, 148 = NJW 91, 30; krit dazu Vollkommer NJW 91, 31 f; Grün MDR 91, 122) zu bejahen, wenn die Vollstr nur der Realisierung des sittenwidrigen Gewinns dient, was bei der **Überschreitung bestimmter Obergrenzen** der Fall ist (vgl OLG Frankfurt NJW-RR 96, 110, 111 [doppelter Bruttokreditbetrag]; OLG Nürnberg MDR 2002, 968 [Doppeltes der marktübl Kreditkosten und Verzugszinsen]; Brox/Walker, ZwVR, 12. Aufl 2021, § 44 Rn 34 mwN). In **Extremfällen** ist der **bes Umstand entbehrl** (so BGH MDR 88, 126 = NJW 87, 3256, 3258; Brox/Walker aaO; offen BGH MDR 2002, 1334 = NJW 2002, 2940, 2943; verneinend BGH MDR 91, 148 = NJW 91, 30 f [Überschreitung des Marktzinses um 120 %]; bejahend OLG Hamm NJW 91, 1361, 1362 [um fast 213 %]; LG Ellwangen Rpfleger 93, 453, 454 [um 272 %]; allg BGH MDR 92, 666 = NJW-RR 92, 1072, 1073 [„exorbitant hoher Vertragszins", 6-facher Schwerpunktzins]).

16b **bb) Sittenwidrige Bürgschafts- und Mithaftungsübernahmeverträge** mit vermögenslosen **nahen Angehörigen** bei **krasser finanzieller Überforderung** (vgl zur Frage der Sittenwidrigkeit: BVerfG NJW 94, 36; JZ 2006, 968; BGH MDR 2005, 699 = NJW 2005, 971; BGH MDR 2009, 1056 = NJW 2009, 2671 Tz 18; BGH MDR 2010, 219 f; zusammenfassend: Krüger NJW 2009, 3408) oder **Arbeitnehmern** (vgl BGH MDR 2004, 162 = NJW 2004, 161; Seifert NJW 2004, 1707) als Bürgen oder Mitschuldnern. Die **Unzulässigkeit der ZwV** im Einzelfall bejahend: OLG Nürnberg MDR 99, 1213; OLGR Düsseldorf 2007, 498 (§ 794 I Nr 5); verneinend: BGH MDR 2002, 1334 = NJW 2002, 2940, 2943 (VU; wohl überholt durch BVerfG JZ 2006, 968); OLGR Celle 2004, 311, 313 (jedoch für Erleichterung ggü Urteil); OLGR Stuttgart 2005, 864.

16c **cc) Sonstige sittenwidrige Verträge.** Eine weitere Fallgruppe bilden **unseriöse Gewinnzusagen** (§ 661a BGB) und **erschlichene Vergütungsansprüche gegen Verbraucher**, die – Teil der sittenwidrigen (nach BGH MDR

2003, 348 = NJW 2003, 426, 427 f deliktsähnlichen) Geschäftspraktik – als abgetretene Ansprüche aus Schuldanerkenntnissen geltend gemacht werden (verkannt von BGH NJW 2005, 2991, 2994 f). Der Umstand der beeinträchtigten Vertragsfreiheit trifft im Hinblick auf die unlauteren Geschäftspraktiken (dazu Erman/Berger § 661a BGB Rn 1; iE Meller-Hannich NJW 2006, 2516) auch hier zu.

dd) Vom Mahnverf ausgeschlossene Forderungen. (1) Verbraucherdarlehensverträge und -finanzierungshilfen (§ 688 II Nr 1). Kommt es auf Grund von Nicht- oder Falschangaben des ASt im Mahnverf zur Titulierung von nach § 688 II Nr 1, § 690 I Nr 3 iVm §§ 491-508 BGB ausgeschlossenen Ansprüchen, ist es für die Durchbrechung der Rechtskraft des VB (abw von Fallgruppe aa) nicht relevant, ob Sittenwidrigkeit iSv § 138 BGB vorliegt (s aber § 688 Rn 5). Der ASt verdient diesbzgl keinen Schutz, weil er **verbotswidrig (§ 134 BGB)** einen **inkorrekten Mahnantrag gestellt** und damit das Mahnverf ausgenutzt hat (vgl Vollkommer FS Gaul, S 767 ff; aA Bülow Rpfleger 96, 133 ff). **(2) Abhängigkeit von nicht erbrachter Gegenleistung (§ 688 II Nr 2) ua.** Erwirkt der ASt durch bewusste Falschangaben zur Gegenleistung (§ 690 I Nr 4) den Erlass des MB/VB, liegt ebenso ein Fall des Missbrauchs des Mahnverf vor. Die Berufung des ASt auf den erschlichenen Titel ist idR rechtsmissbräuchlich (vgl BGH MDR 2015, 969 LS = NJW 2015, 3162 Tz 18 ff), die Rechtskraftdurchbrechung folgt aus dem „Erschleichungstatbestand". Wie bei Fallgruppe aa) besteht die Erschleichung in der Umgehung der Schlüssigkeitsprüfung, die durch bewusst wahrheitswidrige Angaben im MB-Antrag „zielgerichtet überspielt" wird (BGH NJW 2015, 3162 Tz 23). Das ist auch bei anderen zum Erlass des MB erforderl Angaben mögl. Bsp: Falschangaben zu entstandenen Auslagen, Nebenkosten, Entgelten und dgl. 16d

ee) Nicht klagbare Forderungen. Den Hauptanwendungsfall dieser Fallgruppe bilden in entspr Anwendung von § 656 BGB (zum Eheanbahnungsdienstvertrag: BGH MDR 83, 915 = NJW 83, 2817) die **Partnerschaftsvermittlungsdienstverträge** (BGH MDR 91, 133 = NJW 90, 2550; allg zum Begriff: BGH MDR 2004, 799 = NJW-RR 2004, 778, 779; sa Börstinghaus MDR 95, 551; BVerfG NJW 93, 1125). Der Mahnverfahrenssperre in Fallgruppe dd) entspricht hier die „Klagbarkeits"-Sperre (vgl BGH MDR 2004, 799 = NJW-RR 2004, 778, 780). **Weitere Bsp:** Verträge gem §§ 762, 763 S 2 BGB; Börsenspekulationsgeschäfte verstoßen uU gegen ges Verbot: § 26 BörsG iVm § 134 BGB. 16e

ff) Nicht individualisierte Forderungen. Wird der VB trotz fehlender Individualisierung des geltend gemachten Anspruchs entgegen § 691 I 1 Nr 1 iVm § 690 I Nr 3 unbeanstandet erlassen, ist der Titel nicht der mat Rechtskraft fähig; das gilt auch dann, wenn die Individualisierung im Hinblick auf den maßgebl „Empfängerhorizont", dh unter Berücksichtigung von dem Ag bekannten Umständen außerhalb des MB, zu bejahen ist (näher dazu § 690 Rn 12). 16f

3) Stellungnahme. Mit der Nachholung einer (hypothetischen) Schlüssigkeitsprüfung ex post (zum Zeitpunkt der Antragstellung gem § 699 I 2) ist – jedenfalls in den Ratenkreditfällen – nach der Rspr des BGH eine **Erleichterung der Rechtskraftdurchbrechung beim VB anerkannt.** Die Beseitigung der Schlüssigkeitsprüfung im Mahnverf hat iErg zu einer Verschärfung der Säumnisfolge iSe Anerkenntnisfiktion ggü der bloßen Geständnisfiktion nach § 331 I 1 geführt (iE Vollkommer Erlanger FS Schwab, 1990, S 246; sa Vollkommer FS Gaul, 1997, S 773 ff). Die beim ausdrückl prozessualen Anerkenntnis gewährleistete Amtsprüfung des Gerichts auf Gesetz- und Sittenwidrigkeit entfällt jedoch beim fiktiven Anerkenntnis im Mahnverf. Wertungswidersprüche könnten durch eine **teleologische Reduktion** von § 700 I, § 796 II vermieden werden. **Vorbild** hierfür könnten die **Regelungen in der EuMahnVO** sein: danach findet eine „Überprüfung" (und ggf Nichtigerklärung: Art 20 III 2 EuMahnVO) statt, wenn der Zahlungsbefehl *offensichtl zu Unrecht erlassen worden ist* (Art 20 II EuMahnVO), wofür unrichtige Angaben im Antrag und Konstellationen iSv § 826 BGB ausreichen können (vgl Erwägungsgrund 25). Das Mahnverf ohne Rechtskraft des VB wäre ein reines Titulierungsverf, das zu seiner Effektivität der vollen Gleichwertigkeit mit dem Urteilsverf nicht bedarf (Bsp: Schweizer Schuldbetreibungsverf: dazu BGH MDR 2002, 1142 LS = NJW-RR 2002, 937, 938). 17

VIII) Gebühren. 1) Gericht: Allg 3,0 VerfGeb 1210 GKG-KV wird mit dem Eingang der Einspruchsschrift bei Gericht, nicht erst mit Abgabe dorthin (§ 700 III), fällig. Die Geb 1210 GKG-KV wird nicht ausgelöst durch einen Einspruch, der gegen den in Unkenntnis der Eröffnung des InsVerf über das Vermögen des Sch erlassenen (unwirksamen) VB eingelegt wird. – Die Rücknahme des Einspruchs gegen den VB (s Rn 11) führt zur Gebührenermäßigung (1211 aE GKG-KV). **Kostenschuldner** des nach Einspruch folgenden Verf (§ 700 III) ist, wer den VB beantragt hat (§ 22 I 3 GKG). Unberührt hiervon bleibt die vorrangige Entscheidungsschuldnerhaftung (§ 29 Nr 1, § 31 II GKG). **Vorschuss** wird nicht erhoben (N. Schneider JurBüro 2003, 6 Nr 3.3). – **2) RA** (ausf N. Schneider NJW-Spezial 2018, 603): Für Streitverf und Einspruchstermin entstehen 3100 RVG-VV iHv 1,3 und 3104 RVG-VV iHv 1,2. Keine Obergrenze nach § 15 II 1 RVG, da Mahn- und Streitverf verschiedene Angelegenheiten sind (§ 17 Nr 2 RVG) und bei 3308 RVG-VV (anders als bei 3305 RVG-VV) im RVG-VV auch keine Anrechnung angeordnet ist (s § 699 Rn 20). Der Kl-Vertreter erhält also insgesamt Geb iHv 3,0 – Ist die Gegenseite im Einspruchstermin nicht erschienen/ordnungsgemäß vertreten, fällt 0,5 Terminsgebühr nach 3105 RVG-VV an (OLG Köln AGS 2007, 296). – Erstattungsfähige 1,3 VerfGeb, wenn die Klagebegründung ohne Kenntnis der Rücknahme des Einspruchs gegen den VB eingereicht wird (OLG Saarbrücken JurBüro 2015, 190). 18

§ 701 Wegfall der Wirkung des Mahnbescheids

[1]Ist Widerspruch nicht erhoben und beantragt der Antragsteller den Erlass des Vollstreckungsbescheids nicht binnen einer sechsmonatigen Frist, die mit der Zustellung des Mahnbescheids beginnt, so fällt die Wirkung des Mahnbescheids weg. [2]Dasselbe gilt, wenn der Vollstreckungsbescheid rechtzeitig beantragt ist, der Antrag aber zurückgewiesen wird.

1 **I) Wirkungslosigkeit des Mahnbescheids. 1) Allgemeines.** Der MB hat von vornherein keine Wirkung, wenn er **nicht zugestellt** werden kann; ein fehlgeschlagener Zustellungsversuch kann auch noch nach 6 Monaten wiederholt werden, § 701 gilt insoweit nicht (vgl BGH MDR 96, 93 = NJW 95, 3380, 3381 aE). Nach endgültigem Scheitern der MB-Zustellung ist eine entspr Anwendung von § 701 mögl (vgl Vollkommer Rpfleger 2009, 398 f). Entspr § 269 III 1 Hs 2 wird der MB nachträgl wirkungslos, wenn der **Mahnantrag zurückgenommen** wird (s § 690 Rn 26); wird die **Rücknahme** wirksam **widerrufen**, lebt der MB wieder auf (s § 690 Rn 26). Die Nichtzustellung eines erwirkten VB berührt die Wirkungen des MB nicht (s § 699 Rn 15 aE); ebenso nicht eine Rücknahme des Streitantrags (s § 696 Rn 2).

2 **2) Voraussetzungen gem § 701.** Nach § 701 verliert der MB seine Wirkung in zwei weiteren Fällen: **a)** Wird nach Zustellung des MB kein Widerspruch eingelegt oder der eingelegte zurückgenommen (§ 697 IV), kann der ASt Erlass des VB beantragen (§ 699 I). Stellt er diesen Antrag innerhalb der 6-Monatsfrist (S 1), kann sie nicht ablaufen; unschädl ist, wenn der VB erst danach erlassen wird (vgl LG Frankfurt Rpfleger 70, 100). Zur Fristwahrung genügt ein Antrag in Fax-Form (KG MDR 2009, 1063 = NJW 2009, 3247). Wird der **Antrag** dagegen **nicht innerhalb der 6-Monatsfrist gestellt** oder wieder zurückgenommen, ohne innerhalb der Frist erneuert zu werden, wird der **MB nach S 1 wirkungslos.**

3 **b)** Die **gleiche Folge** tritt **nach S 2** ein, wenn der **VB-Antrag** zwar fristgemäß gestellt, aber **zurückgewiesen** wird. Da gegen die Zurückweisung gem § 11 I RPflG iVm § 567 I Nr 2 die sof Beschwerde gegeben ist (sa § 699 Rn 18), muss für die Anwendung von S 2 auf die formelle Rechtskraft des Zurückweisungsbeschlusses abgestellt werden. S 2 ist daher auf rechtskräftige erst- und letztinstanzliche Zurückweisungsbeschlüsse anwendbar. Die formell rechtskräftige Antragszurückweisung lässt die Wirkung des MB dann nicht entfallen, wenn der zurückgewiesene Antrag wiederholt werden kann. Inwieweit eine Antragserneuerung zulässig ist, richtet sich nach dem Inhalt der rechtskräftigen Zurückweisungsentscheidung. Ein bis zum Fristablauf noch nicht eingeleitetes Rechtsbehelfsverf wird mit Fristablauf unzulässig (vgl LG Frankfurt Rpfleger 82, 295 f).

4 **3) Fristberechnung.** Die **6-Monatsfrist beginnt mit der Zustellung des MB (S 1)**, nicht erst mit der Benachrichtigung des ASt nach § 693 II (LG Köln AnwBl 86, 538). Als Ausschlussfrist kann sie weder verkürzt noch verlängert werden (LAG Berlin MDR 90, 186, 187). Keine WE (LAG Berlin aaO). Berechnung: § 222 iVm §§ 187 ff BGB. Zu den Wirkungen des Antrags auf Erlass des VB: s Rn 2. Nach der Rücknahme dieses Antrags läuft die Frist weiter, als wäre der Antrag nicht gestellt worden. Wird gegen den MB Widerspruch eingelegt, wird der weitere Fristablauf gehemmt (OLG Nürnberg MDR 2013, 871 = NJW-RR 2013, 1337); wenn der Widerspruch wieder zurückgenommen wird (§ 697 IV), läuft der Rest der Frist weiter; der zurückgenommene Widerspruch kann in diesem Zusammenhang nicht als nie erhoben gelten mit der Folge, dass er den Fristenlauf überhaupt nicht berührt hätte. **Fristwahrung:** Stellung des VB-Antrags (s Rn 2) beim zust Gericht (§ 699 I 3 beachten); bei einer Antragstellung beim unzust Gericht gelten die Erleichterungen für die Wahrung von Ausschlussfristen (OLG Nürnberg aaO).

5 **II) Bedeutung der Wirkungslosigkeit des Mahnbescheids.** In den genannten Fällen kann der **MB nicht mehr Grundlage eines VB** sein. Der bisherige ASt muss einen **neuen MB** erwirken **oder Klage** erheben, wenn er noch zu einem Vollstreckungstitel kommen will. Die **Verjährungshemmung** (§ 204 I Nr 3 BGB), die die Zustellung des MB mat-rechtl begründet, entfällt nicht ex tunc, sondern nach Ablauf von 6 Monaten ab MB-Zustellung (aA MskV/Voit Rn 4 [ab Zugang der Zustellungsmitteilung an den ASt]) *ex nunc* (vgl § 204 II 1, 2 BGB; allg zu § 204 II BGB: Seibel MDR 2015, 491). Da das Verf mit dem Wegfall des MB beendet ist (S 1), scheidet eine erneute Hemmung gem § 204 II 3 BGB nF (= § 204 II 4 BGB aF) aus (näher dazu: Ebert NJW 2003, 732, 733).

6 **III) Bedeutung von § 701 S 1 für den Antragsgegner.** Legt der Ag gegen den MB keinen Widerspruch ein, kann er idR **erst nach Ablauf der 6-Monatsfrist (S 1) davon ausgehen, dass kein VB mehr folgt**; bis dahin hat er seinen Posteingang zu kontrollieren und für die rechtzeitige Erledigung fristwahrender Handlungen zu sorgen (insb rechtzeitiger Einspruch gegen VB; vgl BGH MDR 2019, 305 mwN [**bei Missachtung:** schuldhafte Fristversäumung u **keine WE**; jedenfalls bei erhebl Forderungen]).

§ 702 Form von Anträgen und Erklärungen

(1) [1]Im Mahnverfahren können die Anträge und Erklärungen vor dem Urkundsbeamten der Geschäftsstelle abgegeben werden. [2]Soweit Formulare eingeführt sind, werden diese ausgefüllt; der Urkundsbeamte vermerkt unter Angabe des Gerichts und des Datums, dass er den Antrag oder die Erklärung aufgenommen hat. [3]Auch soweit Formulare nicht eingeführt sind, ist für den Antrag auf Erlass eines Mahnbescheids oder eines Vollstreckungsbescheids bei dem für das Mahnverfahren zuständigen Gericht die Aufnahme eines Protokolls nicht erforderlich.

(2) [1]Anträge und Erklärungen können in einer nur maschinell lesbaren Form übermittelt werden, wenn diese dem Gericht für seine maschinelle Bearbeitung geeignet erscheint. [2]Werden Anträge und Erklärungen, für die maschinell bearbeitbare Formulare nach § 703c Absatz 1 Satz 2 Nummer 1 eingeführt sind, von einem Rechtsanwalt, einer registrierten Person nach § 10 Absatz 1 Satz 1 Nummer 1 des Rechtsdienstleistungsgesetzes, einem Kreditdienstleistungsinstitut mit einer Erlaubnis nach § 10 Absatz 1 des Kreditzweitmarktgesetzes, einer Behörde oder einer juristischen Person des öffentlichen Rechts einschließlich der von ihr zur Erfüllung ihrer öffentlichen Aufgaben gebildeten Zusammenschlüsse übermittelt, ist nur diese Form der Übermittlung zulässig. [3]Anträge und Erklärungen können unter Nutzung des elektronischen Identitätsnachweises nach § 18 des Personalausweisgesetzes, § 12 des eID-Karte-Gesetzes oder § 78 Absatz 5 des Aufenthaltsgesetzes gestellt werden. [4]Der handschriftlichen Unterzeichnung bedarf es nicht, wenn in anderer Weise gewährleistet ist, dass die Anträge oder Erklärungen nicht ohne den Willen des Antragstellers oder Erklärenden übermittelt werden.

(3) Der Antrag auf Erlass eines Mahnbescheids oder eines Vollstreckungsbescheids wird dem Antragsgegner nicht mitgeteilt.

II 2 geändert mWv 30.12.2023 durch KreditzweitmarktförderungsG v 22.12.2023 (BGBl 2023 I Nr 411).

I) Form von Anträgen und Erklärungen (§ 702 I). 1) Inhalt. a) Für Anträge und Erklärungen im Mahnverf besteht **kein Anwaltszwang** (sa § 696 Rn 12; § 700 Rn 6); die Partei (oder ihr Bevollmächtigter, der seine Vollmacht zu versichern hat: § 703 S 2) kann sie selbst **schriftl** beim zust AG einreichen; soweit **Formulare nach § 703c** eingeführt sind (insb für den **MB- und VB-Antrag**, sofern die Bescheide nicht im Ausland oder im Bereich des NATO-Truppenstatus zuzustellen sind), müssen sie verwendet werden (**Formularzwang**); andernfalls können die Anträge uU zurückgewiesen werden (§ 703c II, § 691 I 1 Nr 1; iE s § 703c Rn 12 f; sa § 691 Rn 6 f). Für den **Widerspruch** ist der **Formularzwang gemildert**, da sich der Ag des Formulars nur bedienen „soll" (§ 692 I Nr 5; iE s § 692 Rn 5 und unten Rn 6). Soweit **Formulare nicht eingeführt** sind, ist neben der Einreichung eines Schreibens auch eine Erklärung durch Telegramm, Fernschreiben, (Computer-)Fax oder eMail zulässig (zB für Widerspruch und Einspruch; sa § 694 Rn 2; § 700 Rn 5); eine fernmündl abgegebene Erklärung wahrt die Niederschriftsform jedoch nicht (str, s § 700 Rn 5 mwN). Nach der Einführung der **maschinellen Bearbeitung** können Anträge und Erklärungen auch in einer nur maschinell lesbaren Aufzeichnung übermittelt werden (s **II** [**allg Formvorschrift**]; iE s Rn 5 f). 1

b) Nach **I 1** können **Anträge und Erklärungen** auch **beim UdG mündl angebracht** werden. Möglich ist das bei der GeschSt des für das Mahnverf zuständigen (§§ 689, 703d) oder eines anderen AG (§ 129a I); letzterenfalls wird die Erklärung erst mit dem Eingang beim zust AG wirksam (§ 129a II 2). Soweit **Formulare** eingeführt sind, muss sich der UdG ihrer bedienen (**I 2 Hs 1**). Das gilt auch für den Widerspruch, obwohl dem Ag selbst die Benutzung nach § 692 I Nr 5 („soll") nicht zwingend vorgeschrieben ist (sa Crevecoeur NJW 77, 1320, 1321). Der UdG hat die Formulare auszufüllen oder bei der Ausfüllung behilflich zu sein, hat die Partei (einen Bevollmächtigten unter Versicherung seiner Vollmacht: § 703 S 2) unterzeichnen zu lassen (für den Mahnantrag: s § 690 II, für den Widerspruch: s § 694 I) und die vorgeschriebenen Vermerke anzubringen (**I 2 Hs 2**). Mit diesen Vermerken ersetzt das ausgefüllte und unterzeichnete Formblatt das herkömmliche Protokoll des UdG. Da I 2 im Gegensatz zu I 3 keine ausdrückl Unterscheidung trifft, wird der UdG eines nach § 129a befassten (anderen) AG ebenso zu verfahren haben (zust MK/Schüler Rn 6). 2

c) Soweit amtl **Formulare** (noch) **nicht eingeführt** sind (zB bei MB-Zustellung im Ausland oder an Angehörige und Gefolge der Stationierungsstreitkräfte), genügt bei dem für das Mahnverf zust AG gleichfalls ein Vermerk auf dem Schriftstück (**I 3**), während der UdG eines anderen AG (§ 129a) ein Protokoll aufzunehmen hat (arg I 3). Sonstige Erklärungen des ASt oder Ag, für die kein Formular eingeführt ist, sind hier wie dort zu Protokoll zu nehmen. 3

2) Streitiges Verfahren. Nach **Beendigung des Mahnverf** durch **Abgabe ins str Verf gelten für Anträge und Erklärungen** der Parteien dort die **allg Vorschriften** (beim AG: § 496, beim LG: insb Anwaltszwang nach Maßgabe von § 78). Die gleiche Formerleichterung wie nach § 702 besteht gem § 697 IV 2, § 700 III 2 auch nach der Abgabe ins str Verf für die Rücknahme von Widerspruch und Einspruch, so dass hierfür eine Vertretung durch einen RA auch dann nicht erforderl ist, wenn das str Verf bei einem LG anhängig ist. 4

5 **II) Automatisiertes Mahnverfahren (§ 702 II). 1) Allgemeine Formvorschrift.** II gilt grds für alle Anträge und Erklärungen im Mahnverf (BTDrs 18/9416, 79). **Anträge und Erklärungen** *können* danach **in einer nur maschinell lesbaren Form** übermittelt werden, wenn diese dem Gericht für seine maschinelle Bearbeitung geeignet erscheint (**II 1**). Dafür stehen zB folgende **Übermittlungswege** zur Verfügung: Übermittlung auf elektron Datenträgern, Übermittlung im sog Online-Verf über das EGVP (digitale Signatur notw) oder Einreichung eines Antrags auf Papier unter Einsatz des sog Barcode-Verf (dazu Salten, Gerichtl Mahnverf u ZwV, 7. Aufl 2023, S 33 ff; sa § 703c Rn 9). **II ist lex specialis zu** der allg für elektron Dokumente geltenden Regelung gem **§ 130a**. Bei Einreichung zB eines Mahnantrags auf CD etc gilt daher § 130a III nicht (vgl OLG Karlsruhe NJW-RR 2007, 1222). Möglich ist auch die datenträgerlose Übermittlung der Daten (zB Datenfernübertragung bei Online-Mahnantrag). Voraussetzung ist, dass die Art der Aufzeichnung auf die EDV-Anlage des Gerichts abgestimmt ist (II 1). Die handschriftl Unterzeichnung entfällt, wenn in anderer Weise gewährleistet ist, dass der Antrag oder die Erklärung mit dem Willen des ASt oder Erklärenden übermittelt wurde (**II 4**). **II 3** lässt die Nutzung der **elektron Identifizierungsfunktion des Personalausweises etc** für den elektron Verkehr mit dem Gericht im Mahnverf zu. Der ASt oder Erklärende kann dann zB den in maschinell lesbarer Form erstellten MB-Antrag mit einer „einfachen" (im Gegensatz zur „qualifizierten" iSv § 130a III) elektron Signatur versehen (vgl BTDrs 17/12634, 15).

6 **2) Rechtsanwälte etc.** Für Anträge und Erklärungen, für die maschinell bearbeitbare Formulare nach § 703c I 2 Nr 1 eingeführt sind, enthält **II 2** die **Verpflichtung zur Übermittlung in maschinell lesbarer Form** für

- **RAe**, auch in eigener Sache,
- Personen, die Inkassodienstleistungen erbringen (**registrierte Personen nach § 10 I 1 Nr 1 RDG**),
- **Kreditdienstleistungsinstitute** mit einer Erlaubnis nach § 10 I KrZwMG und
- **Behörden** oder **jur Personen des öffentl Rechts** einschl der von ihnen zur Erfüllung ihrer öffentl Aufgaben gebildeten Zusammenschlüsse (sa § 130d; iE BTDrs 19/31119, 6);

Gleiches gilt für Mahnanträge nach § 182a I 1 SGG.

II 2 gilt nicht für das **arbeitsgerichtl Mahnverf** (§ 46a I 2 ArbGG), ebenso nicht für den **EuZB** (§ 1088 I 1: „können"). Für den **Widerspruch gilt II 2 erst seit dem 1.1.2020** (II 2 letzter Hs aF; sa BTDrs 18/9416, 79). Kammerrechtsbeistände stehen im Mahnverf RAen gleich (§ 3 I Nr 1 RDGEG iVm § 79 II 1). Die durch II 2 vorgeschriebene **Form maschineller Lesbarkeit ist zwingend** („ist nur"). Folge bei Verstoß: Zurückweisung nach § 691 I 1 Nr 1; § 691 I 2 ist aber zu beachten (iE s § 691 Rn 6).

7 **III) Keine Mitteilung an den Antragsgegner (§ 702 III).** Die Anträge auf Erlass eines MB oder VB werden dem Ag nicht mitgeteilt (III). Auch von einer Zurückweisung (dazu § 691 Rn 1 ff; § 699 Rn 18) erfährt er nichts, da sie seine Rechte nicht berührt. Wird den Anträgen stattgegeben, erhält er Kenntnis erst durch die Zustellung der Bescheide an ihn (§ 693 I, § 699 IV). Der MB enthält keine rechtsbeeinträchtigende Entscheidung, sondern stellt eine Aufforderung zur Leistung oder zur Einlegung des Widerspruchs dar. Das rechtl Gehör des Ag wird in zulässiger Weise dadurch gewahrt, dass er gegen die Bescheide Widerspruch bzw Einspruch einlegen kann (sa MK/Schüler Rn 13 f). War der MB dem Ag bereits zugestellt, ist ihm eine Rücknahme des Mahnantrags bekannt zu machen. Beim bereits erlassenen VB kommt eine nachträgl Rücknahme des auf seine Erteilung gerichteten Antrags nicht in Betracht (s § 699 Rn 2). III gilt auch für Anträge auf Festsetzung weiterer Kosten im VB und für das anschließende **Beschwerdeverf** (sa § 699 Rn 19).

§ 703 Kein Nachweis der Vollmacht

[1]Im Mahnverfahren bedarf es des Nachweises einer Vollmacht nicht. [2]Wer als Bevollmächtigter einen Antrag einreicht oder einen Rechtsbehelf einlegt, hat seine ordnungsgemäße Bevollmächtigung zu versichern.

1 **I) Vertretung des Antragstellers und Versicherung der Vollmacht. 1) Vertretung.** Sie ist auf ASt-Seite (zum Ag: Rn 3) im Rahmen der für den Parteiprozess geltenden allg Vorschriften mögl (§ 79). Inkassounternehmen sind im Mahnverf (bis zur Abgabe an das Streitgericht) mit Ausnahme von Verf-Handlungen, die ein str Verf einleiten, vertretungsbefugt (§ 79 II 2 Nr 4). – **2) Vollmacht.** Im Innenverhältnis muss eine wirksame Bevollmächtigung vorliegen oder mit rückwirkender Kraft nachgeholt werden (vgl BGH MDR 61, 313 = NJW 61, 725); andernfalls: Unwirksamkeit der von dem angebl Bevollmächtigten vorgenommenen Prozesshandlung, die der angebl Vertretene jederzeit geltend machen kann. Im Mahnverf muss die **Vollmacht nicht nachgewiesen werden**; auch nicht auf Verlangen des Gegners; auch nicht (abw von § 88 II), wenn der Vertreter nicht RA ist (**S 1**). Der als Bevollmächtigter Auftretende hat aber seine ordnungsgem **Bevollmächtigung zu versichern** (**S 2**), wenn er für die Partei Anträge stellt oder Rechtsbehelfe einlegt. Ausreichend ist die Unterzeichnung mit einem *die Bevollmächtigung kennzeichnenden* Zusatz („i.A." genügt bei Nicht-RA: OLG Köln VersR 92, 1279). Das Gleiche gilt für die Rücknahme von Anträgen und Rechtsbehelfen durch einen erst zu diesem Zweck auftretenden Bevollmächtigten.

3) Streitverfahren. Sobald die Sache – auf Widerspruch oder Einspruch – ins **Streitverf** abgegeben ist (§ 696 I 1, § 700 III 1), **gelten die allg Vorschriften** über den Vollmachtsnachweis (§ 88). Kommt es nach der Abgabe ins str Verf nochmals zum Mahnverf (dazu § 697 Rn 11 f), ist § 703 wieder anwendbar (MskV/Voit Rn 2; sa § 700 Rn 6). 2

II) Vertretung des Antraggegners. Wird im Mahnantrag (§ 690 I Nr 1) ein – nicht vorgesehener (s § 690 Rn 10) – **Bevollmächtigter des Ag** benannt, **gilt S 2 nicht**. Der ASt kann nicht versichern, dass der von ihm als Vertreter des Ag Benannte von diesem ordnungsgem bevollmächtigt worden ist. Da ein Vollmachtsnachweis ausscheidet (**S 1**; sa Rn 1), ist für eine Vertretung auf Ag-Seite folglich kein Raum (sa § 690 Rn 10); § 172 hat im Mahnverf auf Ag-Seite keinen Anwendungsbereich (aA MskV/Voit Rn 3). 3

§ 703a Urkunden-, Wechsel- und Scheckmahnverfahren

(1) Ist der Antrag des Antragstellers auf den Erlass eines Urkunden-, Wechsel- oder Scheckmahnbescheids gerichtet, so wird der Mahnbescheid als Urkunden-, Wechsel- oder Scheckmahnbescheid bezeichnet.

(2) Für das Urkunden-, Wechsel- und Scheckmahnverfahren gelten folgende besondere Vorschriften:

1. die Bezeichnung als Urkunden-, Wechsel- oder Scheckmahnbescheid hat die Wirkung, dass die Streitsache, wenn rechtzeitig Widerspruch erhoben wird, im Urkunden-, Wechsel- oder Scheckprozess anhängig wird;

2. die Urkunden sollen in dem Antrag auf Erlass des Mahnbescheids und in dem Mahnbescheid bezeichnet werden; ist die Sache an das Streitgericht abzugeben, so müssen die Urkunden in Urschrift oder in Abschrift der Anspruchsbegründung beigefügt werden;

3. im Mahnverfahren ist nicht zu prüfen, ob die gewählte Prozessart statthaft ist;

4. [1]beschränkt sich der Widerspruch auf den Antrag, dem Beklagten die Ausführung seiner Rechte vorzubehalten, so ist der Vollstreckungsbescheid unter diesem Vorbehalt zu erlassen. [2]Auf das weitere Verfahren ist die Vorschrift des § 600 entsprechend anzuwenden.

I) Besonderheiten. 1) Geltende Vorschriften. Für das bes Urkunden-, Wechsel- und Scheckmahnverf gelten grds die **allg Vorschriften über das Mahnverf**, teilw **modifiziert durch § 703a**. 1

2) Mahnantrag. Da Ansprüche aus Urkunden (Wechseln, Schecks) auch im gewöhnlichen Mahnverf verfolgt werden können, muss **aus dem Mahnantrag** (§ 690; Vordruck: § 703c) **deutlich hervorgehen, dass** ein **Urkunden-(Wechsel-, Scheck-)MB erlassen werden soll (I**; sa Hinweis auf dem Vorblatt des amtl Formulars). Verwechslungen dieser Begriffe sind unschädl, wenn die zur Anspruchsbegründung angeführten Urkunden (s Rn 4) das Richtige ergeben. Fehlt es an einer deutlichen Äußerung, ergeht ein gewöhnlicher MB, der bei Widerspruch zum normalen Streitverf führt. 2

3) Wechsel bzw Scheck. Der Wechsel-(Scheck-)MB muss **nicht ausdrückl zur Zahlung gegen Aushändigung des quittierten Wechsels oder Schecks** (vgl Art 39 I, 50 I WG, Art 34 I, 47 I ScheckG) **auffordern**, weil nur ein bes ausgestaltetes Recht auf Quittung und kein selbständiger Gegenanspruch vorliegt (sa § 726 Rn 17). 3

4) Urkunden. Die **zum Beweis des Anspruchs dienenden Urkunden sind** im Mahnantrag **iE zu bezeichnen (II Nr 2:** *„sollen … bezeichnet werden"*), ihm aber **nicht beizufügen**. Bei einer Mehrheit von Schecks etc ist jeder einzelne anzugeben (Nr, Datum, Betrag), Sammelbezeichnungen (… v [Datum] bis [Datum] …) genügen nicht. Obwohl nach dem Gesetz nur *Sollvorschrift*, ist andernfalls der Antrag auf Erlass eines Urkunden-(Wechsel-, Scheck-)MB gem § 691 I 1 – nach erfolgloser Beanstandung (§ 691 I 2) – zurückzuweisen (vgl BGH MDR 2001, 346 = NJW 2001, 305, 306), sofern der ASt nicht zum gewöhnlichen Mahnverf übergeht. 4

II) Einzelheiten zum Verfahren. 1) Gerichtliche Prüfung. Das Gericht (Rpfleger) hat die **allg Zulässigkeitsvoraussetzungen des Mahnverf** (sa § 688 Rn 1) **zu prüfen; nicht dagegen (II Nr 3**), **ob** der **Urkunden-(Wechsel-, Scheck-)Prozess** nach §§ 592, 602, 605a **statthaft ist**. Der Antrag muss auf Erlass eines Urkunden-(Wechsel-, Scheck-)MB gerichtet sein und II Nr 2 genügen; dann ist ein solcher MB zu erlassen (I). 5

2) Widerspruchsfrist. Es gilt die allg (dazu s § 692 Rn 4). 6

3) Widerspruchseinlegung ohne die Beschränkungen nach § 703a II Nr 4 S 1. Liegt diese vor und wird von einer Partei Antrag auf Durchführung des str Verf gestellt, ist die Sache nach § 696 I 1 an das vom ASt bezeichnete, im MB aufgeführte (§ 692 I Nr 1, § 690 I Nr 5) Streitgericht abzugeben; dort wird das Verf als **Urkunden-(Wechsel-, Scheck-)Prozess** mit den Beweismittelbeschränkungen der § 592, § 595 II, III, § 598 **anhängig (II Nr 1**). Zur Rechtshängigkeit: s § 696 III. Weiteres zum Verf: s § 697. Im Streitverf ist die Statthaftigkeit der bes Verfahrensart zu prüfen. Der ASt/Kl muss daher mit seiner Anspruchsbegründung (§ 697 I) zur Unterrichtung des Gegners (vgl § 593 II) die **Urkunden in Urschrift oder** (besser) **Abschrift** (auch unbegl) **vorlegen (II Nr 2**). Wird nur die Urschrift vorgelegt, sind die notw Abschriften auf Kosten des ASt/Kl vom Gericht zu fertigen (§ 9 7

III, § 28 I 2 GKG; 9000 GKG-KV). Die Nichtvorlage der Urkunden kann, wenn nicht vom Urkunden-(Wechsel-, Scheck-)Prozess Abstand genommen wird (§ 596), zum Ausschluss der Beweismittel mit der Folge des § 597 II führen.

8 **4) Widerspruchseinlegung mit den Beschränkungen nach § 703a II Nr 4 S 1.** Will der **Ag seine Verteidigung auf das Nachverf konzentrieren**, in dem er keiner Beweismittelbeschränkung unterliegt (§ 600 I), kann er als Besonderheit des Urkunden-(Wechsel-, Scheck-)Mahnverf seinen **Widerspruch gem II Nr 4 S 1 beschränken.** Dann erlässt das Mahngericht, ohne vorherige Urkundeneinreichung und ohne Prüfung der Statthaftigkeit der Prozessart, auf Antrag **VB mit entspr Vorbehalt** (II Nr 4 S 1), der anders als nach § 700 I nicht einem VU, sondern einem Vorbehaltsurteil (§ 599) gleichsteht (aA MK/Schüler Rn 9). Gegen diesen VB, der den (inhaltl beschr) Widerspruch nicht negativ bescheidet, findet **kein Einspruch** statt (ebenso MK/Schüler Rn 9; Einspruch nur, wenn die Aufnahme des Vorbehalts versehentl unterblieben ist und nicht nach §§ 321, 599 II nachgeholt wird; dann wie bei II Nr 1 Überleitung in den Urkunden-, Wechsel-, Scheckprozess). Das Mahngericht gibt die Sache vielmehr entspr § 700 III **vAw** an das im MB bezeichnete Streitgericht ab, bei dem das **Nachverf (§ 600) anhängig** wird (**II Nr 4 S 2**). Zur Terminsbestimmung: s § 600 Rn 8.

9 **5) Kein Widerspruch.** Wird gegen den Urkunden-(Wechsel-, Scheck-)MB kein Widerspruch eingelegt, ergeht auf entspr Antrag (ohne Urkundenvorlage und ohne Prüfung der Statthaftigkeit der bes Prozessart) **VB nach § 700.** Wenn er nicht auf den MB gesetzt (§ 699 II), sondern (bei maschineller Bearbeitung) selbständig ausgedruckt wird, ist er zweckmäßig als Urkunden-(Wechsel-, Scheck-)VB zu bezeichnen. Gegen diesen VB ist **Einspruch** gegeben; dann gibt das Mahngericht die Sache vAw an das im MB bezeichnete Streitgericht ab (§ 700 III). Das Verf folgt – wie im Fall des unbeschr Widerspruchs (s Rn 7) – den Regeln des Urkunden-(Wechsel-, Scheck-)Prozesses. Wird aus dem Wechsel-(Scheck-)VB **vollstreckt**, ist wegen Art 39 I, Art 50 I WG, Art 34 I, Art 47 I ScheckG der Wechsel (Scheck) vorzulegen (LG Saarbrücken DGVZ 90, 43, 44; sa § 756 Rn 4); dies gilt nicht für bloße Beweisurkunden iSv § 592 (dazu § 592 Rn 7, 13).

10 **6) Gebühren.** Stellt eine Partei bei nach II Nr 4 beschränktem Widerspruch Terminsantrag (Rn 8), wird durch diesen die VerfGeb ausgelöst. Vorschuss: § 12 III 3 Hs 2 GKG.

§ 703b Sonderregelungen für maschinelle Bearbeitung

(1) Bei maschineller Bearbeitung werden Beschlüsse, Verfügungen, Ausfertigungen und Vollstreckungsklauseln mit dem Gerichtssiegel versehen; einer Unterschrift bedarf es nicht.

(2) Das Bundesministerium der Justiz und für Verbraucherschutz wird ermächtigt, durch Rechtsverordnung mit Zustimmung des Bundesrates den Verfahrensablauf zu regeln, soweit dies für eine einheitliche maschinelle Bearbeitung der Mahnverfahren erforderlich ist (Verfahrensablaufplan).

1 **I) Maschinelle Bearbeitung (§ 703b I). 1) Allgemeines.** Die maschinelle Bearbeitung der Mahnsachen ist zulässig (§ 689 I 2); für ihre Einführung gilt § 703c III; die vorgesehene Konzentration auf **zentrale Mahngerichte** (§ 689 III) ist verwirklicht worden (iE s § 689 Rn 4). Beschlüsse, Verfügungen und Ausfertigungen bedürfen keiner **Unterschrift**; diese wird **durch das Gerichtssiegel ersetzt** (I), das auch bereits eingedruckt sein kann. Für den MB genügt auch bei nicht maschineller Bearbeitung ein Stempelabdruck oder eine elektron Signatur statt der Unterschrift (§ 692 II). I gilt auch für den maschinell erstellten **Zustellungsvermerk** nach § 169 I auf dem VB (vgl OLG Köln Rpfleger 97, 31 [§ 213a aF]; MK/Schüler Rn 1 mwN in Fn 7, str). Schließlich können **Vollstreckungsklauseln** (I), soweit sie beim VB erforderl sind (vgl § 796 I, § 727), im maschinellen Verf erteilt werden (allg dazu: BGH MDR 2021, 1414 Tz 19 f [Elzer MDR 2021, 1450]).

2 **2) Weitere Vorschriften.** § 691 III 1 (MB-Antrag in maschinell lesbarer Form); § 696 II, § 697 V 2 (maschinell erstellter Aktenausdruck); § 699 III 2 (maschinelle Kostenberechnung); § 702 II (allg Formvorschrift; iE s § 702 Rn 5 f); § 703c I 2 Nr 1 (Formulare; iE s § 703c Rn 1).

3 **II) Rechtsverordnung zum Verfahrensablauf (§ 703b II).** Von der **Ermächtigung** nach II, durch RechtsVO den Verfahrensablauf zu regeln, soweit dies für eine einheitl maschinelle Bearbeitung der Mahnverf erforderl ist (**Verfahrensablaufplan**), wurde bislang **kein Gebrauch gemacht**. Ein solcher Ablaufplan ist auch entbehrlich, weil durch die Vereinheitlichung der maschinellen Bearbeitung die Standardisierung auf andere Weise erreicht worden ist (sa MK/Schüler Rn 2).

4 **III) Gebühren des Gerichts.** Sonderregelung für den Vorschuss in § 12 III 2 GKG. Der MB ergeht noch ohne Zahlung der Geb 1100 GKG-KV; § 12 I 1 GKG gilt erst für den Erlass des VB.

§ 703c Formulare; Einführung der maschinellen Bearbeitung

(1) [1]Das Bundesministerium der Justiz und für Verbraucherschutz wird ermächtigt, durch Rechtsverordnung mit Zustimmung des Bundesrates zur Vereinfachung des Mahnverfahrens und zum Schutze der in Anspruch genommenen Partei Formulare einzuführen. [2]Für

1. **Mahnverfahren bei Gerichten, die die Verfahren maschinell bearbeiten,**
2. **Mahnverfahren bei Gerichten, die die Verfahren nicht maschinell bearbeiten,**
3. **Mahnverfahren, in denen der Mahnbescheid im Ausland zuzustellen ist,**
4. **Mahnverfahren, in denen der Mahnbescheid nach Artikel 32 des Zusatzabkommens zum NATO-Truppenstatut vom 3. August 1959 (BGBl. 1961 II S. 1183, 1218) zuzustellen ist,**

können unterschiedliche Formulare eingeführt werden.

(2) Soweit nach Absatz 1 Formulare für Anträge und Erklärungen der Parteien eingeführt sind, müssen sich die Parteien ihrer bedienen.

(3) Die Landesregierungen bestimmen durch Rechtsverordnung den Zeitpunkt, in dem bei einem Amtsgericht die maschinelle Bearbeitung der Mahnverfahren eingeführt wird; sie können die Ermächtigung durch Rechtsverordnung auf die Landesjustizverwaltungen übertragen.

I) Formulare. 1) Maschinelle Bearbeitung (§ 703c I 2 Nr 1, III). Durch die **MaschMahnVordruckVO** (v 6.6. 1978, BGBl I 1978, 705) sind Formulare für die maschinelle Bearbeitung der Mahnverf eingeführt worden (sa Holch NJW 91, 3177, 3181 ff; Salten MDR 95, 668); ua ein Vordruck für den **MB-Antrag (Anl 1** VO), den **Widerspruch (Anl 3** VO), den **VB-Antrag (Anl 4** VO) sowie für die ggf notw Anträge auf **Neuzustellung des MB bzw VB (Anl 6, 7** VO). Die Formulare sind nicht für Fälle bestimmt, in denen der MB im Ausland oder gem Art 32 Zusatzabk zum NATO-Truppenstatut zuzustellen ist (§ 1 II VO). Die Formulare sollen bei allen AG vorrätig gehalten werden. 1

2) Nicht maschinelle Bearbeitung (§ 703c I 2 Nr 2). Durch die **MahnVordruckVO** (v 6.5.1977, BGBl I 1977, 693) sind folgende Formulare für die nicht maschinelle Bearbeitung der Mahnverf eingeführt worden: **MB- und VB-Antrag (Anl 1** VO) sowie **Widerspruch (Anl 2** VO). Die Formulare sind als Durchschreibesatz ausgestaltet (§ 1 II VO), so dass mit dem Ausfüllen des Antrags zugleich die Bescheide, ihre Ausfertigungen und die vorzunehmenden Mitteilungen beschriftet werden. Teilw ist auch die Beschriftung mittels Schreibprogramm zugelassen (§ 1a VO). Die Formulare sind nicht für Fälle bestimmt, in denen der MB im Ausland oder gem Art 32 Zusatzabk zum NATO-Truppenstatut zuzustellen ist (§ 1 I 2 VO). Die Formulare sollen bei allen AG vorrätig gehalten werden. 2

3) Zweck. Die Einführung von Formularen dient **neben der Vereinfachung des Mahnverf auch** dem **Schutz des Ag (I 1).** Dem Schuldnerschutz dient insb der den sog „Ausfüllhinweisen" vorangestellte allg Hinweis im Vorblatt des Formulars für den MB/VB (BRDrs 326/91, 33). Die Hinweise auf der Rückseite der für den Ag bestimmten Ausfertigung von MB/VB wollen deutlicher auf dessen Selbstverantwortung für die Überprüfung des Anspruchs aufmerksam machen (BRDrs 326/91, 34). 3

4) Einspruch etc. Für den **Einspruch** gegen den VB und die **Rechtsbehelfe** sind bundeseinheitl **Formulare nicht eingeführt** worden. Die LJV können weitere Formulare bereitstellen, an deren Nichtbenutzung jedoch keine nachteiligen Folgen geknüpft sind (arg II). 4

5) Besonderheiten. Formulare/Vordrucke sind im **arbeitsgerichtl Mahnverf** durch die **ArbGMahnVordruckVO** (v 15.12.1977, BGBl I 1977, 2625) eingeführt (vgl § 46a VIII ArbGG). 5

II) Formularzwang (§ 703c II). 1) Inhalt. Die Parteien müssen sich für ihre Anträge und Erklärungen grds der nach I eingeführten Formulare bedienen (II). Die Mahngerichte haben darauf in geeigneter Weise (auch durch Beanstandungen) hinzuwirken. Die Anhörungspflicht gem § 691 I 2 dient der Behebung von Formmängeln (iE s § 691 Rn 6). Auch der UdG hat bei der Aufnahme von Anträgen und Erklärungen die nach I eingeführten Formulare zu verwenden (§ 702 I 2; sa § 702 Rn 2); ebenso der Rpfleger bei den im Mahnverf ergehenden Entscheidungen. Der Formularzwang (sa § 702 Rn 1) schließt die **Bezugnahme auf Anlagen zum MB** nicht schlechthin aus; reicht der Schreibraum des Formulars nicht aus (zB bei der Individualisierung einer aus einer Mehrzahl von Einzelforderungen zusammengesetzten Gesamtforderung: s § 690 Rn 13), ist das Beifügen von einem Ergänzungsblatt möglich (sa „Ausfüllungshinweise"). 6

2) Ausnahmen. a) Zunächst ist zu beachten, dass sowohl die **MaschMahnVordruckVO** (in **§ 3**) als auch die **MahnVordruckVO** (in **§ 1 III**) selbst **Abweichungen von den Formularen zulassen.** 7

b) Da der **Formularzwang kein Selbstzweck** ist, sollte bei einem Verstoß gg diesen stets geprüft werden, ob eine Zurückweisung des Antrags gerechtfertigt ist. Es liegt deswegen nahe, die **Rspr des BGH** (BGH MDR 2014, 495 = NJW 2014, 3160 Tz 15 ff, 36 = IBR 2016, 119 [Seibel]; BGH MDR 2016, 52 = NJW 2016, 81 Tz 12 = IBR 2016, 49 [Seibel]; BGH MDR 2016, 850 = NJW 2016, 2668 Tz 12 = IBR 2016, 553 [Seibel]; BGH MDR 2016, 1115 = 8

NJW 2016, 2810 Tz 13 = IBR 2016, 675 [Seibel]; sa BGH MDR 2018, 1525 = NJW 2019, 441 Tz 11 = IBR 2018, 709 [Seibel] noch zur GVFV) **zu den Ausnahmen vom Formularzwang beim Antrag auf Erlass eines PfÜB** (§ 829 IV iVm ZVFV) **auf den Formularzwang im Mahnverf zu übertragen**. Danach ist der Gl vom Formularzwang entbunden, soweit das *Formular unvollständig, unzutreffend, fehlerhaft oder missverständlich* ist. In diesen Fällen ist es nach der Rspr des BGH nicht zu beanstanden, wenn der Gl in dem Formular *Streichungen, Berichtigungen oder Ergänzungen* vornimmt oder das Formular insoweit nicht nutzt, sondern auf *beigefügte Anlagen* verweist. Zur Gewährleistung effektiven Rechtsschutzes sollte Gleiches auch für den Formularzwang nach II gelten (zust MK/Schüler Rn 14; wohl aA MskV/Voit Rn 2, dessen Argumentation aber nicht überzeugt, weil der Formularzwang nach § 829 IV iVm ZVFV ebenso wie derjenige nach § 703c eine Entlastung der Gerichte und damit eine Vereinfachung der Rechtspflege bezweckt [vgl BGH MDR 2014, 495 = NJW 2014, 3160 Tz 15 mwN]).

9 c) Auch das **Barcode-Verf** (näher dazu: Salten, Gerichtl Mahnverf u ZwV, 7. Aufl 2023, S 33 ff) unterfällt – als bes Antragsform des elektron Datenaustauschs – nicht dem Formularzwang (MskV/Voit Rn 2). Bei diesem Verf wird mit einem Internet-Formular (www.online-mahnantrag.de) ein elektron Datensatz erstellt, im Barcodeformat auf Standardpapier ausgedruckt, unterschrieben und per Post an das zust Mahngericht übermittelt. Hierbei handelt es sich um einen Antrag in maschinell lesbarer Form iSd § 702 II. Die Daten werden vom Gericht dann weitgehend automatisiert bearbeitet (vgl BRDrs 550/06, 84).

10 d) Für den **Widerspruch** (§ 694) ist die Benutzung des (eingeführten: s Rn 1 f) Formulars nicht zwingend, sondern nur durch **Sollvorschrift** vorgeschrieben (§ 692 I Nr 5); der ausl Ag muss das Formular ohnehin nicht verwenden (§ 1 II MaschMahnVordruckVO, § 1 I 2 MahnVordruckVO). Für **RAe etc** gilt seit dem 1.1.2020 davon abw ein **Benutzungszwang** (§ 702 II 2; sa § 692 Rn 5; § 702 Rn 6).

11 e) Der **Einspruch** und die **Rechtsbehelfe** sind formularfrei (s Rn 4).

12 **3) Rechtsfolgen eines Verstoßes.** Hinsichtlich der Rechtsfolgen eines Verstoßes gegen den Formularzwang ist zu unterscheiden: Ein **nicht** mittels des **richtigen Formulars** oder per Fax (LG Hagen NJW 92, 2036; OLGR Stuttgart 2000, 297; AG Siegburg ZMR 2001, 984; sa Ebnet NJW 92, 2985, 2989) gestellter Mahnantrag ist zu beanstanden (§ 691 I 2); eine **heilende Mangelbehebung** (zB durch Verwendung des richtigen Formulars) ist mögl (BGH MDR 99, 1460 = NJW 99, 3717, 3718; AG Siegburg ZMR 2001, 984). Wird ein Mahnantrag bei maschineller Bearbeitung in **nicht maschinenlesbarer Form** eingereicht, wird durch diesen die Verjährung nicht gehemmt (vgl LG Darmstadt NJW 86, 1695 f). Besteht das eingeführte Formular aus einem **Durchschreibesatz**, darf der formgerechte Mahnantrag nicht schon deshalb zurückgewiesen werden, weil der eingereichte Formularsatz nicht vollständig ist; denn eine nachträgl Ergänzung (auch mittels eines neu erstellten Formulars) ist nicht ausgeschlossen (vgl BGH MDR 99, 1460 = NJW 99, 3717, 3718). **Abweichungen** von der Durchschreibesatzform durch das Ausfüllen der einzelnen Blätter des Formularsatzes mittels moderner Schreibtechnik (sog „Laservordrucke") haben die Mahngerichte bisher überwiegend nicht zugelassen (AG Halle-Saalkreis NJW 96, 3423; AG Hamburg NJW 97, 874; AG Hünfeld NJW-RR 97, 829). Das bei der Inanspruchnahme mehrerer Personen als **Gesamtschuldner** bei nicht maschineller Bearbeitung erforderl Ausfüllen eines gesonderten Formularsatzes für jeden Ag (sa § 690 Rn 7, 23) gilt nicht im Verf mit maschineller Bearbeitung. Sind die gegen Gesamtschuldner erlassenen VB verbunden, darf sie der Gl von sich aus nicht trennen (str, s § 699 Rn 12). Der Formularzwang für den Mahnantrag in Form der Verwendung eines Durchschreibesatzes wirkt sich als **Formularzwang für den VB** aus (sa Rn 13). Bei einer Zustellung des **VB ohne Rechtsbehelfsbelehrung** an den Ag liegt ein Fall von § 233 S 2 vor (iE s § 699 Rn 15).

13 **4) Vollstreckungsbescheid-Antrag.** Die **Zurückweisung eines formularfrei gestellten Antrags** auf Erlass des VB ist nicht ausdrückl vorgeschrieben (s § 699), gleichwohl wendet die Praxis die Grundsätze von Rn 12 auch beim VB-Antrag an (vgl LG Düsseldorf Rpfleger 79, 348). Kein Verstoß gegen den Formularzwang liegt aber vor, wenn für den Antrag auf Erlass des VB nicht das vom AG zurückgesandte (vorbereitete) Formular, sondern ein neu erstelltes Formblatt verwendet wird (LG Düsseldorf Rpfleger 79, 348).

14 **III) Einführung maschineller Bearbeitung (§ 703c III).** Die Landesregierungen können die ihnen durch III erteilte Ermächtigung auf die LJV übertragen; das ist durchweg geschehen. Seit dem **1.1.2009** ist die maschinelle Bearbeitung der Mahnverf im gesamten Bundesgebiet eingeführt (vgl Salten, Gerichtl Mahnverf u ZwV, 7. Aufl 2023, S 10). **Überblick über die zentralen Mahngerichte:** Salten aaO S 10 ff.

§ 703d Antragsgegner ohne allgemeinen inländischen Gerichtsstand

(1) Hat der Antragsgegner keinen allgemeinen Gerichtsstand im Inland, so gelten die nachfolgenden besonderen Vorschriften.

(2) [1]*Zuständig für das Mahnverfahren* ist das Amtsgericht, das für das streitige Verfahren zuständig sein würde, wenn die Amtsgerichte im ersten Rechtszug sachlich unbeschränkt zuständig wären. [2]§ 689 Abs. 3 gilt entsprechend.

I) Allgemeines; internationale Zuständigkeit. § 703d regelt die Zuständigkeit für das Mahnverf abw von § 689 II für den Fall, dass der Ag im Inland keinen allg Gerichtsstand hat, aber im Inland wenigstens ein bes Gerichtsstand nach §§ 20 ff, § 32, Art 7 ff, Art 18 I Brüssel Ia-VO oder ein wirksam vereinbarter Gerichtsstand (§ 38, Art 25 Brüssel Ia-VO) besteht. Wenn demzufolge die dt Gerichte für ein str Verf international zuständig sind, gilt das auch für das Mahnverf (vgl BayObLG MDR 2005, 1243 = NJW-RR 2006, 206). Wo der ASt seinen allg Gerichtsstand hat, ist grds ohne Belang (BGH MDR 81, 908 = NJW 81, 2647), soweit nicht für den ASt der Verbrauchergerichtsstand eingreift (s Art 18 I Alt 2 Brüssel Ia-VO). Voraussetzung für die Zulässigkeit des Mahnverf ist auch hier, dass der MB ohne Inanspruchnahme öffentl Zustellung im Inland (zB vorübergehender inländischer Aufenthalt des Ag oder Zustellung an Bevollmächtigten, dessen Vollmacht vorliegt) oder in einem Staat, mit dem ein entspr Abk besteht, zugestellt werden kann (§ 688 II Nr 3, III; sa § 688 Rn 7, 13). 1

II) Voraussetzungen. 1) Statthaftigkeit. Das sog **Auslandsmahnverf gem § 688 III** muss statthaft sein. Wenn der **Ag seinen allg Gerichtsstand** im Ausland **außerhalb des Anwendungsbereichs der Brüssel Ia-VO** hat, aber das **AVAG** Anwendung findet (iE s § 688 Rn 13), bestimmen sich die für das Mahnverf in Betracht kommenden bes Gerichtsstände nach der ZPO (**II**). § 23 ist dann anwendbar (Bsp: AG München Rpfleger 91, 425). Hat der **Ag** dagegen seinen **Wohnsitz oder Sitz im Geltungsbereich** der **Brüssel Ia-VO** (also in einem EU-Staat) und ist die Brüssel Ia-VO anwendbar (Art 4 Brüssel Ia-VO), scheidet eine Anwendbarkeit des AVAG und damit von § 688 III aus; der ASt muss dann nach der **EuMahnVO** vorgehen (iE s § 688 Rn 14). 2

2) Mehrere Antragsgegner. Gegen mehrere Ag, von denen (nur) einer einen allg Gerichtsstand im Inland hat, kann im Gerichtsstand gem II 1 **kein gemeinsames Mahnverf** durchgeführt werden, denn **II 1** ist eine **eng auszulegende Ausnahmevorschrift**, die nicht auf den inländischen Ag erstreckt werden kann (BGH MDR 96, 306 = NJW 95, 3317 f mwN); für ihn verbleibt es bei § 689 II 1. Es ist aber **möglich, nach § 36 I Nr 3 vorzugehen** (KGR Berlin 2005, 970; offen gelassen BGH MDR 96, 306 = NJW 95, 3317 f). Eine Bestimmung (§ 36 I Nr 3) des gem § 689 II 1 zuständigen Gerichts (ASt-Wohnsitz) scheidet für einen im Ausland wohnhaften Ag aber aus, weil ansonsten jede Prüfung der internationalen Zuständigkeit im Mahnverf (s Rn 2) entfiele; als gemeinsamer Gerichtsstand iSv § 36 I Nr 3 kommt daher nur derjenige gem II 1 auch für die inländische Partei in Frage (so auch KGR Berlin 2005, 970); der Verlust der Begünstigung gem § 689 II 1 ist dem ASt zuzumuten, da die gemeinsame Durchführung des Mahnverf in seinem Interesse liegt. 3

III) Verfahren. Der Mahnantrag ist im Fall von § 703d nicht an das in § 689 II 1 oder 2 bezeichnete AG zu richten, sondern an das AG, bei dem der bes Gerichtsstand gegeben ist (**II 1**; sa Rn 1). **§ 689 II 1, 2** wird **durch II 1 verdrängt** (vgl BGH MDR 96, 306 = NJW 95, 3317; sa § 689 Rn 2). Unter mehreren bes Gerichtsständen hat der ASt die Wahl (§ 35). Wenn von der Möglichkeit der Zuständigkeitskonzentration Gebrauch gemacht worden ist (Übersicht: s § 689 Rn 4), ist iZw auch beim Auslandsmahnverf das zentrale AG anzurufen, zu dessen Bezirk das AG des bes Gerichtsstands gehört (**II 2 iVm § 689 III**; dazu BGH MDR 94, 95 = NJW 93, 2752; BayObLG MDR 2005, 1243 = NJW-RR 2006, 206, 207; sa § 689 Rn 4); die für das EuMahnverf geltende Erleichterung gem § 1087 ist nicht anwendbar (sa § 688 Rn 14 aE). Im Mahnantrag ist das für das Streitverf zuständige Gericht zu bezeichnen (§ 690 I Nr 5), also entweder das AG oder LG des bes Gerichtsstands. Außerdem ist im Mahnantrag bei der Sachverhaltsdarstellung anzugeben, worauf die Zuständigkeit des angerufenen AG gegründet wird (OLGR Schleswig 2007, 960, 961; **Formulierungsvorschlag:** Vorwerk/Riedel, PFB, M 8.1 [Begründung der Zuständigkeit des zentralen Mahngerichts]); wenn es sich um eine Gerichtsstandsvereinbarung (zB § 38) handelt, ist diese urkundlich zu belegen (§ 32 II AVAG). Haben sich versch Gerichte für unzuständig erklärt, ist nach § 36 I Nr 6 vorzugehen (OLGR Schleswig 2007, 960, 961). Wenn Widerspruch erhoben (Frist nach § 32 III AVAG: 1 Monat) und Durchführung des str Verf beantragt wird, ist die Sache vAw gem § 696 I 1 an das im MB als zuständig bezeichnete Gericht abzugeben, ggf gem § 698 an die Prozessabteilung (oder auch das FamG) des schon als Mahngericht tätig gewordenen AG. Das Gleiche gilt nach § 700 III 1 im Fall des Einspruchs gegen den VB. 4

Buch 8
Zwangsvollstreckung (§§ 704-959)

Vorbemerkungen zu §§ 704-945b

I) Zwangsvollstreckung. Sie ist **Verfahrensrecht zur Durchsetzung eines mat Anspruchs mit staatl Zwang.** Verfahrensziel ist die Befriedigung einer Geldforderung, die Herausgabe einer Sache, die Erwirkung einer Handlung oder Unterlassung. Dem Gl ist Selbsthilfe zur Durchsetzung seines Anspruchs versagt; Träger der Vollstreckungsgewalt ist allein der Staat (vgl BGH MDR 2001, 330 = NJW 2001, 434; Besonderheit für Vorpfändung: § 845). Er handelt als Inhaber des Zwangsmonopols (BVerfG MDR 83, 188 = NJW 83, 559) durch seine Organe ggü Verfahrensbeteiligten hoheitlich (BGH MDR 2005, 832 = NJW 2005, 1121, 1122). Bei der ZwV wegen Geldforderungen wird durch staatl Gewalt in das durch Art 14 I 1 GG geschützte Eigentum des Sch eingegriffen (vgl BVerfG NJW 79, 538). Das GG gibt hierfür in Art 14 I 2 die Ermächtigung. Als Staatstätigkeit ist ZwV öffentl-rechtl Natur. 1

II) Vollstreckungsanspruch, zu vollstreckender Anspruch. 1) Vollstreckungsanspruch. Er gibt dem durch den Titel ausgewiesenen Gl das Recht, dass der Staat durch seine Organe die beantragte Vollstreckungsmaßnahme unter den ges Voraussetzungen vornimmt. Die Justizgewährpflicht des Staates verpflichtet zu wirkungsvoller Durchsetzung zivilrechtl Ansprüche (BVerfG NJW 88, 3141; BGH MDR 2006, 826 LS = NJW 2006, 1290 Tz 10; BGH MDR 2009, 593 = NJW-RR 2009, 601 Tz 12). 2

2) Zu vollstreckender Anspruch. Dieser hat das Recht des Gl zum Inhalt, vom Sch ein Tun, Unterlassen oder Dulden zu verlangen. Ob er besteht, wird für die und während der ZwV nicht geprüft; von ihm ist daher auch der Vollstreckungsanspruch nicht abhängig. Das Fehlen des vollstr Anspruchs macht die ZwV nicht rechtswidrig oder unzulässig. Grundlage der ZwV ist der Vollstreckungstitel. Die ZwV richtet sich nach dem Inhalt des Titels; von der mat Rechtmäßigkeit des vollstr Anspruchs ist sie gelöst (BVerfGE 28, 1, 8). Sie ist daher unabhängig vom rechtl Bestand des Anspruchs (BGH MDR 90, 608 = NJW 90, 1662 f) und auch bei nur vorl Vollstr des Urteils rechtmäßig (BGH MDR 83, 221 = NJW 83, 232 f). Nichtbestehen, insb Untergang des Anspruchs, ist mit Angriff gegen den Titel geltend zu machen (§ 767; sa BGH MDR 2019, 1211 [Aufrechnung]), der diesem die Vollstreckbarkeit entziehen muss. 3

III) Regelungen. 1) 8. Buch der ZPO. Dort ist die **ZwV bürgerlich-rechtlicher Ansprüche** geregelt. Die gerichtl ZwV ist damit Teil der ordentl Zivilgerichtsbarkeit. Die Vollstreckungsorgane üben mit Vollstreckungshandeln öffentl Gewalt iSd Rechtsweggarantie des Art 19 IV 1 GG aus (BVerfG NJW 79, 538). 4

2) Weitere ZPO-Regelungen. Die **allg Vorschriften** (§§ 1-252) und die **Bestimmungen über gerichtl Verf** (§§ 253-591) gelten neben den Verfahrensvorschriften des 8. Buchs über die ZwV, soweit diese keine Regelungen treffen oder Wesen und Zweck der ZwV ihnen nicht entgegenstehen (vgl BGH 30.1.2025 – VII ZB 10/24, juris Tz 17 mwN). Anwendung finden insb die Vorschriften über Parteien (§§ 50-58), ProzBev und Beistände (§§ 78-90; vgl BGH MDR 2022, 121 Tz 12 [zu § 80]), Prozesskostenhilfe (§§ 114 ff), Prozessleitung (§ 139) und das Verf bei Zustellungen (§§ 166 ff). 5

3) Ehesachen und Familienstreitsachen (§ 111 Nr 1, § 112 FamFG). Hier erfolgt die Vollstr entspr den Vorschriften der ZPO über die ZwV (§ 120 I FamFG mit Besonderheiten in II u III). Die Vollstr in anderen Verf des FamFG bestimmen Einzelvorschriften in dessen Buch 1 (§§ 1-110 FamFG). 5a

4) Arbeitsgerichtliche Urteile. Diese (auch VB, Beschlüsse) werden nach den Vorschriften des 8. Buchs der ZPO vollstr (§ 62 I, II, § 85 ArbGG mit Besonderheiten). Diese gelten sinngemäß auch für die Vollstr von Entscheidungen der **Finanzgerichte** gegen den Bund, ein Land, einen Gemeindeverband, eine Gemeinde, Körperschaft, Anstalt oder Stiftung des öffentl Rechts (§ 151 I 1 FGO). Sie sind auch auf die Vollstr eines **KFB in Strafsachen** entspr anzuwenden (§ 464b S 3 StPO). Aus Vollstreckungstiteln der **Sozialgerichte** findet zugunsten einer Privatperson die ZwV nach dem 8. Buch der ZPO statt (§ 198 I, §§ 199 ff SGG mit Einzelheiten). Dies gilt ebenso für die ZwV zugunsten einer Privatperson aus Titeln der **Verwaltungsgerichte** (§ 167 I 1, §§ 168 ff VwGO mit Besonderheiten); zur Zuständigkeit des Verwaltungsgerichts als Vollstreckungsgericht: § 167 I 2 VwGO (sa § 802e Rn 1). 6

5) Verwaltungszwangsverfahren. Darin werden Verwaltungsakte vollstr, mit denen eine Geldleistung (eine öffentl-rechtl Geldforderung), eine sonstige Handlung, eine Duldung oder Unterlassung gefordert wird. Verwaltungszwangsverf ist die Vollstr im Verwaltungsweg durch Vollstreckungsbehörden. Geregelt ist die Verwaltungsvollstr für die Verwaltungsakte der Finanzbehörden in der Abgabenordnung (§§ 249-346 AO), iÜ in den Verwaltungsvollstreckungsgesetzen des Bundes und der Länder sowie in Sondergesetzen (zB JBeitrG). **Verfahrensgrundsätze:** Die Verwaltungsvollstr in bewegl Sachen führt die Vollstreckungsbehörde durch Vollziehungsbeamte aus; sie erlässt bei Vollstr in Geldforderungen und andere Vermögensrechte die Pfändungs- und Einziehungsverfügung selbst. Ein Verwaltungsakt, der auf Vornahme einer Handlung oder auf Duldung oder 7

Unterlassung gerichtet ist, wird mit Zwangsmitteln (Zwangsgeld, Ersatzvornahme, unmittelbarer Zwang) durchgesetzt. Nach den Vorschriften der AO bzw der Verwaltungsvollstreckungsgesetze richtet sich auch die Vollstr zugunsten der öffentl Hand von gerichtl Entscheidungen der Finanz- (§ 150 S 1 FGO), Sozial- (§ 200 I, II SGG) und Verwaltungsgerichte (§ 169 I, II VwGO). Das EU-Beitreibungsgesetz (EU-BeitrG v 7.12.2011, BGBl I 2011, 2592) regelt die Verwaltungsvollstr öffentl-rechtl Geldforderungen, die in anderen Mitgliedstaaten der Europ Union entstanden sind (§ 1 EU-BeitrG).

8 **6) SGB.** Für die Vollstr eines Verwaltungsaktes für den Anspruch eines öffentl-rechtl Rechtsträgers nach dem SGB gelten gleichfalls die Verwaltungsvollstreckungsgesetze des Bundes und der Länder (§ 66 I 1 SGB X, Sozialverwaltungsverf). Aus einem Verwaltungsakt einer solchen Behörde kann aber auch die ZwV in entspr Anwendung der ZPO stattfinden (§ 66 IV 1 SGB X mit Einzelheiten; dazu BGH MDR 2008, 712 f).

9 **IV) Organe der Zwangsvollstreckung.** Das sind GV (§ 753 I), Vollstreckungsgericht (§ 764), Prozessgericht des 1. Rechtszuges (§ 887 I, § 888 I, § 890 I), GBA (§ 867 I iVm GBO) sowie Schiffsregisterbehörde (§ 870a I).

10 **V) Parteien der Zwangsvollstreckung.** Das sind: **1) Gläubiger.** Das ist derjenige, der durch den Antrag das ZwV-Verf in Gang bringt. Für den Beginn der ZwV muss er sich aus Vollstreckungstitel oder -klausel namentlich ergeben (§ 750 I 1; zur Bestimmung des Gl, wenn dessen Rechtsform, Vertretungsverhältnisse und Anschrift nicht bezeichnet sind: BGH MDR 2015, 1387 = NJW-RR 2016, 378 Tz 15 ff [SWR]).

11 **2) Schuldner.** Das ist derjenige, gegen den die ZwV stattfindet. Für den Beginn der ZwV muss er in Vollstreckungstitel oder -klausel als Verpflichteter des durchzusetzenden Anspruchs namentlich bezeichnet sein (§ 750 I 1; zur GbR als Sch: BGH MDR 2016, 401 = IBR 2016, 315 [Seibel]).

12 **3) Dritte.** Das sind Personen, die sich mit einem Antrag am Verf beteiligen oder deren Rechte von einem Vollstreckungsverf betroffen oder berührt sind.

12a **VI) Gesetzliche Sonderbeziehung zwischen Gläubiger und Schuldner.** Zwischen Gl und Sch begründet der Vollstreckungszugriff eine ges Sonderbeziehung **privatrechtl Art** (BGH MDR 2005, 832 = NJW 2005, 1121, 1122 mwN; anders Gaul ZZP 110 [1997], 3, 18). Sie kann den Gl verpflichten, die Interessen des Sch zu wahren (BGH MDR 2005, 832 = NJW 2005, 1121, 1122; OLG Nürnberg MDR 2014, 115, 116); deren Verletzung kann zu einem Schadensersatzanspruch führen (BGH NJW 85, 3080, 3081).

13 **VII) Voraussetzungen der Zwangsvollstreckung. 1) Unabhängigkeit vom Erkenntnisverfahren.** ZwV erfordert nicht notw einen Rechtsstreit; sie kann auch aus nichtrichterl Vollstreckungstiteln erfolgen (zB § 794). Auch führt nicht jedes Erkenntnisverf zur ZwV.

14 **2) Vollstreckungstitel.** Durch einen solchen muss der vollstrb Anspruch des Gl (s Rn 3) urkundlich ausgewiesen sein (§§ 704, 794; Ausnahme zB nach § 16 II 2 OldLSparkG [Selbsttitulierungsrecht öffent-rechtl Kreditinstitute] hat das BVerfG NJW 2013, 1797 mit Übergangsfrist für nichtig erklärt, dazu: BGH MDR 2016, 1047 = NJW-RR 2016, 890). Das Vollstreckungsorgan hat diesen Anspruch nicht festzustellen (Grundsatz der **Trennung von Erkenntnis- und Vollstreckungsverf** u **Formalisierung des ZwV-Verf**; ausführlich dazu: BGH MDR 2011, 1069 = NJW 2011, 2803 Tz 20 ff) und nicht zu überprüfen (BGH MDR 94, 1040 = NJW 94, 460, 461 f), mithin auch Einwendungen des Sch gegen ihn nicht zu prüfen (§ 767; sa Rn 3). Grundlage der Tätigkeit des Vollstreckungsorgans ist der **Vollstreckungstitel**. Er muss **vollstrb ausgefertigt** (§§ 724 ff; hiervon einzelne Ausnahmen: Klausel entbehrl zB nach § 86 III FamFG, dazu Zweibrücken MDR 2020, 818) und **zugestellt** (§ 750 I) sein. Im Einzelfall können weitere bes Voraussetzungen zu beachten sein (zB § 750 II, § 751 I, II, §§ 756, 765, 798). Es dürfen keine Vollstreckungshindernisse bestehen wie zB vollstreckungshindernde/-beschränkende Vereinbarungen der Parteien, Einstellung (zB §§ 765a, 775, 776) und Insolvenzverf über das Schuldnervermögen (§ 89 InsO; dazu BAG MDR 2023, 1546).

15 **3) Prozessvoraussetzungen.** Sie müssen als Verfahrensvoraussetzung gegeben sein; vom Vollstreckungsorgan sind sie vAw zu prüfen, insb:

16 **a) Persönliche Prozessvoraussetzungen:** Parteifähigkeit (BGH MDR 2022, 122 = juris Tz 22), Prozessfähigkeit, ges Vertretung und Prozessführungsbefugnis. Prozessfähigkeit auch des Sch (oder ges Vertretung) muss in der ZwV immer gegeben sein (BGH DGVZ 2011, 209, 210; Brox/Walker, ZwVR, 12. Aufl 2021, § 2 Rn 14 ff), weil er in dem rechtsstaatl Vollstreckungsverf Gelegenheit haben muss, seine Rechte zu wahren (s Rn 28), und sich über Einlegung zulässiger Rechtsbehelfe schlüssig werden muss. Pfändung als rangwahrender Zugriff (nicht aber Pfandverwertung) ist jedoch auch gegen den prozessunfähigen (nicht vertretenen) Sch (nach wirksamer Titelzustellung, sa § 750 Rn 14) zulässig (für ihn keine Besserstellung). Rechtskraftfähige Titel weisen Partei- und Prozessfähigkeit sowie Vertretung zur Zeit der Entscheidung für das Vollstreckungsorgan aus; Änderungen sind von ihm in eigener Verantwortung (vAw) zu prüfen. Für die Feststellung der Prozessfähigkeit gilt der Freibeweis. Störungen der Geistestätigkeit sind nach der Lebenserfahrung Ausnahmen; auszugehen ist daher davon, dass jeder Erwachsene, sofern nicht bes Umstände vorliegen, geschäfts- und prozessfähig ist. Erforderl sind hinreichende Zweifel an der Prozessfähigkeit (vgl BGH MDR 83, 388 = NJW 83, 996, 997 f; BGH NJW-RR 86, 157 f; LG Saarbrücken FamRZ 2000, 819 LS [kein zwingender Rückschluss von Betreuung auf Geschäftsunfähigkeit]). Die Beweislast für eine behauptete (nicht erkennbare) Prozessunfähigkeit trifft die Partei, die sich da-

rauf beruft (BGH NJW-RR 86, 157 f). Verliert der Sch die Prozessfähigkeit nach Pfändung, tritt keine Verfahrensunterbrechung ein; für die erforderl Bestellung eines Betreuers ist jedoch dem Betreuungsgericht Mitteilung zu machen (§ 22a I FamFG); bei Gefahr im Verzug ist ein Vertreter nach § 57 zu bestellen.

b) Sachliche Prozessvoraussetzungen: Antrag, Gerichtsbarkeit, Rechtsweg (zur *Verweisung* im VollstrVerf: BGH MDR 2017, 1385 [§ 17a II GVG]) und Zuständigkeit des Vollstreckungsorgans. Auch das Rechtsschutzbedürfnis muss gegeben sein (BVerfG MDR 83, 188 = NJW 83, 559; OLG Frankfurt JurBüro 2008, 104); es fehlt, wenn der Gl kein schutzwürdiges Interesse an der Vollstreckungsmaßnahme hat. 17

4) Schuldnervermögen als Gegenstand der Zwangsvollstreckung wegen Geldforderungen. Der Gl darf grds nur in das Vermögen seines Sch vollstr (BGH MDR 85, 841 = NJW 85, 1959, 1960). Dieser haftet grds mit seinem gesamten Vermögen; vor Kahlpfändung ist er jedoch geschützt (s Rn 30). Vollstreckungsorgane nehmen nur eine „formelle" Prüfung vor (allg zur Formalisierung des ZwV-Verf: BGH MDR 2011, 1069 = NJW 2011, 2803 Tz 20 ff). Dem Zugriff des GV unterliegen körperl Sachen im Gewahrsam des Sch (§ 808 I); das Vollstreckungsgericht pfändet angebliche Forderungen und Rechte des Sch (§ 829 I); Eintragung einer Sicherungshypothek erfolgt, wenn der Sch eingetragener Grundstücks- oder Schiffseigentümer ist (§ 39 GBO, § 46 SchRegO). Der Vollstreckungstitel kann die Schuldnerhaftung auf bestimmte Vermögensmassen beschränken (zB bei Partei kraft Amtes; bei Erbenhaftung (§ 780); bei Besonderheiten nach dem BinSchG [dort §§ 102 ff]) oder erweitern (Fälle des AnfG). Rechtswidrig handelt der Gl, wenn er Vollstr in schuldnerfremdes Vermögen betreibt (BGH MDR 85, 841 = NJW 85, 1959, 1960). Eigentumsverletzung mit ZwV in einen schulderfremden Gegenstand kann (auch bei Beeinträchtigung fremden Sicherungseigentums) eine deliktische Haftung (§ 823 I BGB) desjenigen (auch eines ProzBev) begründen, der sie betreibt (BGH MDR 92, 751 = NJW 92, 2014, 2015 f mwN und Einzelheiten). 18

VIII) Verfahrensgrundsätze der Zwangsvollstreckung. 1) Antragsgrundsatz und Parteiherrschaft. ZwV dient Gläubigerinteressen; sie erfolgt daher nur auf Antrag. Dieser ist verfahrenseinleitende Prozesshandlung. Damit bestimmt der Gl Beginn, Art und Ausmaß des Vollstreckungszugriffs (zur Anwaltshaftung bei Verzögerung der ZwV: BGH MDR 2020, 250). Er hat die Herrschaft über seinen vollstr Anspruch (kann ihn stunden, darauf verzichten usw), bleibt somit auch „Herr" seines Verf. Das ZwV-Verf endet daher, wenn der Gl dies verlangt (jederzeitige Rücknahme des Antrags). Der Antrag auf ZwV (und jede Vollstreckungshandlung) bewirkt einen Neubeginn der Verjährung (§ 212 I Nr 2 BGB; dazu Erman/Schmidt-Räntsch § 212 BGB Rn 13 ff; sa BGH MDR 85, 562 = NJW 85, 1711 [noch zur Unterbrechung]). 19

2) Amtsbetrieb. Die auf Antrag eingeleitete ZwV wird vAw fortgeführt, bis der geltend gemachte Anspruch durchgesetzt ist oder der Gl das Verf zum Stillstand bringt oder mit Antragsrücknahme beendet. Einzustellen oder zu beschränken ist die ZwV nur in ges bestimmten Fällen (insb §§ 765a, 775, 776). Einwendungen des Sch oder Dritter halten den Fortgang des Verf nicht auf, solange nicht mit einem zulässigen Rechtsbehelf eine Entscheidung über die (einstweilige oder endgültige) Einstellung herbeigeführt ist. 20

3) Einzelvollstreckung. ZwV dient den Interessen des antragstellenden einzelnen Gl. Gegenstand des Vollstreckungszugriffs sind einzelne Vermögenswerte des Sch. Jede Vollstreckungsart erfordert daher einen gesonderten Antrag des Gl. Vollstreckungsorgane werden in den voneinander unabhängigen Antragsverf selbständig nebeneinander tätig. 21

4) Formalisierung. Vollstreckungsvoraussetzungen, Zugriffstatbestände und Vollstreckungsverf sind formalisiert (allg zur Formalisierung des ZwV-Verf: BGH MDR 2011, 1069 = NJW 2011, 2803 Tz 20 ff). Das soll ein zügiges Vollstreckungsverf gewährleisten. Damit wird im Spannungsfeld zwischen den Interessen des Gl, des Sch und der sonst etwa Beteiligten Rechtssicherheit gewährleistet und gleichermaßen Wahrung der unterschiedlichsten Belange der Verfahrensbeteiligten unter Berücksichtigung der sozialen Auswirkungen gesichert (BGH MDR 2020, 244 = juris Tz 27). 22

5) Mündliche Verhandlung. Eine solche erfordert das auf Vollstreckungshandeln angelegte Verf **nicht**; vor einer Entscheidung durch Beschluss (zB § 764 III, § 891 S 1) ist sie freigestellt (nicht notw: § 128 IV). 23

6) Parteivereinbarungen, Vollstreckungsverträge. ZwV ist als formalisiertes Verfahrensrecht (s Rn 22) öffentl-rechtl Natur (s Rn 1) und zwingendes Recht. Voraussetzungen und Grenzen des staatl Vollstreckungshandelns sind der Disposition der Parteien grds entzogen (RGZ 128, 81, 85). Parteivereinbarungen sind im ZwV-Verf nur in beschränktem Umfang zulässig. 24

a) Vollstreckungsbeschränkende Vereinbarungen (zeitl und sachl; allg dazu: Brox/Walker, ZwVR, 12. Aufl 2021, § 11 Rn 43 ff) **sind zulässig**. Die Parteien können vereinbaren, dass von einem Vollstreckungstitel überhaupt nicht, nur teilw (BGH MDR 91, 668 = NJW 91, 2295), erst bei Eintritt eines bestimmten Ereignisses (Abschluss des Nachverf; sa BGH MDR 2015, 671 = NJW-RR 2015, 915 f [formlose Einigung über erneute Vollstr aus dem Titel bei Fortbestehen einer Grundschuld]) oder nur in bestimmter Weise Gebrauch gemacht werden darf (BGH MDR 68, 307 = NJW 68, 700) oder dass nur in bestimmter Weise (zB nicht durch Rechtspfändung) oder nicht in bestimmte Vermögensgegenstände (nur in Geschäftsvermögen oder Nachlass, nicht in das persönl Vermögen) vollstr werden darf. Solche Vereinbarungen kommen als Ratenzahlungsvergleiche vor (vgl 25

OLG Frankfurt OLGZ 81, 112 ff) mit der Absprache, die Vollstr bei Schuldnerzahlungen (sonst für bestimmte Zeit) nicht zu betreiben (ist nicht Stundung der Forderung als mat Vereinbarung, die ebenso getroffen sein kann). Geltend zu machen sind beschr Vereinbarungen als Einwendungen nach § 767 I (BGH MDR 91, 668 = NJW 91, 2295); sie sind wegen ihres prozessualen, die Art und Weise der ZwV betr Charakters jedenfalls auch im ZwV-Verf zu berücksichtigen, können daher auch mit Erinnerung (§ 766) und sof Beschwerde (§ 793) geltend gemacht werden (vgl Brox/Walker, aaO, § 11 Rn 51 ff). Vereinbarungen (nur) über den mat Anspruch (Erlass, Stundung der Forderung) sind nach § 767 zu verfolgen.

26 **b) Unzulässig sind vollstreckungserweiternde Abreden**; die Vollstreckungsbefugnis kann nicht über die ges Möglichkeiten hinaus erweitert werden (MskV/Lackmann vor § 704 Rn 17). Der Sch kann sich daher nicht damit einverstanden erklären, dass ohne Titel oder Klausel, auf andere Art oder Weise (zB OLG Hamm MDR 68, 333) vollstr wird. Er kann nicht auf Schuldnerschutzbestimmungen (zB §§ 765a, 811, 850 ff) verzichten (RGZ 72, 181, 183 ff; KG NJW 60, 682; OLG Stuttgart MDR 71, 132 = NJW 71, 50). Davon zu unterscheiden ist, dass sich der Sch nicht auf Schutzbestimmungen mit der Erinnerung beruft.

27 **c) Über den** durch den vollstrb Titel festgestellten **Anspruch** (s Rn 3) **können die Parteien auch während der ZwV verfügen.** Rechtsweg für Einwendungen dann § 767.

28 **7) Rechtliches Gehör (Art 103 I GG).** Dieses ist auch in der ZwV zu gewähren. ZwV erfordert jedoch idR sof Zugriff, der eine **vorherige Anhörung des Sch** ausschließt. In diesen Fällen ist eine Verweisung des Betroffenen auf die **nachträgl Anhörung** (Wahrung der Rechte mit Rechtsbehelf, insb nach § 766) mit dem GG vereinbar (BVerfG NJW 81, 2111; sa LG Heidelberg 31.1.2019 – 5 T 3/19, juris Tz 10 mwN). Anhörung ist freigestellt in §§ 730, 733, vorgeschrieben für Entscheidungen nach §§ 887-890 (§ 891 S 2), untersagt bei Forderungspfändung (§ 834), notw bei Pfändung bedingt pfändbarer Bezüge (§ 850b III).

29 **8) Rechtsstaatliche Verfahrensgestaltung.** Verfahrensrecht und Verfahrensgestaltung stehen unter den Garantiefunktionen des GG (vgl BVerfG MDR 80, 116 = NJW 79, 2607 mwN). Vollstreckungsorgane haben die Pflicht, die Grundrechte durchzusetzen und die erforderl Vorkehrungen zu treffen, damit Verfassungsverletzungen durch ZwV-Maßnahmen ausgeschlossen sind (vgl BVerfG MDR 80, 116 = NJW 79, 2607 mwN). Das Vollstreckungsverfahrensrecht muss daher mit Blick auf die Grundrechte ausgelegt und angewendet werden (vgl BVerfG MDR 79, 286 = NJW 79, 534, 535; kommt zB zum Ausdruck in §§ 758a, 765a). Das gebietet rechtsstaatl Verfahrensgestaltung, aber auch Beachtung des verfassungsrechtl **Grundsatzes der Verhältnismäßigkeit** (BVerfG MDR 80, 116 = NJW 79, 2607). Ein Eigentumseingriff muss erforderl und angemessen sein, um das Verfahrensziel zu erreichen. Zweck und Mittel müssen in einem vernünftigen Verhältnis zueinanderstehen (sa Sondervotum [§ 30 II BVerfGG]: Böhmer NJW 79, 535 f [zu BVerfG MDR 79, 286 = NJW 79, 534]). Wahrung der Gläubigerbelange gebietet insb zügigen und wirksamen (Geimer NJW 91, 3072) Vollstreckungszugriff sowie fehlerfreie und unverzögerte Durchführung der ZwV (BGH MDR 2009, 593 = NJW-RR 2009, 601, 602). Dem Sch muss effektiver (wirksamer) Rechtsschutz gewährt werden (BVerfG MDR 79, 286 = NJW 79, 534 f). Das schließt den Anspruch auf faire Verfahrensdurchführung ein (BVerfG aaO).

30 **9) Wahrung der Schuldnerbelange.** Schutz der sozialen Existenz des Sch sichern die vAw zu beachtenden **Pfändungsverbote** (insb Schutz vor Kahlpfändung). Sie sind prozessrechtl (vollstreckungsrechtl) Natur. Verschleuderung gepfändeter Vermögenswerte beugt die Regelung vor, dass Verwertung vom Erreichen eines bestimmten Mindestgebots abhängig ist (§ 817a; sa BVerfG MDR 78, 380 = NJW 78, 368, 369 f). Mit Antrag auf Schuldnerschutz im Einzelfall kann der Sch Härten der ZwV abwenden und die Möglichkeit finden, die Zwangsverwertung seines Eigentums zu verhindern.

31 **10) Trennung von Erkenntnis- und Vollstreckungsverfahren.** S bereits Rn 14.

32 **11) Grundsatz von Treu und Glauben.** Dieser beherrscht auch das Vollstreckungsverfahrensrecht (BGH MDR 2013, 812 LS = NJW-RR 2013, 1171 Tz 23). Zur **Verwirkung** (Zeit- und Umstandsmoment) eines titulierten Anspruchs: OLG Koblenz MDR 2018, 1146.

33 **12) Begrenzung der Vollstreckungsdauer durch Beginn und Ende der Zwangsvollstreckung.** Rechtsbehelfe des ZwV-Verf (Erinnerung [§ 766], sof Beschwerde [§ 793], Drittwiderspruchsklage [§ 771]) können nur nach Beginn und vor dem Ende der ZwV geltend gemacht werden. Beantragung einer vollstrb Ausfertigung des Titels ist kein Beginn der ZwV, sondern bereitet diese nur vor (BGH MDR 2020, 1018 Tz 21). ZwV durch den GV (Mobiliarpfändung, Wegnahme, Räumung) beginnt mit der ersten gegen den Sch gerichteten Vollstreckungshandlung (zB BGH MDR 2004, 714 LS = NJW-RR 2004, 1220, 1221 [GV erscheint und will pfänden]; OLG Köln JurBüro 1989, 870; LG Berlin DGVZ 91, 9 [Aufforderung des erschienenen GV, die Wohnungsdurchsuchung zu gestatten]), nicht jedoch mit schriftl Ankündigung des GV, er werde zur ZwV erscheinen und bei Abwesenheit des Sch die Wohnung öffnen lassen (KG DGVZ 94, 113; LG Berlin DGVZ 91, 9). Die ZwV durch das Vollstreckungsgericht beginnt mit Erlass (Unterzeichnung) des gerichtl Beschlusses (der Vorpfändung nach § 845) oder der vorherigen verfahrensleitenden Verfügung, nicht erst mit Zustellung des Pfändungsbeschlusses, auch nicht erst mit „Hinausgabe" (Einlegen ins Postabholfach oder Übergabe an Justizwachtmeister zur Beförderung durch die Post). Vollstreckungsbeginn im Verf zur Abnahme der Vermögensauskunft

ist Fristsetzung zur Begleichung der Forderung mit Bestimmung des Termins. Die Androhung nach § 890 ist Beginn der ZwV, wenn sie durch bes Beschluss ergeht (s § 890 Rn 12; BayObLG NJW-RR 96, 780); für Grundbucheintragung ist ZwV-Beginn die Veranlassung der Eintragung (§§ 44, 130 GBO; Unterzeichnung der Eintragungsverfügung). Die ZwV endet im Ganzen mit vollst Befriedigung des Gl (auch Kosten: § 788; BGH MDR 2019, 1340 Tz 19), bei Einzelvollstreckungsmaßnahmen mit deren vollst Abschluss, zB durch Aufhebung einer Vollstreckungsmaßnahme des GV nach Freigabe der gepfändeten Sache; Räumung des herauszugebenden Grundstücks (BGH MDR 2013, 812 LS = NJW 2013, 2287).

IX) Fehlerhafte Zwangsvollstreckungs-Maßnahmen. 1) Allgemeines. Eine ZwV-Handlung kann fehlerhaft 34
sein, weil die Vollstr nicht in dem vorgesehenen Verf (s Rn 4, 6-8) erfolgt ist oder nicht das zuständige ZwV-Organ gehandelt hat (s Rn 9), weil Voraussetzungen der ZwV (s Rn 14-18) zu Unrecht angenommen wurden oder ein Pfändungsverbot oder eine Pfändungsbeschränkung unbeachtet geblieben ist, schließlich auch, weil bei Durchführung der ZwV gegen eine Verfahrensvorschrift oder gegen einen allg Verfahrensgrundsatz (s Rn 19 ff) verstoßen worden ist. Eine demnach fehlerhafte ZwV ist nur ausnahmsweise, nämlich bei **schwerer und offenkundiger Fehlerhaftigkeit, ohne Wirkung** (nichtig; vgl BGH MDR 93, 578 = NJW 93, 735, 736 [ZwV ohne geeigneten Titel]; sa BGH MDR 2014, 1108 = NJW 2014, 2732 Tz 10). Als nichtig/wirkungslos anzusehen sind insb: ZwV-Handlungen durch Behörden oder Beamte, die mit ZwV oder einzelnen ZwV-Verf überhaupt nicht befasst sind (Bsp: Forderungspfändung durch GV, Ausnahme: § 802a II 1 Nr 5; Sachpfändung durch Vollstreckungsgericht; Pfändung durch eine ausl Behörde); ZwV-Handlungen bei Verstoß gegen wesentl Formvorschriften für deren Ausführung (zB fehlende Inbesitznahme oder Anlegung von Siegeln, § 808 I, II; Fehlen des Drittschuldnerverbots, § 829 I 1). Für unwirksam wird auch eine Pfändung gehalten, der kein wirksamer Titel zugrunde liegt (RGZ 56, 70, 71; BGH MDR 2008, 766 = NJW-RR 2008, 1075, 1076 mwN); ein solcher Mangel kann richtigerweise aber nur die Anfechtbarkeit begründen (ebenso BFH NJW 2003, 1070 [für § 249 I 1 AO]). Die Vollstreckungshandlung eines (in den Grenzen seiner Amtsbefugnisse handelnden) zuständigen Vollstreckungsorgans ist als staatl Hoheitsakt (s Rn 1) grds auch dann wirksam, wenn sie bei richtiger Sachbehandlung hätte unterbleiben müssen (Bsp: Klausel oder Zustellung des Titels fehlen als Voraussetzungen der ZwV; der gepfändete Gegenstand war unpfändbar). Die Fehlerhaftigkeit führt dann ledigl dazu, dass die ZwV-Maßnahme **auf Rechtsbehelf** (ggf auch vAw) **aufzuheben** ist (BGH MDR 76, 648 = NJW 76, 851 f; BGH MDR 79, 922 = NJW 79, 2045 f; BGH MDR 80, 1016 f; BFH NJW 2003, 1070). Solange die Fehlerhaftigkeit nicht durch die dafür zuständige Stelle festgestellt ist, muss die ZwV-Handlung beachtet werden (BGH MDR 80, 1016 f). Insb ist die Pfändungsmaßnahme eines Vollstreckungsorgans wirksam, wenn sachl oder förml Voraussetzungen nicht vorgelegen haben, bis die Maßnahme durch abändernde Entscheidung beseitigt wird und damit rückwirkend wegfällt (BGH MDR 80, 1016 f).

2) Beseitigung der Fehlerhaftigkeit. Wenn mit Behebung des Mangels die Fehlerhaftigkeit einer ZwV-Maß- 35
nahme beseitigt ist, kann sie (auch wenn mit Rechtsbehelf Anfechtung bereits erfolgt ist) nicht mehr aufgehoben werden (Heilung ex tunc; RGZ 125, 286, 288; OLG Hamm NJW-RR 98, 87, 88; KG MDR 89, 77 = NJW-RR 88, 1406, 1407; LG Bielefeld DGVZ 87, 9 [für Klauselerteilung gegen Erben und Zustellung erst nach Pfändung]). Der Sch und ein Dritter, auch wenn er nach Heilung des Mangels ein Vollstreckungspfandrecht erworben hat, kann daher die fehlerhaft gewesene ZwV-Maßnahme nicht mehr anfechten. Der Gl eines durch spätere Pfändung erlangten Pfandrechts (§ 804 I, III) kann durch anschl Behebung des der vorgehenden Pfändung anhaftenden Mangels in seinen Rechten jedoch nicht beeinträchtigt werden. Ein vor Behebung des Mangels wirksam gewordenes ZwV-Pfandrecht berechtigt den nachpfändenden Gl daher weiterhin zur Anfechtung der fehlerhaft gewesenen ZwV-Maßnahme. Damit kann jedoch nicht Aufhebung der dann mangelfreien Pfändung, sondern nur Beseitigung des fehlerhaft gewesenen besserrangigen Pfandrechts erstrebt werden. Die Entscheidung über den Rechtsbehelf führt daher zu einem Rangtausch des weiterhin Anfechtungsberechtigten mit dem erstpfändenden Gl (sa Stöber/Rellermeyer FdgPfdg Rn B.418).

3) Rechtsmissbräuchliche Zwangsvollstreckung. Wenn eine Voraussetzung der ZwV in unredlicher Weise 36
herbeigeführt (zB die Bewilligung der öffentl Zustellung des Titels an Sch erschlichen) worden ist, haftet der ZwV kein vollstreckungsrechtl Mangel an (BGH NJW 71, 2226; aA wenn Voraussetzungen der Zustellung erkennbar nicht vorliegen: BGH MDR 2002, 600 = NJW 2002, 827, 828 ff [Verweis auf BVerfG MDR 88, 832 = NJW 88, 2361]). Der Ausnutzung einer durch rechtsmissbräuchliches Verhalten mit der ZwV erlangten Rechtsposition (auch bessere Rangstelle) kann aber der Einwand unzulässiger Rechtsausübung (§§ 242, 826 BGB) entgegenstehen (BGH NJW 71, 2226). Dabei gelten iÜ die gleichen Grundsätze wie für die sittenwidrige Ausnutzung eines sachlich unrichtigen Urteils (vgl BGH MDR 71, 567 = NJW 71, 1751, 1752 mwN).

X) Zwangsvollstreckung und Insolvenzverfahren. 1) Allgemeines. Ein **Antrag auf Eröffnung des Insolvenz-** 37
verf (§ 13 I InsO) hindert die ZwV gegen den Sch und den Fortgang bereits begonnener ZwV-Verf nicht. Das Insolvenzgericht kann jedoch bereits im Eröffnungsverf die Vollstr in das bewegl Vermögen des Sch untersagen oder einstw einstellen (§ 21 II 1 Nr 3 InsO; ist Hinderungsgrund nach § 775 Nr 2). **ZwV-Maßnahmen für Insolvenzgläubiger** (Begriff: § 38 InsO) **im letzten Monat vor dem Eröffnungsantrag** (Berechnung: § 139 InsO) oder nach diesem werden (auch bei früherer Vorpfändung, s § 845 Rn 5) mit Eröffnung des Insolvenzverf **unwirksam** (§ 88 I InsO; **Rückschlagsperre**; 3 Monate im Verbraucherinsolvenzverf: § 88 II InsO; zur **Verstri-**

ckung: BGH MDR 2017, 1389; BGH MDR 2021, 580 [Beseitigung der Verstrickung]). Sicherung oder Befriedigung des Gl vor Eröffnung des Insolvenzverf können darüber hinaus der Insolvenzanfechtung unterliegen (§§ 129 ff InsO); ebenso ein Pfändungspfandrecht, die Befriedigung des Gl im Wege der ZwV und eine Leistung zur Abwendung der ZwV auch dann, wenn zu der Vermögensverlagerung auch eine Rechtshandlung des Sch beigetragen hat (§ 133 I InsO; zB BGH MDR 2014, 427 = NJW-RR 2014, 233 Tz 7 mwN).

38 **2) Folgen.** **a)** Für **Insolvenzgläubiger**, auch für nachrangige (§ 39 InsO), sind während der Dauer des Insolvenzverf (ab Eröffnung, § 27 InsO) ZwV (neu) weder in die Insolvenzmasse (Begriff: § 35 InsO, zu der auch Neuerwerb gehört) noch in das sonstige (insolvenzfreie) Vermögen des Sch, zu dem auch freigegebene Gegenstände gehören (BGH MDR 2009, 832 = NJW-RR 2009, 923), zulässig (**§ 89 I InsO**; allg dazu: BGH MDR 2021, 579 Tz 6). Dieses **Vollstreckungsverbot** ist **vAw zu beachten** (somit kein Fall von § 775). Es schließt während des Insolvenzverf auch die Verpflichtung des Sch zur Vermögensauskunft (§ 802c) aus (vgl BGH MDR 2012, 869 = NJW-RR 2012, 1433). Zu Masseverbindlichkeiten: s §§ 90, 210 InsO. **Abgesonderte Befriedigung des Gl** eines (nicht unwirksam gewordenen) Pfändungspfandrechts: s § 50 I, §§ 166-173 InsO. Unterbrochen (§ **240**) wird die ZwV durch Eröffnung des Insolvenzverf grds nicht (es kommt immer auf die jew VollstrMaßnahme an: vgl BGH MDR 2007, 908 = NJW 2007, 3132 Tz 8 ff; BGH MDR 2019, 246 Tz 9). Nicht unterbrochen werden das Verf auf Erteilung der Vollstreckungsklausel und sonst die ZwV vorbereitende Maßnahmen (BGH MDR 2008, 410 = NJW 2008, 918 Tz 7). Die Erteilung der Vollstreckungsklausel wird auch nicht von dem Vollstreckungsverbot des § 89 I InsO erfasst (BGH aaO). Miete und Pacht: s § 110 InsO; Arbeitseinkommen: s § 850 Rn 25.

39 **b) Unzulässig** sind nur Vollstreckungen für einzelne Insolvenzgläubiger (s § 89 I InsO); nicht damit die ZwV, die nicht der Befriedigung eines persönl Gl wegen eines Vermögensanspruchs dient (s § 38 InsO). **Nicht ausgeschlossen** (und nicht nach § 240 unterbrochen: OLG Naumburg FamRZ 2008, 620) ist damit die ZwV wegen des vom Sch persönl zu erfüllenden Anspruchs auf Herausgabe einer Sache und Vornahme oder Unterlassung einer Handlung (§§ 883-888; vgl LArbG Köln JurBüro 2008, 496 [Zeugnisanspruch]); ebenso nicht die Vollstr ersatzweise angeordneter Ordnungshaft gegen den Sch (BGH MDR 2019, 246 Tz 9). Betrifft die ZwV-Maßnahme jedoch einen zur Insolvenzmasse gehörenden Gegenstand, den der Insolvenzverw zu verwalten (§ 80 I InsO) und in Besitz genommen hat (§ 148 I InsO), erfordert sie einen Titel (oder Vollstreckungsklausel) gegen diesen (§ 750 I).

40 **3) Rechtsbehelf.** S § 766 Rn 17.

41 **XI) Vollstreckungsbeschränkung im Außenwirtschaftsverkehr.** S § 16 AWG, § 47 GVGA.

42 **XII) Internationales Vollstreckungsrecht.** Maßnahmen der Vollstreckungsorgane auf dem Gebiet der ZwV sind Ausfluss der Staatsgewalt. Die internationale Zuständigkeit deutscher Vollstreckungsorgane setzt daher voraus, dass die ZwV in Vermögen erfolgen soll, das sich im Inland befindet; nur dann kann die staatl Zwangsgewalt ausgeübt werden (BGH MDR 2006, 414 = NJW-RR 2006, 198, 199; BGH MDR 2010, 51 = NJW-RR 2010, 279). Nach deutschem Recht bestimmt sich daher die Pfändbarkeit von Arbeitseinkommen (Ruhegeldansprüche) eines im Ausland lebenden Sch gegen einen im Inland ansässigen Drittsch (BGH MDR 2013, 491 = NJW-RR 2013, 880), ebenso die Pfändbarkeit des im Ausland erzielten Arbeitseinkommens eines in Deutschland lebenden Sch (§ 828 II; Wohnsitz als Anknüpfungspunkt; so LG Traunstein NZI 2009, 818; aA AG München NZI 2010, 664; AG Passau NZI 2009, 820); zur Zustellung an ausl Drittsch: s Stöber/Rellermeyer FdgPfdg Rn A.43 ff; zur Anerkennung im Ausland: s Geimer IZPR[9] Rn 408. Die Befreiung von der deutschen Gerichtsbarkeit (§§ 18-20 GVG) schließt auch Maßnahmen der ZwV aus. Es darf daher nicht auf Gegenstände eines fremden Staates zugegriffen werden, die (bei Vollstreckungsbeginn) hoheitl Zwecken dienen (BVerfG NJW 78, 485; BVerfG IPRax 2011, 389; BGH MDR 2013, 1122 = NJW-RR 2013, 1532 Tz 10 mwN), damit insb nicht auf die der diplomatischen Vertretung eines fremden Staates zur Wahrnehmung ihrer amtl Funktion dienenden Gegenstände, sofern dadurch die Erfüllung der diplomatischen Tätigkeit beeinträchtigt werden könnte (BGH MDR 2007, 1282 = NJW-RR 2007, 1498 Tz 10 mwN) und nicht auf die auf Konten der Dt Bundesbank verwalteten Währungsreserven eines ausl Staates (BGH MDR 2013, 1122 = NJW-RR 2013, 1532). Ausnahme: Wenn der Sch hinsichtlich zu pfändender Vermögenswerte auf die Immunität verzichtet hat (BGH MDR 2013, 1122 = NJW-RR 2013, 1532 Tz 24). Nicht der Vollstr entzogen sind Gegenstände, die für den Eigentümer von einem Staatsunternehmen hoheitl verwaltet werden, aber nicht der Erfüllung staatl Aufgaben dienen (BVerfG IPRax 2011, 389). ZwV mit **Titeln ausländischer Gerichte** kann im Bundesgebiet nur erfolgen, wenn sie für zulässig erklärt ist, sei es allg auf Grund von Staatsverträgen oder im Einzelfall durch Vollstreckungsurteil (§§ 722, 723).

Abschnitt 1
Allgemeine Vorschriften (§§ 704-802)

§ 704 Vollstreckbare Endurteile

Die Zwangsvollstreckung findet statt aus Endurteilen, die rechtskräftig oder für vorläufig vollstreckbar erklärt sind.

I) Vollstreckungstitel für die Zwangsvollstreckung. Titel (sa vor § 704 Rn 14) ist das **Endurteil** (§ 300; auch als Teilurteil, § 301, oder Vorbehaltsurteil, §§ 302, 599), wenn es formell **rechtskräftig** (§ 705) ist. Ein nicht rechtskr Urteil ist als Titel ZwV-Grundlage, wenn es für **vorl vollstrb** erklärt ist; aus dem noch nicht endgültigen Titel vollstr der Gl auf eigene Gefahr (s § 717 II, § 788 III; BGH MDR 2011, 814 = NJW-RR 2011, 1217 Tz 10). Die vorl Vollstreckbarkeit muss in der Urteilsformel (§§ 708, 709) oder durch Beschluss des Berufungs- oder Revisionsgerichts (§§ 537, 558) ausgesprochen sein. Ein Endurteil, das einem selbständig anfechtbaren Zwischenurteil über prozesshindernde Einreden (§ 280) oder über den Grund des Anspruchs (§ 304) nachfolgt oder das im Nachverf nach einem Vorbehaltsurteil (§§ 302, 599) ergangen ist, kann vollstr werden, wenn es und das Zwischen- oder Vorbehaltsurteil formell rechtskr geworden oder für vorl vollstrb erklärt ist (vgl RGZ 107, 330 f; sa MK/Götz Rn 14). Das gilt auch, wenn das End- oder Nachurteil ein VU ist. Urteile der Arbeitsgerichte sind gem § 62 I 1 (§ 64 VII) ArbGG vorl vollstrb; das gilt auch bei Verurteilung zu einer Abfindung nach §§ 9, 10 KSchG (BAG MDR 88, 523 mwN). 1

II) Urteilsinhalt. 1) Vollstreckungsfähigkeit. Urteilsinhalt muss seiner Natur nach einer Vollstr fähig sein, somit als **Leistungstitel** einen mit der ZwV durchsetzbaren Anspruch des Gl ausweisen. Inhalt und Umfang des Rechts auf Vollstr müssen bestimmt oder bestimmbar bezeichnet sein (zu den Parteien s § 750 Rn 4 ff). Keine ZwV (abgesehen vom Kostenausspruch als Grundlage der Festsetzung, § 103 I) findet statt aus einem Urteil, das ein Rechtsverhältnis feststellt (§ 256), und aus einem Gestaltungsurteil (zB Auflösung einer Gesellschaft). Ein Urteil über eine unmögl Leistung hat keinen vollstrb Inhalt (BGH NJW-RR 92, 450). 2

2) Urteilsformel (§ 313 I Nr 4). Aus dieser muss sich der zu vollstr Anspruch des Gl (sa vor § 704 Rn 3) ergeben; der übrige Urteilsinhalt kann ergänzend heranzuziehen sein (MK/Götz Rn 8). 3

3) Vollstreckbarer Anspruch. Diesen muss das **Urteil** (nach Art und Umfang der Handlung [Unterlassung]) **inhaltlich bestimmt ausweisen** (BGH MDR 93, 904 = NJW 93, 1801, 1802; sa BGH MDR 2024, 713 [vollstr-fähiger Inhalt einer gerichtl Umgangsregelung]). Das ist der Fall, wenn der Titel aus sich heraus verständl ist (Verweisung bei Verurteilung zur Unterlassung auf eine Anlage: BGH MDR 2000, 896 = NJW 2000, 2207, 2208; sa OLG Karlsruhe NJW-RR 2012, 820) und auch für jeden Dritten erkennen lässt, was der Gl vom Sch verlangen kann (BVerwG 19.11.2018 – 4 AV 1/18, juris Tz 5 aE). Ein Zahlungsanspruch ist **bestimmt**, wenn er betragsmäßig festgelegt ist („brutto" schließt MwSt ein: KG MDR 99, 604) oder sich ohne Weiteres errechnen lässt (BGH MDR 2006, 637 = NJW 2006, 695 Tz 25 mwN). Das ist auch der Fall bei einem Unterhaltstitel auf Zahlung des Regelbetrags einer bestimmten Altersstufe abzgl eines bestimmt ausgewiesenen Betrags für kindbezogene Leistung; § 1612a BGB (OLG Düsseldorf FamRZ 2002, 1046 f; OLG Jena FamRZ 2005, 916 f; die Altersgruppe ergibt sich aus dem Gesetz, der Regelbetrag ebenso oder aus Bekanntmachung im BGBl). Bestimmt sein müssen auch Nebenleistungen (BGH DNotZ 80, 307, 310; Bestimmung von Zinsen auf der Grundlage des Basiszinssatzes genügt: BAG MDR 2003, 273 = NJW 2003, 2403) und die Gegenleistung beim Zug-um-Zug-Urteil (s § 756 Rn 3). „x % Zinsen über dem Basiszinssatz" ist (idR) als Verzinsung auszulegen, wonach Zinsen in Höhe von x Prozent*punkten* über dem jew Basiszinssatz tituliert sind (BGH MDR 2013, 549 = NJW-RR 2013, 511). **Nicht bestimmt** ist zB die Verpflichtung zur Leistung von Unterhalt in Höhe von einem Drittel des (jew) Nettogehalts des Sch (LG Berlin Rpfleger 74, 29), eines Unterhalts, der dem Betrag der „Düsseldorfer Tabelle" entspricht (OLG Koblenz FamRZ 87, 1291; aA LG Mönchengladbach MDR 2006, 1315 für „mtl 107 % des Regelbetrags der dritten Altersstufe der Düsseldorfer Tabelle"), eines zahlenmäßig bezeichneten Unterhalts, auf den „bereits gezahlte Beträge anzurechnen sind" (BGH MDR 2006, 637 = NJW 2006, 695 Tz 26 mwN), oder sonst eines Betrags, der nur aus dem Inhalt eines anderen Schriftstücks (zB Minderung für Mängelbeseitigung) ermittelt werden kann (OLG Nürnberg Rpfleger 90, 306), oder Zahlung des mit Wertsicherungsklausel vereinbarten Pachtzinses (OLG Koblenz MDR 2002, 968 = NJW-RR 2002, 1509). Bestimmt ist ein Titel mit unbezifferter Anrechnungsklausel, wenn der Betrag beziffert ist, über den er errichtet ist, und sodann (gesondert) klargestellt wird, dass die Anrechnung gezahlter (noch nicht bezifferter) Beträge nach § 767 geltend zu machen ist (BGH MDR 2006, 637 = NJW 2006, 695 Tz 34 ff). Herausgabetitel: s § 883 Rn 5. Zur Bestimmtheit vollstr Urkunden: s § 794 Rn 28, 29. 4

4) Auslegung. Durch sie muss der wahre **Sinn der Urteilsformel** festgestellt werden, wenn dies Anlass zu Zweifeln gibt (RGZ 147, 27, 29; vgl BGH MDR 93, 904 = NJW 93, 1801, 1802). Die Feststellung des Inhalts eines nicht klaren Titels durch Auslegung hat durch das Vollstreckungsorgan zu erfolgen. Für die Auslegung der 5

Urteilsformel ist die Heranziehung der Urteilsgründe statthaft und geboten (BGH MDR 93, 904 = NJW 93, 1801, 1802; BGH MDR 2000, 896 = NJW 2000, 2207 f; zur Bezeichnung eines Berufsbildes: BAG MDR 2009, 1284). Auf andere tatsächl oder rechtl Umstände als ges Vorschriften darf nicht zurückgegriffen werden (OLG Köln Rpfleger 92, 527), bei nichtstreitigem Urteil ohne Entscheidungsgründe auch nicht auf den Parteivortrag (anders BAG NZI 2007, 254; OLG Köln NJW-RR 93, 1407 [Verweis auf BGH MDR 83, 734 = NJW 83, 2032]). Bloße Bezugnahme auf eine nicht zum Urteilsbestandteil erhobene Urkunde (auch auf ein anderes Urteil: OLG Schleswig MDR 96, 416) verleiht dem Titel keinen vollstrb Inhalt (BGH MDR 2006, 637 = NJW 2006, 695 Tz 25; OLG Köln NJW-RR 2003, 375, 376), selbst wenn die zu vollstr Handlung aus einem Gutachten (sonst einem Schriftstück) in den Gerichtsakten, auf das Bezug genommen ist, zu ermitteln wäre (LAG Köln MDR 2003, 778). Ebenso begründet Bezugnahme auf ein Gutachten, das zur Konkretisierung der Leistung (Nachbesserung) erst noch eingeholt werden muss, keinen vollstrb Inhalt (OLG Stuttgart MDR 98, 1431 = NJW-RR 99, 791 [Prozessvergleich]; OLG Hamm MDR 2010, 1086 [Höhe der Zahlungsverpflichtung als Gegenleistung]). Nicht aus dem Titel zu klärende Unbestimmtheiten sind nicht im VollstrVerf aufzuklären, sondern gehören in ein Erkenntnisverf (vgl BGH MDR 62, 37 = NJW 62, 109, 110; BGH MDR 97, 863 = NJW 97, 2320 [Feststellungsklage bei Streit über die Reichweite des Titels]; BGH MDR 2013, 812 LS = NJW 2013, 2287 Tz 16 mwN; OLG Hamm FamRZ 88, 1307; OLG Karlsruhe MDR 2005, 533; OLGR Köln 2005, 381). Wenn eine Urteilsformel so unbestimmt oder widersprüchlich ist, dass auch durch Auslegung keine mit der ZwV durchsetzbare bestimmte Verpflichtung festgestellt werden kann, ist der Titel mangels eines vollstrb Inhalts für die ZwV ungeeignet (BGH MDR 2013, 812 LS = NJW 2013, 2287 Tz 16 mwN). Auf Bestimmtheitszweifel, die der Sch nach Titelschaffung selbst hervorgerufen hat, kann er sich nach Treu und Glauben aber nicht berufen (OLG Köln JurBüro 79, 1210).

6 5) **Lohntitel.** a) Ein **Urteil** auf **Zahlung von Bruttolohn** ist vollstrb (BAG MDR 64, 625 = NJW 64, 1338 [krit Putzo NJW 64, 1823]; LG Berlin DGVZ 93, 27). Beigetrieben wird der volle Bruttolohn; bereits abgeführte Steuerbeträge (auch Sozialabgaben) sind mit den Rechtsbehelfen der ZwV geltend zu machen (Einstellung nach § 775 Nr 4 bei Vorlage der Quittung; LG Berlin DGVZ 93, 27; LG Freiburg Rpfleger 82, 347; LG Mainz Rpfleger 98, 530; LG Stuttgart DGVZ 2009, 187). Einziehung des Bruttolohns verpflichtet den Gl zur Entrichtung des Arbeitnehmeranteils an den Sozialversicherungsträger (BGH MDR 2008, 1125 = NJW-RR 2008, 1443 Tz 8) oder Erstattung an den Arbeitgeber nach Beitragszahlung durch diesen (LAG Berlin BB 91, 628 LS). Verurteilung zur Zahlung eines Bruttobetrags abzgl eines erhaltenen Nettobetrags ist wegen der Differenz vollstrb (vgl OLG Frankfurt JurBüro 90, 920; LG Lüneburg DGVZ 78, 115), nicht aber Verurteilung zur Zahlung eines bestimmten Lohns „abzgl des erhaltenen Arbeitslosengeldes" (BAG NJW 79, 2634) und nicht ein Urteil auf Zahlung eines Bruttobetrags mit der Maßgabe, dass ein (unbestimmter) pfändbarer Nettobetrag an einen Pfändungsgläubiger zu leisten ist (LAG Niedersachsen NZA 92, 713).

7 **b) Titel über Lohnbruchteile** (zB „ein Drittel") und über sonst zahlenmäßig unbestimmte Ansprüche (Gehalt einer bestimmten Beamtengruppe) sind als unbestimmt nicht vollstrb (vgl BGH NJW 57, 23; OLG Braunschweig FamRZ 79, 928; LG Berlin Rpfleger 74, 29).

8 **6) Privatschriftliche Änderungen des Titels.** Solche, die Zweifel am Inhalt (an der Identität der Parteien) aufkommen lassen, oder handschriftl eingefügte Zusätze (zB „bezahlt") können die Beweiskraft (§ 419) und damit die Vollstreckbarkeit des Titels beseitigen (LG Bremen DGVZ 82, 8). Ein Hinweis auf geänderte Vertretungsverhältnisse, der die Lesbarkeit des Originaltextes nicht berührt, schmälert die Vollstreckbarkeit des Titels hingegen nicht (LG Berlin DGVZ 73, 139).

9 **7) Zwei für denselben Anspruch erwirkte Titel.** Sie bewirken keine Verdoppelung des Anspruchs; vollstr werden darf nur einmal (BAG MDR 68, 180 = NJW 68, 74).

10 **8) Weitere Vollstreckungstitel.** S § 794. Landesrecht: s § 801.

11 **III) Mehrere Gläubiger oder Schuldner.** Für diese muss sich ihr **Beteiligungs- oder Haftungsverhältnis aus dem Titel ergeben.** In Betracht kommen bei teilbarer Leistung Teilgläubiger-/Teilschuldnerschaft nach § 420 BGB, Gesamtgläubigerschaft (Gesamtberechtigung nach § 428 BGB), Haftung als Gesamtschuldner (§ 421 BGB) und Gesamthandsverhältnis (Erbengemeinschaft, Gütergemeinschaft usw). Das nicht ausdrückl bezeichnete Rechtsverhältnis des Gl oder Sch kann durch Auslegung festgestellt werden (s Rn 5); bei unteilbarer Leistung gilt im Zweifel § 431 BGB. Es kann auch § 11 II GmbHG über die solidarische Haftung der vor Eintragung einer GmbH handelnden Personen herangezogen werden (LG Berlin Rpfleger 79, 145). Streitgenossen (mit demselben Anwalt) sind iZw Gesamtgläubiger (§ 428 BGB) eines Kostenerstattungsanspruchs (BGH MDR 86, 222; KG Rpfleger 98, 480); sie können auch Gesamtgläubiger des nach Beauftragung eines gemeinsamen RA gemeinsam klageweise geltend gemachten und mit Vergleich vollstrb festgestellten Anspruchs sein (Auslegung; LG Saarbrücken Rpfleger 2003, 498). Die Honorarforderung einer RA-Sozietät steht den Sozietätsanwälten idR als Gesellschafter bürgerl Rechts, nicht als Gesamtgläubiger zu (BGH MDR 96, 1070 = NJW 96, 2859; OLG Brandenburg MDR 2009, 1254). Auslegungsregeln sind auch § 420 BGB (bei teilbarer Leistung = Teilschuld) und § 427 BGB (bei vertragl begründeter teilbarer Leistung = Gesamtschuld: KG DGVZ 71, 71; LG Berlin MDR 77, 146; gilt auch für Prozessvergleich: KG MDR 89, 77 = NJW-RR 88, 1406; LG Detmold DGVZ 97, 184). Wenn das Haftungsverhältnis auch durch Auslegung nicht zu ermitteln ist (wohl selten), ist die ZwV aus dem

Titel unzulässig; ebenso, wenn sich das Berechtigungsverhältnis nicht feststellen lässt (zB dann, wenn an mehrere Personen als Unterhalt ein einheitl Betrag pauschal und ohne Aufschlüsselung nach den einzelnen Berechtigten zu zahlen ist: OLG Zweibrücken FamRZ 86, 1237 [Prozessvergleich]).

§ 705 Formelle Rechtskraft

[1]Die Rechtskraft der Urteile tritt vor Ablauf der für die Einlegung des zulässigen Rechtsmittels oder des zulässigen Einspruchs bestimmten Frist nicht ein. [2]Der Eintritt der Rechtskraft wird durch rechtzeitige Einlegung des Rechtsmittels oder des Einspruchs gehemmt.

I) Formelle Rechtskraft. Formell rechtskr (auch äußere Rechtskraft genannt) sind Urteile (Beschlüsse), die mit einem ordentl (befristeten, vgl § 19 I EGZPO) Rechtsmittel (Rechtsbehelf) nicht mehr angefochten werden können (§ 705), wenn somit jede Änderung im Rechtsmittelzug (auf Rechtsbehelf) ausgeschlossen ist (RGZ 56, 31, 34; BGH MDR 92, 1083 = NJW 92, 2296). Zur **materiellen Rechtskraft:** s vor § 322 Rn 7 ff. Formell rechtskr werden Entscheidungen, die einem befristeten Rechtsmittel oder Einspruch (§§ 338, 339 I) oder der befristeten Erinnerung (§ 573; § 11 II RPflG) unterliegen; nämlich Urteile, VB (§ 700 I), Beschlüsse, die mit der sof Beschwerde (§ 567) oder Rechtsbeschwerde (§ 574) oder der befristeten Erinnerung anfechtbar sind, und Entscheidungen der letzten Rechtsmittelinstanz, die ein Verf mit befristetem Rechtsmittel abschließen. Ein Nachverf ist kein Rechtsmittel; auch das durch etwaige Aufhebung im Nachverf auflösend bedingte Endurteil im Urkunden- oder Wechselprozess (§ 599 III, § 602) ist daher der äußeren Rechtskraft fähig (BGH MDR 78, 221 = NJW 78, 43). Desgl hindern die Möglichkeit der Wiederaufnahme (§ 578) und Wiedereinsetzung (§ 233) den Eintritt der Rechtskraft nicht, somit auch nicht ein Wiedereinsetzungsgesuch (sondern erst rückwirkend die Entscheidung, welche die Wiedereinsetzung für zulässig erklärt: vgl BGH MDR 87, 565 = NJW 87, 1766, 1767) und auch nicht der Antrag, für ein noch einzulegendes Rechtsmittel PKH zu bewilligen (BGH MDR 87, 565 = NJW 87, 1766, 1767). Die Gehörsrüge (§ 321a) hat ebenso keine rechtskrafthemmende Wirkung. Auch die Verfassungsbeschwerde (als außerordentl Rechtsbehelf) hemmt die Rechtskraft nicht (BVerfG NJW 96, 1736). 1

II) Wirkungen der formellen Rechtskraft. 1) Endgültige Vollstreckbarkeit (§ 704). Weil die ZwV nicht mehr vorl vollstrb erfolgt, ist eine Sicherheit zurückzugeben (§ 715) und Zugriff auf eine zur Abwendung der ZwV geleistete Sicherheit mögl (BGH MDR 78, 221 = NJW 78, 43). 2

2) Unanfechtbarkeit. Diese tritt ein mit Abschluss des Rechtsstreits (Verfahrens) und damit Unabänderlichkeit durch die höhere Instanz. Die Entscheidungen werden durch § 705 gegen die Einleitung oder Erneuerung eines Rechtsmittelverf abgesichert. 3

III) Zeitpunkt des Fristablaufs. Er richtet sich nach der Zustellung der Entscheidung (§ 317, § 329 III, § 339 I, § 517, § 544 I, § 548) für jeden Beteiligten gesondert. Die Zustellung erfolgt vAw (§ 166 II). Besonderheit bei Urteilsergänzung: s § 518. 4

IV) Eintritt der Rechtskraft bei Entscheidungen. 1) Instanzen. Rechtskr werden Entscheidungen: **a) des Amtsgerichts:** VU mit Ablauf der Einspruchsfrist (2 Wochen, § 339 I; andere Frist: § 339 II); zweites VU (§ 345) und VU nach § 238 II 2 mit Ablauf der Berufungsfrist (§ 517); Beschlüsse, die der sof Beschwerde (§ 567) unterliegen, mit Ablauf der Beschwerdefrist (s § 569 I); alle Endurteile – auch Urteile, bei denen feststeht, dass die Berufungssumme (§ 511 II Nr 1) nicht erreicht wird (vgl KG VersR 72, 352) – mit Ablauf der Rechtsmittelfrist; 5

b) des Landgerichts: in **erster Instanz** erlassene VU, zweite VU, Endurteile und Entscheidungen, die der sof Beschwerde oder (befristeten) Erinnerung unterliegen: wie Entscheidungen des AG (s Rn 5); in **zweiter Instanz** erlassene VU mit Ablauf der Einspruchsfrist; Endurteile mit Ablauf der Revisionsfrist (§ 548) oder der Frist für die NZB (§ 544 III; bei Ablehnung: § 544 VII 3), Beschwerdeentscheidungen, die nach § 574 I der Rechtsbeschwerde unterliegen, mit Ablauf der Beschwerdefrist (§ 575 I); 6

c) des Oberlandesgerichts bzw KG: Endurteile mit Ablauf der Revisionsfrist (§ 548) oder der Frist für die NZB (§ 544 III 1; bei Ablehnung: § 544 VII 3, vgl dazu BGH MDR 2006, 465 = NJW 2005, 3724). Bei Verwerfung der Revision (§ 552) tritt die Rechtskraft des Urteils erst mit der Verwerfungsentscheidung ein, nicht bereits mit dem Ablauf der Rechtsmittelfrist (BGH (GemS) MDR 84, 373 = NJW 84, 1027). Besonderheiten gelten für Endurteile in Arrest- und einstw Verfügungsverf sowie für Endurteile über die vorzeitige Besitzeinweisung in Enteignungs- oder Umlegungsverf (§ 542 II): diese werden mit Verkündung rechtskr (vgl OLG Hamburg 25.7. 2018 – 3 U 51/18, juris Tz 26). VU werden mit Ablauf der Einspruchsfrist rechtskr, zweite VU mit Ablauf der Revisionsfrist (BGH MDR 79, 127 = NJW 79, 166), Beschlüsse, die nach § 574 I der Rechtsbeschwerde unterliegen, mit Ablauf der Beschwerdefrist (§ 575 I), sonst mit Verkündung, Mitteilung oder Zustellung (§ 329). 7

d) Mit Verkündung (§ 310) werden außerdem Urteile (nicht aber erste VU) in der **Revisionsinstanz** rechtskr (BGH etc; vgl BAG NJW 2018, 724 Tz 11). 8

9 **2) Beiderseitiger Rechtsmittelverzicht.** Unabhängig vom Ablauf der Rechtsmittelfrist tritt Rechtskraft ein mit **beiderseitig nach Erlass des Urteils erklärtem Verzicht auf Rechtsmittel** (§§ 515, 565 S 1) ggü dem Gericht (ist unwiderruflich und unanfechtbar: BGH NJW-RR 94, 386, 387), und zwar mit der letzten Erklärung (sa § 515 Rn 3 ff). Einseitiger Rechtsmittelverzicht bewirkt Rechtskraft auch dann nicht, wenn die Gegenpartei nicht beschwert ist (OLG Karlsruhe NJW 71, 664). Wenn durch den (beiderseitigen) Verzicht vor Ablauf der Rechtsmittelfrist die Rechtskraft eingetreten ist, bleibt es für den Zeitpunkt der Rechtskraft gleichgültig, wann das dennoch eingelegte Rechtsmittel verworfen wird; in den übrigen Fällen hemmt jedoch das dem Verzicht zuwider, aber rechtzeitig eingelegte Rechtsmittel die Rechtskraft der angefochtenen Entscheidung bis zur Rechtskraft der das Rechtsmittel verwerfenden Entscheidung (StJ/Münzberg Rn 15). Beim Einspruch genügt (einseitiger) Verzicht der säumig gewesenen Partei.

10 **3) Rücknahme eines Rechtsmittels.** Hierdurch wird die Rechtskraft nur herbeigeführt, wenn die Rücknahme **nach Ablauf der Rechtsmittelfrist** erfolgt; sonst ist bis zu ihrem Ablauf die *erneute Einlegung* möglich. Die Rechtskraft tritt bei Rücknahme nach Ablauf der Rechtsmittelfrist im Zeitpunkt der Rücknahme ein (kann Einwilligung des Revisionsbekl erfordern, § 555 VI), nicht schon mit Ablauf der Rechtsmittelfrist (BGH MDR 2007, 1443 = NJW 2008, 373). Der Beschluss nach § 516 III ist für den Eintritt der Rechtskraft und seinen Zeitpunkt ohne Bedeutung.

11 **V) Teilrechtskraft.** Teilw Anfechtung (auch wenn das Urteil mehrere prozessuale Ansprüche zum Gegenstand hat) hemmt zunächst die Rechtskraft des gesamten Urteils (BGH MDR 94, 261 = NJW 94, 657, 659 mwN; BGH MDR 2010, 1460 = NJW-RR 2011, 148 Tz 14), wenn Erweiterung des Rechtsmittelantrags noch möglich und solange Anschlussrechtsmittel (oder Erweiterung: BGH MDR 2006, 45 = NJW 2005, 3067) noch zulässig ist (§ 524 II 2, § 554 II 2; OLG Oldenburg MDR 2004, 1199 = NJW-RR 2005, 368); auch, wenn das Urteil iÜ mangels Beschwer von der insoweit obsiegenden Partei nicht angefochten werden kann (BGH MDR 94, 261 = NJW 94, 657, 659). Teilrechtskraft tritt auch dann ein, wenn iÜ (eindeutig) auf Rechtsmittel verzichtet worden ist (BGH MDR 92, 1083 = NJW 92, 2296 mwN). Dazu ist das Rechtsmittel auszulegen; keinen Teilverzicht enthält iZw die Stellung beschr Rechtsmittelanträge (BGH NJW-RR 98, 572). Vorbehalt der Erweiterung der Rechtsmittelanträge (BGHZ 7, 143) oder auch Ankündigung nur beschr Rechtsmittelanträge (BGH NJW 58, 343) schließt die Annahme eines teilw Rechtsmittelverzichts aus; ein nur materiell-rechtl Anspruchsverzicht steht einem (Teil-)Rechtsmittelverzicht nicht gleich (BGH MDR 88, 1033 = NJW 89, 170). Rechtskraft nur im Verhältnis zu einem nicht notw Streitgenossen tritt selbständig ein, wird somit durch ein Rechtsmittel nur eines Streitgenossen (oder gegen nur einen von ihnen) nicht gehemmt (kein Fall der Teilrechtskraft: OLG Karlsruhe OLGZ 89, 77).

§ 706 Rechtskraft- und Notfristzeugnis

(1) Zeugnisse über die Rechtskraft der Urteile sind auf Grund der Prozessakten von der Geschäftsstelle des Gerichts des ersten Rechtszuges und, solange der Rechtsstreit in einem höheren Rechtszug anhängig ist, von der Geschäftsstelle des Gerichts dieses Rechtszuges zu erteilen.

(2) [1]Soweit die Erteilung des Zeugnisses davon abhängt, dass gegen das Urteil ein Rechtsmittel nicht eingelegt ist, holt die Geschäftsstelle des Gerichts des ersten Rechtszuges bei der Geschäftsstelle des für das Rechtsmittel zuständigen Gerichts eine Mitteilung in Textform ein, dass bis zum Ablauf der Notfrist eine Rechtsmittelschrift nicht eingereicht sei. [2]Einer Mitteilung durch die Geschäftsstelle des Revisionsgerichts, dass ein Antrag auf Zulassung der Revision nach § 566 nicht eingereicht sei, bedarf es nicht.

1 **I) Rechtskraftzeugnis (§ 706 I). 1) Anwendbarkeit.** **§ 706 gilt für Urteile, VB und Beschlüsse,** *die der formellen Rechtskraft fähig sind* (s § 705 Rn 1; RGZ 25, 387, 392), **nicht** dagegen **für Vergleiche**. Die Rechtskraft des Urteils ist (auf Antrag) gesondert auch auf dem KFB zu bescheinigen, der auf Grund des nur vorl vollstrb gewesenen Urteils erlassen wurde (OLG Naumburg Rpfleger 2002, 38).

2 **2) Verfahren etc. a) Zweck.** Das Rechtskraftzeugnis dient zum **Nachweis der (formellen) Rechtskraft** (zB zur ZwV, § 704; in Fällen der §§ 586, 715; in Fällen des mat Rechts). Beweiswirkung: § 418. Das Zeugnis hat nur formelle Bedeutung; es entfaltet keine Bindung der Parteien iS einer rechtskr Feststellung, ob und wann das Urteil rechtskr geworden ist (BGH MDR 60, 288 = NJW 60, 671; BGH FamRZ 71, 635). Zur Durchführung der ZwV ist das Zeugnis nicht erforderl; diese erfolgt mit der vollstrb Ausfertigung (§ 724 I).

3 **b) Antrag.** Erteilt wird das Rechtskraftzeugnis nur auf Antrag (BGH MDR 60, 288 = NJW 60, 671). **Antragsberechtigt** sind die Prozessparteien, auch die Streithelfer (BGH aaO); nicht aber ein unbeteiligter Dritter, auch wenn er das Urteil in Händen hat (die Erteilung des Zeugnisses gehört zum Prozessverf; sa MK/Götz Rn 2 mwN; aA StJ/Münzberg Rn 5). Der Antrag kann formlos (auch mündl) gestellt werden. **Anwaltszwang besteht nicht** (§ 78 III). **Formulierungsvorschlag:** Vorwerk, PFB, M 67.24 (Rechtskraftzeugnis bei Berufungsrücknahme durch einfachen Streitgenossen).

c) Zuständig für die Erteilung ist der **UdG** des **Gerichts 1. Instanz**. Der UdG des Gerichts der **höheren Instanz** erteilt das Zeugnis, wenn und solange der Rechtsstreit dort anhängig ist (I). Dessen Zuständigkeit beginnt mit Einreichung einer Rechtsmittelschrift, nicht schon mit Einreichung nur eines PKH-Gesuchs (vgl BGH Rpfleger 56, 97). „Anhängig“ ist vom Standpunkt der GeschSt zu verstehen, die mit der Bearbeitung der Sache im Rechtsmittelzug bis zur Rücksendung der Akten auch noch befasst bleibt, wenn das Gericht seine rechtsprechende Tätigkeit bereits abgeschlossen hat oder das Rechtsmittel zurückgenommen worden ist (BGH Rpfleger 56, 97). 4

d) Der **UdG prüft** die formelle Rechtskraft der Entscheidung. Ein Rechtsschutzinteresse ist nicht zu prüfen, somit auch nicht, zu welchem Zweck der ASt das Zeugnis benötigt (vgl BGH MDR 60, 288 = NJW 60, 671; OLG München FamRZ 85, 502). Grundlage der Prüfung sind die Prozessakten und die Mitteilung, dass in der Notfrist eine Rechtsmittelschrift nicht eingereicht ist (**II 1**). Wenn ein Rechtsmittel (Einspruch) nicht statthaft ist, ist das Zeugnis ohne Weiteres zu erteilen. Ist ein Rechtsmittel (Einspruch) statthaft, ist vor Erteilung des Zeugnisses der Eintritt der formellen Rechtskraft (s § 705 Rn 1) festzustellen. Ein in der Notfrist eingereichtes statthaftes Rechtsmittel (Einspruch) ist nicht daraufhin zu überprüfen, ob es zulässig ist; ein Rechtsmittel (Einspruch) nach Ablauf der Notfrist hindert die Erteilung des Zeugnisses nicht. Bei Rechtskraft eines Vorbehaltsurteils ist das Zeugnis zu erteilen, auch wenn das Nachverf noch anhängig ist (s § 705 Rn 1); Letzteres kann im Zeugnis vermerkt werden. 5

e) Form. Das Rechtskraftzeugnis wird dem ASt ausgehändigt; es wird auf der vorgelegten Entscheidungsausfertigung angebracht und ist vom UdG zu unterzeichnen. 6

Wortlaut: Vorstehendes Urteil ist rechtskräftig.
… den … … Urkundsbeamter der Geschäftsstelle

Das Zeugnis kann auch als selbständige Bescheinigung (ohne Verbindung mit der Urteilsausfertigung) ausgestellt werden (BGH MDR 2021, 1285 = juris Tz 25).

3) Aktenvermerk. In den Akten wird die Erteilung des Zeugnisses vermerkt. **Zu unterscheiden** von diesem Aktenvermerk und von dem Rechtskraftzeugnis ist der **Rechtskraftvermerk zu den Akten** (zB § 7 I AktenO NRW). Demnach hat der zuständige Beamte, sobald die Rechtskraft einer Entscheidung bei den Akten nachgewiesen ist, die Entscheidung am Kopf mit dem Vermerk „Rechtskräftig“ zu versehen; Unterschrift, Amtsbezeichnung und Datum der Niederschrift des Vermerks sind beizufügen (§ 7 I 1 AktenO NRW); zT ist auch der Tag anzugeben, an dem die Rechtskraft eingetreten ist („Rechtskräftig seit …“; vgl § 7 I 2 AktenO NRW). 7

4) Teilrechtskraft. Bei dieser (s § 705 Rn 11) ist ein entspr beschr Rechtskraftzeugnis zu erteilen (BGH MDR 88, 1033 = NJW 89, 170; OLG Oldenburg MDR 2004, 1199 = NJW-RR 2005, 368); dies jedoch nicht, solange eine Anschlussrevision (OLG Karlsruhe MDR 83, 676) oder die Erweiterung der Rechtsmittelanträge möglich ist. 8

5) Vorzeitiger Antrag auf Erteilung des Rechtskraftzeugnisses. Ein solcher kann bis zum Eintritt der Rechtskraft oder Ablauf der Rechtsmittelfrist zurückgestellt werden. Wird ein Rechtsmittel noch rechtzeitig eingelegt, genügt eine Mitteilung an den ASt; die Erteilung des Zeugnisses ist damit verweigert. Wenn sonst dem Antrag nicht entsprochen werden kann (auch wenn der ASt mit Zurückstellung nicht einverstanden ist), ist Erteilung des Zeugnisses durch Beschluss (möglich auch Bescheid in Schriftform), der zu begründen ist, **abzulehnen**. Zustellung gebietet § 573 I 1 iVm § 329 III. 9

II) Notfristzeugnis (§ 706 II). 1) Verfahren etc. a) Zweck. Als Mitteilung der GeschSt des für das Rechtsmittel zust Gerichts ist es **Nachweis** (interne Auskunft) dafür, dass bis zum Ablauf der Rechtsmittelfrist (Notfrist) eine **Rechtsmittelschrift nicht eingereicht** ist. Das Rechtskraftzeugnis ersetzt es nicht. Ist nach der Art des Urteils (Beschlusses) ein Rechtsmittel (Einspruch) ausgeschlossen, ist eine **Notfristmitteilung nicht einzuholen**; ebenso, wenn die GeschSt zugleich das Rechtskraftzeugnis zu erteilen hat oder wenn sie den fruchtlosen Ablauf der Notfrist sicher feststellen kann, zB weil nach Ablauf der Notfrist mehrere Wochen verstrichen sind, ohne dass das Rechtsmittelgericht die Akten eingefordert hat. 10

b) Eingefordert wird das Notfristzeugnis vAw. Keiner Mitteilung der GeschSt des Revisionsgerichts bedarf es jedoch darüber (**Ausnahme nach II 2**), dass gegen ein erstinstanzl Endurteil, das der **Sprungrevision** unterliegt (§ 566 I), keine Zulassungsschrift eingereicht ist. Grund: Diese GeschSt hat nach Einreichung der Schrift die Prozessakten unverzüglich einzufordern (§ 566 III 3). Diese Besonderheit gilt **ebenso** bei der **Sprungrechtsbeschwerde** (§ 75 FamFG; BGH FamRZ 2010, 284, 285; zur Anwendung in Ehe- und Familiensachen: s § 113 I 2 FamFG). Für andere Rechtsmittel, bei denen eine unverzügl Einforderung der Akten bestimmt ist (zB § 541 I 1, § 575 V), sieht sie II 2 aber nicht vor. 11

c) Zuständig für Erteilung des Notfristzeugnisses ist der **UdG des Rechtsmittelgerichts (II 1)**. Er **prüft**, dass bis zum Fristablauf keine Rechtsmittelschrift eingereicht ist. Das erfordert auch die Prüfung, dass den versch Abteilungen der GeschSt (zB ZivK und KfH) keine Rechtsmittelschrift vorliegt. Nicht zu prüfen ist, ob WE (§ 233) beantragt ist; wenn WE gewährt ist, kann das Zeugnis aber nicht mehr ausgestellt werden. Desgl ist die Verlängerung der Beschwerdefrist nach § 569 I 3 (wenn die Erfordernisse der Nichtigkeits- oder Restitutionsklage vorliegen) nicht zu prüfen; das Zeugnis kann aber bei Einlegung eines Rechtsmittels in dieser Frist nicht mehr ausgestellt werden. 12

13 **d) Form.** Das Zeugnis wird als „Mitteilung" in Textform (§ 126b BGB) erteilt. Sein Inhalt muss nicht vollumfänglich den ges Wortlaut wiedergeben. Der angenommene Tag des Ablaufs der Notfrist ist zu bezeichnen. Dem UdG obliegt es jedoch nicht, in Zweifelsfällen die Wirksamkeit der Zustellung und sonst für den Ablauf der Rechtsmittelfrist erhebliche bes Umstände sowie die Statthaftigkeit eines Rechtsmittels (Einspruchs) zu prüfen und zu entscheiden. Im Zweifelsfall ist zu bescheinigen, „dass bis zum Tag der Ausstellung des Zeugnisses keine Rechtsmittelschrift (kein Einspruch) (gegen die zu nennende Entscheidung) eingereicht ist" (vgl BGH MDR 2003, 826 = NJW-RR 2003, 1005). Ein nach Ablauf der Notfrist eingereichtes Rechtsmittel ist unter Angabe des Eingangstages zu vermerken.

14 **2) Teilweise Anfechtung des Urteils.** In diesem Fall ist die Erteilung eines **Teil-Notfristzeugnisses** (über den nicht angefochtenen Teil) **unzulässig.** Für das (selbständige) Verf eines *nicht notw Streitgenossen* ist die Mitteilung gesondert zu erteilen, wenn nur durch oder nur gegen den anderen Streitgenossen ein Rechtsmittel eingelegt worden ist (OLG Karlsruhe JurBüro 1988, 1571; aA wohl MK/Götz Rn 8 Fn 44; zur Rechtskraft in diesem Fall: s § 705 Rn 11).

15 **3) Rechtsmittelrücknahme.** Wenn ein Rechtsmittel eingelegt und dann wieder zurückgenommen worden ist, kann ein **Notfristzeugnis nicht erteilt** werden; dann ist auch nicht die Rücknahme des Rechtsmittels zu bescheinigen. Die Wirksamkeit der Rücknahme des Rechtsmittels für den Eintritt der Rechtskraft ist bei der Erteilung des Rechtskraftzeugnisses zu prüfen, nicht aber von dem UdG des Rechtsmittelgerichts zu bescheinigen. Wenn das Rechtsmittel vor Ablauf der Einlegungsfrist zurückgenommen wurde (führt Rechtskraft nicht herbei: sa § 705 Rn 10), ist aber ein Notfristzeugnis mit dem Inhalt zu erteilen, dass keine weitere Rechtsmittelschrift (oder auch nach Rücknahme in der Frist nicht erneut eine Rechtsmittelschrift) eingereicht worden ist.

16 **III) Rechtsbehelfe. 1) Rechtskraftzeugnis.** Für den **ASt** bei **Versagung**, für den **Gegner** bei **Erteilung** (befristete) **Erinnerung** (§ 573 I; kein Anwaltszwang: § 78 III iVm § 573 I 2); auch dann, wenn das Zeugnis wegen des fehlenden Notfristzeugnisses versagt wurde (BGH FamRZ 2010, 284); gegen die im ersten Rechtszug ergangene Entscheidung des Gerichts über die Erinnerung **sof Beschwerde** (§ 573 II); Rechtsbeschwerde bei Zulassung (§ 574 I). Sof Beschwerde des ASt auch dann, wenn das Gericht das Zeugnis aufhebt (entspr Versagung; Celle FamRZ 78, 920). Nach späterer Erteilung des Zeugnisses kann eine Beschwerde gegen die Verweigerung für erledigt erklärt werden (OLG Hamburg FamRZ 79, 532; anders StJ/Münzberg Rn 12: Hauptsache [Zeugniserteilung] ist für erledigt zu erklären). Eine Ablehnung des Antrags auf Änderung des (fehlerhaft) bescheinigten Rechtskraftdatums ist wie die Versagung des Zeugnisses anfechtbar (KG FamRZ 93, 1221). – **2) Notfristzeugnis.** Gegen die **Nichterteilung** (ebenso für den Gegner bei **Erteilung) kein Rechtsbehelf** (BGH FamRZ 2010, 284). Der GeschSt des Rechtsmittelgerichts sollte es aber erlaubt sein, ein unzulässig erteiltes (oder gewordenes) Zeugnis zurückzurufen (zB durch Verständigung mit der für die Erteilung des Rechtskraftzeugnisses zust GeschSt).

17 **IV) Gebühren. 1) Gericht:** keine. – **2) RA:** Die Tätigkeit ist mit der VerfGeb abgegolten (§ 19 I 2 Nr 9 RVG); auch hinsichtl Erinnerung (§ 19 I Nr 5 RVG). Ist der RA nicht ProzBev: 0,3 Geb 3309 RVG-VV (str; nach aA 3404 RVG-VV); § 18 I Nr 1 RVG, bei Erinnerung zusätz 0,5 Geb 3500 RVG-VV bzw 3403 RVG-VV.

§ 707 Einstweilige Einstellung der Zwangsvollstreckung

(1) [1]Wird die Wiedereinsetzung in den vorigen Stand oder eine Wiederaufnahme des Verfahrens beantragt oder die Rüge nach § 321a erhoben oder wird der Rechtsstreit nach der Verkündung eines Vorbehaltsurteils fortgesetzt, so kann das Gericht auf Antrag anordnen, dass die Zwangsvollstreckung gegen oder ohne Sicherheitsleistung einstweilen eingestellt werde oder nur gegen Sicherheitsleistung stattfinde und dass die Vollstreckungsmaßregeln gegen Sicherheitsleistung aufzuheben seien. [2]Die Einstellung der Zwangsvollstreckung ohne Sicherheitsleistung ist nur zulässig, wenn glaubhaft gemacht wird, dass der Schuldner zur Sicherheitsleistung nicht in der Lage ist und die Vollstreckung einen nicht zu ersetzenden Nachteil bringen würde.

(2) [1]Die Entscheidung ergeht durch Beschluss. [2]Eine Anfechtung des Beschlusses findet nicht statt.

1 **I) Grundgedanke.** Will der Gl die Möglichkeit, aus einem nur vorläufig vollstreckbaren Urteil vorgehen zu können, nutzen, stehen dem Sch keine materiellen Abwehrrechte gegen den Gl zu. Die Interessenabgrenzung ist deshalb durch § 707 (und § 719) geregelt.

2 **II) Anwendungsbereich.** Außer den in I 1 genannten Fällen (§§ 233, 321a, 578, 302, 600) noch durch Bezugnahme in § 700 (VB); § 719 (Rechtsmittel, Einspruch); § 924 III 2, (ohne § 707 I 2), § 936 (bei Widerspruch gegen Arrest u einstw Verfügung, s § 924 Rn 13); § 1065 II 2 (Schiedsspruch); § 1095 I (Europ Zahlungsbefehl); § 33 I AUG. Arbeitsgerichtsverf: § 62 ArbGG. – **Zeitlich** ist § 707 anwendbar bereits vor und dann bis zur Beendigung der ZwV (StJ/Heinze Rn 4 f; PG/Hanewinkel Rn 8: ab Klauselerteilung). – Beim Vorbehaltsurteil (§ 302 III, § 599 III), solange das Nachverfahren betrieben wird (OLG München 12.8.2021 – 7 U 2052/21 Tz 2: Fall eines rechtskräftigen Vorbehaltsurteils).

1) Entsprechende Anwendung. Auf Prozessvergleich einschl des Streits über seine Wirksamkeit (allgM; MK/Götz Rn 4; StJ/Heinze Rn 34) und Zwischenvergleich (OLG Hamm FamRZ 85, 306); bei Ergänzungsanträgen nach § 321 (SchWKT/Braun Rn 1); in Verf nach § 926 II (s § 926 Rn 28: über § 924 III gilt § 707, aber ohne dessen I) oder § 927 sowie modifiziert in Ehe- u FamStreitsachen (§ 120 II 3 FamFG). 3

2) Unanwendbarkeit. Bei rechtskraftdurchbrechender Klage aus § 826 BGB (str; s § 769 Rn 1; SchWKT/Braun Rn 2; MskV/Lackmann Rn 3); bei Abänderungsklagen gem § 323 (§ 769 Rn 1); im europ Verf für geringfügige Forderungen (§ 1105 I 2). 4

3) Konkurrenzen. Neben § 707 ist § 765a anwendbar. Für eine einstw Verfügung fehlt das Rechtsschutzbedürfnis, soweit und solange § 707 anwendbar ist (§ 935 Rn 3; MskV/Braun § 916 Rn 7). 5

III) Zuständigkeit. Ausschließl zuständig das Gericht der Hauptsache (OLG Karlsruhe MDR 88, 975), also bei Urteil des ER dieser. Die Zuständigkeit besteht in der Zwischeninstanz fort, reicht also über die Urteilsverkündung hinaus bis zur Einlegung eines Rechtsmittels (OLG Hamm FamRZ 85, 306). Bei Revision im Urkundenprozess gegen Vorbehaltsurteil bleibt Einstellungszuständigkeit des LG im Nachverf unberührt (OLG Nürnberg NJW 82, 392). 6

IV) Ermessensentscheidung. Sie („kann" in I) muss die Parteiinteressen abwägen (BGH 22.8.2017 – I ZB 70/17 Tz 4), weshalb der Gl anzuhören ist. Formularmäßige Einstellung ist gesetzwidrig. Immer ist zu beachten: 7

1) Unzulässiger Hauptantrag. Der Einstellungsantrag ist zwar zulässig, idR mangels Erfolgsaussichten des Hauptantrags aber unbegründet. 8

2) Erfolgsaussicht. Sie darf nicht fehlen (allgM; zB BGH 22.8.2017 – I ZB 70/17 Tz 4), weshalb grds Begründung des Sch abzuwarten ist (StJ/Heinze Rn 6). **Beweisantizipation** zulässig (s § 719 Rn 3; MK/Götz Rn 12). 9

3) Abwägung. Bei Abwägung der wirtschaftl Auswirkungen haben die Gläubigerinteressen im Zweifel Vorrang (allgM). Wo ohnehin nur gegen Sicherheitsleistung vollstreckt werden darf, ist das Risiko der vorläufigen Zahlung entspr dem Gesetzeszweck der §§ 708, 712 dem Sch auferlegt worden (s Rn 12), der es auch in höherer Instanz tragen muss. Interesse des Sch kann überwiegen, jedenfalls an einer Einstellung gegen Sicherheitsleistung, wenn der Gl zur Rückzahlung nicht in der Lage sein wird (BGH 21.2.2018 – I ZB 70/17 Tz 5). Bei einer einstw Verfügung auf Unterlassung regelmäßig keine Einstellung (MskV/Lackmann Rn 3). Wenn noch Klärung geboten erscheint, kommt auch Einstellung bis zur besseren Prüfung in Betracht; dann auch vorübergehend ohne Anhörung des Gegners. Entspr ist das Gericht in der Auswahl zulässiger Anordnungen frei. Es muss sich jedoch im Rahmen des Antrags halten (§ 308 I 1). Spätere bessere Einsicht rechtfertigt Abänderung, wenn sie beantragt wird. Beschwerde kann in Antrag umgedeutet werden. Jeder neue Antrag gibt dem Gericht Entscheidungsfreiheit, so dass Veränderung der Sachlage nicht zu fordern ist. Nachträgl Gehörsgewährung ist allerdings immer Sachverhaltsänderung. 10

V) Sicherheitsleistung. Sie ist regelmäßig Voraussetzung von dreien der vier mögl Maßnahmen nach § 707 I 1 (s Rn 12-15). 11

1) Einstweilige Einstellung der Zwangsvollstreckung. a) Gegen **Sicherheitsleistung** des Sch. Das ist der Regelfall (ThP/Seiler Rn 11; MskV/Lackmann Rn 9), wozu aber regelmäßig dann kein Anlass besteht, wenn Gl ohnehin nur gegen Sicherheitsleistung vollstrecken darf (OLG Hamm NZBau 2016, 648; PG/Hanewinkel Rn 11). Mit vom Gl bereits gepfändeten Vermögensgegenständen kann Sch Sicherheit nicht erbringen; dies kann aber für die Höhenbemessung berücksichtigt werden. 12

b) Ohne Sicherheitsleistung des Sch nur unter den engen Voraussetzungen des I 2. Sch muss glaubhaft machen (§ 294), dass er die Sicherheit nicht aufbringen kann, wofür die nachgewiesene Weigerung einer Bank, Bürgschaft zu stellen, alleine nicht ausreicht (OLGR Hamm 1995, 167) und ihm aus der Vollstreckung ein nicht zu ersetzender Nachteil droht (StJ/Heinze Rn 13 ff). Unersetzbar ist nur, was nicht mehr rückgängig gemacht oder ausgeglichen werden kann (OLG Rostock FamRZ 2004, 127). Danach genügen bloße finanzielle Nachteile nicht, solange sie nicht mit irreparablen Folgeschäden verbunden sind, wie zB Verlust der Existenzgrundlage (KG NZM 2008, 623). Aber selbst solch ein drohender Verlust reicht nicht ohne weiteres immer aus (BGH WM 2019, 1800 Tz 17 = WuB 2019, 621 [Meller-Hannich]). Es bleibt abzuwägen, wobei es nicht angezeigt ist, einen Unternehmer durch Vollstreckungsschutz von den Risiken einer speziellen Unternehmensausrichtung zu befreien (BGH WM 2019, 1800 Tz 17). Einschlägige Fälle sind äußerst selten. Gläubigerschutz verlangt strenge und sorgfältige Prüfung. Der unersetzl Nachteil muss gerade durch die Vollstreckung ausgelöst werden (OLG Hamm FamRZ 97, 1489; StJ/Heinze Rn 14). Mögl Zwang zur Abgabe der VA genügt nicht, auch nicht mat-rechtl Bedenken gegen den Titel. Regelmäßige Vollstreckungsfolgen müssen grds hingenommen werden (OLG Rostock JurBüro 2006, 383 zur Vorpfändung). Auf den „nicht zu ersetzenden Nachteil" wird auch abgestellt in § 712 I 1 (s § 712 Rn 1, 2) u § 719 II 2 (s § 719 Rn 6). – Zu **Unterhalts**-FamStreitsachen s hier § 120 FamFG Rn 4. 13

2) Fortsetzung der Zwangsvollstreckung. Gegen **Sicherheitsleistung** des **Gl.** Das ist möglich, auch wenn der Gl sie schon kraft des Titels erbringen muss (SchWKT/Braun Rn 11), zB, weil die angeordnete Sicherheitsleistung zu gering ist oder modifiziert werden soll. Die Titelaufhebung muss ernsthaft in Betracht kommen und 14 dem Sch darf eine Sicherheitsleistung zur Einstellung der ZwV nicht zumutbar sein (allgM; zB MskV/Lackmann Rn 9).

15 **3) Aufhebung von Vollstreckungsmaßregeln.** Sie ist **nur gegen Sicherheitsleistung** zulässig (I 1 letzter Hs), unabhängig, ob die ZwV mit oder ohne Sicherheitsleitung erfolgt. Die ZwV darf noch nicht beendet sein (PG/Hanewinkel Rn 13). Dem Gl muss voller Ersatz für den Wegfall bereits erlangter Rechte gewährleistet werden (StJ/Heinze Rn 22).

16 **4) Teilweise Einstellung.** Ist dem Gericht erlaubt und dann hinsichtl der Sicherheitsleistung nach den Grundsätzen für volle Einstellung zu behandeln. Ausschlaggebend ist die Sicherung des Einstellungsteils des Streitgegenstandes. Entspr Entscheidung dann angebracht, wenn nur teilw Erfolgsaussicht besteht. – Die Einstellung kann auch auf bestimmte Vollstreckungsmaßnahmen und/oder -objekte beschränkt werden (SchWKT/Braun Rn 13).

17 **5) Vollzogene Pfändung.** Sie kann in Ausnahmefällen den Gl bereits so gesichert haben, dass Sicherheitsanordnung zur Übersicherung führen würde. Dann liegt kein Fall des I 2 vor, so dass ohne dessen Voraussetzungen Einstellung ohne Sicherheitsleistung erlaubt ist. Dieser Ausnahmefall wird jedoch nur dann angenommen werden können, wenn die bereits erlangte hinreichende Sicherheit des Gl eindeutig feststeht!

18 **VI) Verfahren.** Antrag des Sch ist erforderlich (PG/Hanewinkel Rn 6). Soweit Anwaltszwang besteht (§ 78), gilt das auch für diesen Antrag. Mündl Verh steht frei (II 1 iVm § 128 IV), wird jedoch nie angeordnet. Gegner ist grds zu hören (BVerfGE 34, 346). Ist dies wegen Eilbedürftigkeit untunlich, muss Gehör nachgeholt und ggf die vorläufige Einstellung abgeändert werden (OLG Köln NJW-RR 88, 1467).

19 **1) Entscheidung.** Sie ergeht durch Beschluss (II 1), der zu begründen ist, wenn ohne Sicherheitsleistung eingestellt wird. Keine Kostenentscheidung (StJ/Heinze Rn 31), es sei denn, mündl Verh war angeordnet (s § 719 Rn 10), und im Beschwerdeverf (s § 769 Rn 11). Bindung an den Antrag (§ 308 I 1; PG/Hanewinkel Rn 6). Verlautbarung nach § 329 II 1 grds durch formlose Mitteilung; bei Ablehnung ohne Anhörung des Gl nur an Sch; der beschwerten Partei sollte aber zugestellt werden (§ 329 II 2) wegen der Möglichkeit befristeter Anfechtung (§ 321a; StJ/Heinze Rn 27; MK/Götz Rn 10; s Rn 22). – Wenn noch Erkenntnisgewinn zu erwarten ist (s Rn 10), kann die Entscheidung zunächst befristet werden.

20 **2) Einstellungswirkung.** Sie besteht in der Beseitigung der Vollstreckbarkeit einschließl der Kostenfestsetzung aus einem Titel und ist von den Vollstreckungsorganen sowie vom Drittschuldner, der nicht mehr leisten darf, zu beachten. Wirkung bei der Zwangshypothek: § 868 II (hierzu OLG Düsseldorf NJW-RR 2023, 997). – Vollstreckbare Ausfertigung (auf Antrag, s § 317 II 1, § 329 I 2) darf jedoch weiterhin erteilt werden, wobei Einstellung zweckmäßigerw in der Klausel zu erwähnen ist. Wird daraus vollstreckt, ist die Maßnahme nur anfechtbar, nicht nichtig. – Vollzug nach § 775 Nr 2, ggfs § 776 S 2. Spätere Entscheidung zur Hauptsache macht den Einstellungsbeschluss hinfällig (MskV/Lackmann Rn 11), und zwar endgültig, so dass Aufhebung der Hauptsacheentscheidung (Wirkung: § 717 I) ihn nicht wieder aufleben lässt.

21 **3) Haftungsumfang.** Die **Sicherheitsleistung** haftet für Hauptsache, Zinsen, Kosten und für Schäden infolge Vollstreckungsverzögerung, wenn es beim Obsiegen der Hauptsache bleibt (KG MDR 2010, 1016: aufgeschobene Räumungsvollstreckung). Sie haftet aber nicht für Nutzungsausfall, der schon vor dem Vollstreckungsaufschub, für den sie erbracht wurde, entstanden ist (OLG Hamm ZMR 2010, 178).

22 **4) Beschwerde.** Sie ist ausgeschlossen (II 2; BGH 9.12.2020 – I ZB 74/20), aber wegen der Abänderungsbefugnis (s Rn 18) immer als Änderungsantrag zu deuten (StJ/Heinze Rn 29). Eine Ausnahmebeschwerde wegen „greifbarer Gesetzwidrigkeit" ist nach BGH nicht mehr möglich (stRspr; zB BGH 29.4.2021 – I ZB 49/20 Tz 18, 19 mwN; SchWKT/Braun Rn 14). Ob die Partei auf die befristete Gegenvorstellung (OLG München MDR 2011, 1321) oder auf § 321a verwiesen wird, ist in einem Punkt gleich: Das Verf bleibt zur Selbstkontrolle in der Instanz. Hiergegen wird eingewandt, dass der iudex a quo idR nicht bereit sein wird, sich selbst zu verbessern (Nassall ZRP 2004, 1654, 1657). Insoweit kann die ges Regelung tatsächl leerlaufen und deshalb effektiver Rechtsschutz (außer durch Verfassungsbeschwerde) nur durch eine außerordentl Beschwerde gewährleistet werden. § 321a sperrt dieses Ergebnis nicht, denn die Norm trifft „keine Aussage zu der Frage, wie die Gerichte künftig mit Verletzungen etwa des Willkürverbots umgehen sollen; insb die in diesen Fällen zur Anwendung gekommenen außerordentl Rechtsbehelfe wie die außerordentl Beschwerde … sollen … nicht ausgeschlossen werden" (BRDrs 663/04, 36). Sa § 769 Rn 13.

23 **VII) Gebühren. 1) Gericht:** keine; Beschwerdeverf 2121 GKG-KV; Rechtsbeschwerdeverf 2124 GKG-KV. Kein Streitwert, da es Festgeb sind. – **2) RA:** § 19 I 2 Nr 11 RVG, es sei denn, es findet eine abgesonderte mündl Verh statt. Dann entsteht die VerfGeb 3328 RVG-VV iHv 0,5 und zwar nur einmal, auch wenn der Antrag beim Vollstreckungs- und beim Prozessgericht gestellt wird. Terminsgeb 3332 RVG-VV. – Beschwerdeverf: 3500 RVG-VV, 3513 RVG-VV. – Ist der RA nicht ProzBev und findet keine abgesonderte mündl Verh statt, gibt es im RVG-VV keine Geb; hier ist 3328 RVG-VV entspr anzuwenden (GS/Müller-Rabe VV 3328 Rn 10; MskV/Grandel Rn 15). – Gegenstandswert idR 1/5 des Hauptsachewertes.

§ 708 Vorläufige Vollstreckbarkeit ohne Sicherheitsleistung

Für vorläufig vollstreckbar ohne Sicherheitsleistung sind zu erklären:

1. **Urteile, die auf Grund eines Anerkenntnisses oder eines Verzichts ergehen;**
2. **Versäumnisurteile und Urteile nach Lage der Akten gegen die säumige Partei gemäß § 331a;**
3. **Urteile, durch die gemäß § 341 der Einspruch als unzulässig verworfen wird;**
4. **Urteile, die im Urkunden-, Wechsel- oder Scheckprozess erlassen werden;**
5. **Urteile, die ein Vorbehaltsurteil, das im Urkunden-, Wechsel- oder Scheckprozess erlassen wurde, für vorbehaltlos erklären;**
6. **Urteile, durch die Arreste oder einstweilige Verfügungen abgelehnt oder aufgehoben werden;**
7. **Urteile in Streitigkeiten zwischen dem Vermieter und dem Mieter oder Untermieter von Wohnräumen oder anderen Räumen oder zwischen dem Mieter und dem Untermieter solcher Räume wegen Überlassung, Benutzung oder Räumung, wegen Fortsetzung des Mietverhältnisses über Wohnraum auf Grund der §§ 574 bis 574b des Bürgerlichen Gesetzbuchs sowie wegen Zurückhaltung der von dem Mieter oder dem Untermieter in die Mieträume eingebrachten Sachen;**
8. **Urteile, die die Verpflichtung aussprechen, Unterhalt, Renten wegen Entziehung einer Unterhaltsforderung oder Renten wegen einer Verletzung des Körpers oder der Gesundheit zu entrichten, soweit sich die Verpflichtung auf die Zeit nach der Klageerhebung und auf das ihr vorausgehende letzte Vierteljahr bezieht;**
9. **Urteile nach §§ 861, 862 des Bürgerlichen Gesetzbuchs auf Wiedereinräumung des Besitzes oder auf Beseitigung oder Unterlassung einer Besitzstörung;**
10. **Berufungsurteile in vermögensrechtlichen Streitigkeiten. Wird die Berufung durch Urteil oder durch Beschluss gemäß § 522 Absatz 2 zurückgewiesen, ist auszusprechen, dass das angefochtene Urteil ohne Sicherheitsleistung vorläufig vollstreckbar ist;**
11. **andere Urteile in vermögensrechtlichen Streitigkeiten, wenn der Gegenstand der Verurteilung in der Hauptsache 1.250 Euro nicht übersteigt oder wenn nur die Entscheidung über die Kosten vollstreckbar ist und eine Vollstreckung im Wert von nicht mehr als 1.500 Euro ermöglicht.**

I) Keine Sicherheitsleistung. 1) Anwendungsbereich. Die vorläufige Vollstreckbarkeit ist vAw für alle Endurteile mit vollstreckungsfähigem Inhalt auszusprechen, die nicht bereits mit der Verlautbarung (Verkündung, Zustellung) rechtskräftig und damit endgültig vollstrb werden. Urteile der **ArbG** sind mit Verkündung kraft Gesetzes ohne Sicherheitsleistung sofort vollstrb (§ 62 I 1 ArbGG). In § 708 sind nur die Urteile aufgeführt, in denen die vorläufige Vollstreckbarkeit nicht von einer Sicherheitsleistung abhängig zu machen ist (mit Sicherheitsleistung: § 709). Bei Urteilen nach § 708 Nrn 4-11 muss zugunsten des Sch Abwendungsbefugnis ausgesprochen werden (§ 711). Leistet der Sch dann zur Abwendung der ZwV, hat das idR keine Erfüllungswirkung (MskV/Lackmann Rn 4; StJ/Heinze Rn 5 ff; BGH MDR 2024, 325 [Vorbehalt des Rechtskrafteintritts]; str; ausf Pommerening, Erfüllungswirkung bei Leistung auf ein vorl vollstreckbares Urteil, 2025). Schutzanordnungen unterbleiben, wenn kein Rechtsmittel gegeben ist (§ 713). Bei Konkurrenzen innerhalb § 708 Nrn 1-11 hat im Hinblick auf § 711 die dem Kl günstigere Regelung in Nrn 1-3 Vorrang (OLG Koblenz NJW-RR 91, 512; StJ/Heinze Rn 41). 1

2) Wirkung. Der Ausspruch über die vorläufige Vollstreckbarkeit erfasst auch die Kostenentscheidung, bei Feststellungs- oder Gestaltungsurteilen und solchen auf Abgabe einer Willenserklärung nur diese (zu Ausnahmen s Rn 13 aE). Wird ein Rechtsmittel oder ein Einspruch durch Urteil verworfen oder zurückgewiesen, erstreckt sich dessen Vollstreckbarkeitsentscheidung ohne weiteres auf die Vorentscheidung, auch wenn diese keinen solchen Ausspruch enthält. Bei einer gemischten Kostenentscheidung, die auf teilw übereinstimmende Hauptsacheerledigung beruht (§ 91a), keine Sicherheitsleistung für diej Kosten, die auf die erledigte Hauptsache entfallen; das ergibt sich aus § 794 I 1 Nr 3, § 91a II. Entsprechendes gilt für Teilklage- oder teilw Rechtsmittelrücknahme (§ 269 III 1, § 516). Die teilw auf §§ 91a, 269, 516 beruhende Kostenlastentscheidung ist, wenn auch im Urteil enthalten, doch Entscheidung durch Beschluss und fällt in diesem Umfang von vornherein nicht unter §§ 708 ff, denn auf Beschlüsse findet § 708 keine Anwendung (OLG Frankfurt MDR 2021, 57; OLG Frankfurt 18.10.2024 – 26 Sch 7/24 Tz 105), so dass ein Ausspruch zur vorläufigen Vollstreckbarkeit insoweit nur deklaratorischen Charakter hat (Hk-ZV/Giers/Scheuch Tz 27: „lässt sich erwägen"; aA Aumann NJW 2020, 6 ff unter II 5; Wagner JA 2019, 217). Keinesfalls ist dann auch noch Sicherheitsleistung hierfür anzuordnen. 2

II) Die Einzelfälle. Nr 1: Anerkenntnis (§ 307) und Verzicht (§ 306), auch bei Teilurteil (MK/Götz Rn 8). 3

Nr 2: Nur echte VU (§§ 330, 331 II Hs 1), wozu auch das 2. VU gehört (§ 345). Wird VU aufrechterhalten (§ 343), gilt § 709, s § 709 Rn 8 u § 343 Rn 4. Bei Zurückweisung einer Berufung durch echtes VU (§ 539) entfällt auch die vorinstanzl angeordnete Sicherheitsleistung. **Aktenlageentscheidung** nur gegen säumige Partei (§ 331a), also nicht alle Fälle des § 251a. 4

5 **Nr 3:** Da es bei § 341 kein Beschlussverf mehr gibt, gilt Nr 3 auch bei Verwerfung ohne mündl Verh (§ 341 II).

6 **Nr 4:** §§ 592, 602, 605a, auch bei Klageabweisung. Die Abwendungsbefugnis nach § 711 entfällt mit Eintritt der formellen Rechtskraft des Vorbehaltsurteils (MskV/Voit § 599 Rn 13). Beim VU oder Anerkenntnis mit Vorbehalt gehen Nrn 1, 2 vor (str; MskV/Voit aaO; MK/Götz Rn 11; s § 711 Rn 3).

7 **Nr 5:** Bestätigende Urteile im Nachverf § 600; Nr 5 betr nur die Vollstreckung der weiteren Kosten (MskV/Lackmann Rn 6). Bei Aufhebung kommen wegen der Kosten Nr 11 oder § 709 in Betracht (Hk-ZV/Giers/Scheuch Rn 16).

8 **Nr 6:** §§ 922, 925, 927, 936, auch bei Abänderung, selbst wenn nur in der Sicherheitsleistung. Bei bestätigenden Urteilen bleibt es bei der Vollstreckbarkeit der Vorentscheidung, da diese nur wiederholt wird; deshalb kein neuer Ausspruch. Bei Berufungsurteilen entfällt Vorläufigkeit wegen § 542 II 1. Sa § 922 Rn 22; § 925 Rn 7; § 927 Rn 13.

9 **Nr 7:** Zweckorientiert (Vollstreckungserleichterung wegen Eilbedürftigkeit; PG/Hanewinkel Rn 7; ausf Wiese NZM 2018, 961 ff) sollte Nr 7 in extensiver Auslegung auf alle Mietsachen (s hier § 23 GVG Rn 6 ff [Wohnraum]; § 29a Rn 8 [andere Räume]) Anwendung finden (Wiese NZM 2018, 961, 977; aA Hk-ZV/Giers/Scheuch Rn 18), also zB auch auf Zahlungsklagen (Wiese NZM 2018, 961, 968; aA die hM, zB MskV/Lackmann Rn 7; ThP/Seiler Rn 8). Keine Anwendung in Pachtsachen (OLG Rostock MDR 2025, 130; aA OLG Celle 16.5.2023 – 2 U 37/23 Tz 42). Die bei klageabweisenden Urteilen in Mietsachen ergehende Kostenentscheidung ist nach Nr 11 Alt 2 oder § 709 für vorläufig vollstreckbar zu erklären (Wiese NZM 2018, 961, 974; aA die hM; zB MskV/Lackmann Rn 7; HK-ZV/Giers/Scheuch Rn 18); sie Nr 7 zu unterstellen, wäre Zweckverfehlung. Für die Abwendungsbefugnis (§ 711) macht es bei der Kostenvollstreckung bis 1.500 Euro allerdings keinen Unterschied, ob Nr 7 oder Nr 11 Anwendung findet. – Stattgebende **Räumungsurteile:** Hier sollten zwischen der Vollstreckung der Räumung und der der Kosten getrennte Aussprüche erfolgen. Die Sicherheitsleistung des Sch für die Räumungsabwendung ist dabei am Verzögerungsschaden auszurichten; die Gegensicherung des Gl an der Höhe eines Schadensersatzanspruchs, § 717 II (Windau NZM 2020, 303).

10 **Nr 8:** Keine Differenzierung nach ges oder vertragl Renten. Andere wiederkehrende Leistungen, zB Gehalts- oder Leibrentenansprüche, fallen nicht darunter, wohl aber Auskunftsansprüche einer Stufenklage (MskV/Lackmann Rn 8; aA OLG München FamRZ 90, 84). Für nicht privilegierte Rückstände sind die §§ 708 Nr 11, 709 maßgebend, für Berufungsurteile gilt § 708 Nr 10. Wird auf Säumnis entschieden, gilt insgesamt nur § 708 Nr 2. – Da Nr 8 Fälle erfasst, in denen die Verpflichtung ausgesprochen wird, Renten zu leisten, gehören Abänderungsurteile nach § 323 hierher (MK/Götz Rn 15; aA Scheffler FamRZ 86, 532: § 708 Nr 11), auch wenn mit dem Urteil die Rente gemindert wird. Anders aber, wenn der Unterhaltstitel ganz aufgehoben wird (OLGR Zweibrücken 2008, 387), denn Nr 8 gilt nur für stattgebende Urteile. Bei der Stufenklage ist für die Höhe der Sicherheit nicht auf die Zeit ab Bezifferung des Anspruchs, sondern auf den der Zustellung der Stufenklage abzustellen (OLG Nürnberg MDR 2010, 835). In **Unterhaltssachen** nach dem FamFG, die FamStreitsachen sind, ist Nr 8 trotz der Verweisung in § 120 I FamFG nicht anwendbar (wegen § 120 II 1 FamFG). Schuldnerschutz durch § 116 III 1 FamFG (vollstrb erst ab Rechtskraft), aber ausgehöhlt durch § 116 III 2, 3 FamFG (Poppen FamFR 2010, 207).

11 **Nr 9:** Anwendbar auch bei teilw (§ 865 BGB) und mittelbarem (§ 869 BGB) Besitz.

12 **Nr 10:** Zu Arrest- und Verfügungsurteilen s bei Nr 6. Nichtvermögensrechtl Streitigkeiten werden gem § 709 gegen Sicherheitsleistung vollstreckt (s aber auch Rn 13). Aufhebende und zurückverweisende Urteile gem § 538 sind für vorläufig vollstrb zu erklären (s § 538 Rn 59; str; wie hier MK/Götz Rn 17; OLG Köln NZBau 2020, 434 Tz 45; OLG Braunschweig 22.5.2019 – 11 U 18/19 Tz 70), allerdings ohne Abwendungsbefugnis, da keine Partei aus dem Urteil vollstrecken kann (OLG Frankfurt 31.3.2020 – 13 U 226/15 Tz 60 mN). Verwerfungsbeschlüsse nach § 522 I (keine Erwähnung in Nr 10) richten sich nur nach § 794 I Nr 3 (OLG Karlsruhe 12.2.2020 – 10 U 19/19 Tz 32). Alle Berufungsurteile, also auch die des LG, in vermögensrechtl Streitigkeiten sind ohne Sicherheitsleistung vorläufig vollstrb. Das erstinstanzl Urteil wird ohne Sicherheitsleistung vorläufig vollstrb, wenn es (durch Urteil oder nach § 522 II) bestätigt wird. Das ist vom Berufungsgericht auszusprechen. Die Abwendungsbefugnis (§ 711) kann durch § 713 (s § 713 Rn 3) ausgeschlossen sein.

13 **Nr 11:** Vollstreckung in „Bagatellverf" (ausf Aumann NJW 2020, 6) und nur in vermögensrechtl Streitigkeiten (BGH 22.2.2024 – III ZB 65/23 Tz 16). Bei **Verurteilung** ist nur deren Gegenstand ohne Zinsen und Kosten (§ 4 I) maßgebend. **Bei obj Klagenhäufung** ist zusammenzurechnen (§ 5), wobei aber solche Ansprüche außer Betracht bleiben, bei denen bereits nach Nrn 1-10 Sicherheitsleistung entfällt (MK/Götz Rn 19). Bei **subj Klagenhäufung** ist der Verurteilungsbetrag maßgebend, zu dem Streitgenossen als Gesamtschuldner verurteilt werden; bei Einzelverurteilung ist auf den einzelnen Bekl abzustellen. Bei **Klageabweisung** und wenn beim Obsiegen nur wegen der Kosten vollstreckt werden kann berechnet sich die Grenze von 1.500 Euro nur nach dem *vollstrb KE (ausf Dölling* NJW 2014, 2468). Dies gilt grds auch bei Urteilen auf Abgabe einer **Willenserklärung** (s § 894 Rn 4); hier ist aber ggf noch die Urteilswirkung des § 895 S 1 zu beachten. – Bei (klagenden oder verklagten) **Streitgenossen** ist für jedes einzelne Prozessrechtsverhältnis die Sicherheitsleistung selbständig zu be-

rechnen und festzusetzen (MK/Götz Rn 21). Bei teilw Obsiegen (Fälle des § 92) gilt für Kl die Grenze von 1.250 Euro, für Bekl wegen der Kosten die von 1.500 Euro (Hk-ZV/Giers/Scheuch Rn 28). **Nichtvermögensrechtl Streitigkeiten** richten sich bei Verurteilung nach § 709 (MK/Götz Rn 17, 19), bei Klageabweisung wegen der Kosten aber nach § 708 Nr 11 analog (StJ/Heinze Rn 41; Hk-ZV/Giers/Scheuch Rn 28; aA SchWKT/Braun Rn 14: § 709); erst bei Überschreiten der von Nr 11 gezogenen Wertgrenze gilt, wie sonst auch, § 709. – **Feststellungsurteile** sind nur hinsichtl des Kostenausspruchs vorläufig vollstrb (s § 704 Rn 2). – Dies gilt grds auch für **Gestaltungsurteile** (ThP/Seiler § 704 Rn 1); bei den Urteilen nach §§ 767, 768, 771, 805 sind aber die Vollstreckungswirkungen der Hauptsacheentscheidung zu beachten, so dass die Sicherheit nicht nur nach der Kostenvollstreckung zu bemessen ist.

§ 709 Vorläufige Vollstreckbarkeit gegen Sicherheitsleistung

[1]Andere Urteile sind gegen eine der Höhe nach zu bestimmende Sicherheit für vorläufig vollstreckbar zu erklären. [2]Soweit wegen einer Geldforderung zu vollstrecken ist, genügt es, wenn die Höhe der Sicherheitsleistung in einem bestimmten Verhältnis zur Höhe des jeweils zu vollstreckenden Betrages angegeben wird. [3]Handelt es sich um ein Urteil, das ein Versäumnisurteil aufrechterhält, so ist auszusprechen, dass die Vollstreckung aus dem Versäumnisurteil nur gegen Leistung der Sicherheit fortgesetzt werden darf.

I) Auffangtatbestand. Gilt für „andere Urteile" als die des § 708, bei denen gem § 711 Abwendungssicherheit des Sch anzuordnen ist. Gilt auch für den Fiskus. Obsiegen beide Parteien teilw, ist vorläufige Vollstreckbarkeit ohne oder gegen Sicherheit je selbständig nach §§ 708, 709 zu beantworten. Anträge auf abweichende Anordnung nach §§ 710-712 mögl (aber §§ 713, 714 beachten). Vollstreckungsklausel: § 725; Vollstreckung: § 751 II; Rückgabe der Sicherheit: §§ 109, 715. 1

II) Festsetzung. Im Urteilstenor; ggf Ergänzung nach §§ 716, 321. Bindung des Gerichts nach § 318, also Berichtigung nur in den Grenzen des § 319. 2

III) Höhe der Sicherheit. Sie ist ihrem Zweck nach so zu bemessen, dass Sch vor Schaden aus ungerechtfertigter Vollstreckung (§ 717 II) geschützt wird. Die Sicherheit darf auf keinen Fall zu niedrig bemessen werden, da ihre Höhe innerhalb der Instanz wegen § 318 unabänderl ist (s § 108 Rn 18). Unter dieser Voraussetzung ist zu unterscheiden: 3

1) Vermögensrechtliche Streitigkeiten. a) Kl obsiegt: Hauptforderung plus rückständige und zukünftige Zinsen plus Anwaltskosten des Kl plus Gerichtskosten (§§ 22, 29 Nr 1, § 31 GKG) plus mögl Vollstreckungsschaden gem § 717 II, wegen dessen nur auf den Sch abzustellen ist (OLG Karlsruhe GRUR-Prax 2019, 39 Tz 31 [Juretzke]). Endbetrag ist aufgerundet zu beziffern. – **b)** Bekl obsiegt: in Höhe des zu schätzenden KE, wobei Schätzfehler im Grenzbereich von 1.500 Euro folgenlos bleiben (ThP/Seiler § 708 Rn 14). Teilw Obsiegen und Unterliegen: ebenso, jedoch beschränkt auf die vollstreckungsfähigen Positionen. Gleichliegend bei unterschiedl Ausgang für Streitgenossen. 4

2) Nichtvermögensrechtliche Streitigkeiten. Die Kosten und ein möglicher Vollstreckungsschaden bilden die Höhe der Sicherheitsleistung (PG/Hanewinkel Rn 3; SchWKT/Braun Rn 3). Höhe des Streitwerts ist also nicht gleich Höhe der Sicherheit. Streitwert kann aber Orientierungshilfe bieten (OLG Dresden NJW-RR 2018, 675 Tz 32 mwN). 5

3) Sonderfälle. Für **Geldforderungen** genügt nach S 2, dass die Höhe der Sicherheitsleistung sich am jeweils zu vollstreckenden Betrag orientiert. Unter Berücksichtigung eines prozentualen Zuschlags wegen evtl Schäden des Sch kann zB tenoriert werden: „Das Urteil ist gegen Sicherheitsleistung iHv 110 % des jew beizutreibenden Betrages vorläufig vollstreckbar." Der Zuschlag kann natürl auch in anderer Höhe festgesetzt werden, weil dies eine Frage des Einzelfalls ist. In der Praxis haben sich wohl 10 % bewährt (MskV/Lackmann Rn 6; sa StJ/Heinze Rn 5), wenn nicht sogar durchgesetzt. – Zur Berechnung einer Sicherheitsleistung bei **Teil**vollstreckungen: § 752 S 1 (s dort). – Bei Verurteilung zur **Auskunft** ist die Höhe nach dem voraussichtl Aufwand an Zeit u Kosten der Auskunftserteilung zu schätzen (BGH 1.3.2018 – I ZB 97/17 Tz 18; dazu § 3 Rn 16.28). – Gegenleistung bei **Verurteilung Zug um Zug** bleibt unberücksichtigt. – Zu **„gemischten" Kostenentscheidungen** s § 708 Rn 2. Bei **„gemischter" Vollstreckung** (Geldforderung/vertretbare Handlung) ist bei der Sicherheitsleistung entsprechend nach S 1 u 2 zu differenzieren (OLG Celle 20.6.2017 – 5 W 18/17 Tz 10; OLG Rostock MDR 2025, 130). – Verurteilung zur **Sicherheitsleistung (§ 650f BGB)**: Unstr wird nach § 709 S 1 vollstreckt (OLG Celle BauR 2018, 1921), höchst str ist aber die Berechnung der Höhe der Sicherheit: **a)** keine Sicherheitsleistung, OLG Schleswig MDR 2023, 1413; **b)** volle Sicherheitsleistung + Zuschlag, OLG Karlsruhe 11.10.2016 – 8 U 102/16; OLG Hamm MDR 2019, 219; Erman/Schwenker/Rodemann § 650f BGB Rn 28; **c)** voraussichtl Aufwendungen des Bestellers für die Stellung einer Avalbürgschaft, OLG Frankfurt MDR 2024, 735, OLG Brandenburg 6

14.3.2024 – 12 U 210/23 Tz 9; Grüneberg/Retzlaff § 650f BGB Rn 13a; **d)** geschätzte Kosten, die dem Besteller bis zum rechtskräftigen Abschluss des Sicherungsverf entstehen können, KG NJW 2024, 2045; KG 26.7.2024 – 7 U 15/24 Tz 18; **e)** Kosten eines Rückforderungsprozesses, Avalzinsen und Sicherheitszuschlag, OLG Hamburg 23.10.2015 – 9 U 91/15 Tz 7; ausf Schwenker ZfIR 2024, 481; Romanautzky/Berger NZBau 2025, 75. Der Zweck der Sicherheitsleistung des § 709 S 1 legt allein nahe, sie im Einzelfall der Höhe nach so zu bestimmen, dass der Besteller im Umfang eines mögl Schadens geschützt wird (s § 717 II 1).

7 **IV) Art der Sicherheit.** Beschluss nach § 108 (näher s § 108 Rn 5, 10), der jedoch idR mit dem Urteil verbunden wird, ohne dadurch Urteilsbestandteil und unabänderl zu werden. Für Bankbürgschaft Regelung in § 108 I 2.

8 **V) Versäumnisurteile.** Nach § 708 Nr 2 ergangene VU werden aufrechterhalten (§ 343 S 1) unter erneuter Beurteilung der Sicherheitsleistung. Fällt das neue Urteil unter § 708, entfällt die Sicherheit weiterhin; sonst gilt § 709 S 3, so dass die Vollstreckungsfortsetzung von einer Sicherheit abhängig zu machen ist (s § 343 Rn 4). Für die Vollstreckung aus dem bestätigten VU einschließl seiner Kosten und die Vollstreckung wegen der nach Erlass des VU entstandenen Kosten wird die Höhe der Sicherheitsleistung einheitl bestimmt (hM; StJ/Heinze Rn 14; SchWKT/Braun Rn 6; MK/Götz Rn 9; wohl auch Hk-ZV/Giers/Scheuch Rn 16: die aA findet zumindest im Wortlaut des S 3 keine Stütze; aA MskV/Lackmann Rn 9 mwN, wonach die Sicherheitsleistung für die weiteren Kosten selbständig zu berechnen ist). Der Streit wirkt sich nur aus, wenn das das VU aufrechterhaltende Urteil in der Hauptsache unter § 709 S 1, 3 fällt, die weiteren Kosten bei isolierter Betrachtung unter § 708 Nr 11 Alt 2 fallen und daher an sich ohne Sicherheitsleistung vorläufig vollstreckbar wären, „im Verbund" aber Sicherheitsleistung des Gl erfordern. Gilt hingegen § 708 Nr 11 (s § 343 Rn 4 aE) für die Hauptsache und liegen die weiteren Kosten im Bereich bis 1.500 Euro, ist in jedem Fall vorläufige Vollstreckung ohne Sicherheitsleistung mögl; gilt dagegen § 709 S 1 sowohl allein für das aufrechterhaltene VU als auch allein für die weiteren Kosten (mehr als 1.500 Euro), muss der Gl, gleichgültig ob er nur den Hauptsachetitel oder nur die weiteren Kosten vollstreckt, Sicherheit nach § 709 leisten, bei den Geldforderungen mit der Möglichkeit des § 709 S 2.

§ 710 Ausnahmen von der Sicherheitsleistung des Gläubigers

Kann der Gläubiger die Sicherheit nach § 709 nicht oder nur unter erheblichen Schwierigkeiten leisten, so ist das Urteil auf Antrag auch ohne Sicherheitsleistung für vorläufig vollstreckbar zu erklären, wenn die Aussetzung der Vollstreckung dem Gläubiger einen schwer zu ersetzenden oder schwer abzusehenden Nachteil bringen würde oder aus einem sonstigen Grund für den Gläubiger unbillig wäre, insbesondere weil er die Leistung für seine Lebenshaltung oder seine Erwerbstätigkeit dringend benötigt.

1 **I) Regelungszweck.** Ein Gl, der obsiegt hat, soll nicht wegen seiner ungünstigen wirtschaftl Verhältnisse ggü einem vermögenden Gl benachteiligt werden. Ausgleichsregelung zugunsten des Sch findet sich in §§ 711, 712.

2 **II) Voraussetzungen.** Verlangt sind obj ein Leistungshindernis und subj Unbilligkeit. Das Hindernis liegt vor bei Unvermögen des Gl oder bei Leistungsfähigkeit nur unter erhebl Schwierigkeiten. Hinzukommen muss Unbilligkeit einer Vollstreckungsaussetzung. Dafür bringt § 710 beispielhaft vier Anwendungsfälle: schwer zu ersetzender Nachteil; schwer abzusehender Nachteil; Benötigung der Sicherheit für die Lebenshaltung; Benötigung für die Erwerbstätigkeit. Soweit diese Anwendungsfälle nicht gegeben sind, kann Unbilligkeit immer noch „aus einem sonstigen Grunde" zu bejahen sein (Hk-ZV/Giers/Scheuch Rn 6). Er muss aber ein sachl Gewicht haben. Daher kaum bei Inanspruchnahme eines Bankkredits oder einer Bürgschaft, Absage eines gebuchten Urlaubs uÄ. Der Nachteil wird regelmäßig vermögensrechtl Art sein, was jedoch nicht zwingend ist. Gesamtbeurteilung ist erforderl. Wegen § 752 S 1 muss hinzukommen, dass entweder dem Gl auch eine nur teilw Sicherheitsleistung nicht mögl ist oder die in solchen Fällen geschaffene Möglichkeit nur der Teilvollstreckung (für Geldforderungen s § 709 S 2) ebenfalls nachteilig oder unbillig wäre. Auf die Situation beim Sch kommt es nicht an; sein Verhalten gegenüber dem Gl kann aber berücksichtigt werden (StJ/Heinze Rn 7).

3 **III) Verfahren.** Antrag vor Schlussverh (§ 714 I); Nachholung im 2. Rechtszug ausgeschlossen (s § 714 Rn 1). Glaubhaftmachung der tatsächl Angaben nötig (§ 714 II, § 294). Entscheidung im Urteilstenor.

§ 711 Abwendungsbefugnis

[1]In den Fällen des § 708 Nr. 4 bis 11 hat das Gericht auszusprechen, dass der Schuldner die Vollstreckung durch Sicherheitsleistung oder Hinterlegung abwenden darf, wenn nicht der Gläubiger vor der Vollstreckung Sicherheit leistet. [2]§ 709 Satz 2 gilt entsprechend, für den Schuldner jedoch mit der Maßgabe, dass Sicherheit in einem bestimmten Verhältnis zur Höhe des auf Grund des Urteils vollstreckbaren Betrages zu leisten ist. [3]Für den Gläubiger gilt § 710 entsprechend.

1 **I) Abwendungsbefugnis.** Sie gleicht das Fehlen der Gläubigersicherheit gem § 709 aus. Sie muss vAw aufgenommen werden, falls nicht ein Rechtsmittel ausgeschlossen erscheint (§ 713). Bei teilweise erfolgreichen Parteien sind §§ 708, 711 für jede Partei einzeln zu prüfen (MskV/Lackmann Rn 2; MK/Götz Rn 2), und zwar ohne Rücksicht auf einen etwaigen Kostenausgleich nach § 106 (aA Dochnahl MDR 89, 423). – Ob Sicherheitsleistung oder Hinterlegung oder beides wahlw zugelassen wird, entscheidet das Gericht unter Berücksichtigung von Parteianregungen nach Ermessen. Sicherheitsleistung (S 1 Alt 1) kann auch durch Hinterlegung von Geld oder Wertpapieren erfolgen (OLG Bremen 23.4.2025 – 1 U 12/24 Tz 6). „Hinterlegung" iSv S 1 Alt 2 bezieht sich auf die anderen Fälle der Hinterlegung, zB von Sachen, wenn zur Herausgabe verurteilt wurde (MskV/Lackmann Rn 2). Der Gl darf sofort unbedingt vorläufig vollstrecken, muss dies aber dem Sch kurzfristig ankündigen, damit dieser durch Abwendungssicherheit Vollstreckungskosten vermeiden kann (OLG Koblenz DGVZ 85, 139, 141). Leistet der Gl die Sicherheit, was im Berufungsverf auch durch „Stehenlassen" der erstinstanzl geleisteten Gläubigersicherheit geschehen kann (Berger JuS 82, 199), dann kann der Sch seine Sicherheit nach § 109 zurückfordern (MskV/Lackmann Rn 3). Unerhebl ist, ob der Gl vor oder erst nach dem Sch die Sicherheit leistet, die Abwendungsbefugnis entfällt in jedem Fall (OLG Zweibrücken JurBüro 99, 494). Bei Vorbehaltsurteilen endet die Abwendungsbefugnis mit Eintritt formeller Rechtskraft (MskV/Voit § 599 Rn 13). Zur Rückgabe der Sicherheit des Sch, wenn auch der Gl geleistet hat, s § 109 Rn 3, 4. Zur Abwendungsbefugnis bei **Teil**vollstreckung s § 752 Rn 5, 6.

2 **II) Höhe der Sicherheit.** Sie ist so zu bemessen, dass der Schaden abgedeckt ist, der durch den Vollstreckungsaufschub eintreten kann (BGH MDR 2024, 734 [Schmitt MDR 2024, 753]). Da regelmäßig die Erfüllung auf dem Spiel steht, sind die Grundsätze des § 709 maßgebend (s § 709 Rn 3). – § 711 eröffnet zwei Möglichkeiten (hierzu MK/Götz Rn 2): **§ 711 S 1:** Die Sicherheitsleistung ist zu beziffern, idR für Sch und Gl gleich hoch. Unterschiedl Bemessung kommt in Betracht, wenn beim Gl nur ein Verzögerungsschaden (RGZ 141, 195) abzudecken ist, weil der Hauptanspruch bereits gesichert ist, zB durch Vormerkung. **§ 711 S 2:** § 709 S 2 gilt entspr. Da der Gl in den Fällen, in denen dem Sch die Abwendungsbefugnis einzuräumen ist, vor Sicherheitsleistung des Sch in voller Höhe und ohne jede Sicherheitsleistung vollstrecken kann, ist es konsequent, dem Sch die Möglichkeit einer Teilsicherheit zu verwehren (§ 752 Rn 5; ThP/Seiler Rn 3b; MK/Götz Rn 4; OLG Celle NJW 2003, 73). Der Sch hat entweder bezifferte Sicherheit (S 1) zu leisten oder eine in einem bestimmten Verhältnis zur „Höhe des auf Grund des Urteils vollstrb Betrages" (S 2 iVm § 709 S 2), der sich dann mit der Bezifferung decken sollte. Im Fall des S 2 ist Sicherheit zu leisten vom Sch iHv 110 % (auch andere prozentuale Zuschläge sind denkbar) des auf Grund des Urteils vollstrb Betrags, vom Gl iHv 110 % des jeweils zu vollstreckenden Betrags (OLG Celle NJW 2003, 73; MskV/Lackmann Rn 2; aA König NJW 2003, 1372). **Bemessungsgrundlage** für den Zuschlag ist die insgesamt zu vollstreckende Forderung (BGH MDR 2015, 179), also nicht nur die Hauptforderung.

3 **III) Konkurrenz.** Ist mögl mit § 710 (§ 711 S 2). Dann Gläubigerantrag nötig (§ 714 I). Bei Konkurrenz zwischen § 708 Nrn 1-3 und Nrn 4-11 geht die dem Gl günstigere Regelung vor, also zB keine Abwendungsbefugnis bei Anerkenntnis-Vorbehaltsurteil im Scheckprozess (OLG Koblenz NJW-RR 91, 512; MskV/Voit § 599 Rn 13; aA LG Aachen NJW-RR 86, 359). Sind die Voraussetzungen des § 710 glaubhaft gemacht, lautet die Urteilsformel nur: „Das Urteil ist vorläufig vollstreckbar."

4 **IV) Anfechtung.** unterbliebener Vollstreckbarkeitsentscheidung s § 716 Rn 3.

§ 712 Schutzantrag des Schuldners

(1) [1]Würde die Vollstreckung dem Schuldner einen nicht zu ersetzenden Nachteil bringen, so hat ihm das Gericht auf Antrag zu gestatten, die Vollstreckung durch Sicherheitsleistung oder Hinterlegung ohne Rücksicht auf eine Sicherheitsleistung des Gläubigers abzuwenden; § 709 Satz 2 gilt in den Fällen des § 709 Satz 1 entsprechend. [2]Ist der Schuldner dazu nicht in der Lage, so ist das Urteil nicht für vorläufig vollstreckbar zu erklären oder die Vollstreckung auf die in § 720a Abs. 1, 2 bezeichneten Maßregeln zu beschränken.
(2) [1]Dem Antrag des Schuldners ist nicht zu entsprechen, wenn ein überwiegendes Interesse des Gläubigers entgegensteht. [2]In den Fällen des § 708 kann das Gericht anordnen, dass das Urteil nur gegen Sicherheitsleistung vorläufig vollstreckbar ist.

1 **I) Schuldnerschutz.** Er setzt den Eintritt eines für den Sch unersetzl Nachteils (s die Bsp § 707 Rn 13; § 719 Rn 6) bei Durchführung der Vollstreckung voraus (I 1). Die Fälle, in denen entspr Feststellungen getroffen werden können, sind selten. Es genügt zB nicht Auslandsaufenthalt des Gl oder ein vom Sch befürchteter Imageschaden (OLG Frankfurt WRP 2020, 356 Tz 24) oder ein bloß wahrscheinl Nachteil; vielmehr muss das Gericht von dessen Eintritt überzeugt sein. So kann es etwa liegen, wenn der Sch ein einmaliges Kunst- oder Sammlerobjekt verlöre, er seinen Betrieb einstellen müsste, seine Wohnung zu räumen hätte (LG Frankfurt WuM 89, 304) oder er in seiner gewerbl Tätigkeit existenzgefährdend zurückgeworfen würde, zB bei Offenbarung des Kundenkreises (vgl Bierbach GRUR 81, 436). Unanwendbar ist § 712 im Europ Verf für geringfügige Forderungen (§ 1105 I 2).

2 **II) Interessenprüfung.** Wird der nicht zu ersetzende Nachteil bejaht, muss das Gericht vAw in eine Interessenprüfung eintreten, da überwiegendes Vollstreckungsinteresse des Gl vorrangig ist (II 1). Hierbei sind unter § 710 fallende Umstände zu berücksichtigen. Erhebl ist auch der bish Verlauf des Verf. Bei OLG-Urteilen haben die Gläubigerinteressen nach der Wertung der § 708 Nr 10, § 717 III größeres Gewicht. Wird das erstinstanzl Urteil in der Berufungsinstanz bestätigt, dann spricht eine überwiegende Wahrscheinlichkeit dafür, dass sachl richtig entschieden worden ist, weshalb der Anwendungsbereich des § 712 I 1 noch enger zu ziehen ist (MskV/Lackmann Rn 2; aA PG/Hanewinkel Rn 4: keine Prüfung der Erfolgsaussichten). Hatte der Gl dem Sch zu dessen Schonung eine Übergangslösung angeboten, so spricht es bei der Abwägung gegen den Sch, wenn er abgelehnt hat.

3 **III) Schutzmöglichkeiten.** Fällt die Abwägung (s Rn 2) zugunsten des Sch aus, kann das Gericht, falls nicht § 713 entgegensteht, folgende Maßnahmen treffen: **1) Urteil fällt unter § 709: a)** Gestattung, dass der Sch die Vollstreckung durch Sicherheit (auch Teilsicherheit entspr § 709 S 2) oder Hinterlegung trotz Sicherheitsleistung des Gl abwenden darf (I 1); die Bemessung der Sicherheitsleistung ist durch I 1 Hs 2 vereinfacht. – **b)** Beschränkung des Vollstreckungsrechts des Gl auf die Maßnahmen des § 720a I, II, wenn Sch zur Sicherheit oder Hinterlegung außerstande ist (I 2 Alt 2). – **c)** Einschneidendste Schutzmaßnahme ist der Ausschluss vorläufiger Vollstreckung (I 2 Alt 1).

4 **2) Urteil fällt unter § 708. a)** Alle Maßnahmen mögl wie Rn 3, dabei jedoch ohne § 709 S 2 zu Gunsten des Sch, da I 1 Hs 2 nur auf die Fälle des § 709 S 1, nicht auch auf § 708 verweist. – **b)** Zusätzl Anwendung des § 709 (II 2); hier dann auch des § 709 S 2 zu Gunsten des Gl. Das gilt wegen des umfassenden Schutzzwecks des § 712 für alle Fälle des § 708 (hM; s MK/Götz Rn 8).

4a **3) Teilvollstreckung.** In den Fällen des § 709 (nicht auch bei § 711 S 1) gilt für den Sch § 752 S 1 entspr, wenn er nach § 712 I 1 durch Sicherheitsleistung abwenden darf (§ 752 S 2; SchWKT/Braun Rn 5; s § 752 Rn 5).

5 **IV) Verfahren. 1) Antrag.** Er ist Sachantrag (BGH MDR 2012, 671) und muss innerhalb der Frist des § 714 I (Anwaltszwang) mit Glaubhaftmachung (§ 714 II, § 294) gestellt werden (§ 297; StJ/Heinze Rn 2). Bei angekündigter Entscheidung nach § 522 II genügt die Einreichung eines Schriftsatzes, die dann aber auch nicht unterlassen werden darf (BGH MDR 2012, 671; BGH 14.8.2024 – IX ZR 52/24 Tz 9 f). – Antrag nach § 719 I, § 707 kann nicht in einen nach § 712 umgedeutet werden (BGH EWiR 2019, 383 Tz 5 [Beck]). Der ASt hat seine Vermögensverhältnisse offen zu legen (BGH WM 85, 1435). – Bei übergangenem Antrag: §§ 716, 321 (OLGR Celle 1994, 326). – Keine Nachholung eines erstinstanzl versäumten Antrages in 2. Instanz: s § 714 Rn 1. – Unterlassener Antrag schließt Aussetzung nach § 575 V, § 570 III nicht aus (BGH MDR 2017, 303 = EWiR 2017, 383 [Wagner]).

6 **2) Abwägung.** Sie erfolgt nach II 1 gem den Grundsätzen in Rn 2. Die Last der Glaubhaftmachung (§ 714 II) für I trägt der Sch, für II 1 der Gl (MskV/Lackmann Rn 3); bei Zweifeln am Überwiegen des Gläubigerinteresses muss deshalb dem Schutzantrag des Sch stattgegeben werden. Beschleunigte Entscheidung in der Hauptsache hat Vorrang, so dass keine verzögerl selbständigen Feststellungen über die Voraussetzung der Vollstreckungsabwendung zu treffen sind.

7 **3) Entscheidung.** Bei Unschlüssigkeit oder fehlender Glaubhaftmachung oder Überwiegen des Gläubigerinteresses ist der Schutzantrag des Sch im Tenor nicht zu erwähnen, sondern nur in den Entscheidungsgründen abzulehnen. Wird dem Schutzantrag stattgegeben oder trotz Überwiegens des Gläubigerinteresses Sicherheitsleistung des Gl gem § 712 II 2 angeordnet, ist die Entscheidung im Urteilstenor zu treffen. Hat der Sch die Sicherheit zu leisten, ist der Vollstreckbarkeitsausspruch durch den Zusatz zu ergänzen, der Sch dürfe die Vollstreckung durch Sicherheit oder Hinterlegung in Höhe von x Euro abwenden. Die in § 711 vorgesehene Abwendungsbefugnis des Gl wird dann nicht in den Tenor aufgenommen. Braucht der Sch keine Sicherheit zu leisten, ist im Tenor hinzuzufügen, dass die ZwV nach Maßgabe des § 720a beschränkt ist oder der Gl entgegen § 708 Sicherheit leisten muss; anderenfalls ist der Ausspruch über die vorläufige Vollstreckbarkeit ganz wegzulassen.

8 **V) Rechtsfolgen.** Erbringt der Sch die Abwendungssicherheit, dann darf der Gl nicht vollstrecken (§ 775 Nr 3, § 776 gelten). Vollstreckungsbeschränkung gem § 720a erlaubt vorläufige Vollstreckbarkeit in dessen Rahmen. Wird dem Gl entgegen § 708 Sicherheitsleistung auferlegt, ist diese für ihn Vollstreckungsvoraussetzung. Ist vorläufige Vollstreckbarkeit nicht zugelassen, muss der Gl mit der Vollstreckung bis zur Rechtskraft zuwarten. Deren Eintritt erledigt auch alle anderen Beschränkungen, desgl eine Entscheidung nach § 717. Alle Beschränkungen gelten auch für den KE.

§ 713 Unterbleiben von Schuldnerschutzanordnungen

Die in den §§ 711, 712 zugunsten des Schuldners zugelassenen Anordnungen sollen nicht ergehen, wenn die Voraussetzungen, unter denen ein Rechtsmittel gegen das Urteil stattfindet, unzweifelhaft nicht vorliegen.

I) Anwendungsbereich. Ob § 713 eingreift, ist **vAw** zu prüfen. Unanwendbar bei Urteilen, die mit Verkündung rechtskräftig werden wie Berufungsurteile in Arrest- und Verfügungsverf (§ 542 II), weil sie nicht nur vorläufig vollstreckbar sind (MK/Götz Rn 2). 1

Ermessen. Es (ähnl MK/Götz Rn 3: Beurteilungsspielraum) ist eingeschränkt; „soll" bedeutet Pflicht zur Anwendung des § 713, wenn ein Rechtsmittel unzweifelhaft ausgeschlossen ist (hM; MK/Götz Rn 3; SchWKT/Braun Rn 1; aA AG/Schmidt Rn 1). Bei Zweifeln sind beim Ausspruch der Vollstreckbarkeit die Anordnungen der §§ 711, 712 zu treffen. 2

II) Maßstab der Beurteilung. § 511 II Nr 1: Bei einfachen Forderungsklagen ist die Rechtsmittelbeschwer eindeutig; bei eventueller Klagenhäufung, Widerklage oder Aufrechnung ist bei Streitfragen vom höchstmögl Wert auszugehen. Wo nach § 3 zu schätzen oder eine nichtvermögensrechtl Streitigkeit zu bewerten ist, muss beachtet werden, dass die maßgebl Entscheidung dem Rechtsmittelgericht obliegt (StJ/Heinze Rn 2); kann dies auch nur möglicherw zu einer höheren Bewertung kommen, ist von dieser auszugehen. Stets ist zu bedenken, dass der Rechtsmittelwert vom Gebührenwert abweichen kann. – § 511 II Nr 2: Wenn die Berufung zugelassen wird, ist § 713 unanwendbar. – § 544: Wird die Revision (§ 543) nicht zugelassen und kann NZB eingelegt werden, ist § 713 unanwendbar (BGH MDR 2007, 737). Die NZB ist, vorbehaltlich § 544 II Nr 2 (s § 544 Rn 8), aber nur zulässig, wenn der Wert der mit der Revision geltend zu machenden Beschwer (hierzu näher § 544 Rn 7) 20.000 Euro übersteigt (§ 544 II Nr 1). Bleibt der Wert zweifelsfrei darunter, gelten § 708 Nr 10, § 713 für Berufungsurteile des LG und OLG in vermögensrechtl Streitigkeiten. – Analog gilt § 713 für erstinstanzl Entscheidungen eines OLG, wenn hiergegen kein Rechtsmittel zulässig ist (OLG Bamberg 4.12.2024 – 3 UKl 3/24 Tz 78 mwN) 3

III) Anschließung. Zweifelhaft ist, ob mit „Rechtsmittel" auch die Anschließung gemeint ist. Anschlussberufung (§ 524) und Anschlussrevision (§ 554) sind nach hM keine Rechtsmittel (s § 524 Rn 4). § 713 bezweckt jedoch die Abwendung vollstreckungsrechtl Nachteile in der sog Zwischeninstanz. Solange aber eine Partei ein Rechtsmittel einlegen und die andere sich für diesen Fall anschließen kann, lässt sich eine Vollstreckungsgefährdung nicht im Voraus ausschließen. Deshalb ist auch die Anschließung als Rechtsmittel iSd § 713 anzusehen und dürfen die Schutzanordnungen nach §§ 711, 712 nicht unterbleiben (wohl hM; SchWKT/Braun Rn 2 mN; MskV/Lackmann Rn 3 für die unselbständige Anschlussberufung; aA PG/Hanewinkel Rn 3). 4

§ 714 Anträge zur vorläufigen Vollstreckbarkeit

(1) Anträge nach den §§ 710, 711 Satz 3, § 712 sind vor Schluss der mündlichen Verhandlung zu stellen, auf die das Urteil ergeht.
(2) Die tatsächlichen Voraussetzungen sind glaubhaft zu machen.

I) Zeitfenster. Schon nach dem klaren Wortlaut der Vorschrift, jedenfalls aber nach dem Zweck des § 718 (so SchWKT/Braun Rn 2), muss der Antrag **in der Instanz** gestellt werden; das kann der 1. oder der 2. Rechtszug sein. Wird er im Berufungsverf gestellt, dann kann das Berufungsurteil abw vom angefochtenen Urteil erkennen. Bei **teilw Anfechtung** ist auf Antrag wegen der unangefochtenen Verurteilung bedingungslos für vorläufig vollstreckbar zu erklären (§ 537). Ist ein Vollstreckungsschutzantrag übergangen worden, so ist das Urteil auf Antrag zu ergänzen (§§ 716, 321; OLGR Celle 1994, 326). Zweitinstanzl kann auf Antrag des Sch nach § 719 eingestellt werden (§ 719 Rn 3); dem Gl bleibt nur die einstw Verfügung, wenn nachträglich der Tatbestand des § 710 vorliegt (Hk-ZV/Giers/Scheuch Rn 5; MK/Götz Rn 3). Weitergehende Änderungs- oder Abhilfemöglichkeiten bestehen nicht, denn der Schutzantrag kann im Berufungsverf nicht nachgeholt werden (hM; str; wie hier zB OLG Dresden 25.8.2015 – 5 U 1057/15; OLG Naumburg 29.8.2013 – 9 U 58/13 Tz 6, 7; MskV/Lackmann Rn 2; MK/Götz Rn 2 mN; SchWKT/Braun Rn 2 mN; aA zB OLG Stuttgart MDR 98, 858; StJ/Heinze Rn 4). Zutr ist die grds abl Auffassung, da sonst entgegen § 714 die erstinstanzl Entscheidung über **Sachanträge** in die Instanz verlagert würde, die dafür nicht zuständig ist, wie sich aus §§ 714, 718 eindeutig ergibt. Das Berufungsgericht hat sich nur mit **erlassenen und angefochtenen** vorinstanzl Entscheidungen zu befassen. Die Gegenmeinung müsste sich auch über das Ergänzungsverbot der §§ 716, 321 nach Fristversäumung hinwegsetzen (zutr OLG Saarbrücken JurBüro 85, 1579). Sie führt weiter in die zusätzl Kontroverse, ob § 718 direkt oder analog anzuwenden wäre und ob es dazu einer Anschlussberufung bedürfte (so OLG Schleswig SchlHA 85, 156) oder nicht (so OLG Hamburg MDR 70, 244). Bei Notwendigkeit einer Anschlussberufung, die wohl kaum verneint werden könnte, würde sich die weitere Frage stellen, ob der erstmals in 2. Instanz gestellte Schutzantrag in eine Anschlussberufung umzudeuten ist (so OLG Düsseldorf FamRZ 85, 307). Schließl muss sich diese Auffassung über den Grundsatz hinwegsetzen, dass die Anschlussberufung nicht teilurteilsfähig ist (s § 524 Rn 42). Diese prozessualen Schwierigkeiten verdeutlichen, dass es verfehlt ist, die klare Regelung des § 714 I aufzugeben und Schutzanträge trotz des eindeutigen Wortlautes auch noch *nach* Schluss der mündl Verh, auf die das Urteil ergeht, zuzulassen (MK/Götz Rn 2). 1

II) Glaubhaftmachung. Diese Pflicht (II) gilt für das Vorbringen beider Parteien, also auch das entkräftende des Gegners. Übergehung des Antrags: §§ 716, 321. Bei Teilanfechtung Vollstreckbarkeitserklärung nach § 537 mögl. 2

§ 715 Rückgabe der Sicherheit

(1) [1]Das Gericht, das eine Sicherheitsleistung des Gläubigers angeordnet oder zugelassen hat, ordnet auf Antrag die Rückgabe der Sicherheit an, wenn ein Zeugnis über die Rechtskraft des für vorläufig vollstreckbar erklärten Urteils vorgelegt wird. [2]Ist die Sicherheit durch eine Bürgschaft bewirkt worden, so ordnet das Gericht das Erlöschen der Bürgschaft an.
(2) § 109 Abs. 3 gilt entsprechend.

1 **I) Anwendungsbereich.** § 715 gilt nur, wenn der Gl nach §§ 709, 711, 712 II 2 Sicherheit geleistet hat, nicht nach §§ 707, 719 (MskV/Lackmann Rn 1). Der umständlichere Weg des § 109 bleibt offen (StJ/Heinze Rn 1). **Unmittelbare Anwendung** auch nach Rechtskraft eines Vorbehaltsurteils, §§ 302, 599 (StJ/Heinze Rn 2). **Entspr Anwendung** in anderen Fällen auflösend bedingter Endurteile (§§ 280, 304), wenn die Rechtskraft des Zwischen- oder Grundurteils und die des Schlussurteils nachgewiesen wird. **Unanwendbar** bei Prozessbeendigung durch Vergleich oder Klagerücknahme.

2 **II) Rückgabe. 1) Schuldner obsiegt.** Kein Fall des § 715. Er kann seine hinterlegte Sicherheitsleistung nach § 109 zurückfordern. Zugriff auf die Gläubigersicherheit kann er sich nur durch Klage oder im Verf nach § 717 II 2 verschaffen. **2) Gläubiger obsiegt.** Er kann von der Hinterlegungsstelle unter Vorlage des Rechtskraftzeugnisses (§ 706; entbehrlich bei mit Verkündung schon rechtskräftigen Entscheidungen, MskV/Lackmann Rn 2) Rückgabe der Sicherheit (S 1) oder Anordnung des Erlöschens der Bürgschaft (S 2) verlangen (§§ 378, 379 BGB; § 22 III Nr 2 HinterlG des jew Landes).

3 **III) Zuständigkeit.** Der Rpfleger (§ 20 I Nr 3 RPflG) des Gerichts, das über die Sicherheitsleistung entschieden hat; nach Zurückweisung der Berufung wieder die 1. Instanz.

4 **1) Antrag.** Er ist nötig (**Formulierungsvorschlag:** Vorwerk/Goldbach, PFB, M 46.8), aber kein Anwaltszwang (Verweis auf § 109 III 1). Rechtskraftzeugnis (§ 706) kann sich aus den Akten ergeben; anderenfalls ist es vorzulegen. Bei Gesamtschuldnern Rechtskraft ggü allen nötig.

5 **2) Entscheidung.** Sie ergeht ohne mdl Verh (§ 715 II, § 109 III 2, § 128 IV). Jedoch muss der Gegner vorher gehört werden (Art 103 I GG). Gericht **muss** entscheiden und darf nicht auf den Weg des § 109 verweisen. **Beschluss** hat Rückgabe der Sicherheit (§ 715 I 1) oder Erlöschen der Bürgschaft (§ 715 I 2) anzuordnen, wenn der Antrag nicht abgelehnt wird. Formlose Mitteilung, da keine Frist in Lauf gesetzt wird (§ 329 II), bei Ablehnung nur an ASt.

6 **3) Rechtsbehelfe.** Stattgebender Beschluss: befristete Erinnerung (§ 11 II RPflG; abschließende Entscheidung in der Instanz); – Ablehnender Beschluss: sof Beschwerde (§ 11 I RPflG; § 567 I; ThP/Seiler Rn 5; MK/Götz Rn 5; MskV/Lackmann Rn 3); jew mit Abhilfebefugnis des Rpflegers. – Nach aA auch beim ablehnenden Beschluss § 11 II RPflG (SchWKT/Braun Rn 6).

7 **IV) Gebühren. 1) Gericht:** keine. – **2) RA:** Für den ProzBev gilt § 19 I 2 Nr 7 RVG. Als Einzeltätigkeit nach 3403 RVG-VV zu vergüten (zu beachten: § 15 VI RVG). Zur Geb für die Beschaffung der Sicherheit s § 108 Rn 19.

§ 716 Ergänzung des Urteils

Ist über die vorläufige Vollstreckbarkeit nicht entschieden, so sind wegen Ergänzung des Urteils die Vorschriften des § 321 anzuwenden.

1 **I) Voraussetzungen.** Fehlende (so der Gesetzestext) oder unvollständige (§ 716 analog, OLG Köln 4.9.2020 – 6 U 250/19 Tz 7) Entscheidungen zur vorläufigen Vollstreckbarkeit, nicht aber schlicht falsche, sind über §§ 716, 321 zu ergänzen. Ob vAw oder auf (rechtzeitig gestellten: § 714 I) Antrag zu entscheiden gewesen wäre, ist unerhebl. Es genügt zB, dass die Höhe der Sicherheit (hM; zB ThP/Seiler Rn 1; MskV/Lackmann Rn 1 mN; aA SchWKT/Braun Rn 1: § 319; differenzierend AG/Schmidt Rn 3: § 319 bei irriger Bezifferung) oder der Hinterlegung nicht beziffert wurde, ein Schutzantrag (BGH 23.1.2018 – VI ZR 453/17 Tz 4 zum Antrag nach § 712) übergangen wurde oder die Abwendungssicherheit (§ 711) fehlt (OLG Bremen 23.4.2025 – 1 U 12/24 Tz 6; MskV/Lackmann Rn 1).

2 **II) 1. Instanz.** Sind erstinstanzl Entscheidungen nach § 708, § 709, § 711 S 1 übergangen worden, dürfen im Ergänzungsverf die Schutzanträge der § 710, § 711 S 2, § 712 I wiederholt oder nachgeholt werden. Solange Ergänzung mögl ist, kein Rechtsschutzbedürfnis für eine Berufung nur wegen der vorläufigen Vollstreckbarkeit (*hierzu s § 718 Rn 1*). Ist vorh Tatbestandsberichtigung nötig, beginnt die Frist des § 321 II erst mit Zustellung des Berichtigungsbeschlusses zu laufen (BGH MDR 82, 663). Nach Ablauf der Frist kann Änderung des im Vollstreckbarkeitsausspruch lückenhaften/fehlerhaften Urteils mit der Berufung erreicht werden, weil das Ur-

teil durch die Unvollständigkeit auch bzgl der Rechtsverwirklichung des Anspruchs sachl unrichtig ist. Vorinstanzl versäumte Schutzanträge können in 2. Instanz nicht nachgeholt werden (s § 714 Rn 1).

III) Rechtsmittelinstanz. Hat das Berufungsgericht die Vollstreckbarkeitsentscheidung übergangen, steht wegen § 718 II nur der Weg des § 716 offen (BGH NJW 84, 1240). 3

IV) Gebühren. S § 321 Rn 15. 4

§ 717 Wirkungen eines aufhebenden oder abändernden Urteils

(1) Die vorläufige Vollstreckbarkeit tritt mit der Verkündung eines Urteils, das die Entscheidung in der Hauptsache oder die Vollstreckbarkeitserklärung aufhebt oder abändert, insoweit außer Kraft, als die Aufhebung oder Abänderung ergeht.

(2) [1]Wird ein für vorläufig vollstreckbar erklärtes Urteil aufgehoben oder abgeändert, so ist der Kläger zum Ersatz des Schadens verpflichtet, der dem Beklagten durch die Vollstreckung des Urteils oder durch eine zur Abwendung der Vollstreckung gemachte Leistung entstanden ist. [2]Der Beklagte kann den Anspruch auf Schadensersatz in dem anhängigen Rechtsstreit geltend machen; wird der Anspruch geltend gemacht, so ist er als zur Zeit der Zahlung oder Leistung rechtshängig geworden anzusehen.

(3) [1]Die Vorschriften des Absatzes 2 sind auf die im § 708 Nr. 10 bezeichneten Berufungsurteile, mit Ausnahme der Versäumnisurteile, nicht anzuwenden. [2]Soweit ein solches Urteil aufgehoben oder abgeändert wird, ist der Kläger auf Antrag des Beklagten zur Erstattung des von diesem auf Grund des Urteils Gezahlten oder Geleisteten zu verurteilen. [3]Die Erstattungspflicht des Klägers bestimmt sich nach den Vorschriften über die Herausgabe einer ungerechtfertigten Bereicherung. [4]Wird der Antrag gestellt, so ist der Anspruch auf Erstattung als zur Zeit der Zahlung oder Leistung rechtshängig geworden anzusehen; die mit der Rechtshängigkeit nach den Vorschriften des bürgerlichen Rechts verbundenen Wirkungen treten mit der Zahlung oder Leistung auch dann ein, wenn der Antrag nicht gestellt wird.

I) Außerkrafttreten (§ 717 I). 1) Beginn. Die vorläufige Vollstreckbarkeit entfällt mit der Verlautbarung des neuen Urteils (Verkündung, § 311 II, oder Zustellung, § 310 II, III). Soweit das 1. Urteil aufrechterhalten bleibt, gilt seine Vollstreckbarkeitsentscheidung fort. Die aufhebende oder abändernde Entscheidung löst die Wirkungen des I auch dann aus, wenn sie selbst nicht für vollstreckbar erklärt ist oder deswegen einstw eingestellt wird; daher sind die § 775 Nr 1, § 776 immer anwendbar. Der Aufhebungsgrund ist unerhebl. – Bei Aufhebung des aufhebenden Berufungsurteils in der Revisionsinstanz mit Zurückverweisung gilt wieder die vorläufige Vollstreckbarkeit des erstinstanzl Urteils (BGH MDR 2020, 685 Tz 48 [Noack MDR 2020, 972] gegen die bisher hM; StJ/Heinze Rn 3 ab der 23. Aufl). Wird ein bestätigendes Berufungsurteil aufgehoben und zurückverwiesen, verbleibt es gleichfalls bei der vorläufigen Vollstreckbarkeit des erstinstanzl Urteils (BGH MDR 59, 122). 1

2) Kostenfestsetzungsverfahren. Aufhebung des der Kostenfestsetzung zugrunde liegenden Titels macht auch das KFV gegenstandslos. Deshalb kann ein Schadensersatzanspruch, der durch die Vollstreckung des Urteils oder eine Abwendungsleistung des Sch entstanden ist, nicht im KFV verfolgt werden (LG Lübeck Rpfleger 82, 439). S § 104 Rn 21.13. 2

II) Schadensersatzanspruch. 1) Gefahrtragung. Die verschuldensunabhängige Haftung nach II 1 bürdet dem Gl die ganze Gefahr der ungerechtfertigten Vollstreckung auf (BGH MDR 80, 826; OLG Schleswig 10.5.2023 – 12 U 91/22 Tz 47). Diese Gefährdungs- (BGH MDR 83, 221) oder Garantiehaftung (krit Roth NJW 82, 926) lässt den Gl in bedenkl Weise für Fehler des Gerichts einstehen; denn auf die Richtigkeit des aufhebenden oder abändernden Urteils kommt es nicht an und auch nicht auf den Grund. Der Gl haftet aber nicht, wenn die Änderung darauf beruht, dass der Sch erst nach der Vollstreckung Einreden erhebt (OLG Karlsruhe Rpfleger 96, 73; StJ/Heinze Rn 14; MskV/Lackmann Rn 10; aA MK/Götz Rn 17). – Da II 1 einen mat-rechtl Anspruch schafft, der mit Aufhebung oder Abänderung des für vorläufig vollstrb erklärten Urteils entsteht (MK/Götz Rn 9; MskV/Lackmann Rn 4; BGH MDR 97, 1053), sind die §§ 249 ff BGB anwendbar (MskV/Lackmann Rn 11); für die Verjährung gelten §§ 195, 199 BGB (BGHZ 9, 212 zu § 852 BGB aF; MskV/Lackmann Rn 13 aE; hier sa Rn 14); für die Aufrechnung mit ihm gilt § 394 BGB (OLG Karlsruhe NJW-RR 2002, 1158). Der Sch kann mit dem Schadenersatzanspruch aus II erst ab dessen Durchsetzbarkeit aufrechnen (BGH MDR 2009, 290 zum Zeitpunkt [Erlass der aufhebenden Entscheidung]). Zur Aufrechnung gegen den Anspruch aus II s Rn 11. – **Teilw Abänderung** begründet einen entspr Ersatzanspruch (BGH MDR 2015, 999); Abänderung nur im Kostentenor beschränkt den Ersatzanspruch auf den Schaden infolge gerade der Kostenbeitreibung (OLG Landsberg ZMR 82, 70). Unerlässl ist ein eigener wirkl eingetretener Schaden (BGH MDR 85, 128; s Rn 8). – Der Schadensersatzanspruch ist nicht auflösend bedingt idS, dass er bereits wieder entfällt, wenn der Sch erneut vorläufig vollstrb verurteilt wird (BGH MDR 97, 1053 mwN auch zur aA); weitergehend Saenger (JZ 97, 226 V 1, 228 V 3), nach dem ein einmal entstandener Anspruch auch dann nicht mehr erlischt, 3 wenn der Sch schlussendlich rechtskräftig verurteilt wird (zu Recht aA BGH MDR 2009, 651 Tz 10; MskV/Lackmann Rn 14).

4 **2) Anwendungsbereich. a)** II bezieht sich unmittelbar nur auf Urteile. Darüber hinaus ist die Vorschrift in einer Reihe weiterer Fälle kraft ges Regelung oder Analogie entspr anwendbar: **VB** (§ 700 I); **Sicherungsanordnung** (§ 283a IV 2); **Gesetzesnichtigkeit**, wenn vom BVerfG festgestellt und dadurch einer anfechtbaren Entscheidung die Grundlage entzogen wird (BGHZ 54, 76; beiläufig wiederholt BGH NJW 2017, 829 Tz 53); **Kostenfestsetzungsbeschluss** (sa § 91 Rn 9 zum Rechtsschutzbedürfnis; s § 104 Rn 21.78) u die sonstigen Entscheidungen nach **§ 794 I Nrn 2-3**, wenn daraus vollstreckt, der Beschluss aber aufgehoben wird; **InsVerwalter**-Vergütungsfeststellungsbeschluss nach rechtskräftiger Aufhebung, denn der Beschluss war wie ein vorläufig vollstreckbares Urteil durchsetzbar (BGH ZIP 2023, 1757); **Schiedsspruch** (§ 1065 II 2); **Urteilsberichtigung** nach § 319 (MK/Götz Rn 11); Aufhebung der Vollstreckungsklausel nach Erinnerung (§ 732) oder Klage nach § 768 (SchWKT/Braun Rn 5); **arbeitsgerichtl Beschlussverf** (BAG NJW 2015, 894 [Kolb]). – Vergleichbare Haftung ordnen an § 302 IV 2; § 600 II; § 799a; § 945 (sa § 945 Rn 15).

5 **b) Unanwendbar** ist II auf: Erfolgreiche **Rügeverf** (§ 321a; MK/Götz Rn 12); **Erledigung der Hauptsache** des vollstrb Urteils (BGH ZZP 102 [1989], 98 [krit Matthies]; ThP/Seiler Rn 2; aA Landsberg ZMR 82, 69, der Analogie befürwortet); **Klagerücknahme** (§ 269 III; OLGR Düsseldorf 1995, 177); **Prozessvergleich** (§ 794 I Nr 1; OLG Düsseldorf MDR 92, 903; zulässig ist aber nach Vergleich die Rückfestsetzung gezahlter Kosten, KG MDR 91, 258; sa § 104 Rn 21.78); **VA**, etwa ein ungerechtfertigt vollzogener **Steuerbescheid** (BGH MDR 2012, 1462 Tz 8; aA SchWKT/Braun Rn 5); Vollziehung eines später aufgehobenen Heranziehungsbescheids zur Bardepotpflicht (BGH MDR 82, 733); **Wiederaufnahmeverf**, da unvorhersehbar (RGZ 91, 195, 202); **Aufhebung** eines rechtskräftigen Titels durch das BVerfG (Bestandsunsicherheit fehlt, BGH NJW 2017, 829 Tz 54); **WE** in den vorigen Stand; **vollstrb Urkunden** nach § 794 I Nr 5 (Hk-ZV/Giers/Scheuch Rn 7 mN; ThP/Seiler Rn 2; sa § 799a); **Vollstreckungsklagen** wegen ihrer Selbständigkeit (§§ 767, 771), auch wenn ihretwegen einstw eingestellt wird (für § 771 III s BGH JR 85, 508 [Gerhardt] = NJW 85, 1959 [abl Häsemeyer NJW 86, 1028]; OLG München MDR 89, 552; MK/Götz Rn 12; aA MK/K. Schmidt/Brinkmann § 771 Rn 70; sa § 771 Rn 19a). Vollstreckung aus einem nicht der **materiellen Rechtskraft** fähigem Urteil (BGH NJW-RR 99, 1223 = JZ 2000, 161 [zust Münzberg]). Kein Anspruch nach II, wenn ein mat-rechtl richtiges rechtskräftiges Urteil zu einer Zeit vollstreckt wird, zu der bereits eine die Vollstreckung hindernde Einwendung entstanden war (Kohler ZZP 99 [1986], 36).

6 **3) Vollstreckungsschaden.** Hierzu zählen nicht Schäden, die Folge des Erkenntnisverf oder der Existenz des Titels sind (OLG Düsseldorf GRUR-Prax 2015, 134). – Die Ersatzpflicht des Gl erstreckt sich: **a) Früherer Zustand:** Auf die Wiederherstellung des früheren Zustands durch Rückgabe alles dessen, was der Sch gezahlt oder geleistet hat, sei es auch durch Unterlassen (OLG Karlsruhe 30.11.2017 – 18 UF 227/17 Tz 11), zB Rückgabe weggenommener Sachen, ggf nach Wiederbeschaffung, Pfändungsaufhebung, Eintragungslöschung. Leistungen zur Abwendung der ZwV sind dabei alle Zahlungen, die der Sch nach vorläufig vollstreckbarer Entscheidung geleistet hat (OLG Schleswig 10.5.2023 – 12 U 91/22 Tz 47). Bei der Hinterlegung leistet der Sch bereits mit Übergabe des Geldes an den GV (OLG Köln NJW-RR 87, 1210). – Wird eine unbedingte Verurteilung abgeändert in eine Zug-um-Zug-Verurteilung, besteht der Schaden in Höhe des Betrages, in dem dem Sch in 2. Instanz ein Leistungsverweigerungsrecht zuerkannt wurde (BGH MDR 2007, 1041 [iErg zust Deubner JuS 2007, 1102 V]).

7 **b) Kausalität.** Auf den **„durch die Vollstreckung des Urteils"** entstandenen Schaden, auch wenn er erst später bezifferbar wird (BGHZ 69, 379). „Begleitschäden" durch fehlerhafte ZwV werden nicht erfasst (BGH NJW-RR 2009, 658). **Kausal können sein:** Aufwendungen zur Beschaffung einer Sicherheit (OLG Hamburg MDR 99, 188 [zur Bankbürgschaft]); entgangener Gewinn (OLG Köln JurBüro 91, 1263 zur Darlegungslast), wenn Versteigerung einer Sache die günstigere Veräußerung verhindert hat oder Sch wegen Inhaftierung (§ 802g II 1) seine Berufstätigkeit nicht ausüben konnte; Prozesskosten; vermögensrechtl Folgen psychogener Erkrankungen durch den Vollstreckungsschock (RGZ 143, 120); Vollstreckungskosten (wegen der Abgrenzung zu § 788 II s § 788 Rn 5a); Zinsschaden (BAG NJW 2015, 894 Tz 31); Zwangsgeld nach § 888; Ordnungsgeld nach § 890 (StJ/Heinze Rn 26; SchWKT/Braun Rn 12; str; aA Wieczorek/Heß Rn 20) sowie die Sicherheit nach § 890 III. – Eine „zur Abwendung der Vollstreckung gemachte Leistung" des Sch liegt vor, wenn er sich einem bereits konkreten **Vollstreckungsdruck** beugt (BGH NJW-RR 2015, 541 [bezogen auf Unterlassungstitel]). Das ist nicht der Fall, wenn er bereits auf ein nicht rechtskräftiges Feststellungsurteil zahlt (BAG JZ 90, 194 [Münzberg]); wenn ein Unterlassungsurteil noch keine Strafandrohung (§ 890 II) enthielt (BGH NJW 76, 2162); wenn in den Fällen der §§ 887, 888, 890 der Gl noch keine Sicherheit geleistet hat oder der Sch davon noch nicht in Kenntnis (ThP/Seiler § 890 Rn 8a) gesetzt ist (MK/Götz Rn 15); wenn dem Gl auf Antrag eine vollstreckbare Ausfertigung erteilt wurde. Selbst wenn alle ZwV-Voraussetzungen vorliegen, muss die ZwV noch nicht drohen; dann muss aber der Gl verbindl erklären oder sich aus den Umständen deutl ergeben, dass von der ZwV abgesehen wird (BGH MDR 2011, 320). Bei Zahlungstiteln folgt dieser Druck bereits aus § 720a (KG ZMR 2018, 306 Tz 61, 62), bei *Unterlassungstiteln* besteht er, sobald eine ZwV bedingungsgemäß (Sicherheitsleistung) oder bedingungslos möglich wird; eines Hinweises des Gl auf die Absicht, zu vollstrecken, bedarf es dann nicht zusätzlich (OLG Schleswig VuR 2021, 33).

c) Umfang. Die Ersatzpflicht beschränkt sich auf den **entstandenen** Schaden. Deshalb sind Ansprüche ausgeschlossen, die ledigl auf Grund einer fiktiven Schadensberechnung ermittelt (OLG Jena 26.1.2024 – 9 U 364/18 Tz 159) oder auf Schadensliquidation im Drittinteresse gestützt werden (str; OLG Hamm 23.9.82 – 4 U 95/82, ZIP 83, 119; aA StJ/Heinze Rn 27), desgleichen Kreditschäden des Sch infolge Bekanntwerdens der gegen ihn betriebenen ZwV (BGH JR 83, 246 [Gerhardt]). 8

d) Schadenszeitraum. Haftung nach II ohne Entreicherungseinrede nach §§ 812, 818 BGB für die Zeit bis Erlass des Berufungsurteils (ab dann Verkürzung des Ersatzanspruchs gem III). Abzustellen ist darauf, in welchen Zeitabschnitt die Schadensursache fällt. Unerheblich also, wenn der Schaden selbst erst nach dem Berufungsurteil eintritt (BGHZ 69, 373). Beharrt Gl bei alsbald begonnener Vollstreckung auf dem geschaffenen Zustand oder findet eine fortgesetzte Vollstreckung statt, dann haftet er ab Berufungsurteil nur nach Bereicherungsrecht (III; BGHZ 69, 373). 9

e) Verjährung. Ist der Anspruch (II 1) verjährt (s Rn 14), kein Anspruch aus § 852 S 1 BGB, aber evtl aus § 812 BGB (BGH MDR 2007, 549 Tz 19 ff). 9a

4) Mitwirkendes Verschulden. Es ist zu berücksichtigen (§ 254 II 2 BGB; § 85 II). Unerhebl dagegen, ob das Urteil aus formellen oder materiellen Gründen aufgehoben oder abgeändert worden ist (s Rn 1, 3). – Kein Mitverschulden des Titelsch durch Nichtzahlung des vorläufig vollstreckbaren Betrags (OLG Düsseldorf BauR 2015, 271). 10

5) Materiell-rechtliche Einwendungen. Sie kann der Vollstreckungsgl mit folgenden Einschränkungen geltend machen: Hatte der Sch zur Abwendung der Vollstreckung geleistet, kann gegen dessen Rückforderungsanspruch nicht mit dem Anspruch aufgerechnet werden, der zunächst tituliert worden war (BGH MDR 97, 1053; OLG Frankfurt BauR 2005, 753); ggü anderen Schadenspositionen des Sch (zB Zinsschaden) lässt der BGH (BGH MDR 97, 1053; MK/Götz Rn 20 aE) die **Aufrechnung** damit aber zu. – Keine Geltendmachung eines **ZurückbehaltungsR** nach § 273 BGB, dessen Voraussetzungen erst durch die Vollstreckung geschaffen worden sind (RGZ 123, 396 für Wegnahme nach § 883) oder zwangsläufig aus der Einleitung der ZwV folgen (LG Berlin MDR 2003, 1200: Keine Zurückbehaltung, wenn Sch die ihm vom Gl für die ZwV nach § 709 übergebene Bürgschaft noch nicht zurückgegeben hat). 11

6) Anspruchsgegner. Das ist ungeachtet der Parteirolle der ersatzpflichtige Vollstreckungsgl. Hat ein Rechtsnachfolger vollstreckt, kann der Inzidentanspruch ihm gegenüber (SchWKT/Braun Rn 17) sowie gegenüber dem Titelgl (MskV/Lackmann Rn 14) geltend gemacht werden. – Einem Dritten, der für den Sch geleistet hat (§ 267 BGB), steht kein Ersatzanspruch zu. 12

7) Geltendmachung. Ist während noch anhängiger Hauptsache möglich, also auch in höherer Instanz (BGH 2.5.2017 – I ZB 1/16 Tz 3) oder im Nachverf, durch **Inzidentantrag oder Widerklage** bis zum Schluss der mündl Verh (II 2). Führung eines gesonderten Rechtsstreits steht frei. **Erhebung bes Klage** (zum Klageantrag BGH GRUR 2024, 404) mit allen Wahlgerichtsständen, auch § 32, da unerlaubte Handlung (BGH NJW 2011, 2518 Tz 10, 11 für II 1 und III 2 [Timme]). Läuft Hauptprozess noch, Aussetzung nach § 148 zu erwägen (nach LAG Köln MDR 93, 684; MK/Götz Rn 22 ausgeschlossen). **Streitwert:** s § 3 Rn 16.143. 13

8) Rechtsfolgen. Der Inzidentantrag macht den Schadensersatzanspruch rechtshängig unter Rückbeziehung auf die Zeit der Zahlung oder Leistung (II 2). Ab dann Beginn der Verzinsungspflicht (§ 291 BGB; OLG Jena 26.1.2024 – 9 U 364/18 Tz 160). Verjährungsbeginn nach § 199 BGB (MK/Götz Rn 9), sobald die Partei Kenntnis erlangt hat vom aufhebenden Urteil oder ohne grobe Fahrlässigkeit erlangen müsste. Ab dann gilt die Regelverjährungsfrist (§ 195 BGB). – Wird Klage erhoben (s Rn 13), keine Rückwirkung nach II 2. 14

9) Verfahren. Bei Geltendmachung des Ersatzanspruchs im Rechtsstreit ist das angegangene Gericht ohne Rücksicht auf die Höhe des Streitwerts zuständig, also Verweisung nach § 506 ausgeschlossen. Bei selbständiger Klage Zuständigkeitsprüfung nach allg Grundsätzen. Entschieden wird durch selbständig anfechtbares Endurteil; § 301 I ist anwendbar (RGZ 85, 214, 221). Bei Übergehen des Antrags Ergänzung nach § 321. Schadensschätzung: § 287. Entscheidung bewirkt Rechtskraft analog § 322 I (nach StJ/Heinze Rn 44 gilt § 322 I direkt). 15

III) Berufungsurteile (§ 717 III 1). S § 708 Nr 10. Bei VU gilt II, weil keine abschließende Prüfung stattfindet. Im Übrigen wird das Vertrauen auf die Richtigkeit des Urteils privilegiert (BGHZ 69, 378), wobei Aufhebung aus materiellen und prozessualen Gründen gleichbehandelt wird (BGH NJW 2011, 2518 [Timme]). Nach Piekenbrock (JR 2005, 446) rechtfertigt sich III immer noch wegen der größeren Bestandschance von Berufungsurteilen, während nach Hau (NJW 2005, 712) das „Richtigkeits"-Argument wegen § 526 an Bedeutung verloren hat. Einig sind sich beide zu Recht, dass die II, III kein geschlossen-überzeugendes System mehr bilden (Hau NJW 2005, 713 IV; Piekenbrock JR 2005, 448 III aE). – Für III reicht Leistung „auf Grund des Urteils"; anders als bei II sind Vollstreckungsdruck oder die förmliche Einleitung der ZwV nicht Voraussetzung (BGH NJW 2012, 1717 Tz 12; SchWKT/Braun Rn 22). Zur Abgrenzung bei früher begonnener, fortwirkender Vollstreckung s Rn 9. 16

1) Erstattungsanspruch. Er geht nur auf Bereicherung (III 3), also auf Rückgabe des Empfangenen einschließl gezogener Nutzungen und der Surrogate für Zerstörung oder Beschädigung; § 818 III BGB ist unanwendbar (MskV/Lackmann Rn 16). Kein Ersatz für Verluste kraft Ges, zB Zwangshypothek nach § 868 (BGH MDR 71, 17

378). Rückgriff auf sonstige Anspruchsgrundlagen, insb §§ 823, 826 BGB, nicht mögl. Verschulden nicht erforderl. Prozesszinsen: § 291 BGB; es gilt der Zinssatz aus § 288 BGB (§ 291 S 2 BGB). Einwendungen und Einreden, auch Aufrechnung (s Rn 10, 11), können wie bei II geltend gemacht werden.

18 **2) Geltendmachung.** Auch hier durch Zwischenantrag, Widerklage oder selbständige Klage (s Rn 12, 13). Rechtshängigkeitsfiktion wie Rn 14, so dass § 818 IV BGB Haftung ab Zahlung oder Leistung begründet. Gerichtsstand des § 32 kann gewählt werden (BGH NJW 2011, 2518 Tz 11 ff [Timme] = ZZP 124 [2011], 377 [Schreiber]).

§ 718 Vorabentscheidung über vorläufige Vollstreckbarkeit

(1) [1]In der Berufungsinstanz ist über die vorläufige Vollstreckbarkeit auf Antrag vorab zu entscheiden. [2]Die Entscheidung kann ohne mündliche Verhandlung ergehen; § 128 Absatz 2 Satz 2 gilt entsprechend.

(2) Eine Anfechtung der in der Berufungsinstanz über die vorläufige Vollstreckbarkeit erlassenen Entscheidung findet nicht statt.

1 **I) Anwendungsbereich.** § 718 I soll die **Korrektur** einer vorinstanzl fehlerhaften Entscheidung zur vorläufigen Vollstreckbarkeit vor zweitinstanzl Sachentscheidung ermöglichen (OLG Düsseldorf 31.10.2019 – 2 U 35/19 Tz 4, 5 zu § 712). OLG Koblenz MDR 2004, 835 Tz 9 lässt auch Anpassung an neue Situation zu (betr Bemessung des Umfangs einer Sicherheitsleistung). Die Vorschrift gilt nur, soweit das Urteil angefochten wird (sonst § 537 I). Beschränkt sich der Berufungsantrag auf die vorinstanzl Vollstreckbarkeitsentscheidung (OLG Rostock NJW-RR 2009, 498), scheidet eine Vorabentscheidung aus, weil es dann daneben keine andere Hauptsache mit einem anderen Streitgegenstand gibt (OLG Nürnberg NJW 89, 842; OLG Frankfurt NJW 82, 1890; MskV/Lackmann Rn 1a; aA OLGR Koblenz 2007, 296 u OLG Köln NJW-RR 2006, 66, wonach solch einer Berufung schon das Rechtsschutzbedürfnis fehlt). Die Festsetzung der Höhe, die vAw erfolgte, kann zweitinstanzl erstmals angegriffen werden, aber nicht mit neuem str Vortrag (OLG Karlsruhe 27.9.2017 – 6 U 4/17 Tz 16, 17, auch zur aA). Für die isolierte Entscheidung über die Art der Sicherheitsleistung bleibt die Vorinstanz zuständig (OLG Köln MDR 97, 392; MskV/Lackmann Rn 1a; aA OLG Frankfurt MDR 81, 677). Die Vollstreckung muss noch nicht begonnen haben (OLG Karlsruhe GRUR-Prax 2023, 86). Sie darf aber nicht beendet sein; erst dann entfällt nämlich das Rechtsschutzbedürfnis und nicht schon, wenn die ZwV nach §§ 719, 707 eingestellt wurde und deshalb die weitere ZwV abgewendet werden könnte (OLG Karlsruhe 10.5.2017 – 6 U 169/16 Tz 9, 10). – Keine Anfechtung, wenn das Berufungsgericht über die vorläufige Vollstreckbarkeit entschieden hat (II; BGH ZEV 2025, 111: Änderung ausschließlich nach § 719 II). – FamFG: Zum Nachholen einer unterbliebenen Anordnung nach § 116 III 3 FamFG im Verf nach § 718 s hier § 116 FamFG Rn 17.

2 **II) Voraussetzungen. Antrag (Formulierungsvorschläge:** Vorwerk, PFB, M 67.6-67.12) auf Vorabentscheidung kann von jeder Partei gestellt werden (OLG Karlsruhe GRUR-Prax 2023, 86); er setzt eine zulässige Berufung voraus (OLG Karlsruhe 12.2.2020 – 10 U 19/19 Tz 27), aber keine eigene Berufung oder Anschlussberufung (MK/Götz Rn 3; MskV/Lackmann Rn 2). Mehrere Anträge zu jew verschiedenen Streitgegenständen sind zulässig (OLG Zweibrücken NJW-RR 2003, 75). Vorab ist Zulässigkeit der Berufung zu prüfen (§ 519b). Unzulässig, einen erstinstanzl versäumten Antrag zweitinstanzl nachzuholen (s § 714 Rn 1). In der erstmaligen Verteidigung mit § 710 im Rahmen eines Antrags nach § 718 des Gegners ist jedoch keine unzulässige Nachholung eines versäumten Schutzantrags zu sehen (OLG Zweibrücken NJW-RR 2003, 75). Die Voraussetzungen für eine Vorabentscheidung auf Vollstreckbarerklärung ohne Sicherheitsleistung sind nicht mehr gegeben, wenn der Bekl die Urteilssumme zur Abwendung der Vollstreckung geleistet hat, nachdem der Kl die ihm erstinstanzl auferlegte Sicherheitsleistung erbracht hatte (StJ/Heinze Rn 4; OLG Hamburg VersR 84, 895). – Teilvollstreckung wegen Geldforderungen durch Teilsicherheit ist möglich, ohne dass es beantragt werden müsste (§ 752 S 1).

3 **III) Verfahren.** Zuständig ist die Kammer/der Senat (ThP/Seiler Rn 1a), der ER aber in den Fällen der §§ 526, 527 IV (str; MskV/Lackmann Rn 2; PG/Hanewinkel Rn 5; aA für Entscheidungen des OLG SchWKT/Braun Rn 6). – Neues Vorbringen ist, wenn unstreitig, zu berücksichtigen (OLG Karlsruhe 26.10.2022 – 6 U 131/22 Tz 39). – Entscheidung wahlweise auf Grund mündl Verh oder im schriftl Verf entsprechend § 128 II 2 (I 2 Hs 2). Zustimmung der Parteien zum schriftl Verf (§ 128 II 1) ist also nicht erforderlich (OLG Rostock MDR 2025, 130). Entschieden wird in jedem Fall durch unanfechtbares (II) **Teilendurteil** (StJ/Heinze Rn 4 mN; PG/Hanewinkel Rn 5; Hk-ZV/Giers/Scheuch Rn 6; MskV/Lackmann Rn 2; AG/Schmidt Rn 3; aA ThP/Seiler Rn 1b; MK/Götz Rn 4: bei Entscheidung im schriftl Verf nach I 2 durch Beschluss). – Es ist ledigl zu prüfen, ob die §§ 708 ff richtig angewendet worden sind. Eine Beurteilung der Hauptsache hat zu unterbleiben (OLG München 22.9.2021 – 11 W 1179/21 Tz 20). Die Vorabentscheidung ist durch die spätere Hauptsacheentscheidung auflösend bedingt. Bei der Vorabentscheidung sind auch (erstinstanzl bereits beschiedene, s § 714 Rn 1) Anträge nach §§ 710, 711 *S 2, § 712 zu erledigen.* Bei Aufhebung des Teilurteils durch das spätere Schlussurteil ist § 717 II unanwendbar.

4 **IV) Gebühren. 1) Gericht:** keine. – **2) RA:** § 19 I 2 Nr 11 RVG; 3328 RVG-VV ist nicht (analog) anzuwenden (GS/Müller-Rabe, VV 3328 Rn 8 mN).

§ 719 Einstweilige Einstellung bei Rechtsmittel und Einspruch

(1) [1]Wird gegen ein für vorläufig vollstreckbar erklärtes Urteil der Einspruch oder die Berufung eingelegt, so gelten die Vorschriften des § 707 entsprechend. [2]Die Zwangsvollstreckung aus einem Versäumnisurteil darf nur gegen Sicherheitsleistung eingestellt werden, es sei denn, dass das Versäumnisurteil nicht in gesetzlicher Weise ergangen ist oder die säumige Partei glaubhaft macht, dass ihre Säumnis unverschuldet war.

(2) [1]Wird Revision gegen ein für vorläufig vollstreckbar erklärtes Urteil eingelegt, so ordnet das Revisionsgericht auf Antrag an, dass die Zwangsvollstreckung einstweilen eingestellt wird, wenn die Vollstreckung dem Schuldner einen nicht zu ersetzenden Nachteil bringen würde und nicht ein überwiegendes Interesse des Gläubigers entgegensteht. [2]Die Parteien haben die tatsächlichen Voraussetzungen glaubhaft zu machen.

(3) Die Entscheidung ergeht durch Beschluss.

I) Anwendungsbereich des § 719 I. Außer auf Einspruch oder Berufung auch anwendbar auf VB gem § 700 1
und nach § 33 I AUG. Antragsberechtigt ist auch der Rechtsmittelbekl, soweit er vorinstanzl unterlegen ist und sich dem Rechtsmittel anschließt. Unanwendbar: bei Abänderungsurteilen nach § 323, für die § 769 gilt (s § 323 Rn 31); in Beschlusssachen wegen des vorrangigen § 572; bei Entscheidungen mit nicht vollstreckungsfähigem Inhalt, wobei unerhebl ist, ob sie für vorläufig vollstrb erklärt worden sind (aA MK/Götz Rn 3); im Europ Verf für geringfügige Forderungen (§ 1105 I 2). – Für Arrest und einstw Verfügung ist zu unterscheiden: Bei Aufhebung nach Widerspruch durch Urteil kann die Anordnung im Berufungsverf nicht durch entspr Anwendung der §§ 719, 707 einstweilen wiederhergestellt werden (OLG Düsseldorf NJW-RR 2002, 138; str). Bei Urteilen, die eine einstw Verfügung bestätigen oder erlassen, ist Einstellung zulässig, jedoch nur ganz ausnahmsw veranlasst, etwa wenn bereits feststeht, dass das Urteil aufzuheben ist (OLG Stuttgart ZIP 2024, 2218; OLG Düsseldorf GRUR 2024, 239) oder fehlende Dringlichkeit glaubhaft gemacht ist (OLG Köln GRUR 82, 504 [Klette GRUR 82, 471]); sa § 924 Rn 13.

II) Einspruch/Berufung. Sa § 707 Rn 7 ff. **1) Einspruch.** Einstellung beim VU (§§ 338 ff, § 539) oder VB 2
(§ 700) nach I 2 Hs 1, also nur gegen Sicherheitsleistung, selbst wenn der Sch die Voraussetzungen des § 707 I 2 glaubhaft macht (OLG Stuttgart NJW-RR 2003, 713). Ausnahmsweise ohne Sicherheitsleistung bei ungesetzlich ergangenem VU (zB OLG Düsseldorf 14.3.2024 – 15 U 63/23 Tz 34) bzw VB (zB OLG Frankfurt JurBüro 2022, 53) oder schuldloser Säumnis (zB OLG Frankfurt NJW-RR 98, 1450: Terminskollision). Dann müssen die Voraussetzungen des § 707 I 2 auch nicht zusätzlich festgestellt werden (str; MskV/Lackmann Rn 6; OLG Düsseldorf 14.3.2024 – 15 U 63/23 Tz 59 mN; aA SchWKT/Braun Rn 6 mN; StJ/Heinze Rn 5). Mit Art 103 GG ist aber vereinbar, für die Einstellung ohne Sicherheitsleistung die Voraussetzungen der § 707 I 2, § 719 I 2 kumulativ zu verlangen, auch wenn das VU nicht in gesetzlicher Weise ergangen war (BVerfG NJW-RR 2004, 934). – Wird auch WE gegen Versäumung der Einspruchsfrist (§ 339 I) beantragt, ist § 707 I 2 anwendbar (OLG Hamm NJW 81, 132).

2) Berufung. Bei Einstellungsanträgen **nach Berufungseinlegung** ist zunächst die Begründung abzuwarten 3
(OLG Bremen MDR 2008, 1065); sodann sind vorweg die Erfolgsaussichten des Rechtsmittels zu prüfen (OLG Stuttgart ZIP 2024, 2218). Die Prüfung erfolgt summarisch (OLG Düsseldorf 20.7.2021 – 15 U 39/21 Tz 4), regelmäßig beschränkt auf offensichtliche Fehler (OLG Karlsruhe GRUR 2022, 1735). **Beweisantizipation** im Rahmen der Ermessensentscheidung zulässig. Wenn angebotene Beweise bei der gegebenen Sach- und Rechtslage und der Beweislastverteilung aussichtslos erscheinen, keine Einstellung. Bei der gebotenen Abwägung der Interessen haben die des Gl kraft ges Wertung Vorrang (OLG Frankfurt 6.2.2017 – 2 U 174/16; OLG Dresden 19.6.2019 – 5 U 1168/19 Tz 13), so dass insb bei vorinstanzl angeordneter Abwendungsbefugnis für den Sch (MK/Götz Rn 5) oder Sicherheitsleistung des Gl (OLG Düsseldorf 17.6.2020 – 2 U 20/20 Tz 2) dem Einstellungsantrag nur stattgegeben werden darf, wenn der Sch darüber hinausgehende schutzwürdige Einstellungsinteressen darlegt und glaubhaft macht (OLG Nürnberg MDR 2021, 56). Es muss durch die ZwV eine außergewöhnliche, nicht wieder gut zu machende Schädigung drohen (OLG Karlsruhe GRUR 2022, 1735), die über die allgemeinen Vollstreckungswirkungen hinausgeht, oder es muss bereits feststehen, dass das angefochtene Urteil voraussichtl keinen Bestand haben wird (OLG Düsseldorf 14.3.2024 – 15 U 63/23 Tz 20; OLG Stuttgart ZIP 2024, 2218). Das BVerfG sieht sich bei der Beantwortung, ob dies gegeben ist, nicht als weitere (Eil-)Rechtsschutzinstanz (BVerfG NJW 2023, 147 = GRUR 2023, 200). – Routinemäßige Einstellung nach Formular ist gesetzwidrig. – Ist nach § 718 vorab entschieden, kommt sicherheitslose Einstellung nur noch wegen neuer Umstände in Betracht. – Hat der Sch nach § 720a III geleistet, rechtfertigt dies nicht schon die Einstellung der ZwV insgesamt (OLG Celle 21.4.2023 – 9 U 28/23 Tz 4). – War in der Vorinstanz versäumt worden, einen Schutzantrag (§ 712) zu stellen, kann dies nicht nachgeholt werden (s § 714 Rn 1). Der Antrag nach I bleibt aber zulässig (StJ/Heinze Rn 1; MskV/Lackmann Rn 3; MK/Götz Rn 6; OLG Frankfurt MietRB 2018, 229; OLG Hamburg MDR 2013, 674 Tz 4 mN; aA SchWKT/Braun Rn 2; OLG Köln JurBüro 97, 553; OLG Karlsruhe NJW-RR 89, 1470; OLG Koblenz FamRZ 2000, 1165). Das Versäumnis ist aber bei der Abwägung zu berücksichtigen, wobei

OLG Celle 20.9.2021 – 2 U 71/21 Tz 60 (aA KG MDR 2005, 117) zu Recht auf die vom BGH zu II entwickelten Grundsätze (s Rn 7) abstellt. **Antrag auf PKH** für die Durchführung der Berufung steht der Berufungseinlegung nicht gleich, so dass ein Einstellungsantrag (vor PKH-Bewilligung u ggf WE) unbegründet ist (MskV/Lackmann Rn 2; SchWKT/Braun Rn 2; MK/Götz Rn 3; aA AG/Schmidt Rn 14, wenn der Entwurf der Berufungsbegründung schon vorliegt).

4 **III) Revision.** Für das Revisionsverf enthält **II** eine selbständige Regelung, die derjenigen des § 712 nachgebildet ist. Die Sonderregelung des II schließt eine Einstellungsbefugnis der Vorinstanz nicht aus. – Entsprechende Anwendung in § 544 VII 2 (BGH ZEV 2025, 111: setzt Aussicht der NZB auf Erfolg voraus), § 566 III 2, § 522 II 1, III (BGH JurBüro 2024, 611). Für den Antrag besteht Anwaltszwang gem § 78 I 3 (BGH MDR 2010, 53), auch wenn ein PKH-Antrag gestellt ist, weshalb der ProzBev der Vorinstanz den Antrag nach II nicht stellen kann (zu § 544 VII 2: BGH WuM 2018, 726 Tz 4; krit § 78 Rn 20 aE).

5 **1) Zulässigkeits- und Erfolgsprüfung.** Sie sind vorzunehmen (BGH NJW-RR 2020, 200 Tz 5 mN). Keine Einstellung, wenn die Erfolgsaussichten fehlen (BGH NZM 2020, 885 Tz 6) oder wenn dadurch das Urteil seine materielle Wirkung völlig verlieren würde, zB bei befristeten Unterlassungsansprüchen (BGH MDR 79, 996). Dass der Sch zur Abwendung der ihm angedrohten ZwV unter dem Vorbehalt der Rückforderung gezahlt hat, nimmt seinem Einstellungsantrag nicht das Rechtsschutzbedürfnis (OLG München MDR 85, 1034).

6 **2) Unersetzlicher Nachteil.** Sa § 707 Rn 13; § 712 Rn 1. Nach der gesetzl Wertentscheidung (§ 719 II 1) sind die Interessen des Sch grds hintangestellt (BGH ZEV 2025, 111). Der Nachteil muss für den Sch (nicht für einen anderen: BGH WM 83, 1020) erst aus der Vollstreckung folgen, darf nicht schon durch die Titulierung des Anspruchs entstehen (BGH FamRZ 2003, 372: Suizidgefahr). Er tritt nicht schon ein, wenn die Vollstreckung endgültige Verhältnisse schafft, die auch bei erfolgreicher Revision bestehen bleiben (BGH ZMR 2020, 98 Tz 6: Räumung). § 717 III kann Grund sein, einzustellen (BGH GRUR 2018, 655). Regelmäßig gegebene Vollstreckungsnachteile reichen nicht aus (BGH MDR 2000, 1152), etwa der Zwang zur VA oder Versteigerung gepfändeter Sachen unter Wert (OLG Köln OLGZ 79, 113), die Abtretung einer Briefgrundschuld (BGH WPM 84, 321), die Verpflichtung zur Herausgabe gemieteter Praxis- (BGH NJW-RR 98, 1603) oder Geschäftsräume (BGH NZM 2017, 700 Tz 5; zutr anders BGH MDR 2019, 444 Tz 7 bei Wohnraum, hierzu s aber auch Rn 7 aE), die Vollstreckung eines presserechtl (BVerwG NVwZ 98, 1177) oder patentrechtl (BGH MDR 2019, 58, § 140b PatG) Auskunftsanspruchs. Auch Einstellung der ZwV auf Rechnungslegung kommt grds nicht in Betracht, weil die Vorwegnahme des Prozessergebnisses als Vorstufe zur Anspruchsverwirklichung kein unersetzl Nachteil ist (BGH WRP 79, 715). Will der Sch in solchen Fällen gleichwohl Einstellung erreichen, muss er darlegen (u glaubhaft machen, BGH 4.9.2012 – II ZR 207/12), warum ihm ausnahmsw ein unersetzl Nachteil droht, und dazu muss er auch seine Vermögensverhältnisse offenlegen. Der Gl kann seinerseits überwiegendes Eigeninteresse darlegen und dadurch Einstellung verhindern, auch wenn dann die Existenz des Sch gefährdet wird (BGH ZZP 110 [1997], 371 [abl Bachmann]). Dauerhafte Mittellosigkeit des Gl kann eine erfolgreiche Rückforderung ausschließen und so einen unersetzl Nachteil für den Sch schaffen (BGH 19.1.2016 – VI ZR 675/15 Tz 6). Hat der Sch Sicherheit geleistet (§ 708 Nr 10, § 711) und besteht kein Anhalt für eine Gegensicherung (§ 711) des Vollstreckungsgl, kann idR nicht nach II eingestellt werden (BGH MDR 2012, 1064).

7 **3) Vorinstanzliches Versäumen.** Werden Anträge auf Abwehrmaßnahmen beim Berufungsgericht (§ 712) nicht gestellt, geht dies grundsätzlich zu Lasten des Sch (stRspr, zB BGH MDR 2019, 58 Tz 3; BGH WuM 2018, 726 Tz 7; StJ/Heinze Rn 13: sachgerecht, aber auch bedenklich, weil II weitergehenden Schutz gewähren würde). Auch der Rechtsnachfolger (Erbe) kann den Antrag nach § 712 im Verf nach § 544 nicht nachholen (BGH ZErb 2018, 129 Tz 2). – Das gilt bei einer Entscheidungslücke auch für einen unterbliebenen Ergänzungsantrag nach §§ 716, 321 (BGH WuM 2018, 221 Tz 7; BGH 23.1.2018 – VI ZR 453/17 Tz 3 mwN). – Anträge nach § 765a (BGH WuM 2017, 162) oder § 719 I, § 707 (BGH 14.8.2024 – IX ZR 52/24 Tz 8) machen den Schutzantrag nach § 712 nicht entbehrl. – Falsche Einschätzung der Erfolgsaussichten des Rechtsmittels (BGH MDR 2014, 926) oder Substantiierung der Einstellungsgründe erst im Revisionsrechtszug (BGH NJW 92, 376) rechtfertigen die Einstellung nicht. – Im Verf nach § 522 muss der Schutzantrag vorsorglich **schriftl** gestellt werden (BGH 14.8.2024 – IX ZR 52/24 Tz 9 f; § 712 Rn 5). – Der Antrag kann ausnahmsw Erfolg haben, näml wenn dem Sch die Stellung des Antrags nach § 712 „aus bes Gründen" nicht mögl oder nicht zumutbar war (BGH 4.9.2020 – IX ZR 14/20 Tz 1; BGH WuM 2020, 232 Tz 5). Das kann der Fall sein, wenn das Berufungsgericht mit Absicht, aber rechtsirrig keine Abwendungsbefugnis (§ 711) ausgesprochen hatte (BGH MDR 2017, 50 Tz 3 [Bacher MDR 2017, 321] für die Geldvollstreckung eines mittellosen Gl). Ein Irrtum des Berufungsgerichts ist aber unbeachtlich in den Fällen, in denen die Abwendungsbefugnis des Sch wegen der Gegensicherung des Gl die ZwV nicht verhindern kann; dann bleibt der Antrag nach § 712 notwendig (stRspr; zB BGH WuM 2023, 499 [zur Räumungsvollstreckung]). Weiter bleibt Schutz nach § 719 II mögl, wenn der Sch den Antrag im Vertrauen auf Zusagen des Gl nicht gestellt hatte (BGH NJW-RR 2007, 11). – Diese Grundsätze gelten auch in Ehe- und Familienstreitsachen sowie für das Verf auf Vollstreckbarerklärung (BGH FamRZ 2021, 1480).

7a **4) Patentsachen.** *Erleichterte Einstellung* nach I bzw I analog in Rechtsmittelverf über Patentverletzungen, wenn das BPatG das Klagepatent für nichtig erklärt hat (BGH WM 2014, 2058), aber kein Fall des II (BGH GRUR 2014, 1038); anders bei Teilnichtigkeit (BGH GRUR 2016, 1206 Tz 6 [Meier-Beck GRUR 2017, 1065]).

5) Zulässige Maßnahme. Liegen die Voraussetzungen des II vor, kann auch eine Sicherheitsleistung angeordnet werden, denn diese Frage regelt II nicht, so dass hierfür § 719 I 1, § 707 gelten u ohne Sicherheitsleistung nur eingestellt werden kann, wenn glaubhaft ist, dass der Sch zur Sicherheitsleistung nicht in der Lage ist (§ 707 I 2; BGH NJW 2010, 1081; MK/Götz Rn 15; aA MskV/Lackmann Rn 6). 8

IV) Verfahren. 1) Glaubhaftmachung. I 2 einschließl § 707 I 2 (s Rn 2; dort auch zu den Ausnahmen). Für das Revisionsverf gilt II 2. 9

2) Entscheidung. Sie ergeht auf Antrag (**Formulierungsvorschläge:** Vorwerk, PFB, M 67.13 u 67.14) durch Beschluss, sobald Einspruch oder Rechtsmittel eingelegt ist. Keine zeitl Begrenzung des Einstellungsantrages; zulässig also bis zur Urteilsverkündung und sogar noch in der Zwischeninstanz (OLG Hamm FamRZ 85, 306). Mit Urteilsverkündung wird der Beschluss ohne weiteres wirkungslos. Ab LG besteht Anwaltszwang; beim BGH muss der Antrag von einem dort zugelassenen RA (§ 78 I 3) gestellt werden (BGH FamRZ 2006, 1263). Gegner muss gehört werden (Art 103 I GG). Kostenentscheidung nur, wenn abgesonderte mündl Verh angeordnet war (dann Zusatzgeb nach 3328, 3331 RVG-VV; § 19 I 2 Nr 11 RVG) und im Beschwerdeverf (s § 769 Rn 11). Der Beschluss ist nicht mit Beschwerde anfechtbar (ganz hM; zB OLG Frankfurt JurBüro 2022, 53), aber in der Instanz abänderbar. Zur Beschwerde wegen „greifbarer Gesetzwidrigkeit" s § 707 Rn 22; § 769 Rn 13. 10

3) Rückgabe der Sicherheit. Keine entspr Anwendung des § 715 nach Einstellung gem §§ 719, 707 (s § 715 Rn 1; MskV/Lackmann § 715 Rn 1). 11

V) Gebühren. Wie § 707 Rn 23. 12

§ 720 Hinterlegung bei Abwendung der Vollstreckung

Darf der Schuldner nach § 711 Satz 1, § 712 Abs. 1 Satz 1 die Vollstreckung durch Sicherheitsleistung oder Hinterlegung abwenden, so ist gepfändetes Geld oder der Erlös gepfändeter Gegenstände zu hinterlegen.

I) Zweck. Solange der Sch die ZwV abwenden darf (§ 711 S 1, § 712 I 1), soll der Gl im Wege der ZwV keine Befriedigung erreichen können. Sein Anspruch ist durch Hinterlegung nur zu sichern. 1

II) Anwendungsbereich. Der Sch muss die ZwV noch abwenden können (s Rn 4). In den Fällen §§ 707, 719 ist § 720 unanwendbar (unstr; BGH NJW 68, 398; MskV/Lackmann Rn 1); bis der Sch hier Sicherheit leistet, kann der Gl vollstrecken, ohne dass anschließend zu hinterlegen ist. 2

III) Fallgestaltungen. 1) Schuldner leistet. Leistet **allein** der Sch Sicherheit oder hinterlegt er nach § 711 S 1, § 712 I 1, dann ist damit die ZwV unzulässig geworden und nach § 775 Nr 3 einzustellen; bereits getroffene Vollstreckungsmaßregeln sind aufzuheben (§ 776 S 1). Der Sch erhält das im Rahmen der ZwV hinterlegte Geld zurück, den hinterlegten Erlös ausgezahlt. 3

2) Gläubiger leistet. Leistet **auch** der Gl im Fall des § 711 S 1, ist § 720 unanwendbar, weil der Sch dann die Vollstreckung nicht mehr abwenden darf. Es besteht folgl keine Pflicht zur Hinterlegung des Geldes oder des Erlöses. 4

3) Schuldner und Gläubiger leisten nicht. § 720 ist anwendbar, wenn der Sch nicht die ihm nachgelassene Abwendungssicherheit nach § 712 leistet, weil es nicht darauf ankommt, ob der Sch Sicherheit leistet, sondern nur darauf, ob er sie leisten „darf" (BayObLG MDR 76, 852). Die ZwV ist zulässig; jedoch ist gepfändetes Geld oder der Erlös gepfändeter Sachen zu hinterlegen. Ebenso liegt es, wenn im Fall des § 711 S 1 keine Partei Sicherheit leistet. Hier hat der Gl jedoch die Möglichkeit, die Rechtslage zu seinen Gunsten zu verändern; leistet er nämlich seine Sicherheit, ist gepfändetes Geld oder Pfändungserlös an ihn abzuführen (BGHZ 12, 92). 5

IV) Zahlung des Schuldners. 1) An Gerichtsvollzieher. Zahlt er vor der Pfändung an den GV, ohne Hinterlegung zu verlangen, dann ist das Geld dem Gl abzuliefern (SchWKT/Braun Rn 3); denn der Sch fügt sich dem Urteilsspruch und will den Gl befriedigen. 6

2) An Gläubiger. Zahlt der Sch freiw unmittelbar an den Gl, ist dieser nicht zur Hinterlegung verpflichtet (SchWKT/Braun Rn 3); § 720 ist tatbestandl unanwendbar. 7

§ 720a Sicherungsvollstreckung

(1) [1]Aus einem nur gegen Sicherheit vorläufig vollstreckbaren Urteil, durch das der Schuldner zur Leistung von Geld verurteilt worden ist, darf der Gläubiger ohne Sicherheitsleistung die Zwangsvollstreckung insoweit betreiben, als

a) bewegliches Vermögen gepfändet wird,

b) im Wege der Zwangsvollstreckung in das unbewegliche Vermögen eine Sicherungshypothek oder Schiffshypothek eingetragen wird.

²Der Gläubiger kann sich aus dem belasteten Gegenstand nur nach Leistung der Sicherheit befriedigen.

(2) Für die Zwangsvollstreckung in das bewegliche Vermögen gilt § 930 Abs. 2, 3 entsprechend.

(3) Der Schuldner ist befugt, die Zwangsvollstreckung nach Absatz 1 durch Leistung einer Sicherheit in Höhe des Hauptanspruchs abzuwenden, wegen dessen der Gläubiger vollstrecken kann, wenn nicht der Gläubiger vorher die ihm obliegende Sicherheit geleistet hat.

1 **I) Zweck.** Zulassung von Maßnahmen zum **Schutz der** im ersten Rechtszug **siegreichen Partei** (verfassungsrechtl Bedenken bestehen nicht: OLG Celle NJW-RR 2010, 1040, 1042; Burchard NJW 2002, 2219 gegen Lambsdorff NJW 2002, 1303). Die Sicherung seines Anspruchs kann der Gl einer Geldforderung aus einem nur bedingt vollstrb Urteil bereits vor der Sicherheitsleistung betreiben (BTDrs 7/2729, 44 f, 108 f).

2 **II) Voraussetzungen. 1) Urteil.** Es muss auf eine **Geldforderung** lauten (auch Duldung der ZwV wegen einer Geldforderung: BGH MDR 2013, 1174 = NJW 2013, 3786; sa vor § 802a Rn 1) und nur **gegen Sicherheit des Gl vorl vollstrb** sein (Fälle von §§ 709, 712 II 2) oder dessen Vollstreckbarkeit muss auf Schutzantrag des Sch (Fall von § 712 I 2) auf die Maßregeln des § 720a I, II beschränkt sein. Die Abwendungsbefugnis des Sch nach **§ 711 S 1, § 712 I 1** gehört **nicht** zur Sicherungsvollstr; der Gl kann nach § 711 vollstr, wenn er Sicherheit geleistet hat (selbst wenn der Sch von seiner Abwendungsbefugnis Gebrauch gemacht hat: LG Heidelberg MDR 93, 272); wenn durch den Sch Sicherheit nicht geleistet oder Hinterlegung nicht erfolgt ist, kann im Fall von § 711 S 1, § 712 I 1 die ZwV mit der Folge betrieben werden, dass nach § 720 hinterlegt wird (vgl BGHZ 12, 92). Aus einem KFB findet die Sicherungsvollstr nach § 720a statt, wenn er auf einem nur gegen Sicherheitsleistung vorl vollstrb Urteil beruht (§ 795 S 2).

3 **2) Ohne Sicherheitsleistung. a)** Sicherheitsleistung des Gl (sonst erforderl nach § 751 II) **entfällt** für den Beginn der Sicherungsvollstr (OLG Rostock MDR 2006, 1433).

4 **b)** Ohne Sicherheitsleistung zulässig sind iÜ auch **Vorpfändung** (§ 845; sa § 845 Rn 2) und **Einholung einer Vermögensauskunft des Sch** (§ 802c; vgl BGH MDR 2007, 486 = NJW-RR 2007, 416 Tz 7 f mwN).

5 **3) Allgemeine Voraussetzungen der Zwangsvollstreckung.** Sie müssen immer auch für die Sicherungsvollstr **erfüllt** sein: insb vollstrb Ausfertigung (§ 724 I), Parteibezeichnung, Titelzustellung und Zustellung etwaiger Urkunden (§ 750 I, II), Kalendertagablauf (§ 751 I), Erfordernisse der Zug-um-Zug-Leistung (§§ 756, 765) usw.

6 **4) Zustellung.** Sie muss **mindestens zwei Wochen vor Vollstreckungsbeginn** erfolgt sein (§ 750 III, sa § 750 Rn 23).

7 **III) Maßnahmen. Sicherungsvollstr** kann im Wege der ZwV wie folgt betrieben werden. **1) In das bewegliche Vermögen.** Erfolgt mit Pfändung körperl Sachen (§ 808; auch im Drittgewahrsam, § 809) oder von Forderungen und anderen Vermögensrechten (§§ 829 ff, notw ist *hinreichend bestimmte Angabe des Rechtsgrundes der gepfändeten Forderung*: BGH MDR 2017, 1081 Tz 7, 9 f). Pfändungswirkungen: § 720a **II** iVm § 930 II, III;

8 **2) In das unbewegliche Vermögen.** Erfolgt mit Eintragung einer Sicherungshypothek (§ 866 I, § 867) („normale" Sicherungshypothek, nicht Höchstbetragshypothek; auf § 932 ist nicht Bezug genommen) oder einer Schiffshypothek (§ 870a I). Die Zwangsversteigerung oder -verwaltung darf aus der Sicherungshypothek nicht betrieben werden, solange Verwertungsberechtigung (s Rn 10) nicht eingetreten ist. Erlischt die Sicherungshypothek in dem auf Antrag eines anderen betriebenen Zwangsversteigerungsverf (§ 91 I ZVG), dann muss auf sie entfallender Erlös vor Eintritt der Befriedigungsberechtigung des Gl (s Rn 10) hinterlegt werden.

9 **IV) Kosten der Sicherungsvollstreckung (§ 788).** Sie können nur nach Maßgabe von § 720a mit vollstr werden, solange nicht der Gl Sicherheit geleistet hat (KG JurBüro 1984, 1572).

10 **V) Verwertung und Gläubigerbefriedigung.** Sie sind möglich, wenn der Vollstreckungstitel mit Rechtskraft endgültig (oder sonst vorl ohne Sicherheitsleistung) vollstrb geworden ist oder wenn der Gl die ihm obliegende Sicherheit voll geleistet hat (**I 2**). Zum Nachweis dieser Sicherheitsleistung für die Fortsetzung der ZwV zur Befriedigung des Gl: s § 751 II.

11 **VI) Sicherheitsleistungen (§ 720a III). 1) Abwendungsbefugnis des Schuldners.** Die Sicherungsvollstr kann der Sch immer durch Leistung einer Sicherheit in Höhe des für den Gl vollstrb Hauptanspruchs (ohne Zinsen und Kosten) abwenden (III). Ein Ausspruch des Gerichts im Urteil ist nicht nötig und erfolgt nicht (OLG Karlsruhe Rpfleger 2000, 555). Hauptsumme ist beim KFB (auch wenn er auf das Urteil gesetzt ist) der festgesetzte Kostenbetrag (OLG Karlsruhe Rpfleger 2000, 555) ohne Zinsen. **Art der Sicherheitsleistung:** § 108. Hat der Sch Sicherheit geleistet, kann der Gl Sicherungsvollstr nicht betreiben (bei Verstoß: Aufhebung auf Erinnerung *[§ 766]). Ist die Sicherungsvollstr bei* der Leistung der Sicherheit durch den Sch bereits erfolgt, ist nach § 775 Nr 3, § 776 einzustellen und aufzuheben. Die Sicherheit des Sch sichert den für vorl vollstrb erklärten Anspruch selbst, nicht nur einen Verzögerungsschaden (vgl OLG Köln NJW-RR 87, 251); abgesichert sind auch die nicht

mehr vollstrb Zinsen und Kosten (vgl OLG Jena NJW-RR 2002, 1505). Einwendungen aus dem Verhältnis des die Sicherheit leistenden Haftpflichtversicherers und dem Sch können ggü dem Freigabeanspruch des Gl nicht erhoben werden (OLG Celle NJW-RR 2010, 1040, 1041). Der Anspruch des Gl auf die Sicherheit ist (wenn Freigabe nicht erfolgt) mit Klage (ggf gegen den Bürgen: sa § 109 Rn 8) geltend zu machen (vgl § 109 I). **Rückgabe der Sicherheit:** § 109. Eine Einstellung des Verf zur Erteilung der Vermögensauskunft (§ 802c) gegen den zur Sicherheitsleistung nach III für die Abwendung der Sicherungsvollstr unfähigen Sch kann nach §§ 707, 719 erfolgen (vgl OLG Frankfurt MDR 89, 462); sonst ist Einstellung einer Sicherungsvollstr ohne Sicherheitsleistung auch dann nicht zulässig, wenn der Sch ein Bundesland ist (OLG Frankfurt MDR 86, 63 = NJW-RR 86, 359).

2) Sicherheitsleistung durch den Gläubiger. Die Abwendungsbefugnis des Sch nach III beseitigt nur die Mög- 12
lichkeit der Sicherungsvollstr (ZwV nach I), nicht jedoch die vorl Vollstreckbarkeit des Titels. Der Gl kann daher mit der ihm nach der Urteilsformel obliegenden Sicherheitsleistung jederzeit die Voraussetzungen der Vollstreckbarkeit des Titels herstellen (§ 704; anders im Fall von § 712 I 2). Nachweis: § 751 II. Damit entfällt für eine bereits geleistete Sicherheit des Sch die Veranlassung; sie ist nach § 109 zurückzugeben (vgl OLG München Rpfleger 91, 67; MK/Götz Rn 5; aA [Erinnerung gem § 766 gegen die ZwV des Gl, die nun Überpfändung ist] Gilleßen/Jakobs DGVZ 77, 110, 113).

VII) Gebühren des RA. 3309, 3310 RVG-VV. Sicherungsvollstreckung u Verwertung sind nur eine Angelegenheit (LG Mün- 13
chen II DGVZ 2007, 43).

§ 721 Räumungsfrist

(1) [1]Wird auf Räumung von Wohnraum erkannt, so kann das Gericht auf Antrag oder von Amts wegen dem Schuldner eine den Umständen nach angemessene Räumungsfrist gewähren. [2]Der Antrag ist vor dem Schluss der mündlichen Verhandlung zu stellen, auf die das Urteil ergeht. [3]Ist der Antrag bei der Entscheidung übergangen, so gilt § 321; bis zur Entscheidung kann das Gericht auf Antrag die Zwangsvollstreckung wegen des Räumungsanspruchs einstweilen einstellen.

(2) [1]Ist auf künftige Räumung erkannt und über eine Räumungsfrist noch nicht entschieden, so kann dem Schuldner eine den Umständen nach angemessene Räumungsfrist gewährt werden, wenn er spätestens zwei Wochen vor dem Tag, an dem nach dem Urteil zu räumen ist, einen Antrag stellt. [2]§§ 233 bis 238 gelten sinngemäß.

(3) [1]Die Räumungsfrist kann auf Antrag verlängert oder verkürzt werden. [2]Der Antrag auf Verlängerung ist spätestens zwei Wochen vor Ablauf der Räumungsfrist zu stellen. [3]§§ 233 bis 238 gelten sinngemäß.

(4) [1]Über Anträge nach den Absätzen 2 oder 3 entscheidet das Gericht erster Instanz, solange die Sache in der Berufungsinstanz anhängig ist, das Berufungsgericht. [2]Die Entscheidung ergeht durch Beschluss. [3]Vor der Entscheidung ist der Gegner zu hören. [4]Das Gericht ist befugt, die im § 732 Abs. 2 bezeichneten Anordnungen zu erlassen.

(5) [1]Die Räumungsfrist darf insgesamt nicht mehr als ein Jahr betragen. [2]Die Jahresfrist rechnet vom Tage der Rechtskraft des Urteils oder, wenn nach einem Urteil auf künftige Räumung an einem späteren Tag zu räumen ist, von diesem Tage an.

(6) Die sofortige Beschwerde findet statt

1. **gegen Urteile, durch die auf Räumung von Wohnraum erkannt ist, wenn sich das Rechtsmittel lediglich gegen die Versagung, Gewährung oder Bemessung einer Räumungsfrist richtet;**
2. **gegen Beschlüsse über Anträge nach den Absätzen 2 oder 3.**

(7) [1]Die Absätze 1 bis 6 gelten nicht für Mietverhältnisse über Wohnraum im Sinne des § 549 Abs. 2 Nr. 3 sowie in den Fällen des § 575 des Bürgerlichen Gesetzbuchs. [2]Endet ein Mietverhältnis im Sinne des § 575 des Bürgerlichen Gesetzbuchs durch außerordentliche Kündigung, kann eine Räumungsfrist höchstens bis zum vertraglich bestimmten Zeitpunkt der Beendigung gewährt werden.

I) Zweck. Schuldnerschutz mit Gewährung einer Räumungsfrist, die Beschaffung einer Ersatzwohnung ermög- 1
lichen und die Räumung damit erleichtern soll.

II) Voraussetzungen (§ 721 I). 1) Verurteilung zur Räumung von Wohnraum. Betroffen sind **alle Räume,** 2
die tatsächlich Wohnzwecken dienen (BGH MDR 2021, 156 = juris Tz 12), auch wenn der Sch sich darin nicht (oder nicht mehr) aufhält. Hierher gehören Gebäudeteile, möblierte Zimmer (je mit Nebenräumen wie Keller, Boden, Garage [nicht aber die gesondert (einzeln) angemietete Garage]), Schiffe, Wohnwagen, Boote, Wohnlauben; **nicht** dagegen rein **gewerbl genutzte Räume**, auch nicht Räume, die der Fremdenbeherbergung dienen (gewerbl Zimmervermietung). Ein **Mischmietverhältnis** wird einheitl entweder als Mietverhältnis über Wohnraum oder über sonstige Räume bewertet (vgl BGH MDR 2014, 1017 = NJW 2014, 2864). Entscheidend ist, **welche Nutzungsart** nach den getroffenen Vereinbarungen **überwiegt** (BGH MDR 2014, 1017 = NJW 2014, 2864

mit Einzelheiten). Für den Sch, der zur Räumung von **Wohnraum** verurteilt worden ist, regelt § 721 beim Mischmietverhältnis somit Schutz des Wohnraummieters einheitl für alle Mieträume. Die Räumungsfrist für Wohnraum schließt in diesem Fall Schutz vor Räumung auch der Mieträume ein, die für gewerbl oder freiberufl Tätigkeit oder für eine sonst anderweitige Nutzungsart (auch als Garage) angemietet sind. Bei **überwiegend gewerbl Nutzung** kann folglich auch für die Wohnräume keine Räumungsfrist gewährt werden (str, vgl KG 28.4.2022 – 8 U 201/21, juris Tz 38 f mwN). Auf den Rechtsgrund des Innehabens des Wohnraums kommt es nicht an; § 721 ist daher bei Nießbrauch, Dienstbarkeit, Besitz, Miete, Pacht und sonst schuldrechtl Nutzungsbefugnis anwendbar (LG Hamburg MDR 93, 444 = NJW-RR 93, 662), auch bei Wohnbaracke des Sch auf gepachtetem Grundstück (LG Mannheim MDR 71, 223; AG Wuppertal MDR 71, 667), bei als Wohnraum untervermietetem Geschäftsraum (AG Stuttgart WuM 74, 180), bei Räumung von Wohnraum zur Herausgabe eines Grundstücks und bei Nutzung als Wohnraum durch gewerbl Mieter (Betrieb eines Frauenhauses durch Verein: LG Lübeck ZMR 93, 223). **Ausnahmen nach VII:** s Rn 14.

3 **2) Schutzvorschrift.** § 721 greift zugunsten des Räumungssch von Wohnraum (auch des Untermieters [BGH MDR 2021, 156 = juris Tz 12], der in Kenntnis gewerbl Zwischenvermietung gemietet hatte: LG Stuttgart NJW-RR 90, 654) **nur** ein **bei Räumungsurteilen**, auch wenn Kündigung durch den Sch erfolgt war oder es sich nicht um eine Mietstreitigkeit handelt (MK/Götz Rn 2), **nicht** bei **einstw Verfügung** nach § 940a (dazu LG Hamburg NJW-RR 93, 1233) und nicht bei **anderen Vollstreckungstiteln** auf Räumung von Wohnraum wie Beschlüssen nach § 93 ZVG und § 148 II InsO. Zugunsten des Ehebrechers, der in die Ehewohnung eingezogen ist, kommt Räumungsschutz nach § 721 bei der Beseitigung der Ehestörung nicht in Betracht (OLG Celle NJW 80, 711; beachte: FamFG ist spez und hat grds Vorrang vor § 721, vgl MK/Götz Rn 2). Der Schutz bei einem **Räumungsvergleich** ist in **§ 794a** gesondert geregelt; zur vollstrb Urkunde: s § 794a Rn 1.

4 **3) Antrag des Räumungsschuldners; Schutz von Amts wegen.** Das Gericht hat die Räumungsfrist nicht nur auf Antrag des Sch, sondern auch vAw zu gewähren (**I 1**; sa LG Rostock NJW-RR 2001, 442, 443; MskV/Lackmann Rn 3; auch bei Säumnis des Bekl: LG Köln NJW-RR 87, 143). **Antragsberechtigt** ist der zur Räumung verpfl **Sch**. Der Mieter, der in den Räumen ein *Alten- und Pflegeheim* betreibt, kann keine Räumungsfrist beanspruchen. Grund: Die Heimbewohner können ihre Interessen selbst wahren, weil der Vermieter auch gegen sie einen Räumungstitel erwirken muss (KG MDR 2016, 1170; sa BGH DGVZ 2003, 88 Tz 11; BGH DGVZ 2013, 155 Tz 20; zur Notwendigkeit eines Räumungstitels gegen besitzende Dritte: BGH MDR 2008, 1356 = NJW 2008, 3287 Tz 9 ff; zur Bestimmtheit eines Räumungstitels: BGH MDR 2013, 812 LS = NJW 2013, 2287). Der Antrag ist vor Schluss der mündl Verhandlung zu stellen, auf die das Urteil ergeht; bei Entscheidung ohne mündl Verhandlung bis zu dem entspr Zeitpunkt (§ 128 II, III; anders LG Berlin JurBüro 95, 530: bis Erlass des Urteils). Zur Antragstellung und -begründung ist der RA des Bekl verpflichtet (OLG Hamm NJW-RR 95, 526). War eine Räumungsfrist nicht beantragt, kann der zur Wohnungsräumung verurteilte Bekl den Antrag zwar noch in der Berufungsinstanz stellen, jedoch nicht die Einstellung der ZwV bis zur Entscheidung über den Antrag verlangen (OLG Köln MDR 80, 764). Zusätzl Anträge (§§ 709 ff) schließt § 721 nicht aus (Räumungsfrist kann vor Urteilsrechtskraft enden: sa BGH MDR 90, 1003 = NJW 90, 2823).

5 **III) Zuständigkeit, Entscheidung. 1) Zuständigkeit.** Sie liegt beim **Prozessgericht**, das zur Räumung verurteilt hat (auch das Rechtsmittelgericht: MskV/Lackmann Rn 7); nicht das Vollstreckungsgericht (dieses aber für Schutz nach § 765a).

6 **2) Bewilligung einer Räumungsfrist und deren Dauer.** Sie stehen im **Ermessen des Gerichts**; dieses hat die **Interessen beider Parteien** gegeneinander **abzuwägen** (s OLG Hamm NJW-RR 95, 526; KG MDR 2008, 1090, 1091; zur Pflicht des Mieters zur Beschaffung von Ersatzraum: LG Mannheim NJW-RR 93, 713). Gläubigerinteressen werden vielfach bei Zahlungsverzug (jedenfalls wenn Zahlung der laufenden Nutzungsentschädigung während der Räumungsfrist nicht gewährleistet ist: OLG Stuttgart NJW-RR 2007, 15), unberechtigtem Besitz oder grober und nachhaltiger Pflichtverletzung des Sch überwiegen oder doch nur Gewährung einer kurzen Frist gebieten. Eine **Mindestfrist** ist nicht bestimmt, eine zu kurze Räumungsfrist (zB unter 1 Monat) verfehlt jedoch ihren Zweck. IdR wird bei Erstbewilligung die Höchstdauer (s Rn 11) nicht auszuschöpfen sein (LG Wuppertal NJW 66, 260; zur Räumungsfrist während der **Corona-Pandemie:** LG Berlin MDR 2020, 597). Die Dauer einer nach Zeiträumen (Wochen, Monaten) bestimmten Frist, insb das Ende einer solchen Frist, ist gesetzlich nicht geregelt. Der Mieter muss aber – schon zur Wahrung der Frist für einen Verlängerungsantrag (III) – Klarheit über das Fristende haben. Es empfiehlt sich daher eine datumsmäßige Festlegung der Räumungsfrist; unterbleibt dies, läuft die Frist vom Wirksamwerden der Entscheidung (Verkündung oder Zustellung) an (LG Mannheim MDR 70, 594; StJ/Münzberg Rn 16). Das Gericht kann die Räumungsfrist auf einen **Teil der zu räumenden Wohnung beschränken** oder auch für verschiedene Teile der Wohnung unterschiedl Räumungsfristen bewilligen (LG Lübeck SchlHA 67, 151).

7 **3) Entscheidung über die Räumungsfrist.** Sie ist **im Urteil** zu treffen (LG Rostock NJW-RR 2001, 442); sie ist **nicht isoliert** möglich, sondern grds nur gemeinsam mit der Entscheidung über den Räumungsantrag (Ausnahme: *II, vgl BGH WuM 2010, 322;* BGH WuM 2014, 354 Tz 7; OLG Dresden 19.6.2019 – 5 U 1168/19, juris Tz 12; aA LG Berlin MDR 2016, 548). Die Gewährung einer Räumungsfrist ist in den Urteilsausspruch aufzunehmen, auch die Versagung einer Frist, und zwar gleichgültig, ob die Frage der Räumungsfrist auf Antrag oder vAw ge-

prüft wird. Bei der Versagung einer Räumungsfrist genügt aber die Erörterung in den Entscheidungsgründen; übergangen iSd § **321** ist ein Antrag nur, wenn weder Urteilsspruch noch Gründe sich mit ihm befassen. Bis zur Entscheidung im Verf nach § 321 kann die ZwV wegen des Räumungsanspruchs auf Antrag einstw eingestellt werden (I 3 Hs 2; sa OLG Köln MDR 80, 764). Bewilligung der Räumungsfrist durch Beschluss anstatt Entscheidung durch **Ergänzungsurteil** ist auf sof Beschwerde ohne Sachprüfung aufzuheben (OLG München NJW-RR 2010, 945). Ein Ergänzungsurteil muss die Räumungsfrist in der Urteilsformel aussprechen.

IV) Besonderheiten. 1) Künftige Räumung (§ 721 II). Bei einer Verurteilung zu künftiger Räumung (§ 259) kann, wenn vom Prozessgericht über eine Räumungsfrist noch nicht (auch nicht ablehnend) entschieden ist, dem Sch auf (späteren) Antrag eine den Umständen **angemessene Räumungsfrist** bewilligt werden (**II 1**). Einen **Antrag** nach I braucht der Sch in diesem Fall vor dem Schluss der mündl Verhandlung nicht gestellt zu haben. Denn über einen Antrag oder vAw kann das Prozessgericht nicht entschieden haben. Grund: Umstände, die die Bewilligung einer Räumungsfrist rechtfertigen, können zu dieser Zeit noch nicht abzusehen oder noch nicht zu beurteilen sein. Der Antrag nach II ist **fristgebunden** und spätestens **2 Wochen** vor dem Tag zu stellen, an dem nach dem Urteil zu räumen ist (**II 1**). Zwei Wochen vor diesem Tag heißt, dass der Vortag voll in die rückwärts gerichtete Frist einzubeziehen ist (§ 222 I iVm § 187 II 1 BGB; kein Beginn der Frist mit einem Ereignis oder Zeitpunkt im Laufe dieses Tages nach § 187 I BGB). Fristende ist damit der Ablauf von 2 Wochen der mit dem Tag vor der Räumung beginnenden Frist (nicht erst am Tag nach Ablauf der 2 Wochen: vgl MK/Götz Rn 5 Fn 18; MskV/Lackmann Rn 8; anders StJ/Münzberg Rn 27). Bei Versäumung der Antragsfrist sind die Vorschriften über die WE entspr anzuwenden (**II 2**). 8

Beispiel zur Fristberechnung: Räumung am Mittwoch, den 22.2. Die Rückwärtsfrist von 2 Wochen vor diesem Tag endet am 8.2. Der Antrag muss spätestens an diesem letzten Tag der Frist bis 24.00 Uhr beim zuständigen Gericht (IV) eingegangen sein. Wenn der letzte Tag für den befristeten Antrag ein allg Feiertag oder Sonntag ist, tritt an dessen Stelle der nächste Werktag (§ 222 II; vgl LG Berlin MDR 2020, 953 [Aufgabe von NJW-RR 93, 144]; MskV/Lackmann Rn 8; StJ/Münzberg Rn 27; aA MK/Götz Rn 5; ThP/Seiler Rn 5).

2) Änderung der Frist (§ 721 III). Die (gerichtl **bewilligte**) **Räumungsfrist** (nicht eine vom Gl außergerichtl zugebilligte: LG Wuppertal NJW 67, 832; aA LG Essen NJW 68, 162) kann **auf Antrag verlängert** (Grenze: Jahresfrist nach V 1) **oder verkürzt** werden. Die Voraussetzungen für eine gerichtl Räumungsfrist müssen jedoch auch dann vorliegen, wenn man auch die Verlängerung einer vom Gl bewilligten Räumungsfrist für zulässig hält. Für die Verlängerung der Frist kann es wesentl darauf ankommen, ob der Sch sich hinreichend um eine Ersatzwohnung bemüht hat (BGH MDR 90, 1003 = NJW 90, 2823), ob zu erwarten ist, dass er in absehbarer Zeit eine Wohnung finden wird, und ob deswegen weniger gewichtige Gläubigerinteressen zurückstehen können (LG Waldshut-Tiengen WuM 96, 53). Verlängerung ist (regelmäßig) zu gewähren, wenn der Sch eine andere Wohnung bereits gefunden hat und daher ein Zwischenumzug vermieden werden kann (LG Waldshut-Tiengen WuM 96, 53) oder wenn Ersatzwohnraum binnen 3 Monaten voraussichtl erlangt werden kann (LG Münster WuM 93, 62). Der Antrag auf Verlängerung ist spätestens **2 Wochen** vor Ablauf der Räumungsfrist zu stellen (**III 2**); der letzte Tag der gewährten Frist ist in diese 2 Wochen mit einzurechnen (sa Rn 8 mit Bsp). Bei Versäumung der Antragsfrist sind die Vorschriften über die WE entspr anzuwenden (III 2, sa II 2). Ist die Frist versäumt, kommt uU **Vollstreckungsschutz nach § 765a** in Betracht (näher dazu s § 765a Rn 13, auch zur Abgrenzung). Zur Verwirkung weiteren Räumungsschutzes: s LG Münster MDR 67, 405. 9

3) Entscheidung (§ 721 IV). Über die Anträge auf Bewilligung einer Räumungsfrist bei Titeln auf künftige Räumung (II) und auf Verlängerung oder Abkürzung einer bewilligten Räumungsfrist (III) entscheidet das **Prozessgericht 1. Instanz** (auch wenn die Hauptsache in der Revisionsinstanz anhängig ist: BGH MDR 90, 1003 = NJW 90, 2823) oder das **Berufungsgericht** (IV 1) durch **Beschluss** (IV 2). Die Entscheidung kann ohne mündl Verhandlung ergehen (§ 128 IV). Der Gegner ist vorher zu hören (IV 3). Das zust Gericht kann eine Anordnung nach § 732 II erlassen (IV 4). 10

V) Höchstdauer der Frist (§ 721 V). Die Räumungsfrist darf **nicht mehr als ein Jahr** betragen, gerechnet von der Rechtskraft des Urteils an (Schutz des Gl: vgl OLG Hamm MDR 82, 147 = NJW 82, 341, 342). Weiter gehenden Schutz ermöglicht § 765a (sa Rn 9 aE). 11

VI) Wirkung. Bewilligung einer Räumungsfrist lässt die Beendigung des Mietverhältnisses unberührt. Der Gl ist an der Durchsetzung seines Räumungstitels im Wege der ZwV gehindert. Er kann für die Dauer der Vorenthaltung als **Entschädigung** die vereinbarte Miete oder eine vergl ortsübl Miete verlangen (§ 546a BGB). Diese Zahlungspflicht **endet** mit dem Auszug des Mieters (nicht erst mit dem späteren Ablauf der Räumungsfrist: MK/Götz Rn 13). Der Mieter von Wohnraum (auch ein Untermieter ggü dem Eigentümer: LG Stuttgart NJW-RR 90, 654) ist für die Zeit von der Beendigung des Mietverhältnisses bis zum Ablauf der Räumungsfrist zum Ersatz eines weiteren Schadens nicht verpflichtet (§ 571 II BGB). Der Vermieter kann uU zur Fortsetzung von Versorgungsleistungen verpflichtet sein (BGH MDR 2009, 919 = NJW 2009, 1947 Tz 16). Ob in der Entgegennahme von Nutzungsentschädigungen nach Erlass eines Räumungstitels der **Abschluss eines neuen Mietvertrages** gesehen werden kann, der eine Vollstreckungsabwehrklage (§ 767) des Mieters ermöglicht, richtet sich nach allg Grds des Zivilrechts. Kurzfristiges Zuwarten des Gl mit der Räumungsvollstr genügt allg nicht; auch 12 aus dem Ablauf der Frist nach § 721 V lässt sich nichts entnehmen. Es sind jew die Umstände des Einzelfalls umfassend zu würdigen. Längeres Zuwarten mit der ZwV kann (braucht aber nicht) Ausdruck des Willens sein, das Mietverhältnis fortzusetzen; dann ist bei Willensübereinstimmung mit dem Sch Begründung eines neuen Mietverhältnisses anzunehmen (OLG Hamm MDR 82, 147 = NJW 82, 341; AG Frankfurt NJW-RR 88, 204). Der Sch kann auf die ihm durch Bewilligung einer Räumungsfrist eingeräumten Rechte **verzichten**. Die Erwägungen, aus denen ein Verzicht auf den Vollstreckungsschutz als unzulässig angesehen wird (s § 811 Rn 10), greifen hier nicht ein, weil es sich nicht um eine Schutzmaßnahme im öffentl Interesse handelt.

13 **VII) Rechtsbehelfe (§ 721 VI).** Gegen ein **Urteil** auf Räumung (auch VU) sind die an sich zul Rechtsbehelfe (**Berufung**, Einspruch) zu ergreifen, wenn das Urteil in der Hauptsache **einschließl** der Entscheidung über die Räumungsfrist angefochten wird. Richtet sich jedoch das Rechtsmittel **ausschließl** gegen die Versagung, Gewährung oder Bemessung einer Räumungsfrist, ist gegen das (erstinstanzl, § 567 I Nr 1; KG NJW-Spezial 2012, 285) **Urteil** (auch VU: LG Mannheim MDR 66, 242 [nicht jedoch 2. VU, § 345: LG Dortmund MDR 65, 579 = NJW 65, 1385]; auch wenn das Urteil zur Räumungsfrist völlig schweigt: LG Köln NJW-RR 87, 143) insoweit **sof Beschwerde** gegeben (**VI Nr 1**). Zur Frage, wie das Nebeneinander von Berufung und sof Beschwerde verfahrensrechtl zu behandeln ist: s LG Landshut NJW 67, 1374 (Schmidt-Futterer). Gegen einen **Beschluss** des Prozessgerichts (§ 567 I Nr 1) nach **II** (Entscheidung außerhalb des Urteils über die Bewilligung einer Räumungsfrist bei künftiger Räumung) und **III** (Verlängerung oder Verkürzung einer Räumungsfrist) ist **sof Beschwerde** eröffnet (**VI Nr 2**). Rechtsbeschwerde nur nach Maßgabe von § 574.

14 **VIII) Ausschluss des Räumungsschutzes (§ 721 VII 1).** Räumungsschutz nach § 721 ist ausgeschlossen bei der Vollstr eines Räumungsurteils nach der Beendigung eines Mietverhältnisses über Wohnraum, den eine jur Person des öffentl Rechts oder ein anerkannter priv Träger der Wohlfahrtspflege zur Überlassung an Personen mit dringendem Wohnungsbedarf angemietet hat, wenn der Mieter (Räumungssch) bei Vertragsschluss auf die Zweckbestimmung des Wohnraums und die Ausnahme von den in § 549 II BGB genannten Vorschriften (dabei auf nicht bestehenden Mieterschutz; erfordert keinen weiter gehenden Hinweis auch auf § 721) hingewiesen wurde (Fallgruppe von **§ 549 II Nr 3 BGB**). Ausgeschlossen ist Räumungsschutz außerdem bei der Vollstr eines Räumungsurteils nach der Beendigung eines unter den weiteren Voraussetzungen des **§ 575 BGB** eingegangenen Zeitmietvertrages. Bei **vorzeitiger Beendigung eines Zeitmietvertrages durch außerordentl Kündigung** ist **Räumungsschutz möglich, zeitl jedoch begrenzt** bis zum vertragl bestimmten Zeitpunkt der Beendigung des Mietverhältnisses (**VII 2**).

15 **IX) Kostenentscheidung.** Bei der Entscheidung über die Räumungsfrist im **Urteilsverf** (**I**) ist für eine **gesonderte Kostenentscheidung kein Raum**. Über die Kosten ist jedoch nach Maßgabe von **§ 93b** zu entscheiden. Bei der Entscheidung im **Beschlussverf** (**II** und **III**) sind **§§ 91 ff** anzuwenden (LG Essen Rpfleger 71, 407; LG Konstanz MDR 67, 307; MK/Götz Rn 7; StJ/Münzberg Rn 41); auch im **Beschwerdeverf** in allen Fällen, nicht nur bei erfolgloser Beschwerde (Buche MDR 72, 189, 195; aA LG Lübeck SchlHA 65, 66). Die Kosten im Beschlussverf sind weder Kosten des Rechtsstreits noch Kosten der ZwV (§ 788; aA LG München I WuM 82, 81, jedoch unzutreffend, weil das Verf nach § 721 Anhang zum Erkenntnisverf ist, sa MK/Götz Rn 7).

16 **X) Gebühren. 1) Gericht:** keine; Beschwerdeverf 2121 GKG-KV; Rechtsbeschwerdeverf 2124 GKG-KV. Kein Streitwert, da nur Festgeb anfallen. – **2) RA:** I: § 19 I 2 Nr 11 RVG. – II, III: 3334 RVG-VV iHv 1,0, wenn das Verf mit dem über die Hauptsache nicht verbunden ist. Terminsgeb iHv 1,2 mögl: 3104 RVG-VV, Vorbem 3.3.6 RVG-VV. – Beschwerde (VI): 3500 RVG-VV iHv 0,5; ggf noch die Terminsgeb 3513 RVG-VV iHv 0,5. – Gegenstandswert: § 25 II RVG; Mietbetrag für den Verlängerungszeitraum.

§ 722 Vollstreckbarkeit ausländischer Urteile; Verordnungsermächtigung

(1) Aus dem Urteil eines ausländischen Gerichts findet die Zwangsvollstreckung nur statt, wenn ihre Zulässigkeit durch ein Vollstreckungsurteil ausgesprochen ist.

(2) Für die Klage auf Erlass des Urteils ist das Landgericht zuständig, bei dem der Schuldner seinen allgemeinen Gerichtsstand hat, und sonst das Landgericht, bei dem nach § 23 gegen den Schuldner Klage erhoben werden kann.

(3) [1]Der Vorsitzende der Zivilkammer entscheidet als Einzelrichter. [2]Die Regelungen über die Vorlage zur Entscheidung über eine Übernahme sowie die Übernahme durch die Zivilkammer nach § 348 Absatz 3 bleiben unberührt.

(4) [1]Sind in einem Land mehrere Landgerichte errichtet, so kann die Landesregierung die Zuständigkeit durch Rechtsverordnung einem oder mehreren Landgerichten übertragen. [2]Die Landesregierung kann die Ermächtigung durch Rechtsverordnung auf die Landesjustizverwaltung übertragen. [3]Mehrere Länder *können die Zuständigkeit eines* oder mehrerer Landgerichte über die Landesgrenzen hinaus vereinbaren.

Kommentierungen zu §§ 722 u 723 zusammengefasst in § 723 Rn 1 ff.

§ 723 Vollstreckungsurteil

(1) Das Vollstreckungsurteil ist ohne Prüfung der Gesetzmäßigkeit der Entscheidung zu erlassen.
(2) [1]Das Vollstreckungsurteil ist erst zu erlassen, wenn das Urteil des ausländischen Gerichts nach dem für dieses Gericht geltenden Recht die Rechtskraft erlangt hat. [2]Es ist nicht zu erlassen, wenn die Anerkennung des Urteils nach § 328 ausgeschlossen ist.

Lit: *Geimer*, Exequaturverfahren, FS Georgiades, 2005, S 489; *Hau*, Executio non conveniens? – Zum Ausschluss der Vollstreckung anerkennungsfähiger ausländischer Entscheidungen, ZVglRWiss 116 (2017), 23; *Hau*, Enforcement shopping im grenzüberschreitenden Zivilrechtsverkehr, DGVZ 2021, 162; *Huber* in Dierck/Morvilius/Vollkommer, Hdb ZwangsvollstreckungsR^3, Kap 9; *Linke*, Zum Wert oder Unwert der Vollstreckungsklage (§§ 722, 723 ZPO), FS Schütze, 1999, S 427; *Nelle*, Anspruch, Titel und Vollstreckung im internationalen Rechtsverkehr, 2000; *Rauscher*, Vollstreckung von Zivilentscheidungen aus Europa und Drittstaaten in Deutschland, IJPL 2011, 265; *Seidl*, Ausländische Vollstreckungstitel und inländischer Bestimmtheitsgrundsatz, 2010; *Wolff*, Vollstreckbarerklärung, in Handbuch des Internationalen Zivilverfahrensrechts III/2, 1984, 307. – WN: vor EuIZPR Rn 1; *Geimer* IZPR vor Rn 3100; *Linke/Hau* IZVR vor Rn 14.1. Zur Anerkennung ausländ Entscheidungen s vor § 328 Rn 1, zur innereurop Vollstreckung s vor Art 39 Brüssel Ia-VO Rn 1.

I) Überblick. Deutsche Vollstreckungsorgane dürfen und sollen nicht nur dt Titel durchsetzen, sondern auch solche, die im Ausland erwirkt wurden. Während die Wirkungen ausländ Entscheidungen (insb die materielle Rechtskraft) normalerweise ipso iure anerkannt und dadurch auf Deutschland erstreckt werden (s § 328 Rn 31), gilt nach herkömmlicher Rechtslage eine Ausnahme für die Vollstreckbarkeit: Diese muss grds erst durch einen besonderen Akt – die sog **Vollstreckbarerklärung** bzw das **Exequatur** (lat: „er vollziehe“) – verliehen werden. In bürgerl Rechtsstreitigkeiten iSv § 13 GVG ist hierfür gem § 722 I die besondere Form des sog **Vollstreckungsurteils** erforderl: ein Gestaltungsurteil, das in einem gewöhnlichen kontradiktorischen Prozess herbeizuführen ist (s Rn 17 ff). Der Erlass des Vollstreckungsurteils setzt gem § 723 II 1 die Rechtskraft der ausländ Entscheidung und gem § 723 II 2 ihre Anerkennungsfähigkeit in Deutschland nach Maßgabe von § 328 voraus, darf aber gem § 723 I nicht von einer Prüfung der Gesetzmäßigkeit der ausländ Entscheidung abhängig gemacht werden (Verbot einer sog révision au fond, s § 328 Rn 39). Wegen des **Vorrangs EU- und konventionsrechtl Vorschriften** (s Rn 3 ff) ist die praktische Bedeutung von §§ 722, 723 eher gering (vgl BTDrs 20/2164, 13). Zu beachten ist zudem, dass §§ 722, 723 nur die Herbeiführung der Vollstreckbarkeit aus einem ausländ Titel in Deutschland regeln, nicht hingegen die **eigentliche Vollstreckung** (s EuIZPR Rn 80); diese bestimmt sich vielmehr nach den allg Regeln des 8. Buchs. 1

II) Vorrangige Regelungen. 1) Verhältnis zum FamFG. Parallelvorschrift zu §§ 722, 723 für Familien- und FG-Sachen ist **§ 110 FamFG**; zur Abgrenzung vgl § 328 Rn 23. 2

2) EU- und Konventionsrecht. Beachte vorab die **Übersichten** mNw zu den in Zivil- und Handelssachen einschlägigen Verordnungen und Konventionen in EuIZPR Rn 12 ff sowie § 328 Rn 24 ff (zum Günstigkeitsprinzip s § 328 Rn 25, 29). Zu familienrechtlichen Titeln, die gem EU- oder Konventionsrechts keine Vollstreckbarerklärung erfordern, sowie zu speziellen Vollstreckbarerklärungsverfahren s PH/Hau § 110 FamFG Rn 2 ff. 3

a) Vollstreckbarkeit ohne Vollstreckbarerklärung. Eine Vollstreckbarerklärung gem §§ 722, 723 findet nicht statt, soweit ausländ Vollstreckungstitel ohne Exequatur im Inland zu vollstrecken sind. Dahingehende Pflichten begründen die folgenden Verordnungen: 4

- **Brüssel Ia-VO:** Art 39 ff Brüssel Ia-VO für gerichtl Entscheidungen, öffentl Urkunden und gerichtl Vergleiche. Dt Durchführungsrecht: §§ 1112 ff.
- **EuMahnVO:** Art 19 ff EuMahnVO für Europäische Zahlungsbefehle. Dt Durchführungsrecht: §§ 1093 ff.
- **EuBagatellVO:** Art 20 ff EuBagatellVO für Urteile im europäischen Verfahren für geringfügige Forderungen sowie gerichtl Vergleiche. Dt Durchführungsrecht: §§ 1105 ff.
- **EuVTVO:** Art 5 ff EuVTVO für Europäische Vollstreckungstitel, gerichtl Vergleiche und öffentl Urkunden. Dt Durchführungsrecht: §§ 1082 ff.
- **EuKoPfVO:** Art 22 ff EuKoPfVO für Beschlüsse zur vorläufigen Pfändung. Dt Durchführungsrecht: §§ 952 ff.

Die genannten Verordnungen regeln ausdrücklich nur die Vollstreckbarkeit von Titeln aus **anderen EU-Mitgliedstaaten** (wobei für Dänemark nur die Brüssel Ia-VO gilt, s ABl EU 2013 L 79/4, ABl EU 2014 L 240/1), nicht hingegen die Vollstreckbarkeit von **Titeln aus Drittstaaten**, für die in Deutschland grds §§ 722, 723 gelten (vorbehaltl der in Rn 7 genannten vereinfachten Vollstreckbarerklärungsverfahren). Beachte aber § 328 Rn 26 zur (fragwürdigen) EuGH-Judikatur zur gebotenen Vollstreckung von mitgliedstaatlichen Entscheidungen, die drittstaatliche Titel inkorporieren. 5

Gem Art 32 EuInsVO 848/2015 (ABl 2015 L 141/19) bestimmt sich die Vollstreckung (gemeint: Vollstreckbarkeit) **insolvenzrechtl Entscheidungen** nach Art 39 ff Brüssel Ia-VO. Auch Entscheidungen u Anordnungen des **Einheitl Patentgerichts** (s EuIZPR Rn 8) sind gem Art 82 EPGÜ (erweitert durch Art 71d Brüssel Ia-VO) ohne Exequatur in allen Vertragsstaaten zu vollstrecken; dazu Leistner GRUR 2016, 217. Zur Vollstreckbarkeit von 6

Urteilen des **EuGH/EuG** sowie von Rechtsakten des Rates, der Kommission oder der Europäischen Zentralbank, die eine Zahlung auferlegen, s Art 299, 280 AEUV.

7 **b) Besondere Vollstreckbarerklärungsverfahren.** Vereinfachte Exequaturverfahren, die kraft Geltungsvorrangs des EU-Rechts bzw Spezialität dem in §§ 722, 723 vorgesehenen Erfordernis eines dt Vollstreckungsurteils vorgehen (vgl zum Verhältnis noch Rn 32), sind in den folgenden Instrumenten vorgesehen:

- **Brüssel I-VO:** Art 38 ff Brüssel-VO, übergangsrechtlich noch relevant nach Maßgabe von Art 66 II Brüssel Ia-VO für ältere gerichtl Entscheidungen, öffentl Urkunden und gerichtl Vergleiche (Stichtag: Verfahrenseinleitung, Errichtung bzw Abschluss vor 10.1.2015). Dt Durchführungsrecht: AVAG (vgl zu dessen Fortgeltung in Brüssel I-Altfällen BGH NJW-RR 2017, 1342).
- **EuErbVO:** Art 43 ff EuErbVO für erbrechtl Entscheidungen, öffentl Urkunden und gerichtl Vergleiche aus anderen EU-Mitgliedstaaten (außer Dänemark). Dt Durchführungsrecht: IntErbRVG.
- **LugÜ 2007:** Art 38 ff LugÜ für gerichtl Entscheidungen, öffentl Urkunden und Prozessvergleiche aus Island, Norwegen und der Schweiz. Dt Durchführungsrecht: AVAG.
- **HGÜ:** Art 8 ff HGÜ für gerichtl Entscheidungen und gerichtl Vergleiche aus anderen Vertragsstaaten (§ 328 Rn 28), sofern die Zuständigkeit des ausländ Gerichts auf einer ausschließlichen Gerichtsstandsvereinbarung beruht. Dt Durchführungsrecht: AVAG.
- **HAVÜ:** Art 4 ff HAVÜ für gerichtl Entscheidungen und gerichtl Vergleiche aus anderen Vertragsstaaten (§ 328 Rn 28). Dt Durchführungsrecht: AVAG (idF v Art 1 G v 7.11.2022, BGBl I 2022, 1982; Bekanntmachung v 15.8.2023: BGBl 2023 I Nr 216; RegE: BTDrs 20/2164).
- **HZPÜ:** Art 18 HZPÜ für Kostenentscheidung gegen einen von Prozesskostensicherheit befreiten Kläger oder Intervenienten. Dazu §§ 4 ff AusführungsG v 18.12.1958, BGBl II 1958, 939. Ähnlich Art 9 III **Europ Niederlassungsabk** v 13.12.1955 (BGBl II 1959, 998).
- Beachte ferner die Nw in EuIZPR Rn 22 zu Übereinkommen in materiell-rechtl Spezialmaterien, insb im Transport- und Umwelthaftungsrecht (vgl auch Geimer IZPR Rn 2761).
- Deutsch-**israelischer** Anerkennungsvertrag v 20.7.1977. Dt Durchführungsrecht: AVAG.
- Deutsch-**tunesischer** Anerkennungsvertrag v 19.7.1966. Dt AusführungsG: BGBl I 1969, 333, BGBl I 1970, 307.
- Deutsch-**britisches** Anerkennungsabkommen v 14.7.1960. Dt AusführungsG: BGBl I 1961, 301.

8 **c) Vollstreckungsverbote.** Das EU-Recht schreibt den Mitgliedstaaten zwar nicht die Vollstreckung drittstaatlicher Entscheidungen vor (s Rn 5), enthält aber Regelungen, die es den Mitgliedstaaten in bestimmten Fällen untersagen, drittstaatliche Entscheidungen durchzusetzen. S § 328 Rn 30.

9 **III) Vollstreckbarerklärung gem §§ 722, 723. 1) Anwendungsbereich.** §§ 722 f gelten in **bürgerl Rechtsstreitigkeiten** iSv § 13 GVG, zudem für die Vollstreckbarerklärung ausl **arbeitsgerichtl** Entscheidungen (hM; vgl etwa MK/Gottwald § 722 Rn 42). Auch für Entscheidungen im Rahmen eines ausländ **Insolvenzverfahrens** sowie diesbezügl Sicherungsmaßnahmen ist ein dt Vollstreckungsurteil erforderl, wobei § 722 II, § 723 I entsprechend anwendbar sind (§ 353 InsO, allerdings vorbehaltl Art 32 EuInsVO, s Rn 6).

10 Außerhalb des Anwendungsbereichs der in Rn 3 ff genannten Sonderregeln betrifft das Erfordernis einer Vollstreckbarerklärung gem §§ 722, 723 **ausländ Urteile staatlicher Gerichte**; zur Vollstreckbarerklärung ausländ **Schiedssprüche** s § 1061. Zur Vollstreckbarkeit von Urteilen der **DDR-Gerichte** s Art 18 I EinigungsV v 31.8. 1990 (BGBl II 1990, 889; zur zuvor fragl Anwendbarkeit von §§ 722, 723 vgl BGH NJW 1982, 1947). Zu Sonderregeln für **internationale Gerichte** (zB gem UN-SeerechtsÜ v 10.12.1982, BGBl II 1994, 1799) vgl Geimer IZPR Rn 3109a. Zum Einheitl Patentgericht u zum EuGH/EuG s Rn 6.

11 Dass die Rede vom ausländ **„Urteil"** in § 722 I und § 723 II nicht zu eng zu verstehen ist, folgt schon aus § 723 I („Entscheidung"). Einzubeziehen sind daher nach allgM (statt vieler: StJ/Heinze § 722 Rn 22) auch vollstreckbare Beschlüsse, Vollstreckungsbescheide u Kostenfestsetzungsbeschlüsse (nicht: bloße Kostengrundentscheidungen). Zu der nach autonomem dt Recht nur ausnahmsweise gegebenen Anerkennungsfähigkeit von Entscheidungen aus einstw Verfügungs-, Anordnungs- oder Arrestverfahren s § 328 Rn 9 (weitergehend § 353 II, § 343 II InsO für insolvenzrechtl Sicherungsmaßnahmen).

12 Stets erforderl ist ein **vollstreckbarer Ausspruch**. Daher sind ausl Feststellungs- und Gestaltungsentscheidungen nur für vollstreckbar zu erklären, soweit sie einen Kostenanspruch titulieren. Ein Exequatur erübrigt sich, wenn das erststaatliche Recht dem Urteil wie § 894 Gestaltungswirkung beimisst (aA MK/Gottwald § 722 Rn 33; StJ/Heinze § 722 Rn 26; offenlassend BGH NJW 2019, 3575 Tz 18).

13 De lege lata erfassen §§ 722, 723 (anders als die in Rn 4, 7 genannten Instrumente) nach hM weder (gerichtl oder außergerichtl) **Vergleiche** noch vollstreckbare **Urkunden** (statt vieler: MK/Gottwald § 722 Rn 26; StJ/Heinze § 722 Rn 22; Schack IZVR Rn 972; aA Geimer IZPR Rn 3107; vgl aber auch § 328 Rn 10). Keiner Vollstreckbarerklärung zugänglich sind **beweisrechtl Anordnungen**, **ausländ Exequaturentscheidungen** (BGH NJW 2009, 2826 unter Aufgabe seiner älteren Rspr zum sog Doppelexequatur von Schiedssprüchen) oder **Vollstreckungsakte**, s § 328 Rn 8.

2) Zuständigkeit. Seit der Änderung v § 722 II durch Art 2 Nr 3 lit b G v 7.11.2022 (BGBl I 2022, 1982; Bekanntmachung v 15.8.2023: BGBl 2023 I Nr 216; RegE: BTDrs 20/2164, 16) mWv 1.9.2023 ist streitwertunabhängig das LG **sachlich zuständig**. Zugleich wurde eine Zuständigkeitskonzentration ermöglicht: s § 722 IV 1 (innerhalb eines Bundeslands) und 3 (für mehrere Bundesländer). Von der in § 722 IV 2 vorgesehenen Möglichkeit zur Übertragung auf die Landesjustizverwaltung haben Gebrauch gemacht: Baden-Württemberg (§ 8 SubdelegationsVO Justiz, GBl 2024 Nr 28), Sachsen-Anhalt (§ 1 Nr 15 ErmächtigungsübertragungsVO Justiz, GVBl LSA 2024, 102), Schleswig-Holstein (§ 1 Nr 35 JustizermächtigungsübertragungsVO, GVOBl Sch-H 2023, 552). **Funktional zuständig** ist gem § 722 III der Vorsitzender der Zivilkammer (nicht: KfH; vgl etwa StJ/Heinze § 722 Rn 32) als Einzelrichter, vorbehaltlich einer Übernahme gem § 348 III. 14

Die **örtliche Zuständigkeit** ergibt sich – ausschließl (§ 802) – aus § 722 II, der auf den allg Gerichtsstand des Schuldners (§§ 12 ff) und – fehlt ein solcher – auf § 23 verweist (dazu KG MDR 2020, 59). 15

Die **internationale Zuständigkeit** ist in § 722 nicht eigens geregelt, da von vornherein nur dt Gerichte über die Vollstreckbarerklärung von ausländ Entscheidungen in Deutschland zu befinden haben (ebenso wohl SchWKT/Eichel § 722 Rn 6). Insb bedarf es richtigerweise keiner doppelfunktionalen Anwendung (vgl EuIZPR Rn 50) der Regelung zur örtlichen Zuständigkeit in § 722 II. Folglich kommt es auch bei Schuldnern ohne Wohnsitz im Inland nicht darauf an, ob sie hier bereits vollstreckbares Vermögen haben (näher dazu und zum legitimen Gläubigerinteresse an einer „Vollstreckbarerklärung auf Vorrat“: Hau ZVglRWiss 116 [2017], 23, 36 f; aA etwa StJ/Heinze § 722 Rn 33); fehlt es in solchen Fällen an einer örtl Zuständigkeit gem § 722 II, so gilt § 15 I 2 entsprechend (Geimer IZPR Rn 3127). Erst recht ist für die Vollstreckbarerklärung kein zusätzlicher „hinreichender Inlandsbezug“ erforderlich (klarstellend BGH NJW 1997, 325, 326 f; unzutr Fölsing RIW 2015, 807, 809). Von der internationalen Zuständigkeit für die Vollstreckbarerklärung gem §§ 722, 723 zu unterscheiden ist die Frage nach der **internationalen Vollstreckungszuständigkeit**, die sich gleichermaßen bei der Vollstreckung in- und ausländ Titel stellen kann (s EuIZPR Rn 82). Zur Frage, inwieweit die Vollstreckbarerklärung bzw Vollstreckung in Deutschland durch **Parteivereinbarung** ausgeschlossen werden kann, s Hau ZVglRWiss 116 (2017), 23, 41 ff. 16

3) Verfahren. Entgegen der systematischen Stellung handelt es sich bei dem Rechtsstreit über die **sog Vollstreckungsklage** (iSv „Vollstreckbarerklärungsklage“) gem §§ 722, 723 um einen **ordentl Zivilprozess**, nicht etwa um ein Verfahren der Zwangsvollstreckung oder Klauselerteilung (vgl etwa BGH MDR 2008, 1231). Für das kontradiktorische Verfahren gelten daher die allg Vorschriften. Ein Urkundenprozess kommt selbst dann nicht in Betracht, wenn der im Ausland titulierte Anspruch ein solcher iSv § 592 ist. 17

Streitgegenstand der Vollstreckungsklage ist nicht der dem ausländ Titel zugrunde liegende materiell-rechtliche Anspruch, sondern der Anspruch des Gläubigers auf den rechtsgestaltenden Ausspruch der Vollstreckbarkeit aus dem ausländ Titel in Deutschland (BGH NJW 1992, 3096, 3097). Die Klage ist dementsprechend zu fassen (nicht etwa als Antrag auf Feststellung der Vollstreckbarkeit), der ausländ Titel ist genau zu bezeichnen. Im kollisionsrechtl Anwendungsbereich des dt Sachrechts hemmt sie analog § 204 I Nr 1 BGB die **Verjährung** des materiellen Anspruchs (näher StJ/Heinze § 722 Rn 37). Möglich ist eine **Beschränkung der Klage** auf eine Vollstreckbarerklärung nur in bestimmter Höhe, begrenzt auf einen von mehreren Aussprüchen des ausländ Gerichts oder nur gegen einzelne Gesamtgläubiger (StJ/Heinze § 722 Rn 36). 18

Unzulässig ist eine Klage gem § 722, soweit der Bekl von der **dt Gerichtsbarkeit befreit** ist (s EuIZPR Rn 33 ff; näher MK/Gottwald § 722 Rn 31 f; unzutr StJ/Heinze § 722 Rn 34). **Prozessführungsbefugt** ist aktiv, wer aus der zu vollstreckenden ausländ Entscheidung als Gläubiger oder als dessen Rechtsnachfolger Rechte ableitet, und passiv derjenige, gegen den daraus als Schuldner oder als dessen Rechtsnachfolger Rechte abgeleitet werden. Bei **Rechtsnachfolge** vor Erhebung der Klage gem § 722 ist eine Titelumschreibung im Ursprungsstaat nicht erforderl; bei Rechtsnachfolge nach Klagerhebung findet § 265 Anwendung (BGH NJW 1992, 3096, 3097). **Anwaltszwang**: § 78. Denkbar ist Verpflichtung des Klägers zur Kostensicherheitsleistung gem § 110. Mit Rücksicht auf den Justizgewährungsanspruch besteht das **Rechtsschutzbedürfnis** für die Klage grds auch dann, wenn der Schuldner derzeit kein Vermögen im Inland besitzt oder in einem anderen Staat leichter vollstreckt werden könnte (entsprechend den Überlegungen zur internationalen Zuständigkeit in Rn 16). **Haupt- oder Nebenintervention** oder **Streitverkündung** sind grds zulässig. 19

Nimmt man an, dass die gem § 723 II 2 inzident zu prüfende Anerkennungsfähigkeit der ausländ Entscheidung nach Maßgabe von § 328 nur Vorfrage des Vollstreckungsurteils ist (s Rn 28), kann der Bekl fehlende Anerkennungsfähigkeit mittels **Widerklage** geltend machen (so LG Bremen 3.4.2020 – 3 O 1581/18, juris Tz 71 f; StJ/Heinze § 722 Rn 43). Außerdem kann der Bekl einer nur auf Teilvollstreckbarerklärung gerichteten Vollstreckungsklage widerklagend den Feststellungsantrag entgegenhalten, dass der ausländ Entscheidung die Voraussetzungen für eine Vollstreckbarerklärung vollumfänglich fehlen (SchWKT/Eichel § 722 Rn 11). 20

Weil sich die Klage gem § 722 allein auf die Vollstreckbarkeit im Inland bezieht, stehen ihr **parallele Exequatur- oder Vollstreckungsverfahren im Ausland** nicht entgegen (MK/Gottwald § 722 Rn 43). Das Verfahren kann aber wegen **Eröffnung eines Insolvenzverfahrens** (im Inland oder anerkennungsfähig im Ausland) unterbrochen werden (BGH MDR 2008, 1231). 21

22 **4) Prüfung.** Das mit der Vollstreckbarerklärung befasste LG prüft gem § 723 II 1 die Rechtskraft der ausländ Entscheidung nach Maßgabe des Verfahrensrechts des Ursprungsstaats. Erforderl ist **formelle Rechtskraft** iSv Unanfechtbarkeit der ausl Entscheidung mit ordentl Rechtsmitteln bzw -behelfen (MK/Gottwald § 723 Rn 3); vorläufige Vollstreckbarkeit genügt nicht. Der Kläger trägt hierfür die Darlegungs- und Beweislast.

23 Zu prüfen ist zudem gem § 723 II 2 die **Anerkennungsfähigkeit** anhand von § 328, allerdings unter Beachtung des **Verbots einer révision au fond** (§ 723 I, näher § 328 Rn 39). Zur Darlegungs- und Beweislast s § 328 Rn 36.

24 Ein ausländ Titel, der schon aus Sicht des Ursprungsstaats **nichtig oder ungültig, bereits aufgehoben oder abgeändert** oder (etwa mangels hinreichender Bestimmtheit) **nicht vollstreckungsfähig** ist, kann auch in Deutschland keine Wirkung entfalten (vgl etwa BGH NJW 1992, 3096, 3098; BGH MDR 2004, 1074, 1075; BGH MDR 2015, 1388). Der Vortrag, dass der Vollstreckungstitel seine Vollstreckbarkeit vor Abschluss des Exequaturverfahrens verloren habe oder weggefallen sei, ist von dem damit befassten LG zu beachten (klarstellend BGH NJW 2007, 3433), muss vom Titelschuldner also nicht etwa gesondert mittels § 767 geltend gemacht werden. Den Fall, dass in Deutschland die **Vollstreckbarerklärung bereits erfolgt** ist, regeln Sondervorschriften wie §§ 27-29 AVAG und §§ 67-69 AUG; dort werden bes Aufhebungsverfahren und Schadensersatzansprüche vorgesehen. Außerhalb des Anwendungsbereichs solcher Sondervorschriften bleibt es, wenn der Vollstreckungstitel im Erststaat aufgehoben oder geändert wird und dies nicht mehr im Rahmen des Verfahrens gem §§ 722, 723 geltend gemacht werden kann, bei den allg Regeln. Hierzu wird diskutiert, ob eine Restitutionsklage analog § 580 Nr 6 (so SchWKT/Eichel § 723 Rn 13; Lakkis in Gaul/Schilken/Becker-Eberhard, ZVR[12], § 12 Rn 33) oder eine Klage gemäß bzw analog § 767 statthaft ist (dafür etwa Schack IZVR Rn 1103).

25 Einwendungen können sich – nach Maßgabe der jeweiligen lex causae – auch auf den im Ausland titulierten Anspruch beziehen (insb Erfüllung und Erfüllungssurrogate, Vergleich, Erlass und Stundung, Gläubigerwechsel). Im Anwendungsbereich von §§ 722, 723 können solche **materiell-rechtlichen Einwendungen** analog § 767 II präkludiert sein, wenn sie bereits vor Erlass des ausländ Titels vorlagen (s BGH NJW 1987, 1146, 1147). IÜ sind sie im Rahmen des Verfahrens über die Vollstreckungsklage zu klären. Unterbleibt dies und werden sie erst nach Erlass des Vollstreckungsurteils gem § 767 I geltend gemacht, droht Präklusion gem § 767 II. Näher zu alledem Geimer IZPR Rn 3145 ff. **Abänderungsgründe** iSv § 323 können nach hM nicht im Rahmen von § 722 vorgebracht und berücksichtigt werden (s BGH NJW 1990, 1419 in Abwendung von BGH NJW 1987, 1146, 1147; SchWKT/Eichel § 723 Rn 13; aA MK/Gottwald § 722 Rn 61; StJ/Heinze § 723 Rn 8).

26 Ausländ Vollstreckungstitel, die nach dt Maßstäben einen zu **unbestimmten Inhalt** haben (insb aufgrund einer Indexierung) oder von einer Bedingung mit unbestimmtem Inhalt abhängen, können zwar nicht ohne Weiteres für vollstreckbar erklärt, womöglich aber im Rahmen des Exequaturverfahrens konkretisiert werden (ausf Seidl, Ausländ Vollstreckungstitel und inländ Bestimmtheitsgrundsatz, 2010, S 119 ff). Dies kommt in Betracht, sofern sich die Kriterien, nach denen sich die titulierte Leistungspflicht bestimmt, entweder aus den dieser zugrunde liegenden ausländ Vorschriften ergibt oder aus im Inland zugänglichen und sicher feststellbaren Umständen (wie Lebenshaltungsindices oder Leitsätzen ausländ Notenbanken); näher dazu im Hinblick auf Unterhaltstitel PH/Hau § 110 FamFG Rn 32. Zur Vollstreckbarerklärung eines Urteils gerichtet auf Schadensersatz „nach Abzug der Leistung der Kassen" vgl BGH NJW 2014, 702. Erforderlichenfalls lässt sich auch die Bezeichnung der Parteien nachträglich konkretisieren (OLG Hamburg RIW 1994, 424). Die gebotene **Konkretisierung** hat grds im Exequaturverfahren zu erfolgen, ist also nicht etwa erst den dt Vollstreckungsorganen zu überantworten. Letzteres kommt nur in Betracht, wenn es darum geht, einfache Fremdwährungsverbindlichkeiten in Euro umzurechnen.

27 **5) Entscheidung.** Die Entscheidung über die Vollstreckungsklage ergeht als Urteil, das gem § 722 I als **Vollstreckungsurteil** zu bezeichnen ist. Darin ist die zu vollstreckende Verpflichtung entsprechend dem ausländ Tenor in dt Sprache wiederzugeben. Eine **Umrechnung** fremder Währungen findet nicht statt; diese obliegt vielmehr den Vollstreckungsorganen. Jedoch kann im Urteil angegeben werden, welcher Zeitpunkt für die Umrechnung maßgeblich ist (MK/Gottwald § 722 Rn 52: analog § 244 II BGB).

28 **Urteilsgegenstand** ist die Vollstreckbarkeit des ausländ Titels in Deutschland, nicht das Bestehen des im Ausland titulierten Anspruchs. Die gem § 723 II 2 inzident zu prüfende **Anerkennungsfähigkeit** der ausländ Entscheidung nach Maßgabe von § 328 ist nur Vorfrage des Vollstreckungsurteils, wird also nicht ohne Weiteres rechtskräftig festgestellt (wie hier zB MK/Gottwald § 722 Rn 37; LG Bremen 3.4.2020 – 3 O 1581/18, juris Tz 71 f; aA etwa Schack IZVR Rn 1040, 1100); zur damit zusammenhängenden Möglichkeit einer Widerklage s Rn 20.

29 Bei nur teilw gegebener Anerkennungsfähigkeit ist **Teilvollstreckbarerklärung** möglich (BGH NJW 1992, 3096, 3104 f; s § 328 Rn 20). Das Verfahren kann für **erledigt erklärt** werden. Der Kl kann die Vollstreckungsklage zurücknehmen oder auf seinen öff-rechtl Anspruch auf Verleihung der Vollstreckbarkeit für den Bereich des Inlands verzichten (§ 306; StJ/Heinze § 722 Rn 25). Das Vollstreckungsurteil darf jedoch **nicht als Anerkenntnisurteil** iSv § 307 ergehen; denn den Parteien fehlt die Dispositionsfreiheit hinsichtl der Vollstreckbarkeit im Inland (statt vieler: MK/Gottwald § 722 Rn 44). Daher kann die Vollstreckbarkeit auch nicht durch **Prozessvergleich** herbeigeführt werden; ein solcher kann sich allerdings auf den im Ausland titulierten Anspruch beziehen. Ist der Bekl säumig, kann das Vollstreckungsurteil als **VU** erlassen werden, wobei die Geständnisfiktion gem § 331 I nicht für die Voraussetzungen gilt, die nicht zur Disposition der Parteien stehen.

Die **Kostenentscheidung** ergeht gem §§ 91 ff; § 788 ist nicht einschlägig. Auch für die **Rechtsmittel** gelten die allg Regeln (§§ 511 ff). Obwohl das Vollstreckungsurteil kein Leistungs-, sondern Gestaltungsurteil, ist es nach §§ 708 ff für **vorläufig vollstreckbar** zu erklären u mit der Vollstreckungsklausel zu versehen. Abweichend von § 1063 III ist es im Anwendungsbereich von §§ 722, 723 nicht mögl, die Vollstreckung aus dem ausl Urteil durch **vorläufige Anordnung** einstw zuzulassen (StJ/Heinze § 722 Rn 30), auch nicht gegen Sicherheitsleistung. In Betracht kommt jedoch Sicherung des dem ausl Titel zugrundeliegenden materiellen Anspruchs nach den allg Regeln (§§ 916 ff). 30

Obwohl auch im Hinblick auf §§ 722, 723 üblicherweise von der Vollstreckbarerklärung bzw Vollstreckbarkeit der ausländ Entscheidung die Rede ist, ist **Vollstreckungstitel** im Inland das (mit der Klausel versehene) dt Vollstreckungsurteil, nicht etwa die ausländ Entscheidung (BGH NJW 1992, 3096, 3097; BGH MDR 2008, 1231). 31

6) Verhältnis zu anderen Klagen. Wenn die **Vollstreckbarerklärung in einem vereinfachten Verfahren** (s Rn 7) herbeigeführt werden kann, sind §§ 722, 723 nachrangig und unanwendbar; nach aA fehlt dann für die Vollstreckungsklage das Rechtsschutzbedürfnis (so etwa KG FamRZ 1998, 383; MK/Gottwald § 722 Rn 43, 57). Ist ein Antrag im vereinfachten Verfahren unstatthaft, so kann er nicht ohne Weiteres in eine Vollstreckungsklage umgedeutet werden (BGH 1.6.2017 – IX ZB 74/16, juris). 32

Nach hM besteht im Inland ein Wahlrecht des Titelgläubigers zwischen der Vollstreckungsklage und einer **neuen Leistungsklage** gestützt auf den im Ausland bereits titulierten materiell-rechtl Anspruch. Stellt sich im inländ Prozess über die Leistungsklage heraus, dass die ausländ Entscheidung anerkennungsfähig ist, so soll dem damit befassten Gericht nur eine von dieser abweichende Sachentscheidung verwehrt sein (so zB BGH NJW 1987, 1146; BGH 1.6.2017 – IX ZB 74/16, juris; SchWKT/Eichel § 722 Rn 3; StJ/Heinze § 722 Rn 28; MK/Gottwald § 722 Rn 55: auch Mahnverfahren zulässig). Diese Auffassung ist zweifelhaft (s § 328 Rn 12). Denkbar bleibt hingegen eine neue Leistungsklage in Deutschland nach rechtskräftiger Abweisung der Vollstreckungsklage (BGH MDR 2019, 246, dort zu § 110 FamFG, aber verallgemeinerungsfähig; MK/Gottwald § 722 Rn 54); denn Gegenstand dieser Entscheidung ist eben nicht die Existenz des im Ausland titulierten Anspruchs (s Rn 28). Möglich ist auch hilfsweiser Leistungsantrag für den Fall, dass die Vollstreckungsklage wegen fehlender Anerkennungsfähigkeit abzuweisen ist (MK/Gottwald § 722 Rn 55; StJ/Heinze § 722 Rn 43). 33

Neben der Vollstreckungsklage ist Klage auf **Feststellung der Anerkennungsfähigkeit** der ausländ Entscheidung zulässig (s § 328 Rn 34; MK/Gottwald § 722 Rn 58). Der (angebl) Titelschuldner kann nicht vorsorglich auf Unterlassen der Klage gem § 722 klagen. Weil es ihm aber auch nicht zuzumuten ist, abzuwarten, ob bzw bis der (angebl) Gl nach § 722 vorgeht, kann er **negative Feststellungsklage** erheben, gerichtet auf Feststellung, dass die Voraussetzungen für die Vollstreckbarerklärung nicht gegeben sind. Zur Widerklage s Rn 20. 34

Vor Erlass des Vollstreckungsurteils kann nicht mit Aussicht auf Erfolg eine **Vollstreckungsabwehrklage** gem § 767 erhoben werden, da sie die bereits gegebene Vollstreckbarkeit des ausländ Titels im Inland voraussetzt. Zur Klage gem § 767 wegen Wegfalls der ausländ Entscheidung im Herkunftsstaat und wg materiell-rechtlicher Einwendungen s Rn 24 f. Zur **Abänderungsklage** s Rn 25. 35

IV) Gebühren. Klageverfahren. 1) Gericht: 1510 aE GKG-KV; Ermäßigung nach 1511 GKG-KV. – **2) RA:** 3100 f; 3104 f RVG-VV. – **Staatsverträge. 3) Gericht:** 1510, 1514 GKG-KV; Rechtsmittelverf: 1520 GKG-KV; Ermäßigung nach 1521, 1522 GKG-KV. – **4) RA:** 1. Instanz: Vorbem 3.1 I, 3100 f, 3104 f RVG-VV (GS/Müller-Rabe VV 3100 Rn 3). – Beschwerde- u Rechtsbeschwerdeverf: Vorbem 3.2.1 Nr 2a, 3200 ff RVG-VV; Vorbem 3.2.2 Nr 1a, 3206 ff. 36

§ 724 Vollstreckbare Ausfertigung

(1) Die Zwangsvollstreckung wird auf Grund einer mit der Vollstreckungsklausel versehenen Ausfertigung des Urteils (vollstreckbare Ausfertigung) durchgeführt.

(2) [1]Die vollstreckbare Ausfertigung wird von dem Urkundsbeamten der Geschäftsstelle des Gerichts des ersten Rechtszuges erteilt. [2]Ist der Rechtsstreit bei einem höheren Gericht anhängig, so kann die vollstreckbare Ausfertigung auch von dem Urkundsbeamten der Geschäftsstelle dieses Gerichts erteilt werden.

I) Zweck. Die Urschrift des Endurteils, das als Vollstreckungstitel Grundlage der ZwV ist (sa vor § 704 Rn 14), bleibt in der Verwahrung des Gerichts. Durchgeführt wird die ZwV auf Grund einer mit der Vollstreckungsklausel (§ 725) versehenen Ausfertigung des Urteils („vollstreckbare Ausfertigung“: § 724 I). Die Vollstreckungsklausel ist die Bescheinigung des zuständigen Organs (dem die Urschrift zugänglich ist) über Bestand und Vollstreckbarkeit des Endurteils (bzw sonstigen Titels; zB Forderungsbescheid nach SGB X: BGH MDR 2016, 549). Sie hat Zeugnis- und Schutzfunktion. Für die Organe der ZwV ist die (vorzulegende: OLG Köln NJW-RR 2000, 1580) vollstrb Ausfertigung formelle Vollstreckungsvoraussetzung. Die Prüfung der mit Erteilung der Vollstreckungsklausel zu bescheinigenden Vollstreckungsvoraussetzungen (dazu s Rn 5 ff) ist als selbständiger Prozessvorgang vor die Vollstr gestellt (StJ/Münzberg vor § 704 Rn 56). Schutzfunktion erfüllt die 1

Klausel mit Verhinderung mehrfacher Vollstr des gleichen Anspruchs (§ 733) und bei Verurteilung zur Abgabe einer Willenserklärung gegen eine Leistung (§ 894 S 2 iVm § 726 II). Die Erteilung der Vollstreckungsklausel gehört nicht zum VollstrVerf, sondern geht diesem voraus als ein die ZwV in formeller Hinsicht vorbereitender Akt; gehört aber auch nicht zum Erkenntnisverf (vgl BGH MDR 76, 837, 838).

2 **II) Notwendigkeit der Klausel.** Erforderl ist die Vollstreckungsklausel für rechtskr und vorl vollstrb Endurteile (§ 704; zum Vollstreckungsurteil: s § 723 Rn 1 ff), für die Titel des § 794 I (mit Ausnahmen: § 795) sowie für alle Entscheidungen und anderen Titel, die nach den Vorschriften der ZPO vollstr werden, soweit nicht Besonderheiten vorgesehen sind (Klausel entbehrl zB nach § 86 III FamFG, dazu OLG Zweibrücken MDR 2020, 818). Für einen auf das Urteil gesetzten KFB wird keine bes Klausel erteilt (§ 795a); VB (§ 796 I), Arrestbefehle (§ 929 I) und einstw Verfügungen (§ 936) benötigen eine Klausel nur zur ZwV für oder gegen andere Personen. Zu Besonderheiten für das Urteil auf Abgabe einer Willenserklärung: s § 894 Rn 4; § 895 Rn 1.

3 **III) Klauselberechtigte. 1) Gläubiger.** Das Recht auf Erteilung einer vollstrb Ausfertigung steht grds der Partei zu, die das zu vollstr Urteil erstritten hat (BGH MDR 84, 385 = NJW 84, 806; BGH MDR 85, 309 = NJW 85, 809 f) oder für die der sonstige Titel als Gl erstellt ist (deren Rechtsnachfolger nach §§ 727, 728). Auch wenn der urspr Gl nach Abtretung Prozesspartei geblieben ist und das Urteil auf Zahlung an den Zessionar erwirkt hat (dgl in anderen Fällen ges Prozessstandschaft), ist der neue Gl nicht unmittelbar Klauselberechtigter nach § 724 (BGH MDR 85, 309 = NJW 85, 809 f). Einem Elternteil steht als Prozesspartei für einen über den Unterhaltsanspruch des Kindes erwirkten Vollstreckungstitel (§ 1629 III BGB) das Recht auf Erteilung der vollstrb Ausfertigung und damit Vollstr aus eigenem Recht daher auch nach rechtskr Abschluss des Scheidungsverf zu (OLG Hamburg FamRZ 84, 927; OLG Nürnberg FamRZ 87, 1172 f – jew mwN; Wolf/Lecking MDR 2011, 1, 3; aA OLG Hamburg FamRZ 85, 624). Nach Volljährigkeit des Kindes ist der Elternteil nicht mehr Prozessstandschafter, kann daher einen Antrag auf Erteilung einer vollstrb Ausfertigung nicht stellen (OLG Frankfurt FamRZ 94, 453); zur Klauselerteilung an das Kind: s § 727 Rn 13. Wenn der Titelgl einen fremden Anspruch im eigenen Namen auf Grund Ermächtigung durch den wirklichen Gl geltend gemacht hat (sog gewillkürte Prozessstandschaft), kann er den zuerkannten fremden Anspruch auch im eigenen Namen vollstr; er hat demgemäß einen Anspruch auf Erteilung der Vollstreckungsklausel (vgl BGH MDR 83, 308 = NJW 83, 1678; BGH MDR 84, 385 = NJW 84, 806; zur Klauselumstellung an den Ermächtigenden: s § 727 Rn 13). Die Verurteilung zur Leistung Zug um Zug gegen eine Gegenleistung des Gl (vgl § 726 II, §§ 756, 765) begründet für den Sch keinen vollstrb Anspruch und damit kein Recht auf Erteilung einer vollstrb Ausfertigung wegen der Gegenleistung des Gl (OLG Frankfurt JurBüro 95, 158; Grund: Sch kann aus dem Titel nicht vollstr). Ein Dritter, der nach der Urteilsformel Zahlungsempfänger ist, ist nicht Gl; ihm kann eine vollstrb Ausfertigung nicht erteilt werden.

3a **2) Gesamtgläubiger.** Mehreren Personen, die als Gesamtgl (§ 428 BGB) das Urteil erstritten haben, kann auf Antrag eine gemeinsame vollstrb Ausfertigung erteilt werden. Es hat aber auch jeder Gesamtgl Anspruch auf Erteilung einer selbständigen Ausfertigung (KG NJW-RR 2000, 1409, 1410). Nach vollstrb Ausfertigung des Urteils für einen der Gl wird auf Antrag eines anderen Gesamtgl nochmals eine (weitere) vollstrb Ausfertigung wegen des gleichen Anspruchs (s § 733 Rn 2) erteilt, so dass § 733 Anwendung findet (sa § 733 Rn 7; ebenso Hk-ZPO/Kindl Rn 6 iVm § 733 Rn 2; StJ/Münzberg § 725 Rn 5; aA OLG Köln MDR 89, 1111; der Sch kann aber erwarten, dass er von der Erteilung der weiteren Ausfertigung in Kenntnis gesetzt wird). **Gesamthandsgläubigern** (s § 62 Rn 13) wird das Urteil nur gemeinsam vollstrb ausgefertigt (zur Gütergemeinschaft: s § 742 Rn 6). Nur einer der Gesamthandsgl hat das Recht auf Erteilung der vollstrb Ausfertigung, wenn nur er als Partei das Urteil zur Leistung an alle erwirkt hat (zB § 2039 S 1 BGB; zu **Miterben** sa BGH MDR 2021, 121). Von einem **Urteil über eine unteilbare Leistung** (§ 432 BGB) kann ebenso nur eine vollstrb Ausfertigung über diesen Anspruch für alle Gl erteilt werden (BGH MDR 95, 520 = NJW 95, 1162, 1163), nicht aber einzeln Teilausfertigung zur Vollstr eines jew anteiligen Betrags (OLG Hamm MDR 92, 808). Vollstrb ausgefertigt werden kann das von nur einem Gl zur Leistung an oder Hinterlegung für mehrere Gl der unteilbaren Leistung (§ 432 BGB) erstrittene Urteil nur diesem (vollstreckungsberechtigten) Mitgl (KG NJW-RR 2000, 1409). Haben alle (oder mehrere) Gl des unteilbaren Anspruchs das Urteil als Streitgenossen erlangt, ist ihnen eine vollstrb Ausfertigung auf gemeinschaftl Antrag insgesamt zu erteilen. Anspruch auf Erteilung einer vollstrb Ausfertigung hat jedoch auch jeder der Gl selbständig (KG NJW-RR 2000, 1409); eine vollstrb Ausfertigung ist daher auch nur einem der Gl auf seinen Antrag zu seinen Händen zu erteilen. Nochmals auf nachfolgenden Antrag eines Mitgl (damit mehrfach) kann das Urteil jedoch nur nach § 733 ausgefertigt werden. Nur wenn von mehreren Gl jeder (als Partei: s Rn 3) **Einzelanspruch auf einen bestimmten Teil der Leistung** hat, ist jedem eine vollstrb Ausfertigung für seinen Teil zu erteilen.

4 **3) Erteilung gegen den Schuldner.** Die vollstrb Ausfertigung kann nur zur ZwV gg den als Prozessbeteiligten im Urteil (sonstigen Titel) bezeichneten Sch (oder seinen Rechtsnachfolger: §§ 727-729) erteilt werden. Gegen einen Dritten, der als Sch dem vor einem Gericht mit Anwaltszwang geschlossenen Prozessvergleich beigetreten ist, kann die Vollstreckungsklausel auch erteilt werden, wenn er anwaltl nicht vertreten war (BGH MDR 83, 573 = NJW 83, 1433 f mwN).

5 **IV) Anforderungen an den Titel. 1) Wirksamer Bestand.** Seit Erlass des Titels kann auch ein längerer Zeitraum verstrichen sein (vgl BGH MDR 2014, 51 = NJW-RR 2014, 195 Tz 8 ff [keine Verwirkung nach 13 Jah-

ren]; OLG Zweibrücken JurBüro 89, 869 [keine Verwirkung nach 15 Jahren]). Das Urteil (ein Beschluss) muss unterzeichnet (§ 317 II 1, 2, § 329 I 2) und durch (ordnungsgem: BGH VersR 84, 1192) Verkündung oder Zustellung (Mitteilung) wirksam geworden sein, ein Vergleich muss wirksam protokolliert (sa § 160 Rn 5), ein anderer Vollstreckungstitel (insb eine Urkunde nach § 794 I Nr 5) wirksam (auch formell ordnungsgem) errichtet sein. Eine vollstrb Ausfertigung kann nicht erteilt werden, wenn das Urteil im Berufungs- oder Revisionsverf, ein Vorbehaltsurteil (§ 302 IV, § 600) oder ein Versäumnisurteil nach Einspruch aufgehoben ist, ein noch nicht rechtskr Urteil mit Klagerücknahme wirkungslos (§ 269 III 1) oder durch einen späteren Vergleich hinfällig geworden ist. Einstellung der ZwV, Abwendungsbefugnis des Sch nach §§ 711, 712 I 1 oder erforderl Sicherheitsleistung des Gl hindern die Klauselerteilung nicht (vielmehr nur Beginn und Fortsetzung der ZwV: §§ 751, 775); dgl nicht die Eröffnung des Insolvenzverf über das Vermögen des Sch (ausgeschlossen ist nur die Durchführung der ZwV: § 89 InsO) und ebenso nicht sachl Einwendungen, die mit der Klage (§ 767) geltend zu machen sind (OLG Zweibrücken JurBüro 89, 869; zum Urteil: s Rn 6), auch wenn sie aktenkundig sind.

2) Vollstreckbarkeit. Das Urteil muss rechtskr oder für vorl vollstrb erklärt sein (§ 704). Nach der Aufhebung der Vollstreckbarerklärung (§ 717 I) und dann, wenn (soweit) die ZwV durch Urteil nach § 767 für unzulässig erklärt ist (beseitigt die Vollstreckbarkeit: s § 767 Rn 5; BayObLG DNotZ 97, 77, 78), verbietet sich eine Klauselerteilung. 6

3) Vollstreckungsfähiger Inhalt. Der Titel muss einen nach seiner Formel durchsetzbaren Anspruch inhaltl bestimmt ausweisen (sa § 704 Rn 2). Klageabweisende Urteile, Feststellungsurteile (§ 256) oder ein Urteil nach § 771 sind nur dann vollstrb auszufertigen, wenn auf sie der KFB gesetzt ist (§§ 105, 795a). Ein Prozessvergleich enthält einen vollstrb Inhalt auch, wenn der Sch nicht nur seine Zahlungspflicht anerkannt, sondern sich noch der sof ZwV unterworfen hat (BGH MDR 91, 1199 = NJW-RR 91, 1021). 7

V) Verfahren. 1) Antrag. Erteilt wird die vollstrb Ausfertigung nur auf Antrag. Zum Berechtigten: s Rn 3. Der Antrag kann formlos (auch mündl) gestellt werden; er unterliegt nicht dem Anwaltszwang: § 78 III. Ein Vertreter des Gl muss als Bevollmächtigter nach § 79 II vertretungsbefugt sein. Eine Vollmacht ist nach allg Grundsätzen nachzuweisen (§ 80). 8

2) Zuständigkeit. Nach **II 1** wird die vollstrb Ausfertigung durch den **UdG** des Gerichts **1. Instanz** erteilt. Dies gilt nach der Neufassung von II auch für Urteile etc eines Rechtsmittelgerichts, sofern die *Akte in 1. Instanz elektron geführt* wurde (Grund: § 734 ist für ein höheres Gericht technisch nicht umsetzbar; vgl BTDrs 19/31119, 6). In den anderen Fällen wird die vollstrb Ausfertigung nach **II 2** (missverständl Wortlaut: … kann … auch) von dem **UdG** des **höheren Gerichts** erteilt, wenn der Rechtsstreit dort anhängig ist (vgl BTDrs aaO); das gilt auch für den Fall, dass das Berufungsgericht die Berufung teilw zurückgewiesen hat und insoweit die Klausel erteilt werden soll. Der **Rechtspfleger** ist **in Sonderfällen** (§ 726 I, §§ 727-729, §§ 733, 738, 742, 744, 745 II, § 749 und nach anderen Gesetzen) sowie bei Erteilung von weiteren vollstrb Ausfertigungen zuständig (§ 20 I Nr 12, 13 RPflG). 9

3) Prüfung. Der UdG prüft den Antrag (s Rn 8) und die Voraussetzungen für die Erteilung der Ausfertigung (s Rn 3-7; „formelles“ Prüfungsrecht); nicht aber, ob der Vollstr Einwendungen entgegenstehen, durch die sie ausgeschlossen ist (vgl BGH MDR 76, 837, 838; BGH MDR 2011, 1069 = NJW 2011, 2803 Tz 20; OLG Koblenz FamRZ 2010, 1366 LS [mat-rechtl Einwendungen: § 767]). Grund: das Klauselerteilungsverf dient der „Prüfung der Vollstreckbarkeit nach der prozessualen Lage der Sache“ (vgl Motive S 403 f = Hahn/Mugdan, Die gesamten Materialien zu den Reichs-Justizgesetzen, 2. Aufl, Bd 2, Abt 1, S 433 f). Dies führt zu einer „prozessualen Eigenständigkeit“ des Klauselerteilungsverf mit der Folge, dass der **Titel nur auf** seine **formelle Vollstreckungsfähigkeit**, die sich grds nicht an mat-rechtl Kriterien orientiert, **überprüft** wird. Es dient nicht dazu, das Ergebnis des Erkenntnisverf zu revidieren oder mat-rechtl Veränderungen vor Vollstreckungsbeginn Rechnung zu tragen. Eine unbegrenzte Prüfung des Titels wird vom Klauselerteilungsorgan nicht gefordert und kann in Anbetracht der begrenzten Nachweismittel im Klauselerteilungsverf auch nicht erwartet werden (iE BGH MDR 2011, 1069 = NJW 2011, 2803 Tz 20 ff mwN; sa BGH MDR 2025, 477 Tz 18 ff [Prüfung der Parteifähigkeit des Gl]; BGH MDR 2025, 410 [Besitzrecht eines Dritten]). Die vorherige Zustellung des Vollstreckungstitels ist nicht erforderl (kann aber für dessen Wirksamkeit notw sein: § 310 III). Der Sch wird grds nicht gehört (vgl § 730). Abzulehnen ist der Antrag, wenn die Voraussetzungen für die Erteilung der Klausel nicht erfüllt sind, durch Beschluss des UdG (möglich auch Bescheid in Schriftform), der zu begründen ist. Zustellung gebietet § 573 I 1 iVm § 329 III. 10

4) Form. S Anm zu § 725. 11

VI) Beschränkte Klausel. Auch nur wegen eines (bestimmten) **Teils des Urteilsausspruchs** kann die Vollstreckungsklausel erteilt werden (BGH MDR 95, 520 = NJW 95, 1162, 1163); ebenso kann, wenn das Urteil mehrere Entscheidungen enthält, die Vollstreckbarkeit der Ausfertigung auf einzelne beschränkt werden. Die Beschränkung ist in der Klausel ausdrückl hervorzuheben. Sind **mehrere Sch** nach bestimmten Teilen (zB Kopfteilen) verurteilt, sind so viele Ausfertigungen zu erteilen, wie Sch vorhanden sind; jede Ausfertigung ist nur mit der Klausel gegen jew einen der Sch zu versehen (BGH MDR 2014, 51 = NJW-RR 2014, 195 Tz 19). Sind mehrere Bekl als **Gesamtschuldner** verurteilt, wird nur eine vollstrb Ausfertigung erteilt (weitere nur nach § 733; sa StJ/Münzberg § 725 Rn 5; aA MskV/Lackmann Rn 8 iVm § 733 Rn 4). Sind mehrere Personen als Ge- 12 samtsch in voneinander getrennten Entscheidungen verurteilt, soll der vollstrb Ausfertigung der späteren Entscheidung beizufügen sein, dass sie gegen den Bekl erteilt wird, der für die Urteilssumme als Gesamtsch mit dem durch … Urteil des Amtsgerichts … vom … verurteilten … haftet (so zB StJ/Münzberg § 725 Rn 5 Fn 25). Das bewirkt jedoch nichts. Der vollstrb Anspruch hat sich zudem aus dem Urteil selbst zu ergeben; er ist in der Klausel nicht zu wiederholen (sa § 725 Rn 1) und nicht zu berichtigen.

13 **VII) Rechtsbehelfe.** Die des **Sch** richten sich gegen die bescheinigten Vollstreckungsvoraussetzungen (s Rn 1), nicht gegen eine Vollstreckungsmaßnahme. Einwendungen können daher nicht mit den Rechtsbehelfen des ZwV-Verf geltend gemacht werden, eigenständige Rechtsbehelfe sind Klauselerinnerung (§ 732) und Klauselklage (§ 768). Der **Gl** hat bei der Ablehnung durch den *UdG* befristete Erinnerung (§ 573 I) mit Abhilfebefugnis des UdG (§ 573 I 3 iVm § 572 I 1), gegen die Entscheidung des Gerichts (erster Instanz) dann sof Beschwerde (§ 567 I), bei zwischenzeitl Übergang der Zuständigkeit für die Klauselerteilung auf das höhere Gericht (§ 724 II) auch Gegenvorstellung bei diesem (BGH MDR 84, 385 = NJW 84, 806). Bei der Ablehnung durch den *Rechtspfleger* des AG oder LG im ersten Rechtszug findet sof Beschwerde statt (§ 567 I iVm § 11 I RPflG; BGH MDR 2020, 1018 = juris Tz 9; Hk-ZPO/Kindl Rn 11) mit Abhilferecht/-pflicht des Rechtspflegers, bei der Ablehnung durch den Rechtspfleger im zweiten Rechtszug oder beim BGH befristete Erinnerung (§ 11 II RPflG; teilw aA MK/Wolfsteiner Rn 59), nach Maßgabe von §§ 574 ff evtl Rechtsbeschwerde. Nach der Klauselerteilung auf Anweisung des Erinnerungs- oder Beschwerdegerichts oder durch dieses für den Sch Einwendungen nach § 732 I (aA [Beschwerde] OLG Hamm NJW-RR 90, 1277 f; dagegen zutreffende abl Anm Münzberg Rpfleger 91, 210), auch Klage nach § 768. Bei der Ablehnung für den Gl außerdem Klage nach § 731.

14 **VIII) Vollstreckungsverfahren.** Die vollstrb Ausfertigung ist notw urkundl Voraussetzung der ZwV (§ 724 I). Das Vollstreckungsorgan (auch das als solches zuständige Prozessgericht: RGZ 53, 181, 183; OLG Düsseldorf OLGZ 76, 376) hat zu prüfen, ob sie vorhanden und ordnungsgem (von dem zuständigen Beamten und formgerecht) erteilt ist, nicht aber, ob sie erteilt werden durfte (BGH MDR 2017, 727 = NJW-RR 2017, 510 Tz 13 mwN). Der Nachprüfung entzogen sind damit die mit der Vollstreckungsklausel bescheinigten sachl Erfordernisse der Vollstr (s Rn 1, 3-4, 6); nicht aber, ob die Urkunde Vollstreckungstitel ist (BGH MDR 2006, 353 = NJW-RR 2006, 217 f) und ein vollstrb Inhalt des Titels vorliegt (ihn kann die Klausel nicht ersetzen: BGH MDR 2006, 353 = NJW-RR 2006, 217 f). Die Klausel bestimmt damit auch, für und gegen welche Personen die Vollstr stattfinden darf; die Prüfung der Identität ist Sache des Vollstreckungsorgans (§ 750 I). Auf Mängel des Titels und Bedenken gegen die Klausel hat das Vollstreckungsorgan aufmerksam zu machen (Amtspflicht; dazu auch BGH MDR 2006, 353 = NJW-RR 2006, 217 f). Eine ZwV ohne Vollstreckungsklausel ist nur anfechtbar (sa vor § 704 Rn 34; StJ/Münzberg § 725 Rn 12), nicht aber unheilbar nichtig. Ein Verlust der vollstrb Ausfertigung nach der Pfändung hindert (bis zur Vorlage einer weiteren vollstrb Ausfertigung: § 733) nur den Fortgang der ZwV, das Pfandrecht bleibt bestehen.

15 **IX) Übergabe der vollstreckbaren Ausfertigung an den Schuldner.** Durch den GV: **§ 757 I**. Mat-rechtl **Herausgabeanspruch** nach Befriedigung des Gl: **§ 371 BGB** (entspr Anwendung: sa § 767 Rn 2.6). Die Aushändigung der vollstrb Ausfertigung an den Sch kann auch nach einer Teilbefriedigung des Gl erforderl sein, weil selbst dessen Verzicht das Rechtsschutzinteresse des Sch für eine Abwehrklage nach § 767 nicht beseitigen kann, solange der Gl den (urspr) Titel noch in Händen hat (BGH MDR 92, 960 = NJW 92, 2148 mwN). Ausnahmen werden allerdings bei Titeln auf wiederkehrende Unterhaltsleistungen sowie dann gemacht, wenn eine ZwV nach den Umständen des Falles unzweifelhaft nicht mehr droht (BGH MDR 92, 960 = NJW 92, 2148). Wenn der Gl nach einer Teilerfüllung den urspr Titel dem Sch ausgehändigt hat, für den Forderungsrest aber noch einen Titel benötigt, soll er nach § 733 eine beschränkte weitere Ausfertigung erwirken können (BGH MDR 92, 960 = NJW 92, 2148). Die Interessen der Beteiligten können jedoch schon durch Rückgabe der urspr Ausfertigung an das Gericht (den Notar) mit dem Antrag gewahrt werden, auf der Urkunde zu vermerken, dass die Vollstreckungsklausel sich nicht mehr auf den (zu bezeichnenden) erloschenen Teil der Titelforderung erstreckt, mithin nur noch wegen des verbleibenden Anspruchs des Gl erteilt ist (wie Rn 12; sa § 733 Rn 2). Dann wird die Urkunde wieder als Erstausfertigung an den Gl zurückgegeben. Es ist dann nur eine Teilklausel über den Forderungsrest erteilt; folglich ist keine vollstrb Ausfertigung über den mit der Teilbefriedigung erloschenen Teil der Titelforderung mehr vorhanden, die herausgegeben werden könnte (unzutr daher Gutachten DNotI-Report 2014, 19, 20). Das muss selbst dann gelten, wenn der Gl den urspr Titel nach Teilbefriedigung wiederkehrender Leistungen (Unterhalt, Zinsen einer Grundschuld) herausgegeben hat. Entsprechendes gilt, wenn fällige wiederkehrende Leistungen (Unterhalt, Zinsen) unzweifelhaft verjährt sind. An das Vollstreckungsgericht (den Notar) kann die vollstrb Ausfertigung jederzeit zurückgegeben werden (vgl § 733 I; sa MK/Wolfsteiner § 724 Rn 56). Erforderl ist die Rückgabe zB, wenn eine neue erste Ausfertigung zu erteilen ist (sa § 733 Rn 3), ebenso wenn durch den Notar ein Verstoß gegen § 44 BeurkG (Verbindung mehrerer Blätter mit Schnur und Siegel) beseitigt oder die Beschädigung der Verbindung behoben werden soll (Gutachten DNotI-Report 2014, 27).

16 **X) Gebühren. 1) Gericht:** keine für die erstmalige Erteilung der Vollstreckungsklausel. – **2) RA:** Weder der ProzBev noch der die ZwV betreibende RA erhält eine bes Geb (§ 19 I 2 Nr 13 RVG). Zum Verf auf Erteilung einer weiteren vollstreckbaren Ausfertigung s § 733 Rn 16.

§ 725 Vollstreckungsklausel

Die Vollstreckungsklausel:

„Vorstehende Ausfertigung wird dem usw. (Bezeichnung der Partei) zum Zwecke der Zwangsvollstreckung erteilt“

ist der Ausfertigung des Urteils am Schluss beizufügen, von dem Urkundsbeamten der Geschäftsstelle zu unterschreiben und mit dem Gerichtssiegel zu versehen.

I) Wortlaut der Klausel. Er ist in § 725 festgelegt und bezeichnet das **Mindestmaß**. Die Fassung der Klausel mit diesem Wortlaut ist üblich, aber nicht zwingend. Der UdG darf nach Lage des Falles abweichen und Änderungen kenntlich machen (klarstellende Zusätze). Notw ist, dass die Klausel inhaltlich § 725 entspricht, somit als Zeugnis für die ZwV erkenntlich ist und den Gl bezeichnet, der die ZwV betreiben kann. Die Bezeichnung „Kläger“, „Antragsteller“ genügt bei ausreichender Nennung im Urteil (§ 313 I Nr 1); bei vollstrb Urkunde dgl „Gläubiger“, wenn keine Verwechslungsgefahr besteht (sonst weitere Angabe erforderl; zB „Kläger zu 2“; „Gläubiger Müller“). Was sich aus dem Urteil ergibt, wird nicht nochmal bezeichnet, sein Inhalt nicht wiederholt. Im Normalfall entfällt die Bezeichnung des Sch und des vollstrb Anspruchs. Über den Urteilsinhalt hinaus darf die Klausel eine Vollstreckbarkeit nicht bescheinigen, auch nicht für Zinsen und Kosten. Angaben über die Geldempfangsvollmacht eines Vertreters gehören nicht in die Klausel. Einschränkungen sind zulässig (zB bei Teilklausel, auf Antrag, bei Beschränkung auf den dingl Anspruch). Entfällt eine Einschränkung, ist eine neue Klausel zu erteilen (auch in der Form, dass die bisherige Klausel erweitert wird). Als Urteilsinhalt werden die Abhängigkeit der Vollstr von einer Sicherheitsleistung (§§ 709, 712 II 2), die Abwendungsbefugnis des Sch (§§ 711, 712) und die Beschränkung auf die Sicherungsvollstr (§ 712 I 2) in der Klausel nicht erwähnt. Zu vermerken ist in der Klausel die aktenkundige nachträgl Anordnung einer Sicherheitsleistung (§§ 707, 719 usw; so auch StJ/Münzberg Rn 3), nicht aber die nachträgliche Gewährung einer Räumungsfrist (§ 721, aA StJ/Münzberg Rn 3 [Vermerk auch hier zulässig]). 1

II) Anbringung. 1) Titel. Die Klausel kann **auf** eine **vollst oder abgekürzte** (§ 317 II) **Ausfertigung des Urteils** gesetzt werden. Eine elektron Ausfertigung kann mit der Vollstreckungsklausel nicht versehen werden; die vollstrb Ausfertigung ist stets Papierurkunde (BGH MDR 2008, 712). Der Ausfertigung ist die Klausel am Schluss beizufügen; sie kann aber auch auf den Rand oder auf ein mit der Ausfertigung (fest) zu verbindendes Blatt gesetzt werden (statt „vorstehende“ wird dann formuliert „nebenstehende“ oder „angeheftete“). Verwendet werden kann eine bereits früher erteilte oder eine erst anzufertigende Urteilsausfertigung. Wenn die Ausfertigung erst angefertigt wird, kann der Ausfertigungsvermerk selbständig abgefasst und unterzeichnet, aber auch der Vollstreckungsklausel zur gemeinsamen Unterzeichnung vorangestellt werden („I. Ausfertigungsvermerk … II. Klausel …“). Der Ausfertigungsvermerk kann auch mit dem Klauselwortlaut zusammengefasst werden. 2

Beispiel:

Vorstehende mit der Urschrift übereinstimmende Ausfertigung wird dem … (Bezeichnung der Partei) zum Zwecke der Zwangsvollstreckung erteilt.

Ort, Datum Der Urkundsbeamte der Geschäftsstelle

Eine Zusammenlegung des Ausfertigungsvermerks mit dem Klauselwortlaut kann auch in der Weise erfolgen, dass der (unbegl) Urteilsabschrift lediglich eine ordnungsgem Vollstreckungsklausel beigefügt wird (nicht zu empfehlen). Das Schriftstück erlangt dadurch zugleich die Eigenschaft einer Ausfertigung (vgl BGH MDR 63, 565 = NJW 63, 1307).

Beispiel:

Vorstehende Ausfertigung wird der Klage-Partei zum Zwecke der Zwangsvollstreckung erteilt.

2) Bezeichnung. Die **vollstrb Ausfertigung** wird üblicherweise durch einen Kopfvermerk **als solche bezeichnet** (überschrieben); notw ist das nicht. Zweckmäßig und üblich, nicht aber notw, ist die Angabe des Tages der Erteilung. Die Klausel muss vom UdG oder Rechtspfleger (eigenhändig) unterschrieben (individueller Schriftzug erforderl: AG Bremen DGVZ 81, 61) und mit dem Gerichtssiegel (Stempel genügt, nicht aber ein eingedrucktes Siegel: AG Pankow-Weißensee Rpfleger 2008, 586) versehen sein; sie muss erkennen lassen, ob sie vom UdG oder Rechtspfleger (§ 12 RPflG) erteilt ist. Grundlage der ZwV kann nur das (unterzeichnete [BGH NJW-RR 98, 141] und mit Siegel versehene) Original der Vollstreckungsklausel sein, nicht aber eine Ausfertigung dieser Vollstreckungsklausel (LG Frankenthal Rpfleger 85, 244). 3

III) Mehrere Urteile etc. Die Vollstreckungsklausel ist zu dem von mehreren Urteilen zu erteilen, das als Leistungsurteil Vollstreckungstitel ist. Ist durch Urteil der höheren Instanz die verurteilende Entscheidung der unteren Instanz bestätigt worden, ist letztere mit der Klausel zu versehen (OLG Celle JurBüro 85, 1731). War das Ersturteil gegen Sicherheitsleistung vollstrb und wurde das Rechtsmittel durch ein ohne Sicherheitsleistung vollstrb Urteil (§ 708 Nr 10) zurückgewiesen, ist dies in der Klausel zu dem auszufertigenden ersten Urteil zu vermerken. Wenn von dem ersten Urteil eine vollstrb Ausfertigung bereits erteilt wurde, genügt zum Nachweis der 4 nun unbedingten Vollstreckbarkeit eine (einfache) Ausfertigung des zweiten Urteils (vgl BGH MDR 98, 119 = NJW 98, 613; StJ/Münzberg Rn 6); vollstrb ausgefertigt wird das bestätigende Urteil nicht. Hat das höhere Gericht die Verurteilung zur Zahlung von Hauptsache und Zinsen (vollständig) neugefasst (BGH MDR 98, 119 = NJW 98, 613) oder wurde sonst das Urteil in der höheren Instanz abgeändert, ist das abändernde letzte Urteil Vollstreckungstitel (OLG Hamm Rpfleger 73, 440; zum Abänderungsurteil nach § 323: s § 775 Rn 4); der UdG des Gerichts der unteren Instanz hat die vollstrb Ausfertigung des Urteils der höheren Instanz auf Grund der in den Akten befindlichen Abschrift desselben (§ 541 II, § 555 V) zu erteilen (RGZ 11, 409, 411). Schränkt das Urteil der 2. Instanz nur den Zinsanspruch (das vorausgehende Urteil iÜ aber unwesentl) ein, ist die vollstrb Ausfertigung von dem Urteil der Vorinstanz zu erteilen, das die Zahlungspflicht vollstrb ausweist (BGH MDR 98, 119 = NJW 98, 613; sa BGH MDR 2022, 122 = juris Tz 29 mwN); die Einschränkung ist in der Klausel zu dem auszufertigenden Vorurteil zu vermerken („Teilklausel"; sa § 724 Rn 12). Von dem str Urteil ist die vollstrb Ausfertigung zu erteilen, wenn es ein auf Zahlung lautendes VU auf Einspruch nur teilw aufrechterhält (bestätigt), insoweit die Vollstr von einer Sicherheitsleistung abhängig macht und das VU im Übrigen aufhebt (OLG Karlsruhe DGVZ 65, 87). Ist das Urteil der höheren Instanz so abgefasst, dass sich erst aus den Urteilsformeln des in der unteren und des in der oberen Instanz ergangenen Urteils der Inhalt der vollstrb Entscheidung ergibt, sind bei der vollstrb Ausfertigung die beiden Entscheidungen miteinander zu verbinden (OLG München NJW 56, 996; sa BGH MDR 98, 119 = NJW 98, 613). Dies kann in der Weise geschehen, dass die Urteilsformel des Urteils der unteren Instanz an das Urteil der höheren Instanz mit dem Bemerken angereiht wird: „Die in dem vorstehenden Urteil in Bezug genommene Urteilsformel der unteren Instanz hat folgenden Wortlaut: …" In der Klausel ist ausdrückl anzuführen, dass „die vorstehende Ausfertigung des Urteils der höheren Instanz zum Zwecke der ZwV erteilt wird". Ist die vorl Vollstreckbarkeit in einer bes Entscheidung ausgesprochen (§§ 716, 718), genügt es, in der Vollstreckungsklausel diese Entscheidung zu vermerken. Hat der Kl von dem ersten VU eine vollstrb Ausfertigung erhalten, ist von dem zweiten für vorl vollstrb erklärten Urteil keine vollstrb Ausfertigung zu erteilen, weil das Urteil einer Vollstr nicht fähig ist. Bei einem Vollstreckungsurteil (§ 722) ist nur dieses auszufertigen.

5 **IV) Berichtigung der Klausel.** Eine solche ist gem **§ 319** möglich.

§ 726 Vollstreckbare Ausfertigung bei bedingten Leistungen

(1) Von Urteilen, deren Vollstreckung nach ihrem Inhalt von dem durch den Gläubiger zu beweisenden Eintritt einer anderen Tatsache als einer dem Gläubiger obliegenden Sicherheitsleistung abhängt, darf eine vollstreckbare Ausfertigung nur erteilt werden, wenn der Beweis durch öffentliche oder öffentlich beglaubigte Urkunden geführt wird.

(2) Hängt die Vollstreckung von einer Zug um Zug zu bewirkenden Leistung des Gläubigers an den Schuldner ab, so ist der Beweis, dass der Schuldner befriedigt oder im Verzug der Annahme ist, nur dann erforderlich, wenn die dem Schuldner obliegende Leistung in der Abgabe einer Willenserklärung besteht.

1 **I) Zweck.** Den Eintritt einer vom Gl für die Zulässigkeit der ZwV nach dem Inhalt des Urteils zu beweisenden Tatsache hat das Vollstreckungsorgan vor dem Vollstreckungsbeginn nicht zu prüfen. Das ist dem für das Klauselverf zuständigen Organ aufgetragen (sa § 724 Rn 1). Zur Prüfungskompetenz: BGH MDR 2011, 1069 = NJW 2011, 2803 Tz 19 ff; sa § 724 Rn 10. Dem Vollstreckungsorgan wird mit der Erteilung der sog qualifizierten titelergänzenden Klausel die Vollstreckungsvoraussetzung bindend bescheinigt (sa § 724 Rn 14). Nur die vorherige prozessuale Sicherheitsleistung des Gl prüft das Vollstreckungsorgan selbst (§ 751 II); wenn eine Sicherheitsleistung Vollstreckungsvoraussetzung ist (anders bei der Verurteilung gegen eine nach mat Recht zu leistende Sicherheit, zB § 273 III BGB), wird daher die Vollstreckungsklausel ohne Weiteres (nach § 724 durch den UdG) erteilt. Zur Zug-um-Zug-Leistung: s Rn 11.

2 **II) Eintritt einer anderen Tatsache als der Sicherheitsleistung durch den Gläubiger (§ 726 I). 1) Inhalt.** Die Klausel kann erst nach dem Führen des Nachweises erteilt werden, wenn die **Vollstr des Urteils** (sonstigen Titels) **nach seinem Inhalt abhängig** ist (muss sich grds aus dem Wortlaut ergeben: vgl BGH MDR 2011, 1069 = NJW 2011, 2803 Tz 19) **a)** entweder vom **Eintritt einer aufsch Bedingung** (eines zukünftigen ungewissen Ereignisses, das auch eintreten kann; sa BGH NJW-RR 2018, 817 Tz 48 f [sonst kein vollstrb Titel]) oder Tatsache (auch aus zurückliegender Zeit: OLGR Köln 2000, 160, 161; Einschränkung für Urteil durch § 767 II), *nicht jedoch von einer Sicherheitsleistung des Gl*;

3 **b)** oder vom **Ablauf** einer nicht nach dem Kalendertag bestimmten **Frist**, zB ein Monat nach Rechtskraft, nach Kündigung (Bedingung und Befristung); für feststehende Frist: s § 751 I.

4 **c) Beispiele für aufsch Bedingungen etc:** Kündigung (und Ablauf der Kündigungsfrist: s § 797 Rn 16; zu *§ 1193 I 1 BGB: BGH MDR 2020*, 1465), Vorleistung des Gl wie Zahlung erst nach Mängelbeseitigung und Abnahme (OLG Oldenburg Rpfleger 85, 448), Durchführung von Sanierungsarbeiten nach Maßgabe eines Gutachtens (OLG Koblenz NJW 92, 378), Räumung (Auszug) bis … (zur Auslegung: OLG Köln NJW-RR 94, 893;

LG Kassel NJW-RR 94, 466), Leistung von Sozialhilfe in Höhe zugesprochener Beträge (Künkel FamRZ 94, 540, 548), durch Titel nicht ausgewiesener Verzug des Sch, Rechtskraft einer anderen Entscheidung (Beendigung eines anderen Prozesses: RGZ 81, 299), Urteilsvorbehalt nach § 14 AnfG (Bedingungseintritt mit nur teilw Rechtskraft: OLG Koblenz Rpfleger 2005, 37), Zinszahlung bei Verzug (zum Nachweisverzicht: s Rn 20), Wegfall einer Stundung, Genehmigung durch Pfleger zu Vergleich eines durch Vertreter ohne Vertretungsmacht vertretenen Minderjährigen (OLG Nürnberg MDR 60, 318), behördl (BGH MDR 58, 913 = NJW 58, 1969, 1970; BGH MDR 78, 301 = NJW 78, 1262, 1263 aE [Abbruchgenehmigung]; OLG Frankfurt JurBüro 97, 496 [Baugenehmigung]), auch familien-/betreuungsgerichtl Genehmigung (und Mitteilung nach § 1829 BGB: Bull Rpfleger 60, 130), Räumungsvergleich mit Ersatzraumklausel (OLG Hamm Rpfleger 65, 238), Räumungsvergleich zu vollstr bei Zahlungsverzug (AG Rastatt Rpfleger 97, 75), Höhe einer berechenbar festgestellten Schuld wird erst durch eine zukünftige Tatsache bestimmt („Schadensersatz von … Euro pro m^2 am 31.12. … nicht verkaufter Wohnfläche“: KG DNotZ 83, 681), Notarmitteilung, dass die Auflassungsvormerkung rangrichtig eingetragen ist und behördl Bestätigungen, Freistellungsunterlagen, Vertragszustimmung/-genehmigung durch Dritte (zB § 12 WEG, § 5 ErbbauRG) usw vorliegen (Nachweis durch Eigenurkunde des Notars, somit unterzeichnete und gesiegelte Erklärung). Aufsch Bedingung ist auch Voraussetzung für die Vollstr eines Prozessvergleichs zur Zahlung ab (oder nach oder für den Fall) rechtskr Scheidung (vgl OLG München FamRZ 2002, 405, 406).

Bei der **Abtretung einer Sicherungsgrundschuld** ist der Eintritt in den Sicherungsvertrag durch den Zessionar 5
im Klauselerteilungsverf nicht nach § 726 I (auch nicht nach § 727 I) nachzuweisen, wenn diese Bedingung im Wortlaut der notariellen Urkunde nicht angelegt ist (vgl BGH MDR 2011, 1069 = NJW 2011, 2803 Tz 18 ff mwN; aA noch BGH MDR 2010, 880 = NJW 2010, 2041 Tz 24 ff, 40 [jedoch nur obiter dictum mit falschem Hinweis auf § 727 I]; ausführl zu dieser Rspr: Seibel ua ZwVR aktuell, 2. Aufl 2013, § 8 Rn 3 ff mwN).

2) Beweislast. Der **Gl muss den Eintritt der Tatsache** nach dem Inhalt des Titels (oder nach Beweislastregeln) 6
zu **beweisen** haben.

3) Titel; Auslegung. Ob eine Bedingung (Befristung) vorliegt und vom Gl zu beweisen ist, ist ggf durch Ausle- 7
gung des Titels zu bestimmen (BGH MDR 2010, 1212 = NJW-RR 2011, 424 Tz 19 mwN). Dabei kommt es grds auf den Wortlaut des Titels an (vgl BGH MDR 2011, 1069 = NJW 2011, 2803 Tz 19). Im Zweifel kann nicht angenommen werden, dass die Erteilung der vollstrb Ausfertigung nach I von einer Bedingung abhängig gemacht ist, deren Eintritt nicht durch öffentl oder öffentl begl Urkunden nachgewiesen werden kann (BGH MDR 2010, 1212 = NJW-RR 2011, 424 Tz 20). Die (allg formulierte) Erklärung in einer vollstrb Urkunde (§ 794 I Nr 5), dass die Grundschuld nur verwertet werden darf, wenn der Gl sicherstellt, dass der Kredit zweckentsprechend (zur Bebauung) verwendet wird, wird daher als Hinweis auf die (schuldrechtl) Sicherungsvereinbarung verstanden, nicht aber als inhaltl Bestimmung des Vollstreckungstitels angesehen, dass die Durchsetzung des Anspruchs von dem Nachweis dieser Verwendung abhängig sein soll. Im Klauselerteilungsverf erlangt dieses Erfordernis daher keine Bedeutung; ebenso kann nach § 732 nicht geltend gemacht werden, dass die (mat-rechtl) Voraussetzungen der Grundschuldverwertung nicht vorliegen (BGH MDR 2010, 1212 = NJW-RR 2011, 424 Tz 20 ff; sa BGH MDR 2020, 1465). Ist für einen Titel eine Vollstreckungsklausel nicht notw (sa § 724 Rn 2), wird sie auch im Fall von § 726 nicht benötigt.

III) Beweisführung durch den Gläubiger. Den erforderl Beweis (s Rn 2, 3) hat der Gl durch **öffentl** (§ 415) 8
oder öffentl begl (§ 129 BGB) **Urkunden** zu führen (I aE). Deren Beweiskraft bestimmt sich nach §§ 415-418 (sa BGH MDR 2017, 1206 Tz 15 [zu § 727 I]); zur Beweiswürdigung des Urkundeninhalts: s § 286 (§ 419); eine ergänzende Beweiserhebung durch das Gericht findet nicht statt (OLGR Köln 2000, 160, 161). Eine Notar„bestätigung“ (gutachtliche Stellungnahme) führt den Tatsachenbeweis nicht (vgl § 418; OLG Frankfurt NJW-RR 96, 529). Eine öffentl begl Erklärung (§ 129 BGB) weist (nur) die Echtheit der Unterschrift und den Zeitpunkt der Beglaubigung aus (vgl § 40 BeurkG, § 416), nicht aber die Richtigkeit des Inhalts der Erklärung; dadurch wird somit (wie zB bei eidesstattl Versicherung oder Äußerung über eine Wahrnehmung) der Eintritt der für den Vollstreckungsbeginn erheblichen Tatsache nicht bewiesen. Die öffentl oder öffentl begl **Urkunden sind vorzulegen**; eine **Bezugnahme** genügt nur, wenn die Urkunde dem Gericht (in einer anderen Sache) bereits eingereicht ist. Die Vorlage einer begl Abschrift genügt; jedoch kann das Original verlangt werden (§ 435). Offenkundige (§ 291) und bei einer Anhörung zugestandene (§§ 288, 730; OLG Frankfurt Rpfleger 75, 326; Münzberg NJW 92, 201; sa MK/Wolfsteiner Rn 60 ff, 64 ff) Tatsachen bedürfen auch im Klauselerteilungsverf keines Urkundenbeweises (Nichtbestreiten ist aber kein Zugeständnis: s § 727 Rn 20). Zum **Nachweisverzicht durch den Sch:** s Rn 20. Für **Kündigung** oder Angebot (sonstige Willenserklärung) muss nicht die Erklärung (und ihre Wirksamkeit), sondern nur deren Zugang in urkundl Form nachgewiesen sein (Zustellungsurkunde, Protokoll des GV; nicht ausreichend ist Einschreibenachweis oder Postrückschein); die Klauselerteilung bei einer Kündigung ist erst nach Fristablauf zulässig (vgl OLG Frankfurt Rpfleger 73, 323; sa § 797 Rn 16). **Kann der Urkundenbeweis nicht geführt werden, muss der Gl auf Klauselerteilung klagen** (§ 731).

IV) Zuständigkeit. Für die Erteilung der Vollstreckungsklausel ist im Fall von § 726 I der Rechtspfleger (§ 20 I 9
Nr 12 RPflG) zuständig. Zur Anhörung des Sch: § 730. Erteilt wird die Klausel (Form: § 725), wenn die allg Voraussetzungen (s § 724 Rn 3 ff) erfüllt sind und die zu beweisende Tatsache urkundl nachgewiesen ist. Die für den Beweis herangezogenen (nicht weitere vom Gl zusätzl vorgelegte) Urkunden sind in der Klausel zu bezeich-

nen (Grund: Zustellungserfordernis nach § 750 II), dgl Offenkundigkeit oder Zugeständnis (vgl OLG Zweibrücken NJW-RR 97, 882, 883; Münzberg NJW 92, 201). **Rechtsbehelfe:** s § 724 Rn 13.

10 Erteilt der **UdG fehlerhaft eine einfache Klausel** (§ 724), obwohl eine titelergänzende Klausel (§ 726) erforderl gewesen wäre, kann dieser Einwand des Sch nicht mit der Erinnerung nach § 766, sondern nur mit derjenigen nach **§ 732** geltend gemacht werden (vgl BGH MDR 2017, 727 = NJW-RR 2017, 510 Tz 13; BGH MDR 2013, 174 = NJW-RR 2013, 437 Tz 9; BGH MDR 2012, 1063 = NJW-RR 2012, 1148 Tz 12; BGH MDR 2012, 367 = NJW-RR 2012, 1146 Tz 13 ff). Derartige Einwendungen des Sch sind der Nachprüfung durch das Vollstreckungsorgan entzogen und können deshalb nicht im Erinnerungsverf nach § 766 vor dem Vollstreckungsgericht geltend gemacht werden. Eine derart fehlerhaft erteilte Klausel leidet auch nicht an einem grundlegenden, schwerwiegenden Mangel, der zur Nichtigkeit des Vollstreckungsakts führt und der es rechtfertigt, die Überprüfung der Klauselerteilung auf das Vollstreckungsgericht zu verlagern.

11 **V) Zug-um-Zug-Leistung des Gläubigers an den Schuldner (§ 726 II). 1) Ablauf.** Bei einer solchen hat der GV die Gegenleistung anzubieten, sonst hat er oder das andere Vollstreckungsorgan die Erfüllung der Gegenleistung oder den Sch-Verzug zu prüfen (§§ 756, 765; auch wenn irrtümlich zur Leistung Zug um Zug gegen Herausgabe einer Urkunde verurteilt ist: s § 756 Rn 4 aE). Daher gelten hier für die Klauselerteilung grds keine Besonderheiten (§ 724 mit Zuständigkeit des UdG: LG Hamburg Rpfleger 2004, 159 [m Anm Alff: für Zahlung Zug um Zug gegen Auflassung]). Wenn jedoch die **Leistung des Sch** nach dem Urteil **in der Abgabe einer Willenserklärung besteht**, soll diese trotz ausstehender Gegenleistung des Gl nicht bereits mit der Rechtskr des Titels als abgegeben gelten (**§ 894 2**; Schutz des Sch); vielmehr gilt dann die Willenserklärung erst mit der Erteilung einer vollstrb Ausfertigung des rechtskr Urteils als abgegeben. **II** macht deshalb für diesen Fall die Erteilung einer vollstrb Ausfertigung gleichfalls vom Beweis abhängig, dass der Sch befriedigt oder in Annahmeverzug ist (gilt nicht für Prozessvergleich: vgl OLG Frankfurt Rpfleger 80, 291, 292; OLG Koblenz Rpfleger 97, 445). Zur Zuständigkeit des Rechtspflegers (OLG Hamm OLGZ 87, 270; StJ/Münzberg Rn 15) und zum Verf: s Rn 8, 9. Bestimmt das Urteil den Umfang der Gegenleistung nicht eindeutig (zB den Geldbetrag für Auflassung, Löschung usw nach Hauptanspruch, Zins usw), ist es wegen dieses Mangels nicht vollstrb (BGH MDR 94, 1242 = NJW 94, 586, 587 mwN; sa § 756 Rn 3); eine vollstrb Ausfertigung ist dann nicht zu erteilen.

12 **2) Verurteilung zur Leistung nach Empfang der Gegenleistung.** Diese erfolgt bei Annahmeverzug des Sch (§ 322 II BGB), ist für die Klauselerteilung und ZwV daher der Zug-um-Zug-Verurteilung gleichzusetzen. Die Klausel wird vom UdG nach § 724, nicht nach § 726 I (würde wieder Nachweis des schon im Urteil festgestellten Annahmeverzugs, mithin Fortbestand des Verzugs, erfordern) erteilt (OLG Karlsruhe MDR 75, 938; StJ/Münzberg Rn 17).

13 **VI) Unanwendbarkeit von § 726. 1) Willenserklärung.** Die Leistung des Sch besteht in der Abgabe einer Willenserklärung, ist jedoch nicht von einer Zug um Zug zu bewirkenden Gegenleistung des Gl abhängig.

14 **2) Auflösende Bedingung.** Beispiele: Zahlung einer Rente auf Lebenszeit; Zahlung von Unterhalt bis zur Rechtskr des Scheidungsurteils; Vollstr kann durch Leistung eines anderen Gegenstandes oder durch Stellung eines Ersatzmieters abgewendet werden (LG Köln MDR 59, 394). Der Gl ist in solchen Fällen bis zum Eintritt der Bedingung berechtigt (§ 158 II BGB); die Beweislast trifft den Sch (vgl RGZ 28, 145).

15 **3) Ersatzverurteilung.** Beispiel: § 259. Bei ihr ist der Sch nacheinander zu mehreren Leistungen verurteilt, zB zur Herausgabe und für den Fall, dass die Leistung nicht erfolgt, zur Zahlung einer Geldsumme (AG Friedberg DGVZ 91, 47).

16 **4) Verurteilung zur Vornahme einer Handlung.** Ebenso Verurteilung für den Fall, dass die Handlung nicht binnen einer bestimmten Frist vorgenommen ist, zur **Zahlung einer Entschädigung (§ 510b)**; auch bei entspr Vergleich (OLG Hamburg MDR 72, 1040; VG Gießen JurBüro 2007, 381).

17 **5) Leistung gegen. Aushändigung einer Urkunde.** Dazu: BGH MDR 2008, 1182 = NJW 2008, 3144 Tz 12 f. Beispiele: Aushändigung einer Quittung (§ 368 BGB), einer löschungsfähigen Quittung (§ 1144 BGB), einer Abtretungsurkunde (§ 410 BGB), eines Wechsels oder Schecks, eines Hypotheken-/Grundschuldbriefs (StJ/Münzberg Rn 18).

18 **6) Vereinbarung einer Verfallklausel (kassatorische Klausel).** Sie kommt in Vergleichen (auch vollstrb Urkunden) mit der Abrede vor, dass der Sch die gesamte Verbindlichkeit sofort zu leisten hat, wenn er eine fällige Rate nicht pünktlich zahlt, mit einem Teilbetrag (einer Rate usw) in Rückstand kommt (auch: „… länger als … im Rückstand bleibt") oÄ. Der Sch kann mit pünktl Zahlung die Vollstr abwenden, ohne dass der fällige Anspruch des Gl geschmälert wäre. Nach der Parteivereinbarung trifft den Sch der Beweis für die rechtzeitige Leistung (wie sonst für Erfüllung), nicht aber den Gl der Beweis für einen Verzug (BGH DNotZ 65, 544; Münzberg Rpfleger 97, 413). Daher liegt kein Fall von § 726 I vor (BGH DNotZ 65, 544; Münzberg Rpfleger 97, 413). Einwendungen des Sch gegen den Eintritt des Verfalls sind solche nach § 767 (nicht § 768; *BGH DNotZ 65, 544); er kann die rechtzeitige Zahlung auch* nach § 775 Nr 4, 5 geltend machen. Bei **Rücktrittsklausel** (Wirkung nicht bereits mit Zahlungsverzug, sondern erst mit Fälligstellung [Mahnung] durch Gl nach Zahlungsrückstand), dgl bei Stundung der Forderung selbst unter auflösender Bedingung (§ 158 II

BGB; zB Verzug mit anderer noch geschuldeter Leistung) handelt es sich hingegen um Fälle von § 726 I (Münzberg Rpfleger 97, 413).

7) Wahlschuld (§ 264 BGB). Grund: Sch schuldet die Leistungen dabei alternativ gleichwertig. 19

8) Befreiung des Gläubigers von der Nachweispflicht durch den Schuldner. Diese ist möglich (BGH MDR 2006, 352 = NJW-RR 2006, 567 mwN). Zulässig ist damit die Erklärung in einer notariellen Urkunde, dass „… dem Gl auf Antrag eine vollstrb Ausfertigung auch ohne den Nachweis derjenigen Tatsachen erteilt werden soll, von deren Eintritt die Fälligkeit der Forderung oder die Entstehung bedingter oder künftiger Leistungen abhängt" oder „… ohne Nachweis des Entstehens und der Fälligkeit der Schuld erteilt werden soll" (vgl BGH MDR 2020, 1465 [Folge: Klauselerteilung nach § 724]). 20

§ 727 Vollstreckbare Ausfertigung für und gegen Rechtsnachfolger

(1) Eine vollstreckbare Ausfertigung kann für den Rechtsnachfolger des in dem Urteil bezeichneten Gläubigers sowie gegen denjenigen Rechtsnachfolger des in dem Urteil bezeichneten Schuldners und denjenigen Besitzer der in Streit befangenen Sache, gegen die das Urteil nach § 325 wirksam ist, erteilt werden, sofern die Rechtsnachfolge oder das Besitzverhältnis bei dem Gericht offenkundig ist oder durch öffentliche oder öffentlich beglaubigte Urkunden nachgewiesen wird.

(2) Ist die Rechtsnachfolge oder das Besitzverhältnis bei dem Gericht offenkundig, so ist dies in der Vollstreckungsklausel zu erwähnen.

I) Zweck. Die ZwV erfordert eine namentl Bezeichnung von Gl und Sch im Titel oder in der diesem beigefügten Vollstreckungsklausel (§ 750 I 1), auch bei Urteilswirkung für oder gegen einen Dritten (sa § 325 Rn 1). Die Vollstreckbarkeit des Urteils für oder gegen eine andere Person ist im Klauselverf von dem zuständigen Organ zu prüfen und mit der Klauselerteilung vor Beginn der ZwV für das Vollstreckungsorgan bindend zu bescheinigen (s § 726 Rn 1; OLG Karlsruhe Rpfleger 2014, 420). Entspr gilt für andere Vollstreckungstitel (§ 795; auch landesrechtliche [§ 801]: s BGH MDR 2019, 1339 Tz 19 [§ 21 OL-StaatsbankG]). Besonderheiten oder entspr anwendbare Fälle regeln § 728 (Nacherbe oder Testamentsvollstrecker), § 729 (Vermögens- und Firmenübernehmer), § 738 (Nießbraucher), §§ 742, 744, 745 II (Gütergemeinschaft), § 744a (Eigentums- und Vermögensgemeinschaft) und § 749 (Testamentsvollstrecker). 1

II) Voraussetzungen. 1) Rechtsnachfolge. Ist auf Gläubiger- oder Schuldnerseite jeder Wechsel der im Urteil (sonstigen Titel) als Gl oder Sch des zu vollstr Anspruchs (s vor § 704 Rn 3) bezeichneten Person (s vor § 704 Rn 10, 11). Auf die Art der Rechtsnachfolge (zum Begriff: BGH MDR 2011, 1069 = NJW 2011, 2803 Tz 16 f mwN) kommt es nicht an (BAG MDR 2014, 1271 = NJW 2015, 107 Tz 11). Gläubigerrecht oder Schuldnerverpflichtung können auf andere Personen übergegangen sein im Wege der Gesamtrechtsnachfolge (unter Lebenden oder von Todes wegen: sa § 325 Rn 14 f) oder Sonderrechtsnachfolge. Die Rechtsnachfolge kann als abgeleiteter Rechtserwerb durch Rechtsgeschäft, Hoheitsakt oder kraft Gesetzes eingetreten sein; sie kann urspr Rechtserwerb (insb im Wege der ZwV) sein. Es kann sich um vollen Rechtsübergang oder um Erwerb eines minderen Rechts handeln (RGZ 82, 35, 38; zB Einziehungsrecht nach Pfändung und Überweisung; § 727 ist aber auf PfÜB weder unmittelbar noch entspr anwendbar: BGH MDR 2016, 1411 Tz 11 ff = IBR 2017, 53 [Seibel]). Auch die mehrfache Rechtsnachfolge gehört dazu (OLG Brandenburg FamRZ 2007, 62). 2

2) Rechtsnachfolge auf Gläubigerseite. Diese liegt vor, wenn eine andere Person im eigenen Namen und Interesse den Anspruch des im Urteil (sonstigen Titel) bezeichneten Gl geltend machen kann (RGZ 53, 8, 10; RGZ 82, 35, 38). Rechtsnachfolger des Gl ist 3

a) sein **Erbe** (§ 1922 BGB). Ihm kann die Klausel schon vor der Annahme der Erbschaft erteilt werden (vgl § 1942 I BGB; Nachweis aber nicht denkbar). Bis zur Auseinandersetzung können **Miterben** die Klausel (wegen §§ 2032, 2039 BGB) nur gemeinsam erhalten; einzelne Miterben nur mit der Maßgabe, dass Leistung nur an alle bewirkt werden kann (§ 2039 BGB). Nach der Auseinandersetzung ist die Klausel dem (früheren) Miterben als Gl zu erteilen, dem die gesamte Forderung zugewiesen ist oder der das Vermögensstück erlangt hat. Ausgeschlossen ist die Klauselerteilung für den Erben, wenn der Anspruch für ihn nicht fortbestehen kann (§ 1615 I BGB für Erlöschen des Unterhaltsanspruchs mit dem Tod des Berechtigten; möglich ist die Klausel dann nur noch für Rückstände); 4

b) jeder **sonstige Gesamtrechtsnachfolger,** zB bei Verschmelzung (allg dazu: BGH MDR 2017, 111 = NJW 2017, 411 Tz 9 ff) durch Aufnahme (§ 2 Nr 1, §§ 4 ff, § 20 I Nr 1 UmwG; BGH MDR 2011, 1137 = NJW-RR 2011, 1335 Tz 10) oder Neugründung (§ 2 Nr 2, § 36 I 1 iVm § 20 I Nr 1 UmwG) und Vermögensübertragung (§ 174, § 176 III, § 178 II usw UmwG); Sonderrechtsnachfolge bei Spaltung (Aufspaltung, Abspaltung und Ausgliederung: § 123, § 131 I Nr 1, § 135 I 1 UmwG). Bei **Formwechsel** erhält der Rechtsträger eine andere Rechtsform (§ 190 I UmwG), in der er weiterbesteht (§ 202 I Nr 1 UmwG); Rechtsnachfolge liegt somit **nicht** vor (sa 5

BGH MDR 2016, 909 Tz 11 ff [formwechselnde Umwandlung von Kapital- oder Personenhandelsgesellschaft in eine GbR bei Eintragung im HReg, nicht jedoch im Grundbuch]). Seine bisher geführte Firma darf der Rechtsträger neuer Rechtsform beibehalten (§ 200 I 1 UmwG); ändert er die Firma (auch durch Aufnahme eines Gesellschaftszusatzes), kann die *Änderung mit klarstellendem Zusatz kenntlich gemacht* werden (sog **Beischreibung**; s iE Rn 32). Das gilt auch für die Namen der Gesellschafter (bisher Anteilsinhaber: § 202 I Nr 2 UmwG) bei Formwechsel in eine BGB-Gesellschaft (Gutachten DNotI-Report 2004, 41), mit dem die Firma der formwechselnden Gesellschaft erlischt (§ 200 V UmwG). Die Umwandlung einer Körperschaft döR in eine AG durch Gesetz ist als Rechtsformwechsel unter Wahrung der Identität kein Fall der Rechtsnachfolge (BGH MDR 2004, 640 [Umwandlung der DG Bank in AG]); die Änderung der Firma kann auch in diesem Fall durch einen klarstellenden Zusatz (sog Beischreibung) kenntlich gemacht werden. Zur Titelumschreibung auf die Deutsche Telekom AG: s LG Wuppertal DGVZ 95, 118; AG Solingen DGVZ 95, 59;

6 c) der **neue Gläubiger nach Abtretung** (auch Teilabtretung) des Anspruchs (§ 398 BGB; allg dazu: BGHMDR 2019, 959), als weiterer Rechtsnachfolger auch der urspr Gl, der die Forderung abgetreten und sodann durch Rückabtretung wiedererlangt hat (OLG Brandenburg FamRZ 2007, 62; OLG Schleswig FamRZ 2010, 1592). Zur Abtretung nach Rechtshängigkeit: s Rn 19 u BGH MDR 2017, 542 Tz 6 ff. Zu den Problemen beim **Massen-Inkasso:** s Salten MDR 2018, 4. Zur Abtretung einer Sicherungsgrundschuld: s § 726 Rn 5. Die Abtretung einer Grundschuld (Rechtsnachfolge für dingl Anspruch: § 1147 BGB) beinhaltet nicht zugleich auch die Abtretung der Forderung aus dem abstrakten Schuldversprechen (§ 780 BGB) in Höhe des Nennbetrags der Grundschuld mit Nebenleistungen (LG München II MittBayNot 79, 126). Davon zu unterscheiden ist der Fall, dass bei der Bestellung einer Eigentümergrundschuld die persönl Haftung für den Grundschuldbetrag übernommen und mit der Abtretung der Grundschuld an den Gl einer (zu sichernden) Forderung diesem Begründung einer persönl Verpflichtung in Höhe des Grundschuldbetrags (§ 780 BGB) angetragen wird (hier keine Abtretung der Gläubigerrechte aus der persönl Schuldverpflichtung; dazu BGH MDR 91, 331 = NJW 91, 228);

7 d) der **Neugläubiger nach Forderungsübergang kraft Gesetzes** (§ 412 BGB), zB § 268 III 1 BGB (Ablösung), § 426 II 1 BGB (befriedigender Gesamtsch; aA OLG Düsseldorf NJW-RR 2000, 1596), § 774 I 1 BGB (Bürge), § 1143 I 1 BGB (zahlender Eigentümer), § 1173 II BGB (ersatzberechtigter zahlender Eigentümer eines gesamtbelasteten Grundstücks: OLG Düsseldorf DNotZ 96, 539), § 1225 S 1 BGB (zahlender Verpfänder), § 1249 BGB (Ablösung vor Pfandveräußerung), § 1607 II 2 BGB (Übergang des Unterhaltsanspruchs), § 441 II, § 465 II HGB (Befriedigung im Speditions- und Frachtgeschäft), § 86 I VVG (Übergang des Ersatzanspruchs auf den Versicherer). Dem mitverurteilten Gesamtsch kann als Rechtsnachfolger eine Klausel nur erteilt werden, wenn für den gesetzl Forderungsübergang die Höhe des Ausgleichsanspruchs (§ 426 II BGB) offenkundig oder urkundl nachgewiesen ist (BayObLG NJW 70, 1800, 1801; OLG Düsseldorf Rpfleger 96, 75). Gleiches gilt beim **Wechsel**gesamtschuldner. Wer als Indossant den Wechsel eingelöst hat, ist für den Rückgriffsanspruch aus dem Wechsel gegen die Vormänner (Art 49 WechselG) nicht Rechtsnachfolger iSd § 727; dgl nicht der zahlende Aussteller eines Wechsels für seinen Anspruch gegen den Akzeptanten nach Art 28 II WechselG (OLG Hamburg MDR 68, 248; OLG Hamburg MDR 68, 1014; Greilich MDR 82, 15; aA LG Münster MDR 80, 1030);

8 e) der **Bund**, ein Land, die **Bundesagentur für Arbeit**, ein **Träger der Sozialhilfe** usw nach Übergang von Ansprüchen (kann Anzeige erfordern), zB **§ 33 SGB II** (vgl BGH MDR 2012, 777 = NJW-RR 2012, 898) des Anspruchs eines Empfängers von Leistungen zur Sicherung des Lebensunterhalts, **§ 169 SGB III** von Arbeitsentgelt bei Antrag auf Insolvenzgeld (zum früheren AFG: LAG München NJW-RR 87, 956; LAG Nürnberg NZA 94, 1056 LS), **§ 332 SGB III** von Ansprüchen eines Erstattungspflichtigen zur Deckung des Lebensunterhalts, **§ 95 SGB VIII** (Kinder- und Jugendhilfe) von Ansprüchen eines Kindes, Jugendlichen usw auf den Träger der öffentl Jugendhilfe, §§ **115, 116 SGB X** eines Anspruchs auf Arbeitsentgelt auf den Leistungsträger sowie eines Schadensersatzanspruchs auf den Versicherungs- oder Sozialhilfeträger, **§§ 93, 94 SGB XII** eines Unterhalts- oder anderen Anspruchs auf den Träger der Sozialhilfe, **§ 37 BAföG** von Unterhaltsansprüchen, **§§ 21 f, § 120 SGB XIV** iVm § 116 SGB X eines Unterhalts- oder sonstigen Anspruchs auf den Träger der Kriegsopferentschädigung. Für künftige Leistungen (wenn Hilfe voraussichtl weiter zu gewähren ist) ist die Erteilung der Rechtsnachfolgeklausel nicht möglich (Anspruchsübergang erst mit der Leistung der Aufwendungen). Rechtsnachfolge ist die neuerliche Abtretung des zur gerichtl Geltendmachung nach Übergang rückübertragenen Unterhalts (§ 33 IV 1 SGB II; § 94 V 1 SGB XII; eine Rückübertragung vor dem 1.8.1996 ist aber unwirksam: BGH MDR 97, 571 = NJW-RR 97, 641). Der Forderungsübergang auf ein Bundesland erfolgt in Höhe von Unterhaltsleistungen nach **§ 7 I 1 Unterhaltsvorschussgesetz** (BGBl I 2007, 1446) mit Bewirkung der Leistung (OLG Karlsruhe FamRZ 81, 72; Überleitungsanzeige nicht erforderl: OLG Zweibrücken FamRZ 87, 736). Ein solcher Rechtsnachfolgefall ist nicht gegeben, wenn aus einem Titel nur der Elternteil berechtigt ist, nicht aber das Kind, das Unterhaltsleistungen erhalten hat (OLG Düsseldorf FamRZ 85, 628; OLG Hamburg FamRZ 82, 425; OLG Köln FamRZ 83, 646; aA OLG Düsseldorf FamRZ 97, 826). Rückübertragung ermöglicht § 7 IV 3 UVG. Für titulierte (eigene) Ansprüche der Unterhaltsvorschusskasse, die in Höhe zukünftiger Aufwendungen übergehen werden (Vollstr erfordert Klausel nach § 726 I: OLG Schleswig MDR 2010, 752), sind unterhaltsberechtigte Kinder nicht Rechtsnachfolger, wenn die Leistung von Unterhaltsvorschuss eingestellt ist (nach § 726 nachzuweisender Bedingungseintritt für das titulierte Gläubigerrecht der Unterhaltsvorschusskasse ist nicht er-

folgt: OLG Schleswig FamRZ 2008, 1092; OLG Düsseldorf FamRZ 2012, 1909; OLG Hamm FamRZ 2012, 910). Die Kinder sind bei fortlaufender Gewährung des Unterhaltsvorschusses durch die Kasse Rechtsnachfolger, wenn die Unterhaltsansprüche nach § 7 IV 3 UVG zur Geltendmachung wieder zurückübertragen und abgetreten sind (OLG Schleswig FamRZ 2010, 1592). Eine (etwa erforderl) Überleitungsanzeige ist Verwaltungsakt, der nach dem VwZG zugestellt werden kann (BGH MDR 84, 38, 39 mwN);

f) der **Gl nach Pfändung und Überweisung** an Zahlungs statt (Forderungsübergang § 835 II) oder zur Einziehung (RGZ 82, 35, 38; OLG Hamburg MDR 67, 849); wenn die gepfändete Forderung des Sch an den Drittsch größer ist, dann jedoch nur bis zur Höhe der Forderung des Gl an den Sch (aA SächsLAG JurBüro 96, 105); bei Einkommenspfändung nur in Höhe der nach §§ 850 ff von der Pfändung erfassten Beträge (vgl LAG Düsseldorf Rpfleger 97, 119). Gleiches gilt für denjenigen, dem ein Recht (oder eine Sache) verpfändet ist, nach Pfandreife (§ 1282 BGB); 9

g) für einen **Anspruch des Eigentümers auf Räumung und Herausgabe** der Mietsache der **Erwerber des Grundstücks** (vgl BGH MDR 2022, 459 Tz 16 ff [bei Miete und Pacht, § 566 I, § 581 II BGB: § 727 analog]) und ebenso für einen solchen Anspruch des Nießbrauchers mit dessen Tod (sonstigem Erlöschen des Rechts) der Eigentümer des Grundstücks (OLG Celle Rpfleger 53, 82); 10

h) nach **Bestätigung des Insolvenzplans und Aufhebung des Insolvenzverf** der **Sch**, damit er den vom Insolvenzverw erwirkten Titel vollstr kann; 11

i) der **Zwangsverwalter** für einen von der Zwangsverw erfassten Anspruch (BGH MDR 86, 750 = NJW 86, 3206, 3207) und nach Beendigung der Zwangsverw der Eigentümer des Grundstücks (Sch im Zwangsverwaltungsverf: OLG Düsseldorf OLGZ 77, 250), nicht aber der Ersteher für den Räumungstitel des Zwangsverwalters gegen einen Mieter (BGH NJW-RR 2012, 1297; BGH MDR 2012, 997); 12

j) nach **Bedingungseintritt** ein aufschiebend bedingt berechtigter neuer Gl sowie der nach auflösender Bedingung wieder berechtigte frühere Gl (§ 158 BGB). 12a

3) Prozessstandschaft. Das in **ges Prozessstandschaft** von der Partei nach Abtretung des eingeklagten Anspruchs zur Zahlung an den neuen Gl erwirkte Urteil (§ 265 II) begründet für diesen keinen Anspruch auf Klauselerteilung unmittelbar nach § 724 (sa § 724 Rn 3). Als Rechtsnachfolger hat der neue Gl ein Recht auf Erteilung der Klausel jedoch nach § 727 (§ 731) jedenfalls dann, wenn der Prozessstandschafter nicht seinerseits eine vollstrb Ausfertigung beantragt, der Sch der Gefahr der Doppelvollstr somit nicht ausgesetzt ist (BGH MDR 84, 385 = NJW 84, 806 mwN). Das gilt auch in anderen Fällen ges Prozessstandschaft, mithin auch für das Kind zur Vollstr des von einem Elternteil erwirkten Unterhaltstitels (§ 1629 III BGB; sa § 724 Rn 3 [OLG Hamm FamRZ 2000, 1590: nach Rechtskraft der Scheidung]); für den nach § 7 IV UVG titulierten Unterhalt, für den Vorschuss nicht geleistet ist (OLG Karlsruhe FamRZ 2004, 1796); für den Elternteil zur Vollstr des auf das Kind lautenden Unterhaltstitels (LG Koblenz FamRZ 95, 490) sowie dann, wenn der neue Gl sich am Rechtsstreit als Streithelfer beteiligt hat (BGH MDR 84, 385 = NJW 84, 806). Der Prozessstandschafter ist nach der Rückübertragung der Forderung durch den nach dem Urteil ausgewiesenen Zahlungsempfänger (Forderungsgl; auch sonst nach ges Übergang der Forderung) Rechtsnachfolger (dieses bisherigen mat-rechtl Gl); die Klausel zur Vollstr für den (bisherigen) Prozessstandschafter als (nunmehrigen) Anspruchsinhaber ist daher nach § 727 zu erteilen (LG Mannheim Rpfleger 88, 490). Entspr gilt für das in **gewillkürter Prozessstandschaft** erstrittene Urteil über einen fremden Anspruch (sa § 724 Rn 3). Eine Umschreibung der Vollstreckungsklausel auf den Ermächtigenden in entspr Anwendung von § 727 ist zulässig, wenn der Prozessstandschafter die Vollstr ablehnt oder verzögert oder wenn sie aus einem sonstigen Grund von ihm nicht durchgeführt werden könnte (BGH MDR 83, 308 = NJW 83, 1678; OLG Köln JurBüro 94, 741; aA KG Rpfleger 71, 103; hierzu Becker-Eberhard ZZP 104 [1991], 413, 439). Die Ermächtigung eines Dritten durch den Urteilsgl, den titulierten Anspruch im eigenen Namen zu vollstr (Vollstreckungsermächtigung ohne Übertragung des Anspruchs; sog **isolierte Vollstreckungsstandschaft**) ist keine Rechtsnachfolge (BGH NJW-RR 92, 61 mwN; aA OLG Dresden NJW-RR 96, 444); eine Klauselerteilung für den Ermächtigten kommt somit nicht in Betracht (BGH MDR 85, 309 = NJW 85, 809, 810). 13

4) Rechtsnachfolger des Schuldners. Ist: **a)** sein **Erbe** nach Annahme der Erbschaft oder Ablauf der Ausschlagungsfrist (§§ 1944, 1958 BGB; muss der ASt nachweisen), mehrere Erben als Gesamtsch (§§ 1967, 2058 BGB). Die Vollstreckungsklausel kann gegen alle Miterben zur Vollstr in den ungeteilten Nachlass (§ 747) und sonst gemeinschaftliches Vermögen oder gegen jeden einzelnen Miterben zur Vollstr in sein gesamtes Vermögen und damit insb auch in den Nachlassanteil (§ 2033 BGB) erteilt werden (BayObLG 70, 125, 130; LG Leipzig JurBüro 2003, 657 [hierfür genügt Teilmindesterbschein]; zur Geltendmachung der **Haftungsbeschränkung:** s §§ 781, 785). Etwaige Gegenrechte (§§ 2059, 2060 BGB) muss jeder Miterbe durch Vollstreckungsgegenklage (§ 767) geltend machen. Der Erbe ist Rechtsnachfolger auch für die Verpflichtung zur Abgabe einer Willenserklärung (§ 894) sowie zur Rechnungslegung und Auskunftserteilung unter Einschluss der Verpflichtung zur Abgabe der eidesstattl Versicherung (§§ 259, 260 BGB: BGH MDR 88, 844 = NJW 88, 2729). Für den Anspruch des geschiedenen Ehegatten auf Unterhalt ist der nach § 1586b BGB haftende Erbe des Unterhaltssch Rechtsnachfolger; der Unterhaltstitel gegen den verstorbenen Unterhaltspflichtigen (auch ein Vergleich, der die Un- 14 terhaltspflicht konkretisiert) kann daher auf den haftenden Erben umgeschrieben werden (BGH MDR 2005, 95 = NJW 2004, 2896 f [auch zur selbständigen Unterhaltsvereinbarung]). Rechtsnachfolger ist als Erbe auch der Fiskus (§ 1936 BGB, § 882a). Der eigenständige beamtenrechtl Anspruch eines Angehörigen auf Versorgung (Witwenpension, Waisengeld) begründet keine Schuldrechtsnachfolge; daher keine Titelumschreibung auf die Beamtenwitwe, die nach Erbausschlagung Hinterbliebenenbezüge erhält (OLG München NJW-RR 88, 576);

15 **b)** jeder **sonstige Gesamtrechtsnachfolger** (s Rn 5);

16 **c)** der **Neuschuldner bei befreiender Schuldübernahme**, nicht jedoch bei Schuldmitübernahme und ges Schuldbeitritt (sa § 325 Rn 24; BGH Rpfleger 74, 260);

17 **d)** der **Besitzer der str Sache**, gegen den das Urteil nach § 325 wirksam ist (dazu s § 325 Rn 18-22; zum [nachrangigen] Nießbraucher: s § 738 Rn 1 f), auch der Eigenbesitzer für die Zwangsverwaltung wegen eines (dingl) Anspruchs aus einem eingetragenen Recht (§ 147 ZVG; BGH MDR 86, 140 = NJW-RR 86, 858; als Erstklausel wegen des Anspruchs gegen den Eigenbesitzer kein Fall des § 733). Demnach (oder in entspr Anwendung von § 727 I iVm § 325) kann der gegen den Ehemann als Alleinmieter erstrittene Räumungstitel nach seinem Auszug aus der Wohnung auch auf die (gesch) Ehefrau umgeschrieben werden (LG Münster MDR 73, 934; LG Mannheim NJW 62, 815; allg zur Räumungsvollstr: BGH MDR 2020, 1336 = juris Tz 28).

17a **e)** der **(neue) Eigentümer** nach Grundbucheintragung wegen des (dingl) Anspruchs des Gl einer Hypothek, Grundschuld, Rentenschuld oder von Reallastleistungen aus dem gegen den Nichteigentümer (§ 1148 BGB) vollstrb Titel (vgl OLG Hamm NJW 99, 1038; LG Rostock NJW-RR 2001, 1024). Wenn die Vollstr aus einer Hypothek, Grundschuld oder Rentenschuld gegen den späteren Eigentümer des Grundstücks betrieben werden soll, macht auch eine im Grundbuch eingetragene **dingl Unterwerfungserklärung (§ 800 I)** eine Klausel nach § 727 nicht entbehrl (BGH MDR 2018, 1275). § 867 III ermöglicht aber keine Umschreibung gem § 727 I auf einen neuen Grundstückserwerber (iE BGH MDR 2021, 1216 Tz 17 ff [Titel nach § 1147 BGB gg diesen erforderl]; sa § 867 Rn 20).

18 **5) Parteien kraft Amtes.** Insolvenz- (BGH MDR 2017, 542 Tz 5; BGH MDR 2011, 822 LS = NJW 2011, 1818 Tz 8 mwN; BAG MDR 2014, 1271 = NJW 2015, 107 Tz 11 mwN), Nachlass- (Jaspersen Rpfleger 95, 243), Zwangsverwalter, auch Kanzleiabwickler nach § 55 BRAO (OLG Karlsruhe NJW-RR 2005, 293) sind, wenn **für oder gegen sie vollstr** werden soll, iSd § 727 als Rechtsnachfolger anzusehen, soweit der Anspruch das ihrer Verwaltung unterliegende Vermögen betrifft. Für Insolvenzgl (§ 38 InsO; Vollstreckungsverbot: § 89 InsO) kann eine vollstrb Ausfertigung gegen den Insolvenzverwalter nicht erteilt werden (OLG München MDR 99, 1524: für Kostenforderung gegen [vorm] Gemeinsch). Rechtsnachfolger als Sch ist der **Insolvenzverwalter** daher nicht für die in einer vollstrb Urkunde über die Bestellung einer Grundschuld (Verwalter ist Rechtsnachfolger wegen des dingl Anspruchs: §§ 49, 80 I InsO) enthaltenen persönl Ansprüche (§ 89 I InsO), auch nicht für die Forderung aus abstraktem Schuldversprechen (LG Köln MittRhNotK 89, 28) und nicht hinsichtlich einer vom Insolvenzsch vorzunehmenden unvertretbaren Handlung (Auskunftsanspruch: OLG Düsseldorf OLGZ 80, 484). Soll nach Beendigung des Insolvenzverf aus einem von dem Insolvenzverwalter erlangten Titel für den früheren Sch des Insolvenzverf (LG Lübeck DGVZ 80, 140) oder für den vorm Insolvenzverwalter als Treuhänder (vgl BGH MDR 92, 1084 = NJW 92, 2159) vollstr werden, ist die Klausel umzustellen. Eine **Klauselumstellung gegen den früheren Sch** des Insolvenzverf ist notw, wenn gegen ihn aus einem gegen den Insolvenzverwalter zugunsten eines Aussonderungsberechtigten, Absonderungsberechtigten oder Massegl ergangenen Urteil oder nach Aufhebung oder Einstellung des Insolvenzverf (§ 201 I, § 215 II 2 InsO: LAG Düsseldorf MDR 2006, 295 [berichtigter LS 537]) vollstr werden soll; möglich sein kann sie auch zu einem erst nach Beendigung des Verf gegen den früheren Insolvenzverwalter noch ergangenen Urteil (OLG Celle NJW-RR 88, 447). Wenn der **Verwalter wechselt**, ist der neue Insolvenzverwalter Rechtsnachfolger des bisherigen (LG Stuttgart Rpfleger 2008, 222; StJ/Münzberg Rn 30 [bei Titel für Verwalter]; anders [er kann sich des Titels seines Vorgängers bedienen] LG Essen NJW-RR 92, 576). Wertlos (mangels Rechtsschutzinteresses unzulässig) ist die Umschreibung für den Gl, wenn er vor der Eröffnung des Insolvenzverf kein Absonderungs- oder Aussonderungsrecht erlangt hat, also seine Rechte nach § 174 InsO durch Anmeldung seiner Forderung geltend machen muss. Wertlos ist auch die Umschreibung nach Beendigung des Insolvenzverf, wenn die ZwV nur auf Grund Tabellenauszuges erfolgen kann. Der vorl Insolvenzverwalter ist (auch wenn ein allg Verfügungsverbot angeordnet ist: § 21 II 1 Nr 2 InsO) für die Immobiliarvollstr nicht Rechtsnachfolger des Sch; die ZwV in das unbewegl Vermögen findet weiterhin gegen den Sch statt (§ 21 II 1 Nr 3 InsO), erfordert somit einen Vollstreckungstitel gegen diesen (aA LG Cottbus Rpfleger 2000, 465; MK/Wolfsteiner Rn 39). Ebenso ist bei Eigenverwaltung (bei ihr bleibt der Sch verwaltungs- und verfügungsbefugt: § 270 I InsO) der Sachwalter (als Kontrollorgan) nicht Rechtsnachfolger des Sch. Der **Zwangsverwalter** ist nur Nachfolger in Miet- und Pachtverträge (§ 152 ZVG); in andere Rechte und Verbindlichkeiten tritt er nicht ein. Umschreibungen, die keinen erkennbaren Zweck verfolgen, sind abzulehnen. Zum **Testamentsvollstrecker:** s §§ 748, 749. Der **Nachlasspfleger** ist ges Vertreter des Erben (vgl BGH MDR 85, 842 = NJW 85, 2596, 2597 mwN), nicht Rechtsnachfolger; zur Vollstr in den Nachlass (§ 778 I) ist daher der gegen den Erblasser erwirkte Titel gegen den (die) „unbekannten Erben, vertreten durch den Nachlasspfleger", umzuschreiben (sa § 778 Rn 6). Ebenso benötigt der Nachlasspfleger für die Vollstr eines vom Erblasser erwirkten Titels eine Rechtsnachfolgeklausel „für den (die) unbekannten Erben, vertreten durch

den Nachlasspfleger …" (aA AG Hamburg DGVZ 92, 43 [keine Rechtsnachfolgeklausel]). Ein Titel gegen den durch den Nachlasspfleger vertretenen Erben über eine Masseschuld kann auf den Nachlassinsolvenzverwalter umgeschrieben werden (OLG Stuttgart Rpfleger 90, 312 [für KFB]).

6) Eintritt nach Rechtshängigkeit. Die Rechtsnachfolge (auch Besitzerlangung) muss nach Rechtshängigkeit 19
(§ 261 I, II, § 696 III, § 700 II) eingetreten sein (BGH MDR 93, 473 = NJW 93, 1396, 1397 f; LAG Düsseldorf JurBüro 99, 273). Grund: Verweisung in § 727 I auf § 325. Dem entspricht auch die Rückabtretung eines Unterhaltsanspruchs zur Geltendmachung nach § 7 IV 3 UVG unter aufsch Bedingung, die nach Rechtshängigkeit eingetreten ist (Stuttgart FamRZ 2015, 158). Umschreibung eines VB kann aber nicht erfolgen, wenn bereits im Mahnbescheid ein falscher Sch bezeichnet (LG Gießen JurBüro 82, 1093) oder der Sch schon vor Erlass des Mahnbescheids verstorben ist (LG Oldenburg JurBüro 79, 1718). Bei den **ohne Erkenntnisverf erwirkten Titeln** (zB § 794 I Nr 5) ist der Zeitpunkt ihrer Errichtung (Beurkundung) maßgebend. Das gilt auch für den in einem Vergleich geregelten Anspruch, der nicht Gegenstand des Rechtsstreits war (BGH MDR 93, 473 = NJW 93, 1396, 1397 f). Wird die str Sache im Laufe des Rechtsstreits veräußert, muss der Rechtsnachfolger des Veräußerers einen **gerichtl Vergleich** zwischen dem Veräußerer und dem Prozessgegner gegen sich gelten lassen, wenn und soweit der Inhalt des Vergleichs das Ergebnis eines Urteils in dem Rechtsstreit hätte sein können und sich die Rechtskraft eines solchen Urteils auf den Rechtsnachfolger erstreckt hätte; dann kann dem Prozessgegner nach §§ 795, 727 eine vollstrb Ausfertigung gegen den Rechtsnachfolger des Veräußerers erteilt werden (BGH MDR 2019, 121 Tz 17).

7) Nachweis der Rechtsnachfolge etc. a) Die Rechtsnachfolge oder das Besitzverhältnis muss **durch öffentl** 20
oder öffentl begl Urkunde (kann auch eine Notarbescheinigung nach § 21 I BNotO sowie eine Verfügung von Todes wegen mit Eröffnungsniederschrift sein (§ 35 I GBO entspr): BGH MDR 2005, 1352 = NJW 2005, 2779) **nachgewiesen** (zur Beweiskraft und -würdigung: s § 726 Rn 8; sa BGH MDR 2017, 1206 Tz 15 [Löschung eines Insolvenzvermerks im Grundbuch]) oder bei dem Gericht **offenkundig** (§ 291) sein (BGH MDR 2019, 959 Tz 25 f; BGH MDR 2020, 1337 Tz 21 f; BGH MDR 2024, 524 Tz 25). Veröffentlichung im BAnz (LG Konstanz Rpfleger 2012, 267) und Darstellung im Internet (Registerportal www.handelsregister.de: OLG Naumburg NJW-RR 2012, 638) können den Urkundennachweis nicht ersetzen (aA BGH 24.5.2023 – VII ZB 69/21, juris Tz 17 ff [Eintragungen im elektron geführten Handelsregister als allg zugängliche, zuverlässige Informationsquelle ausreichend]; sa BGH MDR 2024, 524 Tz 15, 25 ff [Bekanntgabe im StaatsAnz für BW] mwN – sehr fraglich, weil [zu] leichte Umgehung der Nachweispflichten, außerdem Grenzziehung zwischen zuverlässigen und unzuverlässigen Quellen nach der Begründung des BGH unklar). Die schlüssige Darlegung der Tatbestandsmerkmale einer Norm begründet allein keine Offenkundigkeit (vgl OLG Bamberg JurBüro 94, 615); eine Offenkundigkeit kann auch nicht angenommen werden, wenn die Abtretung im Prozess unstr war (OLG Celle MDR 95, 1262) oder sie erst durch Beiziehung anderer Akten (zB Nachlassakten) ausgewiesen werden müsste. Die vom (neuen) Sch (bei Anhörung nach § 730) (ausdrücklich, auch mit Einverständnis zur Erteilung der Nachfolgeklausel) zugestandene Rechtsnachfolge bedarf keines Urkundenbeweises (§ 288; BGH JurBüro 2009, 163). Bei der Rechtsnachfolge auf der Gläubigerseite ist ein Urkundennachweis entbehrl, wenn der Sch die Rechtsnachfolge **zugesteht** (§ 288) und der bish Gl der Klauselerteilung an den Rechtsnachfolger (ausdrückl) zustimmt (BGH MDR 2006, 52). Schweigen des Sch bei der Anhörung hat (auch wenn Forderungsübergang [Rechtsnachfolge] schlüssig dargelegt ist) keine Geständniswirkung (keine Erklärungslast des Sch im Klauselerteilungsverf, daher keine Anwendung von § 138 III: BGH JurBüro 2009, 163; BGH MDR 2006, 53), macht den Urkundennachweis (oder Offenkundigkeit) somit nicht entbehrl (BGH MDR 2006, 53 = NJW-RR 2005, 1716; BGH JurBüro 2009, 163). Die Vorlage einer begl Abschrift einer öffentl oder öffentl begl Urkunde genügt (vgl OLG Stuttgart MDR 81, 696; LG Mannheim Rpfleger 73, 64 [öffentl begl Erbscheinsabschrift]; sa Hk-ZPO/Kindl Rn 12 iVm § 726 Rn 4); jedoch kann vom Beweisführer die Vorlage des Originals verlangt werden (vgl § 435). Unzureichend ist die begl Abschrift (Kopie) einer Privaturkunde (bezeugt nur Übereinstimmung mit dem Original der Privaturkunde: LAG München NJW-RR 87, 956). Für eine **Abtretung** (sa Rn 6) genügt die (öffentl begl) Abtretungserklärung (§ 403 BGB; BayObLG MittBayNot 95, 484, 485, KG Rpfleger 98, 480; nicht aber die Verurteilung, eine Abtretungserklärung öffentl begl zu lassen: BayObLG NJW-RR 97, 1015; OLG Brandenburg NotBZ 2008, 419); die Annahmeerklärung (§ 398 BGB) ergibt sich schlüssig aus dem Verhalten des Gl, wenn er die Klausel beantragt; eine öff begl Abtretungsbestätigung durch Zedent und Zessionar kann als Nachweis ausreichen (BGH MDR 2019, 959 Tz 29). Für die Abtretung eines Grundpfandrechts ist die Briefübergabe (Übergabeersatz [ausreichend ist die Briefvorlage durch den Gl]) oder die Grundbucheintragung nachzuweisen (§§ 1154, 1192 I BGB; OLG Düsseldorf NJW-RR 2002, 711; aA MK/Wolfsteiner § 799 Rn 2; Scheel NotBZ 2001, 248, 251; erforderl ist die Briefvorlage aber zum Nachweis des Wechsels des im Titel bezeichneten Gl [§ 750 I], nicht zur Legitimation des Titelgl bei der Geltendmachung des Grundpfandrechts; daher erlangt auch keine Bedeutung, dass auf die Einrede des § 1160 BGB verzichtet ist). Weist die Urkunde eine **(nochmalige) Abtretung** einer bereits abgetretenen Forderung aus, ist auch die Rückabtretung der Forderung an den Titelgl, die Wirksamkeit seiner Verfügung als Nichtberechtigter (§ 185 BGB; BayObLG MittBayNot 95, 484, 485) oder die Unwirksamkeit der ersten Abtretung urkundl nachzuweisen. Hat ein Bevollmächtigter des Gl dessen Forderung abgetreten, muss durch (öffentl oder öffentl begl) Urkunde auch nachgewiesen werden, dass die Vollmacht im Zeitpunkt der Abtretung noch bestand. Forderungsübergang, zB auf den Versicherer (sa Rn 7), kann durch öf-

fentl begl Erklärung des Titelgl nachgewiesen werden (KG JurBüro 99, 439); dass Arbeitsentgelt auf die Bundesagentur übergegangen ist, kann durch Vorlage des Bewilligungsbescheids (LAG Düsseldorf Rpfleger 2005, 456 [zu § 187 aF SGB III, Bewilligung von Insolvenzgeld]) und des mit Eingangsstempel versehenen Antrags (OLG Schleswig SchlHA 90, 72; enger LAG Düsseldorf JurBüro 89, 1018 [Originalantrag und öffentl begl Kopie genügen nicht]) nachgewiesen werden. Ein Nachweis mit Verfügung von Todes wegen in öffentl Urkunde und Niederschrift über die Eröffnung (vgl § 35 I GBO) ist möglich (freie Beweiswürdigung); ein gerichtl eröffnetes Privattestament ist jedoch keine öffentl Urkunde. Bei gegenständlich beschr Erbschein (§ 2369 BGB aF = § 352c FamFG; auch für „DDR"-Grundvermögen bei Erbfall zwischen 1.1.1976 und 3.10.1990) ist die Rechtsnachfolge nur für die Nachlassgegenstände nachgewiesen, auf die er sich bezieht, die Vollstreckungsklausel also nur entspr eingeschr zu erteilen (ebenso Mümmler JurBüro 94, 523, 530). Eine Beschaffung der Urkunden durch den Gl ermöglicht § 792. Kann der Nachweis nicht geführt werden: Klage nach § 731. Für den **Insolvenzverwalter** (gilt auch für andere Partei kraft Amtes) verlangt der BGH (BGH MDR 2006, 53 = NJW-RR 2005, 1716) den Nachweis des Fortbestands seiner Berechtigung (gilt damit auch für die Klauselerteilung gegen ihn) und lässt dafür die Vorlage der Bestallungsurkunde (§ 56 II InsO) im Original oder in öffentl begl Abschrift (BGH MDR 2006, 53 = NJW-RR 2005, 1716) genügen. Legt der Insolvenzverwalter zur Klauselerteilung für die ZwV gegen ihn seine Bestallung nicht vor (und besteht keine Offenkundigkeit), muss die Bestätigung, die das Insolvenzgericht dem Gl erteilt, genügen (schließt Rechtsschutzinteresse für Klauselklage nach § 731 aus); § 792 findet keine Anwendung, weil die Bestallung dem Insolvenzverwalter nicht auf Antrag erteilt wird (§ 56 II InsO).

21 **b)** Den Nachweis der **Rechtsnachfolge ein**es Landes, auf das ein Anspruch mit der Leistung zur Ausbildungsförderung (§ 37 I BAföG) oder mit **Unterhaltsleistung** (§ 7 IV UVG, sa Rn 8) übergegangen ist, oder Offenkundigkeit dieser Rechtsnachfolge erbringt ein Bewilligungsbescheid allein nicht; es ist auch die Ausführung der bewilligten Zahlung zu belegen (vgl OLG Düsseldorf FamRZ 97, 827), für eine Ausbildungsförderung außerdem, in welcher Höhe auf den Bedarf des Auszubildenden das Einkommen und Vermögen des Unterhaltspflichtigen nach dem BAföG anzurechnen ist (OLG Stuttgart FamRZ 95, 489). Vom Leistungsträger gefertigte oder begl Belege oder ein Rechenausdruck allein (sog Fallauszug) sind keine geeigneten Nachweisurkunden (OLG Stuttgart NJW-RR 86, 1504). Eine Zeugnisurkunde der Behörde (§ 418) muss jedoch genügen (OLG Stuttgart NJW-RR 93, 580 mwN; sa Rn 22). Die schriftl Bestätigung des Unterhaltsberechtigten (seines Vertreters) über die Zeit und Höhe der nach dem UVG empfangenen Beträge begründet eine Offenkundigkeit nicht (KG FamRZ 85, 627; OLG Karlsruhe FamRZ 87, 852; OLG Koblenz FamRZ 87, 83). Eine Rechtswahrungsanzeige (§ 7 II Nr 2 UVG) ist für Leistungen auf vergangene Zeiträume weder nachzuweisen noch zu überprüfen (OLG Stuttgart NJW-RR 93, 580; aA [unzutr] Helwich Rpfleger 83, 226, 228). Für die Rechtsnachfolge des Trägers von Leistungen nach § 33 I SGB II verlangt OLG Hamm FamRZ 2011, 1318 zum Leistungsbescheid auch den Nachweis einer Haushaltsgemeinschaft zwischen Kind und Leistungsberechtigtem.

22 **c)** Für den Übergang eines Unterhaltsanspruchs auf den **Träger der Sozialhilfe** (s Rn 8) können die geleisteten Aufwendungen (§ 94 I 1 SGB XII) durch eine (monatl spezifiziert aufgeschlüsselte) begl Aufstellung des Sozialamts (ist öffentl Urkunde, § 418) geführt werden (OLG Karlsruhe NJW-RR 2004, 154 mwN). Nur eine (allg) Bescheinigung des Sozialhilfeträgers genügt nicht (OLG Hamburg MDR 97, 1156). Die Beachtung der sozialhilferechtl Schutzvorschriften ist nicht urkundl nachzuweisen (vgl BGH MDR 2019, 827 Tz 13 ff [zu § 33 II 3 SGB II]); Ausschlusstatbestände sind vielmehr vom Sch mit der Klage (§ 768) geltend zu machen (OLG Karlsruhe NJW-RR 2004, 154; OLG Stuttgart FamRZ 2013, 655 mwN; Künkel FamRZ 94, 540, 549; aA OLGR Karlsruhe 2000, 219). Bei der Anspruchsüberleitung (Fall von § 93 SGB XII, sa Rn 8) kann die Rechtsnachfolge durch die amtl Mitteilung der Anzeige (§ 93 I, II SGB XII; OLG Stuttgart MDR 81, 696), die Posturkunde über die Zustellung dieser Anzeige (bei Zustellung mit eingeschr Brief [§ 4 VwZG] Nachweis der Aufgabe bei der Post, nicht auch des Zugangs: OLG Stuttgart MDR 81, 696; aA KG Rpfleger 74, 119) und (soweit nicht bereits in der Überleitungsanzeige beziffert) eine Aufstellung des Sozialamts über die Höhe der den Übergang des Anspruchs bestimmenden Aufwendungen geführt werden.

23 **III) Verfahren. 1) Antrag.** Wie § 724 Rn 8. Zur **Anhörung des Sch:** s § 730.

24 **2) Zuständigkeit.** Wie § 724 Rn 9. Die Erteilung der vollstrb Ausfertigung im Fall von § 727 ist dem Rechtspfleger übertragen (§ 20 I Nr 12 RPflG; wegen anderer Titel: s § 797 III).

25 **3) Erteilung der Klausel. a)** Die Vollstreckungsklausel (Form: § 725) für oder gegen den (zu bezeichnenden) Rechtsnachfolger oder Besitzer der str Sache wird erteilt, wenn die allg Voraussetzungen (s § 724 Rn 3 ff) erfüllt sind (keine Rechtsnachfolgeklausel daher, wenn die ZwV nach § 767 für unzulässig erklärt ist: sa § 724 Rn 6) und die Rechtsnachfolge oder das Besitzverhältnis urkundl nachgewiesen (Urkundenzustellung ist nicht erforderl: LG Nürnberg-Fürth JurBüro 82, 138) oder offenkundig ist (s Rn 20). Sie muss (auch für oder gegen einen namensgleichen Rechtsnachfolger: BGH MDR 2012, 1121) erteilt werden (trotz „kann" kein Ermessen), wenn die Voraussetzungen von § 727 erfüllt sind. Zulässig ist die Erteilung der Klausel für und gegen den Rechtsnachfolger schon vor Rechtskraft des Urteils, also auch bei vorl Vollstreckbarkeit (BGH MDR 2001, 1190 = *NJW-RR 2001, 1362). Bei mehrfacher* Rechtsnachfolge (Bsp: Klausel gegen Erbeserben; nach wiederholter Forderungsabtretung) wird die Nachfolgeklausel (erstmals) nur für oder gegen den letzten Rechtsnachfolger erteilt. Wird eine bei vorausgehender Rechtsnachfolge bereits erteilte Klausel nicht zurückgegeben, kann eine vollstrb

Ausfertigung für oder gegen den weiteren Rechtsnachfolger nur unter den Voraussetzungen von § 733 erteilt werden (s Rn 27). Eine Bindung an eine frühere (unrichtige) Umschreibung der Klausel besteht bei der Ausfertigung nach nochmaliger Rechtsnachfolge nicht (KG NJW-RR 97, 253).

b) Ob **gutgl Erwerb** vorliegt, ist bei der Erteilung der Klausel nicht zu prüfen; der Sch muss seine Rechte nach §§ 732, 768 wahrnehmen. Hat er die Sache gutgl iSv § 325 II erworben, kann er sein Eigentum durch Klage geltend machen, auch wenn er die Rechtsbehelfe nach §§ 732, 768 nicht wahrgenommen hat (BGHZ 4, 283). Der Gl muss sodann beweisen, dass bösgl Besitz (zB Scheinkauf) vorliegt. Bei der Reallast, Hypothek, Grund- und Rentenschuld gibt es keinen guten Glauben hinsichtl der Rechtshängigkeit bei der Veräußerung des Grundstücks. Gegenüber einem Ersteher in der Zwangsversteigerung gilt dies nur, wenn die Rechtshängigkeit angemeldet worden ist (§ 325 III 2), auch bei deren Kenntnis (RGZ 122, 156, 158). 26

c) Wenn eine bereits erteilte **vollstrb Ausfertigung zurückgegeben** wird, kann sie wiederverwendet werden (sa § 733 Rn 3). Erfolgt die Rückgabe nicht, wird die vollstrb Ausfertigung für oder gegen den Rechtsnachfolger als weitere vollstrb Ausfertigung nur unter den Voraussetzungen von § 733 erteilt (sa § 733 Rn 2, 3). Die (bei mehrfacher Rechtsnachfolge: alle) für den Nachweis herangezogenen (nicht weitere vom Gl zusätzl vorgelegte) Urkunden sind in der Klausel zu bezeichnen (Grund: Zustellungserfordernis nach § 750 II); hat nur eine begl Abschrift vorgelegen, ist auch das anzugeben (LG Saarbrücken DGVZ 2004, 93, 94; sa § 750 Rn 20). Eine Offenkundigkeit der Rechtsnachfolge oder des Besitzverhältnisses ist in der Klausel zu vermerken (**II**). 27

d) Wortlaut einer Vollstreckungsklausel: 28

Vorstehende Ausfertigung wird dem … zum Zwecke der Zwangsvollstreckung erteilt. Der Kläger hat mit öffentlich beglaubigter Urkunde des Notars … in … vom … UrkRNr … den Urteilsanspruch dem … abgetreten.

Ort, Datum (Gerichtssiegel) Rechtspfleger

4) Rechtsbehelfe. S § 724 Rn 13 (sa BGH MDR 2017, 111 = NJW 2017, 411 Tz 14; BGH MDR 2020, 1337 Tz 12 f). Rechtsbehelf des Sch bei der Vollstr von Unterhalt durch das Kind mit dem Titel eines Elternteils als Prozessstandschafter (§ 1629 III BGB) ohne Rechtsnachfolgeklausel: Erinnerung (§ 766; sa § 766 Rn 15; OLG Naumburg FamRZ 2007, 1032); bei der Vollstr von Unterhalt durch den Elternteil nach dem Ende der Prozessstandschaft: § 767 (sa § 767 Rn 12.27). Pfändung bei **mangelhafter Klausel** ist fehlerhaft, aber nicht unwirksam. Ist die Klauselerteilung nach § 727 möglich, ist eine neue Leistungsklage (für oder gegen den Rechtsnachfolger) unzulässig (BGH NJW 57, 1111 mwN; anders jedoch bei Vergleich und vollstrb Urkunde: BGH NJW 57, 1111, 1112). Zur einstw Verfügung trotz möglicher Klauselumstellung: s § 935 Rn 13. 29

5) Konkurrenz von Gläubigern. Dem Titelgl ist die Vollstreckungsklausel (als Erstklausel) nach § 724 auch dann zu erteilen, wenn eine Rechtsnachfolge offenkundig ist, solange nicht das Recht auf Vollstr mit Erteilung der Rechtsnachfolgeklausel (§ 727) bereits auf den neuen Gl übergegangen ist. Der Sch hat gegen diesen Titelgl die Klage nach § 767. Der neue Gl kann als Rechtsnachfolger eine Vollstreckungsklausel nach § 727 (§ 731) nur als weitere vollstrb Ausfertigung (§ 733) erlangen, wenn eine vollstrb Ausfertigung dem Titelgl bereits erteilt ist. Rechtsbehelfe für Sch dann §§ 732, 768. Bei **Prätendentenstreit**, wenn somit der neue Gl dem Titelgl das Recht auf die (erteilte) Klausel abspricht oder der Titelgl die Berechtigung des neuen Gl auf die (erteilte) Rechtsnachfolgeklausel bestreitet, wird entspr Anwendung von § 732 (bei Verstoß gegen Förmlichkeiten) und § 768 für zulässig erachtet (MskV/Lackmann Rn 5; StJ/Münzberg Rn 57; aA OLG Stuttgart Rpfleger 2000, 282 [neues Erkenntnisverf erforderl]; sa § 768 Rn 1). Zur Konkurrenz mehrerer Gl: s iÜ BGH MDR 2017, 542 Tz 7 mwN. 30

IV) Weitere Einzelheiten. 1) Änderung des Namens, der Firma etc. a) Änderung nur des Namens der im Urteil (sonstigen Titel) als Gl oder Sch des Anspruchs (s vor § 704 Rn 3) genannten Person, zB infolge Heirat, Ehescheidung, Annahme an Kindes statt, Namensänderung, ist kein Rechtsnachfolgefall nach § 727. Der (nachgewiesene) neue Name ist bei der Erteilung der Vollstreckungsklausel kenntlich zu machen; das gebietet und ermöglicht § 725 iVm § 750 I. Die richtige (geänderte) Parteibezeichnung muss feststehen („offenbar" sein, wie bei § 319 I); Nachweis durch Urkunden kann erfolgen, ist aber nicht nach § 727 I gefordert; dgl ist eine Zustellung der Klausel mit der richtigen namentl Parteibezeichnung nicht nach § 750 II geboten (gleiche Identität von Gl und Sch). Der bereits erteilten Klausel kann der **neue Name als klarstellender Zusatz beigeschrieben** werden (sa Rn 32; § 725 Rn 1; BayObLGZ 87, 446, 448; OLG Bremen Rpfleger 89, 172). Zur Vollstr, wenn die Beischreibung nicht erfolgt ist: BGH MDR 2011, 1137 = NJW-RR 2011, 1335. 31

b) Ebenso ist die **Änderung der Firma** (§§ 31, § 106 VI HGB etc) Namensänderung (s § 750 Rn 10), bei einer OHG oder KG auch bei (gleichzeitigem) Wechsel sämtl Gesellschafter (OLG Zweibrücken MDR 88, 418); dgl Erlöschen der Firma des Einzelkaufmanns (§ 31 II HGB), der Gl oder Sch bleibt und für die ZwV nur noch mit seinem bürgerl Namen zu bezeichnen ist (s § 750 Rn 10). Haben sich die Rechtsform und die Firma des Rechtsträgers geändert, soll der neue Name auf dem Titel vermerkt werden (sog **Beischreibung**; dazu BGH MDR 2021, 385 Tz 10 ff mwN; Schörnig MDR 2021, 600; sa § 725 Rn 1); das ist entbehrl, wenn sich die Identität mit der im Titel bezeichneten Firma, Person etc für das Vollstreckungsorgan auf Grund eigener Ermittlungen – zB durch Einsichtnahme in das HReg – zweifelsfrei ergibt (BGH MDR 2016, 909 Tz 20). 32

33 **c)** Einer derartigen Fassung (oder Ergänzung) der Klausel fehlt das **Rechtsschutzinteresse** nicht deshalb, weil die Feststellung der Identität des unter einem früheren anderen Namen (Firma) bezeichneten Gl oder Sch auch durch das Vollstreckungsorgan erfolgen kann (dazu s § 750 Rn 4). Kenntlichmachung der Namens- oder Firmenänderung gehört zur Fassung der Vollstreckungsklausel (s § 725 Rn 1); es handelt sich weder um einen Fall von § 727 noch um dessen entspr Anwendung, so dass ein Nachweis nicht in der Form von § 727 vorliegen muss und deren Vermerk oder Hinweis auf Offenkundigkeit in der Klausel sowie Zustellung nach § 750 II nicht zu erfolgen haben. Für den klarstellenden Klauselvermerk bleibt der UdG in all den Fällen zuständig, die nicht aus anderen Gründen nach § 20 I Nr 12, 13 RPflG dem Rechtspfleger übertragen sind.

34 **d)** Wenn die **Firma nicht erloschen** ist, kann der gegen einen Kaufmann unter seiner Firma erwirkte Titel (§ 17 II HGB) nicht auf den bürgerl Namen „umgeschrieben" werden; ebenso kann eine Berichtigung des von oder gegen einen Kaufmann unter seinem bürgerl Namen erwirkten Titels auf seine Firma nicht erfolgen. Die Klausel hat den unverändert gebliebenen Urteilsinhalt weder zu wiederholen (s § 725 Rn 1) noch zu berichtigen.

34a **e)** Mit der **Firma einer Zweigniederlassung** ist der Kaufmann, der das Handelsgewerbe betreibt (Handelsgesellschaft oder jur Person), bezeichnet (§§ 13, 17 HGB). Die Vermögenszuordnung von der (fortbestehenden) Zweigniederlassung auf die Hauptniederlassung oder eine andere Zweigniederlassung ist interner Geschäftsvorgang, nicht aber Inhaberänderung, damit keine Rechtsnachfolge (LG Aurich NJW-RR 98, 1255); sie begründet auch keine Namensänderung (Klausel hat die Bezeichnung der Partei im Urteil nicht zu berichtigen). Wenn die Zweigniederlassung aufgehoben wird, wird der Kaufmann nicht mehr mit ihrer (damit erloschenen) Firma bezeichnet. Dann ist die Bezeichnung des Kaufmanns als Gl oder Sch mit seinem bürgerl Namen oder der Firma der (fortbestehenden) Hauptniederlassung (Handelsgesellschaft oder jur Person) oder der Firma einer anderen Zweigniederlassung Namensänderung, die bei der Erteilung der Vollstreckungsklausel oder mit klarstellendem Zusatz kenntlich zu machen ist (sa Rn 31, 32; vgl OLG Hamm JurBüro 2001, 383). Wenn die Zweigniederlassung des mit ihrer Firma bezeichneten Kaufmanns und diese (unter Streichung des auf die Zweigniederlassung hindeutenden Firmenzusatzes) fortgeführt wird, liegt eine Inhaberänderung vor; der Übergang des bisher der Zweigniederlassung zugeordneten Gläubigerrechts des Veräußerers auf den Erwerber ist daher Rechtsnachfolge. Zur Veräußerung und Fortführung der Firma der Zweigniederlassung des Sch: s § 729 II.

35 **f) Änderung der Haftungsform einer Personenhandelsgesellschaft** (OHG wird durch Aufnahme eines Kommanditisten KG oder KG wird mit Ausscheiden aller Kommanditisten OHG) ist kein Rechtsnachfolgefall. Zur Firmenänderung anlässlich einer solchen Umwandlung: s bereits Rn 5, 32. Eine **Vor-GmbH** (zum Titel: s § 750 Rn 12) geht mit der Eintragung der GmbH (anderen jur Person) in das HReg in dieser auf (BGH MDR 81, 649 = NJW 81, 1373). Wenn die Registereintragung nicht mehr betrieben (aufgegeben) wird, ist die Personenvereinigung nicht mehr Durchgangsstufe zur jur Person; wenn sie die Gesellschafter fortführen, besteht sie als Personengesellschaft (BGB-Gesellschaft oder OHG), sonst als Liquidationsgesellschaft parteifähig fort (BGH MDR 2008, 808 = NJW 2008, 2441 mwN); auch diese Veränderung ist daher keine Rechtsnachfolge (BayObLGZ 87, 446; OLG Stuttgart NJW-RR 89, 637 [für Verbotstitel]), sondern durch Klauselvermerk kenntlich zu machen. Für die (vormalige) Einmann-GmbH in Gründung, deren Registereintragung nicht mehr betrieben wird, ist Vermögensträger der Gründer. Auch hier liegt kein Rechtsnachfolgefall vor; die Vollstreckbarkeit des unter der Firma der Vor-GmbH erwirkten Titels gegen den Einmann-Gründer ist gleichfalls durch Klauselvermerk kenntlich zu machen.

36 **2) Auflösung.** Auflösung einer **Personen(handels)gesellschaft** (GbR, OHG, KG), **Kapitalgesellschaft** (AG, GmbH) oder **Genossenschaft** (eG) hat die Liquidation zur Folge, berührt somit die Identität der Gesellschaft (Genossenschaft) nicht. Rechtsnachfolge ist daher nicht gegeben. Nach Beendigung der Liquidation einer Kapitalgesellschaft oder Genossenschaft haften frühere Gesellschafter bzw Genossen den Gl nicht persönl (vgl § 13 II GmbHG, § 1 I 2 AktG, § 2 GenG). Bei Personen(handels)gesellschaften (GbR, OHG, KG) haften zwar die Gesellschafter als solche weiter; sie sind aber nicht Rechtsnachfolger der erloschenen Gesellschaft, eine Umschreibung des Titels gegen sie ist daher unzulässig; eine entspr Anwendung von § 727 verbietet § 129 II HGB. Es ist somit Klage gg die Gesellschafter notw (vgl RGZ 124, 146; BayObLG NJW 52, 28; OLG Hamm NJW 79, 51 mwN).

37 **3) Veränderungen im Gesellschafterbestand.** Sie sind bei einer als **GbR** bezeichneten Sch kein Fall der Rechtsnachfolge (sa § 736 Rn 2 ff).

38 **4) Bezeichnung des gesetzlichen Vertreters.** Sie ist keine Vollstreckungsvoraussetzung des Titels (s § 750 Rn 13, 14). Änderung oder Wegfall des im Titel genannten ges Vertreters ist nicht durch klarstellenden Klauselvermerk nachzutragen (bei unrichtiger Bezeichnung nur Berichtigung nach § 319 I möglich). Zur Prozessstandschaft: s Rn 13; § 724 Rn 3.

39 **5) Wechsel des Verwalters nach WEG.** Wenn der WE-Verwalter (noch) als Prozessstandschafter im eigenen Namen einen Titel erwirkt hat und seine Verwalterstellung endet, haben die Wohnungseigentümer oder die (rechtsfähige) Gemeinschaft der Wohnungseigentümer (§ 9a I 1 WEG) Anspruch auf Erteilung der Vollstreckungsklausel (vgl Rn 13). Zur Vertretung durch den neuen Verwalter: s § 9b I, § 27 I, II WEG. Der neue Verwalter kann daher nicht als Rechtsnachfolger des bisherigen angesehen werden. Die Vollstreckungsermächtigung des neuen Verwalters ist keine Rechtsnachfolge (vgl Rn 13). Bezeichnet der Titel die (alle) Wohnungseigentümer oder die (rechtsfähige) Gemeinschaft der Wohnungseigentümer (sa § 750 Rn 6) als Gl und den Ver-

walter als deren Vertreter, berührt der Verwalterwechsel das Vollstreckungsrecht der Gl (§ 750 I) nicht (hier kein klarstellender Vermerk: wie Rn 38).

V) Gebühren. 1) Gericht: 2110 GKG-KV: 24 Euro; Vorauszahlungspflicht: § 12 VI 1 GKG. – **2) RA:** Die bloße Umschreibung löst für den ProzBev keine Geb aus (OLG Hamm JurBüro 2001, 29); etwas anderes gilt nur, wenn der neue Gl den Auftrag erteilt (Enders JurBüro 2000, 225 f). Hier entsteht die Geb 3309 RVG-VV. – **3) Notar:** 0,5 Geb nach 23803 GNotKG-KV. 40

§ 728 Vollstreckbare Ausfertigung bei Nacherbe oder Testamentsvollstrecker

(1) Ist gegenüber dem Vorerben ein nach § 326 dem Nacherben gegenüber wirksames Urteil ergangen, so sind auf die Erteilung einer vollstreckbaren Ausfertigung für und gegen den Nacherben die Vorschriften des § 727 entsprechend anzuwenden.

(2) [1]Das Gleiche gilt, wenn gegenüber einem Testamentsvollstrecker ein nach § 327 dem Erben gegenüber wirksames Urteil ergangen ist, für die Erteilung einer vollstreckbaren Ausfertigung für und gegen den Erben. [2]Eine vollstreckbare Ausfertigung kann gegen den Erben erteilt werden, auch wenn die Verwaltung des Testamentsvollstreckers noch besteht.

I) Zweck. Die Prüfung der Urteilswirkung für und gegen den Nacherben sowie für und gegen den Erben bei einer Prozessführung des Testamentsvollstreckers (§§ 326, 327) ist dem für das Klauselverf zuständigen Organ aufgetragen und mit der Erteilung der Vollstreckungsklausel vor Beginn der ZwV für das Vollstreckungsorgan bindend zu bescheinigen (sa § 726 Rn 1). 1

II) Nacherbfolge (§ 728 I). Diese muss eingetreten sein (§ 2100 BGB). Das gegenüber dem Vorerben ergangene Urteil muss für oder gegen den Nacherben wirken (I iVm § 326; im Fall von § 326 I somit keine Klausel gegen den Nacherben); dies muss offenkundig oder durch öffentl oder öffentl begl Urkunden nachgewiesen sein (I iVm § 727 I). Erforderlich ist ein dem Nacherben auf den Nacherbfall erteilter Erbschein; Erbschein des Vorerben und dessen Sterbeurkunde bezeugen das Nacherbenrecht nicht (BGH MDR 82, 839 = NJW 82, 2499). Nachzuweisen sind auch die einzelnen Voraussetzungen von § 326 (Rechtskraft vor Eintritt der Nacherbfolge, Nachlassverbindlichkeit als Prozessgegenstand, Gegenstand unterliegt der Nacherbfolge, Verfügungsbefugnis des Vorerben), wenn sie nicht offenkundig sind (Grundlage hierfür: Urteilsinhalt und Prozessakten). Bei mehrfacher Nacherbfolge (Nacherben sind nacheinander eingesetzt) steht der zunächst berufene Nacherbe dem folgenden Nacherben wieder als Vorerbe gegenüber, auch hier gelten daher §§ 326, 728. 2

III) Testamentsvollstrecker (§ 728 II). Das vom TV (§ 327) erwirkte Urteil kann für den Erben erst nach Beendigung der Prozessführungsbefugnis des TV (§ 2212 BGB) mit Beendigung der Testamentsvollstr oder auf sonstige Weise (vgl KG NJW-RR 87, 3) erteilt werden (vgl **II 1**). Anders für Urteilsausfertigung gegen den Erben (**II 2**), der seine beschr Erbenhaftung dann nach § 767 iVm § 780 II geltend machen kann. Die Beendigung der Verfügungsbefugnis des TV und die Voraussetzungen der Urteilswirkung nach § 327, somit auch die Erbenstellung (Erbfolge) für das von dem oder gegen den TV gerichtl geltend gemachte Recht (den Anspruch), müssen offenkundig oder durch öffentl oder öffentl begl Urkunden nachgewiesen sein (s Rn 2; Bsp: KG NJW-RR 87, 3). 3

IV) Verfahren und Einzelheiten. Wie bei § 727. Zuständigkeit des Rechtspflegers nach § 20 I Nr 12 RPflG. Rechtsbehelfe: s § 724 Rn 13. 4

§ 729 Vollstreckbare Ausfertigung gegen Vermögens- und Firmenübernehmer

(1) Hat jemand das Vermögen eines anderen durch Vertrag mit diesem nach der rechtskräftigen Feststellung einer Schuld des anderen übernommen, so sind auf die Erteilung einer vollstreckbaren Ausfertigung des Urteils gegen den Übernehmer die Vorschriften des § 727 entsprechend anzuwenden.

(2) Das Gleiche gilt für die Erteilung einer vollstreckbaren Ausfertigung gegen denjenigen, der ein unter Lebenden erworbenes Handelsgeschäft unter der bisherigen Firma fortführt, in Ansehung der Verbindlichkeiten, für die er nach § 25 Abs. 1 Satz 1, Abs. 2 des Handelsgesetzbuchs haftet, sofern sie vor dem Erwerb des Geschäfts gegen den früheren Inhaber rechtskräftig festgestellt worden sind.

I) Zweck. Die Prüfung der Vollstreckungsmöglichkeit nach (vorm) Vermögensübernahme und Fortführung eines Handelsgeschäfts ist dem für das Klauselverf zuständigen Organ übertragen. Es hat die Vollstreckbarkeit des Titels auch gegen die bei solchem Rechtsgrund haftende Person mit Erteilung der Vollstreckungsklausel vor Beginn der ZwV für das Vollstreckungsorgan bindend zu bescheinigen (sa § 726 Rn 1). 1

2 **II) Vermögensübernahme (§ 729 I). 1) Inhalt. a)** Bei einer Vermögensübernahme **durch Vertrag** (nur bis zum 31.12.1998, § 419 BGB ist seit dem 1.1.1999 aufgehoben!) muss der Übernehmer die Rechtskraft des Urteils gegen sich gelten lassen. Eine Klauselerteilung für die Urteilsvollstr gegen ihn ermöglicht I.

3 **b)** Die Vermögensübernahme erforderte einen **Rechtsübergang durch Übereignung und/oder Abtretung** (BGH MDR 70, 756 = NJW 70, 1413). Der Ausschluss unpfändbarer oder einzelner Vermögensstücke von unbedeutendem Wert schadete nicht (BGH MDR 93, 687 = NJW 93, 921, 922 mwN). Vertrag ist rechtsgeschäftl (entgeltl oder unentgeltl) Vermögensübertragung. Abzustellen ist auf das dingl Rechtsgeschäft (den Rechtsübergang: OLG Hamm MDR 92, 1002). Haftung erfordert Kenntnis des Übernehmers, dass die Vermögensmasse oder -verhältnisse die Voraussetzung erfüllen (BGH MDR 76, 825 = NJW 76, 1398, 1400 mwN).

4 **2) Nachweis.** Die Vermögensübernahme nach Rechtskraft muss **offenkundig oder durch Urkunde nachgewiesen** sein (**I** iVm § 727 I). Für Titel, die nicht in Rechtskraft erwachsen, ist der Zeitpunkt ihrer Entstehung maßgebend. Kenntnis des Übernehmers als Haftungsvoraussetzung ist nicht zu prüfen (aA OLG Düsseldorf NJW-RR 93, 959 [für Erwerb eines einzelnen Vermögensgegenstandes]); fehlt sie und damit Haftung nach § 419 BGB aF, muss Einwendung mit der Klage (§§ 767, 768) erhoben werden.

5 **3) Haftungsbeschränkung des Übernehmers.** Eine solche Beschränkung – auf das übernommene Vermögen bezogen (§ 419 II BGB aF) – bleibt bei der Klauselerteilung unbeachtet. Sie ist nach §§ 786, 781, 785 iVm § 767 geltend zu machen.

6 **4) Vollstreckbare Ausfertigung.** Diese kann gegen den Übernehmer erstmals erteilt werden, dgl auch noch gegen den weiter haftenden Sch (Gesamtschuldnervermerk wie nachfolgend). Die Klausel kann auch der gegen den urspr Sch bereits erteilten vollstrb Ausfertigung beigesetzt werden. Es kann auch eine neue vollstrb Ausfertigung erteilt werden (dann Fall von § 733). Der gegen den Übernehmer erstmals oder neu erteilten vollstrb Ausfertigung ist beizufügen: „Der Vermögensübernehmer … und der ursprüngliche Schuldner … haften als Gesamtschuldner". Rechtsbehelfe: s § 724 Rn 13.

7 **5) Unmöglichkeit des Nachweises.** Wenn der Nachweis nach I nicht möglich ist, muss **Klage nach § 731** erhoben werden. Bei einer Vermögensübernahme vor rechtskr Verurteilung des Sch ist nur eine neue Leistungsklage gegen den Vermögensübernehmer (§ 419 BGB aF) möglich.

8 **III) Geschäftsfortführung (§ 729 II). 1) Inhalt.** Bei der **Fortführung eines unter Lebenden erworbenen Handelsgeschäfts** unter der bisherigen Firma (§ 25 I 1 HGB), auch einer Zweigniederlassung (s § 727 Rn 34a), muss der Erwerber die Rechtskraft des Urteils gegen sich gelten lassen (Ausnahme bei abw Vereinbarung nach § 25 II HGB). Eine Urteilsvollstr gegen den Erwerber (die unbeschadet der Fortdauer der Haftung des bisherigen Sch zulässig ist) ist daher möglich; Klauselerteilung ermöglicht II.

9 **2) Nachweis.** Der Erwerb des Handelsgeschäfts unter Lebenden, die Fortführung unter der bisherigen Firma nach Rechtskraft und die Geschäftsverbindlichkeit müssen **durch Urkunde nachgewiesen oder offenkundig** sein (II iVm § 727 I). Der Nachweis ist nach Eintragung des Inhaberwechsels (§ 31 I HGB) durch begl Handelsregisterblattabschrift etc möglich (§ 9 HGB; bei Bezugnahme auf das Registerblatt des gleichen Gerichts: Offenkundigkeit). Der Nachweis aus dem HReg erstreckt sich auch auf das Nichtvorliegen einer abw Vereinbarung (§ 25 II HGB); dass kein Haftungsausschluss durch Mitteilung erfolgt ist (§ 25 II HGB), ist nicht gesondert nachzuweisen. Einwendungen aus § 25 II HGB sind mit der Klage gegen die Vollstreckungsklausel geltend zu machen (§ 768 iVm § 767). Ein eingetragener Haftungsausschluss hindert die Klauselerteilung; bei Verstoß sind die Rechtsbehelfe des Klauselverf gegeben (dazu § 724 Rn 13). Dass die rechtskr festgestellte Forderung Geschäftsverbindlichkeit ist, muss offenkundig (Grundlage: Urteilsinhalt und Prozessakten) oder mit Urkunde nachgewiesen werden. Von Offenkundigkeit ist auszugehen, wenn der bisherige Inhaber unter seiner Firma verklagt war; ein Nachweis ist bei der Verurteilung unter dem bürgerl Namen erforderlich.

10 **3) Vollstreckbare Ausfertigung.** Diese wird gegen den Erwerber des Handelsgeschäfts unter seiner Firma oder nach Antrag mit bürgerl Namen (§ 17 II HGB) erteilt. Die Haftung des Erwerbers besteht mit seinem gesamten Vermögen; eine Beschränkung wird daher in der vollstrb Ausfertigung nicht vermerkt. IÜ wie Rn 6; zu nicht rechtskraftfähigen Titeln: s Rn 4.

11 **4) Unmöglichkeit des Nachweises.** Wenn der Nachweis nach II nicht möglich ist, muss **Klage nach § 731** erfolgen. Verklagt werden muss der neue Geschäftsinhaber (Leistungsklage), wenn die Übernahme des Geschäfts vor der Rechtskraft des gegen den früheren Inhaber erlassenen Urteils erfolgt ist oder ein Fall von § 25 III HGB vorliegt (keine Firmenfortführung, aber Haftung aus bes Verpflichtungsgrund).

12 **IV) Verfahren im Übrigen und Einzelheiten.** Wie bei § 727. Zuständigkeit des Rechtspflegers: § 20 I Nr 12 RPflG.

13 **V) Entsprechende Anwendung von § 729 I, II. I** ist auf den **Erbschaftskauf** entspr anzuwenden (Haftung nach § 2382 BGB). Bei Verzicht auf den Anteil an der fortgesetzten Gütergemeinschaft (§ 1491 I, § 1497 BGB) gilt I hingegen nicht (LG München I MDR 52, 44). **II** ist für die bei Eintritt in das Handelsgeschäft eines Einzelkaufmanns als persönl haftender Gesellschafter oder Kommanditist begründete **Haftung der Gesellschaft** für alle

Verbindlichkeiten des früheren Geschäftsinhabers (§ 28 HGB) entspr anzuwenden (iE StJ/Münzberg Rn 8; aA OLG Köln NJW-RR 94, 1118 f). Gleiches gilt für die Gesellschafter beim **nachträgl Gesellschaftseintritt** (§ 127 iVm §§ 126, 128 HGB; Hk-ZPO/Kindl Rn 3; MskV/Lackmann Rn 1 – jew mwN [str]). II ist auch bei **Erbenhaftung** (§ 27 I HGB) entspr anwendbar (MskV/Lackmann Rn 1; aA OLG Köln NJW-RR 94, 1118 f). Auf eine **Haftung nach Rechtsscheingrundsätzen** ist II hingegen nicht entspr anwendbar (OLG Köln NJW-RR 94, 1118 f).

§ 730 Anhörung des Schuldners

In den Fällen des § 726 Abs. 1 und der §§ 727 bis 729 kann der Schuldner vor der Erteilung der vollstreckbaren Ausfertigung gehört werden.

1 Die **Anhörung des Sch** (des im Titel genannten Sch bei Rechtsnachfolge auf Gläubigerseite; sonst des Rechtsnachfolgers [zB Erben], gegen den die Klausel als Sch erteilt werden soll) bei der Klauselerteilung durch den Rechtspfleger (nicht bei Erteilung der einfachen Klausel nach § 724) steht im **Ermessen des Rechtspflegers** („kann": BGH MDR 2006, 52; zur Auslegung von § 730 im Lichte von Art 103 I GG: Münzberg Rpfleger 91, 161; StJ/Münzberg Rn 3). Die Anhörung kann schriftl, persönl oder durch die GeschSt erfolgen. Sie soll dem Sch insb Gelegenheit geben, Einwendungen gegen den Beweis der bes Voraussetzungen für die Klauselerteilung (dazu § 732 Rn 12) bereits im Klauselverf vorzubringen. Daher **empfiehlt** sie **sich**, wenn das Vorbringen des Sch für die Klauselerteilung Bedeutung erlangen kann und bes Dringlichkeit mit Gläubigerinteresse an raschem Vollstreckungszugriff nicht gegeben ist. Wenn der Nachweis für die Klauselerteilung durch öffentl oder öffentl begl Urkunde (zB Erbschein, beurkundete Abtretungserklärung) zweifelsfrei geführt ist, ist eine Anhörung des Sch zur Beurteilung der Voraussetzungen für die Klauselerteilung **nicht sachdienlich** (dem Sch wird die Anhörung dann kaum nutzen: sa Münzberg aaO). Dass die bes Voraussetzungen für die Erteilung der vollstrb Ausfertigung vorliegen und urkundl nachgewiesen sind, ist dem Sch nicht durch Anhörung vor der Klauselerteilung, sondern mit der Zustellung vor Vollstreckungsbeginn (§ 750 II) offen zu legen. Wenn die **Nachweise nicht vorliegen**, somit die Erteilung der Klausel zu verweigern ist, ist eine Anhörung des Sch nicht schon deshalb geboten, weil sein Geständnis den Urkundennachweis entbehrlich machen würde (sa § 726 Rn 8; § 727 Rn 20). Es ist nicht Aufgabe des Rechtspflegers, im Klauselverf festzustellen, ob auf vom ASt nicht beigebrachte Nachweise für die Rechtsnachfolge verzichtet werden kann (BGH MDR 2006, 52). Eine Verpflichtung, einem Gesuch des ASt auf Anhörung stattzugeben, wird angenommen, wenn er substantiiert darlegt (nicht nur allgemein behauptet), dass und aus welchen nachvollziehbaren Gründen zu erwarten ist, dass der Sch die Rechtsnachfolge zugestehen wird (BGH MDR 2006, 52). Eine Anhörung des Titelgl (als Dritter) zu dem Antrag seines (urkundl nicht ausgewiesenen) Rechtsnachfolgers auf Erteilung der vollstrb Ausfertigung (sa § 727 Rn 20) kann nach den zu Art 103 I GG entwickelten Grundsätzen geboten sein; auch das erfordert substantiierte Darlegung, aus welchen nachvollziehbaren Gründen der bisherige Gl der Klauselerteilung zustimmen wird (BGH MDR 2006, 52).

§ 731 Klage auf Erteilung der Vollstreckungsklausel

Kann der nach dem § 726 Abs. 1 und den §§ 727 bis 729 erforderliche Nachweis durch öffentliche oder öffentlich beglaubigte Urkunden nicht geführt werden, so hat der Gläubiger bei dem Prozessgericht des ersten Rechtszuges aus dem Urteil auf Erteilung der Vollstreckungsklausel Klage zu erheben.

1 **I) Zweck.** Die **Klauselklage** ist **subsidiärer Rechtsbehelf** (StJ/Münzberg Rn 1) für den Fall, dass ein für die Klauselerteilung durch den Rechtspfleger notw urkundl Nachweis in der erforderl Form nicht beigebracht werden kann, der einfachere Weg somit keine Erfolgsaussicht bietet. Die mit fortbestehender Rechtskraftwirkung mögliche Vollstr des Titels auch gegen den Rechtsnachfolger oder einen Dritten beschränkt den Streitgegenstand auf die Zulässigkeit der Klauselerteilung. Zu beweisen ist nur noch die fehlende Voraussetzung der Klausel, möglich ist der Nachweis durch jedes Beweismittel; Einwendungen des Bekl sind begrenzt.

2 **II) Voraussetzungen.** Die Klage auf Erteilung der Vollstreckungsklausel setzt voraus, dass ein **nach § 726 I oder §§ 727-729 erforderl Nachweis durch öffentl oder öffentl begl Urkunden nicht geführt werden kann.** Das ist der Fall, wenn der Kl die Urkunden nicht besitzt und nicht mit zumutbarem (geringerem) Aufwand beschaffen kann (Beweislast dafür hat der Kl), wie zB einen Erbschein nach § 792 (VGH Mannheim NJW 2003, 1203); ebenso, wenn der Antrag auf Klauselerteilung wegen Unzulänglichkeit vorhandener Urkunden abgewiesen wurde. Eine Beschwerde gegen die Entscheidung des Rechtspflegers wird vor der Klage nicht gefordert (VGH Mannheim NJW 2003, 1203; StJ/Münzberg Rn 4). Besitzt der Kl Urkunden nicht, muss er nicht erst mit einem Antrag an den Rechtspfleger versuchen, die Klausel mit Geständnis des Sch zu erlangen (StJ/Münzberg Rn 3; aA ThP/Seiler Rn 6; dagegen sprechen aber Gesetzeswortlaut und -zweck). Hat der Kl die Urkunde, will

er nur keinen Gebrauch davon machen, oder kann er sie sich leicht beschaffen, fehlt der Klage das Rechtsschutzbedürfnis (vgl RGZ 124, 146, 151).

3 **III) Zuständigkeit.** Das **Prozessgericht erster Instanz** des früheren Verf ist ausschl (§ 802) zuständig; unabhängig davon, von welcher Instanz das zu vollstr Urteil erlassen worden ist. Die Zuständigkeit des Prozessgerichts erster Instanz ist auch dann gewahrt, wenn die Klage auf Erteilung der Vollstreckungsklausel im Wege der Klageänderung in einem in der Berufungsinstanz anhängigen Rechtsstreit geltend gemacht wird, der in erster Instanz vor dem Prozessgericht anhängig war (RGZ 157, 159, 160). Zuständigkeit bei VB: § 796 III, bei vollstrb Urkunde: § 797 V, bei Urkunde über ein Grundpfandrecht im Fall von § 800 III: Gericht des dingl Gerichtsstandes, für Schiff und Schiffsbauwerk: § 800a II, bei Nachschussberechnung: § 109 III, § 114 III GenG; bei Insolvenztabelle: § 202 InsO; bei Schiedssprüchen: § 1062 I Nr 4 (RGZ 85, 391, 396); bei Erbauseinandersetzung: § 371 II 2 FamFG.

4 **IV) Wesen.** Die Klage ist **prozessuale Feststellungsklage**, die Voraussetzungen von § 256 müssen vorliegen; das Prozessgericht erteilt die Klausel nicht, sondern stellt nur fest, dass ihre Erteilung zulässig ist (LG Hildesheim NJW 64, 1232 f; aA StJ/Münzberg Rn 8 [prozessuale Gestaltungsklage]). Bekl ist der Titelsch (bei Rechtsnachfolge auf der Gläubigerseite nach Lackmann FS Musielak, 2004, S 287, 295-301 der Altgl; aber erstritten werden soll die Klausel zur ZwV gegen den Sch). Streitgegenstand ist die Erteilung der Klausel, nicht die nochmalige Verurteilung zur Leistung des mat Anspruchs. Zu klagen ist im **ordentl Verf**, nicht im Urkunden- und Wechselprozess; zulässig ist jedoch die Geltendmachung durch Widerklage gegenüber der Klage aus § 768. Zustellung der Klage an den ProzBev des Vorprozesses (§ 172 I, § 81). Im Verf kann sich der Kl aller zulässigen Beweismittel bedienen; Anerkenntnis und Geständnis ersetzen den Beweis. Von Gesamtgl kann jeder einzelne klagen, bei Gesamthandverhältnis (§§ 432, 2039 BGB) jeder auf Klauselerteilung an alle (RGZ 28, 399, 400 f). Der Bekl kann im Verf Einwendungen gegen den durch das Urteil festgestellten Anspruch (soweit dies nach § 767 II zulässig ist: RGZ 34, 347, 348 f), Gründe, welche die Wiederaufnahme rechtfertigen, und seine Haftungsbeschränkung (§§ 780, 786, 785; VGH Mannheim NJW 2003, 1203) geltend machen; im Verf nach § 731 kann auch eine Räumungsfrist gewährt werden (LG Wuppertal NJW 67, 2267; abl Burkhardt NJW 68, 306). Kostenentscheidung nach §§ 91 ff (kein Fall von § 788).

5 **V) Klageantrag und Urteilsformel.** „Dem Kläger ist die Vollstreckungsklausel zu dem Urteil des … vom … in Sachen … zur Zwangsvollstreckung gegen den Beklagten zu erteilen."

6 **VI) Vollstreckbare Ausfertigung.** Vollstrb ausgefertigt wird das Ersturteil, wenn das Anordnungsurteil rechtskr oder für vorl vollstrb erklärt ist (nach §§ 708 ff, wenn das Ersturteil rechtskr oder [auch nur gegen Sicherheitsleistung, § 726 I: LG Stuttgart Rpfleger 2000, 537] vorl vollstrb ist). Eine Zustellung des Klauselurteils ist nicht notw; zu ihm wird auch keine Vollstreckungsklausel erteilt. Es ist als Grundlage der auf das Ersturteil zu setzenden Vollstreckungsklausel jedoch in dieser zu vermerken (Klarstellung für das Vollstreckungsorgan, dass kein Zustellungsfall nach § 750 II vorliegt). **Zuständig** ist der **UdG**, weil das stattgebende Urteil nach § 731 die Klausel nicht ersetzt und diese somit ohne Nachweise zu erteilen ist, womit ein Fall von § 724 vorliegt (LG Hildesheim NJW 64, 1232, 1233; MK/Wolfsteiner Rn 16; ThP/Seiler Rn 8; aA [RPfl zuständig] LG Stuttgart Rpfleger 2000, 537, 538; Brox/Walker, ZwVR, 12. Aufl, § 8 Rn 11; Hk-ZPO/Kindl Rn 9; MskV/Lackmann Rn 8). Erinnerung gegen die Klausel und Klage nach § 768 sind für den Sch durch das Urteil ausgeschlossen; dgl nach rechtskr Abweisung der Klauselklage Erteilung der Vollstreckungsklausel für den Kl aus Gründen, die bis zum Schluss der mündl Verhandlung im Klageverf vorgebracht werden konnten.

7 **VII) Neue Klage.** Für eine neue Klage aus dem zugrunde liegenden Rechtsverhältnis beseitigt die Möglichkeit einer Klauselklage nach § 731 nicht das Rechtsschutzinteresse (BGH MDR 87, 840 = NJW 87, 2863; aA StJ/Münzberg Rn 6).

8 **VIII) Gebühren. 1) Gericht:** Geb wie für gewöhnl Klagen. **2) RA:** Geb nach 3100 ff RVG-VV, denn das Verf gehört nicht zum Rechtszug (s § 19 I 2 Nr 13 RVG).

§ 732 Erinnerung gegen Erteilung der Vollstreckungsklausel

(1) [1]Über Einwendungen des Schuldners, welche die Zulässigkeit der Vollstreckungsklausel betreffen, entscheidet das Gericht, von dessen Geschäftsstelle die Vollstreckungsklausel erteilt ist. [2]Die Entscheidung ergeht durch Beschluss.

(2) Das Gericht kann vor der Entscheidung eine einstweilige Anordnung erlassen; es kann insbesondere anordnen, dass die Zwangsvollstreckung gegen oder ohne Sicherheitsleistung einstweilen einzustellen oder nur gegen Sicherheitsleistung fortzusetzen sei.

1 **I) Zweck.** Die Prüfung der mit der Vollstreckungsklausel zu bescheinigenden Vollstreckungsvoraussetzungen ist als selbständiger Prozessvorgang vor die ZwV gestellt (s § 724 Rn 1). Einwendungen gegen die Erteilung oder Verweigerung der Klausel können daher nicht mit den Rechtsbehelfen des späteren ZwV-Verf vorgebracht

werden. Die Rechtsbehelfe zur gerichtl Kontrolle der mit der Vollstreckungsklausel bescheinigten Vollstreckbarkeit des Titels sind deshalb selbständig geregelt.

II) Rechtsbehelfe. 1) Gläubiger. Bei der Ablehnung der Erteilung einer vollstrb Ausfertigung: s § 724 Rn 13. 2
Klauselklage: § 731.

2) Schuldner. a) Gegen die Erteilung der Vollstreckungsklausel: Einwendungen (§ 732) und Klage wegen Unzulässigkeit (§ 768). Zur Abgrenzung: s Rn 12. Im VollstrVerf kann der Sch Einwendungen gegen die Vollstreckungsklausel grds nicht vorbringen (vgl BGH MDR 2017, 727 = NJW-RR 2017, 510 Tz 13 mwN; iÜ sa § 724 Rn 14). 3

b) Wenn der **Rechtspfleger die Klausel erteilt** hat (§ 20 I Nr 12, 13 RPflG), sind Einwendungen des Sch gleichfalls nach § 732 zu erheben (§ 11 I RPflG). 4

III) Einwendungen. 1) Formelle. Nach § 732 sind formelle Einwendungen gegen die Zulässigkeit der Vollstreckungsklausel geltend zu machen (vgl BGH MDR 2006, 352 = NJW-RR 2006, 567; OLG Düsseldorf MDR 2020, 882). **Bsp:** Es kann gerügt werden, dass die Klausel unzulässig erteilt sei 5

a) zu einem **nicht bestehenden** (nach BGH NJW 55, 182 nicht vollstrb) **Titel** (s § 724 Rn 5), zB weil das Urteil nicht wirksam geworden (BGH MDR 2002, 599 = NJW 2002, 1728, 1729 [mangels Zustellung nach § 310 III nicht existent]; auch wegen Fehlens der deutschen Gerichtsbarkeit wirkungslos: LG Gießen NJW 56, 555) oder eine Urkunde nicht wirksam errichtet worden ist (BGH NJW-RR 90, 246); weil der vollstrb beurkundete Anspruch keine bestimmte Geldsumme betrifft (bei fehlendem Zinsbeginn: s § 794 Rn 28; Düsseldorf NJW-RR 88, 698); weil es sich nicht um einen Prozessvergleich handelt (BGH NJW 55, 182); weil das Urteil im Berufungs- oder Revisionsverf, auf Einspruch oder im Nachverf aufgehoben worden ist; weil ein noch nicht rechtskr Urteil mit Klagerücknahme wirkungslos oder durch einen späteren Vergleich hinfällig geworden ist (s § 775 Rn 5) oder die ZwV für unzulässig erklärt worden ist (§ 767 I); 6

b) zu einem **nicht vollstrb Titel** (s § 724 Rn 6), weil das Endurteil weder rechtskr noch für vorl vollstrb erklärt ist, weil die Vollstreckbarkeit wieder außer Kraft getreten ist (§ 717 I) oder weil der Titel nicht in dem Umfang vollstrb ist, in dem die Klausel erteilt wurde (weil die nach dem Urteil von einer Sicherheitsleistung abhängige Vollstreckbarkeit des KFB nicht vermerkt ist: OLG München NJW 56, 996); 7

c) zu einem **inhaltlich unbestimmten Titel** (s § 704 Rn 4; BGH MDR 2004, 471 = NJW-RR 2004, 1135, 1136; OLG Karlsruhe OLGZ 91, 227), auch weil sich aus ihm der Gl nicht hinreichend deutlich ergibt (BGH MDR 2010, 880 = NJW 2010, 2041 Tz 18), oder zu einem Titel **ohne vollstrb Inhalt** (s § 724 Rn 7); 8

d) einem **Gl**, der (insb als Nicht-Prozessbeteiligter) **kein Recht auf Vollstr** und auf Erteilung einer vollstrb Ausfertigung hat (s § 724 Rn 3); 9

e) gegen eine **Person, die nicht** der nach dem Titel zur Leistung (Unterlassung) verpflichtete **Sch** ist (OLG Düsseldorf OLGZ 84, 93, 94); 10

f) unter **Verletzung von Verfahrensvorschriften** (s § 724 Rn 8-11), zB ohne Antrag, durch nicht zuständigen Beamten, in unrichtiger Form (auch wenn der Mangel der Vertretungsmacht des in der Klausel genannten ges Vertreters gerügt wird: OLG Oldenburg MDR 55, 488). 11

2) Besondere. Macht der Sch geltend, die **bes Voraussetzungen für die Erteilung der vollstrb Ausfertigung** in den Sonderfällen von § 726 I, §§ 727-729, §§ 738, 742, 744, 744a, 745 II, § 749 seien nicht durch öffentl oder öffentl begl Urkunden nachgewiesen (auch wenn Offenkundigkeit oder Zugeständnis beanstandet wird), können damit gerügt sein: die Voraussetzungen der Vollstreckbarkeit des Titels (§ 726; erforderl Tatsache sei nicht eingetreten), das Recht des Gl zur Vollstr (Urkunde belegt keinen Forderungsübergang mit Abtretung) oder die Vollstreckbarkeit gegen den Sch (er ist nicht Erbe), aber auch Verletzung von Verfahrensvorschriften (Bsp: Form der Urkunde; UdG unzuständig). Einwendungen gegen die für die Vollstreckbarkeit des Titels in solchen Fällen als eingetreten angenommene Tatsache können auf unzulänglichen Nachweis (Form der Urkunde) oder unrichtige rechtl Würdigung des Nachweises (keine Abtretung) ebenso gestützt werden wie auf Gründe des mat Rechts, die im Klauselverf nicht mit Urkunden unter Beweis gestellt sind. Dem Sch ist daher in diesen Sonderfällen auch die Klage gegen die Vollstreckungsklausel ermöglicht. Damit sind für den Sch Schwierigkeiten für die **Abgrenzung der Rechtsbehelfe** ausgeräumt. Unterschiede bestehen dennoch: Mit Einwendungen nach **§ 732** können **nur Fehler formeller Art** (jeder Mangel der Klauselvoraussetzungen) beanstandet werden (BGH MDR 2006, 352 = NJW-RR 2006, 567; OLG Düsseldorf MDR 2020, 882), mit der Klage nach **§ 768** kann nur für die Sonderfälle bestritten werden, dass der als bewiesen angenommene **Eintritt der bes Voraussetzung für die Erteilung der Klausel** gegeben ist. Einwendungen nach § 732 ermöglichen damit nur formell eine Überprüfung des Klauselverf daraufhin, ob die vorgelegten Nachweise den Anforderungen entsprechen (Form) und den erforderl Beweis erbringen. Im Klageverf besteht keine Beweismittelbeschränkung; vorgebracht werden können dort auch Einwendungen, die nicht durch die im Klauselverf eingereichten Urkunden ausgewiesen sind (Bsp: urkundl nachgewiesene Abtretung ist nichtig). Ein Rechtsschutzbedürfnis für Einwendungen (§ 732) oder Klage (§ 768) kann daher nicht verneint werden, weil auch der andere Rechtsbehelf offen steht (Wahlrecht: BGH MDR 2005, 113 = NJW-RR 2004, 1718; Hk-ZPO/Kindl Rn 3; MskV/Lackmann Rn 3 ff mwN). 12

13 **IV) Zeitpunkt.** Zulässig sind Einwendungen nach § 732 nur gegen die erteilte vollstrb Ausfertigung; *vor der Erteilung* der Klausel ist der Rechtsbehelf nicht gegeben. *Nach Beendigung der ZwV* mit Befriedigung des Gl sind Einwendungen gegen die Klausel nicht mehr zulässig (aA StJ/Münzberg Rn 8 [zulässig, wenn noch ein Rechtsschutzbedürfnis besteht]). Das soll auch gelten, wenn nach der **Verurteilung zur Abgabe einer von einer Gegenleistung abhängigen Willenserklärung** eine vollstrb Ausfertigung nach § 726 erteilt ist; die Vollstr sei schon mit der Klauselerteilung abgeschlossen (**§ 894 S 2**), so dass dem Sch § 732 nicht mehr zur Verfügung stehe (OLG Hamm Rpfleger 2014, 366, 367; OLG München Rpfleger 2014, 133, 135). Das überzeugt nicht. Für die Vollstreckungswirkung des Urteils wird die Rechtskraft als Vollstreckungsvoraussetzung mit der Erteilung der Klausel bindend bescheinigt (s § 724 Rn 14, § 726 Rn 1). Sie tritt jedoch nicht schon mit der Erteilung der Klausel ein und wird nicht für das Gericht, das über Einwendungen gegen die Klausel zu entscheiden hat, vorweg bindend festgestellt. Abgegeben gilt die Willenserklärung nach § 894 S 1 erst mit der Rechtskraft des Urteils. Dazu tritt bei der Verurteilung zu einer von einer Gegenleistung abhängigen Willenserklärung die Erteilung einer vollstrb Ausfertigung des rechtskr Urteils (§ 894 S 2). Irrige Erteilung einer vollstrb Ausfertigung des nicht rechtskr Urteils allein kann Einwendungen nach § 732 daher nicht ausschließen. (Mat) Einwendungen gegen den durch das Urteil festgestellten Anspruch selbst (zB Erfüllung, Erlass, Stundung) sind mit der Klage nach § 767 geltend zu machen. Diese schließt gleichzeitige Verfolgung formeller Mängel mit Einwendungen nach § 732 aber nicht aus, solche können auch im Klageverf mit zu berücksichtigen sein (BGH MDR 2004, 658 = NJW-RR 2004, 472, 473 f mwN). Rechtskraft- oder Präklusionswirkung (§ 767 II) eines Urteils nach § 731 steht Einwendungen aus § 732 entgegen.

14 **V) Verfahren. 1) Allgemeines.** Anwaltszwang besteht nicht (§ 78 III). Ausschl (§ 802) **zuständig** ist das Gericht, von dessen GeschSt die Klausel erteilt ist (§ 732 I, auch § 795; für Urkunden: § 797 III, für Vergleiche vor Gütestellen: § 797a IV 3). Der UdG bzw der Rechtspfleger kann abhelfen (vgl LAG Düsseldorf Rpfleger 97, 119; dann für Gegenpartei Rechtsbehelfe des Klauselverf: s § 724 Rn 13). Die Entscheidung kann ohne mündl Verhandlung ergehen (§ 128 IV); rechtl Gehör ist dem Gl zu gewähren (Art 103 I GG).

15 **2) Entscheidung.** Diese ergeht durch **Beschluss**. Sie kann „die ZwV aus der am … dem Gl erteilten Vollstreckungsklausel für unzulässig erklären" (nicht auch die gesamte Ausfertigung einziehen) oder teilweise für unzulässig erklären (vgl MskV/Lackmann Rn 9) oder die Einwendungen des Sch zurückweisen. Maßgebend ist der Zeitpunkt der Entscheidung; nicht, ob die Klausel bei der Erteilung zulässig war. Gründe, die nach der Klauselerteilung entstanden sind (Wegfall der Vollstreckbarkeit), sind ebenso zu berücksichtigen wie Einwendungen unbegründet werden, wenn ein gerügter Mangel während des Verf entfällt (KG NJW-RR 87, 3; OLGR Köln 2003, 111); das gilt auch für die nach §§ 726-729 usw in bes Form zu erbringenden Nachweise (KG NJW-RR 87, 3). Gibt der Sch erst im Rahmen der von ihm gem § 732 erhobenen Einwendungen die Tatsachen zu, die nach § 726 I usw durch öffentl oder öffentl begl Urkunden nachzuweisen gewesen wären, bedarf es nicht der Aufhebung der Klausel; vielmehr ist über deren Rechtmäßigkeit nach dem nunmehrigen Vorbringen zu entscheiden. **Kosten:** bei Zurückweisung § 97 I, bei Erfolg § 91 I 1 (nicht § 788: OLG Hamburg JurBüro 95, 547). Zustellung oder Mitteilung (formlos) erfolgt an ASt (und gehörten AGegner), § 329 II, III. Entscheidungswirkung nach § 775 Nr 1, § 776 S 1.

16 **3) Rechtsbehelfe.** Bei Zurückweisung durch das AG oder LG im ersten Rechtszug sof Beschwerde des **Sch** (§ 567 I Nr 2); bei Erfolg des Sch ebenso sof Beschwerde des **Gl**. Rechtsbeschwerde: § 574. Der Erwerber einer Sache, gegen den ein Herausgabeurteil nach der Klauselumschreibung vollstr wird, kann, sofern er die Sache gutgläubig iSv § 325 II erworben hat, sein Eigentum durch eine neue Klage geltend machen, auch wenn er die Rechtsbehelfe nach §§ 732, 768 nicht wahrgenommen hat (BGHZ 4, 283).

17 **VI) Einstweilige Anordnung (§ 732 II).** Einwendungen nach **§ 732** haben **keine aufsch Wirkung**. Das Gericht (infolge des Abänderungsrechts auch UdG und Rechtspfleger) kann aber auf Antrag oder vAw eine **einstw Anordnung** erlassen (II). Die einstw Anordnung wird mit der Entscheidung gegenstandslos. Eine Beschwerde gegen die einstw Anordnung des Gerichts ist nicht bestimmt, damit nicht zulässig (Köln Rpfleger 96, 324; OLG Stuttgart Rpfleger 94, 220; StJ/Münzberg Rn 15); die Anordnung des UdG ist mit (befristeter) Erinnerung an das Gericht (§ 573 I), die des Rechtspflegers mit befristeter Rechtspflegererinnerung (§ 11 II RPflG) anfechtbar (OLG Köln NJW-RR 2001, 69).

18 **VII) Gebühren. 1) Gericht:** keine. – **2) RA:** Es handelt sich stets um eine bes Angelegenheit (§ 18 I Nr 4 RVG), auch wenn Anwalt im Erteilungsverf bereits eine Geb verdient hat (N. Schneider DGVZ 2011, 26). Geb: 3500 RVG-VV (ausf Hansens RVGreport 2017, 2). – Für das Verf nach II erwächst keine weitere Geb (§ 19 I 2 Nr 11 RVG). – Sof Beschw gegen die Erinnerungsentscheidung nach I (s Rn 16) und Rpflegererinnerung im Verf nach II (s Rn 17) sind jeweils bes Angelegenheiten (§ 18 I Nr 3 RVG); Geb: 3500 RVG-VV.

§ 733 Weitere vollstreckbare Ausfertigung

(1) Vor der Erteilung einer weiteren vollstreckbaren Ausfertigung kann der Schuldner gehört werden, sofern nicht die zuerst erteilte Ausfertigung zurückgegeben wird.

(2) Die Geschäftsstelle hat von der Erteilung der weiteren Ausfertigung den Gegner in Kenntnis zu setzen.

(3) Die weitere Ausfertigung ist als solche ausdrücklich zu bezeichnen.

I) Zweck. Schutz des Sch gegen mehrfache ZwV aus demselben Titel (OLG Saarbrücken MDR 2008, 48 f) bei gleichzeitiger Wahrung berechtigter Belange des Gl. 1

II) Erteilung. 1) Allgemeines. Erteilt wird eine **weitere vollstrb Ausfertigung**, wenn die Vollstreckungsklausel (§ 725) einer neuen (zusätzl) Ausfertigung des Urteils wegen des gleichen vollstrb Anspruchs (KG OLGZ 73, 112, 114) oder auch nur wegen eines betragsmäßigen Teils davon (BayObLG JurBüro 88, 1205) beigefügt wird. Das ist **nicht** der Fall, wenn nur eine Teilklausel erteilt war und später wegen des weiteren Anspruchs eine (erste) vollstrb Ausfertigung verlangt wird; ebenso nicht, wenn Klauseln nacheinander für Teilansprüche mehrerer Gl oder gegen mehrere gesondert oder nach Teilen haftende Sch erteilt werden (s § 724 Rn 12); auch nicht, wenn die bisherige Klausel berichtigt wird (KG OLGZ 73, 112, 114); ebenso nicht, wenn über einen abgetretenen (kraft Gesetzes übergegangenen) Teilanspruch eine Rechtsnachfolgeklausel (§ 727) erteilt und auf der bisherigen Ausfertigung vermerkt wird, dass sie sich nicht mehr auf den abgetretenen (übergegangenen) Teil erstreckt (KG OLGZ 73, 112, 114), und auch nicht, wenn eine vollstrb Ausfertigung (nur) wegen der Gläubigerforderung (persönl Anspruch) und eine weitere (gesondert) wegen des dingl Anspruchs (dazu § 800 Rn 2) erteilt wird. Mit- oder Teilberechtigte einer Rechtsgemeinschaft mit Einzelprozessführungsbefugnis haben auch bei gemeinschaftl Klage (begründet keine notw Streitgenossenschaft) einzeln Anspruch auf eine vollstrb Ausfertigung (daher kein Fall von § 733: OLG Köln OLGZ 91, 72 [für Geltendmachung von Eigentumsstörung durch Miteigentümer]). § 733 ist auch bei weiterer Ausfertigung eines VB anwendbar (vgl LG Berlin Rpfleger 71, 74). 2

2) Besonderheiten. Regelt **§ 733** für die Erteilung einer weiteren vollstrb Ausfertigung nur für den Fall, dass **nicht** die **zuerst erteilte Ausfertigung zurückgegeben** wird. Erfolgt hingegen eine Rückgabe (und wird eine neue vollstrb Ausfertigung verlangt, zB weil die Ausfertigung beschädigt oder unleserlich ist), wird eine Ausfertigung wieder nach § 724 erteilt. Zuständig hierfür ist der UdG (OLG Hamm MDR 88, 592). Gleiches gilt (aber Zuständigkeit des Rechtspflegers) bei der Rechtsnachfolge (§ 727) und in anderen Sonderfällen, wenn die Nachfolgeklausel auf die bisherige vollstrb Ausfertigung gesetzt (diese „umgeschrieben") wird. Nur wenn die dem Gl bereits erteilte vollstrb Ausfertigung nicht zurückgegeben wird, wird seinem Rechtsnachfolger (§ 727) bzw in anderen Sonderfällen eine weitere vollstrb Ausfertigung erteilt (OLG Frankfurt NJW-RR 88, 512 mwN). 3

III) Berechtigung. 1) Gläubiger. Er muss ein **Recht auf Erteilung** der vollstrb Ausfertigung (s § 724 Rn 3) und **zusätzlich ein Interesse** an einer nochmaligen vollstrb Ausfertigung haben. Das ist der Fall: 4

a) bei **Verlust** der ersten Ausfertigung (nicht aber bei Beschädigung usw: s Rn 3). Verschulden ist unschädl (OLG Saarbrücken MDR 2008, 48). Dem Verlust steht der Fall gleich, dass sich **nicht klären lässt, ob der Gl** die in den Akten vermerkte **Ausfertigung erhalten hat** (OLG München FamRZ 2013, 485 [Glaubhaftmachung nach § 294 erforderl]); 5

b) wenn **gleichzeitig an mehreren Orten** in versch Vermögenswerte des Sch **zu vollstr** ist wie bei Pfändung durch den GV und Zwangsversteigerung; Vollstr in Wohnung und Geschäftsräumen (OLG Karlsruhe Rpfleger 77, 453; KG Rpfleger 2011, 622 LS); nicht aber, wenn der Titel für ein Vermögensauskunftsverf eingereicht ist (OLG Karlsruhe Rpfleger 77, 453); 6

c) wenn ein **Gesamtgl oder ein Mitgl** eines **unteilbaren Anspruchs** gesondert Ausfertigung zur selbständigen Vollstr gegen den Sch verlangt (s § 724 Rn 3a); 7

d) wenn der Titel gegen **Gesamtsch** ausgefertigt ist und der Gl ein Interesse an selbständiger Vollstr gegen die einzelnen Sch an versch Orten (OLG Koblenz MDR 87, 676 f; LG Leipzig JurBüro 2004, 559) oder durch mehrere Vollstreckungsorgane (OLGR Karlsruhe 2000, 169) hat. 8

2) Berechtigte (überwiegende) Interessen des Schuldners. Diese dürfen **nicht verletzt (gefährdet)** werden (OLG Koblenz MDR 2013, 876 LS = NJW-RR 2013, 1019 mwN). Eine weitere vollstrb Ausfertigung ist daher nur ausnahmsweise zu erteilen (OLG Zweibrücken JurBüro 89, 869). Maßgebend sind die Umstände des Einzelfalls. Dem Sch dürfen keine Nachteile entstehen; die *Gefahr der Doppelvollstr* darf nicht bestehen; Schuldnerbelange sind daher hinderlich, wenn der Gl seine vollstrb Ausfertigung infolge einer vergleichsweisen Einigung herausgegeben hat, auch wenn geltend gemacht ist, dass die Herausgabe unter Vorspiegelung falscher Tatsachen herbeigeführt wurde (OLG Koblenz aaO). Keine Zweitausfertigung ist zu erteilen, wenn der ProzBev des Gl an der erteilten Ausfertigung ein Zurückbehaltungsrecht geltend macht (OLG Frankfurt NJW-RR 88, 512; OLG Saarbrücken AnwBl 81, 161; aA OLG Schleswig MDR 2010, 292 mwN [wenn der ProzBev nicht mehr vollstr, zB nach Beendigung des Mandats]) oder wenn der Gl die Erstausfertigung dem Notar unter Verzicht auf eine Rücknahme mit der Weisung ausgehändigt hat, sie nach der Grundbucheintragung dem Sch zu geben (BGH MDR 94, 479 = NJW 94, 1161, 1162). Ein Herausgabetitel ist für die Beitreibung von Zinsen der zur Abwendung der Vollstr vereinbarungsgemäß geleisteten Forderung nicht erneut auszufertigen (LG Essen DGVZ 77, 125). **§ 733 ist der Parteidisposition entzogen**; eine weitere vollstrb Ausfertigung einer notariellen Urkunde kann daher nicht mit Einvernehmen (auf Antrag) des Sch, sondern nur unter den bes Voraussetzungen (§ 733 iVm § 797 III) erteilt werden. 9

3) Rechtsnachfolger des Gläubigers. Dem Rechtsnachfolger, dem bereits eine vollstrb Ausfertigung erteilt wurde (insb dem Zessionar), kann eine vollstrb Ausfertigung (als zweite: sa Rn 3) nur erteilt werden, wenn bes 10

Gründe dafür vorliegen (OLG München FamRZ 2005, 1102; OLG Frankfurt NJW-RR 88, 512; KG OLGZ 73, 112, 114; aA OLG Stuttgart MDR 90, 162 = NJW-RR 90, 126). Wahrung der Schuldnerbelange (s Rn 9; Gefahr mehrfacher ZwV aus mehreren Ausfertigungen) gebietet für die Erteilung einer vollstrb Ausfertigung an den Rechtsnachfolger des Gl (insb Zessionar) die Rückgabe der dem Rechtsvorgänger (Zedenten) bereits erteilten vollstrb Ausfertigung (sa Rn 3; OLG Frankfurt NJW-RR 88, 512). Ein zusätzl Interesse des Rechtsnachfolgers an einer nochmaligen (weiteren) Ausfertigung besteht, wenn die dem Rechtsvorgänger erteilte vollstrb Ausfertigung verloren gegangen ist oder aus einem sonstigen Grund nicht mehr zur Vollstr verwendet werden kann (OLG Frankfurt NJW-RR 88, 512; zu anderen Gründen: s Rn 5-8). Der Rechtsnachfolger hat grds die seinem Vorgänger erteilte Ausfertigung zu beschaffen und vorzulegen (OLG Frankfurt NJW-RR 88, 512; aA OLG Hamm FamRZ 91, 965 mwN), soweit das im Hinblick auf berechtigte Schuldnerbelange erwartet werden kann (Neuausfertigung dann wie Rn 3). Dass der Rechtsnachfolger glaubhaft macht, die vollstrb Ausfertigung des Rechtsvorgängers sei nicht in seinen Besitz gelangt und könne daher nicht vorgelegt werden, genügt nicht. Der Pfändungsgl hat die vollstrb Ausfertigung zu beschaffen und vorzulegen, wenn die Wirksamkeit der Pfändung wegen einer (behaupteten) früheren Abtretung bestritten und die Herausgabe der Erstausfertigung verweigert wird (OLG München FamRZ 2005, 1102). Für den Neugl nach Forderungsübergang kraft Gesetzes oder Überleitung (s § 727 Rn 7, 8) können bes Anforderungen an das Gläubigerinteresse nicht gestellt (daher auch eine Rückgabe der Erstausfertigung nicht verlangt) werden. Bei Teilrechtsnachfolge auf Gläubigerseite ist für die Erteilung der Rechtsnachfolgeklausel gleichfalls die bereits erteilte vollstrb Ausfertigung vorzulegen (OLG Köln Rpfleger 94, 172; einschränkender Vermerk: s Rn 2) oder ein bes Gläubigerinteresse darzulegen. Bei Rechtsnachfolge (auch bei teilweiser) auf Schuldnerseite besteht ein Interesse in den Fällen von Rn 5 u 6; sonst kann die Nachfolgeklausel auf die schon erteilte Ausfertigung gesetzt werden (s Rn 3).

11 **IV) Verfahren. 1) Allgemeines.** Der **Antrag** (Berechtigter: s § 724 Rn 3) kann formlos gestellt werden (kein Anwaltszwang: § 78 III). **Zuständig** ist der Rechtspfleger (§ 20 I Nr 12 RPflG); landesrechtl Übertragung auf den UdG ermöglicht § 36b I 1 Nr 3 RPflG; für VB: s § 796 Rn 1; für notarielle Urkunden: § 797 III. Klauselerteilung durch den UdG, auf den landesrechtl Übertragung nicht erfolgt ist, ist unwirksam (vgl LG Berlin Rpfleger 71, 74). **Anhörung des Sch** (schriftl oder mündl) hat zu erfolgen (trotz „Kann"-Vorschrift geboten, jedenfalls in allen nicht eindeutigen Fällen), wenn sie nicht untunlich ist (zB bei bes Dringlichkeit; Eilinteresse hat Gl darzulegen: OLG Koblenz MDR 87, 676 f).

12 **2) Prüfung.** Der **Rechtspfleger** prüft Antrag und Voraussetzungen für die Erteilung einer ersten (sa § 724 Rn 10) und die bes Voraussetzungen der weiteren vollstrb Ausfertigung (§ 733). Letztere müssen begründet geltend gemacht sein. Ein schützenswertes Interesse besteht, wenn dem Gl die erste Ausfertigung nicht mehr zur Verfügung steht (OLG Düsseldorf MDR 2013, 427 f mwN). Einwendungen des Sch sind zu berücksichtigen; der Gl, den die Beweislast trifft, hat die Berechtigung zur weiteren ZwV ggf glaubhaft zu machen (§ 294; OLG Düsseldorf MDR 2013, 427 f mwN); bei Verlust kann eine anwaltl Versicherung genügen (OLG München FamRZ 2013, 485; OLG Saarbrücken MDR 2008, 48 f). Jedoch muss der Sch den Einwand der Erfüllung im Wege der Vollstreckungsgegenklage (§ 767) geltend machen (OLG Düsseldorf MDR 2013, 427 f; OLG Saarbrücken MDR 2008, 48 f).

13 **3) Bezeichnung.** Die **weitere vollstrb Ausfertigung** ist **als solche** („weitere" oder „zweite" usw) **zu bezeichnen (III)**. Üblich und zweckmäßig ist die Bezeichnung in der Überschrift (müsste allein ausreichen) und im Wortlaut der Klausel „Vorstehende zweite Ausfertigung wird dem … erteilt" (genügt allein). Vermerk auf dem Urteil: § 734; Nachricht an den Sch: II. Kosten: s § 788 Rn 13.46.

14 **V) Rechtsbehelfe etc. 1) Allgemeines.** Für **Gl** bei der Ablehnung durch den Rechtspfleger (des AG oder LG im ersten Rechtszug): sof Beschwerde, sonst befristete Erinnerung nach § 11 II RPflG (wie § 724 Rn 13), bei Ablehnung durch den UdG (s Rn 11): befristete Erinnerung (§ 573 I); für **Sch:** Einwendungen nach § 732 (s § 732 Rn 4) und Klage nach § 768. Keine **Klauselklage nach § 731** für Gl, soweit die weitere Ausfertigung aus bes Gründen von § 733 versagt worden ist (anders, wenn die in § 731 genannten Nachweise nicht geführt sind; sa MskV/Lackmann Rn 9).

15 **2) Erneute Leistungsklage.** Sie kann vom Gl nicht erhoben werden, wenn eine zweite vollstrb Ausfertigung nach § 733 erteilt werden kann; der Klage fehlt dann das Rechtsschutzbedürfnis. Wird eine zweite Ausfertigung nicht erteilt, zB weil sie nach Vernichtung oder Verlust der Akten nicht mehr hergestellt werden kann, hat der Gl neu zu klagen (MskV/Lackmann Rn 9).

16 **VI) Gebühren. 1) Gericht:** 24 Euro (2110 GKG-KV) für jede weitere vollstreckbare Ausfertigung. – Vorauszahlungspflicht: § 12 VI GKG. – **2) RA** (N. Schneider DGVZ 2011, 26): 0,3 Verfahrensgeb 3309 RVG-VV, auch bei gleichzeitiger Beantragung mehrerer weiterer vollstreckbarer Ausfertigungen; bes Angelegenheit (§ 18 I Nr 5 RVG). – **3) Notar:** 23804 GNotKG-KV.

§ 734 Vermerk über Ausfertigungserteilung auf der Urteilsurschrift

[1]Vor der Aushändigung einer vollstreckbaren Ausfertigung ist auf der Urschrift des Urteils zu vermerken, für welche Partei und zu welcher Zeit die Ausfertigung erteilt ist. [2]Werden die Prozessakten elektronisch geführt, so ist der Vermerk in einem gesonderten elektronischen Dokument festzuhalten. [3]Das Dokument ist mit dem Urteil untrennbar zu verbinden.

Zweck. Sicherung, dass Vollstreckungsklausel nicht unzulässig mehrfach erteilt wird. **Vermerk** ist auf allen Titeln (§ 795) anzubringen, Besonderheiten sind festzustellen (Klausel für oder gegen Rechtsnachfolger, Teilklausel, weitere vollstrb Ausfertigung). Verantwortlich ist der UdG oder Rechtspfleger, der die Klausel erteilt; angebracht werden kann der Vermerk auch durch andere Bedienstete. Von Urteilen der Rechtsmittelinstanz ist nur eine begl Abschrift zu den Akten erster Instanz zu bringen (§ 541 II, § 555 V). Darauf ist der Vermerk zu setzen (AG Bergisch Gladbach Rpfleger 89, 336), auch dann, wenn die Klausel in der höheren Instanz erteilt wird (s § 724 Rn 9). Dies kann sogleich urschriftl geschehen (zweckmäßig) oder in der Weise, dass der Vermerk auf die zu den Sammelakten genommene Entscheidungsurschrift gesetzt und in die begl Abschrift übernommen wird. 1

§ 735 (aufgehoben)

Aufgehoben mWv 1.1.2024 durch G zur Modernisierung des Personengesellschaftsrechts (MoPeG) v 10.8.2021 (BGBl I 2021, 3436).

§ 735 ist mWv 1.1.2024 durch das MoPeG (G zur Modernisierung des Personengesellschaftsrechts v 10.8.2021 [BGBl I 2021, 3436]) aufgehoben worden. Grund: Folgeänderung zu § 50. In § 735 aF setzte sich die aktive/passive Parteifähigkeit des nicht rechtsfähigen Vereins iSd § 50 II aF im VollstrVerf fort, so dass ein gg ihn erwirktes Urteil zur ZwV in das Vereinsvermögen „genügte". Nach der Anerkennung der Rechtsfähigkeit der Vereine ohne Rechtspersönlichkeit durch das MoPeG in § 54 I BGB ist zur ZwV in das Vereinsvermögen ein Titel gg den Verein nun zwingend erforderl; § 735 aF wurde damit entbehrl (vgl BTDrs 19/27635, 202). 1

§ 736 Zwangsvollstreckung für oder gegen eine Gesellschaft bürgerlichen Rechts bei nachträglicher Eintragung im Gesellschaftsregister

Die Zwangsvollstreckung für oder gegen eine im Gesellschaftsregister eingetragene Gesellschaft bürgerlichen Rechts findet auch aus einem Vollstreckungstitel für oder gegen eine nicht im Gesellschaftsregister eingetragene Gesellschaft bürgerlichen Rechts statt, wenn

1. **der in dem Vollstreckungstitel genannte Name und Sitz oder die Anschrift der Gesellschaft identisch sind mit dem Namen und Sitz oder der Anschrift der im Gesellschaftsregister eingetragenen Gesellschaft und**
2. **die gegebenenfalls in dem Vollstreckungstitel aufgeführten Gesellschafter der Gesellschaft identisch sind mit den Gesellschaftern der im Gesellschaftsregister eingetragenen Gesellschaft.**

Neugefasst mWv 1.1.2024 durch G zur Modernisierung des Personengesellschaftsrechts (MoPeG) v 10.8.2021 (BGBl I 2021, 3436).

I) BGB-Gesellschaft (GbR). 1) Änderung seit dem 1.1.2024. § 736 ist mWv 1.1.2024 durch das MoPeG (G zur Modernisierung des Personengesellschaftsrechts v 10.8.2021 [BGBl I 2021, 3436]) geändert worden. Grund: § 736 aF schrieb das Gesamthandsprinzip prozessual fort. Dadurch, dass § 713 BGB das Gesellschaftsvermögen der rechtsfähigen GbR selbst zuordnet, wurde § 736 aF entbehrl. 1

2) Vollstreckung durch und gegen eine GbR. a) Nach **§ 722 I BGB** ist die **Vollstr in das Gesellschaftsvermögen einer GbR nur noch mit einem gg die GbR lautenden Titel** mögl; ein Titel gg alle Gesellschafter genügt nicht (mehr). 2

b) Für die ZwV enthalten Nr 1 und Nr 2 eine **Erleichterung des Identitätsnachweises einer nachträgl in das Gesellschaftsregister eingetragenen GbR**. Ist eine GbR in das Gesellschaftsregister eingetragen und soll die ZwV aufgrund eines bereits für oder gg die nicht registrierte GbR erwirkten Titels durchgeführt werden, ist eine **Umschreibung des Titels nicht erforderl**. Dem Vollstreckungsgericht ist nur nachzuweisen, dass folgende **Voraussetzungen** erfüllt sind (sa BTDrs 19/27635, 202): 3

– **Nr 1:** der im Titel genannte **Name und Sitz oder die Anschrift der GbR** sind identisch mit dem Namen und Sitz oder der Anschrift der im Gesellschaftsregister eingetragenen GbR
und
– **Nr 2:** die ggfls im Titel aufgeführten **Gesellschafter der GbR** sind identisch mit den Gesellschaftern der im Gesellschaftsregister eingetragenen GbR.

4 **3) Wechsel im Gesellschafterbestand.** Hat auf die Vollstreckbarkeit des Titels gg die GbR in das Gesellschaftsvermögen keinen Einfluss. Ändern kann sich mit dem Gesellschafterwechsel jedoch die Vertretung der GbR als Sch (vgl § 720 BGB).

5 **4) Vollstreckung durch und gegen Gesellschafter.** Diese können **in das Gesellschaftsvermögen** gleichfalls mit einem Urteil gg die GbR vollstr. Aus einem **gg die GbR gerichteten Titel findet die ZwV gg die Gesellschafter nicht statt (§ 722 II BGB)**. Sind nur **einzelne Gesellschafter verurteilt**, kann nur in ihr Privatvermögen vollstr werden.

6 **5) Insolvenz. Insolvenz eines Gesellschafters** hindert die Vollstr des Titels in das Gesellschaftsvermögen nicht, jedoch **(§ 89 I InsO) Insolvenz der GbR** (§ 11 II Nr 1 InsO).

7 **II) OHG, KG und GmbH & Co KG.** Zur **ZwV in das Gesellschaftsvermögen** einer **OHG** ist ein vollstrb Titel gg die Gesellschaft erforderl (§ 129 I HGB). Ein Titel gg alle Gesellschafter genügt nicht. Das gilt ebenso für die **KG** (§ 161 II, § 129 I HGB), somit auch für die **GmbH & Co KG**; ein Titel gg deren persönl haftende Gesellschafterin (die GmbH) genügt für die ZwV in das KG-Vermögen nicht (BayObLG NJW 86, 2578). Insolvenz der Gesellschaft (§ 11 II Nr 1 InsO) schmälert die Vollstreckbarkeit des (eigenen) Titels gg den mithaftenden Gesellschafter nicht (LG Hannover Rpfleger 92, 127). Umwandlung der OHG in eine KG oder umgekehrt ist eine Änderung der Haftungsform, nicht des Sch; die Vollstreckbarkeit des Titels wird davon nicht berührt. Zur Auflösung: s § 727 Rn 36. Ein Titel nach § 129 I HGB ermöglicht auch die ZwV gg die im HReg gelöschte Gesellschaft, wenn noch Vermögen vorhanden ist. Gegen die Gesellschafter der OHG oder KG kann aus einem Titel gg die Gesellschaft nicht vollstr werden (§ 129 II, § 161 II HGB). Umschreibung des Titels nach Auflösung der OHG oder KG auf diese ist unzulässig (OLG Düsseldorf Rpfleger 76, 327). Zur Rechtsscheinhaftung der Gesellschafter: BGH MDR 73, 834 = NJW 73, 1691.

8 **III) Europäische wirtschaftliche Interessenvereinigung (EWIV).** Sa § 50 Rn 20. Diese ist der OHG weitgehend gleichgestellt (vgl § 1 EWIV-AusfG [BGBl I 1988, 514]). Zur ZwV in das Vermögen der Vereinigung ist daher ein gg sie gerichteter Titel erforderl (§ 129 I HGB). Vertreten wird die Vereinigung durch den (jeden oder nach anderer Regelung im Gründungsvertrag) Geschäftsführer (Art 20 VO (EWG) Nr 2137/85, ABl Nr L 199 v 31.7.1985, S 1). Gegen die haftenden Gesellschafter kann aus einem gg die Gesellschaft gerichteten Titel nicht vollstr werden (Art 24 I 2 VO iVm § 129 II HGB).

9 **IV) Partnerschaft.** Diese ist als Personengesellschaft der GbR ähnlich. Zur ZwV in ihr Vermögen ist ein Titel gg die Partnerschaft (Bezeichnung mit ihrem Namen: § 2 PartGG) erforderl (§ 1 IV PartGG iVm § 722 I BGB); ein Titel gg alle Partner genügt nicht. Gegen die (haftenden) Angehörigen der Partnerschaft kann aus einem gg die Partnerschaft gerichteten Titel nicht vollstr werden (§ 1 IV PartGG iVm § 722 II BGB). Auflösung, Liquidation (§§ 9 f PartGG): wie § 727 Rn 36. Umwandlung der Partnerschaft in eine GbR, OHG oder KG oder umgekehrt ist identitätswahrender Rechtsformwechsel (Änderung der Haftungsform).

§ 737 Zwangsvollstreckung bei Vermögens- oder Erbschaftsnießbrauch

(1) Bei dem Nießbrauch an einem Vermögen ist wegen der vor der Bestellung des Nießbrauchs entstandenen Verbindlichkeiten des Bestellers die Zwangsvollstreckung in die dem Nießbrauch unterliegenden Gegenstände ohne Rücksicht auf den Nießbrauch zulässig, wenn der Besteller zu der Leistung und der Nießbraucher zur Duldung der Zwangsvollstreckung verurteilt ist.
(2) Das Gleiche gilt bei dem Nießbrauch an einer Erbschaft für die Nachlassverbindlichkeiten.

1 **I) Zweck.** Wahrung der Rechte des Nießbrauchers bei Geltendmachung des unmittelbaren Zugriffsrechts von Gl.

2 **II) Inhalt. 1) Allgemeines.** Nießbrauch an einem Vermögen (§ 1085 BGB) schmälert nicht das **Recht der** (persönl) **Gl** des Bestellers, **für ihre vor der Bestellung entstandenen Forderungen Befriedigung** aus den dem Nießbrauch unterliegenden Gegenständen **zu verlangen** (I; § 1086 BGB; unmittelbares Zugriffsrecht). Gleiches gilt bei Nießbrauch an einer Erbschaft (II; § 1089 BGB) für die Nachlassgl. **ZwV** wegen eines Geld- oder Herausgabeanspruchs **erfordert** eine **Verurteilung des Bestellers zur Leistung** und des **Nießbrauchers zur Duldung der ZwV** *in alle dem Nießbrauch* unterliegenden Gegenstände (§ 737; Unterwerfung des Nießbrauchers: § 794 II). Einverständnis des Nießbrauchers (nach § 809) oder Leistungsurteil gegen ihn (er ist nicht Vermögenseigentümer) ersetzt den Duldungstitel nicht; Duldungstitel gegen den Nießbraucher allein genügt ebenfalls

nicht (ersetzt Leistungstitel gegen den Besteller nicht). Gleichgültig ist, ob der Nießbrauch unentgeltlich oder entgeltlich bestellt ist. § 737 gilt ebenso, wenn der Nießbrauch an dem Bruchteil eines Vermögens bestellt ist. Einzelnießbrauch an einer bewegl Sache (§ 1030 BGB) oder an einem Recht (§ 1068 BGB) schließt die ZwV durch Gl des Bestellers wegen einer persönl Forderung aus (zu Besonderheiten: s Rn 3). Zwangsversteigerung eines Grundstücks (anderen unbewegl Vermögens: § 864) kann ohne Duldungstitel gegen den Nießbraucher angeordnet werden, weil sie dessen Nutzungsrecht nicht schmälert (BGH MDR 2003, 773 = NJW 2003, 2164, 2165) und Rechte eines besserrangigen Nießbrauchs mit dem Deckungsgrundsatz (Bestehenbleiben: §§ 44, 52 ZVG) gewahrt sind. Liegt auch ein Duldungstitel gegen den Nießbraucher vor (§ 737), dann wird der Gl vor dem Berechtigten des Nießbrauchs befriedigt, der nicht bestehen bleibt, sondern mit dem Zuschlag erlischt. Bei der Zwangsversteigerung auf Antrag eines im Rang gleich oder vor dem Nießbrauch am Grundstück lastenden Rechts sind Interessen des dingl Nießbrauchers (§ 1030 BGB) nicht zu wahren; sein Recht erlischt mit dem Zuschlag und er erhält aus einem (dafür ausreichenden) Erlös Wertersatz (§ 92 ZVG). Zwangsverwaltung ist hingegen nur beschränkt möglich; unbeschränkte Zwangsverwaltung erfordert (auch bei nachrangigem Nießbrauch) Duldungstitel gegen den Nießbraucher (BGH MDR 2003, 773 = NJW 2003, 2164, 2165).

2) Zeitpunkt der Bestellung des Nießbrauchs. Bei dem Nießbrauch an einem Vermögen ist für die **ZwV in bewegl Vermögen** (bewegl Sachen und Forderungen) und für Herausgabeansprüche (sowie für Zwangsverwaltung) **zu unterscheiden: a) Bestellung des Nießbrauchs nach Entstehen der Forderung** und **aa) vor Rechtshängigkeit:** § 737; **bb) nach Rechtshängigkeit:** § 737, jedoch bei der Veräußerung einer in Streit befangenen Sache Urteilswirkung nach § 325 mit Klauselerteilung nach § 727; 3

b) Bestellung des Nießbrauchs nach Entstehen der Forderung und **nach Rechtskraft:** Klauselerteilung nach § 738; 4

c) Bestellung des Nießbrauchs vor Entstehen der Forderung gegen Besteller: Gl können in das dem Nießbrauch unterliegende Vermögen nicht vollstr (evtl AnfG); 5

d) Erzeugnisse (insb Früchte: § 99 BGB) und sonstige Bestandteile werden mit Trennung Eigentum des Nießbrauchers (§§ 954, 1039 BGB). **Verbrauchbare Sachen** (§ 92 BGB) sind Eigentum des Nießbrauchers (§ 1067 BGB). Bei Vollstr der Gl des Bestellers des Nießbrauchs gilt daher § 771. An die Stelle verbrauchbarer Sachen tritt der Anspruch des Bestellers auf sof Ersatz des Wertes (§ 1086 S 2 BGB). Pfändung des Ersatzanspruchs des Bestellers erfordert keinen Titel gegen den Nießbraucher; er ist Drittsch; 6

e) Vollstr der für die Dauer des Nießbrauchs **geschuldeten Zinsen** und anderer wiederkehrender Leistungen einer vor Bestellung des Nießbrauchs entstandenen Forderung gegen den Nießbraucher (Haftung nach § 1088 BGB) in sein Privatvermögen erfordert einen Zahlungstitel gegen diesen (Klauselumstellung nach § 727 möglich; aA WSch/Salzmann Rn 7); 7

f) Entstehen der Forderung erst nach Bestellung des Nießbrauchs schließt eine Individualvollstr gegen den Nießbraucher aus. 8

3) Entstandene Verbindlichkeit. Sie liegt vor, wenn der Tatbestand der Entstehung gegeben ist; Eintritt einer Bedingung oder Befristung ist nicht erforderl. Bei wiederkehrenden Leistungen ist daher die Entstehung des Rechtsverhältnisses maßgebend, nicht die Fälligkeit. ZwV ohne erforderl Duldungstitel kann der Nießbraucher (nicht der Besteller; aber auch ein Drittsch) mit der Erinnerung nach § 766 anfechten. 9

§ 738 Vollstreckbare Ausfertigung gegen Nießbraucher

(1) Ist die Bestellung des Nießbrauchs an einem Vermögen nach der rechtskräftigen Feststellung einer Schuld des Bestellers erfolgt, so sind auf die Erteilung einer in Ansehung der dem Nießbrauch unterliegenden Gegenstände vollstreckbaren Ausfertigung des Urteils gegen den Nießbraucher die Vorschriften der §§ 727, 730 bis 732 entsprechend anzuwenden.

(2) Das Gleiche gilt bei dem Nießbrauch an einer Erbschaft für die Erteilung einer vollstreckbaren Ausfertigung des gegen den Erblasser ergangenen Urteils.

I) Zweck; Inhalt. Die Prüfung und **Bescheinigung der Duldungspflicht des Nießbrauchers** erfolgen **im Klauselverf**, wenn der Nießbrauch an einem Vermögen oder an einer Erbschaft erst nach Rechtskraft (§ 705) des Leistungsurteils (gegen Erblasser) bestellt (§§ 1085, 1089 BGB) worden ist. Eine Verpflichtung zur Bestellung (§ 311 BGB; Nießbrauchsvermächtnis: § 2174 BGB) ist nicht ausreichend (OLG Zweibrücken Rpfleger 2005, 612 f). Bestellung des Nießbrauchs an einer in Streit befangenen Sache (§ 265) begründet Urteilswirkung nach § 325; Klauselumstellung gegen den Nießbraucher dann nach § 727. Bsp: Duldungsklausel für Zwangsverwaltung auf Antrag des Grundpfandgl gegen den nachrangigen Nießbraucher (BGH MDR 2014, 709 = NJW 2014, 1740; sa OLG Dresden Rpfleger 2006, 92). 1

2 **II) Vollstreckbare Ausfertigung.** Sie wird gegen den Nießbraucher nur in Ansehung der dem Nießbrauch unterliegenden Gegenstände erteilt. Die Beschränkung ist in der Klausel anzugeben; nicht anzuführen sind die dem Nießbrauch unterliegenden einzelnen Gegenstände; Zugehörigkeit zum Vermögen hat das Vollstreckungsorgan zu prüfen. § 325 II findet keine Anwendung; Gutgläubigkeit des Nießbrauchers hindert Haftung nach § 1086 BGB und Klauselerteilung nicht.

3 **III) Verfahren.** S § 727 Rn 23. Zuständig ist der Rechtspfleger (§ 20 I Nr 12 RPflG). Nachzuweisen (Form: § 727) sind Bestellung des Nießbrauchs und ihr Zeitpunkt sowie Rechtskraft (nicht aber Zugehörigkeit einzelner Gegenstände zum Vermögen). **Wortlaut:** „Vorstehende Ausfertigung wird dem Gläubiger … gegen … zur Duldung der Zwangsvollstreckung in die seinem Nießbrauch unterliegenden, zum Vermögen (Nachlass) des … gehörenden Gegenstände erteilt."

§ 739 Gewahrsamsvermutung bei Zwangsvollstreckung gegen Ehegatten und Lebenspartner

(1) Wird zugunsten der Gläubiger eines der Ehegatten gemäß § 1362 des Bürgerlichen Gesetzbuchs vermutet, dass der Schuldner Eigentümer beweglicher Sachen ist, so gilt, unbeschadet der Rechte Dritter, für die Durchführung der Zwangsvollstreckung nur der Schuldner als Gewahrsamsinhaber und Besitzer.

(2) Absatz 1 gilt entsprechend für die Vermutung des § 8 Abs. 1 des Lebenspartnerschaftsgesetzes zugunsten der Gläubiger eines der Lebenspartner.

1 **I) Zweck.** Sicherstellung der ZwV mit Vermutung des Gewahrsams (§ 808) oder Besitzes (§ 883) bei Ehegatten und Lebenspartnern (letztere nach altem Recht; zur nunmehr geltenden „Ehe für alle": § 1353 I 1 BGB, § 20a LPartG, § 17a PStG). § 739 enthält die für die Durchführung der ZwV erforderl Ergänzung der Eigentumsvermutung des § 1362 BGB und § 8 I LPartG. Denn trotz Eigentumsvermutung würde Besitz oder Mitbesitz des nicht schuldenden Ehegatten oder Lebenspartners der Pfändung (§ 809) oder Wegnahme (§ 886) entgegenstehen. § 739 regelt hingegen nicht (wie sonst in §§ 736-749), gegen wen zur ZwV ein Titel erforderl ist; die Vorschrift ist deswegen systematisch an unzutr Stelle in der ZPO eingefügt (MK/Heßler Rn 1 aE).

2 **II) Ehegatten (§ 739 I). 1) Geltung.** I gilt bei jedem Güterstand; bei *Gütergemeinschaft* jedoch nur, wenn feststeht, dass der Gegenstand nicht Gesamtgut (§ 1416 BGB, dann §§ 740-745) ist. Gültige Ehe und Güterstand müssen im Zeitpunkt der Pfändung oder Wegnahme bestehen. Gewahrsam (Besitz) eines Dritten (auch eines Kindes) berührt § 739 nicht (dann §§ 809, 886 oder Pfändung des Herausgabeanspruchs); keine Bedeutung erlangt § 739 bei der ZwV in Forderungen und andere Vermögensrechte sowie in das unbewegl Vermögen (**gilt nur für bewegl Sachen:** s Wortlaut u LG Coburg FamRZ 62, 387).

3 **2) Eigentumsvermutung des § 1362 BGB.** Muss bestehen für bewegl Sachen, auch Geld; gleichgestellt sind Inhaber- und Orderpapiere, die mit Blankoindossament versehen sind. Die Sachen müssen sich im Besitz eines Ehegatten oder beider Ehegatten befinden. Das schafft Vermutung zugunsten der Gl eines Ehegatten, dass sie dem Sch gehören (§ 1362 I 1 BGB). Diese Eigentumsvermutung (und damit Gewahrsam [Besitz] des Sch) **gilt nicht**

4 **a)** nach § 1362 I 2 BGB für Sachen im Besitz des Ehegatten, der nicht Sch ist, wenn die **Ehegatten** im Zeitpunkt der Pfändung (Wegnahme) nicht nur vorübergehend, sondern dauernd **getrennt leben** (Strafhaft allein genügt nicht: OLG Düsseldorf NJW-RR 95, 963, 964 mwN). Abgestellt wird auf das äußere Merkmal der räuml und zeitl Trennung. Tatsächl Getrenntleben (möglich auch innerhalb der ehel Wohnung: OLG Bremen NJW-RR 2001, 3) genügt;

5 **b)** nach § 1362 II BGB für ausschl **zum persönl Gebrauch eines Ehegatten** (nicht auch zum Gebrauch/Mitgebrauch des anderen) **bestimmte Sachen**. Darauf, wer die Sachen erworben hat, kommt es nicht an. Für sie wird Eigentum (§ 1362 II BGB) und Gewahrsam (§ 739) (nur) dieses Ehegatten vermutet. Daher können sie für seine Gl auch bei (tatsächl) Besitz des anderen oder beider Ehegatten gepfändet (weggenommen) werden. Bsp: Kleider, Schmuck, persönl Arbeitsgeräte, nicht aber Küchen- und Haushaltsgeräte (zB Waschmaschine usw). Wertvolle Schmucksachen, die als Kapitalanlage für die Familie beschafft worden sind, sind auch dann nicht für den persönl Gebrauch bestimmt, wenn sie von der Frau getragen werden (BGH MDR 59, 120 LS = NJW 59, 142). Die Eintragung eines Ehegatten im Kfz-Brief beweist Bestimmung für seinen alleinigen Gebrauch nicht (LG Essen NJW 62, 2307);

6 **c)** für **Sachen, die zu dem von einem Ehegatten erkennbar allein betriebenen Erwerbsgeschäft gehören** und sich in seinem Alleinbesitz deutlich getrennt vom häusl Gewahrsam befinden (Geschäftseinrichtung, Maschi*nen*, *Werkzeuge*, *Warenlager*, *Kasse*, *nicht* aber geschäftl Gegenstände im häusl Bereich). Das ist mit unterschiedl Begründung allg Ansicht (vgl Hk-ZPO/Kindl Rn 6; MskV/Lackmann Rn 5 aE; StJ/Münzberg Rn 18 – jew mwN).

3) Folge. a) Bei der Eigentumsvermutung nach § 1362 BGB **gilt der Sch als Gewahrsamsinhaber oder Besitzer.** ZwV mit Titel gegen den Sch ermöglicht daher Pfändung (§ 808 I) und Herausgabevollstr (§ 883). Der **GV prüft nur** Besitz eines oder beider Ehegatten (§ 1362 I 1 BGB), ob diese nicht getrennt leben (s Rn 4; Getrenntleben hat ggf Sch zu beweisen: AG Gießen DGVZ 86, 140 mwN) und dass es sich nicht um Sachen handelt, die ausschl zum persönl Gebrauch des anderen Ehegatten bestimmt sind. ZwV gegen den Ehegatten mit Gewahrsam nach § 739 ist in Gegenstände, die sich in der Ehewohnung befinden, auch nach Eröffnung des Insolvenzverf über das Vermögen des anderen Ehegatten möglich (anders bei Alleinbesitz des Insolvenzverwalters (§ 148 I InsO): vgl LG Frankenthal MDR 85, 64). 7

b) Wenn die **Ehegatten getrennt leben**, gilt der Sch nur für die Sachen als Gewahrsamsinhaber (Besitzer), die sich in seiner tatsächl Gewalt befinden. Sachen im Gewahrsam (Besitz) des getrennt lebenden Sch können somit gepfändet oder weggenommen werden; zum Widerspruch des anderen Ehegatten nach § 771: s Rn 10. Gewahrsam (Besitz) des getrennt lebenden anderen Ehegatten ermöglicht auch bei Eigentum des Sch Pfändung (Wegnahme) nur unter den Voraussetzungen der §§ 809, 886. Sonst ist (wie bei Besitz Dritter) Pfändung des Herausgabeanspruchs notw. 8

4) Rechtsbehelfe. a) Für **Gl**, wenn der GV die ZwV trotz Schuldnergewahrsam(-besitz) nach § 739 ablehnt: Erinnerung nach § 766 (dann: sof Beschwerde nach § 793). **Sch, anderer Ehegatte** (und seine Gl) können die Erinnerung nicht auf die Begründung stützen, nach § 739 geltender Gewahrsam (Besitz) bestehe tatsächl nicht (s Rn 7), auch nicht bei Widerlegung der Vermutung des § 1362 BGB (iE Brox FamRZ 81, 1125; Kilian JurBüro 96, 67). Jedoch sind Einwendungen des anderen Ehegatten nach § 766 (§ 793) (nicht auch des Sch) möglich, wenn die ZwV entgegen § 739 bei seinem Gewahrsam (Besitz) erfolgt ist (zB in persönl Sachen oder bei Getrenntleben). 9

b) Eigentum (auch Miteigentum: s § 771 Rn 14.6 mwN) kann als vollstreckungshindernd durch den **nicht schuldenden Ehegatten** (wie durch Dritte) mit Drittwiderspruchsklage (§ 771) geltend gemacht werden. Für den nicht schuldenden Ehegatten schließt das § 739 nicht aus. § 739 gewährleistet nur die von Gewahrsam (Besitz) abhängige Durchführung der ZwV. Für den Erfolg der Klage nach § 771 ist die Eigentumsvermutung des § 1362 BGB zu entkräften. Für die Widerlegung der Eigentumsvermutung nach § 1362 I 2 BGB kann aber nicht schon angenommen werden, dass Ehegatten an den zur Deckung des gewöhnl Lebensbedarfs angeschafften Einrichtungs-/Hausratsgegenständen „im Zweifel" (über § 1357 BGB) Miteigentum erworben haben (BGH MDR 91, 972 = NJW 91, 2283). Doch wird die Einigungserklärung eines Ehegatten beim Erwerb von Hausrat für den gemeinsamen Haushalt (wenn nicht etwas anderes erklärt ist oder bes Umstände dagegen sprechen) dahin verstanden, dass beide Ehegatten Miteigentümer werden sollen (BGH MDR 91, 972 = NJW 91, 2283; OLG Köln NJW-RR 96, 904). Beweisen muss der nicht schuldende Ehegatte für die Widerlegung der Vermutung des § 1362 BGB lediglich seinen Eigentumserwerb, dagegen nicht den Fortbestand seines Eigentums (BGH MDR 76, 309 = NJW 76, 238). Er kann sich daher gegen die Pfändung auch damit wehren, dass er den Beweis für den vorehel Erwerb der Sache führt. Zu seinen Gunsten greift für die Widerlegung der Eigentumsvermutung des § 1362 I 1 BGB auch die Vermutung des § 1006 II BGB ein, wenn er den Nachweis führt, dass er schon vor der Ehe Besitzer der Sache war (BGH MDR 92, 904 = NJW 92, 1162). 10

c) Alleiniger Besitz des nicht schuldenden Ehegatten, der außerhalb der ehel Lebensgemeinschaft erlangt ist (zB an einer gemieteten oder geliehenen Sache, bei Verwahrung für Dritte, bei Pfandbesitz), kann, wenn der andere Ehegatte nicht durch ehel Gemeinschaft Mitbesitz erlangt hat, als die Veräußerung hinderndes Recht gleichfalls mit Drittwiderspruchsklage (§ 771) geltend gemacht werden. 11

5) Verschiedene Gläubiger der Ehegatten. Pfändung derselben bewegl Sache durch die jew Gl der Ehegatten (die jew gesondert Titel erwirkt haben) ist nach § 739 möglich. Vermutung des Gewahrsams, die nach § 739 für den jew Gl gilt, kann mit der Erinnerung durch den jew anderen Ehegatten nicht ausgeräumt werden (s Rn 9). Zulässig ist aber die Widerlegung der Eigentumsvermutung des § 1362 BGB durch einen Ehegatten (s Rn 10) oder durch einen der Gl nach § 805 oder im Verf nach §§ 872 ff. Sonst bestimmt sich der Rang nach dem Grundsatz der Priorität (§ 804 III). 12

III) Lebenspartner (§ 739 II). Eine § 1362 BGB entspr **Eigentumsvermutung** bei der ZwV für Gl eines **Lebenspartners** bestimmt **§ 8 I LPartG.** Die für die Durchführung der ZwV erforderl Ergänzung dieser Eigentumsvermutung enthält II. Ausnahmen von der Eigentumsvermutung sieht § 8 I 2 LPartG vor (wie § 1362 I 2 BGB), wenn die Lebenspartner getrennt leben (s Rn 4), und (wie § 1362 II BGB) für ausschl zum persönl Gebrauch bestimmte Sachen (s Rn 5). Das oben dazu Ausgeführte gilt hier entsprechend. 13

IV) Wohngemeinschaften etc. 1) Gewahrsam. Für Wohngemeinschaften, zusammenlebende Verwandte und ähnliche häusl Gemeinschaften **gilt die Gewahrsamsvermutung des § 739 nicht** (MK/Heßler Rn 20 mwN [str]). Von einer Erstreckung der Vermutung des § 739 (auch § 1362 BGB) auf die nichtehel Lebensgemeinschaft hat der Gesetzgeber bewusst abgesehen; auch entspr ist diese Vermutung auf die nichtehel Lebensgemeinschaft daher nicht anzuwenden (BGH MDR 2007, 660 = NJW 2007, 992 Tz 14 ff). 14

2) Eigentum. Dieses (auch Miteigentum: s § 771 Rn 14.6 mwN) kann nach der Pfändung auch von dem Mitglied einer Wohngemeinschaft sowie von dem Partner einer nichtehel Lebensgemeinschaft (wie durch einen 15

Ehegatten [s Rn 10] oder Dritte) mit Drittwiderspruchsklage (§ 771) geltend gemacht werden. Für den Partner einer (langjährigen) nichtehel Lebensgemeinschaft, der allein und mit eigenen Mitteln Sachen (Fernsehgerät etc) für den gemeinsamen Haushalt angeschafft hat, ist angenommen worden, dass er alleiniger Eigentümer ist (OLG Hamm MDR 89, 271 = NJW 89, 909; s aber auch OLG Düsseldorf MDR 92, 381 = NJW 92, 1706 [keine Regel für einen Eigentumserwerb]). Ein Gl des anderen Partners, der solche Sachen pfänden (und auch versteigern) lässt, vollstr daher rechtswidrig in schuldnerfremdes Vermögen (sa vor § 704 Rn 18); er hat somit einen Versteigerungserlös nach § 812 BGB dem Eigentümer herauszugeben.

§ 740 Zwangsvollstreckung in das Gesamtgut

(1) Leben die Ehegatten oder Lebenspartner in Gütergemeinschaft und verwaltet einer von ihnen das Gesamtgut allein, so ist zur Zwangsvollstreckung in das Gesamtgut ein Urteil gegen diesen Ehegatten oder Lebenspartner erforderlich und genügend.

(2) Verwalten die Ehegatten oder Lebenspartner das Gesamtgut gemeinschaftlich, so ist die Zwangsvollstreckung in das Gesamtgut nur zulässig, wenn beide Ehegatten oder Lebenspartner zur Leistung verurteilt sind.

1 **I) Zweck.** Regelung der Auswirkungen der Gesamtgutsverwaltung. Bei der Verwaltung nur durch einen Ehegatten bzw Lebenspartner (zu letzterem: sa § 739 Rn 1) führt dieser Gesamtgut-Rechtsstreitigkeiten im eigenen Namen (§ 1422 S 1 BGB, § 7 S 2 LPartG; *Hinweis: sofern nicht anders angegeben, gelten die im Folgenden genannten Vorschriften des BGB über §§ 6, 7 S 2 LPartG jew auch für Lebenspartner*); gemeinschaftl verwaltende Ehegatten bzw Lebenspartner können Gesamtgut-Rechtsstreitigkeiten nur gemeinschaftl führen (§ 1450 I 1 BGB). Übereinstimmend damit ist für die ZwV in das Gesamtgut ein Titel gegen den allein verwaltenden (I) oder die gemeinschaftl verwaltenden (II) Ehegatten bzw Lebenspartner erforderl. ZwV in Sonder- und Vorbehaltsgut (§§ 1417, 1418 BGB): § 739; Besonderheiten bei Erwerbsgeschäft: § 741.

2 **II) Anwendungsbereich; Voraussetzungen. 1) Geltung.** § 740 gilt für die **Geldvollstr in bewegl und unbewegl Vermögen** und für **alle Vollstreckungstitel** (§§ 704, 794 f) sowie **-arten**, auch für die Wegnahmevollstr (§ 883; MK/Heßler Rn 6; MskV/Lackmann Rn 2) sowie die Vollziehung von Arrest und einstw Verfügung (§§ 928 ff, § 936; MskV/Lackmann Rn 2). Der Titel zur Abgabe einer Willenserklärung ersetzt die nach mat Recht erforderl Einwilligung des anderen Ehegatten bzw Lebenspartners (zB §§ 1423-1425 BGB; MK/Heßler Rn 22 f).

3 **2) Gesamtgut.** Gemeinschaftl Vermögen beider Ehegatten bzw Lebenspartner (§ 1416 BGB); ausgenommen Sondergut (§ 1417 BGB) und Vorbehaltsgut (§ 1418 BGB). Zum Gesamtgut einer Gütergemeinschaft niederländischen Rechts: BGH MDR 98, 969 = NJW-RR 98, 1377.

4 **3) Verwaltung des Gesamtguts.** Erfolgt einzeln durch einen Ehegatten bzw Lebenspartner oder durch beide Ehegatten bzw Lebenspartner nach Bestimmung des Ehevertrags bzw Lebenspartnerschaftsvertrags (§ 1421 S 1 BGB; § 7 S 1 LPartG); wenn eine Bestimmung fehlt durch Ehegatten bzw Lebenspartner gemeinschaftl (§ 1421 S 2 BGB).

5 **4) Prüfung.** Der **GV** hat bei der ZwV gegen Ehegatten bzw Lebenspartner vom **ges Güterstand** auszugehen (daher § 739), bis ihm **Gütergemeinschaft (anderer Güterstand)** nachgewiesen ist. Wenn Gütergemeinschaft nachgewiesen ist, wird vermutet, dass Gegenstände der Ehegatten bzw Lebenspartner zum Gesamtgut gehören (sa § 739 Rn 2). Für die ZwV geht der GV von der Verwaltung durch beide Ehegatten bzw Lebenspartner aus, bis eine andere Verwaltung oder ein Fall von § 741 nachgewiesen ist. Eigene Ermittlungen stellt das Vollstreckungsorgan nicht an (vgl LG Frankenthal Rpfleger 75, 371).

6 **5) Gütergemeinschaft und Gesamtgutsverwaltung.** Müssen durch die Titelsch **im Zeitpunkt der Pfändung bestehen**; spätere Änderungen der güterrechtl Verhältnisse berühren die Wirksamkeit der ZwV nicht (OLG Koblenz Rpfleger 56, 164). Bei einer Änderung in der Verwaltung des Gesamtguts ist der andere Ehegatte oder Lebenspartner als Sch für das weitere Verf zuzuziehen.

7 **III) Verwaltung. 1) Alleinverwaltung (§ 740 I).** Gesamtgutsverbindlichkeiten nach § 1437 I BGB (dabei immer Gl des verwaltenden Ehegatten bzw Lebenspartners). Für die ZwV in das Gesamtgut ist ein Leistungstitel gegen den allein verwaltenden Ehegatten bzw Lebenspartner erforderl und genügend (I), ohne dass die Haftung des Gesamtguts bezeichnet sein muss. Ein Titel gegen den anderen Ehegatten bzw Lebenspartner genügt nicht (Ausnahme: § 741), auch nicht während der Zeit der Notverwaltung (§ 1429 BGB; OLG Koblenz Rpfleger 56, 164; MskV/Lackmann Rn 3) oder für Prozesskosten (§ 1438 II BGB; MskV/Lackmann Rn 3); dgl nicht ein Titel auf Duldung der ZwV in das Gesamtgut (Wortlaut von § 740 I steht dem entgegen; hM, MskV/Lackmann Rn 3 mwN [str]; Duldungstitel für dingl Anspruch [§ 1147 BGB] ist jedoch Titel iSv I). Für den nicht verwaltenden *Ehegatten bzw Lebenspartner (er muss in Titel* oder Klausel nicht bezeichnet sein) besteht bei der ZwV in das Gesamtgut mit dafür nach I erforderl Titel kein Recht, Gewahrsam oder Mitgewahrsam (§ 809) geltend zu machen (OLG Koblenz Rpfleger 56, 164), auch nicht bei Getrenntleben oder bei Taschenpfändung. Die Vorausset-

zungen für eine ZwV in das Gesamtgut allein auf Grund eines Titels gegen einen Ehegatten bzw Lebenspartner muss der Gl nachweisen (s Rn 5).

2) Schuldner. Sind bei der ZwV in das Gesamtgut **beide Ehegatten bzw Lebenspartner** (gegen beide findet die ZwV statt), auch wenn zur ZwV ein Titel gegen den allein verwaltenden Ehegatten bzw Lebenspartner genügt (LG Zweibrücken Rpfleger 95, 222, 223; aA StJ/Münzberg Rn 4). 8

3) Gemeinschaftliche Verwaltung (§ 740 II). Gesamtgutsverbindlichkeiten nach § 1459 I BGB. Für die ZwV in das Gesamtgut ist ein Leistungstitel (auch alle sonstigen Vollstreckungsvoraussetzungen wie Klausel, Zustellung usw) gegen beide Ehegatten bzw Lebenspartner notw (II), der auch in getrennten Verf erwirkt sein kann (BGH FamRZ 75, 405), bei rechtsgeschäftl Verpflichtung dann aber Haftung aus demselben Schuldgrund (§ 1460 I BGB) ausweisen muss (OLG Zweibrücken FamRZ 2009, 1910; dafür genügt allein nicht, dass die Beträge der Hauptforderung in den Titeln jew identisch sind: OLG München FamRZ 2013, 1403). Leistungstitel gegen einen und Duldungstitel gegen den anderen Ehegatten bzw Lebenspartner genügen nach dem klaren Wortlaut von II nicht (LG Deggendorf FamRZ 64, 49; aA StJ/Münzberg Rn 6); ein Titel gegen nur einen Ehegatten bzw Lebenspartner genügt nicht, auch nicht im Notverwaltungsfall (§ 1454 BGB), nicht für Prozesskosten (§ 1460 II BGB; hierfür auch keine Klauselerteilung nach § 742: OLG Stuttgart MDR 87, 331 = NJW-RR 87, 258) und nicht bei einzeln möglichen Verwaltungshandlungen (§ 1455 Nr 7-9 BGB). Die Vollstr eines Ehegatten bzw Lebenspartners in das Gesamtgut mit einem Titel nur gg den anderen ist nicht vorgesehen (vgl BGH MDR 90, 1004 = NJW 90, 2252, 2254), jedoch für zulässig zu erachten (Kleinle FamRZ 97, 1194, 1195; iÜ sa § 747 Rn 6). 9

4) Titel allein gegen den nicht verwaltenden Ehegatten bzw Lebenspartner. Erlaubt nur die Vollstr in dessen Vorbehalts- und Sondergut. Die Vermutung für das Gesamtgut (s Rn 5) ist bei Besitz oder Mitbesitz des verwaltenden Ehegatten bzw Lebenspartners vom Gl zu widerlegen (dann § 739). 10

IV) Rechtsbehelfe. Für **Gl**, wenn GV die Vollstr mit Titel gegen einen Ehegatten bzw Lebenspartner trotz Alleinverwaltung ablehnt: Erinnerung nach § 766 (dann: sof Beschwerde nach § 793); für jeden **Ehegatten bzw Lebenspartner** bei Vollstr ohne den erforderl Titel: Erinnerung nach § 766 (dann: sof Beschwerde nach § 793); für Ehegatten bzw Lebenspartner, gegen den ein Titel fehlt, auch Klage (§ 771), die jedoch nicht begründet ist, wenn das Gesamtgut haftet (§ 1437 I, § 1459 I BGB). 11

V) Gesamtgut der Errungenschafts- und Fahrnisgemeinschaft. Für solche, die am 1.7.1958 bestanden haben, gilt § 740 aF weiter. Einzelheiten: s 31. Aufl. Zur Errungenschaftsgemeinschaft nach ital Recht: OLG Düsseldorf NJW-RR 2010, 1662 mwN. 12

§ 741 Zwangsvollstreckung in das Gesamtgut bei Erwerbsgeschäft

Betreibt ein Ehegatte, der in Gütergemeinschaft lebt und das Gesamtgut nicht oder nicht allein verwaltet, selbständig ein Erwerbsgeschäft, so genügt zur Zwangsvollstreckung in das Gesamtgut ein gegen ihn ergangenes Urteil.

I) Neuregelung seit dem 1.1.2023; Zweck. Neuregelung seit dem 1.1.2023 (vgl BTDrs 20/2730, 17): Durch das G zur Abschaffung des Güterrechtsregisters und zur Änderung des COVID-19-InsolvenzaussetzungsG v 31.10.2022 (BGBl I 2022, 1966) ist § 741 mWv 1.1.2023 neugefasst worden. Nach der **Abschaffung des Güterrechtsregisters** kommt es bei der ZwV in das Gesamtgut eines Ehegatten, der ein Erwerbsgeschäft betreibt, nicht mehr auf Eintragungen im Güterrechtsregister an. Zudem ist der **Begriff „Lebenspartner" in § 741 gestrichen worden**, weil nach § 21 LPartG die Regelungen zu Ehegatten und Ehen für Lebenspartner und Lebenspartnerschaften ohnehin entspr gelten, wenn nichts anderes bestimmt ist. 1

Zweck: ZwV im Hinblick auf die Haftung des Gesamtguts bei Erwerbsgeschäft. Die Haftung des Gesamtguts bewirken Rechtsgeschäfte und Rechtsstreitigkeiten des Ehegatten bzw Lebenspartners (zu letzterem: sa § 739 Rn 1), der nicht oder nicht allein verwaltet, wenn sie aus dem selbständigen Betrieb eines Erwerbsgeschäfts folgen; vorausgesetzt, dass der allein- oder mitverwaltende andere Ehegatte bzw Lebenspartner eingewilligt hat (Einzelheiten: §§ 1431, 1440, 1456, 1462 BGB). Eine solche Einwilligung ist bereits gegeben, wenn der (mit)verwaltende Ehegatte bzw Lebenspartner den Betrieb des Erwerbsgeschäfts kennt und keinen Einspruch einlegt (§ 1431 II BGB); ein Einspruch bzw ein Widerruf der Einwilligung ist Dritten ggü nur nach Maßgabe von § 1412 BGB wirksam (§ 1431 III BGB). Die Vollstr in das Gesamtgut ist zur Wahrung der Interessen des Geschäftsverkehrs mit einem Leistungstitel gg den das Geschäft betreibenden Ehegatten bzw Lebenspartner in allen Fällen ermöglicht. 2

II) Anwendungsbereich; Voraussetzungen. 1) Anwendungsbereich. Wie § 740 Rn 2. 3

2) Voraussetzungen. a) Gütergemeinschaft und Gesamtgut (wie § 740 Rn 3) **sowie Betrieb** (darf sich nicht in der Abwicklung befinden: LG Heilbronn Rpfleger 96, 521) **eines Erwerbsgeschäfts** im Zeitpunkt der Pfändung (sa § 740 Rn 6). 4

5 **b) Erwerbsgeschäft** ist jede auf einen selbständigen Erwerb gerichtete regelmäßige wirtschaftl Betätigung (Berufstätigkeit); sie kann eine gewerbl, handelsgewerbl, künstlerische oder wissenschaftl sein, aber auch eine freiberufl Tätigkeit als RA oder Arzt (BGH MDR 82, 489 = NJW 82, 1810, 1811 mwN), ebenso der Betrieb einer Landwirtschaft (BayObLG FamRZ 83, 1128). Eine Tätigkeit als Arbeitnehmer reicht nicht aus (MskV/Lackmann Rn 3).

6 **c) Selbständig** wird das Erwerbsgeschäft betrieben, wenn der nicht oder nicht allein verwaltende Ehegatte bzw Lebenspartner es im eigenen Namen führt oder für sich durch andere führen lässt (vgl RGZ 127, 110, 114). Es genügt, dass er persönl haftender Gesellschafter einer OHG oder KG ist (vgl RGZ 87, 100, 102 f). Selbständig betrieben wird das Erwerbsgeschäft auch dann, wenn es von beiden in Gütergemeinschaft lebenden und das Gesamtgut gemeinschaftl verwaltenden Ehegatten bzw Lebenspartnern geführt wird (BayObLGZ 83, 187, 190 mwN). Wer die Arbeit leistet oder die Verwaltung des Geschäfts führt, ist belanglos (RGZ 127, 110, 114). Die Stellung als Kommanditist, eine Beteiligung nur als stiller Gesellschafter oder GmbH-Gesellschafter genügt nicht (bloße Kapitalanlage). Abhängige Berufstätigkeit (Dienstvertrag) für andere schließt die Selbständigkeit aus. Verbindlichkeiten aus einem Erwerbsgeschäft des allein verwaltenden Ehegatten bzw Lebenspartners sind ohne Weiteres Gesamtgutsverbindlichkeiten (§ 1437 I BGB); Vollstr daher mit Titel gg ihn nach § 740.

7 **d)** Bei Eintritt der Rechtshängigkeit (§ 261 I, II; bei anderen Titeln: zur Zeit der Errichtung) darf **kein Einspruch** des (mit)verwaltenden Ehegatten bzw Lebenspartners gegen den Betrieb des Erwerbsgeschäfts und **kein Widerruf seiner Einwilligung** zum Betrieb vorliegen; ein Einspruch bzw ein Widerruf der Einwilligung ist **Dritten ggü nur** nach Maßgabe von **§ 1412 BGB wirksam** (§ 1431 III BGB).

8 **III) Folge.** Die ZwV in das Gesamtgut ist auch mit Leistungstitel gg den nicht oder nicht allein verwaltenden Ehegatten bzw Lebenspartner, der das Erwerbsgeschäft führt, zulässig (auch alle sonstigen ZwV-Voraussetzungen wie Klausel, Zustellung usw sind ggü diesem erforderl). Es bedarf keines Titels gg den verwaltenden oder mitverwaltenden Ehegatten bzw Lebenspartner (§ 740; keine Zustellung an ihn usw). Für diesen besteht bei der ZwV in das Gesamtgut mit dafür nach § 741 genügendem Titel kein Recht, Gewahrsam oder Mitgewahrsam (§ 809) geltend zu machen (StJ/Münzberg Rn 10). Die **ZwV ist zulässig wegen sämtlicher Schulden** des Ehegatten bzw Lebenspartners, der das Erwerbsgeschäft führt; gleichgültig, ob es Geschäfts- oder Privatschulden sind (BayObLGZ 83, 187, 189). Der Gl muss die Voraussetzungen für die ZwV mit einem Titel nach § 741 nachweisen (vgl auch § 740 Rn 7). Das **Vollstreckungsorgan hat zu prüfen**, ob eine Gütergemeinschaft nachgewiesen ist und der Titelsch selbständig ein Erwerbsgeschäft betreibt. Es hat nicht vAw zu prüfen – das setzt einen Einwand des (mit)verwaltenden Ehegatten bzw Lebenspartners voraus –, ob ein hindernder Einspruch bzw Widerruf der Einwilligung des (mit)verwaltenden Ehegatten bzw Lebenspartners besteht. § 741 erleichtert die Vollstr für den Gl, schließt aber nicht aus, dass er einen Titel gg den verwaltenden oder beide Ehegatten bzw Lebenspartner erwirkt und dann nach § 740 vollstr.

9 **IV) Rechtsbehelfe. 1) Gläubiger.** Wie § 740 Rn 11. **2) Jeder Ehegatte bzw Lebenspartner.** Erinnerung nach § 766 (dann: sof Beschwerde nach § 793) für die Behauptung, dass die Voraussetzungen von § 741 nicht erfüllt sind (zB Fehlen des selbständigen Betriebs eines Erwerbsgeschäfts: MK/Heßler Rn 17). Zudem die Drittwiderspruchsklage (§ 774 iVm § 771) für den allein- oder mitverwaltenden Ehegatten bzw Lebenspartner, der das Erwerbsgeschäft nicht betreibt, für den Einwand, dass das Gesamtgut materiell nicht haftet (zB weil ihm der Betrieb des Erwerbsgeschäfts nicht bekannt war; weil der Gl vom Widerruf der Einwilligung Kenntnis hatte; weil es sich nicht um eine Geschäftsschuld handelt; vgl MskV/Lackmann Rn 7).

§ 742 Vollstreckbare Ausfertigung bei Gütergemeinschaft während des Rechtsstreits

Ist die Gütergemeinschaft erst eingetreten, nachdem ein von einem Ehegatten oder Lebenspartner oder gegen einen Ehegatten oder Lebenspartner geführter Rechtsstreit rechtshängig geworden ist, und verwaltet dieser Ehegatte oder Lebenspartner das Gesamtgut nicht oder nicht allein, so sind auf die Erteilung einer in Ansehung des Gesamtgutes vollstreckbaren Ausfertigung des Urteils für oder gegen den anderen Ehegatten oder Lebenspartner die Vorschriften der §§ 727, 730 bis 732 entsprechend anzuwenden.

1 **I) Zweck.** Prüfung und Bescheinigung der Vollstreckbarkeit nach dem Eintritt der Gütergemeinschaft für und gegen den Gesamtgutsverwalter (und damit Gesamtgut) im Klauselverf (wie bei Rechtsnachfolge).

2 **II) Voraussetzungen.** Die **Gütergemeinschaft** (mit Vereinbarung durch Ehevertrag bzw Lebenspartnerschaftsvertrag gem § 1408 I, § 1415 BGB, § 7 S 1, 2 LPartG [zur Lebenspartnerschaft: sa § 739 Rn 1] und Eintritt einer *etwaigen Bedingung [zB Eheschließung]*) muss **nach Rechtshängigkeit** (§ 261 I, II; auch § 696 III, § 700 II) des Rechtsstreits (sonst nach Errichtung des Titels) **eingetreten** sein, der von dem oder gegen den das Gesamtgut nicht oder nicht allein verwaltenden Ehegatten bzw Lebenspartner (sa § 740 Rn 4) geführt wurde. Dieser

konnte seinen Rechtsstreit im eigenen Namen fortsetzen (§§ 1433, 1455 Nr 7 BGB). Für die ZwV (§ 750 I) ermöglicht § 742 die erforderl Klauselerteilung dann auch für oder gegen den (oder beide) das Gesamtgut verwaltenden Ehegatten bzw Lebenspartner; zur ZwV in das Gesamtgut: § 740. Einer Klage des oder gegen den anderen Ehegatten bzw Lebenspartner/s fehlt das Rechtsschutzbedürfnis. § 742 gilt auch dann, wenn die Rechtshängigkeit bei Eintritt der Gütergemeinschaft bereits beendet war und ein rechtskr Titel für oder gegen den Ehegatten bzw Lebenspartner vorliegt. Ein Urteil gegen denjenigen Ehegatten bzw Lebenspartner, der das Gesamtgut allein verwaltet, ermöglicht die Vollstr nach § 740 I; eine Klauselerteilung nach § 742 ist hier ausgeschlossen.

III) Verfahren. 1) Allgemeines. Der Antrag kann formlos gestellt werden (kein Anwaltszwang: § 78 III). **Zuständig** ist der Rechtspfleger (§ 20 I Nr 12 RPflG). **Anhörung des Sch** (bei Ehegatten bzw Lebenspartnern: Gesamtgutsverwalter): wie § 730 Rn 1. 3

2) Gütergemeinschaft und Gesamtgutsverwaltung. Diese sind **urkundlich zu belegen** (§ 727; Vertragsausfertigung nach § 792; evtl Heirats- bzw Lebenspartnerschaftsurkunde); der Eintritt der Rechtshängigkeit ist aktenkundig. 4

3) Prüfung. Der **Rechtspfleger** prüft Antrag und Voraussetzungen für die Erteilung der ersten (sa § 724 Rn 10) sowie ggf die bes Voraussetzungen der weiteren vollstrb Ausfertigung (§ 733), außerdem nach § 742 den Eintritt der Gütergemeinschaft nach Rechtshängigkeit und, ob der Titel für oder gegen den nicht oder nicht allein verwaltenden Ehegatten bzw Lebenspartner lautet. 5

4) Erteilung. a) Zur **ZwV als Gl** (für das Gesamtgut: § 1422 BGB) wird dem **allein verwaltenden** (anderen) **Ehegatten bzw Lebenspartner** die vollstrb Ausfertigung auf seinen Namen (unbeschränkt) erteilt. Sie wird ebenso **beiden Ehegatten bzw Lebenspartnern gemeinschaftl** erteilt, wenn sie das Gesamtgut zusammen verwalten (§ 1450 I BGB). Diese Vollstreckungsklausel kann erstmals erteilt, aber auch der dem Ehegatten bzw Lebenspartner als Prozesspartei schon erteilten vollstrb Ausfertigung beigefügt werden (Umschreibung oder Ergänzung). Dann erfolgt die Erteilung nach § 727 (iVm § 742), nicht auch nach § 733 (sa § 733 Rn 2, 3). Wenn dem Ehegatten bzw Lebenspartner als Prozesspartei bereits eine vollstrb Ausfertigung erteilt wurde und diese nicht zurückgegeben, sondern (von dem verwaltenden Ehegatten bzw Lebenspartner) eine vollstrb Ausfertigung neu verlangt wird, ist diese (als weitere) jedoch nur unter den Voraussetzungen von § 733 zu erteilen. 6

b) Gegen den allein verwaltenden Ehegatten bzw Lebenspartner, der nicht Prozesspartei war, kann eine **vollstrb Ausfertigung nur in Ansehung des Gesamtguts** erteilt werden, nicht auch als Rechtsnachfolger der Prozesspartei. In diese Klausel ist daher die Beschränkung aufzunehmen, dass sie nur **„zur ZwV in das Gesamtgut"** erteilt wird. Diese Beschränkung hat bei gemeinschaftl Verwaltung des Gesamtguts auch die einheitliche Klausel hinsichtlich des Ehegatten bzw Lebenspartners, der nicht Prozesspartei war, zu enthalten; in diesem Fall ermöglicht die gegen den anderen Ehegatten bzw Lebenspartner (Prozesspartei) unbeschränkt erteilte vollstrb Ausfertigung auch die Vollstr in dessen Vorbehaltsgut. Wenn eine vollstrb Ausfertigung gegen den Ehegatten bzw Lebenspartner als Prozesspartei bereits erteilt ist, ist die Erteilung der Vollstreckungsklausel gegen den anderen Ehegatten bzw Lebenspartner in Ansehung des Gesamtguts zugleich ein Fall von § 733, wenn die weitere Klausel nicht auf die bereits erteilte Ausfertigung gesetzt werden kann (steht dann dem Fall der Vollstreckungsklausel gegen Gesamtsch gleich). Die Erteilung der zusätzl Vollstreckungsklausel ist daher nur bei einem Interesse an nochmaliger Ausfertigung möglich (dazu s § 733 Rn 4 ff). 7

c) Wortlaut einer Vollstreckungsklausel: „Vorstehende Ausfertigung wird dem … (Gläubiger) zum Zwecke der Zwangsvollstreckung gegen … (Ehegatte bzw Lebenspartner als Prozesspartei) und in Ansehung des Gesamtgutes der Gütergemeinschaft auch gegen … (allein- oder mitverwaltenden Ehegatten bzw Lebenspartner) erteilt. Nach der Bescheinigung des Amtsgerichts … vom … haben die Ehegatten/Lebenspartner Gütergemeinschaft am …, also nach der am … eingetretenen Rechtshängigkeit, vereinbart." 8

IV) Rechtsbehelfe. Für **Gl** bei Ablehnung: wie § 724 Rn 13; für **Sch** (verwaltenden und anderen Ehegatten bzw Lebenspartner): Einwendungen nach § 732; für verwaltenden Ehegatten bzw Lebenspartner außerdem: § 768 (zB wenn der Rechtsstreit das Vorbehaltsgut betraf: § 1418 III, § 1440 BGB). 9

§ 743 Beendete Gütergemeinschaft

Nach der Beendigung der Gütergemeinschaft ist vor der Auseinandersetzung die Zwangsvollstreckung in das Gesamtgut nur zulässig, wenn

1. **beide Ehegatten oder Lebenspartner zu der Leistung verurteilt sind oder**
2. **der eine Ehegatte oder Lebenspartner zu der Leistung verurteilt ist und der andere zur Duldung der Zwangsvollstreckung.**

I) Zweck. Auswirkung der Gesamtgutsverwaltung nach Beendigung der Gütergemeinschaft. Bis zur Auseinandersetzung verwalten die Ehegatten bzw Lebenspartner (für einen Verstorbenen dessen Erben; zur Lebenspartnerschaft: sa § 739 Rn 1) das Gesamtgut gemeinschaftl (§ 1472 I BGB). 1

2 **II) Voraussetzungen. 1) Gesamtgut der beendeten Gütergemeinschaft.** Dieses (s § 740 Rn 3) muss bis zur Auseinandersetzung fortbestehen (§ 1471 II, § 1419 BGB). Die Gütergemeinschaft endet durch Tod (sofern nicht Fortsetzung mit den Abkömmlingen erfolgt: § 1483 BGB) und jede andere Auflösung der Ehe bzw Lebenspartnerschaft.

3 **2) Titel.** Für die ZwV in das Gesamtgut (solange Gegenstände noch zum Gesamtgut gehören) ist ein **Leistungstitel gegen beide Ehegatten bzw Lebenspartner** (für einen Verstorbenen gegen dessen Erben) (**Nr 1**) oder **gegen einen Ehegatten bzw Lebenspartner** (gleichgültig gegen wen) **und Duldungstitel gegen den anderen** (nur mit dem Gesamtgut haftenden: RGZ 89, 360, 363) (**Nr 2**) erforderl. Die Titel können gegen beide Ehegatten bzw Lebenspartner in getrennten Verf erwirkt worden sein (RGZ 89, 360, 367). Duldungstitel gegen beide Ehegatten bzw Lebenspartner genügen nach § 743 nicht. Für Gl mit einem Leistungstitel nur gegen einen Ehegatten bzw Lebenspartner ist eine Anteilspfändung nach § 860 II möglich.

4 **III) Zwangsvollstreckung in das Gesamtgut.** Diese ist zulässig, bis die Auseinandersetzung mit Verwertung (§ 1475 III BGB) und vollst Verteilung (§ 1477 BGB) beendet ist. Danach ist die ZwV nur nach den allg Vorschriften mit einem Titel gegen den Ehegatten bzw Lebenspartner möglich, in dessen Vermögen vollstr werden soll. Das gilt auch für die ZwV gegen den Ehegatten bzw Lebenspartner, der wegen vorzeitiger Gesamtgutsteilung nach § 1480 S 1 BGB persönl haftet; das Geltendmachen der Haftungsbeschränkung (§ 1480 S 2 BGB) ist nur bei einem Vorbehalt im Urteil möglich (§ 786 I iVm § 780 I, §§ 781, 785). Die Beendigung der Gütergemeinschaft nach der Pfändung berührt die Wirksamkeit der ZwV nicht (ebenso MK/Heßler Rn 9 mwN).

5 **IV) Rechtsbehelfe.** Für **beide Ehegatten bzw Lebenspartner** bei einer Vollstr in das Gesamtgut ohne erforderl Titel: Erinnerung nach § 766 (dann: sof Beschwerde nach § 793). Für Ehegatten bzw Lebenspartner, gegen den kein Titel vorliegt: auch § 771; diese Klage muss aber erfolglos bleiben, wenn das Gesamtgut haftet, die Vollstr also geduldet werden muss (vgl § 740 Rn 11; MK/Heßler Rn 12). Die Rechtsbehelfe stehen auch dem nur zur Duldung der ZwV in das Gesamtgut verurteilten Ehegatten bzw Lebenspartner zu, wenn in Gegenstände seines übrigen Vermögens (ehemaliges Vorbehalts- oder Sondergut oder Neuerwerb nach Beendigung der Gütergemeinschaft) vollstr wird (vgl RGZ 89, 360, 366).

§ 744 Vollstreckbare Ausfertigung bei beendeter Gütergemeinschaft

Ist die Beendigung der Gütergemeinschaft nach der Beendigung eines Rechtsstreits des Ehegatten oder Lebenspartners eingetreten, der das Gesamtgut allein verwaltet, so sind auf die Erteilung einer in Ansehung des Gesamtgutes vollstreckbaren Ausfertigung des Urteils gegen den anderen Ehegatten oder Lebenspartner die Vorschriften der §§ 727, 730 bis 732 entsprechend anzuwenden.

1 **I) Zweck.** Bescheinigung einer auch nach Beendigung der Gütergemeinschaft in Ansehung des Gesamtguts bestehenden Vollstreckbarkeit des Titels im Klauselverf. Bei Alleinverwaltungsrecht eines Ehegatten bzw Lebenspartners (zu letzterem: sa § 739 Rn 1) erfolgt die ZwV in das Gesamtgut mit einem Titel gegen diesen allein (er ist prozessführungsbefugt: § 1422 S 1 BGB, § 7 S 2 LPartG; § 740 I). Nach der Beendigung der Gütergemeinschaft ist die ZwV in das Gesamtgut (wegen jetzt gemeinschaftl Verwaltung: § 1472 I BGB) jedoch nur mit einem Titel gegen beide Ehegatten bzw Lebenspartner zulässig (§ 743). Für die durch die Beendigung der Gütergemeinschaft nicht beeinträchtigte Vollstreckbarkeit des Titels in das dann durch beide Ehegatten bzw Lebenspartner verwaltete Gesamtgut ermöglicht § 744 eine Klauselerteilung auch gegen den anderen Ehegatten bzw Lebenspartner.

2 **II) Voraussetzungen. 1) Gesamtgut der beendeten Gütergemeinschaft.** Dazu: § 743 Rn 2, 3.

3 **2) Beendigung der Gütergemeinschaft.** Diese (s § 743 Rn 2) muss nach (rechtskräftiger: § 705) Beendigung des Rechtsstreits (für sonstige Titel [§ 795]: nach Errichtung) eingetreten sein.

4 **3) Titel.** Erforderl ist ein (rechtskräftiger) **Leistungstitel** (s § 740 Rn 2) **gegen den Ehegatten bzw Lebenspartner, der das Gesamtgut allein verwaltet hat** (s § 740 Rn 4). Die Verwaltung durch beide Ehegatten bzw Lebenspartner hätte von vornherein einen Titel gegen beide erfordert (§ 740 II), so dass eine „Nachfolge"klausel iSd § 744 nicht in Betracht kommt.

5 **III) Folge.** Erteilung einer in Ansehung des Gesamtguts **vollstrb Ausfertigung** (auch) **gegen den anderen Ehegatten bzw Lebenspartner** wie bei der Rechtsnachfolge.

6 **IV) Verfahren.** Dazu iE s § 742 Rn 3-5. **Zuständig** ist der Rechtspfleger (§ 20 I Nr 12 RPflG). Nachzuweisen und **zu prüfen** sind auch die Beendigung der Gütergemeinschaft, das alleinige Verwaltungsrecht des Titelsch und die Rechtskraft. Erteilt wird die **vollstrb Ausfertigung** gegen den anderen Ehegatten bzw Lebenspartner ***nur „in Ansehung des Gesamtguts"*** (sa § 742 Rn 7). Eine ZwV wegen des Anspruchs aus persönl Haftung eines Ehegatten bzw Lebenspartners beschränkt auf zugeteilte Gegenstände (§ 1480 S 1, 2 BGB) erfordert einen Titel nach allg Vorschriften; § 744 ermöglicht die Klauselerteilung (gegen den anderen Ehegatten bzw Lebenspartner)

hierfür nicht (Beschränkung auf Vollstr in das Gesamtgut: ebenso Hk-ZPO/Kindl Rn 3; MK/Heßler Rn 13 mwN [str]; aA [Klausel unbeschr, Einwendungen nach § 786 I] MskV/Lackmann Rn 3; StJ/Münzberg Rn 3).

V) Rechtsbehelfe. Für Gl: wie § 724 Rn 13. Für **Ehegatten bzw Lebenspartner:** Einwendungen nach § 732, außerdem § 768; bei Vollstr in sein sonstiges Vermögen: § 771. 7

VI) Besonderheiten. 1) Beendigung der Gütergemeinschaft vor oder während des Rechtsstreits. Bei einer solchen (vor Rechtskraft) ist **§ 744 nicht anwendbar**. Die Vollstr in das Gesamtgut erfordert dann einen Titel nach § 743. Für einen Gesamtgutsgegenstand, der in Streit befangene Sache iSd §§ 265, 325 ist, ist die Erteilung der Klausel gegen den anderen Ehegatten bzw Lebenspartner jedoch nach § 727 möglich (StJ/Münzberg Rn 4). 8

2) Vom verwaltenden Ehegatten bzw Lebenspartner über einen Gesamtgutsanspruch erwirkter Titel. Ist nach der Beendigung der Gütergemeinschaft bis zur Auseinandersetzung für beide Ehegatten bzw Lebenspartner (bzw den überlebenden und den Erben des verstorbenen Ehegatten bzw Lebenspartner/s) gemeinsam als Gesamtgl vollstrb auszufertigen. Die Berechtigung beider in Ansehung des Gesamtguts ist ein Fall von § 727; der Zeitpunkt der Rechtskraft (vor oder nach Beendigung der Gütergemeinschaft) ist bedeutungslos. Nach der Auseinandersetzung wird eine vollstrb Ausfertigung (wieder nach § 727) dem Ehegatten bzw Lebenspartner erteilt, dem die Forderung zugeteilt ist; eine neue Klausel ist nicht notw, wenn der Titel bereits unbeschr auf den Namen dieses Ehegatten bzw Lebenspartners lautet (vgl Hk-ZPO/Kindl Rn 3 aE). 9

§ 744a Zwangsvollstreckung bei Eigentums- und Vermögensgemeinschaft

Leben die Ehegatten gemäß Artikel 234 § 4 Abs. 2 des Einführungsgesetzes zum Bürgerlichen Gesetzbuch im Güterstand der Eigentums- und Vermögensgemeinschaft, sind für die Zwangsvollstreckung in Gegenstände des gemeinschaftlichen Eigentums und Vermögens die §§ 740 bis 744, 774 und 860 entsprechend anzuwenden.

I) Zweck. Regelung der Besonderheiten für die ZwV gegen Ehegatten, die weiterhin im ges Güterstand des Familiengesetzbuchs der ehem DDR (= FGB) leben. 1

II) Zugewinngemeinschaft. 1) Überleitung. Für Ehegatten, die am 3.10.1990 im ges Güterstand der **Eigentums- und Vermögensgemeinschaft des FGB** der ehem DDR (dort §§ 13-16) gelebt haben, gelten (soweit nichts anderes vereinbart ist) die Vorschriften über den ges Güterstand der **Zugewinngemeinschaft** (Art 234 § 4 I EGBGB). Gemeinschaftl Eigentum der Ehegatten wurde Eigentum zu gleichen Bruchteilen (Art 234 § 4a I, III EGBGB [widerlegliche Vermutung]). Diese **Überleitung gilt** jedoch als **nicht** erfolgt, wenn ein Ehegatte (sofern nicht vorher ein Ehevertrag geschlossen oder die Ehe geschieden worden ist) bis zum 2.10.1992 (Ablauf von zwei Jahren nach Wirksamwerden des Beitritts) dem Kreisgericht ggü erklärt hat, dass der **bisherige ges Güterstand fortgelten** soll (Art 234 § 4 II 1, 3 EGBGB). 2

2) Haftung. Für die ZwV gegen Ehegatten in **Zugewinngemeinschaft** sind deren Vermögen **getrennte Schuldvermögen** (§ 1363 II 1 BGB). Die ZwV in Vermögen im Alleineigentum eines Ehegatten erfordert daher einen gegen ihn als Sch lautenden Titel. In Vermögenswerte des anderen Ehegatten kann der Gl nicht vollstr (vgl vor § 704 Rn 18). Für die Durchführung der ZwV gilt jedoch die Gewahrsamsvermutung des § 739 (widerlegt zugleich die Vermutung des Art 234 § 4a III EGBGB). 3

III) Eigentums- und Vermögensgemeinschaft. 1) Inhalt. Leben die Ehegatten noch im Güterstand der Eigentums- und Vermögensgemeinschaft des FGB, dann gehören, wenn nicht eine andere Zuordnung einzelner Vermögenswerte durch abw Vereinbarung bewirkt ist (§ 14 I FGB), 4

a) den **Ehegatten gemeinsam** die von einem oder beiden Ehegatten während der Ehe (auch bei Getrenntleben: Arnold DtZ 91, 80, 81) durch Arbeit oder aus Arbeitseinkünften (dgl aus Renten, Stipendien oder ähnlichen wiederkehrenden Leistungen) erworbenen Sachen, Vermögensrechte und Ersparnisse (§ 13 I FGB); der noch nicht erfüllte Anspruch auf **Arbeitslohn** gegen den Arbeitgeber gehört **nicht** dazu, steht somit jedem Ehegatten allein zu (Arnold DtZ 91, 80, 81); 5

b) jedem Ehegatten allein die vor der Eheschließung erworbenen, die ihm während der Ehe als Geschenk oder als Auszeichnung zugewendeten und die durch Erbschaft zugefallenen Sachen und Vermögensrechte, dgl die nur von ihm zur Befriedigung persönl Bedürfnisse (Bsp: Schmuck, Sportgeräte) oder zur Berufsausübung genutzten Sachen von nicht unverhältnismäßig großem Wert (§ 13 II FGB). 6

2) Gemeinschaftliches Eigentum der Ehegatten. Auf dieses (bestehende und künftige) finden im Güterstand der Eigentums- und Vermögensgemeinschaft die Vorschriften über das durch beide Ehegatten verwaltete Gesamtgut einer Gütergemeinschaft (§§ 1450 ff BGB) entspr Anwendung (Art 234 § 4a II 1 EGBGB). 7

8 **IV) Vollstreckung. 1) Im Eigentum nur eines Ehegatten stehende Gegenstände.** Zur ZwV in diese Gegenstände ist ein gegen diesen Ehegatten als Sch lautender Titel erforderl (wie Rn 3). Es gilt die Gewahrsamsvermutung des § 739 (s § 739 Rn 2).

9 **2) Durch beide Ehegatten verwaltetes Gesamtgut.** Zur ZwV in dieses Gesamtgut ist ein Leistungstitel gegen beide Ehegatten notw (§ 740 II; sa § 740 Rn 9). Ein Titel gegen den Ehegatten, der selbständig ein Erwerbsgeschäft betreibt, ist nach § 741 genügend (dazu Arnold DtZ 91, 80, 84; Arnold DGVZ 92, 20, 26). Eine vollstrb Ausfertigung ist nach § 742 für oder gegen den anderen Ehegatten bei Eintritt des Güterstands erst nach Rechtshängigkeit (auch mit Erklärung in der Zweijahresfrist [s Rn 2]: Arnold aaO; MK/Heßler Rn 12) zu erteilen. Nach **Beendigung des Güterstands** ist zur ZwV in das gemeinschaftl Eigentum ein Leistungstitel gegen beide Ehegatten oder ein Leistungstitel gegen den einen und ein Duldungstitel gegen den anderen Ehegatten erforderl. Eine in Ansehung des gemeinsamen Vermögens vollstrb Ausfertigung des Titels kann in diesem Fall nach Maßgabe von § 744 wie bei der Rechtsnachfolge erteilt werden.

10 **V) Bewegliche Sachen zur gemeinsamen Lebensführung der Familie.** Für solche gilt die Vermutung, dass sie gemeinschaftl Eigentum und Vermögen der Ehegatten sind (vgl § 118 I DDR-ZPO). **Einwendungen** eines Ehegatten bei ihm ggü unzulässiger ZwV in das gemeinsame Vermögen sind nach §§ 774, 771 geltend zu machen. Mit der Drittwiderspruchsklage zu verfolgen sind daher Einwendungen eines Ehegatten, der nicht Sch (auch nicht Mitsch) ist, aber die ZwV in das gemeinsame Vermögen dulden muss, wenn er sich auf Alleineigentum beruft (dazu Arnold DtZ 91, 80, 85). Drittwiderspruchsklage ist Rechtsbehelf auch für Einwendungen, die sich auf einen Widerspruch nach § 16 II FGB gründen, der bewirkt, dass auf Gläubigerantrag das Gericht in entspr Anwendung der Bestimmungen des FGB über die Verteilung des gemeinschaftl Eigentums und Vermögens bei Beendigung einer Ehe (§ 39 FGB) festzulegen hat, inwieweit dessen Teile der Haftung unterliegen (aA Arnold DGVZ 92, 20, 26 [Widerspruchsrecht des § 16 II FGB ist gegenstandslos]).

§ 745 Zwangsvollstreckung bei fortgesetzter Gütergemeinschaft

(1) Im Falle der fortgesetzten Gütergemeinschaft ist zur Zwangsvollstreckung in das Gesamtgut ein gegen den überlebenden Ehegatten oder Lebenspartner ergangenes Urteil erforderlich und genügend.

(2) Nach der Beendigung der fortgesetzten Gütergemeinschaft gelten die §§ 743 und 744 mit der Maßgabe, dass

1. **an die Stelle desjenigen Ehegatten oder Lebenspartners, der das Gesamtgut allein verwaltet, der überlebende Ehegatte oder Lebenspartner tritt und**
2. **an die Stelle des anderen Ehegatten oder Lebenspartners die anteilsberechtigten Abkömmlinge treten.**

1 **I) Zweck.** Regelung der Auswirkungen der Gesamtgutsverwaltung bei fortgesetzter Gütergemeinschaft (I) und nach deren Beendigung (II) sowie Bescheinigung einer auch nach Beendigung dieses Güterstands in Ansehung des Gesamtguts bestehenden Vollstreckbarkeit des Titels im Klauselverf.

2 **II) Anwendungsbereich, Voraussetzungen, Folgen. 1) Geldvollstreckung.** Wie § 740 Rn 2.

3 **2) Gesamtgut der fortgesetzten Gütergemeinschaft (§ 745 I).** Sie besteht nach dem Tod eines Ehegatten bzw Lebenspartners (zu letzterem: sa § 739 Rn 1) zwischen dem überlebenden Ehegatten bzw Lebenspartner und den Abkömmlingen, wenn dies im Ehe- bzw Lebenspartnerschaftsvertrag bes vereinbart ist (§ 1483 BGB); bei älterem Ehevertrag (vor 1.7.1958) tritt es kraft Gesetzes ein (wenn nicht durch Ehevertrag oder letztwillige Verfügung ausgeschlossen). In allen Fällen gilt das aber nur, wenn der überlebende Ehegatte bzw Lebenspartner die Fortsetzung der Gütergemeinschaft nicht abgelehnt hat (§ 1484 I, II 1 iVm § 1944 BGB [6 Wochen-Frist]). **Gesamtgut** der fortgesetzten Gütergemeinschaft ist das eheliche Gesamtgut und der Neuerwerb des überlebenden Ehegatten bzw Lebenspartners (§ 1485 I BGB).

4 **3) Verwaltung des Gesamtguts.** Erfolgt **durch den überlebenden Ehegatten bzw Lebenspartner allein** (§ 1487 I iVm § 1422 S 1 BGB). Die rechtl Stellung der anteilsberechtigten Abkömmlinge entspricht der des nicht verwaltenden Ehegatten bzw Lebenspartners bei der Gütergemeinschaft (§ 1487 I BGB).

5 **4) Titel.** Für die **ZwV in das Gesamtgut** ist daher ein **Titel gegen den überlebenden Ehegatten bzw Lebenspartner allein** erforderl. Die Anm zu § 740 gelten hier entspr.

6 **5) Beendigung der fortgesetzten Gütergemeinschaft (§ 745 II). – Fälle der Beendigung:** mit *Aufhebung* durch den überlebenden Ehegatten bzw Lebenspartner (§ 1492 I BGB) oder durch *Vertrag* zwischen ihm und den anteilsberechtigten Abkömmlingen (§ 1492 II BGB); mit *Wiederverheiratung oder Begründung einer Lebenspartnerschaft* des überlebenden Ehegatten bzw Lebenspartners (§ 1493 I BGB); mit dessen *Tod* (§ 1494 BGB) oder mit Rechtskraft der *richterl Entscheidung* über den Aufhebungsantrag eines anteilsberechtigten Abkömmlings (§§ 1495, 1496 S 1 BGB); außerdem mit *Tod sämtlicher Abkömmlinge* ohne Hinterlassen von Ab-

kömmlingen (§ 1490 BGB) und *Verzicht sämtlicher Abkömmlinge* auf ihren Anteil (§ 1491 BGB). – **Nach Beendigung der fortgesetzten Gütergemeinschaft besteht** (soweit nicht Anwachsung an den überlebenden Ehegatten bzw Lebenspartner erfolgt: §§ 1490, 1491 BGB) **das Gesamtgut bis zur Auseinandersetzung fort** (§ 1497 II BGB); jedoch wird es jetzt vom Ehegatten bzw Lebenspartner (ggf seinen Erben) und den Abkömmlingen gemeinschaftl verwaltet (§ 1497 II iVm § 1472 I BGB). Außerdem gelten nach der Beendigung **§§ 743, 744** mit der Maßgabe, dass an die Stelle desjenigen Ehegatten oder Lebenspartners, der das Gesamtgut allein verwaltet, der überlebende Ehegatte oder Lebenspartner tritt (**II Nr 1**) und an die Stelle des anderen Ehegatten oder Lebenspartners die anteilsberechtigten Abkömmlinge treten (**II Nr 2**). Die ZwV in das Gesamtgut erfolgt daher nur noch, wenn Ehegatte bzw Lebenspartner und anteilsberechtigte Abkömmlinge zur Leistung oder Ehegatte bzw Lebenspartner zur Leistung und Abkömmlinge zur Duldung der ZwV verurteilt sind (II iVm **§ 743**). Die Anm zu § 743 gelten hier entspr.

6) Sonderfall. Die **Beendigung der fortgesetzten Gütergemeinschaft nach** (rechtskr) **Beendigung des Rechtsstreits gegen den überlebenden Ehegatten bzw Lebenspartner** ermöglicht die Erteilung einer in Ansehung des Gesamtguts vollstrb Ausfertigung auch gegen die anteilsberechtigten Abkömmlinge (II iVm **§ 744**). Die Anm zu § 744 gelten hier entspr. 7

III) Weitere Besonderheiten. 1) Nachrücken von Abkömmlingen bei Tod eines anteilsberechtigten Abkömmlings. Vgl § 1490 BGB. Nachrücken ist Rechtsnachfolge; insoweit gilt § 727. IÜ treten für die Anwendung von § 745 nachgerückte Abkömmlinge an die Stelle des weggefallenen anteilsberechtigten Abkömmlings. 8

2) Verbindlichkeiten der anteilsberechtigten Abkömmlinge. Gehören nicht zu den Gesamtgutsverbindlichkeiten (vgl § 1488 BGB). Eine Anteilspfändung erfolgt nach § 860 II. 9

§ 746 (weggefallen)

§ 747 Zwangsvollstreckung in ungeteilten Nachlass

Zur Zwangsvollstreckung in einen Nachlass ist, wenn mehrere Erben vorhanden sind, bis zur Teilung ein gegen alle Erben ergangenes Urteil erforderlich.

I) Zweck. Folge des erbengemeinschaftl Gesamthandseigentums (§§ 2032 ff BGB). 1

II) Anwendungsbereich. Gilt für die **Geldvollstr in bewegl und unbewegl Vermögen** und für **alle Vollstreckungstitel** (§§ 704, 794 f) **sowie -arten**, auch für die Wegnahmevollstr (§ 883; MK/Heßler Rn 2; MskV/Lackmann Rn 1; sa § 740 Rn 2), die Abgabe einer sich auf einen Nachlassgegenstand beziehenden Willenserklärung (§ 894; MK/Heßler Rn 2 mwN [str]) sowie die Vollziehung von Arrest und einstw Verfügung (§§ 928 ff, § 936; MskV/Lackmann Rn 1). 2

III) Voraussetzungen. 1) Mehrere Erben. Der Nachlass wird gemeinschaftl Vermögen der Erbsen (§ 2032 I BGB). Ein Alleinerbe ist alleiniger Vermögensinhaber; ZwV in Nachlassgegenstände daher mit Titel gegen ihn wie sonst bei der ZwV in sein (eigenes) Vermögen. Zu Besonderheiten: s Rn 9. 3

2) Ungeteilter Nachlass. Er besteht als Schuldnervermögen der Erbengemeinschaft bis zur vollst Verteilung für alle noch nicht verteilten (veräußerten oder in Einzelvermögen der Miterben übergeführten) Gegenstände. Nach der Teilung erfolgt die ZwV nur noch in das (eigene) Vermögen des einzelnen (bisherigen) Miterben mit Titel gegen ihn. 4

3) Urteil gegen alle Erben. Auch alle weiteren Vollstreckungsvoraussetzungen (wie Klausel, Zustellung usw) müssen gegen alle Erben erfüllt sein, und zwar im Zeitpunkt des Vollstreckungsbeginns. Ein einheitl Urteil muss nicht vorliegen; ausreichend sind getrennte Urteile, auch Titel versch Art (Urteil, VB, Vergleich, vollstrb Urkunde: vgl BGH MDR 70, 313 = NJW 70, 473 f; eine gesamtschuldnerische Haftung muss aber ausgewiesen sein: s Rn 7). Ein Leistungstitel nur gegen einen Teil der Erben und ein Duldungstitel gegen die Übrigen genügen nicht. Mit der Erbteilsübertragung (§ 2033 I BGB) tritt der Erwerber an die Stelle des veräußernden Miterben in die Mitberechtigung am Nachlass; ein Titel ist damit auch gegen ihn (nicht mehr gegen den ausgeschiedenen Miterben) erforderl (MK/Heßler Rn 15; Umschreibung nach § 727 ist möglich; aA MK/Heßler Rn 15 [Umschreibung analog § 729 I]). Solange jedoch die Erbteilsübertragung nicht offengelegt ist (zB mit Grundbucheintragung, Anzeige ggü Nachlassgericht: § 2384 BGB) und Gl oder Vollstreckungsorgan sie nicht kennt, muss (arg e § 2365 BGB) ein Titel gegen alle Miterben genügen (Rechtsscheinhaftung im formalisierten Vollstreckungsverf; sa § 859 Rn 3). Mit der Übertragung sämtl Anteile auf einen Miterben vereinigt sich die Erbschaft in dessen Person; erforderl ist dann ein Titel gegen ihn. 5

6 **4) Miterbe als Gläubiger.** In diesem Fall ist ein gegen die übrigen Miterben ergangener Titel ausreichend (vgl BGH MDR 88, 653 = NJW-RR 88, 710).

7 **IV) Vollstreckung.** Zulässig ist die ZwV in den Nachlass für Gl von Nachlassforderungen mit einem Titel nach Rn 5, 6, der gegen die Miterben als Gesamtsch (§ 2058 BGB; ermöglicht Vollstr in den Nachlass und gegen die Miterben persönl, beachte aber § 780 I) oder mit Gesamthandsklage (§ 2059 II BGB; eröffnet Zugriff lediglich in den Nachlass) erlangt sein kann (vgl BGH MDR 88, 653 = NJW-RR 88, 710); aber auch für andere Gl, denen die Erben aus demselben Rechtsgrund als Gesamtsch haften (zB unerlaubte Handlung, Geschäftsschulden: BGH MDR 70, 313 = NJW 70, 473 f).

8 **V) Rechtsbehelfe.** Wenn ein Titel gegen alle Erben fehlt, für **jeden** (auch verurteilten) **Miterben:** Erinnerung nach § 766 (dann: sof Beschwerde nach § 793); für Miterben, gegen den ohne Titel vollstr wird: auch § 771.

9 **VI) Besonderheiten. 1) Titel gegen den Erblasser.** Dieser kann gegen die Erben nach § 727 vollstrb ausgefertigt werden. Fortsetzung einer bei Tod des Erblassers begonnenen ZwV: § 779; ZwV vor Erbschaftsannahme: § 778; Vorbehalt der beschr Erbenhaftung: §§ 780 ff; ZwV bei Nacherbschaft: § 773; bei Nachlassverwaltung: § 784. Keine ZwV bei Nachlassinsolvenzverf: § 89 I, § 321 InsO; sa § 784 I.

10 **2) Titel gegen nur einen der Erben.** Mit einem solchen (insb wegen dessen persönl Schuld) ist eine Pfändung seines Nachlassanteils möglich (§ 859 II).

§ 748 Zwangsvollstreckung bei Testamentsvollstrecker

(1) Unterliegt ein Nachlass der Verwaltung eines Testamentsvollstreckers, so ist zur Zwangsvollstreckung in den Nachlass ein gegen den Testamentsvollstrecker ergangenes Urteil erforderlich und genügend.

(2) Steht dem Testamentsvollstrecker nur die Verwaltung einzelner Nachlassgegenstände zu, so ist die Zwangsvollstreckung in diese Gegenstände nur zulässig, wenn der Erbe zu der Leistung, der Testamentsvollstrecker zur Duldung der Zwangsvollstreckung verurteilt ist.

(3) Zur Zwangsvollstreckung wegen eines Pflichtteilsanspruchs ist im Falle des Absatzes 1 wie im Falle des Absatzes 2 ein sowohl gegen den Erben als gegen den Testamentsvollstrecker ergangenes Urteil erforderlich.

1 **I) Zweck.** Regelung der Auswirkungen der Testamentsvollstreckung (§§ 2197 ff BGB). Der Testamentsvollstrecker (TV) hat die letztwilligen Verfügungen des Erblassers zur Ausführung zu bringen (§ 2203 BGB), den Nachlass zu verwalten, in Besitz zu nehmen und über einzelne Nachlassgegenstände zu verfügen (§ 2205 BGB). Sein Wirkungskreis kann durch den Erblasser beschränkt worden sein (§ 2208 BGB); seiner Verwaltung können nur einzelne Nachlassgegenstände unterliegen. Ihm kann auch nur die Verwaltung des Nachlasses übertragen sein (§ 2209 BGB). Der Erbe kann über einen der Verwaltung des TV unterliegenden Nachlassgegenstand nicht verfügen (§ 2211 I BGB). Prozessführungsrecht des TV für Aktivprozesse: § 2212 BGB; für Passivprozesse ist relevant, ob der TV den gesamten Nachlass, nur einzelne Nachlassgegenstände oder nichts zu verwalten hat (sa Anm zu § 327).

2 **II) Geltung.** § 748 gilt **ab dem Tod des Erblassers** (Folge von § 2211 BGB), nicht erst ab Annahme des Amtes (§ 2202 I BGB).

3 **III) Verwaltung des gesamten Nachlasses durch den Testamentsvollstrecker (§ 748 I).** In diesem Fall ist zur ZwV ein gegen den TV ergangener Titel erforderl und genügend (I). Ein Nachlassanspruch kann bei der Verwaltung des gesamten Nachlasses sowohl gegen den Erben als auch gegen den TV geltend gemacht werden (§ 2213 I 1 BGB). Klage ist möglich gegen beide auf Leistung oder gegen den Erben auf Leistung (ermöglicht Vollstr in sein Vermögen) und gegen den TV auf Duldung (§ 2213 III BGB). Ist der TV Nachlassgl (zB als Vermächtnisnehmer), genügt zur ZwV in den Nachlass ein Titel gegen den Erben (RGZ 82, 149, 151 f).

4 **IV) Verwaltung nur einzelner Nachlassgegenstände durch den Testamentsvollstrecker (§ 748 II).** In diesem Fall (§ 2208 I 2 BGB) ist zur ZwV in diese Gegenstände ein Leistungstitel gegen den (die) Erben und ein Duldungstitel gegen den TV notw (II). Bezeichnung der einzelnen Nachlassgegenstände im Duldungstitel ist zweckmäßig, aber nicht zwingend. Grundlage für das Geltendmachen von Leistungs- und Duldungsanspruch zusammen: § 2213 III BGB. Für die ZwV in Gegenstände, die nicht der Verwaltung des TV unterliegen, wird ein Titel gegen den Erben (bei mehreren gegen alle: § 747) benötigt.

5 **V) Pflichtteilsanspruch (§ 748 III).** Ein solcher kann, auch wenn dem TV die Verwaltung des Nachlasses zusteht, nur gegen den Erben (nach Eröffnung des Insolvenzverf gegen den Insolvenzverwalter: BGH MDR 2006, *1412 = NJW 2006, 2698) geltend gemacht werden* (§ 2213 I 3 BGB). Wenn aber dem TV die Verwaltung des gesamten (I) oder eines Teils (II) des Nachlasses zusteht, ist auch hier ein Duldungstitel gegen ihn erforderl (III); das gilt auch dann, wenn der Erbe den Pflichtteilsanspruch anerkannt hat (OLG Celle MDR 67, 46).

VI) Besonderheiten. 1) Leistungs- und Duldungstitel gegen Erben und Testamentsvollstrecker. Diese Titel müssen nicht in einem Rechtsstreit erwirkt worden sein; getrennte Urteile und auch Titel versch Art sind ausreichend (Ersetzung des Duldungstitels durch die Unterwerfung unter die sof ZwV in notarieller Urkunde: § 794 II). 6

2) Mehrere Testamentsvollstrecker führen das Amt gemeinschaftlich. Ein gegen den TV erforderl Titel muss daher gegen alle vorliegen (getrennte Urteile oder Titel versch Art sind auch hier möglich). Bei Teilverwaltung (gesonderter Aufgabenkreis für jeden TV) wird ein Leistungstitel gegen den Erben und ein Duldungstitel gegen den jew TV (nach II) benötigt. 7

3) Nachlassverwaltung steht dem Testamentsvollstrecker nicht zu. Dann ist das Geltendmachen eines Nachlassanspruchs nur gegen den Erben zulässig (§ 2213 I 2 BGB). Für die ZwV in den Nachlass ist dann dieser Titel erforderl. 8

4) Gläubiger des Erben, die nicht zu den Nachlassgläubigern gehören. Diese können sich nicht an die der Verwaltung eines TV unterliegenden Nachlassgegenstände halten (§ 2214 BGB). 9

VII) Rechtsbehelfe. Für TV, wenn ein Titel gegen ihn fehlt: Erinnerung nach § 766 (dann: sof Beschwerde nach § 793), auch § 771; für **Erben:** Erinnerung nach § 766 (dann: sof Beschwerde nach § 793), wenn ein Titel gegen den TV fehlt (iE MskV/Lackmann Rn 8 mwN [str]; aA MK/Heßler Rn 30; StJ/Münzberg Rn 7 [kein Rechtsbehelf für Erben]); auch § 771, wenn ein Titel gegen Erben selbst fehlt. 10

§ 749 Vollstreckbare Ausfertigung für und gegen Testamentsvollstrecker

[1]Auf die Erteilung einer vollstreckbaren Ausfertigung eines für oder gegen den Erblasser ergangenen Urteils für oder gegen den Testamentsvollstrecker sind die Vorschriften der §§ 727, 730 bis 732 entsprechend anzuwenden. [2]Auf Grund einer solchen Ausfertigung ist die Zwangsvollstreckung nur in die der Verwaltung des Testamentsvollstreckers unterliegenden Nachlassgegenstände zulässig.

I) Zweck. Prüfung und Bescheinigung der Vollstreckbarkeit des vor dem Erbfall ergangenen Urteils für und gegen den Testamentsvollstrecker (TV) im Klauselverf (wie bei der Rechtsnachfolge). 1

II) Voraussetzungen. 1) Urteil. Urteil (sonstige Titel) muss für oder gegen den Erblasser ergangen sein. Rechtskraft ist nicht notw. 2

2) Wirkungskreis des Testamentsvollstreckers. Dieser (dazu: § 748 Rn 1) muss das Geltendmachen des für den Erblasser festgestellten Leistungsanspruchs ermöglichen oder erfordert für die ZwV nach § 748 I, II einen Titel gegen den TV. Keine Klausel daher, wenn dem TV die Verwaltung des Nachlasses überhaupt nicht zusteht (§ 2213 I 2 BGB). 3

3) Annahme des Amtes durch den Testamentsvollstrecker. Diese (vgl § 2202 I BGB) ist erforderl, nicht aber die Annahme der Erbschaft (§ 2213 II BGB). 4

III) Verfahren. 1) Antrag. Wie § 742 Rn 3. **Zuständig:** Rechtspfleger (§ 20 I Nr 12 RPflG). 5

2) Nachweise. Ernennung des TV (damit zugleich Tod des Erblassers) und Annahme seines Amtes sowie Umfang seiner Befugnisse sind **urkundl zu belegen** (§ 727); Nachweis durch TV-Zeugnis (§ 2368 BGB; sa § 792). 6

3) Prüfung. S § 742 Rn 5 entspr. 7

4) Wortlaut der Klausel gegen den Testamentsvollstrecker. „Vorstehende Ausfertigung wird dem … (Bezeichnung der Partei) zum Zwecke der Zwangsvollstreckung gegen … (Bezeichnung des TV) als Testamentsvollstrecker für den Nachlass des … (Bezeichnung des Erblassers) nach § 749 ZPO erteilt. Die Ernennung des … zum Testamentsvollstrecker ist durch Testamentsvollstrecker-Zeugnis des Amtsgerichts (Nachlassgerichts) … vom … Az … nachgewiesen". 8

IV) Rechtsbehelfe. Für **Gl/TV** bei Antragszurückweisung: wie § 724 Rn 13. Für **Sch/TV:** Einwendungen nach § 732, außerdem § 768. Die Dreimonatseinrede des § 2014 BGB steht auch dem TV zu (§ 782 S 1). 9

V) Vollstreckung. 1) Gegen den Testamentsvollstrecker. Ist nur in die seiner Verwaltung unterliegenden Nachlassgegenstände nach Maßgabe von § 748 I, II zulässig. Das muss neben der (ausreichenden) Bezeichnung des TV in der Klausel nicht ausdrückl herausgestellt werden. Für die ZwV in den *Nachlass, der vollständig der Verwaltung des TV unterliegt*, genügt die gegen ihn erteilte vollstrb Ausfertigung (§ 748 I). Wenn dem TV nur die *Verwaltung einzelner Nachlassgegenstände* zusteht (ist in der Klausel gegen ihn zu vermerken), ist der nach § 748 II erforderl Leistungstitel gegen den Erben nach § 727 zu beschaffen. 10

2) Durch den Testamentsvollstrecker. Für die ZwV (vgl § 2212 BGB) kann der TV, wenn dem Erblasser oder Erben bereits eine vollstrb Ausfertigung erteilt ist, Urteilsausfertigung nach § 749 nur als weitere Ausfertigung nach § 733 erhalten. Vom Erben kann der TV Herausgabe der ihm erteilten vollstrb Ausfertigung verlangen 11 (vgl § 2205 BGB). Besitzt der TV den Titel, ohne die Verwaltung zu haben, muss er ihn dem Erben herausgeben (§ 2218 I iVm § 667 BGB). Bei Streit zwischen Erben und TV wegen des Titels sind nicht §§ 732, 768 anzuwenden, sondern es ist Klage aus dem besseren Recht auf Besitz des Titels nach bürgerl Recht zu erheben.

§ 750 Voraussetzungen der Zwangsvollstreckung

(1) [1]Die Zwangsvollstreckung darf nur beginnen, wenn die Personen, für und gegen die sie stattfinden soll, in dem Urteil oder in der ihm beigefügten Vollstreckungsklausel namentlich bezeichnet sind und das Urteil bereits zugestellt ist oder gleichzeitig zugestellt wird. [2]Eine Zustellung durch den Gläubiger genügt; in diesem Fall braucht die Ausfertigung des Urteils Tatbestand und Entscheidungsgründe nicht zu enthalten.

(2) Handelt es sich um die Vollstreckung eines Urteils, dessen vollstreckbare Ausfertigung nach § 726 Abs. 1 erteilt worden ist, oder soll ein Urteil, das nach den §§ 727 bis 729, 738, 742, 744, dem § 745 Abs. 2 und dem § 749 für oder gegen eine der dort bezeichneten Personen wirksam ist, für oder gegen eine dieser Personen vollstreckt werden, so muss außer dem zu vollstreckenden Urteil auch die ihm beigefügte Vollstreckungsklausel und, sofern die Vollstreckungsklausel auf Grund öffentlicher oder öffentlich beglaubigter Urkunden erteilt ist, auch eine Abschrift dieser Urkunden vor Beginn der Zwangsvollstreckung zugestellt sein oder gleichzeitig mit ihrem Beginn zugestellt werden.

(3) Eine Zwangsvollstreckung nach § 720a darf nur beginnen, wenn das Urteil und die Vollstreckungsklausel mindestens zwei Wochen vorher zugestellt sind.

1 **I) Zweck.** Weitere urkundl Voraussetzungen für den Beginn der ZwV; entgegen dem zu engen Wortlaut aber auch für die Fortsetzung der Vollstr (BGH MDR 2007, 797 = NJW 2007, 3357 Tz 9). **I** stellt sicher, dass die Identifizierung von Gl und Sch als Parteien der ZwV (s vor § 704 Rn 10, 11) durch das Vollstreckungsorgan mit dem Titel (s vor § 704 Rn 14) zuverlässig möglich ist. **II** und **III** ermöglichen dem Sch mit Aushändigung der Vollstreckungsunterlagen, die Rechtmäßigkeit der ZwV nachzuprüfen (vgl BGH MDR 2019, 58 = juris Tz 23). Mit der Wartefrist nach **III** hat der Sch Gelegenheit, einen Sicherungszugriff auf sein Vermögen durch eigene Sicherheitsleistung abzuwenden (§ 720a III).

2 **II) Beginn der Zwangsvollstreckung.** Dazu: vor § 704 Rn 33. Dass ein Titel als Nachweis des Vollstreckungsanspruchs des Gl und alle weiteren Voraussetzungen für den Beginn der ZwV (auch wirksame Zustellung) vorliegen, hat jedes Vollstreckungsorgan selbständig zu prüfen (vgl OLG Frankfurt Rpfleger 73, 323).

3 **III) Namentliche Bezeichnung von Gläubiger und Schuldner in Titel oder Klausel (§ 750 I 1). 1) Allgemeines.** Eine solche Bezeichnung gebietet die Trennung von Erkenntnis- und Vollstreckungsverf (sa vor § 704 Rn 14). Gewährleistet wird damit, dass staatl Zwang nur zur Durchsetzung eines urkundl ausgewiesenen Anspruchs erfolgt und dass Gl und Sch als Parteien des ZwV-Verf mit den in Titel oder Klausel genannten Personen identisch sind (vgl BGH MDR 2008, 1125 = NJW-RR 2008, 1443 Tz 14 mwN; sa BGH MDR 2024, 525 Tz 14 [zum Prüfungsumfang nach Abtretung]). Ggf ist die **Namensbezeichnung** nach allg Regeln **auszulegen** (BGH MDR 2010, 231 = NJW 2010, 2137 Tz 11 ff). Ein **nach § 319 berichtigter Titel** ist nur in der Fassung des Berichtigungsbeschlusses maßgebend, auch wenn die Berichtigung nicht auf dem Titel selbst vorgenommen, sondern in einem bes Beschluss ausgesprochen worden ist; für diesen ist dann aber ein Zustellungsnachweis zu führen (I). Sind in der Klausel andere Personen als Gl oder Sch genannt als im Titel, ist sie maßgebend (Folge von §§ 727 ff). Für oder gegen andere als in Titel oder Klausel bezeichnete Personen darf die ZwV nicht erfolgen; maßgebend ist allein diese Bezeichnung, nicht die mat Rechtslage (vgl BGH MDR 2010, 231 = NJW 2010, 2137 Tz 13).

4 **2) Inhalt. a) Gl** und **Sch** müssen so **genau bezeichnet** sein, dass sie sicher festgestellt werden können. Bei **natürl Personen** genügt die Bezeichnung mit Familien- und Vornamen, (möglichst auch) Stand oder Gewerbe und Wohnort (sa § 130 Nr 1, § 313 I Nr 1, § 690 I Nr 1), dabei Straße und Hausnummer. Das Erfordernis der eindeutigen Bezeichnung des Sch soll nach der Rspr des BGH sogar dann bestehen, wenn die Räumungsvollstr (auf Grdlg einstw Verfügung) ein rechtswidrig besetztes Grundstück (**Hausbesetzerfälle**) betrifft und es dem Gl ohne polizeiliche Hilfe nicht möglich ist, den Sch namentl zu bezeichnen (BGH MDR 2018, 174 [Verweis auf Polizei- und OrdnungsR]; zutr krit Anm dagegen: M. Vollkommer MDR 2018, 1104]). Bei **jur Personen** und Handelsgesellschaften ist idR die Bezeichnung mit Namen oder Firma und Sitz (s Rn 12) geboten. Möglich ist auch die Bezeichnung einer jur Person des öffentl Rechts lediglich mit dem Namen einer nichtrechtsfähigen Anstalt (LG Bonn Rpfleger 92, 441; sa BayObLG Rpfleger 73, 56). Im Einzelfall können weitere die Person deutlich **kennzeichnende Merkmale** erforderl sein, zB bei Gleichnamigkeit von Vater und Sohn (LG Münster Rpfleger 62, 176; LG Mainz DGVZ 73, 170; dann evtl sen und jun, besser Geburtsdatum, aber auch Beruf kann genügen). Mehrere Gl (oder Sch) müssen einzeln (mit ihrem Beteiligungsverhältnis: s § 704 Rn 11) aufgeführt *sein; Bezeichnung unter einem Sammelbegriff* (Erbengemeinschaft X mit einem gemeinsamen Vertreter: LG Berlin DGVZ 78, 59), als „Rechtsanwalt X und Partner“ (LG Bonn Rpfleger 84, 28) oder „Rechtsanwälte Dr N N ua“ (LG Gießen DGVZ 95, 88) ist unzureichend.

b) Die (parteifähige) **GbR** (zur ZwV gg sie: s § 736) ist mit den Namen der Gesellschafter und der Bezeichnung, unter der sie im Verkehr auftritt, identifizierbar beschrieben (BGH MDR 2001, 459 = NJW 2001, 1056, 1060). Für die Bezeichnung als Gl lässt der BGH (NJW-RR 2005, 119) die Angabe des Namens, unter dem sie im Rechtsverkehr auftritt, und der vertretungsberechtigten Gesellschafter genügen. Seit dem 1.1.2024 ist in § 707 II BGB geregelt, welche Angaben zur Gesellschaft und den Gesellschaftern bei der (grds freiwilligen) Anmeldung der GbR zur Eintragung in das Gesellschaftsregister gemacht werden müssen (zu Inhalt und Wirkung der Eintragung in das Gesellschaftsregister: vgl § 707a BGB). **Sonderfälle:** Die Eintragung einer Zwangshypothek (§ 867) und einer Arresthypothek (§ 932) für die GbR erfordern (grundbuchtaugl) Bezeichnung der Gesellschaft mit ihren Gesellschaftern sowie die Eintragung der GbR im Gesellschaftsregister (vgl § 47 II GBO; sa BTDrs 19/27635, 206 f m weiteren Einzelheiten). Zwangsversteigerung: die GbR kann seit dem 1.1.2024 im Versteigerungstermin nur Gebote abgeben, wenn sie bereits registriert ist und den Vertretungsnachweis in entspr Form bei Gebotsabgabe erbringt (sa BTDrs 19/27635, 207 m weiteren Einzelheiten). Für die Anordnung der Zwangsversteigerung oder -verwaltung eines Grundstücks der GbR verlangt der BGH, dass sämtl Gesellschafter aus dem Titel hervorgehen und mit den im Grundbuch eingetragenen Gesellschaftern übereinstimmen; das dient der zweifelsfreien Identitätsfeststellung (vgl BGH MDR 2011, 320 LS = NJW 2011, 615 Tz 10 f). Ein Wechsel im Gesellschafterbestand kann aber nur als „namens"ändernde Bezeichnung der GbR Bedeutung erlangen, nicht aber eine Rechtsnachfolgeklausel erfordern (aA BGH MDR 2011, 320 LS = NJW 2011, 615 Tz 7 f [§ 727 analog]). Diese Namensänderung kann (muss für den Beginn der ZwV aber nicht) der Klausel durch klarstellenden Zusatz beigeschrieben werden (sa § 727 Rn 5, 32). 5

c) Die (rechtsfähige) **Gemeinschaft der Wohnungseigentümer** führt die Bezeichnung „Gemeinschaft der Wohnungseigentümer" oder „Wohnungseigentümergemeinschaft" gefolgt von der bestimmten Angabe des gemeinschaftl Grundstücks (§ 9a I 3 WEG). Sie muss mit diesem Namen für die ZwV als Gl gemeinschaftsbezogener Ansprüche sowie als Sch in das ihr gehörende Verwaltungsvermögen (§ 9a III WEG) bezeichnet sein (BGH MDR 2005, 1156 = NJW 2005, 2061, 2064 f). Ein **„Alt"-Titel**, der alle Wohnungseigentümer (mit ihrem Gemeinschaftsverhältnis) als Gl bezeichnet, berechtigt nur diese, nicht aber die Gemeinschaft der Wohnungseigentümer/WE-Gemeinschaft zur ZwV (BGH MDR 2010, 347 = NJW 2010, 1007 mwN). Feststellung der Identität der Gemeinschaft als Gl (sa Rn 5) ist bei der Auslegung des (WE-Gemeinschafter als Beteiligungsverhältnis bezeichnenden) Titels möglich. Mit Richtigstellung der noch auf die Namen der Gesellschafter oder Wohnungseigentümer lautenden Parteibezeichnung in „Alt"-Titeln (sa § 319 Rn 19) kann praktischen Schwierigkeiten begegnet werden. Eine Vollstr auch für oder gegen einzelne Miteigentümer (in ihr persönl Vermögen) ermöglicht der Titel gegen die Gemeinschaft der Wohnungseigentümer/WE-Gemeinschaft nicht. Zur ZwV gegen einen einzelnen Wohnungseigentümer (auch soweit er anteilig für Gemeinschaftsverbindlichkeiten haftet: § 9a IV WEG) ist ein gegen diesen gerichteter Titel erforderl. 6

d) Eine **unrichtige Schreibweise des Namens** (Vor- und Nachname) oder sonst kennzeichnender Merkmale schadet nicht, wenn die Feststellung der Identität dadurch nicht beeinträchtigt wird (vgl LG München II DGVZ 2006, 114 f; LG Hamburg DGVZ 81, 157; LG Hannover JurBüro 80, 774; AG Bonn DGVZ 94, 95). **Beispiele:** *Vornamen:* Brigitta statt Birgitta (OLG Düsseldorf MDR 2011, 321), Hilde statt Hildegard (Kurzform des Namens), Willy statt Wilhelm, Fritz statt Friedrich, Karl statt Karlheinz (abgekürzte Rufform: sa BayObLG Rpfleger 82, 466; LG Bielefeld JurBüro 87, 930 [Irma statt Irmgard]). *Nachnamen:* Kohl statt Köhl (AG Köln Rpfleger 67, 220), Meier statt Mayer, Schmidt statt Schmid, Roeb statt Roes. Ebenso ist es unschädl, wenn der sonst richtigen Bezeichnung der Sch (versehentl) die Anrede „Herr" (statt „Frau") vorangestellt ist (LG Stuttgart Rpfleger 96, 166). Ein **Künstlername** (angenommener Name) hat Individualisierungskraft, wenn er sich durchgesetzt hat; dann kommt ihm auch Kennzeichnungskraft nach I zu. Entspr gilt für andere Decknamen (Pseudonym, auch nur angenommener Vorname; zB für die im Rechtsstreit als Jutta statt Amalie aufgetretene Sch: dazu Petermann Rpfleger 73, 153 ff). 7

e) Eine **unrichtige Angabe des Standes oder Gewerbes**, auch des Personenstandes (zB Ehegatten statt Mutter und Sohn: vgl AG Mönchengladbach DGVZ 64, 124), schadet ebenfalls nicht. 8

f) Eine **Änderung des Namens** (durch Eheschließung, mit Kindesannahme, Namenserteilung, amtl Änderung) schadet dann nicht, wenn die Feststellung der Identität des Gl oder Sch mit dem im Titel bezeichneten Namensträger durch das Vollstreckungsorgan sicher gewährleistet bleibt (vgl LG Hannover JurBüro 2005, 275; LG Koblenz FamRZ 2003, 1483; AG Dresden DGVZ 2005, 129; sa LG Bielefeld JurBüro 87, 930 [Bestätigung des Einwohnermeldeamts ausreichend]; LG Braunschweig NJW 95, 1971 [erweiterte Auskunft aus dem Melderegister ausreichend]). Das gilt auch, wenn Namensänderung bei Erlass des Titels bereits erfolgt war. Zur Bezeichnung in der Klausel: s § 727 Rn 31. 9

g) Unter der **Firma eines Einzelkaufmanns** (§ 17 II HGB; muss die Bezeichnung als Kaufmann/Kauffrau [„e.K." oÄ] enthalten: § 19 I Nr 1 HGB) ist der Inhaber zzt der Rechtshängigkeit als Gl oder Sch bezeichnet (RGZ 159, 337, 350; BayObLG MDR 56, 687 LS = NJW 56, 1800; OLG Köln MDR 96, 97 = NJW-RR 96, 292 mwN; sa BGH MDR 90, 531 = NJW 90, 908). Den mit seiner Firma bezeichneten Einzelkaufmann haben die Vollstreckungsorgane selbständig zu ermitteln (BayObLG aaO). Die Identitätsprüfung muss aber ohne große Schwierigkeiten möglich sein; Ermittlungspflichten für den Gl obliegen dem Vollstreckungsorgan nicht. Offen- 10 kundige äußere Umstände sind zu berücksichtigen. Daher sollte das Vollstreckungsorgan auch das HReg einsehen, wenn es (für GV am Ort, für Vollstreckungsgericht als Abteilung des gleichen Gerichts) ohne Erschwernisse zugänglich ist. Sonst hat der Gl Nachweis darüber zu erbringen, wer mit seiner Firma als Partei bezeichnet ist, insb durch Vorlage einer (nicht alten) begl Handelsregisterblattabschrift etc (§ 9 HGB; BayObLG aaO). Lässt sich die Personenidentität nicht sicher feststellen, ist der Titel zur ZwV gegen den in Anspruch genommenen Sch ungeeignet; existiert die Firma nicht, ist eine ZwV nicht möglich (vgl OLG Köln MDR 96, 97 = NJW-RR 96, 292). Eine unrichtige Schreibweise des Firmennamens ist unschädl, wenn sie die Identitätsfeststellung nicht beeinträchtigt (wie Rn 7). Die *Änderung der Firma* (vgl § 31 I HGB) ist Namensänderung, schadet somit nicht, wenn die Feststellung der Identität gewährleistet bleibt (BGH MDR 2011, 1137 = NJW-RR 2011, 1335). Identitätsnachweise hat der Gl zu erbringen; das Vollstreckungsorgan ist zu Ermittlungen zwar berechtigt, aber nicht verpflichtet (BGH MDR 2011, 1137 = NJW-RR 2011, 1335). Bei *Wechsel des Inhabers der Firma* liegt Rechtsnachfolge vor, wenn auch die Forderung auf den Erwerber übergegangen ist (§ 25 HGB), dieser auch für die Geschäftsverbindlichkeiten haftet (§ 25 HGB; sa § 729 II) oder Rechtsnachfolge in Bezug auf die Streitsache gegeben ist (§ 325). Ist das Geschäft (mit Firma) ohne die Streitsache auf den neuen Inhaber übergegangen, der bisherige Inhaber mithin unverändert Gl oder Sch, aber nicht mehr mit seiner Firma, sondern nur noch mit seinem bürgerl Namen zu bezeichnen, handelt es sich nur um Namensänderung; der unter der früheren Firma erwirkte Titel ist daher weiterhin in das Privatvermögen des vormaligen Inhabers vollstrb (AG Hannover JurBüro 74, 1307). Auch nach *Erlöschen der Firma* (vgl § 31 II HGB) kann in das Privatvermögen des früheren Kaufmanns vollstr werden (sa OLG Köln BB 77, 510).

11 **h)** Aus dem unter einer **nicht eingetragenen „Firma"** gegen einen Kleingewerbetreibenden (§ 1 II HGB) ergangenen Titel kann gegen den als „Inhaber" Bezeichneten vollstr werden, wenn eine Identifizierung des Sch zweifelsfrei möglich ist (LG Frankenthal JurBüro 2006, 607 f mwN [Bezeichnung „V. Schuhe aus Italien" mangels Namensnennung nicht ausreichend]); zB wenn das Wort „Firma" nur dem Vor- und Familiennamen vorangestellt ist, die „Firma" mithin nur einen Zusatz zur Kennzeichnung des Sch mit seiner berufl (gewerbl) Tätigkeit darstellt (zB „Fa N, Inhaber Anton N": OLG Köln MDR 96, 97 = NJW-RR 96, 292). Bei zweifelsfreier Identität ist der gegen den Sch unter seiner nicht eingetragenen „Firma" lautende Titel auch vollstrb, wenn das Geschäft nicht mehr betrieben wird (LG Stuttgart MDR 68, 504). Wenn als Sch eine Firma angegeben und ein Inhaber namentl (aber unzutreffend) genannt ist, ist Sch iZw diese bezeichnete Person, nicht der andere – wirkliche – Inhaber der Firma (LG Koblenz Rpfleger 72, 458; AG München DGVZ 82, 172).

12 **i) Handelsgesellschaften** können nur unter ihrer Firma im Rechtsverkehr auftreten (zu OHG u KG: s § 736 Rn 7). Sie müssen daher unter ihrer Firma und mit ihrem Sitz bezeichnet sein (LG Saarbrücken DGVZ 97, 183). Für ungenaue Bezeichnungen (insb Schreibversehen, auch Fehlen des Sitzes) gilt das in Rn 7 f Gesagte entspr. Die Angabe des vertretenden Gesellschafters einer Personenhandelsgesellschaft ist nicht erforderl. Die ZwV in das Gesellschaftsvermögen einer **Gründungs-GmbH** erfordert einen Titel gegen die Vor-GmbH (BayObLG MDR 88, 418), auch bei Einmanngründung. Mit einem solchen Titel kann nicht auch in das Privatvermögen des Gründers vollstr werden (Beschränkung der Haftung auf das Vermögen der [körperschaftl strukturierten] Vor-GmbH). Privatgl des Gründers können mit einem Titel gegen ihn wiederum nicht in das Vermögen der Einmann-GmbH in Gründung vollstr (LG Berlin NJW-RR 88, 1183). Wenn die Registereintragung nicht mehr betrieben wird (s § 727 Rn 35), ist Vermögensträger der Gründer; ZwV mit Titel gegen ihn kann daher auch in sein Vermögen erfolgen, das in die vormalige Vor-GmbH eingebracht war (LG Berlin NJW-RR 88, 1183).

13 **j)** Den **ges Vertreter** einer **Körperschaft des öffentl Rechts** (AG Melsungen DGVZ 74, 91) oder einer **jur Person** (GmbH-GF: OLG Frankfurt Rpfleger 76, 27) muss der Titel nicht bezeichnen. Unschädl ist daher nichtssagende Bezeichnung mit „... vertreten durch den Vorstand" (LG Hamburg MDR 58, 925). Auch die Bezeichnung einer Person als Vertreter (zB GmbH-GF) bindet das Vollstreckungsorgan nicht; es muss den Vertreter selbständig prüfen (OLG Frankfurt Rpfleger 76, 27).

14 **k)** Auch der **ges Vertreter** eines **Minderjährigen** muss im Titel nicht bezeichnet sein (AG Hannover NdsRpfl 97, 15 [selbständige Feststellung durch das Vollstreckungsorgan]). Die Wirksamkeit der Zustellung (auch vAw) an den ges Vertreter ist jedoch vom Vollstreckungsorgan zu prüfen (AG Wolfratshausen DGVZ 75, 47). Wenn im Titel ein Elternteil mit dem Zusatz „als gesetzlicher Vertreter des Minderjährigen" bezeichnet ist, soll nicht der Minderjährige Sch sein, sondern der genannte Elternteil (LG Essen Rpfleger 75, 372; kann jew nach Einzelfall unterschiedl zu beurteilen sein).

15 **IV) Zustellung des Titels (§ 750 I 1, 2). 1) Allgemeines.** Bereits zugestellt sein oder bei Beginn der ZwV zugestellt werden müssen Urteil (**I 1**) und sonstige Titel (§ 795). Die letztere Möglichkeit besteht nur, wenn der GV Vollstreckungsorgan ist; sonst muss die Zustellung nachgewiesen werden. Vorherige Zustellung ist auch erforderl bei Vollstr von selbständigen KFB, Beschlüssen über Vollstreckbarerklärung anwaltl Vergleiche (§§ 796a ff), vollstrb Urkunden (Wartefrist: § 798) und vor der Sicherungsvollstr (III). Einmalige Zustellung genügt auch für mehrfache Vollstr desselben Titels.

16 **2) Zustellung von Amts wegen.** Eine solche Zustellung (§ 166 II) der Urteile (§ 317 I), auch an Stelle der Verkündung (§ 310 III), und Beschlüsse (§ 329) ist Zustellung iSd I (BGH MDR 2005, 1443 = Rpfleger 2005, 547).

Für den Beginn der ZwV genügt eine **Zustellung des Gl im Parteibetrieb** (I 2; Urteilsausfertigung braucht dann keinen Tatbestand und keine Entscheidungsgründe zu enthalten). Das gilt für alle Titel. Grds wird eine **begl Abschrift** (§ 169 II) des Urteils zugestellt (§ 317 I 1); Urteilsausfertigungen werden nicht vAw, sondern nur auf Antrag erteilt (§ 317 II 1). Die Zustellung muss fehlerfrei nach §§ 166 ff erfolgt sein. Für die **Heilung von Zustellungsmängeln** gilt **§ 189** (dazu BGH MDR 2019, 58 = juris Tz 23 aE mwN). Die Zustellung (des jew gg ihn lautenden Titels) muss an den Leistungs- und/oder Duldungssch erfolgt sein; wenn ein Titel gg mehrere Sch erforderl ist (zB § 740 II) an alle Sch; bei der Verurteilung von Gesamtsch an den, gg den vollstr werden soll. Jedoch genügt die Zustellung des Titels durch den Sch an den Gl; nochmalige Zustellung durch den Gl an den Sch ist dann nicht notw (OLG Frankfurt MDR 81, 591).

3) Nachweis. Die **Zustellung vAw** wird durch den auf dem Titel angebrachten **Zustellungsvermerk** (eine Zustellungsbescheinigung: § 169 I) nachgewiesen; die Zustellungsurkunde braucht dem Vollstreckungsorgan dann nicht vorgelegt zu werden (OLG Köln Rpfleger 97, 31). Die **Zustellung im Parteibetrieb** wird durch eine **Urkunde nachgewiesen** (§§ 193, 194 [iVm § 182]). Sie kann auch durch andere Beweismittel dargetan und nach freier Überzeugung festgestellt werden (vgl BGH MDR 76, 310 = NJW 76, 478, 479), zB durch begl Fotokopie der Zustellungsurkunde oder durch das Pfändungsprotokoll (LG Göttingen JurBüro 79, 1388). 17

4) Umfang. Zugestellt sein (oder werden) muss **nur** das **Urteil** (der sonstige **Titel**) ohne Klausel. **Anlagen**, die Bestandteil des Titels sind, müssen mit zugestellt sein (iE Saarbrücken OLGZ 67, 35, 38). 18

V) Zustellung der Klausel (§ 750 II). 1) Allgemeines. Die Vollstreckungsklausel muss in den Sonderfällen von II (qualifizierte Kauseln: § 726 I, §§ 727 ff) zugestellt sein oder gleichzeitig zugestellt werden (Ausnahmen: § 799, § 800 II, § 800a). Bei der Zustellung der Klausel muss feststehen, zu welchem Titel sie erteilt ist (Klausel ausnahmsw entbehrl [zB § 86 III FamFG, dazu OLG Zweibrücken MDR 2020, 818]), so dass sie grds nicht einzeln (isoliert), sondern nur mit der begl Abschrift des Titels, der sie beigefügt ist (§§ 724, 725), zugestellt werden kann. 19

2) Inhalt. a) Wenn die **Klausel in den Sonderfällen von II auf Grund einer öffentl oder öffentl begl Urkunde erteilt** ist, muss auch eine **Abschrift dieser Urkunde zugestellt** sein (oder gleichzeitig zugestellt werden: **II**). Zugestellt sein müssen die in der Klausel bezeichneten Urkunden. Das zuzustellende Schriftstück (von dem begl Abschrift zu übergeben [§ 169 II] und auf das die Zustellungsurkunde zu setzen oder mit dem sie zu verbinden ist [§ 193 II 1]) muss demnach Urschrift oder Ausfertigung der öffentl oder öffentl begl Urkunde sein. Eine begl Abschrift des Schriftstücks (zB des Erbscheins, der Abtretung) kann für die Zustellung nur verwendet werden, wenn sie Grundlage für die Klauselerteilung war; das ist in der Klausel ausdrückl aufzunehmen (vgl § 727 Rn 20; LG Saarbrücken DGVZ 2004, 93 f). Ist die in der Klausel bezeichnete **Urkunde** (vor Zustellung oder Zustellungsnachweis) **verloren gegangen**, kann die ZwV nicht stattfinden (AG Pirna DGVZ 2010, 135 [möglich aber Erteilung einer neuen Klausel auf Grund der neuen (anderen) Urkunde]; sa Hintzen/Wolfsteiner Rpfleger 94, 511). Der BGH hat seine Rspr (die überwiegend kritisiert worden ist, Lit-Nachw: BGH MDR 2017, 111 = NJW 2017, 411 Tz 12) zu Recht aufgegeben, wonach im Fall der Erteilung einer Rechtsnachfolgeklausel auf Seiten des Gl zu den nach II zuzustellenden Urkunden grds auch ein **Auszug** (amtl Ausdruck) **aus dem** (Genossenschafts-)**Register** gehört, der den aktuellen Registerinhalt im Zeitpunkt der Klauselerteilung vollst wiedergibt (so noch BGH MDR 2013, 173). Denn: Nach dem klaren Wortlaut von II („… Abschrift *dieser* Urkunden …") gilt das Zustellungserfordernis nur für die Nachweisurkunden, auf die das Klauselorgan die Klausel gestützt hat und die ihm als Beweis der Rechtsnachfolge ausgereicht haben; nur diese sind zuzustellen (BGH MDR 2017, 111 = NJW 2017, 411 Tz 13 ff). 20

b) Wenn **Urkunden in der Klausel nicht bezeichnet** sind, diese aber nach ihrem Inhalt gem § 726 I, § 727 usw nach II erteilt ist, müssen die Urkunden zugestellt sein, die die Voraussetzungen der Klauselerteilung belegen (iE MK/Heßler Rn 77 mwN). Wenn jedoch die Klausel nicht nach einer dieser Sonderbestimmungen, sondern (zu Unrecht) als einfache vollstrb Ausfertigung (§§ 724, 725) erteilt wurde, ist eine Urkundenzustellung nach II nicht nachzuweisen (dann § 732; ebenso MK/Heßler Rn 77 mwN). Für einen erst nach Kündigung vollstrb Titel (§ 726 I) ist der Nachweis nicht erbracht, wenn die urkundl belegte Kündigung erst für einen in der Zukunft liegenden Zeitpunkt ausgesprochen und dieser Zeitpunkt noch nicht erreicht ist (Frankfurt Rpfleger 73, 323; MK/Heßler Rn 76). Die **Zustellung nach II entfällt**, wenn in der Klausel vermerkt ist, dass die **Voraussetzungen der Klauselerteilung offenkundig** waren **oder vom Sch zugestanden** sind (Hk-ZPO/Kindl Rn 11). Die gesonderte Zustellung der Urkunden nach II ist auch dann entbehrl, wenn ihr **Inhalt vollständig in die** (zugestellte) **Klausel aufgenommen** worden ist (vgl BGH MDR 2013, 173 Tz 9 mwN). 21

VI) Verzicht des Schuldners auf die Zustellung nach § 750 I, II. Str ist, ob ein Verzicht des Sch auf die Zustellung nach I und II schon **vor der ZwV** zulässig ist (verneinend [hM] zB MK/Heßler Rn 86 mwN; bejahend zB Brox/Walker, ZwVR, 12. Aufl, § 9 Rn 20). Richtigerweise ist das – ebenso wie ein vorheriger Verzicht auf die Bezeichnung in Titel und Klausel und allg auf sonstigen Schuldnerschutz (sa vor § 704 Rn 26) – unzulässig. Das ergibt sich nicht zuletzt schon daraus, dass das Grundrecht auf Gewährung rechtl Gehörs eine Zustellung gebietet, was einen vorweggenommenen Verzicht ausschließt (sa MK/Heßler Rn 86). Der Sch kann aber **bei oder nach Vornahme der ersten Vollstreckungsmaßnahme** auf Zustellungen verzichten oder von einer Rüge des Fehlens der Zustellung absehen (entspr § 295 I; sa MskV/Lackmann Rn 15 mwN). 22

23 **VII) Sicherungsvollstreckung (§ 750 III iVm § 720a).** Die **Zustellung mind 2 Wochen vor der Sicherungsvollstr** (III iVm § 720a) soll dem Sch Gelegenheit geben, die nach § 720a I ohne Sicherheitsleistung des Gl statthafte Vollstr abzuwenden (§ 720a III). Neben der Zustellung vAw (§ 317 I; s Rn 16) ist eine (gesonderte) Parteizustellung nicht erforderl (BGH MDR 2005, 1433 = Rpfleger 2005, 547). Der Zustellung der Klausel bedarf es nur in den bes Fällen von II (keine Zustellung der einf Klausel: BGH MDR 2005, 1433 = Rpfleger 2005, 547). Erfordert der Vollstreckungsbeginn die Zustellung (auch) der qual Klausel (II), dann bedingt das (trotz des ungenauen Wortlauts von III) eine Zustellung mit Wartefrist auch der zugehörigen öffentl oder öffentl-begl Urkunden; der Sch erlangt sonst für die Abwendung der ZwV keine hinreichende (sichere) Kenntnis von der Vollstreckungsreife des Titels gegen ihn als Rechtsnachfolger des Titelsch oder für den erst durch die Klausel ausgewiesenen Gl. Zustellung und Wartefrist erfordert auch eine **Sicherungsvollstr iSv § 795 S 2.**

24 **VIII) Rechtsbehelfe, Verstöße.** Rechtsbehelf für **Sch** (und **Dritte**), wenn eine Voraussetzung von § 750 fehlt: Erinnerung nach § 766 (dann: sof Beschwerde nach § 793). **Fehlende Zustellung macht die ZwV nicht nichtig,** sondern nur anfechtbar (vgl BGH MDR 76, 648 = NJW 76, 851). Zu sonstigen Verstößen: s vor § 704 Rn 34-36.

25 **IX) Gebühren des RA.** Zustellung ist keine bes Angelegenheit (§ 19 I 2 Nr 16 RVG).

§ 751 Bedingungen für Vollstreckungsbeginn

(1) Ist die Geltendmachung des Anspruchs von dem Eintritt eines Kalendertages abhängig, so darf die Zwangsvollstreckung nur beginnen, wenn der Kalendertag abgelaufen ist.
(2) Hängt die Vollstreckung von einer dem Gläubiger obliegenden Sicherheitsleistung ab, so darf mit der Zwangsvollstreckung nur begonnen oder sie nur fortgesetzt werden, wenn die Sicherheitsleistung durch eine öffentliche oder öffentlich beglaubigte Urkunde nachgewiesen und eine Abschrift dieser Urkunde bereits zugestellt ist oder gleichzeitig zugestellt wird.

1 **I) Zweck.** Voraussetzungen der ZwV, die das Vollstreckungsorgan vor dem Beginn des VollstrVerf (vAw) zu prüfen hat. Im Klauselverf erfolgt in diesen Fällen keine Prüfung (sa § 726 Rn 1); eine vollstrb Ausfertigung wird vielmehr sogleich erteilt.

2 **II) Eintritt eines Kalendertages (§ 751 I).** Dieser ist Vollstreckungsvoraussetzung bei der Verurteilung auf künftige Zahlung oder Räumung (§§ 257, 259), insb für wiederkehrende Leistungen (§ 258; zB ab 1.12.2023 vierteljährl vorauszahlbarer Unterhalt von wöchentl 300 Euro; zur Eigentümerbriefgrundschuld als Pfändungsgegenstand für künftig fällig werdende Unterhaltsansprüche: BGH MDR 2021, 1550), auch für Zahlung einer Entschädigung nach Fristablauf (§ 510b; sa § 726 Rn 16), dgl bei künftigen Ansprüchen aus sonstigen Titeln (§ 795). Eine Vorratspfändung für die Zukunft ist damit ausgeschlossen; Ausnahme: § 850d III (zur Dauerpfändung: s § 850d Rn 27). Die **Abhängigkeit von einem Kalendertag** besteht, wenn der Tag ohne Weiteres nach dem Kalender zu bestimmen ist, zB bei der Angabe des Datums oder eines bestimmten Tages (Neujahr, am Letzten des Monats …), außerdem wenn der Beginn einer bestimmten Frist nach einem Datum oder Tag bezeichnet ist. Ungewiss ist dagegen der Fälligkeitstag (Fall von § 726), wenn die Leistung zwei Wochen nach Zustellung, seit Rechtskraft oder nach Verzug des Sch (anders bei § 510b) zu erfolgen hat. Zulässig ist die Vollstr, sobald der Kalendertag abgelaufen ist (nicht schon am Fälligkeitstag), auch wenn der Tag ein Sonntag, Feiertag oder Sonnabend ist (keine Anwendung von § 193 BGB, auch nicht entspr, weil der Sch mit unzulässiger Vollstr am Fälligkeitstag ausreichend geschützt ist; str, aA MK/Heßler Rn 13 mwN). Prozessuale Vollstreckungserfordernisse (zB Ablauf einer Wartefrist [§ 750 III, § 798], einer Räumungsfrist [§ 721], einer Einstellung nach § 765a) sind vom Vollstreckungsorgan vAw zu beachten; nach dem Inhalt des Titels ist der zu vollstr Anspruch selbst von ihrem Eintritt nicht abhängig; sie gehören daher weder zu den Tatsachen gem § 726 noch zu den kalendermäßigen Erfordernissen gem I.

3 **III) Sicherheitsleistung (§ 751 II). 1) Allgemeines.** Von einer Sicherheitsleistung des Gl ist die Vollstr des Urteils abhängig in den Fällen von §§ 709, 712 II, auch § 711 (zu Besonderheiten der Sicherungsvollstr: s § 720a Rn 2 ff). Art und Höhe der Sicherheitsleistung bestimmen sich nach der Anordnung im Urteil. Soweit es keine Bestimmung trifft und die Parteien nichts anderes vereinbart haben, bestimmt sich die **Art der Sicherheitsleistung** nach **§ 108 I 2** (Bürgschaft oder Hinterlegung). Sicherheitsleistung in der durch das Urteil bestimmten Art hat das Vollstreckungsorgan zu prüfen. Parteivereinbarungen außerhalb des Urteils müssen nach II nachgewiesen sein (StJ/Münzberg Rn 9; aA MK/Heßler Rn 16 [Original oder öffentl begl Abschrift]); ein Zugeständnis des Sch genügt (§ 295).

4 **2) Nachweis.** Nachzuweisen ist die Sicherheitsleistung **durch öffentl oder öffentl begl Urkunde** (II). Nachweis *einer Hinterlegung ist möglich* durch Zweitstück des Annahmeantrags mit Annahmeverfügung der Hinterlegungsstelle und Quittung der Hinterlegungskasse, nicht aber durch Einzahlungs- oder Überweisungsnachweis einer Bank oder Sparkasse.

3) Zustellung. Die **Abschrift der Urkunde**, mit der die Sicherheitsleistung nachgewiesen wird, muss bereits **zugestellt sein oder** (bei der ZwV durch den GV) gleichzeitig zugestellt **werden**. Zustellung auch hier an den ProzBev (§ 172). IÜ s § 750 Rn 15 ff. 5

4) Inhalt. Die Sicherheitsleistung durch **Bürgschaft** eines Kreditinstituts ist die Regel. Die ZwV darf nur beginnen, wenn das Zustandekommen des Bürgschaftsvertrags nachgewiesen ist. Nur die Form des Nachweises, nicht aber der Bürgschaftserklärung und des Zustandekommens des Bürgschaftsvertrags, regelt II. Wenn der GV erst bei Beginn der ZwV die Bürgschaftserklärung übergibt oder zustellt (zulässig: LG Hannover Rpfleger 82, 348), erübrigt sich weiterer Nachweis und auch dessen Zustellung. Ist die Bürgschaft vor Beginn der ZwV schon zustande gekommen, darf die ZwV erst beginnen, wenn die Übergabe oder Zustellung der Bürgschaftserklärung durch öffentl oder öffentl begl Urkunde nachgewiesen ist (erfordert Nachweis mit Zustellungsurkunde). Diese Nachweisurkunde muss nicht wieder gesondert zugestellt werden, auch nicht an den ProzBev des Sch (BGH MDR 2008, 1364 = NJW 2008, 3220). 6

5) Sonderfall. Der **Nachweis der Sicherheitsleistung entfällt** (sa § 48 II GVGA), wenn die Rechtskraft des Urteils bescheinigt ist (§ 706 I), wenn gem §§ 537, 558, 718 die Vollstr ohne Sicherheitsleistung angeordnet ist, wenn ein nach § 708 Nr 10 ohne Sicherheitsleistung vorl vollstrb Berufungsurteil etc vorgelegt wird oder wenn die Sicherungsvollstr betrieben wird (§ 720a). 7

IV) Rechtsbehelfe, Verstöße. Für **Gl** bei Weigerung des Vollstreckungsorgans und für **Sch** sowie **Dritte**, wenn eine Voraussetzung von § 751 fehlt: Erinnerung nach § 766 (dann: sof Beschwerde nach § 793). **Verstöße machen die ZwV nicht nichtig**, sondern nur anfechtbar (s vor § 704 Rn 34). Ein Verzicht des Sch ist zT möglich (wie § 750 Rn 22). Eine Pfändung ohne (mit unwirksamer) Sicherheitsleistung hat als Sicherungsvollstr (§ 720a) Bestand, wenn deren Voraussetzungen (auch § 750 III) vorliegen (OLG Düsseldorf DGVZ 90, 156). 8

V) Gebühren des RA. Für den ProzBev gehört das Mitwirken beim Erbringen der Sicherheit (Tätigkeit ggü dem Gericht) zum Rechtszug (§ 19 I 2 Nr 7 RVG); ist der RA nicht ProzBev: 3403 RVG-VV. Die Zustellung der Bürgschaftsurk löst keine bes Geb aus. Gesonderte Vergütung für Beschaffen der Sicherheit s § 108 Rn 19. 9

§ 752 Sicherheitsleistung bei Teilvollstreckung

[1]Vollstreckt der Gläubiger im Fall des § 751 Abs. 2 nur wegen eines Teilbetrages, so bemisst sich die Höhe der Sicherheitsleistung nach dem Verhältnis des Teilbetrages zum Gesamtbetrag. [2]Darf der Schuldner in den Fällen des § 709 die Vollstreckung gemäß § 712 Abs. 1 Satz 1 abwenden, so gilt für ihn Satz 1 entsprechend.

I) Zweck. Zulassung der von einer Sicherheitsleistung abhängigen ZwV wegen eines Teilbetrags der Geldforderung des Gl (§§ 802a ff) (auch als Restbetrag) mit Teilsicherheitsleistung und Regelung der Abwehr einer Teilvollstr. 1

II) Sicherheitsleistung durch den Gläubiger (§ 752 S 1). 1) Inhalt. Die **Teilvollstr** (s § 753 Rn 8) gegen Sicherheitsleistung (Fälle: s § 751 Rn 3), nicht somit Sicherungsvollstr (§ 720a), erfordert den Nachweis (wie § 751 Rn 4-6) der im Urteil mit einem Verhältnis des zu vollstr Betrags (beizutreibender Teilbetrag und prozentualer Zuschlag für Schäden des Sch: s § 709 Rn 6) angegebenen Sicherheit (§ 709 S 2 iVm § 751 II). Ist die Sicherheit im Urteil (insgesamt) beziffert, erfordert die Teilvollstr den **Nachweis des Teils dieser Sicherheit** (sa § 751 Rn 3), der dem Verhältnis des zu vollstr Teilbetrags zu dem Gesamtbetrag des nach dem Urteil vorl vollstrb Anspruchs entspricht. Bsp: Urteil über 15.000 Euro, vollstrb gegen Sicherheitsleistung von 18.000 Euro. Vollstr eines Teil-/Restanspruchs von 10.000 Euro. Sicherheitsleistung nach dem Verhältnis 10 (Teilbetrag) zu 15 (Gesamtbetrag) der Urteilssicherheit = 12.000 Euro. **Berechnungsformel** (§ 48 I 7 GVGA): 2

$$\frac{\text{zu vollstreckender Teilbetrag} \times \text{Gesamtsicherheitsleistung}}{\text{Gesamtbetrag der zu vollstreckenden Forderung}}$$

Gesamtbetrag des nach dem Urteil vollstrb Anspruchs ist dabei die Hauptforderung (vgl MskV/Lackmann Rn 4), wenn nicht für einzelne Posten Teilsicherheiten gesondert ausgewiesen sind. Die Vollstr der Hauptforderung erfordert volle Sicherheitsleistung (§ 751 II). Diese schließt nicht nur Zinsen und Kosten, sondern auch Vollstreckungsschaden gem § 717 II ein (s § 709 Rn 4, 5). Die Vollstr nur eines Hauptsacheteils gebietet Sicherheitsleistung nach dem Verhältnis zu dieser Hauptforderung. Bei (isolierter) Vollstr festgesetzter Kosten (nicht der Fall nach voller Sicherheitsleistung bei vorausgegangener Hauptsachevollstr) ist Teilbetrag der festgesetzte Kostenbetrag, als Gesamtbetrag ist damit die Summe von Kosten und titulierter Hauptsache anzusehen. Das gilt auch für die Gegen-Sicherheitsleistung des Gl im Fall von § 711 S 1 (fällt unter § 751 II: dazu BTDrs 13/341, 14 [reSp]). Die Sicherheitsleistung für wiederkehrende Leistungen in Höhe des jew beizutreibenden (vollen) Anspruchs mit Zuschlag (s § 709 Rn 6) bestimmt sich nach § 751 II (kein Fall von § 752). Für die Vollstr nur eines Teils fälliger wiederkehrender Leistungen bemisst sich die Sicherheitsleistung nach S 1.

3 **2) Vollstreckung mehrfacher Teilbeträge.** Sie erfordert den Nachweis der Teilsicherheitsleistung für jeden Forderungsteil (vgl BTDrs 13/341, 14 [liSp]). Wenn das Vollstreckungsorgan erkennt, dass der Gl versucht, eine Teilsicherheit missbräuchlich für die Vollstr eines weiteren Teilbetrags zu verwenden, ist die weitere Teilvollstr abzulehnen. **Rechtsbehelf des Sch**, wenn unzulässig die ZwV eines weiteren Teilbetrags bei nur einmaliger Teilsicherheitsleistung erfolgt: Erinnerung nach § 766 (dann: sof Beschwerde nach § 793). Von der Vollstr mehrfacher Teilbeträge zu unterscheiden ist die „mehrfache" (wiederholte) Vollstr des gleichen Teilbetrags (Pfändung durch den GV und zugleich oder später Forderungspfändung). Ihr sind Grenzen nur durch das Verbot der Überpfändung (§ 803 I 2) gesetzt.

4 **3) Geringere Teilsicherheit.** Ist die (geleistete) **Teilsicherheit geringer als nach S 1 erforderl**, kann die ZwV nur wegen des entspr geringeren Teilbetrags des Gläubigeranspruchs begonnen oder fortgesetzt werden. Den weiter gehenden Antrag (nicht den Antrag insgesamt; Auslegung) hat der GV abzulehnen (s § 753 Rn 14) oder das Vollstreckungsgericht zurückzuweisen (s § 829 Rn 5).

5 **III) Abwendungsbefugnis des Schuldners (§ 752 S 2). 1) Inhalt.** Bei einer Teilvollstr ermöglicht S 2 für die Abwendungsbefugnis des Sch (§ 712 I 1) bei einem unter § 709 fallenden, somit nur gegen Sicherheitsleistung des Gl vollstrb, (anderen) Urteil eine **Teilabwendungssicherheitsleistung**. Höhe: wie Rn 2. Diese Abwendungsbefugnis besteht nicht in den Fällen von § 711 S 1 (Abwendungsbefugnis des Sch in den Fällen von § 708 Nr 4-11) iVm § 712 I 1. Die Abwendung der dem Gl in vollem Umfang ohne Sicherheitsleistung gestatteten Vollstr erfordert vielmehr eine volle Sicherheitsleistung (BTDrs 13/341, 14), die auch vereinfacht nach § 711 S 2 bestimmt sein kann. Vollstreckt der Gl in diesem Fall nur wegen eines Teilbetrags, kann auch der Sch diese Vollstr gegen Teilsicherheit abwenden (BTDrs 13/341, 14).

6 **2) Unsicherheiten für den Schuldner.** Sie bestehen, weil dieser vor dem Beginn der ZwV die Höhe einer Teilabwendungssicherheit nicht kennen kann. Der Sch muss überdies, wenn der Gl eine Teilvollstr mit Nachweis der Teilsicherheit betreibt (S 1 iVm § 751 II), mit weiterer Teilvollstr rechnen. Solche (nicht vermeidbaren) Unsicherheiten sollen sich durch eine Höchstbetragsbürgschaft mit variabler Inanspruchnahme (zumutbar) bewältigen lassen (BTDrs 13/341, 14 [reSp]).

7 **IV) Rechtsbehelfe.** Wie § 751 Rn 8.

§ 753 Vollstreckung durch Gerichtsvollzieher; Verordnungsermächtigung

(1) Die Zwangsvollstreckung wird, soweit sie nicht den Gerichten zugewiesen ist, durch Gerichtsvollzieher durchgeführt, die sie im Auftrag des Gläubigers zu bewirken haben.

(2) [1]Der Gläubiger kann wegen Erteilung des Auftrags zur Zwangsvollstreckung die Mitwirkung der Geschäftsstelle in Anspruch nehmen. [2]Der von der Geschäftsstelle beauftragte Gerichtsvollzieher gilt als von dem Gläubiger beauftragt.

(3) [1]Das Bundesministerium der Justiz und für Verbraucherschutz wird ermächtigt, durch Rechtsverordnung mit Zustimmung des Bundesrates verbindliche Formulare für den Auftrag einzuführen. [2]Für elektronisch eingereichte Aufträge können besondere Formulare vorgesehen werden.

(4) [1]Schriftlich einzureichende Anträge und Erklärungen der Parteien sowie schriftlich einzureichende Auskünfte, Aussagen, Gutachten, Übersetzungen und Erklärungen Dritter können als elektronisches Dokument beim Gerichtsvollzieher eingereicht werden. [2]Für das elektronische Dokument gelten § 130a, auf dieser Grundlage erlassene Rechtsverordnungen sowie § 298 entsprechend. [3]Die Bundesregierung kann in der Rechtsverordnung nach § 130a Absatz 2 Satz 2 besondere technische Rahmenbedingungen für die Übermittlung und Bearbeitung elektronischer Dokumente in Zwangsvollstreckungsverfahren durch Gerichtsvollzieher bestimmen.

(5) § 130d gilt entsprechend.

1 **I) Gerichtsvollzieher (GV).** Vgl § 154 GVG mit Anm.

2 **II) Tätigkeit; Zuständigkeit des Gerichtsvollziehers. 1) Allgemeines.** Die ZwV, soweit sie nicht den Gerichten übertragen ist, führt der **GV im Auftrag des Gl** durch (I); gemeint ist damit ein *Antrag* (BVerwG NJW 83, 896, 897). **Eigenmächtige ZwV durch den Gl** ohne Einschaltung des GV ist **unerlaubte Selbsthilfe** (§ 231 BGB; sa OLG Köln MDR 2021, 1416 [zur Räumung]). Zum Aufgabenbereich des GV gehören ZwV-Handlungen (sa § 30 GVGA) bei der ZwV wegen Geldforderungen in bewegl körperl Sachen einschließl der Wertpapiere und der noch nicht vom Boden getrennten Früchte (§§ 802a-827), bei der Pfändung von Forderungen aus Wechseln usw durch Wegnahme des Papiers (§ 831), zur Erwirkung der Herausgabe, Überlassung und Räumung (§§ 883-885), zur Beseitigung eines Widerstands des Sch nach § 892, im Verf zur Abnahme der Vermögensauskunft

(§ 802a II 1 Nr 2, § 802c), dabei Verhaftung (802g II 1) sowie bei der Vollziehung von Arrestbefehlen und einstw Verfügungen (§§ 916-945). Bei der ZwV in Forderungen wirkt der GV nur in beschränktem Umfang mit (§§ 121-126 GVGA).

2) Zuständigkeit. Örtl zuständig ist der GV für den Bezirk des Amtsgerichts (Dienstbehörde: vgl §§ 2, 12 GVO). Die Verteilung der Geschäfte unter mehreren GV erfolgt nach **GV-Bezirken** (§ 10 GVO). Eine Amtshandlung ist jedoch nicht deshalb unwirksam, weil sie ein anderer als der nach der Geschäftsverteilung zuständige GV oder ein GV außerhalb seines Bezirks vorgenommen hat (§ 14 II GVO; letztere ist aber als mangelhaft anfechtbar). Ausschließung des GV von der Amtsausübung: § 155 GVG; jedoch keine Ablehnung wegen Besorgnis der Befangenheit (BGH MDR 2005, 169 = NJW-RR 2005, 149; eine solche ist auch verfassungsrechtl nicht geboten: BVerfG NJW-RR 2005, 365). 3

3) Tätigkeit. Der **GV handelt** bei der ihm zugewiesenen ZwV **selbständig**, somit „in eigener Verantwortung" (BGH MDR 85, 562, 563), und **hoheitl** (ist nicht Vertreter des Gl: vgl BGH NJW 2011, 2149 Tz 5; BVerwG NJW 83, 896, 897). Aufträge hat der GV schnell und nachdrückl durchzuführen; er darf die Erledigung nicht verzögern (§ 5 I 1 GVGA). Die Vorschriften der GVGA hat der GV zu beachten (§ 1 S 4 GVGA; BGH NJW 2011, 2149 Tz 5). Eine Bindung abw vom Gesetz begründet die GVGA jedoch nicht (§ 1 S 3 GVGA). **Weisungen des Gl**, die Beginn, Art und Ausmaß der ZwV betreffen, sind für den GV bindend (Parteiherrschaft: dazu s vor § 704 Rn 19), wenn sie mit Gesetzen oder der GVGA nicht in Widerspruch stehen. Der Gl kann den GV vor Vollstreckungsbeginn zB anweisen, den Auftrag einstw ruhen zu lassen und weitere Weisungen abzuwarten (AG Straubing Rpfleger 79, 72; sa BGH MDR 2016, 355 = NJW-RR 2016, 319 Tz 7 mwN). 4

III) Auftrag des Gläubigers (§ 753 I-III). 1) Allgemeines. „Auftrag" des Gl ist dessen **Antrag** (BVerwG NJW 83, 896, 897; sa vor § 704 Rn 19) an den GV, eine Amtshandlung vorzunehmen (Bsp für einen unzulässigen Antrag: der Vollstr-Beamte einer ges Krankenkasse ist keine Vollstr-Behörde, daher kann er den GV nicht mit der Beitreibung einer Geldforderung aus einem Leistungsbescheid beauftragen, vgl BGH MDR 2024, 933 [GV unzuständig]). Er ist **grds formfrei**, kann also *schriftl*, *elektron* (s Rn 16 [IV iVm § 130a]; zum vereinfachten elektron Auftrag bei VB: § 754a) oder *mündl*, auch *telefonisch*, unmittelbar beim GV (§ 31 I 1 GVGA) oder durch Vermittlung der GeschSt (II), bei einem Amtsgericht mit mehreren GV auch über die GV-Verteilungsstelle (§ 22 GVO), gestellt werden (§ 4 S 1 GVGA). 5

Ausnahme/Formularzwang: Nach **III** ist die **Zwangsvollstreckungsformular-VO** (ZVFV v 16.12.2022, BGBl I 2022, 2368; geändert durch VO zur Änderung der ZVFV v 24.11.2023, BGBl 2023 I Nr 320; zuletzt geändert durch Zweite VO zur Änderung der ZVFV v 17.6.2024, BGBl 2024 I Nr 203) eingeführt worden; mWv 22.12. 2022 ist die frühere Gerichtsvollzieherformular-VO dadurch aufgehoben worden und sämtl Formulare der ZwV sind einheitl in der ZVFV enthalten (ausf Salten MDR 2023, 538). Seit dem 1.10.2025 (Übergangsregelung iE: § 6 ZVFV) ist für VollstrAufträge an GV nach § 1 I ZVFV das (neue) **Formular der Anlage 1** zu nutzen (abrufbar unter: www.bmjv.de/Zwangsvollstreckungsformulare; ausf zu den neuen Formularen: Salten MDR 2025, 147). Formularzwang: Dieses Formular ist für Aufträge an GV zur Vollstr von Geldforderungen (§§ 802a-882h) verbindl zu nutzen (§ 2 I Nr 1 ZVFV; Zweck des Formularzwangs: Standardisierung des VollstrAuftrags); nach § 2 II ZVFV ist Aufträgen an GV zur Vollstr von Geldforderungen zwingend auch das nach § 1 IV Nr 1 ZVFV eingeführte Formular der Anlage 6 (Aufstellung von Forderungen) beizufügen (grds Einreichungszwang auch für Anlage 6: vgl BRDrs 561/22, 62; zur mehrfachen Nutzung der Anlage 6: vgl § 2 V ZVFV). Zu zulässigen Abweichungen von den Formularen: vgl § 3 ZVFV. Zur (elektron) Einreichung und Verarbeitung der Formulare: vgl §§ 4 f ZVFV. **Ausfüllhinweise zu den Formularen** sind abrufbar unter: www.bmjv.de/Zwangsvollstreckungsformulare.

§ 3 ZVFV regelt mehr zulässige Abweichungen von den Formularen als früher in der GVFV und greift damit ua die Rspr des BGH auf. Der Gl ist nämlich nach früherer Rspr des BGH vom Formularzwang entbunden, soweit das *Formular unvollständig, unzutreffend, fehlerhaft oder missverständlich* ist (BGH MDR 2018, 1525 = IBR 2018, 709 [Seibel]). Nach BGH aaO sollte es aber zu beanstanden sein, wenn der Gl die Anlage 1 des Formulars (Forderungsaufstellung) nicht ausgefüllt und stattdessen (mit Hinweis in Modul C) eine selbstverfasste Anlage beigefügt hatte; das ist äußerst bedenkl, weil der Formularzwang kein Selbstzweck ist und allein die Effektivität der Sachbearbeitung (kein zusätzl Mehraufwand) relevant sein sollte (ebenso Dörr MDR 2019, 147, 148 [keine Überbetonung formaler Anforderungen]; sa § 703c Rn 8 mwN). Dies muss bei § 3 ZVFV stets berücksichtigt werden.

2) Inhalt. a) Im **Auftrag** sind **Gl und Sch** mit ihren Anschriften **sowie die verlangte Tätigkeit des GV** (bei der ZwV wegen Geldforderungen der beizutreibende Betrag) **zu bezeichnen**. Die Anschrift des Sch ist so anzugeben, dass dessen Wohnung ohne weitere Ermittlungen auffindbar ist (AG Darmstadt DGVZ 81, 62). Zur Ermittlung des nicht bekannten Wohnsitzes oder Aufenthaltsorts durch den GV: § 755. Die **Forderung** ist nach Hauptsache, Zinsen und (Prozess-/ZwV-)Kosten (zumindest bestimmbar) zu bezeichnen (vgl BGH MDR 2003, 1315 = NJW-RR 2003, 1437, 1438); Teilzahlungen sind vom Gl zu verrechnen (§§ 366, 367 BGB, sa § 497 III BGB), nicht vom GV (MK/Heßler Rn 28 mwN). Dem Auftrag ist daher ggf eine übersichtliche Zinsberechnung beizufügen (LG Darmstadt DGVZ 95, 45; sa § 80 III GVGA). Eine maschinelle Forderungsaufstellung muss lesbar (und leicht nachprüfbar) sein (AG Frankfurt DGVZ 71, 25). Zur **Übersetzung fremdsprachiger Unterlagen:** BGH MDR 2018, 227 = juris Tz 30. 6

7 **b)** Ein **Pfändungsauftrag** (§§ 803, 808) kann mit dem **Auftrag auf Abnahme der Vermögensauskunft** (§ 802c) (**kombinierter Antrag**), wenn Haftbefehl bereits erlassen ist, aber auch mit einem **Verhaftungsantrag** (§ 802g), kumulativ (jeder Antrag ist unabhängig von dem anderen zu erledigen) oder alternativ (Verhaftung für den Fall der Erfolglosigkeit des Pfändungsversuchs) **verbunden** werden (vgl LG Koblenz DGVZ 98, 61). Die Eventualhäufung der Anträge als zulässige innerprozessuale Bedingung bewirkt, dass die Vollziehung des Haftbefehls vom fruchtlosen Verlauf der vorrangig beantragten Pfändung abhängig ist (sa Hk-ZPO/Kindl Rn 7). Ein (isolierter) Verhaftungsauftrag (§ 802g) schließt einen Auftrag zur Pfändung (§ 808) nicht ein; der GV kann daher grds keine Sachpfändung vornehmen, wenn er bei der Ausführung des Haftauftrags pfändbares Schuldnervermögen vorfindet (LG Berlin DGVZ 85, 59; LG Essen DGVZ 81, 187; LG Osnabrück DGVZ 80, 124). Nur ausnahmsweise ist der Verhaftungsauftrag auch als (vorrangiger) Pfändungsauftrag anzusehen, wenn konkrete Anhaltspunkte im Einzelfall eine solche Auslegung gebieten; zB dann, wenn der GV im Schuldnerbesitz pfändbare Gegenstände vorfindet, deren Verwertung sicher zur vollständigen und baldigen Gläubigerbefriedigung führen kann (vgl LG Berlin DGVZ 85, 59). Ergeben sich Zweifel, dann erfordert die Amtspflicht des GV, sich zur Klarstellung des Auftrags mit dem Gl (ggf fernmündl) in Verbindung zu setzen. Verlangt der Gl Pfändung zugleich mit einer anderen Vollstreckungsmaßnahme, kann er auch die Reihenfolge bestimmen (sa § 802a Rn 3). Zulässig muss es daher auch sein, die Anträge alternativ zu verbinden. Daher kann die Pfändung sogleich auch unter die Bedingung gestellt werden, dass sie nur nach Abgabe der Vermögensauskunft und dann nur für den Fall erfolgen soll, dass die Vermögensauskunft pfändbare Gegenstände ergeben hat (LG Koblenz DGVZ 2014, 175).

8 **3) Vollstreckung eines Teilbetrags.** Der Auftrag kann auch nur wegen eines **Teils der vollstrb Forderung** erteilt werden (grds kein Rechtsmissbrauch). Eine Berechnung seiner Forderung unter Darstellung aller Ratenzahlungen des Sch braucht der Gl nicht einzureichen; eine Gesamtabrechnung ist daher grds entbehrl (vgl LG Bremen JurBüro 2011, 607; MK/Heßler Rn 27 mwN [str]). Auch wenn der Teilbetrag als **Restforderung** geltend gemacht wird, hat der GV grds nicht zu prüfen, ob Teilzahlungen des Sch vollständig und richtig verrechnet sind. Grund: Mit seinem Antrag bestimmt der Gl den Umfang der ZwV (s vor § 704 Rn 19), das Vollstreckungsorgan hat den Anspruch nicht festzustellen und nicht zu prüfen (s vor § 704 Rn 14). Das Nichtbestehen, insb den Untergang des Anspruchs, hat der Sch mit Angriff gegen den Titel (insb § 767) geltend zu machen. Wenn der Gl zur Begründung seiner Restforderung aber eine Aufstellung einreicht, muss diese nachprüfbar sein und den Anspruch richtig ausweisen. Nur unter bes Umständen kann der GV vom Gl eine Berechnung der Forderung verlangen; insb wenn es wegen zahlreicher Posten mit versch Zinslauf und mit Abschlagszahlungen einer umfangreichen Berechnung bedarf (§ 80 III GVGA). Beruht die Höhe der Restforderung auf einer **Verrechnung** mit außerhalb der ZwV erbrachten Teilleistungen (§§ 366, 367 BGB), benötigt der GV zudem regelmäßig eine Gesamtberechnung einschl der Kosten für vorangegangene ZwV-Maßnahmen (ebenso MK/Heßler Rn 28 mwN). Zahlungen des Sch auf eine Forderung aus einem **Verbraucherdarlehensvertrag** sind gem § 497 III 1 BGB (abw von § 367 I BGB) zunächst auf Kosten der Rechtsverfolgung, dann auf den übrigen geschuldeten Betrag (§ 497 I BGB) und zuletzt auf die nach Eintritt des Verzugs angefallenen Zinsen (§ 497 II BGB) anzurechnen. Für die ZwV erlangt diese Tilgungsreihenfolge Bedeutung, wenn der Titel sie ausweist (sa MskV/Lackmann Rn 10).

9 **4) Kleinforderung.** Auch der Gl einer Kleinforderung (Minimal- oder Bagatellforderung) kann ihre Beitreibung mit der ZwV verlangen. Seinem Vollstreckungsanspruch fehlt das Rechtsschutzbedürfnis grds nicht. Rechtsmissbräuchl bzw sittenwidrig ist die ZwV nicht schon deshalb, weil Kosten entstehen, die die Restforderung mehrfach übersteigen (LG Wuppertal NJW 80, 297), oder weil die bisherigen Vollstreckungskosten die Hauptforderung übersteigen (LG Bochum Rpfleger 94, 117). Das Rechtsschutzinteresse für die ZwV einer geringen (unbedeutenden) Restforderung (insb Nebenforderung) kann nur dann verneint werden, wenn berechtigte Schutzinteressen des Sch eindeutig überwiegen (vgl OLG Düsseldorf NJW 80, 1171; immer abhängig vom Einzelfall).

10 **5) Sittenwidrige Vollstreckung.** Ob eine solche (insb bei Erschleichen des Titels und bei Kostenvollstr, wenn VB noch nach Zahlung erwirkt wurde) den GV (ebenso das Vollstreckungsgericht) zur Ablehnung eines Gläubigerantrags berechtigt, ist str. Richtigerweise darf der GV die ZwV in solchen Fällen nicht ablehnen, weil die Prüfung des durch den Titel ausgewiesenen Vollstreckungsanspruchs des Gl nicht im ZwV-Verf erfolgen kann, sondern dem Erkenntnisverf vorbehalten ist (ebenso Hk-ZPO/Kindl Rn 12; MK/Heßler Rn 49 mwN).

11 **6) Titel.** Titel (vollstrb Ausfertigung oder – wenn es keiner Klausel bedarf – Ausfertigung) muss dem GV übergeben (Ausnahme: bei ZwV nach JBeitrG ist schriftl VollstrAuftrag der Titel, vgl BGH MDR 2024, 465 = juris Tz 12 aE mwN), andere für den Beginn der ZwV notw Urkunden müssen ihm ausgehändigt werden. Ob die Voraussetzungen der ZwV vorliegen und die einzelnen VollstrHandlungen zulässig sind, prüft der GV selbständig in eigener Verantwortung (vgl schon RGZ 140, 423, 429). Eine Prüfung des urkundl nachgewiesenen vollstrb Anspruchs, mithin auch die Rechtmäßigkeit des Titels und der Klausel, kann durch den GV nicht erfolgen (s Rn 10 mwN; sa AG Siegen DGVZ 71, 122). Der GV hat daher auch eine Verjährung nicht zu beachten (AG Münster NJW-RR 92, 1531; *hierfür* § 767). Zum Nachweis der Vollmacht des Gläubigervertreters genügt die Bezeichnung als ProzBev im Titel (§ 31 III 4 GVGA). Sonst ist ein Mangel der Vollmacht vAw zu berücksichtigen, bei Vertretung durch einen RA jedoch nur bei einer Rüge durch den Gegner (§ 88 II).

IV) Mitteilung an Gläubiger. Über den Ausgang des Vollstreckungsverf (die Erledigung des Auftrags) hat der GV den Gl zu unterrichten (BGH MDR 2004, 648 = NJW-RR 2004, 788; sa § 34 GVGA). Genügend ist eine kurze **Mitteilung über den Erfolg oder die Erfolglosigkeit der Vollstreckungstätigkeit** (BGH aaO). Pfändungsmitteilung gebietet auch allg Bezeichnung gepfändeter Gegenstände und Hinweis auf gleichzeitige Pfändung für mehrere Gl (s § 762 Rn 2); nicht erforderl ist, dass die Pfandgegenstände einzeln aufgeführt werden, also ein Verzeichnis der Pfandstücke übersandt wird (BGH aaO). Die Nachricht über die Erfolglosigkeit muss erkennen lassen, aus welchem Grund der Vollstreckungsversuch gescheitert ist (BGH aaO). Einzelheiten kann der Gl dem Protokoll (§ 762) entnehmen; hierfür ist ihm Akteneinsicht zu gestatten und auf Antrag Abschrift zu erteilen (§ 760). Ggf ist Mitteilung zu geben, dass der Sch unter der angegebenen Anschrift nicht (mehr) wohnt (sa § 762 Rn 2) oder die Vollstr eingestellt wurde, weil er die Wohnungsdurchsuchung nicht erlaubt hat (BGH aaO). 12

V) Rücknahme des Auftrags. Diese ist bis zur Beendigung der ZwV jederzeit zulässig; sie beendet das ZwV-Verf (s vor § 704 Rn 19). ZwV-Maßnahmen muss der GV aufheben (§ 64 I GVGA). Der Gl kann infolge seiner Herrschaft über den vollstrb Anspruch den GV auch anweisen, die ZwV (einstw) einzustellen, zu beschränken oder die Erledigung eines Vollstreckungsauftrags zurückzustellen (vgl BGH MDR 2016, 355 = NJW-RR 2016, 319 Tz 7 mwN); er kann einen gepfändeten Gegenstand freigeben. Zur Behandlung und Überwachung eines ruhenden Vollstreckungsauftrags durch den GV: §§ 27, 28 GVO. Nur vorübergehende Rückforderung und Rückgabe des Titels stehen der Auftragsrücknahme nicht gleich. Weil jedoch der Titel als Ausweis für ZwV-Handlungen vorliegen muss (§ 754; sa § 31 V GVGA), kann die ZwV erst nach Wiedervorlage des Titels fortgesetzt werden. Die Rücknahme des Auftrags durch einen **Neugl**, auf den mit der Ablösung die Gläubigerforderung übergegangen ist (§ 268 III 1 BGB), erfordert den Nachweis der Rechtsnachfolge; Vollstreckungsunterlagen auf seinen Namen (Titel mit umgeschriebener Klausel) braucht der Ablösende dabei nicht vorzulegen. 13

VI) Ablehnung des Auftrags durch den Gerichtsvollzieher. Diese findet statt, wenn die Voraussetzungen der Zulässigkeit der ZwV nicht vorliegen oder wenn der Antrag mit sonstigen Vorschriften (zB § 811) unvereinbar ist. Bestehen Hindernisse nur teilw (zB mangelhafte Zinsberechnung, nicht glaubhaft gemachte Vollstreckungskosten), ist *insoweit* abzulehnen; der weiter gehende Antrag ist auszuführen (LG München I DGVZ 95, 91). Von der Ablehnung ist der Gl (bzw sein ProzBev) unter Bekanntgabe der Gründe zu benachrichtigen. 14

VII) Vereinfachte Behandlung des Auftrags. Eine solche sieht § 32 GVGA bei der Vollstr gegen einen **vermögenslosen Sch** vor. Der GV sendet dem Gl demnach den Titel mit **Unpfändbarkeitsbescheinigung** zurück, wenn er begründeten Anhalt dafür hat, dass die ZwV fruchtlos verlaufen wird. Dabei teilt der GV dem Gl mit, dass er den **Auftrag** (zur Vermeidung unnötiger Kosten) **als zurückgenommen betrachtet** (§ 32 I 1, 2 GVGA). Das gilt nicht, wenn der Wunsch des Gl zur Ausführung des Auftrags aus der Sachlage hervorgeht (zB Pfändungsauftrag für den Neubeginn der Verjährung: § 32 II GVGA). Dann kann der Auftrag nur abgelehnt werden, wenn der Gl kein schutzwürdiges Interesse an einem Vollstreckungsversuch gegen den (sicher) vermögenslosen und unpfändbaren Sch hat, das Rechtsschutzbedürfnis somit fehlt (Ausnahmefall; vgl LG Hannover DGVZ 84, 90). Gleiches gilt für die Taschenpfändung (LG Karlsruhe DGVZ 88, 43). 15

VIII) Elektronischer Rechtsverkehr (§ 753 IV, V). Durch IV und V wird klargestellt, dass für den elektron Rechtsverkehr unter Beteiligung von GV neben § 130a auch das auf seiner Grundlage erlassene Verordnungsrecht insgesamt entspr anzuwenden ist. Dabei wird die Möglichkeit geschaffen, im Verordnungsrecht bes technische Rahmenbedingungen für die Übermittlung und Bearbeitung elektron Dokumente in ZwV-Verf durch GV zu bestimmen. **IV** verweist insgesamt auf § 130a; mithin auch auf die Verordnungsermächtigungen in § 130a II 2 sowie IV Nr 3, 4 und die danach erlassenen Verordnungen. Für Zustellungen elektron Dokumente gelten nun §§ 192-193a nF, weshalb IV 4 aF aufgehoben wurde (vgl BTDrs 19/31119, 6). **V** verweist auf die nach § 130d geltende Nutzungspflicht für RAe, Behörden und jur Personen des öffentl Rechts. Zum elektron Vollstr-Auftrag nach dem JBeitrG: BGH MDR 2023, 933, juris Tz 15 ff; zum elektron Vollstr-Auftrag nach dem VwVG NRW: BGH 1.6.2023 – I ZB 69/22, MDR 2023, 1340 (kein Dienstsiegel erforderl); zum elektron Vollstr-Auftrag nach der AO: BGH MDR 2024, 123 (kein Dienstsiegel erforderl); zur Pflicht der StA zur elektron Einreichung: BGH MDR 2023, 1275. 16

IX) Rechtsbehelfe. Für **Gl** bei Weigerung des GV, einen Auftrag zu übernehmen oder nach Antrag durchzuführen: Erinnerung nach § 766 II (dann: sof Beschwerde nach § 793); bei Abhängigkeit der Durchführung des Auftrags von einer Vorschusszahlung (§ 4 I 2 GvKostG): Erinnerung, dann Beschwerde (vgl § 5 III GvKostG; sa BGH MDR 2018, 426 Tz 7 ff); für **Gl und Sch** gegen die Art und Weise der ZwV und das Verf des GV: Erinnerung nach § 766 (dann: sof Beschwerde nach § 793). Für die **Dienstaufsicht** ist unmittelbarer Vorgesetzter des GV der Aufsicht führende Richter des Amtsgerichts (§ 1 S 3 GVO). Maßnahmen der Dienstaufsicht können jedoch nur für die Geschäftsführung gefordert und getroffen werden (vgl § 77 S 1 GVO; zB Verzögerung, Nichtbearbeitung eines Antrags), nicht aber für die Tätigkeit des GV bei der ZwV, bei der er selbständig handelt. Bei Einziehung der Kosten unterliegt der GV uneingeschränkt der Dienstaufsicht (näher dazu: BVerwG NJW 83, 896; BVerwG NJW 83, 899). 17

§ 753a Vollmachtsnachweis

[1]Bei der Durchführung der Zwangsvollstreckung wegen Geldforderungen in das bewegliche Vermögen haben Bevollmächtigte nach § 79 Absatz 2 Satz 1 und 2 Nummer 3 und 4 ihre ordnungsgemäße Bevollmächtigung zu versichern; des Nachweises einer Vollmacht bedarf es in diesen Fällen nicht. [2]Satz 1 gilt nicht für Anträge nach § 802g.

1 **I) Zweck.** Inkassodienstleister ua mussten bislang – anders als RAe – bei der Beauftragung eines GV diesem ihre Originalvollmacht vorlegen, was für sie bei digitalisierten Arbeitsabläufen einen erhebl Aufwand bedeutete. Durch § 753a werden diese Erschwernisse abgebaut. Die Vorschrift **orientiert sich an § 703** und dient der **Verfahrensvereinfachung** (vgl BTDrs 19/20348, 32, 35, 72).

2 **II) Anwendungsbereich. 1) Vollstreckungsart.** § 753a gilt nach **S 1** nur bei der **Durchführung der ZwV wegen Geldforderungen in bewegl Vermögen** (körperl Sachen, Forderungen und andere Vermögensrechte). **Anträge auf Erlass eines Haftbefehls** (§ 802g) werden wegen ihrer bes Bedeutung **nicht erfasst** (**S 2**; sa BTDrs 19/20348, 72). Entgegen dem Wortlaut von S 1 ist nicht nur das 8. Buch, 2. Abschnitt, 2. Titel der ZPO, sondern auch dessen 1. Titel (allg Vorschriften) umfasst, andernfalls wäre die Ausnahme in S 2 obsolet (sa MskV/Lackmann Rn 1).

3 **2) Personenkreis.** § 753a **gilt für** folgende Bevollmächtigte: **RAe** (§ 79 II 1), **Verbraucherzentralen und -verbände** (nach Maßgabe von § 79 II 2 Nr 3) und **Inkassodienstleister** (nach Maßgabe von § 79 II 2 Nr 4). Bei Bevollmächtigten, die keine nat Personen sind, ist § 79 II 3 zu beachten. **Nicht erfasst** werden **Personen, die für ihren Arbeitgeber oder Familienangehörige auftreten** (§ 79 II 2 Nrn 1 und 2), diese müssen weiterhin eine Originalvollmacht vorlegen (BTDrs 19/20348, 72).

4 **III) Versicherung.** Die ordnungsgem Bevollmächtigung ist im Anwendungsbereich von § 753a nur noch zu versichern (gilt auch für die Geldempfangsvollmacht: vgl BGH 5.7.2023 – VII ZB 35/21, MDR 2023, 1138). Der **Nachweis einer Vollmacht** ist in diesen Fällen – **selbst auf Verlangen des Sch** – **nicht mehr erforderl** (S 1 aE, sa BTDrs 19/20348, 72 m Verweis auf die Kommentierung hier in § 703 Rn 1). Sofern (verbindl) **Formulare** eine Versicherung vorsehen, erfolgt sie auf diesen (vgl MskV/Lackmann Rn 4).

§ 754 Vollstreckungsauftrag und vollstreckbare Ausfertigung

(1) Durch den Vollstreckungsauftrag und die Übergabe der vollstreckbaren Ausfertigung wird der Gerichtsvollzieher ermächtigt, Leistungen des Schuldners entgegenzunehmen und diese zu quittieren sowie mit Wirkung für den Gläubiger Zahlungsvereinbarungen nach Maßgabe des § 802b zu treffen.

(2) [1]Dem Schuldner und Dritten gegenüber wird der Gerichtsvollzieher zur Vornahme der Zwangsvollstreckung und der in Absatz 1 bezeichneten Handlungen durch den Besitz der vollstreckbaren Ausfertigung ermächtigt. [2]Der Mangel oder die Beschränkung des Auftrags kann diesen Personen gegenüber von dem Gläubiger nicht geltend gemacht werden.

1 **I) Zweck.** Klarstellung der Rechte und Pflichten des GV ggü dem Gl (I) und seiner Legitimation ggü dem Sch und Dritten (II).

2 **II) Befugnisse des Gerichtsvollziehers (§ 754 I). 1) Voraussetzungen.** Auftrag zur ZwV (§ 753 I) und Übergabe der vollstrb Ausfertigung (§§ 724 ff). Die Übergabe der Ausfertigung des Titels genügt, wenn er keiner Klausel bedarf (sa § 724 Rn 2). Die nur vorübergehende Rückgabe des Titels berührt die Befugnisse des GV nach § 754 nicht. Sie kommen mit der Rücknahme (Erledigung) des Auftrags in Wegfall (s § 753 Rn 13).

3 **2) Folge.** Der Auftrag ermächtigt und verpflichtet – ohne dass es einer weiteren Erklärung des Gl bedarf (§ 31 V 2 GVGA; sa BGH MDR 2009, 466 = NJW 2009, 1085 Tz 6) – den GV dazu, **a) Zahlungen** (auch mit Überweisung auf ein Dienstkonto) und sonstige Leistungen **in Empfang zu nehmen**, die der Sch zur Abwendung der ZwV oder freiwillig erbringt, entgegen § 266 BGB auch Teilleistungen (sa § 497 III 2 BGB). Leistung an den GV ist auch die Übergabe an eine beim Zahlungsverkehr beschäftigte Büro- oder Schreibhilfe. Leistungen, die unter einer Bedingung oder unter Vorbehalt angeboten werden, weist der GV zurück (§ 60 I 2 GVGA), wenn nicht der Gl einverstanden ist. Zur gleichzeitigen Pfändung für mehrere Gl: s § 117 GVGA. Leistungen Dritter hat der GV mit Zustimmung des Sch anzunehmen (§ 267 BGB; OLG Naumburg DGVZ 2000, 36); bei Widerspruch des Sch ist wegen des Ablehnungsrechts (§ 267 II BGB) das Einverständnis des Gl einzuholen; **b)** über **das Empfangene** wirksam **zu quittieren** (§ 757 I); **c)** bei der ZwV wegen einer Geldforderung **Zahlungsvereinbarungen mit dem Sch** für den Gl **nach § 802b zu treffen.** Mat-rechtl Folgen sind an diese Vereinbarungen nicht geknüpft (BTDrs 16/13432, 42); Fälligkeit und Verzug bestehen fort, Zinsen laufen weiter.

4 **3) Nachgelassene Sicherheit.** Eine **dem Sch zur Abwendung der ZwV nachgelassene Sicherheit** darf der GV (wie für den Gl Zahlungen zur Erfüllung) **in Empfang nehmen** und für den Sch hinterlegen (OLG Köln NJW-

RR 87, 1210). Die Übergabe des Geldes an den GV begründet bis zur Hinterlegung ein öffentl-rechtl Verwahrungsverhältnis (OLG Köln NJW-RR 87, 1210), bei dem die Gefahr für den Verlust des Geldes den Sch trifft. Als erfüllt gelten die vollstrb Ansprüche des Gl in Höhe einer dem GV übergebenen Sicherheitsleistung, wenn der Sch zugunsten des Gl auf eine Rückgabe des zur Abwendung der ZwV beim GV „hinterlegten" Geldbetrags (nachdem die Voraussetzung für die Sicherheitsleistung weggefallen ist) verzichtet (BGH MDR 84, 310).

III) Legitimation des Gerichtsvollziehers (§ 754 II). 1) Voraussetzung. Der GV muss eine vollstrb Ausfertigung besitzen; dass Sch (Dritter) davon Kenntnis hat, ist nicht erforderl; dgl nicht, dass dem GV ein Auftrag zur ZwV erteilt ist und in welchem Umfang. Für Titel, die keiner Klausel bedürfen, genügt eine Ausfertigung (wie Rn 2). Auch nach der Rücknahme (Erledigung) des Auftrags bleibt der GV ermächtigt, solange er im Besitz des Titels ist, selbst wenn der Sch (Dritte) Kenntnis hat; daher ist eine Leistung des Sch mit befreiender Wirkung auch dann noch möglich. Zur persönl Legitimation dient der dem GV ausgestellte Dienstausweis (§ 5 GVO). 5

2) Folge. Der GV ist dem Sch und Dritten ggü zur ZwV wegen des durch den Titel ausgewiesenen Anspruchs und zu den in I bezeichneten Handlungen ermächtigt (**II 1**). Als Ausweis zur ZwV ist die vollstrb Ausfertigung dem Sch (Dritten) auf Verlangen vorzuzeigen (§ 31 V 3, 4 GVGA; sa BGH MDR 2019, 58 Tz 19). Der Gl muss Handlungen des GV auch bei Antragsmangel (zB Beauftragung durch einen nicht bevollmächtigten Vertreter) oder Antragsbeschränkung gegen sich gelten lassen (**II 2**), selbst wenn der Sch (Dritte) davon Kenntnis hatte oder haben konnte (anders § 169 BGB). Sch und Dritte können Antragsmangel nach § 766 (dann § 793) geltend machen (aA [bei Verstoß des GV gegen § 31 V 4 GVGA] BGH MDR 2019, 58 Tz 20 f [nur obiter dictum]). 6

IV) Erfüllungswirkung (§ 362 BGB). 1) Zeitpunkt. Sie tritt bei der Zahlung ein, wenn der **GV das empfangene Geld an den Gl abgeliefert** hat (BGH NJW 2011, 2149 Tz 6 mwN). Fehlt es hieran, ist die beizutreibende Forderung nicht durch Erfüllung erloschen (BGH NJW 2011, 2149 Tz 6; sa LG Memmingen MDR 2018, 176). Jedoch ist § 815 III auf eine freiwillige Zahlung des Sch an den GV entspr anwendbar (BGH NJW 2011, 2149 Tz 7). Kommt das Geld vor seiner Ablieferung abhanden (auch wenn der GV es nicht den vollstreckungsrechtl Vorschriften entspr verwendet), trägt der Gl damit die Gefahr. Er kann den Sch nicht nochmals in Anspruch nehmen (dazu s § 815 Rn 2). Zur Zahlung bei Wegnahme von Geld: s Anm zu § 815. 7

2) Folge. Das Geleistete wird **mit der Ablieferung** durch den GV **Eigentum des Gl** (Einzelheiten: MK/Heßler Rn 48 ff mwN). Vor der Ablieferung kann der GV den vom Sch geleisteten Betrag nicht als Eigentum des Gl mit einem Titel gegen diesen pfänden (AG Homburg DGVZ 93, 116 [keine Pfändung sogleich zugunsten des Sch]; aA AG Stockach DGVZ 2007, 191). Ist eine unpfändbare Forderung an den GV gezahlt (zB Unterhaltsrente [§ 850b I Nr 2]; nicht pfändbares Arbeitseinkommen), dann ist das Geld auch deshalb unpfändbar, weil der Pfändungsschutz für die Gläubigerforderung an dem geleisteten Geld in der Hand des GV fortbesteht. 8

3) Fortlaufende Zinsen. Solche (ohne Endzeitpunkt titulierte) Zinsen gebühren dem Gl bis zum Eintritt der Erfüllungswirkung (sa § 819 Rn 1; § 874 Rn 3). 9

4) Leistung zur Abwehr der Vollstreckung. Die **Geldleistung** an den GV **zur Abwehr der Pfändung eines vorl vollstrb Titels** erfolgt unter Vorbehalt und ohne Schuldanerkenntnis; sie beendet den Verzug des Sch. Als nur vorl Regelung ist die Erfüllungswirkung jedoch durch den Bestand (Eintritt der Rechtskr) des Urteils bedingt (BGH MDR 91, 46 = NJW 90, 2756; sa OLG Köln MDR 92, 347 = NJW-RR 92, 237). Dasselbe gilt für die Zahlung zur Abwendung der ZwV aus einem durch etwaige Aufhebung im Nachverf auflösend bedingten (rechtskr) Vorbehaltsurteil (BGH MDR 83, 397 = NJW 83, 1111). 10

V) Befugnisse des Gerichtsvollziehers. Über die Befugnisse nach **§ 754 hinaus ist der GV** ges zur Abgabe und Entgegennahme privatrechtl Erklärungen und Vornahme von Handlungen mit Wirkung für den Gl grds **nicht befugt**. Er darf daher *ohne bes Erlaubnis des Gl* keinen Vergleich abschließen, keine Stundung gewähren, Ersatzleistungen nicht annehmen (zB Wechsel, Zession), gepfändete Gegenstände nicht freigeben und Willenserklärungen (zB Rücktritt, Minderung, Aufrechnung) weder entgegennehmen noch abgeben (vgl MskV/Lackmann Rn 5; zur Ratenzahlung: s aber § 802b II). Annahme von Bar- und Verrechnungs**schecks** ist bei gleichzeitiger Durchführung der ZwV-Maßnahme erlaubt; die Verwertung gepfändeter Gegenstände ist jedoch erst durchzuführen, wenn feststeht, dass der Scheck nicht eingelöst wird (iE § 60 V GVGA). Mit ausdrückl Ermächtigung des Gl ist der GV hingegen zur Entgegennahme anderer Ersatzleistungen, zu nachträgl Vereinbarungen mit dem Sch und zur Abgabe sonstiger Erklärungen berechtigt, wenn insb die GVGA nicht entgegensteht (vgl MK/Heßler Rn 63). Der **GV** wird dann als **bevollmächtigter Vertreter des Gl rechtsgeschäftl** und nicht mehr hoheitl **tätig** (iE MK/Heßler Rn 62; LG Hildesheim NJW 59, 537). Zur Annahme solcher privatrechtl Aufträge des Gl ist der GV zwar berechtigt, nicht aber verpflichtet (LG Hildesheim NJW 59, 537). 11

VI) Rechtsbehelfe. Für **Sch** oder **Dritten**, wenn der GV die ZwV ohne vollstrb Ausfertigung vornimmt (ZwV dann unwirksam): Erinnerung nach § 766 (sa BGH MDR 2019, 58 Tz 15) (dann: sof Beschwerde nach § 793). Ebenso wenn der GV auf Aufforderung die vollstrb Ausfertigung nicht vorzeigt (iE s Rn 6; aA BGH MDR 2019, 58 Tz 20 f [nur obiter dictum]). Letzteres kann aber durch eine nachträgl Vorlage geheilt werden. Wenn kein VollstrAuftrag vorliegt für Sch oder Dritten (trotz II 2): § 766 (dann: § 793); iE MK/Heßler Rn 76; sa MskV/Lackmann Rn 12. 12

§ 754a Vereinfachter Vollstreckungsauftrag bei Vollstreckungsbescheiden

(1) [1]Im Fall eines elektronisch eingereichten Auftrags zur Zwangsvollstreckung aus einem Vollstreckungsbescheid, der einer Vollstreckungsklausel nicht bedarf, ist bei der Zwangsvollstreckung wegen Geldforderungen die Übermittlung der Ausfertigung des Vollstreckungsbescheides entbehrlich, wenn

1. **die sich aus dem Vollstreckungsbescheid ergebende fällige Geldforderung einschließlich titulierter Nebenforderungen und Kosten nicht mehr als 5.000 Euro beträgt; Kosten der Zwangsvollstreckung sind bei der Berechnung der Forderungshöhe nur zu berücksichtigen, wenn sie allein Gegenstand des Vollstreckungsauftrags sind;**
2. **die Vorlage anderer Urkunden als der Ausfertigung des Vollstreckungsbescheides nicht vorgeschrieben ist;**
3. **der Gläubiger dem Auftrag eine Abschrift des Vollstreckungsbescheides nebst Zustellungsbescheinigung als elektronisches Dokument beifügt und**
4. **der Gläubiger versichert, dass ihm eine Ausfertigung des Vollstreckungsbescheides und eine Zustellungsbescheinigung vorliegen und die Forderung in Höhe des Vollstreckungsauftrags noch besteht.**

[2]Sollen Kosten der Zwangsvollstreckung vollstreckt werden, sind dem Auftrag zusätzlich zu den in Satz 1 Nummer 3 genannten Dokumenten eine nachprüfbare Aufstellung der Kosten und entsprechende Belege als elektronisches Dokument beizufügen.

(2) Hat der Gerichtsvollzieher Zweifel an dem Vorliegen einer Ausfertigung des Vollstreckungsbescheides oder der übrigen Vollstreckungsvoraussetzungen, teilt er dies dem Gläubiger mit und führt die Zwangsvollstreckung erst durch, nachdem der Gläubiger die Ausfertigung des Vollstreckungsbescheides übermittelt oder die übrigen Vollstreckungsvoraussetzungen nachgewiesen hat.

1 **I) Zweck; Anwendungsbereich.** Die Vorschrift übernimmt den Regelungsinhalt von § 829a. Der mit § 753 III 2 verbundene Ressourcengewinn (Formulare für elektron Aufträge) kann nicht ausgeschöpft werden, wenn dem Auftrag die vollstrb Ausfertigung des Titels und ggf weitere Urkunden beigefügt werden müssen, die idR nur in Papierform vorliegen. Mit § 754a soll deswegen eine **Vereinfachung und Beschleunigung des ZwV-Verf** erreicht werden, soweit die **ZwV von Geldforderungen** (§§ 802a-882h) durch den GV auf Grund von **VB, die einer vollstrb Ausfertigung nicht bedürfen**, betroffen ist. Die zunächst beschr Regelung ist zukünftigen ges Entwicklungen zur weiteren Stärkung der elektron Titelverwaltung ggü offen (iE BRDrs 633/15, 34 f). § 754a gilt ausschl für an GV gerichtete VollstrAufträge, nicht auch für Anträge an das Vollstreckungsgericht auf Erlass eines Erzwingungshaftbefehls (vgl BGH MDR 2022, 123).

2 **II) Voraussetzungen (§ 754a I).** Die Übermittlung der Ausfertigung des VB, der einer vollstrb Ausfertigung (§ 724) nicht bedarf (§ 796 I), ist entbehrl, wenn folgende Voraussetzungen (**kumulativ**) erfüllt sind.

2a **1) § 754a I 1 Nr 1.** Die sich aus dem VB ergebende (fällige) **Geldforderung** darf **nicht mehr als 5.000 Euro** betragen (I 1 Nr 1). Titulierte Nebenforderungen und Kosten sind bei der Berechnung der Forderungshöhe zu berücksichtigen. Außer Betracht bleiben dabei **Kosten der ZwV** (§ 788 I), die ohne gerichtl Kostenfestsetzung zusammen mit dem vollstrb Anspruch beigetrieben werden. Diese sind nur dann zu berücksichtigen, wenn sie allein Gegenstand des Auftrags sind (I 1 Nr 1 aE; iE BRDrs 633/15, 34 f).

3 **2) § 754a I 1 Nr 2.** Die **Vorlage anderer Urkunden** als der Ausfertigung des VB darf **nicht vorgeschrieben** sein, sonst ist der vereinfachte Auftrag nach § 754a unzulässig (I 1 Nr 2).

4 **3) § 754a I 1 Nr 3.** Der Gl muss dem Auftrag eine **Abschrift des VB nebst Zustellungsbescheinigung als elektron Dokument beifügen** (I 1 Nr 3). Die elektron Form kann zB durch das Einscannen einer Kopie des VB und der zugehörigen Zustellungsbescheinigung hergestellt werden (vgl BTDrs 16/10069, 34 [reSp] zu § 829a; sa Hk-ZPO/Kindl Rn 3). Sollen **Kosten der ZwV** vollstr werden, sind dem Auftrag zusätzl eine nachprüfbare Aufstellung der Kosten und entspr Belege als elektron Dokument beizufügen (**I 2**). Grund: Prüfung des GV nach § 788 I 1, ob die verlangten Kosten solche der ZwV sind, ob sie in dieser Höhe entstanden sind und ob sie notw waren (§ 788 I 1, § 91; vgl BTDrs 16/10069, 35 [liSp] zu § 829a; sa Hk-ZPO/Kindl Rn 3).

5 **4) § 754a I 1 Nr 4.** Der **Gl muss versichern**, dass ihm eine Ausfertigung des VB und eine Zustellungsbescheinigung vorliegen und die Forderung in Höhe des Auftrags noch besteht (I 1 Nr 4). Das dient dem **Schutz des Sch vor Missbrauch der ZwV**. Davor wird er zudem dadurch geschützt, dass der GV auch bei einem vereinfachten Auftrag eine **Quittung nach § 757 I zu erteilen** hat. Diese Quittung ermöglicht – unabhängig von einer bei § 754a nicht stattfindenden Übergabe einer vollstrb Ausfertigung – eine **Einstellung oder Beschränkung der ZwV nach § 775 Nr 4** (dazu BRDrs 633/15, 35).

6 **III) Weiterer Schuldnerschutz (§ 754a II).** Hat der **GV Zweifel** daran, dass eine **Ausfertigung des VB vorliegt** oder die **übrigen ZwV-Voraussetzungen gegeben sind**, bietet II zusätzl Schuldnerschutz. Der GV kann dann

auch beim vereinfachten Auftrag vom Gl eine schriftl Ausfertigung des VB und den Nachweis der übrigen ZwV-Voraussetzungen verlangen. Solche Zweifel können sich zB aus der *Unleserlichkeit* der elektron übermittelten Ausfertigung oder aus *Abweichungen* zwischen dieser und dem Auftrag, zB hinsichtl des Forderungsbetrages, ergeben (iE BRDrs 633/15, 35).

IV) Rechtsbehelfe. Für **Gl** und **Sch.** Wie § 753 Rn 17. 7

§ 755 Ermittlung des Aufenthaltsorts des Schuldners

(1) [1]Ist der Wohnsitz oder gewöhnliche Aufenthaltsort des Schuldners nicht bekannt, darf der Gerichtsvollzieher auf Grund des Vollstreckungsauftrags und der Übergabe der vollstreckbaren Ausfertigung zur Ermittlung des Aufenthaltsorts des Schuldners bei der Meldebehörde die gegenwärtigen Anschriften sowie Angaben zur Haupt- und Nebenwohnung des Schuldners erheben. [2]Der Gerichtsvollzieher darf auch beauftragt werden, die gegenwärtigen Anschriften, den Ort der Hauptniederlassung oder den Sitz des Schuldners zu erheben

1. durch Einsicht in das Handels-, Genossenschafts-, Partnerschafts-, Unternehmens- oder Vereinsregister oder

2. durch Einholung einer Auskunft bei den nach Landesrecht für die Durchführung der Aufgaben nach § 14 Absatz 1 der Gewerbeordnung zuständigen Behörden.

(2) [1]Soweit der Aufenthaltsort des Schuldners nach Absatz 1 nicht zu ermitteln ist, darf der Gerichtsvollzieher

1. zunächst beim Ausländerzentralregister die Angaben zur aktenführenden Ausländerbehörde sowie zum Zuzug oder Fortzug des Schuldners und anschließend bei der gemäß der Auskunft aus dem Ausländerzentralregister aktenführenden Ausländerbehörde den Aufenthaltsort des Schuldners,

2. bei den Trägern der gesetzlichen Rentenversicherung und bei einer berufsständischen Versorgungseinrichtung im Sinne des § 6 Absatz 1 Satz 1 Nummer 1 des Sechsten Buches Sozialgesetzbuch die dort bekannte derzeitige Anschrift, den derzeitigen oder zukünftigen Aufenthaltsort des Schuldners sowie

3. bei dem Kraftfahrt-Bundesamt die Halterdaten nach § 33 Abs. 1 Satz 1 Nr. 2 des Straßenverkehrsgesetzes

erheben. [2]Ist der Schuldner Unionsbürger, darf der Gerichtsvollzieher die Daten nach Satz 1 Nummer 1 nur erheben, wenn ihm tatsächliche Anhaltspunkte für die Vermutung der Feststellung des Nichtbestehens oder des Verlusts des Freizügigkeitsrechts vorliegen. [3]Eine Übermittlung der Daten nach Satz 1 Nummer 1 an den Gerichtsvollzieher ist ausgeschlossen, wenn der Schuldner Unionsbürger ist, für den eine Feststellung des Nichtbestehens oder des Verlusts des Freizügigkeitsrechts nicht vorliegt. [4]Die Erhebung nach Satz 1 Nummer 2 bei einer berufsständischen Versorgungseinrichtung darf der Gerichtsvollzieher nur durchführen, wenn der Gläubiger die berufsständische Versorgungseinrichtung bezeichnet und tatsächliche Anhaltspunkte nennt, die nahelegen, dass der Schuldner Mitglied dieser berufsständischen Versorgungseinrichtung ist.

(3) Nach Absatz 1 oder Absatz 2 erhobene Daten, die innerhalb der letzten drei Monate bei dem Gerichtsvollzieher eingegangen sind, darf dieser auch in einem Zwangsvollstreckungsverfahren eines weiteren Gläubigers gegen denselben Schuldner verarbeiten, wenn die Voraussetzungen für die Datenerhebung auch bei diesem Gläubiger vorliegen.

I) Zweck. Regelung der Aufgabe des GV, für die ZwV den nicht bekannten Wohnsitz oder Aufenthaltsort des Sch zu ermitteln (war bislang Aufgabe des Gl; iE dazu und zu § 755: Ulrici NJW 2017, 2661). Die Übertragung dieser Aufgabe dient der **Zeitersparnis** (BTDrs 16/10069, 23). 1

II) Voraussetzungen. 1) Auftrag. Dieser und die Übergabe der vollstrb Ausfertigung (wie § 754 I), die noch nicht zugestellt sein muss, sind erforderl. Eine Übermittlung der Ausfertigung des Titels genügt, wenn er keiner Klausel bedarf (s § 724 Rn 2). Dass auch eine **Aufenthaltsermittlung** verlangt ist, **muss im Auftrag ausdrückl bezeichnet sein** (vgl **Modul M** des **Formulars** der **Anlage 1** der **ZVFV** (VollstrAuftrag an GV, abrufbar unter: www.bmjv.de/Zwangsvollstreckungsformulare; ausführl dazu: BGH MDR 2019, 1278 [noch zu Modul L der Anlage zur GVFV]; ausf zu den neuen Formularen: Salten MDR 2025, 147). Die Befugnis steht dem GV **nicht vAw** zu; insofern kein Ermessen (BTDrs 16/10069, 23). Isoliert (ohne Auftrag) kann dem GV eine Aufenthaltsermittlung nicht aufgetragen werden (vgl BGH MDR 2017, 1080 Tz 5 ff mwN). 2

2) Unbekannter Wohnsitz oder gewöhnlicher Aufenthaltsort des Schuldners. Muss als Hinderungsgrund für die sof Sachpfändung oder den Beginn der sonstigen (insb Herausgabe-)Vollstr bestehen. Als nicht bekannt ist der Aufenthalt des Sch anzusehen, wenn der Gl glaubhaft darlegt, dass er ihn nicht kennt; dass er allg unbe- 3 kannt ist und der Gl selbst zunächst Nachforschungen anstellen muss (wie für die öffentl Zustellung: s § 185 Rn 4 ff), kann nach dem Zweck der Vorschrift (s Rn 1) nicht verlangt werden. **Nicht unbekannt** ist der Wohnsitz (Aufenthalt), wenn der GV aus anderen Verf oder auf sonstige Weise bereits hinreichende Kenntnis hat oder bei einem Vollstreckungsversuch durch zumutbare Nachfrage an Ort und Stelle (zB Erkundigung beim vormaligen Vermieter nach der Wohnung oder dem Aufenthaltsort des verzogenen Sch) Kenntnis erlangt.

4 **3) Zuständigkeit.** Die **örtl** Zuständigkeit des GV bestimmt sich nach der **letzten bekannten Anschrift des Sch** (BTDrs 16/10069, 23; § 17 I 1 GVO); ist keine solche Anschrift bekannt, obliegt die Ermittlung dem für den **Wohnsitz des Gl** zuständigen GV (§ 17 I 2 GVO; aA LG Frankenthal Rpfleger 2013, 631 [jeder GV im Bundesgebiet nach Wahl des Gl]). Ist auf Grund des Ergebnisses der Ermittlungen ein anderer GV für die ZwV zuständig, gibt der GV den Vollstreckungsvorgang vAw an diesen ab (§ 17 II GVO).

5 **III) Aufenthaltsermittlung (§ 755 I, II). 1) § 755 I. a)** Der GV hat (vorrangig) **bei der Meldebehörde** die Anschrift des Sch und Angaben zu seiner Haupt- oder Nebenwohnung zu ermitteln (**I 1**; betrifft **natürl Personen**). Er muss die Anfrage an die Meldebehörde aber nicht wiederholen, wenn die Erfolglosigkeit schon durch aktuelle Nachricht (nicht älter als 2-4 Wochen) auf Anfrage des Gl belegt ist (vgl AG Offenbach DGVZ 2013, 188 mwN). Bei einer **Auskunftssperre im Melderegister** (§ 51 BMG) darf der GV die Anschrift des Sch nicht an den Gl weitergeben; der GV darf die Anschrift des Sch zur Erledigung der ZwV-Maßnahmen jedoch solange und soweit verwenden, als dem die Auskunftssperre nicht entgegensteht und er die schutzwürdigen Interessen des Sch an der Geheimhaltung seiner Anschrift durch geeignete Maßnahmen wahren kann (vgl § 41 S 2 BMG; BGH MDR 2019, 248).

6 **b) I 2** dient der Ermittlung der Anschrift, der Hauptniederlassung oder des Sitzes **jur Personen**, von Personenvereinigungen, Kaufleuten sowie sonstigen Gewerbetreibenden. Damit ist eine eindeutige Rechtsgrundlage dafür geschaffen worden, dass der **GV** zur Ermittlung der Hauptniederlassung oder des Sitzes und – soweit im jew Register erfasst – der Anschrift des Sch **in das Handels-, Genossenschafts-, Partnerschafts-, Unternehmens- oder Vereinsregister Einsicht nehmen** kann (**I 2 Nr 1**; iE BRDrs 633/15, 35 f). Entspr gilt nach **I 2 Nr 2** für das **Einholen behördl Auskünfte** für Anschriften, die nach **§ 14 I GewO** erfasst werden (zum Inhalt: § 14 V 2 GewO; sa BRDrs 633/15, 36).

7 **2) § 755 II.** Soweit der **Aufenthaltsort** des Sch **nach I nicht zu ermitteln** ist (also *nachrangig*), darf der GV **a)** bei der ZwV gg einen Ausländer zunächst beim **Ausländerzentralregister** die Angaben zur aktenführenden **Ausländerbehörde** usw erheben und anschließend bei dieser den letzten gemeldeten Aufenthaltsort erfragen (**II 1 Nr 1**; Einholung der Auskunft in zwei Schritten); ist der Sch **Unionsbürger**, gelten Einschränkungen: **II 2** für GV, **II 3** für Ausländerzentralregister (sa EuGH NVwZ 2009, 379); – **b)** bei den **Trägern der ges Rentenversicherung** und bei einer **berufsständischen Versorgungseinrichtung** iSd § 6 I 1 Nr 1 SGB VI Anschrift und Aufenthaltsort erheben (**II 1 Nr 2**; sa § 802l I 1 Nr 1); dabei muss der Gl nach **II 4** (sa § 802l I 3) die berufsständische Versorgungseinrichtung bezeichnen und tatsächl Anhaltspunkte nennen, die nahelegen, dass der Sch deren Mitglied (also zB Arzt, Tierarzt, Zahnarzt, Apotheker, Notar, RA, Architekt oder StB) ist; II 1 Nr 2 regelt allein das Recht des GV auf Datenabruf, die korrespondierende Pflicht zur Datenübermittlung durch die berufsständischen Versorgungseinrichtungen bedarf der landesrechtl Umsetzung (vgl BTDrs 19/29398, 4) sowie – **c)** beim **Kraftfahrt-Bundesamt** die Halterdaten erheben (**II 1 Nr 3**; sa § 802l I 1 Nr 3).

8 **IV) Kenntnis des Gerichtsvollziehers.** Kennt der GV (nicht der Gl) den Wohn- oder Aufenthaltsort, hat er den Vollstreckungsauftrag zu erledigen oder abzugeben und den Gl zu verständigen, dass dem Antrag auf Aufenthaltsermittlung nicht entsprochen werden kann.

9 **V) Auftrag eines weiteren Gläubigers (§ 755 III).** III regelt, inwiefern der GV nach I oder II erhobene **Daten für den Auftrag *eines* weiteren Gl** gegen denselben Sch **verarbeiten darf.** Entgegen dem Wortlaut sollte die Vorschrift nach Sinn und Zweck *auch bei mehr als einem weiteren Gl desselben Sch anwendbar* sein (ebenso Hk-ZPO/Kindl Rn 10). **1) Allgemeines.** Erforderl ist zunächst, dass die **Voraussetzungen der Datenerhebung auch bei dem weiteren Gl vorliegen.** Das in Rn 2 ff Ausgeführte gilt hier entspr.

10 **2) Aktuelle Daten.** Die Daten müssen aktuell sein. Das ist der Fall, wenn sie **nicht älter als drei Monate** sind. Maßgeblich ist der Zeitraum zwischen dem Eingang der Ermittlungsergebnisse bei dem GV in dem vorherigen ZwV-Verf und dem Eingang des Auftrags des weiteren Gl. III begründet keine Pflicht des GV zur Speicherung von erhobenen Daten für drei Monate; zudem werden die Befugnisse des GV zur Erhebung neuer Daten nach I und II – auch wenn Auskunftsdaten aus einem vorherigen ZwV-Verf vorliegen – nicht eingeschränkt (iE BRDrs 633/15, 37).

11 **VI) Rechtsbehelfe.** Für **Gl** bei Weigerung des GV, Auskünfte einzuholen: Erinnerung nach § 766 II (dann: sof Beschwerde nach § 793); für **Sch:** § 766 I (dann § 793), jedoch wird oft das Rechtsschutzbedürfnis problematisch sein (vgl MskV/Lackmann Rn 6).

12 **VII) Gebühren. 1) RA:** keine weitere Geb neben der nach 3309 RVG-VV für den immer notw Vollstreckungsauftrag (s Rn 2). – **2) GV:** *Gebühren:* 440, 441 GvKostG-KV. *Auslagen:* 708 GvKostG-KV. *Wegegeld:* 711 GvKostG-KV. Da Aufenthaltsermittlung bloßes Nebengeschäft iSd § 3 I 3 GvKostG ist (Nr 2 VII b DB-GvKostG), fällt Pauschale für das Wegegeld nur einmal für den Vollstreckungsauftrag an (AG Syke JurBüro 2018, 661).

§ 756 Zwangsvollstreckung bei Leistung Zug um Zug

(1) Hängt die Vollstreckung von einer Zug um Zug zu bewirkenden Leistung des Gläubigers an den Schuldner ab, so darf der Gerichtsvollzieher die Zwangsvollstreckung nicht beginnen, bevor er dem Schuldner die diesem gebührende Leistung in einer den Verzug der Annahme begründenden Weise angeboten hat, sofern nicht der Beweis, dass der Schuldner befriedigt oder im Verzug der Annahme ist, durch öffentliche oder öffentlich beglaubigte Urkunden geführt wird und eine Abschrift dieser Urkunden bereits zugestellt ist oder gleichzeitig zugestellt wird.

(2) Der Gerichtsvollzieher darf mit der Zwangsvollstreckung beginnen, wenn der Schuldner auf das wörtliche Angebot des Gerichtsvollziehers erklärt, dass er die Leistung nicht annehmen werde.

I) Zweck. Sicherstellung der dem Sch zustehenden Gegenleistung mit Nachweis der Erfüllung oder des Annahmeverzugs unter gleichzeitiger Wahrung der Interessen des Gl, die Gegenleistung bis zur Leistung des Sch zu behalten. Weil der Gl seine Gegenleistung auch unmittelbar vor Beginn der Vollstr anbieten lassen kann, hat der GV die ZwV-Voraussetzung selbst (vAw) zu prüfen. Im Klauselverf erfolgt keine Prüfung (s § 726 Rn 1); die Klausel wird vielmehr sogleich erteilt. 1

II) Anwendungsbereich. Nur bei der **ZwV durch den GV**; nicht bei der ZwV durch das Vollstreckungsgericht (dann § 765) und nicht bei der Verurteilung zur Abgabe einer Willenserklärung (§ 726 II; sa § 726 Rn 11). 2

III) Voraussetzungen. 1) Leistung Zug um Zug. a) Verurteilung zur Leistung Zug um Zug gegen eine vom Gl zu bewirkende Leistung (ermöglicht dem Sch nach Leistung aber nicht Vollstr gegen den nicht verurteilten Gl: BGH MDR 92, 293 = NJW 92, 1172, 1173). Die Verpflichtung zur Zug-um-Zug-Leistung muss sich aus dem Titel selbst ergeben (KG Rpfleger 2000, 556). Das ist zB **nicht der Fall** bei einer Verurteilung zur Vorlage von Belegen gegen Erstattung von Kopierkosten (OLG Düsseldorf MDR 2001, 772); bei einem Prozessvergleich zu beiderseitigen Leistungen ohne Bestimmung, dass sie Zug um Zug zu bewirken sind (AG Bielefeld MDR 77, 500); ebenso ist ein Prozessvergleich, der nur einen der beiden Ansprüche als Zug-um-Zug-Leistung ausweist, für den Gl des anderen Anspruchs selbständig vollstrb (LG Tübingen/Stuttgart DGVZ 86, 60). Die **Gegenleistung** muss im Titel (zumindest im Wege der Auslegung) hinreichend **bestimmt bezeichnet** sein; sonst ist der Titel nicht vollstrb (s § 726 Rn 11; vgl auch BVerfG NJW 97, 2167, 2168; BGH MDR 2011, 419 = NJW 2011, 989 Tz 32 mwN; BGH MDR 2016, 1228 = NJW 2016, 3455 Tz 20 [Bezeichnung einer abzutretenden Forderung]). 3

Beispiele: LG Hannover DGVZ 78, 61 (Rückgabe von vier Reifen mit Felgen); LG Frankenthal MDR 82, 61 (Rückgabe eines dem Bekl gehörenden Kühlers); LG Darmstadt DGVZ 89, 71 (Rückgabe eines schwarzen Katers); LG Kleve NJW-RR 91, 704 (Rückgabe eines Kohleofens); LG Mainz Rpfleger 93, 253 (Auskunft über Informanten); KG MDR 97, 1058 = NJW-RR 98, 424 (Rückgabe einer Zahnarztpraxis); OLG Düsseldorf NJW-RR 99, 793 (Herstellung eines lotrechten Mauerwerks); OLGR Koblenz 2000, 520 (Herausgabe von Computersoftware); LG Koblenz DGVZ 2005, 76 (Übergabe einer Baugenehmigungsplanung); OLG Koblenz MDR 2010, 27 = NJW 2009, 3519 (zu errechnende Entschädigung bei Nutzung eines Fahrzeugs); LG Münster DGVZ 2014, 67 (Austausch gegen Fahrzeug der oberen Mittelklasse). Bei einem **Kraftfahrzeug** genügt (regelmäßig) die Typenbezeichnung, Motor- und Fahrgestellnummer etc müssen grds nicht angegeben werden (AG Groß-Gerau MDR 81, 504; jew abhängig vom Einzelfall). Zahlung gegen Aushändigung eines **Wechsels** (Art 39, 50, 77 WG), **Schecks** (Art 34, 47 ScheckG), des **Hypotheken-/Grundschuldbriefs** oder **sonstiger Urkunden** (zB löschungsfähige Quittung [§ 1144 BGB], Anweisung, Orderpapier, Inhaberschuldverschreibung) ist kein Zug-um-Zug-Anspruch. Das Recht auf Herausgabe des Papiers ist nämlich kein selbständiger Gegenanspruch, sondern eine bes Ausgestaltung des Rechts auf Quittung (§ 368 BGB). Deshalb ist grds zu tenorieren, dass der Sch gegen Aushändigung der Urkunde zur Leistung verpflichtet ist (BGH MDR 2008, 1182 = NJW 2008, 3144 Tz 12). Dann muss dem Vollstreckungsorgan für den Beginn der ZwV (beim Wechsel-/Scheckurteil oder -VB auch, wenn der Titel die Aushändigungspflicht nicht enthält: vgl LG Hannover DGVZ 91, 142) mit dem Titel die Urkunde vorgelegt werden (BGH MDR 2013, 896 Tz 10 mwN). Die ZwV hat jedoch nach § 756 (§ 765) zu erfolgen, wenn **im Titel ausdrückl zur Leistung Zug um Zug** gegen Herausgabe der Urkunde (wenn auch irrtümlich) **verurteilt** worden ist (BGH MDR 2008, 1182 = NJW 2008, 3144 Tz 13). Bei irrtümlicher Tenorierung kommt eine Berichtigung (§ 319 I) in Betracht (BGH aaO). 4

b) Sonderfall. ZwV bei **„doppelter Zug-um-Zug-Verurteilung"** beeinhaltet Anspruch auf Zahlung Zug um Zug gegen Mängelbeseitigung durch den Gl, diese ist aber wiederum nur Zug um Zug gegen Zuschusszahlung durch den Sch durchzuführen (iE BGH MDR 84, 748 = NJW 84, 1679, 1680 f; Seibel in Siebert/Eichberger, AnwaltFormulare Bau- und ArchitektenR, 4. Aufl 2024, § 11 Rn 54 f m Bsp). 5

2) Tatsächliches Angebot. a) Der GV muss dem Sch die diesem gebührende Leistung in einer den **Verzug der Annahme begründenden Weise anbieten** (vgl BGH MDR 2021, 448 [auch zur *Prüfungspflicht des GV*]). Wie die Leistung anzubieten ist, hat der GV vAw **anhand des Titels** – evtl durch Auslegung – zu prüfen (BGH aaO Tz 14 ff mwN). In Verzug kommt der Sch (als Gl der Gegenleistung) nach § 293 BGB, wenn er die ihm (oder 6 seinem Vertreter) angebotene Leistung nicht annimmt (Einzelheiten: §§ 293 ff BGB, sa Rn 7 f). Wird der Sch (sein Vertreter) nicht angetroffen, kann die Gegenleistung nicht wirksam angeboten werden (AG München DGVZ 80, 190). In Verzug kommt der Sch auch, wenn er bereit ist, die angebotene Gegenleistung anzunehmen, ohne die ihm obliegende Leistung voll zu erbringen (§ 298 BGB). Daher darf der GV dem Sch die angebotene Leistung nur gegen Bewirkung der von diesem zu erfüllenden Leistung übergeben (nicht aber schon dann, wenn er genügend Pfandstücke vorfindet: vgl BGH NJW 79, 1203, 1204). Zur Leistung des Sch für die Abwendung des Annahmeverzugs gehören auch Kosten für das Angebot der Gegenleistung und ZwV-Kosten des Gl (nicht jedoch Prozesskosten; sa MK/Heßler Rn 35; allg zur Kostenerstattungspflicht des Sch: BGH MDR 2014, 1109 = NJW 2014, 2508 Tz 15 ff). Leistet der Sch nicht, ist infolge seines Annahmeverzugs die ZwV ohne Bewirkung der angebotenen Gegenleistung zu betreiben (vgl § 274 II, § 322 III BGB).

7 **b)** Die Gegenleistung muss dem Sch durch den GV **tatsächl und so angeboten** werden, **wie sie zu bewirken ist** (§ 294 BGB; sa OLG Düsseldorf MDR 2018, 1341), dh ordnungsgemäß (s Rn 8), vollständig (§ 266 BGB; gilt auch für die Vollstr nur eines Teilbetrags: LG Wuppertal DGVZ 86, 90; AG Schönau DGVZ 90, 45), am rechten Ort (§ 269 BGB) und zur rechten Zeit (§ 271 BGB). Die Zug um Zug geschuldete Leistung muss dabei vom GV so bereitgestellt werden, dass der Sch nur noch zuzugreifen braucht (vgl BGH MDR 84, 748 = NJW 84, 1679, 1680 mwN). Ein vorprozessuales Angebot des Gl oder ein Angebot des Gl selbst außerhalb der ZwV genügt ohne urkundl Nachweis (s Rn 10) nicht (vgl LG Dortmund DGVZ 77, 10). Der Sch muss eine Leistung als erfüllungsgeeignet akzeptieren, wenn diese unter funktionalen Aspekten gleich- oder sogar höherwertig ist und ggü dem geschuldeten Gegenstand keinerlei andere Nachteile aufweist; andernfalls rechtsmissbräuchl Verhalten des Sch (BGH DGVZ 2011, 31 [Software]). Der Gl kann ggü einer von ihm Zug um Zug anzubietenden Geldleistung nicht die Aufrechnung mit einer Gegenforderung erklären (iE LG Hildesheim NJW 59, 537, 538). **Angebot und Erklärungen des Sch sind in das Protokoll des GV aufzunehmen** (§§ 762, 763). Bsp: Mit einem Pkw muss (selbst ohne ausdrückl Urteilsausspruch) auch der Kfz-Brief angeboten werden (AG Mannheim DGVZ 71, 79). Herausgabe erfordert ein Angebot der körperl Übergabe (LG Wiesbaden DGVZ 2011, 70). Übertragung des Eigentums an einer bewegl Sache erfordert ein Angebot zur Übereignung unter Übergabe der Sache; das Angebot zur Abtretung eines Herausgabeanspruchs (§ 931 BGB) genügt nicht (OLG Köln Rpfleger 92, 527). Zur Abtretung einer Forderung muss der GV (im Namen und mit Vollmacht des Gl) dem Sch den Abschluss eines entspr Abtretungsvertrages (§ 398 S 1 BGB) anbieten (BGH MDR 2016, 1228 = NJW 2016, 3455 Tz 14).

8 **c) Ordnungsmäßigkeit des Angebots** erfordert bei **Gattungsschuld** Angebot einer Sache von mittlerer Art und Güte (§ 243 I BGB, § 360 HGB), bei **Stückschuld** Angebot des geschuldeten (konkreten) Gegenstands. **Angebot einer mangelhaften Leistung** ist unzureichend, wenn der Sch sie, ohne in Verzug zu geraten, nicht abzunehmen hat; insb wenn der Titel eine mangelfreie Leistung bestimmt oder eine Beschreibung der (mangelfreien) Gegenleistung enthält. Mangelfreiheit der Leistung kann sich auch aus einer Auslegung des Titels ergeben (sa § 704 Rn 5). Enthält der Titel nur die Angabe, dass ein individuell bezeichneter Gegenstand anzubieten ist (ohne Angaben zur Beschaffenheit), ist nur die Identität zu prüfen. Die Rüge des Sch, der angebotene **Gegenstand** habe sich derart **verschlechtert**, dass er ihn nicht mehr annehmen müsse (zB Angebot eines erheblich beschädigten, zuvor fahrbereiten Pkw: LG Neuruppin NJW-RR 2004, 854, 855; sa BGH MDR 92, 293 = NJW 92, 1172, 1174), hat der GV nicht zu berücksichtigen, es sei denn, der Mangel führt zu einer Identitätsänderung (BGH MDR 2005, 1311). Der Sch muss diese **Einwendung nach § 767** geltend machen. Den Annahmeverzug begründet somit auch das Angebot einer ledigl individuell genannten mangelhaften Sache (vgl OLG Stuttgart MDR 91, 546 f [mangelhafter Gebrauchtwagen]; LG Köln DGVZ 2006, 136 [Pkw mit Motorschaden]; BGH MDR 83, 395 = NJW 83, 1049, 1050 [Mietsache in beschädigtem oder verschlechtertem Zustand]). Nach der Verurteilung des Bestellers zur Zahlung der Vergütung Zug um Zug gegen **Beseitigung von Werkmängeln** muss der Unternehmer (vom Annahmeverzug abgesehen) die Nachbesserung tatsächl vornehmen, um den Besteller in Annahmeverzug zu bringen (LG Stuttgart DGVZ 90, 92 mwN; sa BGH MDR 84, 748 = NJW 84, 1676, 1678 f mwN). Die **Prüfung der ordnungsgem Mängelbeseitigung obliegt dem GV** (OLG Celle NJW-RR 2000, 828; ausführl dazu: Seibel ZfBR 2008, 330 mwN) und ist damit **ins ZwV-Verf verlagert** (BGHZ 61, 42, 46). Fehlt dem GV eigene Sachkunde, muss er **Feststellungen durch einen SV** treffen lassen (OLG Celle NJW-RR 2000, 828).

9 **d) Vorübergehende Verhinderung der Annahme** der angebotenen Leistung schließt Annahmeverzug nicht per se aus (iE § 299 BGB). Annahmeverzug besteht insb dann, wenn dem Sch der Termin des tatsächl Angebots durch den GV angemessene Zeit vorher angekündigt wurde, er aber (unentschuldigt) nicht anwesend ist (§ 299 BGB; LG Hamburg DGVZ 84, 115). Für die sichere Feststellung des Annahmeverzugs empfiehlt sich die Ankündigung des Angebots angemessene Zeit vor Vollstreckungsbeginn (Hk-ZPO/Kindl Rn 3 aE).

10 **3) Sonderfälle. a)** Der **Beweis durch öffentl oder öffent begl Urkunden, dass der Sch befriedigt oder in Annahmeverzug ist**, ermöglicht den Beginn der ZwV ohne Angebot der Gegenleistung durch den GV. Der Nachweis des Annahmeverzugs oder der Befriedigung des Sch kann sich zB aus dem zu vollstr Urteil selbst (OLG Düsseldorf MDR 2009, 57, 58 mwN [Tenor oder Gründe]; sa BGH MDR 82, 488 = NJW 82, 1048, 1049 mwN) oder aus einem anderen Urteil ergeben (vgl KG MDR 75, 149). Der Gl sollte (um den Urkundsnachweis leicht

führen zu können) **bereits im Erkenntnisverf** neben dem Zug-um-Zug-Antrag einen **Feststellungsantrag** stellen, dass sich der Sch in Annahmeverzug befindet (ist zulässig: BGH MDR 2000, 1004 = NJW 2000, 2663, 2664 mwN). Allein dadurch, dass der Sch nach dem Urteilstatbestand dem Zug-um-Zug-Antrag des Gl mit dem Klageabweisungsantrag entgegengetreten ist, ist der Annahmeverzug nicht bewiesen (KG NJW 72, 2052 f; Hk-ZPO/Kindl Rn 10; aA wohl BGH MDR 89, 732 = NJW-RR 89, 826). Der Nachweis durch eine Urkunde ist entspr § 288 nicht mehr zu führen, wenn nach dem **Zugeständnis des Sch** die Gegenleistung unstr bereits erbracht ist (LG Stuttgart DGVZ 2007, 69; LG Hannover DGVZ 85, 171 mwN). Wenn der Gl die Gegenleistung bereits erbracht hat, urkundl Beweis aber nicht führen und Zugeständnis des Sch nicht erhalten kann, kann nicht vollstr werden. Der Gl kann dann auf Zulässigkeit uneingeschr Vollstr klagen (vgl OLG Celle DGVZ 58, 185 [auch wenn Sch nicht durch eine Leistung des Gl befriedigt worden ist]); in Betracht kommt zB auch eine Klage auf Feststellung der Vollstreckungsvoraussetzungen (dazu OLG Koblenz Rpfleger 93, 28; ebenso Hk-ZPO/Kindl Rn 10; sa MskV/Lackmann Rn 10; zur **mat Beweiskraft eines Feststellungsurteils:** BGH MDR 2018, 1145).

b) Zustellung einer Abschrift der Urkunden an den Sch (ProzBev: § 172) muss spätestens bei Beginn der ZwV erfolgt sein. 11

c) Ist (Kaufpreis-)**Zahlung gegen Auflassung** (§ 925 BGB) geschuldet (zB Zahlung an Notar auf Anderkonto), kann ein Angebot durch den GV nicht erfolgen, auch nicht ein wörtl Angebot nach II. Möglich ist aber der Nachweis, dass der Sch in Annahmeverzug ist. Dieser tritt ein, wenn der Sch dem ihm fristgerecht mitgeteilten Termin zur Auflassung vor dem Notar einseitig fernbleibt oder er zwar anwesend ist, aber die Angebotserklärung nicht annimmt oder nicht vor deren Annahme die Gläubigerforderung tatsächl anbietet (BGH MDR 92, 254 = NJW 92, 556). Der Nachweis kann durch die Zustellung der Terminsmitteilung (§§ 191 ff) und der Niederschrift über die Verhandlung oder der Zeugnisurkunde des Notars über das Scheitern der Beurkundung (§ 39 BeurkG) geführt werden. Ein Angebot zur Beurkundung der mit schuldrechtl Regelungen verbundenen Auflassung begründet einen Verzug hingegen nicht (LG Arnsberg DGVZ 2002, 170). 12

4) Wörtliches Angebot. a) Ein wörtl Angebot des GV (nicht des Gl), mit dem Bereitschaft zur Gegenleistung des Gl erklärt wird (erfordert **bes Auftrag:** AG Steinfurt DGVZ 2014, 66, 67; MK/Heßler Rn 19; aA LG Augsburg DGVZ 95, 8 [Auftrag schließt Ermächtigung schon ein]), ermöglicht den Beginn der ZwV, wenn der Sch (sein Vertreter) dem GV daraufhin die Annahmeverweigerung (eindeutig) erklärt (**II**; Feststellung im Protokoll: wie Rn 7). Grund: Bei ablehnendem Verhalten des Sch ist ein tatsächl Angebot (s Rn 7) überflüssig; nutzlose Kosten für die Anlieferung der Gegenleistung erübrigen sich, wenn die Annahmeverweigerung des Sch von vornherein erkennbar ist (vgl BTDrs 13/341, 14 f). Schweigen des Sch ist keine Annahmeverweigerung, ebenso nicht Vorbehalt einer Äußerung erst nach Prüfung der Gegenleistung oder sonstiger Vorbehalt. Wirksamkeit des wörtl Angebots setzt voraus, dass der Gl zur Leistung (so wie geschuldet: s Rn 7, 8) in der Lage ist. Jedoch hat der GV Vorhandensein und Ordnungsmäßigkeit der Leistung des Gl bei wörtl Angebot nicht zu prüfen (vgl Hk-ZPO/Kindl Rn 9 mwN). Zur Einwendung des Sch, dass die Gegenleistung nicht ordnungsgem angeboten ist: s Rn 17. Dem Sch erschwert das nur wörtl Angebot die Prüfung und Beanstandung einer unzulänglichen Gegenleistung (s Rn 17). Das ist jedoch unbeachtl, weil der Sch mit seiner Annahmeverweigerung diese Erschwernis selbst veranlasst hat (BTDrs 13/341, 15 [liSp]). 13

b) ZwV nach wörtl Angebot des GV ist sodann rechtmäßig. **Widerruf der Ablehnung durch den Sch** hindert den Fortgang der ZwV nicht; erfordert insb nicht ein neues tatsächl Angebot nach I. 14

c) Ein **wörtl Angebot** genügt **nach § 295 BGB** darüber hinaus, wenn der Sch bereits erklärt hat, dass er die Gegenleistung nicht annehmen wolle oder wenn zur Bewirkung der Gegenleistung eine Handlung des Sch erforderl ist, insb wenn er die geschuldete Sache abzuholen hat. Die Ablehnung muss sich aus dem Titel ergeben oder sonst urkundl nachgewiesen sein (Nachricht an den Gl genügt nicht, wohl aber eine Erklärung zu Protokoll des GV). Dass eine Handlung des Sch erforderl ist, insb eine Holschuld vorliegt, muss sich gleichfalls aus dem Titel ergeben (LG Ravensburg DGVZ 86, 88 mwN; Hk-ZPO/Kindl Rn 8). 15

IV) Verstoß gegen § 756. Ein solcher **macht die ZwV nicht nichtig**, sondern nur anfechtbar (s vor § 704 Rn 34). 16

V) Rechtsbehelfe. Für **Gl** und **Sch:** Erinnerung nach § 766 (dann: sof Beschwerde nach § 793); für Gl auch, wenn der GV ein wörtl Angebot (II) ablehnt. Erinnerung (nicht Feststellungs- oder Vollstreckungsgegenklage) auch, wenn zu klären ist, ob eine Gegenleistung (Nachbesserung) ordnungsgem erfolgt ist (KG NJW-RR 89, 638). Ob eine Gegenleistung ordnungsgem angeboten ist, entscheidet auf Erinnerung das Vollstreckungsgericht selbständig. Feststellungsklage ist zulässig, wenn zweifelhaft ist, ob die tatsächl angebotene Gegenleistung der ausgeurteilten entspricht (BGH DGVZ 2011, 31 mwN). Soweit sich der Sch gegen den Anspruch als solchen wendet, ist Klage nach § 767 zulässig (sa Hk-ZPO/Kindl Rn 12); dgl dann, wenn der Sch die Unzulässigkeit der ZwV wegen eines Mangels der Gegenleistung geltend macht, die nach dem Titelinhalt in der Vollstr nicht geprüft werden kann (LG Hamburg DGVZ 84, 10). Zur **Rechtskraft und Präklusionswirkung einer Zug-um-Zug-Verurteilung:** BGH MDR 2019, 692. 17

§ 757 Übergabe des Titels und Quittung

(1) Der Gerichtsvollzieher hat nach Empfang der Leistungen dem Schuldner die vollstreckbare Ausfertigung nebst einer Quittung auszuliefern, bei teilweiser Leistung diese auf der vollstreckbaren Ausfertigung zu vermerken und dem Schuldner Quittung zu erteilen.

(2) Das Recht des Schuldners, nachträglich eine Quittung des Gläubigers selbst zu fordern, wird durch diese Vorschriften nicht berührt.

1 **I) Zweck.** Schutz des Sch vor nochmaliger Vollstr.

2 **II) Regelungsinhalt.** Der GV hat die ihm angebotene **Leistung oder Teilleistung** anzunehmen und den Empfang zu bescheinigen (§ 60 I 1 GVGA). Eine **Quittung** hat der GV im eigenen Namen (zur Quittung des Gl: s II) dem Einzahler über alle Barzahlungen (auch Übergabe eines Schecks) und gepfändeten Beträge unaufgefordert zu erteilen (§ 53 I 1 GVO). Die zu quittierende Leistung muss an den GV selbst geschehen sein; sie kann freiwillig (Empfangsberechtigung des GV: § 754) oder zwangsweise (zB § 815 III) erfolgt sein. Leistet der Sch in Anwesenheit des GV freiwillig direkt an den ebenfalls anwesenden Gl, ist § 757 anwendbar, weil im ZwV-Verf geleistet wurde; das ist nur dann anders, wenn die Leistung des Sch direkt an den Gl außerhalb des ZwV-Verf erfolgt ist (ebenso MK/Heßler Rn 23 mwN). Empfangsbescheinigung für die Leistung einer herauszugebenden Sache (§§ 883 f) an den GV ist ebenfalls nach § 757 zu erteilen.

3 **III) Vollständige Leistung (§ 757 I Hs 1). 1) Leistung an den Gerichtsvollzieher. a)** Voll bewirkt ist der Anspruch, wenn der nach der vollstrb Ausfertigung (bzw nach dem Titel, wenn Klausel nicht erforderl: sa § 724 Rn 2) dem Gl zustehende **vollstrb Anspruch** bestehend aus Hauptsache und allen Nebenforderungen (Zinsen), auch Kosten früherer ZwV und der aktuellen ZwV-Maßnahme (§ 788), durch Leistung an den GV **vollständig erfüllt** ist. Das kann auch durch Zahlung eines Restes erfolgt sein, der nach einer auf dem Titel schon vermerkten Teilleistung verblieben ist. Außer Betracht bleiben Beträge, die dem Gl nach dem Titel noch gebühren, über die eine vollstrb Ausfertigung aber nicht erteilt ist. Wenn der Titel im Klauselerinnerungsverf (§ 732) oder Klauselklageverf (§ 768) oder über eine vorl vollstrb Entscheidung im Rechtsstreit eingeschränkt worden ist, ist der verbleibende Gläubigeranspruch „vollständiger" Betrag nach I.

4 **b)** Der **GV übergibt dem Sch** bei vollständiger Leistung nach I **neben einer Quittung auch die vollstrb Ausfertigung** (die Ausfertigung bei Vollstr ohne Klausel; enger: MK/Heßler Rn 6 [nur VB]); auf dieser wird nicht mehr zusätzl quittiert. Der Gl kann die Verpflichtung des GV, die vollstrb Ausfertigung auszuhändigen, nicht aufheben (AG Limburg DGVZ 84, 93). Bei **Zahlung mit Scheck** darf die Ausfertigung nur ausgehändigt werden, wenn der Scheckbetrag dem Dienstkonto des GV gutgeschrieben oder an ihn gezahlt worden ist (sonst, wenn der Auftraggeber zustimmt: § 60 III 3 GVGA).

5 **2) Leistung an den Gläubiger.** Hat der **Sch unmittelbar an den Gl** (dessen Vertreter oder ProzBev) **vollständig geleistet**, darf der GV nur mit dessen Zustimmung die vollstrb Ausfertigung dem Sch übergeben (§ 60 III 2 GVGA). Herausgabe des Titels durch den Gl: entspr § 371 BGB.

6 **3) Leistung eines Dritten.** Mit einer solchen **an den GV** erlischt im Regelfall (§ 267 BGB) die Verbindlichkeit des Sch; dem Einzahler ist eine Quittung zu erteilen. Der Titel ist dem Sch auszuhändigen, es sei denn, der Dritte (er muss dazu befragt werden) widerspricht. Anlass hierzu besteht für den Dritten, wenn der Titel nicht verbraucht, sondern die Forderung auf ihn übergegangen ist (zB § 268 III, §§ 412, 401, 774 BGB). Dem Dritten darf die vollstrb Ausfertigung nur mit Zustimmung des Gl ausgehändigt werden. Der GV kann das Innenverhältnis zwischen Sch und Drittem oder zwischen diesem und dem Gl nicht prüfen, mithin einen Anspruch des leistenden Dritten auf Aushändigung des Titels nicht selbst erfüllen. Wenn die Einwilligung des Gl nicht zu erreichen ist, wird der Titel zu den GV-Akten genommen.

7 **4) Zahlung durch Gesamtschuldner.** Zahlt ein Gesamtsch **voll,** erhält er den Titel ausgehändigt. Hat jeder Gesamtsch **einen Teil** des Anspruchs getilgt, nimmt der GV den Titel zu seinen Akten, wenn sich die Sch nicht über den Verbleib geeinigt haben. Sind gegen **mehrere Sch** bes Ausfertigungen erteilt, wird jedem Sch die gegen ihn lautende Ausfertigung nach voller Leistung des damit vollstrb Betrags ausgehändigt; iÜ wird wie bei Teil- bzw Nichtleistung verfahren. Wenn ein Sch zur Leistung, ein weiterer zur Duldung verurteilt ist, wird die Ausfertigung dem Leistenden ausgehändigt (StJ/Münzberg Rn 5). Bei Gesamthandsschuld (zB Erbengemeinschaft: § 2059 II BGB) ist der Titel allen auszuhändigen; wenn sie keine Einigung erzielen, ist er zu den GV-Akten zu nehmen.

8 **IV) Teilweise Leistung (§ 757 I Hs 2).** Bei nur teilw Leistung wird diese auf der vollstrb Ausfertigung (dem ohne Klausel vollstrb Titel: s Rn 3) vermerkt (§ 60 IV 1 GVGA) und dem Sch (sonstigen Einzahler) eine Quittung erteilt. Die vollstrb Ausfertigung wird dem Sch in diesem Fall nicht ausgehändigt (§ 60 IV 2 GVGA), auch wenn der Restanspruch noch nicht fällig ist (§ 751 I; zB künftiger Unterhalt). Eine Teilleistung für ZwV-Kosten ist auf dem Titel zu vermerken (LG Lüneburg DGVZ 81, 116); eine Teilleistung für Prozesskosten wird nur auf dem KFB vermerkt, nicht auf dem Hauptsachetitel. Verrechnung der Teilleistung auf Kosten, Zinsen und

Hauptforderung hat der GV nicht vorzunehmen (LG Bad Kreuznach DGVZ 91, 117; LG Lüneburg DGVZ 81, 116). Hat der Gl den ZwV-Auftrag auch wegen des Restes erteilt, setzt der GV nach einer Teilleistung die ZwV fort (§ 60 IV 3 GVGA).

V) Quittung (§ 757 I, II). 1) § 757 I. Die **Quittung des GV** (**I**) **ist öffentl Urkunde** nach § 418. Bedeutung hat sie vor allem für § 775 Nr 4. 9

2) § 757 II. Der Anspruch des Sch auf nachträgl Erteilung einer **Quittung durch den Gl selbst** (§ 368 BGB) wird durch I nicht berührt (**II**). Dieses Recht auf Quittung begründet jedoch kein Zurückbehaltungsrecht ggü dem vollstrb Anspruch. 10

VI) Rechtsbehelfe. Bei Verstoß gegen § 757: Erinnerung nach § 766 (dann: sof Beschwerde nach § 793). Die Erteilung der Quittung gehört noch zur ZwV. **Nach Aushändigung** der vollstrb Ausfertigung kann diese Maßnahme des GV hingegen nicht mehr gerügt und nicht rückgängig gemacht werden (sa MK/Heßler Rn 38; MskV/Lackmann Rn 10). Zur Erteilung einer weiteren vollstrb Ausfertigung: s § 733 Rn 5. Der Anspruch gegen den Gl auf Erteilung einer Quittung (II; § 368 BGB) ist mit der Klage zu verfolgen; ebenso ein Anspruch auf Herausgabe des Titels (entspr § 371 BGB). 11

§ 757a Auskunfts- und Unterstützungsersuchen

(1) Der Gerichtsvollzieher kann die zuständige Polizeidienststelle um Auskunft ersuchen, ob nach polizeilicher Einschätzung bei einer durchzuführenden Vollstreckungshandlung eine Gefahr für Leib oder Leben des Gerichtsvollziehers oder einer weiteren an der Vollstreckungshandlung beteiligten Person besteht.

(2) In dem Auskunftsersuchen nach Absatz 1 ist Folgendes anzugeben:

1. Art und Ort der Vollstreckungshandlung,

2. Vornamen und Name des Schuldners,

3. soweit bekannt Geburtsname, Geburtsdatum und Geburtsort des Schuldners sowie

4. Wohnanschrift des Schuldners.

(3) [1]Erteilt die Polizeidienststelle die Auskunft, dass nach polizeilicher Einschätzung eine Gefahr nach Absatz 1 besteht, so kann der Gerichtsvollzieher um Unterstützung durch die polizeilichen Vollzugsorgane bei der durchzuführenden Vollstreckungshandlung nachsuchen. [2]Ein Unterstützungsersuchen kann der Gerichtsvollzieher auch zusammen mit einem Auskunftsersuchen nach Absatz 1 stellen.

(4) [1]Der Gerichtsvollzieher kann auch ohne Auskunftsersuchen ein Unterstützungsersuchen stellen, wenn

1. tatsächliche Anhaltspunkte für das Bestehen einer Gefahr nach Absatz 1 vorliegen oder

2. sich die Gefahr aus der Art der Vollstreckungshandlung ergibt.

[2]Auf Unterstützungsersuchen nach Satz 1 ist Absatz 2 entsprechend anzuwenden; bei Unterstützungsersuchen nach Satz 1 Nummer 1 hat der Gerichtsvollzieher zusätzlich die tatsächlichen Anhaltspunkte für das Vorliegen einer Gefahr nach Absatz 1 und, sofern die Gefahr von einer dritten Person ausgeht, die ihm bekannten Daten nach Absatz 2 Nummer 2 bis 4 über die dritte Person anzugeben.

(5) [1]Über die Durchführung eines Auskunfts- oder eines Unterstützungsersuchens setzt der Gerichtsvollzieher den Schuldner oder, sofern Daten einer dritten Person nach Absatz 4 Satz 2 Halbsatz 2 übermittelt worden sind, die dritte Person unverzüglich nach Erledigung des Vollstreckungsauftrags in Kenntnis. [2]Abweichend von § 760 Satz 1 darf in Bezug auf Inhalte der Akten des Gerichtsvollziehers, die in Zusammenhang mit einem Auskunfts- oder einem Unterstützungsersuchen stehen, neben dem Schuldner nur der dritten Person, deren Daten übermittelt worden sind, Akteneinsicht gestattet und eine Abschrift erteilt werden; § 760 Satz 2 bleibt unberührt.

I) Zweck; Regelungsinhalt; Anwendungsbereich. Da GV in der Vergangenheit bei der Durchführung von VollstrHandlungen wiederholt von Sch oder Dritten körperl angegriffen und (zT tödlich) verletzt worden sind, **bezweckt** § 757a den **Schutz von GV** vor solchen Angriffen (iE BTDrs 19/27636, 1). § 757a ist eingefügt worden mWv 1.1.2022 durch das G zur Verbesserung des Schutzes von Gerichtsvollziehern vor Gewalt sowie zur Änderung weiterer zwangsvollstreckungsrechtlicher Vorschriften und zur Änderung des Infektionsschutzgesetzes v 7.5.2021 (BGBl I 2021, 850). Polizeiliche Erkenntnisse über eine bestehende Gefahr werden den GV über § 757a zugänglich gemacht, um eine bessere Einschätzung zu ermöglichen, ob eine polizeiliche Unterstützung bei der Vornahme der Vollstr-Handlung erforderl ist. Zugleich werden die Möglichkeiten für GV zum Ersuchen um polizeiliche Unterstützung ggü § 758 III deutlich erweitert. **I-II** regeln neu **Auskunftsersuchen** von GV an die zuständige Polizeidienststelle. **III-IV** regeln **Unterstützungsersuchen** durch polizeiliche Vollzugsorgane: Einerseits ist ein Unterstützungsersuchen zulässig, wenn die Auskunft durch die Polizei ergibt, dass eine 1

Gefahr iSd I besteht (**III**); andererseits kann ein Unterstützungsersuchen ohne vorheriges Auskunftsersuchen gestellt werden, wenn entw tatsächl Anhaltspunkte bestehen, dass eine Gefahr iSd I vorliegt, oder wenn sich diese Gefahr aus der Art der VollstrHandlung ergibt (**IV**; sog gefahrgeneigte Vollstr-Handlung). **V** regelt die **Informationspflicht** des GV ggü dem Sch und Dritten sowie die Rechte auf **Akteneinsicht und Aktenabschrift**. § 757a gilt für alle VollstrHandlungen des GV nach der ZPO. Entspr **anwendbar** ist § 757a zB auf die Vollstr von Entscheidungen über die Herausgabe von Personen und die Regelung des Umgangs (§ 87 III 1 FamFG) sowie auf die Vollstr in Verf nach dem GewSchG (§ 96 I 2 aE FamFG).

2 **II) Auskunftsersuchen bei der Polizei (§ 757a I).** Nach I kann der GV die zuständige Polizeidienststelle um Auskunft ersuchen, ob nach polizeilicher Einschätzung bei einer durchzuführenden VollstrHandlung eine Gefahr für Leib oder Leben des GV oder einer weiteren an der VollstrHandlung beteiligten Person besteht.

3 **1) Bevorstehende Vollstreckungshandlung.** Voraussetzung ist zunächst, dass die Durchführung einer VollstrHandlung bevorsteht; davon losgelöste Auskunftsersuchen sind **unzulässig** (vgl BTDrs 19/27636, 21).

4 **2) Gefahr für Leib oder Leben.** Es müssen Anhaltspunkte für eine Gefahr für Leib oder Leben bestehen; *nicht ausreichend* ist eine *Gefahr für materielle Güter*. Die **Gefahr** kann **vom Sch** oder von einer **dritten Person** (zB Mitbewohner des Sch, dessen Partner oder Person aus dessen sozialem Umfeld) ausgehen. Die Gefahr kann auch von einem **Tier** ausgehen (zB gefährl Hund des Sch; vgl BTDrs 19/27636, 21). Die Gefahr muss bei der Durchführung der VollstrHandlung bestehen. Sie muss ferner **für** den **GV** oder eine **weitere an der Vollstreckungshandlung beteiligte Person** bestehen (zB Mitarbeiter eines Schlüsseldienstes oder einer Spedition; BTDrs aaO).

5 **3) Einschätzung durch die Polizei.** Sie ergibt sich in erster Linie aus **polizeilichen Erkenntnisquellen**. Sofern der GV der Polizeidienststelle **zusätzl Informationen** übermittelt, die eine Gefahr begründen können, sind auch diese bei der polizeilichen Einschätzung zu berücksichtigen (vgl BTDrs 19/27636, 21).

6 **III) Inhalt des Auskunftsersuchens (§ 757a II). 1) Notwendige Angaben.** II bestimmt den Mindestinhalt des Auskunftsersuchens und enthält die datenschutzrechtl Befugnis für GV, die aufgeführten personenbezogenen Daten des Sch an die zuständige Polizeidienststelle zu übermitteln. In dem Auskunftsersuchen sind anzugeben: **Art und Ort der Vollstreckungshandlung** (II Nr 1), **Vorname(n) und Name des Sch** (II Nr 2), (soweit bekannt) **Geburtsname, Geburtsdatum und Geburtsort des Sch** (II Nr 3) sowie **Wohnanschrift des Sch** (II Nr 4). Die Angaben nach **II Nr 1** können für die polizeiliche Einschätzung von Bedeutung sein, weil der Polizei zB Erkenntnisse darüber vorliegen, dass weitere Bewohner an dem VollstrOrt wohnen, die ggü Vollzugsbeamten erfahrungsgemäß gewaltgeneigt sind (vgl BTDrs 19/27636, 21 f). Im Hinblick auf die Art der VollstrHandlung kann die Bereitschaft des Sch, Gewalt ggü dem GV anzuwenden, je nach Eingriffsintensität der VollstrMaßnahme unterschiedl ausgestaltet sein. Die Angaben nach **II Nr 2-4** dienen der möglichst zweifelsfreien Identifizierung des Sch. Angaben nach **II Nr 3** sind aber nur dann erforderl, wenn sie dem GV bekannt sind; eine **Nachforschungspflicht besteht nicht** (BTDrs 19/27636, 22).

7 **2) Form.** Für Auskunftsersuchen bestehen **keine bes Formvorschriften** (vgl BTDrs 19/27636, 21).

8 **3) Kombiniertes Auskunfts- und Unterstützungsersuchen (§ 757a III 2).** Der GV kann für den Fall, dass nach der polizeilichen Auskunft eine Gefahr nach I besteht, bereits mit dem Auskunftsersuchen ein Unterstützungsersuchen stellen (vgl III 2). Dies dient der Vereinfachung und Beschleunigung der Verf-Abläufe bei den GV und den zuständigen Polizeidienststellen.

9 **IV) Unterstützungsersuchen bei der Polizei nach erteilter Auskunft (§ 757a III). 1) Voraussetzungen; Vorgehen (§ 757a III 1).** Der GV *kann* um Unterstützung durch die polizeilichen Vollzugsorgane bei der durchzuführenden VollstrHandlung nachsuchen, wenn die Polizeidienststelle die Auskunft erteilt, dass nach polizeilicher Einschätzung eine Gefahr nach I besteht (III 1). Es obliegt der **Entscheidung des GV**, ob er ein solches Unterstützungsersuchen stellt. Es sind Fälle denkbar, in denen der GV zu der Einschätzung kommt, dass bei der VollstrHandlung keine Gefahr besteht, und darauf verzichtet, ein Unterstützungsersuchen zu stellen. In der **polizeilichen Auskunft** ist allein die Aussage erforderl, ob eine Gefahr nach I besteht; nicht erforderl ist die Angabe, von wem die Gefahr ausgeht oder aus welchen Gründen die Gefahr besteht (vgl BTDrs 19/27636, 22).

10 **2) Kombiniertes Auskunfts- und Unterstützungsersuchen (§ 757a III 2).** Ein Unterstützungsersuchen kann der GV schon zusammen mit einem Auskunftsersuchen nach I stellen (III 2). Das dient der Vereinfachung und Beschleunigung der Verf-Abläufe bei den GV und den zuständigen Polizeidienststellen.

11 **V) Unterstützungsersuchen bei der Polizei ohne vorherige Auskunft (§ 757a IV). IV 1** regelt, unter welchen Voraussetzungen der GV auch ohne Auskunftsersuchen ein Unterstützungsersuchen stellen kann; gleichwohl kann er auch in diesen Fällen zunächst ein Auskunftsersuchen stellen (vgl BTDrs 19/27636, 22). **IV 2** bestimmt den Inhalt des Unterstützungsersuchens.

12 **1) Gefahr (§ 757a IV 1). a)** Der GV kann zunächst ein Unterstützungsersuchen stellen, wenn **tatsächl Anhaltspunkte** für das Bestehen einer **Gefahr nach I** für den GV selbst oder eine weitere an der VollstrHandlung beteiligte Person vorliegen (**IV 1 Nr 1**). Diese Anhaltspunkte müssen obj nachvollziehbar und auf den Einzelfall be-

zogen sein sowie das Bestehen einer Gefahr nahelegen; sie dürfen nicht auf diskriminierenden Annahmen beruhen (vgl BTDrs 19/27636, 22). **GV** müssen im Vorfeld des Unterstützungsersuchens **keine eigenen Recherchen über den Sch** anstellen, weil das nicht ihrer Aufgabe als Vollstreckungsorgan entspricht. Die Anhaltspunkte für das Vorliegen einer Gefahr können sich auch aus einem **Hinweis des Gl** ergeben (vgl BTDrs aaO).

b) Der GV kann außerdem ein Unterstützungsersuchen stellen, wenn sich die **Gefahr aus der Art der Vollstreckungshandlung** ergibt (**IV 1 Nr 2**). Diese Gefahr kann vor allem bei bes gefahrgeneigten VollstrHandlungen bestehen; **Beispiele:** Räumung, Durchsuchung von Räumen aufgrund richterl Anordnung, Verhaftung, Sperrung von Energieversorgungseinrichtungen. Grund: Die genannten Maßnahmen stellen einen bes schwerwiegenden Eingriff für den Sch oder sein soziales Umfeld dar, weshalb der Gesetzgeber grds von einer Gefahr ausgeht (vgl BTDrs 19/27636, 22). 13

2) Inhalt des Unterstützungsersuchens (§ 757a IV 2). a) Notwendige Angaben. Jedes Unterstützungsersuchen nach IV 1 muss die Angaben **nach II** enthalten (IV 2 Hs 1; dazu Rn 6). Bei **Unterstützungsersuchen nach IV 1 Nr 1** hat der GV **zusätzl** die **tatsächl Anhaltspunkte für** das Vorliegen einer **Gefahr** nach I und, sofern die Gefahr von einer dritten Person ausgeht, die ihm bekannten **Daten nach II Nr 2-4** über die dritte Person anzugeben (IV 2 Hs 2). Diese Angaben sind für die polizeiliche Einschätzung der Zulässigkeit des Unterstützungsersuchens erforderl. Liegen dem GV tatsächl Anhaltspunkte dafür vor, dass die Gefahr von einer dritten Person ausgeht (zB Partner des Sch oder Mitbewohner), hat er nicht nur zu begründen, weshalb er von dieser Gefahr ausgeht. Er hat darüber hinaus die in II Nr 2-4 genannten Angaben bzgl der dritten Person zu machen, um der Polizei eine möglichst zweifelsfreie Identifizierung der dritten Person zu ermöglichen (vgl BTDrs 19/27636, 22 f). 14

b) Form. Für Unterstützungsersuchen bestehen **keine bes Formvorschriften** (vgl BTDrs 19/27636, 21). 15

VI) Benachrichtigungspflicht; Akteneinsicht; Aktenabschrift etc (§ 757a V). 1) Benachrichtigungspflicht des Gerichtsvollziehers (§ 757a V 1). Nach V 1 hat der GV die betroffene Person, deren Daten er zu Zwecken eines Auskunfts- oder Unterstützungsersuchens an die Polizei übermittelt hat, **unverzügl nach Erledigung des Vollstreckungsauftrags** (also nach Durchführung sämtl VollstrHandlungen iRd Auftrags, vgl BTDrs 19/29398, 5) über die Durchführung dieses Ersuchens in Kenntnis zu setzen. **Zweck:** Diese Informationsrechte ergeben sich zwar schon aus der DSGVO; V 1 definiert dabei aber den Informationszeitpunkt. Hierdurch soll sichergestellt werden, dass die betroffene Person zeitnah nach Abschluss des Verf Kenntnis von der Datenübermittlung erlangt, um Akteneinsicht nehmen und ggfls eine **datenschutzrechtl Überprüfung** veranlassen zu können (vgl BTDrs 19/29398, 5). Des Weiteren soll (zum Schutz des GV oder einer weiteren an der VollstrHandlung beteiligten Person) sichergestellt werden, dass bei mehreren durchzuführenden VollstrHandlungen innerhalb eines Auftrags die Information erst erfolgt, nachdem sämtl VollstrHandlungen durchgeführt worden sind (vgl BTDrs aaO). Die **betroffene Person** kann bei Auskunfts- oder Unterstützungsersuchen der Sch, bei Unterstützungsersuchen darüber hinaus eine dritte Person sein (sa IV 2 Hs 2). 16

2) Akteneinsicht; Aktenabschrift (§ 757a V 2). Abw von § 760 S 1 darf bzgl Akteninhalten, die in Zusammenhang mit einem Auskunfts- oder Unterstützungsersuchen stehen, neben dem **Sch** nur der **dritten Person**, deren Daten übermittelt worden sind, **Einsicht in die Akten** des GV gestattet und eine **Abschrift erteilt** werden (**V 2 Hs 1**); ggü § 760 S 1 wird damit der Kreis der akteneinsichtsberechtigten Personen eingeschränkt. Für die **übrigen Aktenteile** (also diej, die mit dem Ersuchen nicht in Zusammenhang stehen) verbleibt es bei **§ 760 S 1** (vgl BTDrs 19/29398, 6). Inhalt und Umfang des Akteninhalts ergeben sich aus der GVO: Nach § 39 I GVO sind Sonderakten zu führen; aus diesen muss sich der Stand der Angelegenheit jederzeit vollst ergeben (§ 39 II 1 GVO). Dazu gehören sowohl das Ersuchen als auch die polizeiliche Auskunft. Darüber hinaus ist § 39 II 2 GVO zu beachten („alles festzuhalten, was zum Verständnis und zur rechtl Wertung der Amtshandlungen des GV … erforderl ist"). Nach **V 2 Hs 2** bleibt **§ 760 S 2 unberührt**; dh sofern die Akten des GV elektron geführt werden, erfolgt die Gewährung von Akteneinsicht etc durch Erteilung von Ausdrucken, Übermittlung von elektron Dokumenten oder Wiedergabe auf einem Bildschirm. 17

3) Löschung der polizeilichen Auskunft. Die noch in V 2 des RegE vorgesehene vorzeitige Löschung der polizeilichen Auskunft in den Akten des GV (drei Monate nach Erledigung des VollstrAuftrags, s dazu: BTDrs 19/27636, 23) ist letztlich nicht umgesetzt worden. Dokumentation und Löschung richten sich damit allein nach der GVO. Danach erfolgt die Vernichtung oder der Verkauf zur Vernichtung der das Auskunfts- und Unterstützungsverf betreffenden Aktenbestandteile **fünf Jahre** nach Erledigung des letzten in den Sonderakten enthaltenen Vorgangs (vgl **§ 43 II 1 GVO**). Diese Frist erleichtert einerseits eine spätere datenschutzrechtl Überprüfung. Andererseits kann eine **früher erteilte polizeiliche Auskunft** in einem **späteren VollstrVerf verwendet** werden, wodurch im Einzelfall ein erneutes Auskunftsersuchen entfallen und eine erneute Datenübermittlung entbehrl sein kann (vgl BTDrs 19/29398, 6). 18

VII) Rechtsbehelfe. Für **Sch** und **Dritten** bei Ablehnung von Akteneinsicht/Aktenabschrift: § 766 I (dann § 793); außerdem **datenschutzrechtl Überprüfung** des Auskunfts- und Unterstützungsersuchens (sa BTDrs 19/29398, 5). 19

§ 758 Durchsuchung; Gewaltanwendung

(1) Der Gerichtsvollzieher ist befugt, die Wohnung und die Behältnisse des Schuldners zu durchsuchen, soweit der Zweck der Vollstreckung dies erfordert.

(2) Er ist befugt, die verschlossenen Haustüren, Zimmertüren und Behältnisse öffnen zu lassen.

(3) Er ist, wenn er Widerstand findet, zur Anwendung von Gewalt befugt und kann zu diesem Zweck die Unterstützung der polizeilichen Vollzugsorgane nachsuchen.

1 **I) Zweck.** Regelung der Zwangsbefugnisse des GV zur Durchsetzung des Gläubigeranspruchs mit den dafür vorgesehenen staatl Zwangsmaßnahmen (sa vor § 704 Rn 1).

2 **II) Durchsuchen der Wohnung und Behältnisse (§ 758 I). 1) Wohnung.** Zum Begriff: s § 758a Rn 4. **Durchsuchung** wird definiert als das ziel- und zweckgerichtete Suchen staatl Organe nach Personen oder Sachen oder zur Ermittlung eines Sachverhalts, um etwas aufzuspüren, das der Inhaber der Wohnung von sich aus nicht offenlegen oder herausgeben will (BVerfG MDR 79, 906 = NJW 79, 1539; BGH MDR 87, 903 = NJW 87, 2499; BGH NJW 2000, 943, 944 [Wegnahme eines Kindes]; BGH MDR 2007, 238 = NJW 2006, 3352 Tz 8 – jew mwN). Die Durchsuchung erschöpft sich nicht in dem bloßen Betreten der Wohnung, sondern umfasst als zweites Element die Vornahme von Handlungen in den Räumen (BVerfG MDR 87, 903 = NJW 87, 2499); für ein Verweilen in der Wohnung bietet I (auch § 758a) keine Grundlage. **Keine Durchsuchung** liegt zB vor, wenn der Sch dem Gl nach dem Titel Zutritt zur Wohnung zu gewähren und in ihr Handlungen zu dulden hat (zB Einstellen der Energieversorgung, Ablesen des Strom- oder Gaszählers, Ausbau und Wegnahme einer Messeinrichtung; vgl BGH MDR 2007, 238 = NJW 2006, 3352 Tz 9 f mwN; AG Erkelenz DGVZ 2007, 74; sa LG München I DGVZ 2011, 18).

3 **2) Behältnisse.** Das sind alle Sachen, die zur Aufbewahrung dienen können. Bsp: Schränke, Taschen, Truhen, Kassetten, auch Kleidungsstücke und ein Kraftfahrzeug.

4 **3) Zulässige Maßnahmen.** Zulässig ist das **Durchsuchen** der Wohnung und Behältnisse des Sch (nicht eines Dritten; Pfändung bei diesem allein gem § 809) nach **I** nur, soweit der Zweck der Vollstr dies erfordert (**Grundsatz der Verhältnismäßigkeit:** sa vor § 704 Rn 29). Erforderl sein muss die Durchsuchung zum Zwecke der Vollstreckungsmaßregel, für die dem GV ein Auftrag erteilt ist. Bsp: Wegnahme einer in der Wohnung verwahrten herauszugebenden Sache; Pfändung in der Wohnung des Sch. Der Gl kann bei der ZwV wegen einer Geldforderung daher nicht auf eine andere Vollstreckungsart (zB Einkommenspfändung) zur Vermeidung der für die beantragte ZwV in körperl Sachen erforderl Wohnungsdurchsuchung verwiesen werden.

5 **III) Öffnen von Haustüren etc (§ 758 II).** Die (erlaubte) Wohnungsdurchsuchung wird nach II dahin konkretisiert, dass sie die Befugnis des GV einschließt, verschlossene Haustüren, Zimmertüren und Behältnisse zu öffnen. **Gewaltsame Öffnung** der Wohnung soll dem Sch (idR) schriftl angekündigt werden (§ 61 VI 3 GVGA). Ein SV (sachkundiger Handwerker) ist ggf beizuziehen. In jedem Fall muss die Öffnung sachgemäß so erfolgen, dass der **Schaden so gering wie möglich** bleibt (BGH NJW 57, 544 LS). **Abzusehen ist von gewaltsamer Öffnung**, wenn dadurch Schaden entstehen wird und der ZwV-Auftrag anders in gehöriger Weise erfüllt werden kann (BGH aaO); aber auch, wenn sich die Maßnahme nach dem Grundsatz der Verhältnismäßigkeit verbietet, zB wenn der Sch beim ersten Vollstreckungsversuch während der Tageszeit in seiner Wohnung nicht angetroffen wird (vgl OLG Düsseldorf DGVZ 79, 40).

6 **IV) Wohnung von Schuldner und Dritten.** Durchsuchung der Wohnung des Sch und gewaltsame Öffnung können auch erfolgen, wenn der **Sch die Wohnung mit Dritten** (Angehörigen, Lebensgefährten, Mitbewohnern einer Wohngemeinschaft usw) **teilt** (dazu s § 758a Rn 32). Eine auch zur Wohnung des Vermieters führende Haustüre kann der GV für den Zugang zur Einliegerwohnung des Sch öffnen lassen, wenn der Zutritt anders nicht möglich ist (LG Hildesheim DGVZ 87, 122). Räume in einer Wohnung, die ausschließl von einem Dritten (zB einem Elternteil des Sch) bewohnt werden, sind von der Durchsuchung ausgeschlossen.

7 **V) Gewaltanwendung (§ 758 III).** Darf der GV vornehmen, wenn der Sch sich erlaubter Durchsuchung oder Öffnung von Türen und Behältnissen widersetzt (III). Die Gewalt kann sich gegen den Widerstand des Sch und ihn unterstützender Personen richten, nicht aber gegen widersprechende Gewahrsamsinhaber (§§ 809, 886). Zum Widerstand: s § 759 Rn 2. Ob der GV Widerstand selbst überwindet (dann Zeugen hinzuziehen: § 759) oder sofort um polizeiliche Unterstützung nachsucht (III), steht in seinem Ermessen.

8 **VI) Anwesenheit des Gläubigers.** Der **Gl** (oder sein bevollmächtigter Vertreter: sa § 31 IX 1 GVGA) kann bei ZwV-Handlungen grds anwesend sein (LG Münster MDR 91, 1092 = NJW-RR 91, 1407). Sein **Recht auf Anwesenheit** folgt aus seiner Parteistellung im ZwV-Verf (dazu vor § 704 Rn 10) und seiner Weisungsbefugnis für die Durchführung desselben. Verf des GV, wenn der Gl seine Zuziehung verlangt: § 31 IX GVGA. Es ist umstritten, ob der Gl (sein Vertreter) die **Wohnung des Sch** bei der ZwV auch **gegen dessen Willen betreten** darf. Nach zutr allgM ist ein solches Zutrittsrecht nur dann zu bejahen, wenn der Gl ein berechtigtes, das betroffene Grundrecht des Sch nach Art 13 GG überwiegendes, Interesse hat (iE Hk-ZPO/Kindl Rn 6; MK/Heßler Rn 25; sa LG Stuttgart

NJW-RR 92, 511, 512; aA LG Köln DGVZ 97, 152 [kein Zutrittsrecht des Gl]; MskV/Lackmann § 758a Rn 10 [Zutrittsrecht des Gl]). § 31 IX 4 GVGA spricht nicht gegen die hier vertr Auffassung, weil diese Verwaltungsvorschrift nicht geeignet ist, das Grundrecht auf Unverletzlichkeit der Wohnung (Art 13 GG) zu Lasten des Sch einzuschr (vgl LG Berlin DGVZ 91, 140; Behr NJW 92, 2738, 2741 [zu § 108 GVGA aF]). Ein Zutrittsrecht des Gl ist zu bejahen, wenn der Zweck der Vollstr seine Anwesenheit – etwa zur Identifizierung von wegzunehmenden Gegenständen – erfordert. Neben der richterl Durchsuchungsanordnung (§ 758a) muss dann nicht noch zusätzl eine Erlaubnis für den Zutritt des Gl erteilt werden (iE MK/Heßler Rn 26; aA LG Stuttgart NJW-RR 92, 511, 512). Erhält der Gl (sein Vertreter) Zutritt, darf er nicht selbständig in den Gang der Vollstreckungshandlung eingreifen (sa § 31 IX 5 GVGA). Vor Übergriffen des Sch hat der GV den Gl (seinen Vertreter) und zugezogene Hilfspersonen, ggf mit Zwangsmitteln nach III, ebenso zu schützen wie den Sch vor Übergriffen des Gl.

VII) Kosten; Schaden. 1) Kosten. Solche, die durch Maßnahmen nach II und III entstehen, hat der Sch als 9
ZwV-Kosten gem § 788 zu tragen.

2) Schaden. Für einen Schaden, der an zu öffnenden Türen oder Behältnissen trotz sorgsamem und sachkundi- 10
gem Vorgehen entsteht, hat der Sch keinen Ersatzanspruch gegen den GV; sonst: § 839 BGB. Beeinträchtigte Dritte (Hauseigentümer) können einen Anspruch aus §§ 904, 1004 BGB oder Aufopferung haben.

VIII) Rechtsbehelfe. Für **Gl**, wenn der GV (erforderl) Maßnahmen nach § 758 unterlässt, und für **Sch**, wenn 11
ein Verstoß gegen § 758 vorliegt: Erinnerung nach § 766 (dann: sof Beschwerde nach § 793).

§ 758a Richterliche Durchsuchungsanordnung; Vollstreckung zur Unzeit

(1) [1]Die Wohnung des Schuldners darf ohne dessen Einwilligung nur auf Grund einer Anordnung des Richters bei dem Amtsgericht durchsucht werden, in dessen Bezirk die Durchsuchung erfolgen soll. [2]Dies gilt nicht, wenn die Einholung der Anordnung den Erfolg der Durchsuchung gefährden würde.

(2) Auf die Vollstreckung eines Titels auf Räumung oder Herausgabe von Räumen und auf die Vollstreckung eines Haftbefehls nach § 802g ist Absatz 1 nicht anzuwenden.

(3) [1]Willigt der Schuldner in die Durchsuchung ein oder ist eine Anordnung gegen ihn nach Absatz 1 Satz 1 ergangen oder nach Absatz 1 Satz 2 entbehrlich, so haben Personen, die Mitgewahrsam an der Wohnung des Schuldners haben, die Durchsuchung zu dulden. [2]Unbillige Härten gegenüber Mitgewahrsamsinhabern sind zu vermeiden.

(4) [1]Der Gerichtsvollzieher nimmt eine Vollstreckungshandlung zur Nachtzeit und an Sonn- und Feiertagen nicht vor, wenn dies für den Schuldner und die Mitgewahrsamsinhaber eine unbillige Härte darstellt oder der zu erwartende Erfolg in einem Missverhältnis zu dem Eingriff steht, in Wohnungen nur auf Grund einer besonderen Anordnung des Richters bei dem Amtsgericht. [2]Die Nachtzeit umfasst die Stunden von 21 bis 6 Uhr.

(5) Die Anordnung nach Absatz 1 ist bei der Zwangsvollstreckung vorzuzeigen.

(6) [1]Das Bundesministerium der Justiz und für Verbraucherschutz wird ermächtigt, durch Rechtsverordnung mit Zustimmung des Bundesrates Formulare für den Antrag auf Erlass einer richterlichen Durchsuchungsanordnung nach Absatz 1 einzuführen. [2]Soweit nach Satz 1 Formulare eingeführt sind, muss sich der Antragsteller ihrer bedienen. [3]Für Verfahren bei Gerichten, die die Verfahren elektronisch bearbeiten, und für Verfahren bei Gerichten, die die Verfahren nicht elektronisch bearbeiten, können unterschiedliche Formulare eingeführt werden.

1 **I) Zweck.** Wahrung der Unverletzlichkeit der Wohnung (Grundrecht Art 13 I GG) und Regelung der richterl Durchsuchungsanordnung nach Art 13 II GG.

2 **II) Durchsuchen der Wohnung (§ 758a I 1). 1) Anwendungsbereich.** Durchsucht (zum Begriff: § 758 Rn 2) werden darf die Wohnung des Sch, wenn er einwilligt (s Rn 10), auf Grund einer Anordnung des Richters (vgl BVerfG MDR 79, 906 = NJW 79, 1539; BVerfG NJW 81, 2111; BVerfG MDR 87, 903 = NJW 87, 2499) oder bei Gefahr im Verzug (s Rn 30).

3 **2) Titel.** Das bloße Leistungsurteil beinhaltet nicht bereits die **Anordnung einer Wohnungsdurchsuchung** (BVerfG MDR 79, 906 = NJW 79, 1539, 1540); sie kann auch nicht durch eine Erklärung des Sch in der vollstrb Urkunde ersetzt werden, dass er sich der Durchsuchung unterwirft bzw sie duldet. Die Billigung der Maßnahmen des GV durch die richterl Entscheidung über eine Erinnerung des Sch (§ 766) hat nicht die Wirkung der nach Art 13 II GG erforderl Anordnung (BVerfG MDR 79, 906 = NJW 79, 1539, 1541).

4 **3) Wohnung.** Der Begriff (I; Art 13 I GG) ist weit auszulegen; er umfasst auch Arbeits-, Betriebs- und Geschäftsräume (BVerfG NJW 98, 1627, 1631; BVerfG NJW 2006, 3411, 3412 [Anwaltskanzlei] – jew mwN; sa § 287 IV 1 AO), Büroräume und Werkstätten, Nebenräume und Zugänge sowie Zweit- und Wochenendwohnungen (vgl Wesser NJW 2002, 2138). Zur Wohnung gehören auch Hof, Garten, Garage, Hausboden und Keller, Abstellkammer, Stall, Scheune und Schuppen. Wohnung kann auch ein Wohnwagen oder ein Wohnschiff sein, nicht aber ein Marktstand, der nur wenige Stunden täglich auf verschiedenen Wochenmärkten benutzt wird (AG Hamburg DGVZ 81, 63).

5 **4) Taschenpfändung.** Sie verlangt ein Einvernehmen des Sch oder eine Durchsuchungsanordnung (dringender Fall) nur, wenn der GV auf der Suche nach dem Sch in die Wohnung – auch Dritter – eindringen muss; sonst steht sie nicht unter diesem Vorbehalt (OLG Köln NJW 80, 1531, 1532). Die Taschenpfändung im Sitzungssaal eines Gerichts bedarf ebenfalls keiner Durchsuchungsanordnung (AG Augsburg NJW-RR 2012, 511, 512 mw Bsp).

6 **5) Herausgabe beweglicher Sachen.** Auch bei dieser ZwV (§§ 883, 884) erfordert die Wohnungsdurchsuchung ohne Einwilligung des Sch eine richterl Durchsuchungsanordnung nach I (gilt zB für Einrichtungsgegenstände, Küchengeräte etc; vgl BTDrs 13/341, 17); Ausnahme: dringender Fall nach I 2. Der (richterl) Titel schließt die Erlaubnis zum Betreten der Wohnung für die Wegnahmevollstr nicht schon ein (vgl BTDrs 13/341, 17; LG München I DGVZ 2011, 18 mwN).

7 **6) Juristische Personen etc.** Grundrechtsschutz nach Art 13 II GG besteht auch für **jur Personen** und (rechtsfähige oder nicht rechtsfähige) **Personenvereinigungen** (vgl BVerfG NJW 76, 1735; sa Art 19 III GG). Deren – auch öffentl zugängliche – Geschäftslokale, Betriebsräume, Klubräume und Vereinshäuser können daher ebenso nur mit richterl Anordnung (I) durchsucht werden.

8 **7) Weitere Vollstreckungsaufträge.** Solche des gleichen Gl oder anderer Gl, für die keine eigene (ausdrückl) Einwilligung des Sch oder richterl Ermächtigung vorliegt, kann der GV mit vollstr, wenn er sich nach I erlaubt bereits in der Wohnung befindet, soweit dadurch der Grundrechtseingriff nicht erweitert wird (insb durch Betreten anderer Räume und längere Verweildauer in der Wohnung: vgl BVerfG MDR 87, 903 = NJW 87, 2499, 2500; sa § 61 IX 1 GVGA).

9 **8) Räumungsvollstreckung (§ 758a I).** Anlässlich dieser kann **zugleich eine Durchsuchung nach § 758** zur Sachpfändung wegen einer Geldforderung erfolgen (StJ/Münzberg Rn 16). Das gilt nicht nur für die gleichzeitige Vollstr der Verfahrens- und ZwV-Kosten des Räumungsverf (OLG Düsseldorf NJW 80, 458, 459), sondern auch für die Vollstr von Geldansprüchen, die aus der Raumnutzung erwachsen sind und im Räumungsprozess geltend gemacht wurden (zB rückständige Miete, Schadensersatz für Beschädigung der Mietsache; iE E. Schneider NJW 80, 2377 ff).

10 **III) Einwilligung des Schuldners (§ 758a I 1). 1) Inhalt.** Die Einwilligung des Sch (I 1), die eine richterl Anordnung nach I entbehrl macht, muss **eindeutig erklärt** werden; das kann nach allg Rechtsgrundsätzen auch durch schlüssiges (konkludentes) Handeln erfolgen. Sie liegt vor, wenn der Sch als Inhaber der Wohnung die Räume dem GV zur Durchsuchung zugänglich macht. Abgegeben sein muss die Einwilligung von dem Sch dabei in dem Bewusstsein, die Durchsuchung auch verweigern zu können (Hk-ZPO/Kindl Rn 7). Die Einwilligung kann auf bestimmte Räume beschränkt werden.

2) Einwilligung durch Dritte. Bei **Abwesenheit des Sch** kann die Einwilligung von Dritten erteilt werden, die zum Personenkreis gehören, der auch sonst im Zivilprozess (zB §§ 178, 759) für den Sch tätig werden kann. Das sind insb mitbewohnende Familienangehörige und – bei Geschäftsräumen – Bevollmächtigte (dazu BTDrs 13/341, 16). Eine bekannte oder aus den Umständen folgende gegenteilige Haltung des Sch hat jedoch Vorrang. 11

3) Zutritt zu Geschäftsräumen. Diesen hat der Geschäftsinhaber als Träger des Grundrechts zu billigen, den Zutritt zu Räumen einer Personenvereinigung deren Vertreter oder Organ. Beschäftigte können bei der Abwesenheit des Geschäftsinhabers usw das Einverständnis erklären, wenn sie stellvertretend tätig werden können (zB Prokurist, sonst Bevollmächtigter, Hausmeister usw). Darin, dass **Geschäftsräume der Öffentlichkeit zugänglich gemacht** sind, liegt keine Erlaubnis des Inhabers zur Durchsuchung für die ZwV (LG Wuppertal DGVZ 80, 11; Seip NJW 94, 352, 354 f). Die Gegenansicht, wonach das bloße Betreten und Besichtigen von Geschäfts- oder Betriebsräumen und das Verweilen in diesen mit der Absicht zulässig sein soll, nach erfolgloser Zahlungsaufforderung eine Sachpfändung vorzunehmen (so zB BFH NJW 89, 855 [Pfändung offen ausgelegter Waren]; sa StJ/Münzberg Rn 6), überzeugt nicht. Die allg Erlaubnis zum Betreten von Geschäftsräumen beinhaltet kein Einverständnis des Inhabers mit Vollstreckungsmaßnahmen (sa BVerfG MDR 87, 903 = NJW 87, 2499, 2500 [Durchsuchungsanordnung bei Geschäftsräumen erforderl]). Waren werden auch nicht zur Herausgabe bei der ZwV offen ausgelegt. 12

4) Vorbehalte, Einschränkungen, Rücknahme. Macht der Sch (der für ihn Handelnde) Vorbehalte oder Einschränkungen, ist die Einwilligung als verweigert anzusehen. Das gilt auch, wenn der Sch zunächst einwilligt, im Verlauf der Durchsuchung jedoch seine Zustimmung zurücknimmt oder Vorbehalte macht. Der GV wird dann die Durchsuchung abbrechen (eine bereits erfolgte Pfändung bleibt wirksam), es sei denn, dass Gefahr im Verzug besteht. 13

5) Wirkung. Die **Einwilligung des Sch** in die Durchsuchung der Wohnung zur Pfändung **wirkt für das weitere ZwV-Verf**; der GV kann die Wohnung daher auch zum Abholen der Pfandstücke betreten. Die dem GV für die Vollstr erklärte Einwilligung ist jedoch **widerruflich**; wenn der Sch später widerspricht, muss der GV für weitere Vollstreckungshandlungen, auch für das Abholen der Pfandstücke, aufgrund einer Durchsuchungsanordnung neu legitimiert sein (E. Schneider NJW 80, 2377; aA AG Wiesbaden DGVZ 80, 28). 14

IV) Richterliche Durchsuchungsanordnung (§ 758a I 1). 1) Zweck. Die richterl Durchsuchungsanordnung (I 1) gewährleistet eine Prüfung in richterl Unabhängigkeit. Aus Art 13 II GG folgt hinsichtl **Prüfungsumfang und -maßstab**, dass die sich aus der Verfassung und dem einfachen Recht ergebenden Voraussetzungen der Durchsuchung beachtet werden müssen (BVerfG NJW 81, 2111). 15

2) Allgemeines. a) Die **Vollstreckungsvoraussetzungen** nach einfachem Recht müssen damit zur Überzeugung des Richters feststehen. Der Titel ist Grundlage der ZwV, sein Inhalt ist daher nicht mehr zu prüfen (Art 13 II GG schafft „keine neue Instanz“: BVerfG NJW 81, 2111). 16

b) Es darf durch die ZwV zudem kein mit der Verfassung nicht in Einklang stehender **Eingriff in** den durch **Art 13 GG** geschützten Bereich des Sch erfolgen. Die verfassungsrechtl Gewährleistung der Grundrechte erfordert insb die **Verhältnismäßigkeit der Vollstreckungsmaßnahme**. Das kann eine Wohnungsdurchsuchung bei Krankheit des Sch oder eines Familienangehörigen, bei Bagatellforderungen usw (zeitweilig) ausschließen (BVerfG NJW 81, 2111). Beweisangebote des Sch für sein Vorbringen, ihm drohe eine schwerwiegende gesundheitl Gefährdung, sind zu prüfen (LG Hannover Rpfleger 95, 471 [Suizidgefahr]; sa § 765a Rn 11). Die Erkrankung des Sch oder eines Angehörigen ist dann kein Hinderungsgrund, wenn der Erkrankte für die Dauer der (kurz vorher angekündigten) Vollstreckungshandlung die Wohnung verlassen kann (LG Hannover NJW-RR 86, 288). Dem Verhältnismäßigkeitsgrundsatz entspricht die Durchsuchung dann nicht, wenn sie überflüssig ist, weil ohnehin keine verwertbaren Gegenstände vorhanden sind (E. Schneider NJW 80, 2377); dafür müssen jedoch Anhaltspunkte vorliegen (zB gerichtsbekannte Unpfändbarkeit). Unzulässig ist die Anordnung der Wohnungsdurchsuchung für die kurzfristige Wiederholung einer erfolglosen ZwV, wenn konkrete Erfolgsaussichten nicht gegeben sind (nicht kurzfristig [immer einzelfallabhängig]: LG Hannover JurBüro 88, 539 [2 Jahre, wenn Sch eine neue Wohnung bezogen hat]; LG Mönchengladbach JurBüro 2006, 493 [16 Monate]; sa LG Hannover JurBüro 87, 1568 [Regelfrist 6 Monate]). 17

3) Besonderheiten. a) Ein **Rechtsschutzbedürfnis** muss **für die Durchsuchungsanordnung** wie auch sonst für jede Vollstreckungsmaßnahme gegeben sein. Es fehlt, wenn der Sch mit der Durchsuchung der Wohnung einverstanden ist (I 1). Ein vorsorglicher Durchsuchungsbeschluss für den Vollstreckungsbeginn ist unzulässig (OLG Köln MDR 95, 850, 851). Dem Sch muss Gelegenheit gegeben worden sein, die Durchsuchung der Wohnung zu gestatten (LG Düsseldorf JurBüro 81, 1418). 18

b) Eine Durchsuchungsanordnung kann daher grds nur erlassen werden, wenn dem GV die Durchsuchung vom Sch bzw von einer anderen Person (s Rn 11) **bereits verweigert wurde** (vgl LG Düsseldorf MDR 83, 238 [Sch]; LG Nürnberg-Fürth DGVZ 89, 14 [mit Sch in häusl Gemeinschaft lebende Person]; LG Berlin DGVZ 90, 137 f [Ehepartner; Angestellter des Sch]; LG Berlin DGVZ 93, 27 [Angestellter des Sch]) oder wenn konkrete Anhaltspunkte dafür vorliegen, dass der Sch die Einwilligung zur Durchsuchung **verweigern wird** (LG Darm- 19 stadt u LG München II JurBüro 80, 775). Diese Voraussetzung ist erfüllt, wenn der GV bei **wiederholt** (sa § 61 VI 1 GVGA; Bremen NJW-RR 89, 1407; LG Köln DGVZ 93, 190; LG Aachen DGVZ 89, 172) versuchter Vollstr in der Wohnung des Sch **niemanden angetroffen** hat, soweit nicht die Wohnung zu **Zeiten** aufgesucht wurde, in denen sich Berufstätige idR nicht zu Hause befinden (vgl LG Köln DGVZ 93, 190; LG Düsseldorf JurBüro 81, 1418). Ein weiterer Vollstreckungsversuch ist nach Vorankündigung in angemessenem zeitl Abstand (OLG Köln MDR 95, 850; LG Hannover JurBüro 95, 161 [Grenze: 10 Monate]; aA LG Wiesbaden JurBüro 97, 215) oder zu einer Zeit gefordert, in der mit der Anwesenheit des Sch gerechnet werden kann (vgl LG Aachen DGVZ 93, 55; LG Regensburg DGVZ 95, 58). Die Durchsuchungsanordnung setzt aber keinen vorherigen erfolglosen Vollstreckungsversuch zur Nachtzeit oder an einem Sonn- oder Feiertag voraus (LG Mönchengladbach MDR 2008, 292; aA LG Dortmund DGVZ 85, 170).

20 **c)** Auch bei der **Vollstr einer Bagatellforderung** kann ein Rechtsschutzinteresse zu bejahen sein (sa § 753 Rn 8; aA LG Hannover NJW-RR 86, 1256 [(Rest-)Forderung 8,50 DM]; LG Hannover JurBüro 86, 1418 [Forderung 8,90 DM zzgl 33,52 DM ZwV-Kosten]); notw ist jedoch eine *bes sorgfältige Prüfung der Angemessenheit und Erforderlichkeit* (OLG Hamm NJOZ 2002, 1721, 1724 = OLGR Hamm 2001, 317). Regelmäßig wird aber selbst der in bedrängten Verhältnissen lebende Sch geringfügige Beträge zur Abwendung der ZwV zahlen können (OLG Düsseldorf NJW 80, 1171; LG Konstanz NJW 80, 297).

21 **V) Verfahren. 1) Zuständigkeit.** Liegt für die Erteilung der Anordnung bei dem Richter des Amtsgerichts, in dessen Bezirk die Durchsuchung der Wohnung (zum Begriff: s Rn 4) erfolgen soll (I 1; ausschl Zuständigkeit: § 802; sa OLG Hamm MDR 2015, 485 mwN). Zum **richterl Prüfungsumfang und -maßstab:** s Rn 15 ff.

22 **2) Allgemeines.** Das Verf zur Erteilung der Durchsuchungsanordnung ist ges nicht geregelt. Es gelten daher die allg Grds (entspr Anwendung der Verfahrensvorschriften des 8. Buchs der ZPO: BGH MDR 85, 123 = NJW-RR 86, 286 mwN). Erforderl ist ein **Antrag des Gl. Formularzwang:** Nach VI 1 iVm § 1 II, § 2 I Nr 2 ZVFV sind Formulare verbindl eingeführt (jew abrufbar unter: www.bmjv.de/Zwangsvollstreckungsformulare; ausf Salten MDR 2023, 538; Salten MDR 2025, 147): **Formular der Anlage 2** (Antrag auf Erlass einer richterl Durchsuchungsanordnung) und **Formular der Anlage 3** (Entwurf einer richterl Durchsuchungsanordnung) der **ZVFV**; beide Formulare sind zwingend einzureichen (§ 2 III ZVFV; sa BRDrs 561/22, 62). Weitere Einzelheiten zur ZVFV: § 753 Rn 5. Der **Formularzwang gilt nicht für** Anträge auf Erlass einer Durchsuchungsanordnung nach **§ 287 IV AO** (BGH MDR 2014, 801 = NJW-RR 2014, 1023 Tz 8 ff = IBR 2016, 1111 [Seibel]; BGH MDR 2014, 496). Anwaltszwang besteht für den Antrag nicht (§ 78 III). Den Antrag kann der Gl auch schon vorsorglich mit dem VollstrAuftrag für den Fall stellen, dass ein VollstrVersuch scheitert. Im Erkenntnisverf kann der Antrag hingegen nicht schon gestellt werden.

23 **3) Urkunden.** Dem Antrag müssen die **für den Beginn der ZwV erforderl Urkunden beigefügt** werden; also Titel nebst (soweit erforderl: s § 724 Rn 2) Klausel, ggf auch Nachweis der Sicherheitsleistung usw, ggf (zur Überprüfung der Verhältnismäßigkeit) auch das Protokoll über vergebliche Vollstreckungsversuche (dazu LG Aschaffenburg DGVZ 85, 114). Der Titel muss zugestellt sein (hM, LG Düsseldorf MDR 83, 238; MK/Heßler Rn 52 mwN; aA LG Marburg DGVZ 82, 30; Ausnahme: § 929 III 1, § 936); bei der Sicherungsvollstr (§ 720a) muss die Wartefrist (§ 750 III) abgelaufen sein (LG Darmstadt DGVZ 89, 120). ZwV-Kosten (§ 788) sind nur glaubhaft zu machen, wenn die Durchsuchungsanordnung allein wegen dieser Kosten begehrt wird (LG Berlin DGVZ 94, 28).

24 **4) Rechtliches Gehör.** Ist dem **Sch** nach Art 103 I GG grds zu gewähren (OLG Hamm NJOZ 2002, 1721, 1723 = OLGR Hamm 2001, 317). Die Sicherung gefährdeter Gläubigerinteressen kann jedoch (ausnahmsw) eine vorherige Anhörung des Sch ausschließen (dann keine Verletzung von Art 103 I GG: BVerfG NJW 81, 2111, 2112 mwN). Ob die Gefährdung besteht, muss das Gericht unter Abwägung aller Umstände des Einzelfalls prüfen (und in den Beschlussgründen [jedenfalls kurz] darstellen: vgl BVerfG NJW 81, 2111, 2112; OLG Hamm NJOZ 2002, 1721, 1723 = OLGR Hamm 2001, 317).

25 **5) Beschluss.** Die **Durchsuchungsanordnung** (Beschluss) muss Rahmen, Grenzen und Ziel der Durchsuchung definieren (BVerfG NJW 2000, 943, 944); somit Gl und Sch sowie die zu vollstr Forderung mit Titel und (jedenfalls bei der ZwV nur eines Teils oder Rests auch) betragsmäßig **bezeichnen** (OLG Köln JurBüro 96, 213, 214) und die Durchsuchung der Wohnung anordnen (Art 13 II GG). Diese ist nach ihrer Lage zu benennen. Weil die Anordnung nur für ein konkretes Vollstreckungsverf gilt, müssen die Angaben der Entscheidungsformel entnommen werden können; allein die Bezeichnung der Art des Titels (zB „Vergleich") ohne jede Individualisierung reicht nicht aus (OLG Köln JurBüro 96, 213, 214 [Blankettbeschluss]). Der Beschluss ist (jedenfalls kurz) zu **begründen** (KG DGVZ 83, 72, 73; MskV/Lackmann Rn 14). Die Anordnung sollte idR **zeitl beschränkt** werden (BFH ZIP 80, 688 [andernfalls unverhältnismäßige Bedrohung des Sch]; sa MK/Heßler Rn 61). Die gerichtl Anweisung des GV im Erinnerungsverf (§ 766 II), eine ZwV durchzuführen, enthält nicht zugleich auch die Erlaubnis zur Durchsuchung der Wohnung (vgl KG DGVZ 83, 72; Hk-ZPO/Kindl Rn 6).

26 **6) Bekanntgabe.** Der stattgebende Beschluss wird dem **Gl** formlos mitgeteilt (§ 329 II 1); dem **Sch** wird er nur dann zugestellt (§ 329 III [wegen § 793: s Rn 34]), wenn er angehört wurde, sonst nicht (er war dann am Verf nicht beteiligt). Der Zurückweisungsbeschluss ist dem Gl zuzustellen (§ 329 III).

7) Vorlage gegenüber dem Schuldner. Dem Sch, ebenso einer nach III 1 duldungspflichtigen Person, ist die **Durchsuchungsanordnung bei der ZwV unaufgefordert vorzuzeigen** (V). Aus V folgt zugleich, dass sie nicht zuzustellen ist (Hk-ZPO/Kindl Rn 6; sa OVG Hamburg NJW 95, 610, 611). Erteilung einer Abschrift erfolgt auf Antrag: § 760. 27

VI) Geltung. 1) Inhaltlich. Die Durchsuchungsanordnung **gilt für den Vollstreckungsauftrag**, für den sie erteilt ist. Mit seiner Erledigung (auch mit erfolgloser Durchsuchung), nicht aber durch Vollstreckungsversuche, die ohne Durchsuchung vorgenommen wurden, ist sie **verbraucht** (sa MK/Heßler Rn 65 mwN). Eine Nachpfändung erlaubt sie nicht. Eine **Erlaubnis für nur eine Vollstreckungshandlung** („einmalige Öffnung und Durchsuchung"; in der Praxis unzweckmäßig) ist verbraucht, wenn der GV in die Wohnung gelangt ist und dort Gelegenheit zur Vollstr hatte, aber von einer (ihm nicht verwehrten) Pfändung absieht (OVG Hamburg NJW 95, 610). Die Durchsuchungsanordnung für eine Pfändung gilt auch für die spätere Abholung gepfändeter Sachen, die im Schuldnergewahrsam belassen wurden (§ 61 VIII GVGA; sa § 808 II). Hat der Sch nach dem Erlass der Durchsuchungsanordnung seine **Wohnung gewechselt**, ist eine neue Anordnung erforderl; die Anordnung erlaubt nur die Durchsuchung der in ihr bezeichneten Wohnung (LG Köln DGVZ 85, 91). 28

2) Zeitlich. Die Anordnung rechtfertigt **keine zeitl unbegrenzte Durchsuchung**. Wird mit der Durchsuchung nicht in angemessener Zeit begonnen, verliert die Anordnung ihre Kraft (BVerfG NJW 97, 2165 [6 Monate Gültigkeit in Strafsachen]). Für die Abholung gepfändeter Sachen kann eine solche Gültigkeitsdauer jedoch keine Bedeutung erlangen. Zur zeitl Beschränkung: sa Rn 25. 29

VII) Gefahr im Verzug (§ 758a I 2). I 2 verdeutlicht die in Art 13 II GG vorgesehene Einschränkung des Richtervorbehalts bei „Gefahr im Verzug" (ist eng auszulegen: BVerfG NJW 2001, 1121). Sie liegt nach I 2 nur vor, wenn die mit (vorheriger) Einholung einer richterl Anordnung verbundene Verzögerung den Erfolg der Durchsuchung gefährden würde (BVerfG NJW 2001, 1121, 1123). Diese **Ausnahmesituation** kann zB gegeben sein bei der Vollstr einer im Beschlussverf erlassenen einstw Verfügung, weil sie einen dringenden Fall voraussetzt (AG Mönchengladbach-Rheydt DGVZ 80, 94; anders für einstw Verfügung nach mündl Verhandlung: LG Düsseldorf DGVZ 85, 60; für Arrest: OLG Karlsruhe DGVZ 83, 139). Auch konkrete Anhaltspunkte für eine beabsichtigte Vollstreckungsvereitelung oder bevorstehende Ausreise des Sch ins Ausland auf Dauer (LG Kaiserslautern DGVZ 86, 62) können eine Gefahr im Verzug ergeben; nicht aber allein ein bevorstehender Umzug, wenn die neue Anschrift bekannt ist (aA OLG Karlsruhe DGVZ 92, 41). Gefahr im Verzug liegt nicht schon deshalb vor, weil ein durch das Erscheinen des GV gewarnter Sch pfändbare Sachen aus der Wohnung beiseiteschaffen könnte (sa van den Hövel NJW 93, 2031, 2032). Die Entscheidung, ob Gefahr im Verzug besteht, trifft der GV nach pflichtgemäßem (nachprüfbarem [§ 766]) Ermessen (MK/Heßler Rn 38). Bejaht er eine solche Gefahr, sind die dieser Beurteilung zugrunde liegenden Tatsachen im Protokoll zu vermerken (LG Regensburg DGVZ 95, 185, 186). Es bedarf dann – vorbehaltl einer gerichtl Nachprüfung bei Erinnerung (§ 766) – nicht einer nachträgl richterl Anordnung, die seine Auffassung bestätigt (MK/Heßler Rn 40). 30

VIII) Räumung, Haftbefehl (§ 758a II). Nicht erforderl ist eine Einwilligung des Sch oder eine richterl Anordnung für die **Räumungsvollstr** (§ 885; auch bei der Herausgabe eines Schiffs oder Schiffsbauwerks) und die **Vollstr eines Haftbefehls** nach § 802g (zur Nachtzeit und an einem Sonn- oder Feiertag: s Rn 33) in der Wohnung des Sch (II). Nicht anzuwenden ist I damit auch bei der Räumungsvollstr auf Grund eines Vergleichs (§ 794 I Nr 1), eines Zuschlags- (§ 93 ZVG) oder Insolvenzeröffnungsbeschlusses (§ 148 II InsO). II geht davon aus, dass in diesen Fällen nicht von einer „Durchsuchung" gesprochen werden kann; bei einem Räumungsvergleich zudem, dass der Sch sich bereits der erzwingbaren Herausgabe der Wohnung unterworfen und damit vorweg sein Einverständnis erklärt hat; bei Verhaftung auch, dass der Haftbefehl bereits die richterl Gestattung der Verhaftung in der Wohnung einschließt (BTDrs 13/341, 16 f; VollstrSchutz dann über §§ 765a, 794a). 31

IX) Mitbewohner (§ 758a III). Die zulässige Durchsuchung der Wohnung des Sch begründet zugleich eine **Duldungspflicht der Mitbewohner** (III 1). Grund: Wahrung des Rechtsdurchsetzungsanspruchs des Gl ggü lediglich am Rande (mit)betroffenen Dritten, nachdem das Grundrecht der Wohnungsfreiheit der Mitbewohner in dem gleichwertigen Recht des zur Duldung der Durchsuchung verpflichteten Sch seine Grenzen findet (unzutr Wesser NJW 2002, 2138, 2144 f). **Unbillige Härten ggü Mitbewohnern** (zB ZwV trotz schwerer, akuter Erkrankung eines Angehörigen) können für den GV idR erst an Ort und Stelle erkennbar werden. Sie sind **zu vermeiden** (III 2). In Ausnahmefällen können sie es auch rechtfertigen, dass der GV von einer (selbst richterl angeordneten) Durchsuchung absieht. Härten für Mitbewohner, die bereits bei Erlass der richterl Durchsuchungsanordnung gewürdigt und nicht als hinderlich angesehen wurden, können vom GV jedoch nicht erneut berücksichtigt werden. 32

X) Nachtzeit, Sonn- und Feiertag (§ 758a IV). Für die ZwV zur **Nachtzeit** (21 bis 6 Uhr, **IV 2**) und an **Sonn- und Feiertagen** (**IV 1**) am Ort der ZwV (arbeitsfreie Sonnabende gehören nicht dazu), hier zusammengefasst *„zur unüblichen Zeit"* genannt, liegt es nahe, dass nach der Aufhebung von § 761 kein (bes) Schutz des Sch mehr besteht. Die Zeit der Vollstr legt der GV grds in eigener Verantwortung fest. Der GV kann damit (nach pflichtgemäßem Ermessen) Vollstreckungshandlungen gegen einen Sch auch zur unüblichen Zeit vornehmen. Ermächtigt sein soll der GV zur Vollstr zur unüblichen Zeit „nach erfolgloser Vollstreckung zur normalen Zeit" 33

(BTDrs 13/9088, 23). Im Gesetzeswortlaut ist diese Einschränkung zwar nicht enthalten, sie folgt jedoch aus dem Verhältnismäßigkeitsgrundsatz. Dieser verlangt zudem, dass die Vollstr zur unüblichen Zeit den durch eine ZwV zur gewöhnl Zeit nicht gewährleisteten Erfolg sichert oder doch jedenfalls eine größere Erfolgsaussicht bietet. **Beispiele:** Kassenpfändung bei Veranstaltung, Abwesenheit des Sch tagsüber, Vollstreckungsvereitelung, Pfändung in Gaststätte, Zugriff auf Einnahmen des Sch ohne geregelte Tätigkeit. Selbst wenn nach den Besonderheiten des Einzelfalls eine ZwV zur unüblichen Zeit geboten sein kann, hat der GV davon abzusehen, wenn dies für den Sch und (gemeint: *oder*) betroffene Dritte, die Mitgewahrsam haben, eine **unbillige Härte** darstellen oder der zu erwartende Erfolg in einem **Missverhältnis zu dem Eingriff** stehen würde (IV 1). Die Durchsuchungsanordnung nach I enthält nicht automatisch eine Erlaubnis zur **Vollstr zur unüblichen Zeit**; für **Wohnungen** muss das **grds bes angeordnet** werden (Wortlaut IV 1 aE). Auch im Fall von II (Durchsuchungsanordnung entbehrl) bedarf es bei der ZwV zur unüblichen Zeit grds einer solchen bes Anordnung nach IV (BGH MDR 2004, 1379 = NJW-RR 2005, 146 f [Haftbefehl]; sa BGH MDR 2011, 631 = NJW-RR 2011, 1095 Tz 8; Hk-ZPO/Kindl Rn 14; MK/Heßler Rn 77; MskV/Lackmann Rn 17). Eine **Anordnung nach IV ist entbehrl**, wenn der Sch in die ZwV zur unüblichen Zeit einwilligt oder insofern die Voraussetzungen nach I 2 vorliegen. Auch die Anordnung nach IV ist entgegen dem Worlaut von V bei der ZwV vorzuzeigen (iE Hk-ZPO/Kindl Rn 14 mwN). Zum **Formularzwang** für einen Antrag nach IV: AG Bad Segeberg 17.12.2013 – 6 M 873/13, juris mwN (bejahend; das ist zweifelhaft, weil sich die Ermächtigung von VI 1 ausdrückl nur auf Anträge nach I bezieht).

34 **XI) Rechtsbehelfe. 1) Bzgl Durchsuchungsanordnung. a)** Für **Gl** gegen Versagung der richterl Anordnung und bei Ausschluss der Vollstr zu unüblicher Zeit, für **Sch** – auch wenn er nicht angehört worden ist – gegen Anordnung: jew sof Beschwerde (§§ 793, 567 I Nr 2); da eine richterl Entscheidung vorliegt, ist für § 766 kein Raum (str, ebenso Hk-ZPO/Kindl Rn 12; MK/Heßler Rn 71; MskV/Lackmann Rn 16; aA LG Berlin 1.9.2014 – 51 T 742/14, juris Tz 7 f mwN [bei fehlender Anhörung des Sch nur § 766]; StJ/Münzberg Rn 33 [bei fehlender Anhörung des Sch auch § 766]). Die Durchsuchungsanordnung muss zur Gewährung effektiven Rechtsschutzes (Art 19 IV GG) für den Sch anfechtbar sein (BVerfG NJW 2015, 3432 Tz 19). Nach dem Willen des Gesetzgebers (BTDrs 13/341, 18) soll auch dem (duldungspflichtigen) **Mitbewohner** gegen die Anordnung die sof Beschwerde zustehen (ebenso OLG Koblenz MDR 85, 856; aA [nur Erinnerung nach § 766] KG NJW-RR 86, 1000; MK/Heßler Rn 73 iVm 15).

35 **b)** Ist die **Durchsuchung abgeschlossen**, ist zu differenzieren: Kann die Anordnung im weiteren Verf noch fortwirken – zB eine weitere Durchsuchung ermöglichen –, ist für den Sch weiterhin die sof Beschwerde (§ 793) gegeben (Rechtsschutzbedürfnis besteht). Können von der Anordnung keine Wirkungen mehr ausgehen, gebietet Art 13 II GG (schwerwiegender Grundrechtseingriff) trotzdem den Fortbestand des Rechtsschutzbedürfnisses (vgl BVerfG NJW 2015, 3432 Tz 17 mwN); dem Sch ist dann über § 793 die Feststellung der Rechtswidrigkeit der Durchsuchung eröffnet (ebenso Hk-ZPO/Kindl Rn 12).

36 **2) Bzgl Vollstreckungsmaßnahmen. a)** Für **Gl** Erinnerung nach § 766 II, wenn der GV eine nicht erforderl richterl Anordnung für die Wohnungsdurchsuchung verlangt; für **Sch** Erinnerung nach § 766 I bei (unzulässiger, dh ohne Zustimmung des Sch [I 1] und ohne Gefahr im Verzug [I 2]) Vollstr ohne richterl Anordnung; sodann jew: sof Beschwerde nach § 793. Wird die **Anordnung nachträgl erwirkt** und im Erinnerungsverf vorgelegt, lässt das die Fehlerhaftigkeit nicht entfallen (Hk-ZPO/Kindl Rn 12; MK/Heßler Rn 75). Für (duldungspfl) **Mitbewohner** bei (unzulässiger) Durchsuchung ohne richterl Anordnung oder wenn unbillige Härte (III 2) geltend gemacht wird: Erinnerung nach § 766 I (sa BTDrs 13/341, 18), dann: sof Beschwerde nach § 793. Für Gl, wenn der GV von der Durchsuchung mit Rücksicht auf einen Mitbewohner Abstand nimmt (III 2): Erinnerung nach § 766 II (Ziel: erneute richterl Entscheidung unter Beachtung der Härteproblematik; dazu BTDrs 13/341, 18), dann: sof Beschwerde nach § 793.

37 **b)** Erfolgte die Durchsuchung unzulässig ohne richterl Anordnung, ist eine **vorgenommene Pfändung** wegen Verstoßes gegen Art 13 II GG aufzuheben (AG Cham/LG Regensburg DGVZ 95, 185 f). Dabei kann nicht zwischen (fehlerhaftem) Aufsuchen von Pfändbarem und nicht fehlerhaftem Pfänden unterschieden werden. Nach Aufhebung der Pfändung kann der GV die bereits in seinem Gewahrsam befindliche Sache nicht neu pfänden (aA AG Cham/LG Regensburg DGVZ 95, 185 f). (Effektiver) Rechtsschutz des Sch (Art 19 IV GG) und Gewährleistung des Wohnungsgrundrechts (Art 13 GG) stehen dem entgegen.

38 **XII) Verwaltungs-Vollstreckung. 1) Vollstreckung nach der AO.** Diese ZwV durch Vollziehungsbeamte erfordert eine richterl Durchsuchungsanordnung nach § 287 IV AO; Wirkung ggü Personen, die Mitgewahrsam haben: § 287 V AO. Zur Zuständigkeit des Amtsgerichts: § 287 IV 3 AO. Für die Erteilung dieser Durchsuchungsanordnung ist das Verfahrensrecht der ZPO anzuwenden (nicht das der FGO: BGH MDR 2014, 801 = NJW-RR 2014, 1023 Tz 9 = IBR 2016, 1111 [Seibel]). Ein Formularzwang (§ 758a VI; sa Rn 22) besteht für den Antrag nicht (BGH aaO; BGH MDR 2014, 496). Es müssen die Voraussetzungen der Abgabenordnung für die Verwaltungsvollstr ausreichend dargetan sein (vgl OLG Köln OLGZ 93, 375, 378 f; LG Aachen JurBüro 84, 467). *In der Erlaubnis ist der vollstrb Anspruch nach Grund und Höhe unter Angabe des Steuerbescheids zu* bezeichnen (OLG Köln OLGZ 93, 375). Gegen die Entscheidung des Amtsgerichts nach § 287 IV AO ist der Rechtszug der ZPO eröffnet (KG MDR 82, 945 = NJW 82, 2326). **Rechtsbehelfe** daher: wie Rn 34 ff.

2) Vollstreckung im Verwaltungsverfahren. Zuständig für die Anordnung der Wohnungsdurchsuchung ist das Amtsgericht auch bei der Vollstr im Verwaltungsverf, die sich nach den Vorschriften der AO richtet (s §§ 4, 5 I VwVG iVm [ua] § 287 AO). Zuständig ist das Amtsgericht damit auch für die Anordnung der Wohnungsdurchsuchung zur Vollstr eines Bußgeldbescheids, den eine bundesunmittelbare Körperschaft wegen einer Ordnungswidrigkeit erlassen hat (BGH MDR 86, 123 = NJW-RR 86, 286), und sonst bei der Vollstr behördl Bußgeldentscheidungen (VGH Mannheim NJW 86, 1190). Abweichung nach landesrechtl Vorschrift über die Verwaltungsvollstr (§ 66 III 1 SGB X) ist möglich (vgl AG Augsburg DGVZ 2010, 38, 39). 39

XIII) Gebühren. 1) Gericht: keine. – **2) RA:** Gehört nach § 19 II Nr 1, § 18 I Nr 1, 2 RVG zur Vollstreckungsangelegenheit. Nur der RA, der in dieser Angelegenheit nicht schon die Geb 3309 RVG-VV verdient hat, erhält die Vollstreckungsgeb 3309 RVG-VV. – **3) GV:** Neuer Gebührenanfall nach Ablauf der Frist in § 3 IV 2 GvKostG. Verdopplung der Geb im Fall des IV 2 nach § 11 GvKostG. 40

§ 759 Zuziehung von Zeugen

Wird bei einer Vollstreckungshandlung Widerstand geleistet oder ist bei einer in der Wohnung des Schuldners vorzunehmenden Vollstreckungshandlung weder der Schuldner noch ein erwachsener Familienangehöriger, eine in der Familie beschäftigte Person oder ein erwachsener ständiger Mitbewohner anwesend, so hat der Gerichtsvollzieher zwei erwachsene Personen oder einen Gemeinde- oder Polizeibeamten als Zeugen zuzuziehen.

I) Zweck. Beweissicherung und Schutz des GV vor Verdächtigungen sowie des Sch mit Sicherstellung eines gesetzmäßigen Verf des GV. 1

II) Voraussetzung. Widerstand bei einer Vollstreckungshandlung (§ 758 III) jeder Art und gleich an welchem Ort **oder** Vornahme einer **Vollstreckungshandlung in der Wohnung des Sch** (zum Begriff: s § 758a Rn 4), wenn **niemand angetroffen** wird. Widerstand ist jedes Verhalten, das geeignet ist, die Annahme zu begründen, die ZwV werde sich nicht ohne Gewaltanwendung durchführen lassen (§ 62 III GVGA); Drohungen des Sch können genügen. Die Bezeichnung der **anwesenden Personen** ist (wie § 885 II) an § 178 I angepasst (zu diesen Personen: sa § 178 Rn 8 ff). Der GV muss sich Gewissheit darüber verschaffen, ob eine angetroffene Person zur Familie gehört, in den Diensten des Sch steht oder ständiger Mitbewohner ist (vgl LG Konstanz DGVZ 84, 119). Wird unerwartet Widerstand geleistet oder ist niemand anwesend, muss der GV die **Amtshandlung unterbrechen und Zeugen hinzuziehen** (sa OLG Frankfurt MDR 2022, 1052, 1053). **§ 759 gilt nicht** für solche Maßnahmen des GV, die darauf abzielen, einen Beamten oder zwei Zeugen zur weiteren Durchführung der Vollstr herbeizuholen, wenn der Sch das zu verhindern sucht (zB durch Flucht bei der Verhaftung: BGH NJW 54, 200). 2

III) Zuziehung von Zeugen. 1) Personen. Als Zeugen zuzuziehen sind **zwei erwachsene Personen oder ein Gemeinde- oder Polizeibeamter** (auch Angestellter; Beamtenverhältnis ist nicht erforderl). Es sollen unbeteiligte und geeignet erscheinende Personen ausgewählt werden, die (zur Kosten- und Zeitersparnis) möglichst am Ort der Vollstr oder in dessen Nähe wohnen (§ 62 II 2 GVGA). Zeuge kann grds zwar auch der Gl sein (Hk-ZPO/Kindl Rn 2; StJ/Münzberg Rn 3; aA MK/Heßler Rn 20); dessen Zuziehung sollte jedoch ebenso wie die naher Familienangehöriger des Sch oder eines weiteren GV (eines Auszubildenden) vermieden werden. **Protokoll** mit Unterzeichnung durch Zeugen: § 762 II Nr 3, 4 iVm § 62 II 3, § 63 III 3 GVGA. 3

2) Verstoß. § 759 ist zwingendes Recht (BGH NJW 54, 200). Ein Verstoß macht die **Vollstreckungshandlung rechtswidrig** (BGH NJW 54, 200), **aber nicht unwirksam**; **Erinnerung** (§ 766) kann nicht zur Aufhebung führen (keine Beschwer des Sch: MK/Heßler Rn 28 f mwN). 4

3) Entschädigung. Zeugen (nicht Polizei-/Gemeindebeamte) erhalten auf Verlangen eine angemessene Entschädigung **nach dem JVEG** (§ 62 II 4, 5 GVGA), die vom GV als Auslage erhoben wird (703 GvKostG-KV). **Einwendungen des Zeugen** gegen die Berechnung: Erinnerung nach § 766 (dann: sof Beschwerde nach § 793). 5

§ 760 Akteneinsicht; Aktenabschrift

[1]**Jeder Person, die bei dem Vollstreckungsverfahren beteiligt ist, muss auf Begehren Einsicht der Akten des Gerichtsvollziehers gestattet und Abschrift einzelner Aktenstücke erteilt werden.** [2]**Werden die Akten des Gerichtsvollziehers elektronisch geführt, erfolgt die Gewährung von Akteneinsicht durch Erteilung von Ausdrucken, durch Übermittlung von elektronischen Dokumenten oder durch Wiedergabe auf einem Bildschirm; dies gilt auch für die nach § 885a Absatz 2 Satz 2 elektronisch gespeicherten Dateien.**

1 **I) Akteneinsicht (§ 760 S 1, 2).** Sie ist auf Antrag zu gewähren in die **Sonderakten des GV**, die für jeden in das Dienstregister II einzutragenden Auftrag geführt werden (§ 39 I GVO); auch in **Belege über Kosten** für mehrere Sachen und gemeinsame **Belegblätter bei Sammelakten** (§ 40 GVO); **nicht** jedoch in Quittungsblöcke (dafür Quittungsdurchschrift bei den Akten: § 53 II GVO), auch nicht in Register (§ 47 GVO, da nur für den Innendienst bestimmt: MK/Heßler Rn 4; aA MskV/Lackmann Rn 4). Ein **Recht auf Einsicht haben nur die Beteiligten**; das sind Gl, Sch (auch deren Rechtsnachfolger) und Dritte, die in ihren Rechten vom Verf betroffen sind, zB der Duldungspflichtige (ua §§ 737, 739, 748 II), der Ehegatte und Lebenspartner im Fall von §§ 739 ff, der Drittberechtigte (§§ 771, 805, 809, 886). Die **Einsichtnahme** muss **in Anwesenheit des GV**, dessen Vertreters oder der Dienstaufsicht erfolgen (§ 42 I 3 GVO). Sie kann durch einen Bevollmächtigten ausgeübt werden und schließt das Recht ein, Aufzeichnungen zu fertigen. Der GV muss bei der Akteneinsicht sicherstellen, dass die ihm unter Hinweis auf eine **Auskunftssperre im Melderegister** (§ 51 BMG) übermittelte Anschrift des Sch dem Gl nicht zur Kenntnis gelangt (BGH MDR 2019, 248 Tz 25). Eine **Aktenversendung** zur Einsicht **kann nicht verlangt werden** (AG Berlin-Charlottenburg DGVZ 78, 159; Hk-ZPO/Kindl Rn 2). Zur **Akteneinsicht bei elektron Aktenführung:** iE **S 2**. Gegen Ablehnung der Einsicht: Erinnerung nach § 766 (dann: sof Beschwerde nach § 793). Zur **Akteneinsicht durch Dritte** bei rechtl Interesse: sa § 299 II.

2 **II) Abschriften einzelner Aktenstücke (§ 760 S 1).** Diese sind bei einem Recht auf Einsicht auf **ausdrückl Antrag** (sa § 63 VI, § 86 V GVGA) zu fertigen. Bei gleichzeitiger Vollstr für **mehrere Gl** wird jedem auf allg gehaltenen Antrag nur eine Teilabschrift mit den ihn betreffenden Daten erteilt; eine vollständige Protokollabschrift mit den Namen und Forderungen aller beteiligten Gl wird nur auf ausdrückl Antrag erteilt (§ 117 II 3 GVGA [Pfändungsprotokoll]). Eingeschlossen ist das Recht, eine Beglaubigung der Abschrift durch den GV zu verlangen.

3 **III) Erledigungsnachricht an Gläubiger.** Die Verpflichtung des GV zur Mitteilung an den Gl über die Erledigung eines Auftrags (s § 753 Rn 12) **schließt** die Möglichkeit der **Akteneinsicht durch den Gl und Erteilung von Abschriften an ihn nicht aus.** Die Akteneinsicht ersetzt die Erledigungsnachricht nicht, sondern dient der vollständigen Offenlegung aller in einem Verf entstandenen Schriftstücke.

4 **IV) Protokollabschrift an Gläubiger.** Die Amtspflicht zur Mitteilung über das Ergebnis der Auftragserledigung beinhaltet auch nicht die Verpflichtung, Nachricht mit einer **Abschrift des Protokolls** zu geben (BGH MDR 2004, 648 = NJW-RR 2004, 788, 789). Eine Protokollabschrift wird **nur auf** (ausdrückl: sa § 63 VI, § 86 V GVGA) **Antrag** erteilt (**S 1**). Im Vollstreckungsauftrag des Gl allein liegt kein (konkludenter) Antrag auf eine Protokollabschrift (BVerwG NJW 83, 896, 898). Ein Antrag des Gl ist aber grds zu unterstellen, wenn sich aus dem Protokoll ergibt, dass die Vollstr ohne Durchsuchungsanordnung nicht durchgeführt werden konnte (sa § 61 III 3 GVGA). Zu den speziellen Mitteilungspflichten des GV nach § 806a: s § 806a Rn 10 ff.

5 **V) Protokollabschrift an Schuldner.** Den Sch (sonst Betroffenen) hat der GV durch **Übersendung einer** (begl) **Protokollabschrift** zu benachrichtigen (**§ 763 II**), wenn Aufforderungen und sonstige Mitteilungen, die zur Vollstreckungshandlung gehören, nicht durchgeführt werden konnten (stattgefunden hat die ZwV dann in Abwesenheit des Sch; sa § 86 V 1 Nr 2 GVGA). Die Benachrichtigung ist Amtspflicht des GV (dazu § 1 S 4 GVGA); Mitteilung mit Protokollabschrift fällt daher nicht unter § 760. Eine Protokollabschrift ist nach § 86 V 1 Nr 2 GVGA **außerdem** zu erteilen, **wenn der Sch es verlangt.**

6 **VI) Gebühren für Kopien, Ausdrucke.** Die Dokumentenpauschale fällt an nach 700 GvKostG-KV.

§ 761 (weggefallen)

§ 762 Protokoll über Vollstreckungshandlungen

(1) Der Gerichtsvollzieher hat über jede Vollstreckungshandlung ein Protokoll aufzunehmen.

(2) Das Protokoll muss enthalten:

1. **Ort und Zeit der Aufnahme;**
2. **den Gegenstand der Vollstreckungshandlung unter kurzer Erwähnung der wesentlichen Vorgänge;**
3. **die Namen der Personen, mit denen verhandelt ist;**
4. **den Vermerk, dass diese Personen das Protokoll nach Vorlesung oder nach Vorlegung zur Durchsicht genehmigt haben;**
5. **die Unterschrift des Gerichtsvollziehers.**

(3) Hat einem der unter Absatz 2 Nummer 4 bezeichneten Erfordernisse nicht genügt werden können, so ist der Grund anzugeben.

II Nr 4 neugefasst, III geändert mWv 19.7.2024 durch G zur Förderung des Einsatzes von Videokonferenztechnik in der Zivilgerichtsbarkeit und den Fachgerichtsbarkeiten v 15.7.2024 (BGBl 2024 I Nr 237).

I) Zweck. Beweissicherung. 1

II) Protokoll (§ 762 I). Ein solches hat der GV **über jede Vollstreckungshandlung** aufzunehmen (I); das gilt auch für versuchte VollstrHandlungen und vorbereitende Tätigkeiten. VollstrHandlungen sind alle Handlungen, die der GV zum Zwecke der ZwV vornimmt, auch das Betreten der Wohnung des Sch und ihre Durchsuchung, die Aufforderung zur Zahlung und die Annahme der Zahlung, das nachträgl Wegschaffen der gepfändeten Sachen und ihre Verwertung (sa § 63 I 2 GVGA). Aufzunehmen ist das Protokoll im unmittelbaren Anschluss an die VollstrHandlung und an Ort und Stelle; Gründe für Abweichungen sind im Protokoll anzugeben (§ 63 III 1, 2 GVGA). Als Urkunde ist das Protokoll vollständig, deutlich (lesbar; in der Praxis oft problematisch) und klar abzufassen (§ 7 I Nr 2 S 1 GVGA; Schrift muss zudem haltbar sein: § 7 I Nr 2 S 3 GVGA [kein Bleistift]). Nicht beschriebene Zwischenräume in einem Vordruck sind durch Füllstriche für weitere Eintragungen ungeeignet zu machen (§ 7 I Nr 2 S 2 GVGA). Formulare mit seitenlangen (im Einzelfall) gegenstandslosen Texten sind zur Anfertigung des Protokolls ungeeignet (in der Praxis oft problematisch). Radierungen sind untersagt; eine nachträgl Berichtigung ist möglich, sie muss den Grund erkennen lassen und mit Datum und Unterschrift versehen werden (§ 7 I Nr 7 GVGA). Bei gleichzeitiger Pfändung für mehrere Gl ist nur ein (gemeinsames) Protokoll aufzunehmen (§ 117 II 1 GVGA), dgl bei gleichzeitigem erfolglosem Vollstreckungsversuch (§ 117 II 2 GVGA). 2

III) Inhalt (§ 762 II, III). Vgl außerdem: § 763 I. **1) § 762 II Nr 1.** Das Protokoll muss Ort und Zeit seiner Aufnahme enthalten. 3

2) § 762 II Nr 2. a) Zum Inhalt des Protokolls: sa **GVGA**, zB für **Vollstreckungshandlungen** § 63, Pfändung § 86, Anschlusspfändung § 116 II, ZwV in Forderungen aus Wechseln usw § 123 III, ZwV in Anspruch auf Herausgabe bewegl Sachen § 124 II u III, Herausgabe eines Grundstücks usw § 128 IX, Vermögensauskunft § 138 II, Verhaftung § 145 II, § 146 II. Zum Versteigerungsprotokoll: s § 96 GVGA. Als **wesentl Vorgänge** sind zB auch anzuführen: das Angebot einer Gegenleistung (§ 756) und Erklärungen des Sch dazu; die vom Angetroffenen gegen eine Durchsuchung geltend gemachten Gründe, die Verweigerung der Durchsuchung und die vorgezeigte Durchsuchungsanordnung (§ 758a V); die Erklärung eines Dritten, dass er zur Herausgabe bereit ist oder der Pfändung zustimmt (§ 88 S 2 GVGA); das Ergebnis der Schätzung des Verkaufswertes; die Erklärung eines der Pfändung widersprechenden Dritten (§ 87 II 1 GVGA); die Einstellung, Beschränkung sowie ggf Aufhebung der ZwV und die Belehrung des Sch über den Antrag auf Verwertungsmoratorium (§ 64 V, VI GVGA); die zur Unterbringung der Pfandstücke getroffenen Maßnahmen (§ 90 II GVGA). Bei einem Geschäft, das nach der aufgewendeten Zeit vergütet wird, ist die Zeitdauer unter Beachtung der für die Berechnung der Kosten maßgebenden Grundsätze nach den einzelnen Zeitabschnitten genau anzugeben (§ 7 I Nr 3 GVGA). Zum Protokollinhalt zur Feststellung von Geldforderungen des Sch: s § 806a Rn 13. 4

b) Kann eine **Pfändung überhaupt nicht oder nicht in Höhe der beizutreibenden Forderung erfolgen**, genügt im Protokoll nach § 86 VI 1 GVGA der allg Hinweis, dass eine Pfändung unterblieben ist, weil der Sch nur Sachen besitzt, die nicht gepfändet werden dürfen oder nicht gepfändet werden sollen oder von deren Verwertung ein Überschuss über die ZwV-Kosten nicht zu erwarten ist. Zu verzeichnen sind im Protokoll dann aber die in § 86 VI 2 Nr 1-4 GVGA erwähnten Sachen/Tiere. Sind bereits Entscheidungen des Vollstreckungsgerichts ergangen, durch die die Unpfändbarkeit vergleichbarer Sachen festgestellt wurde, soll sie der GV im Protokoll erwähnen, soweit sie für den Gl von Belang sind (§ 86 VI 3 GVGA). Wegen nur **kurzer Erwähnung der wesentl Vorgänge** (II Nr 2) können weiter gehende Angaben als Protokollinhalt nicht gefordert werden. Der GV ist – auch wenn der Gl von vornherein Einzelbezeichnung solcher Sachen verlangt hat – insb **nicht** zur **Erstellung eines detaillierten Verzeichnisses** von unpfändbaren Gegenständen verpflichtet (vgl LG Kassel JurBüro 96, 215; LG Lübeck DGVZ 2002, 185; LG Mainz DGVZ 2004, 74). 5

3) § 762 II Nr 3. Sch, Gl, Zeugen, Sachverständige, Polizeibeamte, *nicht* Gehilfen. 6

4) § 762 II Nr 4. Nach II Nr 4 aF war das Protokoll des GV von Personen zu unterschreiben, mit denen verhandelt worden ist (zB Sch, Gl, Zeugen). In den Fällen, in denen der GV das Protokoll als elektron Dokument erstellte, konnte eine Unterschrift aber nicht erfolgen. Zwar konnte auf die Unterschrift nach III verzichtet werden, wenn der Grund hierfür angegeben wurde. Das verursachte jedoch unnötigen Aufwand. Deswegen **verzichtet II Nr 4 nF auf das Erfordernis der Unterschrift des Protokolls**. Stattdessen soll der GV nun vermerken, dass Personen, mit denen verhandelt worden ist, das Protokoll nach Vorlesung oder Vorlegung zur Durchsicht genehmigt haben (dazu BTDrs 20/8095, 62; BRDrs 228/23, 68). Kann eine Vorlesung, Vorlage zur Durchsicht oder Genehmigung nicht erfolgen, hat der GV den Grund dafür anzugeben (**III**). 7

5) § 762 II Nr 5. Der GV unterschreibt unter Angabe seiner Amtseigenschaft und seines Amtssitzes; ein Faksimilestempel darf nicht verwendet werden (§ 7 I Nr 1 S 2 GVGA). 8

IV) Beweiskraft. Das Protokoll ist öffentl Urkunde (KG NJW-RR 94, 959), daher gelten insb §§ 415, 418 (sa OLG Düsseldorf MDR 2018, 1341). Ein **Verstoß** berührt weder die Wirksamkeit der Pfändung noch das Pfandrecht (anders nur bei Anschlusspfändung: § 826 I). Das Nichtbeachten wesentl Formvorschriften (zB II Nr 1, 4 [mit 3], 5) schmälert oder beseitigt die Beweiskraft. 9

10 **V) Rechtsbehelfe.** Bei Verstoß des GV gegen § 762: Erinnerung nach § 766 (dann: sof Beschwerde nach § 793).

11 **VI) Berichtigung von Protokollunrichtigkeiten.** Eine solche kann durch den GV erfolgen (§ 164 I entspr; zur Form: § 7 I Nr 7 S 2, 3 GVGA), nicht aber im Erinnerungsverf oder durch das Rechtsmittelgericht vorgenommen werden (vgl OLG Braunschweig DGVZ 92, 120; sa § 164 Rn 11).

12 **VII) Gebühren des Gerichtsvollziehers.** Für die Protokollaufnahme keine. Die Zeit für die Aufnahme des Protokolls ist bei der Berechnung des Zeitaufwandes für die Amtshandlung mit einzurechnen, wenn die Höhe der Geb von der Dauer der Amtshandlung abhängt (500 GvKostG-KV).

§ 763 Aufforderungen und Mitteilungen

(1) Die Aufforderungen und sonstigen Mitteilungen, die zu den Vollstreckungshandlungen gehören, sind von dem Gerichtsvollzieher mündlich zu erlassen und vollständig in das Protokoll aufzunehmen.

(2) [1]Kann dies mündlich nicht ausgeführt werden, so hat der Gerichtsvollzieher eine Abschrift des Protokolls zuzustellen oder durch die Post zu übersenden. [2]Es muss im Protokoll vermerkt werden, dass diese Vorschrift befolgt ist. [3]Eine öffentliche Zustellung findet nicht statt.

1 **I) Zweck.** Schutz des Sch (sonst Beteiligter) mit Gewährung rechtl Gehörs und Benachrichtigung bei Abwesenheit, zugleich Beweissicherung.

2 **II) Mündlicher Erlass (§ 763 I).** Mündl zu erlassen und zu protokollieren sind nur **Aufforderungen**, die zu Vollstreckungshandlungen (s § 762 Rn 2) gehören. Die Aufforderungen selbst sind in der **GVGA**, nicht aber in der ZPO geregelt; zB die Aufforderung zu leisten (§ 59 II GVGA; auch bei Abwesenheit des Sch: § 59 II 2 GVGA, sa AG München DGVZ 81, 141), die Aufforderung, bewegl Habe vorzuzeigen und Zimmer sowie Behältnisse zu öffnen (§ 81 I GVGA). Zu **Mitteilungen:** s zB § 808 III, § 811b II, III, § 826 III.

3 **III) Kein mündlicher Erlass (§ 763 II).** Aufforderungen und Mitteilungen, die mündl nicht ausgeführt werden konnten, sind durch **Übersendung einer** (begl: § 193 I 2) **Abschrift des Protokolls** bekannt zu geben (II 1; sa § 63 V 1 GVGA). Die Übersendung erfolgt an den Sch (nicht an Prozess-, General- oder ZustBev) durch gewöhnl **Brief**; wenn nach dem Ermessen des GV insofern ein sicherer Zugang nicht wahrscheinl ist, mit **Zustellung** (§ 63 V 1-3 GVGA). Diese Zustellung durch den GV (§ 192) erfolgt nach §§ 193-194 und in entspr Anwendung von §§ 177-181 (sa § 63 V 2 GVGA). Eine **öffentl Zustellung findet nicht statt** (II 3); die Mitteilung unterbleibt, wenn der **Aufenthalt des zu Benachrichtigenden unbekannt** ist. Das ist nicht schon der Fall, wenn eine Nachricht mit dem Vermerk „Empfänger unbekannt verzogen" zurückkommt; dann muss vielmehr eine weitere Nachforschung nach dem Aufenthaltsort des Sch erfolglos bleiben (vgl LG Essen MDR 73, 414). **II bezieht sich nicht** auf die Mitteilung an die Beteiligten über die Auftragserledigung.

4 **IV) Verstoß.** Es handelt sich um eine Ordnungsvorschrift; eine Verletzung berührt die Wirksamkeit der ZwV daher nicht.

§ 764 Vollstreckungsgericht

(1) Die den Gerichten zugewiesene Anordnung von Vollstreckungshandlungen und Mitwirkung bei solchen gehört zur Zuständigkeit der Amtsgerichte als Vollstreckungsgerichte.

(2) Als Vollstreckungsgericht ist, sofern nicht das Gesetz ein anderes Amtsgericht bezeichnet, das Amtsgericht anzusehen, in dessen Bezirk das Vollstreckungsverfahren stattfinden soll oder stattgefunden hat.

(3) Die Entscheidungen des Vollstreckungsgerichts ergehen durch Beschluss.

1 **I) Vollstreckungsgericht (§ 764 I). 1) Sachlich.** Ist das **Amtsgericht** (I), auch bei der Vollstr des Titels eines Arbeits- oder Sozialgerichts. Diese Zuständigkeit geht auf das **Rechtsmittelgericht** über (Devolutiveffekt; sa BGH MDR 2017, 1081 Tz 7 mwN [für zulässiges Rechtsmittelverf]). Bei der Arrestvollziehung wird in den Fällen von § 930 I 3, § 931 III das **Arrestgericht** als Vollstreckungsgericht tätig. Das **Verwaltungsgericht** des ersten Rechtszuges ist Vollstreckungsgericht für die Vollstr verwaltungsgerichtl Entscheidungen (vgl § 167 I 2, § 170 I 1 VwGO). **Nicht** als Vollstreckungsgericht, sondern als Vollstreckungsorgan werden das **Prozessgericht** (§§ 887, 888, 890; sa OLG Hamm NJW-RR 86, 420) und das GBA (§§ 866 f) tätig.

2 **2) Funktionell.** Die Geschäfte des Vollstreckungsgerichts sind – mit Ausnahme der Entscheidung über die Erinnerung (§ 766) – dem **Rechtspfleger** übertragen (§ 20 I Nr 17 RPflG). Zum **Richtervorbehalt für die Haftanordnung:** § 4 II Nr 2 RPflG.

3) Bewilligung von Prozesskostenhilfe für die Zwangsvollstreckung. Diese gehört zur Zuständigkeit des Vollstreckungsgerichts (§ 117 I 3). 3

II) Zuständigkeit (§ 764 II). 1) Örtliche. Diese liegt (sofern nicht das Gesetz etwas anderes bestimmt: s Rn 5) bei dem Amtsgericht, in dessen Bezirk das Vollstreckungsverf (das sind die einzelnen Vollstreckungshandlungen) stattfinden soll oder stattgefunden hat (II). **Neue Vollstreckungsmaßnahmen** begründen als weitere (selbständige) Vollstreckungsverf eine neue Zuständigkeit. Das Gericht, in dessen Bezirk eine Vollstreckungsmaßnahme stattgefunden hat oder abgelehnt wurde, bleibt aber zuständig für die dieser Maßnahme zuzurechnenden unselbständigen Folgemaßnahmen (es geht dann um die Überprüfung, Fortdauer oder Auswirkung der vorangegangenen Maßnahme; sa MK/Heßler Rn 26). Für die Anordnung der Versteigerung durch eine andere Person (§ 825 II) ist das Gericht zuständig, in dessen Bezirk sich die Sache befindet (vgl RGZ 139, 351, 352). **Wechselt der Sch seinen Wohnsitz** unter Mitnahme der gepfändeten Sachen, ist das Amtsgericht des neuen Vollstreckungsbezirks zuständig (iE RGZ aaO). Eine **Einstellung der ZwV** erfolgt durch das Amtsgericht, in dessen Bezirk die ZwV durchgeführt wird. Über **Rechtsbehelfe** entscheidet grds das Vollstreckungsgericht, in dessen Bezirk die zu überprüfende Vollstreckungsmaßnahme vorgenommen worden ist (sa MK/Heßler Rn 26 aE). 4

2) Anderes Amtsgericht. Ist bezeichnet in § 828 II (ZwV in Forderungen), § 848 I (Pfändung von Ansprüchen, die eine unbewegl Sache betreffen), §§ 853-855a (Pfändung von Ansprüchen für mehrere Gl), § 858 II (Schiffspart) und §§ 872 f (Verteilungsverf). Das Insolvenzgericht ist zuständiges Vollstreckungsgericht für die Herausgabevollstr des Insolvenzverw gegen den Sch (vgl § 148 II InsO; BGH MDR 2012, 807). 5

3) Zwangsvollstreckung gegen mehrere Schuldner. Ein **zuständiges Vollstreckungsgericht kann** bei der ZwV gegen mehrere Sch, denen eine zu pfändende Forderung gemeinschaftl zusteht und für die versch Vollstreckungsgerichte örtl zuständig sind (§ 828 II), **nach § 36 I Nr 3** (entspr) **bestimmt werden** (BayObLG Rpfleger 83, 288). Die Zuständigkeitsbestimmung bei einem Kompetenzkonflikt erfolgt nach **§ 36 I Nr 5, 6** (vgl OLG Frankfurt Rpfleger 78, 260; sa BGH NJW 82, 2070). 6

4) Ausschließliche. Sachl und örtl Zuständigkeit sind ausschl (§ 802). 7

5) Verstöße gegen die „funktionelle" Zuständigkeit. Sie führen grds zur Nichtigkeit der getroffenen Maßnahme (Bsp: Sachpfändung durch Vollstreckungsgericht statt GV: MK/Heßler Rn 33). Ein vom Rechtspfleger vorgenommenes Geschäft des Richters ist grds nichtig (iE § 8 IV RPflG); die Vornahme eines dem Rechtspfleger übertragenen Geschäfts durch den Richter berührt die Wirksamkeit hingegen nicht (§ 8 I RPflG). **Verstöße gegen die örtl und sachl Zuständigkeit** führen nur zur Anfechtbarkeit der Entscheidung, nicht zur Nichtigkeit (vgl Hk-ZPO/Kindl Rn 6; MK/Heßler Rn 38 f). Auf solche Verstöße kann eine **Beschwerde** (§ 793) aber nicht gestützt werden (§ 571 II 2 [wie § 513 II, § 545 II]). Ob das auch für die **Erinnerung** (§ 766) gilt, ist fraglich (aA [entspr Anwendung von § 571 II 2] MskV/Lackmann Rn 7). 8

III) Verfahren (§ 764 III). Fakultative mündl Verhandlung (III iVm § 128 IV). Rechtl Gehör: s vor § 704 Rn 28. Die Entscheidung (Beschluss) ist zuzustellen (§ 329 III; zu verkünden nur nach mündl Verhandlung). Eigenständig geregelt sind die Bekanntmachung der Vollstreckungsmaßnahmen (zB § 829 II) und das Verteilungsverf (§§ 872 ff). 9

§ 765 Vollstreckungsgerichtliche Anordnungen bei Leistung Zug um Zug

Hängt die Vollstreckung von einer Zug um Zug zu bewirkenden Leistung des Gläubigers an den Schuldner ab, so darf das Vollstreckungsgericht eine Vollstreckungsmaßregel nur anordnen, wenn

1. **der Beweis, dass der Schuldner befriedigt oder im Verzug der Annahme ist, durch öffentliche oder öffentlich beglaubigte Urkunden geführt wird und eine Abschrift dieser Urkunden bereits zugestellt ist; der Zustellung bedarf es nicht, wenn bereits der Gerichtsvollzieher die Zwangsvollstreckung nach § 756 Abs. 1 begonnen hatte und der Beweis durch das Protokoll des Gerichtsvollziehers geführt wird; oder**
2. **der Gerichtsvollzieher eine Vollstreckungsmaßnahme nach § 756 Abs. 2 durchgeführt hat und diese durch das Protokoll des Gerichtsvollziehers nachgewiesen ist.**

I) Zweck. Dazu schon: § 756 Rn 1; die Besonderheit des Verf erfordert eine Zurückstellung der Gläubigerinteressen. 1

II) Anwendungsbereich. Für alle ZwV-Maßregeln des Vollstreckungsgerichts, insb bei der ZwV in Forderungen und Vermögensrechte (§§ 828 ff); **nicht** für die ZwV durch den GV und nicht bei der Verurteilung zur Abgabe einer Willenserklärung (sa § 756 Rn 2). Entspr anzuwenden ist § 765, wenn die Vollstreckungsmaßnahme vom Prozessgericht (LG Frankenthal Rpfleger 76, 109) oder GBA (OLG Köln Rpfleger 97, 315; OLG Hamm Rpfleger 83, 393) zu treffen ist. 2

3 **III) Voraussetzungen. 1) Leistung Zug um Zug etc.** Wie § 756 Rn 3 ff. **a)** Die **Gegenleistung kann dem Sch** jedoch **nicht durch das Vollstreckungsgericht angeboten werden.** Vielmehr ist die Vollstr nur zulässig, wenn nach **Nr 1 Hs 1** der Beweis geführt wird, dass der Sch bereits befriedigt oder im Verzug der Annahme ist (kann sich für das Prozessgericht [§§ 887, 888, 890] aus dem Akteninhalt ergeben: OLG Naumburg JurBüro 2002, 551). Den **Beweis für das tatsächl Angebot** der dem Sch gebührenden Leistung **durch den GV** in einer den Annahmeverzug begründenden Weise (§ 756 I) erbringt das **GV-Protokoll** (§ 762) als öffentl Urkunde (§ 418 I; sa § 762 Rn 9). Die **Beweiskraft** der beurkundeten Tatsachen ist vom Vollstreckungsgericht (GBA) zu prüfen; es genügt nicht, dass der GV (bloß) den Annahmeverzug feststellt (BGH MDR 2008, 1182 = NJW 2008, 3144 Tz 15) oder nach § 756 mit der ZwV begonnen hatte (OLG Hamm Rpfleger 83, 393; keine Bindung an Maßnahmen des GV: wie Rn 4). Einen **(Gegen-)Beweis der Unrichtigkeit** der beurkundeten Tatsachen (auch für nicht ordnungsgem Angebot der Leistung: iE s § 756 Rn 8) hat das Vollstreckungsgericht nach § 418 II zu würdigen; dabei muss die Möglichkeit der Richtigkeit des GV-Protokolls ausgeschlossen werden (OLG Köln MDR 86, 765 = NJW-RR 86, 863). Von der **Zustellung** des beweisenden GV-Protokolls entbindet **Nr 1 Hs 2**; bei gerichtl Vollstr (sowie im Erinnerungs- und Beschwerdeverf) genügt daher die Vorlage des GV-Protokolls (OLG Köln aaO).

4 **b) Beweis durch andere öffentl oder öffentl begl Urkunden** hat das Vollstreckungsgericht selbständig zu prüfen (LG Mainz Rpfleger 93, 253). An Maßnahmen des GV (§ 756), auch soweit sie im Erinnerungs- und Beschwerdeverf bestätigt worden sind, ist es nicht gebunden (OLG Köln MDR 91, 260 = NJW-RR 91, 383).

5 **2) Wörtliches Angebot des Gerichtsvollziehers.** ein solches (nicht des Gl; zur Ermächtigung des GV: sa § 756 Rn 13) genügt nach **Nr 2** für den Beginn der ZwV des Vollstreckungsgerichts, wenn der Sch (sein Vertreter) daraufhin die Annahmeverweigerung (eindeutig) erklärt hat (wie § 756 Rn 13). Erforderl ist, dass dies durch das GV-Protokoll nachgewiesen ist. Zum wörtl Angebot sonst: s § 756 Rn 15.

6 **IV) Verstoß; Rechtsbehelfe.** Wie § 756 Rn 16 f.

§ 765a Vollstreckungsschutz

(1) [1]Auf Antrag des Schuldners kann das Vollstreckungsgericht eine Maßnahme der Zwangsvollstreckung ganz oder teilweise aufheben, untersagen oder einstweilen einstellen, wenn die Maßnahme unter voller Würdigung des Schutzbedürfnisses des Gläubigers wegen ganz besonderer Umstände eine Härte bedeutet, die mit den guten Sitten nicht vereinbar ist. [2]Es ist befugt, die in § 732 Abs. 2 bezeichneten Anordnungen zu erlassen. [3]Betrifft die Maßnahme ein Tier, so hat das Vollstreckungsgericht bei der von ihm vorzunehmenden Abwägung die Verantwortung des Menschen für das Tier zu berücksichtigen.

(2) Eine Maßnahme zur Erwirkung der Herausgabe von Sachen kann der Gerichtsvollzieher bis zur Entscheidung des Vollstreckungsgerichts, jedoch nicht länger als eine Woche, aufschieben, wenn ihm die Voraussetzungen des Absatzes 1 Satz 1 glaubhaft gemacht werden und dem Schuldner die rechtzeitige Anrufung des Vollstreckungsgerichts nicht möglich war.

(3) In Räumungssachen ist der Antrag nach Absatz 1 spätestens zwei Wochen vor dem festgesetzten Räumungstermin zu stellen, es sei denn, dass die Gründe, auf denen der Antrag beruht, erst nach diesem Zeitpunkt entstanden sind oder der Schuldner ohne sein Verschulden an einer rechtzeitigen Antragstellung gehindert war.

(4) Das Vollstreckungsgericht hebt seinen Beschluss auf Antrag auf oder ändert ihn, wenn dies mit Rücksicht auf eine Änderung der Sachlage geboten ist.

(5) Die Aufhebung von Vollstreckungsmaßregeln erfolgt in den Fällen des Absatzes 1 Satz 1 und des Absatzes 4 erst nach Rechtskraft des Beschlusses.

1 **I) Zweck.** Schuldnerschutz zur Milderung untragbarer, dem allg Rechtsgefühl widersprechender Härten, die das formstrenge Vollstreckungsrecht im Einzelfall mit sich bringt.

2 **II) Anwendungsbereich. 1) Sachlich.** § 765a gilt als **allg Schutzvorschrift des Vollstreckungsrechts** für die ZwV jeder Art aus Titeln der ZPO und auch des ZVG (sa Hk-ZPO/Kindl Rn 2). Entspr anwendbar ist § 765a bei der Zwangsversteigerung zum Zwecke der Aufhebung einer Gemeinschaft (§ 180 ZVG; BGH MDR 2007, 974 = NJW 2007, 3430), im Insolvenz-Eröffnungsverf (vgl BGH MDR 78, 37 [Konkursverf]) und bei der Vollstr des Insolvenzverw nach § 148 II InsO (jedenfalls wenn der Sch eine natürl Person ist, vgl BGH MDR 2021, 453 Tz 14 mwN). **Keine Anwendung** findet § 765a auf eine Tätigkeit des GV außerhalb der ZwV (Pfandverkauf usw; sa § 766 Rn 5).

3 **2) Personell.** Auf § 765a kann sich der **Sch** berufen, gegen den sich die ZwV richtet. Die Vorschrift gilt für natürl Personen (auch den Insolvenzverw: vgl OLG Hamm NJW 76, 1754 [Konkursverw]; sa Rn 19), jur Personen und Personengesellschaften. Ein **Dritter** kann Schutz nach § 765a nicht beantragen; auch dann nicht, wenn er Anspruch auf den gepfändeten Gegenstand erhebt (LG Rostock MDR 2003, 596).

4 **III) Voraussetzungen des Schutzes (§ 765a I 1, 3). 1) Zwangsvollstreckungsmaßnahmen.** Schutz ermöglicht § 765a nur gegen **ZwV-Maßnahmen, nicht gegen die ZwV allg** (OLG Köln MDR 94, 728 = NJW 94, 1743).

5 **2) Besondere Umstände.** Wegen ganz bes Umstände muss die ZwV-Maßnahme eine **Härte** bedeuten, **die mit den guten Sitten nicht zu vereinbaren ist** (I 1). § 765a ist damit als **Ausnahmevorschrift eng auszulegen** (BGH MDR 2017, 1444 Tz 11; BGH MDR 2007, 551, 552 mwN). Anzuwenden ist § 765a nur dann, wenn im Einzelfall das Vorgehen des Gl nach **Abwägung der beiderseitigen Belange** (von Gl und Sch) zu einem untragbaren Ergebnis führen würde (BGH MDR 2011, 195 mwN). Bei der Prüfung dessen, was als eine mit den guten Sitten nicht zu vereinbarende Härte anzusehen ist, sind auch die Wertentscheidungen des GG und die dem Sch in der ZwV gewährleisteten Grundrechte zu berücksichtigen (BVerfG MDR 80, 116 = NJW 79, 2607 f mwN [Zwangsräumung]; BVerfG NJW 94, 1272 f [Selbstmordgefahr wegen Zwangsversteigerung] – jew mwN; iE sa Rn 11). Mit Härten, die jede ZwV mit sich bringt, muss sich der Sch abfinden. Daher begründet es keine Härte iSd § 765a, dass die ZwV überhaupt durchgeführt wird (vgl BGH MDR 2005, 55 = NJW 2004, 3635, 3636 f) und eine ZwV-Maßnahme einen erhebl Eingriff in den Lebenskreis des Sch bewirkt; der Sch damit über viele Jahre (evtl immer) mit unpfändbaren Einkommensbeträgen (§§ 850c ff) auskommen muss (LG Münster Rpfleger 2002, 272; sa BGH MDR 2017, 1444 Tz 11 [§§ 850 ff begründen grds keine sittenwidrige Härte]) oder eine Rechtsverfolgung, für die PKH mangels hinreichender Erfolgsaussicht versagt worden ist, nicht aus eigenen Mitteln fortführen kann (BGH MDR 2007, 551). Es begründet auch keine sittenwidrige Härte, dass der Sch infolge der ZwV Sozialhilfe beantragen muss (BGH MDR 2011, 195 mwN).

6 **3) Belange Dritter.** Auf diese kann sich der Sch grds nicht berufen (vgl BVerfG NJW-RR 2005, 936, 937). Das gilt aber nicht für die (persönl) Belange von **Angehörigen des Sch**; sie sind in die Interessenabwägung bei § 765a einzubeziehen (BGH MDR 2007, 974 = NJW 2007, 3430 Tz 22 mwN; zum VollstrSchutz für unpfändbares Arbeitseinkommen des Sch, das auf das Konto seiner Ehefrau und Mit-Sch überwiesen wird: BGH MDR 2008, 823 = NJW 2008, 1678 Tz 11 ff [Verhältnis § 765a zu § 850k aF]). Eine Gefahr für Leben (Suizidgefahr) und Gesundheit bei einem nahen Angehörigen des Sch ist im Fall der Zwangsräumung deswegen in gleicher Weise wie eine beim Sch selbst bestehende Gefahr (näher dazu s Rn 11) zu berücksichtigen (BGH MDR 2005, 891 = NJW 2005, 1859). In (bes) Einzelfällen kann auch sonst in den Auswirkungen auf Dritte (Räumung eines Altenpflegeheims während der Nachtzeit: AG Groß-Gerau Rpfleger 83, 408) für den Sch selbst eine den Schutz gebietende Härte liegen (Räumung einer Klinik daher nur bei Schutz der Patienten: BVerfG NJW 2003, 882 f; LG Gießen DGVZ 2002, 121). Eine Besonderheit gilt für Mitbewohner bei der Wohnungsdurchsuchung nach § 758a III 2 (iE s § 758a Rn 32).

7 **4) Sittenwidrige Härte.** Sie kann sich **aus der Art der ZwV-Maßnahme oder dem Zeitpunkt der Vollstr** ergeben (OLG Frankfurt MDR 81, 412). **Beispiele:** Sittenwidrig wird die ZwV betrieben, wenn der Gl eine ZwV-Maßnahme, die ihm keinen Nutzen bringt, nur zu dem Zweck betreibt, dem Sch Kosten zu verursachen (Verf zur Einholung der Vermögensauskunft wegen einer geringen Forderung gegen einen bekannt vermögenslosen Sch); Pfändung eines Nießbrauchs, den der Sch verliert, ohne dass der Gl befriedigt wird, weil er in der Weise bestellt ist, dass er bei der Pfändung erlischt (OLG Frankfurt OLGZ 80, 482); Fortsetzung der ZwV mit Versteigerung der Pfandstücke, wenn die Vorgl Stundung gewährt haben oder Ratenzahlungen erhalten und der Nachgl mit keinem Erlösüberschuss rechnen kann (LG Koblenz DGVZ 87, 45); Einholung der Vermögensauskunft trotz schwerwiegender psychischer Störung des Sch (vgl LG Lübeck DGVZ 80, 26); Kassenpfändung bei einem Gewerbetreibenden, wenn dem Sch dadurch der notw Lebensbedarf entzogen wird (LG Berlin DGVZ

79, 43). **Keine sittenwidrige Härte** bewirkt der Zugriff des Gl auf Kaufpreisraten aus dem Warenverkauf im früheren Geschäft des Sch deshalb, weil dieser dann Sozialhilfe in Anspruch nehmen muss (OLG Düsseldorf NJW-RR 86, 1512), und (idR auch nicht) die Pfändung eines Kfz für Arztbesuche der Sch und/oder ihrer minderj Kinder (LG Kaiserslautern Rpfleger 2006, 482). Ebenso nicht der Umstand, dass der Sch ein Mietkautionsguthaben zur Rückzahlung eines Darlehens benötigt, das ihm zur Finanzierung der Mietsicherheit für ein neues Mietverhältnis gewährt worden ist (BGH MDR 2019, 635 Tz 18 ff). Die Prozessunfähigkeit des Sch ist Verfahrenshindernis (sa vor § 704 Rn 16), begründet somit keine sittenwidrige Härte (BGH DGVZ 2011, 209).

8 **5) Kontopfändungsschutz.** Gewährleistet Errichtung eines **P-Kontos** (§ 850k; ausführl dazu: Seibel ua ZwVR aktuell, 2. Aufl 2013, § 4), Sonderbestimmung über dessen befristete Unpfändbarkeit wegen Fruchtlosigkeit trifft § 850l. Besondere Härte nach § 765a kann eine Pfändung nur begründen, wenn der Sch kein P-Konto führt oder Umwandlung seines Girokontos in ein P-Konto ausreichenden Vollstreckungsschutz nicht gewährleistet: zB für unpfändbare Geldleistungen auf dem Konto eines Dritten (s Rn 6 mwN; sa § 829 Rn 33.26) oder bei Eingang einer unregelmäßigen, zweckbestimmten Einmalzahlung (LG Traunstein Rpfleger 2003, 309; LG Essen JurBüro 2014, 436 [Abfindung]).

9 **6) Rechtsgrund, Betrag und Alter des beizutreibenden Anspruchs.** Können für die Beurteilung der Härte und Sittenwidrigkeit Bedeutung erlangen. Zugunsten des Gl kann sprechen, dass eine Unterhaltsforderung oder ein Anspruch aus einer vorsätzl begangenen unerlaubten Handlung beigetrieben wird; für den Sch kann zu berücksichtigen sein, dass er auf eine nicht alte Forderung zu leisten hat, die in angemessener Zeit erfüllt werden kann, oder eine geringe Restforderung, die der Gl erst abgerechnet hat.

10 **7) Tiere.** Betrifft die ZwV-Maßnahme ein Tier (**I 3**), finden emotionale Beziehungen zwischen Sch und Tier bereits bei der Abwägung der widerstreitenden Interessen nach I 1 Berücksichtigung. So kann die Pfändung eines Hundes uU (bei hohem Alter des Sch) eine Härte darstellen, die mit den guten Sitten nicht vereinbar ist (LG Heilbronn DGVZ 80, 111; zum **Pfändungsschutz für** (nicht nur Haus-)**Tiere:** s § 811 I Nr 8, III). Darüber hinaus muss die ZwV-Maßnahme stets aber auch mit dem **Tierschutzgedanken** (Art 20a GG) in Einklang stehen. Die Verantwortung des Menschen für das Tier (vgl § 1 TierschutzG; ethischer Tierschutz) ist daher allg bei der Prüfung, ob die ZwV wegen ganz bes Umstände eine Härte bedeutet, zu berücksichtigen (I 3). Wenn die Maßnahme mit dem Tierschutz nicht in Einklang steht, ist Schutz nach § 765a auch gegen die ZwV zu gewähren, die für den Sch selbst eine sittenwidrige Härte nicht begründet. Erfordernisse des Tierschutzes (zB artgerechte Haltung eines vernachlässigten Tiers) können aber auch Härten für den Sch aufwiegen (Dietz DGVZ 2003, 81). Bedeutung kann dies bei der Herausgabe-, Unterlassungs- oder Beseitigungsvollstr erlangen; bei der Forderungsvollstr dann, wenn das Tier nicht unpfändbar ist (vgl § 811 I Nr 8, III; sa § 811 Rn 38 m Bsp). Für die Zulassung der Pfändung nach § 811 III sind Belange des Tierschutzes bereits zu würdigen, so dass sie nicht erneut für den Schutz im Härtefall zu berücksichtigen sein können.

11 **8) Zwangsräumung. a)** Bei einer Zwangsräumung sind stets auch die Wertentscheidungen des GG und die dem Sch gewährleisteten Grundrechte (insb Art 2 II 1 GG) zu berücksichtigen (BVerfG NJW 2004, 49 mwN; Beispiele: BVerfG NJW 91, 3207 [altersbedingte geistige Gebrechlichkeit]; BVerfG NJW 98, 295 [99-jähriger Sch, Mietverhältnis seit 38 Jahren]; BGH MDR 2005, 891 = NJW 2005, 1859, 1860 [Suizidgefahr bei nahem Angehörigen des Sch]; BGH MDR 2017, 238 [Verschlechterung des Gesundheitszustandes]). Wenn mit der Zwangsräumung eine konkrete **schwerwiegende Gefahr für Leben (insb Suizidgefahr) und Gesundheit des Sch** (eines nahen Angehörigen: s Rn 6) verbunden ist (unabhängig von ihrer Ursache: BVerfG NJW-RR 2001, 1523, 1524), müssen Beweisangebote des Sch bes sorgfältig geprüft werden (BVerfG NJW 2019, 2012 Tz 20 mwN; sa BVerfG MDR 2024, 1267 Tz 52 ff mwN). Ist mit der Zwangsräumung ein (nicht abwendbarer) schwerwiegender Eingriff in das Recht des Sch (eines nahen Angehörigen) auf Leben und/oder körperl Unversehrtheit verbunden und ergibt eine Interessenabwägung (vorzunehmen nach dem Grds praktischer Konkordanz zwischen Art 2 II 1 GG [Sch] und Art 14 I, Art 19 IV GG [Gl]: dazu BGH MDR 2016, 1412 = NJW-RR 2016, 1104 Tz 13 mwN), dass die Schuldnerinteressen im konkreten Fall schwerer wiegen als die Gläubigerbelange, begründet die ZwV-Maßnahme eine sittenwidrige Härte (vgl BVerfG NJW 91, 3207; BVerfG NJW 94, 1719 f; BVerfG NJW 98, 295, 296; BVerfG NJW 2019, 2012 Tz 21 ff [jew zur Interessenabwägung bei Suizidgefahr]; sa BGH NJW-RR 2011, 300). Vor einer dann in Betracht kommenden **Einstellung der ZwV** ist stets sorgfältig zu prüfen, ob der Gefahr für den Sch nicht auf andere Weise wirksam begegnet werden kann; zB durch zumutbare Anstrengungen des Sch selbst (Inanspruchnahme ärztl Hilfe, ggf Klinikaufenthalt), Ingewahrsamnahme des Sch insb nach polizeirechtl Vorschriften oder dessen Unterbringung nach landesrechtl Vorschriften (ausführl dazu: BGH MDR 2010, 1215 = NJW-RR 2010, 1649 Tz 11 mwN; sa Schuschke NJW 2006, 874, 876 f). Ist das nicht der Fall, ist die ZwV **idR befristet einzustellen** (vgl BGH NJW 2014, 2288 Tz 25; BGH MDR 2016, 417 = NJW-RR 2016, 583 Tz 17 – jew mwN); evtl verbunden mit der **Auflage ggü dem Sch**, ihm zumutbare (dem Vollstreckungsgericht nachzuweisende) Maßnahmen zu ergreifen, um an einer Verbesserung seines Gesundheitszustandes zu arbeiten (vgl BGH NJW 2014, 2288 Tz 25; BGH MDR 2016, 1412 = NJW-RR 2016, 1104 *Tz 13 mwN). Nur in* ***absoluten Ausnahmefällen*** kann der Schutz des Sch eine **Einstellung der ZwV auf unbestimmte Zeit** rechtfertigen (BVerfG NJW 2019, 2012 Tz 19; BGH MDR 2016, 417 = NJW-RR 2016, 583 Tz 17 – jew mwN).

b) Räumungsschutz kann nach § 765a zu gewähren sein, wenn der Sch eine Ersatzwohnung gefunden hat, diese aber erst nach mehreren Monaten beziehen kann (LG Stuttgart Rpfleger 85, 71). Eine vorübergehende Unterbringung des Sch in einer Obdachlosenunterkunft und mehrere Wohnungswechsel in verhältnismäßig kurzer Zeit rechtfertigen Räumungsschutz nur in Sonderfällen (vgl OLG Köln NJW-RR 95, 1163; OLG Zweibrücken JurBüro 2002, 49). Bei einer Familie mit 4 Kindern (die alle noch zur Schule bzw in den Kindergarten gehen) kann die Räumung wenige Wochen vor Schuljahresende eine sittenwidrige Härte darstellen (OLG Köln NJW-RR 95, 1163). Bei unmittelbar bevorstehender Entbindung (OLG Frankfurt 18.8.1980 – 20 W 484/80, juris Tz 3 mwN) sowie grds 6 Wochen vor und 8 Wochen nach dem Entbindungstermin der Mieterin (LG Bonn DGVZ 94, 75) ist Räumungsschutz zu gewähren, selbst dann, wenn die längstmögliche Räumungsfrist (§ 721 V) bereits ausgeschöpft ist (OLG Frankfurt 18.8.1980 – 20 W 484/80, juris Tz 2; aA LG Wuppertal DGVZ 95, 41 [nur bis 5 Tage nach der Entbindung jedenfalls dann, wenn Sch sich nicht intensiv um eine Ersatzwohnung bemüht hat]). Dass eine Ersatzwohnung fehlt, gibt für sich allein keinen Grund für eine Maßnahme nach § 765a (vgl OLG Oldenburg NJW 61, 2119; LG Wiesbaden DGVZ 94, 120). Bei erhebl Mietrückstand können Interessen des Gl vorgehen (LG Hildesheim MDR 95, 1010 = NJW-RR 95, 1164). Arbeitslosigkeit oder Gefährdung des Arbeitsplatzes bei einer Zwangsräumung (auch für Ehegatten) stellt für sich allein keine Härte dar (LG Wiesbaden DGVZ 94, 120). Sittenwidrige Härte kann aber zu bejahen sein, wenn der Gl durch Kontaktaufnahme mit dem Vermieter einer neuen Wohnung und negative Information über den Sch eine Ursache dafür setzt, dass der neue Vermieter die Überlassung der Wohnung an den Sch ablehnt (OLG Köln MDR 95, 1064 = NJW-RR 95, 1039). Wenn die Anmietung einer Ersatzwohnung durch den Sch verzögert wurde und auch der Einzug nicht hinreichend betrieben wird, kann Räumungsschutz nicht verlangt werden (LG Hannover Rpfleger 86, 439; LG Heilbronn Rpfleger 93, 501). Räumungsschutz nach § 765a kann auch bei der **Vollstr eines Vergleichs** (§ 794 I Nr 1) gewährt werden; für eine einschr Anwendung nur auf Umstände, die erst nach Abschluss des Vergleichs entstanden sind und nicht bei Vergleichsabschluss im Risikobereich des Sch lagen, bietet § 765a als allg Schutzvorschrift keine Handhabe. 12

9) Andere Schutzvorschriften. Ggü solchen der ZPO (zB §§ 721, 794a, 850f I) und sonstiger Gesetze (zB §§ 30a-f, § 180 II, III ZVG; dazu BGH MDR 2019, 570 Tz 9) ist **§ 765a grds nicht subsidiär** (LG Osnabrück Rpfleger 55, 19; Hk-ZPO/Kindl Rn 3). Weil § 765a als Ausnahmevorschrift aber eng auszulegen ist (sa Rn 5 mwN), kann ein Schutzbedürfnis des Sch nicht gegeben sein, wenn dieser bereits nach anderen Bestimmungen ausreichend geschützt ist oder werden kann (vgl BGH MDR 2007, 1217 = NJW 2007, 2703 Tz 11 mwN); zB durch Gewährung einer Räumungsfrist nach §§ 721, 794a, nach Versäumung der Antragsfrist auch, wenn eine Wiedereinsetzung möglich (aussichtsreich) ist (vgl § 721 II 2); durch Erhöhung der Pfändungsfreigrenze nach **§ 850f I Nr 1** zur Abwendung der Sozialhilfebedürftigkeit, zB wegen hoher Kosten für eine Heimunterbringung (OLG Zweibrücken MDR 2002, 720 = NJW-RR 2002, 1664). Räumungsschutz kann daher nach § 765a nur zugebilligt werden, wenn die Voraussetzungen für den Antrag nach **§ 721** so spät eingetreten sind, dass der Sch die Antragsfrist nicht mehr einhalten kann (§ 721 geht sonst vor: vgl LG Darmstadt NJW-RR 2000, 1178; MK/Heßler Rn 59); wenn die nach § 721 V 1 höchstmögliche Frist von einem Jahr schon voll ausgeschöpft ist (vgl OLG Köln NJW-RR 95, 1163; MK/Heßler Rn 59) oder überschritten werden soll; wenn dem Gl die Rechtsfolge von § 571 II BGB (Ausschluss des Schadensersatzes) nicht zugemutet werden kann oder wenn es sich um andere Räume als Wohnraum handelt. 13

10) Sachliche Einwendungen. Mit solchen (auch Einreden) **gegen Bestand und Höhe des titulierten Anspruchs** kann eine sittenwidrige Härte nicht begründet werden (OLG Hamm NJW-RR 2002, 790). Mat-rechtl Einwendungen gegen die Forderung (zB §§ 138, 826 BGB: Titelerschleichung etc) sind nicht im Vollstreckungsverf nachzuprüfen, sondern mit Klage gegen den Titel (insb § 767) geltend zu machen. Auch die Vollstr eines nur vorl vollstrb Titels bringt daher keine sittenwidrige Härte mit sich, auch dann nicht, wenn das Berufungsgericht einer beantragten einstw Einstellung nicht stattgegeben hat; entspr gilt für die Vollstr einer Kostenschuld (durch die Gerichtskasse), wenn über Einwendungen noch nicht entschieden ist (OLG Frankfurt MDR 81, 412). 14

IV) Zulässige Maßregeln. 1) Aufhebung. Bezieht sich auf bereits erfolgte ZwV-Maßnahmen; Aufhebung (gegen und ohne Sicherheitsleistung möglich) nur im äußersten Fall, wenn Härte im Fortbestand der ZwV-Maßnahme liegt und einstw Einstellung nicht genügt (*unzulässig* zB bei Pfändung einer bewegl Sache, wenn Härte in der Verwertung, nicht jedoch in der Begründung des Pfändungspfandrechts liegt; *zulässig* uU zB bei Forderungspfändung, wenn einstw Einstellung ungenügend, da Sch zur Vermeidung einer sittenwidrigen Härte auf Eingang der gepfändeten Forderung angewiesen ist). Mit einer Aufhebung ohne Sicherheitsleistung ist Zurückhaltung geboten, weil der Gl Sicherung und Rang ggü anderen Gl verliert. Wiederholt (erneut vorgenommen) werden kann eine aufgehobene ZwV-Maßnahme nach Aufhebung oder Änderung des Beschlusses (IV); 15

2) Untersagung. Bezieht sich auf künftige ZwV-Maßnahmen und wird idR nur dann anzuordnen sein, wenn für den Fall, dass eine ZwV bereits eingeleitet wäre, Maßnahmen wieder aufzuheben wären. Untersagung von ZwV-Maßnahmen werden regelmäßig nur Umstände rechtfertigen, die nach Urteilserlass eingetreten sind oder die im Erkenntnisverf nicht geprüft werden konnten (zB Krankheit des Räumungssch). Die Einleitung einer neuen ZwV ist dann unzulässig. Gewährung von Vollstreckungsschutz darf aber dem Grundsatz nach nicht 16 dazu führen, dass der Titel praktisch außer Kraft gesetzt wird; Untersagung der ZwV ist daher grds nur auf bestimmte Zeit zulässig; nur in absoluten Ausnahmefällen kann Räumungsschutz auch auf Dauer geboten sein (sa Rn 11 aE mwN);

17 **3) Einstweilige Einstellung.** Dies wird die im **Regelfall** gebotene Maßnahme sein. Bei der einstw Einstellung bleiben die erfolgten ZwV-Maßnahmen bestehen, das Verf nimmt jedoch keinen Fortgang, es „ruht". Ausdrückl Befristung der Einstellung ist zulässig (üblich und geboten), jedoch nicht zwingend (aA OLG Koblenz NJW 57, 1197).

18 **4) Anordnung mit Auflagen.** Die Möglichkeit, eine ZwV-Maßnahme ganz oder teilw aufzuheben, zu untersagen oder einstw einzustellen, schließt die Befugnis des Vollstreckungsgerichts ein, die Anordnung mit bestimmten Auflagen, insb Zahlungsauflagen für den Sch, zu verbinden (ebenso BGH MDR 2024, 256 Tz 32 mwN) oder auch gegen Sicherheitsleistung anzuordnen. Unterbleiben müssen solche Anordnungen bei einem zahlungsunfähigen Sch, wenn sie den gebotenen Schutz hinfällig machen würden.

19 **V) Verfahren. 1) Antrag. a)** Nur auf Antrag **des Sch** (**I 1**; Antragserfordernis ist verfassungsgemäß: BVerfG NJW 83, 559, 560) werden die Schutzvoraussetzungen von § 765a geprüft. Auch nach Eröffnung des Insolvenzverf ist der Sch befugt, in einem Verf über die Zwangsversteigerung eines zur Masse gehörenden Grundstücks Vollstreckungsschutz nach § 765a wegen einer Suizidgefahr für sich oder einen nahen Angehörigen zu beantragen; iÜ steht das Antragsrecht aber dem Insolvenzverw zu (vgl BGH MDR 2009, 348 = NJW 2009, 1283 Tz 9 ff). Der Antrag kann zu Protokoll des UdG oder schriftl gestellt werden; Anwaltszwang besteht nicht (§ 78 III). Antrag ist jedes aus den Erklärungen des Sch erkennbare Begehren um Schutz. Es genügt, wenn sich der Sch mit einer Eingabe an das Gericht wendet, weil er das sittenwidrige Vorgehen des Gl für unzulässig hält. Auch in einer Erinnerung (§ 766; ebenso § 11 RPflG) kann ein Schutzantrag (konkludent) mit enthalten sein.

20 **b)** Der Antrag ist **grds** an **keine Frist** gebunden; er ist zulässig, wenn eine bestimmte ZwV-Maßnahme droht (bevorsteht), nicht mehr aber nach deren Beendigung; nach Räumung noch für Maßnahmen hinsichtl bewegl Sachen gem § 885 II-IV (KG MDR 86, 1033 = NJW-RR 86, 1510). Im Verf zur Erteilung einer Vermögensauskunft ist der Antrag auch noch nach dem Termin vor Anordnung der Haft und später zur Abwendung der Haftvollstr zulässig (sa MskV/Lackmann Rn 19). In **Räumungssachen** ist der Antrag **spätestens 2 Wochen vor dem festgesetzten Räumungstermin** (zur Benachrichtigung des Sch: s § 885 Rn 15) zu stellen (**III**; zur Berechnung der Frist: s § 721 Rn 8). Ein erst **nach Fristablauf gestellter Antrag** ist als **unzulässig** zurückzuweisen. **Ausnahmsweise** ist der Antrag auch nach Fristablauf noch zulässig, wenn der Grund, auf den er sich stützt, erst kurzfristig entstanden ist (Bsp: schwere Erkrankung des Sch; Zerstörung oder Überschwemmung des Hauses, in dem die neue Wohnung angemietet war) oder der Sch ohne sein Verschulden (bei Erkrankung nicht der Fall, wenn fristgerecht ein RA hätte beauftragt werden können: OLG Köln NJW-RR 2001, 226) an rechtzeitiger Antragstellung gehindert war (Bsp: Räumungstermin wurde dem Sch nicht rechtzeitig oder [nur] dem prozessunfähigen Sch mitgeteilt [vgl BGH DGVZ 2011, 209, 210]; Mitteilung hat ihn unverschuldet verspätet erreicht). Das ist vom Sch darzulegen; Glaubhaftmachung muss genügen (entspr § 236 II 1; aA Hk-ZPO/Kindl Rn 10; StJ/Münzberg Rn 22 [für Entscheidung notfalls beweisen]).

21 **2) Zuständigkeit.** Liegt ausschl (§ 802) beim **Vollstreckungsgericht** (dazu § 764 Rn 1; als solches bei der Arrestvollziehung in den Fällen von § 930 I 3, § 931 III auch das Arrestgericht), auch für Schutz gegen ZwV-Maßnahmen des Prozessgerichts (§§ 887, 888, 890; LG Frankenthal Rpfleger 84, 28) oder des GBA. Die **örtl Zuständigkeit** bestimmt sich nach § 764 II und bes Bestimmungen (insb § 828 II). Es entscheidet der **Rechtspfleger** (§ 20 I Nr 17 RPflG; Einschränkung für das Arrestgericht nach § 20 I Nr 16 RPflG).

22 **3) Mündliche Verhandlung.** Ist nach § 764 III iVm § 128 IV fakultativ. **Rechtl Gehör:** s vor § 704 Rn 28. Es gelten die allg Grds des ZPO-Verf (sa § 766 Rn 27).

23 **4) Entscheidung. a)** Die Entscheidung ergeht durch **Beschluss**, der zuzustellen ist (§ 329 III). Kosten: § 788; daher (bei stattgebender sowie ablehnender Entscheidung) kein Kostenausspruch, wenn die Kosten dem Sch als ZwV-Kosten zur Last fallen. Eine Kostenentscheidung hat aber zu ergehen, wenn die Kosten dem Gl nach § 788 IV auferlegt werden. **b)** Das **Wirksamwerden des Beschlusses, der eine Vollstreckungsmaßregel aufhebt**, tritt in den Fällen von I 1 und IV nicht bereits mit Bekanntmachung, sondern **erst mit** (formeller) **Rechtskraft** ein (V). Damit werden Nachteile für den Gl (insb Rangverlust) vermieden, die bei sof Wirksamkeit bis zur Neuvornahme der ZwV-Maßnahme nach Aufhebung (Änderung) des Aufhebungsbeschlusses im Erinnerungs-/Beschwerdeverf eintreten könnten. Zweckmäßig ist ein Ausspruch im Beschluss: „Die Aufhebung der Zwangsvollstreckungsmaßnahme wird erst mit der Rechtskraft des Beschlusses wirksam". Ein Aufschub der Entscheidungswirkung ist davon aber nicht abhängig; er besteht auch, wenn der Beschluss die Wirkung von V nicht ausspricht. ZwV-Maßnahmen des GV hat dieser nach § 775 Nr 2, § 776 S 2 aufzuheben, jedoch erst nach Rechtskraft des die Aufhebung anordnenden Beschlusses.

24 ***5) Rechtsbehelfe. a) Sof Beschwerde*** (§ 793), Rechtspfleger kann abhelfen (§ 572 I 1); Rechtsbeschwerde nur nach § 574 I 1 Nr 2. **Besonderheiten:** Eine Entscheidung nach § 765a ist über den Wortlaut von § 95 ZVG hinaus vor der Zuschlagserteilung selbständig anfechtbar; nach dem Schluss der Versteigerung (§ 73 II ZVG)

kann ein ablehnender Beschluss nach § 765a aber nicht mehr selbständig, sondern nur noch mit der sof Beschwerde gg den Zuschlagsbeschluss angefochten werden (BGH MDR 2024, 1134 Tz 14 f).

b) Wenn der **Schutzantrag nach § 765a erst im Verf über eine Beschwerde gegen eine andere Entscheidung** des Vollstreckungsgerichts (insb nach Entscheidung über eine Erinnerung gem § 766) **gestellt** wird, kann das Beschwerdegericht nicht über ihn entscheiden, sondern muss ihn an das Vollstreckungsgericht verweisen (**str**, ebenso OLG Zweibrücken MDR 2002, 720 = NJW-RR 2002, 1664, 1665; OLG Köln NJW-RR 89, 189; Hk-ZPO/Kindl Rn 11; aA OLG Hamm NJW 68, 2247 f; MK/Heßler Rn 72; MskV/Lackmann Rn 19; evtl auch [ohne das aber zu thematisieren] BGH NJW 2009, 80 Tz 3, 6 ff). Mit dem Antrag nimmt der Sch Rechtsschutz in einem gerichtl Verf in Anspruch, dessen Gegenstand nicht der des bereits anhängigen Beschwerdeverf ist. Der Antrag kann daher auch nicht als neues Vorbringen (§ 571 II) in das Beschwerdeverf eingeführt werden. Gegenteiliges ergibt sich für Vollstreckungsverf nach der ZPO nicht aus der Besonderheit bei der Zwangsversteigerung, dass im Beschwerdeverf nach der Entscheidung über einen auf §§ 30a-f ZVG gestützten Einstellungsantrag das Einstellungsverlangen neu auch auf § 765a gestützt werden kann (dazu BVerfG MDR 79, 286 = NJW 79, 534, 535). Mit dem Einstellungsbegehren ändert sich im ZVG-Beschwerdeverf der vom Sch verlangte Entscheidungsinhalt nicht; in sonstigen Vollstreckungsverf aber haben Beschwerdeverf und das neue Einstellungsbegehren grundlegend unterschiedl Verfahrensziele, so dass das (ausschl: § 802) zuständige Gericht 1. Instanz nicht entfallen kann. Ein im **Rechtsbeschwerdeverf erstmals gestellter Schutzantrag ist unbeachtlich** (BGH MDR 2008, 287, 288). 25

6) Rücknahme des Antrags. Zurückgenommen werden kann der Antrag **bis zur Rechtskraft der Entscheidung** (auch noch im Rechtsmittelverf; nach Rechtskraft: IV). Die Rücknahme wird mit Eingang wirksam. Damit wird ein bereits ergangener (noch nicht rechtskr) Beschluss über den Antrag wirkungslos, ohne dass es seiner ausdrückl Aufhebung bedarf. Ein **Verzicht auf den Vollstreckungsschutz** gem § 765a ist nur nach, nicht aber vor VollstrBeginn zulässig (sa MK/Heßler Rn 97 f). Auch ein Verzicht während der Vollstr ist nicht zulässig, weil § 765a nicht nur der Wahrung der Einzelinteressen des Sch dient, sondern als allg Schutzbestimmung des Vollstreckungsrechts auch öffentl Interessen Rechnung trägt. 26

7) Wiederholung des Antrags. Wiederholt werden kann der abgelehnte Antrag, wenn das Schutzbegehren nach veränderter Sachlage auf neue Gründe gestützt werden kann. 27

VI) Einstweilige Anordnung (§ 765a I 2). Ein Schutzantrag des Sch hat keine aufsch Wirkung. Das Vollstreckungsgericht (Rechtspfleger) kann jedoch vor der Entscheidung nach I 2 iVm § 732 II eine einstw Anordnung dahin erlassen, dass die **ZwV gegen oder ohne Sicherheitsleistung einstw einzustellen oder nur gegen Sicherheitsleistung fortzusetzen ist.** Hierfür ist ein glaubhaftes Vorbringen des Sch zu verlangen, das eine Beurteilung der Erfolgsaussichten des Antrags ermöglicht. Eine Aufhebung der ZwV-Maßnahme mit einstw Anordnung ist nicht zulässig. **Rechtsbehelf** bei Erlass der einstw Anordnung durch den Rechtspfleger: befristete Erinnerung (mit Abhilferecht) nach § 11 II RPflG; bei Einstellung durch den Richter (gegen dessen Entscheidung über die Erinnerung) wird eine Beschwerde nicht für zulässig erachtet (sa § 732 Rn 17 mwN). 28

VII) Aufschub durch Gerichtsvollzieher (§ 765a II). Der GV kann eine ZwV-Maßnahme zur Erwirkung der Herausgabe von Sachen (§§ 883-886; einschl der Räumungsvollstr: Hk-ZPO/Kindl Rn 15) – nicht aber eine Geldvollstr – **bis zur Entscheidung des Vollstreckungsgerichts, jedoch nicht länger als eine Woche** aufschieben (II). Aufschub durch den GV erfordert, dass ihm die tatsächl Verhältnisse, die Schutz nach I 1 rechtfertigen können, glaubhaft gemacht werden und dem Sch die rechtzeitige Anrufung des Vollstreckungsgerichts nicht möglich war. Hat der Sch einen Antrag nach I 1 gestellt, entscheidet das Vollstreckungsgericht aber nicht und erlässt es auch keine einstw Anordnung, kann nicht der GV mit Aufschub nach II Schutz gewähren. 29

VIII) Aufhebung; Änderung (§ 765a IV). Aufhebung oder Änderung des Beschlusses durch das Vollstreckungsgericht (es ist zuständig, auch wenn der aufzuhebende oder abzuändernde Beschluss von einem LG oder dem BGH erlassen worden ist: vgl Hk-ZPO/Kindl Rn 14) ist **(nur) bei Änderung der Sachlage zulässig** (IV). Die Entscheidung ergeht auf Antrag des Gl oder Sch. Eine Änderung der Sachlage ist nur gegeben, wenn sich die der abzuändernden Entscheidung zugrunde liegenden Tatsachen geändert haben (OLG Saarbrücken Rpfleger 2003, 37 [Schlaganfall nach bereits schlechter Gesundheit]), nicht aber bei anderer Beurteilung der unveränderten Tatsachen. Die Änderung braucht nicht erst nach dem Erlass der Entscheidung eingetreten zu sein; eine Präklusion entspr § 767 II ist mit dem Charakter von § 765a als allg Härteklausel nicht vereinbar. War der Sch jedoch in der Lage, die Tatsachen früher geltend zu machen, ist das bei der Abwägung der Gläubiger- und Schuldnerinteressen zu berücksichtigen (OLG Köln NJW 93, 2248). Eine Aufhebung oder Änderung kann vor der Rechtskraft der Entscheidung erfolgen, somit auch während eines Beschwerdeverf (wird dann in der Hauptsache im Umfang der Änderung gegenstandslos). Aufgehoben oder geändert werden kann aber auch ein (formell) rechtskr Beschluss. Mit der Möglichkeit zur Aufhebung (Änderung) entfällt die Bindung des Vollstreckungsgerichts an Entscheidungen des übergeordneten Beschwerdegerichts. **Zuständig** für die Aufhebung (Änderung) ist der Rechtspfleger (§ 20 I Nr 17 RPflG). **Verfahren:** s Rn 19 ff; **Rechtsbehelf:** s Rn 24 f; **einstw Anordnung** auch hier nach I 2 iVm § 732 II (dazu Rn 28); **Wirkung der Aufhebung** einer Vollstreckungsmaßregel auch bei Änderung nur nach Rechtskraft (V). Aufgehoben oder geändert werden kann unter den Voraussetzungen von IV auch die vor der Entscheidung nach I 2 iVm § 732 II erlassene einstw Anordnung oder ein sie ablehnender Beschluss. 30

31 **IX) Andere Schutzbestimmungen.** Mit den Schutzvoraussetzungen von § 765a können sich überschneiden: **1) Fehlendes Rechtsschutzbedürfnis.** Dieses (sa vor § 704 Rn 17) ist vAw zu prüfen (OLG Oldenburg MDR 91, 968).

32 **2) Rechtsstaatliche Verfahrensgestaltung.** Ist bei den ZwV-Maßnahmen (sa vor § 704 Rn 29) zu beachten, insb Grds der **Verhältnismäßigkeit**. Entspr Vorkehrungen haben die ZwV-Organe vAw zu treffen.

33 **X) Gebühren. 1) Gericht:** Festgeb iHv 24 Euro (2113 GKG-KV). – Beschwerdeverf: 2121 GKG-KV iHv 33 Euro, wenn die Beschwerde verworfen oder zurückgewiesen wird. Möglichkeit der Ermäßigung auf die Hälfte oder Nichterhebung bei Teilerfolg. – Rechtsbeschwerdeverf 2124 GKG-KV. – **2) RA:** bes Angelegenheit (§ 18 I Nr 6 RVG); Geb 3309 RVG-VV. Eine vor der Entscheidung erlassene einstw Anordnung (I 2; s Rn 28) löst aber keine bes Geb aus (§ 19 I 2 Nr 11 RVG). – Gegenstandswert s § 3 Rn 16.198.

§ 766 Erinnerung gegen Art und Weise der Zwangsvollstreckung

(1) [1]Über Anträge, Einwendungen und Erinnerungen, welche die Art und Weise der Zwangsvollstreckung oder das vom Gerichtsvollzieher bei ihr zu beobachtende Verfahren betreffen, entscheidet das Vollstreckungsgericht. [2]Es ist befugt, die im § 732 Abs. 2 bezeichneten Anordnungen zu erlassen.

(2) Dem Vollstreckungsgericht steht auch die Entscheidung zu, wenn ein Gerichtsvollzieher sich weigert, einen Vollstreckungsauftrag zu übernehmen oder eine Vollstreckungshandlung dem Auftrag gemäß auszuführen, oder wenn wegen der von dem Gerichtsvollzieher in Ansatz gebrachten Kosten Erinnerungen erhoben werden.

1 **I) Funktion.** Rechtsschutz mit gerichtl Kontrolle (Art 19 IV GG) des ZwV-Verfahrens in der Instanz. Kontrolliert wird die Art und Weise der ZwV und das vom GV bei ihr zu beobachtende Verf. Über Zulässigkeit und Rechtmäßigkeit der ZwV und der Vollstreckungstätigkeit der ZwV-Organe hat das VollstrGericht zu entscheiden. Rechtsmittel dann § 793. Hierüber aber keine Rechtsbehelfsbelehrung nach § 232 (s § 232 Rn 2; MK/K. Schmidt/Brinkmann Rn 20; aA MskV/Grandel § 232 Rn 5). – Das Verf gehört zu den in § 198 VI Nr 1 GVG aufgeführten (KG 11.6.2021 – 7 EK 13/19), unangemessene Dauer kann daher Entschädigung rechtfertigen.

2 **II) Anwendungsbereich. 1) Abgrenzung § 766 – § 793.** Die Abgrenzung ist nicht strukturiert, ist in Einzelfragen str und funktioniert nicht zweifelsfrei (s Keller DGVZ 2023, 237). Vor diesem Hintergrund gilt nach hM (zB SchWKT/Thole Rn 6 ff; aA WSch/Spohnheimer Rn 28; krit Celikovic NZI 2024, 441): Erinnerung (§ 766) ist der unbefristete (s aber Rn 13) Rechtsbehelf bei ZwV durch den **GV** nach dem 8. Buch der ZPO und gegen ZwV-Maßnahmen des VollstrGerichts (Richters oder Rpflegers) sowie bei Vorpfändung (§ 845). Gegen Entscheidungen, die das VollstrGericht im ZwV-Verfahren trifft, findet sof Beschwerde statt (§ 793). ZwV-**Maßnahmen** des VollstrGerichts sind dabei Vollstreckungsakte (Maßnahmen und Handlungen) zur Durchsetzung des Anspruchs des Gl. Sie beruhen auf dem Antrag und Vorbringen des Gl und werden ohne Anhörung des Sch vorgenommen. Mit Erinnerung hat der Sch (sonstige Erinnerungsführer) sonach erstmals die Möglichkeit, sich rechtl Gehör zu verschaffen (MskV/Lackmann Rn 11). **Entscheidungen** werden nach Anhörung der Parteien (Beteiligten) getroffen, mithin nach tatsächl und rechtl Würdigung des beiderseitigen Vorbringens. Hierfür ist unerhebl, ob die Anhörung notwendig oder freigestellt war oder unzulässig erfolgt ist (StJ/Kern Rn 9). Eine Entscheidung liegt auch vor, wenn das VollstrGericht eine ZwV-Maßnahme ablehnt; hier erfolgt im einseitigen Antragsverf bei Entscheidung Würdigung nur des Gläubigervorbringens (MskV/Lackmann Rn 11). Demnach können bei ZwV durch das VollstrGericht für Sch (nach Anhörung sof Beschwerde), Drittsch sowie einen Dritten (ohne Anhörung Erinnerung) verschiedene Rechtsbehelfe gegeben sein; eine Einheitlichkeit des Rechtsbehelfsverf gibt es nicht. – **Haftbefehl:** Str, wie der Sch hiergegen vorgehen kann. Für § 766 sprechen die besseren Argumente (s Keller DGVZ 2023, 41); aA (§ 793) die hM (s § 802g Rn 15 mwN; MskV/Voit § 802g Rn 10) und die Rspr (zB OLG Jena DGVZ 2002, 90). Ist die Beschwerdefrist abgelaufen, soll § 766 aber analog anzuwenden sein (MskV/Voit § 802g Rn 11).

3 **2) Erinnerung.** Vollstreckungs**maßnahmen** des **Rpflegers** sind nur mit Erinnerung nach § 766 anfechtbar. Das VollstrGericht hat daher auch zu entscheiden, wenn die Einwendungen nicht begründet sind; es kann Einwendungen nicht als Beschwerde dem Rechtsmittelgericht vorlegen. § 766 beruht auf der Erwägung, dass über die Rechtmäßigkeit der ZwV-Maßnahmen das VollstrGericht nach Anhörung der Beteiligten zu entscheiden hat, mithin Beschwerde an das nächsthöhere Gericht zunächst nicht statthaft ist (allgM). Lehnt der Rpfleger dagegen einen Antrag des Gl ganz oder teilw ab, eine ZwV-Maßnahme zu erlassen (s § 829 Rn 28), oder gewährt er dem Sch (zB § 850b III) oder dem Drittsch rechtl Gehör, so trifft er eine Entscheidung (s Rn 2); dann findet sof Beschwerde (§ 793) statt.

4 ***3) Besondere Zuständigkeiten.* a) GBA.** Es wird bei Eintragung einer Sicherungshypothek im Grundbuchverf tätig; Rechtsbehelf daher §§ 71 ff GBO (SchWKT/Thole Rn 4; s § 867 Rn 24). Entspr gilt für die Schiffsregisterbehörde (§ 870a). **b) Prozessgericht.** Für seine Entscheidungen 1. Instanz nach §§ 887, 888, 890 ist Anhörung

des Sch vorgeschrieben (§ 891); es findet daher sof Beschwerde statt (s § 887 Rn 14). – **c)** § 930 I 3, **Arrestgericht** als Vollstreckungsgericht: Gl sof Beschwerde, Sch Erinnerung. **d)** § 89 III 1 InsO, **Insolvenzgericht** als Vollstreckungsgericht (s Rn 17). – **e) GV.** Er ist Adressat des Widerspruchs nach § 807 II 1 und verfährt nach § 807 II 2, § 802 f. – Im Verf nach § 802f gilt dann § 766.

4) Keine Zwangsvollstreckung. Erinnerung nach § 766 findet nicht statt, wenn der GV **außerhalb der ZwV** zuständig und tätig ist wie bei öffentl Versteigerung (zB bei § 1235 I BGB; OLG Nürnberg MDR 2014, 165; auch in den Fällen der § 383 III, §§ 559, 1233 BGB usw), bei freihändigem Verkauf, bei Zustellung (§ 192; OLG Karlsruhe DGVZ 2016, 227 Tz 4; anders aber bei Zustellung eines PfÜB, BayObLG MDR 2024, 869; OLG Koblenz MDR 2021, 122; bei Zustellung einer Vorpfändung). **Vor der ZwV** ist der GV tätig, wenn er nur mit dem Angebot einer Gegenleistung beauftragt ist. Rechtsbehelf in all diesen Fällen dann: § 23 I EGGVG (OLG Hamm Rpfleger 2011, 93; MskV/Lackmann Rn 8). 5

5) Klauselverfahren. Rechtsbehelfe für Einwendungen gegen Erteilung oder Verweigerung der **Vollstreckungsklausel** sind selbständig geregelt (§ 732 Rn 1; BGH ZInsO 2017, 675). 6

6) Materielle Einwendungen. Der Sch oder Dritter hat sie im Erkenntnisverfahren geltend zu machen, nicht mit den Rechtsbehelfen des ZwV-Verfahrens (allgM; zB BGH MDR 2016, 1228 Tz 16). Mat-rechtl Einwendungen des Sch gegen den durch das Urteil ausgewiesenen Anspruch sind nicht vom Vollstreckungsorgan (s vor § 704 Rn 14) und daher auch nicht im Erinnerungsverfahren zu prüfen. Rechtsweg hierfür § 767. Ebenso können Einwendungen Dritter, dass ihnen ein die Veräußerung hinderndes Recht zustehe, nicht nach § 766 geltend gemacht werden. Rechtsweg hierfür § 771. 7

7) Dienstaufsichtsbeschwerde. S § 753 Rn 17 (**Formulierungsvorschlag:** Vorwerk/Goldbach, PFB, M 62.2). 8

III) Zulässigkeit. 1) Beteiligte. Erinnerung können erheben als Parteien des ZwV-Verfahrens der Gl und der Sch, bei Forderungspfändung als Beteiligter auch der Drittsch (BGH JurBüro 2012, 101), außerdem ein Dritter, der durch eine ZwV-Maßnahme in seinem Recht beeinträchtigt wird (s Rn 14-18). – Ein Dritter, der durch die ZwV nur wirtschaftlich betroffen ist, und der Besitzdiener des Sch können Erinnerung nicht einlegen. 9

2) Anwendungsbereich. Unter I fallen alle Anträge, Einwendungen und Erinnerungen (im Folgenden mit „Erinnerung“ zusammengefasst), die die **Art und Weise der ZwV** oder das vom GV oder VollstrGericht bei ZwV zu beachtende **Verfahren** betreffen. Sie richten sich immer gegen das Verf des Vollstreckungsorgans (BGH NJW 71, 2226) und können dessen Unzulässigkeit oder Mangelhaftigkeit geltend machen. Verfahrens**mängel** können betreffen: ZwV-Voraussetzungen (Titel, Klausel, s aber Rn 6, Zustellung, Fristablauf, Sicherheitsleistung usw), ZwV-Hindernisse (Eröffnung des InsVerf, § 89 I InsO, Einstellungs-/Aufhebungsgründe nach §§ 775, 776) oder Verfahrensdurchführung, außerdem nach II die Antragsablehnung durch den GV, die Weigerung, einen Auftrag nach der Weisung des Gl auszuführen (Verzögerung s Rn 19), und der Kostenansatz des GV (s Rn 19). Nicht unter § 766 fallen ab Eröffnung des Verteilungsverf (§§ 872 ff) Rangstreitigkeiten zwischen mehreren Pfändungsgläubigern (SchWKT/Grieß § 872 Rn 3; aA die hM; hier § 872 Rn 5: § 766 bis zum Verteilungstermin). 10

3) Ausgeschlossene Einwendungen. Verstöße gegen Bestimmungen der **Geschäftsanweisung** für GV (GVGA) und gegen sonstige Dienstanweisungen (GVO usw) können für sich nicht mit Erinnerung beanstandet werden (BGH MDR 2019, 58 Tz 20; StJ/Kern Rn 3; str). Diese Dienstanweisungen der Justizverwaltung begründen zwar Amtspflichten für den GV (RGZ 145, 204, 215), auf deren Einhaltung die Dienstaufsicht zu achten hat, sie enthalten jedoch keine selbständigen Verfahrensvorschriften, sondern sollen dem GV nur das Verständnis der ges Vorschriften erleichtern (§ 1 GVGA). Verstöße gegen Bestimmungen solcher Dienstanweisungen rechtfertigen daher Einwendungen nur, wenn damit zugleich die erläuterten Verfahrensvorschriften der ZPO (oder sonstige ges Regelungen des Vollstreckungsrechts) verletzt sind. Die örtliche Zuständigkeit des GV (s § 753 Rn 3) kann durch das VollstrGericht nicht geändert werden; Übertragung der Durchführung der Vollstreckung auf einen anderen GV kann mit Erinnerung daher nicht verlangt werden. 11

4) Beschwer. Rechtsschutzbedürfnis erfordert **Rechtsbeeinträchtigung** des Erinnerungsführers. Gl und Sch können mit Erinnerung daher nur Verfahrensverstöße beanstanden, durch die sie selbst beschwert sind, nicht aber Rechte Dritter wahrnehmen (BGH NJW-RR 2013, 2287 Tz 13). Der Sch kann daher nicht Verletzung des Gewahrsams (§ 809), des Eigentums (§ 771) oder eines Vorzugsrechts (§ 805) eines Dritten mit Erinnerung beanstanden. Er kann bei Herausgabevollstreckung eine Beeinträchtigung nicht aus dem Recht (Mitbesitz) eines Dritten ableiten; ebenso können Dritte nur Verletzung einer ihrem Schutz dienenden Verfahrensbestimmung mit Erinnerung rügen. 12

5) Zeitfenster. Zulässig ist Erinnerung als Rechtsbehelf im ZwV-Verfahren bei Geldvollstreckung erst **nach Beginn** (s vor § 704 Rn 33) der zu beanstandenden ZwV-Maßnahme (OLG Köln JurBüro 89, 870 mN) und nur **bis zu deren Beendigung**; danach fehlt das Rechtsschutzbedürfnis (BGH MDR 2017, 788). Bei Individualvollstreckung (zB Pfändung einer bestimmten Sache) und ZwV gegen Personen (so bei Räumung, Verhaftung zur Abgabe der VA) besteht ein Rechtsschutzbedürfnis bereits, wenn die ZwV droht. – Nach Beendigung der ZwV kann nicht verlangt werden, eine Räumung rückgängig zu machen (BGH MDR 2005, 648) oder festzustellen, ob richtig verfahren wurde (OLG Köln JurBüro 2001, 213), und grundsätzlich auch nicht festzustellen, dass eine 13

ZwV-Maßnahme rechtswidrig war (BGH WM 2019, 985 Tz 29). Einwendungen können daher nicht mehr erhoben werden bei Geldpfändung nach Eigentumserwerb durch den Gl, bei Sachwegnahme oder Räumung (§§ 883, 885) nach Besitzeinweisung des Gl, bei Rechtspfändung nach Leistung des Drittsch an den Gl, bei Anspruchspfändung gem §§ 847, 848, wenn der Gl aus der Sachverwertung Leistung erhalten hat. Nur bei tiefgreifenden Grundrechtseingriffen kann in Fällen prozessualer Überholung ein Rechtsschutzinteresse gegeben sein, die Rechtswidrigkeit der beendeten ZwV festzustellen (BGH WM 2019, 985 Tz 29; sa BFH WM 2020, 180). – Wegen der vom GV in Ansatz gebrachten Kosten ist Erinnerung noch nach Beendigung der ZwV gegeben (II; OLGR Hamm 2001, 91). – Ein privatrechtl Anspruch, der sich aus einer unrechtmäßigen Vollstreckung ergibt, kann nach Beendigung der ZwV im Klageweg verfolgt werden. Das gilt für den Anspruch des Sch gegen den Gl, der unter Verstoß gegen ein Vollstreckungs- oder Pfändungsverbot etwas erlangt hat, auf Herausgabe des Erlangten (Anspruch nach § 812 BGB), weil andernfalls das Verbot keinerlei Schutzwirkung für den Sch entfalten könnte.

14 **IV) Einzelfälle. 1) Gläubiger.** Erinnerung des Gl gegen GV-Handlungen/-Unterlassungen, zB wenn GV sich weigert, den ZwV-Auftrag zu übernehmen oder weisungsgemäß durchzuführen oder wenn er die Erledigung des Auftrags verzögert (s Rn 19); wenn Einstellung oder Beschränkung der ZwV zu Unrecht erfolgt ist; wenn der GV den Wert des gepfändeten Gegenstandes zu hoch geschätzt hat; wenn der GV gepfändete Kostbarkeiten in Verwahrung eines Dritten gibt, ohne diesen ausdrückl zum Verwahrer zu bestellen oder die Zustimmung des Gl und Sch einzuholen; wenn GV die Herausgabe des Erlöses oder von Sachen verweigert, die er durch die ZwV erlangt hat. – Bei Entscheidungen des Vollstreckungsgerichts: keine Erinnerung; nur § 793 (StJ/Kern Rn 12; s Rn 2).

15 **2) Schuldner.** Das Vollstreckungsorgan ist unzuständig; VollstrTitel fehlt, ist fehlerhaft oder nichtig; oder derart unbestimmt, dass er keinen vollstrb Inhalt hat (§ 704 Rn 5); die vom Gl auf Grund des Titels geforderte Leistung kommt nicht ihm zu; der Gl ist nicht ordnungsgemäß vertreten (OLG Nürnberg MDR 2010, 576) oder nicht hinreichend bezeichnet (im Fall BGH DGVZ 2015, 191 [Rundfunkanstalt] Erinnerung erfolglos); ordnungsmäßige Vollstreckungsklausel fehlt (RGZ 56, 70); Umschreibung der Klausel auf den (vollstreckenden) Rechtsnachfolger (§ 727) ist nicht erfolgt (BGH MDR 92, 1084); Titel oder Vollstreckungsunterlagen sind nicht zugestellt (§§ 750 ff); Sicherheit ist nicht richtig geleistet (RGZ 56, 71); GV hätte nicht zum Termin zur Abgabe der VA laden dürfen (stRspr; zB BGH 16.6.2016 – I ZB 71/15 Tz 9); es fehlt Besitzergreifung von Pfandgegenständen; Siegelung und Kenntlichmachung ist fehlerhaft; es fehlt Durchsuchungsordnung; die Gegenleistung ist nicht in einer den Annahmeverzug begründenden Weise angeboten worden (BGH MDR 2016, 1228 Tz 11 [Lamprecht EWiR 2016, 691]) oder sie ist unvollständig; nicht aber wegen inhaltl Mängel der Abrechnung bei Verurteilung zur Leistung Zug um Zug gegen Vorlage einer Abrechnung (OLG Köln MDR 68, 504); der im Titel für die Verpflichtung des Sch festgesetzte Endtermin ist nicht beachtet; es ist gegen §§ 737, 739 ff durch Pfändung nicht haftender Vermögensmassen des Sch verstoßen; Einstellung der ZwV ist trotz Vorliegens der Voraussetzungen des § 775 nicht erfolgt (§ 775 Rn 14); das Recht auf Geheimhaltung oder informationelle Selbstbestimmung ist verletzt (BGH NJW 2012, 1081); der Gl ist durch ein Pfand- oder ZurückbehaltungsR an bewegl Sachen gesichert (§ 777 Rn 8); die Pfändung ist verfrüht (§ 810 Rn 12; RGZ 34, 380); es liegt Überpfändung vor (§ 803 Rn 11; BGH NJW-RR 2011, 1694 Tz 6); es wurde trotz ges Verbots gepfändet (weil unpfändbar oder Zubehör; §§ 811, 865 II 1).

16 **3) Drittschuldner.** Er ist hinsichtlich aller Verfahrensnormen uneingeschränkt befugt, Erinnerung einzulegen (ganz hM; zB SchWKT/Thole Rn 25), sofern er durch die Pfändung in eigenen Rechten betroffen ist (MskV/Lackmann Rn 19).

17 **4) Insolvenzverwalter. a)** Er hat gegen eine vor Eröffnung des Verf bewirkte ungesetzl Pfändung das Recht der Einwendungen (MskV/Lackmann Rn 20). – **b)** Unzulässigkeit der ZwV in der kritischen Phase vor Eröffnung des InsVerf (§ 88 I InsO; s vor § 704 Rn 37) ist vAw zu beachten (kein Fall von § 775). Einwendungen des Ins-Verwalters sind mit Erinnerung geltend zu machen; über sie entscheidet das Insolvenzgericht (AG Duisburg NZI 2011, 944). – **c)** Das VollstrGericht entscheidet über Einwendungen, wenn ihnen eine Anordnung des Insolvenzgerichts im Eröffnungsverf zugrunde liegt (AG Köln NJW-RR 99, 1351; AG Rostock NJW-RR 2000, 716; aA [Insolvenzgericht] AG Göttingen NZI 2003, 612 mwN). – **d)** Nach eröffnetem InsVerf ist die ZwV für Insolvenzgläubiger unzulässig (§ 89 I InsO mit Besonderheit in II). Ein Verstoß hiergegen begründet keine Unwirksamkeit der Pfändung (OLGR Saarbrücken 2004, 488). Über die Erinnerung, auch über eine auf Massearmut gestützte (§ 207 InsO; BGH NJW-RR 2007, 119 Tz 9, 10), entscheidet das Insolvenzgericht (§ 89 III InsO), sowohl bei Anordnung als auch bei Ablehnung der Maßnahme (BGH MDR 2008, 108 Tz 4; MskV/Lackmann Rn 6); wenn abgesonderte Befriedigung aus unbewegl Gegenständen str ist (§ 49 InsO) jedoch das VollstrGericht (Stöber NZI 98, 105, 107). Analoge Anwendung des § 89 III InsO auf die Fälle der § 90 I, § 210 InsO (BGH NJW-RR 2007, 119 Tz 8, 10 mN). – **e)** Der Sch des InsVerf kann Erinnerung erheben, wenn der Verwalter auf Grund vollstr Ausfertigung des Eröffnungsbeschlusses (§ 148 II 1 InsO) zu Unrecht Gegenstände zur Masse zieht (MskV/Lackmann Rn 20); darüber entscheidet das Insolvenzgericht (§ 148 II 2 InsO).

18 **5) Dritter.** Dritter macht geltend, er sei nicht Sch (SchWKT/Thole Rn 25). – ZwV ist in das Privatvermögen einer *Partei kraft Amtes (TV) erfolgt.* – Die Sachen waren bei der Pfändung in **Gewahrsam** des Dritten und er hat der Pfändung widersprochen (§ 809; ermöglicht Berufung nur auf Verletzung eigenen Gewahrsams, nicht auch des Gewahrsams eines anderen, LG Frankfurt NJW-RR 88, 1215). – **Familienangehörige** (§ 811 I Nrn 2, 6)

oder Personen, die mit dem Sch in einem **gemeinsamen Haushalt** leben (§ 811 I Nrn 1, 4, 6, 8), machen die Unpfändbarkeit von Sachen, Tieren, Unterlagen geltend; der **Ehegatte/Lebenspartner**, wenn die Voraussetzungen des § 739 fehlen; **dingliche Gl** (zB Hypothekengläubiger) wenden sich gegen die nach §§ 810, 865 II unzulässige Pfändung von stehenden Früchten oder Zubehör; ein nachfolgender Gl ist durch die Pfändung in seinem Rang betroffen (§ 804 III; BGH MDR 2005, 1015); ein Grundstücksbesitzer verwahrt sich gegen den Abriss einer Mauer (OLG Köln JurBüro 92, 702). Der Dritteigentümer kann die Herausgabe von gem § 885 III auf die Pfandkammer geschafftem Räumungsgut bei Weigerung des GV nur im Wege der Erinnerung, nicht im Wege der Klage nach § 771 erreichen. Unzulässig ist die Erinnerung des Vermieters, der bei der Herausgabevollstreckung gegen den Mieter ein VermieterpfandR geltend macht (BGH MDR 2009, 1415; SchWKT/Thole Rn 27: stattdessen §§ 771, 805). – Dagegen § 771, wenn am Gegenstand der ZwV ein „die Veräußerung hinderndes Recht" geltend gemacht wird (StJ/Kern Rn 39).

V) Gerichtsvollzieher-Handlungen (§ 766 II). II trifft zu, wenn der GV den Auftrag überhaupt ablehnt, sei es 19 auch wegen Nichtzahlung des angeforderten Vorschusses (§ 4 GvKostG), wenn er vom Gl begehrte Kosten der ZwV als nicht notwendig behandelt, wenn der Sch die Erstattungspflicht von ZwV-Kosten bestreitet (MskV/Lackmann Rn 25) oder wenn die Höhe der vom GV berechneten Kosten und Auslagen beanstandet wird. Unsachl Verzögerung eines Vollstreckungsantrags ist Weigerung, eine Vollstreckungshandlung auftragsgemäß auszuführen, nach II demnach mit Erinnerung anfechtbar (erfordert nicht Zurückweisung des Gesuchs); denn sachl nicht zu rechtfertigende Untätigkeit des GV verletzt den Vollstreckungsanspruch des Gl (s vor § 704 Rn 2), dem damit der Rechtsweg offensteht (Art 19 IV 1 GG; für Erinnerung daher zutr Gleußner DGVZ 94, 145, 147 f; StJ/Kern Rn 2). Das hat auch bei Verzögerung „wegen Arbeitsüberlastung" zu gelten (str; LG Dessau JurBüro 97, 46; LG Halle DGVZ 2003, 609; aA AG Rosenheim DGVZ 97, 141). Verzögerung liegt aber nicht vor bei Erledigung nach dem Ermessen des selbständig handelnden GV. Früherer Termin für Räumung kann (außer bei Ermessensmissbrauch, der einer Weigerung gleich ist) dem GV daher im Verf nach § 766 nicht aufgegeben werden (AG Karlsruhe DGVZ 84, 29). Wurden zu viel berechnete Kosten eingezogen und an den Gl abgeführt, so kann der Rückgewähranspruch nach § 717 II geltend gemacht werden. Hat der GV infolge Fehlens des Vermerks „Prozesskostenhilfesache" Geb eingezogen, muss er sie, wenn PKH-Bewilligung nachgewiesen ist, mit Ausnahme der vom Sch schuldhaft verursachten Nachnahmekosten zurückerstatten (AG Gladbeck DGVZ 89, 159). – Wenn der GV sich weigert, Kosten der ZwV (§ 788) mit zu vollstrecken, ist das eine Entscheidung über Kosten (BGH DGVZ 2020, 170 Tz 5 [Mroß]), weshalb eine Beschwerde gegen die Erinnerungsentscheidung voraussetzt, dass der Wert des Beschwerdegegenstandes 200 Euro übersteigt (§ 567 II).

VI) Kombinationen. Mit Erinnerung nach § 766 **können zusammentreffen** (nicht aber verbunden werden): 20 **Feststellungsklage**, wenn die ZwV schlechthin unwirksam ist, zB die Auslegung des Schuldtitels durch den Gl und GV beanstandet wird, der Titel nichtig oder die Identität der Parteien festzustellen ist (s RGZ 40, 367); **Leistungsklage**, wenn der Titel verschieden ausgelegt werden kann, also unklar ist, oder nach mangelhafter Pfändung die Pfandsache in den Besitz eines anderen gelangt ist und von diesem nun Herausgabe verlangt wird (RGZ 56, 71 f); **Klagen aus §§ 767, 771, 805**, wenn sowohl ihre Voraussetzungen als auch ein Verfahrensverstoß iSd § 766 vorliegen (MskV/Lackmann Rn 9). Eine Entscheidung aus § 766 schließt die Klage aus § 771 nicht aus; denn § 766 betrifft nur das Verf, § 771 das sachl Recht. Ist aber in dem Verf nach § 766 rechtskräftig entschieden, kann über die gleiche Frage (zB ob die gepfändete Sache als Zubehör anzusehen ist) keine Klage aus § 771 mehr erhoben werden.

VII) Verfahren. 1) Einlegung. Erinnerung kann schriftl oder zu Protokoll der GeschSt eingelegt werden (**Formulierungsvorschläge:** Vorwerk/Goldbach, PFB, M 62.1 [betr GVZ] u 62.3 [betr Rpfleger]). Sie ist an keine Frist gebunden (Begrenzung jedoch durch Beendigung der ZwV, s Rn 13). Anwaltszwang besteht nicht (§ 78 III), jedoch trifft § 79 Bestimmung über die Vertretungsbefugnis (s § 79 Rn 9). Falsche Bezeichnung des Rechtsbehelfs ist unschädl. Eine Vollmacht ist nach allg Grundsätzen nachzuweisen (§ 80). 21

2) Antrag. Als Verfahrensantrag muss die Erinnerung die verlangte Nachprüfung der Vollstreckungsmaßnahme bezeichnen, somit erkennbar machen, was gerügt wird. Ein ausdrückl (förml) Antrag und eine Begründung sind darüber hinaus nicht zwingend. Die Erinnerung kann auf neue Tatsachen und Beweise gestützt werden (§ 571 II entspr). 22

3) Abhilfe. a) Der **GV** kann in den Fällen des II **abhelfen**, sonach vor Entscheidung des Vollstreckungsgerichts 23 einen abgelehnten Vollstreckungsauftrag übernehmen und ausführen oder die Vollstreckungshandlung dem Auftrag gemäß erledigen und seine Kostenberechnung berichtigen. Abhilfe durch Aufhebung einer ZwV-Maßnahme ist nicht gestattet; das folgt aus §§ 775, 776, die regeln, unter welchen Voraussetzungen eine ZwV-Maßnahme durch den GV aufzuheben ist, den Fall der (begründeten) Erinnerung jedoch nicht erfassen. Auf Antrag (Verlangen) des Gl kann der GV die ZwV-Maßnahme aber auch nach Erinnerung aufheben.

b) Der **Rpfleger** kann der Erinnerung gegen eine durch ihn getroffene Maßnahme der ZwV **abhelfen**. Er kann 24 daher eine Vollstreckungsmaßnahme, insb einen PfÜB aufheben (Aufschub bis Rechtskraft s Rn 30), wenn die Erinnerung begründet ist (hM; vgl nur MK/K. Schmidt/Brinkmann Rn 46); zur Abhilfe ist er bei begründeter Erinnerung verpflichtet (kein Ermessen). Vor Aufhebung einer ZwV-Maßnahme muss jedoch dem Gl rechtl Gehör gewährt werden. Ist eine Erinnerung nur teilw begründet, so hat der Rpfleger insoweit abzuhelfen, iÜ der Richter zu entscheiden (keine Zurückweisung durch den Rpfleger). Rechtsbehelf, wenn der Rpfleger abgeholfen hat, je nach Art der Maßnahme Erinnerung nach § 766 oder (bei Entscheidung, s Rn 3) sof Beschwerde (§ 793).

25 4) **Rücknahme.** Die Erinnerung kann bis zur Entscheidung **zurückgenommen** werden. Eine zurückgenommene Erinnerung kann bis zur Beendigung der ZwV wiederholt (erneut erhoben) werden. Verzicht auf den Rechtsbehelf ist zulässig, vor Erlass des Vollstreckungsakts jedoch nur, wenn der Sch über das Recht verfügen kann (nicht in den Fällen der § 811 [§ 811 Rn 11], §§ 850 ff). Verzicht begründet für den Gegner eine Einrede.

26 5) **Zuständigkeit.** Für Entscheidung über die Erinnerung ist das **Vollstreckungsgericht** (der **Richter**, § 20 I Nr 17 RPflG; zu § 89 III InsO s Rn 17) zuständig. Zuständiges VollstrGericht ist das AG, in dessen Bezirk das ZwV-Verfahren stattgefunden hat (auch bei Wohnsitzwechsel des Sch) oder stattfinden soll (§ 764 II), auch bei Pfändung von Forderungen aus indossablen Papieren und auf Herausgabe von Sachen (nicht das in § 828 II bezeichnete Gericht). Bei ZwV in Forderungen und andere VermögensR ist als VollstrGericht das AG des allg Gerichtsstandes des Sch zuständig (§ 828 II mit Einzelheiten), und zwar bei Beginn der ZwV. Spätere Wohnsitzänderung berührt die Zuständigkeit nicht; insofern bilden Vollstreckungsverf und das Verf über die Einwendung ein Verf mit gleicher Zuständigkeit. Bei Arrestpfändung entscheidet über die Erinnerung das Arrestgericht, soweit es VollstrGericht ist (§ 930 I 3, § 931 III; s § 930 Rn 3), bei Arrestpfändung durch den GV das VollstrGericht des § 764.

27 6) **Verfahrensregeln.** Für das Erinnerungsverfahren gelten die allg Grundsätze des ZPO-Verfahrens. Es ist vom Beibringungsgrundsatz beherrscht (s vor § 128 Rn 10 ff) mit Darlegungs- und Beweislast (s vor § 284 Rn 19) der Parteien des ZwV-Verfahrens, also des Gl und des Sch (BGH NJW 2004, 2979, 2981; krit zB MskV/Lackmann Rn 1: Ausgestaltung rechtspolitisch verfehlt; sa Rn 37). Strengbeweis (LG München I 20.9.2016 – 14 T 14988/16). Glaubhaftmachung genügt nur, wo das Gesetz sie vorsieht (s § 294 Rn 1), zB § 769 I 3, § 802d I 1, § 815 II 1, sowie für Berücksichtigung von ZwV-Kosten (s § 788 Rn 15). Ermessenshandlungen des Vollstreckungsorgans sind durch eigene Ermessensausübung des VollstrGerichts zu überprüfen. Fakultative mündl Verh: § 764 III mit § 128 IV. Rechtl Gehör (s vor § 704 Rn 28): im (einseitigen) Erinnerungsverf nach II und nach abgelehnter Forderungspfändung (s § 834 Rn 2; dort zu Einschränkungen) erfolgt Anhörung des nicht beteiligten Sch nicht. Der GV ist nicht Verfahrensbeteiligter (s Rn 37). Rechtl Gehör wird ihm daher so wenig gewährt wie Anhörung des Rpflegers zu erfolgen hat, dessen ZwV-Maßnahme angefochten ist. Dienstl Äußerung kann aber zur Sachverhaltsaufklärung eingeholt werden; Verwendung erst nach Mitteilung an die Beteiligten. Abgabe einer vom VollstrGericht angeforderten Stellungnahme ist Amtspflicht des GV. Für die Entscheidung ist (wegen § 571 II) die Sach- und Rechtslage bei ihrem Erlass maßgebend (SchWKT/Thole Rn 41 mN; BGH MDR 2009, 105 betr einen PfÜB), nicht die zur Zeit der Pfändung (zur Ausnahme s § 811 Rn 9) oder der Einlegung der Erinnerung.

28 7) **Beschluss.** Entscheidung durch Beschluss (§ 764 III), der zu begründen ist. Die Erinnerung ist zurückzuweisen, wenn sie unzulässig oder unbegründet ist. Auf zulässige und begründete Erinnerung ist

29 **a)** die angegriffene **ZwV-Maßnahme** (ganz oder teilw) **für unzulässig zu erklären** (§ 775 Nr 1 entspr). Aufhebung der Maßregel hat durch den GV nach § 776 (mit § 775 Nr 1) zu erfolgen (BGH MDR 2005, 648). PfandR und Verstrickung (§ 804) erlöschen erst damit. Überflüssig ist daher gesonderte Anweisung an den GV in der Entscheidung, eine bestimmte ZwV-Maßnahme aufzuheben;

30 **b)** die vom VollstrGericht selbst erlassene **ZwV-Maßnahme aufzuheben**. Die Aufhebung erfolgt hier durch das zuständige Vollstreckungsorgan (auch nach Beschwerde, Devolutiveffekt; s § 764 Rn 1). Sie wird daher sofort mit Bekanntmachung der Entscheidung wirksam (allgM; zB OLG Saarbrücken Rpfleger 93, 80), und zwar auch bei Aufhebung des Pfändungsbeschlusses durch den Rpfleger, der einer begründeten Erinnerung abhilft (s Rn 24; OLG Köln NJW-RR 87, 380). Damit sind die Wirkungen der ZwV-Maßnahme erloschen; ihr Rang ist unwiderrufl verloren. Im Rechtsmittelverf kann der aufgehobene Pfändungsbeschluss nicht wieder hergestellt werden; ein nur mit diesem Ziel eingelegtes Rechtsmittel ist unzulässig (BGH MDR 2013, 935). Anders aber, wenn damit eine ZwV mit neuem Rang ermöglicht werden soll (BGH NJW 2017, 2202 [Gössl] = MDR 2017, 903). – Sicherung des Gl ist mit der Anordnung möglich und geboten, dass die Wirksamkeit der Entscheidung bis zu ihrer Rechtskraft hinausgeschoben wird (zu weitgehend OLG Schleswig SchlHA 93, 91: Aufhebung eines Pfändungsbeschlusses ist zwingend mit einer Aussetzungsanordnung zu verbinden);

31 **c)** der GV **anzuweisen**, einen Vollstreckungs**auftrag durchzuführen** (oder auch nur: von seinen bisherigen Bedenken gegen den Auftrag abzusehen), die ZwV in bestimmter Weise vorzunehmen oder Kosten in bestimmter Höhe nicht anzusetzen;

32 **d)** eine vom VollstrGericht selbst als Vollstreckungsorgan vorzunehmende **ZwV-Maßnahme anzuordnen**; der Erlass kann auch dem Rpfleger übertragen werden (§ 572 III entspr).

33 ***8) Zustellung.*** *Die auf Grund mündl* Verh (Ausnahme) ergehende Entscheidung wird verkündet (§ 329 I 1; bei Pfändung aber § 829 II, III) und, wenn sie der sof Beschwerde unterliegt, zugestellt (§ 329 III). – Ein nicht verkündeter Beschluss ist zuzustellen (§ 329 II 1), und zwar nur dem ASt, wenn der Sch (ein sonstiger Beteiligter)

gegen die Ablehnung eines ZwV-Antrags nicht zugezogen wurde, sonst dem Gl, Sch und etwaigen weiteren Verfahrensbeteiligten.

VIII) Kosten. Über sie ist nach §§ 91 ff zu entscheiden (§ 308 II entspr; BGH MDR 89, 142). Kosten einer ohne Erfolg eingelegten Erinnerung fallen dem Erinnerungsführer zur Last (§ 97 I). Bei erfolgreicher Erinnerung gelten § 91 I, §§ 92 ff (BGH FamRZ 2004, 1369), auch § 97 II kann anwendbar sein. Wenn das Verfahren für erledigt erklärt wird, ist nach § 91a zu entscheiden (BGH NJW 2004, 2979). Bei Zurücknahme hat der Erinnerungsführer die Kosten zu tragen. Ob dies aus § 91 I (AG Berlin-Schöneberg DGVZ 2020, 57), aus § 269 III 2 oder § 516 analog folgt, bleibt im Ergebnis gleich. – Eine Kostenentscheidung zu Lasten des Sch ist auch im (einseitigen) Verfahren nach II nicht generell ausgeschlossen (BGH NJW-RR 2009, 1384; MskV/Lackmann Rn 31; aA MK/K. Schmidt/Brinkmann Rn 65: § 788 I). Sie ist idR aber nur dann möglich, wenn der Sch Kenntnis vom Verfahren und damit Gelegenheit hatte, sich zu äußern (BGH MDR 2015, 1387 Tz 27). Der GV ist nicht Beteiligter des Verfahrens über die Erinnerung (s Rn 37). Kosten können ihm daher auch nicht auferlegt werden, wenn er angewiesen wird, die ZwV durchzuführen (BGH NJW 2004, 2979, 2981). Auch zu Lasten der Landeskasse kann eine Kostenentscheidung nicht ergehen (OLG Hamm DGVZ 94, 27). 34

IX) Einstweilige Anordnung. Hiermit kann das VollstrGericht (auch der Rpfleger infolge seines Abänderungsrechts, s Rn 24) auf Antrag oder vAw vor der Entscheidung über die Erinnerung die ZwV gegen oder ohne Sicherheitsleistung einstellen oder bestimmen, dass sie nur gegen Sicherheitsleistung fortgesetzt werden darf (I 2). Über die Zulässigkeit der ZwV wird erst durch den das Erinnerungsverf abschließenden Beschluss entschieden. Die Aufhebung schon erfolgter ZwV-Maßnahmen durch einstw Anordnung ist daher nicht zulässig. Die einstw Anordnung wird mit Entscheidung über die Erinnerung gegenstandslos. – Beschwerde gegen die einstw Anordnung wird nicht für zulässig erachtet (s § 732 Rn 17), Gegenvorstellung und Rüge (§ 321a) sind möglich. – Erinnerung (§ 11 II 1 RPflG), wenn der Rpfleger entschieden hat (SchWKT/Thole Rn 49). 35

X) Rechtsbehelf. Es ist zwischen § 766 und § 5 II GvKostG zu unterscheiden (s OLG Frankfurt NJW-RR 2022, 1006; ausf AG Düsseldorf DGVZ 2023, 123): **1)** nach Vollstreckungserinnerung (§ 766): sof Beschwerde, § 793 (**Formulierungsvorschlag:** Vorwerk/Goldbach, PFB, M 62.4), Abhilfe möglich, § 572 I 1. Beschwerdefrist: 2 Wochen (§ 569 I) ab Zustellung (§ 329). Rechtsbeschwerde bei Zulassung (§ 574 I Nr 2). – Ist durch Aufhebung die Wirkung des Vollstreckungsaktes beseitigt, muss neu vollstreckt werden (s Rn 30). – **2)** nach Kostenansatzerinnerung (II Alt 3; § 5 II 1 GvKostG): unbefristete Beschwerde nach § 5 II 2 GvKostG, § 66 II GKG. Weitere Beschwerde (zum OLG, § 66 IV 3 GKG) nach § 66 IV GKG (BGH MDR 2018, 426: unstatthafte Rechtsbeschwerde ist entsprechend umzudeuten). – Auch die **Anhörungsrüge** ist mögl; sie dient aber nicht der inhaltlichen Überprüfung der Richtigkeit der Entscheidung (LG Oldenburg DGVZ 2023, 123). 36

XI) Kein Rechtsbehelf des Gerichtsvollziehers. Er ist Organ der ZwV, nicht Beteiligter (BGH NJW 2004, 2979, 2981; krit Stamm, Die Strukturprinzipien der ZwV, Tagungsbd BMJV 2017, S 19, 32; MskV/Lackmann Rn 1). Daher ist er nicht befugt, gegen Maßnahmen des VollstrGerichts Erinnerung zu erheben und Entscheidungen des VollstrGerichts mit sof Beschwerde anzufechten (hM; zB OLG Frankfurt DGVZ 2018, 120; StJ/Kern Rn 13). GV-Kosten werden für die Landeskasse erhoben (§ 1 GvKostG), die Erinnerung einlegen kann. Der GV selbst kann auch gegen Entscheidungen über Kosten (II) kein Rechtsmittel einlegen (SchWKT/Thole Rn 28 mN; OLG Hamm MDR 2024, 1402); anders aber, wenn die Kostenbelange des GV unmittelbar betroffen sind (LG Konstanz DGVZ 2002, 139; WSch/Spohnheimer Rn 66; ThP/Seiler Rn 28; MskV/Lackmann § 793 Rn 4; s hierzu § 793 Rn 4). 37

XII) Rechtskraft. Entscheidungen nach § 766 sind mit Ablauf der Beschwerdefrist (s Rn 36), Rücknahme der Beschwerde nach Fristablauf oder (allseitigem) Rechtsmittelverzicht formell **rechtskräftig** (§ 705); Wirkung: s § 705 Rn 3. Materielle Rechtskraftwirkung für/gegen Erinnerungsführer und den als Partei gehörten Gegner (deren Rechtsnachfolger usw, §§ 325 ff) entfalten Beschlüsse nach § 766, soweit sie eine der materiellen Rechtskraft fähige sachl Entscheidung enthalten (BGH MDR 2012, 1063 Tz 13; StJ/Kern Rn 63). Keine materielle Rechtskraft entfaltet damit der in einem gegnerlosen Erinnerungsverf (s Rn 27) ergangene Beschluss wie der, der einen Vollstreckungsantrag aus formellen Gründen abweist (BGH MDR 2012, 1063). Rechtskraftwirkung besteht auch ggü Dritten, aber nur, wenn sie am Erinnerungsverf beteiligt waren (MskV/Lackmann Rn 32). 38

XIII) Gebühren. 1) Gericht: keine. Auslagen (9000 ff GKG-KV) sind anzusetzen. – Beschwerdeverf: 2121 GKG-KV. Rechtsbeschwerdeverf 2124 GKG-KV. – **2)** RA: Die Erinnerung nach § 766 ist gegenüber der Vollstreckungsmaßnahme nach § 19 II Nr 2, § 18 I Nr 1 RVG keine neue (bes) Angelegenheit iSv § 18 I Nr 3 RVG. Sie löst somit für den mit der Vollstreckung insgesamt beauftragten RA keine bes oder höhere Geb aus (BGH MDR 2010, 658; BGH JurBüro 2010, 325), gleichgültig, ob der Sch, der Drittschuldner oder beide Erinnerung einlegen. – IÜ erhält RA (des Sch, eines Dritten) die 0,5 Geb 3500 RVG-VV (BTDrs 15/1971, 276 zu 3500 RVG-VV mit ausdrückl Erwähnung des § 766). – Bei einem Auftrag des Gläubigers ausschließl für das Erinnerungsverf (3500 RVG-VV) ist die Gebührenbegrenzung in § 15 VI RVG zu beachten, so dass er nur 0,3 erhält (3309 RVG-VV begrenzt die Geb 3500 RVG-VV). – Einstw Anordnung (I 2 iVm § 732 II): keine bes Gebühr (GS/Müller-Rabe VV 3309 Rn 80). 39

§ 767 Vollstreckungsabwehrklage

(1) Einwendungen, die den durch das Urteil festgestellten Anspruch selbst betreffen, sind von dem Schuldner im Wege der Klage bei dem Prozessgericht des ersten Rechtszuges geltend zu machen.

(2) Sie sind nur insoweit zulässig, als die Gründe, auf denen sie beruhen, erst nach dem Schluss der mündlichen Verhandlung, in der Einwendungen nach den Vorschriften dieses Gesetzes spätestens hätten geltend gemacht werden müssen, entstanden sind und durch Einspruch nicht mehr geltend gemacht werden können.

(3) Der Schuldner muss in der von ihm zu erhebenden Klage alle Einwendungen geltend machen, die er zur Zeit der Erhebung der Klage geltend zu machen imstande war.

1 **I) Rechtsnatur und Antrag. 1) Gestaltungsklage.** Einwendungen des Sch gegen in Klagen auf Leistung/Duldung/Unterlassung (nicht auch Feststellungs- oder mat-rechtl Gestaltungsklagen; str für proz Gestaltungsklagen, s StJ/Kern Rn 8) festgestellte Ansprüche sind mit der sog Vollstreckungsabwehr- (oder Vollstreckungsgegen-) klage des § 767 geltend zu machen, gleichgültig, ob diese Einwendungen rechtsvernichtend oder (wie bei Stundung) nur rechtshemmend wirken. Die Klage ist nach hM eine **prozessuale Gestaltungsklage** (ThP/Seiler Rn 1; BGH NJW 2006, 1969: Rechtsgestaltungsklage; MK/K. Schmidt/Brinkmann Rn 3: Gestaltungsklage mit der Funktion einer negatorischen Abwehrklage; abl Halfmeier IPRax 2007, 381 hinsichtl der Auffassung von der fehlenden materiellen Rechtskraftwirkung; aA Stamm, Die Strukturprinzipien der ZwV, Tagungsbd BMJV 2017, S 17, 33: allgemeine Feststellungsklage). Streitgegenstand ist allein die gänzl oder teilw, endgültige oder zeitweilige Vernichtung der Vollstreckbarkeit (BGH MDR 95, 1258; OLG Frankfurt 19.9.2023 – 9 U 36/21 Tz 67).

1a **2) Klageantrag.** Er geht dahin, die ZwV aus dem angegriffenen Titel für unzulässig zu erklären (OLG Brandenburg FamRZ 2004, 558). Übernimmt der InsVerwalter vom klagenden Sch das Verf, hat er zu beantragen, den Widerspruch für begründet zu erklären (BGH NZI 2021, 669).

2 **II) Abgrenzungen.** Will der Sch (oder ein Dritter) das Urteil oder dessen Vollstreckung in anderer Richtung angreifen, so muss er die entspr **Rechtsbehelfe** geltend machen:

2.1 • **Abänderungsklage** nach §§ 323, 323a, § 238 FamFG. Mit der Begründung einer Abänderungsklage (Anpassung des Titels), die nur für die Zukunft wirkt, kann keine Vollstreckungsabwehrklage gestützt werden, die die Vollstreckbarkeit des Titels rückwirkend beseitigt. Die Klage nach § 767 und die nach §§ 323, 323a, § 238 FamFG schließen sich also, wenn sie auf dens Sachverhalt gestützt werden, grds aus (BGH MDR 2005, 1293 mwN; BayObLG 6.7.2023 – 102 AR 135/23 Tz 39). Objektive Klagehäufung sowie Haupt- und Hilfsantrag bleiben bei unterschiedl Sachverhalten denkbar (SchWKT/Raebel/Thole Rn 8).

2.2 • **Bereicherungsklage**. Erst zulässig, wenn § 767 nicht mehr mögl ist (SchWKT/Raebel/Thole Rn 12). Sie setzt die Möglichkeiten der Abwehrklage fort (BGH MDR 2013, 1372 Tz 15) und unterliegt deshalb dens Einschränkungen, denen eine Abwehrklage unterlegen wäre (BGH MDR 2018, 926 Tz 22; MskV/Lackmann Rn 15; SchWKT/Raebel/Thole Rn 49 ab 8. Aufl).

2.3 • **Drittwiderspruchsklage** (§ 771), um die Vollstreckung in einen konkreten Gegenstand oder eine Forderung abzuwehren.

2.4 • **Erinnerung** gem § 766 gegen die Art u Weise der ZwV, also um formelle Mängel einzelner Vollstreckungsmaßnahmen zu rügen (s § 766 Rn 10, 14-18). – Die Erinnerung ist abzugrenzen von der Beschwerde (§ 793; s § 766 Rn 2; § 793 Rn 2).

2.5 • **Feststellungsklage** auf Nichtbestehen des Anspruchs (BGH NJW 2009, 1671 [krit Kaiser] = MDR 2009, 706; Schmidt JuS 2009, 967; § 256 Rn 19; AG/Hunke Rn 13a; MK/K. Schmidt/Brinkmann Rn 18; OLGR Rostock 2003, 565), soweit nicht II (so beim präkludierten Aufrechnungseinwand, BGH NJW 2009, 1671; krit Thole ZZP 124 [2011], 45 ff, 63 ff) oder die Rechtskraft der Entscheidung entgegensteht. Möglich auch im Wege der Klagenhäufung mit § 767 oder neben der Klage aus § 767 hilfsw Feststellung einer zeitl oder betragsmäßig begrenzten Unzulässigkeit, auch wenn damit die Vollstreckbarkeit des Titels nicht beseitigt werden kann (BGH WM 85, 703). Auch der Gl kann ein Rechtsschutzinteresse an der Feststellung haben, dass die Vollstreckung des Titels noch zulässig ist. Ist der Titel unklar, kann auf Feststellung geklagt werden (Gössl Anm zu BGH NJW 2018, 235). Es kann mit der Klage aber nicht festgestellt werden, dass die ZwV rechtswidrig war (BGH MDR 2015, 671 Tz 7; BGH NJW 2018, 3441 Tz 14; BAG NJW 2019, 695 Tz 14).

2.6 • **Klage auf Herausgabe des Vollstreckungstitels.** Analog § 371 BGB (ausf Wendt JuS 2013, 33) kann auf Herausgabe des Schuldtitels geklagt werden, wenn der Gl unstr befriedigt (BGH NJW 94, 1161), wenn die ZwV vollständig beendet (BGH NZM 2020, 595 Tz 9) oder die Klage nach § 767 bereits rechtskräftig zugunsten des Sch entschieden ist (BGH NJW 2009, 1671). Letzterem steht die Erklärung des unterlegenen Gl, kein Rechtsmittel einlegen zu wollen, gleich (BGH MDR 2008, 1236). – Der Erfolg der Abwehrklage indiziert aber nicht schon die Begründetheit der Herausgabeklage. – Dem Herausgabeverlangen eines Sch steht es nicht entgegen, wenn es mehrere Titelsch gibt (BGH DGVZ 2014, 125: Verweis auf § 724; Mehrzahl von Ausfertigungen bei

Kopfteilhaftung). – Auf die Titelgegenklage (s Rn 7) sind diese Grundsätze entsprechend anwendbar (BGH NJW 2015, 1181 [Kaiser] = MDR 2015, 361 Tz 23).

• **Klage gegen die Vollstreckungsklausel** (§ 768). 2.7

• **Klauselerinnerung** (§ 732; ausf Windel ZZP 102 [1989], 175), um die Unzulässigkeit der bereits erteilten Vollstreckungsklausel geltend zu machen (BGH MDR 2004, 471). Sie kann nur auf Fehler formeller Art gestützt werden (BGH MDR 2020, 1465; Hk-ZV/Giers/Haas § 732 Rn 2 m Bsp; s § 732 Rn 5 ff). – Zur Klauselerinnerung und Titelgegenklage s Rn 7 „unwirksame Titel". 2.8

• **Leistungsklage** bei Notwendigkeit eines neuen Titels, zB weil der alte unklar ist. 2.9

• **Schadensersatz** aus schuldhaft fehlerhafter Vollstreckung (BGHZ 74, 9) oder wegen Urteilsmissbrauchs (§ 826 BGB; s vor § 322 Rn 72 ff). 2.10

• **Vollstreckungsschutzantrag** (§ 765a), um die Unzulässigkeit einer einzelnen Vollstreckungsmaßnahme geltend zu machen. 2.11

• **Wiederaufnahmeklage** nach §§ 578 ff, wenn ein rechtskräftiges Urteil aufgehoben und neu verhandelt werden soll. 2.12

III) Vereinbarungen. Die Klage kann auf vollstreckungsbeschränkende Vereinbarungen der Parteien gestützt werden. Näher s Rn 12.40. 3

IV) Wahlrecht. Die Wahl zwischen Berufung und Vollstreckungsabwehrklage steht dem Sch offen (MK/K. Schmidt/Brinkmann Rn 14), wenn eine Einwendung nach Schluss der mündl Verh der 1. Instanz, aber vor Eintritt der Rechtskraft entstanden ist (OLG Frankfurt JurBüro 83, 143). Nach Einlegung der Berufung fehlt das Rechtsschutzbedürfnis für Klage nach § 767 (OLG Hamm ZIP 93, 523; KGR Berlin 1997, 11; ThP/Seiler Rn 15; AG/Hunke Rn 53), es sei denn, das Rechtsmittel ist als unzulässig verworfen (BAG NJW 80, 141) oder der Einwand, auf den die Klage gestützt wird, steht im Berufungsverf nicht zur Prüfung an (OLGR Frankfurt 2006, 313). Die Berufung ist nicht unzulässig, wenn bereits Vollstreckungsabwehrklage erhoben, da mit Berufung auch bereits vor Schluss der mündl Verh entstandene Einwendungen geltend gemacht werden können und die Berufung zur Aufhebung des Urteils, die Vollstreckungsabwehrklage aber nur zur Unzulässigkeitserklärung der ZwV führen kann (Geißler NJW 85, 1869). 4

V) Rechtskraft. Die Vollstreckungsabwehrklage richtet sich lediglich gegen die **Vollstreckbarkeit des Titels**. Die materielle Rechtskraft des Titels bleibt, unabhängig vom Ergebnis der Klage, bestehen (SchWKT/Raebel/Thole Rn 45 mN). – Bei Erfolg beseitigt die Abwehrklage die Vollstreckbarkeit (Gestaltungswirkung; MskV/Lackmann Rn 46; OLG Nürnberg Rpfleger 2014, 276). Sie führt aber nicht zum Erlöschen des rechtskräftig titulierten mat-rechtl Anspruchs (BGH MDR 2008, 1236 Tz 12; WSchKT/Raebel/Thole Rn 45). – Hat die Klage keinen Erfolg, ist die fortdauernde Zulässigkeit der ZwV festgestellt. Der Kl kann dieses Ergebnis mit der Begründung dieser erfolglosen Klage nicht mehr mit einer Schadensersatzklage korrigieren (BGH MDR 2017, 43 Tz 44 [Vollkommer MDR 2017, 321]). – Die Entscheidung über die vom Sch vorgebrachten Einwendungen erwächst in beiden Fällen nicht in Rechtskraft (BGH NJW-RR 1990, 48 [betr erfolgreiche Abwehrklage]; OLG Saarbrücken 2.3.2018 – 4 W 28/17 Tz 20; MskV/Lackmann Rn 46; SchWKT/Raebel/Thole Rn 45, Rn 46; PG/Hansmeier Rn 35). – Eine Ausnahme gilt für die Aufrechnung. Der Anspruch, mit dem aufgerechnet wurde, erwächst in der Höhe seines Einsatzes in Rechtskraft (§ 322 II; s § 322 Rn 24; MskV/Lackmann Rn 46; BGH MDR 2015, 179 Tz 48, 49; SchWKT/Raebel/Thole Rn 45, Rn 46). 5

VI) Anwendbarkeit. Anwendbar ist § 767 auf: 6

• **AUG** § 66, wenn mat-rechtl Einwendungen vorgebracht werden sollen (OLG Stuttgart 6.5.2020 – 17 UF 25/19). Zur rechtl Einordnung des Abwehrantrags in die Brüssel Ia-VO bzw EuUntVO s EuGH NJW 2020, 2323 (Odemer NZFam 2020, 944) = FamRZ 2020, 1289 (Dome); sa Rn 10.

• **Auszug aus dem Umlegungsverzeichnis** (LG Darmstadt NVwZ 82, 525).

• **AVAG** §§ 14, 56 (s Stürner DGVZ 2016, 223).

• **Beschäftigungsurteile** (ArbG Münster BB 81, 243).

• **BRAO** (BGH NJW-RR 2009, 1581 zu § 204 III 1 BRAO).

• **BVerfGG** § 79 II 3; näher s Rn 12.5.

• **Dispache.** § 409 III FamFG.

• **Einstweilige Verfügungen**, die Leistungsverfügungen sind. § 767 ist neben § 927 anwendbar (ThP/Seiler § 936 Rn 15; MskV/Lackmann Rn 7; MK/K. Schmidt/Brinkmann Rn 37; aA SchWKT/Raebel/Thole Rn 53); aber keine Klage nach § 767, wenn Widerspruch möglich ist (Vollkommer § 927 Rn 15).

• **Erbauseinandersetzung.** § 371 II 2 FamFG; § 797 IV, V ZPO; § 767 II gilt hier nicht.

• **Erbenhaftung,** § 785.

• **Europäische Vollstreckungstitel.** § 1086. – § 767 II gilt hier entspr für gerichtl Vergleiche u öffentl Urkunden (§ 1086 II im Gegensatz zu § 797 IV). – **Europ Mahnverf:** § 1096 II 2. – **Europ Verf für geringfügige For-**

derungen: § 1109 II, § 1086. – Anerkennung und Vollstreckung nach **EU-VO Nr 1215/2012:** § 1117 (Präklusion nach § 767 II gilt nicht in den Fällen § 1117 II).

• **FamFG** §§ 120 I, 95 FamFG.

• **Fristbestimmung** nach §§ 255, 510b. S § 510b Rn 11.

• **Haushaltssachen** §§ 200, 95 FamFG.

• **Insolvenzverfahren** § 178 III, § 257 InsO.

• **Konkurrierende Gläubiger** u **Rechtsnachfolger** des Sch können Einwendungen erheben, die der Sch nach II noch selbst vorbringen könnte (BGH MDR 88, 314).

• **Kostenfestsetzungsbeschlüsse**, § 794 I Nr 2. Die Einreden des Vergleichs, der Aufrechnung, Stundung und Verjährung sind gem §§ 767, 794, 795 geltend zu machen (BGH MDR 2023, 395 [betr Aufrechnung]). – Jedoch keine Vollstreckungsabwehr mit Aufrechnung des zuerst eingeklagten materiellen Anspruchs nach Klagerücknahme (BGH WuB VII A. § 269 ZPO 1.87 [Deuchler] = JR 87, 331 [Schubert]; BGH MDR 92, 705 [auch zur Belästigungsabsicht]), es sei denn, der Anspruch des Kl ist unstr (BGH MDR 2011, 808). Mit anderen Ansprüchen, auch bestr, kann die Aufrechnung grds erklärt werden (zB OLG Hamm NJW-RR 91, 1334).

• **Nachschuss- und Umlagefestsetzungen** im InsVerf der **Versicherungsgesellschaften** (§ 52 I 3 VAG iVm § 109 GenG).

• **Prozessvergleiche**, § 794 I Nr 1. Soweit bei Unwirksamkeit des Vergleichs der Vorprozess fortzusetzen ist (s hierzu § 794 Rn 16a), fehlt für eine Klage nach § 767 das Rechtsschutzbedürfnis (BGH NJW 71, 467; aA Kühne ZZP 85 [1972], 98). Wird jedoch von einer Partei nach Abschluss eines Prozessvergleichs außer der Nichtigkeit des Vergleichs hilfsw auch geltend gemacht, die durch den Vergleich begründete Forderung sei weggefallen, dann für alle Einwendungen Klage nach § 767 (BGH NJW 67, 2014). Keine Abwehrklage, wenn aus zuvor erwirktem VU beschränkt bis zur Höhe des Vergleichsbetrags weiter vollstreckt wird (OLG Hamm NJW 88, 1988).

• **Rechtsanwaltsvergütung.** § 11 RVG. Dabei gilt II (BGH MDR 97, 397).

• **Schiedssprüche.** §§ 1055, 1060 I. Klage nach § 767 nur auf Grund von Tatsachen, die im Verf der Vollstreckbarerklärung nicht vorgebracht werden konnten (BGH NJW-RR 2008, 659 Tz 31; s § 1060 Rn 9, 12; MskV/Voit § 1060 Rn 12). Einrede des Schiedsvertrags (§ 1032) macht die Klage unzulässig, wenn die Einwendung des Sch der Schiedsabrede unterliegt (BGH NJW-RR 96, 508).

• **StPO.** § 406b StPO.

• **Unterlassungsklagengesetz.** § 10 UKlaG.

• **Unterlassungstitel**, nachträgl entstandene Einwendungen gegen – (BGH NJW 2008, 1446; s § 323 Rn 6).

• **Vollstreckbare Urkunden.** § 794 I Nr 5 (ausf Windel ZZP 102 [1989], 175 mit Abgrenzung zu § 732). – II gilt nicht (§ 797 IV).

• **Vollstreckungsbescheide.** § 794 I Nr 4, § 796 II (zur Präklusion nach II s Rn 20).

• **Vollstreckungskosten.** § 788 (BVerfG NJW-RR 2018, 694 = WuB 2018, 295 [Hintzen]).

• **Vollstreckungsurteile.** § 723 (s § 723 Rn 1).

• **Vorschussberechnung.** Gegen sie findet binnen eines Monats Anfechtungsklage statt, § 111 GenG. Sie kann nur auf Gründe gestützt werden, die im Termin vor dem InsGericht (§ 107 GenG) vorgebracht wurden oder ohne Verschulden nicht vorgebracht werden konnten. Bei nach der Vollstreckbarerklärung entstandenen Einwendungen Klage nach § 767 (AG/Hunke Rn 42). Zuständigkeit: § 109 III GenG.

• **Willenserklärung**, Verurteilung zur Abgabe einer –; § 767 nur, solange die Abgabe noch nicht fingiert (§ 894) ist, also bis zur Rechtskraft (OLG Hamburg MDR 98, 1051).

• **Wohnungseigentumsverfahren** (MskV/Lackmann Rn 7).

• **Zinsforderung.** Vollstreckungsgegenklage statt Erinnerung, wenn die Vollstreckungsmaßnahmen unklar lassen, ob und inwieweit wegen der nicht titulierten Zinsforderung vollstreckt wird (OLG Düsseldorf OLGZ 80, 339).

• **Zwangsgeldbeschlüsse.** Nach OLG Karlsruhe (MDR 2020, 568) ist die Abwehrklage statthaft. Wird wegen nicht vertretbaren Handlungen (§ 888) vollstreckt, stellt sich regelmäßig die Frage, ob im dortigen Verf oder nach § 767 vorzugehen ist (s § 888 Rn 11). Sa Rn 12.9 zum Erfüllungseinwand.

• **Zwangsversteigerungsverfahren.** Zuschlagsbeschlüsse, §§ 93, 132 ZVG (LG Ulm NJW-RR 87, 511). Teilungsplan: § 115 III ZVG (BGH NJW 80, 2586). Für den Zuschlagsbeschluss und die Vollstreckung aus einer Ersatzübertragung gilt II nicht.

7 **VII) Nichtanwendbarkeit.** Nicht anwendbar ist § 767:

• Bei **Arresten.** Nur Widerspruch, § 924, oder Verf nach § 927 (MskV/Lackmann Rn 7; MK/K. Schmidt/Brinkmann Rn 37 mit Ausnahme bei einem Verstoß gegen vollstreckungsbeschränkende Vereinbarungen; § 767 analog).

• Auf **ausländische Titel**; erst gegen deren Vollstreckbarerklärung, es sei denn, sie sind bereits ohne Exequatur vollstreckbar (s zB Art 17, 48 EuUntVO iVm § 30 I, § 66 I 1 Alt 1 AUG).

- Bei **einstweiligen Verfügungen**, es sei denn, sie sind auf Befriedigung (Zahlung) gerichtet (OLG Hamm 9.4. 2018 – 32 SA 5/18 Tz 23; AG/Becker § 936 Rn 12; aA SchWKT/Raebel/Thole Rn 53; sa Rn 6). Änderung für die Zukunft ist nach § 927 zu verfolgen.
- Im **Justiz-Beitreibungsverfahren.** § 767 wird in § 6 I Nr 1 JBeitrG nicht aufgeführt. Die Einwendungen werden über § 766 bzw § 8 JBeitrG geprüft.
- Bei Einwendungen gegen den **Kostenvorschuss** (§ 887 II; BGH MDR 93, 272 = BauR 93, 111).
- Bei **unwirksamem Titel.** Zwar ist eine Vollstreckungsabwehrklage auch zulässig bei einem der materiellen Rechtskraft nicht fähigen, unwirksamen Titel (BGH MDR 92, 902 LS 1). Der Einwand der Unwirksamkeit des Titels wird dabei jedoch nicht geprüft (BGH MDR 92, 902 LS 2). § 767 ist hierfür nicht unmittelbar anwendbar (BGH MDR 94, 1040), aber auch nicht ausschließl die Klauselerinnerung (s Rn 2.8). Statthaft ist eine prozessuale Gestaltungsklage (**Titelgegenklage**) analog § 767 I (BGH MDR 2018, 1463 Tz 9; ausf Klose MDR 2024, 407), die sich gegen den Titel wendet und deren Streitgegenstand die Wirksamkeit des Titels ist (StJ/Kern Rn 19). – Auf diese Möglichkeit kann das Gericht hinweisen (§ 139; BGH NJW 2006, 695). Die Unwirksamkeit des Titels kann beruhen auf fehlender Bestimmtheit von Gl oder Sch oder des Anspruchs; der Titel kann aus materiellen Gründen unwirksam sein oder der Rechtskraft nicht fähig (Klose MDR 2024, 407 Rn 10 ff). – Titelgegenklage und **1)** Klage nach § 767 (zur Abgrenzung Kaiser NJW 2010, 2933, Özen/Hein JuS 2010, 124): Die Klagen, die unterschiedl Streitgegenstände haben (OLG Saarbrücken RNotZ 2022, 160; aA Leitmeier JR 2021, 549, 551), können **verbunden** (BGH MDR 2015, 361 Tz 6; stRspr) und sinnvollerweise dabei in ein Eventualverhältnis gestellt werden. Die Titelgegenklage kann aber auch isoliert erhoben werden (BGH MDR 2007, 1340). Trotz des gemeinsamen Prozesszieles, die ZwV für unzulässig zu erklären, Teilklageabweisung, wenn nur eine der beiden Klagen begründet ist (OLG Saarbrücken RNotZ 2022, 160; Klose MDR 2024, 407 Rn 27). – und **2)** Klauselerinnerung nach § 732: Der Sch hat ein **Wahlrecht**, wenn für Klage u Erinnerung die Voraussetzungen vorliegen (BGH MDR 2005, 113), kann die Klage auch nach der Erinnerung noch erheben (OLG Celle JurBüro 2010, 159: kein Wahlrechtsverbrauch). Aussetzung der Klage mögl (OLG Saarbrücken 2.3.2018 – 4 W 28/17 Tz 20). – **3) Kasuistik**: § 767 I **analog bejaht**, bei Verurteilung zur Vorlage der Berechnung eines Abfindungsguthabens (OLG Hamm 18.7.2016 – 8 U 17/16 Tz 27 ff); bei nur pauschalen Unterwerfungserklärungen (BGH MDR 2015, 361); beim Fehlen/bei der Unwirksamkeit einer Unterwerfungserklärung (OLG Saarbrücken RNotZ 2022, 160) oder wenn sich der Sch gegen die Wirksamkeit des Nachweisverzichts in der Unterwerfungserklärung wendet (BGH ZIP 2020, 2228 Tz 24); bei unbestimmter Anrechnungsklausel (OLG Schleswig NJW 2017, 1970 Tz 27); bei nicht konkret bestimmter Zahlungspflicht in einem Vergleich (OLG Koblenz NJW-RR 2002, 1509); bei Vollstreckungsunterwerfung ohne Fälligkeitsnachweis in einer not Urkunde (OLG Düsseldorf BauR 2002, 515); wenn nicht erkennbar ist, über welche Einzelforderungen oder Teilbeträge entschieden wurde (OLG Brandenburg MDR 2000, 227); wenn es im Mahnverf an der Individualisierung der im VB titulierten Forderung fehlt (OLG Zweibrücken NJW-RR 2010, 285); bei Vertragsnichtigkeit (OLG Koblenz NJW-RR 2014, 982: notarielle Urkunde). – Titelgegenklage mögl, um vorzubringen, ein Urteil sei auf Grund eines Vergleichs wirkungslos geworden (BGH MDR 2007, 1340). Nur § 732, wenn es allein um die Frage geht, ob der Titel den Vollstreckungsgläubiger erkennen lässt (BGH MDR 2004, 471). – Zur Titelgegenklage zur Abwehr der ZwV aus einem VB Vollkommer Rpfleger 2004, 336 Anm zu LG Traunstein Rpfleger 2004, 366. – II, III sind auf die Titelgegenklage nicht anwendbar (Klose MDR 2024, 407 Rn 23; SchWKT/Raebel/Thole Rn 50; BGH MDR 1994, 1040; s Rn 20, Rn 22).

VIII) Prozessvoraussetzungen. 1) Zulässigkeit. Die Klage ist zulässig bei Vorliegen der allg Prozessvorausset- 8
zungen; ob eine Einwendung schlüssig behauptet ist, rechnet zur Begründetheit (s Rn 11; Geißler NJW 85, 1867). – Das **Rechtsschutzbedürfnis** darf nicht fehlen; es ist nach Stamm (Die Strukturprinzipien der ZwV, Tagungsbd BMJV 2017, S 19, 33) aber nur ein Synonym des Feststellungsinteresses, weshalb sich I im Ergebnis ganz auf § 256 zurückzuführen lasse. – Das „weite" (ausf Schlüter ZZP 137 [2024], 455) Rechtsschutzbedürfnis ist gegeben, sobald eine ZwV ernstl droht, also auch schon vor Erteilung (OLG Brandenburg FamRZ 2019, 910) oder Umschreibung der Vollstreckungsklausel (OLG Hamm NJW-RR 2019, 750) bis zur endgültigen Befriedigung des Gl, die zum Titelverbrauch führt (BAG NJW 2019, 695 Tz 12). Es fehlt, wenn eine ZwV unzweifelhaft nicht beabsichtigt ist (OLG Köln FamRZ 2002, 555) oder nicht mehr droht (BGH NJW 94, 1161: endgültige Übergabe des Titels an den Notar; OLGR München 1995, 225: Löschung der Grundschuld, aus der vollstreckt wurde; OLG Rostock JurBüro 2007, 325: Anweisung an den GV, den Titel an den Sch herauszugeben; OLG Hamm 23.6.2016 – 5 U 157/15 Tz 27: ZwV wird eindeutig auf nicht verjährte Forderungsteile beschränkt; BGH MDR 2017, 109 Tz 25 [Alpes MDR 2017, 137]: wenn die Klage ausschließlich prozesszweckfremden Zielen dient). – **Nach Beendigung der ZwV** nur Klage aus materiellem Recht („verlängerte" Abwehrklage; BAG NJW 2019, 695 Tz 13; MskV/Lackmann Rn 15 zu § 812 BGB; s Rn 2.2). Vorläufiger Verzicht auf Vollstreckung oder auf ein erlangtes Pfändungspfandrecht macht Klage nicht unzulässig. Die Abwehrklage bleibt zulässig, bis der Titel dem Sch ausgehändigt (BGH MDR 92, 960; OLGR Saarbrücken 2009, 663) oder ihm vom Gl ein Anerkenntnis der Befriedigung ausgestellt worden ist (BGH NJW 85, 2481; OLG Köln VersR 90, 403). Bloßer Verzicht des Gl auf seine Rechte aus dem VollstrTitel ohne dessen Herausgabe an den Sch beseitigt das Rechtsschutzbedürfnis nicht (BGH MDR 2017, 109 Tz 7). Rechtsschutzbedürfnis kann aber fehlen bei Titel auf wiederkehrende Leistung (BGH NJW 84, 2826; MskV/Lackmann Rn 18; aA Holznagel NZFam 2014, 58). Die Klage

kann sich auf einen Teil des titulierten Anspruchs beziehen; will der Gl nur den noch offenen Teil weiter vollstrecken, muss er nach § 733 vorgehen und den ursprünglichen Titel dem Sch aushändigen (BGH MDR 2017, 109 Tz 8). – Wird die ZwV nach Erhebung der Abwehrklage beendet, kann der Kl seinen Antrag umstellen, Bereicherungsklage erheben; das ist nach § 264 Nr 3 ohne Weiteres statthaft (BAG NJW 2019, 695 Tz 13). **Aussetzung** nach § 148 grds ausgeschlossen (aA OLG Frankfurt JurBüro 90, 652), aber nicht in jedem Fall unzulässig (zB s § 768 Rn 1). Die Vorschriften über die **Unterbrechung** sind anwendbar (BGH MDR 2008, 1421 zu § 240).

9 **2) Prozessführungsbefugnis.** Wer „richtiger" Kl ist, ist eine Frage der Prozessführungsbefugnis (MK/K. Schmidt/Brinkmann Rn 44; MskV/Lackmann Rn 16; SchWKT/Raebel/Thole Rn 16). Sie (hierzu vor § 50 Rn 16 ff) steht dem Titelsch zu, damit jedem, gegen den sich als Sch die ZwV richtet (BGH ZIP 2016, 211 Tz 22), also auch dem **Rechtsnachfolger** (§ 727) u dem Duldungssch, nicht dem Dritten, der auf § 771 zu verweisen ist. – Der **Miterbe** ist gem § 2039 S 1 BGB klagebefugt (allgM; BGH NJW 2006, 1969: Fall der **gesetzl Prozessstandschaft**). – Bei der **GbR** nur die Gesellschaft (BGH MDR 2016, 401 Tz 22, 23). – Keine Befugnis durch **gewillkürte Prozessstandschaft** (BGH MDR 2014, 170; vor § 50 Rn 47 aE; SchWKT/Raebel/Thole Rn 16; StJ/Kern Rn 9). – Der InsVerwalter und der Treuhänder in der Insolvenz können für die Masse klagen (allgM; AG/Hunke Rn 57c).

10 **IX) Zuständigkeit. Örtl und sachl ausschließl zuständig** (§ 802) ist das **Gericht des Vorprozesses 1. Instanz.** ProzGericht ist das Gericht des Verf, in dem der Vollstreckungstitel geschaffen worden ist (OLG Frankfurt 18.10.2024 – 26 Sch 7/24 Tz 76), auch wenn das titelschaffende Gericht unter Verstoß gegen Zuständigkeitsvorschriften entschieden hatte. Das titelschaffende Gericht bleibt auch für die „verlängerte" Abwehrklage zuständig (§ 261 III Nr 2; OLG Frankfurt 18.10.2024 – 26 Sch 7/24 Tz 77). Richtet sich die Zuständigkeit nicht nach dem Streitgegenstand, sondern nach dem zugrunde liegenden materiellen Anspruch, so gilt dies auch für den Rechtsmittelzug (vgl BGH FamRZ 92, 538 betr KFB in einer Haushaltssache; BGH NJW 2009, 1282 betr KFB im WEG-Verf). Welcher Spruchkörper des Gerichts zuständig ist, ist Sache des Geschäftsverteilungsplans (Schörnig MDR 2023, 150); anders aber, wenn es ein spezialisierter (KfH, FamG, WEG etc) war, der entschieden hatte (AG/Hunke Rn 45). – Bei **ausl Urteilen** ist, soweit nicht die Brüssel Ia-VO oder AVAG vorrangig sind, das inländische Gericht zuständig, das das Vollstreckungsurteil (§ 722) erlassen hat (SchWKT/Raebel/Thole Rn 17). – **FamFG:** Stammt der Titel, auch ein KFB, aus einer FamS ist das FamG zuständig (OLG Nürnberg MDR 2017, 1079 Tz 27 mN; allgM). Sonderregelung in § 232 FamFG für Unterhaltstitel (s § 232 FamFG Rn 8). Die Aufrechnung mit einem fam-rechtl Anspruch begründet nicht die Zuständigkeit des FamG (SchWKT/Raebel/Thole Rn 17 Fn 73; Hk-ZV/Schneiders Rn 29; str); – **AVAG:** § 14 II 1, § 56 II AVAG (MskV/Lackmann Rn 17). – **Europ Vollstreckungstitel (§§ 1079 ff):** § 1086 I. – **Internat Zuständigkeit:** Art 24 Nr 5 Brüssel Ia-VO. – Zuständigkeit bei der Abwehr grenzüberschreitender Unterhaltsvollstreckung: § 66 III AUG (betr: örtl, sachl, funktional); zur internat Zuständigkeit s EuGH NJW 2020, 2323 (Odemer NZFam 2020, 944 und Geimer FamRZ 2020, 2023): § 41 I EuUntVO, wenn Antrag und Abwehrantrag in engem Zusammenhang stehen. – § 1086 gilt auch für das **Europ Mahnverf** (§§ 1087 ff) u das **Europ Verf für geringfügige Forderungen** (§§ 1097 ff), die beide auf § 1086 verweisen (§ 1096 II 2, § 1109 II) sowie für Titel nach §§ 1110 ff (Brüssel Ia-VO; vgl § 1117 I). – Bei **Schiedssprüchen** (§ 1060 I) ist das OLG zuständig (§ 1062; BGH MDR 2010, 1415), es sei denn, der Einwand unterliegt selbst der Schiedsabrede; dann ist das Schiedsgericht zust (BGH MDR 2010, 1415). – **Genossenschaften** in Insolvenz, §§ 98 ff GenG: § 109 III GenG. – **InsVerf:** nach Aufhebung gilt für die Abwehrklage § 185 I InsO (OVG Schleswig ZIP 2022, 1614). – Bei vollstreckbaren gerichtl und notariellen **Urk** ist örtlich das Gericht zuständig, bei dem der Sch seinen allg Gerichtsstand, in Ermangelung eines solchen den Gerichtsstand des Vermögens, § 23, hat (§ 797 V); die sachl Zuständigkeit richtet sich grds nach dem Wert (§§ 23 ff, § 71 GVG). Betrifft die Urkunde ein beiderseitiges Handelsgeschäft, ist die KfH zuständig (LG Stendal MDR 2005, 1423; aA LG Bonn JurBüro 2009, 499 LS). Bei in der Urkunde geregelten ges Unterhaltsansprüchen ist das **FamG** zuständig (OLG Köln FamRZ 2000, 364, § 232 FamFG). Bei vollstreckbaren Urkunden gegen den Grundstückseigentümer gilt § 800 III (s § 800 Rn 19). – Beim Zuschlagsbeschluss gilt § 202 II InsO entsprechend (AG Stralsund 2.12.2015 – 21 C 135/15 mN; aA LG Ulm NJW-RR 87, 511). – Mehrere Kl mit verschiedenen Gerichtsständen haben ein Wahlrecht (BGH MDR 92, 301). – Bei **Prozessvergleichen** ist das Gericht zuständig, bei dem der durch den Vergleich erledigte Rechtsstreit in 1. Instanz anhängig war, bei einem Vergleich nach § 118 ist das Gericht zuständig, bei dem um **PKH** nachgesucht war. Für den **VB** gilt § 796 III; wird er nur in einem in den sachl Zuständigkeitsbereich des AG fallenden Umfang angegriffen, ist das AG zuständig (OLG Celle NJW-RR 2002, 1079).

11 **X) Materiell-rechtliche Voraussetzungen. 1) Begründetheit.** Die Klage ist begründet, wenn **a)** dem klagebefugten (s Rn 9) Kl eine Einwendung zusteht (s Rn 12). Wird sie im Verf ausgetauscht oder werden weitere erhoben, liegt eine **Klageänderung** (§ 263) vor (MskV/Lackmann Rn 20 mN [Änderung idR sachdienlich]; PG/Hansmeier Rn 54; ThP/Seiler Rn 17a mN [Behandlung aber nach III als der speziellen Präklusionsvorschrift]; aA Leitmeier JR 2021, 549, 551). – **b)** der Bekl passivlegitimiert ist (MskV/Lackmann Rn 21; Hk-ZV/Schneiders *Rn 35; aA MK/K. Schmidt/Brinkmann Rn 45:* Frage der passiven Prozessführungsbefugnis). Zu verklagen ist derj, dem die Klausel erteilt worden ist, oder wer die ZwV im eigenen Namen betreibt (BayObLG ZMR 2000, 43), also auch der Rechtsnachfolger, selbst wenn die Klausel noch nicht auf ihn umgestellt ist, wenn er sich als

Gl ausgibt und ZwV droht, weil bei ihm die Voraussetzungen für die Erteilung einer vollstreckbaren Ausfertigung vorliegen (BGH Rpfleger 93, 291). Die Anordnung nach § 1629 III 1 betrifft auch Passivprozesse, so dass in diesen Fällen der Verfahrensstandschafter zu verklagen ist (OLG Brandenburg FamRZ 2019, 910). Gesamthandgläubiger sind alle zu verklagen, bei Gesamtgl u Teilgl nur der einzelne Vollstreckungsgl. Ist an einen Dritten zu leisten, so ist Bekl der aus dem Schuldtitel ersichtl Gl. – **c)** die Einwendung nicht präkludiert ist (s Rn 14 ff).

2) Beweislast. Es entscheiden nicht die Parteirollen, sondern die mat-rechtl Beweislastregeln (OLG Hamm FamRZ 2024, 273; MK/K. Schmidt/Brinkmann Rn 57); für rechtsvernichtende oder rechtshemmende Einwendungen trägt also der Sch die Beweislast (KGR Berlin 1997, 92: Erlöschen der Forderung). Der Gl hat die Beweislast für anspruchsbegründende Tatsachen (BGH MDR 2001, 894 [Hingabe eines Darlehens]; OLG Düsseldorf NJW-RR 97, 444 [Entstehen eines KE]). Bestreitet der Bekl die Echtheit der Unterschrift bei einer Urkunde, auf die sich der Kl stützt, muss der Kl den **Echtheitsbeweis** führen (BGH EWiR § 278 ZPO 1/87, 511 [E. Schneider]); wendet der Bekl Scheingeschäft ein, trägt er die Beweislast (BGH ZIP 91, 544). Keine **Beweislastumkehr** dadurch, dass sich der Sch in notarieller Urkunde der ZwV unterworfen hat (BGH MDR 2001, 894; ausf Münch NJW 91, 795, 801). 11a

3) Einwendungsgründe. Gründe, auf denen die Einwendung beruhen kann: 12

• **Abtretung** (SchWKT/Raebel/Thole Rn 26). Zur Präklusion s Rn 14. 12.1

• **Anfechtung.** Sowohl Irrtums- wie Täuschungs- und Drohungsanfechtung (§§ 119, 123 BGB) sind aber präkludiert, soweit das Gestaltungsrecht vor Schluss der mündl Verh objektiv und ohne Rücksicht auf Kenntnis der Partei gegeben war (BGH NJW 2004, 1252; vor § 322 Rn 64; ThP/Seiler Rn 22a; aA Gaul/S/B-E § 40 Rn 73). Sa Rn 14 zur Kenntnis. 12.2

• **Auflösende Bedingung** (RGZ 123, 70). 12.3

• **Aufrechnung** (§ 388 BGB; sa Rn 14; **Formulierungsvorschlag:** Vorwerk/Wiemer, PFB, M 63.1). Bei ihr ist der Grund zur Einwendung nicht erst entstanden, wenn die Aufrechnung erklärt worden ist, sondern schon, sobald sich die Forderungen aufrechenbar gegenüberstanden (BGH in stRspr; zB BGH ZMR 2011, 25 Tz 6; MK/K. Schmidt/Brinkmann Rn 84 mwN; ThP/Seiler Rn 22a; Vollkommer hier vor § 322 Rn 64; aA StJ/Kern Rn 66; auch MskV/Lackmann Rn 37, der die BGH-Rspr allerdings als Gewohnheitsrecht ansieht). Auf die Aufrechnung kann daher die Klage nur gestützt werden, wenn etwa die aufzurechnende Forderung erst nachträgl von dem Sch erworben oder erst nachträgl fällig wurde (OLG Düsseldorf MDR 87, 682: Steuerberaterhonorar; OLG Frankfurt 20.9.2006 – 19 U 111/05). Auf ein Verschulden kommt es hierbei nicht an (str; s Rn 14). Keine Begründung der Vollstreckungsgegenklage mit einer im Vorprozess wegen § 533 nicht zugelassenen Aufrechnung (BGH JR 95, 460 [zust Schreiber]) oder mit der Begründung, der Gl rechne in einem anderen Rechtsstreit mit der titulierten Forderung auf (OLGR Saarbrücken 2005, 323). Versagt wird die Aufrechnungsbefugnis ggü dem Kostenerstattungstitel mit dem materiellen Anspruch aus der zurückgenommenen Klage (s Rn 6 [Kostenfestsetzungsbeschlüsse]) und mit einer der Restschuldbefreiung unterfallenden Insolvenzforderung (OLG München ZInsO 2018, 131 Tz 33). 12.4

• **BVerfGG.** Entscheidung beruht auf einer vom BVerfG für nichtig erklärten Norm (§ 79 II 3 BVerfGG); ebenso können auf verfassungskonforme Auslegung durch das BVerfG gestützte Einwendungen vorgebracht werden (BVerfG FamRZ 2006, 253 – Keine analoge Anwendung auf die Fälle § 2a I Nr 5, § 98 ArbGG (BAG NZA 2019, 860). 12.5

• **Entscheidung**, neue, die den im älteren Urteil unter denselben Parteien festgestellten Anspruch verneint (RGZ 52, 217). 12.6

• **Entstehen des Anspruchs**, fehlendes, zB Einwendung, der vorab in notarieller Urk vollstreckbar gestellte Anspruch sei nachträglich nicht in der titulierten Höhe entstanden (BGH MDR 97, 776). Hinsichtlich des **Erlöschens des Anspruchs** als zulässige Einwendung, s die einzelnen Stichworte. 12.7

• **Erbenhaftung**, insb Beschränkung der – (§§ 780, 785; Roth NJW-Spezial 2018, 551). Wurde der Vorbehalt (§ 780 I) tituliert, folgt daraus Präjudizialität und Tatsachenpräklusion im Verf der Abwehrklage (BGH MDR 2021, 103 [Thode jurisPR-BGHZivilR 9/2021 Anm 4]). 12.8

• **Erfüllung** des Anspruchs, auch durch Erfüllungssurrogate, wenn also der Sch behauptet (und der bestreitende Gl die ZwV fortsetzt, BGH NJW-RR 2016, 317), dass er oder, soweit er nicht in Person zu leisten hat (§§ 267 ff, §§ 1142, 1224, 1249 BGB), ein Dritter die zugesprochene Leistung an den Gl bewirkt (OLG Frankfurt NJW-RR 2019, 1195 Tz 37) oder dass dieser eine andere Leistung an Erfüllungs statt angenommen hat oder eine zu erwirkende vertretbare Handlung vorgenommen worden sei. Hierher gehört auch der Einwand, freiw an den GV gezahlt zu haben (§ 815 III analog, BGH NJW 2009, 1085). Bei Gesamtschuldnerschaft kann jeder Gesamtsch den Erfüllungseinwand nach § 767 geltend machen (OLG Frankfurt ZIP 82, 880). Bei teilweiser Erfüllung ist die Klage in diesem Umfang zulässig (BGH MDR 2017, 109 Tz 8). Keine Präklusion des Erfüllungseinwands, wenn schon während des Vorprozesses, jedoch nur zur Abwendung der ZwV geleistet worden war (OLG München MDR 2010, 1086 Tz 9) oder wenn unter dem Vorbehalt der Durchführung eines Hauptsache- 12.9

verf vorläufig gezahlt worden war (OLG Koblenz FamRZ 2023, 1868). Ein Verf nach § 888, in dem der Sch Erfüllung behauptet, hindert nicht die Erhebung der Abwehrklage, in der ebenfalls Erfüllung vorgebracht wird (BGH MDR 2023, 124 [Schörnig MDR 2023, 150]). Zur Titelherausgabe nach Erfüllung s Rn 8; Rn 2.6. Zur Prüfung des Erfüllungseinwandes im ZwV-Verf s § 887 Rn 7, 14; § 888 Rn 11.

12.10 • **Erlass** (§ 397 BGB).

12.11 • **Erlöschen** des Anspruchs (OLG Düsseldorf FamRZ 92, 943: Trennungsunterhalt; OLG Naumburg FamRZ 2006, 1402: Wiederverheiratung), zB wegen Bedingungseintritt (OLG Köln FamRZ 2001, 177) oder nach Fristablauf, wenn ein Herausgabeanspruch mit Fristsetzung tituliert wurde (OLG Koblenz 16.11.2016 – 10 U 374/16).

12.12 • **Fälligkeit**, fehlende (OLG Hamm NJW-RR 88, 266).

12.13 • **Gesetzesänderung**, auch auf Grund bindender Rspr des BVerfG (Rn 12.5). Die Einwendung hat nur Erfolg, wenn die Gesetzesänderung Rückwirkung hat oder sich aus sonstigen Gründen (zB bei wiederkehrenden Leistungen, Unterlassungspflichten, KGR Berlin 1996, 242) auf den titulierten Anspruch auswirkt (MK/K. Schmidt/Brinkmann Rn 73). Das KG (KGR Berlin 1996, 242) lässt nicht genügen, wenn durch die Änderung die Sachbefugnis des Vollstreckungsgl entfällt, die Handlung dem Sch aber weiterhin verboten ist. Höchstrichterliche Leitentscheidung steht Gesetzesänderung gleich (BGH NZG 2014, 1036 Tz 24; OLG Hamm 27.4.2023 – 4 U 68/23 Tz 12 [bislang ungeklärte Rechtsfrage wird erstmals durch den EuGH entschieden]).

12.14 • **Gestaltungsrechte.** S Rn 12.2, 12.4 sowie wegen ihrer **Präklusion** s Rn 14.

12.15 • **Gläubiger.** Wechsel des Gl durch Abtretung/Rückabtretung (BGH MDR 2024, 525 [Meller-Hannich MDR 2024, 556]). Bei jur Person: Vollbeendigung und Erlöschen (BGH NJW-RR 2025, 425 = MDR 2025, 477).

12.16 • **Haftungsbeschränkung**, zB die rechtshemmende Einrede des Notbedarfs (Grüneberg/Weidenkaff § 519 BGB Rn 3; Erman/Hähnchen § 519 BGB Rn 2). Spezielle Regelung in § 785 (Erbe), § 786 (in den Fällen §§ 1480, 1489, 1504, 1629a, 2187 BGB). Gefahr der Präklusion im KFV, wenn die Einrede nicht schon im Erkenntnisverf erhoben wird (vgl zu § 1629a BGB OLG Köln FamRZ 2010, 1927 [abl Melchers FamRZ 2011, 1169]; sa § 104 Rn 21.44).

12.16a • **Handlung, vertretbare (§ 887).** Die Handlung sei unmöglich (s Rn 12.35), sei unzumutbar (s Rn 12.37), vom Gl vereitelt oder der Gl befinde sich in Annahmeverzug (LG Berlin MDR 2025, 277). Zum Erfüllungseinwand Rn 12.9.

12.17 • **Hinterlegung** aus in der Person des Gl liegenden Grund, wenn der Sch auf die Rücknahme verzichtet hat oder doch den Gl auf das Hinterlegte verweist, §§ 378, 379 BGB (LG Karlsruhe DGVZ 84, 155; MskV/Lackmann Rn 25).

12.18 • **Insolvenzverfahren** und Vollstreckung aus Eintragung in die Tabelle nach erteilter Restschuldbefreiung. Hatte der Sch dem Rechtsgrund einer vorsätzl begangenen unerlaubten Handlung widersprochen, kann der Gl dennoch vollstrecken, der Sch muss Vollstreckungsabwehrklage erheben (BGH MDR 2020, 1019 Tz 20).

12.19 • **Klagerücknahme** nach Erlass eines für vorläufig vollstreckbar erklärten Urteils.

12.20 • **Masseunzulänglichkeit** im InsVerf (BGH MDR 2008, 108).

12.21 • **Mehrere Titel** wegen desselben Anspruchs. § 767 gegen früheren Titel (OLG Oldenburg FamRZ 99, 1148; OLG Düsseldorf FamRZ 2006, 1289).

12.22 • **Miterben.** Sie können ihr Recht einwenden, bis zur Teilung des Nachlasses die Berichtigung der Nachlassverbindlichkeiten aus ihrem Privatvermögen zu verweigern (§ 2059 S 1 BGB), sowie nach §§ 785, 786 die gem §§ 1480, 1504, 2014, 2187 BGB eintretende beschränkte Haftung.

12.23 • **Nacherbfolge**, Eintritt.

12.24 • **Notbedarf**, §§ 519, 529 II BGB.

12.25 • **Optionsrecht**, wenn es ausgeübt worden ist (BGH JR 85, 468 [Haase]). Zur Präklusion s Rn 14.

12.26 • **Pfändungs- und Überweisungsbeschluss** wegen Gläubigerwechsels (AG München DGVZ 84, 76 mNw; sa unter Rn 12.15).

12.27 • **Prozessführungsbefugnis** gem § 1629 III BGB (ges **Verfahrensstandschaft**) sei während der ZwV erloschen (OLG Hamm NZFam 2016, 332 [Kugler]), zB weil dem ehemaligen Verfahrensstandschafter das Sorgerecht entzogen (OLG Nürnberg NJW-RR 2002, 1158) oder das Kind volljährig wurde (OLG Brandenburg NZFam 2019, 1014; aA § 766: OLG Naumburg FamRZ 2007, 1032). Fraglich, wenn die Verfahrensstandschaft allein durch Scheidung endet; hier kann der Abwehrklage dann das Rechtsschutzbedürfnis fehlen (Maaß Anm zu OLG Hamburg 25.6.2021 – 2 UF 14/21, NZFam 2022, 411). – Zum Obhutswechsel (§ 1629 II 2 BGB) s Rn 13.9.

12.28 • ***Räumungstitel.*** *Das Erlangungsinteresse* des Vermieters sei entfallen (AG Bonn WuM 91, 495). Die Abrede, im Falle künftig pünktl Zahlung werde nicht vollstreckt (LG Köln WuM 91, 673). Einweisungsverfügung führt nicht zum Titelverbrauch (LG Darmstadt DGVZ 93, 154).

• **Rechtsmissbrauch**, zB Schikane, § 226 BGB (BGHZ 42, 1; Münzberg Anm zu OLG Köln JZ 96, 313); Vollstreckung eines Räumungsurteils erst 1 ½ Jahre nach dessen Erlass (AG Frankfurt-Höchst DGVZ 87, 127); Räumungstitel als Druckmittel zur Durchsetzung unberechtigter Forderungen (AG Pinneberg WuM 95, 662). Vorausgesetzt ist aber immer, dass der Rechtsmissbrauch den Bestand der Forderung betrifft und nicht etwa nur einzelne VollstrMaßnahmen, gegen die nach § 765a vorzugehen ist (BGH MDR 2015, 179). Sa Rn 12.44. 12.29

• **Rentenbezug** auf Grund **Versorgungsausgleich**. BGH FamRZ 89, 159: § 767 für die Zeit vor Klageerhebung; in Abgrenzung hierzu BGH MDR 2005, 1293: nur § 323, wenn es einer vollständigen Neuberechnung des Unterhaltsanspruchs bedarf. 12.30

• **Restschuldbefreiung**, Einwand der –. OLG Düsseldorf ZIP 2022, 813 mN, OLG Koblenz MDR 2024, 330 (Swierczok ZIP 2024, 992), weil mat-rechtl Einwand einer nunmehr unvollkommenen Verbindlichkeit. 12.31

• **Rücktritt**; s vor § 322 Rn 64 zu den gesetzl Rücktrittsrechten. 12.32

• **Schuldnereigenschaft**, wenn außer der fehlenden Bezeichnung als Vollstreckungssch (dann § 766) auch das materielle Fehlen der Schuldnereigenschaft behauptet wird. 12.33

• **Stundung** (allgM; BGH NJW-RR 2016, 317 Tz 10; Klageantrag: **Formulierungsvorschlag:** Vorwerk/Wiemer, PFB, M 63.3). 12.34

• **Unmöglichkeit** der Erfüllung, wenn sie die Leistungspflicht berührt, § 275 BGB (OLG Hamm NJW-RR 88, 1087; StJ/Kern Rn 53); zB, wenn ein Dritter dem Sch eine erforderl Zustimmung verweigert (OLG Düsseldorf MDR 91, 260); anders, wenn Sch die Unmöglichkeit zu vertreten hat (OLG Köln NJW-RR 91, 1022: § 326 II BGB). – Bei einer **Zug-um-Zug**-Verurteilung der Einwand des Sch, dem Gl sei dessen Leistung unmögl geworden (sa Rn 13.18). – Der Einwand ist aber auch im Verf nach § 888 zu beachten (OLG Bremen DGVZ 2020, 146 Tz 31). 12.35

• **Unzulässige Rechtsausübung.** Fälle von Rechtsmissbrauch (Rn 12.29) oder Verwirkung (Rn 12.44), also die sittenwidrige Ausnutzung des Titels/Verstoß gegen § 242 BGB. Abgrenzung zur die Rechtskraft durchbrechenden Klage nach § 826 BGB (Rn 2.10) gegen erschlichene Titel s vor § 322 Rn 72 ff. – Aber kein § 767, wenn das Verhalten nur eine ZwV-Maßnahme betrifft (StJ/Kern Rn 55). 12.36

• **Unzumutbarkeit** der Leistungserbringung (OLG Bremen DGVZ 2020, 146 Tz 18; OLG Düsseldorf GRUR-RR 2020, 146 Tz 6). 12.37

• **Veräußerung** des Handelsgewerbes gem § 25 HGB. 12.38

• **Verbraucherdarlehensrecht.** Sch kann Rücktritt des Unternehmers (§ 508 S 1 BGB) einwenden (MskV/Lackmann Rn 25 „Rücktrittsfiktion"). 12.39

• **Vereinbarungen** der Parteien (**Formulierungsvorschlag:** Vorwerk/Wiemer, PFB, M 63.4) vor Urteilserlass, wie das Urteil zwischen ihnen wirken soll. **Vollstreckungsbeschränkende** Vereinbarungen, die nach dem Vorprozess getroffen worden sind, können ebenfalls nach § 767 geltend gemacht werden (StJ/Kern Rn 22), und zwar ein Vollstreckungsverzicht (BGH NJW 2017, 2202 Tz 29 [Gössl] = MDR 2017, 903), eine zeitliche (BGH MDR 2017, 903 Tz 28) und eine gegenständliche (BGH MDR 2017, 903 Tz 43, 44: entsprechende Anwendung des § 767) Beschränkung. Geht es bei der Vereinbarung nicht um die Vollstreckbarkeit, sondern allein um das Verf, kommt auch die Erinnerung (§ 766) in Betracht. 12.40

• **Verfahrensstandschaft** s Prozessführungsbefugnis (Rn 12.27). 12.41

• **Vergleich**, auch Prozessvergleich (unstr; zB AG/Hunke Rn 56 „Prozessvergleich" mN). 12.42

• **Verjährung** des rechtskräftigen Haupt- oder Zinsanspruchs, § 214 I BGB (OLG Hamm 23.2.2023 – 22 U 46/22 Tz 17); jedoch nicht, wenn während der Verjährungsfrist ein Verbotsurteil befolgt worden ist (BGH MDR 72, 761), und keine Verjährungseinrede des aus § 128 HGB rechtskräftig verurteilten Gesellschafters mit der Begründung, die Forderung des Gl gegen die Gesellschaft sei nachträgl verjährt (BGH NJW 81, 2579). Der verurteilte **Bürge** kann die Verjährung der Hauptschuld einwenden (BGH MDR 99, 187). 12.43

• **Verwirkung**, zB eines Räumungsanspruchs (LG Itzehoe WuM 95, 662); aber auch nach 13 Jahren grds noch zweifelhaft (OLG Bamberg JurBüro 2011, 384). Nach LG Hamburg (ZMR 2013, 499) idR nach 5 Jahren, sofern es nicht am Umstandsmoment fehlt. – OLGR München 1997, 45 bejaht zeitweilige Unterhaltsverwirkung bei planmäßiger Vereitelung eines Umgangsrechts; – OLG Hamm NJW-RR 98, 510 bei Vollstreckung aus Unterhaltstitel für die aufgelaufenen, zu Unrecht titulierten Rückstände; – Verwirkung des Unterhaltsanspruchs bei Verletzung der Auskunftspflicht (KG NJW 2015, 3726). – OLG Oldenburg lehnt zu Recht Verwirkung ab, wenn der Gl nur wegen zu erwartender Erfolglosigkeit von Vollstreckung absieht (FamRZ 2012, 148; ebenso KG NZFam 2017, 1012). Der BGH (DGVZ 2014, 125: 13 Jahre kein Vollstreckungsversuch) betont, dass es in erster Linie auf das Verhalten des Berechtigten ankommt. Fehlt es am Entstehen des Vertrauenstatbestandes für den Verpflichteten, spielt der Zeitablauf keine Rolle (OLG Brandenburg 20.5.2020 – 13 WF 84/20 Tz 9; OLG Koblenz MDR 2018, 1146: 22 Jahre), denn er alleine kann dieses Vertrauen nicht schaffen (BGH MDR 2018, 343 Tz 15; 12.44

KG RVGreport 2019, 39 [Hansens]). – OLG Hamm FamRZ 2014, 1472 bej diesen Umstandsmoment, wenn in der Korrespondenz Zahlungsrückstände nicht insgesamt, sondern nur für einen bestimmten Zeitraum thematisiert werden. Für die nicht erwähnten Zeiten sei Verwirkung eingetreten; ebenso OLG Braunschweig NJW-RR 2023, 291, wenn der Berechtigte mit seinen Angaben beim Sch falsche Vorstellungen hervorruft. Sa Rn 12.29.

12.45 • **Verzicht** auf Urteilsvollstreckung oder Anspruch (AG/Hunke Rn 62; OLG Karlsruhe MDR 98, 1433: gegenseitiger Unterhaltsverzicht; OLG Brandenburg FamRZ 2004, 558: [iErg unzulässiger] Unterhaltsverzicht für die Zukunft; OLG Düsseldorf FamRZ 2006, 1289: ZwV aus dem Abänderungsurteil als Verzicht auf die ZwV aus dem abgeänderten Titel). Ein Verzicht kann bei wiederkehrenden Leistungen temporär wirken (OLG Zweibrücken NJW-RR 2009, 4 [Born FPR 2009, 260]). Dann wird eine spätere Vollstreckung nicht gehindert.

12.46 • **Vollstreckungsstandschaft, isolierte.** Ein Dritter vollstreckt den titulierten Anspruch an Stelle des Titelgl in eigenem Namen (s § 727 Rn 13; vor § 50 Rn 39) oder der Titelgl (Zedent) vollstreckt nach Abtretung seiner titulierten Forderung in Vollstreckungsstandschaft für den Zessionar weiter (BGH NJW-RR 92, 61 [krit Münzberg NJW 92, 1867]; OLG Hamm 11.6.2018 – 5 U 4/17 Tz 80; MskV/Lackmann Rn 23; aA OLG Dresden NJW-RR 96, 444). Dagegen ist die Vollstreckung im eigenen Namen bei einem in gewillkürter Prozessstandschaft erstrittenen Titel zulässig (BGH MDR 85, 309) oder wenn für eine abgetretene, titulierte Forderung mat-rechtl eine Einziehungsermächtigung des Zedenten, Leistung an sich zu verlangen, besteht (BGH MDR 2018, 1463 Tz 18).

12.47 • **Vorauszahlungen.** Titel über – kann angegriffen werden, wenn Abrechnungsreife eingetreten ist (OLG Hamm 24.6.2015 – 30 U 155/14).

12.48 • **Wahlrecht**, Verlust des sich aus dem Titel ergebenden -s (BAG NJW 64, 687).

12.49 • **Wegfall der Aktivlegitimation** des Gl infolge Abtretung, Pfändung oder Überweisung des Anspruchs. Abtretungseinwand auch dann erhebl, wenn der Titelgl einverständl weitervollstrecken will, weil es keine isolierte Vollstreckungsstandschaft gibt (str; s Rn 12.46). Hält der Sch die Abtretung allerdings für **unwirksam**, muss er das Klauselverf wählen (OLGR Frankfurt 2008, 612).

12.50 • **Wegfall/Störung der Geschäftsgrundlage** (§ 313 BGB). LG Essen FamRZ 2009, 1695 (Annäherungsverbot u nachträgl zuerkanntes Umgangsrecht); MK/K. Schmidt/Brinkmann Rn 63; MskV/Lackmann Rn 27; StJ/Kern Rn 52.

12.51 • **Wegfall der Passivlegitimation** des Sch durch befreiende Schuldübernahme; nach § 242 BGB kann der Sch aber die Übernahme der Schuld durch einen Dritten nicht einwenden, wenn er die Genehmigung der Schuldübernahme ohne Rechtsgrund erlangt hatte (BGH ZIP 90, 720 [Brehm ZIP 91, 1041 ff, 1045 ff]). Bei bestr „Schuldnereigenschaft" s Rn 12.33.

12.52 • **Zurückbehaltungsrecht (Formulierungsvorschlag:** Vorwerk/Wiemer, PFB, M 63.5). Keine Berufung auf Zurückbehaltungsrecht gegen Vollstreckung aus einem KFB, weil der Vollstreckungsgl die Auskunft noch nicht erteilt habe, zu der er in der Hauptsache verurteilt worden sei. Erfolgreiche Geltendmachung führt nicht zum Stattgeben der Klage, sondern zur Zug-um-Zug-Verurteilung (BGH NJW-RR 97, 1272).

13 **4) Keine Einwendungsgründe.** Keine erheblichen Gründe sind:

13.1 • **Änderung der Rspr** (BGH NJW 2009, 3303 Tz 19). Eine Ausnahme gilt für Unterlassungstitel, bei denen geltend gemacht werden kann, das untersagte Verhalten sei nicht mehr verboten (BGH NJW 2009, 3303 Tz 20; OLG Köln 27.11.2020 – 6 U 306/19 Tz 36; SchWKT/Raebel/Thole Rn 28; AG/Hunke Rn 62). – § 323, nicht § 767, wenn der Titel zu künftig fällig werdenden Zahlungen verpflichtet. – Höchstrichterl Leitentscheidung aber steht **Gesetzesänderung** gleich (s hierzu Rn 12.13).

13.2 • **Auslegung** eines Prozessvergleichs. Hier ist Feststellungsklage zu erheben; str; aA BGH NJW 77, 583; BVerwG NJW 1992, 191 [krit Renck NJW 1992, 2209]; OLGR Jena 2009, 346.

13.3 • **Bürge.** Wenn der rechtskräftig verurteilte Hauptschuldner Befriedigung des Gl behauptet, weil der Bürge auf Grund vorläufig vollstrb erklärten Urteils zur Abwendung der ZwV an den Gl bezahlt habe (RGZ 98, 329).

13.4 • **Dissens.** Da es nur um einen im Prozess nicht erkannten oder rechtl verkannten, also nicht nachträgl veränderten Sachverhalt geht, ist die Berufung darauf unbeachtl.

13.5 • **Einwendung gegen die Zulässigkeit der Vollstreckungsklausel. § 732** (s Rn 2.8), **gegen die Art und Weise der Durchführung der ZwV: § 766.** Abgrenzung ist häufig schwierig.

13.6 • **Erbenhaftung**, bei **fehlendem Vorbehalt der Beschränkung** (RGZ 59, 304).

13.7 • **Geschäftsunfähigkeit.** Rechtsungültigkeit des Verf (Mangel der Geschäftsfähigkeit der Partei) kann nur durch zulässige Rechtsmittel oder durch Nichtigkeitsklage geltend gemacht werden (RGZ 35, 398).

13.8 • **Gesetzesänderung**, es sei denn, das Ges hat Rückwirkung oder der Titel wirkt fort (BGH NJW 2009, 3303 Tz 18; MK/K. Schmidt/Brinkmann Rn 73).

13.9 • **Gesetzliche Vertretung** des Gl sei nicht ordnungsgemäß (OLG Frankfurt MDR 97, 194; s § 766 Rn 15) oder entfallen (MK/K. Schmidt/Brinkmann Rn 67). – Anders als im Fall der Verfahrensstandschaft (§ 1629 III BGB;

s Rn 12.27) handelt es sich bei § 1629 II 2 BGB um den Fall eines Alleinvertretungsrechts. Beim Obhutswechsel (oder dem Wegfall) geht es daher um die Vertretungsmacht, so dass der Sch nach § 766 vorgehen kann (Wolf/Lecking MDR 2011, 1, 2 Fn 24; OLG Nürnberg MDR 2010, 576; OLGR Koblenz 2007, 666: jedenfalls, wenn das ProzGericht der Abwehrklage auf die Erinnerung verwiesen hat).

• **Inhalt des Urteils.** Bei Streit darüber muss notfalls neu geklagt werden (RGZ 82, 161; RGZ 122, 363). 13.10

• **Mängelbeseitigung/Nachbesserung** durch den Auftragnehmer ohne Zustimmung des Auftraggebers, der einen Titel auf Zahlung von Kostenvorschuss erstritten hat (OLG Nürnberg NJW-RR 2006, 165). 13.11

• **Minderjährigkeit** des unterhaltsberechtigten Kindes sei entfallen. S § 244 FamFG Rn 5. 13.12

• **Nichtigkeit** eines Grundstückskaufvertrags, der nach § 313b I 2 BGB (§ 313 S 2 BGB aF) geheilt ist (BGH WM 85, 545). 13.13

• **Unterwerfung** unter die sofortige ZwV in AGB, auch wenn der Gl die Forderung frei an beliebige Dritte abtreten kann (OLG Celle ZIP 2009, 1515; aA Schimansky WM 2008, 1049). 13.14

• **Wandlung der Verkehrs- oder Rechtsauffassung.** S Rn 13.1. 13.15

• **Zeitablauf** bei begrenztem Unterhaltsanspruch (§ 1578b II 1, § 1579 BGB; BGH FamRZ 2001, 905). 13.16

• **Zinsschwankungen**, durch die sich der bei der Verurteilung zugrunde gelegte Zinssatz nachträgl verändert (BGH MDR 87, 830 = ZZP 101 [1988], 449 [Brehm] = WuB VII A. § 323 ZPO 2.87 [Braun] = EWiR § 767 ZPO 1/87, 835 [Münzberg]; MK/K. Schmidt/Brinkmann Rn 59 verweist auf § 323). 13.17

• **Zug-um-Zug**-Leistung. Einwand, der Gl habe seine Leistung noch nicht erbracht (s § 766 Rn 15); ist diese nahezu wertlos, kann Sch mit der Abwehrklage gegen das Schikaneverbot verstoßen (LG Berlin NJW-RR 89, 638). 13.18

5) Präklusion (§ 767 II). Die in II angeordnete Präklusion (vor § 322 Rn 62 ff; ausf Makowsky JuS 2014, 901) regelt den Verlauf der zeitl Grenzen der materiellen Rechtskraft, dient deren Schutz (BGH NJW 2004, 1252; ausf krit zur Rechtskraft und deren Präklusionswirkung bei Gestaltungsrechten Thole ZZP 124 [2011], 45 ff). Sie betrifft nur das Verf, das zum Titel geführt hat, nicht andere Prozesse (BGH MDR 2023, 654). – Die Klage ist nur begründet, wenn die Gründe, auf denen die Einwendungen beruhen, **nach dem Schluss der letzten mündl Tatsachenverh** entstanden sind. Nach **VU** (§ 338, zum VB s § 796 II) kann die Klage aus § 767 nur auf nach Ablauf der Einspruchsfrist entstandene Einwendungen gestützt werden; frühere müssen in der Begründung (§ 340 III) vorgebracht werden (BGH NJW 82, 1812; str; s Rn 18). Belanglos ist, wann die Partei von dem Grund Kenntnis erlangt hat (BGH MDR 2020, 1000 Tz 18; Gaul/S/B-E § 40 Rn 54), es sei denn, die Kenntnis gehört zum Tatbestand (str; s unten). Auf Verschulden kommt es nicht an (ThP/Seiler Rn 22). Wird die Rechtswirkung erst durch eine hinzukommende Willenserklärung ausgelöst (**Gestaltungsrechte**, zB Aufrechnung, Anfechtung, Rücktritt, Widerruf, Minderung; s vor § 322 Rn 62 ff), so ist maßgebend der Zeitpunkt, zu dem die Willenserklärung abgegeben werden kann, nicht, wann sie abgegeben wird (BGH MDR 2020, 1000 Tz 13; BGH NJW 2014, 2045 Tz 17: „gefestigte Rspr"; SchWKT/Raebel/Thole Rn 36; ThP/Seiler Rn 22a; AG/Hunke Rn 78; grds auch MK/K. Schmidt/Brinkmann Rn 86; aA MskV/Lackmann Rn 37), weil II der mat-rechtl Entscheidungsfreiheit des Bekl prozessrechtl Grenzen zieht. – Wolf/Lange (JZ 2004, 414 ff) nehmen die Aufrechnung wegen Gleichstellung mit einer freiw Leistung auf die titulierte Forderung von der Anwendung des II aus (zutr aA Gaul/S/B-E § 40 Rn 70). Bei den übrigen Gestaltungsrechten, die fristgebunden sind, differenzieren Wolf/Lange zu Recht, ob diese dem Berechtigten eine Überlegungsfrist sichern wollen oder nicht (abl Rimmelsbacher JuS 2004, 560, 563 für das AnfechtungsR). – Ob zwischen vertragl vereinbarten und ges Gestaltungsrechten in der Rechtsfolge überhaupt zu unterscheiden ist, ist str (bej BGH NJW-RR 2006, 229; s Lorenz NJW 95, 2258, 2259 II; Wolf/Lange JZ 2004, 419 III 2a mN; MK/K. Schmidt/Brinkmann Rn 86), wobei MK/K. Schmidt/Brinkmann Rn 86 solche Gestaltungsrechte von der Präklusion ausnehmen wollen, die willkürl ausgeübt werden (hiergegen Gaul/S/B-E § 40 Rn 76). – Einzelfälle, bei denen auf den Zeitpunkt der Erklärung abgestellt wird: **Option** (BGH NJW 85, 2481); ähnl bei **Vorschussklage** wegen Kosten der Mängelbeseitigung (OLG Hamm BauR 89, 743: Zeitpunkt des Verzugseintritts); **Widerrufsrechte** im Rahmen des Verbraucherschutzes werden nicht präkludiert (MK/K. Schmidt/Brinkmann Rn 86; Gaul/S/B-E § 40 Rn 78; aA BGH MDR 2020, 1000 Tz 16 zu § 495 I, § 355 I, II BGB idF bis 10.6.2010 [krit Dastis jurisPR-BGHZivilR 20/2020 Anm 4]; sa Vollkommer hier vor § 322 Rn 64). – Dass das Entstehen der Einwendung mit der Befugnis zur Ausübung des Gestaltungsrechts gleichgesetzt wird (zB BGH NJW 94, 2769), macht den rechtskräftigen Titel weitgehend unangreifbar, schafft aber die größtmögl Rechtssicherheit. Hieran ist, soweit nicht das Recht auf die freie Zeitpunktwahl oder der Verbraucherschutz (zB Woitkewitsch MDR 2006, 241, 243 IV; ausf Fischer VuR 2004, 322, 325 III) vorgehen, festzuhalten, und zwar auch für die Aufrechnung (Beck NJW 2006, 336, 337 V zu BGH NJW 2005, 2926; Schröcker NJW 2004, 2204 IV zu den Folgen von BGH NJW 2003, 3134, wonach für die Feststellung der Erledigung des Rechtsstreits nicht mehr auf den Zeitpunkt der Aufrechnungs*lage*, sondern auf den der *-erklärung* abzustellen ist). – Es besteht aber nicht die Pflicht, während des Vorprozesses die Aufrechnungs*lage* schon herzustellen (BGH MDR 2006, 109; iE zust Beck NJW 2006, 336). Ebenso entscheidet der BGH bei der Betriebskostenabrechnung in Mietsachen, die schon kein Gestaltungsrecht ist, sondern ein Rechenvorgang. Daher keine 14

Präklusion, wenn im Zeitpunkt des II die mat-rechtl Voraussetzungen für die Nebenkostenforderung noch nicht vorlagen (BGH NJW-RR 2010, 1598). Gehört die **Kenntnis** zum Tatbestand, wie zB bei der **Abtretung** in §§ 407, 408 BGB, dann kommt es auf den Zeitpunkt der Kenntnis an, weil vorher der Tatbestand gar nicht vollständig vorliegt (Gaul/S/B-E § 40 Rn 45; AG/Hunke Rn 78; OLG Koblenz JurBüro 89, 704; aA die hM; BGH MDR 2001, 109 mwN [krit Rensen MDR 2001, 856]; G. Vollkommer vor § 322 Rn 63). Ist ein **Vorbehaltsurteil** über eine zur Aufrechnung gestellte Forderung (§ 302) oder im Urkunden- und Wechselprozess (§ 600) ergangen, dann müssen die Gründe nach der letzten mündl Verh im Nachverf entstanden sein, soweit in dem Verf noch Einwendungen zulässig waren. Ist über den Grund des Anspruchs entschieden, müssen die bis zum Erlass des Urteils über die Höhe entstandenen Einwendungen in diesem Verf vorgebracht werden; insoweit ist die Vollstreckungsabwehrklage ausgeschlossen. – II gilt entsprechend wie bei einer Vollstreckungsabwehrklage, wenn gegen eine titulierte Forderung aufgerechnet wird (BGH NJW 2019, 3385 [Ulrici] = MDR 2019, 1211 Tz 11 [Schwenker jurisPR-BGHZivilR 20/2019 Anm 2]).

15 **a) Insolvenzverfahren.** Es sind alle Einwendungen präkludiert, die nicht erst nach Feststellung der Forderung zur Tabelle entstanden sind (BGH NJW 2014, 2045 Tz 16; OLG Oldenburg ZIP 2018, 1311).

b) Bei Entscheidung **im schriftl Verf** nach § 128 II ist der Zeitpunkt maßgebend, bis zu dem Schriftsätze eingereicht (§ 128 II 2) oder nachgereicht (§ 283) werden können.

c) Bei der Entscheidung **nach Lage der Akten** (§ 251a) kommt es auf den Termin an, dessen Versäumung die Entscheidung veranlasst hat.

16 **d) Berufung.** Die Klage aus § 767 kann auch erhoben werden, wenn der Klageberechtigte die Berufungsfrist hat verstreichen lassen (s Rn 4). Wird die **Berufung** als unzulässig verworfen oder ergeht infolge Zurücknahme des Rechtsmittels Beschluss nach § 516, so ist der für die Geltendmachung von Einwendungen maßgebende Zeitpunkt die mündl Verh, auf die das angefochtene Urteil erlassen wurde. In der **Revision**sinstanz können neue Tatsachen ausnahmsweise berücksichtigt werden. Das hat aber keinen Einfluss auf den Präklusionszeitpunkt, dem Schluss der mündl Verh vor dem Berufungsgericht (MskV/Lackmann Rn 32; BGH WRP 2019, 187 Tz 53; BGH MDR 98, 1240).

17 **e) Schiedsspruch.** Zur Zulässigkeit von Einwendungen s § 1060 Rn 9; § 1061 Rn 18.

18 **f) VU/VB.** Entstehen während laufender Einspruchsfrist gegen ein **VU** Einwendungen, ist nur der Einspruch zulässig (hM; MK/K. Schmidt/Brinkmann Rn 15 mN auch zur aA). § 767 gilt nur für die später entstandenen. – Erfüllt der Bekl während laufender Einspruchsfrist, muss er aber nicht sogleich Einspruch einlegen, sondern erst, wenn trotz Erfüllung noch Vollstreckung droht. Ist zu diesem Zeitpunkt die Einspruchsfrist abgelaufen, ist der Erfüllungseinwand nach OLG Hamm (NJW-RR 2000, 659) nicht präkludiert; in diesen Fällen kann der Sch die Abwehrklage aber jedenfalls auf den sicher nicht präkludierten Einwand des Rechtsmissbrauchs stützen. Der BGH (MDR 2012, 368 [abl Vollkommer]) ist jedenfalls dann aA, wenn schon vor der mündl Verh, auf die VU ergeht, erfüllt wird. Er nimmt Präklusion des Erfüllungseinwandes an, geht auf die Frage, ob ein Bereicherungsanspruch wegen Zweckverfehlung entstanden und nicht präkludiert ist (so Vollkommer MDR 2012, 368; vgl Makowsky JuS 2014, 901, 903) nicht ein. – Beim **VB** (§ 700) liegt es wie beim VU. Die Zustellung entspricht dem Verhandlungsschluss (§ 796 II).

19 **g) Rückerstattungsanordnung.** Bei ihr (§§ 9, 11 II WiStG) kommt es auf den Zeitpunkt der Zustellung des Bußgeldbescheides an (BGH MDR 82, 488).

19a **h) Europäische Titel.** Beim **europ Vollstreckungstitel** gilt die Präklusion nach II auch für gerichtl Vergleiche u öffentl Urkunden (§ 1086 II); anders bei den Verfahren nach der **Brüssel Ia-VO** (§§ 1110 ff; dort § 1117 II). – Das **europ Mahnverf** enthält eine eigene Regelung (§ 1095 II). Das **europ Verf für geringfügige Forderungen** erklärt § 1086 mit dessen Präklusionsregelung in II für entspr anwendbar (§ 1109 II).

19b **i) Unterhalt.** Eine Einschränkung der Präklusion enthält § 36 II EGZPO für erstmalige Änderungen eines **Unterhaltstitels** nach dem 1.1.2008 (§ 767 in FamStreitsachen, § 231 I FamFG, anwendbar über § 120 FamFG). Bei der grenzüberschreitenden Unterhaltsvollstreckung gilt § 66 I 2 (Verf ohne Exequatur), II (Verf mit Exequatur) AUG, aber nur für die Vollstreckung gerichtl Entscheidungen (Hk-ZV/Meller-Hannich AUG § 66 Rn 3).

19c **j) RVG.** Auf den Festsetzungsbeschluss (§ 11 RVG) wendet der BGH (MDR 97, 397) II an.

20 **6) Keine Präklusion.** Die Präklusion nach II greift nicht ein bei: **Prozessvergleich** (BGH MDR 87, 933), **vollstreckbare Urkunden** (**§ 794 I Nr 5**, § 797 IV; BGH MDR 2023, 654; sa § 797 Rn 22), **Anwaltsvergleiche** (**§ 794 I Nr 4b**, §§ 796a, 796b, 796c) und **KFB** (allgM; PG/Hansmeier Rn 38; OLG München ZInsO 2018, 131 Tz 26). Der Einwand, der Erstattungsberechtigte sei **vorsteuerabzugsberechtigt**, ist mit der Klage nach § 767 geltend zu machen, weil nach § 104 II 3 bei Abgabe der Erklärung ohne Prüfung festzusetzen ist (s § 91 Rn 13.101), so dass der Einwand nicht präkludiert sein kann. Bei der **Titelgegenklage** (s Rn 7 „unwirksamer Titel") *begrenzt II die Einwendungen nicht* (Celikovic NZI 2024, 441 mN in Fn 52; Klose MDR 2024, 407 Rn 23). – Das Präklusionsverbot bei vollstreckbaren Urkunden (§ 797 IV) gilt nur für die erste Abwehrklage, nicht für eine wiederholte (BGH NJW-RR 1987, 59 Tz 17; OLG Celle 6.7.2011 – 4 U 14/11 Tz 18).

XI) Tenorierung. Ist die Klage begründet, so ergeht der **Ausspruch** dahin, dass die ZwV ganz oder teilw (BGH WM 91, 668) unzulässig oder nur unter Bedingungen zulässig ist; ein missverständl Tenor (Erklärung der „weiteren" Vollstreckung für unzulässig) kann ausgelegt werden (BGH FamRZ 2005, 1832). Das Urteil ist auch wegen der Hauptsache für vorläufig vollstreckbar zu erklären, um schon vor Rechtskraft wirken (§ 775) zu können (OLG Nürnberg Rpfleger 2014, 276; allgM). Zur **Sicherheitsleistung** s § 708 Rn 13. – Mit der Klage kann der Anspruch auf Herausgabe des Schuldtitels verbunden werden. Mit der Vollstreckungsabwehrklage kann nicht beantragt werden, die ZwV aus einem Titel nur insoweit für unzulässig zu erklären, als es sich um bestimmte Vollstreckungsmaßnahmen handelt; wohl kann die Klage gegen einen Teil eines Titels gerichtet werden (allgM). Steht dem Kl ein Zurückbehaltungsrecht zu, erfolgt **Zug-um-Zug**-Verurteilung (BGH NJW-RR 97, 1272). – Beschränkte Rechtsmittelzulassung (§ 511 II Nr 2) ist zulässig (BGH MDR 2009, 1183). 21

XII) Wirkung. Da die Unzulässigerklärung nicht den Titel, sondern ledigl dessen Vollstreckbarkeit beseitigt (s Rn 5), bleibt er bestehen mit der Folge, dass er noch Grundlage für die Kostenfestsetzung sein kann (s § 104 Rn 21.106 aE). 21a

XIII) Präklusion (§ 767 III). 1) Anwendungsbereich. Titel, die nach II nicht präkludiert sein können (Rn 20), werden von III aber erfasst (MskV/Lackmann Rn 42; MK/K. Schmidt/Brinkmann Rn 88). Für die Titelgegenklage (Rn 7) gilt III nicht (Pieronczyk JR 2023, 49 V Nr 3; Klose MDR 2024, 407 Rn 23; s Rn 7 „unwirksame Titel" aE) und auch nicht bei Rücknahme oder übereinstimmender Erledigterklärung der früheren Abwehrklage (BGH MDR 91, 1204; Hk-ZV/Schneiders Rn 57). 22

2) Funktion. Die bei der ersten Vollstreckungsabwehrklage versäumten Einwendungen sind in einer nachfolgenden Abwehrklage nach III präkludiert, womit einer Verschleppung in der ZwV entgegengewirkt werden soll (Hk-ZV/Schneiders Rn 57; SchWKT/Raebel/Thole Rn 47; sa BVerfG NJW 2018, 2251 Tz 33). Die Präklusion soll also weiteren Abwehrklagen entgegenwirken (MskV/Lackmann Rn 42; StJ/Kern Rn 91: Präklusionswirkung des III nur in nachfolgenden Abwehrklagen; aA MK/K. Schmidt/Brinkmann Rn 90 ff: nur „innerprozessuale Präklusion" für die Vollstreckungsabwehrklage; Leitmeier JR 2021, 549, 558). 22a

3) Verfahren. Der Sch muss alle Einwendungen, die er bis zum Schluss der letzten mündl Verh des Tatsachenrechtszugs geltend zu machen imstande ist, in **einer einzigen ersten Abwehrklage** geltend machen (BGH 29.1. 2015 – V ZR 93/14 Tz 12); nicht notwendig in der Klageschrift, sondern genügend im laufenden Verf (auch noch in der Berufung). Es entscheidet der Zeitpunkt der letzten mündl Verhandlung (MskV/Lackmann Rn 41). In diesem ersten Verf nachgeschobene Gründe sind Klageänderung (MskV/Lackmann Rn 20; aA Leitmeier JR 2021, 549, 551), deren Sachdienlichkeit bei fehlender Einwilligung des Bekl regelmäßig bejaht werden sollte (SchWKT/Raebel/Thole Rn 47: großzügig zu beurteilen; wohl auch PG/Hansmeier Rn 54). Auf Verschulden kommt es nicht an (SchWKT/Raebel/Thole Rn 47 mN; PG/Hansmeier Rn 53; BGH NJW-RR 87, 59 Tz 17; aA MskV/Lackmann Rn 42 mit Wortlautargument; MK/K. Schmidt/Brinkmann Rn 91 mN; Leitmeier JR 2021, 549, 551 f). 22b

4) Wirkung. Soweit III eingreift, sind auch spätere Schadensersatz- und Bereicherungsansprüche ausgeschlossen (Hk-ZV/Schneiders Rn 58; PG/Hansmeier Rn 53; sa BGH MDR 2017, 43 Tz 44; aA MK/K. Schmidt/Brinkmann Rn 93; Hk-ZPO/Kindl Rn 24; Leitmeier JR 2021, 549, 555). – Bei Einwendungen, die nach dem Präklusionszeitpunkt entstanden sind, sperrt III nicht. Hier lässt sich die Vollstreckungsabwehrklage beliebig wiederholen (ThP/Seiler Rn 27). Eine solche wiederholte Abwehrklage kann aber nicht auf neue Beweismittel gestützt werden (OLG Düsseldorf NJW-RR 92, 1216) oder auf eine zwischenzeitl Änderung der BGH-Rspr. – Bei einer nur teilweisen Abwehrklage präkludiert III nicht für eine weitere Klage gegen den bis dahin nicht angegriffenen Teil des Titels (BVerfG NJW 2018, 2251 Tz 33); der Kl ist aber darauf angewiesen, hierbei ausschließlich neue Einwendungen vorzubringen (SchWKT/Raebel/Thole Rn 47), kann also nicht frühere Einwendungen wiederholen. 22c

XIV) Vorläufige Anordnung. Die Erhebung der Vollstreckungsabwehrklage hemmt weder die begonnene Vollstreckung, noch beseitigt sie die Vollstreckbarkeit des Titels. Das ProzGericht (§ 769 I)), in dringenden Fällen auch das Vollstreckungsgericht (§ 769 II), kann aber auf Antrag vorläufige Anordnungen zum Schutze des Sch erlassen. 23

XV) Gebühren. Wie bei Klagen im ordentl Prozess, s § 253 Rn 28. Die vorprozessuale Tätigkeit des RA wird nach 2300 RVG-VV vergütet, nicht mit der Vollstreckungsgeb 3309 RVG-VV (BGH MDR 2011, 454). – Streitwert: § 3 Rn 16.195. 24

§ 768 Klage gegen Vollstreckungsklausel

Die Vorschriften des § 767 Abs. 1, 3 gelten entsprechend, wenn in den Fällen des § 726 Abs. 1, der §§ 727 bis 729, 738, 742, 744, des § 745 Abs. 2 und des § 749 der Schuldner den bei der Erteilung der Vollstreckungsklausel als bewiesen angenommenen Eintritt der Voraussetzung für die Erteilung der Vollstreckungsklausel bestreitet, unbeschadet der Befugnis des Schuldners, in diesen Fällen Einwendungen gegen die Zulässigkeit der Vollstreckungsklausel nach § 732 zu erheben.

1 **I) Anwendungsbereich.** § 768 gilt (PG/Hansmeier Rn 2; KG MDR 2008, 591: nur) für die in seinem Text aufgeführten Fälle u das Bestreiten des Eintritts der dort als bewiesen angenommenen Voraussetzungen für die Erteilung der Klausel. Einwendungen **förml Art** (s § 732 Rn 5-11) gegen die Vollstreckungsklausel sind im Beschlussverf nach § 732 durchzusetzen (OLG Koblenz NJW 92, 378). Zur Abgrenzung der **§§ 732, 768** u dem Wahlrecht des Sch s § 732 Rn 12. Da der in § 768 erwähnte § 726 nur Fälle mit aufschiebender Bedingung betrifft, können auflösende Bedingungen oder Verfallklauseln nicht nach § 768 geprüft werden. Der Sch muss nach § 767 vorgehen (MK/K. Schmidt/Brinkmann Rn 2 aE; Münzberg Rpfleger 97, 413 gegen Frankenberger/Holz Rpfleger 97, 93). – **Analoge Anwendung** der §§ 768, 732, wenn der Altgl die Wirksamkeit der Rechtsnachfolge auf einen neuen Gl bestreitet, dem die Klausel erteilt worden ist, oder der Neugläubiger die dem Altgl erteilte Klausel anficht (Prätendentenstreit; Seibel § 727 Rn 30). Entsprechende Anwendung auch, wenn matrechtl Einwendungen erhoben werden, weil der Titel eine Bedingung enthalte, die vom Klauselerteilungsorgan nicht berücksichtigt werden durfte, weil sie im Wortlaut nicht angelegt sei (BGH ZBB 2014, 324 Tz 13; OLG Hamm 4.6.2018 – 5 U 141/17 [Eintritt in einen Sicherungsvertrag als Bedingung]). – Mögl ist es, zuerst Einwendungen nach § 732 u nach ihrer Zurückweisung Klage zu erheben. – Bei Klage u Einwendung nebeneinander, was mögl ist (MK/K. Schmidt/Brinkmann Rn 4), empfiehlt es sich, die Entscheidung über die Klage gem § 148 auszusetzen, die Einstellung der ZwV aber entweder auf Grund des § 732 II oder des § 769 anzuordnen. – Hatte der Gl erfolgreich auf Erteilung der Vollstreckungsklausel geklagt, weil er den Nachweis der Rechtsnachfolge usw durch Urkunden nicht erbringen konnte (§ 731), so kann der Sch nicht mehr Klage nach § 768 erheben (PG/Hansmeier Rn 5). – Die Klagen **§§ 767, 768** können verbunden werden (MskV/Lackmann Rn 2; OLG Bremen ZEV 2015, 65). – Übergang von der einen Klage zur anderen als Klageänderung mögl (OLG Köln NJW 97, 1450). Da es verschiedene Streitgegenstände sind (MK/K. Schmidt/Brinkmann Rn 5), handelt es sich dabei nicht ledigl um eine Neufassung des Klageantrags. – Ein Rechtsschutzbedürfnis für die Klage aus § 768 ist schon gegeben, wenn der Gl einen mit der Vollstreckungsklausel versehenen Titel besitzt; es ist nicht erforderl, dass der Gl mit der Vollstreckung droht. Wird ein Urteil auf Herausgabe einer Sache nach Umschreibung der Vollstreckungsklausel gem § 727 gegen den Erwerber der Sache vollstreckt, so kann dieser, sofern er die Sache gutgläubig iSd § 325 II erworben hat, sein Eigentum durch neue Klage geltend machen, auch wenn er die Rechtsbehelfe nach §§ 732, 768 nicht wahrgenommen hat (BGHZ 4, 283).

2 **II) Zuständigkeit.** Zuständig für die Klage ist das ProzGericht 1. Instanz, § 767 I; bei vollstreckbaren Urkunden gilt § 797 V; beim VB § 796 III.

3 **III) Verfahren. 1) Klageantrag.** „Die Zwangsvollstreckung auf Grund der zu dem Urteil vom … erteilten Vollstreckungsklausel wird für unzulässig erklärt.", KG AnwBl 2002, 666.

4 **2) Beweislast.** Sie richtet sich nicht nach der Parteirolle, sondern bleibt dieselbe wie im Verf bei der Erteilung der Klausel. Es trägt sie daher der Gl = Bekl (StJ/Kern Rn 9; MskV/Lackmann Rn 8; OLG Köln NJW-RR 94, 893; aA MK/K. Schmidt/Brinkmann Rn 10; ThP/Seiler Rn 9: der Sch = Kl). Hatte der Gl vor dem Rpfleger bereits Urkundenbeweis geführt, muss ihn der Sch aber jetzt entkräften (SchWKT/Raebel/Thole Rn 10). – Nach allen Meinungen trägt der Gl die Beweislast für eine Bösgläubigkeit des Kl = Sch.

5 **3) Präklusion** von Behauptungen nur nach § 767 III. Präkludiert sind Einwendungen, die in einer vorausgegangenen Klage nach § 768 schon möglich waren, aber auch Einwendungen, die der Sch bei einer Klage des Gl nach § 731 hätte vorbringen können (SchWKT/Raebel/Thole Rn 12).

6 **4) Vollzug.** Urteilsvollzug nach § 775 Nr 1. Eines bes Ausspruchs, dass auch die ZwV unzulässig ist, bedarf es nicht, da sich dies, wenn keine Klausel vorhanden ist, von selbst versteht. Eine Beseitigung der Klausel auf der Ausfertigung ist nicht mögl, da die Rückgabe nicht erzwungen werden kann. Lagen die Voraussetzungen für die Vollstreckungsklausel zwar noch nicht zur Zeit der Erteilung vor, sind sie aber am Schluss der mündl Verh eingetreten, so ist die Klage nicht mehr begründet. Dagegen sind ZwV-Akte, die vor Eintritt der Voraussetzungen vorgenommen sind, fehlerhaft. Hierauf kann sich nicht bloß der Sch berufen, sondern auch ein Dritter.

7 **IV) Gebühren.** Wie § 767 Rn 24.

§ 769 Einstweilige Anordnungen

(1) [1]Das Prozessgericht kann auf Antrag anordnen, dass bis zum Erlass des Urteils über die in den §§ 767, 768 bezeichneten Einwendungen die Zwangsvollstreckung gegen oder ohne Sicherheitsleistung eingestellt oder nur gegen Sicherheitsleistung fortgesetzt werde und dass Vollstreckungsmaßregeln gegen Sicherheitsleistung aufzuheben seien. [2]Es setzt eine Sicherheitsleistung für die Einstellung der Zwangsvollstreckung nicht fest, wenn der Schuldner zur Sicherheitsleistung nicht in der Lage ist und die Rechtsverfolgung durch ihn hinreichende Aussicht auf Erfolg bietet. [3]Die tatsächlichen Behauptungen, die den Antrag begründen, sind glaubhaft zu machen.

(2) [1]In dringenden Fällen kann das Vollstreckungsgericht eine solche Anordnung erlassen, unter Bestimmung einer Frist, innerhalb der die Entscheidung des Prozessgerichts beizubringen sei. [2]Nach fruchtlosem Ablauf der Frist wird die Zwangsvollstreckung fortgesetzt.

(3) Die Entscheidung über diese Anträge ergeht durch Beschluss.

(4) Im Fall der Anhängigkeit einer auf Herabsetzung gerichteten Abänderungsklage gelten die Absätze 1 bis 3 entsprechend.

I) Anwendungsbereich. In den Fällen der §§ 767, 768, 771, 785, 786, 805, 1084 II, § 112 IV GenG, § 242 FamFG kann das ProzGericht eine **vorläufige Anordnung** wegen der ZwV treffen, auch bei der Abänderungsklage nach § 323 (IV) und bei der Titelgegenklage analog § 767 I (Klose MDR 2024, 407 Rn 31), nicht jedoch, wenn Vollstreckung ausgeschlossen ist, zB bei der Feststellungsklage (Ausnahme: negative Feststellungsklage gegen Titel). Auf die die Rechtskraft durchbrechende Deliktsklage gem § 826 BGB entspr anwendbar (str; MK/K. Schmidt/Brinkmann Rn 4 mN; OLG Zweibrücken NJW 1991, 3041; aA OLG Frankfurt NJW-RR 92, 511; MskV/Lackmann Rn 1a mN; SchWKT/Raebel/Thole Rn 1). – Art 44 Brüssel Ia-VO sperrt einen Rückgriff auf § 769 (BGH ZIP 2022, 1619). 1

1) Abgrenzung. Die Anordnungen nach § 769 sind zu unterscheiden von den einstw Verfügungen, die nur nach Beendigung der ZwV zulässig sind, aber bei Versagen der Einstellung nach § 769 auch für Klagen aus § 826 BGB gewährt werden (OLG Stuttgart NJW-RR 98, 70; MK/K. Schmidt/Brinkmann Rn 8; SchWKT/Raebel/Thole Rn 1 mN). Wurde irrtüml eine einstw Verfügung erlassen, kann sie mit Widerspruch oder Beschwerde angegriffen werden (Meistbegünstigung; OLG Karlsruhe MDR 92, 808). 2

2) Prozessgericht. Das ist das Gericht, bei dem die Hauptsache anhängig ist, bei Berufung das Berufungsgericht (RGZ 33, 389), auch der ER, §§ 348, 348a, 526, 526 IV, bei der KfH der Vors, § 349 II Nr 10. Vor Rechtshängigkeit ist zuständig das durch Einreichung der Klageschrift mit der Sache befasste, nicht notwendig das für die Klage zuständige Gericht. Es besteht dann eine „Notzuständigkeit" (MskV/Lackmann Rn 2; krit zum Begriff MK/K. Schmidt/Brinkmann Rn 9). 3

3) Zeitpunkt. Das ProzGericht kann die einstw Anordnung schon vor Rechtshängigkeit erlassen, wenn die Klageschrift (nicht ledigl ein **PKH**-Antrag, MK/K. Schmidt/Brinkmann Rn 12; WSch/Spohnheimer Rn 11; ThP/Seiler Rn 7; MskV/Lackmann Rn 2) eingereicht worden ist, lediglich noch zugestellt werden muss (aA StJ/Kern Rn 7: bei PKH-Antrag schon bedingte/befristete Zwischenanordnungen mögl). – Anders aber beim **VKH**-Antrag: § 242 S 1 FamFG. 4

4) Glaubhaftmachung. Die tatsächl Behauptungen sind glaubhaft zu machen (I 3, § 294). Kein Ersatz dafür durch Sicherheitsleistung. An Darlegungen und Glaubhaftmachung der Einwendungen sind strenge Anforderungen zu stellen, da sonst die Vollstreckungsfähigkeit eines Titels entwertet wird (OLG Zweibrücken JurBüro 99, 381). 5

II) Entscheidungsverfahren. Die Entscheidung ergeht durch **Beschluss**, der zu begründen ist (OLG Frankfurt MDR 99, 504; ThP/Seiler Rn 10: idR; MskV/Lackmann Rn 6 und § 707 Rn 8: in jedem Fall). Fehlende Begründung war nicht als „greifbar gesetzwidrig" angesehen worden (str; aA zB OLG Köln MDR 2000, 414). Sie ist auf Rüge nachzuholen, wobei zugleich abgeholfen werden kann. Mündl Verh ist freigestellt (III, § 128 IV); dem Gegner ist rechtl Gehör zu gewähren, Art 103 I GG, falls der Antrag nicht sofort zurückgewiesen wird. Die Anordnung nach § 769 ist in das pflichtgemäße Ermessen des Gerichts gestellt. **Voraussetzungen** wie § 707 Rn 7-10). Abzuwägen sind die dem Sch drohenden Nachteile, das wirtschaftl Interesse des Gl an einer zügigen Vollstreckung (BGH 13.10.2020 – VI ZR 1261/20 Tz 4) und die Erfolgsaussichten der Klage (BGH 28.3.2019 – IX ZR 311/18 Tz 4). Beweisantizipation zulässig (s § 719 Rn 5). Eine formularmäßige Entscheidung, bei der die Einstellung häufig mehr oder minder unbesehen bewilligt wird, ist unzulässig (allgM). 6

1) Entscheidungsmöglichkeiten. Das Gericht kann gegen (so idR; MK/K. Schmidt/Brinkmann Rn 17) oder ohne (I 2) Sicherheitsleistung einstellen, die Fortsetzung der ZwV von Sicherheitsleistung abhängig machen und die Aufhebung der ZwV gegen Sicherheit anordnen. Die Aufzählung in I ist nur beispielhaft. Das Gericht kann auch die Veräußerung des Gegenstandes u Hinterlegung des Erlöses anordnen. Die Anordnung der Sequestration ist zuzulassen (SchWKT/Raebel/Thole Rn 9), etwa wenn die Abwehrklage gegen ein Urteil auf Herausgabe eines wertvollen Gemäldes gerichtet ist und dem Abwehrkläger droht, dass sein Gegner bei Herausgabe das unersetzl Gemälde veräußert; anderenfalls käme nur ein Veräußerungsverbot durch einstw Verfügung in Betracht (s § 938 Rn 12, 13). Bei der Klage aus § 771 darf es ohne Sicherheitsleistung aufheben, § 771 III 2. – In den Fällen § 775 Nr 2 muss die Aufhebung neben der Einstellung aber besonders angeordnet werden (LAG Düsseldorf Rpfleger 2006, 420; § 776 S 2). – Die Sicherheit muss dem Gl vollen Ersatz für die ihm aus der Anordnung entstehenden Nachteile gewähren (BGH MDR 2004, 763 Tz 17; näher s § 771 Rn 19a), was immer der Fall sein wird, wenn aus dem Urteil bereits gepfändet ist u der Schätzwert die Forderungen des Gl erreicht. – **Ohne Sicherheit** (I 2): **a)** Zur Leistung nicht in der Lage: wie § 707 Rn 13; gefordert ist Unmöglichkeit. Anders als in § 707 I 2 muss aber nicht noch durch die ZwV ein nicht zu ersetzender Nachteil drohen. **b)** Erfolgsaussichten: s Rn 6 u § 707 Rn 9; ausreichend ist, wenn der Erfolg ernsthaft möglich erscheint. 7

8 **2) Hinterlegung.** Der Gl erwirbt mit der Hinterlegung ein ges Pfandrecht an der Forderung auf Rückerstattung, die der Hinterleger gegen die Hinterlegungsstelle hat. Wird die ZwV aufgehoben, muss die Sicherheit so hoch sein wie die Gesamtforderung des Gl einschl der Kosten des Verf u der bish Vollstreckung (RGZ 86, 39).

9 **3) Wirkung.** Die Entscheidung über den Antrag auf einstw Einstellung kann Rechtswegbindung bewirken (§ 17a GVG; OLG Hamm MDR 2024, 1269). – Die Anordnung nach § 769 wirkt, sofern nicht **befristet** (was nach KG FamRZ 90, 85, 86 bei Einstellung vor Rechtshängigkeit und OLG Schleswig FamRZ 90, 303 bei Einstellung während eines PKH-Verf immer geboten ist), bis zur Verkündung (nicht bis zur Rechtskraft) des Urteils (allgM). Für die Zeit danach gilt § 770. Einer bes Aufhebung der Anordnung nach Urteilsverkündung bedarf es nicht (ThP/Seiler Rn 17). Sie ist aber zu empfehlen, da mit Einstellungsbeschlüssen, zumal, wenn sie nicht genau gefasst sind, nach Erlass der Hauptentscheidung Missbrauch getrieben werden kann.

10 **4) Änderungsbefugnis.** Das Gericht darf den Beschluss **ändern**, aber immer nur die ZwV einstellen oder aufheben und die Einstellung rückgängig machen, nicht anordnen, in welcher Weise die ZwV weiter zu betreiben ist. Die Abänderung kann durch Veränderung der Umstände, zB auf Grund einer Beweisaufnahme oder der Einlegung einer Beschwerde, veranlasst sein, ist aber grds immer zulässig (OLG Hamm MDR 88, 241; OLG Köln MDR 89, 919 mwN; Schneider MDR 85, 549). Einstellungsbeschlüsse sind grds formlos mitzuteilen (§ 329 II 1); der beschwerten Partei sollten sie wegen § 329 III Alt 2 vorsorglich zugestellt werden (s § 707 Rn 22 zur befristeten Anfechtung/Rügeverfahren).

11 **5) Kostenentscheidung.** Über Kosten ist in 1. Instanz nicht zu entscheiden (ThP/Seiler Rn 21), jedoch in der Beschwerdeinstanz (OLG Karlsruhe FamRZ 99, 1000; OLG Dresden JurBüro 99, 270; jedenfalls für den Fall der Zurückweisung der Beschwerde; aA OLG Brandenburg FamRZ 96, 356).

12 **III) Eilfälle.** In **dringenden Fällen** kann das VollstrGericht einstw Anordnung nach II erlassen, unter Bestimmung einer Frist, innerhalb der die Entscheidung des ProzGerichts beizubringen ist (II 1). Um einen dringenden Fall handelt es sich meist nicht, wenn der Betroffene noch beim ProzGericht Klage erheben kann. Das VollstrGericht wird deshalb nur in Ausnahmefällen zu entscheiden haben. Erst wenn die ZwV begonnen hat, kann ein dringender Fall vorliegen. Will der Sch nur Zeit gewinnen oder seine Kostenpflicht abwenden, muss das VollstrGericht das Gesuch ablehnen. In dem schriftl oder zu Protokoll des UrkB zu stellenden Antrag (**Formulierungsvorschlag:** Vorwerk/Wiemer, PFB, M 63.6) sind die tatsächl Behauptungen und die Dringlichkeit glaubhaft zu machen. Einreichung (Zustellung) der Klage ist nicht Voraussetzung. Die Anordnung nach II ist zu befristen und entfällt dann von selbst (OLGR Celle 1996, 214). Verlängerung der Frist ist mögl, § 224 II. Die Versäumung der Frist schließt später Einstellung durch das ProzGericht nicht aus. Durch die Anordnung des ProzGerichts erledigt sich ohne weiteres diej des VollstrGerichts. Zuständig ist der Rpfleger, § 20 I Nr 17 RPflG; gegen seine Entscheidung befristete Erinnerung (§ 11 II 1 RPflG); hat sofort der Richter entschieden, ist die Entscheidung unanfechtbar (SchWKT/Raebel/Thole Rn 15). – Zur „**Notzuständigkeit**" des möglicherw unzuständigen Gerichts s Rn 3.

13 **IV) Sofortige Beschwerde.** Analog § 707 II 2 ausgeschlossen (MK/K. Schmidt/Brinkmann Rn 34 mN; OLG Frankfurt 23.10.2024 – 3 W 28/24 Tz 12 mN). Nach hM auch keine Ausnahmebeschwerde wegen „greifbarer Gesetzwidrigkeit" (stRspr; zB BGH MDR 2005, 927; s § 707 Rn 22 gegen BGH zur Ausnahmebeschwerde; StJ/Kern Rn 18: Der kategorische Ausschluss der außerordentl Beschwerde sollte überdacht werden). In der Instanz ist die Entscheidung auf Gegenvorstellung, als die eine sof Beschwerde ausgelegt werden kann, frei abänderbar.

14 **V) Schadensersatz.** Kein Schadensersatz analog § 717 II, § 945 bei unberechtigter Einstellung. Die Rspr des BGH zu § 771 III (s § 771 Rn 19a) ist verallgemeinernd auf I übertragbar (PG/Hansmeier Rn 19).

15 **VI) Gebühren. 1) Gericht:** keine. Beschwerde: 1812 GKG-KV. – **2) RA:** Ist er ProzBev für Klage nach § 767: Keine bes Angelegenheit, außer bei abgesonderter mündl Verh (§ 19 I 2 Nr 11 RVG). Dann entstehen zusätzl VerfGeb 3328 RVG-VV und Terminsgeb 3332 RVG-VV. Nur eine Geb, wenn der Antrag wiederholt wird (3328 RVG-VV Anm S 2). Bei vorzeitiger Erledigung der Hauptsache löst bei unbedingtem Prozessauftrag auch die Stellungnahme zu einem Antrag nach § 769 bereits die 1,3 Geb 3100 RVG-VV aus dem Hauptsachewert aus (OLG Koblenz 1.4.2016 – 14 W 154/16; aA N. Schneider NJW-Spezial 2016, 572). – Ist der RA nicht ProzBev: 3403 RVG-VV aus dem Einstellungswert. – Gegenstandswert des Einstellungsverf idR 1/5 des Hauptsachewertes.

§ 770 Einstweilige Anordnungen im Urteil

[1]Das Prozessgericht kann in dem Urteil, durch das über die Einwendungen entschieden wird, die in dem vorstehenden Paragraphen bezeichneten Anordnungen erlassen oder die bereits erlassenen Anordnungen aufheben, abändern oder bestätigen. [2]Für die Anfechtung einer solchen Entscheidung gelten die Vorschriften des § 718 entsprechend.

1 **Urteilbegleitende Maßnahmen.** Das ProzGericht kann in den Fällen der §§ 767, 768, 771-774, §§ 785, 786, 805, 1084 II auf Antrag oder vAw in seinem (wenn auch vorläufig vollstreckbaren) Urteil Anordnungen der in § 769

bezeichneten Art treffen, die den Sch schützen und mit Urteilsrechtskraft ohne weiteres außer Kraft treten. Die Vorschrift gilt auch bei den nach § 794 I Nr 3 sofort vollstrb Beschlüssen. Die Anordnung ist sofort vollstrb, §§ 775, 776. Anfechtung nur mit der Hauptsacheentscheidung. Berufung: § 718; Revision ist unzulässig: § 718 II. Das Berufungsgericht kann aber auch selbständig in seinem Verf nach § 769 und im Urteil nach § 770 verfahren.

Gebühren. 1) Gericht: keine. – **2) RA:** nur bei abgesonderter mündl Verh: 3328 RVG-VV, 3332 RVG-VV. Die Anfechtung nach S 2 ist keine bes Angelegenheit (§ 19 I 2 Nr 11 RVG). 2

§ 771 Drittwiderspruchsklage

(1) Behauptet ein Dritter, dass ihm an dem Gegenstand der Zwangsvollstreckung ein die Veräußerung hinderndes Recht zustehe, so ist der Widerspruch gegen die Zwangsvollstreckung im Wege der Klage bei dem Gericht geltend zu machen, in dessen Bezirk die Zwangsvollstreckung erfolgt.
(2) Wird die Klage gegen den Gläubiger und den Schuldner gerichtet, so sind diese als Streitgenossen anzusehen.
(3) [1]Auf die Einstellung der Zwangsvollstreckung und die Aufhebung der bereits getroffenen Vollstreckungsmaßregeln sind die Vorschriften der §§ 769, 770 entsprechend anzuwenden. [2]Die Aufhebung einer Vollstreckungsmaßregel ist auch ohne Sicherheitsleistung zulässig.

I) Grundgedanke. Mögliche Widerspruchsklage schließt mat-rechtl Klage, etwa aus § 985 BGB, aus, weil sonst die Vollstreckung unterlaufen würde (BGH NJW 87, 1880). Der Gl darf nur gegen den Sch vollstrecken, nicht gegen Dritte. Diesen steht jedoch kein Selbsthilferecht gegen ungerechtfertigte Vollstreckungsmaßnahmen zu. § 771 gewährt deshalb den erforderl staatl Rechtsschutz durch Eröffnung der sog **Drittwiderspruchsklage**, die bei jeder Art der ZwV eingreifen kann (Hk-ZPO/Kindl Rn 4; MskV/Lackmann Rn 1). Grds ablehnend Stamm (Strukturprinzipien der ZwV, Tagungsbd BMJV 2017, S 19, 34), der eine Rückbesinnung auf die mat-rechtl Grundsätze der Abwicklung von Dreiecksverhältnissen fordert. – § 771 ist auch anwendbar, wenn aus materiellen Gründen eine Teilungsversteigerung (§§ 180 ff ZVG) verhindert werden soll (allgM; zB BGH MDR 2023, 237; OLG Dresden NZFam 2022, 851 [Strube]), sog „unechte Drittwiderspruchsklage", weil es keine ZwV im engeren Sinne und der Miteigentümer nicht Dritter ist. In entspr Anwendung kann ein Grundstückseigentümer, der nicht Titelschuldner ist und auf dessen Grundstück eine Zwangshypothek lastet, das Erlöschen der Forderung geltend machen (OLG Düsseldorf WM 93, 1692). 1

Liegt ein **Verfahrensverstoß** vor, ist er zwingend mit der Erinnerung zu rügen (§ 766). Daneben bleibt die Widerspruchsklage zulässig, wenn das Gericht auch mat Recht (zB § 809) prüfen muss (MskV/Lackmann Rn 3; WM 2008, 2302). – Die formelle Gültigkeit des Vollstreckungsaktes ist nicht Voraussetzung der Widerspruchsklage. Sie ist daher gegen eine Forderungspfändung auch dann zulässig, wenn die Pfändung unwirksam ist, weil die Forderung dem Sch schon nicht mehr zustand. 2

II) Vollstreckungszugriff. Vollstreckt werden darf nur in das **Vermögen des Sch**. Ob ein Gegenstand zum Vermögen des Sch gehört, ist jedoch von den Vollstreckungsorganen nicht abschließend zu prüfen. Die ZwV ist vielmehr bei der Vollstreckung wegen Geldforderungen in körperl Sachen und in das unbewegl Vermögen schon dann zulässig, wenn äußere Umstände für die Zugehörigkeit zum Vermögen des Sch sprechen (Gewahrsam, Grundbucheintrag), bei der Vollstreckung in Forderungen und andere Vermögensrechte, wenn die Zugehörigkeit zum Vermögen des Sch schlüssig vorgetragen wird. Der Dritte, der behauptet, an dem Gegenstand der ZwV stehe ihm ein die Veräußerung hinderndes Recht zu, hat dieses Recht im Wege der Widerspruchsklage geltend zu machen. Die Vollstreckungsorgane, insb der GV, dürfen sich von der Vollstreckung nicht dadurch abhalten lassen, dass der Sch die im Gewahrsam des Sch befindl Sachen als einem Dritten gehörig oder als Gegenstand eines einem Dritten zustehenden Pfand- oder Vorzugsrechtes oder eines anderen die Veräußerung hindernden Rechts bezeichnet oder dass ein Dritter das Eigentum oder ein solches Recht in Anspruch 3 nimmt (§ 71 GVGA). Werden Sachen, bzgl deren Ansprüche Dritter geltend gemacht werden, gepfändet, so hat der GV den bei der ZwV erhobenen Widerspruch im Protokoll festzustellen und den Gl sofort zu benachrichtigen (§ 87 II 1 GVGA). Wird an gepfändetem Geld von einem Dritten ein die Veräußerung hinderndes Recht behauptet, so hat der GV, wenn ihm das Recht glaubhaft gemacht wird, das Geld zu hinterlegen (§ 87 III 1 GVGA). Wird ihm nicht binnen 2 Wochen eine Entscheidung des nach I zuständigen Gerichts beigebracht, so hat er die Herausgabe des Geldes an den Gl zu veranlassen, § 815 II.

4 **III) Rechtsnatur.** Die Klage (**Formulierungsvorschlag:** Vorwerk/Wiemer, PFB, M 64.3) ist **prozessuale Gestaltungsklage** (hM; sehr str; MK/K. Schmidt/Brinkmann Rn 3). Die ZwV ist nicht von Anfang an unzulässig, sondern wird es erst durch den Urteilsausspruch, der sie für unzulässig erklärt. Der **Dritte** hat nach **Beginn der ZwV** (s Rn 6) nur den Weg des § 771 (allgM; OLG Naumburg 5.4.2012 – 1 U 90/11; sa Rn 1). Eine Klage auf Freigabe, Einwilligung in die Auszahlung des Hinterlegten, Herausgabe der gepfändeten Sachen oder Unterlassung der Störung, die sich auf ein unter § 771 fallendes Recht stützt, ist, wenn vor dem Gericht des § 771 geklagt wird, in eine Widerspruchsklage umzudeuten. Wird sie bei einem anderen Gericht erhoben, dann ist sie wegen des ausschließl Gerichtsstands des § 771 unzulässig (RGZ 108, 260). Für eine Feststellungsklage des Dritten fehlt das rechtl Interesse. Wohl aber kann der **Pfändungsgläubiger**, bevor Widerspruchsklage erhoben ist, eine solche aber droht, durch negative Feststellungsklage beantragen, festzustellen, dass der von dem Dritten geltend gemachte Widerspruch unbegründet sei (RGZ 73, 278). Die Drittwiderspruchsklage bleibt zulässig, bis die ZwV **beendet** ist (BGH JR 79, 283 [Olsen]; sa Rn 7); sachgerecht erscheint (so MK/K. Schmidt/Brinkmann Rn 59), das „Zeitfenster" für die Zulässigkeit der Klage von einem bestehenden/fehlenden Rechtsschutzinteresse abhängig zu machen.

5 **1) Zeitfenster.** Zeitlich zulässig ist die Klage von Beginn der ZwV an, weil ab da Gefährdung des Rechts des Dritten droht. Bei Vollstreckung auf Herausgabe von Sachen oder auf Räumung genügt es aber schon, dass die Vollstreckung droht (allgM). Vor Beginn der ZwV ist nur Abwehrklage des Dritten (§ 1004 BGB) und Vollzug nach § 890 oder negative Feststellungsklage des Gl denkbar. Nach Beendigung der ZwV Bereicherungsklage gem § 812 BGB.

6 **a)** Die **ZwV beginnt** bei Sachen durch Pfändung (BGHReport 2004, 778; s vor § 704 Rn 33), bei Pfändung von Forderungen und anderen Vermögensrechten mit Erlass (nicht erst mit Zustellung) des Pfändungsbeschlusses oder der Vorpfändung nach § 845, bei unbewegl Sachen durch Unterzeichnung der Eintragungsverfügung (bei der Sicherungshypothek, § 867) bzw des Anordnungs- oder Beitrittsbeschlusses.

7 **b)** Die **ZwV endet** mit Befriedigung des Gl (RGZ 80, 189); bei Eintragung einer Zwangshypothek mit Befriedigung aus dem Grundstück (RGZ 81, 65). Beendigung der ZwV ist nicht schon gegeben bei Aufhebung der Pfändung gegen Sicherheitsleistung, Hinterlegung durch den Drittschuldner unter Verzicht auf das Recht der Rücknahme (Klein MDR 2016, 1184; MskV/Lackmann Rn 7), mit der Überlassung der Pfandsache mit Zustimmung des Gl an einen weiteren Vollstreckungsgl zur Verwahrung auch für den 1. Gl (BGH s Rn 4), mit Einleitung des Verteilungsverf, Verkauf der Pfandstücke und Erlöshinterlegung oder nach einem erfolglosen Pfändungsversuch (BGH MDR 2004, 714). Bei Hinterlegung ist Erweiterung der Klage auf Herausgabe des hinterlegten Betrags mögl, wenn die Widerspruchsklage vor der Versteigerung bereits erhoben war (RGZ 69, 93).

8 **2) Örtliche Zuständigkeit.** Sie ist ausschließl (§ 802). **Zuständig** ist das Gericht, in dessen Bezirk die ZwV begonnen hat (RGZ 35, 407), bei Vorpfändung das künftige Pfändungsgericht, bei Sachpfändung das Gericht des Pfändungsortes, auch noch nach Wegschaffung der Sachen in einen anderen Gerichtsbezirk (RGZ 35, 404), bei Anschlusspfändung das Gericht der Hauptpfändung, bei Rechtspfändung das Gericht, das den Pfändungsbeschluss erlassen hat (RGZ 67, 311), bei arrestweiser Forderungspfändung das Arrestgericht, § 930 (RGZ 65, 378), nach Einleitung des Verteilungsverf das Verteilungsgericht, für Anfechtungsklagen des InsVerwalters gegen Vollstreckungen in das Vermögen des Sch gilt der Gerichtsstand des I (MK/K. Schmidt/Brinkmann Rn 44 aE; aA BGH MDR 90, 622). **Sachlich zuständig** ist je nach der Höhe des Streitwerts das AG oder LG; es gilt auch § 23 Nr 2a GVG (OLG Stuttgart MDR 2009, 1310). Das FamG ist bei FamStreitsachen zuständig, wenn das Drittrecht ein FamRecht ist (MskV/Lackmann Rn 7; OLG München FamRZ 2000, 365: Veräußerungsverbot des § 1365 I BGB). Beim Strafgericht, nicht beim Zivilgericht ist die Klage zu erheben, wenn im Strafverf in Vollziehung eines Arrestes gepfändet wurde (§ 111f V StPO; OLG Hamburg NStZ-RR 2008, 347, Aufg v NJW-RR 2003, 715; OLG Jena NJW 2012, 692; OLG Bamberg wistra 2013, 120; OLG Düsseldorf NStZ-RR 2014, 85). Arbeitsgerichte sind nie, auch nicht bei arbeitsrechtl titulierten Ansprüchen, zuständig (MK/K. Schmidt/Brinkmann Rn 55).

9 **IV) Dritter.** Sachl zur Klage legitimiert ist jeder, der nicht Vollstreckungsschuldner ist, gegen den also nicht vollstreckt wird und aus dem Titel nicht vollstreckt werden darf. Das kann zB der andere Ehegatte oder Lebenspartner sein (s § 739 Rn 10); der TV bei Vollstreckung in sein Vermögen; der Erbe vor Erbschaftsannahme (s § 778 Rn 11). – Dritter ist nicht der Rechtsnachfolger (BGH NJW 2019, 310 Tz 6) oder der Inhaber einer Einzelfirma (Geißler NJW 85, 1870). Der Drittschuldner kann sich bei der Forderungspfändung im Einziehungsprozess nicht darauf berufen, einem Dritten stünde ein Recht nach § 771 I zu (BGH MDR 2007, 420).

10-11 Einstweilen frei.

V) Gegenstand der Zwangsvollstreckung. Das kann eine Sache sein, auch wenn sie der Dritte nicht besitzt (besitzt er sie: §§ 771 oder 766) oder ein Recht. Der Gegenstand, bzgl dessen die ZwV für unzulässig erklärt werden soll, ist als streitbefangen iSd § 265 anzusehen. 12

VI) Passivlegitimation. Die Klage richtet sich gegen den, der die ZwV im eigenen Namen, wenn auch für fremde Rechnung betreibt, also bei § 265, §§ 432, 1077 I, § 2039 BGB gegen den, der geklagt hatte; bei Gesamtgl, § 428 BGB, gegen den Vollstreckenden, bei Gesamthandsgl gegen alle zusammen, im Fall des § 126 gegen den RA. Klage gegen den Rechtsnachfolger setzt Umstellung der Klausel auf ihn voraus. Bestreitet der Sch das Recht des Dritten, so kann dieser mit der Klage aus § 771 die Klage gegen den Sch auf Feststellung oder auf Herausgabe verbinden (MskV/Lackmann Rn 34). Gl und Sch sind dann einfache Streitgenossen, II. 13

VII) Begründetheit. Die Klage ist begründet, wenn dem Dritten „ein die Veräußerung hinderndes Recht" zusteht (die Formulierung ist zu eng und darf nicht wörtl genommen werden, MK/K. Schmidt/Brinkmann Rn 17; Picker ZZP 128 [2015], 275; Celikovic NZI 2024, 441 schlägt „Interventionsrecht" vor), also die ZwV in einen Vermögensgegenstand des Kl eingreift, der nicht für den vollstreckten Titel haftet (OLG Karlsruhe 19.9.2017 – 12 U 70/17 Tz 29) und das Recht nicht durch Einwendungen des Bekl ausgeschlossen wird. **Klagegrund** kann jedes Recht sein, auf Grund dessen der Dritte den Gegenstand der ZwV für sich in Anspruch nehmen kann. **Einzelheiten:** 14

• **Abtretung.** Abtretung vor Pfändung der Forderung (RGZ 6, 278); nicht auch des Abtretungsversprechens (RGZ 64, 313); auch Inkassozession (RGZ 53, 419); bei Abtretung künftiger Forderungen müssen diese schon im Augenblick der Abtretung so genügend bestimmbar sein, dass es nur noch ihrer Entstehung bedarf, um die Übertragung von da an ohne weiteres wirksam werden zu lassen. Die Abtretung „der zukünftigen Außenstände des Sch" ist weder bestimmbar noch bestimmt (RGZ 92, 238). 14.1

• **Aneignungsgestattung.** § 956 BGB. Sie gibt dem Gestattungsempfänger, wenn Erzeugnisse oder Bestandteile (§§ 810, 865) von Gl des Gestattenden gepfändet werden, das Recht zu intervenieren, sofern die Gestattung unwiderruflich und mit unmittelbarem Besitz des Erwerbers verbunden ist (MK/K. Schmidt/Brinkmann Rn 37). Der Gestattende dagegen kann nicht nach § 771 klagen, wenn Gl des Erwerbers pfänden. 14.2

• **Anfechtungsrecht.** Anfechtungsrecht nach dem AnfG (§§ 3-6, 15 AnfG) und der InsO (§§ 129 ff InsO) ist Recht iSd § 771 I (hM; MK/K. Schmidt/Brinkmann Rn 44 mwN, auch zur aA; MskV/Lackmann Rn 29; aA BGH NJW 90, 990; sa auch BGH NJW 2004, 214). Der BGH bewertet den Anspruch wie einen schuldrechtl Verschaffungsanspruch (hiergegen Gaul/S/B-E § 41 Rn 104). 14.3

• **Anwartschaftsrecht.** S Rn 14.7. 14.4

• **Besitz.** Besitz an Grundstück ist kein Recht iSd § 771 (allgM; ThP/Seiler Rn 21). – Dies gilt auch für den Besitz an bewegl Sachen, denn der Besitz als solcher ist kein Recht (str; MK/K. Schmidt/Brinkmann Rn 39; ThP/Seiler Rn 21; MskV/Lackmann Rn 24; OLGR Rostock 2004, 341; aA AG/Hunke Rn 38). – Interventionswirkung hat aber das **Recht zum Besitz** (StJ/Kern Rn 39; MK/K. Schmidt/Brinkmann Rn 39 mN; MskV/Lackmann aaO; aA Stamm ZZP 124 [2011], 317 ff); das gilt für unmittelbare u mittelbare (AG/Hunke Rn 38; SchWKT/Thole Rn 30) Besitzer (Mieter/Vermieter, Leiher/Entleiher) sowie für Mitbesitzer (zu besitzenden Eheleuten s § 739 Rn 11). Stamm (aaO, 340) nimmt neben dem Besitz auch die Besitzrechte und -ansprüche aus dem Anwendungsbereich des § 771. – Ausdrückl Regelung für Besitzer in § 93 I 3 ZVG (BGH MDR 2025, 410 [Schörnig MDR 2025, 640]). 14.5

• **Eigentum.** Einschließl **Miteigentum** (BGH MDR 2007, 660), Bruchteils- u Gesamteigentum (RGZ 131, 381). Zugunsten des Gl spricht bei Eheleuten die Vermutung des § 1362 I BGB (Ausnahme: § 1362 II BGB); näher s § 739 Rn 10. – Zur Vermutung bei Wohngemeinschaften/ne Lebensgemeinschaften s § 739 Rn 14. – Die **Auflassungsvormerkung** ist noch kein hinderndes Recht (OLG Naumburg FGPrax 2019, 120 Tz 28). 14.6

• **Eigentumsvorbehalt.** Der Verkäufer, der sich sein Eigentum vorbehalten hat, kann widersprechen (MskV/Lackmann Rn 16), wenn beim Käufer in die Sache vollstreckt wird. – Der Käufer, der eine Eigentums**anwartschaft** erworben hat, kann widersprechen (BGH MDR 71, 212; MskV/Lackmann Rn 17; MK/K. Schmidt/Brinkmann Rn 22), wenn beim Verkäufer oder einem Dritten in die Sache vollstreckt wird. – Der Verkäufer ist nicht gezwungen, die Klage auf vorzugsw Befriedigung (§ 805) zu erheben. Der Käufer ist nicht auf den Widerspruch gegen die Verwertung beschränkt (Hk-ZV/Handke Rn 19; aA die wohl hM; MK/K. Schmidt/Brinkmann Rn 22; MskV/Lackmann Rn 17 wegen eines evtl Rangverlusts des Vollstreckungsgl). Ist eine Sache unter aufschiebender Bedingung übereignet, kann der Anwärter die Anwartschaft an einen Dritten veräußern. Die Veräußerung hat zur Folge, dass der Dritte das Eigentum bei Eintritt der Bedingung unmittelbar, ohne Durchgang durch das Vermögen seines Rechtsvorgängers, erwirbt, auch wenn der Inhaber des Vollrechts der Übertragung nicht zugestimmt hat; § 185 BGB ist auf diese Fälle nicht anwendbar. Ist die Sache in der Zwischenzeit durch einen Gl des 1. Anwartschaftsberechtigten gepfändet worden, wird die Pfändung bei Eintritt der Bedingung nicht wirksam. Dem Eigentumserwerber steht die Widerspruchsklage nach § 771 zu (BGHZ 20, 88). 14.7

• **Einmann-GmbH.** Die Widerspruchsklage einer Einmann-GmbH bei Vollstreckung in das GmbH-Vermögen aus einem Titel gegen den Alleingesellschafter ist rechtslogisch begründet. Der BGH hat sich deshalb unter Be- 14.8

rufung auf das Trennungsprinzip für die Klagemöglichkeit entschieden (BGH NJW 2004, 217; MskV/Lackmann Rn 30; AG/Hunke Rn 38 „Gesellschaft"). Das schließt im Einzelfall nicht aus, dem Kl wegen Verschleierung der Vermögensverhältnisse erfolgreich den Verwirkungseinwand entgegen zu halten.

14.9 • **Erbbaurecht.** Es erfasst die Sache mit dingl Wirkung, so dass bei Mitberechtigung § 771 gilt (OLG Stuttgart 11.9.2013 – 11 UF 173/13 Tz 27).

14.10 • **Erbe.** Er kann bei der ZwV in sein Vermögen vor Annahme der Erbschaft widersprechen (§ 778 I, § 771), aber auch Erinnerung (§ 766) einlegen. – Für die Einwendungen nach §§ 781-784, insb die der beschränkten Haftung, steht ihm die Vollstreckungsabwehrklage zur Verfügung (§§ 785, 767), die allerdings der Sache nach Drittwiderspruchsklage ist, wenn u soweit es nur darum geht, einen konkreten Vermögensgegenstand der Vollstreckung zu entziehen (MK/K. Schmidt/Brinkmann § 785 Rn 1, 7).

14.11 • **Forderung.** Ihre Pfändung berechtigt wie das Eigentum zur Widerspruchsklage, auch wenn bei Pfändung der „angeblichen" Forderung des Sch keine Beschlagnahme eintritt. Der Rechtsschein wirksamer Pfändung reicht als Gefährdung aus (BGH WM 81, 649). S ferner bei Rn 14.17.

14.12 • **Gesamtgut.** § 774.

14.13 • **Grunddienstbarkeit.** Solche, die sich auf wesentl Bestandteile erstreckt und auf Anlagen ausgedehnt werden kann, §§ 1021, 1022 BGB. Wie Nießbrauch, s Rn 14.22.

14.14 • **Herausgabeanspruch.** Ein solcher des früheren Besitzers, § 1007 BGB; denn verlorene, gestohlene u abhanden gekommene Sachen kann auch der gutgläubige Rechtsnachfolger nicht erwerben, §§ 932, 935 BGB. Ferner der schuldrechtl Herausgabeanspruch; hierunter fallen alle Ansprüche auf Rückgabe von Gegenständen, die der Dritte dem Sch auf Grund Miete, Pacht, Verpfändung, Leihe usw überlassen hat (MK/K. Schmidt/Brinkmann Rn 41; MskV/Lackmann Rn 25; OLG Stuttgart 11.9.2013 – 11 UF 173/13 Tz 22; aA Stamm ZZP 124 [2011], 317 ff, 336, 341; Stamm ZZP 126 [2013], 427 ff, 443, Erörterung zu BGH MDR 2009, 1415). Bloße **Verschaffungsansprüche** genügen nicht (StJ/Kern Rn 42; MskV/Lackmann Rn 25), weil bei ihnen der Gegenstand noch zum Schuldnervermögen gehört (s aber auch Rn 14.17).

14.15 • **Hinterlegung.** Anspruch auf Rückgewähr ist Recht iSd § 771 (Klein MDR 2016, 1184; OLG Frankfurt NJW-RR 88, 1408).

14.16 • **Hypothek** bzgl Zubehör u Früchte einschl Miete (§§ 810, 865; RGZ 55, 208); sonst verhindert die Hypothek eine Veräußerung nicht, §§ 1121, 1124 BGB; das Gleiche gilt von der Reallast.

14.17 • **Kommissionsverhältnis.** Forderungen aus einem von dem Kommissionär abgeschlossenen Geschäft gelten im Verhältnis zwischen dem Kommittenten und dem Kommissionär oder dessen Gl als Forderung des Kommittenten, § 392 II HGB. Der Pfändung dieser Forderung durch Gl des Kommissionärs kann der Kommittent widersprechen. § 392 II HGB bezieht sich aber nicht auf die dem Kommissionär gelieferte Ware.

14.18 • **Leasinggut.** Der Leasinggeber kann widersprechen, wenn ein Gl des Leasingnehmers vollstreckt (MK/K. Schmidt/Brinkmann Rn 31). Dies gilt sowohl beim Operating- als auch beim Finanzierungsleasing (MskV/Lackmann Rn 27 und Rn 28). – Der Leasingnehmer hat dieses Recht nicht (MK/K. Schmidt/Brinkmann Rn 32: §§ 766, 809 schützen ihn; aA StJ/Kern Rn 47: weil er berechtigter Besitzer ist). Für § 771, wenn man ihn für anwendbar hält, kann wegen der Möglichkeit der Erinnerung das Rechtsschutzbedürfnis fehlen (str; aA StJ/Kern Rn 89).

14.19 • **Mietwohnung.** Einwand eines Dritten, eines Familienmitglieds oder Lebenspartners, Mitmieter zu sein (s § 885 Rn 6 ff). IdR wird der Mitmieter aber nach §§ 766, 793 vorgehen können.

14.20 • **Mitbesitz.** Des Ehegatten oder Lebenspartners. S § 739 Rn 11.

14.21 • **Nacherbfolge.** § 773.

14.22 • **Nießbrauch und sonstige dingliche Rechte.** Sie gewähren nur dann ein Widerspruchsrecht, wenn die Vollstreckung das dingl Recht beeinträchtigt, also zB idR nicht bei Pfändung einer bewegl Sache (MK/K. Schmidt/Brinkmann Rn 37 mN). Keine Widerspruchsklage für den Nießbraucher, wenn der Nießbrauch dem Gläubigerrecht nachgeht.

14.23 • **Obligatorische Rechte.** Sie begründen kein Widerspruchsrecht, wenn sie auf **Verschaffung** des Eigentums gerichtet sind, auch dann nicht, wenn der Anspruch durch eine Vormerkung gesichert ist (BGH NJW 94, 128). Wer also zB nur den Anspruch auf Übertragung des Eigentums an der gepfändeten Sache hat, kann die Klage aus § 771 nicht erheben (MK/K. Schmidt/Brinkmann Rn 40). Nur einen Verschaffungsanspruch begründen auch Rücktritt (§§ 323, 324 BGB) und Widerruf (§ 530 BGB). – Dagegen begründet ein **Herausgabeanspruch** (s Rn 14.14) das Recht zum Widerspruch (allgM; aA Stamm ZZP 124 [2011], 317 ff, 336).

14.24 • *Pfandrecht. Pfandrecht, wenn Gl den Besitz hat.* Bei besitzlosem Pfandrecht an bewegl Sache geht § 805 vor (MskV/Lackmann Rn 23; MK/K. Schmidt/Brinkmann Rn 35). **Inhaberschaft** einer **Forderung** oder eines **anderen Vermögensrechts:** Pfändet jemand die angebl seinem Sch gegen einen Dritten zustehende Forderung und behauptet ein anderer, die Forderung stehe ihm zu, so kann er als wahrer Gl gegen den Pfändenden Widerspruchsklage erheben (RGZ 49, 347); gleichgültig ist, ob er von Anfang an Inhaber der Forderung war oder ob er sie durch eine **vor** der Pfändung liegende Abtretung erworben hat (RGZ 73, 278) oder ob die Forderung sonst durch Sondernachfolge auf ihn übergegangen ist.

• **Sicherungsübereignung.** (Eigennützige Treuhand) mit Besitzkonstitut, durch das der Sch (Sicherungsgeber) den unmittelbaren Besitz am Sicherungsgut kraft eines Miet-, Leih- oder Verwahrungsvertrags behält. – Der **Sicherungsnehmer** ist widerspruchsberechtigt bei ZwV durch Gl des Sicherungsgebers (hM; BGH NJW 92, 2014; MskV/Lackmann Rn 19; SchWKT/Thole Rn 21: für die Praxis ist die hM zu akzeptieren; AG/Hunke Rn 38; krit MK/K. Schmidt/Brinkmann Rn 30: bessere Gründe für § 805). – Der **Sicherungsgeber** ist widerspruchsberechtigt gegen die ZwV eines Gl des Sicherungsnehmers in das Sicherungsgut bis zu dem Zeitpunkt, ab dem der Sicherungsnehmer die Sache verwerten darf (BGH JR 79, 160 [Olzen mwN]; MskV/Lackmann Rn 18; MK/K. Schmidt/Brinkmann Rn 29, aber krit für die Zeit nach der Verwertungsreife). 14.25

• **Teilungsversteigerung.** § 180 ZVG; § 1365 BGB; zu altrechtl Verbänden BGH MDR 2018, 112 Tz 15. Ehegatte wendet ein, der Miteigentumsanteil des das Teilungsversteigerungsverf betreibenden Ehegatten sei dessen gesamtes Vermögen (OLG Köln ZMR 2000, 613; MK/K. Schmidt/Brinkmann Rn 46; Zimmer/Pieper NJW 2007, 3105 unter III 1; bereits grds abl Gottwald FamRZ 2006, 1075, 1079). – Dieser Einwand greift aber nicht ggü dem vollstreckenden Gl eines Ehegatten, der dessen Anspruch auf Aufhebung der Gemeinschaft gepfändet hat (OLG Karlsruhe Rpfleger 2004, 235). – Das Zustimmungserfordernis wirkt nach der Scheidung nicht fort (OLG Hamm FamRZ 2006, 1557), wenn der Zugewinnausgleich im Scheidungsverbund nicht geltend gemacht wurde. Damit entfällt, anders als bei der Abtrennung aus dem Verbund, auch das Recht auf Widerspruch (§ 771 I). – Nach OLG Stuttgart (FamRZ 2007, 1830 [zu Recht abl Kogel FamRZ 2008, 621, Koch FamRZ 2008, 1385 unter 7]) ist nur nach § 766 vorzugehen; für eine Klage nach § 771 fehle das Rechtsschutzbedürfnis. – Richtig ist zu differenzieren: § 766, sobald die Voraussetzungen des Verfahrenshindernisses offenkundig oder unstr u damit dem Vollstreckungsgericht bekannt werden (BGH NJW 2007, 3124). – Keine Teilungsversteigerung während der Trennungszeit (so OLG Hamburg FamRZ 2017, 1829 Tz 14 [abl Engels Rpfleger 2017, 727]; str; zu Recht aA OLG Jena MDR 2019, 107). 14.26

• **Treuhänder (uneigennützige Treuhand).** Widerspruchsberechtigt ist nur derj, zu dessen Vermögen der Vollstreckungsgegenstand wirtschaftl gehört, also der **Treugeber** (BGH NJW-RR 2004, 1220; StJ/Kern Rn 30); einschränkend auf Fremdkonten (BGH ZInsO 2018, 1637 Tz 8), also zB bei Treuhandsverwaltung zu bestimmten Zwecken (LG Bonn ZMR 2015, 649 [Neumann]: WEG-Verwalterkonto). Publizität des Treuhandverhältnisses ist nicht zwingend (BGH MDR 96, 630: Anderkonto; LG Bonn ZMR 2016, 78: WEG-Verwalterkonto). Zur eigennützigen Treuhand s Rn 14.25. 14.27

• **Veräußerungsverbot nach §§ 135, 136 BGB.** § 772. 14.28

• **Zurückbehaltungsrecht.** Nur in den Fällen § 1000 BGB; §§ 369, 371 HGB (MK/K. Schmidt/Brinkmann Rn 38). 14.29

VIII) Einwendungen des Beklagten. Grundsätzlich stehen ihm alle Einwendungen zu (Hk-ZV/Handke Rn 35). Einige **Beispiele:** 15

• **Anfechtung** des Erwerbs des Dritten nach §§ 2 ff, § 9 AnfG (SchWKT/Thole Rn 39). 15.1

• **Arglisteinrede** (AG/Hunke Rn 39). 15.2

• **Bestreiten** des Rechts des Dritten, zB, weil es sich um ein Scheingeschäft (§ 117 BGB) oder um eine sittenwidrige Rechtsübertragung (§ 138 I BGB) handele oder weil das Recht des Kl untergegangen sei bzw man gegenüber ihm ein besseres Recht habe (StJ/Kern Rn 68; SchWKT/Thole Rn 37, Rn 38). 15.3

• **Duldungspflicht** (AG/Hunke Rn 39). 15.4

• **Mithaftungseinwand** (OLG Karlsruhe 19.9.2017 – 12 U 70/17 Tz 32; StJ/Kern Rn 65), zB als Bürge, Gesamtschuldner oder Gesellschafter (ausf MK/K. Schmidt/Brinkmann Rn 48 ff zur gegenständl und schuldrechtl Mithaftung). 15.5

• **Nichtigkeit** der Sicherungsübereignung wegen Verstoßes gegen die guten Sitten, § 138 I BGB; Knebelungsverträge. 15.6

• **Rechtsmissbrauch** (ThP/Seiler Rn 14a; SchWKT/Thole Rn 46). 15.7

• **Restzahlungsangebot** an den klagenden Vorbehaltseigentümer. 15.8

• **Unerlaubte Handlung** des Dritten in der Form der bewussten Täuschung des Gl (StJ/Kern Rn 64; MK/K. Schmidt/Brinkmann Rn 52 nimmt dann **Verwirkung** an). Er hat sich zB alle pfändbaren Gegenstände des Sch kurz vor der Pfändung übereignen lassen, obwohl er wusste, dass der Sch eine ganze Reihe von Verbindlichkeiten hatte; oder der Dritte ist stiller Teilhaber des Sch geworden, der zur Sicherung seinen ganzen Betrieb dem Dritten übereignet hat und nur noch nach außen hin als Unternehmer erscheint. 15.9

15.10 • **Vollstreckungsvereitelung.** Der Gl weist nach, dass der Sch infolge drohender ZwV den Pfandgegenstand an den Dritten veräußert hat, um die Befriedigung seiner anderen Gl zu vereiteln, oder dass der Dritte sich weit mehr Gegenstände hat übereignen lassen, als zu seiner Sicherung nötig ist.

16 **IX) Klageantrag.** Die ZwV (die Pfändung nachfolgender Gegenstände ...) wird für unzulässig erklärt (RGZ 81, 191), also nicht: Der Bekl hat freizugeben oder in die Aufhebung der ZwV einzuwilligen (dann aber Auslegung: s Rn 4). Zustellung der Klage an Gl oder ProzBev 1. Instanz (§ 81). In der Begründung ist das die Veräußerung hindernde Recht genau zu bezeichnen; es genügt nicht zu behaupten, der Kl sei Eigentümer der gepfändeten Sache; nötig ist vielmehr Angabe, aus welchem Rechtsgrund er Eigentümer ist.

17 **X) Beweis.** Die **Beweislast** folgt den allg Regeln (MK/K. Schmidt/Brinkmann Rn 62; MskV/Lackmann Rn 14). Der Kl hat im Prozess zunächst die rechtsbegründenden, der Bekl dann die Tatsachen, die die Rechtsdurchsetzung verhindern, zu beweisen. – Der Sicherungseigentümer muss Eigentumserwerb **und** Bestand der Forderung nachweisen (LG Köln MDR 81, 592; aA BGH NJW 91, 353; MskV/Lackmann Rn 14; PG/Hansmeier Rn 40; krit zu BGH MK/K. Schmidt/Brinkmann Rn 62).

17a **XI) Kosten.** Wer Widerspruchsklage erhebt, muss die **Kosten** des Verf tragen, wenn er sein die Veräußerung hinderndes Recht dem Bekl ggü nicht schon vor Klageerhebung genügend **„glaubhaft gemacht"** und zur Freigabe aufgefordert (**Formulierungsvorschlag:** Vorwerk/Wiemer, PFB, M 64.1) hat, falls Bekl sofort anerkennt, § 93 (s § 93 Rn 6.61; ThP/Seiler Rn 23; SchWKT/Thole Rn 49), wobei er damit im Klageverf zunächst noch bis zu substantiiertem Vortrag des Kl warten kann oder auch (ohne Rechtsnachteil, StJ/Kern Rn 81: kein Ausschluss des § 93) ohne weiteres Abwarten anerkennen kann. – Dem Bekl muss zugebilligt werden, dass er die Rechtslage anhand des Vorbringens des klagenden Dritten zunächst genau prüft, ehe er sich entscheidet, ob er die gepfändete Sache freigebe. Genügt dem Bekl die Glaubhaftmachung nicht, dann muss er dem Dritten mitteilen, inwiefern er weitere Glaubhaftmachung wünscht. Er darf die Glaubhaftmachung durch den Dritten nicht dadurch vereiteln, dass er auf dessen Schreiben nicht antwortet (OLGR München 1992, 111) oder weitere Glaubhaftmachung verlangt, einen kurz anstehenden Versteigerungstermin aber nicht verlegen lässt; denn dadurch zwingt er den Dritten zur Klage. Dem Bekl übersandte privatschriftl eidesstattl Versicherung genügt allein nicht zur Glaubhaftmachung.

18 **XII) Urteilsfolgen.** Das der Klage stattgebende **Urteil** lässt die für unzulässig erklärte VollstrMaßnahme nicht ohne weiteres außer Kraft treten. Das zuständige Vollstreckungsorgan muss vielmehr auf Grund vorzulegender vollstrb Ausfertigung des Urteils die ZwV einstellen oder aufheben, § 775 Nr 1, § 776. Im Urteil ist diese mögl Folge schon bei der Bemessung der **Sicherheitsleistung** zu beachten (s § 708 Rn 13; MskV/Lackmann Rn 37). – Das ProzGericht kann im Urteil vorläufige Anordnungen gem § 769 I treffen (§ 770). Auf Grund des Urteils entsteht keine Verpflichtung zur Wiederherstellung des Zustandes vor der ZwV, insb auch nicht zur Zurückschaffung der Pfandsache zum Sch. – **Rechtskraftwirkung: 1)** Klageabweisung: Es steht fest, dass das Abwehrrecht des Dritten nicht besteht (MK/K. Schmidt/Brinkmann Rn 81); – **2)** Stattgabe der Klage: Die Rechtswidrigkeit der ZwV in das Recht des Dritten steht fest. Bei unverändertem Sachverhalt Bindung nachfolgender Verf, zB auf Schadensersatz (MskV/Lackmann Rn 38).

19 **XIII) Einstweilige Einstellung.** Die Erhebung der Widerspruchsklage hemmt die ZwV nicht. Die einstw Einstellung der ZwV ist vielmehr vom Gericht auf Antrag des Dritten bes anzuordnen. §§ 769, 770 sind entspr anzuwenden (OLG Brandenburg MDR 2020, 440 zur Sicherheitsleistung). – Zusätzlich und in Abweichung von § 707 I 1, § 769 I 1, gilt III 2 (Aufhebung ohne Sicherheitsleistung), wovon aber nur sehr zurückhaltend Gebrauch zu machen ist. Der Erfolg der Klage muss praktisch „auf der Hand liegen" und dem Dritten müssen anderenfalls schwere Nachteile drohen (SchWKT/Thole Rn 51; großzügiger PG/Hansmeier Rn 43).

19a Erweist sich die einstw **Einstellung** als ungerechtfertigt, sind § 717 II, § 945 nicht analog (verschuldensunabhängige Haftung des klagenden Dritten) anwendbar (s § 717 Rn 5; BGH NJW 85, 1959; PG/Hansmeier Rn 46; WSchKT/Thole Rn 51; aA ThP/Seiler Rn 24; Häsemeyer NJW 86, 1028). Andererseits bewertet der BGH das Stellen einer pfandgleichen Sicherheit (Bürgschaft) zum Zwecke der **Aufhebung** von Vollstreckungsmaßnahmen als selbständiges Garantieversprechen des Dritten mit der Folge seiner iErg doch verschuldensunabhängigen Haftung für den „Aufhebungsschaden" (BGH MDR 2004, 763 = WuB VII A. § 108 ZPO 1.05 [iE zust G. Vollkommer]; abl Pohlmann LMK 2004, 174; Gaul/S/B-E § 41 Rn 177). Der BGH sieht hierin keine Abweichung von BGHZ 95, 10. – Die Bürgschaft kann dabei im Umfang des Sicherungszweckes in Anspruch genommen werden, idR für den Einstellungs- (Verzögerungs-)schaden, aber auch für den Aufhebungsschaden, was ggf durch Auslegung zu ermitteln ist (bejaht vom BGH MDR 2004, 763 Tz 21, wenn die ursprüngl Bürgschaftssumme danach wegen Aufhebung der Vollstreckungsmaßnahme erhöht wird).

20 **1) Zuständigkeit.** Für eine einstw Anordnung (III 1) ist im **Regelfall** das **Prozessgericht** zuständig; es kann die Anordnung erst erlassen, wenn es mit der Sache befasst ist. In **dringenden** Fällen kann das **Vollstreckungsgericht** die einstw Anordnung erlassen (III 1, § 769 II). Dringlichkeit ist grds nur gegeben, wenn Klageeinreichung und Anrufung des *ProzGerichts nicht mehr* mögl sind. Das VollstrGericht hat eine Frist zu bestimmen, innerhalb deren die Entscheidung des ProzGerichts beizubringen ist. Über die **Kosten** entscheidet das VollstrGericht nicht, sie sind Kosten des Rechtsstreits.

2) Glaubhaftmachung. Die tatsächl Behauptungen, die den Antrag begründen, sind glaubhaft zu machen. Voraussetzung der Einstellung ist die Erfolgsaussicht der Klage. Unzulässig ist es, die Einstellung der ZwV durch einstw Verfügung anzuordnen (MK/K. Schmidt/Brinkmann Rn 69), und zwar auch dann, wenn es sich um die Vollstreckung aus einer Urkunde nach § 794 I Nr 5 handelt. 21

3) Rechtsbehelfe. Der Einstellungsbeschluss ist unstr im Rügeverf (§ 321a), nach hM aber weder mit sof noch mit außerordentl Beschwerde anfechtbar (so der BGH NJW 2004, 2224 zu § 769); näher s § 769 Rn 13, § 707 Rn 22. 22

XIV) Materiell-rechtliche Ansprüche. Ist die ZwV beendet (s Rn 7), ist die Klage aus § 771 unzulässig. Dem Dritten kann dann ein Bereicherungsanspruch (§ 812 I 1 BGB) gegen den pfändenden Gl zustehen (allgM), der sich um die dem Vollstreckungsgl entstandenen ZwV-Kosten vermindert (Gaul/S/B-E § 41 Rn 186; str; aA StK/Kern Rn 95). Der Dritte kann auch gem § 823 BGB Schadensersatz verlangen (MskV/Lackmann Rn 5; BGHZ 32, 240; aA StJ/Kern Rn 98: gem §§ 989, 990 BGB). Mitverschulden des Dritten (§ 254 BGB) ist zu berücksichtigen. 23

XV) Gebühren. Klagen nach I: wie bei Klagen im ordentl Prozess, s § 253 Rn 28; einstw Anordnungen nach III: s § 769 Rn 13. 24

§ 772 Drittwiderspruchsklage bei Veräußerungsverbot

[1]Solange ein Veräußerungsverbot der in den §§ 135, 136 des Bürgerlichen Gesetzbuchs bezeichneten Art besteht, soll der Gegenstand, auf den es sich bezieht, wegen eines persönlichen Anspruchs oder auf Grund eines infolge des Verbots unwirksamen Rechts nicht im Wege der Zwangsvollstreckung veräußert oder überwiesen werden. [2]Auf Grund des Veräußerungsverbots kann nach Maßgabe des § 771 Widerspruch erhoben werden.

I) Abgrenzung. §§ 135, 136 BGB enthalten **relative** (= dem Schutz Einzelner dienende) Verbote, gleichgestellt sind behördliche und rechtsgeschäftliche, und sie gelten, den Wortlaut erweiternd, für Verfügungsverbote (Grüneberg/Ellenberger § 136 BGB Rn 1; Erman/Arnold § 136 BGB Rn 1). Relative Verbote idS sind zB § 108 I VVG (MskV/Lackmann Rn 1); § 21 I InsO (PG/Hansmeier Rn 4); § 1128 III BGB (Grüneberg/Herrler § 1128 BGB Rn 2; Erman/Wenzel § 1128 BGB Rn 8; aA SchWKT/Thole Rn 1). Relative Veräußerungsverbote enthalten auch § 1124 II, § 1126 S 3 BGB, die aber nicht von § 772 erfasst werden (MK/K. Schmidt/Brinkmann Rn 12; PG/Hansmeier Rn 4); § 111c V StPO; § 938 II. – **Nicht hierher** gehören Widerspruch (§ 899 BGB) und Vormerkung (§ 883 BGB) sowie die kraft Gesetzes bei der ZwV ergehenden Verfügungs- und Veräußerungsverbote (§ 804 III, §§ 826, 853, 872 ff; § 23 I 1 ZVG), die rechtsgeschäftl Veräußerungsverbote (MK/K. Schmidt/Brinkmann Rn 14) u Abtretungsverbote (§§ 399, 413 BGB; § 354a HGB), § 719 I BGB (MK/K. Schmidt/Brinkmann Rn 9), sowie §§ 1365, 1369, 1984 I, § 2211 BGB. – Bei § 81 InsO u der Anordnung nach § 21 II Nr 2 InsO handelt es sich um **absolute** Verfügungsverbote (vgl die Regelungskette § 21 II Nr 2, § 24 I, § 81 InsO), für die § 772, wie für alle absoluten Verfügungsverbote, nicht gilt (Helwich MDR 98, 516, 518; MskV/Lackmann Rn 1). Ein gegen den Sch zunächst noch bestehendes relatives Veräußerungsverbot verliert mit Eröffnung des InsVerf seine Wirkung (§ 80 II 1 InsO). 1

II) Wirkung. Liegt ein **relatives** Veräußerungs-/Verfügungsverbot vor, so soll (nicht: darf) die Veräußerung des gepfändeten Gegenstandes bzw die Überweisung der Forderung oder des sonstigen Vermögensrechts nicht erfolgen, weil der Erwerber an dem Gegenstand nur ein unsicheres Recht erlangen und daher ein angemessenes, die Interessen des Sch wahrendes Gebot nicht zu erzielen sein würde. Die Pfändung und Eintragung einer Sicherungshypothek sowie die Anordnung der Zwangsversteigerung und Zwangsverwaltung kann ohne weiteres erfolgen. Erwerb in gutem Glauben nach § 135 II BGB ist in der ZwV nicht mögl (str; MK/K. Schmidt/Brinkmann Rn 16), jedoch lastenfreier Erwerb in der Versteigerung durch Ablieferung der Sache (Mobiliar-ZwV: s § 817 Rn 8 aE; zur Immobiliar-ZwV s §§ 90, 91 ZVG). 2

III) Rechtsbehelf. Widerspruchsklage (§ 771) für den durch Verbot geschützten Dritten (S 2; **Formulierungsvorschlag:** Vorwerk/Wiemer, PFB, M 64.6). Sie hat aber nur das Ziel, die Veräußerung im Wege der ZwV bzw die Überweisung für unzulässig zu erklären, eine Aufhebung der Pfändung kann nicht verlangt werden. – Endet das Veräußerungsverbot nach Rechtskraft des der Klage stattgebenden Urteils, dann kann der Gl die Aufhebung der Vollstreckungswirkung des Urteils im Wege des § 767 erwirken (hM; StJ/Kern Rn 17; MskV/Lackmann Rn 3; aA MK/K. Schmidt/Brinkmann Rn 21: § 766 oder § 256). – Der Dritte, aber auch der Sch (MskV/Lackmann Rn 3; MK/K. Schmidt/Brinkmann Rn 19; aA StJ/Kern Rn 14: nur der Dritte) können die Verletzung der Ordnungsvorschrift des S 1 mit **Erinnerung** nach § 766 geltend machen. 3

§ 773 Drittwiderspruchsklage des Nacherben

[1]Ein Gegenstand, der zu einer Vorerbschaft gehört, soll nicht im Wege der Zwangsvollstreckung veräußert oder überwiesen werden, wenn die Veräußerung oder die Überweisung im Falle des Eintritts der Nacherbfolge nach § 2115 des Bürgerlichen Gesetzbuchs dem Nacherben gegenüber unwirksam ist. [2]Der Nacherbe kann nach Maßgabe des § 771 Widerspruch erheben.

1 **I) Vorerbschaft.** Dem Nacherben soll der Nachlass erhalten bleiben (sa § 326; § 83 II InsO). § 773 enthält hierzu eine Ordnungsvorschrift („soll") und ein Verwertungsverbot (Grüneberg/Weidlich § 2115 BGB Rn 2; Erman/M. Schmidt § 2115 BGB Rn 1) zu Lasten der Gl eines Vorerben (§§ 2100 ff BGB). Verboten ist Veräußerung (des Gegenstandes) und Überweisung (der Forderung), aber nur, wenn sie das Recht des Nacherben vereiteln oder beeinträchtigen würden (§ 2115 S 1 BGB). Zulässig sind dagegen Pfändung, Eintragung einer Zwangshypothek (§ 866) und Anordnung der Zwangsversteigerung (mit vorläufiger Einstellung, § 28 II ZVG) und Zwangsverwaltung. Die Beschränkung des § 773 gilt auch für die bei der Auseinandersetzung auf den gepfändeten Anteil entfallenden Nachlassgegenstände. – Abzuweisen ist der Antrag eines Gl des Vorerben auf Anordnung der Teilungsversteigerung, hingegen sind Mitvorerben zur Teilungsversteigerung befugt (MskV/Lackmann Rn 1; Erman/M. Schmidt § 2115 BGB Rn 2 mN; Grüneberg/Weidlich § 2115 BGB Rn 3 [ist keine ZwV]). – Unbeschränkt zulässig ist die ZwV durch Nachlassgl wegen Nachlassverbindlichkeiten, weil sie sich gegen jeden Erben richten (s § 2115 S 2 BGB; Grüneberg/Weidlich § 2115 BGB Rn 5), und solcher dingl Ansprüche, die vor oder nach dem Erbfall von dem Vorerben in ordnungsgemäßer Verwaltung des Nachlasses (§ 2120 BGB) oder mit Einwilligung des Nacherben eingegangen wurden (BGH NJW 90, 1237) sowie die Pfändung von Nutzungen/Erträgen des Nachlasses durch persönl Gl des Vorerben (Erman/M. Schmidt § 2115 BGB Rn 2 [Schutz mögl durch § 850b Nr 3; s dazu § 850b Rn 7]; RGZ 80, 7) und die ZwV aus einer vom befreiten Vorerben entgeltl bestellten Sicherungshypothek (RGZ 133, 264).

2 **II) Rechtsbehelfe. 1) Des Nacherben.** S 1: Erinnerung, § 766; S 2: Widerspruchsklage, wobei mehrere Nacherben keine notwendigen Streitgenossen sind (BGH NJW 93, 1582). Der Widerspruch des Nacherben richtet sich gegen die Verwertung. – **2) Des Gläubigers und des Schuldners.** Erinnerung, § 766. – Die Ausführungen zu § 772 gelten entspr.

§ 774 Drittwiderspruchsklage des Ehegatten oder Lebenspartners

Findet nach § 741 die Zwangsvollstreckung in das Gesamtgut statt, so kann ein Ehegatte oder Lebenspartner nach Maßgabe des § 771 Widerspruch erheben, wenn das gegen den anderen Ehegatten oder Lebenspartner ergangene Urteil in Ansehung des Gesamtgutes ihm gegenüber unwirksam ist.

1 **I) Zweck.** § 774 ermöglicht, bei einer bestehenden Gütergemeinschaft (§§ 1415 ff BGB) einzuwenden, dass das Gesamtgut für die ZwV nicht haftet (StJ/Kern Rn 1 aE). Betreibt der das Gesamtgut nicht oder nicht allein verwaltende Ehegatte (oder Lebenspartner, vgl § 21 LPartG) selbständig ein Erwerbsgeschäft, so ist nach § 741 grds wegen aller Verbindlichkeiten dieses Ehegatten die ZwV in das Gesamtgut zulässig. Der das Gesamtgut verwaltende (mitverwaltende) Ehegatte kann jedoch gegen eine solche Vollstreckung Widerspruch erheben, wenn der Titel ihm ggü unwirksam ist. Dies ist der Fall, wenn es sich nicht um eine Geschäftsschuld handelt, wenn er von dem Betrieb des Geschäftes keine Kenntnis hatte oder wenn dem Gl der Mangel der Einwilligung (zur Einwilligung s § 1431 I 1 BGB) bekannt war. Bisher konnte sich der nach § 774 vorgehende Ehegatte auch auf sperrende Eintragungen in das Güterrechtsregister berufen. Dies ist nicht mehr möglich, denn dieses Register ist abgeschafft und § 741 wurde dementsprechend mWv 1.1.2023 neu gefasst (Art 7 II des G v 31.10.2022, BGBl I 2022, 1966; s § 741 Rn 1).

2 **II) Beweislast.** Der Kl muss nachweisen, dass eine Ausnahme zum Regelfall des § 741 vorliegt. – Der Gl kann dann einwenden, der Kl habe trotz allg Einspruchs oder Widerrufs der Einwilligung (§ 741 Rn 7) dem einzelnen Geschäft zugestimmt. Da der Gl sich damit dann auf eine Rückausnahme stützt, trägt er hierfür die Beweislast (PG/Hansmeier Rn 1; str).

3 **III) Zuständigkeit.** Für die Klage ist das Zivil-, nicht das FamG zuständig, wenn der Titel keine Familiensache betrifft (so AG/Hunke Rn 3 mN; Hk-ZV/Handke Rn 6; PG/Hansmeier Rn 3); weitergehend MskV/Lackmann Rn 3 u SchWKT/Thole Rn 2: auch nicht bei einem Titel, der eine Familiensache betrifft; krit MK/K. Schmidt/Brinkmann Rn 5, weil Nichthaftung des Gesamtgutes eingewandt wird.

4 **IV) Widerspruch/Erinnerung.** Der Ehegatte kann ab Beginn der ZwV Widerspruch nach §§ 774, 771 erheben. Hat die Klage Erfolg, wird *nicht nur* die Pfändung/Verwertung im Rahmen der ZwV, sondern die ZwV selbst für unzulässig erklärt (MskV/Lackmann Rn 3). Auf den Titel und seine Vollstreckbarkeit bleibt das aber ohne Einfluss. – Eine Erinnerung (§ 766) daneben muss erfolglos bleiben, weil die ZwV nicht verfahrensfehlerhaft ist

(Hk-ZV/Handke Rn 7). – Im Rahmen des § 741 bleibt die Erinnerung ohne Weiteres zulässig, kann dort aber wegen § 739 I erfolglos bleiben (Hk-ZV/Handke Rn 7 mN).

§ 775 Einstellung oder Beschränkung der Zwangsvollstreckung

Die Zwangsvollstreckung ist einzustellen oder zu beschränken:

1. **wenn die Ausfertigung einer vollstreckbaren Entscheidung vorgelegt wird, aus der sich ergibt, dass das zu vollstreckende Urteil oder seine vorläufige Vollstreckbarkeit aufgehoben oder dass die Zwangsvollstreckung für unzulässig erklärt oder ihre Einstellung angeordnet ist;**
2. **wenn die Ausfertigung einer gerichtlichen Entscheidung vorgelegt wird, aus der sich ergibt, dass die einstweilige Einstellung der Vollstreckung oder einer Vollstreckungsmaßregel angeordnet ist oder dass die Vollstreckung nur gegen Sicherheitsleistung fortgesetzt werden darf;**
3. **wenn eine öffentliche Urkunde vorgelegt wird, aus der sich ergibt, dass die zur Abwendung der Vollstreckung erforderliche Sicherheitsleistung oder Hinterlegung erfolgt ist;**
4. **wenn eine öffentliche Urkunde oder eine von dem Gläubiger ausgestellte Privaturkunde vorgelegt wird, aus der sich ergibt, dass der Gläubiger nach Erlass des zu vollstreckenden Urteils befriedigt ist oder Stundung bewilligt hat;**
5. **wenn der Einzahlungs- oder Überweisungsnachweis einer Bank oder Sparkasse vorgelegt wird, aus dem sich ergibt, dass der zur Befriedigung des Gläubigers erforderliche Betrag zur Auszahlung an den Gläubiger oder auf dessen Konto eingezahlt oder überwiesen worden ist.**

I) Überblick. Abschließende Regelung der Hinderungsgründe, die den Fortgang der nach Gläubigerantrag vAw zu betreibenden ZwV aufhalten (BGH MDR 2016, 355). Kein Antragsverfahren, aber auch keine Amtsermittlungspflicht. Vollstreckungsorgan muss vAw tätig werden, sobald es von den in § 775 genannten Tatsachen Kenntnis erhält. Nrn 4 und 5 erlauben für das ZwV-Verf untypisch die Berücksichtigung mat-rechtl Einwände (Erfüllung, Stundung). 1

II) Anwendungsbereich. § 775 gilt für ZwV jeder Art, also auch für die Zwangsversteigerung und die Zwangsverwaltung. Ausnahme § 894 (da kein Vollzugsakt). Für Zwangshypothek Besonderheit in § 868. – Ob § 775 anzuwenden ist, ist bei mehreren Sch für jeden einzeln zu prüfen (MskV/Lackmann Rn 1). 2

III) Einstellungsgründe. Die Aufzählung in § 775 ist erschöpfend, weil das Verf der ZwV streng formalisiert ist (BGH MDR 2016, 355). Unabhängig und außerhalb von § 775 kann es aber weitere Einstellungsgründe geben (zB § 765a II; § 815 II 1; SchWKT/Thole Rn 3 m Bsp). 3

1) § 775 Nr 1. a) Nr 1 erfordert Vorlage der (einfache reicht) **Ausfertigung** einer **vollstrb Entscheidung** (PG/Hansmeier Rn 8; str). Sie kann rechtskräftiges oder vorläufig vollstrb Urteil oder vollstrb Beschluss (s insb § 794 I Nr 3) sein oder kraft Gesetzes vollstreckbar sein (PG/Hansmeier Rn 6). Begl Abschrift der Ausfertigung genügt nicht (SchWKT/Thole Rn 7); die Urschrift in den vorliegenden oder greifbaren Gerichtsakten ersetzt die Ausfertigung. Rechtskraft, Vollstreckungsklausel oder Zustellung sind nicht nötig. Die Entscheidung muss entweder **aa)** das zu vollstreckende **Urteil** (ganz oder teilw) **aufheben**, so ein rechtskr Urteil im Wiederaufnahmeverf (§§ 578 ff), ein vorläufig vollstrb Urteil auf Einspruch oder Rechtsmittel, ein Vorbehaltsurteil im Nachverf (§ 302 IV, § 600 II). Die nur vorläufige Vollstreckbarkeit des aufgehobenen Urteils tritt bereits mit Verkündung des aufhebenden Urteils außer Kraft (§ 717 I), Nachweis einer im aufhebenden Urteil angeordneten Sicherheitsleistung erübrigt sich daher (anders bei Aufhebung eines rechtskr Urteils, weil es „endgültig" vollstrb war); **bb)** die **vorläufige Vollstreckbarkeit** der zu vollstreckenden Entscheidung **aufheben**, so durch das Berufungsgericht bei Vorabentscheidung nach § 718 I (wird mit Urteilsverkündung wirksam, § 717 I). Nachträgliche Abhängigmachung der ZwV von einer Sicherheitsleistung oder Änderung der Art der Sicherheitsleistung regelt Nr 2, steht somit der Aufhebung nicht gleich; **cc)** die **ZwV** für **unzulässig** erklären, zB nach § 732 I, § 766 I, § 767, § 768, § 771, § 774, § 785, § 786. Wenn das Urteil, das die ZwV für unzulässig erklärt, nur gegen Sicherheitsleistung vorläufig vollstrb ist, muss auch diese nachgewiesen werden. Ohne Belang ist im Falle des § 767 die Einschränkung, dass die „weitere" Vollstreckung für unzulässig erklärt ist; es ist auch damit regelmäßig die Aufhebung der Vollstreckbarkeit des Titels erkannt (BGH MDR 2006, 171); oder **dd)** die (endgültige) **Einstellung der ZwV** anordnen, zB nach § 793. Einstellung nur gegen Sicherheitsleistung erfordert deren Nachweis. Dem Fall, dass die ZwV für unzulässig erklärt oder ihre (endgültige) Einstellung angeordnet wird, ist auch die Aufhebung einer ZwV-Maßnahme nach § 765a zuzurechnen. – Aufhebung der Vollstreckung: § 776 S 1. Eine Ausnahme kann für Ordnungsmittel bestehen, die aufrechterhalten bleiben können (BGH GRUR-RR 2012, 311 [Ordnungsmittelvollstreckung nach einseitiger Erledigungserklärung]; SchWKT/Thole Rn 7 mN [Zwangsgeldbeschluss nach Erfüllung]). 4

b) Entscheidungen: Aufhebung eines Arrestbefehls im Widerspruchsverf s § 925 Rn 8, der einstw Verfügung § 936. Wirkungslosigkeit eines Urteils mit **Klagerücknahme** (Nr 1 entspr) ist durch Beschluss nach § 269 IV 5 nachzuweisen; Beweis durch Protokollabschrift genügt nicht (StJ/Kern Rn 16); jedoch hat das für eine Vollstreckungsmaßnahme zuständige Prozessgericht (§§ 887 ff) die Klagerücknahme zu berücksichtigen (StJ/Kern Rn 16). Gleiches gilt für einen Verzicht vor Erlass des Verzichtsurteils (KG NJW-RR 2000, 1523). Auf die **Schuldtitel des § 794** ist Nr 1 entspr anzuwenden (§ 795); doch fehlt es an gerichtl Entscheidung. Ermäßigung künftig fällig werdender Leistungen durch **Abänderungsurteil** (§ 323) nimmt dem früheren Titel im Umfang der Ermäßigung die Vollstreckbarkeit, gibt somit Grundlage für Einstellung nach Nr 1 (OLG Zweibrücken FamRZ 86, 376). Durch ein Abänderungsurteil, das mit „Aufhebung" des bish Titels zu höheren künftig fällig werdenden Leistungen (Unterhalt) verpflichtet, tritt der in ihm aufgehende bish Titel für bereits wirksam gewordene Vollstreckungsmaßnahmen (auch Vorratspfändung, § 850d III) nicht außer Kraft (OLG Karlsruhe FamRZ 88, 859); für neue Vollstreckungsmaßnahmen hat jedoch der vorausgehende Titel (mit Aufhebung iSv Nr 1) seine Wirksamkeit verloren (OLG Stuttgart Rpfleger 85, 199).

6 c) **Keine Entscheidung** nach Nr 1 ist ein Leistungsurteil auf Unterlassung der ZwV analog § 1004 BGB, auf Herausgabe des Titels analog § 371 BGB oder gem § 812 BGB, auf Auskehrung beigetriebener Beträge, ein Feststellungsurteil, dass die Gläubigerforderung nicht oder nur in bestimmter Höhe besteht (BGH MDR 94, 1040) sowie die übereinstimmende Erledigterklärung (Hk-ZV/Handke Rn 9; PG/Hansmeier Rn 5). Keine Grundlage für Einstellung nach Nr 1 durch das Vollstreckungsorgan gibt die Vorlage eines **Prozessvergleichs** (BGH MDR 2011, 1202; SchWKT/Thole Rn 7), mit dem ein vorgehendes, nicht rechtskr Urteil wirkungslos ist (s § 794 Rn 13) oder mit dem der nach einem rechtskr Titel vollstrb Anspruch beseitigt wird, da es sich bei einem Prozessvergleich nicht um eine gerichtl Entscheidung iSv § 775 Nr 1 handelt. Es ist die Unzulässigkeit der Vollstreckungsklausel nach § 732, die der ZwV analog § 767 geltend zu machen (BGH MDR 2007, 1340 [Titelgegenklage]) oder ggf nach § 767 vorzugehen. Für den auch nach dem Vergleich fortbestehenden Anspruch kann die auf Grund des entfallenen früheren Titels begonnene ZwV ohne Rangverlust fortgesetzt werden (Münzberg FS Gaul, 1997, S 456, 457). Für den **Schuldenbereinigungsplan** gilt dasselbe wie für den Prozessvergleich (BGH MDR 2011, 1202).

7 **2) § 775 Nr 2. a) Einstweilige Einstellung** der ZwV (Nr 2 Alt 1), zB gem § 570 III, § 707 I, § 719 I, § 732 II, § 765a I, § 766 I 2, § 769 I, §§ 770, 771 III. Sa §§ 1084, 1096, 1109, 1116; Art 44 Brüssel Ia-VO betr ZwV aus ausl Titeln. Bei Einstellung unter einer Bedingung (Sicherheitsleistung, Klagezustellung, Einzahlen der Verfahrensgeb KV 1210) muss deren Eintritt nachgewiesen sein (Hk-ZV/Handke Rn 13). IÜ genügt stets Nachweis durch Vorlage einer Ausfertigung (nicht aber einer begl Abschrift, s Rn 4) des Einstellungsbeschlusses. Einstellung nach Nr 2 ist auch die Anordnung des Insolvenzgerichts im Eröffnungsverf (§ 21 II 1 Nr 3 InsO). Der Beschluss über die einstw Einstellung der ZwV wirkt bereits von dem Zeitpunkt an, in welchem er existent geworden ist, dh mit dem ersten Hinausgehen der Entscheidung, ohne Rücksicht darauf, ob er dem Gl bekannt gemacht worden ist (BGHZ 25, 60; LG Berlin Rpfleger 76, 26), aber er hat keine Rückwirkung (BGH MDR 2022, 594). **Folge:** ZwV-Einstellung bewirkt nur Verfahrensstillstand; die Pfändung bleibt bestehen. Ist eine Forderung gepfändet u überwiesen, darf der Drittschuldner nur an den Gl u Sch gemeinsam leisten oder für beide hinterlegen (BGH MDR 99, 317). Aufhebung der Vollstreckung: § 776. – **b) Fortsetzung** der ZwV nur gegen Sicherheit (Nr 2 Alt 2). Nachweis der Sicherheit erforderl. Form: § 751 II (SchWKT/Thole Rn 8; PG/Hansmeier Rn 10). **Folge:** Die Sicherheitsleistung bewirkt, dass die ZwV wieder zulässig wird. – Aufhebung der Vollstreckung: § 776 S 2 Hs 2.

8 **3) § 775 Nr 3.** Abwendung des ZwV durch Sicherheitsleistung/Hinterlegung. Hierher gehören die Fälle der § 711, § 712 I, § 720a III, § 20 II AVAG, § 50 AUG, § 16 IntErbRVG, § 26 IntGüRVG. Einstellung gegen Sicherheit (§ 719) führt nur zur Einstellung nach Nr 2 (LG Berlin Rpfleger 71, 322). Gefordert ist öffentliche (StJ/Kern Rn 26), nicht öffentl begl Urkunde; dies sind Bescheinigungen der Hinterlegungsstelle. Einzahlungs- oder Überweisungsnachweis einer Bank oder Sparkasse genügt nicht. Zum Nachweis der Sicherheitsleistung durch Bürgschaft s § 108 Rn 12. Form des Nachweises durch den Sch: § 751 II. Der Nachweis hindert die Eintragung des Sch in das Schuldnerverzeichnis (BGH DGVZ 2022, 11; sa Rn 11). Aufhebung der Vollstreckung: § 776 S 1.

9 **4) § 775 Nr 4.** Betrifft den Fall, dass der Sch den Gl nach Urteilsverkündung oder Zustellung (§ 310 III), bei schriftl Verf nach Zustellung der Urteilsformel, wegen Hauptsache, Nebenforderung u Kosten voll **befriedigt** oder der Gl dem Sch **Stundung bewilligt** hat. Beim VB ist maßgebl Zeitpunkt die Zustellung (§ 700 I), bei sonstigen Titeln deren Entstehung (Abschluss des Vergleichs oder Errichtung der vollstrb Urkunde, § 794; ThP/Seiler Rn 14). Nachweis erfolgt nur durch Urkunden iSd §§ 415, 416. Die Echtheit der Privaturkunde des Gl hat das Vollstreckungsorgan zu prüfen. Bei Bedenken muss es beim Gl anfragen u ggf die ZwV zunächst aussetzen. Nr 4 betrifft nur Befriedigung u Stundung (StJ/Kern Rn 27), nicht andere sachlich-rechtl Einwendungen gegen den titulierten Anspruch wie zB Rücktritt nach § 503 II BGB, selbst wenn sich der Rücktritt aus öffentl Urkunde ergibt (LG Münster MDR 64, 603; MK/K. Schmidt/Brinkmann Rn 19; SchWKT/Thole Rn 10; aA LG Köln MDR 63, 688). Folge des Nachweises: Stillstand des Verf: § 776 S 2 Hs 1 (StJ/Kern Rn 40).

10 a) **Befriedigung** (Nr 4 Alt 1) kann erfolgen durch Zahlung, Verzicht, Erlassvertrag, vom Gl akzeptierte Aufrechnung, Einzahlung auf Sperrkonto (OLG Koblenz MDR 56, 164), Hinterlegung unter Verzicht auf Rücknahme, auch durch Pfändung u Überweisung des Anspruchs des Gl an den Sch für diesen (SchWKT/Thole Rn 10; LG Düsseldorf MDR 56, 175; aA PG/Hansmeier Rn 13 [ist weder Befriedigung noch Stundung]). Bei **teilw Befriedigung des Gl** ist die ZwV entspr zu beschränken (MskV/Lackmann Rn 7). Die Aufhebung eines gem

§ 802g erlassenen Haftbefehls setzt das Bewirken der vollständigen nach dem Vollstreckungstitel geschuldeten Leistung einschl Kosten (§ 788) voraus. Dies gilt auch dann, wenn der Gl seinen Vollstreckungsauftrag auf einen Teilbetrag der titulierten Forderung beschränkt hat u der Sch diesen Teilbetrag bezahlt (BGH MDR 2018, 1213). – **Zahlung an einen Dritten**, auf den die Gläubigerforderung nach ges Vorschrift übergegangen ist (Beispiele s § 727 Rn 7, 8) bewirkt Tilgung der Schuld; die Urkunde über diese Zahlung (zB Quittung des Dritten) ist daher bei nachgewiesenem Forderungsübergang nach Nr 4 (auch Nr 5) gleichfalls Einstellungsgrundlage (LG Braunschweig DGVZ 82, 42).

b) Stundung (Nr 4 Alt 2). Unter Nr 4 fällt die Abrede, die Forderung zeitweilig nicht geltend zu machen (BGH MDR 2016, 354, „pactum de non petendo"). Sie hindert die Eintragung des Sch in das Schuldnerverzeichnis (SchWKT/Thole Rn 10). – Nach einer Ratenzahlungsabrede zwischen Gl und Sch kann nicht gerichtl angeordnet werden, dass der Sch einstweilen über eine bei ihm gepfändete Forderung verfügen kann (BGH MDR 2016, 355; MskV/Lackmann Rn 11). 11

5) § 775 Nr 5. Mit dem Einzahlungs- oder Überweisungsnachweis einer Bank oder Sparkasse sind die Fälle des bargeldlosen Zahlungsverkehrs erfasst. Maßgeblicher Zeitpunkt ist die Gutschrift; bei Urteilen nach Schluss der mdl Verh (MskV/Lackmann Rn 10), bei sonstigen Titeln nach Entstehung (ThP/Seiler Rn 15). – Ausreichend ist Vorlage eines maschinell ausgedruckten Nachweises, auch wenn er (verkehrsüblich) nicht unterschrieben ist, damit auch eines Kontoausdrucks über die Abbuchung des Betrags, wenn er Empfänger u Empfangskonto bezeichnet, desgl eine schriftl abgefasste Überweisungsbestätigung. Vorzulegen ist die Urschrift oder eine begl Abschrift. Unzureichend sind eine Ablichtung des Belegs, Durchschlag eines unbestätigten Banküberweisungsauftrags, auch wenn die Bank den „Eingang" bestätigt hat (LG Düsseldorf DGVZ 90, 140; Stempelaufdruck „Angenommen" mit Paraphe ist bloße Eingangsbestätigung, BGH NJW 98, 1640) oder Nachweis über Einlieferung eines Wertbriefes oder sonstigen Wertsendung. Zu ergeben hat sich aus dem Nachweis Zahlung des zur „Befriedigung des Gl erforderl Betrags", somit Leistung nach Erlass des Urteils (wie Rn 9); Zahlung bereits nach Schluss der letzten mündl Verh kann nicht genügen (wie Rn 9; anders BTDrs 13/341, 19). Erfasst sein soll (mit dem von Nr 4 abweichenden Wortlaut) aber auch der Fall, dass eine „vor Erlass des VB angewiesene Zahlung erst nach diesem Zeitpunkt dem Konto des Antragsgegners gutgeschrieben u deshalb im VB nicht mehr abgesetzt ist" (BTDrs 13/341, 56). Die Vorlegung des Nachweises bedeutet nur die Glaubhaftmachung der Leistung an den Gl. Sie hat daher auch nicht Aufhebung, sondern nur Einstellung oder Beschränkung der ZwV zur Folge (§ 776 S 2). Das Vollstreckungsverf dauert fort. Zur Aushändigung des Schuldtitels an den Sch berechtigen Vorlegung des Belegs u Zahlung der Kosten der ZwV an den GV nicht. Dazu ist die Ermächtigung des Gl abzuwarten. Reicht der Geldbetrag nur zur Deckung eines Teils der Hauptsache oder nur der Hauptsacheforderung des Gl aus, nicht aber zur Deckung der Kosten des GV, so ist die Vollstreckung wegen des Restes fortzusetzen, aber insoweit einzuschränken (RGZ 49, 398). Zu dem zur Befriedigung des Gl erforderl Betrag bei vollstrb Verpflichtung, die ZwV in ein Grundstück wegen eines „zuletzt zu zahlenden Teilbetrags" eines GrundpfandR zu dulden, s § 800 Rn 2. – Folge: Stillstand es Verf: § 776 S 2 Hs 1. 12

IV) Verfahren. 1) Die **Vorlage der Urkunden** (§ 775 Nrn 1-5) ist Sache der Parteien oder eines beteiligten Dritten (RGZ 121, 351; RGZ 128, 83). **Gericht** hat keine Mitteilungspflicht (Mitteilung von Einstellungsbeschlüssen ist aber üblich u zweckmäßig). Für das VollstrGericht besteht keine Ermittlungspflicht, daher auch keine Verpflichtung zur Beiziehung von Prozessakten (Kirberger Rpfleger 76, 8, 9). Einzustellen ist jedoch nicht nur, wenn die hierfür erforderliche Entscheidung (Urkunde) vom Sch vorgelegt wird, sondern auch, wenn GV oder VollstrGericht auf andere Weise von der Anordnung der einstw Einstellung durch das Prozessgericht oder einem sonstigen Einstellungsgrund Kenntnis erlangen. Auch die so bekannt gewordene Unzulässigkeit der Vollstreckung ist vAw nach § 775 zu berücksichtigen (BGH MDR 2017, 1081); Behauptung des Sch allein genügt nicht (LG Görlitz DGVZ 99, 62). Klärung etwaiger Zweifel an einer Zahlung usw kann jedoch geboten sein. Bei Vorlage eines Einstellungsbeschlusses (oder sonstigen Nachweises) durch den Gl an den GV mit dem Ersuchen, die ZwV einzustellen oder zu beschränken, unterbleibt der Verfahrensfortgang auf Weisung des Gl (s § 753 Rn 13); für eine Einstellung nach § 775 ist dann kein Raum mehr. 13

2) Entscheidung. Einstellung der vom Vollstreckungsgericht getroffenen ZwV-Maßnahmen hat durch **Beschluss** zu erfolgen (RGZ 70, 402); er hat den Einstellungsgrund zu bezeichnen; den Beteiligten ist er mitzuteilen (§ 329 II), dem Drittschuldner ist er nach wirksamer Pfändung zuzustellen. Durch Einstellungsbeschluss hat das VollstrGericht als Vollstreckungsorgan auch eine ihm als Einstellungsgrundlage vorgelegte vollstrb Entscheidung gesondert zu vollziehen. Mit Einstellung durch das VollstrGericht selbst (zB nach § 765a, § 766 I 2, § 769 II) verbindet sich bereits der Vollziehungsbeschluss, so dass er nicht noch gesondert zu ergehen hat. Ein Verf zur Erteilung der Vermögensauskunft ist durch Terminsaufhebung einzustellen; nach Anordnung der Haft hat Einstellungsbeschluss gesondert zu ergehen. Der GV hat die Einstellung, die bei einer Vollstreckungshandlung erfolgt, in das Protokoll aufzunehmen, sonst zu den Vollstreckungsakten zu vermerken u den Gl unverzügl zu benachrichtigen (§ 64 V GVGA). – Zuständig ist BGH während Rechtsbeschwerdeverf kraft Devolutiveffekts (BGH NJW-RR 2017, 1274). 14

3) Wirkung. a) Einstellung. Nach Einstellung der ZwV durch das Prozessgericht verbietet sich jede Vollstreckungstätigkeit. Eine Pfändung bleibt zwar bestehen. Eine ZwV darf aber nicht mehr (neu) beginnen (BGHZ 15

25, 60) oder sonst fortgesetzt werden (MskV/Lackmann Rn 11), ein Pfändungsbeschluss deshalb nicht mehr zugestellt werden (OLG Stuttgart JurBüro 75, 1378), ein Drittsch darf nur noch an Gl und Sch gemeinsam zahlen (SchWKT/Thole Rn 12). – Eine ZwV, die GV oder VollstrGericht nach Einstellung der ZwV durch das Prozessgericht (in Kenntnis oder Unkenntnis dieser Entscheidung) gleichwohl noch vornehmen, ist als fehlerhafter Vollstreckungsakt zwar wirksam, aber anfechtbar u aufzuheben (kein Fall des § 776 S 2 Hs 2, der nur die vor Wirksamwerden des Einstellungsbeschlusses vorgenommene ZwV betrifft; OLG Bremen NJW 61, 1824; LG Berlin MDR 75, 672). – **b) Beschränkung.** Die ZwV darf nur unter den beschränkenden Voraussetzungen weiter betrieben werden.

16 **4) Fortsetzung.** Die ZwV ist fortzusetzen: **a) vAw**, wenn die ZwV nur befristet eingestellt war (zB § 769 II 2); **b)** sonst nur **auf Antrag** des Gl, der den Wegfall des Einstellungsgrundes zu belegen hat. Nachweise: In den Fällen der **Nrn 1 u 2** Vorlage einer die Einstellung aufhebenden oder die Fortsetzung anordnenden Entscheidung, in den Fällen der **Nr 3** Nachweis der Rechtskraft oder einer die Fortsetzung ermöglichenden Sicherheitsleistung des Gl. **Bei Nrn 4 u 5** ist Grundlage nur die vorläufige Berücksichtigung mat-rechtl Einwendungen im Vollstreckungsverf. Daher nur **einstweilige Einstellung** (BGH NJW-RR 2019, 317). Fortzusetzen ist das Verf daher stets auf Antrag des Gl, der (konkludent) die Befriedigung oder Stundung bestreitet (BGH NJW-RR 2016, 317 Tz 12; SchWKT/Thole Rn 13). Die materielle Rechtslage (Befriedigung oder Stundung; damit auch nicht die Verrechnung nachgewiesener Zahlungen auf Hauptsache, Zinsen u Kosten oder auch auf eine andere als die durch den Titel ausgewiesene Forderung) ist dann nicht im Vollstreckungsverf zu klären. Der Sch muss hierzu nach §§ 767, 769 vorgehen. Wenn der Gl bereits der Einstellung widerspricht u auf Durchführung (oder Fortsetzung) der ZwV besteht, hat das Vollstreckungsorgan trotz Vorlage der urkundl Nachweise nicht nach Nr 4 oder 5 einzustellen (OLG Hamm DGVZ 80, 153).

17 **V) Rechtsbehelfe. 1)** Bei Einstellung/nicht Einstellung: § 766 bei ZwV-Maßnahmen, § 793 bei Entscheidungen (zur Abgrenzung § 766 Rn 2) sowie § 71 GBO (MskV/Lackmann Rn 14 u Rn 15). – **2)** Klagen in den Fällen Nrn 4 und 5: Feststellungsklage für den Gl, dass deren Voraussetzungen nicht vorliegen (SchWKT/Thole Rn 15).

§ 776 Aufhebung von Vollstreckungsmaßregeln

[1]In den Fällen des § 775 Nr. 1, 3 sind zugleich die bereits getroffenen Vollstreckungsmaßregeln aufzuheben. [2]In den Fällen der Nummern 4, 5 bleiben diese Maßregeln einstweilen bestehen; dasselbe gilt in den Fällen der Nummer 2, sofern nicht durch die Entscheidung auch die Aufhebung der bisherigen Vollstreckungshandlungen angeordnet ist.

1 **I) Einstellungswirkungen.** § 776 ergänzt/erweitert § 775, der mit Einstellung oder Beschränkung der ZwV das ZwV-Verf zunächst im augenblickl Stand „einfriert", es kommt zu einem Verfahrensstillstand. Weitere Vollstreckungsmaßnahmen sind unzulässig. Über den **Fortbestand** der bereits getroffenen Vollstreckungsmaßnahmen bestimmt § 776 Näheres. Voraussetzung ist, dass die ZwV noch nicht beendet ist (PG/Hansmeier Rn 4). Dann sind die Maßnahmen in den Fällen § 775 Nrn 1 u 3 zugleich, dh in möglichst nahem zeitl Zusammenhang mit der Einstellung u ohne die Rechtskraft des Einstellungsbeschlusses abzuwarten, aufzuheben. In den Fällen § 775 Nrn 4 u 5 bleiben sie bestehen, ebenso in den Fällen § 775 Nr 2, sofern nicht durch die Entscheidung auch die Aufhebung der bisherigen Vollstreckungsmaßnahmen angeordnet ist.

2 **II) Verfahren. 1) Aufhebung** einer Vollstreckungsmaßregel des VollstrGerichts oder des Prozessgerichts (§§ 887, 888, 890) erfolgt durch Beschluss, der sofort wirksam ist. Zustellung wie § 775 Rn 14. Wenn der Gl auf die Rechte aus dem Pfändungsbeschluss verzichtet (§ 843 S 1), ist bereits damit die ZwV-Maßnahme erloschen; Einstellung u Aufhebung (§§ 775, 776) kann dann nicht mehr erfolgen. Der GV geht nach § 120 GVGA vor. Sonderregel für Zwangshypotheken: § 868.

3 **2) Rechtsbehelfe.** Wie § 775 Rn 17.

4 **3)** Mit **Aufhebung** (Ausnahme § 765a V) entfällt die ZwV-Maßnahme (Verstrickung und das Pfändungspfandrecht erlöschen, Hk-ZV/Handke Rn 4), wenn nicht mit der Aufhebung eine Anordnung nach § 570 II (Aufschub der Wirksamkeit) verbunden ist. Sie lebt bei Wegfall des Aufhebungsbeschlusses nicht wieder auf, sondern kann nur neu vollzogen werden (BGH MDR 2013, 935), weshalb zwischenzeitl nach § 804 III ein Rangverlust eintreten kann. Die Aufhebung hängt nicht von der formellen Rechtskraft der aufhebenden Entscheidung ab (SchWKT/Thole Rn 3).

5 **4)** Bleiben die ZwV-Maßnahmen **bestehen** (§ 775 Nrn 4 u 5; § 775 Nr 2 grds), so ist der Gl durch das Pfändungspfandrecht weiter gesichert, ohne jedoch eine Verwertungsmöglichkeit zu haben. Der Sch kann die Aufhebung erwirken durch Vorlage *einer Entscheidung* nach § 775 Nr 1, durch die im Fall der Nr 2 die Entscheidung über die einstw Einstellung ersetzt wird. In den Fällen § 775 Nrn 4 u 5 kann er Aufhebung erwirken, wenn er erfolgreich geklagt hat, die ZwV für unzulässig erklärt ist (§ 767).

§ 777 Erinnerung bei genügender Sicherung des Gläubigers

[1]Hat der Gläubiger eine bewegliche Sache des Schuldners im Besitz, in Ansehung deren ihm ein Pfandrecht oder ein Zurückbehaltungsrecht für seine Forderung zusteht, so kann der Schuldner der Zwangsvollstreckung in sein übriges Vermögen nach § 766 widersprechen, soweit die Forderung durch den Wert der Sache gedeckt ist. [2]Steht dem Gläubiger ein solches Recht in Ansehung der Sache auch für eine andere Forderung zu, so ist der Widerspruch nur zulässig, wenn auch diese Forderung durch den Wert der Sache gedeckt ist.

I) Zweck. Verbot der Übersicherung wie in § 803 I 2. Ausschluss der ZwV in Schuldnervermögen, die zur Befriedigung des bereits nach materiellem Recht gesicherten Gl nicht erforderl ist; daher Verweisung des Gl auf Vorausverwertung der vorhandenen Sicherheit. 1

II) Anwendungsbereich. ZwV wegen Geldforderungen (§§ 803-882a) in das bewegliche Vermögen (körperliche Sachen sowie Forderungen u andere Vermögensrechte) u in das unbewegl Vermögen sowie Verf zur Erteilung der Vermögensauskunft (§§ 802c ff). 2

III) Voraussetzungen. 1) Rechte. a) Pfandrecht an einer bewegl (körperl, § 90 BGB) Sache des Sch (Miteigentum genügt, nicht aber Eigentum eines Dritten), auch (stehen gleich) an Inhaberpapieren (§§ 793 ff, sa § 1293 BGB) oder Inhaberzeichen (§ 807 BGB), nicht aber an Legitimationspapieren (§ 808 BGB), Rekta- u Orderpapieren (wie Wechsel, Scheck), auch nicht an Forderungen sowie an unbewegl Vermögen (damit auch nicht an Schiffen u Schiffsbauwerken, s § 870a, sowie Luftfahrzeugen), auch nicht an Bestandteilen oder Zubehör unbewegl Sachen (sie haften den Grundstücksbelastungen, § 1120 BGB). Das PfandR kann rechtsgeschäftl als VertragspfandR (§§ 1204 ff BGB; Nutzungspfand genügt, § 1213 BGB), als ges PfandR (zB §§ 559, 590, 704 BGB, §§ 397 ff, §§ 410, 421, 440 HGB) oder als Surrogationspfand (zB § 1287 BGB) entstanden sein u auch erst nach der ZwV-Maßnahme, der widersprochen wird. – Das VollstreckungspfandR und das ArrestpfandR fallen nicht unter § 777 (SchWKT/Thole Rn 8; str). Eine Übersicherung wird hier durch § 803 I 2 vermieden. 3

b) Zurückbehaltungsrecht, aber nur eines, das ein Verwertungsrecht gibt (zB §§ 972, 1000 BGB, §§ 369 ff, §§ 615, 627 HGB), also nicht die aus §§ 273, 320 BGB (MK/K. Schmidt/Brinkmann Rn 11; MskV/Lackmann Rn 3; StJ/Kern Rn 3; PG/Hansmeier Rn 6; aA SchWKT/Thole Rn 7; 35. Aufl). 4

c) Besitz des Gläubigers (Alleinbesitz), der Verwertung ohne gerichtl Verf ermöglicht. Das PfandR des Vermieters, Verpächters oder Gastwirts hat Wirkung nach § 777 daher erst ab Inbesitznahme. Mitbesitz u mittelbarer Besitz genügen nur, wenn der Gl Verwertung ohne Herausgabeklage gegen den Sch oder einen Dritten betreiben kann oder selbst seinen Alleinbesitz aufgegeben hat (mit Verwahrung durch Dritte usw, § 868 BGB). Dass sich der Gl von Anfang an mit mittelbarem Besitz begnügt hat (§ 1205 II BGB), rechtfertigt Widerspruch nicht, weil er auf solche Weise ein der Pfändung vorgehendes leichtes Verwertungsrecht nie erlangt hat (aA StJ/Kern Rn 4; MskV/Lackmann Rn 4). 5

d) Sicherungsübereignung ist dem PfandR gleichgesetzt, wenn die Besitzvoraussetzungen gegeben sind (SchWKT/Thole Rn 5). Entspr anwendbar ist § 777 bei PfandR an einer Forderung gegen den Staat, insb an die Hinterlegungsstelle (§ 233 BGB, näher OLG Köln OLGZ 88, 214), u auf eine **Mietkaution** (AG/LG München DGVZ 84, 77). Selbstschuldnerische **Bürgschaft** genügt nicht (SchWKT/Thole Rn 6). 6

2) Wertdeckung. Der Wert des Sicherungsrechts muss die Vollstreckungsforderung des Gl nach Hauptsache, Zinsen u Kosten (voll) decken. Die gesicherte Forderung muss die Vollstreckungsforderung sein; wenn die Sicherheit auch für andere Forderungen besteht (S 2), muss sie über diese hinaus auch noch die Vollstreckungsforderung decken. Deckt der Wert der Sache die Forderung nur teilweise, vollstreckt der Gl aber seine volle Forderung, so ist Widerspruch nach § 777 hinsichtl des gedeckten Forderungsteils zulässig („… soweit … gedeckt ist“). 7

3) Gleichwertigkeit. Im Hinblick auf das Ziel einer ZwV (Befriedigung des GL) muss das Recht einer alternativen ZwV gleichwertig sein, nicht nur im Hinblick auf die Werthaltigkeit (Rn 7), sondern auch in zeitlicher Hinsicht, sodass bei einer zu erwartenden Verzögerung der Realisierung des Wertes der Sch einer ZwV nicht widersprechen kann (PG/Hansmeier Rn 7; str). 8

IV) Widerspruch und Verfahren. Sch kann der ZwV in sein übriges Vermögen widersprechen. Der Gl kann durch Verzicht auf das Pfand- u ZurückbehaltungsR den Widerspruch unzulässig (gegenstandslos) machen. GV u VollstrGericht dürfen sich durch den Widerspruch von der Pfändung nicht abhalten lassen. Der Widerspruch ist mit Erinnerung (§ 766) geltend zu machen, auch im Verf auf Abgabe der VA, §§ 802c ff (frühere aA [§ 900 IV aF] ist überholt). Die ZwV in das übrige Vermögen des Sch muss daher begonnen haben; sie darf noch nicht beendet sein. Verf u Rechtsbehelf nach Widerspruch wie bei § 766. Die Beweispflicht, auch für die Deckung, trifft den widersprechenden Sch (LG Stuttgart Rpfleger 2000, 28); mehrere Forderungen (S 2), auf die sich der Gl beruft, hat er zu beweisen (MskV/Lackmann Rn 8). 9

§ 778 Zwangsvollstreckung vor Erbschaftsannahme

(1) Solange der Erbe die Erbschaft nicht angenommen hat, ist eine Zwangsvollstreckung wegen eines Anspruchs, der sich gegen den Nachlass richtet, nur in den Nachlass zulässig.

(2) Wegen eigener Verbindlichkeiten des Erben ist eine Zwangsvollstreckung in den Nachlass vor der Annahme der Erbschaft nicht zulässig.

1 **I) Zweck.** Regelung der verfahrensrechtl Auswirkungen, die sich mit der nur vorläufigen Rechtsstellung des Erben bis zur Annahme der Erbschaft ergeben. I begrenzt den Zugriff der Nachlassgl zu Gunsten des Erben, II schützt den Nachlass vor Gl des Erben.

2 **II) Anwendungsbereich.** § 778 gilt bei **allen ZwV-Arten**, auch für Arrestvollziehung (§ 928).

3 **III) Voraussetzung.** Erbe darf die ihm angefallene Erbschaft (§§ 1922, 1941 BGB) noch nicht (ausdrückl oder stillschweigend) angenommen haben (§ 1943 BGB).

4 **IV) Zwangsvollstreckung wegen eines Nachlassanspruchs (§ 778 I).** Eine Nachlassverbindlichkeit (§ 1967 II BGB) kann vor Annahme der Erbschaft nicht gegen den Erben/Miterben gerichtl geltend gemacht (§ 1958 BGB) u daher auch nur in den Nachlass vollstreckt werden. Zu unterscheiden ist bei Vollstreckung des von einem Nachlassgläubiger bereits gegen den Erblasser erwirkten Vollstreckungstitels nach Erbfall:

5 1) Hatte bei Tod des Sch die ZwV gegen ihn **bereits begonnen**, so wird sie in den Nachlass fortgesetzt (§ 779). Vor Annahme der Erbschaft ist sie nicht auch in das eigene Vermögen des Erben zulässig (§ 778 I).

6 2) Hatte bei Tod des Sch die ZwV gegen ihn **noch nicht begonnen**, dann ist sie vor Annahme der Erbschaft nur in den Nachlass zulässig (§ 778 I). Es ist ein Nachlasspfleger zu bestellen (§ 1961, auch § 1960 III BGB; der Gl ist antragsberechtigt), gegen den als Vertreter des oder der unbekannten Erben als Rechtsnachfolger des Erblassers vollstrb Ausfertigung zu erwirken ist (§ 727; BayObLG Rpfleger 92, 28; LG Stuttgart Justiz 94, 87; PG/Hansmeier Rn 4) u die ZwV-Voraussetzungen (§ 750) vorliegen müssen.

7 3) **Nach Annahme der Erbschaft** ist Fortsetzung der ZwV in den Nachlass zulässig (s Rn 5), aber auch weitere (neue) ZwV gegen Nachlass u in eigenes Vermögen des Erben. Die Nachlassschulden werden jetzt dem Erben ggü genauso behandelt wie seine privaten Schulden. Für ZwV gegen den Erben in den Nachlass (wegen bereits begonnener ZwV s Anm zu § 779) oder in sein eigenes Vermögen müssen gegen ihn als Rechtsnachfolger des Erblassers vollstrb Ausfertigung erwirkt sein u die ZwV-Voraussetzungen (§ 750) vorliegen. Für ZwV notwendige Grundbucheintragung erfordert Voreintragung des Erben (§ 39 GBO), die auch der Gl beantragen kann (§ 14 GBO). Erbscheinserteilung (§ 792) oder Erbscheinsausfertigung (§ 357 II FamFG) kann der Gl verlangen. Erbteilspfändung als Vollstreckung in Eigenvermögen: § 859 S 1. Haftungsbeschränkung bei Vollstreckung gegen den Erben: §§ 780-786.

8 4) Wenn der vollstrb Anspruch nicht nur Nachlassverbindlichkeit, sondern **auch Eigenschuld** des (samtverbindlich) mithaftenden „Erben" ist, kann gegen ihn als Mitschuldner vollstreckt werden; I bezieht sich nicht auf die Vollstreckung der Eigenschuld. Haftet für eine Eigenschuld des „Erben" ein Nachlassgegenstand dingl, dann gilt für Geltendmachung des dingl Anspruchs I, dh er kann vor Annahme der Erbschaft nur gegen einen Nachlasspfleger (TV usw) verfolgt werden (s Rn 6).

9 **V) Zwangsvollstreckung wegen einer eigenen Verbindlichkeit des Erben (§ 778 II).** Sie ist vor Annahme der Erbschaft in den Nachlass/Nachlassurrogate nicht zulässig, nach Annahme haftet auch der Nachlass für Eigenverbindlichkeiten des Erben, wenn er Alleinerbe ist oder der Nachlass geteilt (SchWKT/Thole/Nordmeyer Rn 7 mit Hinweis auf § 747). Spätere Beschränkung bei Testamentsvollstreckung: § 2214 BGB; hierzu § 748.

10 **VI) Mehrheit von Erben.** Annahme der Erbschaft durch einen (oder einzelne) von mehreren Erben (§ 1922 I, §§ 2032 ff BGB) ermöglicht ZwV in dessen eigenes Vermögen; für die übrigen Miterben besteht die Beschränkung des I weiter. Zur ZwV in den ungeteilten Nachlass ist ein Nachlasspfleger nur den Erben zu bestellen, die die Erbschaft noch nicht angenommen haben. Die gegen alle Erben zu erwirkende Vollstreckungsklausel (§ 747 mit § 750) hat gegen den Nachlasspfleger u gegen die Erben, die die Erbschaft bereits angenommen haben, zu lauten. ZwV wegen eigener Verbindlichkeiten (§ 778 II) nur eines Teils der Erben in den Nachlass scheitert an dem gegen alle erforderl Titel (§ 747).

11 **VII) Rechtsbehelfe.** Für Erben, der Verstoß gegen I rügt, Erinnerung (§ 766), aber auch Vollstreckungsgegenklage (§ 771; SchWKT/Thole/Nordmeyer Rn 8), bei unzulässiger Klauselerteilung außerdem §§ 732, 768. Erinnerung auch für beeinträchtigte Dritte (s § 766 Rn 9; zB Nachlassgl nach Pfändung). – Ebenso für Erben, Nachlasspfleger oder -verwalter u TV bei Verstoß gegen II. – Für Gl, wenn ZwV in das eigene Vermögen des Erben (I) oder in den Nachlass (II) abgelehnt wird, Erinnerung nach § 766, bei Entscheidung des Vollstreckungsgerichts sofortige Beschwerde (§ 793).

§ 779 Fortsetzung der Zwangsvollstreckung nach dem Tod des Schuldners

(1) Eine Zwangsvollstreckung, die zur Zeit des Todes des Schuldners gegen ihn bereits begonnen hatte, wird in seinen Nachlass fortgesetzt.

(2) [1]Ist bei einer Vollstreckungshandlung die Zuziehung des Schuldners nötig, so hat, wenn die Erbschaft noch nicht angenommen oder wenn der Erbe unbekannt oder es ungewiss ist, ob er die Erbschaft angenommen hat, das Vollstreckungsgericht auf Antrag des Gläubigers dem Erben einen einstweiligen besonderen Vertreter zu bestellen. [2]Die Bestellung hat zu unterbleiben, wenn ein Nachlasspfleger bestellt ist oder wenn die Verwaltung des Nachlasses einem Testamentsvollstrecker zusteht.

1 **I) Zweck.** Der Tod des Sch soll sich im Interesse der Verfahrensbeschleunigung (SchWKT/Thole/Nordmeyer Rn 1) auf eine begonnene ZwV nicht auswirken. Die ZwV kann ohne weiteres in den Nachlass (§ 778 I) fortgesetzt werden. Unterlassungen des Sch wirken ebenfalls fort. Hat der Erblasser zB versäumt, einen Vollstreckungsschutzantrag zu stellen, muss sich dies der Erbe entgegenhalten lassen, woran eine Einstellung der ZwV idR scheitert (BGH FamRZ 2018, 767; s § 719 Rn 7).

2 **II) Anwendungsbereich. ZwV jeder Art in den Nachlass**, auch ImmobiliarZwV (Zwangsversteigerung/Räumungsvollstreckung). Nicht anwendbar bei ZwV, die gegen den Erben selbst zu erfolgen hätte, also bei nicht vertretbaren Handlungen (§ 888; OLGR Köln 2002, 188; str) und bei Unterlassungen/Duldungen (§ 890; OLG Hamm MDR 1986, 188; str) sowie bei Herausgabeklagen, solange der Erbe nur fiktiver Besitzer (§ 857 BGB: Besitz ohne Sachherrschaft, s Erman/Elzer § 857 BGB Rn 1; Grüneberg/Herrler § 857 BGB Rn 1) ist (SchWKT/Thole/Nordmeyer Rn 4). – Dagegen ist § 779 anwendbar bei vertretbaren Handlungen (§ 887 I; MskV/Lackmann Rn 1 mN; aA 35. Aufl) und bei der Beitreibung eines Kostenvorschusses (§ 887 II; SchWKT/Thole/Nordmeyer Rn 4). – Die Fiktion des § 894 tritt auch bei Tod des Sch ein, ohne dass § 779 eine Rolle spielt.

3 **III) Voraussetzung.** Beginn der ZwV (s vor § 704 Rn 33) vor Tod des Sch (sonst § 778 I), nicht aber schon Erteilung der vollstrb Ausfertigung u Zustellung noch zu Lebzeiten des Sch.

4 **IV) Fortsetzung der bereits zu Lebzeiten des Schuldners begonnenen Zwangsvollstreckung (§ 779 I). 1)** Fortsetzung der begonnenen ZwV ist in den gesamten Nachlass zulässig. Zugelassen ist damit die Fortsetzung der ZwV im Ganzen, die mit der ersten Vollstreckungsmaßnahme des GV oder VollstrGerichts begonnen hat, nicht nur die Fortsetzung einer einzelnen ZwV-Maßnahme. Es dürfen daher begonnene Vollstreckungsmaßregeln zu Ende geführt, insb gepfändete Sachen vom GV versteigert oder ein bereits erlassener Pfändungsbeschluss dem Drittschuldner zugestellt, aber auch neue ZwV-Maßnahmen eingeleitet werden (BGH NJW 2010, 157; OLG München NJW-RR 2014, 394.

5 **2)** Fortsetzung der ZwV kann erfolgen ohne Klauselumstellung (§ 727; BGHZ 182, 293, 296) u erneute Zustellung (§ 750) vor u nach Annahme der Erbschaft. Für Eintragung einer Zwangshypothek muss Voreintragung (§ 39 GBO) des Sch (Erblassers) genügen, die auch nach seinem Tod auf Antrag des Gl (§ 14 GBO) noch erfolgen kann (Schöner/Stöber, GBRecht, Rn 2183; Hagena Rpfleger 75, 389 gegen KG Rpfleger 75, 133). Nur die ZwV des Titels darf aber fortgesetzt werden, die zu Lebzeiten des Sch begonnen hatte; Vollstreckung eines **anderen** Titels (auch eines KFB; PG/Hansmeier Rn 3) ist neuer Beginn einer ZwV, mithin durch § 779 nicht erleichtert. ZwV-Kosten werden zugleich mit dem Anspruch beigetrieben (§ 788 I), können somit, auch soweit sie erst nach dem Tode des Sch u durch zulässig neu eingeleitete ZwV-Verf entstanden sind, nach I beigetrieben werden. Für die Vollstreckung der durch Vornahme einer Handlung entstandenen Auslagen bestimmt nicht bereits das Verf nach § 887 den Beginn der ZwV, sondern erst der Beginn der Geldvollstreckung für die ZwV-Kosten (§ 788).

6 **V) Einstweiliger besonderer Vertreter (§ 779 II). 1) Antrag.** Diesen Vertreter hat das VollstrGericht **auf Antrag** des Gl dem Erben (nicht dem Nachlass) für Fortsetzung der ZwV zu bestellen, wenn in den Fällen des II die Zuziehung des Sch nötig ist u ein Nachlasspfleger (-verwalter) nicht bestellt u kein TV vorhanden ist, gegen den sich die ZwV richtet; Gleiches gilt, wenn das Amt einer dieser Personen geendet hat. Fortbestand einer Vollmacht (§ 86) erübrigt Vertreterbestellung nicht. Ein Nachlasspfleger kann bestellt sein zur Sicherung des Nachlasses oder auf Antrag nach § 1961 BGB zur Geltendmachung eines Anspruchs (auch im Wege der ZwV). Nicht für zulässig gehalten wird die Bestellung auf Antrag, wenn eine zu Lebzeiten des Erblassers begonnene ZwV in den Nachlass fortgesetzt werden kann (s Rn 4; OLG München NJW-RR 2014, 394). Nötig ist Zuziehung des Sch, wenn er bei ZwV mitwirken muss, auch wenn nur eine Zustellung oder Benachrichtigung an ihn zu richten ist, sonach insb in folgenden Fällen: § 808 III (Bekanntmachung der Pfändung durch GV), § 826 III (Bekanntmachung der Anschlusspfändung), § 829 II 2 (Zustellung des Pfändungsbeschlusses), § 835 III 1 (Zustellung des Überweisungsbeschlusses), § 844 II (Anhörung vor anderer Verwertung), §§ 872 ff (Verteilungsverf), § 885 II (Übergabe bewegl Sachen bei Herausgabevollstreckung). – Unbekannter Aufenthalt des bekannten Erben ist kein Fall des II; es hat Bestellung eines Abwesenheitspflegers (§ 1911 BGB) oder Zuziehung mit öffentl Zustellung (§§ 185 ff) zu erfolgen. – Übernahmepflicht besteht nicht. Die Bestellung erfolgt durch Be-

schluss, der dem Gl u dem Vertreter mitzuteilen ist (§ 329 II); der ablehnende Beschluss ist dem Gl zuzustellen (§ 329 III). Zuständig ist der Rechtspfleger (§ 20 I Nr 17 RPflG).

7 **2) Stellung des Vertreters. a)** Anders als der Nachlasspfleger ist der einstw bes Vertreter nicht generell zur Vertretung des Erben in den Nachlas betr Angelegenheiten verpflichtet, sondern nur zur Wahrnehmung der Befugnisse und Verpflichtungen des Sch im Rahmen des fortzusetzenden Vollstreckungsverf .

8 **b)** Der Bestellte hat die Stellung eines ges Vertreters (StJ/Kern Rn 9). Vertretungsmacht besteht für alle in der ZwV erforderl Handlungen (BGH BGHZ 182, 293, 296), insb für den Empfang aller Zustellungen u Benachrichtigungen, aber auch für Anträge u Erklärungen, auch zur Abwendung unzulässiger Vollstreckungsmaßnahmen, somit auch für Rechtsbehelfe (§§ 732, 766, 793 ZPO; § 11 RPflG). Er kann auch im Namen des Erben Klage nach § 767 u § 771 erheben, da der Schuldnerschutz überwiegt (PG/Hansmeier Rn 6 für § 767; aA MK/K. Schmidt/Brinkmann Rn 10 [Klage ist nicht Teil der ZwV]). – Auskunft (§ 802c) hat der Bestellte nicht zu leisten (Zuziehung erfolgt nur für den Sch, nicht als Sch).

9 **c) Fortgesetzt** werden darf die ZwV, die Zuziehung des Sch erfordert, erst, wenn der Vertreter bestellt ist (vgl § 52 I GVGA).

10 **3) Ende des Amtes.** Das **Amt des Vertreters endet** nicht schon mit Wegfall einer Bestellungsvoraussetzung oder mit dem Eintritt des Erben in das Verfahren, sondern erst mit förml Aufhebung der Bestellung durch Beschluss des VollstrGerichts (MskV/Lackmann Rn 5).- Dieses ist zur Aufhebung verpflichtet, wenn ihm Umstände bekannt werden, welche die Voraussetzungen der Bestellung entfallen lassen. Erhält der Vertreter Kenntnis davon, darf er von seiner formell weiterbestehenden Vertretungsmacht keinen Gebrauch mehr machen; erforderlichenfalls hat er sich mit dem Erben über das weitere Vorgehen abzustimmen (BGH MDR 2010, 51 = NJW 2010, 157).

11 **4) Kosten.** Für die **Kosten** des Bestellten haftet die Staatskasse nicht. Sie sind vom Gl zu tragen, der sie nach § 788 erstattet verlangen kann (MskV/Lackmann Rn 5).

12 **VI) Rechtsbehelf.** Rechtsbehelf für Gl, wenn er gegen die Bestellung vorgehen will: § 766; wenn die beantragte Vertreterbestellung abgelehnt wird: § 793. Vertreterbestellung ist durch Vertreter nicht anfechtbar (der Vertreter kann ablehnen). Der Erbe hat keinen Rechtsbehelf (aA PG/Hansmeier Rn 8 [§ 793 gegen die Bestellung]).

13 **VII) Gebühren. 1) Gericht:** Für die Vertreterbestellung werden keine Geb erhoben; in diesem Zusammenhang entstandene Auslagen (9000 ff GKG-KV) sind aber anzusetzen. – **2) RA:** Die Bestellung von Vertretern gehört zum Rechtszug bzw zum ZwV-Verf (§ 19 I 2 Nr 3 RVG). Der Vertreter verdient die Geb 3309 RVG-VV (in der ZwV), 3311 RVG-VV (in der Zwangsversteigerung).

§ 780 Vorbehalt der beschränkten Erbenhaftung

(1) Der als Erbe des Schuldners verurteilte Beklagte kann die Beschränkung seiner Haftung nur geltend machen, wenn sie ihm im Urteil vorbehalten ist.

(2) Der Vorbehalt ist nicht erforderlich, wenn der Fiskus als gesetzlicher Erbe verurteilt wird oder wenn das Urteil über eine Nachlassverbindlichkeit gegen einen Nachlassverwalter oder einen anderen Nachlasspfleger oder gegen einen Testamentsvollstrecker, dem die Verwaltung des Nachlasses zusteht, erlassen wird.

1 **I) Übersicht. 1) Zweck.** Regelung des Verf zur Beschränkung der Erbenhaftung nach dt ErbR (§§ 1973, 1974, 1975, 1990 ff, §§ 2059 ff BGB). Die Notwendigkeit, die Einrede zu erheben, ist vorverlagert in das Erkenntnisverf, danach präkludiert (SchWKT/Thole/Nordmeyer Rn 2). Der ProzBev ist deshalb grds verpflichtet, die Einrede vorsorgl zu erheben, auch wenn eine Überschuldung des Nachlasses nicht erkennbar ist (OLG Koblenz FamRZ 2019, 626); das Unterlassen ist Pflichtverletzung (Erman/Horn vor § 1975 BGB Rn 17). – Es geht um die Titulierung reiner Nachlassverbindlichkeiten einschließl der Verpflichtungen des Erben aus Vermächtnissen, nicht jedoch um Eigenverbindlichkeiten des Erben (BGH MDR 2021, 103).

2 **2) Ausländisches Erbstatut (Art 21 EuErbVO).** Für die gerichtl Durchsetzung der Haftungsbeschränkung in Deutschland gilt das **lex fori-Prinzip**, Mankowski in Deixler-Hübner/Schauer, EuErbVO, 2020, Art 23 EuErbVO Rn 98, 131; Es kommt darauf an, wie nach dem maßgebl ausl Recht (Art 23 II [g] EuErbVO) die Haftung für die Verbindlichkeiten des Erblassers konstruiert ist. Bei ausl Rechtsordnungen, die eine Beschränkung der Erbenhaftung ähnlich der des dt Rechts vorsehen, kommt allenfalls eine (auf die Besonderheiten des ausl Rechts angepasste) Anwendung der §§ 780 ff in Betracht, so zB für die Annahme der Erbschaft mit Vorbehalt der Inventarerrichtung nach ital Recht (Art 470 I Hs 2 Codice Civile), weil diese zu einer gegenständlichen, der Nachlassverwaltung nach § 1975 BGB ähnl Haftungsbeschränkung führt, BGH MDR 2015, 342, sa Geimer IZPR *Rn 324; MK/Dutta Art 23 EuErbVO Rn 33.* Doch dürfte ein Vorbehalt bei völlig anders konstruierten ausl Regelungen meist leerlaufen, wie zB bei der heriditas iacens mit Abwicklung durch einen Kurator, administrator,

executor oder trustee sowie bei dem Modell Erforderlichkeit der proaktiven Annahme der Erbschaft u damit volle Haftung des Annehmenden für die Verbindlichkeiten des Erblassers ohne Möglichkeit der Beschränkung der Erbenhaftung etc. Doch auch in solchen Fällen ist ein Vorbehalt nach § 780 zulässig, auch wenn er nicht in das Regelungssystem des ausl ErbR passt, um den dt Prozess (Erkenntnisverf) von Rechtsfragen über die Anwendbarkeit u den Inhalt ausl Rechts zu entlasten. Diese werden in das Verf nach § 785 „ausgelagert".

3) Entscheidungsspielraum des Gerichts im Erkenntnisverfahren. Dieses kann über das Bestehen u den Umfang der Erbenhaftung für Nachlassverbindlichkeiten verbindl entscheiden, muss es aber nicht (MK/K. Schmidt/Brinkmann Rn 17). Im letzteren Fall muss der Erbe Vollstreckungsabwehrklage (§ 785) erheben. Im ersteren Falle ist über die Erbenhaftung bereits rechtskräftig entschieden; dann entfällt Vorbehalt. – **Vier Entscheidungsalternativen**: Abweisung der Klage, Verurteilung ohne Vorbehalt, Verurteilung zur Leistung nur aus dem Nachlass oder Verurteilung zur Duldung der ZwV in bestimmte Gegenstände. 3

4) Verhältnis zwischen Erkenntnisverfahren und Vollstreckungsstadium. Der Ausspruch des Vorbehalts im Rechtsstreit stellt zugleich fest, dass das Gericht von einer reinen Nachlassverbindlichkeit ausgeht. Wird das Urteil rechtskräftig, ist das nachfolgende Gericht der Vollstreckungsabwehrklage (§ 785) daran gebunden (**Präjudizialität**) und der Kl ist insoweit beschwert (s § 3 Rn 16.65 aE), als er mit erneuten Einwänden gegen die Einordnung der Schuld als reine Nachlassverbindlichkeit ausgeschlossen ist (**Tatsachenpräklusion**; BGH NJW 2021, 701 [Tolani NJW 2021, 706]; R. Magnus FamRZ 2021, 231; MskV/Lackmann Rn 9; ThP/Seiler Rn 7; krit Stamm LMK 2021, 437148; Thode, jurisPR-BGHZivilR 9/2021 Anm 4). – Entsprechend § 780 I und dieser BGH-Rspr zur Wirkung der Feststellung folgend, kann ein Kommanditist nach Ausscheiden des Komplementärs aus einer zweigliedrigen KG im Rechtsstreit die Haftung auf das angewachsene Gesellschaftsvermögen beschränken (OLG Frankfurt ZInsO 2022, 202). 4

Gegen eine nochmalige Prüfung der Art der Verbindlichkeit im Rahmen der Vollstreckungsabwehrklage spricht die durch § 780 I bewirkte **Funktionsteilung zwischen Erkenntnis- u Vollstreckungsverf.** Die Verlagerung der Prüfung der materiellen Voraussetzungen der Haftungsbeschränkungen nach §§ 1973 ff. bzw §§ 1989 ff BGB in das Vollstreckungsverf dient der Entlastung des Erkenntnisverf von der regelmäßig zeitaufwändigen Klärung des Umfangs der Haftung des Erben, insb der Zusammensetzung des Nachlasses. Demgegenüber ist die vorgeschaltete Klärung der Art der Verbindlichkeit als eine vom Erblasser herrührende Schuld iSd § 1967 II Alt 1 BGB typischerweise eine Sache des Erkenntnisverf (K. Schmidt JR 1989, 45). Lediglich die weiteren Voraussetzungen der beschränkten Erbenhaftung sollen später geprüft werden, um die Vermögensmasse des Sch (nur Nachlass oder auch das Eigenvermögen) zu bestimmen, auf welche der Gl im Vollstreckungswege zugreifen kann. 5

II) Erbenhaftung. 1) Der Erbe haftet als Gesamtrechtsnachfolger für die Nachlassverbindlichkeiten dem Grundsatz nach unbeschränkt (§ 1967 I BGB). Ein nach Annahme der Erbschaft (§ 1958 BGB) gegen den Erben erwirkter Vollstreckungstitel kann daher auch in sein eigenes Vermögen vollstreckt werden. Die unbeschränkte Haftung des Erben ist jedoch nur eine vorläufige. Er kann die Haftung auf den Nachlass beschränken. Im Rechtsstreit ist die Beschränkung der Haftung auf den Nachlass geltend zu machen; bei der ZwV wird sie daher nur berücksichtigt, wenn sich der als Erbe des Sch Verurteilte darauf beruft (§ 781). Hierfür muss die Haftungsbeschränkung im Urteil vorbehalten sein (§ 780 I mit Ausnahmen in II). 6

2) Die vorbehaltene **Beschränkung der Haftung** des Erben „auf den Nachlass" kann erfolgen mit Nachlassverwaltung oder Nachlassinsolvenzverfahren (§ 1975 BGB; Beschränkung bleibt auch nach Verfahrensaufhebung bestehen, BGH NJW 54, 635), Gläubigerausschluss im Aufgebotsverfahren (§ 1973 BGB), Verschweigungs- (§ 1974 BGB), Erschöpfungs- (§ 1989 BGB) u Dürftigkeitseinrede (§§ 1990-1992 BGB) sowie mit dem Verweigerungsrecht des Miterben (§ 2059 BGB). 7

3) Die **Möglichkeit** der Haftungsbeschränkung **verliert der Erbe** ggü allen Nachlassgläubigern durch Versäumung der Inventarfrist (§ 1994 I 2 BGB) oder Inventaruntreue (§ 2005 BGB), ggü einzelnen Nachlassgläubigern durch Verweigerung der Inventarerrichtung (§ 2006 BGB) u Verzicht auf die Beschränkung. 8

III) Anwendungsbereich. 1) § 780 gilt für Erben u Miterben (§ 2059 BGB), für den Nacherben nach Maßgabe des § 2144 BGB (dem als Erbe die Erbschaft anfällt, § 2139 BGB, so dass für ihn unerhebl ist, ob der Vorerbe beschränkt oder unbeschränkt haftend verurteilt war) u für den Erbschaftskäufer nach § 2383 BGB, nicht aber für Haftung nach Teilung des Nachlasses (§ 2060 BGB), weil Verurteilung auf den Haftungsteil in der Urteilsformel zum Ausdruck kommt. Der Vorerbe hat nach Eintritt der Nacherbfolge zur Geltendmachung seiner Haftungsbeschränkung aus § 2145 I BGB die Klage nach § 767, auch wenn sie ihm nicht vorbehalten ist, aus § 2145 II BGB aber nur den Weg des § 780. – Zu den Einzelheiten der Inventaraufnahme u -errichtung §§ 2001 ff BGB. 9

2) Haftungsvorbehalt ist bei allen gegen den Erben (als ursprüngl Bekl oder nach Eintritt in den Prozess, §§ 239, 246) erwirkten vollstreckungsfähigen Urteilen erforderl (BGH FamRZ 2019, 626), bei Leistungsklage bereits im Grundurteil (§ 304; OLG Köln VersR 68, 380), bei ausl Urteilen im Vollstreckungsurteil (§ 722; auch wenn das ausl Recht den Vorbehalt nicht kennt), bei schiedsgerichtl Verf schon im Schiedsspruch, nicht jedoch 10 in einem Feststellungsurteil (str; aA Wolf ZEV 96, 465), bei Verurteilung zur Abgabe einer Willenserklärung dann, wenn die Wirkung der §§ 894, 895 ausgeschlossen sein soll (Vollstreckung dann nach § 888; RGZ 49, 417; krit K. Schmidt JR 89, 45), bei der Stufenklage erst beim Hauptanspruch auf Leistung (OLG Bamberg NJW-RR 2024, 427). Zum Klauselverf s § 731 Rn 4 u unten Rn 15. Haftungsvorbehalt muss außerdem enthalten sein in urteilsgleichen sonstigen Titeln (§ 795), also in einem VB (§§ 699, 700 I; daher wegen eines fehlenden Vorbehalts Widerspruch oder Einspruch gegen MB/VB erforderlich (Erman/Horn vor § 1975 BGB Rn 16); dann bei sofortigem Anerkenntnis unter Vorbehalt kein Kostenrisiko, § 93); sowie in Prozessvergleichen (BGH MDR 92, 195; Bezeichnung als Erbe im Protokoll genügt nicht) u vollstrb Urkunden (StJ/Kern Rn 8; Erman/Horn vor § 1975 BGB Rn 16).

11 **3) Prozesskosten.** Der Haftungsvorbehalt muss im Urteil oder in Beschlüssen in die Kostengrundentscheidung mit aufgenommen worden sein (BGH MDR 2015, 342). Der Vorbehalt kann jedoch nur für Kosten erfolgen, die Nachlassverbindlichkeiten (§ 1967 II BGB), also in der Person des Erblassers entstanden sind (Erman/Horn vor § 1975 BGB Rn 17; BAG NJW 2014, 413). Kosten eigener Prozessführung hat der Erbe als Prozesspartei selbst zu tragen (BAG NJW 2014, 413; § 305 Rn 4); bei Vorbehalt ist daher Kostentrennung im Tenor notwendig (s zB BAG NJW 2014, 413; str; aA MskV/Lackmann Rn 7; StJ/Kern Rn 12 [Unterscheidung Erblasser-/Erbenkosten erst im Verf nach § 785]). Kostenentscheidung bei sofortiger Anerkenntnis mit Vorbehalt: § 93 (s § 305 Rn 3; § 93 Rn 6.19). Aufnahme des Vorbehalts beschränkter Erbenhaftung in den KFB s § 104 Rn 21.44.

12 **4) § 780 II.** Nicht erforderl ist der Vorbehalt in den Fällen des II. Grund: Sch haftet in jedem Fall nur mit dem Nachlass. Entbehrl ist der Vorbehalt außerdem bei Individualanspruch, der unstreitig einen Nachlassgegenstand betrifft (Herausgabe oder Übereignung), u bei einem nur auf einen Nachlassgegenstand bezogenen Duldungsanspruch (dingl Anspruch nach § 1147 BGB). Im Anwendungsbereich des II kann sich der Verurteilte im Nachhinein stets, mithin unabhängig davon, ob ein Vorbehalt in das Urteil aufgenommen wurde, auf die Einrede der beschränkten Erbenhaftung berufen. Wird dennoch ein Vorbehalt ausgesprochen, gibt dieser lediglich die Gesetzeslage wieder, ist somit deklaratorisch. Damit liegt eine bloß formale Abweichung vom Klageantrag ohne jegliche inhaltl Relevanz vor, so dass ein Unterschied zwischen dem rechtskraftfähigen Inhalt einer Entscheidung mit und ohne Vorbehalt der beschränkten Erbenhaftung nicht besteht, es damit an einer Beschwer der Klägerseite fehlt (BGH MDR 2021, 103; sa § 3 Rn 16.65) und auch kein Teilunterliegen vorliegt (§ 92 Rn 3).

13 **5) Ohne Vorbehalt** kann der Erbe die Haftungsbeschränkung bei Vollstreckung eines noch gegen den Erblasser erwirkten Vollstreckungstitels geltend machen (LG Coburg FamRZ 2009, 1236; LG Meiningen JurBüro 2012, 268; keine Berücksichtigung des Vorbehalts bei Klauselumstellung nach § 727). Besonderheit jedoch bei Klauselklage s § 731 Rn 4.

14 **IV) Verfahren.** 1) Der Vorbehalt der beschränkten Erbenhaftung wird **auf Einrede** des Erben in das Urteil aufgenommen; ohne besonderen Antrag; es genügt, dass er sich darauf beruft (BGH NJW-RR 2010, 664; BAG NJW 2014, 413 Tz 16). Voraussetzung ist aber, dass der Erbe wegen einer reinen Nachlassverbindlichkeit in Anspruch genommen ist (zur Prüfung s Rn 16). Handelt es sich dagegen auch um eine Eigenverbindlichkeit des Erben, kommt ein Vorbehalt nicht in Betracht (BGH FamRZ 2013, 1476 Tz 6). Die Einrede ist bis zum Schluss der letzten mündl Tatsachenverhandlung vorzubringen. Der erstmals im Berufungsrechtszug erhobene Vorbehalt ist unabhängig von den Voraussetzungen des § 531 II zuzulassen, wenn die Voraussetzungen für seine Aufnahme unstr sind (BGH NJW-RR 2010, 664; OLG Köln 5.11.2019 – 4 U 153/18 Tz 21; PG/Hansmeier Rn 10).

15 Das Revisionsgericht kann den Vorbehalt auch ohne Revisionsrüge nachholen, wenn der Tatrichter über den geltend gemachten Vorbehalt der Erbenhaftung nicht entschieden hat (BGH NJW 83, 2378). Erst im Revisionsrechtszug kann der als Erbe des Sch Verurteilte die Beschränkung seiner Haftung nicht geltend machen (BGH NJW 62, 1250). Eine Ausnahme gilt, wenn in der Tatsacheninstanz für die Einrede noch kein Anlass vorlag (Aufhebung der Nachlassverwaltung erst in der Revisionsinstanz, RG DR 44, 292, 294) oder sie noch nicht mögl war (Erbfall erst in der Revisionsinstanz, BGH NJW 55, 788; BAG NJW 2014, 413). Wenn jedoch der Erbe nach einer noch vom Erblasser eingelegten Revision in der Revisionsinstanz nicht die rechtl Nachprüfung des angefochtenen Urteils verlangt, sondern ledigl Antrag auf Vorbehalt der beschränkten Erbenhaftung stellt, ist die Revision unzulässig (BGHZ 54, 204; MskV/Lackmann Rn 6). Wenn die Einrede in der Revisionsinstanz verwehrt ist, kann die nur beschränkte Erbenhaftung auch ohne Urteilsvorbehalt mit Vollstreckungsgegenklage geltend gemacht werden (BGHZ 54, 204).

16 **2) Vorbehalt.** Das Prozessgericht kann sich damit begnügen, den Vorbehalt in das Urteil aufzunehmen, aber nicht schon aufgrund der bloßen Einrede und auch nicht ohne jede Prüfung. Es muss prüfen, ob eine reine Nachlassverbindlichkeit vorliegt (Erman/Horn vor § 1975 BGB Rn 21a). Nur dann, wenn das bejaht wird, darf der Vorbehalt erfolgen (BGH MDR 2021, 103; zur Wirkung des Ausspruchs s Rn 4). – Das Prozessgericht kann aber auch die materiellen Voraussetzungen prüfen und über die Haftungsbeschränkung selbst endgültig entscheiden, was einen Vorbehalt überflüssig macht (s Rn 20).

17 **3)** Der Ausspruch erfolgt im **Urteilstenor**. Vorbehalt in den Gründen soll genügen (Erman/Horn vor § 1975 BGB Rn 22a; Grüneberg/Weidlich vor § 1967 BGB Rn 5 [wenn er versehentlich nur in den Gründen steht]), ist aber nicht ratsam. Verurteilung „als Erbe" schließt einen Vorbehalt nicht ein (RG JW 11, 948). Nicht genügend

somit „A hat als Erbe des … an den Kläger … zu zahlen". Wenn der Vorbehalt abgelehnt wird, erfolgt Darstellung nur in den Gründen.

V) Rechtsbehelf. Bei unterlassenem Vorbehalt nur Rechtsmittel gegen das Urteil. Bei Übergehen der Einrede durch das Gericht Urteilsergänzung nach § 321 (PG/Hansmeier Rn 11), aber keine Berichtigung nach § 319 (Erman/Horn vor § 1975 BGB Rn 21). 18

VI) Wirkung. Vollstreckt der Gl in Gegenstände des eigenen Vermögens des Erben, kann der beschränkt haftende Erbe nach §§ 781, 785 mit § 767 gegen die ZwV vorgehen. Ist das gegen den Erben erlassene Urteil rechtskräftig geworden, ohne dass die Haftungsbeschränkung geltend gemacht oder berücksichtigt wurde, dann kann der fehlende Ausspruch nicht mehr nachgeholt werden (BVerwG NJW 56, 805). 19

VII) Entscheidung über Bestehen der Haftungsbeschränkung durch Prozessgericht. Das Prozessgericht kann/muss nicht selbst (aA K. Schmidt JR 89, 45 [muss bei Entscheidungsreife], ähnlich Erman/Horn vor § 1975 BGB Rn 20 [muss, wenn es die Prozessökonomie gebietet]) über die Haftungsbeschränkung sachl entscheiden (BGH MDR 2021, 103); dann entfällt ein Haftungsvorbehalt im Urteil zur späteren Entscheidung nach §§ 781, 785. Es verurteilt in diesem Fall ohne Vorbehalt, wenn die geprüfte Beschränkung der Erbenhaftung verneint wird (RGZ 77, 245; Erman/Horn vor § 1975 BGB Rn 18a); für den Erben ist dann nur der Rechtsmittelweg gegeben (K. Schmidt JR 89, 45). Abgewiesen wird die Klage, wenn die geprüfte Haftungsbeschränkung bejaht wird, aber feststeht, dass dem Zugriff des Kl offenstehende Vermögensstücke in der Nachlassmasse nicht oder nicht mehr vorhanden sind (BGH NJW 54, 635; KG NJW-RR 2003, 941). Zur „Leistung aus dem Nachlass" wird verurteilt, wenn die Beschränkung der Erbenhaftung vom Prozessgericht geprüft u bejaht wird (BGH ZEV 2018, 267; StJ/Kern Rn 7). Bei ZwV in nicht zum Nachlass gehörende Gegenstände für den Erben dann Klage nach § 767 mit § 785 auf Unzulässigkeit des Zugriffs (§ 785 Rn 2). Stehen bei sachl Entscheidung mit der Haftungsbeschränkung auch die Nachlassgegenstände fest, so werden zugleich diese im Urteil bezeichnet (Leistungsurteil unter Beschränkung der Haftung auf diese Gegenstände, zB Grundstücke; nach K. Schmidt JR 89, 45 Duldungsurteil). Entscheidet das Gericht sachl über das Bestehen oder Nichtbestehen der Haftungsbeschränkung, dann ist die Frage auch für spätere Prozesse – abgesehen von nachträgl eintretenden Umständen – rechtskräftig entschieden (MskV/Lackmann Rn 9). 20

VIII) Schiedsverfahren. Schiedsgericht muss ebenso wie staatl Gericht den vom Erben geltend gemachten Vorbehalt gem § 780 in den Schiedsspruch aufnehmen, wenn der Schiedsspruch gegen Erben ergeht; nicht nachholbar im Vollstreckbarerklärungsverf (§ 1160). Bei Schiedsspruch noch gegen Erblasser erfolgt Vorbehalt im Vollstreckbarerklärungsbeschluss (SchWKT/Thole/Nordmeyer Rn 21). 21

§ 781 Beschränkte Erbenhaftung in der Zwangsvollstreckung

Bei der Zwangsvollstreckung gegen den Erben des Schuldners bleibt die Beschränkung der Haftung unberücksichtigt, bis auf Grund derselben gegen die Zwangsvollstreckung von dem Erben Einwendungen erhoben werden.

1) Die ZwV gegen den Erben ist in den Nachlass u auch in sein eigenes Vermögen zulässig (§ 1967 I BGB). Die Haftungsbeschränkung bleibt trotz Urteilsvorbehalt unberücksichtigt (sa § 53 GVGA: Pfändung trotz Widerspruch des Sch), wenn nicht der Gl seinen Antrag einschränkt. Der Erbe hat daher auch die Vermögensauskunft (§ 802c) für sein ganzes Vermögen unter Einschluss des Nachlasses abzugeben (MskV/Lackmann Rn 2). Der Gl kann aber die ZwV auf den Nachlass beschränken, wozu er mat-rechtl verpflichtet ist, wenn die Haftungsbeschränkung besteht (MskV/Lackmann Rn 2). Berücksichtigt wird die Beschränkung der Haftung des Erben auf den Nachlass erst, wenn sich der Erbe darauf beruft (s § 780 Rn 6). Dafür muss dem als Erbe des Sch Verurteilten die Haftungsbeschränkung vorbehalten sein (§ 780). Bei Vollstreckung eines noch gegen den Erblasser erwirkten Titels sowie im Falle des § 780 II wird die Haftungsbeschränkung ohne Vorbehalt geltend gemacht (s § 780 Rn 13, 14). Verf: § 785. 1

2) § 781 gilt für die Beschränkungsoptionen des noch nicht unbeschränkt haftenden Erben sowie die Befugnis des Miterben, nach § 2059 I BGB die Eigenhaftung partiell zu vermeiden, u auch für die Einrede der Überschwerung nach § 1992 BGB (Erman/Horn vor § 1975 BGB Rn 22a), obwohl es sich hier nicht um Schulden des Erblassers handelt (Grüneberg/Weidlich § 1922 BGB Rn 1). 2

3) Wenn bereits der Vollstreckungstitel die Vollstreckung auf bestimmte Gegenstände beschränkt, muss dies das Vollstreckungsorgan beachten. Klage nach § 785 ist dann nicht erforderl (Hk-ZV/Handke Rn 4). 3

§ 782 Einreden des Erben gegen Nachlassgläubiger

[1]Der Erbe kann auf Grund der ihm nach den §§ 2014, 2015 des Bürgerlichen Gesetzbuchs zustehenden Einreden nur verlangen, dass die Zwangsvollstreckung für die Dauer der dort bestimmten Fristen auf solche Maßregeln beschränkt wird, die zur Vollziehung eines Arrestes zulässig sind. [2]Wird vor dem Ablauf der Frist die Eröffnung des Nachlassinsolvenzverfahrens beantragt, so ist auf Antrag die Beschränkung der Zwangsvollstreckung auch nach dem Ablauf der Frist aufrechtzuerhalten, bis über die Eröffnung des Insolvenzverfahrens rechtskräftig entschieden ist.

1 **I) Anwendungsbereich.** Geltendmachung der aufschiebenden **Dreimonatseinrede** (§ 2014 BGB) oder der **Einrede des Aufgebotsverf** (§ 2015 BGB) bewirkt Aufnahme des Vorbehalts der beschränkten Erbenhaftung in das Urteil (§ **305**; s § 305 Rn 4). Die ZwV in den Nachlass u in das eigene Vermögen des Erben hindert dieser Vorbehalt nicht (§ 781); der Erbe muss seine Einwendung mit Klage nach § 767 mit § 785 geltend machen. Er kann mit der aufschiebenden Einrede der §§ 2014, 2015 BGB jedoch nicht der ZwV als solcher (auch nicht der in sein eigenes Vermögen) entgegentreten, sondern nur für die Dauer der Schutzfrist verlangen, dass die **ZwV** auf (Sicherungs-)Maßnahmen der Arrestvollziehung (§§ 930-932) **beschränkt** wird. Voraussetzung ist, dass der Erbe nicht bereits unbeschränkt haftet (§ 2016 I BGB; als Ausschlusstatbestand vom Bekl nachzuweisen).

2 **II) Verfahren.** Zuständiges Gericht: § 767 I mit § 785. Der Urteilsvorbehalt (§ 305) ist nicht Klageerfordernis bei einem noch gegen den Erblasser erwirkten Vollstreckungstitel (SchWKT/Thole/Nordmeyer Rn 6). Urteilsgleiche Titel müssen ihn ausweisen (s § 780 Rn 10). Zulässigkeit der Klage auch bereits vor Vollstreckungsbeginn beurteilt sich nach dem in § 785 Rn 5 Gesagten. Anwendung des § 767 III, einstw Einstellung u Anordnung sowie Vollziehung des Einstellungsbeschlusses u Urteils: s § 785 Rn 6. Eine Sicherungshypothek, die an Stelle der unzulässigen Beschlagnahme durch Zwangsversteigerung oder Zwangsverwaltung beantragt wird, erhält nicht den Beschlagnahmerang (StJ/Kern Rn 5). Bei Individualvollstreckung (§§ 883 ff) bleibt die Wegnahme gestattet, für unzulässig erklärt wird die Übergabe an den Gl (StJ/Kern Rn 6). Räumung nach § 885 ist aber unzulässig (SchWKT/Thole/Nordmeyer Rn 5). Nach Ablauf der im Urteil zu bezeichnenden Schutzfrist ist die ZwV fortzusetzen, wenn nicht andere Hinderungsgründe (zB Eröffnung des Nachlassinsolvenzverf) eingetreten sind. Hat der Erbe inzwischen seine Haftungsbeschränkung durchgeführt, so kann er der ZwV in das eigene Vermögen nach §§ 781, 785 widersprechen, auch wenn die Fristen der §§ 2014, 2015 BGB abgelaufen sind.

3 **III) Vollstreckungsabwehrklage.** Trifft **Satz 2** zu, so muss der Erbe nach § 785 auf Verlängerung der in Rn 1 behandelten Beschränkung klagen. Nach Eröffnung des Verf § 784.

4 **IV) Einredeberechtigung. 1)** Berechtigt sind ohne Vorbehalt im Urteil auch der TV (§ 2213 BGB), Nachlassverwalter (§ 1984 BGB) u Nachlasspfleger (§ 2017 BGB), der Erbe somit auch gegen die ZwV aus einem gegen eine solche Person ergangenen Urteil, das gem § 727 gegen ihn vollstrb ausgefertigt ist.

5 **2)** Gegenüber einem vom Aufgebot nicht betroffenen dingl gleichgestellten Gl (§ 1971 BGB) bestehen die Einreden nach §§ 2014, 2015 BGB nicht (Grüneberg/Weidlich § 2016 BGB Rn 2). Diese Gl können zwar nicht ihre schuldrechtl Ansprüche, aber ihre dingl Verwertungsrechte gegen den Nachlass geltend machen (Erman/Horn § 2016 BGB Rn 2). § 2016 II BGB mit Abgrenzung; als Ausschlusstatbestand vom beklagten Gl nachzuweisen.

§ 783 Einreden des Erben gegen persönliche Gläubiger

In Ansehung der Nachlassgegenstände kann der Erbe die Beschränkung der Zwangsvollstreckung nach § 782 auch gegenüber den Gläubigern verlangen, die nicht Nachlassgläubiger sind, es sei denn, dass er für die Nachlassverbindlichkeiten unbeschränkt haftet.

1 Dem Erben wird durch § 783 entspr den §§ 2014, 2015 BGB die Zeit zur ungestörten Errichtung des Inventars u zu der Überlegung, ob er von seinem Recht auf beschränkte Haftung Gebrauch machen will, verschafft u zur vollständigen Erreichung dieses Zwecks auch **ggü seinen persönl Gl** die Befugnis zur Beschränkung der ZwV auf Arrestmaßregeln in Ansehung der Nachlassgegenstände gewährt. Ein Vorbehalt in dem Titel, aus dem der persönl Gl die ZwV betreibt, ist nicht erforderl (SchWKT/Thole/Nordmeyer Rn 4). Geltendmachung des Rechts durch Klage nach § 785 wie gegenüber Nachlassgläubiger. Der Erbe hat zu beweisen, dass es sich bei dem Pfandgegenstand um ein Nachlassstück handelt u dass die Dreimonatsfrist (andere Schutzfrist) noch nicht abgelaufen ist. Der Gl muss nachweisen, dass der Erbe allen Nachlassgläubigern ggü unbeschränkt haftet (SchWKT/Thole/Nordmeyer Rn 6; MskV/Lackmann Rn 2).

§ 784 Zwangsvollstreckung bei Nachlassverwaltung und -insolvenzverfahren

(1) Ist eine Nachlassverwaltung angeordnet oder das Nachlassinsolvenzverfahren eröffnet, so kann der Erbe verlangen, dass Maßregeln der Zwangsvollstreckung, die zugunsten eines Nachlassgläubigers in sein nicht zum Nachlass gehörendes Vermögen erfolgt sind, aufgehoben werden, es sei denn, dass er für die Nachlassverbindlichkeiten unbeschränkt haftet.

(2) Im Falle der Nachlassverwaltung steht dem Nachlassverwalter das gleiche Recht gegenüber Maßregeln der Zwangsvollstreckung zu, die zugunsten eines anderen Gläubigers als eines Nachlassgläubigers in den Nachlass erfolgt sind.

I) Zweck. Der Erbe soll sein Eigenvermögen vor Nachlassgl schützen können (I, s Rn 2-4), der Nachlassverwalter den Nachlass vor Eigengläubigern des Erben (II, s Rn 5). 1

II) Schutz des Eigenvermögens. Eigenes Vermögen des Erben wird geschützt durch Aufhebung der Vollstreckungsmaßnahmen, die zugunsten eines Nachlassgläubigers bei Anordnung der Nachlassverwaltung oder Eröffnung des Nachlassinsolvenzverfahren **bereits erfolgt** sind. Nachlassverwaltung u insolvenzverf bewirken (von Ausnahmen abgesehen, § 1994 I 2, § 2005 I, § 2006 III, § 2013 I BGB) Beschränkung der Erbenhaftung auf den Nachlass (§ 1975 BGB; Erman/Horn vor § 1975 BGB Rn 5). Ggü einer **nach** diesem Zeitpunkt erst beginnenden ZwV in sein eigenes Vermögen kann Erbe die Haftungsbeschränkung nur mit Klage nach §§ 781, 785 geltend machen, wenn sie ihm vorbehalten (§ 780 I) oder Urteilsvorbehalt nicht erforderl ist. 2

III) Freistellung. 1) Beschränkung der Erbenhaftung auf den Nachlass bedeutet „Freistellung" des eigenen Vermögens des Erben u gebietet Befriedigung nur aus dem Nachlass in dem dafür eingeleiteten Verf. Entspr gilt in den Fällen §§ 1973 ff, § 1990 BGB. Ausgeschlossen ist das Recht nach I, wenn unbeschränkte Erbenhaftung vorliegt (als Ausnahmetatbestand vom Gl zu beweisen) oder wenn der Erbe dem Gl ggü unbeschränkt verurteilt ist (StJ/Kern Rn 4). 3

2) Durchsetzung. Zu verfolgen hat der Erbe sein Recht nach § 784 I mit Klage beim Prozessgericht 1. Instanz (§ 785). Der Erbe muss nachweisen, dass der Pfändungsgläubiger Nachlassgläubiger ist u der gepfändete Gegenstand nicht zum Nachlass gehört, der Gl, dass die Haftung des Erben unbeschränkt ist (MskV/Lackmann Rn 3). Die aufzuhebende ZwV-Maßnahme darf bei Erlass des Urteils noch nicht beendet sein. IÜ Anm zu § 785. 4

IV) Nachlassverwalter. Bei Nachlassverwaltung kann der Nachlassverwalter Aufhebung der ZwV-Maßnahmen verlangen, die in Gegenstände des Nachlasses zugunsten eines persönl Gl des Erben bereits erfolgt sind (**II**). Grund: Rücksicht auf die Rechte der Nachlassgläubiger dahin, dass der Nachlass in erster Linie zu ihrer Befriedigung verwendet wird. Nachlassgläubiger können nach Anordnung der Nachlassverwaltung mit Titel/Klausel gegen den Verwalter (s § 727 Rn 18) ohne weiteres in den (haftenden, § 1975 BGB, s Rn 2) Nachlass vollstrecken. Die ZwV anderer Gl in den Nachlass ist ausgeschlossen (§ 1984 II BGB). Für Nachlassverwalter bei ZwV **vor** Anordnung der Nachlassverwaltung Klage nach § 784 II (Erman/Horn § 1984 BGB Rn 9), bei ZwV **nach** Anordnung der Verwaltung ohne Titel/Klausel gegen ihn Erinnerung (§ 766), wenn Klausel gegen den Verwalter erteilt ist, §§ 732, 768 (Jaspersen Rpfleger 95, 243). 5

V) Nachlassinsolvenz. Eröffnung des Nachlassinsolvenzverfahrens schließt ZwV der Insolvenzgläubiger aus. Kein Recht der Gl auf abgesonderte Befriedigung (§ 321 InsO) bei ZwV in den Nachlass nach Eintritt des Erbfalls. Rechtsbehelf des InsVerwalters gegen fortgesetzte Einzel-ZwV: § 766 (SchWKT/Thole/Nordmeyer Rn 6; MskV/Lackmann Rn 2). – Nach Eintritt des Erbfalls und **vor Eröffnung** schon abgeschlossene ZwV-Maßnahmen können mit Insolvenzanfechtung (bei ZwV durch Nachlassgläubiger) und einem Bereicherungsanspruch (bei ZwV durch einen Eigengl des Erben) verfolgt werden (SchWKT/Thole/Nordmeyer Rn 6). 6

VI) Privatgläubiger. Privatgläubiger des Erben, für die die ZwV in den Nachlass unzulässig ist, können den Anspruch des Erben an den Nachlass- oder InsVerwalter auf Ausschüttung eines nach Erledigung des Verf verbleibenden Überschusses pfänden. 7

§ 785 Vollstreckungsabwehrklage des Erben

Die auf Grund der §§ 781 bis 784 erhobenen Einwendungen werden nach den Vorschriften der §§ 767, 769, 770 erledigt.

I) Beschränkte Erbenhaftung, § 781. 1) Klageerhebung. Das Recht des Erben, die Beschränkung seiner Haftung geltend zu machen (§ 780), das bei ZwV gegen ihn unberücksichtigt bleibt (§ 781), ist (auch ggü einem vorläufig vollstrb Urteil u wenn Berufung eingelegt ist, OLG Frankfurt NJW-RR 92, 31) mit **Klage nach § 767**, somit bei dem Prozessgericht des 1. Rechtszugs, zu verfolgen (§ 767 I mit § 785). Vorausgesetzt ist Urteilsvorbe- 1 halt (§ 780 I), sofern nicht einem noch gegen den Erblasser erwirkten Vollstreckungstitel widersprochen wird (s § 780 Rn 13). Ausgeschlossen ist Berufung auf Haftungsbeschränkung damit, wenn bereits das Prozessgericht eine sachl Entscheidung getroffen hat (s § 780 Rn 20). Verurteilung zur „Leistung aus dem Nachlass" (s § 780 Rn 20) wahrt dem Erben das Recht, der ZwV in Gegenstände seines eigenen Vermögens zu widersprechen.

2 **2) Klageantrag.** Der Klageantrag richtet sich nach dem Klageziel (zeitl Beschränkung der ZwV; Beschränkung der ZwV auf den Nachlass; ZwV in den Nachlass insgesamt oder in bestimmte, nicht zum Nachlass gehörende Gegenstände für unzulässig zu erklären; s Hk-ZV/Handke Rn 4; Erman/Horn vor § 1975 BGB Rn 23). Einwendungen, die eigentl einer Drittwiderspruchsklage unterfallen (PG/Hansmeier Rn 2 u Rn 4), sind ebenfalls mit §§ 785, 767 vorzubringen (MskV/Lackmann Rn 2 u Rn 3; Erman/Horn vor § 1975 BGB Rn 23). Klagehäufung ist zulässig (§ 260; PG/Hansmeier Rn 3).

3 **II) Verfahrensgegenstand. 1) Nach Beginn der ZwV** gegen Erben (Zugriff auf sein eigenes Vermögen) werden mit Haftungsbeschränkung die allg Einschränkung des Titels **u zugleich** die Unzulässigkeit der bestimmten Vollstreckungsmaßnahme in einen Gegenstand (auch mehrere) geltend gemacht. – Der Erbe hat als Kl nachzuweisen, dass es sich um eine Nachlassschuld handelt, seine Haftung nach dem in § 780 Rn 7 Gesagten allg oder dem Gl ggü beschränkt ist (also das Nachlassinsolvenzverf eröffnet, der Gl im Aufgebotsverf ausgeschlossen ist usw) u dass der Gegenstand, in den vollstreckt wird, nicht zum Nachlass gehört. Klagt der Erbe (§ 785), gestützt auf die Dürftigkeitseinrede (§ 1990 I BGB), auf Haftungsbeschränkung, kann der verklagte Nachlassgl dem mit dem Arglisteinwand entgegentreten unter Berufung auf eine Verwalterhaftung des Erben und dessen Pflicht zur Ersatzleistung aus seinem Eigenvermögen (§ 1991 I, § 1978 I BGB; BGH NJW-RR 89, 1226).

4 **2) Wenn die ZwV begonnen**, über die Haftungsbeschränkung aber bereits das Prozessgericht sachl entschieden hat (mit Verurteilung zur „Leistung aus dem Nachlass" oder allg auf Klage nach § 785 nach früherer Pfändung), dann ist bei erstmaligem oder weiterem Zugriff auf eigenes Vermögen des Erben **nur noch** der ZwV der davon betroffenen Gegenstände mit Klageantrag zu widersprechen, dass diese Vollstreckungsmaßnahme (zB Pfändung in den zu bezeichnenden bestimmten Gegenstand) für unzulässig erklärt wird (aA: § 766, BayObLG Rpfleger 2000, 216 [abl Münzberg]). Zuständig ist auch für diese Klage nach § 767 I mit § 785 das Prozessgericht des 1. Rechtszugs (kein Fall von § 771).

5 **3) Vor Beginn der ZwV** wird Klage des Erben zu der (nach dem Titel noch möglichen) Beschränkung seiner Haftung mit dem Ziel der nur allg Begrenzung der Vollstreckungsfähigkeit des Titels auf den Nachlass für zulässig erachtet (StJ/Kern Rn 6). Das Rechtsschutzbedürfnis für diese Klage wird bejaht. Der Titel gegen den Erblasser muss jedoch auf den Erben umgeschrieben sein (K. Schmidt JR 89, 45). Der Gl ist gegen „voreilige" Klagen durch § 93 ausreichend geschützt. Zulässig ist diese Klage vor Vollstreckungsbeginn jedenfalls dann, wenn nicht vollstreckt wird, weil vereinbarungsgemäß die Entscheidung des Prozessgerichts abgewartet werden soll (OLG Celle NJW-RR 88, 133), ebenso dann, wenn der Nachlass erschöpft ist u daher verlangt wird, die ZwV insgesamt für unzulässig zu erklären (OLG Frankfurt NJW-RR 92, 31).

6 **III) Verfahren.** § 767 II gilt nicht, schließt Vortrag zu den Einwendungen §§ 781-784 nicht aus (str; SchWKT/Thole/Nordmeyer Rn 6 [§ 780 als erschöpfende Sonderregelung]; MskV/Lackmann 6; PG/Hansmeier Rn 6; aA Hk-ZV/Handke Rn 7; 35. Aufl). § 767 III wird von der Verweisung aber erfasst (allgM). – Einstw Einstellung der ZwV erfolgt nach § 769, einstw Anordnung im Urteil nach § 770 (je mit § 785); Vollzug des Einstellungsbeschlusses u Urteils: §§ 775, 776. – Eine Vermögensauskunft (§ 802c) ist nach erfolgreicher Klage auf den Nachlass zu beschränken (LG Lübeck NJW-RR 2009, 1163). – Wird die Klage aus § 785 auf allg Einschränkung des Titels abgewiesen, so entfällt die Wirksamkeit des formell fortbestehenden Vorbehalts für die Zukunft. – Dringt der Erbe mit der Klage durch, so wird der Gl als Bekl bezügl der Klage aus § 785 u der ZwV kostenpflichtig.

7 **IV) §§ 782-784. Klage in den Fällen der §§ 782-784** s die Anm hierzu. § 767 II wird durch § 780 überlagert (s Rn 6). Der Erbe kann die Tatsachen bzgl der relevanten Einwendungen vortragen. Auch kann der Gl sich auf Tatsachen berufen, die bereits vor Schluss der mündl Verhandlung im Erkenntnisverf vorlagen.

8 **V) Gebühren.** S § 767 Rn 24 u § 769 Rn 13.

§ 786 Vollstreckungsabwehrklage bei beschränkter Haftung

(1) Die Vorschriften des § 780 Abs. 1 und der §§ 781 bis 785 sind auf die nach § 1489 des Bürgerlichen Gesetzbuchs eintretende beschränkte Haftung, die Vorschriften des § 780 Abs. 1 und der §§ 781, 785 sind auf die nach den §§ 1480, 1504, 1629a, 2187 des Bürgerlichen Gesetzbuchs eintretende beschränkte Haftung entsprechend anzuwenden.

(2) Bei der Zwangsvollstreckung aus Urteilen, die bis zum Inkrafttreten des Minderjährigenhaftungsbeschränkungsgesetzes vom 25. August 1998 (BGBl. I S. 2487) am 1. Juli 1999 ergangen sind, kann die *Haftungsbeschränkung* nach § 1629a des Bürgerlichen Gesetzbuchs auch dann geltend gemacht werden, wenn sie nicht gemäß § 780 Abs. 1 dieses Gesetzes im Urteil vorbehalten ist.

I) Ehegatten/Abkömmlinge/Vermächtnisnehmer. 1) Persönliche Haftung. Der überlebende Ehegatte haftet bei fortges Gütergemeinschaft für Gesamtgutsverbindlichkeiten persönlich (§ 1498 I BGB). Kann er die Haftung beschränken (§ 1489 II; s Grüneberg/Siede § 1489 BGB Rn 2), haftet er (nur) mit dem Gesamtgut wie ein Erbe (nur) mit dem Nachlass (Erman/Heinemann § 1489 BGB Rn 2). Es finden § 780 I, §§ 781-785 entspr Anwendung, da die Verhältnisse hier ähnlich wie bei der Erbschaft liegen. Urteilsvorbehalt: § 305 II (s § 305 Rn 5). 1

2) Beschränkte Haftung. Bei beschränkter Haftung eines Ehegatten nach Beendigung der Gütergemeinschaft für die vor Teilung nicht berichtigten Gesamtgutsverbindlichkeiten (§ 1480 BGB), bei beschränkter Haftung der anteilsberechtigten Abkömmlinge bei fortges Gütergemeinschaft für die vor Teilung nicht berichtigten Gesamtgutsverbindlichkeiten (§ 1504 BGB) und bei Haftung des mit einer Auflage beschwerten Vermächtnisnehmers für diese Auflage, soweit das Vermächtnis nicht ausreicht (§ 2187 BGB), finden § 781 u § 785 entspr Anwendung. §§ 782-784 sind in diesen Fällen nicht anwendbar, weil schon in den in § 786 I angeführten BGB-Vorschriften auf § 1990 BGB, der zur Einrede berechtigt, verwiesen wird (MskV/Lackmann Rn 3). 2

3) Vertraglich vereinbarte Haftungsbeschränkungen, die nicht im Titel ausgewiesen sind, sind mit § 767 geltend zu machen (BGH MDR 2017, 903); einer analogen Anwendung von § 786 bedarf es nicht (SchWKT/Thole/Nordmeyer Rn 7). § 767 II gilt dabei nur für mat-rechtl Beschränkungen, nicht für solche nur der ZwV (SchWKT/Thole/Nordmeyer Rn 7). 3

II) Minderjährige. Die Haftung beschränkt sich auf den Bestand des bei Eintritt der Volljährigkeit vorhandenen Vermögens (§ 1629a BGB). – Bei ZwV aus Urteilen bis 1.7.1999 kann diese Beschränkung auch ohne Vorbehalt geltend gemacht werden (§ 786 II). 4

III) Gebühren. S § 767 Rn 24 u § 769 Rn 13. 5

§ 786a See- und binnenschifffahrtsrechtliche Haftungsbeschränkung

(1) Die Vorschriften des § 780 Abs. 1 und des § 781 sind auf die nach § 611 Absatz 1 oder 3, §§ 612 bis 616 des Handelsgesetzbuchs oder nach den §§ 4 bis 5n des Binnenschifffahrtsgesetzes eintretende beschränkte Haftung entsprechend anzuwenden.

(2) Ist das Urteil nach § 305a unter Vorbehalt ergangen, so gelten für die Zwangsvollstreckung die folgenden Vorschriften:

1. **Wird die Eröffnung eines Seerechtlichen oder eines Binnenschifffahrtsrechtlichen Verteilungsverfahrens nach der Schifffahrtsrechtlichen Verteilungsordnung beantragt, an dem der Gläubiger mit dem Anspruch teilnimmt, so entscheidet das Gericht nach § 5 Abs. 3 der Schifffahrtsrechtlichen Verteilungsordnung über die Einstellung der Zwangsvollstreckung; nach Eröffnung des Seerechtlichen Verteilungsverfahrens sind die Vorschriften des § 8 Abs. 4 und 5 der Schifffahrtsrechtlichen Verteilungsordnung, nach Eröffnung des Binnenschifffahrtsrechtlichen Verteilungsverfahrens die Vorschriften des § 8 Abs. 4 und 5 in Verbindung mit § 41 der Schifffahrtsrechtlichen Verteilungsordnung anzuwenden.**
2. **[1]Ist nach Artikel 11 des Haftungsbeschränkungsübereinkommens (§ 611 Absatz 1 Satz 1 des Handelsgesetzbuchs) von dem Schuldner oder für ihn ein Fonds in einem anderen Vertragsstaat des Übereinkommens errichtet worden, so sind, sofern der Gläubiger den Anspruch gegen den Fonds geltend gemacht hat, die Vorschriften des § 50 der Schifffahrtsrechtlichen Verteilungsordnung anzuwenden. [2]Hat der Gläubiger den Anspruch nicht gegen den Fonds geltend gemacht oder sind die Voraussetzungen des § 50 Abs. 2 der Schifffahrtsrechtlichen Verteilungsordnung nicht gegeben, so werden Einwendungen, die auf Grund des Rechts auf Beschränkung der Haftung erhoben werden, nach den Vorschriften der §§ 767, 769, 770 erledigt; das Gleiche gilt, wenn der Fonds in dem anderen Vertragsstaat erst bei Geltendmachung des Rechts auf Beschränkung der Haftung errichtet wird.**
3. **[1]Ist von dem Schuldner oder für diesen ein Fonds in einem anderen Vertragsstaat des Straßburger Übereinkommens vom 27. September 2012 über die Beschränkung der Haftung in der Binnenschifffahrt (CLNI 2012) (BGBl. 2016 II S. 738, 739) errichtet worden, so ist, sofern der Gläubiger den Anspruch gegen den Fonds geltend machen kann, § 52 der Schifffahrtsrechtlichen Verteilungsordnung anzuwenden. [2]Sind die Voraussetzungen des § 52 Absatz 3 der Schifffahrtsrechtlichen Verteilungsordnung nicht gegeben, so werden Einwendungen, die auf Grund des Rechts auf Beschränkung der Haftung nach den §§ 4 bis 5n des Binnenschifffahrtsgesetzes erhoben werden, nach den §§ 767, 769, 770 erledigt; das Gleiche gilt, wenn der Fonds in dem anderen Vertragsstaat erst bei Geltendmachung des Rechts auf Beschränkung der Haftung errichtet wird.**

(3) Ist das Urteil eines ausländischen Gerichts unter dem Vorbehalt ergangen, dass der Beklagte das Recht auf Beschränkung der Haftung geltend machen kann, wenn ein Fonds nach Artikel 11 des Haftungsbeschränkungsübereinkommens oder nach Artikel 12 des Straßburger Übereinkommens vom

27. September 2012 über die Beschränkung der Haftung in der Binnenschifffahrt (CLNI 2012) errichtet worden ist oder bei Geltendmachung des Rechts auf Beschränkung der Haftung errichtet wird, so gelten für die Zwangsvollstreckung wegen des durch das Urteil festgestellten Anspruchs die Vorschriften des Absatzes 2 entsprechend.

1 **I) Zweck.** Zweck ist die **Regelung des Verfahrens bei schifffahrtsrechtlicher Haftungsbeschränkung für See- und Binnenschiffe.** Durch das 2. Gesetz zur Änderung der Haftungsbeschränkung in der Binnenschifffahrt (BGBl I 2016, 1578) wurden § 786a I, II Nr 3 u III geändert mWv 1.7.2019 (Bek 20.2.2019, BGBl I 2019, 196). Die in dem neuen Straßburger Übk v 27.9.2012 über die Beschränkung der Haftung in der Binnenschifffahrt (CLNI 2012) enthaltenen Vorschriften sind **innerstaatl nicht unmittelbar anzuwenden**, Art 1 II G zum CLNI 2012, BGBl II 2016, 738. Für die dt Rechtsanwender sind allein die nationalen Durchführungsvorschriften maßgebl, BTDrs 18/7822. Die Haftungsbeschränkung kann einredeweise geltend gemacht werden; sie erfolgt nur aufgrund **Vorbehalt nach § 305a II** (s Rn 3) durch Errichtung eines Haftungsfonds (s Rn 4).

2 Das **Straßburger Haftungsbeschränkungssystem für die Binnenschifffahrt** ist weitgehend dem System für die Seeschiffe (§ 611 HGB) nachempfunden, das basiert auf dem **Londoner Übk v 19.11.1976 über die Beschränkung der Haftung für Seeforderungen** (BGBl II 1972, 653) idF des Protokolls v 2.5.1996, ergänzt durch das Übk über die Haftung für Ölverschmutzungsschäden 1992 (BGBl II 1994, 1154); hierzu Rittmeister in Rabe/Bahnsen, SeehandelsR, 5. Aufl 2018, Anh zu § 611 HGB. Sedes materiae sind §§ 4 ff BinSchG iVm der Schifffahrtsrechtl Verteilungsordnung (SVertO). – **Neuerung der CLNI 2012:** Unerhebl ist, ob der Gl den Anspruch gegen den in einem anderen Vertragsstaat errichteten Fonds geltend gemacht hat. Maßgebl ist nur, ob der Gl seinen Anspruch gegen den in einem anderen Vertragsstaat der CLNI 2012 errichteten Fonds geltend machen kann. Gl, die Ansprüche gegen den Fonds geltend machen können, haben gem Art 14 I CLNI 2012 ab Errichtung des Haftungsfonds keine Rechte mehr ggü dem sonstigen Vermögen des Schiffseigentümers, Bergers oder Retters. Anders Art 13 I CLNI 1988. Diese Wirkung trat nur ggü solchen Gl ein, die einen Anspruch gegen den Haftungsfonds tatsächl geltend gemacht haben (Art 13 I CLNI 1988), amtl Begr BTDrs 18/7821.

3 **II) Urteilsvorbehalt.** Geltend machen kann der Sch eine **schifffahrtsrechtl Haftungsbeschränkung** nach § 611 I oder III, §§ 612-616 HGB (Herber, SeehandelsR, 2. Aufl 2016, 204 ff) oder §§ 4-5n BinSchG nur, wenn sie ihm nach § 305a II (s § 305a Rn 9) im Urteil vorbehalten ist (§ 786a I mit § 780 I). Auch dann bleibt diese unberücksichtigt, bis der Sch Einwendungen gegen die ZwV in sein (sonstiges) Vermögen erhebt (§ 786a I mit § 781).

4 **III) Voraussetzungen für Geltendmachung der Haftungsbeschränkung.** Erforderl ist außer Urteilsvorbehalt (§ 305a II; Ermessensentscheidung, s § 305a Rn 7) **Errichtung eines Fonds** gem Art 12 Übk 2012 oder nach § 5d BinSchG (Einrede ohne Errichtung eines Fonds § 5d III BinSchG). Zur Errichtung (im Inland; sonst s Rn 6) u Verteilung dieses Fonds findet auf Antrag ein **gerichtl Verteilungsverf nach der Schifffahrtsrechtl Verteilungsordnung (SVertO)** statt; hierzu Rittmeister in Rabe/Bahnsen, SeehandelsR, 5. Aufl 2018, Anh zu § 617 HGB; Schoppe in Ramming (ed), Das Recht der Haftungsbeschränkung, 2010, 55 ff. Mit Errichtung des Fonds beschränkt sich die Haftung für alle Ansprüche, für die das Verteilungsverf eröffnet worden ist, auf die eingezahlte Haftungssumme (gegenständl Haftungsbeschränkung; § 8 I SVertO). Ansprüche, für welche die Haftung auf die Haftungssumme beschränkt worden ist, können nur noch im Verteilungsverf verfolgt werden (§ 8 II 1 SVertO). Die ZwV wegen dieser Ansprüche ist unzulässig, bis das Verf aufgehoben oder eingestellt wird (§ 8 IV 1 SVertO). Die vorbehaltene Haftungsbeschränkung ist nicht nach § 785 geltend zu machen; vielmehr entscheidet nach **§ 786a II Nr 1: 1) bis zur Eröffnung** des (beantragten) Verteilungsverf das dafür zuständige AG (§ 2 SVertO) über die Einstellung der ZwV längstens auf die Dauer von 3 Monaten nach § 5 III der SVertO; **2) nach Eröffnung** des Verteilungsverf das Prozessgericht des 1. Rechtszugs, bei dem die Unzulässigkeit der ZwV im Wege der Klage geltend zu machen ist (§ 8 IV 2 SVertO). Einstellung u Aufhebung der ZwV regeln § 8 IV u V SVertO. Sa Art 9 Brüssel Ia-VO.

5 **Einstellungsbeschluss u Entscheidung des Verteilungsgerichts u des Prozessgerichts** finden im Vollstreckungsverf nach §§ 775, 776 Berücksichtigung. Wenn ein Anspruch u das Recht seines Gl auf Teilnahme an dem Verteilungsverf festgestellt ist (§ 19 SVertO), ordnet das Vollstreckungsgericht auf Antrag des Sch die endgültige Einstellung der ZwV u die Aufhebung von ZwV-Maßnahme wegen des Anspruchs an; die Anordnung darf erst nach Rechtskraft vollzogen werden (§ 21 SVertO).

6 **IV) Ausländischer Fonds.** Errichtet der Sch (oder für ihn ein Dritter) den **Fonds** nicht im Inland, sondern **in einem anderen Vertragsstaat** des jew Haftungsbeschränkungsübk, so ist zu unterscheiden: **1)** wenn der Gl den **Anspruch gegen** den im anderen Vertragsstaat errichteten **Fonds geltend macht**, gilt nach **§ 786a II Nr 2 S 1** mit § 34 II, § 50 SVertO für die ZwV deren § 8 IV u V (s Rn 4) entspr; es ist mithin die Unzulässigkeit der ZwV im Wege der Klage geltend zu machen u kann einstw Einstellung der ZwV angeordnet werden; **2)** wenn der Gl den Anspruch **nicht** ggü dem in einem anderen Vertragsstaat errichteten Fonds geltend gemacht hat oder wenn § 50 II SVertO Geltendmachung der Haftungsbeschränkung nach dem vorst Gesagten ausschließt (das ist *der Fall*, wenn der Anspruch gegen den Fonds vor dem ihn verwaltenden Gericht nicht geltend gemacht werden kann oder wenn der Fonds für den Anspruch nicht tatsächl zur Verfügung steht oder wenn er nicht frei

transferierbar ist), hat der Sch nach **§ 786 II Nr 2 S 2** die nach dem Vorbehalt des § 305a II summenmäßige Beschränkung der Haftung mit Klage nach § 767 (einstw Anordnungen nach §§ 769, 770) geltend zu machen. Dies gilt auch dann, wenn der Fonds in dem anderen Vertragsstaat bei Beginn der ZwV noch nicht errichtet war, sondern erst bei Geltendmachung des Rechts auf Beschränkung der Haftung errichtet wird. Entspr gilt nach II Nr 3 mit § 52 SVertO bei Errichtung eines Fonds nach dem Straßburger Übk über die Beschränkung der Haftung in der Binnenschifffahrt. – Zum gegenüber § 52 SVertO vorrangigen Anwendungsbereich der Brüssel Ia-VO bzw des LugÜ, insb zur Anerkennung der Errichtung eines Haftungsfonds nach Art 36 Brüssel Ia-VO bzw Art 32 ff LugÜ s EuGH IPRax 2006, 262; Rittmeister in Ramming, Das Recht der Haftungsbeschränkung, 2010, 73, 80. Sa die amtl Begr BTDrs 18/7821, 12: „IÜ bleibt es weiterhin der Rspr überlassen, ob im Einzelfall der Errichtung eines Fonds in einem Nichtvertragsstaat der CLNI 2012 dieselbe Sperrwirkung beigemessen werden soll wie der Errichtung eines Fonds in einem Vertragsstaat des Straßburger Übk von 2012."

V) Ausländischer Vollstreckungstitel. Die Vorschriften des § 786a II (s Rn 4, 5) finden nach **III** entspr Anwendung, wenn im Inland die ZwV aus dem **Urteil eines ausländischen Gerichts** erfolgt, das mit Haftungsvorbehalt ergangen ist. Zuständiges „Prozessgericht des ersten Rechtszugs" ist das Gericht, welches das Vollstreckungsurteil (§ 722) erlassen oder – auf Grund dt AusführungsG zu staatsvertragl Regelung – die Vollstreckung zugelassen hat, amtl Begr BTDrs 10/3852, 38. Art 39 Brüssel Ia-VO beseitigt zwar die Vollstreckbarerklärung, jedoch ist entspr Anwendung des § 1115 III in Erwägung zu ziehen. 7

§ 787 Zwangsvollstreckung bei herrenlosem Grundstück oder Schiff

(1) Soll durch die Zwangsvollstreckung ein Recht an einem Grundstück, das von dem bisherigen Eigentümer nach § 928 des Bürgerlichen Gesetzbuchs aufgegeben und von dem Aneignungsberechtigten noch nicht erworben worden ist, geltend gemacht werden, so hat das Vollstreckungsgericht auf Antrag einen Vertreter zu bestellen, dem bis zur Eintragung eines neuen Eigentümers die Wahrnehmung der sich aus dem Eigentum ergebenden Rechte und Verpflichtungen im Zwangsvollstreckungsverfahren obliegt.

(2) Absatz 1 gilt entsprechend, wenn durch die Zwangsvollstreckung ein Recht an einem eingetragenen Schiff oder Schiffsbauwerk geltend gemacht werden soll, das von dem bisherigen Eigentümer nach § 7 des Gesetzes über Rechte an eingetragenen Schiffen und Schiffsbauwerken vom 15. November 1940 (RGBl. I S. 1499) aufgegeben und von dem Aneignungsberechtigten noch nicht erworben worden ist.

I) Anwendungsbereich. Ist bereits für den Rechtsstreit ein **Vertreter nach § 58** bestellt, so genügt dieser auch für die ZwV (PG/Hansmeier Rn 4). Ein besonderer Vertreter nach § 787 ist nur zu bestellen, wenn auf die dingl Klage hin ein Vollstreckungstitel gegen den seitherigen Eigentümer zur ZwV in das Grundstück oder vollstrb Urkunde gegen den jew Eigentümer (§ 800) vorliegt, u dieser das Eigentum während des Prozesses (§ 265) oder nach dessen Beendigung aufgegeben hat. Die Vollstreckungsklausel ist dann gegen ihn zu erteilen (§§ 727, 750 II). Nun kann die ZwVersteigerung oder ZwVerwaltung gegen ihn betrieben werden (RGZ 80, 312). § 17 ZVG, wonach die ZwVersteigerung nur angeordnet werden wird, wenn der Sch als Eigentümer des Grundstücks eingetragen oder dessen Erbe ist, findet in diesem Fall keine Anwendung. Zuständig ist der Rpfleger (§ 20 I Nr 17 RPflG). Rechtsbehelf: sofortige Beschwerde (§ 793). 1

II) Gebühren. S § 779 Rn 13. 2

§ 788 Kosten der Zwangsvollstreckung

(1) [1]Die Kosten der Zwangsvollstreckung fallen, soweit sie notwendig waren (§ 91), dem Schuldner zur Last; sie sind zugleich mit dem zur Zwangsvollstreckung stehenden Anspruch beizutreiben. [2]Als Kosten der Zwangsvollstreckung gelten auch die Kosten der Ausfertigung und der Zustellung des Urteils. [3]Soweit mehrere Schuldner als Gesamtschuldner verurteilt worden sind, haften sie auch für die Kosten der Zwangsvollstreckung als Gesamtschuldner; § 100 Abs. 3 und 4 gilt entsprechend.

(2) [1]Auf Antrag setzt das Vollstreckungsgericht, bei dem zum Zeitpunkt der Antragstellung eine Vollstreckungshandlung anhängig ist, und nach Beendigung der Zwangsvollstreckung das Gericht, in dessen Bezirk die letzte Vollstreckungshandlung erfolgt ist, die Kosten gemäß § 103 Abs. 2, den §§ 104, 107 fest. [2]Im Falle einer Vollstreckung nach den Vorschriften der §§ 887, 888 und 890 entscheidet das Prozessgericht des ersten Rechtszuges.

(3) Die Kosten der Zwangsvollstreckung sind dem Schuldner zu erstatten, wenn das Urteil, aus dem die Zwangsvollstreckung erfolgt ist, aufgehoben wird.

(4) Die Kosten eines Verfahrens nach den §§ 765a, 811a, 811b, 829, 850k, 851a, 851b, 900 und 904 bis 907 kann das Gericht ganz oder teilweise dem Gläubiger auferlegen, wenn dies aus besonderen, in dem Verhalten des Gläubigers liegenden Gründen der Billigkeit entspricht.

1 **I) Zweck.** Regelung der Kostenpflicht in der ZwV u eines vereinfachten Verf (ohne nochmaligen oder mit nur geringem Kostenanfall) zur Durchsetzung des Erstattungsanspruchs des Gl.

2 **II) Anwendungsbereich.** Gilt als **allg Vorschrift des ZwV-Rechts** für alle ZwV-Arten, auch für Arrestvollziehung, die ZwV des Arrestes ist (§ 928; MskV/Braun § 928 Rn 2a).

3 **III) Kosten der Zwangsvollstreckung. 1) Anfallende Kosten und Erstattung. a)** Kosten der ZwV sind die **Aufwendungen der Parteien** (Gl u Sch) aus Anlass der ZwV. Sie können für Vorbereitung oder Durchführung der ZwV anfallen (BGH NJW 2006, 1141). Vorbereitungskosten entstehen nach urkundl Feststellung des vollstrb Anspruchs durch den Vollstreckungstitel (s vor § 704 Rn 14) mit Einleitung, aber noch vor Beginn (s vor § 704 Rn 33) der ZwV. Wie im Rechtsstreit (s vor § 91 Rn 1) entstehen in der ZwV **Gerichtskosten** u **außergerichtl Kosten**, außerdem Kosten für Tätigkeit des **GV**, die nach dem GvKostG erhoben werden. § 788 regelt die **Kostenpflicht zwischen** den **Parteien** der ZwV. Der Anspruch auf Erstattung entsteht dabei zur Gänze bereits mit Einleitung des Verf (BGH MDR 2025, 343). – **Dritte**, gegen die Maßnahmen der ZwV wirken (Gewahrsamsinhaber, Mitbewohner, Drittschuldner, Dritteigentümer), sind nicht Parteien der ZwV (s vor § 704 Rn 12); ihre Kosten betrifft § 788 nicht. Beteiligt sich ein Dritter mit einem Antrag an einem durch die ZwV veranlassten Verf, so sind seine Aufwendungen Kosten dieses Verf (insb bei Erinnerung, Beschwerde, Drittwiderspruchsklage). Wer der **Staatskasse** sowie dem GV ggü Kostenschuldner ist, bestimmen die Kostengesetze (s vor § 91 Rn 2 ff).

3a **b) Vollstreckung ausländischer Titel im Inland (§ 722).** Grundlage der ZwV im Inland ist die dt Vollstreckbarerklärung (s § 722). Ausnahme: Art 39 Brüssel Ia-VO. Für die Kostenerstattung der dt Vollstreckbarerklärung gelten §§ 91 ff, s § 723 Rn 30. § 8 I 4 AVAG, § 40 I 4 AUG, § 7 I 4 IntErbRVG u § 8 I 4 IntGüRVG verweisen aber systemwidrig auf § 788. Nur Kosten der dt Vollstreckungsorgane bei der ZwV ausl Titel in Deutschland sind solche iSv § 788, nicht aber die Kosten des Erkenntnis- u Beitreibungsverf im ausl Urteilsstaat (oder in Drittstaaten). Diese können – sofern sie im Urteils- oder in einem Drittstaat tituliert worden sind – in Deutschland nach Maßgabe von Art 39 Brüssel Ia-VO, Art 38 LugÜ u der sonstigen für die Anerkennung u Vollstreckung maßgebl Regelungen einschließl des § 722 vollstreckt werden.

3b Die **Kosten der Vollstreckbarerklärung eines dt Titels u dessen ZwV im Ausland** fallen nicht unter § 788 (OLG Hamm IPrax 2002, 301; OLG Saarbrücken JurBüro 2002, 99; Hök MDR 2002, 1291; aA Spickhoff IPrax 2002, 290). Die Erstattung richtet sich nach dem Recht des Vollstreckungsstaats. Vollstreckung in Deutschland ist mögl, wenn entweder der ausl Kostenerstattungstitel in Deutschland für vollstrb erklärt wird oder wenn (ausnahmsweise) der Erstattungsanspruch mit Erfolg in Deutschland eingeklagt worden ist.

4 **2) Vorbereitungskosten. a)** Als Vorbereitungskosten sind Kosten der ZwV die der **Ausfertigung** u Zustellung des Urteils nach § 788 I 2, somit auch Kosten für Erteilung der vollstrb Ausfertigung (LG Frankenthal JurBüro 79, 1325), Ermittlung der Schuldnerwohnung, für Urkundenbeschaffung (§ 792), Grundbucheintragung des Sch (§ 14 GBO), Parteikosten für Beauftragung eines RA usw. Abzugrenzen sind die ZwV-Kosten zu den Kosten der Prozessführung, für die §§ 91 ff Kostenpflicht u §§ 103 ff Erstattung regeln; Kosten für das Verf über den Antrag, das Urteil für vorläufig vollstrb zu erklären (§§ 537, 716; OLG Hamm MDR 72, 1043), u für das Räumungsfristverf (§§ 721, 794a) fallen im Rechtsstreit an, nicht in der ZwV (s § 721 Rn 11). Kosten einer **Gegenleistung** des Gl (§§ 756, 765) sind durch seine materielle Leistungspflicht verursacht, nicht durch Vorbereitung der ZwV, gehören sonach nicht zu den ZwV-Kosten (OLG Frankfurt JurBüro 79, 1721; anders OLG Ham-

burg MDR 71, 145; LG Ulm NJW-RR 91, 191). ZwV-Kosten sind jedoch die Mehraufwendungen, die bei Erfüllung der Gegenleistung ohne ZwV nicht entstanden wären (GV-Kosten, auch SV-Kosten für Prüfung der Gegenleistung, uU Kosten für Angebot durch den GV, wenn wörtliches Angebot für Vollstreckungsbeginn nicht ausreichend war; OLG Hamburg MDR 71, 145).

b) Kosten des Gl für Beschaffung u Festlegung einer **zur Vollstreckung erforderl Sicherheit** (Bürgschaftskosten, Avalprovision usw) sind als Vorbereitungskosten solche der ZwV (BGH NJW 2016, 2579: für Arrestvollziehung; OLG Koblenz MDR 2004, 835; aA OLG Düsseldorf JurBüro 81, 609: für Kosten der Kreditbeschaffung, mwN; OLG München JurBüro 91, 598: für Zinsen eines Darlehens zur Leistung der Sicherheit). Erstattungsfähig sind sie jedoch nur, soweit sie notwendig waren; das erfordert vollstrb Ausfertigung u Ablauf einer angemessenen Frist zur Erfüllung, nicht aber Zustellung des Titels (wie Rn 6; BGH MDR 2012, 1368). Ausgeschlossen sein kann Notwendigkeit für Kosten der Kreditbeschaffung (im Gegensatz zu Kosten einer Bankbürgschaft; OLG Köln Rpfleger 95, 520), für Avalprovision, wenn Parteivereinbarung ausschließl im wirtschaftl Interesse des Gl Sicherheit durch Bankbürgschaft ermöglicht hat (OLG Bamberg JurBüro 87, 933), für Zinsverluste infolge Hinterlegung eigenen Kapitals (OLG Köln Rpfleger 95, 520; OLG München JurBüro 91, 598) u für Anwaltskosten zur Beschaffung der Prozessbürgschaft (OLG München MDR 89, 364) sowie Hinterlegung (OLG Schleswig JurBüro 84, 941; aA OLG Karlsruhe JurBüro 84, 1515). Notwendigkeit der Kosten einer Avalprovision besteht so lange, bis die Bürgschaft an die Bank zurückgegeben werden kann (OLG Koblenz JurBüro 98, 494); Kosten, die wegen verspäteter Rückgabe der Bürgschaftsurkunde entstanden sind, gehören zu den zu erstattenden notwendigen, wenn der Sch mit der Rückgabe in Verzug war, somit nicht, wenn der Gl die Urkunde nicht zurückgefordert hat (OLG Stuttgart JurBüro 96, 37 mwN). – Zuständigkeit: s § 104 Rn 21.116. 5

c) Kosten des Sch für **Sicherheitsleistung** zur Abwendung der ZwV (insb damit Kosten einer Bürgschaft [Avalprovision]) werden im Erkenntnisverf zur Rechtsverteidigung während des laufenden Rechtsstreits erbracht, sind somit nicht Kosten der ZwV (BGH FamRZ 2006, 480). Zuständigkeit: s § 104 Rn 21.116. 5a

d) Kosten für anwaltl **Zahlungsaufforderung** nach Erwirkung des Vollstreckungstitels mit Vollstreckungsandrohung (Mahnschreiben; nicht aber für erste Nachricht an den RA des Sch; OLG Stuttgart JurBüro 84, 143) sind als Vorbereitungskosten solche der ZwV (BGH NJW-RR 2003, 1581). Erstattungsfähig sind sie jedoch nur bei Notwendigkeit (s Rn 9), die erfordert, dass der Gl im Besitz einer vollstrb Ausfertigung des Titels, die Fälligkeit der titulierten Forderung eingetreten u dem Sch eine angemessene Frist zur freiw Erfüllung der Forderung eingeräumt war (s Rn 9b), nicht aber Zustellung des Titels an den Sch (BGH FamRZ 2004, 101). Nicht notwendig, damit nicht erstattungsfähig, sind Kosten, wenn ein ZwV-Auftrag im Zeitpunkt der Zahlungsaufforderung Vollstreckungsbeginn noch nicht ermöglicht hätte (BGH MDR 2003, 1381), weil Voraussetzungen der ZwV, die nicht zugleich bei Beginn vorgenommen werden können, noch nicht erfüllt waren (OLG Köln JurBüro 82, 1525), zB die vollstrb Ausfertigung noch nicht erteilt war (KG JurBüro 87, 390), die Wartefrist der § 750 III, § 798 noch nicht abgelaufen war (OLG Hamburg JurBüro 83, 92), die Wartefrist des § 882a oder bei Vollstreckung gegen eine Gemeinde eine Wartefrist nach landesrechtl Vorschrift (§ 15 Nr 3 EGZPO) nicht gewahrt war (aA OLG Schleswig JurBüro 95, 33), der Sch nach einer Zug-um-Zug-Verurteilung sich noch nicht in Verzug befunden hat (§§ 756, 765; OLG Hamm JurBüro 92, 406), aber auch Sicherheit des Gl nicht geleistet/nachgewiesen war (OLG Koblenz MDR 1995, 753; anders für gleichzeitige Zustellung der Bürgschaftsurkunde OLG Düsseldorf MDR 88, 784) oder noch rechtzeitige Leistung des Sch (s Rn 9b, 9c) entgegensteht. 6

e) Kosten eines im Vollstreckungsverf geschlossenen **Vergleichs** (vgl BGH MDR 92, 137; auch zur Vermeidung weiterer ZwV), damit auch die Einigungsgebühr des RA für eine Raten-/Teilzahlungsvereinbarung, sind Kosten der ZwV (BGH MDR 2006, 1133). Wenn der Sch die Kosten in dem Vergleich übernommen hat, sind sie (als regelmäßig notwendig) nach § 788 I beitreibbar (BGH NJW 2006, 1598) u damit nach II festsetzbar. Die (Einigungs-)Gebühr u Auslagen des RA des Gl hat der kostenpflichtige Sch ohne weitere Notwendigkeitsprüfung zu erstatten (Verweisung in § 788 I auf § 91 II 1). Die prozessuale Kostenfolge des § 788 I können die Parteien vergleichsweise wirksam ausschließen (§ 98 S 1; entspr Anwendung; s § 98 Rn 1); daher sind ohne Vereinbarung über die Kostenpflicht des Sch die Vergleichskosten als gegeneinander aufgehoben anzusehen, damit nicht zu erstatten (BGH MDR 2007, 609). Enthält der Vergleich, mit dem die Parteien das Urteil aufheben, eine Vereinbarung über die „Kosten des Rechtsstreits", so werden die Kosten bereits betriebener ZwV nicht umfasst (OLG Frankfurt MDR 80, 60; s Rn 14 aE). 7

3) Notwendige Kosten. a) Nur notw ZwV-Kosten fallen dem Schuldner zur Last (I 1). Dabei indiziert die Zulässigkeit einer Vollstreckungsmaßnahme noch nicht die Notwendigkeit der dadurch entstehenden Kosten (BGH WM 2025, 676). Die Kostenpflicht des § 788 I 1 ist unabhängig von der für die Kosten des Rechtsstreits. Der Kostenausspruch des Schuldtitels bestimmt nur die Erstattung der Prozesskosten; für ZwV-Kosten hat er keine Bedeutung. ZwV-Kosten können auch zu einem Zeitpunkt entstehen, beigetrieben u festgesetzt werden, zu dem es noch an einer Kostenentscheidung in der Hauptsache fehlt (OLG Koblenz Rpfleger 75, 324). 8

b) aa) Kostenpflichtig ist der Sch nur für **notwendige Kosten** der ZwV (§ 788 I mit § 91). Die Notwendigkeit bestimmt sich für Art u Umfang der Vollstreckungsmaßnahmen nach den Erfordernissen zweckentspr Rechtsverfolgung. Auch in der ZwV hat der Gl (wie jede Partei) seine Maßnahmen zur Wahrung seiner Rechte so ein- 9 zurichten, dass die Kosten möglichst niedrig gehalten werden (Kostenschonungsgebot; s § 91 Rn 12; OLG Brandenburg JurBüro 2007, 548, 549). Gesetzliche Geb u Auslagen des **RA** des Gl, der notw ZwV-Maßnahmen betreibt (dies für „obsiegende Partei"), sind nach Maßgabe des § 91 II erstattungsfähig (BGH NJW 2006, 1598). In eigener Sache sind dem RA als Gl sonach Geb u Auslagen zu erstatten, die ein bevollmächtigter Anwalt verlangen könnte (§ 91 II 3).

9a **bb)** Ob eine ZwV-Maßnahme **notwendig** war, Kosten somit erstattungsfähig sind, bestimmt sich nach dem Standpunkt des Gl zu dem **Zeitpunkt**, in dem die Kosten durch die Vollstreckungsmaßnahme verursacht sind (BGH WM 2025, 676). Wesentl ist, ob der Gl die Maßnahme zu dieser Zeit objektiv für erforderl/notwendig halten konnte (sog „verobjektivierte" ex-ante.Sicht; vgl § 91 Rn 13.21), auch wenn sie erfolglos geblieben ist (BGH MDR 2005, 951; Münzberg JurBüro 90, 780 [auch zur Beweislast]) oder nach Leistung des Sch der Antrag zurückgenommen wurde (OLG München Rpfleger 69, 402). Notwendigkeit besteht **nicht** für Kosten unzulässiger (OLG München Rpfleger 68, 40; KG Rpfleger 68, 229; LG Berlin JurBüro 85, 1580 [Räumung nach Tod des Sch]), schikanöser, überflüssiger (so, wenn Aufrechnung mögl wäre, LG Berlin JurBüro 97, 106) oder erkennbar aussichtsloser ZwV-Maßnahmen (BGH NJW 2005, 2460, 2462; BGH MDR 2015, 56 [wegen Vorbelastungen aussichtlose Zwangsversteigerung]) u nicht für ungerechtfertigte (vermeidbare) Mehrkosten notwendiger ZwV. **Nicht notwendig** sind zB Kosten eines nicht ausgeführten Vollstreckungsantrags, weil der Gl die (bekannte oder feststellbare) Anschrift des Sch nicht richtig angegeben hat (AG Itzehoe DGVZ 80, 28) oder weil er den Drittschuldner unzureichend bezeichnet hat (OLG Bamberg JurBüro 78, 243), Kosten einer Kontenpfändung bei mehreren Banken auf Verdacht (AG Hamburg DGVZ 2003, 94), Mehrkosten für verschiedene Mobiliar- oder Forderungspfändungen, wenn für Forderungen aus mehreren Schuldtiteln ein Vollstreckungsantrag mögl war (AG Memmingen Rpfleger 89, 302), Kosten eines neuerl Pfändungsantrags nach bereits fruchtloser ZwV, wenn kein konkreter Anhalt dafür bestand, dass der Sch pfändbares Vermögen erworben haben könnte (BGH NJW 2005, 2460, 2462). Kosten des mit dem Auftrag zur Verhaftung verbundenen Pfändungsauftrags sind nicht notw, wenn die Pfändung ohne konkreten Anhalt, also „ins Blaue hinein", in Auftrag gegeben wurde (MskV/Lackmann Rn 11).

9b **cc)** Die Notwendigkeit von ZwV-Maßnahmen bei **nicht rechtzeitiger Leistung** ist dem Grundsatz nach zu bejahen (OLG Koblenz Rpfleger 95, 313: 2 Wochen nach rechtskräftiger Verurteilung in 2. Instanz; OLG Köln JurBüro 93, 604: nach Ablauf der Rechtsmittelfrist, bei Kosten der Wartefrist des § 798; OLG Köln JurBüro 99, 272). Dem Sch muss jedoch ermöglicht gewesen sein, die ZwV durch freiw Leistung abzuwenden (BVerfG NJW 99, 778). Ihm muss hierzu eine angemessene Frist eingeräumt worden sein; deren Länge richtet sich nach den Umständen des Einzelfalls (BVerfG NJW 99, 778). Verfrüht u nicht notwendig sein kann daher Einleitung der ZwV sogleich nach Vorliegen aller Vollstreckungsvoraussetzungen ohne Gewährung angemessener Frist für freiw Leistung: BVerfG NJW 91, 2758: 6 Wochen für Bundesinnenministerium; OLG Frankfurt JurBüro 88, 786: für leistungsbereiten Sch; OLG Düsseldorf JurBüro 91, 231: wenn Zahlung durch Haftpflichtversicherung erfolgen wird (Notwendigkeit aber 21 Tage nach Zustellung des KFB an Haftpflichtversicherung bejaht von OLG Nürnberg NJW-RR 93, 1534); OLG Schleswig JurBüro 90, 923: sogleich nach Sicherheitsleistung für eine durch Haftpflichtversicherung zu erfüllende Forderung; OLG Koblenz JurBüro 95, 208: wenn Zahlung seit Erlass des unanfechtbaren Berufungsurteils (Freitag vor Pfingsten) wegen mehrerer anschließender Feiertage noch nicht erfolgen konnte; LG Saarbrücken NJW 2010, 491: wenn Verhandlungen über eine mögliche Verrechnung/Aufrechnung noch nicht beendet sind; LG Hannover JurBüro 85, 786: Vollstreckung eines arbeitsgerichtl Vergleichs gegen früheren Arbeitgeber; LG Wuppertal DGVZ 2002, 123: bei Zahlung sogleich nach Zustellung der Bürgschaftsurkunde. Für gerichtl Vergleich (ohne Zahlungsfrist) kann eine nur kurze Wartezeit zur freiw Leistung genügen (iE zutr LG Bochum DGVZ 92, 28; LG Köln Rpfleger 2000, 557; 14 Tage nach BGH NJW-RR 2003, 1581 ausreichend); beim Widerrufsvergleich kann für Gewährung einer Zahlungsfrist zeitige Mitteilung des Gl an den Sch, dass Widerruf nicht erfolgt ist, geboten sein (LG Karlsruhe MDR 2004, 1081).

9c **dd)** Eine dem Sch eingeräumte **Zahlungsfrist** ist verkehrsübl dahin zu verstehen, dass in dieser Zeit Leistung zu erfolgen hat, eine Geldschuld als Bringschuld (§ 270 I BGB) sonach beim Gl eingegangen sein muss. Im Einzelfall kann die Frist auch als Frist für Erteilung des Überweisungsauftrags zu verstehen sein (LG Tübingen/OLG Stuttgart JurBüro 86, 392; OLG Karlsruhe NJW 2003, 2922 [für monatliche Unterhaltsleistung]). Gleiches gilt für die **Wartefrist** (§ 750 III, § 798). Kosten einer nach Fristablauf eingeleiteten ZwV sind daher grds notwendige ZwV-Kosten (LG Nürnberg-Fürth JurBüro 80, 463; aA OLG Celle MDR 69, 1007; LG Hannover JurBüro 91, 1274 u für Zahlungsfrist zB AG Biedenkopf DGVZ 81, 29; für Wartefrist zB LG Münster NJW-RR 88, 128; AG Ellwangen DGVZ 92, 45). Vom Sch kann erwartet werden, dass er von einer in der Frist veranlassten, noch nicht ausgeführten Zahlung dem Gl Kenntnis gibt (Christmann DGVZ 91, 106, 107). Hat dieser damit oder infolge sonstiger Anhaltspunkte hinreichende Gewissheit von der veranlassten Erfüllung, so ist der Zahlungs-/Wartefrist die übliche Laufzeit der Überweisung/des Zahlungswegs noch hinzuzurechnen und auch diese Zeit noch abzuwarten. Bei Zahlungseingang sind dann die Kosten der dennoch sogleich/verfrüht eingeleiteten ZwV nicht notwendig (OLG Zweibrücken JurBüro 88, 929).

10 ***c) Gesamtschuldnern*** *fallen* Kosten gemeinsamer ZwV-Maßnahmen (Pfändung einer gemeinsamen Forderung oder Sache) samtverbindl zur Last (§ 788 I 3; keine Haftung nach Kopfteilen; § 100 I findet keine Anwendung).

Sie haften samtverbindl auch für notwendige Kosten der Einzelvollstreckung gegen nur einen der Gesamtschuldner (§ 788 I 3 mit § 100 IV). Grund: Die Verpflichtung des solidarisch Mithaftenden zur Erfüllung der Gläubigerforderung begründet Haftung als Verzugsfolge (s Rn 8) auch für Einzelkosten; Zahlungsrückstand des mithaftenden Gesamtschuldners auch mit einer Zug um Zug zu bewirkenden Leistung, wenn ihm die Leistung des Gl noch nicht verzugsbegründend angeboten ist (LG Stuttgart JurBüro 2004, 337) rechtfertigt Belastung des Gl mit vermeidbaren Kosten erfolgloser Einzelvollstreckung nicht. Jedoch besteht Mithaftung nicht für Kosten, die durch erfolglose Rechtsbehelfe oder Rechtsmittel eines der Sch gegen die ZwV entstanden sind (§ 788 I 3 mit § 100 III). Keine Mithaftung begründet § 788 I 3 für nicht notwendige ZwV-Kosten, damit auch nicht für Kosten nicht notwendiger Einzelvollstreckung. Mithaftung des vermögenden Gesamtschuldners für mutwillige Vollstreckung zunächst gegen den bekannt vermögenslosen Gesamtschuldner besteht daher nicht. Mehrkosten gleichzeitiger Einzel-ZwV gegen mehrere Gesamtschuldner sind nur bei Notwendigkeit (s Rn 9) erstattungsfähig (verneint von LG Lübeck DGVZ 86, 119 für gleichzeitige ZwV gegen 20 Gesamtschuldner). Kosten einer einheitl Vollstreckungshandlung gegen mehrere Sch (Räumungsvollstreckung) treffen jeden voll; sie haften somit samtverbindl (LG Mannheim MDR 71, 769; anders LG Kassel DGVZ 2002, 172, wenn Titel keine „gesamtschuldnerische" Räumungsverpflichtung ausweist); einen mitverurteilten Räumungsschuldner treffen Kosten nicht, wenn er bereits ausgezogen war u die Räumungsvollstreckung nur noch gegen den anderen Sch durchgeführt wurde (LG Kassel Rpfleger 2000, 402). **Teilschuldner** haften nur für die ihretwegen veranlassten Kosten (PG/Schneider Rn 6).

d) Der Gl hat die Kosten **nicht notwendiger** ZwV-Maßnahmen zu tragen, die er veranlasst hat (arg § 788 I 1); 11
dazu gehören auch dem Sch durch solche ZwV-Maßnahmen entstandene Aufwendungen (s Rn 3). Den Gl treffen somit die Kosten der ZwV, die überhaupt nicht notwendig war (zB infolge rechtzeitiger Leistung), Kosten nicht notwendiger einzelner (zB überflüssiger) ZwV-Maßnahmen u nicht notwendige Mehrkosten notwendiger ZwV-Maßnahmen. Erstattungsanspruch des Sch s Rn 21. Nach Erfüllung noch entstandene ZwV-Kosten können als notwendige dem Sch zur Last fallen, wenn dem Gl die Leistung nicht bekannt u die Unkenntnis auch nicht vermeidbar war (OLG Hamburg JurBüro 76, 1252; LG Stuttgart JurBüro 2001, 47).

4) Kosten anderer Verfahren. a) Durch ZwV ausgelöste Kosten anderer Verfahren sind von den ZwV-Kosten 12
zu unterscheiden; § 788 regelt ihre Erstattungspflicht nicht. Hierher gehören die Kosten besonderer Prozesse (BGH NJW 2006, 1141), Zwischenstreite, Anträge, Einwendungen, Beschwerden, die durch die beabsichtigte oder begonnene ZwV verursacht sind (§ 732, § 738, § 742, § 744, § 744a, § 749, §§ 766-774, § 777, §§ 785 ff, § 797, § 805, § 810 II, § 825, § 885 IV, § 930 III). Über die Verpflichtung zur Tragung dieser Kosten hat das Gericht im Urteil oder Beschluss des betr Verf nach §§ 91 ff zu entscheiden, zB im Rechtsbeschwerdeverf (§ 574; BGH DGVZ 2024, 78 [Vorrang der §§ 91 ff in kontradiktorischen Rechtsbehelfsverf]; MskV/Lackmann Rn 6).

b) Die **einstw Anordnungen** nach § 707, § 719, § 769, § 732 II, § 766 I 2, § 1116 VI usw enthalten keinen Aus- 12a
spruch über die Kostenpflicht; die Kosten der Anordnung sind Teil der Kosten des nachfolgenden Verf. Wenn jedoch das Streitgericht von der vorausgegangenen einstw Anordnung des Vollstreckungsgerichts (§ 769 II) keine Kenntnis hatte oder mit der Sache überhaupt nicht mehr befasst worden ist, hat das Vollstreckungsgericht selbst auf Antrag nachträgl über die Verpflichtung zur Tragung der Kosten der einstw Anordnung gem § 91 zu entscheiden. Hierbei hat es zu berücksichtigen, dass das Anordnungsverf an sich nur ein Durchgangsabschnitt zu dem bei Weiterbetrieb der Sache folgenden Rechtsstreit darstellt, in dem über die Rechtmäßigkeit der ZwV endgültig entschieden werden soll. Infolgedessen hat es dem in letzterem unterlegenen Teil auf Antrag die Kosten des Anordnungsverf aufzuerlegen. Hat aber der ASt Erhebung des Widerspruchs oder der Vollstreckungsgegenklage unterlassen, so ist zu unterscheiden: **Gibt der Pfandgläubiger**, ohne vorher aufgefordert worden zu sein, auf Grund der einstw Anordnung den Pfandgegenstand sofort **frei**, so fallen die Kosten des Anordnungsverf nach § 93 dem ASt zur Last; erklärt dagegen jener erst nach unbegründetem Zögern die Freigabe, so hat er als unterliegender Teil nach § 91 die Kosten der einstw Anordnung zu tragen. Versäumt der Antragsteller innerhalb der Frist des § 769 II Klage zu erheben u wird infolgedessen die ZwV fortgesetzt, so treffen ihn die Kosten. **Nimmt der ASt** (Sch, Gl, Dritte) **den** an das Vollstreckungs- oder Prozessgericht gestellten **Antrag** (Einwendung usw) **zurück**, trägt er die Kosten nach § 269 III 2. Der Grund für die Rücknahme spielt keine Rolle. Sind dem Gegner bis dahin keine Kosten entstanden, fehlt für seinen Antrag auf Kostenentscheidung (§ 269 IV 1) das Rechtsschutzbedürfnis.

IV) Einzelfälle (alphabetisch). Erstf = erstattungsfähig. 13

- **Ablösung.** Die Ablösung der Gläubigerforderung durch einen gefährdeten Dritten begründet keine ZwV- 13.1
Kosten, sondern bewirkt Forderungsübergang (§ 268 III BGB). Rechtsnachfolgeklausel: s § 727 Rn 7; Einwendungen für Sch: s § 775 Rn 3.

- **Anerkennung ausländischer Entscheidungen.** S Rn 3a. 13.2

- **Anwartschaft.** Aufwendungen des Gl zur Ablösung des Eigentumsvorbehalts bei Abzahlungskäufen nicht erstf 13.3
(hM; zB ThP/Seiler Rn 32; StJ/Kern Rn 19 [nur mittelbare Aufwendungen]; aA SchWKT/Grieß Rn 29; 35. Aufl).

- **Anwesenheit des Gläubigers.** Bei der ZwV, Zeitversäumnis u Fahrtkosten. Notwendige erstf. 13.4

13.5 • **Auskunft.** Über Anschrift des Sch, Arbeitgeber u Kreditwürdigkeit: Erforderliche (auch bei erfolglos gebliebener Anfrage) erstf (LG Bonn JurBüro 90, 349; LG Köln JurBüro 83, 1571; auch AG Aurich DGVZ 2011, 214 [krit Mroß] = JurBüro 2011, 383).

13.6 • **Detektivkosten** zur Vorbereitung der Vollstreckung. Die Ermittlung der Anschrift des Sch war (s § 755 Rn 1) Aufgabe des Gl; jetzt kann der GV damit beauftragt werden (s § 755 Rn 2). In diesen Fällen ist die Einschaltung eines Detektivs nicht mehr notw und seine Kosten sind nicht erstf. Eine Notwendigkeit iÜ wird nur noch selten zu bejahen sein (s LG Bochum JurBüro 88, 256 [Ermittlung der Arbeitsstelle]; LG Braunschweig JurBüro 2002, 322 [Ermittlung, ob Sch noch arbeitslos ist]).

13.7 • **Eidesstattliche Vermögensversicherung.** Kosten des Verf, der Verhaftung, Vorführung u Haftvollstreckung erstf; ebenso Kosten einer Abschrift des VermVerz.

13.8 • **Einstweilige Verfügung.** Diese ist nach § 890 zu vollstrecken, wenn der Sch eines **Besichtigungsanspruchs** die Inaugenscheinnahme durch einen SV u Eingriffe in die Substanz der untersuchten Sache zu dulden u zudem dem SV sowie anderen Personen **Zutritt zu seinen Geschäftsräumen** zu gewähren hat (**Duldungsverfügung**). Kosten der Hinzuziehung eines GV zum Begutachtungstermin sind regelmäßig erstf. – Kosten, die durch die Teilnahme von anwaltl Vertretern des Gl am Begutachtungstermin entstehen, sind keine Kosten der ZwV. Sie sind zB als Kosten des selbst Beweisverf im Wege eines matl-rechtl KE oder im Rahmen der Kostenerstattung des nachfolgenden Hauptsacheprozesses geltend zu machen (BGH MDR 2020, 1276).

13.9 • **Eintragung in das Grundbuch.** Sicherungshypothek s dort. Einer Vormerkung auf Grund einstw Verfügung (§ 885 I BGB) erstf. Die Eintragung ist Vollziehung (s § 941 Rn 2), die Kosten sind damit solche der ZwV (OLG Düsseldorf MDR 85, 770; KG JurBüro 91, 1412; aA OLG Köln JurBüro 87, 763; OLG München JurBüro 74, 1036). Entspr gilt für andere Eintragungen auf Grund einstw Verfügung (Widerspruch, § 899 II BGB [aA OLG München JurBüro 74, 1036]; Veräußerungsverbot usw) sowie für solche Eintragungen in das Schiffsregister. Ersetzt das Urteil eine Bewilligung oder sonst zur Eintragung erforderliche Erklärung (§§ 894, 895), dann ist es urkundliche Eintragungsgrundlage (§ 29 GBO). Die Eintragung ist dann nicht Maßnahme der ZwV, Eintragungskosten sind somit nicht Kosten der ZwV (OLG Hamm JurBüro 2000, 494 [Löschung einer Auflassungsvormerkung]).

13.10 • **Eintragung in das Handelsregister.** Nicht erstf. Verurteilung zur Anmeldung ist Eintragungsgrundlage im Registerverf (§ 16 I 1 HGB); ZwV findet nicht statt (KG MDR 71, 1020).

13.11 • **Erbschein.** Für ZwV erstf.

13.12 • **Erhaltung.** Die Erhaltung der Pfandsachen durch sachgemäße Unterbringung/Versicherung erstf (OLG Kiel OLG 29, 199).

13.13 • **Forderungspfändung.** Erstf bei Notwendigkeit, nicht bei bloßer Verdachtspfändung, wenn Beschluss ohne Anhaltspunkte für das Bestehen der Forderung („Windpfändung") erwirkt wurde (AG Frankfurt DGVZ 94, 46). Mehrkosten durch selbständige (getrennte) Pfändung mehrerer Forderungen des Sch an verschiedene Drittschuldner sind (ohne sachliche Notwendigkeit für Einreichung gesonderter Anträge) nicht erstf (OLG Düsseldorf MDR 93, 701), desgl nicht Mehrkosten für Pfändung einer Forderung des Sch durch gesonderte Beschlüsse bei gleichzeitiger Vollstreckung mehrerer Schuldtitel (Hauptsache- u Kostentitel; AG Oldenburg/Holst DGVZ 81, 30).

13.14 • **Futterkosten.** Für gepfändetes Vieh erstf (OLG Kiel OLG 29, 199); sa Rn 13.15.

13.15 • **Gebühren und Auslagen des Gerichtsvollziehers.** Auch erstf, soweit sie durch Zuziehung von Zeugen u SV oder durch Unterbringung u Unterhaltung von gepfändeten Tieren entstanden sind, ferner die durch die Vollstreckung eines Arrestes oder einer einstw Verfügung entstandenen. Kosten eines Mietfahrzeugs zur Beförderung des verhafteten Sch, wenn Verhaftungsversuch erfolglos, erstf (AG Berlin-Neukölln DGVZ 79, 190; aA VG Schleswig DGVZ 79, 14 [abl Schriftl]).

13.16 • **Gesamtschuldner.** Bei Haftpflichtversicherer u Versichertem kann nur die Aufforderung an den Haftpflichtversicherer als notwendige Maßnahme angesehen werden (OLG Hamburg JurBüro 79, 1721).

13.17 • **Grundbuchauszug zur Liegenschaftsvollstreckung.** Erstf, auch wenn Vollstreckung wegen späterer Befriedigung durch den Sch unterbleibt (OLG Karlsruhe JW 30, 729).

13.18 • **Gutachten.** Erstf: Für Ermittlung des Wertes u Prüfung der Reife der Früchte auf dem Halm sowie über den Betrag der vom Sch nach § 887 II vorauszuzahlenden Kosten. Für Ermittlung der voraussichtl Kosten zur Beseitigung der verschiedenen Handwerksbereichen zuzuordnenden Baumängel (OLG Frankfurt MDR 83, 140; MskV/Lackmann Rn 11).

13.19 • **Handlung.** Kosten des Gl dafür, dass er die Sache zur Vornahme einer Handlung durch den Sch auf dessen Wunsch in *seinen Herrschaftsbereich bringt*, erstf (OLG Frankfurt JurBüro 81, 1583).

13.20 • **Hebegebühr.** Zur Hebegebühr des RA s § 91 Rn 13.39.

• **Herausgabe.** Zur Herausgabe einer Sache s § 883 Rn 11. 13.21

• **Inkassodienstleistungen.** Die Erstattung der Vergütung von Personen, die Inkassodienstleistungen erbringen im ZwV-Verf (s § 79 Rn 9) richtet sich nach § 788 (§ 13e II RDG). Notwendige Kosten sind zu erstatten. Beizutreiben sind sie zugleich mit dem zu vollstreckenden Anspruch (§ 788 I 1); Festsetzung ermöglicht § 788 II. 13.22

• **Kosten der Zwangsvollstreckung.** Die Kosten des gemeinsam mit dem Antrag auf Einholung der Vermögensauskunft gem § 802c gestellten Antrags auf Einholung von Drittauskünften nach § 802l sind keine notwendigen Kosten der ZwV iSv § 788 I 1, § 91 (BGH NJW 2020, 2564). 13.23

• **Lagerung des Pfandgegenstandes.** Kosten hierfür erstf; auch wenn Herausgabe nach § 847 erfolgt ist (OLG Hamburg MDR 2000, 661). Erstf auch für bei Räumung einem Lagerhalter für Aufbewahrung der Möbel des Mieters zu zahlende Beträge, wenn Mieter zur Unterbringung der Möbel nicht bereit oder nicht imstande war u der GV deshalb die Unterbringung veranlassen musste (OLG Karlsruhe Rpfleger 74, 408); des mit der Zwangsräumung beauftragten, aber nicht in Anspruch genommenen Spediteurs, erstf (LG Berlin DGVZ 77, 118); nicht erstf: Transport- u Lagerkosten, wenn Sch auf Grund einstw Verfügung an vom Gl beauftragten GV bewegliche Sachen zur Sicherstellung herausgegeben hat (LG Berlin DGVZ 76, 156; aA LG Stuttgart DGVZ 81, 26). 13.24

• **Löschung.** Die Kosten für die Löschung einer Zwangs- oder Arrestsicherungshypothek sind keine ZwV-Kosten (OLG München MDR 89, 460); auch nicht die Kosten der Löschungsbewilligung (KG JurBüro 78, 764; OLG Stuttgart JurBüro 81, 285; sa Sicherungshypothek). Gleiches gilt für Kosten der Löschung eines auf Grund einstw Verfügung eingetragenen Widerspruchs (OLG Schleswig JurBüro 88, 763). 13.25

• **Mietaufwendungen.** Für Bereitstellung einer Ersatzwohnung nicht erstf (LG Münster JMBlNRW 55, 7). 13.26

• **Pfändungsankündigung.** S § 845 Rn 6. 13.27

• **Privatgutachten.** Kosten können erstf sein (OLG Zweibrücken JurBüro 86, 467 [sa Gutachten]). 13.28

• **Protokollabschriften.** Die Protokollabschriften aus dem Vollstreckungsakt (§ 760) sind erstf. 13.29

• **Rechtsanwalt.** Seine Vergütung gehört grds ohne Prüfung zu den notw Kosten (Verweis auf § 91). Es entsteht die Verfahrensgeb 3309 RVG-VV. Zur Terminsgeb 3310 RVG-VV s 3310 RVG-VV Anm; Hebegeb 1009 RVG-VV s § 91 Rn 13.39. Einigungsgeb 1000, 1003 RVG-VV s Rn 7. – Sa Rn 9 mN. 13.29a

• **Rechtskraftzeugnis.** Erstf. 13.30

• **Rechtsstreit.** Kosten eines nach Forderungspfändung gegen den Drittschuldner geführten (oder vorbereiteten, BGH MDR 2010, 346), im Zeitpunkt der Klageerhebung nicht von vornherein aussichtslosen Rechtsstreits: erstf (BGH MDR 2006, 831 [wenn sie beim Drittschuldner nicht beigetrieben werden können]; BGH NJW 2010, 1674; LG Köln JurBüro 2003, 160 [auch zur Notwendigkeit trotz Klagerücknahme]; enger OLG Stuttgart Rpfleger 96, 117 [nicht bei Unterliegen im Drittschuldnerprozess], u zwar auch Kosten für Zuziehung eines ProzBev (BGH NJW 2010, 1674). 13.31

• **Reisekosten.** Des Gl (seines Vertreters) zur Wahrung eines Termin zur Abgabe der VA nur bei Notwendigkeit im Einzelfall ausnahmsweise erstf (AG Burgwedel DGVZ 2013, 249). 13.32

• **Rückgabe der Sicherheit.** Kosten der Rückgabe einer vom Gl für Vollstreckbarkeit des Urteils bestellten Sicherheit sind erstf, mag die Mitwirkung des Gerichts bei Rückgabe in Anspruch genommen werden oder nicht (RG Gruchot 38, 501). 13.33

• **Sachverständigenkosten.** Des Gl zum Nachweis der Nachbesserung für ZwV einer Zug-um-Zug-Forderung, sind nicht erstf, weil Prüfung dem GV obliegt (OLG Köln MDR 86, 1033). Fehlt dem GV die Sachkunde, kann er aber einen SV beauftragen (§ 756 Rn 8) und die dadurch entstehenden Kosten sind erstf. 13.34

• **Sequestration.** S § 938 Rn 10. 13.35

• **Sicherungshypothek.** Eintragungskosten erstf; die Kosten der ZwV aus der ZwHypothek sind nicht mehr Kosten des Leistungstitels, sondern der ZwV des dingl Anspruchs (s OLG Düsseldorf Rpfleger 75, 355); sa Rn 13.25. 13.36

• **Steuerberaterkosten.** Für Geltendmachung eines gepfändeten Anspruchs auf Steuererstattung im Steuerfestsetzungsverf sind Steuerberaterkosten nicht erstf (Pfändungsgläubiger ist am Festsetzungsverf nicht beteiligt, s § 829 Rn 33.50); für Vertretung im nachf Erhebungsverf: idR nicht erstf (keine Notwendigkeit). 13.37

• **Stundung.** Kosten einer infolge Stundung aufgehobenen oder hinausgeschobenen ZwV erstf; das Gleiche gilt von dem durch ein Stundungsgesuch des Sch veranlassten Schriftverkehr des ProzBev des Gl mit dem Sch u GV. 13.38

• **Transportkosten.** Für Abholung von Pfandstücken erstf (AG Itzehoe DGVZ 85, 124). Herausgabevollstreckung: s § 883 Rn 11. Kosten des eigenmächtigen Transports des nach Zug-um-Zug-Verurteilung zurückzugebenden Gegenstandes nicht erstf (LG Aurich JurBüro 84, 943). 13.39

• **Übersetzungskosten.** Für eine zur Auslandsvollstreckung nach staatsvertragl Regelung erforderl Übersetzung sind erstf (LG Berlin JurBüro 86, 1585). 13.40

13.41 • **Veröffentlichung.** Die Kosten für die Veröffentlichung eines Urteils, wenn Befugnis zuerkannt, sind erstf; wenn Urteil keine Veröffentlichungsbefugnis enthält, sind diese nicht erstf (OLG Stuttgart JurBüro 83, 940).

13.42 • **Verzicht (§ 843).** Kosten der Pfändung bei (vom Gl nachzuweisender) Notwendigkeit erstf (OLG Köln JurBüro 95, 387).

13.43 • **Vollstreckbarerklärung ausländischer Entscheidungen.** S Rn 3a.

13.44 • **Vorbereitung.** Von Handlungen des Gl auf Grund von Ermächtigungen gem §§ 928, 936. Erstf.

13.45 • **Vorpfändung.** Nicht schon notw, weil der Sch nach angemessener Frist nicht gezahlt hat (aA MskV/Flockenhaus § 845 Rn 10). Es müssen Anhaltspunkte für die Besorgnis bestehen, dass ohne Vorpfändung Rangnachteile entstehen oder beeinträchtigende Verfügungen erfolgen (BGH WM 2025, 676).

13.46 • **Weitere vollstreckbare Ausfertigung.** Erstf (nur), wenn Erforderlichkeit nicht vom Gl zu vertreten ist (OLG Karlsruhe FamRZ 2005, 49; OLG Zweibrücken JurBüro 99, 160; AG Leipzig JurBüro 2004, 214 [Verlust der Erstausfertigung auf dem Postweg]; N. Schneider DGVZ 2011, 26), somit nicht bei versehentl Aushändigung der Erstausfertigung (OLG München JurBüro 92, 431); auch LG Köln JurBüro 2008, 218 [Meyer] (nicht notwendig, wenn auf die dem GBA des AG vorliegende Ausfertigung verwiesen werden kann).

13.47 • **Zeugengebühren.** Im Falle des § 759 erstf.

13.48 • **Zurücknahme des Vollstreckungsgesuchs.** Kosten erstf, wenn auf Ersuchen des Sch erfolgt.

13.49 • **Zutritt zu Geschäftsräumen.** S Rn 13.8.

13.50 • **Zwangsvollstreckungskosten.** Erstf sind die Kosten einer früheren fruchtlosen ZwV aus demselben Titel, die Mehrkosten mehrfacher Beitreibungen, wenn der Gl nicht in der Lage ist, alle entstandenen Kosten gemeinsam beizutreiben (LG Berlin JW 18, 109) u idR die GV- u RA-Kosten für das Angebot der Gegenleistung zur Zug um Zug-Vollstreckung (BGH MDR 2014, 1109). Erstf sind die Kosten einer notwendigen Vorbereitung der ZwV (Rn 4), wenn die Vollstreckungsmaßregel auch in Gang gebracht ist. Nicht erstf sind Aufwendungen, die nur mittelbar der Vollstreckung dienen, zB Aufwendungen, um die gepfändeten Gegenstände von Rechten Dritter zu befreien (OLG Koblenz Rpfleger 77, 66). Erstf sind die Kosten der Wahrnehmung des **Versteigerungstermins** durch Gl (OLG Naumburg JW 34, 2493). Das bei Durchführung der Vollstreckung durch Stundungsgewährung entstandene Schreibwerk ist durch die Vollstreckungsgebühr abgegolten, auch wenn es außergewöhnl war. Kosten der Ersatzvornahme, § 887: erstf (OLG Stuttgart JurBüro 84, 1421), aber nicht, wenn der Gl außerhalb des ZwV-Verf selbst eine Ersatzvornahme vornimmt (OLG Brandenburg JurBüro 2024, 645). Kosten aus § 888 erstf.

14 **V) Umfang. 1) Beitreibung.** Beigetrieben werden die dem Sch zur Last fallenden notwendigen Kosten der ZwV zugleich mit dem zur ZwV stehenden Anspruch (§ 788 I 1). Damit ist festgelegt, dass Vollstreckungstitel für Beitreibung auch der ZwV-Kosten der Hauptsachetitel ist; ein selbständiger (gesonderter) Vollstreckungstitel (vgl § 794 I Nr 2) ist nicht zu beschaffen. Gleichzeitige Beitreibung erfolgt nicht nur wegen der Kosten der beantragten einzelnen Vollstreckungsmaßnahme, sondern auch wegen aller durch frühere ZwV-Maßnahmen bereits angefallener ZwV-Kosten, auch wegen der Vorbereitungskosten. Auf Zinsen erstreckt sich das Beitreibungsrecht nicht (§ 104 I 2 gilt nur für Festsetzung). Dass auch der Hauptsacheanspruch selbst noch vollstreckt wird, ist nicht notwendig, desgl nicht, dass der Hauptsachetitel auf Geldzahlung lautet (LG Berlin Rpfleger 92, 37; LG Stade DGVZ 91, 119 je für Räumungskosten; MK/K. Schmidt/Brinkmann Rn 33; StJ/Kern Rn 37). Wenn alle Ansprüche aus dem Schuldtitel schon getilgt sind, können daher auf Grund des Hauptsachetitels rückständig gebliebene ZwV-Kosten (zusammen mit den Kosten ihrer Vollstreckung) auch allein eingezogen werden (OLG Brandenburg JurBüro 2007, 548). Für die als Annex der Hauptsachevollstreckung ausgestaltete kostensparende Mitvollstreckung der ZwV-Kosten genügt, wie bei ZwV selbst, nachträgl Rechtsschutz (§ 766) den Anforderungen des Art 19 IV GG. Für verfassungsrechtl Bedenken, findet sich daher kein Anhalt (so auch LG Göttingen JurBüro 84, 141 [zust Mümmler] = Rpfleger 83, 498 [zust Giebel]; Christmann DGVZ 85, 147; SchWKT/Grieß Rn 29). **Aufhebung** des Hauptsachetitels (durch Berufungs-/Revisionsgericht, Vergleich vor Rechtskraft, usw) beendet die Möglichkeit der Kostenvollstreckung nach § 788. Gleich steht Abänderung dahin, dass Zahlungspflicht bei Vollstreckung noch nicht bestanden hat (BGH MDR 2011, 1381). Teilaufhebung des Hauptsachetitels, auch soweit der noch nicht rechtskräftige Titel durch einen Vergleich ersetzt wird, bewirkt, dass entstandene ZwV-Kosten nur noch in einer Höhe erstattet verlangt u beigetrieben (sowie festgesetzt) werden können, in der sie angefallen wären, wenn der Gl von vornherein die Vollstreckung auf den Vergleichsbetrag beschränkt hätte (BGH MDR 2014, 1047; s § 104 Rn 21.49), wenn nicht der Vergleich eine abw Regelung trifft (wie bei Übernahme weitergehender Zahlungspflicht durch den Sch, OLG Koblenz OLGZ 93, 211). Eine Vereinbarung in dem Vergleich über die „Kosten des Rechtsstreits" (oder „Verfahrens") umfasst ZwV-Kosten nicht (OLG Düsseldorf NJW-RR 99, 943; OLG Karlsruhe NJW-RR 89, 1150; OLG Karlsruhe MDR 94, 733; OLG Koblenz OLGZ 93, 211, 212). Einziehung von Vorschüssen zur Durchführung der Vollstreckung ermöglicht § 788 nicht (AG München DGVZ 80, 142).

15 **2) Prüfung. a)** Die Zulässigkeit der Vollstreckung von **ZwV-Kosten** mit dem Hauptsachetitel ist von jedem jew *Vollstreckungsorgan* zu **prüfen** (Christmann DGVZ 85, 147; LG Oldenburg JurBüro 94, 741). Zu prüfen ist (§ 788 I 1), ob die verlangten Kosten dem Grunde nach Kosten der ZwV des mit dem Hauptsachetitel ausge-

wiesenen Anspruchs sind, ob sie in der verlangten Höhe entstanden sind u ob sie notwendig waren (§ 91; LG Wuppertal JurBüro 96, 606). Anerkenntnis des Sch schmälert diese Prüfungspflicht nicht (LG Ravensburg JurBüro 90, 46, 47), weil nur die berechtigte u nicht darüber hinaus eine zugestandene Forderung des Gl beigetrieben werden darf. Für Berücksichtigung eines Ansatzes gelten die gleichen Anforderungen wie für Festsetzung der Kosten. Es genügt daher, dass der **Ansatz glaubhaft gemacht** ist (§ 104 II). Glaubhaftmachung muss sich auf Entstehen, Höhe u Notwendigkeit der ZwV-Kosten erstrecken (LG Darmstadt JurBüro 88, 1087). Für einem RA (für die beantragte u für frühere ZwV-Maßnahmen) erwachsene Auslagen für Post- u Telekommunikationsdienstleistungen (nicht jedoch für andere Auslagen, wie zB für Ermittlung der Schuldneranschrift) genügt dessen Versicherung, dass diese Auslagen entstanden sind (§ 104 II 2). Berücksichtigung von Umsatzsteuerbeträgen erfordert Erklärung des Antragstellers, dass er die Beträge nicht als Vorsteuer abziehen kann (§ 104 II 3; s § 91 Rn 13.101). IÜ werden die Anforderungen vielfach überspannt; oft aber werden auch ZwV-Kosten nur pauschal u nicht nachprüfbar geltend gemacht. Glaubhaftmachung u Notwendigkeit der Prüfung erfordern eine übersichtliche Darstellung der einzelnen Kostenbeträge unter Mitteilung der sie auslösenden Maßnahmen. Das Vollstreckungsorgan kann daher vom Gl eine nachprüfbare Aufstellung der Kosten verlangen (LG Kaiserslautern Rpfleger 93, 29). Zur Frage, ob Kosten dargestellt u glaubhaft gemacht werden müssen, somit eine Gesamtabrechnung verlangt werden kann, wenn nur noch ein Rest- oder Teilhauptsachebetrag vollstreckt wird, s § 753 Rn 8. Glaubhaftmachung erfordert aber nicht immer Vorlage aller Belege oder sonst förmliche Beweisführung (§ 294). Auch sonstige geeignete Beweismittel genügen (s § 294 Rn 5); RA-Kosten für Vollstreckungsauftrag können durch Vorlage des Pfändungsprotokolls (ebenso der an den RA gerichteten Unpfändbarkeitsbescheinigung) glaubhaft gemacht werden (LG Darmstadt JurBüro 88, 1087; LG Essen u Hagen Rpfleger 84, 202). Was sich von selbst versteht, braucht nicht durch Vorlage von Belegen usw noch förml glaubhaft gemacht werden. Bezugnahme auf dem Gericht sofort verfügbare Akten (nicht der Fall für GV-Akten) genügt (s § 294 Rn 5). Hinweis darauf, dass Kosten bereits bei früheren ZwV-Verf von anderen Vollstreckungsorganen als notw anerkannt wurden, ersetzt Glaubhaftmachung nicht (AG Karlsruhe-Durlach/LG Karlsruhe DGVZ 79, 173).

b) Der **GV** hat den Gl von der Absetzung verlangter, aber nicht als erstattungsfähig festgestellter ZwV-Kosten zu **verständigen** (auch § 80 I 2 Nr 4 GVGA). Das Vollstreckungsgericht hat den Vollstreckungsantrag hinsichtlich nicht erstattungsfähiger ZwV-Kosten als unbegründet zurückzuweisen. 16

3) Rechtsbehelfe. Rechtsbehelfe des Gl u Sch bestimmen sich nach der ZwV-Handlung, mit der ZwV-Kosten beigetrieben werden oder vollstreckt werden sollen. Rechtsbehelf des Gl somit, wenn der GV die gleichzeitige Beitreibung von ZwV-Kosten ablehnt: § 766 (dann § 793), wenn das Vollstreckungsgericht den Antrag wegen verlangter ZwV-Kosten zurückweist: § 793, für Sch, wenn er Erstattungsfähigkeit oder Höhe von ZwV-Kosten beanstandet, Erinnerung (§ 766), dann § 793. Der Sch hat auch die Möglichkeit, im Rahmen des Verf nach § 767 die zur Vollstreckung gebrachten (nicht festgesetzten) Kosten im ordentl Verf nachprüfen zu lassen (OLG Düsseldorf Rpfleger 75, 355). Nach Beendigung der ZwV kann der Sch nur noch auf Rückzahlung zu viel geleisteter Kosten (ungerechtfertigte Bereicherung) klagen. Die Vollstreckungskosten sind mit ihrer Entstehung fällig u daher auch aufrechenbar, ohne dass es ihrer Festsetzung bedürfte (Pohle MDR 59, 314). 17

VI) Festsetzung. 1) Antrag. Gesonderte **Festsetzung von ZwV-Kosten** sieht § 788 II 1 iVm § 103 II; §§ 104, 107 vor. Sie erfolgt auf Antrag und setzt nicht voraus, dass dem Gl der Titel noch vorliegt und ist auch nach Beendigung der ZwV noch möglich (BGH MDR 2025, 343). Vorteilhaft ist Festsetzung, wenn die Notwendigkeit der Kosten (wie insb bei langwierigen Vollstreckungsversuchen) zweifelhaft werden kann, das ZwV-Organ die Beitreibung ablehnt, bei Erfolglosigkeit der Vollstreckung, wenn später der Nachweis der Kosten erschwert ist, zum Beweis bei Behörden, Versicherungen usw, für Bemessung der Verjährungsfrist (§ 197 I Nr 3 BGB) u bei Abgabe der Belege zu den Akten oder an andere Personen. Festsetzungsgrundlage ist der Hauptsachetitel (§§ 704, 794 mit § 788 I 1; zu den vom Gl zu erstattenden Kosten des Sch s jedoch Rn 21 u 26). Wenn Kosten festgesetzt sind, findet die ZwV aus dem KFB statt (§ 794 I Nr 2). Dass dieser nicht verwendet, sondern nach § 788 I mit beigetrieben wird, ist dadurch nicht ausgeschlossen; die Festsetzung hebt für den Gl die Beitreibungsmöglichkeit des § 788 I nicht auf (OLG Brandenburg JurBüro 2007, 548, 549; aA LG Bad Kreuznach Rpfleger 90, 313; StJ/Kern Rn 32). – Sa BVerfG NJW-RR 2018, 694. Drängt sich im Einzelfall die Bejahung des Rechtsschutzbedürfnisses für eine Vollstreckungsgegenklage (§§ 767, 795, 796) auch zur Abwehr von Zwangsvollstreckungskosten u Zinsansprüchen auf, darf das Gericht den Kläger nicht ohne Auseinandersetzung mit dessen Argumentation auf § 766, § 788 II u § 793 verweisen. 18

2) Verfahren. Das **Festsetzungsverfahren** bestimmt sich nach § 103 II, §§ 104, 107 (§ 788 II 1). Glaubhaftmachung zur Berücksichtigung eines Ansatzes (§ 104 I 2) genügt auch für das Vorhandensein des Hauptsachetitels als Festsetzungsgrundlage (s Rn 18), wenn er sich nicht in den Akten des festsetzenden Vollstreckungsgerichts befindet. Glaubhaftmachung kann auch durch Bezugnahme auf die Hauptsacheakten erfolgen (die beizuziehen sind); § 294 II steht nicht entgegen, weil § 104 II die Glaubhaftmachung nicht erfordert, sondern „genügen" lässt (s § 294 Rn 3 aE). Anzuwenden ist auch § 104 I 2 über die Festsetzung von Zinsen. Übertragen ist die Festsetzung dem Rpfleger (§ 21 Nr 1 RPflG), u zwar auch bei Zuständigkeit des Prozessgerichts nach § 788 II 2. Rechtsbehelf: § 788 II 1 mit § 104 III. Festsetzung nach II erfolgt durch das Vollstreckungsgericht (das Prozessgericht in den Fällen der §§ 887, 888, 890, OLG Frankfurt/M FamRZ 2019, 627). 19

19a **3) Zuständigkeit. a)** Zuständig für Festsetzung (auch gegen den nach § 788 I 3 mithaftenden Gesamtschuldner) ist nach (der unzulängl Regelung in) II 1 u 2 (ausschließlich, § 802) das **Vollstreckungsgericht** (§ 764), bei dem zur Zeit der Antragstellung eine Vollstreckungshandlung anhängig ist, **nach Beendigung der ZwV das Gericht**, in dessen Bezirk die letzte Vollstreckungshandlung erfolgt ist, bei Forderungspfändung damit das nach § 828 II zuständige Vollstreckungsgericht, in den **Fällen der §§ 887, 888, 890** (nicht aber § 889) das **Prozessgericht des ersten Rechtszugs**. Kosten des Verf auf Abnahme der Vermögensversicherung (§§ 802c ff) sind mithin von dem AG als Vollstreckungsgericht (§ 764 I) festzusetzen, bei dem der für das Verf zuständige GV (§ 802e) beschäftigt ist (§ 2 GVO); das hat auch bei Verhaftung durch den GV eines anderen Bezirks (§ 802g II) u bei Abnahme der Versicherung durch den GV des Haftorts (§ 802i I) oder einen ersuchten GV sowie nur für Kosten einer Abschrift des VermVerz (OLG Brandenburg MDR 2005, 177) zu gelten. Vollstreckungsgericht ist auch das für Zwangsversteigerung u Zwangsverwaltung zuständige (§ 1 ZVG), nicht aber das GBA (§ 867 I (StJ/Kern Rn 40; aA OLG Hamm JurBüro 2002, 588 für Kosten der Grundbucheintragung zur Vollziehung einer einstw Verfügung); Kosten für Eintragung einer Zwangshypothek sind daher vom Vollstreckungsgericht festzusetzen, zu dessen Bezirk das GBA gehört. Für Festsetzung der in einem InsVerf entstandenen ZwV-Kosten ist das Insolvenzgericht zuständig (entspr Anwendung der ZPO-Vorschriften [§ 4 InsO] bei Zuständigkeit des Insolvenzgerichts [§ 2 InsO]). Zu berücksichtigen ist bei Auslegung des ungenauen Gesetzeswortlauts, dass dem Vollstreckungsgericht die Zuständigkeit wegen seiner Sachnähe übertragen ist (BTDrs 13/341, 20). Zuständig ist daher auch bei ZwV durch den GV das Gericht, in dessen Bezirk zur Zeit der Antragstellung eine Vollstreckungshandlung noch anhängig ist. Für Festsetzung von Kosten nur einer Vorpfändung (§ 845) ist die Zustellung als vorausgehende Vollstreckungshandlung dem Pfändungsverf zuzurechnen, zuständig somit das in § 828 II bezeichnete Vollstreckungsgericht. Die Zuständigkeit „nach Beendigung der ZwV" knüpft **nicht** an das **Ende der ZwV im Ganzen** mit völliger Befriedigung des Gl an (s vor § 704 Rn 33), sondern an den Abschluss der Einzelvollstreckungsmaßnahmen, Anhängigkeit einer Vollstreckungshandlung oder Beendigung der ZwV beziehen sich auch nur auf Vollstreckungen, für die Kosten im Festsetzungsantrag geltend gemacht sind, nicht auf irgendwelche weitere Vollstreckungsverf. Für Festsetzung der Kosten einer ZwV in das bewegl Vermögen ist daher das Vollstreckungsgericht, in dessen Bezirk sie noch anhängig oder erfolgt ist, auch zuständig, wenn gegen den Sch eine Zwangsversteigerung oder -verwaltung bei einem anderen Gericht noch anhängig ist. Auch für Festsetzung der Kosten des Verf zur Vollstreckbarerklärung eines ausl Titels (§ 8 I 4 AVAG; s Rn 3a) ist nach bisher hM das Vollstreckungsgericht zuständig; wenn noch keine ZwV aus dem Titel stattgefunden hat oder anhängig ist, kann Festsetzung nur durch das Gericht erfolgen, das den Titel für vollstreckbar erklärt hat (OLG München NJW-RR 2008, 1665; sa Rn 5 aE). – Für die Festsetzung der Vorbereitungskosten, die bei Verfahrenserledigung vor Antragstellung oder Einleitung einer Vollstreckungshandlung entstanden sind, weil zB Sch vorher bezahlt hat, ist das **Prozessgericht zuständig** (KG MDR 2019, 186; sa BGH NJW-RR 2008, 515 für Avalbürgschaft).

19b **b)** Die Zuständigkeit regelt II für Festsetzung der Kosten der ZwV, die nach § 788 I 1 dem Sch zur Last fallen, damit für die **ZwV insgesamt**, die nach Erwirkung des Vollstreckungstitels in die Wege geleitet wird u mit der ersten gegen den Sch gerichteten Vollstreckungshandlung beginnt (s vor § 704 Rn 33), nicht somit nur für jedes einzelne bei einem Vollstreckungsorgan in Aussicht genommene oder eingeleitete Vollstreckungsverf. Daher ermöglicht II auf Antrag auch die zusammengefasste **Festsetzung** der Kosten für **mehrere Vollstreckungsverf** u bestimmt auch das dafür zuständige Vollstreckungsgericht. Das nach dem jew Einzelverf zu bestimmende Gericht ist damit für jede (einzelne) Festsetzung zuständig, wenn der Gl Antrag auf Festsetzung der Kosten mehrerer Vollstreckungsverf gesondert stellt. Beantragt der Gl, Kosten mehrerer Vollstreckungsverf (zB Kosten für ZwV durch den GV, Einkommenspfändung u Immobiliarvollstreckung) zusammen festzusetzen, dann ist **nach Beendigung der ZwV** das Vollstreckungsgericht zuständig, in dessen Bezirk die letzte Vollstreckungshandlung erfolgt ist. Sind Vollstreckungshandlungen in mehreren der Einzelverf **noch anhängig**, dann hat der Gl unter den mehreren zuständigen Vollstreckungsgerichten die Wahl (§ 35; MK/K. Schmidt/Brinkmann Rn 42; OLG Oldenburg NZI 2024, 96). Bei dem danach zuständigen Gericht sind Prüfung der Kosten u Entscheidung über ihre Erstattungsfähigkeit in gleicher Weise wie bei Entscheidung über einen ZwVAntrag auch dann zusammengefasst, wenn Kosten von Einzelverf aus den Bezirken verschiedener Gerichte nach I mit vollstreckt werden. Diese zusammengefasste Festsetzung der Kosten mehrerer Einzelverf durch nur eines der Vollstreckungsgerichte ist nicht nur als zulässig anzusehen, sondern vielfach auch geboten. Jedoch ist Festsetzung von Kosten sowohl für Vollstreckung nach §§ 887, 888, 890 u von Kosten für andere Vollstreckungsverf gesondert bei dem Prozessgericht u dem Vollstreckungsgericht zu betreiben. Für neuerliche (spätere) Festsetzung von Kosten weiterer ZwV-Verf bestimmt sich die Zuständigkeit nach II wieder neu; eine vorausgegangene Festsetzung begründet dafür keine fortdauernde Zuständigkeit.

19c **c)** Das Vollstreckungsgericht ist (außer in den Fällen der §§ 887, 888 u 890) auch zuständig, wenn Kosten eines von ihm (oder dem Beschwerdegericht, § 793) in einem Vollstreckungsverf entschiedenen Zwischenstreits (s § 766 Rn 34) festzusetzen sind, Festsetzungsgrundlage (§ 103 I) somit die in diesem Streitverf ergangene **Kostenentscheidung** ist (BGH MDR 89, 142; OLG Schleswig JurBüro 91, 603 [Kostenentscheidung nach Zurücknahme eines Zwangsversteigerungsantrags]); in diesem Fall kann auch § 106 anwendbar sein. Die Beitreibung der Kosten nach § 887 II (s § 887 Rn 11) u des Zwangsgeldes (s § 888 Rn 13) erfolgt mit Geldvollstreckung; Kosten dieses Verf sind somit vom Vollstreckungsgericht festzusetzen (nicht vom Prozessgericht). Das Ordnungsgeld nach § 890 vollstreckt der Vorsitzende des Prozessgerichts als Vollstreckungsbehörde (s § 890 Rn 22); festzusetzende Prozesskosten entstehen damit nicht. Festsetzung der vom Gl zu tragenden ZwV-Kosten des Sch erfordert Kostenausspruch als Festsetzungsgrundlage (s Rn 21 u 26), hat somit gleichfalls durch den Rpfleger des Vollstreckungsgerichts zu erfolgen. Mat-rechtl Einwendungen des Sch, über die Beweis erhoben werden müsste (zB ZwV sei rechtsmissbräuchl gewesen, Kostenforderung sei durch Aufrechnung erloschen), sind nicht im Festsetzungsverf zu prüfen, sondern mit Gegenklage (§ 767) geltend zu machen (s § 104 Rn 21.56).

VII) Zurückweisung/Zurücknahme eines Zwangsvollstreckungsauftrags. 1) Die Kostenpflicht bestimmt sich auch hier nach § 788 I (BGH DGVZ 2024, 78 [Vorrang § 788 I 1 als speziellere Regelung]), also danach, ob durch den Auftrag Kosten der ZwV notwendig entstanden sind. Weil I 1 unmittelbare Erstattungsgrundlage ist, wenn die ZwV-Kosten trotz Antragszurückweisung oder -zurücknahme notwendig waren u daher vom Sch zu tragen sind, ist das auch durch Kostenausspruch nicht noch gesondert festzustellen. Klarstellende Begründung im Zurückweisungsbeschluss kann aber erfolgen. 20

2) Vom Gl zu tragende **ZwV-Kosten des Sch**, die durch nicht notwendige ZwV-Maßnahmen verursacht sind (s Rn 11), können nicht nach I 1 beigetrieben werden (OLG Hamm JurBüro 73, 553). Sie müssen im Festsetzungsverf geltend gemacht werden, das Kostenausspruch als Festsetzungsgrundlage erfordert (OLG Hamm JurBüro 73, 553). Weist das Vollstreckungsgericht einen ZwV-Antrag zurück u war der Sch bereits am Antragsverf beteiligt, so muss daher, soweit Kosten den Gl treffen, ebenso eine Kostenentscheidung ergehen (KG Rpfleger 81, 318; OLG Koblenz JurBüro 82, 1897) wie dann, wenn sich die ZwV-Hauptsache vor Entscheidung erledigt (OLG Koblenz JurBüro 82, 1897). Ist diese Kostenentscheidung unterblieben, kann der Beschluss vom Sch allein im Kostenpunkt angefochten werden; § 99 I steht nicht entgegen (KG Rpfleger 81, 318). Kostenentscheidung im Verf nach §§ 887, 888, 890 s § 891 S 3. 21

VIII) Kostenerstattung an Schuldner (§ 788 III). 1) Voraussetzungen. Zu erstatten sind dem Sch die Kosten der ZwV, **wenn das Urteil** (auch der KFB [§ 795] mit Wegfall des Grundtitels) bei Entscheidung über einen Einspruch, ein Rechtsmittel, im Nach- oder Wiederaufnahmeverf, **aufgehoben wird** (III); gleich steht zeitliche Abänderung (Wegfall der Zahlungspflicht bei Vollstreckung; wie Rn 14). Die Bestimmung schafft eine dem § 717 II gleiche Rechtslage, weil der Gl aus einem noch nicht endgültigen Urteil auf eigene Gefahr vollstreckt (BGH MDR 2021, 704; BAG NZA 2020, 1655). Sie gilt auch bei Aufhebung des Urteils durch Vergleich (KG JurBüro 91, 389; OLG Koblenz OLGZ 93, 211; s Rn 14, dort auch zur möglichen anderen Kostenregelung im Vergleich) oder wenn es mit Klagerücknahme wirkungslos wird (§ 269 III; KG Rpfleger 78, 150), nicht aber, wenn nur die vorläufige Vollstreckbarkeit aufgehoben wird oder wenn die Vollstreckbarkeit infolge Vollstreckungsabwehrklage entfällt (OLG Düsseldorf Rpfleger 93, 172) oder mit Drittwiderspruchsklage eingeschränkt wird (StJ/Kern Rn 47) u nicht für die Vollstreckung eines gerichtl Vergleichs (NJW 2008, 1663, 1669: Unterhaltsvergleich). Bei teilw Aufhebung des Titels sind die Mehrkosten zu erstatten, die bei Vollstreckung nur des verbliebenen Anspruchs nicht entstanden wären (BGH MDR 2014, 1047; sa § 104 Rn 21.49 zur Festsetzung der Kosten des Gl). 22

2) Erstattungspflichtiger. Erstattungspflichtig ist der Gl (nicht der GV, dem Kosten bezahlt sind), im Falle des § 126 der RA, der Kosten beigetrieben hat. 23

3) Zu erstattende Kosten. Als Kosten zu erstatten sind nur die vom Sch freiwillig gezahlten und die vom Gl beigetriebenen Kosten des Gl (BAG NZA 2020, 1655). Noch nicht beigetriebene Kosten dürfen bereits im KFV nicht berücksichtigt werden (BGH DGVZ 2015, 19). Keine Erstattung nach III von Kosten, die dem Sch durch Kostenentscheidung auferlegt sind. Kosten, die dem Sch selbst zur Abwehr der ZwV entstanden sind, können wie Kosten des Erkenntnisverf vom Prozessgericht festgesetzt (§§ 103 ff) werden (BGH MDR 2006, 886); hier ist III nicht einschlägig. 24

4) Keine Beitreibung. Die zurückzuerstattenden Kosten können nicht nach § 788 I 1 beim Gl beigetrieben werden. III verweist nicht auf I 1. Es ist eigene Titulierung erforderl (MskV/Lackmann Rn 26; StJ/Kern Rn 52 mN, auch zur aA; aA 35. Aufl). Sie erfolgt im KFV (§§ 103 ff), wenn der Betrag unstr ist. VollstrTitel und damit Festsetzungsgrundlage (§ 103 I) ist die den Titel aufhebende Entscheidung (BAG NZA 2020, 1655), wobei es sich um solche Kosten handeln muss, die von der Kostengrundentscheidung der aufhebenden Entscheidung auch erfasst sind (BAG NZA 2020, 1655 [Kosten aus Verfahrensabschnitten, die dieser Kostengrundentscheidung zeitl nachfolgen, werden nicht erfasst]; sa § 104 Rn 1 zur BGH-Rspr). Wenn Rückzahlungsbeträge str sind oder über mat-rechtl Einwendungen gegen den Rückzahlungsanspruch entschieden werden muss, ist der Erstattungsanspruch mit Klage (auch entspr § 717 II 2) geltend zu machen (KG JurBüro 91, 389). 25

IX) Kostentragungspflicht des Gläubigers (§ 788 IV). 1) Kostenentscheidungen nach Billigkeit. Durch **Entscheidung** des Gerichts im Verf über einen Antrag auf Vollstreckungsschutz (§ 765a), Austauschpfändung (§§ 811a, b), Forderungspfändung (§ 829; auch in den Fällen der §§ 846, 857), Anordnung der Unpfändbarkeit (§ 850l), Pfändungsschutz für Landwirte oder Miete/Pacht (§§ 851a, b), Abänderung des Moratoriums wegen unzumutbarer Härte für den Gl (§ 900 I 2) sowie Festsetzungen u sonstige Regelungen iZm §§ 904 bis 907 können **Kosten dem Gl auferlegt** werden (§ 788 IV); die Kostenpflicht des Sch (§ 788 I), damit auch eines mithaftenden Gesamtsch, wird damit jeweils für dieses Verf nach Maßgabe der gerichtl Entscheidung aufgehoben. Der Kostenbeschluss begründet einen Erstattungsanspruch des Sch gegen den Gl. Grds fallen die Kosten dieser 26

Verf als ZwV-Kosten dem Sch auch dann zur Last, wenn eine von ihm beantragte Maßnahme ergeht (OLG Köln NJW-RR 95, 1163) oder sich erübrigt, weil der Gl seinen ZwV-Antrag zurückgenommen oder das Verf sich (auch einvernehmlich) erledigt hat (OLG Düsseldorf NJW-RR 96, 637). Notwendige Kosten des Verf kann der Gl daher nach § 788 I erstattet verlangen; für nicht notwendige Kosten schließt bereits § 788 I diese Erstattungspflicht aus. Eine Kostenentscheidung darüber, dass der Sch die Verfahrenskosten als ZwV-Kosten zu tragen hat, ergeht nicht (aA LG Berlin Rpfleger 91, 219; StJ/Kern Rn 57: nicht notw, aber stets zu empfehlen); Klarstellung in der Begründung genügt. Dem Gl kann das Gericht aber die Kosten eines Verf ganz oder teilw auferlegen, wenn dies aus **besonderen Gründen der Billigkeit** entspricht (§ 788 IV). Die Gründe für den Kostenbeschluss gegen den Gl müssen **in** seinem Verhalten liegen (OLG Köln NJW-RR 95, 1163). Die Tätigkeit des beauftragten GV wird dem Gl zugerechnet. Ein Verschulden des Gl ist nicht erforderl. Das Verhalten des Sch, insb sein ernsthaftes Bestreben, die Schuld nach Kräften zu erfüllen, kann zu berücksichtigen sein (StJ/Kern Rn 55). Dass der Gl mit seinem Antrag gegen die vom Sch verlangte Maßnahme erfolglos geblieben ist, genügt allein nicht; auch seine besseren wirtschaftl Verhältnisse können nicht gegen ihn verwertet werden. Dem Gl werden aber Kosten aufzuerlegen sein, wenn er trotz eines eindeutigen Interesses des Sch uneinsichtig auf ZwV-Maßnahmen beharrt, die objektiv nicht gerechtfertigt sind. Kostenausspruch zu Lasten des Gl hat zu ergehen, wenn die Voraussetzungen des § 788 IV vorliegen; mit „kann" ist nur der Ausnahmecharakter der Bestimmung gekennzeichnet, nicht aber dem Gericht Ermessen eingeräumt (allgM; zB StJ/Kern Rn 56). Der Erstattungsanspruch des Sch muss im KFV (§ 788 II) geltend gemacht werden, Festsetzungsgrundlage ist der Kostenausspruch (SchWKT/Grieß Rn 38).

27 **2) Beschwerde-/Rechtsbeschwerdeverfahren.** Im **Beschwerdeverfahren** gilt bei erfolgloser Beschwerde § 97 (OLG Köln NJW-RR 95, 1163; OLG Zweibrücken JurBüro 2002, 49). Hat die Beschwerde des Sch Erfolg (wird seinem Schutzantrag erst im Beschwerdeverf entsprochen), so hat er trotzdem die notw Kosten beider Verf als ZwV-Kosten zu tragen (§ 788 I; OLG Düsseldorf NJW-RR 96, 637 mN). Die Kosten (nur des Verf einer Instanz oder auch beider Verf) kann das Gericht dann aber auch nach IV aus besonderen Gründen dem Gl auferlegen. – **Rechtsbeschwerde. a) Gl erfolgreich:** Wird auf Rechtsbeschwerde des Gl die Entscheidung des Beschwerdegerichts aufgehoben u der Schutzantrag des Sch zurückgewiesen, so bleibt es bei der Kostenpflicht des Sch für ZwV-Kosten (§ 788 I); Kosten können aber auch hier nach IV dem erfolgreichen Gl auferlegt werden. – **b) Sch erfolgreich:** Dies alleine reicht nicht aus, die Kosten dem unterlegenen Gl aufzuerlegen. Hinzukommen muss, dass die Belastung des Sch mit Kosten unbillig ist (IV; zB BGH WuM 2012, 113).

§ 789 Einschreiten von Behörden

Wird zum Zwecke der Vollstreckung das Einschreiten einer Behörde erforderlich, so hat das Gericht die Behörde um ihr Einschreiten zu ersuchen.

1 **I) Rechts- und Amtshilfe der Behörden.** S Art 35 GG. § 789 ist derzeit praktisch bedeutungslos. LandesR könnte nach § 15 I Nr 3 EGZPO die ZwV wegen einer Geldforderung gegen eine Gemeinde (einen Gemeindeverband) regeln. Unterstützung der polizeil Vollzugsorgane (§ 758 III, § 892) hat der GV unmittelbar anzufordern; er hat auch selbst einen Polizeibeamten als Zeugen zuzuziehen (§§ 759, 892); daneben ist er aber noch antragsbefugt. Nicht anwendbar ist § 789, soweit der Gl selbst Antrag bei der Behörde zu stellen hat, wie namentl für Eintragung in das Grundbuch. Für Einschreiten einer Behörde bestimmt § 789 Ersuchen durch das Vollstreckungsgericht und durch das Prozessgericht, soweit es Vollstreckungsgericht ist (§§ 887, 891).

2 Gegen Ablehnung oder unrichtige Erledigung des Ersuchens durch die Behörde Dienstaufsichtsbeschwerde. Lehnt das Gericht ab, das Ersuchen zu stellen, sofortige Beschwerde des ASt (§ 793), bei Zuständigkeit des GV Erinnerung (§ 766). Der Sch hat in diesem Verfahrensabschnitt keinen Rechtsbehelf.

3 **II) Gebühren. 1) Gericht:** keine; Beschwerdeverf: 2121 GKG-KV; Rechtsbeschwerdeverf 2124 GKG-KV. – **2) RA:** Eine Tätigkeit im Rahmen des Ersuchens wird durch die VerfGeb für die ZwV 3309 RVG-VV abgegolten.

§§ 790 und 791 (weggefallen)

§ 792 Erteilung von Urkunden an Gläubiger

Bedarf der Gläubiger zum Zwecke der Zwangsvollstreckung eines Erbscheins oder einer anderen Ur*kunde, die dem Schuldner* auf Antrag von einer Behörde, einem Beamten oder einem Notar zu erteilen ist, so kann er die Erteilung an Stelle des Schuldners verlangen.

I) Ratio. 1) Der Gl soll an Stelle des Sch handeln und Anträge stellen können, wodurch ihm eine ZwV erleichtert/erst ermöglicht wird. **„Zum Zwecke der Zwangsvollstreckung"** meint dabei jede Art der ZwV (SchWKT/Kessen Rn 2 [nicht eng auslegen]), zB zur Erwirkung der Vollstreckungsklausel (§ 727; VGH Mannheim NJW 2003, 1203), in den Fällen der §§ 866, 867 iVm §§ 14, 39 GBO (Zwangshypothek), des § 17 ZVG (Sch ist nicht als Eigentümer eingetragen); § 830 I 3, § 837 I 2 (Pfändung einer Hypothek des im Grundbuch nicht als Berechtigter eingetragenen Sch). Erfordernis ist, dass der Gl im Besitz eines zur ZwV geeigneten Schuldtitels ist. Vollstrb Ausfertigung braucht er nicht vorzulegen (OLG München Rpfleger 2015, 31). Für Verwaltungsvollstreckung kann die Vollstreckungsbehörde Urkunden (soweit dort benötigt) nach § 792 verlangen (BayObLG NJW-RR 2002, 440; OLG Zweibrücken FamRZ 2007, 160). – **§ 792 trifft nicht zu**, wenn der Gl auf andere leichtere Weise für sich selbst die Urkunde erhalten kann, denn in diesen Fällen fehlt ihm das Rechtsschutzinteresse am Verf nach § 792 (MskV/Lackmann Rn 3; PG/Hansmeier Rn 4), so nach § 9 IV HGB, § 13 III, § 357 II FamFG, § 1563 BGB aF (aufgehoben mWv 1.1.2023; Übergangsfrist von 5 Jahren für Alteinträge). 1

2) Erbschein. Antragsberechtigt ist nur ein Gl, der bereits einen vollstreckbaren Titel gegen den Erblasser hat (OLG Brandenburg 19.6.2023 – 3 W 55/23 Tz 5). Er hat dann ein inhaltsgleiches Antragsrecht (§ 352 FamFG) wie der Erbe des Sch (OLG München NJW 2014, 3254). Ist dem Erben bereits Erbschein erteilt, so kann der Gl Ausfertigung nach § 357 II 1 FamFG verlangen. – Der Miterbe, der allein oder zusammen mit weiteren Miterben Titelgläubiger (zB in einem Zuschlagsbeschluss) eines zum Nachlass gehörenden Anspruchs ist, kann die Erteilung einer vollstrb Ausfertigung des Titels verlangen, die nur ihn als Vollstreckungsgl ausweist (BGH NJW 2021, 634). § 792 ist auch anzuwenden auf die **Teilungsversteigerung**; zu ihrer Durchführung kann der Miteigentümer eines Grundstücks den Erlass eines Erbscheins zugunsten eines anderen Miterben eines verstorbenen Miteigentümers beantragen (KG ErbR 2025, 230; BayObLG NJW-RR 95, 272). 2

3) Andere Urkunden sind zB Zeugnis über Fortsetzung der Gütergemeinschaft (§ 1507 BGB), über Ernennung eines TV (§ 2368 BGB), eine notarielle Erwerbsurkunde, Registerauszug, Grundschuldbrief (LG Koblenz NJW 55, 506), Sterbeurkunde. 3

II) Verfahren. Es richtet sich nach den Vorschriften, die auch für den Sch gelten würden (OLG Düsseldorf Rpfleger 2020, 464). Die Zulässigkeit der ZwV wird dabei nicht geprüft (OLG München FamRZ 2015, 962; SchWKT/Kessen Rn 4). Der Gl, der einen Erbschein beantragt, hat unter Vorlage seines Vollstreckungstitels u Nachweis seines rechtl Interesses an Stelle des Erben die nach § 352 III 3 FamFG erforderliche **eidesstattl Versicherung** abzugeben (LG Leipzig Rpfleger 2008, 655); diese kann vom Nachlassgericht erlassen werden (§ 352 III 4 FamFG; Ermessensausübung, LG Ansbach Rpfleger 2009, 568; großzügiger LG Kassel FamRZ 2010, 1016: ist bei nicht zweifelhafter Unkenntnis zu erlassen). – Die nach § 792 entstehenden Kosten hat der Sch gem § 788 zu erstatten. 4

III) Rechtsbehelfe. Rechtsbehelfe des Gl wie die des Sch, wenn ein Antrag von diesem zurückgewiesen worden wäre (PG/Hansmeier Rn 5). 5

IV) Gebühren. 1) Gericht für Erbscheinsverf 12210 GNotKG-KV. – **2) RA.** Geschäftsgeb (2300 RVG-VV). 6

§ 793 Sofortige Beschwerde

Gegen Entscheidungen, die im Zwangsvollstreckungsverfahren ohne mündliche Verhandlung ergehen können, findet sofortige Beschwerde statt.

I) Zweck. Kontrolle der Art und Weise der ZwV. Geregelt ist in § 793 nur die Statthaftigkeit der sof Beschwerde (§ 567 I Nr 1); iÜ gelten §§ 567 II u III – 572. Zur **Rechtsbehelfsbelehrungspflicht** s § 232 Rn 2. 1

II) Anwendungsbereich, Abgrenzung. 1) Sof Beschwerde ist **Rechtsmittel gegen Entscheidungen** des VollstrGerichts, die im ZwV-Verf durch Beschluss erfolgen (§ 764 III), damit ohne mündl Verh ergehen können (§ 128 IV; auch wenn sie stattgefunden hat), nicht aber gegen prozessleitende Verfügungen (Anordnung einer mündl Verh oder Beweisaufnahme). Abgrenzung zu ZwV-Maßnahmen s § 766 Rn 2. Einwendungen gegen Erteilung oder Verweigerung der Vollstreckungsklausel (s § 766 Rn 6) sowie gegen ein Rechtskraftzeugnis (§ 706) sind nicht mit den Rechtsbehelfen des ZwV-Verf geltend zu machen, können daher auch nicht mit Beschwerde nach § 793 weiterverfolgt werden. Sof Beschwerde findet insb statt gegen die Zurückweisung eines ZwV-Antrags durch das VollstrGericht (§ 567 I Nr 2) u gegen Entscheidungen nach § 758a (str; s § 758a Rn 34), § 765a (Vollstreckungsschutz), § 766 (Erinnerung), § 825 II, § 844 (besondere Verwertung), außerdem gegen Vollstreckungsentscheidungen des Prozessgerichts (§§ 887, 888, 890; zB OLG Düsseldorf 9.8.2021 – 2 W 15/21 Tz 1 [Zwangsgeld]; s § 766 Rn 4). Kostenfestsetzung s § 788 Rn 19c. – Sonderregelungen: Zwangsversteigerung: §§ 95-104 ZVG; dabei schränkt § 95 ZVG die Möglichkeit, Beschwerde einzulegen, ein (BGH WM 2025, 801). – Grundbuchamt: §§ 71 ff GBO. 2

2) Gegen Entscheidungen des **Rechtspflegers** (Abgrenzung zu ZwV-Maßnahmen s § 766 Rn 2) findet gleichfalls sof Beschwerde statt (§ 11 I RPflG). Rpfleger kann abhelfen (§ 572 I). Nur wenn gegen die Entscheidung 3 nach den allg verfahrensrechtl Vorschriften ein Rechtsmittel nicht gegeben ist, findet befristete Erinnerung statt (§ 11 II RPflG).

4 **III) Zulässigkeit. 1) Zuständiges Beschwerdegericht** ist meist das LG (§ 72 GVG). **2) Beschwerderecht** haben als Parteien des ZwV-Verf Gl u Sch, bei Forderungspfändung als Beteiligter außerdem der Drittschuldner, ferner ein Dritter, der durch die Entscheidung in seinem Recht beeinträchtigt ist (s § 766 Rn 18). Rechtsschutzbedürfnis erfordert Rechtsbeeinträchtigung (Beschwer; s § 766 Rn 12). Gegen Entscheidungen über Kosten ist sof Beschwerde nur bei einem Beschwerdewert über 200 Euro zulässig (§ 567 II). Mit Beendigung der ZwV wird die Beschwerde idR gegenstandslos (unzulässig; s § 766 Rn 13), außer es bleibt trotz der Beendigung ein rechtl Interesse des Beschwerdeführers bestehen. Nach wirksamer Aufhebung einer ZwV-Maßnahme ist Beschwerde mit dem Ziel zulässig, die Maßnahme erneut anzuordnen, obwohl sie rückwirkend nicht wiederhergestellt werden kann (§ 766 Rn 30). Der **GV ist Organ der ZwV** u nicht Beteiligter des Beschwerdeverf. Ihm können keine Kosten auferlegt werden und er hat grds kein BeschwerdeR (§ 766 Rn 37; str; SchWKT/Thole/Nordmeyer Rn 9; aA StJ/Kern Rn 6 [soweit pers Interessen des GV beeinträchtigt sind]; MskV/Lackmann Rn 4 [wenn seine Kostenbelange beeinträchtigt sind]). Dieser aA ist dann zuzustimmen, wenn der GV durch die Entscheidung nach § 766 quasi zum beschwerten Verfahrensbeteiligten wird (ähnlich PG/Hansmeier Rn 6).

5 **3) Einzulegen** ist die sof Beschwerde binnen einer **Notfrist von zwei Wochen**, die für jeden Beschwerdeberechtigten gesondert mit der Zustellung beginnt (§ 569 I 2), beim VollstrGericht oder beim Beschwerdegericht (§ 569 I 1). Ein RA muss, auch in eigener Sache, die Beschwerde als elektronisches Dokument übermitteln (BGH MDR 2024, 934). Das Gericht verfährt nach § 572 I 1.

6 4) Die Beschwerde hat keine aufschiebende Wirkung; der **Vollzug** der angefochtenen Entscheidung kann jedoch **ausgesetzt** werden (§ 570 I, II). Zum Beschwerdeverf iÜ §§ 567-572; Anschlussbeschwerde § 567 III. Im (einseitigen) Beschwerdeverf (s § 766 Rn 27) erfolgt Anhörung des nicht beteiligten Sch nicht; eine Kostenentscheidung zu seinen Lasten ist gleichwohl nicht generell ausgeschlossen (s § 766 Rn 34). Das Verschlechterungsverbot (§ 528 S 2) gilt auch im ZwV-Beschwerdeverf (OLG Hamm JurBüro 84, 1904). Die Beschwerde kann auf neue Tatsachen u Beweise gestützt werden (§ 571 II). Beibringungsgrundsatz mit Darlegungs- u Beweislast wie § 766 Rn 27. Anordnungen einer ZwV-Maßregel durch das Beschwerdegericht s § 828 Rn 1. Die Aufhebung eines Pfändungsbeschlusses durch das Beschwerdegericht wird mit Bekanntgabe der Entscheidung wirksam; die Wirksamkeit der aufhebenden Entscheidung kann jedoch bis zu ihrer Rechtskraft hinausgeschoben werden (s § 766 Rn 30). Wenn eine Beschwerde gegen einen Pfändungsbeschluss nur teilw unbegründet ist, darf daher nicht insgesamt aufgehoben u zurückverwiesen werden, wenn nicht die Wirksamkeit bis zur Rechtskraft ausgesetzt wird, weil der Gl sein PfandR endgültig verlieren würde (OLG Köln ZIP 80, 578). – Wird die Beschwerde aus sachl Gründen zurückgewiesen, ist ihre Wiederholung unzulässig (BGH MDR 2022, 659).

7 **IV) Rechtsbeschwerde.** Sie findet nur statt, wenn das Beschwerdegericht sie zugelassen hat (§ 574 I Nr 2).

8 **V) Insolvenz.** Auch wenn das **Insolvenzgericht** nach besonderer Zuweisung funktional als VollstrGericht entscheidet (zB über Massezugehörigkeit [§ 36 IV InsO], Einwendungen gegen die ZwV durch Insolvenzgläubiger [§ 89 III InsO], bei Herausgabevollstreckung mit Eröffnungsbeschluss [§ 148 InsO]) richten sich Rechtsmittel u Rechtsmittelzug nach allgemeinen vollstreckungsrechtl Vorschriften; es findet somit Beschwerde nach § 793 statt (BGH Rpfleger 2007, 42; BGH NJW 2006, 1127; PG/Hansmeier Rn 3).

9 **VI) Gebühren. 1) Gericht:** 2121 GKG-KV. – **2) RA:** § 18 I Nr 3 RVG; 3500 RVG-VV, 3513 RVG-VV.

§ 794 Weitere Vollstreckungstitel

(1) Die Zwangsvollstreckung findet ferner statt:

1. aus Vergleichen, die zwischen den Parteien oder zwischen einer Partei und einem Dritten zur Beilegung des Rechtsstreits seinem ganzen Umfang nach oder in Betreff eines Teiles des Streitgegenstandes vor einem deutschen Gericht oder vor einer durch die Landesjustizverwaltung eingerichteten oder anerkannten Gütestelle abgeschlossen sind, sowie aus Vergleichen, die gemäß § 118 Abs. 1 Satz 3 oder § 492 Abs. 3 zu richterlichem Protokoll genommen sind;

2. aus Kostenfestsetzungsbeschlüssen;

2a. und b. (weggefallen)

3. aus Entscheidungen, gegen die das Rechtsmittel der Beschwerde stattfindet;

3a. (weggefallen)

4. aus Vollstreckungsbescheiden;

4a. aus Entscheidungen, die Schiedssprüche für vollstreckbar erklären, sofern die Entscheidungen rechtskräftig oder für vorläufig vollstreckbar erklärt sind;

4b. aus Beschlüssen nach § 796b oder § 796c;

5. aus Urkunden, die von einem deutschen Gericht oder von einem deutschen Notar innerhalb der Grenzen seiner Amtsbefugnisse in der vorgeschriebenen Form aufgenommen sind, sofern die Urkunde über einen Anspruch errichtet ist, der einer vergleichsweisen Regelung zugänglich, nicht auf Abgabe einer Willenserklärung gerichtet ist und nicht den Bestand eines Mietverhältnisses über Wohnraum betrifft, und der Schuldner sich in der Urkunde wegen des zu bezeichnenden Anspruchs der sofortigen Zwangsvollstreckung unterworfen hat;

6. aus für vollstreckbar erklärten Europäischen Zahlungsbefehlen nach der Verordnung (EG) Nr. 1896/2006;

7. aus Titeln, die in einem anderen Mitgliedstaat der Europäischen Union nach der Verordnung (EG) Nr. 805/2004 des Europäischen Parlaments und des Rates vom 21. April 2004 zur Einführung eines Europäischen Vollstreckungstitels für unbestrittene Forderungen als Europäische Vollstreckungstitel bestätigt worden sind;

8. aus Titeln, die in einem anderen Mitgliedstaat der Europäischen Union im Verfahren nach der Verordnung (EG) Nr. 861/2007 des Europäischen Parlaments und des Rates vom 11. Juli 2007 zur Einführung eines europäischen Verfahrens für geringfügige Forderungen (ABl. L 199 vom 31.7.2007, S. 1; L 141 vom 5.6.2015, S. 118), die zuletzt durch die Verordnung (EU) 2015/2421 (ABl. L 341 vom 24.12.2015, S. 1) geändert worden ist, ergangen sind;

9. aus Titeln eines anderen Mitgliedstaats der Europäischen Union, die nach der Verordnung (EU) Nr. 1215/2012 des Europäischen Parlaments und des Rates vom 12. Dezember 2012 über die gerichtliche Zuständigkeit und die Anerkennung und Vollstreckung von Entscheidungen in Zivil- und Handelssachen zu vollstrecken sind.

(2) Soweit nach den Vorschriften der §§ 737, 743, des § 745 Abs. 2 und des § 748 Abs. 2 die Verurteilung eines Beteiligten zur Duldung der Zwangsvollstreckung erforderlich ist, wird sie dadurch ersetzt, dass der Beteiligte in einer nach Absatz 1 Nr. 5 aufgenommenen Urkunde die sofortige Zwangsvollstreckung in die seinem Recht unterworfenen Gegenstände bewilligt.

I) Zweck. Bestimmung weiterer Vollstreckungstitel, die neben Endurteilen (§ 704) Grundlage der ZwV nach den Vorschriften der ZPO sein können (s vor § 704 Rn 14). § 86 I Nr 3 FamFG verweist auf § 794 und verlangt, dass die Beteiligten über den Gegenstand des Verf verfügen können. 1

II) Gerichtliche Vergleiche (§ 794 I Nr 1). 1) Anwendungsbereich. Vollstreckungstitel sind nach Nr 1 **Vergleiche**, die zwischen den Parteien oder zwischen einer Partei u einem Dritten zur Beilegung des Rechtsstreits in seinem ganzen Umfang oder zu einem Teil des Streitgegenstands vor einem deutschen Gericht oder vor einer landesrechtl eingerichteten oder anerkannten Gütestelle (s § 797a Rn 1) abgeschlossen sind, sowie Vergleiche, die im PKH-Verf (§ 118 I) oder im sBV (§ 492 III) zu Protokoll genommen sind (nach § 118 I 3 auch bei Beurkundung durch den Rpfleger, § 20 I Nr 4a RPflG). – Ein in einem Erbscheinsverf geschlossener Vergleich ist kein Titel iSv Nr 1 (OLG München ZEV 2021, 107). Zu Vergleichen in fG-Verf s § 36 FamFG mit § 86 I Nr 2 u 3 FamFG, in Ehesachen u Familienstreitsachen § 113 I FamFG. – Der Vergleich muss wie jeder Titel (s § 704 Rn 4) inhaltl bestimmt sein (OLG Koblenz MDR 2002, 968; OLG München MMR 2021, 78; sa Rn 28, Rn 29). Die Vollstreckbarkeit ist nicht zwingende Voraussetzung für die Prozessbeendigung durch Vergleich. Ggf muss durch Leistungsklage aus dem Vergleich ein Vollstreckungstitel kreiert werden (BayObLG ZMR 2000, 624, 626). Zur (teilw) fehlenden Vollstreckungstauglichkeit eines Titels wegen Unbestimmtheit s § 767 Rn 7 „unwirksame Titel". 2

2) Doppelnatur. Der **Prozessvergleich** ist seiner **Rechtsnatur** nach sowohl Rechtsgeschäft des bürgerl Rechts (weil er Ansprüche u Verbindlichkeiten der Parteien regelt) wie Prozesshandlung (weil er den Rechtsstreit beendet), **Doppelnatur** (BGH MDR 2018, 913; PG/Hansmeier Rn 2; SchWKT/Gomille Rn 2). Prozesshandlung u Rechtsgeschäft stehen jedoch nicht getrennt nebeneinander; vielmehr bildet der Prozessvergleich eine Einheit, die gegenseitige Abhängigkeit der prozessualen Wirkungen u der materiellen Regelungen bewirkt (BGH MDR 2006, 284). Als **privatrechtliches Geschäft** ist bei Anwendbarkeit dt Rechts (Schuldstatut) der Vergleich nach § 779 BGB zu beurteilen, sein Inhalt besteht in der Beilegung des Rechtsstreits durch gegenseitiges Nachgeben. Der Vergleich kann sich auch auf einen Teil des Streitgegenstandes beziehen; er braucht sich nicht auf den unmittelbaren Streitgegenstand zu beschränken (BGH NJW 2011, 3451 Tz 9: Vergleich kann nicht nur zusätzlich, sondern ausschließl Angelegenheiten regeln, die außerhalb des Prozesses str sind oder Dritte betreffen). Das gegenseitige Nachgeben muss sich im Rahmen der den Parteien (oder Dritten) zustehenden Verfügungsmacht halten (StJ/Kern Rn 15). Es braucht nicht auf dem Gebiet des materiellen Rechts zu liegen, ein prozessuales Nachgeben genügt; es kann auch darin liegen, dass eine Partei eine ihr zustehende prozessuale Möglichkeit aufgibt oder nicht ausnutzt, namentl das Recht auf Urteil. Ein nur einseitiges Nachgeben genügt nicht (OLG München JurBüro 85, 622). Als **Prozesshandlung** (s vor § 128 Rn 14 ff) muss der Vergleich in einem kontradiktorischen Verf vor einem deutschen Gericht zwischen den Parteien oder zwischen den Parteien u einem Dritten in mündl Verh oder nach § 278 VI im schriftl Verf zur Beilegung des Rechtsstreits abgeschlossen sein. Eine Vereinbarung, durch die ledigl der Streit um bestimmte Anspruchselemente beseitigt werden soll („Zwischenver- 3 gleich"), ist kein Vergleich iS der Nr 1, weil dadurch der Rechtsstreit nicht beigelegt wird (KG NJW 74, 912), im Gegensatz zum Teilvergleich, bei dem der Rechtsstreit über mehrere teilbare Streitstände hinsichtl einzelner Streitgegenstände beendet wird.

4 **3) Anhängiges Verfahren.** Es muss ein Verf bei einem Gericht anhängig sein; idR handelt es sich um das Anhängigwerden eines Anspruchs (StJ/Kern Rn 18); Rechtshängigkeit (§§ 261, 253) nicht erforderl (MK/Wolfsteiner Rn 25). Es genügt Einreichung der Klage. Vergleich ist auch in sonstigen Verf wie im Arrest- (BGH MDR 91, 1199), EinstwVerfügungs-, ZwV-, ZwVersteigerungsverfahren (auch Teilungsversteigerung, RGZ 165, 161) mögl, auch wenn Rechtshängigkeit nach § 261 nicht eintritt. Im Mahnverf ist ein Vergleich erst nach Überleitung in das Streitverf mögl. Zu Protokoll kann ein Vergleich schon im PKH-Verf (§ 118 I) u sBV (§ 492 III) geschlossen werden und auch noch während des Verf auf Gehörsrüge (§ 321a; PG/Hansmeier Rn 5). Nach rechtskräftigem Verfahrensabschluss ist ein Prozessvergleich nicht mehr mögl, es sei denn, es besteht eini „äußerer u innerer Zusammenhang" mit der Streitsache wie dann, wenn der Wille zum Abschluss des Vergleichs schon vor Rücknahme der Berufung (BGH NJW 2011, 1128 Tz 11; aA 35. Aufl) oder der Klage bekundet wurde. Zwischen den Instanzen (nach Urteilsverkündung u **vor** Rechtsmitteleinlegung) ist ein Vergleich möglich; er nimmt dem Urteil die Wirkung (s Rn 13). **Nach** Rechtsmitteleinlegung bleibt ein Vergleich mögl, auch wenn das Rechtsmittel unzulässig ist.

5 **4) Deutsches Gericht.** Vergleich vor einem deutschen Gericht, das ist vor dem mit dem Rechtsstreit (in 1. Instanz, in der Rechtsmittel-, auch Beschwerdeinstanz) befassten Prozessgericht, der Einzelrichter (§§ 348, 348a, 526, 527), beauftragte oder ersuchte Richter (§ 355), auch Rpfleger (in allen ihm übertragenen Verf [§ 4 I RPflG]). Gericht ist nicht nur das Prozess- u das Vollstreckungsgericht (RGZ 165, 161, 163), sondern auch ein Strafgericht (SchWKT/Gomille Rn 7 mwN; StJ/Kern Rn 21; Meyer JurBüro 84, 1121), oder ein Arbeitsgericht sowie das Bundespatentgericht (BPatG GRUR 96, 402). Schließt der **Güterichter** am OLG einen Vergleich ohne die ProzBev der Parteien, ist er mat-rechtl wirksam (§ 779 BGB), aber kein gerichtl Vergleich (OLG Frankfurt 17.12.2019 – 11 U 56/17 Tz 39, Tz 40 [Grund: Anwaltszwang am OLG auch für Prozessvergleiche]).

6 **5) Beteiligte des Vergleichs.** Der Prozessvergleich wird von den **Parteien** des beizulegenden Verf abgeschlossen oder zwischen einer Partei (auch beiden Parteien) u einem **Dritten** (aA MskV/Lackmann Rn 7; PG/Hansmeier Rn 9 [nur zwischen den Parteien]). Der Streitgenosse (§ 61) handelt nur für seinen Prozess, es sei denn, er hat Vertretungs- u Verfügungsmacht auch für die anderen Streitgenossen. Bei notwendiger Streitgenossenschaft ist der von einem Genossen abgeschlossene Vergleich auch für diesen Genossen wirkungslos, wenn er nicht nach materiellem Recht als Vergleich auch für die Prozesse der anderen Genossen wirkt. **Vollstreckungstitel** ist der Vergleich nur für u gegen die am Vergleichsabschluss beteiligten Parteien des Rechtsstreits, für u gegen einen Dritten nur, wenn er förmlich beigetreten ist (SchWKT/Gomille Rn 30 mN), mit einer Partei oder den Parteien den Vergleich zur Beilegung des Rechtsstreits abgeschlossen hat u nach dem Vergleichsinhalt der zu vollstreckende Anspruch ihn als Gl oder Sch ausweist. Verpflichtung des Bekl zur Zahlung u Anführung des Dritten nur im Vergleichsrubrum mit dem Zusatz „… dem Vergleich aufseiten des Sch beigetreten" verpflichtet den Dritten nicht als Titelschuldner (OLG Köln Rpfleger 85, 305). Das Recht auf Erteilung der Vollstreckungsklausel steht nur den am Vergleichsabschluss beteiligten Parteien oder dem beteiligten (beigetretenen) Dritten (deren Rechtsnachfolger, §§ 727 ff) zu. Auch für einen nicht bei Vergleichsabschluss mitwirkenden Dritten können die Parteien des Vergleichs einen Leistungsanspruch mat-rechtl begründen (§ 328 BGB). Der begünstigte Dritte rückt damit jedoch nicht in die Parteistellung ein, erlangt somit nicht das prozessuale Recht, vollstrb Ausfertigung zu verlangen u den Vergleich zu vollstrecken. Vollstrb ist der Vergleich auch hinsichtl der Leistung an den Dritten nur auf Antrag einer Partei oder eines am Vergleichsschluss entspr beteiligten Dritten (OLG Stuttgart Rpfleger 79, 145; OLG Zweibrücken FamRZ 79, 174; dazu auch BGH FamRZ 80, 342; anders StJ/Kern Rn 45 mwN: für Dritten vollstrb, wenn ihm ersichtl eigene Rechte verschafft sind). Jedoch wirkt ein zwischen miteinander verheirateten Eltern, die getrennt leben, über Unterhaltsansprüche eines Kindes geschlossener Vergleich auch für und gegen das Kind (§ 1629 III 2 BGB). Mit Eintritt der Rechtskraft des Scheidungsausspruchs (bis dahin § 1629 III 1 BGB) entfällt die Verfahrensstandschaft (OLG Brandenburg 9.7.2024 – 13 WF 112/24 Tz 4) und die ZwV kann dann (nach Erteilung der Vollstreckungsklausel) nur durch das Kind als Gl betrieben werden.

7 **6) Zustandekommen des Vergleichs.** Die Vergleichspartner müssen in der mündl Verh anwesend oder vertreten sein oder nach § 278 VI 1 entweder dem Gericht einen Vergleichsvorschlag unterbreiten oder den Vergleichsvorschlag des Gerichts annehmen (näher § 278 Rn 34a, Rn 34b). Im **Anwaltsprozess** (§ 78) müssen sich die Parteien für den Abschluss des Prozessvergleichs durch ihre Anwälte vertreten lassen (sa Rn 5), u zwar auch im Verf vor dem Einzelrichter (s § 78 Rn 18), nicht aber vor dem beauftragten oder ersuchten Richter (§ 78 III). Der Anwalt hat bei Abfassung des Vergleichstextes für eine vollständige u richtige Niederlegung des Willens seines Mandanten u für einen möglichst eindeutigen, nicht erst der Auslegung bedürftigen, Wortlaut zu sorgen (BGH NJW 2002, 1048). Der lediglich dem Prozessvergleich beitretende **Dritte** braucht auch im Anwaltsprozess nicht durch einen beim Prozessgericht zugelassenen RA vertreten zu sein (BGH NJW 83, 1433).

8 ***7) Materiell-rechtlicher Vergleich.*** Materiell-rechtlich kommt der Vergleich als Vertrag durch übereinstimmende Willenserklärungen (§§ 145 ff BGB) der rechts- u geschäftsfähigen Parteien zustande, die über den Vergleichsgegenstand verfügen können. Verfügungsmacht setzt einerseits voraus, dass der Gegenstand des Prozess-

vergleichs der Verfügung der Parteien unterliegt, andererseits die Verfügungsbefugnis den Parteien zusteht, zB im Falle der Veräußerung nach Eintritt der Rechtshängigkeit. – Genehmigungen sind in den dort bezeichneten Fällen erforderl durch das Betreuungs- (§ 1854 Nr 6 BGB) bzw Familiengericht (§ 1643 I BGB); s § 54 Rn 1. – Unwirksam ist aus mat-rechtl Gründen ein Vergleich, wenn zwingende Rechtssätze entgegenstehen oder wenn er gegen § 138 BGB verstößt.

8) Form. Der Prozessvergleich bedarf der für das Verf des Gerichts vorgeschriebenen **Form**. Er ist in **mündl Verh** vor dem Gericht zu erklären u nach § 159 zu protokollieren. Das Protokoll muss den Anforderungen der §§ 160 ff (s § 160 Rn 5) entsprechen. Bezugnahme auf ein dem Protokoll nicht nach Maßgabe des § 160 V beigefügtes Schriftstück begründet Vollstreckbarkeit seines Inhalts nicht (OLG Hamm MDR 2000, 350; aA OLG Hamm 12.10.2020 – 5 W 46/20 Tz 38 [für Gerichtsgutachten, die nicht als Anlage zum Protokoll genommen werden]). Nicht formgerecht ist der Vergleichsinhalt in einem „beigefügten" Schriftstück (§ 160 V) protokolliert, wenn dessen Inhalt nicht nach § 162 vorgelesen oder zur Durchsicht vorgelegt u genehmigt ist (E. Schneider MDR 97, 1091). – Das Zustandekommen des im **schriftl Verf** nach § 278 VI geschlossenen Vergleichs muss durch Beschluss des Gerichts festgestellt sein (§ 278 Rn 34). VollstrTitel ist dieser durch Beschluss festgestellte Vergleich (s § 278 Rn 35) nach I Nr 1 ebenso wie der in mündl Verh geschlossene. 9

9) Bedingte Vergleiche. Der Vergleich kann unter einer aufschiebenden oder auflösenden **Bedingung** (§ 158 BGB) oder unter einer **Zeitbestimmung** (§ 163 BGB) abgeschlossen werden; auch können sich die Parteien den **Rücktritt** vorbehalten, §§ 346 ff BGB (BGHZ 46, 277, 279). Für Teilerlass bei Zahlung bis zu einem bestimmten Zeitpunkt reicht (wenn andere Abrede nicht getroffen ist, zu dieser u Zahlung mit Scheck OLG Stuttgart JurBüro 2009, 438) fristgemäße Leistungshandlung (OLG Nürnberg MDR 1999, 858) u für „Leistung an den Kläger" Zahlung an den geldempfangsbefugten ProzBev aus (OLG Dresden MDR 2000, 1306). Der zugunsten einer Partei oder beider Parteien vereinbarte Vorbehalt, den Prozessvergleich bis zum Ablauf einer bestimmten Frist **zu widerrufen** (auch nur unter einer bestimmten Voraussetzung, OLG Zweibrücken FamRZ 2010, 1357), ist idR eine aufschiebende Bedingung für die Wirksamkeit des Vergleichs (BGHNJW 84, 312; BVerwG NJW 93, 2193). Bindende Rechtswirkungen entstehen aus dem unter Widerrufsvorbehalt abgeschlossenen Vergleich, wenn sich ein anderer Wille der Parteien nicht unmittelbar aus dessen Wortlaut ergibt, daher erst, wenn bei Ablauf der Widerrufsfrist feststeht, dass der Vergleich Bestand hat; dann erst kann aus dem Vergleich auch vollstreckt werden (BGHZ 88, 364). Der Widerrufsvorbehalt des gemeinsamen ProzBev von Miterben ist idR dahin auszulegen, dass jeder Miterbe berechtigt ist, den Vergleich zu widerrufen u dass der Vergleich nur wirksam zustande kommt, wenn keiner der Miterben von dem Widerrufsrecht Gebrauch macht (BGHZ 46, 277). 10

10) Widerruf des Vergleichs. a) Den **Empfänger** der Widerrufserklärung (des Widerrufsschriftsatzes) können die Parteien frei bestimmen (BGH MDR 80, 471; SchWKT/Gomille Rn 14). Wenn sie keine Vereinbarung über den Adressaten der Widerrufserklärung getroffen haben, kann der Widerruf wirksam sowohl dem Gericht als auch der anderen Vertragspartei ggü erklärt werden (BGH MDR 2006, 284). Üblich ist Vereinbarung, dass der Widerruf dem Gericht ggü (durch Einreichung eines Schriftsatzes bei ihm) zu erklären ist, von dem der Vergleich protokolliert wurde. Auch wahlweise Bestimmung sowohl des Gerichts als auch des Gegners als Empfänger der Widerrufserklärung ist zulässig (NJW 60, 1364, 1365). Dass der Widerruf (auch oder nur) dem Gericht ggü erklärt werden kann, kann auch stillschweigend/schlüssig vereinbart sein (BGH MDR 2005, 1429) oder sich aus den Umständen ergeben (OLG Köln NJW 90, 1369). Ein nur dem Gericht ggü erklärter Widerruf ist daher wirksam, wenn die Parteien übereinstimmend (auch stillschweigend) davon ausgegangen sind, dass die Widerrufserklärung auch in dieser Weise erfolgen kann (BGH NJW-RR 2005, 1323). Teilw wurde ein Widerruf auch für wirksam gehalten, wenn er nicht wie vereinbart dem Gericht, sondern der anderen Vertragspartei erklärt wurde (BGH BB 55, 178; OLG Düsseldorf NJW-RR 87, 255, 256; aA jedoch BAG NZA 92, 134; BAG MDR 98, 794 [auch Treu u Glauben schließen dann Berufung auf die Bestandskraft des Vergleichs nicht aus]; OLG München NJW 92, 3042). Rechtssicherheit gebietet immer ausdrückliche u klare Regelung. 10a

b) Die Erklärung des Widerrufs gegenüber dem Gegner ist formfrei, falls nichts anderes vereinbart ist (BAG NJW 60, 1365). Ein schriftl gegenüber dem Gericht zu erklärender Widerruf ist Prozesshandlung, bedarf also der Form bestimmender Schriftsätze (PG/Hansmeier Rn 17). Eine für den Widerruf vereinbarte **Form** muss für dessen Wirksamkeit eingehalten werden (OLG Hamm NJW 92, 1705). Zum Widerruf durch Schriftsatz s § 130 Nr 6 (Telefax § 130 Rn 16; Computerfax § 130 Rn 17; allg zum Erfordernis der Unterschrift s § 130 Rn 20), § 130a (elektronische Signatur an Stelle der Unterschrift); **Zugangsfiktion**: § 130e. Sa § 519 Rn 17 u Rn 18. 10b

c) Über die **Frist** können die Parteien beliebig verfügen; sie können die Frist (ohne Mitwirkung des Gerichts) verlängern (BGH NJW 74, 107; OLG Karlsruhe MDR 2005, 1368). Es bedarf keiner Protokollierung (OLG Hamm FamRZ 88, 535; aA LG Bonn MDR 97, 783 u [wenn dies nicht vereinbartes Wirksamkeitserfordernis ist] auch keiner Anzeige ggü dem Gericht, OLG Karlsruhe MDR 2005, 1368). Sie können vor Fristablauf auf Widerruf, auch stillschweigend, verzichten (LAG Bremen MDR 65, 331); als Prozesshandlung ist der Verzicht unwiderrufl (LAG Köln MDR 2004, 901). Für Verlängerung der Widerrufsfrist besteht im Anwaltsprozess Anwaltszwang (wie Rn 7, auch zur Ausnahme für den beigetretenen Dritten), weil Vergleichswiderruf (wie -abschluss) gleichzeitig Prozesshandlung ist. Eine von den Parteien selbst vereinbarte Verlängerung der Widerrufsfrist wäre als Verpflichtung zu neuerlichem Vergleich aber materiell wirksam. Zu laufen beginnt die Widerrufs- 10c frist, wenn eine andere Vereinbarung nicht getroffen ist, (gem § 187 I BGB) am Tag nach dem Vergleichsabschluss, nicht erst mit dem Zugang des Terminsprotokolls beim ProzBev (OLG Schleswig NJW-RR 87, 1344; E. Schneider MDR 99, 595). Für Berechnung der Frist gilt § 193 BGB (BGH MDR 79, 49); Wiedereinsetzung gegen die Versäumung der Frist kommt nicht in Betracht (s § 233 Rn 5). Rechtzeitiges Einlegen des Widerrufsschriftsatzes in ein beim AG für das LG eingerichtetes Abholfach (Empfangseinrichtung des LG) genügt (BGH MDR 90, 43). Zum Zugang eines eingeschrieben versandten Vergleichswiderrufs BGH NJW 86, 1373. Ist in einem vor dem auswärtigen Senat eines OLG abgeschlossenen Vergleich Widerruf innerhalb bestimmter Frist durch einen bei diesem Senat eingehenden Schriftsatz vorbehalten, so ist zur Wirksamkeit des Widerrufs Eingang beim auswärtigen Senat innerhalb dieser Frist erforderlich, Eingang beim Stammgericht genügt nicht (BGH NJW 80, 1753 [Grundmann JR 80, 331]).

10d **d)** Als Prozessvertreter hat der **RA** (auf rechtzeitige Weisung seines Mandanten) den Widerruf des Vergleichs zu erklären u für rechtzeitigen u formgerechten Eingang bei der zuständigen Stelle in beweisbarer Form Sorge zu tragen (BGH NJW 95, 521).

10e **e)** Der Widerruf ist unwiderrufl (BGH BB 53, 368; MskV/Lackmann Rn 15; SchWKT/Gomille Rn 16). In dem Einverständnis des Gegners mit der Zurückziehung des Widerrufs eines bedingt geschlossenen Prozessvergleichs kann ein Neuabschluss des Vergleichs erblickt werden. Aber nur, wenn der Neuabschluss gem § 160 III Nr 1 durch Aufnahme in das Protokoll festgestellt worden oder nach § 278 VI zustande gekommen ist, kann er als VollstrTitel dienen. – Abänderung eines gerichtl Vergleichs durch Klage nach § 323a (s § 323a Rn 1). Klageberechtigt können auch Dritte sein (s § 323a Rn 8 mN).

11 **11) Prüfungspflicht.** Ob ein Vergleich nach I Nr 1 vorliegt, ist bei der Erteilung der Vollstreckungsklausel zu prüfen; besonders zu beachten ist, dass der Vergleich als Prozesshandlung ordnungsgemäß ist. Streit über die Unwirksamkeit eines Vergleichs infolge Widerrufs: wie Rn 16a.

12 **12) Wirkung des Vergleichs. a) Materiell-rechtlich** begründet der Vergleich Verpflichtungen; vielfach enthält er zugleich das Verfügungsgeschäft (Abtretung, Auflassung, Verzicht usw). Der protokollierte gerichtl (nicht aber der vor einer Gütestelle geschlossene) Vergleich ersetzt die notarielle Beurkundung (§ 127a BGB); zum Anspruch auf Protokollierung BGH FamRZ 2011, 1572 u 1648 [Schlünder] = MDR 2011, 1128 = NJW 2011, 3451 [Zimmer] sowie Rakete-Dombek NJW 2012, 1689: auch zur Belehrungspflicht des Gerichts). Auch dem Erfordernis gleichzeitiger Anwesenheit der Vertragspartner genügt der Prozessvergleich. Dies ist für die Auflassung ausdrückl bestimmt (§ 925 I 3 BGB; sa BGHZ 35, 309); sie kann in einem schriftl Vergleich nach § 278 VI jedoch nicht erklärt werden (keine Anwesenheit beider Teile wie beim protokollierten Vergleich, OLG Düsseldorf NJW-RR 2006, 1609; OLG Jena Rpfleger 2015, 261; sa § 127a BGB; aA Bergschneider FamRZ 2013, 260). Bezeichnung des ProzBev im Vergleich als Eintragungsgrundlage (§ 29 GBO) erbringt den Nachweis der Prozessvollmacht (OLG Frankfurt Rpfleger 2024, 664; Festhalten an OLG Frankfurt Rpfleger 80, 291). GBA hat die in prozessrechtl Form (BGHZ 14, 381, 391) ordnungsgemäß nachgewiesene Vollmacht nicht nachzuprüfen. Auf die Prozessvollmacht findet nur Prozessrecht Anwendung (s § 80 Rn 1). Nachweis u Form der Bevollmächtigung bestimmen sich damit nach §§ 80, 88. Im Vergleich als die Partei verpflichtende u den Rechtsstreit beendende (s Rn 13) Prozesshandlung ihres ProzBev wird dieser (entspr § 313 I Nr 1) bezeichnet. Die Niederschrift weist seine Anwesenheit, sonach Mitwirkung bei Vergleichsabschluss, beweiskräftig aus (§ 165; BGH NJW-RR 90, 342). Über den Nachweis der in dem Vergleich wirksam erklärten Auflassung (§ 925 I 3 BGB) hinaus kann daher nicht nochmals Vollmachtsnachweis zur Prüfung durch das GBA nach § 29 GBO verlangt werden. Die Untervollmacht eines vom ProzBev bestellten Untervertreters (dieser vertritt die Partei, s § 81 Rn 6) weist der Vergleich ebenso aus (Schneider ZAP F 13, 1520); das GBA hat daher auch dessen Vollmacht nicht nachzuprüfen. Mögl ist die Auflassung auch in einem protokollierten Vergleich vor dem Verwaltungsgericht (BVerwG NJW 95, 2179). Eine Auflassung kann, weil bedingungsfeindl (§ 925 II BGB), nicht in einem bedingten Vergleich wirksam erklärt werden (OLG Düsseldorf MDR 2015. 339; KGR Berlin 2003, 318: „für den Fall der Scheidung“), somit nicht in einem Widerrufsvergleich (s Rn 10, BGH MittBayNot 87, 245; aA BVerwG NJW 95, 2179; nicht richtig). Persönlicher Abschluss eines Erbvertrags s § 137 Rn 5 u vor § 159 Rn 4. Nicht ersetzt werden kann eine Erklärung vor einer Behörde, wenn die Behörde ausdrückl als ausschließl zuständig erklärt ist.

13 **b)** Als Prozesshandlung **beendet** der gerichtl Vergleich den **Rechtsstreit** u die Rechtshängigkeit. Ein den Vergleichsgegenstand betr vorhergehendes nicht rechtskräftiges Urteil wird wirkungslos, soweit es durch den Vergleich nicht ausdrückl aufrechterhalten wird. Diese Wirkung kommt allerdings nur einem materiell wirksamen Vergleich zu (diesem auch, wenn er keinen vollstreckungsfähigen Inhalt hat, OLG Zweibrücken NJW-RR 98, 1680). Ein nichtiger Prozessvergleich, sei es, dass die Nichtigkeit von Anfang an bestanden hat oder rückwirkend eingetreten ist, beendet die Rechtshängigkeit nicht (BGHZ 41, 310; BGHZ 79, 71; aA BGH NJW 59, 532); das gilt auch, wenn der Vergleich über den Streitfall hinaus zuvor nicht rechtshängige Ansprüche regelt (BGHZ 79, 71). Rechtsbehelf, wenn ein durch einen Vergleich wirkungslos gewordenes Urteil vollstreckt wird: §§ 732, 767 (s § 775 Rn 6).

14 ***13) Vollstreckungstitel.*** *Der Prozessvergleich ist* **Vollstreckungstitel**, soweit er einen vollstreckungsfähigen Inhalt hat, auch wenn die Leistungspflicht als Einigung erklärt ist, dass ein bestimmter Unterhaltsbetrag geschuldet wird (OLG Zweibrücken FamRZ 2003, 691); dem sollte Anerkennung der Forderung gleichstehen (aA LAG

Düsseldorf MDR 2006, 295) oder wenn die Leistungszusage „freiwillig", „ohne Anerkennung einer Rechtspflicht" oÄ übernommen ist (OLG Stuttgart Rpfleger 97, 446). Als bestimmt (s § 704 Rn 4) wird der Anspruch auf Zahlung eines bezifferten Betrags (Leibrente) auch dann angesehen, wenn zugleich vereinbart ist, bei Änderung einer Bezugsgröße den entspr zu ändernden Betrag zu leisten; eine Minderung soll in diesem Fall an der Bestimmtheit des Titels nichts ändern, sondern eine mat-rechtl Einwendung begründen (BGH FamRZ 2006, 202 [Zenker FamRZ 2006, 1248]; zur unbezifferten Anrechnungsklausel sa § 704 Rn 4). Die ZwV erfolgt nach § 795. Vollstrb Ausfertigung wird jedoch nicht erteilt, wenn die Parteien die zwangsweise Durchsetzung (Vollstreckung) des Anspruchs ausgeschlossen haben, so dann, wenn sie nur Einvernehmen über ein Rechtsverhältnis festgestellt haben (OLG Stuttgart NJW-RR 99, 791) oder wenn für den Fall nicht freiwilliger Erfüllung andere Leistungen (Forderungsabtretung) vereinbart sind (OLG Düsseldorf NJW-RR 87, 640). Bei ZwV nach § 890 ist Androhung erforderlich; sie kann im Vergleich nicht erfolgen (s § 890 Rn 12); möglich ist Festsetzung einer Vertragsstrafe (vgl OLG Hamm MDR 67, 42; s aber OLG Hamburg MDR 65, 584: kein zur ZwV geeigneter Titel; LG Berlin Rpfleger 78, 32). Eine Willenserklärung kann im Vergleich abgegeben werden. Verpflichtet sich der Sch nur zur Abgabe einer Willenserklärung, so ist nach § 888 zu vollstrecken oder der Anspruch mit Leistungsklage durchzusetzen (s § 894 Rn 4). Einer Klage aus einem Prozessvergleich, in dem der eine Teil sich zur Rücknahme eines Strafantrags verpflichtet hat, fehlt das Rechtsschutzbedürfnis (Meyer NJW 74, 1325; aA BGH NJW 74, 900). Ein Vergleich im Verf über eine einstw Verfügung, wonach die Kostenverteilung der künftigen Hauptsacheentscheidung folgen soll, stellt erst nach deren Rechtskraft einen als Festsetzungsgrundlage geeigneten Titel dar (KG MDR 79, 1029).

14) Auslegung. Ausgelegt werden kann der Vergleich als VollstrTitel bei nicht zweifelsfreiem Inhalt nach den für Urteilsauslegung geltenden Grundsätzen (s § 704 Rn 5; § 104 Rn 21.71 unter 5; BGH NJW 93, 1995). Maßgebend ist allein der protokollierte Inhalt des Vergleichs (BAG NJW 2012, 2538). Auf andere Umstände als gesetzl Vorschriften (daher können §§ 420, 427 BGB berücksichtigt werden, s § 704 Rn 11), auch auf die Prozessakten u die im Rechtsstreit vor Vergleichsabschluss gestellten Anträge, kann nicht zurückgegriffen werden (OLG Koblenz JurBüro 2002, 551; OLG Stuttgart Rpfleger 97, 446). Eine Verpflichtung, Unterhalt über eine freiwillig geleistete Zahlung (Sockelbetrag) hinaus zu leisten, wird idR nur als VollstrTitel in Höhe des Spitzenbetrags verstanden (BGH NJW 93, 1995). Zur Auslegung einer Abgeltungsklausel über Gewährleistung („Erledigung beiderseitiger Ansprüche, die Gegenstand des Rechtsstreits waren") s BGH MDR 95, 890. – Der Streit um die Auslegung eines Prozessvergleichs muss im Wege der **Vollstreckungsabwehrklage** ausgetragen werden; die Fortsetzung des Verf, das durch den Vergleich beendet worden ist, kommt nicht in Frage (BGH MDR 77, 308; MskV/Lackmann Rn 24; PG/Hansmeier Rn 27). 15

15) Nichtigkeit, Anfechtung, Rücktritt. a) Die sachlich- u prozessrechtl Wirkung des Prozessvergleichs tritt nur ein, wenn er mat-rechtl wirksam **und** als Prozesshandlung ordnungsgemäß ist. Auch wenn kein prozessrechtl Mangel vorliegt, kann der Vergleich aus mat-rechtl Gründen nicht wirksam zustande gekommen (unwirksam) sein. Er kann nichtig sein (zB §§ 134, 138, 779 BGB) oder anfechtbar (zB § 123 BGB; s OVG Hamburg NJW 2004, 2111; § 119 BGB, s OLG Frankfurt 30.11.2023 – 1 U 389/21 Tz 25); zu Einwendungen gegen einen Räumungsvergleich bei Zweifel am Eigenbedarf Pankow NJW 94, 1182. § 125 GNotKG begründet nicht stets Nichtigkeit des vom Notar in einem Gebührenprozess geschlossenen Vergleichs (BGH NJW 88, 65). Unwirksamkeit, Nichtigkeit oder Vernichtung des materiellen Vergleichs bewirkt nicht nur, dass er keine privatrechtl Wirkungen entfaltet, sondern auch, dass die Prozesshandlung als „Begleitform" des mat-rechtl Vergleichs ihre Wirksamkeit verliert (BGH NJW 85, 1962; OLG Köln VersR 97, 619), ihm somit jede verfahrensrechtl (die verfahrensbeendende) Wirkung fehlt (LAG Hamm MDR 2003, 713; SchWKT/Gomille Rn 20; MskV/Lackmann Rn 20). Der wegen eines formellen (prozessrechtl) Mangels unwirksame Prozessvergleich führt dagegen nicht ohne weiteres zur Ungültigkeit der mat-rechtl Vereinbarung. Sie kann gleichwohl als außergerichtl mat-rechtl Vergleich Bestand haben, wenn dies dem mutmaßl Parteiwillen entspricht (BGH MDR 85, 392; BVerwG NJW 94, 2306), auch wenn der Formfehler einen Dritten betrifft (BAG NJW 73, 918). Es kann auch bei **Teilnichtigkeit** des Vergleichs nach dem mutmaßl Parteiwillen der übrige Vergleichsinhalt Wirksamkeit behalten (§ 139 BGB), so zB als mat-rechtl Regelung die schuldrechtl Verpflichtung zur Grundstücksübereignung bei Nichtigkeit der im Vergleich erklärten bedingten Auflassung (BGH MittBayNot 87, 245). 16

b) Ein wegen prozessrechtl Mängeln oder ein wegen mat-rechtl Mängeln (s Rn 16) schon anfänglich (zB § 138 BGB) oder nach § 142 I BGB rückwirkend wie von Anfang an **unwirksamer** (nichtiger) **Vergleich** führt **nicht zur Beendigung des Rechtsstreits**; dieser ist bei Geltendmachung der Nichtigkeit fortzuführen (PG/Hansmeier Rn 24), aber nur dann, wenn die prozessbeendigende Wirkung in Frage gestellt wird (BGH MDR 2014, 241; BAG NJW 2014, 3741; SchWKT/Gomille Rn 21). Ein Streit über die Wirksamkeit des Vergleichs ist auch dann im selben Verf auszutragen, wenn er in der Revisionsinstanz geschlossen wurde (BAGE 86, 7). Das bisherige Verf ist auf Antrag der Partei, die die Unwirksamkeit des Vergleichs behauptet (BGHZ 86, 184, 188; keine Fortsetzung zur Feststellung der Wirksamkeit des Prozessvergleichs; Pecher ZZP 97 [1984], 139, 171) durch Terminsanberaumung fortzusetzen (auch wenn Teilerledigung des Verf unstr ist, OLG Köln NJW-RR 96, 637). Bei Fortführung des Rechtsstreits geht der Streit zunächst nur um die Frage, ob der Rechtsstreit durch den Vergleich (vollständig) erledigt wurde (vgl BGHZ 16, 171). Wird die Erledigung verneint, so kann hierüber **Zwi-** 16a

schenurteil ergehen (s BGHZ 47, 132, 134). Wird der Vergleich als wirksam angesehen, so ergeht kein klageabweisendes Urteil und kein Zwischenurteil, sondern Endurteil dahin, dass der Rechtsstreit durch den Vergleich erledigt/beendet ist (OLG Frankfurt 30.11.2023 – 1 U 389/23). Die weiteren Kosten treffen den, der die Unwirksamkeit des Vergleichs geltend gemacht hat. Die Fortsetzung des Rechtsstreits durch eine Partei mit der Behauptung, der Vergleich sei aus materiellen Gründen unwirksam, beeinträchtigt bis zur Entscheidung dessen Vollstreckbarkeit nicht; der UrkB hat bei Erteilung der Vollstreckungsklausel die sachliche Wirksamkeit des Vergleichs nicht zu prüfen (OLG Frankfurt MDR 95, 201). Ist die prozesserledigende Wirkung eines Prozessvergleichs durch rechtskr Urteil ausgesprochen, so kann grds nicht mehr die mat-rechtl Unwirksamkeit des Vergleichs geltend gemacht werden (BGHZ 79, 71, dagegen Pecher ZZP 97 [1984], 139).

16b c) Auch der Streit darüber, ob die **Anfechtung des Prozessvergleichs rückwirkend** (§ 142 I BGB) zur Unwirksamkeit geführt hat, ist durch Fortsetzung des bisherigen Rechtsstreits zu klären (BGHZ 142, 253). Dann ist auch der Anspruch auf Rückerstattung der auf Grund des Vergleichs erbrachten Leistungen in Fortführung des Ursprungsverf geltend zu machen (BGHZ 142, 253); für eine neue Klage (Vollstreckungsabwehrklage) besteht idR kein Rechtsschutzbedürfnis (BGHZ 142, 253). In einem neuen Rechtsstreit kann der Rückerstattungsanspruch aber jedenfalls dann eingeklagt werden, wenn die Rechtsverfolgung in dem fortgeführten Ausgangsverf nicht mehr mögl ist, weil es rechtskräftig abgeschlossen ist (BGH MDR 2011, 811).

16c d) **Nachträglich** lassen sich die verfahrensrechtl Wirkungen eines wirksamen Prozessvergleichs (Beendigung der Rechtshängigkeit) **durch Parteivereinbarung nicht** mit der Folge **beseitigen**, dass der Rechtsstreit fortgesetzt werden kann (MskV/Lackmann Rn 19; abl StJ/Kern Rn 76); nicht durch übereinstimmende Verzichtserklärung auf die Rechte aus dem Vergleich (BGHZ 41, 310), eine einverständliche Aufhebung (aA BAG NJW 83, 2212; hierzu auch BAGE 74, 2151), Rücktritt (BGH NJW 55, 705; BVerwG NJW 94, 2306; aA BAG NJW 57, 1127; OLG Hamburg NJW 75, 224), Widerruf auf Grund eines nachträgl vereinbarten Vorbehalts (OLG Koblenz MDR 93, 674). Fortsetzung des beendeten Rechtsstreits ermöglicht auch Berufung auf den Wegfall der Geschäftsgrundlage des Vergleichs nicht (BGH MDR 66, 724; gleiche Rechtslage wie bei Fehlen der Geschäftsgrundlage, BGH MDR 86, 749). – **Das Gericht** darf den Vergleich nicht **nachträglich** eigenmächtig **ergänzen** (OLG Nürnberg MDR 2003, 652; OLG Braunschweig 21.10.2024 – 9 U 75/23 Tz 5).

16d e) Wenn außer der Nichtigkeit des Prozessvergleichs hilfsweise auch geltend gemacht wird, die durch ihn begründete **Forderung** sei **nachträglich weggefallen**, die Vollstreckung des Titels sei deshalb unzulässig, so ist für alle Einwendungen die Vollstreckungsabwehrklage zulässig (s § 767 Rn 6 „Prozessvergleiche"; MskV/Lackmann Rn 24). Sind in dem Vergleich **über den Streitgegenstand hinausgehende Regelungen** getroffen u wird ausschließl die Unwirksamkeit dieser nicht rechtshängig gewesenen Gegenstände geltend gemacht, kann die auf Anfechtung gestützte Unwirksamkeit in einem neuen Verf geltend gemacht werden (BGH NJW 83, 2034). Bei einem **Gesamtvergleich**, in dem mehrere anhängige Verf verglichen wurden, kann jedes der beendeten Verf fortgesetzt werden mit der Behauptung, der Gesamtvergleich sei unwirksam. Dieses Verf ist vorgreifl für die anderen Verf, die ggf auszusetzen sind; die Entscheidung bindet die Gerichte, bei denen die anderen Verf anhängig sind. Sind in einem Vergleich auch Ansprüche geregelt, die ausschließl Gegenstand eines anderen zwischen den Parteien schwebenden Rechtsstreits waren, so kann die (auf Anfechtung gestützte) Unwirksamkeit der insoweit getroffenen Regelung in dem anderen Verf geltend gemacht werden (BGH MDR 83, 838). Wird ein **Eilverf** durch Prozessvergleich beendet, der nicht nur dessen Gegenstand, sondern darüber hinaus die Hauptsache oder sonstige Parteibeziehungen regelt, so kann ein Streit um die Gültigkeit des Vergleichs nicht durch Fortsetzung des ursprüngl Eilverf ausgetragen werden; vielmehr muss die Vergleichsnichtigkeit im Erkenntnisverf auf Grund entspr Klage überprüft werden (OLG Hamm MDR 80, 1019).

17 **16) Außergerichtlicher Vergleich.** Ein außergerichtlicher Vergleich übt keinen unmittelbaren Einfluss auf den anhängigen Rechtsstreit aus. Er beendet den Rechtsstreit nicht unmittelbar (BGH MDR 2002, 839, 840), macht somit nicht wie der Prozessvergleich ein noch nicht rechtskräftiges Urteil hinfällig (BGH MDR 64, 313). Erklären die Parteien, dass sie sich außergerichtl verglichen haben, u übergeben sie nur ihr Abkommen, so liegt ein „gerichtl" Vergleich nicht vor; anders, wenn sie diesen Vergleich wirksam zum Inhalt des Protokolls machen. Auf Grund außergericht1 Vergleichs kann im Wege zuzulassender Klageänderung Verurteilung entspr dem Vergleich beantragt werden. Wird die Klage oder ein Rechtsmittel auf Grund eines außergericht1 Vergleichs zurückgenommen, so endet der Rechtsstreit durch Klage- oder Rechtsmittelzurücknahme (§ 269 III, § 516 III, § 555 V) u nicht durch den Vergleich; sollen die sich hieraus ergebenden Folgen beseitigt werden, so ist immer ein neuer Prozess notwendig.

18 **III) Kostenfestsetzungsbeschluss (§ 794 I Nr 2).** Die ZwV aus einem KFB (§ 104 I) erfolgt selbständig ohne Vorlage des Urteils. Der KFB ergänzt das Urteil für die Höhe der Kosten. Ist es nur gegen Sicherheitsleistung vorläufig vollstreckbar, so ist es auch der Beschluss. Vollstrb Ausfertigung aber kann sofort erteilt werden (§ 726 I). Ob die Sicherheit geleistet ist, hat das Vollstreckungsorgan zu prüfen (§ 751 II; Teilsicherheit § 752). Nach Rechtskraft der Kostengrundentscheidung ist auch der Beschluss ohne Sicherheitsleistung vollstreckbar (OLG Naumburg *JurBüro 2002*, 38). Mit Aufhebung des Urteils (SchWKT/Gomille Rn 38) oder seiner vorläufigen Vollstreckbarkeit (§ 717 I) verliert der KFB seine Eigenschaft als Vollstreckungstitel, ebenso bei einstw Einstellung der ZwV aus dem Urteil (§ 769; OLG Stuttgart Rpfleger 88, 39).

Der KFB muss, wenn er nicht auf das Urteil gesetzt ist, nach § 798 dem Sch 2 Wochen vor Beginn der ZwV zugestellt sein. Die Bescheinigung über diese Zustellung wird von der GeschSt auf die vollstrb Ausfertigung gesetzt (§ 169 I). Ist der KFB gem § 105 auf das Urteil gesetzt, so erfolgt die ZwV auf Grund vollstrb Ausfertigung des Urteils (es bedarf dann keiner Vollstreckungsklausel für den Beschluss, § 795a). – Die Vorschussanordnung auf die Vergütung des Mitglieds des Gläubigerausschusses (§ 9 InsVV analog) ist kein Titel iSd Nr 2 (BGH ZInsO 2021, 2133). 19

IV) Beschwerdefähige Entscheidungen (§ 794 I Nr 3). Hierher gehören Entscheidungen zB aus § 99 II, die infolge Zurücknahme der Klage ergehende Kostenentscheidung (§ 269 IV; bei Zurücknahme der Berufung § 516 III) sowie die Beschlüsse aus §§ 887, 888, 890 (OLG Karlsruhe MDR 2020, 568 [§ 888]); ferner nach **hM** die mit ihrem Wirksamwerden rechtskräftigen Beschlüsse (§ 567 I, II), Arreste, einstw Verfügungen (§§ 928, 936; Vollstreckungsklausel § 929 I) u Zuschlagsbeschlüsse nach §§ 82, 93, 96 ff ZVG (RGZ 71, 413). – Wegen ihrer nur vorläufigen Wirkung gehört die Vorschussanordnung nach der InsVV (sa) nicht zu Nr 3 (BGH ZIP 2021, 1826); anders dann die endgültige Vergütungsfestsetzung. 20

Einlegung der Beschwerde hindert Vollstreckung (nicht aber Erteilung einer vollstrb Ausfertigung) nur in den Fällen, in denen der Beschwerde ausdrückl (§ 570 I) aufschiebende Wirkung beigelegt oder Aussetzung der Vollziehung angeordnet ist (§ 570 II; BGH NJW 2006, 443, 445; OLG Frankfurt MDR 2021, 57). Für Aufhebung der gegen Zeugen u SV ausgesprochenen Verurteilung sind §§ 381, 402 zu beachten. 21

V) Vollstreckungsbescheide (§ 794 I Nr 4). Vollstreckungsbescheide stehen einem für vorläufig vollstrb erklärten Versäumnisurteil gleich (§ 700). Die Vollstreckbarkeit endigt nicht schon mit Einlegung des Einspruchs, sondern erst mit Aufhebung des VB durch Endurteil des Prozessgerichts; die ZwV kann aber nach §§ 719, 707 einstw eingestellt werden. VollstrTitel ist der VB daher auch, wenn er auf Einspruch durch Urteil aufrechterhalten ist (LG Koblenz NJW-RR 98, 1026). Das bestätigende Urteil hat keinen vollstreckungsfähigen Inhalt (PG/Hansmeier Rn 37; MskV/Lackmann Rn 46). Vollstreckungsklausel: § 796 I; sie wird hier auf den VB gesetzt. Die Identität von Titel-Gl des VB und des die ZwV betreibenden Gl wird nach dem Grundsatz des formalisierten ZwV-Verf festgestellt (BGH MDR 2024, 525 [Fall von Abtretung/Rückabtretung]). Ist der VB in Verlust gegangen, so kann eine weitere vollstrb Ausfertigung erteilt werden. 22

VI) Schiedssprüche (§ 794 I Nr 4a). Aus Entscheidungen, die Schiedssprüche (auch mit vereinbartem Vergleichswortlaut, § 1053 I) für vollstreckbar erklären, findet die Vollstreckung statt (§ 1060 I), wenn sie formell rechtskräftig (§ 705; Rechtsmittel § 1065 I) oder für vorläufig vollstrb erklärt sind. Die obsiegende Partei hat dabei grds Anspruch auf einen vollstreckungsfähigen Titel, der erst durch die Vollstreckbarerklärung geschaffen wird (BayObLG 22.1.2024 – 101 Sch 172/23 Tz 30; OLG Frankfurt NJW 2025, 1423). Im Falle des § 1053 IV ist VollstrTitel die Entscheidung des Notars, die einen Schiedsspruch mit vereinbartem Wortlaut für vollstrb erklärt. Sicherungsvollstreckung vor Vollstreckbarerklärung des Schiedsspruchs u Vollziehung vorläufiger oder sichernder Maßnahmen des Schiedsgerichts: § 1063 III. Aus für vollstrb erklärten (vormaligen) schiedsrichterl Vergleichen (die bis 31.12.1997 geschlossen wurden) findet die ZwV statt, wenn die Entscheidung über die Vollstreckbarkeit rechtskräftig oder für vorläufig vollstrb erklärt ist (Art 4 § 1 IV SchiedsVfG). – Sicherungsvollstr; § 1063 III. – Einwendungen gegen den titulierten Anspruch sind mit Abwehrklage vorzubringen: § 795 S 1, § 767 (BayObLG SchiedsVZ 2024, 310). 23

VII) Vollstreckbar erklärte Vergleiche (§ 794 I Nr 4b). Anwaltsvergleiche (§ 796a) werden durch das Prozessgericht (§ 796b) oder den Notar (§ 793c) für vollstreckbar erklärt. Eine Anfechtung der Beschlüsse findet nicht statt (§ 796b II 3 iVm § 796c I 2). Wartefrist: § 798. 24

VIII) Gerichtliche und notarielle Urkunden (§ 794 I Nr 5). 1) Urkunden. a) I Nr 5 führt Urkunden an, die von einem deutschen Gericht oder einem deutschen Notar innerhalb der Grenzen ihrer Befugnisse in der vorgeschriebenen Form aufgenommen worden sind (§ 20 BNotO, §§ 1, 6 ff BeurkG). Deren Vollstreckung richtet sich auch dann nach ZPO-Vorschriften, wenn die Unterwerfung einen Anspruch betrifft, der öffentl-rechtl Natur ist (BGH DNotZ 2006, 189 [krit Wolfsteiner] = NJW-RR 2006, 645). Zuständig zur Beurkundung sind außerdem Konsularbeamte (§ 10 II KonsularG 1974; sa VGH München NJW 83, 1992). Vollstreckungsklausel: § 797. Urkunden des Jugendamts über eine Verpflichtung nach § 59 I 1 Nr 3, 4 SGB VIII sind nach § 60 SGB VIII VollstrTitel (auch für beurkundeten Unterhalt nach Volljährigkeit eines ehel Kindes, LG Kleve FamRZ 91, 357), wenn die Erklärung die Zahlung einer bestimmten Geldsumme betrifft und der Sch sich in der Urkunde der sof ZwV unterworfen hat. 25

b) Innerhalb des **geografischen Anwendungsbereichs der EuVTVO** (ohne Dänemark; für VK s § 1079 Rn 3) können nach Wahl des Gläubigers dt vollstrb Urkunden über eine Forderung iSv Art 4 II gem Art 25 I EuVTVO iVm § 1079 ZPO als **Europ Vollstreckungstitel** bestätigt werden; dabei ist der Einwendungsausschluss in den ersuchten Vollstreckungsmitgliedstaaten (Art 21 ff EuVTVO) ggü dem nach Art 39 ff, 45 Brüssel Ia-VO u den Parallelbestimmungen der EU-Spezialrechtsakte umfänglicher. Der Gl kann es jedoch bei den Vollstreckungsmöglichkeiten nach der Brüssel Ia-VO belassen, Art 27 EuVTVO. 25a

2) Gegenstand der Urkunde. Gegenstand der Urkunde kann (wie eines Vergleichs nach I Nr 1) jeder vollstreckungsfähige Anspruch sein, der einer vergleichsweisen Regelung zugängl ist. **Ausgenommen** sind Ansprüche 26

auf Abgabe einer (mat-rechtl oder prozessualen) Willenserklärung (§ 894; MK/Wolfsteiner Rn 247) u Ansprüche, die den Bestand eines auch nur kurzfristigen Mietverhältnisses über Wohnraum (s § 721 Rn 2) betreffen. Erfasst sind auch Untermietverhältnisse und Ansprüche, bei denen der Bestand des Mietverhältnisses nur Vorfrage ist (Räumungs- u Herausgabeanspruch sowie Anspruch auf Fortsetzung des Mietverhältnisses nach §§ 574-574c BGB). Nicht unterwerfungsfähig ist daher der Räumungs- u Herausgabeanspruch nach späterer/künftiger Beendigung des Mietverhältnisses (§ 546 BGB), auch wenn er auf § 985 BGB gestützt wird. Dagegen ist der Räumungsanspruch zu einem Zeitpunkt unterwerfungsfähig ist, in dem das Mietverhältnis durch Aufhebungsvertrag oder Kündigung, unstr bereits beendet ist, weil es dann am Bestand eines Mietverhältnisses fehlt. Unterwerfung unter Anerkennung fristloser Kündigung ist nicht zulässig (AG Detmold DGVZ 2003, 60). Unterwerfungsfähig sind die Räumungsverpflichtung bei Besitz aus anderem Rechtsgrund als aus Mietrecht u Zahlungsansprüche sowie andere mietrechtl Ansprüche aus einem Mietverhältnis, die den Bestand nicht in Frage stellen. Unterwerfungsfähig sind die Räumungsverpflichtung des Eigentümers bei Grundstücksveräußerung (betrifft nicht den Bestand eines Mietverhältnisses, AG Ingolstadt DGVZ 2001, 89); auch bei längerer Raumüberlassung nach Veräußerung, ist von Willensübereinstimmung zur Begründung eines Mietverhältnisses regelmäßig nicht auszugehen (s § 721 Rn 10), des Erwerbers bei Rückabwicklung eines Grundstückskaufs (AG Fritzlar JurBüro 2005, 664), die Verpflichtung zur Vornahme einer vertretbaren oder unvertretbaren Handlung (§§ 887, 888) u zu einer Unterlassung oder Duldung (§ 890), damit auch Ansprüche auf Erbringung der vom Bauträger werkvertragl geschuldeten Leistungen (BTDrs 13/341, 20). Bei einem Mischmietverhältnis (Gewerbe-/Wohnräume; gemischtes Pacht-/Mietverhältnis) ist darauf abzustellen, welche Nutzungsart überwiegt (hierzu § 721 Rn 2; Wolfsteiner DNotZ 99, 306, 317; MskV/Voit § 796a Rn 7; differenzierend MskV/Lackmann Rn 32: keine Titulierung bei ausschließl oder teilw mit betroffenem Wohnraum; aA SchWKT/Gomille Rn 53: Titulierung ganz ausgeschlossen). Wenn jedoch Gewerberäume baulich u funktional selbständig sind u daher getrennt von den Wohnräumen herausgegeben werden können (s § 721 Rn 2), sind nach dem Schutzzweck die Wohnräume von der ZwV-Unterwerfung stets ausgeschlossen. Als auf Abgabe einer Willenserklärung gerichtet kann die Verpflichtung, sich in notarieller Urkunde der sof ZwV zu unterwerfen, nicht nach I Nr 5 vollstreckungsfähig übernommen werden. – Entsprechende Regelungen in § 796a II (für Willenserklärungen und Wohnraum), § 1030 II (für Wohnraum).

27 3) **Konkretisierungsgebot. a)** Die Unterwerfungserklärung muss den vollstreckungsfähigen **Anspruch konkret bezeichnen** (Konkretisierungsgebot). Dass der Anspruch bestimmt bezeichnet ist (Rn 28), genügt allein nicht. Pauschale Unterwerfungserklärung ist unzulässig; Unterwerfung „wegen etwaiger Verpflichtungen zur Zahlung bestimmter Geldsummen" aus dieser Urkunde genügt daher nicht (BGH MDR 2012, 1371; BGH NJW 2015, 1181 [Kaiser]). Über die bestimmte Bezeichnung hinaus muss weitergehend in der Unterwerfungserklärung selbst kenntl gemacht sein, wegen welcher Ansprüche der Sch sich der ZwV unterwirft (BGH NJW-RR 2012, 1342 Tz 16; BGH NJW 2015, 1181 Tz 20). Verstoß gegen dieses Konkretisierungsgebot hat Nichtigkeit der Unterwerfungserklärung zur Folge (BGH NJW 2015, 1181).

28 **b)** Die Urkunde muss (wie ein Urteil) den vollstrb Anspruch inhaltl **bestimmt** ausweisen, desgl eine Gegenleistung beim Zug-um-Zug-Titel (s § 704 Rn 4). Ein Anspruch auf **Zahlung** einer Geldsumme ist bestimmt (dass er bestimmbar ist, genügt nicht, KG ZIP 83, 370), wenn der Betrag entweder ziffernmäßig festgelegt ist oder sich ohne weiteres aus den Angaben der Urkunde berechnen lässt (BGHZ 22, 54, 56; BGH DNotZ 71, 233; BGH NJW 83, 2262; BGH NJW 95, 1162; zu Einzelheiten s § 704 Rn 4). Dies gilt auch für **Zinsen** u sonstige Nebenleistungen (OLG Stuttgart DNotZ 74, 358). Auch eine künftige oder bedingte Forderung ist unter diesen Voraussetzungen unterwerfungsfähig (BGHZ 88, 62; LG Köln MittRhNotK 85, 10 für bedingte Zinsen). Die Höhe des bedingten oder künftigen Anspruchs muss allerdings in der Urkunde festgestellt sein (Klauselerteilung nach §§ 726, 795) oder sich ohne weiteres aus deren Angaben berechnen lassen (Basiszinssatz nach § 247 BGB; sa § 704 Rn 4). Nicht vollstrb ist daher die Unterwerfung wegen der Zinsen, wenn der Zinsbeginn sich nicht aus der Urkunde ergibt, sondern nur anhand außerhalb der Urkunde liegender Umstände zu ermitteln ist, zB „ab Auszahlung" (BayObLG NJW-RR 96, 38 für Hypotheken-Eintragungsbewilligung), „ab Räumung" oder „Notarbestätigung über bestimmte Umstände" (OLG Düsseldorf DNotZ 88, 243 [Reithmann] = NJW-RR 88, 698) sowie auch „wegen etwaiger Verzugszinsen" ohne Bezeichnung der Höhe und/oder des Zinsbeginns (OLG Düsseldorf OLGZ 80, 339; aA MK/Wolfsteiner Rn 173; aber Erteilung der Klausel dient nicht der nachträgl Bestimmung der vollstrb Geldsumme, u Auslegung der Urkunde bei fehlendem Zinsbeginn bekundet nur das Bemühen, erforderliche Bestimmtheit des Zinsbeginns als Urkundeninhalt noch zu finden). Für die Unterwerfungserklärung ist auch Zusammenfassung eines unbedingten (festen) Zinssatzes mit einem bedingten Zinssatz (Strafzinsen von 1% jährl für den Fall des Verzugs) zu einem Höchstzinssatz (bis zu … vH) zulässig (BGHZ 88, 62). Bestimmt ist der Zinsbeginn ab Grundbucheintragung (BGH MDR 2000, 849). Bestimmt ist die Unterwerfungserklärung, wenn der betragsmäßig festgelegte vollstrb **Anspruch weiter gefasst** ist als die zugrundeliegende materielle Forderung u deren Höhe noch nicht feststeht, sondern erst später unter Einbeziehung künftig eintretender Umstände ermittelt werden muss (BGH NJW 96, 2165; BGH MDR 97, 776; BGH MDR 2000, 260 = *NJW 2000, 951). Dabei wird oft die Unabhängigkeit* des vollstrb Anspruchs vom mat-rechtl Bestand übersehen, s vor § 704 Rn 3, dh die Vollstreckbarkeit der Unterwerfungserklärung ist bewusst weiter gefasst als der durch die zugrundeliegende mat-rechtl Anspruch. Im Zweifel ist davon auszugehen, dass **Zinsen ab Zeitpunkt**

der Unterwerfungserklärung gewollt sind u dass fehlender Nachweis des Eintritts der mat-rechtl Fälligkeit der Zinsen etc. der sofortigen Erteilung einer vollstrb Ausf nicht entgegenstehen soll, Wolfsteiner Vollstrb Urk Rn 16.16; 16.23. – Auch kann den Vollstreckungsorganen zur Feststellung des ziffernmäßigen Betrags der Vollstreckungsschuld ein gewisses Rechenwerk unter Heranziehung von allg zugängl in der Urkunde in Bezug genommenen Daten zugemutet werden (OLG Düsseldorf NJW 71, 473; AG Darmstadt DGVZ 80, 173). So bietet eine **Wertsicherungsklausel**, die auf den vom Statistischen Bundesamt ermittelten u bekannt gegebenen Verbraucherpreisindex abstellt, eine Grundlage für das Vollstreckungsorgan, durch Ablesen aus einer Tabelle den Betrag der Schuld festzustellen (BGH MDR 2004, 688; BGH NJW-RR 2005, 366; Reul MittBayNot 2005, 265; Anknüpfung an Kostenindex eines Bundeslandes wird als unbestimmt angesehen, OLG Karlsruhe OLGZ 91, 227). Eine umfassende Erkundungspflicht u umfangr Rechenwerk kann dem Vollstreckungsorgan jedoch nicht zugemutet werden (BGHZ 22, 54 = NJW 57, 23: Höchstpension der Rente eines bayer Notars nicht bestimmt). Klärung nach Veränderung der Bemessungsgrundlage kann durch das Vollstreckungsorgan nicht erfolgen (BGH MDR 2010, 656: Unterhalt in Höhe der Bruttobezüge des Beamten einer bestimmten Besoldungsgruppe u Dienstaltersstufe zuzügl Ortszuschlag nicht mehr bestimmt, wenn die grundlegend geänderte, damit überholte Besoldungsordnung keinen Ortszuschlag mehr enthält). Angesichts der durch die fortschreitende Digitalisierung nunmehr in kürzester Zeit mögl gewordenen umfangreichen Rechenoperationen ist die vorgenannte restriktive Rspr kritisch zu hinterfragen. Eine **Forderung in ausländischer Währung** oder legaler **Kryptowährung** ist bestimmt (s vor § 802a Rn 3). – Auch eine bedingte **Vertragsstrafe** kann nach Nr 5 tituliert u mit einem Nachweisverzicht für die Klauselerteilung versehen werden. Daneben kann additiv Ordnungsgeld (§ 890 I) verhängt werden (BGH MDR 2014, 700).

c) Zur Bestimmtheit des Anspruchs gehört auch die **Bestimmtheit der Gläubigerbezeichnung** (KG Rpfleger 29
75, 371 [Wolfsteiner MittBayNot 76, 35]; abl Zauner NJW 76, 1824). Bestimmt ist die Unterwerfung wegen aller Ansprüche, welche „dem Gl aus der Grundschuld" zustehen, weil damit ausschließl der genannte Gl bei Grundschuldbestellung (späterer Unterwerfung) bezeichnet, nicht aber zugleich (auch) ein noch nicht bestimmter künftiger Gl gemeint ist (für diesen als Rechtsnachfolger ZwV mit titelumschreibender Klausel, § 727 I, § 795 S 1; BGH NJW 2010, 2041 Tz 17-21). Für ein Schuldversprechen zur Zahlung eines Betrags in Höhe der Grundschuldsumme (mit Zinsen u Nebenleistungen; Übernahme der persönl Haftung) kann persönliche ZwV-Unterwerfung „zugunsten des jew Gl der Grundschuld" (bezeichnet keinen bestimmten Gl, Everts MittBayNot 2008, 356) nur Bestand haben, wenn sie dahin ausgelegt wird, dass Unterwerfung zugunsten des in der Urkunde genannten Gl der Grundschuld erfolgt u Rechtsnachfolger (§ 727) nur sein kann, wer Gl des Anspruchs aus dem Schuldversprechen u gleichzeitig auch der Grundschuld geworden ist (BGH DNotZ 2008, 833 [krit Wolfsteiner] = MDR 2008, 410; BGH DNotZ 2012, 288 [dazu Everts DNotZ 2012, 245] = MittBayNot 2012, 312 [Volmer]). Mit guten Argumenten großzügiger MK/Wolfsteiner Rn 189. Für mehrere Gl muss sich ihr Beteiligungsverhältnis, für mehrere Sch ihr Haftungsverhältnis aus der Urkunde ergeben (s § 704 Rn 11). Das Anteilsverhältnis mehrerer Gl ist bestimmt dargestellt, wenn sie mit ihrem im Grundbuch eingetragenen (§ 47 GBO) u in der Urkunde aufgeführten Rechtsverhältnis berechtigt sein sollen, nicht aber, wenn dieses Rechtsverhältnis nicht in die Urkunde aufgenommen u erst durch Einsicht in das Grundbuch festgestellt werden muss (nicht eindeutig u mit irreführendem LS BGH NJW 95, 1162 = Rpfleger 95, 366 [Münzberg]; der Grundbuchinhalt ist nicht offenkundig, s § 12 GBO; zutr krit deshalb Münch DNotZ 95, 749).

d) Dritte: aa) Einen Dritten, an den zu leisten ist (Zahlungsempfänger), hat die Urkunde mit dem vollstrb An- 30
spruch bestimmt auszuweisen (s § 750 Rn 3; auch zur Vollstreckung); Gl des vollstrb Anspruchs ist er nicht (s § 724 Rn 3 aE). Unterwerfungsfähig ist in dieser Weise insb der Anspruch des Grundstücksverkäufers gegen den Käufer auf Zahlung des Kaufpreises auf Anderkonto des beurkundenden Notars (KG NJW 2000, 1409). – **bb)** Wird aus einer not Urkunde gegen einen Dritten vollstreckt, kann er mit der Titelgegenklage analog § 767 vorbringen, nicht Titelsch zu sein und keine Unterwerfungserklärung abgegeben zu haben (OLG Saarbrücken RNotZ 2022, 160).

4) Fähigkeit zur Unterwerfung. Unterwerfungsfähig ist der **dingliche Anspruch** (§ 1147 BGB) aus einer **Hy-** 31
pothek, Grundschuld, Rentenschuld oder Schiffshypothek (s Anm zu § 800); keine Unwirksamkeit nach AGB bei formularmäßiger Unterwerfungserklärung für eine Sicherungsgrundschuld (BGH NJW 2010, 2041). Daneben übernimmt der Grundstückseigentümer vielfach „wegen des Anspruchs aus der Grundschuld" zusätzl die **persönliche Haftung** mit seinem ganzen übrigen Vermögen. Dieses abstrakte Schuldversprechen in Höhe des Nennbetrags der Grundschuld u sämtl Nebenleistungen (§ 780 BGB) u eine damit verbundene Unterwerfung unter die sof ZwV wegen dieser abstrakten persönl Zahlungsverpflichtung verstoßen regelmäßig nicht gegen AGB-Recht (§§ 307 ff BGB; MskV/Lackmann Rn 30; BGH NJW 87, 904; BGH NJW-RR 90, 246; BGH NJW 2004, 59, 61; BGH NJW 2004, 839, 840; BGH NJW-RR 2006, 490; anders für Sicherungsgeber u Besteller der Grundschuld, der nicht Forderungsschuldner ist, BGHZ 114, 9 = DNotZ 92, 91 [Stürner]). Auszulegen ist die vollstrb Urkunde idR dahin, dass der Gl den angegebenen Betrag nur einmal verlangen u vollstrecken kann (Einwendungen aber nur mit Abwehrklage), auch wenn die vereinbarungsgemäß gesicherte Forderung höher ist (BGH DNotZ 88, 487 [abl Schmitz-Valckenberg] = NJW 88, 707; OLG Hamm NJW-RR 91, 819). Kumulative ZwV-Unterwerfung muss in der Urkunde zum Ausdruck gebracht werden (dazu BGH DNotZ 88, 487;

OLG Hamm NJW-RR 91, 819). Auch der Grundstückseigentümer, der eine **Eigentümergrundschuld** bestellt, kann sich wegen des Grundschuldkapitals (samt Zinsen) **persönl** der sof ZwV unterwerfen. Darin liegt idR ein an den Zessionar der Grundschuld gerichtetes Angebot zur Begründung eines abstrakten Schuldversprechens (BGH NJW 91, 228). Die Annahme dieses Angebots muss in der Urkunde nicht enthalten sein (s Rn 29); sie ergibt sich schlüssig aus dem Verhalten des ausgewiesenen Gl, wenn er die Klauselerteilung beantragt, ist sonach idR nicht nachzuweisen (BGH NJW 91, 228). Zur Unterwerfung wegen eines Teilbetrags s § 800 Rn 2; zur ZwV-Unterwerfung bei Zustandekommen eines Vertrags durch Angebot u Annahme s Schöner/Stöber Rn 902 mwN. ZwV-Unterwerfung stellt Abschluss eines Unterwerfungsvertrags, den der Gl anbietet u der Sch annimmt, nicht dar (BayObLG DNotZ 87, 176).

32 **5) Unterwerfung.** Der Sch muss sich in der Urkunde **der sof ZwV unterwerfen**. Die **Unterwerfungserklärung** ist eine ausschließl auf das Zustandekommen des VollstrTitels gerichtete **einseitige prozessuale** (damit keine privatrechtl) **Willenserklärung**, die lediglich prozessrechtl Grundsätzen untersteht (StJ/Kern Rn 125) u auch bei ausl Schuldstatut nach der dt lex fori (§ 794 I Nr 1) zu beurteilen ist (BGH MDR 2003, 944; Stöber NotBZ 2008, 209). Zum VollstrTitel wird die notarielle Urkunde jedoch nicht in einem gerichtl Erkenntnisverf, damit nicht nach ZPO-Vorschriften, sondern nach §§ 6-26 BeurkG. Von dem zugrundeliegenden materiellen Rechtsgeschäft ist die Unterwerfungserklärung unabhängig (BGH NJW-RR 2008, 1075, 1076). Fehlen ist mit Abwehrklage geltend zu machen. Formnichtigkeit eines (Kauf-)Vertrags (§ 311b I 3 BGB, BGH NJW 96, 2792), damit auch Nichtigkeit eines Grundstücksverkaufsvertrags wegen Unterverbriefung bewirkt daher nicht die Unwirksamkeit der Unterwerfungserklärung (BGH DNotZ 85, 414; BGH NJW 96, 2792; keine Abwehrklage nach Heilung des Kaufvertrags gem § 311b I 2 BGB). Obgleich Vorschriften des BGB wie zB § 139 BGB oder die auf Schutz des Geschäftsgegners bei Handeln eines Bevollmächtigten zugeschnittenen §§ 172 ff keine Anwendung finden können, kann sich ein Verstoß gegen ein gesetzl Verbot des materiellen Rechts auch auf die Unterwerfungserklärung auswirken (§ 134 BGB). Bedeutung hat das für die Unwirksamkeit der Unterwerfungsvollmacht bei Verstoß gegen das RDG erlangt (BGHZ 154, 283; dazu Stöber NotBZ 2008, 209). Der **Auslegung** sind (wie der des Vergleichs, s Rn 15) Grenzen gesetzt. Es kann über den Urkundenwortlaut hinaus daher nicht auf außerhalb der Urkunde liegende andere Umstände als ges Vorschriften zurückgegriffen werden (BayObLG DNotZ 92, 309; OLG Frankfurt MDR 87, 507). Eine Unterwerfungserklärung wegen des fortlaufenden Anspruchs auf Mietzins umfasst daher nicht den nach Beendigung des Mietverhältnisses an dessen Stelle tretenden Entschädigungsanspruch bei verspäteter Rückgabe nach § 546a BGB (OLG Frankfurt MDR 87, 507), eine Unterwerfung wegen einer Kaufpreisforderung nicht einen an deren Stelle tretenden Schadensersatzanspruch (BGH MDR 80, 389; OLG Hamm NJW-RR 96, 1024; OLG Köln NJW-RR 95, 1107); Einwendung ist nach § 767 geltend zu machen. Rechtswirkungen entfaltet die nicht empfangsbedürftige Unterwerfungserklärung, wenn sie mit dem Willen des Erklärenden in den Rechtsverkehr gelangt. Ist der Sch nicht prozessfähig, muss der ges Vertreter der Urkunde zustimmen (RGZ 84, 318); Genehmigung des Familien-/Betreuungsgerichts kann erforderl sein (s Rn 8).

33 **6) Unterwerfung durch Bevollmächtigte.** Die Unterwerfungserklärung kann durch einen Bevollmächtigten abgegeben werden (dazu Stöber NotBZ 2008, 209), auch durch den vom Sch bevollmächtigten Gl (Zawar FS Lüke, 1993, S 993, 995). § 79 II findet im Beurkundungsverf keine Anwendung (Stöber NotBZ 2008, 209, 212; Lindemeier RNotZ 2009, 37; LG Münster NJW-RR 2009, 665; sa § 79 Rn 2). Jedenfalls wäre die Unterwerfungserklärung des nicht zurückgewiesenen Bevollmächtigten als Prozesshandlung nach § 79 III 2 stets wirksam. Ein Verstoß gegen das RDG kann sich jedoch auch auf die Vollmacht auswirken (BGH 154, 283). Die **Vollmacht** des Vertreters bedarf der **öffentl** Beurkundung oder öffentl **begl Form** (BGH NJW-RR 2004, 1718; erst für Klausel BGH MDR 2008, 944). **Bescheinigung nach § 21 III BNotO** reicht aus, BGH DNotZ 2017, 303.

34 **7) Vollmachtlose Unterwerfung.** Unterwerfung durch einen vollmachtlosen (LG Bonn Rpfleger 90, 374) oder nicht ausgewiesenen Vertreter erlangt erst mit Genehmigung des Vertretenen (wird auf § 89 gestützt; s BGH NJW 2005, 841, 843) oder Vollmachtsnachweis Wirksamkeit gegen den Sch (OLGR Zweibrücken 2002, 438). Vollmachtlos handelt der Vertreter auch, wenn seine schriftl Vollmacht nichtig ist wie bei Verstoß des zugrundeliegenden Geschäftsbesorgungs-/Treuhandvertrags gegen das RDG (BGH NJW 2004, 59, 60; BGH NJW 2004 62, 63; BGH NJW 2004, 839, 840; BGH NJW 2004, 841; BGH NJW 2004, 844, 845; BGH NJW 2006, 2118, teilw auch dazu, dass gleichwohl nach Treu u Glauben Berufung auf die Unwirksamkeit der Unterwerfungserklärung verwehrt sein kann). Die Wirksamkeit prozessualen Handelns (s Rn 32) ohne Vertretungsmacht wird ebenso nach § 89 bestimmt (BGHZ 154, 283, 288). Prüfung durch das Vollstreckungsorgan: s Rn 38. Erteilung einer Vollmacht zur Unterwerfung (insb für den Anspruch aus einer Grundschuld) an den Gl selbst unwiderruflich u unter Befreiung vom Verbot der Unterwerfung wegen seines eigenen Anspruchs ist zulässig (Dux WM 94, 11145).

35 **8) Beschränkende Unterwerfung.** Die Unterwerfungserklärung kann die ZwV zeitl, gegenständl (ZwV nur in Geschäfts-, nicht in Privatvermögen, nur in Nachlass, nicht in Eigenvermögen) oder auf bestimmte Vollstreckungsmaßnahmen (nur in das bewegl Vermögen, nicht in Grundstücke) beschränken (DNotI-Report 2000, 1). *Grundlage für Tätigkeit des Vollstreckungsorgans* als VollstrTitel (s vor § 704 Rn 14) gibt die Urkunde dann nur in dem eingeschränkten Umfang. Für Klauselerteilung bedeutet die eingeschränkte Vollstreckbarkeit keine Begrenzung; zu beachten ist sie vom Vollstreckungsorgan. Rechtsbehelf bei Verstoß: § 766 (§ 793). Vollstre-

ckungsklausel u Vollstreckung hingegen, wenn nach dem Inhalt der Urkunde die ZwV vom Eintritt einer vom Gl zu beweisenden Tatsache abhängig ist: § 726 (s Anm zu § 726). Die Abrede, dass die Benutzung der (inhaltl nicht beschränkten) vollstrb Urkunde an bestimmte Voraussetzungen geknüpft ist, ist vollstreckungsbeschränkende Vereinbarung (zu dieser s vor § 704 Rn 25).

9) Vollstreckbare Ausfertigung. Vollstreckbare Ausfertigung s § 797 Rn 2. Zulässig ist Erteilung der vollstrb Ausfertigung erst nach Entstehen des vollstrb Anspruchs u Eintritt der Fälligkeit, die durch öffentl oder öffentl begl Urkunde nachzuweisen sind (§ 726). Ein grds zulässiger (BGH DNotZ 2021, 692 Tz 17 [Reymann] = MDR 2020, 1465) **Nachweisverzicht** bringt keine Beweislastumkehr für Einwendungen gegen die vollstrb Urkunde (BGH MDR 2001, 894) u verstößt nicht gegen § 309 Nr 12 BGB (SchWKT/Gomille Rn 65). – Vollstreckungsunterwerfung eines Erwerbers in einem **Bauträgervertrag** mit Nachweisverzicht wird nach §§ 3, 12 MaBV mit § 134 BGB als nichtig angesehen (BGH MDR 99, 32 = NJW 99, 51 mN; MskV/Lackmann Rn 33; sa Grüneberg/Ellenberger § 134 BGB Rn 16 mN; Erman/Arnold § 134 BGB Rn 36; krit Wolfsteiner DNotZ 99, 99 u 101); für den Schutz des Erwerbers reicht aber schon aus, Nichtigkeit allein des Nachweisverzichtes anzunehmen (OLG Stuttgart NJW-RR 93, 1535). Beurkundung allein der Unterwerfungserklärung schafft infolge der Sicherung durch § 726 dem Bauträger nämlich noch keineswegs die Möglichkeit, „jederzeit u in beliebiger Höhe die ZwV einzuleiten", damit unter Verstoß gegen die Sicherungspflichten der MaBV im Wege der ZwV auf Vermögenswerte des Auftraggebers zuzugreifen. Schutz durch Nichtigkeit auch der Unterwerfungserklärung gebieten die Sicherungspflichten nach MaBV somit nicht (s Wolfsteiner DNotZ 99, 99, 103). Unzulässiger Nachweisverzicht verbietet auch Abrede in der Unterwerfungserklärung über Besonderheiten bei Beweisführung durch öffentl oder öffentl begl Urkunde (§§ 415-419). Ausgeschlossen sind daher Abreden über den erforderl oder genügenden Inhalt der Nachweisurkunde, über Begutachtung durch einen vorausbestimmten (oder „unabhängigen") SV (insb den bauleitenden Architekten, OLGR Jena 99, 400, oder Bauleiter, OLGR München 2009, 307; OLG München MittBayNot 2009, 462 u OLG München DNotZ 2011, 42), über Fälligkeitsnachweis durch Fertigstellungsbescheinigung (aA OLG Bamberg MDR 2008, 1269; LG Schwerin NJW-RR 2005, 747) u über Erleichterungen bei Beweiswürdigung (§ 286). Zulässig ist ZwV-Unterwerfung für die nach dem Bautenstand bei Vertragsschluss (Errichtung der Urkunde) bereits fälligen Kaufpreisraten (DNotI-Report 99, 141). Bei **kassatorischer Klausel** kann die vollstrb Ausfertigung sofort erteilt werden (s § 726 Rn 18). Wenn die Urkunde keine Angaben über die Fälligkeit enthält, eine Fälligkeitsvoraussetzung sich sonach nicht aus dem Inhalt der Urkunde selbst ergibt, sondern aus dem materiellen Recht ist bei Erteilung der vollstrb Urkundenausfertigung die Fälligkeit nicht zu prüfen (dann kein Fall des § 726 I; KG DNotZ 83, 699 = ZZP 96 [1983], 368 [zust Münzberg]). Bei der nach dem 19.8.2008 bestellten Grundschuld kann das jedoch nicht gelten, weil deren Fälligkeit zwingend Kündigung erfordert, so dass ein Titel über die Vollstreckbarkeit auch den zu beweisenden Eintritt der Fälligkeit ergibt (s § 797 Rn 12). Nachweis der Kündigung: s § 726 Rn 8. Enthält eine Urkunde eine Erklärung der in § 794 I Nr 5 u eine Erklärung der in § 794 II bezeichneten Art, so genügt die einfache Vollstreckungsklausel des § 725, um den Gl zu der ZwV aus den beiden in der Urkunde verbundenen Schuldtiteln zu ermächtigen (BayObLG OLG 1, 257). Über den gesetzl Anspruch gegen den vollmachtlosen Vertreter (§ 179 I BGB) ist die Urkunde nicht errichtet (BGHZ 70, 240); gegen ihn kann vollstrb Ausfertigung nicht erteilt werden (DNotI-Report 99, 127). 36

10) Voraussetzungen für den Beginn der Zwangsvollstreckung. Für den Beginn der ZwV muss die **vollstrb Urkunde** (nicht die vollstrb Ausfertigung; diese jedoch im Falle von § 750 II, § 726 I usw) **zugestellt** u die **Wartefrist** des § 798 abgelaufen sein. Zustellung hat nach § 750 I (nicht nach dessen II, wovon der BGH NJW-RR 2007, 358 ausgeht u was vielfach angenommen wird) zu erfolgen (OLG Köln MDR 69, 150). Wenn die Unterwerfungserklärung ein Bevollmächtigter abgegeben hat (s Rn 33), ist die Niederschrift mit der Unterwerfungserklärung (§ 9 I 1 BeurkG) zusammen mit der beigefügten (§ 12 S 1 BeurkG) in öffentl oder öffentl begl Form erforderl gewesenen Vollmacht (dazu näher Stöber NotBZ 2008, 209, 214; allg zur Zustellung der Vollmacht BGH NJW-RR 2007, 358) zuzustellen. Zustellung hat an den Sch selbst zu erfolgen, nicht an den bevollmächtigten Vertreter, dessen Unterwerfungserklärung beurkundet ist. Die Unterwerfungsvollmacht ermächtigt nicht dazu, einen „Rechtsstreit" zu führen, damit nicht nach § 81 zu Prozesshandlungen die durch die ZwV u vorbereitende Maßnahmen veranlasst sind, somit auch nicht zum Empfang von Zustellungen, sie begründet auch keine Empfangsvollmacht für Zustellung nach § 171 (Stöber NotBZ 2008, 209, 215). ProzBev (§ 172) ist der Bevollmächtigte nicht. Die Genehmigung des Sch bei Unterwerfung durch einen vollmachtlosen oder nicht ausgewiesenen Vertreter (s Rn 34) muss für den Beginn der ZwV ebenso nach § 750 I zugestellt sein; die Wochenfrist des § 798 ist auch in diesem Fall zu wahren. Zustellung der Vollmacht wird nicht gefordert, wenn bei Errichtung des Titels der damalige Eigentümer durch den nunmehrigen Sch (nicht damit einen Dritten) vertreten wurde u nach Erwerb des Eigentums an dem belasteten Grundstück der Titel auf ihn umgeschrieben worden ist (die Wirksamkeit des Titels gegen den Sch hängt nicht vom Bestand der Vollmacht ab; BGH NJW-RR 2005, 1359). 37

11) Prüfungspflicht. Das **Vollstreckungsorgan** (GV, Vollstreckungsgericht, GBA) hat für die ZwV zwar zu **prüfen**, ob ein formell wirksamer VollstrTitel mit vollstreckungsfähigem Inhalt vorliegt. Die Erteilung und der Umfang einer Vollmacht für die Unterwerfungserklärung, die ein Vertreter abgibt, sind aber dabei nicht vom Vollstreckungsorgan zu prüfen, sondern werden im Klauselerteilungsverf geprüft (Nachweis entsprechend § 726) und Einwendungen sind mit der Erinnerung (§ 732) vorzubringen (BGH MDR 2012, 1253; MskV/Lack- 38 mann Rn 36; ThP/Seiler Rn 54a; Hk-ZV/Müller Rn 56; aA 35. Aufl). Eine erteilte Klausel ist vom Vollstreckungsorgan dann auch nicht mehr nachzuprüfen (SchWKT/Gomille Rn 69).

39 **12) Nachträgliche Änderung einer Abrede.** Wird eine in der Urkunde enthaltene Abrede der Parteien nachträglich geändert, so genügt es, über die Änderung eine neue Urkunde zu errichten, in der auf die frühere Urkunde Bezug genommen wird (KG OLG 39, 76). Verpflichtet sich der Sch nachträgl zu Leistungen, die in der früheren Urkunde nicht festgesetzt waren, so muss die neue Urkunde insoweit auch die Unterwerfung unter die sofortige ZwV enthalten. Keine Abänderung der Unterwerfungserklärung wegen des dingl Anspruchs aus einer Grundschuld ist die Erweiterung des Sicherungszwecks (Abänderung des Sicherungsvertrags). Sie ist formlos wirksam (BGH DNotZ 98, 575 [Schmitz-Valckenberg] = MDR 97, 863). Zur Abänderung einer vollstrb Urkunde durch Urteil s näher Anm zu § 323a.

40 **IX) Europäische Zahlungsbefehle (§ 794 I Nr 6).** Anführung der Europ Zahlungsbefehle, deren Vollstreckung im Inland sich nach dt Recht richtet, auch wenn der Zahlungsbefehl von einem anderen EU-Mitgliedstaat erlassen wurde, soll erkennbar machen, dass auch dafür die allg Vollstreckungsvorschriften der ZPO (iVm §§ 1092 ff) anwendbar sind. Sa Art 19 ff EuMahnVO.

40a **X) Weitere europäische Rechtsakte (§ 794 I Nr 7-9).** Das Gleiche gilt für die anderen europ Rechtsakte, die per se auch in Deutschland ohne vorh Vollstreckbarerklärungsverf vollstrb sind, so insb Art 39 Brüssel Ia-VO (I Nr 9), Art 20 ff EuBagatellVO (I Nr 8) etc.

41 **XI) Duldungstitel (§ 794 II).** 1) In den in II bezeichneten Fällen ist neben dem Leistungstitel ein Duldungstitel erforderlich. Der Duldungsschuldner kann die Verurteilung zur Duldung der ZwV dadurch ersetzen, dass er in einer Urkunde gem I Nr 5 die sof ZwV in die diesem Recht unterworfenen Gegenstände bewilligt.

42 2) Die einzelnen **Fälle des § 794 II. § 737:** ZwV bei Nießbrauch an Vermögen oder Erbschaft. **§ 743:** ZwV in Gesamtgut nach Beendigung der Gütergemeinschaft, Leistungstitel gegen den einen u Duldungstitel gegen den anderen Ehegatten; **§ 745 II:** ZwV nach Beendigung der fortges Gütergemeinschaft, Leistungstitel gegen den überlebenden Ehegatten, Duldungstitel gegen Abkömmlinge; **§ 748 II:** ZwV gegen TV, der nur einzelne Nachlassgegenstände verwaltet. Leistungstitel gegen die Erben.

43 **XII) Sonstige Vollstreckungstitel. FamFG**: §§ 86, 95, 120 FamFG. Andere Schuldtitel nach Bundesrecht, aus denen ZwV nach Maßgabe der ZPO stattfindet, sind ua (sa vor § 704 Rn 6): Gerichtl Festsetzung der Vergütung u Auslagen der Gründungsprüfer einer **AG** nach § 35 III 4 AktG. – Niederschrift über eine **Enteignung**, Enteignungsbeschluss u Beschluss über vorzeitige Besitzeinweisung oder deren Aufhebung nach § 122 I Nrn 1-BauGB. – Vollstrb Zahlungsaufforderungen wegen rückständiger Kammerbeiträge (§ 84 BRAO) u rechtskr Urteile der Ehrengerichte für **Rechtsanwälte**, in denen auf Geldbuße erkannt ist (§ 204 III BRAO); entspr gilt bei **Patentanwälten**. – Die im Falle des InsVerf der **Genossenschaft** von dem Insolvenzgericht für vollstrb erklärte Vorschuss-, Zuschuss- u Nachschussberechnung (§§ 109 ff GenG). – **InsO**: § 148 II 1 InsO für eine Herausgabevollstreckung. Nach § 201 II InsO findet nach Aufhebung oder Einstellung des InsVerf ZwV gegen den Sch statt, wenn die Forderung festgestellt u nicht vom Sch im Prüfungstermin bestritten ist; ebenso aus dem rechtskr bestätigten Insolvenzplan (§ 257 InsO). Der Schuldenbereinigungsplan hat die Wirkung eines Vergleichs nach § 794 I Nr 1 (§ 308 I 2 InsO). – **Notarkostenberechnung** (§ 89 GNotKG); Rückzahlungsanordnung (§ 90 II 2 GNotKG). – § 63 IV 2 **MarkenG**. – **§ 62 II 3** PatentG. – KFB im Verf bei **Todeserklärung** (§ 38 VerschG). – Entscheidungen u Vergleiche in **Strafverf** über einen vermögensrechtl Anspruch des Verletzten oder seines Erben (§ 406b StPO). – Vergleiche vor einer Einigungsstelle nach § 15 VII 2 UWG. – **Vergütungsfestsetzungsbeschlüsse** nach § 11 I, II RVG. – Vor den **Jugendämtern** aufgenommene **Verpflichtungserklärungen** zum Unterhalt eines Kindes oder Jugendlichen (§§ 59, 60 SGB VIII). – **Zuschlagsbeschlüsse** im ZwV-Verf (§§ 93, 132 ZVG).

§ 794a Zwangsvollstreckung aus Räumungsvergleich

(1) ¹Hat sich der Schuldner in einem Vergleich, aus dem die Zwangsvollstreckung stattfindet, zur Räumung von Wohnraum verpflichtet, so kann ihm das Amtsgericht, in dessen Bezirk der Wohnraum belegen ist, auf Antrag eine den Umständen nach angemessene Räumungsfrist bewilligen. ²Der Antrag ist spätestens zwei Wochen vor dem Tag, an dem nach dem Vergleich zu räumen ist, zu stellen; §§ 233 bis 238 gelten sinngemäß. ³Die Entscheidung ergeht durch Beschluss. ⁴Vor der Entscheidung ist der Gläubiger zu hören. ⁵Das Gericht ist befugt, die im § 732 Abs. 2 bezeichneten Anordnungen zu erlassen.

(2) ¹Die Räumungsfrist kann auf Antrag verlängert oder verkürzt werden. ²Absatz 1 Satz 2 bis 5 gilt entsprechend.

(3) ¹Die Räumungsfrist darf insgesamt nicht mehr als ein Jahr, gerechnet vom Tage des Abschlusses des Vergleichs, betragen. ²Ist nach dem Vergleich an einem späteren Tage zu räumen, so rechnet die Frist von diesem Tage an.

(4) Gegen die Entscheidung des Amtsgerichts findet die sofortige Beschwerde statt.

(5) [1]Die Absätze 1 bis 4 gelten nicht für Mietverhältnisse über Wohnraum im Sinne des § 549 Abs. 2 Nr. 3 sowie in den Fällen des § 575 des Bürgerlichen Gesetzbuchs. [2]Endet ein Mietverhältnis im Sinne des § 575 des Bürgerlichen Gesetzbuchs durch außerordentliche Kündigung, kann eine Räumungsfrist höchstens bis zum vertraglich bestimmten Zeitpunkt der Beendigung gewährt werden.

I) Gesetzeszweck. Für den **gerichtl Räumungsvergleich** (§ 794 I Nr 1) trifft § 794a die § 721 entspr Regelung, die für Räumungsurteile gilt. Ausschluss von Räumungsschutz nach V (s § 721 Rn 14). Auf außergerichtl Räumungsvergleiche, aus denen ja keine ZwV stattfindet, ist § 794a nicht, auch nicht entspr anzuwenden (LG Wuppertal NJW 67, 832; MK/Wolfsteiner Rn 2; SchWKT/Gomille Rn 1 mN; aA LG Ulm MDR 80, 944). Auf eine vollstrb Urkunde (§ 794 I Nr 5) u den vollstrb erklärten Anwaltsvergleich (§§ 796a, 796c) findet § 794a entspr Anwendung (StJ/Kern Rn 1). – Räumungsschutz genießt nur Wohnraum. Bei Mischmietverhältnissen also nur der (wenn sinnvoll und möglich: abtrennbare) Wohnraumteil; ansonsten alle Räume, wenn der Wohnraum Hauptzweck der Miete oder eine Trennung wirtschaftl sinnlos ist (SchWKT/Gomille Rn 1). – § 794a V entspricht § 721 VII (s hierzu § 721 Rn 14). 1

II) Gerichtliche Räumungsfrist. 1) Die Bewilligung einer Räumungsfrist ist unabhängig davon, ob die Parteien bereits im Vergleich (LG Wuppertal WuM 81, 113; SchWKT/Gomille Rn 1) oder danach außergerichtl eine Räumungsfrist vereinbart haben. Da jedoch die besonderen Interessen des Sch an einer Hinausschiebung der Räumung schon bei der vergleichsweise vereinbarten Regelung berücksichtigt werden können, wird eine Räumungsfrist idR nur zu bewilligen sein, wenn bisher nicht bekannte Gründe für eine Räumungsfrist oder weitere Räumungsfrist sprechen (enger LG Heilbronn JurBüro 92, 569: Antrag kann nicht deshalb abgelehnt werden, weil außergewöhnliche, vorher nicht absehbare Umstände nicht vorgebracht sind; LG Mannheim ZMR 94, 21: Änderung der tatsächl Verhältnisse ist nicht vorausgesetzt). Der Sch muss sich intensiv um Ersatzwohnraum bemüht haben (LG Mannheim WuM 93, 62 mit Einschr für sozial schwache Familie). War bei Vergleichsabschluss eine Ersatzwohnung fest zugesagt u wurde diese Zusage danach ohne Verschulden des Mieters widerrufen, so ist durch Gewährung ausreichender Räumungsfrist die Möglichkeit zu geben, eine anderweitige Unterkunft zu suchen (LG Mannheim ZMR 66, 280). Die nach § 794a bewilligte Räumungsfrist kann auf Antrag verlängert oder verkürzt werden (§ 794a II); eine im Vergleich vereinbarte Räumungsfrist ist nur (auf Antrag nach I, LG Heilbronn DGVZ 92, 569) verlängerbar (LG Köln WuM 67, 65; LG Mannheim DWW 81, 175; aA LG Bielefeld MDR 66, 333; LG Hamburg MDR 81, 236). Die Räumungsfrist darf insgesamt nicht mehr als ein Jahr betragen, gerechnet vom Tage des Abschlusses des Vergleichs (bei bedingten Vergleichen vom Tag des Wirksamwerdens), falls nicht nach dem Vergleich später zu räumen ist (§ 794a III). 2

2) Bewilligung der Räumungsfrist erfordert **Antrag** des Sch. Zuständig ist das AG, in dessen Bezirk die Wohnung belegen ist (§ 794a I 1). Der Antrag ist spätestens zwei Wochen vor dem in dem Vergleich bestimmten Räumungstermin zu stellen (Berechnung s § 721 Rn 8). Liegt der im Vergleich bestimmte Termin innerhalb zwei Wochen nach Vergleichsabschluss, entfällt die Anwendung des § 794a I 1, denn das Zeitmoment in I 2 Hs 1 lässt sich vom Sch nicht mehr einhalten (ThP/Seiler Rn 4; SchWKT/Gomille Rn 2; aA MskV/Lackmann Rn 2; StJ/Kern Rn 9; 35. Aufl). Der Sch, der im Vergleich ja gerade noch erklärt hatte, ganz kurzfristig räumen zu können, ist dann auf § 765a zu verweisen. – IÜ gelten die Vorschriften über die WE, §§ 233-238, sinngemäß (I 2 Hs 2). 3

3) Das **Amtsgericht** entscheidet als Prozessgericht, nicht als Vollstreckungsgericht; zuständig ist daher der Richter, nicht der Rpfleger (ThP/Seiler Rn 3). Zuständig ist das AG auch, wenn der Räumungsvergleich vor dem ArbG abgeschlossen ist (LAG Tübingen NJW 70, 2046). Vor Entscheidung ist der Gl zu hören. Die Entscheidung kann ohne mündl Verh ergehen (§ 128 IV). Das AG entscheidet durch Beschluss; einstw Anordnung kann nach § 732 II erlassen werden. 4

4) Gegen den Beschluss des AG ist **sof Beschwerde** (§ 567) statthaft (§ 794a IV). Rechtsbeschwerde: § 574. Das Rechtsbeschwerdegericht kann mit einstweiliger Anordnung die Vollziehung der erstinstanzl Entscheidung aussetzen (§ 570 III Hs 1, § 575 V; BGH JurBüro 2024, 553; BGH WuM 2024, 216). 5

5) Für die Kosten sind die §§ 91 ff maßgeblich (BGH NZM 2023, 947); s § 721 Rn 15. Die dort dargelegten Grundsätze gelten entsprechend. 6

III) Wirkung. Wegen der Wirkung s § 721 Rn 12. 7

IV) Verzicht auf eine Räumungsfrist. Auf Anwendung des § 794a kann bei Abschluss des Prozessvergleichs ebenso wie im Fall des § 721 (hierzu § 721 Rn 12 aE) verzichtet werden (LG München I NZM 2008, 839; LG Heilbronn DGVZ 92, 569; SchWKT/Gomille Rn 2; MskV/Lackmann Rn 2 [weil § 765a anwendbar bleibt]; StJ/Kern Rn 2; StJ/Heinze § 721 Rn 18 [weil es kein Vollstreckungsschutz im öfftl Interesse ist]; aA MK/Wolfsteiner Rn 1; 35. Aufl; offengelassen BGH NJW-RR 2023, 1572). 8

V) Gebühren. 1) Gericht: keine; Beschwerdeverf 2121 GKG-KV; Rechtsbeschwerdeverf 2124 GKG-KV. – **2) RA:** I, II: 3334 RVG-VV iHv 1,0, wenn das Verf mit dem über die Hauptsache nicht verbunden ist. Terminsgeb iHv 1,2 mögl: 3104 RVG-VV, Vorbem 3.3.6. RVG-VV – Beschwerde (IV): 3500 RVG-VV iHv 0,5; ggf noch die Terminsgeb 3513 RVG-VV iHv 0,5. 9

§ 795 Anwendung der allgemeinen Vorschriften auf die weiteren Vollstreckungstitel

[1]Auf die Zwangsvollstreckung aus den in § 794 erwähnten Schuldtiteln sind die Vorschriften der §§ 724 bis 793 entsprechend anzuwenden, soweit nicht in den §§ 795a bis 800, 1079 bis 1086, 1093 bis 1096 und 1107 bis 1117 abweichende Vorschriften enthalten sind. [2]Auf die Zwangsvollstreckung aus den in § 794 Abs. 1 Nr. 2 erwähnten Schuldtiteln ist § 720a entsprechend anzuwenden, wenn die Schuldtitel auf Urteilen beruhen, die nur gegen Sicherheitsleistung vorläufig vollstreckbar sind. [3]Die Vorschriften der in § 794 Absatz 1 Nummer 6 bis 9 genannten Verordnungen bleiben unberührt.

1 **I) Maßgebliche Vorschriften (§ 795 S 1).** Es gelten für die Schuldtitel des § 794 grds die §§ 724-793 (S 1 Hs 1); s jeweils dort. Abweichende (vorrangige) Vorschriften werden in S 1 Hs 2 aufgelistet.

2 **II) Sonderregeln zu einzelnen Titeln. § 794 I Nr 1:** § 794a (Räumungsvergleich), § 795b (Vollstreckbarerklärung), § 797a (Gütestellenvergleich). – **§ 794 I Nr 2:** § 795a (auf das Urteil gesetzter KFB), § 798 (Wartefrist). Sa Rn 3. – **§ 794 I Nr 4:** § 796 (Regelung für Klausel, Einwendungen, Präklusion, Zuständigkeit). – **§ 794 I Nr 4a:** § 1060 (inländische Schiedssprüche). – **§ 794 I Nr 4b:** § 796a (Anwaltsvergleich), §§ 796b, 796c (werden bereits in Nr 4b genannt), § 797 VI iVm § 796c (Verfahren, Zuständigkeit, Ausschluss der Präklusion), § 798 (Wartefrist). – **§ 794 I Nr 5:** § 797 (Verfahren, Zuständigkeit, Ausschluss der Präklusion), § 798 (Wartefrist); §§ 799-800a (Rechtsnachfolge, Schadensersatz, Urkunde gegen jeweiligen Grundstückseigentümer, Schiffshypothek). – Keine Sonderregelung für **§ 794 I Nr 3.**

3 **III) Kostenfestsetzungsbeschluss (§ 795 S 2).** § 720a ist entspr anzuwenden, wenn der KFB auf einem Urteil beruht, das nur gegen Sicherheitsleistung vorläufig vollstrb ist. Sicherungsvollstreckung kann daher auch aus einem KFB erfolgen, dem ein klageabweisendes (wegen der Kosten vorläufig vollstrb) Urteil zugrunde liegt (OLG Köln JurBüro 97, 49). Sa Rn 2 zu § 794 I Nr 2.

4 **IV) Vorrang der EU-Verordnungen. S 3** stellt klar, dass bei Vollstreckung der in § 794 I Nrn 6-9 genannten Titel vorrangig die unmittelbar geltenden Vorschriften der EU-VOen gelten, Regelungen der ZPO demnach nur vorbehaltl dieser EU-Bestimmungen Anwendung finden (BTDrs 18/823, 19).

§ 795a Zwangsvollstreckung aus Kostenfestsetzungsbeschluss

Die Zwangsvollstreckung aus einem Kostenfestsetzungsbeschluss, der nach § 105 auf das Urteil gesetzt ist, erfolgt auf Grund einer vollstreckbaren Ausfertigung des Urteils; einer besonderen Vollstreckungsklausel für den Festsetzungsbeschluss bedarf es nicht.

1 § 795a gilt für alle Vollstreckungstitel, bei denen vereinfachte Kostenfestsetzung nach § 105 erfolgt ist (§ 105 Rn 1; SchWKT/Gomille Rn 1). Da Schuldtitel u KFB zusammen ausgefertigt u zugestellt werden, entfällt die Wartefrist (§ 798). Die Zustellbescheinigungen bei Zustellungen nach § 317 I, § 329 III erbringen Nachweis iS § 750 auch für den KFB.

§ 795b Vollstreckbarerklärung des gerichtlichen Vergleichs

Bei Vergleichen, die vor einem deutschen Gericht geschlossen sind (§ 794 Abs. 1 Nr. 1) und deren Wirksamkeit ausschließlich vom Eintritt einer sich aus der Verfahrensakte ergebenden Tatsache abhängig ist, wird die Vollstreckungsklausel von dem Urkundsbeamten der Geschäftsstelle des Gerichts des ersten Rechtszugs und, wenn der Rechtsstreit bei einem höheren Gericht anhängig ist, von dem Urkundsbeamten der Geschäftsstelle dieses Gerichts erteilt.

1 **I) Zweck.** Klarstellung der Zuständigkeit des UrkB (im Staatsinteresse, Personalkosten einzusparen, SchWKT/Gomille Rn 1) für Erteilung der vollstrb Ausfertigung (§ 724 II) bei aktenersichtl Wirksamkeit eines bedingten Vergleichs (MskV/Lackmann Rn 1). Handelt dennoch der Rpfleger, gilt § 8 V RpflG. Die Wirksamkeit der Erteilung wird dadurch also nicht berührt.

2 **II) Zuständigkeit des Urkundsbeamten.** Der Urkundsbeamte hat die vollstrb Ausfertigung eines Vergleichs (*§ 794 I Nr 1) zu erteilen* (§ 724 II), wenn dessen Wirksamkeit „ausschließl vom Eintritt einer sich aus der Verfahrensakte ergebenden Tatsache abhängig ist", somit auch davon, dass eine Tatsache nicht eingetreten ist, nicht aber aus einer anderen Akte, die nicht Beiakte ist, u nicht aus einer zu der Verfahrensakte eingereichten

Urkunde wie einer behördl/gerichtl Genehmigung, Notarmitteilung usw. Zur „Verfahrensakte" gehören beigezogene Akten dann, wenn sie durch Beiziehung erkennbar „Inhalt" der Verfahrensakte geworden sind (PG/Hansmeier Rn 4). – Gegenstand dieser Regelung ist insb der unter **Widerrufsvorbehalt** geschlossene Vergleich (s § 794 Rn 10) u der unter der aufschiebenden Bedingung der Rechtskraft der Scheidung geschlossene Unterhaltsvergleich. Die aktenersichtliche Tatsache, dass Widerruf nicht erfolgt oder Rechtskraft eingetreten ist, ist aufschiebende Bedingung für die Wirksamkeit des Vergleichs, nicht Tatsache, von deren Eintritt nach dem Inhalt des wirksamen Vergleichs dessen Vollstreckung abhängen würde u die der Gl nach § 726 I durch Urkunden zu beweisen hätte.

III) Prüfung aus der Verfahrensakte. Aus der Verfahrensakte ergibt sich die vom UrkB zu prüfende Wirksamkeit des Widerrufsvergleichs (s § 794 Rn 11), wenn als Adressat der Widerrufserklärung *nur* das Gericht bestimmt ist (s § 794 Rn 10a), u eine Widerrufserklärung in der vereinbarten Frist (s § 794 Rn 10, 10c) nicht zu der Akte eingereicht ist. Der wahlweise auch oder überhaupt nur der anderen Partei ggü zu erklärende Widerruf (s § 794 Rn 10a) ist nicht aktenersichtl (Fölsch MDR 2007, 121). Für diesen Fall trifft § 795b daher zugleich auch Klarstellung, dass die vollstrb Ausfertigung eines nicht widerrufenen Vergleichs vom Rpfleger zu erteilen ist (§ 20 I Nr 12 RPflG). Auch dann ist die Tatsachenerklärung der (jeder) zum Widerruf befugten Partei, dass der Vergleich nicht fristgerecht widerrufen wurde, jedoch aktenersichtl, wenn sie zugestanden ist (§ 288; aA PG/Hansmeier Rn 2; LG Koblenz Rpfleger 2011, 389). Die vollstrb Ausfertigung ist in diesem Fall somit vom UrkB zu erteilen. Als Prozesshandlung unterliegt die Erklärung ggf dem Anwaltszwang (s § 288 Rn 5a). 3

IV) Zuständigkeit des Rechtspflegers. Mit „**ausschließlich**" stellt § 795b klar, dass dem Rpfleger die Erteilung der vollstrb Ausfertigung übertragen ist, wenn „die Wirksamkeit des Vergleichs" – gemeint ist die Vollstreckung nach dem Inhalt des Vergleichs, § 726 I – von einer anderen als einer sich aus der Verfahrensakte ergebenden Tatsache abhängt, u dass ihm stets die Erteilung der vollstrb Ausfertigung in den anderen Fällen des § 20 I Nr 12 RPflG obliegt. 4

V) Zuständigkeit in höherer Instanz. Der UrkB des **höheren Gerichts** ist zuständig, wenn der Rechtsstreit dort anhängig ist, s § 724 II 2 (§ 724 Rn 9) mit § 706 I (§ 706 Rn 4). 5

VI) Inhalt der Vollstreckungsklausel. Angabe in der Vollstreckungsklausel, dass sich die Wirksamkeit des Vergleichs aus der Verfahrensakte ergibt, ist nicht vorgeschrieben, jedoch zulässig u ratsam. Zustellung der Vollstreckungsklausel (ohne oder mit einem solchen Vermerk) gebietet § 750 II nicht. Nichtzutreffend ist, dass § 750 II zu beachten sei, weil § 795b nur Zuständigkeitsregel ist u der UrkB die Vollstreckungsklausel nach § 726 I erteile (aA MskV/Lackmann Rn 1; Hk-ZV/Müller Rn 4; Sandhaus Rpfleger 2006, 236; LG Koblenz Rpfleger 2011, 389). Der UrkB hat vielmehr schon nach dem Wortlaut des § 795b die ***Wirksamkeit*** des Vergleichs, damit nach allg Regeln zu prüfen, ob ein wirksamer Titel mit vollstreckungsfähigem Inhalt vorliegt. Beweis durch öffentl oder öffentl begl Urkunde ist dafür nicht nach § 726 I zu führen u nicht zu prüfen. § 795b trifft daher nicht nur eine Zuständigkeitsregel (aA Hk-ZV/Müller Rn 1), sondern bestimmt für den Fall der aktenersichtl Wirksamkeit des bedingten Vergleichs zugleich auch, dass die Vollstreckungsklausel nach § 724 erteilt wird (SchWKT/Gomille Rn 5). Weil sie mithin gerade nicht nach § 726 I erteilt wird (aA MskV/Lackmann Rn 1), sieht auch § 750 II Klauselzustellung nicht vor. 6

VII) Rechtsbehelfe. Sch gegen Erteilung § 732, Gl gegen Ablehnung § 573. 7

VIII) Altverfahren. § 795b dient der Klarstellung (s Rn 1), erlangt damit auch für Vollstreckungsklauseln Bedeutung, die **vor dem Inkrafttreten** der Bestimmung am 31.12.2006 (G v 22.12.2006, BGBl I 2006, 3416) erteilt wurden. Eine Vollstreckungsklausel ist damit, wenn nicht im Einzelfall eine andere Entscheidung bereits ergangen ist, stets wirksam, wenn sie von dem UrkB in den Fällen des § 795b vor dem Inkrafttreten der Bestimmung erteilt wurde. 8

§ 796 Zwangsvollstreckung aus Vollstreckungsbescheiden

(1) Vollstreckungsbescheide bedürfen der Vollstreckungsklausel nur, wenn die Zwangsvollstreckung für einen anderen als den in dem Bescheid bezeichneten Gläubiger oder gegen einen anderen als den in dem Bescheid bezeichneten Schuldner erfolgen soll.

(2) Einwendungen, die den Anspruch selbst betreffen, sind nur insoweit zulässig, als die Gründe, auf denen sie beruhen, nach Zustellung des Vollstreckungsbescheids entstanden sind und durch Einspruch nicht mehr geltend gemacht werden können.

(3) Für Klagen auf Erteilung der Vollstreckungsklausel sowie für Klagen, durch welche die den Anspruch selbst betreffenden Einwendungen geltend gemacht werden oder der bei der Erteilung der Vollstreckungsklausel als bewiesen angenommene Eintritt der Voraussetzung für die Erteilung der Vollstreckungsklausel bestritten wird, ist das Gericht zuständig, das für eine Entscheidung im Streitverfahren zuständig gewesen wäre.

1 **I) Vollstreckungsklausel.** VB bedürfen der Vollstreckungsklausel nur in den Fällen der §§ 727, 728, 729, 738, 742, 744a, 745, 749; sa § 31 AVAG. Durchgeführt wird die ZwV sonach mit einer vom UrkB des Mahngerichts erteilten begl Abschrift des VB, sofern nicht für oder gegen einen Rechtsnachfolger vollstreckt wird. Diese begl Abschrift beweist das Bestehen u die Vollstreckbarkeit des VB. Eine (einfache) Ausfertigung (§ 317 II mit § 329 I 2) ermöglicht als in ges Form gefertigte Abschrift die ZwV ebenso. Für Erteilung einer vollstrb Ausfertigung für oder gegen den Rechtsnachfolger (§ 724 II 1) ist das AG, das den MB erlassen hat, bei zentralem Mahngericht (§ 689 II) somit dieses zuständig (BGH NJW 93, 3141; OLG Hamm Rpfleger 94, 30; LG Stuttgart Rpfleger 2000, 537: nach Klauselklage; aA OLG Koblenz Rpfleger 94, 307 [abl Hintzen]). Wenn der Rechtsstreit nach Einspruch an das Prozessgericht abgegeben ist, wird dieses zuständig (BGH NJW-RR 2006, 1575: für 2. Ausfertigung des VB). Die vom zentralen Mahngericht maschinell erstellte Vollstreckungsklausel bedarf keiner Unterschrift (§ 703b I).

2 **II) Präklusion.** Für den Ausschluss von Einwendungen gegen den Anspruch (Präklusion) tritt beim VB an die Stelle des Zeitpunkts der fehlenden mündl Verh der Zeitpunkt der Zustellung des Bescheids (II). Nur Einwendungen, die in laufender Einspruchsfrist nicht geltend gemacht werden konnten, sind nicht präkludiert. Die Rechtslage entspricht der beim VU (§ 767 Rn 18).

3 **III) Zuständigkeit.** Zuständig für Klagen nach §§ 731, 767, 768 ist (sachlich u örtlich) das Gericht, das für eine Entscheidung im Streitverf zuständig gewesen wäre (§ 796 III). Der Gerichtsstand ist ausschließl (§ 802). Bei Zuständigkeit mehrerer Gerichte hat der Kläger die Wahl (§ 35). Die amtsgerichtl Zuständigkeit ändert sich durch Verbindung (§ 260) mehrerer Abwehrklagen nicht (OLG Hamm NJW-RR 2000, 65). Das AG ist auch zuständig, wenn mit der Klage gegen den VB über einen höheren Betrag nur Einwendungen geltend gemacht werden, die die Wertgrenze für die sachliche amtsgerichtl Zuständigkeit nicht überschreiten (OLG Celle NJW-RR 2002, 1079), damit auch, wenn die mit der Klage verlangte Teilklausel nur Vollstreckung in diesem Umfang ermöglicht.

4 **IV) Gebühren. 1) Gericht:** Die Erteilung der Vollstreckungsklausel (I) ist durch die VerfGeb abgegolten. – Für die Klage auf Erteilung der Vollstreckungsklausel (III) fallen die Regelgeb 1210 ff GKG-KV an. – **2) RA:** I: keine bes Angelegenheit (§ 19 I 2 Nr 13 RVG). – III: Regelgeb 3100 ff RVG-VV.

§ 796a Voraussetzungen für die Vollstreckbarerklärung des Anwaltsvergleichs

(1) Ein von Rechtsanwälten im Namen und mit Vollmacht der von ihnen vertretenen Parteien abgeschlossener Vergleich wird auf Antrag einer Partei für vollstreckbar erklärt, wenn sich der Schuldner darin der sofortigen Zwangsvollstreckung unterworfen hat und der Vergleich unter Angabe des Tages seines Zustandekommens bei einem Amtsgericht niedergelegt ist, bei dem eine der Parteien zur Zeit des Vergleichsabschlusses ihren allgemeinen Gerichtsstand hat.
(2) Absatz 1 gilt nicht, wenn der Vergleich auf die Abgabe einer Willenserklärung gerichtet ist oder den Bestand eines Mietverhältnisses über Wohnraum betrifft.

(3) Die Vollstreckbarerklärung ist abzulehnen, wenn der Vergleich unwirksam ist oder seine Anerkennung gegen die öffentliche Ordnung verstoßen würde.

1 **I) Überblick. 1)** Ein außergerichtl Vergleich, den RAe im Namen u mit Vollmacht der von ihnen vertretenen Parteien geschlossen haben **(Anwaltsvergleich)**, kann unter den Voraussetzungen der §§ 796a ff für vollstrb erklärt werden (BTDrs 13/5274, 29).

2 **2) Wesentliche Unterschiede** zum Prozessvergleich (§ 794 I Nr 1) u zum Schiedsspruch mit vereinbartem Wortlaut (§ 1053) dürfen nicht übersehen werden: Richter u Schiedsrichter sind zu **neutraler Rechtsprechungstätigkeit**, die RAe dagegen nur zur **Vertretung der Interessen ihrer Mandanten** verpflichtet. Hinzu kommt, dass der Schiedsvergleich ein bereits anhängiges Schiedsverf beendet, in dem sonst ein Schiedsspruch ergehen müsste. Ebenso ist es beim Prozessvergleich, der ein anhängiges Verf vor einem staatl Gericht beendet, ohne dass ein Urteil ergeht. Anders ist es im Prinzip beim Anwaltsvergleich: Dieser soll die Qualität eines VollstrTitels (im Vollstreckbarerklärungsverf, s Rn 22) erhalten, um zu verhindern, dass staatl Gericht bzw Schiedsgericht angerufen werden müssen **(Streiterledigung im außergerichtl Vorfeld)**. Doch ist ein Anwaltsvergleich auch nach Rechtshängigkeit bzw Schiedshängigkeit zulässig.

3 **3) Kritik.** § 796a setzt einen Vergleich voraus. Weshalb die Beteiligten erst in **„Streit"** oder **„Ungewissheit"** geraten müssen, um einen Vollstreckungstitel schaffen zu können, und ein „normaler Vertrag" nach § 796a nicht vollstrb gemacht werden kann, ist nicht plausibel. Hier gibt es zum einen den Ausweg des § 794 I Nr 5 (MK/*Wolfsteiner Rn 4). Andererseits sollte man* „Vergleich" auch weit auslegen (MskV/Voit Rn 3 mN [Nachgeben in der Sache nicht erforderl; schon Verzicht auf Klage reicht für Vergleich]; PG/Hansmeier Rn 4 [Anforderungen an Vergleich nicht zu hoch ansetzen]), um die Anwendung des § 796a mögl zu machen..

4) Antragsprinzip. Keine Vollstreckbarerklärung vAw: Nach § 796a erfolgt Vollstreckbarerklärung des Anwaltsvergleichs nur auf Antrag einer Partei. Es muss dies nicht der Gl sein; auch Antrag des Sch zulässig. Dies trifft auch bei bi- oder multilateralen Verpflichtungen (s Rn 19a) zu. § 308 gilt für Gericht (§ 796b) wie für Notar (§ 796c). **Teilvollstreckbarerklärung** zulässig, soweit in Betracht kommende(s) Verpflichtung bzw Rechtsverhältnis selbständig bestimmbar. Der allg Rechtsgedanke des § 139 BGB kommt nicht zur Anwendung. 3a

II) Anwendungsbereich. Ausgeschlossen, dh nicht anwaltsvergleichsfähige Ansprüche sind: **1)** Alle nicht vergleichsfähigen Ansprüche (§ 779 BGB): § 796a ist ggü § 1030 in vermögensrechtl Angelegenheiten enger gefasst, weil Vergleichsfähigkeit (§ 779 BGB) verlangt wird. Eine weitere Beschränkung bringt II. Es besteht Gleichlauf zwischen den Ansprüchen, die auf Grund Anwaltsvergleich für vollstrb erklärt werden können, u solchen, hinsichtl derer notarielle ZwV-Unterwerfung statthaft ist. 4

2) Mietsachen. § 796a ist auf Vergleiche über den **Bestand eines Mietverhältnisses über Wohnraum** nicht anzuwenden, II. Die mat-rechtl Wirksamkeit solcher Vergleiche bleibt unberührt (BTDrs 13/5274, 29). Ansprüche, die den Bestand eines Mietverhältnisses über Wohnraum betreffen, sind nur nach Anrufung eines) Gerichtes durchsetzbar. Nicht erfasst werden **gewerbl Mietverhältnisse**, DNotI-Report 99, 157. Hier kann eine **Räumungsverpflichtung** für vollstreckbar erklärt werden, DNotI-Report 2007, 66, 67. 5

3) Ebenfalls ausgenommen sind Vergleiche über **Ansprüche auf Abgabe einer Willenserklärung**. Wer eine formfreie Willenserklärung abgeben will, kann dies jederzeit tun; das Gleiche gilt für eine formgebundene vor dem Notar. Diese Einschränkung kommt auch bei bi- u multilateralen Vereinbarungen (s Rn 19a) zum Zuge. Vollstreckbar nach § 796a können dann nur die Verpflichtungen der anderen Partei(en) gemacht werden. 6

4) Öffentlich-rechtliche Ansprüche. Will man den Zweck der außergerichtl Streiterledigung fördern, sollte man § 796a weit auslegen u – über § 13 GVG hinaus – auch solche Vergleiche mit einbeziehen, die öff-rechtl Streitpunkte (soweit die Parteien darüber disponieren können) erledigen. Für großzügige Auslegung unter Hinweis auf § 55 VwVfG BTDrs 13/5274, 35. Beschränkt auf § 13 GVG MK/Wolfsteiner Rn 14; MskV/Voit Rn 2. 7

III) Keine Anwendung des § 127a BGB. Nur hinsichtl der **Vollstreckbarkeit** steht der Anwaltsvergleich dem Schiedsvergleich gleich. Eine Anwendung des § 127a BGB kommt daher nicht in Betracht. Der Anwaltsvergleich ersetzt – auch nach seiner Vollstreckbarerklärung – nicht die notarielle Urkunde. 8

IV) Anwendungsvoraussetzungen des § 796a. 1) Abschluss eines Vergleichs durch die Rechtsanwälte der Parteien. a) Der Anwaltsvergleich setzt – ebenso wie jeder andere Vergleich (§ 779 BGB) – ein **gegenseitiges Nachgeben** voraus, welches die Hauptsache, die Nebenforderung (zB Zinsen) oder die Kosten betreffen kann, aber auch in Nebenabreden schon gesehen werden kann (MskV/Voit Rn 3). Grds sollten keine hohen/strengen Anforderungen an das Nachgeben gestellt werden (Hk-ZV/Müller Rn 4; s Rn 3). 9

b) Abschluss durch RAe der Parteien. Im Namen u in Vollmacht der von ihnen vertretenen Parteien, verdeckte Stellvertretung u vollmachtlose Vertretung sind ausgeschlossen, BTDrs 13/5274, 29. Jedoch kann schriftl Vollmachtsnachweis bzw Vollmachtsbestätigung nachgereicht werden. 10

c) Es reicht aus, wenn die RAe den Vergleich **ledigl abschließen** u nur insoweit die Mitverantwortung für einen bereits unmittelbar von den Parteien ausgehandelten Vergleich übernehmen. Nicht erforderl, dass die RAe bei dem Zustandekommen des Vergleiches tätig waren, auch wenn dies das gesetzgeberische Motiv für den vollstrb Anwaltsvergleich war. 11

2) Unterwerfung unter die sofortige Zwangsvollstreckung. Unterwerfung unter die sofortige ZwV in der Vergleichsurkunde oder einem Nachtrag hierzu ist – anders als beim Prozessvergleich vor dem staatl Gericht – unabdingbare Voraussetzung für die Vollstreckbarerklärung (zust MskV/Voit Rn 3). Dies gilt auch, wenn der Inhalt des Vergleichs einer Vollstreckung ieS nicht zugängl ist, also zB nur ein Rechtsverhältnis ohne konkrete Leistungs- oder Duldungspflicht begründet, bestätigt oder aufhebt. Um die **materielle Rechtskraftwirkung** der gerichtl oder notariellen Vollstreckbarerklärungsentscheidung eintreten zu lassen, ist auch hier eine Unterwerfung unter die sofortige ZwV notwendig, obwohl eine solche Formel an sich sinnlos ist. Für Schiedsvergleiche in **Arbeitssachen** nach §§ 107, 109 ArbGG ist zwar eine ZwV-Unterwerfung nicht erforderl; es reicht, wenn sie für vollstreckbar erklärt sind (§ 109 I 1 ArbGG). Diese Regel gilt aber nicht für Anwaltsvergleiche in Arbeitssachen. 12

3) Form. a) Schriftform. Aus der Notwendigkeit der Niederlegung ergibt sich, dass der Inhalt des Vergleichs schriftl fixiert werden muss (§ 126 BGB; Hk-ZV/Müller Rn 6 mN; aA PG/Hansmeier Rn 8 [keine besonderen Formvorschriften]). Jeder Text genügt, aus dem hervorgeht, dass die Parteien sich im Wege des gegenseitigen Nachgebens einigen wollen. Verbindung der einzelnen Schriftstücke ist zweckmäßig, aber nicht erforderl. – Formvoraussetzungen sind zwingend einzuhalten bei formbedürftigen Willenserklärungen im Vergleich (PG/Hansmeier Rn 8). 13

b) Unterzeichnung. aa) Durch die Parteien. Nach § 796a nicht erforderl (BTDrs 13/5274, 29). 14

bb) Durch die am Vergleichsabschluss mitwirkenden Anwälte der Parteien. Es genügt, dass für jede Partei ein RA unterschrieben hat, auch wenn die Partei mehrere Anwälte beauftragt hatte. Die RA müssen – anders als die Parteien – ihre Unterschriften eigenhändig leisten. Vertretung ist wegen der Höchstpersönlichkeit ihres 15

Mandates ausgeschlossen (großzügiger MskV/Voit Rn 3). Bei Anwaltssozietäten genügt die Unterschrift durch einen Sozius (WSch/Schütze Rn 5).

16 **c) Datierung.** Der Vergleich muss unter Angabe des Tages seines Zustandekommens niedergelegt werden, um eine leichtere Identifizierung zu ermöglichen, BTDrs 13/5274, 29. Es genügt die Angabe irgendeines Datums, zB der zuerst oder zuletzt geleisteten Unterschrift.

17 **d) Abschluss des Anwaltsvergleiches im „Umlaufverf" möglich.** Gleichzeitigkeit der Unterschriften nicht erforderl, ebenso nicht eine bestimmte Reihenfolge der Unterschriften. Der Sinn der Unterschriften der RAe erschöpft sich darin, dass die RAe durch ihre Unterschriften Verantwortung für Abschluss u Inhalt des Vergleichs übernehmen. Irgendeiner sonstigen (tätigen) Mitwirkung der Anwälte bedarf es nicht. Der Vergleich kommt am Tag der letzten Unterschrift zu Stande; denn sie macht den Anwaltsvergleich iSv § 796a erst perfekt.

18 **4) Niederlegung/Verwahrung. a)** Der Anwaltsvergleich muss auf der GeschSt eines zuständigen Gerichts niedergelegt sein, § 796a I. Sachlich ist ein AG zuständig, örtl das AG, bei dem eine der Parteien den allg Wohnsitz hat (§§ 13 ff). Diese Zuständigkeit ist nach § 802 ausschließlich. Beifügung der Vollmachten nicht erforderl. Einer vorherigen Zustellung bedarf es nicht. Kein Anwaltszwang für die Niederlegung.

19 **b)** Anstelle der Niederlegung **Verwahrung durch Notar** gem § 796c I mögl.

19a **5) Vollstreckbarkeit für alle Beteiligten.** § 796a kommt nicht nur dann zur Anwendung, wenn auf einer Parteiseite mehrere Sch als Gesamt-, Gesamthands- oder Teilschuldner beteiligt sind. Er kann vielmehr auch die Vollstreckbarkeit für beide Parteien begründen, zB beim gegenseitigen Vertrag. Darüber hinaus ist § 796a nicht auf das **Zweiparteienprinzip** beschränkt. Anwendbar ist § 796a vielmehr auch auf tri- oder sonstige multigonale Vereinbarungen gem § 779 BGB.

20 **V) Gründe für die Ablehnung der Vollstreckbarerklärung (§ 796a III). 1) Formelle Mängel.** Die Vollstreckbarerklärung setzt voraus, dass der Vergleich äußerl in den Formen des § 796a abgeschlossen ist. Weiter muss sich der Sch, gegen den der Anwaltsvergleich für vollstreckbar erklärt werden soll, der sof ZwV unterworfen haben. Bei gegenseitigen oder multigonalen Verpflichtungen (s Rn 19a) muss wenigstens eine Partei sich der sof ZwV unterworfen haben. Fehlen diese Erfordernisse, so ist der Antrag als unzulässig abzulehnen, weil seine Eignung für die Vollstreckbarerklärung fehlt (die Frage seiner mat-rechtl Wirksamkeit bleibt offen). Bei **mehreren Sch** sind die Voraussetzungen für jeden Sch getrennt zu prüfen. Daher kann Anwaltsvergleich nur gegen einen Sch oder mehrere für vollstrb erklärt werden, der bzw die sich der sof ZwV unterworfen haben. Der allg Rechtsgedanke des § 139 BGB kommt insoweit nicht zum Zuge. – Ist die niedergelegte Urkunde zur Zeit der Entscheidung über den Vollstreckbarerklärungsantrag nicht mehr vorhanden, aber nach der Überzeugung des Gerichts/Notars ordnungsgemäß niedergelegt worden, erfolgt Vollstreckbarerklärung gleichwohl, s Rn 13 aE. – Die **RA-Vollmacht** (nach §§ 167 ff BGB; idR reicht auch die Prozessvollmacht, vgl § 81 Rn 10) wird nur auf Rüge geprüft (Hk-ZV/Müller Rn 8).

21 **2) Materielle Mängel.** Der Antrag auf Vollstreckbarerklärung ist als unbegründet abzulehnen, wenn der Anwaltsvergleich der materiellen Rechtswirksamkeit entbehrt (III), zB wenn die Parteien sich über den Streitgegenstand nicht vergleichen können oder subj nicht vergleichsfähig sind, wenn er seinem Inhalt nach nichtig ist, dh wenn die von einer Partei übernommene Verpflichtung durch privatschriftl Vertrag nicht begründet werden kann, durch Anfechtung wegen Irrtums/Täuschung nichtig oder infolge wirksam erklärten Rücktritts bzw Widerrufs innerhalb einer vorbehaltenen Frist aufgelöst ist, wenn die Geschäftsgrundlage fehlt (§ 779 BGB). Die Erwähnung des Verstoßes gegen die öff Ordnung neben der Rechtsunwirksamkeit hat im Hinblick auf §§ 134, 138 BGB keine selbständige Bedeutung, s Rn 23. – Zu den einzelnen Prüfungspunkten sa DNotI-Report 2007, 66, 67.

22 **3) Einwendungen.** Der Antrag auf Vollstreckbarerklärung eines Anwaltsvergleiches ist auch abzulehnen, wenn der Gegner berechtigte Einwendungen gegen den aus dem Vergleich fließenden, für vollstreckbar zu erklärenden Anspruch selbst geltend macht, zB Einwand der Erfüllung, der Befristung, des Erlasses, der Aufrechnung, sofern die Gründe dafür erst nach Abschluss des Vergleiches entstanden sind, anderenfalls wären sie mitverglichen (SchWKT/Gomille Rn 11; krit MskV/Voit Rn 10 wegen der Gefahr einer Präklusion). Die Gegenmeinung lehnt die Prüfung solcher Einwendungen ab, will vollstreckbar erklären u verweist auf Vollstreckungsabwehrklage (LG Halle NJW 99, 3567; Münzberg NJW 99, 1357, 1359; Münzberg FS Geimer, 2002, S 745, 753; MK/Wolfsteiner Rn 30, 39; Hk-ZV/Müller Rn 12; ThP/Seiler Rn 2b; StJ/Kern § 796b Rn 4). Der Streit gewinnt nur Bedeutung, wenn man dem Beschluss über die Vollstreckbarerklärung (§ 796b II 2) Präklusionswirkung bemisst (SchWKT/Gomille Rn 11: „steht in Zweifel"; s näher MskV/Voit Rn 10) mit der Begründung, dass in § 797 VI, IV nur für Beschlüsse nach § 796c der präkludierende § 767 II für unanwendbar erklärt wird, nicht aber für Beschlüsse nach § 796b, woraus im Umkehrschluss gefolgert werden könnte, für diese Beschlüsse gelte § 767 II. Nur dann wären Einwendungen, die im Verf der Vollstreckbarkeit nach § 796b schon vorgebracht werden könnten, in einer späteren Abwehrklage (§ 767) präkludiert.

23 ***4) Prüfung der Wirksamkeit.*** *Die* Wirksamkeit des Vergleichs wird in vollem Umfang geprüft (§ 796a III), nicht nur seine ordre public-Widrigkeit. Unklar BTDrs 13/5274, 30. Soweit die Rechtsunwirksamkeit aus Normen herrührt, die im unmittelbaren Interesse des Staates bestehen, ist die Rechtsunwirksamkeit des Vergleichs durch das Gericht **vAw** zu prüfen, ansonsten gilt die Verhandlungsmaxime, dh das Gericht berücksichtigt die Rechtsunwirksamkeit des Vergleichs nur insoweit, als sie von der betroffenen Partei gerügt worden ist.

VI) Vollstreckbarerklärung. Wird der Vergleich rechtskräftig für vollstrb erklärt, so entfaltet diese Entscheidung – neben der Verleihung der Vollstreckbarkeit durch richterl Gestaltungsakt – auch **materielle Rechtskraft:** Es wird die Rechtswirksamkeit des Vergleiches festgestellt. Umgekehrt stellt die rechtskräftige Ablehnung des Vollstreckbarerklärungsantrags als unbegründet (aus mat-rechtl Gründen) die Unwirksamkeit bzw Erledigung/Erfüllung des Vergleiches rechtskräftig fest (aA MK/Wolfsteiner Rn 29, 30; Münzberg NJW 99, 1357: Verfahrensgegenstand sei ausschließl die Vollstreckbarerklärung; Hindernisse, welche dem Antrag entgegenstehen, seien nur Vorfragen, die von der materiellen Rechtskraft der Entscheidung nicht erfasst würden). 24

Zwangsvollstreckungstitel ist allein die gerichtl Entscheidung (Verleihung der Vollstreckbarkeit), § 794 I Nr 4b. Daher gilt das Bestimmtheitserfordernis nur für den gerichtl Titel (= Vollstreckbarerklärung), nicht für den für vollstrb zu erklärenden Vergleich (aA MskV/Voit Rn 9; SchWKT/Gomille Rn 10), wenngleich es schwerfallen sollte, für einen unbestimmten Vergleich eine bestimmte Vollstreckbarerklärung zu formulieren. 25

Nach hM kann auch ein Vergleich für vollstreckbar erklärt werden, der **keinen vollstreckungsfähigen Inhalt** hat, zB nur Feststellungen von Rechtsverhältnissen enthält. Denn durch die Vollstreckbarerklärung werde rechtskräftig die Wirksamkeit des Vergleichs festgestellt. Besser wäre eine Feststellung der Wirksamkeit des Vergleiches, die in einem vereinf Beschlussverf analog § 1060 verfolgt wird. 26

VII) Ausländische Anwaltsvergleiche. Treffen auf den ausl Anwaltsvergleich exakt die Tatbestandsvoraussetzungen des § 796a zu, enthält er insb eine ZwV-Unterwerfung, kann er wie ein dt Anwaltsvergleich für vollstrb erklärt werden, auch wenn nur ausl RA mitgewirkt haben (Schütze DWiR 94, 133; WSch/Schütze Rn 20; enger MK/Wolfsteiner Rn 17; MskV/Voit Rn 3). 27

VIII) Leistungsklage. Eine Leistungsklage aus dem Anwaltsvergleich statt Antrag auf Vollstreckbarerklärung ist jedenfalls dann zulässig, wenn vom Gegner Wirksamkeit des Vergleichs bestr wird (Geimer DNotZ 91, 269; WSch/Schütze § 796b Rn 2); in anderen Fällen kann es am Rechtsschutzbedürfnis fehlen (MskV/Voit Rn 12). 28

IX) Internationale Zwangsvollstreckung. Weder der vom Gericht noch der vom Notar für vollstreckbar erklärte Anwaltsvergleich fällt unter Art 58 Brüssel Ia-VO/Art 57 LugÜ, Art 46 EuEheVO, Art 48 EuUntVO, Art 60 EuErbVO, Art 59 EuEheGÜVO u Art 59 EuPartVO. 29

X) Gebühren. 1) Gericht: 2118 GKG-KV. – **2) RA:** Regelgeb 3100 ff RVG-VV (Vorbem 3.1. I RVG-VV; OLG München MDR 2009, 1251) – Streitwert: Voller Vergleichsbetrag (s § 3 Rn 16.192). 30

§ 796b Vollstreckbarerklärung durch das Prozessgericht

(1) Für die Vollstreckbarerklärung nach § 796a Abs. 1 ist das Gericht als Prozessgericht zuständig, das für die gerichtliche Geltendmachung des zu vollstreckenden Anspruchs zuständig wäre.

(2) [1]Vor der Entscheidung über den Antrag auf Vollstreckbarerklärung ist der Gegner zu hören. [2]Die Entscheidung ergeht durch Beschluss. [3]Eine Anfechtung findet nicht statt.

I) Zuständigkeit. Zuständig (I) ist AG oder LG nach §§ 23, 71, 96 GVG, §§ 12 ff. Zuständig ist primär das Gericht eines ausschließlichen Gerichtsstandes; fehlt es daran, das im Anwaltsvergleich oder später vereinbarte Gericht (MskV/Voit Rn 2), ersatzweise das AG oder LG, das für die gerichtl Geltendmachung des Anspruchs (nicht ausschließlich) zuständig wäre oder ein Gericht, das durch rügelose Einlassung (§ 295) zuständig wird. Maßgebend sind die Zuständigkeitstatsachen zum Zeitpunkt der Stellung des Antrags auf Vollstreckbarerklärung, nicht bei Abschluss des Anwaltsvergleichs (StJ/Kern Rn 1). Keine Zuständigkeit wird durch § 796a I (AG der Niederlegung) begründet. 1

Zuständigkeit des Gerichtes als **Prozessgericht:** Die Vollstreckbarerklärung ist dem Richter vorbehalten. 2

II) Verfahren. Anhörung des Gegners (§ 796b II 1) kann schriftl erfolgen; sie ist zwingend und unabhängig vom Ergebnis des Antrags. Mündl Verh zweckmäßig, wenn Ag substantielle Einwendungen erhoben hat, DNotI-Report 2007, 66, 68. Am LG gilt Anwaltszwang. 3

Die Entscheidung ergeht, auch bei mündl Verhandlung, durch **unanfechtbaren Beschluss** (II 3), was den Rechtsschutz verkürzt (MskV/Voit Rn 4). Da der BGH eine außerordentl Beschwerde in stRspr ablehnt (vor § 567 Rn 6), bleibt nur die Anhörungsrüge (§ 321a). **Vollstreckungstitel** (§ 794 I Nr 4b) ist nicht der Vergleich, sondern der Beschluss, der für vollstreckbar erklärt. Zur Präklusionswirkung s § 796a Rn 22. 4

Verlautbarung. Bei Ablehnung formlose Mitteilung, § 329 II, bei Stattgabe Zustellung, § 329 III. 5

III) Gebühren. S § 796a Rn 30. 6

§ 796c Vollstreckbarerklärung durch einen Notar

(1) [1]Mit Zustimmung der Parteien kann ein Vergleich ferner von einem Notar, der seinen Amtssitz im Bezirk eines nach § 796a Abs. 1 zuständigen Gerichts hat, in Verwahrung genommen und für vollstreckbar erklärt werden. [2]Die §§ 796a und 796b gelten entsprechend.

(2) [1]Lehnt der Notar die Vollstreckbarerklärung ab, ist dies zu begründen. [2]Die Ablehnung durch den Notar kann mit dem Antrag auf gerichtliche Entscheidung bei dem nach § 796b Abs. 1 zuständigen Gericht angefochten werden.

1 **I) Zuständigkeit des Notars für die Vollstreckbarerklärung von Anwaltsvergleichen.** „Mit Zustimmung der Parteien" kann der Anwaltsvergleich auch von einem Notar, der seinen Amtssitz im Bezirk eines nach § 796a I zuständigen Gerichts hat, in Verwahrung genommen u für vollstrb erklärt werden (**§ 796c I**). Damit wird dem Notar eine **genuin richterl Aufgabe** übertragen, die klar von seiner Zuständigkeit nach der BNotO, insb zu Beurkundungen (§ 20 BNotO), zu trennen ist (MK/Wolfsteiner Rn 6; SchWKT/Gomille Rn 1). Daher findet das BeurkG keine Anwendung (SchWKT/Gomille Rn 1). Die Unparteilichkeit des Notars ist nach §§ 41 ff sicherzustellen (StJ/Kern Rn 5). Das Verf richtet sich nach den Vorschriften, die für die Vollstreckbarerklärung durch das Gericht gelten, § 796c I 2, § 796b. Prüfungsumfang und Entscheidung unterscheiden sich nicht von dem gerichtl Erkenntnisverf (BGH WM 2021, 129). So ist zB § 139 anzuwenden, nicht § 17 BeurkG. Der Notar hat allen Beteiligten rechtl Gehör zu gewähren, § 796c I 2, § 796b II 1.

2 Die Vollstreckbarerklärung nach § 796a II ist **für den Notar keine Pflichtaufgabe** (WSch/Schütze Rn 3). Der Notar ist kraft seines Amtes nicht verpflichtet. Übernimmt er die Verwahrung, folgt auch daraus nicht seine Verpflichtung zur Vollstreckbarerklärung (aA DNotI-Report 2007, 66, 67; Saenger/Kindl Rn 2).

3 Notarielle Vollstreckbarerklärung nur für „einvernehml Fälle", I. Ein Streitverf vor dem Notar wäre systemfremd; der Notar muss den Antrag in diesen Fällen als unzulässig ablehnen (MskV/Voit Rn 2).

4 **II) Zurückweisung des Antrags.** Trotz übereinstimmenden Vollstreckbarerklärungsantrags der Parteien muss der Notar diesen **als unbegründet zurückweisen**, wenn aus den Umständen klar wird, dass den Parteien die obj oder subj Vergleichsbefugnis gefehlt hat oder der Vergleich gegen gesetzl Verbote verstößt, die vAw beachtet werden müssen. Der Prüfungsumfang entspricht dem bei § 796a (§ 796c I 2 iVm § 796a III; s § 796a Rn 20 ff).

5 **III) Stattgabe des Antrags. 1) Keine Maßnahme der Zwangsvollstreckung.** Es handelt sich dabei nicht um eine Maßnahme der ZwV. Der Beschluss steht der Entscheidung des staatl Gerichts gleich. Dies gilt insb für **Fehlerfolgen:** Verfahrensverstöße u Fehlentscheidungen in der Sache führen iZw nicht zur Nichtigkeit. Es gelten die allg Grundsätze für die Bestandskraft von Staatsakten trotz Fehlerhaftigkeit: IZw sind sie nicht nichtig (zust MK/Wolfsteiner Rn 5). Insb führt die örtl Unzuständigkeit des Notars nicht zur Nichtigkeit, analog § 513 II, ebenso nicht die fehlende oder unwirksame Zustimmung der Parteien iSv § 796a II. Auch für den Notar gilt das **Haftungsprivileg des § 839 II 1 BGB** (BGH WM 2021, 129; Hk-ZV/Müller Rn 1; SchWKT/Gomille Rn 7 mN; zweifelnd MskV/Voit Rn 4 [Notar wird nicht in einer Streitsache tätig]).

6 Die notarielle Vollstreckbarerklärung ist endgültig u sofort vollstreckbar, deswegen ist es nicht notwendig, den Beschluss für **vorläufig vollstreckbar** zu erklären (SchWKT/Gomille Rn 7).

7 Der Notar muss auch über die **Kosten** des Verf nach §§ 91 ff entscheiden.

8 **2) Vollstreckbarkeit des Anwaltsvergleichs.** Die positive Entscheidung verleiht dem Anwaltsvergleich Vollstreckbarkeit u stellt die Wirksamkeit des Anwaltsvergleiches u das (Noch-)Bestehen des für vollstrb erklärten Anspruchs rechtskräftig fest, s § 796a Rn 24 (aA Münzberg NJW 99, 1357; StJ/Kern Rn 9). – **VollstrTitel ist der Beschluss des Notars**, nicht der Anwaltsvergleich, DNotI-Report 2007, 66, 68. – Die Vollstreckbarerklärung ist nach § 8 I Nr 6 DONot in die Urkundenrolle des Notars einzutragen. – Einwendungen gegen die Vollstreckbarkeit (§ 767) sind nicht präkludiert (§ 797 VI, IV).

9 **3) Vollstreckungsklausel notwendig.** Die Vollstreckbarerklärung ist mit der Vollstreckungsklausel zu versehen (SchWKT/Gomille Rn 8). Es gelten §§ 724 ff. Zuständig ist der Notar, § 797 VI (WSch/Schütze Rn 6). – Die Vollstreckungsklausel ist auf eine Ausfertigung des (im Original in der Urkundensammlung des Notars weiterhin verwahrten) Vollstreckbarerklärungsbeschlusses zu setzen. Diese mit der Klausel versehene Ausfertigung muss der Gl im Parteibetrieb (§§ 191 ff) zustellen lassen, um die Frist des § 798 in Gang zu setzen, DNotI-Report 2007, 66, 69.

10 **IV) Begründungspflicht.** Nur die **ablehnende Entscheidung** ist gem § 796c II 1 zu begründen. Für die positive Entscheidung des Notars (Vollstreckbarerklärung) ist eine Begründung nicht vorgeschrieben, in komplizierten Fällen jedoch angebracht.

11 **V) Zustellung.** *Die Entscheidung* des Notars ist den Parteien bzw ihren (Prozess-)Bev vAw zuzustellen, § 329 III, DNotI-Report 2007, 66, 68. Der Notar kann die Zustellung selbst bewirken (§ 20 I 2 BNotO) oder nach § 176 I 1 verfahren. Er kann aber auch nach § 176 II 1 den Beschluss der Post zur Zustellung aushändigen.

VI) Rechtsbehelfe gegen die Entscheidung des Notars. 1) Wird vom Notar der Antrag auf Vollstreckbarerklärung abgelehnt (Rn 4), kann hiergegen Antrag auf richterl Entscheidung gem § 796b I gestellt werden (II 2). Die Entscheidung des Gerichts ergeht durch unanfechtbaren Beschluss (§ 796b II 2, 3). – 2) Der stattgebende Beschluss des Notars (Rn 8) ist unanfechtbar (§ 796c I 2, § 796b II 3; PG/Hansmeier Rn 5; krit MskV/Voit Rn 4 für Fälle greifbarer Gesetzeswidrigkeit). 12

VII) Gebühren des Notars. Festgeb von 72 Euro nach 23800 GNotKG-KV (Gleichlauf mit 2118 GKG-KV). – Vollstreckbare Ausfertigung s § 797 Rn 24. 13

§ 797 Verfahren bei vollstreckbaren Urkunden

(1) Die vollstreckbare Ausfertigung wird erteilt bei

1. gerichtlichen Urkunden von dem Urkundsbeamten der Geschäftsstelle des die Urkunde verwahrenden Gerichts,

2. notariellen Urkunden von

a) dem die Urkunde verwahrenden Notar,

b) der die Urkunde verwahrenden Notarkammer oder

c) dem die Urkunde verwahrenden Amtsgericht.

(2) Die Entscheidung über die Erteilung einer weiteren vollstreckbaren Ausfertigung wird getroffen bei

1. gerichtlichen Urkunden von dem die Urkunde verwahrenden Gericht,

2. notariellen Urkunden von

a) dem die Urkunde verwahrenden Notar,

b) der die Urkunde verwahrenden Notarkammer oder

c) dem die Urkunde verwahrenden Amtsgericht.

(3) Die Entscheidung über Einwendungen, welche die Zulässigkeit der Vollstreckungsklausel und die Zulässigkeit der Erteilung einer weiteren vollstreckbaren Ausfertigung betreffen, wird getroffen bei

1. gerichtlichen Urkunden von dem die Urkunde verwahrenden Gericht,

2. notariellen Urkunden von dem Amtsgericht,

a) in dessen Bezirk der die Urkunde verwahrende Notar seinen Amtssitz hat,

b) in dessen Bezirk die die Urkunde verwahrende Notarkammer ihren Sitz hat oder

c) das die Urkunde verwahrt.

(4) Auf die Geltendmachung von Einwendungen, die den Anspruch selbst betreffen, ist § 767 Absatz 2 nicht anzuwenden.

(5) [1]Das Gericht, bei dem der Schuldner im Inland seinen allgemeinen Gerichtsstand hat, ist zuständig für

1. Klagen auf Erteilung der Vollstreckungsklausel,

2. Klagen, durch welche die den Anspruch selbst betreffenden Einwendungen geltend gemacht werden, und

3. Klagen, durch welche der bei der Erteilung der Vollstreckungsklausel als bewiesen angenommene Eintritt der Voraussetzung für die Erteilung der Vollstreckungsklausel bestritten wird.

[2]Hat der Schuldner im Inland keinen allgemeinen Gerichtsstand, so ist das Gericht zuständig, bei dem nach § 23 gegen den Schuldner Klage erhoben werden kann.

(6) Auf Beschlüsse nach § 796c sind die Absätze 1 bis 5 entsprechend anzuwenden.

I) Anwendungsbereich. Für **Urkunden des § 794 I Nr 5** und für von Notaren in Verwahrung genommene **Anwaltsvergleiche** (§§ 796a, 796c I 1, § 797 VI) gelten I-V, nicht aber bei den vor Gericht abgeschlossenen Vergleichen des § 794 I Nr 1 (SchWKT/Gomille Rn 1) und den Anwaltsvergleichen nach § 796b (SchWKT/Gomille Rn 3); hier gelten §§ 795, 724 ff. Die Erteilung der Vollstreckungsklausel ist Akt der str Gerichtsbarkeit (RGZ 129, 168); sie bestimmt sich bei vollstrb Urkunden ausschließl nach ZPO (§ 52 BeurkG). – Keine Anwendung auf ausl vollstrb Urkunden (Hk-ZV-Müller Rn 2). 1

II) Neufassung. § 797 ist mWv 1.8.2021 neu gefasst (BGBl I 2021, 2154). Die (ausschließl, § 802) Zuständigkeit liegt nunmehr bei den drei Stellen, denen die Verwahrung notarieller Akten obliegen kann: a) bei **Notaren**, die die Urschrift errichtet haben (§ 45 I BeurkG); bei deren Abwesenheit oder Verhinderung: § 45 BNotO, bei Erlöschen des Amtes oder Sitzverlegung: § 51 I 2 BNotO; b) bei **Amtsgerichten** für Akten bis 2021, c) bei **Notarkammern** für Akten ab 2022 (§ 45 I 1, § 51 I 1 BNotO). IÜ blieb die Norm inhaltl unverändert. Der neue I umfasst die bish I u II, der neue II denjenigen des bish III 2 und der neue III denjenigen des bish III 1. Während IV unverändert blieb, wurde V ohne Änderungen neu strukturiert. In VI wurde nur die Verweisung angepasst 1a

(I-V anstelle II-V). – **Öffentliche Archive**, bei denen notarielle Akten lagern, deren Aufbewahrungsfrist noch nicht abgelaufen ist, verwahren nicht iSv § 797, arg § 51 V 2 BNotO.

2 **III) Anspruch. 1) Berechtigter Gläubiger. Anspruch auf Erteilung** einer vollstrb Ausfertigung hat der Gl, über dessen mit ZwV durchsetzbaren Anspruch (s vor § 704 Rn 1) die Urkunde errichtet ist, wenn er eine Ausfertigung nach § 51 I BeurkG verlangen kann (dazu KG MittBayNot 97, 378 [Winkler]); sonst, wenn sie nach dem Willen desjenigen, der die Unterwerfungserklärung abgegeben u damit den VollstrTitel in Urkundenform geschaffen hat (s § 794 Rn 32), als Herr über den Urkundeninhalt zur Verwendung im Rechtsverkehr in die Hände dieses Gl gelangen kann. Vollstrb Ausfertigung (auch weitere, LG München II MittBayNot 99, 88 [Wolfsteiner]) wird dem Gl daher auf Antrag nach ZPO-Vorschriften (§ 52 BeurkG) nur erteilt, wenn er nach § 51 BeurkG eine Ausfertigung verlangen kann oder sie bereits in Händen hält. Das erfordert im Falle des § 51 II BeurkG, dass der Sch, der die beurkundete Unterwerfungserklärung im eigenen Namen abgegeben hat oder in dessen Namen sie abgegeben worden ist (auch sein Rechtsnachfolger), in der Niederschrift oder durch besondere Erklärung ggü dem Notar/der zuständigen Stelle Erteilung der Ausfertigung an den Gl bestimmt hat. Hat der Gl demnach nicht nach § 51 BeurkG Anspruch auf Erteilung einer einfachen Ausfertigung, so darf ihm auch eine vollstrb Ausfertigung nicht erteilt werden (OLG Düsseldorf RNotZ 2001, 298; LG Kempten MittBayNot 2006, 523; Ertl Rpfleger 80, 41, 47; str, aA Winkler § 52 BeurkG Rn 33; LG Kempten MittBayNot 86, 142). Seinen Anspruch auf Erteilung einer vollstrb Ausfertigung verliert der Gl, wenn der sich der ZwV unterwerfende Sch die an den Notar gerichtete (auch als „unwiderruflich" bezeichnete) Ermächtigung, dem Gl eine vollstrb Ausfertigung zu erteilen, widerruft, bevor dem Gl eine einfache Ausfertigung erteilt worden ist (LG Lüneburg NJW 74, 506). Nicht mehr mögl ist der Widerruf der Ermächtigung (auch nicht für eine weitere vollstrb Ausfertigung), wenn der Gl eine einfache Ausfertigung erhalten hat (BayObLG DNotZ 2003, 847). Dass der durch die Urkunde Begünstigte Verfahrensbeteiligter sein müsste (so für Urteil s § 724 Rn 3; für Vergleich s § 794 Rn 6), ist nach dem Wesen des Beurkundungsrechts u dem Zustandekommen des VollstrTitels durch einseitige Unterwerfungserklärung nicht Erfordernis des Vollstreckungsrechts des Gl.

3 **2) Zuständigkeit. a)** Die vollstrb Ausfertigung **gerichtl Urkunden**, die sich in gerichtl Verwahrung befinden, wird im Fall des § 724 vom UrkB (§ 48 S 2 BeurkG), in den Fällen des § 20 I Nr 12 RPflG (§ 726 I, §§ 727-729, § 733, § 738, § 742, § 744, § 744a, § 745 II, § 749) vom Rpfleger erteilt (die weitere vollstrb Ausfertigung [§ 733] bei landesrechtl Übertragung ebenfalls vom UrkB, § 36b I Nr 4 RPflG). § 797 I trifft auch zu, wenn die Urk auf Ersuchen im Rechtshilfeweg von einem anderen Gericht aufgenommen u in Urschrift an das ersuchende Gericht übersandt wurde (RGZ 106, 346).

4 **b)** Die vollstrb Ausfertigung **notarieller Urkunden** wird von der jeweils zuständigen Stelle erteilt (§ 797 I Nr 2; s Rn 1a). Die vollstrb Ausfertigung eines Ehe- u Erbvertrags, der sich in amtl Verwahrung befindet (§ 344 I, III FamFG, § 34 I 3 BeurkG), ist durch das AG zu erteilen (s § 48 S 2 BeurkG). Hat der Grundstückseigentümer für eine auf dem Grundstück lastende Hypothek die persönl Schuld übernommen u sich der ZwV unterworfen, so ist zur **Erteilung der Vollstreckungsklausel** gegen den persönl Sch sowohl der Notar zuständig, der das ursprüngl dingl u persönl Schuldbekenntnis mit Unterwerfungsklausel aufgenommen hat, als auch der Notar, der die Schuldübernahme u die Unterwerfungserklärung des neuen Sch beurkundet hat. Wird der Notar als RA des Gl in der ZwV tätig, so ist er von der Erteilung der Vollstreckungsklausel zu der von ihm aufgenommenen Urk ausgeschlossen (RGZ 145, 199, 202). Ausschließungsgründe u Befangenheit des Notars sonst: § 16 BNotO, § 3 BeurkG entspr (MK/Wolfsteiner Rn 10; SchWKT/Gomille Rn 3). Erteilung der vollstrb Ausfertigung in einem solchen Verhinderungsfall (§ 45 I 1 BNotO) durch das AG des Notaramtssitzes für notarielle Urk, die vor dem 1.1.2022 errichtet worden sind, u für Urk ab 2022 die Notarkammer, s Rn 1a.

5 **3) Prüfung der Voraussetzungen.** Prüfung der Voraussetzungen für Erteilung der vollstreckbaren Ausfertigung durch den Notar s § 724 Rn 10 („formelles" Prüfungsrecht). **a) Zu prüfen** ist nach allg Regeln, ob ein formell wirksamer VollstrTitel mit vollstreckungsfähigem Inhalt vorliegt (BGH NJW 2009, 1887, 1888; PG/Hansmeier Rn 13), weil zu einer nicht vollstrb Urkunde eine Vollstreckungsklausel nicht erteilt werden kann (s § 794 Rn 38). Wenn die Unterwerfungserklärung ein bevollmächtigter (s § 794 Rn 33) oder vollmachtloser (auch nicht ausgewiesener) Vertreter (s § 794 Rn 34) abgegeben hat, ist stets auch zu prüfen, ob bei Beurkundung Erteilung u Umfang der Vollmacht in öffentl der öffentl begl Urkunde nachgewiesen waren (BGH MDR 2005, 113) oder Genehmigung des vollmachtlos Vertretenen in gleicher Form erteilt ist. Prüfung der materiellen Wirksamkeit der Vollmacht erlaubt das nur formelle Prüfungsrecht des Notars bei Klauselerteilung nicht. Nicht in das Klauselverf gehört daher auch Prüfung, ob Nichtigkeit des Rechtsverhältnisses, das der Bevollmächtigung zugrunde liegt, auch die zu seiner Ausführung für die ZwV-Unterwerfung erteilte Vollmacht umfasst (BGH NJW-RR 2004, 1718).

6 **b) Nicht zu** prüfen ist, ob der vollstrb Anspruch besteht (MskV/Lackmann Rn 4; PG/Hansmeier Rn 14). Matrechtl Fehlerhaftigkeit rechtfertigt Versagung der Klausel somit nicht. Dass Vollstreckung aus der nach Form u Inhalt vollstreckungsfähigen Urkunde wegen mat-rechtl Einwendungen unzulässig ist, ist mit Klage nach § 767 *geltend zu machen (s Rn 7). Die vollstrb* Ausfertigung ist daher auch zu erteilen, wenn die Nichtigkeit des Grundstückskaufvertrags geltend gemacht ist (OLG Oldenburg DNotZ 95, 145), oder wenn angenommen wird, dass der Anspruch nicht mehr besteht (erloschen ist; OLG Frankfurt JurBüro 97, 544).

4) Ausnahmen. Eine Ausnahme soll in Erwägung zu ziehen sein (OLG Oldenburg DNotZ 95, 145), wenn feststeht, also der Notar positiv weiß (OLG München DNotZ 2006, 204 [nur in extremen Ausnahmefällen]; BayObLG NJW 2000, 1663; PG/Hansmeier Rn 14), offenkundig oder durch öffentl oder öffentl begl Urkunde nachgewiesen ist (OLG München DNotZ 2006, 204; OLG Frankfurt DNotZ 95, 144; Sauer/Meiendresch Rpfleger 97, 289, 290), dass der vollstrb beurkundete Anspruch nicht besteht, oder wenn sich der Gesetzesverstoß aus der Urkunde selbst ergibt oder die Beurkundung nach § 4 BeurkG abzulehnen gewesen wäre (LG Bochum DNotZ 90, 571). Dem kann jedoch nicht gefolgt werden. Jedenfalls genügen Zweifel oder Bedenken allein nicht (BGH NJW-RR 2006, 567). Auch sachliche Einwendungen können vom Notar so wenig wie vom UrkB (und Rechtsmittelgericht) im Klauselverf berücksichtigt werden (s § 724 Rn 5). Die Klausel ist Bescheinigung nur über Bestand u Vollstreckbarkeit der Urkunde (s § 724 Rn 1). Sie weist nicht aus, dass die Vollstreckungsfähigkeit der in ges Form beurkundeten Unterwerfungserklärung fortbesteht. Verweigerung der Klausel rechtfertigen daher auch Veränderungen außerhalb der Unterwerfungserklärung nicht. – Tatsachen, auf die sich matrechtl Einwendungen gegen die **Vollstreckbarkeit** des titulierten Anspruchs (s § 767 Rn 5) gründen können, sind mit Klage nach § 767 geltend zu machen (BGH MDR 2020, 1465). Auf sie können Einwendungen gegen die Zulässigkeit der Klausel (§ 732) nicht gestützt werden. Sie können ebenso im Klauselverf nicht berücksichtigt werden, somit auch nicht, wenn sie aktenkundig sind (s § 724 Rn 5). Sie sind in gleicher Weise wie für das Vollstreckungsorgan unerhebl (§ 775; s § 775 Rn 16). Wirksamer Bestand der Urkunde begründet, wenn Einwendungen gegen den Anspruch selbst nicht auf dem dafür bestimmten Rechtsweg (§ 767 mit § 797 V) durchgesetzt sind, stets auch ein Rechtsschutzbedürfnis (s vor § 704 Rn 17) für Erteilung der vollstrb Ausfertigung. Ebenso sind im Klauselverf auch treuwidriges Verhalten des Gl (s vor § 704 Rn 32) u Verstoß gegen die guten Sitten (s OLG München NJW-RR 95, 763) nicht zu würdigen (auch hier Widerspruchsklage). – Beim Einwand der **Unwirksamkeit** des Titels besteht ein Wahlrecht zwischen § 732 und der Titelgegenklage analog § 767 (s § 767 Rn 7 „unwirksame Titel"), zudem die Möglichkeit einer Feststellungsklage (ThP/Seiler Rn 13). 7

5) Sachliche Einwendungen des Schuldners. Geltendmachung sachl Einwendungen durch den Sch kann nur in Ausnahmefällen als gleichzeitiger Widerruf der Erlaubnis, vollstrb Ausfertigung zu erteilen, interpretiert werden (s Rn 2). 8

6) Zu berücksichtigende Tatsachen. Nach § 726 darf der Notar nur Tatsachen berücksichtigen, von deren Eintritt der Sch seine **Leistungspflicht abhängig** gemacht hat, zwar nur insoweit, als diese Tatsachen in der Urkunde bezeichnet sind. Bei Änderungen **außerhalb** der Urkunde muss der Sch seine Einwendungen im Wege der Vollstreckungsabwehrklage geltend machen. So darf der Notar zur Begründung seiner Weigerung keinesfalls die Verfügung des GBA, dass die Urkunde unvollziehbar sei, heranziehen, dies auch dann nicht, wenn diese Verfügung auf die Urkunde gesetzt worden ist. Denn sie ist damit nicht Inhalt der Urkunde iSd § 726 geworden. 9

7) Weitere vollstreckbare Ausfertigung. Auch eine weitere vollstreckbare Ausfertigung einer notariellen Urkunde (§ 733) wird vom Notar erteilt (seit 1.9.2013, BTDrs 17/1469, 2 u 18). Zuständig ist der die Urk verwahrende Notar, bei Verwahrung durch das AG dieses u die Notarkammer für Urk ab 2022, s Rn 1a. Auch der Notar (das AG bzw die Notarkammer) hat regelmäßig nach § 733 I den Sch anzuhören (BTDrs 17/1469, 19). Anhörung ist stets geboten, wenn sie nicht ausnahmsweise untunl oder die Situation zweifelsfrei ist (s § 733 Rn 11; BTDrs 17/1469, 19). § 20 I Nr 13 RPflG trifft Bestimmung für die Entscheidung über die Erteilung einer weiteren vollstrb Ausfertigung notarieller Urkunden durch den Rpfleger nur noch für die Fälle, in denen die Urkunde vom AG verwahrt wird (BTDrs 17/1469, 19). – Wird die früher erteilte vollstrb Urkundenausfertigung zurückgegeben, dann wird eine neue vollstrb Ausfertigung wieder nach § 724 (nicht als weitere nach § 733) erteilt (s § 733 Rn 3); Gleiches gilt, wenn eine Nachfolgeklausel auf die bisherige vollstrb Ausfertigung gesetzt (diese „umgeschrieben") wird. 10

IV) Ausfertigung als Grundlage der Zwangsvollstreckung. Grundlage der ZwV ist die Ausfertigung der Urkunde (Rn 2-5), die als VollstrTitel für Durchführung der ZwV mit der Vollstreckungsklausel zu versehen ist (§ 724 I, § 795). Die Ausfertigung der Niederschrift über die Unterwerfungserklärung des Bevollmächtigten ist mit der Vollmacht in öffentl oder öffentl begl Form zu verbinden (kann auch in begl Abschrift beigefügt sein, s § 794 Rn 33). Die Vollstreckungsklausel ist diesem Schuldtitel am Schluss beizufügen (§ 725; dazu Stöber NotBZ 2008, 209, 213). Entspr gilt für die Einbindung der Genehmigungserklärung (§ 89) bei ZwV-Unterwerfung durch einen vollmachtlosen oder nicht ausgewiesenen Vertreter in die vollstrb Ausfertigung. 11

V) Klauselerteilung bei Grundschuld. 1) Fälligkeit. Das Kapital der Grundschuld ist erst nach Kündigung durch den Gl oder Eigentümer mit einer Frist von 6 Monaten fällig (§ 1193 I 3 BGB). Erteilung einer vollstrb Ausfertigung (wegen des dingl Anspruchs, s § 794 Rn 31) erfordert daher urkundl Beweis der Fälligkeit nach § 726 I. Für eine Grundschuld, die der **Sicherung einer Geldforderung** dient, ist abweichende Bestimmung (sof Fälligkeit, fristlose Kündigung, kürzere Frist, Verfallklausel usw) nicht zulässig (§ 1193 II 2 BGB [gilt nur für Grundschulden, die nach dem 19.8.2008 bestellt sind: Art 229 § 18 III EGBGB]). Dies gilt auch für eine längere Kündigungsfrist. Zur Zulässigkeit des Nachweisverzichts für Erteilung einer vollstrb Ausfertigung vor Fälligkeit BGH DNotZ 2021, 692 (Reymann); BGH MDR 2020, 1465 = NJW 2020, 3600 (Dierck): Bei dem **Kündigungserfordernis des § 1193 I 1 BGB** handelt es sich um eine Vollstreckungsbedingung iSv § 726 I, wenn sich der Sch in der notariellen Grundschuldbestellungsurkunde wegen der Grundschuld der sofortigen Zwangsvoll- 12 streckung unterworfen hat. Wenn gem der Urkunde dem Gl ohne Nachweis der das Bestehen u die Fälligkeit der Zahlungsverpflichtung begründenden Tatsachen eine vollstrb Ausfertigung erteilt werden kann, führt dies dazu, dass das Klauselerteilungsorgan eine einfache Vollstreckungsklausel (§ 724) zu erteilen hat. Die materielle Bedingung verliert hierdurch ihren Charakter als Vollstreckungsbedingung. Ob der Nachweisverzicht **aus mat-rechtl Erwägungen unwirksam** ist, ist im Klauselerteilungsverf aufgrund des in diesem Verf eingeschränkten Prüfungsmaßstabs nicht zu prüfen (BGH BKR 2021, 168), Der Prüfungsumfang im Klauselerinnerungsverf (§ 732) entspricht dann demjenigen im Klauselerteilungsverf, auf dessen Überprüfung es ausgerichtet ist. Was bei der Erteilung nicht zu prüfen war, kann im Erinnerungsverf nicht zur Überprüfung gestellt werden (BGH MDR 2020, 1465), auch nicht in der Rechtsmittelinstanz (BGH MDR 2025, 410 [Schörnig MDR 2025, 640]). Dementsprechend sind nur Einwendungen formeller Art Gegenstand der Prüfung (BGH MDR 2025, 477 = NJW-RR 2025, 425). – Ebenso für **Hypothek**, der eine Forderung aus abstraktem Schuldversprechen zugrunde liegt (abstrakte Verkehrshypothek, OLG Köln Rpfleger 2013, 500). Zu Recht generell gegen Prüfung von Nichtigkeit/Unwirksamkeit der vollstrb Urkunde aus mat-rechtl Gründen MK/Wolfsteiner § 794 Rn 264 ff u § 797 Rn 29. Der Nachweisverzicht hat keine mat-rechtl Wirkung, Einwendungen gegen den Anspruch selbst bleiben dem Sch also erhalten.

12a **2) Nachweisverzicht. a)** Ob der Nachweisverzicht bei Bestellung einer Sicherungsgrundschuld mit Unterwerfungserklärung aus mat-rechtl Erwägungen unwirksam ist, ist im Klauselerteilungsverf nicht zu prüfen (vgl BGH NJW 2009, 1887; s Rn 5-7 mwN). Der Schuldner ist aber nicht schutzlos: (1) Er kann im Falle der bevorstehenden Einleitung der ZwV, die eine vorherige Zustellung des Schuldtitels voraussetzt (§ 798), bereits vor dem Beginn der ZwV Vollstreckungsabwehrklage gem § 767, § 797 IV u V iVm § 795 Satz 1 erheben u einstw Rechtsschutz gem § 769 beantragen. Diese Klage hat Erfolg, wenn es an einer Kündigung oder dem Ablauf der Frist des § 1193 I 3 BGB fehlt. (2) Der Schuldner kann ab Errichtung der notariellen Urkunde eine etwaige Unwirksamkeit seiner Unterwerfungserklärung nebst Nachweisverzicht im Wege einer prozessualen Gestaltungsklage analog § 767 geltend machen (§ 767 Rn 7 „unwirksame Titel"). Dies gilt in gleicher Weise, wenn er sich nur gegen die Wirksamkeit des Nachweisverzichts wenden will (BGH DNotZ 2021, 692 Tz 22 ff [Reymann]).

12b **b) Prüfungsumfang ohne Nachweisverzicht.** Das Klauselerteilungsorgan hat durch Auslegung des Titels zu ermitteln, ob dessen Vollstreckbarkeit seinem Inhalt nach vom Eintritt einer vom Gläubiger zu beweisenden Tatsache abhängt. Der Auslegung sind allerdings durch die **Formalisierung des Klauselerteilungsverf** Grenzen gesetzt. Da der Vollstreckungstitel Inhalt und Umfang der ZwV festlegt u der Sch staatl Zwang nur nach dieser Maßgabe zu dulden hat, muss eine im Klauselerteilungsverf zu berücksichtigende Abhängigkeit der Vollstreckbarkeit nach § 726 I durch den Titel selbst klar festgestellt sein. Es kann nicht auf außerhalb des Titels liegende Umstände abgestellt werden. Im Grundsatz muss der Titel daher aus sich heraus für eine Auslegung genügend bestimmt sein oder jedenfalls sämtliche Kriterien für seine Bestimmbarkeit eindeutig festlegen. Dabei können auch gesetzl Regelungen Berücksichtigung finden, sofern sich deren Anwendbarkeit aus dem Titel zweifelsfrei ergibt. Nach diesen Maßstäben ist auch das Kündigungserfordernis des § 1193 I 1 BGB zu beachten, wenn sich aus einer notariellen Grundschuldbestellungsurkunde mit einer Unterwerfung unter die sofortige ZwV nichts Abweichendes ergibt. Das materielle Kündigungserfordernis ist dann zugleich Vollstreckungsbedingung (Volmer MittBayNot 2009, 1, 6; BGH MDR 2020, 1465 Tz 15).

13 **3) Zinsen und Nebenleistungen.** Für Zinsen u andere Nebenleistungen weist die Grundbucheintragung die vereinbarte Fälligkeit aus; keine Regelung in § 1193 II BGB (Grüneberg/Herrler § 1193 BGB Rn 4; Erman/Wenzel § 1193 BGB Rn 6). Fälligkeit also nach § 751 I oder, wenn nichts anderes bestimmt ist, dann sind diese Nebenleistungen entsprechend § 488 II BGB fällig (Grüneberg/Herrler § 1193 BGB Rn 4). Für die ZwV verlangt der BGH aber außer dieser Fälligkeit entspr § 488 II BGB noch Eintritt der Verwertungsreife in Rechtsanalogie zu §§ 1234, 1193 I 3 BGB (BGH MDR 2017, 848; zu Recht abl Erman/Wenzel § 1193 BGB Rn 6). Auf der Basis dieser BGH-Rspr kann die Klausel dann also nur erteilt werden, wenn die Kündigungsfrist des I 3 eingehalten ist (Erman/Wenzel § 1193 BGB Rn 6a).

14 **4) Altverfahren. a)** Für Grundschulden, die **bis 19.8.2008** bestellt wurden, war u bleibt abweichende Kapitalfälligkeit zulässig (§ 1192 II aF BGB). Ist demnach die Vollstreckung nicht vom Eintritt einer zu beweisenden Tatsache abhängig (Klausel nach § 726), dann wird die vollstrb Ausfertigung ohne Nachweis nach § 724 (mit § 795) erteilt.

15 **b)** Zulässig ist abweichende Kapitalfälligkeit nach § 1193 II 1 BGB, wenn die nach dem 19.8.2008 bestellte Grundschuld nicht der Sicherung einer Geldforderung dient (sog isolierte Grundschuld). Die abw Fälligkeitsbestimmung ist dann vereinbarter Inhalt des Rechts, der Eintragung in das Grundbuch erfordert (Bezugnahme genügt, § 874 BGB). Eintragung erfordert gleichermaßen spätere Inhaltsänderung (§§ 877, 1192 BGB), damit insb Bestimmung der ges Kündigungsfrist des § 1193 I BGB bei nachträglicher Sicherung einer Forderung durch die bis dahin isolierte Grundschuld. Wenn die Grundschuld nach dem 19.8.2008 durch schuldrechtliche Abrede (Sicherungsvertrag) zur Sicherung einer Forderung verwendet wird, kann auch die eingetragene abweichende Fälligkeitsbestimmung keinen Bestand haben; sie ist für diesen Fall nicht zulässig (§ 1193 II 2 BGB), als Gesetzesverstoß damit nichtig (§ 134 BGB); das Grundbuch ist somit unrichtig (§ 894 BGB; ähnl Volmer MittBayNot 2009, 1, 4: verliert ihre sof Fälligkeit mit Kreditsicherung; ges Inhaltsänderung). Vollstrb Ausfertigung

der Unterwerfungserklärung kann dann nach § 726 nur u erst erteilt werden, wenn der Fälligkeitsnachweis infolge Kündigung durch Urkunden geführt ist. Die Prüfung ist dem Klauselverf vorbehalten. Einwendungen gegen eine auch vor der Sicherungsvereinbarung erteilte (nzulässig gewordene Vollstreckungsklausel können nach § 732 (mit § 795 S 1, § 797 III) geltend gemacht werden (keine Prüfung der schuldrechtl Sicherungsabrede im Vollstreckungsverf).

5) Klauselerteilung. Klausel nach § 726 I. Die Kündigungsfrist muss bei Erteilung der vollstrb Ausfertigung abgelaufen sein (s § 726 Rn 3). Sof Erteilung der vollstrb Ausfertigung nach nachgewiesener Kündigung unter Angabe des Fristablaufs wird zwar für zulässig erachtet (Dieckmann BWNotZ 2009, 144, 149; Schmid/Voss DNotZ 2008, 740, 755; Sommer RNotZ 2009, 578, 584; Volmer MittBayNot 2009, 1, 7; anders Zimmer NotBZ 2008, 386). Dem ist jedoch nicht zu folgen. Der Beginn der Kündigungsfrist lässt sich nicht unmittelbar aus dem Kalender ermitteln, der Fristablauf somit nur mit anderen Hilfsmitteln außer dem Kalender bestimmen. Die Vollstreckungsklausel kann Bestand u Vollstreckbarkeit des Titels bescheinigen (s § 724 Rn 1), diesen aber nicht durch bloße Bezeichnung eines Fristbeginns oder -endes für erst später zulässige Vollstreckung ergänzen. Nach dem Kalender bestimmt ist die Geltendmachung des Anspruchs zur Prüfung durch das Vollstreckungsorgan (§ 751 I) nur, wenn der Tag im VollstrTitel unmittelbar oder mittelbar (10 Tage ab …) bezeichnet ist (s § 286 II Nr 1 BGB). Das ist nicht der Fall, wenn der Vollstreckbarkeit ein Ereignis in der Weise vorauszugehen hat, dass sich von diesem an die Frist nach dem Kalender berechnen lässt (s § 286 II Nr 2 BGB). Vorzeitige Erteilung der Vollstreckungsklausel mit Bezeichnung des Ereignisses, Fristablaufs oder des Tages, von dem an die ZwV beginnen kann, schließt das aus. Diese auch durch den Gesetzeswortlaut ausgewiesene Abgrenzung ist hinzunehmen. – Einreden aus dem Sicherungsvertrag behindern Klauselerteilung nicht. 16

6) Rechtsnachfolge. Die formularmäßige Unterwerfungserklärung anlässl der Bestellung einer Sicherungsgrundschuld (oder nachträglich) für alle Ansprüche an Kapital, Zinsen u Nebenleistungen, welche dem Gl „aus der Grundschuld zustehen", wurde so verstanden, dass nur Grundschuldansprüche aus einer treuhänderisch gebundenen Sicherungsgrundschuld tituliert sind (BGH MDR 2010, 880). Der Zessionar einer bis 19.8.2008 erworbenen (bestellten oder erstmals abgetretenen) Sicherungsgrundschuld (danach ist gutgläubiger einredefreier Erwerb nach § 1157 S 2 BGB ausgeschlossen, § 1192 Ia 1 Hs 2 BGB mit Art 229 § 18 II EGBGB, Grüneberg/Herrler § 1192 BGB Rn 3; Erman/Wenzel § 1191 BGB Rn 60) kann aus der Unterwerfungserklärung daher nur vorgehen, wenn er die Verpflichtungen aus dem Sicherungsvertrag übernommen hat (diesem beigetreten ist BGH MDR 2010, 880). Im Klauselverf (§§ 727, 797 II) hat der Notar bzw das sonstige Erteilungsorgan (s Rn 1a) das jedoch nicht zu prüfen, der Zessionar somit die nicht offenkundige Übernahme der Verpflichtungen aus dem Sicherungsvertrag (den Eintritt in diesen) nicht nachzuweisen. Der Notar etc hat die Klausel stets zu erteilen, wenn die Unterwerfungserklärung sprachlich keinen Anhalt dafür enthält, dass der Zessionar den Eintritt in den Sicherungsvertrag nachzuweisen hat. Schutz des Kreditnehmers wird durch Klauselgegenklage (§ 768) gewährleistet (BGH MDR 2011, 1069; BGH DNotZ 2012, 287) Im Rechtsstreit (zu diesem zB BGH MittBayNot 2014, 268 [Everts]) kann der Rechtsnachfolger den „Eintritt in den Sicherungsvertrag" auch durch Abschluss eines Vertrags zugunsten des Sicherungsgebers nachweisen (BGH MDR 2012, 903). 17

VI) Rechtsbehelfe. 1) Gläubiger. Gegen die Ablehnung der vollstrb oder weiteren vollstrb Ausfertigung findet Beschwerde des Gl nach § 54 BeurkG statt, auch soweit Ausfertigung einer gerichtl oder behördl Urkunde beantragt war (§§ 1, 54 BeurkG; BTDrs 17/1460, 19). Bei Ablehnung durch den UrkB (§ 797 I) ist mit (befristeter) Erinnerung zunächst das Gericht anzurufen (entspr § 573 I). Abhilferecht/-pflicht des für die Klauselerteilung zuständigen Organs ist in allen Fällen gegeben. Zuständig ist das Gericht, dessen UrkB die Klausel abgelehnt hat, für die Entscheidung über die Beschwerde eine ZivK des LG, in dessen Bezirk die Stelle, gegen die sich die Beschwerde richtet, ihren Sitz hat (§ 54 II 2 BeurkG). Für das Verf über die Einwendung u für das Beschwerdeverf gelten die Vorschriften des FamFG (§ 54 II 1 BeurkG). Rechtsbeschwerde findet nach § 70 FamFG statt. Der Notar (bzw das für Klauselerteilung zuständige Organ, s Rn 1a) ist am Beschwerdeverf nicht beteiligt, s Rn 20. Bei Erfolg des Rechtsbehelfs ist die zuständige Stelle (UrkB, Rpfleger, Notar oder Notarkammer, s Rn 1a) anzuweisen, die Klausel zu erteilen. In Fällen des § 731 ist für Gl auch Klage bei dem nach V zuständigen Gericht gegeben. 18

2) Schuldner. Der Sch hat Einwendungen gegen die Zulässigkeit der Vollstreckungsklausel nach § 732 (§§ 795, 797 III), auch wenn Unwirksamkeit oder Nichtigkeit der Unterwerfung aus sonstigen prozessualen Gründen geltend gemacht wird, u gegen die Zulässigkeit der Erteilung der weiteren vollstrb Ausfertigung, nicht aber Beschwerde nach § 54 BeurkG oder § 15 BNotO (OLG Köln DNotZ 2007, 218); Beschwerde auch nicht gegen die Ankündigung des Notars, dem Antrag des Gl auf Erteilung der vollstrb Ausfertigung zu entsprechen (OLGR München 2008, 660). Für materielle Einwendungen gegen die Wirksamkeit des Titels zugleich Klage nach § 767 (BGH NJW 92, 2160 abw von früherer Rspr). Zuständiges Gericht für Einwendungen nach § 732: § 797 III. AG für Einwendungen bei notariellen Urkunden ist das Streitgericht, nicht das FamG (OLG Stuttgart Rpfleger 97, 521; aA OLG Naumburg FamRZ 2003, 695) oder VollstrGericht, § 764 (OLG Naumburg FamRZ 2003, 695; aA OLG Stuttgart Rpfleger 97, 521); das ArbG ist nicht zuständig (StJ/Kern Rn 30; str). Es entscheidet der Richter, nicht der Rpfleger (OLG Stuttgart Rpfleger 97, 521). Es wird im Verf nach der ZPO (nicht nach dem FamFG) entschieden (OLG Frankfurt DNotZ 81, 320). Rechtsbeschwerde: § 574. Für Sch ist außerdem Klage gegen die Klausel nach § 768 gegeben; Zuständigkeit: V. 19

20 **3) Notar.** Der **Notar** ist als zuständiges Rechtspflegeorgan nicht Verfahrensbeteiligter, hat damit kein eigenes BeschwerdeR, s Rn 18. Er ist 1. Instanz, der keine Kosten auferlegt werden können. Bei unzulässiger Erteilung einer vollstrb Ausfertigung entfällt eine Haftung des Notars, weil Einwendungen gegen die Zulässigkeit der Klausel hätten geltend gemacht werden können (OLG Düsseldorf VersR 97, 758).

21 **VII) Zuständigkeit für Klagen.** Die (ausschließl, § 802) Gerichtsstandsregelung des V (Regelung nur der örtl Zuständigkeit) gilt für Klagen auf Erteilung (§ 731) u gegen Erteilung der Vollstreckungsklausel (§ 768) sowie gegen den Anspruch selbst (§ 767), nicht für Abänderungsklagen nach § 323a. Bekl ist der Sch oder Gl, nicht der Notar oder die verwahrende Behörde (RGZ 36, 347; 45, 391). Für Klagen nach § 731 gegen mehrere Sch ist das gemeinschaftliche Gericht nach § 36 Nr 3 zu bestimmen. Für die Klage mehrerer Sch (als Streitgenossen) nach §§ 767, 768 gilt § 35 entspr (BGH MDR 92, 301; sa § 35 Rn 1a). Nach V (nicht § 800 III) bestimmt sich die Zuständigkeit auch für Klagen, die nur den durch eine Hypothek oder Grundschuld gesicherten persönl Anspruch betreffen (KG NJW-RR 89, 1407; anders OLG Karlsruhe NJW-RR 2001, 1728; OLG Zweibrücken ZfIR 2003, 1014 [abl Vollkommer]). Die sachl Zuständigkeit richtet sich nach §§ 23, 23a, 23b, 71 GVG. Das Arbeitsgericht ist zuständig, wenn ein arbeitsrechtl Anspruch Gegenstand des Streits ist (OLG Frankfurt OLGZ 85, 97 für § 767). Das in III (nicht das in V) bezeichnete Gericht (Richter, nicht Rpfleger) ist für die **Bewilligung öffentl Zustellung** (§ 186; BayObLG NJW-RR 90, 64) u für **Zustellungsersuchen im Ausland** (§ 183) zuständig.

22 **VIII) Präklusion.** Die Präklusionswirkung des § 767 II greift nicht ein (§ 797 IV), wenn gegen eine vollstrb Urk erstmals Vollstreckungsgegenklage erhoben wird. Mit dieser können daher auch vor der Errichtung der Urk liegende Einwendungen erhoben werden, denn die titulierte Forderung ist noch nicht gerichtl geprüft, ein Ausschluss früher entstandener Einwendungen daher nicht gerechtfertigt. Ist über den Anspruch bereits in einer früheren Vollstreckungsabwehrklage gerichtl entschieden worden, dann ist in einem späteren Verf auch § 767 II anzuwenden (BGH NJW-RR 87, 59; Hk-ZV/Müller Rn 25).

23 **IX) Anwaltsvergleich.** Bei **Vollstreckbarerklärung des Anwaltsvergleichs** durch einen Notar (§ 796c) ist das Klauselerteilungsverf usw mit Anwendung der I-V dem Verf bei vollstrb notariellen Urk gleichgestellt (VI). Vollstreckbar ausgefertigt wird die notarielle Vollstreckbarerklärung (nicht der Anwaltsvergleich).

24 **X) Gebühren. 1) Gericht:** keine Geb für die Erteilung der Vollstreckungsklausel. – Regelgeb 1210 ff GKG-VV bei den Klagen nach V. – **2) RA:** keine Geb für die Erwirkung der Vollstreckungsklausel (§ 19 I 2 Nr 13 RVG); ist der RA erstmals beauftragt: 3309 RVG-VV, § 18 I Nr 1 RVG. – Das Verf über Einwendungen gegen die Vollstreckungsklausel ist eine bes Angelegenheit (§ 18 I Nr 4 RVG). – Als ProzBev in Klageverf nach V erwachsen die Regelgeb 3100 ff RVG-VV. – **3) Notar:** grds gebührenfrei; aber 23803 GNotKG-KV (0,5 bei qualifizierter Vollstreckungsklausel), 23804 GNotKG-KV (Festgeb 24 € für weitere vollstreckbare Ausfertigung).

§ 797a Verfahren bei Gütestellenvergleichen

(1) Bei Vergleichen, die vor Gütestellen der im § 794 Abs. 1 Nr. 1 bezeichneten Art geschlossen sind, wird die Vollstreckungsklausel von dem Urkundsbeamten der Geschäftsstelle desjenigen Amtsgerichts erteilt, in dessen Bezirk die Gütestelle ihren Sitz hat.

(2) Über Einwendungen, welche die Zulässigkeit der Vollstreckungsklausel betreffen, entscheidet das im Absatz 1 bezeichnete Gericht.

(3) § 797 Abs. 5 gilt entsprechend.

(4) [1]Die Landesjustizverwaltung kann Vorsteher von Gütestellen ermächtigen, die Vollstreckungsklausel für Vergleiche zu erteilen, die vor der Gütestelle geschlossen sind. [2]Die Ermächtigung erstreckt sich nicht auf die Fälle des § 726 Abs. 1, der §§ 727 bis 729 und des § 733. [3]Über Einwendungen, welche die Zulässigkeit der Vollstreckungsklausel betreffen, entscheidet das im Absatz 1 bezeichnete Gericht.

1 **I) Zuständigkeit (§ 797 I).** Durchgeführt wird die ZwV aus einem Gütestellenvergleich auf Grund einer vollstrb Ausfertigung (§ 724 I, § 795 S 1). Zuständig für Erteilung der einfachen Vollstreckungsklausel ist (wenn eine landesrechtl Regelung nach IV nicht getroffen ist) der UrkB des AG, in dessen Bezirk die Gütestelle ihren Sitz hat. Der Rpfleger ist in den Fällen § 20 I Nrn 12, 13 RPflG (qualifizierte Klausel, weitere vollstreckbare Ausfertigung) zuständig. Landesrechtl kann die Erteilung der Vollstreckungsklausel auch in sonstigen Fällen dem Rpfleger übertragen sein (§ 37 RPflG). In Bayern ist der Notar gem Art 19 BaySchlG zuständig, wenn der Vergleich vor ihm als Gütestelle (Art 5 I, III 1 BaySchlG) iSv § 15a VI EGZPO geschlossen worden ist. Zum GüSchlG NRW BGH MDR 2008, 1295. Übersicht bei Greger NJW 2011, 1478.

2 **II) Rechtsbehelfe (§ 797 II).** Wie § 724 Rn 13.

3 **III) Klagen (§ 797a III).** Die Zuständigkeit für die Klagen aus §§ 731, 767, 768 regelt § 797a III durch Verweisung auf § 797 V. Auch für die Vergleiche nach § 797a gilt die zeitliche Beschränkung des § 767 II nicht, aber § 797 III ist anzuwenden (SchWKT/Gomille Rn 3).

IV) Landesrechtliche Regelung (§ 797a IV). Bei Ermächtigung durch die Landesjustizverwaltung ist der Vorsteher der Gütestelle zur Erteilung der einfachen Vollstreckungsklausel zuständig (§ 797a IV 1 mit Einschränkung nach IV 2). Rechtsbehelf bei Ablehnung: Anrufung des für den Sitz der Gütestelle zuständigen AG (§ 797a IV 3 mit I; StJ/Kern Rn 7); zuständig zur Entscheidung ist der Richter (SchWKT/Gomille Rn 2). Bei Erteilung der Klausel §§ 732, 768. 4

V) Weitere Zuständigkeit. Das AG, in dessen Bezirk die Gütestelle ihren Sitz hat, ist auch für die **Aufgaben des Prozessgerichts** zuständig (entspr Anwendung von § 797a I u II), so für Ersuchschreiben zur Auslandszustellung (§ 183), Bewilligung der öffentl Zustellung (§ 186) u ZwV zur Erwirkung von Handlungen u Unterlassungen (§§ 887, 888, 890). 5

VI) Gebühren. 1) Gericht: Die Erteilung der Vollstreckungsklausel ist gebührenfrei. – Klage nach § 797a II, § 797 V: 1210 ff GKG-KV. – **2) RA:** s § 797 Rn 24. Für das Güteverf: 2303 Nr 1 RVG-VV mit Anrechnung der Geschäftsgeb (Vorbem 2.3 VI 1 RVG-VV). 6

§ 798 Wartefrist

Aus einem Kostenfestsetzungsbeschluss, der nicht auf das Urteil gesetzt ist, aus Beschlüssen nach § 794 Abs. 1 Nr. 4b sowie aus den nach § 794 Abs. 1 Nr. 5 aufgenommenen Urkunden darf die Zwangsvollstreckung nur beginnen, wenn der Schuldtitel mindestens zwei Wochen vorher zugestellt ist.

I) Zweck. Der Sch soll von der Vollstreckung nicht überrascht werden und ihm soll mögl sein, freiwillig zu leisten. 1

II) Anwendung. Eine Wartefrist von 2 Wochen ist einzuhalten bei ZwV aus KFB nach §§ 104, 106, Beschlüssen über Vollstreckbarerklärung von Anwaltsvergleichen (§ 794 I Nr 4b) sowie vollstrb Urkunden nach § 794 I Nr 5 u § 794 II, § 800 I, vollstrb Kostenentscheidung des § 8 AusfG HZPrAbk u bei Zwangsbeitreibung auf Grund einer Kostenberechnung des Notars (§ 89 GNotKG), außerdem für die ZwV nach § 720a (§ 750 III). Einzuhalten ist die Wartezeit auch nach Neuzustellung des Titels mit Vollstreckungsklausel wegen Rechtsnachfolge (§§ 727, 750 II), bedingter Leistung (§ 726) usw sowie der Urkunden (§ 750 II). Ausnahmen im Fall § 799, wenn die Zustellung der Urkunde nicht erforderlich ist, und im Fall des § 726, wenn Urkunden schon vor Rechtsnachfolge an den Sch zugestellt wurden (StJ/Kern Rn 2). Der auf das Urteil gesetzte KFB (§ 105) wird mit dem Urteil ausgefertigt, zugestellt u ohne Wartefrist vollstreckt (§ 795a). Bei der Vorpfändung (§ 845) ist keine Frist einzuhalten. 2

III) Wartefrist. 1) Sie ist gesetzliche Frist. Keine Verlängerung oder Abkürzung durch das Gericht (AG/Schmidt Rn 12; Hk-ZV/Müller Rn 6), auch keine Wiedereinsetzung. Für die Parteien steht die Frist im Rahmen der zulässigen Vollstreckungsvereinbarungen zur Disposition (aA PG//Hansmeier Rn 3 [nur Verlängerung mögl]). – Der Tag der Zustellung rechnet nicht; Beginn der ZwV daher am 15. Tag nach Zustellung (des Schuldtitels, im Fall des § 750 II auch der Vollstreckungsklausel u Urkunde), wenn er ein Sonntag, Sonnabend oder allg Feiertag ist, am nächsten Werktag (§ 187 I, § 188 I BGB, § 222 ZPO). – **2) Vorzeitige Vollstreckung.** Ein ohne Einhaltung der Schutzfrist vorgenommener Vollstreckungsakt ist wirksam, wenn auch fehlerhaft (BGH NJW 59, 1873; OLG Hamm NJW 74, 1516 mwN; sa vor § 704 Rn 34, 35; aA RGZ 125, 288) und anfechtbar (SchWKT/Gomille Rn 4). – **3) Verzicht.** Mit Zustellungsverzicht entfällt die Wartefrist (AG Montabaur DGVZ 75, 92). Auf sie kann auch vor Beginn der ZwV verzichtet werden (LG Ellwangen Rpfleger 66, 145; aA die hM Schilken DGVZ 97, 81; Hk-ZV/Müller Rn 6 mN; PG/Hansmeier Rn 3). Verzicht bei oder nach Vornahme der Vollstreckungshandlung ist ebenso zulässig wie Verzicht auf Beanstandung entspr § 295 (§ 750 Rn 22). 3

IV) Rechtsbehelf. Sch: §§ 766, 793, aber idR sinnlos, da mit Fristablauf Heilung eintritt (MskV/Lackmann Rn 4). – Nachpfändender Gl: §§ 766, 793. Ihm kann aber dafür das Rechtsschutzbedürfnis fehlen, denn der Gl, der vorzeitig pfändet, erlangt dadurch keinen Rangvorteil, weil seine Pfändung erst mit Fristablauf wirksam wird (SchWKT/Gomille Rn 4 mN). 4

§ 798a (weggefallen)

Die Regelung wurde in das FamFG aufgenommen. S § 244 FamFG.

§ 799 Vollstreckbare Urkunde bei Rechtsnachfolge

Hat sich der Eigentümer eines mit einer Hypothek, einer Grundschuld oder einer Rentenschuld belasteten Grundstücks in einer nach § 794 Abs. 1 Nr. 5 aufgenommenen Urkunde der sofortigen Zwangsvollstreckung unterworfen und ist dem Rechtsnachfolger des Gläubigers eine vollstreckbare Ausfertigung erteilt, so ist die Zustellung der die Rechtsnachfolge nachweisenden öffentlichen oder öffentlich beglaubigten Urkunde nicht erforderlich, wenn der Rechtsnachfolger als Gläubiger im Grundbuch eingetragen ist.

1 § 799 enthält für vollstrb Urkunden (§ 794 I Nr 5) über Grundpfandrechte eine Abweichung von § 750 II, weil der Eigentümer von der Eintragung des Rechtsnachfolgers des Gl durch das GBA Nachricht erhält (§ 55 GBO). Nichtverständigung durch das GBA schadet dem Gl nicht. Dass die Eintragung erfolgt ist, ist dem Vollstreckungsorgan nachzuweisen, wenn es nicht in der Klausel bescheinigt ist. Die Zustellung der **Vollstreckungsklausel** (§ 750 II) ist nicht erlassen (MskV/Lackmann Rn 1). Ist der **Rechtsnachfolger** im Grundbuch nicht eingetragen (zB bei Abtretung eines Briefrechts, § 1154 I BGB), so findet § 750 II unbeschränkt Anwendung. § 799 trifft nicht zu bei Vollstreckung gegen den persönl Sch.

§ 799a Schadensersatzpflicht bei der Vollstreckung aus Urkunden durch andere Gläubiger

[1]Hat sich der Eigentümer eines Grundstücks in Ansehung einer Hypothek oder Grundschuld in einer Urkunde nach § 794 Abs. 1 Nr. 5 der sofortigen Zwangsvollstreckung in das Grundstück unterworfen und betreibt ein anderer als der in der Urkunde bezeichnete Gläubiger die Vollstreckung, so ist dieser, soweit die Vollstreckung aus der Urkunde für unzulässig erklärt wird, dem Schuldner zum Ersatz des Schadens verpflichtet, der diesem durch die Vollstreckung aus der Urkunde oder durch eine zur Abwendung der Vollstreckung erbrachte Leistung entsteht. [2]Satz 1 gilt entsprechend, wenn sich der Schuldner wegen der Forderungen, zu deren Sicherung das Grundpfandrecht bestellt worden ist, oder wegen der Forderung aus einem demselben Zweck dienenden Schuldanerkenntnis der sofortigen Vollstreckung in sein Vermögen unterworfen hat.

1 **I) Zweck.** Schutz des dinglich haftenden Grundstückseigentümers (S 1; s Rn 2-6) und des persönlich haftenden Sch (S 2; s Rn 8) vor ungerechtfertigter ZwV aus einer vollstrb Urkunde durch den Rechtsnachfolger des ursprüngl (dinglichen oder persönlichen) Gl. Der Sch kann nicht verhindern, dass ihm nach Gläubigerwechsel ein anderer Gl gegenübersteht u dieser aggressiv oder gar missbräuchl die (treuhänderisch verstandene) Unterwerfung vollstreckt. Daher schließt § 799a mit der Risikohaftung des Neugläubigers eine Rechtsschutzlücke zu anderen Fällen unberechtigter ZwV (zB §§ 717, 945, G. Vollkommer ZIP 2008, 2060).

2 **II) Voraussetzungen (§ 799a S 1). 1)** Vollstrb Urkunde (§ 794 I Nr 5), in der sich der Eigentümer eines Grundstücks (auch WE, ErbbauR usw) wegen des dingl Anspruchs (§ 1147 BGB) aus einer Hypothek oder Grundschuld der sof ZwV (auch nach § 800 „gegen den jew Eigentümer") unterworfen hat (s § 794 Rn 29). Schiffe bezieht § 800a mit ein.

3 **2) a) Dingliche Vollstreckung** durch ZwVersteigerung oder -verwaltung (§ 866 I), aber auch dingl Mietpfändung (s § 829 Rn 33.31).

4 **b)** Grundstücks-ZwV **durch einen anderen** als den in der Urkunde bezeichneten **Gl**, damit insb nach Abtretung des GrundpfandR durch den Zessionar, aber auch zB durch den Pfändungsgläubiger (ThP/Seiler Rn 6). Nach dem Zweck der Vorschrift (s Rn 1) kann das nicht gelten, wenn der InsVerwalter oder Erbe (ein gleichartiger Gesamtrechtsnachfolger) vollstreckt hat; hier wird der Wechsel nämlich nicht vom Gl veranlasst (Hk-ZV/Müller Rn 7; aA MskV/Lackmann Rn 2; StJ/Kern Rn 5 [Einschränkung des Kreises der Neugläubiger ist nicht gebotene teleologische Reduktion]). Der übernehmende Rechtsträger bei **Verschmelzung** (§§ 2, 20 I Nr 1 UmwG; auch bei grenzüberschreitender, § 122a UmwG) kann nach dem Zweck der Vorschrift dem bezeichneten Gl nicht gleichgestellt sein, auch wenn er die Firma des übertragenden Rechtsträgers fortführt (§ 18 UmwG). Gleiches gilt bei Aufspaltung, Abspaltung u Ausgliederung (§ 123 UmwG), nicht aber bei Formwechsel (§ 190 UmwG; Rechtsträger besteht in der neuen Rechtsform fort). Bei Unterwerfung des Eigentümers, der eine **Eigentümergrundschuld** bestellt hat (s § 794 Rn 27), muss der erste Zessionar als der in der Urkunde „bezeichnete" Gl angesehen werden (kein Missbrauchs- oder Gefährdungspotential, sondern schutzwürdiges Vertrauensverhältnis, auf das der erste „Fremd"gläubiger vertrauen kann). Gleiches hat für den Neugläubiger zu gelten, wenn eine Hypothek Eigentümergrundschuld geworden ist oder eine Grundschuld mit Gläubigerbefriedigung (§§ 1142, 1143 BGB) oder nach Erlöschen der Forderung (sonst Erledigung des Sicherungszwecks) in Erfüllung des Rückgewähranspruchs mit Verzicht (§ 1168 BGB) oder Abtretung auf den Eigentümer übergegangen ist u dieser das GrundpfandR mit Abtretung an einen anderen Gl wieder zur Sicherung einer (neuen)

Forderung verwendet hat. Gläubigerwechsel bei **Umschuldung** oder sonst vom Sch im Einzelfall veranlasster Abtretung kann Haftung nach § 799a nicht begründen. Es besteht ein schutzwürdiges Vertrauen des Neugläubigers (Hk-ZV/Müller Rn 7; aA PG/Hansmeier Rn 3). Grundschuldabtretung an einen Dritten in Erfüllung des ihm zedierten Rückgewähranspruchs ermöglicht ZwV für diesen nicht in der Urkunde bezeichneten Gl, wird somit von S 1 erfasst.

3) Unzulässigerklärung der Zwangsvollstreckung. Sie muss auf Abwehrklage (§§ 767, 795) durch Urteil (ganz oder teilweise) erfolgt sein (MK/Wolfsteiner Rn 4) und zwar nach dem 19.8.2008 (§ 37 EGZPO). Gleichstehen muss Prozessvergleich mit Vorbehalt des Schadensersatzanspruchs. Für unzulässig erklärt sein kann die ZwV außerdem auf Klauselklage (StJ/Kern Rn 9; s § 768 Rn 6) sowie auf Einwendungen gegen die Klausel (§ 732, StJ/Kern Rn 9; s § 732 Rn 15). Urteil auf Herausgabe des Titels u idR abänderndes Urteil nach § 323 IV genügen nicht (bei § 323 str; aA MskV/Lackmann Rn 3). Unerhebl ist, worauf die Unzulässigkeit beruht; Ersatzpflicht besteht daher auch, wenn sich die Einwendung gegen die ZwV auf das Rechtsverhältnis zwischen dem Eigentümer u dem in der Urkunde bezeichneten Gl oder auf Fehlerhaftigkeit der Unterwerfungsurkunde gründet. 5

III) Schadensersatz und Verfahren. 1) Dem Eigentümer (dingl Sch), auch wenn er Rechtsnachfolger des Grundpfandrechtsbestellers ist (s § 800), ist der Neugläubiger zum Ersatz des durch seine Vollstreckung oder deren Abwendung entstandenen Schadens verpflichtet. Die Ersatzpflicht entspricht der des § 717 II (s § 717 Rn 6 ff) sowie § 945 (s § 945 Rn 13 ff). 6

2) Geltendmachung durch Inzidentantrag im anhängigen Verf (wie § 717 II 2, s § 717 Rn 13; Wendt/Skauradszun JR 2011, 231; PG/Hansmeier Rn 5; ThP/Seiler Rn 11; aA MskV/Lackmann Rn 5 [weil § 717 II 2 in § 799a nicht erwähnt ist]). 7

IV) Persönliche Haftung (§ 799a S 2). S 2 bestimmt gleiche verschuldensunabhängige Ersatzpflicht des Neugläubigers für den Schaden durch ZwV in das Schuldnervermögen (s vor § 704 Rn 18) oder die Leistung zu deren Abwendung, wenn die ZwV aus einer Urkunde für unzulässig erklärt wird, in der sich der **persönliche Schuldner** (kann der Eigentümer oder ein Dritter sein) wegen einer durch Grundpfandrecht gesicherten Forderung der ZwV unterworfen hat. Ersatzpflichtig ist der Neugläubiger dann auch bei isolierter Abtretung der Forderung und auch, wenn der Sicherungsvertrag unwirksam ist. Das gilt ebenso für die Urkunde über ein Schuldanerkenntnis (auch Schuldversprechen) zur Sicherung einer Forderung. 8

§ 800 Vollstreckbare Urkunde gegen den jeweiligen Grundstückseigentümer

(1) [1]Der Eigentümer kann sich in einer nach § 794 Abs. 1 Nr. 5 aufgenommenen Urkunde in Ansehung einer Hypothek, einer Grundschuld oder einer Rentenschuld der sofortigen Zwangsvollstreckung in der Weise unterwerfen, dass die Zwangsvollstreckung aus der Urkunde gegen den jeweiligen Eigentümer des Grundstücks zulässig sein soll. [2]Die Unterwerfung bedarf in diesem Falle der Eintragung in das Grundbuch.

(2) Bei der Zwangsvollstreckung gegen einen späteren Eigentümer, der im Grundbuch eingetragen ist, bedarf es nicht der Zustellung der den Erwerb des Eigentums nachweisenden öffentlichen oder öffentlich beglaubigten Urkunde.

(3) Ist die sofortige Zwangsvollstreckung gegen den jeweiligen Eigentümer zulässig, so ist für die im § 797 Abs. 5 bezeichneten Klagen das Gericht zuständig, in dessen Bezirk das Grundstück belegen ist.

I) Zweck. Erweiterung des Vollstreckungszugriffs von § 794 I Nr 5 (Schuldner) auf künftige Grundstückseigentümer. Erleichterung der Durchsetzung des Rechts des Gl einer Hypothek, Grundschuld oder Rentenschuld auf Befriedigung aus dem Grundstück gegen den jew Eigentümer. Die ZwV gegen jeden im Grundbuch eingetragenen späteren Eigentümer ist ohne den sonst nach § 750 II erforderl Nachweis der Erwerbsurkunde zulässig. Umschreibung (§ 727) bleibt erforderlich. Die Grundbucheintragung mit der Eigentumsfiktion (§ 1148 BGB) ist auch ohne II ausreichender Nachweis des Erwerbs iSv §§ 727, 325 (SchWKT/Gomille Rn 11). 1

II) „Dingliche Zwangsvollstreckungsunterwerfung". 1) Wegen des dingl Anspruchs des Gl einer **Hypothek, Grundschuld** oder **Rentenschuld** „auf Zahlung aus dem Grundstück" (§§ 1113, 1191, 1199 je mit § 1147 BGB) kann sich der Eigentümer (ein Bruchteilsmiteigentümer nur für seinen Anteil, LG Münster Rpfleger 2007, 564) in einer Urkunde nach § 794 I Nr 5 der sof ZwV in der Weise unterwerfen, dass die ZwV aus der Urkunde **gegen den jeweiligen Eigentümer** des Grundstücks (auch grundstücksgleichen Rechts usw) zulässig sein soll (§ 800 I 1). Unterwerfung kann auch nur wegen eines (bestimmt bezeichneten) Teilbetrags des GrundpfandR erfolgen (u eingetragen werden) (BGHZ 108, 372, 377 = DNotZ 90, 586 [Wolfsteiner]); Teilung des Rechts erfordert **Teilunterwerfung** nicht (BayObLG DNotZ 85, 476; anders OLG Hamm DNotZ 84, 489; OLG Köln JurBüro 84, 1422). Bei Zwangsversteigerung wird das Recht in das geringste Gebot nicht aufgenommen, wenn der 2

Gl nur wegen des vollstrb Teilbetrags betreibt (Stöber § 44 ZVG Rn 4.3). Zulässig ist auch Unterwerfung wegen eines „zuletzt zu zahlenden Teilbetrags" des GrundpfandR u deren Eintragung (BGHZ 108, 372: Verrechnungsbestimmung für Zahlungen außerhalb des ZwV-Verf; krit StJ/Kern Rn 6). Befriedigung des Gl in der ZwV (§ 775 Nr 5; § 75 ZVG) erfordert dann aber nur Zahlung dieses Teilbetrags (nebst Kosten), nicht aber vollständige Ablösung des GrundpfandR (BGH MDR 2007, 1038). Zu unterscheiden davon ist die auf einen „rangmäßig" abgespaltenen (zB letztrangigen) Teilbetrag beschränkte Unterwerfungserklärung u deren Eintragung; sie kann ohne Teilung des GrundpfandR nicht erfolgen (kein unterschiedl Rang für „ein" GrundpfandR; dies zutr OLG Hamm DNotZ 84, 489 u OLG Köln JurBüro 84, 1422). Unterwerfung „bis zu" einem Höchstzinssatz ist zulässig (BGH NJW 83, 2262; s § 794 Rn 28). Mögl ist dingl Unterwerfungsklausel auch bei einer Eigentümergrundschuld (§ 1196 BGB; BGH NJW 75, 1356). Der Eigentümer kann jedoch nicht selbst die ZwV betreiben (§ 1197 II BGB); ihm kann daher auch keine vollstrb Ausfertigung erteilt werden.

3 **2) Unterwerfungserklärung. a)** Sie muss die dingl Duldungspflicht eindeutig u ausdrückl bezeichnen; das geschieht am besten mit dem Wortlaut von § 800 I. Ausreichend, jedoch nicht empfehlenswert, wäre auch „Wegen der Hypothek ist die sofortige ZwV gegen den jew Eigentümer des Grundstücks zulässig" (OLG Dresden OLG 6, 476), oder „Die jew Eigentümer unterliegen der sof ZwV" (KG OLG 7, 354). Dadurch, dass der Eigentümer sich gleichzeitig auch persönl wegen der Schuldverpflichtung der sof ZwV aus der Urkunde unterwirft, wird die Wirksamkeit einer dingl Unterwerfungsklausel nicht berührt (OLG Düsseldorf Rpfleger 77, 67).

4 **b)** Unterwerfung wegen des Anspruchs aus einer Hypothek, Grundschuld oder Rentenschuld kann für den **künftigen** Anspruch (s § 794 Rn 26) auch bereits **vor Eintragung des GrundpfandR** erfolgen (üblich). Erteilung der vollstrb Ausfertigung erfordert dann Nachweis (§ 726 I), dass der dingliche Anspruch mit Eintragung entstanden ist (§ 873 I BGB; Rechtserwerb mit Grundstücksbelastung ist nach dem Urkundeninhalt Erfordernis des Vollstreckungsbeginns); Einigung als Erwerbstatbestand ist schon wegen § 891 BGB, aber auch deshalb nicht nachzuweisen, weil der Urkundeninhalt nach § 726 I diesen Nachweis nicht gebietet.

5 **c) Wirksam** ist Unterwerfung wegen des Anspruchs aus einer Hypothek, Grundschuld oder Rentenschuld auch bereits dann, wenn der sich Unterwerfende bei Errichtung der Urkunde noch nicht Grundstückseigentümer ist, sondern das Grundstück erst nachträgl erwerben wird (KG NJW-RR 87, 1229). Mit der Unterwerfungserklärung wird der Vollstreckungstitel für den künftigen dingl Anspruch geschaffen; Wirksamkeit erlangt die Unterwerfung damit, wenn der sich Unterwerfende als Erwerber mit Eintragung Eigentümer des haftenden Grundstücks wird (BGH NJW 2008, 3363, 3364). Erteilung der Vollstreckungsklausel setzt damit nach § 726 I Nachweis des Eigentumserwerbs voraus (KG NJW-RR 87, 1229). Die Unterwerfungserklärung des künftigen Erwerbers des Grundstücks kann auch bereits in der Weise erfolgen, dass die ZwV gegen den jew Grundstückseigentümer zulässig sein soll; auch diese Unterwerfungserklärung ist bei späterem Eigentumserwerb Grundlage der Eintragung nach § 800 I 2 (OLG Saarbrücken NJW 77, 548 [Zawar]).

6 **d) Unterwerfung** wegen des Anspruchs aus einer Hypothek, Grundschuld oder Rentenschuld ist damit gleichermaßen wegen des künftigen Anspruchs (s § 794 Rn 28) aus einem **erst noch einzutragenden GrundpfandR** an einem durch den sich Unterwerfenden noch zu erwerbenden Grundstück mögl (OLG Saarbrücken NJW 77, 548 [Zawar]), mithin bei Belastung des Grundstücks durch den „Käufer" vor Eigentumsübergang.

7 **e)** Unterwerfung wegen des Anspruchs aus einer Hypothek, Grundschuld oder Rentenschuld kann nach (oder zumeist bereits vor) Eintragung des GrundpfandR u schon vor Eigentumsübergang mit Eintragung des Grundstückserwerbers durch den Grundstücksveräußerer (dingl Sch bei Belastung, s Rn 4) u den Grundstückserwerber (dingl Sch nach Belastung ab Eigentumsübergang, s Rn 6) in gemeinsamer notarieller Urkunde erfolgen. Nach Eigentumsübergang bedarf es einer Klauselumschreibung auf den Erwerber nicht mehr, wenn Grundstücksveräußerer u -erwerber in gemeinsamer notarieller Urkunde sich dingl der ZwV unterworfen haben u alsdann vollstrb Ausfertigung über sämtl Ansprüche gegen die Verpflichteten erteilt wurde, weil in der Klausel ein Sch nicht näher bezeichnet ist (OLG Naumburg NotBZ 2001, 114).

8 **f)** Die ZwV-Unterwerfung eines **Nichtberechtigten** im eigenen Namen kann als prozessuale Erklärung nicht mit Zustimmung des Berechtigten (§ 185 II BGB) wirksam werden (MskV/Lackmann Rn 4; str). Dingliche Unterwerfungserklärung bei Bestellung eines GrundpfandR durch den Käufer eines Grundstücks kann daher vor Eigentumsübergang nach hM nicht mit Zustimmung des Eigentümers (Veräußerers) Wirksamkeit erlangen u eingetragen werden (BayObLG NJW 71, 514; OLG Frankfurt Rpfleger 72, 140 [Winkler]; aA Wolfsteiner NJW 71, 1141; sa OLG Köln DNotZ 80, 628, das Einwilligung [§ 185 I BGB; ebenso OLG Köln Rpfleger 91, 13], nicht aber Genehmigung [§ 185 II BGB] für Grundschuldbestellung mit Unterwerfungserklärung für mögl hält). Hat ein Nichtberechtigter die Unterwerfungserklärung im eigenen Namen abgegeben, so muss der Berechtigte sie (ggf in ges Frist) wiederholen (Winkler Rpfleger 72, 141). Von dem Fall der Erklärung der Unterwerfung durch einen Nichtberechtigten ist die Unterwerfung durch einen **vollmachtlosen Vertreter** zu unterscheiden; sie ist ebenso wie die Unterwerfung durch einen durch Vollmacht ausgewiesenen Vertreter zulässig (wegen vollstrb Ausfertigung s § 794 Rn 36). Vollmacht „zur Belastung des Grundstücks" oder „zur Mitwirkung bei der Beleihung des Grundstücks" wird für dingliche Unterwerfung nach § 800 nicht als ausreichend angesehen (OLG Düsseldorf MDR 88, 784). Vollmacht zur dingl Unterwerfung des Eigentümers bei Belastung des Grundstücks

ist dahin auszulegen, dass der jeweilige Eigentümer nach § 800 I der sof ZwV unterworfen werden kann (OLG Düsseldorf MittRhNotK 92, 268).

g) ZwV-Unterwerfung erst **nach Eintragung des Grundpfandrechts**, damit auch Eintragung der Unterwerfungsklausel, kann ohne Zustimmung der im Rang gleich- u nachstehenden dingl Berechtigten erfolgen, weil die Klausel den Umfang der Belastung nicht ändert (KG OLG 45, 99). **Nachträgliche Unterwerfungserklärung** für ein auf Grund nur öffentl begl Eintragungsbewilligung bereits eingetragenes GrundpfandR setzt nicht voraus, dass auch noch die Bestellung des eingetragenen GrundpfandR beurkundet wird (BGH NJW 79, 928). 9

h) Beim **ges Güterstand** bedarf die dingliche Unterwerfungserklärung (anders für Bestellung des GrundpfandR) auch dann nicht der Zustimmung des anderen Ehegatten, wenn das Grundstück das gesamte Vermögen des sich der ZwV unterwerfenden Ehegatten bildet (BGH NJW 2008, 3363). Bei Gütergemeinschaft erfordert Unterwerfungserklärung des das Gesamtgut (allein) verwaltenden Ehegatten nicht Genehmigung des anderen Ehegatten, da die Unterwerfung keine Verfügung über das Grundstück ist (§ 1424 BGB; AG/Schmidt Rn 4). Wenn beide Ehegatten Gesamtgutsverwalter sind, ist jedoch Vollstreckungstitel gegen beide erforderl (§ 740 II; sa § 741). 10

III) Eintragung. 1) Für dingliche Wirkung der Unterwerfung ist **Eintragung in das Grundbuch** erforderl (§ 800 I 2). Eintragungsverf richtet sich allein nach §§ 19, 29 GBO. Beurkundung nicht erforderl, **Beglaubigung genügt**. GBA u GBO-Rechtsmittelgerichte haben Wirksamkeit der ZwV-Unterwerfung nicht zu prüfen (MK/Wolfsteiner Rn 6; Wolfsteiner MittBayNot 2017, 91). Die Vertretungsbefugnis eines Bevollmächtigten ist nicht durch § 10 II FamFG begrenzt (§ 15 I 1 GBO); gesetzl Vermutung einer Vollmachtserteilung in § 15 II GBO. Der Eintragungsvermerk kann lauten „Der jew Eigentümer ist der sof ZwV unterworfen", aber auch kurz „Sofort vollstreckbar nach § 800 ZPO"; ausreichend „Vollstreckbar nach § 800 ZPO" (OLG Köln Rpfleger 74, 150). 11

2) Zinserhöhung u jede sonstige Erweiterung der dingl Leistungspflicht (zB Einführung einer Entschädigung) erfordert erneute dingl Unterwerfung u Eintragung der weiteren Unterwerfungsklausel (KG OLG 39, 75, 77), nicht aber nachträgl Beschränkung der Eigentümerverpflichtung (BGH DNotZ 65, 544) u nicht Rangänderung. Soll ein anderes Grundstück **mitbelastet** u die Unterwerfungsklausel hierauf erstreckt werden, so muss sich der Eigentümer der sof ZwV in dieses Grundstück besonders unterwerfen. Dafür genügt bereits die Erklärung, dass „das GrundpfandR samt Unterwerfungsklausel" auf den erworbenen (sonst weiteren) Grundbesitz als weiteres Pfand erstreckt wird (BayObLGZ 92, 309). Den Anspruch (auch den Zinsbeginn, AG/LG Aachen Rpfleger 91, 15) muss die neue Urkunde bestimmt oder bestimmbar bezeichnen (s § 794 Rn 28). Verzicht auf Beifügung nach § 13a II 1 BeurkG erfüllt die an bestimmte Bezeichnung des Anspruchs im Vollstreckungstitel (u damit in der Unterwerfungserklärung) zu stellenden Anforderungen (OLG Hamm MittBayNot 2017, 91 (Wolfsteine)); MK/Wolfsteiner § 794 Rn 172). Der in die Veränderungsspalte einzutragende Mithaftvermerk bezieht sich bei Mitbelastung auch auf die in der Haupteintragung der Belastung enthaltene Unterwerfungsklausel (BGH NJW 58, 630; BayObLG DNotZ 92, 309). Soll das nachträgl mitbelastete Grundstück nicht der bei der Haupteintragung bereits eingetragenen Unterwerfungsklausel unterliegen, so muss das im Mithaftvermerk dargestellt werden. Bei Umwandlung einer Hypothek in eine Grundschuld gilt die in Ansehung der Hypothek erklärte ZwV-Unterwerfung mit Wirkung ggü dem jew Grundstückseigentümer auch für die Grundschuld, ohne dass es einer neuen Unterwerfungserklärung bedarf (LG Bonn Rpfleger 98, 34; LG Düsseldorf DNotZ 62, 97). 12

IV) Rechtsnachfolge. Die ZwV aus der Urkunde **gegen jeden späteren** (neuen) **Eigentümer** kann erfolgen, wenn gegen ihn als Rechtsnachfolger eine vollstrb Ausfertigung erteilt u ihm die Urkunde als Vollstreckungstitel sowie die ihr beigefügte Vollstreckungsklausel zugestellt ist (§ 727, § 750 I, II, § 798; LG Frankfurt ZIP 83, 1516). Nicht erforderl ist Zustellung der den Erwerb des Eigentums nachweisenden öffentl oder öffentl begl Urkunde (§ 800 II; BGH WM 2018, 1222). Nach Eintragung der Unterwerfungserklärung ohne Errichtung einer neuen Urkunde erfolgte Vereinbarungen (zB über Fälligkeit der Hypothek) sind bei Klauselerteilung nicht zu beachten. 13

V) Fehlende Eintragung. Gegen den Eigentümer, der sich wegen des dingl Anspruchs des Gl einer Hypothek, Grundschuld oder Rentenschuld auf Zahlung aus dem Grundstück in notarieller Urkunde der sof ZwV unterworfen hat (§ 794 I Nr 5), wirkt die dingl Unterwerfung auch **ohne Eintragung** in das Grundbuch (BGH NJW 81, 2756). ZwV gegen seinen Rechtsnachfolger ist auch dann zulässig, jedoch nicht unter den erleichterten Voraussetzungen des § 800. 14

VI) Veränderungen im Grundbuch/Kataster. Veränderung der Grundbuchstelle (Blattnr) oder der katastermäßigen Bezeichnung des Grundstücks (mit anderer Gemarkung, anderer Nutzungsart, anderer Flurstücknummer, auch nach Verschmelzung oder Zerlegung usw) berührt die Vollstreckbarkeit der Urkunde wegen des dingl Anspruchs (s Rn 2) nicht. 15

VII) Grundpfandrechte und verwandte Rechte. 1) Bei einer **Höchstbetragshypothek** (§ 1190 BGB; Forderung erst festzustellen, daher Geldsumme nicht bestimmt) ist die ZwV-Unterwerfung mögl, wenn die zur Akzessorietät berufenen Ansprüche hinreichend bestimmt oder bestimmbar sind. Jede Einzelforderung ist auf den Höchstbetrag beschränkt. Die Summe der vollstrb Ansprüche kann höher als der Höchstbetrag der Unterwer- 16 fungserklärung sein (Wolfsteiner, Vollstrb Urk, Rn 28.66). Die für die Klage auf künftige Leistung (§§ 257 ff) bestehenden Grenzen gelten für die vollstrb Urkunde nicht. Bei mehreren der Höchstbetragshypothek zugrunde gelegten u von der Unterwerfungserklärung umfassten Ansprüchen ist die Feststellung der Forderung erforderl, deretwegen die ZwV stattfindet. Fehlt eine klare Regelung in der Urkunde, so ist iZw davon auszugehen, dass diej Forderung vollstreckt wird, für die als Erstes Vollstreckungsantrag gestellt wird bzw worden ist (Wolfsteiner Vollstrb Urk Rn 26.69 u Rn 26.71). Mögl ist ZwV-Unterwerfung auch bei einer Aufbauhypothek nach ZGB-DDR (LG Dessau NotBZ 2000, 422; Gutachten DNotI-Report 96, 163).

17 Soweit nach Rn 16 eine Unterwerfungserklärung rechtl möglich ist, ist diese auch im Grundbuch einzutragen, denn die Eintragungsfähigkeit kann nicht begrenzter sein als die rechtl Zulässigkeit der Unterwerfung. Mit dieser Maßgabe ist die folgende **Kasuistik in Betracht zu ziehen:** Einzutragen ist nach der Rspr die Klausel für einen dinglichen Teilbetrag innerhalb des Höchstbetrags, für den eine gesicherte Forderung nach Betrag u Rechtsgrund schon bestimmt u unwandelbar festgestellt ist (BGH NJW 83, 2262; BayObLG DNotZ 90, 594 [Münch]; Hornung NJW 91, 1649). Eintragung einer Unterwerfungsklausel bei einer weiteren (neuen) Höchstbetragshypothek wegen eines Teilbetrags für einen Anspruch aus dem vorweg bereits gesicherten Forderungskreis soll nicht zulässig sein (Hornung NJW 91, 1649).

18 2) Bei der **Reallast** (damit auch beim **Erbbauzins**) kann nach hM Unterwerfung zur ZwV gegen den jew Eigentümer nicht erfolgen u nicht eingetragen werden (Hk-ZV/Müller Rn 4; SchWKT/Gomille Rn 2; AG/Schmidt Rn 3; Erman/Grziwotz § 1105 BGB Rn 5; BayObLG DNotZ 80, 94, 96; Ripfel DNotZ 69, 84, 91; aA MK-BGB/Joost § 1105 BGB Rn 58). Der Sch persönl u als Eigentümer (wegen des dingl Anspruchs) kann sich wegen der Einzelleistungen aus einer Reallast (ebenso bei Erbbauzins) jedoch nach § 794 I Nr 5 der ZwV unterwerfen. Wirkung: Wie Rn 14.

19 **VIII) Forum rei sitae (§ 800 III).** Für die in § 797 V bezeichneten **Klagen** (auch für Vollstreckungsabwehrklage), die den dingl Anspruch zum Gegenstand haben, ist in Abweichung von § 797 V ausschließlich (§ 802) das Gericht zuständig, in dessen Bezirk das Grundstück belegen ist, u zwar auch dann, wenn die Klage zugleich (sonst s § 797 Rn 21) den persönl Anspruch betrifft (BayObLG NJW-RR 2002, 1295; OLG Hamburg MDR 2003, 1072; OLG Karlsruhe NJW-RR 2001, 1728; OLGR Köln 2004, 234; Vollkommer ZfIR 2003, 1015). „Reguläre" Zuständigkeit (§ 797 V) jedoch, wenn Unterwerfungsvermerk nicht eingetragen oder wieder gelöscht ist (MK/Wolfsteiner Rn 20).

§ 800a Vollstreckbare Urkunde bei Schiffshypothek

(1) Die Vorschriften der §§ 799, 800 gelten für eingetragene Schiffe und Schiffsbauwerke, die mit einer Schiffshypothek belastet sind, entsprechend.

(2) Ist die sofortige Zwangsvollstreckung gegen den jeweiligen Eigentümer zulässig, so ist für die im § 797 Abs. 5 bezeichneten Klagen das Gericht zuständig, in dessen Bezirk das Register für das Schiff oder das Schiffsbauwerk geführt wird.

1 Der Zweck von I erschöpft sich im Verweis auf §§ 799, 800, die für anwendbar erklärt werden. II regelt die ausschließliche Zuständigkeit (§ 802), weil insoweit § 800 III nicht passt.

§ 801 Landesrechtliche Vollstreckungstitel

(1) Die Landesgesetzgebung ist nicht gehindert, auf Grund anderer als der in den §§ 704, 794 bezeichneten Schuldtitel die gerichtliche Zwangsvollstreckung zuzulassen und insoweit von diesem Gesetz abweichende Vorschriften über die Zwangsvollstreckung zu treffen.

(2) Aus landesrechtlichen Schuldtiteln im Sinne des Absatzes 1 kann im gesamten Bundesgebiet vollstreckt werden.

1 Landesrechtl VollstrTitel sind im ganzen Bundesgebiet vollstreckbar (§ 801 II). Der Leistungsbescheid einer bayer Gemeinde (Art 26 BayVwZVG) ist ein auch im übrigen Bundesgebiet vollstrb landesrechtl Schuldtitel (LG Berlin Rpfleger 71, 156).

§ 802 Ausschließlichkeit der Gerichtsstände

Die in diesem Buche angeordneten Gerichtsstände sind ausschließliche.

§ 802 bezieht sich sowohl auf den sachl wie auf den örtl Gerichtsstand. Eine Ausnahme gilt für die sachl Zuständigkeit in den Fällen, in denen sie sich nach dem Streitwert richtet (zB § 722 II, § 771 I, § 796 III, § 805 II, § 879 I); insoweit sind für die sachl Zuständigkeit, sofern es keine ausschließliche ist (s § 12 Rn 8), auch Prorogation und rügeloses Einlassen möglich (Hk-ZV/Müller Rn 4). Ein ausschließl Gerichtsstand ist auch dann bestimmt, wenn das Prozessgericht 1. Instanz für zuständig erklärt ist. 1

Ausschließlich bedeutet, dass der allg, besondere u vereinbarte Gerichtsstand ausgeschlossen ist (zB § 24; sa § 12 Rn 8). Bei Verstoß gegen § 802 ist der gerichtl Akt anfechtbar, nicht unwirksam (s vor § 704 Rn 34). 2

FamFG. Nur § 232 II FamFG geht § 802 vor (Hk-ZV/Müller Rn 5; PG/Hansmeier Rn 1). IÜ hat § 802 Vorrang vor den Gerichtsständen des FamFG (Hk-ZV/Müller Rn 6; PG/Hansmeier Rn 1; AG/Nober Rn 7; aA MskV/Lackmann Rn 2 [Vorrang des FamFG wegen Sachzusammenhangs]). 3

„Dieses Buch" = 8. Buch. § 802 gilt daher auch für das Arrest- u einstw Verfügungsverf. 4

Entgegen der hM (zB MK/Wolfsteiner Rn 3; SchWKT/Gomille Rn 1) gilt § 802 nicht generell u auf Grund der Doppelfunktionstheorie automatisch für die **internat Zuständigkeit**, s näher Geimer IZPR Rn 877 ff. Anders aber Art 24 Nr 5 Brüssel Ia-VO u Art 22 Nr 5 LugÜ. 5

Abschnitt 2
Zwangsvollstreckung wegen Geldforderungen (§§ 802a-882i)

Vorbemerkungen zu §§ 802a-882i

I) Systematik. ZwV wegen Geldforderungen regeln §§ 802a-882i. **Titel 1** (§§ 802a-802l) legt einige Grds fest und bestimmt das Verf zur Vermögensauskunft des Sch. ZwV in das *bewegl Vermögen* behandelt **Titel 2** (§§ 803-863), diejenige in das *unbewegl Vermögen* **Titel 3** (§§ 864-871). Das Verteilungsverf findet sich in **Titel 4** (§§ 872-882). ZwV in Sachen, die der Erfüllung öffentl Aufgaben dienen, behandelt **Titel 5** (§ 882a). Das SchVerz ist in **Titel 6** (§§ 882b-i) geregelt. **Übergangsbestimmung:** § 39 EGZPO. 1

II) Geldforderungen. 1) Inhalt. Als Geldforderung vollstr wird 2

- die auf Leistung eines bestimmten (s § 704 Rn 4) Geldbetrages/-wertes gerichtete Gläubigerforderung, für die der Sch mit seinem Vermögen persönl haftet,
- der Anspruch aus einer Hypothek, Grundschuld, Rentenschuld und Schiffshypothek.

Auch ein sonstiger Gläubigeranspruch auf Haftung für eine Geldleistung gegen den Duldungsschuldner wird nach §§ 803 ff vollstr (vgl BGH MDR 2013, 1174 = NJW 2013, 3786 Tz 17 mwN); als Geldforderung ist daher zB ein im Anfechtungsprozess ergangenes Urteil zu vollstr (BGH NJW 87, 1703, 1705). Zahlungstitel sind auch sonstige Haftungs- und **Duldungstitel** über eine pers, auf bestimmte Gegenstände beschränkte Haftung für eine Geldforderung (BGH MDR 2013, 1174 = NJW 2013, 3786 Tz 17 mwN; ZwV erfolgt nicht nach den nicht passenden §§ 883-898).

Keine Geldforderung ist die Geldstückschuld (ein bestimmtes Geldstück [zB eine Münze] ist geschuldet) und die (echte) Geldsortenschuld (eine Menge bestimmter Geldsorten [zB 15 bestimmte Münzen] sind geschuldet). Der Herausgabetitel über einen solchen Gläubigeranspruch (= Sachschuld) ist nach §§ 883, 884 zu vollstr. Zum Anspruch auf Befreiung von einer Geldverbindlichkeit: s § 887 Rn 3.5.

2) Währungen. a) In **Euro** zu vollstr sind seit 1.1.2002 Zahlungstitel, die auf **Deutsche Mark** lauten entspr dem Umrechnungskurs: 1,95583 DM = 1 Euro (s Art 1 VO [EG] Nr 2866/98, ABl L 359 v 31.12.1998, S 1-2). Zur Anpassung erfolgt eine „Umschreibung" des Schuldtitels nicht (ges Umstellung). – **b)** Schuldtitel über **andere** nat **Währungseinheiten** der Mitgliedstaaten der Europ Union, die den Euro eingeführt haben, sind seit 1.1. 2002 ebenso in Euro entspr dem jew Umrechnungskurs (dazu Art 1 VO [EG] Nr 2866/98 aaO) zu vollstr. Bei ZwV aus einem sonst auf **ausländische Währung** lautenden Titel sind §§ 803 ff anzuwenden, wenn ein in ausl Währung berechneter (in Euro umrechenbarer) Geldbetrag (Fremdwährungs- oder Valutaschuld) zu leisten ist (vgl BGH MDR 88, 852 = NJW 88, 1964, 1965 mwN); sonst hat die ZwV nach §§ 883, 884 zu erfolgen (iE LG Frankfurt NJW 56, 65). 3

Titel 1
Allgemeine Vorschriften (§§ 802a-802l)

§ 802a Grundsätze der Vollstreckung; Regelbefugnisse des Gerichtsvollziehers

(1) Der Gerichtsvollzieher wirkt auf eine zügige, vollständige und Kosten sparende Beitreibung von Geldforderungen hin.

(2) [1]Auf Grund eines entsprechenden Vollstreckungsauftrags und der Übergabe der vollstreckbaren Ausfertigung ist der Gerichtsvollzieher unbeschadet weiterer Zuständigkeiten befugt,

1. eine gütliche Erledigung der Sache (§ 802b) zu versuchen,

2. eine Vermögensauskunft des Schuldners (§ 802c) einzuholen,

3. Auskünfte Dritter über das Vermögen des Schuldners (§ 802l) einzuholen,

4. die Pfändung und Verwertung körperlicher Sachen zu betreiben,

5. eine Vorpfändung (§ 845) durchzuführen; hierfür bedarf es nicht der vorherigen Erteilung einer vollstreckbaren Ausfertigung und der Zustellung des Schuldtitels.

[2]Die Maßnahmen sind in dem Vollstreckungsauftrag zu bezeichnen, die Maßnahme nach Satz 1 Nr. 1 jedoch nur dann, wenn sich der Auftrag hierauf beschränkt.

1 **I) Zweck.** Richtschnur für die Vorgehensweise des GV bei der ZwV wegen Geldforderungen.

2 **II) Grundsätze (§ 802a I).** In I sind ohne Bestimmung konkreter Rechtsfolgen die Grds zügiger Vollstr durch den GV zur zeitnahen, vollständigen und Kosten sparenden Befriedigung des Gl vorangestellt.

3 **III) Befugnisse des Gerichtsvollziehers (§ 802a II).** Die vollstreckungsrechtl Standardbefugnisse des GV bei der Geldvollstreckung bezeichnet **II 1.** Der Gl kann seinen **Auftrag auf** eine **einzelne Maßnahme beschränken** oder sogleich **mehrere Maßnahmen verlangen** und ihre Reihenfolge bestimmen. Der Gl, der das Einholen von Drittauskünften gem § 802a II 1 Nr 3, § 802l beantragt, muss nicht selbst einen eigenen Antrag gestellt haben oder stellen, eine Vermögensauskunft des Sch gem § 802a II 1 Nr 2, § 802c einzuholen (BGH MDR 2021, 706 mwN [hier vertr Ansicht in Tz 9 jedoch falsch als aA dargestellt]).
In seinem Vollstreckungsauftrag (s § 753) hat er die beantragte **Maßnahme zu bezeichnen** (**II 2**); die gütliche Erledigung (**II 1 Nr 1** iVm **§ 802b**) jedoch nur, wenn sie isoliert verlangt wird (II 2 Hs 2; sa BTDrs 16/10069, 24). Damit kann der Gl zunächst einen Pfändungsversuch durchführen lassen (**II 1 Nr 4**); er muss das aber nicht, sondern kann sich auch sogleich Informationen über die Vermögensverhältnisse des Sch verschaffen (**II 1 Nr 2**, auch **II 1 Nr 3**) und sodann über die Einleitung bestimmter Vollstreckungsmaßnahmen entscheiden. Ermöglicht wird dem Gl damit auch ein **kombinierter Auftrag** auf Sachaufklärung und (ggf) anschl Vollstr (BTDrs 16/10069, 24). Auf eine gütliche Erledigung hat der GV stets hinzuwirken (§ 802b I); sie kann der Gl daher nicht ausschließen. Beauftragt der Gl den GV zunächst mit dem **Versuch einer gütlichen Erledigung** (§ 802b; zum Begriff: OLG Koblenz MDR 2020, 60) und – für den Fall der Erfolglosigkeit – gleichzeitig mit weiteren Maßnahmen, erhält der GV auch für den Versuch der gütlichen Erledigung eine **Gebühr** (207 GvKostG-KV, Gebührenermäßigung im Fall von 208 GvKostG-KV; allg dazu: OLG Brandenburg MDR 2024, 329; OLG Koblenz MDR 2020, 60; sa OLG Oldenburg MDR 2020, 1530). **II 1 Nr 5** bestimmt als **Ausnahme**, dass für die Befugnis des GV zur Durchführung (Zustellung und Anfertigung auf Gläubigerantrag) der **Vorpfändung** Erteilung einer vollstrb Ausfertigung und Zustellung des Titels nicht erforderl sind (sa § 845 Rn 2).

§ 802b Gütliche Erledigung; Vollstreckungsaufschub bei Zahlungsvereinbarung

(1) Der Gerichtsvollzieher soll in jeder Lage des Verfahrens auf eine gütliche Erledigung bedacht sein.

(2) [1]Hat der Gläubiger eine Zahlungsvereinbarung nicht ausgeschlossen, so kann der Gerichtsvollzieher dem Schuldner eine Zahlungsfrist einräumen oder eine Tilgung durch Teilleistungen (Ratenzahlung) gestatten, sofern der Schuldner glaubhaft darlegt, die nach Höhe und Zeitpunkt festzusetzenden Zahlungen erbringen zu können. [2]Soweit ein Zahlungsplan nach Satz 1 festgesetzt wird, ist die Vollstreckung aufgeschoben. [3]Die Tilgung soll binnen zwölf Monaten abgeschlossen sein.

(3) [1]Der *Gerichtsvollzieher* unterrichtet den Gläubiger unverzüglich über den gemäß Absatz 2 festgesetzten Zahlungsplan und den Vollstreckungsaufschub. [2]Widerspricht der Gläubiger unverzüglich, so wird der Zahlungsplan mit der Unterrichtung des Schuldners hinfällig; zugleich endet der Vollstre-

ckungsaufschub. [3]Dieselben Wirkungen treten ein, wenn der Schuldner mit einer festgesetzten Zahlung ganz oder teilweise länger als zwei Wochen in Rückstand gerät.

I) Zweck. Einzelregelung der in § 802a II 1 Nr 1 bestimmten Aufgabe des GV, eine gütliche Erledigung zu versuchen (zum Versuch: OLG Koblenz MDR 2020, 60). 1

II) Gütliche Erledigung (§ 802b I). Sie ist in I als **Leitlinie für alle Vollstreckungsabschnitte** (vom Auftrag bis zur Eintragung in das SchVerz, vgl BTDrs 16/10069, 24) vorangestellt. Das Pendant im Erkenntnisverf ist § 278 I. 2

III) Möglichkeiten (§ 802b II). II ermöglicht dem GV bei der ZwV in körperl Sachen, dem Sch 3
- eine **Zahlungsfrist** einzuräumen oder
- die Tilgung der zu vollstr Forderung samt aller notw Kosten der ZwV und mit den bis zur Erfüllung fortlaufenden Zinsen (s Rn 13) durch **Teilleistungen** zu gestatten (Ratenzahlungen).

„Kann" in II 1 drückt die Zuständigkeit des GV für den Aufschub der Vollstr aus, begründet aber **kein Ermessen**; liegen die Voraussetzungen vor, so hat der GV die Vollstr aufzuschieben.

IV) Voraussetzungen. 1) Auftrag. Ist dem GV die Einholung einer Vermögensauskunft des Sch oder/und die Pfändung sowie Verwertung körperl Sachen aufgetragen (§ 802a II 1 Nr 2 u 4), dann ist er zur gütlichen Erledigung stets auch befugt, in jeder Lage des Verf dem Sch eine Zahlungsfrist einzuräumen oder eine Tilgung durch Teilleistungen (Ratenzahlungen) zu vereinbaren (II). Vorausgesetzt wird zunächst ein **Vollstreckungsauftrag** und die Übergabe der vollstrb Ausfertigung des Titels (§ 802a II 1 Nr 1, § 754 I) und weiter, dass 4
- der Gl eine **Zahlungsvereinbarung nicht** (ausdrückl) **ausgeschlossen** hat (sein Einverständnis wird dann vermutet: BTDrs 16/10069, 24; LG Osnabrück DGVZ 2019, 22 f);
- der Sch glaubhaft **darlegt**, dass er die nach Höhe und Zeitpunkt festzusetzenden **Zahlungen erbringen kann** (nicht aber förml Antrag).

2) Zahlungsfähigkeit und -bereitschaft. Diese hat der **Sch** mündl (Aufnahme in das Protokoll oder Feststellung durch Aktenvermerk), möglich auch fernmündl oder schriftl, **nachvollziehbar** (glaubhaft) **vorzutragen** und ggf zu belegen. „Förmliche" Glaubhaftmachung (§ 294) ist nicht erforderl (BTDrs 16/10069, 24). Ein Vertreter muss als Bevollmächtigter nach § 79 II vertretungsbefugt sein (Folge bei Verstoß: § 79 III). Er hat dem GV eine schriftl Vollmacht zu übergeben (§ 80); jedoch ist die Vollmacht eines RA nicht zu prüfen (§ 88 II). 5

3) Keine Frist. Eine Frist für die Darlegung des Sch, dass er die Zahlungen erbringen kann, ist nicht bestimmt, weil die Zahlungsfrist oder Teilleistungen **in jeder Lage des Vollstreckungsverf** eingeräumt werden können. Ein Zahlungsplan (s Rn 8) kann daher auch schon nach der Pfändung und noch kurz vor dem Versteigerungstermin festgestellt werden. 6

4) Prüfung. Das **Vorbringen des Sch hat der GV frei zu würdigen**. Ist es nicht glaubhaft (sollte nur bei Vorliegen bes Gründe anzunehmen sein, zB wenn der Sch als zahlungsunfähig oder -willig bekannt ist), hat der GV von der Festsetzung einer Zahlungsfrist oder von Ratenzahlungen unter Darlegung der Gründe abzusehen und die Vollstr auftragsgemäß fortzuführen. Davon ist dem Sch Kenntnis zu geben. 7

V) Zahlungsplan; Inhalt; Frist. 1) Teilleistungen (Ratenzahlungen). Sie sind durch einen **Zahlungsplan** (genügt zumeist in einf Form) festzusetzen. In ihm sind die Höhe sowie die Anzahl der Teilleistungen und ihre Fälligkeitszeitpunkte zu bestimmen (erfordert **II 1 letzter Hs**); ausgeschl ist damit Vollstreckungsaufschub ohne Bestimmung von Ratenzahlungen oder Festlegung einer Zahlungsfrist. Es können Zahlungstermine regelmäßig wiederkehrend in gleichbleibender Höhe, aber auch unregelmäßig wiederkehrend mit unterschiedl Beträgen bestimmt werden. Bei **Festlegung der Raten** ist den Interessen von Sch und Gl nach den Besonderheiten des Einzelfalles angemessen Rechnung zu tragen (Ermessen des GV). Geringere als die vom Sch bezeichneten Ratenbeträge sind nicht festzulegen. Hat der Gl sein Einverständnis auf Mindestraten oder eine Höchstfrist eingeschränkt oder sonst mit einem Vorbehalt verbunden (zB sof Fälligkeit des ersten Teilbetrags), so ist der GV daran gebunden. Abgeschlossen sein soll die **Tilgung binnen zwölf Monaten** (II 3); die Frist beginnt mit der Festlegung (Bekanntgabe) der Zahlungsvereinbarung; Fristberechnung nach § 222. In einem **Ausnahmefall** kann der GV nach pflichtgemäßem Ermessen auch eine längere Tilgungsfrist gewähren (Sollvorschrift, BTDrs 16/10069, 25). 8

2) Entscheidung. Der **GV** handelt bei der Festsetzung des Zahlungsplans oder der Zahlungsfrist **als Vollstreckungsorgan**; er entscheidet somit nicht durch Beschluss und trifft keine Verfügung; seine Maßnahme bedarf daher auch keiner (förml) Begründung; sie ist vollstreckungsrechtl Vertrag zwischen Sch u Gl (vgl § 754 I; MK/Forbriger Rn 7 f; Hergenröder DGVZ 2012, 105, 115 mwN). Den Zahlungsplan oder die Zahlungsfrist hat der GV schriftl abzufassen oder im Protokoll festzustellen (§ 762; möglich auch Aufnahme in eine Anlage, § 160 V entspr) und dem Gl (s Rn 14) sowie dem Sch bekannt zu geben; eine Zustellung ist nicht bestimmt. 9

3) Zahlungen. Sie kann der **GV** auch nach der Festsetzung des Zahlungsplans **in Empfang nehmen** (§ 754); sie sind (ggf nach Entnahme von Kosten) an den Gl abzuführen. Verpflichtung zur Entgegennahme der Zahlungen und Weiterleitung an den Gl begründet die Aufgabe des GV, auf eine gütliche Erledigung der Sache hinzuwirken (§ 802a). Er ist zur Einziehung der Geldforderung aber auch mit Einverständnis des Gl nicht verpflichtet, 10 hat somit den Sch zur Entgegennahme fortlaufender Teilbeträge nicht aufzusuchen. Beträge, die der Sch auf Grund der Zahlungsverpflichtung dem GV leistet, sind für andere Gl nicht pfändbar (LG Wiesbaden DGVZ 2002, 73; Harnacke DGVZ 2002, 108, 111).

11 **VI) Folgen eines Zahlungsplans. 1) Vollstreckungsaufschub.** Er ist verfahrensrechtl Folge der Zahlungsvereinbarung (**II 2**); er kommt einer einstw Einstellung gleich. Die Vollstr darf nicht beginnen oder fortgesetzt werden. Der Vollstreckungsaufschub steht zudem einer Eintragung in das SchVerz (§ 882c I 1) entgegen (BTDrs 16/10069, 39; sa BGH MDR 2016, 354 = NJW 2016, 876 Tz 12 f mwN [gilt für alle Eintragungsgründe des § 882c I 1]). Wenn die Zahlungsvereinbarung sogleich bei Zahlungsaufforderung vor Pfändung zustande kommt und der Gl gegenteilige Weisung nicht erteilt hat (Gläubigerherrschaft über den Antrag, sa vor § 704 Rn 19), muss die Pfändung unterbleiben. Eine Pfändung, die bereits erfolgt ist, bleibt bestehen. Ein Termin zur Verwertung gepfändeter Sachen ist ebenso zu verlegen wie ein Termin zur Abnahme der Vermögensauskunft.

12 **2) Nochmaliger Vollstreckungsauftrag.** Diesen schließt der Verwertungsaufschub (auch in einem anderen GV-Bezirk) aus. Nicht gehindert ist der Gl jedoch, ZwV in Forderungen und andere Vermögensrechte sowie in unbewegl Vermögen zu betreiben.

13 **3) Fälligkeit der Gläubigerforderung und Verzug.** Diese werden durch Zahlungsfrist und Zahlungsplan als Maßnahmen des Verfahrensrechts nicht ausgeschlossen (insb kommt ihnen keine Stundungswirkung zu; vgl G. Vollkommer NJW 2012, 3681, 3683). Zinsen der Forderung sind fortlaufend weiter geschuldet. Eine Vollstreckungsvereinbarung (sa vor § 704 Rn 25) kommt durch Festsetzung eines Zahlungsplans nicht zustande (BGH MDR 2006, 1373 = NJW 2006, 3640 Tz 14 f).

14 **VII) Bestand des Zahlungsplans (§ 802b III). 1) Kein Widerspruch des Gläubigers.** Den Gl (seinen ProzBev, § 172 I) hat der GV von dem Zahlungsplan und Vollstreckungsaufschub unverzügl zu **unterrichten** (**III 1**). Die Nachricht ist schriftl formlos mitzuteilen (kann auch durch Übersendung einer Protokollabschrift erfolgen); eine Zustellung ist nicht bestimmt. Wenn der Gl **nicht** (**unverzügl**, s Rn 15; Eingang beim GV) **widerspricht** (auch nicht schon vor der Unterrichtung durch den GV widersprochen hat), hat der Vollstreckungsaufschub **Bestand**.

15 **2) Widerspruch des Gläubigers.** Wenn der Gl **unverzügl** (§ 121 I 1 BGB) **widerspricht**, ist der Sch (sein ProzBev) davon zu unterrichten. Ratsam ist eine schriftl Mitteilung an den Sch (aA Hergenröder DGVZ 2012, 105, 114: formlose Mitteilung möglich); eine Zustellung ist nicht vorgesehen. Dann (nicht schon mit Eingang des Widerspruchs des Gl beim GV) werden Zahlungsplan und Vollstreckungsaufschub hinfällig (**III 2**); ausdrückl Aufhebung durch den GV ist nicht erforderl, das Vollstreckungsverf nimmt seinen Fortgang; ein isolierter Auftrag ist erledigt. Der Widerspruch des Gl ist an den GV zu richten. Dafür ist eine **Form** nicht vorgeschrieben; widersprechen kann der Gl daher schriftl, mündl, fernmündl (gebietet Aktenvermerk), mit Telefax oder E-Mail. Widerspruch ist jede Erklärung des Gl, mit der er zum Ausdruck bringt, dass er mit einer Zahlungsvereinbarung nicht einverstanden ist. Kein Widerspruch gegen den Verwertungsaufschub liegt vor, wenn der Gl sich ledigl gegen die Zahlungsfrist oder Ratenzahlungsbedingungen (Höhe und/oder Fälligkeit der Beträge) wendet (Weisungsrecht des Gl, sa § 753 Rn 4) und der Sch (glaubhaft) darlegt, die verlangten Zahlungen erbringen zu können. Änderung der Zahlungszeit oder Raten nach Höhe und/oder Fälligkeit hat dann durch den GV zu erfolgen (Unterrichtung des Gl wie vorstehend). Sein **ursprüngl Einvernehmen** mit dem Vollstreckungsaufschub kann der **Gl nicht mehr zurücknehmen** oder einschränken; er kann daher nicht auf höheren Raten oder Abkürzung der Zahlungsabstände bestehen (Bindung des Gl an den Vollstreckungsaufschub). Der GV kann den Vollstreckungsaufschub auf Antrag des Gl weder aufheben noch abändern.

16 **3) Zahlungsrückstand des Schuldners.** Hinfällig werden Zahlungsplan und Vollstreckungsaufschub ebenso, wenn der Sch mit einer Zahlung ganz oder teilw **länger als zwei Wochen in Rückstand** gerät (**III 3**). Verschulden ist nicht erforderl, ebenso nicht Mahnung des Gl. (Vorheriges) Einvernehmen des Gl mit Zahlung einer geringeren Rate, späterer Zahlung oder damit, dass mit Zahlung einer Rate ausgesetzt wird, schließt Zahlungsrückstand aus. Wenn rechtzeitige Zahlung verspätet belegt (nachgewiesen) wird, ist Beendigung des Aufschubs nicht eingetreten; das ist nicht der Fall, wenn Zahlung erst nachträgl geleistet wird. Kann der Sch seine Zahlungsverpflichtung nicht zeitgerecht einhalten, obliegt es ihm, mit dem Gl Kontakt aufzunehmen (BTDrs 16/10069, 25). Die 14-tägige Frist soll es Gl und Sch ermöglichen, die Zahlungsvereinbarung zu ändern und damit den Vollstreckungsaufschub zu erhalten (BTDrs 16/10069, 25).

17 **4) Fortsetzung der Zwangsvollstreckung.** Sie tritt auf Antrag des Gl ein, wenn der Vollstreckungsaufschub beendet ist. Der GV hat die Erfüllung der Zahlungsverpflichtung nicht zu überwachen. Nachweispflichtig ist der Sch, wenn er bestreitet, dass der Verwertungsaufschub entfallen ist. Einwendungen sind mit der Erinnerung (§ 766) geltend zu machen. Das gilt entsprechend, wenn sich der Auftrag auf eine gütliche Erledigung beschränkt hatte und, wenn diese hinfällig geworden ist, neuerlich Vollstreckungsmaßnahmen beantragt werden.

18 **5) Gütliche Erledigung.** Auf sie hat der GV auch bedacht zu sein, wenn die ZwV nach Beendigung des Verwertungsaufschubs *fortzusetzen ist* („… in jeder Lage des Verfahrens"). Eine Zahlungsvereinbarung kann dann aber nicht nochmals festgelegt werden, wenn der Gl sie bereits ausgeschlossen hat. Das kann auch mit (rechtzeitigem) Widerspruch nach Unterrichtung über den Vollstreckungsaufschub geschehen sein. Sonst kann der GV

eine Zahlungsfrist erneut einräumen oder neuerlich Teilleistungen gestatten (II), wenn der Sch seine Zahlungsfähigkeit und -bereitschaft für das weitere Vollstreckungsverf nachvollziehbar vorträgt. Bei Zahlungsrückstand schließt das die Darlegung ein, weshalb der Rückstand verursacht wurde. Bei der Prüfung des erneuten Vorbringens sind schutzwürdige Belange des Gl umfassender (stärker) zu berücksichtigen. Wenn erneut Ratenzahlungen gestattet werden oder eine Zahlungsfrist eingeräumt wird, hat die Tilgung ebenfalls binnen 12 Monaten abgeschlossen zu sein. Die Frist beginnt mit Festlegung des hinfällig gewordenen vorausgegangenen Vollstreckungsaufschubs (s Rn 8).

VIII) Besonderheiten. 1) Isoliertes Vorgehen. Wenn der GV pfändbare Gegenstände nicht vorfindet (nicht 19
bei Erledigung des Auftrags gegen einen vermögenslosen Sch mit Unpfändbarkeitsbescheinigung, § 32 GVGA), ist der Auftrag, eine **gütliche Erledigung** der Sache zu versuchen (§ 802a II 1 Nr 1, II 2), **isoliert zu erledigen**. Er ist erledigt, wenn der Sch nicht darlegt, Zahlungen erbringen zu wollen und/oder zu können.

2) Ratenzahlung über 12 Monate hinaus. Bewilligt der Gl sie, ruht der Vollstreckungsauftrag. Behandlung 20
und Überwachung: §§ 27, 28 GVO. Der GV hat dem Sch aufzugeben, Zahlungen unmittelbar an den Gl zu leisten, und dem Gl unter Rücksendung des Schuldtitels anheim zu geben, die Fortsetzung der Vollstr zu verlangen, wenn der Sch seiner Verpflichtung nicht nachkommt (§ 27 I 2, 3 GVO).

3) Pfändung durch mehrere Gläubiger. Haben mehrere Gl die **gleiche Sache** (gleichzeitig oder nacheinander) 21
gepfändet, hat der Sch für jede Vollstreckungssache glaubhaft darzulegen (kann auch zusammengefasst erfolgen), dass er festzusetzende Zahlungen erbringen kann. Festsetzung der Ratenzahlungen hat für jede Vollstreckungssache gesondert zu erfolgen (§ 68 V 1 GVGA). Zusammenfassung in einem **Gesamtzahlungsplan**, in dem Höhe und Zeitpunkt der Zahlungen für jede Vollstreckungssache getrennt aufzuführen sind, ist möglich (§ 68 V 3 GVGA). Ratenzahlungen müssen bei gleichzeitiger Pfändung nicht notwendig dem Verhältnis der beizutreibenden Forderungen entsprechen (Hergenröder DGVZ 2012, 105, 110). Unterrichtung jedes der Gl erfolgt jew nur über die in seiner Vollstreckungssache festgesetzten Raten. Kann Verwertungsaufschub nur für einen oder einzelne Gl gewährt werden, weil andere eine Zahlungsvereinbarung ausgeschlossen haben, dann hat infolge der Vollstr dieser Gl Verwertung zu erfolgen. Schutz des Sch ermöglicht dann § 765a. Kommt es zur Verwertung, dann gehört der Erlös den Gl nach Maßgabe ihres Rangs; nachgewiesene oder zugestandene bereits geleistete Teilzahlungen sind anzurechnen. Verwertungsaufschub für einen (vorrangigen) Gl schließt ihn von der Befriedigung aus dem Verwertungserlös an seiner Rangstelle nicht aus, an ihn erfolgt daher Auszahlung (somit keine Hinterlegung). Nachteil kann sich für einen Gl ergeben, der zeitl früher die Vollstr beantragt hat, wenn eine Zahlungsvereinbarung schon vor der Pfändung zustande kommt (s Rn 11) und später die Pfändung für einen weiteren Gl erfolgt, der eine Zahlungsvereinbarung ausgeschlossen hat, und ebenso, wenn mehrere Vollstreckungsaufträge vorliegen und einer der Gl, für die gleichzeitig zu pfänden wäre, eine Zahlungsvereinbarung ausgeschlossen hat, ein anderer aber nicht. Dem kann der betroffene Gl damit begegnen, dass er in seinem Vollstreckungsauftrag Zahlungsvereinbarung vor der Pfändung ausschließt.

IX) Rechtsbehelf. Für Gl und Sch: Erinnerung (§ 766), dann sof Beschwerde (§ 793). 22

X) Gebühren. 1) RA: 3309 RVG-VV. Der Versuch der gütlichen Erledigung ist nur dann bes Anlegenheit iSd § 18 I Nr 1 RVG, 23
wenn er isoliert im gesonderten Auftrag beauftragt wird (BGH MDR 2019, 1217 Tz 11). Keine Einigungsgeb, wenn der GV eine Ratenzahlungsvereinbarung trifft (allgM; zB Sturm JurBüro 2012, 627; AG Dortmund DGVZ 2021, 98 mN). – **2) GV:** Bereits **für Versuch** gütl Erledigung 207 GvKostG-KV; bei gleichzeitiger (§ 3 II 2 Nr 2 GvKostG) Beauftragung von § 802a II 1 Nr 2 oder 4 reduzierte Geb 208 GvKostG-KV, ebenso bei gleichzeitigem Auftrag nach § 802g (OLG Köln DGVZ 2022, 90; aA OLG Celle DGVZ 2020, 208). Der Gebührentatbestand ist bereits durch Aufforderung des GV zur gütlichen Einigung verwirklicht, auch wenn diese formelhaft erfolgt (OLG Düsseldorf DGVZ 2019, 44) oder den Sch nicht erreicht, zB weil er unerkannt verzogen ist (OLG Stuttgart DGVZ 2024, 235; OLG Brandenburg MDR 2022, 1307, jeweils mwN, str; aA zB OLG Bamberg MDR 2021, 1357). 207, 208 GvKostG-KV sind nach § 7 GvKostG **nicht zu erheben**, wenn der Gl bei Auftragserteilung in Modul G eine Zahlungsvereinbarung ausgeschlossen hat (OLG Brandenburg DGVZ 2022, 177; OLG Dresden DGVZ 2019, 20); eine fehlende Äußerung genügt nicht (OLG Oldenburg DGVZ 2019, 86). Bei **mehrfacher Entstehung** kann Geb nach § 10 GvKostG nur einmal erhoben werden (zum erneuten Anfall bei Vollziehung des Haftbefehls nach § 802g s § 802g Rn 24). – Entgegennahme von Ratenzahlung: 430 GvKostG-KV; § 10 II 3 Nr 2 GvKostG. – Wegegeld 711 IV 2 GvKostG-KV. – 604 GvKostG-KV bei nicht erledigtem Auftrag, aber keine Geb im Fall 208 GvKostG-KV (604 Anm S 2 GvKostG-KV).

§ 802c Vermögensauskunft des Schuldners

(1) [1]Der Schuldner ist verpflichtet, zum Zwecke der Vollstreckung einer Geldforderung auf Verlangen des Gerichtsvollziehers Auskunft über sein Vermögen nach Maßgabe der folgenden Vorschriften zu erteilen sowie seinen Geburtsnamen, sein Geburtsdatum und seinen Geburtsort anzugeben. [2]Handelt es sich bei dem Vollstreckungsschuldner um eine juristische Person oder um eine Personenvereinigung, so hat er seine Firma, die Nummer des Registerblatts im Handelsregister und seinen Sitz anzugeben.

(2) [1]Zur Auskunftserteilung hat der Schuldner alle ihm gehörenden Vermögensgegenstände anzugeben. [2]Bei Forderungen sind Grund und Beweismittel zu bezeichnen. [3]Ferner sind anzugeben:

1. die entgeltlichen Veräußerungen des Schuldners an eine nahestehende Person (§ 138 der Insolvenzordnung), die dieser in den letzten zwei Jahren vor dem Termin nach § 802f Absatz 2 und bis zur Abgabe der Vermögensauskunft vorgenommen hat;

2. die unentgeltlichen Leistungen des Schuldners, die dieser in den letzten vier Jahren vor dem Termin nach § 802f Absatz 2 und bis zur Abgabe der Vermögensauskunft vorgenommen hat, sofern sie sich nicht auf gebräuchliche Gelegenheitsgeschenke geringen Wertes richteten.

[4]Sachen, die nach § 811 Absatz 1 Nummer 1 Buchstabe a und Nummer 2 der Pfändung offensichtlich nicht unterworfen sind, brauchen nicht angegeben zu werden, es sei denn, dass eine Austauschpfändung in Betracht kommt.

(3) [1]Der Schuldner hat zu Protokoll an Eides statt zu versichern, dass er die Angaben nach den Absätzen 1 und 2 nach bestem Wissen und Gewissen richtig und vollständig gemacht habe. [2]Die Vorschriften der §§ 478 bis 480, 483 gelten entsprechend.

II 3 Nr 1 und Nr 2 geändert mWv 19.7.2024 durch G zur Förderung des Einsatzes von Videokonferenztechnik in der Zivilgerichtsbarkeit und den Fachgerichtsbarkeiten v 15.7.2024 (BGBl 2024 I Nr 237).

1 **I) Zweck. Auskunftspflicht des Sch** über seine Vermögensverhältnisse bereits zu Beginn des Vollstreckungsverf. Der Gl soll dadurch Kenntnis von Vermögensstücken erlangen, die (möglicherweise) seinem Zugriff im Wege der ZwV unterliegen (vgl BGH MDR 2004, 1259 = NJW 2004, 2452, 2453 mwN).

2 **II) Vermögensauskunft.** Zu **unterscheiden** ist zwischen der Vermögensauskunft nach **§ 802c** (Sachaufklärung als Hilfsmittel der Vollstr) und der Vermögensauskunft nach einem erfolglosen Vollstreckungsversuch (**§ 807**; BTDrs 16/10069, 25). Die Erklärungspflicht des Sch bereits zu Beginn des Vollstreckungsverf nach § 802c rechtfertigt sich aus dem Umstand, dass er nach Verwirklichung aller Vollstreckungsvoraussetzungen nicht leistet (BTDrs 16/10069, 25).

3 **III) Voraussetzungen. 1) Auskunftsverlangen des Gläubigers.** Es erfordert (§ 802a II 1 Nr 2)

- Vollstreckungsauftrag des Gl (sa § 753 Rn 5 ff), den er auch auf einen Teil der zu offenbarenden Angaben beschränken kann, zB auf den Verbleib eines bestimmten Gegenstandes (BGH NJW 60, 2200, 2201), auf Verzeichnung nur des geschäftlichen Vermögens, nur des Nachlasses, auf Angabe nur des Arbeitgebers. Andere als die nach II zu offenbarenden Angaben können nicht verlangt werden;
- Übergabe der vollstrb Ausfertigung.

Es müssen zudem alle **Voraussetzungen für den Beginn der ZwV** wegen der Geldforderung erfüllt sein; durch einen Zahlungsplan darf die Vollstr nicht aufgeschoben sein (§ 802b II 2). Auskunftspflicht besteht auch für die Sicherungsvollstr (s § 720a Rn 4). Das **Rechtsschutzbedürfnis** (sa vor § 704 Rn 17) **fehlt**, wenn der Gl bereits das gesamte Vermögen des Sch zuverlässig kennt, sicher weiß, dass der Sch kein Vermögen hat bzw das von vornherein feststeht (vgl BGH MDR 2016, 729 Tz 8 mwN [Auskunftsverlangen dann mutwillig und schikanös]), oder wenn der Gl auf einfacherem Weg Befriedigung erlangen könnte (vgl LG Darmstadt DGVZ 2005, 27; s iE Neugebauer MDR 2012, 1440, 1441 f).

4 **2) Zuständigkeit.** Des GV: § 802e; **Verfahren:** §§ 802f-j. Zum **VermVerz**, das der GV als Aufstellung (elektron Dokument) mit den nach I und II erforderl Angaben errichtet: § 802f VII 1.

5 **IV) Schuldner als Antragsgegner. 1) Auskunftspflichtige Schuldner.** Auskunftspflichtig gem § 802c ist die ***nach dem Titel verpflichtete* natürl oder jur Person** etc (sa § 750 Rn 3 ff). Bezeichnet der Titel einen Einzelkaufmann unter seiner Firma, dann ist auskunftspflichtiger Sch der Inhaber zur Zeit der Rechtshängigkeit (sa § 750 Rn 10); er hat sein Gesamtvermögen (sein Privatvermögen und das dem Handelsgeschäft dienende Ver-

mögen) zu offenbaren. ZwV in das Gesellschaftsvermögen einer GbR (§ 736; sa § 722 I BGB) begründet Auskunftspflicht für deren Gesellschaftsvermögen (§ 713 BGB).

6 **2) Prozessfähige/nicht prozessfähige Schuldner.** Die **Auskunftspflicht** hat der **prozessfähige Sch** zu erfüllen. In den Fällen der §§ 112, 113 BGB ist der **Minderjährige selbst** auskunftspflichtig bzgl der zur erlaubten Tätigkeit gehörenden Gegenstände (Betriebsvermögen, Einkommen etc; sa MK/Forbriger Rn 14). Für den **nicht prozessfähigen Sch** hat sein **ges Vertreter** im Zeitpunkt des Termins (vgl BGH MDR 2007, 543 = NJW-RR 2007, 185 Tz 14 mwN) die Auskunft zu erteilen. Der **Betreuer** hat als Vertreter des Betreuten (§ 1823 BGB) die Vermögensauskunft für den Sch (auch den geschäftsfähigen) zu erteilen, wenn ihm die Verwaltung des Schuldnervermögens obliegt (vgl BGH MDR 2020, 244 Tz 18) oder er zur Vertretung im ZwV-Verf und für Abgabe der Versicherung bestellt ist (BayObLG MDR 91, 443). Wenn kein Einwilligungsvorbehalt (§ 1825 BGB) angeordnet ist, ist der Betreute auch selbst zur Vermögensauskunft berechtigt, verpflichtet und geeignet (BGH MDR 2008, 1357 = NJW-RR 2009, 1 Tz 12). Der GV hat dann nach pflichtgemäßem Ermessen zu bestimmen, ob der Betreuer als Vertreter oder der Betreute (Sch) die Auskunft und Versicherung abzugeben hat (BGH aaO Tz 11: nennt versehentlich das Vollstreckungsgericht). Ein **Nachlasspfleger** ist als ges Vertreter des unbekannten Erben für den seiner Verwaltung unterliegenden Nachlass auskunftspflichtig (LG Düsseldorf JurBüro 84, 1425). Ein nicht prozessfähiger Sch kann bei der Abgabe der Vermögensauskunft und der eidesstattl Versicherung gem **§ 51 III** durch einen **Vorsorgebevollmächtigten** vertreten werden; anders als ein **gerichtl bestellter Betreuer** ist dieser zur Auskunftserteilung jedoch nicht verpflichtet (ausführl dazu: BGH MDR 2020, 244 Tz 19 ff; aA noch 33. Aufl). Wenn ein Leistungs- und Duldungstitel vorliegen, sind der Leistungs- und der Duldungssch auskunftspflichtig; bei **Gesamtschuldnern** ist es jeder der Sch; bei Gütergemeinschaft jeder **Ehegatte bzw Lebenspartner** im Fall des § 740 II, wenn jedem ggü die Voraussetzungen des § 802c vorliegen. Sonst ist bei Gütergemeinschaft nur der verurteilte Ehegatte bzw Lebenspartner auskunftspflichtig (§ 740 I, § 741). Bei Zugewinngemeinschaft begründet § 739 für den anderen Ehegatten bzw Lebenspartner keine Verpflichtung zur Vermögensoffenbarung.

7 **3) OHG, KG usw.** Für eine **OHG** oder **KG** (auch GmbH & Co KG) sind die vertretungsberechtigten Gesellschafter (§ 124 HGB iVm § 161 II HGB) oder Liquidatoren (§§ 144, 146 HGB iVm § 161 II HGB) für das Vermögen der Gesellschaft, gg die die ZwV betrieben wird (§ 129 I HGB), zur Vermögensauskunft verpflichtet (sa KG NJW 68, 2245); bei Auflösung der GmbH & Co KG mit Eröffnung des Insolvenzverf über das Vermögen der Komplementär-GmbH (§ 138 I Nr 2 HGB iVm § 161 II HGB) somit die Liquidatoren der KG (dabei der Insolvenzverw für die Komplementär-GmbH; OLG Frankfurt MDR 88, 153 = NJW-RR 88, 807, 808). Der frühere Liquidator bleibt nach Auflösung und Löschung im Handelsregister auskunftspflichtig (LG Saarbrücken JurBüro 88, 1242; sa Rn 8). Für eine **Partnerschaft** sind die vertretungsberechtigten Partner (§ 124 I, II HGB iVm § 7 III PartGG) oder Liquidatoren (§ 10 I PartGG) auskunftspflichtig; für eine **EWIV** die vertretenden Geschäftsführer (sa § 736 Rn 8). Für den **Verein** hat der Vorstand (§ 26 BGB) im Zeitpunkt des Termins die Auskunftspflicht zu erfüllen (BGH MDR 2007, 543 = NJW-RR 2007, 185), nach Auflösung die Liquidatoren (§ 48 BGB). Für eine **GbR** (sa Rn 5) ist der geschäftsführende (vertretende, § 720 BGB) Gesellschafter auskunftspflichtig; bei gemeinschaftl Geschäftsführung (§ 715 I, III BGB; Regelfall) haben alle Gesellschafter als Sch zu versichern. Die (rechtsfähige, § 9a I 1 WEG) **Gemeinschaft der Wohnungseigentümer** wird im Vollstreckungsverf (erfordert Titel gg sie) durch den Verwalter vertreten (vgl § 9b I 1 WEG); dieser hat somit die Vermögensauskunft abzugeben und zu versichern (sa BTDrs 16/887, 70 iVm BTDrs 16/3843, 27; BGH MDR 2012, 370 = NJW-RR 2012, 460); für den Fall, dass ein Verwalter fehlt: s § 9b I 2 WEG.

8 **4) GmbH.** Für eine GmbH trifft den/die Geschäftsführer im Zeitpunkt des Termins (vgl OLG Köln Rpfleger 2000, 399 mwN) die Verpflichtung zur Versicherung des Gesellschaftsvermögens, auch wenn er im Handelsregister nicht eingetragen ist (OLG Düsseldorf MDR 61, 328). Der nach Erlass des Haftbefehls abberufene (ausgeschiedene) Geschäftsführer bleibt zur Abgabe der Vermögensauskunft und Versicherung verpflichtet (daher keine Aufhebung des Haftbefehls: OLG Stuttgart MDR 84, 238; LG Nürnberg-Fürth DGVZ 94, 172; aA LG Düsseldorf JurBüro 88, 1580 [Gl kann Verf gegen neuen Geschäftsführer beantragen]). Ein ausgeschiedener Geschäftsführer ist, auch wenn er noch im Handelsregister eingetragen (LG Wiesbaden DGVZ 2012, 32 mwN) und nach Abberufung noch kein neuer Geschäftsführer bestellt ist, nicht mehr auskunftspflichtig (LG Bonn DGVZ 89, 120); er kann aber bei einer Treu und Glauben widersprechenden Beeinträchtigung der Gläubigerinteressen verpflichtet bleiben, zB wenn er sein Amt nur niedergelegt hat, um sich der Verpflichtung zu entziehen (OLG Köln Rpfleger 2000, 399 mwN). Für eine wegen Vermögenslosigkeit nach § 394 I FamFG gelöschte GmbH sind die letzten Geschäftsführer oder Liquidatoren, für eine nach Beendigung der Liquidation auf Anmeldung der Abwickler gelöschte GmbH sind die letzten Liquidatoren verpflichtet, die Vermögensversicherung abzugeben (KG MDR 91, 952 = NJW-RR 91, 933; LG Siegen Rpfleger 87, 380; aA [nur ein neu zu bestellender Liquidator ist verpflichtet] OLG Stuttgart NJW-RR 94, 1064; LG Berlin Rpfleger 90, 374). Wegen der Vermutung der Vermögenslosigkeit, die die Löschung durch das Registergericht begründet, genügt es nicht, dass der Gl nur behauptet, die Gesellschaft müsse noch Vermögenswerte besitzen; das muss er vielmehr substantiiert darlegen (KG aaO; aA OLG Stuttgart aaO mwN). Eine für das Auskunftsverf noch fehlende Zustellung des Titels (§ 750 I) und sonstige Zustellungen können an die GmbH jedoch nicht mehr erfolgen; hierfür ist der frü-

here Geschäftsführer (Liquidator) nicht mehr Vertreter; vielmehr ist entspr § 273 IV 1 AktG ein Geschäftsführer neu zu bestellen (OLG Frankfurt MDR 83, 135).

9 5) **AG usw.** Für eine **AG**, eine **KGaA**, eine **eG** und einen **VVaG** sind die Mitglieder des Vorstands (bzw die persönl haftenden Gesellschafter) oder die Liquidatoren im Zeitpunkt des Termins (wie Rn 7 f) auskunftspflichtig.

10 6) **Gesetzliche Vertreter.** Minderjähriger oder sonst nicht prozessfähiger Personen, vertretende Gesellschafter einer OHG oder KG, vertretende Partner einer Partnerschaft, Mitglieder des Vorstands (Liquidatoren) eines Vereins, einer AG, KGaA, eG oder eines VVaG und die Geschäftsführer (Liquidatoren) einer GmbH sowie EWIV **versichern im Namen des Sch** (der Gesellschaft usw) dessen Vermögen. Wenn die Vertretung durch **mehrere** ges **Vertreter**, Vorstandsmitglieder, Geschäftsführer oder Liquidatoren zu erfolgen hat (Gesamtvertretung), ist die Vermögensversicherung von so vielen Vorstandsmitgliedern abzugeben, wie zur Vertretung erforderlich sind (OLG Frankfurt MDR 88, 153 = NJW-RR 88, 807, 808). Wenn mehrere Vertreter vorhanden sind, aber Einzelvertretungsbefugnis besteht oder zwar Gesamtvertretung besteht, aber nicht alle Mitglieder des Vorstands (Geschäftsführer usw) handeln müssen (zB Vertretung durch jew zwei gemeinsam), hat der GV entspr § 455 I 2 iVm § 449 nach pflichtgemäßem Ermessen zu bestimmen, welcher Vertreter die Versicherung abzugeben hat (BGH MDR 2008, 1357 = NJW-RR 2009, 1 Tz 11 [versehentlich wird dort das Vollstreckungsgericht statt des GV genannt] mwN).

11 7) **Parteien kraft Amtes.** Eine Partei kraft Amtes (Insolvenzverwalter, Zwangsverwalter, Testamentsvollstrecker, § 748) ist als Sch für das seiner Verwaltung unterliegende Vermögen auskunftspflichtig. Die Verpflichtung hat der Verwalter zu erfüllen, der das haftende Vermögen im Zeitpunkt des Termins verwaltet. Legt er sein Amt nieder, dann besteht die Auskunftspflicht nur bei Treu und Glauben widersprechender Beeinträchtigung der Gläubigerinteressen fort (s Rn 8).

12 8) **Erben.** Der Erbe und der sonst nach § 786 beschränkt Haftende müssen ihr eigenes Vermögen und den Nachlass offenbaren, solange die beschränkte Haftung nicht rechtskr feststeht. Steht sie fest und wird der Erbe allgemein zur Abgabe der Auskunft und Versicherung geladen, kann er durch Klage beantragen zu erkennen: „Die ZwV durch Ladung des Klägers (Schuldners) zur Abgabe und Versicherung der Vermögensauskunft wird für unzulässig erklärt, soweit sie für das nicht ererbte Vermögen des Klägers (Schuldners) in Frage kommt" (§§ 781, 785, 767).

13 **V) Umfang der Auskunftspflicht (§ 802c I, II). 1) Persönliche Verhältnisse.** Die Auskunftspflicht umfasst zunächst Angaben des Sch über seine persönl Verhältnisse; anzugeben und zu versichern hat er seinen Geburtsnamen, sein Geburtsdatum und seinen Geburtsort (**I 1**). Für eine jur Person (GmbH, Verein usw) sowie Personenvereinigung (OHG, KG usw) sind stattdessen die Firma (der Name) und der Sitz (die Niederlassung) sowie Registergericht und die Nummer des Registerblatts anzugeben (**I 2**).

14 **2) Vermögensgegenstände usw. a)** Weiter hat der Sch **alle** ihm gehörenden **Vermögensgegenstände** anzugeben (**II 1**). Das sind

- alle bewegl Vermögenswerte, somit körperl Sachen (§§ 808 ff) und Forderungen sowie andere Vermögensrechte (§§ 828-863),
- Grundstücke sowie alle anderen Werte des unbewegl Vermögens (§§ 864-871), auch Luftfahrzeuge und Rechte daran (Ges über Rechte an Luftfahrzeugen).

Anzugeben sind auch Gegenstände (Forderungen usw), die gepfändet, versetzt oder sicherungsübereignet sind (BTDrs 16/10069, 25). Auskunft zu geben ist über das „gegenwärtige" Vermögen (BGH MDR 2011, 692 = NJW-RR 2011, 851 Tz 9 mwN). Früheres Vermögen muss angegeben werden, wenn darüber in der in II 2 bezeichneten Weise verfügt worden ist; iÜ brauchen Angaben über den Verbleib früherer Vermögensgegenstände nicht gemacht zu werden (sa BGH NJW 68, 1388). Die Vermögensgegenstände sind vollständig und so zu bezeichnen, dass der Zugriff auf vorhandenes pfändbares Vermögen ermöglicht ist; der Gl also sofort Maßnahmen zu seiner Befriedigung ergreifen kann (BGH NJW 2004, 2452, 2453 mwN). Wenn der Sch nach dem Titel nur beschränkt mit einer Vermögensmasse haftet, sind nur die zu ihr gehörenden Vermögensstücke anzugeben.

15 **b)** Für **körperl Sachen** (§ 808) ist auch der räuml Verbleib (der Aufbewahrungsort in der Wohnung usw) zu bezeichnen (vgl BGH NJW 53, 261), soweit er sich nicht von selbst versteht (wie zB für Möbel, Kfz etc; uU kann aber Angabe erforderlich sein, wo sich das Kfz befindet: vgl AG Bremen JurBüro 2008, 667). Anzugeben sind auch Gegenstände, die nur teilw bezahlt sind; bei Abzahlungssachen ist der Rückstand zu nennen, bei Kauf unter Eigentumsvorbehalt das Anwartschaftsrecht. Auch der **Pfändung nicht unterliegende Sachen**, die einen selbständigen Vermögenswert haben, sind zu bezeichnen. Nicht anzugeben sind offenbar wertlose Gegenstände und der Pfändung schlechthin Entzogenes wie zB nur gemietete, geliehene oder in Verwahrung genommene Sachen. Besitz auf Grund Leasing-Vertrages (gehört nicht zum pfändbaren Sch-Vermögen) ist nicht anzugeben (AG Reinbek DGVZ 2003, 173).

16 **c)** Grds **nicht anzugeben** sind Sachen, die nach **§ 811 I Nr 1a, Nr 2** der **Pfändung offensichtl nicht unterworfen** sind (**II 4**). Offensichtl unpfändbar können dabei nur Sachen sein, bei denen keine Zweifel bestehen, dass

sie nicht pfändbar sind. Die Auskunftspflicht erstreckt sich daher auf Sachen immer auch dann, wenn die Unpfändbarkeit nicht mit Sicherheit anzunehmen ist (vgl BTDrs 16/10069, 25). Kommt aber eine **Austauschpfändung** (§ 811a) in Betracht, sind auch die nach § 811 I Nr 1a, Nr 2 unpfändbaren Sachen anzugeben (II 4 aE).

3) Forderungen (Vermögensrechte) usw. a) Eine **Forderung** (ein sonstiges Vermögensrecht) ist so detailliert zu bezeichnen, dass die Feststellung ihrer Identität für die Pfändung gesichert ist (BGH NJW 2004, 2452, 2453 mwN). Grund der Forderung und Beweismittel, für eine titulierte Forderung damit Titel (unter Bezeichnung des Gerichts, Datums und Aktenzeichens: LG Leipzig DGVZ 2006, 28), sind ebenso anzugeben (**II 2**) wie der Drittschuldner mit Namen und Anschrift (BTDrs 16/10069, 25; BGH Rpfleger 2009, 466 mwN; fehlende Angabe der Postleitzahl verpflichtet [bei zweifelsfrei bezeichneter Anschrift] aber nicht zur Nachbesserung, aA (jedoch unrichtig) LG Berlin JurBüro 95, 331). Zu bezeichnen sind nach dem Zweck der Auskunft auch Betrag/Höhe einer Forderung (BGH NJW 2004, 2452, 2453 mwN) und Nebenleistungen (Zinsen). Anzugeben sind nicht nur aktuell werthaltige, sondern auch unsichere oder erst künftig entstehende Forderungen (damit auch ein debitorisches Bankkonto: BTDrs aaO; iÜ sa Rn 22 f) sowie solche Forderungen, deren Pfändbarkeit zwar nicht zweifelsfrei feststeht, jedoch nicht ausgeschlossen ist (vgl BGH Rpfleger 2009, 466). 17

b) Eine ges **Unterhaltsrente** (§ 850b I Nr 2) ist anzugeben; es ist das Bestehen des Anspruchs, damit auch Name und Anschrift des unterhaltspfl Ehegatten (LG Augsburg JurBüro 95, 442; LG Bonn MDR 92, 901, 902) oder Verwandten (LG Bremen Rpfleger 93, 119) zu nennen. Die ges Unterhaltsrente ist so anzugeben, dass der Gl sehen kann, ob sie (möglicherweise) pfändbar ist (§ 850b II) und er Maßnahmen zu seiner Befriedigung treffen kann (vgl BGH MDR 2004, 1141 = NJW 2004, 2979, 2980 [zu § 850c IV aF, jetzt § 850c VI]; BGH NJW 2004, 2452, 2453 [Taschengeldanspruch]); der Sch hat daher auch ihm mögliche Angaben („nach bestem Wissen und Gewissen") über die Höhe des (Netto-)Einkommens des Unterhaltspflichtigen zu machen (BGH jew aaO). **Wirtschaftsgeld** als Teil des Unterhalts bei häusl Gemeinschaft ist nicht pfändbar (s § 850b Rn 4), somit auch nicht zu bezeichnen. Wenn die Pfändung eines **Taschengeldanspruchs** in Betracht kommt (s § 850b Rn 18), hat der Sch auch zur Höhe des Einkommens seines Ehegatten ihm mögliche Angaben zu machen (BGH NJW 2004, 2452, 2453). 18

c) Arbeitseinkommen (§ 850) ist unter Nennung des Arbeitgebers anzugeben (mit Bezeichnung der Rechtsform [LG Hamburg JurBüro 2004, 334] und mit [genauer] Anschrift). Bezeichnung des angegebenen Betrages als Nettoeinkommen genügt bei nicht klargestellter Verwendung dieses Begriffs jedenfalls nicht (LG Köln MDR 88, 327 = NJW-RR 88, 695). Der Anspruch auf Arbeitslohn ist auch anzugeben, wenn der Vertrag erst zu einem künftigen Zeitpunkt zu laufen beginnt und daher noch keine fälligen Ansprüche daraus hergeleitet werden können (BGH NJW 91, 2844, 2845 mwN). Ein früher beendetes Arbeitsverhältnis ist anzugeben, wenn daraus noch Ansprüche bestehen (sonst nicht: BGH NJW 68, 1388). Ein **Gelegenheitsarbeiter** (auch bei „Schwarzarbeit": LG Wuppertal DGVZ 99, 120) hat die (regelmäßigen) Arbeitgeber mit Anschrift und die durchschnittl Höhe der Entlohnung anzugeben (anzugebender Zeitraum: LG Frankfurt NJW-RR 88, 383 [einzelfallabhängig]; LG Verden DGVZ 2006, 138 mwN [für die letzten 12 Monate]); es genügt daher nicht, dass der Sch nur anführt, als Gelegenheitsarbeiter (Aushilfsarbeiter) ständig wechselnde Auftraggeber zu haben oder solche Arbeiten für Bekannte ständig wechselnd auszuführen. 19

d) Arbeits„einkommen" ist bei **Lohnschiebung** oder **-verschleierung** (§ 850h) gleichermaßen zu offenbaren. Es ist bei Lohnverschleierung jedenfalls nach Art, ggf auch nach Zeitaufwand, der Tätigkeit anzugeben (LG Aurich JurBüro 98, 553 [unentgeltliche Tätigkeit im Geschäft des Ehegatten]; LG Bielefeld JurBüro 2004, 503; LG Ingolstadt DGVZ 2010, 195; LG Verden JurBüro 2010, 552 [jew Verdacht auf Lohnverschleierung bei unverhältnismäßig geringem Einkommen]), bei Lohnschiebung unter Bezeichnung des Drittberechtigten. *Lohnverschleierung* (§ 850h II 1) setzt voraus, dass der Sch „Arbeiten oder Dienste" leistet, die einem Dritten „in einem ständigen Verhältnis" erbracht und „nach Art und Umfang üblicherweise vergütet werden". *Lohnschiebung* (§ 850h I 1) erfordert, dass für Arbeiten oder Dienste des Sch Leistungen an einen Dritten zu bewirken sind. 20

e) Zu den **Einkünften des Ehegatten** (soweit Arbeitseinkommen nicht bereits wegen des Taschengeldanspruchs anzugeben ist, s Rn 18) und eines ges unterhaltsberechtigten Verwandten (§ 850c), damit insb eines **Kindes** im berufstätigen Alter, sind Angaben jedenfalls dann zu machen, wenn in Betracht kommen kann, dass diese Personen bei Berechnung des unpfändbaren Teils des Arbeitseinkommens des Sch nicht (mehr) zu berücksichtigen sind, insb nach § 850c VI ganz oder teilw unberücksichtigt bleiben können (iE BGH MDR 2004, 1141 = NJW 2004, 2979, 2980 [zu § 850c IV aF, jetzt § 850c VI]). 21

f) Auf **künftige Forderungen** eines **selbständig tätigen Sch** erstreckt sich die Auskunftspflicht, wenn sie hinreichend bestimmt und daher pfändbar sind, regelmäßig damit bei laufender Geschäftsbeziehung, bei der die begründete Erwartung besteht, der Sch werde auch künftig Aufträge von seinem bisherigen Kunden erhalten (BGH MDR 2011, 692 = NJW-RR 2011, 851 mwN). Dann kann sich die Auskunftspflicht auf die Geschäftsvorfälle der letzten zwölf Monate erstrecken (BGH MDR 2011, 692 = NJW-RR 2011, 851). Daher hat ein **Provisionsvertreter** die Geschäftsverbindungen anzugeben, die ihm die Möglichkeit bieten, Provisionsforderungen zu erwerben (Auftraggeber, für die er in der Vergangenheit häufiger tätig war: LG Arnsberg JurBüro 85, 472; LG Kiel JurBüro 91, 1408), auch wenn ihm gegenwärtig keine Forderungen zustehen. Der Sch muss angeben, für 22 welche Unternehmer er tätig ist, ob diese ein Provisionskonto für ihn unterhalten, ob der jeweilige Vertrag gekündigt ist und ob ein Ausgleichsanspruch besteht; Kunden brauchen dagegen nicht genannt zu werden (OLG Hamm MDR 79, 149). Ein **Rechtsanwalt** (BGH NJW 2010, 1380 [trotz grds Verschwiegenheitspflicht: Tz 11 ff]; auch Rechtsbeistand), **Arzt** (BGH MDR 2011, 692 = NJW-RR 2011, 851), **Steuerberater** (BGH MDR 99, 826 = NJW 99, 1544, 1547) usw ist verpflichtet, Namen und Anschriften der Mandanten und die Höhe der Honorarforderungen zu offenbaren. Einen **Arzt** verpflichtet jedoch nicht schon die unbestimmte Erwartung, Patienten könnten ihn in Zukunft wieder aufsuchen, zur Auskunftserteilung über sämtliche (Privat-)Patienten, die er in den letzten zwölf Monaten behandelt hat (Vorrang des Geheimhaltungsinteresses aller Patienten: BGH MDR 2011, 692 = NJW-RR 2011, 851 Tz 11). Ein **Makler** hat auch eingeleitete, aber noch nicht abgeschlossene und damit noch nicht provisionsfähige Vermittlungen offen zu legen (BGH MDR 91, 783 = NJW 91, 2844, 2845); nicht jedoch abgeschlossene Geschäftsbeziehungen der letzten 12 Monate (LG Berlin Rpfleger 97, 73 [Immobilienmakler]). Denn: Eingezogene Forderungen aus zurückliegenden Dienst- oder Arbeitsverträgen sind grds nicht zu nennen; mit der (nicht naheliegenden) Erwartung des Gl, dass der Sch auch künftig für gleiche Auftraggeber tätig sein werde, stehen pfändbare Forderungen in solchen Fällen bestimmbar nicht in Aussicht (vgl BGH MDR 2011, 692 = NJW-RR 2011, 851 Tz 10 [erforderl ist idR laufende Geschäftsbeziehung]).

23 **g) Renten** und pfändbare Ansprüche auf andere **soziale Geldleistungen** (vgl § 54 SGB I; die danach unpfändbaren Ansprüche sind aber nicht anzugeben) sind nach Art und Höhe sowie unter Angabe der Zahlstelle (des Leistungsträgers als Drittschuldner) darzulegen (LG Oldenburg Rpfleger 83, 163). Der **künftige** Anspruch auf **Altersrente** (auch Rente wegen verminderter Erwerbsfähigkeit in der ges Rentenversicherung) ist (auch wenn eine Anwartschaft noch nicht gewahrt ist) übertragbar und pfändbar (sa § 850i Rn 27). Als Vermögenswert sind daher für diese (künftige) Rentenforderung die Rechtsgrundlage (allgemeine oder knappschaftliche Rentenversicherung usw) und der Leistungsträger (Regionalträger, Rentenversicherung Bund oder Knappschaft-Bahn-See usw) im VermVerz anzugeben (LG Darmstadt JurBüro 2000, 101; LG Dortmund JurBüro 98, 101; MskV/Voit Rn 14); nicht jedoch die Versicherungsnummer (vgl LG Heilbronn JurBüro 2001, 268; LG Kiel JurBüro 98, 606; MskV/Voit Rn 14). Nicht anzugeben sind (als reine Erwartung) zukünftig unklare Rentenansprüche; zB Rente an Hinterbliebene aus der Unfallversicherung oder eine Rente wegen Todes (Witwen- oder Witwerrente) in der ges Rentenversicherung *vor* Eintritt des Arbeitsunfalls bzw Todes.

24 **h) Hypothek**, Grundschuld oder Rentenschuld, auch eine Eigentümergrundschuld und (subjektiv-persönliche) Reallast, sind unter Bezeichnung des belasteten Grundstücks anzugeben. Bei Briefrechten ist außerdem der Aufbewahrungsort des Briefes zu benennen. Zum **Rückgewähranspruch:** s Rn 26.

25 **i)** Als **sonstige Forderungen** sind anzugeben (**Beispiele**): Ansprüche aus Sparguthaben, Guthaben von Konten bei Kreditinstituten und andere Ansprüche gegen Banken, auch debitorische Bankkonten (BTDrs 16/10069, 25); anzugeben sind weiter Mietkaution, Erstattungsanspruch an Vermieter infolge zu hoher Vorauszahlung umlagefähiger Mietnebenkosten (BGH MDR 2012, 606 Tz 17 mwN) und für Abschläge aus Verträgen mit Energieversorgern (BGH aaO mwN); die Mietforderung für eine vom Sch nicht selbst bewohnte Eigentumswohnung oder der Anspruch aus deren Vermietung (LG Wiesbaden JurBüro 2011, 440); Versicherungsansprüche (unter Bezeichnung des Verwahrungsorts des Versicherungsscheins; bei Lebensversicherung auch mit Benennung der Bezugsberechtigung eines Dritten), auch ein Anspruch auf Prämienrückvergütung und ein Leistungsanspruch aus einer Sachversicherung (BGH aaO mwN); hinsichtl eines „Rück"zahlungsanspruchs sind Name und Anschrift eines Angehörigen oder Dritten anzugeben, über dessen Konto der Sch Zahlungen erhält („Kontoverleih"; vgl BGH Rpfleger 2009, 466 Tz 16 f [aber keine näheren Angaben zum Konto]).

Als **sonstige Vermögensrechte** (vgl §§ 857, 859) sind anzugeben. **Beispiele:** Gesellschaftsanteile und -rechte, Geschäftsanteile an Genossenschaften, ein Miterbenanteil (auch der Stand einer Erbauseinandersetzung: BGH NJW 57, 1200; Angabe von Namen und Anschrift eines [späteren] Erblassers kann vor Eintritt des Erbfalls [künftige Erbschaft] aber nicht verlangt werden: AG Schwabach DGVZ 2011, 148) sowie das Anwartschaftsrecht als Nacherbe (entsteht erst mit dem Tod des Erblassers und besteht bis zum Eintritt der Nacherbfolge), ein Nießbrauch, Patent- und Urheberrechte, eine Marke und eine Internet-Domain. Gesellschaften als Sch (insb eine GmbH) haben etwaige Ansprüche gg Gesellschafter und Geschäftsführer anzugeben. Forderungen einer GbR, deren (Mit-)Gesellschafter der Sch ist, ggü Dritten sind Gesellschaftsvermögen (§ 713 BGB) und gehören seit dem 1.1.2024 zum pfändbaren (§ 859 I 2 aF ist durch das MoPeG aufgehoben worden; vgl BTDrs 19/27635, 202 f]) (Einzel-)Vermögen des Sch, sind in dessen VermVerz daher anzuführen.

26 **j)** Der **Rückgewähranspruch** des Sicherungsgebers ist (pfändbares) Vermögensrecht, somit anzugeben. Zu bezeichnen sind (auch betragsmäßig) die Grundschuld (sa § 857 Rn 15), Eigentümergrundschuld oder Forderung (der sonstige Vermögensgegenstand), die sicherungshalber bestellt oder abgetreten und daher zurückzugeben ist, der Sicherungsnehmer (Gl des Rechts) mit zustellungsfähiger Anschrift und dessen gesicherte Forderung (ihr noch geschuldeter Rest), mit deren Tilgung Erfüllung des (noch aufschiebend bedingten) Anspruchs geltend gemacht werden kann (vgl LG Aachen Rpfleger 91, 326; LG Darmstadt JurBüro 99, 104; LG Detmold *DGVZ 2000, 169; LG Landshut JurBüro* 95, 217 [Abtretung einer Lebensversicherung sicherungshalber]; sa BGH MDR 75, 567 = NJW 75, 980). Die Angaben müssen so genau sein, dass eine Pfändung erfolgen kann; das erfordert bei der Grundschuld auch die Angabe des belasteten Grundstücks, bei einer Forderung deren so de-

taillierte Bezeichnung, dass die Feststellung ihrer Identität gesichert ist (sa Rn 17). Das bei Überlassung eines Grundstücks vorbehaltene (pfändbare: s § 848 Rn 16) **Rückforderungsrecht** ist ebenso zu offenbaren.

4) Unbewegliches Vermögen. Es sind alle der Immobiliar-ZwV unterliegenden Gegenstände anzugeben (s § 864). 27
Eine Darstellung in Übereinstimmung mit dem Grundbuch (s § 28 S 1 GBO) oder unter Nennung der Grundbuchstelle ist nicht erforderl, wenn die Angaben sonst zur sicheren Identifizierung ausreichen (erfordert bei Immobilienbesitz im Ausland genaue Anschrift: LG Frankfurt DGVZ 2009, 133). Miteigentümer und Belastungen zugunsten Dritter (sind nicht Sch-Vermögen) müssen nicht angegeben werden (wohl aber Eigentümerrechte).

5) Keine Erweiterung auf sonstige Angaben. Die Auskunftspflicht erstreckt sich **nicht** auf **sonstige Angaben** 28
(BayObLG NJW 2003, 2181, 2182); sie umfasst insb nicht bloße Erwerbsmöglichkeiten des Sch (BGH MDR 2011, 692 = NJW-RR 2011, 851 Tz 9 mwN; s aber Rn 23). § 802c dient nicht dazu, dem Gl eine allg Kontrolle über die Erwerbsmöglichkeiten des Sch zu verschaffen, um dadurch späteren Vermögenserwerb aufzuspüren (BGH aaO). **Verbindlichkeiten** (damit auch Unterhaltspflichten) sind kein Vermögen; Angaben dazu (auch ob Unterhaltspflichten erfüllt werden: LG Osnabrück Rpfleger 98, 481) sind daher nicht zu machen. Gleiches gilt für Verträge über KV und Beiträge zur KV (LG Saarbrücken DGVZ 98, 77).

VI) Anfechtbare Leistungen (§ 802c II 3). Die Auskunftspflicht umfasst nach **II 3** Angaben, die es dem Gl er- 29
möglichen sollen, von seinem evtl Anfechtungsrecht Gebrauch zu machen. **Entgeltl Veräußerungen** an eine nahestehende Person sind unter den weiteren Voraussetzungen nach § 3 II AnfG anfechtbar, **unentgeltl Leistungen** ohne Unterschied zwischen Leistungen an Ehegatten bzw Lebenspartner (oder sonst nahestehende Personen) und an andere Personen nach § 4 AnfG. **Nahestehende Personen** sind, wenn der *Sch eine natürl Person* ist, insb der Ehegatte, Lebenspartner, Verwandte des Sch oder seines Ehegatten etc (iE § 138 I Nr 1-4 InsO). Nahestehende Personen sind, wenn der *Sch eine jur Person oder eine Gesellschaft ohne Rechtspersönlichkeit* ist, insb die Mitglieder des Vertretungs- oder Aufsichtsorgans und persönl haftende Gesellschafter etc (iE § 138 II Nr 1-3 InsO). Unentgeltl Leistung ist auch die sog **ehebezogene** (auch unbenannte) **Zuwendung**. Sie wird um der Ehe willen und als Beitrag zur Verwirklichung oder Ausgestaltung, Erhaltung oder Sicherung der ehel Lebensgemeinschaft erbracht (BGH MDR 92, 264 = NJW 92, 564 mwN). Im Verhältnis zum Gl ist diese Vermögensentäußerung jedoch (anfechtbare) unentgeltl Zuwendung (BGH MDR 92, 264 = NJW 92, 564, 565 mwN); sie ist daher auch auskunftspflichtiges (unentgeltl) Rechtsgeschäft zugunsten des Ehegatten bzw Lebenspartners. Die anzugebenden Veräußerungen und Leistungen in der in II 3 Nr 1 u 2 genannten Zeit (letzte zwei bzw vier Jahre) müssen konkret bezeichnet und als entgeltl oder unentgeltl Verfügung (nachprüfbar) dargestellt werden (LG Flensburg DGVZ 95, 119). Abzustellen ist bei Grundstücksübereignung (-belastung) auf die Eintragung in das Grundbuch, nicht auf die frühere Auflassung (oder Bewilligung) (BGH MDR 93, 526 = NJW 93, 663, 665 mwN).

VII) Versicherung an Eides statt (§ 802c III). 1) Inhalt. Der Sch hat nach **III** persönl (III 1, 2 iVm § 478) zu 30
Protokoll an Eides statt zu versichern, dass er die von ihm verlangten Angaben nach I u II nach bestem Wissen und Gewissen richtig und vollst gemacht hat (**III 1**). Die eidesstattl Versicherung erfasst auch die Angaben des Sch über seine persönl Verhältnisse, die des Vertreters über die Verhältnisse der jur Person oder Personenvereinigung (III 1 iVm I). Über die Bedeutung der eidesstattl Versicherung ist der Sch vorher in angemessener Weise zu belehren (**III 2** iVm § 480). Solange Vermögensgegenstände nicht vollst verzeichnet sind, darf die eidesstattl Versicherung nicht abgenommen werden. Die Weigerung des Sch, alle ihm gehörenden Vermögensgegenstände anzugeben, gilt als Verweigerung der Versicherung. Stumme (auch Taube) versichern entspr § 483 (III 2).

2) Sonderfälle. Die Abgabe der Vermögensversicherung kann der Sch **nicht** dadurch **umgehen**, dass er vor ei- 31
nem Notar seine Vermögensverhältnisse offenbart und die Vollständigkeit und Richtigkeit an Eides statt versichert (LG Detmold DGVZ 2007, 72; sa BGH MDR 2010, 517 = NJW 2010, 1002 Tz 19). Auch gegen Treu u Glauben wird es zumeist nicht verstoßen, wenn der Gl ein Verf zur Abgabe der Vermögensauskunft betreibt, nachdem er sich zunächst mit der Vorlage eines notariell beurkundeten VermVerz (und dessen Ergänzung) einverstanden erklärt hat (aA LG Hamburg MDR 2014, 112). Der Vermögensversicherung steht auch die Abgabe der eidesstattl Versicherung des Sch zu seinem Vermögen bei der Finanzbehörde nach § 95 AO nicht entgegen (BGH MDR 2004, 1258 = NJW 2004, 2905); sie entfällt auch nicht, wenn zu den Akten des Familien-/Betreuungsgerichts bereits ein VermVerz eingereicht ist (LG Braunschweig FamRZ 2000, 613). Von der Verpflichtung, Auskunft zu erteilen und die eidesstattl Versicherung abzugeben, wird der **Sch** auch dann **nicht frei**, wenn er damit eine **strafbare Handlung offenbaren** muss (vgl BGH MDR 91, 783 = NJW 91, 2844, 2845 [für Vergehen nach der GewO]; LG Hamburg JurBüro 2008, 495; LG Wuppertal DGVZ 99, 120 [Schwarzarbeit]; aA Weiß NJW 2014, 503 [Zwang zur Selbstbezichtigung ist verfassungswidrig]); die auf diese Weise gewonnenen Informationen unterliegen aber einem strafprozessualen Verwertungsverbot (BVerfG WM 2008, 989 mwN [„nemo tenetur se ipsum accusare"-Grds]). Sittenwidrige Härte (§ 765a) rechtfertigt nicht ohne Weiteres die Annahme, dass dem Sch bei Abgabe der eidesstattl Versicherung der Widerruf seiner Zulassung als RA droht (BGH MDR 2010, 517 = NJW 2010, 1002). Durch **Vereinbarung mit dem Gl** (sa vor § 704 Rn 25) kann die Auskunftspflicht ganz oder auf Zeit ausgeschlossen oder nur auf bestimmte Vermögenswerte (eine Vermögensmasse, zB nur auf Geschäftsvermögen) beschränkt sein.

32 **VIII) Gebühren. 1) RA:** 3309, 3310 RVG-VV (ausf Enders JurBüro 2013, 1); § 18 I Nr 16 RVG. Gegenstandswert § 25 I Nr 4 RVG (BGH AGS 2022, 235). – **2) GV:** 260 GvKostG-KV. Bei Gesamtsch: § 10 III GvKostG. Fälligkeit: § 14 GvKostG. Dokumentenpauschale: 700 IV GvKostG-KV. Kein neuer Auftrag zur Abgabe der VA im Fall § 3 IV 2, 3 GvKostG (Fortsetzung nach Haftbefehl innerhalb 3-Monatsfrist). – Bei bedingtem **Kombiauftrag** (VA u nachfolgend Pfändung als pfändbar festgestellter Gegenstände, Modul L) entsteht keine Geb 205 GvKostG-KV (evtl 604 GvKostG-KV), wenn die aufschiebende Bedingung für den Pfändungsauftrag nicht eintritt (OLG Koblenz JurBüro 2024, 106; KG MDR 2022, 195, jeweils mN, str; aA OLG Schleswig DGVZ 2015, 228).

§ 802d Weitere Vermögensauskunft

(1) [1]Der Schuldner ist innerhalb von zwei Jahren nach Abgabe der Vermögensauskunft nach § 802c oder nach § 284 der Abgabenordnung nicht verpflichtet, eine weitere Vermögensauskunft abzugeben, es sei denn, ein Gläubiger macht Tatsachen glaubhaft, die auf eine wesentliche Veränderung der Vermögensverhältnisse des Schuldners schließen lassen. [2]Besteht keine Pflicht zur Abgabe einer Vermögensauskunft nach Satz 1, leitet der Gerichtsvollzieher dem Gläubiger einen Ausdruck des letzten abgegebenen Vermögensverzeichnisses zu; ein Verzicht des Gläubigers auf die Zuleitung ist unbeachtlich. [3]Der Gläubiger darf die erlangten Daten nur zu Vollstreckungszwecken verarbeiten und hat die Daten nach Zweckerreichung zu löschen; hierauf ist er vom Gerichtsvollzieher hinzuweisen. [4]Von der Zuleitung eines Ausdrucks nach Satz 2 setzt der Gerichtsvollzieher den Schuldner in Kenntnis und belehrt ihn über die Möglichkeit der Eintragung in das Schuldnerverzeichnis (§ 882c).

(2) Anstelle der Zuleitung eines Ausdrucks kann dem Gläubiger auf Antrag das Vermögensverzeichnis als elektronisches Dokument übermittelt werden, wenn dieses mit einer qualifizierten elektronischen Signatur versehen und gegen unbefugte Kenntnisnahme geschützt ist.

1 **I) Zweck.** Schutz des Sch nach Erteilung und Versicherung der Vermögensauskunft vor weiteren Verf unter gleichzeitiger Wahrung der Gläubigerbelange.

2 **II) Befreiung von weiterer Vermögensauskunft. 1) Voraussetzungen. a)** Die Abgabe/Versicherung der Vermögensauskunft nach § 802c oder § 284 AO darf **keine zwei Jahre** zurückliegen (*Sperrfrist*). Diese Sperrfrist gilt unabhängig davon, ob es sich um dasselbe ZwV-Verf eines Gl, ein anderes ZwV-Verf desselben Gl oder das ZwV-Verf eines anderen Gl handelt (vgl BTDrs 19/27636, 23). Fristberechnung: § 222 **ab Abgabe der Versicherung** (BTDrs 16/10069, 26; nicht ab einer Nachbesserung: LG Ellwangen DGVZ 2006, 72; sa Rn 17). Die Frist muss zum Zeitpunkt der Antragstellung auf Abnahme einer neuen Vermögensauskunft abgelaufen sein (iE Metz NJW 2015, 3340, 3344; aA MskV/Voit Rn 3 [Zeitpunkt der Prüfung durch GV maßgebl]). Sperrfrist für die Versicherung in einem vor dem 1.1.2013 beantragten Verf: § 903 aF nach § 39 Nr 1 EGZPO.

3 **b)** Tatsachen für **wesentl Veränderung der Vermögensverhältnisse** dürfen **nicht glaubhaft gemacht** sein (s Rn 10).

4 **2) Prüfung.** Die **Befreiung** von weiterer Vermögensauskunft ist **vAw zu beachten**. Sie besteht ggü allen Gl, nicht nur dem Gl, der das frühere Verf betrieben hat (vgl BTDrs 19/27636, 23). Zur Überprüfung, ob der Sch in der Sperrfrist eine Vermögensauskunft abgegeben hat, hat der GV ein vom zentralen Vollstreckungsgericht verwaltetes VermVerz abzurufen (§ 802k II 1; BTDrs 16/10069, 29) und in der Übergangszeit in das nach § 39 Nr 5 EGZPO fortgeführte SchVerz Einsicht zu nehmen.

5 **3) Nachbesserung.** Zur Vervollständigung einer **unvollständigen, ungenauen oder widersprüchlichen Vermögensauskunft** (s Rn 17) bleibt der Sch stets auch in der 2-Jahresfrist verpflichtet.

6 **III) Weitere Vermögensauskunft; Voraussetzungen. 1) Überblick. Verpflichtet** zur weiteren Vermögensauskunft und -versicherung in der Sperrfrist **ist der Sch** dem Gl, der das frühere Verf betrieben hat, und jedem anderen seiner Gl, wenn dieser Tatsachen glaubhaft gemacht hat (§ 294), die auf eine **wesentl Veränderung der Vermögensverhältnisse** schließen lassen (I 1; iE BTDrs 16/10069, 26).

7 **2) Wesentliche Veränderung der Vermögensverhältnisse.** Ist insb: **a)** Der **Erwerb von Vermögenswerten** (Sachen oder Forderungen und Rechte), die den Schluss auf eine bedeutsame Verbesserung der wirtschaftl Lage des Sch zulassen (BGH MDR 2007, 1159 = NJW-RR 2007, 1007 Tz 6 mwN). **Verschwiegenes Vermögen** wird neu erworbenem Vermögen gleichgestellt; Glaubhaftmachung, dass der Sch unwahre Angaben gemacht hat, kann daher gleichermaßen zu wiederholter Versicherung verpflichten (BGH MDR 2011, 561 = NJW-RR 2011, 667 Tz 11 mwN).

8 **b)** Der **Wechsel des Arbeitgebers**, wenn der Gl für Einkommenspfändung (§§ 850 ff) Kenntnis von der neuen *Erwerbsquelle des Sch haben muss.* **Nicht wesentl ist die Veränderung**, wenn der Sch auch durch den Wechsel des Arbeitgebers oder der Berufstätigkeit pfändbares Einkommen nicht erzielen kann; wie zB dann, wenn er nach betriebsbedingter Kündigung oder durch Krankheit bzw andere Umstände, wonach er nur eingeschränkt

arbeitsfähig ist, sein Einkommen nicht über die Pfändungsfreigrenze hinaus verbessern kann (zu allg daher: MskV/Voit Rn 10). Entspr muss gelten, wenn bei einem versicherungspfl Sch dessen neuer Arbeitgeber mit Einholung einer Auskunft des GV nach § 802l I 1 Nr 1 einfacher und zügiger in Erfahrung zu bringen ist.

c) Eine **berufliche Veränderung**, bei der dem Gl ebenso daran gelegen ist, die neue Erwerbsquelle des Sch zu erfahren. **Beispiele:** Selbständiger Gewerbetreibender (Unternehmer) hat seinen Betrieb oder der freiberuflich tätige Sch seinen Beruf aufgegeben (vgl LG Wuppertal DGVZ 2010, 232; Aufgabe einer Nebentätigkeit reicht nur aus, wenn sie einen bedeutenderen Umfang hatte: MskV/Voit Rn 10), Sch hat sein Arbeitsverhältnis aufgelöst und ein selbständiges Gewerbe aufgenommen (LG München II JurBüro 90, 1521), die GmbH, deren Geschäftsführer (und Alleingesellschafter) der Sch war, wurde im Handelsregister gelöscht (LG Hamburg Rpfleger 90, 31) oder mit Ablehnung der Eröffnung des Insolvenzverfahrens aufgelöst (LG Wuppertal JurBüro 2013, 492), eine zur Zeit der Versicherung bestehende Arbeitslosigkeit ist beendet (Sch ist bei der Agentur für Arbeit nicht mehr gemeldet; er bezieht kein Arbeitslosengeld mehr; vgl LG Heilbronn JurBüro 2001, 153; LG Berlin Rpfleger 97, 221; Stuttgart JurBüro 2000, 438 [Ablauf befristeter Arbeitslosenhilfe]; sa LG Dresden JurBüro 2010, 663 [zuvor arbeitsloser Sch übt freiberufliche (selbständige) Tätigkeit aus]). Genügen sollte auch der Verlust der Witwenpension oder Sozialrente, wenn sie einzig bedeutsame Erwerbsquelle war (OLG Hamm Rpfleger 83, 322). 9

3) Glaubhaftmachung. Die **Tatsachen**, die auf eine wesentl Veränderung der Vermögensverhältnisse des Sch schließen lassen, müssen **glaubhaft gemacht** sein (§ 294). Die Anforderungen dürfen zwar nicht überspannt werden, bloße Vermutungen (ohne konkreten Anhalt) genügen jedoch nicht (BGH MDR 2007, 1159 = NJW-RR 2007, 1007 Tz 6 mwN). Ausreichend ist es, wenn der Gl (konkrete) Umstände glaubhaft macht, die nach der allg Lebenserfahrung den Schluss zulassen, dass der Sch Vermögen in einem Umfang erworben hat, der einen erfolgreichen Pfändungszugriff wahrscheinlich erscheinen lässt (BGH aaO). **Beispiele:** Glaubhafte Darlegung von Teilzahlungen des Sch auf die titulierte Forderung in kurzem zeitl Abstand genügt (LG Düsseldorf JurBüro 87, 467), nicht aber ein bloß allg Hinweis darauf, dass der Sch seine gewerbl Tätigkeit fortsetzt (OLG Frankfurt Rpfleger 2002, 466; OLG Stuttgart Rpfleger 2001, 441; LG Saarbrücken JurBüro 2009, 102; AG Hamburg DGVZ 2013, 141). Die Auflösung des Bankkontos ändert nichts am pfändbaren Vermögen des Sch, sie allein reicht für Glaubhaftmachung späteren Vermögenserwerbs somit nicht aus (BGH MDR 2007, 1159 = NJW-RR 2007, 1007 Tz 7 ff mwN). Auch Wohnungs-/Wohnsitzwechsel macht Vermögenserwerb oder (regelmäßig) Arbeitsplatzwechsel nicht glaubhaft (LG Frankfurt DGVZ 2004, 44; LG Heidelberg DGVZ 2006, 70). Wenn der Sch arbeitslos war, genügt Glaubhaftmachung, dass nach der Lebenserfahrung unter Berücksichtigung des Alters, der Berufsausbildung und der Arbeitsfähigkeit sowie der allg wirtschaftl Lage ein arbeitswilliger Sch wieder einen Arbeitsplatz hat finden können (OLG Karlsruhe Rpfleger 92, 208; LG Aurich JurBüro 2008, 499; LG Berlin JurBüro 2008, 215 mwN). Dass der Sch mehr als 6 Monate als Hausmann die Familie betreut, widerspricht der Lebenserfahrung nicht, erübrigt Glaubhaftmachung daher nicht (AG Wolfenbüttel DGVZ 2009, 151). 10

4) Rechtsschutzbedürfnis. Dieses entfällt für das neue Verf grds nicht schon deshalb, weil der Gl (unsichere) Kenntnis vom neuen Arbeitsverhältnis oder Vermögenserwerb des Sch hat; denn der Gl hat unter den Voraussetzungen des I 1 einen Anspruch auf Erteilung und Versicherung einer neuen (vollständigen) Vermögensauskunft durch den Sch (vgl LG Bonn NJW-RR 2003, 72 mwN; LG Heilbronn JurBüro 2000, 492 [Drittschuldnererklärung]). Ist dem Gl aber zB der neue Arbeitgeber des Sch zuverlässig bekannt, kann das Rechtsschutzbedürfnis fehlen (vgl LG Bonn NJW-RR 2003, 72; s allg BGH MDR 2016, 729 Tz 8 [mutwilliges und schikanöses Auskunftsverlangen]). 11

IV) Verfahren. Ein Vollstreckungsauftrag auf weitere Vermögensauskunft leitet ein **neues, selbständiges Verf** ein. Als Prozesshandlung ist der Auftrag bedingungsfeindlich. Feststellung der (glaubhaft zu machenden) Voraussetzungen kann daher nicht dem GV aufgetragen werden; **unzulässig** ist damit zB ZwV-Auftrag mit (vorsorglichem) Antrag auf Einholung einer weiteren Vermögensauskunft, „wenn der Sch die Versicherung in den zurückliegenden 2 Jahren abgegeben haben und nicht mehr bei … arbeiten sollte" oder „… das VermVerz nicht mehr dem gegenwärtigen Vermögensstand entsprechen sollte". Der Titel und die für den Beginn der ZwV erforderl Urkunden sind dem Antrag beizufügen. Sind Tatsachen für eine (wesentl) Veränderung der Vermögensverhältnisse nicht glaubhaft gemacht, hat der GV den Antrag unter Rückleitung der übergebenen Urkunden abzulehnen. Wenn der **Antrag begründet** ist, setzt der GV dem Sch wiederum mit der Ladung eine Frist zur Begleichung der Forderung (§ 802f I, II); iÜ ist nach § 802f zu verfahren. In dem Termin hat der Sch (neu) vollständig Auskunft über sein gesamtes Vermögen am Terminstag nach Maßgabe von § 802c zu geben und diese Angaben an Eides statt zu versichern. Der GV errichtet in dem Termin neu ein (vollständiges) VermVerz als elektron Dokument (§ 802f VII). Nur auf einzelne Punkte, nicht jedoch pauschal, kann dabei auf unverändert gebliebene Angaben in dem früher bereits versicherten VermVerz Bezug genommen werden (vgl LG Waldshut-Tiengen JurBüro 2003, 547; sa MskV/Voit Rn 11). Wenn der (bisherige oder jeder neue) Gl seinen Auftrag auf weitere Vermögensversicherung auf die Offenlegung nur einzelner Angaben (zB des neuen Arbeitgebers: s Rn 8) beschränkt hat, ist nur diese Auskunft zu erteilen und neu zu versichern. 12

V) Weitere Gläubiger. 1) Voraussetzungen. Wenn ein weiterer (neuer) Gl in der 2-jährigen Sperrfrist (I 1) Vollstreckungsauftrag erteilt hat, eine Vermögensauskunft einzuholen (§ 802a II 1 Nr 2), und alle Voraussetzungen für die ZwV wegen einer Geldforderung erfüllt (§ 802c Rn 3), Tatsachen für eine wesentl Veränderung der Vermö- 13 gensverhältnisse aber nicht geltend oder nicht glaubhaft gemacht sind, hat der GV ihm einen **Ausdruck des letzten abgegebenen VermVerz** zuzuleiten (**I 2**; zur Übermittlung als **elektron Dokument**: § 802d II, sa Rn 16; der **Gl des Erstverf** hat den Ausdruck bzw das elektron Dokument bereits nach **§ 802f VIII 2** erlangt). Es ist der Tag zu bezeichnen, an dem die Angaben an Eides statt versichert wurden, wenn er sich aus dem VermVerz nicht ergibt. Grund: Unterrichtung über 2-jährige Sperrfrist. Den Sch hat der GV sogleich davon in Kenntnis zu setzen, dass dem zu bezeichnenden (neuen) Gl ein Ausdruck des letzten VermVerz zugeleitet worden ist; zugleich ist der Sch über die Möglichkeit der Eintragung in das SchVerz zu belehren (**I 4** iVm § 882c I 1 Nr 3).

14 **2) Kein Verzicht.** Der **Gl kann auf die Zuleitung** des letzten abgegebenen VermVerz **nicht verzichten** (**I 2 Hs 2**). Grund: Nach § 882c I 1 Nr 3 ist die Zuleitung des VermVerz an den Gl Voraussetzung dafür, dass der Sch in das SchVerz eingetragen werden kann. Könnte der Gl auf eine Zuleitung verzichten, würde der Zweck des SchVerz, Auskunft über die Kreditunwürdigkeit einer Person zu geben, nicht erreicht (BRDrs 633/15, 37; anders noch § 802d I 2 aF [galt für VollstrAufträge vor dem 26.11.2016]: BGH MDR 2018, 229 Tz 8; BGH MDR 2018, 362 Tz 8 f – jew mwN). Die **Eintragung in das SchVerz** (§ 882c) erfolgt nicht auf Antrag des Gl, sondern vAw und unterliegt daher nicht der Disposition der Parteien (vgl BGH MDR 2017, 483 = NJW-RR 2017, 511 Tz 16 mwN).

15 **3) Datenschutz (§ 802d I 3).** Die mit dem Ausdruck erlangten **Daten** darf der Gl **nur zu Vollstreckungszwecken verarbeiten**. Das muss auch wegen weiterer (bereits vollstr) Forderungen des Gl möglich sein (MskV/Voit Rn 6), kann Aufbewahrung für spätere Fälle aber nicht rechtfertigen. Nach Zweckerreichung, somit (vollst) Befriedigung oder Ablauf der 2-jährigen Sperrfrist, hat der Gl die Daten zu **löschen**, den Ausdruck des VermVerz damit zu vernichten; vom GV ist er darauf hinzuweisen (I 3). RAe (andere Gl-Vertreter) sind nicht berechtigt, die (noch nicht gelöschten) Informationen in Vollstreckungsangelegenheiten anderer Gl zu verwenden (Mroß DGVZ 2014, 256; I 3 ermächtigt nur den Gl zur Nutzung).

16 **VI) Übermittlung in elektronischer Form (§ 802d II).** Die Möglichkeit, auf *Antrag* das **VermVerz in elektron Form** zu übermitteln, sieht II vor. Das Dokument ist mit einer qualifizierten elektron Signatur zu versehen und gg unbefugte Kenntnisnahme zu schützen (II).

17 **VII) Nachbesserung. 1) Allgemeines.** Von der weiteren Versicherung ist die **Verpflichtung des Sch zur Nachbesserung (Ergänzung) seiner Vermögensauskunft** zu unterscheiden. Diese besteht allg (ohne dass die besonderen Erfordernisse des § 802d erfüllt sein müssen), wenn aus dem VermVerz selbst ersichtlich ist, dass die Vermögensauskunft des Sch unvollständig (lückenhaft), ungenau oder widersprüchlich ist, oder wenn der Gl glaubhaft macht, dass der Sch im VermVerz versehentlich unvollst oder unzutreffende Angaben gemacht hat (vgl BGH MDR 2017, 604 = NJW-RR 2017, 633 Tz 9, 22; BGH 28.4.2016 – I ZB 92/15, juris Tz 12; BGH MDR 2012, 606 Tz 20 jew mwN). **Beispiele:** fehlende Angabe über Aufbewahrung einer Sache (OLG Frankfurt MDR 76, 320); fehlende Angabe der Bankverbindung für Einkommen (AG Hannover DGVZ 2006, 142 [Rente]); unzureichende Angabe bei Lohnschiebung oder -verschleierung (§ 850h; LG Waldshut-Tiengen DGVZ 2013, 96); unvollst (ungenaue, insb widersprüchl) Angabe über Erwerb eines Kfz unter Eigentumsvorbehalt sowie Sicherungsübereignung (LG Frankenthal JurBüro 92, 502); versehentl unzutreffende Angabe zum Drittsch einer Forderung (BGH MDR 2011, 561 = NJW-RR 2011, 667). Wenn ein solcher Mangel erkannt wird, ist der Sch von seiner Auskunftspflicht nicht nach § 802d I befreit. Der Gl, der das frühere Verf betrieben hat, kann verlangen, dass der Sch seine Vermögensauskunft ergänzt (berichtigt). Das Recht steht auch jedem anderen Gl zu (LG Deggendorf JurBüro 2003, 159). **Nicht zulässig** ist ein Nachbesserungsverf jedoch zur Beantwortung allg Fragen, die der Ausforschung dienen (vgl BGH MDR 2012, 606 Tz 18; LG Rostock Rpfleger 2001, 310). Unzulässig ist auch eine Nachbesserung zur Beantwortung einzelner Fragen über das Vorhandensein bezeichneter (sonstiger) Forderungen, die bereits zusammengefasst verneint sind, und einer Reihe allg Fragen, die es dem Gl ermöglichen sollen, die Angaben im VermVerz zu überprüfen (vgl BGH MDR 2017, 604 = NJW-RR 2017, 633 Tz 9 mwN; LG Kleve JurBüro 2013, 46). Nicht zulässig ist auch die (nur allg) Frage, ob es dem Sch möglich ist, von seinem angegebenen Einkommen zu leben; Nachbesserung kann daher nicht zur Beantwortung der Frage verlangt werden, wovon der Sch seinen Lebensunterhalt bestreitet (LG Potsdam DGVZ 2001, 86; LG Regensburg DGVZ 2003, 92; aA LG Berlin DGVZ 2001, 87; LG Detmold DGVZ 2011, 147, 148), und nicht schon allg, wenn das angegebene Einkommen weit unter der tariflichen Grundvergütung liegt (LG Nürnberg-Fürth DGVZ 2007, 71). Dem Verlangen des Gl auf Nachbesserung der Vermögensauskunft können aber grds nur Angaben entgegengehalten werden, die im VermVerz selbst dokumentiert sind; auf Angaben des Sch, die sich zB nur aus einer dienstl Stellungnahme des GV ergeben, kommt es daher nicht an (iE BGH MDR 2017, 604 = NJW-RR 2017, 633 Tz 22 f mwN).

18 **2) Wesen.** Das Nachbesserungs- oder Ergänzungsverf ist **Fortsetzung des alten**, nicht gesetzesmäßig verlaufenen und wegen des Mangels noch nicht abgeschlossenen **Verf** (AG Brake JurBüro 2018, 435 f). In ihm ist der Sch nur zur Ergänzung (Vervollständigung, auch durch erforderl Klarstellung) der bereits erteilten Auskunft und Versicherung der ergänzenden Angaben verpflichtet, nicht aber zur nochmaligen Erteilung und Versicherung einer (vollst) neuen Vermögensauskunft (vgl BGH MDR 2011, 561 = NJW-RR 2011, 667 Tz 12 f). Verfahrensfortsetzung gebietet auch *zeitl Zusammenhang*; das schließt es aus, dass der Gl **erst nach längerer Zeit** die Unvollständigkeit der bis dahin (jedenfalls konkludent) als ordnungsgemäß angesehenen Vermögensauskunft geltend macht (LG Bonn DGVZ 2006, 92 [nach Ablauf von fast 2 Jahren kein Rechtsschutzinteresse des Gl mehr]).

3) Auftrag des Gläubigers. Der Gl leitet das Nachbesserungsverf ein. Er kann sich nicht sogleich mit der Erinnerung (§ 766) an das Vollstreckungsgericht wenden mit dem Antrag, den GV anzuweisen, das (nicht abgeschlossene) Verf fortzuführen (BGH MDR 2008, 650 LS = NJW-RR 2008, 1163). Der Antrag hat die fehlenden (unvollst) Angaben zu bezeichnen und erforderlichenfalls glaubhaft zu machen. Vollstreckungstitel und sonstige urkundl Nachweise sind vorzulegen (§ 802a II 1). Auf den Nachbesserungsantrag wird das **alte Verf** zur Behebung des Mangels (kostenfrei: BGH NJW-RR 2008, 1163 Tz 10; daher auch keine Erhebung eines Auslagenvorschusses) **weitergeführt**, auch wenn nicht der Antragsteller dieses Verf, sondern ein anderer Gl die Nachbesserung verlangt (LG Deggendorf JurBüro 2003, 159). **Zuständig** bleibt der GV des früheren Verf (AG Brake JurBüro 2013, 493 [auch nach Umzug des Sch]; MskV/Voit Rn 14). Er kann die ergänzende Versicherung auch dann selbst entgegennehmen, wenn die unvollst Versicherung vor dem GV des Haftortes oder einem ersuchten GV abgegeben wurde. **Rechtsschutzinteresse** des Gl muss auch hier bestehen: vgl Rn 11. **Verfahren:** s § 802f; die Ladung hat das Nachbesserungsverf zu bezeichnen (kann auch durch Beifügung einer Antragsabschrift erfolgen: LG Karlsruhe DGVZ 2009, 148); Haftanordnung: s § 802g; Verhaftung erstmals im Nachbesserungsverf ist nicht Weiterführung des bisherigen Verf (anders bei nochmaliger Verhaftung), so dass Kosten dafür erhoben werden. Aufträge auf Ergänzung können uU auch mehrfach gestellt werden (LG Karlsruhe aaO); nach rechtskr Zurückweisung eines Auftrags kann Nachbesserung aber nicht erneut mit demselben Inhalt beantragt werden (LG Kassel Rpfleger 91, 118 mwN). 19

VIII) Rechtsbehelf. Für Gl u Sch: Erinnerung (§ 766), dann: sof Beschwerde (§ 793). 20

IX) Gebühren. 1) RA: 3309, 3310 RVG-VV; § 18 I Nr 16 RVG. Gegenstandswert § 25 I Nr 4 RVG. – **2) GV:** 260 GvKostG-KV. Sie wird im Fall der Anm S 1 zu 604 GvKostG-KV nicht erhoben. – Übermittlung des Verzeichnisses an einen Drittgläubiger (I 2): 261 GvKostG-KV; § 10 III GvKostG bei Gesamtsch. – Dokumentenpauschale: 700 IV GvKostG-KV. – **Nachbesserung/Ergänzung** auf Antrag desselben Gl löst die Geb 260 GvKostG-KV nicht erneut aus (OLG Naumburg DGVZ 2017, 210 [abl Mroß]), jedoch sind Zustellgebühren und Auslagen zu erheben (AG Stuttgart DGVZ 2015, 117). Keine Umdeutung des Nachbesserungsauftrags in einen kostenpflichtigen Antrag (aA AG Heidelberg JurBüro 2007, 327). Hier ist zunächst Rückfrage zu halten. 21

§ 802e Zuständigkeit

(1) Für die Abnahme der Vermögensauskunft und der eidesstattlichen Versicherung ist der Gerichtsvollzieher bei dem Amtsgericht zuständig, in dessen Bezirk der Schuldner im Zeitpunkt der Auftragserteilung seinen Wohnsitz oder in Ermangelung eines solchen seinen Aufenthaltsort hat.

(2) Ist der angegangene Gerichtsvollzieher nicht zuständig, so leitet er die Sache auf Antrag des Gläubigers an den zuständigen Gerichtsvollzieher weiter.

I) Zuständigkeit (ausschließliche, § 802). 1) Sachliche. Der **GV** für alle Verf, denen ein nach den Vorschriften des 8. Buchs der ZPO zu vollstr Titel zugrunde liegt. Das **AG** als Vollstreckungsgericht ist aber zuständig für den Erlass des Haftbefehls (§ 802g I; Richter). Bei Vollstr verwaltungsgerichtl Zahlungstitel (§ 168 VwGO), auch eines KFB, ist das **Verwaltungsgericht** als Vollstreckungsgericht zuständig (§ 167 I 2 VwGO; sa OVG Münster NJW 84, 2484 f mwN). Der GV bei dem AG ist jedoch zuständig, wenn Titel ein Vergütungsfestsetzungsbeschluss (§ 11 RVG) ist, der aus einem verwaltungsgerichtl Verfahren herrührt (OVG Münster NJW 87, 396; OVG Koblenz NJW 80, 1541 LS; OVG Lüneburg NJW 84, 2485; LG Berlin MDR 82, 679; LG Heilbronn NJW-RR 93, 575; aA OVG Münster NJW 86, 1190; VGH Kassel NJW 2011, 1468). 1

2) Örtliche. a) Der GV bei dem AG, in dessen Bezirk der **Sch** im Inland seinen **Wohnsitz** (§§ 7-11 BGB) oder in Ermangelung eines solchen seinen **Aufenthaltsort** hat (**I**). Maßgebend ist der *Zeitpunkt der Auftragserteilung* (§ 753 iVm § 802a II 1 Nr 2; dabei der Eingang beim GV; gleich steht die Übergabe an die GV-Verteilungsstelle), bei kombiniertem Auftrag (sa § 802a Rn 3) der Zeitpunkt des Pfändungsversuchs (BGH MDR 2008, 1303 = NJW 2008, 3288 Tz 14) oder der Erteilung der Unpfändbarkeitsbescheinigung (AG Frankfurt JurBüro 2011, 271); späterer Wechsel des Wohnsitzes oder Aufenthaltsort ist ohne Einfluss (BTDrs 16/10069, 26). Bei einem Prozessunfähigen ist dessen Wohnsitz, bei einer **jur Person**, Handelsgesellschaft, Partnerschaft oder EWIV deren Sitz maßgebend, nicht der Wohnsitz des ges (organschaftl) Vertreters (LG Bochum Rpfleger 2001, 442), auch wenn die Gesellschaft an dem (im Handelsregister eingetragenen) Sitz kein Büro und keinen Geschäftsbetrieb unterhält (OLG Stuttgart OLGZ 77, 378). Für das Verf gegen **unbekannte Erben** ist der GV des Wohnsitzgerichts des Nachlasspflegers zuständig, nicht des Gerichts, das die Nachlasspflegschaft angeordnet hat (MskV/Voit Rn 2 mwN). Unter **mehreren Wohnsitzen des Sch** kann der Gl wählen (§ 35). Wenn im Bezirk eines AG mit mehreren GV (Zuweisung deren örtl Bezirks: s § 10 I 1 GVO) am Wohnsitz oder Aufenthalt des Sch ein **unzuständiger GV** (schriftl) **beauftragt** ist, hat er den Auftrag (unverzüglich; Antrag des Gl ist nicht erforderl) an den zuständigen GV abzugeben; dieser hat den Auftraggeber von der Übernahme zu benachrichtigen (§ 20 II 1 Nr 1 GVO). 2

b) Der Auftrag auf **weitere Vermögensauskunft** leitet ein neues Verf ein (s § 802d Rn 12). Örtlich zuständig ist daher der GV des Wohnsitz-AG usw im Zeitpunkt der Erteilung dieses Auftrags, bei Wechsel des Wohnsitzes 3 oder Aufenthaltsorts bis dahin somit der GV des nun zuständigen AG. Zur Zuständigkeit für die Nachbesserung (Ergänzung) der Vermögensauskunft: s § 802d Rn 19.

4 **II) Verfahren etc. 1) Zuständigkeit.** Sie ist **vAw zu prüfen**. Der bei einem GV im Bezirk eines unzuständigen AG eingereichte (schriftl) Auftrag ist von diesem (nur) *auf Antrag des Gl* (**II**; nicht korrekt: § 20 II 1 Nr 2 GVO) an den GV des örtlich zuständigen AG weiterzuleiten. Diese Abgabe ist für den weiteren GV und für die Beteiligten nicht bindend (sa OLG Frankfurt MDR 2025, 545 mwN). **Rechtsbehelf** für Gl u Sch bei Zuständigkeitsstreit: Erinnerung (§ 766), dann: sof Beschwerde (§ 793). Beantragt der Gl die Abgabe nicht, hat der unzuständig angegangene GV den Auftrag abzulehnen (BTDrs 16/10069, 26); der Antragsteller ist zu benachrichtigen.

5 **2) Versicherung einer Vermögensauskunft vor unzuständigem Gerichtsvollzieher.** Sie ist bei einem nach der Geschäftsverteilung nicht zuständigen GV des nach dem Schuldnerwohnsitz oder -aufenthalt zuständigen AG wirksam. Ebenso wirksam ist die Abgabe der Versicherung bei einem GV eines nach dem Schuldnerwohnsitz oder -aufenthalt unzuständigen AG (BTDrs 16/10069, 26).

6 **III) Internationale Zuständigkeit.** Sie wird durch § 802e geregelt (nicht Brüssel Ia-VO). Durchgeführt werden kann ein Auskunftsverf gegen einen Sch mit Wohnsitz im Ausland daher bei dem GV des Gerichts des inländischen Aufenthaltsorts (BGH MDR 2008, 1303 = NJW 2008, 3288 Tz 14 f [kurzfristige Anwesenheit reicht aus]), gegen eine jur Person mit Sitz im Ausland bei dem GV des Gerichts des voraussichtl Vollstreckungsorts, idR damit des Orts einer inländischen Niederlassung (§ 21, ebenso: LG Zwickau Rpfleger 95, 371; Hk-ZPO/Rathmann Rn 2; sa OLGR Köln 2004, 157 [Wohnsitz des Vertreters genügt allein aber nicht]).

7 **IV) Abgabenordnung.** Zur Abgabe der Vermögensauskunft und eidesstattl Versicherung bei der Vollstreckungsbehörde im Vollstreckungsverf nach der AO: s **§ 284 AO**. Die Haftanordnung durch das AG erfolgt in diesem Verf nach § 284 VIII AO.

§ 802f Abnahme der Vermögensauskunft

(1) Die Abnahme der Vermögensauskunft ist nur zulässig, wenn

1. der Gerichtsvollzieher zuvor den Schuldner zur Zahlung aufgefordert hat,

2. seit der Zahlungsaufforderung nach Nummer 1 mindestens zwei Wochen vergangen sind und

3. die Forderung nicht vollständig beglichen worden ist.

(2) [1]Der Gerichtsvollzieher bestimmt einen Termin zur Abnahme der Vermögensauskunft und lädt den Schuldner zu diesem Termin. [2]Der Termin findet alsbald nach Ablauf der Frist nach Absatz 1 Nummer 2 statt. [3]Die Ladung des Schuldners zu dem Termin darf frühestens mit der Zahlungsaufforderung nach Absatz 1 Nummer 1 erfolgen. [4]Der Gerichtsvollzieher bestimmt, ob der Termin

1. in seinen Geschäftsräumen,

2. in der Wohnung des Schuldners,

3. an einem nicht in den Nummern 1 und 2 genannten geeigneten Ort oder

4. per Bild- und Tonübertragung

stattfindet.

(3) [1]Bei einem Termin per Bild- und Tonübertragung nach Absatz 2 Satz 4 Nummer 4 wird die Übertragung nicht aufgezeichnet. [2]Der Gerichtsvollzieher weist zu Beginn des Termins alle Teilnehmer auf das Aufzeichnungsverbot hin.

(4) [1]Bestimmt der Gerichtsvollzieher, dass der Termin nach Absatz 2 Satz 4 Nummer 2, 3 oder 4 stattfindet, kann der Schuldner dieser Bestimmung innerhalb einer Woche gegenüber dem Gerichtsvollzieher widersprechen. [2]Der Schuldner hat die zur Abnahme der Vermögensauskunft erforderlichen Unterlagen in dem Termin beizubringen. [3]Wird die Vermögensauskunft in dem Termin nicht abgegeben, so ist dies nur dann nicht pflichtwidrig, wenn

1. der Schuldner nachweist, dass er die Nichtabgabe der Vermögensauskunft in diesem Termin nicht zu vertreten hat,

2. der Schuldner einer Bestimmung des Termins nach Absatz 2 Satz 4 Nummer 2 bis 4 innerhalb der Frist des Satzes 1 widersprochen hat oder

3. der Schuldner im Fall einer Bestimmung des Termins nach Absatz 2 Satz 4 Nummer 4 darlegt, dass die Nichtabgabe der Vermögensauskunft auf technischen Problemen beruht hat.

(5) Mit der Terminsladung ist der Schuldner über Folgendes zu belehren:

1. die nach § 802c Absatz 1 und 2 erforderlichen Angaben,

2. im Fall der Terminsbestimmung nach Absatz 2 Satz 4 Nummer 2 bis 4 sein Recht, der Terminsbestimmung nach Absatz 4 Satz 1 zu widersprechen,

3. im Fall der Terminsbestimmung nach Absatz 2 Satz 4 Nummer 4 das Aufzeichnungsverbot des Absatzes 3 Satz 1,
4. die Pflicht nach Absatz 4 Satz 2, die erforderlichen Unterlagen beizubringen,
5. die Folgen einer pflichtwidrigen Nichtabgabe der Vermögensauskunft,
6. die Möglichkeit der Einholung von Auskünften Dritter nach § 802l und
7. die Eintragung in das Schuldnerverzeichnis nach § 882c bei Abgabe der Vermögensauskunft.

(6) [1]Zahlungsaufforderungen, Ladungen, Bestimmungen und Belehrungen nach den Absätzen 1 bis 5 sind dem Schuldner zuzustellen, auch wenn dieser einen Prozessbevollmächtigten bestellt hat; einer Mitteilung an den Prozessbevollmächtigten bedarf es nicht. [2]Dem Gläubiger ist die Terminsbestimmung nach Maßgabe des § 357 Absatz 2 mitzuteilen sowie im Fall der Terminsbestimmung nach Absatz 2 Satz 4 Nummer 4 ein Hinweis auf das Aufzeichnungsverbot zu geben.

(7) [1]Der Gerichtsvollzieher errichtet in einem elektronischen Dokument eine Aufstellung mit den nach § 802c Absatz 1 und 2 erforderlichen Angaben (Vermögensverzeichnis). [2]Diese Angaben sind dem Schuldner vor Abgabe der Versicherung nach § 802c Absatz 3 vorzulesen oder zur Durchsicht auf einem Bildschirm anzuzeigen. [3]Dem Schuldner ist auf Verlangen ein Ausdruck zu erteilen; § 802d Absatz 2 gilt entsprechend.

(8) [1]Der Gerichtsvollzieher hinterlegt das Vermögensverzeichnis bei dem zentralen Vollstreckungsgericht nach § 802k Absatz 1. [2]Er leitet dem Gläubiger unverzüglich einen Ausdruck zu; § 802d Absatz 2 gilt entsprechend. [3]Der Ausdruck und das elektronische Dokument müssen den Vermerk enthalten, dass sie mit dem Inhalt des Vermögensverzeichnisses übereinstimmen. [4]§ 802d Absatz 1 Satz 3 gilt entsprechend.

Neugefasst mWv 19.7.2024 durch G zur Förderung des Einsatzes von Videokonferenztechnik in der Zivilgerichtsbarkeit und den Fachgerichtsbarkeiten v 15.7.2024 (BGBl 2024 I Nr 237).

I) Zweck; Neufassung. Zweck: Regelung des Verf und der Voraussetzungen für den Vollstreckungsauftrag, eine Vermögensauskunft des Sch einzuholen (§ 802a II 1 Nr 2). **Neufassung:** § 802f ist mWv 19.7.2024 durch das G zur Förderung des Einsatzes von Videokonferenztechnik in der Zivilgerichtsbarkeit und den Fachgerichtsbarkeiten v 15.7.2024 (BGBl 2024 I Nr 237) vollst neugefasst worden. Bisher war die Abnahme der Vermögensauskunft zum einen nur für den Fall der persönl Anwesenheit von GV und Sch und zum anderen nur in den Geschäftsräumen des GV oder der Wohnung des Sch geregelt. § 802f ist nun um die Möglichkeit erweitert worden, die Vermögensauskunft per Bild- und Tonübertragung oder (neben den Geschäftsräumen des GV und der Wohnung des Sch) an einem sonstigen geeigneten Ort abzunehmen. § 802f ist zudem neu gegliedert worden und es wurden redaktionelle Änderungen vorgenommen, um die Lesbarkeit und Verständlichkeit zu verbessern. IÜ entspricht die Neufassung der bish Vorschrift (sa BTDrs 20/8095, 62). 1

II) Voraussetzungen der Abnahme der Vermögensauskunft (§ 802f I). I regelt die Voraussetzungen, unter denen der GV dem Sch die Vermögensauskunft abnehmen darf. Vorgaben zum Verf und zu den Pflichten des Sch zur Beibringung von Unterlagen finden sich nun in II und IV. Nach I Nrn 1-3 ist die Abnahme der Vermögensauskunft nur unter folgenden Voraussetzungen zulässig. 2

1) Letztmalige Zahlungsaufforderung (§ 802f I Nr 1). Der GV hat den Sch letztmalig zur Zahlung aufzufordern (I Nr 1). Grund: Rücksichtnahme auf den zahlungswilligen (und zahlungsfähigen) Sch. Unerhebl ist dabei, ob die Zahlungsaufforderung vor der Ladung zur Abnahme der Vermögensauskunft oder zusammen mit der Ladung erfolgt (II 3; sa BTDrs 20/8095, 63). Nach ihrem Zweck hat die Zahlungsaufforderung den Gl, den Titel und die nach dem Auftrag zu vollstr Forderung 3

2) 2-Wochen-Frist (§ 802f I Nr 2). Zwischen der Zahlungsaufforderung und der Abnahme der Vermögensauskunft muss weiterhin ein Zeitraum von mindestens zwei Wochen liegen (I Nr 2). Fristberechnung: § 222 (AG Augsburg DGVZ 2013, 140); Beginn: mit dem Tag nach der Zustellung (§ 187 I BGB); Abkürzung der (festen) Frist ist nicht möglich. 4

3) Keine vollständige Begleichung der Forderung durch den Schuldner (§ 802f I Nr 3). Voraussetzung für die Abnahme der Vermögensauskunft ist letztlich, dass der Sch die Forderung innerhalb von zwei Wochen nach der Zahlungsaufforderung nicht vollständig beglichen hat (I Nr 3). 5

III) Verfahren zur Abnahme der Vermögensauskunft (§ 802f II). II regelt das Verf zur Abnahme der Vermögensauskunft. 6

1) Terminsbestimmung (§ 802f II 1-3). Der GV bestimmt einen Termin zur Abnahme der Vermögensauskunft und lädt den Sch zu diesem Termin (**II 1**). II 1 geht von dem Fall der getrennten Versendung von Zahlungsaufforderung (I Nr 1) und Terminsladung aus (sa BTDrs 20/8095, 63). Der Termin hat zeitnah nach Ablauf der 2-Wochen-Frist (I Nr 2) stattzufinden (**II 2**). Der GV darf den Sch frühestens mit der Zahlungsaufforderung zum Termin laden (**II 3**). Es ist also nicht zulässig, den Sch zunächst zur Abgabe der Vermögensaus- 7 kunft zu laden und ihn erst später zur Zahlung aufzufordern (BTDrs 20/8095, 63). Eine Bindung des GV an Anträge, Anregungen und Wünsche des Gl für den Terminstag besteht nicht. Die Terminsstunde muss angemessen sein, so dass dem Sch eine Terminswahrnehmung mögl und zumutbar ist. Zur Nachtzeit und an Sonn- und Feiertagen sollte der Termin nicht vorgesehen werden (§ 758a IV entspr).

8 **2) Terminsort (§ 802f II 4).** II 4 enthält eine Aufzählung mögl Orte, an denen die Abnahme der Vermögensauskunft stattfinden darf, sowie deren Art – in Präsenz oder (neu) per Bild- und Tonübertragung. Die **Entscheidung über Ort und Art des Termins liegt im Ermessen des GV**, der die Interessen der Beteiligten, einschl des Interesses des Gl an einer zügigen Durchführung der ZwV und des Grundrechts des Sch auf Unverletzlichkeit der Wohnung, abzuwägen hat. In die Abwägung hat der GV auch einzustellen, ob er erwartet, dass die Beteiligten über notw techn Möglichkeiten und Fähigkeiten verfügen, und ob der Ort bzw die Art und Weise der Abnahme die Bereitschaft des Sch beeinflusst, wahrheitsgemäße Angaben zu machen (iE BTDrs 20/8095, 63). **Mögliche Terminsorte** sind:

9 **a) Geschäftsräume des GV** (II 4 Nr 1; sa § 30 GVO). Das kann auch ein Raum in einem „auswärtigen" Ort des GV-Bezirks sein, in dem der GV Sprechzeiten abhält.

10 **b) Wohnung des Sch** (II 4 Nr 2). – **aa)** Die Abgabe der Vermögensauskunft in der Wohnung des Sch kann zweckmäßig sein, wenn damit sichergestellt werden kann, dass der Sch notw Unterlagen zur Hand hat (dazu schon: BTDrs 16/10069, 26); aber auch, wenn er infolge Erkrankung am Erscheinen in den Geschäftsräumen des GV verhindert ist (vgl LG Nürnberg-Fürth JurBüro 82, 140 [gehunfähiger Sch]). Wenn der Sch prozessunfähig ist, sollte Abgabe der Vermögensauskunft in der Wohnung seines auskunftspflichtigen ges Vertreters erfolgen; wenn eine jur Person Sch ist, müssten deren Geschäftsräume als „Wohnung des Sch" nach II 4 Nr 2 anzusehen sein, nicht aber die Wohnung des Offenbarungspflichtigen. – **bb) Betreten der Wohnung des Sch:** Hierzu ist der GV gg den Willen des Sch auch dann nicht berechtigt, wenn dieser nicht widersprochen (IV 1) oder die Widerspruchsfrist nicht gewahrt hat. Verweigert der Sch dem GV das Betreten der Wohnung oder kommt es sonst aus Gründen, die er zu vertreten hat (zB weil er abwesend ist, nicht öffnet), nicht zur Abgabe der Vermögensauskunft, gilt der Termin als pflichtwidrig versäumt (IV 3). Folge ua: § 802g I. Das schließt nicht aus, dass der GV aus erhebl Grund (s § 227) den Termin verlegt oder einen neuen Termin bestimmt.

11 **c) Jeder sonstige geeignete Ort** (II 4 Nr 3). Das ist jeder Ort außerhalb der Geschäftsräume des GV und der Wohnung des Sch bei persönl Anwesenheit von GV, Sch und ggfls weiteren Beteiligten (zB Gl); Beispiel: *Krankenhaus* (vgl BTDrs 20/8095, 63 mwN).

12 **d) Bild- und Tonübertragung** (II 4 Nr 4). – **aa)** Neu geschaffen wurde die Regelung, dass die Vermögensauskunft auch online per Bild- und Tonübertragung abgenommen werden darf. Das wurde bereits zuvor in der Rspr auf der Grundlage von § 128a für zulässig erachtet (vgl LG Oldenburg 11.2.2021 – 6 T 75/21, juris) und ist nunmehr ausdrückl in II 4 Nr 4 kodifiziert. **Zweck:** Stärkung der Digitalisierung der Justiz, um die Vollstr-Verf effizienter zu gestalten; außerdem Schutz der Beteiligten (zB vor Gesundheitsgefahren während einer Pandemie). – **bb) Voraussetzung** für eine Terminsbestimmung im Wege der Bild- und Tonübertragung ist, dass der GV über geeignete Technik verfügt und Zugriff auf eine Videokonferenzlösung hat, bei der auch die notw Anforderungen an Datenschutz und Datensicherheit eingehalten werden. Erforderl ist die **Übertragung von Bild und Ton**. Die Abnahme der Vermögensauskunft in einer *Telefonkonferenz ist nicht zulässig*. Die Auswahl der Videokonferenzplattform obliegt dem GV. – **cc) Ablauf/Praxishinweise:** Die **Videokonferenzplattform nebst Einwahldaten** wird der GV idR mit der Terminsladung mitteilen. Der GV hat sich zu Beginn der Abnahme **von der Identität** insb **des Sch**, der die Vermögensauskunft persönl abzugeben hat, **zweifelsfrei zu überzeugen**. Das zweistufige Identifizierungsverf nach § 16c BeurkG steht für GV bislang nicht zur Verfügung; ebenso nicht eine Identifizierung anhand des elektron Identitätsnachweises des Personalausweises (eID-Funktion). Nach Ansicht des Gesetzgebers ist es vertretbar, dass der GV die *Identität des Sch anhand eines von diesem in die Kamera gehaltenen Lichtbildausweises feststellt* (iE BTDrs 20/8095, 64). Hat der GV **Zweifel an der Identität**, wird der Termin abzubrechen und der Sch zu einem Termin zu laden sein, bei dem Sch und GV am selben Ort persönl anwesend sind. Auch bei der Bild- und Tonübertragung hat der GV über die Abnahme der Vermögensauskunft nach § 762 ein **Protokoll** anzufertigen und darin nach § 802c III die eidesstattl Versicherung des Sch zu protokollieren. Das Protokoll kann mangels gleichzeitiger Anwesenheit der Beteiligten an demselben Ort zwar vom GV, jedoch nicht vom Sch unterzeichnet werden. Aus diesem Grund verzichtet § 762 II Nr 4 nunmehr auf ein Unterschriftserfordernis.

13 **IV) Aufhebung und Änderung des Termins. 1) Allgemeines. a)** Der Termin kann **aufgehoben** oder **verlegt** werden (sa § 227), wenn der Sch das aus erhebl Gründen verlangt oder der Gl es beantragt. Wenn der Sch dem GV die (vollst) **Zahlung der Forderung** des Gl **nachweist**, für die der Vollstreckungsauftrag erteilt ist, hat der GV den Termin aufzuheben und das Verf einzustellen (§ 775). Wichtiger Grund kann auch die teilw Tilgung der Forderung sein. Kein wichtiger Grund für Terminsverlegung sind zB befürchtete Kurzschlussreaktionen des Sch im Termin (ua Tätlichkeiten; diesen ist geeignet zu begegnen: LG Düsseldorf Rpfleger 89, 73). Einem Verlegungsantrag des Gl ist stets zu entsprechen (Ausfluss der *Parteiherrschaft* [sa § 753 Rn 4]: Hk-ZPO/Rathmann Rn 4). Der Gl kann den GV auch anweisen, den Termin zB bei Teilzahlungen jew zu verlegen oder den

Auftrag ruhen zu lassen und weitere Weisung abzuwarten. Denn: Die Vermögensauskunft liegt ausschl im Interesse des Gl. Missbräuchl Weisungen des Gl (zB wenn er das Verf nur noch als Druckmittel gg den Sch betreibt: vgl LG Nürnberg-Fürth Rpfleger 85, 309) muss der GV jedoch nicht nachkommen. Zustimmung des Gl zur Terminsverlegung unter der Voraussetzung, dass der Sch Teilzahlung nachweist, ist zulässig und idR nicht rechtsmissbräuchl (LG Nürnberg-Fürth Rpfleger 85, 309), auch nicht bei mehrfacher Terminsverlegung (LG Detmold Rpfleger 91, 212).

b) Ein bereits begonnener **Termin** kann **vertagt** werden. Die Vertagung erfolgt durch Verfügung des GV. Der nicht erschienene Sch ist zu dem neuen Termin wieder zu laden. Neuerliche Ladung des Sch hat nicht zu erfolgen, wenn er in dem Termin, der vertagt wurde, erschienen war (§ 218 entspr; OLG Hamm Rpfleger 57, 355). Dem (abwesenden) Gl (seinem ProzBev) ist der neue Termin mitzuteilen (VI 2 entspr; kein Fall von § 218, weil Anwesenheit des Gl nicht erforderl war). 14

2) Auftragsrücknahme des Gläubigers. Auf diese (zulässig bis zur Abgabe der Versicherung) ist der **Termin aufzuheben**. Der Gl ist jedenfalls dann verpflichtet, dem GV rechtzeitig vor dem Termin die Antragsrücknahme zu erklären, wenn er bei der Tilgung der Forderung dem Sch zugesagt hat, dem GV eine Mitteilung zukommen zu lassen. Wenn der Gl diese Zusage nicht einhält, haftet er für den Schaden, der dem Sch durch die Verfahrensfortsetzung entsteht (zB durch Eintragung in das SchVerz: vgl BGH MDR 85, 485 = NJW 85, 3080, 3081). Ohne besondere Zusage dürfte für den Gl jedoch keine Verpflichtung bestehen, durch (sofortige) Mitteilung an den GV Belange des Sch zu wahren (offen gelassen von: BGH MDR 85, 485 = NJW 85, 3080, 3081). Für die Verfahrenskosten gilt § 788. 15

V) Abnahme der Vermögensauskunft per Bild- und Tonübertragung (§ 802f III). Zu den Voraussetzungen, zum Ablauf und zu Praxishinweisen: s Rn 12. 16

1) Aufzeichnungsverbot (§ 802f III 1). III 1 regelt ergänzend, dass die Vermögensauskunft per Bild- und Tonübertragung nicht aufgezeichnet wird – weder vom GV noch vom Sch oder von sonstigen Beteiligten. Dritte sollen keine Kenntnis vom Inhalt der Sitzung erlangen. Das dient insb dem Schutz der Persönlichkeitsrechte der Beteiligten sowie der Geschäftsgeheimnisse des Sch. Angesichts des unmittelbar im Termin zu erstellenden Vermögensverzeichnisses besteht auch kein Bedarf für eine Aufzeichnung (iE BTDrs 20/8095, 64). 17

2) Hinweis auf das Aufzeichnungsverbot durch den Gerichtsvollzieher (§ 802f III 2). Zusätzl zur Information mit der Terminsladung (V Nr 3) hat der GV nach III 2 auch zu Beginn des Termins alle Teilnehmer (erneut) auf das Aufzeichnungsverbot hinzuweisen. 18

VI) Rechte und Pflichten des Schuldners (§ 802f IV). 1) Widerspruchsrecht des Schuldners (§ 802f IV 1). Nach IV 1 steht dem **Sch ein Widerspruchsrecht** gg die Bestimmung des GV zu, die Vermögensauskunft außerhalb der Geschäftsräume des GV abzunehmen. Das Widerspruchsrecht gilt **nur für die Fälle von II 4 Nrn 2-4**: also bei der Abnahme der Vermögensauskunft in der *Wohnung des Sch* (II 4 Nr 2), an einem *sonstigen geeigneten Ort* (II 4 Nr 3) oder per *Bild- und Tonübertragung* (II 4 Nr 4). So kann der Sch schnell Klarheit schaffen, wenn er zB an dem anderen Ort nicht über den Zugang zu notw Unterlagen oder nicht über die Fähigkeiten bzw techn Voraussetzungen für die Abgabe der Vermögensauskunft per Videokonferenz verfügt (vgl BTDrs 20/8095, 65). Der Sch (dessen erklärungspfl ges Vertreter) kann dem GV gegenüber nur **binnen einer Woche** ab Zustellung der Ladung (diesen Tag nicht mitgerechnet; Fristwahrung nur mit Eingang beim GV) **widersprechen** (IV 1). Für den Widerspruch ist **keine Form** bestimmt; er kann nicht nur schriftl, sondern auch mündl oder fernmündl oder in ähnlicher Weise erklärt werden. Grund für die Frist: Eine Verzögerung des Termins soll durch den Widerspruch nicht ermöglicht werden. **Widerspricht der Sch rechtzeitig**, ist er zu diesem (oder einem in angemessener Frist [3 Tage sollten bei Wahrung der Zahlungsfrist genügen, wie § 217] neu zu bestimmenden) Termin in die Geschäftsräume des GV zu laden. Auch diese Ladung ist dem Sch zuzustellen und dem Gl mitzuteilen (VI). Am Beginn der 2-Wochen-Frist (I Nrn 1 u 2) ändert sich durch Verlegung des Terminsortes und Bestimmung eines neuen Terminstages nichts; daher erfordert die neue Terminsladung auch nicht nochmalige Belehrung (V). 19

Der **Gl hat kein Widerspruchsrecht**, insb nicht gg die Abnahme der Vermögensauskunft per Bild- und Tonübertragung. Der GV entscheidet nach eigenem Ermessen, wie er dem Teilnahmerecht des Gl in diesem Fall Rechnung trägt. In Betracht kommt zB eine Teilnahme des Gl an der Videokonferenz gemeinsam mit dem GV in dessen Geschäftsräumen (vgl BTDrs 20/8095, 65). 20

2) Pflicht des Schuldners zur Beibringung erforderlicher Unterlagen (§ 802f IV 2). Verpflichtet ist der **Sch, im Termin** die zur Abnahme der Vermögensauskunft **erforderl Unterlagen beizubringen** (IV 2), wie zB Versicherungsscheine, Unterlagen über die konkrete Bezeichnung des Arbeitgebers, den Ausdruck eines Grundbuchblatts, Nachweise über Valutierung eines sicherungsübereigneten Gegenstands oder einer Sicherungsgrundschuld. IV 2 gilt auch für die Abnahme der Vermögensauskunft per *Bild- und Tonübertragung*. Es ist nicht erforderl, dass der Sch dem GV die Unterlagen vor dem Termin übermittelt. Zweck der Regelung ist nicht, dass der GV selbst Einsicht in die Unterlagen nehmen kann, sondern dass der Sch notw Angaben mithilfe der Unterlagen machen kann (vgl § 802i III 1; sa BTDrs 20/8095, 65). 21

22 **3) Folgen der Nichtabgabe der Vermögensauskunft durch den Schuldner (§ 802f IV 3). a)** Nach IV 3 ist die **Nichtabgabe der Vermögensauskunft durch den Sch** im Termin **pflichtwidrig** ist, **wenn keine der in IV 3 Nrn 1-3 genannten Voraussetzungen erfüllt** sind. Die Nichtabgabe der Vermögensauskunft kann darauf zurückzuführen sein, dass der Sch den Termin versäumt oder dass er zwar an dem Termin teilnimmt, die verlangten Angaben jedoch nicht macht. **Folgen:** Die Pflichtwidrigkeit der Nichtabgabe ist Voraussetzung für die **Erzwingungshaft** (§ 802g I 1), für die **Einholung von Auskünften nach § 802l I 2 Nr 2** und die **Eintragung in das Sch-Verzeichnis nach § 882c I 1 Nr 1** (sa BTDrs 20/8095, 65 mwN).

23 Wird die Vermögensauskunft vom Sch im Termin nicht abgegeben, ist dies nur dann **nicht pflichtwidrig,** wenn einer der **Fälle von IV 3 Nrn 1-3** erfüllt ist.

aa) IV 3 Nr 1: Danach steht dem Sch der Nachweis offen, dass er die **Nichtabgabe nicht zu vertreten** hat. Diese Regelung gilt für alle Abnahmeorte und auch die Abnahme per Bild- und Tonübertragung (BTDrs 20/8095, 65). Dabei trifft den Sch die Beweislast.

bb) IV 3 Nr 2: Die Nichtabgabe der Vermögensauskunft ist außerdem nicht pflichtwidrig, wenn der Sch der Bestimmung des GV, die Abnahme außerhalb seiner Geschäftsräume (also in der Wohnung des Sch, an einem sonstigen geeigneten Ort oder per Bild- und Tonübertragung) vorzunehmen, nach **IV 1 fristgemäß widersprochen** hat.

cc) IV 3 Nr 3: Die Nichtabgabe der Vermögensauskunft ist ferner nicht pflichtwidrig, wenn der Sch darlegt, dass er die Vermögensauskunft, die per **Bild- und Tonübertragung** stattfinden sollte, nicht abgeben konnte, weil es **techn Probleme** gab. Dem *Sch obliegen dabei keine Nachweispflichten, ihn trifft lediglich eine Darlegungslast.* Mit dieser Regelung soll vermieden werden, bei techn Problemen eine aufwändige Fehlersuche und -zuweisung betreiben zu müssen (BTDrs 20/8095, 65).

24 **b) Haftanordnung. aa)** Wenn der Sch im Termin nicht erscheint und sein Ausbleiben nicht nach IV 3 Nrn 1-3 entschuldigt, ist ein mündl Antrag des Gl (seines Vertreters), insb **Antrag auf Erlass eines Haftbefehls** (§ 802g I), im Protokoll festzustellen. Ein in der Verhandlung oder vorher schriftl gestellter Antrag auf Erlass des Haftbefehls ist dem **Richter** zur Entscheidung **vorzulegen** (vgl § 4 II Nr 2 RPflG). Wenn sich im Termin bei Abwesenheit des Sch (auch auf Grund schriftl Beanstandung) ergibt, dass eine Verfahrensvoraussetzung nicht erfüllt ist, ist das ein wichtiger Grund für eine Terminsaufhebung und, wenn der Mangel nicht behoben wird, Ablehnung des Auftrags des Gl. Für diese Maßnahme und Entscheidung bleibt der GV zuständig.

25 **bb) Keine Haftanordnung.** Hat der Sch sein **Ausbleiben entschuldigt**, ist der Termin aus wichtigem Grund zu vertagen. Wenn der Sch behauptet, infolge seines körperl Zustandes die Vermögensauskunft nicht abgeben zu können, kann Terminsvertagung aus wichtigem Grund verlangt oder Schutzantrag nach § 765a gestellt, aber auch Unvermögen geltend gemacht sein. Die Beweislast für eine behauptete (nicht erkennbare) Behinderung trifft den Sch (Nachweis zB durch [amts-]ärztliches Zeugnis).

26 **cc)** Hat der **Gl keinen Antrag auf Haftanordnung** gestellt, nimmt das Verf gg den nicht erschienenen Sch keinen Fortgang. Der Gl kann später noch einen Antrag auf Erlass eines Haftbefehls stellen (§ 802g I), der Sch jederzeit beantragen, die eidestattl Versicherung zu Protokoll zu nehmen. Ein tatsächl Stillstand tritt auch ein, wenn der Gl nach der von ihm verlangten Terminsaufhebung den Fortgang des Verf nicht beantragt oder wenn er sonst den GV anweist, eine Fortsetzung des Verf zu unterlassen.

27 **VII) Belehrungspflichten des Gerichtsvollziehers (§ 802f V).** Der Sch ist mit der Terminsladung vom GV über Folgendes zu belehren (die Belehrungen können dabei formblattmäßig erfolgen):
- die nach § 802c I, II erforderl Angaben (**V Nr 1**),
- bei einer Terminsbestimmung gem II 4 Nrn 2-4: sein Widerspruchsrecht nach IV 1 (**V Nr 2**),
- bei einer Terminsbestimmung gem II 4 Nr 4 (Bild- und Tonübertragung): das Aufzeichnungsverbot nach III 1 (**V Nr 3**),
- die Pflicht, erforderl Unterlagen nach IV 2 beizubringen (**V Nr 4**),
- die Folgen einer pflichtwidrigen Nichtabgabe der Vermögensauskunft (**V Nr 5**),
- die Möglichkeit, Auskünfte Dritter nach § 802l einzuholen (**V Nr 6**) und
- die Eintragung in das SchVerz nach § 882c bei Abgabe der Vermögensauskunft (**V Nr 7**).

28 **VIII) Zustellungs- und Mitteilungspflichten des Gerichtsvollziehers (§ 802f VI). Zuzustellen** sind dem **Sch,** auch wenn er einen ProzBev hat, Zahlungsaufforderungen, Ladungen, Bestimmungen und Belehrungen nach I-V (**VI 1**). Die Zustellung erfolgt vAw. Auszuführen hat der GV ihm obliegende Zustellungen nach § 192 (vgl BTDrs 16/10069, 27). Der GV kann nach pflichtgemäßem Ermessen (OLG Stuttgart MDR 2016, 730 mwN) die Zustellung selbst vornehmen (§ 192 S 1 iVm §§ 193, 193a; vgl LG München I DGVZ 2018, 254 f) oder die Post damit beauftragen (§ 192 S 1 iVm § 194), nicht aber durch Einschreiben mit Rückschein zustellen. Zustellung durch Aushändigung in den Amtsräumen oder andernorts (§ 177 iVm § 192 S 1) ermöglicht § 174 (entspr Anwendung über § 191). Ersatzzustellung nach §§ 178 ff ist zulässig (BTDrs 16/10069, 27), ebenso öffentl Zustellung nach § 191 iVm §§ 185 f (BGH MDR 2018, 621 Tz 8 ff). Eine Mitteilung an den ProzBev des Sch erfolgt nicht (VI 1). Dem **Gl** (seinem ProzBev) wird die Terminsbestimmung vom GV **ohne besondere Form** gem

§ 357 II **mitgeteilt**; im Fall der Terminsbestimmung nach II 4 Nr 4 (Bild- und Tonübertragung) ist der Gl vom GV außerdem auf das Aufzeichnungsverbot hinzuweisen (**VI 2**). Die Terminsmitteilung muss dem Gl so rechtzeitig zugehen, dass er noch erscheinen oder einen Vertreter entsenden kann (BTDrs 16/10069, 27). Persönl **zuzustellen** ist auch dem **auskunftspflichtigen** (ges) **Vertreter eines prozessunfähigen Sch** (sa § 802c Rn 6 ff); ihm ist keine an den Vertretenen (zB den Minderjährigen, die GmbH usw) gerichtete Ladung zuzustellen. Zahlungsaufforderungen, Ladungen usw sind ihm ebenso selbst zuzustellen. Zustellung des Vollstreckungsauftrags ist grds nicht geboten (aA noch BGH MDR 2012, 250 Tz 10, durch § 802f jedoch überholt). Wenn aber im Vollstreckungsauftrag Fragen und Hinweise enthalten sind, die dem Sch gestellt werden sollen, und diese nicht (vollständig) in der Terminsbestimmung (Belehrung zur Vorbereitung des Termins) wiedergegeben sind, erfordert die Belehrung (V Nr 1) Zustellung auch des Auftrags bzw Fragenkatalogs (vgl § 136 I 3 GVGA, zur Übersendung eines nachträgl eingereichten Fragenkatalogs: s § 136 I 4 GVGA).

IX) Errichtung des Vermögensverzeichnisses (§ 802f VII). 1) Terminsablauf. a) Der **Termin** zur Erteilung der Vermögensauskunft ist **nicht öffentlich**. Der **Sch** muss selbst **erscheinen** (bei Bild- und Tonübertragung: selbst online teilnehmen), wenn er die eidesstattl Versicherung abgeben will (§ 478 iVm § 802c III 2). Die Anwesenheit des Gl ist nicht erforderl; er kann den Termin aber wahrnehmen oder sich durch einen Bevollmächtigten (§ 79) vertreten lassen. Zur Zuziehung eines Dolmetschers, wenn der Sch der deutschen Sprache nicht mächtig ist: s § 185 I GVG; sa § 8 II GVGA. 29

b) Wenn der **Sch** im Termin **erscheint** (bei Bild- und Tonübertragung: selbst online teilnimmt), **errichtet der GV als VermVerz** eine Aufstellung mit den nach § 802c I, II erforderl Angaben als **elektron Dokument (VII 1)** und übermittelt dieses nach VIII 1 an das zuständige zentrale VollstrGericht (§ 802k). VII 1 stellt klar, dass der GV **im Termin** selbst ein elektron Dokument zu errichten hat; nicht ausreichend ist nachträgl Einscannen eines VermVerz (nur elektron Abbild eines papiergebundenen Dokuments; iE sa BRDrs 633/15, 37 f; BTDrs 16/10069, 27). Einzelheiten regelt die nach § 802k IV erlassene **Vermögensverzeichnisverordnung** (VermVV) v 26.7.2012, BGBl I 2012, 1663. 30

2) Rechte des Gläubigers. a) In dem Termin sind sachl **Fragen und Vorhalte des anwesenden Gl** (seines Vertreters) grds zuzulassen (sa § 138 I 5 GVGA). Der Gl kann jedoch nur darauf hinwirken, dass das VermVerz durch den Sch richtig und vollst erstellt wird und Unklarheiten ausgeräumt werden. **Nicht zulässig** sind Fragen des Gl, die auf eine allg Ausforschung hinauslaufen (Befragung auf Verdacht; vgl BGH MDR 2012, 606 Tz 18), die dem Sch eine Erklärung der bereits ausreichend beantworteten Angaben abverlangen (vgl LG Oldenburg DGVZ 2006, 138; AG Oberndorf DGVZ 2008, 14; sa BGH MDR 2017, 604 = NJW-RR 2017, 633 Tz 9 mwN) oder zB die Angaben über den Verbleib eines früheren Vermögenswertes erstreben (LG Oldenburg aaO; Ausnahme: § 802c II 3). Unzulässige Fragen des Gl sind als Anregungen zur Terminsgestaltung zu übergehen; eine förml Ablehnung hat nicht zu erfolgen (vgl LG Tübingen Rpfleger 95, 221; LG München I JurBüro 94, 407; Stöber Rpfleger 94, 321, 324), auch nicht vor dem Termin (vgl LG Braunschweig JurBüro 99, 46; LG Berlin Rpfleger 95, 75). 31

b) Schriftl Fragen und Hinweise **des** im Termin **nicht anwesenden Gl** (seines Vertreters) sind als Anregung zur Gestaltung der Aufklärungspflicht (§ 139) zu werten. Sie sind dem Sch daher vorzulegen, wenn sie dem Verfahrensziel dienen können, ein richtig und vollst erstelltes Verzeichnis zu erstellen (sa § 138 II 4 GVGA). Enthält bereits der Auftrag Fragen, die dem Sch gestellt werden sollen, ist diesem eine Abschrift mit der Ladung zugestellt worden (s Rn 28 aE; sa § 136 I 3 GVGA); ein später eingereichter Fragenkatalog soll dem Sch ebenso in Abschrift (formlos) mitgeteilt werden (sa § 136 I 4 GVGA). Zu **unzulässigen Fragen** des Gl: s Rn 31 mwN. Noch vor dem Termin hat der GV nicht darüber zu befinden, welche der Fragen zuzulassen und vom Sch zu beantworten sind (s Rn 31 aE). 32

3) Rechte des Schuldners. Die in das **VermVerz aufgenommenen Angaben** sind dem **Sch vor Abgabe der Versicherung** (§ 802c III) **vorzulesen** oder zur **Durchsicht auf einem Bildschirm anzuzeigen (VII 2)**. Damit wird sichergestellt, dass sich der Sch vor Abgabe der eidesstattl Versicherung über den Inhalt des vom GV errichteten VermVerz vergewissert hat (vgl BTDrs 16/10069, 27). Im Fall der *Bild- und Tonübertragung* muss die Anzeige so vorgenommen werden, dass der Sch erkennen kann, mit welchem Inhalt das VermVerz aufgenommen wird (vgl BTDrs 20/8095, 66). Feststellungen in dem nach Genehmigung zu unterzeichnenden Protokoll: s § 762 II Nr 2 u 4. Dem Sch ist auf Verlangen ein **Ausdruck des VermVerz** zu erteilen (**VII 3**); alternativ ist ihm auf Antrag das **VermVerz als elektron Dokument** zu übermitteln (**VII 3 Hs 2** iVm § 802d II). Der Ausdruck bzw das elektron Dokument muss vom GV nicht sofort ausgehändigt bzw übermittelt werden, das kann auch später erfolgen (vgl BTDrs 16/10069, 27 [noch zum Ausdruck]). 33

4) Belehrung des Schuldners. Vor Entgegennahme der **Versicherung an Eides statt** ist der **Sch** in angemessener Weise **über deren Bedeutung zu belehren** (§ 802c III 2 iVm § 480). Versichert der Sch die Richtigkeit seiner in das VermVerz aufgenommenen Angaben zu Protokoll an Eides statt (§ 802c III 1 iVm § 762), kann die Niederschrift des GV zB lauten: 34

„Der Gerichtsvollzieher errichtete in einem elektronischen Dokument eine Aufstellung mit den nach § 802c I und II ZPO erforderlichen Angaben des Schuldners (Vermögensverzeichnis).

Diese Angaben wurden dem Schuldner vorgelesen [alternativ: … zur Durchsicht am Bildschirm angezeigt].

Der Wortlaut des § 802c I und II ZPO wurde dem Schuldner bekannt gemacht. Ein Ausdruck des Vermögensverzeichnisses wurde ihm auf Verlangen ausgehändigt [alternativ: Auf seinen Antrag wurde ihm das Vermögensverzeichnis als elektronisches Dokument übermittelt]. Dann wies der Gerichtsvollzieher den Schuldner auf die Bedeutung der eidesstattlichen Versicherung und die Strafvorschriften §§ 156, 161 StGB hin. Der Schuldner erklärte hierauf:

Ich versichere an Eides statt, dass ich die von mir verlangten Angaben nach § 802c I und II ZPO nach bestem Wissen und Gewissen richtig und vollständig gemacht habe.

Vorgelesen und vom Schuldner, Gläubiger etc. genehmigt [alternativ: Nach Vorlegung zur Durchsicht vom Schuldner, Gläubiger etc. genehmigt]. …"

35 **X) Hinterlegung des Vermögensverzeichnisses (§ 802f VIII).** Das **VermVerz hinterlegt der GV beim zentralen Vollstreckungsgericht** nach § 802k I (**VIII 1**). Nicht zu hinterlegen ist das über die Abnahme der Versicherung aufgenommene Protokoll (§ 762: BTDrs 16/10069, 27). Einen **Ausdruck des VermVerz** leitet der GV dem **Gl** *unverzüglich* zu (**VIII 2**); alternativ ist ihm auf Antrag das **VermVerz als elektron Dokument** zu übermitteln (**VIII 2 Hs 2** iVm § 802d II). Unverzüglich bedeutet nicht erst nach Hinterlegung (so aber § 5 IV 1 VermVV), die sich nach § 5 III VermVV zudem noch verzögern kann. Denn: „Unverzügliche" Information soll es dem Gl ermöglichen, zügig zu vollstr. Der Ausdruck und das elektron Dokument müssen den **Vermerk** enthalten, dass sie **mit dem Inhalt des VermVerz übereinstimmen** (**VIII 3**). Der **Gl** darf den **Ausdruck bzw das elektron Dokument nur zu Vollstreckungszwecken verarbeiten** und hat die **Daten nach Zweckerreichung** zu **löschen**; hierauf ist er vom GV hinzuweisen (**VIII 4** iVm § 802d I 3).

36 **XI) Verfahren mehrerer Gläubiger.** Die Verf über Anträge mehrerer Gl auf Abnahme der Vermögensauskunft sind selbständig durchzuführen (Einzelvollstr, sa vor § 704 Rn 21); Verfahrensverbindung erfolgt nicht (§ 147 ist nicht entspr anwendbar: Brinkmann Rpfleger 90, 331, 332; aA LG Stuttgart Rpfleger 96, 167). Einzelheiten zum Ablauf, wenn in mehreren Verf einheitl Termin am gleichen Tag stattfindet: § 139 GVGA.

37 **XII) Rechtshilfe.** Der (örtlich) zuständige GV (s § 802e Rn 2) kann einen anderen GV im Wege der Rechtshilfe um Abnahme der Vermögensauskunft und der eidesstattl Versicherung ersuchen (entspr §§ 156, 157 I GVG, sa § 137 II GVGA), wenn der Sch (sein offenbarungspflichtiger Vertreter) sich in dessen Bezirk aufhält, am Erscheinen vor dem zuständigen GV verhindert ist (auch bei Unzumutbarkeit infolge großer Entfernung) und eine Bild- und Tonübertragung nicht möglich ist. Der Gl ist von dem Rechtshilfeersuchen (formlos) zu benachrichtigen (§ 137 II 2 GVGA). Der ersuchte GV hat nur Termin zu bestimmen und die Vermögensauskunft sowie deren Versicherung abzunehmen; die Voraussetzungen der ZwV und die Verpflichtung zur Vermögensauskunft prüft der ersuchende, nicht der ersuchte GV, dem jedoch Hinweise auf Unrichtigkeiten nicht versagt sind. Der Richter des Gerichts am Dienstsitz des ersuchten GV kann nicht über den Antrag auf Erlass eines Haftbefehls entscheiden. Hierfür sind die Akten dem örtlich zuständigen Vollstreckungsgericht zuzuleiten.

38 **XIII) Rechtsbehelfe.** Für **Gl** gg die Ablehnung des Antrags auf Durchführung des Verf zur Abnahme der Vermögensauskunft und gg das vom GV bei ihr zu beachtende Verf (damit alle Verfahrenshandlungen): Erinnerung (§ 766), dann: sof Beschw (§ 793). Für **Sch** gg die Einleitung und Durchführung des Verf (damit alle Vollstreckungshandlungen) ebenso: Erinnerung nach § 766 (vgl BGH NJW-RR 2009, 1581 Tz 8 [Einwände gg die Ladung]; aA AG Schöneberg JurBüro 2014, 105 [Terminsankündigung]; Hascher/Schneider JurBüro 2014, 60), dann: sof Beschw nach § 793. Erinnerung nach § 766 findet auch statt, wenn der (weiteren) Abgabe der Vermögensauskunft die 2-jährige Sperrwirkung nach § 802d I 1 entgegensteht. **Einstw Anordnung** vor der Entscheidung kann das Vollstreckungsgericht nach § 766 I 2 iVm § 732 II treffen.

39 **XIV) Akteneinsicht.** Einsicht in das **SchVerz:** § 882f; Einsicht in die **GV-Akten:** § 760. Ein weiterer Gl, dem gegenüber die Versicherung nach § 802d wirkt, wird nicht als am Vollstr-Verf beteiligt angesehen und Einsicht somit nicht nehmen können. Ausdruck bzw elektron Dokument des VermVerz erhalten Gl nach § 802f VIII 2 u § 802d I 2. Auf das beim zentralen Vollstreckungsgericht hinterlegte VermVerz können Dritte nicht unmittelbar zugreifen (iE BTDrs 16/10069, 30).

40 **XV) Gebühren. 1) RA:** Bes Angelegenheit, § 18 I Nr 16 RVG; 3309, 3310 RVG-VV. Gegenstandswert § 25 I Nr 4 RVG. – **2) GV:** 260 GvKostG-KV; sa § 802c Rn 32; § 802d Rn 21. Zustellung der Ladung (IV): Vorbem 1 II vor 100 GvKostG-KV; 100 bis 102 GvKostG-KV (sa § 193 Rn 15; § 193a Rn 9; § 194 Rn 6); bei Nichterledigung 600 GvKostG-KV (OLG Hamm DGVZ 2025, 92). – Dokumentenpauschale: 700 IV GvKostG-KV (in den Fällen V 3).

§ 802g Erzwingungshaft

(1) [1]Auf Antrag des Gläubigers erlässt das Gericht gegen den Schuldner, der dem Termin zur Abgabe der Vermögensauskunft unentschuldigt fernbleibt oder die Abgabe der Vermögensauskunft gemäß *§ 802c ohne Grund* verweigert, zur Erzwingung der Abgabe einen Haftbefehl. [2]In dem Haftbefehl sind der Gläubiger, der Schuldner und der Grund der Verhaftung zu bezeichnen. [3]Einer Zustellung des Haftbefehls vor seiner Vollziehung bedarf es nicht.

(2) [1]Die Verhaftung des Schuldners erfolgt durch einen Gerichtsvollzieher. [2]Der Gerichtsvollzieher händigt dem Schuldner von Amts wegen bei der Verhaftung eine beglaubigte Abschrift des Haftbefehls aus.

I) Zweck. Sanktion mit Haft für Nichtbefolgung von Verpflichtungen, die sich ohne Schwierigkeiten erfüllen 1
lassen. Erlass des *Haftbefehls* entspricht dem Grundsatz der Erforderlichkeit; § 802g I 1 ist daher mit dem GG vereinbar (vgl BVerfG MDR 83, 188 = NJW 83, 559). Erlass eines *Vorführungsbefehls* zur Anhörung des Sch wegen der Gründe seines Ausbleibens im Termin (vor Erlass des Haftbefehls) ermöglicht § 802g nicht (vgl LG Paderborn Rpfleger 2005, 208).

II) Voraussetzungen. 1) Antrag des Gläubigers. Diesen beinhaltet der Auftrag allein nach § 802a II 1 Nr 2 2
noch nicht. Das durch Anlage 1 ZVFV (näher dazu § 753 Rn 5) eingeführte Formular (VollstrAuftrag an GV, abrufbar unter: www.bmjv.de/Zwangsvollstreckungsformulare) enthält im Modul I die Möglichkeit, **bereits im Auftrag** an den GV den Haftantrag nach § 802g I 1 zu stellen. Insofern besteht aber **kein Formularzwang**. Der Antrag kann mit demjenigen auf Einholung der Vermögensauskunft verbunden (kombinierter Auftrag; sa BGH NJW 2015, 2268 Tz 11), aber auch im Termin oder nachher schriftl gestellt werden (**Formulierungsvorschlag:** Vorwerk/Goldbach, PFB, M 47.5 [isolierter Antrag auf Erlass eines Haftbefehls]). Eine Unterzeichnung ist nicht erforderl; die Erteilung eines Vollstreckungsauftrags und die Übergabe des Titels reichen aus (vgl BGH MDR 2015, 731 LS = NJW 2015, 2268 Tz 12; MskV/Voit Rn 5). Anwaltszwang besteht nicht. Ein Vertreter des Gl muss als Bevollmächtigter nach § 79 II vertretungsbefugt sein. Wird der **Antrag erst nach dem Termin** beim GV gestellt, sollte der **Sch** dazu **angehört** und diesem zur Gewährung rechtl Gehörs eine Stellungnahmefrist gesetzt werden (str, ebenso: MskV/Voit Rn 5 mwN).

2) Verpflichtung des Schuldners zur Abgabe der Vermögensauskunft. Sie muss schon im Termin bestanden 3
haben und bei Erlass des Haftbefehls noch (fort-)bestehen (BGH MDR 2008, 1303 = NJW 2008, 3288 Tz 21 [keine Auswechslung der Forderung oder Ausdehnung auf weitere Forderungen erst nach dem Termin]). Die allg Voraussetzungen der ZwV müssen erfüllt sein (vgl BVerfG MDR 83, 188 = NJW 83, 559). Kein Haftbefehl ist zu erlassen, sondern neuer Termin (s Rn 7) zu bestimmen, wenn die Titelzustellung erst nach dem versäumten Termin erfolgt ist oder ein Zustellungsmangel erst danach behoben wurde (AG Augsburg IPRax 2013, 269). Nachgewiesene (krankheitsbedingte) Prozessunfähigkeit des Sch hindert ZwV und damit Erlass des Haftbefehls (LG Heilbronn DGVZ 91, 39). Zudem müssen Titel und Urkunden, aus denen sich die Verpflichtung des Sch ergibt, vorliegen.

3) Nichterscheinen oder Weigerung des Schuldners. a) Der Sch muss in dem Termin (§ 802f) nach ordnungs- 4
gem Ladung **unentschuldigt ausgeblieben** sein. Haftbefehl kann jedoch nicht ergehen, wenn der Sch ohne Verschulden **am Erscheinen verhindert** war, auch wenn der Hinderungsgrund erst nach dem Termin (bis zur Entscheidung über den Haftantrag) bekannt oder belegt wird. Dann ist entspr § 337 S 1 ein neuer Termin anzuberaumen. Die Verhinderung kann insb auf (nachgewiesener) **Erkrankung** beruhen; (ärztl bescheinigte) „Arbeitsunfähigkeit" ohne konkrete Diagnose genügt nicht (dazu BGH 10.4.2025 – I ZB 59/24, juris Tz 10 ff [aussagekräftiges ärztl Attest erforderl]). **Haftunfähigkeit** des Sch als (zeitweiliges) Vollstreckungshindernis (s § 802h II) steht dem Erlass des Haftbefehls nicht entgegen, sondern hindert die Vollstr der Haft (OLG Karlsruhe MDR 99, 567). Andere Verhinderungsgründe, die entschuldigen können: **Abwesenheit**, wenn rechtzeitige Rückkehr nicht zumutbar war (zB kurbedingte Abwesenheit: OLG Hamm Rpfleger 77, 111); Auslandsaufenthalt (dazu u zur **Unkenntnis von der Terminsladung:** KG OLGZ 93, 358, 360 ff); **unabwendbarer Zufall** (LG Köln JurBüro 66, 70); Ausbleiben nach Ladung durch (wirksame) **öffentl Zustellung**, wenn Sch-Anschrift nicht allg unbekannt, sondern feststellbar war (iErg ebenso OLG Düsseldorf Rpfleger 93, 412).

b) Grundlose Weigerung zur Abgabe der Vermögensauskunft liegt selbst dann vor, wenn der Sch im Termin 5
zugleich die kurzfristige Bezahlung einer geringfügigen Restforderung anbietet. In einem solchen Fall kann jedoch nochmalige Äußerung des Gl eingefordert werden, ob er trotz der Zahlungsankündigung auf Haftanordnung besteht (vgl LG Paderborn Rpfleger 93, 254; LG Wuppertal Rpfleger 81, 25). Wenn der GV mit Rücksicht auf ein geringes Zahlungsangebot den Termin aufhebt und (unzulässig) das „Ruhen" des Verfahrens anordnet, fehlt es für spätere direkte Haftanordnung an der Weigerung des Sch. Widerspricht der Gl dem Zahlungsangebot oder verlangt er wegen ausgebliebener Raten Verfahrensfortgang, darf Haftbefehl nicht sogleich ergehen; es muss vielmehr ein neuer Termin bestimmt werden (LG Paderborn Rpfleger 93, 254; LG Hannover JurBüro 87, 1426).

III) Zuständigkeit. Über den Antrag auf Erlass des Haftbefehls entscheidet das **AG als Vollstreckungsgericht** 6
(§ 764 I), in dessen Bezirk der Sch im Zeitpunkt der Auftragserteilung seinen Wohnsitz (ggf seinen Aufenthaltsort) hatte (Folge von § 802e I); zwischenzeitl Wohnsitzwechsel (oder Wechsel des Aufenthaltsorts) ist unerhebl (LG Köln Rpfleger 99, 549).

IV) Verfahren. 1) Prüfung durch den Gerichtsvollzieher. Der GV leitet den Antrag, der bei ihm gestellt ist, 7
sogleich nach dem Termin oder Eingang des Antrags (nicht erst nach Vollzug der Eintragungsanordnung [§ 882c I 1 Nr 1, § 882d]: LG Heilbronn JurBüro 2015, 209; LG Leipzig DGVZ 2014, 131; sa § 143 GVGA) zusammen mit seiner Akte an das zuständige Vollstreckungsgericht weiter. Er **prüft** vor der Abgabe an den Richter die Voraussetzungen der Haftanordnung; verneint er sie, hat er fehlende Voraussetzungen der ZwV oder

des Auskunftsverf ausräumen zu lassen, einen Verfahrensmangel zu beheben, einen neuen Termin zu bestimmen oder den Auskunftsantrag abzulehnen. Erweist sich bei der **Prüfung** des Haftantrags durch den **Richter** das Verf des GV als fehlerhaft oder unvollständig, sind diesem die Akten durch den Richter unter Hinweis auf das Verfahrenshindernis zur (weiteren) Erledigung des Auftrags zurückzugeben (keine Ablehnung durch Beschluss). Gl und Sch erlangen davon durch die erneute Ladung oder Terminsnachricht oder durch andere Maßnahme des GV Kenntnis. Die Verfügung des zust Richters ist für den GV bindend (arg e § 766 II). Der Richter kann einen neuen Termin zur Ladung des verhindert gewesenen Sch auch dann anordnen, wenn der GV Aufhebung oder Verlegung des Termins oder Vertagung der Verhandlung bereits abgelehnt hat (Entscheidung beruht auf anderer rechtl Grundlage). Einwendungen des Gl gegen die Verfahrensfortführung durch den GV sind mit der **Erinnerung** geltend zu machen (§ 766); über sie hat der Richter entweder durch Zurückweisung des Antrags auf Erlass des Haftbefehls durch begründeten Beschluss oder durch Erlass des Haftbefehls zu entscheiden.

8 **2) Prüfung durch den Richter.** Der Richter des Vollstreckungsgerichts **prüft** das Vorliegen der allg Verfahrens- und Vollstreckungsvoraussetzungen sowie die in I 1 genannten Haftvoraussetzungen (BTDrs 16/10069, 28). Die Voraussetzungen für die Abgabe der Vermögensauskunft müssen im Termin vorgelegen haben und noch bestehen (s Rn 3). Zu prüfen ist auch, ob die Haft in ihren Auswirkungen dem allg Grundsatz der Verhältnismäßigkeit entspricht. Hat der Sch Erinnerung (§ 766) versäumt und macht er vor Haftanordnung Vollstreckungsschutz nach § 765a geltend, hat der Richter bei Erlass des Haftbefehls auch über diesen Antrag zu entscheiden (vgl LG München I Rpfleger 74, 371; sa § 765a Rn 20).

9 **3) Erlass des Haftbefehls.** Er erfordert keine zusätzl (gesonderte) Haftanordnung. Urkundl Grundlage der Verhaftung des Sch durch den GV (§ 802g II) und den Haftvollzug ist der Haftbefehl.

10 **V) Haftbefehl. 1) Inhalt (§ 802g I 2).** Es sind der Gl (mit seinem ProzBev), der Sch (nicht auch sein ProzBev: arg e § 802f VI 1) und der Grund der Verhaftung zu bezeichnen. Bei einem prozessunfähigen Sch (auch bei einer jur Person und Gesellschaft) sind der (oder die) ges Vertreter als zu verhaftende Personen zu nennen (BTDrs 16/10069, 28). Wechsel des Vertreters nach der Ladung ermöglicht Haftbefehl sogleich gegen den nicht geladenen neuen Vertreter nicht (KG Rpfleger 96, 253). Grund der Verhaftung ist die Rechtsgrundlage der Vermögensauskunft (§§ 802c, d; ggf einer eidesstattl Versicherung nach §§ 836, 883, s BTDrs 16/10069, 28), nicht Säumnis als Voraussetzung der Verhaftung. Dazu ist der Titel anzugeben (BTDrs 16/10069, 28); die Gläubigerforderung („Lösungssumme") hingegen grds nicht, weil sich diese (nebst evtl Teilleistungen des Sch) aus dem Titel ergibt (iE dazu: MskV/Voit Rn 8). Handelt es sich um ein Wiederholungsverf nach § 802d, ist auch darauf hinzuweisen (vgl LG Bonn DGVZ 80, 87); Gleiches gilt für das Nachbesserungsverf (dazu § 802d Rn 17).

11 **2) Wortlaut etc.** Der **Richter** hat den Haftbefehl zu **unterzeichnen** (vgl § 4 II Nr 2 RPflG). Unterzeichnung nur eines Formulars mit Textbausteinen, das bei Ausfertigung von der GeschSt ergänzt werden soll, genügt nicht (OLG Köln MDR 90, 346 mwN). Dem Gl wird die Urschrift des Haftbefehls übergeben (s Rn 12); Zweitschrift wird als Ausfertigungsentwurf zu den Akten genommen. **Wortlaut:**

Haftbefehl

In der Zwangsvollstreckungssache

... Gläubiger vertreten durch ...

gegen

... Schuldner

zur Erteilung und Versicherung der Vermögensauskunft.

Der Schuldner war wegen der Forderung des Gläubigers in Höhe von ... Euro Hauptsache nebst ... Zinsen und ... Euro Kosten aus dem vollstreckbaren Urteil ... zur Abgabe und Versicherung der Vermögensauskunft nach § 802c ZPO [... war wegen des Anspruchs des Gläubigers auf Herausgabe einer beweglichen Sache aus dem ... nach § 883 II ZPO] vorgeladen worden. Er ist zu dem Termin unentschuldigt nicht erschienen. Auf Antrag des Gläubigers war daher nach § 802g ZPO Haftbefehl gegen den Schuldner zu erlassen.

Dieser Haftbefehl ist dem Schuldner bei der Verhaftung in beglaubigter Abschrift von Amts wegen auszuhändigen.

..., den ... Amtsgericht ... (Siegel) ... Richter am Amtsgericht

12 **3) Bekanntgabe.** Der **Haftbefehl** wird (unter Rückgabe des Titels und der Verfahrensunterlagen) dem **Gl ausgehändigt**. Benachrichtigung des Sch erfolgt nicht. Gesonderter **Zustellung an den Sch** bedarf der Haftbefehl vor seiner Vollziehung **nicht** (I 3); Bekanntmachung ggü dem Sch erfolgt mit **Aushändigung** des Haftbefehls in begl Abschrift **bei Verhaftung vAw** (**II 2**; BRDrs 633/15, 38 [keine Parteizustellung]; sa LG Ellwangen DGVZ 2016, 111 mwN [keine Zustellungsgebühr für den GV]).

13 **4) Folge.** Mit **Erlass des Haftbefehls** ist das **Verf zur Abnahme der Vermögensauskunft abgeschlossen** (LG Potsdam DGVZ 2018, 72). Der Gl kann dem GV daher nicht nochmals Auftrag zur Bestimmung eines Auskunftstermins erteilen, der GV den Sch nicht wieder zu einem Auskunftstermin laden (LG Ellwangen DGVZ 2015, 23), der Sch durch nachträgl Teilzahlungen Aufhebung des Haftbefehls nicht erwirken (vgl BGH MDR 2018, 1213 Tz 19; iÜ s Rn 14). Der Sch kann aber um einen Termin zur freiw Abgabe der Versicherung für die Abwendung der Verhaftung nachsuchen. Neuer Antrag des Gl, eine Vermögensauskunft einzuholen, ist erst

wieder zulässig, wenn nach Zeitablauf (§ 802h I) Vollziehung des Haftbefehls nicht mehr möglich ist (LG Ellwangen DGVZ 2016, 111).

5) Aufhebung des Haftbefehls. Sie ist zulässig, wenn der Gl den Antrag auf Abnahme der Vermögensauskunft zurücknimmt oder die Aufhebung des Haftbefehls beantragt (vgl BGH MDR 2018, 1213 = juris Tz 13) oder wenn er mit der vom Sch beantragten Aufhebung einverstanden ist (LG Frankenthal Rpfleger 86, 268). Wird der Haftbefehl aufgehoben, besteht kein Rechtsschutzbedürfnis für die Feststellung, dass die Anordnung nicht hätte ergehen dürfen (OLG Düsseldorf MDR 95, 312). Aufzuheben ist der Haftbefehl, wenn ein Urteil vorgelegt wird, durch das die ZwV für unzulässig erklärt ist, oder sonst ein Aufhebungsfall nach § 776 iVm § 775 Nrn 1, 3 (mit Besonderheiten auch Nr 2) gegeben ist. Auf **Rechtsbehelf** (s Rn 15) des **Sch** ist der Haftbefehl aufzuheben, wenn bei Entscheidung darüber (§ 571 II; zum Zeitpunkt: s Rn 16) ein Erfordernis der Haftanordnung nicht mehr vorliegt; insb, wenn mit Rücknahme des Gl-Antrags (auch Einverständnis mit der Aufhebung des Haftbefehls) dessen Verfahrens-/Haftantrag fehlt, wenn der Sch Verhinderung nachträgl nachweist (KG OLGZ 93, 358, 360) oder wenn zwischenzeitl Versicherung in einer anderen Sache den Sch befreit (iE LG Frankenthal Rpfleger 86, 268; aA LG Tübingen 14.4.2015 – 5 T 72/15, juris Tz 7 ff). Aufzuheben ist der Haftbefehl auch dann, wenn der GV die Akten mit der Feststellung, der Sch sei zum Vermögensauskunftstermin unentschuldigt nicht erschienen, an das VollstrGericht weiterleitet, ohne dieses darüber zu informieren, dass er vor dem Termin von einem nicht ausreichenden ärztl Attest Kenntnis erlangt und dem Sch auf dessen Nachfrage versichert hat, für eine hinreichende Entschuldigung bedürfe es keiner weiteren Unterlagen und keiner weiteren Erläuterungen (vgl BGH 10.4.2025 – I ZB 59/24, juris Tz 19 f [Verstoß gg das Gebot des fairen Verf]). VAw ist (von § 776 abgesehen) der Haftbefehl nicht aufzuheben (aA [für den in der Sperrfrist des § 802d erlassenen Haftbefehl] AG Neuruppin Rpfleger 2004, 617). Nachweis der Zahlung (**Erfüllungseinwand**) oder Stundung führt grds nur zur Einstellung der ZwV (keine Vollziehung des Haftbefehls, § 776 S 2 iVm 775 Nrn 4, 5; BGH MDR 2018, 1213 Tz 24); dies jedoch nicht, wenn der Gl widerspricht (BGH MDR 2018, 1213 Tz 24; sa § 775 Rn 16). 14

VI) Rechtsbehelfe. 1) Erlass des Haftbefehls. a) Dieser (= Entscheidung) ist für **Sch** mit **sof Beschwerde** (§§ 793, 567 ff) anfechtbar (BGH MDR 2022, 659, juris Tz 12; aA [§ 766] Keller DGVZ 2023, 41); sie hat nach § 570 I **aufschiebende Wirkung** (BGH MDR 2021, 1027). Zulässig ist die Beschwerde bereits, wenn der Haftbefehl mit Hinausgabe aus dem Geschäftsbetrieb des Gerichts existent geworden ist; einer vorherigen Zustellung oder Übergabe des Haftbefehls an den Sch bedarf es nicht (BGH MDR 2022, 659, juris Tz 13 mwN). Die **Beschwerdefrist** (§ 569 I 2) **beginnt** aber erst mit der **Aushändigung** der **begl Abschrift des Haftbefehls** an den Sch nach II 2. Diese ist die vom Gesetz vorgeschriebene Form der Bekanntmachung des Haftbefehls ggü dem Sch und damit auch, statt der nicht vorgesehenen Zustellung vAw (vgl BRDrs 633/15, 38; sa Rn 12), für den Fristbeginn maßgebl (offen gelassen BGH MDR 2019, 1340, juris Tz 14 ff). Die durch § 802g I 3 nicht ausgeschlossene Zustellung des Haftbefehls auf Betreiben des Gl (§§ 191 ff) kann die Beschwerdefrist vorher nicht in Lauf setzen (aA MskV/Voit Rn 9 f; sa Hk-ZPO/Rathmann Rn 7, 19; offen gelassen BGH aaO). Grund: § 329 III, § 270 S 1, § 166 II setzen für den Beginn der Beschwerdefrist (§ 569 I 2) eine Zustellung vAw voraus; eine Zustellung im Parteibetrieb steht der Zustellung vAw aber nicht gleich (vgl BGH MDR 2011, 417 = NJW 2011, 1965 Tz 41 mwN). Eine **Wiederholung der sof Beschwerde** nach ihrer sachl Zurückweisung ist **grds unzulässig** (BGH MDR 2022, 659, juris Tz 14 mwN); tritt aber eine **nachträgl Änderung der Verhältnisse** ein, kommen die Wiederholung der sof Beschwerde sowie die Rechtsbehelfe nach § 767 und § 766 (analog) in Betracht (offen gelassen BGH MDR 2022, 659, juris Tz 16 mwN). 15

b) Beschwerdegründe. Die **Beschwerde des Sch** kann nur **darauf gestützt werden**, dass die vAw zu prüfenden Voraussetzungen nicht gegeben seien, ein Fall der Säumnis oder grundlosen Verweigerung nicht vorliege, nach der Haftanordnung der vollstrb Titel weggefallen sei oder eine Verpflichtung zur Abgabe der Vermögensauskunft nicht bestehe, weil sie innerhalb der letzten 2 Jahre abgegeben worden sei. Einwendungen des Sch gg die Forderung können nicht berücksichtigt werden (LG Göttingen JurBüro 2003, 658 [nur § 767]). Die Voraussetzungen für Erlass des Haftbefehls müssen im Zeitpunkt der Entscheidung über den Rechtsbehelf vorliegen. Zum **Wegfall der Beschwer/des Rechtsschutzbedürfnisses** des Sch: s BGH MDR 2018, 1213 = juris Tz 12 f (Rücknahme des Haftbefehlsantrags); BGH MDR 2018, 360 Tz 9 (Aufhebung des Haftbefehls) u BGH MDR 2019, 1340 Tz 20 ff (Beitreibung der Forderung des Gl; evtl Rechtsschutzbedürfnis an der nachträgl Feststellung der Rechtswidrigkeit des Haftbefehls). 16

2) Ablehnung des Haftbefehls. Diese kann der **Gl** mit **sof Beschwerde** (§ 793) anfechten, Anordnung eines neuen Termins durch den GV mit Erinnerung (§ 766, s Rn 7). 17

VII) Verhaftung des Schuldners. 1) Zuständigkeit. Verhaftung erfolgt **durch einen GV (II 1)**. Er führt sie im Auftrag des Gl durch. Verhaftung einer Sch, die minderj Kinder zu versorgen hat, ist erst zul, wenn für die Kinder gesorgt ist (zB durch das Jugendamt: OLG München MDR 77, 413 = NJW 77, 1822; LG Kleve DGVZ 87, 90; AG München DGVZ 84, 30). Wenn sprachl Verständigungsschwierigkeiten bestehen, ist ein **Dolmetscher** zuzuziehen (LG Wuppertal DGVZ 83, 60; sa § 8 GVGA). Befindet sich der (nicht auskunftswillige) Sch bereits in Erzwingungshaft oder in Untersuchungs- oder Strafhaft, hat ihn, wenn bei voraussichtl Ende dieser Haft die Vollstr des Haftbefehls noch statthaft ist (§ 802h I), der GV in entspr Anwendung des II **nachzuverhaften** und zu veranlassen, dass die JVA die Überhaft notiert (OLG München NJW-RR 2008, 1743, 1744; iE dazu: § 146 III 18

GVGA). Die Unzulässigkeit der ZwV für Insolvenzgl (auch im Eröffnungsverf) schließt den Vollzug eines Haftbefehls aus, gebietet daher Entlassung des bereits verhafteten Sch (Harnacke DGVZ 2003, 161, 162).

19 **2) Verfahren.** Der **Haftbefehl** muss dem **Sch bei der Verhaftung** vAw in begl Abschrift **ausgehändigt** werden (**II 2**; sa Rn 12). Vorherige Zustellung des Haftbefehls erfolgt nicht (I 3). Zum (weiteren) **Verf** des GV **bei der Verhaftung:** s § 145 GVGA; Wohnungsdurchsuchung zur Verhaftung: s § 758a II; Verhaftung zur Nachtzeit, an einem Sonn- oder Feiertag: s § 758a IV; Zuziehung von Zeugen bei Widerstand: s § 759. Den **Aufenthalt des** (nicht auffindbaren) **Sch** hat der GV nicht zu ermitteln (AG Minden DGVZ 97, 191; s aber § 753 Rn 6 u § 755). Wenn eine Verhaftung nur zu besonderer Zeit oder an bestimmten Orten erfolgen kann (zB weil sich der Sch nur selten in seiner Wohnung aufhält), hat der GV aber offenkundigen Anhaltspunkten nachzugehen; der Gl hat dem GV die hierzu erforderl Hinweise zu geben (vgl AG Schwelm DGVZ 96, 63).

20 **3) Unterbleiben der Verhaftung.** Ist dann der Fall, wenn der Sch zuvor die eidesstattl **Versicherung abgibt** oder die **Leistung bewirkt**, die ihm nach dem Haftbefehl obliegt. Sie unterbleibt damit, wenn der Sch den **Teilbetrag bezahlt**, auf den der Gl seinen Auskunftsantrag beschränkt hatte, oder wenn der Sch nur eine Teilleistung erbringt und der Gl für diesen Fall von der Durchführung seines Auftrags Abstand nimmt (vgl BGH MDR 2018, 1213 Tz 25 mwN); dann ist der Haftbefehl aber noch nicht verbraucht (BGH MDR 2018, 1213 Tz 25); weiterer Vollzug erfordert dann aber Gläubigerauftrag wegen der weiteren Forderung (LG Frankfurt DGVZ 2000, 171). Die Verhaftung unterbleibt ebenfalls, wenn der Sch dem GV nachweist, dass er die eidesstattl Versicherung in den letzten 2 Jahren abgegeben hat (§ 802d I); hiervon ist der Gl zu verständigen (zur Aufhebung des Haftbefehls: s Rn 14).

21 **4) Aufträge mehrerer Gläubiger.** Solche oder Aufträge eines Gl, der Haftbefehle in versch Verf erwirkt hat, hat der GV **gleichzeitig** durch Verhaftung in allen Auskunftsangelegenheiten **zu erledigen**; alle Haftbefehle sind dann nach II 2 vAw in begl Abschrift auszuhändigen.

22 **VIII) Besonderheiten. 1) § 284 VIII AO.** Die Verhaftung erfolgt auch dann durch den GV, wenn die Anordnung der Haft auf Antrag einer Vollstreckungsbehörde erfolgt ist (§ 284 VIII AO).

23 **2) NATO-Truppenstatut.** Gegen **Mitglieder der in der BRD stationierten Truppen** und des zivilen Gefolges (Zivilpersonal) sowie ihre Angehörigen (vgl LG Hagen DGVZ 76, 138) darf Haft zur Erzwingung der Vermögensauskunft nur unter den Voraussetzungen des **Art 34 II (a) Zusatzabkommen zum NATO-Truppenstatut,** damit erst nach Anhörung der höchsten zust Behörde des Entsendestaats, angeordnet werden (LG Zweibrücken DGVZ 2008, 160).

24 **IX) Gebühren. 1) Gericht:** 2114 GKG-KV für I 1. – Kosten der Zwangshaft: 9010 GKG-KV. – **2) RA:** 3309 RVG-VV. Besondere Angelegenheit, aber nicht ggü Verf über die VA (§ 18 I Nr 16 RVG). Ist die Geb schon im Verf über die VA verdient, löst das Haftbefehlsverf dann keine weitere Geb aus (GS/Müller-Rabe VV 3309 Rn 374). – **3) GV:** § 3 I 4 GvKostG; 270 GvKostG-KV für die Verhaftung nach II 1. Bei Gesamtsch: § 10 III GvKostG. – Keine Zustellgeb für Übergabe des Haftbefehls, da diese vAw erfolgt (II 2; OLG Stuttgart DGVZ 2016, 181; BTDrs 18/7560, 37). – Anfall der Geb 207, 208 GvKostG-KV für Versuch gütl Erledigung mögl (s § 802b Rn 23); ist die Geb im Verf der VA schon entstanden, ist erneute Entstehung nach § 10 I 1 GvKostG ausgeschlossen (OLG Braunschweig DGVZ 2025, 19; OLG Celle DGVZ 2022, 69; LG Osnabrück DGVZ 2021, 94 [abl Droß]; aA LG Göttingen DGVZ 2024, 242; LG Krefeld DGVZ 2021, 93). – Nicht erledigter Verhaftungsauftrag: 604 GvKostG-KV.

§ 802h Unzulässigkeit der Haftvollstreckung

(1) Die Vollziehung des Haftbefehls ist unstatthaft, wenn seit dem Tag, an dem der Haftbefehl erlassen wurde, zwei Jahre vergangen sind.

(2) Gegen einen Schuldner, dessen Gesundheit durch die Vollstreckung der Haft einer nahen und erheblichen Gefahr ausgesetzt würde, darf, solange dieser Zustand dauert, die Haft nicht vollstreckt werden.

1 **I) Zweck.** Zeitl Grenze der Haftvollstr (I) und Wahrung der Grundrechte des Sch (II), insb Art 2 II 1 (auch Art 2 I) GG iVm dem Rechtsstaatsprinzip (vgl BVerfG MDR 80, 116 = NJW 79, 2607).

2 **II) Zeitliche Grenze (§ 802h I).** Unstatthaft ist die Vollziehung des Haftbefehls, wenn seit dem Tag, an dem er erlassen wurde (das ist der Tag der Unterzeichnung: LG Ellwangen DGVZ 2015, 23, nicht der Hinausgabe durch die GeschSt), **2 Jahre** vergangen sind (I). Berechnung der Frist: § 222. Ausreichend für die Vollziehung ist, dass der Gl die Verhaftung des Sch bei dem (zuständigen) GV innerhalb der 2-Jahresfrist beantragt hat (vgl BGH MDR 2006, 826 LS = NJW 2006, 1290; AG Stuttgart DGVZ 2015, 23). **Gewahrt ist die 2-Jahresfrist** mit Eingang des Antrags beim GV oder der Verteilungsstelle (§ 22 II GVO; Eingang dort steht unmittelbarer Auftragserteilung an GV gleich: § 24 I 1 GVO). Beim alternativ mit Pfändungsauftrag **kombinierten Verhaftungsauftrag** *(s § 753 Rn 7) ist die Vollziehung* des Haftbefehls vom fruchtlosen Verlauf der vorrangig beantragten Pfändung abhängig, somit Eintritt auch dieser Bedingung Erfordernis für die Fristwahrung, Eingang des Antrags damit nicht ausreichend.

III) Gesundheitsgefahr (§ 802h II). Sie **verbietet Haftvollstreckung** durch den GV und weiteren Haftvollzug in der Haftanstalt (II). Der GV hat dieses Vollstreckungsverbot **vAw** zu beachten. Er darf Verhaftung jedoch nur unterlassen, wenn er sich durch Augenschein selbst davon überzeugt hat, dass die Gesundheit des Sch durch die Haftvollstr einer nahen und erhebl Gefahr ausgesetzt wird oder wenn dies durch Zeugnis eines Arztes nachgewiesen ist. Die Gesundheitsgefährdung muss somit **offensichtl oder nachgewiesen** sein (OLG Hamm DGVZ 83, 137; Jena Rpfleger 97, 446; aA LG Hannover DGVZ 82, 119 [fehlende Möglichkeit genauer Überprüfung geht nicht zu Lasten des Sch; amtsärztl Zeugnis kann nicht verlangt werden]). Den Nachweis der (nicht offensichtl) Gesundheitsgefährdung hat der Sch zu erbringen (LG Lübeck DGVZ 2008, 126 mwN), uU durch Vorlage einer weiteren (neueren) **ärztl Bescheinigung** (LG Hannover DGVZ 90, 59). Bei der Beurteilung der Gesundheitsgefährdung ist ein **strenger Maßstab** anzulegen (OLG Jena Rpfleger 97, 446; OLG Hamm aaO; LG Lübeck DGVZ 2008, 126). Ein privatärztl Zeugnis kann nur genügen, wenn die Haftunfähigkeit darin konkret und nachvollziehbar begründet ist (LG Lübeck DGVZ 2008, 126). Eine (aussagelose) Arbeitsunfähigkeitsbescheinigung ist unzureichend. **Beispiele:** Anzunehmen sein kann Haftunfähigkeit bei einem 82-jährigen Sch, der nach ärztl Zeugnis an schwerer Herzkrankheit leidet (LG Braunschweig DGVZ 89, 28); bei einem 87-jährigen Sch, wenn Altersbeschwerden eine gesundheitl Krise besorgen lassen (AG Koblenz DGVZ 86, 126); bei einem Sch, der sich 3-mal wöchentl einer Dialysebehandlung unterziehen muss (AG Pirmasens DGVZ 83, 127); bei Bluthochdruckerkrankung des Sch, die in Stresssituationen zu lebensbedrohenden Blutdruckspitzen führen kann (OLG Düsseldorf DGVZ 96, 27). Lehnt der GV die Verhaftung ab, weil er den Sch für haftunfähig hält, muss er im Einzelnen darlegen, was ihn dazu bewogen hat (vgl LG Berlin DGVZ 75, 167). 3

IV) Unterbrechung der Haft. Der Vollzug angetretener Haft ist für die Dauer der Haftunfähigkeit zu unterbrechen. Nach Beendigung des Krankheitszustandes kann der Haftbefehl weiter vollstr werden. 4

V) Rechtsbehelf. Für **Gl**, wenn der GV die Vollziehung des Haftbefehls ablehnt: Erinnerung (§ 766), dann: sof Beschwerde (§ 793); ebenso für **Sch**, der sich gegen die Vollziehung des Haftbefehls unter Berufung auf § 802h wendet. Einwendungen nach § 766 sind schon zul, bevor der GV zur Verhaftung schreitet; es muss nur der Vollzug drohen (OLG Hamm DGVZ 83, 137). Hat der GV die Verhaftung des Sch abgelehnt, muss im Erinnerungsverf geprüft werden, ob die Vollstr der Haft wegen Gesundheitsgefahren tatsächl ausgeschlossen ist; nicht nur, ob der GV in zutr Weise von seinem Ermessen Gebrauch gemacht hat (OLG Köln Rpfleger 95, 220; MskV/Voit Rn 7 – jew mwN; aA LG Düsseldorf DGVZ 81, 171; LG Hannover DGVZ 90, 59). 5

VI) Sonderfälle. – Gegen ein **Mitglied des Dt Bundestags** darf die Haft grds nur mit Genehmigung des Dt Bundestags vollzogen werden (vgl Art 46 II GG). Auf dessen Verlangen ist die Haft nach Art 46 IV GG auszusetzen. Der Erlass des Haftbefehls ist damit nicht gehindert. – Für die **Mitglieder der Landesparlamente** treffen die Landesverfassungen entspr Regelungen. – Zu **Mitgliedern des NATO-Truppenstatuts:** s § 802g Rn 23. 6

§ 802i Vermögensauskunft des verhafteten Schuldners

(1) [1]Der verhaftete Schuldner kann zu jeder Zeit bei dem Gerichtsvollzieher des Amtsgerichts des Haftortes verlangen, ihm die Vermögensauskunft abzunehmen. [2]Dem Verlangen ist unverzüglich stattzugeben; § 802f Absatz 7 gilt entsprechend. [3]Dem Gläubiger wird die Teilnahme ermöglicht, wenn er dies beantragt hat und seine Teilnahme nicht zu einer Verzögerung der Abnahme führt.

(2) [1]Nach Abgabe der Vermögensauskunft wird der Schuldner aus der Haft entlassen. [2]§ 802f Absatz 7 und 8 gilt entsprechend.

(3) [1]Kann der Schuldner vollständige Angaben nicht machen, weil er die erforderlichen Unterlagen nicht bei sich hat, so kann der Gerichtsvollzieher einen neuen Termin bestimmen und die Vollziehung des Haftbefehls bis zu diesem Termin aussetzen. [2]§ 802f gilt entsprechend; der Setzung einer Zahlungsfrist bedarf es nicht.

I 2, II 2 geändert mWv 19.7.2024 durch G zur Förderung des Einsatzes von Videokonferenztechnik in der Zivilgerichtsbarkeit und den Fachgerichtsbarkeiten v 15.7.2024 (BGBl 2024 I Nr 237).

I) Zweck. Gewährleistung der Freiheitsgarantie (Art 104 GG) unter gleichzeitiger Wahrung der Gläubigerinteressen im Verf mit Regelung der Zust für die Abgabe der eidesstattl Vermögensauskunft durch den verhafteten Sch. 1

II) Voraussetzung. Antrag (Verlangen) **des verhafteten Sch (I 1).** *Nicht anwendbar* ist I, wenn nach dem Erlass des Haftbefehls der noch nicht verhaftete Sch die Vermögensauskunft freiwillig abgeben will, um der Verhaftung zu entgehen; dann ist die Verhaftung unzul (vgl AG Bremen JurBüro 2007, 158; AG Hildesheim DGVZ 2005, 30). Bestimmt der GV daraufhin einen Termin, ist dem Gl die (verlangte) Teilnahme am Termin zu ermöglichen. Fraglich ist, ob der GV auch dann einen Termin zu bestimmen hat, wenn sich der Sch (ohne Termin) zu ihm begibt und die Vermögensauskunft sofort abgeben will (zu Recht zweifelnd: MskV/Voit Rn 2; auch in diesem Fall dürfte I 3 zu beachten sein, s iÜ Rn 5). Mit freiw Abgabe der Vermögensauskunft hat der 2

Sch „die Leistung bewirkt", so dass die Verhaftung unterbleibt. Zul ist die Verhaftung des erschienenen Sch aber, wenn er sodann keine Bereitschaft zeigt, die Vermögensauskunft abzugeben, insb wenn er sich entfernen will (vgl AG Hildesheim DGVZ 2005, 30; sa AG Strausberg DGVZ 2005, 31).

3 **III) Verfahren. 1) Zuständigkeit.** Zuständig für Entgegennahme der eidesstattl Vermögensauskunft durch den verhafteten Sch ist der **GV des AG des Haftorts (I 1)**. Das ist das Gericht, in dessen Bezirk der Sch verhaftet ist, nach Einlieferung in die Haftanstalt das für diese zuständige AG. Er hat (wie der ersuchte GV im Falle der Rechtshilfe: dazu § 802f Rn 37) dem Sch die Vermögensauskunft abzunehmen. Begründete Einwendungen des Sch gegen den Haftvollzug (zB Schutz nach § 802d wegen inzwischen bereits geleisteter Vermögensauskunft; Eidesunfähigkeit wegen Erkrankung; § 765a) können aber auch vom GV des Haftorts nicht übergangen werden; er kann bis zur Entscheidung des Vollstreckungs- oder Beschwerdegerichts den Vollzug des Haftbefehls aussetzen.

4 **2) Eilbedürfnis.** Dem **Antrag** des verhafteten Sch ist **ohne Verzug zu entsprechen (I 2)**. Das VermVerz ist vom GV als elektron Dokument zu errichten, dem Sch vorzulesen oder zur Durchsicht auf dem Bildschirm anzuzeigen (I 2 iVm § 802f VII) und vom Sch die Richtigkeit an Eides statt zu versichern (§ 802c III). Nach Einlieferung in die **Vollzugsanstalt** hat deren Leitung dafür Sorge zu tragen, dass einem Antrag des Sch ohne Verzug entsprochen wird.

5 **3) Terminsablauf.** Dem **Gl** (seinem Vertreter) ist die **Teilnahme am Termin** zur Abnahme der eidesstattl Vermögensversicherung durch den verhafteten Sch **zu ermöglichen**, wenn er dies, insb bei Erteilung des Verhaftungsauftrags, beantragt hat und die Vermögensauskunft dennoch ohne Verzug abgenommen werden kann **(I 3)**. In einem solchen Fall ist der Gl (sein Vertreter) vor Abnahme der Vermögensauskunft **(fernmündl) zu benachrichtigen** (Unterlassung kann Amtspflichtverletzung darstellen). Verzug, der eine Benachrichtigung des Gl für die Teilnahme am Termin ausschließt, wird bereits anzunehmen sein, wenn dieser telefonisch nicht zu erreichen ist. Schriftl Benachrichtigung (durch Brief, Telefax etc) würde zu einer Verzögerung führen, so dass eine solche unterbleiben kann und dem Gl Terminsteilnahme nicht ermöglicht zu werden braucht (BTDrs 13/341, 49). Will der fernmündl erreichbare Gl am Termin teilnehmen, ist ihm dazu Gelegenheit zu geben, wenn er (sein Vertreter) *in angemessener Zeit anwesend* sein kann. Der Sch muss dann kurzzeitige Freiheitsentziehung im Interesse der Wahrung der Gläubigerbelange hinnehmen (Verhältnismäßigkeitsgrundsatz). Die Zeitdauer bemisst sich nach den Umständen des Einzelfalls (iE LG Oldenburg DGVZ 2003, 156 [länger als 2 Stunden unzumutbar]). Im Zweifel wird das Interesse des Sch auf persönl Freiheit überwiegen (BTDrs 13/341, 49).

6 **4) Mehrere Vollstreckungsverfahren.** Dem auf **Antrag mehrerer Gl (oder in mehreren Verf des gleichen Gl)** verhafteten Sch ist die eidesstattl **Vermögensversicherung in allen Vollstreckungsverf** abzunehmen (LG Arnsberg DGVZ 94, 6). Verlangen kann auch der für mehrere Gl (oder in mehreren Angelegenheiten eines Gl) verhaftete Sch nur Abnahme der Vermögensauskunft und Versicherung mit der Folge (II), dass er nach Abgabe der Vermögensauskunft aus der für alle Gl bereits vollzogenen Haft zu entlassen ist (bei gleichzeitiger Verhaftung für weitere Gl somit kein Fall des § 802d I). Der mit mehreren Haftbefehlen verhaftete Sch kann daher nicht das Verf auswählen (der GV es somit auch nicht bestimmen), in dem er versichern will, und damit auch keine Bestimmung treffen, dass er trotz Haftvollzug auch für andere Gl vor diesen Schutz nach § 802d I erlangen will. Auch über die gemeinsame Vermögensauskunft in allen Haftangelegenheiten wird nur eine Niederschrift aufgenommen.

7 **5) Folge.** Der **Sch wird nach Abgabe der Vermögensversicherung aus der Haft entlassen (II 1)**. Die Entlassung obliegt dem GV des Haftorts; er hat dem Sch auf Verlangen einen Ausdruck des VermVerz zu erteilen bzw dem Sch ist auf Antrag das VermVerz als elektron Dokument zu übermitteln; das VermVerz ist beim zentralen Vollstreckungsgericht zu hinterlegen und dem (den) Gl ist unverzügl ein Ausdruck des VermVerz bzw auf Antrag das VermVerz als elektron Dokument zuzuleiten (**II 2** iVm § 802f VII, VIII). Erforderlichenfalls ist die Haftanstalt vom GV zu verständigen. Aufhebung des Haftbefehls wird nicht angeordnet. Vor erneuter Verhaftung ist der Sch nach § 775 Nr 4 (Vorlage einer Abschrift des Protokolls über die Abgabe der Versicherung) und § 802d I geschützt. Der Gl hat keinen Anspruch auf Rückgabe des Haftbefehls, wenn dieser mit der Abgabe der Vermögensversicherung verbraucht ist (AG Rotenburg/Wümme DGVZ 79, 47).

8 **IV) Befristete Aussetzung (§ 802i III). 1) Verfahren.** Befristet aussetzen kann der GV die **Vollziehung des Haftbefehls** vor oder nach der Verhaftung, wenn der Sch vollst Angaben nicht machen kann, weil er dazu notw Unterlagen nicht bei sich hat (**III 1**). Die Aussetzung darf nur unter **gleichzeitiger Bestimmung** eines (zeitnahen) **neuen Termins** für Abgabe der eidesstattl Vermögensversicherung erfolgen (III 1; Termin noch am gleichen Tag oder am folgenden Tag wird vielfach geboten sein). Zur Ladung des Sch (sollte sofort zugestellt werden) und Terminsmitteilung an den Gl: s **III 2** iVm § 802f; eine Zahlungsfrist ist nicht wieder zu setzen. Nicht zulässig ist es, dem Sch die eidesstattl Vermögensversicherung auf der Grundlage eines unvollst erstellten VermVerz abzunehmen und ihm aufzugeben, notw Angaben nachzubringen. Vielmehr ist dem Sch mit befristeter Aussetzung der Vollziehung des Haftbefehls Gelegenheit zu geben, fehlende Angaben für Vermögensversicherung nach „bestem Wissen und Gewissen" (§ 802c III 1) beizubringen und hierfür Unterlagen herbeizuschaffen.

9 **2) Ermessen.** *Als „Kann-Vorschrift"* gibt **III 1** dem **GV** einen **Ermessensspielraum**. Bei Fluchtgefahr, aber auch bei Böswilligkeit des Sch, ist von einer Außervollzugsetzung des Haftbefehls abzusehen (BTDrs 13/341, 50). Als **Ausnahmevorschrift** ist III 1 zudem **eng auszulegen**. Der in seiner Wohnung verhaftete Sch hat er-

forderl Angaben sogleich zu machen und nötige Unterlagen zu suchen, auch wenn das zeitaufwendig sein kann. Kann der Sch fernmündl Angaben erfragen oder Unterlagen anfordern, hat Aussetzung nicht zu erfolgen. Auch sonst hat der Sch Erschwernisse hinzunehmen; Grund: Sch hatte bis zur Verhaftung hinreichend Gelegenheit, alles zu veranlassen.

3) Ende. Die befristete Aussetzung endet **automatisch** in dem **Zeitpunkt des neuen Termins**; der Haftbefehl ist dann wieder in Kraft. Kommt der Sch zum neuen Termin nicht oder gibt er die eidesstattl Vermögensversicherung nicht ab, ist der Haftbefehl zu vollziehen (BTDrs 13/341, 50). Möglich, aber nur in besonderen Ausnahmefällen denkbar, ist die **erneute Aussetzung** nach III 1 (BTDrs 13/341, 50). Sie ist zB unzulässig, wenn der Sch schuldhaft Unterlagen immer noch nicht zugezogen hat, für deren Feststellung und Beschaffung ihm mit der Aussetzung Gelegenheit gegeben worden war. 10

V) Sonderfall. Zur Verwaltungsvollstr: s **§ 284 VIII AO.** 11

VI) Gebühren des GV. § 5 I 1 GvKostG; 260 GvKostG-KV für den GV des Haftortes (Kessel DGVZ 2012, 219). Im Fall des § 3 I 2 GvKostG liegen mehrere Aufträge vor. 12

§ 802j Dauer der Haft; erneute Haft

(1) [1]Die Haft darf die Dauer von sechs Monaten nicht übersteigen. [2]Nach Ablauf der sechs Monate wird der Schuldner von Amts wegen aus der Haft entlassen.

(2) Gegen den Schuldner, der ohne sein Zutun auf Antrag des Gläubigers aus der Haft entlassen ist, findet auf Antrag desselben Gläubigers eine Erneuerung der Haft nicht statt.

(3) Ein Schuldner, gegen den wegen Verweigerung der Abgabe der Vermögensauskunft eine Haft von sechs Monaten vollstreckt ist, kann innerhalb der folgenden zwei Jahre auch auf Antrag eines anderen Gläubigers nur unter den Voraussetzungen des § 802d von neuem zur Abgabe einer solchen Vermögensauskunft durch Haft angehalten werden.

I) Dauer der Haft (§ 802j I). Sie darf **nicht länger als 6 Monate** sein (**I 1**; ausführl zur zeitl Begrenzung, wenn mehrere Haftbefehle vollstr werden: Paul Rpfleger 2013, 250 mwN). Die **Frist beginnt mit der Verhaftung** durch den GV (§ 802g II), nicht erst mit der Einlieferung in die Haftanstalt. Die **Entlassung des Sch** nach Ablauf von 6 Monaten ist **vAw** vorzunehmen (**I 2**) und Sache des Leiters der Vollzugsanstalt. 1

II) Erneute Haft (§ 802j II). 1) Unzulässigkeit. Die erneute Haft (= nochmalige Verhaftung des Sch in demselben Vollstreckungsverf sowie nochmalige Haftanordnung wegen derselben Gläubigerforderung nach Entlassung aus der Haft) ist unzulässig, wenn der Sch ohne sein Zutun auf Antrag des Gl aus der Haft entlassen worden ist. Grund: Der Gl soll die Haft nicht als Druckmittel einsetzen können. 2

2) Zulässigkeit. Die erneute Haft ist zulässig, wenn die Entlassung auf einen mit **Zutun des Sch** gestellten Antrag des Gl erfolgt ist (etwa auf seine Bitte, weil er zahlen will oder Ratenzahlungen leistet) oder wenn der Sch **vAw aus der Haft entlassen** wurde (zB nach § 802i III) und der Hinderungsgrund weggefallen ist. Zulässig ist die Verhaftung außerdem (keine erneute Haft; Ausnahme jedoch § 802d) auf Antrag desselben Gl wegen einer anderen Haftanordnung oder auf Antrag eines anderen Gl. Nicht um eine Hafterneuerung handelt es sich in den Fällen des § 802d, in denen die Abgabe einer neuen Vermögensauskunft und Versicherung verlangt werden kann; hier ist erneute Haftanordnung zulässig (§ 802g), selbst dann, wenn im Verf wegen des ersten Antrags innerhalb der letzten 2 Jahre eine Haft von 6 Monaten vollstr worden ist (vgl LG Freiburg MDR 81, 151). 3

III) Schonfrist (§ 802j III). 1) Zweck. Zeitw Ausschluss (Dauer: **2 Jahre**) nochmaliger Haft als Zwang zur Abgabe einer Vermögensauskunft nach bereits 6-monatiger Haftdauer. Diese Schonfrist schließt (ergänzend zu § 802d) für den Fall, dass Haft bereits mit der Höchstdauer von 6 Monaten vollstr ist, erneuten Haftbefehl (§ 802g) und ebenso Haftvollstr auf Grund eines bereits früher erlassenen Haftbefehls aus. Der Sch ist gg nochmalige Haft auf Antrag eines anderen Gl ebenso geschützt wie gg Haft auf Antrag des gleichen Gl in einer anderen Auskunftssache. 4

2) Ausnahme. Wenn Tatsachen glaubhaft gemacht sind, die auf eine wesentl Veränderung der Vermögensverhältnisse des Sch schließen lassen (§ 802d I); dazu § 802d Rn 6 ff. 5

3) Prüfung. Verhaftung auf Grund eines vor 6-monatiger Haftvollstr erlassenen Haftbefehls hat der GV abzulehnen, wenn er die Haft kennt; er hat daher auch Glaubhaftmachung für zulässigen Haftvollzug (III) zu prüfen. 6

4) Ende der Schonfrist. Nach 2 Jahren seit Beendigung der Haft. Haftanordnung (nicht Verf und Antrag) ist erst nach 2 Jahren zulässig. 7

IV) Rechtsbehelfe des Schuldners. Bei Verstoß gegen I 2: Erinnerung (§ 766), dann: sof Beschwerde (§ 793); ebenso bei Erneuerung der Haft (s Rn 2 ff) mit nochmaliger Verhaftung; bei Erlass eines (neuen) Haftbefehls: wie § 802g Rn 15 f. 8

§ 802k Zentrale Verwaltung der Vermögensverzeichnisse

1) [1]Nach § 802f Absatz 8 dieses Gesetzes oder nach § 284 Abs. 7 Satz 4 der Abgabenordnung zu hinterlegende Vermögensverzeichnisse werden landesweit von einem zentralen Vollstreckungsgericht in elektronischer Form verwaltet. [2]Die Vermögensverzeichnisse können über eine zentrale und länderübergreifende Abfrage im Internet eingesehen und abgerufen werden. [3]Gleiches gilt für Vermögensverzeichnisse, die auf Grund einer § 284 Abs. 1 bis 7 der Abgabenordnung gleichwertigen bundesgesetzlichen oder landesgesetzlichen Regelung errichtet wurden, soweit diese Regelung die Hinterlegung anordnet. [4]Ein Vermögensverzeichnis nach Satz 1 oder Satz 2 ist nach Ablauf von zwei Jahren seit Abgabe der Auskunft oder bei Eingang eines neuen Vermögensverzeichnisses zu löschen.

(2) [1]Die Gerichtsvollzieher können die von den zentralen Vollstreckungsgerichten nach Absatz 1 verwalteten Vermögensverzeichnisse zu Vollstreckungszwecken abrufen. [2]Den Gerichtsvollziehern stehen Vollstreckungsbehörden gleich, die

1. **Vermögensauskünfte nach § 284 der Abgabenordnung verlangen können,**
2. **durch Bundesgesetz oder durch Landesgesetz dazu befugt sind, vom Schuldner Auskunft über sein Vermögen zu verlangen, wenn diese Auskunftsbefugnis durch die Errichtung eines nach Absatz 1 zu hinterlegenden Vermögensverzeichnisses ausgeschlossen wird, oder**
3. **durch Bundesgesetz oder durch Landesgesetz dazu befugt sind, vom Schuldner die Abgabe einer Vermögensauskunft nach § 802c gegenüber dem Gerichtsvollzieher zu verlangen.**

[3]Zur Einsicht befugt sind ferner Vollstreckungsgerichte, Insolvenzgerichte und Registergerichte sowie Strafverfolgungsbehörden, soweit dies zur Erfüllung der ihnen obliegenden Aufgaben erforderlich ist.

(3) [1]Die Landesregierungen bestimmen durch Rechtsverordnung, welches Gericht die Aufgaben des zentralen Vollstreckungsgerichts nach Absatz 1 wahrzunehmen hat. [2]Sie können diese Befugnis auf die Landesjustizverwaltungen übertragen. [3]Das zentrale Vollstreckungsgericht nach Absatz 1 kann andere Stellen mit der Datenverarbeitung beauftragen; die datenschutzrechtlichen Vorschriften über die Verarbeitung personenbezogener Daten im Auftrag sind zu beachten.

(4) [1]Das Bundesministerium der Justiz und für Verbraucherschutz wird ermächtigt, durch Rechtsverordnung mit Zustimmung des Bundesrates die Einzelheiten des Inhalts, der Form, Aufnahme, Übermittlung, Verwaltung und Löschung der Vermögensverzeichnisse nach § 802f Absatz 7 dieses Gesetzes und nach § 284 Abs. 7 der Abgabenordnung oder gleichwertigen Regelungen im Sinne von Absatz 1 Satz 2 sowie der Einsichtnahme, insbesondere durch ein automatisiertes Abrufverfahren, zu regeln. [2]Die Rechtsverordnung hat geeignete Regelungen zur Sicherung des Datenschutzes und der Datensicherheit vorzusehen. [3]Insbesondere ist sicherzustellen, dass die Vermögensverzeichnisse

1. **bei der Übermittlung an das zentrale Vollstreckungsgericht nach Absatz 1 sowie bei der Weitergabe an die anderen Stellen nach Absatz 3 Satz 3 gegen unbefugte Kenntnisnahme geschützt sind,**
2. **unversehrt und vollständig wiedergegeben werden,**
3. **jederzeit ihrem Ursprung nach zugeordnet werden können und**
4. **nur von registrierten Nutzern abgerufen werden können und jeder Abrufvorgang protokolliert wird.**

(5) [1]Macht eine betroffene Person das Auskunftsrecht nach Artikel 15 Absatz 1 der Verordnung (EU) 2016/679 des Europäischen Parlaments und des Rates vom 27. April 2016 zum Schutz natürlicher Personen bei der Verarbeitung personenbezogener Daten, zum freien Datenverkehr und zur Aufhebung der Richtlinie 95/46/EG (Datenschutz-Grundverordnung) (ABl. L 119 vom 4.5.2016, S. 1; L 314 vom 22.11.2016, S. 72; L 127 vom 23.5.2018, S. 2) in Bezug auf personenbezogene Daten geltend, die in den von den zentralen Vollstreckungsgerichten nach Absatz 1 verwalteten Vermögensverzeichnissen enthalten sind, so sind der betroffenen Person im Hinblick auf die Empfänger, denen die personenbezogenen Daten offengelegt worden sind oder noch offengelegt werden, nur die Kategorien berechtigter Empfänger mitzuteilen. [2]Das Widerspruchsrecht gemäß Artikel 21 der Verordnung (EU) 2016/679 findet in Bezug auf die personenbezogenen Daten, die in den von den zentralen Vollstreckungsgerichten nach Absatz 1 verwalteten Vermögensverzeichnissen enthalten sind, keine Anwendung.

I 1, IV 1 geändert mWv 19.7.2024 durch G zur Förderung des Einsatzes von Videokonferenztechnik in der Zivilgerichtsbarkeit und den Fachgerichtsbarkeiten v 15.7.2024 (BGBl 2024 I Nr 237).

1 **I) Zweck.** Verwaltung der VermVerz landesweit bei einem zentralen Vollstreckungsgericht.

2 **II) Hinterlegung des Vermögensverzeichnisses (§ 802k I).** Der GV hat das VermVerz (§ 802f VII 1) **bei dem zentralen Vollstreckungsgericht zu hinterlegen** (I 1 iVm § 802f VIII 1). Hinterlegung durch eine Finanzbehörde als Vollstreckungsbehörde regelt § 284 VII 4 AO; für sonstige Verwaltungsvollstr können Bundes- oder Landesgesetze entspr Bestimmung treffen (**I 3**). **Gespeichert** wird das VermVerz bei dem zentralen Gericht **2 Jahre lang** ab Abgabe der Auskunft (entspricht der Sperrwirkung des § 802d I 1) **oder bis zum Eingang eines**

neuen VermVerz; dann ist es vAw zu löschen (**I 4**). Zu keiner vorzeitigen Löschung führt die Befriedigung des Gl vor Fristablauf (BTDrs 16/10069, 29).

III) Abruf des Vermögensverzeichnisses etc (§ 802k II). Zum Abruf durch **GV** und **Vollstreckungsbehörden** für Vollstreckungszwecke: s **II 1, 2. Einsehen** können ein VermVerz **Vollstreckungsgerichte**, **Insolvenzgerichte** und **Registergerichte** sowie **Strafverfolgungsbehörden**, soweit dies zur Erfüllung ihrer Aufgaben erforderl (nicht nur nützl) ist (**II 3**). Das ist bei Vollstreckungsgerichten der Fall, wenn sie auf Rechtsbehelf das Verf zur Abnahme der Vermögensauskunft (§§ 802c ff) oder die Eintragungsanordnung (§ 882c) oder für die Entscheidung über den Erlass eines Haftbefehls (§ 802g) die Voraussetzungen der Pflicht zur Abgabe der Vermögensauskunft zu überprüfen haben (BTDrs 16/10069, 30). Nicht erforderl ist ein Einsichtsrecht des Vollstreckungsgerichts, soweit dieses als Vollstreckungsorgan im Rahmen der Forderungspfändung tätig wird (BTDrs 16/10069, 30). **Privatpersonen** können auf ein VermVerz nicht zugreifen. Der **Gl** kann einen Ausdruck des VermVerz bzw ein elektron Dokument vom GV nach § 802d I 2, II (s iÜ § 802d Rn 13 ff), § 802f VIII 2 erhalten; der **Sch** nach § 802f VII 3. 3

IV) Bestimmung der zentralen Vollstreckungsgerichte (§ 802k III). Die Ermächtigungsgrundlage (Art 80 GG) für die Bestimmung der zentralen Vollstreckungsgerichte durch die Landesregierungen enthält **III 1** (sa **III 2**: Landesjustizverwaltungen). 4

IE sind das **folgende AGe** (www.justiz.de/onlinedienste/vollstreckungsportal/index.php [Liste mit Adressen]): *Baden-Württemberg:* AG Karlsruhe; *Bayern:* AG Hof; *Berlin:* AG Berlin-Mitte; *Brandenburg:* AG Nauen; *Bremen:* AG Bremerhaven; *Hamburg:* AG Hamburg; *Hessen:* AG Hünfeld; *Mecklenburg-Vorpommern:* AG Neubrandenburg; *Niedersachsen:* AG Goslar; *Nordrhein-Westfalen:* AG Hagen; *Rheinland-Pfalz:* AG Kaiserslautern; *Saarland:* AG Saarbrücken; *Sachsen:* AG Zwickau; *Sachsen-Anhalt:* AG Dessau-Roßlau; *Schleswig-Holstein:* AG Schleswig; *Thüringen:* AG Meiningen.

III 3 ermöglicht es, mit der Datenverarbeitung andere Stellen (auch Privatunternehmen) zu beauftragen.

V) Vermögensverzeichnisverordnung (§ 802k IV). IV gibt die Ermächtigungsgrundlage für die **Regelung der Einzelheiten zu Inhalt, Form, Verwaltung usw der VermVerz** durch das BMJV. Dieses hat davon durch die Verordnung über das Vermögensverzeichnis (Vermögensverzeichnisverordnung – VermVV) v 26.7.2012 (BGBl I 2012, 1663) Gebrauch gemacht. 5

VI) Datenschutz-Grundverordnung (§ 802k V). V trifft **einschränkende Regelungen zu** dem Recht der betroffenen Person auf Auskunft über die Verarbeitung ihrer personenbezogenen Daten gem **Art 15 I DSGVO** und zu dem Widerspruchsrecht der betroffenen Person gegen die Verarbeitung ihrer personenbezogenen Daten gem **Art 21 DSGVO**. 6

VII) Begründung zu den Einzelbestimmungen von § 802k. S BTDrs 16/10069, 29-31; BTDrs 16/13432, 44 u BTDrs 19/4671, 78-79. 7

§ 802l Auskunftsrechte des Gerichtsvollziehers

(1) [1]Der Gerichtsvollzieher darf vorbehaltlich der Sätze 2 und 3 folgende Maßnahmen durchführen, soweit sie zur Vollstreckung erforderlich sind:

1. **Erhebung des Namens und der Vornamen oder der Firma sowie der Anschrift der derzeitigen Arbeitgeber des Schuldners bei den Trägern der gesetzlichen Rentenversicherung und bei einer berufsständischen Versorgungseinrichtung im Sinne des § 6 Absatz 1 Satz 1 Nummer 1 des Sechsten Buches Sozialgesetzbuch;**
2. **Ersuchen an das Bundeszentralamt für Steuern, bei den Kreditinstituten die in § 93b Absatz 1 und 1a der Abgabenordnung bezeichneten Daten, ausgenommen die Identifikationsnummer nach § 139b der Abgabenordnung, abzurufen (§ 93 Absatz 8 der Abgabenordnung);**
3. **Erhebung der Fahrzeug- und Halterdaten nach § 33 Absatz 1 des Straßenverkehrsgesetzes beim Kraftfahrt-Bundesamt zu einem Fahrzeug, als dessen Halter der Schuldner eingetragen ist.**

[2]Maßnahmen nach Satz 1 sind nur zulässig, wenn

1. **die Ladung zu dem Termin zur Abgabe der Vermögensauskunft an den Schuldner nicht zustellbar ist und**
   - a) **die Anschrift, unter der die Zustellung ausgeführt werden sollte, mit der Anschrift übereinstimmt, die von einer der in § 755 Absatz 1 und 2 genannten Stellen innerhalb von drei Monaten vor oder nach dem Zustellungsversuch mitgeteilt wurde, oder**
   - b) **die Meldebehörde nach dem Zustellungsversuch die Auskunft erteilt, dass ihr keine derzeitige Anschrift des Schuldners bekannt ist, oder**
   - c) **die Meldebehörde innerhalb von drei Monaten vor Erteilung des Vollstreckungsauftrags die Auskunft erteilt hat, dass ihr keine derzeitige Anschrift des Schuldners bekannt ist;**

2. der Schuldner seiner Pflicht zur Abgabe der Vermögensauskunft in dem der Maßnahme nach Satz 1 zugrundeliegenden Vollstreckungsverfahren nicht nachkommt oder

3. bei einer Vollstreckung in die in der Vermögensauskunft aufgeführten Vermögensgegenstände eine vollständige Befriedigung des Gläubigers nicht zu erwarten ist.

[3]Die Erhebung nach Satz 1 Nummer 1 bei einer berufsständischen Versorgungseinrichtung ist zusätzlich zu den Voraussetzungen des Satzes 2 nur zulässig, wenn der Gläubiger die berufsständische Versorgungseinrichtung bezeichnet und tatsächliche Anhaltspunkte nennt, die nahelegen, dass der Schuldner Mitglied dieser berufsständischen Versorgungseinrichtung ist.

(2) [1]Daten, die für die Zwecke der Vollstreckung nicht erforderlich sind, hat der Gerichtsvollzieher unverzüglich zu löschen oder deren Verarbeitung einzuschränken. [2]Die Löschung ist zu protokollieren.

(3) [1]Über das Ergebnis einer Erhebung oder eines Ersuchens nach Absatz 1 setzt der Gerichtsvollzieher den Gläubiger unter Beachtung des Absatzes 2 unverzüglich und den Schuldner innerhalb von vier Wochen nach Erhalt in Kenntnis. [2]§ 802d Absatz 1 Satz 3 und Absatz 2 gilt entsprechend.

(4) [1]Nach Absatz 1 Satz 1 erhobene Daten, die innerhalb der letzten drei Monate bei dem Gerichtsvollzieher eingegangen sind, darf dieser auch einem weiteren Gläubiger übermitteln, wenn die Voraussetzungen für die Datenerhebung auch bei diesem Gläubiger vorliegen. [2]Der Gerichtsvollzieher hat dem weiteren Gläubiger die Tatsache, dass die Daten in einem anderen Verfahren erhoben wurden, und den Zeitpunkt ihres Eingangs bei ihm mitzuteilen. [3]Eine erneute Auskunft ist auf Antrag des weiteren Gläubigers einzuholen, wenn Anhaltspunkte dafür vorliegen, dass seit dem Eingang der Auskunft eine Änderung der Vermögensverhältnisse, über die nach Absatz 1 Satz 1 Auskunft eingeholt wurde, eingetreten ist.

(5) Übermittelt der Gerichtsvollzieher Daten nach Absatz 4 Satz 1 an einen weiteren Gläubiger, so hat er den Schuldner davon innerhalb von vier Wochen nach der Übermittlung in Kenntnis zu setzen; § 802d Absatz 1 Satz 3 und Absatz 2 gilt entsprechend.

1 **I) Zweck.** Regelung des Umfangs der Rechte des GV, Auskünfte Dritter über das Vermögen des Sch einzuholen (§ 802a II 1 Nr 3).

2 **II) Voraussetzungen. 1) Allgemeine Voraussetzungen.** Vollstreckungs**auftrag des Gl** mit der Bestimmung, (bezeichnete) Auskünfte Dritter über das Vermögen des Sch einzuholen, und Übergabe der vollstrb Ausfertigung (zum SWR als Gl von Rundfunkbeiträgen: BGH MDR 2018, 489). Der Gl muss **alle Voraussetzungen von I darlegen**; dazu gehört insb der Vortrag, nach welcher Alt von I die Berechtigung zum Einholen von Drittauskünften bestehen soll (iE [auch zum erforderl Umfang des Gl-Vortrags] BGH MDR 2019, 1152 = juris Tz 9 ff, 23 ff [isolierter Drittauskunftsantrag des Gl] mwN; sa BGH MDR 2021, 706 [hier vertr Ansicht in Tz 9 jedoch falsch als aA dargestellt]). Es müssen zudem alle **Erfordernisse für den Beginn der ZwV erfüllt** sein.

3 **2) Besondere Voraussetzungen (§ 802l I 1, 2, 3). a)** Das Einholen von Drittauskünften ist zunächst nur zulässig, soweit dies **zur Vollstr erforderl** ist (I 1); dadurch soll eine *unnötige Datenerhebung verhindert* werden. I 1 entspricht insoweit I 2 aF (vgl BTDrs 19/27636, 24); zu letzterem: s BTDrs 16/13432, 45. Das Auskunftsrecht des Gl ist damit auf Fälle beschränkt, in denen durch die zusätzl Information verwertbare Erkenntnisse für die Vollstr zu erwarten sind (BTDrs 16/13432, 45; sa BGH MDR 2022, 1051, juris Tz 20). Das ist zB nicht der Fall, wenn die Angabe des Sch im VermVerz deutlich macht, dass schon aus zeitl Gründen ein weiteres sozialversicherungspfl Beschäftigungsverhältnis nicht bestehen kann (BTDrs 16/13432, 45). Das wird auch bei hohem Alter des Sch, langjähriger Erkrankung oder bei Deckung des notw Lebensunterhalts des verarmten Sch durch Sozialhilfe, uU auch bei Abweisung der Eröffnung des Insolvenzverf mangels Masse, so sein.

4 **b)** Das Einholen von Drittauskünften ist nach **I 2** darüber hinaus nur zulässig, wenn *alternativ* (sa BTDrs 19/27636, 25) eine der folgenden zusätzl Voraussetzungen erfüllt ist.

4a **aa) I 2 Nr 1:** Die **Ladung** zum Termin zur Abgabe der Vermögensauskunft ist **an den Sch nicht zustellbar und**

- die **Anschrift des Sch**, unter der die Zustellung ausgeführt werden sollte, stimmt mit der Anschrift überein, die von einer der in § 755 I und II genannten Stellen innerhalb von drei Monaten vor oder nach dem Zustellungsversuch mitgeteilt wurde (**I 2 Nr 1a**), oder
- die **Meldebehörde** erteilt **nach dem Zustellungsversuch** die Auskunft, dass ihr keine derzeitige Anschrift des Sch bekannt ist (**I 2 Nr 1b**), oder
- die **Meldebehörde** hat innerhalb von **drei Monaten vor Erteilung des Vollstreckungsauftrags** die Auskunft erteilt, dass ihr keine derzeitige Anschrift des Sch bekannt ist (**I 2 Nr 1c**).

Die in I 2 Nr 1a, 1c enthaltenen **Drei-Monats-Fristen** sollen gewährleisten, dass ausreichend Zeit zw Meldeauskunft und Zustellungsversuch verbleibt; keine Rolle spielt dabei, wie viel Zeit zw erfolgloser Zustellung bzw Meldeauskunft und Drittauskunft liegt (vgl BTDrs 19/27636, 25). Die in **§ 755** vorgesehene **Rangfolge** (I vorrangig vor II) **gilt** für I 2 Nr 1a **nicht:** es ist unerhebl, welche dortige Stelle die Auskunft erteilt (vgl BTDrs aaO). Unerhebl ist auch, **wer** die aktuelle **Anschrift des Sch ermittelt** hat; so kann der Gl dem GV bereits mit dem Vollstreckungsauftrag eine aktuell ermittelte Anschrift mitteilen, die § 755 I oder II genügt (zB entspr Auskunft der Meldebehörde; vgl BTDrs aaO). **Vorgehen des GV:** Ist die Zustellung an die nach I 2 Nr 1a mitgeteilte Anschrift des Sch nicht mögl, können die Drittauskünfte unmittelbar eingeholt werden. Legt der Gl dem GV keinen Nachweis über eine innerhalb von drei Monaten ermittelte Anschrift vor, kann der GV zunächst eine Zustellung an die mitgeteilte Anschrift versuchen. Sollte die Zustellung erfolglos sein, müsste – bei entspr Auftrag des Gl – eine aktuelle Anschrift bei einer der Stellen von § 755 I oder II ermittelt werden. Wenn diese ermittelte Anschrift mit derj, unter der zugestellt werden sollte, übereinstimmt, können die Drittauskünfte eingeholt werden. Im Fall von I 2 Nr 1c ist ein Zustellungsversuch weder erforderl noch mögl (vgl BTDrs aaO).

bb) I 2 Nr 2: Der **Sch kommt** seiner **Pflicht zur Abgabe der Vermögensauskunft** (§ 802c) in dem der Maß- 4b
nahme nach I 1 zugrunde liegenden VollstrVerf (anderes Verf desselben oder eines anderen Gl ist unbeachtl) **nicht nach** (Hinweis auf Haftbefehle anderer Gl genügt nicht: AG Esslingen DGVZ 2013, 195). Zweck: Das Einholen von **Drittauskünften** ist wegen des informationellen Selbstbestimmungsrechts des Sch grds **subsidiär ggü** der Einholung einer **Selbstauskunft des Sch** (vgl BTDrs 16/10069, 31). Nicht nachgekommen ist der Sch seiner Pflicht zur Abgabe der Vermögensauskunft, wenn er sie verweigert hat oder wenn er nach (ordnungsgem) Ladung (§ 802f) dem Termin unentschuldigt ferngeblieben ist. Die Erzwingung der Abgabe der Vermögensauskunft durch Erwirkung eines Haftbefehls und Haftvollstr (§ 802g) ist vor Einholung einer Drittauskunft nicht erforderl. Grund: Gibt der Sch die Vermögensauskunft nicht ab, überwiegt das Interesse des Gl an einer zügigen und erfolgreichen Vollstr (vgl BTDrs 16/10069, 31).

cc) I 2 Nr 3: Bei der Vollstr in die in der Vermögensauskunft aufgeführten Vermögensgegenstände ist eine 4c
vollst Befriedigung des Gl nicht zu erwarten (allg dazu und zur Darlegung durch den Gl: BGH MDR 2019, 1152 = juris Tz 25 ff). Zweck: Es muss dem Gl möglich sein, die Vermögenssituation des Sch anhand obj Informationsquellen zu überprüfen, um geeignete Vollstreckungsobjekte ausfindig zu machen (BTDrs 16/10069, 32). Anhaltspunkte dafür, dass der Sch unvollst oder unzutr Angaben gemacht hat, sind hierfür nicht erforderl (iE BGH MDR 2015, 1038 Tz 13 ff). Wird aus den Angaben des Sch oder anderen offensichtl Umständen aber deutlich, dass die Drittauskünfte keine Erkenntnisse für die ZwV des Gl bringen können, ist eine Überprüfung durch **Drittauskünfte ausnahmsweise entbehrl** (BGH MDR 2015, 1038 = juris Tz 17 m Bsp). Bei einem **Wechsel des Arbeitgebers oder Kreditinstituts** nach der Vermögensauskunft müsste das Interesse des Gl an einer zügigen und erfolgreichen Vollstr Drittauskunft sogleich ermöglichen (innerhalb von 2 Jahren weitere Vermögensauskunft somit nicht erfordern), wenn bei der Vollstr in das aufgeführte Arbeitseinkommen oder Konto eine Befriedigung des Gl nicht zu erwarten ist. **2 Jahre nach der Vermögensauskunft** ist der Sch zur weiteren Abgabe der Auskunft stets verpflichtet (§ 802d I 1; AG Dresden DGVZ 2018, 187 f), kann Drittauskunft daher nur erhoben werden, wenn er wiederum seiner Pflicht zur neuerlichen Abgabe der Vermögensauskunft nicht nachgekommen ist oder eine Vollstr keine vollst Befriedigung des Gl erwarten lässt.

c) Die **Datenerhebung** durch den GV nach I 1 Nr 1 **bei einer berufsständischen Versorgungseinrichtung** ist 5
zusätzl zu den Voraussetzungen nach I 2 nur dann zulässig, wenn der Gl die berufsständische Versorgungseinrichtung bezeichnet und tatsächl Anhaltspunkte nennt, die nahelegen, dass der Sch Mitglied dieser berufsständischen Versorgungseinrichtung (also zB Arzt, Tierarzt, Zahnarzt, Apotheker, Notar, Rechtsanwalt, Architekt oder Steuerberater) ist **(I 3)**.

3) Kein Ermessen. Sind die Voraussetzungen erfüllt, liegt es nicht im Ermessen des **GV**, **Drittauskünfte einzu-** 6
holen; er ist dazu auf Antrag des Gl **verpflichtet** (BGH MDR 2015, 1038 = juris Tz 34). Ein zeitl Zusammenhang mit dem Verf zur Abgabe der Vermögensauskunft ist nicht bestimmt; wenn der Sch die Vermögensauskunft erteilt hat und eine Befriedigung des Gl nicht zu erwarten war, müsste nach dem Ablauf der Zweijahresfrist (§ 802d I 1) die Vermögensauskunft jedoch vorrangig sein (AG Schöneberg DGVZ 2014, 241). Was abgefragt werden kann und die Stellen, bei denen eine Abfrage erfolgen kann, nennt I 1 (iE dazu: BTDrs 16/10069, 32 f).

III) Maßnahmen. 1) § 802l I 1 Nr 1. Ermöglicht die **Erhebung** des Namens und der Vornamen (Arbeitgeber = 7
nat Person) oder der Firma (Arbeitgeber = Personengesellschaft oder jur Person) sowie der Anschrift der derzeitigen **Arbeitgeber** des Sch **bei** den **Trägern der gesetzl Rentenversicherung** und bei einer **berufsständischen Versorgungseinrichtung** iSd § 6 I 1 Nr 1 SGB VI, damit der Gl ggf eine Einkommenspfändung ausbringen kann. Das Ersuchen um Auskunft kann der GV an jeden Träger der ges Rentenversicherung (§ 125 SGB VI) richten (er hat den im Einzelfall zuständigen Rentenversicherungsträger somit nicht erst zu ermitteln), der sie beantwortet, wenn er die Daten des Sch kennt (zur Zulässigkeit der Datenübermittlung und zum Ersuchen des GV: s § 74a II SGB X) oder das Gesuch an den zuständigen Rentenversicherungsträger zur Übermittlung der angefragten Daten an den GV weiterleitet (vgl BTDrs 16/13432, 44).

2) § 802l I 1 Nr 2. Ermöglicht dem GV das Ersuchen an das **Bundeszentralamt für Steuern**, bei den Kreditin- 8
stituten die **in § 93b I, Ia AO bezeichneten Daten** über den Sch, mit Ausnahme seiner Identifikationsnummer (§ 139b AO), **abzurufen** (§ 93 VIII AO). § 93b I AO (iVm § 24c I KWG) betrifft **Konten, Depots und Schließfächer** des Sch. In Erweiterung des bisherigen I 1 Nr 2 bezieht sich der Datenabruf nun auch auf § 93b Ia AO und damit auf die **Adresse** des Sch und die Daten nach § 154 IIa 1 Nr 2 AO (**Wirtschafts-Identifikationsnummer** [§ 139c AO]). Die vom Bundeszentralamt für Steuern übermittelte Adresse des Sch bzw dessen Wirtschafts-Identifikationsnummer ermöglicht dem GV die weitere Überprüfung, ob es sich bei dem mitgeteilten

Verfügungsberechtigten bzw wirtschaftl Berechtigten iSd GwG um den Sch handelt (vgl BTDrs 19/27636, 24 [Doppelgängerproblematik]).

9 **3) § 802l I 1 Nr 3.** Regelt die **Erhebung** von **Fahrzeug- und Halterdaten** (§ 33 I StVG) über Fahrzeuge, die auf den Sch als Halter zugelassen sind, durch Anfrage **beim Kraftfahrt-Bundesamt.** Das gründet sich auf die Erwägung, dass die Eintragung des Kfz-Halters regelmäßig einen Anhalt für dessen Eigentum gibt. Zulässig ist die Übermittlung der Fahrzeug- und Halterdaten durch das Kraftfahrt-Bundesamt an den GV nach § 35 I Nr 15 StVG.

10 **4) Inhalt des Auftrags.** Welche dieser **Daten** erhoben oder abgerufen werden sollen, hat der **Gl in seinem Vollstreckungsauftrag zu bezeichnen.** Macht er keine Angabe, kann davon ausgegangen werden, dass Auskunft in allen drei Bereichen eingeholt werden soll. Bestimmt der Gl zunächst nur eine der Auskunftsmöglichkeiten (zB Erhebung des Arbeitgebers), dann kann er später Drittauskunft auch für die (oder einen der) anderen Bereiche verlangen.

11 **5) Erhalt weiterer Daten.** Erhält der GV (insb im automatischen Abrufverf) **Daten, die für Zwecke der Vollstr nicht erforderl sind,** hat er diese **unverzügl zu löschen** oder deren **Verarbeitung einzuschränken** (**II 1**); Grund: Datenschutz. Die **Löschung** ist zu **protokollieren** (**II 2**). **Beispiele:** Daten über bereits gelöschte Konten des Sch (LG Ravensburg DGVZ 2013, 214); Auskunft über Fahrzeuge, deren Pfändung Dritteigentum (§ 771) ausschließt.

12 **IV) Wiederholung von Drittauskünften.** Eine solche ist erst erforderl, wenn der Gl **konkrete Anhaltspunkte für eine wesentl Veränderung** der Vermögensverhältnisse des Sch glaubhaft macht oder wenn der Sch eine **weitere Vermögensauskunft** (§ 802d; Rn 4 ist dann zu beachten) abgegeben hat (BGH MDR 2015, 1038 Tz 18). **Beispiele** für wesentl Veränderungen: Das Arbeitsverhältnis bei dem bereits ermittelten Arbeitgeber oder das abgerufene Bankkonto ist aufgelöst; es gibt Hinweise, dass der Sch zwischenzeitl ein Kfz erworben hat.

13 **V) Information an Gläubiger, Schuldner und Dritte (§ 802l III). 1) Gläubiger.** Der GV hat den Gl über das Ergebnis einer Erhebung oder eines Ersuchens (nicht aber über sogleich zu löschende oder die Verarbeitung einschränkende Daten: vgl AG Hamburg DGVZ 2014, 20) **unverzügl in Kenntnis zu setzen** (**III 1**; zum **Umfang der Information** ggü dem Gl bei Auskunft nach I 1 Nr 2: BGH MDR 2022, 1051). Konten Dritter mit Verfügungsmacht des Sch dürfen dem Gl nicht bekannt gemacht werden (aA LG Ravensburg DGVZ 2013, 214). Der **Gl** darf die **Daten nur zu Vollstreckungszwecken verarbeiten**; er hat sie **nach Zweckerreichung** (wie § 802d Rn 15) **zu löschen**. Vom GV ist er darauf hinzuweisen (**III 2** iVm § 802d I 3). Übermittlung der Daten als **elektron Dokument** ermöglicht III 2 iVm § 802d II. **Abschrift der Auskunft** ist dem Gl auf Antrag zu erteilen (§ 760; AG Leipzig DGVZ 2014, 69; DGVZ 2015, 41).

14 **2) Schuldner.** Diesen hat der GV **innerhalb von 4 Wochen** nach Erhalt der Daten **in Kenntnis zu setzen** (**III 1**; Verpflichtung des GV); Grund: Wahrung der Rechte des Sch (BTDrs 16/13432, 45). Der Zeitraum für diese nachträgl Unterrichtung ist so zu bemessen, dass der Vollstreckungserfolg des Gl nicht gefährdet wird (BTDrs 16/13432, 45).

15 **3) Dritte.** Über den Wortlaut von **III 1** hinaus wendet der BGH die Pflicht des GV, den Sch innerhalb von vier Wochen nach Erhalt der Daten in Kenntnis zu setzen (sa Rn 14), verfassungskonform **entsprechend** auf **Dritte** an (BGH MDR 2022, 1051, juris Tz 43). Das ist überzeugend, weil der Gesetzgeber bei der Formulierung von III 1 die (mit dem Sch vergleichbare) Interessenlage des Dritten – insb sein Recht auf informationelle Selbstbestimmung – offenbar übersehen hat.

16 **VI) Datenübermittlung an weitere Gläubiger. 1) Umfang (§ 802l IV).** IV regelt, inwiefern der GV nach I 1 erhobene **Daten** auch an ***einen* weiteren Gl** des Sch **übermitteln** darf (**IV 1**). Entgegen dem Wortlaut sollte die Vorschrift nach Sinn und Zweck auch bei **mehr als einem weiteren Gl** desselben Sch anwendbar sein (sa § 755 Rn 9 mwN). IV 1 entspricht § 755 III (sa BRDrs 633/15, 38); auf die dortigen Erläuterungen wird verwiesen (s § 755 Rn 9 f). Der GV hat dem weiteren Gl die Tatsache, dass die Daten in einem anderen Verf erhoben wurden, und den Zeitpunkt ihres Eingangs bei ihm mitzuteilen (**IV 2**). Eine erneute Auskunft ist auf Antrag des weiteren Gl einzuholen, wenn Anhaltspunkte dafür vorliegen, dass seit dem Eingang der Auskunft eine Änderung der Vermögensverhältnisse eingetreten ist (**IV 3**). Solche Anhaltspunkte hat der weitere Gl dem GV nachvollziehbar vorzutragen; dabei dürfen keine überspannten Anforderungen gestellt werden (BRDrs 633/15, 39).

17 **2) Information an Schuldner etc (§ 802l V).** Stellt sicher, dass die in III enthaltenen Vorschriften zur **Information des Sch bzw Dritte** und zur **Zweckbindung** (s Rn 13 ff) auch für die Fälle der Übermittlung von erhobenen Daten an einen weiteren Gl zur Anwendung kommen (BRDrs 633/15, 39).

18 **VII) Gebühren. 1) RA:** Eigene Geb (3309 RVG-VV; Wert: § 25 I Nr 4 RVG), auch neben der für das Verf auf Abgabe der VA (BGH NJW 2019, 3080 Tz 19 mN). Die Kosten sind aber nach § 788 nur zu erstatten, wenn die Einholung der Drittauskunft notwendig war (s § 788 Rn 13.23). – **2) GV:** 440 GvKostG-KV bei I (entsteht mehrfach bei mehreren Drittauskünften, § 10 II 3 Nr 3 GvKostG), für Übermittlung (IV) 442 GvKostG-KV. Auslagen: 708 GvKostG-KV. Bei 711, 716 GvKostG-KV ist zu beachten, dass die Einholung von Drittauskünften Nebengeschäft iSd § 3 I 3 GvKostG ist (Nr 2 VII b DB-GvKostG; ausführl Richler DGVZ 2022, 211).

Titel 2
Zwangsvollstreckung in das bewegliche Vermögen (§§ 803-863)

Untertitel 1
Allgemeine Vorschriften (§§ 803-807)

§ 803 Pfändung

(1) [1]Die Zwangsvollstreckung in das bewegliche Vermögen erfolgt durch Pfändung. [2]Sie darf nicht weiter ausgedehnt werden, als es zur Befriedigung des Gläubigers und zur Deckung der Kosten der Zwangsvollstreckung erforderlich ist.

(2) Die Pfändung hat zu unterbleiben, wenn sich von der Verwertung der zu pfändenden Gegenstände ein Überschuss über die Kosten der Zwangsvollstreckung nicht erwarten lässt.

I) Pfändungszugriff. 1) Bewegliches Vermögen. Gegensatz: §§ 864, 865. Hierunter fallen: **a) Bewegliche Sachen** sowie nicht eingetragene Schiffe (§ 929a I BGB [BGH NJW-RR 2004, 1220, 1221: Segelschiff]; anders eingetragene Schiffe und Schiffsbauwerke, die eingetragen sind oder werden können, § 870a), die noch nicht vom Boden getrennten Früchte, jedoch nur, solange nicht Beschlagnahme im Wege der ZwV in das unbewegl Vermögen erfolgt ist (s § 810). Gleiches gilt für Zubehör von Grundstücken und eingetragenen Schiffen (§ 865 II 2; §§ 1121, 1122 BGB). Gegenstand der ZwV in Sachen sind auch Wertpapiere (§ 821), wobei auch elektron Wertpapiere als Sachen gelten, s § 2 III eWpG (BGBl I 2021, 1423; zunächst noch beschränkt auf Schuldverschreibungen, Anteilscheine; zum RefE Döding/Wentz WM 2020, 2312; zur Pfändung s § 821 Rn 2); Wechsel und andere indossable Papiere (§ 831). Ein PC (Hardware) wird wie bewegl Sachen (§ 808) gepfändet (Biermann/Göler DGVZ 2018, 83 mit Abgrenzung zu EDV-Anlagen, die §§ 93, 97 BGB unterfallen können); ebenso Software bei der ZwV gg den berechtigten Nutzer (hM; § 857 Rn 12f; MskV/Flockenhaus § 808 Rn 24 mN); I 2, II und der Katalog des § 811 I sind dabei zu beachten. Gegen den Urheber der Software ist dagegen nach § 857 vorzugehen mit den Einschränkungen durch die §§ 112 ff UrhG (s § 857 Rn 11). – Zu **Tieren** s § 811 I Nr 8, § 90a S 3 BGB; ausf Meller-Hannich MDR 2019, 713); **b) Geldforderungen** (§§ 829 ff); **c) Ansprüche auf Herausgabe** oder **Leistung körperlicher** (bewegl und unbewegl) **Sachen** (§§ 846-849); **d) andere Vermögensrechte** (s § 857). 1

2) Verfahren und Wirkung. Pfändung körperl Sachen erfolgt, indem der GV sie in Besitz nimmt (§ 808 I; Anschlusspfändung § 826). Durch Pfändungsbeschluss des VollstrGerichts werden gepfändet Geldforderungen (§§ 829 ff), Ansprüche auf Herausgabe oder Leistung körperl Sachen (§§ 846-849) und andere Vermögensrechte (§§ 857-863). Durch die Pfändung wird die Sache (Forderung oder das Recht) der Verfügungsmacht des Sch entzogen und für Befriedigung des Gl festgelegt (Verstrickung; s § 804 Rn 1). Pfändungspfandrecht: § 804. 2

3) Voraussetzungen der Pfändung. Sa vor § 704 Rn 13 ff zu den allg ZwV-Voraussetzungen. 3

II) Pfändung. 1) Durch den Gerichtsvollzieher. Der GV hat vor Pfändung eine **Berechnung der Forderung** des Gl aufzustellen bzw dessen eingereichte Berechnung zu prüfen (§ 80 GVGA). Fortlaufende Zinsen werden vorläufig bis zu dem Tag angesetzt, an dem die ZwV erfolgt, vorbehaltlich der Erhöhung um den Zinsbetrag bis zu dem Tag, an dem der Erlös gepfändeter Sachen voraussichtlich in die Hände des GV gelangt (§ 819 ZPO, § 80 I 2 Nr 2 GVGA). Prozesskosten können nur mit KFB beigetrieben werden (§ 794 I Nr 2). Kosten der ZwV (§ 788) sind mit der Hauptforderung beizutreiben. Vor Beginn der ZwV hat der GV den Sch, wenn er ihn nicht antrifft einen seiner Angehörigen, zur **freiwilligen Leistung** aufzufordern (§ 59 II 2 GVGA). Wenn (soweit) Leistung **nicht bewirkt** wird, hat der GV zu **pfänden.** Auswahl der Pfandstücke und Vollziehung der Pfändung, auch bei Widerspruch eines Dritten: §§ 81, 82, 87 GVGA. 4

2) Überpfändung. a) Verbot (I 2). Es dient der Schonung des Sch und gilt für jede Pfändungsart. Weil das VollstrGericht bei Pfändung einer Forderung (eines Vermögensrechts) den Pfandwert nicht schätzen kann und ihm später idR die Möglichkeit fehlt, sich über den wirklichen Wert der Forderung (des Rechts) Gewissheit zu verschaffen, und weil auch der Gl kaum Gelegenheit hat, sich über Höhe und Sicherheit (Einbringlichkeit) einer Forderung Kenntnis zu verschaffen, wird Vollpfändung einer Forderung, die höher ist als die Vollstreckungsforderung des Gl, für zulässig erachtet, desgl Pfändung mehrerer Forderungen, die zusammen größer als der Vollstreckungsanspruch des Gl sind, und Forderungspfändung neben anderen ZwV-Maßnahmen. Das Verbot der Überpfändung wird daher hier nur in Ausnahmefällen Bedeutung erlangen. Das Verbot stellt ein Schutzgesetz zugunsten des Sch iSd § 823 II BGB dar (BGH NJW 85, 1155, 1157). Bei Beurteilung der Frage, ob eine Überpfändung vorliegt, kommt es auf die durch den Titel ausgewiesene Forderung an. Der GV muss auf den voraussichtlichen Verwertungserlös abstellen; eine Überpfändung liegt daher nicht schon vor, wenn der Schätzwert gepfändeter Gegenstände den Gläubigeranspruch (samt Vollstreckungskosten) übersteigt (OVG Bremen NJW 86, 2131). Sie liegt nicht vor, wenn nur ein (einzelner) pfändbarer Gegenstand vorhanden ist, dessen Wert 5 die Gläubigerforderung weit übersteigt (AG Neubrandenburg DGVZ 2005, 14). Für den durch Überpfändung dem Sch entstandenen Schaden haftet der Staat (RGZ 143, 123). – Vergleichbare Regelung bei **Übersicherung** (§ 777; hierzu LG Berlin DGVZ 2019, 83).

6 **b) Erinnerung (§ 766).** Der Sch muss **Überpfändung**, die zunächst voll wirksam ist (allg zur Wirksamkeit einer Pfändung: BGH MDR 2020, 1145), durch Erinnerung (§ 766) geltend machen. Der GV selbst darf gepfändete Sachen nicht mehr aus dem Pfandverband entlassen, das VollstrGericht einen Pfändungsbeschluss nicht wieder von sich aus aufheben.

7 **3) Gesamtschuldner.** Haften mehrere Personen als Gesamtsch, kann der Gl gleichzeitig gg alle vollstr (I 2 hindert Pfändung wegen der ganzen Forderung gg andere Gesamtsch nicht); wird der Gl von einem der Sch befriedigt, können die anderen nach § 767 vorgehen. Die Durchführung der ZwV gg nur einen Gesamtsch darf nicht von der Vorlage aller gg die Sch erteilten Titel abhängig gemacht werden (AG Groß-Gerau MDR 81, 414; str; aA AG Günzburg DGVZ 83, 168).

8 **4) Nachpfändung.** Ergibt sich nach der Pfändung, dass der schätzungsweise angenommene Versteigerungserlös voraussichtl nicht ausreicht, hat der GV, ohne neue Weisung des Gl abzuwarten, anderweitig zu pfänden (§ 82 VI 2 GVGA; sa § 808 Rn 15).

9 **III) Fehlender Überschuss (§ 803 II). 1) Zwecklose Pfändung.** II dient dem Schutz des Sch vor Verlust eines Vermögensgegenstands, der keine Gl-Befriedigung (Verringerung der Verbindlichkeit des Sch) bewirkt (BGHZ 151, 384, 387), soll aber auch Belastung des Gl mit unnötigen Kosten unterbinden. Das Verbot gilt für die Erstpfändung; eine Anschlusspfändung (§ 826) hat (nach II) zu unterbleiben, wenn sie schon als Erstpfändung nicht erfolgen könnte. Sie kann aber nach II nicht nur deshalb unterbleiben, weil vorrangige Pfändungen einen Erlös für anschließende Pfandgläubiger zunächst nicht mehr erwarten lassen (die Anschlusspfändung kann sich mit Wegfall der früheren Maßnahme in eine Erstpfändung umwandeln; LG Marburg Rpfleger 84, 406; AG Bersenbrück DGVZ 89, 76). Wenn jedoch kein vernünftiger Zweifel bestehen kann, dass der Verwertungserlös voll dem früher pfändenden Gl bleiben wird (Wieser DGVZ 85, 37), oder wenn sich Anschlusspfändungen derart häufen, dass der letzte Gl zweifellos leer ausgehen wird, hat auch weitere Pfändung nach II zu unterbleiben (aA Mümmler JurBüro 88, 1461). Bei gleichzeitiger Vollstr für mehrere Gl kann nur Pfändung nach II insgesamt unterbleiben (StJ/Würdinger Rn 30; aA LG Berlin MDR 83, 501; Lappe NJW 84, 1217). Der GV hat die Verwertbarkeit der vorhandenen pfändbaren Sachen zu prüfen; ein die Kosten der ZwV übersteigender Verwertungserlös erfordert Deckung nicht nur der Pfändungskosten, sondern auch der voraussichtlichen Verwertungskosten (Transport-, Lager- und Versteigerungskosten; LG Köln DGVZ 88, 60; LG Ravensburg DGVZ 2001, 85; anders LG Düsseldorf DGVZ 88, 155). Auch eine glaubhaft erscheinende Berechtigung der Ansprüche Dritter an dem Gegenstand ist zu berücksichtigen (WSch/Lüke Rn 50; aA MskV/Flockenhaus Rn 15a), zB das Pfandrecht des Vermieters (s zu dessen Erlöschen § 562a BGB [hierzu BGH WuB 2018, 456]). Sichert der Gl für einen zu pfändenden Gegenstand selbst ein Gebot oder Erwerb mit Übereignung (§ 825) gg ein Entgelt zu, das die zu erwartenden Kosten der ZwV deutlich übersteigt, kann die Pfändung aus den Gründen des II nicht abgelehnt werden (allgM, zB AG Nettetal JurBüro 2012, 46). Sonst ist unter den Voraussetzungen des II die Pfändung eines Gegenstandes auch dann unzulässig, wenn der Gl die Verwertung des Gegenstandes nach § 825 begehrt.

10 **2) Wertlose Sachen.** II schließt zugleich die Pfändung solcher Sachen aus, die überhaupt **keinen Vermögenswert** für ZwV verkörpern (s § 847 Rn 1), zB die Pfändung eines Kfz-Kennzeichens für ein vom Sch geleastes (sicherungsübereignetes) Fahrzeug (AG Neubrandenburg DGVZ 2005, 14), die Reservierungskartei eines Hotelbetriebs (Hamm NJW-RR 97, 733) sowie idR vom Sch auf seinem PC erstellte Dateien/Programme (StJ/Würdinger § 808 Rn 3).

11 **3) Verstoß gegen § 803 II.** Eine trotz II erfolgte Pfändung ist wirksam (allg zur Wirksamkeit einer Pfändung: BGH MDR 2020, 1145). **Rechtsbehelf** des Sch: Erinnerung (§ 766).

12 **IV) Immobiliarvollstreckung.** Keine entsprechende Anwendung von I 2, II (BGH NJW-RR 2015, 850 Tz 10 zu II; OLG München 15.6.2016 – 34 Wx 210/16).

§ 804 Pfändungspfandrecht

(1) Durch die Pfändung erwirbt der Gläubiger ein Pfandrecht an dem gepfändeten Gegenstande.

(2) Das Pfandrecht gewährt dem Gläubiger im Verhältnis zu anderen Gläubigern dieselben Rechte wie ein durch Vertrag erworbenes Faustpfandrecht; es geht Pfand- und Vorzugsrechten vor, die für den Fall eines Insolvenzverfahrens den Faustpfandrechten nicht gleichgestellt sind.

(3) Das durch eine frühere Pfändung begründete Pfandrecht geht demjenigen vor, das durch eine spätere Pfändung begründet wird.

I) Verstrickung. Die Pfändung bewirkt Beschlagnahme (**Verstrickung**) und begründet für den Gl ein PfändungspfandR (I). **Beschlagnahme** ist die durch hoheitl Zugriff (sa vor § 704 Rn 1) bewirkte Sicherstellung der Sache für die Gläubigerbefriedigung. Sie unterstellt den Gegenstand für das VollstrVerf staatl Verfügungsmacht zur Befriedigung des Gl nach Maßgabe der ges Vorschriften des Vollstreckungsrechts. Die Beschlagnahmewirkungen sollen den Erfolg des Verf sichern. Rechtsänderungen durch Rechtshandlungen des Sch schließt die Beschlagnahme daher als Veräußerungsverbot nach §§ 135, 136 BGB aus. Strafrechtl Schutz gepfändeter bewegl Sachen: § 136 StGB. – Die wirksame Beschlagnahme des Pfandgegenstandes (Verstrickung) ist Voraussetzung der weiteren ZwV (BGH MDR 2020, 1145 Tz 14; sa Rn 3); die Verstrickung endet durch Verwertung des Vollstreckungsobjektes oder durch Aufhebung der Pfändung, sog **Entstrickung** (sa Rn 13 u BGH MDR 2022, 596 [Beseitigung der Verstrickung im Restschuldbefreiungsverf]). 1

II) Pfändung. 1) Pfandrecht. Der Gl erwirbt durch die Pfändung ein Pfandrecht an dem gepfändeten Gegenstand, der Sch behält Eigentum (an Sachen) bzw bleibt Inhaber (von Forderungen). Das **Pfändungspfandrecht** begründet den prozessualen Anspruch auf Erlöszuteilung(-auszahlung) nach bestimmter Rangordnung. Es hat damit insbes rangsichernde Funktion. Der Gl hat infolge seines durch Pfändung begründeten Pfandrechts bei Konkurrenz mit anderen pfändenden Gl und mit Gl eines Vertragspfandrechts (BGH NJW 85, 863) oder ges Pfandrechts (Vorzugsrechts) Anspruch auf Befriedigung aus dem gepfändeten Gegenstand nach dem Zeitpunkt der Entstehung seines Pfandrechts (II, III). Im InsVerf gewährt das PfändungspfandR (BGH MDR 2021, 193 [zum PfändungspfandR bei Eröffnung und Aufhebung des InsVerf]) ein Recht auf abgesonderte Befriedigung (§§ 49, 50 I InsO). Rechtsnatur und Wesen des PfändungspfandR wurden vielfach erörtert. Es entsteht durch hoheitl Handeln eines ZwV-Organs und sichert Erlöszuteilung bei Pfandverwertung, die in Ausübung staatl Zwangsgewalt nach Maßgabe der Verfahrensvorschriften des ZwV-Rechts erfolgt. Damit ist das PfändungspfandR **öffentl-rechtl Natur** und wesensverschieden vom bürgerl-rechtl Pfandrecht (§§ 1204 ff BGB). Inhalt und Wirkungen bestimmen sich nach dem ZwV-Recht. Das schließt nicht aus, dass bei unzulänglicher Regelung des ZwV-Verfahrensrechts Vorschriften des BGB über das Pfandrecht (entspr) Anwendung finden. Sie erlangen für das Pfandrecht an bewegl Sachen wegen der umfassenden Regelung des ZwV-Verfahrensrechts wenig Bedeutung; für das Pfandrecht an Forderungen und vor allem an Rechten können sie nicht ausgeklammert bleiben. Vorschriften des BGB über das (rechtsgeschäftl erlangte) Pfandrecht können auf das PfändungspfandR aber stets nur (ergänzend) Anwendung finden, soweit das ZwV-Verfahrensrecht keine eigene Regelung trifft und die bes Natur des PfändungspfandR nicht entgegensteht. Zum Wesen des PfändungspfandR haben sich drei **Theorien** (mit Varianten) herausgebildet: Die öffentl-rechtl Theorie (Entstehung, Bedeutung und Untergang richten sich allein nach öffentl Recht; Hk-ZV/Kindl Rn 3, 4; StJ/Würdinger Rn 1 nennt es „prozessuale" Theorie), die gemischte privatrechtl/öffentl-rechtl Theorie (Grundlage ist öffentl-rechtl Verstrickung, Verwertung erfolgt hoheitlich, iÜ richtet sich Entstehung ebenso wie Bedeutung nach materiellem Recht, Untergang erfolgt mit Beendigung der Verstrickung oder aus Gründen des materiellen Rechts (wohl hM; MskV/Flockenhaus Rn 2, 4; MK/Gruber Rn 11 ff) und die privatrechtl Theorie (dritte Art des privatrechtl Pfandrechts; Stamm, Die Prinzipien und Grundstrukturen des Zwangsvollstreckungsrechts, 2007, S 348, 364 ff, 427-429; Stamm, Die Strukturprinzipien der ZwV, Tagungsbd BMJV 2017, S 19, 26 für die privatrechtl Theorie in modifizierter Form). Die praktischen Auswirkungen des Streits sind gering (MK/Gruber Rn 8). Von ihrer Erörterung wird daher abgesehen, s zB BGH NJW 92, 2570, 2572 und ausf OLG Stuttgart 18.4.2017 – 10 U 120/16, juris Tz 63 ff. 2

2) Entstehung. Beschlagnahme und PfändungspfandR entstehen **mit wirksamer Pfändung** (mag sie auch fehlerhaft u anfechtbar sein; sa BGH MDR 2020, 1145). Das PfandR teilt das Schicksal der Pfändung, weil es nur für Zwecke der ZwV entsteht. **Unwirksamkeit der Pfändung** begründet daher kein PfändungspfandR (**Bsp**: Verstoß gg unionsrechtl umfassendes Verfügungs- und Abtretungsverbot lässt mat-rechtl kein PfandR entstehen, dem Pfandgl steht dann kein EinziehungsR ggü dem Drittsch zu, vgl BGH MDR 2024, 665 Tz 16 ff [Pfändung von Guthaben aus eingefrorenem libyschen Staatsfond]); gutgläubiger Erwerb ist ausgeschlossen, weil es durch Staatsakt, nicht rechtsgeschäftl, erworben wird. Über wirksame Pfändung hinaus gibt es für das PfändungspfandR keinen weiteren Entstehungstatbestand. Es hat nicht zur Voraussetzung, dass die zu sichernde Forderung (der vollstrb Anspruch) besteht oder fortbesteht (ist somit nicht akzessorisch), entsteht daher auch neben einem bereits bestehenden anderen PfandR, wenn der Gl die schon mit seinem PfandR belastete Sache auch noch pfänden lässt und entsteht auch an körperl Sachen, die dem Sch nicht gehören (ohne Rücksicht auf Gut- und Bösgläubigkeit), aber auch an Sachen des Gl wie mit Pfändung unter Eigentumsvorbehalt stehender (BGH NJW 63, 763) oder sicherungsübereigneter Sachen (daher auch kein Erlöschen bei Zusammentreffen mit dem Eigentum in einer Person; § 1256 BGB findet keine Anwendung). 3

3) Rangfolge. Im **Verhältnis zu anderen Gl** (nicht ggü Sch und Dritten) gewährt das PfändungspfandR dieselben Rechte wie ein durch Vertrag erworbenes FaustpfandR (II Hs 1). Für das Rangverhältnis zw PfändungspfandR und vertragl PfandR (damit auch für das Rangverhältnis zu anderen Absonderungsberechtigten) ist allein die **zeitliche Priorität** der Entstehung maßgebend (BGH NJW 85, 863). Vorrang vor dem früheren PfändungspfandR haben nach § 1208 BGB später gutgläubig erworbene VertragspfandR. Gutgläubiger Erwerb des Vorrangs eines PfändungspfandR bleibt ausgeschlossen (Erwerb durch Staatsakt, nicht rechtsgeschäftlich). – II Hs 2 betrifft die von § 51 Nr 2 InsO nicht erfassten Zurückbehaltungsrechte (MskV/Flockenhaus Rn 14a; Hk-ZV/Kindl Rn 14). 4

5 **4) Prioritätsprinzip.** Für **mehrere PfändungspfandR** gilt das **Prioritäts-** (auch Präventions-)**Prinzip**. Eine frühere Pfändung geht der späteren Pfändung vor (III); gleichzeitige Pfändungen haben gleichen Rang. Auf die Reihenfolge, in der die ZwV-Aufträge an den GV (auch das VollstrGericht) gelangt sind, kommt es nicht an. Pfändungsaufträge mehrerer Gl gg denselben Sch sind gleichzeitig zu behandeln; die Pfändung ist deshalb für alle beteiligten Gl zugleich zu bewirken (§ 117 I 1 GVGA; dagegen und [entgegen § 804 III] für analoge Anwendung von § 17 GBO: MK/Gruber Rn 33 mwN u § 808 Rn 54; aber Rang schon nach dem Antragseingang wahrt der Vollstreckungsanspruch [sa vor § 704 Rn 2] nicht; s iÜ § 808 Rn 25). Bei Vorrang wird der Gl des früheren Rechts vor dem nachrangigen Gl voll befriedigt. Bei Gleichrang wird der Erlös im Verhältnis der einzelnen Forderungen verteilt. Hat der Gl den besseren Rang rechtsmissbräuchl erlangt, steht der Ausnutzung der erworbenen Rechtsposition der Einwand der unzulässigen Rechtsausübung (§ 242 BGB) entgegen (BGH NJW 71, 2226). Nach dem Präventionsprinzip ist auch die Pfändung von Sachen, die zurzeit der Pfändung einer Bank übereignet waren, wirksam ggü einem dritten Gl, der sich nach der Pfändung die Ansprüche des Sch gg die Bank hat abtreten lassen, die ihm für den Fall der Rückzahlung des Kredits bzgl der sicherungsübereigneten Gegenstände zustehen. Nur für Beschlagnahme wegen eines dingl Anspruchs (§ 810 II) bestimmt das Recht den „Rang". Haben mehrere Hypothekengl auf Grund dingl Schuldtitels Gegenstände, die für die Hypothek haften, nacheinander pfänden lassen, ist mithin das Rangverhältnis (§§ 879 ff BGB) unter ihren GrundpfandR auch für die Pfändung maßgebend; es geht also die Pfändung zugunsten der im Rang vorgehenden Hypothek auch vor, wenn sie später als die Pfändung zugunsten des Gl der im Rang nachstehenden Hypothek erfolgt ist. Gleiches gilt, wenn von einem Nießbraucher des Grundstücks und einem Hypothekengl Mietzinsen des Grundstücks gepfändet werden (RGZ 103, 140). Rang**änderung** ist als Vereinbarung der Pfändungsgl untereinander zulässig (Vertragsfreiheit; BAG NJW 90, 2641, 2642). Sie erfordert Willensübereinstimmung mit Rangrücktrittserklärung des vorrangigen und Annahme durch den nachrangigen Pfandgl.

6 **5) Pfändungswirkung. a) Verhältnis zum Sch.** Ggü dem Sch hat der Gl des PfändungspfandR das (bei Arrestvollziehung, Sicherungsvollstr und Vorpfändung nur bedingte) Recht auf Befriedigung aus dem Pfandobjekt (Ablieferung des Erlöses) nach Maßgabe der Verfahrensvorschriften des Vollstreckungsrechts. Als nur prozessuales Befriedigungsrecht bildet es keine Rechtsgrundlage dafür, dass der Gl den Erlös endgültig behalten darf. Vielmehr muss der Gl einen (materiell) rechtsgrundlos erlangten Erlös (insb bei Pfändung und Verwertung einer schuldnerfremden Sache, s vor § 704 Rn 18) ggf nach § 812 BGB wieder herausgeben, soweit nicht schon § 717 II anwendbar ist.

7 **b) Umfang.** Das PfändungspfandR **erstreckt sich** auf den gepfändeten **Gegenstand** und die von ihm nach der Pfändung **getrennten Erzeugnisse** (entspr Anwendung von § 1212 BGB), ferner auf die **Ersatzgegenstände** (Erlös aus der Versteigerung oder dem freihändigen Verkauf), die **hinterlegte Sicherheit** oder das **Rückforderungsrecht**, bei Hinterlegung gepfändeter Forderungen sowohl bezüglich der Hauptforderung als auch der Hinterlegungszinsen. Sind mehrere Sachen für dieselbe Forderung gepfändet, haftet jede für die ganze Forderung (§ 1222 BGB entspr). Ist der Gl aus einer Sache befriedigt, kann Überpfändung (§ 803 I 2) gerügt, aber nach § 767 auch Aufhebung der Pfändung der übrigen Sachen verlangt werden.

8 **c) Haftungshöhe.** Für sein Befriedigungsrecht haftet dem Gl der Pfandgegenstand in **Höhe der Forderung**, für die vollstreckt ist, einschl der laufenden Zinsen bis zum Zeitpunkt der Befriedigung (vgl § 1210 I 1 BGB) und der Kosten der ZwV (keine Akzessorietät; aber Höhe des Erlösrechts durch Vollstreckungszugriff begrenzt). Verwendungen kann der Gl nur als ZwV-Kosten nach § 788 erstattet verlangen (§ 1216 BGB gilt nicht).

9 **d) Pflichten des Gl.** Der Pfandgl ist nicht zur Verwahrung verpflichtet (§ 1215 BGB ist unanwendbar). Sicherungsverwertung nach § 1219 BGB ist ausgeschlossen (dafür § 816 I, § 930 III). Die Gefahr des Verlustes des Pfandgegenstands geht nicht auf den Gl über. Unterschlägt der GV die gepfändete Sache, trifft der Verlust den Sch; der Gl haftet ihm nicht für Schaden. Der Sch kann sich an den Staat halten (§ 839 BGB).

10 **e) Schutz des Gl.** Gegen Beeinträchtigung schützt den Pfandgl § 1227 BGB; er hat nach dieser entspr anwendbaren Vorschrift die Ansprüche eines beeinträchtigten Eigentümers. Herausgabe der Sache kann er jedoch nur an GV verlangen. Widerrechtliche Verletzung des Pfändungspfandrechts (sonstiges Recht mit absoluter Wirkung) begründet Anspruch nach § 823 I BGB.

11 **f) Ablösungsrecht.** Gleich- oder nachstehende Gl schützt ihr Ablösungsrecht gg den Pfändungsgl (§ 268 BGB). Diesem steht das Ablösungsrecht nach § 1249 BGB nicht zu; dafür § 805.

12 **6) Veränderungen.** Forderungsauswechslung schließt der Zusammenhang von Beschlagnahme und PfändungspfandR aus. Umwandlung in ein VertragspfandR ist nicht möglich. Mit **Rechtsnachfolge** in die Vollstreckungsforderung geht auch das PfändungspfandR auf den neuen Gl über (§ 401 BGB; BGH MDR 2016, 1411 [Fischer MDR 2017, 14]: kein Fall des § 727). Das gilt für Gesamtrechtsnachfolge (insb Erbfolge) ebenso wie für Einzelrechtsnachfolge, die mit Verfügung (Übertragung, § 398 BGB) oder ges (§ 412 BGB) eintritt.

13 **III) Erlöschen.** Das PfändungspfandR erlischt, wenn die Verstrickung endet, also mit Verwertung oder mit Aufhebung der Pfändung durch ein Vollstreckungsorgan (§ 776; sa Rn 1 aE). Verzicht (hierzu § 843) allein auf die Wirkungen des PfandR an einer Sache ohne **Aufhebung** der mit der Pfändung bewirkten Verstrickung ist wegen des

Zusammenhangs von Beschlagnahme und PfandR ausgeschlossen (BGH DGVZ 2016, 50 Tz 7 = NJW-RR 2016, 319; hierzu Klomfaß NJOZ 2018, 481, 482; sa § 829 Rn 16 zur Beseitigung der Verstrickung in einem InsoVerf durch **Aussetzung** der Vollziehung des PfÜB). Für Verzicht auf Rechte: § 843. Verstrickung und PfandR erlöschen, wenn ein im Hinblick auf die Pfändung gutgläubiger Dritter das Eigentum an der Pfandsache erwirbt (§ 936 BGB).

§ 805 Klage auf vorzugsweise Befriedigung

(1) Der Pfändung einer Sache kann ein Dritter, der sich nicht im Besitz der Sache befindet, auf Grund eines Pfand- oder Vorzugsrechts nicht widersprechen; er kann jedoch seinen Anspruch auf vorzugsweise Befriedigung aus dem Erlös im Wege der Klage geltend machen, ohne Rücksicht darauf, ob seine Forderung fällig ist oder nicht.

(2) Die Klage ist bei dem Vollstreckungsgericht und, wenn der Streitgegenstand zur Zuständigkeit der Amtsgerichte nicht gehört, bei dem Landgericht zu erheben, in dessen Bezirk das Vollstreckungsgericht seinen Sitz hat.

(3) Wird die Klage gegen den Gläubiger und den Schuldner gerichtet, so sind diese als Streitgenossen anzusehen.

(4) [1]Wird der Anspruch glaubhaft gemacht, so hat das Gericht die Hinterlegung des Erlöses anzuordnen. [2]Die Vorschriften der §§ 769, 770 sind hierbei entsprechend anzuwenden.

I) Funktion. Berücksichtigung des Rechts eines Dritten, der Gl eines besitzlosen Pfand- oder VorzugsR ist, auf den Erlös aus Verwertung einer gepfändeten Sache. Seinen rangbesseren Anspruch auf den Erlös kann der Dritte, der sich nicht im Besitz der Sache befindet, nur mit Klage nach § 805 geltend machen. Die Klage nach § 771 auf Grund eines die Veräußerung hindernden Rechts zielt dagegen auf Erhaltung des Gegenstands. 1

II) Anwendungsbereich. Nur bei Pfändung körperl Sachen (§ 808 I; Begriff § 90 BGB), nicht bei Rechten (MK/Gruber Rn 7: Verweis auf § 771; MskV/Flockenhaus Rn 2 [aber bei Verwertung nach § 825]; anders OLG Hamm NJW-RR 90, 233: für VertragspfandR an GmbH-Geschäftsanteil). 2

III) Voraussetzungen. 1) Pfand- oder Vorzugsrecht eines Dritten. Anspruch auf vorzugsweise Befriedigung geben als Verwertungsrechte des bürgerl Rechts **a) Pfandrechte**, und zwar: Vertragspfand (§§ 1205 ff BGB), ges PfandR (§ 1257 BGB), insb des Vermieters (BGH MDR 2009, 1415), Verpächters, Gastwirts, auch das PfandR des Düngemittellieferanten nach dem Düngemittelsicherungsgesetz (s § 810 Rn 11), außerdem Grundpfand- und RegisterpfandR sowie Reallast, soweit die ihnen haftenden Gegenstände der ZwV in das bewegl Vermögen unterliegen (§ 865 II), ferner das PfandR am Inventar des Pächters eines landwirtschaftl Grundstücks nach dem Pachtkreditgesetz (§§ 11, 12 PachtkredG; Viertelhausen DGVZ 2016, 249 I). 3

b) Zurückbehaltungsrechte mit Verwertungsbefugnis nach § 51 Nrn 2, 3 InsO. 4

c) Sicherheiten des Bundes usw nach zoll- und steuerrechtl Vorschriften (§ 51 Nr 4 InsO). 4a

2) Kein Besitz. Der Pfand- oder Vorzugsberechtigte darf an der gepfändeten Sache keinen Besitz haben. Auf Grund eines besitzlosen (sonst § 809) Pfand- und VorzugsR kann der Dritte der Pfändung nicht widersprechen. Er kann nur den Anspruch auf vorzugsweise Befriedigung aus dem Erlös im Klageweg geltend machen (I), auch wenn sein Anspruch noch nicht fällig ist. Vermieter, Verpächter und Gastwirt können wegen ihres ges PfandR nach § 805 klagen, wenn sie die Sache noch nicht in Besitz genommen haben (§§ 562b, 581, 704 BGB). Aber auch der zur Widerspruchsklage berechtigte Dritte und der besitzende Pfandgl, dessen Recht mit Gewahrsamsverlust durch Pfändung nicht erloschen ist, kann sich an Stelle der Widerspruchsklage (§ 771) mit der dieser gegenüber „minderen“ Klage auf vorzugsweise Befriedigung aus dem Erlös nach § 805 begnügen. Besitzverlust des Pfandgl darf nicht das Erlöschen des PfandR bewirkt haben (zB § 1253 I BGB). Ein VermieterpfandR erlischt nicht dadurch, dass die gepfändete Sache im Wege der ZwV vom Mietgrundstück entfernt wird (hM; BGH JZ 86, 686 [Baumgärtel] = NJW 86, 2426). 5

3) Anspruch auf vorzugsweise Befriedigung. Er besteht aus dem Erlös und vor dem VollstrGl, wenn das Pfand- oder VorzugsR Rang vor dem Pfändungsgl oder soweit es gleichen Rang mit ihm hat (s § 804 Rn 2). Gutgläubiger Erwerb des PfandR nach der Pfändung bewirkt mit Vorrang (§ 1208 BGB) Anspruch auf vorzugsweise Befriedigung. 6

IV) Verfahren. 1) Klage. Sie ist prozessuale Gestaltungsklage. Sie ist ab Pfändung zulässig, solange die ZwV noch nicht beendet ist, damit auch noch nach Hinterlegung des Versteigerungserlöses bei einem Treuhänder, nicht mehr aber nach Erlösauszahlung an den Gl. Sie schließt andere auf das behauptete Recht gestützte Klagen gg den Gl aus (Klein MDR 2016, 1181, 1184 mN). Nach Beendigung der ZwV ist nur noch die Klage des besser berechtigten Pfandgl gg den VollstrGl aus ungerechtfertigter Bereicherung oder unerlaubter Handlung zum ordentl Gericht zulässig. Hat der Gl das Pfand- oder VorzugsR vorsätzlich oder fahrlässig verletzt, dann hat der Dritte gg 7 ihn Anspruch auf Schadensersatz (§ 823 BGB). Für den Vermieter, Verpächter und Gastwirt erlangt die Monatsfrist des § 562b II 2 (mit §§ 581, 704) BGB keine Bedeutung, weil nicht Zurückschaffung der Sache verlangt wird. Kein Rechtsschutzinteresse besteht, wenn der VollstrGl und der Sch der Auszahlung des Erlöses an den Vorzugsberechtigten zugestimmt haben (MskV/Flockenhaus Rn 2; MK/Gruber Rn 30). Zu erheben ist die Klage gg jeden (von mehreren) Pfändungsgl, der das VorzugsR nicht anerkennt. Gleichzeitige Klage gg Pfändungsgl und Sch ist nur geboten, wenn der Sch das VorzugsR des Dritten bestreitet. In diesem Fall sind Gl und Sch als Streitgenossen anzusehen (III; §§ 59 ff). Beweispflichtig ist der Kl für das behauptete Pfand- oder VorzugsR und dessen Rang, damit auch für den Anspruch, für den er vorzugsweise Befriedigung begehrt. Beweisen muss er regelmäßig nur das Entstehen der Forderung, nicht aber, dass sie nicht erloschen ist (BGH MDR 97, 193 = NJW 97, 128).

8 **2) Zuständigkeit.** Zuständig (ausschl, § 802) ist **sachl** je nach dem Wert des Streitgegenstandes (§ 23 GVG) das AG oder LG, **örtl** das Gericht, in dessen Bezirk (II iVm § 764 II) die ZwV stattgefunden hat.

9 **3) Klageantrag.** Er geht dahin, dass der Kl wegen des ihm zustehenden Betrags aus dem Versteigerungserlös (Reinerlös nach Abzug der VollstrKosten) des zu bezeichnenden gepfändeten Gegenstandes bis zum Betrag seiner Forderung vor dem beklagten Gl zu befriedigen ist.

10 **4) Vollziehung.** Durch GV nach Vorlage des Titels entspr § 775 oder durch Hinterlegungsstelle (s HintG der Länder; Klein MDR 2016, 1181, 1185). – Anspruch des Kl **a)** aufschiebend bedingt: nur Hinterlegung (unstr); **b)** noch nicht fällig: Abzug von Zwischenzinsen (MskV/Flockenhaus Rn 3; str); bei unbekanntem Fälligkeitstermin: Hinterlegung. – Das AblösungsR nach § 268 BGB steht dem Pfand- oder Verzugsberechtigten neben der Klage aus § 805 zu.

11 **5) Einstweilige Anordnung (§ 769).** Durch sie kann das Prozessgericht auf Antrag die Hinterlegung des Erlöses anordnen; wird der Anspruch glaubhaft gemacht (§ 294), so ist die Hinterlegung vAw anzuordnen. In dringenden Fällen: Verf nach § 769 II.

12 **V) Gebühren. 1) Gericht:** Für die Klage fallen die Regelgeb an (1210 ff GKG-KV). – Das Verf der einstw Anordnung (IV) ist gebührenfrei. – **2) RA:** Regelgeb 3100 RVG-VV. – Das Verf der einstw Anordnung auf Erlöshinterlegung gehört zum Rechtszug (§ 19 I 2 Nr 11 RVG). Findet hierüber eine abges mündl Verh statt: 3328 RVG-VV, 3332 RVG-VV.

§ 806 Keine Gewährleistung bei Pfandveräußerung

Wird ein Gegenstand auf Grund der Pfändung veräußert, so steht dem Erwerber wegen eines Mangels im Recht oder wegen eines Mangels der veräußerten Sache ein Anspruch auf Gewährleistung nicht zu.

1 **Gewährleistungsausschluss.** Für die im Wege der ZwV („auf Grund der Pfändung") durch den GV veräußerten Gegenstände bestimmt § 806 den Gewährleistungsausschluss (ausf Hergenröder DGVZ 2017, 185; zur Verwertung über Internetplattformen Weber DGVZ 2018, 149). Anwendbar auf: § 814 II Nrn 1 und 2, § 817a III 2, § 821, § 825 I, § 844, § 857. – Beim privatrechtl Verkauf aus freier Hand durch Dritte (§ 825 II) statt durch den GV gilt § 806 nicht, kann aber durch aufklärenden Hinweis auf § 825 II einbezogen werden (MskV/Flockenhaus Rn 2). – Ansprüche aus § 812, § 823 II, § 826 BGB bleiben denkbar. – Haftung aus selbständigem Garantievertrag bleibt trotz § 806 möglich. – Nutzung gewerbl/privater Versteigerungsplattformen durch den GV, also Verwertung durch freihändigen Verkauf nach § 825 I (StJ/Würdinger Rn 7; nach aA [zB Hergenröder DGVZ 2017, 185, 190] ist es ein Fall des § 825 II, differenzierend nach Plattformen Weber DGVZ 2018, 149, 152): Auch hier gilt § 806 (ausf Loth, Die Verwertung gepfändeter Sachen im Internet, 2018, S 77 ff, 86; MK/Gruber Rn 4 zu Recht mit Ausnahme bei fehlender Erkennbarkeit des öffentl-rechtl Charakters; aA Remmert NJW 2009, 2572, 2574 Fn 18). – Falsche Auskunft des GV über Art und Wert der zur Versteigerung aufgerufenen (wirtschaftl wertlosen) Sache kann Ansprüche auf Schadensersatz wegen Amtspflichtverletzung begründen (hM; s MK/Gruber Rn 7 mwN); der GV ist aber nicht zur Untersuchung der Sachen verpflichtet. – Nicht unter § 806 fällt der Selbsthilfeverkauf durch den GV (§§ 383, 385 BGB; § 373 HGB).

§ 806a Mitteilungen und Befragung durch den Gerichtsvollzieher

(1) Erhält der Gerichtsvollzieher anlässlich der Zwangsvollstreckung durch Befragung des Schuldners oder durch Einsicht in Dokumente Kenntnis von Geldforderungen des Schuldners gegen Dritte und konnte eine Pfändung nicht bewirkt werden oder wird eine bewirkte Pfändung voraussichtlich nicht zur vollständigen Befriedigung des Gläubigers führen, so teilt er Namen und Anschriften der Drittschuldner sowie den Grund der Forderungen und für diese bestehende Sicherheiten dem Gläubiger mit.
(2) [1]Trifft der Gerichtsvollzieher den Schuldner in der Wohnung nicht an und konnte eine Pfändung nicht bewirkt werden oder wird eine bewirkte Pfändung voraussichtlich nicht zur vollständigen Befrie-

digung des Gläubigers führen, so kann der Gerichtsvollzieher die zum Hausstand des Schuldners gehörenden erwachsenen Personen nach dem Arbeitgeber des Schuldners befragen. [2]Diese sind zu einer Auskunft nicht verpflichtet und vom Gerichtsvollzieher auf die Freiwilligkeit ihrer Angaben hinzuweisen. [3]Seine Erkenntnisse teilt der Gerichtsvollzieher dem Gläubiger mit.

I) Funktion. Klarstellung, unter welchen Voraussetzungen es dem GV obliegt, den Gl über Geldforderungen des Sch zu unterrichten (BTDrs 11/3621, 51). 1

II) Unterrichtung. 1) Voraussetzungen. a) ZwV wegen einer Geldforderung durch den GV (§ 753 I) in das bewegl Vermögen (erfolgt durch Pfändung, § 803 I), auch Sicherungsvollstr (§ 720a) und Arrestvollziehung (§ 930 I), nicht aber Verhaftung (§ 802g, da keine ZwV mit Pfändung), Herausgabe-ZwV (§ 883) oder Beseitigung eines Widerstands (§ 892), und nicht nur Ausführung einer Zustellung (§§ 191 ff). Allein die Feststellung von Forderungen (oder nur des Arbeitgebers) kann dem GV, dem kein ZwV-Auftrag erteilt ist, nicht aufgetragen werden. 2

b) Die Voraussetzungen der ZwV wegen einer Geldforderung müssen erfüllt sein (s vor § 704 Rn 13-18; §§ 704, 725, 750 usw). Ablehnung eines Gläubigerauftrags wegen fehlender VollstrVoraussetzung ermöglicht Unterrichtung des Gl über Schuldnerforderungen daher nicht. 3

2) Unmöglichkeit. Pfändung bewegl Vermögensgegenstände (§ 803 I) darf entweder überhaupt **nicht** oder nicht in Höhe der beizutreibenden Forderung **möglich** sein. Gleich ist, ob der Sch keine Sachen oder nur Sachen besitzt, die der Pfändung nicht unterworfen sind oder keinen Verwertungsüberschuss (§ 803 II) erwarten lassen. Wenn der Sch die Durchsuchung seiner Wohnung (ohne richterl Erlaubnis) verweigert (§ 758a I 1), hat ZwV nicht stattgefunden, bei der Pfändung nicht bewirkt werden konnte. Feststellung von Geldforderungen und Mitteilung an den Gl ist in diesem Fall daher nicht zulässig. 4

3) Kenntnis. a) Einschränkung. Der GV muss Kenntnis **von Geldforderungen** (Begriff s § 829 Rn 2) des Sch gegen Dritte (auch von pfändbaren Geldleistungen aus Sozialleistungsbereichen, s § 850i Rn 7 ff) haben. Die Beschränkung auf Geldforderungen des Sch soll die Belastung des GV durch die Mitteilungspflicht gering halten. Geldforderungen sind auch Hypothekenforderungen (§ 830 I); ihnen gleich (als dingliche Zahlungsansprüche) sind hier anzusehen Grundschuld, Rentenschuld und Reallast (§ 857 VI). Andere pfändbare Vermögensrechte (Gesellschafts- und Miterbenanteile, Sachansprüche [§§ 846-848], Patente usw) und andere Vermögenswerte (Grundbesitz usw) sind nicht festzustellen und nicht mitzuteilen. 5

b) Kenntniserlangung. Die Kenntnis muss **durch Befragung** des Sch oder **Einsicht** in vorgelegte oder vorgefundene Dokumente (Verträge mit Mietern, Bescheid eines Leistungsträgers nach SGB, Arbeitsvertrag und Lohnabrechnungen, Versicherungspolice, Kontoausdruck über Girokonto-Guthaben usw) erlangt sein (Begrenzung der Mittel, durch die der GV sich Kenntnis verschaffen, aber auch erlangt haben kann). Eine Auskunftsverpflichtung des Sch begründet I nicht (kein Rechtsnachteil bei Schweigen). Befragung des Sch mit Aufforderung zur Äußerung vor oder nach Ergebnislosigkeit der ZwV erfordert Hinweis auf die Freiwilligkeit seiner Erklärung nicht. Gleich steht Kenntnis, die der GV durch sofortige Erklärung des Sch vor (und ohne nochmalige) Befragung (Nachfrage) erlangt hat. Einsicht in Dokumente nehmen kann der GV, wenn sie ihm vom Sch (freiwillig) vorgelegt werden oder wenn er solche bei Durchsuchung der Wohnung (Behältnisse) des Sch vorfindet (§ 758 I). Die Dokumente müssen jedoch „anlässlich der ZwV" vorgefunden sein; Einsicht erfordert dann kein Einvernehmen des Sch. Ausdehnung der Wohnungsdurchsuchung nur auf Ermittlung entspr Dokumente rechtfertigen weder I noch § 758a I. Die Dokumente müssen nach Einsicht dem Sch belassen werden; Wegnahme (auch Anfertigung von Kopien) erlaubt I nicht. Umfangreiche Geschäftsunterlagen sind keine Dokumente, deren eingehende Durchsicht auf Außenstände ist zudem nicht „Einsicht". 6

c) „Anlässlich der ZwV". In der Forderungsvollstreckungsangelegenheit des Gl, dem Mitteilung gegeben wird, muss der GV Kenntnis durch Befragung des Sch oder Einsicht in Dokumente erlangt haben. Kenntnis kann somit auch vor Vollstreckungsbeginn erlangt sein (Hk-ZV/Kindl Rn 8), bei nicht ausreichender (nur teilweiser) Pfändung aber auch erst im weiteren Verlauf des VollstrVerf, so bei Abholung gepfändeter Sachen, Versteigerung. Kenntnis, die der GV erst nach Erledigung eines Vollstreckungsauftrags erlangt, hat er nicht „anlässlich der ZwV" erhalten, begründet somit keine Mitteilungspflicht und rechtfertigt (nachträgl) Verständigung des Gl nicht (teilw aA StJ/Würdinger Rn 5: keine Pflicht, aber Mitteilungs„recht"). Offenkundigkeit (s § 291 Rn 1) steht der mit zulässigen Mitteln erlangten Kenntnis gleich. Kenntnis, die der GV bei Vollstr auf Antrag eines anderen Gl erlangt hat, genügt (str, wie hier StJ/Würdinger Rn 5; aA MskV/Flockenhaus Rn 4; nach zeitl Zusammenhang differenzierend MK/Gruber Rn 10; Hk-ZV/Kindl Rn 8). Eine Ermächtigung für eigene sonstige Ermittlungen des GV und deren Weitergabe an den Gl begründet § 806a nicht. Bei Rücksendung des Schuldtitels mit Unpfändbarkeitsbescheinigung (§ 32 GVGA) kann anlässlich der ZwV Kenntnis nicht in der in I bezeichneten Weise erlangt sein, Mitteilung an den Gl somit nicht erfolgen. Bei Vollstr gg einen bekannt vermögenslosen Sch kann der GV auch nicht von Rücksendung des Schuldtitels mit Unpfändbarkeitsbescheinigung (§ 32 GVGA) absehen und neuerlich Pfändung erfolglos versuchen, nur um durch Befragung des Sch, Einsicht in Dokumente oder Auskunft familienangehöriger Personen nach II neuerlich eine Grundlage für Forderungs- 7 mitteilung nach § 806a zu schaffen. § 806a soll der Praxis eine sichere Rechtsgrundlage geben (BTDrs 11/3621, 51); Benachrichtigungspflicht (und -möglichkeit) besteht daher nur unter den ges ausdrückl bestimmten Voraussetzungen; iÜ bewendet es bei der Pflicht des GV zu Amtsverschwiegenheit. Umfragen (Erkundungen) bei Mitbewohnern im Hause oder in der Nachbarschaft, bei Bekannten usw schließt § 806a aus.

8 **d) Wissen.** Kenntnis erfordert auf sicherer Grundlage beruhendes Wissen (Sachverhaltskenntnis durch Erklärung des Sch oder Einsicht in Dokumente), das Bezeichnung der Forderung nach Grund sowie Namen und Anschrift des Drittsch ermöglicht. Erlangt sein kann Kenntnis immer nur von einer „angeblichen" Forderung, die der Sch haben soll (s § 829 Rn 4); übermäßige Anforderungen sind auch hier nicht zu stellen (s § 829 Rn 8 u 9); Nachprüfung der Forderung durch den GV erfolgt nicht. Nur allg Vermutung genügt aber nicht.

9 **4) Gläubigerauftrag.** Von einem bes Auftrag des Gl ist die Unterrichtung nach § 806a nicht abhängig. Durch Gläubigerantrag kann aber auch die Ermittlungs- und Mitteilungspflicht des GV nicht über § 806a hinaus ausgedehnt werden.

10 **III) Mitteilung. 1) Umfang.** Mitzuteilen sind dem Gl (I, II 3) Namen und Anschriften der Drittsch sowie der Grund der Forderungen und (wenn bekannt) für diese bestehende Sicherheiten. Die Mitteilung hat nach dem Zweck des I den Weg, auf dem der GV Kenntnis erlangt hat, zu bezeichnen. Dem Sch wird von der Mitteilung nicht gesondert Kenntnis gegeben (er erhält jedoch Abschrift des Protokolls mit der Auskunft einer befragten Person, wenn die Vollstreckung in seiner Abwesenheit stattgefunden hat, § 86 V 1 Nr 2 Alt 2 GVGA); dass ihm Abschrift der Mitteilung zu erteilen sei, ist nicht vorgesehen (kein Fall von § 763 II) und auch nicht geboten.

11 **2) Vorpfändung.** Die Möglichkeit, den GV nach § 802a II Nr 5 mit einer Vorpfändung für den Fall zu beauftragen, dass dieser von einem Drittschuldner Kenntnis erhält, berührt § 806a nicht.

12 **IV) Befragung Dritter.** II ermöglicht (somit Ermessen des GV), wenn der GV den **Sch** in der Wohnung **nicht antrifft** (nicht somit bei Anwesenheit des Sch; nicht, wenn der angetroffene Sch sich vorübergehend oder vorzeitig entfernt und nicht bei ZwV außerhalb der Wohnung), auch Befragung der zum Hausstand des Sch gehörenden **erwachsenen Personen** (zu diesen s § 178 Rn 8 ff [aA StJ/Würdinger Rn 11: nur Volljährige]) **nach dem Arbeitgeber** des Sch (nicht aber nach anderen Geldforderungen und Drittschuldnern, auch nicht nach Mietern oder Leistungsträgern nach SGB; für Letztere anders Krauthausen DGVZ 95, 68). Diese Personen sind vom GV auf die Freiwilligkeit ihrer Auskunft hinzuweisen. Mitzuteilen hat der GV in diesem Fall dem Gl „seine Erkenntnisse", somit Namen und Anschrift des Arbeitgebers mit Angabe, dass die Information von dem zu bezeichnenden befragten Hausgenossen stammt, von diesem nach Hinweis freiwillig gegeben wurde. Wird Auskunft nicht gegeben, ist das zu protokolieren, aber dem Gl nicht vAw mitzuteilen (Krauthausen DGVZ 95, 68, 70). Für Kenntnis, die durch Einsicht in Dokumente erlangt wurde, besteht Mitteilungspflicht nach I, auch wenn der Sch nicht angetroffen wurde.

13 **V) Protokoll.** In das Protokoll über eine Vollstreckungshandlung (§ 762) aufzunehmen sind als wesentliche Vorgänge unter Angabe des Namens der beteiligten Person die Befragung des Sch sowie die Einsicht in Dokumente und die dabei erlangte Kenntnis von Geldforderungen, desgl die Befragung einer zum Hausstand gehörenden Person, der Hinweis auf die Freiwilligkeit ihrer Angabe und deren Auskunft. Mitteilung einer Protokollabschrift an Gl, wenn er sie verlangt, § 86 V 1 Nr 1 GVGA. Über Erklärungen des Sch außerhalb einer Vollstreckungshandlung (so bei Vorsprache auf dem Geschäftszimmer des GV vor dem Versteigerungstermin) ist ein Protokoll nicht aufzunehmen; Aktenfeststellung ist jedoch ratsam.

§ 806b (weggefallen)

§ 807 Abnahme der Vermögensauskunft nach Pfändungsversuch

(1) [1]Hat der Gläubiger die Vornahme der Pfändung beim Schuldner beantragt und

1. hat der Schuldner die Durchsuchung (§ 758) verweigert oder

2. ergibt der Pfändungsversuch, dass eine Pfändung voraussichtlich nicht zu einer vollständigen Befriedigung des Gläubigers führen wird,

so kann der Gerichtsvollzieher dem Schuldner die Vermögensauskunft auf Antrag des Gläubigers abweichend von § 802f sofort abnehmen. [2]§ 802f Absatz 7 und 8 findet Anwendung.

(2) [1]Der Schuldner kann einer sofortigen Abnahme widersprechen. [2]In diesem Fall verfährt der Gerichtsvollzieher nach § 802f; der Setzung einer Zahlungsfrist bedarf es nicht.

I 2 geändert mWv 19.7.2024 durch G zur Förderung des Einsatzes von Videokonferenztechnik in der Zivilgerichtsbarkeit und den Fachgerichtsbarkeiten v 15.7.2024 (BGBl 2024 I Nr 237).

I) Funktion. Vereinfachung und Beschleunigung des Verf mit Abnahme der VA abw von § 802f sogleich im Anschluss an einen erfolglosen Vollstreckungsversuch. 1

II) Abnahme der Vermögensauskunft. 1) Voraussetzungen. Abnahme der VA sogleich nach einem ergebnislosen Pfändungsversuch (s § 802a Rn 3; auch bei Nachpfändung, s § 803 Rn 8) erfordert, dass 2

- die Pfändung körperl Sachen (§ 802a II Nr 4) zulässig gewesen wäre (s § 803 Rn 3 u vor § 704 Rn 13 ff),
- die beantragte Pfändung **nicht möglich war**, weil der Sch die Durchsuchung der Wohnung (zu dieser s § 758a Rn 4) oder von Behältnissen (§ 758) verweigert (Einwilligung somit nicht erklärt) hat (dazu s § 758a Rn 10) oder der Pfändungsversuch ergeben hat, dass eine Pfändung voraussichtlich nicht zu einer vollständigen Befriedigung des Gl führen wird. Das ist nicht der Fall, wenn die ZwV nicht beginnen konnte, weil eine VollstrVoraussetzung nicht vorgelegen hat oder der Antrag mangelhaft war (s § 753 Rn 14),
- die **2-jährige Sperrfrist** des § 802d nicht entgegensteht. Wenn der Sch in dieser Zeit eine VA abgegeben hat (ist vAw zu prüfen und zu beachten), muss er daher zur erneuten VA nach § 802d verpflichtet sein,
- der Gl die sofortige Abnahme der VA beantragt hat,
- der (anwesende) Sch nicht widersprochen hat (II), sofortige Abgabe der VA somit nicht verweigert hat.

2) Kombiauftrag. Im Pfändungsauftrag des Gl liegt nicht schon zugleich der Antrag auf sofortige Abnahme der VA. Er kann aber zusammen mit dem Pfändungsauftrag gestellt werden (kombinierter Auftrag; s § 753 Rn 7). 3

3) Sofortige Abnahme. Wenn der Sch die Durchsuchung verweigert oder der Pfändungsversuch fruchtlos verlaufen ist, kann Bestimmung einer 2-wöchigen Zahlungsfrist und (sofortige) Ladung nach § 802f I, II nicht weiter sachdienlich sein, kann davon somit abgesehen werden. Dass der GV den Sch in seiner Wohnung wiederholt nicht angetroffen hat und Glaubhaftmachung, dass der Gl durch Pfändung seine Befriedigung nicht vollständig erlangen kann, ist nicht verlangt. 4

4) Widerspruch des Schuldners. Er ist im Protokoll festzustellen (§ 762 II Nr 2). Widerspricht der Sch der Sofortabnahme, führt der GV das Verf nach § 802f durch (II), das mit Bestimmung eines Termins und Ladung des Sch in die Geschäftsräume des GV, in die Wohnung des Sch, in einen anderen geeigneten Ort oder aber mit Ladung zur Bild- und Tonübertragung (§ 802f II) eingeleitet wird; eine Zahlungsfrist wird nicht mehr gesetzt. Zustellung der Ladung kann sogleich nach § 177 erfolgen. Dem Gl wird die Terminsbestimmung formlos mitgeteilt (§ 802f VI 2). Zulässig sein müsste der Widerspruch, bis die eidesstattl Versicherung zu Protokoll geklärt ist. 5

5) Widerspruch des Gläubigers. Für den Gl ist er **nicht** vorgesehen. Er muss, wenn er Antrag gestellt hat, mit sofortiger Abgabe der VA rechnen, auch wenn er dabei nicht teilnehmen kann. Zulässig sein muss jedoch die Zurücknahme des Antrags (wohl) bis zum Beginn des Pfändungsversuchs. 6

III) Verfahren. Bei sofortiger Abnahme der eidesstattl zu versichernden VA verfährt der GV sogleich nach § 802f VII, VIII. Er errichtet somit eine Aufstellung mit den nach § 802c I, II erforderlichen Angaben als elektron Dokument (VermVerz) an Ort und Stelle; dieses ist vorzulesen oder zur Durchsicht auf dem Bildschirm wiederzugeben und nach der eidesstattl Versicherung (§ 802c III) zu hinterlegen. Der Gl erhält unverzügl einen Ausdruck; dem Sch ist ein Ausdruck auf Verlangen zu erteilen. 7

IV) Verfahrensübergang. Erfolglosigkeit eines Pfändungsversuchs liegt nicht schon vor, wenn der GV den Sch (wiederholt) nicht angetroffen hat (AG Augsburg DGVZ 2013, 193). Wenn dann Verfahrensbeschleunigung (Rn 1) mit sof Abnahme der VA nicht möglich ist, entfällt (wie bei Widerspruch des Sch, II) der Antrag auf Einholung der VA (§ 802a II Nr 2) nicht; er ist sodann im Verf nach § 802f zu erledigen (aA AG Augsburg DGVZ 2013, 193). 8

V) Gebühren. 1) RA: Pfändungsauftrag: 3309 RVG-VV, § 18 I Nr 1 RVG; Verf über die VA: 3309 RVG-VV, evtl 3310 RVG-VV, § 18 I Nr 16 RVG. Zu beachten: Bei mehreren, zueinander bedingten Aufträgen (Vollstreckung u VA) entsteht die weitere Geb (3309 RVG-VV) erst mit Bedingungseintritt. – **2) GV:** 260 GvKostG-KV für die Abnahme der VA. Bei Gesamtsch: § 10 III GvKostG. Dokumentenpauschale: 700 IV GvKostG-KV. Kombiauftrag (Vollstreckung u VA): § 3 II 2 Nr 1, III 2 GvKostG. Für den Versuch der gütlichen Erledigung entsteht Geb 208 GvKostG-KV (nicht 207 GvKostG-KV; OLG Düsseldorf 2.7.2020 – 10 W 50/20); nach § 10 I 1 GvKostG nur einmalig, auch wenn gütl Erledigung bei Vollstreckung und VA versucht wird. 9

Untertitel 2
Zwangsvollstreckung in körperliche Sachen (§§ 808-827)

§ 808 Pfändung beim Schuldner

(1) Die Pfändung der im Gewahrsam des Schuldners befindlichen körperlichen Sachen wird dadurch bewirkt, dass der Gerichtsvollzieher sie in Besitz nimmt.

(2) [1]Andere Sachen als Geld, Kostbarkeiten und Wertpapiere sind im Gewahrsam des Schuldners zu belassen, sofern nicht hierdurch die Befriedigung des Gläubigers gefährdet wird. [2]Werden die Sachen im

Gewahrsam des Schuldners belassen, so ist die Wirksamkeit der Pfändung dadurch bedingt, dass durch Anlegung von Siegeln oder auf sonstige Weise die Pfändung ersichtlich gemacht ist.

(3) Der Gerichtsvollzieher hat den Schuldner von der erfolgten Pfändung in Kenntnis zu setzen.

1 **I) Funktion.** Bestimmung, wie die Pfändung (§ 803 I) in körperl Sachen bei Sch-Gewahrsam zu vollziehen ist.

2 **II) Pfändungszugriff. 1) Körperliche Sachen.** S § 803 Rn 1.

3 **2) Gewahrsam des Schuldners.** Er ist der für die ZwV in sein Vermögen (s vor § 704 Rn 18) **formalisierte Zugriffstatbestand**. Entscheidend ist die von einem tatsächl Willen getragene tatsächl Sachherrschaft, die für den GV äußerlich erkennbar ist (BGH WM 2020, 1247 Tz 33). Die Prüfung des GV beschränkt sich auf dieses leicht überschaubare Merkmal (*Prüfung nur auf erste Sicht*), das den Schluss auf die Rechtszugehörigkeit des festgestellten Vollstreckungsobjekts zum Sch-Vermögen zulässt. Ob eine Sache im Gewahrsam des Sch tatsächl zu dessen Vermögen gehört, prüft der GV in dem auf Rechtsdurchsetzung zugeschnittenen formalisierten VollstrVerf nicht. Für ZwV durch den GV geht das Gesetz davon aus, dass der in der Regel leicht feststellbare Gewahrsam für die Zugehörigkeit zum Schuldnervermögen spricht (sa § 71 GVGA zu Rechten Dritter). Die Pfändung von Gegenständen im Sch-Gewahrsam beruht somit auf einer nur summarischen Prüfung der Zugehörigkeit der Pfandsache zum Sch-Vermögen (BGHZ 95, 10, 16). Der GV hat Sachen im Gewahrsam des Sch ohne Rücksicht auf den Widerspruch Dritter, auch bei behauptetem Sicherungseigentum (BGH NJW 92, 2014; für Dritte Widerspruchsklage nach § 771) und auch dann zu pfänden, wenn der Sch behauptet, dass er die tatsächl Gewalt über die Sache nur für den Besitzer ausübe oder dass er sein Besitzrecht von einem anderen ableite (§ 71 GVGA). Der Pfändung eines Gegenstands im Sch-Gewahrsam steht daher auch nicht entgegen, dass der Sch einen Sicherungsübereignungsvertrag vorlegt, nach dem Eigentümer ein Dritter ist (LG Bonn MDR 87, 770), und auch nicht, dass er geltend macht, der Gegenstand sei ihm nur als Leasingnehmer überlassen (LG Dortmund NJW-RR 86, 1497); der Pfändung eines Kfz im Sch-Gewahrsam steht nicht entgegen, dass ein anderer die Zulassungsbescheinigung II im Besitz hat und dort als Halter eingetragen ist (zur Eigentumsvermutung zugunsten des Besitzers BGH NJW 2004, 217). Nicht entgegen steht der Pfändung, dass Besitz durch verbotene Eigenmacht (§ 858 BGB) erlangt ist (Münzberg FS E. Schneider, 1997, S 223). Zu unterbleiben hat die Pfändung jedoch, wenn ein Gegenstand **offensichtl zum Vermögen eines Dritten** gehört (Beispiele: § 71 II GVGA). Auch in solchen Fällen pfändet jedoch der GV, wenn der Gl dies ausdrückl verlangt (AG Kassel DGVZ 2006, 182). Aufsuchen und Auswahl der Pfandstücke: s § 81 GVGA.

4 **3) Vermögenszugehörigkeit.** Ausnahmsweise ist Gewahrsam allein für Pfändung nicht genügend, wenn der Sch nur **mit** dem seiner Verwaltung unterliegenden **fremden Vermögen haftet**, zB als TV, InsVerwalter, Zwangsverwalter. Dann hat der GV auch zu prüfen, ob die Sache zu dem Vermögen gehört, in das zu vollstr ist (s § 70 IV GVGA).

5 **4) Personenkreis. a) Schuldner.** In Gewahrsam des Sch befinden sich alle Sachen, die in äußerlich erkennbarer Weise seinem Machtbereich (seiner Herrschaft) unterliegen, durch den sie nach der Verkehrsauffassung als sein Vermögen ausgewiesen sind (LG Frankfurt MDR 88, 504). Es sind dies alle Gegenstände, die sich in der tatsächl Gewalt des Sch befinden (insoweit Übereinstimmung mit Besitz des § 854 BGB), wie Sachen in seiner Wohnung (Ausnahme für Sachen, die ein Familienmitglied unter alleinigem Verschluss ständig verwahrt) oder in den von ihm benutzten abgeschlossenen Räumen (Werkstätten, Büro, Lagerräumen, Keller usw) oder in Taschen und Behältnissen, über die er tatsächl verfügt oder die sonst seinem Machtbereich unterliegen (Gewahrsam an dem in der Nähe der Wohnung [des sonstigen Aufenthaltsorts] abgestellten Kfz, LG Karlsruhe DGVZ 93, 141; eines Strafgefangenen an Sachen in der Ehewohnung, LG Berlin DGVZ 91, 57). Der GV darf daher auch **Kleider** und Taschen des Sch durchsuchen (sind Behältnisse iSv § 758 II; dazu § 61 X GVGA); hierfür hat er bei einer Sch eine zuverlässige weibliche Hilfsperson (eine GVin bei einem Sch eine männliche Hilfsperson) zuzuziehen (GVGA aaO). Zu erfolgen hat eine Durchsuchung der Kleidungsstücke, die der Sch am Körper trägt, nur, wenn sie nach Beurteilung des GV erfolgversprechend erscheint (LG Detmold DGVZ 95, 11; LG Kaiserslautern DGVZ 2009, 165 [zur Taschen-/Trinkgeldpfändung in Gastronomiebetrieb]). Ein nur allg (Formblatt-)Antrag des Gl auf Taschenpfändung verpflichtet den GV nicht schon zur Durchsuchung der Kleider und Taschen des Sch. Auch an Sachen, die sich auf einem Grundstück (LG Oldenburg DGVZ 83, 58) oder in Räumen eines Dritten befinden, kann der Sch Gewahrsam haben; das ist zB der Fall, wenn der Untermieter einen Teil seiner Sachen, die er in dem ihm vermieteten Zimmer nicht unterbringen kann, in anderen Räumen des Untervermieters verwahrt (vgl § 70 I GVGA) oder umgekehrt, wenn der Untervermieter Sachen (zB in einem Schrank) in dem untervermieteten Raum verwahrt. In solchen Fällen ist der GV auch berechtigt, die Räume des Dritten zur Durchführung der Vollstr zu betreten (vgl § 70 I GVGA; wegen Durchsuchungsanordnung s aber § 758a Rn 5).

6 **b) Mieter.** Der Mieter hat Gewahrsam an seinen in die Wohnung (den Raum) eingebrachten Sachen. Auch die in der Wohnung verbliebenen, dem Mieter zum Gebrauch überlassenen Sachen des Vermieters stehen im Alleingewahrsam des Mieters. Mitgewahrsam besteht hingegen an Sachen in einem vom Vermieter und Mieter gemeinsam benutzten Raum (Schlafstelle) oder Hotelzimmer. Mitgewahrsam folgt aber nicht schon aus einem

Zutrittsrecht des Vermieters eines möblierten Zimmers zur Pflege seiner Sachen und zu Dienstleistungen. Die Interessen des Vermieters bleiben damit gewahrt, dass Pfändung der offensichtl ihm gehörenden Sachen zu unterbleiben hat (s Rn 3).

c) Gewahrsamsbegründung. Einigung über Besitzerwerb (§ 854 II BGB; aA MK/Gruber Rn 9) und Erbenbesitz (§ 857 BGB; BGH WuM 2020, 507 Tz 35; aA MK/Gruber Rn 10) begründen für sich allein keinen Gewahrsam; mittelbarer Besitz (§ 868 BGB) und Mitbesitz (§ 866 BGB) stellt keinen Gewahrsam dar. Nur vorübergehende Verhinderung in der Ausübung der Gewalt beendet Gewahrsam nicht (wie § 856 II BGB). 7

d) Besitzdiener. Für Sachen, die er einem Besitzdiener (§ 855 BGB) überlassen hat, bleibt der Sch alleiniger Gewahrsamsinhaber. Der Besitzdiener übt die tatsächl Gewalt für den Sch in dessen **Haushalt, Erwerbsgeschäft** oder in einem **ähnlichen Abhängigkeitsverhältnis** aus, so dass der Gewahrsam dem Besitzherrn zuzurechnen ist. Beispiele (nach § 70 III GVGA): Hausangestellte, Gewerbegehilfe, Kellner. Der GV darf solche Sachen auch gg den Willen des Besitzdieners pfänden; er kann dessen Widerspruch mit Gewalt brechen (§ 758 III). Die Pfändung des vom Kellner für den Wirt eingenommenen und verwahrten Geldes ist daher für Gl des Wirts zulässig (AG Stuttgart DGVZ 82, 191), das Bedienungs- und Trinkgeld (s § 3 Nr 51 EStG) des Kellners für dessen Gl erst nach Abrechnung mit dem Wirt, es sei denn, es ist bereits vorher separiert. Gl des Wirtes können pfänden, wenn das in der Wirtschaft vereinnahmte Geld einem Dritten nur zur Aufbewahrung oder gar nur zum Schein (hierzu s § 809 Rn 5) übergeben wird. Räumliche Entfernung allein hebt das Besitzdienerverhältnis nicht auf. Der vom Geschäftsinhaber auf Reise geschickte Angestellte bleibt daher auch am entfernten Ort Besitzdiener bzgl der ihm mitgegebenen Waren. Der Bote, Kraftfahrer des Sch kann der Pfändung der ihm vom Sch anvertrauten Sachen auf der Straße somit nicht widersprechen. Wenn sich jedoch nicht mehr ergibt (nach außen nicht erkennbar ist), dass die tatsächl Gewalt in einem Abhängigkeitsverhältnis ausgeübt wird, ist nur der „Besitzdiener" Gewahrsamsinhaber, zB der selbständige Reisende, Einkäufer, Filialleiter. An eigenen Sachen haben Hausangestellte, Gewerbegehilfen usw nur selbst Gewahrsam, auch wenn sie sich in den Räumen des Geschäftsherrn befinden. Scheingewahrsam als mögliche Besitzdienerschaft: s § 809 Rn 5. 8

e) Haushaltungsvorstand. Er (beide Ehegatten, § 739, Lebenspartner, § 739 II; § 8 I LPartG) ist alleiniger Gewahrsamsinhaber auch für Sachen in den zum Haushalt gehörenden Räumlichkeiten, die von Familienangehörigen (auch erwachsenen; für gemeinsam benutzten Kleiderschrank: KG DGVZ 64, 7) und Gästen benutzt oder mitbenutzt werden. Das gilt aber nicht für Sachen unter alleinigem Verschluss des Familienangehörigen (s Rn 5) und ebenso nicht für die eindeutig erkennbar eigenen Sachen des Familienangehörigen. Bei entgeltl Überlassung eines Raums an einen Familienangehörigen zur ausschl Benutzung gilt das in Rn 6 für Sachen in Mieträumen Gesagte. 9

f) Vertretergewahrsam. Für die ZwV gg **Minderjährige** und **Geschäftsunfähige** sind Sachen, die der **ges Vertreter** des Sch für diesen in Gewahrsam hat, wie solche im Gewahrsam des Sch zu behandeln (§ 70 I 5 GVGA). Der GV hat zwar nicht die Eigentumsverhältnisse zu prüfen, aber doch zu klären, ob der Vertreter Sachgewahrsam für den Sch hat. Fehlt ein Wille des Vertreters, Gewahrsam für den Sch auszuüben, hat er vielmehr persönl Gewahrsam, ist er bei ZwV wie ein Dritter zu behandeln (LG Berlin DGVZ 72, 114). 10

g) Gewerberäume. Dort hat idR der Inhaber alleinigen Gewahrsam (AG Stuttgart DGVZ 82, 191). Mitarbeiter sind Besitzdiener, soweit es nicht um offensichtl persönl Besitz geht (BGH NJW 2015, 1678 Tz 24). 11

h) Juristische Person/Personengesellschaft. Ihr Gewahrsam wird durch ihr vertretendes Organ (Vorstand, Geschäftsführer, Liquidator) oder den geschäftsf Gesellschafter ausgeübt. Organ oder Geschäftsführer haben keinen eigenen Gewahrsam an Sachen, die sie in dieser Eigenschaft in Händen halten (OLG Köln JurBüro 1996, 217); ihr Gewahrsam wird der jur Person (für Besitz BGH NJW 72, 43; für Einmann-GmbH auch BGH NJW 2004, 217) oder Personengesellschaft zugerechnet. Gewahrsam über Gesellschaftsvermögen kann der Geschäftsführer einer GmbH daher auch in seinen Privaträumen (Wohnung) ausüben (LG Mannheim DGVZ 83, 118), für eine GmbH & Co. KG der Geschäftsführer der GmbH (als persönl haftende Gesellschafterin) auch in deren Geschäftsräumen (LG Düsseldorf JurBüro 1987, 1425). Der GV muss sich daher Gewissheit darüber verschaffen, ob Gewahrsam für die jur Person/Personengesellschaft ausgeübt wird. Eine GmbH (nicht aber ihr Geschäftsführer) ist auch Gewahrsamsinhaberin der Gegenstände (Büroeinrichtung, Kfz), die nur noch zur Erledigung von Abwicklungsarbeiten benutzt werden (BGH NJW 2004, 217). Persönl Gewahrsam hat der Geschäftsführer, wenn er die Sachherrschaft für sich selbst ausübt (BGH NJW 2004, 217). Wenn die Organstellung endet, erhält der Geschäftsführer an Sachen, die in seiner Herrschaft zur eigenen Nutzung verbleiben, persönl Gewahrsam. Kommanditisten einer KG haben Gewahrsam als Besitzdiener (MK/Gruber Rn 19). Unklarheit bei Abgrenzung, ob der Vertreter persönl Gewahrsam hat, muss zu Lasten der jur Person/Personengesellschaft gehen, vor allem dann, wenn die Verhältnisse dazu dienen sollen, dem Gl Vermögenswerte zu entziehen (LG Kassel DGVZ 78, 114). 12

i) Verfügungsberechtigung. Wer mittels Lagerscheins, Ladescheins oder Konnossement über eine Sache verfügen kann, ohne die Sache in unmittelbarer Gewalt zu haben, hat keinen Gewahrsam. 13

j) Eheleute/Lebenspartner. S Rn 9; § 739 Rn 7 ff; Mitgewahrsam s § 809 Rn 4. 14

15 **III) Verfahren. 1) Inbesitznahme.** Die Pfändung wird dadurch bewirkt, dass der GV die zu pfändenden **Sachen** tatsächl in Besitz nimmt. Dies bedeutet, dass der GV die tatsächl Gewalt über die Sachen erlangen (§ 854 BGB) und die Verfügungsgewalt des Sch ausschließen muss. Bloße Erklärung der Inbesitznahme, mündl Wegschaffungsverbot bis zur Herbeiholung von Transportmitteln genügen nicht, wohl aber Einsperren der Sachen in einen für andere Personen nicht zugänglichen Raum und Versiegeln (AG Northeim DGVZ 2002, 125: Austausch der [aller] Schlösser einer aufgegebenen Gaststätte). IE zur Vollziehung der Pfändung: § 82 GVGA. Wenn der GV an Stelle vertretbarer Sachen, die er bei späterem Wegschaffen nicht mehr vollständig vorfindet, bisher noch nicht gepfändete gleichartige Sachen mitnimmt, hat deren Wegschaffung die rechtl Wirkung der Pfändung, weil der GV damit die weggeschafften Sachen beschlagnahmen wollte und diese Pfändung mit Inbesitznahme und Wegschaffung auch nach I bewirkt hat (OLG Karlsruhe MDR 79, 237).

16 **2) Geld, Kostbarkeiten, Wertpapiere.** Diese hat der GV sogleich an sich zu nehmen. Gepfändetes Geld ist dem Gl abzuliefern (§ 815 I); Ausnahmen bei Abwendungsbefugnis des Sch nach § 720 und im Fall des § 815 II. Gepfändete Wertpapiere, Gold- und Silbersachen, Juwelen und ähnliche Kostbarkeiten, ebenso Geld bis zur Auszahlung oder Hinterlegung hat der GV grds (Ausnahmen: BGH NJW 53, 902) in eigene Verwahrung zu nehmen. Unterbringung: § 89 GVGA. **Kostbarkeiten** sind Gegenstände, deren Wert (idR) im Verhältnis zu ihrem Umfang bes hoch ist wie Gegenstände aus Gold, Silber oder Platin, Edelsteine, echte Perlen, Münzen, Kunstwerke, Kunstaltertümer (auch wertvolle Antiquitäten; OLG Köln Rpfleger 98, 353), Briefmarkensammlungen und dgl (Orientteppiche: s § 813 Rn 4). Pfandkammerverwahrung statt Eigenverwahrung unter sicherem Verschluss oder (kostengünstigerer) Verwahrung bei einer Bank/Sparkasse (§ 89 II GVGA) ist Amtspflichtverletzung (LG Koblenz DGVZ 86, 28). Wenn die Wegschaffung bes Schwierigkeiten begegnet oder eine erhebl Gefahr für die Sache bedeutet, zB bei wertvollen Kunstsammlungen, wird der GV die Einwilligung des Gl zur Belassung im Gewahrsam des Sch einholen.

17 **3) Andere Sachen.** Sie sind **im Gewahrsam des Sch zu belassen**, sofern nicht hierdurch die Befriedigung des Gl gefährdet wird (II 1). Ob eine solche Gefährdung vorliegt, hat der GV selbständig zu beurteilen. An Weisungen des Gl ist er nicht gebunden. Kommt der GV zu dem Ergebnis, dass eine solche Gefährdung vorliegt, zB weil Beiseiteschaffung durch den Sch oder Dritte zu besorgen ist, weil der Sch für Erhaltung der Gegenstände nicht sorgen kann oder will oder weil diese, zB wegen Feuchtigkeit der Unterbringungsräume, der Gefahr des Verderbens ausgesetzt sind, ist er, wenn nicht der Gl in die Belassung einwilligt, zur **Wegschaffung verpflichtet**. Wird eine Gefährdung später erkennbar, hat der GV die Pfandstücke, selbst wenn die ZwV inzwischen eingestellt worden ist, nachträgl an sich zu nehmen. Der GV hat für die sichere Unterbringung und Verwahrung der von ihm weggeschafften Sachen zu sorgen und die zu ihrer Erhaltung erforderl Vorkehrungen zu treffen. Bei Verlust oder Beschädigung fortgeschaffter Sachen hat der wegen Amtspflichtverletzung des GV in Anspruch genommene Staat mindestens nachzuweisen, dass der Verlust oder die Beschädigung ohne Verschulden des GV eingetreten sein kann. Der GV handelt, wenn er gepfändete Sachen bei einem Dritten einlagert, diesem gegenüber nicht hoheitl. Der **Lagervertrag** ist ein rein privatrechtl Geschäft (BGH JZ 2000, 359 [Berger] = MDR 99, 1220). Diesen Lagervertrag schließt der GV (wenn er nicht ausdrückl im eigenen Namen handelt) als bevollmächtigter Vertreter des Justizfiskus (BGHZ 142, 77). Verpflichtet wird aus dem Verwahrungsvertrag daher nur der Justizfiskus. Dieser kann den GV verantwortlich machen, wenn er nicht vorher die Einbringlichkeit der Lagerkosten als VollstrKosten geprüft hat. Auch Arrest und einstw Verfügung entheben den GV nicht der Pflicht, die Kostenfrage vorher zu klären und evtl Vorschuss einzufordern. Hat der GV die gepfändete Sache dem Gl **übergeben** und hat dieser auf die Erinnerung des Sch die gepfändete Sache zwar freigegeben, weigert er sich aber, die Sache dem Sch herauszugeben (Eigentumsvorbehalt), kann das VollstrGericht den **GV nicht** anweisen, die Sache dem Sch herauszugeben und sie vorher dem Gl **wegzunehmen**. Der GV ist zu Zwangsmaßnahmen nur ggü dem Sch und solchen Dritten berechtigt, die der Vollstr gg den Sch Widerstand leisten, **nicht** aber **gegenüber dem Gl**. Nimmt der GV die Sache mit sich, erwirbt er unmittelbaren Besitz an der Pfandsache und vermittelt dem Gl mittelbaren Besitz ersten, dieser dem Sch mittelbaren Besitz zweiten Grades. Belässt der GV die Sache im Gewahrsam des Sch, erlangt dieser den ihm nach I entzogenen Besitz wieder und wird Besitzmittler des GV und des Gl (RGZ 118, 276, 277).

18 **IV) Verbleib beim Schuldner. 1) Siegel.** Werden die Sachen im Gewahrsam des Sch belassen, ist die Wirksamkeit der Pfändung dadurch bedingt, dass sie durch **Anlegung von Siegeln** oder auf sonstige Weise ersichtl gemacht ist (II 2); das gilt auch, wenn die Fortschaffung der Sachen nur aufgeschoben wird. Dabei genügt es nicht, nur überhaupt ersichtl zu machen, dass gepfändet wurde; es muss auch erkennbar sein, welche einzelnen Sachen gepfändet sind. Dabei hat der GV größte **Sorgfalt** anzuwenden; lieber ein Siegel, eine Anzeige, mehr als zu wenig; denn **Verstoß gegen II 2** macht die Pfändung unheilbar unwirksam (**nichtig**). Diese Nichtigkeit wird auch durch spätere Besitzergreifung und Verwertung nicht geheilt. Es ist dann kein PfandR entstanden. Der GV setzt durch einen Verstoß den Staat und damit sich der Gefahr der Haftung aus. Die Pflicht, die Pfändung körperl Sachen, die im Gewahrsam des Sch bleiben, durch Anlegung von Siegeln oder in sonstiger Weise ersichtl zu machen, obliegt dem GV als Amtspflicht nicht nur dem Gl, sondern auch dem Sch ggü (BGH MDR 59, 734).

19 **2) Verfahren.** Das **Anbringen** des Siegels (Gl hat kein Recht, den Ort zu bestimmen, LG Kassel JurBüro 2016, 662) und das sonstige **erkenntlich machen der Pfändung** stellt II 2 gleichwertig nebeneinander (MK/Gruber

Rn 34). Doch hat der GV nur dann, wenn die Anbringung von Siegelmarken (oder anderer Pfandzeichen) unmöglich oder unzweckmäßig ist, das Dienstsiegel (oder den Dienststempel) zur Kennzeichnung der Pfändung zu verwenden (§ 82 I 7 GVGA). Wenn möglich, ist jedes einzelne Pfandstück an einer sofort und klar ersichtl Stelle mit einer Siegelmarke oder einem sonst geeigneten Pfandzeichen zu versehen. Ein Pfandzeichen muss mit dem Pfandstück mechanisch verbunden sein. Es ist so anzubringen, dass die Sache nicht beschädigt wird (§ 82 I 5, 6 GVGA). Die Schonung der Interessen des Sch muss bei Anbringung von Siegeln (Pfandzeichen) zurücktreten, wenn die Rechtswirksamkeit der Pfändung gefährdet wird. Das Siegel (Pfandzeichen) darf also zB nicht auf der der Wand zugekehrten Seite von Möbeln, Bildern, nicht auf der unteren Seite einer Tischplatte, eines Teppichs usw, auch nicht so angebracht werden, dass es für den Dritten erst einer bes Nachschau oder bes Aufmerksamkeit bedarf, um die Pfändung zu erkennen. Ein gewisses Maß von Auffälligkeit ist bei Pfändung immer geboten. Es ist zwar nicht nötig, dass das Pfandzeichen jedem Beschauer sofort ins Auge fällt. Es genügt, wenn es bei Anwendung der im Verkehr üblichen Sorgfalt von Dritten bemerkt werden kann. Anbringung des Pfandsiegels an unauffälliger Stelle kann die Wirksamkeit der Pfändung nicht beeinträchtigen. Bei freilaufenden Tieren ist Pfandzeichen (zB Blechmarke) am Horn, Halsband erforderl, bei Schafen und dgl ist auch Farbanstrich möglich. Bei Pfändung einer **größeren Anzahl** gleicher (oder ähnlicher) **Sachen**, die gesondert oder in bes Behältnissen lagern, kann die Pfändung dadurch ersichtl gemacht werden, dass eine gemeinsame Pfandanzeige angebracht wird; sie muss so angelegt werden, dass darüber, welche Sachen gepfändet sind, kein Zweifel bestehen kann (iÜ s § 82 I 8, 9 GVGA). Sind Zweifel möglich, ist jede Sache mit einem bes Pfandzeichen zu versehen oder die Pfändung durch Anbringung einer Pfandanzeige vorzunehmen. Für **Pfändung von Stoffwaren** genügt, dass diese mit einer Schnur zusammengebunden werden und an der Stelle, an der die Schnur zusammengeknüpft wird, ein Pfandzeichen angebracht wird, für **Pfändung von Eisenwaren**, dass diese in eine Kiste verpackt werden und der Verschluss der Kiste mit einem Pfandzeichen versiegelt wird. Raumverschluss und -versiegelung kann bei Pfändung einer Sachgemeinschaft (Warenlager mit Verpackungsmaterial und Maschinenbestand) zulässig sein, wenn die Gesamtheit der Pfandgegenstände weder anderweit gelagert noch für die Vollstr gesichert werden kann (LG Kiel SchlHA 89, 45). Nimmt der GV die **Versiegelung von Räumen** vor, hat er darauf zu achten, dass die Pfandzeichen an allen Türen angebracht werden. Die Schlüssel versiegelter Behältnisse oder Räume hat der GV an sich zu nehmen (§ 82 I 9 GVGA). Die Pfändung von Fischen in Teichen ist wirksam, wenn der GV an den die Teiche verschließenden Vorrichtungen sowie an benachbarten Bäumen Pfandzeichen (haltbar) anbringt, aus denen sich ergibt, dass alle Fische in den Teichen gepfändet und in Besitz genommen sind (Röder DGVZ 95, 38). Nicht nötig ist, die Gattung der Fische und ihre vermutliche Zahl anzugeben.

3) Pfandanzeige. Lässt sich wegen der Beschaffenheit der Pfandstücke ein Pfandzeichen nicht anlegen oder 20
reicht ein solches nicht aus, um die Pfändung ersichtlich zu machen, ist an dem Ort, an dem sich die Pfandstücke befinden (zB auf dem Lagerboden, dem Viehstall, dem Speicher), ein auf die Pfändung hinweisendes Schriftstück (**Pfandanzeige**) in der Art anzubringen, dass jedermann davon Kenntnis nehmen kann. Es genügt also zB bei Pfändung von Waren, die in einem Regal aufbewahrt sind, nicht, wenn die Pfandanzeige an der Innenseite des Regals angebracht wird. Die Pfandanzeige hat die Pfandstücke genau zu bezeichnen; sie ist mit der Unterschrift des GV und dem Dienstsiegel zu versehen (§ 82 II 4 GVGA). Wird **ein Teil des Vorrats gepfändet** (s § 811 I Nrn 2-4), ist er von dem nicht gepfändeten Teil äußerlich zu trennen. Erforderlichenfalls ist für gepfändete Sachen ein **Hüter** (auch eine bei dem Gl oder dem Sch im Dienst stehende Person) zu bestellen. Die Vergütung des Hüters ist nach den ortsüblichen Preisen, soweit tunlich im Voraus, festzusetzen.

4) Pfandsachennutzung. Ob der Sch die in seinem Gewahrsam belassenen gepfändeten **Gegenstände weiter** 21
benutzen darf, ist nach Lage des Einzelfalles zu entscheiden. Ausgeschlossen ist die Benutzung jedenfalls, wenn sie ohne Beseitigung der Pfandzeichen nicht erfolgen kann, sowie bei Gegenständen, die ihrer Beschaffenheit oder ihrer natürl Zweckbestimmung nach bei dem Gebrauch einer starken Abnutzung unterliegen. Würde sich eine solche Abnutzung ergeben, wäre die Befriedigung des Gl durch die Belassung beim Sch gefährdet. Der GV darf daher solche Gegenstände dem Sch nicht belassen; wenn die Gefährdung nachträgl eintritt, muss er sie aus dem Gewahrsam des Sch entfernen. Es wird aber genügen, wenn der GV einen für die Benutzung wesentl Bestandteil des gefährdeten Gegenstandes in seinen Gewahrsam nimmt, sofern dadurch die Gefährdung der Befriedigung des Gl beseitigt erscheint. Bei **Kraftfahrzeugen** jeder Art wird eine Gefährdung regelmäßig angenommen werden müssen (§ 107 I 1 GVGA). Fehlerhafte Beurteilung der Gefährdungsgrundlage berührt die Wirksamkeit der nach II 2 ersichtl gemachten Pfändung des im Sch-Besitz belassenen Kfz nicht (LG Darmstadt DGVZ 1999, 92). Zur Pfändung eines Kfz sowie Bedeutung der Zulassungsbescheinigungen I u II: §§ 107-114 GVGA, sa KG JurBüro 1994, 297; AG Mönchengladbach-Rheydt JurBüro 2013, 441 (Verbleib im Sch-Besitz auf Weisung des Gl); zur Haftung des Staates bei ZwV in Kfz: Schetting MDR 67, 800; die Stilllegung des Kfz (eine Mitwirkung bei ihr) obliegt dem GV nicht (Holch DGVZ 92, 129). Werden **gepfändete Tiere** im Gewahrsam des Sch belassen (nicht zulässig nach II wegen Gefährdung der Gl-Befriedigung, wenn ein gepfändetes Reitpferd bei Turnieren eingesetzt wird [AG Aschaffenburg DGVZ 1991, 45]), kann der GV mit dem Sch vereinbaren, dass dieser befugt sein soll, als Entgelt für die Fütterung und Pflege des Tieres dessen gewöhnl Nutzungen in Anspruch zu nehmen. Der Sch ist anzuweisen, eine Erkrankung des Tieres, insb eine erforderl werdende Notschlachtung, dem GV sofort anzuzeigen (§ 82 III 2 GVGA).

22 5) **Belehrung.** Dem Sch, bei Abwesenheit einem etwa anwesenden Angehörigen, ist zu eröffnen, dass die gepfändeten Sachen sich nunmehr im Besitz des GV befinden und der Sch sie nur für diesen in Gewahrsam hat, ferner, dass der Sch sowie jeder andere sich jeder Verfügung über die Pfandstücke sowie der Beschädigung oder Ablösung der angelegten Siegel oder der angebrachten Anzeigen bei Meidung der ges Strafen enthalten muss. Nichtbefolgung des III macht die Pfändung nicht unwirksam. Kommen die Sachen aus dem Gewahrsam des Sch und bleibt das Abhandenkommen unaufgeklärt, dann braucht der in Anspruch genommene Staat bzw der GV Entlastungsbeweis nicht zu führen (RGZ 138, 42).

23 6) **Überwachung.** Sind Siegelmarken usw abgefallen (dies berührt die Wirksamkeit der Pfändung nicht; LG Darmstadt DGVZ 99, 92), oder sonst Vorkehrungen zum Ersichtlichmachen der Pfändung später beseitigt, hat der GV, sobald er davon Kenntnis erhält, für deren Erneuerung zu sorgen. Auch hat er zu prüfen, ob durch weitere Belassung der Pfandstücke im Gewahrsam des Sch die Befriedigung des Gl gefährdet wird; ist dies der Fall, hat er die Pfandstücke aus dem Sch-Gewahrsam zu entfernen (BGH MDR 59, 282).

24 7) **Pfändungsprotokoll (§ 762).** § 86 GVGA.

25 **V) Mehrere Pfändungen. 1) Mehrere Aufträge.** Sind sie gleichzeitig zu behandeln (§ 117 I GVGA), ist die **Pfändung für alle beteiligten Gl zugleich** zu bewirken (Gegenansicht s § 804 Rn 5; Priorität nach Antragseingang ist jedoch ges nicht bestimmt; Antragseingang begründet auch nicht die Erwartung, dass sich Vollstreckungshandeln unmittelbar anschließen werde [wäre ohnedies nicht zu erwarten zB bei größerer räuml Entfernung des Orts der Pfändung, bei längerer Abwesenheit des GV in einer anderen VollstrSache]). Hierüber wird nur **ein** Pfändungs**protokoll** aufgenommen (s § 762 Rn 2), das die Erklärung enthalten muss, dass die Pfändung gleichzeitig für alle Gl bewirkt ist (s § 117 III GVGA).

26 2) **Doppelpfändung.** Gleichzeitige Pfändung derselben Sache bei ZwV gg verschiedene Sch (ermöglicht § 739 mit Titel gg Eheleute; s § 739 Rn 12; sog Doppelpfändung) erfolgt als selbständige Pfändung für jeden Gl (keine Anschlusspfändung, s § 826 Rn 2). Über diese Pfändung sind daher selbständige Protokolle aufzunehmen (Verstoß macht gleichzeitige Pfändung aber nicht nichtig). Dass zweifache Siegelung nach II 2 erfolgt, wird nicht gefordert und ist auch nicht zu verlangen. Wenn Pfändung bei ZwV gg einen der Sch bereits früher erfolgt ist, muss die weitere Pfändung in dem neuen Verf gg den anderen Sch in derselben Form wie eine Erstpfändung erfolgen (s § 116 I 1 GVGA). Aktenvermerk des GV s § 116 I 2 GVGA.

27 3) **Anschlusspfändung.** Hier erfolgt eine spätere Pfändung bei ZwV gg denselben Sch; dazu § 826 m Anm.

28 4) **Hilfspfändung.** Damit nimmt der GV Papiere vorläufig in Besitz, die nur eine Forderung beweisen, aber nicht Träger des Rechts sind (damit keinen selbständigen Wert haben), zB Sparkassenbücher, Pfandscheine, Versicherungs- und Depotscheine, ferner Hypotheken- und solche Grundschuld- und Rentenschuldbriefe, die nicht auf den Inhaber lauten. Solche Sachen sind nicht Wertpapiere, die wie bewegl körperl Sachen zu pfänden wären. Die Hilfspfändung dient nur der Vorbereitung und Sicherung der Forderungs-ZwV. Wenn der Gl nicht alsbald, spätestens binnen eines Monats, den Pfändungsbeschluss über die Forderung vorlegt, die dem Papier zugrunde liegt, gibt der GV die nur hilfsweise gepfändeten Papiere dem Sch zurück. Grundlage: § 106 GVGA.

29 **VI) Rechtsbehelfe.** Für Gl und Sch: **Erinnerung** (§ 766). Das VollstrGericht prüft jedoch nur, ob obj erkennbare Merkmale Gewahrsam des Sch ausweisen (LG Frankfurt MDR 88, 504). Wird die Pfändung vom VollstrGericht für unzulässig erklärt, erlischt mit der Freigabe des Pfandstücks durch den GV das PfandR, und zwar auch dann, wenn das Beschwerdegericht die Pfändung als zulässig ansieht und deshalb den Beschluss des VollstrGerichts aufhebt. Das Erlöschen des PfandR kann dadurch verhindert werden, dass das VollstrGericht die Vollziehung seiner Entscheidung bis zur Rechtskraft aussetzt (§ 570).

30 **VII) Gebühren. 1) RA:** 3309, 3310 RVG-VV; § 18 I Nr 1, § 19 II RVG; nur eine Angelegenheit bei mehreren Aufträgen, wenn die späteren die einmal eingeleitete Maßnahme mit demselben Ziel der Befriedigung fortsetzen, zB bei wiederholtem Auftrag (nur) an einen anderen GV (BGH MDR 2005, 475). Vollstreckung gegen mehrere Gesamtschuldner ist je Sch eine Angelegenheit. – **2) GV:** Bei wirksamer Pfändung 205 GvKostG-KV: 31,20 Euro. Bei einem Vollstreckungsauftrag aus mehreren Titeln kann die Geb nur einmal anfallen (§ 3 I 1 Hs 2 GvKostG). Bei Gesamtsch gesonderte Erhebung: § 10 III GvKostG, ebenso bei wiederholten Pfändungen: § 10 II 1 GvKostG. Für eine Anschlusspfändung (s Rn 27) wird die Geb erneut erhoben (11 DB-GvKostG), nicht aber für die Hilfspfändung (s Rn 28; 13 DB-GVKostG). – Die erfolglose Pfändung ist nach 604 GvKostG-KV abzurechnen. – Wegegeld: 711 GvKostG-KV; § 12a GvKostG. – Zeitzuschlag nach 500 GvKostG-KV mögl.

§ 809 Pfändung beim Gläubiger oder bei Dritten

Die vorstehenden Vorschriften sind auf die Pfändung von Sachen, die sich im Gewahrsam des Gläubigers oder eines zur Herausgabe bereiten Dritten befinden, entsprechend anzuwenden.

1 **I) Funktion.** Verfahrensbestimmung für Pfändung (§ 803 I) körperl Sachen durch den GV bei Gewahrsam des Gl oder eines herausgabebereiten Dritten. Pfändung bei fehlender Herausgabebereitschaft: §§ 846, 847.

II) Voraussetzungen. 1) Dritte. a) Gewahrsam. Gewahrsam (s § 808 Rn 3) des Gl, wie auch immer er erlangt wurde (MskV/Flockenhaus Rn 2), oder eines Dritten. Dritte sind alle Personen, die nach dem Titel (auch der Klausel) nicht Gl oder Sch sind und die nicht für den Gl oder Sch als deren ges Vertreter, Organ oder vertretender Gesellschafter (s § 808 Rn 10; 12) Gewahrsam haben. Für die einem Besitzdiener überlassenen Sachen bleibt der Sch alleiniger Gewahrsamsinhaber (s § 808 Rn 8), so dass auch sein Besitzdiener nicht Dritter ist. Der Erbe, gg den nach § 779 die ZwV fortgesetzt wird, ist Sch, nicht Dritter. – Auch der GV kann Dritter sein (str, MskV/Flockenhaus Rn 3; aA MK/Gruber Rn 5; zu mögl Fällen StJ/Würdinger Rn 2). 2

b) Zeitpunkt. Maßgebend ist das **Gewahrsamsverhältnis bei Pfändung**; spätere Änderungen (zB wenn ein Dritter nach Pfändung den Besitz an Wohn- oder Geschäftsräumen erlangt, in denen sich die Pfandsache befindet, wenn der Sch die gepfändete Sache einem Dritten zur Reparatur, Aufbewahrung oder zum Gebrauch übergibt, wenn der Dritte sie eigenmächtig an sich nimmt) bleiben für die Wirksamkeit der Pfändung ohne Bedeutung. Wenn der Dritte erst nach der Pfändung Gewahrsam erlangt hat, kann jedoch mit gutgläubigem Eigentumserwerb das PfändungspfandR erloschen sein (§ 936 BGB). Ist das nicht der Fall, dann ist der Dritte zur Herausgabe an den GV verpflichtet. Der GV kann aber kein Zwangsmittel zur Durchsetzung des Herausgabeanspruchs anwenden (BGH NJW-RR 2004, 352 Tz 8; MK/Gruber § 808 Rn 40). Die ZwV kann mit Pfandverwertung daher nur fortgesetzt werden, wenn der Dritte nach § 809 zustimmt oder der Gl den Widerstand des Dritten mit Klage aus seinem Pfandrecht überwunden hat. 3

c) Mitgewahrsam. Haben Sch **und ein Dritter** gemeinschaftl Gewahrsam, würde die Pfändung den Mitgewahrsam des Dritten beeinträchtigen. Sie ist daher, wenn Mitgewahrsam des Dritten äußerlich erkennbar gegeben ist (LG Berlin MDR 75, 939), nur nach § 809 zulässig, wenn der Dritte einwilligt (allg Ansicht; zB MskV/Flockenhaus Rn 5; anders Braun AcP 196 [1996], 557). Das gilt auch für den Inhalt eines Schrankfachs unter Mitverschluss des Vermieters. Wenn zwei (mehrere) Personen eine Wohnung gemeinsam bewohnen, liegt, soweit es sich nicht erkennbar um persönl Gegenstände im Alleingewahrsam handelt (s § 808 Rn 5, 9), idR Mitgewahrsam an den Gegenständen in der Wohnung vor (LG Berlin MDR 75, 939). Dieser hindert jedoch lediglich Pfändung und Wegnahme gg den Willen des Dritten, nicht aber erlaubte Durchsuchung der vom Sch mitbenutzten Räume (§ 758a III 1) und Feststellung pfändbarer Gegenstände des Sch. Bei **nichtehel Lebensgemeinschaft** und bei **Wohngemeinschaften** gilt die Gewahrsamsvermutung des § 739 nicht (s § 739 Rn 14), so dass Mitgewahrsam Dritter nach § 809 zu beachten ist. Nach den Umständen wird Mitgewahrsam vielfach aber nur für gemeinsam benutzte Einrichtungsgegenstände anzunehmen sein, nicht auch für Gegenstände, die bei getrennter Raumnutzung in einzeln genutzten Räumen der gemeinsamen Wohnung stehen. Ebenso wird vielfach Alleingewahrsam für Sachen unter Alleinverschluss und Pfändungsmöglichkeit für eindeutig erkennbare eigene Sachen der Mitglieder der Wohngemeinschaft gegeben sein. Wenn Mitgewahrsam eines Dritten erst nach Pfändung begründet wurde, gilt das in Rn 3 Gesagte. Nach Pawlowski (DGVZ 76, 33, 39) kann dann der GV die Vollstreckung fortsetzen, wenn der Gl den Mitbesitz seines Sch nach § 857 sich hat pfänden und überweisen lassen. 4

d) Scheingewahrsam. Wird er vom GV (im Erinnerungsverf vom Gericht) beim Dritten festgestellt (MskV/Flockenhaus Rn 5: kaum zuverlässig mögl), kann dies vor Vollstreckungszugriff nicht schützen (s bereits § 808 Rn 8). Deshalb kann § 809 keine Anwendung finden, wenn der Dritte im Einvernehmen (auf Veranlassung) des Sch Sachen in Gewahrsam genommen hat, um sie der ZwV zu entziehen (AG Flensburg DGVZ 95, 60; str, aA die hM, die auch die Vollstreckungsvereitelung als gewahrsamsbegründend ansieht: MskV/Flockenhaus Rn 5; sa Knoche ZZP 114 [2001], 399, 427: Weisungsabhängigkeit des Dritten als Besitzdienerschaft, damit Pfändung in Sch-Gewahrsam). Ein **Kfz**, das nach der Zulassungsbescheinigung dem Sch gehört, aber von einem Familienangehörigen allein und mit eigenem Herrschaftswillen benutzt wird, ist nicht dem Gewahrsam des Sch zuzurechnen (OLG Düsseldorf MDR 97, 142). Besitz des Ehegatten (Lebenspartners) ermöglicht Pfändung aber nach § 739 wegen der Eigentumsvermutung des § 1362 BGB (§ 8 I LPartG). Durch die auf den Ehegatten (Lebenspartner) des Sch lautende Zulassungsbescheinigung II ist die Vermutung des § 1362 BGB nicht widerlegt (LG München II DGVZ 2000, 22). Nichtbeachtung des Drittgewahrsams wird auch als möglich („weniger bedenklich") erachtet, wenn der Dritte zugibt, dass er keine Rechte an der Sache hat und sie nur vorübergehend für den Sch aufbewahrt (StJ/Würdinger Rn 4); dem ist nicht zu folgen, weil damit unlauteres Handeln des Dritten noch nicht gegeben ist. Wenn der Dritte in Anwesenheit des GV Sachen des Sch fortschaffen will, um sie der ZwV zu entziehen, kann der GV den Dritten unter Anwendung von Zwang hindern, die ZwV zu vereiteln. 5

2) Herausgabebereitschaft. a) Beim **Gl** ist sie nicht erforderl, fehlender Widerspruch reicht, wenn nach § 808 II 2 verfahren wird (MskV/Flockenhaus Rn 2; str). Mit einer anschließenden Verwertung muss sich der Gl dann aber einverstanden erklären (MK/Gruber Rn 4). – **b)** Beim **Dritten** (**Formulierungsvorschlag:** Vorwerk/Goldbach, PFB, M 49.3) ist sie als Zustimmung zur Durchführung der ZwV erforderl. Ob der Gewahrsamsinhaber zur Herausgabe bereit ist, hat der GV durch Befragen festzustellen. Die Bereitschaft des Dritten muss sich auf die Herausgabe zur Verwertung, nicht nur zur Pfändung erstrecken (BGH NJW-RR 2004, 352, 353). Sie kann formlos, ausdrückl oder stillschweigend und als Genehmigung auch nach der Pfändung erklärt werden. Die an einen Vorbehalt (eine Bedingung) geknüpfte Herausgabebereitschaft gilt als verweigerte Herausgabe, sofern nicht die gestellten Bedingungen von allen Gl angenommen werden (StJ/Würdinger Rn 9; abw MK/Gruber Rn 10: nur VollstrGl muss zustimmen; sa § 70 II 3 GVGA: „von allen Beteiligten"). Die Herausgabebe- 6 reitschaft kann aber zugunsten einzelner Gl sowie zu Lasten einzelner Sch beschränkt werden. Als Prozesserklärung ist das Einverständnis unwiderrufl (BGH NJW-RR 2004, 352). Die Erklärung des Dritten, dass er zur Herausgabe bereit sei, ist im Protokoll des GV zu vermerken (§ 88 S 2 GVGA). Widerspruchslose Unterzeichnung des Pfändungsprotokolls, das diese Erklärung nicht enthält, kann als stillschweigende Zustimmung anzusehen sein (BGH NJW-RR 2004, 352). Anspruch auf Zustimmung zur Duldung der ZwV durch den Dritten besteht nur bei selbständigem Verpflichtungsgrund; für den GV kommt ihm nur Bedeutung zu, wenn er durch einen Duldungstitel nachgewiesen ist. Lehnt die Person, bei der Sachen des Sch gepfändet werden sollen, die Herausgabe ab oder bestreitet sie, solche Sachen in Gewahrsam zu haben, ist diese Erklärung im Protokoll festzuhalten und von der Pfändung abzusehen, auch wenn dem GV ein Herausgabeanspruch des Sch offensichtlich erscheint (LG Oldenburg DGVZ 83, 58; LG Oldenburg DGVZ 84, 91). Dem Gl bleibt die Pfändung des Anspruchs, der dem Sch auf Herausgabe oder Leistung der Sache zusteht (§§ 846, 847). Vorpfändung (§ 845) sinnvoll.

7 **III) Verfahren. 1) Pfändung.** Körperl Sachen (s § 803 Rn 1) im Gewahrsam des Gl oder eines zur Herausgabe bereiten Dritten werden nach § 808 ebenso wie die Pfändung von Sachen im Gewahrsam des Sch gepfändet. Dafür, dass der GV auch noch zu prüfen habe, ob der Gegenstand zum Sch-Vermögen (dafür aber Paschold DGVZ 94, 107; Schlappa DGVZ 2010, 175) und nicht etwa einem anderen (sog Vierten) gehört, gibt das Gesetz keinen Anhalt; ebenso wie bei Pfändung von Sachen im Gewahrsam des Sch beschränkt sich die Prüfung auf den leicht überschaubaren Zugriffsbestand. Das ist bei Drittgewahrsam die Herausgabebereitschaft des Dritten iVm der durch den Pfändungsantrag geltend gemachten Rechtszugehörigkeit. Wenn der Gegenstand offensichtl zum Vermögen eines anderen gehört, hat die Pfändung nach allg Grundsätzen zu unterbleiben (s § 808 Rn 3). Verlangt der Gewahrsamsinhaber die Fortschaffung des Pfandstücks, ist dem Verlangen zu entspr (§ 88 S 3 GVGA). Wenn die Sachen im Gewahrsam des Gl oder Dritten belassen werden, ist die Pfändung durch Anlegung von Siegeln oder auf sonstige Weise ersichtl zu machen (§ 808 II 2); für eingelagertes Räumungsgut genügt daher Anlegung einer Siegelmarke in der Lagerakte nicht (LG Frankfurt DGVZ 90, 59). Der Dritte wird vom GV nicht zum Verwahrer bestellt (aA Schilken DGVZ 86, 145, 150). Eine Ausnahme ist dann zu machen, wenn der GV zum Wegschaffen verpflichtet ist und die Sachen ausdrückl zur Aufbewahrung vor Ort belässt (MK/Gruber Rn 15). Der späteren Abholung der Sache durch den GV kann der Dritte nicht mehr widersprechen (BGH NJW-RR 2004, 252, 253). Anschlusspfändung: s § 826 Rn 3.

8 **2) Rechtsverlust.** Mit Pfändung bei dem herausgabebereiten Dritten verliert dieser ein **Widerspruchsrecht**, das er als berechtigter Besitzer der Sache nach § 771 geltend machen könnte (BGH MDR 78, 401), nicht aber sein materielles, die Veräußerung hinderndes Recht, wenn er irrtümlich eigene Sachen an den GV herausgegeben hat (MskV/Flockenhaus Rn 8, auch zum Rechtsbehelf und zum möglichen Verzicht auf das die Veräußerung der Pfandsache hindernde Recht). Klage nach § 805 bleibt dem herausgabebereiten Dritten.

9 **IV) Verstoß.** Wird gegen § 809 verstoßen, berührt dies die Wirksamkeit der sonst ordnungsgemäßen Pfändung nicht, sondern begründet nur Anfechtbarkeit. **Rechtsbehelf** für den Dritten (nicht auch für den Sch): § 766; dies auch für einen etwa beeinträchtigten anderen Dritten, der als Eigentümer auch klagen (§ 771) kann. Für Gl: Erinnerung (§ 766), wenn der GV trotz Herausgabebereitschaft des Dritten die Pfändung ablehnt.

10 **V) Gebühren.** S § 808 Rn 30.

§ 810 Pfändung ungetrennter Früchte

(1) [1]Früchte, die von dem Boden noch nicht getrennt sind, können gepfändet werden, solange nicht ihre Beschlagnahme im Wege der Zwangsvollstreckung in das unbewegliche Vermögen erfolgt ist. [2]Die Pfändung darf nicht früher als einen Monat vor der gewöhnlichen Zeit der Reife erfolgen.

(2) Ein Gläubiger, der ein Recht auf Befriedigung aus dem Grundstück hat, kann der Pfändung nach Maßgabe des § 771 widersprechen, sofern nicht die Pfändung für einen im Falle der Zwangsvollstreckung in das Grundstück vorgehenden Anspruch erfolgt ist.

1 **I) Funktion.** ZwV in Teile des unbewegl Vermögens (§ 94 BGB) mit Rücksicht auf die bevorstehende Trennung in der für bewegl Sachen geregelten Form durch den GV (§ 101 GVGA). Die Vorschrift ist weder praktikabel noch wirtschaftl sinnvoll (zutr Stamm DGVZ 2018, 25, der als Alternative Zwangsverwaltung vorschlägt).

2 **II) Voraussetzungen. 1) Früchte.** Früchte vor Reife und (vgl § 824) Aberntung sind in regelmäßigen Zeitabschnitten anfallende Bodenerzeugnisse wie Obst, Getreide, Gemüse, Kartoffeln, Hackfrüchte, Tabak usw, nicht aber Rechtsfrüchte und nicht sonstige Bodenerzeugnisse wie Steine, Kies, Lehm, Ton, Torf, Sand, Mineralien, Holz auf dem Stamm (sie unterliegen nur der Immobiliarvollstr).

3 ***2) Kein Ausschluss.*** Pfändbarkeit nach Trennung darf nicht ausgeschlossen sein. Pfändung der Früchte „auf dem Halm" ist daher unzulässig, wenn sie mit Trennung Zubehör werden (§ 865 II; §§ 97, 98 Nr 2 BGB) oder nach § 811 I Nr 1 Buchst a und b, Nr 8 aE unpfändbar sind.

3) Zeitfenster. Die Zeit der gewöhnl Reife darf nicht ferner als **einen Monat** sein (I 2). Abzustellen ist nach obj Kriterien auf die Zeit der gewöhnl Reife nach der Art der Frucht und den örtl Verhältnissen, nicht auf die Reifezeit im Jahr der ZwV oder den Erntebeginn durch den Sch im konkreten Fall (BGH NJW 93, 1791, 1793). Fristberechnung: § 222. Wenn im Einzelfall das Ernten von einer Reifezeit unabhängig ist (Pflanzen des Handelsgärtners), ist auch die ZwV zeitl nicht gebunden. 4

4) Gewahrsam. Der Sch (§ 808), der Gl (§ 809) oder ein zur Herausgabe bereiter Dritter (§ 809) muss Gewahrsam haben, weil die Früchte für die ZwV als bewegl Vermögen desj behandelt werden, dem sie mit Trennung zufallen (MskV/Flockenhaus Rn 2). Ist das Grundstück verpachtet oder besteht daran ein Nießbrauch, ist Pfändung mit Titel gg den besitzenden Pächter oder Nießbraucher (Eigentumserwerb mit Trennung, §§ 954, 956 BGB) ohne Weiteres, bei einer ZwV gg den Grundstückseigentümer, den Verpächter oder Besteller des Nießbrauchs aber nur mit Zustimmung des Pächters oder Nießbrauchers zulässig (§ 809). 5

III) Pfändung. 1) Verfahren. Die Pfändung der Früchte erfolgt in gleicher Weise wie die Pfändung bewegl Sachen, somit nach § 808 (§ 809; Verwertung nach § 824; § 102 I GVGA). Die Pfändung ist in geeigneter Weise durch Aufstellen von Pfandtafeln oder Pfandzeichen mit einer vom GV unterschriebenen und mit dem Dienstsiegel versehenen Pfandanzeige oder durch andere zweckentsprechende Maßnahmen, tunlichst unter Verwendung des Dienstsiegels, für jedermann erkennbar zu machen (s § 102 II GVGA). Bei Pfändung von Obst an einer Landstraße hat der GV zwischen den in Frage kommenden Kilometersteinen Pfandtafeln aufzustellen mit entspr Aufschrift. Außerdem empfiehlt sich die Bestellung eines Hüters. Zur Beiziehung eines landwirtschaftl SV: s § 813 III; § 102 III GVGA. Die Pfändung bleibt, wenn keine Beschlagnahme des Grundstücks erfolgt, nach Trennung der Früchte fortbestehen; im Falle des Ausdreschens von Getreide setzt sich das PfandR an den Körnern und dem erlangten Stroh fort (RGZ 74, 248). 6

2) Getrennte Früchte. Sie werden als bewegl Sachen gepfändet, desgl nur vorübergehend eingefügte Pflanzen, die nicht zu den Grundstücksbestandteilen gehören (§ 95 BGB). 7

IV) Rechte Dritter. 1) Konkurrenzen. Die Beschlagnahme des Grundstücks durch Zwangsversteigerung oder Zwangsverwaltung (§§ 20, 146 I ZVG) umfasst die mit dem Boden noch verbundenen Früchte (§ 20 II, § 21 I, § 148 ZVG). Pfändung **nach Beschlagnahme** ist daher bei ZwV gg den Eigentümer oder Nießbraucher unzulässig (I 1). Von der Beschlagnahme wird jedoch das Recht des **Pächters** auf den Fruchtgenuss nicht berührt (§ 21 III ZVG, § 956 BGB). Wenn ein Pächter Gewahrsam hat, dürfen bei ZwV gg ihn daher Früchte auch noch nach Beschlagnahme gepfändet werden, selbst wenn erst nach Beschlagnahme verpachtet wurde. 8

2) Pfandrechtserhaltung. Wenn Beschlagnahme erst **nach Pfändung** erfolgt, bleibt das PfandR unberührt. Der Gl hat jedoch seinen Anspruch nach § 37 Nr 4 ZVG anzumelden (RGZ 143, 241). 9

3) Verpächterpfandrecht. Es geht dem PfändungspfandR eines Gl des Pächters vor (§ 585 BGB). Vorzugsweise Befriedigung des Verpächters ist nach § 805 geltend zu machen. 10

4) Vorrecht. Ein ges PfandR kann nach dem **Gesetz zur Sicherung der Düngemittel- und Saatgutversorgung** v 19.1.1949 (§ 1 I; Viertelhausen DGVZ 2016, 250 II) bestehen. Es geht allen an den Früchten bestehenden dingl Rechten im Rang vor (§ 2 IV), schützt somit auch vor Zugriff nach I (BGH NJW 93, 1791, 1793). Geltend zu machen ist es nach § 805 (s § 805 Rn 3). 11

V) Verstoß. Verfrühte Pfändung macht diese nicht unwirksam, aber anfechtbar. **Rechtsbehelf** des Sch oder eines Betroffenen: § 766. Beginn der Monatsfrist vor Reife vor Entscheidung über die Erinnerung macht diese unzulässig, weil „Heilung" eintritt. Früchtepfändung nach Beschlagnahme können Beschlagnahme-Gl, Sch und Zwangsverwalter mit Erinnerung anfechten (§ 766). Für den Gl ist auch Klage nach § 771 und nach Verwertung Bereicherungsklage zulässig. Werden Früchte, die einem Pächter zustehen, wegen einer Schuld des Verpächters gepfändet, kann der Pächter Einwendungen nach § 766 und Klage nach § 771 erheben. 12

VI) Drittwiderspruch. Jeder Gl, der ein **Recht auf Befriedigung aus dem Grundstück** hat (§ 10 ZVG), also sowohl der Hypotheken(usw)gl als auch derj, der wegen einer persönl Schuld des Grundeigentümers die Beschlagnahme des Grundstücks erwirkt hat, kann der Pfändung nicht getrennter Früchte gem § 771 widersprechen (II). Der Realgl kann sich aber auch als der Pfändung vorgehender Gl mit vorzugsweiser Befriedigung (§ 805) begnügen. Ist gg den Pächter als Sch vollstr worden, kann der Realgl dieser Pfändung nach § 771 nicht widersprechen (§ 21 III ZVG; MskV/Flockenhaus Rn 6). Der im Rang nach § 10 ZVG nachstehende Realgl kann der Pfändung des vorgehenden Realgl (nicht des persönl Gl) nicht widersprechen (II Hs 2). Es kann also der erststellige Hypothekgl gg jede Pfändung stehender Früchte Widerspruch erheben, der zweitstellige Hypothekgl hat nur ein Widerspruchsrecht, wenn ein ihm nachstehender Realgl oder ein persönl Gl des Grundeigentümers gepfändet hat. 13

VII) Gebühren. 1) RA: Klage nach II: 3100 ff RVG-VV. – **2) GV:** S § 808 Rn 30. 14

§ 811 Unpfändbare Sachen und Tiere

(1) Nicht der Pfändung unterliegen

1. Sachen, die der Schuldner oder eine Person, mit der er in einem gemeinsamen Haushalt zusammenlebt, benötigt

a) für eine bescheidene Lebens- und Haushaltsführung;

b) für die Ausübung einer Erwerbstätigkeit oder eine damit in Zusammenhang stehende Aus- oder Fortbildung;

c) aus gesundheitlichen Gründen;

d) zur Ausübung von Religion oder Weltanschauung oder als Gegenstand religiöser oder weltanschaulicher Verehrung, wenn ihr Wert 500 Euro nicht übersteigt;

2. Gartenhäuser, Wohnlauben und ähnliche Einrichtungen, die der Schuldner oder dessen Familie als ständige Unterkunft nutzt und die der Zwangsvollstreckung in das bewegliche Vermögen unterliegen;

3. Bargeld

a) für den Schuldner, der eine natürliche Person ist, in Höhe von einem Fünftel,

b) für jede weitere Person, mit der der Schuldner in einem gemeinsamen Haushalt zusammenlebt, in Höhe von einem Zehntel

des täglichen Freibetrages nach §850c Absatz 1 Nummer 3 in Verbindung mit Absatz 4 Nummer 1 für jeden Kalendertag ab dem Zeitpunkt der Pfändung bis zu dem Ende des Monats, in dem die Pfändung bewirkt wird; der Gerichtsvollzieher kann im Einzelfall nach pflichtgemäßem Ermessen einen abweichenden Betrag festsetzen;

4. Unterlagen, zu deren Aufbewahrung eine gesetzliche Verpflichtung besteht oder die der Schuldner oder eine Person, mit der er in einem gemeinsamen Haushalt zusammenlebt, zu Buchführungs- oder Dokumentationszwecken benötigt;

5. private Aufzeichnungen, durch deren Verwertung in Persönlichkeitsrechte eingegriffen wird;

6. öffentliche Urkunden, die der Schuldner, dessen Familie oder eine Person, mit der er in einem gemeinsamen Haushalt zusammenlebt, für Beweisführungszwecke benötigt;

7. Trauringe, Orden und Ehrenzeichen;

8. Tiere, die der Schuldner oder eine Person, mit der er in einem gemeinsamen Haushalt zusammenlebt,

a) nicht zu Erwerbszwecken hält oder

b) für die Ausübung einer Erwerbstätigkeit benötigt,

sowie das für diese Tiere erforderliche Futter und die erforderliche Streu.

(2) Eine in Absatz 1 Nummer 1 Buchstabe a und b sowie Nummer 2 bezeichnete Sache oder ein in Absatz 1 Nummer 8 Buchstabe b bezeichnetes Tier kann abweichend von Absatz 1 gepfändet werden, wenn der Verkäufer wegen einer durch Eigentumsvorbehalt gesicherten Geldforderung aus dem Verkauf der Sache oder des Tieres vollstreckt. Die Vereinbarung des Eigentumsvorbehaltes ist durch eine Urkunde nachzuweisen.

(3) Auf Antrag des Gläubigers lässt das Vollstreckungsgericht die Pfändung eines in Absatz 1 Nummer 8 Buchstabe a bezeichneten Tieres zu, wenn dieses einen hohen Wert hat und die Unpfändbarkeit für den Gläubiger eine Härte bedeuten würde, die auch unter Würdigung der Belange des Tierschutzes und der berechtigten Interessen des Schuldners nicht zu rechtfertigen ist.

(4) Sachen, die der Schuldner für eine Lebens- und Haushaltsführung benötigt, die nicht als bescheiden angesehen werden kann, sollen nicht gepfändet werden, wenn offensichtlich ist, dass durch ihre Verwertung nur ein Erlös erzielt würde, der in keinem Verhältnis zum Anschaffungswert steht.

I) Funktion. Schuldnerschutz vor Kahlpfändung. Konkretisiert sind mit diesem Schutz Art 1 GG („Würde des Menschen“) und Art 2 GG („Freie Entfaltung der Persönlichkeit“); verwirklicht ist der Schutzgedanke des Sozialstaatsprinzips (Art 20, 28 GG; BGH NJW-RR 2004, 789). Wie Sozialhilfe (vgl § 1 SGB XII) dient § 811 der Aufgabe, dem Sch die Führung eines Lebens zu ermöglichen, das der Würde des Menschen entspricht. Der Schutz soll ihn befähigen, unabhängig von Sozialhilfe zu leben. Es sollen insb nicht Organe des Staates dem Sch bei ZwV zugunsten des Gl wegnehmen dürfen, was der Staat mit Leistung von Sozialhilfe zur sozialen Sicherung wieder geben müsste (BGH DGVZ 2004, 71). § 811 aF hat die gesellschaftl Realität nicht mehr abgebildet (allgM; Ahrens NZI 2021, 531). Die Neufassung des § 811 durch das G zur Verbesserung des Schutzes von Gerichtsvollziehern vor Gewalt … (GvSchG 2021) bezieht Personen, die mit dem Sch in einem gemeinsamen Haushalt zusammenleben, in den Schutzbereich ein (s Rn 4), der Katalog I Nrn 1-8 wird an den heutigen Lebensumständen und Bedürfnissen ausgerichtet und Tiere werden in erweitertem Umfang vor dem Vollstreckungszugriff geschützt (BRDrs 62/21, 2). 1

II) Anwendungsbereich. § 811 gilt für die ZwV wegen Geldforderungen in körperl Sachen, auch bei Anschlusspfändung, Arrestvollziehung und Vollstr einer auf Geldzahlung lautenden einstw Verfügung, nicht aber bei Vollstr eines Herausgabeanspruchs (§ 883). Sa Rn 8. 2

III) Allgemeine Grundsätze. 1) Lebensbedarf. Belassen werden dem Sch bei Sachpfändung aus sozialen Gründen im öffentl Interesse (BGH NJW 98, 1058) die Gegenstände, die er und die Personen, mit denen er in einem gemeinsamen Haushalt zusammenlebt, zur Deckung des Lebensbedarfs benötigen und die notwendige Grundlage zur Aufrechterhaltung seiner Erwerbstätigkeit sind. Die Eigentumslage spielt keine Rolle (Rn 7; Ausnahme: II 1). Die Abgrenzung will einen gerechten Ausgleich zwischen dem Zugriffsinteresse des Gl und dem Schutzinteresse des Sch schaffen. Ausgelegt und angewendet werden muss die Schutzbestimmung des Verfahrensrechts mit Blick auf die Grundrechte (vgl BFH NJW 90, 1871). Anhalt bieten die Regelungen des SGB XII. Insb sind die Person des Sch, die Art seines Bedarfs sowie die örtl und zeitl Verhältnisse mit zu berücksichtigen, ebenso die bes Verhältnisse im Haushalt des Sch und die Notwendigkeit, ihm die Sicherung einer Lebensgrundlage durch eigene Tätigkeit zu gewährleisten. Die damit notwendig auf Besonderheiten des Einzelfalls auszurichtende Auslegung verbietet starre Anwendung der Schutzbestimmungen als Ausnahmevorschriften. Interessen des Gl können so wenig Vorzug erlangen wie Schuldnerbelange keine Ausweitung des Schutzes mit erweiternder Auslegung ermöglichen. 3

2) Personenkreis. Die Pfändungsverbote gelten für **alle Sch**, auch für jur Personen und für den Erben hinsichtlich eines Nachlassgegenstandes. Einschränkungen ergeben sich, soweit auf bestimmte Personengruppen oder auf den persönl Lebensbedarf einer nat Person abgestellt ist. – **Dritte** sind mit geschützt (Personen im gemeinsamen Haushalt: I Nrn 1, 4, 6, 8; Familienangehörige: I Nr 2, 6). 4

3) Vollstreckungsforderung. Art und Höhe der beizutreibenden Forderung erlangen für Pfändungsschutz ebenso keine Bedeutung (BGH NJW-RR 2011, 1367 Tz 18) wie Verfassungsgrundsätze (Verhältnismäßigkeit und Übermaßverbot). Diese Grundsätze schaffen eigene Schranken für den Zugriff auf das verfassungsrechtl geschützte Eigentum (Art 14 GG; s vor § 704 Rn 29). 5

4) Vollstreckungsobjekt. Zumeist bestimmt die **Art einer Sache** ihre Unpfändbarkeit, nicht ihr Wert. Bei hohem Wert kann Unpfändbarkeit mit der Möglichkeit der Austauschpfändung eingeschränkt sein (§§ 811a, 811b). Außerdem korrespondiert der Zeitwert des Pfandobjekts mit dem zu erwartenden Erlös aus der Verwertung (Verbot der nutzlosen Pfändung, § 803 II) und in IV wird der Anschaffungswert in Relation gesetzt zum Verwertungserlös. Hierdurch werden Pfändungsschranken gezogen. 6

5) Eigentum des Schuldners. Voraussetzung der Unpfändbarkeit ist nicht das Eigentum des Sch an der Sache. I schützt nicht das Eigentum, sondern Besitz und Gebrauchsmöglichkeit (s Rn 1 u 3). Daher gilt I für alle Sachen als Zugriffsobjekt, gleich ob sie im Gewahrsam des Sch, des Gl oder eines zustimmenden Dritten stehen (§§ 808, 809). Das gilt auch für eine sicherungsübereignete Sache (s LG Aachen NZI 2006, 643) und bei Vollstr 7 der gesicherten Forderung des Sicherungseigentümers; diese ist nicht nach II privilegiert (BTDrs 13/341, 25). Bei Vollstr durch den Sicherungseigentümer besteht Unpfändbarkeit nach I ungeachtet seines Rechts, die Sache über eine Herausgabevollstr an sich zu ziehen (BTDrs 13/341, 25). Unter Eigentumsvorbehalt des Gl stehende Sachen/Tiere (betr I Nr 1a und b, Nr 2, Nr 8b) können jedoch nach Maßgabe von II 1 gepfändet werden (s Rn 36), wobei aber auch hier IV und § 803 II gelten.

8 **6) Schutzumfang.** Unpfändbar können auch Gegenstände sein, die der Sch im Wege einer **Vermögensübernahme** erworben hat. Dagegen kann er sich ggü der ZwV aus einem gegen ihn nach dem **AnfG** erwirkten Titel nicht auf die Unpfändbarkeit des anfechtbar erworbenen Gegenstandes berufen; hier wird aus einem Duldungstitel gg ihn vollstreckt, nicht wegen einer Geldforderung (s Rn 2; Hk-ZV/Kindl Rn 5).

9 **7) Prüfung.** Die Unpfändbarkeit hat der **GV** nach den Verhältnissen bei Ausführung des Vollstreckungsauftrags zu prüfen und vAw zu beachten (BGHZ 137, 193, 197). Er pfändet, wenn die Unpfändbarkeit zweifelhaft ist und andere Pfandstücke nicht in ausreichendem Maße vorhanden sind (§ 72 I 2 GVGA). Eine vor der Pfändung zwischen den Parteien getroffene Vereinbarung über die Pfändbarkeit unpfändbarer Sachen ist nicht zu berücksichtigen (sa Rn 10). Zulässige Pfändung einer Sache wird mit Veränderung der tatsächl Verhältnisse erst danach nicht unzulässig. Dafür, dass Unpfändbarkeit nicht gegeben ist, kommt es auf den **Zeitpunkt der Pfändung** an (Gl hat Pfandrecht fehlerfrei erworben), nicht den der späteren Entscheidung über die Erinnerung/Beschwerde (ThP/Seiler Rn 3a; krit MK/Gruber Rn 19; aA SchWKT/Loyal Rn 11: Zeitpunkt der Erinnerungsentscheidung). Die Gegenmeinung befürwortet zum Teil aber eine Umkehr der Beweislast (wohl hM; Hk-ZV/Kindl Rn 8; MskV/Flockenhaus Rn 7 mwN; sa BFH JurBüro 2013, 103). – Wenn eine gepfändete, bei ZwV aber unpfändbare Sache danach pfändbar wird, ist bei Entscheidung über die Erinnerung/Beschwerde der Fortfall der Voraussetzungen des I mit Veränderung der tatsächl Verhältnisse zu berücksichtigen (allgM; zB SchWKT/Loyal Rn 11 mwN). Hat der GV die Pfändung abgelehnt, sind die Verhältnisse zurzeit der Entscheidung über die Erinnerung (Beschwerde) maßgebend. Liegen **mehrere Pfändungen** (Anschlusspfändungen) in denselben Gegenstand vor, sind die Voraussetzungen für jede einzelne Vollstr getrennt zu beurteilen. Erkennt der GV erst nach der Pfändung einen Verstoß gg I, darf er die Pfändung nicht aufheben; der Gegenstand bleibt wirksam gepfändet bis zur Freigabe durch den Gl oder Anweisung des Gerichts. Nach Verwertung kann der Sch den dem Gl ausgehändigten Erlös nicht mehr als Bereicherung herausverlangen, wohl aber Haftung des Gl nach § 823 II, § 826 BGB geltend machen. Ein Anspruch gg den Erwerber besteht nur bei unerlaubter Handlung.

10 **8) Vereinbarungen.** Zu Gunsten des Sch können die Parteien über § 811 hinaus weitere VollstrBeschränkungen vereinbaren, die der GV, wenn sie unstr sind, zu beachten hat (allgM; zB SchWKT/Loyal Rn 14).

11 **9) Verzicht.** Der Sch kann weder einseitig noch durch Vereinbarung mit dem Gl auf den Schutz verzichten. Das gilt, wenn im Voraus auf den Schutz verzichtet wird (hM, zB MskV/Flockenhaus Rn 8 mwN), aber auch bei und nach der Pfändung (MskV/Flockenhaus Rn 9; str, aA SchWKT/Loyal Rn 16). Weil § 811 dem Schutz des Sch im öffentl Interesse dient (s Rn 1, 2), steht diese Schutzvorschrift nicht zu seiner Disposition (BGHZ 137, 193, 197).

12 **IV) Die einzelnen Pfändungsbeschränkungen. 1) § 811 I Nr 1a-d: Lebens- und Haushaltsführung, Erwerbstätigkeit, Aus- und Fortbildung, Gesundheit, Glaube.** I Nr 1 erklärt Sachen für unpfändbar, die für die Lebensführung benötigt werden. Die betroffenen Bereiche werden im Einzelnen in 1a-d aufgeführt. Abgestellt ist auf die **Zweckbestimmung**; Unentbehrlichkeit ist nicht verlangt (s aber Rn 16). Der Anwendungsbereich ist erweitert um all die Personen in einem gemeinsamen Haushalt. – IV zieht eine weitere Pfändungsschranke bei Sachen, die für eine **nicht** nur bescheidene Lebens- und Haushaltsführung benötigt werden (s Rn 41 ff).

13 **2) § 811 I Nr 1a: Lebens- und Haushaltsführung.** Sie muss **„bescheiden"** sein. Das ist der zentrale Begriff, an dem sich die Pfändbarkeit orientiert. Nicht pfändbar sind Kleidung (auch Ersatz und zum Wechseln), Wäsche, Betten, Haus- und Küchengeräte, aber auch Mobiliar (LG Wiesbaden DGVZ 89, 141: im Wohnzimmer). Der Hausstand muss bereits bestehen und fortdauern (auch nach Zwangsräumung bei vorübergehender Obdachlosigkeit der Fall: LG München DGVZ 83, 93). Nach ihm bestimmt sich der Bedarf des Haushalts, zu dem alle Personen gehören, die in häuslicher Gemeinschaft mit dem Sch leben. Unterhaltspflicht braucht nicht zu bestehen. Der Pfändungsschutz ist damit deutlich erweitert. – Austauschpfändung (§ 811a I) ist möglich.

14 **a) Schutzumfang.** Geschützt sind nur Sachen, die der Sch zu einer seiner Verschuldung angemessenen, bescheidenen Lebens- und Haushaltsführung benötigt. Der Sch muss sich auf eine solche Lebenshaltung einstellen, gleichgültig, welche soziale Stellung er einnimmt. Er darf jedoch nicht auf den Stand äußerster Dürftigkeit und völliger Ärmlichkeit herabgestuft werden (LG Heilbronn MDR 92, 1001). Grad und Art der Verschuldung finden keine Berücksichtigung. Was unpfändbar ist, lässt sich nur nach den **Besonderheiten des Einzelfalls** bestimmen. Bedeutung können die Person des Sch und der im gemeinsamen Haushalt lebenden Dritten, persönl, berufl, örtl und zeitl Verhältnisse, damit auch die **zunehmende Ausstattung der Haushalte mit technischen/ elektronischen Geräten**, erlangen, ebenso Zahl und Alter der im gemeinsamen Haushalt Lebenden, Behinderung, körperl und persönl Belastungen. Auch wenn der Sch mehrere Wohnungen unterhält, kann Unpfändbarkeit der dem Haushalt dienenden Sachen nur nach den Umständen des Einzelfalls beurteilt werden (zB Unterhaltung der Zweitwohnung für Berufsausübung; anders AG Korbach DGVZ 84, 154: für Sachen in wenig benutzter Wohnung kein Pfändungsschutz – diese Ansicht überzeugt nicht).

b) Beispiele. Als dem **persönlichen Gebrauch** dienend kann eine Armband- (OLG München DGVZ 83, 140) oder Taschenuhr unpfändbar sein, desgl ein Fahrrad (AG Biberach DGVZ 2011, 191; auch das für den Ehegatten oder Kinder bestimmte). Zu den dem **Haushalt** dienenden Sachen gehören auch Gegenstände zur Aufbewahrung, Herstellung oder Erhaltung von Kleidungsstücken, Wäsche usw. Unpfändbar sein können als Gegenstände der **Wohnungseinrichtung** Tisch, Stühle sowie ein Sideboard (nicht aber auch noch eine Glasvitrine: LG Heilbronn MDR 92, 1001), Schrank, Betten, Liege, Wanduhr, Öfen und Heizgeräte, als **Haus- und Küchengeräte** Gas- oder Elektroherd, andere Heizgeräte, Warmwasserbereiter, Kaffeemaschine, elektrische Kaffeemühle und Staubsauger, aber auch ein Kühlschrank (AG München DGVZ 74, 95; aA AG Wolfsburg MDR 71, 76), eine Gefrier- oder Tiefkühltruhe (aA LG Kiel DGVZ 78, 115: auch bei einem gehbehinderten Sch pfändbar, wenn noch ein Kühlschrank vorhanden ist; LG Itzehoe DGVZ 84, 30: pfändbar bei 2-Personen-Haushalt), eine Waschmaschine (Waschautomat: LG Berlin NJW-RR 92, 1038; sa BVerwG NJW 99, 664; aA LG Konstanz DGVZ 91, 25: pfändbar bei allein stehender [weder behinderter noch betagter] Sch; AG Berlin-Schöneberg DGVZ 90, 15: pfändbar bei 2-Personen-Haushalt) und eine Wäscheschleuder. Gegenstände, die in vertretbarem Umfang Beziehungen zur Umwelt und eine Teilnahme am sozialen und kulturellen Leben (s § 27a I 2 SGB XII) und die Möglichkeit der Information über das Zeitgeschehen ermöglichen, dienen persönl Bedürfnissen des täglichen Lebens, können somit als für den persönl Gebrauch bestimmt unpfändbar sein. Ein **Rundfunkgerät** ist ebenso unpfändbar wie ein **Fernsehgerät** (BVerwG FamRZ 98, 911), ohne Rücksicht auf seinen Wert und auch, soweit daneben noch ein Rundfunkgerät vorhanden ist (BFH NJW 90, 1871; OLG Stuttgart MDR 86, 767: Radiogerät dann pfändbar; Duisburg MDR 86, 682: Stereokompaktanlage dann pfändbar). Stereoanlage, CD- und Kassettenabspielgerät sind pfändbar, wenn der Sch im Besitz eines unpfändbaren Fernsehgeräts ist (VGH BadWürtt NJW 95, 2804). Pfändung eines **Telefonapparats** (nicht aber eines Anrufbeantworters oder Telefaxgeräts) scheidet idR aus (s Schmittmann DGVZ 94, 49). Ein Klavier und eine Videokamera sind für bescheidene Lebens- und Haushaltsführung nicht unpfändbar (AG Essen DGVZ 98, 30). Ein **PC** ist idR unpfändbar (Biermann/Göler DGVZ 2018, 83); Gleiches muss für Notebooks und Laptops gelten (Heeseler/Neu Insbüro 2017, 449, 453), nicht aber für ein Smartphone (Heeseler/Neu Insbüro 2017, 449, 454; diese Ansicht überzeugt nicht). – Eine Pfändung wird in den aufgeführten Fällen oftmals jedenfalls an IV oder § 803 II scheitern. 15

3) § 811 I Nr 1b: Erwerbstätigkeit, Aus- oder Fortbildung. Die Art der Erwerbstätigkeit ist ohne Bedeutung. „Benötigt" wird eine Sache, wenn ohne sie die Ausübung der Erwerbstätigkeit nicht mehr möglich ist (BTDrs 19/27636, 29), sie dafür unentbehrl ist. Bei sehr teuren Sachen kann an Austauschpfändung (§ 811a) gedacht werden; das wird aber die Ausnahme sein, weil idR der Austausch die Erwerbstätigkeit behindert/temporär verhindert. – Aus- und Fortbildung müssen in Zusammenhang mit der Erwerbstätigkeit stehen, dann sind sämtl Maßnahmen, die darauf abzielen (keine Beschränkung auf Schule), und sämtl Materialien hierfür (keine Beschränkung auf Bücher) geschützt, also zB auch ein Tablet, wenn es für den Unterricht erforderl ist. Eine deutliche Erweiterung des Pfändungsschutzes (sa Rn 23). Austauschpfändung ist auch hier möglich (§ 811a I). – InsVerf: § 36 II Nr 2 InsO. 16

a) Erwerbstätigkeit (Landwirtschaft). „Landwirtschaft betreiben" ist, anders als in § 811 I Nr 4 aF, kein Kriterium mehr für die Frage einer Unpfändbarkeit von Sachen/Tieren, denn I Nr 1b schützt jede Art der Erwerbstätigkeit. Geschützt sind daher auch Personen, die nur in Nebentätigkeit die Landwirtschaft ausüben. – Vor Pfändung geschützt sind alle Geräte, aber auch Büroeinrichtungen, und die Tiere, die zum Wirtschaftsbetrieb erforderl sind (sa I Nr 8b), sowie die landwirtschaftl Erzeugnisse, die die Fortführung der Erwerbstätigkeit sicherstellen. – Wird vom Sch Landwirtschaft betrieben, ist § 813 III zu beachten. 17

b) Erwerbstätigkeit (persönliche Arbeitsleistung). Der Sch und die mit ihm in einem gemeinsamen Haushalt lebenden Personen sollen befähigt werden, ihre Arbeitskraft weiter zur Beschaffung des Lebensunterhalts einzusetzen. Die Erwerbstätigkeit soll danach allen zugutekommen. Auch die Fortsetzung der Tätigkeit der nichtschuldenden Personen darf deshalb durch ZwV nicht unmöglich gemacht oder wesentlich erschwert werden. Gegenstände des Sch, die zB für seinen Ehegatten zur Fortsetzung der Erwerbstätigkeit notwendig sind, können daher nicht gepfändet werden (BGH MDR 2010, 405 [Pkw für Erwerbstätigkeit des Ehegatten]; LG Hagen MDR 95, 121 [Pkw für Mitarbeit im Gewerbebetrieb der Ehefrau]). 18

aa) Personenkreis. Geschützt sind Personen **in abhängiger Arbeit**, somit alle im fremden kaufmännischen, gewerbl, land- oder forstwirtschaftl Betrieb oder in einem Fabrikbetrieb gg Entgelt beschäftigte Personen und **Personen in selbständiger Stellung** (LG Heilbronn MDR 94, 405), zB Kaufleute, wenn deren persönl Leistung, nicht der Warenumsatz/Kapitaleinsatz/die Arbeitskraft Dritter im Vordergrund steht (LG Lübeck DGVZ 2002, 185: kleines Ladengeschäft; aA LG Saarbrücken DGVZ 94, 30: Vollkaufmann), sonstige Gewerbetreibende, insb Handwerker, andere selbständig Tätige (Ärzte, Apotheker, Naturheilkundige, Steuerberater, RAe, Journalisten), auch Künstler (Schauspieler, Artisten, Musiker, Fotografen), in Ausbildung befindliche Personen (MskV/Flockenhaus Rn 17a) und Schriftsteller, nicht aber Sch, die eigenes (Grund-)Vermögen zur Erzielung von Mieteinnahmen verwalten (LG Lübeck DGVZ 2010, 173). Nur vorübergehende Nichtausübung der Tätigkeit (zB Krankheit/kurze Freiheitsstrafe) hat nicht Zulässigkeit der Pfändung zur Folge (LG Wiesbaden DGVZ 97, 59). 19

bb) Mitarbeiter, Maschinen. Beschäftigung von Mitarbeitern und **Einsatz von** Maschinen, insb bei Rationalisierung und Automation der Betriebsstätte, schließt Unpfändbarkeit der für Erwerbstätigkeit des Sch erforderl 20

Gegenstände nicht aus. Nicht geschützt sind jedoch **Kapitalnutzung** mit Einsatz von Sachwerten und Organisation von Arbeits- oder Dienstleistungen, die andere erbringen. Die Abgrenzung muss sich nach dem wirtschaftl Charakter der Schuldnertätigkeit bestimmen. Es muss die persönl Tätigkeit des Sch im Gegensatz sowohl zur Leistung anderer (Gehilfen) wie auch zur Ausnutzung sachl Betriebsmittel (Maschinen) die überwiegende Bedeutung für den Erwerb haben (BGH DGVZ 2018, 90 Tz 9; KG MDR 2016, 78), zumindest aber wesentl ins Gewicht fallen. Für den Inhaber eines kleineren Bauunternehmens kann daher Schutz bestehen (AG Schönau DGVZ 74, 61), ebenso für den Inhaber einer Kfz-Werkstatt mit 6 Mitarbeitern (LG Bochum DGVZ 82, 43) oder mit Abschleppdienst (LG Augsburg DGVZ 97, 27).

21 **cc) Erwerb.** Geschützt sind Arbeit und Leistungen nur, wenn der Sch/die Person im gemeinsamen Haushalt daraus seinen/ihren Erwerb zieht. Um hauptberufl Tätigkeit braucht es sich nicht zu handeln; geschützt ist auch die Tätigkeit, die Erwerb mit Nebenverdienst begründet (LG Rottweil DGVZ 93, 57; AG Karlsruhe DGVZ 89, 141; FG Köln DGVZ 2001, 10; anders LG Regensburg DGVZ 78, 45: Nebentätigkeit als Musiker), nicht aber die Freizeittätigkeit ohne Erwerbsabsicht. **Jur Personen** und **Handelsgesellschaften** (OHG, KG) gehören als solche nicht zu dem geschützten Personenkreis; Schutz besteht gleichwohl, wenn deren Inhaber in solcher Rechtsform aus persönl Arbeit Erwerb ziehen, zB wenn der Geschäftsführer einer GmbH alleiniger Gesellschafter ist und seinen Unterhalt überwiegend aus Arbeit für die GmbH zieht (StJ/Würdinger Rn 43 mwN auch zur aA) oder wenn alle Gesellschafter einer OHG (auch KG, GbR: AG Bersenbrück DGVZ 92, 78) ihren Erwerb aus körperl Arbeit im Gewerbebetrieb der OHG ziehen.

22 **dd) Unpfändbarkeit.** Besteht bei den zur **Fortsetzung** der geschützten **Erwerbstätigkeit erforderl** (BGH NJW 93, 921, 922) **Gegenständen**, mithin was der Sch zur Fortführung seiner bisherigen Erwerbstätigkeit notwendig braucht. Nach BRDrs 62/21, 30, fallen darunter alle Sachen, ohne die die Ausübung der Erwerbstätigkeit nicht mehr möglich ist, was sogar für „unentbehrlich sein" spricht. **Beispiele:** Arbeitskleidung, **Hilfsmittel für den Weg zur Arbeitsstätte** oder den Besuch von Kunden, zB Fahrrad, Kfz, Lieferwagen, damit auch das Fahrzeug des Arbeitnehmers für die tägl Fahrten von der Wohnung zum Arbeitsplatz und zurück (BGH NJW-RR 2010, 642, 643; LG Kleve DGVZ 2018, 164: nicht aber bei zumutbarer Benutzung öffentl Verkehrsmittel) oder für tägl Fahrt einer allein erziehenden Sch zum Tagesheim ihres 8-jährigen Sohnes, die Berufsausübung ermöglicht (LG Tübingen DGVZ 92, 137), **Werkzeuge, Maschinen und Geräte**, die zur Unterstützung, Ergänzung oder Verbesserung der menschl Arbeitsleistung gebräuchl sind, gleich, ob sie vom Sch selbst oder von seinen Gehilfen benutzt werden. Geschützt können Bienenstöcke eines Imkers sein (Geißler DGVZ 2016, 115, 118), Zuchttiere, wenn die Züchtung der Erwerbstätigkeit dient (Meller-Hannich MDR 2019, 713, 714; sa I Nr 8b), erforderl Materialvorräte, einfache Büromöbel einer Kfz-Werkstatt (KG MDR 2016, 78), Bohrmaschine eines Schlossers, Holzbearbeitungsmaschine eines Schreiners. Pfändbar sind dagegen ebenso wie die **Waren** eines Kaufmanns (LG Cottbus JurBüro 2002, 547 [Einzelhändler]; LG Göttingen JurBüro 95, 160 [kleines Bekleidungsgeschäft]; LG Kassel JurBüro 96, 215 [Einzelhändler]; LG Lübeck DGVZ 2002, 185; AG Gießen DGVZ 98, 30 [Schmuckgeschäft]; AG Plön JurBüro 2002, 607) die zur Veräußerung bestimmten Warenbestände (Fertig- oder Rohfabrikate) eines (sonstigen) Gewerbetreibenden. **Wechselgeld** eines Gewerbetreibenden ist zur Fortsetzung der Erwerbstätigkeit notwendig, somit zu belassen (daher keine Kahlpfändung bei Kassenpfändung: LG Lübeck DGVZ 2002, 185; AG Horbach DGVZ 89, 78 [für kleine Gaststätte]; für volle Pfändung des Kassenbestands LG Cottbus JurBüro 2002, 547). Was **erforderl** ist, bestimmt sich nach den Bedürfnissen des arbeitenden Sch/der Person in seinem Haushalt im Einzelfall sowie nach wirtschaftl und betriebl Erwägungen, insb nach Art und Umfang der Tätigkeit oder des Betriebs, Lage der Betriebsstätte. Dazu gehören Geräte und Materialvorräte, die branchenüblich sind und Konkurrenzfähigkeit gewährleisten (LG Hamburg DGVZ 84, 26; AG Bersenbrück DGVZ 90, 78: PC eines Versicherungskaufmanns; zum PC auch: Biermann/Göler DGVZ 2018, 83, 88; VG Gießen NJW 2011, 3179; AG München DGVZ 95, 11: pfändbar bei einem Anlageberater). Einem Berufsmusiker können auch mehrere Musikinstrumente zur Berufsausübung zu belassen sein (AG Mönchengladbach DGVZ 74, 29). Bei Ärzten/Zahnärzten ist alles geschützt, was für den Praxisbetrieb notwendig ist (vgl LG Aachen NZI 2006, 643), nicht zwingend aber ein Pkw (FG Bremen DGVZ 94, 14; AG Sinzig NJW-RR 87, 508). Beim Apotheker sind Labor- und Büroeinrichtung sowie verkaufsbereite Arzneimittel (Kotzur DGVZ 89, 165) und apothekenübliche Nichtarzneimittel (aA Kotzur aaO) geschützt. – Der Gegenstand muss zur Fortsetzung „dieser" Erwerbstätigkeit erforderl sein; das soll Fortsetzung in bisheriger Weise ermöglichen. Der Sch kann daher weder auf betriebliche Neuorganisation (Modernisierung) noch auf alleinige Fortführung seiner Arbeit mit persönl Leistung ohne Gehilfen und moderne technische Hilfsmittel verwiesen werden, auch nicht auf veraltete (primitivere) Arbeitsweise, die woanders noch üblich ist (LG Bochum DGVZ 82, 43; AG Bersenbrück DGVZ 90, 78).

23 **c) Aus- oder Fortbildung.** Die Maßnahme muss mit einer Erwerbstätigkeit in Zusammenhang stehen. Geschützt ist die auf künftigen Erwerb gerichtete persönl Tätigkeit, zB die schulische Bildung, Berufsausbildung. Bloße Möglichkeit künftiger Berufsausübung allein genügt jedoch nicht. Ob auf Erlangung einer, Erhalt der oder Fortkommen in der Erwerbstätigkeit gerichtet, ist unerhebl. Hinsichtlich der sachl Mittel ist die geplante *(s BGBl I 2020, 2466)* Beschränkung auf Bücher aufgegeben; alle erforderl Sachen sind geschützt und zwar auch die, die außerhalb einer Schule/einer Unterrichtsanstalt notwendig sind (Fern- oder Selbststudium). – Austauschpfändung (§ 811a) ist möglich. Sa Rn 16.

4) § 811 I Nr 1c: Gesundheitliche Gründe. Hierher gehören Fahrstuhl, Rollator, Krücken, Perücken, Hörgerät, Blindenhund (Meller-Hannich MDR 2019, 713, 714: auch zum Therapietier), ein behindertengerechter Büro-Drehstuhl (LG Kiel SchlHA 84, 75). Der **Pkw** eines **gehbehinderten Schuldners**, wenn dessen Benutzung erforderl ist, um die Gehbehinderung teilweise zu kompensieren und die Eingliederung des Sch in das öffentl Leben wesentl zu erleichtern (BGH MDR 2011, 945). Der Pkw zur Nutzung durch gehbehinderte Familienangehörige ist ebenfalls unpfändbar (LG Berlin DGVZ 2013, 183); die Beschränkung auf Familienangehörige wurde aber mit dem GvSchuG 2021 zu Gunsten von **Personen im gemeinsamen Haushalt** aufgegeben. Die Formulierung in I Nr 1c erweitert den Anwendungsbereich ggü § 811 I Nr 12 aF, weil auch Hilfsmittel bei **psychischen Erkrankungen** erfasst sind. Daher ist der Pkw eines Sch unpfändbar, dem wegen einer psychischen Erkrankung die Benutzung öffentl Verkehrsmittel unzumutbar ist, wenn die Benutzung des Pkw erforderl ist, um die Erkrankung teilweise zu kompensieren und die Eingliederung des Sch in das öffentl Leben wesentl zu erleichtern (BGH MDR 2022, 1501). – Keine Austauschpfändung. 24

5) § 811 I Nr 1d: Religion, Weltanschauung, Verehrung. I Nr 1d erweitert den bisherigen Schutz (nur Bücher) auf alle Sachen, die zu religiösen oder weltanschaul Zwecken genutzt werden; dazu gehören zB ein Gebetsteppich (aA AG Hannover DGVZ 87, 31 [noch zu § 811 aF]) und auch die Schmuckausgabe einer Bibel (AG Bremen DGVZ 84, 157), sofern sie genutzt wird. – Ausgenommen sind nur noch Andenken und Gegenstände zur dekorativen oder wissenschaftl Nutzung. – Den Schutz einengende Wertgrenze: 500 Euro. Ob diese Grenze überschritten, Pfändung also möglich ist, hat der GV vAw zu schätzen. – Bei Streit, ob der Wert über/unter der Grenze liegt, kann auf Antrag des Gl oder des Sch Schätzung durch einen SV angeordnet werden (§ 813 I 3). Ist diese sachverständige Hilfe unverzichtbar, wird, im Grenzbereich von 500 Euro, eine Pfändung jedenfalls vielfach gegen § 803 II verstoßen. – Rechtsschutz gg die Schätzung: § 766. 25

6) § 811 I Nr 2: Unterkunft. Als **Wohnzwecken** dienende Einrichtungen sind, wenn sie der ZwV in bewegl Vermögen unterliegen (zur Abgrenzung s §§ 864, 865 II), unpfändbar Gartenhäuser, Wohnlauben und ähnliche Einrichtungen (Behelfsheime, Wohnwagen, Wohnboote), soweit sie der Sch oder seine Familie (BTDrs 19/27636, 30: zur bewussten Begrenzung auf Familienangehörige) zur ständigen Unterkunft bedarf (mithin nicht Wochenendhäuser). Auf Größe des Bauwerks und dessen Wert, damit auch einfachere oder aufwendige Ausstattung, kommt es nicht an (OLG Zweibrücken Rpfleger 76, 328; unzutr: LG Braunschweig DGVZ 75, 25: es müsse sich um bescheidene Wohngelegenheiten handeln). Austauschpfändung (§ 811a) ist möglich, aber idR nicht sinnvoll. 26

7) § 811 I Nr 3: Bargeld. I Nr 3 sichert die Existenz des Sch und der Personen, mit denen er in einem gemeinsamen Haushalt lebt, indem ihnen Bargeld für Ausgaben des tägl Lebens überlassen bleibt. Die Anknüpfung an die Pfändungsfreigrenzen in § 850c gewährleistet eine jährliche Anpassung der Höhe des zu belassenden Bargeldes. Geschützt sind nur natürl Personen. Dem Sch verbleiben 20 % (I Nr 3a), für jede weitere zu berücksichtigende Person 10 % (I Nr 3b) des tägl Freibetrages nach § 850c I Nr 3, IV Nr 1. Ob für diese Personen eine gesetzl Unterhaltspflicht des Sch besteht, ist unerheblich, wodurch der Pfändungsschutz bei der zu berücksichtigenden Personenzahl gestärkt ist. – Der Höhe nach ist beim Bargeld der Vollstreckungszugriff aber deutlich stärker möglich als bei der Lohn- oder Kontenpfändung (Bsp bei Ahrens NZI 2021, 531). – Die Zahl der Tage wird berechnet ab dem Tag der Pfändung bis zum Ende des Monats, in dem die Pfändung bewirkt wird. Wird zB am 11. des Monats, der 31 Tage hat, gepfändet, sind 21 Tage zu berücksichtigen. Aus welcher Zahlung der vorgefundene Geldbetrag stammt, ist unerheblich. – Motiv dieser Regelung bis zum jeweiligen Monatsende ist, dass Geldzahlungen aus Einkommen/Sozialleistungen etc idR am Monatsende oder Monatsanfang erfolgen, der Sch die Zeit bis dahin, also bis zur nächsten Zahlung, überbrücken kann. – Der GV kann einen abweichenden Betrag festsetzen (I Nr 3 Hs 2), zB wenn der tägl Bedarf notwendig höher ist als der tägl Freibetrag oder wenn die Zahlungen zu Zeiten erfolgen, die mit der Monatsende-Regelung nicht kompatibel sind. Die zulässige Abweichung kann aber auch zu Gunsten des Gl erfolgen. 27

8) § 811 I Nr 4: Unterlagen. I Nr 4 betrifft alle Unterlagen, die nach Gesetz aufzubewahren sind oder für die Buchführung oder eine Dokumentation benötigt werden, zB geschäftl Unterlagen, die der Kaufmann nach § 257 HGB und der Steuerpflichtige nach § 147 AO aufzubewahren hat, sowie der mit Kunden geführte Briefwechsel, auch die Kundenkartei, die einen allg Wert hat (OLG Frankfurt MDR 79, 316). Digitale Aufzeichnungen sind ebenfalls unpfändbar, jedoch nicht das Speichermedium, weil es nicht am Schutz des I Nr 4 teilnimmt. 28

9) § 811 I Nr 5: Private Aufzeichnungen. Solche Aufzeichnungen werden selten überhaupt einen Verwertungswert haben; der Schutz des Persönlichkeitsrechts zieht eine weitere Grenze. Erfasst sind Briefe, Fotos, Familiengemälde uÄ. – Speichermedium: wie Rn 28. 29

10) § 811 I Nr 6: Öffentliche Urkunden. Zum Begriff der öffentl Urkunde: s vor § 415 Rn 4. Der persönl Schutzbereich ist weit gezogen: Sch, Familie, Personen im gemeinsamen Haushalt. Der Anwendungsbereich eher eng: Die Urkunde muss zu Beweisführungszwecken benötigt werden. 30

11) § 811 I Nr 7: Trauringe, Orden und Ehrenzeichen. Der Trauring ist geschützt, auch wenn er gerade nicht getragen wird oder die Ehe des Sch nicht mehr besteht oder er als Familienandenken aufbewahrt wird (StJ/Würdinger Rn 68). Der Verlobungsring ist pfändbar (hM, AG Berlin-Schöneberg DGVZ 2012, 227; MskV/Flockenhaus Rn 26). Orden und Ehrenzeichen, in- und ausländische staatl Auszeichnungen, auch soweit sie nach 31 dem Tode des Besitzers der Familie verblieben sind. Unpfändbar sind nur die Originale, nicht Verkleinerungen und Nachbildungen und nicht Sammlerstücke.

32 **12) § 811 I Nr 8: Tiere.** Besonderer Vollstreckungsschutz in § 765a I 3. Futter und Streu sind immer mitgeschützt.

33 **a) Keine Erwerbszwecke. I Nr 8a.** Dem Sch und den Personen im gemeinsamen Haushalt sind ihre Heimtiere geschützt, auch Tiere außerhalb des häusl Bereichs, Nutztiere, die der Eigenversorgung dienen (zB Hühner, Gänse, Kaninchen, Enten), und die Tiere, die aus gesundheitl Gründen benötigt werden (Blindenführhund, Therapietier, ein Wachhund [soweit er nicht der Erwerbstätigkeit dient]). Der Wert des Tieres ist ohne Bedeutung (Ausnahme: III). Das Tier „halten" bedeutet, dass der Sch oder die Person im gemeinsamen Haushalt seine Betreuung und Pflege sowie die Kostentragung verantworten, über seine Verwendung entscheiden und es beaufsichtigen, wobei sich das Tier nicht unbedingt im häusl Bereich des Sch oder der Person im gemeinsamen Haushalt aufhalten muss (Bestimmungsmacht). Grund des Schutzes war bisher die emotionale Bindung, die den Eingriff in die engen Beziehungen zwischen dem Sch und seinem Tier mit Pfändung ausschloss (Meller-Hannich MDR 2019, 713, 714). Für I Nr 8a, der auch Nutztiere erfasst, gilt dies nur noch begrenzt, ohne dass dadurch der Pfändungsschutz enger gefasst ist. – Befindet sich das Tier bei einem Dritten, besteht dennoch Pfändungsschutz, weil es nicht mehr auf emotionale Nähe und auch nicht auf räuml Nähe ankommt; anders aber, wenn dem Dritten die Bestimmungsmacht übertragen ist, dann fehlt es beim Sch und der Person im gemeinsamen Haushalt am „Halten" des Tieres. Pfändungsschutz besteht auch nicht, wenn das Tier eines Dritten vom Sch oder von Personen im gemeinsamen Haushalt nur auf Zeit, insb aus Gefälligkeit, aufgenommen ist. Auch hier fehlt es am „Halten" des Tieres.

34 **b) Erwerbstätigkeit. I Nr 8b.** Jede Tätigkeit, nicht nur die landwirtschaftl wie in § 811 I Nr 4 aF, sondern auch die gewerbl ist geschützt, also zB Fisch-, Pferde- und Geflügelzucht, Imkerei (ausf Geißler DGVZ 2016, 115, 117), die Forstwirtschaft. Keine Rolle spielen: ob Haupt- oder Nebenerwerb, ob eigener oder fremder (Pacht, Nießbrauch) Boden, wer die Futtermittel herstellt. Der Schutz ist nicht unbegrenzt, denn die Tiere müssen benötigt werden, was im Einzelfall ausschließen kann, dass alle Tiere vor Pfändung geschützt sind. Es kommt immer auf den jew Betrieb an, weshalb eine allg Handlungsanweisung unmöglich ist. – Pfändung möglich nach II. – InsVerf: § 36 II Nr 2.

35 **V) Verstöße.** Wird gg I verstoßen, macht dies die Pfändung nicht unwirksam, sondern nur anfechtbar (Hk-ZV/Kindl Rn 37).

36 **VI) Eigentumsvorbehaltsverkäufer (§ 811 II). 1) Eigentumsvorbehalt.** Pfändbar ist für den Eigentumsvorbehaltsverkäufer, der wegen einer durch den Eigentumsvorbehalt gesicherten Forderung aus dem Verkauf der Sache/des Tieres vollstr, eine nach I Nr 1a und b, Nr 2 bezeichnete Sache und ein nach I Nr 8b bezeichnetes Tier (II 1). Durch den Eigentumsvorbehalt gesicherte Gläubigerforderung können auch Nebenforderungen (Versandkosten etc), Zinsen sowie Prozess- und ZwV-Kosten sein (enger Münzberg DGVZ 98, 81; Hk-ZV/Kindl Rn 33: Zinsen, insb Verzugszinsen, Finanzierungsspesen uÄ nur bei nachgewiesener bes Vereinbarung). Grund: Gewährleistung rascher und effektiver Vollstr des Vorbehaltsverkäufers in den Gegenstand, der dem Sch mit Herausgabevollstr (§ 883) ohnedies entzogen werden könnte. Privilegiert ist auch die Forderung aus Verkauf unter „weitergegebenem" (einfachem) Eigentumsvorbehalt; somit des Verkäufers, der selbst die Ware nur unter Eigentumsvorbehalt erworben hat, und der Fall, dass der Lieferant des Verkäufers in die Kaufsache wegen der ihm abgetretenen Kaufpreisforderung vollstr (BTDrs 13/341, 24); das erfordert Urkundennachweis auch der Abtretung. Die Entscheidung darüber, ob eine Sache demnach pfändbar ist, trifft der GV selbständig. Für die Prüfung des GV sind die Vereinbarung des Eigentumsvorbehalts und Sicherung der Forderung durch Urkunden nachzuweisen, nicht nur glaubhaft zu machen (II 2). Zugeständnis des Sch (ist im Pfändungsprotokoll zu beurkunden) genügt. II 1 schränkt § 803 II (LG Ravensburg DGVZ 2001, 85) und § 811 IV nicht ein; in diesen Fällen hat daher auch Pfändung für den EV-Verkäufer zu unterbleiben (MskV/Flockenhaus Rn 29).

37 **2) Anwendungsbereich.** In den Fällen des **erweiterten** Eigentumsvorbehalts und bei **verlängertem** Eigentumsvorbehalt besteht Unpfändbarkeit nach I (MskV/Flockenhaus Rn 29). Schutz des Besitzes und der Gebrauchsmöglichkeit des Sch hat in diesen Fällen Vorrang (BTDrs 13/341, 24). **Sicherungseigentum** ist nicht privilegiert (MskV/Flockenhaus Rn 29; s Rn 7).

38 **VII) Tierpfändung in besonderen Fällen (§ 811 III). 1) Voraussetzungen.** III gilt nur für Tiere, die unter I Nr 8a fallen. Zuzulassen hat das VollstrGericht die Pfändung eines im gemeinsamen Haushalt nicht zu Erwerbszwecken gehaltenen wertvollen Tiers ausnahmsweise (keine Kannvorschrift), wenn die Unpfändbarkeit für den Gl eine Härte bedeuten würde, die auch unter Würdigung der Belange des Tierschutzes und der berechtigten Sch-Interessen nicht zu rechtfertigen ist. **Beispiele** (vgl BTDrs 11/5463, 7): wertvolle Reitpferde (nicht aber ein 20-jähriges Pferd, das sein „Gnadenbrot" erhält: AG Paderborn DGVZ 96, 44), Rassehunde, seltene Tierarten. Grund (BTDrs 11/5463, 7): Ausgleich der wechselseitigen Interessen des Gl und Sch sowie der Belange des Tierschutzes rechtfertigen in einem solchen Fall Unpfändbarkeit nicht. Die Abwägung hat nach allen *Umständen des Einzelfalls* zu erfolgen; „unbillige" Härte ist nicht verlangt, auch das Fehlen einer anderweitigen Vollstreckungsmöglichkeit bedeutet nicht stets eine Härte für den Gl (BTDrs 11/7369, 8). Unpfändbarkeit aus anderem Grund, kann nicht nach III mit Zulassung einer Pfändung aufgehoben werden.

2) Verfahren. Zuständig (§ 802) ist das VollstrGericht (§ 764; dort auch zur örtl Zuständigkeit); es entscheidet der Rpfleger (§ 20 I Nr 17 RPflG). Kein Anwaltszwang (§ 78 III) für den Antrag des Gl. Die Entscheidung kann ohne mündl Verh ergehen (§ 128 IV). Dem Sch ist jedoch rechtl Gehör zu gewähren (Art 103 I GG; Ausnahme: wie § 811a Rn 8). Es gelten die allg Grundsätze des ZPO-Verf (s § 766 Rn 27). Es ist vom Beibringungsgrundsatz beherrscht mit Darlegungs- und Beweislast des Gl für den hohen Wert des Tieres und die Umstände, die Härte begründen (s § 766 Rn 27). Entschieden wird durch Beschluss (§ 764 III); er ist zu begründen. Kosten: § 788 I (nicht § 788 IV); daher (bei stattgebender wie ablehnender Entscheidung) kein Kostenausspruch. Der Beschluss wird bei Ablehnung dem Gl zugestellt und dem angehörten Sch mitgeteilt, bei Anordnung der Pfändung erfolgt Mitteilung an den Gl und Zustellung an den angehörten Sch (§ 329 II, III). 39

3) Wirkung. Pfändbar wird das Tier mit Erlass (Wirksamwerden) des zulassenden Beschlusses, nicht erst mit dessen Rechtskraft. Bis dahin besteht Unpfändbarkeit nach I. Gleichwohl kann das Tier nach § 811c bereits vorweg gepfändet werden, wenn Zulassung der Pfändung nach III zu erwarten ist. Dann ist das Tier jedoch im Sch-Gewahrsam zu belassen, somit ist bis zur Zulassung auch Pfandverwertung ausgeschlossen und die Pfändung aufzuheben, wenn nicht binnen eines Jahres (§ 811c II) Pfändbarkeit mit Zulassung eingetreten ist. 40

VIII) Pfändungsschranke (§ 811 IV). 1) Ratio. Ähnlich wie bei § 803 II sollen wirtschaftl sinnfreie Verwertungen unterbleiben, weshalb schon die Pfändung für unzulässig erklärt wird. Gegenstände des gewöhnl Gebrauchs für eine **nicht nur bescheidene** Lebens- und Haushaltsführung (Abgrenzung zu I Nr 1a), die für die Errichtung/Führung des Haushalts (nicht Gewerbes) nicht unerhebl Anschaffungswert hatten und damit für den Sch große Bedeutung haben, meist aber älter und abgenutzt sind und daher nur einen geringen Veräußerungswert darstellen, sollen der Pfändung entzogen werden. Trotz des Wortes „sollen" handelt es sich um eine Mussvorschrift für den GV. Die Pfändung hat zu unterbleiben, wenn bei Verwertung nur ein Erlös erzielt werden würde, der zu dem Wert, den die Sachen für den Sch haben, außer Verhältnis steht; evtl greift hier auch schon das VollstrVerbot aus § 803 II. – Die unter IV fallenden Gegenstände unterliegen den ges Pfandrechten (zB §§ 562, 592 BGB; vgl KG 8.1.2018 – 8 U 21/17, juris Tz 8). 41

2) Voraussetzung. IV gilt erst, wenn feststeht, dass es sich um Sachen handelt, die der Sch für eine Lebens- und Haushaltsführung benötigt, die **nicht** als bescheiden anzusehen ist und deshalb der Pfändungsschutz von I Nr 1a nicht eingreift. Man sollte über den Wortlaut hinaus neben dem Sch auch die Personen erfassen, mit denen er in einem gemeinsamen Haushalt zusammenlebt (wie in I Nr 1a); anderenfalls würde bei ihnen die sinnvolle Schranke nicht greifen, obwohl auch hier nur unverhältnismäßig geringe Erlöse aus der Verwertung zu erwarten wären. 42

3) Missverhältnis. Anschaffungswert (nicht der regelmäßig geringere Verkehrswert) und Verwertungserlös müssen ins Verhältnis gesetzt werden. Sodann wird die Entscheidung schwierig, denn die Werte dürfen „offensichtlich" in keinem Verhältnis stehen; der zu erwartende Erlös muss also deutlich unter dem Anschaffungswert liegen. Wenn man den fiktiven Erlös mit dem Verkehrswert annimmt, wird man die Voraussetzungen von IV umso eher bejahen können, je schneller eine Sache bei Ingebrauchnahme erfahrungsgemäß an Wert verliert oder je älter sie ist. Feste Prozentsätze oder Bruchteile können im Voraus nicht festgelegt werden, aber unterhalb von 25 % Erlös ggü dem Anschaffungswert dürfte das Pfändungsverbot des IV regelmäßig greifen. In Grenzfällen wird hierüber die Erinnerung (§ 766) entscheiden müssen. 43

IX) Rechtsbehelfe. 1) Schuldner, Gläubiger, Dritter. Auch wenn der **Sch** nicht Eigentümer der gepfändeten Gegenstände ist, sie aber benutzt: Erinnerung nach § 766 (dann: sof Beschwerde [§ 793]); sie ist bis zur Beendigung der Vollstr, somit auch nach Versteigerung und vor Erlösauszahlung (LG Rottweil DGVZ 93, 57), und auch noch zulässig, solange der Erlös hinterlegt ist. Der Sch muss die Unpfändbarkeit des Gegenstandes beweisen (sa § 766 Rn 27). – **Gl:** Wegen Ablehnung seines Pfändungsantrags: § 766 II (dann: § 793). – **Dritter:** wenn seine Rechte verletzt sind: § 766 (dann: § 793). Denkbar in den Fällen I Nrn 1, 2, 4, 6, 8. 44

2) Wiederholte Prüfung. Die **Rechtskraft** einer zwischen den Parteien ergangenen Entscheidung steht neuerlicher Prüfung der Pfändbarkeit wegen **veränderter Sachlage** nicht entgegen. Eine Änderung liegt auch vor, wenn in den abgelaufenen Jahren infolge gehobenen allg Lebensstandards die Beurteilung sich geändert hat, was für eine bescheidene Lebens- und Haushaltsführung erforderl ist. 45

X) Weitere Pfändungsbeschränkungen. 1) Veräußerungsverbote. Von der Pfändung ausgeschlossen sind Gegenstände, deren Veräußerung durch den GV ausgeschlossen ist (zB Aschenurnen) oder ausdrückl durch Gesetz verboten ist (zB gesundheitsschädliche Lebensmittel, Lose verbotener Lotterien; ausf StJ/Würdinger Rn 77 m Bsp; sa § 76 GVGA). 46

2) Gesetzliche Verbote. Der Pfändung sind durch bes Gesetz ua entzogen **a)** Fahrbetriebsmittel der Eisenbahnen (G v 7.3.1934); **b)** bei Austauschpfändung der dem Sch überlassene Geldbetrag (§ 811a III); **c)** unter Urheberschutz stehende Originale von Werken, wenn nicht der Urheber oder seine Erben einwilligen, sowie bestimmte Vorrichtungen zur Vervielfältigung von geschützten Werken der bildenden Künste und Fotografie (§§ 113 ff UrhG); **d)** Barmittel aus Miet- und Pachtzahlungen, die der Sch zur laufenden Unterhaltung des Grundstücks braucht (§ 851b I 2, IV 3). 47

§ 811a Austauschpfändung

(1) Die Pfändung einer nach § 811 Absatz 1 Nummer 1 Buchstabe a und b und Nummer 2 unpfändbaren Sache kann zugelassen werden, wenn der Gläubiger dem Schuldner vor der Wegnahme der Sache ein Ersatzstück, das dem geschützten Verwendungszweck genügt, oder den zur Beschaffung eines solchen Ersatzstückes erforderlichen Geldbetrag überlässt; ist dem Gläubiger die rechtzeitige Ersatzbeschaffung nicht möglich oder nicht zuzumuten, so kann die Pfändung mit der Maßgabe zugelassen werden, dass dem Schuldner der zur Ersatzbeschaffung erforderliche Geldbetrag aus dem Vollstreckungserlös überlassen wird (Austauschpfändung).

(2) [1]Über die Zulässigkeit der Austauschpfändung entscheidet das Vollstreckungsgericht auf Antrag des Gläubigers durch Beschluss. [2]Das Gericht soll die Austauschpfändung nur zulassen, wenn sie nach Lage der Verhältnisse angemessen ist, insbesondere wenn zu erwarten ist, dass der Vollstreckungserlös den Wert des Ersatzstückes erheblich übersteigen werde. [3]Das Gericht setzt den Wert eines vom Gläubiger angebotenen Ersatzstückes oder den zur Ersatzbeschaffung erforderlichen Betrag fest. [4]Bei der Austauschpfändung nach Absatz 1 Halbsatz 1 ist der festgesetzte Betrag dem Gläubiger aus dem Vollstreckungserlös zu erstatten; er gehört zu den Kosten der Zwangsvollstreckung.

(3) Der dem Schuldner überlassene Geldbetrag ist unpfändbar.

(4) Bei der Austauschpfändung nach Absatz 1 Halbsatz 2 ist die Wegnahme der gepfändeten Sache erst nach Rechtskraft des Zulassungsbeschlusses zulässig.

1 **I) Funktion.** Möglichkeit des Zugriffs auf den (Mehr-)Wert einer unpfändbaren Sache, wenn der Schutzzweck (Verwendungszweck) des § 811 I durch Bereitstellung eines geringerwertigen Ersatzstücks erfüllt werden kann (sog Austauschpfändung).

2 **II) Voraussetzungen. 1) Zulassung.** Sie erfolgt durch das VollstrGericht (I Hs 1) vor Pfändung (vorläufige Austauschpfändung: § 811b). Zugelassen werden kann die Austauschpfändung **nur für die nach § 811 I Nr 1a und b, Nr 2 unpfändbaren Sachen**. Entspr Anwendung auf andere Fälle des § 811 I ist wegen der enumerativen Aufzählung der Ausnahmen vom Pfändungsverbot ausgeschlossen. Ergibt sich die Unpfändbarkeit nicht nur aus § 811 I Nr 1a und b, Nr 2, sondern auch aus einer anderen Bestimmung des § 811 I, geht die Unpfändbarkeit vor (aA OLG Köln NJW-RR 86, 488; dazu Schneider MDR 86, 726).

3 **2) Ersatzleistung.** Sie muss dem geschützten Verwendungszweck genügen. Sie kann erfolgen dadurch, dass der Gl dem Sch ein (gebrauchtes oder neu beschafftes) **Ersatzstück überlässt** oder den zur Beschaffung eines Ersatzstücks erforderl **Geldbetrag zur Verfügung stellt**, ausnahmsweise auch dadurch, dass der Geldbetrag zur Ersatzbeschaffung dem Sch erst aus dem Versteigerungserlös überlassen wird (I). Ein Ersatzstück genügt dem geschützten Verwendungszweck, wenn er in bescheidener, der Verschuldung angemessener Weise erreicht werden kann. Das Ersatzstück braucht nicht notwendig derselben Art zu sein; uU Fahrrad oder Motorrad für Pkw. Eine Einschränkung, die zu einer unwirtschaftl, unzeitgemäßen Lebenshaltung oder Arbeitsweise nötigt, kann dem Sch jedoch nicht zugemutet werden. Auch muss die Ersatzsache nach Güte (aA BGH MDR 2011, 1008 = juris Tz 12; MskV/Flockenhaus Rn 2a), Haltbarkeit und Lebensdauer der Pfandsache entspr (BGH MDR 2011, 1008 = juris Tz 13). Die Überlassung muss durch Eigentumsübertragung erfolgen (s Rn 11); nur leihweise Überlassung eines Ersatzstücks wird dem geschützten Verwendungszweck nicht genügen. Ersatzleistung durch Überlassung eines Geldbetrags aus dem Versteigerungserlös kann nur angeordnet werden, wenn dem Gl die rechtzeitige Beschaffung eines Ersatzstücks nicht möglich ist oder nicht zumutbar (I Hs 2). Dies wird dann der Fall sein, wenn der Gl nach seinen eigenen Verhältnissen nicht in der Lage ist, die für die Beschaffung eines Ersatzstücks notw Mittel aufzubringen und sein Interesse an zügiger ZwV höher zu bewerten ist als das Interesse des Sch am vorläufig fortgesetzten Gebrauch (MskV/Flockenhaus Rn 4).

4 **3) Angemessenheit.** Die Austauschpfändung muss nach Lage der Verhältnisse angemessen sein; insb muss zu erwarten sein, dass der voraussichtliche Versteigerungserlös (nicht der Schätz- oder Marktwert des Gegenstands) den Wert des Ersatzstücks wesentl übersteigt (II 2), der Unterschiedsbetrag somit dem Gl eine nennenswerte Befriedigung sichert (LG Mainz NJW-RR 88, 1150). Dass der Unterschiedsbetrag die uU hohe Vollstreckungsforderung des Gl nennenswert deckt, ist dagegen nicht verlangt. Nicht angemessen ist die Austauschpfändung, wenn der Sch noch pfändbare Sachen besitzt, deren Verwertung eine Befriedigung des Gl voraussichtlich ermöglicht.

5 **4) Entscheidungszeitpunkt.** Zu beurteilen sind die Voraussetzungen für die Zulässigkeit der Austauschpfändung nach dem Zeitpunkt der sonst unzulässigen Pfändung (s § 811 Rn 9).

6 **III) Zulassung. 1) Zuständigkeit.** Das VollstrGericht ist (ausschl, § 802) zuständig (§ 764; dort auch zur örtl Zuständigkeit); es entscheidet der Rpfleger (§ 20 I Nr 17 RPflG).

7 **2) Antrag.** Die Entscheidung ergeht auf Antrag des Gl (II 1; **Formulierungsvorschlag:** Vorwerk/Goldbach, PFB, M 49.7), der keinem Anwaltszwang unterliegt (§ 78 III). Der Antrag hat die Ersatzleistung (s Rn 3), somit

auch eine als Ersatzstück angebotene Sache, bestimmt zu bezeichnen; er kann (muss aber nicht) den zur Ersatzbeschaffung erforderl Betrag ziffernmäßig begrenzen. Die für den Beginn der ZwV erforderl Urkunden müssen beigefügt werden.

3) Rechtliches Gehör. Ohne vorherige Anhörung kann nur entschieden werden, wenn der Vollstreckungserfolg gefährdet wäre (s § 758a Rn 24). Das Verf folgt den allg Grundsätzen des ZPO-Verf. Es ist vom Beibringungsgrundsatz beherrscht mit Darlegungs- und Beweislast des Gl (s § 766 Rn 27); den Sch trifft die Beweislast für außergewöhnl Umstände, die eine Unangemessenheit begründen könnten (StJ/Würdinger Rn 11). Glaubhaftmachung genügt nicht. Eignung und Wert des vom Gl angebotenen Ersatzstücks hat das VollstrGericht zu prüfen. Einvernehmen der Parteien ersetzt die Voraussetzungen der Austauschpfändung (als Ausnahme zum vAw zu beachtenden Pfändungsverbot) nicht. Freie Beweiswürdigung (§ 286) gestattet Verwertung der Lebenserfahrung; über Wertfragen entscheidet das Gericht unter Würdigung aller Umstände nach freier Überzeugung (§ 287 entspr); kostspieliger SV-Beweis sollte unterbleiben. Es besteht Bindung an den Antrag (§ 308 I), so dass keine andere als die verlangte Ersatzleistung bestimmt und der bezifferte Ersatzbetrag nicht überschritten werden kann. Ist beantragte Austauschpfändung nach Lage der Verhältnisse nicht angemessen, muss der Antrag zurückgewiesen werden. 8

4) Beschluss. Das VollstrGericht entscheidet durch Beschluss (II 1). Lässt es die Pfändung zu, ist die zu pfändende Sache zu bezeichnen, die Art der Ersatzleistung zu bestimmen (somit auch das zu überlassende Ersatzstück genau zu bezeichnen) und der Wert des Ersatzstücks oder der Geldbetrag zur Ersatzbeschaffung festzusetzen. Der Beschluss ist zu begründen. Die Bestimmung des Ersatzstücks nur der Gattung nach wird dann als zulässig angesehen, wenn ein fabrikneues Stück aus einer näher zu bezeichnenden Fertigungsserie überlassen werden soll. Zulässig ist es auch, Überlassung eines Ersatzstücks oder (wahlweise) des Geldbetrags zur Beschaffung zuzulassen. Der zur Beschaffung erforderl Geldbetrag ist nach den zeitl und örtl Erwerbspreisen zu bestimmen; Erwerbskosten (Transportkosten) und bes Erwerbsmöglichkeiten (Rabattkauf) sind zu berücksichtigen. Der Beschluss wird dem Gl und Sch zugestellt. Bei Ablehnung erfolgt Zustellung an den Gl und Mitteilung an den Sch; wenn der Sch nicht gehört wurde, unterbleibt Zustellung (Mitteilung) an ihn. Kosten: § 788 III (s § 788 Rn 26). 9

IV) Vollstreckung. 1) Wirkung. Mit Erlass (nicht erst mit Rechtskraft) des zulassenden Beschlusses wird die bis dahin unpfändbare Sache beim Sch pfändbar. Bei Austauschpfändung mit Überlassung des Geldbetrags für Ersatzbeschaffung aus dem Versteigerungserlös setzt Wegnahme die Rechtskraft des Beschlusses voraus (IV, I Hs 2). 10

2) Ersatzleistung. Ein **Ersatzstück** muss dem Sch spätestens bei Wegnahme der Pfandsache überlassen werden. Prüfung, ob die Ersatzleistung dem Beschluss entspricht, erfolgt durch den GV. Der Sch erwirbt das Eigentum an dem Ersatzstück auf Grund rechtsgeschäftlicher Übereignung nach §§ 929 ff BGB. Der Gl ist verpflichtet, Eigentum und unmittelbaren Besitz zu verschaffen. Jedoch darf die Eigentums- und Besitzverschaffung nicht von dem Verhalten des Sch abhängig sein. In entspr Anwendung des Grundgedankens von § 756 ist der Gl auch durch ordnungsgemäßes Angebot seiner Verschaffungspflicht nachgekommen; die Voraussetzungen der Pfändung sind damit gegeben. Wegen eines Mangels des Ersatzstückes (Rechts- und Sachmängel) stehen dem Sch Ansprüche nach Maßgabe des Kaufrechts zu (MskV/Flockenhaus Rn 9), bei Folgeschäden nach § 280 I BGB. Rücktritt ist möglich, aber nur zur Erlangung des dem Gl gem II 4 überlassenen Geldbetrags (SchWKT/Loyal Rn 15 mwN). 11

3) Ersatzbeschaffung. Bei Zulassung der Austauschpfändung mit der Maßgabe, dass der **Geldbetrag** zur Finanzierung eines Ersatzes **aus dem Versteigerungserlös** überlassen wird, muss der Sch die Wegnahme der Sache zur Durchführung der Verwertung zulassen, ohne dass ihm das Ersatzstück oder der Geldbetrag zur Beschaffung eines Ersatzstücks sogleich zur Verfügung steht. Zum Schutz des Sch bestimmt daher IV, dass in diesem Fall die Wegnahme erst nach Rechtskraft des Zulassungsbeschlusses zulässig ist. Den aus dem Versteigerungserlös zur Ersatzbeschaffung zu überlassenden Geldbetrag hat der GV zu entnehmen und dem Sch zu übergeben. 12

4) Kostenregelung. Wenn der Gl das Ersatzstück gestellt oder den Ersatzbetrag geleistet hat, gehört der vom Gericht festgestellte Wert oder Betrag (soweit geleistet) zu den **Kosten der ZwV**. Er ist dem Gl aus dem Versteigerungserlös vorweg zu erstatten (II 3). 13

5) Pfändbarkeit. Die Ersatzleistung ist unpfändbar, und zwar bei Leistung eines Ersatzstückes oder bei Überlassung eines Geldbetrags zur Beschaffung eines Ersatzstückes (III). 14

V) Rechtsbehelfe. Gegen den Beschluss des Gerichts: sof Beschwerde (§ 793). Gegen das VollstrVerf des GV: Erinnerung nach § 766 (dann: § 793). 15

VI) Kosten des Verfahrens. § 788 IV (s § 788 Rn 26); § 74 GVGA. 16

VII) Gebühren. 1) Gericht: keine. – **2) RA:** 3309, 3310 RVG-VV; § 18 I Nr 7 RVG. – **3) GV:** Bei Austauschpfändung (§ 74 GVGA) entsteht 205 GvKostG-KV nur einmal; der Austausch ist gebührenneutral. 17

§ 811b Vorläufige Austauschpfändung

(1) [1]Ohne vorgängige Entscheidung des Gerichts ist eine vorläufige Austauschpfändung zulässig, wenn eine Zulassung durch das Gericht zu erwarten ist. [2]Der Gerichtsvollzieher soll die Austauschpfändung nur vornehmen, wenn zu erwarten ist, dass der Vollstreckungserlös den Wert des Ersatzstückes erheblich übersteigen wird.

(2) Die Pfändung ist aufzuheben, wenn der Gläubiger nicht binnen einer Frist von zwei Wochen nach Benachrichtigung von der Pfändung einen Antrag nach § 811a Abs. 2 bei dem Vollstreckungsgericht gestellt hat oder wenn ein solcher Antrag rechtskräftig zurückgewiesen ist.

(3) Bei der Benachrichtigung ist dem Gläubiger unter Hinweis auf die Antragsfrist und die Folgen ihrer Versäumung mitzuteilen, dass die Pfändung als Austauschpfändung erfolgt ist.

(4) [1]Die Übergabe des Ersatzstückes oder des zu seiner Beschaffung erforderlichen Geldbetrages an den Schuldner und die Fortsetzung der Zwangsvollstreckung erfolgen erst nach Erlass des Beschlusses gemäß § 811a Abs. 2 auf Anweisung des Gläubigers. [2]§ 811a Abs. 4 gilt entsprechend.

1 **I) Vorläufige Austauschpfändung.** Sie (Antrag: **Formulierungsvorschlag:** Vorwerk/Goldbach, PFB, M 49.8) ist ohne Entscheidung des VollstrGerichts nach § 811a zulässig, wenn eine Zulassung zu erwarten ist (OLG München JurBüro 1983, 1418: goldene Armbanduhr). Die vorläufige Austauschpfändung obliegt dem GV als dem zuständigen Vollstreckungsorgan. In I 2 ist noch einmal ausdrückl hervorgehoben, dass sie nur vorzunehmen ist, wenn zu erwarten ist, dass der Vollstreckungserlös den Wert des Ersatzstücks erheblich übersteigt. Bei der vorläufigen Austauschpfändung darf die Pfändung nach § 808 nur in der Weise bewirkt werden, dass die Sache im Gewahrsam des Sch belassen wird. Gegen das Verf des GV ist Erinnerung nach § 766 zulässig.

2 **II) Pfändungsdauer.** Der GV hat die **Pfändung aufzuheben**, wenn der Gl nicht binnen 2 Wochen nach Benachrichtigung einen Antrag nach § 811a II gestellt hat oder wenn ein solcher Antrag rechtskräftig zurückgewiesen ist (II). Die Benachrichtigung ist formlos vorzunehmen; Hinweispflicht des GV: III. Der Zeitpunkt des Zugangs der Benachrichtigung bestimmt sich nach § 270 S 2. Der Nachweis der rechtzeitigen Antragstellung beim VollstrGericht obliegt dem Gl, der Nachweis der rechtskräftigen Zurückweisung des Antrags dem Sch. Wegen Versäumung der Zweiwochenfrist ist Wiedereinsetzung nach § 233 nicht zulässig (keine Notfrist).

3 **III) Übergabe.** Erst nach Zulassung der Austauschpfändung durch das VollstrGericht und auf Anweisung des Gl darf die Übergabe eines dem GV zur Verfügung gestellten Ersatzstückes oder des Geldbetrags zu seiner Beschaffung erfolgen. Auch darf die ZwV nur auf bes Anweisung des Gl fortgesetzt werden. Ist die Pfändung mit der Maßgabe zugelassen, dass dem Sch der Geldbetrag zur Ersatzbeschaffung aus dem Vollstreckungserlös überlassen wird, darf die ZwV erst nach Rechtskraft des Zulassungsbeschlusses fortgesetzt werden. Die Fortsetzung bedarf aber auch hier einer bes Anweisung des Gl.

4 **IV) Kosten des Verfahrens.** § 788 IV (s § 788 Rn 26). Verfahren des GV s § 74 GVGA.

5 **V) Gebühren des RA.** Keine bes Angelegenheit, da in § 18 I Nr 7 RVG nicht neben § 811a aufgeführt.

§ 811c Vorwegpfändung

(1) [1]Ist zu erwarten, dass eine Sache demnächst pfändbar wird, so kann sie gepfändet werden, ist aber im Gewahrsam des Schuldners zu belassen. [2]Die Vollstreckung darf erst fortgesetzt werden, wenn die Sache pfändbar geworden ist.

(2) Die Pfändung ist aufzuheben, wenn die Sache nicht binnen eines Jahres pfändbar geworden ist.

1 **I) Künftige Pfändbarkeit.** Eine unpfändbare Sache kann bereits gepfändet werden, wenn zu erwarten ist, dass sie demnächst pfändbar wird. Demnächst pfändbar iS dieser Vorschrift wird eine Sache, wenn der Schutz des § 811 I alsbald entfällt oder im Falle des § 811 III mit Zulassung zu rechnen ist. Grund: Sicherung gefährdeter Gläubigerinteressen. Über Zulässigkeit der Vorwegpfändung trifft der GV Bestimmung. Die Vorwegpfändung darf nur in der Form bewirkt werden, dass die Sache im Gewahrsam des Sch belassen wird. Fortgesetzt werden darf die Vollstr erst, wenn die Sache pfändbar geworden ist. Erst zu diesem Zeitpunkt werden daher das Wegschaffen der Sache aus dem Gewahrsam des Sch und die Verwertung der Sache zulässig.

2 **II) Wirkungsdauer.** Aufzuheben ist die Vorwegpfändung durch den GV ohne Antrag des Sch, wenn die Sache nicht binnen eines Jahres pfändbar geworden ist.

3 **III) Rechtsbehelf.** Erinnerung nach § 766 (dann: sof Beschwerde [§ 793]).

§ 812 (weggefallen)

§ 813 Schätzung

(1) [1]Die gepfändeten Sachen sollen bei der Pfändung auf ihren gewöhnlichen Verkaufswert geschätzt werden. [2]Die Schätzung des Wertes von Kostbarkeiten soll einem Sachverständigen übertragen werden. [3]In anderen Fällen kann das Vollstreckungsgericht auf Antrag des Gläubigers oder des Schuldners die Schätzung durch einen Sachverständigen anordnen.

(2) [1]Ist die Schätzung des Wertes bei der Pfändung nicht möglich, so soll sie unverzüglich nachgeholt und ihr Ergebnis nachträglich in dem Pfändungsprotokoll vermerkt werden. [2]Werden die Akten des Gerichtsvollziehers elektronisch geführt, so ist das Ergebnis der Schätzung in einem gesonderten elektronischen Dokument zu vermerken. [3]Das Dokument ist mit dem Pfändungsprotokoll untrennbar zu verbinden.

(3) Sollen bei Personen, die Landwirtschaft betreiben,

1. Früchte, die vom Boden noch nicht getrennt sind,
2. Sachen nach § 811 Absatz 1 Nummer 1 Buchstabe b,
3. Tiere nach § 811 Absatz 1 Nummer 8 Buchstabe b oder
4. landwirtschaftliche Erzeugnisse

gepfändet werden, so soll ein landwirtschaftlicher Sachverständiger herangezogen werden, sofern anzunehmen ist, dass der Wert dieser Sachen und Tiere insgesamt den Betrag von 2.000 Euro übersteigt.

(4) Die Landesjustizverwaltung kann bestimmen, dass auch in anderen Fällen ein Sachverständiger zugezogen werden soll.

I) Funktion. Versteigerung gepfändeter Sachen (§§ 808, 809, 814), auch von Wertpapieren ohne Börsen- und Marktpreis (§ 821), oder von gepfändeten Tieren (III Nr 3; § 811 I Nr 1b), darf nur gegen ein Mindestgebot erfolgen (§ 817a, der Tiere noch nicht erwähnt; s § 90a S 1 BGB). Die dafür notw Bewertung erfolgt durch Schätzung. Bedeutung erlangt der Wert auch bei anderweitiger Verwertung (§ 825) und für das Verbot der Überpfändung (§ 803 I 2). – Analoge Anwendung von I 2, III bei Herausgabetiteln (BGH MDR 2018, 227 Tz 22). 1

II) Schätzung. Zu schätzen ist die gepfändete Sache/das gepfändeteTier auf ihren/seinen **gewöhnlichen Verkaufswert** (Verkehrswert). Das ist der Preis, der bei freihändiger Veräußerung normalerweise zu erzielen ist. Rechnung zu tragen ist der Beschaffenheit und dem Zustand des Pfandobjekts sowie den allg wirtschaftl und den bes örtl Verhältnissen; ungewöhnl und persönl Verhältnisse (Ausverkaufs-, Sonder-, Rabatt- oder Liebhaberpreise) bleiben unberücksichtigt. Bei Gold- und Silbersachen werden sowohl der Gold- bzw Silberwert (wegen § 817a III) als auch der gewöhnl Verkaufswert geschätzt. 2

III) Zuständigkeit. 1) Gerichtsvollzieher. Die Schätzung hat der GV bei der Pfändung idR selbst vorzunehmen. Er ist nicht befugt, von sich aus einen SV zuzuziehen, wo das nicht vorgesehen ist (LG Konstanz DGVZ 94, 140; AG Augsburg DGVZ 2013, 21; MskV/Flockenhaus Rn 2). Das Ergebnis der Schätzung ist in das Pfändungsprotokoll aufzunehmen (§ 762 II Nr 2; § 86 I Nr 1 GVGA). Ist die Schätzung bei Pfändung nicht sogleich möglich, ist sie unverzügl nachzuholen und das Ergebnis im Pfändungsprotokoll zu vermerken (II und GVGA aaO) sowie den Parteien mitzuteilen. 3

2) Sachverständiger. Einem SV soll (= muss) der GV die Schätzung bei der Pfändung von **Kostbarkeiten** (Begriff s § 808 Rn 16) übertragen, wenn nur einzelne der gepfändeten Gegenstände Kostbarkeit sind nur deren Schätzung (OLG Köln Rpfleger 98, 353). Ob es sich überhaupt um eine Kostbarkeit handelt, entscheidet der GV nach pflichtgemäßem Ermessen (OLG Köln Rpfleger 98, 353 Tz 5), er kann die Beantwortung dieser Frage nicht nach I 2 auf den SV auslagern (aA MskV/Flockenhaus Rn 3). Es genügen ausreichende Anhaltspunkte, nicht aber bloße Zweifel, ob ein Gegenstand als Kostbarkeit anzusehen ist. Den SV wählt der GV aus. SV kann auch ein öffentl bestellter und vereidigter Auktionar sein (AG Schöneberg DGVZ 2009, 45). Das Ergebnis der Schätzung ist den Parteien rechtzeitig mitzuteilen. Orientteppiche sind (abgesehen von bes Wertstücken) als Gebrauchsstücke nicht zu den Kostbarkeiten zu rechnen (aA MK/Gruber § 808 Rn 31; sa KG NJW-RR 86, 201: durch SV zu schätzen, wenn GV nicht über ausreichende Sachkunde verfügt). 4

3) Antrag. Schätzung durch einen SV kann das **Vollstreckungsgericht** auch in anderen Fällen auf Antrag des Gl oder des Sch anordnen; der GV und Dritte haben kein Antragsrecht. Zuständig ist der Rpfleger (§ 20 I Nr 17 RPflG). Das Gericht entscheidet nach pflichtgemäßem Ermessen; es wählt auch den SV aus. Der SV hat die Schätzung dem GV schriftl oder zu Protokoll abzugeben; den Parteien ist das Ergebnis der Schätzung rechtzeitig mitzuteilen. Die Bewertung durch den SV ersetzt eine bei der Pfändung durch den GV (oder die durch den von ihm zugezogenen SV; s Rn 4) vorgenommene Schätzung, die sodann keine Bedeutung mehr hat. 5

6 4) **Landwirtschaftlicher Sachverständiger.** Seine Zuziehung ist nach III bei einem voraussichtl Wert der zu pfändenden Sache/des zu pfändenden Tieres über 2.000 Euro bestimmt. Die Erhöhung der Wertgrenze von 500 Euro auf 2.000 Euro durch das GvSchuG 2021 trägt dem gestiegenen Preisniveau Rechnung. Die durch Hinzuziehung des SV entstehenden Kosten sollen in einem angemessenen Verhältnis zu dem zu erwartenden Erlös stehen, was zB bei Werten knapp über 500 Euro nicht schon der Fall ist. – Auswahl und Zuziehung erfolgt durch den GV. – Der Katalog (III Nrn 1-4) ist abschließend, der Betrag hingegen keine starre Grenze. Auch bei einem Wert, der geschätzt unter 2.000 Euro liegt, soll ein SV zugezogen werden, wenn dem GV eine sachgemäße Entscheidung ohne sachverständige Unterstützung nicht möglich ist, oder wenn der Sch es verlangt und dadurch die ZwV weder verzögert wird noch unverhältnismäßige Kosten entstehen (§ 100 I 2, § 102 III 4 Nrn 1, 2 GVGA).

7 5) **Erneute Schätzung.** Die Nachschätzung durch den GV oder einen SV kann bei wesentl Veränderung der Verhältnisse erfolgen (zB Änderung der allg wirtschaftl Verhältnisse, des Preisgefüges, aber auch der örtl Marktlage). Anlass zur Prüfung kann insb bestehen, wenn zwischen Pfändung und Verwertung längere Zeit liegt. Rechtl Gehör der Beteiligten: s Rn 3 u § 817 Rn 2. Neuschätzung ohne Anlass verbietet sich als willkürliche Änderung der Schätzung ebenso wie Nachschätzung nach vergeblichem Verwertungsversuch lediglich zu dem Zweck, die Sache mit Rücksicht auf Gebote eines Erwerbsinteressenten verwertbar zu machen. Der von einem SV geschätzte Wert von Kostbarkeiten (I 2) kann vom GV (auch nach erfolgloser Versteigerung) nicht selbst herabgesetzt werden (AG München DGVZ 89, 31); bei Schätzung durch einen SV auf Anordnung des Gerichts nach I 3 kann Nachschätzung nur durch einen SV auf neuerliche gerichtl Anordnung erfolgen. Berichtigung (entspr § 319) jederzeit möglich; sie ist den Parteien rechtzeitig mitzuteilen.

8 **IV) Bindungswirkung.** § 813 enthält nur eine **Sollvorschrift**, ist aber vom GV vAw zu beachten. Verstoß berührt die Wirksamkeit der Pfändung und der Verwertung nicht (MskV/Flockenhaus Rn 6).

9 **V) Rechtsbehelf.** Für Gl und Sch gg Zuziehung (auch Auswahl) bzw fehlerhafter Nichtzuziehung eines SV durch den GV, für sachl Einwendungen gg das SV-Gutachten und für das bei Schätzung: Erinnerung (§ 766). – Für Einwendungen gg Schätzungsfehler des GV nur Antrag nach I 3 (hM, LG Aachen JurBüro 86, 1256; LG Limburg DGVZ 88, 159; SchWKT/Loyal Rn 11; aA WSch/Lüke Rn 17 [§ 766]); gg Schätzungsfehler des SV kann sowohl mit dem Antrag nach I 3 als auch nach § 766 vorgegangen werden (MskV/Flockenhaus Rn 7; str, aA ThP/Seiler Rn 9 [nur § 766]; SchWKT/Loyal Rn 11 [nur I 3]). – Gegen Entscheidung des Gerichts über den Antrag auf Anordnung der Schätzung durch einen SV (I 3): sof Beschwerde (§ 793). – Dritte: Erinnerung (§ 766).

§§ 813a und 813b (weggefallen)

§ 814 Öffentliche Versteigerung

(1) Die gepfändeten Sachen sind von dem Gerichtsvollzieher öffentlich zu versteigern; *Kostbarkeiten sind vor der Versteigerung durch einen Sachverständigen abzuschätzen.*

(2) Eine öffentliche Versteigerung kann nach Wahl des Gerichtsvollziehers

1. als Versteigerung vor Ort oder

2. als allgemein zugängliche Versteigerung im Internet über eine Versteigerungsplattform

erfolgen.

(3) [1]Die Landesregierungen bestimmen für die Versteigerung im Internet nach Absatz 2 Nummer 2 durch Rechtsverordnung

1. den Zeitpunkt, von dem an die Versteigerung zugelassen ist,

2. die Versteigerungsplattform,

3. die Zulassung zur und den Ausschluss von der Teilnahme an der Versteigerung; soweit die Zulassung zur Teilnahme oder der Ausschluss von einer Versteigerung einen Identitätsnachweis natürlicher Personen vorsieht, ist spätestens ab dem 1. Januar 2013 auch die Nutzung des elektronischen Identitätsnachweises (§ 18 des Personalausweisgesetzes, § 12 des eID-Karte-Gesetzes oder § 78 Absatz 5 des Aufenthaltsgesetzes) zu diesem Zweck zu ermöglichen,

4. Beginn, Ende und Abbruch der Versteigerung,

5. die Versteigerungsbedingungen und die sonstigen rechtlichen Folgen der Versteigerung einschließlich der Belehrung der Teilnehmer über den Gewährleistungsausschluss nach § 806,

6. die Anonymisierung der Angaben zur Person des Schuldners vor ihrer Veröffentlichung und die Möglichkeit der Anonymisierung der Daten der Bieter,

7. das sonstige zu beachtende besondere Verfahren.

[2]Sie können die Ermächtigung durch Rechtsverordnung auf die Landesjustizverwaltungen übertragen.

I Hs 2 gem G v 20.8.1953 (BGBl I 1953, 952) außer Kraft, soweit er sich nicht auf das Verwaltungszwangsverfahren bezieht.

I) Funktion. Pfandverwertung durch öffentl Versteigerung soll mit Konkurrenz der am Erwerb Interessierten einen möglichst hohen Erlös gewährleisten. Grundlage für die Einführung der Internetversteigerung als Regelfall der Verwertung neben der öffentl Präsenzversteigerung schaffen II Nr 2 und III (**Formulierungsvorschlag:** Vorwerk/Goldbach, PFB, M 49.9). Nähere Bestimmung regeln landesrechtl Rechtsverordnungen für Baden-Württemberg GBl 2010, 412; Bayern GVBl 2009, 619; Bremen Brem GBl 2010, 339; Brandenburg GVBl II 2011 Nr 10; Hamburg Hmb GVBl 2010, 2540; Hessen GVBl 2010, 172; Mecklenburg-Vorpommern GVOBl 2010, 603; Nordrhein-Westfalen GVBl 2009, 508; Rheinland-Pfalz GVBl 2010, 198; Saarland ABl I 2011, 16; Sachsen GVBl 2010, 94; Sachsen-Anhalt GVBI 2010, 36 (Änderung GVBl 2015, 84); Thüringen GVBl 2010, 323. 1

II) Versteigerung. 1) Pfandverwertung. Sie wird **vom GV** ohne weiteren Auftrag des Gl durchgeführt (Besonderheit bei vorl Austauschpfändung, § 811b IV). Verwertung erfolgt durch **öffentl Versteigerung** (I), ausnahmsweise durch freihändigen Verkauf (§§ 817a, 821) oder auf andere Weise (§ 825); Pfandverwertung von Geld: § 815. – **Wahlrecht** des GV: **a) Präsenzversteigerung (II Nr 1):** Öffentl ist sie, wenn zu ihr (während ihrer Dauer) jedermann freien Zutritt hat. Unzulängliche Größe des Versteigerungsraums rechtfertigt Einschränkung der Öffentlichkeit nicht, sofern eine Alternative besteht. Sicherheitsbestimmungen des öffentl Rechts können Grenzen setzen. Praktikabel ist die sinngemäße Anwendung der §§ 169 ff GVG (MskV/Flockenhaus Rn 5a; sa Lückemann § 169 GVG Rn 2 ff). – **b) Internetversteigerung (II Nr 2):** Lit: Loth, Die Verwertung gepfändeter Sachen im Internet, 2018. – Abweichung von a) bei § 816 (s § 816 IV Hs 2, V) und § 817 (s § 817 I 2). Einzelheiten in den LandesVO (s Rn 1). Mitteilungspflicht des GV: § 91 II 4 GVGA. – Gewährleistungsausschluss nach § 806 bei a) und b). 2

2) Zuständigkeit. Der GV, der gepfändet hat, ist für die Versteigerung zuständig. Besonderheit bei mehrfacher Pfändung: § 827, bei mehrfacher Pfändung durch GV und einen Vollziehungsbeamten in der Verwaltungsvollstreckung: § 308 AO, bei Wohnungswechsel des Sch: s § 816 Rn 3. Der GV handelt bei der Versteigerung (ebenso wie bei anderer Pfandverwertung) hoheitl; er wird insb nicht als Vertreter (Beauftragter) des Gl oder Sch tätig (s § 753 Rn 4). An (ges zulässige; s § 753 Rn 4) Weisungen des Gl ist der GV auch bei Verwertung jedoch gebunden. Sie ist daher auf Anweisung des Gl auszusetzen. Das kann dadurch geschehen, dass Versteigerungstermin (vorerst) nicht anberaumt oder wieder aufgehoben oder (auch mehrfach) verlegt wird. Verf der Versteigerung: §§ 816-819. Die Versteigerung ist nicht Pfandverkauf nach §§ 1233 ff BGB. Rechtsbehelf bei Verstoß: Erinnerung (§ 766). 3

3) Voraussetzungen. Verwertung durch Versteigerung **setzt wirksame Pfändung** und außerdem **voraus**, dass Fortsetzung der ZwV zulässig ist. Verwertung erfolgt daher auch, wenn der Sch verstorben oder das InsoVerf über sein Vermögen eröffnet ist (vgl § 173 InsO mit Einschränkung in § 166 InsO; § 91 II GVGA), nicht aber, wenn abgesonderte Verwertung (§ 50 InsO) ausgeschlossen ist, weil die Pfändung durch einen Insolvenzgläubiger vor der Verfahrenseröffnung nach § 88 InsO unwirksam geworden ist. Verwertung unterbleibt, solange sie nach Sicherungsvollstr (§ 720a) oder Arrestpfändung (§ 930) nicht zulässig ist, außerdem in den Fällen der §§ 772, 773, 775 Nrn 2, 4, 5. Sie ist aufgeschoben bei Einstellung der ZwV (§§ 707, 719, 769; auch bei entspr Anordnung nach § 765a) und bei entspr einstw Anordnungen sowie im Fall des § 811c I 2. 4

III) Kosten des GV. 300 GvKostG-KV iHv 62,40 Euro für jeden Verwertungsakt. Ein einheitl Verwertungsakt ist bei mehreren Gegenständen und auch bei Verwertung in unterschiedl Weise gegeben (Vorbem 3 GvKostG-KV); für wiederholte Versteigerung Sonderregelung 702 GvKostG-KV. Entnahmerecht: § 15 GvKostG. Kosten für die öffentl Bekanntmachung und Einstellung eines Ausgebots auf einer Versteigerungsplattform (Internet) werden in voller Höhe erhoben: 702 GvKostG-KV. Kein Zeitzuschlag (500 GvKostG-KV) bei der Internetversteigerung (s 300 Anm S 2 GvKostG-KV). Sch der Auslagen (714, 715 GvKostG-KV) ist nur der Ersteher (§ 13 I 2 GvKostG). 5

§ 815 Gepfändetes Geld

(1) Gepfändetes Geld ist dem Gläubiger abzuliefern.

(2) [1]Wird dem Gerichtsvollzieher glaubhaft gemacht, dass an gepfändetem Geld ein die Veräußerung hinderndes Recht eines Dritten bestehe, so ist das Geld zu hinterlegen. [2]Die Zwangsvollstreckung ist fortzusetzen, wenn nicht binnen einer Frist von zwei Wochen seit dem Tag der Pfändung eine Entscheidung des nach § 771 Abs. 1 zuständigen Gerichts über die Einstellung der Zwangsvollstreckung beigebracht wird.

(3) Die Wegnahme des Geldes durch den Gerichtsvollzieher gilt als Zahlung von Seiten des Schuldners, sofern nicht nach Absatz 2 oder nach § 720 die Hinterlegung zu erfolgen hat.

1 **I) Pfandverwertung. 1) Geldablieferung (§ 815 I).** Pfandverwertung von Geld erfolgt durch Ablieferung an den Gl; die Kosten des GV werden vorweg entnommen (§ 15 II GvKostG). **Geld** iSd § 815 sind die inländischen geltenden (verkehrsüblichen) Zahlungsmittel (Banknoten und Scheidemünzen). Noch gültige Briefmarken, Stempelmarken, Versicherungs- und Kostenmarken kann der GV selbständig in Geld umwechseln und nach I behandeln. Ausländisches Geld und ausländische Wertzeichen fallen nicht unter § 815, denn die Zahlungswirkung der Wegnahme setzt Zahlungsmittel voraus, die der GV dem Gl überlassen kann (III); die Verwertung ist hier nach § 821 durchzuführen. **Kryptowerte** sind kein Geld (MskV/Flockenhaus Rn 2), aber ein Vermögenswert; zu dessen Pfändung s § 857 Rn 12e. **Ablieferung** ist Übereignung durch Hoheitsakt (öffentl-rechtl Übertragungsakt: BGH NJW 2009, 1085, 1086). Sie bewirkt Eigentumsübergang. Verwahrung bis zur Auszahlung (oder Hinterlegung): § 89 II GVGA, sa § 51 GVO; zum bargeldlosen Zahlungsverkehr: § 52 VII GVO. Empfangnahme durch einen Bevollmächtigten (auch RA) erfordert Nachweis (§ 172 I BGB) der Geldempfangsvollmacht (LG Braunschweig DGVZ 77, 22) durch Vorlage der Urschrift oder einer Ausfertigung (AG Aachen DGVZ 91, 173 [Fax-Kopie genügt nicht]; LG Bielefeld DGVZ 93, 28 [begl Ablichtung ungenügend]; LG Bremen DGVZ 2002, 168; LG Ingolstadt JurBüro 95, 51 [Generalinkassovollmacht ist unzureichend]). Prozessvollmacht genügt nicht (LG Duisburg DGVZ 2013, 38; Ausnahme für Prozesskosten: § 81). Die dem GV durch den Vertreter vorgelegte selbständige (sonst § 80) Geldempfangsvollmacht (§ 175 BGB) ist ihm, wenn erbeten, zurückzugeben (AG Brake DGVZ 2007, 45).

2 **2) Zahlung.** Als Zahlung des Sch gilt bereits die Wegnahme des Geldes durch den GV (III), aber auch die freiwillige Zahlung (III analog: BGH NJW 2011, 2149 Tz 7 mwN), durch die allerdings keine Verstrickung eintritt (MskV/Flockenhaus Rn 5). Quittung: § 757. – Nach überwiegender Ansicht (MskV/Flockenhaus Rn 4; StJ/Würdinger Rn 18; Hk-ZV/Kindl Rn 12) ist mit III nur eine von § 270 BGB abw Regelung über die Gefahrentragung bestimmt, keine mat-rechtl Erfüllungsfiktion (BGH MDR 2009, 466 Tz 9; BGH NJW 2011, 2149 Tz 7). Kommt das Geld vor seiner Ablieferung abhanden (auch wenn der GV es nicht den Vorschriften entspr verwendet), trägt der Gl die Gefahr. Die Ausfertigung seines Titels ist in Höhe der Wegnahme trotz fehlender Erfüllungswirkung verbraucht). **Ausnahmen:** Wenn das Geld nach II oder nach § 720 (bei Abwendungsbefugnis), aber auch aus sonstigem Grund, zB bei Sicherungsvollstr (§ 720a), Arrestvollziehung (§ 930 II) oder nach § 827, zu hinterlegen ist. – Die Gefahr für den Verlust des Geldes trägt der Gl auch bei Unterschlagung durch den GV (aber Amtshaftung). – Bis zur Ablieferung des Geldes, mit der der Gl Eigentum erlangt, bestehen staatl Verstrickung und das PfändungspfandR des Gl nach § 804. Daher entfällt die Zahlungsfiktion nach III, wenn die Pfändung vor Ablieferung aufgehoben wird (oder auch eingestellt; hier für die Dauer der Einstellung). – Eigentum erwirbt der Gl mit Ablieferung auch, wenn das Geld dem Sch nicht gehört (hM, Hk-ZV/Kindl Rn 3), der Sch wird dadurch aber nicht nach III befreit (hM, MskV/Flockenhaus Rn 4). Verzug des Sch endet erst mit Eigentumserwerb des Gl (Hk-ZV/Kindl Rn 12), bei freiwilliger Zahlung hingegen auch schon mit Zahlung an den GV (MskV/Flockenhaus Rn 5; AG Gotha DGVZ 2020, 32 Tz 8). – Wenn der Gl Anspruch nur auf Hinterlegung des Geldes hat, ist er mit Hinterlegung befriedigt.

3 **3) Zwangsvollstreckungsende.** Die ZwV ist erst mit Ablieferung des Geldes an den Gl beendet. Bis dahin sind daher noch Einstellung der ZwV und Anschlusspfändung möglich, da das Geld Eigentum dessen bleibt, dem es bei der Pfändung gehört hat.

4 **II) Hinterlegung. 1) Drittrechte.** Wenn dem GV ein die **Veräußerung hinderndes Recht eines Dritten** (s § 771 Rn 14) am gepfändeten Geld glaubhaft gemacht ist (§ 294), hat er zu **hinterlegen** (II). Die Bestimmung verschafft dem Dritten eine Interventionsmöglichkeit, die sonst wegen des zügigen Ablaufs der Vollstr nach Geldpfändung nicht gegeben wäre. Der Dritte, der sein Recht durch Klage nach § 771 verfolgen muss, kann die Ablieferung des Geldes an den Gl vor Klagezustellung (und einstw Einstellung der ZwV durch das Prozessgericht) dadurch verhindern, dass er dem GV sein Recht glaubhaft macht. Hinterlegung hat aber auch zu erfolgen, wenn das Recht des Dritten durch den Sch oder einen Vertreter glaubhaft gemacht ist; für diesen kann sich die Glaubhaftmachung auch auf die Bevollmächtigung erstrecken. Eidesstattl Versicherung zur Glaubhaftmachung kann zu Protokoll des GV erklärt werden. Sie muss bis zur Ablieferung des Geldes erfolgt sein; zum Widerruf eines Überweisungsauftrags im bargeldlosen Zahlungsverkehr ist der GV nicht verpflichtet. Der GV hat die Glaubhaftmachung frei zu würdigen. Erachtet er das Recht des Dritten nicht für glaubhaft gemacht, hat er das Geld an den Gl abzuliefern. Ist das Recht des Dritten glaubhaft gemacht, muss der GV den gepfändeten Betrag ohne Abzug von Kosten bei der Hinterlegungsstelle (nach landesrechtl HintG) unter Vorbehalt des Rechts der Rücknahme nach Ablauf von 2 Wochen zur Fortsetzung der ZwV (II) oder auf gerichtl Entscheidung (über Erinnerung oder Beschwerde) hinterlegen. Weil die Hinterlegung nicht als Zahlung gilt, besteht das PfändungspfandR des Gl am Rückforderungsanspruch des GV gg die Hinterlegungsstelle fort. Erfolgt Einstellung der ZwV durch das Prozessgericht oder Vorlage des Einstellungsbeschlusses an den GV erst nach Ablauf der Zweiwochenfrist, aber vor Ablieferung des Geldes an den Gl, dann hat Hinterlegung auf Grund des Einstellungsbeschlusses zu erfolgen (s Rn 3).

5 ***2) Verfahren. a) Fortsetzung.*** Die ZwV ist ohne Antrag fortzusetzen, wenn dem GV (nicht der Hinterlegungsstelle, die aber zur Verständigung des GV verpflichtet ist) nicht innerhalb von 2 Wochen seit dem Tag der Pfändung (Berechnung nach § 222) eine Entscheidung des nach § 771 I zuständigen Gerichts über die Einstellung

des ZwV beigebracht ist (keine Ermittlungspflicht des GV); eine Entscheidung des VollstrGerichts nach § 769 II reicht nicht aus. Fortzusetzen hat der GV; er hat das Geld zurückzuholen und (Kostenentnahme nach § 15 II GvKostG möglich) dem Gl abzuliefern. Herauszugeben ist dem GV das Geld durch die Hinterlegungsstelle auch, wenn er sich das Rücknahmerecht (s Rn 4) nicht vorbehalten hat, sofern er dienstlich versichert, dass ihm eine Entscheidung über die Einstellung der ZwV nicht vorliegt. Der GV kann auch Herausgabe an den Gl bewilligen und es diesem überlassen, die Herausgabe an sich zu beantragen.

b) Hinterlegung. Wird eine Entscheidung des Prozessgerichts beigebracht, bleibt das Geld hinterlegt. Herausgabe erfolgt dann nur noch durch die Hinterlegungsstelle sogleich an den Berechtigten, dessen Empfängerrecht nachgewiesen sein muss; Mitwirkung des GV findet nicht mehr statt. 6

3) Analoge Anwendung. Entspr anwendbar ist II, wenn das Recht eines Dritten auf vorzugsweise Befriedigung (§ 805) glaubhaft gemacht ist (§ 87 III 1 GVGA), wenn Einwendungen des unter Vorbehalt verurteilten Erben glaubhaft gemacht sind (§§ 780, 781) und in entspr Fällen beschränkter Haftung (§ 786). Nicht anwendbar ist II bei Wegnahmevollstr (§ 883, MskV/Flockenhaus Rn 3; aA MK/Gruber Rn 7) und Auszahlung des Versteigerungserlöses (StJ/Würdinger Rn 5). 7

III) Rechtsbehelfe. Für Sch und Dritten, wenn GV Ablieferung vornehmen (nicht hinterlegen) wird: Erinnerung nach § 766 (dann: sof Beschwerde [§ 793]), aber nur bis zur Beendigung der ZwV mit Ablieferung. Für Gl gg Hinterlegung nach II: § 766 (dann § 793). 8

§ 816 Zeit und Ort der Versteigerung

(1) Die Versteigerung der gepfändeten Sachen darf nicht vor Ablauf einer Woche seit dem Tag der Pfändung geschehen, sofern nicht der Gläubiger und der Schuldner über eine frühere Versteigerung sich einigen oder diese erforderlich ist, um die Gefahr einer beträchtlichen Wertverringerung der zu versteigernden Sache abzuwenden oder um unverhältnismäßige Kosten einer längeren Aufbewahrung zu vermeiden.

(2) Die Versteigerung erfolgt in der Gemeinde, in der die Pfändung geschehen ist, oder an einem anderen Ort im Bezirk des Vollstreckungsgerichts, sofern nicht der Gläubiger und der Schuldner über einen dritten Ort sich einigen.

(3) Zeit und Ort der Versteigerung sind unter allgemeiner Bezeichnung der zu versteigernden Sachen öffentlich bekannt zu machen.

(4) Bei der Versteigerung gilt die Vorschrift des § 1239 Abs. 1 Satz 1 des Bürgerlichen Gesetzbuchs entsprechend; bei der Versteigerung vor Ort ist auch § 1239 Absatz 2 des Bürgerlichen Gesetzbuchs entsprechend anzuwenden.

(5) Die Absätze 2 und 3 gelten nicht bei einer Versteigerung im Internet.

I) Funktion. Wahrung der Belange des Gl, Sch und etwaiger Drittberechtigter bei Pfandverwertung mit öffentl Versteigerung. 1

II) Versteigerung. 1) Termin. Den Termin zur öffentl Versteigerung der Pfandsache (§ 814) bestimmt der GV idR sogleich bei der Pfändung; zurückgestellt wird die Anberaumung des Termins nur, wenn die Parteien einverstanden sind (Gläubigerantrag genügt) oder sof Terminsbestimmung nicht tunlich oder nicht zweckmäßig erscheint. Einzelheiten: § 92 I GVGA. Versteigerung zur Nachtzeit sowie an einem Sonn- oder Feiertag kann nur erfolgen, wenn dies im Einzelfall tunlich, § 758a IV (s § 758a Rn 33) nicht hinderlich und es überdies nach dem Grundsatz der Verhältnismäßigkeit (s vor § 704 Rn 29) gerechtfertigt ist. Durchgeführt werden darf die Versteigerung **nicht vor Ablauf einer Woche** seit Pfändung (I, Berechnung nach § 222). Bei Anschlusspfändung rechnet die Frist für jeden Gl gesondert; versteigert werden darf bei Anschlusspfändung daher nur zur Deckung der Gl, für welche die Frist bereits abgelaufen ist. Die Frist soll dem Sch Gelegenheit zur Zahlung, den Beteiligten zur Beschaffung von Bietern, Dritten zur Geltendmachung ihrer Rechte geben. Von Einhaltung der Frist ist abzusehen, wenn sich Sch und Gl einigen oder wenn längere Aufbewahrung wegen der Verderblichkeit der Sache oder wegen unverhältnismäßiger Kosten untunlich wäre (I). Später als einen Monat nach der Pfändung soll die Versteigerung idR nicht erfolgen (§ 92 III 4 GVGA). 2

2) Ort. Der Versteigerungsort hat in der Gemeinde zu liegen, in der die Pfändung erfolgt ist (II, nicht am Ort der Aufbewahrung, Ausnahme: § 825 I). In Wohn- und Geschäftsräumen des Sch kann ohne dessen Zustimmung oder richterl Erlaubnis nicht versteigert werden (§ 758a I). Auch an einem anderen Ort im Bezirk des VollstrGerichts (§ 764) darf die Versteigerung nach pflichtgemäßem Ermessen des GV erfolgen. Wenn Gl und Sch sich über einen anderen Ort geeinigt haben, hat die Versteigerung dort zu erfolgen. Zur Abgabe, wenn der Versteigerungsort nicht im GV-Bezirk liegt: §§ 20, 21 GVO. Wenn der Sch bei Ortswechsel (Wohnungswechsel) die in seinem Gewahrsam belassenen Pfandstücke mitgenommen hat, kann Versteigerung durch den nun- 3 mehr zuständigen GV erfolgen, an den der Vollstreckungsauftrag abgegeben wird; Bestimmung nach § 825 I erfordert das nicht (MskV/Flockenhaus Rn 3).

4 **3) Bekanntmachung.** Die Versteigerung (Zeit und Ort unter allg Bezeichnung der zu versteigernden Sache) muss **öffentl bekannt** gemacht werden (III; näher § 93 GVGA). Die Bekanntmachung soll Interessenten möglichst umfassend auf die Versteigerung hinweisen und durch Heranziehung zahlreicher Bieter ein möglichst günstiges Versteigerungsergebnis sichern (§ 93 III GVGA). Die Bekanntmachung muss daher, und zwar vor jedem Versteigerungstermin, rechtzeitig erfolgen (nach § 93 I 2 GVGA spätestens am Tag vor dem Termin; das kann aber unzureichend sein und sollte vermieden werden). Über Art der Bekanntmachung (Ausruf, Aushang, Veröffentlichung in der Zeitung) entscheidet der GV nach pflichtgemäßem Ermessen unter Berücksichtigung des Einzelfalles (auch der örtl Verhältnisse) und der Weisungen der Justizverwaltung. Richtlinien gibt die GVGA in § 93 III. Gesonderte Nachricht an Gl und Sch schreibt die ZPO nicht vor; nach Anordnung der GVGA (§ 92 IV) sind sie vor dem Versteigerungstermin besonders zu benachrichtigen, wenn ihnen der Termin nicht bereits anderweit bekannt gegeben ist. Diese Mitteilung an den Sch kann unterbleiben, wenn sein Aufenthalt nicht zu ermitteln ist (keine öffentl Zustellung). Nach § 93 VI GVGA sind, wenn der Versteigerungstermin aufgehoben wird, Aushänge und Anschläge sofort zu entfernen und, ebenso wie von jeder Terminsverlegung, die Beteiligten zu benachrichtigen. Öffentl bekannt zu geben ist die Terminsaufhebung, soweit dies noch tunlich ist.

5 **4) Bieter.** Mitbieten können bei der Versteigerung **vor Ort** (§ 814 II Nr 1) Sch, Gl u Eigentümer (IV iVm § 1239 I 1 BGB). Das Gebot (jedes, nicht nur das Meistgebot) des Eigentümers (= Sch oder Dritter) darf (für Sch Pflicht nach § 95 III GVGA) zurückgewiesen werden, wenn nicht der Betrag sogleich hinterlegt wird (IV iVm § 1239 II 1 BGB). Gleiches gilt vom Gebot des Sch, wenn das Pfand für eine fremde Schuld haftet (IV iVm § 1239 II 2 BGB). – **Internet**versteigerung: Es gelten nicht II, III, IV Hs 2, § 1239 II BGB, weil sie nicht auf diese Form der Versteigerung zugeschnitten sind. Näheres regeln die Rechtsverordnungen nach III; s § 814 Rn 1.

6 **5) Mitbietverbote.** Der (versteigernde) **GV** und die von ihm zugezogenen Gehilfen (Ausrufer, SchätzungsSV, Lager- und Transportarbeiter, auch Protokollführer) dürfen weder für sich persönl noch durch einen anderen (Stellvertreter) noch als Vertreter eines anderen mitbieten (§ 450 I BGB). Damit wird Unparteilichkeit bei Abwicklung des Verf gewahrt. Zweiterwerb vom Ersteher ist vom Verbot nicht erfasst, kann aber als Gesetzesumgehung unter § 450 I BGB fallen. Der GV darf nach § 91 VI 2 GVGA (Verwaltungsbestimmung) auch seinen Angehörigen und den bei ihm Beschäftigten das Mitbieten nicht gestatten.

7 **III) Verstoß.** Wird gg I-III verstoßen, macht dies die Versteigerung nicht unwirksam, begründet aber ein **Anfechtungsrecht** (§ 766, dann § 793; möglich nur bis zur Beendigung der ZwV) und kann Haftung des GV, auch ggü Dritten, auslösen. Verstoß gg § 450 I BGB hindert den Eigentumserwerb. Heilung mit Genehmigung aller Beteiligten (Gl, Sch und Eigentümer) ist möglich (§ 451 BGB).

§ 817 Zuschlag und Ablieferung

(1) [1]Bei der Versteigerung vor Ort soll dem Zuschlag an den Meistbietenden ein dreimaliger Aufruf vorausgehen. [2]Bei einer Versteigerung im Internet ist der Zuschlag der Person erteilt, die am Ende der Versteigerung das höchste, wenigstens das nach § 817a Absatz 1 Satz 1 zu erreichende Mindestgebot abgegeben hat; sie ist von dem Zuschlag zu benachrichtigen. [3]§ 156 des Bürgerlichen Gesetzbuchs gilt entsprechend.

(2) Die zugeschlagene Sache darf nur abgeliefert werden, wenn das Kaufgeld gezahlt worden ist oder bei Ablieferung gezahlt wird.

(3) [1]Hat der Meistbietende nicht zu der in den Versteigerungsbedingungen bestimmten Zeit oder in Ermangelung einer solchen Bestimmung nicht vor dem Schluss des Versteigerungstermins die Ablieferung gegen Zahlung des Kaufgeldes verlangt, so wird die Sache anderweit versteigert. [2]Der Meistbietende wird zu einem weiteren Gebot nicht zugelassen; er haftet für den Ausfall, auf den Mehrerlös hat er keinen Anspruch.

(4) [1]Wird der Zuschlag dem Gläubiger erteilt, so ist dieser von der Verpflichtung zur baren Zahlung so weit befreit, als der Erlös nach Abzug der Kosten der Zwangsvollstreckung zu seiner Befriedigung zu verwenden ist, sofern nicht dem Schuldner nachgelassen ist, durch Sicherheitsleistung oder durch Hinterlegung die Vollstreckung abzuwenden. [2]Soweit der Gläubiger von der Verpflichtung zur baren Zahlung befreit ist, gilt der Betrag als von dem Schuldner an den Gläubiger gezahlt.

1 **I) Funktion.** Regelung des Verfahrens bei Versteigerung und von Versteigerungsbedingungen.

2 ***II) Versteigerung. 1) Hoheitliches Handeln.*** Bei Pfandverwertung mit öffentl Versteigerung (§ 814) handelt der GV als Organ der ZwV hoheitl (s vor § 704 Rn 1). Zuschlag und anschließende Eigentumsübertragung sind daher Vorgänge öffentl-rechtl Natur; es wird lastenfrei und unabhängig von §§ 929 ff BGB erworben (Hk-ZV/

Kindl Rn 8; StJ/Würdinger Rn 21; aA SchWKT/Loyal Rn 10a). §§ 474 ff BGB (Verbrauchsgüterkauf) und – bei § 814 II Nr 2 – §§ 312b ff BGB (Fernabsatzverträge) sind unanwendbar (MskV/Flockenhaus Rn 3).

2) Verfahren. Bereitstellung der Pfandstücke für Kauflustige sieht § 94 GVGA vor; über den Versteigerungstermin trifft § 95 GVGA Bestimmung. Danach sind zunächst die Versteigerungsbedingungen (s Rn 4) bekannt zu geben. Alsdann fordert der GV zum Bieten auf. Die Gegenstände werden einzeln ausgeboten. Sachen, die sich dazu eignen, können auch zusammen ausgeboten werden. Bei Bestimmung der Reihenfolge, in der die Gegenstände zum Ausgebot kommen, hat der GV die Wünsche des Sch tunlichst zu berücksichtigen. Zur Bekanntgabe des gewöhnlichen Verkaufswertes und des Mindestgebots: § 817a I 2. 3

3) Bedingungen. Die Versteigerung hat zu den ges Bestimmungen zu erfolgen, die sich aus dem Vollstreckungsrecht der ZPO (mit Einzelheiten insb in § 806, § 816 IV, §§ 817, 817a) ergeben. Eine **abweichende** Versteigerungsbedingung ist nur zulässig, wenn Gl und Sch sie vereinbart haben oder der GV nach § 825 I verfährt; eine von III abweichende Zahlungszeit kann auch bestimmt werden, wenn der Gl erklärt, dass er für den Eingang des Geldes die Gefahr übernimmt. Grundlegende, zwingende Verfahrensbestimmungen (zB über Charakter der Zwangsverwertung, Bindung des Gebots, Zuschlag an Meistbietenden und Zuschlagswirkung) dürfen nicht geändert werden. 4

4) Gebote. Sie sind als Anträge auf Erteilung des Zuschlags (I mit Verweisung auf § 156 BGB, StJ/Würdinger Rn 8; Hk-ZV/Kindl Rn 4; nach aA als Angebote auf Abschluss eines kaufähnlichen öffentl-rechtl Vertrages, MK/Gruber Rn 4) jedenfalls Prozesshandlungen (BGH NJW-RR 2005, 1359, 1361). Daher gelten die allg Grundsätze über prozessuale Erklärungen (Stellvertretung mit Vollmachtsnachweis, Auslegung). Abgegeben werden kann ein Gebot nur im Versteigerungstermin, nicht schriftl vorher. Die Erklärung kann bis zur Erteilung des Zuschlags (zB wegen Irrtums) angefochten werden (aA die hM bei der öffentl Versteigerung, § 814; zB MskV/Flockenhaus Rn 3 mwN). Gebunden ist der Bieter mit Wirksamkeit seines Gebots, die eintritt, wenn es vom GV vernommen ist, nach Maßgabe des § 145 BGB (aA MskV/Flockenhaus Rn 3: bis Zuschlag frei widerruflich). Das Gebot erlischt mit Abgabe eines wirksamen Übergebots oder wenn die Versteigerung ohne Erteilung des Zuschlags geschlossen wird (I mit § 156 S 2; dem steht Versteigerung zu anderen Bedingungen gleich) sowie mit Zurückweisung durch den GV (§ 146 BGB entspr, MK/Gruber Rn 6; aA MskV/Flockenhaus Rn 3), nicht aber dadurch, dass der Bieter sich nach Abgabe des Gebots entfernt. Sofort zurückgewiesen werden muss ein unwirksames Gebot (zB eines Geschäftsunfähigen; ein nicht ernstlich gemeintes Gebot, § 118 BGB) sowie jedes unzulässige Gebot wie ein Untergebot unter dem Nennbetrag eines schon abgegebenen Gebots; Gebot des Meistbietenden bei neuer Versteigerung nach III 2, nicht aber das Gebot unter der Hälfte des Wertes (es ist zuzulassen, hat jedoch Zuschlagsversagung nach § 817a I zur Folge). Nicht zuzulassen, somit zurückzuweisen sind auch Gebote, die gg Grundsätze der öffentl Versteigerung verstoßen, zB ein Gebot, das Ausschaltung der Konkurrenz der Bieter bewirkt (vgl § 95 IX GVGA; dort auch zu Verkäuferringen und ähnl Zusammenschlüssen), das Gebot eines Zahlungsunfähigen, eines Angehörigen des GV oder einer bei ihm beschäftigten Person. 5

5) Meistbietender. Ihm ist die zu versteigernde Sache **zuzuschlagen** (I iVm § 156 S 1 BGB). Jedoch begründet das Meistgebot kein Recht und damit keinen durchsetzbaren Anspruch auf Erteilung des Zuschlags. Grundlose Versagung des Zuschlags kann als Pflichtverletzung (Verfahrensverstoß) jedoch Amtshaftung begründen. Dem Zuschlag soll ein **dreimaliger Aufruf** vorausgehen (I; als Sollvorschrift bei Verletzung ohne Folgen für Zuschlagswirkung), der die Versteigerung jedoch nicht beendet und daher auch anschließende weitere Gebote nicht hindert. Insb darf daher die Versteigerung nicht überstürzt geschlossen und der Zuschlag nicht zugunsten eines Bieters übereilt werden (vgl § 95 X GVGA). Zu versagen ist der Zuschlag, wenn sich ein Grund ergibt, der der Fortsetzung der ZwV entgegensteht, zB bei Zurücknahme oder Einschränkung des Gläubigerantrags mit Bewilligung von Ratenzahlung oder dem Gesuch, die Pfandverwertung zu verschieben (den Termin aufzuheben), oder mit dem Verlangen, den Zuschlag nicht zu erteilen, infolge Einstellung der ZwV oder sonstiger Einstellungsgründe nach § 775 oder infolge vollst Zahlung der Forderung mit Kosten an den GV. 6

6) Zuschlag. Er ist einseitiger Hoheitsakt, der durch das Meistgebot ausgelöst wird (StJ/Würdinger Rn 20; str). Er wird mit Abgabe (Verkündung) wirksam. Kenntnisnahme durch den Bieter ist nicht erforderl. Als Hoheitsmaßnahme des Zwangsverfahrens bewirkt der Zuschlag nicht das Zustandekommen eines privatrechtl Vertrags; Vertragsabschluss folgt auch nicht aus der Verweisung auf § 156 BGB in I 3. Für kaufähnlichen öffentl-rechtl Vertrag: MK/Gruber Rn 5 mwN. Eigentumsübergang bewirkt der Zuschlag nicht. Als öffentl-rechtl Hoheitsakt begründet der Zuschlag die (mit Rechtsbehelf [§ 766] durchsetzbare) Amtspflicht des GV zur Ablieferung der Sache an den Meistbietenden zu den Versteigerungsbedingungen (II). Verletzung begründet Schadensersatzhaftung. Einen klagbaren Erfüllungsanspruch begründet der Zuschlag weder für den Staat (s Rn 11) noch für Gl, Sch und Bieter. – Zuschlag im **Internet:** I 2. 7

III) Ablieferung. 1) Übereignung. Die ersteigerte Sache wird vom **GV** übereignet. Veräußerung (Zuschlag an Meistbietenden) und Übereignung sind damit bei Pfandverwertung durch den GV selbständige Verfahrensakte. Die Übereignung erfolgt mit Ablieferung der Sache an den Meistbietenden (II). Sie darf nur gg bare Zahlung geschehen (II; Abweichung s Rn 4), die bis Schluss des Versteigerungstermins (III 1) oder zu der in den Versteigerungsbedingungen sonst bestimmten Zeit (s Rn 4) zu erfolgen hat. Ablieferung ist (wie Besitzübergabe im 8

Falle des § 929 BGB) körperl Übergabe (LG Köln NJW-RR 2009, 1425). Versendung bei **Internet**versteigerung erfolgt nach landesrechtl Bestimmung (s § 814 Rn 1); dafür ist ordnungsgemäße Verpackung Amtspflicht des GV (LG Magdeburg DGVZ 2012, 98). Erklärung des GV, er gestatte dem Ersteher, die Sache alsbald in Besitz zu nehmen und wegzuschaffen, genügt nicht (RGZ 153, 257). Die Zuweisung des mittelbaren Besitzes durch Abtretung des Herausgabeanspruchs entspr § 931 BGB genügt nur, wenn sich der Gegenstand nicht am Versteigerungsort befindet. Besonderheit auch für Scheinbestandteil bei Zuschlag an Grundstückseigentümer (OLG Köln Rpfleger 96, 296) oder wenn er nach der Versteigerung an Ort und Stelle bleiben soll (OLGR Rostock 2005, 933; aA LG Köln NJW-RR 2009, 1425). Ist der Gegenstand trotz Verbindung mit einem Grundstück bewegl Sache geblieben, erwirbt der Ersteher durch den Zuschlag des GV und dessen Aufforderung, den Gegenstand alsbald wegzuschaffen, noch nicht das Eigentum; dazu ist vielmehr Ausbau und körperl Übergabe erforderl. Eigentumsübertragung mit Ablieferung der Sache durch den GV bewirkt lastenfreien Eigentumserwerb durch Hoheitsakt, und zwar ohne Rücksicht darauf, ob der Sch Eigentümer oder der Ersteher gutgläubig war (BGH NJW 92, 2570; MskV/Flockenhaus Rn 4). Rechte Dritter an der Sache (auch eine Eigentumsanwartschaft) erlöschen damit; sie setzen sich am Erlös fort (Surrogation); die Verstrickung der Sache endet.

9 **2) Voraussetzungen.** Für den Eigentumsübergang werden vorausgesetzt: wirksame Pfändung (Verstrickung muss noch im Zeitpunkt der Übergabe bestehen), öffentl Versteigerung, bei der keine wesentl Vorschrift verletzt sein darf, sowie Einhaltung der bekannt gegebenen Mindestgebotsgrenze (hierzu StJ/Würdinger Rn 23 mwN, auch zur aA). Verletzung anderer Bestimmungen (zB fehlende Titelforderung, Einstellung der ZwV, Unpfändbarkeit, fehlerhafter Zuschlag, sonstige Verfahrensverstöße) berührt die Wirksamkeit der Eigentumsübertragung nicht. § 1244 BGB ist nicht entspr anzuwenden (Hk-ZV/Kindl Rn 9; StJ/Würdinger Rn 21; aA SchWKT/Loyal Rn 10a). Hat der Meistbietende Besitz erlangt, Eigentumsübergang aber dennoch nicht stattgefunden, muss neu nach § 809 oder §§ 846 f gepfändet werden; Wegnahme ohne Titel gg den Dritten ist nicht möglich (StJ/Würdinger Rn 26).

10 **3) Einstellung der Zwangsvollstreckung.** Wird die ZwV erst nach Zuschlag eingestellt, hindert dies die Ablieferung der zugeschlagenen Sache nach II und damit Eigentumsübertragung an den Meistbietenden. Ebenso kann der Gl bis zum Zeitpunkt des Eigentumsübergangs den Verfahrensfortgang noch mit Bewilligung der Einstellung oder Antragsrücknahme aufhalten. In den Fällen des § 776 hat daher auch nach Zuschlag noch Aufhebung der Pfändung zu erfolgen. Nicht richtig wäre es, solche Vollstreckungshindernisse nur bis zum Zuschlag zuzulassen, weil er ein Recht auf Übereignung nur nach den Verfahrensregeln des ZwV-Rechts begründet, bei Vorliegen eines Einstellungsgrunds Fortgang der ZwV jedoch unterbleibt und der Zuschlag Eigentum des Meistbietenden an der versteigerten Sache noch nicht begründet hat.

11 **IV) Kein Ablieferungsverlangen (§ 817 III).** Anderweit versteigert wird die Sache (ohne neuen Antrag), wenn der Meistbietende Ablieferung gg Zahlung des Kaufgeldes nicht verlangt (III mit Regelung des Zeitpunkts, nach dem Eigentumsübertragung nicht mehr möglich sein soll: LG Köln NJW-RR 2009, 1425). Die Versteigerung kann sofort in dem noch andauernden Versteigerungstermin oder in einem dann wieder nach § 816 III bekannt zu machenden neuen Versteigerungstermin erfolgen. Nach Erteilung des Zuschlags wird Erfüllung des Gebots des Meistbietenden nicht durchgesetzt. Folge der Nichterfüllung ist jedoch, dass der Meistbietende, dem der Zuschlag erteilt wurde, für den bei nochmaliger Versteigerung entstehenden Ausfall haftet (III 2 Hs 2), der auch durch weitere Kosten verursacht sein kann. Der Anspruch wird aber nicht durch den GV geltend gemacht; vielmehr muss der Berechtigte (Gl, bei Übererlös Eigentümer) klagen. Auf einen Mehrerlös bei Wiederversteigerung hat der Meistbietende keinen Anspruch; er wird als Erlös aus Pfandverwertung dem Berechtigten (Gl, bei Übererlös Sch) abgeführt. Zu einem Gebot wird der Meistbietende bei nochmaliger Versteigerung nicht zugelassen (III 2 Hs 1).

12 **V) Erwerb durch Gläubiger. 1) Zahlungsbefreiung (§ 817 IV 1).** Ist der Zuschlag **dem Gl** erteilt, ist dieser nach IV von der Verpflichtung zur baren Zahlung so weit befreit, als der Erlös nach Abzug der Kosten der ZwV zu seiner Befriedigung zu verwenden ist. Zu zahlen hat er daher nur die Kosten der ZwV (Kosten, die nach § 15 GvKostG vorweg zu entnehmen sind; nicht nach § 788 beigetriebene eigene ZwV-Kosten des Gl). Bei Austauschpfändung auch, was dem Sch zur Ersatzbeschaffung nach § 811a I Hs 2 aus dem Erlös zu überlassen ist. Weitere Zahlungspflichten: s Rn 13 aE. – Der Betrag, von dessen barer Zahlung der Gl als Ersteher befreit ist, gilt als von dem Sch an den Gl bezahlt (IV 2). Diese Verrechnungswirkung hat nur vollstreckungsrechtl Bedeutung; sie dient der Verfahrensvereinfachung (BGH MDR 87, 663). Von der Erlöszahlung befreit sie auch, wenn ein dem Sch nicht gehörender Gegenstand versteigert wurde. Dritteigentum wäre nach § 771 geltend zu machen gewesen; nach Eintritt der Verrechnungswirkung ist der Gl durch Befreiung von der Zahlungspflicht auf Kosten des Dritteigentümers bereichert (BGH MDR 87, 663); der Bereicherungsanspruch ist mit Klage geltend zu machen.

13 **2) Zahlungspflicht.** Der Gl **muss** als Ersteher das ganze Meistgebot bar **zahlen**, wenn dem Sch nachgelassen ist, durch **Sicherheitsleistung** oder Hinterlegung die Vollstreckung **abzuwenden** (IV 1 iVm §§ 711, 712 I, § 720). – *Ebenso hat der Gl als Ersteher* Zahlung zu leisten, soweit der Erlös infolge Pfändung vorgehender oder gleichrangiger Gl (§ 804 III; auch §§ 826, 827) deren Forderungen deckt sowie einen dem Sch zustehenden Überschuss (MskV/Flockenhaus Rn 6).

VI) Rechtsbehelf. Für Gl, Sch und beeinträchtigte Dritte (nur gg Verf) gg Versteigerungsverf, Zuschlag und Eigentumsübertragung: Erinnerung nach § 766 (dann: sof Beschwerde [§ 793]), jedoch nur bis Eigentumsübergang (gg Ablieferung nach II, daher praktisch bedeutungslos). Danach bis zur Beendigung der ZwV nur noch gg Erlösverteilung (LG Berlin DGVZ 2018, 100 Tz 14 [zu § 885 IV 3, § 817]). 14

VII) Teilzahlungsgeschäft (§ 506 III BGB). Hier gilt die Verwertung der Abzahlungssache durch den Gl (nicht schon die Pfändung oder Wegnahme durch den GV) nach § 508 S 5 BGB, gleichgültig ob sie nach §§ 814-824 durch den GV unter Ersteigerung der Sache durch den Gl oder durch einen Dritten oder nach § 825 durchgeführt wird, als Rücktritt (MK/Gruber Rn 25; ausf Hergenröder DGVZ 2020, 213 ff). Diese Rücktrittsfiktion begründet kein Verfahrenshindernis für die Verwertung (MK/Gruber Rn 24; StJ/Würdinger § 814 Rn 23). Schuldnerschutz (schon ggü der Verwertung) über §§ 767, 769 mit der Einrede nach §§ 348, 320 BGB und dem Ziel, eine Zug-um-Zug-Verurteilung zu erreichen (MskV/Flockenhaus Rn 8). Nach der Verwertung bleiben die Abwehrklage (§ 767) betr den Erlös und die Leistungsklage. – Entspr gilt für das mit der Lieferung einer Sache verbundene **Verbraucherdarlehen** (§ 508 S 6, § 358 II, III BGB) bei Verwertung der Sache durch den Darlehensgeber. 15

§ 817a Mindestgebot

(1) [1]Der Zuschlag darf nur auf ein Gebot erteilt werden, das mindestens die Hälfte des gewöhnlichen Verkaufswertes der Sache erreicht (Mindestgebot). [2]Der gewöhnliche Verkaufswert und das Mindestgebot sollen bei dem Ausbieten bekannt gegeben werden.

(2) [1]Wird der Zuschlag nicht erteilt, weil ein das Mindestgebot erreichendes Gebot nicht abgegeben ist, so bleibt das Pfandrecht des Gläubigers bestehen. [2]Er kann jederzeit die Anberaumung eines neuen Versteigerungstermins oder die Anordnung anderweitiger Verwertung der gepfändeten Sache nach § 825 beantragen. [3]Wird die anderweitige Verwertung angeordnet, so gilt Absatz 1 entsprechend.

(3) [1]Gold- und Silbersachen dürfen auch nicht unter ihrem Gold- oder Silberwert zugeschlagen werden. [2]Wird ein den Zuschlag gestattendes Gebot nicht abgegeben, so kann der Gerichtsvollzieher den Verkauf aus freier Hand zu dem Preis bewirken, der den Gold- oder Silberwert erreicht, jedoch nicht unter der Hälfte des gewöhnlichen Verkaufswertes.

I) Funktion. Zum Schutz des verfassungsrechtl gewährleisteten Eigentums (Art 14 I GG) wird mit dem Erfordernis, dass Erteilung des Zuschlags vom Erreichen eines bestimmten Mindestgebots abhängig ist, Verschleuderung von Vermögenswerten bei ZwV verhindert (vgl BVerfG NJW 1978, 368). § 817a dient damit den Interessen von Gl und Sch als den Verfahrensbeteiligten, nicht aber den Interessen Dritter (OLG Düsseldorf MDR 92, 1035). 1

II) Mindestgebot (§ 817a I 1). 1) Höhe. Erteilt werden darf der Zuschlag nur auf ein Gebot, das mindestens die **Hälfte des gewöhnlichen Verkaufswertes** der Sache erreicht (Mindestgebot; I 1). Einem Meistgebot unter diesem Mindestgebot ist der Zuschlag zu versagen; der Versagungsgrund ist vAw zu beachten. Gewöhnl Verkaufswert: s § 813 Rn 2; Feststellung erfolgt nach § 813; Nachschätzung bei wesentl Änderung der Verhältnisse: s § 813 Rn 7. Auf Einhaltung der Schutzvorschrift des I 1 können die Beteiligten verzichten (hM; einschr München NJW 59, 1832: kein Vorausverzicht des Sch). Der Zuschlag ist daher auch auf ein Gebot unter dem ges Mindestgebot zu erteilen, wenn alle beteiligten Gl und der Sch einverstanden sind (§ 95 IV 5 GVGA). Wahrung des Verhältnismäßigkeitsgrundsatzes kann Erteilung des Zuschlags auf ein Gebot unter der Hälfte des Verkaufswerts auch rechtfertigen, wenn die sof Versteigerung erforderl ist, um die Gefahr einer beträchtlichen Wertverringerung der Sache abzuwenden oder um unverhältnismäßige Kosten für eine längere Aufbewahrung zu vermeiden. 2

2) Bekanntmachung. Der gewöhnl Verkaufswert und das Mindestgebot sollen **bei dem Ausbieten** bekannt gegeben werden (I 2); Verstoß ist bei höherem Gebot unschädlich, bei Gebot unter dem Mindestgebot ist der Zuschlag dennoch zu versagen. Wenn sich erst im Versteigerungstermin eine andere Schätzung des Verkaufswerts als erforderlich erweist (s § 813 Rn 7) und sich dadurch ein niedrigeres oder höheres Mindestgebot ergibt, ist den Beteiligten rechtl Gehör zu gewähren (MK/Gruber Rn 4). Wenn eine der Parteien im Termin nicht anwesend und nicht vertreten ist, muss daher neuer Termin anberaumt und den Beteiligten zunächst das Ergebnis der abw Schätzung mitgeteilt werden (§ 95 VII GVGA). 3

III) Kein Zuschlag. Wird der Zuschlag nicht erteilt, weil ein das Mindestgebot erreichendes Gebot nicht abgegeben ist, bleibt das PfandR des Gl bestehen (II 1). Auf seinen Antrag ist neuer Versteigerungstermin zu bestimmen (II 2). Auch in diesem Termin darf der Zuschlag nur unter der Voraussetzung des I 1 erteilt werden. Der Gl kann auch die Anordnung anderweitiger Verwertung der gepfändeten Sache nach § 825 beantragen, bei der ebenfalls I 1 zu beachten ist (II 3). Bleibt auch der neue Termin oder der Versuch anderweitiger Verwertung ohne Erfolg (oder ist er nicht tunlich) und ist auch weiterhin kein Erfolg zu erwarten, kann der GV die Pfän- 4 dung (entspr § 803 II) aufheben; dem Gl ist vorher Gelegenheit zur Äußerung in angemessener Frist zu geben (§ 95 IV GVGA). Will der Gl widersprechen: § 766.

5 **IV) Gold- und Silbersachen.** Diese Sachen sollen durch SV geschätzt werden, § 813 I 2. Sie dürfen nicht unter dem Mindestgebot des I, wenn ihr Edelmetallwert höher ist, aber auch nicht unter ihrem vollen Gold- oder Silberwert zugeschlagen werden (III 1). Wird ein entspr Gebot nicht abgegeben, darf der GV (ohne Verf nach § 825) Gold- und Silbersachen auch freihändig verkaufen (III 2; auch zum Mindestpreis, der aber nicht ausschließt, dass der GV alle Möglichkeiten zur Erzielung eines höheren Erlöses bei freihändiger Veräußerung ausschöpft).

6 **V) Verstoß.** Bei Veräußerung unter der Hälfte des bekannt gegebenen Verkaufswertes ist der Erwerb unwirksam (StJ/Würdinger Rn 7; aA MskV/Flockenhaus Rn 2: wirksam; Schutz über Amtshaftung). Unterlassen der Bekanntgabe oder falsche Schätzung hindern den Eigentumsübergang nicht. – **Rechtsbehelf.** Erinnerung nach § 766 (dann: sof Beschwerde [§ 793]), zulässig nur bis zur Beendigung der ZwV; zur Schätzung: § 813 Rn 9; zum Verwertungsvorgang: § 817 Rn 14.

7 **VI) Unterlassungsanspruch.** Er kann gg den GV wegen Förderung fremden Wettbewerbs bestehen, wenn er den gewöhnl Verkaufswert gepfändeter Sachen nicht ordnungsgemäß feststellt und entgegen § 817a nicht den gewöhnl Verkaufswert sowie das Mindestgebot bekannt gibt, sofern er auf diese Weise dazu beiträgt, dass Preismanipulationen von Pfändungsgl und/oder -sch nicht entdeckt und die Sachen somit zu überhöhten Preisen versteigert werden (KG NJW-RR 86, 201).

§ 818 Einstellung der Versteigerung

Die Versteigerung wird eingestellt, sobald der Erlös zur Befriedigung des Gläubigers und zur Deckung der Kosten der Zwangsvollstreckung hinreicht.

1 **I) Funktion.** Die Versteigerung nicht über das Notwendige hinaus fortzusetzen; insoweit vergleichbar mit dem Verbot der Überpfändung (§ 803 I 2). § 818 setzt dabei voraus, dass bei einer Mehrheit zu versteigernder Sachen durch Versteigerung eines Teils der Gegenstände der Anspruch des Gl und die Kosten, auch die der ZwV, gedeckt sind. Bei Versteigerung mehrerer Pfandstücke ist der GV somit zur selbständigen Prüfung verpflichtet (§ 95 XIII 2 GVGA: Erlöse von Zeit zu Zeit zusammenrechnen), ob bereits ein ausreichender Erlös erreicht ist (BGH MDR 2007, 682). Zu berücksichtigen sind außer dem Anspruch des Gl an Haupt- und Nebensache, wegen dessen gepfändet wurde, und der Kosten der ZwV (§ 788) die Beträge, wegen deren Anschlusspfändung erfolgte (§§ 826, 827), sofern auch hier die Frist des § 816 abgelaufen ist oder Gl und Sch einwilligen. Das Recht Dritter auf vorzugsweise Befriedigung darf der GV nur berücksichtigen, wenn alle Beteiligten einwilligen oder ein rechtskr Urteil gg den nicht zustimmenden Gl oder Sch vorgelegt wird. Die Einwilligung ist aktenkundig zu machen. Die Pfandstücke, deren Versteigerung nicht erforderlich ist, sind an Sch zurückzugeben; ebenso erhält dieser den Erlösüberschuss, wenn er nicht für andere Forderungen ggü dem GV gepfändet ist.

2 **II) Rechtsbehelf.** § 766 I, wenn der Sch vor der Versteigerung begründete Besorgnis hat, es werde gg § 818 verstoßen (BGHZ 170, 243, 247).

§ 819 Wirkung des Erlösempfanges

Die Empfangnahme des Erlöses durch den Gerichtsvollzieher gilt als Zahlung von Seiten des Schuldners, sofern nicht dem Schuldner nachgelassen ist, durch Sicherheitsleistung oder durch Hinterlegung die Vollstreckung abzuwenden.

1 **I) Empfangnahme. 1) Wirkung.** Die Empfangnahme des vom Meistbietenden (oder Erwerber bei freihändiger Veräußerung, § 825) zu zahlenden Erlöses durch den GV **gilt als Zahlung** von Seiten des Sch. Die Zahlungswirkung entspricht der des § 815 III (s § 815 Rn 2). Von der Empfangnahme an trägt damit der Gl die Gefahr für den Verlust des Geldes. Eigentum erlangt er jedoch erst mit Ablieferung, die Erfüllungswirkung hat. Bis dahin gebühren dem Gl daher fortlaufende (ohne Endzeitpunkt titulierte) **Zinsen** (wie § 803 Rn 2). **Ausnahme:** Wenn dem Sch nachgelassen ist, durch Sicherheitsleistung oder Hinterlegung die Vollstr abzuwenden. Dann trägt trotz Hinterlegung der Sch die Gefahr des Verlustes.

2 **2) Ende der Zwangsvollstreckung.** Beendet ist die ZwV erst mit Ablieferung des Erlöses an den Gl. Bis dahin *sind noch Einstellung der ZwV* (*§ 775 mit* Aufhebung nach § 776), Anschlusspfändung und Anfechtung möglich (s § 815 Rn 3), desgl Klage aus § 771 oder § 805 (mit Einstellungsantrag); ebenso kann noch Erinnerung nach § 766 eingelegt werden mit Antrag auf Einstellung der ZwV (§ 732).

II) Erlös. 1) Surrogation. Der **bare Versteigerungserlös** tritt an die Stelle der mit Ablieferung dem Meistbietenden lastenfrei übereigneten Sache (s § 817 Rn 8; Surrogationsgrundsatz; zu diesem: s § 817 Rn 8; BGH MDR 2013, 1000 Tz 16). Ist (abw von § 817 II) das Kaufgeld gestundet, ist die Forderung gg den Ersteher Erlös, der an die Stelle der veräußerten Sache getreten ist. Am Erlös setzen sich die an der veräußerten Sache erloschenen Rechte fort. Er steht im Eigentum des Sch; Beschlagnahme (Verstrickung) und GläubigerpfandR (s § 804 Rn 1, 2) setzen sich an ihm fort, desgl erloschene Rechte Dritter, und zwar als Rechte auf Befriedigung aus dem Versteigerungserlös. Verteilung des Erlöses erfolgt durch den GV im ZwV-Verfahren; in diesem können nur der beizutreibende Anspruch des Gl und das als Anspruch auf den Übererlös fortbestehende Eigentum des Sch Berücksichtigung finden. Ansprüche Dritter auf den Erlös sind als die Veräußerung hindernde Rechte mit Klage (§ 771; bei Anspruch auf vorzugsweise Befriedigung nach § 805) geltend zu machen. Hinterlegung bei mehrfacher Pfändung: § 827 II. 3

2) Verfahren. Wie der GV mit dem Erlös zu verfahren hat, bestimmt das Gesetz nicht ausdrückl. Aus dem Wesen der Geldvollstr und dem Zusammenhang der einschl Bestimmungen ergibt sich jedoch, dass der GV seine Kosten vorweg entnehmen kann (§ 15 GvKostG), auch bei Kostenbefreiung des Gl (LG Köln DGVZ 90, 159 mwN; AG Itzehoe DGVZ 94, 126; Besonderheiten jedoch bei PKH: § 15 III GvKostG), und den übrigen Erlös dem Gl sowie nach dessen Befriedigung als Erlösüberschuss dem Sch abzuführen hat (Klein MDR 2016, 1181, 1183), soweit nicht nach dem VollstrTitel oder, weil Sicherheitsleistung angeordnet ist, Hinterlegung erfolgen muss oder ein vorzugsberechtigter Dritter einen Titel nach § 805 vorgelegt hat. Bei „Weiter"veräußerung des Originals eines Werks der bildenden Kunst erlangt § 26 UrhG für Einbehaltung des Anteils des Urhebers (Folgerecht) Bedeutung (iE Münzberg DGVZ 98, 17). Die Pflicht zur Erlösauszahlung ist öffentl-rechtl Natur. Erlösauszahlung ist als Zwangsverfügung Übereignung durch Hoheitsakt, die Eigentumsübergang bewirkt (s § 815 Rn 1). Der GV muss den Erlös dem Berechtigten unverzügl übermitteln. Zum Geldempfang eines Bevollmächtigten und zum bargeldlosen Zahlungsverkehr: s § 815 Rn 1. Auszahlung des Erlöses und Verf bei Auszahlung regeln §§ 118, 119 GVGA. Für die Verrechnung des Erlöses auf die Forderung des Gl gilt § 367 BGB, wenn nicht der Titel eine andere Tilgungsreihenfolge ausweist (zB in § 497 III 1 BGB). Bei Vollstr mehrerer Gl-Forderungen hat der Sch kein Tilgungsbestimmungsrecht nach § 366 I BGB (BGH NJW 99, 1704). Die umsatzsteuerrechtl Behandlung ist nicht Sache des GV, sondern des Sch (Dreßen DGVZ 2020, 119). – **Rechtsbehelf** gg Auszahlungsverf des GV (auch bei unrichtiger Berechnung der Forderung des Gl): Erinnerung (§ 766). 4

3) Zwangsvollstreckung gegen Gläubiger. Bei ZwV durch einen Dritten (als Gl) gg den „Gläubiger" (im neuen Verf dann Sch), der den Erlös aus der ZwV gg seinen Sch zur Deckung seiner Vollst-Forderung zu erhalten hat, kann der Dritte einen „Anspruch auf Auszahlung des Erlöses gegen den GV" oder das PfändungspfandR (selbständig) nicht pfänden. Zu pfänden ist die VollstrForderung des „Gläubigers" gg seinen Sch (als Drittsch); ihre Pfändung erfasst als Nebenrecht mit dem Pfandrecht auch den Anspruch auf Auszahlung des Versteigerungserlöses (St/Rellermeyer A.168, A.169). Der GV hat eine ihm nachgewiesene Pfändung bei Erlösabwicklung zu beachten. 5

4) Anschlusspfändung. Solange der dem Sch der ZwV als Eigentümer (s Rn 3) gehörende Übererlös sich noch im Besitz des GV befindet, kann er wegen einer weiteren Forderung (desselben oder eines anderen Gl) gg denselben Sch im Wege der Anschlusspfändung nach § 826 gepfändet werden. Ob daneben ein pfändbarer Anspruch des Sch auf den ihm gebührenden Überschuss des Versteigerungserlöses besteht (**drittschuldnerloses Recht**, zu pfänden nach § 857 II; GV ist nicht Drittsch), dürfte zu bejahen sein (so St/Rellermeyer A.174; aA LG Berlin DGVZ 83, 93: § 826). 6

§ 820 (weggefallen)

§ 821 Verwertung von Wertpapieren

Gepfändete Wertpapiere sind, wenn sie einen Börsen- oder Marktpreis haben, von dem Gerichtsvollzieher aus freier Hand zum Tageskurs zu verkaufen und, wenn sie einen solchen Preis nicht haben, nach den allgemeinen Bestimmungen zu versteigern.

I) Funktion. Regelung der Pfandverwertung von Wertpapieren, deren erzielbarer Erlös mit einem durch ihren Börsen- oder Marktpreis ausgedrückten Wert sicher gewährleistet ist. 1

II) Wertpapiere. 1) Pfändung. Wertpapiere werden bei der ZwV wegen Geldforderungen wie bewegl körperl Sachen behandelt. Gepfändet werden sie nach § 808 (auch § 809) dadurch, dass der GV sie in Besitz nimmt. – Pfändung bei der **Wertpapierverwahrung** nach dem DepotG: Sonderverwahrung (§ 2 DepotG): §§ 829, 846 und Verwertung nach § 847 II, § 821; Sammelverwahrung (§ 5 DepotG): § 857 (s § 857 Rn 2). – **Elektronische Wertpapiere** gelten ebenfalls als Sachen (§ 2 III eWpG; hierzu Linardatos ZBB 2020, 329; Sickinger/Thelen AG 2020, 2

862; § 803 Rn 1). Änderungen des Registerinhalts werden vorgenommen ua durch „gerichtliche Entscheidung" (§ 14 I 1 Nr 2d, § 18 I 1 Nr 2d eWpG), womit auch gerichtl VollstrMaßnahmen erfasst werden (BTDrs 19/26925, 56). Es erfolgt daher trotz „Sache" keine Sachpfändung durch den GV. Gepfändet (§§ 828, 829) und überwiesen (§ 835) wird durch das VollstrGericht (Rpfleger), und zwar bei Einzelstückeintragung (§ 8 I Nr 2 eWpG; § 1 I 3, § 2 DepotG) nach §§ 846, 847 I, bei Sammeleintragung (§ 8 I Nr 1, § 9 eWpG; § 1 I 3, §§ 5, 9b I 1 DepotG) nach § 857 (Meier MMR 2021, 381, 384); zur Verwertung in diesen Fällen: s § 847 Rn 7 und § 857 Rn 1.

3 Wertpapiere sind **a)** die **Inhaberpapiere**, bei denen das im Papier verkörperte Recht nicht einer namentl bezeichneten Person, sondern schlechthin dem Inhaber des Papiers zusteht, zB Inhaberaktie, Pfandbrief, Inhaberschuldverschreibung, Investmentzertifikat auf den Inhaber, Grundschuld- und Rentenschuldbrief auf den Inhaber (§§ 1195, 1199 BGB), Scheck (auch Verrechnungsscheck: LG Göttingen NJW 83, 635), der auf den Inhaber lautet oder neben dem Namen des Zahlungsempfängers die Worte „oder Überbringer" enthält (§ 5 II ScheckG), auch die sog kleinen (unvollkommenen) Inhaberpapiere (§ 807 BGB) wie Lotterielos, Eintrittskarte, Fahrkarte (je ohne Bezeichnung des Berechtigten), Briefmarke (BGH ZIP 2005, 2197) sowie Biermarke. Der Bestand des Rechts ist bei einem Inhaberpapier mit dem Besitz des Papiers verbunden. Die Urkunde ist Träger des Rechts. Daher findet der Zugriff im Wege der ZwV durch Pfändung des Papiers als bewegl körperl Sache statt (§§ 808, 809; Hetzel Rpfleger 2006, 105);

4 **b)** die **Namenspapiere**, dh solche Wertpapiere, bei denen das im Papier verkörperte Recht einer namentl bezeichneten Person zusteht, die es durch Indossament (zB § 68 I AktG) oder auch durch Abtretung und Übergabe des Papiers übertragen kann. Dem entspr findet auch ZwV durch Zugriff auf das Papier statt, somit durch Pfändung des Papiers als bewegl körperl Sache (§§ 803, 808, 809; aA für Rektapapiere Hetzel Rpfleger 2006, 105: §§ 828 ff). Namenspapiere sind zB Zwischenschein, Namensaktie (§§ 8, 10 AktG, auch bei Vinkulierung, § 68 II AktG; zustimmungsbedürftig ist erst Verwertung: Bork FS Henckel, 1995, S 23), Investmentzertifikat auf den Namen, auf den Namen umgeschriebene Schuldverschreibung, der auf eine bestimmte Person zahlbar gestellte Scheck, der mit dem Vermerk versehen ist „nicht an Order";

4a **c)** die **Genussscheine**; sie verbriefen ein Gläubigerrecht (Vermögens-, nicht Mitgliedschaftsrecht); als Wertpapier können sie auf den Inhaber oder Namen lauten; Verfügung über sie, somit auch Pfändung und Verwertung, erfolgt nach Wertpapiergrundsätzen.

5 **2) Banknoten.** Inländische Banknoten sind als bares Geld zu behandeln (§§ 808, 815 I). Ausländische Banknoten werden als Inhaberpapiere nach § 808 (§ 809) gepfändet und nach § 821 verwertet.

6 **3) Keine Wertpapiere. a) Legitimationspapiere** (§ 808 BGB; dazu: § 104 II 2, § 106 GVGA), das sind Urkunden zur Ausweiserleichterung dergestalt, dass sich der Sch der Forderung durch Leistung an den Inhaber befreien kann, wie zB Sparkassenbuch (Hollinger MDR 2019, 520, 523), Pfandschein, Lebensversicherungspolice (OLG Hamm NJW-RR 95, 1434), Depotschein, Flugschein (LG Frankfurt DGVZ 90, 169). **b) Wechsel** und andere Papiere (nicht Wertpapiere), die durch Indossament übertragen werden können; zu ihnen s § 831. **c) Beweisurkunden** (s § 808 Rn 28); zu diesen gehört auch die Bahncard (OLG Frankfurt VersR 95, 1356).

7 **III) Verwertung. 1) Preis.** Bei der Verwertung nach § 821 (ausf Hollinger MDR 2019, 520) ist von Bedeutung, ob die Papiere einen Börsen- oder Marktpreis haben. Börsenpreis ist der amtl Kurs des an der Börse zugelassenen Papiers; Marktpreis ist der an dem maßgeblichen Handelsplatz festgestellte Preis. Darüber, ob das gepfändete Wertpapier einen Börsen- oder Marktpreis hat, hat sich der GV zuverlässig zu unterrichten; im Zweifel muss er eine Auskunft einholen.

8 **2) Mit Preis.** Wertpapiere mit Börsen- oder Marktpreis sind vom GV aus freier Hand zum Tageskurs gg Barzahlung (§ 817 II) zu verkaufen. Die Papiere sind unverzügl zu veräußern.

9 **3) Ohne Preis.** Wertpapiere, die keinen Börsen- oder Marktpreis haben, sind vom GV öffentl zu versteigern (§ 814), und zwar nach den Bestimmungen über die Versteigerung gepfändeter Sachen (§§ 817, 817a; Hollinger MDR 2019, 520, 521). Sie müssen somit auch auf ihren gewöhnl Verkaufswert geschätzt werden (§ 813), ggf auf Antrag durch einen SV: § 813 I 3. Bei der Versteigerung muss mindestens die Hälfte des gewöhnl Verkaufswertes erreicht werden (Mindestgebot, § 817a).

10 **IV) Übereignung.** Die Übertragung freihändig veräußerter (s Rn 8) oder versteigerter (s Rn 9) Wertpapiere hat durch den GV zu erfolgen. Dies ist eine Maßnahme der ZwV; bei ihr handelt der GV daher hoheitl (s § 817 Rn 2). Übereignung von Inhaberpapieren erfolgt nach sachenrechtl Grundsätzen (s Rn 2), somit durch Einigung und Übergabe des Papiers an den Erwerber (oder Übergabesurrogat; §§ 929 ff BGB). Das durch das Papier verbriefte Recht wird damit auf den Erwerber übertragen. Übertragung des durch ein Namenspapier verkörperten Rechts erfordert Indossament oder Abtretung; sie regelt § 822.

11 **V) Scheck, kleines Wertpapier.** Verwertung eines vom GV gepfändeten, nicht indossablen Schecks (Art 14 II *ScheckG; zum Orderscheck, Art 14 I ScheckG s § 831)* kann in der Weise erfolgen, dass der GV den Scheck dem Sch wegnimmt, ihn der bezogenen Bank vorlegt und den durch Einlösung erlangten Betrag dem Gl aushändigt (LG Göttingen NJW 83, 635). – Auch Inhaberschecks (Art 5 ScheckG) werden, obwohl indossierbar, nach § 821

verwertet (St/Rellermeyer H.18). – Die Umschreibung eines Namensschecks erfolgt nach § 822. – Ein kleines Wertpapier (s Rn 3) mit festem Rücknahmepreis (zB Fahrkarte) ist vom GV einzulösen (StJ/Würdinger Rn 9).

VI) Gebühren des GV. Festgeb iHv 62,40 Euro (300 GvKostG-KV). Ein Zeitzuschlag nach 500 GvKostG-KV ist mögl. Auslagen werden nach 700 ff GvKostG-KV erhoben. Sa § 15 GvKostG zur Entnahme der Geb vom Erlös. 12

§ 822 Umschreibung von Namenspapieren

Lautet ein Wertpapier auf Namen, so kann der Gerichtsvollzieher durch das Vollstreckungsgericht ermächtigt werden, die Umschreibung auf den Namen des Käufers zu erwirken und die hierzu erforderlichen Erklärungen an Stelle des Schuldners abzugeben.

I) Verfahren. Namenspapiere (die nicht Forderungspapiere sind, s § 821 Rn 4, 6) müssen bei Verwertung aus freier Hand oder durch öffentl Versteigerung dem Erwerber durch Indossament oder auch durch Abtretung und Übergabe des Papiers übertragen werden (s § 821 Rn 10). Die Abtretungserklärung oder das Indossament stellt der GV an Stelle des Sch aus, nachdem ihn das VollstrGericht dazu ermächtigt hat (§ 822; § 105 III 1 GVGA). Die Mitwirkung des VollstrGerichts soll Überprüfung der Rechtmäßigkeit der Maßnahme sichern. Wenn Verwertung nach § 822 rechtl möglich ist, sind die Voraussetzungen der ZwV jedoch nicht mehr zu prüfen, weil die Verwertung mit Versteigerung oder freihändiger Veräußerung bereits durchgeführt ist („kann" gibt daher auch kein Ermessen). Zuständig für Erteilung der Ermächtigung ist der Rpfleger (§ 20 I Nr 17 RPflG). **Antrag** stellt der GV selbst (MskV/Flockenhaus Rn 2; MK/Gruber Rn 3), aber auch Gl, Sch und Erwerber sind dazu befugt. Dem Antrag sind der Titel und das Pfändungsprotokoll beizufügen. Indossament oder die Abtretungserklärung wird dem Wertpapier am Schluss beigesetzt oder auf einen mit ihm zu verbindenden Bogen geschrieben. Für das **Indossament** kann geschrieben werden: „An Herrn … (Namen, Stand und Wohnort des Käufers)"; es folgt Unterschrift des GV mit dem Beifügen: „Für Herrn … (Name und Wohnort des Sch) auf Grund Ermächtigung des VollstrGerichts A vom …". Für die **Abtretungserklärung** ist folgender Text möglich: „Der Anspruch aus dem Wertpapier wird Herrn … (Name, Stand u Wohnort des Käufers) abgetreten. A, den … (Datum). NN, GV bei dem AG A, für Herrn … (Name, Stand u Wohnort des Sch) auf Grund Ermächtigung des VollstrGerichts vom …". – Die Umschreibung im Aktienbuch erfolgt durch die AG auf Antrag des GV. Bei der Schuldverschreibung kommt außer der Umschreibung nach Wahl die Rückverwandlung in eine Inhaberschuldverschreibung in Frage, die der GV bei der Ausstellungsstelle beantragt (§ 823). 1

II) Gebühren. 1) Gericht: keine für die Erteilung der Ermächtigung. – **2) GV:** Umschreibtätigkeit ist gebührenfreies Nebengeschäft. Auslagen werden in voller Höhe erhoben (705 GvKostG-KV). 2

§ 823 Außer Kurs gesetzte Inhaberpapiere

Ist ein Inhaberpapier durch Einschreibung auf den Namen oder in anderer Weise außer Kurs gesetzt, so kann der Gerichtsvollzieher durch das Vollstreckungsgericht ermächtigt werden, die Wiederinkurssetzung zu erwirken und die hierzu erforderlichen Erklärungen an Stelle des Schuldners abzugeben.

I) Funktion. Verwertungserleichterung (MskV/Flockenhaus Rn 1). § 823 (sa § 105 III 2 GVGA) findet nur noch Anwendung auf die Rückverwandlung der genannten Papiere in Inhaberpapiere (§ 806 BGB; s Art 176 EGBGB). **Wahlrecht** des Gl, zwischen Verwertung nach § 822 oder Entfernen der Namensklausel (StJ/Würdinger Rn 2). – Die Entscheidung ist dem Rpfleger übertragen (§ 20 I Nr 17 RPflG). 1

II) Gebühren. 1) Gericht: keine für die Ermächtigung zur Wiederinkurssetzung. – **2) GV:** Wiederinkurssetzung ist gebührenfreies Nebengeschäft. Auslagen werden in voller Höhe erhoben (705 GvKostG-KV). 2

§ 824 Verwertung ungetrennter Früchte

[1]Die Versteigerung gepfändeter, von dem Boden noch nicht getrennter Früchte ist erst nach der Reife zulässig. [2]Sie kann vor oder nach der Trennung der Früchte erfolgen; im letzteren Fall hat der Gerichtsvollzieher die Aberntung bewirken zu lassen.

I) Funktion. Regelung der Pfandverwertung der vom Boden noch nicht getrennten Früchte, die noch als Teil des unbewegl Vermögens bereits in der für bewegl Sachen geregelten Form durch den GV gepfändet wurden (§ 810; ausf und zu Recht krit Stamm DGVZ 2018, 25). 1

2 **II) Verwertung. 1) Vor der Trennung.** Früchte werden mit Rücksicht auf die bevorstehende Trennung als begwl Sachen gepfändet und daher auch als solche durch öffentl Versteigerung (§ 814) verwertet (Ausnahme von § 93 BGB). Zulässig ist die Versteigerung vom Boden noch nicht getrennter Früchte erst **nach der Reife**. Früher kann Versteigerung mit Zustimmung des Gl und Sch oder nach Maßgabe von § 825 erfolgen. Trennung der Früchte erfolgt vor der tatsächl Reife nicht. Nach der Reife kann Versteigerung **vor oder nach der Trennung** (Aberntung) durchgeführt werden. Der Zeitpunkt richtet sich danach, auf welchem Weg voraussichtlich ein höherer Erlös erzielbar ist. Die Bestimmung trifft der GV (ggf nach Anhörung eines SV; näher § 103 I GVGA). Der GV muss dafür Sorge tragen, dass er von dem bevorstehenden Eintritt der Reife rechtzeitig Kenntnis erlangt, damit der Versteigerungstermin angesetzt und bekannt gemacht werden kann und nicht durch Überreife der Früchte Verlust entsteht. Versteigerung **vor Aberntung** erfolgt zweckmäßig an Ort und Stelle. In den Versteigerungsbedingungen ist stets zu bestimmen, innerhalb welcher Zeit der Käufer die Früchte von dem Grund und Boden wegzuschaffen, also abzuernten hat (§ 103 III 1 GVGA). Bei Versteigerung vor Trennung wird der Ersteher mit der Gestattung des Aberntens Eigentümer (MskV/Flockenhaus Rn 3; Hk-ZV/Kindl Rn 4; Abweichung von § 93 BGB). Eine nachfolgende Beschlagnahme ist daher ohne Bedeutung. Weil das jedoch str ist, darf der Erlös erst ausgezahlt werden, wenn die Früchte weggeschafft sind oder die für ihre Fortschaffung bestimmte Frist verstrichen ist (§ 103 III 2 GVGA).

3 **2) Nach der Trennung.** Soll die Versteigerung der Früchte erst nach der Trennung erfolgen, hat sie der GV durch eine zuverlässige Person abernten zu lassen (§ 103 II 2 GVGA). Die Vergütung (= Auslagen nach 707 GvKostG-KV) wird zweckmäßigerweise im Voraus vereinbart (§ 103 II 4 GVGA). Der GV hat die Aberntung zu beaufsichtigen und für sichere Unterbringung und Verwahrung der Ernte bis zur Versteigerung zu sorgen (§ 103 II GVGA). Zur Deckung der Kosten für Aberntung und Verwahrung hat der GV vom Gl einen Vorschuss zu fordern (§ 4 GvKostG); bei Nichtleistung wird idR Versteigerung vor Früchtetrennung erfolgen. Auch bei Versteigerung nach Trennung ist in den Bedingungen zu bestimmen, innerhalb welcher Zeit der Käufer die Früchte von dem Grund und Boden wegzuschaffen hat (§ 103 III GVGA). Der Ersteher wird mit Ablieferung der zugeschlagenen getrennten Früchte Eigentümer (s § 817 Rn 8).

4 **III) Beschlagnahme durch Zwangsversteigerung.** Vor Trennung (zum Einfluss der Versteigerung: Rn 2) umfasst sie Früchte als land- und forstwirtschaftl Erzeugnisse (§ 21 I ZVG). Die bereits erfolgte Verstrickung und das Pfändungspfandrecht berührt die nachfolgende Beschlagnahme nicht. Daher bleibt der GV dafür verantwortlich, dass rechtzeitig abgeerntet wird. Er kann aber nicht mehr verwerten; der Gl muss sein PfändungspfandR im Zwangsversteigerungsverf (rechtzeitig, § 37 Nr 4 ZVG) anmelden (enger § 103 IV 2 GVGA: ZwV ist einzustellen, wenn die Beschlagnahme erfolgt). Wenn Trennung schon stattgefunden hat, ist die Vollstr trotz der Beschlagnahme fortzusetzen (§ 103 IV 3 GVGA); das kann aber nicht gelten, wenn die Früchte als Zubehör des Grundstücks beschlagnahmt sind. Besonderheit bei ZwV gg einen Pächter: § 21 III ZVG. Wird **Zwangsverwaltung** angeordnet, umfasst die Beschlagnahme auch die vom Boden getrennten Früchte (§ 148 I ZVG), wenn sie nicht bereits mit der Trennung in das Eigentum eines anderen gelangt (§ 1120 BGB) oder infolge Veräußerung und/oder Entfernung haftungsfrei geworden sind (§§ 1121, 1122 BGB iVm § 20 II, § 146 I ZVG). Der GV stellt daher die ZwV ein und unterlässt Aberntung sowie Versteigerung (dazu § 103 IV GVGA).

§ 825 Andere Verwertungsart

(1) [1]Auf Antrag des Gläubigers oder des Schuldners kann der Gerichtsvollzieher eine gepfändete Sache in anderer Weise oder an einem anderen Ort verwerten, als in den vorstehenden Paragraphen bestimmt ist. [2]Über die beabsichtigte Verwertung hat der Gerichtsvollzieher den Antragsgegner zu unterrichten. [3]Ohne Zustimmung des Antragsgegners darf er die Sache nicht vor Ablauf von zwei Wochen nach Zustellung der Unterrichtung verwerten.

(2) Die Versteigerung einer gepfändeten Sache durch eine andere Person als den Gerichtsvollzieher kann das Vollstreckungsgericht auf Antrag des Gläubigers oder des Schuldners anordnen.

1 **I) Funktion.** Nutzung persönl, sachl oder örtl Besonderheiten zur schnellen Erzielung eines günstigen (insb höheren) Verwertungserlöses (BGH NJW 92, 2570).

2 **II) Andere Verwertung.** Die Vorschriften über die Pfandverwertung (§§ 814-824) sind nicht zwingend. Abw Versteigerungsbedingungen können Gl und Sch vereinbaren (s § 817 Rn 4). Durch den GV kann Verwertung **in** anderer Weise (zur Verwertung durch eine andere Person jedoch II; dazu: Rn 15) oder an einem anderen Ort auf Antrag des Gl oder Sch (nicht sonst) erfolgen (I 1). Anordnung des VollstrGerichts ist hierfür nicht erforderl. Andere Verwertung setzt (wie Versteigerung: § 814 Rn 4) wirksame Pfändung und außerdem voraus, dass Fortsetzung *der ZwV zulässig ist*. Ggü der öffentl Versteigerung (§ 814) ist eine andere Verwertung die **Ausnahme**. Sie ist daher nicht wahlweise neben der Versteigerung zulässig, sondern nur, wenn sie vorteilhafter erscheint. Das kann der Fall sein, wenn die Versteigerung einen dem Wert der Sache entspr Erlös nicht erwar-

ten lässt oder wenn sie überhaupt nicht mit Erfolg durchführbar erscheint (LG Freiburg DGVZ 82, 186). Versteigerungsversuch ist nicht Erfordernis anderweitiger Verwertung und für vorteilhaftere andere Verwertung auch nicht geboten, selbst wenn Bietinteressenten vorhanden sind.

III) Alternative Verwertungen. 1) Möglichkeiten. In anderer Weise kann der **GV verwerten: a)** durch öffentl 3
Versteigerung (§ 814) zu **Versteigerungsbedingungen abw** von den ges Vorschriften (§§ 816-817a), insb abw von § 816 II an einem anderen Ort, von § 816 I vor Ablauf der Wochenfrist, von § 817 I nur an bestimmte Personen (zB nur an Kaufleute, fachkundige Handwerker), von § 817 II in der Weise, dass Zahlung des Versteigerungserlöses gestundet wird (dann kann auch Übergang des Eigentums, wie nach § 449 BGB, vorbehalten werden), von § 817a I nur bei Erzielung eines höheren Mindestgebots. Nicht geändert werden können die zwingenden Verfahrensgrundsätze der öffentl Versteigerung, zB über Zuschlag an den Meistbietenden (auch bei Beschränkung des Personenkreises der Bieter), Bindung an das Gebot mit Haftung für den Ausfall bei Wiederversteigerung, hoheitl Verfügungsakt der Veräußerung nach öffentl Versteigerung durch den GV, Einstellung der Versteigerung nach Erzielung eines zur Befriedigung des Gl (samt ZwVKosten) hinreichenden Erlöses (§ 818; BGH NJW 2007, 1276 [G. Vollkommer]). Zu den nicht änderbaren Bestimmungen gehört § 817a über Beachtung des Mindestgebots, so dass anderweitige Verwertung (freihändige Veräußerung durch den GV, an eine bestimmte Person) nicht zu einem Erlös angeordnet werden kann, der die Hälfte des gewöhnl Verkaufswerts nicht erreicht; Wertänderungen seit Pfändung ist mit Nachschätzung (s § 813 Rn 7) Rechnung zu tragen, nicht mit Bestimmung eines geringeren Veräußerungsbetrags nach § 825;

b) abw von § 814 durch **freihändige Veräußerung** der Sache (s Rn 12, 12a). 4

2) Bestimmte Person. Erwerb durch eine bestimmte Person, damit auch durch den Gl, in der Weise, dass so- 5
gleich die Bestimmung „Zuschlagswirkung" äußert (Eigentumszuweisung: MskV/Flockenhaus Rn 3), kann der GV nicht anordnen. Veräußerung abw von § 814 kann mit freihändiger Veräußerung durch den GV erfolgen. Diese kann auch in der Weise beantragt und nach § 825 ermöglicht werden, dass ein festzulegender Erwerbspreis nicht unterschritten werden darf oder ausdrückl freihändige Veräußerung an den Gl oder sonst einen Dritten zu einem festen Erwerbspreis vorgesehen wird. Die freihändige Veräußerung erfordert dann Übereinkunft des GV mit dem Käufer und Übereignung (s Rn 12). Der Gl ist auch hier von der Erlöszahlung nach § 817 IV befreit. Kosten der ZwV und Erlösüberschuss hat er bei Ablieferung der Sache (§ 817 II; sonst abw Anordnung erforderl) bar zu zahlen. Hat Hinterlegung des Erlöses nach § 817 IV zu erfolgen, darf Veräußerung der Pfandsache an den Gl nur gg bare Zahlung des vollen Erlöses bei Ablieferung erfolgen. Weitergehende hoheitl Befugnisse des GV, die Zuschlagswirkung bereits seiner (einseitigen) Bestimmung begründen könnten, schafft § 825 nicht; eine solche Maßnahme wäre überdies mangels Rechtsschutzbedürfnis unzulässig.

IV) Verfahren. 1) Antrag. Nur auf Antrag des Gl (jeder von mehreren ist antragsberechtigt) oder Sch (I 1) 6
kann der GV eine Verwertung in anderer Weise oder an einem anderen Ort vornehmen. Ein am Erwerb interessierter Dritter kann Antrag nicht stellen; vAw kann der GV von ges Bestimmungen über die Pfandverwertung nicht abweichen; er kann Antrag jedoch anregen. Der Antrag unterliegt nicht dem Anwaltszwang (§ 78 III). Er kann schriftl (zweckmäßig) oder mündl (dann Aktenfeststellung durch den GV) gestellt werden. Die verlangte Anordnung muss der Antrag bezeichnen (Bindung entspr § 308 I); Änderung kann der GV nach § 139 (entspr Anwendung) anregen. Zulässig ist der Antrag bis zum Zuschlag; er kann bis zur Wirksamkeit der anderen Verwertung zurückgenommen werden.

2) Anhörung. Den **Antragsgegner** kann der GV bereits vor Übergang zur anderen Verwertung **hören**. Das ist 7
zweckmäßig, nicht aber zwingend notwendig. Stimmt der Antragsgegner dann der beantragten anderen Verwertung zu, kann (nicht aber muss) der GV, wenn die Maßnahme geboten ist (s Rn 2), nach dem Antrag verfahren. Der Antragsgegner ist davon zu **unterrichten** (I 2). Stellt der Antragsgegner bei Anhörung seinerseits Antrag, eine (wieder) andere Art der Verwertung vorzunehmen, sollte zu diesem Antrag der (vorherige) Antragsteller zu hören sein.

3) Auswahl. Bestimmung über die beantragte oder eine der beantragten (mehreren), nicht aber über eine wie- 8
der andere Art der Verwertung **trifft der GV** nach pflichtgemäßem Ermessen. Zu würdigen ist nicht nur das Interesse des Gl an voller Deckung seiner Forderung und alsbaldiger Befriedigung, sondern auch das schutzwürdige Interesse des Sch, der den Pfandgegenstand nicht verschleudert sehen möchte (OLG Stuttgart DGVZ 64, 182). Wenn die Parteien selbst Versteigerungs**bedingungen** zulässig bereits abw bestimmt haben (s § 817 Rn 4), ist nicht mehr erst nach § 825 zu verfahren. Für andere Verwertung als durch öffentl Versteigerung (zB durch freihändigen Verkauf; Ausnahme § 821) ist aber auch bei Einvernehmen der Parteien Bestimmung nach § 825 erforderl, solange die Verstrickung der gepfändeten Sache besteht. Das Einvernehmen der Parteien über einen freihändigen Verkauf ist als übereinstimmender Antrag nach § 825 zu werten. Frei befinden können die Parteien über die Verwertung entstrickter Sachen.

4) Bekanntgabe. Übergang zu anderer Verwertung durch den GV ist **Vollstreckungshandeln**, nicht Entschei- 9
dung. Die Bestimmung ergeht daher nicht in Beschlussform und bedarf keiner förmlichen Begründung. Geboten ist es gleichwohl, den Beteiligten die Gründe bekanntzugeben, sofern sie nicht übereinstimmend die Verwertungsart verlangt haben. Den **Antragsgegner** hat der GV über die beabsichtigte andere Verwertung stets zu

unterrichten (I 2). Die Benachrichtigung ist zuzustellen, wenn der Antragsgegner sich mit der beabsichtigten Verwertung noch nicht einverstanden erklärt hat (folgt aus I 3), sonst formlos mitzuteilen. Kenntnis ist dem Antragsteller davon zu geben, dass die Verwertung nach seinem Antrag erfolgen soll. Entspricht der GV dem Antrag nicht, hat er Antragsteller und (sofern er gehört wurde) Antragsgegner zu benachrichtigen.

10 **V) Rechtsbehelf.** Erinnerung (§ 766).

11 **VI) Fristwahrung.** Andere Verwertung der Sache kann ohne Zustimmung des Antragsgegners erst nach **Ablauf von 2 Wochen** nach Zustellung der Unterrichtung (s Rn 9) erfolgen (I 3). Fristberechnung: § 222. Mit (schriftl [= Nachweis]) Zustimmung des Antragsgegners kann die andere Verwertung auch kurzfristig vorgenommen werden. Entspricht der GV dem Antrag nicht, dann hat Verwertung nach §§ 814 ff ohne Verzug zu erfolgen.

12 **VII) Freihändige Veräußerung. 1) Ablauf.** Wenn sie **durch den GV** zu erfolgen hat, werden Käufer und Preis (Mindestgebot nach § 817a I ist zu beachten; s Rn 3; Bestimmung eines höheren Mindestgebots ist zulässig) durch Übereinkunft bestimmt. Der GV handelt, ebenso wie bei öffentl Versteigerung, als Organ der ZwV hoheitl. Daher ist das Einvernehmen mit dem Käufer wie der Zuschlag (s § 817 Rn 7), den es ersetzt, Hoheitsmaßnahme des Zwangsverf, nicht aber Zustandekommen eines privatrechtl Vertrags (StJ/Würdinger Rn 5). Es gilt § 806. Übereignung hat durch den GV wie die Ablieferung der zugeschlagenen Sache zu erfolgen (s § 817 Rn 8). Übergabeersatz in Form der §§ 930, 931 BGB ist ausgeschlossen. Die Gleichstellung der Übereinkunft bei freihändiger Veräußerung mit dem Zuschlag bei Versteigerung gebietet auch Berücksichtigung einer nachfolgenden Einstellung bis zum Eigentumsübergang (s § 817 Rn 10). Versagt das VollstrGericht auf Erinnerung die andere Verwertung erst nach Übereignung, wird diese davon nicht mehr berührt. Einzustellen ist auch die freihändige Veräußerung durch den GV nach Erzielung eines zur Befriedigung des Gl (samt ZwVKosten) hinreichenden Erlöses (entspr § 818). Der Erlös aus freihändiger Veräußerung ist (auch iSv § 805) Verwertungserlös (§ 819) und als solcher durch den GV abzuwickeln (s § 819 Rn 4). Verf bei freihändigem Verkauf: § 98 GVGA; Protokoll (§ 762): § 99 GVGA.

12a **2) Internet.** Freihändiger Verkauf nach I liegt auch vor, wenn der GV abw von § 814 II Nr 2 über eine private/gewerbl Plattform im Internet veräußert (Loth, Die Verwertung gepfändeter Sachen im Internet, 2018, S 68; StJ/Würdinger § 806 Rn 7; Hk-ZV/Kindl Rn 6); nach aA ist dies ein Fall von II (Hergenröder DGVZ 2017, 185, 190); nach Plattformen differenzierend: Weber DGVZ 2018, 149, 153 (II bei Verwertung über eBay). Es gilt § 806 (Hk-ZV/Kindl Rn 6; Loth aaO S 77 ff, 86; str, aA Remmert NJW 2009, 2572; sa § 806 Rn 1). Der GV handelt nicht als Unternehmer (beiläufig Herrfurth DGVZ 2021, 11 f), wobei es ohnehin nicht auf ihn ankommt, sondern auf die Frage, ob der Staat hier Unternehmer (§ 14 BGB) ist (Loth aaO S 111). Das ist zu verneinen, weshalb §§ 312c ff BGB (Fernabsatz) und §§ 474 ff BGB (Verbrauchsgüterkauf) nicht anzuwenden sind (Meller-Hannich DGVZ 2009, 21, 28; ausf Loth aaO S 109 ff; S 113, 115, der aber zu Recht Hinweis/Klarstellung durch den GV verlangt; str, aA Hk-ZV/Kindl Rn 6 aE; Weber DGVZ 2018, 149, 156: GV ist Unternehmer). USt fällt im Verhältnis Staat – Erwerber nicht an (ausf Loth aaO S 117 ff, 129).

13 **VIII) Keine Bindung.** Für den GV und die Beteiligten ist Übergang zu anderweitiger Verwertung als Maßnahme des Vollstreckungsorgans (Vollstreckungshandeln) nicht bindend. Es kann daher auch nach Einleitung anderer Verwertung mit Unterrichtung der Beteiligten noch Verwertung im Wege öffentl Versteigerung (§ 814 I) oder Versteigerung wieder zu den ges Bedingungen erfolgen. Anhörung des Gl oder Sch ist hierfür nicht vorgesehen, muss aber selbstverständlich sein (Rechtsbehelf muss möglich sein). Änderung wird der GV jedoch nur ins Auge fassen, wenn eine neue Sachlage eingetreten ist. Auf Antrag des Gl oder Sch kann der GV auch unter Änderung seiner vorgehenden Maßnahme Verwertung in wieder anderer Weise oder nochmals an einem anderen Ort bestimmen. Dieses Änderungsverfahren folgt wieder I. Eine Entscheidung des VollstrGerichts im Erinnerungsverf oder des Beschwerdegerichts ist für den GV und die Parteien bindend. Nach gerichtl Anordnung kann daher Verwertung im Wege öffentl Versteigerung durch den GV nicht erfolgen. Jedoch kann die Anordnung vom VollstrGericht auf Antrag (auch noch nach Rechtskraft) geändert (auch aufgehoben) werden, wenn eine neue Sachlage eingetreten ist.

14 **IX) Teilzahlungsgeschäft.** Freihändige Veräußerung einer Pfandsache an den Gl ist auch zulässig, wenn dessen Forderung aus einem Teilzahlungsgeschäft (§ 506 III BGB) herrührt. Erst die Verwertung löst wie bei den anderen Arten der Verwertung die Rücktrittswirkung des § 508 S 5 BGB aus (ausf Hergenröder DGVZ 2020, 213 ff, 219). Prüfung und Feststellung dieser Rechtsfolge erfolgt durch den GV nicht. Die Rücktrittsfiktion begründet kein Verfahrenshindernis für die Verwertung (s § 817 Rn 15). Die Einrede des Sch nach §§ 348, 320 BGB wegen seines Rückabwicklungsanspruchs schon ggü der Verwertung ist nach § 767 zu verfolgen (s § 817 Rn 15). Im ZwV-Verf sind Gegenansprüche des Sch nicht zu berücksichtigen; daher ist auch nicht zu prüfen, ob dem Sch gg den Gl ein Geldanspruch zusteht. Rechtsmissbrauch kann der Sch nach § 765a begegnen. Rücktrittswirkung hat auch zur Folge, dass der Unternehmer aus dem Titel nicht mehr vollstr darf. Zum verbundenen Verbraucherdarlehen: s § 817 Rn 15.

15 **X) Andere Person (§ 825 II). 1) Anordnung.** Verwertung durch Versteigerung, aber auch durch freihändigen *Verkauf (MskV/Flockenhaus Rn 6)* der gepfändeten Sache durch eine andere Person als den GV kann nur das VollstrGericht (ausschl Zuständigkeit, § 802) auf Antrag eines Gl oder Sch anordnen (II). Örtl zuständig ist das VollstrGericht, in dessen Bezirk die öffentl Versteigerung als ges Verwertung erfolgen müsste (s § 816 Rn 3). Es

entscheidet der Rpfleger (§ 20 I Nr 17 RPflG). Beruft sich der Sch auf die Unpfändbarkeit der Sache (§ 811 I), entscheidet darüber (da Erinnerung [§ 766]) der Richter (hM, MK/Gruber Rn 16 mwN).

2) Antrag. Er unterliegt nicht dem Anwaltszwang; er kann zu Protokoll der GeschSt oder schriftl gestellt werden; ein Bevollmächtigter muss vertretungsbefugt sein (§ 79). Eine bestimmte Person braucht der Antragsteller nicht zu bezeichnen (Auswahl erfolgt durch das VollstrGericht). Dem Antrag müssen die für die ZwV (deren Fortsetzung mit Verwertung) erforderl Urkunden beigefügt werden. Zulässig ist der Antrag bis zum Zuschlag; zurückgenommen werden kann er bis zur Entscheidung. 16

3) Einstweilige Anordnung. Entspr § 766 I 2 (mit § 732 II) möglich. 17

4) Verfahren. Fakultative **mündl Verhandlung** nach § 128 IV. **Rechtl Gehör:** s vor § 704 Rn 28. Es gelten die allg Grundsätze des ZPO-Verf (s § 766 Rn 27). 18

5) Abwägung. Verwertung durch eine andere Person erfordert, dass sie vorteilhafter ist. Es ist dem Verwertungsinteresse des Gl ebenso wie schutzwürdigen Belangen des Sch Rechnung zu tragen (s Rn 8). 19

6) Entscheidung. Sie ergeht durch **Beschluss** (§ 764 III). Er hat die mit der Verwertung betraute Person zu bezeichnen. Der Beschluss ist dem Gl und Sch vAw zuzustellen (§ 329 III); Parteizustellung setzt die Rechtsmittelfrist nicht in Lauf. Bei Antragsablehnung ist der Beschluss nur dem Antragsteller zuzustellen; an Antragsgegner erfolgt nur formlose Mitteilung. Kosten: § 788 I; bei Antragszurückweisung ist Kostenentscheidung erforderl, wenn der Gegner am Verf beteiligt war. 20

7) Rechtsbehelf. Sof Beschwerde (§ 793); nicht Erinnerung nach § 766, denn die Anordnung ist Entscheidung im ZwV-Verf. Mit Durchführung der Verwertung (sa Rn 14 ff) wird der Rechtsbehelf unzulässig, weil die ZwV beendet ist. 21

8) Bindung. Für GV und Parteien ist die Entscheidung des VollstrGerichts bindend; nach Anordnung kann daher Verwertung im Wege öffentl Versteigerung durch den GV nicht erfolgen (LG Nürnberg-Fürth Rpfleger 78, 332). Jedoch kann die Anordnung vom VollstrGericht auf Antrag (auch noch nach Rechtskraft) **geändert** (auch aufgehoben) werden, wenn eine neue Sachlage eingetreten ist. 22

9) Verwertung. Sie hat durch die bestimmte Person zu erfolgen. Rechtskraft des Beschlusses ist dafür erforderl; jedoch kann der Vollzug des Beschlusses vom Ablauf einer (kürzeren) Frist abhängig gemacht werden, damit der Sch Rechtsmittel einlegen und eine einstw Anordnung des Rechtsmittelgerichts erwirken kann. 23

10) Anweisung. Das VollstrGericht kann die mit der Versteigerung mehrerer Gegenstände beauftragten Person anweisen, die **Versteigerung einzustellen**, sobald der Erlös zur Befriedigung des Gl und zur Deckung der ZwV-Kosten ausreicht (BGH MDR 2007, 682). Die Anweisung kann der Sch beantragen. Der Antrag kann auch noch nach Anordnung der anderen Verwertung mit Erinnerung (§ 766 I) gestellt werden, über die der Richter entscheidet (BGHZ 170, 243, 249); einstw Anordnung ermöglichen § 766 I, § 732 II. Auch ohne Antrag ist das VollstrGericht verpflichtet, erforderl Vorkehrung für den Schutz des Sch-Eigentums (Art 14 I 1 GG) zu treffen (s vor § 704 Rn 29); in der Anordnung insb den zur Befriedigung des Gl und zur Deckung der ZwV-Kosten erforderl Betrag für die Beendigung der Verwertung durch den Versteigerer zu bestimmen. Wahrung der Schuldnerbelange mit Beendigung der Verwertung obliegt dem Versteigerer (entspr § 818) auch dann, wenn ihm das VollstrGericht ohne weitere Anordnung den Betrag der Gl-Forderung und ZwV-Kosten mitteilt (unklar: BGH MDR 2007, 682). 24

11) Rechtsnatur. Die andere Person wird bei der ihr übertragenen Verwertung nicht für den GV hoheitl, sondern auf Grund des ihr erteilten Auftrags **privatrechtl tätig** (BGH NJW 2013, 2519 Tz 12). Der Vertrag kommt bei der Versteigerung mit Zuschlag zustande (§ 156 BGB); beim freihändigen Verkauf nach §§ 433 ff BGB. Anschließende Eigentumsübertragung erfolgt nach §§ 929 ff BGB. Erwerb einer schuldnerfremden Sache ist nur möglich, wenn der Ersteher hinsichtl des Eigentums des Sch gutgläubig ist; allein das Vertrauen auf die Wirksamkeit der Verstrickung und Verwertungsanordnung schützt ihn nicht (BGH NJW 92, 2570). – Die **Gewährleistung** ist nach § 806 nur dann ausgeschlossen, wenn der Dritte bei der Verwertung auf den Anordnungsbeschluss nach II hingewiesen hat (Hk-ZV/Kindl Rn 10; ähnlich SchWKT/Loyal Rn 27: muss für den Erwerber „erkennbar sein"; aA MK/Gruber § 806 Rn 3: nur Möglichkeit, einen Haftungsausschluss zu vereinbaren). Unterlässt er den Hinweis, haftet er nach §§ 437 ff BGB (MskV/Flockenhaus Rn 6). – Der **Verwertungserlös** ist nach Anordnung des VollstrGerichts durch die mit der Versteigerung u Erlösverteilung (BGH NJW 2013, 2519 Tz 17) beauftragte Person zu verteilen; wenn keine Anordnung getroffen ist, ist er an den GV abzuliefern, der ihn als Verwertungserlös zu verteilen hat (s § 819 Rn 4). Wird der Erlös nicht abgeführt (und nicht abgerechnet), kann ein Anspruch des Sch gg die beauftragte Person aus Eingriffskondiktion bestehen (BGH NJW 2013, 2519). Der Anspruch (ggf auf Herausgabe an den GV) ist vom Gl (AG Cham DGVZ 95, 189) oder Sch (nicht aber durch den GV oder das VollstrGericht) als privatrechtl Anspruch mit Klage geltend zu machen. Der GV hat gg die mit der Verwertung beauftragte Person keinen Anspruch (BGH DGVZ 2012, 208). 25

12) Rechtsbehelf. Für Gl und Sch gg die gerichtl Anordnung (II): sof Beschwerde (§ 793; sa MskV/Flockenhaus Rn 7), gg das Verf des beauftragten Versteigerers bei Verwertung: Erinnerung nach § 766 (sa BGHZ 170, 243, 244). 26

27 **XI) Gebühren. 1) Gericht:** keine. – **2) RA:** 3309 RVG-VV; bes Angelegenheit nach § 18 I Nr 8 RVG. – **3) GV:** I: Festgeb iHv 62,40 Euro (300 GvKostG-KV); II: Festgeb iHv 19,20 Euro (310 GvKostG-KV). Zeitzuschlag nach 500 GvKostG-KV ist mögl. Entnahmerecht: § 15 GvKostG.

§ 826 Anschlusspfändung

(1) Zur Pfändung bereits gepfändeter Sachen genügt die in das Protokoll aufzunehmende Erklärung des Gerichtsvollziehers, dass er die Sachen für seinen Auftraggeber pfände.

(2) Ist die erste Pfändung durch einen anderen Gerichtsvollzieher bewirkt, so ist diesem eine Abschrift des Protokolls zuzustellen.

(3) Der Schuldner ist von den weiteren Pfändungen in Kenntnis zu setzen.

1 **I) Funktion.** Verfahrensvereinfachung für Anschlusspfändung, weil die bereits erfolgte und fortbestehende Verstrickung Wiederholung der Beschlagnahmeformalitäten erübrigt.

2 **II) Anschlusspfändung. 1) Zulässigkeit.** ZwV mit Pfändung einer bewegl Sache kann auch erfolgen, wenn die Sache schon gepfändet ist. Diese sog Anschlusspfändung kann für einen anderen Gl, aber auch für denselben Gl wegen einer anderen vollstrb Forderung vorgenommen werden. Zulässig ist Anschlusspfändung in der erleichterten Form des § 826 nur bei ZwV gg denselben Sch und Haftung mit demselben Vermögen. Wenn sich die ZwV gg einen anderen Sch (zB die Ehefrau) als den der Erstpfändung (zB den Ehemann) richtet, kann die Pfändung einer bereits gepfändeten Sache nur in Form einer Erstpfändung erfolgen (sog Doppelpfändung: § 116 I GVGA; sa § 808 Rn 26; aA, Anschlusspfändung auch hier möglich: Gerlach ZZP 89 [1976], 294); Anschlusspfändung in Form des § 826 wäre in einem solchen Fall unwirksam (LG Berlin DGVZ 62, 140). Zulässig ist Anschlusspfändung, solange die mit der Erstpfändung bewirkte Verstrickung besteht, nach Ablieferung einer verwerteten Sache (§ 817 II) somit in den an deren Stelle getretenen Erlös (LG Berlin DGVZ 83, 93; s § 815 Rn 3).

3 **2) Form.** Erfolgen kann Anschlusspfändung sowohl in Form der Erstpfändung (nach § 808) als auch (s § 826 I: „genügt") in der erleichterten Form des § 826. Danach genügt zur Bewirkung der Anschlusspfändung die in das neue **Protokoll** (§ 762) aufzunehmende Erklärung des GV, dass er die schon gepfändete Sache für seinen Auftraggeber neu pfände (I; zu Einzelfragen: § 116 GVGA). Hat ein Dritter nach der Erstpfändung ggü dem GV ein die Veräußerung hinderndes Recht geltend gemacht, ist er unverzügl über die Anschlusspfändung zu unterrichten (§ 87 II 3 GVGA; BGH MDR 2007, 1274). Wenn der GV die Sache selbst in Besitz hat, findet neue Besitzergreifung nicht statt, so dass Anschlusspfändung nur in der Form des § 826 erfolgen kann (Dritter, der nach § 809 zustimmen müsste, ist der GV als ZwV-Organ nicht). Zu ihrer Wirksamkeit setzt die Anschlusspfändung Bestehen der staatl Verstrickung mit formwirksamer (§ 808), für Sachen im Sch-Gewahrsam ordnungsgemäß (§ 808 II 2) kenntlich gemachter Erstpfändung voraus, die im Zeitpunkt der neuen Pfändung noch ersichtl sein muss (StJ/Würdinger Rn 8; WSch/Lüke Rn 5; aA MK/Gruber Rn 4; MskV/Flockenhaus Rn 2). Dies hat der GV durch Einsicht in das über die erste Pfändung aufgenommene Protokoll und Feststellung zu prüfen, ob die Pfandstücke im Gewahrsam des Sch (oder eines Dritten) noch vorhanden sind und ob die Pfändung noch ersichtl ist (§ 116 III GVGA). Die Erklärung, „dass er die Sachen für seinen (neuen) Auftraggeber pfände" (I), muss vom GV aber nicht vor Dritten, auch nicht vor dem anderen GV, der die Erstpfändung vorgenommen hat, abgegeben und protokolliert werden. Daher berührt auch die Verletzung der dem GV mit § 116 III GVGA aufgetragenen Prüfungspflicht die Wirksamkeit der Anschlusspfändung nicht. Sie ist auch wirksam, wenn sie nicht „angesichts der Pfandsache", somit vor verschlossener Tür erfolgt ist, ihre Voraussetzungen aber gegeben sind (aA AG Elmshorn DGVZ 92, 46). Anfechtbarkeit der Erstpfändung schließt Anschlusspfändung nicht aus und berührt auch ihre Wirksamkeit nicht, wenn noch Aufhebung der Erstpfändung erfolgt. War mit Erstpfändung eine Sache im Gewahrsam eines Dritten gepfändet worden, bedarf die Anschlusspfändung der Zustimmung des Dritten (§ 809; Schilken DGVZ 86, 145, 149), auch wenn der Dritte die Sache nicht mehr in Besitz (der GV sie weggeschafft) hat (Knoche ZZP 114 [2001], 399, 410, 439), unabhängig davon, ob er die Zustimmung für die Erstpfändung schon erklärt hat oder nicht. Möglich ist Anschlusspfändung durch Protokollerklärung auch, wenn die frühere Pfändung durch einen anderen GV vorgenommen wurde. **Mitteilung** hat immer an den Sch (III) und durch Zustellung einer Protokollabschrift an den anderen GV, wenn dieser die Erstpfändung durchgeführt hat (II; § 116 II GVGA), zu erfolgen. Die Mitteilungen sind für die Wirksamkeit der Anschlusspfändung aber nicht wesentlich.

4 **III) Wirkung. 1) Pfändungspfandrecht.** Die Anschlusspfändung nach § 826 ist nur erleichterte Form der Beschlagnahme; für den neuen Gl begründet sie ein selbständiges PfändungspfandR (§ 804 I); zu dessen Rang: § 804 III. Sie gibt Anspruch auf Befriedigung bei Verwertung der Sache aus dem Teil des Erlöses, der nach Deckung des vorgehenden Rechts übrig bleibt. Die Pfändung ist zugleich eine eventuelle Erstpfändung für den Fall, dass die vorgehende Pfändung trotz formeller Ordnungsmäßigkeit (§ 808) unwirksam ist, aufgehoben wird oder die vorgehende Forderung wegfällt. Heilung der unwirksamen Erstpfändung zugunsten ihres Gl kann die Anschlusspfändung nicht bewirken. Holt der GV bei Anschlusspfändung zugleich eine unwirksame

Erstpfändung nach, haben Erst- und Anschlusspfändung gleichen Rang. Hat die Erstpfändung Verstrickung nicht begründet oder wird die frühere Pfändung aufgehoben, rückt die Anschlusspfändung an ihre Stelle.

2) Selbständigkeit. Jeder Anschlusspfandgläubiger kann die ZwV selbständig weiter betreiben, auch wenn der andere Pfandgläubiger Stundung bewilligt hat oder sein Verf einstw eingestellt ist. Für die Verwertung des Pfandes gelten die §§ 816 ff und § 827. Ist das Recht des Erstgläubigers übersehen und an den im Rang nachfolgenden Gl ausbezahlt worden, hat Ersterer den Bereicherungsanspruch nach § 812 BGB gg den Nachranggl, evtl auch Schadensersatzanspruch gg den Staat, § 839 BGB. 5

IV) Vorangehende Verwaltungsvollstreckung. Auch nach erster Pfändung im Wege der Verwaltungsvollstr kann Anschlusspfändung in der Form des § 826 erfolgen. Weil das jedoch nicht unstr ist (s aber zB § 307 II 2 AO), sieht § 116 IX 2 GVGA vor, dass der GV bei einer folgenden Vollstr nach der ZPO die Form der Erstpfändung zu wählen hat. Für die Verwaltungsvollstr nach der **Abgabenordnung** (und den darauf verweisenden Vollstreckungsgesetzen) gelten §§ 307, 308 AO. 6

V) Gebühren des GV. 205 GvKostG-KV wie für Erstpfändung (11 DB-GvKostG; s § 808 Rn 30); Zeitzuschlag 500 GvKostG-KV ist mögl. Bei Gesamtsch: § 10 III GvKostG. 7

§ 827 Verfahren bei mehrfacher Pfändung

(1) [1]Auf den Gerichtsvollzieher, von dem die erste Pfändung bewirkt ist, geht der Auftrag des zweiten Gläubigers kraft Gesetzes über, sofern nicht das Vollstreckungsgericht auf Antrag eines beteiligten Gläubigers oder des Schuldners anordnet, dass die Verrichtungen jenes Gerichtsvollziehers von einem anderen zu übernehmen seien. [2]Die Versteigerung erfolgt für alle beteiligten Gläubiger.

(2) [1]Ist der Erlös zur Deckung der Forderungen nicht ausreichend und verlangt der Gläubiger, für den die zweite oder eine spätere Pfändung erfolgt ist, ohne Zustimmung der übrigen beteiligten Gläubiger eine andere Verteilung als nach der Reihenfolge der Pfändungen, so hat der Gerichtsvollzieher die Sachlage unter Hinterlegung des Erlöses dem Vollstreckungsgericht anzuzeigen. [2]Dieser Anzeige sind die auf das Verfahren sich beziehenden Dokumente beizufügen.

(3) In gleicher Weise ist zu verfahren, wenn die Pfändung für mehrere Gläubiger gleichzeitig bewirkt ist.

I) Funktion. Regelung der Zuständigkeit für das weitere ZwV-Verf und der einheitl Verwertung, wenn verschiedene GV dieselbe Sache gepfändet haben, sowie der Besonderheiten bei Verteilung des Erlöses, der die Forderungen aller Gl nicht deckt. 1

II) Verschiedene Gerichtsvollzieher. 1) Zuständigkeit. Für das weitere ZwV-Verf nach Pfändung derselben Sache (auch in Form des § 826) durch verschiedene GV ist der GV, der die erste Pfändung bewirkt hat, zuständig (I 1). Der Auftragsübergang erfolgt kraft Gesetzes, wenn der erste GV von den weiteren Pfändungen Kenntnis erlangt (StJ/Würdinger Rn 1; str, aA WSch/Lüke Rn 2: schon beim Bewirken weiterer Pfändung; MskV/Flockenhaus Rn 2: Kenntniserlangung hat Bedeutung nur für Amtshaftung). Die anderen GV haben den Titel mit den sonstigen für die ZwV erforderl Urkunden an den zuständigen GV abzugeben (§ 116 V GVGA). Die Verwertung in dem einheitl weiteren Verf erfolgt vAw für alle Gl gemeinsam (I 2), wenn für einzelne ein Hindernis besteht (zB mit einstw Einstellung), für die übrigen. Erfordert die Verwertung Einverständnis der Gl, müssen alle zustimmen, für die die Verwertung erfolgt. Die Selbständigkeit der VollstrVerf der Gl berührt der Auftragsübergang nicht. Wenn ein Gl Stundung bewilligt hat oder sein Verf eingestellt worden ist, wird das Verf daher für die selbständig vollstr weiteren Gl fortgesetzt. Soweit die Pfändungen sich teilweise auf andere Sachen erstrecken, tritt Auftragsübergang nicht ein. Wenn der GV anschließend pfändet, an den nach Ortswechsel des Sch unter Mitnahme der Pfandsache der Vollstreckungsauftrag abgegeben worden ist (s § 816 Rn 3), liegt kein Fall von I vor. 2

2) Abweichende Anordnung. Das VollstrGericht kann auf Antrag aus bes Gründen anordnen, dass das weitere Verf von einem anderen der beteiligten oder von einem bisher mit keinem Verf befassten GV zu übernehmen ist (I 2). Antragsberechtigt ist jeder Gl und der Sch. Die örtl Zuständigkeit (§ 764 II) bestimmt sich nach den Verhältnissen zur Zeit der ersten Pfändung. Verfahrensgrundsätze: wie bei § 825 II. 3

III) Erlös. 1) Verteilung. Den Verwertungserlös (auch gepfändetes Geld, § 815 I) hat der GV nach Abzug der Verwertungskosten **an die Gl abzuführen** (s § 819 Rn 4). Reicht der Erlös zur Deckung der Forderungen aller Gl nicht aus, sind zunächst die Geb für Versteigerung vorweg zu entnehmen (§ 15 I GvKostG). Der Resterlös ist sodann nach der Reihenfolge der Pfändungen (§ 804 III; abw von § 366 BGB auch bei mehreren Pfändungen für denselben Gl), bei mehreren gleichzeitigen Pfändungen nach dem Verhältnis der Forderungen auf die Gl zu verteilen (sa § 118 III, § 116 VI, § 117 V GVGA). Die dem Erlös nicht entnommenen sonstigen Kosten der ZwV werden bei Ablieferung des Geldes an den Gl einbehalten (§ 15 II GvKostG). Bei unzulänglicher Masse hat Anrechnung nach § 367 I BGB zuerst auf die Kosten, dann auf die Zinsen, zuletzt auf die Hauptsache, oder nach der durch den Schuldtitel ausgewiesenen anderen Tilgungsreihenfolge (insb im Falle des § 497 III 1 BGB) zu erfolgen. 4

5 **2) Hinterlegung.** Zu hinterlegen hat der GV den Erlös, wenn er zur Deckung der Forderungen aller Gl nicht ausreicht und einer der nachrangigen (auch ein gleichrangiger) Gl (auch wenn sein Verf eingestellt ist) ohne Zustimmung der übrigen beteiligten Gl (Sch-Zustimmung ist nicht erforderl; für ihn gilt § 766) eine andere Verteilung als nach der Reihenfolge der Pfändungen verlangt (II). Hinterlegung hat nach dem landesrechtl HintG zu erfolgen (Klein MDR 2016, 1181, 1183). Die Hinterlegung hat der GV dem VollstrGericht anzuzeigen (II); Zuständigkeit: § 764 II; sie bestimmt sich nach dem GV, auf den die Anträge ges übergegangen sind (I). Der Anzeige hat der GV seine Akten mit den Titeln und den sonstigen ZwV-Unterlagen sowie der Annahmeverfügung beizufügen. Hinterlegungsfolge mit Anzeige: Verteilungsverf nach §§ 872 ff. Auch wenn die Gl sich nach Hinterlegung über die Verteilung einigen, ist Auszahlung direkt an sie nicht zulässig. Auszahlung des Hinterlegungsgeldes muss vielmehr an den GV erfolgen, der bei der Hinterlegungsstelle die Herausgabe zu beantragen hat. Sollte der GV den Auszahlungsantrag nicht stellen, können ihn die Gl mit Erinnerung (§ 766) dazu anhalten lassen.

6 **3) Zusammentreffen mit einer Verwaltungsvollstreckung.** S § 826 Rn 6.

7 **IV) Gleichzeitige Pfändung.** Wenn mehrere Pfändungsanträge vorliegen: s § 808 Rn 25.

8 **V) Gebühren. 1) Gericht:** Für die Anordnung nach I 1 keine. – **2) RA:** I 1: § 19 II Nr 3, § 18 I Nr 1 RVG. – **3) GV:** § 3 GvKostG. Bei III handelt es sich um so viele Aufträge wie es Gl sind. Entspr oft fällt 205 GvKostG-KV an.

Untertitel 3
Zwangsvollstreckung in Forderungen und andere Vermögensrechte (§§ 828-863)

§ 828 Zuständigkeit des Vollstreckungsgerichts

(1) Die gerichtlichen Handlungen, welche die Zwangsvollstreckung in Forderungen und andere Vermögensrechte zum Gegenstand haben, erfolgen durch das Vollstreckungsgericht.

(2) Als Vollstreckungsgericht ist das Amtsgericht, bei dem der Schuldner im Inland seinen allgemeinen Gerichtsstand hat, und sonst das Amtsgericht zuständig, bei dem nach § 23 gegen den Schuldner Klage erhoben werden kann.

(3) [1]Ist das angegangene Gericht nicht zuständig, gibt es die Sache auf Antrag des Gläubigers an das zuständige Gericht ab. [2]Die Abgabe ist nicht bindend.

1 **I) Zuständigkeit. 1) Gericht.** Zuständig für die (alle) gerichtl Handlungen, welche die ZwV in Forderungen und andere Vermögensrechte zum Gegenstand haben, ist (ausschl, § 802) das AG als **Vollstreckungsgericht**, auch wenn eine einstw Verfügung vollzogen oder der Titel eines Arbeitsgerichts vollstr wird. Bei Rechtsmitteln geht diese Zuständigkeit auf das jew Rechtsmittelgericht über (Devolutiveffekt, BGH MDR 2017, 1081 Tz 7). Die Vollziehung eines Arrestes durch Pfändung erfolgt durch das **Arrestgericht** (§ 930 I 3), dessen Zuständigkeit aber endet, sobald das ArrestpfandR zum VollstreckungspfandR erstarkt ist (OLG Hamm MDR 2017, 1446). – Die Aufgaben des VollstrGerichts sind dem **Rpfleger** übertragen (§ 20 I Nr 17 RPflG; Besonderheit bei Arrestvollziehung: § 20 I Nr 16 RPflG).

2 **2) Örtlich.** Das AG ist örtl zuständig, bei dem der Sch bei Beginn der ZwV (s vor § 704 Rn 33), nicht bei Antragstellung (OLG München JurBüro 2010, 497), im Inland seinen allg Gerichtsstand hat (zu wohnsitzlosen Personen: § 16, OLG Zweibrücken NJW-RR 2000, 929; KG 14.3.2024 – 2 UH 2/24, MDR 2024, 525 = juris Tz 8), sonst das AG, bei dem nach § 23 gg ihn Klage erhoben werden kann (II; sa KG 14.3.2024 – 2 UH 2/24, MDR 2024, 525 = juris Tz 7). Die internat Zuständigkeit folgt der Regelung in II (BayObLG FamRZ 2020, 41 Tz 39). Dies gilt auch bei ZwV gg eine **Partei kraft Amtes**. Unbekannter Aufenthalt (§§ 16, 185 Nr 1) ist durch schlüssigen Tatsachenvortrag zu belegen; nicht aber nachzuweisen; Nachweis durch Auskunft des Einwohnermelde- und Postamts ist jedenfalls genügend (BGH MDR 2003, 70). Bei Vollstr in verschiedene Forderungen (Rechte) **mehrerer Sch** mit allg Gerichtsstand bei verschiedenen AGen sind getrennte Anträge bei den einzelnen zuständigen AGen zu stellen. Steht die zu pfändende Forderung mehreren Sch mit Wohnsitz in verschiedenen AG-Bezirken gemeinschaftl (nach Bruchteilen oder zur gesamten Hand) zu, ist das zuständige Gericht in Anwendung des **§ 36 I Nr 3** auf Antrag von dem gemeinschaftl höheren Gericht zu bestimmen (OLG Hamm 14.7.2016 – 32 SA 45/16; OLG Karlsruhe MDR 2005, 1262; keine Anhörung des Sch im Bestimmungsverf: s § 834 Rn 1). Durch Verlegung des Wohnsitzes des Sch in einen anderen Gerichtsbezirk wird für weitere gericht1 Handlungen im selben VollstrVerf die einmal begründete Zuständigkeit nicht berührt (BGH Rpfleger 90, 308 für § 850g; OLG München JurBüro 85, 945 für § 850f I – für die beiden Fälle aber nicht überzeugend; OLG München JurBüro 2010, 497). Für neue (selbständige) ZwV-Maßnahmen ist das dafür neu nach II zu bestimmende VollstrGericht zuständig. Bei Soldaten ist *§ 9 BGB zu beachten. Bei dem bes Gerichtsstand des Vermögens* (§ 23 S 2) hat der Gl die (nicht abänderbare, OLG Zweibrücken JurBüro 1999, 553) Wahl unter mehreren nach dieser Bestimmung zuständigen Gerichten. Ausnahme: § 858 II. Bestimmung des zuständigen Gerichts nach § 36 I Nr 6: OLG Karlsruhe JurBüro 2005, 553.

3 **3) Abgabe.** Sie erfolgt auf formlosen Abgabeantrag des Gl des bei einem (örtl oder sachl) unzuständigen Gericht eingegangenen Antrags: III (ermöglicht Abgabe zB auch an das Arrestgericht). Die Bestimmung verdrängt § 281 (OLG Frankfurt 29.4.2021 – 11 SV 16/21, juris Tz 4); somit keine Verweisung mit Bindungswirkung (OLG München JurBüro 2010, 497). Der Gl ist zu benachrichtigen. Der Antrag kann auch schon vorweg (formularmäßig) gestellt werden. Anhörung des Sch schließt § 834 aus; Anhörung für Abgabe sieht auch § 850b III nicht vor. Die Abgabe ist nicht bindend. Das Gericht, dem der Antrag zugeht, hat seine ausschl (§ 802) Zuständigkeit selbständig zu prüfen. Ist es nicht zuständig, kann auf Antrag weitere Abgabe erfolgen. Beantragt der Gl Abgabe (nach Aufklärung) nicht, ist der Antrag vom unzuständigen Gericht zurückzuweisen. – (Rechtsweg-) **Verweisung** (§ 17a GVG) ist möglich und, wenn unanfechtbar geworden, bindend (BGH MDR 2017, 1385).

4 **II) Verstoß gegen die Zuständigkeit.** Der Pfändungsbeschluss ist bei **1)** funktioneller Unzuständigkeit: nichtig (StJ/Würdinger Rn 10: Ausnahme § 8 I RPflG; aA MskV/Flockenhaus Rn 5: anfechtbar bei relativer funktioneller Unzuständigkeit); **2)** sachl oder örtl Unzuständigkeit: wirksam, als fehlerhaft aber anfechtbar (St/Rellermeyer B.19). – Im Rechtsbehelfsverf muss Aufhebung erfolgen (aA OLG München JurBüro 1985, 945 beschränkt Prüfung auf Erinnerung und schließt sie in Beschwerdeinstanz aus; zutr abl: StJ/Würdinger Rn 10).

§ 829 Pfändung einer Geldforderung

(1) [1]Soll eine Geldforderung gepfändet werden, so hat das Gericht dem Drittschuldner zu verbieten, an den Schuldner zu zahlen. [2]Zugleich hat das Gericht an den Schuldner das Gebot zu erlassen, sich jeder Verfügung über die Forderung, insbesondere ihrer Einziehung, zu enthalten. [3]Die Pfändung mehrerer Geldforderungen gegen verschiedene Drittschuldner soll auf Antrag des Gläubigers durch einheitlichen Beschluss ausgesprochen werden, soweit dies für Zwecke der Vollstreckung geboten erscheint und kein Grund zu der Annahme besteht, dass schutzwürdige Interessen der Drittschuldner entgegenstehen.

(2) [1]Der Gläubiger hat den Beschluss dem Drittschuldner zustellen zu lassen. [2]Der Gerichtsvollzieher hat dem Schuldner den Beschluss mit dem Zustellungsnachweis sofort zuzustellen, sofern nicht eine öffentliche Zustellung erforderlich ist. [3]An Stelle einer an den Schuldner im Ausland zu bewirkenden Zustellung erfolgt die Zustellung durch Aufgabe zur Post, sofern die Zustellung nicht nach unmittelbar anwendbaren Regelungen der Europäischen Union zu bewirken ist.

(3) Mit der Zustellung des Beschlusses an den Drittschuldner ist die Pfändung als bewirkt anzusehen.

(4) [1]Das Bundesministerium der Justiz und für Verbraucherschutz wird ermächtigt, durch Rechtsverordnung mit Zustimmung des Bundesrates Formulare für den Antrag auf Erlass eines Pfändungs- und Überweisungsbeschlusses einzuführen. [2]Soweit nach Satz 1 Formulare eingeführt sind, muss sich der Antragsteller ihrer bedienen. [3]Für Verfahren bei Gerichten, die die Verfahren elektronisch bearbeiten, und für Verfahren bei Gerichten, die die Verfahren nicht elektronisch bearbeiten, können unterschiedliche Formulare eingeführt werden.

1 **I) Funktion.** Bestimmung, wie bei ZwV einer Geldforderung des Gl die Pfändung (§ 803 I) einer Geldforderung des Sch gg einen Dritten (Drittsch) zu vollziehen ist. Mit dieser Pfändung erlangt der Gl ein PfandR an der Geldforderung seines Sch gg den Drittsch (§ 804 I). Verwertung erfolgt mit Überweisung (§ 835) oder anderweit (§ 844). Besonderheiten gelten für Pfändung der durch Hypothek gesicherten Forderung (§§ 830, 830a) und der Forderung aus einem Wechsel oder anderen indossablen Papier (§ 831); zu Wertpapieren: § 821.

2 **II) Geldforderungen.** Zu pfänden ist jeder auf Geldzahlung gerichtete Anspruch (BGH 16.12.2020 – VII ZB 10/20, juris Tz 17), gleich aus welchem rechtsgeschäftl oder ges Rechtsgrund (damit auch die Forderung öffentl-rechtl Art) und ohne Rücksicht darauf, ob die Geldsumme in inländischer oder ausländischer Währung zu leisten ist. Pfändbar ist eine Geldforderung bereits vor Fälligkeit, wenn sie von einer Gegenleistung abhängig ist oder ein Zurückbehaltungsrecht besteht und ebenso, wenn sie unter einer aufschiebenden oder auflösenden Bedingung (§ 158 BGB; BGH NJW 2012, 1510 Tz 26 = ZIP 2012, 638) oder unter Zeitbestimmung (§ 163 BGB) geschuldet ist. Eine künftige Geldforderung kann gepfändet werden, sobald eine rechtl Grundlage vorhanden ist, die ihre Bestimmung der Art und der Person des Drittsch nach ermöglicht (BGH MDR 2020, 250 = juris Tz 12; BGH MDR 2011, 692 = juris Tz 10 mwN), auch wenn ihre Höhe noch ungewiss oder unbestimmt ist, ob überhaupt eine Forderung entstehen wird (näher St/Rellermeyer A.30). Ein PfandR kann der Gl zu Lasten der Masse jedoch nicht mehr erwerben, wenn die im Voraus gepfändete Forderung erst nach Eröffnung des InsVerf entsteht (§ 91 I InsO; BGH NJW 2012, 1510). Gepfändet werden kann auch eine Geldforderung des Sch gg den vollstr Gl (BGH 18.1.2017 – VII ZB 9/14, juris; BGH MDR 2011, 754 = juris Tz 13 mwN). **Pfändungsbeschränkungen** und **-verbote** sind jedoch in zahlreichen Vorschriften bestimmt (zB §§ 850 ff, §§ 851, 852 I; § 54 SGB I, § 42 IV 1 SGB II, § 107 I SGB IX, § 17 I SGB XII).

3 **III) Antrag, Prüfung. 1) Antrag.** Pfändung einer Geldforderung erfolgt auf Antrag des Gl (s vor § 704 Rn 19; zu Formularen für den Antrag: Rn 43). Der Antrag unterliegt keinem Anwaltszwang. Ein Vertreter des Gl muss als Bevollmächtigter nach § 79 II vertretungsbefugt sein (s § 79 Rn 2); Folge bei Verstoß: § 79 III. Zur *Heilung eines Mangels der Vollmacht:* BGH MDR 2022, 978 [Inkassodienstleister; sa Schörnig MDR 2022, 1138]; BGH MDR 2022, 1241). Unterzeichnung ist in den verbindl zu nutzenden Formularen (IV, dazu: Rn 43) vorgesehen; bei fehlender Unterschrift müsste es jedoch genügen, wenn nicht zweifelhaft ist, dass der Antrag ernstl gewollt ist. Zu bezeichnen sind in dem Antrag (die in den Formularen geforderten Angaben zu) Gl, Sch und die verlangte ZwV-Handlung, somit die beizutreibende VollstrForderung des Gl und die zu pfändende Forderung des Sch an seinen zu nennenden Drittsch. Die Angaben müssen so deutlich sein, dass bestimmte Fassung des Pfändungsbeschlusses (s Rn 7 ff) möglich ist. Die VollstrForderung des Gl gg seinen Sch (auch eine Restforderung) muss daher nach Hauptsache, Zinsen, Prozess- und VollstrKosten (zumindest bestimmbar) bezeichnet sein (*BGH MDR 2003, 1315* = NJW-RR 2003, 1437). Die Bezugnahme auf eine Forderungsaufstellung ist nur noch zulässig, wenn das Formular (IV) keine geeignete Eintragungsmöglichkeit ausweist (iE Rn 43). Die Angabe der urspr Gesamtforderung und der geleisteten Teilzahlungen genügt nicht; der Gl muss vielmehr Teilzahlungen

selbst (nach §§ 367, 497 III 1 BGB) verrechnen (sa § 753 Rn 6; aA MskV/Flockenhaus Rn 3); das kann auch schlüssig dargetan sein, wenn der Titel (oder GlAntrag) die Reihenfolge der Anrechnung ausweist und der Gl seine Forderung einzeln auflistet sowie Zahlungen konkret bezeichnet. Gestellt werden kann der Antrag auch nur wegen eines Teils der vollstr Forderung (s § 753 Rn 8) und wegen einer Kleinforderung (s § 753 Rn 9). Der **Titel** und die sonst für den Beginn der ZwV erforderl Urkunden (zB Schuldverschreibungen, Zinsscheine: BGH MDR 2016, 793) sind dem VollstrGericht vorzulegen (zum Nachweis von ZwV-Kosten: § 788 Rn 15); die vollstr Ausfertigung des Eröffnungsbeschlusses (§ 148 II 1 InsO) ermöglicht dem InsVerwalter keine ZwV nach §§ 828 ff, sondern nur nach §§ 883 ff (vgl BGH MDR 2022, 1180).

2) Prüfungsumfang. Das **Vollstreckungsgericht prüft** die Voraussetzungen der ZwV (s vor § 704 Rn 13-17; zur Prüfung, wenn eine Rest- oder Teilforderung aus Verbraucherdarlehensvertrag geltend gemacht wird: § 753 Rn 8), den Antrag auch daraufhin, ob er alle für den Inhalt des Pfändungsbeschlusses notw Angaben enthält. Es prüft aber nicht den Tatsachenvortrag des Gl; der Gl muss nicht belegen (beweisen oder glaubhaft machen), dass die zu pfändende Forderung besteht. In dem formalisierten Zugriffsverf werden die Angaben des Gl als richtig unterstellt; geprüft wird nur, ob das Vorbringen des Gl die Forderung als Gegenstand der ZwV im Sch-Vermögen pfändbar ausweist (BGH MDR 2003, 1378 = NJW-RR 2003, 1650). Dafür genügt, dass dem Sch die Forderung aus irgendeinem vertretbaren Rechtsgrund zustehen kann. Ist das der Fall, dann pfändet das VollstrGericht **die „angebliche" Forderung**, die der Sch gg den Drittsch haben soll. Der Pfändungsbeschluss erlangt daher nur dann Wirkungen, wenn die Forderung des Sch an den Drittsch besteht (allgM, zB OLG München 9.11.2016 – 3 U 4760/15, juris Tz 29), ggf als künftige oder aufschiebend bedingte Forderung. Ob das der Fall ist, wird nicht im Pfändungsverf geprüft, sondern als Streit über den mat Anspruch (die Einziehungsbefugnis oder auch nur das PfandR des Pfändungsgl) im Prozessverf. Ist das nicht der Fall, dann geht die Pfändung ins Leere („Windpfändung"). Steht die Forderung nicht dem Sch, sondern einem anderen als Gl zu, wird dessen Anspruch gg seinen Sch (den Drittsch) durch die Pfändung nicht berührt (BGH NJW 88, 495). Die Pfändung wird auch nicht dadurch wirksam, dass der Sch die Forderung später erwirbt; es bedarf vielmehr einer neuen Pfändung. Das gilt auch, wenn eine Forderung, die bereits vor der Pfändung vom Sch abgetreten war, nach der Pfändung von ihrem (neuen) Gl an den Sch zurück abgetreten wird (BGH MDR 2002, 477 = NJW 2002, 755 [Lebensversicherung]; OLG Düsseldorf NJW-RR 99, 1406 [Lebensversicherung]; abl Tiedtke ZIP 93, 1452) und ebenso, wenn die Abtretung vor Pfändung erfolgreich wegen Gl-Benachteiligung angefochten ist (BGHZ 100, 36; neue Pfändung auf Grund des im Anfechtungsprozess ergangenen Urteils; sa § 850 Rn 21; aA Tiedtke ZIP 93, 1452). Auch die nach § 354a HGB mögliche Abtretung einer vereinbarungsgemäß (§ 399 BGB) nicht (oder nur mit Drittsch-Zustimmung) übertragbaren Forderung bewirkt Rechtsübergang (OLG Celle NJW-RR 99, 618; Wagner NJW 95, 180); Pfändung berührt daher die Rechte des Zessionars nicht (hierzu St/Rellermeyer B.440). 4

3) Entscheidung. Zurückzuweisen ist der Antrag, wenn eine ZwV-Voraussetzung (s vor § 704 Rn 13-17) nicht gegeben ist oder wenn nach dem Tatsachenvortrag des Gl die zu pfändende Forderung dem Sch aus tatsächl oder rechtl Gründen nicht zustehen kann, damit auch der bezeichnete Drittsch sie nach keiner vertretbaren Rechtsansicht schulden kann, oder wenn sie nicht pfändbar ist (allgM, BGH MDR 2013, 367). Unsubstantiierte Behauptungen (bloße Vermutungen) enthalten keinen schlüssigen Tatsachenvortrag; sie zielen auf Erschließung von Erkenntnisquellen, rechtfertigen Pfändung somit nicht. Als Ausforschungspfändung (Verdachtspfändung) nicht zulässig ist daher Pfändung der Kontokorrent-Forderungen aus Giroverträgen mit zahlreichen Kreditinstituten am Ort (264 Institute als Drittsch: OLG München DB 90, 1916; ohne Tatsachenvortrag für konkrete Geschäftsbeziehungen aber auch 20 Institute: LG Hannover JurBüro 1985, 789; Alisch DGVZ 85, 107; dazu auch Münzberg ZZP 102 [1989], 129, 132). Als nicht rechtsmissbräuchlich (zugleich aber auch im Allgemeinen als Obergrenze) angesehen wurde der Formularantrag, Ansprüche gg nicht mehr als 3 Geldinstitute am Wohnort des nicht gewerbl tätigen Sch zu pfänden (BGH MDR 2004, 834; aA Hess NJW 2004, 2350: in größeren Städten zumindest bis zu 10 parallele Pfändungen – das ist nicht zu rechtfertigen). Als Ausforschungspfändung nicht zulässig sein kann allg die Pfändung aller rechtl nur irgendwie denkbaren Forderungen und Ansprüche aus möglicher Geschäftsbeziehung mit einer Bank (St/Rellermeyer B.69). Vor Zurückweisung ist der Gl auf ein Hindernis hinzuweisen, ihm ist Gelegenheit zur Äußerung zu geben (§ 139). Ermittlungen vAw durchzuführen, steht dem VollstrGericht nicht zu. 5

4) Beschluss. Über den Pfändungsantrag entscheidet das VollstrGericht (Rpfleger: § 20 I Nr 17 RPflG) durch Beschluss (§ 764 III). Dieser muss vom Rpfleger unterschrieben werden (individueller Schriftzug erforderl: s § 130 Rn 9); Handzeichen (Paraphe) genügt nicht. Ein nicht unterzeichneter Beschluss ist unwirksam (vgl BGH MDR 98, 298). Mündl Verhandlung (nur mit dem Gl) wäre möglich (§ 128 IV), ist aber praktisch nicht denkbar. Anhörung des Sch erfolgt nicht (§ 834; Ausnahme: § 850b III). Der notw Inhalt des Pfändungsbeschlusses stellt zugleich die Entscheidungsbegründung dar. Eine gesonderte Begründung ist nur erforderl, wenn über eine str Rechtsfrage zu entscheiden, nach Billigkeit zu pfänden oder eine sonstige Besonderheit des Einzelfalls zu würdigen war. – Kostenentscheidung: § 788 IV (s § 788 Rn 26). 6

5) Mehrere Geldforderungen. Ihre Pfändung kann auf Antrag des Gl (vAw erfolgt Verbindung nicht; aA MskV/Flockenhaus Rn 12) durch **einheitlichen Beschluss** ausgesprochen werden (I 3). Vorausgesetzt ist, dass dies für Zwecke der Vollstr geboten erscheint (Regel) und kein Grund zu der Annahme besteht, dass schutz- 6a würdige Interessen der Drittsch entgegenstehen (Ausnahme). Das ist vom VollstrGericht nach pflichtgemäßem Ermessen zu beurteilen. Einheitlicher Beschluss kann unter diesen Voraussetzungen auch ergehen bei Pfändung einer Geldforderung und eines sonstigen Rechts oder mehrerer sonstiger Rechte (I 3 gilt entspr: §§ 846, 857 I). Zwecke der Vollstr lassen einheitl Beschluss nicht geboten erscheinen, zB wenn zum Gesuch um Pfändung einer Forderung der Sch zu hören ist (§ 850b III), iÜ jedoch Anhörung des Sch zu unterbleiben hat (§ 834; LG Berlin Rpfleger 93, 167), oder wenn Drittsch in den Bezirken verschiedener GV persönl zugestellt werden soll, insb mit Aufforderung nach § 840 (zu den Erschwernissen s Rn 15). Schutzwürdige Interessen der Drittsch (genügend: eines von mehreren) als Hinderungsgrund trägt Erfordernissen des Datenschutzes Rechnung. Es sollen weitere Drittsch nicht ohne Anlass im Einzelfall von angeblichen weiteren Forderungen des Sch ggü dritte Personen Kenntnis erlangen. Geboten erscheint einheitl Beschluss zB bei Pfändung und Zusammenrechnung mehrerer Arbeitseinkommen oder von Arbeitseinkommen und Sozialleistungen (§ 850e Nr 2, 2a), von Arbeitseinkommen und des Gehaltskontos oder einer Forderung gg samtverbindlich haftende Drittsch. Schutzwürdige Interessen des Drittsch können entgegenstehen zB bei Pfändung der angeblichen Forderung eines Arztes oder RA. Kann einem Antrag des Gl aus den Gründen des I 3 nicht entsprochen werden, erlässt das VollstrGericht mehrere selbständige Pfändungsbeschlüsse (keine Zurückweisung des Pfändungsantrags oder nur des Verbindungsantrags). Unterlässt der Gl Verbindungsantrag, sind Mehrkosten, die durch getrennte Pfändung entstehen, nicht erstattungsfähig, wenn keine sachl Notwendigkeit für getrennte Anträge bestand (KG Rpfleger 76, 327). Einheitl Beschluss sieht I 3 nur für Pfändung mehrerer Geldforderungen (sonstiger Ansprüche) vor. Erlass eines Pfändungsbeschlusses und Zurückweisung des Antrags auf Pfändung einer weiteren Geldforderung gg einen anderen Drittschuldner durch einheitl Beschluss ist damit nicht ermöglicht. Nicht eingeschränkt ist jedoch Zurückweisung des Antrags auf Pfändung mehrerer Forderungen durch gemeinsamen Beschluss. Wenn mehrere Forderungen oder Ansprüche gepfändet werden, hat Unwirksamkeit der Pfändung eines VollstrGegenstandes nicht die Unwirksamkeit der weiteren Pfändung zur Folge (BGH MDR 72, 414).

7 **IV) Pfändungbeschluss. 1) Rechtsnatur.** Der Pfändungsbeschluss ist kein VollstrTitel, sondern **ZwV-Maßnahme** (BGH WM 2016, 2077 Tz 11 [Fischer MDR 2017, 14]). Er hat zu bezeichnen: als Parteien Gl und Sch (sowie deren Vertreter), die Forderung des Gl, die vollstr wird (zumindest bestimmbar, s Rn 3; Bezifferung nur eines Gesamtanspruchs ohne Bezugnahme auf eine Forderungsaufstellung, die nicht beigefügt ist, genügt daher nicht: BGH JurBüro 2008, 606), nach Hauptsache, Zinsen und anderen Nebenleistungen, Prozesskosten und bisherigen ZwV-Kosten sowie Kosten des Pfändungsbeschlusses selbst (Mitbeitreibung ermöglicht § 788 I; dazu: § 788 Rn 14), außerdem eine (von § 367 I BGB) abw Tilgungsreihenfolge (s § 753 Rn 8) für die auf Grund eines Verbraucherdarlehensvertrags geschuldete Gl-Forderung nach § 497 III 1 BGB (wenn sie der VollstrTitel ausweist oder der Antrag des Gl verlangt) und sodann die Anordnung der Pfändung unter Angabe der zu pfändenden Forderung des Sch gg den Drittsch, somit auch diesen namentl (BGH MDR 2016, 299 Tz 7 = DGVZ 2016, 49, auch zur Bezeichnung der Drittsch-Vertretung). Wenn lediglich ein Teilbetrag aus einem Titel über mehrere (Zug-um-Zug-)Forderungen oder der Forderungen aus mehreren Titeln vollstr wird, muss auch erkennbar sein (dem Beschluss beigefügte Forderungsaufstellung genügt: BGH NJW 2008, 3144, 3145), welcher der Forderungen der Teilbetrag zuzuordnen ist (BGH MDR 2008, 1183 = NJW 2008, 3147; LG Bremen JurBüro 2013, 47). Dem Drittsch muss der Beschluss verbieten, an den Sch zu zahlen (I 1), dem Sch hat er zu gebieten, sich jeder Verfügung über die Forderung, insb ihrer Einziehung, zu enthalten (I 2). Das Drittsch-Verbot ist für die Pfändung wesentl; fehlt es, ist die Pfändung unwirksam (BGH 16.12.2020 – VII ZB 10/20, juris Tz 18; BGH MDR 2021, 321). Unwesentl ist das Gebot an den Sch, sich Verfügungen zu enthalten (anders nach § 857 II). Bezeichnung von Gl und Sch müssen für Identifizierung ausreichend bestimmt sein (KG MDR 94, 513: Gläubigeranschrift; OLG Stuttgart NJW-RR 94, 1023: nicht mögliche Identifizierung des Sch infolge fehlender Adressenangabe; Derleder JurBüro 95, 11). Genaue Bezeichnung der VollstrForderung des Gl ist zur Bestimmung des Umfangs der Pfändung erforderl. Hierfür ist auch die Angabe des Titels üblich, aber nicht zwingend (unschädlich ist daher auch falsche Bezeichnung: OLG Köln NJW-RR 89, 190). ZwV auch wegen der Zinsen des Gl ist nicht durch § 751 I begrenzt; sie kann wegen der bis zur Befriedigung des Gl weiterlaufenden Zinsen angeordnet werden (St/Rellermeyer B.83). Die Drittsch-Vertretung des Bundes und der Länder ist durch Gesetz bzw Rechtsverordnungen geregelt (s § 18 Rn 5 ff; Rn 16 ff). Soweit Bestimmungen fehlen, ist die Vertretung des Fiskus allg Grundsätzen zu entnehmen (BGH NJW 53, 380). Vermerk über Geldempfangsvollmacht ist unzulässig (s § 835 Rn 5).

8 **2) Bezeichnung. a) Bestimmtheit.** Anordnung und Umfang der Pfändung muss der Pfändungsbeschluss als hoheitl Gerichtsakt klar und bestimmt darstellen. Er muss daher die Identifizierung der beteiligten Parteien sicher ermöglichen (OLG Hamm 10.10.2018 – 31 U 141/17, juris Tz 34) und die zu pfändende Forderung des Sch an den Drittsch so **bestimmt bezeichnen**, dass feststeht, welche Forderung Gegenstand der ZwV ist; die bezeichnete Pfandforderung muss von anderen unterschieden werden können, Feststellung ihrer Identität muss gesichert sein (BGH JurBüro 2010, 441). Der Rechtsgrund der gepfändeten Forderung (das Rechtsverhältnis, aus dem sie hergeleitet wird) muss deshalb idR wenigstens in allg Umrissen angegeben sein (BGH 16.12.2020 – *VII ZB 10/20, juris Tz 15; BGH WM 2017, 1256*). Diese Klarheit muss der Beschluss nicht nur für Gl, Sch und Drittsch als unmittelbar Beteiligte, sondern auch für andere Personen in sich tragen (stRspr, zB BGHZ 93, 82). Verweisung (Bezugnahme) auf eine dem Beschlussformular als Bestandteil des Beschlusses angeheftete (nicht

unterschriebene) Anlage wird als genügend angesehen (BGH MDR 2008, 826). Der Beglaubigungsvermerk muss dann jedoch erkennbar machen, dass er alle Seiten (Blätter) des Beschlusses abdeckt (s § 169 Rn 9; Zustellungsmangel bei Verstoß: § 189 Rn 10 aE). Wenn der Pfändungsbeschluss nicht bestimmt ist, ist die Pfändung unwirksam; ein PfändungspfandR begründet er dann nicht (OLG Hamm 10.10.2018 – 31 U 141/17, juris Tz 32). Zum Rückgewähranspruch: § 847 Rn 2.

b) Beispiele zu Rn 8: Übermäßige Anforderungen werden allerdings für die Bezeichnung der Forderung, die gepfändet werden soll, nicht gestellt (LG Osnabrück DGVZ 2019, 186 Tz 4), weil der Gl in der Regel die Verhältnisse des Sch nur oberflächlich kennt (BGH NJW 88, 2543). Deshalb sind Ungenauigkeiten bei der Bezeichnung der Forderung unschädlich, wenn sie nicht Anlass zu Zweifeln geben, welche Forderung des Sch gg den Drittsch bei der Pfändung gemeint ist (OLG Brandenburg MDR 2013, 1249). Auslegung ist möglich. Für sie kommt es jedoch nur auf den obj Inhalt des Pfändungsbeschlusses an (BGH NJW 2018, 2732 Tz 13 [Gössl]). Über den Wortsinn hinaus darf in freier Weise nicht ausgelegt werden (OLG Karlsruhe NJW-RR 2018, 839 Tz 25). Auf einen anderen als den obj eindeutig, auch durch Anführung des Lebenssachverhalts, bezeichneten Anspruch kann die Pfändung nicht bezogen werden. Mit „Schadensersatz wegen Nichterfüllung“ eines notariellen Kaufvertrags ist daher nicht der Anspruch auf Zahlung des Kaufpreises gepfändet, anders bei Pfändung aller Ansprüche aus dem Vertrag: BGH MDR 2000, 476. Ungenügend ist Bezeichnung der Forderung „… aus jedem Rechtsgrund“ (BGH LM § 857 Nr 8), oder „… aus Verträgen oder sonstigen Rechtsgründen“ (RGZ 157, 324); ein nur allg gehaltener Zusatz („… und aus jedem sonstigen Rechtsgrund“, „… usw“) hat keine Kennzeichnungskraft; formblattmäßige Darstellung einer Vielzahl von Bezeichnungen für Pfändung aller denkbaren Forderungen ist nicht hinreichend bestimmt (LG Münster MDR 89, 464), auch bei einem Aneinanderreihen der verschiedenartigsten Schuldgründe kann keine hinreichende Bezeichnung der Forderung mehr vorliegen („… aus Darlehen, Vorschüssen und ungerechtfertigter Bereicherung“). Unterschiedl Bezeichnung der vollstr Forderung des Gl in Zahlen und Buchstaben wird als Pfändung wegen des niedrigeren Betrages auszulegen sein (aA OLG Frankfurt MDR 77, 676: Nichtigkeit; bedenklich). Der Drittsch muss so bezeichnet sein, dass er zweifelsfrei feststeht (BGH MDR 2016, 299 Tz 7, auch zur Drittsch-Vertretung). Hierfür wird es bei nicht namentl Bezeichnung als genügend angesehen, wenn aus dem Beschluss deutlich erkennbar ist, an wen sich das Zahlungsverbot richtet (LG München II Rpfleger 2006, 664). Wenn der Gl die Anschrift des Drittsch nicht genau oder unrichtig angegeben hat, wird das VollstrGericht die richtige Bezeichnung in den Pfändungsbeschluss aufnehmen. Wirkungslos ist das Zahlungsverbot, wenn die Drittsch-Bezeichnung fehlt. Zustellung an den tatsächl, aber nicht bezeichneten Drittschuldner heilt nicht (RGZ 30, 325, 331). Fehlerhafte Schreibweise des Namens ist unschädlich; sonst ungenaue Bezeichnung kann unschädlich sein, wenn Feststellung der Identität gewährleistet ist. Bei falscher Bezeichnung kann der Beschluss jedoch keine Wirksamkeit gg den richtigen Drittsch erlangen. 9

3) Künftige Forderung. Ihre Pfändung muss im Pfändungsbeschluss ausgesprochen werden. Andernfalls erstreckt sich die Pfändung nur auf Forderungen, die dem Sch bei Wirksamwerden des Beschlusses zustehen (OLG Karlsruhe NJW-RR 93, 242). Besonderheit: §§ 832, 833 II, § 833a. 10

4) Teilpfändung. Pfändung nur eines Forderungsteils ist zulässig (OLG München 8.8.2018 – 20 U 1033/18, juris Tz 16), muss ausdrückl angeordnet werden. Bei Teilpfändung bleibt der Forderungsrest pfandfrei. Vorrang eines gepfändeten Teilbetrags der Forderung vor dem ungepfändeten Rest (oder umgekehrt) muss (auf Antrag) im Pfändungsbeschluss ausdrückl angeordnet werden; sonst haben die Forderungsteile Gleichrang. Ob Teilpfändung in der Pfändung „in Höhe des Anspruchs“, „wegen und in Höhe“, „bis zur Höhe“ zu erblicken ist, ist str, kann jedoch nicht angenommen werden (St/Rellermeyer B.432 – B.434 mwN auch zur aA). Weil die Pfändung bei solcher Fassung des Beschlusses nicht klar ist, sollte sie unterbleiben und nur „wegen der Forderung des Gl“ erfolgen (Einschränkung bringt Überweisung). Wenn mehrere Forderungen des Sch für einen Gl bis zur Höhe der zu vollstr Schuld gepfändet sind, erfasst die Pfändung, wenn man darin Teilpfändung erblickt, jede der gepfändeten Forderungen bis zur Höhe der Schuld (MskV/Flockenhaus Rn 3). 11

5) Überpfändung. Sie wird von § 803 I 2 verboten. Weil sich aber der Wert der Forderung mit ihrer Einbringlichkeit, die aus rechtl und tatsächl Gründen ungewiss sein kann, nur schwer sicher feststellen lässt, wird durchweg Vollpfändung auch einer Forderung, deren Nennbetrag höher als die VollstrForderung des Gl ist, ebenso für zulässig erachtet wie Pfändung mehrerer Forderungen mit höherem Nennbetrag oder Forderungspfändung neben anderen ZwV-Maßnahmen. Führt das im Einzelfall zu einer nachweisbaren Überpfändung, muss Prüfung auf Erinnerung (mit Darlegungs- und Beweislast des Sch) erfolgen. 12

6) Berichtigung. Sie ist nach § 319 zur Richtigstellung von Schreibfehlern, Rechenfehlern und ähnl offenbaren Unrichtigkeiten möglich. Auch die Bezeichnung von Gl (aber keine „Berichtigung“ auf den Rechtsnachfolger: BGH MDR 2016, 1411 Tz 14), Sch und Drittsch sowie der zu pfändenden Forderung darf berichtigt werden. Unzulässig ist „Berichtigung“, die tatsächl Abänderung des VollstrZugriffs bewirkt, zB Parteiwechsel mit anderer Bezeichnung von Gl oder Sch, Zugriff auf eine andere Forderung im Sch-Vermögen mit anderer Bezeichnung des Drittsch oder der zu pfändenden Forderung (zB zweiter Lebensversicherungsvertrag: LG Frankfurt NJW-RR 89, 1466). Gewährleistet eine Änderung die Identität der Parteien und der zu pfändenden Forderung (auch des Drittsch) nicht sicher, liegt keine offenbare Unrichtigkeit vor, die nach § 319 richtiggestellt werden könnte (dazu: St/Rellermeyer B.115). 13

14 7) **Abschrift/Ausfertigung.** Eine begl Abschrift (§ 329 I 2 iVm § 317 II 1) des Pfändungsbeschlusses wird **dem Gl** (formlos) **mitgeteilt** (MskV/Flockenhaus Rn 13). Förml Zustellung erfolgt nicht. Der Gl hat den Beschl dem **Drittsch durch den GV** zustellen zu lassen (II 1). Diesem leitet die GeschSt den Beschluss sogleich zu, wenn um Vermittlung der Zustellung ersucht ist (§ 192 S 3). Die Zustellungen durch den GV erfolgen nach §§ 193, 193a (s Rn 15, 15a). Für die Zustellung des Beschlusses als Schriftstück (§ 193) wird eine Ausfertigung des Pfändungsbeschlusses als in ges Form gefertigte Abschrift nicht benötigt; die begl Abschrift hat als öffentl Urkunde die gleiche Beweiskraft wie eine Ausfertigung, deren Zustellung früher üblich war (s § 317 Rn 2), die aber für eine Zustellung nicht mehr vorgesehen ist. Das ist allerdings noch nicht abschließend geklärt (St/Rellermeyer B.57; vgl § 724 I für Urteile; sa Rn 15). Als den für den Gl sichereren Weg empfiehlt St/Rellermeyer aaO daher, weiter eine **Ausfertigung** des PfÜB zu beantragen.

15 **V) Wirksamwerden. 1) Zustellung an Drittschuldner. a)** Zustellung des Beschlusses als Schriftstück (§ 193; zum Verf: § 193): Wirksam wird die Pfändung (III) mit der Zustellung einer begl Abschrift (OLG München 12.3.2015 – 23 U 1960/14, juris Tz 15; MskV/Flockenhaus Rn 14; sa Rn 14 aE) des Beschlusses an den Drittsch, auch wenn der Gl selbst Drittsch ist. Er muss sich den Beschluss dann selbst zustellen lassen. Pfändungswirkungen (s Rn 16 ff) und Pfändungsrang (§ 804 III) bestimmen sich nach diesem Zeitpunkt. Zustellung vAw durch die GeschSt (§§ 168 ff) wäre wirkungslos (keine Heilung nach § 189). Ersatzzustellung an den Sch für den Drittsch ist grds als zulässig anzusehen (StJ/Würdinger Rn 56; Noack DGVZ 81, 33; aA die wohl hM: BAG NJW 81, 1399; OLG Celle DGVZ 2003, 8; OLG Köln DGVZ 2002, 42; OLG Hamm NJW 94, 1035; MK/Smid Rn 40 mit Ausnahme wie BAG [Sch als Vertreter des Drittsch, der eine jur Person ist]; MskV/Flockenhaus Rn 14), jedoch sollte der Gl durch einen Vermerk diese Ersatzzustellung wirksam ausschließen können. Öffentl Zustellung an den Drittsch ist zulässig (MK/Smid Rn 42; aA MskV/Flockenhaus Rn 14). Der Drittsch ist „Person", an die unter den Voraussetzungen des § 185 öffentl Zustellung erfolgen kann; diese ist nicht mehr auf die Zustellung an eine „Partei" beschränkt (StJ/Würdinger Rn 57). Bestellung eines Abwesenheitspflegers für den Drittsch zur Beschlusszustellung wird zu Recht nicht für zulässig erachtet, weil sie lediglich Gl-Interessen dienen würde (OLG Zweibrücken MDR 87, 586). – Zustellung an Drittsch (II 1) im **Ausland** erfolgt nach § 183 und zwar nach §§ 191, 183 II-VI bzw nach § 183 I iVm Art 20 EuZustVO (§ 183 Rn 1 ff). Ist eine Parteizustellung nach Art 20 EuZustVO nicht zulässig (sa § 183 Rn 26 mwN), ist die Zustellung stattdessen vom Gericht zu bewirken (§§ 191, 183, 1069 I iVm Art 18 EuZustVO; OLG Dresden MDR 2019, 313; OLG Dresden NJW-RR 2019, 319 Tz 7 [beide betr Zustellung einer einstw Vfg]). – Die Zustellung an den Sch ersetzt die fehlende Zustellung an den Drittsch nicht; bei drittschuldnerlosen Rechten gilt § 857 II (s Rn 15a). Die Zustellung eines einheitl Pfändungsbeschlusses (s Rn 6a) an mehrere Drittsch kann durch einen GV bewirkt (an Drittsch in einem anderen Bezirk durch die Post, § 194) oder (nicht zweckmäßig) in der Weise betrieben werden, dass jedem für den Bezirk eines Drittsch zuständigen GV Zustellungsauftrag gesondert erteilt wird. Zustellung an den Sch hat dann durch jeden der beauftragten GV sogleich nach II 2 zu erfolgen (gebietet Wahrung der Schuldnerbelange). Zustellungsauftrag an mehrere GV beinhaltet damit auch Bestimmung, Zustellung an den Sch ohne Prüfung der Zustellungen an die übrigen Drittsch (damit auch vor diesen) vorzunehmen (s Rn 15a); anders aber § 121 II 7-10 GVGA für Zustellung mit Aufforderung nach § 840; abw auch Zimmermann DGVZ 97, 85. Nach einstw Einstellung der ZwV (§ 775 Nr 2) ist Zustellung eines bereits erlassenen Pfändungsbeschlusses an den Drittsch nicht mehr zulässig; Zustellung, die gleichwohl noch erfolgt, bewirkt Pfändung (III) fehlerhaft. Auf Erinnerung (§ 766) ist daher der anfechtbare Pfändungsbeschluss (iE dazu: Rn 27) aufzuheben (zutr St/Rellermeyer B.227), nicht aber die Zustellung für unzulässig zu erklären, denn Zustellung als Tatsache kann nicht als „ungeschehen" beseitigt werden; daher findet auch Erinnerung gg Zustellung nicht statt (s § 766 Rn 5). – **b)** Zustellung des Beschlusses als elektron Dokument: Verf ist geregelt in § 193a. Für die Wirkungen gilt das zu a) Ausgeführte entsprechend. § 840 wurde angepasst (vgl § 840 II 1 Hs 2; § 840 Rn 3).

15a **2) Zustellung an Schuldner.** An ihn (seinen ProzBev, § 172) wird der Beschluss vom GV (ohne weiteren Antrag des Gl) sogleich nach Zustellung an den Drittsch zugestellt (II 2). Der Beschluss kann als Schriftstück (§ 193) zusammen mit einer Abschrift der ZU (über die Zustellung an den Drittsch) oder einem Ausdruck der automatisierten Eingangsbestätigung zugestellt werden. Wird der Beschluss als elektron Dokument zugestellt (§ 193a), ist ihm die ZU als elektron Dokument oder die automatisierte Eingangsbestätigung beizufügen (BTDrs 19/31119, 7). – Es handelt sich dabei um eine Amtspflicht des GV (MK/Smid Rn 43). Die Zustellung kann ersatzweise auch an den Drittsch erfolgen (§ 178 II verbietet das nicht: LG Siegen JurBüro 95, 161), unterbleibt aber, wenn öffentl Zustellung erforderl wäre (II 2; s § 828 Rn 2). – Dem Sch im **Ausland** wird nach II 3 zugestellt. Zur Zustellung in der **EU:** § 183 I, §§ 1067 ff. – Mit der Zustellung wird der Sch von der bereits wirksamen Pfändung nur noch in Kenntnis gesetzt (daher auch keine Zustellung vAw nach Anhörung: Rn 31), damit er mit Einwendungen gg die ZwV seine Rechte wahrnehmen kann. Für die Wirksamkeit der Pfändung ist die Zustellung an den Sch unwesentl (BGH NJW 2000, 730); ebenso bei der Vorpfändung (§ 845 I 3). Anders in § 857 II. Dort ist die Sch-Zustellung Wirksamkeitserfordernis. Zustellung durch Aufgabe zur Post ist dabei nicht möglich (MK/Smid § 857 Rn 6; MskV/Flockenhaus § 857 Rn 5). Die Zustellung an den Sch darf der GV, *auch auf Wunsch des Gl,* nicht aufschieben oder dem Gl selbst überlassen. Auf ausdrückl Verlangen des Gl ist dem Sch schon vor Zustellung an den Drittsch zuzustellen (LG Bonn DGVZ 98, 12; sa § 121 I 2, III 4 GVGA). Wirksam wird die Pfändung jedoch damit nicht, sondern erst nach III.

VI) Pfändungswirkungen. 1) Allgemeine Wirkung. Die Pfändung einer Forderung bewirkt **Beschlagnahme (Verstrickung)** und begründet für den Gl ein **Pfändungspfandrecht**. Beschlagnahme als die durch hoheitl Eingriff bewirkte Sicherstellung der Forderung für die Gl-Befriedigung entzieht diese der Verfügungsbefugnis des Sch (§ 804 Rn 1). Grund für Trennung von Pfändung und Pfandverwertung mit Überweisung (§ 835): Vollstreckungszugriff mit Pfändung ist auch in Fällen möglich, in denen sich Verwertung noch verbietet, zB bei Sicherungsvollstr (§ 720a) und Arrestvollziehung (§ 930), oder nicht durch Überweisung (§ 835), sondern auf andere Weise als sachdienl erweist. Sonst werden Pfändung und Überweisung auf Antrag durchweg in einem Beschluss ausgesprochen (§ 835 Rn 3). ZwV im letzten Monat vor (§ 88 InsO) oder während (§ 89 InsO) eines **InsoVerf** führt zur Verstrickung, bis sie förml beseitigt wird (BGH MDR 2017, 1389 Tz 14; Homann ZVI 2018, 137; Klomfaß NJOZ 2018, 484), und zwar, indem das Insolvenzgericht als VollstrGericht die Vollziehung des PfÜB bis zur Aufhebung des InsoVerf aussetzt (BGH MDR 2021, 580 = EWiR 2021, 339 [Overkamp, auch zu Folgeproblemen]; Abgrenzung zu BGH ZIP 2016, 343 [s § 804 Rn 13]). Besteht die Verstrickung fort, lebt die Sicherung des Gl wieder auf, wenn das InsoVerf ohne Verwertung des Gegenstandes aufgehoben oder der Gegenstand freigegeben wird; der PfÜB muss dafür nicht erneut zugestellt werden (BGH MDR 2021, 193 Tz 12). 16

2) Wirkung für Gläubiger. Der Gl erlangt mit Pfändung die Rechtsstellung, die ein Rechtspfandgl nach BGB vor Pfandreife hat. Er kann Sicherung der gepfändeten Forderung betreiben, aus ihr (ohne Überweisung: § 835) Befriedigung aber nicht suchen, sie insb nicht allein einziehen. Das Einziehungsverbot schließt auch Kündigung einer noch nicht fälligen Forderung durch den Gl aus (RGZ 153, 224). Der Gl kann somit nur verlangen, dass eine fällige Forderung an ihn und den Sch gemeinsam geleistet oder für beide hinterlegt wird (RGZ 108, 320). Er kann gg Dritte negative Feststellungsklage erheben und gg Drittsch auf Feststellung oder Leistung an Gl und Sch gemeinsam (Hinterlegung für beide) klagen. Streitverkündung: § 841. 17

3) Wirkung für Schuldner. Dem Sch (Gl der gepfändeten Forderung) sind durch Pfändung Verfügungen zum Nachteil seines Gl verboten (I 2); relative Wirkung des Verfügungsverbots nach §§ 135, 136 BGB. **Verboten sind insb** Einziehung, Stundung, Erlass, Aufrechnung, Übertragung (Ausnahme § 850l II 1), vertragsmäßige Aufhebung oder Minderung, auch wenn die Verfügung nicht auf Beeinträchtigung des Gl ausgeht oder wenn eine Verfügung im technischen Sinn des Gesetzes nicht vorliegt, wie zB bei Rücknahme einer Kündigung (StJ/Würdinger Rn 91); nicht verboten ist der Antrag eines Miteigentümers auf Teilungsversteigerung, auch wenn sein Recht auf Aufhebung der Gemeinschaft gepfändet ist (BGH NJW 2017, 2768). Eine dem Sch verbotene Verfügung ist dem Pfändungsgl ggü relativ unwirksam, soweit dieser dadurch rechtl oder tatsächl beeinträchtigt wird (§§ 135, 136 BGB; BGH MDR 2021, 193 Tz 15); mit seiner Genehmigung erlangt sie auch ihm ggü Wirksamkeit. Sicherungsmaßnahmen, die auch dem Gl erlaubt sind, darf der Sch wahrnehmen. Seine Klage unterbricht die Verjährung (BGH MDR 86, 203). Wird ein rechtshängiger Anspruch gepfändet, muss der Sch seinen auf Zahlung lautenden Klageantrag ändern (LG Berlin MDR 86, 327) und Feststellung des Anspruchs oder Verurteilung zur Hinterlegung verlangen. Auf das Rechtsverhältnis, aus dem die Forderung herrührt, erstreckt sich die Pfändung nicht. Der Sch kann daher sein Dienstverhältnis oder die Miete kündigen oder die Erbschaft ausschlagen. Davon zu unterscheiden sind jedoch Rechtshandlungen, die unmittelbar den Bestand der gepfändeten Forderung betreffen. Sie sind dem Sch verwehrt. Beispiel: Abkürzung oder Aufhebung eines auf bestimmte Zeit geschlossenen Leasingvertrags, bei dem der Anspruch auf Zahlung sämtl Leasingraten als betagte Forderung bereits mit Vertragsschluss entstanden ist (BGH MDR 90, 1785). Ein vertragl oder ges Rücktrittsrecht kann vom Sch nach Pfändung nur noch mit Zustimmung des Gl geltend gemacht werden (§ 1276 BGB entspr; Rückgängigmachung des Vertrags würde Leistungspflichten beseitigen = Verstoß gg das Verfügungsverbot; dazu: St/Rellermeyer B.158; aA StJ/Würdinger Rn 95). 18

4) Wirkung für Drittschuldner. Dem Drittsch ist Zahlung (Erfüllung) an den Sch verboten. Er muss einer Leistungsklage des Sch mit dem Einwand der Pfändung (BGH NJW 83, 886) und der Beitreibung der gepfändeten Forderung durch den Sch, der bereits einen Titel in Händen hat, mit Klage nach § 767 (BAG NJW 97, 1868) entgegentreten; die dem Sch erteilte Klausel kann er auch bereits mit Einwendung nach § 732 beseitigen lassen (Münzberg DGVZ 85, 145). Leisten kann der Drittsch (vor Überweisung: s § 835) nur noch an Gl und Sch gemeinsam (§ 1281 BGB). Wenn beide eine fällige Forderung nicht zusammen einziehen, kann Hinterlegung erfolgen (§ 372 BGB; Befreiung bei Verzicht auf Rücknahme: § 378 BGB). Zahlt der Drittsch dennoch an den Sch, hat die Leistung keine Wirksamkeit ggü dem Gl; er kann (nach Überweisung; sonst wie Rn 17) nochmalige Zahlung verlangen. Jedoch muss der Gl eine in nachgewiesener Unkenntnis des Drittsch vom Wirksamwerden der Pfändung mit Ersatzzustellung erfolgte Leistung gg sich gelten lassen (entspr § 407 BGB: BGH JZ 89, 299 = NJW 89, 905). Wenn der Drittsch die zur Erfüllung notw Leistungshandlung bereits vorgenommen (Überweisungsauftrag für einmalige Zahlung erteilt) hat, wird er nach Pfändung nicht für verpflichtet gehalten, die schon in die Wege geleitete Zahlung wieder rückgängig zu machen (den Überweisungsauftrag zu widerrufen: vgl BGH NJW 89, 905). Dem ist nicht zu folgen. Verboten ist dem Drittsch nicht nur eigene Leistung; er darf sie an seinen Gl (den Sch) auch nicht durch einen Vertreter oder Erfüllungsgehilfen vornehmen lassen; ebenso verbietet es sich, Leistung mit Abbuchung einer bereits in die Wege geleiteten Zahlung (aA MskV/Flockenhaus Rn 20) oder per Dauerauftrag (ebenso: MskV/Flockenhaus Rn 20) weiterhin bewirken zu lassen, wenn dies bei Aufwendung erforderl Sorgfalt noch unterbunden werden kann (St/Rellermeyer B.164). Die Rechtsstellung des 19

Drittsch verändert die Pfändung sonst nicht; sie wird weder verschlechtert noch verbessert. Verzug des Drittsch wird daher durch Pfändung nicht hinfällig, Einwendungen und Einreden können auch dem Gl entgegengehalten werden (BAG NZA 2021, 657; s § 836 Rn 6). Durch verbotswidrige Zahlung an den Sch verliert der Drittsch solche Einwendungen und Einreden ggü dem Gl nicht (BGH NJW 72, 428). Schutz bei Leistung an einen Abtretungsempfänger besteht für den Drittsch nicht, wenn ihm nach Pfändung eine zurückdatierte, tatsächl aber erst nach der Pfändung ausgestellte Abtretungsurkunde vorgelegt wird und er im Vertrauen auf die Urkunde und in Unkenntnis des zeitl Vorrangs der Pfändung leistet (BGH NJW 87, 1703). Auskunftspflicht: § 840. Einen Anspruch auf Erstattung von **Kosten für außergerichtl Wahrnehmung seiner Interessen** an (vereinbarter) Vertragsabwicklung (Geltendmachung von Einwendungen, Einreden oder Gegenansprüchen) begründet die Pfändung für den Drittsch gg den Gl nicht. § 788 regelt einen Kostenerstattungsanspruch des Drittsch nicht; allein als Beteiligter des von der Pfändung betroffenen Rechtsverhältnisses hat er gg den Gl keinen Erstattungsanspruch. Ein Kostenanspruch des Drittsch gg den Gl ist daher nur bei bes Verpflichtungsgrund gegeben (BGH NJW 85, 1155). Zu Kosten des Einziehungsprozesses: § 836 Rn 4.

20 **5) Umfang der Pfändung.** Sie erstreckt sich auf **Nebenansprüche** sowie **Neben-** und **Vorzugsrechte**. Zinsen der Forderung (auch rückständige; aA Düsseldorf Rpfleger 84, 473) sind daher auch ohne ausdrückl Ausspruch mitgepfändet (ausdrückl Mitpfändung empfiehlt sich dennoch). Als unselbständige Nebenrechte (§ 401 BGB) erfasst die Pfändung ges, rechtsgeschäftl und durch ZwV erlangte Pfandrechte (OLG Nürnberg MDR 2001, 1133 [keine isolierte Pfändung des PfändungspfandR], zum Faustpfand: § 838), den Anspruch gg einen Bürgen, die Rechte aus einer Vormerkung, den Anspruch auf Auskunft sowie Rechnungslegung (BGH MDR 2013, 367 zu Lohnabrechnungen; sa § 850 Rn 19). Daher auch keine selbständige Pfändung der Ansprüche aus § 87c II HGB; § 887 II (BGH MDR 2018, 56), des Anspruchs auf eidesstattl Versicherung nach § 259 II BGB (BGH NJW 88, 2729) und eine für die Forderung später bestellte Hypothek (OLG Hamm DNotZ 82, 257). Erstreckung der Pfändung auf ein ForderungspfandR des Sch kann im Pfändungsbeschluss unter Bezeichnung des Drittsch des Sicherungsrechts ausgesprochen werden (OLG Stuttgart Rpfleger 83, 409). Selbständige (abstrakte) Sicherungsrechte müssen selbständig gepfändet werden, zB die eine Forderung sichernde Grundschuld, Sicherungseigentum, vorbehaltenes Eigentum, zur Sicherheit abgetretene Forderung.

21 **VII) Erneute Pfändung.** Eine schon gepfändete **Forderung** kann erneut gepfändet werden, solange sie dem Sch noch gehört, mithin nicht eingezogen (Behauptung des Gl genügt; keine Prüfung: Rn 4) oder an Zahlungs statt (wirksam) überwiesen ist (§ 835). Die Pfändung erfolgt wie die Erstpfändung mit Pfändungsbeschluss, der mit Zustellung an den Drittschuldner wirksam wird; Rang: § 804 III. Erleichterte Anschlusspfändung (entspr § 826) ist für Forderungen nicht vorgesehen.

22 **VIII) Verstöße, Mängel. 1) Fehlerhafter Pfändungsbeschluss.** Der Pfändungsbeschluss ist **a)** ohne Wirkung, wenn **aa)** die Zustellung an den Drittsch nicht (nicht wirksam) erfolgt ist (§ 829 III; sa Rn 15a); **bb)** die Pfändung ins Leere geht, weil die gepfändete Forderung nicht besteht (sa Rn 4);

23 **b) unwirksam aa)** in den Fällen, in denen ein Vollstreckungsakt nichtig ist (§ 828 Rn 4); **bb)** wenn der Pfändungsgegenstand (oder der Drittsch) nicht bestimmt genug bezeichnet ist (BGH MDR 2008, 1182 Tz 26; sa Rn 8, 9); **cc)** wenn das Drittsch-Verbot fehlt (BGH MDR 2021, 321; sa Rn 7);

24 **c) anfechtbar** bei Verfahrensverstößen, die nicht Unwirksamkeit (sa Rn 23) zur Folge haben, zB bei fehlender Zustellung des Titels (BGH NJW 76, 851), fehlender Vertretungsmacht eines Bevollmächtigten bei Antragstellung (OLG Saarbrücken Rpfleger 91, 513); Fehlen der nach § 765 notw Voraussetzungen (OLG München Rpfleger 2019, 196 Tz 30). Verstoß gg Pfändungsverbot oder -beschränkung (Pfändung trotz Unpfändbarkeit) ist Verfahrensverstoß, der nicht Nichtigkeit bewirkt, sondern nur Anfechtung ermöglicht (BGH MDR 2020, 1145 Tz 16; BGH MDR 2009, 105 Tz 7).

25 **2) Prüfung. a) Wirkungslosigkeit.** Dass der Pfändungsbeschluss ohne Wirkung ist (sa Rn 22), wird im Rechtsstreit geprüft. Ob die gepfändete Forderung besteht, wird im Pfändungs- (Rn 4) und damit auch im Rechtsbehelfsverf nicht geprüft; dass der Pfändungsbeschluss ohne Wirkung ist, weil die Pfändung ins Leere geht [sa Rn 22 zu bb)], kann daher mit Erinnerung (§ 766) und sof Beschwerde (§ 793) nicht geltend gemacht werden. Ebenso kann ein Rechtsbehelf nicht darauf gestützt werden, dass Pfändung nicht bewirkt ist, weil Zustellung an den Drittsch (wirksam) noch nicht erfolgt ist. Diese Frage ist im Rechtsstreit zu entscheiden; weil (wirksame) Zustellung nachholbar ist, könnte der Pfändungsbeschluss zudem nicht aufgehoben werden. Davon zu unterscheiden ist die Anfechtung des fehlerhaft erlassenen Pfändungsbeschlusses (s Rn 26 u 27), der dem Drittsch noch nicht zugestellt ist. Sie ist bereits zulässig, wenn der fehlerhafte Pfändungsbeschluss mit Hinausgabe existent geworden ist (sa § 567 Rn 14).

26 **b) Unwirksamkeit.** Sie (sa Rn 23) kann vom Sch und Drittsch im Klageweg oder als Einwendung geltend gemacht werden, ohne dass die Berufung auf die Unwirksamkeit von der vorherigen Aufhebung des Beschlusses im (hierwegen zulässigen) Erinnerungsverf abhängig wäre. Dies gilt uneingeschränkt bei Leistungsklage des Gl gg den *Drittsch. Die negative* Feststellungsklage des Sch oder Drittsch auf Feststellung der Unwirksamkeit des Pfändungsbeschlusses setzt weiter voraus, dass ein Rechtsschutzbedürfnis gegeben ist. Es ist idR zu verneinen, weil mit Erinnerung (§ 766) ein einfacherer und billigerer Rechtsweg zur Aufhebung des Beschlusses zur Verfü-

gung steht. Dagegen ist ein Rechtsschutzbedürfnis für die Klage auf Feststellung, dass die gepfändete Forderung nicht besteht, zu bejahen, weil darüber im Erinnerungsverf (§ 766) nicht entschieden werden kann (sa Rn 25).

c) Anfechtung bei Verfahrensverstößen. Der anfechtbare (Rn 24) Pfändungsbeschluss ist bis zu seiner Aufhebung wirksam; aber keine rückwirkende Aufhebung, wenn über einen Antrag des Sch auf einstw Einstellung der ZwV (§§ 775, 776) verspätet erst nach Erlass des Pfändungsbeschlusses entschieden wurde (vgl BGH MDR 2022, 594). Das Prozessgericht hat daher ungeachtet etwaiger Mängel des Beschlusses so lange von dessen Geltung auszugehen, wie er nicht in dem dafür vorgesehenen Erinnerungsverf (§ 766) aufgehoben ist (OLGR Saarbrücken 2004, 488). Der Drittsch kann jedoch auch im Rechtsstreit die Unpfändbarkeit der Forderung einwenden, wenn sie ihren Grund im materiellen Schuldverhältnis hat (in der materiellen Rechtsstellung des Drittsch: OLG Hamm NJW-RR 92, 665; OLG Jena FamRZ 2012, 1662). Auf ein prozessuales Pfändungsverbot (zB §§ 850b, 850d, 850f II) kann sich der Drittsch im Rechtsstreit nicht selbständig berufen (LG Fulda 18.3.2016 – 1 S 3/16, juris [zu § 51 IV StVollzG]). 27

IX) Rechtsbehelfe. 1) Für Gläubiger. Für ihn bei (auch nur teilw) **Ablehnung** seines Antrags: sof Beschwerde (§ 567 I Nr 2; OLG Koblenz NJW-RR 86, 679; OLG Koblenz JurBüro 89, 1179; aA LG Koblenz MDR 90, 1123: auch bei nur teilw Ablehnung = Erinnerung); ebenso, wenn der Rpfleger den Pfändungsbeschluss nach Erinnerung des Sch, der er abhilft, (ganz oder teilw) aufhebt (OLG Koblenz Rpfleger 73, 65). Auch wenn der Pfändungsbeschluss zu Unrecht aufgehoben worden ist, muss aber der Gl für Wiederherstellung der VollstrMaßnahme (mit neuem Rang: § 766 Rn 30) ein schutzwürdiges Interesse haben; es fehlt, wenn der Drittsch bereits Zahlungen in ausreichender Höhe an den Gl geleistet hat (OLG Köln Rpfleger 84, 29). 28

2) Für Schuldner. Gegen den Pfändungsbeschluss für den nicht angehörten (§ 834) Sch: Erinnerung nach § 766 (OLG Köln NJW-RR 2000, 69; aA Wieser ZZP 115 [2002], 157 [sof Beschwerde]). Der Rpfleger kann abhelfen, auch teilw. Vor Aufhebung des Pfändungsbeschlusses ist der Gl zu hören. Bis zur Entscheidung kann der Rpfleger nach § 766 I 2, § 732 II verf. Hilft er nicht vollständig ab, legt er im Umfang der Nichtabhilfe dem Richter in der Instanz vor, der entscheidet; hiergegen: sof Beschwerde (§ 793). Da mit Aufhebung der Pfändung das PfandR erlischt (BGH NJW-RR 2013, 765), ist es sinnvoll, die Wirksamkeit solch einer Entscheidung bis zur Rechtskraft aufzuschieben (sa § 766 Rn 30). 29

3) Für Dritte. Für den vor Erlass des Pfändungsbeschlusses nicht angehörten **Drittsch** (BGH NJW 77, 1881; OLG Frankfurt JurBüro 81, 458) und für **Dritte** gg den Pfändungsbeschluss: Erinnerung nach § 766 (wie Rn 29); wurden sie angehört: sof Beschwerde (§ 793). 30

4) Für Schuldner nach Anhörung. Für ihn ist Erlass des Pfändungsbeschlusses Entscheidung. Rechtsbehelf des Sch deshalb: sof Beschwerde (§ 793); auch für den angehörten Sch gg den ihn belastenden Kostenausspruch bei Ablehnung des Antrags (LG Kaiserslautern JurBüro 90, 654). – Die Frist beginnt für den angehörten Sch mit der Zustellung nach II 2 (für den angehörten Drittsch: II 1). Zustellung vAw an den angehörten Sch (Drittsch) erfolgt nicht (St/Rellermeyer B.118; OLG Köln MDR 91, 1091; LG Düsseldorf Rpfleger 90, 376; aA OLG Frankfurt Rpfleger 93, 57). 31

5) Gegen Gerichtsvollzieher. Lehnt der GV Zustellung des Pfändungsbeschlusses ab, kann der Gl mit Erinnerung (§ 766 II) Anweisung beantragen (sa BayObLG MDR 2024, 869 [Erinnerung gg Weigerung des GV, Drittsch den PfÜB zuzustellen]). 31a

6) Klagerecht. Behauptet ein Dritter, dass ihm die gepfändete Forderung oder ein Vorzugsrecht hieran zusteht, kann er gg den Pfändungsgl nach § 771 bzw § 805 klagen. 32

X) Einzelfälle (alphabetisch). – Übersicht pfändbares/unpfändbares Vermögen: 33

• **Altersvorsorge.** Altersvorsorgevermögen der in der ges Rentenversicherung Pflichtversicherten und Gleichstehender, das nach § 10a oder Abschn XI (§§ 79-99) EStG gefördert ist, einschließl seiner Erträge, die geförderten laufenden Altersversorgungsbeiträge (§ 82 EStG) und der Anspruch auf Zulagen (§§ 79, 83 ff EStG) sind nicht übertragbar (§ 97 EStG) und daher auch nicht pfändbar (§ 851 I). Steuerl gefördert sind Altersvorsorge*beiträge*, die der Zulageberechtigte zugunsten eines auf seinen Namen lautenden Vertrags leistet, der nach § 5 AltZertG zertifiziert ist (§ 82 EStG mit Einzelheiten). Altersvorsorge*vermögen* sind die auf Grund eines zertifizierten Vertrags durch laufende freiw Aufwendungen (Altersversorgungsbeiträge) in der Ansparphase erlangten Forderungen und Eigentumsrechte. Renten, die in der Auszahlungsphase als Leibrente oder auf Grund eines Auszahlungsplans geleistet werden (§ 1 I Nr 4 u 5 AltZertG), können nicht dazu gehören; für sie muss Pfändungsschutz nach § 850 III b bestehen. Pfändungsschutz für Vermögenswerte zur Altersvorsorge eines Sch ohne Versorgungsbezüge: § 851c, § 851d. Die Möglichkeit, ein in einem Pensionsvertrag vorgesehenes, künftiges Angebot des Arbeitgebers auf Vertragsänderung (Kapitalabfindung statt monatl Rentenzahlung) anzunehmen, ist als bloße rechtsgeschäftl Handlungsmöglichkeit nicht pfändbar (BGH MDR 2021, 1156). 33.1

• **Arbeitnehmersparzulage.** Nicht pfändbar (§ 13 III 2 des 5. VermBG; § 851 I). 33.2

• **Arzt.** RA, Rechtsbeistand, Steuerberater, Tierarzt, Zahnarzt. Honorarforderungen sind als Geldforderungen pfändbar (BGH NJW 2010, 1380: RA; BGH ZIP 2009, 976: Privatarzt). Dem steht nicht entgegen (§ 851 II 33.3

entspr), dass eine Abtretung wegen Verstoßes gg ein Verbotsgesetz (§ 203 I StGB) unzulässig (nichtig, § 134 BGB) sein kann (zB BGH NJW 96, 775) oder nach § 49b IV 2 BRAO bzw § 64 II 2 StBerG eingeschränkt ist (BGH MDR 99, 826; BFH NJW 2005, 1308). Schutz des Patienten-/Mandantengeheimnisses kann Einschränkung der Auskunftspflicht des Sch (§ 836 III) zur Folge haben (BGH NJW 99, 1544, 1547). Pfändungsschutz bei Arbeitseinkommen: § 850 Rn 9 u § 850i Rn 1a.

33.4 • **Aufstiegsfortbildung (AFBG).** Anwendung finden SGB I und SGB X (§ 27a AFBG). Eine einmalige Geldleistung ist nur bei Wahrung der Zweckbestimmung pfändbar, laufende Geldleistungen sind unterhalb der Freigrenzen der §§ 850c, 850d, 850f II und wegen § 850b I Nr 2 (entspr Anwendung) nicht pfändbar. Verrechnungsschutz beim P-Konto: § 901 (BTDrs 19/19850, 47).

33.5 • **Ausland. a)** Die **internationale Zuständigkeit** folgt grds der örtl (BGH WM 2019, 930 Tz 22; BayObLG ZEV 2019, 635 Tz 39). – **b) Pfändbar** sind nur inländische Forderungen und Vermögensrechte (BGH MDR 2019, 762 Tz 23). Im Inland befindet sich eine Forderung, wenn ein hinreichender Anknüpfungspunkt gegeben ist (BGH NJW-RR 2006, 198 Tz 15; BayObLG ZEV 2019, 635 Tz 40 [Miterbenanteil im Inland]; näher vor § 704 Rn 42). – Zur europ vorl Kontenpfändung: §§ 946 ff. – **c)** Pfändungsbeschluss über eine inländische Forderung hat auch zu ergehen, wenn der **Drittsch** im Ausland wohnt (LG Leipzig JurBüro 2012, 327; StJ/Würdinger Rn 24), exterritorialer Ausländer ist (MK/Smid Rn 89) oder als ausländischer Staat der deutschen Gerichtsbarkeit nicht unterliegt (St/Rellermeyer A.46). – **d)** Zur **Zustellung** im Ausland: §§ 191, 183, 1067 ff. Zur **Zuständigkeit**: § 192 Rn 2 mwN.

33.6 • **Automatenaufsteller.** Pfändbare Geldforderung ist der Anspruch gg den Gewerbetreibenden (Wirt usw), der den Automaten entleert, auf die anteiligen Einspielergebnisse, desgl der Zahlungsanspruch des Gewerbetreibenden (Wirts usw) an den Aufsteller, der den Automaten selbst entleert, auf die Gegenleistung für Aufstellung und Betrieb des Automaten. Der Geldinhalt eines Automaten in fremden Gewerberäumen (Gaststätte usw), zu dessen Geldfach nur der Sch den Schlüssel besitzt, steht in seinem Allgemeingewahrsam; Pfändung daher nach § 808 (MskV/Flockenhaus § 808 Rn 8). Wenn dem GV der Zutritt zu dem Raum verwehrt wird, kann mit Hilfspfändung des Schuldneranspruchs gg den Besitzer der Räumlichkeiten auf Gestattung des Zutritts zur Entleerung des Automaten Ausübung durch den GV ermöglicht werden (bei weiterer Weigerung Klage oder einstw Verfügung; hierzu LG Aurich NJW-RR 91, 192; St/Rellermeyer E.58 mwN auch zur aA).

33.7 • **Baugeldforderungen.** Sie können als zweckgebunden nur von Baugläubigern gepfändet werden (MK/Smid § 851 Rn 9).

33.8 • **Bausparkasse.** Die Forderung eines Bausparers auf Auszahlung der Bausparsumme nach Zuteilung, Auszahlung der voll angesparten Bausparsumme oder Rückzahlung des Guthabens nach Kündigung ist pfändbar, die Bausparsumme (nicht das Eigenkapital als Sparguthaben) als zweckgebunden (s „Baugeldforderungen") jedoch nur eingeschränkt (OLG Stuttgart BB 56, 1012). Auf die Nebenrechte zur Kündigung und Vertragsänderung erstreckt sich die Pfändung; ausdrückl Mitpfändung wird dennoch vielfach zugelassen.

33.9 • **Bundesentschädigungsgesetz.** Es regelt die Pfändung der Entschädigungsansprüche selbständig (§§ 14, 26 BEG); § 54 SGB I findet keine Anwendung (sa § 850i Rn 7).

33.10 • **Conterganstiftung für Menschen mit Behinderung.** Leistungen können nicht gepfändet werden (§ 13 V 1 ContStifG).

33.11 • **Darlehen.** Die Forderung auf Rückzahlung eines vom Sch gewährten Gelddarlehens (§ 488 I BGB) ist pfändbar, desgl das Schuldscheindarlehen (Schuldschein ist Beweisurkunde). Als Darlehensanspruch ist die Forderung auf Auszahlung des Kreditbetrags aus einem mit dem Sch bereits abgeschlossenen Darlehensvertrag pfändbar (§ 488 I 1 BGB). Das Recht auf Abschluss eines Darlehensvertrags (auch auf weitere Einräumung eines Kredits) kann als höchstpersönl nicht gepfändet werden (BGH JZ 85, 487 = NJW 85, 1218).

33.12 • **Ehebezogene (unbenannte) Zuwendung.** Sie begründet bei ungestörter Ehe keinen (pfändbaren) Ausgleichsanspruch (St/Rellermeyer A.158). Nach Scheitern der Ehe erfolgt bei Zugewinngemeinschaft Ausgleich nach güterrechtl Vorschriften (BGH NJW 93, 385). Ausnahmsweise sowie bei anderem Güterstand kann auch Rückforderung nach den Regeln über den Wegfall der Geschäftsgrundlage in Betracht kommen (BGH NJW 93, 385). Pfändung dieses Anspruchs erscheint nach dem Rechtsgedanken von § 852 II nur unter dessen Voraussetzungen möglich (St/Rellermeyer A.159; sa [zur Anfechtung] § 802c Rn 29). Entspr gilt für den familienrechtl Ausgleichsanspruch bei Vermögensmehrung durch Arbeitsleistung (zB Bau eines Hauses auf dem Grundstück des anderen Ehegatten; Mitarbeit in dessen Betrieb; zu solchen Ansprüchen: BGH NJW 82, 2235; BGH NJW 94, 2525). Zum vorbehaltenen Rückforderungsrecht bei Übertragung eines Grundstücks: § 848 Rn 16; zu Zuwendungen von Eltern: § 852 Rn 5.

33.13 • **Einspeisevergütung (§§ 16 ff EEG).** Pfändbar sind bereits entstandene und künftige Ansprüche, künftig fällig werdende für wiederkehrende Gläubigerforderungen damit auch im Wege der Dauerpfändung (Vorauspfändung, sa § 850d Rn 27). Vorratspfändung der künftig fällig werdenden Ansprüche (§ 850d III) ist jedoch nicht möglich (LG Stuttgart NJW-RR 2012, 1277).

• **Erbfall.** Erst nach dessen Eintritt können Pflichtteilsansprüche (§ 852) oder ein Erbteil (§ 859 Rn 2 aE) gepfändet werden (LG Trier FamRZ 2018, 1768). 33.14

• **Erstattungsanspruch für Arbeitgeberaufwendungen.** Arbeitgebern erstatten Krankenkassen Aufwendungen für Arbeitsentgelt, das nach dem Entgeltfortzahlungsgesetz weitergezahlt wurde, und für Zuschuss zum Mutterschaftsgeld (§ 14 I MSchG) sowie für das bei Beschäftigungsverboten nach § 11 MSchG gezahlte Arbeitsentgelt (§ 1 AufwendungsausgleichsG). Der Erstattungsanspruch des Arbeitgebers ist als Geldforderung pfändbar. 33.15

• **Forderungspfändung.** Das durch sie erlangte PfandR kann selbständig nicht gepfändet werden (LG Leipzig Rpfleger 2000, 401). Zu pfänden ist die Forderung des Sch an den Drittsch; Erstreckung auf das Forderungspfändungspfandr kann zum Ausdruck gebracht werden (s Rn 20). 33.16

• **Gefangenengelder.** Bestimmung hat das **StVollzG** getroffen; Bundesrecht ist es nur noch nach § 125a I GG. Landesgesetze können ergänzende oder abw Vorschriften enthalten. Das StVollzG regelt die Pfändung in § 51 IV (Überbrückungsgeld), V. Der Anspruch auf Auszahlung von Eigengeld der §§ 52, 83 II StVollzG ist pfändbar (BGH NJW 2013, 3312 Tz 8), soweit nicht nach § 51 I StVollzG unpfändbares Überbrückungsgeld zu bilden ist, was unter Umständen zur Unpfändbarkeit auch von Eigengeld führen kann (§ 51 IV 1, 2 StVollzG); die Pfändungsbeschränkungen der §§ 850 ff (auch § 850k) finden keine Anwendung (BGH MDR 2015, 950 Tz 17). – Zur Pfändung wegen eines Unterhaltsanspruchs: § 51 V StVollzG (ausf BGH MDR 2015, 950). – Zweckgebundene Gelder sind unpfändbar (St/Rellermeyer A.187). – Unpfändbar ist der Anspruch auf Arbeitsentgelt, weil er nur auf Gutschrift gerichtet ist (§ 43 StVollzG: BGH NJW 2013, 3312 Tz 7; St/Rellermeyer A.188: wegen der Zweckbestimmung ausgeschlossen: § 851 I). – Hausgeld ist unpfändbar (BGH MDR 2015, 950 Tz 14). – Zum Arbeitseinkommen des Freigängers: Fluhr NStZ 94, 115; St/Rellermeyer A.196. – Eine Entlassungsbeihilfe ist nach § 75 III StVollzG unpfändbar (III 1) bzw unterliegt dem § 51 IV 1, 3, V StVollzG (III 2). – Für Untersuchungsgefangene wird Überbrückungsgeld nicht gebildet; ihr Anspruch auf Auszahlung des Eigengeldes ist pfändbar (§ 51 StVollzG gilt nicht). – Ein Taschengeldbetrag für persönl Bedürfnisse (bei bevorstehender Entlassung auch für Unterhalt) ist zu belassen (§ 811 I Nr 8 aF entspr Anwendung [= § 811 I Nr 3a]; zu diesem Freibetrag LG Weiden JurBüro 2000, 103). Ist das Hausgeld niedriger als der Taschengeldbetrag, wird die Differenz mit Eigengeld, falls vorhanden, ausgeglichen (BGH MDR 2015, 950 Tz 30). 33.17

• **Genossenschaft.** Geschäftsanteil: nicht pfändbar. Der Pfändung unterliegen zB: Anspruch auf Auszahlung des Gewinns (§ 19 GenG), des Geschäftsguthabens (§ 73 GenG), des Anteils an dem Reservefond (§ 73 III GenG). – Die Ansprüche aus § 73 GenG werden als künftige Forderungen gepfändet (BGH NJW-RR 2009, 755, 756). Kündigung durch Gl an Stelle des Sch: BGH NJW-RR 2010, 157. – Bestimmt die Satzung, dass eine Dividende nicht auszuzahlen, sondern dem Geschäftsguthaben zuzuschreiben ist, so bleibt die ZwV wirkungslos, weil auch der Gl die Auszahlung nicht verlangen kann. Der Gl muss daher uU Geschäftsguthaben und Dividende gleichzeitig pfänden. Überhaupt empfiehlt es sich, wenn Mitglieder am Gewinn beteiligt sind, die ZwV auch auf die Dividende auszudehnen, weil die ZwV in das Geschäftsguthaben die Dividende nicht ohne weiteres einschließt. 33.18

• **Gesamtschuldner.** Ein Ausgleichsanspruch (§ 426 I BGB) eines Gesamtsch ist erst pfändbar, wenn dieser an den Gl dieser Gesamtsch gezahlt hat (AG Waldbröl 7.4.2016 – 6 C 131/15, juris [für Miterben]). 33.19

• **Gesellschaft mbH.** Die Forderung der GmbH gg Gesellschafter auf Leistung der Einlagen ist zweckbestimmt (§ 19 II 1 GmbHG). Gepfändet werden kann sie daher von dem Gl der Gesellschaft, wenn dieser mit der Gegenleistung des Gl ein vollwertiges Entgelt zugeflossen ist (BGH NJW 63, 102; OLG Frankfurt GmbHR 77, 249) oder wenn aus bes Gründen Erhaltung der Kapitalgrundlage entfallen ist (BGH MDR 80, 826; OLG Celle GmbHR 2000, 241; OLG Hamm GmbHR 92, 111 [bereits gelöschte GmbH]; OLG Hamm GmbHR 92, 370; OLG Köln NJW-RR 89, 354; OLG Köln NJW-RR 96, 939; OLG Köln Rpfleger 91, 466 u [für Liquidationsstadium] OLG Köln NJW 92, 2229; aA Berger ZZP 107 [1994], 29; Volmer GmbHR 98, 579). – Für Gl einer gescheiterten Vor-GmbH (GmbH i.Gr.) kann der Verlustdeckungsanspruch gg haftende Gesellschafter pfändbar sein (BGH NJW 97, 1507). – Die allg Pfändung „aller Ansprüche aus einem Gesellschaftsvertrag", „aller Ansprüche gegen den Geschäftsführer" oder „des Anspruchs auf Rückgewähr von kapitalersetzenden Leistungen in Form einer persönlich abgegebenen Bürgschaft" bezeichnet eine Forderung nicht korrekt und bestimmt genug (OLGR Koblenz 2003, 118). Erstreckung einer Pfändung deliktischer Ansprüche unter Bezeichnung des Lebenssachverhalts auf Ansprüche nach §§ 30, 31 u § 73 I, § 31 (analog) GmbHG: BGH NJW 2009, 2127, 2131. 33.20

• **Häftlingshilfegesetz (HHG).** Leistungen der Sozialen Entschädigung bei gesundheitl Schädigung und für Hinterbliebene (§§ 4, 5 HHG) werden in entspr Anwendung des SGB XIV gewährt; die Ansprüche sind daher nur nach § 54 SGB I pfändbar (sa § 850i Rn 11). Eingliederungshilfen (§§ 9a-c HHG) und Unterstützungen (§ 18 HHG) unterliegen in der Person des unmittelbar Berechtigten nicht der ZwV (§ 25b HHG). 33.21

• **Haftpflichtversicherung (§§ 100 ff VVG).** Sie ist als Schadensversicherung auf nicht pfändbare Schuldbefreiung (sa Rn 33.45) gerichtet. Pfändung ist nur für den Verletzten möglich, auch in der Pflichtversicherung des Kfz-Halters (OLG Hamburg VersR 72, 631). Nach Umwandlung in einen Zahlungsanspruch mit Befriedigung des Haftpflichtgl durch den Versicherten unterliegt dessen Geldforderung der Pfändung. Bei Versicherung für fremde Rechnung (§§ 43-48 VVG; im Gegensatz zur Eigenversicherung) stehen die Rechte aus dem Versiche- 33.22

rungsvertrag (materiell) dem versicherten Dritten zu (§ 44 I 1 VVG). Der Versicherungsnehmer kann jedoch über die Rechte im eigenen Namen verfügen (§ 45 I VVG; formelles Verfügungsrecht). Wenn ein Versicherungsschein ausgestellt ist, ist der Versicherungsnehmer zur Annahme der Zahlung nur mit Zustimmung des Versicherten oder dann befugt, wenn er im Besitz des Scheins ist (§ 44 II VVG). Für den versicherten Dritten können als pfändbare Ansprüche daher bestehen seine Entschädigungsforderung gg den Versicherer (er ist materiell Berechtigter: § 44 I 1 VVG) sowie sein Auskehranspruch an den (formell) verfügungsberechtigten Versicherungsnehmer (§ 45 I VVG) auf Auslieferung des Versicherungsscheins und Zustimmung in die Auszahlung der Entschädigungsforderung oder Herausgabe (Zahlung) der bereits empfangenen Entschädigungsforderung. In der Pflichtversicherung des Kfz-Halters kann der Geschädigte seinen (pfändbaren) Anspruch auf Schadensersatz gg den Versicherer auch unmittelbar geltend machen (§ 115 VVG; auch zu weiteren Fällen). Der Anspruch auf Beitragsrückvergütung (Prämienerstattung) ist pfändbar (AG Sinzig NJW-RR 86, 967).

33.23 • **Heimkehrerstiftung.** Stiftung für ehem Kriegsgefangene (Ges über die Heimkehrerstiftung – HKStG): Die Leistungen unterliegen in der Person des unmittelbar Berechtigten nicht der ZwV (§ 3 VI HKStG). Aufhebung der Stiftung und Zuständigkeit des Bundesverwaltungsamts: HKSt-AufhG v 10.12.2007, BGBl I 2007, 2830.

33.24 • **HIV-Hilfe-Stiftung.** Leistungen sind nicht pfändbar (§ 17 II HIV-Hilfegesetz; BGBl I 1995, 972).

33.25 • **Infektionsschutzgesetz.** Verdienstausfallentschädigung kann nach den für Arbeitseinkommen geltenden Vorschriften gepfändet werden (§ 67 I IfSG). Die Pfändung der Versorgung bei Impf- und Gesundheitsschäden (§ 60 IfSG aF), Heilbehandlung (§ 62 IfSG aF) und der einheitl Rente infolge Konkurrenz von Ansprüchen (§ 63 I IfSG aF) richtete sich bis zum 31.12.2023 nach den Vorschriften des BVG (§ 67 II IfSG aF); Anwendung fand damit § 54 SGB I. Seit dem 1.1.2024 (BVG aufgehoben) richtet sich das nach dem SGB XIV. Pfändungsschutz: § 9 SGB XIV. Übergangsvorschriften: §§ 137 ff SGB XIV.

33.26 • **Kontoguthaben, Kreditgewährung. a)** Guthaben eines Kontos bei einem Kreditinstitut (sa § 833a Rn 1) sind als Geldforderungen pfändbar. Bestimmte (bestimmbare: Rn 8) Bezeichnung der Guthabenforderung erfordert Angabe der Kontoart nach dem Geschäftsgegenstand, ob somit das Guthaben eines Girokontos gepfändet wird oder das Guthaben eines Sparkontos (s „Sparguthaben"), eines Tagesgeld- oder Termingeldkontos oder eines für andere (bezeichnete) Geschäftsverbindung geführten Kontos. Nur allg Pfändung des „Guthabens eines Kontos" kann zur Bezeichnung der Forderung an das Kreditinstitut nicht genügen. Wenn der Bezeichnung der zu pfändenden Ansprüche zu entnehmen ist, dass Guthaben sämtl vom Drittsch geführten Schuldnerkonten der Pfändung unterworfen sein sollen, lässt die bloße Nennung nur einer Kontonummer (bei der Drittsch-Bezeichnung) nicht den Schluss zu, es solle nur das Guthaben auf diesem Konto gepfändet sein (Auslegung: BGH MDR 88, 859), denn Pfändung sämtl Konten ist mögl, ohne deren Kontonummern angeben zu müssen (BGH MDR 2020, 250 Tz 12). Die Pfändung erstreckt sich jedoch nicht auf Forderungen aus weiteren Rechtsverhältnissen, wenn nur Forderungen aus Girovertrag für ein (mit seiner Nummer) allein angegebenes Konto als gepfändet bezeichnet sind, dieses damit nicht nur beispielhaft genannt ist (BGH MDR 2001, 1133). Die Pfändung sämtl Girokonten erfasst nicht ein vom InsoVerw danach eingerichtetes Sonderkonto bei demselben Kreditinstitut (AG Hannover ZVI 2021, 32). Zum Umfang der Pfändung: § 833a. Eine dem Kontokorrent unterstellte Einzelforderung ist nicht pfändbar (BGH NJW 81, 1611).

b) Der Anspruch auf Gutschrift der eingehenden Beträge wird als pfändbar angesehen (StJ/Würdinger Rn 12) mit der Folge, dass diese dem Konto auch tatsächl gutgeschrieben werden müssen, der Sch somit nicht vor der Gutschrift anderweit über diese Beträge verfügen kann (BGH NJW 85, 1218 Tz 26, 27). Es handelt sich um eine Hilfspfändung, durch die der Gl noch keinen Anspruch auf unmittelbare Auszahlung an sich erlangt (BGH NJW 85, 1218). Die Pfändung des Anspruchs auf Gutschrift eingehender Beträge schließt das für den Antrag verbindlich zu nutzende Formular (s Rn 43) ein. Ob ein solcher Anspruch nach den Bestimmungen über den Zahlungsdienstevertrag (§§ 675f ff BGB) noch gesondert besteht (Erman/Graf von Westphalen, 16. Aufl, § 675t BGB Rn 2) oder bei Zahlung auf ein Konto bereits Pfändung des Guthabens anderweitige Verfügung des Sch über den unverzügl verfügbar zu machenden Betrag (§ 675t I BGB) ausschließt, ist nicht geklärt. Bei der hilfsweisen Mitpfändung wird es daher zur Sicherheit zu belassen sein (nach WSch/Lüke Rn 24 nicht erforderl). – Die Pfändbarkeit auch des Anspruchs „auf Ausführung von Überweisungen an Dritte" hat der BGH früher bejaht (BGH NJW 85, 1218 Tz 29). Dessen Pfändung ist jedoch nicht mehr zulässig. Nach § 833a erstreckt sich bereits die Pfändung des Guthabens eines Kontos auf die künftigen „Tagesguthaben" (BGH Rpfleger 2020, 157 Tz 12) und damit auf Ansprüche zwischen Rechnungsabschlüssen. Der Sch kann schon deshalb Auszahlung der Tagesguthaben an sich nicht verlangen und darüber zugunsten Dritter nicht verfügen, somit auch Ausführung von Überweisungsaufträgen nicht mehr verlangen. Das schließt Mitpfändung eines Anspruchs „auf Ausführung von Überweisungsaufträgen" aus.

c) Ein Kontoguthaben (Auszahlungsanspruch) aus Darlehensvertrag kann gepfändet werden, wenn Anspruch auf **Kreditgewährung** aus einem bereits abgeschlossenen Darlehensvertrag besteht (sa Rn 33.31). Die Bank (der sonstige Kontokorrentpartner) muss verpflichtet sein, dem Sch Kredit zur Verfügung zu stellen. Bloße Duldung der Überziehung des Kontos gibt dem Sch der Bank ggü keinen Anspruch auf Auszahlung eines Kredits, schafft *somit keine pfändbare Forderung* (BGH NJW 2007, 1357, 1359). Ein Anspruch auf „Zurverfügungstellung eines Kredits" (sog **„Kreditlinie"**, auch „Dispositionskredit") besteht pfändbar nicht (Darlehensvertrag kann für Sch nicht durch Gl geschlossen werden: BGHZ 147, 193; Bitter WM 2001, 889, 891). Pfändbar ist jedoch der Anspruch auf Auszahlung eines zugesagten Darlehens mit dessen Abruf (BGH Rpfleger 2020, 157 Tz 12; BGH MDR 2016, 180 Tz 3; BGH NJW 2013, 53 Tz 14; aA Bitter WM 2004, 1109).

d) Einschränkung der Überweisungswirkung § 835 III 2, IV. P-Konto: § 900 I. Der Anspruch auf **Auskunft** und Rechnungslegung ist als Nebenrecht mitgepfändet (sa Rn 20); die Erteilung von Kontoauszügen schließt er nicht ein; der Anspruch auf Erteilung von Kontoauszügen kann auch nicht mitgepfändet werden (BGH NJW 2006, 217 = MDR 2006, 220). Zur Unwirksamkeit einer Entgeltklausel in AGB von Kreditinstituten: § 840 Rn 11; § 850k Rn 2.

e) Oder-Konto: Während beim Und-Konto die Inhaber nur gemeinsam verfügungsberechtigt sind und der PfÜB deshalb gg alle Inhaber gerichtet sein muss, ist beim Oder-Konto jeder Inhaber allein forderungsberechtigt, weshalb die Forderung bei jedem Gesamtberechtigten gepfändet werden kann (ausf Knees WM 2021, 664). Die Bank kann wegen der Einzelwirkung der Pfändung aber weiterhin befreiend an die übrigen Forderungsgläubiger zahlen (BGHReport 2003, 50; OLG Dresden FamRZ 2003, 1943; OLG Nürnberg MDR 2002, 1090; differenzierend LG Frankfurt NJW-RR 2004, 775; aA LG Itzehoe JurBüro 2010, 439). Diese haben im Außenverhältnis (ggü der Bank) keine Widerspruchsbefugnis gg die Pfändung. Im Innenverhältnis (ggü den anderen Gesamtgl) kann jedoch ein Ausgleichsanspruch bestehen.

f) Für **Geld auf dem Konto eines Dritten** (sog **Kontoleihe**) ist zu unterscheiden: – **aa)** Gl des Kontoführenden vollstr: Das Guthaben des Kontos ist Geldforderung des Dritten, bei ZwV eines seiner Gl somit als Kontoguthaben dieses Kunden des Kreditinstituts pfändbar (§§ 829, 833a). Der Kontoinhaber kann als Sch dieser gg ihn gerichteten ZwV unter Berufung auf die „Berechtigung“ des anderen, dem das Geld „wirtschaftlich“ gebührt, Vollstreckungsschutz nach § 765a nicht erlangen; anders aber der wirtschaftl berechtigte Sch. – **bb)** Gl des Sch vollstr: Gl eines Sch als Berechtigter von Leistungen, die ein Leistungsverpflichteter auf das Bankkonto eines Dritten überweist, können die Forderung des Dritten aus dem Guthaben seines Kontos nicht als Sch-Forderung an das Kreditinstitut pfänden (keine ZwV in „wirtschaftlich“ dem Sch gebührendes Geld, das einem anderen als Kontoinhaber zu vollem Recht übertragen ist: BGH NJW 93, 2041). Pfändbar ist jedoch der schuldrechtl Auszahlungsanspruch des Leistungsberechtigten gg den Kontoinhaber (BGH MDR 2007, 1217; BAG MDR 2016, 166). Vollstreckungsschutz kann dem Leistungsberechtigten nach § 765a dann als Sch gewährt werden, wenn der durch Gutschrift unpfändbaren Arbeitseinkommens oder der Pfändung nicht unterworfener Sozialgeldleistungen entstandene Auszahlungsanspruch gg den Kontoinhaber als Drittsch gepfändet ist. Die in den ges Pfändungsschutzbestimmungen zum Ausdruck kommenden gesetzgeberischen Wertungen sind bei der Interessenabwägung zu berücksichtigen (BGH MDR 2007, 1217; BGH Rpfleger 2009, 466). – Gelder auf dem Konto eines Dritten können auch nach den Vorschriften des AnfG dem Zugriff des Gl zugeführt werden (vgl BGHZ 124, 298, 300).

g) P-Konto (§ 850k; §§ 899 ff): Sch unterhält kein P-Konto, lässt auf das P-Konto eines Dritten überweisen: aa) Gl des Dritten pfändet: Dritter hat Pfändungsschutz im Rahmen des Freibetrags des P-Kontos, da die Herkunft des Geldes dafür keine Rolle spielt; der Sch kann in Ausnahmefällen Antrag nach § 765a stellen (BVerfG NJW 2015, 3083; MskV/Flockenhaus Rn 1b). – bb) Gl des Sch pfändet: wie unter f) bb).

• **Kostenerstattungsanspruch.** Er kann von Rechtshängigkeit des gerichtl Verfahrens an abgetreten (vor § 91 33.27
Rn 10) und daher gepfändet werden (OLG Nürnberg MDR 2011, 322), der Anspruch auf Erstattung von ZwV-Kosten von Erteilung des einzelnen Vollstreckungsauftrags an.

• **Lastenausgleich (LAG).** Zur Pfändbarkeit der Hauptentschädigung: § 244 S 1 LAG, der Kriegsschadenrente: 33.28
§ 262 LAG u der Hausratsentschädigung: § 294 LAG.

• **Lebensversicherung.** Ansprüche sind als Forderungen auf Geldzahlung pfändbar. Die Versicherungsnummer 33.29
muss im Pfändungsbeschluss für Bezeichnung der (sonst bestimmt oder bestimmbar genannten) Forderung nicht angegeben sein (BGH NJW 2012, 1510 Tz 24); Pfändung der Ansprüche aus mehreren selbständigen Versicherungsverhältnissen muss diese bestimmt (somit nicht nur in Einzahl) bezeichnen (LG Frankfurt NJW-RR 89, 1466). Die Pfändung „aller“ (sämtl) Ansprüche erfasst auch den Rückkaufswert und die Überschussbeteiligung (OLG Celle NZI 2009, 389). Gestaltungsrechte (Kündigung § 168 VVG [dazu: BGH NJW 2012, 1540 Tz 13], Umwandlung in prämienfreie Versicherung § 165 VVG, Bestimmung, Änderung oder Widerruf einer Bezugsberechtigung § 159 VVG) sind Nebenrechte, auf die sich die Pfändung erstreckt; ihre selbständige Pfändung ist unzulässig; vielfach werden sie „mitgepfändet“ (David MDR 96, 24). Wenn ein Dritter (widerruflich) Bezugsberechtigter ist, erwirbt er mit Eintritt des Versicherungsfalls das Recht auf die Leistung (§ 159 II VVG). Durch Widerruf des Sch (als Versicherungsnehmer) bis zum Eintritt des Versicherungsfalls fällt diese Bezugsberechtigung weg. Der Gl muss daher vor Eintritt des Versicherungsfalls das Bezugsrecht des Dritten widerrufen; in der Überweisung zur Einziehung kann (konkludent) die Widerrufserklärung noch nicht gesehen werden (BGH FamRZ 2012, 444; OLGR Dresden 2007, 773; aA für Einziehungsverfügung bei Verwaltungsvollstr: OLG Köln VersR 2002, 154). Mit unwiderrufl Bezugsberechtigung erwirbt der Berechtigte die Ansprüche aus dem Versicherungsvertrag sofort (§ 159 III VVG; auch schon BGH NJW 2003, 2679; zum Rückkaufswert: BGH MDR 2013, 181 Tz 10-12; zum gespaltenen Bezugsrecht [bei dem die Leistung im Erlebensfall dem Versicherungsnehmer zustehen soll]: BGH NJW 2013, 232); Pfändung für Gl des Versicherungsnehmers schließt das zwar nicht aus; Bedeutung erlangt sie aber nur, wenn das Bezugsrecht vor Eintritt des Versicherungsfalls noch entfällt. Herausgabe des Versicherungsscheins: § 836 III. Eintritt eines Bezugsberechtigten in den Versiche-

rungsvertrag nach Pfändung: § 170 I 1 VVG. Beim Lebensversicherungsvertrag über verbundene Leben hat jeder Ehegatte Anspruch auf die Versicherungsleistungen im Zweifel (§ 420 BGB) zu gleichen Teilen; der Anspruch jeden Partners ist daher gesondert pfändbar (Kündigung: LG Darmstadt NJW-RR 2000, 329). Zur ZwV in Kapitallebensversicherungen: Hasse VersR 2005, 15; zur gemischten Lebensversicherung zugunsten Dritter: Hasse VersR 2005, 1176. Zur Sicherungsabtretung der Lebensversicherung vor Pfändung: OLG Düsseldorf NJW-RR 99, 1406. Pfändungs**beschränkungen** bestehen für

- Versorgungsrenten früherer Arbeitnehmer oder unterhaltsberechtigter Angehöriger (§ 850 III, sa § 850 Rn 11), auch aus einer Direktversicherung zur betriebl Altersvorsorge (sa § 850 Rn 8a),
- Altersrenten und das (anzusparende) Vorsorgevermögen (§ 851c, § 850d),
- Klein-Lebensversicherung zur Deckung der Sterbefallkosten (§ 850b I Nr 4, sa § 850b Rn 10).

33.30 • **Lotsgeld.** Kann Gegenstand eines PfÜB sein (BGH MDR 2015, 1037 = ZInsO 2015, 1568). Ist Einkommen iSd § 850 II; § 851 sperrt nicht.

33.31 • **Miete.** Der Anspruch auf Zahlung ist als Geldforderung pfändbar. Pfändung künftig fällig werdender Beträge ist ausdrückl anzuordnen (kein Fall des § 832); Mitpfändung kann aber mit Auslegung des Pfändungsbeschlusses anzunehmen sein (St/Rellermeyer A.329). Wahrung der Zweckbestimmung nach § 851b; Begrenzung bei Eröffnung des InsVerf: § 110 I, II InsO. Für Miete, die der Sch als „sonstige Einkünfte" erwirtschaftet, kann auf Antrag Schutz nach § 850i I zu gewähren sein (§ 850i Rn 1b). Umgelegte, gesondert ausgeworfene Bewirtschaftungskosten (Mietnebenkosten) sind als zweckgebunden außerhalb der Zweckbestimmung unpfändbar (OLG Celle NJW-RR 2000, 460 Tz 13). Die Entschädigung für verspätete Rückgabe der Mietsache nach Beendigung des Mietverhältnisses (§ 546a I BGB) tritt an die Stelle der Miete (BGH NJW 99, 715, 716), wird also von deren Pfändung erfasst (Auslegung: St/Rellermeyer A.326). Möglich ist Pfändung, solange nicht Beschlagnahme durch Zwangsverwaltung erfolgt ist (§ 865 II iVm § 148 I ZVG; bei Zwangsverwaltung auch keine dingl Mietpfändung: OLG Saarbrücken Rpfleger 93, 80); Zwangsversteigerungsbeschlagnahme steht nicht entgegen (§ 21 II ZVG). Pfändung vor Beschlagnahme hat Wirkung nur bis dahin (§ 1124 BGB) sowie für die über ein Jahr fälligen Beträge (§ 1123 II BGB). Beschlagnahme ist auch Mietzinspfändung auf Grund dingl Titels (BGH MDR 2008, 768). ZwV aus einem persönl Titel bewirkt nicht Beschlagnahme, die zur relativen Unwirksamkeit zeitl vorausgehender Verfügungen führt, auch wenn der Gl zuvor Eintragung einer Zwangshypothek bewirkt hat (BGH NJW 2008, 1599); zur Zwangshypothek: § 867. Nach Eröffnung des InsoVerf ist Pfändung haftender Mieten durch absonderungsberechtigte Grundpfandgläubiger nicht mehr zulässig (BGH MDR 2007, 300; nur Zwangsverwaltung, § 49 InsO). Bevorzugte Pfändung wegen einer öffentl Last: MietPfG v 9.3.1934. – Pfändbar sind auch der Anspruch des Mieters auf Rückgewähr der **Mietkaution** (BGH MDR 2019, 635: kein Schutz nach § 17 I SGB XII; § 42 IV SGB II; § 850i) u der Erstattungsanspruch (das Guthaben) des Mieters aus einer Betriebs- u Heizkostenabrechnung des Vermieters. Unpfändbar sind jedoch die § 54 IV SGB I unterfallenden Betriebs- u Heizkostenerstattungen, wenn der Mieter Bürgergeld (früher: ALG II) bezieht (§ 19 SGB II) u sich deshalb im Folgemonat die Leistungen für Unterkunft u Heizung des Hilfeempfängers mindern (§ 22 III SGB II; BGH MDR 2016, 729 Tz 12; zur praktischen Auswirkung: Flatow NJW 2013, 2802). Sieht man in der Erstattung eine mittelbare SGB-Leistung, ergibt sich die Unpfändbarkeit bereits aus § 42 IV 1 SGB II.

33.32 • **NATO-Truppenstatut.** S Art 34 u 35 des Zusatzabkommens zum NATO-Truppenstatut (BGBl II 1961, 1219) sowie Art 5 des Ges zum NATO-Truppenstatut und zu den Zusatzvereinbarungen (BGBl II 1961, 1183).

33.33 • **Notar. a)** Eigentum an Geldern, die dem Notar zur Verwahrung auf Anderkonto überwiesen oder bar übergeben werden, geht auf ihn über (BGHZ 76, 9, 13). Als Geldforderung pfändbar ist daher der Anspruch des Hinterlegers (der Notar ist Drittsch: BayObLG NJW-RR 2000, 945) an den Notar auf Rückzahlung dieses Geldes und ebenso die Forderung auf Grund des mit Hinterlegung begründeten eigenständigen Rechts eines sonst Berechtigten, sich bei Bestehen eines gesicherten Anspruchs aus dem hinterlegten Betrag zu befriedigen (zu diesem Recht BGH NJW 2000, 1331). – **b)** Vertragl vereinbarte Kaufpreiszahlung auf das Anderkonto eines Notars hat nur Erfüllungswirkung, wenn dies vereinbart ist (BGH NJW 89, 230); der Auszahlungsanspruch ist dann als Geldforderung pfändbar, der Notar ist Drittsch. – **c)** Bei Kaufpreiszahlung auf ein notarielles Anderkonto ohne Erfüllungswirkung hat der Sch als Verkäufer zwei Ansprüche: den gg den Käufer auf den Kaufpreis (dazu Rupp/Zimmermann NJW 83, 2368) und den gg den Notar auf Auszahlung (BGH NJW 98, 2134). **aa)** Pfändung des Anspruchs des Verkäufers gg den Notar (als Drittsch) auf Auszahlung des auf dessen Anderkonto eingezahlten Kaufpreises wird dann nur bewirkt, wenn auch die noch bestehende Forderung des Verkäufers gg den Käufer, der hier Drittsch ist, auf den Kaufpreis gepfändet wird (Doppelpfändung: BGH MDR 2016, 1290 Tz 17; sa BGH MDR 2023, 1411; abl St/Rellermeyer E.391). Folge dieser Ansicht des BGH ist, dass nachträgl Eintritt der Auszahlungsvoraussetzungen nicht zur Wirksamkeit der isolierten Pfändung nur des Auszahlungsanspruchs führt. – **bb)** Bei isolierter Pfändung des Kaufpreisanspruchs, die sich auf den Auszahlungsanspruch gg den Notar erstreckt (BGH MDR 2016, 1290 Tz 20; sa BGH MDR 2023, 1411), ist der Notar nicht Drittsch. Auch hier ist aber die Doppelpfändung, also auch die des Auszahlungsanspruchs (Notar als Drittsch), im Hinblick auf ein mögliches Erlöschen des Kaufpreisanspruchs der sicherere Weg (Heinze notar 2018, 407). – Kaufpreiszahlung auf Notaranderkonto (zur Ablösung von GrundpfandR) erst nach Pfändung auf Grund bereits davor im Kaufvertrag getroffener Abrede muss infolge der treuhänderischen Zweckbindung der Kaufpreisforderung der pfändende Gl gg sich gelten lassen (BGH NJW 98, 746).

• **Opfer von Gewalttaten.** G über ihre Entschädigung: OEG v 7.1.1985, BGBl I 1985, 1. Das OEG ist mWv 1.1. 2024 aufgehoben worden und nunmehr im SGB XIV enthalten (Art 58 Nr 15 G zur Regelung des Sozialen Entschädigungsrechts, BGBl I 2019, 2652, 2724). Pfändungsschutz jetzt nach § 9 SGB XIV. Übergangsvorschriften: §§ 137 ff SGB XIV. Sa § 850i Rn 11. 33.34

• **Opferanspruchssicherung.** Die Forderung eines Täters (Teilnehmers) aus öffentl Darstellung der Tat (näher § 1 OASG) ist vor ihrem Entstehen nicht abtretbar (§ 1 II OASG), damit auch nicht pfändbar (§ 851 I; Wahrung des PfandR des Verletzten). 33.35

• **Postbank-Girokonto.** Der Auszahlungsanspruch ist als Geldforderung pfändbar. Pfändung: wie Rn 33.25 u Anm zu § 833a. Drittsch ist die DB Privat- und Firmenkundenbank AG, Frankfurt am Main. Sie kann auch mit dem Namen der Zweigniederlassung bezeichnet werden (St/Rellermeyer A.401; sa MskV/Flockenhaus § 850k Rn 12: kontoführende Filiale soll benannt werden). 33.36

• **Prostituiertenforderung.** Nicht abtretbar (§ 2 S 1 ProstG), daher nicht pfändbar. 33.37

• **Rechtsanwalt.** Der Anspruch auf Auszahlung (für den Sch) eingezogener oder beigetriebener Geldbeträge ist pfändbar. Pfändungsbeschränkungen bestehen nicht. Der dem RA erteilte Einziehungsauftrag begründet für Unpfändbarkeit (sa § 851 Rn 3) keine treuhänderische Zweckbindung (vgl BGH NJW 91, 839, 841). Der Pfändung von Geld auf Treuhandkonto zugunsten des Auftraggebers kann dieser jedoch nach § 771 widersprechen (anders für Geld auf Geschäfts- oder Privatkonto des RA; näher BGH MDR 96, 630). Unpfändbar für Gl eines Elternteils ist wegen der fortbestehenden Zweckgebundenheit (sa § 851 Rn 3) sein Auszahlungsanspruch auf den für ihn als Prozessstandschafter (§ 1629 III BGB) eingezogenen Kindesunterhalt (BGH NJW 91, 839). Pfändbar ist ein Regressanspruch des Sch gg seinen Anwalt, auch wenn er sich daraus ergibt, dass der Rechtsstreit, in dem der Titel erwirkt wurde, falsch entschieden wurde (BGH NJW 96, 48; OLGR Köln 2002, 241); diese Pfändung erfasst auch den (durch neue schuldhafte Pflichtverletzung) entstandenen Sekundäranspruch (BGHZ 94, 380, 385), auch wenn er erst nach der Pfändung entstanden und im Pfändungsbeschluss nicht erwähnt ist (BGH NJW 96, 48). – Als Geldforderung pfändbar ist die aus der Staatskasse zu zahlende Vergütung des im Wege der PKH beigeordneten RA (§ 45 RVG) und des in Strafsachen gerichtlich bestellten Verteidigers (LG Nürnberg-Fürth Rpfleger 98, 118), auch die Vergütung für Beratungshilfe (§ 44 RVG). – Sein Beitreibungsrecht als PKH-RA (§ 126) geht der Pfändung des KE seiner Partei vor (BGH MDR 2016, 175). – Zu den Honoraransprüchen: Rn 33.3. 33.38

• **Rechtsschutzversicherung (§§ 125-129 VVG).** Anspruch geht auf Schuldbefreiung; er ist daher nicht pfändbar. Nur der Gl, von dessen Forderung der Versicherte freigestellt werden soll (RA wegen Gebührenforderung, Gerichtskasse wegen Verfahrenskosten), kann pfänden (s „Schuldbefreiung"). In einen Zahlungsanspruch geht der Freistellungsanspruch über, wenn der Sch (Versicherungsnehmer) die Kosten, von denen er Freistellung verlangen kann, selbst bezahlt; dieser Zahlungsanspruch ist pfändbar (OLG Hamm JurBüro 84, 789). 33.39

• **Reisevertragsansprüche.** Ansprüche gg einen Reiseveranstalter (§ 651h V, § 651k II, § 651l II 2, § 651m II 1, § 651n II BGB) sind als Geldforderungen pfändbar (St/Rellermeyer A.412). 33.40

• **Rückerstattung überschießender Abschlagszahlungen.** Der Anspruch des Tarifkunden an ein Elektrizitätsversorgungsunternehmen auf Rückerstattung zu viel geleisteter Abschlagszahlungen ist (als künftige Forderung) bereits vor der Abrechnung oder Beendigung des Vertragsverhältnisses pfändbar (LG Koblenz Rpfleger 2000, 339). 33.41

• **Schadensersatzforderungen. a) Materieller Schaden.** Pfändbar sind Ersatzforderungen für Sachschaden (unstr) und für Beerdigungskosten (MskV/Flockenhaus Rn 37, str). Schadensersatz für Verdienstausfall ist wie Arbeitseinkommen geschützt (§§ 850 ff). Renten wegen Verletzung des Körpers oder der Gesundheit und Unterhaltsrenten sind nach § 850b I Nr 1, II nur beschränkt pfändbar. Entspr gilt für Ersatzansprüche aus Gefährdungshaftung nach HaftPflG, LuftVG, StVG, AtomG usw. **b) Immaterieller Schaden.** Die Geldentschädigung für Nichtvermögensschaden nach § 15 II AGG ist pfändbar (BGH MDR 2020, 1148 Tz 13 mwN); zum Schmerzensgeld: Rn 33.44; Anspruch aus Art 5 V EMRK ist pfändbar; Anspruch aus Art 41 EMRK ist es dagegen nicht (BGH MDR 2011, 817; anders aber für den Anspruch auf Kostenerstattung); nicht pfändbar sind auch die Leistungen für Opfer sexuellen Missbrauchs (sa Beschluss der Deutschen Bischofskonferenz v 2.3.2011; BGH MDR 2014, 861 Tz 14; BGH ZIP 2020, 1565 Tz 16); zu § 17a StrRehaG: § 850i Rn 16b. 33.42

• **Schadensversicherung.** Der Anspruch auf Ersatz des Vermögensschadens in der Feuer-, Hagel-, Tier- und Transportversicherung ist als Geldforderung pfändbar. Pfändung nach § 829. Drittsch ist der Versicherer. Einschränkung bei Versicherung einer unpfändbaren Sache (§ 811) nach § 17 VVG iVm § 851 I (St/Rellermeyer A.441). Besteht hypothekarische Haftung (§ 1127 I BGB), kann nur mit der zeitl Einschränkung aus § 865 II 2 gepfändet werden; zur Pfändbarkeit der Brandversicherungsforderung nach Wiederherstellung des Gebäudes: BGH NJW-RR 94, 343. Bei Versicherung für fremde Rechnung (§§ 43 ff VVG) sind die Ansprüche des Sch, der versicherter Dritter ist (§ 44 I 1 VVG), pfändbar (ausf St/Rellermeyer Rn A.443, A.447). 33.43

• **Schmerzensgeld.** Es ist pfändbar (BGH NJW-RR 2020, 995 Tz 14; MskV/Flockenhaus § 851 Rn 6d; St/Rellermeyer A.437). 33.44

33.45 • **Schuldbefreiung.** Der Anspruch auf Befreiung von einer Schuld kann nur für den Gl gepfändet werden, dessen Forderung durch Drittsch-Leistung getilgt werden soll; er ist iÜ nicht pfändbar. Nach Überweisung ist der gepfändete Anspruch Zahlungsanspruch gg den Drittsch (BGH NJW 94, 49, 50).

33.46 • **Sparguthaben.** Die Forderung auf Auszahlung der Spareinlage ist als Geldforderung pfändbar. Angabe der Sparbuchnummer ist bei sonst genügend bestimmter Bezeichnung der Forderung nicht erforderl. Pfändungsumfang: § 833a. Das Sparbuch ist als Legitimationspapier nicht Gegenstand der ZwV (Hollinger MDR 2019, 520, 523). Herausgabepflicht des Sch besteht nach § 836 III. Hilfspfändung (vorl Besitzergreifung durch den GV) sieht § 106 GVGA vor. Schutz des Sch vor prämienschädlicher Verfügung: § 765a.

33.47 • **Sparkassenbrief.** Der Anspruch aus einem als Namensschuldverschreibung ausgestellten Sparkassenbrief ist als Forderung (§ 829) zu pfänden; bloße Wegnahme der Urkunde durch den GV genügt nicht (Herausgabevollstr ermöglicht § 836 III 3).

33.48 • **Soziale Entschädigung.** Seit dem 1.1.2024 umfassend neu geregelt im SGB XIV (Art 1 G zur Regelung des Sozialen Entschädigungsrechts, BGBl I 2019, 2652). Aufgehoben wurden ua das BVG und das OEG (Art 58 Nrn 2, 15). Pfändungsschutz besteht nun nach § 9 SGB XIV. Übergangsvorschriften: §§ 137 ff SGB XIV.

33.49 • **Sozialleistungen.** Pfändung geregelt in § 54 SGB I (näher § 850i Rn 6 ff); daneben für unpfändbar erklärt der Anspruch auf Leistungen zur Sicherung des Lebensunterhalts (§ 42 IV 1 SGB II), auf Leistungen der Eingliederungshilfe (§ 107 I SGB IX), auf Sozialhilfe (§ 17 I 2 SGB XII). – Zu SGB-Geldleistungen, die auf einem P-Konto eingehen: sa § 902 (Erhöhungsbeträge) und § 904 (Nachzahlungen).

33.50 • **Steuererstattung.** Einschlägig ist § 46 AO. Verfassungsrechtl Bedenken gg § 46 VI AO sind nicht begründet (OLG Frankfurt NJW 78, 2397; OLG Hamm MDR 79, 149; OLG Schleswig JurBüro 78, 120). Pfändbar entstanden ist der Erstattungsanspruch (auch aus Abschlusszahlung nach späterer Herabsetzung der Steuerschuld: NdsFG KKZ 95, 13), wenn der Tatbestand verwirklicht ist, an den das Gesetz die Leistungspflicht knüpft (§ 38 AO). Abgabe der Steuererklärung und Festsetzung mit Steuerbescheid sind nicht erforderl; Einzelregelung jetzt vielfach in Steuergesetzen. Für Klage gg das Finanzamt auf Auszahlung ist der Finanzrechtsweg gegeben (BFH NJW 88, 1407 [Umsatzsteuererstattung]). Die Einkommensteuer als Kalenderjahres-Steuer (§ 25 I EStG), mithin auch der Erstattungsanspruch aus Überzahlung, entsteht pfändbar mit Ablauf des Kalenderjahres (§ 36 I EStG: BFH BB 90, 1404). Vorpfändung ist gleichfalls nur in diesen Grenzen möglich (sa § 845 Rn 2 aE). Steuerart und Erstattungsgrund sind im Pfändungsbeschluss zu bezeichnen (BFH NJW 90, 2645 [Erstattungsanspruch für das Jahr … genügt auch iVm der Steuernr nicht]; BFH Rpfleger 2001, 603 [Umsatzsteuervergütung]; aA OLG Stuttgart MDR 79, 324). Der Erstattungszeitraum ist mit dem (angegebenen) abgelaufenen Kalenderjahr und davor liegenden Veranlagungszeiträumen hinreichend bestimmt bezeichnet (LG Itzehoe MDR 88, 1064). Wenn ein Vergütungszeitraum nicht bezeichnet ist, wird der Beschluss dahin ausgelegt, dass alle bereits entstandenen Vergütungsansprüche gepfändet sein sollen (BFH BB 90, 1404 [Umsatzsteuer]; insoweit keine Nichtigkeit bei unwirksamer Mitpfändung auch künftiger Ansprüche). – Drittsch: § 46 VII AO. – Auch wenn Veranlagung nur auf Antrag erfolgt, kann der Erstattungsanspruch bereits nach Entstehen (bei ESt: mit Kalender-Jahresablauf) gepfändet werden (§ 46 VI AO; dazu: St/Rellermeyer A.527). Die Pfändung des Erstattungsanspruchs berechtigt den Gl nicht dazu, steuerl Erklärungspflichten des Sch zu erfüllen (MskV/Flockenhaus Rn 28). Eine Steuererklärung kann der Gl für den Sch daher nicht abgeben (David MDR 93, 412). Er kann für den Sch die Veranlagung (auch Ehegattenzusammenveranlagung) zur Einkommensteuer nach § 46 II Nr 8 EStG nicht beantragen (BFH NJW 2001, 462; aA Fest WM 2012, 1565). Er kann weder einen Anspruch auf Vornahme von Verfahrenshandlungen im Steuerfestsetzungsverfahren gem § 888 durch Haftantrag gg den Sch vollstr noch nach § 887 ermächtigt werden, Verfahrenshandlungen des Sch im Steuerfestsetzungsverf selbst vorzunehmen (BGH MDR 2008, 765 [Aufgabe von: BGH MDR 2004, 535]). Der Arbeitgeber ist Drittsch, wenn er den LSt-Jahresausgleich durchführt (§ 42b EStG). Die Pfändung des von ihm zu leistenden Erstattungsanspruchs unterliegt nicht der zeitl Beschränkung des § 46 VI AO. Arbeitseinkommen ist der Erstattungsanspruch nicht (BGH NJW 2005, 2988; BGH NJW 2006, 1127).

33.51 • **Stiftung „Mutter und Kind – Schutz des ungeborenen Lebens“.** Leistungen aus Mitteln der Stiftung und zur Erreichung des Stiftungszwecks aus Mitteln anderer Stiftungen sind nicht pfändbar (MskV/Flockenhaus Rn 37). Nach Überweisung einer Geldleistung auf ein P-Konto der werdenden Mutter bei einem Geldinstitut gilt § 902 S 1 Nr 3 (geschützter Erhöhungsbetrag); Nachweis: § 903; Festsetzung: § 905.

33.52 • **Strafgefangener.** Unzulässig ist die Pfändung durch den Staat (für Justizkostenforderungen) des Geldentschädigungsanspruchs wegen menschenunwürdiger Haftbedingungen (BGH MDR 2011, 882).

33.53 • **Strafverfolgungsentschädigung.** Der Anspruch ist bis zur rechtskr Entscheidung über den Antrag (gleich steht betragsmäßige Zuerkennung im Justizverwaltungsverfahren) nicht übertragbar (§ 13 II StrEG) und daher nicht pfändbar (§ 851 I), auch nicht als künftige Forderung. Danach ist der Anspruch pfändbar (OLGR Koblenz 2008, 415 Tz 5); eine vorher erfolgte Pfändung hat das OLG Koblenz (NJW-RR 99, 508) als anfechtbar, nicht aber als nichtig angesehen.

33.54 • **Treuhandforderungen.** Sie werden nur dem Treuhänder geschuldet; dem Treugeber steht daran kein Recht zu. Pfändung bei Vollstr gg den Treuhänder ist daher zulässig; für Treugeber jedoch Widerspruchsklage gg Zugriff auf das wirtschaftl ihm gehörende Vermögen (erfordert bei Sonder- oder Fremdkonto Publizität nicht zwingend, BGH MDR 93, 1119). Mit Titel gg den Treugeber können die auf Treuhänder als Fiduziar zu vollem Recht übertragenen Forderungen nicht gepfändet werden (BGH MDR 2010, 1017 Tz 10). Gl des Treugebers können jedoch dessen schuldrechtl Anspruch an den Treuhänder auf Rückübertragung der Forderung pfänden (BGH NJW 2010, 2346 Tz 10, außerdem Ansprüche aus dem Treuhandverhältnis wie die Ansprüche eines Bauträgers gegen einen WE aus dem Treuhandverhältnis zur Verwaltung von Sondernutzungsrechten an Parkplätzen).

• **Untermiete.** Sie ist (wie „Miete": Rn 33.30) pfändbar. Schutz nach § 850i I kann auch für Untermiete zu gewähren sein (BGH MDR 2015, 796). 33.55

• **Vermögenswerte.** Der Anspruch auf Rückübertragung, Rückgabe oder Entschädigung nach dem Gesetz zur Regelung offener Vermögensfragen (Vermögensgesetz – VermG, BGBl I 2005, 205) kann gepfändet werden (§ 3 I 2 VermG; St/Rellermeyer A.385). 33.56

• **Vermögenswirksame Leistungen.** Sa § 850 Rn 13: nicht pfändbar. 33.57

• **Versteigerungserlös.** Ein Anspruch auf den Versteigerungserlös des Sch, der gg einen Dritten vollstr hat, ist ebenso wie das PfändungspfandR selbständig nicht pfändbar; zu pfänden ist die Forderung des Sch gg den Drittsch. – Der Anspruch des Sch auf den Überschuss des Versteigerungserlöses in der Mobiliarzwangsvollstr ist vom Zuschlag an pfändbar; Pfändung nach § 857 II; der GV ist nicht Drittsch. – Der Erlös aus der Versteigerung (auch Veräußerung) von Räumungsgut (§ 885 IV) ist nicht pfändbar (Boek DGVZ 2019, 55); anders aber, wenn diese Sachen selbst pfändbar gewesen wären (Hippeli DGVZ 2019, 145). 33.58

• **Wohnungseigentümergemeinschaft.** Gemeinschaftsvermögen der (rechts- und prozessfähigen: § 9a I 1 WEG) Gemeinschaft der Wohnungseigentümer (§ 9a III WEG) kann von ihren Gl gepfändet werden, wenn es sich um eine Schuld der Gemeinschaft handelt. Pfändbares Vermögen, das der Gemeinschaft gehört, sind insb die Ansprüche gg die Eigentümer auf Zahlung der Beiträge zu den Lasten und Kosten (Wohngeldforderungen, auch als Sonderumlage) oder Schadensersatzansprüche wegen Pflichtverletzung; Ansprüche aus Rechtsverhältnissen mit Dritten, insb gg Banken (Sparkassen), bei denen Gemeinschaftskonten geführt werden (BGH MDR 2005, 1156), auch bei Festgeld- oder Wertpapieranlage der Instandhaltungsrücklage, auch Versicherungs- und Schadensersatzansprüche der Gemeinschaft, ein Herausgabeanspruch gg den Verwalter usw. – Gepfändet werden kann auch der Anspruch der Gemeinschaft auf Beschlussfassung betr eine ausreichende Finanzausstattung. – Haftung des einzelnen Wohnungseigentümers ggü den Gl der Gemeinschaft besteht in Höhe seines Miteigentumsanteils: § 9a IV 1 WEG. Ist der Sch Gl nach § 9a IV 1 WEG, kann sein Anspruch gg den Wohnungseigentümer von seinen Gl gepfändet werden. 33.59

• **Zwangsverwaltung.** Forderungspfändung in die Zwangsverwaltungsmasse ist nicht zulässig (RGZ 135, 197). Nach wirksamer Pfändung einer Hypothek, Grundschuld oder VollstrForderung eines dingl nicht gesicherten Gl kann vom Pfandgl der Anspruch auf Zahlung aus den Grundstückserträgnissen geltend gemacht werden (§§ 155 ff ZVG; vor Überweisung Hinterlegung). Für Zahlung durch den Zwangsverwalter hat das VollstrGericht seine Zahlungsanweisung zu ergänzen (§ 157 ZVG). Der Anspruch des Grundstückseigentümers gg den Zwangsverwalter auf Aushändigung des Kassenbestands nach Verfahrensaufhebung ist Forderungsrecht; Pfändung nach § 829 (OLG Köln VersR 94, 113). Drittsch ist der Zwangsverwalter. Auch für Grundpfandgl unzulässig ist nach uneingeschränkter Aufhebung der Zwangsverwaltung im Verlaufe eines InsoVerf über das Vermögen des Sch die Pfändung des Anspruchs gg den vormaligen Zwangsverwalter auf Auskehrung des Erlöses an die Insolvenzmasse (BGH NJW 2013, 3520). 33.60

XI) Kindergeld. 1) Zahlung. Es wird zur steuerl Freistellung eines Einkommensbetrags in Höhe des Existenzminimums eines Kindes einschl des Bedarfs für Betreuung und Erziehung oder Ausbildung sowie zur Förderung der Familie gezahlt (§ 31 S 1, 2 EStG; zum Kindergeld nach BKGG: § 850i Rn 12, 37), und zwar monatl als Steuervergütung (§ 31 S 3, § 71 EStG). Anspruchsberechtigte: § 62 EStG (Zahlung in Sonderfällen: § 74 EStG). Die Pfändbarkeit regelt § 76 EStG (sowie vergleichbar § 54 V SGB I). – Beim P-Konto sind Kindergeld und andere gesetzl Geldleistungen für Kinder geschützte Erhöhungsbeträge (§ 902 S 1 Nr 5 m Ausnahme) und für Nachzahlungen gilt § 904 I. 34

2) Pfändbarkeit. Die Regelung des § 76 EStG beruht auf der Erwägung, dass dem Unterhaltspflichtigen (Sch) Kindergeld für Unterhalt der Zahl- sowie Zählkinder zur Verfügung stehen soll. Berücksichtigung eines Kindes bei der Festsetzung des Kindergeldes: § 63 EStG. Gepfändet werden kann Kindergeld auch wegen der länger als ein Jahr fälligen ges Unterhaltsansprüche eines Kindes (St/Rellermeyer A.224), **nicht** aber, wenn wegen des ges Unterhaltsanspruchs eines anderen Berechtigten (Ehegatte, früherer Ehegatte, Kind, das bei Festsetzung nicht berücksichtigt ist), wegen einer Forderung aus vorsätzl begangener unerlaubter Handlung (BGH MDR 2016, 671: § 263 StGB in Zusammenhang mit Kauf von Kinderschuhen) oder wegen einer sonst gewöhnl Geldforderung vollstr wird. Grund: Zweckbindung. – Zur Vollstr durch einen Rechtsnachfolger: § 850d Rn 4. 35

3) Beispiel 1. Wenn ein **Zahlkind** (= Kind, für das Kindergeld gezahlt wird) ges **Unterhalt vollstreckt** und nur Zahlkinder vorhanden sind (dem Sch somit Kindergeld für alle bei ihm berücksichtigten Kinder zusteht), ist Kindergeld bis zu dem Betrag pfändbar, der bei gleichmäßiger Verteilung des Kindergeldes auf jedes dieser Kinder 36 entfällt (§ 76 S 2 Nr 1 S 1 EStG; MskV/Flockenhaus § 850i Rn 22). Bei Teilung des Betrags sind auch die nicht unterhaltsberechtigten Kinder, für die Kindergeld erbracht wird (zB Stiefkinder, Pflegekinder), zu berücksichtigen.

37 **4) Beispiel 2.** Wenn ein **Zahlkind** ges **Unterhalt vollstreckt** und auch ein Zählkind (s Rn 38) vorhanden ist, ergibt sich der pfändbare Betrag aus § 76 S 2 Nrn 1, 2 EStG. Es bleibt zunächst der Erhöhungsbetrag infolge Berücksichtigung des Zählkindes bei Bestimmung des pfändbaren Kindergeldbetrags außer Betracht (§ 76 S 2 Nr 1 S 2 EStG). Der pfändbare anteilige Kindergeldbetrag (s Rn 36) wird also zunächst ohne diesen sog „Zählkindervorteil" berechnet; dazu kommt nach § 76 S 2 Nr 2 EStG als weiterer pfändbarer Kindergeldbetragsteil der anteilige Zählkindervorteil (sa Rn 38).

38 **5) Beispiel 3.** Wenn ein **Zählkind** (für das der Sch selbst Kindergeld zwar nicht erhält, das aber bei Bestimmung der Höhe seines Kindergeldes für die anderen Kinder mitgezählt wird) ges **Unterhalt vollstreckt**, ist der Erhöhungsbetrag des Kindergeldes anteilig pfändbar (§ 76 S 2 Nr 2 EStG). Mit Teilung des Erhöhungsbetrags durch die Zahl sämtl beim Sch berücksichtigten Kinder wird erreicht, dass der Zählkindervorteil auf diese Kinder gleichmäßig verteilt wird (LG Mönchengladbach Rpfleger 2002, 471).

39 **6) Drittschuldner.** Das (s § 46 VII AO) ist die örtl zuständige Familienkasse, die das Kindergeld durch Bescheid festsetzt (§ 70 EStG) und ausgezahlt. Familienkassen sind die Dienststellen der Bundesagentur für Arbeit (§ 5 I 1 Nr 11 FVG), somit die Agenturen für Arbeit. – Für Pfändung von Kindergeld eines Angehörigen des öffentl Dienstes (genau § 72 I EStG) ist Drittsch die Körperschaft, Anstalt oder Stiftung des öffentl Rechts, die als Familienkasse Kindergeld festsetzt und auszahlt (§ 72 I [Ausnahme: § 72 IV-VIII] EStG) oder die Bundesfamilienkasse beim Bundesverwaltungsamt (Errichtung und Zuständigkeit: G v 20.5.2010, BGBl I 2010, 673), für Pfändung des Kindergeldes eines Beamten und Versorgungsempfängers der Deutschen Post AG, der Deutschen Postbank AG sowie der Deutschen Telekom AG sind diese jur Personen Drittsch (als Familienkasse setzen sie Kindergeld fest und zahlen es aus: § 72 I, II EStG; Ausnahme: dort IV). Der Pfändungsbeschluss wird für diese Angehörigen des öffentl Dienstes an die Stelle zu richten sein, die für die Festsetzung und Auszahlung der Bezüge oder des Arbeitsentgelts zuständig ist (§ 72 VII EStG).

40 **7) Entscheidung.** Der Pfändungsbeschluss kann als **Blankettbeschluss** für die Bestimmung der Höhe des pfändbaren Kindergeldbetrags auf die ges Regelung in § 76 EStG Bezug nehmen (St/Rellermeyer A.231). Betragsmäßige Berechnung ist dann Sache des Drittsch. Der Blankettbeschluss ist ohne Wirkung, wenn der vollstr Gl nicht (nicht mehr) zu den Kindern gehört, die bei der Festsetzung der Geldleistungen berücksichtigt sind. Die Pfändung erfasst auch die künftig fällig werdenden Beträge (§ 832 entspr). **Vorratspfändung** ermöglicht § 850d III entspr. Jede Änderung der mit Blankettbeschluss gepfändeten Leistungen hat der Drittsch von sich aus zu berücksichtigen (erfordert keinen Änderungsbeschluss nach § 850g). Das gilt auch für die Beendigung der Pfändungswirkung, wenn der vollstr Gl als bei Kindergeldfestsetzung berücksichtigtes Kind wegfällt.

41 **8) Vorpfändung.** Nach § 845 unter Wahrung der Pfändungsgrenzen des § 76 EStG möglich.

42 **9) Einkommensteuer.** Bei **Veranlagung zur ESt** wird der Kinderfreibetrag abgezogen, wenn steuerl Freistellung durch das Kindergeld allein nicht in vollem Umfang bewirkt wird (§ 31 S 4, 5 EStG). Ein Steuererstattungsanspruch, der sich dann ergibt, ist nach § 46 AO pfändbar (sa Rn 33.50); § 76 EStG erlangt dafür keine Bedeutung.

43 **XII) Formulare.** Für den Antrag sind aufgrund **IV 1** in der **Zwangsvollstreckungsformular-VO** (ZVFV v 16.12.2022, BGBl I 2022, 2368; geändert durch VO zur Änderung der ZVFV v 24.11.2023, BGBl 2023 I Nr 320; zuletzt geändert durch zweite VO zur Änderung der ZVFV v 17.6.2024, BGBl 2024 I Nr 203) **Formulare** eingeführt worden (ausf zur ZVFV: § 753 Rn 5 mwN; die Formulare sind abrufbar unter: www.bmjv.de/Zwangsvollstreckungsformulare). Für (sämtl) Anträge auf Erlass eines Pfändungsbeschlusses (§ 829) sowie eines PfÜB (§§ 829, 835) ist nach § 1 III ZVFV in deren **Anlage 4** ein Formular enthalten. **Anlage 5** enthält ein Formular „Entwurf eines Pfändungsbeschlusses und eines PfÜB". **Anlage 7** (keine ges Unterhaltsansprüche) und **Anlage 8** (ges Unterhaltsansprüche) enthalten außerdem Formulare für die Aufstellung von Forderungen bzgl eines Pfändungsbeschlusses sowie eines PfÜB. **Formularzwang:** Die Anlagen 4 und 5 sind verbindl zu nutzen (IV 2; § 2 I Nr 3 ZVFV; Zweck des Formularzwangs: Standardisierung des Vollstreckungsauftrags); nach § 2 IV ZVFV sind dem Formular der Anlage 4 zwingend auch die Formulare der Anlage 5 sowie Anlage 7 bzw Anlage 8 beizufügen (grds Einreichungszwang auch für Anlagen 7 bzw 8: vgl BRDrs 561/22, 62 f; zur mehrfachen Nutzung der Anlagen 7 bzw 8: vgl § 2 V ZVFV). Zu zulässigen **Abweichungen von den Formularen:** vgl § 3 ZVFV. Zur (elektron) **Einreichung und Verarbeitung der Formulare:** vgl §§ 4 f ZVFV. **Ausfüllhinweise zu den Formularen** sind abrufbar unter: www.bmjv.de/Zwangsvollstreckungsformulare.

Exkurs: § 3 ZVFV regelt mehr zulässige Abweichungen von den Formularen als bisher in der GVFV und greift damit ua die Rspr des BGH auf. Der Gl ist nach bish Rspr des BGH vom Formularzwang entbunden, soweit das *Formular unvollständig, unzutreffend, fehlerhaft oder missverständlich* ist (BGH MDR 2018, 1525 = IBR 2018, 709 [Seibel]). Nach BGH aaO sollte es aber zu beanstanden sein, wenn der Gl die Anlage 1 des Formulars (Forderungsaufstellung) nicht ausgefüllt und stattdessen (mit Hinweis in Modul C) eine selbstverfasste Anlage beigefügt hatte; das ist äußerst bedenkl, weil der Formularzwang kein Selbstzweck ist und allein die Effektivität der Sachbearbeitung (kein zusätzl Mehraufwand) relevant sein sollte (ebenso Dörr MDR 2019, 147, 148 [keine Überbetonung formaler Anforderungen]; sa § 703c Rn 8 mwN).

XIII) **Gebühren. 1) Gericht:** Festgeb von 24 Euro nach 2111 GKG-KV, innerhalb des Rechtszuges gelten mehrere Verf als nur eines, wenn sie denselben Anspruch und Gegenstand betreffen. Für jeden Sch wird die Geb gesondert erhoben. Vorauszahlung: § 12 VI GKG. – **2) RA:** Vollstreckungsgeb 3309 RVG-VV, 3310 RVG-VV. Die Terminsgeb in der ZwV entsteht nur für die Teilnahme an einem gerichtl Termin oder dem zur Abnahme der eidesstattl Vers/Abgabe der VA. Durch die VerfGeb wird auch der Antrag auf Überweisung (§ 835) zur Einziehung oder an Zahlungs statt – selbst bei getrennter Antragstellung – abgegolten (§ 18 I Nr 1 RVG); ebenso die Vorpfändung (§ 845) u die Einholung von Auskünften (§ 802l) als Vorbereitungsmaßnahmen. – 3309 RVG-VV entsteht nur einmal, wenn auf Grund eines einheitl Auftrags mehrere Forderungen gegen verschiedene Drittsch gepfändet werden (BGH MDR 2011, 696). – Gegenstandswert: § 25 I Nr 1 RVG (s § 3 Rn 16.128). – **Honorarvereinbarung** (unterhalb der gesetzl Geb) oder **-verzicht:** § 4 II RVG; **Erfolgshonorar:** § 4a I 1 Nr 2 RVG. – **3) GV:** Zustellung (II 2): 100-102 GvKostG-KV (sa § 193 Rn 15; § 193a Rn 9; § 194 Rn 6; OLG Celle MDR 2024, 667 [Gebühr für elektron Zustellung des PfÜB]); 600 GvKostG-KV bei Nichterledigung (Gesamtsch: § 10 II 3 Nr 4 GvKostG); 700 GvKostG-KV: Dokumentenpauschale für Ausdrucke zum Zwecke der Zustellung bei elektron eingegangenen Dokumenten (OLG Düsseldorf MDR 2024, 935 mwN). 44

§ 829a Vereinfachter Vollstreckungsantrag bei Vollstreckungsbescheiden

(1) [1]Im Fall eines elektronischen Antrags zur Zwangsvollstreckung aus einem Vollstreckungsbescheid, der einer Vollstreckungsklausel nicht bedarf, ist bei Pfändung und Überweisung einer Geldforderung (§§ 829, 835) die Übermittlung der Ausfertigung des Vollstreckungsbescheides entbehrlich, wenn

1. **die sich aus dem Vollstreckungsbescheid ergebende fällige Geldforderung einschließlich titulierter Nebenforderungen und Kosten nicht mehr als 5 000 Euro beträgt; Kosten der Zwangsvollstreckung sind bei der Berechnung der Forderungshöhe nur zu berücksichtigen, wenn sie allein Gegenstand des Vollstreckungsantrags sind;**
2. **die Vorlage anderer Urkunden als der Ausfertigung des Vollstreckungsbescheides nicht vorgeschrieben ist;**
3. **der Gläubiger eine Abschrift des Vollstreckungsbescheides nebst Zustellungsbescheinigung als elektronisches Dokument dem Antrag beigefügt und**
4. **der Gläubiger versichert, dass ihm eine Ausfertigung des Vollstreckungsbescheides und eine Zustellungsbescheinigung vorliegen und die Forderung in Höhe des Vollstreckungsantrags noch besteht.**

[2]Sollen Kosten der Zwangsvollstreckung vollstreckt werden, sind zusätzlich zu den in Satz 1 Nr. 3 genannten Dokumenten eine nachprüfbare Aufstellung der Kosten und entsprechende Belege als elektronisches Dokument dem Antrag beizufügen.

(2) Hat das Gericht an dem Vorliegen einer Ausfertigung des Vollstreckungsbescheides oder der übrigen Vollstreckungsvoraussetzungen Zweifel, teilt es dies dem Gläubiger mit und führt die Zwangsvollstreckung erst durch, nachdem der Gläubiger die Ausfertigung des Vollstreckungsbescheides übermittelt oder die übrigen Vollstreckungsvoraussetzungen nachgewiesen hat.

I) Funktion. Vereinfachung und Beschleunigung der ZwV mit Verzicht auf die Übersendung des VB in Papierform in bestimmten Fällen bei elektron Antrag auf Pfändung und Überweisung von Geldforderungen. 1

II) Voraussetzungen der elektronischen Antragstellung. § 130a II-IV (s § 130a Rn 1). 2

III) Formulare. Die mit der ZVFV eingeführten Formulare (§ 829 Rn 43) sind auch für den Antrag in elektron Form verbindlich zu nutzen. Zur (elektron) Einreichung und Verarbeitung der Formulare: vgl §§ 4 f ZVFV. 3

IV) Voraussetzungen. 1) Zulässigkeit. Zulässig ist vereinfachter elektron Pfändungsantrag nur bei ZwV aus einem VB, der einer Klausel nicht bedarf (§ 796 I), und nur wegen einer fälligen (titulierten) Geldforderung (kann auch eine Teil- oder Restforderung sein) von nicht mehr als 5.000 Euro, und nur dann (I 1 Nr 2), wenn die Vorlage anderer Urkunden (zB §§ 726, 727) nicht vorgeschrieben ist (§ 829a ist daher zB bei Änderung der Parteibezeichnung des Gl nach Erlass des VB nicht eröffnet: BGH MDR 2023, 937 [Parteiidentität belegende Urkunden sind vorlegungspflichtige andere Urkunden iSd I 1 Nr 2]). – Die Fassung des I 1 Nr 1 Hs 1, nach der die Betragsgrenze unter Einschluss titulierter Nebenforderungen und Kosten berechnet wird, folgt aus der Abstimmung mit § 754a I Nr 1 (§ 754a Rn 2). 4

2) Abschrift und Versicherung. Erforderlich ist weiter (I 1 Nr 3), dass der Gl eine Abschrift des VB nebst Zustellungsbescheinigung als elektron Dokument dem Antrag beigefügt und (I 1 Nr 4) versichert, dass ihm eine Ausfertigung dieses VB und die Zustellungsbescheinigung vorliegen und die Forderung in Höhe des Vollstreckungsantrags noch besteht. 5

V) Kosten früherer Zwangsvollstreckung (§ 829a I 1 Nr 1 Hs 2). Wenn sie den mit dem VB ausgewiesenen Titel betreffen, können sie vereinfacht allein vollstr werden, wenn zur Nachprüfung, dass sie notw und in der verlangten Höhe entstanden sind, eine nachprüfbare Aufstellung und Belege dem Antrag als elektron Doku- 6 ment beigefügt sind (I 2). Erforderlich sollte bei isolierter Vollstr dieser Kosten auch Versicherung des Gl nach I 1 Nr 4 (Rn 5) sein.

7 **VI) Beschränkungen.** Zum Schutz des Sch regelt II Beschränkungen. Bestehen Anhaltspunkte für Zweifel, kann (Ermessensausübung) verlangt werden, dass der Gl die Ausfertigung des VB übermittelt oder die noch notwendigen Nachweise erbringt.

8 **VII) Kosten des Gerichts.** Keine Vorschusspflicht, § 12 VI 2 GKG.

§ 830 Pfändung einer Hypothekenforderung

(1) [1]Zur Pfändung einer Forderung, für die eine Hypothek besteht, ist außer dem Pfändungsbeschluss die Übergabe des Hypothekenbriefes an den Gläubiger erforderlich. [2]Wird die Übergabe im Wege der Zwangsvollstreckung erwirkt, so gilt sie als erfolgt, wenn der Gerichtsvollzieher den Brief zum Zwecke der Ablieferung an den Gläubiger wegnimmt. [3]Ist die Erteilung des Hypothekenbriefes ausgeschlossen, so ist die Eintragung der Pfändung in das Grundbuch erforderlich; die Eintragung erfolgt auf Grund des Pfändungsbeschlusses.

(2) Wird der Pfändungsbeschluss vor der Übergabe des Hypothekenbriefes oder der Eintragung der Pfändung dem Drittschuldner zugestellt, so gilt die Pfändung diesem gegenüber mit der Zustellung als bewirkt.

(3) [1]Diese Vorschriften sind nicht anzuwenden, soweit es sich um die Pfändung der Ansprüche auf die im § 1159 des Bürgerlichen Gesetzbuchs bezeichneten Leistungen handelt. [2]Das Gleiche gilt bei einer Sicherungshypothek im Falle des § 1187 des Bürgerlichen Gesetzbuchs von der Pfändung der Hauptforderung.

1 **I) Funktion.** Bestimmung, wie bei ZwV einer Geldforderung des Gl die Pfändung der durch eine Hypothek gesicherten Geldforderung des Sch gg einen Dritten zu vollziehen ist, unter Berücksichtigung der Besonderheiten, die sich mit der auf dem Grundbuchsystem beruhenden Rechtsnatur des Sicherungsrechts ergeben. Verwertung erfolgt mit Überweisung (§ 837) oder auf sonstige Weise (§ 844). **Entspr Anwendung** findet § 830 auf die ZwV in eine **Grundschuld**, Reallast und Rentenschuld (§ 857 VI). Keine Anwendung auf Nebenleistungen (§ 1159 BGB; hier gilt: § 829) und die Sicherungshypothek für Inhaber- und Orderpapiere (§ 1187 BGB; hier gilt: § 831). Weitere Ausnahme: § 837 III.

2 **II) Hypothek. 1) Einheit.** Forderung und Hypothek als akzessorisches Sicherungsrecht sind auch bei ZwV **untrennbar** (vgl § 1113 I, § 1153 BGB). Zugriff auf die Forderung im Wege der ZwV erfasst daher auch die Hypothek. Die Pfändung der Hypothekenforderung hat deshalb mit Übergabe (Wegnahme) des Briefes oder Grundbucheintragung zugleich dem sachenrechtl Publizitätserfordernis Rechnung zu tragen, somit den Besonderheiten zu entsprechen, die bereits für Abtretung (§§ 873, 1154 BGB) sowie Verpfändung einer Hypothekenforderung (§ 1274 BGB) gelten. Erforderlich für Pfändung einer Hypothekenforderung ist demnach (I mit Ausnahme in III) Pfändungsbeschluss nach § 829 (BGH 16.12.2020 – VII ZB 9/20, WM 2021, 254 = juris Tz 26; sa Rn 3) und beim **Brief**recht: Übergabe des Hypothekenbriefes (sa Rn 4 ff), beim **Buch**recht: Eintragung der Pfändung in das Grundbuch (sa Rn 9 ff).

2a **2) Wirksamkeit.** Briefübergabe oder Grundbucheintragung ist Wirksamkeitsvoraussetzung der Pfändung. Nichtbeachtung schließt Entstehung eines PfändungspfandR aus, auch wenn nicht bekannt war, dass die Forderung durch Hypothek gesichert ist, oder wenn der Sch nach Erwerb der Hypothek (Abtretung mit Briefübergabe, Erbfolge) nicht als Hypothekengl in das Grundbuch eingetragen wurde oder wenn der Brief verloren gegangen oder vernichtet ist. Zustellung des Pfändungsbeschlusses ist keine Wirksamkeitsvoraussetzung. Der Zustellungszeitpunkt kann wegen der Bewirkungsfiktion in II aber von Bedeutung sein (MskV/Flockenhaus Rn 8).

3 **3) Entscheidung.** Der Pfändungsbeschluss muss den Erfordernissen des § 829 entspr. Antrag und Prüfung des VollstrGerichts: wie § 829 Rn 3, 4. Wenn sicher feststeht, dass die im Antrag behauptete Hypothek nicht besteht (der Grundbuchinhalt ist nicht zu ermitteln: § 829 Rn 5 aE), fehlt das Rechtsschutzinteresse für Erstreckung der Pfändung auf die Hypothek. Zu pfänden ist dann nur die Forderung unter Zurückweisung des weitergehenden Antrags (vorherige Anhörung des Gl nach § 139). Forderung samt Hypothek sowie als Drittsch Forderungssch und Grundstückseigentümer (dingl Drittsch; ohne gesonderte Angabe ist von Personengleichheit auszugehen) sind in dem Pfändungsbeschluss zu bezeichnen (St/Rellermeyer F.12, F.13), desgleichen der Anfangszeitpunkt der Hypothekenzinsen, wenn sich die Pfändung auf Zinsen aus der Zeit vor ihrem Wirksamwerden erstrecken soll (OLG Oldenburg Rpfleger 70, 100). Die Wirksamkeit der Pfändung der noch bestehenden Hypothekenforderung wird nicht beeinträchtigt (Auslegung, s § 829 Rn 9), wenn die bezeichnete Forderung und damit Hypothek dem Sch nicht oder nicht mehr in voller Höhe zusteht, vielmehr das GrundpfandR teilweise Eigentümergrundschuld wurde (§§ 1163, 1168, 1170, 1177 usw BGB) oder auf einen Dritten übergegangen ist oder gelöscht wurde. Bezeichnung nur der Forderung, nicht auch der Hypothek, macht zwar den

Gegenstand der ZwV hinreichend erkennbar (s § 829 Rn 8, 9), ist aber für Briefwegnahme (vgl § 122 III GVGA) und Grundbucheintragung (§ 28 S 1 GBO) unzureichend. Ergänzung des Beschlusses durch Bezeichnung auch der Hypothek ist als Berichtigung zulässig. Auch Angabe des belasteten Grundstücks ist zweckmäßig, kann aber nicht notwendig gefordert werden, weil ein fehlender Hinweis auf den belasteten Grundbesitz die bestimmte Darstellung der Forderung mit Hypothek als Gegenstand der Pfändung nicht schmälert.

III) Briefhypothek. 1) Wirksamwerden. Die Pfändung der durch Briefhypothek gesicherten Forderung wird nach Erlass (Aushändigung) des Pfändungsbeschlusses mit **Übergabe des Hypothekenbriefes** an den Gl (seinen Besitzmittler) durch den Sch oder einen Dritten (I 1) oder Briefwegnahme durch den GV im Wege der ZwV (I 2) wirksam, bei Briefbesitz des Gl bereits mit Aushändigung des Pfändungsbeschlusses. Grundbucheintragung könnte die Briefübergabe nicht ersetzen. Einräumung einfachen Mitbesitzes (§ 866 BGB), bei dem auch der Sch unmittelbarer Besitzer bleibt, genügt nicht. Qualifizierter Mitbesitz durch Einräumung des Mitverschlusses ist ausreichend, desgl Hinterlegung des Briefes und deren Annahme durch den Gl (RGZ 135, 274). Mit Briefrückgabe erlischt das PfandR (RGZ 95, 265); unfreiwilliger Verlust des Briefes berührt das PfandR nicht. 4

2) Briefwegnahme beim Schuldner. Sie erfolgt im Wege der ZwV durch den GV nach § 883 (Hollinger MDR 2019, 520, 524; **Formulierungsvorschlag:** Vorwerk/Goldbach, PFB, M 54.11); § 122 II GVGA. Vollstr Ausfertigung ist nicht erforderl (MskV/Flockenhaus Rn 4), aber Zustellung nach § 750 I. Die Verpflichtung des Sch zur Herausgabe des Briefes braucht der Pfändungsbeschluss nicht gesondert auszusprechen; notwendig ist genaue Bezeichnung der Hypothek, die es ermöglicht, den Brief aufzusuchen und wegzunehmen (§ 122 III GVGA). Für das mit Briefwegnahme entstandene Pfandrecht ist belanglos, wann die Übergabe durch den GV an den Gl erfolgt. Findet der GV den Hypothekenbrief beim Sch nicht, kann der Gl die Abgabe der eidesstattl Versicherung nach § 883 II 1 verlangen; VollstrTitel auch hierfür ist der Pfändungsbeschluss zusammen mit dem Schuldtitel. Desgl kann der Gl Antrag auf Kraftloserklärung und anschließende Neubildung des Briefes stellen; hierfür ist Hilfspfändung nicht erforderl (BGH MDR 2012, 672 = NJW-RR 2012, 782). 5

3) Drittbesitz. Befindet sich der Brief im Besitz eines Dritten, der sein eigenes Recht am Brief nicht aufgeben kann, dann kann die Pfändung auch mit Ersetzung der Briefübergabe in entspr Anwendung von § 1274 I, § 1205 II, § 1206 BGB wirksam gemacht werden (St/Rellermeyer F. 26 ff; aA StJ/Würdinger Rn 10). – Wenn der zur Herausgabe verpflichtete Dritte nicht zur Herausgabe des Briefes (oder zu Übergabeersatz) bereit ist, kann Briefherausgabe von ihm nur nach Pfändung des Herausgabeanspruchs des Sch verlangt werden. Das ist dann Pfändung nach § 886 (BGH NJW 79, 2045; MK/Smid Rn 17). Drittsch dieser Pfändung ist der Dritte, der den Brief besitzt. Sie berechtigt den Gl nach Überweisung, den Herausgabeanspruch mit Klage geltend zu machen (StJ/Würdinger Rn 20). Der GV kann den Brief beim Dritten nicht bereits auf Grund dieser Pfändung wegnehmen. Wirksam wird die Pfändung der Hypothekenforderung dann mit Besitzerlangung des Briefes (MskV/Flockenhaus Rn 5). 6

4) Teilpfändung. § 829 Rn 11, dort auch zum Rang. Kein Anspruch auf Herausgabe des Briefes für die gesamte Hypothek. Die Pfändung erfolgt vielmehr im Wege der Herstellung und Aushändigung eines Teilbriefs (OLG Oldenburg Rpfleger 70, 100). Nicht ersetzt werden kann die Briefübergabe dadurch, dass der Sch den ungeteilten Brief zugleich als Eigenbesitzer für sich selbst und als Fremdbesitzer für den pfändenden Gl besitzt (BGH NJW 83, 568 für Abtretung). Auf Antrag ist Anordnung der Herausgabe des Briefes an das GBA oder einen Notar zur Bildung eines Teilbriefs unter Pfändung und Überweisung des Rechts des Sch auf Bildung eines Teilbriefs in den Pfändungsbeschluss aufzunehmen. Als Teil der Hypothekenforderung kann in dieser Weise auch nur das Recht auf die künftigen Zinsen gepfändet werden (RGZ 74, 80). 7

5) Grundbucheintragung. Die wirksame Pfändung einer Briefhypothek kann als Grundbuchberichtigung zur Sicherung des Verfügungsverbots gg Beeinträchtigung mit gutgl Erwerb Dritter eingetragen werden (§ 135 II iVm § 892 BGB). Sie erfolgt auf Antrag des Gl (§ 13 I GBO), wenn durch Vorlage des Pfändungsbeschlusses und Hypothekenbriefs die Grundbuchunrichtigkeit nachgewiesen ist, und erfordert Voreintragung des Sch oder Nachweis seines Gläubigerrechts in der Form des § 1155 BGB (§ 39 I GBO). 8

IV) Buchhypothek. 1) Wirksamwerden. Die Pfändung (**Formulierungsvorschlag:** Vorwerk/Goldbach, PFB, M 54.7) der durch Buchhypothek gesicherten Forderung wird nach Erlass (Aushändigung) des Pfändungsbeschlusses mit **Eintragung der Pfändung in das Grundbuch** wirksam (I 3). In dieser Weise ist auch **Teil**pfändung möglich (§ 829 Rn 11, auch zum Rang). Die Eintragung erfolgt auf Antrag des Gl (§ 13 I GBO; er bedarf nicht der Form des § 29 GBO) auf Grund des Pfändungsbeschlusses (I 3), der nicht zugestellt sein muss, denn die Zustellung ist hier keine Wirksamkeitsvoraussetzung (BGH WM 2021, 254 = juris Tz 26; BGH 16.12.2020 – VII ZB 10/20, juris Tz 25). Vorlage des Titels ist nicht nötig. Voreintragung des Sch ist nach § 39 GBO (Besonderheiten: § 40 GBO) erforderl (Antragsrecht des Gl nach § 14 GBO). Das VollstrGericht kann das GBA um Eintragung nicht ersuchen. Pfändung einer **Gesamthypothek** ohne Brief (§ 1132 BGB) wird erst mit Eintragung bei allen belasteten Grundstücken wirksam (RGZ 145, 351). Unzulässig ist Pfändung einer Gesamthypothek nur hinsichtl eines Grundstücks. Fehlt die Eintragung auch nur auf einem Grundstück, so ist die Pfändung überhaupt unwirksam und wird auch durch spätere Löschung der Gesamthypothek auf den mitbelasteten Grundstücken nicht wirksam. 9

2) Sicherungshypothek. Als Buchhypothek zu pfänden ist auch die Sicherungshypothek (§§ 1184, 1185 I BGB), 10
desgl die Zwangs- und Arrest-Sicherungshypothek (§ 866 I, § 932), nicht aber die Sicherungshypothek für ver-

briefte Forderungen (III 2 iVm § 1187 BGB; dazu: Rn 1), außerdem die Höchstbetragshypothek (§ 1190 iVm § 1185 BGB; Ausnahme aber nach § 837 III).

10a **3) ZGB-DDR.** Die Hypothek nach dem Zivilgesetzbuch der (ehem) DDR (§ 452 ZGB) ist mit der Forderung untrennbar verbunden; sie besteht nur in der jew Höhe der Forderung (samt Zinsen und Nebenforderungen). Mit der Forderung erlischt auch die Hypothek (§ 454 ZGB). Ein Brief wurde nicht erteilt. Für Übertragung dieser Hypothek (die am 3.10.1990 bestanden hat) gelten die Vorschriften des BGB über Übertragung einer Sicherungshypothek entspr (Art 233 § 6 I EGBGB). Zu pfänden ist die Hypothekenforderung somit als Forderung einer Buchhypothek. Die Übertragung einer Hypothek aus der Zeit vor dem Inkrafttreten des ZGB-DDR (1.1. 1976) richtet sich nach den entspr Vorschriften des BGB; Pfändung erfolgt somit nach § 830.

11 **V) Zustellung vor Pfändung.** Wenn der Pfändungsbeschluss dem **Drittschuldner** vor Übergabe des Hypothekenbriefs oder Eintragung der Pfändung einer Buchhypothek (im Parteibetrieb, § 829 II) zugestellt wird, **gilt diesem gegenüber** die Pfändung mit dieser Zustellung als **bewirkt** (II). Diese Zustellungswirkung besteht nur, wenn die Pfändung wirksam nachgefolgt ist (BGHZ 127, 146, 151). Die Zustellung allein bewirkt nicht Wirksamkeit der Pfändung (allgM, zB OLG München ZfIR 2019, 67 Tz 21; StJ/Würdinger Rn 8). Sie begründet (sichert) auch keinen Pfändungsrang. Nur dem Drittsch ggü wird die später wirksam gewordene Pfändung als Zahlungsverbot auf den Zeitpunkt der Zustellung zurückdatiert (StJ/Würdinger Rn 28). Rechtl Wirkung ggü dem Sch (als Gl der Hypothek) und Dritten hat die Zustellung nicht. Der Sch kann deshalb auch noch nach Zustellung (bis zur Wirksamkeit der Pfändung nach I) über die Hypothekenforderung frei verfügen. Wenn nach wirksamer Verfügung (Abtretung, Aufhebung) der Gl ein PfandR nicht mehr erlangen kann, ist auch die mit Zustellung für den Fall wirksam nachfolgender Pfändung bereits eingetretene pfandrechtl Bindung des Drittsch beendet (St/Rellermeyer F.80; für Rangwahrung anders RGZ 97, 233).

12 **VI) Erneute Pfändung.** Eine bereits gepfändete Forderung, für die eine Hypothek besteht, kann erneut gepfändet werden. Die Pfändung erfolgt wie die Erstpfändung (sa § 829 Rn 21), also mit Pfändungsbeschluss und Übergabe des Hypothekenbriefes oder Grundbucheintragung (I). Rang: § 804 III. Weil mit Briefrückgabe das PfandR eines früheren Gl erlöschen würde (s Rn 4), kann die spätere Pfändung nur mit Ersetzung der Briefübergabe (s Rn 6) Wirksamkeit erlangen (St/Rellermeyer F.72 ff).

13 **VII) Vorpfändung.** Sie ist möglich (§ 845; **Formulierungsvorschläge:** Vorwerk/Goldbach, PFB, M 54.5 [Auftrag an GV] u 54.6 [Eintragungsantrag]); allgM. Sie wird mit Zustellung an den Drittsch bewirkt. Briefübergabe oder Grundbucheintragung erfordert sie nicht (WSch/Lüke Rn 18; aA OLG Köln OLGZ 91, 154); entspr Anwendung des § 830 sieht § 845 für die nur kurzzeitige Vorpfändung nicht vor. Die Wirkung des § 845 II erfordert aber, dass die nach § 830 wirksame Pfändung in der Monatsfrist nachfolgt. Beschlusszustellung an Drittsch (II), Wegnahmeauftrag an GV und Eintragungsantrag beim GBA wahren die Frist nicht (St/Rellermeyer F.82). Hier kann ein Verfügungsverbot helfen (§ 938 II; MskV/Flockenhaus Rn 10).

14 **VIII) Ausnahmen (§ 830 III).** Im Fall des § 1187 BGB wird nach § 831 (MskV/Flockenhaus Rn 2) gepfändet (III 2). – Nur als (gewöhnl) Geldforderung nach § 829 (Wirksamkeit mit Zustellung des Beschlusses an Drittsch) zu pfänden sind nach III 1 (iVm § 1159 BGB) die Forderung auf **Rückstände** von (vertragl oder ges) **Zinsen**, auf andere **Nebenleistungen** (§ 1115 BGB) und **Kosten** der Kündigung sowie der Rechtsverfolgung zur Befriedigung aus dem Grundstück (§ 1118 BGB, § 10 II ZVG). Rückständig sind Zinsen und Nebenleistungen, die bei Wirksamwerden der Pfändung (nach § 829 III) fällig sind. Die Pfändung dieser Ansprüche bestimmt sich nach § 829 nicht nur, wenn sie selbständig gepfändet werden (Teilpfändung), sondern auch, wenn zugleich die Pfändung der Hauptsacheforderung und künftig fällig werdender Zinsen sowie Nebenleistungen erfolgt. Tilgungsbeträge sind Kapitalbeträge, somit auch nach Fälligkeit nach § 830 zu pfänden. Auf die durch Hypotheken**vormerkung** (§ 883 BGB) gesicherte Forderung findet § 830 keine Anwendung; Pfändung hat nach § 829 zu erfolgen. Gleiches gilt für die mit Zuschlag in der Zwangsversteigerung **erloschene Hypothek**, deren Pfändung als Anspruch auf Befriedigung aus dem Versteigerungserlös nach § 829 zu erfolgen hat (sa § 857 Rn 30; St/Rellermeyer F.87). Wenn Eintragung einer Hypothek bewilligt, aber noch nicht erfolgt ist, ist nur die Forderung nach § 829 zu pfänden. Gleiches gilt, wenn Eintragung der Hypothek im Grundbuch erfolgt ist, sie aber noch nicht dem eingetragenen Gl zusteht, sondern noch Eigentümergrundschuld ist (eine Briefhypothek nach § 1163 II wegen noch ausstehender Briefübergabe: OLG Hamm DNotZ 82, 257); weil Übergabe des Briefes durch Vereinbarung nach § 1117 II BGB ersetzt sein kann, empfiehlt es sich aber, Pfändung auch in der Form des § 830 zu betreiben. Ist die Geldforderung wirksam nach § 829 gepfändet und entsteht die Hypothek dann nachträgl (auch dadurch, dass der Eigentümer den Brief an den Pfändungsgläubiger herausgibt), erstreckt sich auf sie von selbst das bereits an der Geldforderung begründete PfandR (OLG Hamm DNotZ 82, 257). Damit besteht Grundbuchunrichtigkeit; Grundbucheintragung der Pfändung kann daher als Grundbuchberichtigung erfolgen. – Zur **Höchstbetragshypothek:** § 837 Rn 10.

15 **IX) Gebühren. 1) Gericht:** für die Eintragung der Pfändung in das Grundbuch 14130 GNotKG-KV. – **2) RA:** Bei der Pfändung einer Forderung, für die eine Hypothek besteht, gehört auch die Wegnahme des Briefes oder der Antrag auf Eintragung der Pfändung in das Grundbuch zu ders Angelegenheit (§ 18 I Nr 1 RVG); Abgeltung durch 3309 RVG-VV, ggf 3310 RVG-VV. – **3) GV:** Wegnahme des Briefes: 221 GvKostG-KV; bei Nichterledigung: 604 GvKostG-KV. Erhebung eines Zeitzuschlags (500 GvKostG-KV) ist mögl.

§ 830a Pfändung einer Schiffshypothekenforderung

(1) Zur Pfändung einer Forderung, für die eine Schiffshypothek besteht, ist die Eintragung der Pfändung in das Schiffsregister oder in das Schiffsbauregister erforderlich; die Eintragung erfolgt auf Grund des Pfändungsbeschlusses.

(2) Wird der Pfändungsbeschluss vor der Eintragung der Pfändung dem Drittschuldner zugestellt, so gilt die Pfändung diesem gegenüber mit der Zustellung als bewirkt.

(3) [1]Diese Vorschriften sind nicht anzuwenden, soweit es sich um die Pfändung der Ansprüche auf die im § 53 des Gesetzes über Rechte an eingetragenen Schiffen und Schiffsbauwerken vom 15. November 1940 (RGBl. I S. 1499) bezeichneten Leistungen handelt. [2]Das Gleiche gilt, wenn bei einer Schiffshypothek für eine Forderung aus einer Schuldverschreibung auf den Inhaber, aus einem Wechsel oder aus einem anderen durch Indossament übertragbaren Papier die Hauptforderung gepfändet wird.

I) Schiff. § 830a enthält für die Schiffshypothek die dem § 830 entspr Regelung. Die Schiffshypothek ist als Sicherungshypothek stets Buchhypothek (§ 8 SchiffsRG). Zur Pfändung ist daher Pfändungsbeschluss und Eintragung der Pfändung in das Schiffsregister/Schiffsbauregister erforderl. Der Eintragungsantrag des Gl kann schriftl gestellt werden. Zustellung des Pfändungsbeschlusses an den Drittsch ist für die Wirksamkeit der Pfändung nicht notw. III 1 regelt entspr § 830 III, dass die Pfändung der Forderung auf Rückstände von Zinsen oder Nebenleistungen, auf Kostenerstattung, außerdem der Forderung auf entrichtete Prämien und sonstige dem Versicherer auf Grund des Versicherungsvertrags geleistete Zahlungen (§ 53 I, § 38 II SchiffsRG) nach § 829 erfolgt. 1

II) Luftfahrzeug. Für Pfändung der durch **Registerpfandrecht** an einem in der Luftfahrzeugrolle eingetragenen Luftfahrzeug gesicherten Forderung gilt § 830a entspr (§ 99 I LuftfzRG; näher Schladebach/Kraft BKR 2012, 270). 2

III) Gebühren. 1) Gericht: für die Eintragung der Pfändung in das Schiffsregister oder in das Schiffsbauregister Geb nach 14220 GNotKG-KV. – **2) RA:** Der Antrag auf Eintragung der Pfändung gehört zur Vollstreckungsinstanz (§ 18 I Nr 1 RVG). 3

§ 831 Pfändung indossabler Papiere

Die Pfändung von Forderungen aus Wechseln und anderen Papieren, die durch Indossament übertragen werden können, wird dadurch bewirkt, dass der Gerichtsvollzieher diese Papiere in Besitz nimmt.

I) Funktion. Bestimmung, wie bei ZwV einer Geldforderung des Gl die Pfändung der Forderungen aus Wechseln und anderen durch Indossament zu übertragenden Papieren (**Orderpapiere**; näher Hollinger MDR 2019, 520, 522) zu vollziehen ist. 1

II) Wechsel. 1) Pfändung. Forderungen aus Wechseln werden durch Indossament (schriftl Übertragungsvermerk, der auf den Wechsel gesetzt wird) und Übereignung des Papiers übertragen. Dem Verpflichteten muss der Wechselgl den Wechsel zur Zahlung vorlegen. Dementspr sind auch die Forderungen aus Wechseln durch Zugriff auf das Papier zu pfänden. Diese Pfändung wird dadurch bewirkt, dass der GV den Wechsel, dessen legitimierter Inhaber der Sch ist, bei Gewahrsam des Sch (auch des Gl oder eines zur Herausgabe bereiten Dritten, § 809) in Besitz, also wegnimmt. Ein Pfändungsbeschluss (§ 829) ist daneben nicht zulässig; er wäre wirkungslos (RGZ 61, 330, 331). Der GV wird Wechselforderungen durch Wegnahme des Wechsels nur pfänden, wenn ihn der Gl ausdrückl dazu angewiesen hat oder wenn andere Pfandstücke nicht vorhanden sind oder zur Befriedigung des Gl nicht ausreichen (§ 123 II 2 GVGA; Hollinger MDR 2019, 520, 522). Pfändungsprotokoll: § 123 III GVGA. Verwahrungspflicht des GV, rechtzeitige Vorlegung eines fällig gewordenen Wechsels, evtl auch Protesterhebung: § 123 IV, V GVGA. Anschlusspfändung erfolgt nach § 826. 2

2) Pfandverwertung. Die nach §§ 831, 808 vom GV gepfändete Wechselforderung wird nach §§ 835 ff (Überweisung) verwertet (St/Rellermeyer H.6). § 831 regelt die Form einer Forderungspfändung. Damit unterscheidet sich die „Wechsel"pfändung von der ZwV in Wertpapiere; diese werden bei der ZwV wie bewegl körperl Sachen behandelt und daher durch den GV nicht nur gepfändet (§ 808 II), sondern auch verwertet (§ 821). Eine gepfändete Wechselforderung wird dem Gl nach seiner Wahl zur Einziehung oder an Zahlungs statt zum Nennwert überwiesen (§ 835 I). Den Überweisungsbeschluss erlässt auf Antrag des Gl (nicht des GV) das VollstrGericht. Zuständig ist nach § 828 das VollstrGericht des Sch-Wohnsitzes. Es entscheidet der Rpfleger (§ 20 I Nr 17 RPflG). Wirksame Pfändung und die Urkunden für Fortsetzung der ZwV (Titel, Zustellungsnachweis usw) hat das VollstrGericht zu prüfen. Bei anderer Verwertung nach § 844 genügt zur Übertragung der Rechte aus dem Wechsel die Übergabe der Urkunde (RGZ 61, 330, 332). Als Verwertung durch freihändigen Verkauf kann Diskontierung angeordnet werden. 3

4 **3) Drittbesitz.** Wenn sich der Wechsel im Besitz eines nicht (nach § 809) zur Herausgabe bereiten Dritten befindet, ist der Herausgabeanspruch nach §§ 846, 847 zu pfänden (StJ/Würdinger Rn 2). Mit der Herausgabe des Wechsels an den GV (zur Geltendmachung des Anspruchs: § 847 Rn 4) verwandelt sich das PfandR am Herausgabeanspruch in ein PfandR an der Wechselforderung. Verwertung dann wie bei einer nach § 831 gepfändeten Wechselforderung (Rn 3).

5 **4) Blankowechsel.** Er wird dadurch gepfändet, dass der GV die Blanketturkunde in Besitz nimmt (§ 831; StJ/Würdinger Rn 3). Damit wird gleichzeitig das Ausfüllungsrecht gepfändet (§§ 857, 831; OLGR Hamburg 1997, 70; St/Rellermeyer H.13). Mit Überweisungsbeschluss nach § 835 erlangt der Gl das Recht, das Ausfüllungsrecht des Sch auszuüben. Durch Ausfüllung entsteht ein Vollwechsel, den der Gl einziehen kann (LG Darmstadt DGVZ 90, 157: für Wechsel an eigenen Ordnern ohne Namen und Anschrift des Ausstellers).

6 **III) Andere Papiere.** Forderungen aus anderen Papieren, die **durch Indossament** übertragen werden können (nicht aber Wertpapiere, die durch Indossament übertragen werden, also Namenspapiere: sa § 821 Rn 4; St/Rellermeyer H.2), werden gleichfalls nach § 831 dadurch gepfändet, dass der GV das Papier in Besitz nimmt. Solche Papiere können über die Leistung von Geld, Wertpapiere oder andere vertretbare Sachen (Warenforderungen) ausgestellt sein. Es sind dies die handelsrechtl Papiere des § 363 HGB, wenn sie an Order lauten, nämlich die kaufmännische Anweisung, der kaufmännische Verpflichtungsschein, Konnossemente der Verfrachter (BGH MDR 80, 1016), Ladescheine der Frachtführer, Lagerscheine, Transportversicherungspolicen sowie der Orderscheck (vgl Art 14 I ScheckG; St/Rellermeyer H.18; zu dem nicht indossablen Scheck: § 821 Rn 3, 11). Die Pfändung des durch ein solches Papier verbrieften Herausgabeanspruchs durch Pfändungsbeschluss wäre fehlerhaft; eine Mitwirkung des Gerichts findet nur bei der Verwertung statt, die nach §§ 835 ff zu erfolgen hat (Rn 3). Bewirkt der (fehlerhafte) Pfändungsbeschluss, dass der GV mit Herausgabe nach § 847 I Besitz erlangt, dann tritt aber Pfandverstrickung ein (BGH MDR 80, 1016 für Orderkonnossement). Bei Überweisung nach Pfändung durch den GV (§ 831) eines verbrieften Anspruchs, der eine beweg1 körperl Sache betrifft (§ 835), ist anzuordnen, dass Herausgabe an einen GV zu erfolgen hat (§ 847 I); dieser verwertet nach § 847 II.

7 **IV) Rechtsbehelf.** Erinnerung (§ 766) bei Verstoß gg § 831 geht an das im § 764 bezeichnete Gericht; Erinnerung gg den gerichtl Überweisungsbeschluss an das nach § 828 zuständige Gericht.

8 **V) Gebühr des GV.** Festgeb iHv 31,20 Euro (205 GvKostG-KV). Bei Gesamtsch: § 10 III GvKostG.

§ 832 Pfändungsumfang bei fortlaufenden Bezügen

Das Pfandrecht, das durch die Pfändung einer Gehaltsforderung oder einer ähnlichen in fortlaufenden Bezügen bestehenden Forderung erworben wird, erstreckt sich auch auf die nach der Pfändung fällig werdenden Beträge.

1 **I) Funktion.** Es sollen durch einen einzigen Pfändungsbeschluss auch alle künftig fällig werdenden Bezüge erfasst und die Vielheit von Pfändungen der einzelnen, jew nach einem bestimmten Zeitraum „neu entstehenden" Forderungen aus fortlaufenden Bezügen vermieden werden (BAG NJW 93, 2699, 2700).

2 **II) Gehalt/ähnliche fortlaufende Bezüge.** Sie sind als Vergütung des bei Pfändung bestehenden Dienst- oder Arbeitsverhältnisses Gegenstand der ZwV. Sie werden in Zeitabschnitten entrichtet. Mit Pfändung erfolgt Zugriff nicht nur auf die bei ihrem Wirksamwerden bereits fällig geschuldeten Leistungen, sondern auf das Bezugsrecht im Ganzen. Dass die Pfändung auch ohne Ausspruch im Pfändungsbeschluss (sa § 829 Rn 10) die nach ihrem Wirksamwerden (§ 829 III) jew mit Erbringung der Dienstleistung entstehenden (BGH FamRZ 2009, 2084, 2086: „fällig werdenden") Beträge erfasst, stellt § 832 klar. Gehaltsforderungen oä in fortlaufenden Bezügen bestehende Forderungen sind insb die nach § 850 als Arbeitseinkommen wiederkehrend zahlbaren Vergütungen, damit auch die nach § 850b bedingt pfändbaren Bezüge, auch Ansprüche aus unabhängigen Dienstverträgen, wenn sie fortlaufend für Dienste aus einheitlichem Schuldgrund von gewisser Dauer geleistet werden (Vergütungsanspruch des Kassenarztes: OLG Nürnberg JurBüro 2002, 603; Provisionsanspruch des Handelsvertreters: MskV/Flockenhaus Rn 2 mwN). Belanglos ist, ob die einzelnen Bezüge dem Betrag nach gleich oder verschieden hoch sind, ob sie in regelmäßigen Zeitabständen fällig werden, ob schon bei Zustellung des Pfändungsbeschlusses eine fällig gewordene Forderung in der Person des Sch entstanden ist (BAG NJW 93, 2699, 2700), ob sie zunächst noch abgetreten ist (OLG Nürnberg JurBüro 2002, 603) und ebenso, ob bei Wirksamwerden der Pfändung das Einkommen die Pfändungsgrenze übersteigt (BGH MDR 2003, 1378). – § 832 schließt Rechtsschutzbedürfnis für Pfändung zukünftig höherer oder mit Wegfall derzeit unterhaltsberechtigter Personen pfändbar werdender Bezüge (LG Ellwangen DGVZ 2003, 90) nicht aus. Möglich ist, dass der Gl seinen Antrag auf Pfändung der Bezüge nur für einen bestimmten Zeitraum beschränkt. – Nicht unter § 832 fallen *Reallastleistungen (außerhalb § 850b)*, Miete und Pacht (St/Rellermeyer A.325; C.121; aA hM, zB MskV/Flockenhaus Rn 2 mwN) und Zinsen sowie Nebenansprüche (dazu: § 829 Rn 20). Es fehlt an der Geschäftsähnlichkeit, insb aber an der Notwendigkeit einer ausdehnenden Auslegung (zutr St/Rellermeyer aaO).

III) Wirkung. Erfasst werden von der Pfändung die **weiter fällig werdenden Beträge** der Gehaltsforderung oder in fortlaufenden Bezügen bestehenden Forderung, die Gegenstand der ZwV ist (§ 829 Rn 8). Zu den Folgen eines InsoVerf: Vollstreckungsverbot und Rückschlagsperre (§§ 88, 89 II InsO; StJ/Würdinger Rn 3). Die Bezüge müssen dem bei Pfändung bestehenden Dienst- oder Arbeitsverhältnis (der in Aussicht genommenen Anstellung, soweit bereits deren Bezüge gepfändet sind) entspringen oder durch Pfändungsfortwirkung (§ 833 II) erfasst sein. Das ist auch der Fall bei Fortsetzung mit erneutem Vertrag des nur auf Zeit eingegangenen Arbeitsverhältnisses. Auf Bezüge aus **anderen Dienst**- oder Arbeitsverhältnissen, insb nach Arbeitsplatzwechsel, erstreckt sich die Pfändung nicht. 3

§ 833 Pfändungsumfang bei Arbeits- und Diensteinkommen

(1) [1]Durch die Pfändung eines Diensteinkommens wird auch das Einkommen betroffen, das der Schuldner infolge der Versetzung in ein anderes Amt, der Übertragung eines neuen Amtes oder einer Gehaltserhöhung zu beziehen hat. [1]Diese Vorschrift ist auf den Fall der Änderung des Dienstherrn nicht anzuwenden.
(2) Endet das Arbeits- oder Dienstverhältnis und begründen Schuldner und Drittschuldner innerhalb von neun Monaten ein solches neu, so erstreckt sich die Pfändung auf die Forderung aus dem neuen Arbeits- oder Dienstverhältnis.

I) Funktion. Regelung des Pfändungsumfangs bei Änderungen im Dienstverhältnis. 1

II) Folgen. 1) Fortwirkung. Als künftig fällig werdende Bezüge aus einem Dienstverhältnis, auf die sich die Pfändung erstreckt (§ 832), ist auch das Einkommen des Sch nach Versetzung in ein **anderes Amt** bei demselben Dienstherrn, Übertragung eines neuen Amtes (damit auch Übernahme des Angestellten in das Beamtenverhältnis) sowie Gehaltserhöhung gepfändet (I 1). Das gilt für Dienstbezüge der Beamten und Angestellten im öffentl Dienst ebenso wie für Angestellte und Arbeiter bei privaten Arbeitgebern. Auch Ruhestandsbezüge sind damit von der Pfändung erfasst. 2

2) Drittschuldnerwechsel. Mit Änderung des Dienstherrn wechselt der Drittsch. Auf Einkommen, das der neue Drittsch leistet, an den sich das Zahlungsverbot nicht richtet, erstreckt sich die Pfändung daher nicht (I 2). Änderung des Dienstherrn liegt vor bei Übertritt vom Landes- oder Kommunaldienst in den Bundesdienst oder vom Bundes- usw Dienst in den Privatdienst und umgekehrt. Betriebsübernahme (§ 613a BGB; LAG Frankfurt MDR 2000, 232) und Änderung nur der Rechtsform des Dienstberechtigten unter Aufrechterhaltung der Identität bleiben ebenso ohne Auswirkung wie Fortsetzung des Dienstverhältnisses bei Übertritt eines Beamten in den Dienst einer aufnehmenden Körperschaft (mit Dienstherrnfähigkeit) bei Umbildung einer Körperschaft (§§ 16, 17 BeamtStG). 3

III) Neue Begründung. Auch auf Bezüge (alle Forderungen: § 850 II-IV) aus einem nach **Beendigung** des Arbeits- oder Dienstverhältnisses zwischen Sch und Drittsch innerhalb von neun Monaten (Berechnung nach § 222) **neu begründeten** Arbeits- oder Dienstverhältnis erstreckt sich die Pfändung von Dienst- oder Arbeitseinkommen (II; Pfändungsfortwirkung). Unerheblich ist, aus welchem Grund das Arbeitsverhältnis „unterbrochen" (beendet und wieder neu begründet) worden ist. Betroffen sind somit nicht nur saisonbedingte Unterbrechungen wie im Baugewerbe, in Gaststätten-, Fremdenverkehrs- und Ferienbetrieben, Einzelhandel, sondern auch solche aus anderen Gründen wie bei Arbeitsmangel, zur Verbüßung einer kurzen Freiheitsstrafe oder nur mit dem Ziel, die Pfändung zu lösen. Einheitlichkeit des Arbeits- oder Dienstverhältnisses ist nicht vorausgesetzt. Es ist daher unerheblich, ob bei Beendigung eine spätere Fortsetzung bereits in Aussicht genommen oder Wiedereinstellung nicht beabsichtigt war wie bei Entlassung aus wichtigem Grund. Die Pfändung wirkt auch fort, wenn der Sch in der Zeit zwischen Beendigung des Dienstverhältnisses und neuer Arbeitsaufnahme bei einem anderen Arbeitgeber tätig war, gleich, ob das von diesem Drittschuldner gezahlte Arbeitseinkommen gepfändet oder eine Pfändung nicht bewirkt war. Pfändungsfortwirkung besteht mit dem früheren Rang (§ 804 III) und im vormaligen Umfang; Anordnungen nach § 850c VI, § 850e Nr 2, 2a, § 850f usw wirken fort. Fortwirkung besteht auch bei Lohnverschiebung sowie -verschleierung (§ 850h). 4

IV) Unterbrechung. Beendigung des Arbeitsverhältnisses ist nicht die Unterbrechung mit einvernehmlicher Aussetzung (Ruhen) unter Wegfall der Vergütung. Nach Weiterbeschäftigung erstreckt sich eine Pfändung daher auf das weiter fällig werdende Arbeitseinkommen. Das kann Bedeutung erlangen bei Rückkehr nach Abordnung zu einer Arbeitsgemeinschaft sowie bei Unterbrechung infolge Verhinderung (zB zur Verbüßung einer Freiheitsstrafe). Gleiches gilt bei Aussperrung infolge eines Streiks. 5

§ 833a Pfändungsumfang bei Kontoguthaben

Die Pfändung des Guthabens eines Kontos bei einem Kreditinstitut umfasst das am Tag der Zustellung des Pfändungsbeschlusses bei dem Kreditinstitut bestehende Guthaben sowie die Tagesguthaben der auf die Pfändung folgenden Tage.

1 **I) Pfändungsumfang.** Er ist für die Pfändung des Guthabens eines Kontos – im Anschluss an §§ 832, 833 – ausdrückl geregelt. Es reicht die **„Pfändung des Guthabens"** aus, wobei das Konto zunächst debitorisch sein kann (MskV/Flockenhaus Rn 2). Sie erfasst auch künftige Tagesguthaben unter Einschluss eines Rechnungsabschlusssaldos; mit dem ungenauen Wort **„Tagesguthaben"** (Bitter WM 2008, 141, 143) ist das aktuelle Kontoguthaben bei Wirksamwerden der Pfändung bezeichnet, nicht ein an diesem Tag festgestellter „Schluss"tagessaldo. Die ausdrückl Pfändung auch künftiger Saldenforderungen einschl eines evtl Rechnungsabschlusssaldos erübrigt sich damit. Schuldposten auf Grund eines schon vor Wirksamwerden der Pfändung bestehenden Rechts oder einer schon vor diesem Zeitpunkt bestehenden Verpflichtung des Drittsch mindern beim kontokorrentmäßig geführten Schuldnerkonto nur den Zustellungssaldo nach § 357 HGB. Mit **Konto** sind alle Arten von Konten bei Kreditinstituten bezeichnet, neben Girokonten auch Sparkonten (BTDrs 16/7615, 16). – **Pfändungs-** (Kontoguthaben) und **Verrechnungsschutz** (Kindergeld und Sozialleistungen) nur für P-Konten (§§ 850k, 850l; Hk-ZV/Bendtsen Rn 1).

2 **II) Individualisierung.** Für bestimmte oder bestimmbare **Bezeichnung** der zu pfändenden Guthabenforderung trifft § 833a keine Bestimmung (sa § 829 Rn 8).

§ 834 Keine Anhörung des Schuldners

Vor der Pfändung ist der Schuldner über das Pfändungsgesuch nicht zu hören.

1 **I) Funktion.** Schutzvorschrift zur Sicherung des Vollstreckungserfolgs. Der Sch soll keine Gelegenheit zur Vereitelung der ZwV mit vorheriger Verfügung über die Forderung finden. Ausnahme in § 850b III.

2 **II) Anhörung.** Der Sch wird vor Pfändung weder schriftl noch mündl angehört, auch nicht, wenn die Überweisung mit dem Pfändungsantrag verbunden ist (sa § 835 Rn 3). Verweisung des Sch auf Wahrung seiner Rechte mit Rechtsbehelf nach Pfändung ist mit Art 103 I GG vereinbar (sa vor § 704 Rn 28). Der Sch ist nicht im einseitigen Rechtsmittelverf nach abgelehntem Pfändungsantrag zu hören (KG NJW 80, 1341), im Rechtsbeschwerdeverf auch nicht, wenn das LG den Pfändungsbeschluss aufgehoben hat (BayObLG Rpfleger 99, 31), ebenso nicht zu einem Antrag auf Gewährung von PKH für die Pfändung und nicht für Bestimmung des zuständigen Gerichts (§ 36; BGH FamRZ 83, 578, 579). Verstoß ist ohne Folge für das Verf, kann aber Haftung (§ 839 BGB) begründen. Wenn der Gl Anhörung des Sch beantragt, ist dem zu entsprechen (allgM, zB LG Mannheim JurBüro 84, 299). Zu Anträgen, über die nach wirksamer Pfändung zu entscheiden ist, ist auch dem Sch rechtl Gehör zu gewähren, mithin zum Antrag auf gesonderte Überweisung nach wirksamer Pfändung, zur Erinnerung des Drittsch oder eines Dritten, nicht aber zu einem Antrag des Gl, der auf Vornahme weiterer Pfändung zielt, die wieder erst mit Zustellung an den Drittsch wirksam wird. – Rechtsbehelf des Sch nach Anhörung: sof Beschwerde.

3 **III) Schutzschrift.** Vorbeugendes Schuldnervorbringen in einer Schutzschrift (sa § 945a I 2) ist bei Entscheidung über den Pfändungsantrag zu würdigen (zutr Vogel NJW 97, 554). Kann es den Erlass des Pfändungsbeschlusses hindern, ist dem Gl Gelegenheit zur Stellungnahme zu geben. Berücksichtigung des Schriftsatzes kann Begründung des Pfändungsbeschlusses erfordern (sa § 829 Rn 6). Der Sch, der eine Schutzschrift eingereicht hat, ist jedoch nach Eingang des Pfändungsgesuchs nicht zu hören. Unterrichtung verbietet § 834. Er ist weder vom Eingang des Pfändungsgesuchs zu benachrichtigen noch vom Ergebnis der Würdigung seines Vorbringens gesondert in Kenntnis zu setzen; ihm ist auch nicht Gelegenheit zu geben, unvollständiges Vorbringen zu ergänzen.

§ 835 Überweisung einer Geldforderung

(1) Die gepfändete Geldforderung ist dem Gläubiger nach seiner Wahl zur Einziehung oder an Zahlungs statt zum Nennwert zu überweisen.

(2) Im letzteren Falle geht die Forderung auf den Gläubiger mit der Wirkung über, dass er, soweit die Forderung besteht, wegen seiner Forderung an den Schuldner als befriedigt anzusehen ist.

(3) [1]Die Vorschriften des § 829 Abs. 2, 3 sind auf die Überweisung entsprechend anzuwenden. [2]Wird ein bei einem Kreditinstitut gepfändetes Guthaben eines Schuldners, der eine natürliche Person ist,

dem Gläubiger überwiesen, so darf erst einen Monat nach der Zustellung des Überweisungsbeschlusses an den Drittschuldner aus dem Guthaben an den Gläubiger geleistet oder der Betrag hinterlegt werden; ist künftiges Guthaben gepfändet worden, ordnet das Vollstreckungsgericht auf Antrag zusätzlich an, dass erst einen Monat nach der Gutschrift von eingehenden Zahlungen an den Gläubiger geleistet oder der Betrag hinterlegt werden darf.

(4) Wenn nicht wiederkehrend zahlbare Vergütungen eines Schuldners, der eine natürliche Person ist, für persönlich geleistete Arbeiten oder Dienste oder sonstige Einkünfte, die kein Arbeitseinkommen sind, dem Gläubiger überwiesen werden, so darf der Drittschuldner erst einen Monat nach der Zustellung des Überweisungsbeschlusses an den Gläubiger leisten oder den Betrag hinterlegen.

I) Funktion. Regelung der dem Pfandobjekt entspr Pfandverwertung zur Gläubigerbefriedigung nach Beschlagnahme mit Pfändung und des Wahlrechts des Gl (hierzu Geiselmann JurBüro 2019, 619). Besonderheiten: §§ 837, 837a. 1

II) Überweisung. 1) Pfandverwertung. Eine Geldforderung wird mit Überweisung zur Einziehung, Überweisung an Zahlungs statt (I) oder auf sonstige Weise (§ 844) verwertet. Pfandverwertung mit Überweisung findet statt bei Pfändung einer Geldforderung durch das VollstrGericht (§ 829) und durch den GV (§ 831 Rn 3). Die Überweisung wird durch Beschluss des VollstrGerichts (Zuständigkeit § 828) angeordnet, der auf **Antrag des Gl** ergeht (I). Zum **Formularzwang** für diesen Antrag nach der ZVFV: iE § 829 Rn 43. Der Antrag unterliegt keinem Anwaltszwang (§ 78 III). Er kann mit dem Pfändungsantrag an das VollstrGericht verbunden oder gesondert gestellt werden. Zu bezeichnen sind die verlangte Art der Überweisung (zur Einziehung oder an Zahlungs statt), außerdem auch Gl und Sch, die zu überweisende gepfändete Forderung und eine zwischenzeitl Ermäßigung der vollstrb Forderung. Wenn nur „Überweisung" beantragt ist, wird von Überweisung zur Einziehung ausgegangen (Antragsauslegung). Der Titel und die sonst für den Beginn (die Fortsetzung) der ZwV erforderl Urkunden (zB BGH MDR 2016, 793: Schuldverschreibungen, Zinsscheine) sind dem VollstrGericht vorzulegen. 2

2) Gemeinsamer Ausspruch. Die Überweisung kann vom VollstrGericht (Rpfleger), wenn Pfandverwertung sogleich möglich ist, bereits mit der Pfändung in **einem Beschluss** ausgesprochen werden (Stöber NJW 96, 1180; zur Hypothekenforderung: sa § 837 Rn 7); einheitl Vollstreckungshandeln gebietet und rechtfertigt vorherige Anhörung des Sch nicht (BGH MDR 2017, 1385 Tz 13; MskV/Flockenhaus Rn 3). Bei getrennter (dann nur nachträgl) Überweisung prüft das VollstrGericht, ob die Voraussetzungen der ZwV (sa vor § 704 Rn 13-17) für Gläubigerbefriedigung zur Zeit der Überweisung noch gegeben sind, und den Antrag auch daraufhin, ob er Verwertung einer wirksam gepfändeten Forderung verlangt. Wirksamkeit der Pfändung durch den GV (§ 831) muss daher nachgewiesen werden; dass auch Wirksamkeit eines Pfändungsbeschlusses (§ 829 III) geprüft wird, wird nicht verlangt (bedenkl). Das VollstrGericht prüft stets, ob Pfandverwertung mit Überweisung erfolgen kann (nicht bei Sicherungsvollstr, § 720a, und Arrestvollziehung, § 930). Dabei gehört eine wirksame Pfändung zum Tatbestand der Überweisung (BGH MDR 2020, 1145 Tz 14 [Elzer MDR 2020, 1235]). Bei Überweisung erst nach wirksamer Pfändung ist der Sch zu hören (sa § 834 Rn 2; MskV/Flockenhaus Rn 3). Ist nach dem Titel nicht an den Gl, sondern an einen anderen Zahlungsempfänger zu leisten oder die Forderung zu hinterlegen, ist dem Drittsch bei Überweisung zur Einziehung (solche an Zahlungs statt verbietet sich) diese Leistung aufzugeben. 3

3) Gesonderter Überweisungsbeschluss. Nur ein bereits wirksam gepfändetes Vermögensrecht kann Gegenstand des isoliert gestellten Antrags auf Überweisung sein (BGH 16.12.2020 – VII ZB 10/20, juris Tz 14). Der zu dem Antrag dann ergehende Beschluss hat die Parteien, die vollstr Forderung des Gl (sa § 829 Rn 7) und die Anordnung der Überweisung zur Einziehung oder an Zahlungs statt als Maßnahme der ZwV unter Bezeichnung der gepfändeten Forderung mit ihrem Drittsch zu enthalten. Angeordnet werden darf die Überweisung nur wegen der Forderung des Gl, die mit Pfändung vollstr wurde. Wegen weiterer ZwV-Kosten (sa BGH MDR 2021, 1289 [zu Zustellungskosten]), auch wegen der gesonderten Kosten des Überweisungsbeschlusses, darf Überweisung somit nur erfolgen, wenn auch für sie (zumindest pauschal) Beschlagnahme erfolgt ist. Überweisung nur eines Teils der gepfändeten Forderung bringt das Pfändungspfandrecht am weiteren Forderungsteil nicht zum Erlöschen. 4

Auslegung ist hier ebenso möglich wie die Auslegung des Pfändungsbeschlusses (dazu § 829 Rn 9). Bei formularmäßiger Überweisung nur der Forderung, nicht auch der mitgepfändeten Grundschuld, kann die Überweisung nicht per Auslegung auf die Grundschuld erstreckt werden (St/Rellermeyer B.202; str). 4a

4) Zusätze. Unzulässig ist Aufnahme eines **Vermerks über die Geldempfangsvollmacht** des ProzBev des Gl in den Überweisungsbeschluss (str; St/Rellermeyer B.82 mwN auch zur aA). Das Anliegen des Gl, im Pfändungsbeschluss eine Zahlstelle zu bezeichnen, kann nur als Mitteilung des Gl dem Drittsch zugeleitet werden; dann muss sicher erkennbar sein, dass diese Mitteilung nicht zum amtl Teil des Pfändungsbeschlusses gehört (MskV/Flockenhaus Rn 5). Der Drittsch hat eigenverantwortlich zu prüfen. Der Gl hat das spätere Erlöschen der Geldempfangsvollmacht dem Drittsch unmittelbar anzuzeigen. 5

6 **5) Wirksamwerden.** Die Überweisung wird mit Zustellung des Beschlusses an den Drittsch (III 1, § 829 III) wirksam, jedoch nicht vor der Pfändung (weil Überweisung kein Zahlungsverbot bewirkt), auch die gesondert beschlossene Überweisung daher frühestens mit der Pfändung. Die Zustellung des gesonderten Überweisungsbeschlusses erfolgt auf Betreiben des Gl (III 1, § 829 II 1) durch den GV (§§ 192 ff); ebenso ist anschließende Zustellung an den Sch zu bewirken; Einzelheiten: § 829 Rn 14, 15a.

7 **III) Wirkung. 1) Bei Einziehung.** Bei Überweisung zur Einziehung bleibt die gepfändete Forderung Vermögensbestandteil des Sch (§ 836 Rn 3), kann daher zB auch dem Versorgungsausgleich im Wege der internen Teilung unterliegen (OLG Frankfurt NJW 2020, 475 Tz 15; OLG Nürnberg MDR 2017, 1308), wenn die Übertragung mit den sich aus dem PfÜB ergebenden Beschränkungen erfolgt (BGH WM 2021, 411 Tz 24). Den Gl ermächtigt die Überweisung zur Einziehung, die Forderung des Sch geltend zu machen (§ 836). Die VollstrForderung des Gl ist daher mit Überweisung zur Einziehung noch nicht befriedigt, die ZwV somit nicht beendet. Daher ist Anschlusspfändung noch möglich. Eine zunächst nur zur Einziehung überwiesene Forderung kann dem Gl später auch noch an Zahlungs statt überwiesen werden.

8 **2) Bei Überweisung an Zahlungs statt.** Der Sch ist vorab zu hören (MskV/Flockenhaus Rn 4; MK/Smid Rn 26). Mit Wirksamkeit (III 1, § 829 III) der Überweisung an Zahlungs statt geht die Forderung auf den Gl über (II). Sie scheidet aus dem Vermögen des Sch aus. Soweit die gepfändete und überwiesene Forderung des Sch an den Drittsch besteht, ist der Gl wegen seiner VollstrForderung damit durch ZwV befriedigt (II). Die VollstrForderung ist in Höhe des überwiesenen Betrags (soweit die überwiesene Forderung besteht) erloschen; egal, ob der Betrag beitreibbar ist oder nicht. Der Sch haftet für Uneinbringlichkeit nicht. Überweisung an Zahlungs statt wird wegen des damit für den Gl verbundenen Bonitätsrisikos nur selten beantragt. Besteht die überwiesene Forderung nicht (auch soweit sie Einwendungen des Drittsch ausgesetzt ist, §§ 404 ff BGB), sind auch die Überweisungswirkungen nicht eingetreten. Der Gl kann seine dann nicht erloschene VollstrForderung weiter vollstr (MskV/Flockenhaus Rn 14). Das müsste auch gelten, soweit der Gl für eine in der Forderung enthaltene Umsatzsteuer nach § 13c UStG in Anspruch genommen worden ist. Streit darüber, ob die Forderung des Gl mit Überweisung erloschen ist, ist mit Klage auszutragen (Sch: § 767; Gl: § 256).

9 **3) Ausnahmen.** Überweisung **an Zahlungs statt ist ausgeschlossen** in den Fällen: **a)** § 851 II; § 399 BGB; **b)** nennwertloser Ansprüche, §§ 846, 849; **c)** einer von einer Gegenleistung abhängigen Forderung; **d)** der Vollstr einer an einen Dritten als Zahlungsempfänger zu leistenden Gl-Forderung (sa Rn 3 aE); **e)** der Abwendungsbefugnis des Sch, §§ 839, 711 S 1, § 712 I 1.

10 **IV) Befristete Auszahlungssperre bei Kontoguthaben (§ 835 III 2). 1) Auszahlungsschutz.** Aufschub für die Leistung durch den Drittsch (auch Hinterlegung) der zur Einziehung oder an Zahlungs statt überwiesenen Forderung bei Pfändung des **Guthabens** einer **natürl Person** bei einem Kreditinstitut bestimmt III 2:

- **Hs 1** für den Zustellungssaldo (s § 833a Rn 1), bei späterer gesonderter Überweisung mit den zwischenzeitlichen fortlaufenden „Tages"guthaben,
- **Hs 2** für künftige (damit durch Gutschrift nach der Überweisung entstandene) Guthaben. III 2 Hs 2 wird verdrängt beim Gemeinschaftskonto von § 850l I 1 und beim P-Konto von § 900 I.

Für Kontoguthaben eines Sch, der nicht natürl Person ist, ist keine Auszahlungssperre bestimmt.

11 **2) Sperrdauer.** Leistung (oder Hinterlegung) aus dem Guthaben einer natürl Person darf erst **einen Monat nach der Zustellung** des Überweisungsbeschlusses an den Drittsch erfolgen (III 2). Der Sch hat damit Gelegenheit, Pfändungsschutz nach § 850l zu erwirken, rechtzeitig abw Festsetzung des pfandfreien Betrags eines (auch durch Kontoumwandlung sogleich nach Pfändung eingerichteten, § 850k II 1) P-Kontos sowie für nicht wiederkehrend zahlbare Vergütungen sowie sonstige Einkünfte nachgelagerten Pfändungsschutz nach § 850i I zu beantragen. Ihm ist es außerdem möglich, Schutz nach § 765a zu beantragen sowie Rechtsbehelf noch rechtzeitig vor Auszahlung zu erheben und ggf einstw Anordnung nach § 732 II zu erwirken. Dieser zeitl Aufschub besteht kraft Gesetzes. Hinweis darauf im Überweisungsbeschluss muss nicht erfolgen. Das Geldinstitut ist zu früherer Leistung weder verpflichtet noch berechtigt. Berechnung der Vierwochenfrist: § 222 (der Tag der Zustellung wird nicht mitgerechnet). Frühere Leistung an einen dann zur Einziehung nicht berechtigten Gl hat ggü dem Sch keine Wirkung, wenn ihm noch Beträge pfandfrei zu belassen sind.

12 **3) Auslegung.** Diese ges Auszahlungssperre soll nur einmalig für Guthaben gelten, die bei **Zustellung des Überweisungsbeschlusses** vorhanden sind (BTDrs 16/12714, 18). Damit bleibt unklar, ob sie bis zum Ende der Monatsfrist auch für eingehende Zahlungen gilt, die nach Zustellung des Überweisungsbeschlusses noch gutgeschrieben werden. Das sollte nach dem Zweck der Zahlungssperre auch für Konten, die nicht als P-Konten geführt werden, anzunehmen sein. Anhalt findet sich in dem Gesetzeswortlaut, dass aus dem Guthaben (nicht dem gepfändeten Zustellungssaldo) erst einen Monat nach der Zustellung des Überweisungsbeschlusses geleistet werden darf.

13 ***4) Antrag.*** *Nicht vAw, sondern nur* auf Antrag ordnet das VollstrGericht zusätzl an, dass erst einen Monat nach jeder **künftigen Gutschrift** von eingehenden Zahlungen an den Gl geleistet (oder hinterlegt) werden darf (III 2 Hs 2). III 2 Hs 2 gilt nur noch für andere als P-Konten (ThP/Seiler Rn 11; aA MskV/Flockenhaus Rn 15:

Moratorium nach III 2 Hs 2 gar nicht mehr zulässig). – Dringlichkeit der Anordnung sollte Anhörung des Gl zu dem Antrag des Sch erübrigen. Die Anordnung nach Wirksamwerden der Pfändung (§ 829 III) ist dem Drittsch und Gl zuzustellen, dem Sch mitzuteilen (§ 329 II). Rechtsbehelf: Für Sch bei Ablehnung des Antrags: sof Beschwerde (§ 793); für Gl und Drittsch: Erinnerung (§ 766).

V) P-Konten. Für **künftige Guthaben** auf dem P-Konto regelte § 835 IV aF den Pfändungsschutz. Durch das PKoFoG wurde § 835 IV aufgehoben; maßgebl ist nunmehr § 900 I. 14

VI) Selbständige. Für **deren Einkünfte** (iE § 850i) bestimmt IV Zahlungsaufschub. Dieser soll gewährleisten, dass der Sch, der bei Pfändung an der Quelle seiner Einkünfte Schutz nach § 850i begehrt, mit seinem Antrag nicht zu spät kommt, weil der Drittsch bereits an den Gl geleistet hat (BTDrs 16/7615, 17). Die Frist beginnt mit der Zustellung des Überweisungsbeschlusses an den Drittsch, und zwar auch dann, wenn gepfändete nicht wiederkehrend zahlbare Einkünfte erst nach Ablauf dieser Frist fällig werden. Schutzantrag kann der Sch in der Frist ab Zustellung stellen. Die Auszahlungssperre verpflichtet den Drittsch der gepfändeten Einkünfte, dem mit Pfändung bereits Leistung an den Sch verboten ist (§ 829 I 1). Hinweis auf diese kaum bekannte ges Auszahlungssperre im Überweisungsbeschluss sollte geboten sein. 15

VII) Mehrere Gläubiger. Haben sie dieselbe Forderung gepfändet (sa § 829 Rn 21), ist Überweisung zur Einziehung an jeden zulässig. Der Rang der Pfändungen (§ 804 III) ändert sich damit nicht; die Überweisungen schaffen keinen eigenen Rang. Der Leistungsklage des Nachrangigen muss der Drittsch mit der Einrede der vorrangigen Pfändung begegnen. Leistet der Drittsch irrtümlich an einen nachrangigen Gl und muss er deshalb nochmals an den vorrangigen Gl zahlen, kann er den an den nachrangigen Gl gezahlten Betrag aus ungerechtfertigter Bereicherung zurückverlangen und muss sich insoweit nicht an den Sch halten (BGH NJW 2002, 2871). Überweisung an Zahlungs statt an den vorrangigen Gl hat Gläubigerwechsel zur Folge, schließt somit wegen des Forderungsbetrags des Erstgläubigers weitere Pfändung (s § 829 Rn 21) und auch Überweisung an andere Gl aus. Überweisung an Zahlungs statt an einen nachrangigen Gl wirkt nur vorbehaltlich der Rechte des besserrangigen Gl, verbietet somit auch spätere Überweisung an diesen nicht. Die Auszahlungssperre (Rn 10-12) beginnt für Leistung an jeden der Gl jeweils gesondert mit der Zustellung des einzelnen Überweisungsbeschlusses. 16

VIII) Verstöße/Mängel. Wie § 829 Rn 22 ff. Wirksamkeit der Pfändung wird durch Unwirksamkeit nur der Überweisung nicht berührt. 17

IX) Rechtsbehelfe. Wie § 829 Rn 28 ff. Dass der Überweisungsbeschluss zu Unrecht erlassen wurde, kann auch der Drittsch mit Erinnerung (§ 766) geltend machen. Einwendungen gg den Anspruch selbst (§ 767) stehen nur dem Sch zu. Überweisung an Zahlungs statt kann vom Sch nach Anhörung (Rn 8) mit sof Beschwerde (§ 793) angefochten werden. 18

X) Gebühren. 1) Gericht: für das Verf über Anträge auf Pfändung (§ 829) und Überweisung (§ 835) nur einmaliger Ansatz der Geb von 24 Euro nach 2111 Anm S 2 GKG-KV. Die Geb wird aber für jeden Sch gesondert erhoben. – Vorauszahlungspflicht: § 12 VI 1 GKG. – **2) RA:** Bei der Pfändung von Forderungen gehören zu ders Tätigkeit des RA iSd § 18 I Nr 1 RVG sämtl Tätigkeiten, die zur Durchführung der Pfändung derselben Forderung des Sch wegen der gleichen Forderung des Gl vorgenommen werden; als eine Angelegenheit gilt daher der Antrag auf Pfändung der Forderung (§ 829), der Antrag auf Überweisung zur Einziehung oder an Zahlungs statt (§ 835) – und zwar auch bei getrennter Antragstellung – sowie der Vollstreckungsauftrag gegen den Sch auf Herausgabe (Wegnahme: § 883) der über die Forderung vorhandenen Urkunden nach § 836 III, die Aufforderung an den Drittsch zur Erklärung nach § 840 und die Pfändungsankündigung nach § 845. – **3) GV:** Zustellung (III 1) des Beschl: 100-102 GvKostG-KV (sa § 193 Rn 15; § 193a Rn 9; § 194 Rn 6); 600 GvKostG-KV bei Nichterledigung (Gesamtsch: § 10 II 3 Nr 4 GvKostG). 19

§ 836 Wirkung der Überweisung

(1) Die Überweisung ersetzt die förmlichen Erklärungen des Schuldners, von denen nach den Vorschriften des bürgerlichen Rechts die Berechtigung zur Einziehung der Forderung abhängig ist.

(2) Der Überweisungsbeschluss gilt, auch wenn er mit Unrecht erlassen ist, zugunsten des Drittschuldners dem Schuldner gegenüber so lange als rechtsbeständig, bis er aufgehoben wird und die Aufhebung zur Kenntnis des Drittschuldners gelangt.

(3) [1]Der Schuldner ist verpflichtet, dem Gläubiger die zur Geltendmachung der Forderung nötige Auskunft zu erteilen und ihm die über die Forderung vorhandenen Urkunden herauszugeben. [2]Erteilt der Schuldner die Auskunft nicht, so ist er auf Antrag des Gläubigers verpflichtet, sie zu Protokoll zu geben und seine Angaben an Eides statt zu versichern. [3]Der gemäß § 802e zuständige Gerichtsvollzieher lädt den Schuldner zur Abgabe der Auskunft und eidesstattlichen Versicherung. [4]Die Vorschriften des § 802f Absatz 6 und der §§ 802g bis 802i, 802j Abs. 1 und 2 gelten entsprechend. [5]Die Herausgabe der Urkunden kann von dem Gläubiger im Wege der Zwangsvollstreckung erwirkt werden.

III 4 geändert mWv 19.7.2024 durch G zur Förderung des Einsatzes von Videokonferenztechnik in der Zivilgerichtsbarkeit und den Fachgerichtsbarkeiten v 15.7.2024 (BGBl 2024 I Nr 237).

1 **I) Funktion.** Regelung und Klarstellung der Überweisungswirkungen.

2 **II) Überweisung an Zahlungs statt.** Sie bewirkt GlWechsel (mit Übergang der GlStellung) durch Hoheitsakt (§ 835 II). Der VollstrGl ist damit als neuer Forderungsgl an die Stelle des VollstrSch (als bisheriger Forderungsgl) getreten (vgl § 398 S 2 BGB). Die Berechtigung des VollstrGl zur Einziehung (Geltendmachung) der gepfändeten und ihm an Zahlungs statt überwiesenen Forderung folgt damit unmittelbar aus seiner GlStellung.

3 **III) Einziehungsberechtigung bei Überweisung zur Einziehung (§ 836 I). 1) Überweisung zur Einziehung.** Sie überträgt dem Gl durch Hoheitsakt die Einziehungsberechtigung für die Forderung (I), die im Sch-Vermögen bleibt (BGH NJW 2007, 2560, 2561). Als Maßnahme der Pfandverwertung begrenzt die Überweisung nach Pfändung einer größeren Forderung (zur Vollpfändung: § 829 Rn 12) die Einziehungsberechtigung des Gl auf den Betrag seines VollstrAnspruchs, für den sein PfändungspfandR besteht, auch wenn der Überweisungsbeschluss keine einschränkende Anordnung ausspricht. Einziehung eines Mehrbetrags ist dem Gl auch unter Vorbehalt der Erstattung an den Sch nicht erlaubt. Der Drittsch kann einen Mehrbetrag nicht schuldbefreiend an den Gl leisten.

4 **2) Gläubigerrechte.** Den Gl ermächtigt die Überweisung zur Einziehung zu allen im Recht des Sch begründeten, der Befriedigung dienenden Maßnahmen (BGH NJW 82, 173, 174). Er darf deshalb im eigenen Namen die Forderung kündigen, einziehen, mit ihr aufrechnen (RGZ 58, 108) und vor allem Zahlung an sich verlangen und auf Leistung an sich klagen (OLG Hamm 10.10.2018 – 31 U 141/17, juris Tz 32). Er kann mit Erfüllungswirkung annehmen (RGZ 169, 54, 56), mit dem Drittsch wegen der Forderung einen Vergleich schließen, wenn dadurch der Sch in Höhe des Anspruchs des Gl befriedigt wird. Er kann, wenn der Sch den Drittsch vor Pfändung auf Zahlung verklagt hatte, dem Streit als Nebenintervenient beitreten, und wenn das Urteil zugunsten des Sch erlassen wurde, die VollstrKlausel auf sich umschreiben lassen. Der Pfändungsgl kann ferner die ihm zur Einziehung überwiesene Forderung zum InsoVerf des Drittsch anmelden und zusammen mit dem Sch das Stimmrecht ausüben. Betrifft der Überweisungsbeschluss eine Forderung des Sch gegen eine OHG oder KG, gibt die Überweisung dem Gl auch die Klagebefugnis gg die persönl haftenden Gesellschafter. Die Einziehung der Forderung kann Haftung für eine darin enthaltene Umsatzsteuer begründen (§ 13c III UStG). **Nicht befugt** ist der Gl ohne Zustimmung des Sch zur Gewährung einer Stundung, zur Bewilligung von Teilzahlungen, Gewährung eines Nachlasses und zur Einziehung eines seinen Anspruch in Haupt- und Nebensache übersteigenden Betrages. Zum Faustpfand: § 838. Die durch Einziehung der Forderung dem Gl erwachsenden **Kosten** sind Kosten der ZwV; für sie haftet der Sch dem Gl ggü nach § 788. Der Pfandgl kann die Kosten bei Zahlung durch den Drittsch mit verrechnen. Im Verhältnis zum Drittsch sind die Kosten des Einziehungsrechtsstreits Prozesskosten, über die nach §§ 91 ff entschieden wird. Kostenfestsetzung gg den Drittsch erfolgt nach §§ 103 ff. Grundlage für die Festsetzung als ZwV-Kosten gg den Sch ist § 788 II.

5 **3) Schuldnerstellung.** Der Sch, der bei Überweisung zur Einziehung Forderungsgl bleibt, kann über die Pfandforderung nicht mehr zum Nachteil des Gl verfügen (sa § 829 Rn 18). Er darf, solange die Pfändung besteht, die Forderung vor allem nicht einziehen, also nicht Leistung an sich verlangen (BGH MDR 2001, 1075), auch nicht auf Zahlung an sich „unbeschadet der Rechte des Pfändungsgl" oder auf Hinterlegung für sich und den Gl klagen (RGZ 77, 144). Zulässig dagegen ist seine Klage gg den Drittsch auf Feststellung des Bestehens der Schuld (BGH NJW 91, 3148), oder auf Zahlung an den Pfändungsgl (BGHZ 114, 138; BGHZ 147, 225) und auf Zahlung des nach Befriedigung des Gl verbleibenden (über dessen Ansprüche hinausgehenden) Betrags (BGHZ 147, 225). Der Sch kann auch gg den Drittsch wegen der gepfändeten Forderung einen Arrest erwirken (RGZ 27, 282).

6 **4) Drittschuldner.** Er kann die zur Einziehung überwiesene Forderung nur noch an den Gl schuldbefreiend erfüllen (Rn 3). Einwendungen und Einreden gg die gepfändete Forderung, die gg den Sch (als den Gl der Forderung) bisher begründet waren, kann er auch dem einziehungsberechtigten Gl entgegenhalten (§§ 404 ff BGB; BAG NZA 2021, 657). Er kann aber nicht einwenden, ein Dritter (zB der Treuhänder) habe an der gepfändeten Forderung ein die Veräußerung hinderndes Recht (BGH MDR 2007, 420). Einwendungen gg die vollstreckte Forderung des Gl (für Sch: § 767) stehen dem Drittsch nicht zu (BAG NJW 89, 1053 mwN). Aufrechnen kann der

Drittsch ggü dem Pfändungsgl nach Maßgabe des § 392 BGB (RGZ 58, 108); eine Aufrechnung schließt § 392 Alt 2 BGB nicht aus, solange ein Leistungsverweigerungsrecht besteht (BGH MDR 2004, 567). Möglich ist Aufrechnung nicht mit einer Forderung, die der Sch gg den Gl hat (AG Langen MDR 81, 237). Wenn der Drittsch die Einrede des nicht erfüllten Vertrags geltend macht, hat der Gl die Gegenleistung zu beschaffen, gg deren Bewirkung der Drittsch Zug um Zug zu leisten hat. Ist eine Forderung gepfändet und dem Gl zur Einziehung überwiesen worden und macht der Drittsch seinerseits gg den Sch einen Anspruch geltend, kann der Sch dem Drittsch ggü die Leistung mit der Wirkung verweigern, dass er verurteilt wird, nur Zug um Zug mit der Maßgabe zu leisten, dass der Drittsch die bisher dem Sch gebührende Leistung an den Pfändungsgl bewirkt (OLG Braunschweig JR 55, 342). Einstellung der ZwV verbietet Leistung durch den Drittsch an den Gl (sa § 775 Rn 7).

IV) Unwirksame und fehlerhafte Überweisung (§ 836 II). 1) Folge. Der Überweisungsbeschluss kann **ohne Wirkung** (sa § 835 Rn 6 u § 837 Rn 3, 4) oder **unwirksam** sein (sa § 829 Rn 22, 23). Mit Hinterlegung wegen Gl-Ungewissheit (§ 372 BGB) kann der Drittsch in zweifelhaften Fällen Zahlungsrisiko vermeiden. Drittsch-Schutz besteht beim Vertrauen auf den Überweisungsbeschluss, bis dem Drittsch dessen Aufhebung bekannt wird (StJ/Würdinger Rn 3). Über den Wortlaut hinaus muss dieser Schutz auch für unwirksame/nichtige Beschlüsse gelten (BGH NJW 94, 3225 [abl Stöber NJW 96, 1180] für einen unwirksamen Beschluss; MskV/Flockenhaus Rn 3 [aber nicht, wenn der Drittsch sich „rechtsblind" stellt]; aA BGH NJW 93, 735 für einen nichtigen Beschluss). 7

2) Fehlerhafter Beschluss. Sa § 829 Rn 24. Dann wird der Drittsch in seinem Vertrauen auf die Wirksamkeit des hoheitl Zwangsaktes nach II geschützt (§ 409 BGB als entspr Schutzbestimmung). Leistung (andere Erfüllung) des Drittsch an den Gl, dessen Einziehungsbefugnis sich auf einen zu Unrecht erlassenen Überweisungsbeschluss gründet, hat dann unter den Voraussetzungen des II dem Sch ggü Wirksamkeit. Nach Aufhebung des PfÜB kann der Drittsch, der noch keine Zahlung geleistet hat, sich ggü dem wahren Berechtigten nicht mehr auf II berufen, Zahlung rückständiger Leistungen daher nicht verweigern (BAG NJW 90, 2641). Der Schutz des II besteht auch ggü einem anderen Pfändungsgl des Sch und für den Pfändungsrang (BGH NJW 76, 1453). II schützt den Drittsch daher auch bei unbekannter Rangänderung (s § 804 Rn 5) der Pfändungsgl (BAG NJW 90, 2641); jedoch kann der Drittsch, der keine Zahlung geleistet hat, dann, wenn er von der Rangänderung Kenntnis erlangt hat, sich ggü dem nun vorrangigen Gl nicht mehr auf II berufen, Zahlung rückständiger Leistungen an ihn daher nicht verweigern. Schutz des Drittsch nach II besteht auch, wenn der Gl die alleinige Empfangszuständigkeit durch einstw Einstellung der ZwV verloren hat (BGH NJW 99, 953). Kenntnis von einer einstw Einstellung (auch wenn noch nicht nach § 775 Nr 2 vollzogen) steht bereits der Kenntnis von der Aufhebung des Überweisungsbeschlusses gleich, schließt somit Schutz nach II aus (Fink/Ellefret MDR 99, 1272). Ein Irrtum des Drittsch, der Überweisungsbeschluss sei aufgehoben, ist durch II nicht geschützt (Schuler NJW 61, 719; aA OLG Stuttgart NJW 61, 34). Einen Schutz auch des Vertrauens auf das Bestehen der gepfändeten „angeblichen" Forderung und darauf, dass der Sch deren Inhaber ist, begründet II nicht (BGH NJW 2002, 755); ggü einem tatsächl Forderungsgl wirkt Leistung an den Vollstreckungsgl daher nicht schuldbefreiend. Wenn zweifelhaft ist, ob der Sch Forderungsinhaber ist, leistet der Drittsch an den Pfändungsgl auf eigene Gefahr (BGH NJW 2002, 755). Die Wirksamkeit der Leistung an den nichtberechtigten Pfändungsgl kann mit Genehmigung des Forderungsgl herbeigeführt werden (§ 185 II BGB; kann für Bereicherungsanspruch erheblich sein). 8

V) Auskunfts- und Herausgabepflicht (§ 836 III 1). 1) Nebenpflichten. III 1 entspricht § 402 BGB; III 2-5 regeln die Verfolgung des **Auskunfts-** und **Herausgabe**anspruchs (Rn 15, 16), Auskunfts- und Herausgabe**pflicht** erfordern wirksame Pfändung (§ 829 Rn 22, 23) und Überweisung zur Einziehung oder an Zahlungs statt. Pfändung allein begründet Verpflichtung nach III nicht, desgl nicht eine Pfändung (mit Überweisung), die ins Leere geht, weil die „angebliche" Forderung nicht besteht (§ 829 Rn 22; St/Rellermeyer B.257). Eine Verpflichtung nach III 1 besteht daher nicht bei Vorpfändung (§ 845), Sicherungsvollstr (§ 720a) und Arrestpfändung (§ 930) sowie nach Einstellung der ZwV. Sie erfordert bei Pfändung einer Hypothekenforderung mit wirksamer Überweisung auch wirksame Pfändung mit Briefübergabe oder Grundbucheintragung nach § 830 I (anders für Ansprüche nach § 830 III). Berufl Schweigepflicht des Sch schränkt auch die Verpflichtungen aus III ein (BGH NJW 99, 1544, 1547). Besonderheiten ggü § 402 BGB zeigen sich, weil bei Überweisung zur Einziehung kein Gl-Wechsel eintritt, sondern der vollstr Gl nur die Einziehungsberechtigung erlangt (Rn 3), die nur durch das Verfügungsverbot geminderte Gl-Stellung des (Vollstreckungs-)Sch somit fortbesteht, und weil Pfand- und Einziehungsberechtigung des Gl durch den Betrag seiner Vollstreckungsforderung begrenzt sind. Der Umfang der Auskunftsverpflichtung (dazu BTDrs 13/341, 35), insb aber auch der Verpflichtung zur Urkundenherausgabe, kann sich daher nur nach dem Einzelfall richten (III 1: die „nötige" Auskunft ist zu erteilen). 9

2) Auskunft. a) Schuldner. Der Sch (**Formulierungsvorschlag:** Vorwerk/Goldbach, PFB, M 50.7) hat sie dem Gl zu erteilen „zur Geltendmachung der Forderung", nicht aber über Gründe, warum eine „angebliche" Forderung nicht besteht (St/Rellermeyer B.260). Auskunftspflicht ist begründet für alle erheblichen Tatsachen und wesentl Umstände zur (außergerichtl und gerichtl, § 842) Geltendmachung der Forderung (Schuldgrund, Höhe usw: BGH MDR 2007, 607) und ihrer Durchsetzung (Beweismittel, Hinweis auf Abwehr von Einwendungen des Drittsch). Dazu gehören auch Tatsachen, die erst nach der Pfändung eingetreten sind (zB Zahlung nach Pfändung, aber vor Zustellung des Pfändungsbeschlusses an den Drittsch). Inhalt und Umfang der Auskunft 10 richten sich nach den jew Umständen des Einzelfalls (sa Rn 9; BGH MDR 2022, 1369 Tz 8). Bei Pfändung von Arbeitseinkommen erfordert Auskunft zur Geltendmachung der Forderung auch Mitteilung der zur Berechnung des unpfändbaren und damit pfändbaren Einkommensteils wesentl Angaben, insb über Bruttoeinkommen, nach § 850e Nr 1 nicht mitzurechnende Beträge, Zahlungszeitraum und Unterhaltspflichten, damit auch über eigene Einkünfte einer ges unterhaltsberechtigten Person für Nichtberücksichtigung nach § 850c VI (Hornung Rpfleger 98, 381, 399; vgl LG Hildesheim JurBüro 2001, 87). Bei Lohnschiebung oder -verschleierung ist Auskunft über die zur Geltendmachung nach § 850h erheblichen Besonderheiten zu erteilen (LG Köln DGVZ 2002, 186). Bei Pfändung des ESt-Erstattungsanspruchs gebietet Auskunft Angabe, ob ein Erstattungsanspruch besteht oder bestehen kann; das kann auch Angabe über Zeiten erfordern, in denen kein lohnsteuerpflichtiges Einkommen bezogen wurde. Angaben für Aufnahme in die Steuererklärung nach dem ESt-Vordruck können jedoch nicht verlangt werden (Abgabe der Steuererklärung obliegt dem Sch: § 829 Rn 33.50; für umfassende Auskunft hingegen: LG Frankenthal DGVZ 2007, 37; AG Detmold DGVZ 2007, 190). Bei Pfändung eines Versicherungsanspruchs verpflichtet III auch zur Bezeichnung der widerrufl oder unwiderrufl Bezugsberechtigung eines Dritten.

11 **b) Auskunft des Drittschuldners.** Die Auskunftsverpflichtung des Sch (III 1) und die des Drittsch (§ 840 I) bestehen nebeneinander (LG Hagen 24.5.2016 – 6 T 91/16, juris). Eine Drittsch-Auskunft entbindet den Sch nicht von seiner Auskunftspflicht. Jedoch muss die Auskunft, damit auch Angabe einzelner Tatsachen oder Umstände, zur Geltendmachung der Forderung **nötig** sein. Das ist nicht der Fall, wenn der Drittsch Zahlung in Höhe der Forderung des Gl zu leisten bereit ist oder dem Gl bereits den für Bestimmung und Berechnung der Forderung nötigen Aufschluss erteilt und Unterlagen zur Verfügung gestellt hat. Dann kann der Gl auch kein schutzwürdiges Interesse an einer Sch-Auskunft mehr haben.

12 **c) Auskunftsverlangen** Zu erteilen hat der Sch dem Gl Auskunft, wenn er sie verlangt (nicht unaufgefordert). Das Auskunftsbegehren kann allg gehalten sein (**Formulierungsvorschlag:** Vorwerk/Goldbach, PFB, M 50.7; Stöber MDR 2001, 304); einzelne Tatsachen oder Verhältnisse, die erst in Erfahrung gebracht werden sollen, hat der Gl dem Sch nicht zu benennen (Stöber MDR 2001, 304). Außergerichtl könnte Auskunft mündl erteilt werden. Nachweis sollte jedoch Schriftform gebieten.

13 **3) Herausgabe. a) Urkunden.** Herauszugeben hat der Sch dem Gl die über die Forderung vorhandenen Urkunden. Das sind Urkunden, die den Gl zur Empfangnahme der Leistung berechtigt legitimieren und solche, die den Bestand der Forderung beweisen oder sonst der Ermittlung oder dem Nachweis ihrer Höhe, Fälligkeit und Einredefreiheit dienen (BGH MDR 2013, 548 = NJW-RR 2013, 766 Tz 5). Dazu gehören **zB:** Schuldschein, Pfandschein, Sparkassenbuch, Kontoauszüge (auch wenn sie negative Salden dokumentieren; sa Rn 16), bei Pfändung des Guthabens bei einem Kreditinstitut (§ 833a; und auf Auszahlung eines dem Sch eingeräumten Kredits) nach BGH NJW 2012, 1081 vom Zeitpunkt des Wirksamwerdens der Pfändung an (zur Herausgabeanordnung: Rn 16), Versicherungspolice als Legitimationspapier (BGH NJW-RR 2010, 948), Mietvertrag, Briefe, VollstrTitel (BGH JurBüro 2010, 440, 442), ein Leistungsbescheid der Agentur für Arbeit (LG Koblenz JurBüro 2010, 49; LG Regensburg Rpfleger 2002, 468; aA LG Hannover JurBüro 86, 302), Gehalts-/Lohnabrechnungen (BGH NJW-RR 2006, 1576), auch solche für die letzten drei Abrechnungszeiträume (zumeist Monate) vor der Pfändung (BGH NJW-RR 2013, 766 Tz 5; dienen Beweis- und Überprüfungszwecken; zur Auslegung der Formulierung im PfÜB: LG Ulm DGVZ 2015, 226; AG Leipzig JurBüro 2016, 325). Für ein ausnahmsweise auf weiter zurückliegende Zeit erstrecktes Herausgabeverlangen hat der Gl besondere Voraussetzungen im Einzelfall darzulegen (BGH NJW 2007, 606). Zu erfüllen ist die Herausgabepflicht bei Pfändung von Arbeitseinkommen wiederkehrend (Folge von § 832; BGH NJW-RR 2006, 1576, 1577). Zu den herauszugebenden Urkunden werden (jedenfalls bei Pfändung von Arbeitseinkommen) vorausgehende PfÜB sowie Urkunden über eine der Pfändung vorausgehende Abtretung gerechnet (weite Auslegung des III zur Vermeidung unnötiger und risikobehafteter Drittsch-Prozesse: BGH NJW-RR 2006, 1576; BGH NJW 2007, 606). Dazu gehören auch Urkunden über einen ges Rechtsübergang sowie Belege über Ratenzahlungen (aA LG Hof DGVZ 91, 138), außerdem Bescheide über öffentl-rechtl Leistungen und Rentenbescheide (BGH NJW-RR 2013, 766 Tz 5) u bei Pfändung von Guthaben auf einem P-Konto die Bescheinigung einer Sch-Beratungsstelle nach § 305 I Nr 1 InsO (BGH NJW 2013, 766; vgl § 903 I 2 Nr 3 zur Nachweispflicht des Sch). Der Ausdruck der elektron Lohnsteuerbescheinigung (dazu § 41b EStG) und Steuerbelege gehören, weil der Sch die Steuererklärung abzugeben hat (§ 829 Rn 33.50), nicht dazu (LG Dortmund JurBüro 2000, 492; LG Frankenthal Rpfleger 2000, 462; LG Potsdam Rpfleger 2002, 530). Herausgabe der Bank/Sparkassencard kann nicht angeordnet werden (BGH NJW 2003, 1256, 1257). Offenlegung der persönl Geheimzahl (als Berechtigungsmerkmal zur Nutzung der ec-Geldautomaten) kann vom Sch nicht verlangt werden. Eine SchPflicht zur Fertigung und Übergabe einer Forderungsaufstellung begründet III nicht. Ist die Forderung nur zum Teil überwiesen, muss der Sch die Urkunde, die zum Beweis der Forderung dient, über die ganze Forderung herausgeben vorbehaltl der Rückgabe nach Einziehung des überwiesenen Teils (MskV/Flockenhaus Rn 8; MK/Smid Rn 17; aA WSch/Lüke Rn 25 [nur Mitbesitz oder Auszug in öffentl begl Form]).

14 **b) „Nötig“.** Nötig sein (Rn 11) zur außergerichtl oder gerichtl (§ 842) Geltendmachung der Forderung muss *auch die Urkundenherausgabe*. Weil (bei Überweisung zur Einziehung) die Mitberechtigung des Sch als Forderungsgl fortbesteht oder wenn die vollstreckte Forderung des Gl geringer ist als die gepfändete Forderung an

den Drittsch, kann Herausgabe von Urkunden nur gg Rückgabe nach Geltendmachung der gepfändeten Forderung verlangt werden (MK/Smid Rn 17). – Ist der Gl nicht auf das Original angewiesen, kann der Sch durch Übergabe von Kopien seine Herausgabepflicht erfüllen (BGH MDR 2013, 548 Tz 9).

VI) Eidesstattliche Versicherung für Auskunft (§ 836 III 2-4). Der Sch, der die Auskunft nicht freiwillig erteilt, ist auf Antrag des Gl verpflichtet, sie zu Protokoll zu geben und seine Angaben an Eides statt zu versichern (III 2). Verfahrensgrundlagen sind der Titel sowie der PfÜB (BTDrs 16/10069, 35). In diesem ist die ges Verpflichtung zur Erteilung der Auskunft nicht gesondert wiederzugeben (Stöber MDR 2001, 301; aA zB Steder MDR 2000, 438, 440 – das widerspricht aber III, der zur Auskunft nach wirksamer Pfändung und Überweisung verpflichtet, nicht aber zusätzl Feststellung oder Anordnung durch das VollstrGericht gebietet). Sie wird damit auch nicht nach Gegenstand und Umfang bezeichnet, denn sie ist mit „zur Geltendmachung der Forderung nötige Auskunft" ges bereits bestimmt festgelegt und daher, anders als für Individualvollstr zur Urkundenherausgabe, nicht mehr zu konkretisieren (zutr BGH MDR 2022, 1369 Tz 9 mwN [Antrag des Gl an das VollstrGericht auf Konkretisierung der vom Sch zu erteilenden Auskunft im PfÜB oder in ergänzendem Beschluss ist unzulässig]). Die Weigerung des Sch, die Auskunft außergerichtl freiwillig zu erteilen, ist glaubhaft zu machen (BTDrs 13/341, 35). Zuständig ist der GV, in dessen Bezirk der Sch bei Antragstellung seinen Wohnsitz oder in Ermangelung eines solchen seinen Aufenthaltsort hat (III 3 iVm § 802e). Der GV bestimmt Termin und lädt den Sch persönl (auch wenn dieser einen ProzBev hat, § 802f VI 1) nach § 802f II. Die Ladung ist dem Sch (im Parteibetrieb) zuzustellen (III 3, 4 iVm § 802f VI 1); dem Gl ist die Terminsbestimmung mitzuteilen. Einer Mitteilung an den ProzBev des Sch bedarf es nicht. Bestimmung über die Ersatzhaft gibt III 4 iVm §§ 802g-i und § 802j I, II. Die Auskunft ist zu Protokoll zu geben und an Eides statt zu versichern (III 2). Fassung des Protokolls: § 762; elektron Dokument ist nicht bestimmt (auf § 802f VII wird nicht Bezug genommen; das Protokoll ist kein VermVerz). Dem Sch sollte auf Verlangen ein Ausdruck oder elektron Dokument zugeleitet werden (entspr § 802f VIII 2, § 802d II); dem Gl ist unverzügl ein Ausdruck (auf Antrag: ein elektron Dokument) zuzuleiten (§ 802f VIII 2, § 802d II). Erweist sich eine eidesstattl versicherte Auskunft zur Geltendmachung der Forderung als unzureichend, hat der Sch nachzubessern. Einwendungen des Sch, die sich darauf gründen, dass eine Verpflichtung zu der verlangten Auskunft nicht besteht, damit auch, dass Auskunft zur Geltendmachung der Forderung nicht nötig ist (Rn 11), sind mit Erinnerung (§ 766) geltend zu machen. 15

VII) Urkunden-Herausgabevollstreckung (§ 836 III 5). 1) Herausgabevollstreckung. Die Urkundenherausgabe kann im Wege der ZwV nach § 883 verfolgt werden (III 5). Die Pflicht zur Herausgabe der (zu bezeichnenden: BGH NJW-RR 2006, 1576) Urkunden ist auf Antrag des Gl in den PfÜB aufzunehmen (BGH JurBüro 2013, 41). Darlegung eines bes Rechtsschutzbedürfnisses wird dafür nicht gefordert. Bei Pfändung eines Guthabens bei einem Kreditinstitut soll eine Anordnung dahingehend, dass dem Sch gestattet wird, Schwärzungen vorzunehmen, nach BGH MDR 2012, 545 nicht in Betracht kommen. Gegen eine so großzügig verstandene Herausgabepflicht bestehen jedoch Bedenken, weil Zustellungssaldo und Tagesguthaben gepfändet sind (§ 833a), nicht aber dem Kontokorrent unterstellte Einzelforderungen. Nötig zur Geltendmachung des gepfändeten Kontokorrentguthabens (Rn 14) ist die Kenntnis der im Kontoauszug benannten Zahler (§ 675d I BGB iVm Art 248 § 8 EGBGB) daher ebenso nicht wie zB die Information über die einem Zahlungsvorgang zugeordnete Kennung und (fast stets) des Wertstellungsdatums; der nur allg Information des Gl über Rechtsbeziehungen mit Dritten für etwaige weitere ZwV dienen Kontoauszüge ohnedies nicht. Wenn der Kontoauszug Schuldposten (für P-Konten über Freibeträge des § 850k hinaus) ausweist, wahrt § 357 HGB Gläubigerinteressen. Daher ist nicht hinnehmbar, dass der Sch eine etwaige Verletzung seiner Rechte auf Geheimhaltung oder informationelle Selbstbestimmung durch Preisgabe der in Kontoauszügen enthaltenen Informationen erst noch mit Erinnerung (§ 766) geltend machen soll (so aber BGH JurBüro 2013, 41) und der GV zur Wahrung dieses Rechts des Sch in entspr Anwendung des § 765a II die Herausgabe der Kontounterlagen an den Gl um bis zu einer Woche aufzuschieben hat (BGHZ 192, 314). Geboten sein muss bei Aufnahme der Pflicht zur Urkundenherausgabe in den Beschluss (ohne Antrag) vielmehr auch die Befugnis des Sch, zur Wahrung seines Rechts auf Geheimhaltung nicht offenzulegende Informationen unkenntlich zu machen. Für Herausgabevollstr muss der Anspruch begründet (Rn 9), die Pfändung und Überweisung mit Beschlusszustellung an den Drittsch (usw) somit bewirkt sein (§ 829 III, § 835 III 1 [usw]; keine isolierte Herausgabevollstr vor Wirksamwerden der Pfändung und Überweisung: BGH JurBüro 2010, 440, 442). Die Wegnahme durch den GV (§ 883 I) erfolgt auf Grund des Titels und Überweisungsbeschlusses (LG Limburg DGVZ 75, 11; AG Dortmund DGVZ 80, 29), wenn in ihm die Urkunden bestimmt (§ 883 Rn 5; dh konkret und genau) bezeichnet sind (LG Freiburg JurBüro 94, 368; LG Göttingen JurBüro 94, 369) oder ausnahmsweise, wenn das nicht möglich ist, die Herausgabepflicht sonst klargestellt ist, wie zB mit „Herausgabe der bei dem Sch vorhandenen Nachweise, welche zur Erhöhung der Pfändungsfreibeträge gem § 850k II, V 2 ZPO führen können" (BGH NJW-RR 2013, 766 Tz 10). VollstrGrundlage kann auch ein Ergänzungsbeschluss sein (in welchen auch die Pflicht zur Zurückgabe nach Gebrauch aufzunehmen ist). Er bedarf keiner Klausel, muss dem Sch aber gem § 750 zugestellt sein (LG Heilbronn JurBüro 2011, 46; aA AG Bad Schwartau DGVZ 81, 63). 16

2) Verschwundene Urkunden. Sind sie nicht auffindbar, kann der Gl den Sch zur Abgabe der eidesstattl Versicherung laden (§ 883 II). Anträge nach §§ 888, 890 können nicht zum Erfolg führen. 17

18 **3) Urkunden in Drittbesitz.** Befindet sich die Urkunde im Besitz eines nicht zur Herausgabe bereiten Dritten, kann der Gl auf Grund des Überweisungs- bzw Ergänzungsbeschlusses den Sch-Anspruch auf Herausgabe gg den Dritten durch Klage geltend machen, ohne dass er sich noch diesen Anspruch auf Herausgabe der Urkunde überweisen zu lassen braucht (BGH JurBüro 2010, 440, 442; sa § 850 Rn 19).

19 **VIII) Gebühren. 1) RA:** Das Verf nach III 1 löst keine gesonderte Geb aus, sondern wird nach § 18 I Nr 1 RVG durch 3309 RVG-VV für Pfändungsauftrag abgegolten (s § 835 Rn 19). Das Antragsverf auf Auskunft und eidesstattl Versicherung (III 2-4) ist entspr § 18 I Nr 16 RVG zu vergüten, auch wenn § 836 dort nicht ausdrücklich genannt ist. – **2) GV:** III 2: 262 GvKostG-KV für die Abnahme der eidesstattl Vers; III 4 iVm § 802g: 270 GvKostG-KV für die Verhaftung; III 5: 221 GvKostG-KV für die Herausgabevollstreckung; daneben evtl der Zeitzuschlag 500 GvKostG-KV. Bei Gesamtsch: § 10 III GvKostG.

§ 837 Überweisung einer Hypothekenforderung

(1) [1]Zur Überweisung einer gepfändeten Forderung, für die eine Hypothek besteht, genügt die Aushändigung des Überweisungsbeschlusses an den Gläubiger. [2]Ist die Erteilung des Hypothekenbriefes ausgeschlossen, so ist zur Überweisung an Zahlungs statt die Eintragung der Überweisung in das Grundbuch erforderlich; die Eintragung erfolgt auf Grund des Überweisungsbeschlusses.

(2) [1]Diese Vorschriften sind nicht anzuwenden, soweit es sich um die Überweisung der Ansprüche auf die im § 1159 des Bürgerlichen Gesetzbuchs bezeichneten Leistungen handelt. [2]Das Gleiche gilt bei einer Sicherungshypothek im Falle des § 1187 des Bürgerlichen Gesetzbuchs von der Überweisung der Hauptforderung.

(3) Bei einer Sicherungshypothek der im § 1190 des Bürgerlichen Gesetzbuchs bezeichneten Art kann die Hauptforderung nach den allgemeinen Vorschriften gepfändet und überwiesen werden, wenn der Gläubiger die Überweisung der Forderung ohne die Hypothek an Zahlungs statt beantragt.

1 **I) Funktion.** Regelung der Pfandverwertung einer durch Hypothek gesicherten Geldforderung unter Berücksichtigung der Besonderheiten, die sich mit der auf dem Grundbuchsystem beruhenden Rechtsnatur des Sicherungsrechts ergeben.

2 **II) Pfandverwertung. 1) Überweisung.** Eine gepfändete Geldforderung wird mit Überweisung zur Einziehung oder an Zahlungs statt verwertet (§ 835) auch, wenn die gepfändete Forderung durch Hypothek (§ 830) gesichert ist. Wirksam wird die Überweisung jedoch nicht mit Zustellung des Beschlusses an den Drittsch (§ 835 III), sondern

3 a) bei der **Briefhypothek** immer mit (formloser) Aushändigung des Überweisungsbeschlusses an den Gl (I 1), jedoch nicht vor der Pfändung, somit frühestens zugleich mit dieser;

4 **b)** bei der **Buchhypothek** die Überweisung zur **Einziehung** mit Aushändigung des Überweisungsbeschlusses an den Gl (I 1), jedoch nicht vor der Pfändung;

5 **c)** bei der **Buchhypothek** die Überweisung an **Zahlungs statt** mit Eintragung in das Grundbuch (I 2). Die Eintragung erfolgt auf (formlosen) Antrag des Gl auf Grund des Überweisungsbeschlusses (I 2), der nicht zugestellt sein muss und keiner Klausel bedarf. Eintragung der Überweisung ist nicht vor Wirksamwerden der Pfändung mit Eintragung (§ 830) zulässig.

6 Die Überweisung einer Brief- oder Buchhypothek zur Einziehung kann (neben der Pfändung) nicht in das Grundbuch eingetragen werden, weil die Forderung nicht auf den Pfandgl übergeht (MskV/Flockenhaus Rn 2). Bei Überweisung einer Briefhypothek an Zahlungs statt ersetzt der Überweisungsbeschluss die Abtretungserklärung (§ 836 I; § 1155 BGB); nach Wirksamwerden kann die Überweisung an Zahlungs statt daher auf Antrag als Grundbuchberichtigung eingetragen werden. Eintragungsgrundlage ist der Überweisungsbeschluss, der keiner Klausel bedarf. Briefvorlage und Nachweis, dass die Pfändung wirksam geworden ist, sind erforderlich.

7 **2) Gleichzeitiger Erlass.** Pfändungs- und Überweisungsbeschluss können auch bei Pfändung einer Hypothekenforderung zusammen erlassen werden (§ 835 Rn 3; Stöber NJW 96, 1180; StJ/Würdinger Rn 1 mwN). Wegen (s bereits § 836 Rn 7) aA des BGH (BGH MDR 95, 454) wird Hinweis auf die noch ausstehende Wirksamkeit der Pfändung mit Briefübergabe oder Grundbucheintragung empfohlen (hierzu Stöber NJW 96, 1180; Hintzen/Wolf Rpfleger 95, 94; Riedel Rpfleger 95, 121).

8 **3) Löschungsfähige Quittung.** Sie kann der Gl dem Drittsch nach Befriedigung durch diesen aushändigen, auch wenn die Hypothek nur zur Einziehung überwiesen wurde. Löschungsbewilligung (ohne Zahlungsquittung) kann der Gl, dem die Hypothek nur zur Einziehung überwiesen ist, nicht erteilen.

9 **III) Ausnahmen.** Ein Anspruch auf die **im § 1159 BGB bezeichneten Leistungen** (Rückstände von Zinsen usw) werden nicht nach § 830, sondern als Geldforderungen nach § 829 gepfändet (§ 830 Rn 14). Ebenso bestimmt *sich ihre Überweisung nicht* (wie für die Hypothekenforderung) nach § 837, sondern nach § 835 in der für gewöhnl Geldforderungen geltenden Weise (II 1). Desgl erfolgt Verwertung der Forderung aus einer Inhaber-

schuldverschreibung mit Hypothek (§ 1187 BGB) und aus einem Wechsel oder anderen indossablen Papier wie deren Pfändung (II 2; sa § 830 Rn 1) auf dem allg für solche Rechte bestimmten Weg, dh nach § 821 bzw § 835.

IV) Höchstbetragshypothek. Eine Forderung, für die solch eine Hypothek (§ 1190 BGB) bestellt ist, kann wie jede andere Forderung mit Buchhypothek gepfändet und überwiesen werden (III). Entspr der Regelung des § 1190 BGB, nach der in diesem Fall die Forderung auch ohne die Hypothek übertragen werden kann und die Trennung von Hypothek und Forderung schon eintritt, wenn die Forderung nach allg Grundsätzen übertragen wird, gestattet III dem Gl, die Hauptforderung ohne die Hypothek nach den allg Grundsätzen zu pfänden, unter der Voraussetzung, dass er die Verwertung in der Form der Überweisung an Zahlungs statt beabsichtigt. Antrag und Beschluss müssen die Beschränkung der Pfändung auf die Forderung zum Ausdruck bringen. Pfändung und Überweisung werden mit Zustellung an den Drittsch wirksam (StJ/Würdinger Rn 6). 10

§ 837a Überweisung einer Schiffshypothekenforderung

(1) [1]Zur Überweisung einer gepfändeten Forderung, für die eine Schiffshypothek besteht, genügt, wenn die Forderung zur Einziehung überwiesen wird, die Aushändigung des Überweisungsbeschlusses an den Gläubiger. [2]Zur Überweisung an Zahlungs statt ist die Eintragung der Überweisung in das Schiffsregister oder in das Schiffsbauregister erforderlich; die Eintragung erfolgt auf Grund des Überweisungsbeschlusses.

(2) [1]Diese Vorschriften sind nicht anzuwenden, soweit es sich um die Überweisung der Ansprüche auf die in § 53 des Gesetzes über Rechte an eingetragenen Schiffen und Schiffsbauwerken vom 15. November 1940 (RGBl. I S. 1499) bezeichneten Leistungen handelt. [2]Das Gleiche gilt, wenn bei einer Schiffshypothek für eine Forderung aus einer Schuldverschreibung auf den Inhaber, aus einem Wechsel oder aus einem anderen durch Indossament übertragbaren Papier die Hauptforderung überwiesen wird.

(3) Bei einer Schiffshypothek für einen Höchstbetrag (§ 75 des im Absatz 2 genannten Gesetzes) gilt § 837 Abs. 3 entsprechend.

§ 837a enthält für die Schiffshypothek, die nur als Buchhypothek besteht, eine dem § 837 entspr Regelung, soweit sie für die Buchhypothek getroffen ist. Für das RegisterpfandR an Luftfahrzeugen gilt § 837a entspr (sa § 830a Rn 2). 1

§ 838 Einrede des Schuldners bei Faustpfand

Wird eine durch ein Pfandrecht an einer beweglichen Sache gesicherte Forderung überwiesen, so kann der Schuldner die Herausgabe des Pfandes an den Gläubiger verweigern, bis ihm Sicherheit für die Haftung geleistet wird, die für ihn aus einer Verletzung der dem Gläubiger dem Verpfänder gegenüber obliegenden Verpflichtungen entstehen kann.

I) Funktion. Sicherung des Sch für seine fortbestehende Haftung auf Grund eines für die gepfändete Forderung bestehenden Pfandrechts. 1

II) Verfahren. Ein die gepfändete Forderung sicherndes PfandR an einer bewegl Sache wird als Nebenrecht von der Pfändung erfasst (§ 829 Rn 20). Der Gl kann vom Sch daher die Herausgabe des Pfandes verlangen (§ 1251 I BGB); das Begehren ist im Klageweg, nicht nach § 836 III (hM, zB SchWKT/Plücker Rn 2 mwN), geltend zu machen. – Der Sch haftet nach Herausgabe jedoch (als bish Pfandgl) wie ein selbstschuldnerischer Bürge nach Maßgabe des § 1251 II 2 BGB für den Schaden, der dem Verpfänder durch Verletzung der Pflichten entsteht, in die der Gl (an Stelle des Sch) eingetreten ist. § 838 gibt dem Sch daher das Recht, die Herausgabe des Pfandes an den Gl zu verweigern, bis ihm Sicherheit für die fortbestehende Haftung geleistet ist. – Urteil geht mangels Vorleistungspflicht des Gl auf Herausgabe Zug um Zug gg Sicherheitsleistung (§ 274 BGB; WSch/Lüke Rn 3; str; nach StJ/Würdinger Rn 2 führt fehlende Sicherheitsleistung zur Klageabweisung). Vollstr erfolgt nach §§ 726, 756 (MskV/Flockenhaus Rn 3). – Sicherheit ist nach §§ 232 ff BGB zu leisten; §§ 108, 109 finden keine Anwendung (allgM). 2

§ 839 Überweisung bei Abwendungsbefugnis

Darf der Schuldner nach § 711 Satz 1, § 712 Abs. 1 Satz 1 die Vollstreckung durch Sicherheitsleistung oder Hinterlegung abwenden, so findet die Überweisung gepfändeter Geldforderungen nur zur Einziehung und nur mit der Wirkung statt, dass der Drittschuldner den Schuldbetrag zu hinterlegen hat.

1 **I) Funktion.** Verzögerte Befriedigung, weil der Titel evtl nur vorläufig ist. Deshalb ist bei Verwertung einer gepfändeten Geldforderung der Abwendungsbefugnis des Sch nach § 711 S 1, § 712 I 1 mit Hinterlegung Rechnung zu tragen. Damit entspricht § 839 den §§ 720, 815 III, § 819. Die Verpflichtung des Drittsch zur Hinterlegung ist in dem Überweisungsbeschluss auszusprechen (sonst § 836 II). Mit Hinterlegung wird der Drittsch befreit; der Gl erwirbt an dem hinterlegten Betrag ein PfandR (§ 233 BGB). Auszahlung des Hinterlegungsgelds erfolgt auf Antrag, wenn nachgewiesen ist, dass die Abwendungsbefugnis entfallen ist. Auf andere Fälle der Einstellung der ZwV ist § 839 nicht entspr anzuwenden (BGH NJW 68, 398; StJ/Würdinger Rn 2).

2 **II) Gebühren des Gerichts.** Ein etwa isoliert erlassener Überweisungsbeschluss nach § 839 löst keine bes Geb aus; er ist durch die Geb 2111 GKG-KV, die eine VerfGeb ist, abgegolten.

§ 840 Erklärungspflicht des Drittschuldners

(1) Auf Verlangen des Gläubigers hat der Drittschuldner binnen zwei Wochen, von der Zustellung des Pfändungsbeschlusses an gerechnet, dem Gläubiger zu erklären:

1. **ob und inwieweit er die Forderung als begründet anerkenne und Zahlung zu leisten bereit sei;**
2. **ob und welche Ansprüche andere Personen an die Forderung machen;**
3. **ob und wegen welcher Ansprüche die Forderung bereits für andere Gläubiger gepfändet sei;**
4. **ob innerhalb der letzten zwölf Monate im Hinblick auf das Konto, dessen Guthaben gepfändet worden ist, nach § 907 die Unpfändbarkeit des Guthabens festgesetzt worden ist, und**
5. **ob es sich bei dem Konto, dessen Guthaben gepfändet worden ist, um ein Pfändungsschutzkonto im Sinne von § 850k oder ein Gemeinschaftskonto im Sinne des § 850l handelt; bei einem Gemeinschaftskonto ist zugleich anzugeben, ob der Schuldner nur gemeinsam mit einer oder mehreren anderen Personen verfügungsbefugt ist.**

(2) [1]Die Aufforderung zur Abgabe dieser Erklärungen muss in die Zustellungsurkunde aufgenommen werden; bei Zustellungen nach § 193a muss die Aufforderung als elektronisches Dokument zusammen mit dem Pfändungsbeschluss übermittelt werden. [2]Der Drittschuldner haftet dem Gläubiger für den aus der Nichterfüllung seiner Verpflichtung entstehenden Schaden.

(3) [1]Die Erklärungen des Drittschuldners können innerhalb der in Absatz 1 bestimmten Frist auch gegenüber dem Gerichtsvollzieher abgegeben werden. [2]Werden die Erklärungen bei einer Zustellung des Pfändungsbeschlusses nach § 193 abgegeben, so sind sie in die Zustellungsurkunde aufzunehmen und von dem Drittschuldner zu unterschreiben.

1 **I) Funktion.** Wahrung der Gl-Belange mit Verpflichtung des Drittsch zur Auskunft über Bestand und Wert der gepfändeten Forderung an den Gl, der die Verhältnisse meist nicht näher kennt, sich für sein weiteres Vorgehen aber darauf einstellen muss. Diese Pflicht des Drittsch dient der Gewährleistung einer im Interesse der Allgemeinheit liegenden funktionsfähigen Forderungsvollstr; verfassungsrechtl Bedenken begegnet sie nicht (BGH MDR 2000, 268). Da ein Drittsch grds keine Handlungspflichten hat, hat der davon abw § 840 Ausnahmecharakter, weshalb aus ihm kein darüber hinaus gehendes Tätigwerden des Drittsch hergeleitet werden kann (BGH WM 2021, 411 Tz 13).

2 **II) Voraussetzung der Auskunftspflicht. 1) Zustellung.** Ein wirksamer Pfändungsbeschluss (BGH 27.2.2018 – VI ZR 156/17, juris Tz 11) muss zugestellt sein, nicht auch der Überweisungsbeschluss (BGH MDR 2006, 1370). Auf den Bestand der gepfändeten (angebl) Forderung kommt es nicht an (LAG Mecklenburg-Vorpommern 11.5.2017 – 5 Sa 110/16, juris Tz 38 mwN). Auskunftspflicht besteht auch bei Sicherungsvollstr (§ 720a), Arrestpfändung (§ 930; BGH NJW-RR 2006, 1566), nach Überweisung an Zahlungs statt und nach Einstellung der ZwV unter Aufrechterhaltung der Pfändung, nicht aber nach Vorpfändung (BGH WM 72, 525) und nicht bei Pfändung von Forderungen aus Wechseln und anderen Papieren durch den GV (§ 831). Bei Pfändung einer Hypothekenforderung (§§ 830, 830a) ist Aufforderung bei Zustellung schon zulässig, bevor die zur Entstehung des PfandR erforderl Briefübergabe bzw Grundbucheintragung erfolgt ist.

3 **2) Auskunftsverlangen.** Verlangen des Gl mit Aufforderung zur Abgabe der Erklärung bei Zustellung des Pfändungsbeschlusses (I, II). – **a)** Bei Zustellung als Schriftstück (§ 193): Die Aufforderung muss in die Zustellungsurkunde aufgenommen werden (II 1 Hs 1). Erforderl ist daher Zustellung durch den GV; Aufforderung im Pfändungsbeschluss genügt nicht. Der GV hat dem Drittsch grds persönl zuzustellen; wird er nicht angetroffen, ist Ersatzzustellung zulässig (Schmidt JurBüro 2011, 397). Zum Verf des GV bei Zustellung an mehrere Drittsch in verschiedenen AG-Bezirken: § 121 II 7 GVGA. Bei Zustellung durch die Post ist § 840 nicht anwendbar, da der Postzusteller die Erklärung des Drittsch (III 1) nicht entgegennehmen kann (MskV/Flockenhaus *Rn 3; sa § 121 II 3 GVGA*). Mit öffentl Zustellung, die beim PfÜB grds möglich ist (§ 829 Rn 15), kann nicht zur Auskunft aufgefordert werden (MskV/Flockenhaus Rn 3). Nachträgl (nach Zustellung des Pfändungs-

beschlusses) kann die Aufforderung gesondert zugestellt werden (allgM; zB St/Rellermeyer B.286). Sie muss auf den Pfändungsbeschluss Bezug nehmen, der nicht nochmals zugestellt werden muss (RGZ 60, 330). Die Zwei-Wochen-Frist beginnt dann erst mit Zustellung der Aufforderung (MskV/Flockenhaus Rn 3 mwN). Durch eine nachträgl Aufforderung entstehende Mehrkosten sind nur bei bes Anlass erstattungsfähig (§ 788). – **b)** Bei Zustellung als elektron Dokument (§ 193a) muss die Aufforderung als elektron Dokument zusammen mit dem Pfändungsbeschluss übermittelt werden (II 1 Hs 2; Folgeänderung zur Einführung des § 193a).

3) Passivlegitimation. Verpflichtet zur Abgabe der Erklärung nach § 840 ist bei Pfändung einer Gesamtschuld oder von Bruchteilen jeder einzelne Drittsch, bei akzessorischen Rechten sowohl der dingl als auch der persönl Drittsch, bei Gesamtgutverbindlichkeiten der zur Prozessführung befugte Ehegatte, bei jur Personen die ges Vertreter, bei OHG und KG jeder vertretende einzelne Gesellschafter (nicht der Kommanditist). Die Auskunftspflicht geht dem Bankgeheimnis vor (St/Rellermeyer B.278). Die Erklärungspflicht eines Leistungsträgers nach SGB wird durch das Sozialgeheimnis nicht berührt (§ 71 I 2 SGB X), ebenso nicht die Erklärungspflicht des RA durch seine Verpflichtung zur Verschwiegenheit nach § 43a II 1 BRAO (BGH NJW 99, 1544; Wirges JurBüro 97, 295). 4

III) Erklärungspflichten. Zu **erklären hat** sich der Drittsch: 5

Zu I Nr 1, ob und inwieweit er die Forderung als begründet anerkennt und Zahlung zu leisten bereit sei. Die Frage der Leistungsbereitschaft umfasst Bestand, Art und Höhe der Forderung, soweit sie beschlagnahmt ist. Sie erfordert bei Gesamtgl (zB „Oder"-Konto) auch Bezeichnung des Forderungsrechts des anderen Gesamtgl (App JurBüro 90, 935). Die Erklärung, dass die Forderung nicht anerkannt wird, braucht nicht näher begründet zu werden (BGH MDR 2013, 368 Tz 7), wenngleich das klarstellend zweckmäßig sein kann. Auf eine zu seinen Gunsten bestehende Aufrechnungslage muss der Drittsch den Gl jedenfalls nicht hinweisen, wenn er erklärt, die gepfändete Forderung nicht anzuerkennen (BGH MDR 2013, 368 Tz 10). Zur Vorlage von Belegen ist der Drittsch, der die Forderung nicht anerkennt, nicht verpflichtet (BGH NJW 83, 687). Die Erklärung hat auch dem Gl nicht einzeln die für sein weiteres Vorgehen wesentl Tatsachen zu bezeichnen. Sie muss daher Aufschluss zu Einzelfragen wie Einreden, Fälligkeit, Bedingung, Gestaltungsrechte (Rücktritt, Anfechtung, Minderung) nicht enthalten. Bei Einkommenspfändung gehören Angaben über Bruttoeinkünfte und Abzüge sowie Zahl, ggf auch Bezeichnung, der unterhaltsberechtigten Angehörigen nicht zum ges Inhalt der Auskunft (LAG Düsseldorf MDR 95, 1044; MK/Smid Rn 13 mwN; aA zB Behr JurBüro 94, 132), wenngleich die Angabe zweckmäßig sein kann. Irreführende Angaben verletzen die Auskunftspflicht ebenso wie die unterlassene Erklärung (RGZ 149, 255). Die Erklärung, dass der Drittsch die Forderung als begründet anerkennt, stellt nur eine Auskunft tatsächl Art dar (BGH NJW 78, 44), kein deklaratorisches (so aber: OLG München NJW 75, 174) oder bestätigendes Schuldanerkenntnis. Im Rechtsstreit des Gl gg den Drittsch hat die Erklärung jedoch gewisse Beweiskraft. Mit Vorlage des schriftl Anerkenntnisses genügt der Gl seiner Darlegungs- und Beweispflicht. Der Drittsch hat die Möglichkeit des Gegenbeweises; die Beweislast ist daher praktisch umgekehrt. Da die Erklärung nicht bindend ist, sondern bei Unrichtigkeit zu Schadensersatz verpflichtet (II), entfallen Anfechtung und Kondiktion.

Zu I Nr 2, ob und welche Ansprüche andere Personen an die Forderung machen, auch wenn die Ansprüche zweifelhaft (ungewiss) sind. Als Rechtsgrund für „Ansprüche" kommen in Betracht: Abtretung, Übergang kraft Gesetzes, Verpfändung. Die anderen Berechtigten sind mit Namen, Anschrift sowie Grund und Betrag der Ansprüche zu bezeichnen. Auch eine Verfügung (Abtretung usw) erst zwischen Pfändung und Auskunft muss angegeben werden (St/Rellermeyer B.297). 6

Zu I Nr 3, ob und wegen welcher Ansprüche die Forderung bereits für andere Gl gepfändet sei. Zu bezeichnen sind Gl und Art sowie Höhe seiner Ansprüche, auch der Pfändungsbeschluss nach Gericht (Behörde) und Tag. Noch wirksame Vorpfändungen sind anzugeben; nachrangige Pfändungen brauchen nicht bezeichnet zu werden. 7

Zu I Nr 4, ob innerhalb der letzten zwölf Monate (befristet) die **Unpfändbarkeit** von Kontoguthaben auf dem P-Konto festgesetzt worden ist (§ 907). Der pfändende Gl soll damit über die mögliche Erfolglosigkeit seiner ZwV-Maßnahme unterrichtet werden. Mitzuteilen sind Festsetzungen in den letzten zwölf Kalendermonaten vor Wirksamwerden der Pfändung und zwar nicht nur die des VollstrGerichts, dessen Pfändungsbeschluss zugestellt wird, sondern auch die eines örtl anderen VollstrGerichts (auch auf Grund des § 309 III AO). Eine Festsetzung ist auch anzugeben, wenn sie auf Gl-Antrag bereits wieder aufgehoben wurde (§ 907 II 1). Nicht verlangt ist nach dem Gesetzeswortlaut jedoch Auskunft darüber, ob ein Antrag abgelehnt wurde oder über einen Antrag noch nicht entschieden ist. 7a

Zu I Nr 5, ob es sich bei dem Konto, dessen Guthaben gepfändet worden ist, um ein **P-Konto** (§ 850k) oder ein **Gemeinschaftskonto** (§ 850l) **handelt**. Beim Gemeinschaftskonto ist zusätzlich die Verfügungsbefugnis aufzuzeigen. Die Erklärung soll dem Gl umgehend Informationen über die Besonderheiten bei Pfändung von Konten der §§ 850k, 850l verschaffen, damit er seine ZwV-Maßnahmen danach ausrichten kann. Auf weitere, für die Bemessung der Höhe des Pfändungsschutzes im Einzelfall erhebl Umstände, zB Unterhaltspflichten des Sch und eigene Einkünfte eines Unterhaltsberechtigten, erstreckt sich die Auskunftspflicht nicht. Deren Kenntnis soll der Gl durch den Auskunftsanspruch gg den Sch nach § 836 III erlangen können (BTDrs 16/7615, 52). 7b

8 Der Gl kann sein Auskunftsverlangen auf einzelne Fragen des § 840 **beschränken**, nicht aber auf weitere Einzelfragen ausdehnen. Zur **Wiederholung** seiner Angaben ist der Drittsch, der die Fragen des § 840 beantwortet (und verneint) hat, nicht verpflichtet, desgl nicht zur Vorlage von Belegen (BGHZ 86, 23, 26). Ausnahme: Sind künftige Forderungen gepfändet, kann nach entspr Wartezeit der aktuelle Sachstand abgefragt werden (StJ/Würdinger Rn 11).

9 **IV) Verfahren. 1) Frist.** Zu erteilen ist die Auskunft **binnen 2 Wochen ab der Zustellung des Pfändungsbeschlusses** mit der Aufforderung ggü dem Drittsch, auch wenn sie im Ersatzwege erfolgt ist (StJ/Würdinger Rn 6; aA WSch/Lüke Rn 10: ab Kenntnisnahme). Zum Fristbeginn, wenn die Aufforderung erst nach Zustellung des Pfändungsbeschlusses zugestellt wird: Rn 3. Fristberechnung: § 222. Der Tag der Zustellung wird nicht mitgerechnet. Die Frist ist Überlegungsfrist; zur Fristwahrung genügt daher rechtzeitige Absendung (St/Rellermeyer B.289; StJ/Würdinger Rn 6; MK/Smid Rn 11; str; für Zugang in der Frist: MskV/Flockenhaus Rn 4; wohl auch: BGH NJW 81, 990). Fristwahrung ist vom Drittsch zu beweisen. Ist der letzte Tag der Frist ein Sonnabend, Sonn- oder Feiertag, kann die Erklärung noch am nächsten Werktag abgeben werden; zwischenzeitl Einstellung der ZwV berührt Erklärungspflicht und Frist nicht. Fristverlängerung ist nur durch den Gl möglich, nicht durch den GV oder das VollstrGericht. Folge der Fristversäumnis: Haftung nach II. Ergänzung der Erklärung ist jederzeit möglich (RGZ 149, 256).

10 **2) Adressat.** Die **Erklärung** kann innerhalb der Zweiwochenfrist auch **an den GV** erfolgen (III 1); unabhängig davon, ob die Aufforderung an den Drittsch mit einem Schriftstück (§ 193) oder auf elektron Weg (§ 193a) erfolgte. – Wird nach § 193 zugestellt und werden dabei die Erklärungen schon abgegeben, sind sie in die ZU aufzunehmen und vom Drittsch zu unterschreiben (III 2). Zum Inhalt der nach III 2 aufzunehmenden Zustellungsurkunde: § 121 II GVGA. Die Erklärung kann nicht an das VollstrGericht gerichtet werden. Der GV kann nach Ablauf der Erklärungsfrist die Entgegennahme der Erklärung ablehnen.

10a **3) Fortdauer der Erklärungspflicht.** Zur **Ergänzung** oder Berichtigung der bei Abgabe richtigen Erklärung verpflichtet I den Drittsch nicht (BGHZ 86, 23), wenn das GläubigerpfandR erst durch ein nachträgl Ereignis beeinträchtigt wird (LAG Hamm MDR 91, 88 [für Ende der Lohnfortzahlung nach Erkrankung]). S aber Rn 8.

11 **4) Kostenerstattung.** Kosten der Auskunft hat der Gl dem Drittsch nicht zu erstatten (vgl BAG NJW 85, 1181; BVerwG Rpfleger 95, 261; St/Rellermeyer B.302; MskV/Flockenhaus Rn 6; aA: bei schwieriger Sach- und Rechtslage sind auch RA-Kosten zu erstatten: AG Düsseldorf JurBüro 85, 723; Eckert MDR 86, 799; generell aA: MK/Smid Rn 10 [Aufwendungsersatz entspr § 670 BGB]). – Ein Entgelt (Tätigkeitsvergütung) für Erfüllung der ges Auskunftspflicht ist nicht geschuldet (keine Rechtsgrundlage). – **Vom Sch** kann der Drittsch ein Entgelt für den mit Erfüllung der Auskunftspflicht verbundenen Arbeitsaufwand nicht verlangen (BGH MDR 2000, 286; BAG NJW 2007, 1302). – Klauseln in AGB (von Kreditinstituten), in denen für die Bearbeitung einer Pfändung gg den Sch (Kunden) von diesem ein Entgelt gefordert wird, verstoßen gg § 307 BGB (BGH NJW 2000, 651).

12 **V) Haftung. 1) Nichterfüllung der Auskunftspflicht.** Der Drittsch haftet dem Gl für den entstehenden Schaden (II 2); es wird ein ges Schuldverhältnis begründet (BGH WM 2021, 411 Tz 12). Die Haftung besteht auch bei nur unvollständiger, falscher (OLGR Düsseldorf 1996, 35) oder nicht rechtzeitiger Auskunft (LG Mönchengladbach JurBüro 2009, 273), bei letzterer für den Schaden bis zur Auskunftserteilung. Bei verspäteter Auskunft besteht daher keine Haftung für RA-Kosten zur Vorbereitung der Drittsch-Klage, wenn die Entscheidung, klageweise gg den Drittsch vorzugehen, erst nach Abgabe der Erklärung getroffen wurde (vgl BGH 14.1.2010 – VII ZB 79/09, MDR 2010, 346 = juris Tz 13). Die Haftung setzt Verschulden voraus (BGHZ 79, 275). Den Drittsch trifft ein Verschulden auch, wenn er die Frage, wem die gepfändete Forderung zusteht, nicht mit der gebotenen Sorgfalt geprüft hat (BGH MDR 83, 308). Dass ihn kein Verschulden trifft, hat der Drittsch zu beweisen (vgl LAG Mecklenburg-Vorpommern 11.5.2017 – 5 Sa 110/16, juris Tz 44 mwN). Eigenes Verschulden muss sich der Gl nach Maßgabe des § 254 BGB anrechnen lassen. Erkennt der Drittsch die Forderung zu Unrecht nicht an, begründet dies keine Haftung nach II 2 (BGH 14.1.2010 – VII ZB 79/09, juris Tz 11, 12).

13 **2) Schadensersatz.** Der Gl ist so zu stellen, wie er bei rechtzeitiger Auskunft stehen würde (StJ/Würdinger Rn 21). Die Haftung beschränkt sich dabei auf den **Schaden** des Gl, der durch dessen Entschluss verursacht ist, die gepfändete Forderung gg den Drittsch gerichtl geltend zu machen oder davon abzusehen (BGH NJW 87, 64). Der Schaden besteht zunächst in den Kosten des vom Gl gg den Drittsch unnütz geführten Einziehungsrechtsstreits (BAG NJW 2006, 717 Tz 22). (Anwalts-)Kosten für eine nochmalige Aufforderung an den Drittsch zur Abgabe der Erklärung und weitere vorprozessuale Aufforderungsschreiben sind nicht zu erstatten (BGH NJW 2010, 1674 Tz 14; anders für Zahlungsaufforderung vor gerichtl Geltendmachung des Anspruchs durch den mit der Einziehung der Forderung beauftragten RA: OLG Dresden NJW-RR 2011, 924). Setzt der Gl den Rechtsstreit in der Hauptsache fort, wenn nachträgl Auskunft erteilt oder eine erteilte Auskunft richtig gestellt worden ist, sind die bish Prozesskosten nicht unnütz aufgewendet, mithin nicht als Schaden entstanden (OLG Köln Rpfleger 2003, 670). Desgl begründet Klage des Gl trotz negativer Auskunft (der er misstraut) keinen Schadensersatzanspruch, wenn er diese dann doch als richtig hinnimmt (OLG Hamm MDR 87, 770). Schaden *kann auch dadurch* entstehen, dass der Gl infolge der nicht erteilten oder unrichtigen Auskunft andere VollstrMöglichkeiten gg den Sch unterlässt (OLG Hamm 10.10.2018 – 31 U 141/17, juris Tz 24). Wenn der Gl sich

auf die Pfändung beschränkt, die von Anfang an unsicher ist, und andere aussichtsreiche VollstrVersuche unterlässt, kann eine nicht oder unrichtig erteilte Auskunft jedoch nicht als schadensverursachend angesehen werden. Als Schadensersatz kann der Gl nicht verlangen, so gestellt zu werden, als ob die Forderung des Sch gg den Drittsch bestünde. Der Gl kann daher nicht Ersatz des Schadens verlangen, der ihm dadurch erwächst, dass er keine Zahlung erlangt, weil die gepfändete Forderung nicht besteht oder mit Einreden bzw Einwendungen behaftet ist (BGHZ 69, 328). Auf einen Schaden, der durch Unterlassen einer Pfändung aus weiteren Titeln des Gl entstanden ist, bezieht sich die Haftung nicht (BGHZ 98, 291). Auch Vermögensschaden, den der Gl nicht bei ZwV, sondern im Vertrauen auf die Drittsch-Erklärung bei anderen wirtschaftl Dispositionen erleidet (zB mit weiterer Kreditgewährung), ist nicht zu ersetzen (LG Detmold ZIP 80, 1080). Bei unterlassener Auskunft sind Kosten des Hauptsacheverf nach Arrestpfändung nicht Teil des nach II zu ersetzenden Schadens (BGHZ 68, 289; St/Rellermeyer B.308). Weitergehende Haftung aus Verletzung der Erklärungspflicht (Erteilung einer falschen Auskunft) kann sich aus § 826 BGB ergeben (BGHZ 98, 291). – Im Arbeitsgerichtsprozess ist der Schadensersatz aus dem Schuldgrund II 2 durch § 12a ArbGG nicht beschränkt. Der Erstattungsanspruch gg den Drittsch umfasst daher auch Kosten für die Zuziehung eines ProzBev (hM, MskV/Flockenhaus Rn 13 mwN).

3) Klageverfahren. Im Rechtsstreit kann der Gl, der infolge nicht rechtzeitiger Auskunftserteilung Zahlungsklage gg den Drittsch erhoben hat (**Formulierungsvorschläge:** Vorwerk/Goldbach, PFB, M 51.5 u 51.9), zur Klage auf Feststellung der Haftung des Drittsch für den aus der Nichterfüllung der Auskunftsverpflichtung entstandenen Schaden übergehen (**Formulierungsvorschläge:** Vorwerk/Goldbach, PFB, M 50.5), wenn sich herausgestellt hat, dass der gepfändete Anspruch nicht besteht (BGH NJW-RR 2006, 1566), und zwar auch vor dem Arbeits- (LAG BadWürtt JurBüro 94, 135) und Sozialgericht (BSG NJW 99, 895). Anders als beim Hilfsantrag auf Schadensersatz oder Klageänderung auf Schadensersatz (MskV/Flockenhaus Rn 15) sind für die **isolierte** Geltendmachung des auf II 2 gestützen Anspruchs gg den Drittsch auf Kostenerstattung die Arbeits- (Brüne/Liebscher BB 96, 743, 746 mwN) oder Sozialgerichte (BSG NJW 99, 895) nicht zuständig. – Einseitige Erledigungserklärung (mit § 93 analog) ist nicht möglich (MskV/Flockenhaus Rn 15); die Erklärung kann aber ausgelegt werden als Klage auf Feststellung der Haftung (StJ/Würdinger Rn 26). Auf Geltendmachung seines Schadensersatzanspruchs in einem neuen Prozess ist der Gl nicht verwiesen. Der Gl kann auch nicht darauf verwiesen werden, mit seiner Schadensersatzforderung gg den KE-Anspruch des Drittsch aus dem erledigten Rechtsstreit über die Zahlungsklage aufzurechnen (BGHZ 79, 275; StJ/Würdinger Rn 27). Wenn der Gl nicht mit Klageänderung seinen Schaden durch Klageantrag auf Feststellung der Verpflichtung zum Schadensersatz (BGHZ 79, 275) oder durch einen bezifferten Antrag (BGH MDR 79, 1000) geltend macht, ist die Klage daher abzuweisen; Kosten sind dem Kläger aufzuerlegen. 14

4) Festsetzungsverfahren. Kosten des verlorenen Drittsch-Prozesses sind notwendig (= erstattungsfähig) und gg den Sch als Kosten der ZwV festzusetzen (§ 788), wenn der Rechtsstreit nicht von vornherein aussichtslos war (BGH MDR 2019, 697 Tz 7, 8). Zu diesen Kosten des Gl gehören auch die des obsiegenden Drittsch, die gg den Gl festgesetzt sind. – Hat der Gl nach Obsiegen einen KE-Anspruch gg den Drittsch, verlangt die Festsetzung gg den Sch nicht, dass der Gl zuvor erfolglos gg den Drittsch vollstr hat (BGH MDR 2019, 697 Tz 12, 13). – Im arbeitsgerichtl Verf kann der obsiegende Kl/Gl seine Schadensersatzansprüche aus II 2 gg den verklagten Drittsch nicht festsetzen lassen, da das KFV für solche Ansprüche nicht geschaffen ist (BAG NJW 2006, 717 Tz 18). 15

VI) Auskunftsklage. Einen einklagbaren Anspruch gg den schweigenden Drittsch auf die Auskünfte des I hat der Gl **nicht** (BGH NJW-RR 2006, 1566). § 840 begründet Auskunftspflicht mit der Folge, dass sich die Haftung des Drittsch in seiner Schadensersatzpflicht erschöpft. Ihm ist damit auferlegt, vermeidbaren Schaden durch Klarstellung (Offenlegung) der Verhältnisse abzuwenden; einen durchsetzbaren Auskunftsanspruch begründet § 840 darüber hinaus nicht (BGH NJW-RR 2006, 1566). Mat-rechtl Auskunfts- und Rechnungslegungsansprüche, auf die sich eine Pfändung als Nebenanspruch erstreckt (§ 829 Rn 20), lässt § 840 unberührt (BGH MDR 2013, 367). Sie können unabhängig von der Auskunftspflicht des § 840 geltend gemacht und mit Klage verfolgt werden. 16

VII) Freiwillige Auskunft. Eine Auskunft, die der Drittsch **ohne rechtl Verpflichtung** erteilt, muss richtig sein. Eine falsche oder unvollständige freiwillige Auskunft begründet Haftung (aA OLGR Düsseldorf 1996, 35), und zwar auch dann, wenn die Auskunft nachträgl unrichtig wird, der Drittsch jedoch den Gl nicht benachrichtigt. 17

VIII) Gebühren. 1) RA des **Gl:** Für die Aufforderung an den Drittsch zur Erklärung nach § 840 neben der bereits verdienten Vollstreckungsgeb 3309 RVG-VV für den Antrag auf Forderungspfändung keine weitere Geb (§ 18 I Nr 1 RVG). Die weitere gegen den Drittsch gerichtete Tätigkeit des RA des Gl wird nicht durch die Vollstreckungsgeb abgegolten; er erhält für diese Tätigkeit die gleichen Geb wie für jeden anderen Auftrag zur Mahnung oder Klageerhebung. – **2) RA** des **Drittschuldners:** Für die Erklärung im Auftrag des Drittsch fällt die Geb VV 3309 an (nach aA 2300, 2301 RVG-VV; vgl GS/Müller-Rabe VV 3309 Rn 217). Korrespondenz über die Zahlung der Forderung gehört nicht zur ZwV u löst eine weitere Geb aus (idR 2300 RVG-VV, GS/Müller-Rabe VV 3309 Rn 225). – **3) GV:** Für die Zustellung (s Rn 2) durch den GV mit Aufforderung nach § 840: 100, 101 GvKostG-KV (sa § 193 Rn 15; § 193a Rn 9). Bei Nichterledigung 600 GvKostG-KV (3,60 Euro). 18

§ 841 Pflicht zur Streitverkündung

Der Gläubiger, der die Forderung einklagt, ist verpflichtet, dem Schuldner gerichtlich den Streit zu verkünden, sofern nicht eine Zustellung im Ausland oder eine öffentliche Zustellung erforderlich wird.

1 **Funktion.** Zuziehung des Sch bei der gg den Drittsch anzustrengenden Leistungs- oder Feststellungsklage mit Streitverkündung dient Sch-Interessen. Sie hat auch nach Überweisung an Zahlungs statt und im arbeitsgerichtl Verf zu erfolgen. Zu Form und Wirkungen der Streitverkündung: §§ 68, 73, 74 III. Beim Beitritt gilt § 69 nicht (WSch/Lüke Rn 4; str). Der Sch kann auch dem Drittsch beitreten, zB in den Fällen des § 850h (St/Rellermeyer B.326). – Möglich ist die Streitverkündung schon im Mahnverf (BGH NJW 2006, 773). – Zustellung im Bereich der Brüssel Ia-VO/EuZustVO ist nach bisher wohl noch hM „Zustellung im Ausland" (zB WSch/Lüke Rn 2; zu Recht krit: MskV/Flockenhaus Rn 1; StJ/Würdinger Rn 1).

2 **Unterlassung.** Wird die Streitverkündung unterlassen, macht dies den Gl ggü dem Sch (nicht auch dem Drittsch) uU schadensersatzpflichtig. Der Sch kann dann Freistellung verlangen, soweit die Forderung durchsetzbar gewesen sei, und bei Überweisung an Zahlungs statt Klage nach § 767 erheben (Titelverbrauch).

§ 842 Schadenersatz bei verzögerter Beitreibung

Der Gläubiger, der die Beitreibung einer ihm zur Einziehung überwiesenen Forderung verzögert, haftet dem Schuldner für den daraus entstehenden Schaden.

1 **Beitreibungspflicht.** Interessen des Sch verpflichten den Gl, seine mit Überweisung erlangte Einziehungsbefugnis (§ 836 Rn 4) alsbald außergerichtl und gerichtl geltend zu machen. Schuldhafte Verzögerung der Beitreibung begründet Haftung des Gl für den dem Sch daraus kausal entstehenden Schaden (§ 249 BGB; zB wenn ein Drittsch zahlungsunfähig wird). Mitverschulden des Sch ist nach § 254 BGB zu werten. Rechtsbeziehungen zwischen Sch und Drittsch berührt die Verantwortlichkeit des Gl nach § 842 nicht (BGH NJW 96, 48, 50). – Haftung nach § 842 ist nicht denkbar bei Überweisung an Zahlungs statt, da sie den Gl befriedigt und der Sch befreit wird, ihm also kein Schaden entstehen kann.

§ 843 Verzicht des Pfandgläubigers

[1]Der Gläubiger kann auf die durch Pfändung und Überweisung zur Einziehung erworbenen Rechte unbeschadet seines Anspruchs verzichten. [2]Die Verzichtleistung erfolgt durch eine dem Schuldner zuzustellende Erklärung. [3]Die Erklärung ist auch dem Drittschuldner zuzustellen.

1 **I) Funktion.** Aufhebung der Pfändungswirkungen durch Gl ohne Mitwirkung des VollstrGerichts.

2 **II) Verzichtserklärung.** Sie ist Prozesshandlung (**Formulierungsvorschlag:** Vorwerk/Goldbach, PFB, M 50.6). Der Verzicht muss dem Sch erklärt werden. Ihm ist die schriftl Erklärung des Gl (seines ProzBev) im Parteibetrieb zuzustellen (§§ 191 ff). Einfache, an den Sch gerichtete Erklärung (ohne Zustellung) bewirkt aber Verzicht, weil § 843 den formellen Weg nur zur Abwendung von Beweisschwierigkeiten aufzeigt (BGH NJW 2002, 1788). Der Verzicht auf die Pfändung schließt die Einziehungsbefugnis ein. Verzicht nur auf die Einziehungsbefugnis wird für zulässig erachtet, dürfte aber praktische Bedeutung kaum erlangen, weil Überweisung zur Einziehung andere Verwertung nicht hindert. Keine Verzichtswirkung haben Übernahme der Verpflichtung, unter bestimmten Voraussetzungen Rechte aus der Pfändung/Überweisung aufzugeben und (verspätete) Zurücknahme des Pfändungsantrags beim VollstrGericht (St/Rellermeyer B.341; aA OLG Köln JurBüro 95, 387). Auch unter aufschiebender (nicht aber auflösender: OLGR München 1999, 277) Bedingung oder nur wegen eines Teils der vollstr Gl-Forderung kann Verzicht erklärt sein. Rangrücktritt hinter einen nachfolgenden Gl ist kein Verzicht; auch dann nicht, wenn der Gl das PfandR nicht voll ausschöpft (zB durch Abschluss eines Ratenzahlungsvergleichs mit Drittsch). Überweisung an Zahlungs statt hat Forderungsübergang mit Gl-Befriedigung bewirkt, schließt somit Verzicht aus. Nicht möglich ist es, auf die Rechtswirkungen des PfandR vorübergehend zu verzichten unter Aufrechterhaltung der Verstrickung (BGH DGVZ 2016, 50 = NJW-RR 2016, 319; sa § 804 Rn 13).

3 **III) Verzichtswirkung.** Sie tritt bereits mit Zustellung der Erklärung an den Sch ein (RGZ 139, 172). Zustellung an den Drittsch ist dafür nicht wesentl; sie entfaltet allein auch keine Wirkung (BGH NJW 83, 886, 887): Beschlagnahme (Verstrickung) der Forderung und PfandR des Gl (§ 829 Rn 16) sowie dessen mit Überweisung erlangte Einziehungsermächtigung (§ 836 Rn 3) erlöschen ohne Aufhebung des PfÜB. Der Sch ist wieder Berechtigter einer ungepfändeten Forderung. Der Drittsch erhält davon Kenntnis durch die Zustellung nach S 3. Er ist

durch § 836 II geschützt, bis er vom Wirksamwerden des Verzichts Kenntnis erlangt. Auf Antrag des Sch, Drittsch oder Gl ist der PfÜB aufzuheben, wenn dem VollstrGericht Wirksamwerden des Verzichts nachgewiesen ist (BGH NJW 2002, 1788). Den Anspruch des Gl und seinen durch den Titel ausgewiesenen VollstrAnspruch berührt der Verzicht nicht (S 1). Der Gl kann weiter vollstr; er kann auch dieselbe Forderung wieder pfänden.

IV) Gebühren. 1) RA: Für die Erklärung des Verzichts keine, wenn bereits die Vollstreckungsgeb 3309 RVG-VV verdient ist: § 18 I Nr 1, § 19 II Nr 6 RVG. – Als Einzeltätigkeit: 3403 RVG-VV, nach aA in Vollstreckungssachen grds nur 0,3 nach 3309 RVG-VV, auch für Einzeltätigkeiten. Der Streit wirkt sich wegen § 15 VI RVG iErg nicht aus. Der RA erhält für die Einzeltätigkeit nicht mehr als der mit der gesamten Angelegenheit beauftragte RA; die Geb 3403 RVG-VV wird dadurch hier auf 0,3 begrenzt. – **2) GV:** Je Zustellung der Verzichtserklärung an den Sch und Drittsch 100-102 GvKostG-KV (sa § 193 Rn 15; § 193a Rn 9; § 194 Rn 6); Auslagen: 701, 711 GvKostG-KV. § 10 II 3 Nr 4 GvKostG, 600 GvKostG-KV bei nicht erledigter Zustellung. 4

§ 844 Andere Verwertungsart

(1) Ist die gepfändete Forderung bedingt oder betagt oder ist ihre Einziehung wegen der Abhängigkeit von einer Gegenleistung oder aus anderen Gründen mit Schwierigkeiten verbunden, so kann das Gericht auf Antrag an Stelle der Überweisung eine andere Art der Verwertung anordnen.

(2) Vor dem Beschluss, durch welchen dem Antrag stattgegeben wird, ist der Gegner zu hören, sofern nicht eine Zustellung im Ausland oder eine öffentliche Zustellung erforderlich wird.

I) Funktion. Wie § 825 Rn 1. Anordnung einer anderen Art der Verwertung ist ggü der Überweisung (§ 835) 1
die Ausnahme. Sie ist nur zulässig, wenn sie vorteilhafter erscheint, weil die gepfändete Forderung bedingt, betagt, ihre Einziehung wegen der Abhängigkeit von einer Gegenleistung oder aus anderen Gründen (zB Zahlungsunfähigkeit des Drittsch) mit Schwierigkeiten verbunden ist (I). Schutzwürdige Interessen des Sch sind zu würdigen (sa § 825 Rn 8), auch wenn dadurch die Verwertung zunächst scheitert (BGH NJW 2010, 2346 Tz 18).

II) Möglichkeiten. Angeordnet werden kann: die **Versteigerung** der gepfändeten Forderung/des Rechts; Ver- 2
wertung durch **freihändige Veräußerung** der Forderung/des Rechts; Überweisung an Zahlungs statt zu einem **unter dem Nennwert** liegenden Betrag (Schätzwert: BGH NJW 2005, 3353); **Ermächtigung** zu Ratenzahlungsvereinbarung/Vergleich mit dem Drittsch (MskV/Flockenhaus Rn 4); **Ausübung** eines gepfändeten **Rechts** durch einen anderen, insb Verwaltung oder Verpachtung (sa § 857 IV). Erweiterung der Pfändungswirkungen (§ 829 Rn 16) ermöglicht § 844 nicht.

III) Verfahren. 1) Zuständigkeit. Ausschließl (§ 802) zuständig ist das VollstrGericht nach dem Gerichtsstand 3
des Sch bei Antragstellung (§ 828); bei Wohnsitzänderung nach Pfändung somit das neue Wohnsitzgericht. Es entscheidet der Rpfleger (§ 20 I Nr 17 RPflG). Zur Besonderheit, wenn Sch Unpfändbarkeit geltend macht: § 825 Rn 15.

2) Antrag. Die Anordnung ergeht auf Antrag des Gl oder Sch, nicht aber des Drittsch. Der Antrag des Gl kann 4
mit dem Pfändungsantrag verbunden werden; die gesonderte Entscheidung über ihn muss jedoch bis zum Wirksamwerden der Pfändung und dann möglicher Anhörung des Sch ausgesetzt werden. Antragsberechtigt ist auch ein nachrangig pfändender Gl (RGZ 164, 169). Der Antrag kann noch nach Überweisung zur Einziehung gestellt werden, jedoch nicht mehr nach Überweisung an Zahlungs statt. Zum Antrag: § 825 Rn 16.

3) Einstweilige Einstellung. Wie § 825 Rn 17 (hier aber kaum von Bedeutung). – **Verfahren** und **Entschei-** 5
dung: wie § 825 Rn 18, 20. Als Gegner zu hören ist auch ein Gl mit besserem PfandR. Anhörung des Drittsch kann zweckdienlich sein. Zustellung des die andere Verwertung anordnenden Beschlusses hat auch an den Drittsch zu erfolgen. **Rechtsbehelf:** sof Beschwerde (§ 793).

IV) Verwertung. Die gepfändete Forderung/das Recht wird entspr dem gerichtl Beschluss durch den GV oder 6
die sonst bestimmte Person verwertet (§ 825 Rn 23). Ges Verwertung mit Einziehung infolge Überweisung (§ 835) kann nach Anordnung anderer Verwertung nicht mehr betrieben werden. Wenn freihändige **Veräußerung** (auch an einen bestimmten Interessenten) **durch den GV** angeordnet ist, werden Käufer und Preis durch Übereinkunft bestimmt. Der GV handelt als Organ der ZwV hoheitl (§ 825 Rn 12). Der Rechtsübergang erfordert jedoch Verfügungsgeschäft nach materiellem Recht. Den dafür notw Vertrag schließt der GV mit dem Erwerber (RGZ 164, 172), auch wenn Verkauf und/oder Veräußerung (zB nach § 2033 I 2 BGB, § 15 III, IV 1 GmbHG) notarieller Beurkundung bedürfen. Eine sonstige Person wird bei der ihr zugewiesenen Veräußerung privatrechtl tätig (§ 825 Rn 24). Auch für sie schließt Verwertung die Befugnis zur erforderl notariellen Beurkundung bei Verkauf und/oder Veräußerung ein. Der Erlös aus freihändiger Veräußerung ist Verwertungserlös (§ 819). **Versteigerung durch den GV** erfolgt nach Anordnung des VollstrGerichts nach §§ 816 ff (dies auch, wenn der Beschluss die Versteigerungsart nicht ausdrückl bestimmt) oder nach § 156 BGB; eine andere Person (privater Versteigerer, auch Notar) wird bei der ihr übertragenen Versteigerung auf Grund des erteilten Auftrags privatrechtl tätig (§ 825 Rn 24), so dass Versteigerung immer nach § 156 BGB erfolgt. Der Gl kann mitbie-

ten (MskV/Flockenhaus Rn 5). Besondere Anordnungen des VollstrGerichts muss der GV oder andere Versteigerer beachten. Bei Versteigerung durch den GV nach § 816 erfolgt Rechtsübergang nicht schon durch Zuschlag, sondern erst durch nachfolgende Erklärung (§ 817 II entspr), so dass er von der Zahlung des Kaufpreises abhängig gemacht werden kann. Die Formvorschriften des BGB gelten nicht; die Übertragung des Rechts durch den GV ersetzt auch eine für den Rechtsübergang (sonst) vorgeschriebene Form, zB bei Veräußerung eines Nachlassanteils (§ 2033 I BGB), einer Hypothekenforderung (§ 1154 BGB) oder eines Wechsels (Indossament daher nicht erforderl). Aushändigung des Versteigerungserlöses: § 819. Keine Anwendung findet bei freihändiger Verwertung oder bei Versteigerung § 817a über das Mindestgebot (LG Krefeld Rpfleger 79, 147; aA Petermann Rpfleger 73, 387). Das VollstrGericht kann und soll jedoch einen Mindestverkaufspreis festlegen (ist notw, wenn der Wert der Forderung zweifelhaft oder str ist), dessen Höhe es selbst bestimmen oder durch einen SV (auch durch den GV) feststellen lassen kann. Auch ohne Mindestgebot darf der GV (Versteigerer) den Zuschlag jedoch nur gg ein angemessenes Gebot erteilen (LG Hannover DGVZ 90, 140 [GV soll dann SV-Gutachten einzuholen haben]).

7 **V) Gebühren. 1) Gericht:** keine. – **2) RA:** Der Antrag auf andere Art der Verwertung ist mit der Vollstreckungsgeb 3309 RVG-VV abgegolten, da dieses Verf in § 18 I Nr 8 RVG nicht neben dem Verf nach § 825 aufgeführt ist. – **3) GV:** wie für jede Verwertung: 300-310 GvKostG-KV.

§ 845 Vorpfändung

(1) [1]Schon vor der Pfändung kann der Gläubiger auf Grund eines vollstreckbaren Schuldtitels durch den Gerichtsvollzieher dem Drittschuldner und dem Schuldner die Benachrichtigung, dass die Pfändung bevorstehe, zustellen lassen mit der Aufforderung an den Drittschuldner, nicht an den Schuldner zu zahlen, und mit der Aufforderung an den Schuldner, sich jeder Verfügung über die Forderung, insbesondere ihrer Einziehung, zu enthalten. [2]Der Gerichtsvollzieher hat die Benachrichtigung mit den Aufforderungen selbst anzufertigen, wenn er von dem Gläubiger hierzu ausdrücklich beauftragt worden ist. [3]An Stelle einer an den Schuldner im Ausland zu bewirkenden Zustellung erfolgt die Zustellung durch Aufgabe zur Post, sofern die Zustellung nicht nach unmittelbar anwendbaren Regelungen der Europäischen Union zu bewirken ist.

(2) [1]Die Benachrichtigung an den Drittschuldner hat die Wirkung eines Arrestes (§ 930), sofern die Pfändung der Forderung innerhalb eines Monats bewirkt wird. [2]Die Frist beginnt mit dem Tag, an dem die Benachrichtigung zugestellt ist.

1 **I) Anwendungsbereich.** Zulassung privater ZwV-Maßnahme mit befristeter Wirkung zum Schutz des Gl vor den Folgen einer Verzögerung des VollstrAkts des VollstrGerichts bei ZwV in Forderungen und andere Vermögensrechte (ausf Hergenröder DGVZ 2021, 101 ff). Vorpfändung findet demgemäß nur in den Fällen statt, in denen die nachfolgende ZwV mit Pfändungsbeschluss des VollstrGerichts erfolgt, somit bei ZwV durch dieses in eine Geldforderung (§ 829), auch wenn für sie eine Hypothek besteht (§§ 830, 830a; dazu § 830 Rn 13), und für den Anspruch auf Arbeitseinkommen (§§ 850 ff), in andere Vermögensrechte (§ 857) und in Ansprüche auf Herausgabe oder Leistung körperl Sachen (§§ 846 ff), nicht aber bei Pfändung von Wertpapieren (§ 808 II) und der Forderung aus einem Wechsel sowie anderem indossablen Papier, die durch den GV erfolgt (§ 831). – Der GV kann die Ausführung des Auftrags verweigern, wenn Rechtsmissbrauch des § 845 offensichtl ist (Hergenröder DGVZ 2021, 101, 109 f m Bsp).

2 **II) Voraussetzungen.** Bei Zustellung (nicht Anfertigung) der Vorpfändung müssen erfüllt sein: Vorliegen eines vollstr Titels wegen einer Geldforderung (I 1), für Kosten somit KFB (nicht nur Kostenausspruch im Urteil; für ZwV-Kosten gilt aber auch hier § 788 I 1 Hs 2; sa BGH MDR 2025, 612), außerdem Bedingungseintritt (§ 726), Kalendertagablauf (§ 751 I mit Ausnahme in § 850d III) und Angebot der Gegenleistung bei einer Verurteilung Zug-um-Zug (§ 765; jedoch kein Zustellungsnachweis für Urkunden). **Nicht** erforderl sind Erteilung der vollstrb Ausfertigung und Zustellung des Titels (§ 802a II 1 Nr 5). Unerhebl ist, ob die Benachrichtigung vom Gl selbst oder vom GV stammt, der nach I 2 auch dafür zuständig ist. Nicht erforderl sind damit auch Erteilung einer vollstr Ausfertigung nach § 727 für bzw gg den Rechtsnachfolger (hier müssen auch Beweisurkunden nicht vorliegen und nicht zugestellt sein: RGZ 71, 179, 182). Entbehrl ist die Zustellung der in § 750 II genannten Urkunden. Wartefristen müssen nicht eingehalten werden (zu § 798: BGH NJW 82, 1150; zu § 750 III: OLGR München 1995, 252). Sicherheitsleistung muss erbracht sein, ist nur in den Fällen von § 720a I 1 nicht erforderl (OLG Rostock MDR 2006, 1433; OLG Celle DGVZ 2006, 91). Bei einer künftigen Forderung muss bereits eine Rechtsbeziehung zwischen Sch und Drittsch bestehen, die die Pfändung ermöglicht (§ 829 Rn 2). Daher ist Vorpfändung eines Steuererstattungsanspruchs nicht zulässig, bevor der Anspruch entstanden ist (§ 46 VI 1 AO). Auftrag an den GV kann aber bereits vor diesem Zeitpunkt erteilt werden (BGH MDR 2012, 54). *Eine entgegen dem Pfändungsverbot dem Drittsch vor Entstehen des Anspruchs zugestellte Vorpfändung ist jedoch nichtig (§ 46 VI 2 AO; BGH MDR 2012, 54).*

III) Durchführung. 1) Verfahren. Bewirkt wird die Vorpfändung durch Zustellung einer vom Gl gefertigten schriftl Benachrichtigung an Drittsch und Sch, dass die Pfändung bevorstehe. Erforderl ist eine Originalunterschrift, kein Faksimile (Hergenröder DGVZ 2021, 101, 104). – Die Benachrichtigung muss den für wirksamen Pfändungszugriff mit Pfändungsbeschluss erforderl Inhalt haben (§ 829 Rn 7 ff), insb die Forderung, deren Pfändung angekündigt wird, so bestimmt oder bestimmbar bezeichnen, dass über die Identität der späteren Pfändung mit der Vorpfändung kein Zweifel aufkommen kann (BGH MDR 2005, 1135). Auslegung erfolgt wie beim Pfändungsbeschluss (§ 829 Rn 9), nicht aber über den Wortsinn hinaus. – Pfändungsverbote und -beschränkungen sind zu beachten (hM, Hergenröder DGVZ 2021, 101, 102 mwN). Daraus folgt das Verbot der Vorpfändung im Fall von § 850b I (MskV/Flockenhaus § 850b Rn 13; aA Hk-ZV/Bendtsen Rn 10); Gleiches gilt für § 54 II SGB I. Lassen sich Pfändungsgrenzen nicht zuverlässig feststellen, hat der GV die Vorpfändung abzulehnen. – Die Benachrichtigung muss die Aufforderung an den Drittsch enthalten, nicht mehr an den Sch zu zahlen, und die Aufforderung an den Sch, sich jeder Verfügung über die Forderung, insb ihrer Einziehung, zu enthalten (I 1). – Zugestellt wird im Parteibetrieb (§§ 191 ff; Schultzky § 191 Rn 1 aE) durch den GV (§ 192 S 1). Die Benachrichtigung kann dem Drittsch als Schriftstück zugestellt werden (§ 193; zur Übermittlung des zuzustellenden Dokuments an den GV: Schultzky § 193 Rn 2, Rn 5) oder elektron (§ 193a; zur Übermittlung des zuzustellenden Dokuments an den GV: Schultzky § 193a Rn 2, Rn 3). Der GV stellt das ihm von der Partei übermittelte Dokument dann entspr dem jew Auftrag entweder nach § 193 I 2, 3, II-IV (als Schriftstück) oder nach § 193a I 2, II (als elektron Dokument) zu. – Öffentl Zustellung an den Drittsch ist zulässig (StJ/Würdinger Rn 8; St/Rellermeyer B.486; aA MskV/Flockenhaus Rn 4). – Wirksam wird die Vorpfändung mit der Zustellung an den Drittsch (II 1; sa § 829 III), fehlt ein Drittsch, gilt § 857 II. Ersatzzustellung kann wie bei Pfändung selbst erfolgen. Benachrichtigung des Drittsch ohne Mitwirkung des GV ist unwirksam (keine Heilung: OLG Koblenz DGVZ 84, 58; LG Hechingen DGVZ 86, 188; LG Marburg JurBüro 83, 1573; aA AG Kassel JurBüro 85, 1738: Heilung nach § 189). Nicht wesentl für Wirksamkeit ist Zustellung an den Sch (anders in Fällen von § 857 II), die aber Amtspflicht des GV ist, deren Verletzung Schadensersatzpflicht begründen kann. – I 3 regelt die Zustellung an den Sch im Ausland (näher § 829 Rn 15a). Dass an den Sch auch Abschrift/Kopie der Urkunde über die Zustellung an den Drittsch zuzustellen sei, ist für die nur kurzlebige Vorpfändung nicht bestimmt (Hergenröder DGVZ 2021, 101, 105; St/Rellermeyer B.486; aA AG/LG Stuttgart DGVZ 90, 15 [§ 829 II 2 entspr]; Hornung DGVZ 2004, 85, 88; StJ/Würdinger Rn 8). 3

2) Beauftragung des Gerichtsvollziehers. Der GV (zur Zuständigkeit: § 192 Rn 1, 2) hat die Benachrichtigung mit der Aufforderung anzufertigen, wenn er vom Gl hierzu ausdrückl beauftragt worden ist (I 2 iVm § 802a II 1 Nr 5). **Ausnahme:** § 857 VII. Auftrag kann schriftl oder mündl erteilt werden (**Formulierungsvorschlag:** Vorwerk/Goldbach, PFB, M 50.1); die Beauftragung muss jedoch ausdrückl erfolgen. Wird der Auftrag des Gl gleichzeitig oder nachträgl mit einem VollstrAuftrag nach § 753 I verbunden, kann sich der Gl auf die pauschale Anweisung beschränken, die dem Sch zustehenden und dem GV bei Durchführung des VollstrAuftrags bekannt werdenden pfändbaren Forderungen vorläufig zu beschlagnahmen. In diesem Fall hat der GV festgestellte pfändbare Forderungen in die Benachrichtigung aufzunehmen. Der Auftrag endet mit der ZwV-Maßnahme. Für später (nach Rückgabe des Titels) noch bekanntwerdende Forderungen besteht der Auftrag zur Anfertigung der Vorpfändung nicht fort (St/Rellermeyer B.490). Der Gl kann den GV aber auch beauftragen, unabhängig von einer Vollstr die Benachrichtigung mit den Aufforderungen zu fertigen. In diesem Fall sind die zur Bezeichnung der zu pfändenden Forderung nötigen Angaben (auch Name des Drittsch) mitzuteilen. Selbständige Forderungsermittlung (ohne ZwV-Auftrag) kann dem GV nicht aufgegeben werden (St/Rellermeyer B.492). Bei Anfertigung der Benachrichtigung handelt der GV selbständig/hoheitl als staatl ZwV-Organ (Hergenröder DGVZ 2021, 101, 109; MskV/Flockenhaus Rn 3; aA ThP/Seiler Rn 4 [GV als Vertreter des Gl]). Er hat daher die Voraussetzungen der Vorpfändung zu prüfen; somit auch, ob der Gl einen vollstr Titel erwirkt hat (zum Umfang der Prüfpflicht: § 126 III 3 GVGA), und die Vorpfändung abzulehnen, wenn bzw soweit ein Pfändungsverbot oder eine -beschränkung ZwV verbietet (Rn 3). – Prüfung der vom Gl selbst gefertigten Benachrichtigung hat nicht zu erfolgen (§ 126 IV 1 GVGA). Die Mitwirkung des GV beschränkt sich hier auf die Zustellung. – Aufträge mehrerer Gl auf Anfertigung einer Vorpfändung derselben Forderung sind gleichzeitig zu behandeln (gleichzeitige Zustellung; sa § 804 Rn 5). 4

IV) Wirkungen. 1) Beschlagnahme. Die Benachrichtigung hat, wenn die Pfändung der Forderung **innerhalb eines Monats** bewirkt wird, die Wirkung eines Arrestes (§ 930), dh der Arrestvollziehung mit Forderungspfändung (II 1), also die Wirkung der Beschlagnahme im Wege der ZwV (BGHZ 87, 166, 168). Das gilt auch für eine Sicherungspfändung nach § 720a (BGH NJW 85, 863). Die Frist beginnt mit der Zustellung der Benachrichtigung an den Drittsch (Zustellungstag rechnet nicht mit); Berechnung nach § 222. Die nachfolgende Pfändung muss in der Monatsfrist mit Zustellung an den Drittsch (§ 829 III; zu § 830: § 830 Rn 13) Wirksamkeit erlangen, bei zwischenzeitl Sicherung der Forderung durch Hypothek nach § 830 (MskV/Flockenhaus Rn 7); nicht erforderl ist, dass sie ausdrückl auf die Vorpfändung verweist. Die Wirksamkeit der rechtzeitig nachfolgenden Pfändung wird damit auf den Zeitpunkt der Vorpfändung zurückdatiert. Pfändungswirkungen (Beschlagnahme und PfändungspfandR: § 829 Rn 16), damit auch Pfändungsrang (§ 804 III), bestimmen sich dann nach dem Zeitpunkt der Vorpfändung. Alle Verfügungen über die gepfändete Forderung nach Wirksamwerden der Vorpfändung sind damit dem Gl ggü unwirksam. Diese Wirkungen der privaten VollstrHandlung 5 des Gl werden als auflösend bedingtes PfandR angesehen (MskV/Flockenhaus Rn 6 mwN). Rechtzeitig nachfolgende rechtswirksame Pfändung ist jedoch ges Voraussetzung der Pfändungswirkungen; also auch dafür, dass bereits mit Zustellung der Vorpfändung das PfandR begründet ist. Das entspricht nicht dem Wesen der auflösenden Bedingung; sie kann daher auch der ges angeordneten Rückwirkung der Pfändungswirkungen nach Vorpfändung nicht zugrunde gelegt werden (sa Meyer-Reim NJW 1993, 3041 [nachfolgender Beschluss mit nur noch deklaratorischer Bedeutung]). – **Wirkungslos** bleibt die Vorpfändung, wenn nicht innerhalb der Frist die Pfändung der Forderung bewirkt ist. Gleichgültig ist, ob der Gl die Frist versäumt hat oder ob Pfändung nicht mehr möglich war. Ohne Wirkung ist die Pfändungsbenachrichtigung auch wegen des Betrags der Gl-Forderung, der nur in der Vorpfändung bezeichnet ist, für den die wegen einer geringeren Forderung innerhalb der Frist wirksam gewordene Pfändung somit nicht erfolgt ist. Keine Bedeutung hat die Pfändungsankündigung, soweit Pfändung wegen einer weiteren Forderung des Gl erfolgt oder sich noch auf eine andere Forderung des Sch gg den Drittsch erstreckt (BGH NJW 2001, 2976). In diesem Fall hat die Vorpfändung die Pfändungswirkungen der Arrestpfändung, soweit Vorpfändung und Pfändung sich decken, während die Pfändung wegen des Mehrbetrags oder der weiteren Sch-Forderung mit ihrer Zustellung nach § 829 III (oder nach § 830) neu wirksam wird. Wenn die rechtzeitig bewirkte Pfändung wieder aufgehoben wird, entfallen damit auch die Pfändungswirkungen, die nach II 1 für sie die Vorpfändung bewirkt hat. Wird nach Zustellung der Benachrichtigung über das Vermögen des Sch das **Insolvenzverfahren** eröffnet oder die ZwV aus dem der Vorpfändung zugrunde liegenden Titel eingestellt, ist die Pfändung nicht mehr zulässig (hM; aA Meyer-Reim NJW 93, 3041). Erfolgt die Pfändung in den Fristen des § 88 I InsO oder der § 88 II, § 304 InsO, verliert auch die vorher erfolgte Vorpfändung ihre Wirkung (LG Detmold Rpfleger 2007, 274). Nach § 131 InsO richtet sich die Insolvenzanfechtung insgesamt, auch wenn nur die Hauptpfändung in den von dieser Vorschrift erfassten Bereich fällt, die Vorpfändung jedoch früher als 3 Monate vor Eingang des Insolvenzantrags ausgebracht wurde (BGH MDR 2006, 1129). Betraf die Vorpfändung eine **Mietforderung** und wurde inzwischen das Grundstück veräußert oder versteigert, wirkt die durch danach erfolgte gerichtl Pfändung wirksam gewordene Vorpfändung, soweit der laufende und folgende Kalendermonat in Frage kommt, auch gg den Grundstückserwerber.

6 **2) Wiederholung.** Eine Vorpfändung kann wiederholt werden, erlangt Wirksamkeit jedoch nur neu nach II; Rückbeziehung auf den Zeitpunkt der früheren Vorpfändung (damit Rangwahrung) ist ausgeschlossen. **Auskunftspflicht** des Drittsch begründet die Vorpfändung nicht (AG Heilbronn DGVZ 2017, 57; ausf Hergenröder DGVZ 2021, 101, 107; sa § 840 Rn 2); wenn Auskunft gleichwohl erteilt wird, muss sie aber richtig sein (§ 840 Rn 17). **Verzicht** auf Vorpfändung ist nach § 843 möglich. Die **Kosten** der Vorpfändung sind, soweit sie notw waren, als ZwV-Kosten erstattungsfähig (§ 788; Beispiele: OLG Frankfurt MDR 94, 843 [bej]; KG MDR 87, 595 [vern]; LAG Köln MDR 95, 423 [vern]). Erstattungsfähigkeit erfordert nicht stets, dass der Drittsch den Gl auf Grund der Pfändungsankündigung befriedigt oder dass dieser die Pfändung folgen lässt. Als nicht notw können in den Fällen von §§ 720a, 798 uU die dem Sch durch Vorpfändung vor Zustellung des Titels erwachsenen Kostennachteile angesehen werden, wenn der Sch die Wartefrist rechtzeitig genutzt hat (Münzberg DGVZ 79, 166). Mehrkosten für selbständige Vorpfändungen mehrerer Forderungen sind nicht erstattungsfähig, wenn einheitl Vorpfändung sachl möglich war (LG Kempten JurBüro 90, 1050; sa § 829 Rn 6).

7 **3) Nichtigkeit.** Die Vorpfändung ist nichtig, wenn eine ihrer Voraussetzungen (Rn 2) fehlt, sowie in den Fällen, in denen ein Pfändungsbeschluss nichtig wäre, außerdem dann, wenn der Pfändungsgegenstand nicht bestimmt genug bezeichnet ist oder das Drittsch-Verbot fehlt, sowie bei Verstoß gg ein Pfändungsverbot oder eine Pfändungsbeschränkung (§ 829 Rn 24). Nichtigkeit bei Verfahrensverstoß und Fehlen eines Erfordernisses der Vorpfändung ist gegeben, weil ihr als private Maßnahme der ZwV der staatl Vollstreckungsakten bis zur Aufhebung zukommende Bestandsschutz fehlt (MskV/Flockenhaus Rn 3; Hergenröder DGVZ 2021, 101, 108 mwN). Private VollstrMaßnahme bleibt die Vorpfändung auch, wenn sie vom beauftragten GV angefertigt ist; Mängel der Benachrichtigung und Aufforderung machen daher auch die von ihm gefertigte Vorpfändung nichtig.

8 **V) Rechtsbehelfe.** Für **Gl** gegen GV, der Anfertigung oder Zustellung einer Benachrichtigung verweigert: Erinnerung (§ 766; OLG Stuttgart MDR 2021, 770; sa § 766 Rn 5). Für **Sch** (Hergenröder DGVZ 2021, 101, 106 f), **Drittsch und Dritte** gg Vorpfändung: Erinnerung nach § 766, wenn ein Verf-Verstoß (auch ein Mangel der Voraussetzung der Vorpfändung) beanstandet werden soll. Zuständigkeit: § 828 (OLG Hamm DGVZ 2012, 13). Prüfung erfordert Angabe der zutr Anschrift des Sch (LG Düsseldorf JurBüro 97, 103). Das **Rechtsschutzinteresse** für die Erinnerung entfällt, wenn die Benachrichtigung mit Ablauf der Monatsfrist ihre Bedeutung verloren hat, weil Pfändung nicht erfolgt ist (OLG Köln Rpfleger 91, 261). Ist die Pfändung rechtzeitig und ordnungsgemäß bewirkt worden, bleibt Erinnerung nur noch gg den Pfändungsbeschluss zulässig (OLG Köln Rpfleger 91, 261). Eine Ausnahme gilt für den Fall, dass ein berechtigtes Interesse an der Aufhebung oder Abänderung der rangwahrenden Vorpfändung allein besteht, zB wenn nur die Vorpfändung Mängel aufweist, die der Pfändungsbeschluss nicht hat. Dies gilt auch dann, wenn die Forderungspfändung der Erinnerung gg die Vorpfändung nachfolgt. Eine auf Erinnerung aufgehobene Vorpfändung wird auch bei erfolgreicher Beschwerde des Gl nicht wieder wirksam. Beschwerde daher regelmäßig mangels Rechtsschutzinteresses nicht zulässig (OLG Köln MDR 89, 464).

VI) **Gebühren.** 1) **Gericht:** keine Geb für die Vorpfändung (geschieht ohne Mitwirkung des Gerichts) und die Vollstreckungserinnerung (§ 766). – Beschwerdeverf: 2121 GKG-KV. Rechtsbeschwerdeverf: 2124 GKG-KV. – 2) **RA:** Die Vorpfändung gilt bereits als Akt der ZwV. Daher erwächst die Vollstreckungsgeb 3309 RVG-VV. Die Vorpfändung und der anschließende Antrag auf Erlass eines PfÜB sind eine einheitl Vollstreckungsmaßnahme iSv § 18 I Nr 1 RVG (s § 835 Rn 19). – 3) **GV:** § 3 II 3 GvKostG; bei Gesamtsch: § 10 III GvKostG; 200 GvKostG-KV (19,20 Euro) für I 2. Die Zustellung fällt unter 100-102 GvKostG-KV (sa § 193 Rn 15; § 193a Rn 9; § 194 Rn 6). § 10 II 3 Nr 4 GvKostG, 600 GvKostG-KV für nicht erledigte Zustellungen. 9

§ 846 Zwangsvollstreckung in Herausgabeansprüche

Die Zwangsvollstreckung in Ansprüche, welche die Herausgabe oder Leistung körperlicher Sachen zum Gegenstand haben, erfolgt nach den §§ 829 bis 845 unter Berücksichtigung der nachstehenden Vorschriften.

I) Funktion. Regelung einer ZwV, die in zwei Schritten erfolgen muss. ZwV wegen einer Geldforderung des Gl in einen (schuldrechtl oder dingl) **Anspruch** des Sch auf **Herausgabe** (= Verschaffung des unmittelbaren Besitzes) oder **Leistung** (= Übertragung des Eigentums) einer körperl (bewegl oder unbewegl) Sache (auch eines Wertpapiers: § 808) findet mit Pfändung und Pfandverwertung nach §§ 829-845 und dabei mit den Besonderheiten von §§ 847-849 statt. Besonderheiten regeln diese Bestimmungen, weil die Erfüllung des gepfändeten Anspruchs noch keine Gl-Befriedigung bewirken kann und daher zur weiteren ZwV in die Sache führen muss. Nach § 846 ist zu pfänden, wenn ein Dritter Sachen des Sch in Gewahrsam hat und deren Herausgabe an den GV verweigert. Pfändbar ist der Anspruch auch, wenn er von einer Gegenleistung abhängig, betagt oder bedingt ist. Ist der GV im Besitz der Sache, muss der Gl sich diese für seine Forderung nach § 808 (oder § 826) pfänden lassen. Der Anspruch auf Vorlegung einer Sache oder ein sonstiges Tun oder Unterlassen fällt nicht unter § 846 (MskV/Flockenhaus Rn 2; sa § 857 Rn 2). 1

II) **Gebühren.** 1) **Gericht:** Festgeb von 24 Euro (2111 GKG-KV); die Geb wird für jeden Sch gesondert erhoben (2111 Anm S 1 GKG-KV). Vorauszahlung: § 12 VI 1 GKG. – 2) **RA:** 3309 RVG-VV. 2

§ 847 Herausgabeanspruch auf eine bewegliche Sache

(1) Bei der Pfändung eines Anspruchs, der eine bewegliche körperliche Sache betrifft, ist anzuordnen, dass die Sache an einen vom Gläubiger zu beauftragenden Gerichtsvollzieher herauszugeben sei.

(2) Auf die Verwertung der Sache sind die Vorschriften über die Verwertung gepfändeter Sachen anzuwenden.

I) Anwendungsbereich. Regelung der Besonderheiten (sa § 846 Rn 1) bei Pfändung eines Anspruchs des Sch gg einen Dritten auf Herausgabe oder Leistung einer bewegl körperl Sache (auch von Wertpapieren: § 808). Pfändbar ist der Anspruch auf Herausgabe oder Leistung nur, wenn die geschuldete Sache Gegenstand der weiteren ZwV wegen der Geldforderung des Gl sein kann. Ausgeschlossen ist Anspruchspfändung deshalb, wenn die Sache unpfändbar ist, wenn sie nur der ZwV in das unbewegl Vermögen unterliegt (Zubehör: § 865) oder wenn sie als Beweisurkunde keinen Vermögenswert für die ZwV verkörpert, wie zB Schuldschein, Sparkassenbuch, Hypothekenbrief, Zulassungsbescheinigung II. Vollstr der Verkäufer wegen einer durch Eigentumsvorbehalt gesicherten Geldforderung, ist in den in § 811 II 1 bezeichneten Fällen der Herausgabeanspruch gg einen Dritten in gleicher Weise wie die Sache pfändbar. Der durch ein indossables kaufmännisches Papier ausgewiesene Anspruch auf Leistung von Sachen ist durch den GV nach § 831 zu pfänden (sa § 831 Rn 6). 1

II) Verfahren. 1) Beschluss. Die Pfändung des Anspruchs erfolgt durch Beschluss des VollstrGerichts (§ 829); zuständig ist der Rpfleger (§ 20 I Nr 17 RPflG). Inhalt des Pfändungsbeschlusses: wie § 829 Rn 7; zur Angabe des Rechtsgrunds: § 848 Rn 2. Bestimmte Bezeichnung des zu pfändenden Anspruchs (§ 829 Rn 8) erfordert auch Bezeichnung der zu leistenden Sache (hM, BGH MDR 2000, 1273; Fink MDR 98, 749 mwN älterer Rspr; für Grundstück: § 857 Rn 15). Ungenügend ist daher die pauschale Bezeichnung „Rückgewähr (oder Rückgabe) der (= aller) Sicherheiten". Drittsch ist, wer den zu pfändenden Anspruch zu erfüllen hat. Das (für die Pfändung wesentl: § 829 Rn 7) Zahlungsverbot an ihn ist dahin zu fassen, dass verboten wird, „die Sache an den Sch herauszugeben oder zu leisten" (St/Rellermeyer G.7). In dem Beschluss ist (auch ohne bes Antrag und auch, wenn Überweisung des Anspruchs nicht erfolgen kann) auszusprechen, dass die Sache an einen vom Gl zu beauftragenden (im Beschluss zweckmäßig noch nicht namentl zu bezeichnenden) GV herauszugeben ist (I). Die Herausgabeanordnung kann (da neben dem Drittsch-Verbot nicht wesentl Pfändungserfordernis) später gesondert und auch nach Eröffnung des InsVerf (MskV/Flockenhaus Rn 2) ausgesprochen werden. Steht der Herausgabeanspruch dem Sch und anderen Personen nach Bruchteilen zu, ist der GV zusammen mit den anderen Berechtigten zur Empfangnahme der Sache zu ermächtigen. 2

3 **2) Wirksamwerden.** Die Pfändung wird mit Zustellung des Beschlusses an den Drittsch (§ 829 III, § 846) durch den GV (hierzu: § 124 GVGA) im Parteibetrieb (sa § 829 Rn 15) wirksam. Vorpfändung (§ 845) kann erfolgen.

4 **III) Pfändungswirkungen. 1) Beschlagnahme.** Nach Wirksamwerden der Pfändung, die die Beschlagnahme bewirkt und ein PfändungspfandR begründet, darf der Drittsch die Sache nur noch an den GV herausgeben; Hinterlegung oder Leistung an den Gl und Sch gemeinschaftl ist (ohne Gläubigerzustimmung) nicht mehr zulässig. Verweigert der Drittsch die Herausgabe der Sache, darf sie ihm der GV nicht wegnehmen. Der Gl oder Sch (nicht aber der GV) muss vielmehr auf Grund des Pfändungsbeschlusses und der Anordnung auf Herausgabe an den GV klagen. Überweisung des Anspruchs zur Einziehung erfordert Klagebefugnis des Gl nicht (str, aA WSch/Lüke Rn 9). § 841 ist zu beachten. Das Urteil ist nach § 883 zu vollstr (MskV/Flockenhaus Rn 4). Der Anspruch kann zur Einziehung, nicht aber an Zahlungs statt überwiesen (§§ 835, 846, 849) oder anderweit verwertet werden (§ 844). Überweisung hat Bedeutung insb für Pfandverwertung nach Herausgabe (Rn 7), für Schutz des leistenden Drittsch (§ 836 II) sowie für Auskunfts- und Herausgabepflicht des Sch (§ 836 III).

5 **2) Umwandlung.** Mit Herausgabe der Sache an einen vom Gl beauftragten GV verwandelt sich das durch die Anspruchspfändung begründete PfandR ohne weiteres in ein PfandR an der geleisteten Sache (BGH NJW 79, 373 mwN). Sachpfändung nach § 808 erfolgt förml nicht mehr (StJ/Würdinger Rn 12). Geht der Anspruch auf Eigentumsübertragung, geht mit Herausgabe durch den Drittsch an den GV das Eigentum auf den Sch über; Entstehung des PfandR an der Sache ist aber unabhängig davon, ob der Sch das Eigentum zu diesem Zeitpunkt oder später oder überhaupt nicht erwirbt. Weil Inbesitznahme durch den GV für den Pfandrechtserwerb an der Sache konstitutive Wirkung hat, findet dieser nicht statt, wenn der Drittsch eines von mehreren Gl gepfändeten Herausgabeanspruchs die Sache ohne jede Mitwirkung des GV hinterlegt oder treuhänderisch in Verwahrung nimmt oder gibt (BGHZ 72, 334).

6 **3) Mehrere Gläubiger.** Pfänden mehrere Gl den Herausgabeanspruch, bestimmt sich die Rangordnung (§ 804 III) nach dem Zeitpunkt der Anspruchspfändung (§ 829 III), obwohl die PfandR im Moment der Herausgabe zeitgleich entstehen (StJ/Würdinger Rn 13). Herauszugeben ist an den GV, der nach dem zuerst zugestellten Beschluss zuständig ist; iÜ § 854. Ein PfandR, das mit Pfändung der Sache (§ 809) vor der Herausgabe an den GV entstanden ist, geht dem PfandR vor, das infolge Pfändung des Herausgabeanspruchs mit Herausgabe an den GV entstanden ist (RGZ 13, 344; StJ/Würdinger Rn 13). Nach Herausgabe kann nur noch Sachpfändung erfolgen (sa § 124 VII GVGA zur Pfändung bei Übergabe). Das mit der Herausgabe an der Sache entstandene PfandR geht dem PfandR vor, das erst nach (auch bei) Herausgabe mit Pfändung der Sache entsteht.

7 **4) Verwertung.** Die dem GV herausgegebenen Sachen werden durch diesen nach §§ 814 ff verwertet. Sie darf nur durchgeführt werden, wenn der gepfändete Anspruch zur Einziehung überwiesen (hM, MskV/Flockenhaus Rn 6) oder dem GV nachgewiesen ist, dass die Pfandverwertung nach dem Titel zulässig ist (nicht möglich im Fall von §§ 720a, 930; Ausnahmen: § 720a I 2, § 930 III, § 720a II iVm § 930 III). Über Zulässigkeit der Verwertung entscheidet nur noch der GV; Rechtsbehelf: Erinnerung (§ 766). Überweisung zur Einziehung kann nach Herausgabe nicht mehr erfolgen (St/Rellermeyer G.20; aA StJ/Würdinger Rn 15).

8 **IV) Rechtsbehelfe. Gl:** sof Beschwerde (§ 793) bei Zurückweisung seines Antrags. **Sch und Drittsch:** Erinnerung (§ 766). **Dritte** ab Anspruchspfändung und noch nach der Herausgabe: Klage nach § 771 bzw § 805; auch der Drittsch bei älterem Recht.

9 **V) Gebühren. 1) Gericht** und **RA:** s § 846 Rn 2. – **2) GV:** Für die Übernahme bewegl Sachen zur Verwertung: 206 GvKostG-KV. Die Übernahme zu anderen Zwecken löst keine Geb aus. – Verwertung (II): 300 ff GvKostG-KV.

§ 847a Herausgabeanspruch auf ein Schiff

(1) Bei der Pfändung eines Anspruchs, der ein eingetragenes Schiff betrifft, ist anzuordnen, dass das Schiff an einen vom Vollstreckungsgericht zu bestellenden Treuhänder herauszugeben ist.

(2) [1]Ist der Anspruch auf Übertragung des Eigentums gerichtet, so vertritt der Treuhänder den Schuldner bei der Übertragung des Eigentums. [2]Mit dem Übergang des Eigentums auf den Schuldner erlangt der Gläubiger eine Schiffshypothek für seine Forderung. [3]Der Treuhänder hat die Eintragung der Schiffshypothek in das Schiffsregister zu bewilligen.

(3) Die Zwangsvollstreckung in das Schiff wird nach den für die Zwangsvollstreckung in unbewegliche Sachen geltenden Vorschriften bewirkt.

(4) Die vorstehenden Vorschriften gelten entsprechend, wenn der Anspruch ein Schiffsbauwerk betrifft, das im Schiffsbauregister eingetragen ist oder in dieses Register eingetragen werden kann.

1 **1) *Schiff.*** *Für Pfändung des Anspruchs* auf ein eingetragenes Schiff sowie ein eingetragenes oder eintragbares Schiffsbauwerk trifft § 847a eine dem § 848 entspr Regelung (nicht eingetragene: § 847). Es ist der Sequester als Treuhänder bezeichnet und Erwerb einer Schiffshypothek (§ 8 SchiffsRG) bestimmt. – **2) Luftfahrzeug.** Für die

Pfändung des Anspruchs auf ein in der Luftfahrzeugrolle eingetragenes Luftfahrzeug gilt § 847a entspr mit der Maßgabe, dass Erwerb eines RegisterpfandR an dem Luftfahrzeug erfolgt (§ 99 I LuftFzRG; wie § 830a Rn 2; sa Schladebach/Kraft BKR 2012, 270).

§ 848 Herausgabeanspruch auf eine unbewegliche Sache

(1) Bei Pfändung eines Anspruchs, der eine unbewegliche Sache betrifft, ist anzuordnen, dass die Sache an einen auf Antrag des Gläubigers vom Amtsgericht der belegenen Sache zu bestellenden Sequester herauszugeben sei.

(2) [1]Ist der Anspruch auf Übertragung des Eigentums gerichtet, so hat die Auflassung an den Sequester als Vertreter des Schuldners zu erfolgen. [2]Mit dem Übergang des Eigentums auf den Schuldner erlangt der Gläubiger eine Sicherungshypothek für seine Forderung. [3]Der Sequester hat die Eintragung der Sicherungshypothek zu bewilligen.

(3) Die Zwangsvollstreckung in die herausgegebene Sache wird nach den für die Zwangsvollstreckung in unbewegliche Sachen geltenden Vorschriften bewirkt.

I) Anwendungsbereich. Regelung der Besonderheiten (sa § 846 Rn 1) bei der Pfändung eines Anspruchs des Sch gg einen Dritten auf Herausgabe (I) oder Leistung (II, Eigentumsübertragung) einer unbewegl Sache (Grundstück, Grundstücksanteil eines Miteigentümers [auch Wohnungseigentum], Gebäudeeigentum, Grundstückszubehör, grundstücksgleiches Recht [insb Erbbaurecht]; vgl § 864 I, § 865). 1

II) Verfahren. 1) Beschluss. Die Pfändung des Anspruchs erfolgt durch Beschluss des VollstrGerichts; er hat anzugeben, ob der Anspruch auf Herausgabe (Verschaffung des unmittelbaren Besitzes) oder Leistung (Übertragung des Eigentums) gepfändet wird, und hat das Grundstück (wegen § 28 S 1 GBO möglichst übereinstimmend mit dem Grundbuch) zu bezeichnen. Die Angabe auch des Rechtsgrunds des gepfändeten (angebl) Anspruchs wird wenigstens in allg Umrissen verlangt (BGH MDR 2007, 908: Unwirksamkeit bei Verstoß). Das überzeugt nicht. Bezeichnung der Pfandforderung dient der Feststellung ihrer Identität (§ 829 Rn 8). Identifizierung erfordert bei Pfändung einer Geldschuld wenigstens in allg Umrissen (genügend daher vielfach auch Anführung des konkreten Lebenssachverhalts, sa § 829 Rn 9) Bezeichnung des Rechtsverhältnisses, aus dem die Forderung hergeleitet wird. Bei Pfändung eines Anspruchs auf Sachleistung bietet hingegen Bezeichnung des herauszugebenden oder zu leistenden Gegenstands (§ 846) hinreichende Individualisierung und damit dem Rechtsverkehr genügende Bezeichnung des Anspruchs, die Zweifel ausschließt und ihn auch Dritten bestimmt und unterscheidungsfähig erkennbar macht. Darüber hinaus gehende Feststellung und Prüfung auch des (noch dazu rechtlich richtigen) Rechtsgrunds ist dem Gl, der die Verhältnisse des Sch nicht genau kennen kann, meist auch gar nicht möglich. Angabe eines Rechtsgrunds (Bezeichnung einer Anspruchsgrundlage) könnte zudem bei Anspruchskonkurrenz zur Gefährdung des Gl führen, wenn zweifelhaft wird, ob die Pfändung des Anspruchs auf die zu leistende oder herauszugebende Sache sich auf den letztlich im Drittsch-Prozess festzustellenden Anspruch erstreckt oder doch nur auf den wenn auch in allg Umrissen angegebenen anderen Rechtsgrund beschränkt. Unterbleiben soll als ungenaue Bezeichnung „Ansprüche aus der Auflassungsvormerkung" (Auslegung nach BayObLG DNotZ 97, 337, 338) sowie als unzutreffend „Anspruch auf Auflassung" (zu verstehen nach OLGR Celle 1997, 88 als „Erklärung der Auflassung" und nicht gleichzusetzen mit dem Anspruch auf Eigentumsverschaffung). Wirksam wird die Pfändung mit Zustellung des Beschlusses an den Drittsch im Parteibetrieb (wie § 847 Rn 2, 3). Anzuordnen ist in dem Beschluss auch ohne bes Antrag und auch, wenn Überweisung des Anspruchs nicht erfolgt, dass die Sache an einen auf Antrag des Gl vom AG der belegenen Sache zu bestellenden Sequester herauszugeben ist (I). Herausgabeanordnung hat auch bei Pfändung nur des Eigentumsübertragungsanspruchs zu erfolgen. Diese für Wirksamkeit der Pfändung nicht wesentl Anordnung kann nachgeholt werden (§ 847 Rn 2). 2

2) Sequester. Er kann schon im Pfändungsbeschluss bestellt werden, wenn das VollstrGericht (§ 828 II) zugleich AG der belegenen Sache ist. Anderenfalls oder wenn der Gl Antrag auf Sequesterbestellung noch nicht gestellt hat, ist Bestellung des Sequesters vom Gl (kein Antragsrecht des Sch oder Drittsch: St/Rellermeyer G.35; Besonderheiten aber in § 855) beim AG der belegen Sache (AG, in dessen Bezirk das Grundstück liegt) zu erwirken. Nachzuweisen ist Erlass, nicht Zustellung des Pfändungsbeschlusses. Zuständigkeit: Rpfleger. Bei Auswahl des Sequesters (Einzelperson, jur Person, OHG oder KG, insb Treuhandgesellschaft) ist das Gericht an den Vorschlag des Gl nicht gebunden. Der Bestellungsbeschluss ist wie der Pfändungsbeschluss im Parteibetrieb zuzustellen (§ 829 II). Eine Verpflichtung zur Annahme des Amtes als Sequester besteht nicht. Für seine Tätigkeit setzt das bestellende Gericht eine Vergütung in entspr Anwendung von § 153 I ZVG fest (BGH NJW-RR 2005, 1283). Aufwand in Anlehnung an § 19 ZwVwV (BGH NJW-RR 2005, 1283). 3

III) Pfändungswirkungen. 1) Beschlagnahme. Die Pfändung bewirkt die Beschlagnahme des Anspruchs und begründet an ihm für den Gl ein **PfändungspfandR** (näher § 847 Rn 4). Aufhebung des Erwerbsvertrags und 4

Abänderung der Leistungspflicht zum Nachteil des Gl sind damit ausgeschlossen (St/Rellermeyer G.40). Der Sequester kann den Herausgabeanspruch nicht gerichtl geltend machen.

5 2) **Besitzerlangung.** Wenn der Sequester mit Herausgabe Besitz an der dem Sch gehörenden unbewegl Sache erlangt hat, findet in sie die ZwV statt (III, §§ 866 ff). Dafür wahrt die Anspruchspfändung keinen Rang. Zur Grundstücksverwaltung (Einziehung der Mieten) ist der Sequester nicht befugt (hM, zB WSch/Lüke Rn 7a mwN). Die praktische Bedeutung ist daher gering, weil Sch-Besitz für Zwangsversteigerung oder Eintragung einer Zwangshypothek nicht erforderl ist; Bedeutung besteht daher nur für die Zwangsverwaltung bei Fremdbesitz und in den Fällen der §§ 810, 865 II (St/Rellermeyer G.37).

6 **3) Auflassung (§ 848 II 1). a) Verfahren.** Nach Pfändung des Anspruchs auf **Übertragung des Eigentums** hat Auflassung an den Sequester als Vertreter des Sch zu erfolgen (II 1). Die Einigung muss dahin gehen, dass der Sch Eigentümer werden soll. Erklärt werden muss die Auflassung bei gleichzeitiger Anwesenheit des Drittsch und des Sequesters als Sch-Vertreter vor dem Notar (§ 925 BGB; auch in gerichtl Vergleich: § 794 I Nr 1). In das Grundbuch wird als Eigentümer sodann der Sch (nicht der Sequester) eingetragen. Die Eintragung erfolgt auf Antrag des Sequesters oder Veräußerers (§ 13 I GBO); Gl (str) und Sch sind nicht antragsberechtigt (St/Rellermeyer G.42 mwN). Die Auflassung kann auch unter Mitwirkung des Sch erklärt und der Eintragungsantrag vom Sch gestellt werden, wenn der Sequester zugestimmt hat (OLG Bremen MDR 54, 559). Wenn **Auflassung** bei Pfändung des (fortbestehenden) Eigentumsübertragungsanspruchs **bereits erklärt** ist (zB bei Mitbeurkundung im Erwerbsvertrag), hat der Drittsch nochmalige Auflassung an den Sequester nicht zu erklären (OLG Jena Rpfleger 96, 100). Für Eintritt des Leistungserfolgs (Erlöschen des Übereignungsanspruchs mit Eigentumsübergang) hat der Sequester jedoch die bereits erklärte Auflassung zu genehmigen (§ 362 II, § 185 II BGB; St/Rellermeyer G.43). Grundbucheintragung können der Sequester (als Sch-Vertreter) und der Drittsch, nicht aber der Gl, beantragen. Grundbucheintragung auf Sch-Antrag kann nicht mehr erfolgen, auch wenn die Pfändung der Auflassung nachfolgt, denn die Eintragungsbewilligung (§ 19 GBO) fehlt (ausf St/Rellermeyer G.44). Schutz gg pfandrechtswidrige Verfügung bietet nur Sicherung durch Vormerkung (§ 883 BGB; sa Rn 10).

7 **b) Wirkung.** Mit Übergang des Eigentums auf den Sch durch Grundbucheintragung nach Auflassung (§ 873 BGB) erlangt der Gl eine **Sicherungshypothek** für seine Forderung (II 2) unter Einschluss der ZwV-Kosten. Die Sicherungshypothek entsteht kraft Gesetzes (ohne Eintragung: MskV/Flockenhaus Rn 5) und auch für Forderungen unter 750 Euro (§ 866 III findet keine Anwendung: MskV/Flockenhaus Rn 1). Sie ist bei Arrestvollziehung Arrestsicherungshypothek (§ 930), bei Pfändung des Anspruchs auf Auflassung mehrerer Grundstücke Gesamthypothek, denn § 867 II findet keine Anwendung (StJ/Würdinger Rn 7). Dagegen ist § 867 III analog anwendbar, ein Duldungstitel (§ 1147 BGB) nicht erforderl (OLG Brandenburg MDR 2017, 1388; aA MskV/Flockenhaus § 867 Rn 11), wenn der Hypothekar dann die Zwangsversteigerung betreibt. – In das Grundbuch ist die Sicherungshypothek auf Bewilligung des Sequesters einzutragen (II 3; § 19 GBO); Eintragungsantrag (§ 13 I GBO) können der Sequester oder der Gl stellen. Die Eintragung ist Grundbuchberichtigung (§ 22 GBO; OLG Naumburg Rpfleger 2014, 256). Unterbleibt die Eintragung der ges entstandenen Sicherungshypothek, droht ihrem Gl (wegen § 892 BGB) Gefahr mit gutgl Erwerb des Grundstücks oder eines Rechts daran durch Dritte. Ist unrichtigerweise der Sequester als Eigentümer unter Kennzeichnung dieser Eigenschaft in das Grundbuch eingetragen, ist das auf die Wirksamkeit der von ihm bewilligten Sicherungshypothek ohne Einfluss.

8 **c) Rang.** Die Sicherungshypothek des Pfändungsgl erhält Rang nach den Rechten, die vom Erwerber nach dem Rechtsverhältnis (schuldrechtl Vertrag), das den Eigentumsübertragungsanspruch begründet hat, zu bestellen und wegen § 16 II GBO gleichzeitig mit dem Eigentumsübergang zu vollziehen sind (LG Frankenthal Rpfleger 85, 231; aA Just JZ 98, 120 [Gl erlangt Sicherungshypothek an Stelle des PfandR am „Anspruch auf Übertragung des Eigentums", der nicht auf Verschaffung lastenfreien Eigentums gerichtet war, weshalb die Sicherungshypothek zu bestellende Rechte nicht verdrängen kann]). Den vorher vom Sch sonst bewilligten GrundpfandR geht die Sicherungshypothek im Rang vor (BGHZ 49, 197); sie geht ebenso einer Auflassungsvormerkung für den Anspruch eines Dritten im Rang vor, dem der Sch das Grundstück weiterverkauft hat (OLG Jena Rpfleger 96, 100; zur Sicherung des Zweitkäufers: Amann DNotZ 97, 113). Durch Eintragung der Sicherungshypothek im Rang vor einem nach dem Erwerbsvertrag zu bestellenden Recht (wie der Kaufgeldhypothek) wird das Grundbuch unrichtig (LG Frankenthal Rpfleger 85, 231).

9 **d) Klage.** Wenn der **Drittsch sich weigert**, die Auflassung zu erklären, kann der Gl auf Abgabe der Auflassungserklärung an den Sequester zur Eintragung des Sch als Eigentümer **klagen** (sa § 847 Rn 4). Dann finden §§ 894, 895 Anwendung. Die mit der Bescheinigung der Rechtskraft (und evtl mit der Klausel) versehene Ausfertigung des Urteils ersetzt die Auflassungserklärung des Drittsch. Der Sequester gibt unter Vorlage des Urteils, des Pfändungsbeschlusses sowie des Beschlusses über seine Bestellung die zur Auflassung an den Sch als Erwerber erforderl Erklärung ab und bewilligt die Eintragung der Sicherungshypothek. Erklärt der Sequester die Auflassung als Vertreter des Sch nicht (genehmigt er nicht), muss auf Erinnerung des Gl oder Sch Weisung durch das VollstrGericht zulässig sein (entspr § 153 I ZVG).

10 **e) Vormerkung.** Auf den Anspruch auf Einräumung einer Auflassungsvormerkung (§ 883 BGB) erstreckt sich die Pfändung des Anspruchs auf Leistung des Grundstücks (= Übertragung des Eigentums); er ist Nebenan-

spruch (§ 829 Rn 20), der vom Gl, auch wenn Überweisung nicht erfolgt ist, geltend gemacht werden kann (St/Rellermeyer G.47). Eine zur Sicherung des Anspruchs bereits eingetragene Auflassungsvormerkung wird als unselbständiges Nebenrecht von der Pfändung erfasst (§ 401 BGB; sa § 829 Rn 20). Die Auflassungsvormerkung sichert Sch (als Vormerkungsberechtigten) und pfändenden Gl zusammen gg Vereitelung oder Beeinträchtigung des Auflassungsanspruchs, sperrt aber das Grundbuch nicht (näher Stöber DNotZ 85, 587; teilw anders BayObLG DNotZ 86, 345). Die wirksame Pfändung des Eigentumsübertragungsanspruchs (nicht aber die Überweisung) kann auf Antrag (§ 13 I GBO) bei der Auflassungsvormerkung im Wege der Grundbuchberichtigung eingetragen werden (St/Rellermeyer G.47). Die Eintragung erfordert Voreintragung des Sch (§ 39 I GBO), ist somit nach eingetragener Abtretung (dann auch keine wirksame Anspruchspfändung, sa § 829 Rn 4) nicht mehr möglich (OLG Frankfurt NJW-RR 97, 1308). Löschung der Vormerkung samt Pfandvermerk erfordert Bewilligung des Gl (St/Rellermeyer G.47). Der Sicherungshypothek des Gl gebührt Rang vor allen nach der Auflassungsvormerkung (auch wenn bei ihr die Pfändung nicht eingetragen war; dann aber gutgl Erwerb möglich) eingetragenen (nicht nach dem Erwerbsvertrag zu bestellenden) Rechten am Grundstück. Der Vorrang besteht jedoch nicht kraft Gesetzes; er darf daher ohne Nachweise der Zustimmung der Inhaber dieser Rechte nicht im Grundbuch vermerkt werden. Anspruch auf Zustimmung zum Rangrücktritt der nach der Vormerkung eingetragenen Rechte begründet für den Pfändungsgl der Vormerkungsschutz (§ 883 II, § 888 BGB). Hat der Sequester die Eintragung der Sicherungshypothek für den Pfändungsgl bewilligt und beantragt, darf ein späterer Erwerber, an den der Sch das Grundstück aufgelassen hat, als Eigentümer erst eingetragen werden, nachdem nicht nur der Antrag auf Eintragung des Sch als Eigentümer, sondern auch der Antrag auf Eintragung der Sicherungshypothek erledigt ist, mag auch Eintragung des Eigentumsrechts des späteren Erwerbers früher beantragt sein als Eintragung des Pfändungssch und der Sicherungshypothek.

f) Mehrfache Pfändung. Wird der Eigentumsübertragungsanspruch (damit auch die Anwartschaft aus Auflassung) mehrfach gepfändet, haben die Sicherungshypotheken Rang in der Reihenfolge der Pfändungen (§ 804 III; ihres Wirksamwerdens), gleichgültig, welcher Gl die Bestellung des Sequesters beantragt hat (St/Rellermeyer G.60). 11

g) Bruchteilsgemeinschaft. Der Anspruch eines Mitberechtigten auf Übertragung des Eigentums betrifft ebenfalls eine unbewegl Sache (der Miteigentumsanteil ist Gegenstand der ZwV in das unbewegl Vermögen [§ 864 II], daher auch einzeln mit einer Zwangshypothek belastbar [§ 866 I]; sa § 1114 BGB). Pfändung des Anspruchs auf Übereignung des Bruchteilsmiteigentumsanteils hat daher nach § 846 (mit Anordnung nach § 848) zu erfolgen (St/Rellermeyer G.61; aA [§ 857] BayObLG NJW-RR 92, 1369). Aufzulassen ist an den Sequester als Vertreter des Sch (II) und an den Mitberechtigten, dessen Erwerbsanspruch nicht gepfändet ist, für Erwerb zu Bruchteilen (St/Rellermeyer aaO; aA BayObLG NJW-RR 92, 1369 [keine Mitwirkung eines Sequesters]). Eine Sicherungshypothek erlangt der Gl nach II 2 an dem Miteigentumsanteil des Sch; deren Eintragung hat der Sequester nach II 3 zu bewilligen. 12

IV) Anwartschaftsrecht. 1) Pfändung. Nach Auflassung kann als pfändbares Vermögensrecht ein solches Recht des Auflassungsempfängers bestehen. Es besteht, wenn die Auflassung erklärt und der Umschreibungsantrag vom Erwerber gestellt ist (BGH NJW 85, 659); nach der Rspr des BGH mit (nicht aber ohne) Auflassung auch, wenn für den Erwerber eine Auflassungsvormerkung eingetragen ist (BGH NJW 82, 1639). Die Pfändung dieses Anwartschaftsrechts wird mit Zustellung des Pfändungsbeschlusses an den Auflassungsempfänger wirksam; der Zustellung an den Veräußerer bedarf es nicht (BGHZ 49, 197). Pfändung des Anwartschaftsrechts beschränkt die Verfügungsbefugnis des Sch. Er kann über sein Anwartschaftsrecht nicht mehr allein (ohne Mitwirkung des Gl) verfügen. Er kann es nicht mehr übertragen (Erwerber könnte seine Grundbucheintragung beantragen und würde Grundstückseigentum unmittelbar vom Veräußerer erlangen) und nicht mehr aufheben. Der Gl kann sich dem Antrag des Sch auf Grundbucheintragung anschließen; dieser kann dann Eintragung der Auflassung durch Rücknahme seines Eintragungsantrags nicht mehr verhindern. Anspruch auf Erwerb des Grundstückseigentums begründet das PfandR am Anwartschaftsrecht nicht. Es berechtigt auch nicht zur Geltendmachung des schuldrechtl Eigentumsübertragungsanspruchs. Bei einer für den Sch eingetragenen Auflassungsvormerkung (nicht mehr jedoch nach Abtretung der Rechte aus der Vormerkung; sa Rn 10) kann die Pfändung des Anwartschaftsrechts eingetragen werden (BayObLG NJW-RR 97, 1173 Tz 9; str). Mit Zurückweisung des Eintragungsantrags des durch Vormerkung nicht gesicherten Auflassungsempfängers entfällt die Wirkung der Anwartschaftspfändung (BGHZ 45, 186). Ein Sequester wirkt bei dieser Pfändung nicht mit (BayObLG Rpfleger 94, 162). Für den Pfändungsgl entsteht mit Übergang des Eigentums auf den Sch eine Sicherungshypothek kraft Gesetzes entspr § 857 I, § 848 II 2. Deren Eintragung ist Grundbuchberichtigung (ohne Eintragung kein Schutz ggü dem öffentl Glauben des Grundbuchs, daher Rechtsverlust [vornehmlich Rangverschlechterung] bei gutgl Rechtserwerb Dritter: BayObLG NJW-RR 97, 1173). Ihre Eintragung kann auch beantragt werden, wenn der Antrag des Sch auf Eintragung des Eigentums noch nicht gestellt (oder zurückgewiesen) ist (näher dazu LG Düsseldorf Rpfleger 85, 305). Rang hat diese Sicherungshypothek nach den Belastungen des Grundstücks, die nach dem Erwerbsvertrag zu bestellen (LG Frankenthal Rpfleger 85, 231) und mit der Auflassung beantragt sind; den vor Pfändung schon vom Sch bewilligten sonstigen Belastungen geht diese Sicherungshypothek jedoch im Rang vor (BGHZ 49, 197). 13

2) Ausnahme. Wenn nach Auflassung vom Erwerber Umschreibungsantrag noch nicht gestellt oder sein Antrag zurückgewiesen und der Erwerbsanspruch auch nicht durch Vormerkung gesichert ist, besteht kein über- 14 tragbares und damit kein pfändbares Anwartschaftsrecht (BGH NJW 89, 1039; OLG Jena Rpfleger 96, 100). Pfändung der sog **„schwächeren“** (auch „ungesicherten“) **Anwartschaft** kann somit nicht erfolgen (BGH NJW 89, 1039).

15 **3) Wahlrecht.** Pfändung des Anwartschaftsrechts (Rn 13) und des nach Auflassung fortbestehenden (schuldrechtl) Eigentumsübertragungsanspruchs (Rn 1 ff) stehen dem Gl wahlweise zur Verfügung (OLG München Rpfleger 2010, 365). Rechts- und Anspruchspfändung können auch gemeinsam erfolgen (OLG Frankfurt DNotZ 97, 731). Zur Wirkung der Anspruchspfändung: Rn 6. Auflassungsanspruch und Anwartschaftsrecht sind selbständige Vermögensrechte. Pfändung nur des Anspruchs erfasst daher das Recht nicht (und umgekehrt); keine Auslegung über den Wortlaut hinaus (OLG Hamm FamRZ 2008, 1075).

16 **V) Rückforderungsrecht.** Das bei (zumeist unentgeltl) Übertragung eines Grundstücks vorbehaltene Recht des Sch, es jederzeit ohne Angabe von Gründen zurückzuverlangen, kann als selbständiges Gestaltungsrecht jedenfalls zusammen mit dem künftigen oder aufschiebend bedingten und durch eine Vormerkung gesicherten Rückauflassungsanspruch gepfändet und zur Einziehung überwiesen werden (BGH MDR 2003, 776); ebenso das „eingeschränkte“, zB nur bei nicht genehmigter Grundstücksveräußerung oder -belastung bestehende, Rückforderungsrecht (BGH NJW 95, 2846), das freilich für den Gl zumeist ohne Wert sein wird (hierzu Ellenbeck MittRhNotK 97, 41).

17 **VI) Rechtsbehelfe. Gl:** sof Beschwerde (§ 793); **Sch und Drittsch:** Erinnerung (§ 766); gg Sequesterentscheidungen: Erinnerung (§ 766); gg GBA: Beschwerde (§ 71 GBO).

18 **VII) Gebühren. 1) Gericht:** Festgeb von 24 Euro für das Verf (2111 GKG-KV); für die Ernennung des Sequesters keine bes Geb. – Vorauszahlungspflicht: § 12 VI 1 GKG. – Die etwaige Klage des Gl auf Herausgabe bzw auf Abgabe der Auflassungserklärung (s Rn 9) gegen den Drittsch leitet einen bes Rechtsstreit ein, für den die allg VerfGeb zu erheben sind. – **2) RA:** Der Antrag des RA des Gl auf Bestellung eines Sequesters wird durch die bereits verdiente Vollstreckungsgeb abgegolten (§ 19 II Nr 3 RVG; 3309 RVG-VV).

§ 849 Keine Überweisung an Zahlungs statt

Eine Überweisung der im § 846 bezeichneten Ansprüche an Zahlungs statt ist unzulässig.

1 **Regelungsgrund.** Die Ansprüche haben keinen Nennwert und führen nicht zur Befriedigung des Gl, sondern bereiten nur die weitere ZwV vor. – Eine Überweisung zur Einziehung ist zulässig (§ 847; MskV/Flockenhaus Rn 1).

§ 850 Pfändungsschutz für Arbeitseinkommen

(1) Arbeitseinkommen, das in Geld zahlbar ist, kann nur nach Maßgabe der §§ 850a bis 850i gepfändet werden.

(2) Arbeitseinkommen im Sinne dieser Vorschrift sind die Dienst- und Versorgungsbezüge der Beamten, Arbeits- und Dienstlöhne, Ruhegelder und ähnliche nach dem einstweiligen oder dauernden Ausscheiden aus dem Dienst- oder Arbeitsverhältnis gewährte fortlaufende Einkünfte, ferner Hinterbliebenenbezüge sowie sonstige Vergütungen für Dienstleistungen aller Art, die die Erwerbstätigkeit des Schuldners vollständig oder zu einem wesentlichen Teil in Anspruch nehmen.

(3) Arbeitseinkommen sind auch die folgenden Bezüge, soweit sie in Geld zahlbar sind:

a) Bezüge, die ein Arbeitnehmer zum Ausgleich für Wettbewerbsbeschränkungen für die Zeit nach Beendigung seines Dienstverhältnisses beanspruchen kann;

b) Renten, die auf Grund von Versicherungsverträgen gewährt werden, wenn diese Verträge zur Versorgung des Versicherungsnehmers oder seiner unterhaltsberechtigten Angehörigen eingegangen sind.

(4) Die Pfändung des in Geld zahlbaren Arbeitseinkommens erfasst alle Vergütungen, die dem Schuldner aus der Arbeits- oder Dienstleistung zustehen, ohne Rücksicht auf ihre Benennung oder Berechnungsart.

1 **I) Funktion.** Sch-Schutz vor Kahlpfändung (wie § 811 Rn 1). Einsatz der Arbeitskraft zur Beschaffung des Lebensunterhalts hat Vorrang vor Anspruch auf soz Leistung (§§ 1, 2 I, § 19 SGB XII). Daher wird auch dem Sch, *in dessen Arbeitseinkommen* vollstr wird, ein Teil pfandfrei belassen, der ihm und seiner Familie die Führung eines menschenwürdigen Lebens ermöglicht (BTDrs 8/693, 45) und auch in der Motivation stärkt, aus eigener Kraft seinen Lebensunterhalt zu verdienen (BTDrs 14/6812, 8).

II) Arbeitseinkommen. 1) Begriff. Alle **Vergütungen in Geld**, die dem Sch aus **Arbeits- oder Dienstleistung** zustehen, sind Arbeitseinkommen, das dem Pfändungsschutz der §§ 850a-i unterliegt (zB BAG 23.2.2016 – 9 AZR 226/15, juris [Bertriebsrentenanspruch]). Die Geldbezüge können für bereits geleistete Arbeit schon verdient, aber noch nicht bezahlt oder noch nicht fällig sein, oder als Vergütung zu erwarten sein, die der Sch durch künftige Arbeitsleistung erst verdienen muss (vgl § 832). Gleichgültig ist, ob sie aus einem Dienstverhältnis des öffentl oder des privaten Rechts hervorgehen, ebenso, ob die Dienstleistung in körperl oder geistiger Arbeit, in Diensten „niederer" oder „höherer" Art (vgl § 622 BGB) besteht und ob der Arbeitnehmer voll-, zeit- oder teilzeitbeschäftigt ist. Auch auf eine bestimmte Dauer des Dienstverhältnisses kommt es nicht an. Der Begriff des Arbeitseinkommens deckt sich im Allgemeinen mit dem, was im Einkommensteuerrecht zu den Einkünften aus nichtselbständiger Arbeit (§ 19 I EStG) gehört. Der Anspruch auf eine **nicht in Geld zahlbare Vergütung** (Sachleistung) ist nach §§ 846, 847 zu pfänden; zur Unpfändbarkeit: § 811 (sa § 847 Rn 1). Zur Anrechnung von Naturaleinkommen bei Pfändung von Geldleistungen: § 850e Nr 3. Bereits **ausbezahlte** Geldbezüge sind nach Maßgabe von § 811 I Nr 3 unpfändbar. Schutz für ein **auf ein P-Konto** überwiesenes Einkommen: §§ 899 ff. Für hinterlegtes Arbeitseinkommen besteht der Pfändungsschutz der §§ 850 ff fort (LG Düsseldorf MDR 77, 586; LSozG Mainz BB 78, 663), auch nach Hinterlegung durch den GV, der die Forderung des Sch bei seinem Arbeitgeber beigetrieben hat (LG Berlin DGVZ 76, 154). Einer Hinterlegung ist Einzahlung auf Sperrkonto gleich zu achten, über das der Sch nicht verfügen kann. Mit Zahlung an den empfangsberechtigten ProzBev des Sch erlischt die Forderung an den Arbeitgeber infolge Erfüllung; der Pfändungsschutz für Arbeitseinkommen endet damit (St/Rellermeyer A.20), Schutz kann dann aber nach § 811 I Nr 3 bestehen. 2

2) Beispiele. Einnahmen aus einer Beschäftigung der Personen, deren Einkünfte Arbeitseinkommen iSv §§ 850 ff sind, stellt II an nicht abschließenden Beispielen dar. Dazu gehören: 3

a) Dienst- und Versorgungsbezüge der Beamten (ebenso der Richter), des Bundes, der Länder, Gemeinden und Gemeindeverbände sowie sonstigen Körperschaften, Anstalten und Stiftungen des öffentl Rechts (§§ 1 ff BeamtStG), auch der Beamten auf Widerruf (Bezüge der Anwärter und Referendare, die Vorbereitungsdienst ableisten: OLG Bamberg JurBüro 73, 239), außerdem die Bezüge der Beamten öffentl-rechtl Religionsgesellschaften. Dienst- und Versorgungsbezüge sind als vermögensrechtl Ansprüche alle wiederkehrenden oder einmaligen Bezüge, die Beamte nach den Besoldungs- und Versorgungsgesetzen erhalten, insb Grundgehalt, Zuschüsse dazu, Ortszuschlag, Zulagen und Vergütungen, Leistungsprämie, Auslandszuschlag (BGH MDR 80, 385 [auch zu § 850a Nr 3]), Sonderzuwendungen und Urlaubsgeld, nicht aber Kindergeld nach §§ 62 ff EStG, weiter Ruhegehalt (auch Unfallruhegehalt) oder Unterhaltsbeitrag, Hinterbliebenenversorgung, Übergangsgeld usw. Zu unpfändbaren Ansprüchen (Sterbegeld, Kosten eines Heilverf und der Pflege, Unfallausgleich, einmalige Unfallentschädigung): § 51 III 1 BeamtVG; Unfallruhegehalt ist danach nicht unpfändbar (OVG Saarlouis NJW 2006, 2873). Wie Beamtenbezüge zu behandeln sind die Ansprüche der Mitglieder der Bundesregierung und der Parl Staatssekretäre sowie die Versorgung ihrer Hinterbliebenen (Amtsbezüge, Übergangsgeld und Ruhegehalt; BMinsterG; ParlStG) und die Dienstbezüge der Mitglieder der Landesregierungen (samt der Hinterbliebenenbezüge), außerdem die Entschädigung der Mitglieder des Bundestages (Abgeordnetengesetz mit Pfändungsbeschränkung in § 31 S 2-4); zur Pfändbarkeit von Abfindungszahlungen nach dem Ausscheiden aus dem Parlament: AG Bremerhaven MDR 80, 504; zur Entschädigung eines Landtagsabgeordneten in NRW: OLG Düsseldorf MDR 85, 242, in Schleswig-Holstein: BGH NJW-RR 2004, 643. 4

Arbeitseinkommen sind auch die Dienstbezüge der **Berufssoldaten** und **Soldaten auf Zeit** der Bundeswehr, die nach beamtenrechtl Grundsätzen besoldet werden (§ 30 SoldatenG; § 1 I Nr 3 BBesG). Auch für ihre Versorgung (SoldatenversG v 16.9.2009, BGBl I 2009, 3055) gelten zum Teil die beamtenrechtl Vorschriften; bis zum 31.12.2023 war teilw das BVG entspr anwendbar (Pfändungsbeschränkung nach § 54 SGB I), ab dem 1.1.2024 ist das BVG aufgehoben worden und nunmehr gilt das SGB XIV (Pfändungsschutz: § 9 SGB XIV; Übergangsvorschriften: §§ 137 ff SGB XIV). Zu unpfändbaren Versorgungsansprüchen (Übergangsbeihilfe, Sterbegeld, Unfallentschädigung, einmalige Entschädigung usw): § 48 II SVG und (Ausgleich für Wehrdienstbeschädigung) § 85 V 1 SVG. Pfändungsschutz gem §§ 850 ff begründet I außerdem für die Geld- und Sachleistungen der Dienstleistenden im Bundesfreiwilligendienst (BFDG) und im Jugendfreiwilligendienst (JFDG: freiw soziales Jahr und freiw ökologisches Jahr). 5

b) Arbeits- und Dienstlöhne der Arbeiter und Angestellten im öffentl Dienst, in Handel und Industrie, in einem kaufm Arbeitsverhältnis, in Land- und Forstwirtschaft, im Haushalt, in einem Ausbildungsverhältnis (§ 850a Rn 13) oder in einem sonstigen privatrechtl Arbeitsverhältnis (zB der Lizenzfußballspieler: BAG NJW 80, 470; St/Rellermeyer C.21: auch der Entwicklungshelfer [EhfG]). Als vermögensrechtl Ansprüche sind Arbeits- und Dienstlöhne alle wiederkehrenden oder einmaligen Bezüge, die als Gegenleistung für Dienste gewährt werden (sa BGH MDR 2024, 865 Tz 9 f [Inflationsausgleichsprämie ist Arbeitseinkommen]), auch die Entgeltzahlung an Feiertagen (§ 2 EntgeltfortzahlungsG) und das Arbeitsentgelt, das bei Arbeitsunfähigkeit infolge unverschuldeter Krankheit fortgezahlt wird (§ 3 EntgeltfortzahlungsG), sowie das während des Beschäftigungsverbots nach §§ 3 ff MutterschutzG gem § 11 MutterschutzG weitergezahlte Arbeitsentgelt. Ob die Tätigkeit gg ein Beschäftigungsverbot verstößt (zB Beschäftigung ausländischer Arbeiter ohne Arbeitsgenehmigung; Neben/Schwarzarbeit eines Bauhandwerkers), ist für den Pfändungsschutz nicht wesentl. Auch braucht das Ar- 6 beits- oder Dienstverhältnis die Erwerbstätigkeit des Sch nicht notw voll in Anspruch zu nehmen (zB Halbtagsbeschäftigung). Als Arbeitseinkommen ist daher auch **Altersentgelt** (samt Aufstockungsbetrag) für Altersteilzeit-Arbeit zu pfänden (Altersteilzeitgesetz). Wenn mehrere nebeneinander laufende Arbeitsverhältnisse bestehen, wird dem Sch für jedes Arbeitseinkommen Pfändungsschutz gewährt (aber Zusammenrechnung nach § 850e Nr 2 möglich; sa § 850e Rn 3 ff). Ein ständiges Arbeitsverhältnis kann vorliegen, wenn ein Arbeiter nicht alle Tage der Woche beschäftigt ist, aber bei Bedarf zur Verfügung des Arbeitgebers zu stehen hat. Arbeitseinkommen ist das **Bedienungsgeld des Kellners**, das dieser für den Wirt vereinnahmt und erst nach Abrechnung mit diesem endgültig einbehalten darf (BAG MDR 65, 944); nicht aber Trinkgeld, das nicht der Betriebsinhaber zu beanspruchen hat, vielmehr dem Bedienungspersonal vom Gast persönl (freiwillig) zugewendet wird (BAG MDR 96, 394; OLG Stuttgart MDR 2002, 294; sa § 808 Rn 8 [zur **Taschenpfändung** in diesen Fällen]). Entspr gilt für den Reisenden mit Inkassovollmacht, für den Auslieferungsfahrer (BAG DB 78, 942), den angestellten Taxifahrer (LAG Düsseldorf DB 72, 1540) und Tankstellenverwalter, die ihre Einkünfte vereinbarungsgemäß aus vereinnahmten Geldern einbehalten dürfen. Der Arbeitgeber muss in diesen Fällen nach Lohnpfändung dafür sorgen, dass er die vom Sch einbehaltenen Beträge erhält, um sie an den Gl abführen zu können (BAG MDR 65, 944). Soweit der Sch vor Zustellung des Pfändungsbeschlusses mit seinen Ansprüchen gg den Drittsch bereits befriedigt ist, entfällt diese Abführungspflicht. Die Spesenvergütung des Reisenden ist Arbeitseinkommen (§ 850a Rn 7). Nicht als Arbeitseinkommen gelten solche Teilbeträge einer dem Arbeitnehmer gezahlten Vergütung, die dieser nicht in seinem Interesse verwenden darf, zB zur Entlohnung von Hilfskräften zu verwenden hat.

7 **c) Ruhegelder** usw sind alle einzelvertragl (auch mit betriebl Übung, Betriebsvereinbarung) während des Arbeitsverhältnisses vereinbarten wiederkehrenden Bezüge, die dem Dienstpflichtigen aus Anlass seiner Tätigkeit für das Unternehmen für die Zeit nach seinem Ausscheiden aus dem Arbeitsleben zugesagt und zu leisten sind. Dazu gehören auch die Leistungen der Zusatzversorgungsanstalt des Bundes und der Länder (BGHZ 111, 248, 253). **Vorruhestandsgeld** (zahlt Arbeitgeber, ggf eine Ausgleichskasse) ist wie Arbeitseinkommen pfändbar (§ 7 III VorruhestandsG).

8 **d) Hinterbliebenenbezüge**, die nach dem Tod eines Beamten (Rn 4) oder Dienstpflichtigen bzw Arbeitnehmers (Rn 6) seine Angehörigen, insb die Witwe (auch eine frühere Ehefrau), Kinder, uU auch Verwandte aufsteigender Linie nach den Versorgungsgesetzen (Rn 4) oder nach der arbeitsvertraglichen Versorgungsvereinbarung (Rn 7) als wiederkehrende oder einmalige Leistungen erhalten.

8a **e) Altersversorgung. aa)** Leistungen aus **betriebl Altersversorgung** sind als fortlaufende Einkünfte nach dem Ausscheiden aus dem Dienst- oder Arbeitsverhältnis oder Hinterbliebenenbezüge Arbeitseinkommen. Zur Durchführung der betriebl Altersversorgung können Arbeitnehmer oder Hinterbliebene Leistungen der Alters-, Invaliditäts- oder Hinterbliebenenversorgung erhalten aus Direktzusage unmittelbar vom Arbeitgeber, durch eine Pensionskasse (rechtsfähige Versorgungseinrichtung, auf deren Leistungen Rechtsanspruch besteht: § 1b III BetrAVG), Unterstützungskasse (rechtsfähige Versorgungseinrichtung, die auf ihre Leistungen keinen Rechtsanspruch gewährt: § 1b IV BetrAVG) oder einen Pensionsfonds (rechtsfähige Versorgungseinrichtung, die Altersversorgungsleistungen mit eigenem Anspruch des Arbeitnehmers erbringt: § 1b III BetrAVG). Die Möglichkeit, ein in einem Pensionsvertrag vorgesehenes, künftiges Angebot des Arbeitgebers auf Vertragsänderung (Kapitalabfindung statt monatl Rentenzahlung) anzunehmen, ist als bloße rechtsgeschäftl Handlungsmöglichkeit nicht pfändbar (BGH MDR 2021, 1156). – Durchführung der betriebl Altersversorgung kann außerdem durch **Direktversicherung** erfolgen, somit Abschluss einer Lebensversicherung durch den Arbeitgeber auf das Leben des Arbeitnehmers mit Bezugsberechtigung des Arbeitnehmers oder seiner Angehörigen (§ 1b II BetrAVG). Die durch Direktversicherung begründete Rente ist Arbeitseinkommen nach § 850 III b. Die sich aus § 2 II 4 BetrAVG, § 851 ergebende Unpfändbarkeit sorgt dafür, dass dem Sch das für die Alterssicherung gedachte Vermögen vor Eintritt des Versicherungsfalles nicht entzogen werden kann (BGH MDR 2019, 313 Tz 23). Ansprüche, die erst nach Eintritt des Versicherungsfalls fällig werden, sind davon nicht erfasst (BGH MDR 2019, 313 Tz 21); sie unterliegen den allg Pfändungsschutzvorschriften (BGH DGVZ 2021, 14 Tz 18). Bereits vor Eintritt des Versicherungsfalls als zukünftige Forderung pfändbar ist der Anspruch auf Auszahlung der Versicherungssumme (BGH MDR 2011, 67; BGH NJW-RR 2015, 431 Tz 8; BGH MDR 2020, 861 Tz 18).

8b **bb) Arbeitgeberleistungen** zur betriebl Altersversorgung während der Ansparphase (bis zum Eintritt des Versorgungsfalls) sind nicht Arbeitseinkommen iSd § 850. Das gilt auch, wenn die Leistungen infolge Entgeltumwandlung (BAG NJW 2009, 167) Arbeitgeberleistungen für betriebl Altersversorgung sind; bei Entgeltumwandlung besteht kein dem Sch als Arbeitnehmer in Geld zahlbarer Arbeits- oder Dienstlohn. Vergütung des Sch für Arbeits- oder Dienstleistung ist die betriebl Altersversorgung. Als Bestandteil des Arbeitsvertrags ist eine Vereinbarung über Entgeltumwandlung auch nach Einkommenspfändung möglich (St/Rellermeyer C.58). Sie bewirkt, dass in Zukunft in Höhe der Arbeitgeberleistungen für betriebl Altersversorgung kein Anspruch auf Barlohn mehr entsteht (BAG NJW 2009, 167).

9 **f) Sonstige Vergütungen für Dienstleistungen aller Art**, die die Erwerbstätigkeit des Sch vollständig oder zu *einem wesentl Teil in Anspruch nehmen.* Abgestellt ist damit nicht darauf, ob die Entgelte auf Grund eines freien oder abhängigen Dienstvertrags gewährt werden. Wesentl ist vielmehr, dass es sich um wiederkehrend zahlbare Vergütungen für selbständige oder unselbständige Dienste handelt, die die Existenzgrundlage des

Dienstpflichtigen bilden, weil sie seine Erwerbstätigkeit ganz oder zu einem wesentl Teil in Anspruch nehmen (BGH MDR 2017, 237 Tz 14). Es kommt nicht auf die obj Erwerbsfähigkeit des Sch, sondern auf die tatsächl ausgeübte Tätigkeit an, so dass für die Vergütung für nur eine sonstige Dienstleistung Pfändungsschutz auch besteht, wenn der Sch zeitl weitere Arbeit verrichten könnte. Dazu gehören insb die Ansprüche der Handelsvertreter auf Fixum und Provision (BayObLG NJW 2003, 2181), die Bezüge eines Versicherungsvertreters (KG Rpfleger 62, 219), die Dienstbezüge des Vorstandsmitglieds einer Aktiengesellschaft und des Geschäftsführers einer GmbH sowie **Ruhestandsbezüge** dieser Personen (vgl OLG Braunschweig ZInsO 2019, 2527 = juris Tz 74) und damit ebenso Hinterbliebenenbezüge ihrer Angehörigen. Beim Geschäftsführer einer GmbH kommt es für II nicht darauf an, ob er Mehrheitsgesellschafter ist oder nicht, und II differenziert auch nicht danach, ob die Tätigkeit des Sch auf freiem oder abhängigem Dienstvertrag beruht (BGH MDR 2017, 237 Tz 16, 17). – Die Vergütung eines Kassenarztes (-zahnarztes) gehört dazu, wenn die kassenärztl Tätigkeit ihn zum wesentl Teil in Anspruch nimmt (BGH NJW-RR 2010, 1353 Tz 12), nicht aber der Vergütungsanspruch eines beigeordneten RA gg die Staatskasse (MskV/Flockenhaus Rn 11), weil die Tätigkeit nicht auf Dauer erfolgt. Forderungen auf fortlaufend gezahlten Werklohn aus Werkvertrag können bei persönl Arbeit in einem ständigen Auftragsverhältnis als sonstige Vergütungen geschützt sein (BAG Rpfleger 75, 220), ebenso eine Prämie für eine Anregung des Arbeitnehmers (Ideenprämie: BAG NJW 2009, 167, 171) und nebenberufl Einkünfte aus Lizenzverwertung (BGH MDR 2004, 713; BGH NJW 2009, 167, 171).

3) Renten. Arbeitseinkommen sind nach III auch **a) Wettbewerbsrenten** (Buchst **a**), die einem Arbeitnehmer (auch GmbH-Geschäftsführer: OLG Rostock NJW-RR 95, 173) vom Arbeitgeber vereinbarungsgemäß als Entschädigung für übernommene Beschränkungen seiner Berufstätigkeit nach Beendigung des bish Dienstverhältnisses gewährt werden (für Handlungsgehilfen: §§ 74 ff HGB); gleiches gilt für den Ausgleichsanspruch eines Handelsvertreters (§§ 87, 89b, 90a HGB). Zur Zusammenrechnung mit anderweitigem Arbeitseinkommen: § 850e Nr 2. Wird dem Arbeitnehmer eine Abfindung für übernommene Wettbewerbsbeschränkungen kapitalisiert ausbezahlt, kommt § 850i in Betracht. 10

b) Versorgungsrenten (Buchst **b**) früherer Arbeitnehmer oder unterhaltsberechtigter Angehöriger, **die auf Versicherungsverträgen beruhen** und bestimmungsgemäß Ruhegeld- oder Hinterbliebenenbezüge ersetzen oder ergänzen sollen, nicht aber Versicherungsrenten (für Lebensunterhalt im Alter) früher freiberufl tätig oder überhaupt nicht berufstätig gewesener Personen (BGH MDR 2008, 288; BGH NZI 2010, 777, 779); für diese aber uU § 765a (LG Frankfurt/O Rpfleger 2002, 322) sowie §§ 851c, 851d. Insb gehört dazu die Rente des Arbeitnehmers oder seiner unterhaltsberechtigten Angehörigen aus einer Direktversicherung (Rn 8a); sa § 829 Rn 33.29. Zur Berufsunfähigkeits(zusatz-)rente: § 850b Rn 2. Wenn der in den Ruhestand getretene Arbeitnehmer mit einer Versicherungsrente ein neues Arbeitsverhältnis eingeht, ist die Rente mit neuem Arbeitseinkommen zusammenrechenbar (§ 850e Nr 2). Einmalige Kapitalleistungen sowie der Anspruch auf Vergütung des Rückkaufwertes bei vorzeitiger Kündigung fallen nicht unter Buchst b (OLG Braunschweig ZInsO 2019, 2527 = juris Tz 77). Eine von der Rentenversicherungspflicht befreiende Kapitallebensversicherung ist pfändbar (für diese auch kein Schutz nach § 54 I SGB: BFH NJW 92, 527; MskV/Flockenhaus Rn 13). Pfändbar ist eine Kapitallebensversicherung auch, wenn dem Sch als Versicherungsnehmer das Recht eingeräumt ist, eine Versicherungsrente zu wählen; der Sch kann nach Pfändung das Rentenwahlrecht nicht mehr ausüben, Pfändungsschutz durch Ausübung des Rentenwahlrechts somit nicht mehr erlangen (BFH FamRZ 2007, 2068). Zu Lebensversicherungsansprüchen: § 850b Rn 10. Zu Renten aus der Sozialversicherung und Versorgungsrenten nach dem BVG (seit 1.1.2024 aufgehoben, jetzt SGB XIV): § 850i Rn 5, 10. 11

4) Umfang. Benennung und Berechnungsart des in Geld zahlbaren Arbeitseinkommens sind gleichgültig (IV); Arbeitseinkommen sind daher alle Vergütungen, die dem Sch als Gegenleistung für Arbeits- oder Dienstleistung zustehen, ohne Rücksicht darauf, nach welcher Rechtsgrundlage (Tarifvertrag, Einzelarbeitsvertrag, ges Lohnregelung) Art und Höhe der Vergütung geregelt sind. Unter die §§ 850 ff fallen also (zu vermögensrechtl Ansprüchen der Beamten und Soldaten: Rn 4, 5) das Gehalt der Angestellten und Zeitlohn der Arbeiter (Wochen- und Stundenlohn), Stück- und Akkordlohn, Überstundenvergütung (Mehrarbeits- und Überstundenzuschlag), alle sonstigen Lohnzuschläge und -zulagen, Leistungsprämien, Erfolgsbeteiligung (LG Berlin Rpfleger 59, 132) und Sozialzulagen (dabei auch ein Kindergartenzuschuss [§ 3 Nr 33 EStG]), außerdem Fixum und Provision, Inkassoprämie (BAG DB 78, 942), eine während der Einarbeitung gezahlte Garantiesumme (LG Berlin Rpfleger 62, 217), Diäten, Honorare, Gagen und Auftrittsgelder, Gewinnanteile und Verkaufsprämien, Lehrlingsvergütung, Mietzuschüsse, Teuerungsprämien und Gratifikationen (wegen Sonderregelung für verschiedene dieser Bezüge: § 850a) sowie Abfindungen. 12

Vermögenswirksame Leistungen nach dem 5. VermBG sind Bestandteil des Lohnes oder Gehalts (§ 2 VII VermBG); der Anspruch auf sie gg den Arbeitgeber ist aber nach § 2 VII 2 VermBG nicht übertragbar und daher auch nicht pfändbar (§ 851 I). Das gilt auch für die nach § 11 II VermBG für Vermögensbildung festgelegten Teile des Arbeitseinkommens (StJ/Würdinger Rn 29). Bei der Berechnung des pfändbaren Arbeitseinkommens bleiben sie außer Betracht. Die aus solchen Geldern gebildeten Sparguthaben sind pfändbar. – Der Anspruch auf die **Arbeitnehmersparzulage** ist nicht pfändbar (§ 13 III 2 VermBG; § 851 I) und die Zulage selbst ist kein Arbeitslohn (MskV/Flockenhaus Rn 7). 13

14 Arbeitseinkommen sind die während des **Urlaubs** weitergezahlten Beträge (§ 850a Rn 3). **Insolvenzgeld** (§§ 165 ff SGB III) wird wie Arbeitseinkommen gepfändet (StJ/Würdinger Rn 51); Lohnpfändung erfasst es schon (§ 170 II SGB III).

15 Zum Arbeitseinkommen zählen Bezüge, die der Arbeitgeber als **Ersatz für entgangene** oder vorenthaltene **Arbeitsvergütung** zu bezahlen hat, wie der Lohnersatz bei vorzeitiger Entlassung (§ 628 BGB), die Abfindung aus einem Sozialplan (AG Krefeld MDR 80, 853) oder die Vergütung bei Annahmeverzug (§ 615 BGB). Auch andere Ersatzansprüche sind pfändungsrechtl wie Arbeitseinkommen geschützt, zB Schadensersatzforderungen für Verdienstausfall (BGH NJW 2009, 2324; im Regelfall greift § 850b Nr 1 oder Nr 2, nicht aber eine Kapitalabfindung) sowie Streik- und Aussperrungsvergütung (St/Rellermeyer C.14). Zu nennen sind weiter Übergangsgelder, die beim Ausscheiden aus einem Dienstverhältnis gezahlt werden und den Übergang in andere Lebensverhältnisse erleichtern sollen. Hierher gehört auch der Ausgleichsanspruch des ausgeschiedenen Handelsvertreters nach § 89b HGB (bei Zahlung in einer Summe Schutz nach § 850i). Die Abfindung nach § 9 KSchG (BAG Rpfleger 60, 247) genießt Pfändungsschutz nach § 850i.

16 **5) Kein Arbeitseinkommen.** Sind ua Saison-, Kurzarbeiter- und Wintergeld (§§ 101, 102, 103 SGB III), auch das Kindergeld (Rn 4). Zum Arbeitsentgelt der **Strafgefangenen:** ausf § 829 Rn 33.17. Für die beim Lohnsteuerjahresausgleich zu erstattende Lohnsteuer besteht ein öffentl-rechtl Erstattungsanspruch, für den die Pfändungsbeschränkungen des §§ 850 ff nicht gelten (§ 46 AO, sa § 829 Rn 33.50).

17 **III) Verfahren. 1) Beschluss.** Die Pfändung des Arbeitseinkommens erfolgt durch Beschluss des VollstrGerichts (§ 829; örtl Zuständigkeit: § 828). Zuständig ist der Rpfleger (§ 20 I Nr 17 RPflG). Inhalt des Pfändungsbeschlusses: wie § 829 Rn 7. Mit „Arbeitseinkommen" bezeichnet der Pfändungsbeschluss alle (wiederkehrend oder einmalig) zu zahlenden Vergütungen als gepfändet, die dem Sch aus Arbeits- oder Dienstleistung ohne Rücksicht auf ihre Benennung oder Berechnungsart zustehen (BAG MDR 92, 590), damit auch eine Schadensersatzforderung wegen Pflichtverletzung, durch die Vergütungsansprüche auf Grund einer tariflichen Ausschlussfrist verfallen sind (BGH NJW 2009, 2324). Die Schutzvorschriften der §§ 850 ff sind vAw zu beachten (BGH NJW 98, 1058); der Pfändungsbeschluss muss die nach §§ 850c, 850d, 850f II der Pfändung nicht unterworfenen Einkommensteile bezeichnen (LG Hamburg JurBüro 2008, 667 [auch zur Folge bei Verstoß]). Ergeben sich aus nur allg gefassten Angaben des Beschlusses im Einzelfall Unklarheiten, hat das VollstrGericht eine klarstellende Entscheidung zu treffen (BGH DGVZ 2018, 42). Der **Klarstellungsbeschluss** ist keine Entscheidung über einen Rechtsbehelf. Er ergänzt als Maßnahme der ZwV den Pfändungsbeschluss. Zuständig für Entscheidung über den Antrag auf Klarstellung ist daher der Rpfleger (BGH MDR 2006, 1069; sa § 850c Rn 9).

18 **2) Zugriff.** Die Pfändung erfasst als Arbeitseinkommen alle noch nicht gezahlten (rückständigen), alle gegenwärtigen (in der laufenden Abrechnungsperiode verdienten) und alle nach der Pfändung fällig werdenden (§§ 832, 833) Bezüge, die von dem Arbeitgeber, an den sich als Drittsch das Zahlungsverbot richtet, dem Sch aus dem mit ihm bestehenden Dienstverhältnis geschuldet werden (§ 829 Rn 4). Sie erstreckt sich ohne weiteres auf mehrere Arbeitsvergütungen, die vom selben Drittsch geleistet werden. Ins Leere geht die Pfändung, wenn Rechtsbeziehungen zwischen Sch und Drittsch nicht bestehen, die Grundlage für Anspruch auf Arbeitseinkommen für künftig zu erbringende Arbeitsleistung sein könnten, auch wenn der Sch später (nach Zustellung des Pfändungsbeschlusses: § 829 III) ein Beschäftigungsverhältnis bei diesem Arbeitgeber begründet (sa § 829 Rn 4). Arbeitseinkommen aus einem **künftigen Arbeitsverhältnis** (erforderl Bezeichnung im Pfändungsbeschluss: § 829 Rn 10) kann gepfändet werden, wenn bereits eine rechtl Grundlage für seine Bestimmung vorhanden ist, somit nach Abschluss des Arbeitsvertrags vor Arbeitsaufnahme, oder wenn Anstellung in Aussicht genommen ist (St/Rellermeyer C.101, C.102). Auf Bezüge, die ein **anderer Drittsch** als der zu leisten hat, an den sich das Zahlungsverbot richtet, erstreckt sich eine Einkommenspfändung nicht, somit nicht auf neues Arbeitseinkommen nach Arbeitsplatzwechsel (sa § 832 Rn 3; § 833 Rn 3; macht neue Pfändung notw) oder auf Ruhegelder, die nicht der Arbeitgeber als Drittsch leistet, sondern eine selbständige Pensions- oder Versorgungseinrichtung. – **Nachzahlungs**regelung für Einkommen nach II, III beim **P-Konto:** § 904 II, III.

19 **3) Pfändungswirkungen.** Dazu auch: § 829 Rn 16 ff. Der arbeitsrechtl Anspruch des Sch gg den Arbeitgeber auf **Lohnabrechnung** (Provisionsabrechnung: § 87c HGB) oder auf Auskunft ist Nebenrecht. Er wird von der Pfändung erfasst (sa § 829 Rn 20; zu unterscheiden von der Sch-Pflicht zur Auskunft nach § 836 III 1). Der Anspruch kann daher gg den Drittsch auch vom Gl (mit Klage) geltend gemacht werden (OLG Hamm JurBüro 95, 163; Scherer Rpfleger 95, 446; sa § 836 Rn 9). Einzeln oder hilfsweise ist dieser Anspruch nicht pfändbar (BGH MDR 2018, 56 Tz 13 [zu § 87c HGB iVm § 887 II]); seine Mitpfändung als Nebenrecht kann jedoch auf Antrag im Einkommenspfändungsbeschluss klarstellend mit ausgesprochen werden (BGH MDR 2013, 367). **Kündigung** (Auflösung) des Arbeits- oder Dienstverhältnisses schließt die Pfändung nicht aus, weil sie sich auf das Rechtsverhältnis nicht erstreckt (sa § 829 Rn 18). Der Arbeitgeber kann das Arbeitsverhältnis wegen einer Lohnpfändung, auch wenn sie schuldhaft veranlasst wurde, nicht kündigen. Auch das Vorliegen mehrerer Lohnpfändungen (oder -abtretungen) rechtfertigt für sich allein noch keine ordentl Kündigung (BAG NJW 82, 1062). Wesentl Störungen im Arbeitsablauf (zB in der Lohnbuchhaltung oder in der Rechtsabteilung) oder in der betriebl Organisation infolge zahlreicher Lohnpfändungen (oder -abtretungen) können im Einzelfall (erfordert umfassende Abwägung der Interessen beider Arbeitsvertragsparteien) eine ordentl Kündigung jedoch sozial rechtfertigen (§ 1 II KSchG; St/Rellermeyer C.76).

20 **4) Abtretung.** Das Arbeitseinkommen steht dem Neugl zu (BAG NJW 2009, 167 [für Abtretung an den Treuhänder nach § 287 II 1 InsO]). Da es nicht Sch-Vermögen ist (anders bei Abtretungsverbot [§ 399 BGB], oder wenn die Abtretung nichtig ist [§ 134 BGB]), geht seine Pfändung ins Leere (BAG NJW 93, 2699; BGH NJW 93, 2701). Wenn mit Freistellung des künftigen Arbeitseinkommens von den Rechten des Zessionars die Abtretungswirkungen entfallen, erstreckt sich jedoch das PfändungspfandR auf die weiter fällig werdenden Beträge (§ 832; BAG NJW 93, 2699; OLG Nürnberg JurBüro 2002, 603). Eine Abtretung an Erfüllung statt (§ 364 BGB) begründet für die über den Forderungsbetrag des Zessionars hinausgehenden künftigen Einkommensbeträge für diesen kein Gl-Recht. Entspr gilt für die Abtretung erfüllungshalber (St/Rellermeyer C.549). Das unter aufschiebender oder auflösender Bedingung (§ 158 BGB) oder unter Zeitbestimmung (§ 163 BGB) abgetretene Einkommen steht dem Sch als Arbeitnehmer mit Erledigung des Sicherungszwecks oder nach Zeitablauf wieder zu. Auf diese künftig fällig werdenden Einkommensansprüche erstreckt sich die Pfändung (§ 832), auch wenn der Pfändungsbeschluss ausdrückl Mitpfändung künftigen Einkommens nicht ausspricht. Bei der vom Rechtsgrund losgelösten (unbedingten) Abtretung erlangt der Zessionar Anspruch auf das künftige Arbeitseinkommen nicht schon mit Abschluss des Abtretungsvertrags, sondern erst, wenn mit Arbeitsleistung und Fälligkeit der Anspruch für den späteren Abrechnungszeitraum zur Entstehung gelangt (BGH MDR 2010, 289; St/Rellermeyer C.547). Wenn davor der Zessionar die Vorausabtretung in Erfüllung des Freistellungsanspruchs aus der zugrunde liegenden Sicherungsabrede freigibt (aufhebt oder darauf verzichtet), entsteht mit Arbeitsleistung und Fälligkeit der Einkommensanspruch sogleich als Forderung des Arbeitnehmers (Sch). Auf solche künftig fällig werdende Einkommensbeträge erstreckt sich daher eine zwischenzeitl Pfändung (§ 832). Den Freigabeanspruch kann auch der Pfändungsgl geltend machen (dient der Pfandsicherung); auch seine hilfsw Pfändung zur Geltendmachung durch den Gl ist als zulässig anzusehen (St/Rellermeyer C.559). In all diesen Fällen besteht somit kein übertragbarer und damit kein pfändbarer schuldrechtl Anspruch auf Rückübertragung (Rückzession) der Forderung auf Zahlung des künftigen Arbeitseinkommens und auch kein pfändbares „dingliches Anwartschaftsrecht" (St/Rellermeyer Rn C.547, C.555). Pfändung solcher Sch-Rechte ist daher ausgeschlossen; ergeht Pfändungsbeschluss dennoch, hat er keine Wirkung. Nicht richtig ist daher die Ansicht, der Gl, der den „Rückübertragungsanspruch" oder das „Anwartschaftsrecht" auf künftiges Arbeitseinkommen gepfändet habe (für Pfändbarkeit: LG Arnsberg JurBüro 2013, 603), könne andere Gl, die vor ihm das künftige (§ 832) Einkommen gepfändet haben, überrunden („Überholungseffekt"; zB LG Münster Rpfleger 91, 379; LG Verden Rpfleger 86, 394; Behr Rpfleger 90, 243). Nach **stiller Zession** bleibt der Arbeitnehmer (infolge Einziehungsermächtigung) befugt, Zahlung des fortlaufend fällig werdenden Arbeitseinkommens an sich zu verlangen (§ 407 BGB). Der nach der Zession wirtschaftl Berechtigte kann daher vom später (BAG MDR 80, 522) pfändenden Gl unberechtigt (MskV/Flockenhaus Rn 16) eingezogene Beträge (abzgl ZwV-Kosten) aus ungerechtfertigter Bereicherung herausverlangen (BGH NJW 76, 1090; LG Köln JurBüro 80, 1098); zur möglichen **Verwirkung** der Rechte aus der Abtretung: BAG MDR 80, 522; MskV/Flockenhaus Rn 16 aE. Einkommens**abtretung** erst **nach Pfändung** ist dem pfändenden Gl ggü unwirksam (§ 829 I 2).

21 **5) AnfG.** Dadurch, dass der Abtretungsgl im Anfechtungsprozess rechtskräftig zur Duldung der ZwV verurteilt wird, wird die Pfändung nachträgl nicht wirksam (BAG NJW 93, 2699). Es bedarf einer neuen Pfändung des dem Anfechtungsgegner zustehenden abgetretenen Teils des Sch-Einkommens auf Grund des im Anfechtungsprozess ergangenen Urteils (sa § 829 Rn 4).

22 **6) Pfandverwertung.** § 835. Zur Wirkungen der Überweisung zur Einziehung: § 836 Rn 3-6 (andere Verwertung praktisch kaum denkbar). Verwaltungsgerichte sind zuständig für Klage auf Zahlung gepfändeter Bezüge eines Beamten, Ruhestandsbeamten, früheren Beamten oder Hinterbliebenen (§ 126 I BRRG). – Zuständigkeit der Gerichte für **Arbeitssachen** für Einziehungsrechtstreitigkeiten besteht in den Fällen der §§ 2, 3 ArbGG. Kein **KE:** § 12a ArbGG. Die durch Einziehung erwachsenen Kosten des Arbeitsgerichtsverf sind Kosten der ZwV, für die der Sch dem Gl ggü bei Notwendigkeit nach § 788 haftet. Für deren Festsetzung als ZwV-Kosten gilt § 788 (sa § 836 Rn 4). Kosten des Arbeitgebers für Bearbeitung von Lohn-/Gehaltspfändungen fallen diesem selbst zur Last. Ein Erstattungsanspruch gg den Arbeitnehmer kann auch nicht durch freiw Betriebsvereinbarung begründet werden (BAG NJW 2007, 1302).

23 **7) Vorpfändung.** Sie ist möglich (sa § 845 Rn 1).

24 **IV) Rechtsbehelf.** Wie § 829 Rn 28-32.

25 **V) Insolvenzverfahren.** Arbeitseinkommen gehört (auch als Neuerwerb) zur Insolvenzmasse (§§ 35, 36 I InsO). Pfändung ist daher ausgeschlossen, und zwar auch für Gl, die keine Insolvenzgl sind (§ 89 InsO; sa vor § 704 Rn 38); damit auch für ausgeschlossene Unterhaltsgl (§ 40 I InsO: BGH MDR 2008, 108). Eine Pfändung, die vor Eröffnung des InsoVerf erfolgt (§ 832), begründet für das künftige, nach Eröffnung des InsoVerf entstehende Arbeitseinkommen keine Wirksamkeit (§ 91 I InsO). Erfolgen kann jedoch die ZwV wegen eines Unterhaltsanspruchs (§ 850d) und einer Forderung aus einer vorsätzl unerlaubten Handlung (§ 850f II) in den Teil der künftigen Bezüge, der für andere Gl nicht, damit nur für den privilegierten Gl über die Pfändungsgrenzen des § 850c hinaus, pfändbar ist (§ 89 II 2 InsO) und deshalb nicht zur Insolvenzmasse gehört. Die Pfändung eines privilegierten Gl vor Eröffnung des InsoVerf kann folglich auch Unwirksamkeit nach § 91 I InsO nicht begründen, soweit sie sich auf den Teil der künftigen Bezüge erstreckt, der für andere Gl nicht pfändbar ist. Un-

terhaltsansprüche, die vor Eröffnung des InsoVerf entstanden sind, sind Insolvenzforderungen (§ 38 InsO: BGH NJW 2005, 1279, 1282; BAG MDR 2010, 292). Sie können somit nur im InsoVerf geltend gemacht, nicht aber privilegiert vollstr werden (BGH FamRZ 2008, 684). Desgl ist nur Neugl von Deliktsansprüchen die ZwV in die erweitert pfändbaren Bezüge des Sch gestattet, nicht aber Deliktsgl, die am InsoVerf teilnehmen (BGH NJW-RR 2008, 294). VollstrVerbot für Insolvenzgl (auch wenn sie am InsoVerf nicht teilgenommen haben: BGH MDR 2007, 362) in dem Zeitraum zwischen Beendigung des InsoVerf und dem Ende der Abtretungsfrist: § 294 I InsO. Das Verbot gilt auch für Insolvenzgl aus einer vor Eröffnung des InsoVerf begangenen unerlaubten Handlung (BGH MDR 2012, 1255). Der Pfändungsschutz für Ruhestandsbezüge eines GmbH-Geschäftsführers (sa Rn 9) entfällt nicht durch insolvenzbedingte Kapitalisierung (§§ 45, 46 InsO; OLG Oldenburg ZIP 2018, 1311). Zur Rückschlagsperre bei Vollstr vor Eröffnung des InsVerf: § 88 InsO u vor § 704 Rn 37; zur Restschuldbefreiung: § 767 Rn 12.31.

26 **VI) Gebühren.** S § 829 Rn 44; § 835 Rn 19.

§ 850a Unpfändbare Bezüge

Unpfändbar sind

1. **zur Hälfte die für die Leistung von Mehrarbeitsstunden gezahlten Teile des Arbeitseinkommens;**
2. **die für die Dauer eines Urlaubs über das Arbeitseinkommen hinaus gewährten Bezüge, Zuwendungen aus Anlass eines besonderen Betriebsereignisses und Treugelder, soweit sie den Rahmen des Üblichen nicht übersteigen;**
3. **Aufwandsentschädigungen, Auslösungsgelder und sonstige soziale Zulagen für auswärtige Beschäftigungen, das Entgelt für selbstgestelltes Arbeitsmaterial, Gefahrenzulagen sowie Schmutz- und Erschwerniszulagen, soweit diese Bezüge den Rahmen des Üblichen nicht übersteigen;**
4. **Weihnachtsvergütungen bis zu der Hälfte des Betrages, dessen Höhe sich nach Aufrundung des monatlichen Freibetrages nach § 850c Absatz 1 in Verbindung mit Absatz 4 auf den nächsten vollen 10-Euro-Betrag ergibt;**
5. **Geburtsbeihilfen sowie Beihilfen aus Anlass der Eingehung einer Ehe oder Begründung einer Lebenspartnerschaft, sofern die Vollstreckung wegen anderer als der aus Anlass der Geburt, der Eingehung einer Ehe oder der Begründung einer Lebenspartnerschaft entstandenen Ansprüche betrieben wird;**
6. **Erziehungsgelder, Studienbeihilfen und ähnliche Bezüge;**
7. **Sterbe- und Gnadenbezüge aus Arbeits- oder Dienstverhältnissen;**
8. **Blindenzulagen.**

1 **I) Allgemeines.** Die zweckgebundenen Einkommen oder Einkommensteile, die § 850a aufzählt, sind der Pfändung entzogen. Sie können selbständig nicht gepfändet werden. Bei der Berechnung gepfändeten Arbeitseinkommens bleiben sie als unpfändbar außer Betracht (§ 850e Nr 1). Bei Vollstr eines Unterhaltsanspruchs sind die in Nrn 1, 2, 4 genannten Bezüge nur teilw unpfändbar (§ 850d I); die übrigen Bezüge des § 850a sind auch der Pfändung durch Unterhaltsgl entzogen. Die Aufzählung in § 850a ist nicht erschöpfend. In Sondergesetzen sind noch andere Bezüge für unpfändbar erklärt (sa § 829 Rn 33; § 851 Rn 2). Jedoch darf § 850a nicht ausdehnend ausgelegt werden.

2 **II) Einzelfälle. 1) Nr 1. Mehrarbeitsstunden** sind Arbeitsstunden, die ein Arbeitnehmer über den sich aus Tarifvertrag, Betriebs- oder Dienstordnung ergebenden gewöhnl Arbeitsplan hinaus leistet, sei es im Anschluss an die gewöhnl Arbeitszeit, sei es in freier Zeit, zB an Sonn- u Feiertagen oder zur Nachtzeit (Überstunden). Ist Sonntags- oder Nachtarbeit als normale Arbeitszeit vorgesehen, fällt der hierfür gezahlte Arbeitsverdienst (dann mit den Zuschlägen für die Sonntags- oder Nachtarbeit) nicht unter Nr 1. Unpfändbar sind nicht nur die für die Leistung von Mehrarbeitsstunden gezahlten Zuschläge, sondern zur Hälfte die auf die Zeit der Mehrarbeit treffenden Teile des gesamten Arbeitseinkommens. Zur Folge für die Berechnung des pfändbaren Einkommens nach § 850e I Nr 1: § 850e Rn 1a, 1b. Wenn für Mehrarbeit keine bes Vergütung bezahlt wird, besteht kein weitergehender Pfändungsschutz; ein der Mehrarbeit entspr Anteil der Gesamtvergütung ist dann nicht pfandfrei. Nr 1 ist auch anzuwenden, wenn Mehreinnahmen durch Tätigkeit für einen dritten Arbeitgeber erzielt werden, die Überschreitung der üblichen Arbeitszeit also auf Beschäftigung bei mehreren Arbeitgebern beruht (AG Ludwigshafen ZVI 2019, 208). – Entsprechend anwendbar, wenn neben einer Altersrente Einnahmen aus selbständiger Tätigkeit erzielt werden (BGH MDR 2017, 656 Tz 16).

3 ***2) Nr 2. a) Urlaubsgeld** ist* Sonderzuwendung mit Gratifikationscharakter, die der Arbeitnehmer über sein sonstiges Einkommen hinaus vom Arbeitgeber als Zuschuss zur Ermöglichung der Erholung erhält. Die Zahlung muss anlässlich einer konkreten Urlaubsnahme erfolgen (LAG Sachsen-Anhalt 17.1.2019 – 2 Sa 354/16,

juris). Zur Folge für die Berechnung des pfändbaren Einkommens: § 850e Rn 1a, 1b. Ausnahmsweise ist Pfändung zugunsten einer Forderung möglich, die durch bes Urlaubsaufwendungen im Urlaubszeitraum entstanden ist (Pfeifer NZA 96, 738); nicht möglich ist damit Pfändung für die anlässlich eines früheren Urlaubs entstandene Forderung eines Reisebüros (Pfeifer NZA 96, 738). Die während des Urlaubs weitergezahlte (gewöhnl oder gekürzte) Arbeitsvergütung (Urlaubs**entgelt:** § 11 BUrlG), bei Beamten die Dienstbezüge, sind Arbeits- bzw Diensteinkommen (werden somit nicht für die Dauer des Urlaubs darüber hinaus gewährt) und bleiben als solches der Pfändung nach § 850 unterworfen (BAG MDR 2001, 35). Der Urlaubs**abgeltungsanspruch** (§ 7 IV BUrlG) ist Ersatz für die wegen Beendigung des Arbeitsverhältnisses nicht mehr mögliche Befreiung von der Arbeitspflicht (BAG MDR 2002, 280); das Abgeltungsentgelt ist daher (ebenso wie das Urlaubsentgelt) pfändbar (BAG MDR 2002, 280). Für Berechnung des nach §§ 850c, 850d oder 850f II zugriffsfreien Einkommen ist der Abgeltungsbetrag dem Monat zuzuschlagen, für den die Arbeitsbefreiung bei weiter bestehendem Arbeitsverhältnis festzusetzen gewesen wäre (BAG MDR 2002, 280). Der Urlaubsentschädigungsanspruch für verfallenen Urlaub gg die Urlaubs- und Lohnausgleichskasse der Bauwirtschaft ist ebenso wie der Urlaubsabgeltungsanspruch pfändbar (LG Düsseldorf JurBüro 2003, 328).

b) Zuwendungen aus Anlass eines besonderen Betriebsereignisses, damit aus einem bestimmten Anlass wie einem Betriebsjubiläum oder einem ganz ungewöhnl Erfolg des Betriebs (BAG NJW 2009, 167), nicht aber regelmäßige Erfolgsbeteiligungen (LG Berlin Rpfleger 73, 148), diese auch nicht, wenn sie an eine bestimmte Dauer der Betriebszugehörigkeit geknüpft sind, und nicht Barzuwendungen zum Maifeiertag (vgl BFH DB 73, 40). 4

c) **Treugelder** sind Zuwendungen aus Anlass langjähriger Zugehörigkeit zu einem bestimmten Betrieb (BAG NJW 2009, 167), zB bei einem Arbeitsjubiläum, nicht aber die mit einer Stichtags- oder Rückzahlungsklausel verknüpfte Weihnachtsvergütung und nicht eine Sonderzahlung für zusätzl Vergütung geleisteter Arbeit, die auch Honorierung vergangener und/oder zukünftiger Betriebstreue bezweckt. Sparguthaben, die aus Treuegeldern bestehen, sind pfändbar (LG Essen Rpfleger 73, 148). 5

d) Die in **Nr 2** genannten Beträge (Rn 3-5) dürfen den **Rahmen des Üblichen nicht übersteigen**. Die Üblichkeit bemisst sich nach den Verhältnissen in gleichartigen Betrieben (nach der Höhe der Leistungen, die gleichartige Unternehmen zahlen). Das gilt auch dann, wenn das Urlaubsgeld eine erhebl Höhe erreicht (BGH NJW-RR 2012, 825). Für Urlaubsgeld kann nicht schon die nur für Weihnachtsgeld (Nr 4) bestimmte Betragsgrenze gelten (BGH NJW-RR 2012, 825 Tz 12). Ist die erhöhte Zuwendung gewählt, um zugunsten des Sch einen Lohnanteil dem Zugriff seiner Gl zu entziehen, überschreitet die Zuwendung das Übliche, ist sie überhaupt nicht üblich oder als Entgelt für zusätzl geleistete Dienste anzusehen, ist sie insoweit Teil des der Pfändung unterliegenden Arbeitseinkommens nach § 850 und wird von dessen Pfändung mit erfasst. 6

3) Nr 3. a) Aufwandsentschädigungen sind kein Entgelt, sondern Ersatz für tatsächl entstandene Auslagen (BGH MDR 2017, 665 Tz 10). Darunter fallen Reisekostenvergütung und -spesen, Tage- und Übernachtungsgeld, Trennungsentschädigung, Umzugskostenvergütung, Entschädigung für die Haltung eines Kfz, Telefon- und Bürokosten, Repräsentationskosten, Mankogelder der Kassenbeamten, nicht jedoch die Entschädigung für Zeitversäumnis oder Verdienstausfall (BGH MDR 2017, 665 Tz 13). Als unpfändbar nach Nr 3 können Aufwandsentschädigungen (Zulagen usw) nur dann gelten, wenn sie als solche getrennt vom Verdienst (Fixum, Provision) berechnet (auch durch Pauschbeträge abgegolten), mithin der Höhe nach selbständig ausgewiesen sind (sa BGH MDR 2024, 865 Tz 15 [Inflationsausgleichsprämie ist keine Aufwandsentschädigung]). Teile des Gesamtarbeitseinkommens, die bes berufsbedingten Bedürfnissen des Sch dienen sollen, sind nach § 850f I pfandfrei zu stellen. Die von einer kassenärztlichen (-zahnärztlichen) Vereinigung zu zahlende Gesamtvergütung für Versorgung der Versicherten ist einer Aufspaltung in Entgelt und Aufwandsentschädigung nicht zugänglich; Nr 3 erfasst solche Ansprüche nicht, analoge Anwendung ist ausgeschlossen; es greift § 850f I ein (BGH JZ 85, 498; v. Glasow Rpfleger 87, 289). Die Aufwandsentschädigungen müssen sich im Rahmen des Üblichen halten (BGH MDR 2018, 553 Tz 9). Üblich sind die durch Tarifvertrag (auch Dienst- oder Betriebsordnung), im öffentl Dienst die durch ges Regelung, sonst die in anderen Unternehmen eingeführten Sätze. Vergütungen, die Lohnsteuerrichtlinien als steuerfrei anerkennen, können auch iSd Nr 3 als üblich angesehen werden (BGHZ 96, 324, 329). Die Entschädigung darf nicht (auch nicht teilw) versteckte Lohnzahlung sein oder enthalten. Wohnungsgeld, Leistungs- und Schwerarbeiterzulagen sind dem allg Arbeitseinkommen hinzuzurechnen und gehören nicht hierher. Ebenso nicht der Anspruch eines Betriebsrats (§ 40 I BetrVG) gegen den Arbeitgeber (BGH MDR 2018, 553 Tz 12; sa § 851 Rn 3). Unter Nr 3 fallen Aufwandsentschädigungen für eine selbständige ehrenamtliche Tätigkeit, zB als Schöffe oder sonst nichtrichterl Beisitzer, ehrenamtl Bürgermeister, Mitglied einer kommunalen Vertretungskörperschaft (BezG Frankfurt/O Rpfleger 93, 457; anders Kohls NVwZ 84, 294 [wegen treuhandartiger Zweckgebundenheit außerhalb der Zweckbestimmung unpfändbar]) oder als Mitglied anderer Ausschüsse mit öffentl-rechtl Aufgaben (LG Leipzig NJW 2004, 375 [nicht Sitzungsgeld u Aufwandserstattung des Vorstandsmitglieds eines Anwaltsvereins]). Auch bei sonstigen Amtsträgern oder Angestellten in herausgehobener Stellung, die Repräsentationspflichten haben, kann Nr 3 einschlägig sein. Als „Aufwandsentschädigung" gewährtes Entgelt für ehrenamtl Erwerbstätigkeit, mit dem im Wesentlichen aber tatsächl der Lebensunterhalt bestritten wird, ist § 850 II unterfallende Vergütung für Dienstleistung (bei Teilzeittätigkeit daher Zusammenrechnung nach § 850e Nr 2) somit nicht unpfändbar (BGH MDR 2017, 665 Tz 11). Für Be- 7 stimmung des Rahmens des Üblichen sind mehrere Aufwandsentschädigungen aus ehrenamtlicher Tätigkeit zusammenzurechnen (BezG Frankfurt/O Rpfleger 93, 457 [für Stadtverordneten und Kreistagsmitglied]).

8 b) **Auslösungsgelder** und **sonstige soziale Zulagen für auswärtige Beschäftigung**. Auslösungsgelder (BAG DB 75, 311), zB als Tage- und Übernachtungsgelder zur Entschädigung der Arbeitnehmer, die an einem vom Betriebssitz verschiedenen Ort beschäftigt werden. Die Entschädigung umfasst die Vergütung für den Mehraufwand durch Benutzung zB von Transportmitteln sowie die mit solchen Fahrten verbundenen Unannehmlichkeiten, eine Entschädigung für weite Wege zur Arbeitsstätte, Ausgleichsgelder für die Trennung von der Familie (Mehrausgaben für Beköstigung usw). Wird die Auslösung in der Weise gezahlt, dass der Arbeitnehmer eine höhere Arbeitsvergütung erhält als Arbeitnehmer am Betriebssitz, so hat das Vollstreckungsgericht nach § 850f I darüber zu entscheiden, welcher Teilbetrag als Auslösung anzusehen ist.

9 c) Wird für **selbstgestelltes Arbeitsgerät** (Werkzeug, Kfz usw) keine bes Vergütung, sondern ein höherer Stundenlohn bezahlt, gilt das Vorstehende entspr.

10 d) **Gefahrenzulagen, Schmutz**- und **Erschwerniszulagen.** Das sind Zahlungen des Arbeitgebers zusätzl zum Arbeitslohn zur Abgeltung der bei Bemessung des Arbeitsentgelts nicht berücksichtigten Erschwernisse der Arbeit, die unter ungünstigen Bedingungen verrichtet werden muss oder die für den Arbeitnehmer (wie die Gefahrenzulage) eine bes Gefährdung (auch eine Unfallgefahr) mit sich bringt. In Betracht kommen Zuschläge für Arbeiten, die der Einwirkung von Hitze, Wasser, Staub, Säuren bes ausgesetzt sind, für Schacht- und Tunnelarbeiten, für Arbeiten unter Druckluft und unter Wasser. Für Beamte: VO über die Gewährung von Erschwerniszulagen (EZulV). Bei Arbeitern/Angestellten pflegen die Zulagen durch Tarif oder Betriebsvereinbarung festgesetzt zu sein oder betriebsübl bezahlt zu werden; idR werden sie in der Lohnabrechnung gesondert ausgewiesen. Zulagen für Dienst/Arbeit zu ungünstigen Zeiten gelten dienst-/arbeitsrechtl als Erschwerniszulagen, können somit von der Unpfändbarkeit nach Nr 3 nicht ausgenommen werden (BGH NJW 2016, 2812 [Nachtarbeit]; BGH MDR 2018, 1463 [Sonntags- und Feiertagsarbeit]; BAG NJW 2017, 3675 [Sonntags-, Feiertags- und Nachtarbeit]). Zuschläge für Samstagsarbeit (BGH MDR 2018, 1463; ebenso für Schicht-, Samstags- und Vorfestarbeit: BAG NJW 2017, 3675) fallen nicht unter Nr 3. **Corona-Sonderzahlungen** *im pflegerischen Bereich* fallen wegen der vergleichbaren Erschwernis unter Nr 3 (Ahrens NJW-Spezial 2020, 341; aA Meller-Hannich MDR 2020, 1025 Tz 25; sa Saager ZVI 2020, 288 [Frage des Einzelfalls]). Gleiches gilt für Corona-Sonderzahlungen *außerhalb des Pflegebereichs*, die spezifische, durch die Pandemie verursachte, Erschwernisse abgelten und im Rahmen des Üblichen liegen (vgl BAG MDR 2023, 110; zur abstrakt-generellen Regelung einer Corona-Sonderzahlung hingegen: BGH MDR 2023, 1273 Tz 9 ff [§ 63a NBesG]). – Sind bes Arbeitserschwernisse durch **höhere tarifl Einstufung** berücksichtigt, ohne dass ziffernmäßig bezeichnete gesonderte Zulagen ausgeworfen sind, die als unpfändbar auszusondern wären, greift Nr 3 nicht ein; ebenso nicht, wenn eine **Entgeltzulage** nicht erkennen lässt, für welche konkrete Erschwernis sie gedacht ist (LAG Düsseldorf 11.11.2016 – 10 Sa 324/16, juris [zur Flugzulage nach § 5 VTV]). Abhilfe ggf über § 850f I. Die Zulagen sind nur soweit unpfändbar, als sie den Rahmen des Üblichen nicht übersteigen. Zur Ermittlung kann § 3b EStG herangezogen werden (BGH NJW 2016, 2812). Die **Inflationsausgleichsprämie** ist **keine Erschwerniszulage** (BGH MDR 2024, 865 Tz 14).

11 **4) Nr 4. Weihnachtsvergütungen** genießen wegen ihrer Zweckbestimmung aus sozialen Gründen einen bes Pfändungsschutz. Die Zahlung muss aus Anlass des Weihnachtsfestes erfolgen (BAG NZA 2016, 840), aber nicht ausdrückl als Weihnachtsvergütung bezeichnet werden. Auch deren unpfändbarer Betrag ist für Bemessung des unpfändbaren Einkommens nach § 850e I Nr 1 nicht mitzurechnen (zur Berechnung: § 850e Rn 1a, 1b). Die Höhe der unpfändbaren Weihnachtsvergütung ist verknüpft mit der Pfändungsfreigrenzenbekanntmachung (§ 850c I, IV), womit sie an die Entwicklung des Grundfreibetrages (§ 32a I 2 Nr 1 EStG) angepasst ist. Weihnachtsvergütungen, die darüber liegen, sind dem übrigen Arbeitseinkommen des Sch im Auszahlungsmonat (ggf auch dem November- oder Januareinkommen: BAG MDR 87, 611) hinzuzurechnen und unterstehen auf diese Weise dem allg Pfändungsschutz des § 850c (Beteiligung des Sch am Mehrbetrag). Ein pfändbarer Anspruch auf Weihnachtsvergütung für das nächste Weihnachten kann auch erworben sein, wenn der Arbeitgeber sie nur als freiw Leistung zugesagt hatte und diese Zusage stillschweigend angenommen wurde (BAG NJW 1964, 1690). Durch Vereinbarung zwischen Arbeitgeber und Arbeitnehmer können solche Ansprüche nicht der Pfändung entzogen werden (BAG Rpfleger 62, 168). – **Jahressonderzahlungen** sind häufig keine Weihnachtsvergütung, sondern haben Vergütungscharakter (BAG NZA 2016, 840 [zu TVöD/VKA]; VG Düsseldorf 20.12. 2016 – 23 K 449/16, juris [zu SZG NRW]; LAG Sachsen-Anhalt 17.1.2019 – 2 Sa 354/16, juris [zu § 17 TV-N LSA]), weil die Zahlungshöhe dort vom Umfang der Arbeitsleistung im Kalenderjahr abhängt (anders BVerwG 17.5.2018 – 2 C 49.17.0, juris [zu Berliner SZG, weil hiernach auch aus Anlass des Festes und zur Deckung des damit verbundenen Sonderbedarfs gezahlt wird]).

12 **5) Nr 5. Geburtsbeihilfen** des Arbeitgebers und dessen Beihilfen aus Anlass der Eheschließung/Eingehung der Lebenspartnerschaft sind unpfändbar, wenn die Gl-Forderung in keinem Zusammenhang zu der Heirat/Eingehung der Lebenspartnerschaft oder Geburt steht. Hatte der Sch auf Grund dieser bes Anlässe Aufwendungen, deretwegen der Gl nun gg ihn mit ZwV vorgeht, ist die dem Sch gewährte Zuwendung dem Arbeitseinkommen des Monats, in dem die Zuwendung gewährt wurde, hinzuzurechnen. – Entspr Anwendung der Nr 5 im öffentl Dienst (§ 851 Rn 3); im Bereich der Sozialversicherung gilt dagegen § 54 SGB I.

6) Nr 6. Erziehungsgelder, Studienbeihilfen und **ähnl Bezüge**, gleichgültig, ob sie von der öffentl Hand, von Stiftungen oder Privaten gewährt werden und welcher Person sie zufließen (St/Rellermeyer C.170). Der bare Kindergartenzuschuss (sa § 850 Rn 12) fällt nicht unter die Bestimmung; er gehört zum pfändbaren Arbeitseinkommen. **Pflegegeld** (§ 39 SGB VIII) ist unpfändbar (LG Essen VuR 2017, 155). Unter Nr 6 fällt ein vom Träger der Jugendhilfe als Teil des Pflegegeldes neben diesem an die Pflegeeltern für ein in deren Haushalt aufgenommenes Kind ausgezahlter „Anerkennungsbetrag" (Erziehungsbeitrag als Aufwandsentschädigung: BGH MDR 2006, 355). Ausbildungsbeihilfen nach § 44 StVollzG sind unpfändbar (LG Kleve ZInsO 2013, 836; MskV/Flockenhaus Rn 8). Ansprüche nach dem BEEG (Elterngeld; aber § 54 III Nr 1 SGB I zur Pfändbarkeit) und nach § 17 I 1 BBiG fallen nicht unter Nr 6 (StJ/Würdinger Rn 31). – Nr 6 ist in § 850d nicht genannt; die unter diese Bestimmung fallenden Bezüge sind daher auch für Unterhaltsgl nicht pfändbar. 13

7) Nr 7. Sterbe- und Gnadenbezüge. Hierher gehören nach dem Wortlaut nur Bezüge aus Arbeits- und Dienstverhältnissen, die der Arbeitgeber (Dienstherr) gewährt. Bezüge aus Sterbekassen und Kleinlebensversicherungen fallen unter § 850b I Nr 4. Sterbegeld der Beamten und Richter ist unpfändbar (§ 51 III BeamtVG), auch das der Soldaten (§ 48 II SVG), während der Sterbemonatsbezug wie sonstige Dienstbezüge gepfändet werden kann. Für vergleichbare Bezüge privater Arbeitnehmer (zB Sterbegelder und Unterstützungen, die nach längerer Betriebszugehörigkeit gewährt werden), ist in Nr 7 eine vergleichbare Regelung getroffen. Die Gelder können auch von Unterhaltsgl nicht gepfändet werden (Nr 7 in § 850d I nicht aufgeführt). 14

8) Nr 8. Blindenzulagen. Für die Blindenzulagen galt bis zum 31.12.2023 nach § 35 BVG der Pfändungsschutz gem § 54 SGB I, seit dem 1.1.2024 ist das BVG aufgehoben worden und es gilt das SGB XIV (insb §§ 74 ff SGB XIV; Pfändungsschutz: § 9 SGB XIV; Übergangsvorschriften: §§ 137 ff SGB XIV). Die Blindenbeihilfen nach § 72 SGB XII sind nach dessen § 17 I 2 unpfändbar. Unter Nr 8 fallen die zusätzl Blindenhilfen nach LandesR, soweit die Landesgesetze nicht auf § 54 SGB I Bezug nehmen oder selbst Unpfändbarkeit bestimmen. Auch Unterhaltsgl können die unter Nr 8 fallenden Bezüge nicht pfänden (Nr 8 in § 850d nicht aufgeführt). 15

§ 850b Bedingt pfändbare Bezüge

(1) Unpfändbar sind ferner

1. **Renten, die wegen einer Verletzung des Körpers oder der Gesundheit zu entrichten sind;**
2. **Unterhaltsrenten, die auf gesetzlicher Vorschrift beruhen, sowie die wegen Entziehung einer solchen Forderung zu entrichtenden Renten;**
3. **fortlaufende Einkünfte, die ein Schuldner aus Stiftungen oder sonst auf Grund der Fürsorge und Freigebigkeit eines Dritten oder auf Grund eines Altenteils oder Auszugsvertrags bezieht;**
4. **Bezüge aus Witwen-, Waisen-, Hilfs- und Krankenkassen, die ausschließlich oder zu einem wesentlichen Teil zu Unterstützungszwecken gewährt werden, ferner Ansprüche aus Lebensversicherungen, die nur auf den Todesfall des Versicherungsnehmers abgeschlossen sind, wenn die Versicherungssumme 5 400 Euro nicht übersteigt.**

(2) Diese Bezüge können nach den für Arbeitseinkommen geltenden Vorschriften gepfändet werden, wenn die Vollstreckung in das sonstige bewegliche Vermögen des Schuldners zu einer vollständigen Befriedigung des Gläubigers nicht geführt hat oder voraussichtlich nicht führen wird und wenn nach den Umständen des Falles, insbesondere nach der Art des beizutreibenden Anspruchs und der Höhe der Bezüge, die Pfändung der Billigkeit entspricht.

(3) Das Vollstreckungsgericht soll vor seiner Entscheidung die Beteiligten hören.

I) Funktion. Regelung von Besonderheiten für ZwV in Renten (nicht in reine Altersrenten: OLG München 18.7.2016 – 25 U 2009/16, juris) und rentenähnl Bezüge, auch von Selbständigen und anderen Personen (BGH MDR 2010, 1081), die dem Lebensunterhalt des Sch dienen. Der Pfändungsschutz nach I hat die Existenz des Sch zu sichern. Die unter bes Voraussetzungen mögliche Pfändbarkeit der Renten dient demgegenüber berechtigten Interessen des Gl. 1

II) Bedingt pfändbare Bezüge. 1) Renten infolge Verletzung des Körpers oder der Gesundheit (§ 850b I Nr 1). Es sind wiederkehrende Geldleistungen, die bei Invalidität gezahlt werden. Dazu gehören insb Haftpflichtrenten auf Grund ges Vorschrift; nähere vertragl Regelung schadet nicht (BGH NJW 60, 572). Unter I Nr 1 fallen die Geldrenten nach § 843 BGB wegen Aufhebung oder Minderung der Erwerbsfähigkeit, ferner Geldrenten nach § 8 HaftPflG, § 13 StVG, § 38 LuftVG, § 30 AtomG, auch nach § 618 III BGB oder § 62 HGB wegen Verletzung der Fürsorgepflicht des Arbeitgebers. Ebenso sind Unfall- und Invaliditätsrenten unpfändbar, die auf vertragl Grundlage gewährt werden (BGHZ 70, 206), damit auch eine Berufsunfähigkeits(zusatz-)rente (BGH NJW 2018, 2732 Tz 20). Geschützt sind auch rückständige und daher in einer Summe zu zahlende Rentenbeträge (vgl BGH NJW-RR 2010, 474). Keine Anwendung findet I Nr 1 auf Kapitalabfindungen, die anstelle von Schadenser- 2 satzrenten vereinbart werden; sie sind unbeschränkt pfändbar. Keine Anwendung findet I Nr 1 auch auf Ansprüche auf Erstattung von Auslagen, die dem Verletzten durch die nur zeitweise Steigerung seiner Bedürfnisse infolge der Verletzung entstanden sind; auch nicht auf die im Strafverf zuerkannte Geldbuße, die als einmalige Zahlung anstelle einer nach bürgerl Recht geschuldeten Geldrente verlangt wurde; sie ist nach Zuerkennung unbeschränkt pfändbar. Unter I Nr 1 fallen auch nicht Rentenansprüche, die aus Freigiebigkeit oder durch letztwillige Verfügung eingeräumt wurden, ohne dass eine entspr ges Verpflichtung bestand (vgl aber I Nr 3). Sozialversicherungsrenten etc und hierauf Bezug nehmende Gesetze gehören nicht hierher (dazu § 850i Rn 6 ff).

3 **2) Unterhaltsrenten (§ 850b I Nr 2). a) Schutzbereich.** Dem Rentenbegriff des BGB, der auf gleichbleibend hohe periodische Zahlungen abstellt, brauchen sie trotz des Gesetzeswortlauts nicht zu genügen (OLG Frankfurt Rpfleger 75, 263). Geschützt sind auch ein einmalig zu zahlender Unterhaltsbetrag (BGH NJW-RR 2002, 1513 [Unterhaltsabfindung]; aA StJ/Würdinger Rn 13) und Rückstände (BGHZ 31, 210, 218). In Betracht kommen die ges Unterhaltsansprüche des Ehegatten, des früheren Ehegatten, des (auch früheren) Lebenspartners, der Kinder (zur Zweckbindung bei Prozessstandschaft eines Elternteils: § 851 Rn 3) und der übrigen Verwandten, auch der Anspruch eines Elternteils nach §§ 1615l, 1615n BGB. Auch erbrechtl Ansprüche (§§ 1963, 1969, 2141 BGB) sind erfasst (St/Rellermeyer C.181). Ob der Unterhaltsanspruch auf vertragl Regelung, Vergleich, Urteil gestützt wird, ist gleichgültig, wenn es sich nur um Unterhalt handelt, der **auf ges Vorschrift beruht** (BGH NJW-RR 2002, 1513). Unpfändbar ist auch der unterhaltsrechtl Anspruch eines Ehegatten auf Erstattung der ihm als Folge des begrenzten steuerl Realsplittings (§ 10 I Nr 1 EStG) erwachsenden steuerl Nachteile (BGHZ 97, 1441). Die Schutzbedürftigkeit entfällt bei Übergang des Unterhaltsanspruchs kraft Gesetzes auf einen nur in zweiter Linie Unterhaltspflichtigen, der anstelle des primär Unterhaltspflichtigen Unterhalt geleistet hat (sa BGH MDR 82, 225). Eine zur Erfüllung der Unterhaltspflicht an den Unterhaltsberechtigten abgetretene Forderung ist unbeschränkt pfändbar (OLG Stuttgart OLGZ 85, 338, 341). Da die Vorschriften über Pfändung von Arbeitseinkommen anwendbar sind (II), besteht für Bargeld anteiliger Schutz nach § 811 I Nr 3. Der Unterhaltsanspruch auf Freistellung von einer Zahlungspflicht ggü Dritten, die wegen ausgebliebener Unterhaltsleistung noch offensteht, kann zur Erfüllung dieser Verpflichtung gepfändet werden. Der Unterhaltsanspruch wegen eines einmaligen Sonderbedarfs (zB ärztl Behandlung) ist als zweckgebunden unpfändbar (Ausnahme [auch für Schuldbefreiungsanspruch] für Gl der Forderung, derentwegen dem Sch der Sonderbedarf erwachsen ist: LG Münster Rpfleger 2005, 270).

4 **b) Wirtschaftsgeld** (als Teil des Unterhalts bei häusl Gemeinschaft, §§ 1360, 1360a BGB) ist keine Rente, I Nr 2 ist nicht einschlägig (MskV/Flockenhaus Rn 3 aE mN). Zum Taschengeld: Rn 18.

5 **c)** Der aus dem Unterhaltsanspruch fließende Anspruch eines Ehegatten auf **Prozesskostenvorschuss** fällt nicht unter I Nr 2. Er kann jedoch wegen seiner Zweckbindung nur für den Kostenanspruch des ProzBev und des Gerichts gepfändet werden (BGH NJW 85, 2263). Entspr muss für den Prozesskostenvorschuss gelten, den Eltern ihrem Kind schulden (dazu BGH MDR 2005, 929).

5a Die Pfändung der Unterhaltsrenten nach den **Sozialgesetzen** bemisst sich nach § 54 SGB I (dazu § 850i Rn 6 ff). Keine Unterhaltsrenten iSd I Nr 2 sind Unterhaltsleistungen, die ein Träger von Sozialleistungen gem §§ 48, 49 SGB I unmittelbar an **unterhaltsberechtigte Angehörige** abführt; sie sind unpfändbar.

5b **d)** Unterhaltsvorschuss oder -ausfallleistung nach dem **Unterhaltsvorschussgesetz** (BGBl I 2007, 1447) unterliegen als laufende SGB-Geldleistungen (§ 68 Nr 14 SGB I) dem Schutz nach § 54 SGB I (LG Braunschweig Rpfleger 98, 297).

6 **e) Schadensersatzrenten** wegen Entziehung des Unterhaltsanspruchs durch Tötung des Unterhaltspflichtigen sind insb Renten nach § 5 II, § 8 I HaftPflG, § 13 II StVG, § 38 II LuftVG, § 28 II AtomG. Ebenso ist ein Schadensersatzanspruch unpfändbar, der als Rente wegen Entzugs eines Unterhaltsanspruchs an seine Stelle getreten ist (Rupp/Fleischmann Rpfleger 83, 377, 379). Der Pfändungsschutz entfällt (Rn 2), wenn Kapitalabfindung vereinbart wird. Nur beschränkt pfändbar sind auch Schadensersatzansprüche Dritter wegen entgangener Dienstleistungen nach § 845 BGB (St/Rellermeyer C.181, str).

7 **3) Fortlaufende Einkünfte (§ 850b I Nr 3). a) Aus Stiftungen** oder sonst auf Grund der **Fürsorge** und **Freigebigkeit eines Dritten**. Es muss sich um fortlaufende – wenn auch rückständige – Einkünfte in Geld (oder Naturalien) auf Grund Vertrags oder letztw Verfügung handeln, die auf fürsorglicher Absicht und Freigebigkeit eines Dritten beruhen. Das wurde verneint für die von Angehörigen zugunsten eines in Haft befindl Sch unter bestimmter Zweckangabe (Ermöglichung der Selbstverpflegung, Deckung von Heilungskosten) eingezahlten, von der Anstalt verwahrten Beträge (LG Berlin Rpfleger 66, 311; sa Berner Rpfleger 66, 312). Ruhegeldbezüge gehören nicht hierher (es fehlt an der Unentgeltlichkeit); sie sind nach § 850 II pfändbar. Notstandsbeihilfen des Staates usw für seine Bediensteten (vgl Unterstützungsgrundsätze mit landesrechtl Ergänzungen) fallen unter die Bestimmung, soweit nicht schon § 850a Nr 5 eingreift; dagegen nicht die Regelbeihilfen nach den Beihilfevorschriften, weil auf sie ein Rechtsanspruch besteht, also keine Freiwilligkeit vorliegt (hierzu § 851 Rn 3). Einkünfte, auf deren Auskehr (Herausgabe und Auszahlung) der Sch als Vorerbe nach dem Willen des Erblassers für Verbesserung seiner Lebenshaltung (subj Motivation) Anspruch gg den TV hat, die er somit nicht unmittelbar aus dem Nachlass bezieht, werden als nach I Nr 3, II nur beschränkt pfändbar angesehen (OLG Frankfurt NJW-RR 2000, 367). Einkünfte, die der Sch als Nießbraucher bezieht, sind auch dann nicht nach I

Nr 3 unpfändbar, wenn ihm ein Dritter das Recht aus Fürsorge und Freigiebigkeit eingeräumt hat (StJ/Würdinger Rn 15). Für den Sch unentgeltl Kapitalzuwendungen sind pfändbar, außer wenn praktisch nur die Zinsen des Kapitals zugewendet sind (StJ/Würdinger Rn 15). Zu Zuwendungen aus Unterstützungskassen: Nr 4.

b) Aus Altenteils- und Auszugsvertrag (auch Leibgeding, Leibzucht: Art 96 EGBGB, § 9 EGZVG) sind Geld-, Sach- und Dienstleistungen, die aus und auf einem (möglich auch: städtischen) Grundstück zu gewähren sind, der allg und persönl (zumindest teilw) Versorgung des Berechtigten (auch seiner weiteren Angehörigen) dienen und dessen (regelmäßig lebenslängliche) Verknüpfung mit einem (zumeist damit belasteten) Grundstück bezwecken (zB BGH MDR 2007, 1218). Wegen ihres Versorgungszwecks sind diese Leistungen wie Unterhalt der Pfändung entzogen. Eine Grundstücksübergabe ist nicht begrifflich Voraussetzung des Leibgedings(Altenteils-)Vertrags. Notwendig ist nur eine örtl Bindung des Berechtigten an ein Grundstück, auf dem die Naturalleistungen, insb das Wohnrecht, gewährt werden (BayObLG Rpfleger 75, 314). Die Leistungen können dingl gesichert oder nur obligatorisch geschuldet sein (BGH NJW 70, 282). Sie können in Nutzungsrechten (zB Wohnrecht), in Naturalien (zur Bewertung: § 850e Rn 27) und daneben auch in Geld bestehen. Nähere persönl Beziehung, wenn auch nicht notw verwandtschaftl, ist regelmäßig Voraussetzung für die Annahme von Altenteilsansprüchen (OLG Hamm OLGZ 70, 49). Geschützt sind auch Rentenrückstände aus dem Altenteil (BGHZ 53, 41). Veräußerungsrenten auf Grund gewöhnl Kaufverträge fallen nicht unter I Nr 3 (KG MDR 60, 234). 8

4) Witwen-, Waisen-, Hilfs- und Krankenkassen (§ 850b I Nr 4). a) Erfasst werden einmalige oder fortlaufende Bezüge, gleichgültig, ob es sich bei diesen Kassen um öffentl-rechtl Einrichtungen (Leistungsträger nach den Sozialgesetzen gehören aber nicht hierher: OLG Köln Rpfleger 90, 130) oder privatrechtl Rechtsträger (insb VVaG) handelt. Voraussetzung ist, dass die Leistungen ausschließl oder zu einem wesentl Teil zu **Unterstützungszwecken** gewährt werden (LG Frankenthal ZInsO 2016, 866). Geldmittel, die für bestimmte Notfälle bereitgestellt sind, sollen vor dem Zugriff dritter Gl geschützt werden. Unter Nr 4 fallen ua Ansprüche auf Krankengeld, einmalige Erstattung der Kosten für ärztl Behandlungsmaßnahmen im Krankheitsfall (andere Krankheitskosten) durch einen privaten Krankenversicherungsträger (BGH NJW-RR 2014, 683 Tz 16, nicht aber die nach dem Tod des Berechtigten noch ausstehenden Versicherungsleistungen), Leistungen aus privater Zusatzversicherung für privatärztl Behandlung und Wahlleistungen (LG Hannover Rpfleger 95, 511), Krankenhaustagegeld zur Deckung der Pflegesätze (LG Lübeck Rpfleger 93, 207), Sterbegeld aus privaten Krankenversicherungen (LG Oldenburg JurBüro 83, 778), Zahlungen durch private Hilfsvereine, die sich die Unterstützung ihrer Mitglieder oder deren Hinterbliebenen zur Aufgabe gemacht haben. Auf Ansprüche aus privaten Unfallversicherungen bezieht sich die Bestimmung nicht (RGZ 52, 49, 51). 9

b) Ansprüche aus **Lebensversicherungsverträgen**, wenn die Versicherung **nur für den Todesfall** des Versicherungsnehmers abgeschlossen ist (Versicherungsnehmer und Versicherter müssen identisch, Bezugsberechtigter kann auch ein Dritter sein: BGH FamRZ 2009, 972), also nicht, wenn die Versicherungssumme auch bei Erreichen eines bestimmten Lebensalters fällig wird (OLG Braunschweig ZInsO 2019, 2527 = juris Tz 72) oder die Versicherung auf den Tod eines Dritten abgeschlossen ist, und wenn die Versicherungssumme 5.400 Euro nicht übersteigt. Solche Versicherungsleistungen sollen zur Deckung der Sterbefallkosten zur Verfügung stehen (BTDrs 19/27636, 33). Beträgt die Versicherungssumme mehr als 5.400 Euro, sind Versicherungsansprüche unpfändbar, soweit sie sich aus einer den Betrag von 5.400 Euro nicht überschreitenden Versicherungssumme ergeben; pfändbar sind die aus dem überschießenden Betrag sich ergebenden Ansprüche (BGH MDR 2008, 337). Ebenso können Ansprüche aus mehreren Kleinlebensversicherungen nicht in voller Höhe pfändbar sein; sie sind gleichfalls unpfändbar, soweit sie sich aus einer zusammengerechnet den Betrag von 5.400 Euro nicht überschreitenden Versicherungssumme ergeben. Ansprüche auf Auszahlung eines Guthabens in einem Bestattungsvorsorge-Treuhandvertrag unterfallen nicht dem Pfändungsschutz von I Nr 4 (BGH MDR 2025, 275). 10

III) Pfändbarkeit (§ 850b II). Voll unpfändbar sind die in I aufgeführten Bezüge für alle Gl. Nur unter bes Voraussetzungen kann die Pfändung nach II ausnahmsweise zugelassen werden (Rn 12). Die Pfändbarkeit begründet dann erst der (konstitutiv wirkende: BGH NJW 70, 282) Pfändungsbeschluss des VollstrGerichts. Daher ist **Vorpfändung** (§ 845) unzulässig (ganz hM, zB Hk-ZV/Meller-Hannich Rn 34); str sind die Folgen einer dennoch ergehenden Vorpfändung (WSch/Lüke Rn 3 u St/Rellermeyer C.229 [zutr]: unwirksam; StJ/Würdinger Rn 33: nur anfechtbar; SchWKT/Els Rn 33: Verstrickung ohne PfändungspfandR). Ebenso ist die Abtretung der nach I unpfändbaren Bezüge (§ 400 BGB) und die Aufrechnung mit ihnen (§ 394 BGB) ausgeschlossen (BGH MDR 88, 125; aA Lorscheider/Targan NZI 2012, 741). Zulassung der Pfändbarkeit nach II kann nur bei ZwV (Erlass des Pfändungsbeschlusses) und nur mit Wirkung für sie erfolgen. Selbständig können die Ansprüche durch das VollstrGericht nicht für abtretbar, aufrechenbar oder pfändbar erklärt werden (LG Hamburg MDR 84, 1035; aA Denck MDR 79, 450). 11

IV) Verfahren. 1) Voraussetzungen. Gepfändet werden können die Bezüge **ausnahmsweise** (II), wenn **a)** die **ZwV** in das sonstige bewegl (nicht auch unbewegl) Vermögen (körperl Sachen: §§ 808 ff, Forderungen und andere Vermögensrechte: §§ 828 ff) des Sch zu einer vollst **Befriedigung** des Gl **nicht geführt** hat oder voraussichtlich nicht führen wird. Das ist nicht schon der Fall, wenn der Sch die Durchsuchung verweigert hat oder vom GV wiederholt in seiner Wohnung nicht angetroffen wurde; **und b)** die Pfändung nach den Umständen des Falles, insb der Art des beizutreibenden Anspruchs und der Höhe der Bezüge, **der Billigkeit entspricht**. 12

Damit wird berechtigten Interessen des Gl Rechnung getragen (Rn 1); ihn treffende Härten sollen insb in den Fällen gemildert werden, in denen es sich einerseits um größere Bezüge des Sch, andererseits um eine bes Notlage des Gl handelt (BGH NJW 70, 282, 283). Billigkeitserwägungen ermöglichen jedoch nicht die Pfändung von Ansprüchen auf Erstattung der Kosten für künftige ärztl Behandlungsmaßnahmen gg den Krankenversicherer (BGH NJW-RR 2007, 1510). Über die Zulassung der Pfändung entscheidet das VollstrGericht mit Erlass des Pfändungsbeschlusses (nicht selbständig: Rn 11).

13 2) **Notwendiger Vortrag.** Die Voraussetzungen für die Zulassung der Pfändung, somit die Erfolg- oder Aussichtslosigkeit der Vollstr in das sonstige bewegl Vermögen und die für die Billigkeit sprechenden Umstände des Falles, hat der Gl **durch** substantiierten **Tatsachenvortrag darzustellen** (St/Rellermeyer C.199) und ggfls zu beweisen (Rn 15). Nur allg Formulierungen, insb eine inhaltlose Wiederholung des Gesetzeswortlauts, sind unzureichend. Es sind Tatsachen darzustellen (aA LG Verden Rpfleger 86, 100 [Schweigen von Sch und Drittsch bei der Anhörung begründet Annahme, dass Pfändung billig ist] – das ist unzutr).

14 3) **Rechtliches Gehör.** Es soll vor der Entscheidung dem Sch und Drittsch gewährt werden (III als Ausnahme von § 834). Die Anhörung kann schriftl oder mündl erfolgen.

15 4) **Entscheidungsgrundlage.** Auszugehen ist vom schlüssigen tatsächl Vorbringen des Gl, wenn und soweit es nicht bestritten ist (insb soweit Sch und Drittsch sich dazu nicht geäußert haben). Vom Sch oder Drittsch bestrittenes Vorbringen muss der Gl beweisen (St/Rellermeyer C.201). Glaubhaftmachung (§ 294) genügt nicht. Zugelassen werden darf die Pfändung nur, wenn positiv feststeht, dass die bes Voraussetzungen des II vorliegen (BGH NJW-RR 2008, 412). Zu entscheiden ist nach freier Überzeugung (§ 286). Erfolglosigkeit der ZwV in das bewegl Vermögen kann durch Bescheinigung des GV bewiesen werden; von sonstigen, nicht im Wege der Mobiliarpfändung zu erfassenden Vermögenswerten des Sch hat der Gl zumeist keine Kenntnis, so dass seine Versicherung genügen muss, dass ihm solche Werte nicht bekannt sind. Versicherte Vermögensauskunft (§§ 802b, 807) ist nicht Pfändungsvoraussetzung, muss also nicht abgegeben sein. Was zur Billigkeit der Pfändung zu belegen ist, richtet sich nach den Umständen des Einzelfalles (s unten); überspannte Anforderungen sind insoweit an den Gl nicht zu stellen. Neben Art des beizutreibenden Anspruchs (ergibt sich bereits aus ZwV-Unterlagen) und der Höhe der zu pfändenden Bezüge können Bedeutung erlangen die Zweckbestimmung des zu pfändenden Anspruchs und die wirtschaftl Verhältnisse des Gl. Von Bedeutung kann insb sein, in welchem Maße er auf die Beitreibung seiner Forderung angewiesen ist (vgl BGHZ 53, 41). Auch deren Höhe kann eine Rolle spielen (vgl LG Mainz VersR 72, 142). Bevorzugt zu behandeln sein können Unterhaltsansprüche oder Ansprüche aus unerlaubter Handlung (BGH NJW-RR 2008, 412), auch Forderungen aus Bevorschussung oder Kreditierung lebensnotw Bedarfs des Sch. Die Pfändung wird idR gerechtfertigt sein, wenn die Schuld durch den Bezug von Lebensmitteln oder notw Kleidungsstücken entstanden ist; anders wird es zu beurteilen sein, wenn einem bedürftigen Sch wertvolle Gegenstände auf Abzahlung verkauft wurden, die er nicht nötig hatte. Hier musste der Gl damit rechnen, dass er nicht ohne weiteres zu seinem Geld kommen kann. Vor allem sind die gesamten Einkommensverhältnisse des Sch zu berücksichtigen; er darf durch die Pfändung nicht iSd SGB XII (Sozialhilfe) hilfebedürftig werden. Zu berücksichtigen sind auch bes Verhältnisse iSd § 850f I, die der begehrten Vollstr entgegenstehen (keine Pfändung daher, wenn Sch bereits ergänzende Hilfe zum Lebensunterhalt erhält: OLG Celle MDR 99, 1087). Ein Vorgehen nach II kann andererseits ggü dem böswilligen Sch veranlasst sein, der durch ständigen Arbeitsplatzwechsel die Pfändung seines Arbeitslohns verhindert (vgl LG Mannheim MDR 65, 144). Zum Billigkeitsgesichtspunkt bei Pfändung einer unter I Nr 4 fallenden Kleinlebensversicherung: BGH NJW-RR 2008, 412, 414.

16 5) **Entscheidung.** Entschieden wird über den Antrag auf Pfändung der Bezüge nach I durch Zurückweisung als unbegründet oder **Erlass des Pfändungsbeschlusses** (§ 829 I). Dieser ist zu begründen (BGH MDR 2018, 1080 Tz 25; StJ/Würdinger Rn 29). Die **Pfändung** hat nach den **für Arbeitseinkommen geltenden Vorschriften** zu erfolgen (II). Dem Sch müssen daher von der Rente bzw seinen rentenähnl wiederkehrenden Leistungen pfandfrei Beträge nach Maßgabe des § 850c (bei Vollstr eines Unterhaltsanspruchs nach § 850d), ggf auch nur nach § 850f II, belassen werden. Unbeschränkte Pfändung der Renten bzw rentenähnl Bezüge ist nicht zulässig. Mit Blankettbeschluss entspr § 850c III 2 kann die Pfändung jedenfalls bewirkt werden, wenn der Sch bei Anhörung (III) sich nicht geäußert (BGH MDR 2005, 1015) oder Angaben zu Unterhaltspflichten nicht gemacht hat. Nur wenn der Sch Unterhaltspflichten substantiiert geltend gemacht hat, obliegt es dem Gl, die zu berücksichtigenden Unterhaltspflichtigen zahlenmäßig bestimmt zu bezeichnen oder darzulegen (und zu beweisen), dass die vom Sch behaupteten Unterhaltsverpflichtungen nicht bestehen (BGH MDR 2005, 1015). Die nach § 850d oder § 850f II nicht pfändbaren Teile der Bezüge hat der Pfändungsbeschluss zu bestimmen und zu bezeichnen. Sonderbedarf ist nach § 850f I festzusetzen; Zusammenrechnung hat ggf nach § 850e zu erfolgen. Den Beschluss hat der Gl dem Drittsch zustellen zu lassen (§ 829 II 1; an Sch Zustellung nach § 829 II 2, nicht aber vAw: § 829 Rn 31). Wirksam wird die Pfändung mit der Zustellung an den Drittsch (§ 829 III). Pfändung eines dingl gesicherten Altenteils hat nach Maßgabe des § 857 VI (Reallast) zu erfolgen.

17 6) **Rechtsbehelf.** Für **Sch** (nach Anhörung) und **Drittsch** (nach Anhörung): sof Beschwerde (§ 793). Mit diesem Rechtsbehelf ist auch geltend zu machen, die Pfändungsvoraussetzungen des II seien unzutreffend bejaht worden. Für nicht angehörten Sch/Drittsch: Erinnerung (§ 766). Für **Gl** bei Zurückweisung seines Antrags: sof Beschwerde (§ 793).

V) Taschengeldanspruch. 1) Pfändbarkeit. Dieser Anspruch des in häusl Gemeinschaft lebenden haushaltführenden Ehegatten, der keine Einnahmen aus Arbeit (oder Vermögen) und mit solchen daher nicht zum Familienunterhalt (§§ 1360, 1360a BGB) beizutragen hat, ist als Teil seines Unterhaltsanspruchs (I Nr 2) nach II bedingt pfändbar (BGH MDR 2004, 1144; **Formulierungsvorschlag:** Vorwerk/Goldbach, PFB, M 51.2). Der BGH hat damit die Streitfrage jedenfalls für die vollstreckungsrechtl Praxis geklärt. Verfassungsrechtl wird die bedingte Pfändbarkeit des Taschengeldanspruchs als unbedenkl angesehen (vgl BVerfG NJW 85, 1211). In anderen Fällen erlangt ein gesonderter Zahlungsanspruch für Taschengeld durchweg keine Bedeutung. Der mitverdienende Ehegatte behält sein Taschengeld aus seinem Berufseinkommen ein (BGH MDR 98, 472 [auch zum Aufstockungsanspruch]). Ein getrenntlebender Ehegatte hat Anspruch auf Unterhalt durch Zahlung einer Geldrente (§ 1361 IV 1 BGB), die Unterhaltsbedarf für persönl Zwecke (Taschengeld) unausgeschieden umfasst; entspr gilt für den geschiedenen Ehegatten (§ 1585 I 1 BGB) und Verwandte (§ 1612 I 1 BGB). 18

2) Pfändung. Der Taschengeldanspruch kann **nur ausnahmsweise** unter bes Voraussetzungen (Rn 12) gepfändet werden (II). Es genügt nicht schon, dass die Gl-Forderung (auch nach längerer Zeit) anderweit nicht durchgesetzt werden kann (das setzt II mit dem Erfordernis erfolgloser Vollstr ohnehin voraus). Erforderl ist vor allem auch, dass die Pfändung nach allen Umständen des Einzelfalls der **Billigkeit entspricht** (Rn 12). Beurteilung der Billigkeit gebietet Gesamtabwägung, die eine umfassende und nachvollziehbare Würdigung aller Umstände des Einzelfalls erfordert. Bestimmend zu sein hat, dass der Taschengeldanspruch grds unpfändbar ist (I; BGH NJW 2004, 2450; das ist die Regel), seine Pfändbarkeit wegen bes Einzelfallumstände somit die Ausnahme darstellt (St/Rellermeyer C.212). Für die Beurteilung der Billigkeit von Bedeutung sind: die Höhe der Bezüge, damit auch des dem Sch bei Pfändung verbleibenden Betrags; ebenso Art und Umstände der Entstehung der Gl-Forderung, damit vornehmlich Gl-Belange bei Vollstr von Unterhalt (§ 850d) sowie eines nach § 850f II privilegierten Anspruchs; die wirtschaftl Situation und der Lebensstil des Sch und die möglichen Belastungen, die für dessen Ehe auf Grund der Pfändung entstehen können; andererseits aber auch eine bes Notlage des Gl. Die Höhe der beizutreibenden Forderung und die voraussichtliche Dauer der Pfändung können in die Bewertung einfließen (BGH NJW 2004, 2450). Infolge des Regel-Ausnahme-Verhältnisses zwischen I und II kann die Pfändung der Billigkeit nur dann entsprechen, wenn im Vergleich zu durchschnittlichen Fällen bes Umstände sie rechtfertigen (OLG Nürnberg JurBüro 98, 661; OLG Brandenburg JurBüro 2002, 1160; OLG Hamm Rpfleger 2002, 161 [großzügiger bei Anspruch aus unerlaubter Handlung]; OLG Schleswig Rpfleger 2002, 87 [auch bei überdurchschnittlichen Verhältnissen hat bes Schutzbedürfnis des Gl vorzuliegen]). Bei kleinem, nicht überdurchschnittlichem Einkommen des Ehegatten verbietet sich Pfändung schon deshalb, weil der geringe Unterhaltsanspruch, der den Taschengeldanspruch einschließt, die Pfändungsfreigrenze des § 850c (auch § 850d oder § 850f II) nicht erreicht (OLG Stuttgart JurBüro 2001, 656; LG Koblenz FamRZ 2005, 468). 19

3) Vortrags- und Beweislast. Für die Tatsachen, die die Pfändung des Taschengeldanspruchs ausnahmsweise ermöglichen (Rn 19), trägt der Gl diese Last (BGH NJW 2004, 2450, 2452; sa Rn 13). Zugelassen werden darf die Pfändung des grds unpfändbaren Taschengeldanspruchs nur, wenn positiv feststeht, dass die bes Voraussetzungen der Pfändung nach II (Rn 12) vorliegen (Rn 15). 20

4) Pfändungsverfahren. Wenn die Pfändung zugelassen wird, hat sie nach den für Arbeitseinkommen geltenden Vorschriften zu erfolgen. **Pfandfrei** verbleibt damit ein Taschengeldanspruch, wenn er zusammen mit dem in Natur zu leistenden Unterhalt (§ 850e Nr 3) die Pfändungsfreigrenze des § 850c (auch § 850d oder § 850f II) nicht überschreitet. Bei weitergehendem Unterhalt (unter Einschluss des Taschengeldanspruchs) würde die Pfändung bei Zusammenrechnung den Taschengeldanspruch voll erfassen. Bedeutung erlangt dann aber, dass der notw Lebensbedarf des Sch mit dem nicht pfändbaren Familienunterhalt in Natur und als Wirtschaftsgeld bereits voll gedeckt ist. Daher ist nach § 850c III 1 Taschengeld als Mehreinkommen zu $^3/_{10}$ unpfändbar (OLG Karlsruhe JurBüro 92, 570; OLG Nürnberg FamRZ 99, 505; kein fester Freibetrag für Sch selbst [aA OLG Celle NJW 91, 1960] und kein weiterer Freibetrag bei Unterhaltspflichten [OLG Celle NJW 91, 1960]), somit in Höhe von $^7/_{10}$ dem Gl-Zugriff verfügbar (LG Stuttgart JurBüro 96, 104; auch BGH NJW 2004, 2450 stellt dar, dass die Freigrenze des § 850c einer Pfändung von $^7/_{10}$ des Taschengeldanspruchs nicht entgegensteht). Bei Vollstr eines Unterhaltsanspruchs ist nach § 850d, bei Vollstr einer Forderung aus vorsätzl unerlaubter Handlung nach § 850f II der Freibetrag für notw Bedürfnisse im Pfändungsbeschluss festzulegen (OLG Hamm Rpfleger 2002, 161). Bestimmung über Bestand und damit Höhe des angebl Taschengeldanspruchs trifft das VollstrGericht nicht (sa § 829 Rn 4). Festlegung (Bezifferung) des gepfändeten Taschengeldanspruchs dem Betrage nach hat im Pfändungsbeschluss daher nicht zu erfolgen (OLG Frankfurt FamRZ 91, 727; unzutr OLG Hamm FamRZ 90, 547; OLG Köln FamRZ 95, 309). Mit (wenn auch nur vorübergehender) Arbeitsaufnahme kann der Zahlungsanspruch auf Taschengeld des mitverdienenden Sch an den Ehegatten als Drittsch entfallen (Rn 18). Die Pfändung erstreckt sich dann jedoch auf einen nach Beendigung der Berufstätigkeit fortdauernden Taschengeldanspruch (LG Münster JurBüro 2000, 49; keine Beendigung des Rechtsverhältnisses, das den Unterhaltsanspruch begründet; die Zeitgrenze des § 833 II kann daher keine Bedeutung erlangen). 21

5) Klage. Bei Streit ist der gepfändete Anspruch im **Prozessweg** geltend zu machen, damit im Einziehungserkenntnisverf der dem Gl gebührende anteilige Betrag nach den wirtschaftl Verhältnissen der Eheleute festzustellen. Darlegungs- und beweispflichtig dafür, dass der Sch Anspruch auf Taschengeld hat und für dessen 22

Höhe ist der Gl (OLG Köln Rpfleger 2003, 670). Der Ehegatte kann sich als Drittsch im Rechtsstreit nicht darauf berufen, die Pfändung entspreche nicht der Billigkeit oder sei sonst nach II unzulässig zugelassen worden (St/Rellermeyer C.227; insofern nur Erinnerung [§ 766]: sa Rn 17). Er kann aber die im materiellen Recht begründete Unpfändbarkeit (Rn 18), geltend machen (St/Rellermeyer B.422), dass der ehebezogene, zweckgebundene Taschengeldanspruch als pfändbarer Unterhaltsanspruch eben doch nicht besteht. Darüber hat dann das Prozessgericht zu entscheiden.

§ 850c Pfändungsgrenzen für Arbeitseinkommen

(1) Arbeitseinkommen ist unpfändbar, wenn es, je nach dem Zeitraum, für den es gezahlt wird, nicht mehr als

1. 1 178,59 Euro monatlich,

2. 271,24 Euro wöchentlich oder

3. 54,25 Euro täglich

beträgt.

(2) [1]Gewährt der Schuldner auf Grund einer gesetzlichen Verpflichtung seinem Ehegatten, einem früheren Ehegatten, seinem Lebenspartner, einem früheren Lebenspartner, einem Verwandten oder nach den §§ 1615l und 1615n des Bürgerlichen Gesetzbuchs einem Elternteil Unterhalt, so erhöht sich der Betrag nach Absatz 1 für die erste Person, der Unterhalt gewährt wird, und zwar um

1. 443,57 Euro monatlich,

2. 102,08 Euro wöchentlich oder

3. 20,42 Euro täglich.

[2]Für die zweite bis fünfte Person, der Unterhalt gewährt wird, erhöht sich der Betrag nach Absatz 1 um je

1. 247,12 Euro monatlich,

2. 56,87 Euro wöchentlich oder

3. 11,37 Euro täglich.

(3) [1]Übersteigt das Arbeitseinkommen den Betrag nach Absatz 1, so ist es hinsichtlich des überschießenden Teils in Höhe von drei Zehnteln unpfändbar. [2]Gewährt der Schuldner nach Absatz 2 Unterhalt, so sind für die erste Person weitere zwei Zehntel und für die zweite bis fünfte Person jeweils ein weiteres Zehntel unpfändbar.

[3]Der Teil des Arbeitseinkommens, der

1. 3 613,08 Euro monatlich,

2. 831,50 Euro wöchentlich oder

3. 166,30 Euro täglich

übersteigt, bleibt bei der Berechnung des unpfändbaren Betrages unberücksichtigt.

(4) [1]Das Bundesministerium der Justiz und für Verbraucherschutz macht im Bundesgesetzblatt Folgendes bekannt (Pfändungsfreigrenzenbekanntmachung):

1. die Höhe des unpfändbaren Arbeitseinkommens nach Absatz 1,

2. die Höhe der Erhöhungsbeträge nach Absatz 2,

3. die Höhe der in Absatz 3 Satz 3 genannten Höchstbeträge.

[2]Die Beträge werden jeweils zum 1. Juli eines Jahres entsprechend der im Vergleich zum jeweiligen Vorjahreszeitraum sich ergebenden prozentualen Entwicklung des Grundfreibetrages nach §32a Absatz 1 Satz 2 Nummer 1 des Einkommensteuergesetzes angepasst; der Berechnung ist die am 1. Januar des jeweiligen Jahres geltende Fassung des § 32a Absatz 1Satz 2 Nummer 1 des Einkommensteuergesetzes zugrunde zu legen.

(5) [1]Um den nach Absatz 3 pfändbaren Teil des Arbeitseinkommens zu berechnen, ist das Arbeitseinkommen, gegebenenfalls nach Abzug des nach Absatz 3 Satz 3 pfändbaren Betrages, auf eine Zahl abzurunden, die bei einer Auszahlung für

1. Monate bei einer Teilung durch 10 eine natürliche Zahl ergibt,

2. Wochen bei einer Teilung durch 2,5 eine natürliche Zahl ergibt,

3. Tage bei einer Teilung durch 0,5 eine natürliche Zahl ergibt.

[2]Die sich aus der Berechnung nach Satz 1 ergebenden Beträge sind in der Pfändungsfreigrenzenbekanntmachung als Tabelle enthalten. [3]Im Pfändungsbeschluss genügt die Bezugnahme auf die Tabelle.

(6) Hat eine Person, welcher der Schuldner auf Grund gesetzlicher Verpflichtung Unterhalt gewährt, eigene Einkünfte, so kann das Vollstreckungsgericht auf Antrag des Gläubigers nach billigem Ermessen bestimmen, dass diese Person bei der Berechnung des unpfändbaren Teils des Arbeitseinkommens ganz oder teilweise unberücksichtigt bleibt; soll die Person nur teilweise berücksichtigt werden, so ist Absatz 5 Satz 3 nicht anzuwenden.

Pfändungsfreigrenzenbekanntmachung (IV 1) v 2.4.2025 für die ab 1.7.2025 geltenden Beträge: BGBl 2025 I Nr 110.

I) Funktion. Festlegung der bei Pfändung wegen einer gewöhnl VollstrForderung nach der Zweckbestimmung des Arbeitseinkommens (§ 850 Rn 1) unter Berücksichtigung der Unterhaltsverpflichtungen des Sch unpfändbaren Einkommensteile. Pauschale Festlegung soll ein funktionsfähiges VollstrVerf gewährleisten (vgl BTDrs 8/693, 45). Individuelle Bedürfnisse bleiben bei diesen ges Pfändungsfreigrenzen außer Betracht; ihnen ist im Einzelfall nach § 850f I Rechnung zu tragen. – Zum Pfändungsschutz beim P-Konto im Fall von § 850c II: § 902 S 1 Nr 1a. 1

II) Pfändungsgrenzen. 1) Anwendungsbereich. Die zugriffsfreien Einkommensteile bestimmt § 850c für die Pfändung wegen gewöhnl Geldforderungen. Das sind alle Gl-Ansprüche, die nicht als ges Unterhaltsforderungen (§ 850d) oder als Ansprüche aus vorsätzl begangener unerlaubter Handlung (§ 850f II) bevorrechtigt sind. Die Härteklausel des § 850f I ermöglicht Abweichung von § 850c zugunsten des Sch wie des Gl. Die Herabsetzung der bundeseinheitl pauschalierten Pfändungsfreigrenzen kann jedoch nicht deshalb verlangt werden, weil die Lebenshaltungskosten des Sch (zB weil er im Ausland lebt: AG/LG Heilbronn Rpfleger 2006, 330) tatsächl geringer sind (sa Rn 20). 2

2) Pfandfreies Arbeitseinkommen. Für Arbeitseinkommen, das in Geld **fortlaufend zahlbar** ist, bestimmt § 850c die pfändungsfreien Teile. Bei Zusammentreffen solcher Bezüge mit unter § 850i fallenden Vergütungen sind beide Einkommensarten pfändungsrechtl gesondert zu behandeln. Berücksichtigung von Naturalbezügen: § 850e Nr 3. Zusammenrechnung mehrerer fortlaufender Arbeitseinkommen in Geld: § 850e Nr 2. Zusammenrechnung mit Sozialleistungen sowie mit Geldleistungen für Kinder: § 850e Nr 2a. Auszugehen ist vom **Nettoeinkommen**, das nach § 850e Nr 1 festzustellen ist. Für die Berechnung maßgebend ist der jew **Auszahlungszeitraum**. Er bestimmt sich nach den die Leistungspflicht des Drittsch begründenden arbeitsvertragl Beziehungen, somit danach, ob und in welchem Umfang die gepfändete angebl Einkommensforderung geschuldet wird. Klarstellende Entscheidung des VollstrGerichts darüber, ob die pfändbaren Beträge nach der Pfändungsfreigrenzenbekanntmachung (IV) für monatl, wöchentl oder tägl Lohnzahlung zu berechnen sind, kann daher nicht verlangt werden (LG Bochum Rpfleger 85, 370). Maßgebend ist der Auszahlungszeitraum auch, wenn in einem Monat (einer Woche) nicht voll gearbeitet wurde (ArbG Frankfurt NJW-RR 99, 723; St/Rellermeyer C.234). Auch bei Arbeitseinkommen von wechselnder Höhe ist das in jedem Lohnabschnitt anfallende Einkommen zugrunde zu legen. Eine Ausgleichsberechnung über mehrere Auszahlungszeiträume sieht das Gesetz nicht vor (St/Rellermeyer C.234). Bei tägl Lohnzahlung bestimmt sich der pfandfreie Betrag auch dann nach den dafür festgelegten Sätzen, wenn nicht an allen Arbeitstagen der Woche gearbeitet wird. Es ist nicht etwa ein fiktiver Wochenlohn zu errechnen und nach ihm der pfandfreie Betrag zu bestimmen. Die **Nachzahlung** rückständiger Lohnbeträge ist dem Lohnzahlungszeitraum hinzuzuschlagen, zu dem sie gehört (allgM, zB LAG Rostock ZInsO 2019, 1445 = juris Tz 31; Ahrens ZVI 2018, 173 mwN). War damals noch nicht gepfändet, wird der Nachzahlungsbetrag vom nunmehrigen Pfändungsbeschluss in Höhe des für den zurückliegenden Zeitraum nach Zusammenrechnung mit dem aus bereits ausbezahlten Einkünften festzustellenden pfändbaren Betrags erfasst. – Nachzahlungsregelung beim P-Konto: § 904 II für Arbeitseinkommen nach § 850 II, III. 3

3) Freibeträge. a) Pfändungsschutz regelt § 850c für Arbeitseinkommen mit Freibeträgen je nach dem Auszahlungszeitraum durch **Festlegung eines unpfändbaren Grundbetrags** (I). Der **konkrete, aktuelle Betrag ergibt sich jew aus der Pfändungsfreigrenzenbekanntmachung (IV)**. Gewährt der Sch (also leistet er tatsächl) Personen (Aufzählung in II) auf Grund einer ges Verpflichtung (also nicht nur vertragl oder faktisch) Unterhalt, erhöht sich der pfändungsfreie Betrag gem II. In III 1, 2 wird der Umfang der Unpfändbarkeit des die Grenzen nach I und II übersteigenden Einkommens mit Zehntelbeträgen festgelegt. In III 3 werden die Grenzen bestimmt, ab denen darüber liegendes Einkommen bei der Berechnung des unpfändbaren Betrages außen vor bleibt. Mit pfandfreier Überlassung angemessener Teile des Mehrverdienstes wird dem Interesse des arbeitswilligen Sch an der Erhöhung seines Einkommens Rechnung getragen. Zum P-Konto: § 899 I 1, § 902 Nr 1 iVm § 850c II. 4

b) Der **höhere Freibetrag** (II 1) für die **erste Person**, der Unterhalt gewährt wird, beruht auf der Erwägung, dass es sich zumeist um den Ehegatten des Sch handeln wird, so dass dessen Unterhaltsbedarf und bes Mehraufwendungen für Führung eines eigenen Haushalts gedeckt sein sollen. Demgegenüber ist bei Bemessung der **geringeren Freibeträge** (II 2) für die **zweite bis fünfte Person** (darüber hinaus keine Staffelung der Freibeträge) berücksichtigt, dass es sich regelmäßig um Kinder handeln wird, für die auch Kindergeld gewährt wird (BTDrs 10/229, 41). „Erste" Person, für die höhere Beträge pfandfrei bleiben, kann, wenn einem Ehegatten Unterhalt nicht gewährt wird, auch ein Kind sein (vgl BGH MDR 2020, 1083 mwN). Auf den verminderten Freibetrag der zweiten Stufe kann der Sch für das Kind als erste unterhaltsberechtigte Person auf Antrag des Gl durch 4a das VollstrGericht daher nicht verwiesen werden; wegen des Kindergeldes kann auch keine anderweitige Festsetzung des Freibetrags nach VI erfolgen, weil Kindergeld kein Einkommen des Kindes iSd VI ist (vgl BGH MDR 2020, 1083 Tz 10 ff [noch zu § 850c IV aF]). Die verhältnismäßig höheren Freibeträge bei tägl Einkommen berücksichtigen, dass mit tägl Entlohnung regelmäßig auch beschäftigungsfreie Tage überbrückt werden müssen. Begrenzung der Freibeträge auf Unterhaltspflichten für fünf Personen dient vornehmlich Interessen der Kreditfähigkeit des Sch; weitergehenden Sch-Belangen trägt im Einzelfall § 850f I Nr 3 Rechnung.

5 **4) Berücksichtigung von Unterhaltspflichten des Schuldners. a)** Erhöhte Freibeträge stehen dem Sch zu, der ges Unterhaltspflichten zu erfüllen hat und sie auch tatsächl erfüllt (unstr, zB LG Amberg JurBüro 2011, 605). Nur ges Unterhaltsleistungen sind zu berücksichtigen; vertragl Ausgestaltung einer ges Unterhaltspflicht schadet aber nicht. Unterhaltsrenten, die der Sch etwa als Schadensersatz bezahlen muss, gehören nicht hierher. Ges Unterhaltsberechtigte sind der Ehegatte, ein früherer Ehegatte, der (auch frühere) Lebenspartner, Kinder, auch Adoptivkinder und jeder Elternteil sowie weitere Verwandte in gerader Linie (§§ 1601, 1589 BGB); nicht Schwiegereltern oder Geschwister, nicht Stiefkinder, Pflegekinder oder der Partner einer nichtehel Lebensgemeinschaft (BGH NJW 2018, 954 Tz 13). Auf Bedarfsgemeinschaften (§ 9 II 1 SGB II) ist II nicht analog anzuwenden (BGH NJW 2018, 954 Tz 14 ff). Bei Ehegatten, die in häusl Gemeinschaft leben, ist von gegenseitiger Unterhaltsleistung auszugehen, bei getrenntlebenden Eheleuten hat der Sch nachzuweisen, dass er Unterhalt schuldet und tatsächl leistet (BAG NJW 2013, 3535; sa Rn 6). Zu einer Erhöhung des pfandfreien Betrags führen auch Unterhaltspflichten ggü einem Elternteil nach §§ 1615l, 1615n BGB (Unterhalt für die Zeit vor und nach der Entbindung), nicht Zahlungspflichten nach § 1615m BGB (Sterbefallkosten). Letztere können allenfalls nach der Härteklausel des § 850f I Nr 2 oder § 765a berücksichtigt werden. Eine ges Unterhaltspflicht ggü einem bedürftigen volljährigen Kind erfüllt der Sch auch, wenn er leistet und sich nicht auf Gefährdung seines angemessenen Unterhalts (§ 1603 I BGB) beruft; das Kind ist dann für Bemessung des Freibetrags zu berücksichtigen, § 850c gebietet dem Sch nicht, sich im Gl-Interesse zum Nachteil seines Kindes auf Leistungsfreiheit nach § 1603 I BGB zu berufen (zutr St/Rellermeyer C.247 mwN). Unterhaltsleistung durch den Sch an Angehörige erfolgt auch, wenn deren Unterhalt nach Pfändung und Überweisung vom Arbeitseinkommen des Sch (insb nach § 850d) einbehalten wird und der gepfändete Betrag nur Tilgung rückständigen Unterhalts ermöglicht (LG Münster Rpfleger 2001, 608). Zu berücksichtigen ist Erfüllung einer Unterhaltspflicht mit ZwV bei Feststellung der für einen anderen Gl gepfändeten Beträge auch dann, wenn der Unterhaltsgl erst nach diesem Gl gepfändet hat. Erhöhung des pfandfreien Grundbetrags und im Hinblick auf unterhaltsberechtigte Angehörige gewährte Zusatzzehntel entfallen, wenn sich der Sch der Unterhaltspflicht entzieht. Ohne Belang ist, ob Unterhalt, den der Sch ges zu erbringen hat und auch tatsächl leistet, den Pauschbetrag erreicht oder übersteigt, um den sich wegen der jew Unterhaltspflicht der Freibetrag erhöht (BGH MDR 2007, 973). Daher kommt eine Herabsetzung der pauschalierten Freibeträge auf den tatsächl geleisteten Unterhaltsbetrag auch dann nicht in Betracht, wenn der Sch seiner ges Unterhaltspflicht ggü einem Angehörigen ohne eigenes Einkommen (sonst VI) nicht in vollem Umfang genügt (BGH MDR 2007, 973; BGH MDR 2010, 1489 [seltene Ausnahme unter engen Voraussetzungen]).

6 **b)** Der **Ehegatte** des Sch **mit eigenem Einkommen** wird für Bemessung des Freibetrags nach § 850c als Person berücksichtigt, der Unterhalt gewährt wird, wenn der Sch unterhaltspflichtig ist und Unterhalt tatsächl leistet. Darauf, ob er den vollen pfändungsfreien Betrag aufwenden muss, kommt es nicht an. Gleiches gilt für den Lebenspartner und **Kinder** (oder andere Angehörige) mit eigenem Einkommen, wenn der Sch noch unterhaltspflichtig ist und Unterhalt leistet. Der mitverdienende Ehegatte (und im Folgenden jew auch: der Lebenspartner) ist daher grds als unterhaltsberechtigte Person zu berücksichtigen, wenn der Sch zum Familienunterhalt (§ 1360 S 1 BGB) beiträgt. Er erfüllt damit die ges Unterhaltspflicht ggü dem Ehegatten (BGH NJW 2012, 393 Tz 9). Zu berücksichtigen ist der Ehegatte, der zum Familienunterhalt beiträgt, daher, wenn seine Einkünfte aus eigener Erwerbstätigkeit unter den Einkünften des Sch liegen (BAG FamRZ 75, 488), ebenso aber auch dann, wenn sein Einkommen höher ist als das Arbeitseinkommen des Sch (BAG MDR 83, 788). Ein Ausgleich ist nur durch Bestimmung des VollstrGerichts nach VI möglich (BGH NJW 2012, 393). Diese leicht zu handhabende Abgrenzung wird insb auch den Grundsätzen der Rechtsklarheit und Praktikabilität gerecht. Sämtl Beteiligte müssen leicht feststellen können, welcher Teil des Arbeitseinkommens des Sch pfändbar ist. Dazu gehört auch, dass sich leicht ermitteln lässt, ob bestimmte unterhaltsberechtigte Personen nach dem Pfändungsbeschluss zu berücksichtigen sind. Für Prüfung oft komplizierter Einzelfragen des materiellen Unterhaltsrechts ist im formalisierten VollstrVerf (sa vor § 704 Rn 22) kein Raum. Die Klärung solcher Fragen kann auch nicht dem Drittsch aufgelastet werden, dem die Berechnung der gepfändeten Einkommensteile obliegt.

7 **c)** Wenn Arbeitseinkommen **beider** (einzeln oder samtverbindl) haftender **Ehegatten** gepfändet wird, bleibt der infolge seiner Unterhaltspflicht ggü dem anderen Ehegatten erhöhte Freibetrag jedem Sch nach Maßgabe des in Rn 6 Gesagten selbständig (Grundsatz der Einzelvollstr; Abhilfe nur nach VI). Ebenso wird, wenn Eltern **gemeinschaftl Kindern** unterhaltspflichtig sind und Unterhalt leisten, bei ZwV gg beide Elternteile jedem Sch *der um den Kinderfreibetrag erhöhte pfändungsfreie Einkommensteil voll belassen* (LG Bayreuth MDR 94, 621); die jew Unterhaltsleistung des anderen Elternteils ist aber Einkommen, das Anordnung nach VI rechtfertigen kann.

5) Freigrenze. Die differenzierte Berechnung des unpfändbaren Einkommens, die I, II und III vorsehen, brauchen die Beteiligten nicht selbst vorzunehmen. Ob und in welcher Höhe Einkommen von der Pfändung ergriffen wird, weist die Pfändungsfreigrenzenbekanntmachung aus (IV). Bei Nettoeinkommen, die über den Grenzen in III 3 liegen, muss der pfändbare Betrag allerdings näher festgestellt werden. Zunächst ist aus der bekannt gemachten Tabelle abzulesen, welcher Betrag bei einem Einkommen an der Höchstgrenze, die III 3 zieht, unter Berücksichtigung etwaiger Unterhaltspflichten schon von der Pfändung erfasst wird. Diesem Betrag ist das Nettoeinkommen hinzuzuschlagen, das die Grenze in III übersteigt. Ein dem Sch zu belassender Anteil an diesem überschießenden Betrag ist nicht vorgesehen (III 3), denn die Zehntelregelungen in III 1, 2 erfassen nur den Bereich zwischen den Beträgen nach I, II und dem Höchstbetrag in III 3. Pfändungsschutz kann dann nur noch nach § 850f I Nrn 1-3 zugebilligt werden. 8

III) Pfändungsbeschluss. 1) Inhalt. Er muss die nach der Höhe des Arbeitseinkommens, den Auszahlungszeiträumen und den Unterhaltspflichten des Sch festzustellenden pfändbaren Einkommensteile nicht betragsmäßig bezeichnen; er braucht die pfändbaren Beträge auch nicht durch Angabe der zu berücksichtigenden unterhaltsberechtigten Angehörigen einzugrenzen. Es genügt Bezugnahme auf die Pfändungsfreigrenzenbekanntmachung (V 3; Ausnahme: VI Hs 2), somit Pfändung mit sog **Blankettbeschluss** (BGH NJW 2006, 777). Die betragsmäßige Feststellung des gepfändeten Arbeitseinkommens und damit auch die Ermittlung und Berücksichtigung der Angehörigen, denen der Sch Unterhalt schuldet und leistet, hat dann der Drittsch vorzunehmen, wobei V 1 für die Berechnung des nach III 1, 2 pfändbaren Einkommensteils die Abrundungen des Einkommens (unter Ausschluss der nach III 3 pfändbaren Beträge) in der Weise regelt, dass die Divisoren 10 (Monat), 2,5 (Woche) und 0,5 (Tag) zu einem Quotienten führen müssen, der eine natürl Zahl ist (Hilfestellung für den Gl durch V 2). – Es gilt: Der Drittsch muss keine Nachforschungen anstellen, aber alle seine Kenntnisse berücksichtigen, Zweifeln muss er nachgehen (MskV/Flockenhaus Rn 8), idR ausreichend durch Befragung des Sch (ArbG Kempten JurBüro 2012, 494). Sch und Gl hat er Gelegenheit zur Äußerung zu geben (sa Liese DB 90, 2065 [Befragung des Sch ist Obliegenheit]). – Die Eintragungen auf der LSt-Karte alleine sind nicht hinreichend aussagekräftig (MskV/Flockenhaus Rn 8; aA LAG Hamm ZInsO 2015, 2348 [Eintragungen geben grds zunächst ausreichend Anhalt]). Die Lohnsteuerabzugsmerkmale (§ 39 EStG) tragen nur der familienbezogenen Zielsetzung des Steuerrechts Rechnung. Unterhaltsberechtigte weisen sie nicht in Übereinstimmung mit § 850c aus. Seit Bescheinigung der Kinderfreibeträge (meist Verhältnisse zu Jahresbeginn) können zudem Änderungen eingetreten sein. Erforderl Feststellungen hat der Drittsch zu treffen. Ermittlungen darüber, ob der Sch seine Unterhaltspflichten tatsächl erfüllt, können dem Drittsch aber nicht zugemutet werden (LG Braunschweig JurBüro 2013, 273). Das gilt vor allem, wenn die Unterhaltsberechtigten in seinem Haushalt leben oder für ihre Ansprüche VollstrTitel in Händen haben. Der Drittsch wird die Nichterfüllung nur berücksichtigen können, wenn er davon zuverlässige Kenntnis hat (LG Stuttgart JurBüro 2003, 156). Im Allgemeinen kann er es dem Gl überlassen, im Erinnerungsverf oder unter den Voraussetzungen des VI auf eine Abänderung des Pfändungsbeschlusses hinzuwirken (vgl OLG Karlsruhe FamRZ 2010, 56). Führt der Blankettbeschluss zu Unklarheiten, können Gl, Sch und Drittsch klarstellende Entscheidung des VollstrGerichts verlangen (BGH MDR 2017, 1446). Wenn während laufender Pfändung Unterhaltsberechtigte neu hinzutreten, hat der Sch das dem Arbeitgeber nachzuweisen, damit dieser den pfandfreien Betrag neu errechnen kann. Das Gleiche gilt, wenn ein Elternteil Ansprüche nach §§ 1615l, 1615n BGB erhebt. Der Drittsch kann dann wieder selbst den abzuführenden Betrag neu errechnen. Solange er von solchen Veränderungen keine Kenntnis hat, darf er den bisherigen Lohnabzug fortsetzen. Auch Sch oder Gl können eine Änderung des Pfändungsbeschlusses nach § 850g herbeiführen. 9

2) Vorgehen. Zu empfehlen ist, dass sich der Arbeitgeber bei Eingang des Pfändungsbeschlusses vom Sch schriftl bestätigen lässt, welchen Personen er Unterhalt zu gewähren hat und gewährt, und dann dem Gl (auch unabhängig von § 840) und dem Sch eine entspr Berechnung übermittelt. 10

3) Freibeträgeänderung. Die Änderung in nun jährl Folge (IV 2) soll Anpassung an die Steigerung (gilt auch für Minderung) der bedarfsabhängigen Lebenshaltungskosten gewährleisten (Dynamisierung). Den Vergleichszeitraum legt IV 2 fest. Die Bezugnahme auf die Bekanntmachung im Pfändungsbeschluss (V 3) verweist auf die im BGBl jew bekannt gemachte (IV 1; seit 1.1.2023 nur noch in elektron Form, abrufbar unter: www.recht.bund.de) neu **geltende Bekanntmachung**. – Nach § 21 III iVm I 2 EGZPO (durch Art 2 Nr 1 des G v 7.7.2009, BGBl I 2009, 1707, wurde III versehentl § 20 EGZPO angefügt, richtig wäre § 21 EGZPO gewesen; sa § 20 EGZPO Rn 1) hat das VollstrGericht den Pfändungsbeschluss auf Antrag des Gl, Sch oder Drittsch entspr zu berichtigen. Befreiende Leistung des Drittsch bis zur Zustellung des Berichtigungsbeschlusses: § 21 III (zzt unrichtig [so]: § 20) iVm I 3 EGZPO. 10a

IV) Unterhaltsberechtigte mit Einkommen (§ 850c VI). 1) Antrag. Auf Gl-Antrag (**Formulierungsvorschlag:** Vorwerk/Goldbach, PFB, M 51.1) kann das VollstrGericht nach billigem Ermessen bestimmen, dass ein nach II, III 2 bei Berechnung des unpfändbaren Einkommens ges zu berücksichtigender Angehöriger, der eigene Einkünfte hat, ganz oder teilw (Rn 17) unberücksichtigt bleibt (VI). Diese flexible Regelung soll es ermöglichen, den Umständen des Einzelfalls Rechnung zu tragen (Begr BTDrs 8/693, 49). Das Prozessgericht kann im Drittsch-Prozess eine Ermessensentscheidung nach VI nicht treffen und an eine Entscheidung des VollstrGerichts ist es gebunden (OLG Karlsruhe FamRZ 2010, 56). Nach Kuleisa (ZVI 2018, 219, 221) soll schon eine au- 11 ßergerichtl Verständigung die gestaltende Wirkung gem VI haben; hiergegen zu Recht Ahrens (NJW-Spezial 2017, 725), wenn der InsoVerw sich mit dem Sch einigt.

12 **2) Einkünfte.** Tamtelen ZVI 2021, 138 (Einkünfte), 173 (Beispiele). Das können nach VI alle Arten von (laufenden) Einkünften sein: Einkommen aus selbständiger oder abhängiger Erwerbstätigkeit, Einkünfte aus früherer Erwerbstätigkeit (Rente usw) und Vermögenseinkünfte (Mieteinnahmen, Zinsen, Leibrente usw). – **Regelmäßige Zuwendungen Dritter** (BGH MDR 2020, 370 Tz 11) gehören ebenso dazu wie alle sonst Bezüge zur Bestreitung des Unterhalts, somit auch in eingeschr Umfang Sozialleistungen (St/Rellermeyer C.262 m Bsp). – **Kindergeld** stellt kein Einkommen des unterhaltsberechtigten Kindes dar (BGH MDR 2020, 1083 Tz 10; BGH MDR 2020, 370 Tz 18, 19). Ebenfalls keine eigenen Einkünfte des Kindes sind ihm zukommende Betreuungsleistungen eines ihm nicht barunterhaltspflichtigen Elternteils (BGH MDR 2020, 370 Tz 12). – **Unterhaltsleistungen** (Geld/Natural [unentgeltl Wohnen, freie Kost]) von dritter Seite, die den Bedarf mindern, sind aber zu berücksichtigen (BGH MDR 2020, 370 Tz 12; BGH MDR 2015, 797); nach LG Hildesheim (NZI 2019, 44) auch BAföG-Zahlungen (zust ThP/Seiler Rn 8a; zu Recht aA die hM: MK/Smid Rn 21; MskV/Flockenhaus Rn 11 mwN; offen gelassen BGH MDR 2020, 370 Tz 23). – **Mindestelterngeld** (§ 2 IV 1 BEEG) ist aufgrund seiner bes Zweckbindung keine eigene Einkunft des Unterhaltsberechtigten (BGH MDR 2022, 593).

13 **3) Antrag mit Pfändungsantrag.** Nach VI kann der Gl bereits mit dem Pfändungsgesuch den Antrag stellen (**Formulierungsvorschlag:** Vorwerk/Goldbach, PFB, M 51.1). Dann hat er die Voraussetzungen des VI durch substantiierten Tatsachenvortrag schlüssig darzustellen (Bezeichnung des Angehörigen sowie Art und Höhe der Einkünfte: St/Rellermeyer C.273). Beweis oder Glaubhaftmachung der Angaben sind nicht verlangt (LG Stade JurBüro 2000, 378). Entschieden wird über den Antrag sogleich bei Erlass des Pfändungsbeschlusses (nicht aber davor: LG Hannover JurBüro 92, 265). Anhörung des Sch erfolgt nicht (§ 834; MskV/Flockenhaus Rn 10; aA MK/Smid Rn 28, 29). Rechtfertigt der Antrag eine Anordnung nach IV, wird sie in den Pfändungsbeschluss aufgenommen und mit diesem ausgefertigt (keine gesonderte Zustellung); anderenfalls wird der Antrag zurückgewiesen.

14 **4) Antrag nach Pfändung.** Über den nach Wirksamwerden (§ 829 III) der Pfändung gestellten Antrag entscheidet das VollstrGericht. Zuständig ist der Rechtspfleger (§ 20 I Nr 17 RPflG), weil die in das bes Abänderungsverf verwiesene Entscheidung keine Erinnerung nach § 766 darstellt. Der Sch, nicht auch der Drittsch und nicht der Angehörige mit eigenen Einkünften, ist vor der Entscheidung zu hören; § 834 gilt insofern nicht (allgM, StJ/Würdinger Rn 31 mwN). Für den Gl-Vortrag gelten die allg Grundsätze des ZPO-Verf (sa § 766 Rn 27). Der Gl ist somit für die Einkünfte des Unterhaltsberechtigten und ihre Höhe darlegungspflichtig; vAw ist der Sachverhalt nicht zu ermitteln. Das schlüssige Gl-Vorbringen ist Entscheidungsgrundlage, wenn es nicht bestr ist (LG Leipzig JurBüro 2003, 324). Bestr Vorbringen muss der Gl beweisen. Entscheidung erfolgt nach freier Überzeugung (St/Rellermeyer C.276).

15 **5) Entscheidungsgrundsätze. a)** Die Bestimmung nach VI ist nach **billigem Ermessen** zu treffen. Sie hat unter Einbeziehung aller wesentl Umstände des Einzelfalls (Rn 11) zu erfolgen (BGH MDR 2005, 774; BGH NJW-RR 2005, 1239). Es sind eigene Einkünfte des Unterhaltsberechtigten, die ihm für seinen Lebensunterhalt zur Verfügung stehen, dergestalt zu berücksichtigen, dass für dessen damit bereits gedeckten Bedarf dem Sch ein Einkommensbetrag nicht unpfändbar verbleiben muss (BGH NJW-RR 2005, 1239). Unbedeutende Einkünfte bleiben unberücksichtigt (BGH NJW-RR 2005, 795; LG Hildesheim NZI 2019, 44 [Kindergeld ohne weitere Einkünfte]; MskV/Flockenhaus Rn 12 m Bsp), kleinliche Korrektur des unpfändbaren Einkommens ist nicht angebracht. Entspricht es billigem Ermessen, dass dem Sch für Unterhalt eines Angehörigen mit ausreichenden eigenen Einkünften Einkommen nicht mehr zur Verfügung stehen muss, hat diese Person auch bei Berechnung des unpfändbaren Arbeitseinkommens unberücksichtigt zu bleiben (LG Kassel JurBüro 2010, 216). Sonst kann ein Angehöriger in dem Umfang unberücksichtigt bleiben, in dem sein Unterhalt aus eigenen Einkünften aufgebracht werden kann und daher der Sch von seiner Unterhaltspflicht freigestellt ist (St/Rellermeyer C.267). Das kann nur nach allen Umständen des Einzelfalls beurteilt werden. Es ist der volle individuelle Lebensbedarf des Unterhaltsberechtigten zugrunde zu legen; davon ist der durch eigene Einkünfte bereits gedeckte Anteil des Unterhaltsbedarfs abzusetzen. Den Differenzbetrag (gemindert um Kindergeld: wie Rn 12; St/Rellermeyer C.269) hat der Sch als Unterhalt aus Arbeitseinkommen noch zu leisten (sa Rn 17).

15a **b)** Bestimmung nach billigem Ermessen soll genügend Raum für die **Berücksichtigung** der Umstände **des Einzelfalls** gewährleisten, zugleich aber auch eine praktische Handhabung ermöglichen, die umfassende Beweiserhebung und -würdigung mit Klärung schwieriger Fragen des materiellen Unterhaltsrechts nicht gebietet. Es sollen insb an die Prüfung keine überspannten Anforderungen gestellt werden, um das VollstrVerf praktikabel zu gestalten (BGH NJW-RR 2005, 1239). Angesichts der unterschiedl Lebenssachverhalte verbietet sich eine schematisierende Betrachtung (BGH FamRZ 2010, 123). Für die Ausübung des Ermessens können Pfändungsfreibeträge und Unterhaltssätze Anhaltspunkte geben (BGH NZI 2010, 578 Tz 6). Ermessensfehlerhaft ist es aber, dieselbe Berechnungsformel unterschiedslos auf versch Fallgestaltungen anzuwenden (BGH MDR 2005, 1013). – **aa)** Wenn der Unterhaltsberechtigte mit dem Sch in einem Haushalt lebt, kommt in Betracht, bei Bemessung des Freibetrags des Unterhaltsberechtigten die nach den sozialhilferechtl Regelungen die Existenzsicherung gewährleistenden Sätze heranzuziehen und zu berücksichtigen, dass sie nur das Existenzminimum sichern wollen, somit für die Bemessung der Pfändungsfreigrenze einen Zuschlag („**Besserungszuschlag**") in Würdigung aller

Umstände des Einzelfalls vorzunehmen, der zwischen 30 bis 50 % liegen kann (BGH NJW-RR 2005, 1239) und sich aus dem sozialhilferechtl Regelbedarf berechnet (BGH MDR 2020, 1083 Tz 15, 17), wobei es sich bei diesem Zuschlag, anders als bei denen für erwerbstätige Sch, nicht um einen Zuschlag für honorierte Erwerbstätigkeit handelt (BGH MDR 2020, 1083 Tz 16). – **bb**) Führt der Unterhaltsberechtigte einen eigenen Haushalt, hat er aus seinem Einkommen Mietzahlungen und die weiteren Grundkosten des Haushalts zu leisten. Sein Lebensbedarf wird idR damit so hoch sein, wie der des Sch selbst. Billigem Ermessen kann es daher hier entspr, als Orientierungshilfe den Grundfreibetrag des I 1 zugrunde zu legen (BGH NJW-RR 2005, 1239 Tz 10; MskV/Flockenhaus Rn 12). – Anderen Besonderheiten des Einzelfalls (zB berufsbedingte auswärtige Unterbringung des Kindes oder Ehefrau mit krankheitsbedingten Mehraufwendungen und möglicherweise erhebl eigenen Unterhaltspflichten) ist stets Rechnung zu tragen.

c) Wenn die Voraussetzungen des VI nicht gegeben sind (auch wenn die verlangte Bestimmung nach billigem Ermessen nicht zu treffen ist), wird der Antrag als unbegründet zurückgewiesen. Zurückzuweisen ist der Antrag auch, wenn die Einkünfte des Unterhaltsberechtigten unbedeutend sind (so eine Ausbildungsvergütung unter dem Sozialhilfesatz [LG Saarbrücken JurBüro 88, 67] oder das Entgelt für Ferienarbeit eines Schülers). 15b

6) Entscheidung. Sie ergeht nach VI durch **Beschluss**; er hat in der Formel die Anordnung bestimmt zu bezeichnen und ist zu begründen. Er muss ersehen lassen, ob ihm Rückwirkung auf den Zeitpunkt des Pfändungsbeschlusses oder auf einen anderen Zeitpunkt zukommen soll. Den Drittsch berührt eine solche allerdings nicht, soweit er auf Grund des Pfändungsbeschlusses bereits gezahlt hat (§ 850g S 3 entspr). Kosten: § 788 I. **Zustellung: a**) Ergeht der Beschluss mit dem Pfändungsbeschluss: nur formlose Übersendung an Gl; **b**) ergeht er nach der Pfändung: Zustellung vAw (§ 329 III) an Gl und Sch, sofern sie beschwert sind; anderenfalls reicht bei ihnen Mitteilung nach § 329 II 1 (MskV/Flockenhaus Rn 14). Dem Drittsch ist zuzustellen, wenn der Antrag (auch teilw) Erfolg hat. Dem Angehörigen wird er nicht bekanntgegeben. **c**) Gegen den Beschluss steht den Beteiligten sof Beschwerde (§ 793; § 11 I RPflG) zu, dem nicht angehörten Sch die Erinnerung (§766). Der Angehörige mit eigenem Einkommen ist nicht Verf-Beteiligter, kann somit Rechtsmittel nicht einlegen (St/Rellermeyer C.284; aA die hM [§ 766]: OLG Oldenburg JurBüro 91, 871; MK/Smid Rn 37; MskV/Flockenhaus Rn 15; StJ/Würdinger Rn 41); er kann aber nach § 850g S 2 vorgehen. Wenn der Gl geltend macht, dass der Unterhaltsberechtigte erst nach Erlass des Pfändungsbeschlusses eigene Einnahmen erlangt habe, ist § 850g einschlägig (MskV/Flockenhaus Rn 15). 16

7) Zahl der Unterhaltsberechtigten. a) Hat der Unterhaltsberechtigte nach Bestimmung des VollstrGerichts **ganz unberücksichtigt** zu bleiben, dann vermindert sich bei Berechnung des pfändbaren Arbeitseinkommens die Zahl der unterhaltsberechtigten Personen um eine. Das damit pfändbar gewordene weitere Arbeitseinkommen ist vom Pfändungsbeschluss mit seinem urspr Rang erfasst; eine Neuanordnung der Pfändung erfolgt nicht (St/Rellermeyer C.280). **b**) Wenn der Unterhaltsberechtigte **teilw** zu berücksichtigen ist, soll Bezugnahme auf die Pfändungsfreigrenzenbekanntmachung nicht erfolgen, das VollstrGericht somit den unpfändbaren Teil des Arbeitseinkommens des Sch selbst bestimmen (VI letzter Hs). Ausgeschlossen bleibt damit die Bezugnahme nur für den weggefallenen Berechtigten, nicht aber für die nach Einkommenshöhe, Auszahlungszeitraum und übrigen Unterhaltsberechtigten pfändbaren Beträge, wobei dann die teilw Berücksichtigung durch Addition eines konkreten Betrages erfolgt, nämlich der Differenz zwischen dessen Bedarf und Einkommen, begrenzt durch den Betrag, der sich bei voller Berücksichtigung dieses Berechtigten ergäbe (OLG München JurBüro 2000, 47; St/Rellermeyer C.278; aA BGH NJW-RR 2006, 568; MskV/Flockenhaus Rn 12 [quotenmäßige Nichtberücksichtigung]). 17

8) Mehrere Pfändungsgläubiger. Wenn sie gleichzeitig oder nacheinander einen Beschluss über die volle oder (gleiche) teilw Nichtberücksichtigung eines Angehörigen mit eigenem Einkommen erwirkt haben, bestimmt sich ihr **Rang** nach dem Wirksamwerden der Pfändungen (§ 829 III, § 804 III). Die zeitl Reihenfolge, in der die Beschlüsse nach IV ergangen sind, hat für das Rangverhältnis keine Bedeutung (LG Mönchengladbach JurBüro 2003, 490). Das gilt (bei Rückwirkung: Rn 16) auch für noch nicht ausgezahltes Arbeitseinkommen. Wenn Beschluss nach VI nur auf **Antrag eines Pfändungsgläubigers** (von mehreren; nur in dessen ZwV-Verf) ergangen ist, wirkt die Bestimmung nur für diesen Gl (Grundsatz der Einzelvollstreckung; sa vor § 704 Rn 21). Nur für die Berechnung der einem nachrangigen Gl gebührenden gepfändeten Einkommensteile hat der Beschluss daher Wirkung, wenn ihn allein dieser Gl erwirkt, der Pfändungsgläubiger mit besserem Rang Bestimmung nach VI aber nicht herbeigeführt hat (MskV/Flockenhaus Rn 13). Die Anordnung begründet jedoch keinen selbständigen Pfändungsrang auf den weiter pfändbaren Betrag (LG Mönchengladbach JurBüro 2003, 490). Wenn später auch der zuerst pfändende Gl in seinem VollstrVerf eine gleiche Anordnung nach IV erwirkt, gebühren ihm vom Zeitpunkt der Zustellung des Änderungsbeschlusses an den Drittsch an daher die weiteren pfändbaren Beträge, soweit bei Rückwirkung Auszahlung noch nicht erfolgt ist, auch aus rückständigem Einkommen mit dem Rang seines durch die frühere Pfändung begründeten vorrangigen PfandR (§ 804 III). Eine weitere Abtretungsmöglichkeit, auf die sich ein vorrangiger Abtretungsgläubiger berufen könnte, begründet der Beschluss nicht (ArbG Bamberg JurBüro 90, 264). 18

9) Änderung. Die nach VI getroffene Bestimmung kann nach § 850g geändert werden. Zur Berücksichtigung eigenen Einkommens eines Unterhaltsberechtigten bei Abtretung von Arbeitseinkommen (oder Sozialleistungen): BGH NJW-RR 2010, 211 (wie § 850e Rn 14). 19

20 **V) Weitere Einzelheiten. 1) Einschränkungen der Pfändbarkeit.** Unpfändbare Einkommensteile können nicht für eine Gl-Forderung gepfändet werden, die für Lebenshaltungskosten entstanden ist (keine Deckung der Kosten früherer Lebenshaltung aus dem zur Bestreitung des laufenden Unterhalts nach § 850c freigestellten Betrag). Beschränkte Pfändbarkeit eines in § 850c enthaltenen Wohnraumkostenanteils ist daher dem Gl einer Forderung für Wohnraumüberlassung nicht ermöglicht (OVG Münster NZM 99, 773). Es kann auch nicht, wenn pfändbares Arbeitseinkommen für Leistungen **abgetreten** ist, deren Befriedigung § 850c mit dem unpfändbaren Einkommensteil gewährleistet (Miete, Heizung usw), durch klarstellende Bestimmung des VollstrGerichts die Abtretung auf unpfändbare Einkommensteile erstreckt werden (aA AG Frankfurt JurBüro 97, 438; AG Heidelberg JurBüro 97, 439). Es gibt keine Rechtsgrundlage für eine Bestimmung, dass Teile der nach § 850c unpfändbaren Bezüge auf bestimmte Ausgaben für den Lebensbedarf ausscheidbar zu beziehen wären. Ebenso ist ggü einem später pfändenden Gl die Vereinbarung des Sch mit seinem Arbeitgeber als Vermieter wirksam, dass die monatl Miete vom Arbeitseinkommen einzubehalten ist. Das VollstrGericht kann nicht (für erhöhte Einkommenspfändung) bestimmen, dass ein Teil der unpfändbaren Bezüge für die einzubehaltenden Mietkosten bestimmt sei, diese in dem bestimmten Umfang somit auf unpfändbares Einkommen zu verrechnen seien. Das Prozessgericht kann im Rechtsstreit zwischen Zessionar und Arbeitgeber nicht die Bestimmung treffen, dass ein Teil der nach § 850c unpfändbaren Bezüge für Mietkosten bestimmt und daher abtretbar wäre (BAG MDR 2001, 650). Eine Herabsetzung des pfandfreien Betrags ist schließlich auch nicht möglich, weil der Sch Teile des ihm pauschaliert verbleibenden Einkommens nicht zweckgerichtet (wie zB zur Bezahlung von Energiekosten) verwendet (LG Kassel JurBüro 2007, 664).

21 **2) Beschränkung der Pfändung.** Dem Gl steht es frei, die Pfändung auf geringere Beträge zu beschränken, als sie gem § 850c pfändbar sind, etwa weil er dem Sch die Abtragung der VollstrForderung in weniger drückenden Teilbeträgen ermöglichen will. Möglich sind auch Vereinbarungen dahin, dass der Drittsch die von der Pfändung erfassten Beträge nicht ganz an den Gl abzuführen braucht. Lohnabtretungen ändern an der Berechnung des pfändbaren Betrags nichts (Besonderheit: Rn 20); ob solche vorliegen, ist bei Erlass des Pfändungsbeschlusses nicht zu prüfen. Darüber, inwieweit sie der Drittsch bei der Errechnung des an den Gl abzuführenden Betrags zu berücksichtigen hat: sa § 850e Rn 2.

22 Wegen der zum 1.7. eines Jahres jew neuen **Pfändungsfreigrenzenbekanntmachung (IV)** wird auf den Abdruck der Pfändungsbeträge hier abgesehen. Seit dem 1.1.2023 erfolgt die Bekanntmachung nur noch in elektron Form (abrufbar unter: www.recht.bund.de). Hinweis: **Unpfändbare Beträge** nach § 850c für den Zeitraum ab 1.7.2021 vgl Bek v 10.5.2021, BGBl I 2021, 1099; ab 1.7.2022 vgl Bek v 25.5.2022, BGBl I 2022, 825; ab 1.7. 2023 vgl Bek v 15.3.2023, BGBl 2023 I Nr 79; ab 1.7.2024 vgl Bek v 10.5.2024, BGBl 2024 I Nr 160 mit Ber v 23.5.2024, BGBl 2024 I Nr 165a; ab 1.7.2025 vgl Bek v 2.4.2025, BGBl 2025 I Nr 110.

§ 850d Pfändbarkeit bei Unterhaltsansprüchen

(1) [1]Wegen der Unterhaltsansprüche, die kraft Gesetzes einem Verwandten, dem Ehegatten, einem früheren Ehegatten, dem Lebenspartner, einem früheren Lebenspartner oder nach §§ 1615l, 1615n des Bürgerlichen Gesetzbuchs einem Elternteil zustehen, sind das Arbeitseinkommen und die in § 850a Nr. 1, 2 und 4 genannten Bezüge ohne die in § 850c bezeichneten Beschränkungen pfändbar. [2]Dem Schuldner ist jedoch so viel zu belassen, als er für seinen notwendigen Unterhalt und zur Erfüllung seiner laufenden gesetzlichen Unterhaltspflichten gegenüber den dem Gläubiger vorgehenden Berechtigten oder zur gleichmäßigen Befriedigung der dem Gläubiger gleichstehenden Berechtigten bedarf; von den in § 850a Nr. 1, 2 und 4 genannten Bezügen hat ihm mindestens die Hälfte des nach § 850a unpfändbaren Betrages zu verbleiben. [3]Der dem Schuldner hiernach verbleibende Teil seines Arbeitseinkommens darf den Betrag nicht übersteigen, der ihm nach den Vorschriften des § 850c gegenüber nicht bevorrechtigten Gläubiger zu verbleiben hätte. [4]Für die Pfändung wegen der Rückstände, die länger als ein Jahr vor dem Antrag auf Erlass des Pfändungsbeschlusses fällig geworden sind, gelten die Vorschriften dieses Absatzes insoweit nicht, als nach Lage der Verhältnisse nicht anzunehmen ist, dass der Schuldner sich seiner Zahlungspflicht absichtlich entzogen hat.

(2) Mehrere nach Absatz 1 Berechtigte sind mit ihren Ansprüchen in der Reihenfolge nach § 1609 des Bürgerlichen Gesetzbuchs und § 16 des Lebenspartnerschaftsgesetzes zu berücksichtigen, wobei mehrere gleich nahe Berechtigte untereinander den gleichen Rang haben.

(3) Bei der Vollstreckung wegen der in Absatz 1 bezeichneten Ansprüche sowie wegen der aus Anlass einer Verletzung des Körpers oder der Gesundheit zu zahlenden Renten kann zugleich mit der Pfändung wegen fälliger Ansprüche auch künftig fällig werdendes Arbeitseinkommen wegen der dann jeweils fällig werdenden Ansprüche gepfändet und überwiesen werden.

1 ***I) Funktion.*** *Regelung der Pfändbarkeit von Arbeitseinkommen wegen einer Unterhaltsforderung mit weitergehender Zugriffsmöglichkeit des Gl, der wegen seiner Bedürftigkeit vom Sch in bes Maße abhängig ist.* Zur Behandlung der Unterhaltsansprüche beim P-Konto: § 906 (sa Salten MDR 2021, 11, 16).

II) Bevorrechtigte Unterhaltsansprüche. 1) Personenkreis. Bevorrechtigt sind die laufenden und in Grenzen (Rn 5) auch die rückständigen **Unterhaltsansprüche**, die bestimmten Angehörigen kraft Gesetzes zustehen. Dazu gehören die Unterhaltsansprüche der Verwandten in gerader Linie (§§ 1601 ff BGB; Kindesunterhalt auch bei Vollstr durch einen Elternteil im eigenen Namen [§ 1629 III 1 BGB]); Adoptivkinder zählen dazu (§§ 1754, 1770 BGB). Weiter gehören hierher die Unterhaltsansprüche des Ehegatten (§§ 1360 f BGB, auch der Anspruch auf Haushalts- und Taschengeld) und des getrenntlebenden Ehegatten (§ 1361 BGB), schließlich des früheren Ehegatten (§§ 1569 ff BGB), und Unterhaltsansprüche des Lebenspartners sowie eines früheren Lebenspartners (§§ 5, 12, 16 LPartG). Bevorrechtigt ist außerdem der Anspruch der Mutter (ggf des Vaters) auf Unterhalt für die Zeit vor und nach der Entbindung (§§ 1615l, 1615n BGB; dazu OLG Frankfurt NJW-RR 2000, 220), nicht aber Sterbefallkosten (§ 1615m BGB). Vertragl Regelung ges Unterhaltsansprüche (zB durch Vergleich) ändert an der Bevorrechtigung nichts (BGH NJW 79, 550). Schließen die Parteien für den Unterhalt nach Scheidung die Abänderungsklage aus, folgt daraus regelmäßig, dass sie nicht den ges Unterhalts regeln wollten, sondern eine vertragl Regelung entspr der Leibrente getroffen haben; in diesem Fall ist der pfändungsfreie Betrag dem § 850c zu entnehmen (OLG Frankfurt JurBüro 80, 778; StJ/Würdinger Rn 10; aA MK/Smid Rn 2). Nur der laufende Unterhalt (einschl gewisser Rückstände) genießt das Vorrecht, nicht ein Anspruch auf Kapitalabfindung (zB nach § 1585 II BGB). 2

2) Vertraglicher Unterhalt. Keine Vorzugsstellung genießen vertragl begründete Unterhaltsansprüche (zB der einem Stiefkind zugesagte Unterhalt oder die Leibrente des Verkäufers eines Hauses), auch nicht Altenteilsansprüche, desgl nicht Ansprüche auf Aussteuer und nicht der prozessuale KE aus der Verfolgung von Unterhaltsansprüchen (vgl BGH NJW-RR 2011, 791 Tz 19), wohl aber die Beitreibungskosten (OLG Hamm Rpfleger 77, 109; aA LG Krefeld FamRZ 2010, 1929). Der Prozesskostenvorschuss (§ 1360a IV BGB; für Kinder: § 850b Rn 5) ist als Beitrag zum Unterhalt unabhängig vom Gegenstand des Rechtsstreits nach § 850d bevorrechtigt (BGH NJW-RR 2009, 1441 Tz 12). Der Schadensersatzanspruch wegen Entzugs des Unterhalts (§ 844 II BGB) ist kein Unterhaltsanspruch. Er kann, ebenso wie andere Ersatzansprüche wegen Entziehung eines ges Unterhaltsanspruchs oder wegen Aufhebung oder Minderung der Erwerbsfähigkeit (§ 5 II, § 8 HaftPflG, § 10 I, § 13 StVG usw), nicht privilegiert nach § 850d vollstr werden (BGH MDR 2007, 177). Ein Anspruch aus schuldrechtl Versorgungsausgleich ist nicht privilegiert (BGH MDR 2005, 1434). Wird hingegen ein ges Unterhaltsanspruch vertragl geregelt, bleibt es bei der Privilegierung (BGH NJW 2013, 239), soweit mit dem gesetzl Anspruch Identität besteht (St/Rellermeyer C.293; MK/Smid Rn 2). 3

3) Übergang von Unterhaltsforderungen. Die Bevorrechtigung nach § 850d bleibt bestehen, wenn der Anspruch auf einen eingesprungenen anderen Unterhaltssch übergeht (zB §§ 1607, 1608, 1584 S 3 BGB; St/Rellermeyer C.297). Ein Übergang nach § 1607 BGB findet auch statt, wenn ein Ehegatte bei ausbleibenden Unterhaltsleistungen des anderen für ein gemeinschaftl Kind mit eigenen Unterhaltsleistungen, die ihn primär nicht treffen würden, vorl und in der Absicht, dafür Ersatz zu verlangen, in die Lücke tritt (OLG Celle NJW 74, 504). Der übergegangene Anspruch darf aber nicht zum Nachteil des eigentl Unterhaltsberechtigten geltend gemacht werden (§ 1607 IV, § 1608 S 3, § 1584 S 3 BGB). Auch bei Übergang auf einen Sozialhilfeträger (§ 94 I 1 SGB XII; sa BGH FamRZ 2004, 185), auf den Träger der öffentl Jugendhilfe (§ 94 III KJHG; LG Erfurt FamRZ 97, 510), auf die Unterhaltsvorschusskasse nach § 7 I UntVorschG (BGH NJW 2015, 157; BGH FamRZ 2015, 657 mit Einzelheiten [auch zum Rangverhältnis] bei der Vollstr) oder auf das Land nach § 37 I BAföG (LG Stuttgart Rpfleger 96, 119) behält der Unterhaltsanspruch sein Vorrecht. Für den Kostenersatzanspruch des Sozialhilfeträgers nach §§ 102-105 SGB XII gilt das Vorrecht nicht (MskV/Flockenhaus Rn 3; aA OLG Hamm Rpfleger 77, 109). – Aufgelaufene Unterhaltsforderungen verlieren den privilegierten Charakter, wenn sie auf einen Erben (§ 1922 BGB; MskV/Flockenhaus Rn 3) oder einen Bürgen (§ 774 BGB; St/Rellermeyer C.296) übergehen. 4

4) Rückstände. Für rückständige Unterhaltsansprüche ist das Einkommen des Sch erweitert nach § 850d pfändbar. Unterhaltsrückstände, die länger als ein Jahr vor dem Eingang des Antrags auf Erlass des Pfändungsbeschlusses (nicht Zeitpunkt des Erlasses oder der Zustellung) fällig geworden sind (sog überjährige Rückstände), sind **dann nicht** nach I privilegiert, wenn nach Lage der Verhältnisse nicht anzunehmen ist, dass der Sch sich seiner Zahlungspflicht absichtlich entzogen hat (I 4; kann auch nur wegen eines Teils des Rückstands anzunehmen sein und Vorrecht ausschließen). Dann kann der Unterhaltsgl überjährige Rückstände nur noch in den für gewöhnl Gl geltenden Pfändungsgrenzen des § 850c vollstr. **„Absichtlich entzogen"** hat sich der Sch seiner Zahlungspflicht, wenn er durch ein zweckgerichtetes Verhalten (auch Unterlassen) die Realisierung der Unterhaltsschuld verhindert oder zumindest wesentl erschwert hat (BGH MDR 2005, 649). Das ist idR dann anzunehmen, wenn er trotz Zahlungsfähigkeit keinen Unterhalt geleistet hat (BGH MDR 2005, 649); subj Absicht, durch Ausnutzung der Jahresfrist des Pfändungsvorrechts auszuschließen, ist nicht erforderl (BGH MDR 2005, 649). Als Absicht, sich der Zahlungspflicht zu entziehen, wird es auch angesehen, wenn der Sch seiner ggü einem minderj Kind gesteigerten unterhaltsrechtl Verpflichtung, seine Arbeitskraft voll einzusetzen, trotz bestehender Möglichkeit, auf diese Weise Einkünfte zu erzielen, nicht nachgekommen ist (BGH NJW-RR 2005, 718). Pfändung mit Vorrecht ist auch wegen der überjährigen Rückstände zulässig, die vor Erlass des Urteils, durch das der Unterhalt erst der Höhe nach bestimmt worden ist, fällig geworden sind (KG MDR 86, 767). Auf Absicht beruht ein Zahlungsrückstand aber nicht, wenn der Sch gemeint hat, nicht zahlungspflichtig zu sein (LG 5

Braunschweig JurBüro 86, 1422); für Unterhalt, dessen Höhe bis zum Erlass des Urteils nicht vollstr festgestanden hat, kann von Absicht somit nicht ausgegangen werden, wenn aus bes Umständen die Unterhaltspflicht zweifelhaft war (OLG Frankfurt NJW-RR 2000, 220, 221).

5a **5) Vortrags- und Beweislast.** Weil Unterhaltsansprüche nach I 1 grds (Rn 5) privilegiert sind, wird angenommen, dass der Sch die Darlegungs- und Beweislast dafür trägt, dass er sich seiner Zahlungspflicht **nicht absichtlich** entzogen hat (BAG ZInsO 2013, 1214). Der Gl muss demnach im Pfändungsantrag keine Tatsachen für das Vorrecht auch der überjährigen Rückstände schlüssig vorbringen (BGH NJW-RR 2005, 718), das VollstrGericht für den Erlass des Pfändungsbeschlusses dieses Tatbestandsmerkmal somit nicht prüfen. Es hat vielmehr der Sch, der überjährige Rückstände von der Privilegierung nach I 4 ausschließen will, Tatsachen vorzutragen, die die Annahme rechtfertigen, dass er sich seiner Zahlungspflicht nicht absichtlich entzogen hat (BGH NJW-RR 2005, 718). Geltend zu machen sind vom Sch (auch vom unterhaltsberechtigten Angehörigen) die Einwendungen gg die privilegierte Pfändung auch für überjährige Rückstände mit Erinnerung (§ 766).

6 **III) Pfändung. 1) Umfang.** Wegen bevorrechtigten Unterhalts ist das Einkommen des Sch ohne die Beschränkungen des § 850c pfändbar (I 1; zur Einkommensermittlung ausf Groffmann NZFam 2016, 643). Von der Pfändung werden auch die sonst unpfändbaren **Bezüge nach § 850a Nrn 1, 2, 4** erfasst (I 1); ein Teil von ihnen muss dem Sch aber zusätzl zum notw Unterhalt belassen werden (I 2 Hs 2). Die Bezüge nach § 850a Nrn 3, 5-8 können auch von Unterhaltsgl nicht gepfändet und auf den notw Unterhalt iSd I 2 Hs 1 nicht angerechnet werden. Unpfändbarkeit nach § 850a Nr 3 soll zwar sicherstellen, dass der Sch mit zweckgebundenen Zuwendungen Mehraufwendungen decken kann, sie hat aber nicht zur Folge, dass sich diese Mittel bei Unterhaltsvollstr überhaupt nicht zugunsten der Gl auswirken können. Vielmehr sind sie, wie alle anderen Einnahmequellen des Sch, bei der Sicherstellung des verringerten pfändungsfreien Betrags des Sch (I 2) zu berücksichtigen (BGH MDR 80, 385). Pfändung der Bezüge nach § 850b ist auch Unterhaltsgl nur unter den Voraussetzungen des § 850b II möglich; wenn Pfändung zugelassen wird, muss auch von ihnen dem Sch ein Teil für notw Unterhalt verbleiben (sa § 850b Rn 16). Bei Pfändung gleichzeitigen Arbeitseinkommens bestimmt über ihre Anrechnung auf den notw Unterhalt die an § 850b II ausgerichtete konstitutive Pfändungsentscheidung des VollstrGerichts. Bei der Pfändung einmaliger Vergütung für Dienstleistung (§ 850i I) ergibt sich eine gleichartige Regelung aus § 850i I 1.

7 **2) Berechnung.** Zu belassen ist dem Sch, wenn wegen bevorrechtigten Unterhalts gepfändet wird: **a)** Der für seinen eigenen **notwendigen Unterhalt** (am Ort seiner Wahl: Schultz MDR 89, 241) benötigte Betrag (I 2; Sockelbetrag). Dieser „notwendige" Unterhalt entspricht idR dem notw Lebensunterhalt iS SGB XII (BGH MDR 2018, 1212), wobei auf Kap 3 und 11 SGB XII abzustellen ist (BGH MDR 2020, 308 Tz 12). – Zu bemessen ist nicht der Lebensbedarf zur Wahrung soz Rechte, sondern der dem Sch bei erweiterter Vollstr zur Existenzsicherung zu belassende notw Unterhalt (näher § 850f Rn 2a). Dieser entspricht allein dem Sozialhilfebedarf (BGHZ 156, 30), weshalb Kap 3 Abschnitt 2 SGB II (§§ 19-34c SGB II, Grundsicherung für Arbeitssuchende) ohne Bedeutung bleibt, denn SGB XII gilt hier auch für erwerbsfähige Sch (MskV/Flockenhaus Rn 5; St/Rellermeyer C.311 – jew mwN). Die Unterhaltsrichtlinien der OLGe können nicht herangezogen werden. Gesondert zu belassen sind dem Sch entspr Kap 11 § 82 II 1 Nr 4 SGB XII die mit der Erzielung des Einkommens verbundenen notw Ausgaben wie zB höhere Fahrtkosten zur Arbeitsstelle (LG Leipzig NZFam 2020, 689) oder Praxisaufwendungen eines Kassenzahnarztes. Über diese berufsbedingten Aufwendungen hinaus wird dem Sch zum Ausgleich für die Erwerbstätigkeit ein pauschalierter „Besserstellungszuschlag" (MskV/Flockenhaus Rn 6; HkZV/Meller-Hannich Rn 17 [„Mehrbedarfszuschlag"]) in angemessener Höhe belassen, der idR bei 30-50 % liegen sollte (vgl Kap 11 § 82 III 1 SGB XII; Benner NZFam 2019, 845, 847). – Zur Berechnung bei einem Sch, der SGB II-Leistungen erhält: Rn 10 und Benner NZFam 2019, 845, 849. Keine Bedeutung für die Bemessung des notw Unterhalts erlangen Regelungen über Minderung und Wegfall des Arbeitslosengeldes II (§§ 31a, 31b SGB II) sowie Vorschriften über Minderung von Geldleistungen bei zu berücksichtigendem Einkommen und Vermögen (§ 19 III SGB II; MskV/Flockenhaus Rn 5; St/Rellermeyer C.422; sa § 850f Rn 2c).

8 **b)** Was er zur Erfüllung seiner laufenden ges **Unterhaltspflichten** (nicht auch zur Tilgung von Unterhaltsrückständen) ggü den dem Vollstreckungsgl vorgehenden oder zur gleichmäßigen Befriedigung der dem Gl gleichrangigen Berechtigten braucht (I 2 Hs 1). Voraussetzung für die Berücksichtigung der Unterhaltsberechtigten ist wie in § 850c, dass der **Sch tatsächl Unterhalt gewährt** bzw insofern in Anspruch genommen wird (wie hier jetzt auch: BGH MDR 2023, 526 Tz 14 ff [Aufgabe von BGH MDR 2010, 1214; dazu schon krit: BGH MDR 2014, 1349 Tz 17]; sa Rn 11; zum Naturalunterhalt: BGH MDR 2023, 724 Tz 10 mwN). Daher ist auch hier von Bedeutung, ob sich die potenziell Unterhaltsberechtigten ganz oder teilw aus eigenem Einkommen unterhalten können. Ein Stiefkind oder Pflegekind gehört nicht zu diesen Berechtigten; Kindergeld, das der Sch für ein solches Kind erhält, ist nicht auf den notw Unterhalt für sich und seine unterhaltsberechtigten Angehörigen anzurechnen. Soweit der Barunterhalt eines minderj Kindes gedeckt ist, bedarf der betreuende Elternteil keines nach I 2 pfändungsfrei zu belassenden Betrages zur Erfüllung seiner ges Unterhaltspflichten (ausf dazu BGH MDR 2024, 1202).

9 **c)** Außerdem von den in **§ 850a Nrn 1, 2 u 4** genannten Bezügen mindestens die Hälfte des nach § 850a unpfändbaren Betrags, also mindestens 1/4 des Einkommens aus Mehrarbeitsstunden, mindestens die Hälfte von Urlaubs-, Treuegeldern, Zuwendungen anlässlich eines bes Betriebsereignisses, mindestens die Hälfte des in § 850a Nr 4 als unpfändbar bezeichneten Betrages der Weihnachtsvergütung.

3) Weitere Einkünfte. Nebeneinkommen und geldwerte Naturalleistungen, die den notw Unterhalt ganz oder teilw decken, sind bei der Bestimmung des pfandfrei zu belassenden Betrags zu berücksichtigen (BGH MDR 2013, 426), somit auf den nach den Vorschriften des SGB XII festgestellten notw Lebensunterhalt **anzurechnen** (sa § 850e Rn 26 aE). Anzurechnende Einkünfte und geldwerte Vorteile sind insb Einkommen aus Nebenbeschäftigung und regelmäßige Trinkgelder (LG Osnabrück JurBüro 99, 214) sowie Erträgnisse aus Vermögen (Zinsen usw). Mindernd zu berücksichtigen ist auch das **Wohngeld**. Ebenso können (pfändbare: § 54 IV SGB I) **Sozialversicherungs- und Versorgungsrenten** (wie eine Altersrente: BGH MDR 2013, 426 Tz 16) dem gepfändeten Arbeitseinkommen zur Anrechnung hinzugeschlagen werden. Bürgergeld- (früher: ALG II-) Leistungen sind trotz Pfändungsschutz im SGB II (§ 42 IV 1 SGB II) zu berücksichtigen, soweit und solange das sozialhilferechtl Existenzminimum gesichert bleibt (BGH MDR 2020, 308 Tz 22). Einkünfte des nicht getrenntlebenden Ehegatten (Lebenspartners) zählen nicht zu den den Bedarf deckenden Einkünften des Sch (St/Rellermeyer C.323; aA LG Leipzig FamRZ 2020, 1932; sa § 850f Rn 10). 10

4) Berechtigte. a) Der zur Erfüllung laufender ges Unterhaltspflichten ggü **vorgehenden Berechtigten** (Rn 16-19) über den eigenen notw Unterhalt des Sch (Sockelbetrag: Rn 7) hinaus zu belassende Freibetrag (Rn 8) bestimmt sich nicht nach dem Unterhaltsanspruch, sondern nach der **tatsächl Erfüllung der Unterhaltspflicht** (wie hier jetzt auch: BGH MDR 2023, 526 Tz 14 ff [Aufgabe von BGH MDR 2010, 1214; dazu schon krit: BGH MDR 2014, 1349 Tz 17]; sa Rn 8). Bestimmt sich diese – wie für ein minderj Kind im Haushalt des Sch – nach der Lebensstellung des Sch (oder der Eltern), erlangt auch Bedeutung, dass der vorgehende Berechtigte angesichts der Verschuldung gewisse Abstriche in der Lebensführung hinzunehmen hat (BGH MDR 2005, 774). Einkommen eines Berechtigten, das dessen Bedarf mindert, ist bei Feststellung des geschuldeten (vorrangigen) Unterhalts zu berücksichtigen („anzurechnen"). **Kindergeld:** wie Rn 11a. 11

b) Der zur gleichmäßigen Befriedigung eines oder mehrerer dem Gl **gleichstehenden Berechtigten** (Rn 16-19) über den eigenen notw Unterhalt des Sch (Sockelbetrag: Rn 7) hinaus zu belassende Freibetrag (Rn 8) hat **gleichmäßige Befriedigung** aller gleichstehenden Berechtigten nach dem Verhältnis der Beträge ihrer laufenden ges Unterhaltsansprüche (wie Rn 11) zu gewährleisten (OLG Frankfurt NJW-RR 2000, 220). Der Gl und die weiteren Unterhaltsberechtigten müssen nach Maßgabe ihres (ggf unterschiedl hohen) vollen ges Unterhaltsbedarfs gleichmäßig zum Zuge kommen. Das gebietet Quotelung des den notw Unterhalt des Sch übersteigenden Einkommens nach der Höhe der gesamten ges Unterhaltsansprüche des Gl und der weiteren Berechtigten in der gleichen Rangstufe (vgl BGH MDR 2023, 724 Tz 13 mwN). Aufteilung des Mehreinkommens nach Kopfteilen schließt das ebenso aus wie Bemessung des Unterhaltsbedarfs des oder der in der gleichen Rangstufe stehenden Berechtigten nach den Sätzen des Sozialhilferechts (St/Rellermeyer C.320). Einkommen eines Berechtigten, damit insb des Ehegatten, das dessen Bedarf mindert, ist bei Bemessung des geschuldeten und für Aufteilung nach dem Verhältnis der Beträge (für Quotelung) festzustellenden angemessenen Unterhalts zu berücksichtigen („anzurechnen"). Einkommen des anderen Elternteils kann den Sch von der Unterhaltspflicht ggü einem Kind entlasten, somit insoweit ebenso Bedeutung erlangen. Jedoch kann der Grundsatz auch im VollstrVerf nicht außer Acht gelassen werden, dass ein Ehegatte, dem die Haushaltsführung überlassen ist, seine Verpflichtung, durch Arbeit zum Unterhalt der Familie beizutragen, in der Regel durch die Führung des Haushalts erfüllt (§ 1360 S 2 BGB). Dem Ehegatten etwa gewährte Sozialhilfe kann nicht als Entlastung gewertet werden, damit nicht Sozialhilfe zum Vorteil des Gl verewigt wird. **Kindergeld**, ebenso andere Geldleistungen für Kinder (§ 850i Rn 37), mindern den Unterhaltsbedarf des Kindes (St/Rellermeyer C.318) und entsprechend die Unterhaltspflichten des Sch (sa § 850f Rn 2: Minderung des Sozialhilfeanspruchs), sind daher bei Bemessung des geschuldeten und für Aufteilung nach dem Verhältnis der Beträge (für Quotelung) festzustellenden angemessenen Unterhalts ebenso zu berücksichtigen, wie bei Bemessung der Höhe der Freibeträge des § 850c Bedeutung erlangt hat, dass zu den unterhaltsberechtigten Angehörigen Kinder gehören, für die Kindergeld gewährt wird (sa § 850c Rn 4a; zu anderer Berechnung bei Quotelung: OLG Frankfurt NJW-RR 2000, 220). Bedeutung erlangt jedoch auch, dass Kindergeld immer nur einem Berechtigten ausgezahlt (§ 64 I EStG), unter Eltern somit nicht verteilt und in Sonderfällen auch einem Dritten geleistet wird (§ 74 EStG). Es muss daher beim minderj unverheirateten Kind auch der „hälftigen Teilhabe" eines nicht empfangsberechtigten Elternteils Rechnung getragen und die nach der Zahl der Kinder progressive Staffelung des Kindergeldes ausgeglichen werden. Zur Anrechnung des Kindergeldes auf den Unterhaltsbedarf des vollj Kindes: BGH FamRZ 2006, 99; BGH FamRZ 2006, 774. 11a

c) Den Betrag, der bei **Berechnung nach § 850c** ggü einem „gewöhnlichen" Gl pfandfrei zu verbleiben hat, darf der nach I 2 (Rn 7-11a) bemessene Freibetrag nicht übersteigen (I 3). Auch hierzu genügt im Pfändungsbeschluss Bezugnahme auf die Pfändungsfreigrenzenbekanntmachung (§ 850c IV). Erhöhen kann sich dieser Betrag nach Bestimmung des VollstrGerichts in den Härtefällen des § 850f I auf Antrag (BGH MDR 2004, 711 [Ausgleich nach § 850f I möglich, wenn Bedürfnisse nach I 2 nicht hinreichend berücksichtigt wurden]; Rechtsbehelf gg unrichtige Festsetzung des Freibetrags: Rn 14). Demnach hat der Drittsch stets das Arbeitseinkommen festzustellen, das unter Berücksichtigung des Freibetrags nach § 850d I 2 gepfändet ist, und auch, ob der gepfändete Einkommensbetrag höher ist, wenn der unpfändbare Einkommensteil nach § 850c (ggf § 850f I) bemessen wird. 11b

12 **5) Zum Verfahren. a) Antrag** und **Nachweis.** Gepfändet wird für einen Unterhaltsgl nur auf Antrag (mit Formularzwang) in dem erweiterten Umfang des § 850d. Für den Nachweis der VollstrPrivilegierung des Unterhaltsanspruchs soll der Gl einen Titel vorzulegen haben, aus dem sich – ggf im Wege der Auslegung – ergibt, dass der Vollstr ein Unterhaltsanspruch der in I genannten Art zugrunde liegt (BGH NJW 2013, 239 [gerichtl Vergleich]; BGH FamRZ 2018, 132; BGH MDR 2016, 851 [kein Nachweis durch Vorlage eines VB; insoweit aber überholt in den Fällen von § 7 V UntVorschG: LG Dessau-Roßlau FamRZ 2018, 1688]). Der BGH begründet seine Auffassung (zB BGH MDR 2016, 851 Tz 10) mit der Aufgabenverteilung zwischen Erkenntnisverf (Entscheidung mit Bindungswirkung für die ZwV) und VollstrVerf, weshalb es nicht Prüfungsaufgabe des VollstrGerichts sei, ob der Gl aus einem in der ZwV privilegierten Anspruch vorgehe; die Qualifikation des Anspruchs obliege allein dem Erkenntnisverf. Das ist bedenklich. Entweder ergibt sich, wie häufig, schon aus dem Titel, dass ges Unterhalt vollstr wird, oder, wenn nicht, hat das VollstrGericht noch die notw Prüfungskompetenz, denn die Pfändungsgrenze des § 850d ist vollstreckungsrechtl Natur (St/Rellermeyer C.333). Dass es sich bei dem Unterhalt um einen ges Anspruch handelt und dass der Gl unterhaltsberechtigte Person nach I 1 ist, ist gerade vollstreckungsrechtl Erfordernis der privilegierten Pfändung. Das ist vom VollstrGericht vAw zu prüfen (St/Rellermeyer C.333; wie § 850f Rn 9). In seinem Antrag muss der Gl Anzahl und (für Rangstufe) Verwandtschaftsverhältnis der Unterhaltsberechtigten angeben (sind ihm regelmäßig bekannt); andernfalls kann, da dem VollstrGericht Ermittlungen nicht obliegen, nur Pfändungsbeschluss nach § 850c ergehen. Die Rangfolge mehrerer Unterhaltsberechtigter hat das VollstrGericht bei der Bemessung des dem Sch pfandfrei zu belassenden Einkommensteils nach I 2 selbständig zu prüfen und festzulegen (BGH NJW 2013, 239); die Bevorrechtigung des vollstr Gl ggü anderen Unterhaltsberechtigten muss sich daher aus dem Titel nicht ergeben (unstr). Wenn der Gl geltend macht, Unterhaltsberechtigte seien nicht zu berücksichtigen (sa Rn 11b), müssen die Gründe schlüssig dargelegt werden. Glaubhaftmachung ist nicht erforderl. Der Gl kann seinen Antrag auf einen geringeren als den an sich pfändbaren Betrag beschränken (sa § 850c Rn 21). Der Sch ist zum Antrag nicht zu hören (§ 834; Hk-ZV/Meller-Hannich Rn 33; aA StJ/Würdinger Rn 42 [Existenzminimum ist betroffen]). Vorpfändung (§ 845) ist zulässig (St/Rellermeyer C.351 mwN).

13 **b)** Den **unpfändbaren Einkommensteil** setzt das VollstrGericht (Rpfleger, § 20 I Nr 17 RPflG) im Pfändungsbeschluss betragsmäßig (Sockelbetrag sowie Freibetrag für vorgehende Berechtigte: Rn 10, 11a) oder sonst bestimmbar, damit bei Quotelung (Rn 11a) anteilig (zB halbes Nettoeinkommen über 1.000 Euro monatl) fest (**kein Blankettbeschluss**). Bei Pfändung können dessen notw Unterhalt (I 2; sa Rn 7) nach den Regelbedarfssätzen des § 27a SGB XII bemessen, Kosten für Unterkunft und Heizung mit den monatl Pauschbeträgen der Sozialhilfeträger (§ 35 III, IV SGB XII), wenn solche nicht festgelegt sind, mit Erfahrungssätzen nach den Gegebenheiten des örtl Wohnungsmarkts (Unterkunft) sowie den familiären Erfordernissen des Einzelfalls (Heizung) berücksichtigt werden (BGH NJW 2003, 2918). Ein Mehrbedarf (§ 30 SGB XII) ist sogleich anzusetzen, wenn die Voraussetzungen (Vollendung des 65. Lebensjahres, Schwangerschaft usw) berücksichtigungsfähig bekannt sind. Es ist dann Sache des Sch, höhere tatsächl Aufwendungen (auch die mit der Erzielung des Einkommens verbundenen notw Ausgaben, Kap 11 § 82 II Nr 4 SGB XII) geltend zu machen (BGH NJW 2003, 2918), und Angelegenheit des Gl, bedarfsmindernde Umstände vorzubringen. Rechtsbehelfe: Rn 15. Wirksamkeit erlangt die Pfändung nicht, wenn der Unterhaltsfreibetrag des Sch in dem dem Drittsch zugestellten Pfändungsbeschluss fehlt (St/Rellermeyer C.345 mwN). – Festsetzung beim **P-Konto:** § 906 I 1 bzw I 2 iVm III.

14 **c)** Die konstitutive Festsetzung ist im Drittsch-Prozess für das Prozessgericht **bindend**; der Drittsch kann sich nur mit Erinnerung (BGH Rpfleger 78, 249), nicht aber im Rechtsstreit darauf berufen, dass der pfandfreie Betrag unrichtig festgesetzt ist (LAG Düsseldorf MDR 2001, 836). Für das Prozessgericht bindend ist auch der bei Neufestsetzung vom VollstrGericht für das Wirksamwerden festgelegte Zeitpunkt (BAG NJW 77, 75). Die Bemessung des Eigenbedarfs des Sch durch das Prozessgericht im vorausgegangenen Unterhaltsrechtsstreit ist für die Bestimmung des Freibetrags durch das VollstrGericht nicht bindend (LAG Frankfurt DB 90, 639). Der formell rechtskräftige Beschluss des VollstrGerichts schließt aber neue Feststellungen im Verf nach § 850f nicht aus.

15 **d) Rechtsbehelfe.** Gegen den Pfändungsbeschluss stehen dem nicht angehörten **Sch** (beim angehörten: sof Beschwerde [§ 793]) und dem **Drittsch** sowie einem **zurückgesetzten Unterhaltsberechtigten** (Rn 2), ausnahmsweise auch dem Gl (OLG Koblenz Rpfleger 78, 286), Erinnerung (§ 766) zu. Gegen ganze oder teilw Ablehnung seines Pfändungsantrags hat der **Gl** die sof Beschwerde (§ 793; LG München I NZFam 2019, 85). Das gilt auch, wenn der Rpfleger einer Erinnerung (§ 766) durch Aufhebung des Pfändungsbeschlusses oder Festsetzung eines höheren Freibetrags abgeholfen hat.

16 **IV) Mehrere Berechtigte. 1) Reihenfolge.** Die Reihenfolge mehrerer Unterhaltsberechtigter ist von Bedeutung für die Bestimmung des dem Sch pfandfrei verbleibenden Arbeitseinkommens (I 2; sa Rn 8) und für die Rangfolge, wenn mehrere Unterhaltsgl pfänden. Sie bestimmt **§ 1609 BGB** sowie (für nachpartnerschaftl Unterhalt) § 16 S 2 LPartG; II schafft damit Übereinstimmung des ZwV-Rechts mit der mat-rechtl Regelung. – Der Unterhalt minderj unverheirateter Kinder und privilegierter vollj unverheirateter Kinder bis zur Vollendung des 21. *Lebensjahrs (§ 1603 II 2 BGB)* hat somit absoluten Vorrang vor allen anderen Unterhaltsansprüchen. Zu dieser Rangordnung: Schürmann FamRZ 2008, 313. Das heißt, dass bei Vollstr des Unterhalts eines vorrangigen Kindes dem Sch nur so viel zu belassen ist, als er für seinen notw eigenen Unterhalt und zur gleichmäßigen

Befriedigung der dem Gl gleichstehenden unterhaltsberechtigten Kinder in Rangstufe 1 bedarf. Alle anderen Unterhaltsberechtigten, damit auch der Ehegatte und ein Elternteil (Rangstufen 2 u 3), sind nachrangig (§ 1609 Nrn 2-7 BGB), finden somit keine Berücksichtigung. Regelung des Rangverhältnisses Berechtigter zueinander durch das VollstrGericht nach billigem Ermessen ist nicht mehr vorgesehen (MskV/Flockenhaus Rn 13).

2) Rangstufen. In einer **vorgehenden Rangstufe** haben laufende und rückständige Unterhaltsansprüche des **vollstr Gl** Vorrang, auch Rückstände über ein Jahr (LG Berlin Rpfleger 95, 222), diese jedoch nur unter den Voraussetzungen von I 4. Für die Bemessung des dem Sch pfandfrei zu belassenden Arbeitseinkommens sind nach I 2 aber nur die „laufenden ges Unterhaltsansprüche" vorgehender Berechtigter besserrangig (kein Freibetrag für Rückstände). Gleichmäßige Befriedigung der laufenden ges Unterhaltspflichten der dem Gl gleichstehenden Berechtigten hat Gleichrang zunächst nur im Verhältnis mit den vollstreckten laufenden ges Unterhaltsansprüchen des Gl zur Folge. Vollstreckbare Unterhaltsrückstände und Kosten (soweit privilegierte Mitvollstreckung nach § 850d möglich) können demnach erst nach gleichmäßiger Befriedigung der gleichrangigen laufenden ges Unterhaltsansprüche zum Zuge kommen (LG München I NZFam 2019, 85 [Gl vollstr nur Rückstände]), die Rückstände mehrerer Gl in der gleichen Rangstufe wieder nach dem Verhältnis der Beträge. Kein Rangverhältnis besteht für Rückstände über ein Jahr, wenn der Sch sich seiner Zahlungspflicht absichtl entzogen hat (I 4; Pfändung nach § 850c mit Rang nach § 804 I). 17

3) Obergrenze. Der dem Sch verbleibende Teil seines Arbeitseinkommens darf den Betrag nicht übersteigen, der ihm nach den Vorschriften des § 850c ggü nicht bevorrechtigten Gl zu verbleiben hätte (I 3). Anpassung an die unterhaltsrechtl Reihenfolge ist nicht erfolgt (sa § 850c Rn 22). Es besteht Unklarheit über die Bedeutung der Vorschrift. Ihr Wortlaut und Zweck sollten jedoch die Auslegung gebieten, dass der maximale unpfändbare Betrag sich in gleicher Weise wie bei der Vollstr des Unterhaltsanspruchs als gewöhnl Gl-Forderung nach § 850c bemisst. Grund: Der Gl darf bei Vollstr nach § 850d nicht schlechter gestellt sein als bei gewöhnl Vollstreckung nach § 850c. Der demnach unpfändbare Betrag erhöht sich damit für alle Berechtigten, denen der Sch auf Grund ges Vorschrift Unterhalt schuldet und gewährt (§ 850c II 2, III), nicht nur für Unterhaltsgl, die nach II iVm § 1609 BGB vor- oder gleichrangig sind. 18

4) Vorrang von Unterhalt. Alle Rangklassen gehen mit ihren laufenden Unterhaltsansprüchen (nicht mit Rückständen) den Gl aus vorsätzl unerlaubter Handlung vor, falls diese nach § 850f II in den Teilbereich des Einkommens eindringen, der sonst gem § 850d den bevorrechtigten Unterhaltsgl vorbehalten ist. Zum Zusammentreffen von bevorrechtigten mit gewöhnl Gl: § 850e Nr 4. 19

V) Verwirklichung der Reihenfolge. 1) Pfändung durch einen Unterhaltsgläubiger. Wenn er einen besseren Rang hat als die Unterhaltsberechtigten des Sch, wirkt sich der Vorrang dahin aus, dass dem Sch ungekürzt nur der notw Unterhalt für seine Person verbleibt (Sockelbetrag: Rn 7); für seine Unterhaltspflichten ggü den nachrangigen Unterhaltsberechtigten kann ihm nur das zukommen, was nach Befriedigung des pfändenden Gl übrigbleibt. Für Unterhaltspflichten ggü Berechtigten, die gleichen Rang wie der pfändende Gl haben, ist dem Sch so viel zu belassen, dass eine gleichmäßige Befriedigung (nicht stets mit gleich hohen Beträgen; sa Rn 11a) möglich ist (OLG Köln NJW-RR 93, 1156). Pfändet ein schlechterrangiger Unterhaltsgl, während zum Haushalt des Sch Ehefrau und minderj Kinder gehören, muss dem Sch außer seinem eigenen notw Lebensbedarf (Sockelbetrag: Rn 7) auch der Betrag belassen werden, der zur Befriedigung der laufenden Unterhaltsansprüche der vorgehenden Berechtigten erforderl ist (Rn 11a). 20

2) Prioritätsgrundsatz. Pfänden nacheinander mehrere Unterhaltsgl, gilt zunächst ohne Rücksicht auf ihren Rang der Grundsatz der Priorität (§ 804 III). Ist der **erstpfändende** Gl nach II **bevorrechtigt**, dann berührt die weitere Pfändung sein rangbesseres PfandR nicht. Hat der **nachrangige** Gl **zuerst gepfändet**, dann wird sein rangbesseres PfandR (§ 804 III) in den nach § 850c allg pfändbaren Teil des Arbeitseinkommens durch die weitere Pfändung nicht geschmälert. Von dem nur nach § 850d für bevorrechtigte Gl pfändbaren weiteren Einkommensteil ist für den nach II nachrangigen Gl nicht pfändbar, was der Sch zur Erfüllung seiner laufenden (nicht auch rückständigen) Unterhaltspflicht ggü dem rangbesseren zweitpfändenden Gl bedarf (I 2). Durch die betragsmäßig weitergehende spätere Pfändung wird daher dieser pfändbare Mehrbetrag beschlagnahmt. Wenn bei Erstpfändung des Nachranggl ein Freibetrag für den (zweitpfändenden) bevorrechtigten Unterhaltsgl nicht berücksichtigt ist, ist der frühere Pfändungsbeschluss auf Antrag des benachteiligten Gl oder des Sch zu ändern (§ 850g). Entspr gilt bei Konkurrenz Gleichberechtigter für Freibeträge zu gleichmäßiger Befriedigung. Die Änderung kann das VorrangpfandR des erstpfändenden Gl (§ 804 III) in dem nach § 850c für alle Gl pfändbaren Einkommensbereich nicht beeinträchtigen, ist somit auf den Einkommensteil beschränkt, der nach § 850d nur durch bevorrechtigte Unterhaltsgl gepfändet werden kann (LG Aurich MDR 90, 640; St/Rellermeyer C.576; aA [Grundsatz der Priorität, § 804 III, wird dadurch durchbrochen] LG Bamberg MDR 86, 245). Für eine Änderung auch im Bereich des nach § 850c pfändbaren Einkommensteils könnte auf Antrag aber § 850f I Nr 3 Anwendung finden. Solange die Änderung durch das VollstrGericht nicht durchgeführt ist, kann der Drittsch nach dem Inhalt der ihm zugestellten Pfändungsbeschlüsse mit befreiender Wirkung leisten (§ 850g S 3). 21

VI) Vorratspfändung (§ 850d III). 1) Voraussetzungen. Die Pfändung von Arbeitseinkommen erstreckt sich nach § 832 auch auf erst künftig fällig werdende Einkommensbeträge, die noch verdient werden müssen (vgl 22

Anm zu § 832). Bei Erlass des Pfändungsbeschlusses muss nach § 751 jedoch die Fälligkeit der zu vollstr Gl-Forderung bereits eingetreten sein. Letzteres Erfordernis wird durch III durchbrochen, jedoch nur unter 3 Voraussetzungen:

23 a) VollstrForderung muss ein **ges Unterhaltsanspruch** iSd I 1 oder ein **Rentenanspruch** aus Anlass der Verletzung des Körpers oder der Gesundheit (s § 850b I Nr 1) sein. Dass der Anspruch mit Vorrang nach § 850d vollstr wird, ist nicht verlangt; Vorratspfändung kann daher auch erfolgen, wenn dem Sch bei Vollstr des Unterhalts- oder Rentenanspruchs auf Gl-Antrag Einkommensbeträge in erweitertem Umfang nach § 850c pfandfrei verbleiben. Rückstände über ein Jahr gehören zu den Ansprüchen des I, die Vorratspfändung ermöglichen, jedoch nur, wenn sich der Sch seiner Zahlungspflicht absichtl entzogen hat.

24 b) Die VollstrForderung muss bei Erlass des Pfändungsbeschlusses (LG Berlin MDR 66, 596) wenigstens zu einem Teilbetrag **fällig** sein (Grundsatz von § 751 I wird also nicht vollständig aufgegeben); es können zB die fortlaufenden Gehaltsbezüge des Sch am 10.7. bei Vollstr eines seit dem 1.7. fälligen Unterhaltsbetrags auch wegen der am 1.8., 1.9. usw fälligen Unterhaltsbeträge gepfändet werden. Der Zeitpunkt der Fälligkeit bestimmt sich nach dem Titel, wenn dieser keine Angabe enthält (zB ein Vergleich), nach den jew Umständen (Auslegung); „monatlich im Voraus" heißt dann nicht ohne weiteres am 1. Werktag des Monats (LG Wuppertal MDR 90, 640). Keine Vorratspfändung kann wegen eines fortlaufenden Unterhalts- oder Schadenersatzrentenanspruchs erfolgen, dessen bisher fällig gewordene Raten bezahlt sind, so dass ausschließl wegen künftiger gepfändet würde, auch wenn Gl für die Zukunft Zahlungssäumigkeit des Sch befürchtet (LG Münster FamRZ 71, 667). Andererseits genügt nicht das Vorhandensein von Rückständen, derentwegen schon früher eine Pfändung ausgebracht wurde. Soll wegen erst künftig fällig werdender Unterhaltsansprüche eine Vorratspfändung vorgenommen werden, muss durch dieselbe VollstrMaßnahme zugleich auch wegen bereits fälliger Unterhaltsforderungen gepfändet werden. Zahlung der bereits fälligen Beträge nach Erlass (nicht Zustellung) der Vorratspfändung rechtfertigt aber noch nicht Aufhebung des Beschlusses (OLG Düsseldorf MDR 77, 147). Die Aufrechterhaltung der Vorratspfändung nach Wegfertigung des Rückstands kann jedoch missbräuchl sein, wenn es zum Rückstand nur infolge eines Irrtums gekommen ist und Gewähr besteht, dass der Sch die künftig fällig werdenden Beträge freiwillig pünktlich bezahlt (OLG Bamberg FamRZ 94, 1540).

25 c) Zugriffsgegenstand muss das **Arbeitseinkommen des Sch** sein. Fortlaufende Sozialleistungen in Geld stehen gleich (sind nach § 54 IV SGB I wie Arbeitseinkommen zu pfänden). Dagegen scheidet Anwendung des III aus, wenn wegen einer Forderung nach Rn 23, 24 andere fortlaufende Einkünfte des Sch, zB aus Vermietung oder Leibrente (OLG Schleswig Rpfleger 65, 161), das Bankkonto eines selbständig Tätigen (LG Hannover JurBüro 87, 463) oder der Anspruch auf Rückabtretung einer Grundschuld (LG Berlin Rpfleger 78, 331) gepfändet werden soll.

26 **2) Wirkung.** Vorratspfändung ergreift das fortlaufende Arbeits- oder Renteneinkommen des Sch sogleich auch wegen der erst **künftig fällig werdenden Teilbeträge** der VollstrForderung (der künftigen Unterhaltsraten oder Rentenbeträge). Es entsteht mit Zustellung des Pfändungsbeschlusses (§ 829 III) das PfandR mit bevorzugtem Rang sogleich auch wegen der künftig fällig werdenden Ansprüche am künftig fällig werdenden Arbeitseinkommen (BGH NJW 2004, 369). Die Vorratspfändung sperrt damit auch insoweit schon zugunsten des vollstr Gl. Andere Gl, die das Arbeitseinkommen in der Zeit zwischen dem Pfändungsbeschluss und dem Fälligwerden der künftigen Unterhalts-(Renten-)Beträge pfänden, gehen daher im Rang nach (Berner Rpfleger 62, 238). Zahlung kann der Unterhalts(Renten-)Gl wegen der ihm künftig gebührenden Teilbeträge aber jew erst verlangen, wenn sie fällig geworden sind; nicht die Pfändung, wohl aber die Überweisung wird erst dann wirksam. Die hinsichtl der gesamten fortlaufenden VollstrForderung im Voraus einheitl ausgesprochene Überweisung erlangt also stückweise – jew mit dem Fälligwerden einer neuen dem Gl gebührenden Rate – Wirksamkeit.

27 **VII) Künftig fällig werdende Ansprüche. 1) Dauerpfändung.** Als Dauerpfändung (Vorauspfändung mit aufschiebend bedingter Dauerwirkung; keine Vorratspfändung iSd III; **Formulierungsvorschlag:** Vorwerk/Goldbach, PFB, M 51.10) ist bei Vollstr einer fälligen (§ 751 I) wiederkehrenden Gl-Forderung Pfändung auch wegen der künftig erst fällig werdenden Gl-Ansprüche aufschiebend bedingt zulässig (BGH MDR 2004, 413). Diese Dauerpfändung hat die vollstreckungsrechtl Praxis zur Vermeidung stets neuer Pfändungen bei jew Fälligkeit mit Mehrkosten als Besonderheit zu § 751 I entwickelt. Sie gründet sich nicht auf eine analoge Anwendung von III (BGH MDR 2004, 413). Sie setzt voraus, dass die ZwV nach § 751 I überhaupt beginnen darf, kann somit nur und erst erfolgen, wenn bei Erlass des Pfändungsbeschlusses wenigstens ein Teil der Gl-Forderung bereits fällig ist und mit vollstr wird (LG Flensburg FamRZ 2004, 1224).

28 **2) Anwendungsbereich.** Erfolgen kann Dauerpfändung bei Vollstr wegen ges Unterhaltsansprüche sowie wegen der aus einer Verletzung des Körpers oder der Gesundheit zu zahlenden Renten und auch bei Vollstr anderer wiederkehrender Gl-Forderungen, zB künftiger Miete oder Pacht, Kaufpreisraten sowie Reallastleistungen (St/Rellermeyer B.354). **Gepfändet werden können** mit aufschiebend bedingter Dauerwirkung künftig fällig *werdendes Arbeitseinkommen und ähnl* fortlaufende Bezüge (§ 832) sowie andere (gegenwärtige, aber auch [soweit zulässig: § 829 Rn 2] zukünftige [deren Pfändung muss im Beschluss ausgesprochen werden: § 829 Rn 2]) einmalige sowie wiederkehrende Sch-Forderungen, damit auch spätere Kontoguthaben (BGH MDR

2004, 413), Miete und Pacht, Kaufpreisraten, einmalige Kapitalforderungen sowie andere Vermögensrechte, zB einen Miterbenanteil (OLG Hamm NJW-RR 94, 895), eine Hypothekenforderung, Grundschuld und der Anspruch auf Rückgewähr einer Grundschuld.

3) Zeitpunkt. Wirksam wird die Vorauspfändung wegen der künftig fällig werdenden Gl-Forderung erst am 29
Tag nach der jew Fälligkeit der künftigen Ansprüche (BGH MDR 2004, 413 Tz 9; Tag muss abgelaufen sein: § 751 I). Diese Pfändungswirkung ist im Pfändungsbeschluss anzuordnen.

4) Kein Vorrang. Zwischenzeitl Verfügungen des Sch und Pfändungen anderer Gl für fällige VollstrForderun- 30
gen (auch eine Vorratspfändung nach III) hindert die erst mit späterer Fälligkeit der künftigen Gl-Forderungen wirksam werdende Vorauspfändung nicht, schließt diese somit nicht aus. Sie hat keine rangwahrende Wirkung, schafft damit (im Gegensatz zur Vorratspfändung) dem Gl keinen einheitl vorgezogenen Pfändungsrang auch hinsichtl seiner künftig fällig werdenden Ansprüche (BGH MDR 2004, 413).

VIII) Gebühren. S § 829 Rn 44; § 835 Rn 19. Gegenstandswert im Fall des III (Vorratspfändung): § 25 I Nr 1 RVG iVm § 9 31
ZPO; § 51 I 1 FamGKG.

§ 850e Berechnung des pfändbaren Arbeitseinkommens

Für die Berechnung des pfändbaren Arbeitseinkommens gilt Folgendes:

1. [1]Nicht mitzurechnen sind die nach § 850a der Pfändung entzogenen Bezüge, ferner Beträge, die unmittelbar auf Grund steuerrechtlicher oder sozialrechtlicher Vorschriften zur Erfüllung gesetzlicher Verpflichtungen des Schuldners abzuführen sind. [2]Diesen Beträgen stehen gleich die auf den Auszahlungszeitraum entfallenden Beträge, die der Schuldner
   a) nach den Vorschriften der Sozialversicherungsgesetze zur Weiterversicherung entrichtet oder
   b) an eine Ersatzkasse oder an ein Unternehmen der privaten Krankenversicherung leistet, soweit sie den Rahmen des Üblichen nicht übersteigen.

2. [1]Mehrere Arbeitseinkommen sind auf Antrag vom Vollstreckungsgericht bei der Pfändung zusammenzurechnen. [2]Der unpfändbare Grundbetrag ist in erster Linie dem Arbeitseinkommen zu entnehmen, das die wesentliche Grundlage der Lebenshaltung des Schuldners bildet.

2a. [1]Mit Arbeitseinkommen sind auf Antrag auch Ansprüche auf laufende Geldleistungen nach dem Sozialgesetzbuch zusammenzurechnen, soweit diese der Pfändung unterworfen sind. [2]Der unpfändbare Grundbetrag ist, soweit die Pfändung nicht wegen gesetzlicher Unterhaltsansprüche erfolgt, in erster Linie den laufenden Geldleistungen nach dem Sozialgesetzbuch zu entnehmen. [3]Ansprüche auf Geldleistungen für Kinder dürfen mit Arbeitseinkommen nur zusammengerechnet werden, soweit sie nach § 76 des Einkommensteuergesetzes oder nach § 54 Abs. 5 des Ersten Buches Sozialgesetzbuch gepfändet werden können.

3. [1]Erhält der Schuldner neben seinem in Geld zahlbaren Einkommen auch Naturalleistungen, so sind Geld- und Naturalleistungen zusammenzurechnen. [2]In diesem Fall ist der in Geld zahlbare Betrag insoweit pfändbar, als der nach § 850c unpfändbare Teil des Gesamteinkommens durch den Wert der dem Schuldner verbleibenden Naturalleistungen gedeckt ist.

4. [1]Trifft eine Pfändung, eine Abtretung oder eine sonstige Verfügung wegen eines der in § 850d bezeichneten Ansprüche mit einer Pfändung wegen eines sonstigen Anspruchs zusammen, so sind auf die Unterhaltsansprüche zunächst die gemäß § 850d der Pfändung in erweitertem Umfang unterliegenden Teile des Arbeitseinkommens zu verrechnen. [2]Die Verrechnung nimmt auf Antrag eines Beteiligten das Vollstreckungsgericht vor. [3]Der Drittschuldner kann, solange ihm eine Entscheidung des Vollstreckungsgerichts nicht zugestellt ist, nach dem Inhalt der ihm bekannten Pfändungsbeschlüsse, Abtretungen und sonstigen Verfügungen mit befreiender Wirkung leisten.

I) Arbeitseinkommen. 1) Berechnungsgrundlage. a) Nettolohnsystem. Nr 1 regelt den Grundsatz, dass das 1
pfändbare Arbeitseinkommen (auch im Fall von § 850d) nach dem Nettolohnsystem zu berechnen ist. Die Berechnung nach dem Nettoarbeitseinkommen (reines Einkommen) hat der Drittsch (Arbeitgeber) ohne bes Anordnung im Pfändungsbeschluss vorzunehmen.

b) Abzuziehen sind vom (Gesamt-)Einkommen bei Pfändung durch gewöhnl Gl (§ 850c) zunächst die nach 1a
§ 850a der Pfändung entzogenen Bezüge wie die halbe Mehrarbeitsvergütung (§ 850a Nr 1), Urlaubsgeld (§ 850a Nr 2), die Weihnachtsvergütung (§ 850a Nr 4) usw. Bei Pfändung durch einen Unterhaltsgl (§ 850d) bleiben gem § 850d I 2 Hs 2 die Bezüge des § 850a Nrn 1, 2 und 4 (nach Bestimmung des Pfändungsbeschlusses) nur mit mindestens der Hälfte unberücksichtigt. Abzuziehen sind diese der Pfändung entzogenen Bezüge mit ihrem Bruttobetrag (BAG MDR 2013, 985); dieser enthält somit auch bereits die auf die unpfändbaren Bezüge abzuführenden Steuern und Sozialversicherungsbeiträge.

1b **c)** Abzuziehen sind sodann weiter die **Steuern** und vom Arbeitnehmer zu tragende **Sozialversicherungsbeiträge** sowie gleichgestellte Beträge (Nr 1 S 2), die auf das **ohne die unpfändbaren Bezüge** (Rn 1a) verbleibende Bruttoeinkommen zu zahlen sind (BAG MDR 2013, 985 [**Nettomethode**]). Die auf die unpfändbaren Bezüge entfallenden Steuern und Soziallasten werden damit nur einmal abgezogen. Der Drittsch hat damit für Anwendung der Nettomethode (BGH MDR 2019, 1533 Tz 10; St/Rellermeyer C.354; MskV/Flockenhaus Rn 2) auch die Steuern und Sozialversicherungsbeiträge mit den gleichgestellten Beträgen zu ermitteln, die auf das nach Abzug der unpfändbaren Bezüge verbleibende Bruttoeinkommen zu erbringen sind. Nach steuerrechtl Vorschriften zur Erfüllung ges Verpflichtungen des Sch abzuführen sind Lohnsteuer und Solidaritätszuschlag sowie ggf Kirchenlohnsteuer. Eine Änderung des Lohnsteuerabzugs, insb bei Erfassung ändernder Abzugsmerkmale, ist von der nächstfolgenden Lohnzahlung an zu berücksichtigen (keine Neuberechnung ausbezahlter Beträge). Wenn der Sch **vor der Pfändung** eine **ungünstige Lohnsteuerklasse** in Gl-Benachteiligungsabsicht („ohne sachlichen Grund") gewählt hat, soll er bei der Berechnung des pfändungsfreien Betrags schon im Jahr der Pfändung so zu behandeln sein, als sei sein Arbeitseinkommen gem der günstigeren Lohnsteuerklasse zu versteuern. In entspr Anwendung von § 850h soll in einem solchen Fall eine Anordnung des VollstrGerichts dahingehend in Betracht kommen (Hk-ZV/Meller-Hannich Rn 5), dass der Arbeitgeber bei der Berechnung des pfändungsfreien Teils des Arbeitsentgelts das sich unter Berücksichtigung der günstigeren Steuerklasse ergebende Nettoeinkommen zugrunde zu legen hat (BGH MDR 2009, 711; MskV/Flockenhaus Rn 3). Fehlt es an einem Nachweis der Gl-Benachteiligungsabsicht, soll der Gl bzgl des laufenden Kalenderjahres die vor der Pfändung getroffene Wahl der Steuerklasse hinzunehmen haben (BGH NJW-RR 2006, 569). Wählt der Sch erst **nach der Pfändung** eine ungünstigere Steuerklasse oder behält er diese für das folgende Kalenderjahr bei, soll dies auch ohne Gl-Benachteiligungsabsicht schon dann gelten, wenn für diese Wahl obj kein sachl rechtfertigender Grund gegeben ist (BAG NJW 2008, 2606; OLG Köln JurBüro 2000, 217). Das ist nicht überzeugend (ebenso St/Rellermeyer C.358, C.359). § 850h sieht dafür, ob durch „unlautere Manipulationen" Sch-Einkommen dem Gl-Zugriff entzogen wird, keine Entscheidung (Anordnung) des VollstrGerichts vor. Gepfändet wird die „angebliche" Forderung, die der Sch gg den Drittsch haben soll. Darüber, ob und in welchem Umfang der Pfändung rechtl Wirkung zukommt, wird im Pfändungsverf durch das VollstrGericht nicht entschieden. Dieses hat daher nicht zu prüfen, ob die Voraussetzungen des § 850h vorliegen. Ob und in welchem Umfang die Pfändung rechtl Wirkung hat, ist eine Frage der materiellen Berechtigung des pfändenden Gl; zu entscheiden ist sie im Einziehungsverf vom Prozessgericht (sa § 850h Rn 2). Das gilt gleichermaßen für die Frage, welche Beträge für die Berechnung des pfändbaren Einkommens nach Nr 1 nicht mitzurechnen sind. Anordnung des VollstrGerichts, ob der Sch durch Wahl einer für ihn ungünstigeren Steuerklasse ohne sachl Grund sein zur Auszahlung kommendes und der Pfändung unterliegendes Nettoeinkommen verkürzt hat, rechtfertigt daher keinesfalls entspr Anwendung von § 850h. Näherliegend ist es, dass die ungünstigere Steuerklasse für den Lohnsteuerabzug des laufenden Kalenderjahres maßgebl bleibt, wenn die Bestimmung **vor** Wirksamwerden der Pfändung erfolgt ist (OLG Köln JurBüro 2000, 217). Bestimmung einer ungünstigeren Steuerklasse erst **nach** Pfändung, damit auch wiederholte Feststellung für ein folgendes Kalenderjahr, kann hingegen als den Gl benachteiligende Verfügung iSd § 829 I 2 für Lohnsteuerabzug zur Berechnung des gepfändeten Einkommens keine Bedeutung erlangen, schließt somit weitergehenden Lohnsteuerabzug entspr der ungünstigeren Steuerklasse aus. Nutzung des **Faktorverfahrens** für den Lohnsteuerabzug (Steuerklasse IV mit Faktor [dazu Hosser FamRZ 2010, 951] anstelle Kombination III/V oder IV/IV [ohne Faktor], sa § 39f EStG) bewirkt für jeden Ehegatten Bemessung der Lohnsteuer nach seinem Anteil am Familieneinkommen. **Beispiel:** Bei dem Ehegatten, der 35 vH des gemeinsam zu versteuernden Einkommens erzielt, werden nur 35 vH der gemeinsamen Lohnsteuer einbehalten. Es werden bei jedem der Ehegatten die ihm persönl zustehenden Steuerentlastungen schon beim Lohnsteuerabzug berücksichtigt und (hohe) Nachzahlungen vermieden, die bei der Kombination III/IV auftreten können. Dieser gerechtere Steuerabzug bei Option für das Anteilsverf unterscheidet sich damit von der gläubigerbenachteiligenden Wahl einer ungünstigeren Steuerklasse. Der Antrag auf Lohnsteuererhebung nach dem Faktorverf wird durch eine nachfolgende Pfändung nicht hinfällig und durch vorausgehende Pfändungen nicht unzulässig. Der im Faktorverf abzuführende Lohnsteuerbetrag gründet sich auf die steuerrechtl Verpflichtung des Sch (Nr 1), ist somit vom Bruttoeinkommen abzuziehen, auch wenn sich im Einzelfall der monatl Nettolohn mindert. Nicht abzuziehen sind Steuern, die nicht vom Arbeitgeber einbehalten werden, weil sie der Arbeitnehmer wegen seines Wohnsitzes im Ausland unmittelbar entrichten muss (dafür aber Freibetragserhöhung nach § 850f I: BAG NJW 86, 2208), und Zahlungen auf die jährl Einkommensteuer (BAG NJW 86, 2208).

1c **d)** Nach sozialrechtl Vorschriften zur Erfüllung ges Verpflichtungen des Sch abzuführen sind dessen Beiträge zur ges Kranken- und Pflegeversicherung, Rentenversicherung, Arbeitslosenversicherung (jew ohne den Arbeitgeberanteil), ebenso Arbeitnehmerbeiträge zur Pflichtversicherung bei der Versorgungsanstalt des Bundes und der Länder (BGH MDR 2010, 106). Ersatzkassenbeiträge und Beiträge zu **privaten Krankenversicherungsunternehmen** (auch für Krankenhausaufenthalt und -tagegeld) sind abzugsfähig, soweit sie den Rahmen des Üblichen nicht übersteigen (Nr 1b); Anhalt bietet der Beitragssatz für den Basistarif der privaten Krankenversicherung *(hM, zB LAG Rh-Pf NZA-RR 2017*, 345 = juris Tz 20 mwN), der prozentual auch für die Versicherung eines Sch mit Anspruch auf beamtenrechtl Beihilfe bei Versicherung des diese ergänzenden Leistungsanspruchs bemessen wird. Abzugsfähig sind weiter Beiträge nach Sozialversicherungsgesetzen zur Weiterversicherung (insb in Renten- und Krankenversicherung); Selbstversicherung und freiw Höherversicherung fallen nicht darunter. – Im Fall des § 193 III VVG und einer bereits konkreten Vertragsanbahnung können die zu dieser Zeit noch fiktiven Beiträge bereits berücksichtigt werden (LG Rottweil VuR 2020, 237). – Zum Abzug **vermögenswirksamer Leistungen:** § 850 Rn 13. Nicht abgezogen werden können Beiträge zur Berufsorganisation, Spenden und ähnl Leistungen.

e) Bei Zweifel darüber, welcher Betrag abzugsfähig ist, kann das VollstrGericht angerufen werden; zuständig zur Klarstellung ist der Rpfleger (§ 20 I Nr 17 RPflG, sa § 850 Rn 17). 1d

2) Lohnvorschuss. a) Ein **vor** Einkommenspfändung geleisteter Lohnvorschuss (= Vorauszahlung auf den noch nicht erarbeiteten oder noch nicht fälligen Lohnanspruch) wird für Berechnung des in einem Lohnzahlungszeitraum pfändbaren Arbeitseinkommens nach Pfändung nicht mitgerechnet. Die Pfändung nach Zahlung des Lohnvorschusses erfasst nur das bei ihrem Wirksamwerden (§ 829 III) noch geschuldete Arbeitseinkommen. Der nach § 850c (§ 850d oder § 850f II) pfändbare Einkommensteil wird nur von diesem noch verbleibenden und bei Abschlusszahlung zu leistenden Arbeitseinkommen berechnet (str, St/Rellermeyer C.570 entgegen BAG MDR 87, 611). Von diesem gepfändeten „Rest“einkommen sind somit nach Nr 1 die (noch enthaltenen) nicht pfändbaren Bezüge des § 850a und für den Lohnzahlungszeitraum abzuführende steuer- und sozialversicherungsrechtl Abgaben (auch gleichgestellte Leistungen) abzusetzen. Nach aA muss der pfändbare Betrag von dem gesamten Einkommen (Vorauszahlung eingerechnet), also von dem „ursprünglich“ geschuldeten Einkommen, bestimmt und dem Gl zugewiesen, der Lohnvorschuss somit vom unpfändbaren Lohnteil abgesetzt werden (hM, BAG NJW 56, 926; Denck BB 79, 480; MK/Smid Rn 7; MskV/Flockenhaus Rn 6), wobei zT vertreten wird, dem Sch solle aber immer der notw Lebensbedarf verbleiben (Verrechnung daher nur bis zur Bedarfsgrenze des § 850d erlaubt), ein höherer Einbehaltungsbedarf folglich auf den pfändbaren Einkommensteil des Gl anzurechnen sein (Denck aaO). **b)** Lohnvorschuss **nach** Einkommenspfändung verstößt für gepfändete Lohnteile gg das Zahlungsverbot, ist dem Gl ggü somit unwirksam (St/Rellermeyer C.569). Das gepfändete Einkommen ist daher so zu berechnen, als sei ein Vorschuss nicht geleistet. Der pfandfreie Lohnteil des Sch wird dabei um den Vorauszahlungsbetrag gekürzt (Vorauszahlung hat diesen Lohnteil bereits vorzeitig getilgt). 2

3) Abschlagszahlung. a) Mit Abschlagszahlung (= Zahlung auf verdienten Lohn) **vor** Einkommenspfändung (Zahlung auf einen bereits verdienten [fälligen] Lohnanspruch, dessen Abrechnung hinausgeschoben ist) ist der Zahlungsanspruch des Arbeitnehmers erloschen (§ 362 BGB). Von einer Pfändung nach Abschlagszahlung wird dieser getilgte Lohnanspruch nicht mehr erfasst. Der pfändbare Lohnteil wird dennoch nach dem vollen Einkommen des Zahlungszeitraums und demnach mit Anrechnung der Abschlagszahlung auf den unpfändbaren Lohnteil berechnet (MskV/Flockenhaus Rn 6; StJ/Würdinger Rn 16; aA St/Rellermeyer C.572), denn die Abschlagszahlungen deckten ebenfalls notw Lebensbedarf. 2a

b) Abschlagszahlung **nach** Einkommenspfändung verstößt gg das Zahlungsverbot, soweit gepfändete Einkommensteile noch an den Sch geleistet werden. Dem Gl ggü ist die Leistung gepfändeter Einkommensteile an den Sch mit Abschlagszahlung daher (wie jede gg das Zahlungsverbot verstoßende Lohnzahlung) unwirksam (St/Rellermeyer C.572; StJ/Würdinger Rn 18).

4) Darlehenszahlung. a) Darlehenszahlung an den Sch **vor** Einkommenspfändung erfordert Aufrechnung des Arbeitgebers mit seinem Rückzahlungsanspruch. Aufrechnung nach Pfändung (Zulässigkeit dem Gl ggü bestimmt sich nach § 392 BGB; WSch/Lüke Rn 20) hat Einbehaltung der Rückzahlungsraten aus dem nach § 850c pfändbaren Einkommensteil zur Folge, so dass dem Sch der pfandfreie Betrag erhalten bleibt (BAG 2, 322). **b)** Darlehenshingabe **nach** Einkommenspfändung ermöglicht ggü dem pfändenden Gl keine Aufrechnung der Rückzahlungsraten. 2b

5) Mehrfache Einkommenspfändung/Pfändung und Abtretung. Sie bleiben ohne Auswirkung auf die Feststellung des Nettoeinkommens nach Nr 1 und Berechnung des (jew im Umfang von § 850c, § 850d oder § 850f II) pfändbaren bzw abtretbaren sowie unpfändbaren bzw nach § 400 BGB nicht abtretbaren Einkommensteils; bereits gepfändete oder abgetretene Beträge werden für Feststellung des Nettoeinkommens nicht abgezogen. 2c

II) Zusammenrechnung mehrerer Geldeinkommen (§ 850e Nr 2). 1) Geldeinkommen. Jedes in Geld zahlbare Arbeitseinkommen aus einem **selbständigen** Arbeits- oder Dienstverhältnis. Das sind alle Bezüge, die nach § 850 Arbeitseinkommen sind (zB Versorgungsbezüge: BGH NJW-RR 2014, 1459 Tz 9 oder eine Betriebsrente: BAG 23.2.2016 – 9 AZR 226/15, juris). Daher bleiben auch für Feststellung der nach § 850c unpfändbaren sowie pfändbaren Einkommensteile die Arbeitseinkommen aus **mehreren** Arbeits- oder Dienstverhältnissen bei **verschiedenen Arbeitgebern** oder Dienstherren selbständig. Wahrung der Sch-Belange erfordert jedoch nur Unpfändbarkeit des Gesamteinkommens in Höhe der einmalig ges pfandfreien Beträge. Dass der Sch, der mehrere Arbeitseinkommen von verschiedenen Drittsch bezieht, für die Berechnung der unpfändbaren Einkommensteile einem Sch mit nur einem Arbeitseinkommen gleichgestellt wird, kann mit Zusammenrechnung der Einkommen erreicht werden; diese ermöglicht Nr 2. Die Arbeitgeber (Drittsch) können sich über eine Zusammenrechnung nicht selbst verständigen, mithin nicht von sich aus mehrere Arbeitseinkommen in Höhe eines einmaligen Freibetrags nach § 850c als unpfändbar behandeln, selbst wenn die Pfändung in einem (dann nur äußerl zusammengefassten) Beschluss angeordnet worden ist. Zu erfolgen hat die Zusammenrechnung 3 insb zur Berechnung der bei Vollstr durch einen gewöhnl Gl nach § 850c pfändbaren Einkommensteile. Bei der Pfändung durch Unterhaltsgl (§ 850d) und andere bevorrechtigte Gl (§ 850f II) sind weitere Einkünfte des Sch bei Bemessung des ihm als notw Unterhalt für sich und seine Familie zu belassenden Betrags schon ohne weiteres zu berücksichtigen; hierzu bedarf es keiner förml Zusammenrechnung (aA Mertes Rpfleger 84, 453 [Zusammenrechnung zulässig]), sie liegt bereits in der Berücksichtigung des weiteren Einkommens. Zusammenrechnung kann aber Bedeutung erlangen zur Feststellung des Betrags, der dem Sch höchstens pfandfrei verbleiben darf, weil er durch den unpfändbaren Betrag des § 850c begrenzt ist (§ 850d I 3). Für Zusammenrechnung nach Nr 2 kommen nur mehrere Arbeitseinkommen des Sch in Betracht. Eine Zusammenrechnung mit Einkommen aus selbständiger Tätigkeit (LG Hannover JurBüro 90, 1059), mit regelmäßigen sonstigen Einkünften (Zinsen, Mieteinnahmen: OLG Frankfurt JurBüro 91, 723), mit Trinkgeldern (LG Regensburg JurBüro 95, 218) oder mit Einkünften seines Ehegatten (StJ/Würdinger Rn 54) findet nicht statt. Eigenes Einkommen des Ehegatten kann nur dazu führen, dass er nicht als Unterhaltsberechtigter zu berücksichtigen ist (§ 850c VI).

4 **2) Zusammenrechnung.** Sie ist auf Antrag jedes Gl anzuordnen. Der Drittsch hat kein Antragsrecht, aber der Sch (MskV/Flockenhaus Rn 10). Zuständig ist der Rpfleger (§ 20 I Nr 17 RPflG). Der **Antrag** kann bereits mit dem Pfändungsgesuch (dann keine Anhörung des Sch vor Wirksamwerden der Pfändung: § 834) oder nach Wirksamwerden der Pfändung selbständig (dann rechtl Gehör für Sch: Art 103 I GG; aA LG Frankenthal Rpfleger 82, 231) gestellt werden. Die Voraussetzungen der Zusammenrechnung sind nachzuweisen; keine Ermittlungen vAw. – Zur Zusammenrechnung durch das Prozessgericht: OVG Lüneburg 14.11.2016 – 5 LA 224/15, juris Tz 16 f. – Kuleisa (ZVI 2018, 219) plädiert alternativ für eine den Beschluss ersetzende Zusammenrechnung durch Vereinbarung zwischen Gl und Sch.

5 **3) Verfahren. a)** Angeordnet wird die Zusammenrechnung bei Entscheidung über das Pfändungsgesuch durch Aufnahme der Bestimmung in den Pfändungsbeschluss oder nach dessen Wirksamwerden durch bes Beschluss. Der **Beschluss** hat die Zusammenrechnung anzuordnen (Nr 2 S 1) und das Arbeitseinkommen zu bezeichnen, dem der unpfändbare Grundbetrag (Nr 2 S 2) sowie die weiteren nicht pfändbaren Einkommensteile zu entnehmen sind. Betragsmäßige Berechnung des unpfändbaren Teils des Gesamteinkommens erfolgt durch den Beschluss nicht. Die Zusammenrechnung wird mit Blankettbeschluss abstrakt angeordnet; die Berechnung der danach pfändbaren und nicht pfändbaren Einkommensbeträge hat der Drittsch nach Feststellung der Höhe des Gesamteinkommens unter Zugrundelegung des jew Auszahlungszeitraums und der Unterhaltspflichten des Sch vorzunehmen (MK/Smid Rn 21; MskV/Flockenhaus Rn 11; aA Behr JurBüro 96, 234, 235; Grunsky ZIP 83, 908, 914 [das hinzuzurechnende Einkommen muss mit einem festen Betrag angegeben werden; bei schwankendem Einkommen Abänderung des Zusammenrechnungsbeschlusses] – das ist nicht praktikabel). Wenn sich bei abstrakter Anordnung der Zusammenrechnung im Einzelfall Zweifel über die betragsmäßige Berechnung ergeben, kann klarstellende Entscheidung des VollstrGerichts verlangt werden.

6 **b)** Dem Arbeitseinkommen, das die **wesentliche Grundlage der Lebenshaltung** des Sch bildet, ist in erster Linie der unpfändbare Grundbetrag (§ 850c I) zu entnehmen. Dafür kommt es nicht allein auf die Höhe der Bezüge an. In Betracht zu ziehen ist auch, welches der Einkommen das sicherere und beständigere ist. Bestimmung hat das VollstrGericht im Zusammenrechnungsbeschluss zu treffen. Deckt das Haupteinkommen den Grundbetrag nicht, ist der Rest dem anderen Einkommen zu entnehmen („… in erster Linie"). Für den unpfändbaren Mehrbetrag (§ 850c II) kann das VollstrGericht nach billigem Ermessen bestimmen, dass er dem Haupteinkommen, das die wesentl Lebensgrundlage bildet, oder dem anderen Einkommen zu entnehmen ist. IdR wird anzuordnen sein, dass auch der weitergehende, mithin der gesamte Freibetrag, dem Haupteinkommen zu entnehmen ist (St/Rellermeyer C.377). Anordnung, dass die unpfändbaren Beträge dem ungepfändeten anderen Einkommen zu entnehmen sind, kann der Gl, der nur eines von mehreren Arbeitseinkommen gepfändet hat, nach seiner Wahl nicht verlangen (St/Rellermeyer C.378).

7 **4) Zustellung. a)** Nach Anordnung der Zusammenrechnung **im Pfändungsbeschluss** wird dieser nur dem Gl ausgehändigt; er hat ihn zustellen zu lassen (§ 829 II 1; näher § 829 Rn 15); gesonderte Zustellung des Zusammenrechnungsbeschlusses erfolgt nicht. – **b)** Der nach Pfändung **selbständig** erlassene **Zusammenrechnungsbeschluss** ist vAw dem Gl, Sch und Drittsch (nicht notw auch dem anderen Arbeitgeber, wenn nur eines der Einkommen gepfändet ist) zuzustellen (§ 329 III; MskV/Flockenhaus Rn 10). Der Drittsch kann bis zur Zustellung oder sonstigen Kenntnis an den Sch nach Maßgabe des ihm zugestellten Pfändungsbeschlusses ohne Rücksicht auf das weitere Arbeitseinkommen befreiend leisten. – Die Ablehnung der Zusammenrechnung wird nur dem ASt zugestellt (StJ/Würdinger Rn 50).

8 **5) Wirkung. a)** Zusammenrechnung hat zur Folge, dass sich das nach § 850c unpfändbare Arbeitseinkommen nach dem Gesamteinkommen (Nettoeinkommen nach Nr 1) bestimmt. Bereits an den Sch ausbezahltes Einkommen erfasst die Zusammenrechnung nicht (Grunsky ZIP 83, 908, 913). Pfändung eines der Arbeitseinkommen bewirkt die Zusammenrechnung selbständig nicht (§ 829 III). Sie führt daher nicht dazu, dass nach Pfändung nur eines der mehreren Arbeitseinkommen auch das ungepfändete weitere Einkommen in die Verstrickung einbezogen wird. Die Zusammenrechnung dehnt die ZwV auch nicht auf nach § 850a unpfändbare Bezüge aus; wenn eines der Arbeitseinkommen Mehrarbeitsvergütung ist, bleibt es daher auch weiterhin zur Hälfte nach Maßgabe des § 850a Nr 1 unpfändbar.

b) Sind mehrere **Arbeitseinkommen** für den Gl wirksam **gepfändet**, hat jeder Drittsch das Gesamteinkommen festzustellen und den pfandfreien Betrag bzw den gepfändeten Einkommensteil zu berechnen. Dafür sind der unpfändbare Grundbetrag und die weiteren unpfändbaren Einkommensteile dem vom Gericht bei der Zusammenrechnung bezeichneten Einkommen zu entnehmen. Jeder Drittsch bleibt zur Berechnung der gepfändeten Teile des von ihm zu zahlenden Arbeitseinkommens auch dann verpflichtet, wenn die Einkommen (oder nur eines von ihnen) in jedem Berechnungszeitraum unterschiedl hoch sind. 9

c) Wenn **nur eines** der in die Zusammenrechnung einzubeziehenden Arbeitseinkommen gepfändet ist, berührt die Anordnung der Zusammenrechnung die Verpflichtung des anderen Arbeitgebers nicht, das nicht gepfändete Einkommen bei Fälligkeit an den Sch zu leisten. Die Zusammenrechnung dehnt die Pfändung nicht auf dieses pfandfreie Einkommen aus (sa Rn 8). Der Arbeitgeber, gg den als Drittsch Zahlungsverbot ergangen ist (§ 829 I), hat das Gesamteinkommen festzustellen und den danach gepfändeten Betrag unter Berücksichtigung des Auszahlungszeitraums und der Unterhaltspflichten des Sch nach § 850c zu berechnen. Wenn das gepfändete Einkommen nicht dasjenige ist, dem nach dem Zusammenrechnungsbeschluss der nach § 850c nicht pfändbare Betrag zu entnehmen ist, bleibt der Sch mit dem Betrag, der ihm aus der Summe der Einkommen pfandfrei zu belassen ist, ganz (ggf auch nur teilw) auf das weitere, nicht gepfändete Einkommen verwiesen. Wenn und soweit jedoch dem gepfändeten Arbeitseinkommen nach dem Zusammenrechnungsbeschluss der nach § 850c unpfändbare Einkommensteil zu entnehmen ist, hat der Drittsch diesen nach dem Gesamteinkommen festzustellen und dem Sch auszuzahlen. 10

6) Mehrere Gläubiger. Bei Einkommenspfändung für mehrere Gl wirkt der Zusammenrechnungsbeschluss nur für den Gl, auf dessen Antrag (in dessen ZwV-Verf) die Bestimmung getroffen worden ist (Grundsatz der Einzelvollstr; wie § 850c Rn 18; sa BAG NJW 97, 497). Für Gl, die keinen Zusammenrechnungsbeschluss erwirkt haben, bleibt es beim Lohnabzug mit ihrem Pfändungsrang (§ 804 III) aus dem gepfändeten Einzeleinkommen (St/Rellermeyer C.368; teilw aA Grunsky ZIP 83, 908, 912f). 11

7) Rechtsbehelfe. Bei Zusammenrechnung direkt im Pfändungsbeschluss für **Sch:** Erinnerung (§ 766). Bei gesonderter Anordnung der Zusammenrechnung nach wirksamer Pfändung und Anhörung des Sch: sof Beschwerde (§ 11 I RPflG; § 793); Erinnerung nach § 766 findet statt, wenn der Sch nicht gehört wurde (LG Frankenthal Rpfleger 82, 231). Für **Gl** bei Zurückweisung seines Antrags (auch bei Teilzurückweisung): sof Beschwerde (§ 11 I RPflG; § 793). 12

8) Derselbe Drittschuldner. Wenn der Gl gleichzeitig **mehrere Einkommen** des Sch pfändet, die dieser **von demselben Drittschuldner** bezieht, sind sie als einheitl Einkommen anzusehen. Einer ausdrückl Zusammenrechnungsanordnung bedarf es dazu nicht. Gleiches gilt, wenn der Gl die mehreren von dem gleichen Drittsch geschuldeten Einkommen **nacheinander pfändet** (praktisch kaum denkbar). 13

9) Keine Zusammenrechnung. Mit **einmaliger** Vergütung iSd § 850i I, die zu wiederkehrendem Einkommen hinzutritt, findet eine Zusammenrechnung nicht statt (StJ/Würdinger Rn 52; MskV/Flockenhaus Rn 10). Der pfändbare Betrag nach § 850c ist aus dem fortlaufenden Einkommen zu berechnen, während die weitere Vergütung im Bedarfsfall nach § 850i geschützt werden kann. Zusammenrechnung ist auch nicht möglich mit fortlaufenden Einnahmen anderer Art, die **keinen Pfändungsschutz** genießen. Dem Sch kann daher der Freibetrag aus dem gepfändeten Arbeitseinkommen nicht mit der Begründung versagt werden, er könne seinen Unterhalt aus den weiteren Einnahmen bestreiten (anders im Falle des § 850d: § 850d Rn 11). Zusammenrechnung mit nach § 850b bedingt pfändbaren fortlaufenden Bezügen ist ausnahmsweise unter den bes Voraussetzungen des § 850b II möglich (nur dann kann nach den Pfändungsvorschriften für Arbeitseinkommen verf werden); sonst sind sie bei der Zusammenrechnung nicht zu berücksichtigen (OLG Köln FamRZ 90, 190). Bei Einkommens**abtretung** kann das VollstrGericht Bestimmung über eine Zusammenrechnung nicht treffen. Dies unterliegt der Vertragsfreiheit der Beteiligten (BGH MDR 2004, 323). Ob sie getroffen ist, ob und in welchem Umfang somit der Zessionar Rechte aus der Abtretung herleiten kann, hat das Prozessgericht zu entscheiden (BGH NJW-RR 2010, 211; aA BAG MDR 2002, 1321). 14

III) Zusammenrechnung von Arbeitseinkommen und Sozialleistungen sowie Kindergeld (§ 850e Nr 2a). 15
1) Selbständigkeit. Für Feststellung unpfändbarer sowie pfändbarer Einkommensbeträge bleiben auch Arbeitseinkommen und laufende Geldleistungen nach dem SGB (dazu: § 850i Rn 7-16b) selbständig (Rn 3). Dass der Sch mit solchen Bezügen von versch Drittsch für Berechnung des unpfändbaren Einkommens einem Sch mit nur einem aus laufenden Geldbeträgen bestehenden **Gesamteinkommen** gleichgestellt wird, kann mit Zusammenrechnung erreicht werden (Rn 3); diese ermöglicht Nr 2a. Die Bestimmung bezieht sich nur auf laufende SGB-Geldleistungen, nicht auf Leistungen ähnl Art auf Grund von Einzelgesetzen, die nicht Bestandteil des SGB sind. Ausgeschlossen ist Zusammenrechnung mit Sozialleistungen, die der Pfändung nicht unterworfen sind (BGH MDR 2005, 1136; § 54 III, V SGB I; § 42 IV I SGB II; § 107 I SGB IX; § 17 I 2 SGB XII). Nicht zusammenzurechnen mit Arbeitseinkommen ist Arbeitslosengeld II, das der Sch nur deshalb erhält, weil sein Arbeitseinkommen sozialrechtl bei anderen Personen berücksichtigt wird, die mit ihm in einer Bedarfsgemeinschaft leben (§ 9 II 1, 2 SGB II; BGH MDR 2013, 369). Wohngeld kann nicht mit Arbeitseinkommen zusammengerechnet werden; Grund: § 54 III Nr 2a SGB I. Zusammenrechnung der nach § 850b bedingt pfändbaren Bezüge mit Sozialleistungen ist nur ausnahmsweise möglich (§ 850b II; s Rn 14).

15a Keine Zusammenrechnung mit einer Rente des Ehepartners. Berücksichtigung nur über § 850c VI (Hk-ZV/Meller-Hannich Rn 15). – Deutsche und **ausl Renten** sind in analoger Anwendung der Nrn 2, 2a zusammenzurechnen (BGH MDR 2014, 1413 [gesetzl Regelung lückenhaft]) unter der Voraussetzung ihrer jew Pfändbarkeit (BGH MDR 2017, 1267).

16 **2) Pfändbarkeit.** Zusammenrechnung ermöglicht Nr 2a S 1 mit laufenden (nicht einmaligen) Geldleistungen nach dem SGB, soweit diese **nach § 54 IV, V SGB I** der Pfändung unterworfen sind (dazu: § 850i Rn 25). Die infolge ihrer Zweckbestimmung unpfändbaren Sozialleistungen (Rn 15; § 850i Rn 7, 22-24) können mit Arbeitseinkommen nach Nr 2a nicht zusammengerechnet werden. Zu Geldleistungen für Kinder: Rn 21. IÜ ist zu unterscheiden:

17 **3) Fallgruppen. a)** Zusammenrechnung einer **nicht** gepfändeten laufenden Geldleistung nach dem SGB **mit gepfändetem** (oder zu pfändendem) **Arbeitseinkommen** (zur Aufnahme der Bestimmung in den Pfändungsbeschluss: Rn 20). Diese kann bewirken, dass die laufende Sozialgeldleistung auf den unpfändbaren Teil des Gesamteinkommens zu verrechnen ist, von der Pfändung somit entspr höhere Teile des Arbeitseinkommens erfasst werden.

18 **b)** Zusammenrechnung einer **gepfändeten** (zu pfändenden) laufenden Geldleistung nach dem SGB mit **nicht gepfändetem Arbeitseinkommen**. Sie könnte bewirken, dass Arbeitseinkommen auf den unpfändbaren Teil des Gesamteinkommens zu verrechnen ist, somit die laufende Sozialgeldleistung entweder überhaupt erst pfändbar wird oder in weiterem Umfang der Pfändung unterliegt. Jedoch kann der Gl nicht nach seiner Wahl verlangen, dass die unpfändbaren Beträge (für den Grundbetrag entgegen der Regel von Nr 2a S 2) dem nicht gepfändeten Arbeitseinkommen zu entnehmen sind (Rn 6 aE), somit nicht erwirken, dass die SGB-Geldleistungen in erweitertem Umfang der Pfändung unterworfen sind. Diese Zusammenrechnung wird somit nur möglich, wenn im Einzelfall ausnahmsweise unpfändbare Beträge doch vom Arbeitseinkommen gedeckt werden sollen.

19 **c)** Zusammenrechnung **gepfändeten** (zu pfändenden) **Arbeitseinkommens** mit **gepfändeten** (zu pfändenden) laufenden Geldleistungen nach dem SGB. Diese würde (je nach Berücksichtigung des unpfändbaren Gesamteinkommens) bewirken, dass entsprechend höhere Teile des Arbeitseinkommens oder/und der Sozialgeldleistung (s aber Rn 18) der Pfändung unterliegen.

20 **4) Antrag/Verfahren/Anordnung.** Wie Rn 4-7. Als Voraussetzung der Zusammenrechnung ist auch das Vorhandensein der laufenden Geldleistung nach dem SGB und deren Höhe nachzuweisen (Rn 4). Der unpfändbare Grundbetrag (§ 850c I) ist, sofern nicht der Gl eines ges Unterhaltsanspruchs vollstr, in erster Linie (kein Bestimmungsrecht des Gl: LG Marburg Rpfleger 2002, 216) den laufenden Geldleistungen nach dem SGB zu entnehmen (Nr 2a S 2). Grund: Diese werden regelmäßig das sicherere und beständigere Einkommen darstellen. Die Bestimmung, welchem Einkommen der nach den Gesamtbezügen zu berechnende unpfändbare Grund- und Mehrbetrag zu entnehmen ist (Rn 6), ist im Zusammenrechnungsbeschluss zu treffen. Zusammenrechnung kann sogleich bei Pfändung des Arbeitseinkommens im Pfändungsbeschluss angeordnet werden; sonst ist sie nach Einkommenspfändung gesondert durch Beschluss vorzunehmen. Betragsmäßige Angabe der von dem Zusammenrechnungsbeschluss erfassten laufenden Geldleistungen nach dem SGB wird verlangt (LAG Düsseldorf Rpfleger 86, 100). **Folge** der Zusammenrechnung: Rn 8-11 entspr. Wirkung der Zusammenrechnung nur zugunsten des Gl, auf dessen Antrag die Bestimmung getroffen ist: BAG NJW 97, 479. **Rechtsbehelfe:** wie Rn 12.

21 **5) Kindergeld.** Geldleistungen für Kinder (steuerrechtl Kindergeld nach § 76 EStG [mittlerweile der Regelfall] oder sozialrechtl nach BKGG, Kinderzuschläge [zB § 6a BKGG] und vergleichbare Rentenbestandteile, sa § 850i Rn 37) dürfen bei Pfändung durch den Gl einer gewöhnl Geldforderung sowie durch den Gl einer Forderung aus vorsätzl begangener unerlaubter Handlung (§ 850f II) mit Arbeitseinkommen nicht zusammengerechnet werden (Nr 2a S 3). Sie bleiben bei Pfändung von Arbeitseinkommen dem Sch zusätzl zu den Erhöhungsbeträgen des § 850c für Kinder pfandfrei; zum Kindergeld und gesetzl Geldleistungen für Kinder beim P-Konto als Erhöhungsbetrag: § 902 S 1 Nr 5. Dies ist in einem Zusammenrechnungsbeschluss ggf zu bestimmen; auch ohne solche Anordnung erstreckt sich die Zusammenrechnung aber nicht auf Geldleistungen für Kinder. Möglich ist Zusammenrechnung bei Unterhaltsvollstreckung, dann jedoch nur in Höhe des nach § 76 EStG oder § 54 V SGB I pfändbaren Betrags der Geldleistungen für Kinder (Nr 2a S 3).

22 **6) Mehrere Leistungsträger.** Für Zusammenrechnung laufender Geldleistungen nach dem SGB, die von **verschiedenen Leistungsträgern** erbracht werden (zB Hinterbliebenenrente aus der ges Unfallversicherung mit Altersrente aus der ges Rentenversicherung), trifft das Gesetz keine ausdrückl Bestimmung. Aus § 54 IV SGB I, dass laufende Geldleistungen „wie Arbeitseinkommen" zu pfänden sind, ergibt sich jedoch, dass § 850e Nr 2a entspr anzuwenden ist (BGH NJW-RR 2010, 211 [auch zur Zusammenrechnung bei Abtretung]; dazu auch: Rn 14). Nicht zusammengerechnet werden können damit Sozialleistungen, die der Pfändung nicht unterworfen sind, mit pfändbaren anderen Sozialleistungen (wie Rn 15).

23-25 Einstweilen frei.

IV) Zusammenrechnung von Geld- und Sachleistungen (§ 850e Nr 3). 1) Einheitliches Arbeitseinkommen. Arbeitsvergütung des Sch in Geld und Naturalleistungen (zB freie Kost, Wohnung, Deputate, Arbeitskleidung, unentgeltliche oder verbilligte tägliche Mahlzeiten [vgl § 40 II Nr 1 EStG]), die von demselben Arbeitgeber geleistet werden, sind einheitl Arbeitseinkommen aus einem Arbeits- oder Dienstverhältnis. Der Anspruch auf Naturalbezüge ist zwar für sich regelmäßig unpfändbar (§ 399 BGB; § 851). Jedoch hat der Drittsch bei Pfändung des Arbeitseinkommens in Geld die Nettobezüge (§ 850e Nr 1) mit dem Wert der Naturalleistungen zusammenzurechnen (Nr 3 S 1) und den nach § 850c pfändbaren Betrag aus dem sich (als Summe) ergebenden Gesamteinkommen zu berechnen. Der unpfändbare Teil des Gesamteinkommens ist dabei zunächst mit den dem Sch verbleibenden Naturalleistungen zu verrechnen (Nr 3 S 2). Hierfür bedarf es keiner Anordnung des VollstrGerichts (wie Rn 13). Für die Zusammenrechnung und die Bestimmung des pfandfreien Einkommensteils hat vielmehr der Drittsch die Naturalbezüge zu bewerten. Mit klarstellender Entscheidung (sa § 850 Rn 17) kann erforderlichenfalls Bewertung der Sachleistungen durch das VollstrGericht verlangt werden (Hintzen Rpfleger 2014, 117; WSch/Lüke Rn 48 [über § 766]; aA BGH NZI 2018, 528 Tz 5 [nur Klage vor dem Prozessgericht]; MskV/Flockenhaus Rn 14; MK/Smid Rn 37). Das Insolvenzgericht hat (als bes VollstrGericht: § 36 IV 1 InsO) hingegen die Insolvenzmasse und damit den zu ihr gehörenden pfändbaren Teil des Arbeitseinkommens für die Geltendmachung gg den Drittsch nicht zu bezeichnen; es kann daher auch Naturalleistungen für Zusammenrechnung durch Klarstellungsbeschluss nicht bewerten (insoweit zutr BGH NZI 2018, 528). Zusammenrechnung des Arbeitseinkommens mit Sachbezügen, die nicht Dienstleistungsvergütung sind, zB Versorgungsleistungen auf Grund Übergabevertrags (OLG Frankfurt JurBüro 91, 723, 725), Naturalleistungen (freie Kost und Wohnung), die der Lebensgefährte gewährt (LG Regensburg JurBüro 95, 218), ermöglicht Nr 3 nicht. Bei Pfändung durch Unterhaltsgl ist der Wert der Naturalbezüge ohne Zusammenrechnung sogleich auf den dem Sch zu belassenden Freibetrag anzurechnen (sa § 850d Rn 10). 26

2) Wertermittlung. Einen Maßstab für die Bewertung der Naturalbezüge bei Pfändung gibt das Gesetz nicht. Für das Sozialversicherungsrecht (§ 17 I 1 Nr 4 SGB IV) bestimmt die SozialversicherungsentgeltVO (SvEV) den Wert der Sachbezüge im Voraus für jedes Kalenderjahr. Diese bezeichnet in § 2 SvEV Beträge als Wert der Sachbezüge für Verpflegung und für die Wohnung den ortsübl Mietpreis. Werte für andere Sachleistungen werden nach dem um übliche Preisnachlässe geminderten Endpreis oder nach Durchschnittswerten des EStG bemessen. Diese Werte der SvEV finden auch im Steuerrecht Anwendung (§ 8 II 6 EStG). Sie geben auch für das VollstrR brauchbare Anhaltspunkte, bewirken jedoch keine Bindung. Naturalbezüge wurden daher mit ihrem tatsächl Geldwert am Verbraucherort (ortsübl Mittelwert) angenommen, nicht mit dem geringeren Einkaufspreis eines im Großen beziehenden Arbeitgebers. In dieser Weise sind auch Naturalleistungen mit ihrem Geldwert anzusetzen, die infolge des Arbeitsverhältnisses gg eine bes geringe Vergütung (Vorzugspreis) gewährt werden. Wenn Einvernehmen zwischen Arbeitgeber, Gl und Sch über die Bewertung nicht besteht, kann auf Antrag klarstellende Wertfestsetzung durch das VollstrGericht erfolgen (str, sa Rn 26). 27

3) Mehrere Drittschuldner. Arbeitseinkommen in Geld und/oder Naturalleistungen, die von **verschiedenen Arbeitgebern** geschuldet werden, bleiben selbständige Vermögenswerte des Sch (Rn 3). Die Arbeitgeber können sich daher über eine Zusammenrechnung bei Pfändung des in Geld zahlbaren Arbeitseinkommens nicht verständigen (Rn 3). Die von mehreren Drittsch zu leistenden Bezüge in Geld und Naturalien können nur nach Nr 2 durch Bestimmung des VollstrGerichts zusammengerechnet werden. Als Besonderheit ergibt sich hierfür aus Nr 3 S 2, dass der unpfändbare Einkommensteil zunächst durch den Wert der dem Sch verbleibenden Naturalleistungen zu decken ist. Bestimmung darüber, ob der Sch Naturalleistungen als Arbeitsentgelt erhält, kann im Streitfall das VollstrGericht klarstellend nicht treffen (LG Hannover JurBüro 91, 1405). Naturalbezüge, die nicht Dienstleistungsvergütung sind (zB Versorgungsleistungen auf Grund Übergabevertrags), können mit Arbeitseinkommen auch durch Anordnung des VollstrGerichts nicht zusammengerechnet werden (OLG Frankfurt JurBüro 91, 723). 28

V) Zusammentreffen von Unterhalts- und anderen Ansprüchen (§ 850e Nr 4). 1) Bevorrechtigte/nicht bevorrechtigte Gläubiger. Wenn das Arbeitseinkommen des Sch sowohl von bevorrechtigten (§§ 850d, 850f II) als auch von nicht bevorrechtigen (§ 850c) **Gl** gepfändet wird, ist es rechnerisch in 3 Teile zu zerlegen: 29

a) in den Teil, der dem Sch nach § 850d (§ 850f II) auch ggü den bevorrechtigten Gl als notw Unterhalt für sich selbst und seine Angehörigen in jedem Fall verbleiben muss;

b) in den Teil, der nur dem Zugriff der bevorrechtigten Gl offensteht (das ist der Mehrbetrag über a) hinaus, jedoch abzgl des Betrags c));

c) in den Teil, der nach § 850c jedem Gl offen steht.

Pfändet **zunächst ein nicht bevorrechtigter Gl**, wird von dieser Pfändung der Bereich c) erfasst. Pfändet dann ein bevorrechtigter Gl, kann er auf den bisher nicht in Anspruch genommenen, aber ihm offenstehenden Teil b) zugreifen; im Bereich c) geht er wegen des Prioritätsgrundsatzes (§ 804 III) dem ersten Gl nach. Bei Berechnung des für den gewöhnl Gl im Bereich c) unpfändbaren Betrags wird auch der vollstr Unterhaltsgl berücksichtigt (Erfüllung des Anspruchs durch ZwV, sa § 850c Rn 5), so dass Bereich b) auf Kosten des Bereichs c) erweitert ist. 30

31 Hat **zuerst ein bevorrechtigter Gl** gepfändet und dabei nur den Einkommensteil c) in Anspruch genommen (Pfändung im Umfang des § 850c, nicht aber bevorrechtigt nach § 850d), wäre dieser für später pfändende gewöhnl Gl – die in den Bereich b) nicht eindringen können – versperrt, während dem Sch über den Einkommensteil a) hinaus auch noch der Teil b) verbliebe, obgleich er auch einem bevorrechtigten Pfändungsgl gegenübersteht. Für diesen Fall trifft **Nr 4** Vorsorge. Auf Antrag hat das VollstrGericht anzuordnen, dass der Anspruch des bevorrechtigten Gl zunächst aus dem Einkommen b) – und nur, wenn dieser nicht ausreicht, auch aus dem Einkommensteil c) – zu befriedigen ist. Der bevorrechtigte Gl wird also zunächst auf den ihm allein offenstehenden Einkommensteil verwiesen, damit, wenn sein Anspruch die zusammengenommenen Teile b) und c) nicht erschöpft, auch noch für den Zugriff gewöhnl Gl Raum bleibt. Wird nicht einmal Teil b) erschöpft, kann der gewöhnl Gl deswegen doch nicht mehr erhalten als den Einkommensteil c); die Anordnung nach Nr 4 bewirkt nicht, dass er auf mehr zugreifen könnte als auf den für ihn nach § 850c pfändbaren Betrag. Auch die Gl aus vorsätzl unerlaubter Handlung (§ 850f II), die dem Unterhaltsberechtigten im Rang nachgehen, können diesen auf die beschriebene Weise in den Einkommensbereich b) abdrängen.

32 Wenn an einen gewöhnl Gl (in den Grenzen des § 400 BGB mit § 850c bzw des § 53 SGB I) wirksam **abgetreten** worden ist, kann der nachher pfändende Unterhaltsgl einen etwa noch verfügbaren Rest des Einkommensteils c) und außerdem den Teil b) für sich beanspruchen. War dagegen an einen bevorrechtigten Gl abgetreten und folgt dann eine Pfändung eines gewöhnl Gl, kann der erstere wiederum nach Nr 4 durch Anordnung des VollstrGerichts darauf verwiesen werden, den Abtretungsbetrag zunächst dem Einkommensteil b) zu entnehmen, so dass dem Sch nur der nach § 850d unpfändbare Betrag verbleibt = Einkommensteil a) und der Einkommensteil c) oder ein etwaiger Rest desselben für den Zugriff des gewöhnl Gl offensteht. Durch die Verrechnungsanordnung des VollstrGerichts wird hier also der Abtretungsvertrag ergänzt oder geändert. Verrechnung nach IV kann jedoch nicht erfolgen, wenn eine Abtretung an einen gewöhnl Gl mit einer zeitl früheren Pfändung (Abtretung, anderen Verfügung) wegen eines Anspruchs nach § 850d zusammentrifft (erforderl ist Pfändung wegen eines sonstigen Anspruchs: LG Gießen Rpfleger 85, 370; MskV/Flockenhaus Rn 17; aA Denck MDR 79, 450).

33 **2) Verfahren.** Verrechnung erfolgt nur auf Antrag eines Beteiligten (Nr 4 S 2), damit des nachpfändenden Gl der gewöhnl Forderung oder des nicht vollstr Unterhaltsgl (BGH NJW-RR 2004, 494), nicht aber des Drittsch. Der Antrag ist keine Erinnerung (§ 766); es soll nicht nachgeprüft werden, ob der Pfändungsbeschluss zu Recht ergangen ist. Zuständig ist der Rpfleger (§ 20 I Nr 17 RPflG). Zu dem Antrag sind die Beteiligten zu hören; § 834 ist nicht anwendbar. Der Beschluss ist den mehreren Gl, dem Sch und dem Drittsch vAw zuzustellen (§ 329 III; MskV/Flockenhaus Rn 15). Bis zur Zustellung an ihn darf der Drittsch nach Maßgabe des vorausgegangenen Pfändungsbeschlusses bzw der sonstigen Verfügung über die Forderung (Abtretung, Verpfändung) mit befreiender Wirkung leisten (S 3). **Rechtsbehelf** für den durch den Beschluss beschwerten Beteiligten: sof Beschwerde (§ 11 I RPflG; § 793; sa StJ/Würdinger Rn 72).

§ 850f Änderung des unpfändbaren Betrages

(1) Das Vollstreckungsgericht kann dem Schuldner auf Antrag von dem nach den Bestimmungen der §§ 850c, 850d und 850i pfändbaren Teil seines Arbeitseinkommens einen Teil belassen, wenn

1. der Schuldner nachweist, dass bei Anwendung der Pfändungsfreigrenzen entsprechend § 850c der notwendige Lebensunterhalt im Sinne des Dritten und Vierten Kapitels des Zwölften Buches Sozialgesetzbuch oder nach Kapitel 3 Abschnitt 2 des Zweiten Buches Sozialgesetzbuch für sich und für die Personen, denen er gesetzlich zum Unterhalt verpflichtet ist, nicht gedeckt ist,

2. besondere Bedürfnisse des Schuldners aus persönlichen oder beruflichen Gründen oder

3. der besondere Umfang der gesetzlichen Unterhaltspflichten des Schuldners, insbesondere die Zahl der Unterhaltsberechtigten, dies erfordern

und überwiegende Belange des Gläubigers nicht entgegenstehen.

(2) Wird die Zwangsvollstreckung wegen einer Forderung aus einer vorsätzlich begangenen unerlaubten Handlung betrieben, so kann das Vollstreckungsgericht auf Antrag des Gläubigers den pfändbaren Teil des Arbeitseinkommens ohne Rücksicht auf die in § 850c vorgesehenen Beschränkungen bestimmen; dem Schuldner ist jedoch so viel zu belassen, wie er für seinen notwendigen Unterhalt und zur Erfüllung seiner laufenden gesetzlichen Unterhaltspflichten bedarf.

1 **I) Funktion.** Sicherung des individuellen Sozialhilfebedarfs und Zulassung weiterer bes Verhältnissen angepasster individueller Einzelregelungen in Fällen, in denen die pauschalen unpfändbaren Einkommensteile (§ 850c Rn 1) nicht zu befriedigenden Ergebnissen führen.

2 **II) Härteklausel zugunsten des Schuldners (§ 850f I). 1) Keine Bedarfsgrenzenunterschreitung. a)** Antrag nach **I Nr 1** ermöglicht dem Sch sicherzustellen, dass sein unpfändbares Arbeitseinkommen nicht mit Anwen-

dung der bundeseinheitl pauschalierten Freigrenzen von § 850c seinen **individuellen Sozialhilfebedarf** unterschreitet (BGH MDR 2016, 912 Tz 22; zur Anwendung im Fall von § 850d: § 850d Rn 11b). Abgestellt ist auf die Beschaffung des Lebensunterhalts durch Einsatz der Arbeit; anderes Einkommen oder Vermögen des Sch ist daher nicht anzurechnen (WSch/Lüke Rn 6; aA Hornung Rpfleger 92, 331, 335).

b) Anspruch auf SGB XII (Sozialhilfe) besteht nach Kap 3 SGB XII in Hilfe zum Lebensunterhalt (§§ 27-40 SGB XII) und nach Kap 4 SGB XII in der Grundsicherung im Alter und bei Erwerbsminderung (§§ 41-46b SGB XII). Kap 11 regelt den Einsatz des Einkommens und des Vermögens (§§ 82-96 SGB XII; sa § 43 SGB XII; hierzu: Rn 2c). Ein bes Freibetrag ist zu belassen, selbst wenn hohe Anstaltskosten wie Kosten für ein Senioren- oder Altersheim nicht gedeckt sind (BGH FamRZ 2004, 621; MskV/Flockenhaus Rn 2). Für notw Lebensunterhalt außerhalb von Einrichtungen besteht nach Kap 3 und 4 SGB XII Anspruch auf 2a

- **laufende Leistungen** für den Lebensunterhalt (§§ 27a-29, § 42 Nr 1 SGB XII). Für den gesamten notw Lebensunterhalt mit Ausnahme der nachgenannten Leistungen werden monatl Regelsätze als Pauschbeträge zur Bestreitung des Regelbedarfs gewährt, der in Regelbedarfsstufen unterteilt ist (§§ 27a, 28 SGB XII). Die Höhe der Regelbedarfe wird bei Anlass neu ermittelt und jährl fortgeschrieben (§§ 28, 28a, 29 SGB XII; zuletzt durch G v 16.12.2022, BGBl I 2022, 2328). Im Einzelfall kann der individuelle Bedarf abw vom Regelsatz festzusetzen sein (§ 27a IV SGB XII). Das kann auch Berücksichtigung von Kosten für Ausübung des Umgangsrechts mit Kindern gebieten (BGH FamRZ 2010, 1798). In den Regelsatzbeträgen sind pauschal Leistungen für nicht regelmäßig wiederkehrende bes Bedürfnisse wie Bekleidung, Hausrat und Haushaltsgeräte sowie für bes Anlässe einbezogen. Einzeln berücksichtigt wird ein Freibetrag für solche Bedürfnisse daher nicht mehr (LG Kassel JurBüro 2005, 379; LG Münster FamRZ 2006, 497). Ebenso sind durch die Leistungen für den Lebensunterhalt die Kosten für Haushaltsenergie abgedeckt.
- **Leistungen für Unterkunft und Heizung** (§ 35, § 42 Nr 4, § 42a SGB XII). Die Kosten für Unterkunft werden nach dem konkreten, angemessenen Bedarf bemessen, der nach den Umständen des Einzelfalls unter Berücksichtigung der örtl Gegebenheiten, vorrangig damit unter Heranziehung des Mietpreisniveaus für den Wohnort des Sch zu ermitteln ist (BGH MDR 2018, 1212). Betriebskostenvorauszahlungen, die im Regelsatz nicht enthalten sind, sind in tatsächl Höhe zu berücksichtigen (BGH FamRZ 2010, 1798). Aufwendungen, die den der Besonderheit des Einzelfalls angemessenen Umfang übersteigen, werden nach Ablauf der Karenzzeit nur so lange berücksichtigt, als es dem Sch nicht möglich oder nicht zuzumuten ist, durch Wohnungswechsel, Vermieten oder auf andere Weise die Aufwendungen zu senken (§ 35 III 2 SGB XII; sa OLG Köln NJW 92, 2836). Die Kosten für Unterkunft können auch mit einer monatl Pauschale abzugelten sein (§ 35 IV SGB XII). In Höhe tatsächl Aufwendungen, ggf mit einer monatl Pauschale, finden auch die Kosten für Heizung Berücksichtigung (§ 35 V SGB XII). Wohngeld vermindert den Sozialhilfeanspruch, ist somit bedarfsmindernd anzurechnen (Stuttgart FamRZ 2002, 186), und zwar auch dann, wenn der Anspruch nicht geltend gemacht ist (LG Aachen JurBüro 90, 118). Kindergeld ist dem jew Kind als dessen Einkommen anzurechnen (§ 82 I 4 SGB XII; nennt nur Minderj), gebietet daher, wenn das Kind als unterhaltsberechtigt berücksichtigt ist, ebenso bedarfsmindernden Vorabzug (sa Rn 10 u § 850d Rn 11a). Wenn der Sch Aufwendungen für Unterkunft und Heizung nicht hat (zB wenn er kostenfrei bei seinen Eltern oder in einer Wohnung mit seiner Lebensgefährtin lebt und zu den Kosten nichts beiträgt), werden dafür Sozialhilfeleistungen nicht erbracht, damit auch bei Bemessung des Bedarfs nicht berücksichtigt (OLG Dresden JurBüro 2009, 608). Lebt der Sch mit Dritten in einer Wohnung und zahlt für deren Bedarf mit, wird sein eigener Bedarf fiktiv an dem gemessen, was er für seinen Alleinbedarf aufbringen müsste (BGH MDR 2018, 1212 [zu § 850d]), auch wenn der Dritte zu den Unterkunftskosten nichts beiträgt (LG Leipzig NZFam 2019, 223).
- **zusätzliche Bedarfe** (§§ 30-33, § 42 Nr 2 SGB XII) wie Mehrbedarf für Personen, die die Altersgrenze erreicht haben, voll erwerbsgeminderte Personen, werdende Mütter (LG Heilbronn Rpfleger 2012, 700), Alleinerziehende, Behinderte, Kranke und Genesende (§ 30 SGB XII) sowie einmalige Bedarfe (§ 31 SGB XII) und Beiträge für Kranken- und Pflegeversicherung (§ 32 SGB XII).
- **Bedarfe für Bildung** von Schülern sowie Bedarfe von Kindern und Jugendlichen für **Teilhabe am sozialen und kulturellen Leben** (§§ 34, 34a [aF war für grundrechtswidrig erklärt worden: BVerfG NJW 2020, 3292], § 42 Nr 3 SGB XII). Sie werden zT nur auf gesonderten Antrag (Ausnahme für persönl Schulbedarf) insb durch Sach- und Dienstleistungen erbracht (§ 34a I, II SGB XII).

Der notw Lebensunterhalt Dritter ist bei I Nr 1 nur zu berücksichtigen, wenn der Sch ihnen ges unterhaltspflichtig ist (bisher str, dazu: Rein/Zimmermann ZVI 2020, 330). Durch die Änderung der Formulierung „Unterhalt zu gewähren hat" in „gesetzlich zum Unterhalt verpflichtet" ist das klargestellt. – Der Sch muss den Unterhalt auch tatsächl leisten (St/Rellermeyer C.431; MskV/Flockenhaus Rn 2a). – Vertragl oder faktische Unterhaltsleistungen, auch solche im Rahmen von Bedarfsgemeinschaften (§ 7 III SGB II), Einsatzgemeinschaften (§§ 19, 20, 27, 43 SGB XII) oder Haushaltsgemeinschaften (§ 39 SGB XII), bleiben hier unbeachtl (BTDrs 19/23171, 30). Zu deren Schutz beim P-Konto: § 902 S 1 Nr 1b und für Nachzahlungen § 904 I (Salten MDR 2021, 11, 15); sa Rn 5. 2b

Die mit Erzielung des Einkommens verbundenen notw Ausgaben (Kap 11 § 82 II 1 Nr 4 SGB XII), wie zB Fahrtkosten (OLG Stuttgart NZI 2002, 52), finden zusätzl Berücksichtigung. Ebenso ein Ausgleich für Erwerbstätigkeit 2c

(„Besserstellungszuschlag"; sa § 850d Rn 7). Er berechnet sich nicht nach §§ 11, 11b III SGB II (so aber St/Rellermeyer C.423), sondern wie bei § 850d (Benner NZFam 2019, 845, 847 [Berechnung nach § 11 SGB II hat sich nicht durchgesetzt]) nach Kap 11 § 82 III SGB XII. Die nach Kap 11 § 82 II 1 Nrn 1-3 SGB XII abzusetzenden Einkommensbeträge werden schon nach § 850e Nr 1 nicht mitgerechnet, erlangen somit nicht erneut Bedeutung. – Durch das PKoFoG wurde in I Nr 1 die Bezugnahme auf Kap 11 SGB XII gestrichen. Begründet wurde dies damit, dass sich der notw Unterhalt abschließend aus Kap 3 und 4 SGB XII ergebe (BTDrs 19/23171, 30). Tatsächl regeln diese beiden Kapitel die Hilfe und die Grundsicherung, während Kap 11 SGB XII „nur" Ausführungen zum Einsatz des Einkommens und des Vermögens enthält. Nach stRspr des BGH (zB BGHZ 195, 224; BGH NJW-RR 2018, 1272 Tz 9; BGH MDR 2020, 308 Tz 12) ermittelt das Gericht die Höhe des unpfändbaren notw Unterhalts aber auch mit Blick auf Kap 11 SGB XII (zB § 82 SGB XII). Dass der Gesetzgeber mit dem Streichen der Bezugnahme auf Kap 11 SGB XII diese Rspr bewusst korrigieren wollte, ergibt sich aus den Materialien an keiner Stelle. Es sollte daher auch zukünftig nicht von der stRspr des BGH abgewichen werden.

2d **c)** Alternativ („oder") hat der notw Lebensunterhalt auch nach Kap 3 Abschn 2 SGB II gedeckt zu sein. Die Begründung (BTDrs 15/1516, 75) bezeichnet sie als Folgeänderung zur Einführung der Grundsicherung für Arbeitsuchende mit SGB II. Für die Festlegung des notw Lebensunterhalts kommt dem SGB II aber keine eigenständige Bedeutung zu (St/Rellermeyer C.421; Hk-ZV/Meller-Hannich Rn 5 [redaktionelles Versehen]; sa § 850d Rn 7). Der Wortlaut von I Nr 1, dass neben die Regelungen des SGB XII weiterhin auch die entspr Bestimmungen zum Lebensunterhalt nach dem SGB II treten, kann daher nur als ergänzender Hinweis zur Anwendung und Auslegung der sozialhilferechtl Bestimmungen des SGB XII verstanden werden (St/Rellermeyer C.421; sa StJ/Würdinger Rn 3; Hk-ZV/Meller-Hannich Rn 5 [m Hinweis auf BGH FamRZ 2010, 1798]).

3 **2) Individuelle Besonderheiten.** Anpassung des unpfändbaren Einkommens an sonst ungünstige Verhältnisse im Einzelfall ermöglichen auf Antrag **I Nr 2, I Nr 3**. Berücksichtigung finden können in diesen Fällen nur Bedürfnisse des Sch, denen nicht schon bei Bemessung der Freibeträge des § 850c (bzw § 850d) Rechnung getragen ist. Jedoch handelt es sich um keine Ausnahmeregelung. Die Bestimmung ist anzuwenden, wenn ihre Voraussetzungen vorliegen.

4 **a) Besondere Bedürfnisse aus persönl Gründen (I Nr 2)** können sein zB **aa)** erhebl Mehraufwendungen infolge **Krankheit** oder **Pflegebedürftigkeit**; einschr BGH MDR 2018, 551 für Behandlungskosten, die die ges Krankenkasse oder der Sozialhilfeträger nicht übernehmen würde (dort Tz 22), für eine Haushaltshilfe, wenn Pflegegeld (§ 37 SGB XI) in Anspruch genommen wird (dort Tz 27), anders bei Inanspruchnahme von Pflegesachleistungen (§ 36 SGB XI), wenn der Betrag nicht ausreicht und bei Mittellosigkeit der Sozialhilfeträger einspringen würde (dort Tz 28). **bb)** Kosten für notw Beschaffung von **Bekleidungs**- und **Gebrauchs**gegenständen, bei bes hoher **Miete** (wenn bzw soweit Anspruch auf Wohngeld nicht besteht). Ausgaben für eine Tageszeitung, Fernseh- und private Telefongebühren zählen nicht zu „besonderen" Bedürfnissen, desgl nicht Beiträge zur freiw Höherversicherung zur Erzielung einer größeren Rentenanwartschaft (LG Fulda JurBüro 84, 466). **cc)** Aus **beruflichen Gründen** können bes Mehraufwendungen für Ausbildung und Berufstätigkeit Berücksichtigung finden, soweit sie nicht schon durch zusätzl oder erhöhte Bezüge nach § 850a Nr 3 abgegolten sind (dazu: § 850a Rn 7), zB erhöhte Aufwendungen für Arbeitskleidung, Mehrkosten für weite Anfahrt zur Arbeitsstätte (LG Mühlhausen 3.6.2016 – 1 T 37/16, juris [einfache Fahrt von mehr als 20 km]; LG Bonn JurBüro 2009, 550; LG Marburg JurBüro 99, 661 [nur Kosten öffentl Verkehrsmittel]; AG Kiel NZI 2021, 586 [Entfernung von mehr als 20 km, idR aber nicht Kosten der Reparatur des Kfz]). Kosten wegen Beendigung des Arbeitsverhältnisses sind nicht zu berücksichtigen (LG Kiel 23.2.2017 – 4 T 23/17, Rpfleger 2017, 349 [Anwaltskosten]); auch alte Schulden nicht, außer wenn sie zur Befriedigung von Bedürfnissen eingegangen wurden, die noch in der Gegenwart fortbestehen. **dd)** Keine Erhöhung wegen einer **Steuerschuld**, die der Sch begleichen will (BGH MDR 2019, 1533).

5 **b)** Einen **besonderen Umfang ges Unterhaltspflichten (I Nr 3)** können bes hohe Unterhaltspflichten des Sch begründen, zB bei Vorhandensein von mehr als 5 Unterhaltsberechtigten (bis zu 5 Berechtigte sind schon in § 850c berücksichtigt). I Nr 3 kann auch anzuwenden sein, wenn sich Kinder in der Ausbildung und an einem auswärtigen Schulort befinden oder bei gehäuften Krankheitsfällen in der Familie. Stets ist mit Sorgfalt zu prüfen, wessen Belange überwiegen. Schutz darf jedoch nicht zur Begünstigung von Unterhaltsberechtigten führen, die dem pfändenden Gl im Rang nachgehen (LG Braunschweig JurBüro 86, 1422). Nach Bestimmung des pfandfreien Betrags durch das VollstrGericht (§§ 850d, 850f II) erfordert eine neu begründete, weitere Unterhaltspflicht (Geburt eines Kindes) zunächst Änderung des Freibetrags nach § 850g; soweit sich dessen Obergrenze dann nach § 850c bemisst (sa § 850d Rn 4, § 850f Rn 10), kann dem Sch auf Antrag nach I ein weiterer Teil des pfändbaren Einkommens belassen werden (OLG Frankfurt NJW-RR 2000, 220). Vertragl oder rein tatsächl, auf keinem Rechtsgrund beruhende Unterhaltsleistungen, auch solche im Rahmen einer Bedarfsgemeinschaft nach SGB II (Hk-ZV/Meller-Hannich Rn 8 mwN), ermöglichen Erhöhung des pfandfreien Betrags nach I Nr 3 nicht (BGH MDR 2017, 1444 Tz 10; sa Rn 2b).

6 **3) Betragsbemessung.** Zur Deckung des individuellen Sozialhilfebedarfs (I Nr 1) ist dem Sch der nach Kap 3 und 4 SGB XII zu bemessende Betrag (StJ/Würdinger Rn 3) zu belassen, nötigenfalls daher auch der pfändbare Einkommensteil ganz (OLG Zweibrücken NJW-RR 2002, 1664; aA Hornung Rpfleger 92, 331, 334 [keine völlige Freistellung]). Sonst (in den Fällen von I Nr 2, Nr 3) ist nur Belassung eines **weiteren Teils** vorgesehen und

damit bestimmt, dass ein Rest immer dem Gl verbleiben muss (OLG Koblenz JurBüro 87, 306; LG Aachen JurBüro 90, 122). Ausnahme: § 765a.

4) Abwägung. Überwiegende Belange **des Gl** dürfen im Einzelfall weiterem Pfändungsschutz nicht entgegenstehen. Das erfordert Abwägung der Belange von Sch und Gl, insb der wirtschaftl Lage, aber auch zB der Gesundheit, Unterhaltslasten. Sicherstellung des sozialhilferechtl Lebensbedarfs (I Nr 1) wird durch Gl-Belange nur selten beeinträchtigt sein (Beispiele: BGH FamRZ 2004, 621 [Seniorenheim]; OLG Celle Rpfleger 90, 376). Sonst kann erhebl sein, dass sich die Abtragung der Gl-Forderung ungemessene Zeit hinausziehen würde oder der Gl bei Anwendung von I selbst in Notlage käme (BGH FamRZ 2004, 621). Schließen überwiegende Gl-Belange Schutz nach I aus, muss der Sch sich ggf auf Leistungen der Sozialhilfe verweisen lassen (BGHReport 2004, 853). 7

III) Unerlaubte Handlung. 1) Ansprüche (§ 850f II). Sie werden durch II ähnlich bevorzugt wie ges Unterhaltsforderungen nach § 850d (zur Behandlung beim P-Konto: § 906 I 1 [sa Salten MDR 2021, 11, 16]). Grund: Der Sch soll für vorsätzl unerlaubtes Handeln bis zur Grenze seiner Leistungsfähigkeit einstehen (St/Rellermeyer C.456). Nicht ermöglicht ist hier jedoch ein Zugriff auf die Bezüge nach § 850a Nrn 1, 2 u 4. Der über § 850c hinaus pfändbare Einkommensbereich steht nicht schon kraft Gesetzes offen, sondern nur bei Entscheidung des VollstrGerichts. Antrag des Gl ist erforderl (**Formulierungsvorschlag:** Vorwerk/Goldbach, PFB, M 51.11); der Drittsch ist nicht antragsberechtigt (LG Essen NJW 69, 668). Ob sich die unerlaubte Handlung gg die Person oder das Vermögen des Gl richtete, ist unerhebl. Die Forderung aus grob fahrlässig (§ 276 II BGB) begangener unerlaubter Handlung ist nicht nach II privilegiert (BGH MDR 2007, 177). Privilegiert nach II kann die ZwV auch wegen (Verzugs-)Zinsen, Prozesskosten und Kosten der ZwV, die Folgen der vorsätzl unerlaubten Handlung sind, erfolgen (BGH MDR 2011, 690). Gerichtskosten eines Strafverf (BGH MDR 2011, 69), Kosten eines RA in einem Strafverf gg den Sch (LG Hannover Rpfleger 82, 232) und Kosten des Geschädigten als Nebenkläger im Strafverf gg den Schädiger (BGH MDR 2011, 1139) sind nicht privilegiert. Steuerforderungen sind auch bei Steuerhinterziehung (§ 370 AO) keine Forderungen aus vorsätzl begangener unerlaubter Handlung (BFH NJW 2008, 3807). Für einen Rechtsnachfolger des Gl (Erbe, Zessionar) besteht das Pfändungsvorrecht in gleicher Weise wie für den Geschädigten (St/Rellermeyer C.458). 8

2) Verfahren. a) Nachweis. Dass die ZwV wegen einer Forderung aus einer vorsätzl begangenen unerlaubten Handlung betrieben wird, hat nach BGH MDR 2003, 290 der **Vollstreckungstitel auszuweisen**, auch ein Vergleich (BGH Rpfleger 2009, 638), eine vollstrb Urkunde (§ 794 I Nrn 1, 5) oder ein vollstrb Auszug aus InsTabelle (BGH MDR 2020, 630 [wenn sich daraus Feststellung einer Forderung aus vorsätzl unerlaubter Handlung und das Nichtbestreiten des Sch ergibt]). Aus dem VollstrTitel soll sich dieser Anspruchsgrund zumindest im Wege der Auslegung ergeben müssen. An die Entscheidung des Prozessgerichts soll das VollstrGericht gebunden sein, soweit dieses einen Anspruch aus einer vorsätzl begangenen unerlaubten Handlung bejaht (auch in einem VU ohne Tatbestand und Gründe: BGH NJW-RR 2011, 791 Tz 9; OLG Naumburg Rpfleger 2012, 37) oder verneint hat (BGH JZ 90, 392). Ist im Titel keine oder nur eine vertragl Anspruchsgrundlage genannt, soll der Gl im VollstrVerf nicht mehr nachweisen können, dass der titulierte Anspruch auch auf einer vorsätzl begangenen unerlaubten Handlung beruht (BGHZ 152, 166). Durch Vorlage eines VB (§ 794 I Nr 4) soll nach BGH MDR 2005, 1014; BGH NJW-RR 2011, 791 Tz 9 der Nachweis einer Forderung aus vorsätzl begangener unerlaubter Handlung nicht geführt werden können (so auch für § 850d I 1; sa § 850d Rn 12). Diese Rspr des BGH hat Zustimmung gefunden (Gaul NJW 2005, 2894; Ahrens NJW 2003, 1371; Neugebauer MDR 2004, 1223). Überzeugend ist sie aber nicht (St/Rellermeyer C.460). Für den vollstr Geldanspruch des Gl haftet – wenn nicht schon der Titel Beschränkungen bestimmt wie im Falle von §§ 781, 786a – das ganze Vermögen des Sch (sa vor § 704 Rn 18); dieses ist daher auch Gegenstand der ZwV. Schutz des Sch bei Pfändung von Arbeitseinkommen zur Sicherung seines notw Lebensbedarfs regelt § 850f II als Bestimmung des VollstrVerfahrensrechts. Diese Pfändungsgrenze ist somit vollstreckungsrechtl Natur; sie ist vom VollstrGericht vAw zu beachten. Das Prozessgericht ist mit ihr nicht befasst, der Zahlungstitel hat vollstreckungsrechtl Schutzvoraussetzungen nicht auszuweisen. Nicht zutr ist somit, dass der Umfang der Eingriffsbefugnisse des VollstrOrgans durch den Titel festgelegt werde, weil allein das Prozessgericht darüber zu befinden habe, welche Rechte dem Gl zustehen würden und durchsetzbar seien (BGHZ 152, 166, 170) und ebenso nicht die Aussage des BGH (BGH NJW 2005, 1663), zum Nachweis der Berechtigung zu einem erweiterten Vollstreckungszugriff bedürfe es eines Titels. Schon durch § 850b II (auch § 10 III ZVG) wird diese Ansicht widerlegt. In keinem Fall, in dem es für Zulässigkeit der (oder erweiterter) Pfändung auf den Schuldgrund der Gl-Forderung ankommt, ist bestimmt, dass sich deren Zweck (Rechtsnatur) aus dem Titel ergeben müsse; das wird auch weder gefordert noch angenommen. Beispiele: § 850a Nr 5; § 54 III Nr 2a SGB I (Wohngeld); § 76 EStG u § 54 V SGB I (Kindergeld); Pfändbarkeit einer nach materiellem Recht unpfändbaren Forderung zur Wahrung ihres Verwendungszwecks. Prüfung durch den GV, ob eine durch Eigentumsvorbehalt gesicherte Kaufpreisforderung vollstr wird, sieht § 811 II 2 (unter Beschränkung auf Urkundennachweise) ausdrückl vor. Folge ist, dass auch für Pfändung des Herausgabeanspruchs (§§ 846, 829) bei Gewahrsam eines nicht herausgabebereiten Dritten (sonst § 809) nichts anderes gilt. Für privilegierte Vollstr von Hausgeldforderungen in ein Wohnungseigentum bestimmt § 10 III ZVG ausdrückl, dass das VollstrGericht die bes Voraussetzungen des Anspruchsgrunds, die glaubhaft zu machen sind, zu prüfen hat, wenn sie aus dem (Zahlungs-)Titel nicht zu erkennen sind. 9

9a **b) Geltendmachung.** Der Gl kann (folgt man der Ansicht des BGH) den Anspruch aus einer vorsätzl begangenen unerlaubten Handlung dadurch geltend machen, dass er bereits im Erkenntnisverf neben dem Leistungsantrag die Feststellung eines derartigen Anspruchs begehrt (BGHZ 152, 166; Feststellung war im Fall von BGH 10.3.2011 – VII ZB 70/08, juris Tz 3, erfolgt; genügen sollte aber schon „entspr Formulierung des Titels"). Wenn das nicht geschehen ist, wird spätere Klage auf Feststellung für zulässig erachtet, der titulierte Anspruch (Ausnahme bei vollstrb Urkunde über abstraktes Schuldversprechen: LG Bonn MDR 98, 1247) sei auch aus diesem Gesichtspunkt gerechtfertigt (BGHZ 109, 275), und zwar auch dann, wenn der Gl diese Qualifikation des Anspruchs erst auf Grund von Erkenntnissen geltend machen kann, die sich nach Erwirken des Titels herausgestellt haben. Das begegnet Bedenken, weil aus einem Feststellungsurteil keine ZwV stattfindet (sa § 704 Rn 2), Inhalt und Umfang der ZwV (damit auch die nach § 850f II privilegiert mögliche ZwV) sich vielmehr aus dem Leistungsurteil ergeben muss (sa § 704 Rn 2). Weitergehend nimmt BGHZ 152, 166, 171 (ebenso Ahrens NJW 2003, 1371) an, „das VollstrGericht [kann] dem Antrag auf eine privilegierte Pfändung stattgeben, wenn der Gl dem Gericht eine Urkunde vorlegt, in welcher der Sch einer solchen Pfändung zustimmt (vgl § 775 Nr 4 ZPO)". Dem ist zu widersprechen. Grundlage der ZwV ist der VollstrTitel (sa vor § 704 Rn 3 u 14). Er muss den vollstrb Anspruch (damit auch dessen vermeintl bei ZwV erhebl Rechtsnatur) ausweisen. Eine ZwV ohne VollstrTitel, damit auch einen durch den VollstrTitel nicht ausgewiesenen umfassenderen VollstrZugriff, kann der Sch nicht erlauben (sa vor § 704 Rn 26). Auf die Schutzbestimmungen für Arbeitseinkommen (hier § 850c für Erweiterung nach § 850 f II) kann er ebenso wenig verzichten (sa vor § 704 Rn 26) wie ihm Abtretung unpfändbarer Einkommensteile nicht ermöglicht ist (§ 400 BGB). Völlig unerhebl ist es daher, dass der Sch einer privilegierten Pfändung zustimmt, für die der VollstrTitel keine Grundlage bietet. Als wesentl Gesichtspunkt, der gg die materielle Prüfungskompetenz des VollstrGerichts sprechen soll, hat der BGH die in den Gesetzesmaterialien genannte Aufgabenverteilung zwischen Prozess- und VollstrGericht angesehen. Es soll der Umfang der Eingriffsbefugnisse des VollstrGerichts durch den Titel festgelegt sein müssen, weil allein das Prozessgericht darüber zu befinden hat, welche Rechte dem Gl durchsetzbar zustehen (BGHZ 152, 166, 170). Damit nicht in Einklang zu bringen ist die (vom BGH auch im Leitsatz dargelegte) Auffassung, dass privilegierte Pfändung ohne Titelgrundlage nach dem dem VollstrGericht zu belegenden Einvernehmen des Sch ermöglicht sein soll.

10 **3) Ermessen.** Erweiterte ZwV nach II „kann" erfolgen. Die Entscheidung liegt somit im pflichtgemäßen Ermessen des VollstrGerichts (St/Rellermeyer C.462). Bei Entscheidung über den Antrag sind die Interessen von Gl und Sch abzuwägen. Ebenso („... kann") hat das VollstrGericht bei Bemessung des dem Sch zu belassenden Freibetrags einen Ermessensspielraum, so dass die größere oder geringere Verwerflichkeit der unerlaubten Handlung, ein durch sie vom Sch erzielter Vorteil, die Dringlichkeit der Wiedergutmachung berücksichtigt werden können (vgl OLG Hamm NJW 73, 1333). Der notw Unterhalt für den Sch und der zur Erfüllung laufender ges Unterhaltspflichten (§ 850d) erforderl Betrag muss dem Sch aber mindestens verbleiben (II Hs 2). Der für den **notw Sch-Unterhalt** zu belassende Sockelbetrag entspricht dem notw Lebensunterhalt iSd 3. und 4. Kap des SGB XII (sa Rn 2a, 2b; § 850d Rn 7); zu Kap 11 SGB XII: Rn 2c. Daher auch auf Antrag keine Unterschreitung des Regelsatzes (LG Hannover JurBüro 2007, 1000), somit keine Pfändung kleiner Teile hieraus (BGH JurBüro 2012, 101). Es sind auch Einkünfte oder geldwerte Vorteile des nicht getrenntlebenden Ehegatten/Lebenspartners nicht bedarfsmindernd anzurechnen (sa § 850d Rn 10 mwN). Deren Anrechnung soll zwar ohne Rücksicht auf ges Unterhaltsansprüche die aus § 19 I, § 27 I, II SGB XII folgende Wertentscheidung bedingen (BGH MDR 2013, 426). Diese Vorschriften sagen jedoch aus, wer Anspruch auf Hilfe zum Lebensunterhalt hat. Sie haben mit der Bemessung des pfandfreien Teils von Arbeitseinkommen nichts zu tun (aA LG Leipzig FamRZ 2020, 1932). Sozialhilfe erhält, wer Einkommen und Vermögen nicht hat (Nachrang der Sozialhilfe: § 2 SGB XII), seinen notw Lebensunterhalt daher nicht oder nicht ausreichend aus eigenen Kräften und Mitteln bestreiten kann (§ 27 I SGB XII), wenn dieser auch nicht aus Einkommen (oder Vermögen) des nicht getrenntlebenden Ehegatten (oder Lebenspartners) gesichert ist (§ 27 II 2 SGB XII). Wenn der Sch Arbeitseinkommen hat, aus dem er seinen notw Lebensunterhalt bestreiten kann, geht es bei Pfändung darum, ob es ihm dafür zu belassen ist (§ 850f II ebenso wie § 850d I 2). Das ist eine Frage des Pfändungsschutzes; dieser dient dem gerechten Ausgleich zwischen dem durch Art 14 I GG geschützten Befriedigungsinteresse des Gl und dem Interesse des Sch auf Wahrung seiner Lebensgrundlage mit Sicherung des Existenzminimums aus seinem Arbeitseinkommen. Anhalt dafür, dass diese unterschiedl Lebenssachverhalte gleiche Wertentscheidung gebieten würden und erfahren hätten, gibt es nicht. Das Befriedigungsinteresse des Gl aus dem Arbeitseinkommen des Sch bietet keine Grundlage dafür, dass die vorrangige Bedarfsdeckung des Sch aus seinem Einkommen zurückstehen müsse und er diese aus dem Einkommen sowie Vermögen seines Ehegatten (Lebenspartners) zu erlangen habe. Erweiterung des VollstrZugriffs auf das Sch-Vermögen durch Einbeziehung der Einkünfte des Ehegatten/Lebenspartners in die Prüfung der Bedarfsdeckung ist daher nicht nur bedenkl und problematisch (Schürmann FamRZ 2013, 444), sondern nicht hinzunehmen (St/Rellermeyer C. 323 zu § 850d). Zur Erfüllung laufender ges Unterhaltspflichten bleibt ein Einkommensbetrag im Umfang der Unterhaltsansprüche voll pfandfrei (sa § 850d Rn 11). Der Freibetrag insgesamt darf auch im Falle des II die Freigrenze des § 850c jedoch nicht übersteigen (LG Bochum Rpfleger 97, 399). Zum Unterhaltsfreibetrag für den Sch kann uU zusätzlich eine ihm auferlegte Geldstrafe berücksichtigt werden, damit er nicht durch Vollstr der Ersatzfreiheitsstrafe die Verdienstmöglichkeit verliert (aA LG Frankenthal JurBüro 95, 664). Eine durch Bewährungsauflage erteilte Zahlungsver-

pflichtung (§ 56b II Nr 2, 4 StGB) soll demgegenüber nicht berücksichtigt werden können (AG Backnang JurBüro 2008, 552). Dem Sch gebührendes Kindergeld ist bei der Bemessung des Freibetrags zu berücksichtigen (sa Rn 2a u § 850d Rn 11a). Im Pfändungsbeschluss ist wie im Fall des § 850d der pfandfreie Betrag (nicht der pfändbare Einkommensteil) zu bestimmen (LG Stuttgart MDR 85, 150). Aus II Hs 2 folgt auch, dass bei Konkurrenz von Vollstr wegen ges Unterhaltsforderung und Forderung aus vorsätzl unerlaubter Handlung die letztere nachgeht, der Unterhaltsgl sich also nicht etwa mit dem Gl nach II den Einkommensbereich zwischen den Freigrenzen des § 850d und des § 850c teilen muss.

IV) Erweiterte Pfändungsmöglichkeit in höhere Einkommen. Früher geregelt in III aF; wegen des sehr gerin- 11
gen praktischen Anwendungsbereichs aber aufgehoben durch das PKoFoG v 22.11.2020 (BGBl I 2020, 2466) mWv 8.5.2021 (Art 5 II des G v 7.5.2021, BGBl I 2021, 850).

V) Änderung des unpfändbaren Betrages. 1) Antrag zu § 850f I. a) Erforderl ist ein Antrag des Sch auf **Erhö-** 12
hung des unpfändbaren Einkommens; anders aber (Prüfung vAw), wenn eine VollstrBehörde beitreibt (VGH Mannheim NJW 2017, 970). Unterhaltsberechtigte, denen die erstrebte Vergünstigung zugutekäme, haben kein Antragsrecht. Sie sind nicht Partei des VollstrVerf und können die Entschließung des Sch nicht treffen, ob er von der Schutzvorschrift Gebrauch machen will (sa § 765a Rn 19). Der Drittsch ist nicht antragsberechtigt. Der Antrag ist an keine Frist gebunden; für bereits ausgezahlte Einkommensbeträge kann nachträgl Schutz nach I jedoch nicht mehr verlangt und gewährt werden.

b) Abänderung. Der Antrag leitet ein gesondertes Verf zur Abänderung des Pfändungsbeschlusses auf Grund 13
neu geltend gemachter Tatsachen ein. Er ist nicht Erinnerung nach § 766 (zur Abgrenzung: OLG Köln NJW-RR 89, 189). Eine Erinnerung kann nicht zugleich als Abänderungsantrag behandelt werden (Auslegung aber denkbar; aA LG Stuttgart Rpfleger 94, 175 [Erhöhung nach I kann auch mit Erinnerung verlangt werden]). Geltendmachung völliger Unpfändbarkeit ist Erinnerung, wenn Überprüfung der Rechtmäßigkeit des Beschlusses verlangt wird (OLG Frankfurt Rpfleger 78, 265). Die Darlegungs- und Beweislast für die Voraussetzungen zur Erhöhung des unpfändbaren Betrags trifft den Sch als Antragsteller; der Gl hat seine einem weitergehenden Schutz entgegenstehenden überwiegenden Belange darzulegen und zu beweisen. Eine Bescheinigung der örtl zuständigen Sozialbehörde für Nachweis des Sozialhilfebedarfs (I Nr 1) bindet das VollstrGericht nicht, auch nicht für einen bescheinigten Mehrbedarf (LG Stuttgart Rpfleger 93, 358) und nicht, soweit es um die Möglichkeit oder Zumutbarkeit geht, überhöhte Aufwendungen für die Unterkunft zu senken. Ihre Beweiskraft ist nach freier Überzeugung zu würdigen (§ 286; ganz hM, zB OLG Stuttgart FamRZ 2002, 186 Tz 7 mwN).

c) Keine Präklusion. Der Antrag verlangt **neue Bemessung** des Pfändungsfreibetrags auf Grund neu geltend 14
gemachter Tatsachen. Eine Rechtskraft des Pfändungsbeschlusses steht daher der Gewährung von Schutz nach I nicht entgegen.

d) Verfahren. Der **Gl** ist zum Antrag des Sch **zu hören.** Zuständig ist der Rpfleger, da der Vorbehalt des § 20 I 15
Nr 17 S 2 RPflG nicht eingreift (OLG Naumburg Rpfleger 2012, 37); zur örtl Zuständigkeit nach Wohnsitzwechsel des Sch: § 828 Rn 2. Einstw Einstellung der ZwV durch das VollstrGericht (Rpfleger) kann nach § 766 I 2 erfolgen (entspr Anwendung gebietet Sch-Schutz: aA LG Köln Rpfleger 2001, 252; OLGR Köln 1998, 204). Entschieden wird durch **Beschluss** (§ 764 III). Er hat den in Abänderung (nicht jedoch teilw Aufhebung) des Pfändungsbeschlusses zu belassenden weiteren pfandfreien Betrag bestimmt zu bezeichnen und dies zu begründen. **Kosten:** § 788 (keine Kostenentscheidung im Beschluss: St/Rellermeyer C.445); § 788 IV ist in den Fällen des § 850f nicht anwendbar. Die Entscheidung ist den Parteien und dem Drittsch vAw zuzustellen (§ 329 III; StJ/Würdinger Rn 23); ggü dem Drittsch tritt Wirksamkeit auch mit Parteizustellung ein (MskV/Flockenhaus Rn 16). **Rechtsbehelf:** Gegen den Beschluss hat im Falle der Zurückweisung seines Antrags der Sch, bei Stattgabe der Gl sof Beschwerde (§ 11 I RPflG; § 793). Wenn eine den Sch begünstigende Anordnung nach I wieder aufgehoben wird, besteht die Pfändung des gesamten pfändbaren Teils der Arbeitsvergütung mit ihrem ursprüngl Rang fort (St/Rellermeyer C.446; aA OLG Köln NJW-RR 93, 393; OLG Köln NJW 92, 2836 – jedoch unrichtig, weil die Abänderung nicht anders wirkt als der Wegfall eines Unterhaltsberechtigten für den Umfang der Pfändung nach § 850c oder die Änderung des Pfändungsbeschlusses nach § 850g). Ein nachfolgender Pfändungsgl, dem gegenüber eine Änderung nach § 850f I nicht ergangen war, hat daher keinen Vorrang vor dem erstpfändenden Gl, der von der Anordnung betroffen war (St/Rellermeyer C.448). Geänderte Voraussetzungen ermöglichen nach § 850g auch Abänderung einer rechtskräftigen Anordnung nach I. – Festsetzung beim P-Konto in den Fällen des II: § 906 I 1.

2) Antrag zu § 850f II. Ist der Antrag des Gl mit dem Pfändungsgesuch verbunden, ist der Sch nicht zu hören 16
(§ 834), es sei denn, der Gl beantragt Anhörung (LG Mannheim JurBüro 84, 299). Wird der Antrag nachträgl gestellt, ist der Sch zu hören (MskV/Flockenhaus Rn 17). Bei verbundenem Antrag wird der Beschluss dem Gl mitgeteilt; er muss zustellen; bei nachträgl Antrag wird vAw dem Gl, Sch und Drittsch zugestellt (MskV/Flockenhaus Rn 17). Zuständig ist der Rpfleger (§ 20 I Nr 17 RPflG). Der Gl hat, wenn seinem Antrag nicht oder nicht voll entsprochen wurde, sof Beschwerde (§ 11 I RPflG; § 793); der beschwerte, nicht angehörte Sch: Erinnerung (§ 766), wurde er angehört: sof Beschwerde (§ 11 I RPflG; § 793). Gegen Entscheidung des Richters: sof Beschwerde (§ 793).

17 **VI) Besonderheiten. 1) Vorpfändung.** Auch danach (hat die Wirkung einer Pfändung auf Grund Arrestbefehls) ist für deren Dauer dem Sch auf Antrag nach I ein weiterer Einkommensteil unpfändbar zu belassen (St/Rellermeyer C.446).

18 **2) Mehrfache Einkommenspfändung.** Danach wirkt eine Bestimmung über Belassung eines weiteren Einkommensteils (I) nur in dem VollstrVerf, in dem in Abänderung des Pfändungsbeschlusses die Erhöhung des unpfändbaren Sch-Einkommens angeordnet ist. Hat der Gl dieser Pfändung Nachrang, bestimmt sich der Betrag des für den besserrangigen Gl gepfändeten Arbeitseinkommens unverändert nach § 850c. Dem Sch kann dann ein zusätzl Einkommensfreibetrag zu Lasten dieses von der erweiternden Bestimmung nicht betroffenen vorrangigen Gl vom Drittsch nicht ausbezahlt werden (St/Rellermeyer C.450). Hat der Gl Vorrang, in dessen Pfändungsverfahren dem Sch nach I ein weiterer pfandfreier Betrag belassen wird, gebührt dieser zusätzl Freibetrag dem Sch zur Deckung des sozialrechtl Lebensbedarfs oder durch bes Bedürfnisse erhöhten Lebensunterhalts. Der andere Gl bleibt nachrangig (§ 804 III), hat somit ein Recht auf Befriedigung aus dem Arbeitseinkommen erst nach Deckung des Gl des besserrangigen PfandR mit erhöhtem Freibetrag für den Sch (St/Rellermeyer C.451; aA Siegel BB 97, 103). Nach dessen Wegfall (mit Befriedigung, Verzicht, Aufhebung des Pfändungsbeschlusses) äußert die Einzelfallbestimmung keine Wirkung mehr. Das Arbeitseinkommen ist für den bisher nachrangigen Gl daher im Umfang des § 850c gepfändet, wenn nicht inzwischen auch in dieser anderen VollstrSache Bestimmung nach I ergangen ist. Ist in den VollstrVerf beider (mehrerer) Gl Antrag auf Belassung eines weiteren (pfandfreien) Einkommensteils nach I (zugleich oder zeitl nacheinander) gestellt, kann Abwägung der Belange von Sch und Gl (s Rn 7) Bestimmung unterschiedl hoher weiterer Einkommensteile bewirken (LG Duisburg Rpfleger 98, 355), damit auch dem (weiter begünstigten) nachrangigen Gl weiter gehende Einkommenspfändung wahren.

19 **3) Abgabenordnung.** Für eine Pfändungsverfügung einer Verwaltungs-Vollstreckungsbehörde (§ 309 AO, iÜ: vor § 704 Rn 7, 8) kann nur diese, nicht das VollstrGericht Bestimmung nach I treffen (BFH NJW 97, 1725).

20 **4) Einkommensabtretung.** Hierbei kann das VollstrGericht auf Antrag des Zedenten Bestimmung über eine Erhöhung des nicht abtretbaren Betrags (§ 400 BGB) nach I nicht treffen (BGH MDR 2003, 1192). Entspr Anwendung der Schutzvorschrift des I auch bei Abtretung ist zwar zulässig (BGH NJW-RR 2010, 211 Tz 13; krit MskV/Flockenhaus Rn 1); zuständig ist aber das Prozessgericht (BGH NJW-RR 2010, 211). Es muss der Zedent gg den Zessionar klagen (St/Rellermeyer C.536). Bei der Abtretung von **Sozialleistungen** ist der Leistungsträger zuständig (SG Kiel NZS 2014, 786). – Abtretung, dann Pfändung: Dem Zessionar gebührt Arbeitseinkommen im Umfang des § 850c (mit § 400 BGB), wenn danach Pfändung erfolgt und das VollstrGericht auf Antrag des Sch in der VollstrSache Bestimmung nach I trifft. – Pfändung, dann Abtretung: Die Abtretung ist dem pfändenden Gl ggü unwirksam (§ 829 I 2). Ein weiterer pfandfreier Einkommensbetrag, der dem Sch in der VollstrSache auf Antrag nach I belassen wird, kann daher nicht dem (nachrangigen) Zessionar zugutekommen. Dieser zusätzl Freibetrag gebührt trotz nachfolgender Abtretung für die Dauer der vorrangigen Pfändung dem Sch.

21 **VII) Gebühren. 1) Gericht:** keine für das Verf auf Änderung eines unpfändbaren Teils des Arbeitseinkommens. Rechtsmittel: 2121, 2124 GKG-KV. – **2) RA:** Als Vertreter des Gl erhält er für die Anträge nach II, III keine bes Geb (§ 18 I Nr 1 RVG; 3309 RVG-VV). – Als Vertreter des Sch erhält er für den Antrag nach I die Vollstreckungsgeb 3309 RVG-VV.

§ 850g Änderung der Unpfändbarkeitsvoraussetzungen

[1]Ändern sich die Voraussetzungen für die Bemessung des unpfändbaren Teils des Arbeitseinkommens, so hat das Vollstreckungsgericht auf Antrag des Schuldners oder des Gläubigers den Pfändungsbeschluss entsprechend zu ändern. [2]Antragsberechtigt ist auch ein Dritter, dem der Schuldner kraft Gesetzes Unterhalt zu gewähren hat. [3]Der Drittschuldner kann nach dem Inhalt des früheren Pfändungsbeschlusses mit befreiender Wirkung leisten, bis ihm der Änderungsbeschluss zugestellt wird.

1 **I) Bemessung. 1) Änderung der Voraussetzungen (§ 850g S 1).** Es kommen in Betracht: zB Geburt oder Tod eines Unterhaltsberechtigten, Wegfall der Unterhaltsbedürftigkeit mit Erlangung eigenen Einkommens, Wiederverheiratung des Sch, erhöhter Unterhaltsbedarf (im Fall von § 850d) nach Verlegung des Wohnsitzes in eine Großstadt (LG Hamburg MDR 88, 154; LG Hamburg MDR 88, 241 LS), Pfändung durch einen Unterhaltsberechtigten mit besserem Rang nach Pfändung eines anderen Unterhaltsberechtigten, auch Minderung oder Erhöhung des Arbeitseinkommens sowie Änderung des individuellen Sozialhilfebedarfs (§ 850f I Nr 1) und bes Bedürfnisse oder Unterhaltspflichten (§ 850f I Nr 2, Nr 3).

2 **2) Änderung des Beschlusses.** Änderung der Verhältnisse, die **nach Erlass** des Pfändungsbeschlusses eingetreten ist, berücksichtigt bei Blankettbeschluss (§ 850c Rn 9) der Drittsch. Das VollstrGericht hat den Pfändungsbeschluss (auch den Beschluss über eine Erhöhung unpfändbaren Einkommens nach § 850f I) zu ändern (S 1), *wenn es den unpfändbaren Teil des Arbeitseinkommens* (Fälle von §§ 850d, 850e Nr 2, 2a, 3, §§ 850f, 850i I, II) oder die für seine Feststellung maßgebl Tatsachen festgelegt hat. Änderung ist außerdem möglich, wenn die geänderte Tatsache Grundlage für Zulassung der Pfändung nach § 850b II war (OLG Köln FamRZ 94, 1272).

S 1 ermöglicht Abänderung auch, wenn die Voraussetzung für Umfang (auch Zulässigkeit) der Pfändung (zB Zahl der Unterhaltsberechtigten) bereits **bei Erlass** des Pfändungsbeschlusses unrichtig angenommen wurde (St/Rellermeyer C.473). In diesem Fall steht wahlweise Erinnerung nach § 766 zur Verfügung (aA hM [nur § 766]: zB StJ/Würdinger Rn 1 mwN). Wenn nicht eine Änderung der Verhältnisse geltend gemacht, sondern vorgebracht wird, der bei Pfändung berücksichtigte unveränderte Sachverhalt sei nicht richtig gewürdigt, handelt es sich ausschließl um **Erinnerung** nach § 766. Geändert werden können nach S 1 auch ein auf Erinnerung (§ 766) sowie ein vom Beschwerdegericht erlassener, bestätigter oder geänderter Pfändungsbeschluss. Diese Entscheidungen unterliegen der Innenbindung nach § 318 (hierzu: § 318 Rn 8 f); abw Beurteilung von Umständen, über die mit Erinnerung oder Beschwerde entschieden worden ist, scheidet damit aus. Tatsachen, die bereits vorgelegen haben, aber nicht Gegenstand der Entscheidung waren, können hingegen im Abänderungsverf noch berücksichtigt werden. In entspr Anwendung von S 1 kann bei Unterhaltsvollstr auch der nach § 850d I bestimmte unpfändbare Teil des Arbeitseinkommens neu festgesetzt werden, wenn auf Grund einer erstmaligen höchstrichterl Grundsatzentscheidung teilw geänderte Maßstäbe für seine Berechnung gelten (BGH MDR 2005, 413); das gilt gleichermaßen für den nach § 850f II festgelegten notw Unterhalt.

II) Verfahren. 1) Antrag. Änderung des Pfändungsbeschlusses erfolgt nur auf Antrag (S 1). Mit ihm kann auch rückwirkende Änderung verlangt werden (Hk-ZV/Meller-Hannich Rn 7). Antragsberechtigt sind der Sch und der Gl (S 1) sowie ein unterhaltsberechtigter Dritter (S 2), der durch die Änderung begünstigt wird; nicht aber der Drittsch (MK/Smid Rn 5; MskV/Flockenhaus Rn 3; aA LAG Frankfurt DB 90, 639; StJ/Würdinger Rn 4 mwN), der aber bei einem Blankettbeschluss Klarstellung verlangen kann (MskV/Flockenhaus Rn 3). Anwaltszwang besteht nicht; ein Vertreter muss als Bevollmächtigter nach § 79 II vertretungsbefugt sein. An eine Frist ist der Antrag nicht gebunden. Er ist keine Erinnerung (§ 766), sondern leitet ein neues Verf ein (aA OLG Köln FamRZ 94, 1272). 3

2) Zuständigkeit. Örtl zuständig ist das Wohnsitzgericht des Sch bei Antragstellung (§ 828 II); nicht ohne weiteres das AG, das den Pfändungsbeschluss erlassen hat (aA hM: BGH Rpfleger 90, 308; OLG Karlsruhe JurBüro 2005, 553; St/Rellermeyer C.474 mwN). Es entscheidet der Rpfleger (§ 20 I Nr 17 RPflG), auch wenn den Pfändungsbeschluss der Erinnerungs- oder Beschwerderichter erlassen hat. 4

3) Rechtliches Gehör. Der **Gl** als Antragsgegner ist vor der Entscheidung zu hören. Der **Sch** als Antragsgegner ist zu hören, wenn er vor dem zu ändernden Beschluss gehört worden war (MskV/Flockenhaus Rn 4 mwN). 5

4) Entscheidung. Entschieden wird durch **Beschluss** (§ 764 III). Er ist zu begründen. Herabsetzung des unpfändbaren Betrags erweitert die Pfändung mit dem Rang des Pfändungsbeschlusses (dieser wird geändert; Neupfändung mit neuem Rang erfolgt nicht). Die Abänderung kann rückwirkend auf das die Verhältnisse ändernde Ereignis angeordnet werden (LG Wuppertal JurBüro 2002, 95); das muss allerdings eindeutig ausgesprochen werden. In bereits abgewickelte VollstrMaßnahmen kann aber nicht mehr eingegriffen werden (BAG NJW 91, 1774; OLG Köln JurBüro 88, 933). Das vom Gl mit Klage gg den Drittsch angegangene Prozessgericht ist an die konstitutive Festsetzung des pfandfreien Betrags durch das VollstrGericht gebunden (StJ/Würdinger Rn 7). 6

5) Bekanntgabe/Zustellung. Der Änderungsbeschluss ist Gl, Sch und Drittsch vAw bekannt zu geben (§ 329 II 1; StJ/Würdinger Rn 8), auch dem Unterhaltsberechtigten, der nach S 2 den Antrag gestellt hat. – Zustellung vAw (§ 329 III) erfolgt an die Beteiligten, die gg die Entscheidung befristete Erinnerung/sof Beschwerde (§ 11 I RPflG; § 793) einlegen können (StJ/Würdinger Rn 8). – **Wirksamkeit** tritt ein bei stattgebendem **a)** Sch-Antrag: mit Bekanntgabe der Einschränkung der Pfändung (MskV/Flockenhaus Rn 4; StJ/Würdinger Rn 11); **b)** Gl-Antrag: mit Zustellung im Parteibetrieb an Drittsch (§ 829 III; MskV/Flockenhaus Rn 4; StJ/Würdinger Rn 12). 7

6) Rechtsbehelf. Befristete Erinnerung/sof Beschwerde (§ 11 I RPlfG; § 793). Ein nicht angehörter Beteiligter hat Erinnerung nach § 766 (StJ/Würdinger Rn 9, 10). Durch Zurückweisung eines Antrags des Sch ist auch der Unterhaltsberechtigte (S 2; ebenso umgekehrt) beschwert; sein eigenes Antragsrecht besteht aber fort, wenn er von Rechtsmittel absieht. 8

7) Drittschuldnerschutz. Er besteht bis zur Zustellung des Änderungsbeschlusses (S 3; vgl BAG NJW 62, 510). 9

III) Gebühren. Wie § 850f Rn 21. – **RA:** als Vertreter eines Dritten für den Antrag nach S 2: 3309, 3310 RVG-VV. 10

§ 850h Verschleiertes Arbeitseinkommen

(1) [1]Hat sich der Empfänger der vom Schuldner geleisteten Arbeiten oder Dienste verpflichtet, Leistungen an einen Dritten zu bewirken, die nach Lage der Verhältnisse ganz oder teilweise eine Vergütung für die Leistung des Schuldners darstellen, so kann der Anspruch des Drittberechtigten insoweit auf Grund des Schuldtitels gegen den Schuldner gepfändet werden, wie wenn der Anspruch dem Schuldner zustände. [2]Die Pfändung des Vergütungsanspruchs des Schuldners umfasst ohne weiteres den Anspruch des Drittberechtigten. [3]Der Pfändungsbeschluss ist dem Drittberechtigten ebenso wie dem Schuldner zuzustellen.

(2) [1]Leistet der Schuldner einem Dritten in einem ständigen Verhältnis Arbeiten oder Dienste, die nach Art und Umfang üblicherweise vergütet werden, unentgeltlich oder gegen eine unverhältnismäßig geringe Vergütung, so gilt im Verhältnis des Gläubigers zu dem Empfänger der Arbeits- und Dienstleistungen eine angemessene Vergütung als geschuldet. [2]Bei der Prüfung, ob diese Voraussetzungen vorliegen, sowie bei der Bemessung der Vergütung ist auf alle Umstände des Einzelfalles, insbesondere die Art der Arbeits- und Dienstleistung, die verwandtschaftlichen oder sonstigen Beziehungen zwischen dem Dienstberechtigten und dem Dienstverpflichteten und die wirtschaftliche Leistungsfähigkeit des Dienstberechtigten Rücksicht zu nehmen.

1 **I) Funktion.** Gl-Schutz zur Verhütung von Rechtsnachteilen; es soll verhindert werden, dass durch unlautere Machenschaften Sch-Einkommen dem Gl-Zugriff entzogen wird.

2 **II) Lohnzahlung an Dritten.** I ermöglicht Pfändung bei **Lohnverschiebung**. Vorausgesetzt ist ein Rechtsverhältnis zwischen dem Sch und dem Empfänger seiner Arbeits- oder Dienstleistung. Es kann sich um einen Arbeits- oder sonstigen Dienstvertrag handeln, aber auch um einen Werkvertrag (BAG MDR 96, 1155), weil fortlaufende Dienstleistung nicht vorausgesetzt ist (§ 850 I). Wenn keine vertragl Beziehungen bestehen, findet I keine Anwendung; zB nicht, wenn der Sch als angestellter Geschäftsführer einer (Vertriebs-)GmbH vertragl Verpflichtungen seiner Arbeitgeberin ggü deren Vertragspartner erfüllt, ohne dass er selbst mit diesem ein Schuldverhältnis eingegangen ist (BAG MDR 96, 1155). Eine nicht notw periodisch wiederkehrende Gegenleistung muss der Empfänger der Arbeiten oder Dienste auf Grund dieses Rechtsverhältnisses schulden (BAG MDR 96, 1155). Diese hat vertragl (Vereinbarung des Sch mit dem Dienstberechtigten) einem **Drittberechtigten** zuzustehen. Pfändbares Sch-Einkommen wäre Gl damit entzogen, weil die Vergütung teilw oder ganz einem meist nahestehenden Dritten auszuzahlen ist, der Sch somit selbst nur einen Teilbetrag (etwa nur den der Pfändung nicht unterworfenen Einkommensbetrag) oder nichts zu erhalten hat. **Zugunsten der Gl** wird nach I in einem solchen Fall die dem Sch wegen seines Vertrags mit dem Empfänger der Arbeits- oder Dienstleistung nicht zustehende Forderung fiktiv als ein zu seinem Vermögen gehörender, damit pfändbarer Anspruch behandelt (Gl-Schutz: BAG MDR 96, 1155). Benachteiligungsabsicht setzt I nicht voraus (BGH WM 68, 1254); es kann zB auch Unterhaltszahlung bei Getrenntleben bezweckt sein. Pfändung und Überweisung des Anspruchs des Drittberechtigten als fiktives Sch-Einkommen erfolgt (abw von § 750 I) auf Grund des Titels gg den Sch. Ein Titel gg den Drittberechtigten ist dazu nicht erforderl. Ihm braucht auch der Titel gg den Sch vor der Pfändung nicht zugestellt zu sein (er ist nicht Sch nach § 750 I). Den **Pfändungsbeschluss** erlässt das VollstrGericht (Rpfleger) nach den Angaben des Gl und ohne Anhörung des Sch (§ 834) sowie des Drittberechtigten und ohne Prüfung der Voraussetzungen des I. Gepfändet werden das Arbeitseinkommen des Sch und außerdem der angebl Anspruch des Drittberechtigten gg den Arbeitgeber (Drittsch) auf Auszahlung des nach § 850c, § 850d oder § 850f II der Pfändung unterliegenden Teils des Arbeitseinkommens. Den Zahlungsanspruch des Drittberechtigten erfasst der Beschluss ohne weiteres mit (I 2), wie wenn er unverändert dem Sch zustünde. – Der Gl erhält Ausfertigung des Beschlusses zur Zustellung an den Drittsch (§ 829 II); dem Sch und dem Drittberechtigten wird vAw zugestellt (I 3). Bewirkt ist die Pfändung mit Zustellung an den Drittsch (§ 829 III); Zustellung an Sch und Drittberechtigten ist nicht Wirksamkeitsvoraussetzung (MskV/Flockenhaus Rn 8). – **Rechtsbehelf.** Wird der Antrag zurückgewiesen, hat der Gl die sof Beschwerde (§ 11 I RPflG; § 793). Gegen den Pfändungsbeschluss stehen dem Sch und dem Drittsch die Erinnerung (§ 766) zu (wurden sie angehört: sof Beschwerde), nicht aber dem Drittberechtigten. Er kann ggf Drittwiderspruchsklage nach § 771 erheben. Wenn der Drittsch (Arbeitgeber) nicht an den Pfändungsgl zahlt, muss dieser Zahlungsklage (zum Arbeitsgericht im Fall von § 2 ArbGG) erheben. Das Prozessgericht prüft, ob die Voraussetzungen von I vorliegen. Bei Abtretung des Arbeitseinkommens (§ 398 BGB; zB an einen Gl), die sich ohne Mitwirkung des Arbeitgebers vollzieht, trifft I nicht zu; uU Anfechtung nach dem AnfG.

3 **III) Verschleiertes Arbeitsverhältnis. 1) Lohnverschleierung.** Pfändung ermöglicht II (**Formulierungsvorschlag:** Vorwerk/Goldbach, PFB, M 51.3), wenn der Sch für seine Dienstleistung zwar keinen Vergütungsanspruch gg den Empfänger der Dienste hat, die Umstände aber eine Nichtbefriedigung des Gl als grob unbillig und andererseits die Zahlung eines Entgelts für die Arbeitsleistung als gerechtfertigt erscheinen lassen. Geschützt ist somit das Interesse des Gl an der Durchsetzung seiner Forderung (LAG Hessen ZInsO 2016, 814 Tz 27). Entspr gilt, wenn nur eine im Verhältnis zur üblichen Vergütung unangemessen niedrige (BAG MDR 2009, 228) vereinbart ist. II erfasst alle Fälle unbelohnter oder gering vergüteter Dienstleistung (OLG Düsseldorf NJW-RR 89, 390), die tatsächl erbracht wird (OLG Dresden JurBüro 2017, 323 [keine fiktive Zurechnung]). Abschluss eines Arbeitsvertrags erfordert das nicht (LAG Hamm JurBüro 97, 273). Die Bestimmung erfasst insb die Fälle von Mitarbeit des Sch im Betrieb des Ehegatten/Lebenspartners, der Eltern oder des Kindes ohne oder nur gg eine den Umständen nach zu geringe Gegenleistung. Eine Teilzeitbeschäftigung kann als Arbeitsleistung nach II anzusehen sein (LAG Hamm BB 88, 488; LAG Hamm BB 88, 1754). Verschleierungsabsicht setzt II nicht voraus (MK/Smid Rn 10), aber Schadensersatzansprüche (§ 826 BGB) kommen dennoch in Betracht (MskV/Flockenhaus Rn 12). Für die Entscheidung, ob für die Dienste eine (höhere) Vergütung üblich ist, ist stets zu prüfen, ob es sich um Dienste handelt, für die nach allg Auffassung mit Rücksicht auf Art und

Umfang die Zahlung einer Vergütung gerechtfertigt erscheint, weil solche Dienste allg nur gg Vergütung geleistet werden (LAG Mainz ZVI 2019, 272). Von Bedeutung ist auch, ob durch die Tätigkeit des Sch eine andere Arbeitskraft erspart wird. Arbeiten und Dienste Ordensangehöriger werden üblicherweise nicht vergütet (BVerfG NJW 92, 2471). – Zur Lohnverschleierung durch Wahl einer ungünstigen Steuerklasse: § 850e Rn 1b.

2) Ehe/Lebenspartnerschaft. a) Mitarbeit. Arbeitet der vermögenslose, verschuldete Ehegatte/Lebenspartner im Geschäft seines Ehegatten/Lebenspartners, wird meist ein verschleiertes Arbeitsverhältnis vorliegen. Im Verhältnis zum Gl kann eine Vergütung auch dann nach § 850h als geschuldet angesehen werden, wenn eine unentgeltl Tätigkeit wegen der zwischen dem Sch und dem Dritten bestehenden Familienbande moralisch gerechtfertigt ist (LAG Frankfurt MDR 65, 1026; Wenzel MDR 66, 973). Es kommt nicht entscheidend darauf an, ob bei Mitarbeit auf familiärer Grundlage im Innenverhältnis zwischen Dienstleistendem und Leistungsempfänger eine Vergütung geschuldet wird; maßgebend ist, ob aus der Sicht eines Dritten bei Absehen von den familiären Beziehungen eine üblicherweise zu vergütende Tätigkeit vorliegt (LG Halle JurBüro 2006, 382). Von Bedeutung sind diese Beziehungen dann nur für die Höhe des Entgelts (BAG NJW 78, 343; LAG Rh-Pf JurBüro 2010, 380). Auch wenn ein Ehegatte/Lebenspartner nach Scheidung/Aufhebung der Lebenspartnerschaft weiter unterbezahlt im Betrieb des früheren Ehegatten/Lebenspartners mitarbeitet, ist die Anwendung des II gerechtfertigt. Es ist auch möglich, dass ein Sch über das durch die Ehe/Lebenspartnerschaft gebotene Maß im Betrieb mitarbeitet und eine volle Arbeitskraft ersetzt, so dass, wenn ihm nicht ohnehin Gewinnbeteiligungsansprüche (vgl BGH FamRZ 75, 35) zustehen, mindestens im Verhältnis zu den Gl eine angemessene Vergütung als geschuldet zu gelten hat. 4

b) Partner. Mitarbeit des Partners einer **ne Lebensgemeinschaft** im Unternehmen des anderen Partners kann unter gleichartigen Verhältnissen (wie Rn 3 u 4) eine nach II pfändbare Vergütung aus verschleiertem Arbeits- oder Dienstverhältnis ebenso begründen, auch wenn in ne Lebensgemeinschaft persönl (ebenso wie wirtschaftl) Leistungen nicht miteinander abgerechnet werden. **Haushaltsführung** durch den nicht berufstätigen Partner gehört jedoch nicht zu den Diensten, die üblicherweise vergütet werden. Sie gründet sich auf die Übereinstimmung zur Lebens- und Wirtschaftsgemeinschaft, in der Leistungen ersatzlos von demjenigen Partner erbracht werden, der dazu in der Lage ist. Dienste, die üblicherweise vergütet werden, setzen jedoch als Rechtsverhältnis zwischen Sch und Leistungsempfänger ein rechtl oder den Tatsachen nach bestehendes, wenn auch wegen der bes Umstände nach außen hin nicht in Erscheinung tretendes Arbeits- oder Dienstverhältnis oder ein wirtschaftl vergleichbares Verhältnis und eine wirtschaftl ins Gewicht fallende Arbeitsleistung voraus. Zudem kann nicht unberücksichtigt bleiben, dass auch der berufstätige Partner der Lebensgemeinschaft mit laufendem Unterhalt (durchweg in Natur) zweckfördernde Aufwendungen leistet, so dass auch die Umstände Zahlung eines pfändbaren „Arbeits“entgelts nicht als gerechtfertigt erscheinen lassen (Rn 3). Die Rspr schließt demgegenüber mögliche Anwendung von II auch bei Haushaltsführung in ne Lebensgemeinschaft nicht aus (St/Rellermeyer C.498 Fn 1080 mwN). Zur Auskunftspflicht des Sch: LG Bonn NJW-RR 2001, 1295. 4a

c) Bei der Feststellung, welche Vergütung angemessen wäre, ist vom **Tariflohn** (LAG Hamm ZIP 93, 610) oder der üblichen Vergütung für solche Dienstleistungen (BAG NJW 2008, 2606; LAG Hamm JurBüro 97, 273 [GmbH-Geschäftsführer]) auszugehen; Naturalleistungen sind gem § 850e Nr 3 zu berücksichtigen (aA MskV/Flockenhaus Rn 13). Die wirtschaftl Leistungsfähigkeit des Dienstberechtigten kann ebenso zu berücksichtigen sein (OLG Dresden ZVI 2020, 51 Tz 9). Wenn dieser wegen schlechter Vermögenslage zur Zahlung des Tariflohns oder der ortsübl Vergütung völlig außerstande oder nicht ohne Gefährdung seiner wirtschaftl Existenz und derjenigen seiner Familie imstande wäre, wäre es unbillig, ihm solche Leistungen aufzuerlegen. Ebenso ist bei der Festsetzung der Vergütung neben dem Wert der Arbeitsleistungen die Leistungsfähigkeit des Betriebs zu berücksichtigen. Dabei sind nicht nur Betriebskosten, sondern sonstige Umstände des Falles in Betracht zu ziehen. Nicht entscheidend ist, was der Sch in einem anderen Betrieb verdienen könnte. 5

d) Wenn ein Ehegatte/Lebenspartner den landwirtschaftl Besitz des anderen Ehegatten/Lebenspartners im eigenen Namen und für eigene Rechnung **verwaltet**, gilt II nicht. Er leistet dann nicht einem Dritten Dienste, sondern arbeitet in die eigene Tasche (MskV/Flockenhaus Rn 11; MK/Smid Rn 13); hier kommt Pfändung der erwirtschafteten Erträgnisse in Betracht. Leitet er ihn dagegen in dessen Namen und für dessen Rechnung, ist zu prüfen, ob nicht ein Arbeitsverhältnis anzunehmen ist (zB für Alleingeschäftsführer einer Familien-GmbH: OLG Frankfurt GmbHR 94, 708). Empfänger geleisteter Dienste kann jemand auch sein, wenn er OHG-Gesellschafter des Geschäfts ist (BAG NJW 74, 380). Wenn jemandem vom Ehegatten/Lebenspartner unentgeltl Unterkunft und Verpflegung gewährt wird, ohne ihn im Betrieb in angemessener und zumutbarer Weise (insb im erlernten Beruf) zu beschäftigen, ist II nicht anwendbar (keine Dienstleistung des Sch). Es reicht nicht aus, dass der Sch Dienste leisten könnte und wegen des gg ihn bestehenden Unterhaltsanspruchs auch verpflichtet wäre, seine Arbeitskraft einzusetzen (BAG NJW 78, 343). 6

3) Kind. Dienstleistung des Kindes im Betrieb **eines Elternteils** ohne bes oder nur gg eine geringe Vergütung ermöglicht Pfändung nach II. Häufig will sich das Kind auf diese Weise mit Unterstützung des Elternteils einer Unterhaltspflicht entziehen. Verschleierung eines Arbeitsverhältnisses zur Gl-Benachteiligung ist auch hier nicht Voraussetzung; die Bestimmung kann eingreifen, wenn die Tätigkeit nur auf familienrechtl Grundlage beruht (§ 1619 BGB). Dann ist auch die Art der VollstrForderung (zB Unterhaltsforderung) von Bedeutung. Auch 7 hier kann zugunsten des Gl zunächst davon ausgegangen werden, dass der Sch Anspruch auf Tariflohn oder ortsübl Vergütung hat; darauf, ob im Innenverhältnis zwischen ihm und Elternteil eine Vergütung geschuldet ist, kommt es nicht entscheidend an. Dem Verzicht des Kindes auf eine über das Taschengeld hinausgehende Vergütung wird zwar häufig die Erwartung zugrunde liegen, durch spätere Übernahme des elterl Geschäfts oder Anwesens für die Arbeitsleistung entgolten zu werden. Mit der Aussicht auf ein solches, in der Zukunft liegendes, Entgelt für die Arbeitsleistung ist dem Gl aber nicht gedient. Damit II nicht im Einzelfall zu Unbilligkeiten führt, ist aber auch auf sonstige Verpflichtungen, die der Drittsch aus seinem Betrieb zu decken hat, und auf die eigene Unterhaltspflicht des Sch ggü bedürftigen Eltern Rücksicht zu nehmen.

8 **4) Verfahren.** Wenn nach dem Vorbringen des Gl die Voraussetzungen von II vorliegen, hat das VollstrGericht (Rpfleger) ohne sachl Nachprüfung der Verhältnisse (also ohne Prüfung, ob ein Anspruch besteht) die dem Sch **angeblich** zustehende **Vergütung** unter Berücksichtigung der Pfändungsbeschränkungen zu pfänden und zur Einziehung zu überweisen (BGH MDR 2013, 1370 Tz 12). Freibeträge für sonst unterhaltsberechtigte Angehörige nach §§ 850c, 850d, 850f II gebühren dem Sch aber nicht, wenn er deswegen keinen Unterhalt leistet, weil seine Angehörigen solche Leistungen nicht benötigen; zB wenn der Sch in abhängiger Stellung im Geschäft seiner Frau tätig ist und diese sowie die Kinder vom Geschäftsertrag ihr Auskommen haben (vgl LAG Hamm ZIP 93, 610, 612; aA Menken DB 93, 161, 165). Wenn der Sch einem Angehörigen mit eigenen Einkünften auf Grund ges Verpflichtung Unterhalt leistet, ist diese Person nur dann nicht zu berücksichtigen, wenn dies das VollstrGericht nach § 850c VI bestimmt hat (BAG NJW 2008, 2606). Von der Pfändung des Arbeitseinkommens wird ohne bes Ausspruch auch der nach II fingierte Vergütungsanspruch erfasst (OLG Karlsruhe JurBüro 2012, 264); ebenso wird von der Pfändung der fingierten Lohnforderung auch eine etwa wirklich geschuldete Vergütung mit erfasst.

9 **5) „Rückständige Ansprüche".** Aus einem verschleierten Arbeitsverhältnis können Rückstände nicht gepfändet werden (BAG NJW 2008, 2606 mwN; MskV/Flockenhaus Rn 18; aA StJ/Würdinger Rn 35). II fingiert ab Zustellung des Pfändungsbeschlusses an den Drittsch eine auf sein Verhältnis zum Gl beschränkte angemessene Vergütung, bewirkt aber keine weitergehende Begünstigung des Gl (BAG aaO). Deshalb kein Erlass eines Rückstände pfändenden Beschlusses. Aber auch bei abw Ansicht werden die Umstände des Einzelfalls (II 2) die Annahme gebieten, dass der Drittsch eine Vergütung fortlaufend ausgezahlt hätte, Rückstände somit nicht vorhanden wären. Er kann daher auch durch Lohnpfändung mit rückständigen Leistungen nicht belastet werden (BAG aaO).

10 **6) Klage.** Zahlt der Drittsch die gepfändeten Teile der angemessenen Vergütung nicht, muss der Gl Zahlungsklage (**Formulierungsvorschlag:** Vorwerk/Goldbach, PFB, M 51.6) erheben. Zu berechnen sind die gepfändeten Teile der angemessenen Vergütung nach dem Nettolohnsystem (§ 850e; OLG Karlsruhe JurBüro 2012, 264). Als Prozessgericht ist, obwohl II nur einen Zahlungsanspruch gg den Drittsch, nicht aber ein Arbeitsverhältnis fingiert, idR das ArbG zuständig (LAG BadWürtt JurBüro 97, 327; zur arbeitnehmerähnl Person: BGH NJW 77, 853). Bei Mitarbeit in leitender Stellung kommt Zuständigkeit des Zivilgerichts in Betracht. **Beweislast:** OLG Frankfurt GmbHR 94, 708 (Drittsch obliegt Substantiierung für eingeschr Leistungsfähigkeit); LAG Düsseldorf MDR 94, 1020 (Gl muss Art u zeitl Umfang der Tätigkeit des Sch beweisen). – Das ArbG ist im Fall von §§ 850d, 850f II an die Festsetzung des pfandfreien Betrags durch das VollstrGericht (die nur auf Erinnerung hin abgeändert werden kann) gebunden (BAG AP § 850d Nr 4). Es entscheidet darüber, ob die Voraussetzungen von § 850h vorliegen, welche Vergütung als angemessen anzusehen ist (bei Tarifbindung kommt Tariflohn in Betracht: LAG Hamm ZIP 93, 610) und welcher gepfändete Betrag (nach Deckung des nach § 850c freizustellenden oder vom VollstrGericht festgesetzten Freibetrags) an den Gl abgeführt werden muss. Auf die ges Pfändungsbeschränkungen kann sich der Drittsch im Rechtsstreit berufen, wenn das VollstrGericht den pfandfreien Betrag nicht festgesetzt hat.

11 **7) Aufrechnung.** Dem Gl ggü kann der Drittsch nicht mit einer eigenen Forderung gg den Sch aufrechnen; solche Gegenforderung ist aber bei Festsetzung der Höhe der als geschuldet fingierten Vergütung zu berücksichtigen (LAG Bremen BB 63, 768). Mit einer eigenen Forderung gg den Gl kann der Dienstberechtigte dagegen aufrechnen. Auf Zahlung von fingierten Lohnbeträgen, die zeitl nach dem Schluss der mündl Verh liegen, kann der Gl nur unter den Voraussetzungen von § 259 klagen, da § 258 nur für Forderungen gilt, die nicht von einer erst zu erbringenden Leistung abhängen.

12 **8) Rangfolge.** Der Rang mehrerer Gl, die verschleiertes Einkommen gepfändet haben, bestimmt sich nach § 804 III. Daher hat II nicht ohne Rücksicht auf vorrangige Gl nur zugunsten des vollstr Gl Wirkungen, der den Anspruch gerichtl durchsetzt (aA LAG Köln DB 88, 2060). Der nachrangige Gl kommt vielmehr erst zum Zug, wenn zugunsten des Vorranggl die von seinem PfandR erfassten Beträge abgesetzt sind, auch wenn sie nicht an ihn gezahlt worden sind, ihm aber bei richtiger Berechnung des pfändbaren Teils der angemessenen Vergütung zustehen würden (insoweit hat die Vorrangpfändung das fingierte Einkommen erfasst: BGH JZ 91, 243; *BAG NJW 95, 414; aA Lüke JuS 95, 872*). Der Sch erwirbt aus II keine eigenen Ansprüche gg den Leistungsempfänger. Die Regelung wirkt sich auch nicht bei Lohnabtretung zugunsten des Abtretungsgl aus (LAG Frankfurt DB 91, 1388 LS).

§ 850i Pfändungsschutz für sonstige Einkünfte

(1) [1]Werden nicht wiederkehrend zahlbare Vergütungen für persönlich geleistete Arbeiten oder Dienste oder sonstige Einkünfte, die kein Arbeitseinkommen sind, gepfändet, so hat das Gericht dem Schuldner auf Antrag während eines angemessenen Zeitraums so viel zu belassen, als ihm nach freier Schätzung des Gerichts verbleiben würde, wenn sein Einkommen aus laufendem Arbeits- oder Dienstlohn bestünde. [2]Bei der Entscheidung sind die wirtschaftlichen Verhältnisse des Schuldners, insbesondere seine sonstigen Verdienstmöglichkeiten, frei zu würdigen. [3]Der Antrag des Schuldners ist insoweit abzulehnen, als überwiegende Belange des Gläubigers entgegenstehen.

(2) Die Vorschriften des § 27 des Heimarbeitsgesetzes vom 14. März 1951 (BGBl. I S. 191) bleiben unberührt.

(3) Die Bestimmungen der Versicherungs-, Versorgungs- und sonstigen gesetzlichen Vorschriften über die Pfändung von Ansprüchen bestimmter Art bleiben unberührt.

I) Pfändungsschutz für sonstige Einkünfte (§ 850i I). 1) Nicht wiederkehrende Einkünfte (§ 850i I 1 Alt 1). 1
Auf Antrag des Sch ermöglicht I durch Bestimmung des VollstrGerichts Pfändungsschutz für nicht wiederkehrend zahlbare Vergütungen für persönl geleistete Arbeiten oder Dienste. Pfändungsschutz genießen damit vornehmlich Einkünfte freiberufl Erwerbstätiger, die der Sicherung des Lebensunterhalts dienen (BTDrs 16/7615, 9; sa BGH MDR 2021, 1217 Tz 20) wie Werklohnansprüche der Handwerker, Honoraransprüche der Ärzte und Zahnärzte (zum Kassenarzthonorar: § 850 Rn 9; § 850a Rn 7) sowie Tierärzte; ferner Ansprüche der Krankengymnasten, Therapeuten, Diplom-Psychologen (BGH NZI 2003, 389), Hebammen, RAe (auch gg die Staatskasse in PKH/VKH-Sachen), Steuer- sowie Unternehmensberater und Notare, der Schriftsteller, freien Journalisten, Mitarbeiter des Rundfunks (BAG DB 78, 1035), Architekten (BGH NJW-RR 2009, 410), selbständige Handelsvertreter, die keine wiederkehrende Vergütung erhalten (sa § 850 Rn 9), der Makler, Insolvenz- und Zwangsverw, TV.

2) Einmalige/fallbezogene Einkünfte (§ 850i I 1 Alt 1). Weitergehend trifft I Bestimmung für den Pfändungsschutz einmalig oder nur von Fall zu Fall zu zahlender Beträge von Personen **mit festem Arbeitseinkommen,** wie zB von angestellten Krankenhausärzten, die daneben eine Privatpraxis betreiben, oder Ärzten, die neben regelmäßig abgerechneten Vergütungen der kassenärztli Vereinigung auch Honorare von Privatpatienten erhalten. Dazu gehören weiter Abfindungen bei Ausscheiden aus einem Arbeits- oder Dienstverhältnis (AG Dortmund NZI 2021, 585), wie zB der arbeitsrechtl Abfindungsanspruch nach §§ 112, 113 BetrVG (BAG NJW 97, 1868) und die Abfindungen nach §§ 9, 10 KSchG (sind Arbeitseinkommen im weiteren Sinne: vgl BGH NJW-RR 2010, 135 Tz 11). Sie genießen Pfändungsschutz auch bei einvernehml Festlegung im Aufhebungsvertrag (OLG Köln OLGZ 90, 236). Gleiches gilt für einmalige Abfindungen der Beamten nach dem BeamtVG, wie zB nach § 21 (Witwenabfindung), § 48 (Ausgleich bei bes Altersgrenze), und das in einer Summe fällige Stornoreserveguthaben eines Außendienstmitarbeiters. – Umsatzbezogene Einnahmen aus Lizenzverträgen (BGH MDR 2004, 713) oder Tantiemenzahlungen (OLG München ZInsO 2019, 100) können I unterfallen oder § 850. Wesentl ist dabei, ob es sich um Zahlungen für Dienste handelt, die die Existenzgrundlage des Sch bilden (dann § 850) oder nicht (dann I). – Die Inflationsausgleichsprämie fällt nicht unter den Pfändungsschutz nach I 1 Alt 1 (BGH MDR 2024, 865 Tz 11 f). 1a

3) Eigenständig erwirtschaftete Einkünfte (§ 850i I 1 Alt 2). Für sonstige Einkünfte, die kein Arbeitseinkommen sind (für dieses bereits § 850), aber eigenständig erwirtschaftet werden (BGH MDR 2014, 1173) und nicht (wie zB Sozialleistungen) sonst einem bes VollstrSchutz unterliegen, ermöglicht I 1 Alt 2 auf Antrag Pfändungsschutz. Diese selbst erwirtschafteten Einkünfte sollen für den Lebensunterhalt in vergleichbarer Weise wie Arbeitseinkommen pfandfrei verbleiben können (BTDrs 16/7615, 18; sa BGH MDR 2021, 1217 Tz 19; BGH NZI 1b

2018, 899 Tz 10). Dazu zählen Einkünfte, die durch den Einsatz von Personal oder Kapital erwirtschaftet werden, somit für Dienste und Leistungen von den im Unternehmen oder Betrieb des Sch angestellten Personen erbracht werden (BTDrs 16/7615, 12, 18). Außerdem Kaufpreisrentenansprüche/Kaufpreisansprüche (BGH MDR 2019, 1471 Tz 6); Kaufpreisraten (BGH MDR 2019, 1470 Tz 10); Einkünfte, die durch (Unter-)Vermietung oder Verpachtung (BGH MDR 2015, 796; auch bei stiller Zwangsverwaltung: BGH MDR 2018, 701), die als Erbbauzinsen (BGH MDR 2019, 127) oder die als Werklohnansprüche und Verkaufserlöse selbst erzielt werden (BGH NJW-RR 2014, 1197 Tz 8, 9). Erträge aus Vermögen wie Veräußerungsentgelte, Kapitalerträge u Tilgungsleistungen, Erlöse aus Nießbrauch (BGH NJW-RR 2014, 1197 Tz 16), Zahlungen bei Vermögensauseinandersetzung und Steuererstattungen gehören gleichermaßen dazu. Ebenso die Einmalleistung aus einer dem Sch auf Grund einer Pensionszusage verpfändeten Rückdeckungsversicherung, weil die Zusage Entgeltcharakter hat (BGH 29.4.2021 – IX ZB 25/20, MDR 2021, 1217 = juris Tz 21 ff). – Nach Ahrens (NJW-Spezial 2020, 341; NZI 2020, 495 [Anm zu LG Köln NZI 2020, 494]) auch die staatl Corona-Beihilfen an Selbständige (hierzu: § 851 Rn 3). – Nicht dazu gehören Forderungen, die der Sch ohne wirtschaftl Betätigung erwirbt, zB Schenkungen (Meller-Hannich WM 2011, 529, 530; aA für unterhaltssichernde Schenkungen: MskV/Flockenhaus Rn 1), Lotteriegewinne, der Kautionsrückzahlungsanspruch des Mieters (BGH MDR 2019, 635) oder nach Erbrecht erlangte Ansprüche (BGH NJW-RR 2019, 1520 Tz 9; BGH MDR 2016, 912 Tz 23 [Pflichtteilsanspruch]).

1c **4) Abgrenzung.** Für das Verhältnis von I zu bes Pfändungsschutzvorschriften (§§ 851a, 851b, 851c, 851d, 852) ist erhebl, ob es sich bei Letzteren um abschl Sonderregelungen handelt oder ob sie einen ergänzenden Pfändungsschutz für bestimmte Einkünfte regeln (BGH NJW-RR 2014, 1197 Tz 15, 16; BGH MDR 2021, 1217 Tz 24). **Beispiele:** §§ 851a, 850i sind nebeneinander anwendbar (MskV/Flockenhaus Rn 1). – Für Miete u Pacht schließt § 851b als ergänzende Schutzvorschrift für die laufende Unterhaltung des Grundstücks, Instandsetzungsarbeiten und zur Befriedigung „vorgehender" Ansprüche I nicht aus. Der Sch kann sich mithin auf beide Vorschriften berufen (BGH NJW-RR 2014, 1197). – Die Unpfändbarkeit ges Unterhaltsansprüche ergibt sich hingegen bereits aus § 850b I Nr 2 (ausnahmsweise Pfändung ermöglicht dessen II). Weiteren Pfändungsschutz nach I schließt diese abschl Sonderregelung aus (Meller-Hannich WM 2011, 532; MskV/Flockenhaus Rn 1). – § 851c hat eine „Sperrwirkung", aber nicht unbeschränkt, sondern nur für die Fälle, für die seine spezielle Schutzregelung gilt (BGH MDR 2021, 1217 Tz 25 ff [zu Leistungen aus Kapitallebensversicherungen]). – Im Rahmen der Pfändung nach § 852 kann § 850i keinen zusätzl Schutz gewähren (BGH MDR 2016, 912 Tz 23). – Im Zwangsverwaltungsverf ist § 850i nicht entspr anwendbar (BGH MDR 2020, 121 Tz 11; sa Meller-Hannich ZfIR 2020, 149 [es gilt nur § 149 III ZVG]).

2 **5) Berechnung. a) Pfandfrei zu belassen** ist dem Sch so viel, als ihm nach freier Schätzung während eines angemessenen (überschaubaren) Zeitraums bei Einkommen aus laufendem Arbeits- oder Dienstlohn verbleiben würde (LG Halle Rpfleger 2001, 439; AG Dortmund NZI 2021, 585 [bei einer Abfindung bis zu 12 Monate]), somit nicht nur der Bedarf für den „notwendigen" Unterhalt. Abzuschätzen ist, wann der Sch mit weiteren Einkünften rechnen kann, um seinen und seiner Angehörigen Lebensbedarf zu bestreiten. Für diesen Zeitraum begrenzen den pfandfrei zu belassenden Betrag bei Vollstr einer gewöhnl Geldforderung § 850c I, IV (BGH NZI 2016, 457 Tz 14, 19; krit Ahrens NJW-Spezial 2020, 85; Ahrens ZVI 2019, 441 [weil dadurch der erhöhte Freibetrag für Mehrverdienst, § 850c III, nicht erfasst wird]), bei Vollstr eines Unterhaltsanspruchs § 850d und bei Vollstr einer Forderung aus einer vorsätzl begangenen unerlaubten Handlung § 850f II (BGH NJW-RR 2009, 409, 411). Als Mehrarbeitsvergütung (I 1; § 850a Nr 1) können einem Sch, der Altersrente bezieht und daneben zur Aufbesserung der Rente selbständig tätig ist, auch seine Einnahmen aus der selbständigen Tätigkeit bis zur Hälfte pfandfrei gestellt werden (BGH MDR 2014, 1111). Zur Wahrung des individuellen Sozialhilfebedarfs, für bes Bedürfnisse aus persönl oder berufl Gründen und bei bes Umfang der Unterhaltspflichten kann § 850f I Belassung eines weiteren Einkommensteils gebieten (aA LG Halle Rpfleger 2001, 439). Nach Gutschrift von Einkünften auf einem gepfändeten P-Konto ermöglicht § 906 II Bemessung des Grundfreibetrags, der gewährleistet, dass während des zu bestimmenden „angemessenen Zeitraums" der monatl Pfandfreibetrag verbleibt. Wenn der dem Sch für sich und seine Familie zustehende Freibetrag schon dem fortlaufenden Einkommen entnommen werden kann, ist (außer in Fällen von § 850f) für einen Pfändungsschutz der einmaligen Vergütung kein Raum mehr (LG Aachen JurBüro 84, 468).

2a **b)** Es sind die wirtschaftl Verhältnisse des Sch, insb seine sonstigen Verdienstmöglichkeiten, **frei zu würdigen** (I 2). Mehrere einmalige Vergütungsansprüche sind zusammenzurechnen (BTDrs 16/7615, 18); laufendes Einkommen ist (ohne Antrag) einzubeziehen (BTDrs 16/7615, 18); ebenso ist Vermögen zu berücksichtigen. Der Gl kann dem Antrag daher durch Nachweis entgegentreten, dass der Sch anderweit ausreichenden Verdienst hat. Anspruch auf Sozialhilfe ist nachrangig; auf ihn kann der Sch nicht verwiesen werden, er wird daher nicht als anderweitiges Einkommen berücksichtigt (OLG Köln OLGZ 90, 236).

2b **c)** Entgegenstehende überwiegende **Belange des Gl** können ganz oder teilw Ablehnung des Antrags gebieten (I 3), zB wenn er sich selbst in einer Notlage befindet oder der Rechtsgrund, auf dem der Titel beruht, es erfordert (BTDrs 16/7615, 18).

3 **6) Verfahren/Entscheidung.** Schutz wird nur auf nicht fristgebundenen Antrag gewährt. Ihn können (nur) der Sch und die zu ges Unterhalt Berechtigten stellen (MskV/Flockenhaus Rn 4), nicht der Drittsch. Der Gl ist zu

hören. Der Pfändungsbeschluss wird ohne Pfändungsbeschränkung erlassen. Schutz wird nicht mehr gewährt nach Beendigung der ZwV mit Zahlung des Drittsch an den Gl (BGH 29.4.2021 – IX ZB 25/20, juris Tz 15) und im InsoVerf nicht für Einkünfte aus freigegebener selbständiger Tätigkeit im Verhältnis zur Masse (BGH MDR 2018, 428). Zum Zahlungsaufschub: § 835 IV. Der Antrag ist keine Erinnerung (§ 766); er bezweckt nicht eine Überprüfung des Pfändungsbeschlusses, sondern die Berücksichtigung neu geltend gemachter Tatsachen. Zuständig ist der Rpfleger. Der Beschluss ist allen Beteiligten vAw zuzustellen (§ 329 III; MskV/Flockenhaus Rn 4). Je nach Beschwer steht dem Gl oder Sch befristete Erinnerung/sof Beschwerde (§ 11 I RPflG; § 793) zu.

II) Heimarbeit (§ 850i II). Nach § 27 HeimarbeitsG werden Personen geschützt, die ihre Arbeitsleistung persönl unabhängig erbringen (keine Bindung an Arbeitszeit und Arbeitsort), die aber für einen bestimmten Auftraggeber arbeiten und von ihm ebenso wirtschaftl abhängig sind wie sonst Arbeitnehmer. Zu Personenkreis und Begriffsbestimmungen: §§ 1, 2 HeimarbeitsG; § 12 SGB IV. Bei dauerndem Beschäftigungsverhältnis sind §§ 850c, 850d, 850f II entspr anzuwenden. Wenn Heimarbeiter ihre Vergütung bei Ablieferung der Erzeugnisse und damit unregelmäßig erhalten, ist sie auf die den §§ 850c, 850d zugrunde liegenden Zeiträume umzurechnen und dementspr der Freibetrag zu bestimmen. Bei gleichzeitiger Tätigkeit für mehrere Auftraggeber kann Zusammenrechnung nach § 850e Nr 2 erfolgen. Gesondert gewährte Aufwandsentschädigung und gesondertes Entgelt für selbst gestelltes Arbeitsmaterial sind nach § 850a Nr 3 unpfändbar. Wird nur ein Gesamteinkommen gezahlt, das Aufwand und Arbeitsmaterial einschließt, sind Teile für solche Zwecke nach § 850f I pfandfrei zu stellen (sa § 850a Rn 7). Bei einmaligen Aufträgen ist I entspr anzuwenden; der Pfändungsbeschluss ergeht dann ohne Einschränkungen; dem Sch bleibt überlassen, wie nach I Pfändungsschutz zu erwirken. 4

III) Versicherungs- und Versorgungsgesetze (§ 850i III). Die Bestimmung, dass **Vorschriften außerhalb der ZPO** über die Pfändung von Ansprüchen bestimmter Art unberührt bleiben, ist mit Regelung der Pfändung von Sozialleistungen in § 54 SGB I (sa Rn 6 ff) weitgehend gegenstandslos geworden. Bedeutung hat sie nur für vereinzelte Sonderregelungen (zB § 51 IV, V StVollzG), auch im BVG (§ 850 Rn 4, 5) und für die Pfändungsbestimmungen der im SGB nicht geregelten auslaufenden Sozialleistungsbereiche (Rn 7). 5

IV) Pfändung von Sozialleistungen. 1) Pfändbarkeit. Im **Sozialgesetzbuch I** (SGB I) ist die Pfändbarkeit von Sozialleistungen in § 54 geregelt. Daneben gibt es im SGB eine Reihe von Vorschriften, die Unpfändbarkeit anordnen (Rn 7). 6

2) Sozialleistungsbereiche. § 54 SGB I ist einschlägig für **Ansprüche aus allen Sozialleistungsbereichen**. Vereinzelte Abweichungen ergeben sich auf Grund des Vorbehalts in § 37 SGB I aus Einzelgesetzen (zB Sozialhilfe: § 17 I 2 SGB XII; Sicherung des Lebensunterhalts: § 42 IV 1 SGB II; Leistungen der Eingliederungshilfe: § 107 I SGB IX; Insolvenzgeld: §§ 165 ff, § 171 SGB III). Einige auslaufende Sozialleistungsbereiche hat das SGB I nicht mehr berührt wie Lastenausgleich und Bundesentschädigungsgesetz. Nach § 54 SGB I bestimmt sich die Pfändung auch dann, wenn gg den Rechtsnachfolger nach Tod des Sozialleistungsberechtigten (§ 56 SGB I) vollstr wird (St/Rellermeyer D.55). Mit Abtretung einer Sozialgeldleistung (eines Teilanspruchs: § 53 SGB I) wird sie zur Forderung des neuen Gl (§ 398 BGB); als solche unterliegt sie bei Vollstr gg den Zessionar nicht mehr dem Pfändungsschutz von § 54 SGB I (OLG Stuttgart MDR 85, 944; sa § 850b Rn 3). Schutzmöglichkeit besteht dann nur nach § 765a. Im Einzelnen regelt § 54 SGB I die Anspruchspfändung für folgende Sozialleistungsbereiche: 7

a) Bildungsförderung (§ 3 I SGB I). § 18 I SGB I. Leistungsarten regelt das BAföG. Leistungsträger sind die Ämter und die Landesämter für Ausbildungsförderung (§ 18 II SGB I). 8

b) Arbeitsförderung (§ 3 II SGB I). § 19 I SGB I (Leistungen der Arbeitsförderung, insb Arbeitslosengeld [§ 136 I Nr 1 SGB III], Teilarbeitslosengeld [§ 162 SGB III], Arbeitslosengeld bei Weiterbildung [§ 136 I Nr 2 SGB III]). Zuständigkeit: § 19 II SGB I; § 334 SGB III. Die zuständigen Stellen sind zugleich die Drittsch. – § 19a SGB I (Grundsicherung für Arbeitsuchende). Regelung im SGB II, insb Einstiegsgeld (§ 16b SGB II) und die Leistungen zur Sicherung des Lebensunterhalts (§ 19 SGB II, Bürgergeld etc; unpfändbar: § 42 IV SGB II). Zuständigkeit: § 19a II SGB I. – § 19b I SGB I (Gleitender Übergang in den Ruhestand). Näher geregelt im AltersteilzeitG (= Teil des SGB I; sa § 68 Nr 16 SGB I). – Besonderheiten gelten für Kurzarbeiter- (§§ 95 ff SGB III; sa Rn 46) u Insolvenzgeld (§§ 165 ff, § 171 SGB III). – Beim Existenzgründungszuschuss (§ 93 SGB III) sind Dauer u Höhe der Förderung in § 94 SGB III geregelt. Für maximal 15 Monate werden 300 Euro/mtl gezahlt. In dieser geringen Höhe nicht pfändbar (§ 54 IV SGB I). 9

c) Sozialversicherung (§ 4 SGB I). Leistungen (§§ 21-23 SGB I) erfolgen im Rahmen der ges Kranken-, sozialen Pflege-, ges Unfall- und ges Rentenversicherung einschließl der Alterssicherung der Landwirte (zur Produktionsaufgabenrente: FELEG, BGBl I 1989, 233). Regelungen treffen SGB V (ges Krankenversicherung), VI (ges Rentenversicherung), VII (ges Unfallversicherung) und XI (soziale Pflegeversicherung) sowie Einzelgesetze dieser Leistungsbereiche. Leistungen bei Schwangerschaftsabbrüchen: § 21b I SGB I iVm SchKG. – Für die ZwV erlangen Bedeutung insb in der Krankenversicherung das Krankengeld, in der Unfallversicherung die Rente wegen Minderung der Erwerbsfähigkeit und die Hinterbliebenenrente (auch Rentenabfindung), in der Rentenversicherung die Renten wegen Alters, verminderter Erwerbsfähigkeit sowie die Hinterbliebenenrente und Leistungen für Pflegepersonen der sozialen Pflegeversicherung. Leistungsträger: § 21 II, § 21a II, § 22 II, § 23 II SGB I. 10

11 **d) Soziale Entschädigung für Gesundheitsschäden (§ 5 SGB I).** Leistungsarten regelt § 24 I SGB I. Leistungsträger: § 24 II SGB I. Die soziale Entschädigung ist seit dem 1.1.2024 im SGB XIV neu geregelt (das BVG wurde aufgehoben). Pfändungsschutz: § 9 SGB XIV. Übergangsvorschriften: §§ 137 ff SGB XIV.

12 **e) Minderung des Familienaufwands (§ 6 SGB I).** Leistungen regelt mit Kindergeld das BundeskindergeldG (BKGG), dessen Anwendungsbereich nicht mehr groß ist (nach § 25 I 1 SGB I gehen § 31, §§ 62-78 EStG vor, dazu: § 829 Rn 34), sowie mit dem Elterngeld das Bundeselterngeld- und ElternzeitG (BEEG). Leistungsträger für Ansprüche nach dem BKGG sind die Familienkassen, damit die Agenturen für Arbeit. Leistungsträger für das Elterngeld sind die landesrechtl bestimmten Behörden (§ 12 I BEEG).

13 **f) Zuschuss für angemessenes Wohnen (§ 7 SGB I).** Leistungen regelt mit dem Wohngeld das WohngeldG (WoGG). Leistungsträger: § 26 II SGB I.

14 **g) Kinder- und Jugendhilfe (§ 8 SGB I).** Leistungen (§ 27 SGB I) für Pfändung fallen nicht an.

15 **h) Sozialhilfe (§ 9 SGB I).** Leistungen versch Art (§ 28 SGB I) regelt SGB XII (Sozialhilfe). Nach dessen § 17 I 2 kann der Anspruch auf Sozialhilfe nicht gepfändet werden. Unpfändbare Leistung nach dem Recht der Sozialhilfe ist auch die Grundsicherung im Alter und bei Erwerbsminderung (§ 28 I Nr 1a SGB I; Einzelregelungen: §§ 41-46 SGB XII).

16 **i) Rehabilitation (§ 10 SGB I)** mit Leistungen versch Art (§ 29 SGB I), die im SGB IX geregelt sind. Unpfändbarkeit nach § 107 I SGB IX.

16a **j) Landwirt.** Die Pfändbarkeit der Produktionsaufgabenrente eines Landwirts (auch der Witwe/des Witwers) sowie des Ausgleichsgeldes der Arbeitnehmer und mitarbeitenden Familienangehörigen (Leistungsträger: Sozialversicherung für Landwirtschaft, Forsten und Gartenbau als landwirtschaftl Alterskasse) bestimmt sich nach § 54 SGB I (entspr Anwendung nach § 18 I FELEG).

16b **k) Entsprechende Anwendung.** Das SGB I, somit insb § 54, gilt entspr für Pfändung von Leistungen nach dem Ges über Entschädigungen für Opfer des Nationalsozialismus im Beitrittsgebiet v 22.4.1992, UnterstützungsabschlussG v 6.5.1994, Strafrechtl RehabilitierungsG v 17.12.1999 (besondere Zuwendung für Haftopfer unpfändbar [§ 17a V], nicht aber die Kapitalentschädigung nach § 17 [BGH NZI 2011, 979]), Verwaltungsrechtl RehabilitierungsG v 1.7.1997 und Berufl RehabilitierungsG v 1.7.1997 (Anspruch auf Ausgleichsleistungen ist nach § 9 II BerRehaG unpfändbar).

17 **3) Zweckbestimmte Leistungen.** Ansprüche auf **Dienstleistungen** (zB Krankenpflege, Haushaltshilfe, Betriebshilfe für Landwirte) und auf **Sachleistungen** (zB Versorgung mit Medikamenten, orthopädischen Hilfsmitteln, Krankenhausaufnahme, Pflegesachleistung) können nicht gepfändet werden (§ 54 I SGB I). Sie sind auf die persönl Bedürfnisse des Leistungsberechtigten zugeschnitten, können nach ihrer Zweckbestimmung somit Dritten nicht erbracht werden. Wenn statt der Sachleistung die zur Eigenbeschaffung durch den Sch erforderl Geldbeträge zugesagt werden, ist die Pfändbarkeit des Anspruchs nach § 54 II SGB I und damit unter Billigkeitsgesichtspunkten zu beurteilen (St/Rellermeyer D.44). Wegen der engen Bindung an einen bestimmten Zweck wird die Pfändung dann idR als unbillig und damit unzulässig anzusehen sein. Eine Ausnahme kann etwa zugunsten von Personen oder Stellen in Betracht kommen, die eine Anschaffung bevorschusst und damit zur Zweckerreichung beigetragen haben.

18 **4) Einmalige Geldleistungen. a)** Ansprüche auf einmalige Geldleistungen können nur gepfändet werden, wenn dies nach näherer Maßgabe von § 54 II SGB I der Billigkeit entspricht. Eine einmalige Geldleistung wird gewährt, wenn die Sozialleistung nach dem Leistungsgesetz nicht in wiederkehrenden Zeitabschnitten zu erbringen ist, dann auch, wenn sie in Teilbeträgen (ratenweise) ausgezahlt wird. Beispiele: Renten- sowie Kapitalabfindung, Beitragserstattung (pfändbar auch, wenn Voraussetzung erfüllt, aber noch kein Erstattungsantrag gestellt ist: KG JurBüro 86, 943; OLG Karlsruhe Rpfleger 84, 155; zu weitgehend: OLG Bremen JurBüro 88, 932; aA LG Düsseldorf JurBüro 85, 1901 [erst wenn Rückzahlungsanspruch geltend gemacht ist] – nicht überzeugend). Rückständige wiederkehrende Leistungen, die in einer Summe ausbezahlt werden (zB Rentennachzahlung) gehören nicht zu den einmaligen Geldleistungen (LG Deggendorf VuR 2018, 157; zur Pfändung bei Nachzahlungen von Sozialleistungen: Ahrens ZVI 2018, 173; beim P-Konto: § 904), ebenso nicht der Anspruch auf Rückzahlung zu viel entrichteter Beiträge nach § 26 SGB IV, da er nicht auf Sozialleistung gerichtet ist. Unterhaltsgl sind bei Pfändung einmaliger Geldleistungen nicht bevorrechtigt; ihrer VollstrForderung kann aber unter dem Gesichtspunkt der Billigkeit Bedeutung zukommen.

19 **b) Billigkeit** für Pfändung soll es ermöglichen, Gl- und Sch-Interessen nach den Umständen des Einzelfalls in sozial- und rechtspolitisch vertretbarer Weise gegeneinander abzuwägen (BTDrs 7/868, 3). Die maßgebl wesentl Gesichtspunkte führt der Gesetzeswortlaut auf; diese sind jedoch nur beispielhaft, nicht abschließend, so dass auch alle anderen bedeutsamen Umstände zu würdigen sind; zB Gründe, die zum Entstehen der Forderung geführt haben, uU *auch andere Pfändungsmöglichkeiten* (St/Rellermeyer D.54), nicht aber Einwendungen gg die Forderung des Gl (LG Wiesbaden JurBüro 81, 626). Ergebnislose ZwV in das Sch-Vermögen muss jedoch nicht (wie im Fall von § 850b) versucht worden sein oder aussichtslos erscheinen. Die **Einkommens- und Vermö-**

gensverhältnisse des Sch ermöglichen Beurteilung, in welchem Maße er auf die Sozialleistung angewiesen ist. Bei Abwägung der beiderseitigen Belange können aber auch bedrängte Verhältnisse des Gl ins Gewicht fallen. Von Bedeutung ist weiter die **Art des beizutreibenden Anspruchs**. So kann es angemessen sein, dringl Unterhaltsforderungen eher unter Hintanstellung der Belange des Sch zum Zug kommen zu lassen als andere Ansprüche. Bes Berücksichtigung können zB auch, entspr § 850f II, Gl-Ansprüche aus vorsätzl unerlaubter Handlung verdienen, desgl die (auch in § 53 II Nr 1 SGB I privilegierten) Ersatz- oder Darlehensansprüche von Gl, die Mittel für notw Aufwendungen des Sch vorgestreckt haben. Ähnlich sind Mietforderungen zu beurteilen. Die Art der VollstrForderung kann andererseits Anlass sein, das Schutzbedürfnis des Sch voranzustellen, zB ggü der Kaufpreisforderung aus dem Sch aufgedrängter Anschaffung oder Darlehensforderung aus überzogener Kreditgewährung (vgl KG MDR 81, 505). Bes Bedeutung kommt bei Abwägung der beiderseitigen Belange der **Zweckbestimmung** der zu pfändenden Leistung zu. Bei Leistungen, die dazu bestimmt sind, bes Bedürfnissen des Sch abzuhelfen, spricht die Zweckbestimmung gg eine Pfändbarkeit (BGHZ 92, 339).

c) Als selbständige Regelung lässt § 54 II SGB I unter den genannten Voraussetzungen (im Gegensatz zu § 850b 20
I) die **Pfändung grundsätzlich zu**. Es besteht somit keine Unpfändbarkeit, die nur auf Grund einer konstitutiv wirkenden Entscheidung des VollstrGerichts durchbrochen wäre (BGH NJW 85, 976).

5) Laufende Geldleistungen. Sie werden gewährt, wenn die Leistungen regelmäßig wiederkehrend für be- 21
stimmte Zeitabschnitte gezahlt werden (Begründung: BTDrs 7/868, 31). Beispiele: Arbeitslosengeld I, Krankengeld, Verletzten- und Hinterbliebenenrente, Rente wegen Berufsunfähigkeit, Erwerbsunfähigkeit oder Alters (zB §§ 35 ff [Alter], § 43 [Erwerbsminderung], § 46 [Hinterbliebene] SGB VI). **Nachzahlungen** bleiben laufende Geldleistungen (Rn 18; zum Eingang der Nachzahlung auf einem P-Konto: § 904). Laufende Sozialleistungen sind entw unpfändbar (§ 54 III SGB I, § 17 I 2 SGB XII, § 107 I SGB IX) oder können wie Arbeitseinkommen gepfändet werden (§ 54 IV SGB I). – Bürgergeld und Leistungen für Bildung und Teilhabe (§§ 19 ff, § 42 IV 1 SGB II; überholt: BGH MDR 2013, 57) sind unpfändbar.

6) Pfändungsverbote. Nicht pfändbar sind, auch wenn der Gl eines Unterhaltsanspruchs oder einer Forderung 22
aus vorsätzl unerlaubter Handlung vollstr: **a) Elterngeld** bis zur Höhe des nach § 10 BEEG anrechnungsfreien Sockelbetrags von monatl 300 Euro, bei Mehrlingsgeburten vervielfacht, sowie vergleichbare Leistungen der Länder (§ 54 III Nr 1 SGB I).

b) Mutterschaftsgeld (§ 19 MuSchG) in dem in § 54 III Nr 2 SGB I genannten Umfang. Bei Verlängerung des 23
Auszahlungszeitraums Halbierung, bei Mehrlingsgeburten Erhöhung des Pfändungsschutzes.

c) Wohngeld (§ 54 III Nr 2a SGB I). Pfändbar ist es, und zwar in vollem Umfang, wegen der Ansprüche, die Ge- 23a
genstand von § 9 WoGG (Miete einschl Umlagen, Zuschlägen und Vergütungen, jedoch ohne die in § 5 II WoGG angeführten Entgelte) und § 10 WoGG (Belastung aus Kapitaldienst und Bewirtschaftung) sind; dann auch, wenn der Gl einen gepfändeten Anspruch des Vermieters (Gl der privilegierten Forderung) vollstr (LG Mönchengladbach JurBüro 2009, 385). Grund: Pfändung zur zweckentsprechenden Verwendung der Sozialleistung.

d) Geldleistungen, die dafür bestimmt sind, den durch einen **Körper- oder Gesundheitsschaden bedingten** 24
Mehraufwand auszugleichen (§ 54 III Nr 3 SGB I). Grund: Zweckbindung; Deckung des Mehraufwandes soll gewährleistet bleiben. Geldleistungen zur Deckung solcher Mehraufwendungen (dazu auch: BTDrs 12/5187, 29) waren früher insb im BVG (ua §§ 14, 15, 31, 35 BVG) enthalten. Seit dem 1.1.2024 (BVG aufgehoben) ist die soziale Entschädigung im SGB XIV neu geregelt. Leistungen/Entschädigungsstatbestände iE: § 3, §§ 13 ff SGB XIV. Pfändungsschutz: § 9 SGB XIV. Übergangsvorschriften: §§ 137 ff SGB XIV. Nicht erfasst werden Sozialleistungen an Schwerbeschädigte oder Schwerbehinderte, die dem Ausgleich von Einkommensverlusten dienen (BTDrs 12/5187, 29); wie zB die Verletztenrente nach § 56 SGB VII (BGH MDR 2017, 173), auch eine übergeleitete Unfallrente der DDR (BGH WM 2019, 591). Solche Leistungen sind nach § 54 IV SGB I wie Arbeitseinkommen pfändbar (BTDrs 12/5187, 29). Leistungen der Pflegeversicherung (Rn 10) an Pflegebedürftige (Pflegegeld usw) sind gleichfalls zur Deckung des krankheitsbedingten Mehraufwands bestimmt und damit nach § 54 III Nr 3 SGB I unpfändbar (St/Rellermeyer D.73; Sauer/Meiendresch NJW 96, 765 [auch zu Leistungen privater Versicherer und zur Pfändbarkeit von Leistungen für Pflegepersonen]).

7) Pfändungsmöglichkeiten. a) Andere laufende Geldleistungen (Rn 21) als die in Rn 22-24 genannten (da- 25
mit auch das über die pfändungsfreien Sockelbeträge hinausgehende Mutterschafts- und Elterngeld) sind „wie Arbeitseinkommen" pfändbar (§ 54 IV SGB I; zu Kindergeld und anderen Geldleistungen für Kinder jedoch: Rn 37 ff). Die Pfändung hat somit zu erfolgen, wenn die Voraussetzungen vorliegen. Einzelfallbedürfnissen des Sch kann mit Erhöhung des unpfändbaren Betrags der laufenden Geldleistungen nach § 850f I Rechnung getragen werden.

b) Wie Arbeitseinkommen bleiben laufende Geldleistungen **stets unpfändbar** in Höhe der nach § 850c (bei 26
Vollstr gewöhnl Geldforderungen; kein Abschlag für Minderbedarf des nicht erwerbstätigen Sch: BGH NJW-RR 2004, 1439), in Sonderfällen nach § 850f II (LG Siegen JurBüro 2009, 210; AG Dresden JurBüro 2009, 46) sowie der nach § 850d (wenn wegen eines Unterhaltsanspruchs vollstr wird) nicht pfändbaren Beträge. Rückständiger Unterhalt über ein Jahr hat das Vorrecht nur unter den Voraussetzungen von § 850d I 4; sonst kann

für solche Ansprüche nur unter Wahrung der Pfändungsgrenzen des § 850c vollstr werden. Auf die nach der Pfändung fällig werdenden laufenden Geldleistungen aus einheitl Sozialrechtsverhältnis (St/Rellermeyer D.113) erstreckt sich das PfandR nach Maßgabe von § 832. **Vorratspfändung** ist bei Vollstr wegen ges Unterhaltsansprüche sowie wegen der aus Anlass einer Verletzung des Körpers oder der Gesundheit zu zahlenden Renten auch wegen künftig erst fällig werdender Gl-Ansprüche nach § 850d III zulässig (OLG Celle MDR 62, 414; LG Berlin Rpfleger 70, 441; zur Vorratspfändung von Krankengeld: Berner Rpfleger 64, 299). Unpfändbare Leistungsteile können sich aus der entspr Anwendung von § 850a (iVm § 850e Nr 1) ergeben, insb für Leistungen, die als Aufwandsentschädigungen gewährt werden (dazu: St/Rellermeyer D.81; zur Aufwandsentschädigung bei sog Ein-Euro-Jobs [§ 16d SGB II]: LG Dresden NJW-RR 2009, 359; LG Kassel JurBüro 2010, 607; aA LG Görlitz FamRZ 2007, 299; LG Bautzen FamRZ 2009, 1941 – nicht überzeugend). Zusammenrechnung laufender Geldleistungen mit Arbeitseinkommen: § 850e Nr 2a.

27 **c)** Ein **künftiger** (noch nicht entstandener, sa § 40 SGB I) **Anspruch** auf eine nach § 54 IV SGB I pfändbare laufende Geldleistung ist dem Grundsatz nach ebenso pfändbar (BGH MDR 2003, 525 [Altersrente]; MDR 2004, 293 [Rente wegen Erwerbsminderung]) wie Vorausabtretung (§ 53 II, III SGB I) künftiger Sozialleistungsansprüche grds zulässig ist (hierzu: BGH NJW 89, 2383). Erforderl ist, dass der Anspruch in einem bereits bestehenden Sozialversicherungsverhältnis wurzelt (BGH NJW 2003, 1457; BGH NJW 2003, 3774), mit Zugang zur Renten- oder Krankenversicherung usw somit bereits eine Rechts**grundlage** für das Entstehen der zukünftigen Forderung vorhanden ist, die ihre Bestimmung ermöglicht (sa § 829 Rn 2). Dass die künftige Entstehung der Forderung nur überhaupt (irgendwie) denkbar erscheint, genügt für die Pfändung nicht. Nicht ausreichend ist daher, dass der Sch Träger des Rechts ist, das auf Teilhabe an der sozialen Förderung und Sicherung gerichtet ist (§ 2 I 1 SGB I). Es müssen Rechtsgrund und Drittsch (zu dessen Ermittlung: Schmidt JurBüro 2003, 622) bestimmt (BGH NJW 2003, 3774), nach den tatsächl Gegebenheiten der künftige Eintritt der Anspruchsvoraussetzungen (§ 2 I 2, § 40 I SGB I) somit möglich sein. Daher kann ein Anspruch auf eine „künftige" Sozialleistung als reine Hoffnung (Erwartung) nicht gepfändet werden, wenn es an einer hinreichenden rechtl und tatsächl Grundlage für das Entstehen der zukünftigen Forderung fehlt. Die Abgrenzung ist schwierig und nicht geklärt. Anhaltspunkt bietet die Tatsache, ob der Eintritt der ges bestimmten Voraussetzungen für das zukünftige Entstehen des Anspruchs auf die Sozialleistungen (§ 40 I SGB I) als künftiges (wenn auch noch unbestimmtes) Ereignis bereits festgestellt und bezeichnet werden kann oder ob die ges Anspruchsvoraussetzungen durch ein künftiges ungewisses Ereignis (Ereignis, dessen künftiger Eintritt noch nicht feststeht) bedingt sind. Pfändbar ist daher bei Vollstr gg einen berufstätigen Sch die künftige Altersrente (auch Rente wegen verminderter Erwerbsfähigkeit) in der ges Rentenversicherung (BGH NJW 2003, 3774; BFH NJW 92, 855). Dass Wartezeiten des Sozialversicherungsrechts bereits erfüllt sind (eine „Anwartschaft" gewahrt ist), setzt die Pfändung künftiger Auszahlungsansprüche nicht voraus (BGH NJW 2003, 3774). Das noch nicht rentennahe Alter des Sch steht der Pfändung zukünftiger Geldansprüche gg einen Träger der ges Rentenversicherung daher nicht entgegen (BGH NJW 2003, 3774). Bei einem relativ jungen Sch könnte ein im Einzelfall fehlendes Rechtsschutzbedürfnis (sa vor § 704 Rn 17) unter ganz bes Umständen (sa vor § 253 Rn 18) der Pfändung der künftigen ges Altersrente Grenzen setzen (aA LG Augsburg FamRZ 2004, 1223). Pfändung nur eines künftigen Rentenanspruchs muss im Pfändungsbeschluss ausgesprochen werden (sa § 829 Rn 10 u § 850 Rn 18); § 832 erstreckt das PfandR an fortlaufenden Sozialleistungen nur auf die nach der Pfändung fällig werdenden Bezüge, schließt aber nicht den späteren, bei Pfändung noch nicht entstandenen Anspruch auf die künftigen Sozialleistungen ein. Gleichzeitige Pfändung der Rente aus der ges Rentenversicherung bei mehreren Leistungsträgern ist nicht möglich (Drittsch ist nicht bestimmt: LG Aurich Rpfleger 98, 165; LG Berlin Rpfleger 97, 267; LG Koblenz JurBüro 98, 161; LG Oldenburg JurBüro 95, 548; aA AG Münster JurBüro 99, 105). Nicht für zulässig erachtet werden kann, weil die ges Anspruchsvoraussetzungen durch ein künftiges ungewisses Ereignis bedingt sind (somit als reine „Erwartung"), zB Pfändung einer Verletztenrente oder einer Rente an Hinterbliebene aus der Unfallversicherung vor Eintritt des Arbeitsunfalls (St/Rellermeyer D.85) oder einer Rente wegen Todes (Witwen- oder Witwerrente) in der ges Rentenversicherung (§ 46 SGB VI) vor dem Tod des versicherten Ehegatten (LG Berlin Rpfleger 97, 267). Gleiches muss für den Anspruch auf Krankengeld (§ 44 SGB V) vor arbeitsunfähiger Erkrankung oder anstehender Krankenhausbehandlung gelten. Nicht pfändbar sind die nicht übertragbare Renten**anwartschaft** als Stammrecht (BGH NJW 2003, 1457 Tz 5) und das Recht, eine Rente (LG Wiesbaden NJW-RR 96, 59; MskV/Flockenhaus Rn 24; Antragsrecht schon mit Pfändung des Hauptrechts: vgl BGH 20.2.2003 – IX ZR 102/02, juris Tz 17 = NJW 2003, 1858) oder Krankengeld (aA LG Stendal JurBüro 2011, 323) zu beantragen, desgl nicht (wie bei priv Lebensversicherung) ein Anspruch auf eine Prämienreserve und Gestaltungsrechte (BGH NJW 2003, 1457 Tz 5).

27a **d)** Auf **Rentenauskunft** (§ 109 SGB VI) erstreckt sich die Pfändung des zukünftigen Rentenanspruchs nicht. Der Anspruch auf Rentenauskunft kann weder mit- noch selbständig gepfändet werden (BGH MDR 2012, 605 mwN).

28 **8) Pfändungsverfahren. a)** *Ein Pfändungsverf* regelt das SGB nicht. Als Geldforderungen werden Sozialleistungen nach §§ 828 ff gepfändet; es gelten somit die ZPO-Vorschriften für ZwV in Geldforderungen. Keine Anhörung des Sch (§ 834); Ausnahme die Pfändung nach § 54 II SGB I. Bewirkt ist die Pfändung mit Zustellung des

Beschlusses an den Drittsch (§ 829 III), das ist der jew Leistungsträger. – Beim **P-Konto** sind eingehende Geldleistungen nach SGB I (§ 54 II, III Nr 3 SGB I), II und XII mögliche (Nachweispflicht: § 903) Erhöhungsbeträge (§ 902 S 1 Nrn 2, 4) und für die Nachzahlung von SGB-Geldleistungen gilt § 904 I sowie für die dort nicht genannten Leistungen § 904 II, III mit der 500 Euro-Schranke. Das Pfändungsverf regelt § 905.

b) Das VollstrGericht **prüft** (dazu: § 829 Rn 4) die Voraussetzungen der ZwV und den Antrag des Gl, nicht jedoch dessen Tatsachenvortrag auf seine Richtigkeit hin. Der Gl muss daher nicht belegen (beweisen oder glaubhaft machen), dass die zu pfändende Forderung besteht; gepfändet wird die „angebliche" Forderung, die der Sch gg den Drittsch haben soll. 29

c) Für Pfändung einer **einmaligen** Geldleistung hat der Gl in seinem Antrag die Tatsachen darzustellen, die Bestehen der Sch-Forderung und deren Pfändbarkeit schlüssig ergeben (sa § 829 Rn 4). Aus dem Gl-Vorbringen muss damit auch substantiiert folgen, dass die Pfändung nach § 54 II SGB I der Billigkeit entspricht. Anhörung des Sch ist ausgeschlossen (§ 834). Im Pfändungsbeschluss ist der Anspruch auf einmalige Geldleistung nach allg Grundsätzen (§ 829 Rn 8) bestimmt zu bezeichnen; allg gehaltene Angabe ist unzureichend (zB BSG BB 86, 2132 [„Zahlung der gesamten Rentenbezüge" erfasst nicht Anspruch auf Witwenrentenabfindung]). Zu begründen ist der Pfändungsbeschluss mit Darstellung der Erwägungen, die ergeben, dass die Pfändung der Billigkeit entspricht. Die Begründung kann kurz, in einfachen, zweifelsfreien Fällen auch stichwortartig abgefasst werden. Die formularmäßige Aussage, die Pfändung erfolge gem § 54 SGB I und entspreche der Billigkeit, lässt ein Abwägen der Interessen vermissen und gibt keine ausreichende Begründung für die Prüfung der Billigkeit (OLG Frankfurt JurBüro 92, 59). 30

d) Für die Pfändung einer **laufenden** Geldleistung (Rn 25) wegen einer gewöhnl VollstrForderung nach Maßgabe von **§ 850c** hat der Antrag des Gl (wie bei der Pfändung von Arbeitseinkommen) deutlich zu bezeichnen: Gl, Sch und die verlangte ZwV-Handlung, auch die beizutreibende VollstrForderung des Gl und die zu pfändende Forderung des Sch gg seinen zu benennenden Drittsch (wie § 829 Rn 3). Anhörung des Sch zu dem Antrag erfolgt nicht (§ 834). 31

e) Für Pfändung einer **laufenden** Geldleistung wegen eines ges **Unterhaltsanspruchs** hat der Antrag des Gl die Angaben zu enthalten, die für die Feststellung des nach dem Unterhaltsbedarf des Sch zu bestimmenden Freibetrags erforderl sind (sa § 850d Rn 12). Anhörung des Sch erfolgt nicht (§ 834). Dass sich die Pfändung im Umfang von § 850d nicht auf Geldleistungen für Kinder erstreckt, ist im Pfändungsbeschluss zu bestimmen (Rn 34). 32

f) Zum **Inhalt des Pfändungsbeschlusses:** § 829 Rn 6, 7 ff. Die zu pfändende Geldleistung des Sch an den Drittsch ist im Pfändungsbeschluss nach allg Grundsätzen (§ 829 Rn 8, 9) bestimmt zu bezeichnen. Dem entsprechen Angabe des **Sozialleistungsbereichs** (folgt durchweg schon aus der Drittsch-Bezeichnung) und der **Leistungsart** (zB Krankengeld, Hinterbliebenenrente, Erwerbsminderungsrente). Angabe des Geschäftszeichens des Leistungsträgers kann nicht gefordert werden (LG Heilbronn JurBüro 2001, 268). **Unzureichend** sind Formulierungen wie zB: alle Ansprüche auf Sozialleistung nach dem SGB; fortlaufende Geldleistungen nach dem SGB (St/Rellermeyer D.94); derzeitige und künftige Forderungen aller Leistungsansprüche aus Sozialversicherung (OLG Köln JurBüro 79, 1570); angebl Ansprüche auf Geldleistungen gem § 19 und § 25 SGB I, soweit sie gem § 54 SGB I pfändbar sind (KG MDR 82, 417; OLG Zweibrücken JurBüro 80, 1901); Zuschüsse und Darlehen nach (früherem) §§ 33-55 AFG (LG Berlin Rpfleger 84, 426); alle Bezüge an Arbeitseinkommen bzw Leistungen des Arbeitsamts (LG Krefeld DAVorm 77, 610); Zahlung aller Leistungen des Arbeitsamts ohne Rücksicht auf ihre Benennung oder Berechnungsart mit Angabe der Stammnummer (OLG Düsseldorf Rpfleger 78, 265 – das ist aber bedenkl, weil die Stammnummer konkretisiert); oder nur „Arbeitseinkommen" (keine Umdeutung in Pfändung von Arbeitslosengeld: LG Berlin Rpfleger 77, 223). Eine gesonderte Begründung des Pfändungsbeschlusses ist idR nicht erforderl (§ 829 Rn 6). 33

g) Die **unpfändbaren Teile** laufender Geldleistungen sind bei Vollstr eines ges Unterhaltsanspruchs nach § 850d I (§ 850d Rn 13) im Pfändungsbeschluss zu bezeichnen. Wenn wegen anderer Ansprüche gepfändet wird, kann der Pfändungsbeschluss als Blankettbeschluss (§ 850c Rn 9) erlassen werden (St/Rellermeyer D.99). Den nach der Pfändungsfreigrenzenbekanntmachung (§ 850c IV) unpfändbaren Betrag hat der Drittsch festzustellen. Er hat hierfür auch die zu berücksichtigenden unterhaltsberechtigten Angehörigen des Sch festzustellen (St/Rellermeyer D.99 mwN). Klarstellende Entscheidung des VollstrGerichts kann jedoch im Einzelfall verlangt werden (§ 850 Rn 17). Unterhaltsberechtigte Angehörige mit eigenem Einkommen bleiben nach Bestimmung des VollstrGerichts (§ 850c VI) unberücksichtigt. Bei Pfändung einer Rente aus der sozialen Entschädigung, Renten- oder Unfallversicherung hat der Pfändungsbeschluss zum Ausdruck zu bringen, dass sie sich nicht auf Geldleistungen für Kinder (Rn 37) erstreckt. Der Drittsch hat die Unpfändbarkeit dieser Rentenbestandteile aber auch ohne ausdrückl Anordnung im Pfändungsbeschluss zu berücksichtigen (entspr § 850e Nr 1; St/Rellermeyer D.99). Die Pfändung des Mutterschaftsgeldes ist auf die nach § 54 III Nr 2 SGB I pfändbaren Leistungsarten und die nach § 54 IV SGB I pfändbaren Beträge zu beschränken. Die demnach pfändbaren Leistungen können allg bezeichnet werden; Einzelfallbestimmung hat dann der Drittsch zu treffen. 34

h) Pfändung **„wie Arbeitseinkommen"** ermöglicht und gebietet auch **aa)** Bestimmung nach § 850c VI, dass ein ges Unterhaltsberechtigter mit eigenen Einkünften bei der Berechnung des unpfändbaren Teils der laufenden 35

Leistungen ganz oder teilw unberücksichtigt bleibt; **bb)** Wahrung des individuellen Sozialhilfebedarfs nach § 850f I Nr 1 (BGH JurBüro 2009, 439); **cc)** individuelle Anpassung des unpfändbaren Teils der Bezüge nach § 850f I Nr 2, Nr 3; **dd)** bevorzugte Pfändung für einen Anspruch aus vorsätzl unerlaubter Handlung nach § 850f II; **ee)** Änderung des Pfändungsbeschlusses bei Änderung der Unpfändbarkeitsvoraussetzungen nach § 850g. Zusammenrechnung: § 850e Nr 2a. Unpfändbare Einzelbezüge können sich nach Maßgabe von § 850a ergeben.

36 **i)** Der **Rang** mehrerer Pfändungen bestimmt sich nach § 804 III. IE: Erläuterungen zum Rang bei Pfändung von Arbeitseinkommen.

37 **9) Geldleistungen für Kinder. a)** Ein Anspruch auf **Kindergeld** nach dem EStG/BKGG (Rn 12 u § 829 Rn 34-42) und andere Geldleistungen für Kinder können nur wegen des ges Unterhaltsanspruchs (auch wegen eines länger als ein Jahr fälligen: St/Rellermeyer A.224) eines bei der Festsetzung berücksichtigten Kindes und nur in begrenztem Umfang gepfändet werden (§ 54 V SGB I). Grund: Zweckbindung. Geldleistungen für Kinder sind außer Kindergeld: der Kinder**zuschlag** nach § 6a BKGG (unterhaltsrechtl Einkommen des Kindes: BGH NJW 2021, 472 Tz 27); der Kinderzuschlag des Schwerbeschädigten nach dem Recht der sozialen Entschädigung (§ 5 SGB I); früher der Kinder**zuschuss** in der Rentenversicherung (§ 270 SGB VI aF; aufgehoben wegen Bedeutungslosigkeit: BGBl I 2016, 2500); die Kinder**zulage** des Schwerverletzten in der Unfallversicherung (§ 583 RVO aF; zur Anwendung infolge Bestandsschutzes: § 217 III SGB VII aF [aufgehoben]). – Zur Zusammenrechnung mit Arbeitseinkommen: § 850e Nr 2a S 3). – Beim P-Konto sind darauf eingezahltes Kindergeld und andere gesetzl Geldleistungen für Kinder, die dort eingehen, mögliche Erhöhungsbeträge (§ 902 S 1 Nr 5); für Nachzahlungen gilt § 904 I.

38 **b)** § 54 V SGB I regelt die Pfändung von Kindergeld und anderer Geldleistungen für Kinder übereinstimmend mit § 76 EStG; hierzu: § 829 Rn 34-42.

39 **c) Eigenkindergeld**, das der Leistungsberechtigte für sich selbst erhält (Vollwaise oder ein Kind, das den Aufenthalt seiner Eltern nicht kennt; iE § 1 II BKGG), ist nicht pfändbar (folgt aus § 54 V SGB I).

40 **d)** Der **Kinderzuschlag** nach dem Recht der sozialen Entschädigung wird in Höhe des ges Kindergeldes gewährt; pfändbarer Betrag daher wie bei Kindergeld.

41 **e) Pfändungsbeschluss:** wie § 829 Rn 40 (jedoch unpfändbare Beträge nach § 54 V 2 Nrn 1, 2 SGB I).

42 **f) Drittschuldner** ist die örtl zuständige Familienkasse, die über den Kindergeldanspruch entschieden hat/zu entscheiden hat (§ 46 VII AO; sa § 829 Rn 39).

43 **10) Vorpfändung. a)** Ansprüche auf **einmalige Geldleistungen** sind grds pfändbar (s § 850i Rn 20). Das ermöglicht auch Vorpfändung, die voraussetzt, dass die Pfändbarkeit bei Abwägung der Gl- und Sch-Interessen nach Maßgabe von § 54 II SGB I besteht, also der Billigkeit entspricht (StJ/Würdinger Rn 85).

44 **b)** Vorpfändung **„anderer"** Ansprüche auf laufende Geldleistungen (§ 54 IV SGB I) ist wie die Vorpfändung von Arbeitseinkommen (§ 850 Rn 22) möglich (St/Rellermeyer D.127).

45 **11) Rechtsbehelfe.** Wie § 829 Rn 28-32.

46 **12) Kurzarbeitergeld.** Es ist, auch in Form von Saison-Kurzarbeitergeld (§§ 95, 101 SGB III), nach Maßgabe von § 54 IV SGB I pfändbare Sozialleistung. Für die ZwV gilt jedoch der **Arbeitgeber** als Drittsch (§ 108 II 1 SGB III). Ein Lohnpfändungsbeschluss erfasst Kurzarbeitergeld jedoch nicht. Als Sozialleistung muss der Leistungsanspruch vielmehr selbständig ausdrückl gepfändet werden. Bedeutung kann die Pfändung aber idR nur bei Zusammenrechnung mit vermindertem Arbeitsentgelt erhalten (§ 850e Nr 2a; St/Rellermeyer D.144; Ahrens NJW-Spezial 2020, 341). Zur Pfändung des Kurzarbeitergeldes wegen Unterhaltsansprüchen: Benner NZFam 2020, 385.

47 **V) Gebühren. 1) Gericht:** keine für Verf der Änderung des Pfändungsbeschl. – **2) RA:** Die Abänderungsanträge, auch soweit sie sich auf den Pfändungsschutz beziehen, gehören zu ders Angelegenheit der ZwV (§ 18 I Nr 1 RVG). Die Vollstreckungsgeb 3309 RVG-VV entsteht daher dem RA nur, wenn er bis dahin mit der Vollstreckungsmaßnahme noch nicht befasst war.

§ 850k Einrichtung und Beendigung des Pfändungsschutzkontos

(1) [1]Eine natürliche Person kann jederzeit von dem Kreditinstitut verlangen, dass ein von ihr dort geführtes Zahlungskonto als Pfändungsschutzkonto geführt wird. Satz 1 gilt auch, wenn das Zahlungskonto zum Zeitpunkt des Verlangens einen negativen Saldo aufweist. [2]Ein Pfändungsschutzkonto darf jedoch ausschließlich auf Guthabenbasis geführt werden.

(2) [1]Ist Guthaben auf dem Zahlungskonto bereits gepfändet worden, kann der Schuldner die Führung dieses Kontos als Pfändungsschutzkonto zum Beginn des vierten auf sein Verlangen folgenden Geschäftstages fordern. [2]Das Vertragsverhältnis zwischen dem Kontoinhaber und dem Kreditinstitut bleibt im Übrigen unberührt.

(3) [1]Jede Person darf nur ein Pfändungsschutzkonto unterhalten. [2]Bei dem Verlangen nach Absatz 1 hat der Kunde gegenüber dem Kreditinstitut zu versichern, dass er kein weiteres Pfändungsschutzkonto unterhält.

(4) [1]Unterhält ein Schuldner entgegen Absatz 3 Satz 1 mehrere Zahlungskonten als Pfändungsschutzkonten, ordnet das Vollstreckungsgericht auf Antrag des Gläubigers an, dass nur das von dem Gläubiger in seinem Antrag bezeichnete Zahlungskonto dem Schuldner als Pfändungsschutzkonto verbleibt. [2]Der Gläubiger hat den Umstand, dass ein Schuldner entgegen Satz 1 mehrere Zahlungskonten als Pfändungsschutzkonten unterhält, durch Vorlage entsprechender Erklärungen der Drittschuldner glaubhaft zu machen. [3]Eine Anhörung des Schuldners durch das Vollstreckungsgericht unterbleibt. [4]Die Anordnung nach Satz 1 ist allen Drittschuldnern zuzustellen. [5]Mit der Zustellung der Anordnung an diejenigen Kreditinstitute, deren Zahlungskonten nicht zum Pfändungsschutzkonto bestimmt sind, entfallen die Wirkungen dieser Pfändungsschutzkonten.

(5) [1]Der Kontoinhaber kann mit einer Frist von mindestens vier Geschäftstagen zum Monatsende von dem Kreditinstitut verlangen, dass das dort geführte Pfändungsschutzkonto als Zahlungskonto ohne Pfändungsschutz geführt wird. [2]Absatz 2 Satz 2 gilt entsprechend.

I) Funktion. § 850k ist nur noch die „Klammer", die Start (Einrichtung) und Beendigung des P-Kontos regelt (Salten MDR 2021, 11). IÜ gelten §§ 899 ff. 1

II) Einrichtung. 1) Verfahren. I 1 regelt, wer (natürl Personen) wann (jederzeit) verlangen kann, dass ein Zahlungskonto (terminus bisher: Girokonto) als P-Konto geführt wird. Im Unterschied zu § 850k VII 1 aF stellt I 1 nicht mehr auf die Vertretung nur durch einen gesetzl Vertreter ab; jeder wirksam Bevollmächtigte kann die Erklärung für den Kontoinhaber abgeben. Während § 850k VII aF die vertragl Grundlage des P-Kontos bestimmte, weist II 2 nur noch deklaratorisch darauf hin, dass das Vertragsverhältnis der Parteien iÜ unberührt bleibt. Zu unwirksamen Klauseln im Rahmen der Umwandlung: BGH MDR 2013, 1246. – Das Umwandlungsverlangen begründet für das Kreditinstitut kein **Kündigungsrecht** (offen gelassen: BGH NJW 2013, 3163). Das Recht zur ordentl Kündigung bleibt hingegen unberührt (OLG Dresden ZIP 2018, 1919 Tz 38). – Beim **Basiskonto** gilt § 33 ZKG. 2

2) Debitorisches Konto. I 2 regelt, dass auch ein debitorisches Konto als P-Konto geführt werden kann. Ein P-Konto muss aber als Guthabenkonto geführt werden (I 3). Wird ein Zahlungskonto als P-Konto geführt, darf der negative Saldo des Zahlungskontos nicht dorthin übertragen werden (BTDrs 19/19850, 30). Lösung wohl über das „Zwei-Konten-Modell" (hierzu: Ellenberger/Bunte/Menges Bd I § 24 Rn 12). – Aufrechnungs- und Verrechnungsschutz ab dem Umwandlungsverlangen: § 901 (s dort). 3

3) Gepfändetes Konto. Ist Guthaben auf dem Zahlungskonto bereits gepfändet worden, kann der Sch die Führung dieses Kontos als P-Konto zum Beginn des vierten auf sein Verlangen folgenden Geschäftstages fordern (II 1). Die Bearbeitungsfrist (Tag des Verlangens nicht mitgerechnet) beträgt damit drei Geschäftstage. Die Rechtsfolgen beschränken sich auf die Umwandlung (II 2). Zum Pfändungsschutz bei Pfändung vor Umwandlung in ein P-Konto: § 899 I 2 (§ 899 Rn 3). 4

III) P-Konto. 1) Beschränkung auf ein P-Konto. Jede Person darf nur ein P-Konto unterhalten (III 1). Lebenspartner und Eheleute können kein gemeinsames P-Konto einrichten; Verfügungsbefugnis kann aber einer anderen Person eingeräumt werden. Besteht ein Gemeinschaftskonto, kann jeder Inhaber verlangen, dass für ihn ein P-Konto eingerichtet wird (zur Pfändung beim Gemeinschaftskonto: § 850l). – Die notw Versicherung (III 2) hat Warnfunktion. Es soll deutlich werden, dass eine falsche Versicherung regelmäßig zivilrechtl oder sogar strafrechtl Folgen (hierzu: Hk-ZV/Meller-Hannich Rn 62) haben kann. Das Kreditinstitut ist im eigenen Interesse gehalten, im Zusammenhang mit dem Verlangen nach I 1 darauf deutlich hinzuweisen. Zur Datenweitergabe und Löschungspflicht: § 909 I, II. 5

2) Mehrere P-Konten. a) Bestimmungsrecht. Der Gl hat ein ggü dem VollstrGericht auszuübendes Bestimmungsrecht (IV 1), mit dem er den Kontenmissbrauch durch den Sch (entgegen III 1 unterhält dieser mehrere Zahlungskonten als P-Konten) beseitigen kann. Rechtsschutzinteresse dafür besteht nur, wenn der Gl auch das Konto gepfändet hat, für das die Wirkungen eines P-Kontos entfallen sollen. **Glaubhaftmachung** (IV 2) erfolgt durch Auskunft des Drittsch (§ 840 I Nr 5); aber keine Beschränkung auf diesen Weg der Glaubhaftmachung, wenn auch andere, gleichermaßen geeignete, Erklärungen des Drittsch möglich sind. – Keine Anhörung des Sch (IV 3). – Zustellung an (alle) Drittsch (IV 4). – Wirkung (IV 5): Bei den nicht zum P-Konto bestimmten Konten entfallen die (Schutz-)Wirkungen dieser bish P-Konten. 6

b) Mehrere Gläubiger. Wenn mehrere Gl eines der mehreren P-Konten oder wenn sie versch P-Konten gepfändet haben und die Bestimmung auf Antrag des später pfändenden Gl bereits getroffen ist, führt der Sch nur noch dieses eine P-Konto. Bestimmung eines anderen Kontos als P-Konto kann auf späteren Antrag eines Gl, der früher gepfändet hat, dann nicht mehr erfolgen. – Wenn die mehreren Gl den Antrag (gleich in welcher zeitl Reihenfolge) gestellt haben und diese zur gleichzeitigen Entscheidung zusammenzufassen sind, muss das von dem erstvollstr Gl (Rangprinzip: StJ/Würdinger Rn 42; St/Rellermeyer C.607), nicht das von dem zeitl ers- 7 ten Antragsteller (Prioritätsprinzip: Hk-ZV/Meller-Hannich Rn 66; Bitter ZIP 2011, 149, 157), bezeichnete Konto Grundlage für die Bestimmung des verbleibenden P-Kontos sein. Für die Wahl gerade des Kontos, das der Gl selbst gepfändet hat, wird idR kein Rechtsschutzinteresse bestehen. – Der Sch kann die Bestimmung mit Erinnerung (§ 766) angreifen.

8 **IV) Pfändungsschutz.** Auf dem P-Konto sind Guthabenbeträge unabhängig von ihrer Rechtsnatur, Regelmäßigkeit und Herkunft (pfändbare/unpfändbare Ansprüche) geschützt (BGH DGVZ 2020, 54 Tz 18); und zwar nach §§ 899 ff. Einen vorher bestehenden originären Quellenschutz verliert der Anspruch mit Einzahlung auf das P-Konto; dem kann dort durch die Festsetzung (§ 905) von Erhöhungsbeträgen (§ 902) begegnet werden, wenn der dafür notw Nachweis (§ 903) geführt wird. – Ohne P-Konto kann in bes Fällen Schutz noch über § 765a erfolgen (LG Berlin DGVZ 2020, 34 Tz 8 [Fall einer Kontoleihe]).

9 **V) Rückumwandlung.** Früher war sie nicht ges geregelt, aber möglich (BGH NJW-RR 2015, 885). V 1 enthält die Möglichkeit der Rückumwandlung nun ausdrückl. Der Zeitpunkt (Monatsende) soll den Kreditinstituten die Arbeit bei der Umstellung erleichtern; sie selbst sind nicht antragsberechtigt. V 2 wiederholt für die Rückabwicklung die Aussage in II 2 mit der Folge, dass sich das Vertragsverhältnis wieder in dem Rechtszustand befindet wie vor der Umwandlung in ein P-Konto.

§ 850l Pfändung des Gemeinschaftskontos

(1) [1]Unterhält der Schuldner, der eine natürliche Person ist, mit einer anderen natürlichen oder mit einer juristischen Person oder mit einer Mehrheit von Personen ein Gemeinschaftskonto und wird Guthaben auf diesem Konto gepfändet, so darf das Kreditinstitut erst nach Ablauf von einem Monat nach Zustellung des Überweisungsbeschlusses aus dem Guthaben an den Gläubiger leisten oder den Betrag hinterlegen. [2]Satz 1 gilt auch für künftiges Guthaben.

(2) [1]Ist der Schuldner eine natürliche Person, kann er innerhalb des Zeitraums nach Absatz 1 Satz 1 von dem Kreditinstitut verlangen, bestehendes oder künftiges Guthaben von dem Gemeinschaftskonto auf ein bei dem Kreditinstitut allein auf seinen Namen lautendes Zahlungskonto zu übertragen. [2]Wird Guthaben nach Satz 1 übertragen und verlangt der Schuldner innerhalb des Zeitraums nach Absatz 1 Satz 1, dass das Zahlungskonto als Pfändungsschutzkonto geführt wird, so gelten für die Einrichtung des Pfändungsschutzkontos § 850k und für das übertragene Guthaben die Regelungen des Buches 8 Abschnitt 4. [3]Für die Übertragung nach Satz 1 ist eine Mitwirkung anderer Kontoinhaber oder des Gläubigers nicht erforderlich. [4]Der Übertragungsbetrag beläuft sich auf den Kopfteil des Schuldners an dem Guthaben. [5]Sämtliche Kontoinhaber und der Gläubiger können sich auf eine von Satz 4 abweichende Aufteilung des Übertragungsbetrages einigen; die Vereinbarung ist dem Kreditinstitut in Textform mitzuteilen.

(3) Absatz 2 Satz 1 und 3 bis 5 ist auf natürliche Personen, mit denen der Schuldner das Gemeinschaftskonto unterhält, entsprechend anzuwenden.

(4) Die Wirkungen von Pfändung und Überweisung von Guthaben auf dem Gemeinschaftskonto setzen sich an dem nach Absatz 2 Satz 1 auf ein Einzelkonto des Schuldners übertragenen Guthaben fort; sie setzen sich nicht an dem Guthaben fort, das nach Absatz 3 übertragen wird.

1 **I) Funktion.** § 802l erfasst mit dem Begriff „Gemeinschaftskonto" nur Zahlungskonten, also zB nicht ein Festgeldkonto (Knees WM 2021, 664, 668). Da beim P-Konto gilt: nur ein Konto und nur für eine (natürl) Person, kann solch ein Gemeinschaftskonto nicht als P-Konto geführt werden. § 850l regelt deshalb, wie durch Splitting der Pfändungsschutz des P-Kontos herbeigeführt werden kann. Ist eine jur Person (Mit-)Kontoinhaberin und Pfändungssch, findet § 802l keine Anwendung, auch nicht für die natürl Personen, die (Mit-)Kontoinhaber sind (Knees WM 2021, 664, 668).

2 **II) Moratorium. 1) Monatsfrist.** I 1 regelt die Frist für den Beginn der zulässigen Auszahlungen an vollstr Gl. Fristbeginn mit Zustellung des PfÜB bzw, wenn die Überweisung erst nachfolgt, mit Zustellung des Überweisungsbeschlusses. Eine wirksame Pfändung des Gemeinschaftskontos ist Voraussetzung. Daher muss die Pfändung bei „Und"-Konten alle Kontoinhaber erfassen. Bei der Frist besteht ein Gleichlauf mit § 835 III 2; I 1 verdrängt in seinem Bereich aber § 835 III 2 (Knees WM 2021, 664, 668). Innerhalb der Frist ist dem Sch die Möglichkeit eröffnet, nach II 1, 2 vorzugehen (Salten MDR 2021, 11, 12).

3 **2) Künftiges Guthaben.** I 2 stellt klar, dass Guthaben, das im Monat nach der Zustellung des Überweisungsbeschlusses (Rn 2) eingeht, ebenfalls dem Moratorium unterliegt (wie beim P-Konto: § 900 I 1).

4 **III) Übertragungsverlangen. 1) Kontowechsel. a) Schuldner.** Er (beschränkt auf natürl Personen wie in § 850k I) kann in der Monatsfrist des I 1 von dem Kreditinstitut die Übertragung von Guthaben auf ein Zahlungskonto verlangen, das allein auf seinen Namen lautet (II 1). Hierin liegt eine bewusste (BTDrs 19/19850, 32) Abweichung von allg anerkannten Pfändungswirkungen (§ 829 I 2; sa § 829 Rn 18; Kraft/Tkotsch DGVZ

2020, 109, 111). § 829 I 2 und § 850l II 1 sind insoweit nicht kompatibel, da bei § 829 nicht deutl gemacht wurde, dass das dortige Postulat eines Verfügungsverbots nicht uneingeschränkt gilt. Zudem ist § 850l systemwidrig (vgl Busch ZVI 2019, 127, 129 III), da es beim Pfändungsantrag an der hinreichenden Bestimmtheit des Pfandgegenstandes fehlt. – Nach Ablauf des Moratoriums werden Zahlungseingänge auf dem Gemeinschaftskonto nicht mehr durch Übertragung auf ein Einzelkonto geschützt (BTDrs 19/19850, 32) – Jur Personen, die am Gemeinschaftskonto beteiligt sind, gibt § 850l keine Übertragungsrechte. – **b) Drittschuldner.** Das Übertragungsverlangen darf nicht zu einem Drittsch-Wechsel führen (BTDrs 19/19850, 32; sa Salten MDR 2021, 11, 12).

2) P-Konto. Innerhalb derselben Frist (I 1) kann zusätzl die Umwandlung dieses Zahlungskontos (Rn 3) in ein P-Konto verlangt werden. Folge: Pfändungsschutz nach II 2. Voraussetzung ist aber, dass der Sch zu diesem Zeitpunkt nicht bereits, zB bei einem anderen Kreditinstitut, ein P-Konto unterhält. Die im PKoFoG vorgesehene Beschränkung auf die Anwendung von (nur) § 899 war zu eng (so schon: Knees WM 2021, 670). Mit II 2 idF des G v 7.5.2021 (BGBl 2021, 850) ist klargestellt, dass beim entstehenden Einzel-/Zahlungskonto (II 1), das in ein P-Konto umgewandelt wird, für die Errichtung § 850k gilt und dieses Konto damit den vollen Kontoschutz nach §§ 899 ff genießt, also auch den Schutz für Erhöhungsbeträge (Ahrens NZI 2021, 531). 5

3) Mitwirkung. Der Gl und (Ausnahme beim „Und"-Konto: BTDrs 19/19850, 32) andere Kontoinhaber müssen nicht mitwirken (II 3). Faktisch wirken sie mit im Fall von II 5, aber auch hier besteht keine Pflicht, an einer Einigung mitzuwirken. 6

4) Regel-Ausnahme-Prinzip. Ohne Abrede der Beteiligten wird der Kopfteil des Sch am Guthaben übertragen (II 4). Die Parteiherrschaft erlaubt aber abw Abreden (II 5). Das gilt nach dem eindeutigen Wortlaut auch, wenn der Sch weniger als seinen Kopfteil verlangt. Während des Moratoriums kann auf die Kreditinstitute je nach Abrede der Beteiligten ein erhebl Prüfungsaufwand zukommen, wenn in dieser Zeit weitere Gelder auf dem Gemeinschaftskonto eingehen (Knees WM 2021, 664, 669 m Bsp). – Da an der Abrede nur der pfändende Gl beteiligt ist, sind Manipulationen zu Lasten anderer Gl nicht ausgeschlossen. – Die vorgeschriebene Textformmitteilung (II 5 Hs 2) dient der Rechtssicherheit des Drittsch und hat Beweisfunktion. 7

IV) Nicht-Schuldner. Auch sie können, sofern es sich um natürl Personen handelt, nach II 1, 3-5 vorgehen (III). Insoweit keine Besonderheiten ggü einem Verlangen des Sch. Die Umwandlung in ein P-Konto ist im Rahmen von § 802l für sie aber ausgeschlossen (kein Verweis auf II 2), daneben aber, wie allg, immer möglich (§ 850k I 1). 8

V) Wirkungen. IV bestimmt die Fortdauer der Wirkungen der Pfändung (sa § 829 Rn 16 ff) und der Überweisung (sa § 835 Rn 7 ff) derart, dass sie nach dem Splitting nur noch das Guthaben erfassen, das auf das Konto des Sch übertragen wurde (BTDrs 19/23171, 31). Falls es „nur" ein Zahlungskonto ist (II 1), gilt I; falls es ein P-Konto wurde (II 2), besteht Pfändungsschutz nach § 899 I 1, 3. Der Nichtsch bleibt so von den Pfändungswirkungen frei. 9

VI) Verfahren. Das VollstrGericht ist an der Übertragung (Rn 6) nicht beteiligt (BTDrs 19/19850, 32, 33; sa Salten MDR 2021, 11, 12; krit Kraft/Tkotsch DGVZ 2020, 109, 111 f). Streit hierüber muss daher vor dem Prozessgericht ausgetragen werden. 10

§ 851 Nicht übertragbare Forderungen

(1) Eine Forderung ist in Ermangelung besonderer Vorschriften der Pfändung nur insoweit unterworfen, als sie übertragbar ist.

(2) Eine nach § 399 des Bürgerlichen Gesetzbuchs nicht übertragbare Forderung kann insoweit gepfändet und zur Einziehung überwiesen werden, als der geschuldete Gegenstand der Pfändung unterworfen ist.

I) Funktion. Ausschluss der Pfändbarkeit für ges nicht übertragbare Forderungen (Ansprüche). Pfändung stellt wie Verpfändung eine Abspaltung (Teil„abtretung") von Gl-Befugnissen, nämlich der Verwertungsrechte, dar. Sie muss daher für ges nicht übertragbare Forderungen und ebenso für ein unveräußerl Recht ausgeschlossen bleiben (§§ 851, 857 III). 1

II) Pfändungseinschränkungen. 1) Übertragungsverbote (§ 851 I). Forderungen sind grds abtretbar und damit pfändbar. **Ausnahmen** von diesem Grds der Übertragbarkeit sehen Bestimmungen des BGB und andere Vorschriften vor (sa die ABC-Reihe: § 829 Rn 33 ff), zB die Arbeitnehmer-Sparzulage (§ 13 III 2 VermBG); § 17 VVG; Art 41 EMRK (BGH NJW 2011, 2296 [auch zur Pfändbarkeit des KE]); § 38 BGB (BGH MDR 2018, 1448 Tz 22); §§ 473, 1098 BGB (BGHZ 154, 64, 68); § 613 S 2 BGB; § 664 II BGB. – Ansprüche nach § 13 II StrEG (sa § 829 Rn 33.53) und § 198 V 3 GVG (BGH MDR 2020, 96 Tz 39) sind nicht übertragbar und damit nicht pfändbar, aber nur, solange hierüber nicht rechtskräftig entschieden ist. – Ges Abtretungsausschluss hat Unpfändbarkeit zur Folge (gleiche Schutzbedürftigkeit); Besonderheiten können jedoch ausdrückl bestimmt 2 sein (I). Verbot der Abtretung lediglich für bestimmte Personen oder Gestattung der Abtretung nur unter bestimmten Voraussetzungen bewirkt nicht schon ohne weiteres Unpfändbarkeit (erfordert Auslegung des beschränkenden Gesetzes: BGH NJW 99, 1544, 1547). Eine der Pfändung nicht unterworfene Forderung (insb Arbeitseinkommen: §§ 850 ff) ist nach § 400 BGB von der Übertragbarkeit ausgeschlossen. Landesrecht (Art 55-152 EGBGB) kann im Bereich der Gesetzgebungskompetenz der Länder (Art 70 ff GG) Unübertragbarkeit und Unpfändbarkeit regeln oder nur eine dieser Regelungen treffen (Folge: I oder § 400 BGB, soweit nichts anderes bestimmt ist). Die Unpfändbarkeit landesgesetzl nicht übertragbarer Forderungen muss jedoch mit dem verfassungsrechtl geschützten Befriedigungsrecht des Gl vereinbar sein (BGH MDR 2005, 236); hiernach sind Ansprüche gg das Versorgungswerk für Rechtsanwälte (wenn das landesrechtl RA-VersorgungsG keine Bestimmung trifft) trotz Unabtretbarkeit in den Grenzen von § 850c (damit auch d und f II) pfändbar (BGH MDR 2005, 236). In gleicher Weise wie Arbeitseinkommen pfändbar sind (trotz ihrer Unabtretbarkeit [§ 32 SchfHwG]: BGBl I 2012, 2467) Ansprüche gg die Versorgungsanstalt der deutschen Bezirksschornsteinfegermeister (BGH MDR 2007, 907) sowie Ansprüche gg das Versorgungswerk der Architektenkammer BW (BGH MDR 2023, 1069 Tz 20). Als Stammrecht nicht pfändbar ist jedoch die ges Pflichtversicherung des Sch in einem berufsständischen Versorgungswerk, damit das Recht, die Mitgliedschaft zu beenden und die Erstattung gezahlter Beiträge zu verlangen (BGH MDR 2008, 469 [RA-Versorgungswerk]).

3 **2) Verwendungszweck.** Unübertragbar ist eine Forderung, wenn Gl-Wechsel den **Inhalt der Leistung ändern** würde (§ 399 **Alt 1** BGB). Dazu gehört auch eine mit Rücksicht auf ihren Entstehungsgrund **höchstpersönl Forderung** (zB § 1649 II BGB) und eine **zweckgebundene Forderung** (allg zur Inhaltsänderung: BGH NJW 86, 713). Der Verwendungszweck einer Forderung gehört zum Inhalt der zu erbringenden Leistung. Zweckwidrige Verwendung würde demzufolge eine Veränderung des Leistungsinhalts iSd § 399 Alt 1 BGB darstellen. Daher ist Abtretung außerhalb der Zweckbestimmung ausgeschlossen. Daraus folgt Unpfändbarkeit nach I (BGH MDR 2018, 553 Tz 13, 14). II betrifft diesen Fall nicht, denn er ist dem Wortlaut nach zu weit geraten, betrifft nur § 399 **Alt 2** BGB, also den vereinbarten Abtretungsausschluss (BGH NJW 2016, 1451 Tz 32; hierzu: Rn 5). Der Verwendungszweck einer Forderung kann ges bestimmt oder bei Anspruchsbegründung der Leistung als Inhalt beigelegt sein, insb mit treuhänderischer Bindung des Leistungsempfängers; **Bsp:** Vorschüsse auf Architektenhonorar zur Deckung von Bürokosten; Anspruch des Zeugen auf Auszahlung eines Auslagenvorschusses; von einem Elternteil als Prozessstandschafter des Kindes (§ 1629 III BGB) geltend gemachte Unterhaltsforderung (BGH NJW 91, 840), auch nach Gutschrift des Kindesunterhalts auf einem Konto des Elternteils (BGH MDR 2006, 1128); Forderung des Erwerbers eines Mietobjekts auf Auszahlung der dem Veräußerer vom Mieter geleisteten Barkaution (OLG Frankfurt NJW-RR 91, 1416); zur Kaufpreishinterlegung auf Notaranderkonto für Ablösung von GrundpfandR: § 829 Rn 33.33. Der Anspruch des in einer Pflegeeinrichtung lebenden Sch auf Auszahlung des Guthabens auf seinem „Taschengeldkonto“ ist zT unpfändbar (BGH MDR 2020, 817 Tz 11 [Grenzziehung durch § 27b III SGB XII]). Das an die Pflegeperson weitergeleitete Pflegegeld (§ 37 SGB XI) ist nach I, § 399 BGB unpfändbar (BGH MDR 2023, 187 Tz 11 [Schörnig MDR 2023, 279]). – Pfändbar ist eine zweckgebundene Forderung, wenn sie durch die ZwV-Maßnahme ihrer Zweckbestimmung zugeführt werden soll (beschr Pfändbarkeit); deshalb kann der Gl einer vom Sch eingegangenen Verbindlichkeit dessen Befreiungsanspruch ggü einem Dritten pfänden (BGH MDR 2018, 553 Tz 16, 17 [zu § 40 I BetrVG]). **Beihilfe**ansprüche der Angehörigen des öffentl Dienstes für Kosten in Krankheits-, Geburts- (zu diesen: § 850a Nr 5) und Todesfällen können nach ihrem Zweck nur von Gl gepfändet werden, die wegen einer Forderung vollstr, die als Aufwand des Sch dem konkreten Beihilfeanspruch zugrunde liegt (Anlassforderung). Auch ein **Anlassgläubiger** kann den Beihilfeanspruch damit nur so lange pfänden, wie der konkrete Beihilfeanspruch gg den Dienstherrn noch besteht. Er kann, wenn die Beihilfe für einen konkreten Aufwand ausbezahlt, der konkrete Beihilfeanspruch damit erloschen ist, weitere, gegenwärtige und zukünftige Beihilfeansprüche als zweckgebunden somit nicht mehr pfänden (BGH NJW-RR 2005, 720; sa BVerwG NJW 97, 3256; § 10 I BundesbeihilfeVO). Zu den auf Freiwilligkeit beruhenden Unterstützungen und Notstandsbeihilfen: § 850b I Nr 3. – **Staatl Corona-Soforthilfen** für Kleinstunternehmer und Selbständige zur Existenzsicherung (Corona-Überbrückungshilfe III) fallen unter I (BGH MDR 2021, 642 Tz 11 [Meller-Hannich MDR 2021, 661, auch zum Schutz nach Überweisung auf ein P-Konto]; BGH 16.8.2023 – VII ZB 64/21, MDR 2023, 1339 [Schutz nach Überweisung auf ein reguläres Girokonto: nur § 765a]; BFH NJW 2020, 2749 Tz 26; sa § 850i Rn 1b). Da allein der Sch bestimmt, in welcher Reihenfolge er Forderungen erfüllt (BGH MDR 2021, 642 Tz 11 aE), können nicht nur Altgl, sondern auch Anlassgl nicht pfänden, denn sie würden dadurch die Tilgungsreihenfolge verändern (aA MskV/Flockenhaus Rn 6; Meller-Hannich MDR 2020, 1025 Tz 13). – Nicht nach I unpfändbar sind die Überbrückungshilfen für KMU und Studierende (Meller-Hannich MDR 2020, 1025 Tz 32 und Tz 41).

4 **3) Ausübungsrecht Dritter.** Die Pfändung unveräußerl anderer **Vermögensrechte** ist nach § 857 III insoweit zulässig, als die Ausübung einem anderen überlassen werden kann.

5 **III) Vereinbarungen.** Die Abtretung einer Forderung kann auch durch Vereinbarung des Sch (Forderungsgl) mit dem Drittsch ausgeschlossen *sein* (§ 399 ***Alt 2*** *BGB*; Einschränkung: § 354a HGB; dazu: § 829 Rn 4). Dem *Zugriff* seiner Gl kann der Sch Vermögenswerte durch Vereinbarung mit dem Drittsch jedoch nicht entziehen (BGH NJW 2016, 1451 Tz 32). Die vereinbarungsgemäß nicht übertragbare Forderung **kann** daher **gepfändet**

werden, wenn der geschuldete Gegenstand (kann Geld oder eine andere Sache sein: OLG Stuttgart NJW-RR 2009, 1312) der Pfändung unterworfen ist (II). Grund: Verhinderung, dass allein durch Vereinbarung Unpfändbarkeit geschaffen wird (BGH MDR 2016, 794). Gleichgültig ist, ob die Forderung von Anfang an mit der Maßgabe begründet wurde, dass ihre Abtretung unzulässig ist, oder ob der Ausschluss der Abtretung erst nach Entstehen der Schuld vereinbart worden ist (St/Rellermeyer A.18). Abtretungsausschluss durch kollektive Regelung (Tarifvertrag, Betriebsvereinbarung) und durch Satzung des Leistungsträgers (OLG München MDR 91, 453 [Satzung einer Anstalt des öffentl Rechts nach Bundesrecht]; LG Oldenburg Rpfleger 85, 449 [Ärztekammer Nds]) begründet vereinbarte Unübertragbarkeit und damit Pfändbarkeit nach II. Ob der geschuldete Gegenstand (Geld oder andere Sache) der Pfändung unterworfen ist, bestimmt sich nach § 811, auch §§ 850 ff. Die vertragl Aufhebung des Abtretungsverbots wirkt von dem Zeitpunkt ihres Zustandekommens an, hat somit keine Rückwirkung; zwischen der Abtretung und der „Genehmigung" ausgebrachte Pfändungen bleiben daher wirksam (BGH NJW 90, 109 [von der Drittsch-Zustimmung abhängige Abtretung]). Entspr Anwendung des II auf den **Kündigungsausschluss** bei der Kapitallebensversicherung (BGH MDR 2012, 188 [planwidrige Regelungslücke]).

IV) Einziehung. Eine nicht übertragbare, nach II aber dennoch pfändbare Forderung kann nur zur Einziehung überwiesen werden, nicht an Zahlungs statt (die wie eine Abtretung wirken würde: MskV/Flockenhaus Rn 8). 6

§ 851a Pfändungsschutz für Landwirte

(1) Die Pfändung von Forderungen, die einem die Landwirtschaft betreibenden Schuldner aus dem Verkauf von landwirtschaftlichen Erzeugnissen zustehen, ist auf seinen Antrag vom Vollstreckungsgericht insoweit aufzuheben, als die Einkünfte zum Unterhalt des Schuldners, seiner Familie und seiner Arbeitnehmer oder zur Aufrechterhaltung einer geordneten Wirtschaftsführung unentbehrlich sind.
(2) Die Pfändung soll unterbleiben, wenn offenkundig ist, dass die Voraussetzungen für die Aufhebung der Zwangsvollstreckung nach Absatz 1 vorliegen.

I) Funktion. Schutz für Forderungen aus dem Verkauf landw Erzeugnisse. Zu diesen selbst: § 811 I Nr 1 b Alt 1 (sa § 811 Rn 17). 1

II) Voraussetzungen. 1) Verkauf. Wirksame Pfändung der Forderung aus Verkauf. Gleichgestellt sind Ansprüche (Subventionen), die Verkäufe ergänzen/ersetzen (Hk-ZV/Meller-Hannich Rn 4; StJ/Würdinger Rn 1). Bankguthaben und Bargeld des Landwirts sind nicht nach § 851a geschützt (insofern: § 765a); für seine Miet- und Pachtforderungen gilt § 851b. § 850i ist neben § 851a anwendbar (Hk-ZV/Meller-Hannich § 850i Rn 9). Nicht entspr anwendbar ist § 851a auf eine Ausgleichszulage in benachteiligten Gebieten (BGH MDR 2012, 1252) oder eine Betriebsprämie (BGH NJW-RR 2009, 411 [zu VO (EG) Nr 1782/2003; ersetzt durch VO (EG) Nr 73/2009]). 2

2) Betrieb. Sch muss im Haupt- oder Nebenberuf die Landwirtschaft (sa § 811 Rn 17) betreiben; gleichgültig ist, ob es sich um einen Eigenbetrieb handelt oder um die Landwirtschaft des Pächters oder Nießbrauchers. 3

3) Herkunft der Forderung. Die Forderung muss aus dem Verkauf von Erzeugnissen stammen, die im Betrieb des Sch erzeugt sind (nicht von erworbenen Erzeugnissen). 4

4) Unentbehrichkeit der Einkünfte. Die Einkünfte (ggf Schutz nur für einen Teil) müssen zum Unterhalt des Sch, seiner Familie (der vom Sch zu unterhaltenden Personen) und seiner Arbeitnehmer (auch der gewerbl) oder zur Aufrechterhaltung einer geordneten Wirtschaftsführung (auch für Anschaffungen und Reparaturen) unentbehrl sein. Das sind sie, soweit eine Deckung dieses Bedarfs durch anderweitige Mittel nicht möglich ist. Würdigung der Gl-Belange ist nicht vorgesehen. Die Zweckbestimmung begründet jedoch eine Ausnahme für Vollstr einer Forderung für Aufwand, den § 851a sichert. 5

5) Im Zeitpunkt der Entscheidung. Die Voraussetzungen (auch Tätigkeit als Landwirt und Unentbehrlichkeit) müssen im Zeitpunkt der Entscheidung gegeben sein (MskV/Flockenhaus Rn 4 mwN; aA OLG Köln JurBüro 89, 878), auch wenn die Mittel erst später zu verwenden sind. 6

6) Antrag. Antrag (kein Anwaltszwang: § 78 III) ohne Fristbindung (kann daher bis zur Beendigung der ZwV gestellt werden). 7

III) Verfahren. Zuständig ist das VollstrGericht (§ 828 II). Es entscheidet der Rpfleger durch Beschluss (§ 764 III). Er ist zu begründen. Darlegungs- und Beweislast trifft den Sch (sa § 766 Rn 27), Glaubhaftmachung genügt nicht. Zum rechtl Gehör: vor § 704 Rn 28. Fakultative mündl Verh: § 128 IV. Kosten: § 788 IV (sa § 788 Rn 26). Einstw Anordnung: § 766 I 2, § 732 II. Rechtsbehelf: sof Beschwerde (§ 11 I RPflG; § 793). 8

IV) Keine Pfändung. Ist offenkundig (keine Anhörung des Sch: § 834), dass die Voraussetzungen für die Aufhebung der ZwV nach I vorliegen, soll die Pfändung unterbleiben (II). Der Pfändungsantrag des Gl wird dann abgewiesen. 9

10 **V) Gebühren.** 1) **Gericht:** keine. – 2) **RA:** 3309 RVG-VV; § 18 I Nr 6 RVG. Jedes Verf über den Antrag u jedes Verf über Anträge auf Änderung oder Aufhebung der getroffenen Anordnungen ist eine bes Angelegenheit. – Gegenstandswert § 25 II RVG; Bruchteil der Hauptsache, idR 1/5.

§ 851b Pfändungsschutz bei Miet- und Pachtzinsen

(1) [1]Die Pfändung von Miete und Pacht ist auf Antrag des Schuldners vom Vollstreckungsgericht insoweit aufzuheben, als diese Einkünfte für den Schuldner zur laufenden Unterhaltung des Grundstücks, zur Vornahme notwendiger Instandsetzungsarbeiten und zur Befriedigung von Ansprüchen unentbehrlich sind, die bei einer Zwangsvollstreckung in das Grundstück dem Anspruch des Gläubigers nach § 10 des Gesetzes über die Zwangsversteigerung und die Zwangsverwaltung vorgehen würden. [2]Das Gleiche gilt von der Pfändung von Barmitteln und Guthaben, die aus Miet- oder Pachtzahlungen herrühren und zu den in Satz 1 bezeichneten Zwecken unentbehrlich sind.

(2) [1]Wird der Antrag nicht binnen einer Frist von zwei Wochen gestellt, so ist er ohne sachliche Prüfung zurückzuweisen, wenn das Vollstreckungsgericht der Überzeugung ist, dass der Schuldner den Antrag in der Absicht der Verschleppung oder aus grober Nachlässigkeit nicht früher gestellt hat. [2]Die Frist beginnt mit der Pfändung.

(3) Anordnungen nach Absatz 1 können mehrmals ergehen und, soweit es nach Lage der Verhältnisse geboten ist, auf Antrag aufgehoben oder abgeändert werden.

(4) [1]Vor den in den Absätzen 1 und 3 bezeichneten Entscheidungen ist, soweit dies ohne erhebliche Verzögerung möglich ist, der Gläubiger zu hören. [2]Die für die Entscheidung wesentlichen tatsächlichen Verhältnisse sind glaubhaft zu machen. [3]Die Pfändung soll unterbleiben, wenn offenkundig ist, dass die Voraussetzungen für die Aufhebung der Zwangsvollstreckung nach Absatz 1 vorliegen.

1 **I) Funktion.** VollstrSchutz für Miete und Pacht sowie die aus ihnen herrührenden Barmittel und Guthaben, die als Erträgnisse des Grundstücks wirtschaftl für dessen Erhaltung und zur Deckung der auf ihm ruhenden Lasten bestimmt sind.

2 **II) Voraussetzungen. 1) Pfändung.** Wirksame Pfändung (auch nur Vorpfändung: § 845) der Ansprüche, Barmittel oder Guthaben durch das VollstrGericht oder den GV. Keine Anwendung findet § 851b bei Pfändung der Forderung (sa § 829 Rn 33.55), Barmittel sowie eines Guthabens aus Untermiete. Belange des Gl schränken den Schutz nicht ein; dass ein Unterhaltsgl vollstr, ist daher nicht erforderl (OLG Köln JurBüro 91, 1402).

3 **2) Unentbehrlichkeit.** Die Grundstückserträgnisse müssen für den Sch zur laufenden Unterhaltung des Grundstücks (auch Wohnungseigentums, Erbbaurechts, Gebäudeeigentums, Dauerwohnrechts, nicht aber eines nur vorübergehend mit dem Grund und Boden verbundenen Gebäudes), zur Vornahme notw Instandsetzungsarbeiten und zur Befriedigung von Ansprüchen, die bei einer ZwV in das Grundstück dem Anspruch des Gl nach § 10 I Nrn 1-4 ZVG vorgehen würden, unentbehrl sein. Die Miet- und Pachteinkünfte werden damit für Zwecke der Erhaltungs- und Instandsetzungslasten gebunden. Zur **laufenden Unterhaltung** des Grundstücks gehören zB Kehrichtabfuhr- und Straßenreinigungsgebühren, Wassergeld, Feuerversicherung, Fahrstuhlunterhaltung, Gas- und Elektrizitätskosten, Pförtnerlöhne, Sammelheizung, Treppenbeleuchtung, Anliegerbeiträge. Auch bereits ausgeführte, aber noch zu bezahlende Arbeiten fallen darunter. Kosten der Hausverwaltung können bei Notwendigkeit dazu gehören (aA AG Berlin-Schöneberg JurBüro 2001, 326). Zu den bei einer ZwV **vorgehenden Ansprüchen** gehören nicht GrundpfandR, mit denen das Grundstück erst nach Wirksamwerden der Pfändung belastet wurde (LG Berlin Rpfleger 90, 377). Vereinfachter VollstrZugriff auf Miete und Pacht (sa § 865 Rn 10) soll Verwendung der Nutzungen des Grundstücks für seine Erhaltung und Deckung der Lasten in ähnl Weise wie bei der einschneidenderen Immobiliarvollstr (Zwangsverwaltung) gewährleisten, Gl-Befriedigung aber auch nicht weitergehend ausschließen. Abzustellen ist für Abgrenzung der Rechte des Pfandgl zu vorgehenden Rechten am Grundstück daher auf die Pfändung. Unentbehrl sind Einkünfte oder ein Guthaben, wenn dem Sch andere Mittel zur Bestreitung der Ausgaben nicht zur Verfügung stehen. Für notw Instandsetzungsarbeiten sind dem Sch ggf auch Mieten aus anderen als denjenigen Monaten zu belassen, in denen die Arbeiten vorgenommen werden bzw wurden.

4 **3) Antrag. a) Aktivlegitimation.** Schutz kann der Grundstückseigentümer (auch wenn er als Miteigentümer die Teilungsversteigerung betreibt: OLG Köln OLGZ 92, 81), aber auch ein Nießbraucher (OLG Hamburg JurBüro 60, 24) oder Pächter beantragen (**Formulierungsvorschlag:** Vorwerk/Goldbach, PFB, M 62.8), wenn gg ihn vollstr wird. Ein Erwerber ist wegen der höchstpersönl Natur des Pfändungsschutzes nicht Rechtsnachfolger in Bezug auf den Streitgegenstand. Er muss daher, will er den Pfändungsschutz in Anspruch nehmen, einen neuen Antrag stellen (KG MDR 69, 852).

5 ***b) Frist.*** *Zu stellen* ist der Antrag binnen 2 Wochen, beginnend mit der Pfändung (II), bei Forderungspfändung mit dem Wirksamwerden (§ 829 III). Fristberechnung: § 222. Wenn der Antrag nicht in der 2-Wochenfrist ge-

stellt wird (Eingang bei Gericht), ist er ohne sachl Prüfung zurückzuweisen, wenn das VollstrGericht der Überzeugung ist, dass ihn der Sch in der Absicht der Verschleppung oder aus grober Nachlässigkeit nicht früher gestellt hat (II). Davon ist auszugehen, wenn der Sch sachl nachvollziehbare Gründe für die Verzögerung nicht geltend macht. Verschleppungsabsicht ist die Absicht, das Verf hinauszuziehen.

III) Verfahren. 1) Zuständigkeit. Ausschließl zuständig ist das VollstrGericht (§ 828; dort auch zur örtl Zuständigkeit; bei Pfändung von Barmitteln: § 764, örtl Zuständigkeit § 764 II). Das gilt nach I 2 auch für die Aufhebung der Pfändung von Guthaben und Barmitteln. 6

2) Regeln. Das Verf folgt den allg Grds des ZPO-Verf. Das erfordert substantiiertes Vorbringen; nur allg gehaltene Behauptungen und Formulierungen genügen den Anforderungen nicht. Die Anforderungen an das Vorbringen müssen sich jedoch auch an dem verlangten Rechtsschutz orientieren und zu ihm in einem rechten Verhältnis stehen; sie dürfen daher nicht überspannt werden. Die tatsächl Verhältnisse sind **glaubhaft zu machen** (IV 2, § 294), somit nicht zu beweisen. Dem Gl ist **rechtl Gehör** zu gewähren (Art 103 I GG), soweit dies ohne erhebl Verzögerung möglich ist (IV 1). Auf gütliche Abwicklung der Verbindlichkeit soll das Gericht in geeigneten Fällen hinwirken; hierzu kann es mündl Verh anordnen. 7

3) Beschluss. Die Entscheidung kann ohne mündl Verh ergehen (§ 128 IV). Das VollstrGericht entscheidet durch beschwerdefähigen (§ 793) Beschluss (§ 764 III), der zu begründen ist. Aufhebung der Pfändung erfolgt in Höhe der zur Erhaltung des Grundstücks sowie Befriedigung der auf ihm ruhenden Lasten unentbehrl Mittel. Die freizustellenden Mittel sind als fester oder bestimmter fortlaufender Betrag zu bezeichnen. Kostenentscheidung: § 788 (sa § 788 Rn 26). – Der stattgebende Beschluss ist dem Gl und dem Drittsch zuzustellen, ebenso dem Sch, wenn seinem Antrag nicht voll entsprochen wird (sonst an ihn nur Mitteilung: § 329 II 1). Bei Zurückweisung des Antrags wird dem Sch zugestellt und dem Gl mitgeteilt. Die Aufhebung der Pfändung wird sofort wirksam, wenn nicht die Wirksamkeit des Beschlusses bis zu seiner Rechtskraft aufgeschoben ist (wie § 766 Rn 30). 8

4) Kosten. § 788 IV (sa § 788 Rn 26). 9

5) Vollstreckungsschutz. § 765a und § 851b schließen einander nicht aus; aber § 765a ist eng auszulegen, denn außerhalb von § 851b sind Einkünfte aus Vermietung/Verpachtung grds uneingeschränkt pfändbar (BGH MDR 2005, 650), wobei Einschränkungen aber aus dem neben § 851b anwendbaren § 850i folgen können (sa § 850i Rn 1c). 9a

IV) Einstweilige Anordnung. Nach § 732 II kann vor der Entscheidung über den Antrag eine einstw Anordnung getroffen werden (entspr Anwendung trotz fehlender Bezugnahme). Zuständig ist der Rpfleger. Gegen seine Entscheidung: Erinnerung (§ 11 II 1, 5, 6 RPflG). 10

V) Mehrmalige Anordnungen (§ 851b III). Sie sind auf Antrag zulässig. Ebenfalls auf Antrag des Gl oder des Sch kann die Anordnung (auch die wiederholte nach III) aufgehoben oder abgeändert werden, soweit es nach der Lage der Verhältnisse geboten ist (III). Das erfordert, dass eine Veränderung ggü den bei der Beschlussfassung zugrunde gelegten Verhältnisse eingetreten ist. Die Wiederholung eines abgelehnten Antrags ist nach allg Grds nur auf Grund neuer Tatsachen zulässig. Verf auf wiederholten Antrag: wie Rn 6 ff. 11

VI) Unterbleiben der Pfändung. Wenn offenkundig ist, dass die Voraussetzungen für Aufhebung der ZwV nach I vorliegen (IV 3), soll die Pfändung unterbleiben. Antrag des Sch ist dafür nicht erforderl (MskV/Flockenhaus Rn 7). Die Pfändung von Barmitteln hat der GV in diesem Fall abzulehnen. Rechtsbehelf bei Ablehnung des Pfändungsantrags durch den Rpfleger: sof Beschwerde (§ 11 I RPflG; § 793), bei Ablehnung durch den GV: Erinnerung (§ 766). 12

VII) Gebühren. Wie § 851a Rn 10. 13

§ 851c Pfändungsschutz bei Altersrenten

(1) Ansprüche auf Leistungen, die auf Grund von Verträgen gewährt werden, dürfen nur wie Arbeitseinkommen gepfändet werden, wenn

1. **die Leistung in regelmäßigen Zeitabständen lebenslang und nicht vor Vollendung des 60. Lebensjahres oder nur bei Eintritt der Berufsunfähigkeit gewährt wird,**
2. **über die Ansprüche aus dem Vertrag nicht verfügt werden darf,**
3. **die Bestimmung von Dritten mit Ausnahme von Hinterbliebenen als Berechtigte ausgeschlossen ist und**
4. **die Zahlung einer Kapitalleistung, ausgenommen eine Zahlung für den Todesfall, nicht vereinbart wurde.**

(2) [1]Beträge, die der Schuldner anspart, um in Erfüllung eines Vertrages nach Absatz 1 eine angemessene Alterssicherung aufzubauen, unterliegen nicht der Pfändung, soweit sie

1. jährlich nicht mehr betragen als

a) 6 000 Euro bei einem Schuldner vom 18. bis zum vollendeten 27. Lebensjahr und

b) 7 000 Euro bei einem Schuldner vom 28. bis zum vollendeten 67. Lebensjahr und

2. einen Gesamtbetrag von 340 000 Euro nicht übersteigen.

[2]Die in Satz 1 genannten Beträge werden jeweils zum 1. Juli eines jeden fünften Jahres entsprechend der Entwicklung auf dem Kapitalmarkt, des Sterblichkeitsrisikos und der Höhe der Pfändungsfreigrenze angepasst und die angepassten Beträge vom Bundesministerium der Justiz und für Verbraucherschutz in der Pfän-dungsfreigrenzenbekanntmachung im Sinne des § 850c Absatz 4 Satz 1 bekannt gemacht. [3]Übersteigt der Rückkaufwert der Alterssicherung den unpfändbaren Betrag, sind drei Zehntel des überschießenden Betrags unpfändbar. [4]Satz 3 gilt nicht für den Teil des Rückkaufwerts, der den dreifachen Wert des in Satz 1 Nummer 2 genannten Betrags übersteigt.

(3) § 850e Nr. 2 und 2a gilt entsprechend.

1 **I) Funktion.** Pfändungsschutz für Vermögenswerte zur Altersvorsorge eines Sch ohne oder ohne ausreichende Rente aus der ges Rentenversicherung oder andere Versorgungsbezüge, damit insb der Selbständigen, aber auch der nicht Berufstätigen. Dabei kann § 851c auch anwendbar sein, wenn der Sch nicht Versicherungsnehmer, sondern Pfandgl ist (wirtschaftl Betrachtung; zu den Voraussetzungen: BGH 29.4.2021 – IX ZB 25/20, juris Tz 11).

2 **II) Existenzsicherung. 1) Gleichbehandlung.** Den Pfändungsschutz für existenzsichernde Leistungen **nach Eintritt des Versicherungsfalls**, damit insb (nicht aber „nur") für Alters- und Berufsunfähigkeitsrenten aus Kapitallebens- und priv Rentenversicherungen regelt I zur Gleichbehandlung mit Empfängern von ges Rentenleistungen und Versorgungsbezügen. Es muss das Versicherungsverhältnis im Zeitpunkt der Pfändung so ausgestaltet sein (dazu: BTDrs 16/886, 8-11), dass (kumulative Erfordernisse: BGH 29.4.2021 – IX ZB 25/20, juris Tz 12 mwN):

I Nr 1. Die Leistungen aus dem angesammelten Deckungskapital in regelmäßigen Zeitabständen lebenslang (gilt für beide Alternativen des Rentenbeginns) zu erbringen und nicht vor Vollendung des 60. Lebensjahres oder dem Eintritt der Berufsunfähigkeit zu gewähren sind. Eine zeitl beschränkte Berufsunfähigkeitsrente erfasst Nr 1, wenn sie Bestandteil einer lebenslangen Rente ist; nicht hingegen, wenn nach ihrem Ende keine Altersrente einsetzt.

I Nr 2. Über die vertragl Ansprüche nicht verfügt werden darf. Abtretung (damit auch Verpfändung: Hasse VersR 2006, 145, 151) oder Kündigung (zB § 168 VVG) müssen somit unwiderrufl ausgeschlossen sein (OLG München 18.7.2016 – 25 U 2009/16, juris Tz 6). Verfügung über Rentenansprüche, die die Pfändungsfreigrenze für Arbeitseinkommen übersteigen, soll das nicht ausschließen (Hasse aaO).

I Nr 3. Die Bestimmung eines Dritten als Berechtigter (§ 159 VVG) ausgeschlossen ist. Ausgenommen ist die Bestimmung von Hinterbliebenen; als solche werden Ehegatte, Kinder und (wohl) auch Pflegekinder des Sch angesehen (BTDrs 16/3844, 12), außerdem der eingetragene Lebenspartner (BGH NJW-RR 2011, 493). Eine nichtehel Lebensgefährtin ist nicht Hinterbliebene; ihre Benennung als Bezugsberechtigte lässt den Pfändungsschutz daher entfallen (BGH NJW-RR 2011, 493). Ist das Bezugsrecht des Dritten (Lebensgefährtin) nach der vertragl Vereinbarung später unwiderrufl weggefallen, greift der Pfändungsschutz ab dem späteren Zeitpunkt ein.

I Nr 4. Kein Kapitalwahlrecht, außer für den Todesfall, vereinbart ist (ein früheres Kapitalisierungsrecht im Zeitpunkt der Pfändung somit nicht mehr bestand: BGH MDR 2012, 1250), auch nicht für die der Berufsunfähigkeitsrente folgende Altersrente.

Die zulässige Bestimmung eines Hinterbliebenen als Bezugsberechtigter (I Nr 3) erweitert den Pfändungsschutz auf Verträge zur Hinterbliebenenversorgung. Auch Rentenzahlungen an sie nach Eintritt des Versicherungsfalls (Zeitgrenze: I Nr 1) dürfen daher nur „wie Arbeitseinkommen" gepfändet werden. Geschützt sind damit auch Leistungen aus einem gemischten Kapitallebensversicherungsvertrag mit laufender Rentenzahlung an den Versicherungsnehmer und für den Todesfall an den bezugsberechtigten Hinterbliebenen (M. Stöber NJW 2007, 1242, 1245; Hasse VersR 2006, 145, 148). Für eine Kapitalleistung, die bei vorzeitigem Tod des Sch Hinterbliebenen zu zahlen ist, besteht kein Pfändungsschutz (M. Stöber aaO). Pfändung des der Alterssicherung dienenden Kapitals ist daher bei vorzeitigem Tod des Sch möglich. Wenn kein Bezugsberechtigter bestimmt und die Vererblichkeit nicht ausgeschlossen ist, fällt die Kapitalleistung den Erben zu, gg die auch wegen einer Erblasserschuld vollstr werden kann.

3 **2) Vergleich mit Arbeitseinkommen.** Gepfändet werden dürfen Leistungen aus geschützten Versicherungsverträgen nur wie Arbeitseinkommen (§ 54 IV SGB I). Die Ansprüche auf Leistungen sind demnach für Gl gewöhnl Geldforderungen nur nach § 850c pfändbar; für den Gl, der Unterhaltsansprüche vollstr, bestimmt sich die Pfändbarkeit nach § 850d, für den Gl einer Forderung aus vorsätzl unerlaubter Handlung gilt § 850f II. Wahrung der Sozialhilfebedürftigkeitsgrenze und bes Einzelfallbedürfnisse können Belassung eines weiter gehenden unpfändbaren Teils nach § 850f I gebieten.

4 ***3) Verfahren.*** *a)* Als Pfändungsbeschränkung ist der Schutz für Ansprüche auf Leistungen nach I im Pfändungsverf **vAw** zu beachten (sa § 850 Rn 17). Für die rechtl Prüfung (§ 829 Rn 4) ist der Sachvortrag des Gl

schlüssig, wenn er Pfändung der Ansprüche auf Leistungen aus einem Versicherungsvertrag als solche zur Altersvorsorge „wie Arbeitseinkommen" beantragt; dass das Versicherungsverhältnis alle Anforderungen von I Nrn 1-4 (Rn 2) erfüllt, hat der Gl, der die Verhältnisse seines Sch nicht näher kennt, weiter gehend nicht darzulegen. Wenn der Gl jedoch Pfändung von Leistungen aus einem Versicherungsvertrag ohne die für Arbeitseinkommen geltenden Pfändungsbeschränkungen beantragt, ist durch Tatsachenvortrag schlüssig darzulegen, weshalb eine Pfändungsbeschränkung nicht besteht; zB weil Leistungen bereits vor Vollendung des 60. Lebensjahrs an den nicht berufsunfähigen Sch zu erbringen sind oder über vertragl Ansprüche verfügt werden darf. Rechtsbehelf für den nicht angehörten Sch: Erinnerung (§ 766).

b) Die dem Sch nach § 850c, § 850d oder § 850f II pfandfrei verbleibenden laufenden Leistungen hat der Pfändungsbeschluss – wie bei Pfändung von Arbeitseinkommen – zu **bezeichnen**. Bei Vollstr des Gl einer gewöhnl Geldforderung genügt Bezugnahme auf die Pfändungsfreigrenzenbekanntmachung (§ 850c IV), also ein Blankettbeschluss. 5

c) Wenn der Sch Leistungen zur Altersvorsorge aus **mehreren Versicherungen** oder solche Leistungen und Arbeitseinkommen oder wie Arbeitseinkommen pfändbare Geldleistungen (insb damit aus der ges Rentenversicherung oder einer berufsständischen Versorgungseinrichtung: M. Stöber NJW 2007, 1242, 1245) bezieht, ist jeder einzelne Vermögenswert VollstrGegenstand, damit für Bemessung des unpfändbaren Betrags selbständig zu behandeln (sa § 850e Rn 3). Für Pfändung „wie Arbeitseinkommen" sind die mehreren Leistungen zur Bemessung nur eines ges pfandfreien Betrags nach den Gesamtbezügen jedoch auf Antrag nach § 850e Nrn 2 oder 2a zusammenzurechnen; das bestimmt III überflüssigerweise noch gesondert. 6

d) Pfändung wie Arbeitseinkommen schließt auch Erstreckung des PfandR nach § 832 auf die erst **nach der Pfändung fällig werdenden Beträge** ein. Pfändungsschutz für **Kontoguthaben** bestimmen §§ 899 ff (P-Konto). Zeitl Aufschub für den Schutzantrag zur Aufhebung der Guthabenpfändung sieht § 835 III 2 vor (Helwich JurBüro 2007, 286). Pfändungsschutz für **Bargeld** sollte sich nach § 811 I Nr 3 bestimmen. 7

e) Ansprüche auf **künftige Leistungen** zur Altersvorsorge sind als zukünftige Forderungen wie künftiges Arbeitseinkommen und eine künftige Sozialleistungs-Altersrente bereits vor dem Zeitpunkt, von dem an sie gewährt werden, nach den für Arbeitseinkommen geltenden Vorschriften pfändbar. 8

III) Schutzumfang (§ 851c II). II 1, 2 schützt die angesparten Beträge (BTDrs 19/27636, 34), nicht die für die Einzahlung erforderl Mittel (BGH MDR 2011, 813). Es soll gewährleistet sein, dass dem Sch die nach Eintritt des Versicherungsfalls unpfändbare Rente verbleibt. Das setzt voraus, dass der Sch auch über den Anspruch auf das Deckungskapital (Rückkaufswert) nicht verfügen darf (I Nr 2; Hasse VersR 2006, 145, 152; M. Stöber NJW 2007, 1242). Wenn der Rückkaufswert den unpfändbaren Grundfreibetrag übersteigt, sind (wie nach § 850c III 1) auch $\frac{3}{10}$ des darüber hinausgehenden Betrags unpfändbar (II 3); eine Erhöhung für Angehörige ist nicht vorgesehen. Der Teil des Rückkaufwerts, der den dreifachen Wert des pfandfreien Höchstbetrags (II 1 Nr 2: 340.000 Euro × 3) übersteigt, unterliegt voll dem Gl-Zugriff (II 4). Zusammenrechnung der Kapitalbeträge aus mehreren Altersvorsorgeverträgen nach § 851c III, § 850e Nr 2, 2a (BTDrs 16/886, 19; sa M. Stöber aaO). Zur Berechnung des pfändbaren Einkommens eines Arbeitnehmers, der auch Vorsorgevermögen ansammelt, gewährt II einen nicht mitzurechnenden (§ 850e Nr 1), somit zusätzl, pfandfreien Betrag für den Aufbau der Alterssicherung nicht (LG Lüneburg NZI 2011, 25; Tavakoli NJW 2008, 3259). 9

IV) Vertragsumwandlung. Bestehende Lebensversicherungen sind vielfach zur Altersvorsorge abgeschlossen, erfüllen jedoch die Voraussetzungen von I nicht. **§ 167 VVG** bietet daher dem Versicherungsnehmer die Möglichkeit, vom Versicherer zum Schluss der laufenden Versicherungsperiode die Umwandlung in eine Altersrentenversicherung zu verlangen. Es dürfen jedoch Rechte Dritter (Zessionar, Pfand-/Pfändungsgl) nicht entgegenstehen. Pfändungsschutz muss auch schon vor Schluss der Versicherungsperiode bestehen, wenn die Umwandlung vor der Pfändung unwiderrufl beantragt ist (so zB Dietzel NZI 2014, 962; St/Rellermeyer A.84; aA BGH MDR 2015, 1070 Tz 15; StJ/Würdinger Rn 7). 10

§ 851d Pfändungsschutz bei steuerlich gefördertem Altersvorsorgevermögen

Monatliche Leistungen in Form einer lebenslangen Rente oder monatlicher Ratenzahlungen im Rahmen eines Auszahlungsplans nach § 1 Abs. 1 Satz 1 Nr. 4 des Altersvorsorgeverträge-Zertifizierungsgesetzes aus steuerlich gefördertem Altersvorsorgevermögen sind wie Arbeitseinkommen pfändbar.

I) Funktion. Renten aus steuerl gefördertem Altersvorsorgevermögen sind vielfach bereits als Arbeitseinkommen nach § 850 III b nur nach Maßgabe der für dieses geltenden Schutzbestimmungen pfändbar (sa § 829 Rn 33.1). Dieser Pfändungsschutz besteht nicht für Selbständige, Freiberufliche und nicht Erwerbstätige; auch nicht immer für abhängig Beschäftigte (M. Stöber NJW 2007, 1242, 1246; MskV/Flockenhaus Rn 1). Diese Lü- 1 cke schließt § 851d (BTDrs 16/886, 10). Der Sch kann sich bei kumulativem Pfändungsschutz auf die jew günstigste Regelung berufen.

2 **II) Schutzwirkung. 1)** Schutz des **Vorsorgekapitals** erfolgt nicht durch § 851d. Bei der „Riester-Rente" (§ 10a EStG/Abschnitt XI EStG) ergibt er sich aus § 97 EStG iVm § 851 I (BGH MDR 2018, 226 Tz 10, 13; auch für die laufenden **Beiträge:** Hk-ZV/Meller-Hannich Rn 8). Bei der „Rürup-Rente" (§ 10 I Nr 2b EStG), für die § 851d ebenfalls gilt (hM, zB WSch/Lüke Rn 4 mwN), daraus, dass die Kündigung ausgeschl ist (§ 168 III VVG iVm § 12 I 2 Nrn 3, 4 SGB II), wodurch es mittelbar zur Unpfändbarkeit kommt (MskV/Flockenhaus Rn 3a). – **2)** Pfändbar „wie Arbeitseinkommen" sind nur **laufende Leistungen** (nicht die Einmalkapitalauszahlung nach dem AltZertG, nicht die Abfindung von Kleinbetragsrenten), also die lebenslange Rente oder monatl Ratenzahlungen auf Grund eines Auszahlungsplans nach § 1 I 1 Nr 4 AltZertG. – Dabei können 12 Monatsleistungen in einer Auszahlung erbracht werden. – Bei der „Riester-Rente" ist allein entscheidend, dass das Altersvorsorgevermögen, aus dem die laufenden Leistungen erbracht werden, von steuerl gefördertem Kapital gebildet wird; ob von zertifizierten Rentenversicherungen, Bank- oder Fondssparplänen, spielt keine Rolle. – **3)** Das Vorsorgekapital aus einem Altersvorsorgevertrag iSd §§ 1, 5 AltZertG ist als unpfändbar geschützt (§ 851), ohne dass die Voraussetzungen des § 851c vorliegen müssen, weshalb die jederzeitige Kündbarkeit des Vorsorgevertrages unschädl ist; jedoch ist vorausgesetzt, dass im Zeitpunkt der Pfändung die Zulage schon gewährt wurde oder der Antrag hierauf gestellt ist und seine Voraussetzungen vorliegen (vgl BGH MDR 2018, 226 Tz 9, 21).

§ 852 Beschränkt pfändbare Forderungen

(1) Der Pflichtteilsanspruch ist der Pfändung nur unterworfen, wenn er durch Vertrag anerkannt oder rechtshängig geworden ist.

(2) Das Gleiche gilt für den nach § 528 des Bürgerlichen Gesetzbuchs dem Schenker zustehenden Anspruch auf Herausgabe des Geschenkes sowie für den Anspruch eines Ehegatten oder Lebenspartners auf den Ausgleich des Zugewinns.

1 **I) Funktion.** Pfändungsbeschränkung für Pflichtteilsanspruch und ähnl eingeschränkte Ansprüche (II), die vermeiden soll, dass der Anspruch gg den Willen des Berechtigten geltend gemacht wird.

2 **II) Pflichtteilsanspruch. 1) Pfändung.** Ein Pflichtteilsanspruch ist pfändbar, wenn er anerkannt oder rechtshängig geworden ist (I). Pflichtteil (§ 2303 BGB) ist auch ein Pflichtteilsergänzungsanspruch (§ 2325 BGB), der Anspruch des Pflichtteilsberechtigten gg den Beschenkten (§ 2329 BGB) und der Anspruch des von der fortges Gütergemeinschaft ausgeschlossenen Abkömmlings (§ 1511 II BGB). Auf anderen Erwerb von Todes wegen findet I keine Anwendung, insb nicht auf einen Vermächtnisanspruch, auch wenn er dem Geldwert des Pflichtteils entspricht oder unter diesem liegt (§§ 2305-2307 BGB; sa MskV/Flockenhaus Rn 2). **Anerkennung** durch Vertrag ist jede auf Feststellung des Pflichtteilsanspruchs zielende Einigung des Erben mit dem pflichtteilsberechtigten Sch; Schriftform oder Schuldanerkenntnis nach § 781 BGB sind nicht verlangt (hM, OLG Düsseldorf FamRZ 2000, 367). **Rechtshängigkeit:** §§ 261, 696 III, § 700 II („anhängig" sein genügt nicht). Klagerücknahme nach wirksamer Pfändung berührt deren Wirkung nicht (St/Rellermeyer A.387). – Bei Verpfändung, Vergleich oder Erlassvertrag (§ 397 BGB) mit Vereinbarung einer Gegenleistung (hierzu: Ponzer Rpfleger 2019, 673) entfällt die Schranke von I, wobei die Rechtsfolge dann davon abhängt, ob vorher (Verfügung des Sch unwirksam ggü Gl) oder nachher (Pfändung geht ins Leere) gepfändet wurde (§ 829 I 2). – Wird beim Tod des Berechtigten sein bis dahin noch nicht geltend gemachter Pflichtteilsanspruch vererbt, bleibt es bei der Schranke von I (str, Hk-ZV/Meller-Hannich Rn 11; aA Ponzer Rpfleger 2019, 673, 676). – Mit Abtretung vor der Pfändung wird der Anspruch für Gl des Zessionars unbeschränkt pfändbar (Hk-ZV/Meller-Hannich Rn 11); eine Abtretung nach Pfändung bleibt dem Gl des Pflichtteilsberechtigen ggü wirkungslos (§ 829 I 2). – Zu atypischen Konstellationen: Ponzer Rpfleger 2019, 673, 676.

3 **2) Vorzeitige Pfändung.** Vor vertragl Anerkennung oder Rechtshängigkeit ist Pfändung des Pflichtteilsanspruchs als in seiner zwangsweisen Verwertbarkeit aufschiebend bedingter (nicht künftiger) Anspruch zulässig (BGH NJW 2013, 692 Tz 14; BGH MDR 2009, 648; zur Auswirkung der Pfändung: Greve ZIP 96, 699; Kuchinke NJW 94, 1769). **Überweisung** zur Einziehung darf jedoch erst erfolgen, wenn die Voraussetzungen von I eingetreten sind, wozu der Gl Angaben zu machen hat (BGH NJW-RR 2009, 997; MskV/Flockenhaus Rn 3). Erforderl ist, dass der Pflichtteilsanspruch mit dem Erbfall entstanden ist (§ 2317 BGB; MskV/Flockenhaus Rn 2); davor besteht weder eine pfändbare Anwartschaft noch die Möglichkeit, den Pflichtteilsanspruch zu pfänden (LG Trier FamRZ 2018, 1768).

4 **3) Verfahren.** Im Pfändungsantrag braucht der Gl Anerkennung oder Rechtshängigkeit nicht vorzutragen (BGH NJW-RR 2009, 997). Der Pfändungsbeschluss *muss* Anerkennungsvertrag oder Rechtshängigkeit nicht *bezeichnen* (BGH NJW-RR 2009, 997; teilw aA WSch/Lüke Rn 7). Die **Pfändung erfasst** vor Anerkennung oder Rechtshängigkeit den in seiner Verwertbarkeit durch Erfüllung der Voraussetzungen des I aufschiebend

bedingten Pflichtteilsanspruch (BGHZ 123, 183). Der Sch kann daher als Berechtigter nach wie vor allein entscheiden, ob dieser Anspruch gg den Erben durchgesetzt werden soll. Der Gl erlangt mit der eingeschränkten Pfändung bei Eintritt der Verwertungsvoraussetzungen ein vollwertiges PfandR; dessen Rang bestimmt sich nach dem Zeitpunkt der Pfändung. Abtretung oder Verpfändung des Pflichtteilsanspruchs ist auch nach eingeschränkter Pfändung dem Gl ggü unwirksam (§ 829 I 2). Steht noch nicht fest, ob der Sch Miterbe oder Pflichtteilsberechtigter ist, kann der Miterbenanteil (§ 859) und alternativ zugleich der Pflichtteilsanspruch gepfändet werden (Stöber ZAP 14, 133; aA Behr JurBüro 96, 65 [stellt Gl schutzlos]).

III) Schenkungen, Zugewinn (§ 852 II). Gleiches gilt nach II für den Anspruch des verarmten Schenkers auf **Herausgabe des Geschenks** (§ 528 BGB; für diesen Anspruch kein weitergehendes Pfändungsverbot, insb nicht nach § 851 I: BGH MDR 2007, 387) sowie für den Anspruch eines Ehegatten/Lebenspartner auf den **Ausgleich des Zugewinns** (§§ 1372 ff, § 1378 BGB). Auch solche Ansprüche sind als aufschiebend bedingte pfändbar. Vor Beendigung des Güterstands (bei Scheidung mit Rechtskraft) ist die Zugewinn-Ausgleichsforderung aber nicht abtretbar (§ 1378 III 1 BGB; BGH FamRZ 2008, 1435), somit auch nicht pfändbar (§ 851 I). Pfändung des Anspruchs eines Ehegatten/Lebenspartner gg einen Dritten (§ 1390 BGB) dürfte in gleicher Weise wie der Ausgleichsanspruch nur beschränkt möglich sein (vergleichbar dem Anspruch nach § 2329 BGB, sa Rn 2). 5

IV) Zuwendungen von Eltern. Erfolgte Zuwendungen um der Ehe/Lebenspartnerschaft ihres Kindes willen an den künftigen Ehegatten/Lebenspartner ihres Kindes werden als Schenkung (nicht als ehebezogene Zuwendung) angesehen (BGH MDR 2010, 932; BGH MDR 2010, 1190; BGH MDR 2010, 1121). Ein (pfändbarer) Rückabwicklungsanspruch besteht vor Scheitern der Ehe/Lebenspartnerschaft nicht, danach kann der Anspruch als Geldforderung (§ 829) oder als Sachherausgabeanspruch (§§ 846 ff) pfändbar sein, vor vertragl Anerkennung oder Rechtshängigkeit nach dem Grundgedanken von II jedoch nur als in seiner zwangsweisen Verwertbarkeit aufschiebend bedingter Anspruch. 6

V) Rechtsbehelfe. Gl: sof Beschwerde (§ 11 I RPflG; § 793); **Sch, Drittsch, Dritte:** Erinnerung (§ 766), nach deren Anhörung aber: sof Beschwerde (§ 793). 7

§ 853 Mehrfache Pfändung einer Geldforderung

Ist eine Geldforderung für mehrere Gläubiger gepfändet, so ist der Drittschuldner berechtigt und auf Verlangen eines Gläubigers, dem die Forderung überwiesen wurde, verpflichtet, unter Anzeige der Sachlage und unter Aushändigung der ihm zugestellten Beschlüsse an das Amtsgericht, dessen Beschluss ihm zuerst zugestellt ist, den Schuldbetrag zu hinterlegen.

I) Funktion. Wahrung der Belange jedes Drittsch, zB auch des Notars, wenn er Drittsch ist (StJ/Würdinger Rn 2; Heinze notar 2018, 407, 410; hierzu: § 829 Rn 33.33). Ein Drittsch soll bei mehrfacher Pfändung einer Forderung nicht das Risiko tragen, den für Leistung zur Befreiung von der Verbindlichkeit bestrangig berechtigten Gl festzustellen. 1

II) Voraussetzungen der Hinterlegung. Pfändung einer Geldforderung desselben Sch für mehrere Gl (§ 829 III), nicht auch Überweisung, somit auch Pfändung bei Sicherungsvollstr (§ 720a I) oder Arrestvollziehung (§ 930 I). Prüfung, ob eine Pfändung wirksam ist, wird dem Drittsch nicht abverlangt (Rn 1); Hinterlegung ermöglicht § 853 daher auch, wenn bei ZwV gg denselben Sch über die Wirksamkeit der Erstpfändung Unklarheit besteht (aA OLGR Frankfurt 2004, 250). Hinterlegung kann auch erfolgen, wenn die gepfändete Forderung größer ist als die Summe der VollstrAnsprüche der pfändenden Gl. Hat nur ein Gl gepfändet, ist Hinterlegung durch den Drittsch nicht zulässig. Ist dieselbe Forderung gepfändet und abgetreten, kann der Sch nur nach § 372 S 2 BGB hinterlegen (BGH MDR 2005, 652). Auch wenn mehrere Gl nach Pfändung bei ZwV gg versch Sch die Forderung in Anspruch nehmen (damit str ist, wer Forderungsgl und welche Pfändung wirksam ist) kann Hinterlegung nur nach § 372 S 2 BGB erfolgen (OLGR Köln 1998, 302). Nach Pfändung einer Geldforderung desselben Sch für mehrere Gl bleibt der Drittsch weiter berechtigt, an die Gl (nach Überweisung: § 835) in der Reihenfolge ihrer PfandR (§ 804 III, § 829 III) zu leisten. Dann ist der Drittsch jedoch dafür verantwortl, dass der Leistungsempfänger der bestberechtigte Gl ist. Er ist auch hierfür in seinem Vertrauen auf die Rechtmäßigkeit des Überweisungsbeschlusses des bestrangig berechtigten Gl nach § 836 II geschützt (MskV/Flockenhaus § 836 Rn 4 mwN). – Bei der Verwahrung auf einem Notaranderkonto ist der Notar als Drittsch (Rn 1) berechtigt/auf Verlangen verpflichtet, nach § 853 zu verf (Heinze notar 2018, 407). 2

III) Hinterlegungspflicht. Verpflichtet zur Hinterlegung ist der Drittsch nach mehrfacher Pfändung einer Geldforderung, wenn dies einer der Gl (auch ein nachrangiger) verlangt, dem die Forderung überwiesen (§ 835) und der Drittsch zur Leistung verpflichtet ist (Fälligkeit der gepfändeten Forderung, Bewirkung einer Gegenleistung usw). Die Hinterlegungsaufforderung bedarf keiner Form (aber Sicherung des Nachweises geboten). Wenn der Drittsch in einem solchen Fall an einen der pfändenden Gl leistet, besteht für ihn der Schutz des 3

§ 836 II nicht mehr. **Verweigert** oder verzögert der Drittsch **die Hinterlegung**, kann jeder Pfändungs- und Überweisungsgl gg ihn auf Hinterlegung gem § 856 oder Zahlung an sich selbst klagen. Beruft sich der Drittsch im Prozess auf sein Recht, zu hinterlegen, kann er nur zur Zahlung oder Hinterlegung verurteilt werden (MskV/Flockenhaus Rn 2). Der Drittsch hat dann die Wahl zwischen Zahlung und Hinterlegung. Hat der Pfändungsgl geklagt, ohne den Drittsch aufgefordert zu haben, zu hinterlegen, können den Kl die Kosten treffen (§ 93). Die Kosten der Hinterlegung (§ 788) darf der Drittsch von dem zu hinterlegenden Betrag abziehen.

4 **IV) Hinterlegungsort.** Zu hinterlegen ist bei der Hinterlegungsstelle eines AG (§ 853 sieht keine örtl Zuständigkeit vor; ratsam ist, auf den Leistungsort [§ 374 I BGB] abzustellen) unter gleichzeitiger Anzeige der Sachlage und Aushändigung der Beschlüsse an das AG, dessen Beschluss zuerst zugestellt wurden. Benachrichtigung des Pfändungsgl muss nicht erfolgen; Anzeige nach § 374 II BGB ist nicht zu erstatten. Hat den ersten Pfändungsbeschluss ein oberes Gericht als Beschwerde- oder Arrestgericht erlassen, ist ihm die Anzeige zu erstatten; diese ist an das AG abzugeben, das für die Erstpfändung örtl zuständig gewesen wäre, wenn für Amtsgerichte die sachl Zuständigkeit gegeben gewesen wäre (nicht an das AG für den Sitz des höheren Gerichts; aA OLG Kiel SchlHA 06, 122 [AG des Sitzes]). Geht die an keine Form gebundene Anzeige bei einem unzuständigen Gericht ein, hat dieses ohne weiteres das Schriftstück an das zuständige Gericht weiterzuleiten. Verweigert das angegangene Gericht die Annahme der Anzeige, steht dem Drittsch sowie allen Gl sof Beschwerde (§ 793) zu (OLG Frankfurt JurBüro 77, 1151).

5 **V) Wirkung.** Die Hinterlegung wirkt als Zahlung (§ 378 BGB). Der hinterlegte Betrag scheidet endgültig aus dem Vermögen des Hinterlegers aus; Rücknahme durch den Hinterleger ist nicht möglich. Rücknahmeverzicht braucht daher bei der Hinterlegung nicht erklärt zu werden. Hat der Drittsch mehr hinterlegt als er schuldet, hat er gg die Gl Anspruch aus ungerechtfertigter Bereicherung. Reicht der hinterlegte Betrag nicht zur Befriedigung aller Pfändungsgl aus, tritt das Verteilungsverf (§ 872) ein. Hinterlegung ohne Anzeige hat keine befreiende Wirkung. Bei Anzeige an ein unzuständiges Gericht und bei unvollständiger Anzeige (damit auch ggü einem Gl, der in der Anzeige nicht aufgeführt und dessen Beschluss nicht ausgehändigt ist) treten die Hinterlegungswirkungen nicht ein (OLGR Köln 1998, 38).

6 **VI) AO.** Zusammentreffen mit Pfändung durch eine Verwaltungs-VollstrBehörde: § 320 AO.

§ 854 Mehrfache Pfändung eines Anspruchs auf bewegliche Sachen

(1) [1]Ist ein Anspruch, der eine bewegliche körperliche Sache betrifft, für mehrere Gläubiger gepfändet, so ist der Drittschuldner berechtigt und auf Verlangen eines Gläubigers, dem der Anspruch überwiesen wurde, verpflichtet, die Sache unter Anzeige der Sachlage und unter Aushändigung der ihm zugestellten Beschlüsse dem Gerichtsvollzieher herauszugeben, der nach dem ihm zuerst zugestellten Beschluss zur Empfangnahme der Sache ermächtigt ist. [2]Hat der Gläubiger einen solchen Gerichtsvollzieher nicht bezeichnet, so wird dieser auf Antrag des Drittschuldners von dem Amtsgericht des Ortes ernannt, wo die Sache herauszugeben ist.

(2) [1]Ist der Erlös zur Deckung der Forderungen nicht ausreichend und verlangt der Gläubiger, für den die zweite oder eine spätere Pfändung erfolgt ist, ohne Zustimmung der übrigen beteiligten Gläubiger eine andere Verteilung als nach der Reihenfolge der Pfändungen, so hat der Gerichtsvollzieher die Sachlage unter Hinterlegung des Erlöses dem Amtsgericht anzuzeigen, dessen Beschluss dem Drittschuldner zuerst zugestellt ist. [2]Dieser Anzeige sind die Dokumente beizufügen, die sich auf das Verfahren beziehen.

(3) In gleicher Weise ist zu verfahren, wenn die Pfändung für mehrere Gläubiger gleichzeitig bewirkt ist.

1 **I) Funktion.** Drittsch-Schutz; er soll nicht verpflichtet sein, den Anspruchsberechtigten festzustellen. I trifft deshalb die dem § 853 entspr Regelung für mehrfache Pfändung eines Anspruchs, der eine bewegl Sache betrifft. Es gelten daher sinngemäß die Anm zu § 853. An Stelle der Hinterlegung tritt die Herausgabe an den GV, der nach dem zuerst zugestellten Beschluss zur Empfangnahme der Sache ermächtigt ist. Das Verlangen des Gl, dem der Anspruch überwiesen ist, kann schriftl oder mündl gestellt werden. Zuständig zur Ernennung des GV im Fall von I 2 ist das AG (Rpfleger) des Ortes, an dem die Sache herauszugeben ist.

2 Der GV hat von der Übernahme die übrigen Gl sofort zu benachrichtigen und sich die vollstrb Urkunden derselben aushändigen zu lassen. Sodann erfolgt Versteigerung des Gegenstandes gem §§ 814-825 II. Reicht der Erlös aus oder wird keine andere Verteilung des nicht ausreichenden Erlöses als nach der Reihenfolge der Pfändung beansprucht, hat ihn der GV zu verteilen.

3 Die Rangordnung (II, III) richtet sich nach dem Zeitpunkt der Anspruchspfändung. Verteilungsverf: §§ 872 ff. Gleichzeitige *Pfändung für mehrere Gl*: § 827 III.

4 **II) AO.** Zusammentreffen mit Pfändung durch eine Verwaltungs-VollstrBehörde: § 320 AO.

III) Gebühren. 1) Gericht: keine für das Verf der Bestimmung eines GV. – **2) RA:** Der vom RA des Gl gestellte Antrag ist durch die Vollstreckungsgeb 3309 RVG-VV abgegolten (§ 19 II Nr 3, § 18 I Nr 1 RVG). Stellt der RA des Drittsch den Antrag, verdient er die Geb 3309 RVG-VV. – **3) GV:** 206 GvKostG-KV (19,20 Euro). 5

§ 855 Mehrfache Pfändung eines Anspruchs auf eine unbewegliche Sache

Betrifft der Anspruch eine unbewegliche Sache, so ist der Drittschuldner berechtigt und auf Verlangen eines Gläubigers, dem der Anspruch überwiesen wurde, verpflichtet, die Sache unter Anzeige der Sachlage und unter Aushändigung der ihm zugestellten Beschlüsse an den von dem Amtsgericht der belegenen Sache ernannten oder auf seinen Antrag zu ernennenden Sequester herauszugeben.

I) Verfahren. Pfändung des Anspruchs auf Herausgabe eines Grundstücks: § 848 I. Das Verf, wenn der Anspruch für mehrere Gl gepfändet wurde, entspricht demjenigen von § 853. **Ernennung des Sequesters** durch das AG der belegenen Sache (zuständig: Rpfleger [§ 20 I Nr 17 RPflG]) auf Antrag des Gl oder des Drittsch. 1

II) Wirkung. Sicherungshypotheken (§ 848 II) entstehen in der Reihenfolge der Pfändungen. Gleichzeitige Pfändung für mehrere Gl gibt bei Eintragung Gleichrang. Sache eines späteren Gl ist es, einen beanspruchten Vorrang durch Widerspruch (§ 899 BGB) zu sichern. 2

III) AO. Zusammentreffen mit Pfändung durch eine Verwaltungs-VollstrBehörde: § 320 AO. 3

IV) Gebühren. 1) Gericht: keine für die Ernennung des Sequesters. – **2) RA:** des Gl: § 19 II Nr 3, § 18 I Nr 1 RVG; des Drittsch: 3309 RVG-VV. 4

§ 855a Mehrfache Pfändung eines Anspruchs auf ein Schiff

(1) Betrifft der Anspruch ein eingetragenes Schiff, so ist der Drittschuldner berechtigt und auf Verlangen eines Gläubigers, dem der Anspruch überwiesen wurde, verpflichtet, das Schiff unter Anzeige der Sachlage und unter Aushändigung der Beschlüsse dem Treuhänder herauszugeben, der in dem ihm zuerst zugestellten Beschluss bestellt ist.

(2) Absatz 1 gilt sinngemäß, wenn der Anspruch ein Schiffsbauwerk betrifft, das im Schiffsbauregister eingetragen ist oder in dieses Register eingetragen werden kann.

Sa § 847a; Zweck: wie §§ 853 ff; Verf: wie § 855. 1

§ 856 Klage bei mehrfacher Pfändung

(1) Jeder Gläubiger, dem der Anspruch überwiesen wurde, ist berechtigt, gegen den Drittschuldner Klage auf Erfüllung der nach den Vorschriften der §§ 853 bis 855 diesem obliegenden Verpflichtungen zu erheben.

(2) Jeder Gläubiger, für den der Anspruch gepfändet ist, kann sich dem Kläger in jeder Lage des Rechtsstreits als Streitgenosse anschließen.

(3) Der Drittschuldner hat bei dem Prozessgericht zu beantragen, dass die Gläubiger, welche die Klage nicht erhoben und dem Kläger sich nicht angeschlossen haben, zum Termin zur mündlichen Verhandlung geladen werden.

(4) Die Entscheidung, die in dem Rechtsstreit über den in der Klage erhobenen Anspruch erlassen wird, ist für und gegen sämtliche Gläubiger wirksam.

(5) Der Drittschuldner kann sich gegenüber einem Gläubiger auf die ihm günstige Entscheidung nicht berufen, wenn der Gläubiger zum Termin zur mündlichen Verhandlung nicht geladen worden ist.

I) Aktivlegitimation. Die Klage auf Hinterlegung des Geldes (§ 853) oder auf Herausgabe der Sache an den GV (§ 854) oder Sequester (§ 855) kann jeder Gl stellen, dem der Anspruch überwiesen wurde (§ 835). Obwohl in I nicht ausdrückl erwähnt, gilt I auch für die Fälle von § 855a (Herausgabe an den Treuhänder). Ist eine Klage erhoben, kann sich ein anderer Pfändungsgl dem Kl als notw Streitgenosse (§ 62) anschließen; dies gilt auch für den Arrestgl (§ 930). Hat ein Gl Klage erhoben, steht der Klage eines anderen Gl § 261 III Nr 1 (Rechtshängig- 1 keit) entgegen. Die klagenden Gl haben dem Sch den Streit zu verkünden (§ 841). **Anschließung** durch Einreichung eines Schriftsatzes oder Erklärung zu Protokoll.

2 **II) Verfahren. 1) Ladung.** Sie erfolgt nur zur ersten mündl Verh, und zwar vAw (§ 214) durch die GeschSt, der der Drittsch die Gl zu bezeichnen hat.

3 **2) Einwendungen des Drittschuldners. a)** Betreffen die Einwendungen die **Hinterlegungs-/Herausgabepflicht** ggü einzelnen Gl, ist die Klage abzuweisen, wenn eine Mehrheit von Gl nicht (mehr) vorhanden ist oder wenn nur eine Mehrheit von Gl verbleibt, denen der Anspruch nicht überwiesen wurde (StJ/Würdinger Rn 5).

4 **b)** Einwendungen, die sich gg den **Bestand** des gepfändeten Anspruchs richten, kann der Drittsch gg jeden Gl geltend machen (MskV/Flockenhaus Rn 5). Die Klage ist nur dann unbegründet, wenn an den Bestberechtigten Zahlung geleistet oder ihm ggü Aufrechnung erklärt ist. Gleich steht der Überweisung an Zahlungs statt oder bei der Überweisung zur Einziehung im Verhältnis zum Sch die Verrechnung des vollen Betrages der überwiesenen Forderung auf die beizutreibende Forderung (StJ/Würdinger Rn 6).

5 **III) Rechtskraft.** Die Entscheidung ist hinsichtl des in der Klage erhobenen Anspruchs, nicht darüber hinaus, **für** alle Gl, aber nur **gegen** diejenigen Gl wirksam, die beigetreten oder geladen waren; ggü dem Pfändungssch schafft sie keine Rechtskraft (RGZ 83, 117). Umschreibung der Klausel auf Gl, die am Rechtsstreit nicht teilgenommen hatten: §§ 727, 730, unabhängig davon, ob der weitere Gl vor oder nach Rechtshängigkeit der Drittsch-Klage gepfändet hat (OLG Saarbrücken NJW-RR 90, 1472).

6 **IV) AO.** Zusammentreffen mit Pfändung durch eine Verwaltungs-VollstrBehörde: § 320 AO.

7 **V) Gebühren.** Die Klage gegen den Drittsch gehört nicht zum ZwV-Verf, sodass Gericht und RA die Regelgeb wie im ordentl Prozess erhalten (1210 ff GKG-KV, 3100 ff RVG-VV). Die Streitverkündung an den Sch durch den RA der klagenden Gl gehört zum Rechtszug (§ 19 I 2 Nr 1b RVG).

§ 857 Zwangsvollstreckung in andere Vermögensrechte

(1) Für die Zwangsvollstreckung in andere Vermögensrechte, die nicht Gegenstand der Zwangsvollstreckung in das unbewegliche Vermögen sind, gelten die vorstehenden Vorschriften entsprechend.

(2) Ist ein Drittschuldner nicht vorhanden, so ist die Pfändung mit dem Zeitpunkt als bewirkt anzusehen, in welchem dem Schuldner das Gebot, sich jeder Verfügung über das Recht zu enthalten, zugestellt ist.

(3) Ein unveräußerliches Recht ist in Ermangelung besonderer Vorschriften der Pfändung insoweit unterworfen, als die Ausübung einem anderen überlassen werden kann.

(4) [1]Das Gericht kann bei der Zwangsvollstreckung in unveräußerliche Rechte, deren Ausübung einem anderen überlassen werden kann, besondere Anordnungen erlassen. [2]Es kann insbesondere bei der Zwangsvollstreckung in Nutzungsrechte eine Verwaltung anordnen; in diesem Fall wird die Pfändung durch Übergabe der zu benutzenden Sache an den Verwalter bewirkt, sofern sie nicht durch Zustellung des Beschlusses bereits vorher bewirkt ist.

(5) Ist die Veräußerung des Rechts selbst zulässig, so kann auch diese Veräußerung von dem Gericht angeordnet werden.

(6) Auf die Zwangsvollstreckung in eine Reallast, eine Grundschuld oder eine Rentenschuld sind die Vorschriften über die Zwangsvollstreckung in eine Forderung, für die eine Hypothek besteht, entsprechend anzuwenden.

(7) Die Vorschrift des § 845 Abs. 1 Satz 2 ist nicht anzuwenden.

1 **I) Anwendungsbereich.** Bestimmung, wie bei ZwV einer Geldforderung des Gl die Pfändung (§ 803 I) sonstiger Vermögensrechte, die nicht Geldforderungen (§§ 829 ff) oder Herausgabeansprüche (§§ 846 ff) sind, zu vollziehen ist. Mit dieser Pfändung erlangt der Gl ein PfandR an dem Recht des Sch (§ 804 I). Verwertung erfolgt mit Überweisung (§ 835) oder anderweit (IV, V, § 844).

2 **II) Vermögensrecht.** Nach § 857 pfändbar sind Rechte aller Art, die einen Vermögenswert derart verkörpern, dass die Pfandverwertung zur Befriedigung des Geldanspruchs des Gl führen kann (BGH MDR 2005, 1311; BGH NJW-RR 2007, 1219; BGH Rpfleger 2009, 90). **1) Nicht pfändbare Rechte.** Das sind Persönlichkeitsrechte, Familienrechte, Mitgliedsrechte ohne Vermögenswert, Handlungsbefugnisse, zB die Einziehungsermächtigung (BAG MDR 80, 522); außerdem als Gegenstand der ZwV in das unbewegl Vermögen (I mit § 864) nicht das Eigentum sowie ein Miteigentumsanteil an einem Grundstück, einem grundstücksgleichen Recht, eingetragenen Schiff sowie Schiffsbauwerk und an einem Luftfahrzeug, schließlich nicht das Eigentum an bewegl körperl Sachen als Gegenstand der Mobiliar-ZwV (§§ 808 ff). Ein ges nicht übertragbares Recht ist nicht pfändbar (§ 851 I entspr; Ausnahme aber nach § 857 III); ein vereinbarungsgemäß nicht übertragbares Recht kann nach § 851 II gepfändet werden (BGH 17.3.2016 – IX ZR 303/14, juris Tz 32). **2) Pfändbare Rechte.** Das sind zB **An-**

wartschaft (Rn 5, 6); das Bezugsrecht des **Aktionärs**; das **Dauerwohnrecht** (§ 31 WEG); der Anspruch auf **Duldung**; der Anteil am Gesellschaftsvermögen einer **GbR**, **OHG**, **KG** (iE dazu: § 859 Rn 1), **stillen Gesellschaft**; der Geschäftsanteil einer **GmbH**; das **genossenschaftliche Geschäftsguthaben**; übertragbare **Lizenzen**, das sind an einem Patent, Warenzeichen usw bestellte, nicht betriebsgebundene Nutzungsrechte (St/Rellermeyer E.241); das Recht aus dem **Meistgebot** in der (Grundstücks-)Zwangsversteigerung (BGH NJW 90, 989); der Anteil des **Miterben** am Nachlass (§ 859 Rn 2 ff); das **Nacherbenrecht**; das Recht, die **Rückauflassung** eines Grundstücks zu verlangen (s § 848 Rn 16); der Anspruch aus einer **Sicherungs-** oder **Treuhandvereinbarung** (BGH MDR 2010, 1017); der **Rückgewähranspruch** bei **Sicherungsgrundschuld** (Rn 15); der Anspruch des Sch auf Mitwirkung der Bank zur Öffnung eines **Stahlkammerfachs**; **Unterlassungsansprüche**; das Recht aus einem **Vertragsangebot**, wenn dem Angebotsempfänger die Befugnis eingeräumt ist, es an einen Dritten abzutreten (BGHZ 154, 64, 69); das Recht aus einer **Vollmacht**, wenn sie im Interesse des Bevollmächtigten erteilt wurde, wie zB dann, wenn sie dem Erwerb von Vermögenswerten des Vollmachtgebers durch den Bevollmächtigten dienen soll (LG Koblenz RNotZ 2001, 391; aA Vortmann NJW 91, 1038 [Kontovollmacht ist unpfändbar]); das Recht auf Arbeitsleistung aus einem **Werkvertrag**; Rechte aus **Wertpapierverwahrung** (Hollinger MDR 2019, 520, 524; zum **elektron Wertpapier:** § 821 Rn 2), und zwar der Anspruch auf die Erlöse (fällige Erträge, sonstige Ausschüttungen und Rückzahlungsbeträge auf fällige und ausgeloste Stücke) als Geldforderung sowie bei Sonderverwahrung (§ 2 DepotG) nach § 846 der Herausgabeanspruch, bei Sammelverwahrung (§ 5 DepotG) nach § 857 der Sch-Anteil als Hinterleger (BGH NJW-RR 2008, 494) und nach § 846 der Auslieferungsanspruch (§ 7 I DepotG); zum Anspruch auf Übertragung von Aktien in Sammelverwahrung: § 886 Rn 3; pfändbar ist der Sch-Anteil an sammelverwahrten Schuldbuchforderungen (Wertrechte) nach § 857 (Erk Rpfleger 91, 236) und das (übertragbare: BGH MDR 91, 634) **Wiederkaufsrecht** (St/Rellermeyer E.418 ff); der Anspruch auf Erteilung der **Zustimmung** nach § 7 II **ErbbauRG** (III iVm § 851 II; OLG München 6.4.2018 – 34 Wx 19/17).

3) Nebenrechte. Nicht selbständig pfändbar sind Einzelbefugnisse, die dem Inhaber des Rechts im Rahmen eines bestimmten Rechtsverhältnisses zustehen, zB das Anfechtungsrecht, Rücktrittsrecht, ein Kündigungsrecht (BGH NJW-RR 2007, 1219; aber „Mitpfändung" zulässig: LG Aurich DGVZ 2019, 152; sa § 829 Rn 33.8, 33.29); der Anspruch gg einen Dritten auf Herausgabe eines Hypothekenbriefs. Solche Befugnisse können aber uU im Wege der **Hilfspfändung** zur Durchsetzung des Hauptanspruchs gepfändet und zur Einziehung überwiesen werden, zB der Anspruch gg einen Dritten auf Herausgabe eines Hypothekenbriefs. – Die öffentl-rechtl Arzneimittelzulassung ist nicht selbständig pfändbar (BGH NJW 90, 2931). Unpfändbarkeit der Zulassung als Vertragsarzt: LSG NRW NJW 97, 2477. Unpfändbarkeit des „Rechts" auf Annahme der Erbschaft: OLG München NJW 2015, 2128. 3

III) Verfahren. Auf die Pfändung eines Vermögensrechts sind §§ 828-856 entspr anzuwenden. Die Pfändung erfolgt somit ebenfalls durch Beschluss des VollstrGerichts (Zuständigkeit: § 828; für Schiffspart: § 858 II), der auf Antrag des Gl ergeht. Einzelheiten: § 829 Rn 3 ff. Wirksam wird die Pfändung mit Zustellung des Beschlusses an den Drittsch (I, § 829 III; BGH MDR 2021, 321 Tz 23; dazu: § 829 Rn 15). **Drittsch** (hier in weitem Sinne verstanden) ist jeder Dritte, dessen Leistung zur Ausübung des gepfändeten Rechts erforderl ist oder dessen Rechtsstellung von der Pfändung berührt wird (St/Rellermeyer A.8 mwN). Wenn ein Drittsch nicht vorhanden ist, wird die Pfändung mit Zustellung an den Sch wirksam (II), die sich deshalb nach den Regeln über die Zustellung an einen Drittsch richtet (StJ/Würdinger Rn 99). Beim Sch im Ausland kann sie dann nicht durch Aufgabe zur Post erfolgen (MskV/Flockenhaus Rn 5; MK/Smid Rn 6). Das Gebot an den Sch, sich jeder Verfügung über das gepfändete Recht, insb seiner Einziehung, zu enthalten (§ 829 I 2), ist im Fall von II für die Pfändung wesentl, ist Wirksamkeitserfordernis (anders bei Vorhandensein eines Drittsch: § 829 Rn 7). Fehlt es, ist die Pfändung eines drittschuldnerlosen Rechts unwirksam. – Zu dingl Rechten: VI. – **Vorpfändung** (§ 845) ist zulässig; jedoch kann Anfertigung der Benachrichtigung nicht dem GV übertragen werden (VII); erlaubt ist sie ihm allerdings, wobei er dann als Bevollmächtigter des Gl handelt (StJ/Würdinger Rn 105; WSch/Lüke Rn 8 aE; str; aA St/Rellermeyer B.501). 4

IV) Einzelfälle. 1) Anwartschaftsrechte. a) Pfändbar ist das Anwartschaftsrecht, das bei der Veräußerung eines Grundstücks dem Auflassungsempfänger zusteht (sa § 848 Rn 13). 5

b) Pfändbar ist das Anwartschaftsrecht, das dem Erwerber einer unter aufschiebender Bedingung zu Eigentum übertragenen **bewegl Sache** vor Eintritt der Bedingung zusteht (Lux MDR 2008, 895). Die Pfändung des Anwartschaftsrechts wird durch Zustellung des Pfändungsbeschlusses an den Veräußerer (Drittsch: BGH NJW 54, 1325; aA Strutz NJW 69, 831 [§ 857 II]) wirksam. Für den Sch (Vorbehaltskäufer) bewirkt die Pfändung des Anwartschaftsrechts eine relative Verfügungsbeschränkung zugunsten des Gl. Der Sch darf über das Anwartschaftsrecht insoweit nicht mehr verfügen, als die Verfügung das PfandR des Gl beeinträchtigt. Er kann zB das Anwartschaftsrecht nicht mit Wirkung ggü dem Pfändungsgl auf einen Dritten übertragen. Zahlung des Restkaufpreises, die zur Folge hat, dass das Anwartschaftsrecht untergeht, ist keine den Gl beeinträchtigende Verfügung. Zweck der Pfändung des Anwartschaftsrechts ist neben der Verfügungsbeschränkung des Sch gerade, dem Gl das Recht zu verschaffen, den Restkaufpreis selbst an den Drittsch zu zahlen. Mit Zahlung des Kaufpreisrestes ist das Anwartschaftsrecht in das Volleigentum übergegangen. Das Anwartschaftsrecht und damit das PfandR bestehen dann nicht mehr. Der Gl erlangt ein PfändungspfandR an der Sache selbst (§ 804 I) nur dann, wenn auch diese für ihn nach § 808 gepfändet ist. **Notwendig** ist daher sog **Doppelpfändung** (Verbin- 6 dung von Rechts- und Sachpfändung; hM, MskV/Flockenhaus Rn 7; krit zur Doppelpfändung: Raacke NJW 75, 248; Hübner NJW 80, 729, 733). Solange der Kaufpreis nicht bezahlt ist, hat Veräußerer gg die Sachpfändung Widerspruchsklage nach § 771 (MskV/Flockenhaus Rn 7), Gl kann aber durch Ausübung des ihm zustehenden Rechts, den Kaufpreisrest abzulösen, den Widerspruch des Veräußerers abwenden. Der Rang mehrerer PfändungspfandR an der Sache richtet sich nach dem Zeitpunkt der Sachpfändung (§ 804 III; St/Rellermeyer E.38; ähnlich: WSch/Lüke Rn 66 [frühester Zeitpunkt des mehraktigen Vorgangs]; aA [frühere Rechtspfändung] hM: zB MskV/Flockenhaus Rn 7 mwN), nicht nach dem Zeitpunkt des Eigentumserwerbs durch den Sch. – Verwertung: **aa**) des gepfändeten Anwartschaftsrechts erfolgt nach V; Überweisung zur Einziehung ist statthaft, bewirkt allerdings keinen Übergang des Anwartschaftsrechts auf den Gl, sie ermächtigt ihn nur, das Recht des Sch im eigenen Namen geltend zu machen. Die Anwartschaft verbleibt daher im Vermögen des Sch, so dass er und nicht der Gl bei Bedingungseintritt Eigentümer wird. Ein rechtsgeschäftl Erwerb des Anwartschaftsrechts vor dessen Pfändung berechtigt den Erwerber selbst dann zur Widerspruchsklage (§ 771), wenn der Pfändungsgl vor dem Rechtsübergang eine Sachpfändung erwirkt hat (BGH NJW 56, 665); **bb**) der Sache: §§ 814 ff.

7 **2) Schutzrechte. a) Patentrechte** (PatG). Pfändbar ist das Recht auf das Patent (§ 6 PatG), der Anspruch auf Erteilung des Patents (für die angemeldete Erfindung: § 7, § 34 PatG) und das Recht aus dem Patent (§ 9 PatG; BGH NJW 94, 3099). Wirksam wird die Pfändung durch Zustellung an Sch, da ein Drittsch fehlt (II). Nachweis ggü dem Patentamt durch Vorlage des Pfändungsbeschlusses. Hilfspfändung der Patenturkunde nach § 836 III. Vorpfändung (§ 845) ist zulässig. Verwertung (IV, V iVm §§ 857, 844; St/Rellermeyer E.318 ff). Geldforderungen aus Patentrechten/Patentverletzungen werden nach §§ 829 ff gepfändet.

8 **b) Gebrauchsmuster** (GebrMG): wie Patentrechte (§ 13 GebrMG).

9 **c) Design.** Pfändbar, weil übertragbar (§ 29 I DesignG), sind das Recht am eingetragenen Design (§ 30 I Nr 2 DesignG) u das durch Anmeldung begründete Recht (§ 32 DesignG). Zustellung an Sch (II). Verwertung: wie Patent.

10 **d) Marken.** Schutzfähige Marken (Aufzählung: §§ 3, 97 MarkenG; Vogt NJW 95, 2819) und **geschäftliche Bezeichnungen** (Unternehmenskennzeichen und Werktitel: § 5 MarkenG) können Gegenstand der ZwV sein. Bei ZwV gg den Markeninhaber können gepfändet werden das durch Eintragung, Benutzung oder notorische Bekanntheit begründete Recht (§ 29 I Nr 2 MarkenG) sowie die durch Anmeldung begründeten Rechte (§ 31 MarkenG). Pfändung erfolgt durch das VollstrGericht (§ 828; LG Düsseldorf JurBüro 98, 493) nach II; ein Drittsch ist nicht vorhanden; das Patentamt ist nicht Drittsch. Eintragung in das vom Patentamt geführte Register: § 31 II MarkenG. Verwertung: §§ 844, 857 IV. Für geschäftl Bezeichnungen ergeben sich Einschränkungen; so ist die mit dem Handelsgeschäft verbundene (§ 23 HGB) Firma nicht pfändbar (BGHZ 93, 921; StJ/Würdinger Rn 26).

11 **e) Urheberrechte/verwandte Schutzrechte.** Das Urheberpersönlichkeitsrecht (§§ 12 ff UrhG) ist nicht pfändbar (StJ/Würdinger Rn 22). Das Urheberrecht als Ganzes ist unter Lebenden nicht übertragbar (§ 29 I UrhG) und daher nicht pfändbar (I iVm § 851 I). Ansonsten gelten die allg Bestimmungen, soweit nicht §§ 113-119 UrhG etwas anderes regeln (§ 112 UrhG). Danach ist die Pfändung in die Verwertungsrechte (§§ 15 ff UrhG) wegen Geldforderungen gg den Urheber (§ 113 S 1 UrhG) oder seinen Rechtsnachfolger (§ 115 S 1 UrhG) nur mit deren Einwilligung und nur insoweit zulässig, als diese Nutzungsrechte einräumen können (III; § 29 II, § 31 UrhG); entspr Anwendung auf Verfasser wissenschaftl Ausgaben und Lichtbildner (§ 118 UrhG). Nicht pfändbar ist der Anspruch auf angemessene Vergütung (§ 32 I 3 UrhG; MskV/Flockenhaus Rn 11). – Ohne Einwilligung ist die Pfändung anfechtbar (St/Rellermeyer E.368). Auch bei der ZwV gg den berechtigten Dritten bedarf es der Einwilligung (§ 34 UrhG; Ausnahmen: § 34 III, § 90 I 1 Nr 1 UrhG). – Bewirkt wird die Pfändung nach II (St/Rellermeyer E.369). Verwertung durch Überweisung zur Einziehung. – In Geldforderungen des Urhebers aus seiner Rechteverwertung (Honoraransprüche etc) wird nach §§ 829 ff vollstr; § 850i kann einschlägig sein (MskV/Flockenhaus Rn 11; sa § 850i Rn 1a).

12 **3) Unveräußerliche Rechte (§ 857 III). a) aa)** Der **Nießbrauch** (§ 1059 BGB) und die **beschränkte persönliche Dienstbarkeit** (§ 1092 BGB, auch als **Wohnungsrecht** [§ 1093 BGB; ausf zu dessen Pfändbarkeit: BGH MDR 2023, 623]) sind, falls nicht im Einzelnen anderes bestimmt ist, der Pfändung nach § 857 insoweit unterworfen, als die **Ausübung** einem anderen übertragen werden kann (III). Beim Nießbrauch kann die Ausübung einem anderen überlassen werden (§ 1059 S 2 BGB; daher pfändbar: OLG Düsseldorf ZIP 2020, 476 Tz 15), bei der beschr persönl Dienstbarkeit (§ 1092 I 2 BGB) nur, wenn dies vereinbart ist. Eintragung der Ausübungsgestattung im Grundbuch (auch nur durch Bezugnahme auf die Eintragungsbewilligung) erfordert Pfändbarkeit nicht (BGH MDR 2007, 296). Die Vereinbarung kann aufgehoben werden mit der Folge, dass das Recht fortan wieder nach § 1092 I 1 BGB nicht übertragbar und damit nicht pfändbar ist (BGH MittBayNot 2009, 136). Vertragl Ausschluss der Überlassung der Nießbrauchsausübung (hat dingl Wirkung mit Grundbucheintragung) berührt die Pfändbarkeit nicht (I iVm § 851 II; BGHZ 95, 99). Gesetzlich in bestimmten Fällen zulässige Übertragbarkeit des Rechts einer jur Person oder rechtsfähigen Personengesellschaft (§ 1059a BGB) ermöglicht Pfändung nicht (§§ 1059b, 1092 III u [für Vorkaufsrecht] § 1098 III BGB). Gepfändet wird das Recht, zB der *Nießbrauch* (**Formulierungsvorschläge:** Vorwerk/Goldbach, PFB, M 53.6, M 53.7 [Antrag auf Eintragung], M 53.8 [an Vermögen], M 53.9 [an Wertpapieren]) oder die beschr persönl Dienstbarkeit selbst, nicht ein obliga-

torischer Anspruch auf seine Ausübung (BGH MDR 2006, 949). III erklärt diejenigen unveräußerl Rechte, deren Ausübung übertragbar ist, selbst für pfändbar, nicht die Ausübung der Rechte. Die Unveräußerlichkeit wirkt sich außerdem dahin aus (bringt IV zum Ausdruck), dass der Gl sich nicht durch Verwertung des Rechts, sondern nur aus dessen Nutzungen befriedigen darf. Die Pfändung wird mit Zustellung an den Eigentümer, der Drittschuldner ist, wirksam (§§ 857, 829 III). Sie kann als Verfügungsbeschränkung auf Antrag des Gl in das Grundbuch eingetragen werden (BayObLG DNotZ 98, 302). Die Eintragung ist im Hinblick auf §§ 892, 893 BGB geboten, zur Wirksamkeit der Pfändung aber nicht erforderl (BayObLG DNotZ 98, 302). Löschung des Nießbrauchs erfordert die Zustimmung des Pfändungsgl. Mit der Pfändung ist der Nießbrauch der Verfügung des Berechtigten entzogen (§§ 135, 136 BGB: BGH MDR 2006, 949). **bb)** Auch ein **Miet**- oder **Pachtrecht** ist unter gleichen Voraussetzungen (Gestattung des Überlassens an Dritte: § 540 BGB) pfändbar (StJ/Würdinger Rn 30), jedoch muss der Pfandgl die offene Miete oder Pacht zahlen. **cc)** Bei mietähnl Leasingverträgen ist der Anspruch eines **Leasingnehmers** auf Gebrauchsüberlassung (Nutzung des Leasingobjekts) als unveräußerl Recht nur pfändbar, wenn Überlassung des Gebrauchs an einen Dritten gestattet ist (OLG Düsseldorf NJW 88, 1676; AG Neuwied DGVZ 96, 142; aA Teubner/Lelley ZMR 99, 151 [uneingeschränkt pfändbar]); beim nicht mietähnl Vertrag gilt diese Einschränkung nicht (StJ/Würdinger Rn 31). Beim kaufähnl Charakter des Vertrages ist zwar eine dem Sch zustehende Option nicht pfändbar, jedoch sind es die entstehenden Rechte, wenn der Sch die Option ausübt (StJ/Würdinger Rn 32). **dd)** Bei der **Sicherungsübereignung** ist das Nutzungsrecht des Sch pfändbar, wenn der Drittsch Nutzung durch Dritte erlaubt hat (OLG Schleswig SchlHA 90, 55).

b) Der schuldrechtl Anspruch des (Bruchteils-)**Miteigentümers** eines Grundstücks (§§ 741 ff, § 1008 BGB) auf 12a
Aufhebung der Gemeinschaft ist ohne den Miteigentumsanteil nicht abtretbar, nach I iVm § 851 I daher auch allein nicht pfändbar (BGH MDR 2006, 832). Zur Ausübung kann der Anspruch auf Auseinandersetzung jedoch dem überlassen werden (III), dem auch das übertragbare künftige Recht auf den dem Miteigentumsanteil entspr Teil des Versteigerungserlöses abgetreten worden ist. Der Aufhebungsanspruch kann daher auch zusammen mit dem künftigen Anspruch auf eine den Anteilen entspr Teilung und Auskehrung des Versteigerungserlöses gepfändet werden (BGH NJW-RR 2014, 740 Tz 6; offen gelassen: BGH NJW 2017, 2768 Tz 27, Tz 28). In das Grundbuch kann die Pfändung als „Anteilsbelastung" oder „Verfügungsbeschränkung" nicht eingetragen werden (St/Rellermeyer E.103). Nach Pfändung und Überweisung kann der Gl die Zwangsversteigerung des gesamten Grundstücks (§§ 180 ff ZVG) betreiben. Insolvenz des Sch nach der Pfändung hindert sie nicht. Der Sch ist dadurch aber nicht an einer Verfügung über seinen Miteigentumsanteil gehindert, auch wenn der gepfändete Anspruch damit untergeht (BGH MDR 2010, 894). Er ist auch nicht gehindert, die Teilungsversteigerung zu beantragen (BGH NJW 2017, 2768 Tz 23, 26). Pfändung des **Miteigentums**anteils an einer **bewegl Sache** erfolgt nach § 857 (BGH NJW 93, 935, 937). Der **Rangvorbehalt** (§ 881 BGB) ist nicht pfändbar.

c) WEG. Das **Sondernutzungsrecht** eines Wohnungseigentümers wird am Gemeinschaftseigentum begründet 12b
und ist als vereinbarte Eigentümerbefugnis entweder Inhalt des Sondereigentums oder sogar nur einfache (interne) Nutzungsregelung, jedenfalls aber nicht selbständiges Vermögensrecht. Es kann daher nicht (auch nicht nach III) gepfändet werden (OLG Stuttgart NZM 2002, 884; St/Rellermeyer E.424; aA Schuschke NZM 99, 830 [als Vermögensrecht pfändbar von Miteigentümern]; MskV/Flockenhaus Rn 19). Das WEMoG hat hieran nichts geändert. – Rechte eines sein Sondernutzungsrecht übertragenden Treugebers werden als pfändbar angesehen (BGH MDR 2010, 1017 Tz 16; MskV/Flockenhaus Rn 19).

d) Internet-Domain. Die Gesamtheit der schuldrechtl Ansprüche des Inhabers einer „Internet-Domain" ggü 12c
der Vergabestelle aus dem Vertragsverhältnis ist als Vermögensrecht Gegenstand der Pfändung (BGH MDR 2019, 125 Tz 19 mwN). Drittsch ist als Vergabestelle die DENIC Domain Verwaltungs- und Betriebsgesellschaft eG Frankfurt (BFHE 258, 223; BGH WM 2018, 2286 Tz 16). Die „Internet-Domain" als solche (Adresse im Internet) wird nicht als pfändbares Vermögensrecht angesehen. Auslegung in Pfändung der Gesamtansprüche liegt aber nahe. Die Verwertung der gepfändeten, schuldrechtl Ansprüche ggü der Vergabestelle kann nach § 844 I, § 857 I durch Überweisung an Zahlungs statt zum Schätzwert erfolgen (BGH 19.12.2018 – VII ZR 288/17, juris Tz 4 f mwN), aber auch durch Versteigerung im Internet (LG Mönchengladbach MDR 2005, 118) oder freihändige Veräußerung nach § 844 (V; erfordert Wertbestimmung; zur Bewertung: H. Schneider ZAP 14, 355; Viefhues MMR 2000, 286). Es kann die Ausübung auch einem anderen (gg Entgelt) überlassen werden (wird für wenig praktikabel gehalten). Namens- und Markenschutz Dritter (auch Schutz einer geschäftl Bezeichnung) begründet Unpfändbarkeit nicht (Kleespies GRUR 2002, 764, 771 [Ausnahme für § 5 II MarkenG]; Boecker MDR 2007, 1234), ist aber jedenfalls vom VollstrGericht bei Pfändung nicht zu prüfen (LG Mönchengladbach MDR 2005, 118; H. Schneider ZAP 14, 355). Verletzung von Rechten Dritter durch den Sch als Berechtigter der Domain-Registrierung begründet aber Unterlassungs-/Löschungsanspruch auch gg den Pfandgl, kann damit die Domain als Pfandobjekt entwerten. § 803 I 2 und II sind zu beachten. Unpfändbarkeit der Internet-Domain kann sich aus § 811 ergeben (LG Mühlhausen DGVZ 2013, 56 [zu § 811 I Nr 5 aF = § 811 I Nr 1b Alt 1 nF]).

e) Die einem **Landwirt** zugewiesenen **Zahlungsansprüche** nach der **VO (EU)** 2021/2115 haben einen Markt- 12d
und Vermögenswert. Sie sind sonstiges nach § 857 pfändbares Vermögensrecht (vgl MskV/Flockenhaus Rn 2b). § 851a ist nicht anwendbar (§ 851a Rn 2). Zu den Auswirkungen zeitl/persönl Beschränkungen der Übertrag-

barkeit der Ansprüche: BGH NJW-RR 2009, 411 Tz 9 ff (noch zur VO [EG] Nr 1782/2003; zuletzt ersetzt durch VO [EU] 2021/2115).

12e **4) Kryptowerte.** Die rechtl Einordnung und daraus folgend die Möglichkeiten der Pfändung wegen einer Geldforderung in einen Kryptowert (zB Bitcoin) eines Sch sind str. Aus § 1 Ia 2 Nr 6, XI 1 Nr 10, XI 4 KWG ist Pfändbarkeit unmittelbar aus § 857 herzuleiten (Skauradszun WM 2020, 1229; für analoge Anwendung: Badstuber DGVZ 2019, 246; Koch DGVZ 2020, 85). – In den Anspruch des Sch gg einen Drittsch auf Übertragung eines Kryptowertes wird nach § 857 vollstr; einer Analogie bedarf es nicht (Badstuber aaO S 252; Koch aaO S 88). Der Anspruch gg den Sch, seinen Kryptowert zu übertragen, wird nach § 887 vollstr (OLG Düsseldorf MDR 2021, 643; Koch aaO S 88; str; aA Badstuber aaO S 252; MskV/Lackmann § 887 Rn 10 [§ 888]).

12f **5) Daten.** Software wird nach §§ 803 ff gepfändet, entweder durch Wegnahme des Speichers oder durch Kopieren und Löschen auf dem Datenträger des Sch (sa § 803 Rn 1). Ob darüber hinaus personen- und unternehmensbezogene Daten den Begriff „Vermögensgegenstand" ausfüllen können und einem VollstrZugriff gem § 857 offenstehen, ist noch ungeklärt (Paulus DGVZ 2020, 133) und derzeit zu verneinen (aA: Bericht der Arbeitsgruppe „Digitaler Neustart" v 15.5.2017, 9 f, 84 f [Pfändung wie bei der Internet-Domain]; zu Recht krit Paulus DGVZ 2020, 133, 135 f). – Zwar kann ein Verbraucher auch mit personenbezogenen Daten durch deren Bereitstellung oder die Verpflichtung hierzu „bezahlen" (sa § 312 Ia S 1 BGB; hierzu: BTDrs 19/27653, 34 ff). Hieraus kann aber nicht abgeleitet werden, ein Gl dieses Verbrauchers könne dessen Daten als ein Vermögenswert pfänden lassen und selbst verwerten, denn die rechtsdogmatische Einordnung dieses Bereitstellens ist weiter offen (sa BTDrs 19/27653, 35; Paulus DGVZ 2020, 133, 140 aE).

13 **V) Verwertung (§ 857 IV, V).** Sie kann durch Überweisung zur Einziehung (beim Nießbrauch: der Ausübungsbefugnis; BGHZ 166, 1, 4) oder an Zahlungs statt erfolgen, soweit dies nach der Art des zu verwertenden Rechts möglich ist (§ 835 I); zur Verwertung bei Pfändung des Nießbrauchs an einem ideellen Grundstücksteil (Bruchteilsnießbrauch): BGH MDR 2007, 486. Ordnet das Gericht eine andere Art der Verwertung (§ 844) an, zB bei veräußerl Rechten die **Veräußerung** durch den GV, ohne nähere Bestimmung zu treffen, vollzieht sie sich nach dem Rechtsgedanken des VollstrRechts (Versteigerung; entspr Anwendung von §§ 816 ff; Einzelheiten: § 844 Rn 6). Rechtsübertragung auf den Ersteher nach dem Zuschlag kann und sollte von der Zahlung des Kaufpreises abhängig gemacht werden (§ 844 Rn 6). Versteigerung eines Anteils des Sch an ungeteilter Erbengemeinschaft: RGZ 87, 325; an GmbH: RGZ 91, 432. Ein gepfändetes Nacherbenrecht, das der GV auf Grund Anordnung nach V versteigert, geht mit dem Zuschlag (oder nachfolgender Übereignung des Rechts durch den GV) auf den Meistbietenden über, ohne dass es eines bes Übertragungsaktes in notarieller Form gem § 2033 I BGB bedarf. **§ 817a** u **§ 813** sind bei Versteigerung eines Rechts entspr anzuwenden. Bei ZwV in ein unveräußerl Recht, dessen Ausübung einem anderen überlassen werden kann, kann das Gericht bes Anordnungen treffen (IV 1), zB Verwaltung (bei Nießbrauch: BGH NJW 2011, 1009), Verpachtung, Übertragung der Ausübung an den Gl, zB bei Lizenzen. Regelung der Verwaltung kann in Anlehnung an die ZVG-Vorschriften über die Zwangsverwaltung erfolgen (LG Lübeck Rpfleger 93, 360).

14 **VI) Reallasten, Grundschulden, Rentenschulden (§ 857 VI). 1) Pfändung.** Sie erfolgt wie bei Forderungen, für die eine Hypothek besteht (VI, §§ 829, 830).

15 **a)** Zur Pfändung einer **Grundschuld** (zur Eigentümergrundschuld: Rn 18 ff) oder einer Rentenschuld ist bei einem Briefrecht außer dem Pfändungsbeschluss die Übergabe des Grundschuld- oder Rentenschuldbriefes erforderl. Ist die Erteilung des Briefes ausgeschlossen, bedarf es der Eintragung der Pfändung in das Grundbuch (§ 830 I). Überweisung erfolgt nach § 837. Nichts Besonderes gilt für die Pfändung der sog Sicherungsgrundschuld, dh einer Grundschuld, die zur Sicherung einer Forderung bestellt ist. Das GrundpfandR bleibt Grundschuld (§ 1191 BGB), ist somit nach VI mit § 830 zu pfänden. Die gesicherte Forderung ist aber selbständig nach § 829 zu pfänden. Für den Gl empfiehlt es sich, jew beides zu pfänden (St/Rellermeyer F.103). Der schuldrechtl **Rückgewähranspruch** des Sch ist abtretbar (BGH NJW 85, 800) und daher pfändbar (BGH NJW 89, 2536, 2548); er ist nach § 857 I, § 829 zu pfänden (dazu: St/Rellermeyer F.108; zur inhaltl Bestimmtheit des Pfändungsbeschlusses: BGH MDR 91, 1201; LG Meinigen Rpfleger 2013, 40). Abtretung der Grundschuld (und Grundbucheintragung) hindert die Pfändung des schuldrechtl Rückgewähranspruchs nicht (OLG Hamburg DNotZ 99, 740; Alff Rpfleger 99, 373); der Sicherung des gepfändeten Anspruchs dient die Vormerkung (§ 883 BGB). Eine für den Sch eingetragene Vormerkung zur Sicherung des Rückgewähranspruchs (§ 883 BGB) wird als Nebenrecht von der Pfändung erfasst; bei ihr kann die Pfändung des Rückgewähranspruchs (berichtigend) in das Grundbuch eingetragen werden. Der Gl kann auch selbst den Anspruch auf Eintragung der Vormerkung geltend machen und verlangen, dass die Pfändung mit der Vormerkung eingetragen wird (St/Rellermeyer F.126 mwN). Das **Zustimmungsrecht** des Eigentümers (§§ 1183, 1192 BGB) zur Löschung einer Grundschuld ist nicht pfändbar (OLG München Rpfleger 2017, 84; Lieder WuB 2018, 173; wohl auch: StJ/Würdinger Rn 72; str; offen gelassen: BGH MDR 2018, 206 Tz 9 mwN).

16 **b)** Eine **subjektiv dingliche Reallast** (§ 1105 II BGB) kann als Bestandteil (§ 96 BGB) nicht von dem Eigentum am berechtigten Grundstück getrennt werden (§ 1110 BGB). Deren Pfändung für sich allein ist daher unzulässig. Möglich ist nur die Pfändung der einzelnen Leistungen aus der Reallast; auf sie finden die für die Zinsen einer Hypothekenforderung geltenden Vorschriften entspr Anwendung (§ 1107 BGB). Die **subjektiv persönliche**

Reallast (§ 1105 I BGB) dagegen kann selbständig veräußert und mit einem Nießbrauch oder PfandR belastet, also auch gepfändet werden; Ausnahme bei Leibgeding: § 850b I Nr 3. Unzulässig ist die Pfändung der Reallast **als Ganzes** dann, wenn einzelne Leistungen nicht übertragbar, damit nicht pfändbar sind. Ob einzelne Leistungen übertragbar bzw pfändbar sind, bestimmt sich nach §§ 399, 400 BGB, § 851 ZPO. Pfändung der Einzelleistungen erfolgt nach VI mit § 830. Die Pfändung rückständiger (bereits fälliger) Einzelleistungen wird somit mit Zustellung des Beschlusses an den Grundstückseigentümer (Drittsch) wirksam. Die Pfändung künftiger Einzelleistungen erfordert Pfändungsbeschluss und Grundbucheintragung.

c) Die **Rentenschuld** (§ 1199 BGB) ist eine Sonderart der Grundschuld; sie ist als dingl Recht auf Zahlung einer bestimmten Geldsumme in regelmäßig wiederkehrenden Terminen (nicht auf Zahlung eines Kapitals) gerichtet. Auf die einzelnen Leistungen finden die für Hypothekenzinsen, auf die Ablösungssumme die für ein Grundschuldkapital geltenden Vorschriften entspr Anwendung. Pfändung rückständiger Leistungen, zB diejenige rückständiger Hypothekenzinsen; dafür keine Grundbucheintragung und keine Briefübergabe. Pfändung nicht fälliger Leistungen und des Anspruchs auf die Ablösungssumme erfordert Pfändungsbeschluss und Briefübergabe oder Grundbucheintragung (näher § 830). 17

2) Eigentümergrundschulden. Auch hier ist VI maßgebend. 18

a) EigentümergrundpfandR sind die **Eigentümergrundschuld** (zur Eigentümerbriefgrundschuld als Pfändungsgegenstand bei einer Vorauspfändung: BGH MDR 2021, 1550) und die **Eigentümerhypothek**; letztere entsteht bei Vereinigung einer Hypothek (§ 1113 BGB) mit dem Eigentum in einer Person, wenn dem Eigentümer auch die Forderung zusteht (§ 1177 II BGB). Die Eigentümergrundschuld kann als solche auf den Namen des Sch im Grundbuch eingetragen sein (sog offene Eigentümerschuld) oder für ihn kraft Gesetzes aus einem Fremdrecht (der für einen anderen Gl eingetragenen Hypothek oder Grundschuld) entstanden sein (sog verschleierte Eigentümergrundschuld). Hauptfälle einer Eigentümergrundschuld: Bestellung einer Grundschuld für den Eigentümer (§ 1196 I BGB); Nichtentstehen oder Erlöschen der Forderung, für die eine Hypothek (nicht auch Grundschuld) bestellt ist (§ 1163 I BGB); unterbliebene Übergabe des Hypotheken- oder Grundschuldbriefes (§ 1163 II, § 1192 I BGB); Verzicht des Gl auf die Hypothek oder Grundschuld (§§ 1168, 1192 I BGB). Ein Eigentümerrecht entsteht auch mit Befriedigung des Gl einer Hypothek (oder Grundschuld; hier aber nicht mit Zahlung der Forderung) durch den Eigentümer des Grundstücks (§§ 1142, 1143, 1192 I BGB) sowie in weiteren Fällen bei der Gesamthypothek (Gesamtgrundschuld) nach §§ 1172-1174, § 1192 I BGB. 19

b) Eine Eigentümer**grundschuld** wird wie eine Hypothek gepfändet (VI; allg Meinung: BGH MDR 89, 633). Erforderl sind daher bei einem Briefrecht Pfändungsbeschluss (dazu: § 830 Rn 3; jedoch keine Bezeichnung der Forderung) und Übergabe des Briefs an den Gl oder Wegnahme durch den GV, bei einem Buchrecht Pfändungsbeschluss und Eintragung der Pfändung in das Grundbuch. Nebenansprüche (§ 830 III) werden in vereinfachter Form nach §§ 829, 857 II gepfändet. 20

aa) Die Pfändung wird **wirksam** mit der Übergabe des Briefs bzw mit Eintragung der Pfändung in das Grundbuch (§ 830 Rn 4-6, 9). Der Pfändungsbeschluss hat dem Eigentümer zu gebieten, sich jeder Verfügung über die Grundschuld zu enthalten. Ein Drittsch ist nicht vorhanden (St/Rellermeyer F.169 mN). Zustellung des Pfändungsbeschlusses an den Eigentümer ist für das Entstehen des PfandR nicht wesentl, aber zulässig und zu empfehlen (§ 830 Rn 2a). 21

bb) Der **Zeitpunkt des Wirksamwerdens** der Pfändung ist insb von Bedeutung für den Rang des PfandR bei mehreren Pfändungen (§ 804 III). Maßgebend ist bei einem Briefrecht der Zeitpunkt, in dem der Gl den Besitz an dem Brief erlangt, bei einem Buchrecht die zeitl Reihenfolge der Eintragungen im Grundbuch. Ist der Brief abhandengekommen oder verloren gegangen, kann der Gl Antrag auf Kraftloserklärung und anschließende Neubildung des Briefes stellen (§ 830 Rn 5). Wirksam wird die Pfändung erst mit der Erstellung und Aushändigung des Briefs. Zur Verstrickung bei der Pfändung einer Eigentümerbriefgrundschuld: BGH NJW 79, 2045. Pfändung der erst nach Eintragung einer Vormerkung durch Befriedigung des Hypothekengl entstandenen Eigentümergrundschuld ist nicht vormerkungswidrige Verfügung (OLG Düsseldorf MDR 99, 1497). 22

cc) Steht ein **Brief-Grundpfandrecht teilw** dem Eigentümer als **Eigentümergrundschuld** und teilw einem Dritten als **Fremdgrundpfandrecht** zu, muss der Pfändungsgl, falls der Dritte die Herausgabe des Briefs oder den Mitbesitz daran verweigert, das Miteigentum des Eigentümers am Brief (§§ 952, 1008 BGB) sowie dessen Ansprüche auf Aufhebung der Gemeinschaft am Brief (§ 749 BGB), auf Auseinandersetzung der Gemeinschaft (§ 752 BGB), auf Vorlage des Briefs an das GBA zur Bildung eines Teilgrundschuldbriefs (§ 1145 I 2, § 1152 BGB) und auf Berichtigung des Grundbuchs (§§ 894, 896 BGB), den Anspruch des Eigentümers gg das GBA auf Herausgabe des zu bildenden Teilbriefs pfänden und sich zur Einziehung überweisen lassen (Hilfspfändung). Soweit Ansprüche gg den Dritten bestehen, ist er Drittsch; Zustellung an ihn ist daher erforderl. Das PfändungspfandR an der Eigentümergrundschuld entsteht auch in diesem Fall erst mit der Übergabe des Teilbriefs an den Pfändungsgl. Entspr gilt bei Pfändung eines Teiles einer Eigentümergrundschuld, für die ein Brief erteilt ist. 23

dd) Handelt es sich bei der Eigentümergrundschuld um ein **Buchrecht**, das noch **auf den Namen eines Dritten** als Gl eingetragen ist, steht dieser Umstand dem Erlass eines Pfändungsbeschlusses nicht entgegen, da die „an- 24 gebliche“ Grundschuld gepfändet werden kann. Jedoch setzt die Eintragung der Pfändung ins Grundbuch voraus, dass dem GBA in grundbuchmäßiger Form (§ 29 GBO) die Entstehung der Eigentümergrundschuld nachgewiesen wird. Gleiches gilt für eine angebl aus einer **Briefgrundschuld** entstandene Eigentümergrundschuld, die noch als Fremdrecht eingetragen ist (OLG Frankfurt 1.12.2015 – 20 W 257/15; MskV/Flockenhaus Rn 17). – Der Gl kann den Anspruch auf Berichtigung des Grundbuchs pfänden und sich überweisen lassen. Auf Grund dieses Beschlusses kann der Gl die Aushändigung der Urkunden (zB löschungsfähige Quittungen für den Eigentümer), die zur Berichtigung des Grundbuchs erforderl sind, erzwingen (§ 836 III) und einen Widerspruch gem § 899 BGB in das Grundbuch eintragen lassen. Die Eintragung der Pfändung ins Grundbuch setzt in diesem Fall nicht voraus, dass das GrundpfandR vorher auf den Eigentümer umgeschrieben wird (BGH MDR 68, 744).

25 **ee)** Die **künftige Eigentümergrundschuld** (das ist die zunächst einem anderen als Gl noch zustehende Hypothek oder Grundschuld) kann durch Pfändungsbeschluss gepfändet werden (Bezeichnung im Beschluss: § 829 Rn 10); wirksam wird die Pfändung jedoch erst mit Briefübergabe bzw Grundbucheintragung nach Entstehen des Eigentümerrechts. Dass der Eigentümer über eine künftige Eigentümergrundschuld noch nicht verfügen kann (BGH NJW 70, 322), schließt Erlass des Pfändungsbeschlusses nicht aus, weil eine rechtl Grundlage für die Bestimmung des Gegenstands der ZwV bereits vorhanden ist (§ 829 Rn 2). In das Grundbuch kann die Pfändung jedoch erst eingetragen werden, wenn das Entstehen der Eigentümergrundschuld (bei Briefrechten auch die Grundbuchunrichtigkeit: § 830 Rn 8) in der Form des § 29 GBO nachgewiesen ist (BayObLG JurBüro 97, 48; OLG Celle NotBZ 2007, 61). Zulässig ist auch Pfändung einer **vorläufigen** Eigentümergrundschuld. Der Entstehung eines PfändungspfandR steht jedoch bei einem Buchrecht entgegen, dass die vorl Eigentümergrundschuld und damit auch die Pfändung nicht eingetragen werden kann (OLG Karlsruhe Rpfleger 2006, 182). Bei Briefrecht ist eine Pfändung möglich, wenn der Brief erlangt werden kann (vgl BGH NJW 70, 322). Auch bei einem Buchrecht entsteht ein PfändungspfandR, wenn die vorl Eigentümergrundschuld vorschriftswidrig in das Grundbuch eingetragen und damit auch die Eintragung der Pfändung bewirkt wird. Dagegen bleibt die Pfändung einer künftigen Eigentümergrundschuld wirkungslos, wenn die Eigentümergrundschuld und die Pfändung versehentl ins Grundbuch eingetragen werden (RGZ 145, 343).

26 **ff)** Pfändung der Eigentümergrundschuld eines Grundstücks**miteigentümers** erfolgt nach VI, § 830 (St/Rellermeyer F.203).

27 **c)** Die **Eigentümerhypothek** sichert eine Forderung. Gegenstand der Pfändung ist daher die Forderung als Hauptanspruch; deren Pfändung erfasst auch die Eigentümerhypothek als Sicherungsrecht (§ 830 Rn 2). Sie hat daher nach § 830 zu erfolgen. Drittsch ist der Forderungssch. Er ist im Pfändungsbeschluss zu bezeichnen; Zahlungsverbot (§ 829 I) gg ihn muss ergehen. Ungenaue Drittsch-Bezeichnung gilt allerdings vielfach als unschädl (St/Rellermeyer F.213).

28 **d)** Bei einer **Höchstbetragshypothek** kann nach § 837 III die Forderung ohne die Hypothek nach den allg Vorschriften gepfändet werden. Für die Pfändung von Forderung und Hypothek gilt § 830. Wird die endgültige Eigentümergrundschuld festgestellt und die Pfändung ins Grundbuch eingetragen, endet der in § 161 BGB geregelte Schwebezustand und das Verfügungsverbot erlangt rückwirkende Kraft (RGZ 97, 223, 228).

29 **e)** Der Pfändungsgl kann, wie der Eigentümer, **Zinsen** nur in der Zwangsverwaltung geltend machen (§ 1197 II BGB). **ZwV in das Grundstück** kann der Gl nach Überweisung der Eigentümergrundschuld betreiben; er unterliegt **nicht** den Beschränkungen des **§ 1197 BGB** (BGH NJW 88, 1026). Zur ZwV in das Grundstück benötigt der Pfändungsgl einen dingl Titel.

30 **3) Erlösanspruch.** Befindet sich das belastete Grundstück in der **Zwangsversteigerung**, können Grundpfandrechte als solche bis zur Erteilung des Zuschlags gepfändet werden (BGH MDR 61, 675), nach dem Zuschlag nur, soweit sie bestehen geblieben sind. Wenn die Hypothek oder eine Grundschuld erlischt (§§ 52, 91 ZVG), tritt an ihre Stelle das Recht auf Befriedigung aus dem Versteigerungserlös (**Surrogationsgrundsatz**). Das Ersatzrecht auf Befriedigung aus dem Erlös ist nicht mehr ein Recht am Grundstück. Die für die Pfändung eines solchen Rechts geltenden bes Vorschriften nach §§ 830, 857 VI können deshalb auf die Pfändung des Ersatzrechts keine Anwendung finden. Der Anspruch des Gl oder Eigentümers als Inhaber einer nach § 91 ZVG erloschenen Hypothek, Grundschuld oder Eigentümergrundschuld auf Befriedigung aus dem Erlös ist vielmehr nach §§ 829, 857 I, II zu pfänden (BGH NJW 72, 1135). Die Pfändung ist mit der Zustellung des Beschlusses an den Drittsch bewirkt (§ 829 III), das ist der bish Grundstückseigentümer (bei erloschener Hypothek richtigerweise aber der Forderungssch); bei drittschuldnerlosen Rechten (Eigentümergrundschuld) hat Zustellung an Sch als Grundstückseigentümer bei Zuschlag zu erfolgen (§ 857 II). Eine Zustellung an den Ersteher ist weder erforderl noch ausreichend (BGHZ 58, 298). Das VollstrGericht ist nicht Drittsch; Zustellung an dieses bewirkt keine Pfändung. Ist der Erlösanteil wegen des Widerspruchs eines Beteiligten gg den Teilungsplan hinterlegt, ist die Pfändung erst mit der Zustellung an die Hinterlegungsstelle bewirkt (BGHZ 58, 298). Zu pfänden ist das Recht auf Befriedigung aus dem Versteigerungserlös (RGZ 75, 316). Solange das dingl Recht in seiner ursprüngl Form noch besteht, ist ein künftiger oder bedingter Anspruch auf den etwaigen Versteigerungserlös nicht ausscheidbar und kann daher auch nicht möglicher Gegenstand einer Abtretung und damit auch nicht einer Pfän-

dung sein (BGH NJW 64, 813). Nach Erteilung, aber vor Rechtskraft, des Zuschlags ist wegen noch möglicher Aufhebung des Zuschlags mit der Folge von § 91 I ZVG Pfändung des Rechts (§§ 830, 857 II) und des Erlösanspruchs (§ 829) ratsam (St/Rellermeyer F.228 [Eventualpfändung]). Wenn der Teilungsplan mit Forderungsübertragung ausgeführt ist (§ 118 ZVG; Besonderheit bei Verzicht nach § 118 II ZVG), besteht pfändbar kein Erlösanspruch mehr, sondern nur noch die dem Berechtigten übertragene Forderung. Deren Pfändung erfolgt nach § 829, nach Eintragung der Sicherungshypothek (§ 128 ZVG) nach § 830.

VII) Gebühren. 1) Gericht: Verf(Fest-)Geb nach 2111 GKG-KV von 24 Euro. Mehrere Verf in demselben Rechtszug, die denselben Anspruch und Gegenstand betreffen, gelten als ein Verf. Die Geb wird für jeden Sch gesondert erhoben (2111 Anm S 1 GKG-KV). Vorauszahlung: § 12 VI 1 GKG. – **2) RA:** je eine Vollstreckungsgeb 3309 RVG-VV für a) die Tätigkeit (Pfändungsantrag) bis zur Anordnung der Verwaltung (§ 18 I Nr 1 RVG) und b) für die weitere Tätigkeit bei Ausführung der Verwaltung (§ 18 I Nr 9 RVG). 31

§ 858 Zwangsvollstreckung in Schiffspart

(1) Für die Zwangsvollstreckung in die Schiffspart (§§ 489 ff. des Handelsgesetzbuchs) gilt § 857 mit folgenden Abweichungen.

(2) Als Vollstreckungsgericht ist das Amtsgericht zuständig, bei dem das Register für das Schiff geführt wird.

(3) [1]Die Pfändung bedarf der Eintragung in das Schiffsregister; die Eintragung erfolgt auf Grund des Pfändungsbeschlusses. [2]Der Pfändungsbeschluss soll dem Korrespondentreeder zugestellt werden; wird der Beschluss diesem vor der Eintragung zugestellt, so gilt die Pfändung ihm gegenüber mit der Zustellung als bewirkt.

(4) [1]Verwertet wird die gepfändete Schiffspart im Wege der Veräußerung. [2]Dem Antrag auf Anordnung der Veräußerung ist ein Auszug aus dem Schiffsregister beizufügen, der alle das Schiff und die Schiffspart betreffenden Eintragungen enthält; der Auszug darf nicht älter als eine Woche sein.

(5) [1]Ergibt der Auszug aus dem Schiffsregister, dass die Schiffspart mit einem Pfandrecht belastet ist, das einem anderen als dem betreibenden Gläubiger zusteht, so ist die Hinterlegung des Erlöses anzuordnen. [2]Der Erlös wird in diesem Fall nach den Vorschriften der §§ 873 bis 882 verteilt; Forderungen, für die ein Pfandrecht an der Schiffspart eingetragen ist, sind nach dem Inhalt des Schiffsregisters in den Teilungsplan aufzunehmen.

I) Schiffspart. Die Vorschriften über die Partenreederei (§§ 489 ff HGB) sind mWv 25.4.2013 entfallen (BGBl I 2013, 831). Für die noch bestehenden Partenreedereien ist jedoch weiterhin das vormalige Recht maßgebend (Art 71 EGHGB); auch die verfahrensrechtl Vorschriften, damit § 858, sind unverändert geblieben. Der Schiffspart (Anteil eines Mitreeders) unterliegt somit unverändert der ZwV nach § 858. 1

II) Zuständigkeit. Ausschließl zuständig (§ 802) ist das AG (dort: Rpfleger [§ 20 I Nr 17 RPflG]), bei dem das Schiffsregister geführt wird (Gericht des Heimathafens, II). Ein Drittsch fehlt. **Zustellung** des Pfändungsbeschlusses an den Sch (§ 857 II) ist für die Wirksamkeit nicht wesentl; wirksam wird die Pfändung mit Eintragung in das Schiffsregister (III 1). Zustellung an den Korrespondentreeder soll zwar erfolgen, ist aber zur Wirksamkeit der Pfändung nicht erforderl und macht die Eintragung ins Schiffsregister nicht entbehrl. Mit Zustellung an den Korrespondentreeder vor Eintragung ist die Pfändung ihm ggü wirksam (dazu: § 830 Rn 11). Die der Mitgliedschaft entspringenden Gewinnanteile (§ 502 HGB aF) werden von der Pfändung der Schiffspart erfasst (Röder DGVZ 2002, 17), können aber auch selbständig gepfändet werden. 2

III) Verfahren. Dem Antrag auf Anordnung der **Veräußerung** ist ein Auszug aus dem Schiffsregister beizufügen, nicht schon dem Pfändungsantrag. Die Veräußerung erfolgt nach Anordnung des Gerichts (Rpfleger) durch den GV (§§ 816 ff, § 844). Überweisung nach § 835 (an Zahlungs statt oder zur Einziehung) ist wegen Mitpfändung der Gewinnanteile zulässig (Röder DGVZ 2002, 17). Der Antrag auf Veräußerung kann mit dem Pfändungsantrag verbunden werden. Obwohl das VollstrGericht zugleich Registerbehörde ist (II), wird statt der Vorlage des Auszugs die Bezugnahme auf das Register angesichts der eindeutigen Bestimmung im Gesetz nicht genügen. Ist dem Veräußerungsantrag der Auszug nicht beigegeben, ist der Antrag abzulehnen. Die an der Part bestehenden Rechte erlöschen durch den Verkauf; der Erwerber hat die Berichtigung des Schiffsregisters herbeizuführen. Auch Anordnung der Verwaltung der Schiffspart ist zulässig. 3

IV) Rangvorrang. Die Rechte vorgehender Pfändungsgl wahrt V iVm IV. Nach Hinterlegung des Erlöses: Verteilungsverf nach §§ 872 ff. 4

V) Gebühren. 1) Gericht: Verf-(Fest-)Geb von 24 Euro (2111 GKG-KV) je Sch (2111 Anm S 1 GKG-KV). Wird die bes Anordnung des Gerichts nicht gleichzeitig mit dem Pfändungsbeschl, sondern später isoliert erlassen, so kommt dadurch keine weitere Geb zum Ansatz. – Vorauszahlungspflicht: § 12 VI 1 GKG. – **2) RA:** Vollstreckungsgeb nach § 18 I Nr 10 RVG; 3309 RVG-VV. Für die Vertretung im Verteilungsverf s § 872 Rn 8. 5

§ 859 Pfändung von Gesamthandsanteilen

[1]Der Anteil eines Miterben an dem Nachlass ist der Pfändung unterworfen. [2]Der Anteil des Miterben an den einzelnen Nachlassgegenständen ist der Pfändung nicht unterworfen.

Neugefasst mWv 1.1.2024 durch G zur Modernisierung des Personengesellschaftsrechts (MoPeG) v 10.8.2021 (BGBl I 2021, 3436).

1 **I) Neufassung von § 859.** § 859 regelt seit dem 1.1.2024 nur noch und insoweit inhaltl unverändert die Pfändung eines Miterbenanteils (zuvor: § 859 II aF). § 859 I aF (Pfändung des Anteils eines Gesellschafters am GbR-Gesellschaftsvermögen) ist überflüssig geworden, weil durch das MoPeG für die GbR das Gesamthandsprinzip aufgegeben wurde und das Gesellschaftsvermögen seit dem 1.1.2024 nur der Gesellschaft (nicht den Gesellschaftern) zugeordnet wird (§ 713 BGB [Aufgabe des Gesamthandsprinzips]), weshalb die ZwV in das Gesellschaftsvermögen nun einen Titel gg die Gesellschaft erfordert (§ 722 I BGB [ersetzt § 736 ZPO aF]; für die OHG/KG: § 129 I, § 161 II HGB) und mit einem solchen Titel nicht in das Vermögen eines Gesellschafters vollstr werden kann (§ 722 II BGB; für die OHG/KG: § 129 II, § 161 II HGB). *Exkurs:* – Der Gesellschaftsanteil des Gesellschafters ist zu verstehen als die Gesamtheit seiner Rechte und Pflichten. Er stellt keine Gesamthandsberechtigung am Gesellschaftsvermögen dar, weshalb bei seiner Pfändung auch nicht ein Anteil am Gesellschaftsvermögen gepfändet wird. Der Anteil ist (mit Einschränkung) übertragbar (§ 711 BGB). – Zur Pfändung der Gesellschafterrechte: § 711a BGBSie sind grds nicht übertragbar (711a S 1 BGB) und damit nicht pfändbar; Ausnahmen: § 711a S 2 BGB. – Die Pfändung eines Gesellschaftsanteils an der GbR erfolgt, wie bei den anderen Gesellschaften (OHG, KG), nach § 857. Drittsch ist die Gesellschaft.

2 **II) Einzelheiten. 1) Miterbenanteil.** Der **Anteil eines Miterben an dem Nachlass** (§§ 2032, 2033 I BGB) ist bei ZwV gg den Miterben als Vermögensrecht VollstrGegenstand, es ist der Pfändung unterworfen (**S 1**). Über seinen **Anteil an einzelnen Nachlassgegenständen** kann ein Miterbe nicht verfügen (§ 2033 II BGB), dieses ist der Pfändung daher auch nicht unterworfen (**S 2**; auch nicht bedingt: RGZ 60, 132). Pfändung des Miterbenanteils an dem Nachlass ist auch bei Testamentsvollstr (BayObLG 82, 459) und Nachlassverwaltung zulässig; ebenso, wenn zum Nachlassanteil ein Anteil an einem fremden Nachlass gehört (ist einzelner Nachlassgegenstand: BayObLG MDR 60, 675). Ein Anspruch „auf das Auseinandersetzungsguthaben" besteht neben dem Miterbenanteil als selbständig pfändbares Recht nicht. Vor dem Erbfall kann ein Erbteil nicht gepfändet werden (LG Trier FamRZ 2018, 1768) und es besteht keine pfändbare Anwartschaft auf die künftige Erbschaft oder einen Miterbenanteil (RGZ 67, 428).

3 **2) Pfändung.** Zu pfänden (**Formulierungsvorschlag:** Vorwerk/Goldbach, PFB, M 53.1) ist der Miterbenanteil an dem Nachlass als Vermögensrecht nach § 857 I, § 829, auch wenn zum Nachlass Grundstücke gehören (BayObLG FamRZ 2020, 41 Tz 13 [keine ZwV in unbewegl Vermögen]). Die Pfändung des Miterbenanteils erfasst nämlich diesen Anteil und nicht einzelne Gegenstände des Nachlasses (S 2; dazu schon: BayObLG FamRZ 2020, 41 Tz 13). Drittsch sind die übrigen Miterben (OLG Frankfurt JurBüro 79, 1089), auch die unbekannten Miterben, diese vertreten durch den nicht beschränkten Nachlasspfleger (St/Rellermeyer E.268; aA LG Kassel MDR 97, 1032). Wenn ein TV bestellt ist, dem die Nachlassverwaltung obliegt, ist dieser Drittsch. TV nur für den Erbteil eines Miterben: TV ist Drittsch zusammen mit den übrigen Miterben (BGH NJW 97, 1362). Ebenso wird ein Nachlassverwalter als Drittsch angesehen (OLG Frankfurt Rpfleger 79, 205). Wenn mehrere Miterben als Drittsch vorhanden sind, wird die Pfändung mit der Zustellung an alle (mit der letzten Zustellung: Roth NJW-Spezial 2018, 167) wirksam (§ 829 III). Nach Erbteilsübertragung (§ 2033 I BGB) kann als Drittsch nur noch der Erwerber angesehen werden, weil er in die Rechte und Pflichten des veräußernden Miterben eingetreten ist und dadurch mit dem Verwaltungs- und Verfügungsrecht alle Rechte und Pflichten auch für Auseinandersetzung des Nachlasses und Erlösteilung erlangt hat. Solange jedoch die Erbteilsübertragung nicht offengelegt ist (zB mit Grundbucheintragung, Anzeige an das Nachlassgericht, § 2384 BGB) und Gl oder VollstrGericht sie daher nicht kennen, müssen Verfügungsverbot und Zustellung an den veräußernden Miterben als Drittsch als ausreichend angesehen werden (Rechtsscheingrundlage gebietet Vertrauensschutz in dem formalisierten VollstrVerf; sa § 747 Rn 5). Der Pfandgl eines Miterben hat ein diesen beschränkendes Recht an dessen Nachlassanteil, nicht aber die Stellung eines Miterben; Drittsch ist er daher nicht.

4 **3) Wirkung.** Durch Erbteilspfändung erlangt der Gl das Recht, alle dem Sch als Miterben zustehenden, nicht höchstpersönl Rechte neben diesem auszuüben (OLG Brandenburg 10.8.2017 – 5 U 25/16, juris Tz 39), insb das Verwaltungs- und Verfügungsrecht (§§ 2038 ff BGB), das Recht auf Mitwirkung bei der Auseinandersetzung (§ 2042 BGB) und das Recht auf den nach Berichtigung der Nachlassverbindlichkeiten verbleibenden anteiligen Überschuss (§ 2047 I, § 1258 III BGB). Der Sch bleibt Miterbe; bei rechtsgeschäftl Nachlassteilung sowie Verfügung über einzelne Nachlassgegenstände (zB Veräußerung eines Grundstücks) muss er daher mitwirken (OLG Köln NJW-RR 2014, 1415), durch Mitwirkung des Gl wird er nicht ausgeschaltet. Der Sch ist als Miterbe in seiner Mitberechtigung am Nachlass zugunsten des Gl beschränkt. Er kann insb nicht mehr in Gemeinschaft mit den anderen Miterben frei über einzelne Nachlassgegenstände verfügen; dazu bedarf er der Zustimmung des Gl, damit eine Verfügung diesem ggü wirksam ist (OLG Frankfurt NJW-RR 2021, 595 Tz 15). Auch

die Nachlassauseinandersetzung, die ohne Zustimmung des Gl vorgenommen wird, ist ihm ggü unwirksam (BGH MDR 68, 913). Wenn der Gl bei rechtsgeschäftl Auseinandersetzung mitwirkt, erlangt er nach hM ohne weiteres ein PfandR an den Gegenständen (mithin eine Sicherungshypothek an einem Grundstück), die dem Sch aus dem Nachlass zugeteilt werden (dingl Surrogation: BGH NJW 69, 1903 LS); zutreffend indes erscheint die Ansicht, dass nur ein Anspruch auf Bestellung eines PfandR (einer Sicherungshypothek) bei Auseinandersetzung besteht (St/Rellermeyer E.291). Befugnisse eines TV beeinträchtigt die Erbteilspfändung nicht (der Gl kann nicht mehr Rechte erlangen als der nach § 2211 BGB beschränkte Miterbe). Verfügt der Sch über den Miterbenanteil (§ 2033 I BGB: Übertragung, Verpfändung, Nießbrauchbestellung), erlangt ein Dritter diesen oder sein Recht an ihm auch gutgl nicht frei vom ErbteilspfandR; dieses geht als Belastung auch auf den gutgl Erwerber über (BayObLG 59, 50), selbst wenn zum Nachlass nur ein Grundstück gehört. Verfügung aller Miterben ohne Mitwirkung des Gl über einen Nachlassgegenstand ermöglicht jedoch gutgl Erwerb (§§ 932, 936, 892, 1032, 1207 BGB). Das Recht auf Auskunft und Rechnungslegung (§§ 2027, 2028, 2215, 2057 BGB) ist als Nebenrecht (§ 829 Rn 20) von der Pfändung erfasst; deren Mitpfändung (auf Antrag) ist zulässig; selbständige Pfändung ist jedoch unzulässig. – Den Sch hindert die Pfändung nicht, als Erbe die Erbschaft auszuschlagen (Roth NJW-Spezial 2018, 167; sa § 829 Rn 18). – Der Gl ist nicht zur Anfechtung der Ausschlagung wegen Benachteiligung berechtigt. Eine vor Ausschlagung in den Erbteil ausgebrachte Pfändung wird unwirksam, denn der Nächstberufene (§ 1953 BGB) ist nicht Rechtsnachfolger des Sch, erlangt den Erbanteil also pfandfrei. – Das „Recht" auf Annahme der Erbschaft kann nicht gepfändet werden (§ 857 Rn 3 aE).

4) Grundbuch. In das Grundbuch eines zum Nachlass gehörenden Grundstücks (grundstücksgleichen Rechts, 5
eines das Grundstück belastenden Rechts wie Hypothek, Grundschuld) kann die Erbteilspfändung (nicht auch die Überweisung) eingetragen werden, um die gemeinschaftl Verfügung der Miterben von der Zustimmung des Gl abhängig zu machen. Die Eintragung ist Grundbuchberichtigung (OLG Frankfurt NJW-RR 2021, 595 Tz 15). Sie erfolgt auf schriftl Antrag des Gl, wenn das Wirksamwerden der Pfändung nachgewiesen ist (§ 22 GBO; OLG Düsseldorf MDR 2013, 119). Voreintragung der Miterben in Erbengemeinschaft ist erforderl (§ 39 GBO). Diese kann der Gl beantragen (§ 13 II GBO; Stöber Rpfleger 76, 197 mwN; aA OLG Zweibrücken Rpfleger 76, 214). Unrichtigkeitsnachweis: § 35 GBO. Bei Briefrechten ist der Brief vorzulegen. Die Eintragung der Erbteilspfändung bewirkt keine Grundbuchsperre. Löschung eines zum Nachlass gehörenden Rechts (Hypothek, auch Eigentümergrundschuld) ist jedoch unzulässig. – **Vorpfändung** des Miterbenanteils kann als Vermerk in das Grundbuch eingetragen werden (OLG Naumburg ZEV 2016, 437).

5) Pfandverwertung. Sie kann erfolgen mit Überweisung des gepfändeten Miterbenanteils zur Einziehung 6
(nicht an Zahlungs statt: BGH WM 2019, 685) oder anderweitig nach § 857 V, § 844 (zur Versteigerung: Holzwarth DGVZ 2019, 49). Überweisung ermöglicht es dem Gl, das Sch-Recht auf Aufhebung der Gemeinschaft (§ 2042 I BGB) geltend zu machen (Mitpfändung des Auseinandersetzungsanspruchs nicht erforderl). Er kann daher auch Auseinandersetzung (§ 363 FamFG) betreiben und Teilungsversteigerung beantragen (§ 181 II ZVG). – Freihändiger Verkauf des Erbteils setzt Ermächtigung durch das VollstrGericht voraus (§ 857 V; BGH MDR 2019, 698).

§ 860 Pfändung von Gesamtgutanteilen

(1) [1]Bei dem Güterstand der Gütergemeinschaft ist der Anteil eines Ehegatten oder Lebenspartners an dem Gesamtgut und an den einzelnen dazu gehörenden Gegenständen der Pfändung nicht unterworfen. [2]Das Gleiche gilt bei der fortgesetzten Gütergemeinschaft von den Anteilen des überlebenden Ehegatten oder Lebenspartners und der Abkömmlinge.

(2) Nach der Beendigung der Gemeinschaft ist der Anteil an dem Gesamtgut zugunsten der Gläubiger des Anteilsberechtigten der Pfändung unterworfen.

I) Unpfändbarkeit (§ 860 I). Den Regelungen in § 1419 I, § 1487 I BGB, nach denen weder der Anteil an dem 1
Gesamtgut als Ganzes noch der Anteil an einzelnen zu ihm gehörenden Gegenständen übertragbar ist, entspricht I. Während **des Bestehens** der Gütergemeinschaft (LG Frankenthal Rpfleger 81, 241) oder fortges Gütergemeinschaft ist also der Anspruch auf künftige Auseinandersetzung nicht pfändbar; die Pfändung kann auch nicht als Pfändung des nach Beendigung der Gütergemeinschaft zufallenden Anteils erfolgen (OLG München NJW-RR 2013, 527; aA BayObLGZ 15, 409).

II) Ausnahme (§ 860 II). Von dem Grundsatz (§ 851 I), dass nicht übertragbare Rechte nicht pfändbar sind, 2
macht II eine Ausnahme. Auch nach Beendigung einer der Gemeinschaften können die Ehegatten/Lebenspartner bzw deren Abkömmlinge ihre Anteile nicht veräußern. Sie sind aber berechtigt, Auseinandersetzung der Gemeinschaft zu verlangen (§ 1471 II, § 1497 II BGB). Um dem Gl eines Anteilsberechtigten die Ausübung dieser Befugnis zu gewähren, ist Pfändung des Anteils an dem Gesamtgut als solchem (nicht auch an den einzelnen dazugehörenden Gegenständen) für zulässig erklärt. Drittsch sind die übrigen am Gesamtgut Anteilsbe-

rechtigten. Der Gl kann gem §§ 363, 373 FamFG die Auseinandersetzung betreiben und die Überweisung der dem Anteilsberechtigten zukommenden Gegenstände zur Einziehung beantragen (sa § 743; ZwV nach Beendigung der Gemeinschaft, aber vor Auseinandersetzung). Eintragung der Pfändung des Anteils am Gesamtgut in das Grundbuch ist als Grundbuchberichtigung zur Sicherung des Verfügungsverbots zulässig. Pfändung des künftigen Auseinandersetzungsguthabens sollte dessen mögliche Abtretung (BGH NJW 2002, 3320) nicht ermöglichen (WSch/Lüke Rn 2 mwN; str). Mit Titel gg alle Anteilsberechtigte können die einzelnen Gegenstände gepfändet werden (vgl §§ 743-745).

3 **III) Ehemalige DDR.** Leben die Ehegatten im Güterstand der Eigentums- und Vermögensgemeinschaft des Familiengesetzbuchs der ehem DDR, sind die ihnen gemeinsam gehörenden Vermögenswerte für ZwV dem Gesamtgut gleich. Es findet § 860 entspr Anwendung (§ 744a). Während des Bestehens des Güterstandes sind somit weder der Anteil eines Ehegatten an den Vermögenswerten noch der Anteil an einem einzelnen zu dem Vermögen gehörenden Gegenstand pfändbar (I). Nach Beendigung/Aufhebung der Gemeinschaft ist bis zur Teilung (§§ 39 ff FGB) nach II der Anteil eines Ehegatten an dem gemeinsamen Vermögen (nicht an den einzelnen dazu gehörenden Gegenständen) pfändbar. Pfändung des künftigen Auseinandersetzungsguthabens sollte dessen mögliche Abtretung nicht ermöglichen (St/Rellermeyer E.224). Pfändung und Pfändungswirkungen: wie Rn 2 (zum Auseinandersetzungsverf: Arnold DtZ 91, 80, 85).

§§ 861 und 862 (weggefallen)

§ 863 Pfändungsbeschränkungen bei Erbschaftsnutzungen

(1) [1]Ist der Schuldner als Erbe nach § 2338 des Bürgerlichen Gesetzbuchs durch die Einsetzung eines Nacherben beschränkt, so sind die Nutzungen der Erbschaft der Pfändung nicht unterworfen, soweit sie zur Erfüllung der dem Schuldner seinem Ehegatten, seinem früheren Ehegatten, seinem Lebenspartner, einem früheren Lebenspartner oder seinen Verwandten gegenüber gesetzlich obliegenden Unterhaltspflicht und zur Bestreitung seines standesgemäßen Unterhalts erforderlich sind. [2]Das Gleiche gilt, wenn der Schuldner nach § 2338 des Bürgerlichen Gesetzbuchs durch die Ernennung eines Testamentsvollstreckers beschränkt ist, für seinen Anspruch auf den jährlichen Reinertrag.

(2) Die Pfändung ist unbeschränkt zulässig, wenn der Anspruch eines Nachlassgläubigers oder ein auch dem Nacherben oder dem Testamentsvollstrecker gegenüber wirksames Recht geltend gemacht wird.

(3) Diese Vorschriften gelten entsprechend, wenn der Anteil eines Abkömmlings an dem Gesamtgut der fortgesetzten Gütergemeinschaft nach § 1513 Abs. 2 des Bürgerlichen Gesetzbuchs einer Beschränkung der im Absatz 1 bezeichneten Art unterliegt.

1 **Motiv.** Schutz vor Verschwendung und Überschuldung. – **Umsetzung im BGB.** Beschränkung des Pflichtteilsrechts. Erfolgt durch Einsetzung einer Nacherbschaft, Nachvermächtnis oder Testamentsvollstr, § 2338 BGB. – **Umsetzung in der ZwV.** Pfändung in die Nutzungen (I 1) oder den Reinertrag (I 2) ist ausgeschlossen, soweit es um Unterhalt geht. – **Umfang.** Geschützt ist der angemessene („standesgemäße" ist überholt: StJ/Würdinger Rn 2 Fn 4) Unterhalt des Sch (iSv § 850d) und die Erfüllung seiner ges Unterhaltspflichten (Berechtigte nach I 1). Unterhalt nach § 1615l BGB sollte einbezogen sein (Hk-ZV/Meller-Hannich Rn 2). – **Ausnahme.** Nachlassgl und die Gl, denen ein Recht auch ggü dem Nacherben/TV zusteht, können unbeschränkt pfänden. – **Entspr Anwendung (III).** Dann, wenn der Anteil eines Abkömmlings an dem Gesamtgut der fortgesetzten Gütergemeinschaft gleichen Beschränkungen unterliegt. – **Rechtsbehelf.** Sch und TV: Erinnerung (§ 766). – Gl und, sofern angehört, Sch: sof Beschwerde (§ 11 I RPflG; § 793).

Titel 3
Zwangsvollstreckung in das unbewegliche Vermögen (§§ 864-871)

Vorbemerkungen zu §§ 864-871

Für die ZwV wegen Geldforderungen in das unbewegl Vermögen enthält die **ZPO** nur einige grundsätzliche Vorschriften; Näheres ist für die Zwangsversteigerung und -verwaltung im **ZVG** und für die Eintragung einer Sicherungshypothek (Zwangshypothek) in der **GBO** geregelt.

§ 864 Gegenstand der Immobiliarvollstreckung

(1) Der Zwangsvollstreckung in das unbewegliche Vermögen unterliegen außer den Grundstücken die Berechtigungen, für welche die sich auf Grundstücke beziehenden Vorschriften gelten, die im Schiffsregister eingetragenen Schiffe und die Schiffsbauwerke, die im Schiffsbauregister eingetragen sind oder in dieses Register eingetragen werden können.

(2) Die Zwangsvollstreckung in den Bruchteil eines Grundstücks, einer Berechtigung der im Absatz 1 bezeichneten Art oder eines Schiffes oder Schiffsbauwerks ist nur zulässig, wenn der Bruchteil in dem Anteil eines Miteigentümers besteht oder wenn sich der Anspruch des Gläubigers auf ein Recht gründet, mit dem der Bruchteil als solcher belastet ist.

I) Zwangsvollstreckung in das unbewegliche Vermögen (§ 864 I). Die ZwV wegen Geldforderungen in das unbewegl Vermögen (Arten: § 866 I) findet in folgende Gegenstände bzw Rechte statt. 1

1) Grundstücke. Umfasst jedes Grundstück (sa §§ 3 f GBO) mit seinen wesentl Bestandteilen (§§ 93, 94 BGB; Ausnahme: Scheinbestandteile, § 95 BGB, sa Rn 8; zum Zubehör: s § 865). **Wohnungs- und Teileigentum** (§ 1 WEG) ist Eigentum iS des bürgerl Rechts, über das der Wohnungs-/Teileigentümer verfügen kann (§ 903 S 1 BGB); es unterliegt daher wie ein Grundstück der ZwV in das unbewegl Vermögen. 1a

2) Grundstücksgleiche Rechte. Umfasst insb das **Erbbaurecht** (§ 1 I, § 11 ErbbauRG) sowie das **Wohnungs- und Teilerbbaurecht** (§ 30 I WEG; nicht aber das Dauerwohn- und -nutzungsrecht: § 31 WEG; diesbzgl Pfändung nach § 857), das **Bergwerkseigentum** (§ 9 I 1 BBergG; sa § 149 BBergG, Art 67 EGBGB) und sonstige **Mineralgewinnungsrechte** (Art 68 EGBGB), außerdem landesrechtl **Fischereirechte** etc (Art 69 EGBGB) und **Realgemeinderechte** (Art 164 EGBGB). 2

3) Schiffe und Schiffsbauwerke. Dazu I sowie § 870a. 3

4) Luftfahrzeuge. S §§ 171a ff ZVG, s iÜ Luftfahrzeuge-RechteG. 4

II) Zwangsvollstreckung in den Bruchteil eines Grundstücks etc (§ 864 II). Der Bruchteil eines Grundstücks, einer Berechtigung (sa Rn 2) oder eines Schiffes usw unterliegt in folgenden Fällen der Immobiliarvollstr (II). 5

1) Anteil eines Miteigentümers. Das ist jeder ideelle Anteil (§§ 741 ff, §§ 1008 ff BGB), **nicht** aber ein **Gesamthandsanteil** wie zB Gesamtgut ehelicher oder fortges Gütergemeinschaft (§§ 1416, 1419, 1485 BGB; §§ 740, 743-745, § 860) und das Nachlassgrundstück einer Erbengemeinschaft (§§ 2032, 2040 BGB; §§ 747, 859 S 1, 2). Vollstr in einen Miteigentümerbruchteil kann auch erfolgen, wenn er erst nach Gesamtbelastung des Grundstücks mit einer Hypothek, Grundschuld usw entstanden ist. ZwV in eine anfechtbar erworbene Grundstückshälfte, auch wenn Bruchteilseigentum nach Eintragung des Erwerbers als Alleineigentümer nicht mehr besteht (dazu BGH MDR 84, 485 = NJW 84, 1968, 1970 mwN [§ 7 AnfG aF]). Zur Zwangsversteigerung eines Miteigentümerbruchteils: s BGH MDR 2021, 386. 6

2) Belastung des Bruchteils im Übrigen. § 864 II ist auch anwendbar, wenn der Bruchteil zwar nicht in dem Anteil eines Miteigentümers besteht, der (dingliche) **Anspruch des Gl** sich aber auf ein **Recht** gründet, mit dem der **Bruchteil als solcher noch belastet** ist. Das ist zB der Fall, wenn der Bruchteil im Anteil eines Miteigentümers nach Einzelbelastung (s § 1114 BGB; auch mit Zwangshypothek) mit Änderung des Eigentums (Erwerb durch Alleineigentümer usw) weggefallen ist (sa BayObLG DNotZ 71, 659); wenn ein nach § 3 VI GBO gebuchter Miteigentumsanteil eines Eigentümers belastet ist (s § 1114 BGB) oder wenn ein Bruchteilseigentümer einen weiteren Bruchteil nur als Vorerbe erworben hat und den früheren (oder den erworbenen) Anteil gesondert belastet hat (BayObLG MDR 68, 842 = NJW 68, 1431). Nach **Vereinigung** der mit einer Gesamtgrundschuld belasteten **Miteigentumsanteile in der Hand eines Miteigentümers** (Dritten) kann der Grundschuldgläubiger wegen Teilnichtigkeit der Sicherungsabrede ggü einem (einzelnen) der früheren Miteigentümer (als Sicherungsgeber) gehindert sein, die Zwangsversteigerung oder -verwaltung seines vormaligen Miteigentumsanteils zu betreiben; für die ZwV wird dann der Fortbestand des anderen vormaligen Miteigentumsanteils des „haftenden" Sicherungsgebers fingiert (BGH MDR 2002, 833 = NJW 2002, 2710, 2711 mwN). 7

III) Realer Grundstücksteil. In einen solchen (Teilfläche, s § 7 GBO) kann **nicht selbständig vollstr** werden. *Ausnahmen* bestehen für die Zwangsversteigerung (und -verwaltung) nach Vereinigung und Bestandteilszuschreibung (§ 890 BGB) selbständig belasteter Grundstücke (BGH MDR 2006, 622 = NJW 2006, 1000). **Wesentl Bestandteile** eines Grundstücks (§ 94 BGB) sind nicht sonderrechtsfähig (§ 93 BGB). Sie unterliegen mit dem Grundstück der Immobiliarvollstr (§ 865); Eigentum kann an ihnen durch Maßnahmen der ZwV in das bewegl Vermögen nicht erworben werden (BGH MDR 88, 946 = NJW 88, 2789). **Scheinbestandteile** (§ 95 BGB, zB Baracke, Gartenlaube, Gebäude auf fremdem Grund und Boden nur zu einem vorübergehenden Zweck) sind nicht unbewegl Vermögen; sie unterliegen der ZwV in das bewegl Vermögen (§§ 803 ff), die mit der Pfändung der körperl Sachen bewirkt wird (§§ 808 f). Zum **Zubehör:** s § 865. 8

IV) Zwangsvollstreckung in Gebäudeeigentum etc aus der ehem DDR. IE hierzu: 32. Aufl an dieser Stelle. 9

§ 865 Verhältnis zur Mobiliarvollstreckung

(1) Die Zwangsvollstreckung in das unbewegliche Vermögen umfasst auch die Gegenstände, auf die sich bei Grundstücken und Berechtigungen die Hypothek, bei Schiffen oder Schiffsbauwerken die Schiffshypothek erstreckt.

(2) [1]Diese Gegenstände können, soweit sie Zubehör sind, nicht gepfändet werden. [2]Im Übrigen unterliegen sie der Zwangsvollstreckung in das bewegliche Vermögen, solange nicht ihre Beschlagnahme im Wege der Zwangsvollstreckung in das unbewegliche Vermögen erfolgt ist.

1 **I) Zweck.** Erhaltung des wirtschaftl Zusammenhangs zwischen Grundstück und mithaftenden Gegenständen zur Erzielung eines angemessenen Erlöses und Wahrung der Interessen des Gl, der seine Befriedigung aus dem Grundstück und den übrigen Gegenständen nicht in getrennten Verf suchen soll.

2 **II) Hypothekarische Haftung (§ 865 I).** ZwV in das unbewegl Vermögen umfasst mit dem Grundstück (grundstücksgleichen Recht usw) zugl **Gegenstände, auf die sich** bei Grundstücken und Berechtigungen **die Hypothek erstreckt** (I). Das gilt auch für die ZwV in ein lastenfreies Grundstück und für die Zwangsversteigerung (-verwaltung) auf Antrag des Gl eines (persönl) Zahlungsanspruchs. Gilt iE für folgende Gegenstände.

3 **1) Erzeugnisse und sonstige Bestandteile.** Umfasst die von dem Grundstück **getrennten Erzeugnisse** (vgl § 99 BGB) und **sonstige Bestandteile**, soweit sie nicht mit der Trennung nach den §§ 954-957 BGB in das Eigentum eines anderen als des Eigentümers oder des Eigenbesitzers des Grundstücks (zB des Pächters) gelangt sind (§ 1120 BGB). **Aus der Haftung ausgeschiedene Erzeugnisse und Bestandteile** unterliegen der **ZwV in das bewegl Vermögen** (§§ 803 ff). Das ist der Fall, wenn sie vor Beschlagnahme veräußert *und* von dem Grundstück entfernt worden sind (§ 1121 I BGB; gutgläubiger Erwerb: § 1121 II BGB); für die innerhalb der Grenzen ordnungsgem Wirtschaft getrennten Erzeugnisse und Bestandteile reicht (ohne Veräußerung) bereits die dauernde Entfernung vor Beschlagnahme (§ 1122 I BGB).

4 **2) Zubehör des Grundstücks.** Vgl §§ 97, 98, 1120 BGB. **Bsp:** Maschinen und sonstige Gerätschaften einer Fabrik, Hotelinventar, Baumaterial auf einem Baugrundstück (BGH MDR 72, 685 = NJW 72, 1187), Vieh und Gerät auf einem Landgut, landwirtschaftl Erzeugnisse zur Fortführung der Wirtschaft. Zubehöreigenschaft begründet **nicht** die **nur vorübergehende Benutzung** einer Sache für den wirtschaftl Zweck einer anderen (§ 97 II 1 BGB). Ausgenommen sind Zubehörstücke, die nicht in das Eigentum des Eigentümers des Grundstücks gelangt sind (§ 1120 aE BGB). Dieses **„Fremd"zubehör** und die **von der Haftung** vor Beschlagnahme **frei** gewordenen Zubehörstücke unterliegen der ZwV in das bewegl Vermögen durch Pfändung (§ 803). Enthaftung kann eintreten mit Veräußerung *und* Entfernung vom Grundstück (§ 1121 I BGB; Veräußerung allein genügt nicht: BGH MDR 80, 137 = NJW 79, 2514) sowie ohne Veräußerung mit Aufhebung der Zubehöreigenschaft (§ 1122 II BGB; ist nicht schon der Fall bei einer Veräußerung ohne Entfernung: BGH MDR 80, 137 = NJW 79, 2514).

5 **3) Miet- und Pachtforderungen.** Vgl § 1123 I BGB. Ausgenommen sind, weil von der Haftung frei geworden, fällige nicht beschlagnahmte Miet- und Pachtforderungen mit dem Ablauf eines Jahres nach dem Eintritt der Fälligkeit (§ 1123 II 1 BGB). Zur Wirksamkeit von Vorausverfügung und Aufrechnung: s §§ 1124, 1125 BGB.

6 **4) Recht auf wiederkehrende Leistungen.** Ansprüche aus einem mit dem Eigentum am Grundstück verbundenen Recht (§ 96 BGB) auf wiederkehrende Leistungen nach Maßgabe des § 1126 BGB.

7 **5) Versicherungsforderungen.** Nach Maßgabe der §§ 1127-1130 BGB.

8 **III) Beschlagnahme.** Sie schließt ein Freiwerden von der hypothekarischen Haftung und damit eine Freistellung als Gegenstand der Immobiliarvollstr aus (sa Rn 2). Formen: Anordnung der **Zwangsversteigerung** (§ 20 I ZVG) und **-verwaltung** (§ 146 I ZVG; zum Wirksamwerden: §§ 22, 151 ZVG). Die Beschlagnahme durch Zwangsversteigerung **umfasst nicht** Miet- und Pachtforderungen sowie Ansprüche aus einem mit dem Eigentum an dem Grundstück verbundenen Recht auf wiederkehrende Leistungen (§ 21 II ZVG); deren Beschlagnahme erfolgt durch Zwangsverwaltung (§ 148 I 1 ZVG). Land- und forstwirtschaftl Erzeugnisse des Grundstücks sowie Forderungen aus einer Versicherung solcher Erzeugnisse umfasst die Beschlagnahme durch Zwangsversteigerung nur in den Grenzen des § 21 I ZVG (weiter gehend bei Zwangsverwaltung: § 148 I 1 ZVG). **Beschlagnahme** in diesem Sinne **ist nicht** die Anordnung der Zwangsversteigerung oder -verwaltung auf **Antrag des Insolvenzverw** (§§ 172, 173 S 1 ZVG), der Zwangsversteigerung auf **Antrag eines Erben** (§ 175 I 1, § 176 ZVG) und zum Zwecke der **Aufhebung einer Gemeinschaft.**

9 **IV) Zubehör und andere Gegenstände (§ 865 II). 1) Zubehör.** Solches, das als hypothekarisch haftend (auch bei lastenfreiem Grundstück) der ZwV in das unbewegl Vermögen unterliegt (sa Rn 4), **kann nicht** als Gegenstand der ZwV in das bewegl Vermögen **gepfändet werden (II 1)**. Grund: wirtschaftl Zusammenhang von Grundstück und Zubehör soll durch die ZwV nicht aufgehoben werden. Für die Befriedigung eines Grundpfandgl aus nicht mit dem Grundstück versteigertem forthaftendem Zubehör findet nach dem Zuschlag mit Duldungstitel Mobiliar-ZwV statt (iE OLG Hamm Rpfleger 94, 176; sa MskV/Flockenhaus Rn 8 aE).

2) Andere Gegenstände. Solche (getrennte Erzeugnisse und sonstige Bestandteile, Miet- und Pachtforderungen, Leistungen aus einem mit dem Eigentum verbundenen Recht und Versicherungsforderungen, s Rn 3, 5-7) **unterliegen der ZwV in das bewegl Vermögen** (§§ 803 ff) mit Pfändung (§§ 808, 829), **solange nicht ihre Beschlagnahme** im Wege der ZwV in das unbewegl Vermögen (s Rn 8) **erfolgt ist** (**II 2**; sa BGH MDR 2010, 290 = NJW 2010, 444 Tz 17 mwN). Grund: Vereinfachung des VollstrVerf; der Gl soll für den Zugriff auf diese Gegenstände, insb auf Miete und Pacht, nicht auf die Immobiliarvollstr (insb Zwangsverwaltung) beschränkt sein. Erfolgt erst nach (zulässig gewesener) Pfändung von Erzeugnissen oder Bestandteilen noch vor deren Verwertung eine Beschlagnahme, berührt sie die Pfändung nicht. Die Verwertung der Pfandstücke durch den GV hat aber wegen § 772 iVm § 23 I 1 ZVG zu unterbleiben; der Pfandgl muss dann sein Recht nach § 37 Nr 4 ZVG geltend machen (sa MskV/Flockenhaus Rn 9 aE). Miet- oder Pachtpfändung vor Beschlagnahme hat ggü einer nachfolgenden Zwangsverwaltung keine Wirkungen (sa § 1124 II BGB); einziehungsberechtigt ist nur noch der Zwangsverw (§ 152 I, II ZVG). 10

V) Folgen unzulässiger Pfändung. Wird **Zubehör** entgegen II 1 dennoch durch den GV gepfändet, ist diese Maßnahme nicht nichtig, sondern nur **anfechtbar**; Gleiches gilt für die unzulässige Pfändung von **Miete** bzw **Pacht** (vgl Brox/Walker, ZwVR, 12. Aufl, § 12 Rn 2, 46; Hk-ZPO/Kindl Rn 6; MskV/Flockenhaus Rn 10). **Rechtsbehelfe:** s Rn 12. 11

VI) Rechtsbehelfe. Für Gl der Immobiliarvollstr, Grundpfandgl, Sch und Zwangsverw (§ 152 I ZVG): Erinnerung (§ 766; dann: sof Beschwerde [§ 793]) gegen unzulässige Pfändung. Für Grundpfandgl außerdem § 771 (hM, vgl MK/Dörndorfer Rn 65 mwN; aA Hk-ZPO/Kindl Rn 11), für Beschlagnahmegl § 772. Für rangbesseren Gl bei unzulässiger Pfändung auch Vorzugsklage nach § 805. Nach Verwertung eines unzulässig gepfändeten Zubehörstücks ist das Recht des Realgl erloschen. Gegen den Pfandgl haben die Grundpfandgl nach durchgeführter ZwV einen Bereicherungsanspruch. 12

VII) Schiffe und Schiffsbauwerke. Vorstehende Grds gelten bei diesen für die **der Schiffshypothek haftenden Gegenstände** entspr. Das sind: Zubehör des Schiffes (ausgenommen die nicht in das Eigentum des Schiffseigentümers gelangten Stücke: § 31 I SchiffsrechteG) und Versicherungsforderungen (§§ 32 ff SchiffsrechteG). Zu weiteren Einzelheiten: s §§ 31 ff SchiffsrechteG. 13

§ 866 Arten der Vollstreckung

(1) Die Zwangsvollstreckung in ein Grundstück erfolgt durch Eintragung einer Sicherungshypothek für die Forderung, durch Zwangsversteigerung und durch Zwangsverwaltung.

(2) Der Gläubiger kann verlangen, dass eine dieser Maßregeln allein oder neben den übrigen ausgeführt werde.

(3) [1]Eine Sicherungshypothek (Absatz 1) darf nur für einen Betrag von mehr als 750 Euro eingetragen werden; Zinsen bleiben dabei unberücksichtigt, soweit sie als Nebenforderung geltend gemacht sind. [2]Auf Grund mehrerer demselben Gläubiger zustehender Schuldtitel kann eine einheitliche Sicherungshypothek eingetragen werden.

I) Maßnahmen der Zwangsvollstreckung (§ 866 I). ZwV in ein Grundstück (auch Wohnungs- und Teileigentum), Gebäudeeigentum, grundstücksgleiches Recht (§ 870) und in den Bruchteil eines Miteigentümers oder Mitberechtigten (§ 864 II, § 870) umfasst iE. 1

1) Zwangsversteigerung. Sie bezweckt die Befriedigung des Gl aus dem durch Grundstücksverwertung mit Zuschlag (§ 90 I ZVG) zu erzielenden Erlös (vgl § 49 I, § 107 ZVG).

2) Zwangsverwaltung. Sie soll dem Gl Befriedigung durch ordnungsgem Nutzung des Grundstücks aus seinen Erträgen (§§ 152, 155 ZVG) bringen. 2

3) Eintragung einer Sicherungshypothek. Mit ihrer Eintragung (§ 867 I 2) erlangt der Gl eine Sicherungshypothek nach § 1184 I BGB mit Rang vor späteren Rechten am Grundstück (§ 879 BGB) und vor Gl noch nicht gesicherter Vollstreckungsforderungen, die später die Beschlagnahme des Grundstücks mit Zwangsversteigerung oder -verwaltung erwirken (§ 10 I Nrn 4, 5 ZVG). Das Vorrecht für Hausgeldforderungen (§ 10 I Nr 2 ZVG) steht nicht entgegen (OLG Stuttgart Rpfleger 2011, 267; LG Düsseldorf NJW 2008, 3150 f). Von der Sicherungshypothek des bürgerl Rechts unterscheidet sich die Zwangshypothek nur durch ihren Entstehungstatbestand (Erwerb im Wege der ZwV) und mit einigen daraus folgenden Besonderheiten (insb § 868). Zur Sicherungshypothek nach § 111f II StPO: s BGH MDR 2020, 309. 3

II) Durchführung (§ 866 II). Der Gl kann (jederzeit: BGH MDR 2003, 1067 = NJW-RR 2003, 1076, 1077) verlangen, dass eine der Maßregeln der ZwV in ein Grundstück **allein oder neben den übrigen** (gleichzeitig oder nacheinander) **ausgeführt** wird (II). Grund: Die Befugnis entspricht der versch Bedeutung der einzelnen Maß- 4 regeln, die Schmälerung der Gläubigerinteressen zur Schonung des Sch nicht gebietet. **Beschränkungen** gelten bei **Sicherungsvollstr** (§ 720a I 1 b) und **Arrestvollzug** (§ 932). Eintragung einer Sicherungshypothek begründet für den Gl den **ges Löschungsanspruch** mit Vormerkungswirkungen nach § 1179a BGB ggü vorrangigen (auch gleichrangigen) Eigentümer-Grundpfandrechten. Zur Sicherung dieses ges Löschungsanspruchs wird ein Gl die Eintragung der Sicherungshypothek daher stets auch neben Zwangsversteigerung oder -verwaltung betreiben (Stöber Rpfleger 77, 425, 426). Die Zwangsversteigerung kann ein (dinglich nicht gesicherter) Gl (wegen seines persönl Anspruchs) auch betreiben, wenn bereits vorher auf Antrag eines anderen Gl die Zwangsverwaltung angeordnet wurde (§ 772 verhindert das nicht, vgl LG Köln NJW 52, 591). Eintragung einer Zwangshypothek erst nach dem Zwangsversteigerungsvermerk macht Anmeldung erforderl (§ 37 Nr 4 ZVG); unterbleibt sie, tritt Rangverlust nach § 110 ZVG ein oder es erfolgt keine Berücksichtigung (§ 114 I 1 ZVG).

5 **III) Besonderheiten (§ 866 III).** Die **Sicherungshypothek** darf nur für einen **Betrag von mehr als 750 Euro** (≥ 750,01 Euro) eingetragen werden (**III 1**). **Forderungen** des gleichen Gl gegen denselben Sch aus mehreren Titeln (nicht aber Forderungen mehrerer Gl, auch wenn für sie ein einheitlicher Titel besteht) können (auch wenn sie einzeln unter 750 Euro liegen) **zusammengerechnet** werden (**III 2**). Nach Antrag des Gl kann für jede ihm aus einem Titel zustehende Forderung über 750 Euro eine Sicherungshypothek eingetragen werden. **Zinsen**, die als kapitalisierte Hauptforderung tituliert sind, müssen bei der Feststellung des Mindestbetrags (750,01 Euro) berücksichtigt werden. Sie bleiben aber unberücksichtigt, soweit sie in der ZwV als **Nebenforderung** geltend gemacht sind (III 1). Das ist grds bei Zinsrückständen auf eine titulierte Hauptforderung der Fall, die in der ZwV betragsmäßig geltend gemacht werden (str, ebenso: BGH MDR 2022, 331 Tz 10 ff mwN). Der zugrunde liegende Titel und nicht der ZwV-Auftrag ist insofern maßgeblich, weil sonst III 1 umgangen werden könnte. Die Rspr des BGH zu § 4 I (s § 4 Rn 11 mwN) ist anwendbar; es ist nicht einzusehen, § 866 III 1 bei der Zinsberücksichtigung anders zu behandeln. Solche Zinsen werden aber selbst zur Hauptforderung (damit betragsrelevant), sofern letztere nicht mehr besteht (zB § 362 BGB) und nur noch die Zinsen vollstr werden (vgl OLG Schleswig Rpfleger 82, 301; s allg BGH MDR 2013, 1316 mwN). Für nur als Nebenforderung verlangte Zinsen kann eine Zwangshypothek nicht eingetragen werden (AG Pinneberg Rpfleger 69, 171). **Andere Nebenforderungen**, insb vorprozessuale Mahnkosten, aber auch bisherige **ZwV-Kosten** (§ 788 I), werden mitgerechnet, nicht aber Anwalts- und Gerichtskosten des Eintragungsverf (§ 867 I 3; sa OLG Hamm Rpfleger 2009, 447; MskV/Flockenhaus Rn 4). Die Wertgrenze von 750 Euro findet auf andere Fälle einer Sicherungshypothek **keine entspr Anwendung**, insb nicht bei § 848 II oder § 650e BGB. Eine Zwangshypothek für eine Forderung unter 750,01 Euro ist **nichtig** (vgl RGZ 60, 279, 284; BayObLGZ 75, 398, 403); sie ist als inhaltlich unzulässig vAw zu löschen; eine Eigentümergrundschuld entsteht nicht.

6 **IV) Beendigung.** Mit **Eintragung der Sicherungshypothek** ist diese entstanden (§ 867 I 2). Diese **Maßnahme der ZwV** (nicht die ZwV insgesamt) ist damit **beendet** (vgl BGH MDR 95, 1021 = NJW 95, 2715). Will der Gl dann als Hypothekengl Zahlung aus dem Grundstück (§ 1113 I, § 1147 BGB) erlangen, muss er Zwangsversteigerung oder -verwaltung als selbständige weitere Maßnahme betreiben (sa § 867 Rn 20).

7 **V) Verwaltungszwangsvollstreckung durch Eintragung einer Sicherungshypothek.** Dazu § 322 AO, sa § 6 I JBeitrG. § 866 findet Anwendung (§ 322 I 2 AO), damit auch die Wertgrenze von III 1. Mehrere nach dem JBeitrG zu vollstr Kostenforderungen müssen somit 750 Euro übersteigen.

8 **VI) Gebühren im Verfahren der Zwangsversteigerung und Zwangsverwaltung. 1) Gericht:** 2210 ff GKG-KV; 2220 f GKG-KV. Wertvorschriften: §§ 54-56 GKG. – **2) RA:** 3311 f RVG-VV. Gegenstandswerte: §§ 26, 27 RVG. Sa § 867 Rn 26; § 870a Rn 2.

§ 867 Zwangshypothek

(1) ¹Die Sicherungshypothek wird auf Antrag des Gläubigers in das Grundbuch eingetragen; die Eintragung ist auf dem vollstreckbaren Titel zu vermerken. ²Mit der Eintragung entsteht die Hypothek. ³Das Grundstück haftet auch für die dem Schuldner zur Last fallenden Kosten der Eintragung.

(2) ¹Sollen mehrere Grundstücke des Schuldners mit der Hypothek belastet werden, so ist der Betrag der Forderung auf die einzelnen Grundstücke zu verteilen. ²Die Größe der Teile bestimmt der Gläubiger; für die Teile gilt § 866 Abs. 3 Satz 1 entsprechend.

(3) Zur Befriedigung aus dem Grundstück durch Zwangsversteigerung genügt der vollstreckbare Titel, auf dem die Eintragung vermerkt ist.

1 **I) Wesen.** Die Eintragung der Sicherungshypothek ist als **ZwV-Maßnahme** Vollstreckungsakt **und** verfahrensrechtl **Grundbuchgeschäft**. Das GBA wird als Vollstreckungsorgan und als Organ der Grundbuchführung tätig (BGH MDR 58, 498 = NJW 58, 1090, 1091). Es hat daher die Vollstreckungsvoraussetzungen und ebenso die Zulässigkeit der Grundbucheintragung nach den Vorschriften der GBO selbständig zu prüfen (vgl BGH MDR 2002, 24 = NJW 2001, 3627 mwN).

II) Voraussetzungen. 1) Vollstreckungsvoraussetzungen. Sind insb: **a) Antrag** (I 1); Anwaltszwang besteht nicht. Bevollmächtigung: §§ 79 ff. Der Antrag kann grds formlos gestellt werden; wegen des Eingangsvermerks (vgl § 13 II 1, § 17 GBO) bedarf er aber der **Schriftform** oder der Erklärung zur Niederschrift des GBA (§ 13 II 3 GBO; zur elektron Antragstellung: KG MDR 2023, 1003 [bzgl Berlin]). **Zurückgenommen** werden kann der Antrag bis zur Eintragung mit Speicherung (§ 129 I 1 GBO) oder Unterzeichnung (§ 44 I GBO); zur Form: s § 31 S 1 GBO. – **b)** Die weiteren **allg Voraussetzungen der ZwV** müssen vorliegen; insb **Vollstreckungstitel** und -klausel, Zustellungsnachweis (§ 750 I, II) und Fälligkeit der Vollstreckungsforderung (§ 751 I), ggf Ablauf einer Wartefrist (§ 750 III, § 798), Vorlage eines Wechsels (sa § 756 Rn 4), Sicherheitsleistung (§ 751 II; wegen § 720a kaum noch von Bedeutung), Nachweis der Gegenleistung bei Zug-um-Zug-Verurteilung, Wahrung landesges Erfordernisse bei der ZwV gegen eine Gemeinde oder einen Gemeindeverband (§ 15 Nr 3 EGZPO; BayObLG Rpfleger 95, 106). Für **künftig** erst **fällig werdende laufende Forderungen** (Unterhalt) kann die Zwangshypothek nicht eingetragen werden (§ 751 I). Die als Nebenforderungen verlangten fortlaufenden **Zinsen** werden mit dem Hauptanspruch vollstr. **ZwV-Kosten** (§ 788 I), die nicht festgesetzt sind, müssen glaubhaft gemacht werden (§ 294). Nachweis gem § 29 I 2 GBO (insb öffentl Urkunde) kann nicht verlangt werden, weil der Kostennachweis als Vollstreckungsvoraussetzung nach der ZPO zu führen ist (vgl LG Regensburg Rpfleger 79, 147 mwN). 2

2) Grundbuchrechtliche Voraussetzungen. Sind insb: **Bezeichnung des Grundstücks** (§ 28 S 1 GBO) und der zu vollstr **Geldbeträge** in Euro (§ 28 S 2 GBO; zu anderen Währungen: s Rn 9), Eintragungsgrundlage für das Gemeinschaftsverhältnis mehrerer Gl (§ 47 GBO), Voreintragung des Sch als Eigentümer (§ 39 GBO; für Grundbuchberichtigung Antragsrecht des Gl nach § 14 GBO) oder Nachweis der Erbfolge (§ 35 GBO). Einen gegen den **noch nicht eingetragenen Ersteher** gerichteten Antrag auf Eintragung einer Zwangshypothek hat das GBA entgegenzunehmen, bei den Grundakten zu verwahren und im Anschluss an das Eintragungsersuchen (§ 130 I 1 ZVG) zu vollziehen (LG Lahn-Gießen Rpfleger 79, 352). Ist ein **Gemeinschaftsverhältnis der Gl** (§ 47 GBO) im Titel nicht bezeichnet (und auch durch Auslegung nicht zu ermitteln; vgl OLG Köln Rpfleger 86, 91; LG Essen Rpfleger 2001, 543), können es die Gl im Eintragungsantrag bestimmen; der Formzwang nach § 29 GBO gilt hierfür nicht (OLG Köln Rpfleger 86, 91; Hk-ZPO/Kindl Rn 10; MskV/Flockenhaus Rn 6; aA MK/Dörndorfer Rn 23: unzulässige Titelergänzung). 3

3) § 17 GBO. Der Eintragungs**antrag** ist **nicht „rangwahrend"** nach § 17 GBO gestellt, wenn (soweit) ein Vollstreckungsmangel besteht. Daher kann zur Behebung eines **Vollstreckungsmangels** keine rangwahrende Zwischenverfügung nach § 18 GBO ergehen (BGH MDR 58, 498 = NJW 58, 1090, 1091; OLG München NJW 2009, 1358, 1359 mwN; s iÜ Rn 15). Gleichwohl hat sof Zurückweisung zu unterbleiben; Beanstandung hat im Vollstreckungsverf mit nicht rangwahrender Verfügung nach § 139 zu erfolgen (BayObLG Rpfleger 2005, 250; OLG Jena Rpfleger 2002, 355; MK/Dörndorfer Rn 32). Wenn infolge des Vollstreckungsmangels nur der **Vollzug eines Teils des Antrags ausgeschlossen** ist (zB Miteintragung der bisherigen ZwV-Kosten, weil sie nicht glaubhaft gemacht sind), ist für den weiter gehenden, vollzugsreifen Teil des Antrags (sofern die Forderung mehr als 750 Euro beträgt, § 866 III 1, s iÜ II 2 Hs 2) die Vollzugsreihenfolge des § 17 GBO gewahrt. 4

4) Grundbuchrechtliche Antragshindernisse. Diese sind **mit Zwischenverfügung nach § 18 GBO zu beanstanden.** 5

5) Einstellung der Zwangsvollstreckung. Eine solche durch einstw Anordnung zB nach §§ 707, 719, 732 II, § 766 I 2, § 771 III 1, § 785 (Nachlassverw allein hindert nicht: OLG Frankfurt NJW-RR 98, 160) u § 795 macht die Eintragung unzulässig (OLG Frankfurt Rpfleger 74, 443); auf eine bereits erfolgte Eintragung ist sie nur nach Maßgabe des § 868 von Einfluss. Ein **Belastungsverbot** als Inhalt des Erbbaurechts (§ 5 II 1 ErbbauRG) ermöglicht Eintragung der Sicherungshypothek (auch am Eigentümererbbaurecht: BayObLG MDR 96, 849 = NJW-RR 96, 975) nur mit **Zustimmung des Grundstückseigentümers**; für Nachweis der Zustimmung (Ersetzung) ist angemessene Frist mit Zwischenverfügung zu gewähren (OLG Celle MDR 85, 331). Für die Ersetzung der Zustimmung hat der Gl ein selbständiges Antragsrecht (BGH MDR 87, 570 = NJW 87, 1942). Eine **Ausnahme** vom Zustimmungserfordernis für Grundpfandrechte bestimmter Gl (zB öffentl Kreditanstalten) gilt auch für die Zwangshypotheken solcher Gl (vgl OLG Celle Rpfleger 85, 22). Wegen Geringwertigkeit des Grundstücks und weil wegen Vorbelastungen (derzeit) eine Befriedigung bei Zwangsversteigerung nicht zu erwarten ist, kann die Eintragung der Zwangshypothek nicht abgelehnt werden (LG Marburg Rpfleger 84, 406). 6

III) Verfahren. 1) Eintragung der Sicherungshypothek. Erfolgt nach § 1115 BGB. Die Hypothek wird im Grundbuch als Sicherungshypothek bezeichnet (§ 1184 II BGB; damit ist die Brieferteilung ausgeschlossen: § 1185 I BGB). Die Angabe, dass die Eintragung im Wege der ZwV erfolgt, wird zur Kennzeichnung der Besonderheiten des Rechts (§ 868) vorgenommen (bei Fehlen jedoch kein Unwirksamkeitsgrund). **Einzutragen** sind (§ 1115 I BGB): 7

a) der **Gl** nach § 15 GBV, **mehrere** mit ihrem Gemeinschaftsverhältnis (§ 47 GBO). Für **Zwangsgeld** nach § 888 ist als Gl der Kl einzutragen, als Zahlungsempfänger die Gerichtskasse zu vermerken (AG Hamburg Rpfleger 82, 31); für den Anspruch auf Zahlung an einen (ohne eigenes Forderungsrecht begünstigten) Dritten ist ebenso der Gl unter Bezeichnung des Dritten als Zahlungsempfänger einzutragen (vgl OLG Karlsruhe Rpfleger 98, 158; OLG München FamRZ 2012, 577). Der **Einzelkaufmann** ist mit seinem bürgerl Namen einzutragen, auch wenn er im Titel mit seiner Firma (§ 17 II HGB) bezeichnet ist. Die **Erben** sind als Berechtigte einzu- 8 tragen, wenn der Nachlassverw eine zum Nachlass gehörende Forderung vollstr (OLG Hamm MDR 88, 865). Ein Elternteil, der als **Prozessstandschafter** im eigenen Namen den Titel für Unterhaltsansprüche des Kindes erwirkt hat (§ 1629 III BGB), ist ebenso als Gl einzutragen (LG Konstanz NJW-RR 2002, 6). Die **WE-Gemeinschaft** führt die Bezeichnung „Gemeinschaft der Wohnungseigentümer“ oder „Wohnungseigentümergemeinschaft“ gefolgt von der bestimmten Angabe des gemeinschaftl Grundstücks (§ 9a I 3 WEG). Als vollstr Gl (erfordert Bezeichnung im Titel, § 750 I 1: BGH MDR 2010, 347 = NJW 2010, 1007 Tz 11) ist sie als Gl der Zwangshypothek unter diesem Namen einzutragen. Einzutragender Berechtigter ist der Verwalter, wenn er nach dem Titel Gl ist (BGH MDR 2002, 24 = NJW 2001, 3627 mwN). Die **GbR** ist als VollstrGl einzutragende Berechtigte. Für die Eintragung hat der Titel eine (etwaige) Bezeichnung der GbR (zB ARGE: KG NJW-RR 2010, 1602) auszuweisen, zum Inhalt der Eintragung iÜ: s § 47 II GBO, § 15 I Nr 2 GBV;

9 **b)** der **Geldbetrag** der Vollstreckungsforderung. Dazu gehören auch die nach dem Titel zu vollstr Nebenforderungen (sa § 866 Rn 5) und bisherige ZwV-Kosten, die zugleich mit vollstr werden (§ 788 I). Diese Ansprüche insgesamt sind Vollstreckungsforderung; sie müssen eingetragen werden, wenn das Grundstück für sie haften soll. Eingetragen werden kann der Geldbetrag der Sicherungshypothek in Euro, in der Währung eines der Mitgliedstaaten der Europ Union, in der Währung der Schweizerischen Eidgenossenschaft und der Vereinigten Staaten von Amerika (§ 28 S 2 GBO iVm §§ 1 ff VO v 30.10.1997 [BGBl I 1997, 2683; sa BGBl I 1998, 4023]). Vorausgesetzt ist ein Betrag von mehr als 750 Euro (§ 866 III 1) nach dem Kurs am Eintragungstag;

10 **c)** der Zinssatz, wenn **Zinsen** als Nebenleistungen geltend gemacht sind. Der Anfangszeitpunkt der Zinsen (er kann vor der Eintragung liegen) kann durch Bezugnahme auf den Titel eingetragen werden (vgl § 874 BGB; sa MK/Dörndorfer Rn 43). Für **variable Verzugszinsen** („... Prozentpunkte über dem jew Basiszinssatz“), damit auch für einen (sonst) an § 288 BGB ausgerichteten gleitenden Zinssatz, muss ein **Höchstzinssatz nicht angegeben** werden (BGH MDR 2006, 1037 = NJW 2006, 1341 Tz 8 ff mwN [Eintragung einer Grundschuld]);

11 **d)** andere **Nebenleistungen** der Sicherungshypothek (nicht der Hauptsacheforderung: s Rn 9), zB Säumniszuschläge oder Zinseszins, einmalige oder fortlaufende Strafzinsen.

12 **2) Entstehen der Sicherungshypothek.** Mit der **Eintragung** (§§ 44, 129 GBO) entsteht die Sicherungshypothek als Grundstücksrecht (**I 2**). Ihr Rang bestimmt sich nach § 879 BGB. Einen **Rangvorbehalt** des Sch (Eigentümers) kann der Gl bei der Eintragung der Zwangshypothek nicht zum Nachteil des mit dem Vorbehalt belasteten Rechts ausnutzen (BGH NJW 54, 954).

13 **3) Kosten der Eintragung.** Für die dem Sch zur Last fallenden (notw: § 788 iVm § 91) Kosten der Eintragung haftet das Grundstück (**I 3**). Eintragungskosten sind die Antragskosten (insb RA-Kosten) und die Gerichtskosten für die Eintragung, **nicht** aber Vorbereitungskosten (Kosten für die Ausfertigung und Zustellung des Urteils, Urkundenbeschaffung, Grundbuchberichtigung mit Voreintragung des Sch usw). Eintragungskosten sind nicht als Geldbetrag der Sicherungshypothek einzutragen (Eintragung hat als überflüssig zu unterbleiben, ist inhaltl aber nicht unzulässig). In der Zwangsversteigerung und -verwaltung sind nicht eingetragene Eintragungskosten anzumelden (§ 37 Nr 4, § 156 II iVm § 114 ZVG). Die Löschungskosten sind keine Kosten der ZwV (OLG Frankfurt JurBüro 81, 786; OLG Stuttgart Rpfleger 81, 158; LG Berlin Rpfleger 88, 547).

14 **4) Vermerk.** Die **Eintragung der Sicherungshypothek** wird **auf dem vollstrb Titel** (dessen vollstrb Ausfertigung) **vermerkt (I 1 Hs 2)**. Er wird mit den Vollstreckungsunterlagen **zurückgegeben**; zu den Grundakten werden begl **Abschriften** genommen (§ 10 I 2 GBO); sie sind dem Antrag beizulegen; Mehrkosten für die Anfertigung durch das GBA sind nicht erstattungsfähig (§ 788 I iVm § 91).

15 **IV) Mehrere Grundstücke (§ 867 II). 1) Allgemeines.** Wenn **mehrere** (selbständige) **Grundstücke** des Sch (auch Bruchteile [§ 864 II] und andere Objekte [§ 864 I]) mit der Sicherungshypothek belastet werden sollen, ist der Betrag der **Forderung nach Bestimmung des Gl auf die einzelnen Grundstücke zu verteilen (II 1, 2)**. Grund: Der Sch soll vor übermäßiger Belastung seiner Grundstücke geschützt werden; die mit einer Gesamthypothek verbundenen Schwierigkeiten sollen in der ZwV ausgeschaltet werden. Die Verteilung im Eintragungsantrag (auch bei Abänderung vor Eintragung) unterliegt nur seiner **Form** (s Rn 2), somit der Schriftform (auch zur Niederschrift des GBA möglich), nicht aber der Form des § 29 GBO. Jeder Teilbetrag für eine **Einzelhypothek muss mehr als 750 Euro betragen (II 2** iVm § 866 III 1). Zinsen sind als Nebenleistungen bei jeder Teilforderung einzutragen, nicht auf einem der Grundstücke als Nebenforderung allein. Bei **Vollstr mehrerer Titel** muss die Verteilung ergeben, aus welchem der Titel welcher Forderungsteil auf welchem der Grundstücke eingetragen werden soll (OLG Zweibrücken Rpfleger 2001, 586). Die Verteilung ist vollstreckungsrechtl Eintragungserfordernis (s Rn 2). Fehlende Verteilung kann daher nicht mit rangwahrender Zwischenverfügung nach § 18 GBO beanstandet werden (OLG Düsseldorf MDR 90, 62; sa Rn 4). Vor Zurückweisung ist dem Gl aber nach § 139 Gelegenheit zur Behebung des Vollstreckungshindernisses zu geben (sa Rn 4). Der **Rang** des Antrags bestimmt sich **bei Nachholung der Verteilung** (die auch noch nach der Beschwerde gegen den Zurückweisungsbeschluss möglich ist) nach dem Zeitpunkt, in dem der die Verteilung enthaltende Antrag beim GBA *eingegangen* ist (BGH MDR 58, 498 = NJW 58, 1090 f). Eine **„Rang“folge der Teile** ist (auch wenn gleich hohe Forderungsteile gebildet werden) vom Gl nicht zu bezeichnen; Teilleistungen des Sch werden (mangels anderer Bestimmung) nach § 366 BGB verrechnet (BGH MDR 91, 1093 = NJW 91, 2022).

2) Verteilung der Forderung. Danach entstehen mit Eintragung **Einzelhypotheken**. Unzulässig ist die Eintragung einer „Ausfallzwangshypothek" für den Fall, dass eine Sicherungshypothek auf einem anderen Grundstück nicht zum Zuge kommt (OLG Stuttgart NJW 71, 898). Die Teilung des mit einer Zwangshypothek belasteten Grundstücks (als Verfügung des Eigentümers) beeinträchtigt § 867 II nicht (BayObLG NJW-RR 96, 1041). 16

3) (Rechtsgeschäftlich bestellte) Verkehrshypothek. Diese (vgl § 1113 BGB) steht der Eintragung der Zwangshypothek auf einem *anderen* Grundstück nicht entgegen (RGZ 98, 106, 108 f; BayObLG MDR 91, 163), ebenso nicht eine **Grundschuld** (BayObLG MDR 91, 163). **Eintragung einer weiteren Zwangshypothek** für die gleiche Vollstreckungsforderung auf einem anderen Grundstück des gleichen Sch **ist unzulässig** (vgl II 1; OLG Düsseldorf MDR 90, 62), auch nicht als „Ausfallzwangshypothek" (LG Hechingen Rpfleger 93, 169; sa Rn 16); nach Belastung eines Anteils auch nicht auf einem weiteren Miteigentumsanteil am gleichen Grundstück, den der Sch als Erbe erworben hat (OLG Oldenburg Rpfleger 96, 242). Nicht eingetragen werden kann auf dem gleichen Grundstück zudem eine Zwangshypothek für den Anspruch auf Übernahme der Haftung für Zahlung einer Grundschuldsumme (OLG Köln NJW-RR 96, 1106). Wenn die **Zwangshypothek gelöscht** (aufgehoben) wird oder der **Gl auf sie verzichtet** hat (muss eingetragen sein: § 1168 II 1 BGB), kann der Titel mit der Eintragung einer Zwangshypothek auf einem anderen (auch dem gleichen) Grundstück jedoch weiter vollstr werden. Unzulässige nachträgl Eintragung einer Sicherungshypothek auf einem weiteren Grundstück des Sch berührt die Wirksamkeit der zuerst eingetragenen Sicherungshypothek nicht (vgl BayObLG Rpfleger 86, 372). 17

4) Zwangshypothek als Gesamthypothek auf mehreren Grundstücken. Deren Eintragung ist **unzulässig** (RGZ 163, 121, 125; OLG Köln NJW 61, 368) und vAw zu löschen (§ 53 I 2 GBO). Eintragung einer zweiten Zwangshypothek unter Verletzung von II 1 wird nur dann als inhaltl unzulässig angesehen, wenn sich der Verstoß aus dem Grundbuchblatt des zweiten Grundstücks ergibt (BayObLG Rpfleger 86, 372). 18

5) Gesamtschuldnerische Verurteilung mehrerer Schuldner. In diesem Fall kann eine **Sicherungshypothek für die gesamte Forderung auf dem Grundstück jedes Gesamtsch** (Gesamthypothek: vgl Düsseldorf Rpfleger 2004, 39) **eingetragen** werden. Für Bruchteilsmiteigentum jedes Sch gilt das entspr (§ 864 II, § 1114 BGB, sa LG Duisburg JurBüro 81, 624). Auf mehrere Grundstücke desselben Gesamtsch ist die Forderung jedoch zu verteilen (sa Rn 15). Diese Verteilung ist auch vorzunehmen, wenn die Zwangshypothek zuerst auf einem Grundstück eingetragen wurde und erst später Eintragung auch auf anderen Grundstücken erfolgen soll; in Höhe des Betrages, der auf das weitere Grundstück eingetragen werden soll, muss der Gl auf die an dem anderen Grundstück bereits bestehende Hypothek verzichten (RGZ 98, 106, 108; sa Rn 17). 19

V) Zwangsversteigerung (§ 867 III). 1) Allgemeines. III lässt die Zwangsversteigerung auf Antrag des Gl oder seines Rechtsnachfolgers (erfordert Klausel nach § 727) **gegen den Eigentümer** bei Eintragung der Sicherungshypothek **unmittelbar aus der Zwangshypothek** zu. Ein (gesonderter) dingl Schuldtitel ist nicht erforderl. Für die Vollstr des dingl Anspruchs (§ 1147 BGB) genügt der vollstrb Titel, auf dem die Eintragung nach I 1 vermerkt ist (sa OLG Brandenburg MDR 2017, 1388 f mwN [entspr anwendbar bei Sicherungshypothek nach § 848 II 2]). Nach (rechtsgeschäftl) **Eigentumswechsel** (auch nach Grundbuchberichtigung der Eigentümereintragung außerhalb einer Gesamtrechtsnachfolge) ist ein (gesonderter) **dingl Duldungstitel gegen den neuen Eigentümer erforderl** (gebietet § 17 ZVG); der Erwerber ist nicht Rechtsnachfolger des in dem Zahlungstitel bezeichneten Sch (§ 750 I); der Titel kann auf den neuen Eigentümer daher nicht nach § 727 umgeschrieben werden (sa BGH MDR 2021, 1216 Tz 17 ff). Der **Darlegungs- und Beweislast für die gesicherte Forderung** ist der Gl der auf Grund eines rechtskr Titels erwirkten Zwangshypothek bei Duldungsklage gegen den Grundstückserwerber enthoben (BGH MDR 88, 314 = NJW 88, 828, 829; anders, wenn dem Titel die mat Rechtskraft fehlt: BGH MDR 94, 1040 = NJW 94, 460). Der (darlegungs- und beweispflichtige) Grundstückserwerber kann gegen diese Duldungsklage (die Forderung selbst) nur die nach § 767 II, § 796 II zulässigen Einwendungen erheben (BGH MDR 88, 314 = NJW 88, 828). Zwangsverwaltung wegen des dingl Anspruchs und (dingl) Pfändung von Mietforderungen fallen nicht in den Anwendungsbereich von III (iE BGH MDR 2008, 768 = NJW 2008, 1599 Tz 13 ff). 20

2) Anspruch des Gläubigers. Der Gl kann auch wegen seines durch den Titel ausgewiesenen **persönl Anspruchs** (Rangklasse 5 von § 10 I ZVG) mit der Zwangsversteigerung oder -verwaltung in das Grundstück des Sch vollstr (§ 866 I, II). Bei der Zwangsversteigerung bleibt dann seine vor Beschlagnahme eingetragene Zwangshypothek im geringsten Gebot bestehen (RGZ 76, 116, 120). 21

3) Einwendungen des Schuldners gegen die Forderung. Sie (vgl §§ 1137, 1184 I BGB) sind mit der Klage nach § 767 geltend zu machen. Einwendungen des Sch **gegen den dingl Anspruch** sind bei der Vollstr ohne (gesonderten) dingl Titel (III), soweit sie auf einem Verfahrensfehler (Eintragungsfehler) beruhen, mit der Erinnerung (§ 766; dann: sof Beschwerde [§ 793]) zu verfolgen. **Materiell-rechtl Einwendungen** des Sch gegen den dingl Anspruch (s § 1157 BGB; zB Stundung nur der Hypothek, nicht auch der Forderung; Abrede über die Geltendmachung der Hypothek nur unter bestimmten Voraussetzungen) sind gleichfalls mit der Klage nach § 767 zu verfolgen. 22

4) Dingliche Vollstreckung aus einer Arresthypothek. Eine solche (nach Verwertungsreife) ermöglicht III nicht (arg e § 932 II). 23

24 **VI) Rechtsbehelfe.** Für **Gl** gegen Zurückweisung seines Antrags oder Ablehnung der Berichtigung der Eintragung (OLG Köln MDR 2009, 52): Beschwerde (§ 71 I GBO); die vollstreckungsrechtl Aufklärungsverfügung ist nicht anfechtbar (OLG München Rpfleger 2010, 578). Wird im Rechtsmittelverf die Zurückweisung des Antrags aufgehoben, ist er unerledigt mit der Folge, dass dessen Wirkungen (§§ 13, 17 GBO) wieder aufleben; inzwischen eingetragene Rechte bleiben in ihrem Rang jedoch unberührt (BayObLG Rpfleger 83, 101). Bei der Eintragung für **Sch** Beschwerde nach § 71 GBO (nicht §§ 766, 793; vgl OLG Stuttgart 6.3.2018 – 6 W 10/18, juris Tz 15 mwN; sa KG MDR 87, 594 = NJW-RR 87, 592 f: Beschwerde nach § 71 II 2 GBO), jedoch nur mit dem Ziel, die Eintragung eines Widerspruchs (§ 53 I GBO; KG Rpfleger 2011, 81 LS) oder die Löschung zu erwirken (§ 71 II 2 GBO). Beschwerde gegen die Eintragung einer inhaltl zulässigen Sicherungshypothek mit dem Ziel ihrer Löschung ist zulässig, wenn die Möglichkeit gutgl Erwerbs rechtl ausgeschlossen ist (iE BGHZ 64, 194). Ein **Dritter** kann auch nach der Eintragung der Sicherungshypothek (die ZwV ist mangels Befriedigung des Gl dadurch noch nicht beendet: vgl BGH MDR 88, 314 = NJW 88, 828, 829) mit der Klage nach § 771 geltend machen, er und nicht der Sch sei Eigentümer des Grundstücks (vgl OLG Düsseldorf NJW-RR 93, 1430, 1431 f; Brox/Walker, ZwVR, 12. Aufl, § 34 Rn 23; MK/Dörndorfer Rn 75; MskV/Flockenhaus Rn 13 aE).

25 **VII) Vollstreckungsmängel.** Als ZwV-Akt ist die unter Verletzung von Vollstreckungsvoraussetzungen eingetragene Zwangshypothek nur **ausnahmsweise nichtig** (sa Rn 18 [Gesamthypothek]; s § 866 Rn 5 [Zwangshypothek unter 750,01 Euro]). Durchweg führen Mängel nur zur Anfechtbarkeit; **Heilung** mit Behebung der Fehlerhaftigkeit ist möglich, zB mit Zustellung (§ 750 I), Ablauf der Frist des § 750 III (OLG Hamm NJW-RR 98, 87), Sicherheitsleistung (BayObLG NJW-RR 2003, 1668 [Arresthypothek]). Weil demnach die mangelhafte Zwangshypothek als auflösend bedingtes Recht, mithin bis zur Aufhebung mit der Entscheidung über einen Rechtsbehelf wirksam besteht, hat sie bei **Mängelheilung Rang nach dem Zeitpunkt der Eintragung** (hM, ebenso: OLG Schleswig NJW-RR 88, 700; Brox/Walker, ZwVR, 12. Aufl, § 34 Rn 19 mwN; offen gelassen: OLG Hamm Rpfleger 2005, 532, 533).

26 **VIII) Gebühren. 1) Gerichtskosten für die Eintragung:** Geb nach 14121 GNotKG-KV. – **2) RA:** Der Antrag auf Eintragung einer Zwangshypothek gilt als bes Angelegenheit der ZwV (§ 18 I Nr 11 RVG; Vorbem 3.3.3 I RVG-VV; 3309 RVG-VV).

§ 868 Erwerb der Zwangshypothek durch den Eigentümer

(1) Wird durch eine vollstreckbare Entscheidung die zu vollstreckende Entscheidung oder ihre vorläufige Vollstreckbarkeit aufgehoben oder die Zwangsvollstreckung für unzulässig erklärt oder deren Einstellung angeordnet, so erwirbt der Eigentümer des Grundstücks die Hypothek.

(2) Das Gleiche gilt, wenn durch eine gerichtliche Entscheidung die einstweilige Einstellung der Vollstreckung und zugleich die Aufhebung der erfolgten Vollstreckungsmaßregeln angeordnet wird oder wenn die zur Abwendung der Vollstreckung nachgelassene Sicherheitsleistung oder Hinterlegung erfolgt.

1 **I) Eigentümergrundschuld nach dem BGB.** Ist die Sicherungshypothek entstanden, gelten für sie **alle Vorschriften des BGB** über die Eigentümergrundschuld (vgl RGZ 78, 398, 408). Stellt sich das **Nichtbestehen der Forderung** heraus, steht die Sicherungshypothek als Grundschuld von vornherein dem Eigentümer zzt ihrer Eintragung zu; sie verbleibt ihm, auch wenn das Grundstück später auf einen anderen Eigentümer übergeht. Eine Entscheidung iSd § 868 ändert hieran nichts (vgl RGZ 78, 398, 402 f; sa § 1163 I 1, § 1177 BGB). **Erlischt die Forderung nach Eintragung der Hypothek** (zB durch anderweitige Befriedigung des Gl), erwirbt der Eigentümer im Zeitpunkt des Erlöschens die Hypothek (§ 1163 I 2 BGB). **Verzichtet** der Gl auf die Hypothek, erwirbt sie der Eigentümer (§ 1168 I BGB).

2 **II) Erwerb der Zwangshypothek durch den Eigentümer (§ 868 I, II). 1) Allgemeines.** § 868 fügt den in Rn 1 genannten Fällen der Eigentümergrundschuld für die Zwangshypothek weitere hinzu: Wird nach der Eintragung der Sicherungshypothek der **Titel oder seine vorl Vollstreckbarkeit** (§ 718) durch eine vorl vollstrb oder rechtskr Entscheidung (Prozessvergleich genügt idR nicht: vgl OLGR Karlsruhe 2000, 183, 184 mwN) **aufgehoben**, bleibt das Grundpfandrecht bestehen und geht auf denjenigen über, der zzt der Aufhebung Eigentümer des Grundstücks war (**I**). Das Gleiche gilt, wenn die **ZwV** aus dem Titel **für unzulässig erklärt** wird (§ 732 I, §§ 767 f, §§ 771 ff), weil der Titel in seiner Wirksamkeit beseitigt oder beeinträchtigt ist; ferner, wenn die **einstw Einstellung der ZwV** und zugleich die Aufhebung der Vollstreckungsmaßnahmen angeordnet werden (§§ 707, 719, 769, 771, nicht auch § 766); oder wenn zur Abwendung der ZwV **Hinterlegung oder Sicherheitsleistung** (§ 711) **nachträgl erfolgt** (**II**). Entspr gilt für die **Arresthypothek** (§ 932 II), wenn der Arrest durch eine vollstrb Entscheidung (zB nach Widerspruch wegen veränderter Umstände) aufgehoben wird. Die (Gesamt-) Zwangshypothek auf **Grundstücken mehrerer Eigentümer** (s § 867 Rn 19) erwerben die Eigentümer aller Grundstücke als Gesamtrecht; sie erlischt auf einem Einzelgrundstück entspr § 1175 I 2 BGB, wenn nur für dessen Eigentümer der Tatbestand des § 868 erfüllt ist (Deimann Rpfleger 2000, 193). **Sicherheitsleistung nach § 720a III** erfolgt zur Abwendung der Sicherungsvollstr; bewirkt somit, dass der Eigentümer die nach § 720a I 1 b) er-

langte Sicherungshypothek erwirbt. Unwirksam ist die Belastung des Grundstücks im letzten Monat vor dem Antrag auf **Eröffnung des Insolvenzverf** oder nach diesem Antrag (§ 88 I InsO; Frist von 3 Monaten im Verbraucherinsolvenzverf: § 88 II InsO); damit ist die Zwangshypothek erloschen, eine Eigentümergrundschuld ist somit nicht entstanden (BGH MDR 2006, 1070 = NJW 2006, 1286).

2) Folgen. Der **Eigentümer des Grundstücks erwirbt** in den Fällen von Rn 2 **die Hypothek** mit Verkündung der vorl vollstrb oder rechtskr Entscheidung kraft Gesetzes. Für den **Gl bestehen keine Ansprüche nach § 717 III**, wenn die auf Grund des Urteils der ersten Instanz erwirkte Zwangshypothek durch die erfolgreiche Berufung des Sch auf diesen übergegangen ist und das Berufungsurteil durch das Revisionsgericht aufgehoben wurde (BGH MDR 71, 378); es bestehen auch **keine Ansprüche nach §§ 812 ff BGB** (vgl BGH MDR 2006, 1070 = NJW 2006, 1286 Tz 17; BGH MDR 76, 830 = NJW 77, 48). Die **Umschreibung der Hypothek in eine Eigentümergrundschuld** erfolgt auf Grund der dem GBA vorgelegten Ausfertigung der Entscheidung (§ 22 GBO; vgl OLG München MDR 2022, 395). Die Umschreibung ist **Berichtigung** des mit der neuen Entscheidung unrichtig gewordenen Grundbuchs. Wird der aufgehobene Titel wiederhergestellt (damit auch, wenn der Gl nach Abwendung der Sicherungsvollstr [§ 720a] Sicherheit für die Vollstr des Titels leistet), lebt die zur Eigentümergrundschuld gewordene Sicherungshypothek nicht wieder auf (BGH MDR 2006, 1070 = NJW 2006, 1286 Tz 17; sa OLG München aaO; im Fall von § 720a nicht geklärt). Der Gl kann dann die Eigentümergrundschuld pfänden. Nach zwischenzeitl Eigentümerwechsel hat der Gl keine Möglichkeit, sich aus dem Grundstück zu befriedigen. 3

§ 869 Zwangsversteigerung und Zwangsverwaltung

Die Zwangsversteigerung und die Zwangsverwaltung werden durch ein besonderes Gesetz geregelt.

Die Verweisung in § 869 auf das Gesetz über die Zwangsversteigerung und die Zwangsverwaltung (**ZVG**) bedeutet: Die Vorschriften des ZVG gehören an sich in die ZPO, und zwar an die Stelle des darauf verweisenden § 869. Aus Zweckmäßigkeitsgründen ist im ZVG eine selbständige Regelung erfolgt. Im Verf nach dem ZVG kommen die einschlägigen Vorschriften der ZPO zur Anwendung, zB die Vorschriften über die PKH und die Aufklärungs- und Hinweispflichten (§ 139), soweit nicht Bestimmungen des ZVG entgegenstehen (RGZ 73, 194, 195). **Lit zum ZVG:** s insb Schneider, ZVG, 1. Aufl; Stöber, ZVG, 23. Aufl. 1

§ 870 Grundstücksgleiche Rechte

Auf die Zwangsvollstreckung in eine Berechtigung, für welche die sich auf Grundstücke beziehenden Vorschriften gelten, sind die Vorschriften über die Zwangsvollstreckung in Grundstücke entsprechend anzuwenden.

Zu den **Berechtigungen** iSd § 870: s § 864 Rn 2. Für landesrechtl Berechtigungen konnten die Landesgesetze auch bzgl der ZwV abw Vorschriften erlassen. Das ist früher insb für die ZwV in Bergwerkseigentum in den Ausführungsgesetzen der meisten Bundesländer geschehen. 1

§ 870a Zwangsvollstreckung in ein Schiff oder Schiffsbauwerk

(1) [1]Die Zwangsvollstreckung in ein eingetragenes Schiff oder in ein Schiffsbauwerk, das im Schiffsbauregister eingetragen ist oder in dieses Register eingetragen werden kann, erfolgt durch Eintragung einer Schiffshypothek für die Forderung oder durch Zwangsversteigerung. [2]Die Anordnung einer Zwangsversteigerung eines Seeschiffs ist unzulässig, wenn sich das Schiff auf der Reise befindet und nicht in einem Hafen liegt.

(2) § 866 Abs. 2, 3, § 867 gelten entsprechend.

(3) [1]Wird durch eine vollstreckbare Entscheidung die zu vollstreckende Entscheidung oder ihre vorläufige Vollstreckbarkeit aufgehoben oder die Zwangsvollstreckung für unzulässig erklärt oder deren Einstellung angeordnet, so erlischt die Schiffshypothek; § 57 Abs. 3 des Gesetzes über Rechte an eingetragenen Schiffen und Schiffsbauwerken vom 15. November 1940 (RGBl. I S. 1499) ist anzuwenden. [2]Das Gleiche gilt, wenn durch eine gerichtliche Entscheidung die einstweilige Einstellung der Zwangsvollstreckung und zugleich die Aufhebung der erfolgten Vollstreckungsmaßregeln angeordnet wird oder wenn die zur Abwendung der Vollstreckung nachgelassene Sicherheitsleistung oder Hinterlegung erfolgt.

1 **I) Unzulässigkeit der Zwangsverwaltung.** Die nach § 165 ZVG anzuordnende Bewachung und Verwahrung eines Schiffes ist Schutzmaßnahme, keine ZwV. Zur Schiffshypothek: s § 8 SchiffsrechteG; zur Prüfung: s § 867 Rn 1 ff (sa BayObLG Rpfleger 92, 28); zur Eintragung: s § 24 SchiffsrechteG; Rechtsbehelf gegen die Ablehnung: Beschwerde nach § 75 I SchiffsregisterO (BayObLG Rpfleger 92, 28; s iÜ § 867 Rn 24).

2 **II) Gebühren. 1) Gericht:** für die Eintragung (oder Löschung) der Schiffshypothek: 14220 GNotKG-KV. – **2) RA:** s § 867 Rn 26.

§ 871 Landesrechtlicher Vorbehalt bei Eisenbahnen

Unberührt bleiben die landesgesetzlichen Vorschriften, nach denen, wenn ein anderer als der Eigentümer einer Eisenbahn oder Kleinbahn den Betrieb der Bahn kraft eigenen Nutzungsrechts ausübt, das Nutzungsrecht und gewisse dem Betriebe gewidmete Gegenstände in Ansehung der Zwangsvollstreckung zum unbeweglichen Vermögen gehören und die Zwangsvollstreckung abweichend von den Vorschriften des Bundesrechts geregelt ist.

1 Landesrecht für Grundstücke usw eines Eisenbahn- und Kleinbahnunternehmens (Bahneinheit) sowie für die Liquidation zur Gläubigerbefriedigung: s **Art 112 EGBGB.** § 871 lässt weiter gehend zu, dass durch Landesgesetz auch das von einem anderen als dem Eigentümer der Bahn an ihr ausgeübte Nutzungsrecht (Nießbrauch, Pacht) für die ZwV als zum unbewegl Vermögen gehörig bezeichnet und die ZwV abw von den Bundesgesetzen geregelt wird.

Titel 4
Verteilungsverfahren (§§ 872-882)

§ 872 Voraussetzungen

Das Verteilungsverfahren tritt ein, wenn bei der Zwangsvollstreckung in das bewegliche Vermögen ein Geldbetrag hinterlegt ist, der zur Befriedigung der beteiligten Gläubiger nicht hinreicht.

1 **I) Zweck.** Durchführung eines gerichtl Verf zur **Verteilung des Erlöses,** der die Forderungen aller Gl nicht deckt.

2 **II) Verfahrensvoraussetzungen. 1) Hinterlegung eines Geldbetrages.** Findet statt bei der ZwV in das bewegl Vermögen (somit durch den GV nach § 827 II und § 854 II, III oder durch den Drittsch nach § 853) und Anzeige der Sachlage. Bei der ZwV in eine Schiffspart wird hinterlegter Erlös im Fall von § 858 V verteilt. **Kein Verteilungsverf** nach § 872 findet statt, wenn die Hinterlegung nach **§ 372 BGB** (Gläubigerungewissheit oder Annahmeverzug) erfolgt ist (RGZ 144, 391, 393; sa LG Berlin Rpfleger 81, 453); somit auch nicht, wenn der Drittsch (nach § 372 BGB) hinterlegt hat, weil die Forderung gepfändet und abgetreten ist (RGZ aaO; LG Münster Rpfleger 95, 78). Wenn beim **Zusammentreffen von Pfändungen und Abtretungen** nach § 372 BGB und § 853 hinterlegt ist, wird die Verteilung des auf die Pfändungsgl entfallenden Betrags der Hinterlegungsmasse für zulässig erachtet. Weil dann jedoch in dem Verf über das Recht des Zessionars, für den hinterlegt ist, nicht entschieden werden kann, kann das Verf nur unter (mehreren) Pfändungsgl und nur für den von der Abtretung nicht erfassten (überschießenden) Hinterlegungsbetrag stattfinden (vgl LG Münster Rpfleger 95, 78; s zum Meinungsstand: Hk-ZPO/Kindl Rn 4; MK/Dörndorfer Rn 5 ff – jew mwN).

3 **2) Unzureichende Hinterlegungsmasse.** Der hinterlegte Betrag darf zur Befriedigung der (aller) beteiligten Gl nicht ausreichen. Wenn ein für alle Gl ausreichender Betrag hinterlegt ist, wird vom Verteilungsgericht die Auszahlung an die Berechtigten verfügt (ein Erlösüberschuss gebührt dem Sch), ohne dass die Förmlichkeiten des Verf (Teilungsplan, Termin usw) zu beachten sind. Das Verteilungsverf wird nicht dadurch überflüssig, dass nach den Pfändungen usw der gesamte Betrag einem Gl zuzuteilen ist, da die Rangordnung im Verteilungsverf festgestellt wird.

4 **3) Keine Einigung der Beteiligten (unter Einschluss des Schuldners) über die Verteilung des Geldbetrages.** Bei einer Einigung wird durch das Verteilungsgericht Auszahlung des hinterlegten Betrags ohne Verteilungsverf verfügt, und zwar in den Fällen der § 827 II und § 854 II, III an den GV, im Fall von § 853 an die Beteiligten gem der Einigung (s iÜ zB § 20 HintG NRW).

5 **III) Verteilungsverfahren.** Es tritt, wenn die Voraussetzungen von Rn 2-4 vorliegen, **vAw** ein. Den Beteiligten (s Rn 6) steht (wenn sie sich nicht einigen) für die Erlösverteilung nur der Weg des § 872 offen; Klage mit dem Ziel der Erlösverteilung ist unzulässig (vgl MskV/Flockenhaus Rn 7 mwN). Für Rangstreitigkeiten zwischen

mehreren Pfändungsgl ist bis zum Verteilungstermin (§§ 875 f) die Erinnerung (§ 766) möglich (str, ebenso: Hk-ZPO/Kindl Rn 8; MskV/Flockenhaus Rn 8 – jew mwN; aA OLG Koblenz DGVZ 84, 58). Sch und Dritte können auch noch nach dem Termin mit der Erinnerung (§ 766) und sonstigem Rechtsbehelf (§§ 767, 771) gegen die ZwV-Maßnahme vorgehen. Das Verteilungsverf findet auch dann statt, wenn nach der Pfändung Befriedigung eines (oder aller) Gl aus dem Verwertungserlös noch nicht erfolgen kann (vgl Hk-ZPO/Kindl Rn 4; MK/Dörndorfer Rn 4 – jew mwN).

IV) Beteiligte Gläubiger. Das sind alle Gl (mindestens zwei), für die die Pfändung stattgefunden hat; auch der Arrestgl (§ 930), der Gl einer Sicherungsvollstr (§ 720a) und der Gl, der eine Vorpfändung nach § 845 bewirkt hat (MskV/Flockenhaus Rn 4). **Nicht beteiligt** sind bei der Hinterlegung nach § 827 II, §§ 853, 854 II, III **Gl**, denen nur ein **ges oder vertragl Pfandrecht**, ein **Vorzugsrecht nach § 805** oder ein **Recht iSd § 771** zusteht; sie sind auf den Weg der Klage (evtl gegen sämtl Pfändungsgl) zu verweisen (vgl RGZ 51, 318, 320 f; MK/Dörndorfer Rn 8 f). 6

V) Rechtsbehelfe. Für **Gl** bei Ablehnung des Verf: sof Beschwerde (§ 793); für Rangstreitigkeiten bis zum Verteilungstermin auch: Erinnerung (§ 766; sa Rn 5). Zur Austragung des Rangstreits unter den Gl: s §§ 878 ff. Die Anordnung des Verf ist (für den **Sch**) unanfechtbar (MskV/Flockenhaus Rn 9); s iÜ Rn 5. Zu nicht beteiligten **Dritten:** s Rn 5 f. 7

VI) Gebühren. 1) Gericht: Für das Verteilungsverf (§§ 872-882) wird eine 0,5 Geb 2117 GKG-KV erhoben. Die Geb gilt das gesamte Verteilungsverf ab. Fällig wird sie gem § 6 II GKG mit der Aufforderung an die Gl, eine Berechnung ihrer Forderungen einzureichen (§ 873). Eine (unnötige) Antragstellung auf Durchführung des Verteilungsverf löst die Geb hingegen nicht aus; auch nicht die Ablehnung des Antrags. Die Kosten sind aus der Verteilungsmasse vorweg zu entnehmen (§ 874 II). Da das Verteilunggsverf ein Offizialverf ist (s Rn 5), gibt es keine Antragstellerhaftung iSd § 22 GKG (Ausnahme: § 25 GKG im schifffahrtsrechtl Verteilungsverf); alleiniger Kostensch ist der Vollstreckungssch (§ 29 Nr 4 GKG). Beschwerdeverf gegen Ablehnung der Verteilungsverf (s Rn 7) und gegen den aufgestellten Teilungsplan: 1,0 Geb nach 2120 GKG-KV, wenn die Beschwerde verworfen oder zurückgewiesen wird; Rechtsbeschwerdeverf: 2122, 2123 GKG-KV. Zur Widerspruchs- bzw Bereicherungsklage s § 878 Rn 17. – **2) RA:** Für das Verteilungsverf: § 18 I Nr 10 RVG; 333 RVG-VV; ausgenommen ist in § 18 I Nr 10 RVG die Widerspruchs- bzw Bereicherungsklage (s § 878 Rn 17). – Beschwerdeverf: VerfGeb 3500 RVG-VV; Terminsgeb 3513 RVG-VV. 8

§ 873 Aufforderung des Verteilungsgerichts

Das zuständige Amtsgericht (§§ 827, 853, 854) hat nach Eingang der Anzeige über die Sachlage an jeden der beteiligten Gläubiger die Aufforderung zu erlassen, binnen zwei Wochen eine Berechnung der Forderung an Kapital, Zinsen, Kosten und sonstigen Nebenforderungen einzureichen.

I) Zuständigkeit. Als Verteilungsgericht ist **sachlich** (ausschl: § 802) das **AG** zuständig. **Örtlich** zuständig ist das AG, an das die Anzeige nach § 827 II, §§ 853, 854 II, III (sa § 858 II) zu richten war; gleichgültig, ob es auch für den Erlass des Pfändungsbeschlusses zuständig war (vgl RGZ 52, 312 ff). Die Aufgaben des Verteilungsgerichts sind dem **Rechtspfleger** übertragen (§ 20 I Nr 17 RPflG). 1

II) Verfahren. Es **beginnt** (ohne förml Einleitungsverfügung) **mit** der (zuzustellenden: § 329 II 2) **Aufforderung an die beteiligten Gl, eine Berechnung ihrer Forderungen einzureichen**. Grund: Bezeichnung von Veränderungen seit der Pfändung (Teilzahlungen, Vollstreckungskosten) und Berechnung der Zinsen bis zum Termin. Die weder abkürzbare noch verlängerbare (§ 224 II) **Frist von 2 Wochen** für die Einreichung der Forderungsberechnung läuft von der Zustellung der Aufforderung an (Fristberechnung: §§ 221 f). Die Frist ist keine Notfrist (§ 224 I 2), daher keine WE möglich (§ 233 S 1). 2

III) Berechnung der Forderung. Sie kann **schriftl** oder zu **Protokoll des UdG** erfolgen (erforderl Unterlagen sind beizufügen: MskV/Flockenhaus Rn 3). **Nachholung** ist bis zur Anfertigung des Teilungsplans möglich (§ 874 III 1). **Bleibt** die **Berechnung aus**, berechnet das Gericht die Forderung nach der Anzeige und deren Unterlagen (§ 874 III 1). 3

§ 874 Teilungsplan

(1) Nach Ablauf der zweiwöchigen Fristen wird von dem Gericht ein Teilungsplan angefertigt.

(2) Der Betrag der Kosten des Verfahrens ist von dem Bestand der Masse vorweg in Abzug zu bringen.

(3) [1]Die Forderung eines Gläubigers, der bis zur Anfertigung des Teilungsplanes der an ihn gerichteten Aufforderung nicht nachgekommen ist, wird nach der Anzeige und deren Unterlagen berechnet. [2]Eine nachträgliche Ergänzung der Forderung findet nicht statt.

1 **I) Teilungsplan (§ 874 I).** Er wird vAw ohne mdl Verhandlung aufgestellt (I) und ist nach sodann zu bestimmendem Termin (§ 875) Grundlage der Erlösverteilung. In dem Plan sind die zu verteilende Masse (Hinterlegungsbetrag mit Hinterlegungszinsen, s Rn 3) und die vorweg in Abzug zu bringenden Kosten des Verf (II, s Rn 2) zu bezeichnen und die Ansprüche unter Angabe der Gl, der Beträge und ihres Rangs (§ 804 III) darzustellen.

2 **II) Kosten des Verfahrens (§ 874 II) etc. 1) Kosten.** Kosten des Verf sind die **Gerichtskosten** (Gebühren und Auslagen; sa § 872 Rn 8). Diese sind von dem Bestand der Masse vorweg in Abzug zu bringen (II). Sie werden vAw berechnet und berücksichtigt. **Kosten der Versteigerung gehören nicht dazu**; sie werden vom GV vorweg (vor der Hinterlegung) entnommen (s iÜ §§ 4 ff GvKostG). Kosten der Gl für die Teilnahme am Verf sind ZwV-Kosten (§ 788 I); Befriedigung aus dem Erlös können sie nur mit dem Rang des Gläubigeranspruchs erlangen.

3 **2) Fortlaufende Zinsen.** Solche, die mit den Geldforderungen vollstr werden, gebühren jedem Gl bis zum (Tag vor dem) Verteilungstermin (sa MK/Dörndorfer Rn 10). Mit der Hinterlegung des Erlöses oder Schuldbetrags erlischt die Gläubigerforderung noch nicht; sie ist daher weiter zu verzinsen. Diese **Verzinsung endet** mit dem Termin durch Planausführung (§ 876 S 1), und zwar auch, soweit ein Betrag wegen eines Widerspruchs weiter hinterlegt bleibt (§ 379 II BGB, jedenfalls entspr; aA OLGR Karlsruhe 2006, 943 [titulierte Zinsen nur bis zur Hinterlegung]). Hinterlegungszinsen bis zum Termin vermehren daher die zu verteilende Masse; Zinsen vom Termin an gebühren dem berechtigten Gl, für den der Betrag weiter hinterlegt bleibt, wenn es mehrere sind im Verhältnis ihrer Ansprüche (aA [gebühren dem letztrangig berücksichtigten, noch nicht voll gedeckten Gl] MK/Dörndorfer Rn 5; [gebühren den Gl im Verhältnis ihrer Ansprüche auf die Hinterlegungsmasse] OLGR Karlsruhe 2006, 943).

4 **III) Anfertigung des Teilungsplans. 1) Allgemeines.** Angefertigt wird der Teilungsplan **vAw** ohne mündl Verhandlung. **Aufgenommen werden die Gl mit ihren Ansprüchen**, die durch (wirksame: sa Wieser ZZP 103 [1990], 171, 174) Pfändung (§§ 803, 804) ein Recht auf Befriedigung aus dem hinterlegten Erlös erlangt haben, und zwar mit dem jew Rang ihres Pfandrechts (§ 804 III). Zulässigkeit der Pfändung kann nicht geprüft werden; Grund: Pfändung ist bis zur Aufhebung wirksam (sa vor § 704 Rn 34). Die Forderung eines Arrestgl wird aufgenommen, solange der Arrestbeschluss besteht oder wenn er durch einen Hauptsachetitel ersetzt ist (vgl RGZ 121, 349, 351); der auf die Arrestforderung entfallende Betrag ist zu hinterlegen. Aufgenommen wird auch die Forderung eines Gl, der mit der Sicherungsvollstr (§ 720a) ein Pfandrecht erlangt hat.

5 **2) Berücksichtigung der Gläubiger und Berechnung ihrer Forderungen.** Erfolgen nach den der Anzeige beigefügten Schriftstücken und Beschlüssen (§ 827 II, §§ 853, 854 II, III); iÜ nur dann, wenn die Anmeldung rechtzeitig (s Rn 6) erfolgt ist (**III 1**). Gläubigerkosten für die Teilnahme am Verf (RA-Kosten, Auslagen) werden nur nach Anmeldung berücksichtigt. Wenn ein Gl (ausdrückl) weniger anmeldet (**Minderanmeldung**), als für ihn nach den Schriftstücken und Beschlüssen vAw zu berücksichtigen wäre, wird sein Anspruch mit dem angemeldeten Betrag berücksichtigt (**§ 308 I entspr**). Auch dann findet eine **nachträgl Ergänzung der Forderung** nicht statt (**III 2**). Trotz Anmeldung **nicht aufgenommen werden Ansprüche** (Beträge, auch Berechtigte), die nach den der Anzeige beigefügten Schriftstücken und Beschlüssen kein Recht auf Befriedigung aus dem hinterlegten Erlös erlangt und ein solches Recht (zB durch Vorlage eines noch nicht eingereichten Pfändungsbeschlusses) auch nicht nachgewiesen haben. Anmeldungen, die demnach keinen Erlösanspruch begründen, bleiben unberücksichtigt; (förml) Zurückweisung durch Beschluss ist nicht vorgesehen.

6 **3) Berichtigung und Ergänzung des Plans.** Diese (damit auch **Nachholung einer Anmeldung:** sa § 873 Rn 3) sind möglich bis zur Niederlegung auf der GeschSt, später nicht mehr. Zur Berichtigung im Termin: s § 876 S 3.

7 **IV) Form eines Teilungsplans**

Hinterlegt sind in dem Zwangsvollstreckungsverfahren … gegen … gemäß § 853 ZPO … Euro.

Es wird gemäß § 874 I ZPO folgender **Teilungsplan** angefertigt:

1. Hinterlegungsbetrag … Euro.
2. Hinterlegungszinsen … Euro; zusammen … Euro.
3. Vorweg in Abzug zu bringen sind die Kosten des Verfahrens (§ 874 II ZPO); sie betragen … Euro.
4. Pfändungsgläubiger und deren Ansprüche (Rang: § 804 III ZPO)

Nr.	Tag der Zustellung der Benachrichtigung Pfändung an den Drittschuldner	Gläubiger	Vertreter	Pfändungsbeschluss	Pfandsumme	Vollstreckungstitel	Anmeldung	Bemerkungen

5. Die Teilungsmasse von zusammen … Euro gebührt dem Gläubiger … auf seinen an erster Rangstelle stehenden Anspruch in Höhe von … Euro Kosten, … Euro Zinsen, … Euro Teil der Hauptsache.

[Die Unterschrift ist zur Gültigkeit nicht unbedingt erforderlich.]

… Rechtspfleger

8 **V) Rücknahme von Anmeldungen etc.** Nach Niederlegung des Plans auf der GeschSt (§ 875 I 2) können Anmeldungen ganz oder teilw **zurückgenommen**, sonst aber **nicht mehr ergänzt** werden (**III 2**; sa Rn 6); es sei

denn, sämtl Beteiligte stimmen zu. **Ermäßigung des Anspruchs** ist durch Erklärung des Gl bis zur Planausführung jederzeit möglich.

VI) Fortlaufende Bezüge (§ 832). Ein Verteilungsverf für solche ist im Gesetz nicht geregelt. Zulässig ist es in der Weise, dass der Teilungsplan auch für die zukünftig hinterlegten Beträge aufgestellt wird. In entspr Anwendung von **§§ 156, 159 ZVG**, die bei der Zwangsverwaltung für diesen Fall die unbefristete Klage auf Änderung des Teilungsplans zulassen, auch wenn im Termin kein Widerspruch erhoben wurde, ist der Gl hinsichtlich der nach dem Termin hinterlegten Beträge mit der Widerspruchsklage nicht nach § 878 ausgeschlossen. § 878 greift aber ein, wenn bei Hinzukommen einer weiteren Pfändung gem §§ 873 ff ein Nachtrag zum Teilungsplan in einem neuen Termin festgestellt wurde. 9

§ 875 Terminsbestimmung

(1) [1]Das Gericht hat zur Erklärung über den Teilungsplan sowie zur Ausführung der Verteilung einen Termin zu bestimmen. [2]Der Teilungsplan muss spätestens drei Tage vor dem Termin auf der Geschäftsstelle zur Einsicht der Beteiligten niedergelegt werden.
(2) Die Ladung des Schuldners zu dem Termin ist nicht erforderlich, wenn sie durch Zustellung im Ausland oder durch öffentliche Zustellung erfolgen müsste.

I) Zweck des Termins. Erörterung des Teilungsplans, von evtl Widersprüchen sowie der Planausführung mit den Beteiligten. 1

II) Terminsbestimmung (§ 875 I 1). Muster: „Zur Erklärung über den Teilungsplan sowie zur Ausführung der Verteilung wird Termin auf …, den …, … Uhr, Geschäftszimmer Nr …, anberaumt. 2
Der Teilungsplan wird vom … an im Geschäftszimmer Nr … zur Einsicht niedergelegt. Nach dem Plan sollen … zum Zuge kommen …"

III) Ladung zum Termin. Sie erfolgt vAw (§ 214) durch Zustellung an **alle beteiligten Gl** (ggf mit öffentl Zustellung) und an den im Inland wohnhaften **Sch (vgl II)**, ohne Androhung von Nachteilen (§ 231). **Ladungsfrist: 3 Tage** (§ 217). Die Terminsbestimmung ist unanfechtbar. 3

IV) Niederlegung des Teilungsplans zur Einsicht der Beteiligten (§ 875 I 2). Sie muss **spätestens drei Tage vor dem Termin** auf der GeschSt erfolgen (I 2). Unterlassung oder Verspätung der Niederlegung gibt den Beteiligten nur ein Recht auf Vertagung; dieses geht durch vorbehaltlose Erklärung verloren (§ 295). Anfechtung des Verf findet aus diesem Grunde nicht statt. 4

V) Verteilungstermin. Er ist **nicht öffentl** (keine Verhandlung iSv § 169 I 1 GVG). Teilnehmen können nur die Beteiligten (auch der Drittsch, der hinterlegt hat). 5

§ 876 Termin zur Erklärung und Ausführung

[1]Wird in dem Termin ein Widerspruch gegen den Plan nicht erhoben, so ist dieser zur Ausführung zu bringen. [2]Erfolgt ein Widerspruch, so hat sich jeder dabei beteiligte Gläubiger sofort zu erklären. [3]Wird der Widerspruch von den Beteiligten als begründet anerkannt oder kommt anderweit eine Einigung zustande, so ist der Plan demgemäß zu berichtigen. [4]Wenn ein Widerspruch sich nicht erledigt, so wird der Plan insoweit ausgeführt, als er durch den Widerspruch nicht betroffen wird.

I) Verfahren ohne Widerspruch (§ 876 S 1). Wenn im Termin oder davor schriftl oder zu Protokoll der GeschSt **kein Widerspruch** erhoben wird, ist der **Teilungsplan auszuführen** (S 1). Zum **Einverständnis abwesender Gl** in diesem Fall: **§ 877 I.** Die Planausführung kann durch Zahlung an die Berechtigten oder Anweisung auf den hinterlegten Betrag erfolgen (entspr § 117 ZVG). 1

II) Widerspruch. Er ist Rechtsbehelf gegen den Teilungsplan, mit dem eine Änderung der Verteilung auf Grund eines besseren sachl Rechts verlangt wird. Mit dem Widerspruch sind Einwendungen gegen den Teilungsplan nicht nur geltend zu machen, wenn seine inhaltl Änderung wegen unrichtiger sachl Würdigung begehrt wird, sondern auch dann, wenn die Verletzung von Verfahrensvorschriften gerügt wird, die zu einer inhaltl unrichtigen Feststellung des Teilungsplans geführt hat (sa MK/Dörndorfer Rn 3). 2

III) Widerspruchsberechtigte. 1) Gläubiger. a) Widerspruch kann **jeder (beteiligte) Gl** erheben, der in seinem Recht auf Befriedigung aus der Teilungsmasse nach dem Teilungsplan durch einen anderen ganz oder zum Teil verdrängt wird. Der Widerspruch gegen den Teilungsplan kann die Aufnahme einer Forderung in 3 den Plan mit Vorrang vor anderen, einen besseren Rang einer in den Plan aufgenommenen Forderung oder eine höhere Zuteilung auf eine solche Forderung zum Ziel haben.

4 **b) Nicht widerspruchsberechtigt** sind **Gl**, die zwar einen Titel vorgelegt, die nach den der Anzeige beigefügten Schriftstücken und Beschlüssen aber **kein Pfandrecht (§ 804) erlangt** und ein solches auch nicht nachgewiesen haben. Sie sind am Verteilungsverf nicht beteiligt, können daher auch Widerspruch als Rechtsbehelf dieses Verf nicht erheben. Als Dritte können sie ZwV-Rechtsbehelfe ergreifen (s iE § 872 Rn 5 f).

5 **2) Schuldner.** Der Sch ist **nicht widerspruchsberechtigt**. Erlösverteilung erfolgt an die Gl, die durch Pfändung ein Pfandrecht erlangt haben (§ 804). **Einwendungen des Sch** gegen deren vollstrb Ansprüche und damit den Fortgang der ZwV durch Befriedigung der Gl sind nach §§ 767, 769, 770 (auch §§ 732, 765a usw) geltend zu machen. Zur Einstellung durch das Vollstreckungsgericht in dringenden Fällen: § 769 II. Als Widerspruch vorgetragene Einwendungen des Sch bleiben ohne Wirkung (unbeachtet; Zurückweisung erfolgt nicht; Auslegung als Antrag nach § 769 II kann evtl geboten sein).

6 **3) Dritte.** Diese können ihre Rechte nach § 771 oder § 805 außerhalb des Verteilungsverf durch Klage geltend machen (sa § 872 Rn 5 f).

7 **IV) Erhebung des Widerspruchs.** Ist möglich **im Termin** zur Erörterung des Teilungsplans (§ 875 I 1; nicht mehr, wenn der Plan zur Ausführung gebracht wird [S 1]) oder **vor dem Termin** (§ 877 I) ab Niederlegung des Plans (§ 875 I 2) schriftl oder zu Protokoll der GeschSt. Der Widerspruch bedarf **keiner Begründung**; er muss aber erkennen lassen, welche anderweitige Zuteilung der Widersprechende verlangt, gegen welchen Anspruch er sich richtet und wer deshalb betroffen wird (RGZ 26, 420, 424 f).

8 **V) Behandlung und Wirkung des Widerspruchs. 1) Allgemeines.** Über den Widerspruch haben sich die **beteiligten Gl** (im Termin) **sofort zu erklären (S 2)**. Zur Behandlung beteiligter, abwesender Gl: § 877 II. Erledigt sich der Widerspruch durch **gütliche Einigung** (Anerkennung, Vergleich etc), ist der Plan zu berichtigen (**S 3**). Gelingt dies nicht, ist der **Plan auszuführen, soweit er nicht vom Widerspruch betroffen ist (S 4)**. IÜ bleiben die Beträge hinterlegt. Das Gericht darf über einen Widerspruch weder hinweggehen noch sachl über ihn entscheiden. Die Zulassung des Widerspruchs ist unanfechtbar.

9 **2) Rücknahme.** Der Gl kann den **Widerspruch** auch noch nach dem Termin **zurücknehmen**.

10 **3) Planausführung nach Widerspruch.** Für einen Widerspruch, der nicht zurückgenommen ist, erfolgt diese: Nach fruchtlosem Ablauf der **Klagefrist** (§ 878 I 2) oder auf Grund **Urteils im Widerspruchsprozess** (§ 882).

11 **VI) Einstellung des Verteilungsverfahrens.** Sie ist unter den Voraussetzungen von **§ 775** geboten. Besteht der Einstellungsgrund gegen alle beteiligten Gl, wird das Verf nicht fortgesetzt; hat zugleich Aufhebung zu erfolgen (zB § 775 Nr 1 iVm § 776 S 1), dann hat das Vollstreckungsgericht die Auszahlung des Hinterlegungsbetrags (an Sch oder einen Drittberechtigten) zu veranlassen (Wieser ZZP 103 [1990], 171, 181). Wenn der Einstellungsgrund nur einen einzelnen Gl betrifft, bleibt dieser beteiligt; ein auf ihn entfallender Betrag ist zu hinterlegen (Wieser aaO S 182). Liegt für diesen Gl zugleich ein Aufhebungsgrund vor (§ 776 S 1), dann ist er (nach entspr Verfahrenseinstellung und -aufhebung) nicht mehr Beteiligter; es erfolgt Verfahrensfortführung mit den übrigen Gl oder Auszahlung der jetzt ausreichenden Masse (sa § 872 Rn 3; Wieser aaO).

12 **VII) Teilungsplan.** Er hat **nicht** die Kraft eines **Richterspruchs**; bis zur Verteilung des Erlöses kann er abgeändert werden (RGZ 153, 252, 256; OLG Köln MDR 69, 401).

§ 877 Säumnisfolgen

(1) Gegen einen Gläubiger, der in dem Termin weder erschienen ist noch vor dem Termin bei dem Gericht Widerspruch erhoben hat, wird angenommen, dass er mit der Ausführung des Planes einverstanden sei.

(2) Ist ein in dem Termin nicht erschienener Gläubiger bei dem Widerspruch beteiligt, den ein anderer Gläubiger erhoben hat, so wird angenommen, dass er diesen Widerspruch nicht als begründet anerkenne.

1 **I) Säumnisfolgen nach § 877 I.** Bzgl eines **Gl**, der **im Termin nicht erscheint** und der **zuvor auch keinen Widerspruch erhoben hat**, wird angenommen, dass er mit der Ausführung des Plans einverstanden ist (I). Ein Gl, der **im Termin erschienen ist, aber keinen Widerspruch erhoben hat**, steht einem in I bezeichneten Gl gleich (vgl RGZ 26, 420, 423 f; sa RGZ 125, 133, 137 f).

2 **II) Säumnisfolgen nach § 877 II.** Die Befriedigung des im Termin **nicht erschienenen Gl, der vom Widerspruch eines anderen Gl betroffen ist**, wird durch den Widerspruch, falls er begründet ist, vereitelt (RGZ 26, 420, 424). Deswegen bestimmt II, es sei anzunehmen, dass dieser Gl den **Widerspruch nicht als begründet anerkenne**. Der **Nichterschienene kann nachträglich** zu gerichtl Protokoll **den Widerspruch anerkennen** und

dadurch die Ausführung des Plans ermöglichen; anderenfalls ist er nach § 878 zu verklagen. Der Widersprechende sollte vor Klageerhebung einen nicht erschienenen Gl zur Anerkennung des Widerspruchs auffordern, weil ihm sonst bei sof Anerkenntnis nach § 93 die Kosten zur Last fallen können (sa BGH MDR 2020, 243).

§ 878 Widerspruchsklage

(1) [1]Der widersprechende Gläubiger muss ohne vorherige Aufforderung binnen einer Frist von einem Monat, die mit dem Terminstag beginnt, dem Gericht nachweisen, dass er gegen die beteiligten Gläubiger Klage erhoben habe. [2]Nach fruchtlosem Ablauf dieser Frist wird die Ausführung des Planes ohne Rücksicht auf den Widerspruch angeordnet.
(2) Die Befugnis des Gläubigers, der dem Plan widersprochen hat, ein besseres Recht gegen den Gläubiger, der einen Geldbetrag nach dem Plan erhalten hat, im Wege der Klage geltend zu machen, wird durch die Versäumung der Frist und durch die Ausführung des Planes nicht ausgeschlossen.

I) Zweck. Mit dem Widerspruch wird eine **bessere mat Berechtigung** verfolgt (s § 876 Rn 1). Darüber darf das Verteilungsgericht nicht entscheiden (s § 876 Rn 8). Das mit dem Widerspruch verlangte Recht auf den Erlös ist gegen den (die) bei dem Widerspruch beteiligten Gl **mit der Klage geltend zu machen**. Die **Klageerhebung** muss dem Verteilungsgericht **innerhalb der Monatsfrist nachgewiesen** werden (I 1), andernfalls wird der **Plan ohne Rücksicht auf den Widerspruch ausgeführt (I 2)**. 1

II) Wesen. Die Klage ist **proz Gestaltungsklage** (BGH MDR 2001, 1190 = NJW 2001, 2477, 2478). Sie zielt auf eine Änderung des Teilungsplans. **Klageantrag** (vgl BGH MDR 2001, 1190 = NJW 2001, 2477, 2478): „Der Kläger ist in dem Verteilungsverfahren … mit seiner Forderung zu … Euro vorrangig vor derjenigen des Beklagten zu … Euro zu befriedigen." Die Klage kann auch als Widerklage erhoben werden, wenn der Gegner bereits Klage erhoben hat. Die Parteien können vereinbaren, dass ein zwischen ihnen bei dem Gericht des § 879 anhängiger Rechtsstreit die Bedeutung einer Widerspruchsklage haben soll. 2

III) Verfahren; Entscheidung etc. 1) Zuständigkeit. Liegt beim Gericht iSd **§ 879**. 3

2) Rechtsschutzbedürfnis. Besteht ab dem Erklärungstermin (§ 876), wenn feststeht, dass sich der Widerspruch nicht erledigt. Es entfällt mit der Durchführung des Teilungsplans. 4

3) Aktiv- und Passivlegitimation. Aktivlegitimiert ist der **widersprechende Gl**. Die **Klage ist gegen den oder die Gl zu richten, die von dem Widerspruch betroffen sind** und ihn nicht als begründet anerkannt haben (vgl RGZ 26, 420, 424); auch gegen den nicht im Termin erschienenen Gl (§ 877 II). Mehrere Bekl sind einf Streitgenossen (§ 61). 5

4) Wirkung der Klage. Die Klage hat **aufsch Wirkung**, wenn der **Nachweis innerhalb der Monatsfrist erbracht** ist (I 1). Der Widersprechende muss dem Verteilungsgericht innerhalb eines Monats nachweisen, dass er alles getan hat, um eine alsbaldige Zustellung der Klageschrift zu ermöglichen, dh dass er die Klageschrift beim Prozessgericht eingereicht *und* entw den Prozesskostenvorschuss bezahlt oder ein PKH-Gesuch eingereicht hat. Die **Monatsfrist beginnt mit dem Terminstag** (wird mitgerechnet; nach dem Wortlaut von I 1 keine Berechnung nach § 187 I BGB: sa MskV/Flockenhaus Rn 2 mwN); sie kann weder durch das Gericht noch durch die Parteien verlängert werden; gegen Fristversäumung keine WE, da keine Notfrist (§ 224 I 2, § 233 S 1). Die aufsch Wirkung tritt nur ein, wenn sich die **Klage gegen alle Gl** richtet, die den Widerspruch nicht anerkannt haben. 6

5) Erfolg der Klage. Die Klage hat Erfolg, wenn dem Kl ein **besseres Recht an dem hinterlegten Betrag** als dem im Plan berücksichtigten Bekl zusteht. 7

a) Die **Rangstellung der beteiligten Gl** ist eine **auf Grund des Titels durch die Pfändung** und das damit bewirkte Pfändungspfandrecht **erlangte Rechtsposition**. Der Kl greift die Rechtsposition des Bekl mit der Behauptung an, dass sein Pfandrecht einen besseren Rang als das Recht des Bekl habe. Mit der Klage kann nicht nur geltend gemacht werden, dass dem Bekl die ihm im Teilungsplan zugeteilte Rangstelle wegen Unwirksamkeit des Vollstreckungsaktes nicht zustehe, sondern auch, dass die erlangte formelle Rechtsposition nach den Maßstäben mat Gerechtigkeit im Verhältnis zum Kl zu Unrecht erlangt sei. 8

b) Der Widerspruch gegen den besseren Rang des Bekl kann gestützt werden auf **formelle Mängel des Vollstreckungsaktes.** 9

aa) Ist der **Vollstreckungsakt** wegen des Mangels **unwirksam** (sa vor § 704 Rn 34), entfällt das Pfändungspfandrecht des Bekl. Das Gleiche gilt, wenn ein anfechtbarer Vollstreckungsakt auf die Anfechtung aufgehoben wurde. 10

bb) Hat ein fehlerhafter **Vollstreckungsakt durch Heilung Rechtsbeständigkeit** erlangt, kommt es im Verhältnis des Rechts des Kl zum Recht des Bekl darauf an, ob der fehlerfreie Vollstreckungsakt des Kl vor dem Zeitpunkt wirksam wurde, zu dem die Heilung des Vollstreckungsaktes des Bekl eingetreten ist. Die mat Wirkung 11 der Heilung folgt nicht von selbst ihrer proz Wirkung; hier ist vielmehr Raum für die Berücksichtigung von **mat Gerechtigkeitsaspekten**, die insb die Wahrung der Chancengleichheit der beteiligten Gl zum Ziel haben (iE MskV/Flockenhaus Rn 7). Der Widerspruch ist jedoch nur dann begründet, wenn die formellen Mängel des Vollstreckungsaktes durch den Gl beeinflussbar waren (sa MskV/Flockenhaus Rn 7), zB vorzeitige Vollstr (§ 751 I, § 798), Vollstr vor Umschreibung der Vollstreckungsklausel; nicht jedoch, wenn die Mängel dem Einfluss des Gl entzogen waren, zB bei Zustellungsmängeln.

12 **c) aa)** Der Kl kann auch die **Einwendungen** geltend machen, **die dem Sch gegen die titulierte Forderung des Bekl zustehen** (RGZ 121, 349, 352), mit **Ausnahme** der dem Sch zustehenden, aber noch nicht ausgeübten Gestaltungsrechte und der echten Einreden (vgl BGH MDR 75, 39 = NJW 74, 2284 [Verjährungseinrede]). Ist die **Forderung des Bekl durch ein rechtskr oder vorl vollstrb Urteil oder durch VB festgestellt**, darf der Kl, der seine Rechtsstellung vom Sch ableitet, nicht besser als der Sch gestellt werden; er kann daher das Nichtbestehen der Forderung nur unter denselben Voraussetzungen geltend machen wie der Sch selbst, dh in den Grenzen der § 767 II, § 580 oder durch Einspruch oder Rechtsmittel bei vorl vollstrb Titeln (vgl RGZ 153, 200, 204; BGH MDR 75, 39 = NJW 74, 2284).

13 **bb)** Der Kl kann seinen Widerspruch auch darauf stützen, dass der Bekl ihm ggü **auf Grund Rechtsgeschäfts zur Einräumung des Vorrangs verpflichtet** sei (RGZ 71, 424, 426), dass der Bekl den **Vorrang durch eine dem Kl ggü begangene unerlaubte Handlung erlangt** habe oder dass der **früher pfändende Bekl die öffentl Zustellung des Titels erschlichen** habe (BGH NJW 71, 2226). Die gleiche Bedeutung hat die **Anfechtung wegen Gläubigerbenachteiligung**. Dagegen ist bei dem Einwand des Kl, der Anspruch stehe nicht dem Bekl, sondern einem Dritten zu, der Widerspruch nicht begründet, weil sich dadurch der Rang der Forderung nicht ändert.

14 **6) Beurteilungszeitpunkt.** Der **Entscheidung** ist die **Sach- und Rechtslage im Zeitpunkt des Schlusses des Verteilungstermins zugrunde zu legen** (vgl BGH MDR 2006, 1312 = NJW 2006, 2408 Tz 19 mwN).

15 7) **Einwendungen des Beklagten.** Der Bekl kann dem behaupteten besseren Recht des Kl mit denselben Einwendungen begegnen, die der Kl gegen den **besseren Rang des Bekl** geltend gemacht hat. Verneint das Gericht ein besseres Recht des Kl, ist die **Klage** als **unbegründet** (wegen fehlender Aktivlegitimation), nicht als unzulässig abzuweisen (BGH MDR 69, 564 = NJW 69, 1428).

16 **IV) Fristversäumung und Folgen (§ 878 II).** Hat der Widersprechende die **Frist zum Nachweis der Klageerhebung versäumt**, ist, solange der Plan noch nicht vollst ausgeführt ist, die Widerspruchsklage trotzdem zulässig (II). Planausführung kann aber die verspätete Klage nicht mehr aufhalten (einstw Einstellung erforderl). **Nach Ausführung des Plans** kann der Gl sein besseres Recht nur noch im Wege der **Bereicherungsklage** geltend machen (BGH MDR 2001, 1190 = NJW 2001, 2477) und Auszahlung des auf Grund des Teilungsplans zu Recht, aber mat zu Unrecht Empfangenen verlangen. Wird während der Widerspruchsklage das Verteilungsverf beendet, kann der Widersprechende sofort zur Bereicherungsklage übergehen. Die Bereicherungsklage kann auch ein Gl erheben, der den Widerspruch selbst versäumt hat (BGH MDR 95, 791 = NJW 94, 3299, 3301 mwN), ebenso ein Dritter, dem an dem Gegenstand ein außerhalb der ZwV erlangtes früheres Pfand- oder Vorzugsrecht zustand (§ 805), der aber, weil nicht zugleich als Pfändungsgl beteiligt, im Verf nicht berücksichtigt werden konnte (vgl RGZ 58, 156; RGZ 145, 343, 349; RGZ 153, 252, 256). Für diese Klage gilt § 879 (Zuständigkeit) nicht.

17 **V) Gebühren.** Für die Widerspruchs- bzw Bereicherungsklage: 1210 ff GKG-KV (Gericht); 3100 ff RVG-VV (ProzBev). Im Verteilungsverf angefallene Geb werden nicht angerechnet (§ 18 I Nr 10 RVG).

§ 879 Zuständigkeit für die Widerspruchsklage

(1) Die Klage ist bei dem Verteilungsgericht und, wenn der Streitgegenstand zur Zuständigkeit der Amtsgerichte nicht gehört, bei dem Landgericht zu erheben, in dessen Bezirk das Verteilungsgericht seinen Sitz hat.

(2) Das Landgericht ist für sämtliche Klagen zuständig, wenn seine Zuständigkeit nach dem Inhalt der erhobenen und in dem Termin nicht zur Erledigung gelangten Widersprüche auch nur bei einer Klage begründet ist, sofern nicht die sämtlichen beteiligten Gläubiger vereinbaren, dass das Verteilungsgericht über alle Widersprüche entscheiden solle.

1 **I) Zuständigkeit nach § 879 I. Sachl** und **örtl** zuständig (ausschl: § 802) ist bis zu einem Streitwert von 5.000 Euro (§ 23 Nr 1, § 71 I GVG) das **AG**, bei dem das Verteilungsverf anhängig ist; ansonsten das diesem übergeordnete **LG** (I). Streitgegenstand ist der Betrag, dessen andere Verteilung der Widersprechende verlangt. War das AG, welches das Verteilungsverf durchgeführt hat, an sich unzuständig (zB Drittschuldner hat nicht dem AG, dessen Pfändungsbeschluss ihm zuerst zugestellt wurde, sondern einem anderen der AGe Anzeige erstattet und dieses hat das Verteilungsverf durchgeführt), bleibt dasselbe bzw das ihm übergeordnete LG auch für die Klagen zuständig (RGZ 52, 312, 313 f). § 879 **gilt nicht für die Bereicherungsklage nach § 878 II** (dazu s § 878 Rn 16).

II) Zuständigkeit nach § 879 II. Sind **mehrere Widersprüche unerledigt geblieben**, ist für alle Klagen das **LG** zuständig, wenn nur bzgl einer der Klagen nach dem Inhalt des Widerspruchs die Zuständigkeit des LG begründet ist (II; *Ausnahme:* alle beteiligten Gl vereinbaren die Zuständigkeit des Verteilungsgerichts); und zwar auch dann, wenn diese Klage nicht erhoben wird oder der betreffende Widerspruch nach dem Termin zurückgenommen wird. Gehört keine der Klagen vor das LG, wird es nicht dadurch zuständig, dass die Streitgegenstände aller Klagen zusammen die Zuständigkeitsgrenze der AG übersteigen. **Mehrere Klagen sind nach § 147 zu verbinden** (MskV/Flockenhaus Rn 3 aE). 2

§ 880 Inhalt des Urteils

[1]In dem Urteil, durch das über einen erhobenen Widerspruch entschieden wird, ist zugleich zu bestimmen, an welche Gläubiger und in welchen Beträgen der streitige Teil der Masse auszuzahlen sei. [2]Wird dies nicht für angemessen erachtet, so ist die Anfertigung eines neuen Planes und ein anderweites Verteilungsverfahren in dem Urteil anzuordnen.

I) Wirkungen des Urteils. S 1: Das **Verteilungsgericht ist an das Urteil**, das den Widerspruch für begründet oder unbegründet erklärt, und die darin getroffenen Bestimmungen, an welche Gl und in welchen Beträgen der str Teil der Masse auszuzahlen ist, **gebunden**. Wird der Widerspruch für unbegründet erklärt, wird nach Rechtskraft der alte Plan ausgeführt. Dies gilt auch dann, wenn die Klage nur „wie angebracht" abgewiesen wird. Jedoch hat in diesem Fall der Gl noch das sich aus § 878 II ergebende Recht. Eine neue Aufforderung nach § 873 ist nicht notw. **S 2:** Anstatt einer Bestimmung nach S 1 kann auch ein **neues Verteilungsverf** angeordnet werden; zB wenn nicht alle Klagen zum gleichen Zeitpunkt entscheidungsreif sind oder das Prozessgericht die genaue Berechnung dem Verteilungsgericht überlassen will (iE MK/Dörndorfer Rn 4). In dem neuen Verf ist ein Widerspruch nur insoweit zu berücksichtigen, als er sich darauf stützt, dass der Plan nicht nach dem Urteil aufgestellt sei. Die Gl, die an dem Widerspruch nicht beteiligt waren, werden zu dem neuen Verf nicht zugezogen, da der alte Plan insoweit ausgeführt ist (§ 876). Auch die nach dem ersten Plan ohne Widerspruch ausgefallenen Gl sind nicht zuzuziehen. S 2 ist bei **Zwangsversteigerungen** wegen der **speziellen Regelung in § 124 I ZVG** nicht anwendbar (BGH MDR 86, 476 = NJW 87, 131, 132). 1

II) Gebühren des Gerichts. Urteile sind in allen Rechtszügen gebührenfrei. 2

§ 881 Versäumnisurteil

Das Versäumnisurteil gegen einen widersprechenden Gläubiger ist dahin zu erlassen, dass der Widerspruch als zurückgenommen anzusehen sei.

Nach Rechtskraft des VU findet die **Auszahlung so** statt, **als ob kein Widerspruch erhoben** worden wäre. Die Norm beschränkt die Rechtskraft damit auf den schlechteren Rang bei der Verteilung; dem Widersprechenden geht folglich das Recht aus § 878 II (Bereicherungsklage; dazu s § 878 Rn 16) nicht verloren (ebenso: Hk-ZPO/Kindl Rn 1; MK/Dörndorfer Rn 3; MskV/Flockenhaus Rn 1). 1

§ 882 Verfahren nach dem Urteil

Auf Grund des erlassenen Urteils wird die Auszahlung oder das anderweite Verteilungsverfahren von dem Verteilungsgericht angeordnet.

Die **Anordnung** des Verteilungsgerichts nach § 882 erfolgt **erst ab Rechtskraft des Urteils**, die der Gl dem Verteilungsgericht ggü nachzuweisen hat (sa MK/Dörndorfer Rn 7; MskV/Flockenhaus Rn 1). 1

Titel 5
Zwangsvollstreckung in Sachen, die der Erfüllung öffentlicher Aufgaben dienen (§ 882a)

§ 882a Zwangsvollstreckung wegen einer Geldforderung

(1) [1]Die Zwangsvollstreckung gegen den Bund oder ein Land wegen einer Geldforderung darf, soweit nicht dingliche Rechte verfolgt werden, erst vier Wochen nach dem Zeitpunkt beginnen, in dem der Gläubiger seine Absicht, die Zwangsvollstreckung zu betreiben, der zur Vertretung des Schuldners berufenen Behörde und, sofern die Zwangsvollstreckung in ein von einer anderen Behörde verwaltetes Vermögen erfolgen soll, auch dem zuständigen Ministerium der Finanzen angezeigt hat. [2]Dem Gläubiger ist auf Verlangen der Empfang der Anzeige zu bescheinigen. [3]Soweit in solchen Fällen die Zwangsvollstreckung durch den Gerichtsvollzieher zu erfolgen hat, ist der Gerichtsvollzieher auf Antrag des Gläubigers vom Vollstreckungsgericht zu bestimmen.

(2) [1]Die Zwangsvollstreckung ist unzulässig in Sachen, die für die Erfüllung öffentlicher Aufgaben eines in Absatz 1 Satz 1 bezeichneten Schuldners unentbehrlich sind oder deren Veräußerung ein öffentliches Interesse entgegensteht. [2]Darüber, ob die Voraussetzungen des Satzes 1 vorliegen, ist im Streitfall nach § 766 zu entscheiden. [3]Vor der Entscheidung ist das zuständige Ministerium zu hören.

(3) [1]Die Vorschriften der Absätze 1 und 2 sind auf die Zwangsvollstreckung gegen sonstige Körperschaften, Anstalten und Stiftungen des öffentlichen Rechtes mit der Maßgabe anzuwenden, dass an die Stelle der Behörde im Sinne des Absatzes 1 die gesetzlichen Vertreter treten. [2]Für öffentlich-rechtliche Bank- und Kreditanstalten gelten die Beschränkungen der Absätze 1 und 2 nicht.

(4) [1]Soll in eine für die Erfüllung öffentlicher Aufgaben unentbehrliche Sache vollstreckt werden, die im Eigentum eines Dritten steht, kann das Vollstreckungsgericht auf Antrag die Zwangsvollstreckung wegen einer Geldforderung gemäß § 766 für unzulässig erklären. [2]Antragsberechtigt sind
1. der Schuldner und
2. der Bund, das Land, die Körperschaft, Anstalt oder Stiftung des öffentlichen Rechts.
[3]Voraussetzung für die Antragsberechtigung nach Satz 2 Nummer 2 ist, dass die Sache zur Erfüllung der jeweiligen öffentlichen Aufgaben der in Satz 2 Nummer 2 genannten Antragsberechtigten dient. [4]Vor der Entscheidung ist das zuständige Ministerium zu hören.

(5) Der Ankündigung der Zwangsvollstreckung und der Einhaltung einer Wartefrist nach Maßgabe der Absätze 1 und 3 bedarf es nicht, wenn es sich um den Vollzug einer einstweiligen Verfügung handelt.

1 **I) Zweck.** Die **ZwV gegen** den **Bund oder** ein **Land** (I, II) sowie **sonstige Körperschaften etc des öffentl Rechts** (III) wegen einer Geldforderung richtet sich, soweit **nicht dingl Rechte** verfolgt werden, nach § 882a (**Fiskusprivileg**); bei der Verfolgung **dingl Rechte** haben die jur Personen des öffentl Rechts **keine Sonderstellung**. Weitere Sonderregelungen enthält § 882a für die **ZwV in Sachen, die für die Erfüllung öffentl Aufgaben unentbehrlich sind: II** (Bund oder Land), **III** (sonstige Körperschaften etc des öffentl Rechts) und **IV** (Sachen im Eigentum eines Dritten). Soweit § 882a keine Sonderregelungen enthält, gelten für die ZwV gegen die dort bezeichneten Sch die übrigen Bestimmungen des 8. Buches der ZPO.

2 **II) Anzeige; Frist etc (§ 882a I). 1) Allgemeines.** Die **ZwV wegen Geldforderungen** (§§ 802a ff) gegen den Bund oder ein Land ist grds zulässig. Sie darf aber – soweit nicht dingl Rechte verfolgt werden – **erst 4 Wochen nach dem Zeitpunkt beginnen** (gilt auch für die Vorpfändung nach § 845), in dem der Gl (sein ProzBev) seine **Absicht, die ZwV zu betreiben**, der zur Vertretung des Sch berufenen Behörde und, sofern die ZwV in ein von einer anderen Behörde verwaltetes Vermögen erfolgen soll, auch dem zuständigen Ministerium der Finanzen **angezeigt hat (I 1**; Anzeige ist auch bei der Vollstr von Zwangsgeld erforderl: LG Freiburg DGVZ 93, 11).

3 **2) Anzeige.** Sie ist Prozesshandlung; auch wenn I 1 keine **Form** vorschreibt, sollte sie schriftl erfolgen und zugestellt werden (MK/Dörndorfer Rn 6). **Inhalt:** Die Anzeige hat die Absicht, die ZwV zu betreiben (nicht aber eine beabsichtigte ZwV-Maßnahme, Zeit usw), zum Ausdruck zu bringen (I 1); damit Gl und Sch sowie Gläubigerforderung und den vollstrb Titel zu bezeichnen. Bei der Vollstreckungsankündigung müssen grds alle **Voraussetzungen für die ZwV vorliegen** (OLG Frankfurt Rpfleger 81, 158; aA [sonst gesetzwidrige Verlängerung der Frist] MK/Dörndorfer Rn 9; MskV/Flockenhaus Rn 3). Die *Zustellung des Titels* braucht aber noch nicht erfolgt zu sein (vgl § 750 I 1).

4 **3) Adressat.** Zu richten ist die Anzeige an die zur Vertretung des Sch berufene Behörde selbst (I 1) oder an deren *ProzBev (§ 81)*. Der Gl kann zum **Nachweis der Anzeige** eine **Empfangsbescheinigung** verlangen (**I 2**). Für die Prüfung der Anzeige und des Fristablaufs vor Vollstreckungsbeginn können auch **andere Nachweise** (Zustellungsurkunde) beigebracht werden. Der Gl einer öffentl Körperschaft ist nicht verpflichtet, vor Absen-

dung der Anzeige bei dem Sch auf die Beseitigung von Bearbeitungsfehlern hinzuwirken, die den Zahlungsrückstand verursachen (OLG Zweibrücken Rpfleger 73, 68).

4) Bestimmung des Gerichtsvollziehers. Erfolgt durch das **Vollstreckungsgericht** (I 3) und kann schon vor 5
dem Ablauf der 4-Wochenfrist beantragt sowie verfügt werden. Zuständig ist der **Rechtspfleger** (§ 20 I Nr 17 S 1 RPflG).

III) Unzulässigkeit der Zwangsvollstreckung (§ 882a II). Unter **Sachen iSd II 1** sind **körperl Sachen** iSd 6
§ 808 zu verstehen, also auch Geld. **Unentbehrlich** sind Sachen **für die Erfüllung öffentl Aufgaben**, wenn diese auf andere Weise nicht erfüllt werden können. Damit wird bes Dringlichkeit des Bedarfs zur Erfüllung öffentl Aufgaben vorausgesetzt (MskV/Flockenhaus Rn 6). Das **öffentl Interesse steht der Veräußerung entgegen zB** bei Kunstschätzen, Archiven, Bibliotheken und ähnlichen Einrichtungen der Kulturpflege. Der GV (im Fall von § 846 das Vollstreckungsgericht) hat die **Zulässigkeit der ZwV vAw zu prüfen** und, wenn er sie verneint, die Pfändung der Sachen zu unterlassen. Im **Streitfall entscheidet das Vollstreckungsgericht** (Richter) **nach § 766** (Erinnerung; **II 2**). Vor der Entscheidung ist das zuständige **Ministerium zu hören (II 3**). Das zuständige Vollstreckungsgericht ergibt sich aus §§ 764, 828.

IV) Sonstige Körperschaften, Anstalten und Stiftungen des öffentlichen Rechts (§ 882a III). Auf die ZwV 7
gegen diese sind die Vorschriften von I und II – mit Ausnahme von Gemeinden und Gemeindeverbänden (vgl § 15 Nr 3 EGZPO) – anzuwenden (**III 1**). Sie gelten auch für **kirchliche Körperschaften** des öffentl Rechts. Ausgeschlossen nach II (iVm III) ist die ZwV dabei nicht nur in Gegenstände, die eine kirchliche Körperschaft zur Erfüllung ihres Auftrags im engeren Sinne (res sacrae) benötigt, sondern auch in alle Sachen (Mittel), die für ihre kirchliche Tätigkeit unentbehrlich sind (res circa sacra) (vgl BVerfG NJW 84, 2401, 2402). An die Stelle der Behörde iSd I treten die **ges Vertreter** (III 1). Die Beschränkungen nach **I und II gelten nicht für öffentlrechtl Bank- und Kreditanstalten (III 2).**

V) Unzulässigerklärung der Zwangsvollstreckung (§ 882a IV). 1) Allgemeines. IV regelt den Pfändungsschutz 8
von **Sachen**, die nicht im Eigentum des Bundes, eines Landes oder einer sonstigen Körperschaft etc des öffentl Rechts, sondern **im Eigentum eines Dritten** stehen, und die **für die Erfüllung öffentl Aufgaben unentbehrl** sind. Die Vorschrift ergänzt II und III, die für Fälle gelten, in denen die Sachen im Eigentum des Bundes, eines Landes oder einer sonstigen Körperschaft etc des öffentl Rechts stehen. IV **gilt nur für die ZwV wegen einer Geldforderung** (systematische Stellung); auf die **Herausgabevollstr** ist IV **unanwendbar** (vgl BTDrs 19/19850, 33).

2) Voraussetzungen. a) Die **Sache** muss **für die Erfüllung öffentl Aufgaben unentbehrl** sein (sa Rn 6). Das 9
darf nicht leichtfertig angenommen werden, weil grds alle Sachen des Sch der Befriedigung des Gl dienen; IV macht hiervon eine **Ausnahme**. Die betroffene Sache darf insb nicht in angemessener Zeit durch andere gleichartige Sachen ersetzbar sein (vgl BTDrs 19/19850, 34).

b) Die Sache muss **im Eigentum eines Dritten** (also nicht Bund, Land oder sonstige Körperschaft etc des öf- 10
fentl Rechts) stehen.

c) Abweichend von II ist die ZwV in Sachen Dritter nicht kraft Gesetzes unzulässig, sondern erst, wenn auf **An-** 11
trag die ZwV für unzulässig erklärt wurde. Das **Verf** richtet sich nach **§ 766**. Im Antrag ist darzulegen, warum die Sache der Erfüllung öffentl Aufgaben dient und ihre Nutzung dafür auch weiterhin unentbehrl ist.

d) Antragsberechtigt sind nach **IV 2:** der **Sch (Nr 1)** und der **Bund**, das **Land** oder die **Körperschaft, Anstalt** 12
oder Stiftung des öffentl Rechts (Nr 2). IV 3 stellt für IV 2 Nr 2 klar, dass die Antragsberechtigung nur derj Stelle zukommt, der die Sache zur Erfüllung ihrer öffentl Aufgaben dient.

3) Entscheidung. a) Über den Antrag, die ZwV nach § 766 für unzulässig zu erklären, entscheidet das nach 13
§§ 764, 828 zust **Vollstreckungsgericht** (dort der **Richter**, vgl § 20 I Nr 17 S 2 RPflG).

b) Vor der Entscheidung ist das **zust Ministerium anzuhören (IV 4)**; dies entspricht § 882a II 3 und soll ein- 14
heitl Maßstäbe bzgl der Frage der Unentbehrlichkeit sicherstellen (vgl BTDrs 19/19850, 34).

c) Bei der **Entscheidung** sind alle Umstände des Falles abzuwägen. Evtl ist die **Unzulässigkeit der ZwV zeitl** 15
begrenzt auszusprechen. Es kann zur Sicherstellung der Erfüllung öffentl Aufgaben ausreichen, die ZwV auf den Zeitraum zu beschränken, in dem in zumutbarer Weise Vorkehrungen für eine anderweitige Sicherstellung der Erfüllung öffentl Aufgaben getroffen werden können. Der Umstand, ob der Gl zur Befriedigung seiner Forderung auf **andere Vermögensgegenstände des Sch** zurückgreifen kann, ist ebenso wie die **Schutzbedürftigkeit des Gl** zu berücksichtigen (vgl BTDrs 19/19850, 34).

VI) Vollzug einstweiliger Verfügung (§ 882a V). Dabei **bedarf es** der **Ankündigung der ZwV** und der **Ein-** 16
haltung einer Wartefrist nach Maßgabe von I und III **nicht**. Die Pfändungsverbote nach II sind aber auch hier zu beachten.

VII) Gebühren. 1) Gericht: Die Bestimmung des zuständigen GV (I 3) und das Verf der gegen die Ablehnung der Pfändung 17
durch den GV gegebenen Erinnerung (II 2) sind gerichtsgebührenfrei. – **2) RA:** 3309, 3310 RVG-VV; die Anzeige nach I 1 ist keine bes Angelegenheit (§ 19 II Nr 4 RVG). – Erinnerungsverf II 2: Keine Geb für den im Verf bereits tätigen RA (§ 19 II Nr 2 RVG). – Der erstmals beauftragte RA: 3500 RVG-VV, begrenzt auf 0,3 (§ 15 VI RVG).

Titel 6
Schuldnerverzeichnis (§§ 882b-882i)

§ 882b Inhalt des Schuldnerverzeichnisses

(1) Das zentrale Vollstreckungsgericht nach § 882h Abs. 1 führt ein Verzeichnis (Schuldnerverzeichnis) derjenigen Personen,

1. deren Eintragung der Gerichtsvollzieher nach Maßgabe des § 882c angeordnet hat;

2. deren Eintragung die Vollstreckungsbehörde nach Maßgabe des § 284 Abs. 9 der Abgabenordnung angeordnet hat; einer Eintragungsanordnung nach § 284 Abs. 9 der Abgabenordnung steht die Anordnung der Eintragung in das Schuldnerverzeichnis durch eine Vollstreckungsbehörde gleich, die auf Grund einer gleichwertigen Regelung durch Bundesgesetz oder durch Landesgesetz ergangen ist;

3. deren Eintragung das Insolvenzgericht nach Maßgabe des § 26 Absatz 2 oder des § 303a der Insolvenzordnung angeordnet hat.

(2) Im Schuldnerverzeichnis werden angegeben:

1. Name, Vorname und Geburtsname des Schuldners sowie die Firma und deren Nummer des Registerblatts im Handelsregister,

2. Geburtsdatum und Geburtsort des Schuldners,

3. Wohnsitze des Schuldners oder Sitz des Schuldners,

einschließlich abweichender Personendaten.

(3) Im Schuldnerverzeichnis werden weiter angegeben:

1. Aktenzeichen und Gericht oder Vollstreckungsbehörde der Vollstreckungssache oder des Insolvenzverfahrens,

2. im Fall des Absatzes 1 Nr. 1 das Datum der Eintragungsanordnung und der gemäß § 882c zur Eintragung führende Grund,

3. im Fall des Absatzes 1 Nr. 2 das Datum der Eintragungsanordnung und der gemäß § 284 Abs. 9 der Abgabenordnung oder einer gleichwertigen Regelung im Sinne von Absatz 1 Nr. 2 Halbsatz 2 zur Eintragung führende Grund,

4. im Fall des Absatzes 1 Nummer 3 das Datum der Eintragungsanordnung sowie die Feststellung, dass ein Antrag auf Eröffnung des Insolvenzverfahrens über das Vermögen des Schuldners mangels Masse gemäß § 26 Absatz 1 Satz 1 der Insolvenzordnung abgewiesen wurde, oder bei einer Eintragung gemäß § 303a der Insolvenzordnung der zur Eintragung führende Grund und das Datum der Entscheidung des Insolvenzgerichts.

1 **I) Zweck.** Überblick über den Inhalt des **SchVerz** (iE BTDrs 16/10069, 35 ff). Dieses wird beim **zentralen Vollstreckungsgericht** des jew Landes geführt (§ 882h I; Übersicht der durch die Länder bestimmten Gerichte: https://de.wikipedia.org/wiki/Zentrales_Vollstreckungsgericht). Es ist ein **Auskunftsregister über die Kreditunwürdigkeit von Personen** (BTDrs 16/10069, 37). Mit einer Eintragung haben daher insb Sch zu rechnen, die ihrer vollstreckungsrechtl Auskunftspflicht nicht nachgekommen sind oder gegen die die ZwV erfolglos geblieben ist (BTDrs 16/10069, 21). Die Abgabe der Vermögensauskunft (als reine Sachaufklärungsmaßnahme) oder die Anordnung der Erzwingungshaft sagt allein nichts über die Kreditunwürdigkeit des Sch aus (vgl BTDrs 16/10069, 21, 37).

2 **II) Anwendungsbereich (§ 882b I).** Vollstreckungsverf, die zur Eintragung in das SchVerz beim zentralen Vollstreckungsgericht (§ 882h I) führen können (I), sind

- zivilrechtl ZwV-Verf, für die § 882c die Voraussetzungen der Eintragung regelt (**I Nr 1**),
- Verf der Verwaltungsvollstr, für die § 284 IX AO und gleichwertige Regelungen durch Bundes- oder Landesgesetze die Voraussetzungen der Eintragung bestimmen (**I Nr 2**),
- Insolvenzverf, bei denen der Eröffnungsantrag mangels Masse abgewiesen worden ist (§ 26 II InsO) und in denen die Restschuldbefreiung versagt oder widerrufen worden ist (§ 303a InsO) (**I Nr 3**).

3 **III) Aufzunehmende Schuldner.** Aufgenommen werden in das SchVerz (natürliche und jur) **Personen, deren Eintragung als Sch angeordnet ist** (I). Aufzunehmen als Sch ist der Vertretene (Minderjährige, GmbH, Verein, OHG, KG, GmbH & Co KG, Partnerschaft usw), **nicht** sein ges **Vertreter** (Geschäftsführer, vertretender Gesellschafter usw), der zur Abgabe der Vermögensauskunft für den Sch verpflichtet war (sa § 802c Rn 5 ff); dieser wird auch nicht zusätzl neben dem Sch eingetragen (vgl BTDrs 16/10069, 36).

4 **IV) Eintragungsinhalt (§ 882b II, III). 1) Angaben zur Person (§ 882b II). a)** Zum einzutragenden (Familien-/Geburts-)**Namen** (**II Nr 1**; iÜ **Firma**) gehören auch Namenszusätze wie Titel oder akademische Grade und

Adelsbezeichnungen (BTDrs 16/10069, 36). Eintragung des **Geburtsdatums und -orts (II Nr 2)** dient der sicheren Kennzeichnung des Sch; ebenso die Eintragung des **(Wohn-)Sitzes (II Nr 3)**. Wenn der Sch **mehrere Wohnsitze** hat (§ 7 II BGB), sind alle ebenso einzutragen wie dann, wenn die Wohnsitzangaben bei mehreren Eintragungen infolge versch Vollstreckungsvorgänge gegen denselben Sch (zB bei Wohnsitzwechsel) voneinander abweichen (BTDrs 16/10069, 36). Einzutragende **abw Personendaten (II aE)** sind insb der ehem Familienname eines Geschiedenen sowie ein Alias- oder Künstlername; deren Eintragung erfolgt, wenn sie bekannt sind (BTDrs 16/10069, 37).

b) Einzutragen sind die **Angaben zur Person, die** aus dem (versicherten) VermVerz (§ 802f VII), sonst auf 5
Grund des Titels, der Mitteilung des GV (der Vollstreckungsbehörde) oder auf sonstige Weise **sicher bekannt sind**. Eine Bindung an das Rubrum des Titels besteht nicht. Ausschl die **richtigen Daten**, nicht jedoch die bereits bei Eintragung als überholt oder als unrichtig bekannten Titeldaten, sollen eingetragen werden. **Ermittlungspflichten und die Verpflichtung, das SchVerz stets auf dem Laufenden zu halten, bestehen aber nicht** (iE BTDrs 16/10069, 36 f).

2) Angaben zum Verfahren (§ 882b III). Einzutragen sind außerdem das Aktenzeichen des GV und das Ge- 6
richt oder die Vollstreckungsbehörde der Vollstreckungssache oder des Insolvenzverf (**III Nr 1**). Im Fall von I Nr 1 sind weiter das Datum der Eintragungsanordnung und der zur Eintragung führende Grund (§ 882c I 1) anzugeben (**III Nr 2**). Der Gl ist nicht zu bezeichnen. Zu den Eintragungen in den Fällen von I Nr 2 (§ 284 IX AO etc) und I Nr 3 (§§ 26, 303a InsO): s **III Nr 3** und **III Nr 4**. Alle Aktenzeichen sind einzutragen, wenn der Eintragungsanordnung **mehrere selbständige Vollstreckungsverf** zugrunde liegen. Bei erneuter Eintragung des Sch kann eine Ergänzung einer schon bestehenden Eintragung um das weitere Aktenzeichen erfolgen (BTDrs 16/10069, 37).

§ 882c Eintragungsanordnung

(1) [1]Der zuständige Gerichtsvollzieher ordnet von Amts wegen die Eintragung des Schuldners in das Schuldnerverzeichnis an, wenn

1. der Schuldner seiner Pflicht zur Abgabe der Vermögensauskunft nicht nachgekommen ist;

2. eine Vollstreckung nach dem Inhalt des Vermögensverzeichnisses offensichtlich nicht geeignet wäre, zu einer vollständigen Befriedigung des Gläubigers zu führen, auf dessen Antrag die Vermögensauskunft erteilt oder dem die erteilte Auskunft zugeleitet wurde, oder

3. der Schuldner dem Gerichtsvollzieher nicht innerhalb eines Monats nach Abgabe der Vermögensauskunft oder Bekanntgabe der Zuleitung nach § 802d Abs. 1 Satz 2 die vollständige Befriedigung des Gläubigers nachweist, auf dessen Antrag die Vermögensauskunft erteilt oder dem die erteilte Auskunft zugeleitet wurde. Dies gilt nicht, solange ein Zahlungsplan nach § 802b festgesetzt und nicht hinfällig ist.

[2]Die Anordnung der Eintragung des Schuldners in das Schuldnerverzeichnis ist Teil des Vollstreckungsverfahrens.

(2) [1]Die Eintragungsanordnung soll kurz begründet werden. [2]Der Gerichtsvollzieher stellt sie dem Schuldner von Amts wegen zu, soweit sie ihm nicht mündlich bekannt gegeben und in das Protokoll aufgenommen wird (§ 763 Absatz 1). [3]Über die Bewilligung der öffentlichen Zustellung entscheidet abweichend von § 186 Absatz 1 Satz 1 der Gerichtsvollzieher.

(3) [1]Die Eintragungsanordnung hat die in § 882b Abs. 2 und 3 genannten Daten zu enthalten. [2]Sind dem Gerichtsvollzieher die nach § 882b Abs. 2 Nr. 1 bis 3 im Schuldnerverzeichnis anzugebenden Daten nicht bekannt, holt er Auskünfte bei den in § 755 Abs. 1 und 2 Satz 1 Nr. 1 genannten Stellen ein, um die erforderlichen Daten zu beschaffen. [3]Hat der Gerichtsvollzieher Anhaltspunkte dafür, dass zugunsten des Schuldners eine Auskunftssperre gemäß § 51 des Bundesmeldegesetzes eingetragen oder ein bedingter Sperrvermerk gemäß § 52 des Bundesmeldegesetzes eingerichtet wurde, hat der Gerichtsvollzieher den Schuldner auf die Möglichkeit eines Vorgehens nach § 882f Absatz 2 hinzuweisen.

I) Zweck. Bestimmung der Eintragungsgründe. 1

II) Voraussetzungen (§ 882c I). 1) Allgemeines. Die **Eintragung wird vom GV vAw angeordnet** (**I 1**; sa BGH 2
MDR 2017, 483 = NJW-RR 2017, 511 Tz 16 mwN [ist der Parteidisposition entzogen]) und vom zuständigen (zentralen) **Vollstreckungsgericht** (§ 882b I, § 882d I, § 882h I) **ausgeführt**. Die **Anordnung** ist **Teil des Vollstreckungsverf (I 2)**; sie trifft der *zuständige GV* (§ 802e), auch wenn ein anderer GV die Vermögensauskunft im Wege der Rechtshilfe oder am Haftort (§ 802i I 1) abgenommen hat.

2) Voraussetzungen im Einzelnen. Die Anordnung der Eintragung in das SchVerz setzt voraus (**I 1**), dass 3

a) I 1 Nr 1: der **Sch** seiner **Pflicht zur Abgabe der Vermögensauskunft** (§ 802c), auch der weiteren (§ 802d) oder zur Nachbesserung (sa § 802d Rn 17), **nicht nachgekommen** ist. Die Eintragung in das SchVerz ist damit Druckmittel, wenn es wegen pflichtwidrigen Verhaltens des Sch nicht (oder auch nur mangelhaft) zur Abgabe der Vermögensauskunft gekommen ist (BTDrs 16/10069, 37). **Bsp** (BTDrs 16/10069, 37): unentschuldigtes Fernbleiben zum Termin; grundlose Verweigerung der Auskunft oder auch nur der eidesstattl Versicherung; Vereitelung, weil erforderl Unterlagen nicht beigebracht wurden (§ 802f IV 2). Unberührt bleiben in solchen Fällen neben der Eintragung in das SchVerz die Anordnung der Erzwingungshaft nach § 802g und die Einholung von Fremdauskünften nach § 802l (BTDrs 16/10069, 37); oder

4 **b) I 1 Nr 2:** nach dem Inhalt des VermVerz die **Vollstr offensichtl** (beschränkt den Prüfungsaufwand für den GV auf eindeutige Fälle: BTDrs 16/10069, 37) **nicht geeignet** wäre, zu einer **vollständigen Befriedigung des Gl zu führen**, auf dessen Antrag die Vermögensauskunft erteilt oder dem die erteilte Auskunft zugeleitet (§ 802d I 2 [Folgegl]; sa BTDrs 16/10069, 38) wurde. Aussichtslosigkeit steht auch fest, wenn eine Vollstr nach Art und Wert der im VermVerz angegebenen Gegenstände und Betrag der Gläubigerforderung teilweise negativ sein wird (erfordert Prognose des GV: dazu BTDrs 16/10069, 37). Im Zweifelsfall hat eine Eintragungsanordnung nach I 1 Nr 2 zu unterbleiben (BTDrs 16/10069, 37); oder

5 **c) I 1 Nr 3:** in den Fällen, in denen die vollständige Befriedigung des Gl nicht sogleich aussichtslos, sondern in überschaubarer Zeit (iE dazu BTDrs 16/10069, 38) möglich erscheint, der **Sch dem GV nicht innerhalb eines Monats die vollständige Befriedigung des Gl** (auch eines Folgegl) **nachweist**. *Ausnahme:* Das gilt nicht, solange ein Zahlungsplan (§ 802b II) festgesetzt und nicht hinfällig ist. Existiert ein solcher Zahlungsplan, steht er der Eintragung in das SchVerz nicht nur im Fall von I 1 Nr 3, sondern in allen Fällen von I 1 (Nr 1-3) entgegen (BGH MDR 2016, 354 = NJW 2016, 876 [auch zur Stundungs- oder Stillhalteabrede]; iE s § 882d Rn 5). Grund: Vorrang gütlicher Erledigung (§ 802b). Der – nicht völlig vermögenslose – Sch muss somit, wenn er seine Eintragung in das SchVerz abwenden will, vollständig zahlen und dies dem GV in der Frist nachweisen (durch Zahlungsquittung des Gl oder andere Belege: s BTDrs 16/10069, 38 [auch zur Übertragung der Darlegungs- und Beweislast auf den Sch]). Die **Monatsfrist beginnt** mit (dem Tag nach) Abgabe der Vermögensauskunft oder Bekanntgabe der Zuleitung nach § 802d I 2.

6 **III) Inhalt (§ 882c II, III). 1) Form etc.** Die Eintragungsanordnung ist **schriftl abzufassen oder in das Protokoll aufzunehmen** (§ 763 I) und **kurz zu begründen** (**II 1**; kann formularmäßig erfolgen). Dem **Sch** ist sie **vAw zuzustellen**, soweit sie ihm nicht mündl bekannt gegeben und in das Protokoll aufgenommen wird (**II 2**). Eine **öffentl Zustellung** ist möglich; über deren Bewilligung entscheidet – abw von § 186 I 1 – der GV (**II 3**; s iE BRDrs 633/15, 40).

7 **2) Datenangabe.** Die Eintragungsanordnung hat neben der kurzen Begründung (II 1) die **in § 882b II, III genannten Daten** zu enthalten (**III 1**; dient der sicheren Identifizierung des Sch). Deren **Ermittlung obliegt dem GV** (BTDrs 16/10069, 38); ggfls hat er sie **selbst** zu **beschaffen** (iE **III 2**). **III 3** enthält eine **Hinweispflicht des GV:** Dieser hat den Sch auf die Möglichkeit eines **Vorgehens nach § 882f II** hinzuweisen, wenn er Anhaltspunkte dafür hat, dass zugunsten des Sch eine Auskunftssperre nach § 51 BMG eingetragen oder ein bedingter Sperrvermerk nach § 52 BMG eingerichtet wurde. Mit Bekanntgabe der Eintragungsanordnung ist der **Sch** zudem **über** den Widerspruch und den Antrag, die Eintragung einstw auszusetzen, als **Rechtsbehelf zu belehren** (§ 882d III 1).

8 **IV) Gebühren des Gerichtsvollziehers.** Die Eintragungsanordnung ist Teil der ZwV (I 2) und löst keine ges Gebühren aus, ebenso wenig die Zustellung (II 2), da sie vAw erfolgt (vgl Überschrift Abschnitt 1 vor 100 GvKostG-KV). Auch für die Auskunft nach III 2 entsteht keine Geb (440 Anm GvKostG-KV). Auslagen für Eintragung (708 GvKostG-KV) und Zustellung (701, 711 GvKostG-KV) sind aber vom Gl (§ 13 I 1 Nr 1 GvKostG) zu erheben (BTDrs 18/9698, 24; AG Osnabrück 14.8.2023 – 64 M 148/23, DGVZ 2024, 21; früher str), jedoch mangels Geb nicht die gebührenbezogene Pauschale (716 GvKostG-KV; KG DGVZ 2017, 78).

§ 882d Vollziehung der Eintragungsanordnung

(1) [1]Gegen die Eintragungsanordnung nach § 882c kann der Schuldner binnen zwei Wochen seit Bekanntgabe Widerspruch beim zuständigen Vollstreckungsgericht einlegen. [2]Der Widerspruch hemmt nicht die Vollziehung. [3]Nach Ablauf der Frist des Satzes 1 übermittelt der Gerichtsvollzieher die Anordnung unverzüglich elektronisch dem zentralen Vollstreckungsgericht nach § 882h Abs. 1. [4]Dieses veranlasst die Eintragung des Schuldners. [5]Wird dem Gerichtsvollzieher vor der Übermittlung der Anordnung nach Satz 3 bekannt, dass die Voraussetzungen für die Eintragung nicht oder nicht mehr vorliegen, hebt er die Anordnung auf und unterrichtet den Schuldner hierüber.

(2) [1]Auf Antrag des Schuldners kann das Vollstreckungsgericht anordnen, dass die Eintragung einstweilen ausgesetzt wird. [2]Das zentrale Vollstreckungsgericht nach § 882h Abs. 1 hat von einer Eintragung abzusehen, wenn ihm die Ausfertigung einer vollstreckbaren Entscheidung vorgelegt wird, aus der sich ergibt, dass die Eintragungsanordnung einstweilen ausgesetzt ist.

(3) [1]Über die Rechtsbehelfe nach den Absätzen 1 und 2 ist der Schuldner mit der Bekanntgabe der Eintragungsanordnung zu belehren. [2]Das Gericht, das über die Rechtsbehelfe entschieden hat, übermittelt seine Entscheidung dem zentralen Vollstreckungsgericht nach § 882h Abs. 1 elektronisch.

I) Zweck. Widerspruchsrecht des Sch gegen die Eintragungsanordnung (§ 882c) zum Schutz vor unberechtigter Aufnahme in das SchVerz. 1

II) Verfahren. 1) Frist. Widerspruch kann der Sch gegen die Eintragungsanordnung des GV **binnen 2 Wochen** bei dem nach § 764 II zuständigen Vollstreckungsgericht schriftl oder zu Protokoll der GeschSt einlegen (I 1). **Formulierungsvorschlag:** Vorwerk/Goldbach, PFB, M 62.14 (Widerspruch gegen Eintragung ins SchVerz). **Beginn der 2-Wochenfrist** mit Zustellung oder mündl Bekanntgabe der Anordnung (§ 882c II 2); Fristberechnung: § 222. Ist die **Rechtsbehelfsbelehrung (III 1) fehlerhaft**, beginnt die Widerspruchsfrist nicht zu laufen (LG Karlsruhe DGVZ 2014, 260; aA MK/Dörndorfer Rn 1 [Frist läuft auch bei unterbliebener Belehrung des Sch]). Der GV hat einen Widerspruch, der ihm zugeht, unverzüglich dem Gericht zuzuleiten. 2

2) Wirkung. Der **Widerspruch hemmt nicht die Vollziehung der Eintragung** (I 2). Der **GV** hat die **Anordnung** dem (zentralen) **Vollstreckungsgericht** – unabhängig von einem Widerspruch – nach Ablauf der Widerspruchsfrist unverzüglich (vgl § 121 I 1 BGB) **elektron zur Eintragung zu übermitteln (I 3)**. Der Sch kann jedoch die **einstw Aussetzung der Eintragung** beim Vollstreckungsgericht (§ 764 II) beantragen **(II 1)**. Das (zentrale) Vollstreckungsgericht hat **von einer Eintragung abzusehen**, wenn ihm die Ausfertigung einer vollstrb Entscheidung vorgelegt wird, aus der sich ergibt, dass die Eintragungsanordnung einstw ausgesetzt ist **(II 2**; sa § 882e III Nr 3). 3

3) Abhilfe. Der **GV kann** dem (begründeten) **Widerspruch vor Eintragung in das SchVerz abhelfen**. Mit **I 5** ist ein Abhilferecht des GV ausdrückl eingeführt worden (vgl BRDrs 633/15, 41): Wird dem GV vor der Übermittlung der Anordnung (I 3) bekannt, dass die Voraussetzungen für die Eintragung nicht oder nicht mehr vorliegen (dann liegen zugleich die Voraussetzungen einer vorzeitigen Löschung nach § 882e III vor: iE BRDrs 633/15, 41), hebt er die Anordnung auf und unterrichtet den Sch hierüber. **Nach Eintragung in das SchVerz** kann **nur noch Löschung** durch das Vollstreckungsgericht unter den Voraussetzungen des § 882e III erfolgen; Abhilfe durch den GV ist nicht mehr möglich. 4

4) Entscheidung durch das Vollstreckungsgericht. a) Über den Widerspruch entscheidet das Vollstreckungsgericht (s Rn 2); zuständig ist der **Rechtspfleger** (§ 20 I Nr 17 RPflG; sa BTDrs 16/10069, 39). Er **prüft**, ob ein Eintragungsgrund vorliegt (§ 882c I 1) und die in § 882b II, III genannten Daten zutreffend angeführt sind. **Eintragungshindernisse** sind zu berücksichtigen, wenn sie bis zur Entscheidung (maßgeblicher Zeitpunkt: BTDrs 16/10069, 39) geltend gemacht oder festgestellt sind (I 5); **Bsp:** Nachweis, dass der Gl vollständig befriedigt ist; zwischenzeitl Zahlungsvereinbarung, die mit dem Vollstreckungsaufschub (§ 802b II 2) zu einem Eintragungshindernis führt; Stundungs- und Stillhalteabrede iSd § 775 Nr 4 (dazu BGH MDR 2016, 354 = NJW 2016, 876). Die Eintragungsanordnung kann nicht aufgehoben werden, wenn mit nachträgl Abgabe der Vermögensauskunft zwar der Eintragungsgrund des § 882c I 1 Nr 1 entfallen ist, nach dem Inhalt des VermVerz jedoch der Eintragungsgrund des § 882c I 1 Nr 2 gegeben ist; dann hat eine Berichtigung des Eintragungsgrundes zu erfolgen. Das Gericht, das über die Rechtsbehelfe nach I und II entschieden hat, **übermittelt seine Entscheidung dem zentralen Vollstreckungsgericht elektron (III 2).** 5

b) Die **Entscheidung über den Widerspruch** ergeht durch **Beschluss** (§ 764 III). Mündl Verhandlung ist nicht erforderl (§ 128 IV); findet sie statt, wird der Beschluss verkündet (§ 329 I 1); der Beschluss ist zuzustellen (§ 329 II 2, III). Wenn der Widerspruch zulässig und begründet ist, wird die Eintragungsanordnung aufgehoben; andernfalls ist der Widerspruch zurückzuweisen. Der Beschluss ist dann mit **sof Beschwerde** (§ 793) anfechtbar. Zur Rechtsbeschwerde: s § 574. 6

III) Gebühren des Gerichts. Widerspruch u das Verf über einen Aussetzungsantrag sind gerichtsgebührenfrei. 7

§ 882e Löschung

(1) Eine Eintragung im Schuldnerverzeichnis wird nach Ablauf von drei Jahren seit dem Tag der Eintragungsanordnung von dem zentralen Vollstreckungsgericht nach § 882h Abs. 1 gelöscht.

(2) [1]Über Einwendungen gegen die Löschung nach Absatz 1 oder ihre Versagung entscheidet der Urkundsbeamte der Geschäftsstelle. [2]Gegen seine Entscheidung findet die Erinnerung nach § 573 statt.

(3) Abweichend von Absatz 1 wird eine Eintragung auf Anordnung des zentralen Vollstreckungsgerichts nach § 882h Abs. 1 gelöscht, wenn diesem

1. die vollständige Befriedigung des Gläubigers nachgewiesen worden ist;

2. das Fehlen oder der Wegfall des Eintragungsgrundes bekannt geworden ist oder

3. die Ausfertigung einer vollstreckbaren Entscheidung vorgelegt wird, aus der sich ergibt, dass die Eintragungsanordnung aufgehoben oder einstweilen ausgesetzt ist.

(4) [1]Wird dem zentralen Vollstreckungsgericht nach § 882h Abs. 1 bekannt, dass der Inhalt einer Eintragung von Beginn an fehlerhaft war, wird die Eintragung durch den Urkundsbeamten der Geschäftsstelle geändert. [2]Wird der Schuldner oder ein Dritter durch die Änderung der Eintragung beschwert, findet die Erinnerung nach § 573 statt.

1 **I) Zweck.** Bestimmung der Dauer der Eintragung und der Löschung.

2 **II) Dauer der Eintragung (§ 882e I). Drei Jahre seit dem Tag der Eintragungsanordnung** (Fristbeginn, I). Die Löschungsfrist von drei Jahren ist trotz der Fristverkürzungen auf zwei Jahre in § 802d I 1 und § 802k I 4 geblieben, um eine ausreichende zeitl Warnfunktion für den geschäftl Verkehr zu erreichen (vgl BTDrs 16/13432, 42). Ist der **Sch mehrfach eingetragen**, beginnt und endet die **Löschungsfrist für jede Eintragung gesondert**. Die **Löschung wegen Fristablaufs erfolgt vAw** durch das (zuständige) zentrale Vollstreckungsgericht.

3 **III) Vorzeitige Löschung (§ 882e III).** Grds gilt, dass eine unanfechtbare Eintragung vor Fristablauf nach I selbst auf Verlangen des Gl nicht aufgehoben werden kann, weil das SchVerz Allgemeininteressen (Auskunftsregister über die Kreditunwürdigkeit einer Person; Informationsinteresse des Geschäftsverkehrs) verfolgt und damit der Parteidisposition entzogen ist (vgl BGH MDR 2017, 483 = NJW-RR 2017, 511 Tz 16 mwN). **III bestimmt** aber folgende **Voraussetzungen der vorzeitigen Löschung einer Eintragung.**

3a **1) § 882e III Nr 1.** Nachweis der **vollständigen Befriedigung des Gl**. Die Befriedigung bezieht sich dabei nur auf das der Eintragungsanordnung zugrunde liegende Vollstreckungsverf (BTDrs 16/10069, 40). Den Nachweis hat der Sch zu führen (mit Zahlungsquittung oder auf sonstige Weise). Vom Vollstreckungsgericht ist die Befriedigung des Gl nicht zu ermitteln; der Gl ist zur Mitteilung nicht verpflichtet (BTDrs 16/10069, 40). Nachweis einer Stundungsbewilligung oder des Einverständnisses des Gl ermöglicht die Löschung nicht (BTDrs 16/10069, 40; vgl auch BGH MDR 2017, 483 = NJW-RR 2017, 511 Tz 16).

3b **2) § 882e III Nr 2.** Kenntnis des (zentralen) Vollstreckungsgerichts vom **Fehlen oder Wegfall des Eintragungsgrundes** (sa § 882b I, § 882c I 1); in Betracht kommen auch die Aufhebung des vollstrb Titels oder seiner vorl Vollstreckbarkeit und die Unzulässigkeit der Vollstr (§ 775 Nr 1). Eine nach der Eintragung im SchVerz zwischen Gl und Sch abgeschlossene Ratenzahlungsvereinbarung stellt keinen Grund für eine vorzeitige Löschung nach III Nr 2 dar, wenn der Löschungsantrag erst gestellt wird, nachdem die Eintragungsanordnung unanfechtbar geworden ist (BGH MDR 2017, 483 = NJW-RR 2017, 511 Tz 12 ff mwN).

3c **3) § 882e III Nr 3.** Vorlage der Ausfertigung einer (vollstrb) **Entscheidung**, aus der sich ergibt, dass die **Eintragungsanordnung aufgehoben oder einstw ausgesetzt** ist.

4 **IV) Rechtsbehelfe (§ 882e II). 1) Einwendungen gegen die Löschung wegen Fristablaufs (§ 882e I) oder ihre Versagung.** Hierüber entscheidet nach **II 1** (gilt statt §§ 23 ff EGGVG, sa BTDrs 16/10069, 40) der **UdG** des zentralen Vollstreckungsgerichts. Gegen seine Entscheidung findet die **Erinnerung** nach § 573 statt (**II 2**); über sie entscheidet der Rechtspfleger (§ 20 I Nr 17 RPflG); gegen dessen Entscheidung findet **sof Beschwerde** statt (§ 573 II, § 793).

5 **2) Anordnung einer vorzeitigen Löschung.** Sie gehört zu den **Aufgaben der Gerichtsbarkeit** (BTDrs 16/13432, 46) und nicht zur Führung des SchVerz, die eine Angelegenheit der Justizverwaltung ist (§ 882h II 3). Zuständig ist daher der **Rechtspfleger** (§ 20 I Nr 17 RPflG) des zentralen Vollstreckungsgerichts (BTDrs 16/13432, 46). Die Löschung selbst nimmt der UdG vor. Anzuordnen ist sie vAw durch Beschluss; ein Löschungsantrag ist als Anregung anzusehen; diese ist jedoch (als Antrag) durch Beschluss zurückzuweisen, wenn die Anordnung der Löschung nicht erfolgen kann. Dann findet gegen die Entscheidung **sof Beschwerde** statt (§ 793; BTDrs 16/13432, 46).

6 **V) Änderung der Eintragung (§ 882e IV).** Eine **von Anfang an fehlerhafte Eintragung** hat das (zentrale) Vollstreckungsgericht **vAw zu korrigieren**, wenn sie ihm (auch durch Hinweise Dritter) bekannt geworden ist (**IV 1**). Sie kann abzuändern oder zu löschen sein. Zuständig ist der UdG. Wird der Sch oder ein Dritter durch die Änderung der Eintragung beschwert, ist als **Rechtsbehelf** die **Erinnerung nach § 573** eröffnet (**IV 2**). Ausgeschlossen ist eine Änderung, wenn die urspr fehlerfreie **Eintragung nachträgl unrichtig geworden** ist, zB mit Wohnsitzwechsel, Namensänderung usw. Das Vollstreckungsgericht ist nicht verpflichtet, Änderungen vAw zu ermitteln und die Eintragungen fortwährend zu aktualisieren (sa § 882b Rn 5 aE).

7 **VI) Gebühren. 1) Gericht:** Die Löschung ist gebührenfrei. – **2) RA:** 3309 RVG-VV, denn das Löschungsverf ist eine bes Angelegenheit (§ 18 I Nr 17 RVG). Auch der RA des Gl kann im Anhörungsverf die Geb verdienen, denn sie entsteht nicht für den Antrag, sondern durch die Beteiligung im Verf.

§ 882f Einsicht in das Schuldnerverzeichnis

(1) [1]Die Einsicht in das Schuldnerverzeichnis ist jedem gestattet, der darlegt, Angaben nach § 882b zu benötigen:

1. für Zwecke der Zwangsvollstreckung;

2. um gesetzliche Pflichten zur Prüfung der wirtschaftlichen Zuverlässigkeit zu erfüllen;

3. um Voraussetzungen für die Gewährung von öffentlichen Leistungen zu prüfen;

4. um wirtschaftliche Nachteile abzuwenden, die daraus entstehen können, dass Schuldner ihren Zahlungsverpflichtungen nicht nachkommen;

5. für Zwecke der Strafverfolgung und der Strafvollstreckung;

6. zur Auskunft über ihn selbst betreffende Eintragungen;

7. für Zwecke der Dienstaufsicht über Justizbedienstete, die mit dem Schuldnerverzeichnis befasst sind.

[2]Die Informationen dürfen nur für den Zweck verarbeitet werden, für den sie übermittelt worden sind; sie sind nach Zweckerreichung zu löschen. [3]Nichtöffentliche Stellen sind darauf bei der Übermittlung hinzuweisen.

(2) [1]Das Recht auf Einsichtnahme durch Dritte erstreckt sich nicht auf Angaben nach § 882b Absatz 2 Nummer 3, wenn glaubhaft gemacht wird, dass zugunsten des Schuldners eine Auskunftssperre gemäß § 51 des Bundesmeldegesetzes eingetragen oder ein bedingter Sperrvermerk gemäß § 52 des Bundesmeldegesetzes eingerichtet wurde. [2]Der Schuldner hat das Bestehen einer solchen Auskunftssperre oder eines solchen Sperrvermerks gegenüber dem Gerichtsvollzieher glaubhaft zu machen. [3]Satz 2 gilt entsprechend gegenüber dem zentralen Vollstreckungsgericht, wenn die Eintragungsanordnung an dieses gemäß § 882d Absatz 1 Satz 3 übermittelt worden ist. [4]Satz 1 ist nicht anzuwenden auf die Einsichtnahme in das Schuldnerverzeichnis durch Gerichte und Behörden für die in Absatz 1 Satz 1 Nummer 2 und 5 bezeichneten Zwecke.

I) Zweck. Regelung des Einsichtsrechts in das SchVerz. 1

II) Einsichtsberechtigung (§ 882f I 1). Einsehbar ist das SchVerz **grds** für **jedermann**, damit es seiner Warn- 2
und Informationsaufgabe gerecht werden kann (BTDrs 16/10069, 41). Wer Einsicht begehrt, muss jedoch einen **legitimen Zweck darlegen** (Eingrenzung zum Datenschutz). Darlegen bedeutet schlüssiges, in sich widerspruchsfreies und überzeugendes Vortragen; ein Nachweis oder eine Glaubhaftmachung wird nicht verlangt (sa MK/Dörndorfer Rn 2). **Legitime Zwecke sind** nach I 1 (iE dazu BTDrs 16/10069, 41, 46 [zu Nr 5]; BRDrs 633/15, 41 [zu Nr 7]):

I 1 Nr 1: Zwecke der ZwV (schließt Verwaltungsvollstr ein), gilt auch für die Entscheidung, ob ein Vollstreckungsversuch unternommen werden soll,

I 1 Nr 2: eine ges Prüfungs*pflicht*, insb der Zahlungswilligkeit und -fähigkeit des Sch, nicht nur eine Prüfungsbefugnis,

I 1 Nr 3: Prüfung der Voraussetzungen für die Gewährung öffentl Leistungen (betrifft insb Anfragen von Sozialleistungsträgern),

I 1 Nr 4: das berechtigte Interesse des Geschäftsverkehrs, sich rechtzeitig und mit vertretbarem Aufwand über die Kreditwürdigkeit eines Geschäftspartners zu vergewissern,

I 1 Nr 5: Zwecke der Strafverfolgung und -vollstreckung (betrifft zB auch Geldstrafen, Entscheidungen über Widerruf oder Verlängerung der Bewährungszeit),

I 1 Nr 6: stellt sicher, dass sich der Sch über ihn betreffende Eintragungen informieren kann, auch um ggf eine Löschung zu erwirken,

I 1 Nr 7: Zwecke der Dienstaufsicht über Justizbedienstete, die mit dem SchVerz befasst sind (zB der GV hinsichtlich der von ihm zu übermittelnden Eintragungsanordnungen).

III) Informationsverarbeitung (§ 882f I 2, 3). Diese ist (auch für Behörden) **nur für den Zweck** zulässig, für 3
den sie übermittelt worden sind; **nach Zweckerreichung** sind die Informationen zu **löschen** (I 2). Auf die Verarbeitungsbeschränkung und Löschungspflicht sind **nichtöffentliche Stellen** bei der Übermittlung **hinzuweisen** (I 3).

IV) Besonderheiten bei Einsicht durch Dritte (§ 882f II). Das Einsichtsrecht durch Dritte **erstreckt sich grds** 4
nicht auf Angaben nach § 882b II Nr 3 (Wohnsitze oder Sitz des Sch), wenn glaubhaft gemacht wird, dass **zugunsten des Sch** eine **Auskunftssperre** gem § 51 BMG eingetragen oder ein bedingter **Sperrvermerk** gem § 52 BMG eingerichtet wurde (**II 1**; sa § 882c III 3). Gem § 882c III iVm § 882b II Nr 3 ist ein Sch – wenn die Eintragungsvoraussetzungen vorliegen – auch dann in das SchVerz einzutragen, wenn für ihn eine Auskunftssperre oder ein Sperrvermerk besteht. II 1 dient der Wahrung des Zwecks solcher Sperren bzw Sperrvermerke (iE BRDrs 633/15, 41 f). Der **Sch hat das Bestehen einer Auskunftssperre oder eines Sperrvermerks ggü dem**

GV glaubhaft zu machen (II 2), solange dieser noch keine Übermittlung nach § 882d I 3 vorgenommen hat; sonst (also nach Übermittlung) **ggü dem zentralen Vollstreckungsgericht (II 3)**. Die **Einschränkung nach II 1 gilt nicht für** die Einsichtnahme in das SchVerz durch **Gerichte und Behörden** für die in **I 1 Nr 2 und 5** bezeichneten Zwecke (**II 4**), da insoweit eine Gefährdung des Sch ausgeschlossen und der Zweck des SchVerz vorrangig ist. Vorrangig ist die Auskunftssperre bzw der Sperrvermerk dagegen im Rahmen der Jedermann-Auskunft nach I 1 Nr 1 und 4, im Rahmen der Auskunft nach I 1 Nr 3, die lediglich fiskalische Interessen des Staates berührt, sowie im Rahmen der Einsichtnahme zu Zwecken der Dienstaufsicht nach I 1 Nr 7 (dazu BRDrs 633/15, 41 f).

5 **V) Einzelheiten zur Einsicht in das Schuldnerverzeichnis.** Diese regelt die **gem § 882h III erlassene** Schuldnerverzeichnisführungsverordnung (**SchuFV** v 26.7.2012, BGBl I 2012, 1654) in §§ 5-11.

6 **VI) Gebühren. 1) Gericht:** Geb für Einsicht nach JustizkostenG der Länder, derzeit einheitl 4,50 Euro (zB 2.4 GV-BayLJKostG; 3.3 GV-JKostG HE; 2.3 GV-JustG NRW). – **2) RA:** 3309 RVG-VV; § 18 I Nr 1 RVG. Einsichtnahme u Auskunft sind eine Angelegenheit.

§ 882g Erteilung von Abdrucken

(1) [1]Aus dem Schuldnerverzeichnis können auf Antrag Abdrucke zum laufenden Bezug erteilt werden, auch durch Übermittlung in einer nur maschinell lesbaren Form. [2]Bei der Übermittlung in einer nur maschinell lesbaren Form gelten die von der Landesjustizverwaltung festgelegten Datenübertragungsregeln. [3]Liegen die Voraussetzungen des § 882f Absatz 2 vor, dürfen Abdrucke insoweit nicht erteilt werden.

(2) Abdrucke erhalten:

1. **Industrie- und Handelskammern sowie Körperschaften des öffentlichen Rechts, in denen Angehörige eines Berufes kraft Gesetzes zusammengeschlossen sind (Kammern),**
2. **Antragsteller, die Abdrucke zur Errichtung und Führung nichtöffentlicher zentraler Schuldnerverzeichnisse verwenden, oder**
3. **Antragsteller, deren berechtigtem Interesse durch Einzeleinsicht in die Länderschuldnerverzeichnisse oder durch den Bezug von Listen nach Absatz 5 nicht hinreichend Rechnung getragen werden kann.**

(3) [1]Die Abdrucke sind vertraulich zu behandeln und dürfen Dritten nicht zugänglich gemacht werden. [2]Nach der Beendigung des laufenden Bezugs sind die Abdrucke unverzüglich zu vernichten; Auskünfte dürfen nicht mehr erteilt werden.

(4) [1]Die Kammern dürfen ihren Mitgliedern oder den Mitgliedern einer anderen Kammer Auskünfte erteilen. [2]Andere Bezieher von Abdrucken dürfen Auskünfte erteilen, soweit dies zu ihrer ordnungsgemäßen Tätigkeit gehört. [3]Absatz 3 gilt entsprechend. [4]Die Auskünfte dürfen auch im automatisierten Abrufverfahren erteilt werden, soweit dieses Verfahren unter Berücksichtigung der schutzwürdigen Interessen der Betroffenen und der Geschäftszwecke der zum Abruf berechtigten Stellen angemessen ist.

(5) [1]Die Kammern dürfen die Abdrucke in Listen zusammenfassen oder hiermit Dritte beauftragen; sie haben diese bei der Durchführung des Auftrags zu beaufsichtigen. [2]Die Listen dürfen den Mitgliedern von Kammern auf Antrag zum laufenden Bezug überlassen werden. [3]Für den Bezug der Listen gelten Absatz 2 Nr. 3 und Absatz 3 entsprechend. [4]Die Bezieher der Listen dürfen Auskünfte nur jemandem erteilen, dessen Belange sie kraft Gesetzes oder Vertrages wahrzunehmen haben.

(6) [1]Für Abdrucke, Listen und Aufzeichnungen über eine Eintragung im Schuldnerverzeichnis, die auf der Verarbeitung von Abdrucken oder Listen oder auf Auskünften über Eintragungen im Schuldnerverzeichnis beruhen, gilt § 882e Abs. 1 entsprechend. [2]Über vorzeitige Löschungen (§ 882e Abs. 3) sind die Bezieher von Abdrucken innerhalb eines Monats zu unterrichten. [3]Sie unterrichten unverzüglich die Bezieher von Listen (Absatz 5 Satz 2). [4]In den auf Grund der Abdrucke und Listen erstellten Aufzeichnungen sind die Eintragungen unverzüglich zu löschen. [5]Listen sind auch unverzüglich zu vernichten, soweit sie durch neue ersetzt werden.

(7) [1]In den Fällen des Absatzes 2 Nr. 2 und 3 sowie des Absatzes 5 gilt für nichtöffentliche Stellen § 40 des Bundesdatenschutzgesetzes mit der Maßgabe, dass die Aufsichtsbehörde auch die Verarbeitung dieser personenbezogenen Daten in oder aus Akten überwacht. [2]Entsprechendes gilt für nichtöffentliche Stellen, die von den in Absatz 2 genannten Stellen Auskünfte erhalten haben.

(8) Das Bundesministerium der Justiz und für Verbraucherschutz wird ermächtigt, durch Rechtsverordnung mit Zustimmung des Bundesrates

1. **Vorschriften über den Bezug von Abdrucken nach den Absätzen 1 und 2 und das Bewilligungsverfahren sowie den Bezug von Listen nach Absatz 5 zu erlassen;**
2. **Einzelheiten der Einrichtung und Ausgestaltung automatisierter Abrufverfahren nach Absatz 4 Satz 4, insbesondere der Protokollierung der Abrufe für Zwecke der Datenschutzkontrolle, zu regeln;**

3. die Erteilung und Aufbewahrung von Abdrucken aus dem Schuldnerverzeichnis, die Anfertigung, Verwendung und Weitergabe von Listen, die Mitteilung und den Vollzug von Löschungen und den Ausschluss vom Bezug von Abdrucken und Listen näher zu regeln, um die ordnungsgemäße Behandlung der Mitteilungen, den Schutz vor unbefugter Verwendung und die rechtzeitige Löschung von Eintragungen sicherzustellen;

4. zur Durchsetzung der Vernichtungs- und Löschungspflichten im Fall des Widerrufs der Bewilligung die Verhängung von Zwangsgeldern vorzusehen; das einzelne Zwangsgeld darf den Betrag von 25 000 Euro nicht übersteigen.

I) Abdrucke aus dem Schuldnerverzeichnis (§ 882g I). Sie können **auf Antrag zum laufenden** (nicht zu einem nur vorübergehenden, zeitl unterbrochenen) **Bezug** erteilt werden (I 1). Der Antrag kann nicht auf eine reine Bewilligung zukünftiger Abdruckerteilung beschränkt werden (vgl BGH MDR 2015, 360 = NJW-RR 2015, 631 Tz 8 ff). Bei der Übermittlung in einer nur **maschinell lesbaren Form** gelten die von der Landesjustizverwaltung festgelegten **Datenübertragungsregeln** (I 2). Liegen die **Voraussetzungen von § 882f II** vor, dürfen **Abdrucke insoweit nicht erteilt** werden (I 3); wenn die in § 882b II Nr 3 genannten Angaben entfernt oder unleserlich gemacht sind, dürfen Abdrucke im Übrigen jedoch erteilt werden (BRDrs 633/15, 42). 1

II) Bezugsberechtigte von Abdrucken (§ 882g II). Mit Kammern nennt **II Nr 1** insb IHK, Handwerks-, RA-, Steuerberater- und Ärztekammern. Ein bes Interesse brauchen ASt nach II Nr 1 nicht nachzuweisen. **II Nr 2** nennt private ASt, die zentrale bundesweite oder regionale, nicht öffentl SchVerz errichten und führen; klargestellt ist damit zugleich, dass die zentrale Führung und Zusammenfassung von SchVerz durch private Unternehmen zulässig ist (dazu bereits BTDrs 12/193, 17). Auch diese ASt müssen kein bes Interesse nachweisen. Andere ASt, auch Verwaltungsbehörden, können Abdrucke nur bei berechtigtem Interesse erhalten (**II Nr 3**). Dieses kann sich zB aus der Aufgabenstellung einer Behörde (zB Gewerbeamt) ergeben; es kann auch bei Handels- bzw Wirtschaftsauskunfteien sowie bei Unternehmen mit vielen Kreditnehmern bestehen (vgl BTDrs 12/193, 11). Abdrucke zum laufenden Bezug können anderen ASt auch bei berechtigtem Interesse **nicht erteilt** werden, wenn diesem Interesse durch *Einzeleinsicht in SchVerz* oder den *Bezug von Listen nach V* hinreichend Rechnung getragen werden kann. Bei Verwaltungsbehörden wird ein berechtigtes Interesse regelmäßig vorliegen, wenn sie Informationen aus den SchVerz in großem Umfang benötigen (BTDrs 16/10069, 42). 2

III) Vertraulichkeit (§ 882g III). Abdrucke sind vertraulich zu behandeln. Sie dürfen **Dritten nicht zugänglich** gemacht werden (III 1). Dass dem Sch nach der Beendigung des laufenden Bezugs kein Nachteil erwächst, soll **III 2** mit der Verpflichtung des vormaligen Beziehers sicherstellen, **Abdrucke unverzüglich zu vernichten** und Auskünfte über Eintragungen nicht mehr zu erteilen. 3

IV) Einzelauskünfte (§ 882g IV, V). Solche dürfen Kammern ihren Mitgliedern und Mitgliedern anderer Kammern erteilen; sie dürfen die Abdrucke auch in **Listen** zusammenfassen und diese auf Antrag zum laufenden Bezug ihren Mitgliedern überlassen (Einzelheiten: **IV, V**). Erteilung von Auskünften durch andere Bezieher: IV 2, durch Mitglieder von Kammern, die Listen beziehen: V 4. 4

V) Datenschutzrechtliche Sicherungen (§ 882g VI, VII). Diese sehen VI und VII zur Wahrung der Schuldnerbelange bei der im Interesse des redlichen Geschäftsverkehrs erlaubten Weitergabe von Informationen vor. 5

VI) Einzelheiten zur Erteilung von Abdrucken (§ 882g VIII). Geregelt in der Schuldnerverzeichnisabdruckverordnung (**SchuVAbdrV** v 26.7.2012 [BGBl I 2012, 1658]), die auf der Grundlage von VIII erlassen worden ist. 6

§ 882h Zuständigkeit; Ausgestaltung des Schuldnerverzeichnisses

(1) [1]Das Schuldnerverzeichnis wird für jedes Land von einem zentralen Vollstreckungsgericht geführt. [2]Der Inhalt des Schuldnerverzeichnisses kann über eine zentrale und länderübergreifende Abfrage im Internet eingesehen werden. [3]Die Länder können Einzug und Verteilung der Gebühren sowie weitere Abwicklungsaufgaben im Zusammenhang mit der Abfrage nach Satz 2 auf die zuständige Stelle eines Landes übertragen.

(2) [1]Die Landesregierungen bestimmen durch Rechtsverordnung, welches Gericht die Aufgaben des zentralen Vollstreckungsgerichts nach Absatz 1 wahrzunehmen hat. [2]§ 802k Abs. 3 Satz 2 und 3 gilt entsprechend. [3]Die Führung des Schuldnerverzeichnisses stellt eine Angelegenheit der Justizverwaltung dar.

(3) [1]Das Bundesministerium der Justiz und für Verbraucherschutz wird ermächtigt, durch Rechtsverordnung mit Zustimmung des Bundesrates die Einzelheiten zu Form und Übermittlung der Eintragungsanordnungen nach § 882b Abs. 1 und der Entscheidungen nach § 882d Abs. 3 Satz 2 dieses Gesetzes und § 284 Abs. 10 Satz 2 der Abgabenordnung oder gleichwertigen Regelungen im Sinne von § 882b Abs. 1 Nr. 2 Halbsatz 2 dieses Gesetzes sowie zum Inhalt des Schuldnerverzeichnisses und zur Ausgestaltung der Einsicht insbesondere durch ein automatisiertes Abrufverfahren zu regeln. [2]Die Rechtsver-

ordnung hat geeignete Regelungen zur Sicherung des Datenschutzes und der Datensicherheit vorzusehen. [3]Insbesondere ist sicherzustellen, dass die Daten

1. **bei der elektronischen Übermittlung an das zentrale Vollstreckungsgericht nach Absatz 1 sowie bei der Weitergabe an eine andere Stelle nach Absatz 2 Satz 2 gegen unbefugte Kenntnisnahme geschützt sind,**
2. **unversehrt und vollständig wiedergegeben werden,**
3. **jederzeit ihrem Ursprung nach zugeordnet werden können und**
4. **nur von registrierten Nutzern nach Angabe des Verwendungszwecks abgerufen werden können, jeder Abrufvorgang protokolliert wird und Nutzer im Fall des missbräuchlichen Datenabrufs oder einer missbräuchlichen Datenverarbeitung von der Einsichtnahme ausgeschlossen werden können.**

[4]Die Daten der Nutzer dürfen nur für die in Satz 3 Nr. 4 genannten Zwecke verarbeitet werden.

1 Die Vorschrift bestimmt die Grundlagen des landesweit von einem **zentralen Vollstreckungsgericht** (Übersicht der nach II durch die Länder bestimmten Gerichte: https://de.wikipedia.org/wiki/Zentrales_Vollstreckungsgericht [Liste mit Adressen in Fn 1]) als **Angelegenheit der Justizverwaltung (II 3)** zu führenden SchVerz und gibt in III die Ermächtigungsgrundlage für die Regelung der **Einzelheiten zur Ausgestaltung des Verz** (iE BTDrs 16/10069, 42 f). Das ist durch die Schuldnerverzeichnisführungsverordnung (**SchuFV** v 26.7.2012, BGBl I 2012, 1654) erfolgt (sa § 882f Rn 5).

§ 882i Rechte der Betroffenen

(1) [1]Das Auskunftsrecht nach Artikel 15 Absatz 1 und das Recht auf Erhalt einer Kopie nach Artikel 15 Absatz 3 der Verordnung (EU) 2016/679 wird in Bezug auf die personenbezogenen Daten, die im Schuldnerverzeichnis und in den an das zentrale Vollstreckungsgericht übermittelten Anordnungen der Eintragung in das Schuldnerverzeichnis enthalten sind, dadurch gewährt, dass die betroffene Person Einsicht in das Schuldnerverzeichnis über die zentrale und länderübergreifende Abfrage im Internet nach § 882h Absatz 1 Satz 2 nehmen kann. [2]Eine Information der betroffenen Person über konkrete Empfänger, gegenüber denen die in Satz 1 genannten personenbezogenen Daten offengelegt werden, erfolgt nur insoweit, als Daten zu diesen Empfängern nach den Vorschriften für Zwecke der Datenschutzkontrolle zu speichern sind.

(2) Hinsichtlich der im Schuldnerverzeichnis enthaltenen personenbezogenen Daten kann das Recht auf Berichtigung nach Artikel 16 der Verordnung (EU) 2016/679 nur unter den Voraussetzungen ausgeübt werden, die in § 882e für Löschungen von Eintragungen oder die Änderung fehlerhafter Eintragungen vorgesehen sind.

(3) Das Widerspruchsrecht gemäß Artikel 21 der Verordnung (EU) 2016/679 gilt nicht in Bezug auf die personenbezogenen Daten, die im Schuldnerverzeichnis und in den an das zentrale Vollstreckungsgericht übermittelten Anordnungen der Eintragung in das Schuldnerverzeichnis enthalten sind.

1 **I) Zweck.** Mit § 882i wird bzgl des SchVerz von der Möglichkeit nach Art 23 DSGVO Gebrauch gemacht, wonach ua die **Pflichten und Rechte gem Art 12-22 DSGVO beschränkt** werden können. § 882i stützt sich dabei auf Art 23 I e) und j) DSGVO (Einzelheiten dazu: BTDrs 19/4671, 80 f).

2 **II) Beschränktes Auskunftsrecht etc nach Art 15 DSGVO (§ 882i I). I 1** trägt dem Umstand Rechnung, dass lediglich für die **Einsichtnahme in die Eintragungen** eine **länderübergreifende Anfrage im Internet** angeboten wird (**§ 882h I 2**). Diese Einsichtnahme im Internet, die die gleichzeitige und parallele Durchsuchung der von allen zentralen Vollstreckungsgerichten geführten Eintragungen erlaubt, stellt für die betroffene Person die einzige Möglichkeit dar, auf alle zu ihr im SchVerz vorhandenen Informationen zuzugreifen. Ein **weitergehendes (umfassendes) Auskunftsrecht** iSv Art 15 DSGVO **besteht nicht**, weil die mit der Führung des SchVerz befassten zentralen Vollstreckungsgerichte dieses – wenn überhaupt – nur mit unverhältnismäßigem Aufwand erfüllen könnten. Grund: Das SchVerz wird nach § 882h I 1 dezentral geführt, nämlich für jedes Land durch das nach LandesR bestimmte zentrale Vollstreckungsgericht (näher dazu: BTDrs 19/4671, 81 f). In **I 2** wird – im Hinblick auf die Vielzahl der Abrufe aus dem Vollstreckungsportal – ausdrückl klargestellt, dass eine **Information über die einzelnen konkreten Empfänger der Daten** nur insoweit erfolgen muss, als Daten zu diesen Empfängern nach den Vorschriften für Zwecke der Datenschutzkontrolle zu speichern sind. Siehe ergänzend: § 6 IV SchuFV und § 4 III SchuVAbdrV.

3 **III) Beschränktes Berichtigungsrecht nach Art 16 DSGVO (§ 882i II).** II beschränkt das Recht der betroffenen Person auf Berichtigung nach Art 16 DSGVO insoweit, dass die betroffene Person auf das **Änderungsverf nach § 882e IV** verwiesen wird. Dabei können nach § 882e IV vAw oder auf Anregung auch der betroffenen

Person solche Eintragungen geändert werden, deren Inhalt von Beginn an fehlerhaft war. In das SchVerz sind die Daten einzutragen, die im Zeitpunkt der Eintragungsanordnung zutreffen. Spätere Änderungen in den personenbezogenen Daten führen nicht zu einer Änderung des Eintrags im SchVerz; eine fortlaufende Aktualisierung der Daten ist nicht vorgesehen (sa § 882e Rn 6) und nach II auch nicht über Art 16 DSGVO zu erreichen (näher dazu: BTDrs 19/4671, 82 f).

IV) Kein Widerspruchsrecht nach Art 21 DSGVO (§ 882i III). Nach III wird das Widerspruchsrecht nach Art 21 DSGVO, das zu einer Einschränkung der Verarbeitung führen könnte, bzgl der im SchVerz und in den Anordnungen der Eintragung in das SchVerz enthaltenen personenbezogenen Daten ausgeschlossen. Das zwingende **öffentl Interesse an diesem Ausschluss** ergibt sich aus der wesentl Funktion, die das SchVerz für die Sicherheit des Rechtsverkehrs durch Information und Warnung vor kreditunwürdigen Sch hat. Diese Funktion setzt die ständige Verfügbarkeit der jew Eintragungen und die Möglichkeit zur Einsicht für die Berechtigten voraus (näher dazu: BTDrs 19/4671, 83). 4

Abschnitt 3
Zwangsvollstreckung zur Erwirkung der Herausgabe von Sachen und zur Erwirkung von Handlungen oder Unterlassungen (§§ 883-898)

Vorbemerkungen zu §§ 883-898

Abschnitt 3 regelt die Vollstr erzwingbarer Leistungen; er findet auch Anwendung, wenn sich die ZwV gegen den Staat (Fiskus) und andere öffentl-rechtl Personen richtet. Die allg Vorschriften des Abschnitts 1 (§§ 704-802) finden auf das Verf des Abschnitts 3 Anwendung.

§ 883 Herausgabe bestimmter beweglicher Sachen

(1) Hat der Schuldner eine bewegliche Sache oder eine Menge bestimmter beweglicher Sachen herauszugeben, so sind sie von dem Gerichtsvollzieher ihm wegzunehmen und dem Gläubiger zu übergeben.

(2) [1]Wird die herauszugebende Sache nicht vorgefunden, so ist der Schuldner verpflichtet, auf Antrag des Gläubigers zu Protokoll an Eides statt zu versichern, dass er die Sache nicht besitze, auch nicht wisse, wo die Sache sich befinde. [2]Der gemäß § 802e zuständige Gerichtsvollzieher lädt den Schuldner zur Abgabe der eidesstattlichen Versicherung. [3]Die Vorschriften der §§ 478 bis 480, 483, 802f Absatz 6, §§ 802g bis 802i und § 802j Abs. 1 und 2 gelten entsprechend.

(3) Das Gericht kann eine der Sachlage entsprechende Änderung der eidesstattlichen Versicherung beschließen.

II 3 geändert mWv 19.7.2024 durch G zur Förderung des Einsatzes von Videokonferenztechnik in der Zivilgerichtsbarkeit und den Fachgerichtsbarkeiten v 15.7.2024 (BGBl 2024 I Nr 237).

I) Zweck. Regelung des Verf bei der ZwV zur Erwirkung der Herausgabe einer bewegl Sache oder einer Menge bestimmter bewegl Sachen sowie Bestimmung der eidesstattlichen Versicherungspflicht des Sch nach erfolglosem Vollstreckungsversuch. §§ 883 ff sind iÜ auch dann anwendbar, wenn sich die Sache in einem zur EU gehörenden ausl Staat befindet (vgl OLGR Celle 1995, 77 f). 1

II) Voraussetzungen (§ 883 I). 1) Herausgabepflicht des Schuldners. a) Der zu vollstr **Anspruch** muss die **Herausgabe** (körperl Übergabe) **einer bewegl Sache** (§ 90 BGB) oder einer **Menge bestimmter bewegl Sachen** zum Gegenstand haben. Dazu gehören auch Sachen, die erst durch Wegnahme (Demontage) bewegl werden sollen. Gleichgültig ist, ob Eigen- oder Fremdbesitz (auch Mitbesitz: OLGR Braunschweig 1996, 250) begründet werden soll, ob Herausgabe zur Hinterlegung, an einen Dritten oder an eine Behörde zu erfolgen hat. Die Übergabe kann auch zur Übertragung des Eigentums oder zur Bestellung eines Rechts geschuldet sein (§ 897). Nach § 883 zu vollstr ist auch der Anspruch auf **Einsichtnahme in bestimmte Urkunden** (zB Geschäftsunterlagen), wenn er nicht Nebenpflicht einer umfassenden Auskunftspflicht ist (sa § 888 Rn 3.6; OLG Frankfurt MDR 2018, 765), sondern auf Vorlage der Urkunden gerichtet ist (vorübergehende Überlassung ohne Besitzaufgabe; vgl OLG Hamm MDR 74, 322 = NJW 74, 653; OLG Frankfurt MDR 2002, 478 = NJW-RR 2002, 823, 824 [differenzierend] – jew mwN); zB der Anspruch auf Erteilung einer Auskunft durch Vorlage einer Urkunde (OLG Köln NJW-RR 88, 1210) oder auf Einsicht in die Patientenakte (§ 630g I BGB; sa Habermalz NJW 2013, 3403 [bei Führung in elektron Form nach § 888 zu vollstr]). Eine Verurteilung zur **Rechnungslegung** gibt für die 2

ZwV zur Vorlage von Belegen keine Grundlage (vgl OLG Köln NJW-RR 89, 567). Der Anspruch auf **Herausgabe von Software** getrennt vom Träger geht auf Kopierung und uU (ist Frage des Titels) Löschung des Ausgangsprogramms auf der CD etc des Sch, ist somit nach § 887 zu vollstr (sa MskV/Lackmann Rn 4 aE). Sofern **Daten noch nicht auf einem geeigneten Datenträger verkörpert** sind, scheidet eine ZwV nach § 883 ebenfalls aus (iE BGH MDR 2018, 227 Tz 15 [nur Auskunftsanspruch]). Zur Beurteilung, wenn die **Herausgabepflicht mit einer weiteren Pflicht** (zB Versendung der Sache) **zusammentrifft:** s Rn 9.

3 **b)** Herauszugeben sein muss eine **individuell bestimmte Sache**. Vollstreckungsgegenstand kann eine **Einzelsache** sein, eine **Mehrheit von Einzelsachen**, auch eine bestimmte **Sachgesamtheit** wie zB eine Bibliothek, schließlich eine **begrenzte Gattungsschuld** (zB Teil eines Lagerbestandes, sa Schilken DGVZ 88, 49, 51). Zur Vollstr der **unbegrenzten Gattungsschuld:** s § 884. Die Gattungsschuld über eine **unvertretbare Sache** kann nicht nach §§ 883, 884 vollstr werden; es bleibt nur die Klage nach § 893 (Schilken DGVZ 88, 49, 51; MskV/Lackmann Rn 3).

4 **c) Gläubigerauftrag** (§ 753) muss vorliegen; iÜ müssen die **allg ZwV-Voraussetzungen** erfüllt sein. **Formulierungsvorschlag:** Vorwerk/Goldbach, PFB, M 56.7 (Antrag auf Herausgabevollstr [Unikat]).

5 **d)** Die herauszugebende **Sache** muss **im Titel** hinreichend **bestimmt bezeichnet** sein (sa § 704 Rn 3 ff); ungenügend sind zB die Bezeichnungen: Hausrat, Software-Kopien (AG Offenburg NJW-RR 89, 445), Kopien von E-Mails (ohne deren genaue Bezeichnung: BAG MDR 2021, 1214 [Dörr MDR 2021, 1321]). Die **Feststellung der Sache bei der Wegnahme erfolgt durch den GV**; analog § 813 I 2, III; § 190 III GVGA kann der GV auf Kosten des Sch einen **SV hinzuziehen** (BGH MDR 2018, 227 Tz 20 ff; aA 32. Aufl). Gegen die Beauftragung des SV oder die Bestimmung der VollstrGegenstände kann der Sch **Erinnerung** (§ 766; dann: sof Beschwerde [§ 793]) einlegen (vgl BGH MDR 2018, 227 Tz 23).

6 **e)** Steht nach dem Titel die **Wahl zwischen mehreren bezeichneten Sachen** dem **Gl** zu, kann er die Herausgabe der von ihm gewählten Stücke verlangen. Steht die Wahl dem **Sch** zu und nimmt sie dieser nicht vor dem Beginn der ZwV vor, kann der Gl die ZwV nach seiner Wahl auf das eine oder andere Stück richten; jedoch kann der Sch bis zu dem Zeitpunkt, zu dem der Gl die gewählten Stücke empfangen hat, sich durch Leistung anderer Stücke befreien (§§ 262, 264 I BGB).

7 **f)** ZwV zur **Herausgabe von Personen** (Kindesherausgabe): §§ 88-94 FamFG.

8 **2) Gewahrsam des Schuldners.** Der Sch (oder ein herausgabebereiter Dritter) muss die herauszugebende Sache in Gewahrsam (Besitz) haben. Bei **Drittgewahrsam** gilt ansonsten, dass sich der Gl den Anspruch des Sch auf Herausgabe der Sache nach **§ 886** überweisen lassen kann (kein Zwang gegen den Sch nach § 888: OLG Köln DGVZ 83, 74).

9 **3) Weitere Pflichten des Schuldners.** Ob die **Vollstr einer** neben der Herausgabepflicht titulierten **weiteren Pflicht** der Herausgabevollstr nach §§ 883 f oder der Handlungsvollstr nach §§ 887 f unterfällt, hängt davon ab, ob diese weitere Pflicht im Verhältnis zur Herausgabe **eigenständige Bedeutung** hat **oder lediglich unselbständiger Teil** ist (sa BGH MDR 2016, 298 = NJW 2016, 645 Tz 20 ff). Die titulierte Pflicht zur **Versendung oder Verbringung** der herauszugebenden Sache erlangt – unabhängig vom jew Aufwand – ggü der Herausgabepflicht grds keine eigenständige Bedeutung (iE BGH MDR 2016, 298 = NJW 2016, 645 Tz 21 f). Die Herausgabe von **Arbeitspapieren** wird nach § 883 vollstr; hat sie der Arbeitgeber aber **erst auszufüllen**, ist dies eine unvertretbare Handlung iSd § 888 (vgl Hess LAG 13.8.2002 – 16 Ta 321/02, juris Tz 6 ff mwN). Erfüllt der Sch seine Pflicht zur **Herstellung oder Beschaffung einer Sache** nicht, erfolgt die Vollstr bei vertretbaren Sachen nach §§ 883 f (Herstellung/Beschaffung ist dann nur Vorbereitungshandlung), bei unvertretbaren Sachen (zB Anfertigung eines Maßanzuges) hingegen nach §§ 887 f (Herstellung/Beschaffung ist dann selbständige Handlungspflicht neben der Herausgabe) (str, ebenso: MskV/Lackmann Rn 4; aA Brox/Walker, ZwVR, 12. Aufl, § 36 Rn 12; sa MK/Gruber Rn 19 f – jew mwN). § 887 III steht der Anwendung von § 887 nicht entgegen, weil sich der Ausschluss nur auf Herausgabeansprüche, nicht auf sonstige Ansprüche bezieht.

10 **III) Durchführung. 1) Ablauf.** Der **GV nimmt die** im Gewahrsam des Sch (oder eines herausgabebereiten Dritten) befindliche **Sache weg** und übergibt sie dem Gl oder dem aus dem Titel ersichtlichen Dritten. Die Sache soll **dem Gl** tunlichst **an Ort und Stelle ausgehändigt** werden (§ 127 II 2 GVGA). Ist er (sein Vertreter) nicht anwesend, **sendet** ihm der GV die Sache auf seine Kosten **zu** (§ 127 II 1 aE GVGA; Vorschusspflicht; Kosten ggf nicht notw iSd § 788 I); erfordert das unverhältnismäßigen Aufwand, kann der Gl, wenn es ihm zumutbar ist (pflichtgemäßes Ermessen), darauf verwiesen werden, die Sache abzuholen (LG Saarbrücken DGVZ 2009, 205). Mit der Wegnahme geht die Gefahr auf den Gl über (vgl § 897 I); der Sch ist befreit. Mit der Übergabe der Sache ist der Titel verbraucht (MK/Gruber Rn 28); kehrt ein weggenommenes Tier zum Sch zurück oder gelangt sonst eine weggenommene Sache wieder in seinen Besitz, ist eine neue Klage notw (sa Hk-ZPO/Kießling Rn 16 aE; MskV/Lackmann Rn 9).

11 **2) Kosten.** Solche **für Ausbau**, Abbau, Heraustragen etc einer Sache sind (bei Notwendigkeit) **nur dann erstattungsfähige Kosten** der Herausgabe-ZwV (§ 788 I), wenn sich die Verpflichtung des Sch auch zu dieser Arbeitsleistung aus dem Titel ergibt (vgl OLG Koblenz NJW-RR 90, 1152; OLG München MDR 97, 882). **Kosten**

für Verpackung und Versendung der Sache sind gleichermaßen nur dann erstattungsfähige Kosten der ZwV, wenn der Sch nach dem Titel die Sache an den Gl zu versenden hat (sa Rn 9; OLG Düsseldorf DGVZ 95, 86; OLG Koblenz NJW-RR 90, 1152; OLG Stuttgart JurBüro 81, 943).

3) Zusammentreffen von Herausgabevollstreckung und Pfändungsauftrag. S § 127 IV, V GVGA. 12

IV) Eidesstattliche Versicherung (§ 883 II, III). 1) Voraussetzungen. Wenn die herauszugebende **Sache** bei 13 der Wegnahmevollstr **nicht vorgefunden** wird, ist der **Sch** auf Antrag des Gl zur **eidesstattl Versicherung nach II 1** verpflichtet (auch bei Vollstreckungsversuch mit einstw Verfügung vor Erwirkung des Herausgabetitels: OLG Karlsruhe Rpfleger 93, 79). **Formulierungsvorschlag:** Vorwerk/Goldbach, PFB, M 56.8 (Auftrag zur eidesstattl Versicherung [Herausgabetitel]). **Anzugeben hat der Sch** darin alles, was geeignet ist, den Verbleib der Sache aufzuklären (BGH NJW 2008, 1598 Tz 13). Dem Gl soll damit Kenntnis vom Verbleib der Sache oder zuverlässige Kenntnis davon ermöglicht werden, dass der Herausgabeanspruch gegen den Sch mit der ZwV nicht zu verwirklichen ist. Ist ein Sch zur Herausgabe, der andere zur Duldung der ZwV verurteilt, sind beide verpflichtet, die eidesstattl Versicherung abzugeben (MskV/Lackmann Rn 11). Ein **ges Vertreter** hat die Versicherung sowohl über eigene Handlungen und Wahrnehmungen als auch über die des Vertretenen (Sch) abzugeben. Gibt der Sch Auskunft über den Verbleib der herauszugebenden Sache, ist diese Angabe eidesstattl zu versichern (Hk-ZPO/Kießling Rn 12).

2) Zuständigkeit. Liegt beim **GV** (**II 2** iVm **§ 802e**, auch zur örtl Zuständigkeit). Er **bestimmt Termin** und **lädt** 14 **den Sch** (mittels Zustellung) (**II 2 u 3** iVm **§ 802f VI 1** [II]). Dem **Gl** ist die Terminsbestimmung mitzuteilen; einer Mitteilung an den ProzBev des Sch bedarf es nicht (II 3 iVm § 802f VI 1, 2). Zur **Erzwingungshaft:** II 3 iVm §§ 802g-i und j I, II.

3) Erklärung. Die eidesstattl Versicherung ist **zu Protokoll** zu erklären (II 1; zum Protokollinhalt: § 762). 15

4) Änderung. Das **Gericht kann** eine der Sachlage entspr **Änderung des** in II 1 genannten **Wortlauts der ei-** 16 **desstattl Versicherung beschließen** (**III**). Zuständig ist nach dem Wortlaut von III das *Gericht* (das ist das Vollstreckungsgericht u dort der Rechtspfleger: § 764 II, § 20 I Nr 17 RPflG), das der Gl oder der GV zur Beschlussfassung anrufen muss (Hk-ZPO/Kießling Rn 15; MskV/Lackmann Rn 11).

5) Folgen. Nach Abgabe der eidesstattl Versicherung kann der Gl grds nur die sich daraus ergebenden Vollstre- 17 ckungsmöglichkeiten nutzen oder, wenn das nicht hilfreich ist, das Interesse fordern (§ 893; sa BGH NJW 2008, 1598 Tz 13). Kann der Gl glaubhaft machen (§ 294), dass der Sch nach der Abgabe der Versicherung in den Besitz der Sache gelangt ist oder Kenntnis von deren Verbleib erlangt hat, kann ausnahmsweise die **erneute Abgabe der eidesstattl Versicherung** verlangt werden (BGH NJW 2008, 1598 Tz 13).

V) Rechtsbehelfe. Für **Gl** und **Sch** gegen Verfahrensfehler: Erinnerung (§ 766, dann: sof Beschwerde [§ 793]); 18 für Gl insb bei Weigerung des GV, das Verf durchzuführen; für Sch auch für die Einwendung, dass eine Pflicht zur Abgabe der eidesstattl Versicherung nicht besteht, und gegen Anordnungen nach II, III. Hat der Sch an den Gl eine Sache herauszugeben und für sie bereits Zahlungen geleistet (zB bei Abzahlungsgeschäft, Eigentumsvorbehalt), kann er nur nach § 767 vorgehen (vgl LG Braunschweig MDR 68, 157; sa Hk-ZPO/Kießling Rn 16). Ein durch die Herausgabe in seinen Rechten betroffener **Dritter** kann nach § 771 vorgehen; bei einer Gewahrsamsverletzung (§ 809) auch nach § 766 (MskV/Lackmann Rn 10).

VI) Gebühren. 1) RA: Das Antragsverf auf eidesstattl Versicherung (II 1) ist entspr § 18 I Nr 16 RVG zu vergüten, auch wenn 19 § 883 dort nicht ausdrückl genannt ist. Es entstehen die Geb 3309 RVG-VV (sowohl für den Auftrag zur Wegnahme als auch für das Verf auf Abnahme der eidesstattl Versicherung) und für einen Termin zur Abnahme der eidesstattl Versicherung die Terminsgeb 3310 RVG-VV, jew iHv 0,3. Beschwerdeverf (§ 793): 3500, 3513 RVG-VV. – Gegenstandswert § 25 I Nr 2 RVG. – **2) GV:** 221 GvKostG-KV für die Wegnahme bewegl Sachen; evtl Zeitzuschlag nach 500 GvKostG-KV (I); 262 GvKostG-KV für die Abnahme der eidesstattl Versicherung (II); 270 GvKostG-KV bei Verhaftung zur Erzwingung der eidesstattl Versicherung (II 3 iVm § 802g). Bei Gesamtsch: § 10 III 1 GvKostG.

§ 884 Leistung einer bestimmten Menge vertretbarer Sachen

Hat der Schuldner eine bestimmte Menge vertretbarer Sachen oder Wertpapiere zu leisten, so gilt die Vorschrift des § 883 Abs. 1 entsprechend.

I) Vertretbare Sachen. § 91 BGB. **Wertpapiere:** zB Aktien (vgl BGH MDR 2005, 110 = NJW 2004, 3340, 3341), 1 Schuldverschreibungen auf den Inhaber, Lotterielose und indossable Papiere, wie zB Wechsel. Wertpapiere sind nur solche im engeren Sinne, bei denen die Ausübung des verbrieften Rechts von der Inhaberschaft der Urkunde abhängt; es kann sich dabei um Inhaber- oder Namenspapiere handeln (MK/Gruber Rn 3). **Keine Wertpapiere** sind Pfandscheine, Versicherungs- und Schuldscheine.

II) Leistungspflicht des Schuldners. Sie kann in der Herausgabe zur Besitz- oder Eigentumsübertragung oder 2 in der Lieferung, dh Anschaffung oder Herstellung, und der anschließenden Herausgabe bestehen. Voraussetzung für die Wegnahme ist, dass der Sch solche Sachen besitzt. Unter mehreren vertretbaren Sachen im Schuldnerbesitz hat der GV solche mittlerer Art und Güte auszuwählen (vgl § 243 I BGB, § 360 HGB). Findet der GV solche Sachen nicht vor, kann sie sich der Gl anderweitig beschaffen und klageweise vom Sch die Leistung des Interesses (**Schadensersatz nach § 893**) verlangen. Der Gl kann nicht gem § 887 ermächtigt werden, sich die Sachen auf Kosten des Sch zu beschaffen (**§ 887 III**). Eine **eidesstattl Versicherung des Sch** ist im Fall von § 884 **unzulässig**.

§ 885 Herausgabe von Grundstücken oder Schiffen

(1) [1]Hat der Schuldner eine unbewegliche Sache oder ein eingetragenes Schiff oder Schiffsbauwerk herauszugeben, zu überlassen oder zu räumen, so hat der Gerichtsvollzieher den Schuldner aus dem Besitz zu setzen und den Gläubiger in den Besitz einzuweisen. [2]Der Gerichtsvollzieher hat den Schuldner aufzufordern, eine Anschrift zum Zweck von Zustellungen oder einen Zustellungsbevollmächtigten zu benennen.

(2) Bewegliche Sachen, die nicht Gegenstand der Zwangsvollstreckung sind, werden von dem Gerichtsvollzieher weggeschafft und dem Schuldner oder, wenn dieser abwesend ist, einem Bevollmächtigten des Schuldners, einem erwachsenen Familienangehörigen, einer in der Familie beschäftigten Person oder einem erwachsenen ständigen Mitbewohner übergeben oder zur Verfügung gestellt.

(3) [1]Ist weder der Schuldner noch eine der bezeichneten Personen anwesend oder wird die Entgegennahme verweigert, hat der Gerichtsvollzieher die in Absatz 2 bezeichneten Sachen auf Kosten des Schuldners in die Pfandkammer zu schaffen oder anderweitig in Verwahrung zu bringen. [2]Bewegliche Sachen, an deren Aufbewahrung offensichtlich kein Interesse besteht, sollen unverzüglich vernichtet werden.

(4) [1]Fordert der Schuldner die Sachen nicht binnen einer Frist von einem Monat nach der Räumung ab, veräußert der Gerichtsvollzieher die Sachen und hinterlegt den Erlös. [2]Der Gerichtsvollzieher veräußert die Sachen und hinterlegt den Erlös auch dann, wenn der Schuldner die Sachen binnen einer Frist von einem Monat abfordert, ohne binnen einer Frist von zwei Monaten nach der Räumung die Kosten zu zahlen. [3]Die §§ 806, 814 und 817 sind entsprechend anzuwenden. [4]Sachen, die nicht verwertet werden können, sollen vernichtet werden.

(5) Unpfändbare Sachen und solche Sachen, bei denen ein Verwertungserlös nicht zu erwarten ist, sind auf Verlangen des Schuldners jederzeit ohne Weiteres herauszugeben.

1 **I) Zweck; Anwendungsbereich.** Regelung des Verf bei der ZwV zur Herausgabe einer unbewegl Sache oder eines eingetragenen Schiffs oder Schiffsbauwerks. § 885 trifft zu bei der Herausgabe, Überlassung oder Räumung eines Grundstücks (auch eines unbebauten) oder eines Teils desselben (zB einer Wohnung oder von Geschäftsräumen) sowie von eingetragenen Schiffen und Schiffsbauwerken. *Entspr anzuwenden* ist § 885 bei bewohnten Schiffen, Wohnwagen und Behelfsheimen (sa MskV/Lackmann Rn 3). Andere nicht eingetragene Schiffe und Schiffsbauwerke sind nach § 883 wegzunehmen. Ein Titel auf Grundstücksherausgabe rechtfertigt auch die Zwangsräumung eines auf dem Grundstück errichteten Gebäudes (OLG Celle MDR 62, 415 = NJW 62, 595; OLG Hamm NJW 65, 2207; LG Berlin DGVZ 71, 116); die Entfernung des Gebäudes selbst wird hingegen auf der Grundlage eines entspr Titels gem § 887 vollstr (vgl OLG Celle aaO; LG Berlin aaO).

2 **II) Voraussetzungen (§ 885 I 1). 1) Pflicht des Schuldners zur Herausgabe, Überlassung oder Räumung. a)** Der zu vollstr Anspruch muss auf Herausgabe, Überlassung oder Räumung lauten (vgl I 1). Ein Titel über eine dieser Verpflichtungen ist ausreichend; der zur Räumung verpflichtende Titel muss nicht gesondert noch eine Herausgabeverpflichtung enthalten (OLG München DGVZ 99, 56); auch die (vergleichsweise) Verpflichtung „auszuziehen" bedeutet Räumung (Auslegung: AG Gießen DGVZ 91, 126 mwN). Vollstrb (da hinreichend bestimmt) sein kann auch die Verurteilung zur Räumung eines Hauses, bei dem ein Raum aufgrund eines Durchbruchs einen Teil des Nachbarhauses mit umfasst (BGH MDR 2013, 812 LS = NJW 2013, 2287). Nicht nach § 885 zu vollstr ist ein Vergleich nur über die Beendigung des Mietverhältnisses (LG Berlin DGVZ 91, 92; AG Schöneberg NJW-RR 91, 1488).

3 **b) Über die Herausgabe** etc der unbewegl Sache **hinausgehende Leistungspflichten des Sch** sind nach § 887 oder § 888 zu vollstr. Diese Vollstr setzt voraus, dass der Titel auch den weiter gehenden Anspruch des Gl ausweist (s iÜ Rn 16 und § 887 Rn 3.7). Wenn Gegenstand der ZwV ausschl die Herausgabe und Räumung der unbewegl Sache ist, kann der Gl nicht zur Erzwingung damit in Zusammenhang stehender Handlungen des Sch zusätzl noch nach § 887 oder § 888 (zB zur Kündigung eines Mietverhältnisses) vorgehen (vgl BGH MDR 2012, 999 = NJW 2012, 2889 Tz 16 f mwN u Beispielen).

4 **2) Andere Titel.** Die ZwV nach § 885 ermöglichen auch: **a)** ein **Zuschlagsbeschluss** zur ZwV gegen den Besitzer des Grundstücks (der Räume), des Schiffs oder Schiffsbauwerks (§ 93 I 1 ZVG); **b)** der Beschluss des Voll-

streckungsgerichts mit der **Ermächtigung des Zwangsverwalters**, sich selbst den Besitz des Grundstücks zu verschaffen (§ 150 II ZVG; iE BGH MDR 2011, 631 = NJW-RR 2011, 1095); **c)** ein **Räumungsbeschluss** gegen den Sch bei der Zwangsverwaltung (§ 149 II ZVG).

3) Gläubigerauftrag. Dieser (vgl § 753) muss erteilt sein; iÜ müssen die **allg ZwV-Voraussetzungen** vorliegen. 5
Die dem Sch gem § 721 (§ 765a oder § 794a) gewährte Räumungsfrist muss abgelaufen sein. Eine richterl Durchsuchungsanordnung ist nicht erforderlich (§ 758a II). **Beschränkung des Auftrags auf einen (bestimmten) Teil des zu räumenden Objekts** kann zulässig sein (vgl LG Kleve DGVZ 2010, 215 [zu Wohnzwecken benutzter Teil einer Lagerhalle]).

4) Besitz des Schuldners. a) Der **Sch** muss tatsächl Besitzer (§ 854 BGB, § 886 spricht von „Gewahrsam", sa 6
BGH MDR 2020, 1336 = juris Tz 32; fiktiver Erbenbesitz [§ 857 BGB] reicht nicht: BGH aaO juris Tz 35 ff) der herauszugebenden, zu überlassenden oder zu räumenden unbewegl Sache (des Schiffs oder Schiffsbauwerks) sein; er muss in Titel oder Klausel namentl bezeichnet sein (§ 750 I; zur Rechtsnachfolgeklausel: s BGH aaO juris Tz 28). Gegen einen im Titel oder in der Klausel nicht namentl bezeichneten **Dritten**, der Besitzer ist, darf die Räumungsvollstr nicht betrieben werden, selbst wenn der Verdacht besteht, dass ihm der Besitz nur eingeräumt worden ist, um die Zwangsräumung zu vereiteln (BGH MDR 2008, 1356 = NJW 2008, 3287 Tz 9 ff; abl Klimesch/Wedel ZMR 2012, 679). Gegen einen Dritten, der im Besitz der Mietsache ist, kann der Gl die Räumung aber durch **einstw Verfügung** anordnen lassen, wenn gegen den Mieter ein vollstrb Räumungstitel vorliegt und der Gl vom Besitzerwerb des Dritten erst nach dem Schluss der mündl Verhandlung Kenntnis erlangt hat (§ 940a II). Der Dritte muss ein für den GV nicht erkennbares entgegenstehendes Besitzrecht im Rechtsbehelfsverf (§§ 766, 793) oder mit der Klage nach § 771 (dazu BVerfG NJW-RR 91, 1101) geltend machen.

b) Ehegatten (entspr gilt für **Lebenspartner** iSd LPartG) üben (bei ungestörter Ehe) die Herrschaftsgewalt über 7
die Räume der Ehewohnung (grds nicht auch über Gewerberäume: AG Leipzig DGVZ 2010, 156) idR gemeinsam aus, sind damit Mitbesitzer (BGH MDR 2004, 1257 = NJW 2004, 3041 mwN). Darauf, wer als Mieter sein Besitzrecht vom Gl ableitet, kommt es nicht an (BGH MDR 2004, 1257 = NJW 2004, 3041, 3042 mwN auch zur überholten gegenteiligen Ansicht). Die Räumungsvollstr erfordert daher einen Titel gegen beide Ehegatten (vgl BGH aaO). § 739 ist nicht anwendbar; güterrechtl Verhältnisse sind unerheblich. Bes Umstände können eine andere Beurteilung rechtfertigen (BGH aaO). Ist die **eheliche Lebensgemeinschaft aufgehoben** und ein Ehegatte alleiniger Gewahrsamsinhaber geworden, kann aus einem Räumungstitel gegen den Mieter-Ehegatten nicht gegen den in der Ehewohnung zurückgebliebenen Ehegatten vollstr werden (LG Stuttgart Rpfleger 2003, 255 mwN; aA LG Frankfurt DGVZ 91, 11; AG Dortmund DGVZ 96, 77). Bei Trennung der Ehegatten nach Rechtshängigkeit kann der Räumungstitel in diesem Fall aber nach §§ 727, 325 umgeschrieben werden, weil der zurückgebliebene Ehegatte Alleinbesitzer geworden ist (vgl LG Mannheim NJW 62, 815; sa MskV/Lackmann Rn 8).

c) Ist ein **nichtehelicher Lebensgefährte** Mitbesitzer der herauszugebenden Räume, dann ist auch ein Räu- 8
mungstitel gegen ihn, damit gegen beide Partner, notw (BGH MDR 2008, 824 = NJW 2008, 1959 Tz 13 mwN). Mitbesitzer sind beide Partner jedenfalls bei Vermietung an beide. Wurde der Partner (später) in die Räume aufgenommen, kann ihm Mitbesitz durch den bisherigen Alleinbesitzer eingeräumt sein; das muss nach außen erkennbar sein, sich somit aus den Umständen klar und eindeutig ergeben (BGH MDR 2008, 824 = NJW 2008, 1959 Tz 16 [zB Anzeige des Mieters ggü dem Vermieter von der beabsichtigten oder erfolgten Aufnahme des nichtehelichen Lebensgefährten oder dessen Anmeldung in der Wohnung nach den jew landesrechtl Meldegesetzen]). Allein aus der Aufnahme in die Wohnung kann nicht auf einen Mitbesitz geschlossen werden (BGH MDR 2008, 824 = NJW 2008, 1959 Tz 16). Bloße Mitbenutzung unter Anerkennung des alleinigen (fremden) Besitzes des Mieters (sonstigen „Inhabers") der Räume begründet keinen Mitbesitz. Davon kann insb bei noch kurzer oder nur vorübergehender Aufnahme ohne die Erlaubnis des Vermieters ausgegangen werden (ebenso LG Wuppertal DGVZ 2007, 39 mwN), soweit nicht bes Umstände eine andere Beurteilung gebieten. Die tatsächl **Besitzverhältnisse hat der GV zu prüfen** (BGH MDR 2008, 824 = NJW 2008, 1959 Tz 16). Hat er nach den erkennbaren Umständen von der alleinigen Sachherrschaft des Sch auszugehen, genügt ein Räumungstitel nur gegen diesen. Dann hat der Dritte, auch als Partner, ein nicht erkennbares entgegenstehendes Besitzrecht im Rechtsbehelfsverf geltend zu machen (s Rn 6 aE).

d) Minderjährigen (der elterlichen Sorge unterstehenden) **Kindern** sind Räume der elterlichen Wohnung 9
(durchweg) nicht zu (selbständigem) Gebrauch überlassen; sie sind somit weder Besitzer noch Mitbesitzer. Die Räumung erfordert daher nur einen Titel gegen die Eltern (den Elternteil) als alleinige Besitzer (BGH MDR 2008, 824 = NJW 2008, 1959). Entspr gilt grds für ein **erwachsenes Kind**, das weiterhin in der elterlichen Wohnung (in dem ihm zugewiesenen Zimmer) wohnt (wenn auch mit eigener Haushaltsführung) und Gemeinschaftseinrichtungen (Küche, Bad usw) mitbenutzt (vgl BGH MDR 2008, 824 = NJW 2008, 1959 Tz 21). Im Einzelfall (abgeschlossener Lebensbereich, eigener Hausstand, Mietzahlung) kann Besitz des Kindes gegeben, mithin Titel auch gegen dieses erforderlich sein (vgl BGH MDR 2008, 824 = NJW 2008, 1959 Tz 21 aE; sa MskV/Lackmann Rn 9). Die eingangs dargestellten Grundsätze gelten entspr für einen nur vorübergehend anwesenden **Angehörigen** oder **Gast** (Besucher: KG MDR 94, 162 = NJW-RR 94, 713 f). Teilbesitz (§ 865 BGB) und Mitbesitz an Gemeinschaftsräumen (§ 866 BGB) als dem GV nicht erkennbare Ausnahmen sind im Rechtsbehelfsverf geltend zu machen (s Rn 6 aE) und dort nachzuweisen.

10 **e) Angehörige** (zB Eltern oder Schwiegereltern, Bruder oder Schwester) eines Ehegatten, die mit Erlaubnis des Vermieters in die Wohnräume aufgenommen worden sind (§ 553 I 1 BGB), haben Mitbesitz (§ 866 BGB) oder Teilbesitz (§ 865 BGB). Die Räumung erfordert daher einen Titel auch gegen sie. Aufnahme ohne Erlaubnis des Vermieters kann Mitbenutzung ohne eigenen Besitzwillen begründen; ein Titel gegen den Angehörigen ist dann nicht erforderlich. Im Einzelfall kann aber (wie bei erlaubter Aufnahme) auch Mitbesitz (§ 866 BGB) oder Teilbesitz (§ 865 BGB) begründet sein; das für den GV nicht erkennbare entgegenstehende Besitzrecht muss dann im Rechtsbehelfsver geltend gemacht werden (wie Rn 9).

11 **f) Dritte**, die sich als **Bedienstete** im Haushalt oder Erwerbsgeschäft in den herauszugebenden Räumen aufhalten (Hausangestellte, Gewerbegehilfen, Arbeitnehmer, Lehrlinge), sind nicht Besitzer (§ 855 BGB). Ein Titel gegen sie ist daher nicht erforderlich (KG MDR 94, 162 = NJW-RR 94, 713 f; MskV/Lackmann Rn 9). Als Besitzdiener sind sie weisungsgebunden; die Weisung des allein besitzenden Sch wird durch den rechtl Zwang des GV ersetzt.

12 **g)** Für **zusammenlebende Verwandte** und **ähnliche häusliche Gemeinschaften** gilt das für Partner einer nichtehelichen Lebensgemeinschaft in Rn 8 Gesagte entspr. Bei Vermietung an alle ist von Mitbesitz auszugehen; erforderlich ist daher ein Räumungstitel gegen jeden der Besitzer. Sonst wird durchweg Mitbesitz (oft auch Teilbesitz) gegeben sein (erfordert Titel gegen alle) und nur selten bloße Mitbenutzung unter Anerkennung alleinigen fremden Besitzes festgestellt werden können.

13 **h)** Gegen einen **Untermieter** (Unterpächter) darf der GV nur vorgehen, wenn der Titel gegen ihn lautet (BGH MDR 2004, 53 = NJW-RR 2003, 1450, 1451 mwN; **mehrere Mieter:** s BGH MDR 2020, 1336 = juris Tz 39). Das gilt jedoch nur, wenn der „Untermieter" auch (tatsächlich) Besitz an den Räumen hat. Wenn sich ein Dritter in herauszugebenden Mieträumen (ohne Besitzwillen) nur aufhält (damit auch, wenn er nur zur Vereitelung der ZwV als „Untermieter" vorgeschoben ist), ist er nicht iSd I aus dem Besitz der Räume zu setzen (BGH MDR 2008, 1356 = NJW 2008, 3287 Tz 14 f); die allein gegen den Sch als besitzenden Mieter gerichtete ZwV erfordert dann keinen Titel auch gegen den Dritten. Ergeben sich für den GV nach den äußerlich erkennbaren Verhältnissen keine Anhaltspunkte dafür, dass auch der als „Untermieter" Benannte tatsächlich Besitzer ist, muss dieser ein nicht erkennbares Besitzrecht, das der ZwV entgegensteht, im Rechtsbehelfsverf geltend machen (s Rn 6 aE). Zu **Heimbewohnern:** s BGH DGVZ 2003, 88, 89.

14 **i) Fehlen** eines **Titels** auch **gegen einen Mitbesitzer** wird teilw als unschädlich angesehen, wenn dieser der Zwangsräumung mit Titel gegen nur einen besitzenden Sch **nicht widerspricht** (§§ 809, 886 entspr: LG Hamburg NJW-RR 91, 1297, 1298 [Untermieter]). Gegen diese Ansicht bestehen nur dann keine Bedenken, wenn man in der erklärten Herausgabebereitschaft (ist im GV-Protokoll zu vermerken) zugleich eine Besitzaufgabe (§ 856 I BGB) sehen kann; danach hat der GV zu fragen (sa MskV/Lackmann Rn 11).

15 **III) Durchführung (§ 885 I-III). 1) Ablauf.** Der GV hat den **Sch aus dem Besitz** (§ 854 BGB) **zu setzen** und den **Gl in den Besitz einzuweisen (I 1)**. Das erfordert auch, dass die Personen des Hausstandes (ua Kinder: s Rn 9) oder Erwerbsgeschäfts des Sch und die in einem ähnlichen Verhältnis unselbständig besitzenden Personen aus dem Besitz gesetzt werden. Anwendung finden §§ 754-756 (zu § 758a: s Rn 5), §§ 759-763. Zum Räumungsaufschub durch den GV: § 765a II. § 89 I InsO steht der Räumung der Schuldnerwohnung nicht entgegen (AG Offenbach DGVZ 2005, 14); Besitz des Insolvenzverw (§ 148 I InsO) hindert jedoch die Vollstr des gegen den Sch lautenden Titels. Die **Zeit der beabsichtigten Vollstr ist Gl und Sch rechtzeitig vor dem Termin mitzuteilen** (§ 128 II 1 GVGA); eine Benachrichtigung auch des Sch (ist diesem nach § 128 II 2 GVGA zuzustellen) ist schon wegen § 765a III geboten; seine Anwesenheit ist jedoch nicht notw. Die Zustellung der Mitteilung des Räumungstermins an den Sch unterbleibt, wenn er unbekannt verzogen oder sein Aufenthalt unbekannt ist (§ 128 II 6 GVGA). In **Abwesenheit des Gl** kann die Besitzeinweisung bewirkt werden, wenn er durch die Maßregel des GV (zB Übergabe oder Übermittlung der Schlüssel, Bestellung eines Hüters) in die Lage versetzt wird, die tatsächliche Gewalt über das Grundstück oder die Räume auszuüben (§ 128 II 8 GVGA; sa LG Osnabrück DGVZ 97, 13). Bei einem brachliegenden (grundbuchmäßig hinreichend bestimmten) Grundstück erfolgt die Herausgabevollstr dadurch, dass der GV das Grundstück räumt und den Gl (seinen Vertreter) an Ort und Stelle durch Protokollerklärung in den Besitz einweist (BGH MDR 2009, 289 LS = NJW-RR 2009, 445). **Arbeiten und Handlungen zur Herausgabe eines Grundstücks** in „vertragsgemäßem Zustand" (zB Abbau und **Entfernung von Gebäuden** oder Anlagen, **Beseitigung von Bäumen**) obliegen dem GV nicht (vgl Düsseldorf MDR 2000, 414 = NJW-RR 2000, 533; sa OLG Frankfurt MDR 2003, 655), ebenso nicht die **Beseitigung großer Mengen Abfalls** (BGH DGVZ 2005, 70) oder die Entsorgung von Altlasten. Derartige Beseitigungsansprüche sind nach § 887 zu vollstr (vgl BGH DGVZ 2005, 70; BGH MDR 2004, 1021 = NJW-RR 2005, 212; sa § 887 Rn 3.7).

16 **2) Bewegliches Zubehör.** Auf dieses (§§ 97 f BGB) erstreckt sich die Herausgabe-/Räumungsvollstr, auch wenn es im Titel nicht gesondert erwähnt ist (§ 128 III 1 GVGA; sa BGH DGVZ 2003, 88, 89). Zubehörstücke bleiben daher auf dem Grundstück; mit ihm werden sie dem Gl übergeben.

17 **3) Andere bewegliche Sachen.** Solche (im Eigentum oder auch nur im Besitz des Sch), die nicht Gegenstand der Herausgabe-/Räumungsvollstr sind, **werden weggeschafft** (Einzelstücke sind zu verpacken, nicht aber zu ordnen: vgl AG Siegen DGVZ 89, 44) **und** außerhalb des Grundstücks (der Räume) **dem Sch** oder, wenn dieser

abwesend ist, einem Bevollmächtigten des Sch, einem erwachsenen Familienangehörigen, einer in der Familie beschäftigten Person oder einem erwachsenen ständigen Mitbewohner **übergeben oder zur Verfügung gestellt** (II). Das **gilt nicht** für Sachen, die gleichzeitig Gegenstand einer ZwV wegen einer Geldforderung oder einer Herausgabevollstr (§ 883) sind. Bei der Räumung gleichzeitig gepfändete bewegl Sachen hat der GV in Besitz zu nehmen (§ 808 I; Vermieterpfandrecht hindert das nicht: s § 805 I) und nicht im Gewahrsam des Sch zu belassen; zur Herausgabe weggenommene Sachen sind dem vollstr Gl zu übergeben (§ 883 I).

4) Abwesenheit, Weigerung des Schuldners etc. Ist weder der Sch noch eine der in II bezeichneten Personen anwesend oder wird die Entgegennahme der weggeschafften Sachen verweigert, hat der **GV** die **in II genannten Sachen auf Kosten des Sch** (mit Vorschusspflicht des Gl: § 4 GvKostG) **in die Pfandkammer zu schaffen** oder anderweitig in sichere Verwahrung zu bringen (**III 1**). **Verwahrung außerhalb der Pfandkammer** kommt in Betracht, wenn sichere Aufbewahrung das erfordert (zB bei Wertsachen) oder sie sonst im Einzelfall geeigneter ist (zB große u sperrige Gegenstände, umfangreiches Räumungsgut etc: vgl LG Detmold DGVZ 96, 171 [große Landmaschinen]). Den Verwahrungsvertrag für anderweitige Unterbringung schließt der GV (regelmäßig) als bevollmächtigter Vertreter des Justizfiskus (BGH MDR 1999, 1220 = NJW 99, 2597). Ein (klagbarer) Rückgabeanspruch des Sch an den Verwahrer besteht daher nur, wenn das vertragl vereinbart worden ist (§ 328 BGB; RGZ 102, 77, 79). 18

5) Unrat, Müll, wertloses Gerümpel etc. Gehören zu den Sachen, die aus der Wohnung, den Räumen oder von dem herauszugebenden Grundstück zu schaffen sind. Durchgeführt ist die Räumung erst dann vollständig, wenn auch Müll und Unrat weggeschafft sind (AG Neukölln DGVZ 80, 42). Doch ist der GV deswegen nicht verpflichtet, eine geräumte Wohnung besenrein oder in bezugsfertigem Zustand zu übergeben (LG Berlin DGVZ 80, 154). Das **Räumungsgut** (alle bewegl Sachen), **an dessen Aufbewahrung offensichtlich kein Interesse besteht**, soll **durch den GV unverzüglich vernichtet** werden (vgl **III 2**); bei der Beseitigung sind abfallrechtl Bestimmungen zu wahren. Vernichtung gebietet Zerstörung der Substanz und Entsorgung; Unbrauchbarmachung genügt nicht. Vom offensichtl Fehlen eines Interesses an der Aufbewahrung ist nur unter **engen Voraussetzungen** auszugehen (iE BTDrs 17/10485, 30); dem GV ist ein Beurteilungsspielraum eingeräumt (III 2: „sollen"). Ein Interesse an der weiteren Aufbewahrung wird idR für persönl Papiere (zB Familienurkunden, Zeugnisse, Alben oder Geschäftsunterlagen [sa Rn 22, 25]) anzunehmen sein. 19

6) Haustiere. Solche (auch andere Tiere) des Sch sind (entspr bewegl Sachen [§ 90a S 3 BGB]) vom GV wegzuschaffen und dem Sch oder einer Ersatzperson zur Verfügung zu stellen (II; BGH MDR 2012, 999 = NJW 2012, 2889 mwN). Kann das nicht geschehen, hat der GV die Tiere in Verwahrung zu bringen (III 1; zB Unterbringung in Tierheim, Stallung oÄ; Belange des Tierschutzes und die Vorschriften des TierSchG sind zu wahren [sa § 90a S 2 BGB], BGH MDR 2012, 999 = NJW 2012, 2889). Ggf sind sie nach IV zu verwerten/verkaufen (BGH MDR 2012, 999 = NJW 2012, 2889). Weitere Einzelheiten zum Vorgehen des GV: BGH MDR 2012, 999 = NJW 2012, 2889 Tz 13 ff. 20

7) Aufforderung nach § 885 I 2. Die **Aufforderung des GV ggü dem Sch, eine zustellungsfähige Anschrift oder einen ZustBev zu benennen** (I 2), dient im Wesentlichen als Hinweis an den Sch, zur Wahrung seiner Interessen im Verf Sorge dafür zu tragen, dass ihn Zustellungen und Benachrichtigungen erreichen können (sa BTDrs 14/5429, 34 [soll die Räumungsvollstr einfacher und effektiver gestalten]). Die Aufforderung hat der GV **schriftl oder mündl** (Aufnahme in ein Protokoll oder Aktenvermerk) vorzunehmen; eine Zustellung ist nicht vorgesehen. Sie setzt ein anhängiges RäumungsvollstrVerf voraus und kann daher nicht schon vor der Zustellung des Räumungstitels erfolgen, sollte aber auch nicht erst bei der Räumung vorgenommen werden (wäre nicht sachdienlich und könnte bei Abwesenheit des Sch nicht erfolgen). Eine **Aufforderung bei der Anberaumung des Räumungstermins** dürfte am sachdienlichsten sein. Der Sch hat die Anschrift oder den ZustBev ggü dem GV (nicht dem Vollstreckungsgericht) zu benennen. Der GV hat den Gl und das Vollstreckungsgericht über diese Angabe zu informieren. Die **Aufforderung unterbleibt**, wenn die Zustellung an einen ProzBev zu erfolgen hat (§ 172) oder die Angabe bereits erfolgt (bekannt) ist. Ein Rechtsnachteil für den Fall, dass der Sch der Aufforderung nicht nachkommt, ist nicht vorgesehen. 21

IV) Herausgabe der weggeschafften Sachen (§ 885 V). 1) Unverwertbare Sachen. Unpfändbare (§ 811 I) und **nicht verwertbare** (§ 803 II, § 811 IV) Sachen, die in das Pfandlokal geschafft oder anderweitig in Verwahrung gebracht sind, sind **auf Verlangen des Sch jederzeit ohne Weiteres herauszugeben** (V; keine Kostenerstattung, kein Zurückbehaltungsrecht des GV; s iÜ BTDrs 17/10485, 31). **Nicht verwertbar sind** Sachen, die keinen Verkaufswert haben und deshalb keinen Interessenten (Bieter) finden; zB alte Möbel, Kleidung und Wäsche sowie persönl Papiere (dazu zählen auch Geschäftspapiere; s iÜ § 811 I Nr 4-6; BGH MDR 2008, 832 = NJW-RR 2008, 1166 Tz 8). Abzuholen hat sie der Sch auf seine Kosten; Überbringung kann er nicht verlangen (vgl LG Wuppertal DGVZ 90, 189); ebenso nicht, dass einzelne Gegenstände aus dem (verpackten) umfangreichen Räumungsgut aufwendig herausgesucht werden (LG Wuppertal DGVZ 2005, 108; LG Krefeld DGVZ 2014, 42). 22

2) Verwertbare Sachen. Sind dem **Sch herauszugeben**, wenn er sie abfordert und die Transport- sowie Verwahrungskosten (die Räumungskosten selbst gehören nicht dazu: LG Berlin DGVZ 90, 71 [sind Kosten der ZwV]) erstattet (vgl LG Wuppertal DGVZ 90, 189; sa IV 2 aE); insofern besteht ein **Zurückbehaltungsrecht des GV** 23 (ausführl dazu: E. Schneider DGVZ 82, 1; sa MK/Gruber Rn 58). Das Zurückbehaltungsrecht steht dem GV auch für die durch den Gläubigervorschuss gedeckten Transport- und Lagerkosten zu (KG NJW-RR 86, 1510, 1511; LG Berlin DGVZ 90, 71; MskV/Lackmann Rn 18; aA LG Essen DGVZ 89, 153). Der Sch kann auch die weitere Verwahrung auf eigene Kosten übernehmen und die bisherigen Lagerkosten zahlen (KG DGVZ 61, 39).

24 **3) Übergabe an Dritte.** Einem Dritten können weggeschaffte Sachen **nur mit Einverständnis des** (empfangsberechtigten) **Sch** übergeben, zur Verfügung gestellt oder herausgegeben werden (iE str, ebenso: AG Essen DGVZ 2000, 125; enger: Brox/Walker, ZwVR, 12. Aufl, § 35 Rn 37 [wenn der Dritte sein Eigentum dem GV überzeugend dartut und der Sch nicht widerspricht]; sa Hk-ZPO/Kießling Rn 17 aE). Die Erstattung der anteiligen Transport- und Verwahrungskosten (sa Rn 23) kann der GV dann auch von dem Dritten verlangen (Zurückbehaltungsrecht wie Rn 23). Eigentum oder eine sonstige Empfangsberechtigung eines Dritten ist mit **Klage gegen den (nicht zustimmenden) Sch** auf Erklärung der Abforderung und Einwilligung in die Herausgabe geltend zu machen (LG Koblenz DGVZ 87, 11; Wirkung: § 894; sa MK/Gruber Rn 33). Eine Sicherung bis zur Entscheidung des Prozessgerichts ermöglicht einstw Verfügung (Sicherungsverfügung: AG Essen DGVZ 2000, 125). Der GV, der die Sachen nicht aus dem Gewahrsam des Dritten genommen hat, kann eine Entscheidung über den Herausgabeanspruch nicht treffen, die Empfangsberechtigung somit nicht feststellen; er ist als Organ der ZwV auch nicht Sch eines bürgerl-rechtl Herausgabeanspruchs (zB § 985 BGB); eine Herausgabeklage kann daher weder gegen ihn noch den Staat als Träger der Vollstreckungsgewalt erhoben werden.

25 **V) Veräußerung (Vernichtung) verwahrter Sachen (§ 885 IV). 1) Frist etc.** Fordert der Sch die **Sachen nicht binnen einer Frist von einem Monat nach der Räumung** (Tag der Räumung nicht eingerechnet) ab, veräußert sie der GV (ohne nochmalige Weisung des Gl oder gerichtl Anordnung) und hinterlegt den Erlös (**IV 1**). Er veräußert die Sachen und hinterlegt den Erlös auch dann, wenn der Sch sie in der Frist abfordert, jedoch die **Kosten nicht binnen einer Frist von zwei Monaten nach der Räumung** bezahlt (**IV 2**). Grund: Beendigung des Verwahrungsverhältnisses zur Entlastung der Pfandkammer oder anderer Verwahrorte und Vermeidung weiterer Lagerkosten. **Geschäftsunterlagen**, für die der Sch (nach steuer- oder handelsrechtl Vorschriften) aufbewahrungspflichtig ist, können nicht nach IV verwertet werden (BGH MDR 2008, 832 = NJW-RR 2008, 1166 Tz 17). Behauptete **Rechte Dritter** hindern den Verkauf nicht (sa Hk-ZPO/Kießling Rn 18). **Kosten, die nach Ablauf der Aufbewahrungsfrist** für die weitere Einlagerung aufbewahrungspflichtiger Geschäftsunterlagen **entstehen**, sind keine notw ZwV-Kosten; der Gl haftet dem GV daher nicht als Auftraggeber nach § 13 I 1 Nr 1 GvKostG (BGH MDR 2008, 832 = NJW-RR 2008, 1166 Tz 10 ff mwN).

26 **2) Ablauf. a)** Die **Veräußerung** erfolgt in entspr Anwendung der Vorschriften über die Pfandverwertung, ist jedoch keine Maßnahme der ZwV. Gleichwohl handelt der GV bei ihr als Organ der ZwV hoheitlich. Die Veräußerung erfolgt **durch öffentl Versteigerung** nach Wahl des GV als Versteigerung vor Ort oder als allgemein zugängliche Versteigerung im Internet (**IV 3** iVm **§ 814 II**). Dass ein Mindestgebot/-kaufpreis erzielt wird, ist nicht vorgesehen (IV 3 verweist nicht auf § 817a). Die Wahrung der Schuldnerbelange verbietet aber eine „Verschleuderung". **Zuschlag und Ablieferung:** IV 3 iVm § 817; **Gewährleistungsausschluss:** IV 3 iVm § 806.

27 **b) Vernichtet** werden sollen **Sachen, die nicht verwertet werden können** (**IV 4**; „Soll-Bestimmung", sa Rn 19); ausgenommen sind Geschäftspapiere (s Rn 25). Auf Verlangen des Sch sind unpfändbare oder nicht verwertbare Sachen ohne Kostenerstattung jederzeit ohne Weiteres herauszugeben (**V**; iE s Rn 22).

28 **c) Vollstreckungsschutzbestimmungen** (insb § 765a) **finden keine Anwendung** (str, ebenso: MK/Gruber Rn 46; aA Hk-ZPO/Kießling Rn 18; MskV/Lackmann Rn 16). Grund: Die Verwertung ist nicht Teil, sondern Folge der Räumungsvollstr (s Rn 26). Der GV hat jedoch Härten der Veräußerung für den Sch (möglichst) zu vermeiden.

29 **d)** Die **Hinterlegung des Erlöses** erfolgt **nach Abzug der Kosten** von Räumung, Verwahrung und Veräußerung zugunsten des Sch; diese Kosten sind vorweg zu entnehmen (MK/Gruber Rn 47; sa Hk-ZPO/Kießling Rn 18 – jew mwN).

30 **VI) Kosten. 1) Notwendige Kosten.** Die (notw) Kosten der Herausgabevollstr hat der Sch als **ZwV-Kosten** zu tragen (**§ 788 I**). Dazu gehören auch Transportkosten für das Wegschaffen der bewegl Sachen (II) und das Lagergeld für die Einlagerung (III) sowie die Kosten des Verkaufs etc.

31 **2) Kostenschuldner. a) Des GV** ist der **Gl** als Auftraggeber und der **Sch**, soweit ZwV-Kosten notw entstanden sind (§ 13 I 1 Nr 1-2 GvKostG). Der Gl haftet für die Räumungskosten (auch Transportkosten) nur insoweit, als der GV den Auftrag nach § 885 ausführt, jedoch nicht für Mehrkosten (zB wenn der GV abw vom Auftrag bewegl Sachen in eine Ersatzwohnung schaffen lässt: LG Bochum Rpfleger 68, 127). Dafür, dass keine überhöhten Transportkosten entstehen, hat der GV Sorge zu tragen (LG Frankfurt DGVZ 72, 136). Lagerkosten, die bei richtiger Sachbehandlung nicht entstanden wären, können vom Gl nicht verlangt werden (LG Berlin DGVZ 75, 42; sa OLG Hamburg MDR 66, 933 = NJW 66, 2319, 2320). Lagerkosten, die durch eine Verzögerung der Verwertung (IV) entstehen, hat der Gl ebenfalls nicht zu tragen (iE s Rn 25 aE).

32 *b)* *Wenn es* **nicht zur Räumung kommt**, hat der Gl (soweit notw) auch die Ersatzpauschale eines vom GV zugezogenen Pfandgehilfen (LG Braunschweig DGVZ 83, 117) oder den Ausfallbetrag (Bereitstellungskosten) des

Spediteurs (LG Kassel DGVZ 2003, 140; LG Siegen DGVZ 94, 76; AG Ettlingen DGVZ 98, 15), der nicht der Umsatzsteuer unterliegt (BFH DGVZ 2011, 53), zu zahlen.

c) Zur **Vorschusspflicht des Gl**, auch wegen der ihn treffenden Kosten, die zB durch Zuziehung eines Spediteurs sowie Unterbringung entstehen: § 4 GvKostG. 33

VII) Einweisung des Schuldners durch die Ordnungsbehörde in die bisherigen Räume wegen drohender Obdachlosigkeit. Eine solche hemmt die ZwV (vgl § 130 IV GVGA; nicht aber allein die drohende Obdachlosigkeit: vgl § 130 III GVGA). Die Vollstreckungsfähigkeit des Titels ist damit aber nicht beseitigt. Der Gl kann nach Aufhebung der Einweisungsverfügung oder Zeitablauf der Wiedereinweisung die Herausgabe-/Räumungsvollstr weiterbetreiben (vgl OLG Hamm NJW 60, 1016; OLG Frankfurt MDR 69, 852; LG Heilbronn MDR 92, 910; LG Darmstadt DGVZ 93, 154) und zwar ungeachtet seines daneben gegen die Behörde bestehenden Anspruchs, den Sch aus der Wohnung zu entfernen (Folgenbeseitigungsanspruch; dazu BGH MDR 95, 1014 = NJW 95, 2918 mwN), der im Verwaltungsrechtsweg geltend zu machen ist. 34

VIII) Rechtsbehelfe. Gegen das ZwV-Verf des GV für **Gl**, **Sch** und betroffene **Dritte** (KG MDR 94, 162 = NJW-RR 94, 713): Erinnerung nach § 766 (dann: sof Beschwerde [§ 793]); für den Sch aber nicht bei Vollstr nur gegen einen Dritten (Lebensgefährten: vgl OLG Köln MDR 97, 782). Bestimmung eines früheren Räumungstermins kann mit der Erinnerung nicht erstrebt werden (AG Karlsruhe DGVZ 84, 29). Erinnerung des Sch findet zB statt, wenn die Zeit der Räumung nicht rechtzeitig mitgeteilt wurde (AG Augsburg DGVZ 2012, 125), wenn der GV Sachen auf Verlangen nicht an den Sch herausgibt und wenn der GV den Verkauf oder die Vernichtung von Sachen in die Wege leitet. **Dritteigentum** ist im Klageweg geltend zu machen (s Rn 24; iE str, MK/Gruber Rn 33, 54 [Klage gegen den Sch auf Zustimmung zur Herausgabe, nicht § 771]; aA [§ 771 ist anwendbar] Hk-ZPO/Kießling Rn 31; MskV/Lackmann Rn 20). 35

IX) Gebühren. 1) RA: Die Tätigkeit wird mit der Vollstreckungsgeb abgegolten (3309 RVG-VV; § 18 I Nr 1 RVG). Eine Terminsgeb fällt nicht an (LG Karlsruhe NJW-Spezial 2019, 636 [zust N. Schneider]). – Gegenstandswert (§ 25 I Nr 2 RVG, § 41 II 1 GKG): Nettomiete für die Dauer eines Jahres (BGH WuM 2020, 801 Tz 5). – **2) GV:** 240 GvKostG-KV mit der Möglichkeit eines Zeitzuschlags nach 500 GvKostG-KV. Keine Zustellkosten 100-102 GvKostG-KV für die Benachrichtigung vom Räumungstermin (I 2), weil keine Parteizustellung (§ 128 II 2 GVGA). – IV: s § 814 Rn 5. 36

§ 885a Beschränkter Vollstreckungsauftrag

(1) Der Vollstreckungsauftrag kann auf die Maßnahmen nach § 885 Absatz 1 beschränkt werden.

(2) [1]Der Gerichtsvollzieher hat in dem Protokoll (§ 762) die frei ersichtlichen beweglichen Sachen zu dokumentieren, die er bei der Vornahme der Vollstreckungshandlung vorfindet. [2]Er kann bei der Dokumentation Bildaufnahmen in elektronischer Form herstellen.

(3) [1]Der Gläubiger kann bewegliche Sachen, die nicht Gegenstand der Zwangsvollstreckung sind, jederzeit wegschaffen und hat sie zu verwahren. [2]Bewegliche Sachen, an deren Aufbewahrung offensichtlich kein Interesse besteht, kann er jederzeit vernichten. [3]Der Gläubiger hat hinsichtlich der Maßnahmen nach den Sätzen 1 und 2 nur Vorsatz und grobe Fahrlässigkeit zu vertreten.

(4) [1]Fordert der Schuldner die Sachen beim Gläubiger nicht binnen einer Frist von einem Monat nach der Einweisung des Gläubigers in den Besitz ab, kann der Gläubiger die Sachen verwerten. [2]Die §§ 372 bis 380, 382, 383 und 385 des Bürgerlichen Gesetzbuchs sind entsprechend anzuwenden. [3]Eine Androhung der Versteigerung findet nicht statt. [4]Sachen, die nicht verwertet werden können, können vernichtet werden.

(5) Unpfändbare Sachen und solche Sachen, bei denen ein Verwertungserlös nicht zu erwarten ist, sind auf Verlangen des Schuldners jederzeit ohne Weiteres herauszugeben.

(6) Mit der Mitteilung des Räumungstermins weist der Gerichtsvollzieher den Gläubiger und den Schuldner auf die Bestimmungen der Absätze 2 bis 5 hin.

(7) Die Kosten nach den Absätzen 3 und 4 gelten als Kosten der Zwangsvollstreckung.

I) Zweck; Anwendungsbereich. Beschränkung der ZwV zur Herausgabe einer unbewegl Sache auf die bloße Besitzverschaffung (§ 885 I) ohne Wegschaffung etc (§ 885 II-V) der dort befindlichen bewegl Sachen (ges Grdlg insb [aber nicht nur, anwendbar zB auch auf § 93 I 1 ZVG: s Rn 2] für die sog „**Berliner Räumung**" [= Auftrag zur bloßen Besitzverschaffung bei gleichzeitiger Geltendmachung des Vermieterpfandrechts durch den Gl]; vgl BTDrs 17/10485, 31). Damit kann der Gl insb Verwahrungskosten sparen, auf denen er ansonsten uU sitzen bleiben würde (zahlungsunfähiger Sch). Die Vorschriften über das **Vermieterpfandrecht** (§ 562 BGB; auch Verpächterpfandrecht) bleiben durch § 885a **unberührt** (BTDrs 17/10485, 31). Macht der Gl sein Vermieterpfandrecht an bewegl Sachen geltend, kann er im Hinblick auf die Verwahrung und den Verkauf dieser Sachen unverändert nach den Vorschriften über das Pfandrecht an bewegl Sachen (§§ 1204 ff, § 1257 BGB) vorgehen. 1

2 **II) Antrag auf vereinfachte Räumung (§ 885a I).** Der **Vollstreckungsauftrag** (§ 753) für die ZwV zur Herausgabe, Überlassung oder Räumung einer unbewegl Sache, eines eingetragenen Schiffs oder Schiffsbauwerks kann **auf die Besitzverschaffung** (I iVm § 885 I) **beschränkt** werden. Dass der Gl auch noch sein **Vermieterpfandrecht** (§ 562 BGB) geltend macht, ist nicht Voraussetzung dieser vereinfachten Räumung. Möglich ist die Beschränkung des Räumungsauftrags daher zB auch bei der Räumungsvollstr eines **Zuschlagsbeschlusses** (§ 93 I 1 ZVG; iE BGH MDR 2017, 788 Tz 13 ff mwN; vor der Einführung von § 885a war das ausgeschlossen: vgl BGH DGVZ 2013, 155 Tz 17 ff). **Beschränkung** des Auftrags **auf einzelne bewegl Sachen** (zB durch Beschränkung auf einzelne Zimmer; iÜ würde dann § 885 II-V gelten) ist **nicht möglich**; es gilt das Prinzip **„alles oder nichts“** (sa MK/Gruber Rn 10; MskV/Lackmann Rn 3).

3 **III) Durchführung (§ 885a II). 1) Ablauf.** Bei der vereinfachten Räumung hat der GV den Sch aus dem Besitz der herauszugebenden unbewegl Sache (wie § 885 I 1; sa BTDrs 17/10485, 31 [erwähnt ungenau nur „Räume“]) zu setzen und den Gl in den Besitz einzuweisen (§ 885 I 1). Hinsichtlich aller (s Rn 2) dort befindlichen bewegl Sachen wird nicht nach § 885 II-V verfahren. Sachen, deren Herausgabe der Sch sogleich verlangt, sind ihm zu übergeben (Folge von § 885a IV). Der Gl kann an ihnen jedoch sein Vermieterpfandrecht (§ 562 BGB) geltend machen (sa Rn 1).

4 **2) Dokumentation.** Die in der zu räumenden unbewegl Sache **frei ersichtlichen bewegl Sachen hat der GV im Protokoll** (§ 762) **zu dokumentieren (II 1)**; das ist durch **Bildaufnahme** (auch in **elektron Form**) möglich **(II 2)**. Grund: Beweissicherung über den Bestand und Zustand der Sachen. Mit „frei ersichtlich“ ist zum Ausdruck gebracht, dass die Feststellung (lediglich) einen zuverlässigen Überblick über den vorhandenen wesentl Bestand und Zustand der Sachen bieten, nicht aber eine vollständige Inventarisierung darstellen soll (BTDrs 17/10485, 31). Die in nicht verschlossenen Behältnissen aufbewahrten Sachen sind frei zugänglich; nicht verschlossene Schranktüren dürfen zur Dokumentation geöffnet, die Behältnisse aber nicht durchsucht werden (kein Fall von § 758). Die Bilder sind dem Protokoll als Anlage beizufügen (entspr § 160 V) und mit diesem zu verwahren. Als Bestandteil des Protokolls haben sie die Beweiskraft einer öffentl Urkunde (§ 415).

5 **3) Aufforderung nach § 885a I, § 885 I 2.** Auch bei der vereinfachten Räumung (ist Maßnahme nach § 885 I) hat der **GV den Sch aufzufordern, eine Anschrift oder einen ZustBev zu benennen** (I iVm § 885 I 2).

6 **IV) Weitere Behandlung (§ 885a III, V). 1) Ablauf.** Die vorgefundenen **bewegl Sachen** (auch ein Haustier: s § 885 Rn 20) **kann der Gl** nach Einweisung in den Besitz unmittelbar im Anschluss an die vereinfachte Räumung jederzeit **wegschaffen und hat sie zu verwahren (III 1)**. Ausgenommen sind solche Sachen, die gleichzeitig Gegenstand einer ZwV sind (sa § 885 Rn 17). Entfernte bewegl Sachen hat der Gl an einem anderen Ort (sicher) zu verwahren, zB in einem Abstell- oder Lagerraum. Er kann die Sachen zur Verwahrung zunächst aber auch weiter in der Wohnung belassen. Bewegl **Sachen, an deren Aufbewahrung offensichtlich kein Interesse besteht** (insb wertlose Sachen), **kann der Gl jederzeit vernichten (III 2**; iE s § 885 Rn 19). Die Vernichtung ist für den Gl nicht zwingend (BTDrs 17/10485, 32 [Abwägung der Vor- und Nachteile]).

7 **2) Unpfändbare und nicht verwertbare Sachen.** Sind auf Verlangen des Sch ohne Weiteres jederzeit an ihn herauszugeben (V; iE s § 885 Rn 22).

8 **3) Haftungserleichterung (§ 885a III 3).** Besteht in Anlehnung an § 300 I BGB (vgl BTDrs 17/10485, 32). Der **Gl hat** danach für die ihm ermöglichte Wegschaffung, Verwahrung und Vernichtung (III 1, 2) **nur Vorsatz und grobe Fahrlässigkeit zu vertreten**. Diese Haftungserleichterung schließt die Verletzung anderer Pflichten nicht ein; sie findet daher bei Verletzung von Pflichten beim Selbsthilfeverkauf (IV) keine Anwendung (BTDrs 17/10485, 33).

9 **V) Verwertung (§ 885a IV).** Verwerten kann der Gl die bewegl Sachen, wenn der **Sch** sie **nicht binnen einer Frist von einem Monat** nach der Einweisung des Gl in den Besitz **abgefordert** hat **(IV 1)**. Die **Verwertung** hat unter **entspr Anwendung der Vorschriften des BGB** über Hinterlegung, Versteigerung und Verkauf zu erfolgen **(IV 2)**. Zu **hinterlegen** sind Geld, Wertpapiere und sonstige Urkunden sowie Kostbarkeiten (§§ 372-380, 382 BGB); zu **versteigern** (Folge: Hinterlegung des Erlöses) sind nicht hinterlegungsfähige Sachen (§ 383 BGB); Sachen, die einen Börsen- oder Marktpreis haben, können durch **Verkauf aus freier Hand** veräußert werden (§ 385 BGB). Eine **Androhung der Versteigerung** (§ 384 BGB; auch der sonstigen Verwertung) **findet nicht statt (IV 3)**. Sachen, die nicht verwertet werden können, können **vernichtet** werden **(IV 4**, wie § 885 IV 4). Als „Kann-Bestimmung“ eröffnet IV 4 dem Gl die Wahl zwischen der Vernichtung und Aufbewahrung; ermöglicht es damit insb auch, von der Vernichtung persönl Papiere abzusehen.

10 **VI) Hinweise durch den Gerichtsvollzieher (§ 885a VI).** Hinzuweisen hat der GV den **Gl und Sch** bereits **mit der Mitteilung des Räumungstermins** darauf, dass frei ersichtliche bewegl Sachen zu dokumentieren sind (II) und mit den vorgefundenen Sachen unmittelbar nach der vereinfachten Räumung weiter nach III-V verfahren werden kann (VI). Auch dieser Hinweis sollte dem Sch (mit der Terminsnachricht) zugestellt werden (sa § 885 Rn 15). Kann die Zustellung der Nachricht über die beabsichtigte Vollstr **an den Sch unterbleiben**, weil er unbekannt verzogen oder sein Aufenthalt unbekannt ist (§ 128 II 6 GVGA), entfällt der Hinweis auf II-V; eine öffentl Zustellung soll nicht erfolgen.

VII) Kosten (§ 885a VII). Notw Kosten der Sonderung, Lagerung, Verwertung und Vernichtung (III, IV) gehören zu den Kosten der ZwV (VII). Sie fallen damit nach **§ 788 I 1** dem Sch zur Last (sa BTDrs 17/10485, 33). 11

VIII) Gebühren. 1) RA: 3309, 3310 RVG-VV; § 18 I Nr 1 RVG. – **2) GV:** 241 GvKostG-KV. Dokumentationen und Aufzeichnungen sind mit der Geb abgegolten (241 Anm GvKostG-KV), Auslagen 709 GvKostG-KV für hinzugezogenen Fotografen, soweit erforderl (AG Osnabrück DGVZ 2024, 64 mwN auch zur Gegenauffassung). 12

§ 886 Herausgabe bei Gewahrsam eines Dritten

Befindet sich eine herauszugebende Sache im Gewahrsam eines Dritten, so ist dem Gläubiger auf dessen Antrag der Anspruch des Schuldners auf Herausgabe der Sache nach den Vorschriften zu überweisen, welche die Pfändung und Überweisung einer Geldforderung betreffen.

I) Inhalt. Befindet sich die herauszugebende (bewegl oder unbewegl) **Sache im Gewahrsam** (Allein- oder Mitgewahrsam: sa MK/Gruber Rn 3; ausführl zum Besitz/Gewahrsam: § 885 Rn 6 mwN) **eines Dritten**, der nicht zur Herausgabe bereit ist, wird der **Herausgabeanspruch** in der Weise **vollstr**, dass dem Gl auf Antrag der **Anspruch des Sch auf Herausgabe** der Sache nach den Vorschriften über die Pfändung und Überweisung einer Geldforderung **überwiesen** wird. § 886 setzt keinen fälligen Herausgabeanspruch des Sch gegen den unmittelbaren Besitzer voraus; der Anspruch kann auch betagt oder bedingt sein; auch ein künftiger Anspruch ist pfändbar (näher dazu: BGH MDR 70, 134 = NJW 70, 241, 242). 1

II) Besonderheiten. 1) Abgrenzung zu §§ 846 ff etc. § 886 ist zu unterscheiden von **§§ 846-848** (BGH MDR 2005, 110 = NJW 2004, 3340, 3341 f). In letztgenannten Fällen will der Gl die Sache der Befriedigung seiner Geldforderung dienstbar machen; die Vorschriften geben ihm die Mittel an die Hand, dies auch ggü dem dritten Besitzer durchzuführen. Dort hat der Gl aber keinen Anspruch gegen den Sch auf Herausgabe der Sache, weshalb nur die Herausgabe an den GV bzw Sequester angeordnet werden kann. Im Fall von **§ 886** richtet sich der Anspruch des Gl hingegen auf Herausgabe der Sache an ihn. Deshalb ist (durch das Vollstreckungsgericht; **zuständig** ist der **Rechtspfleger:** § 20 I Nr 17 RPflG) auf Antrag der dem Sch gegen den Drittsch zustehende Herausgabeanspruch zu pfänden und dem Gl zur Einziehung (nicht an Zahlungs statt) zu überweisen (§ 835; keine Anhörung des Sch: § 834). Die Herausgabe hat dann an den Gl zu erfolgen. Verweigert der Drittsch nach der Überweisung die Herausgabe, muss der Gl gegen ihn auf Herausgabe klagen und den Titel nach §§ 883-885 vollstr. ZwV (also das Verhalten des GV) gegen einen widersprechenden Dritten ist keine verbotene Eigenmacht; der Dritte hat daher keinen Anspruch nach § 861 I BGB (str, ebenso: OLG Celle DGVZ 99, 75; MK/Gruber Rn 5; aA LG Bielefeld NJW 56, 1879). 2

2) Übertragung von Aktien. Der Anspruch auf (Eigentums-)Übertragung von Aktien (in Sammelverwahrung) wird **entspr § 886 vollstr** (iE BGH MDR 2005, 110 = NJW 2004, 3340). 3

III) Rechtsbehelfe. Sch und **Dritte** gegen den Pfändungs- und Überweisungsbeschluss: Erinnerung (§ 766), dann: sof Beschwerde (§ 793); **Gl** gegen die Ablehnung seines Antrags: sof Beschwerde (§ 793, § 11 I RPflG). Für den **Dritten** ist bei Verletzung seines Eigentumsrechts zudem § 771 eröffnet. 4

IV) Gebühren. 1) Gericht: Festgeb von 24 Euro (2111 GKG-KV) je Sch (2111 Anm S 1 GKG-KV). Vorauszahlung: § 12 VI 1 GKG. – **2) RA:** 3309 RVG-VV. 5

§ 887 Vertretbare Handlungen

(1) Erfüllt der Schuldner die Verpflichtung nicht, eine Handlung vorzunehmen, deren Vornahme durch einen Dritten erfolgen kann, so ist der Gläubiger von dem Prozessgericht des ersten Rechtszuges auf Antrag zu ermächtigen, auf Kosten des Schuldners die Handlung vornehmen zu lassen.

(2) Der Gläubiger kann zugleich beantragen, den Schuldner zur Vorauszahlung der Kosten zu verurteilen, die durch die Vornahme der Handlung entstehen werden, unbeschadet des Rechts auf eine Nachforderung, wenn die Vornahme der Handlung einen größeren Kostenaufwand verursacht.

(3) Auf die Zwangsvollstreckung zur Erwirkung der Herausgabe oder Leistung von Sachen sind die vorstehenden Vorschriften nicht anzuwenden.

1 **I) Zweck.** Regelung der ZwV zur Erfüllung einer vertretbaren Handlung (**Ersatzvornahme**). Die Vorschrift ist unanwendbar im Fall von § 510b (s § 888a).

2 **II) Voraussetzungen. 1) Vornahme vertretbarer Handlung (§ 887 I).** Der zu vollstr Anspruch muss in der **Verpflichtung** bestehen, eine vertretbare Handlung vorzunehmen (I), die weder in einer Geldzahlung noch in der Herausgabe oder Leistung von Sachen (III) oder Abgabe einer Willenserklärung (§ 894) besteht. **Vertretbare Handlungen** sind solche, die von einem Dritten an Stelle des Sch vorgenommen werden können. Es muss vom Standpunkt des Gl aus wirtschaftl gleichgültig sein, durch wen die Handlung vorgenommen wird, und vom Standpunkt des Sch aus rechtl zulässig sein, dass ein anderer als er selbst die Handlung vornimmt (vgl BGH MDR 95, 740 = NJW 95, 463, 464). Dass hinsichtl der Mittel zur Erfüllung der Leistungspflicht versch Möglichkeiten zur Verfügung stehen (Bsp: geeignete Maßnahmen zur Absicherung eines Steilhangs), beeinträchtigt den Charakter einer Leistung als vertretbare Handlung nicht (vgl zB OLG Düsseldorf MDR 98, 734 = NJW-RR 98, 1768, 1769 [Verhinderung des Eindringens von Wasser]; OLG Koblenz NJW-RR 98, 1770 [fachgerechte Nachbesserung des Außenputzes]; sa OLG Dresden MDR 2009, 1411 [Schutz vor Feuchtigkeits- und Temperatureinflüssen]). Unter § 887 fallen Handlungen, die nicht Rechtsgeschäfte sind. **Ausgenommen** sind die Fälle, in denen der Sch zur Abgabe einer inhaltlich bestimmten Willenserklärung verurteilt ist, wenn und soweit **§ 894** zutrifft, und Rechtsgeschäfte, die nur auf Grund einer **Vollmacht des Sch** vorgenommen werden können; denn durch die Ermächtigung wird dem Dritten nicht zugleich die Befugnis übertragen, den Sch zu vertreten (vgl OLG Hamm MDR 66, 769 = OLGZ 66, 443, 444; OLG Bamberg MDR 83, 499; OLG Zweibrücken OLGZ 92, 77, 80). Eine solche Verpflichtung des Sch ist nach § 888 zu vollstr (OLG Hamm aaO; MK/Gruber Rn 7); allerdings nur, wenn die Handlung ausschl vom Willen des Sch abhängt (vgl OLG Hamm MDR 73, 681 = NJW 73, 1135; OLG Bamberg MDR 83, 499). Kann die Verpflichtung des Sch weder nach §§ 887, 888 noch nach § 894 vollstr werden, bleibt dem Gl nur die Möglichkeit, nach **§ 893** Ersatz des Interesses zu verlangen (OLG Hamm MDR 73, 681 = NJW 73, 1135 f); wenn er es nicht vorzieht, sich durch eine **neue Klage** einen zur Vollstr nach § 887 geeigneten Titel zu verschaffen (OLG Hamm MDR 66, 769 = OLGZ 66, 443, 445 f). Zur Anwendung der §§ 887 f, wenn eine Sache herauszugeben ist, die der Sch anzuschaffen oder herzustellen hat: s § 883 Rn 9. Dass eine vertretbare Handlung iSd § 887 durch Festsetzung einer Maßnahme nach § 888 zu erzwingen ist, können Gl und Sch nicht wirksam vereinbaren (OLG Hamm MDR 68, 333; LG Itzehoe NJW-RR 87, 1343).

3 **2) Vertretbare Handlungen (Einzelfälle, alphabetisch).** Als vertretbare Handlung sind zB folgende Verpflichtungen zu vollstr:

3.1 • **Abnahme.** Von gekaufter Ware bis zu einem bestimmten Zeitpunkt (OLG Köln MDR 75, 586).

3.2 • **Abrechnung.** Auf Grund vorhandener Unterlagen (BGH MDR 2007, 81 = NJW 2006, 2706 Tz 13).

3.3 • **Abriss.** Abriss einer Mauer (OLG Köln DGVZ 92, 170).

3.4 • **Auseinandersetzungsguthaben.** Ermittlung des Auseinandersetzungsguthabens des aus einer Publikumsgesellschaft ausscheidenden Gesellschafters (OLG Köln NJW-RR 2003, 33).

3.5 • **Befreiung.** Von einer Geldverbindlichkeit (sie muss aus dem Titel eindeutig ersichtl sein: vgl KG MDR 99, 118 = NJW-RR 99, 793; OLGR Saarbrücken 2008, 73, 74 [Höhe von Raten]; OLG Brandenburg MDR 2024, 1610 [Höhe der Zahlungsschuld, von der zu befreien ist, im Urteil nicht beziffert, aber auf andere Weise für das Vollstr-Verf ausreichend beschrieben]) (BGH MDR 84, 132 = NJW 83, 2438, 2439; OLG Köln FamRZ 94, 1048 mwN; sa OLG Hamburg FamRZ 83, 212 [Freistellungsanspruch wegen Unterhalts]), auch Befreiung eines Bürgen von einer Bürgschaft (RGZ 150, 77, 80) oder des Mitschuldners bei einer Gesamtschuld (BGH NJW 58, 497). *Zur Herausgabe/Übertragung von* **Bitcoins:** OLG Düsseldorf MDR 2021, 643 mwN auch zur aA (§ 888).

3.6 • **Beheizung.** Beheizung einer Wohnung (vgl OLG Köln MDR 95, 95 mwN [auch zur Abgrenzung zu § 888]).

• **Beseitigung.** Eines Bauwerks von einem zu räumenden oder zwangsgeräumten Grundstück (OLG Celle MDR 62, 415 = NJW 62, 595; OLG Hamm NJW 65, 2207; sa OLG Düsseldorf MDR 2002, 1394 [oberirdische Aufbauten und unterirdische Anlagen]), einer Tiefgarage (BGH MDR 2009, 468 = NJW-RR 2009, 443 Tz 8), eines Überbaus (OLG Köln NJW 85, 274) oder (sonst) von Eigentumsstörungen (§ 1004 I BGB; zur Bestimmtheit des Titels: s BGH MDR 96, 579 = NJW-RR 96, 659). Ein Titel nur über die Räumungsverpflichtung (§ 885) berechtigt nicht zur Vollstr in Form der Beseitigung von Gebäuden und Anlagen. Nach § 887 (nicht nach § 888; s iÜ § 888 Rn 2) zu vollstr ist auch der Anspruch gegen den Vermieter auf Beseitigung von Gegenständen (zB Markise, Werbeanlage) im Eigentum eines Dritten (des Mieters), die von der vom Gehweg frei zugänglichen (sonst gilt § 888) Außenwand abmontiert werden können (LG München I NJW-RR 2004, 588). Die Verpflichtung zum Rückschnitt von Bepflanzungen fällt ebenfalls unter § 887 (OLG Frankfurt MDR 2023, 865 [auch zur Duldungspflicht des Sch/Eigentümers hinsichtl des Betretens seines Grundstücks durch Dritte]). 3.7

• **Bilanz.** Erstellung einer Bilanz, wenn der Sch daran nicht mitwirken muss (OLG Zweibrücken DGVZ 98, 9; sonst gilt § 888: sa § 888 Rn 3.10). 3.8

• **Bodenfestigkeit.** Herstellung einer bestimmten Bodenfestigkeit, zB durch Aufschüttung einer Böschung, Errichtung einer Stützmauer (vgl BGH MDR 95, 1060 = NJW 95, 3189). 3.9

• **Buchauszug.** Erteilung eines Buchauszugs auf Grund vorhandener Unterlagen (BGH NJW-RR 2011, 470 Tz 10 mwN [auch zu den Anforderungen an den Auszug]; BGH MDR 2018, 56 Tz 16 [Buchauszug nach § 87c II HGB]; BGH MDR 2007, 1097 LS = NJW-RR 2007, 1475 Tz 20 mwN [Vollstr unabhängig vom Einsichtsrecht nach § 87c IV HGB]) und Ergänzung eines unvollst Auszugs (OLG Bamberg NJW-RR 2008, 1422, 1423 mwN). 3.10

• **Feuchtigkeitsimmissionen.** Maßnahmen zur Abwendung von Feuchtigkeitsimmissionen (Eindringen von Wasser: OLG Düsseldorf MDR 98, 734 = NJW-RR 98, 1768, 1769; sa Rn 2). 3.11

• **Grenzabstand.** Versetzung eines Baums zur Wahrung des Grenzabstands (AG Mönchengladbach DGVZ 98, 91). 3.12

• **Haustier.** Entfernung eines in der Wohnung gehaltenen Haustieres (OLG Hamm MDR 66, 934 = NJW 66, 2415; LG Hamburg NJW-RR 86, 158; aA [§ 888] LG Köln MDR 63, 228). 3.13

• **Heizungsanlage.** Änderung der Heizungsanlage, um Wohnräume richtig zu erwärmen (vgl LG Kiel SchlHA 87, 155 [Inbetriebnahme einer Sammelheizung]). 3.14

• **Löschung.** Einer Hypothek oder Grundschuld (vgl BGH MDR 86, 570 = NJW 86, 1676 f mwN; OLG Saarbrücken MDR 2005, 1253) jew eines Dritten oder einer Auflassungsvormerkung (vgl BGH NJW-RR 87, 114, 115). 3.15

• **Mängelbeseitigung.** Insb Nachbesserung von Baumängeln (BGH MDR 93, 272 = NJW 93, 1394 mwN); Ausführung von Nachbesserungsarbeiten an einem Pkw (OLG Oldenburg MDR 85, 855). **Formulierungsvorschlag:** Vorwerk/Goldbach, PFB, M 57.4 (Antrag auf Vollstr wegen Mängelbeseitigung [§ 887]). 3.16

• **Provisionsabrechnung.** Erteilung einer Provisionsabrechnung auf Grund vorliegender Bücher (OLG Köln MDR 95, 1064 = NJW-RR 96, 100 mwN); § 888, wenn Bücher fehlen oder so unzulänglich sind, dass sie von einem Dritten nicht ausgewertet werden können, oder wenn es sonst auf eine Abrechnung durch den Unternehmer selbst ankommt (vgl OLG Köln MDR 95, 1064 = NJW-RR 96, 100). 3.17

• **Sachverständigengutachten.** Vorlage eines Sachverständigengutachtens: idR nach § 887 zu vollstr, soweit der Sch nicht mitwirken muss und es nicht auf ungewöhnl Fachkenntnisse des Sch ankommt (sonst § 888) (vgl OLG Saarbrücken MDR 2024, 1007; OLG Hamm ZEV 2011, 383, 384; OLG Bamberg NJW-RR 99, 577; MK/Gruber Rn 45 „Sachverständiger“). 3.18

• **Schneeräumen.** Vgl OLG Schleswig MDR 2011, 1204 = NJW-RR 2011, 1695, 1696. 3.19

• **Sicherheitsleistung.** ZB Sicherheitsleistung nach § 232 BGB (KG JW 36, 677), durch (Bank-)Bürgschaft (OLG Karlsruhe MDR 91, 454 mwN) oder nach § 650f BGB (Bauhandwerkersicherung, KG MDR 2025, 752). 3.20

• **Verhinderung.** Beeinträchtigender Einwirkung durch Geräusche und Gerüche (OLG Köln NJW-RR 90, 1087 [Gaststätte]; OLG Saarbrücken MDR 2000, 784 = NJW-RR 2001, 163 [Stall]). 3.21

• **Verkehr.** Maßnahmen, dass der Verkehr auf ein Grundstück ausschl von einer bestimmten Straße aus erfolgt (OLG Hamm NJW 85, 274) oder eine Zufahrt für den allg Fahr- und Lieferverkehr gesperrt wird (OLG Bamberg NJW-RR 2000, 358). 3.22

• **Vernichtung.** Eines Programms auf einem Datenträger (Software, sa § 883 Rn 2) sowie von Fotomaterial (OLG Frankfurt NJW-RR 2007, 485). Zum Anspruch auf Herausgabe zu vernichtender Sachen an den GV (§ 883): s Chudziak DGVZ 2011, 177. 3.23

• **Veröffentlichung.** Eines (fertigen) Werks durch den Verleger (vgl OLG München MDR 55, 682 f). 3.24

• **Wertermittlung.** Wertermittlung (zB § 1379 I 3 BGB), wenn der Auskunftssch daran nicht mitzuwirken hat und die Ermittlung durch einen SV mögl ist (sonst gilt § 888, vgl OLG Bamberg NJW-RR 99, 577; aA [§ 888] OLG Hamm MDR 2009, 1362). 3.25

4 **3) Gläubigerantrag (§ 887 I). Anwaltszwang** (§ 78) besteht, wenn das Prozessgericht 1. Instanz ein LG ist (OLG Köln MDR 73, 58; auch bei Vollstr einer einstw Verfügung: OLG Düsseldorf MDR 87, 506; zum Anwaltszwang nach §§ 114, 120 FamFG: OLG Bamberg MDR 2017, 902); sonst kann der Antrag schriftl oder zu Protokoll des UdG gestellt werden. Die zur Herbeiführung der geschuldeten Handlung verlangten (konkreten) **Maßnahmen**, zu deren Ausführung ermächtigt werden soll, sind in dem Antrag **hinreichend bestimmt zu bezeichnen** (OLG Bamberg NJW-RR 2000, 358, 359 mwN); wie aber zB eine Nachbesserung konkret zu erfolgen hat (Benennung einzelner Arbeitsschritte und der Fachfirma), muss nicht angegeben werden (OLG Frankfurt JurBüro 88, 259 f; OLG Zweibrücken MDR 83, 500). Als **ausreichend** angesehen wird daher zB: „Trockenlegung eines Kellers nach den Regeln der Baukunst" (vgl OLG Hamm MDR 84, 591 mwN; unzutreffend enger: OLG Koblenz NJW-RR 98, 1770 [keine allg Ermächtigung zur Mängelbeseitigung]). Die Nichtvornahme oder die nicht ordnungsgem Vornahme der Handlung durch den Sch muss der Gl nicht beweisen, sondern nur behaupten (MskV/Lackmann Rn 7 mwN). Die **Umdeutung eines Antrags** nach § 888 in einen solchen nach § 887 ist jedenfalls dann unzulässig, wenn dem Gläubigervortrag dafür keine Anhaltspunkte zu entnehmen sind (OLG Hamm NJW 85, 274; sa § 888 Rn 4). **Zurückgenommen** werden kann der Antrag bis zur Rechtskraft des Beschlusses.

5 **4) Allgemeine Vollstreckungsvoraussetzungen.** Diese müssen bei der Entscheidung über den Antrag erfüllt (eine Sicherheit des Gl damit geleistet: § 751 II) sein. Die vollstrb Ausfertigung des dem Sch zugestellten Titels (§§ 724, 750; bei einstw Verfügung genügt Zustellung einer einf Ausfertigung) und sonst für den Beginn der ZwV erforderl Urkunden (§ 750 II, § 765 usw) müssen vorgelegt werden. Ein Rechtsschutzbedürfnis besteht auch bei unbekanntem Aufenthalt des Sch (BGH MDR 2013, 1188 = NJW 2013, 2906).

6 **III) Verfahren. 1) Zuständigkeit.** Liegt beim **Prozessgericht des 1. Rechtszuges (I**, ausschl: § 802), auch wenn der Rechtsstreit noch in der höheren Instanz anhängig ist oder ein dort geschlossener Vergleich vollstr wird (BGH MDR 2000, 291 = NJW 2000, 590). Zuständig ist bei Entscheidungen, die **Schiedssprüche** für vollstrb erklären (§ 794 I Nr 4a), bei **Beschlüssen nach § 796b** (§ 794 I Nr 4b) und bei **ausl Urteilen** (OLGR Köln 2006, 208) das Gericht, das die Vollstreckbarerklärung ausgesprochen hat; bei **notariellen Urkunden** (§ 794 I Nr 5) und bei **Vergleichen nach § 796c** (§ 794 I Nr 4b) das Gericht, in dessen Bezirk der Notar seinen Sitz hat (§ 797 III, VI); bei **einstw Verfügung** das Gericht 1. Instanz, auch wenn das AG sie wegen Dringlichkeit des Falles gem § 942 erlassen hat (MskV/Lackmann Rn 18). Zur Entscheidung durch die Zivilkammer (KfH) oder den Einzelrichter: OLG Frankfurt MDR 81, 504; OLG München MDR 83, 499; sa OLGR Köln 2006, 208. Es handelt sich um kein Rechtspflegergeschäft (vgl § 20 I Nr 17 RPflG). Entscheidung durch **Beschluss** und **Gehör des Sch:** § 891 S 1, 2; freigestellte mündl Verhandlung: § 128 IV.

7 **2) Ablauf. Vollstr wird die geschuldete Verpflichtung** in der Weise, dass der **Gl ermächtigt** wird, die (genau zu bezeichnende: BGH MDR 95, 1060 = NJW 95, 3189, 3190 mwN) **Handlung auf Kosten des Sch vornehmen zu lassen** (I) **oder selbst vorzunehmen** (I analog: BGH MDR 95, 1060 = NJW 95, 3189, 3190). Ausgeschlossen ist die Ermächtigung zur Ersatzvornahme, wenn der Sch (oder Gl) die Handlung bereits ordnungsgem vorgenommen hat (vgl BGH MDR 2007, 361 = NJW-RR 2007, 213 Tz 18 mwN). Wenn der Sch eine titulierte Dauerverpflichtung unstreitig laufend erfüllt, ist eine **Zwangsmittelfestsetzung „auf Vorrat" unzulässig** (vgl OLG Köln MDR 2016, 1229, 1230). Der **Einwand des Sch, der vollstrb Anspruch sei erfüllt**, ist somit im Verf nach § 887 **zu berücksichtigen** (BGH MDR 2013, 1188 = NJW-RR 2013, 1336 Tz 9 ff mwN [auch für ZwV aus Schiedsspruch]; sa BGH MDR 2015, 425 = NJW-RR 2015, 610 Tz 5; OLG Köln MDR 2016, 1229, 1230; aA MK/Gruber Rn 17). Das Prozessgericht (I) hat als Vollstreckungsgericht daher auch zu entscheiden, ob vom Sch unstreitig vorgenommene Handlungen das sind, was der Titel ihm gebietet (BGH MDR 2013, 1188 = NJW-RR 2013, 1336 Tz 10 mwN). Wenn die Erfüllung streitig ist, ist im Verf nach § 887 Beweis zu erheben. Dass die Vornahme der Handlung für ihn unzumutbar (geworden) sei oder nicht zum Erfolg führe, kann der Sch im VollstrVerf nicht geltend machen (BGH MDR 2005, 1314 = NJW-RR 2006, 202, 203 [hierfür **§ 767**, beachte: § 767 II]). Die Ermächtigung des Gl, die Handlung vornehmen zu lassen, hindert den **Sch** grds nicht daran, seine **Verpflichtung noch freiwillig zu erfüllen** (BGH MDR 95, 1060 = NJW 95, 3189, 3190 mwN). Das gilt nicht mehr, wenn auf Grund des Verhaltens des Sch das Vertrauen des Gl in eine ordnungsgem und zuverlässige Erfüllung durch diesen nachhaltig erschüttert ist (vgl BGH MDR 95, 1060 = NJW 95, 3189, 3190 mwN). Eine zur Ersatzvornahme erforderl **Zustimmung eines Dritten** muss bei Erlass des Ermächtigungsbeschlusses vorliegen (OLG Frankfurt MDR 83, 141; aA OLG Düsseldorf MDR 91, 260). Dass noch eine **Genehmigung nach öffentl Recht** erwirkt werden muss, steht der Ermächtigung hingegen nicht entgegen; es ist Sache des Gl, die öffentl-rechtl Voraussetzungen für die Durchführung der Ersatzvornahme zu schaffen (OLG Düsseldorf MDR 2002, 1394, 1395 mwN). Nur dann, wenn eine öffentl-rechtl Genehmigung bereits rechtskr versagt worden ist, scheidet eine Ermächtigung nach § 887 aus (OLG Düsseldorf MDR 2002, 1394, 1395).

8 **3) Entscheidung.** Das Prozessgericht entscheidet durch **Beschluss** (§ 891 S 1). Dieser muss den Gegenstand der Vollstr (die veranlassten Maßnahmen: s Rn 4) bezeichnen. Dem Sch kann darin auch aufgegeben werden, das Betreten seines Grundstücks zur Vornahme erforderl Arbeiten zu dulden (OLG Düsseldorf MDR 98, 734 = *NJW-RR 98, 1768, 1769 mwN*). Wer vom Gl mit der Vornahme der Handlung beauftragt werden kann (Bauunternehmer etc), muss in dem Beschluss nicht angegeben werden (sa Rn 4). **Kostenentscheidung:** § 891 S 3. Der

Beschluss wird dem Sch **zugestellt** (§ 329 III; bei Zurückweisung nur formlose Mitteilung an ihn); dem Gl nur, wenn seinem Antrag nicht (voll) entsprochen wird (sonst formlose Mitteilung).

4) Folgen. Der **Sch hat die Vornahme der Handlung zu dulden**; bei Widerstand: § 892. Den **Gl** berechtigt die Ermächtigung zur Ersatzvornahme auch dazu, **erforderl Verträge mit Dritten** (Bauunternehmern etc) **im eigenen Namen abzuschließen**; **Kosten** hat der Sch zu ersetzen (OLG Zweibrücken MDR 74, 409). Die (notw, § 91; dazu OLG Zweibrücken MDR 94, 1044 f mwN) Kosten der Vornahme der Handlung durch den Gl oder einen Dritten sind Kosten der ZwV (§ 788 I); ihre Festsetzung ist zulässig nicht nur in Höhe des den Vorschuss übersteigenden Betrags, sondern (wenn auf den Vorschuss noch keine Zahlung geleistet ist) in Höhe des Gesamtbetrags (KG Rpfleger 94, 31; OLG München MDR 97, 1068). Erstattungsfähige notw ZwV-Kosten sind auch die Aufwendungen für das **Gutachten eines SV**, der voraussichtliche Kosten für die Beseitigung der versch Handwerksbereichen zuzuordnenden Baumängel ermittelt hat (vgl OLG Zweibrücken JurBüro 86, 467), bei umfangreicheren Bauarbeiten zudem **Architektenhonorar** (OLG Düsseldorf JurBüro 85, 471) und **Finanzierungskosten** (OLG Düsseldorf MDR 84, 323, 324). Im Kostenfestsetzungsverf ist die Notwendigkeit der Kosten nach Art (Erforderlichkeit) und Höhe zu prüfen (OLG Zweibrücken MDR 94, 1044 f). Die **Prüfung der Ersatzvornahmekosten** kann dem Gl vor der Auftragserteilung (zB durch Einholung von Kostenvoranschlägen, Rüge der Angemessenheit ggü zu beauftragender Firma) grds nicht schon deshalb aufgebürdet werden, weil die Kosten zugunsten des Sch möglichst niedrig zu halten sind (vgl LG Koblenz MDR 84, 591 f [Risikobereich des Sch]). Kosten für die **Ersatzvornahme ohne einen Ermächtigungsbeschluss** kann der Gl nicht als ZwV-Kosten geltend machen; er muss sie gegen den Sch materiell-rechtl (zB GoA, §§ 812 ff BGB) einklagen (iE BGH MDR 2007, 361 = NJW-RR 2007, 213 Tz 18 mwN). 9

IV) Vorschuss (§ 887 II). 1) Allgemeines. Zur **Vorauszahlung der Kosten**, die durch die Vornahme der Handlung entstehen werden, kann der Sch zugleich mit dem Ermächtigungsbeschluss (II), aber auch nach dessen Erlass gesondert „verurteilt" werden. Die Entscheidung ergeht auf (auch gesonderten: OLG Hamm MDR 2023, 391) **Antrag des Gl** (II; **Muster:** Seibel in Siebert/Eichberger, AnwaltFormulare Bau- und ArchitektenR, 3. Aufl 2018, § 11 Rn 140 [kombinierter Antrag nach § 887 I, II]) durch **Beschluss** (§ 891 S 1); **Zustellung:** wie Rn 8 aE. Die **Höhe des Vorschusses** (bei Vorsteuerabzugsberechtigtem ohne MwSt: OLG Hamm BauR 96, 900) bestimmt das Gericht nach billigem Ermessen (OLG Hamm MDR 2023, 391 mwN). Es hat die vom Gl in seinem Antrag substantiiert (schlüssig) darzulegenden (OLG Köln JurBüro 97, 159 [zB Kostenvoranschlag eines Bauunternehmers, Kostenschätzung eines SV]) voraussichtl Kosten – ggf mit Hilfe eines SV – zu schätzen, ggf muss dabei vorab durch Auslegung des Titels Inhalt und Umfang der vorzunehmenden Handlung (zB Nachbesserung eines Bauwerks) geklärt werden (BGH MDR 93, 272 = NJW 93, 1394, 1395 mwN); es darf jedoch nicht mehr, als vom Gl verlangt, zugesprochen werden (§ 308 I). Hängt die ZwV von einer vom Gl **Zug um Zug zu bewirkenden Gegenleistung** ab, ist diese bei dem Vorschuss nach II grds zu berücksichtigen; dann können nur die Mehrkosten verlangt werden (vgl BGH MDR 84, 748 = NJW 84, 1679, 1680; sa MskV/Lackmann Rn 24); das gilt nicht, wenn sich der Sch in Annahmeverzug befindet (Nachweis: § 765) (str, iE MK/Gruber Rn 38 mwN). Für eine **Klage auf Vorschusszahlung** besteht **kein Rechtsschutzinteresse**, wenn der Gl einen Kostentitel nach II erlangen kann (OLGR Oldenburg 1997, 277; MK/Gruber Rn 37). 10

2) Beitreibung. Der **Beschluss** ist **Vollstreckungstitel** (§ 794 I Nr 3). Die **Beitreibung** erfolgt mit der Geldvollstr **nach §§ 802a ff.** Hat der Sch die Handlung noch vor der Ausführung des Beschlusses vorgenommen, ist ihm ein beigetriebener oder bezahlter Kostenvorschuss (nach Abzug der dem Gl schon entstandenen Kosten) zurückzuzahlen. Bei Weigerung muss der Sch klagen (OLG Köln JurBüro 97, 159). 11

3) Nachforderung. Diese kann mit dem Antrag nach II auf Erhöhung des bereits angeordneten Vorschusses (vgl OLG Hamm MDR 72, 615; OLG Frankfurt JurBüro 76, 397) oder mit der Einforderung der nicht gedeckten Aufwendungen als ZwV-Kosten (§ 788 I) geltend gemacht werden. Auch die Höhe des weiteren Vorschusses steht im Ermessen des Gerichts; seine Angemessenheit ist selbständig zu prüfen und zu begründen (OLG Frankfurt JurBüro 76, 397). Nach Vornahme der Handlung kann eine Verurteilung zur Vorschusszahlung oder Erhöhung des Vorschusses nicht mehr erfolgen (vgl OLG Hamm MDR 72, 615). 12

V) Aufhebung (sonstiger Wegfall) des Titels oder Einstellung der Zwangsvollstreckung. Diese schließt Ermächtigung und Kostenbeschluss aus (sa § 890 Rn 10). Aufhebung (sonstiger Wegfall) des Titels oder Einstellung der ZwV *nach Erlass des Ermächtigungsbeschlusses* hat, auch für die ZwV auf Vorauszahlung der Kosten, das Prozessgericht durch Einstellungsbeschluss nach § 775 (Aufhebung nach § 776) zu vollziehen (sa § 890 Rn 25). 13

VI) Rechtsbehelfe. Für **Gl** (bei Zurückweisung seiner Anträge nach I, II) und **Sch** (bei Erlass der Beschlüsse nach I, II): **sof Beschwerde** (§ 793); bei einem Beschluss über den Kostenvorschuss (II) muss der Beschwerdewert 200 Euro übersteigen (§ 567 II). Für das Beschwerdeverf besteht **Anwaltszwang**, wenn Prozessgericht des 1. Rechtszuges ein LG war (vgl OLG Hamburg OLGZ 91, 346; OLG Koblenz JurBüro 2001, 437; sa Rn 4). Der Sch kann mit der Beschwerde Einwendungen gegen die Richtigkeit des Titels nicht verfolgen (OLG Bamberg NJW-RR 98, 716) und **nicht geltend machen**, er wolle nunmehr von seinem Recht auf Erfüllung Gebrauch machen (OLG Frankfurt NJW-RR 89, 59). Zur **Rechtskraft der Beschlüsse nach I, II:** vgl BGH MDR 2018, 229 LS = juris Tz 13 ff (§§ 322 ff entspr anwendbar). Die im VollstrVerf zu berücksichtigende (s Rn 7), dort aber nicht 14 nachweisbar gewesene, **Erfüllung** ist vom Sch nach **§ 767** geltend zu machen (**Sonderfall** nach BGH MDR 2015, 425 = NJW-RR 2015, 610 Tz 6: im Fall von **§ 58 II 1 InsO** hat das InsGericht über den Erfüllungseinwand nach § 794 I Nr 3 [iVm § 58 II 3 InsO], § 795 S 1, § 767, § 4 InsO im Beschlussweg zu entscheiden; dagegen: sof Beschwerde [§ 793]). Die Erfüllung der vorzunehmenden Handlung durch den Sch nach Ermächtigung des Gl (ist zulässig: BGH MDR 95, 1060 = NJW 95, 3189, 3190 mwN; sa Rn 7) ist gleichfalls mit der Klage nach § 767 geltend zu machen; dann ist der Sch mit dem Einwand der Erfüllung (vorbehaltlich § 767 II) auch nicht ausgeschlossen, wenn er auf andere Weise erfüllt hat, als sie dem Gl im Wege der Ersatzvornahme zugebilligt worden war (BGH MDR 95, 1060 = NJW 95, 3189, 3190). Mit der Klage nach § 767 ist auch der Einwand geltend zu machen, die **Zahlungsverpflichtung nach II sei erfüllt** (OLG Celle NJW-RR 2005, 1013).

15 **VII) Gebühren. 1) Gericht:** Festgeb von 24 Euro (2111 GKG-KV), wobei mehrere Verf als ein Verf gelten, wenn sie innerhalb eines Rechtszuges dens Anspruch und dens Gegenstand betreffen (2111 Anm S 2 GKG-KV). Die Geb wird für jeden Sch gesondert erhoben (2111 Anm S 1 GKG-KV). – Vorauszahlungspflicht: § 12 VI 1 GKG. – Beschwerdeverf: 2121, 2124 GKG-KV. – **2) RA:** VerfGeb VV 3309; bei Teilnahme an einem gerichtl Termin 3310 RVG-VV für die Antragsverf nach I, II (1 Angelegenheit). Die Vollstreckung der Entscheidung nach II ist eine bes Angelegenheit: § 18 I Nr 12 RVG, 3309 RVG-VV. Für den RA des Gl sind die Verf gegen jeden von mehreren Sch eine eigene Angelegenheit. – Wird eine nachträgl Erhöhung des Kostenvorschusses vollstreckt, bildet der Nachforderungsbeschluss mit der ursprüngl Anordnung der Vorauszahlung gebührenrechtl eine Angelegenheit der ZwV. – Zum Gegenstandswert s § 3 Rn 16.70. – **3) GV:** Für Hinzuziehung zur Beseitigung des vom Sch geleisteten Widerstandes s § 892 Rn 2.

§ 888 Nicht vertretbare Handlungen

(1) [1]Kann eine Handlung durch einen Dritten nicht vorgenommen werden, so ist, wenn sie ausschließlich von dem Willen des Schuldners abhängt, auf Antrag von dem Prozessgericht des ersten Rechtszuges zu erkennen, dass der Schuldner zur Vornahme der Handlung durch Zwangsgeld und für den Fall, dass dieses nicht beigetrieben werden kann, durch Zwangshaft oder durch Zwangshaft anzuhalten sei. [2]Das einzelne Zwangsgeld darf den Betrag von 25 000 Euro nicht übersteigen. [3]Für die Zwangshaft gelten die Vorschriften des Zweiten Abschnitts über die Haft entsprechend.

(2) Eine Androhung der Zwangsmittel findet nicht statt.

(3) Diese Vorschriften kommen im Falle der Verurteilung zur Leistung von Diensten aus einem Dienstvertrag nicht zur Anwendung.

1 **I) Zweck.** Regelung der Zwangsmaßnahme und des Verf bei der ZwV zur Erfüllung einer nicht vertretbaren Handlung (sog **Beugezwang**). Die Vorschrift ist **unanwendbar** in den Fällen von III (s Rn 16) und § 510b (s § 888a). Die Anordnung eines Anti-Gewalt-Trainings gem § 1666 BGB ist nicht nach § 888 (iVm § 95 I FamFG) durchsetzbar (vgl KG MDR 2024, 1401).

2 **II) Voraussetzungen. 1) Vornahme nicht vertretbarer Handlung (§ 888 I).** Der zu vollstr Anspruch muss zu *einer* ***Handlung verpflichten*****, die durch einen Dritten nicht vorgenommen werden kann**, die somit ausschl vom Willen des Sch abhängig ist (**I 1**; sa OLG Düsseldorf NJW-RR 2002, 1663; OLG Köln NJW-RR 2003, 33),

jedoch nicht in der Abgabe einer Willenserklärung (§ 894) besteht. Handlung erfordert aktives Tun im Gegensatz zum (untätigen) Unterlassen nach § 890 (OLG München OLGZ 82, 101 mwN). **Ausgeschlossen ist die Vornahme der Handlung durch einen Dritten**, wenn er sie überhaupt nicht oder nicht so wie der Sch vornehmen kann oder nach dem Titel nicht vornehmen darf (OLG Düsseldorf NJW-RR 2002, 1663). Das wird auch angenommen, wenn die Vornahme einer vertretbaren Handlung (§ 887) das Betreten von Räumen im Besitz eines Dritten (zB Mieter) oder sonst die Mitwirkung oder Zustimmung eines Dritten erfordert (BGH MDR 2009, 468 = NJW-RR 2009, 443 Tz 11 [Abriss eines vermieteten Garagengebäudes]; OLG Düsseldorf NJW-RR 2002, 1663 [Abdichtung einer Fassade im Gemeinschaftseigentum zur Beseitigung von Feuchtigkeit und Schimmel in einer Eigentumswohnung]) und für die ZwV nach § 887 dessen Einverständnis zur Vornahme der Handlung (Duldungstitel gg ihn) nicht vorliegt (BGH MDR 2009, 468 = NJW-RR 2009, 443; sa BGH MDR 2025, 820; OLG Brandenburg MDR 2025, 411 – jew mwN). Wenn die Vornahme der **Handlung obj oder subj unmöglich geworden** ist, egal aus welchem Grund oder durch wessen Schuld, schließt das die Anordnung eines Zwangsgeldes nach § 888 aus (vgl BGH MDR 2009, 468 = NJW-RR 2009, 443 Tz 13; dann nur Anspruch nach § 893: MskV/Lackmann Rn 2). Eine unvertretbare **Handlung, die der Mitwirkung eines Dritten bedarf**, kann nach § 888 vollstr werden, wenn nur der Wille des Sch zu beugen ist (OLG Stuttgart MDR 2006, 293, 294 mwN); der auch verpflichtet ist, alles tatsächl und rechtl in seiner Macht Stehende zu tun, um die Mitwirkung oder Zustimmung des Dritten zu erlangen (einschl rechtl Maßnahmen [zB Klage]; sa BGH MDR 2009, 1010 = NJW 2009, 2308 Tz 21 mwN [Konzernunternehmen]; OLG Frankfurt NJW-RR 97, 567 [Anspruch ggü anderen RAe einer Sozietät auf Mitwirkung bei Auskunftserteilung]; OLG Karlsruhe JurBüro 2013, 661 [Aufnahme eines VermVerz durch einen Notar]; sa OLG Stuttgart MDR 2006, 293, 294). Ist dem Sch die Erlangung der Mitwirkung des Dritten (auch behördl Genehmigungen: OLG Hamburg MDR 2013, 1452 = NJW-RR 2014, 133 Tz 14 [Betrieb einer Apotheke]) unmöglich, kann nur der Anspruch auf Leistung des Interesses (§ 893) weiterverfolgt werden.

2) Nicht vertretbare Handlungen (Einzelfälle, alphabetisch). Ausschließlich vom Willen des Sch abhängig sind zB Ansprüche auf: 3

• **Abrechnung des Arbeitsentgelts.** Des Arbeitnehmers (§ 108 GewO; dazu BAG NJW 2010, 1164 LS). 3.1

• **Arbeitspapiere.** Ausfüllen der Arbeitspapiere (LAG Hamm 8.8.2012 – 7 Ta 173/12, juris Tz 19; LAG Düsseldorf MDR 90, 1044; Vollstr der Herausgabe erfolgt nach § 883). 3.2

• **Arbeitszeugnis.** Erteilung eines Arbeitszeugnisses, auch nach Eröffnung des Insolvenzverf (LAG Düsseldorf MDR 2004, 651), und auch eines (qualifizierten) Zeugnisses „entsprechend" einem vom Arbeitnehmer noch anzufertigenden Entwurf (begründet aber keine Verpflichtung zu Formulierungen, die mit dem in § 109 GewO enthaltenen Grundsatz der Zeugniswahrheit nicht in Einklang stehen: BAG MDR 2012, 165 Tz 21). 3.3

• **Ausbildung.** Ausbildung und tatsächl Beschäftigung: vgl LAG Berlin BB 79, 1404 LS. 3.4

• **Auskunftserteilung.** Vgl zB BGH MDR 2019, 39 = juris Tz 9, 13 f mwN (Auskunft über Nachlassbestand); BGH MDR 2017, 603 = NJW-RR 2017, 518 (Auskunft über persönl Verhältnisse eines Kindes); BGH MDR 2008, 1176 = NJW 2008, 2919 Tz 8 (Nennung des Vaters des nichtehelichen Kindes); OLG Hamm MDR 2009, 1362 (Wertermittlung nach § 1379 I 3 BGB); OLG Naumburg FamRZ 2008, 620 (Auskunft über Einkommen); OLG Köln MDR 2002, 294 (Auskunft aus Büchern/Geschäftsunterlagen verbunden mit einer ausdrückl Vollständigkeitserklärung); OLG Brandenburg MDR 2022, 511 (Einreichung einer Gesellschafterliste gem § 40 GmbHG); BayObLG MDR 2021, 1475 (zum Auskunftsverf gem § 132 AktG, das nach § 888 iVm § 132 IV 2 AktG zu vollstr ist); OLG Köln BauR 2001, 1788 (Erstellung einer prüfbaren Schlussrechnung); KG MDR 73, 145 = NJW 72, 2093 (Auskunftspflicht des (ehemaligen) WE-Verwalters), sa LG Saarbrücken ZMR 2010, 402 (Auskunftspflicht des WE-Verwalters bei Verwalterwechsel). 3.5

• **Belege.** Vorlage von Belegen (zB § 1605 I 2 BGB) als Teil einer umfassenden Verpflichtung auf Auskunftserteilung oder Rechnungslegung (sonst gilt § 883: OLG Köln NJW-RR 96, 382; sa OLG Düsseldorf MDR 2001, 772 [§ 888 für Vorlage „einschlägiger Rechnungen und Belege" einer Betriebskostenabrechnung]; OLG Jena FamRZ 2013, 656, 657; s iÜ § 883 Rn 2); der Anspruch muss gesondert tituliert, die Belege müssen hinreichend bezeichnet sein (vgl BGH MDR 2019, 1330; BGH MDR 2021, 833). 3.6

• **Beseitigung einer Grunddienstbarkeit.** In dem Fall, dass die aufzuwendende Geldsumme nicht feststeht (OLG Stuttgart MDR 2005, 777; sa § 887 Rn 3.15). 3.7

• **Betrieb eines Ladengeschäfts.** Betrieb durch einen Gewerberaummieter (vgl OLG Rostock MDR 2017, 239 = NJW 2016, 3539 [Bekleidungsgeschäft]; LG Mainz NJW-RR 2001, 637 [Postfiliale]). Dass der Sch auf die Mitwirkung anderer angewiesen ist, weil zB Waren von lieferbereiten Dritten zu beschaffen sind, schließt die ZwV nicht grds aus (vgl Rn 2 aE; sa OLG Celle NJW-RR 96, 585; OLG Düsseldorf NJW-RR 97, 648 [bei nur noch kurzzeitiger Betriebspflicht auch § 890]; aA OLG Naumburg NJW-RR 98, 873 f mwN [unvertretbar, aber nicht ausschl vom Willen des Sch abhängig, daher nicht § 888, sondern § 893]). 3.8

• **Betriebs-/Nebenkostenabrechnung.** Erstellung einer Betriebs-/Nebenkostenabrechnung (somit Rechnungslegung) durch den Vermieter (§ 556 III BGB; sa BGH MDR 2007, 81 = NJW 2006, 2706). 3.9

3.10 • **Bilanz.** Erstellung einer Bilanz, wenn die Mithilfe des Sch erforderl (unumgänglich) ist; damit auch, wenn nur der Sch über Geschäftsunterlagen verfügt, der Gl die Bilanz somit nicht durch einen SV erstellen lassen kann (OLGR Frankfurt 2003, 190). Wenn ein SV die Bilanz selbständig anhand der Geschäftsbücher und -papiere zuverlässig erstellen kann, ist hingegen eine nach § 887 zu vollstr vertretbare Handlung geschuldet (OLGR Frankfurt 2003, 190; OLG Köln NJW-RR 2003, 33 mwN; sa § 887 Rn 3.8).

3.11 • **Entfernung.** Von Abmahnunterlagen aus Personalakten (Hess LAG NZA 94, 288 LS).

3.12 • **Gegendarstellung.** Insb nach den Pressegesetzen (OLG Brandenburg NJW-RR 2000, 832, 833 mwN; OLG Karlsruhe JurBüro 2007, 272, 273).

3.13 • **Geruchsbelästigung.** Verhinderung von Geruchsbelästigungen (OLG München OLGZ 82, 101, 102; sa § 887 Rn 3.21).

3.14 • **Gesamtgut.** Mitwirkung zur ordnungsmäßigen Verwaltung eines Gesamtgutes (BGH MDR 90, 1004 = NJW 90, 2252, 2254).

3.15 • **Hinterlegung.** Eines ziffernmäßig nicht feststehenden Geldbetrages (zB Erlös aus dem Abernten eines Feldes); Hinterlegung von verpfändeten Wertpapieren zur Sicherung des Nacherben (OLGR Celle 2002, 128).

3.16 • **Immissionen.** Schaffung von Einrichtungen zur Beseitigung von Immissionen auf dem Grundstück; es ist auf Grund der Anträge des Gl zu beurteilen, ob § 888 oder § 887 zutrifft (vgl OLG Frankfurt Rpfleger 75, 445; sa § 887 Rn 3.21).

3.17 • **Klageerhebung.** Klageerhebung und -durchführung.

3.18 • **Konkurrenzschutz.** Mietvertragl Konkurrenzschutz, dh Konkurrenz durch einen anderen Mieter seitens des Vermieters zu unterbinden (BGH MDR 2012, 1396 = NJW 2013, 44 Tz 51 mwN).

3.19 • **Lebensversicherung.** Benennung zum Begünstigten einer Lebensversicherung (OLG Köln MDR 75, 586).

3.20 • **Öffentliche Beglaubigung.** Einer (Abtretungs-)Erklärung (BayObLG MDR 97, 594 = NJW-RR 97, 1015, 1016 mwN).

3.21 • **Prozessvollmacht.** Erteilung einer Prozessvollmacht an einen der RAe, die bei einem bestimmten Gericht zugelassen sind (BGH MDR 95, 740 = NJW 95, 463 [RA beim BGH]).

3.22 • **Rechnungslegung.** Ist grds nach § 888 zu vollstr (vgl OLG Köln NJW-RR 92, 633, 634; KG MDR 73, 145 = NJW 72, 2093); kann die Rechnungslegung durch einen Dritten (zB einen SV) ohne Mitwirkung des Sch erfolgen, ist nach § 887 zu vollstr (wie Rn 3.10, iE sa Rn 2).

3.23 • **Steuerbescheid.** Vorlage eines Steuerbescheids (vgl OLG Koblenz MDR 2017, 1325 [Unmöglichkeit nur, wenn Sch alles getan hat, damit das FA den Steuerbescheid erlassen kann]); Mitwirkung des Ehegatten bei der **Steuererklärung** (LG Zweibrücken MDR 76, 144).

3.24 • **Tabakrauchfreier Arbeitsplatz.** Bereitstellung eines tabakrauchfreien Arbeitsplatzes (BAG MDR 99, 44 = NJW 99, 162, 163).

3.25 • **Unterlassungspflicht.** Verhinderung des Aufstellens zukünftiger, bestimmter Behauptungen als Nebenpflicht zur Unterlassungspflicht (OLG München NJW 55, 1930).

3.26 • **Versteigerung.** Einer gemeinschaftl Sache.

3.27 • **Weiterbeschäftigung.** Vgl Hess LAG JurBüro 2010, 608 LS; Rh-Pf LAG JurBüro 2009, 329. Im Kündigungsschutzverf jedoch nur bis zur Urteilsrechtskraft (Rh-Pf LAG JurBüro 2009, 329; Hess LAG NZA 88, 743; weiter gehende Verpflichtung erfordert bes Beschäftigungstitel: LAG Köln DB 88, 660 LS).

3.28 • **Wertermittlung.** Wie Rn 3.10; sa § 887 Rn 3.25.

3.29 • **Widerruf.** Einer Behauptung durch eigenhändig zu unterzeichnende Widerrufserklärung (vgl BVerfG NJW 70, 651, 652; sa OLG Saarbrücken JurBüro 88, 1251); Widerruf einer geschäftsschädigenden Äußerung (Richtigstellung falscher Tatsachenbehauptung) durch Mitteilung an die Empfänger eines Schnellbriefs (OLG Frankfurt JurBüro 93, 749); Widerruf sonstiger ehrverletzender Behauptung (sa § 894 Rn 2 mwN). **Patentrechtlicher Rückruf** nach § 140a III PatG (OLG Karlsruhe MDR 2023, 1414).

3.30 • **Zugangsgewährung.** Zu einem (üblicherweise verschlossenen) Anwesen und Aushändigung von Schlüsseln (vgl OLGR Frankfurt 97, 34), zu einer Wohnung für die Besichtigung (zB im Rahmen von Verkaufsbemühungen) (OLG Zweibrücken JurBüro 2004, 160), zur Verschaffung des Besitzes durch Herausgabe der Schlüssel oder Wiedereinbau der alten Schlösser (KG MDR 2007, 617 = NJW-RR 2007, 1311) oder zum Benutzerkonto eines sozialen Netzwerks (BGH MDR 2020, 1253).

4 **3) Gläubigerantrag.** Wie § 887 Rn 4. **Formulierungsvorschlag:** Vorwerk/Goldbach, PFB, M 57.5 (Antrag auf *Festsetzung von Zwangsgeld*). Das Zwangsmittel oder dessen Höhe muss nicht angegeben werden (OLG Köln MDR 82, 589); erstreckt sich der Antrag auch darauf, gibt er damit den Zwangsrahmen vor, der nicht über-

schritten werden darf (§ 308 I). Ein Antrag nur auf (nicht vorgesehene, s II) „Androhung" eines Zwangsgeldes wird als Vollstreckungsantrag nach § 888 angesehen (OLG Köln MDR 82, 589), nicht jedoch ein Antrag nach § 887, wenn sich keine Anhaltspunkte für eine **Umdeutung** ergeben (OLGR Frankfurt 97, 34, 35 mwN). Ein Bestrafungsantrag (fälschlich auf § 890 gestützt) ist als Antrag nach § 888 anzusehen (OLG München MDR 2003, 53). **Zurückgenommen** werden kann der Antrag bis zur Rechtskraft des Beschlusses (vgl BGH MDR 2023, 124 = juris Tz 22). Der noch nicht rechtskr Zwangsgeldbeschluss wird mit Rücknahme des Antrags wirkungslos (entspr § 269 III 1); das ist auf Antrag des Sch entspr § 269 IV 1 auszusprechen.

4) Allgemeine Vollstreckungsvoraussetzungen. Diese müssen bei der Entscheidung über den Antrag erfüllt sein. Hierzu: s § 887 Rn 5. Zum Nachweis bei einer Zug-um-Zug-Leistung: s LG Koblenz DGVZ 86, 43. 5

III) Verfahren. 1) Zuständigkeit. Liegt beim **Prozessgericht des ersten Rechtszuges** (**I 1**, ausschl: § 802; sa § 887 Rn 6); in Auskunftssachen nach §§ 131, 132 I AktG, §§ 51a, 51b S 1 GmbHG das **LG** (§ 71 II Nr 4b GVG; dort, sofern eingerichtet, die KfH: §§ 94, 95 II Nr 2 GVG). 6

2) Ablauf. a) Vollstreckt wird die geschuldete Verpflichtung in der Weise, dass der **Sch zur Vornahme der Handlung durch Zwangsgeld** (ersatzweise Zwangshaft, die vAw mit festzusetzen ist: vgl OLG Celle JurBüro 2013, 163) **oder Zwangshaft angehalten** wird (**I 1**; zur Festsetzung während der Corona-Pandemie: vgl OLG Frankfurt MDR 2020, 1277 = MDR 2021, 19 [Schörnig]). Da Zwangsgeld und Zwangshaft reine **Beugemittel ohne Strafcharakter** sind, setzen sie kein Verschulden des Sch voraus (OLGR Zweibrücken 2003, 347, 348; OLG Hamm NJW-RR 88, 1087, 1088 – jew mwN). Sitz (Wohnsitz) des Sch im Ausland steht der Festsetzung von Zwangsgeld (OLGR Köln 2002, 445) und Ersatzzwangshaft (OLG Köln FamRZ 2002, 895) nicht entgegen. 7

b) Die **Wahl zwischen Zwangsgeld und Zwangshaft** steht dem **Gericht** zu, nicht dem Gl. **Zwangsgeld und Zwangshaft** können **nicht nebeneinander angeordnet** werden. Für den Fall, dass ein angeordnetes Zwangsgeld nicht beigetrieben werden kann, wird Zwangshaft ersatzweise festgesetzt. Beide Zwangsmittel können, jedoch erst nach Vollstr eines zuvor festgesetzten Zwangsmittels, in beliebiger Reihenfolge nacheinander und beide auf Antrag auch **wiederholt** (BGH MDR 2019, 39 = juris Tz 17 mwN) gem § 888 I angeordnet werden (Antrag auf weiteres Zwangsgeld nach §§ 23, 27 EGGVG ist aber unstatthaft: vgl BayObLG MDR 2022, 1370). Die wiederholte Verhängung verstößt nicht gg Art 103 III GG, da Zwangsgeld und Zwangshaft reine **Beugemittel ohne Strafcharakter** sind (sa Rn 7). Bei **jur Personen** ist Zwangsgeld in ihr Vermögen, Zwangshaft gg den ges Vertreter anzuordnen (vgl OLG Hamburg MDR 2021, 706, 707 mwN; sa § 890 Rn 6, 12, 16). Gegen eine **prozessunfähige natürl Person**, die mangels Einsichts- und Steuerungsfähigkeit nicht zur Vornahme der geschuldeten Handlung in der Lage ist, darf keine **Zwangshaft** angeordnet werden, nur gg deren *ges Vertreter* (nicht aber gg den *Bevollmächtigten*; iE BGH MDR 2022, 122 = juris Tz 43 ff, 47 ff [Schörnig MDR 2022, 141]); Gleiches gilt für eine prozessunfähige natürl Person, die hinreichend einsichts-/steuerungsfähig und zur Vornahme der zu erwirkenden Handlung in der Lage ist (str, offen gelassen von BGH aaO Tz 44 f mwN). **Zwangsgeld** ist hingegen stets gg den Sch selbst, auch wenn er eine prozessunfähige natürl Person ist, festzusetzen (str, ebenso BGH aaO Tz 69 ff, 73 ff mwN). 8

c) Das **Mindestmaß des Zwangsgeldes** beträgt **fünf Euro** (Art 6 I 1 EGStGB), das **Höchstmaß** des einzelnen (BGH MDR 2005, 1074 = NJW-RR 2005, 1211, 1212 f) Zwangsgeldes **25.000 Euro** (**I 2**); zur **Bemessung im Einzelfall:** OLG Celle JurBüro 2013, 163, 164 mwN. Das Zwangsgeld ist in bestimmter Höhe, die Dauer der Ersatzhaft im Verhältnis zur Höhe des Zwangsgeldes festzusetzen (Rh-Pf LAG 3.8.2011 – 9 Ta 128/11, juris; sa Cirullies NJW 2013, 203, 205). Ist keine Ersatzhaft angedroht, kann sie in entspr Anwendung von Art 8 I 1 EGStGB nachträglich oder Zwangshaft neu festgesetzt werden (vgl MskV/Lackmann Rn 11). 9

d) Bei der Anordnung von **Zwangshaft** muss eine bestimmte Dauer nicht festgesetzt werden (zur Ersatzhaft s aber Rn 9). Das **Mindestmaß** beträgt **einen Tag** (Art 6 II 1 EGStGB), das **Höchstmaß sechs Monate** (**I 3** iVm § 802j I 1). Zur Haft gegen Mitglieder der Streitkräfte: Art 34 Zusatzabkommen zum NATO-Truppenstatut. 10

e) Über den str **Umfang des Urteilsspruchs** (seine Auslegung, dazu BGH MDR 2025, 195) ist im Verf nach § 888 zu entscheiden (BGH NJW-RR 93, 1154 mwN; sa § 887 Rn 7). Im ZwV-Verf ist hingegen nicht zu prüfen, ob das Urteil der mat Rechtslage entspricht (OLG München FamRZ 92, 1207). Einwendungen gegen das Bestehen des Anspruchs, über die im Erkenntnisverf zu entscheiden gewesen wäre, können somit nicht erstmals im ZwV-Verf geltend gemacht werden (OLG Saarbrücken FamRZ 2009, 1003; sa OLGR Zweibrücken 2003, 347 [Verjährung]; OLG Hamm NJW 68, 1241 [Zurückbehaltungsrecht]). Der **Einwand des Sch**, der vollstrb **Anspruch sei erfüllt**, ist (wie bei § 887) im Verf nach § 888 zu berücksichtigen (vgl BGH MDR 2015, 1255 = GRUR 2015, 1248 Tz 15 mwN; OLG Köln MDR 2016, 1229, 1230; OLG Nürnberg FamRZ 2010, 584; KG MDR 2008, 349; sa § 887 Rn 7 mwN). Ist das Verf nach § 888 formell rechtskr abgeschlossen, kann der Sch den Erfüllungseinwand nur noch nach § 767 (OLG Karlsruhe MDR 2006, 472; sa § 887 Rn 14) oder – bei noch nicht rechtskr Verf in der Hauptsache – im Berufungsverf geltend machen (OLG Frankfurt MDR 81, 414). Wenn der Sch eine titulierte Dauerverpflichtung unstr laufend erfüllt, ist eine **Zwangsmittelfestsetzung „auf Vorrat" unzulässig** (vgl OLG Köln MDR 2016, 1229, 1230). Die Handlung muss vom Sch noch vorgenommen werden können; steht deren **Unmöglichkeit** fest, darf keine Zwangsmaßnahme verhängt werden (sa Rn 2 mwN). Wenn nach substantiiertem Vorbringen des Sch (dazu OLG Celle JurBüro 2013, 163 mwN) begründete Zweifel 11 bestehen, dass ihm die Leistung möglich ist, trifft den Gl die **Beweislast** (vgl OLG Hamm FamRZ 97, 1094; sa KG MDR 73, 145 = NJW 72, 2093).

12 **3) Entscheidung.** Das Prozessgericht entscheidet durch **Beschluss** (§ 891 S 1; mündl Verhandlung damit nicht notw [§ 128 IV]). Er muss als Vollstreckungsausspruch die vorzunehmende Handlung (s § 887 Rn 8) und das Zwangsmittel (s Rn 9, 10) bezeichnen. **Anhörung des Sch:** s § 891 S 2. **Kosten:** s § 891 S 3. Der **Beschluss wird dem Sch zugestellt** (§ 329 III; bei Zurückweisung nur formlose Mitteilung an ihn); dem Gl nur, wenn seinem Antrag nicht (voll) entsprochen wird (sonst formlose Mitteilung).

13 **4) Beitreibung.** Der **Beschluss ist Vollstreckungstitel** (§ 794 I Nr 3; BGH MDR 2008, 1176 = NJW 2008, 2919 Tz 8). Dem Gl wird auf Antrag (kann in dem Bestrafungsantrag zu sehen sein) eine vollstrb Ausfertigung erteilt (§ 724; AG Arnsberg DGVZ 94, 79; MskV/Lackmann Rn 15; aA AG Lindau DGVZ 97, 44 [keine Klausel erforderl]). Auf ihr ist der Tag der Zustellung an den Sch zu vermerken (§ 169 I). Die Vollstr (**Beitreibung**) **des Zwangsgeldes** erfolgt auf **Antrag des Gl** zugunsten der Staatskasse nach den Bestimmungen über die ZwV wegen Geldforderungen (§§ 802a ff), nicht vAw nach dem JBeitrG (vgl BTDrs 13/341, 41; BGH MDR 83, 739 = NJW 83, 1859 f mwN). Der Sch kann die Vollstr jederzeit durch Erfüllung (Vornahme der Handlung) abwenden (vgl BGH MDR 2015, 425 = NJW-RR 2015, 610 Tz 12 mwN). Bei Forderungspfändung ist im Überweisungsbeschluss Zahlung durch den Drittsch an die Gerichtskasse anzuordnen (MskV/Lackmann Rn 15). Kann das Zwangsgeld nicht beigetrieben werden, kann der Gl die Ersatzhaft vollstr (sa Rn 8 mwN; keine strengen Anforderungen an den Nachweis der Nichtbeitreibbarkeit: OLGR Köln 2002, 67). Stundung und Ratenzahlung sind nicht zulässig, ebenso wenig Begnadigung; sie würden dem Zweck des Zwangsgeldes als Beugemittel widersprechen. Die **Zwangshaft** (auch die ersatzweise) wird auf Antrag des Gl nach I 3 iVm §§ 802g ff auf Grund eines Haftbefehls des Prozessgerichts (s Rn 6) vollstr (vgl BGH MDR 2008, 1176 = NJW 2008, 2919 Tz 8). Eine **Vollstreckungsverjährung** sieht Art 9 EGStGB für Zwangsgeld (-haft) nicht vor (nur für Ordnungsmittel, dazu § 890 Rn 23; sa BayObLG NZM 2000, 302).

14 **IV) Aufhebung (sonstiger Wegfall) des Titels oder Einstellung der Zwangsvollstreckung.** Diese schließt die Festsetzung von Zwangsgeld (oder Zwangshaft) aus (wie § 890 Rn 10). Wenn nach Erlass des Zwangsmittelbeschlusses das Urteil (der sonstige Titel) aufgehoben oder die ZwV für unzulässig erklärt oder ihre Einstellung angeordnet wird, ist der Zwangsmittelbeschluss vom Prozessgericht aufzuheben (§ 775 Nr 1, 3 [uU Nr 2] iVm § 776 S 1) oder seine Vollziehung einzustellen (§ 775 Nr 2 [wie § 890 Rn 24]). **Rückzahlung des Zwangsgeldes:** wie § 890 Rn 25.

15 **V) Androhung eines Zwangsmittels (§ 888 II).** Sie **findet** im Fall von § 888 **nicht statt** (II). Grund: Anhörung (§ 891 S 2) gibt dem Sch bereits Gelegenheit, seine Verpflichtung rechtzeitig zu erfüllen. Ggf kann eine Frist zur Vornahme der Handlung gewährt werden (zB wenn dem Sch eine angemessene Frist zur umfangreichen Rechnungslegung eingeräumt werden muss: BTDrs 13/341, 41; sa BGH MDR 2009, 1010 = NJW 2009, 2308 [Abwendungsbefugnis]). **Rechtsbehelf für Gl bei (unzulässiger) Androhung:** sof Beschwerde (§ 793; sa MskV/Lackmann Rn 14).

16 **VI) Unanwendbarkeit (§ 888 III).** § 888 ist nicht anwendbar bei der Verurteilung zur **Leistung von unvertretbaren Diensten** (bei vertretbaren gilt § 887) aus Dienstvertrag, entgeltlichem Geschäftsbesorgungsvertrag und Auftrag (vgl MK/Gruber Rn 20; MskV/Lackmann Rn 3). Mit den Mitteln staatl Zwangs darf auch nicht eine **Verpflichtung** vollstr werden, **an einer kultisch-religiösen Handlung teilzunehmen** (OLG Köln MDR 73, 768). III ist **entspr anzuwenden** bei einer Verpflichtung auf Grund eines Prozessvergleichs, einen Erbvertrag abzuschließen (vgl OLG Frankfurt Rpfleger 80, 117). Vollstrb ist aber (idR; kein Grundrechtsverstoß) der Anspruch gegen die Mutter auf Nennung des Namens des (biologischen) Vaters eines nichtehel Kindes (III nicht analog anwendbar: BGH MDR 2008, 1176 = NJW 2008, 2919 Tz 11 ff [für Scheinvater]; sa OLG Bremen MDR 99, 1271 = NJW 2000, 963 mwN [für das Kind]).

17 **VII) Rechtsbehelfe.** Gegen den Beschluss, der den Antrag zurückweist (für **Gl**) oder Zwangsgeld bzw -haft anordnet (für **Sch**): **sof Beschwerde** (§ 793); für Gl auch dann, wenn unzulässig (II) nur Androhung statt Festsetzung erfolgt (sa Rn 15 aE). Die Beschwerde gegen die Festsetzung des Zwangsgeldes (auch Zwangshaft) oder eines Ordnungsmittels (§ 890) hat *aufschiebende Wirkung nach § 570 I* (iE BGH MDR 2011, 1503 = NJW 2011, 3791 Tz 8 ff mwN). Zur **Rechtskraft des Beschlusses:** BGH MDR 2018, 229 LS = juris Tz 13 ff (§§ 322 ff entspr anwendbar). Mit der Beschwerde kann der Sch auch den Einwand rechtzeitiger **Erfüllung** (dazu Rn 11) verfolgen; das gilt aber nicht für eine Erfüllung nach Rechtskraft des Beschlusses (dann nur § 767; iE Rn 11 u § 887 Rn 14 mwN; iÜ sa OLG Karlsruhe MDR 2020, 568). **Mit der Erfüllung** der geschuldeten Handlung durch den Sch wird der **Zwangsmittelbeschluss gegenstandslos** (BGH MDR 2015, 425 = NJW-RR 2015, 610 Tz 12; OLG Köln MDR 2016, 1229, 1230); einem Antrag des Sch auf Aufhebung des Beschlusses soll dann das Rechtsschutzinteresse fehlen (vgl OLG Naumburg 3.3.2016 – 12 W 12/16, juris Tz 11; MskV/Lackmann Rn 14). In Fällen, in denen der Sch die geschuldete Handlung noch **während des laufenden Beschwerdeverf erfüllt**, liegt es aber nahe (maßgebend sind die Verhältnisse im Zeitpunkt der Entscheidung, sa OLG Brandenburg MDR *2025, 411*), auf die Beschwerde des Sch die erstinstanzliche Entscheidung abzuändern und den Antrag des Gl auf Festsetzung von Zwangsmitteln zurückzuweisen (ebenso Rh-Pf LAG 26.11.2007 – 2 Ta 268/07, juris Tz 15 f;

sa Seibel IBR 2017, 107; aA OLG Naumburg aaO). Gegen die **Vollstr des Beschlusses** bestehen die Rechtsbehelfe der ZwV-Maßnahme (sa MK/Gruber Rn 34).

VIII) Gebühren. 1) Gericht: Festgeb 2111 GKG-KV (s § 887 Rn 15); Beschwerde 2121, 2124 GKG-KV. – Vorauszahlungspflicht: § 12 VI 1 GKG. – Für die Durchführung der Vollstreckung (s Rn 13) erwachsen Geb, soweit die jew Vollstreckungsmaßnahme der Gebührenpflicht unterliegt. Kosten einer Zwangshaft gehören zu den Auslagen (9010 GKG-KV). – **2) RA:** 3309 RVG-VV; § 18 I Nr 13 RVG, also bes Angelegenheit. Das gesamte Verf einschließl der Vollstreckung eines Zwangsmittelbeschlusses, insb der Beitreibung des in die Staatskasse fließenden Zwangsgeldes, bildet eine Angelegenheit. Bereits mit dem Antrag (s Rn 4) entsteht die Geb. Wiederholter Antrag auf Zwangsmittel löst keine neue Geb aus (BGH NJW 2020, 2196). Mehrere Sch sind mehrere Angelegenheiten (GS/Müller-Rabe, VV 3309 Rn 290). – Wert: § 25 I Nr 3 RVG; s § 3 Rn 16.127. – **3) GV:** Verhaftungsgeb 270 GvKostG-KV für die Durchführung der Ersatzhaft oder der von Anfang an allein angeordneten Zwangshaft. 18

§ 888a Keine Handlungsvollstreckung bei Entschädigungspflicht

Ist im Falle des § 510b der Beklagte zur Zahlung einer Entschädigung verurteilt, so ist die Zwangsvollstreckung auf Grund der Vorschriften der §§ 887, 888 ausgeschlossen.

Erfolgt die Verurteilung zur Vornahme einer Handlung, kann der Bekl nach **§ 510b** zugleich auf Antrag des Kl für den Fall, dass die Handlung nicht binnen einer zu bestimmenden Frist vorgenommen wird, zur **Zahlung einer Entschädigung** verurteilt werden (sa BGH 23.6.2023 – V ZR 158/22, juris). Für diesen Fall schließt § 888a die ZwV nach §§ 887, 888 aus. Wird dennoch nach §§ 887, 888 vollstr, kann der Sch **sof Beschwerde** (§ 793) einlegen. 1

§ 889 Eidesstattliche Versicherung nach bürgerlichem Recht

(1) [1]Ist der Schuldner auf Grund der Vorschriften des bürgerlichen Rechts zur Abgabe einer eidesstattlichen Versicherung verurteilt, so wird die Versicherung vor dem Amtsgericht als Vollstreckungsgericht abgegeben, in dessen Bezirk der Schuldner im Inland seinen Wohnsitz oder in Ermangelung eines solchen seinen Aufenthaltsort hat, sonst vor dem Amtsgericht als Vollstreckungsgericht, in dessen Bezirk das Prozessgericht des ersten Rechtszuges seinen Sitz hat. [2]Die Vorschriften der §§ 478 bis 480, 483 gelten entsprechend.

(2) Erscheint der Schuldner in dem zur Abgabe der eidesstattlichen Versicherung bestimmten Termin nicht oder verweigert er die Abgabe der eidesstattlichen Versicherung, so verfährt das Vollstreckungsgericht nach § 888.

I) Anwendungsbereich. Vorschriften des bürgerl Rechts zur Abgabe einer eidesstattl Versicherung sind zB § 259 II, § 260 II, § 2006 I, § 2028 II, § 2057 S 2 BGB. Erklärt sich der Sch ohne Klage zur Abgabe der eidesstattl Versicherung freiwillig bereit, ist sie vor dem Gericht der freiw Gerichtsbarkeit abzugeben (§§ 361, 410 Nr 1, § 413 FamFG). Verweigert er die Versicherung, muss er verklagt werden. Wird der Sch durch vorl vollstrb oder rechtskr **Urteil** zur Abgabe der eidesstattl Versicherung verpflichtet, gilt § 889. Als Titel kommt dabei auch ein **Prozessvergleich** (§ 794 I Nr 1) in Betracht (str, zust MK/Gruber Rn 3; aA MskV/Lackmann Rn 2); ebenso eine **einstw Verfügung**, jedoch wird es dafür idR an der Notwendigkeit iSd § 940 fehlen (sa MK/Gruber Rn 3). Im Fall von § 889 ist das Gericht der freiw Gerichtsbarkeit für die Abgabe der eidesstattl Versicherung nicht zuständig (s I 1: AG als Vollstreckungsgericht). Die Parteien können sich aber nach Erlass des Titels auf das Verf nach dem FamFG einigen (MK/Gruber Rn 5). Der mat-rechtl Anspruch (zB § 261 II BGB) auf **Erstattung der Kosten für die Abgabe der eidesstattl Versicherung** im Verf der freiw Gerichtsbarkeit ist in einem neuen Rechtsstreit geltend zu machen; das Prozessgericht des Urteilsverf auf Abgabe der eidesstattl Versicherung kann darüber nicht entscheiden (vgl KG NJW-RR 93, 63). 1

II) Verfahren (§ 889 I). 1) Zuständigkeit. Liegt (ausschl: § 802) beim **AG als Vollstreckungsgericht (I 1,** § 764 I; nicht das Prozessgericht), auch bei Vollstr des Urteils eines ArbG. **Örtliche Zuständigkeit:** s I 1; für eine jur Person ist das Gericht ihres Sitzes zuständig (§ 17). Das **Verf nach I** ist dem **Rechtspfleger** übertragen (§ 20 I Nr 17 RPflG). Es beginnt auf **Antrag** (kein Anwaltszwang) des Gl oder Sch (zur Erfüllung seiner Verpflichtung) mit der Bestimmung eines Termins zur Abgabe der eidesstattl Versicherung. Die Ladung ist dem Sch (persönl, sa **I 2** iVm § 478) vAw zuzustellen (Ersatzzustellung nach § 181 kann erfolgen); sein ProzBev und der Gl sind zu benachrichtigen. Die **Ladung zum Termin ist keine Maßnahme der ZwV** (OLG Düsseldorf MDR 94, 306; MK/Gruber Rn 7), sondern lediglich ein Mittel, um dem Sch Gelegenheit zur freiwilligen Erfüllung zu geben; eine Anfechtung mit der Erinnerung (§ 766) findet daher nicht statt (LG Heilbronn MDR 95, 1168). Die Voraussetzungen der ZwV muss der Gl deshalb zu diesem Zeitpunkt auch noch nicht nachweisen, sondern erst bei einem Vorgehen nach II (sa MK/Gruber Rn 7). 2

3 **2) Abgabe der eidesstattlichen Versicherung.** Die eidesstattl Versicherung hat der **Sch persönl (I 2** iVm § 478), bei Prozessunfähigkeit der ges Vertreter, abzugeben. Der **Inhalt** der eidesstattl Versicherung bestimmt sich nach dem Titel. Das Vollstreckungsgericht ist berechtigt, die vom Prozessgericht festgelegte Formel der Versicherung durch Beschluss zu ändern (sa § 261 I BGB); zB wenn der Sch sonst zur Abgabe einer inhaltlich falschen Erklärung gezwungen wäre (vgl BGH 13.10.2022 – I ZB 69/21, MDR 2023, 188 = juris Tz 41 mwN).

4 **III) Erzwingung der eidesstattlichen Versicherung (§ 889 II). 1) Allgemeines.** Diese ist nach II iVm § 888 dem Vollstreckungsgericht (AG, § 764) ausschl (§ 802) übertragen. Bei diesem Verfahrensabschnitt handelt es sich um eine **Maßnahme der ZwV**. Das Verf nach § 888 ist dem **Richter** vorbehalten, da die Entscheidung die Möglichkeit der Festsetzung einer Zwangshaft einschließt (vgl § 4 II Nr 2 RPflG). Eingeleitet werden kann es auf entspr Antrag des Gl erst, wenn der Sch im Termin zur Abgabe der Versicherung nicht erschienen ist oder sich dort (ungerechtfertigt) geweigert hat zu versichern; nicht aber schon, wenn der Sch ohne Terminsbestimmung erklärt, er könne nicht versichern (vgl OLG Düsseldorf FamRZ 97, 1495, 1496). Die zur Auskunft notw Kenntnisse und Unterlagen hat sich der Sch (auch von Dritten) zu beschaffen (BGH MDR 2014, 1342 = NJW-RR 2015, 58). Mit der Begründung, eine von seinem StB gefertigte Auskunft (mit Bilanz sowie Gewinn- und Verlustrechnung) könne er nicht nachprüfen, kann der Sch die Abgabe der Versicherung nicht ablehnen (LG Köln NJW-RR 86, 360). Verhinderung des Sch am Erscheinen im Termin oder ausreichende Entschuldigung (Glaubhaftmachung: § 227 II) schließen Verf nach § 888 aus (OLG Düsseldorf MDR 94, 306 f). Eine Androhung der Zwangsmittel findet nicht statt (§ 888 II). Verhängung von Zwangsgeld oder -haft nach Wahl des Gerichts; dem Erfordernis der **Anhörung des Sch** (§ 891 S 2) ist genügt, wenn der Antrag gegen den zum Termin nach I geladenen, aber nicht erschienenen Sch im oder nach dem Termin gestellt wird. Bzgl der **Rechtsbehelfe** gelten die zu § 888 dargestellten Grds (s § 888 Rn 17).

5 **2) Jederzeitige Abgabe der eidesstattlichen Versicherung.** Der Sch kann jederzeit **vor dem AG** (nicht GV) **des Haftortes** die eidesstattl Versicherung abgeben und damit seine Entlassung aus der Haft herbeiführen (entspr § 802i). Der Gl ist zu verständigen. Vor der Verhaftung kann der Sch bei Gericht die Abnahme der eidesstattl Versicherung beantragen (wie Rn 2).

6 **IV) Gebühren. 1) Gericht:** bei freiwilliger Abgabe im Verf nach § 410 Nr 1, § 413 FamFG (s Rn 1): 15212 GNotKG-KV; Geschäftswert: § 36 GNotKG, Bruchteil des Werts der Hauptsache. – Bei dem Verf vor dem AG als Vollstreckungsgericht (s Rn 2): Festgeb von 38 Euro (2115 GKG-KV). Vorauszahlung: § 12 V GKG. – II iVm § 888 (s Rn 4): Festgeb von 24 Euro (2111 GKG-KV). – **2) RA:** I: § 18 I Nr 13 RVG gilt entspr. Es entstehen die Geb 3309, 3310 RVG-VV. – II iVm § 888: Bes Angelegenheit gem § 18 I Nr 13 RVG; s § 888 Rn 18.

§ 890 Erzwingung von Unterlassungen und Duldungen

(1) [1]Handelt der Schuldner der Verpflichtung zuwider, eine Handlung zu unterlassen oder die Vornahme einer Handlung zu dulden, so ist er wegen einer jeden Zuwiderhandlung auf Antrag des Gläubigers von dem Prozessgericht des ersten Rechtszuges zu einem Ordnungsgeld und für den Fall, dass dieses nicht beigetrieben werden kann, zur Ordnungshaft oder zur Ordnungshaft bis zu sechs Monaten zu verurteilen. [2]Das einzelne Ordnungsgeld darf den Betrag von 250 000 Euro, die Ordnungshaft insgesamt zwei Jahre nicht übersteigen.

(2) Der Verurteilung muss eine entsprechende Androhung vorausgehen, die, wenn sie in dem die Verpflichtung aussprechenden Urteil nicht enthalten ist, auf Antrag von dem Prozessgericht des ersten Rechtszuges erlassen wird.

(3) Auch kann der Schuldner auf Antrag des Gläubigers zur Bestellung einer Sicherheit für den durch fernere Zuwiderhandlungen entstehenden Schaden auf bestimmte Zeit verurteilt werden.

1 **I) Zweck.** Regelung der Zwangsmaßnahme und des Verf bei der ZwV zur Durchsetzung der Verpflichtung, eine Handlung zu unterlassen oder die Vornahme einer Handlung zu dulden.

2 **II) Voraussetzungen. 1) Allgemeines.** Der zu vollstr Anspruch muss zur Unterlassung einer Handlung oder dazu verpflichten, die Vornahme einer Handlung zu dulden. **Unterlassen** (sa § 194 I BGB) ist jedes untätige Verhalten, das einen bestimmten Kausalverlauf nicht mitwirkend beeinflusst (MK/Gruber Rn 4). Darauf, ob das Verhalten im Titel negativ oder positiv formuliert ist, kommt es allein nicht an (OLG Saarbrücken MDR 2000, 784 = NJW-RR 2001, 163). **Dulden** bedeutet ebenfalls ein untätiges Verhalten des Sch, jedoch bezogen auf die Vornahme einer Handlung durch einen anderen (MK/Gruber Rn 5 ff).

3 **2) Einzelfälle. a) § 890 findet zB Anwendung** bei der Verurteilung (auch Prozessvergleich [§ 794 I Nr 1: BGH MDR 2012, 1060], wenn dieser nicht nur einen Unterlassungsanspruch mat-rechtl begründet, sondern einen bestehenden Unterlassungsanspruch tituliert [vgl OLG Hamburg MDR 2013, 875; MDR 2014, 1049 = NJW-RR 2014, 1402]),

- die Verwendung verbotener **AGB-Klauseln** zu unterlassen (BGH MDR 92, 24 = NJW 92, 179);

- (bestimmte) **Arbeiten** (zB Ausbau eines Zählers) zu dulden (umfasst das Gebot, alles zu unterlassen, was die Arbeiten behindert: OLG Köln OLGZ 94, 599, 601 f; sa AG Bühl DGVZ 2010, 61 [Unterbrechung der Gasversorgung]);
- **Bauarbeiten** einzustellen (BGH MDR 93, 268 = NJW 93, 1076);
- **Besitzstörung** zu unterlassen (§ 862 I 2 BGB), ebenso **Störung des Eigentums** oder **anderer dingl Rechte** (zB §§ 1004, 1027, 1065, 1090 II BGB), auch zB als Verbot, im Sondernutzungsbereich eines Wohnungseigentümers irgendwelche Arbeiten vorzunehmen oder Eingriffe durchzuführen (BayObLG NJW-RR 87, 1040);
- es zu unterlassen, (verpachtete) Teileigentumsräume als **Gaststätte** (BayObLG MDR 91, 547) oder in bestimmter Weise (zB außerhalb der Ladenöffnungszeiten) als Gaststätte zu nutzen (BayObLG MDR 95, 957 = NJW-RR 95, 1040);
- zu Unterlassungsverpflichtungen nach **§ 1 GewSchG** (OLG Celle MDR 2024, 65; OLG Brandenburg NJW-RR 2007, 70; OLG Bremen NJW-RR 2007, 662; OLG Frankfurt NJW-RR 2006, 1441; auch **§ 96 I 3 FamFG:** BGH MDR 2017, 788 = NJW-RR 2017, 836 [Verhängung eines Ordnungsgelds noch nach Ablauf der Verbotsfrist möglich]);
- geeignete Maßnahmen gegen störendes **Hundegebell** zu ergreifen (OLG Köln MDR 93, 1083 = OLGZ 94, 313, 316) sowie durch geeignete Maßnahmen **Lärmeinwirkungen** von einem Grundstück zu verhindern (OLGR Saarbrücken 2004, 640);
- **irreführende Angaben** iSd § 3 UWG nicht zu verwenden;
- keine Stellung bei einer **Konkurrenzfirma** in bestimmter Zeit anzunehmen (vgl RGZ 72, 393, 394);
- den Gebrauch eines **Namens** zu unterlassen (§ 12 BGB);
- es zu unterlassen, **Regenwasser** (Oberflächenwasser) auf das Grundstück des Gl **abzuleiten** (LG Rostock JurBüro 2003, 495);
- **Reparatur-/Verputzarbeiten** an der Außenwand des Anwesens des Gl vom Innenhof des Anwesens des Sch aus zu dulden (BGH MDR 2007, 859 = NJW-RR 2007, 863 = IBR 2008, 128 [Seibel]);
- eine **Tatsachenbehauptung** ggü Kunden, Konkurrenzunternehmen, der Presse oder sonstigen Dritten zu unterlassen (vgl OLG Frankfurt OLGZ 85, 380);
- die **Untersuchung** einer Sache **durch einen Sachverständigen** nebst Eingriffen in die Sachsubstanz zu dulden (beinhaltet zugleich Zutrittsgewährung für den SV; vgl BGH MDR 2020, 1276);
- die **Verbreitung von in einem Fernsehbeitrag enthaltenen Äußerungen** (BGH MDR 2018, 1328), die **Veröffentlichung einer Zeitungsannonce** (vgl OLG Köln NJW-RR 86, 1191) oder die auf einer **Videointernetplattform vorgenommene Sperrung eines Videos** (OLG Dresden MDR 2021, 1092) zu unterlassen.

b) Die Verurteilung zu einem **Dulden kann** eine nach § 890 vollstrb **Verpflichtung zu einem positiven Tun enthalten**, auch wenn diese im Urteil nicht ausdrückl ausgesprochen ist. Das kann der Fall sein, wenn der Sch der Unterlassungspflicht nur gerecht werden kann, indem er auch die positive Handlung vornimmt, die notw ist, um den rechtmäßigen Zustand zu erreichen (vgl BGH MDR 2020, 1276 Tz 20; BGH MDR 2021, 1352 LS = juris Tz 12 – jew mwN; sa OLG Köln MDR 2025, 751). **Beispiel:** Das Dulden von Reparaturarbeiten vom Schuldneranwesen aus kann die Verpflichtung des Sch einschließen, den Zugang zur Arbeitsstelle durch aktives Tun (Öffnen einer Tür etc) zu ermöglichen (BGH MDR 2007, 859 = NJW-RR 2007, 863 Tz 18). Der **Schutzumfang des Unterlassungstitels** beschränkt sich nicht nur auf Handlungen, die mit der in den Tenor aufgenommenen konkreten Verpflichtung identisch sind; er erstreckt sich darüber hinaus auch auf im Kern gleichartige Abwandlungen, in denen das Charakteristische der konkreten Verletzungsform zum Ausdruck kommt (sog „**Kerntheorie**"; dazu BGH MDR 2014, 737 = NJW 2014, 2870 Tz 11 ff; BGH MDR 2006, 1005 LS = NJW-RR 2006, 1118 Tz 24 ff – jew mwN). Diese „Kerntheorie" ist verfassungsrechtl unbedenklich (BVerfG NJW-RR 2007, 860 Tz 20). 4

3) Maßnahmen. a) Maßnahmen der ZwV zur Durchsetzung eines Unterlassungs- oder Duldungsanspruchs sind **Ordnungsgeld und Ordnungshaft** (I). Durch die Verhängung eines Ordnungsmittels nach einer Zuwiderhandlung wird diese geahndet und zugleich versucht, die Erfüllung des Unterlassungs- oder Duldungsgebots durch Wohlverhalten zu erzwingen (vgl BGH MDR 93, 268 = NJW 93, 1076, 1077). Die **Zuwiderhandlung**, an die die Verhängung des Ordnungsmittels anknüpft, muss zeitl nach der Androhung (II) und der Vollstreckbarkeit des Titels liegen (OLG Hamm NJW 77, 1205). Eine durch Urteil (auch bei einstw Verfügung) erlassene Verbotsverfügung mit Ordnungsmittelandrohung (II) ist von der Verkündung an wirksam (zu beachten); sie kann bei nachfolgender Zuwiderhandlung Grundlage einer Ordnungsmittelfestsetzung sein (BGH MDR 2009, 1072). Bei nur **gegen Sicherheitsleistung vorl vollstrb Urteil** (auch wenn es die Androhung enthält) muss bei Zuwiderhandlung die Sicherheit geleistet und dem Sch in formalisierter Form nachgewiesen sein (BGH MDR 96, 521 = NJW 96, 397). Der Nachweis ist erbracht, wenn der GV dem Sch die Bürgschaftsurkunde zugestellt hat; nicht erforderlich ist der Nachweis der Bürgschaftsbestellung (auch) ggü dem ProzBev des Sch (BGH MDR 2008, 1364 = NJW 2008, 3220). Maßgeblich ist das Berufungsurteil, wenn die Sicherheitsleistung entfällt (§ 708 Nr 10: OLGR Frankfurt 2003, 176). **Verstößt ein Dritter gegen einen Unterlassungstitel**, liegt eine eigene Zuwiderhandlung des Sch vor, wenn dessen Verhalten für den Verstoß des Dritten ursächlich ist (vgl BayObLG MDR 95, 957 = NJW-RR 95, 1040 f [Verstoß durch Pächter]; OLG München NJW-RR 86, 638 [untersagtes Kla- 5 vierspielen durch 9-jährigen Sohn]). Der bloße **Versuch, einer Unterlassungspflicht zuwiderzuhandeln**, kann durch Ordnungsmittel nur geahndet werden, wenn er durch den Titel in das Unterlassungsgebot einbezogen ist (OLG Köln JurBüro 93, 627); es genügt nicht, dass der Androhungsbeschluss ihn einbezieht (vgl OLG Frankfurt MDR 72, 58 = OLGZ 72, 54 f).

6 **b)** Die Ordnungsmittel sind nicht nur Maßnahmen zur **Beugung des Willens des Sch** (wie zB § 888), sondern enthalten auch **strafrechtl Elemente** (BVerfG NJW-RR 2007, 860 Tz 11; BGH MDR 2004, 591 LS = NJW 2004, 506, 509). Die Verhängung eines Ordnungsmittels setzt daher **Verschulden** (s § 276 BGB) voraus (BVerfG NJW-RR 2007, 860 Tz 11). Für seine **Schuldunfähigkeit** im Zeitpunkt der Zuwiderhandlung **trägt der Sch die Beweislast** (LG Mönchengladbach MDR 2007, 357). Anwaltl Rat kann nicht grds vom Verschulden entlasten (vgl OLGR Frankfurt 2001, 122 mwN); die Erwartung, mit einer Verfassungsbeschwerde Erfolg zu haben, kann das Verschulden weder ausschließen noch mindern (BayObLG MDR 95, 957 = NJW-RR 95, 1040). Bei Zuwiderhandlungen nach Androhung des Ordnungsmittels, jedoch vor Zustellung des Titels und der Androhung, liegt Verschulden nur vor, wenn der Sch das Verbot und die Androhung kannte oder schuldhaft nicht kannte (OLG Hamm JurBüro 2008, 50); die Grundsätze über den **Verbotsirrtum** (allg dazu: BGH NJW 52, 593) sind entspr anzuwenden (OLGR Stuttgart 2001, 248, 250 f mwN; MskV/Lackmann Rn 5). Eine schuldhafte Nichtkenntnis, die die Verhängung eines Ordnungsmittels rechtfertigt, wird idR vorliegen, wenn der Sch mangels ausreichender Sprachkenntnisse von der Unterlassungsverpflichtung (Androhung) keine Kenntnis erlangt haben will (iE OLG Brandenburg NJW-RR 2007, 70). Nur **eigenes Verschulden des Sch**, bei jur Personen die Schuld der für sie verantwortlich handelnden Personen (BVerfG NJW-RR 2007, 860 Tz 11), rechtfertigt die Verurteilung nach § 890; Kenntnis (nur) des ProzBev vom gerichtl Verbot wird dem Sch nicht zugerechnet (OLGR Hamburg 2008, 170). Verschulden kann auch auf einem **Organisationsmangel** (vgl BVerfG NJW-RR 2007, 860 Tz 13 ff; OLG Frankfurt JurBüro 83, 1737) und auf einem Fehlverhalten bei der **Auswahl und Überwachung Dritter** beruhen (vgl BVerfG NJW-RR 2007, 860 Tz 13 ff). Der Sch muss alle erforderl und zumutbaren Maßnahmen treffen, um Zuwiderhandlungen durch Angestellte oder Beauftragte zu verhindern (vgl OLG Hamburg NJW-RR 93, 1392 [Presseverlag]; OLG Nürnberg MDR 98, 1498 = NJW-RR 99, 723 [Filialgeschäfte]). Nach dem **Tod des Sch** (während des VollstrVerf) wird gg die Erben ein Ordnungsmittel nicht festgesetzt (OLG Hamm MDR 86, 156). Zum **Doppelahndungsverbot:** s Rn 20.

7 **c)** Ordnungsmittel können auch gg **Prozessunfähige** ergehen, somit gg eine **jur Person**, Handelsgesellschaften etc. Wenn **Sch des Unterlassungsanspruchs** (nur) die **jur Person** ist, ist das Ordnungsgeld gg diese, die ersatzweise Ordnungshaft gg das (namentl zu nennende) Organmitglied festzusetzen, das schuldhaft gg das Verbot verstoßen hat (BGH 18.4.2024 – I ZB 55/23, MDR 2024, 867 = juris Tz 8 mwN). Sind die **jur Person und auch ihr Organ** (nach dem Titel) zur Unterlassung verpflichtet und handelt das Organ im Rahmen der geschäftl Tätigkeit für die jur Person dem Verbot zuwider, ist ein Ordnungsgeld ebenso nur gg diese festzusetzen (vgl BGH 18.4.2024 – I ZB 55/23, MDR 2024, 867 = juris Tz 9 mwN zur bish BGH-Rspr [in Tz 10 aE nun aber offengelassen!]; Sonderfall: OLG Hamburg 17.7.2023 – 15 W 13/23, MDR 2023, 1341 [Unterlassungstitel gg jur Person und Organ, auf Rechtsbehelf der jur Person wird Titel nur gg diese aufgehoben]). Ist **allein das Organ** einer jur Person Sch, sind Ordnungsmittel im Fall einer schuldhaften Zuwiderhandlung des Organs gg den Titel (allein) gg das Organ festzusetzen (BGH 18.4.2024 – I ZB 55/23, MDR 2024, 867 = juris Tz 11 f). Eine gesonderte Inanspruchnahme des Organs erlangt auch Bedeutung, wenn dessen Handeln der jur Person nicht nach § 31 BGB zuzurechnen ist (BGH MDR 2012, 429, 430 m Bsp). Das gilt entspr, wenn der ges Vertreter eines nicht prozessfähigen Sch der Unterlassungspflicht zuwiderhandelt. Zu **prozessunfähigen natürl Personen:** s § 888 Rn 8.

8 **d)** Neben der Verhängung eines Ordnungsmittels ist wegen desselben Sachverhalts eine **Strafverfolgung nach dem StGB und den strafrechtl Nebengesetzen zulässig**; ebenso kann neben einer sachgleichen strafrechtl Verurteilung ein Ordnungsmittel nach § 890 angeordnet werden (OLG Schleswig NJW 2006, 3578); das Verbot der Doppelbestrafung (ne bis in idem: Art 103 III GG) steht nicht entgegen (vgl BGH MDR 98, 489 = NJW 98, 1138, 1139). § 890 und **Vertragsstrafe** schließen sich ebenfalls nicht aus; beide Sanktionen regeln unterschiedl Sachverhalte (BGH MDR 2014, 800 mwN). Die gerichtl Geltendmachung einer vereinbarten Vertragsstrafe wegen der Verletzung einer Unterlassungsverpflichtung hindert deswegen nicht die gleichzeitige Verhängung eines Ordnungsmittels (vgl BGH MDR 98, 489 = NJW 98, 1138, 1139 mwN [die früher verhängte Sanktion ist bei der Höhe der späteren zu berücksichtigen]).

9 **4) Allgemeine Vollstreckungsvoraussetzungen. a)** Die **allg ZwV-Voraussetzungen** müssen bei der Verhängung des Ordnungsmittels (Erlass des Beschlusses) erfüllt sein. Die zu unterlassende oder zu duldende **Handlung muss der Titel inhaltl bestimmt ausweisen** (ausführl zur Bestimmtheit: BGH MDR 2021, 570 = juris Tz 14 ff). **Verallgemeinerungen** sind zulässig, wenn dabei das Charakteristische des konkreten Verletzungstatbestands zum Ausdruck kommt (BGH MDR 95, 280 = NJW 94, 2820, 2822 mwN). Die **bloße Wiedergabe des Textes einer Verbotsnorm** oder die Unterlassungsverpflichtung, zu Wettbewerbszwecken über das Geschäft und die Person des Gl unwahre Tatsachen (welche?) zu behaupten oder zu verbreiten, begründet jedoch keinen vollstrb Titelinhalt (OLG Zweibrücken MDR 87, 1032 = NJW-RR 87, 1526). Ein **allg Belästigungsverbot** (nach *GewSchG) wird* für die ZwV zur Unterlassung von Telefonanrufen nicht als ausreichend angesehen (OLG Karlsruhe MDR 2007, 1453 = NJW 2008, 450, 451).

b) aa) Ist **zur Zeit der Zuwiderhandlung** der **Titel** oder seine **Vollstreckbarkeit aufgehoben** oder die **ZwV eingestellt** (und ggf Sicherheit geleistet), ist eine **Verurteilung nicht zulässig**; denn die Androhung entfällt mit dem Titel, auf dem sie beruht, und seiner Vollstreckbarkeit (vgl BGH MDR 2004, 591 LS = NJW 2004, 506, 508 [für § 91a]). Wird die Einstellung wieder aufgehoben (oder wirkungslos), kann die vor der Einstellung begangene Zuwiderhandlung geahndet werden (vgl OLG Karlsruhe JurBüro 2007, 272). Zu **Erledigungserklärung** und **Prozessvergleich:** s Rn 11. Die Abgabe einer strafbewehrten Verpflichtungserklärung durch den Sch führt nicht zum Wegfall des Titels (OLG Hamburg NJW-RR 87, 1024). 10

bb) Aufhebung (sonstiger Wegfall) des Titels (auch einer einstw Verfügung) **nach Begehen der Zuwiderhandlung, aber vor Verurteilung zu einem Ordnungsmittel**, schließt Ahndung der Zuwiderhandlung aus. Festsetzung eines Ordnungsmittels ist nicht mehr zulässig, weil der Titel als ZwV-Voraussetzung fehlt (vgl BGH MDR 2023, 180 = juris Tz 14 mwN). Gleiches gilt, wenn der (noch nicht rechtskr) Titel wirkungslos wird, weil der Hauptsacherechtsstreit (**übereinstimmend und uneingeschränkt**) für **erledigt erklärt** (BGH MDR 2004, 591 LS = NJW 2004, 506, 508), durch **Prozessvergleich** beendet (OLG Stuttgart NJW-RR 86, 1255) oder die **Klage zurückgenommen** (s § 269 III 1; auch der Antrag auf einstw Verfügung) wurde. Ist jedoch die übereinstimmende Erledigungserklärung eingeschränkt (dazu BGH MDR 2004, 591 LS = NJW 2004, 506, 508 f) oder der Prozessvergleich als Titel für die Unterlassungsverpflichtung bis zu einem bestimmten Zeitpunkt aufrechterhalten, dann bleiben Ordnungsmittel für Zuwiderhandlung gegen die Verpflichtung, Handlungen bis zu dem bestimmten Zeitpunkt zu unterlassen, mit dem dafür fortbestehenden Titel zulässig (sa MskV/Lackmann Rn 6, 16). Möglich bleibt die ZwV auch, wenn der Titel (auf Berufung etc) eingeschränkt wird und die Zuwiderhandlung auch gg das eingeschränkte Verbot verstößt. 11

5) Androhung des Ordnungsmittels (§ 890 II). Das Ordnungsmittel ist dem aus dem Titel ersichtl **Sch** anzudrohen. Die Androhung von Ersatzordnungshaft gegen eine **jur Person** mit der Maßgabe, dass sie an einem organschaftl Vertreter zu vollziehen ist, ist – auch wenn mehrere Vertreter vorhanden sind – zulässig und nicht zu unbestimmt (BGH MDR 92, 41 = NJW 92, 749). Namentl Bezeichnung des organschaftl Vertreters, gg den die Haft vollzogen werden soll, schließt das nicht aus; dann aber keine Verurteilung eines anderen Vertreters (MskV/Lackmann Rn 18). Zur Androhung von Ordnungsmitteln bei in Deutschland durchsetzbaren **ausl Titeln:** s OLG Brandenburg MDR 2016, 1171 (bei sog „freezing injunction"); krit dazu: Hau MDR 2016, 1251 f. – Die **Androhung** kann **schon im Urteil** enthalten sein. **Ansonsten** ist sie durch **bes Beschluss** (nach Anhörung des Sch: § 891 S 1, 2) auszusprechen (II); dieser ist dem Sch vAw zuzustellen (§ 329 III; Zustellung im Parteibetrieb genügt nicht), dem Gl (einfach) mitzuteilen. Die Androhung erfolgt **allein auf Antrag des Gl** (BGH MDR 2018, 1018 Tz 7 ff [nicht des Sch]; zur *Antragsbefugnis*: BGH MDR 2024, 598; der *Antrag* darf *nicht rechtsmissbräuchlich* sein: vgl KG MDR 2021, 512 mwN); in einen solchen ist der Antrag auf Festsetzung eines noch nicht angedrohten Ordnungsmittels umzudeuten (OLGR Saarbrücken 2004, 640, 641 mwN). Da die ZwV mit der Androhung beginnt, müssen die **allg ZwV-Voraussetzungen** erfüllt sein (vgl BGH MDR 2012, 1060 Tz 9 mwN). Ein Rechtsschutzbedürfnis kann nicht (allein) deshalb verneint werden, weil zwischen der Entstehung des Titels und der Androhung ein längerer Zeitraum liegt (KG NJW-RR 87, 507 [neun Jahre]). – Die Androhung muss das **Ordnungsmittel** der Art nach **bezeichnen** und das ges **Höchstmaß** bestimmt **angeben** (BGH MDR 2004, 591 LS = NJW 2004, 506, 507 mwN; sa OLG Hamm MDR 80, 150 = NJW 80, 1289). Eine Androhung „der ges Ordnungsmittel gem § 890 ZPO" genügt nicht (BGH MDR 96, 382 = NJW 95, 3177). **Ordnungsgeld und Ordnungshaft** dürfen zwar **nur alternativ** angedroht werden; die kumulative Androhung ist jedoch als Voraussetzung für die Festsetzung von Ordnungsmitteln wirksam (BGH MDR 2004, 591 LS = NJW 2004, 506). 12

6) Gläubigerantrag. Vgl § 887 Rn 4 (auch zum Anwaltszwang); zur Antragsbefugnis eines Wirtschaftsverbandes (§ 8b UWG): OLG Hamm MDR 2023, 1004; s iÜ Rn 12. Der Antrag darf **nicht rechtsmissbräuchlich** sein (vgl KG MDR 2021, 512 mwN). Ein bestimmtes Ordnungsmittel und dessen Höhe müssen im Antrag nicht angegeben werden. Eine Frist für den Antrag ist nicht bestimmt (vgl OLG Düsseldorf MDR 65, 52). Der Antragsteller hat die ZwV-Voraussetzungen (vgl BGH MDR 2023, 180 = juris Tz 32 mwN) und außerdem nachzuweisen, dass die Zuwiderhandlung nach Strafandrohung und Vollstreckbarkeit des Urteils schuldhaft (dazu Rn 6; zum Verschuldensnachweis u zu Beweiserleichterungen: KG OLGZ 93, 339; OLGR Köln 2001, 138, 139) begangen wurde. Eine Glaubhaftmachung, auch eidesstattl Versicherung, genügt nicht, da wegen des repressiven Charakters von § 890 der **Vollbeweis eines schuldhaften Verstoßes des Sch** gg die Schutzanordnung notw ist (vgl BVerfG MDR 92, 190 = NJW 91, 3139 f [Anscheinsbeweis zulässig]; OLG Dresden 6.2.2018 – 4 W 103/18, juris Tz 4; OLG Schleswig MDR 2014, 561; OLG Bremen NJW-RR 2007, 662, 663); im Verf ist eine Zeugen- und Parteivernehmung möglich. Die **Umdeutung** (entspr § 140 BGB) eines Antrags nach § 888 in einen solchen nach § 890 ist zulässig, wenn dies erkennbar dem Willen des Gl entspricht (OLGR Frankfurt 97, 118; BayObLG NZM 99, 769; sa § 887 Rn 4, § 888 Rn 4). **Zurückgenommen** werden kann der Antrag bis zur Rechtskraft des Beschlusses; Folge: s § 888 Rn 4. 13

III) Verfahren. 1) Allgemeines. a) Zuständig ist das **Prozessgericht des 1. Rechtszuges (I 1**, sa § 887 Rn 6; zur Zuständigkeit des BPatG: s BPatG GRUR 96, 402). Bei einem im Privatklageverf geschlossenen Vergleich sind die Zivilgerichte für die Zwangsmaßnahmen des § 890 funktionell zuständig (OLG Hamburg MDR 58, 434). 14

15 **b)** Zu **prüfen** hat das Gericht neben den allg ZwV-Voraussetzungen (sa Rn 9) insb, ob der erwiesene Sachverhalt eine schuldhafte Verletzung (s Rn 6) der Unterlassungs- oder Duldungspflicht des Sch darstellt. Die Verhängung eines Ordnungsmittels setzt aber nicht voraus, dass die schuldhafte Zuwiderhandlung noch im Zeitpunkt der Beantragung des Ordnungsmittels durch den Gl (oder gar im Zeitpunkt der gerichtl Entscheidung über den Ordnungsmittelantrag) vorliegt (sa KG MDR 2024, 466). **Zur Beweislast:** s Rn 13; *Anscheinsbeweis* ist zulässig (BVerfG MDR 92, 190 = NJW 91, 3139). Über den str Umfang des Urteilsausspruchs (Auslegung, was nach dem Titel verboten ist) ist im Verf nach § 890 zu entscheiden (OLG München MDR 90, 442 f).

16 **c)** Das Prozessgericht entscheidet durch **Beschluss** (§ 891 S 1; kann ohne mündl Verhandlung ergehen: § 128 IV). **Anhörung des Sch:** s § 891 S 2. In dem Beschluss ist der organschaftl **Vertreter einer jur Person** namentl zu benennen (vgl BGH MDR 92, 41 = NJW 92, 749; sa Rn 12). Das Ordnungsmittel kann auch gg den nach Festsetzung ausgeschiedenen GmbH-Geschäftsführer vollzogen werden (OLG Nürnberg MDR 2003, 293 [Ersatzordnungshaft]); Voraussetzung ist dann aber, dass die Zuwiderhandlung in seinen Verantwortungsbereich fällt (er als verantwortlich in Betracht kommt: vgl BGH MDR 92, 41 = NJW 92, 749). Betrifft das Unterlassungsgebot den Verantwortungsbereich **mehrerer Vertreter**, kommt Ordnungshaft oder Ersatzordnungshaft gg alle – konkret namentl zu bezeichnenden Vertreter – in Betracht (BGH MDR 92, 41 = NJW 92, 749; sa Rn 12). Der **Beschluss ist zu begründen** (OLG Frankfurt NJW 69, 58); auch dann, wenn der Sch sich zu dem Antrag nicht geäußert hat (OLG Karlsruhe Justiz 90, 93). **Kosten:** s § 891 S 3.

17 **d)** Die **Wahl zwischen Ordnungsgeld und Ordnungshaft und der Höhe des Ordnungsmittels steht** (in den Grenzen des Androhungsbeschlusses) **dem Gericht zu.** Ein beantragtes Höchstmaß darf nicht überschritten werden (§ 308 I). Ordnungsgeld (mit Ersatzhaft) und Ordnungshaft können **nicht nebeneinander** (kumulativ) angeordnet werden (sa Rn 12). Wurde nur Ordnungsgeld angedroht, kann keine Ersatzhaft angeordnet werden (OLG Hamm MDR 92, 411). Wenn die Beeinträchtigung des Gl unbedeutend (geringfügig) und die Schuld des Sch bes gering ist (Ausnahmefall), kann das Gericht von einer Verurteilung absehen (OLG Hamburg MDR 68, 1019).

18 **e)** Das **Mindestmaß des Ordnungsgeldes** sind **fünf Euro** (Art 6 I 1 EGStGB), das **Höchstmaß** des einzelnen Ordnungsgeldes **250.000 Euro (I 2)**. Das Ordnungsgeld ist in bestimmter Höhe (**Ermessen des Gerichts:** BGH MDR 2017, 357 = NJW-RR 2017, 382 Tz 16 ff mwN), die **Ersatzhaft** (ebenfalls Ermessen des Gerichts: OLG Frankfurt JurBüro 87, 1570) der Dauer nach zu bestimmen. Bei der **Bemessung im Einzelfall** ist dem Unwertgehalt der Verletzungshandlung (Schwere und Ausmaß der Zuwiderhandlung, Dauer des Verstoßes sowie Folgen für den Gl) und dem Grad des Verschuldens des Sch ebenso Rechnung zu tragen wie dem Umstand, dass diesem erkennbar werden soll, dass die Titelverletzung wirtschaftl nicht lohnend ist, so dass weitere Zuwiderhandlungen unterbleiben; weiterhin sind die wirtschaftl Verhältnisse des Sch (sa Rn 21) zu berücksichtigen (vgl BGH MDR 2017, 357 = NJW-RR 2017, 382 Tz 17, 19 mwN). Das alles schließt eine schematische Festsetzung (zB auf einen Bruchteil des Streitwerts des Unterlassungsverf) aus (vgl BGH MDR 94, 788 = NJW 94, 45). Ist die Festsetzung der Ersatzhaft unterblieben, kann das Gericht das **Ordnungsgeld nachträgl in Ordnungshaft umwandeln**, wenn das Ordnungsgeld nicht beigetrieben werden kann (Art 8 I 1 EGStGB). **Höchstmaß je Ersatzhaft:** 6 Monate (I 1; Höchstdauer insgesamt: 2 Jahre [I 2], s Rn 20).

19 **f)** Das **Mindestmaß der Ordnungshaft** beträgt **einen Tag** (Art 6 II 1 EGStGB), das **Höchstmaß** der einzelnen Ordnungshaft **6 Monate (I 1**; Höchstdauer insgesamt: **2 Jahre [I 2]**; s Rn 20). Die Haft ist der Dauer nach (nach Tagen, Art 6 II 2 EGStGB) zu bemessen.

20 **g)** Bei **mehreren selbständigen Verstößen** (wiederholte Zuwiderhandlungen) kann das Ordnungsgeld mehrfach bis zum Höchstbetrag von jew 250.000 Euro (I 2), die Haft mehrfach bis jew 6 Monate, allerdings mit einer Höchstdauer von insgesamt 2 Jahren (I 2), festgesetzt werden. Zu einer rechtl Einheit (einer einheitl Tat) können Einzelverstöße als fortgesetzte Handlung nicht deshalb zusammengefasst werden, weil der Sch von vornherein mehrfache Verstöße gg die Unterlassungsverpflichtung beabsichtigt hat (BGH MDR 2009, 468 = NJW 2009, 921 Tz 14 [Aufgabe des Fortsetzungszusammenhangs auch für die ZwV]). Bei der **Bemessung des Ordnungsmittels** für wiederholte Verstöße kann es geboten sein, nicht das Vielfache der für eine einzelne Zuwiderhandlung als angemessen erachteten Sanktion zu verhängen (BGH aaO). Bei **natürlicher Handlungseinheit** werden mehrere (Einzel-)Verstöße als eine Zuwiderhandlung angesehen (iE BGH aaO Tz 13; BGH MDR 2021, 510 = juris Tz 22 ff – jew mwN), die das Ordnungsgeld nur einmal auslösen. Wird durch eine Handlung gg **mehrere Unterlassungstitel verstoßen**, können unabhängig voneinander mehrere Ordnungsmittel festgesetzt werden (OLG Frankfurt NJW 84, 316 LS; OLG Hamm MDR 77, 323 = NJW 77, 1203). Die Vollstr ist dann jedoch nur in Höhe eines schuldangemessenen Ordnungsgeldes zulässig (vgl OLG Frankfurt u OLG Hamm – jew aaO). Es gilt das aus Art 20 III GG folgende außerstrafrechtl **Doppelahndungsverbot** (Art 103 III GG ist unanwendbar; iE BGH MDR 2022, 1425).

21 **h)** Das Gericht kann bei der Festsetzung des Ordnungsgeldes eine **Zahlungsfrist bewilligen oder Teilzahlungen gestatten** (Art 7 I 1 EGStGB), wenn es dem Sch nach seinen wirtschaftl Verhältnissen nicht zuzumuten ist, das Ordnungsgeld sofort zu zahlen; *dabei kann angeordnet werden, dass die Vergünstigung bei der Nichtzahlung einer Rate entfällt.* Nach der Festsetzung des Ordnungsgeldes trifft diese Anordnung die Vollstreckungsbehörde (Art 7 II 1 EGStGB). Die **Vollstr** der **Ordnungshaft** an Stelle eines uneinbringlichen Ordnungsgeldes

(nicht aber der Ordnungshaft als originäres Zwangsmittel: LG München I MDR 2000, 354) kann nach Anordnung des Gerichts **unterbleiben, wenn sie für den Sch eine unbillige Härte wäre** (Art 8 II EGStGB). Zum Schutz nach § 765a: s § 765a Rn 2. Allein die **Eröffnung des Insolvenzverf** über das Vermögen des Sch hindert die Vollstr einer (Ersatz-)Ordnungshaft jedoch nicht (vgl BGH MDR 2019, 246 Tz 9).

2) Vollstreckung. a) Ordnungsgelder werden **vAw nach** dem **JBeitrG** vollstr (§ 1 I Nr 3, § 2 I JBeitrG; vgl BGH MDR 2013, 675 = juris Tz 22). Der Beschluss ist vor Rechtskraft vollstrb (s § 794 I Nr 3). Vollstreckungsbehörde ist der Vorsitzende des Prozessgerichts (§ 1 I Nr 3, § 2 I 1, 2 JBeitrG iVm § 2 Nr 2 der Einforderungs- und Beitreibungsanordnung). Zur Vollstr im europ Ausland: s BGH MDR 2010, 717 LS = NJW 2010, 1883, sa EuGH NJW 2011, 3568. Auch die Vollstr der **Ordnungshaft** geschieht **vAw durch das Prozessgericht** (nicht die StA: OLG München MDR 88, 784 = NJW-RR 88, 1407). Die Vollstr von Ordnungsmitteln ist dem Rechtspfleger übertragen (§ 31 III, § 4 II Nr 2a RPflG). Er kann eine Verhaftung durch einen GV durchführen lassen. 22

b) Die **ZwV aus dem Titel verjährt in 30 Jahren** (§ 197 I Nr 3, 4 BGB). Für die **Ordnungsmittel** gilt **Art 9 EGStGB** (BGH MDR 2019, 246 Tz 11; BGH MDR 2021, 510 Tz 58 – jew mwN): Verjährung des Anspruchs, auf Grund des Titels einen Vollstreckungsantrag (§ 890) zu stellen (**Verfolgungsverjährung:** Art 9 I EGStGB), damit **2 Jahre** ab Beendigung der Handlung (Art 9 I 2, 3 EGStGB; iE BGH MDR 2007, 859 = NJW-RR 2007, 863 Tz 23). Wenn der Sch (auch) verpflichtet ist, tätig zu werden (s Rn 4), beginnt die Verjährung nicht, solange diese Pflicht fortbesteht und der Sch pflichtwidrig untätig bleibt (BGH MDR 2007, 859 = NJW-RR 2007, 863 Tz 23). Nicht (mehr) eintreten kann die Verfolgungsverjährung, wenn ein Ordnungsmittel festgesetzt ist (BGH MDR 2019, 246 Tz 11); auch wenn die Festsetzung noch nicht rechtskr ist (BGH MDR 2005, 655 = NJW 2005, 509). Nach der Festsetzung eines Ordnungsmittels kommt nur noch die **Vollstreckungsverjährung** (Art 9 II EGStGB) in Betracht (BGH MDR 2019, 246 Tz 11); Frist: **2 Jahre** ab Wirksamwerden des Ordnungsmittelbeschlusses (Art 9 II 2, 3 EGStGB; sa BGH MDR 2019, 246 Tz 12). Der **Eintritt der Verjährung** ist als Verfahrenshindernis **vAw in jeder Lage des Verf zu beachten** (BGH MDR 2021, 510 Tz 61). 23

IV) Aufhebung des Titels etc. Wenn nach Erlass des Ordnungsmittelbeschlusses der Unterlassungstitel aufgehoben oder die ZwV für unzulässig erklärt oder ihre Einstellung angeordnet wird, ist vom Prozessgericht (s Rn 14) der **Ordnungsmittelbeschluss aufzuheben** (§ 775 Nr 1, 3 [uU Nr 2] iVm § 776 S 1) oder seine **Vollziehung einzustellen** (§ 775 Nr 5 [uU Nr 2]). Die Aufhebung hat auch nach Rechtskraft des Beschlusses und auch dann zu erfolgen, wenn das Ordnungsgeld bereits bezahlt ist (vgl KG MDR 2000, 48 = NJW-RR 2000, 1523 mwN; aA OLG Zweibrücken MDR 88, 871 = NJW-RR 88, 1280 mwN). Vom Beschwerdegericht ist der (nicht rechtskr) Ordnungsmittelbeschluss aufzuheben, wenn nach seinem Erlass der Unterlassungstitel aufgehoben worden ist (vgl KG NJW-RR 2004, 68, 69 mwN [mit zutr Einschränkung für Titelaufhebung erst ab einem bestimmten Zeitpunkt]). **Wirkungslos wird der** (noch nicht rechtskr) **Vollstreckungstitel**, wenn der Rechtsstreit (übereinstimmend und uneingeschränkt) für **erledigt erklärt** (BGH MDR 2004, 591 LS = NJW 2004, 506, 508; sa Rn 11) oder durch **Prozessvergleich** beendet wird. Der noch nicht rechtskr Ordnungsmittelbeschluss ist dann auf eine Beschwerde aufzuheben; ist der Ordnungsmittelbeschluss bereits rechtskr, ist nach § 775 Nr 1 iVm § 776 S 1 einzustellen und aufzuheben (KG NJW-RR 99, 790; OLG Köln OLGZ 92, 448 [Verzicht auf Rechte aus einstw Verfügung]; aA OLG Frankfurt OLGZ 94, 603). Einstellungsgrundlage: Beschluss entspr § 269 IV. Die (übereinstimmende) **Erledigungserklärung** im Hauptsacheverf kann **eingeschränkt**, insb kann sie nur ab einem bestimmten Zeitpunkt erklärt werden (beschränkte Erledigungserklärung: BGH MDR 2004, 591 LS = NJW 2004, 506, 508 f); auch kann der Titel durch Prozessvergleich für die Unterlassungsverpflichtung bis zu einem bestimmten Zeitpunkt aufrechterhalten werden. Ebenso wie Ordnungsmittel für Zuwiderhandlungen bis zu diesem Zeitpunkt zulässig bleiben (s Rn 11), kann dann auch ein Ordnungsmittelbeschluss wegen einer bis zu dem maßgebl Zeitpunkt begangenen Zuwiderhandlung nicht aufgehoben werden. Ein **Verzicht des Gl** auf Rechte aus dem (rechtskr) Titel und den Vollstreckungsmaßnahmen ermöglicht eine Aufhebung des (rechtskr) Vollstreckungsbeschlusses nicht (OLG Nürnberg MDR 2006, 945 f [kein Rückzahlungsanspruch des Sch]). 24

V) Rückzahlung des Ordnungsgeldes. Sie kommt nicht in Betracht, solange der Ordnungsmittelbeschluss nicht aufgehoben worden ist (BGH MDR 89, 59 = NJW-RR 88, 1530). Nach Aufhebung des Ordnungsgeldbeschlusses hat die **Staatskasse** das Ordnungsgeld zurückzuzahlen (BAG NJW 90, 2579 wendet § 812 I 2 BGB entspr an [für § 888 I]; Grundlage evtl aber auch § 717 II 1 oder § 945 [analog]). Die Rückzahlung kann **durch das Prozessgericht** (Rn 14) **entspr § 776 angeordnet** werden (vgl OLGR Zweibrücken 2000, 565; OLG Frankfurt JurBüro 91, 1554 – jew zu § 888; sa MskV/Lackmann Rn 16). Zu weiter gehendem Schaden (auch Schaden bei Ordnungshaft): s § 717 II, § 945. 25

VI) Bestellung einer Sicherheit durch den Schuldner (§ 890 III). „Verurteilung" des Sch zur Bestellung einer Sicherheit (Kautionsanordnung) für den durch fernere Zuwiderhandlungen entstehenden Schaden (III) setzt logisch („fernere") eine einmalige Zuwiderhandlung und frühere Androhung eines Ordnungsmittels (II) voraus, nicht aber vorherige oder gleichzeitige Festsetzung eines Ordnungsmittels (vgl OLG Frankfurt JurBüro 78, 771). Eine Androhung der Kautionsanordnung muss ihrer Festsetzung nicht vorausgehen (OLG Frankfurt JurBüro 78, 771). Die Verurteilung zur Sicherheitsleistung erfolgt auf **Antrag des Gl**. Die Höhe der Sicherheit muss der Gl in seinem Antrag nicht angeben; Anordnung („kann") sowie Art und Höhe der Sicherheitsleistung 26

(§ 108 I 1) stehen im **Ermessen des Gerichts** (vgl OLGR München 1999, 98). Dieses entscheidet nach Anhörung des Sch (§ 891 S 2) und freigestellter mündl Verhandlung (§ 128 IV) durch **Beschluss** (§ 891 S 1). Die **Sicherheitsleistung ist auf bestimmte Zeit anzuordnen**; deren Länge orientiert sich an einer voraussichtlichen Zuwiderhandlungsgefahr (MK/Gruber Rn 41). Der Beschluss ist Titel (§ 794 I Nr 3) zur Vollstr nach § 887. Dem Gl haftet die Sicherheit für die entstehenden Kosten und Kosten weiterer Zuwiderhandlungen (Klage nach § 893 II, wenn kein Einvernehmen über die Auszahlung erzielt wird: OLG Frankfurt JurBüro 78, 771), nicht aber auch für ein Ordnungsgeld, auf das nur die Staatskasse Anspruch hat. **Rückgabe der Sicherheit** nach § 109, auch bei Ablauf der im Beschluss bestimmten Frist.

27 **VII) Rechtsbehelfe.** Die **im Urteil oder in der einstw Verfügung enthaltene Strafandrohung** kann nur mit dem Urteil bzw der einstw Verfügung zusammen angefochten werden (vgl BGH MDR 92, 41 = NJW 92, 749, 750; aA OLG Hamm MDR 88, 784 = NJW-RR 88, 960: selbständig mit sof Beschwerde anfechtbar; unzutreffend, weil die in das Urteil etc aufgenommene Androhung keine Maßnahme der ZwV ist [iE BGH MDR 92, 41 = NJW 92, 749, 750 mwN]). Gegen die **durch Beschluss erfolgte Androhung**, den Festsetzungsbeschluss, die Zurückweisung des Antrags des Gl und den Kautionsbeschluss (III): jew sof Beschwerde (§ 793). Zur aufsch Wirkung der Beschwerde gegen Ordnungsgeld oder -haft: s § 888 Rn 17. Der Gl kann mit der Beschwerde auch das Ziel verfolgen, das **Ordnungsmittel zu verschärfen** (BGH MDR 2015, 674 = NJW 2015, 1829 Tz 15 mwN); jedoch **keine Beschwer** des Gl **bei unbeziffertem Ordnungsmittelantrag** (BGH MDR 2024, 1609 mwN). Sof Beschwerde findet auch gegen die Entscheidung über den Antrag statt, den **Festsetzungsbeschluss** wieder **aufzuheben** (OLG Hamm OLGZ 89, 471, 472 [actus contrarius zum Erlass]). Behauptet der Sch, dass er **vor der Androhung erfüllt** hat, muss er gem § 767 klagen. Einwendungen des Sch gegen den Titel sind nach §§ 767, 927 geltend zu machen. Die Entscheidung des Vorsitzenden des Prozessgerichts (s Rn 22) über die nachträgl Bewilligung von **Zahlungserleichterungen** (Art 7 II EGStGB, s Rn 21) ist ebenfalls mit der sof Beschwerde anfechtbar (iE OLG Karlsruhe NJW-RR 97, 1567; MskV/Lackmann Rn 20; aA KG Rpfleger 2008, 37 [Art 7 IV EGStGB]). Die fehlerhafte **Art und Weise der Durchführung der ZwV** kann mit der Erinnerung (§ 766 [§ 6 I Nr 1 JBeitrG]) gerügt werden, dann: sof Beschwerde (§ 793; iE OLG Karlsruhe NJW-RR 97, 1567; sa Hk-ZPO/Kießling Rn 38).

28 **VIII) Gebühren. 1) Gericht:** Vorauszahlungspflicht: § 12 VI 1 GKG. Festgeb 24 Euro gem 2111 GKG-KV (s § 887 Rn 15 zum Begriff des Verf); Beschwerdeverf: 2121, 2124 GKG-KV. Die Kosten der Ordnungshaft werden von 9011 GKG-KV erfasst. – **2) RA:** 3309 RVG-VV. Jede Verurteilung zu einem Ordnungsgeld ist ein bes Verf (§ 18 I Nr 14 RVG), nicht aber die einer Verurteilung vorausgehende Androhung (§ 19 II Nr 5 RVG). Wird der Antrag auf Androhung im Rechtsstreit gestellt, entsteht hierfür keine Geb; der spätere Antrag auf Verhängung löst dann die Geb 3309 RVG-VV aus. Wird der Antrag auf Androhung nach Abschluss des Verf gestellt, entsteht die Geb 3309 RVG-VV (OLG Stuttgart MDR 2020, 1278), dann aber keine erneute für den Antrag auf Verhängung. § 19 II Nr 5 RVG erfasst auch, obwohl nicht erwähnt, die Androhung von Ordnungshaft (GS/Müller-Rabe VV 3309 Rn 356). – Die Verurteilung zur Bestellung einer Sicherheit nach III ist eine bes Angelegenheit (§ 18 I Nr 15 RVG). Wert: s § 3 Rn 16.127. – **3) GV:** 270 GvKostG-KV (46,80 Euro Festgeb) für die Verhaftung.

§ 891 Verfahren; Anhörung des Schuldners; Kostenentscheidung

[1]Die nach den §§ 887 bis 890 zu erlassenden Entscheidungen ergehen durch Beschluss. [2]Vor der Entscheidung ist der Schuldner zu hören. [3]Für die Kostenentscheidung gelten die §§ 91 bis 93, 95 bis 100, 106, 107 entsprechend.

1 **I) Verfahren (§ 891 S 1, 2).** Die Entscheidungen ergehen durch **Beschluss (S 1)**; auch dann, wenn über den Antrag mündl verhandelt wurde (vgl BVerwG NJW 86, 1125 mwN). Bei der Anordnung einer **mündl Verhandlung** (s § 128 IV) erfolgt die Ladung vAw (§ 214). Zum Anwaltszwang: vgl § 887 Rn 4. Die behaupteten Tatsachen sind zu beweisen (sa § 890 Rn 13); Glaubhaftmachung genügt auch dann nicht, wenn eine einstw Verfügung die ZwV-Grundlage bildet (OLG Saarbrücken FamRZ 2012, 998). **Anhörung des Sch (S 2)** erfolgt schriftl (zweckmäßig unter Fristsetzung) oder zu Protokoll. Die Beschlussfassung ist nicht davon abhängig, dass der Sch sich äußert (vgl KG OLGZ 79, 366 f); sein Schweigen ist frei zu würdigen; § 138 III ist anwendbar (iE OLG Düsseldorf NJW-RR 91, 1088; sa MskV/Lackmann Rn 2).

2 **II) Kosten (§ 891 S 3).** Die **Kosten des Verf** über einen Antrag nach §§ 887-890 treffen (unabhängig vom Kostenausspruch im Titel) die in dem Zwangsverf unterliegende Partei (S 3 iVm **§ 91**). Sie fallen dem Sch damit **nicht** als Kosten der ZwV nach **§ 788 I** zur Last; für diejenigen Kosten, die bei der Durchführung der ZwV nach den Entscheidungen gem §§ 887-890 entstehen, gilt jedoch § 788 (MK/Gruber Rn 5; MskV/Lackmann Rn 1). Es gelten zudem §§ 91a-93, §§ 95-100, § 106 und § 107 entspr (S 3). Über die Kosten hat das Prozessgericht des ersten Rechtszuges (auch das Beschwerdegericht) zu entscheiden (vgl § 308 II). Bei einer **Rücknahme des Antrags** gilt § 269 III 2, 3 entspr (vgl OLGR Köln 2004, 79 ff [für § 888]).

§ 892 Widerstand des Schuldners

Leistet der Schuldner Widerstand gegen die Vornahme einer Handlung, die er nach den Vorschriften der §§ 887, 890 zu dulden hat, so kann der Gläubiger zur Beseitigung des Widerstandes einen Gerichtsvollzieher zuziehen, der nach den Vorschriften des § 758 Abs. 3 und des § 759 zu verfahren hat.

I) Inhalt. Nur der **Widerstand des Sch** (ges Vertreters oder Organs) gegen die Vornahme einer Handlung, die nach **§ 887** infolge gerichtl Ermächtigung des Gl zur Ersatzvornahme oder nach **§ 890** auf Grund des Titels zu dulden ist, kann **mit Hilfe des GV überwunden** werden. Zur Beseitigung des Widerstandes für die Durchsetzung einer Duldungsverpflichtung kann der Gl damit wahlweise im Zwangsverf nach § 890 oder durch Zuziehung eines GV nach § 892 vorgehen (BGH MDR 2021, 1352 LS = juris Tz 13 mwN). Der **GV** hat die allg ZwV-Voraussetzungen, insb den zugestellten Titel, im Fall von § 887 (nur) den (zugestellten) Ermächtigungsbeschluss als Grundlage seines Einschreitens (vgl OLG Köln DGVZ 92, 170; sa MskV/Lackmann Rn 2), sowie außerdem zu **prüfen**, inwieweit das Verlangen des Gl oder ein Widerstand des Sch gerechtfertigt ist (ausführl zu den Voraussetzungen von § 892: BGH MDR 2021, 1352 LS = juris Tz 17 ff). Zwang in der Schuldnerwohnung ohne Einwilligung erfordert (außer bei dringendem Fall) richterl Durchsuchungsanordnung (sa § 758a Rn 6). Bei der Anwendung von Zwangsmaßnahmen (§ 758 III; Zuziehung von Zeugen: § 759) darf das zur Beseitigung des Widerstands notw Maß nicht überschritten werden (§ 133 S 2 GVGA). Über die Vollstreckungshandlung ist ein Protokoll aufzunehmen (§ 762). Die **Kosten des GV** sind **Vollstreckungskosten iSd § 788. Rechtsbehelf** des **Gl** gegen Ablehnung durch den GV und des **Sch** gegen Maßnahmen des GV: Erinnerung (§ 766), dann: sof Beschwerde (§ 793). 1

II) Gebühren des Gerichtsvollziehers. 250 GvKostG-KV (62,40 Euro Festgeb) mit der Möglichkeit eines Zeitzuschlags nach 500 GvKostG-KV. 2

§ 892a (weggefallen)

S dazu § 96 FamFG.

§ 893 Klage auf Leistung des Interesses

(1) Durch die Vorschriften dieses Abschnitts wird das Recht des Gläubigers nicht berührt, die Leistung des Interesses zu verlangen.

(2) Den Anspruch auf Leistung des Interesses hat der Gläubiger im Wege der Klage bei dem Prozessgericht des ersten Rechtszuges geltend zu machen.

I) Anwendungsbereich (§ 893 I). §§ 883-892 lassen als vollstreckungsrechtl Bestimmungen das **Recht des Gl unberührt**, die **Leistung des Interesses** statt der urspr geschuldeten Leistung **zu verlangen** (I). **Maßgebend** hierfür sind die **Vorschriften des mat Rechts**, denen auch zu entnehmen ist, ob der Gl das Interesse erst nach Klage auf Erfüllung oder ohne eine solche Klage geltend machen kann. § 893 kommt zB zur Anwendung, wenn der Sch die Sache nicht herausgeben kann, weil er sie veräußert hat (vgl RGZ 10, 418), oder wenn er das Urteil etc nicht erfüllt und die zu leistende Handlung durch Mittel der ZwV nicht erzwingbar ist (vgl RGZ 22, 255; OLG Stuttgart OLGZ 90, 354). § 893 **gilt nicht für § 894** (vgl RGZ 76, 409, 412; sa MK/Gruber Rn 2 mwN). 1

II) Zuständigkeit (§ 893 II). Für die Klage auf Leistung des Interesses ist (ausschl: § 802) sachlich und örtlich das **Prozessgericht des 1. Rechtszuges** zuständig (II), bei dem das frühere Verf anhängig war, damit auch das FamG (OLG Schleswig NJW-RR 2003, 1013 mwN), und zwar ohne Rücksicht auf den Wert des Streitgegenstandes; aber nur, wenn lediglich das Interesse statt der Leistung (nicht Interesse und Leistung) verlangt wird (vgl RGZ 66, 17, 18 f). Hat dieses Gericht sich rechtskr für unzuständig erklärt, gilt § 11 (vgl RGZ aaO). In der Rechtsmittelinstanz sind hinsichtlich der Zuständigkeit § 513 II, § 545 II zu beachten (vgl RGZ aaO). Für den Parteiprozess gelten die bes Vorschriften der §§ 510b, 888a. 2

III) Sonstiges. Der Gl kann den **Anspruch auf Leistung des Interesses geltend machen, ohne vorher** die Durchführung des Erfüllungsanspruchs im **Vollstreckungsverf** zu versuchen (MK/Gruber Rn 3; MskV/Lackmann Rn 2). 3

§ 894 Fiktion der Abgabe einer Willenserklärung

[1]Ist der Schuldner zur Abgabe einer Willenserklärung verurteilt, so gilt die Erklärung als abgegeben, sobald das Urteil die Rechtskraft erlangt hat. [2]Ist die Willenserklärung von einer Gegenleistung abhängig gemacht, so tritt diese Wirkung ein, sobald nach den Vorschriften der §§ 726, 730 eine vollstreckbare Ausfertigung des rechtskräftigen Urteils erteilt ist.

1 **I) Zweck.** Regelung der zwangsweisen Durchsetzung des Anspruchs bei der Verurteilung des Sch zur Abgabe einer Willenserklärung.

2 **II) Voraussetzungen. 1) Abgabe einer Willenserklärung.** a) Der durchzusetzende Anspruch muss in der **Abgabe einer Willenserklärung des Sch** bestehen (**S 1**). Die Erklärung muss einen hinreichend bestimmten Inhalt haben, der dem Titel jedenfalls durch Auslegung zu entnehmen sein muss (BGH MDR 2011, 1008 = NJW 2011, 3161 Tz 7; sa OLG München 7.1.2020 – 34 Wx 425/17, juris Tz 20). Es kann sich um eine **Willenserklärung mat Rechts** (Bsp: Abtretungserklärung, Auflassungserklärung, Vertragsangebot, Genehmigung des Vertrags eines vollmachtlosen Vertreters [§ 177 I BGB: OLG Köln NJW-RR 2000, 880], Anerkennung der vertragsgerechten Leistung zur Abnahme eines Werks [OLG Stuttgart NJW 2011, 3172]), um eine **prozessuale Erklärung** oder um den **bei einer Behörde zu stellenden Antrag** handeln. Gleichgültig ist, ob die Willenserklärung ggü dem Gl, einem Dritten (OLG Brandenburg MDR 2001, 578 = NJW-RR 2001, 1185, 1186) oder einer Behörde (BGH MDR 93, 868 = NJW 93, 925, 927 [Befreiungsantrag bei der Naturschutzbehörde]) abzugeben ist. Die Verurteilung muss unbedingt und vorbehaltlos sein. **Keine Anwendung findet § 894** daher bei der Verurteilung des Erben zur Abgabe einer Willenserklärung unter Vorbehalt der Beschränkung seiner Haftung (§ 780); hier gilt § 888 (vgl RGZ 49, 415, 417 f). Nicht unter § 894 fallen auch tatsächliche Angaben (eidesstattl Erklärungen), Unterschriftsleistungen und öffentl Beglaubigungen von Erklärungen (dazu § 888 Rn 3.20). Gleiches gilt für den **Widerruf ehrverletzender Behauptungen** (diese sind nach § 888 zu vollstr; sa § 888 Rn 3.29), weil im Fall von § 894 das Interesse des Gl nicht hinreichend berücksichtigt würde (str, ebenso BGH NJW 62, 1438; OLG Frankfurt MDR 98, 986; OLG Köln MDR 92, 184; OLG Zweibrücken MDR 90, 730 = NJW 91, 304; MK/Gruber § 888 Rn 10; MskV/Lackmann Rn 5; aA OLG Hamm NJW-RR 92, 634 [Urteilswirkung kann im Tenor zum Ausdruck gebracht werden]).

3 **b) Beispiele zu § 894:** Verurteilung

- zur **Abgabe grundbuch- und registermäßiger Erklärungen** wie zB der *Eintragung* (keine Auslegung der unvollst Bezeichnung des einzutragenden Rechts durch das Grundbuchamt: BGH MDR 2012, 87 = NJW 2012, 530), *Löschung* (auch einer Firma: OLG München Rpfleger 2013, 686), *Auflassung* (OLG Rostock MDR 2023, 1480; für Grundstücksteilfläche vor Teilung unter Bezugnahme auf den Veränderungsnachweis: BGH MDR 84, 746 = NJW 84, 1959; für Wohnungseigentum vor Anlegung des WE-Grundbuchs: BGH MDR 93, 866 = NJW-RR 93, 840) und *Berichtigung* (nicht aber für eine Teilfläche vor Darstellung im Veränderungsnachweis: BGH MDR 86, 663 = NJW 86, 1867);
- zur **Abgabe prozessualer Erklärungen** wie zB Rücknahme einer Zivil- oder Privatklage, eines Strafantrags (BGH MDR 74, 650 = NJW 74, 900);
- zur Einwilligung in die **Auszahlung eines Hinterlegungsbetrags**;
- eines **GmbH-Gesellschafters** auf Zustimmung zur Änderung des Gesellschaftsvertrags (OLG Bremen NJW 72, 1952), zu einem GmbH-Kapitalerhöhungsbeschluss (und der Übernahme eines weiteren Geschäftsanteils: BGH MDR 87, 120 = NJW 87, 189), zur Bestellung eines GmbH-GF (BGH NJW-RR 89, 1056) oder zur Stimmabgabe gem einer Abstimmungsvereinbarung (BGH NJW 67, 1963; OLG Köln NJW-RR 89, 352);
- eines Arbeitgebers zur **Urlaubsgewährung** (BAG NJW 62, 270);
- anderer **Wohnungseigentümer** oder eines Dritten zur Zustimmung nach § 12 I WEG (BayObLG MDR 77, 670);
- eines Ehegatten auf **Zustimmung zum Realsplitting** (BGH MDR 98, 845 = NJW-RR 98, 1153, 1154 mwN) oder zur gemeinsamen steuerl Veranlagung (OLG Koblenz FamRZ 2005, 224).

4 **2) Rechtskraftfähigkeit.** Die **Verurteilung muss der Rechtskraft** (§ 705) **fähig sein**, somit als Urteil oder Beschluss ergangen sein. Zur Verurteilung zur Abgabe einer Willenserklärung durch **einstw Verfügung:** s § 938 Rn 2. Auf einen **Vergleich** (§ 794 I Nr 1; auch **Anwaltsvergleich:** § 796a II), der eine Verpflichtung zur Abgabe einer Willenserklärung enthält, findet § 894 **keine Anwendung**; in diesem Fall ist nach § 888 zu vollstr (OLG Frankfurt JurBüro 2008, 104) oder der Anspruch ist mit der Leistungsklage durchzusetzen (BGH MDR 86, 931 = NJW 86, 2704 mwN). Möglich ist es dagegen, eine **Willenserklärung in einem gerichtl Vergleich abzugeben** (ersetzt die not Beurkundung: § 127a BGB), zB eine Löschungsbewilligung. Ein **Schiedsspruch** entfaltet die Wirkung des § 894 erst mit Rechtskraft des Vollstreckungsbeschlusses (§ 794 I Nr 4a iVm § 1060 I), ein **ausl Urteil** mit Rechtskraft des Vollstreckungsurteils (§ 722).

5 **3) Rechtskrafteintritt.** Das **Urteil** (der andere Titel) **muss rechtskräftig** (§ 705) **sein**. Vor Rechtskraft ist auch eine Vollstr nach §§ 887, 888 ausgeschlossen. *Zur Besonderheit bei der Abhängigkeit von einer Gegenleistung (S 2): s Rn 9.* Dass die Wirkung von § 894 erst mit der Rechtskraft eintritt, schließt die **vorl Vollstreckbarkeit** solcher Titel nicht aus; diese hat Wirkung aber nur nach § 895 und § 16 HGB sowie für die Kostenfestsetzung.

III) Folgen. 1) Fiktion. Die **Willenserklärung gilt** (mit der Rechtskraft) **als abgegeben** (ges Fiktion: **S 1**). Das rechtskr Urteil „ersetzt" die Erklärung in der für sie erforderl Form. Weitere Vollstreckungsmaßnahmen sind weder notw noch zulässig. Mit der Rechtskraft treten alle Rechtsfolgen ein, die eine zu diesem Zeitpunkt abgegebene Erklärung haben würde (BAG MDR 2010, 453); daher erfolgt bei der Verurteilung zur Annahme eines Vertragsangebots kein rückwirkender Vertragsschluss (im Gegensatz zur Vertragsänderung mit Rückwirkung: BAG MDR 2010, 453). 6

2) Sonstiges. a) Die **Verurteilung ersetzt lediglich die Willenserklärung des Sch, nicht** aber **weitere** zur Vollendung des Rechtsgeschäfts erforderl **Voraussetzungen** (vgl BGH MDR 82, 309 = NJW 82, 881, 883). Eine empfangsbedürftige Willenserklärung wird daher nicht bereits mit der Ersetzung durch das Urteil, sondern erst mit dem Zugang wirksam (§ 130 I 1 BGB; RGZ 160, 321, 324 f mit weiteren Einzelheiten). 7

b) Bedarf ein Rechtsgeschäft auch einer Willenserklärung des Gl, ist diese noch (in vorgeschriebener Form) abzugeben; zB muss eine nach § 894 S 1 fingierte Auflassungserklärung des Sch noch von dem Berechtigten in not beurkundeter Form angenommen werden (KG Rpfleger 2012, 525 mwN). Gleichzeitige Anwesenheit (§ 925 I 1 BGB) erfüllt die Auflassungserklärung des Gl (zusammen mit etwaigen weiteren Miteigentümern) unter Vorlage des rechtskr Urteils. Zu den Besonderheiten einer Zug-um-Zug-Verurteilung in diesem Zusammenhang: OLG Hamm Rpfleger 2014, 366 mwN. Kommt nach der Rechtskraft der Verurteilung iVm der vom Kl abzugebenden Einigungserklärung eine Auflassung zustande, bleibt diese bis zur Erteilung etwa erforderl **behördlicher Genehmigungen** (zB nach GrdstVG) schwebend unwirksam (vgl BGH MDR 82, 309 = NJW 82, 881, 883). Ein Vorbehalt der Erteilung dieser Genehmigung im Urteilsausspruch ist deswegen nicht notw (BGH MDR 82, 309 = NJW 82, 881, 883). Eine zur Wirksamkeit des Rechtsgeschäfts erforderl **Genehmigung des Familien-/Betreuungsgerichts** muss als Wirksamkeitsvoraussetzung der Willenserklärung bzw des Rechtsgeschäfts bereits vom Prozessgericht geprüft werden, ist damit später (zB zur Auflassung) nicht mehr gesondert nachzuweisen (BayObLG MDR 53, 561; MskV/Lackmann Rn 11; aA MK/Gruber Rn 16). Die Verurteilung des Sch zur Abgabe einer Willenserklärung ersetzt jedoch nicht die erforderl **Zustimmung des vorl Insolvenzverw** nach **§ 21 II 1 Nr 2 Alt 2 InsO** (BGH MDR 2018, 1274 Tz 23 f [Schutzzweck des Zustimmungsvorbehalts]; sa Baumert EWiR 2018, 531). 8

IV) Besonderheiten (§ 894 S 2). Wenn der Sch zur **Abgabe einer Willenserklärung Zug um Zug gegen Erfüllung einer Gegenleistung** verurteilt worden ist, soll die Willenserklärung nicht schon mit der Rechtskraft als abgegeben gelten (S 2). Die Wirkung von S 1 tritt dann erst ein, sobald nach §§ 726, 730 eine **vollstrb Ausfertigung** des rechtskr Urteils erteilt ist (Voraussetzungen: **§ 726 II**). Erfolgt die Erteilung der vollstrb Ausfertigung auf Grund eines nach **§ 731** erwirkten Urteils, tritt die Wirkung von S 1 erst mit der Rechtskraft dieses Urteils ein. **S 2 gilt entsprechend**, wenn die **Vollstr von einer Bedingung abhängt** (§ 726 I; sa MskV/Lackmann Rn 13). Die Willenserklärung ist dann erst mit Zustellung der Klausel und den zu ihrer Erteilung notw Urkunden (§ 750 II) abgegeben. 9

V) Gebühren des RA. Der Antrag auf Vornahme einer Eintragung (s Rn 3 Beispiel 1) nach § 894 ist keine Tätigkeit in der ZwV iSv 3309 ff RVG-VV; er wird nach 2300 RVG-VV vergütet. Mit der Rechtskraft des Urteils gilt die erforderl Eintragungsbewilligung als abgegeben. Das weitere Verf ist reines Grundbuchverf. 10

§ 895 Willenserklärung zwecks Eintragung bei vorläufig vollstreckbarem Urteil

[1]Ist durch ein vorläufig vollstreckbares Urteil der Schuldner zur Abgabe einer Willenserklärung verurteilt, auf Grund deren eine Eintragung in das Grundbuch, das Schiffsregister oder das Schiffsbauregister erfolgen soll, so gilt die Eintragung einer Vormerkung oder eines Widerspruchs als bewilligt. [2]Die Vormerkung oder der Widerspruch erlischt, wenn das Urteil durch eine vollstreckbare Entscheidung aufgehoben wird.

I) § 895 S 1. Bei einem **vorl vollstrb Urteil** (§§ 708, 709, 537, 558), durch das der Sch zur Abgabe einer Willenserklärung verurteilt worden ist, auf Grund deren eine Eintragung ins Grundbuch, Schiffsregister oder Schiffsbauregister verlangt werden kann (Abgabe einer Auflassungserklärung, Bestellung einer Grundschuld etc), **gilt die Eintragung einer Vormerkung** (§ 883 BGB) **oder eines Widerspruchs** (§ 899 BGB) **als bewilligt** (S 1). **Andere Titel als Urteile** (Vergleiche, vollstrb Urkunden) **kommen nicht in Betracht** (sa MskV/Lackmann Rn 2). Die (vorl vollstrb) Verurteilung nur zur Bewilligung einer Vormerkung (§ 885 I BGB) erfasst S 1 nicht (BayObLG NJW-RR 97, 1445). Die Eintragung nach S 1 erfolgt auf **Antrag des Gl**, der dem GBA eine Urteilsausfertigung vorzulegen hat; eine vollstrb Ausfertigung ist nicht notw (vgl BGH Rpfleger 69, 425); die Urteilszustellung muss nicht nachgewiesen werden. **Formulierungsvorschlag:** Vorwerk/Goldbach, PFB, M 46.7 (Antrag auf Grundbucheintragung nach § 895). Ist die **vorl Vollstreckbarkeit nur gegen Sicherheitsleistung** zulässig, ist der Nachweis der Sicherheitsleistung durch den Gl Voraussetzung der Eintragung nach S 1 (OLG 1

Schleswig NJW-RR 2010, 1103). Die Vollstreckungswirkung nach S 1 entfällt, wenn der Sch die ihm nachgelassene Sicherheit leistet (MK/Gruber Rn 3); eine bereits erfolgte Eintragung wird von dieser Sicherheitsleistung nicht berührt.

2 **II) § 895 S 2.** Nach der **Rechtskraft des Urteils** ist die Eintragung auf Antrag des Gl in eine endgültige umzuwandeln. Die **Aufhebung des Urteils** oder seiner vorl Vollstreckbarkeit durch eine rechtskr oder vorl vollstrb Entscheidung bringt die Vormerkung oder den Widerspruch zum Erlöschen (S 2) und berechtigt den Sch zum Antrag auf Löschung der Eintragung, der Gegner muss nicht zustimmen (§ 25 GBO). Solange der zugrunde liegende Titel nicht aufgehoben ist, kann der Antrag auf Löschung nicht darauf gestützt werden, dass der vorgemerkte Anspruch nicht entstanden oder wieder erloschen ist (BayObLG NJW-RR 97, 1445). Die **Wiederherstellung des aufgehobenen Urteils** durch die Rechtsmittelinstanz bringt den nach der Löschung verloren gegangenen Rang nicht wieder zum Entstehen. Die bloße Einstellung der ZwV ist auf die noch vorzunehmende oder vorgenommene Eintragung ohne Einfluss. Zum **Schadensersatzanspruch des Sch:** s § 717 II, III.

§ 896 Erteilung von Urkunden an Gläubiger

Soll auf Grund eines Urteils, das eine Willenserklärung des Schuldners ersetzt, eine Eintragung in ein öffentliches Buch oder Register vorgenommen werden, so kann der Gläubiger an Stelle des Schuldners die Erteilung der im § 792 bezeichneten Urkunden verlangen, soweit er dieser Urkunden zur Herbeiführung der Eintragung bedarf.

1 Der **Zweck** der Regelung liegt in der Erleichterung der Beschaffung von solchen Urkunden, die der Gl zur Herbeiführung der Wirkungen nach §§ 894, 895 benötigt. Ein **Verweis auf § 792** ist erforderlich, weil die Eintragung im Anschluss an §§ 894, 895 keine Maßnahme der ZwV ist (sa MK/Gruber Rn 1). **Eintragung in ein öffentl Buch oder Register:** ua Grundbuch, Schiffs- und Schiffsbauregister, Handelsregister, Genossenschaftsregister. § 896 trifft vor allem dann zu, wenn der Sch nicht als Berechtigter eingetragen ist. § 896 gibt dem Gl einen eigenen Anspruch auf Erteilung der Urkunden, die der Sch auf seinen Antrag von einer Behörde, einem Beamten oder einem Notar (§ 792) verlangen kann. Zwang gegen den Sch zur Beschaffung der Urkunden ist damit unzulässig.

§ 897 Übereignung; Verschaffung von Grundpfandrechten

(1) Ist der Schuldner zur Übertragung des Eigentums oder zur Bestellung eines Rechts an einer beweglichen Sache verurteilt, so gilt die Übergabe der Sache als erfolgt, wenn der Gerichtsvollzieher die Sache zum Zwecke der Ablieferung an den Gläubiger wegnimmt.

(2) Das Gleiche gilt, wenn der Schuldner zur Bestellung einer Hypothek, Grundschuld oder Rentenschuld oder zur Abtretung oder Belastung einer Hypothekenforderung, Grundschuld oder Rentenschuld verurteilt ist, für die Übergabe des Hypotheken-, Grundschuld- oder Rentenschuldbriefs.

1 **I) § 897 I.** Zur **Übertragung des Eigentums und Bestellung eines Pfandrechts oder Nießbrauchs an einer bewegl Sache** sind nach §§ 929, 1032, 1205 BGB die **Einigung und** die **Übergabe der Sache** erforderlich. Die Erklärung des Sch (bzgl der Einigung) kann durch Urteil ersetzt werden (§ 894); die Wegnahme der Sache (gilt nach I als Übergabe) erfolgt auf Grund des vollstrb Urteils durch den GV gem §§ 883, 884. Maßgebend ist der Zeitpunkt der Wegnahme durch den GV, nicht erst der der Übergabe an den Gl. Ist ein Dritter Besitzer der Sache, ist der Herausgabeanspruch des Sch dem Gl zu überweisen (§ 886). War die Wegnahme nicht möglich, ist dies zu beurkunden.

2 **II) § 897 II.** Ist der Sch **zur Bestellung einer Hypothek, Grundschuld oder Rentenschuld oder zur Abtretung oder Belastung einer Hypothekenforderung, Grundschuld oder Rentenschuld** verurteilt, gilt I entspr für die Übergabe des Hypotheken-, Grundschuld- oder Rentenschuldbriefs (II; sa §§ 1117, 1154, 1192, 1199 BGB). Ist der Sch zur Einwilligung in die Aushändigung des zu bildenden Hypothekenbriefs verurteilt (§ 1117 II BGB), ist die Wegnahme durch den GV hingegen entbehrlich.

§ 898 Gutgläubiger Erwerb

***Auf einen Erwerb*, der sich nach den §§ 894, 897 vollzieht, sind die Vorschriften des bürgerlichen Rechts zugunsten derjenigen, die Rechte von einem Nichtberechtigten herleiten, anzuwenden.**

Vorschriften des bürgerl Rechts: §§ 892, 893, 932 ff, § 1244 BGB, §§ 366, 367 HGB. Für die Gutgläubigkeit **maßgeblicher Zeitpunkt:** Vollendung des Rechtserwerbs mit Besonderheiten bei der Grundbucheintragung nach § 892 BGB und bei der Übergabe einer Sache sowie Briefübergabe nach § 897. Gutgläubigen Erwerb einer gestohlenen, verloren gegangenen oder sonst abhanden gekommenen Sache schließt § 935 I BGB aus. Gutgläubigen Erwerb einer **Vormerkung** (§ 883 BGB) ermöglicht § 898, wenn die Eintragungsbewilligung (§ 885 I 1 BGB) durch rechtskr (§ 894) oder vorl vollstrb Urteil (§ 895) ersetzt ist (MK/Gruber Rn 2, 3 mwN). **Keine Anwendung** findet § 898 bei anderen Erwerbsarten (vgl RGZ 68, 150, 154 f), zB bei der Eintragung einer Sicherungshypothek für die vollstrb Forderung (§§ 866 ff) oder einer Vormerkung auf Grund einstw Verfügung. 1

Abschnitt 4
Wirkungen des Pfändungsschutzkontos (§§ 899-910)

Vorbemerkungen zu §§ 899-910

Lit: *Deppe*, Die P-Konto Bescheinigung? Gibt es die?, InsA 2024, 15; *Deppe*, Die Prüfung von (P-Konto-)Bescheinigungen, InsA 2024, 128; *Lauterwein/Schur*, Probleme des Pfändungsschutzkontos im Insolvenzverfahren, ZVI 2025, 127; *Rein*, Pfändungsschutzkonto-Bescheinigung durch Insolvenzverwalter?, NJW-Spezial 2022, 213; *Rein*, Umwandlung eines Girokontos in P-Konto nach Insolvenzeröffnung, NJW-Spezial 2024, 213; *Salten*, Die Fortentwicklung des Pfändungsschutzkontos, MDR 2021, 11; *Sudergat*, Kontopfändung und P-Konto, 4. Aufl 2022.

I) Entstehungsgeschichte. Durch das **G zur Reform des Kontopfändungsschutzes** vom 7.7.2009 (BGBl I 2009, 1707) wurde das Recht der Kontopfändung durch die **Einführung des P-Kontos** für Einkünfte, die der Existenzsicherung des Sch dienen, umfassend reformiert. Der Sch konnte seitdem über Einkünfte (auf deren Art es grds nicht ankam), die auf seinem als P-Konto geführten Zahlungskonto gutgeschrieben wurden, trotz einer Pfändung des Kontoguthabens im Rahmen der Pfändungsfreigrenzen für Arbeitseinkommen verfügen. Die Blockade des Zahlungskontos, die durch eine Pfändung eintrat, wurde damit beseitigt. Der **autom Schutz des Grundfreibetrags** bewirkte zudem eine Entlastung der Vollstreckungsgerichte, weil ein gerichtl Freigabebeschluss nicht mehr (in jedem Fall) erforderl war, um die Blockade des Zahlungskontos aufzuheben. § 850k war die zentrale Vorschrift für den Kontopfändungsschutz. Daneben fanden sich Regelungen zum P-Konto in § 835 IV und § 850l. Bereits in den Gesetzesmaterialien wurde angekündigt, dass nach Ablauf von drei Jahren nach Inkrafttreten des G überprüft werden sollte, ob die beabsichtigten Wirkungen erreicht worden sind (ua der Pfändungsschutz missbrauchsanfällig ist; vgl BTDrs 16/7615, 16, 31). Die sodann durchgeführte **Evaluierung** ergab, dass in einzelnen Bereichen Nachsteuerungsbedarf besteht. Folge: Eine **Neustrukturierung der Vorschriften zum Kontopfändungsschutz**, die am 1.12.2021 in Kraft getreten ist und die Übersichtlichkeit und Verständlichkeit verbessern soll (dazu Rn 2 f). 1

II) Neuregelung. Durch das **G zur Fortentwicklung des Rechts des Pfändungsschutzkontos und zur Änderung von Vorschriften des Pfändungsschutzes** v 22.11.2020 (BGBl I 2020, 2466) wurde **mWv 1.12.2021** folgende Neustrukturierung der Vorschriften zum Kontopfändungsschutz vorgenommen: **§ 850k** regelt die Einrichtung und Beendigung des P-Kontos, **§ 850l** enthält erstmals Vorgaben zur Pfändung des Gemeinschaftskontos und die weiteren Vorschriften zum Kontopfändungsschutz sind nun in Abschnitt 4 (**§§ 899-910**) enthalten. Das G verfolgt folgende **Ziele:** 1. die (klarstellende) Neuordnung der bisher in § 835 IV, §§ 850k und 850l enthaltenen Regelungen, 2. die durch die Evaluierung notw Änderungen und 3. die Schaffung neuer Vorschriften, zB das Verbot der Aufrechnung und Verrechnung bei Zahlungskonten mit negativem Saldo (vgl BTDrs 19/19850, 34). 2

III) Kurzüberblick zu §§ 899-910. § 899 (Pfändungsfreier Betrag; Übertragung) beschreibt die allg Wirkungen des P-Kontos (sog **erste Stufe** des Kontopfändungsschutzes); 3

§ 900 (Moratorium bei Überweisung an den Gl) entspricht im Wesentlichen § 835 IV aF und § 850k I 2 aF;

§ 901 (Verbot der Aufrechnung und Verrechnung) regelt für Konten, die einen negativen Saldo aufweisen, einerseits, unter welchen Bedingungen ein Verbot der Aufrechnung und Verrechnung besteht, und andererseits, wie mit Gutschriften auf einem Zahlungskonto in diesen Fällen zu verfahren ist;

§ 902 (Erhöhungsbeträge) regelt die Erhöhung des autom gesicherten Grundfreibetrags (sog **zweite Stufe** des Kontopfändungsschutzes);

§ 903 (Nachweise über Erhöhungsbeträge) regelt den vom Sch zu erbringenden Nachweis der Erhöhungsbeträge, dabei wird auch eine Verpflichtung zur Ausstellung von Bescheinigungen eingeführt;

§ 904 (Nachzahlung von Leistungen) regelt – erstmals eigenständig – den Pfändungsschutz für die wichtigen Fälle, in denen bes Geldleistungen ganz oder teilw nicht für die Zeiträume, für die der Leistungsanspruch besteht, ausbezahlt, sondern erst zu einem späteren Zeitpunkt nachgezahlt werden;

§ 905 (Festsetzung der Erhöhungsbeträge durch das Vollstreckungsgericht) übernimmt im Grds § 850k V 4 aF;

§ 906 (Festsetzung eines abw pfändungsfreien Betrags durch das Vollstreckungsgericht) regelt die Zuständigkeit des Vollstreckungsgerichts für die Bestimmung eines abw pfändungsfreien Betrags (sog **dritte Stufe** des Kontopfändungsschutzes);

§ 907 (Festsetzung der Unpfändbarkeit von Kontoguthaben auf dem Pfändungsschutzkonto) übernimmt § 850l aF, verkürzt den Prognosezeitraum jedoch auf sechs Monate;

§ 908 (Aufgaben des Kreditinstituts) fasst die Aufgaben des Kreditinstituts in einer Norm zusammen;

§ 909 (Datenweitergabe; Löschungspflicht) greift die bestehenden Vorschriften zur Weitergabe von Daten an Auskunfteien und zum Abruf dieser Daten auf, zusätzl wird eine Löschungsverpflichtung eingeführt;

§ 910 (Verwaltungsvollstr) betrifft die Pfändung von Kontoguthaben in der Verwaltungsvollstr nach Bundesrecht.

§ 899 Pfändungsfreier Betrag; Übertragung

(1) [1]Wird Guthaben auf dem Pfändungsschutzkonto des Schuldners gepfändet, kann der Schuldner jeweils bis zum Ende des Kalendermonats aus dem Guthaben über einen Betrag verfügen, dessen Höhe sich nach Aufrundung des monatlichen Freibetrages nach § 850c Absatz 1 in Verbindung mit Absatz 4 auf den nächsten vollen 10-Euro-Betrag ergibt; insoweit wird das Guthaben nicht von der Pfändung erfasst. [2]Satz 1 gilt entsprechend, wenn Guthaben auf einem Zahlungskonto des Schuldners gepfändet ist, das vor Ablauf von einem Monat seit der Zustellung des Überweisungsbeschlusses an den Drittschuldner in ein Pfändungsschutzkonto umgewandelt wird. [3]§ 900 Absatz 2 bleibt unberührt.

(2) [1]Hat der Schuldner in dem jeweiligen Kalendermonat nicht über Guthaben in Höhe des gesamten nach Absatz 1 pfändungsfreien Betrages verfügt, wird dieses nicht verbrauchte Guthaben in den drei nachfolgenden Kalendermonaten zusätzlich zu dem nach Absatz 1 geschützten Guthaben nicht von der Pfändung erfasst. [2]Verfügungen sind jeweils mit dem Guthaben zu verrechnen, das zuerst dem Pfändungsschutzkonto gutgeschrieben wurde.

(3) [1]Einwendungen gegen die Höhe eines pfändungsfreien Betrages hat der Schuldner dem Kreditinstitut spätestens bis zum Ablauf des sechsten auf die Berechnung des jeweiligen pfändungsfreien Betrages folgenden Kalendermonats mitzuteilen. [2]Nach Ablauf dieser Frist kann der Schuldner nur Einwendungen geltend machen, deren verspätete Geltendmachung er nicht zu vertreten hat.

1 **I) Regelungsinhalt.** § 899 beschreibt die allg Wirkungen des P-Kontos (sog **erste Stufe** des Kontopfändungsschutzes).

2 **II) Verfügung über pfändungsfreie Beträge (§ 899 I). 1) Berechnung; Frist etc (§ 899 I 1).** Für den Fall, dass Guthaben auf dem P-Konto des Sch gepfändet wird, kann der Sch jew **bis zum Ende des Kalendermonats** aus dem Guthaben **über** einen **Betrag verfügen**, dessen **Höhe** sich nach Aufrundung des monatl Grundfreibetrags nach § 850c I iVm IV 4 auf den nächsten vollen 10-Euro-Betrag ergibt (I 1). Insoweit wird das Guthaben nicht von der Pfändung erfasst und es tritt keine Verstrickung ein.

3 **2) Umwandlung Zahlungskonto in P-Konto (§ 899 I 2).** Das Verfügungsrecht des Sch über pfändungsfreie Beträge (I 1) gilt entspr, wenn Guthaben auf einem **Zahlungskonto** des Sch gepfändet ist, das vor Ablauf von einem Monat seit der Zustellung des Überweisungsbeschlusses an den Drittsch **in ein P-Konto umgewandelt** wird (I 2). Die Frist von einem Monat ist gewählt worden, weil sich der Kontopfändungsschutz jew auf den Monat bezieht (BTDrs 19/19850, 35).

4 **3) Moratorium (§ 899 I 3).** Durch den klarstellenden Verweis in I 3 auf § 900 II wird zum Ausdruck gebracht, dass der Sch im Rahmen des Grundfreibetrags auch über solches Guthaben verfügen darf, für welches das **Moratorium** nach § 900 I gilt (BTDrs 19/19850, 35).

5 **III) Übertragung (§ 899 II). 1) Inhalt (§ 899 II 1). Guthaben**, über das der Sch im jew Kalendermonat nicht in Höhe des gesamten nach I pfändungsfreien Betrags verfügt hat, wird **in die drei nachfolgenden Kalendermonate übertragen** (II 1) und damit zusätzl zu dem nach I geschützten Guthaben nicht von der Pfändung erfasst. Übertragen werden kann nur der Teil des pfändungsfreien Guthabens, der nicht verbraucht wurde. Die Übertragbarkeit gilt nach II 1 für den *Grundfreibetrag* nach I 1; sie gilt aber auch für die *Erhöhungsbeträge* nach § 902 (vgl § 902 S 2).

6 **2) Zweck; Folgen.** Durch die Übertragung nach II 1 soll dem Sch einen **längerer Ansparzeitraum** eingeräumt werden, damit er einen Teil des unpfändbaren Guthabens ua für größere Anschaffungen ansparen kann (BTDrs 19/19850, 35). Nach **Ablauf** der **Drei-Monats-Frist** (also mit Beginn des vierten Kalendermonats) **entfällt** der ***Pfändungsschutz*** auch in den Fällen, in denen die Gutschriften auf dem P-Konto stets den pfändungsfreien Grundfreibetrag unterschritten haben (BTDrs aaO).

3) Verrechnung (§ 899 II 2). Verfügungen des Sch sind nach II 2 jew mit dem Guthaben zu verrechnen, das **zuerst dem P-Konto gutgeschrieben** wurde. Dies entspricht dem Grundgedanken der Ansparmöglichkeit und der Wertung in § 366 II BGB, dass die Verfügung des Sch zuerst auf den Teil des Kontoguthabens angerechnet wird, der am geringsten – weil durch Zeitablauf bedroht – geschützt ist. II 2 stellt damit das in der Praxis bereits vielfach praktizierte Prinzip des *„First In – First Out"* auf eine gesicherte Grundlage. **Maßgebl** ist der **Zeitpunkt** der **Buchung** durch das Kreditinstitut. 7

IV) Einwendungen des Schuldners (§ 899 III). Der Sch hat Einwendungen gegen die Höhe eines pfändungsfreien Betrags dem Kreditinstitut **spätestens bis zum Ablauf des sechsten** auf die Berechnung des jew pfändungsfreien Betrags folgenden **Monats** mitzuteilen (III 1). Nach Ablauf dieser Frist kann der Sch Einwendungen nicht mehr geltend machen, es sei denn, er hat die verspätete Geltendmachung nicht zu vertreten (III 2). Diese **Ausschlussfrist** (Präklusion) dient der Rechtssicherheit; sie **gilt** ausnahmsweise **nicht** in Fällen, in denen der Sch die verspätete Geltendmachung nicht zu vertreten hat. 8

§ 900 Moratorium bei Überweisung an den Gläubiger

(1) [1]Wird künftiges Guthaben auf einem Pfändungsschutzkonto gepfändet und dem Gläubiger überwiesen, darf der Drittschuldner erst nach Ablauf des Kalendermonats, der auf die jeweilige Gutschrift folgt, an den Gläubiger leisten oder den Betrag hinterlegen; eine Verlängerung des in § 899 Absatz 2 bezeichneten Zeitraums erfolgt dadurch nicht. [2]Auf Antrag des Gläubigers kann das Vollstreckungsgericht eine von Satz 1 erster Halbsatz abweichende Anordnung treffen, wenn sonst unter Würdigung des Schutzbedürfnisses des Schuldners für den Gläubiger eine unzumutbare Härte entstünde.

(2) Guthaben, aus dem bis zum Ablauf der Frist des Absatzes 1 nicht an den Gläubiger geleistet oder das bis zu diesem Zeitpunkt nicht hinterlegt werden darf, ist in dem auf die Gutschrift folgenden Kalendermonat Guthaben im Sinne des § 899 Absatz 1 Satz 1.

I) Überblick. § 900 I regelt – entspr § 835 IV aF – ein Moratorium iSe befristeten Leistungssperre für künftiges Guthaben auf einem P-Konto und betrifft das Verhältnis von Drittsch und Gl. **§ 900 II** entspricht § 850k I 2 aF und betrifft das Verhältnis von Drittsch und Sch. 1

II) Verhältnis von Drittschuldner und Gläubiger (§ 900 I). 1) Moratorium (§ 900 I 1). Wird künftiges Guthaben auf einem P-Konto gepfändet und dem Gl überwiesen, darf der Drittsch erst nach Ablauf des Kalendermonats, der auf die jew Gutschrift folgt, an den Gl leisten oder den Betrag hinterlegen. **Künftiges Guthaben** umfasst jeden nach dem Wirksamwerden der Pfändung oder späteren gesonderten Überweisung mit Zustellung des PfÜB an den Drittsch auf dem P-Konto eingehenden Betrag, auf den sich die Pfändung erstreckt; auch einmalige und nicht regelmäßig wiederkehrende Zahlungseingänge (dazu schon BTDrs 17/4776, 8). 2

I 1 Hs 1 regelt damit ein Moratorium iSe **befristeten Leistungssperre** für künftiges Guthaben auf einem P-Konto. Dabei soll Guthaben auf einem P-Konto nicht der Leistungssperre von I 1 unterliegen, wenn und soweit im Zeitpunkt der Gutschrift dieses Guthabens der für den laufenden Monat zur Verfügung stehende Freibetrag nach § 899 I noch nicht durch andere Gutschriften ausgeschöpft ist (vgl BGH MDR 2023, 58 = juris Tz 27 ff [zu den vergleichbaren § 835 IV 1, § 850k I 1 aF]).

I 1 Hs 2 bestimmt, dass durch I 1 Hs 1 **keine Verlängerung** des in § 899 II benannten **Übertragungszeitraums** (von drei Kalendermonaten) erfolgt. Vielmehr ist der Übertragungszeitraum unabhängig von der Auszahlungssperre zu bestimmen. **Beispiel:** In Fällen, in denen dem Sch Zahlungseingänge bereits am Ende des Vormonats gewährt werden (zB Leistungen zur Sicherung des Lebensunterhalts), endet die Frist nach § 899 II mit Ablauf des dritten Monats, der auf den Monat der Auszahlung folgt. Die Frist nach I 1 Hs 1 hingegen endet mit Ablauf des auf die Auszahlung folgenden Monats. I 1 Hs 2 beseitigt damit *Unsicherheiten*, die in der Praxis *im Anschluss an die Rspr des BGH* (vgl BGH MDR 2015, 237; BGH MDR 2018, 54) entstanden waren (vgl BTDrs 19/19850, 36).

2) Anordnung durch das Vollstreckungsgericht (§ 900 I 2). I 2 bestimmt, dass das Vollstreckungsgericht auf Antrag des Gl eine von I 1 abw Anordnung treffen kann. Dies ermöglicht in erster Linie die Anordnung eines **von I 1 abw kürzeren Moratoriumszeitraums**, wenn für den Gl sonst eine unzumutbare Härte entstünde; die Schutzbedürfnisse des Sch sind dabei stets zu berücksichtigen (vgl BTDrs 19/19850, 36). Da es dem Gl regelmäßig zuzumuten ist, den Ablauf des Moratoriums abzuwarten, kommt eine solche Anordnung **nur in Ausnahmefällen** in Betracht. **Beispiele:** Eine *unzumutbare Härte* kann *für den Gl* vorliegen, wenn er auf baldige Erfüllung der Vollstreckungsforderung angewiesen ist (zB Vollstr eines Unterhaltsanspruchs oder einer Forderung aus vorsätzl unerlaubter Handlung [§ 850f II]) und der für den Lebensunterhalt des Sch bestimmte pfandfreie Betrag durch weitere Zahlungseingänge gesichert wird. *Überwiegende Interessen des Sch* liegen idR vor, wenn es sich bei dem Guthaben um staatl Transferleistungen handelt, die der Existenzsicherung des Sch dienen (vgl BTDrs 17/4776, 8). Zum **Verfahren etc:** s § 904 Rn 7 f entspr. 3

4 **III) Verhältnis von Drittschuldner und Schuldner (§ 900 II).** Guthaben, aus dem bis zum Ablauf der Frist von I nicht an den Gl geleistet oder das bis zu diesem Zeitpunkt nicht hinterlegt werden darf, ist in dem auf die Gutschrift folgenden Kalendermonat ebenfalls Teil des geschützten Betrags iSv § 899 I 1 (II). Diese Regelung entspricht § 850k I 2 aF und betrifft das Verhältnis von Drittsch und Sch. Auch in diesem Zusammenhang gilt, dass mit der Auszahlungssperre **keine weitere Verlängerung des Übertragungszeitraums** einhergeht (vgl BTDrs 19/19850, 36; s iÜ Rn 2).

5 **IV) Gebühren. 1) Gericht:** Erste Instanz: keine. Beschwerdeverf 2121 GKG-KV, Rechtsbeschwerdeverf 2124 GKG-KV – jew mit der Möglichkeit auf Ermäßigung oder Nichterhebung bei Teilerfolg. Keine Geb, wenn die Beschwerde zurückgenommen wird. **2) RA:** Die Tätigkeit des RA des Gl (Antrag nach I 2), der bereits die Pfändung u Überweisung beantragt hat, ist mit der dafür schon verdienten VollstrGeb abgegolten (§ 15 I, § 18 I Nr 1 RVG; 3309 RVG-VV); war er hingegen bis dahin nicht bevollmächtigt: 3309 RVG-VV. – RA des Sch: § 18 I 1 RVG, 3309 RVG-VV. – Beschwerdeverf: 3500 RVG-VV; Rechtsbeschwerdeverf: 3502 RVG-VV.

§ 901 Verbot der Aufrechnung und Verrechnung

(1) Verlangt eine natürliche Person von dem Kreditinstitut, dass ein von ihr dort geführtes Zahlungskonto, das einen negativen Saldo aufweist, als Pfändungsschutzkonto geführt wird, darf das Kreditinstitut ab dem Verlangen nicht mit seinen Forderungen gegen Forderungen des Kontoinhabers aufrechnen oder einen zugunsten des Kontoinhabers bestehenden Saldo mit einem zugunsten des Kreditinstituts bestehenden Saldo verrechnen, soweit die Gutschrift auf dem Zahlungskonto als Guthaben auf einem Pfändungsschutzkonto nicht von der Pfändung erfasst sein würde.

(2) [1]Das Verbot der Aufrechnung und Verrechnung nach Absatz 1 gilt für ein Zahlungskonto, auf das sich eine Pfändung erstreckt, bereits ab dem Zeitpunkt der Kenntnis des Kreditinstituts von der Pfändung. [2]Das Verbot der Aufrechnung oder Verrechnung entfällt jedoch, wenn der Schuldner nicht gemäß § 899 Absatz 1 Satz 2 verlangt, dass das Zahlungskonto als Pfändungsschutzkonto geführt wird.

(3) [1]Gutschriften auf dem Zahlungskonto, die nach Absatz 1 oder 2 dem Verbot der Aufrechnung und Verrechnung unterliegen, sind als Guthaben auf das Pfändungsschutzkonto zu übertragen. [2]Im Fall des Absatzes 2 erfolgt die Übertragung jedoch nur, wenn der Schuldner gemäß § 899 Absatz 1 Satz 2 verlangt, dass das Zahlungskonto als Pfändungsschutzkonto geführt wird.

1 **I) Überblick.** § 901 regelt zum einen, unter welchen Bedingungen für Konten, die einen negativen Saldo aufweisen, ein **Verbot der Aufrechnung und Verrechnung** besteht (I, II). Zum anderen wird bestimmt, wie mit **Gutschriften** auf einem Zahlungskonto in diesen Fällen zu verf ist (III). § 901 ist zusammen mit § 850k I 2 und 3 zu sehen, worin geregelt ist, dass P-Konten ledigl auf Guthabenbasis geführt werden dürfen, der Inhaber eines Zahlungskontos mit negativem Saldo aber auch die Umwandlung in ein P-Konto verlangen kann.

2 **II) Verbot der Aufrechnung und Verrechnung (§ 901 I, II). 1) Umfang (§ 901 I).** Verlangt eine nat Person von dem Kreditinstitut, dass ein von ihr dort geführtes Zahlungskonto, das einen negativen Saldo aufweist, als P-Konto iSv § 850k I geführt wird, darf das **Kreditinstitut ab dem Verlangen nicht** mit seinen Forderungen gegen Forderungen des Kontoinhabers **aufrechnen oder** einen zugunsten des Kontoinhabers bestehenden Saldo mit einem zugunsten des Kreditinstituts bestehenden Saldo **verrechnen**, soweit die Gutschrift auf dem Zahlungskonto als Guthaben auf einem P-Konto nicht von der Pfändung erfasst sein würde (I). Dadurch wird vermieden, dass Gutschriften, die in der Zeit zw dem Verlangen des Kontoinhabers, sein Zahlungskonto als P-Konto zu führen, und der tatsächl Ausführung dieses Verlangens erfolgen, verrechnet werden und damit nicht als Guthaben auf dem P-Konto zur Verfügung stehen. Andernfalls würden solche Gutschriften den negativen Saldo verringern und dieser geringere negative Saldo würde durch das Kreditinstitut – entspr dem bislang häufig praktizierten *„Zwei-Konten-Modell“* – „ausgebucht“. Solche Gutschriften sollen aber zur *Sicherung des Lebensunterhalts* dem Inhaber eines P-Kontos innerhalb der Pfändungsfreigrenzen zur Verfügung stehen (vgl BTDrs 19/19850, 37).

3 **2) Pfändung des Zahlungskontos (§ 901 II).** II regelt Konstellationen, in denen auf einem Zahlungskonto mit einem negativen Saldo eine Pfändung erfolgt und nach der Pfändung eine Gutschrift vorgenommen wird. **a)** Nach **II 1** gilt für ein Zahlungskonto, auf das sich eine Pfändung erstreckt, das **Verbot der Aufrechnung und Verrechnung** ab dem Zeitpunkt der Kenntnis des Kreditinstituts von der Pfändung. Diese Kenntnis wird spätestens mit der Zustellung des Beschlusses des Vollstreckungsgerichts – idR des PfÜB – an das Kreditinstitut vorliegen (vgl BTDrs 19/19850, 37).

4 **b)** Nach **II 2 entfällt** das **Verbot der Aufrechnung oder Verrechnung**, wenn der Sch nicht gem § 899 I 2 verlangt, dass das Zahlungskonto als P-Konto geführt wird. **Folge:** ein Kreditinstitut nimmt auf einem Zahlungskonto mit negativem Saldo vor Ablauf von einem Monat seit der Zustellung des Überweisungsbeschlusses an das Kreditinstitut keine Verrechnung oder Aufrechnung vor. Verlangt der Sch innerhalb dieser Frist, dass das *Zahlungskonto in ein P-Konto* umgewandelt wird, werden Gutschriften als Guthaben auf das P-Konto übertragen (III 2). Andernfalls kann das Kreditinstitut eine Verrechnung bzw. Aufrechnung vornehmen.

III) Gutschriften (§ 901 III). III regelt, wie mit Gutschriften auf dem Zahlungskonto zu verf ist, die nach I oder II dem Verbot der Aufrechnung und Verrechnung unterliegen. Im **Fall von I** sind Gutschriften als Guthaben auf das P-Konto, dessen Einrichtung der Inhaber des Zahlungskontos bereits verlangt hat, zu übertragen **(III 1)**. Im **Fall von II** sind Gutschriften als Guthaben auf das P-Konto zu übertragen, sofern der Sch die Einrichtung eines P-Kontos innerhalb der Frist des § 899 I 2 verlangt **(III 2)**. 5

§ 902 Erhöhungsbeträge

[1]Neben dem pfändungsfreien Betrag nach § 899 Absatz 1 Satz 1 werden folgende Erhöhungsbeträge nicht von der Pfändung des Guthabens auf einem Pfändungsschutzkonto erfasst:

1. **die pfändungsfreien Beträge nach § 850c Absatz 2 in Verbindung mit Absatz 4, wenn der Schuldner**
   a) **einer Person oder mehreren Personen auf Grund gesetzlicher Verpflichtung Unterhalt gewährt;**
   b) **Geldleistungen nach dem Zweiten oder Zwölften Buch Sozialgesetzbuch für Personen entgegennimmt, die mit ihm in einer Bedarfsgemeinschaft im Sinne des § 7 Absatz 3 des Zweiten Buches Sozialgesetzbuch oder in einer Gemeinschaft nach den §§ 19, 20, 27, 39 Satz 1 oder § 43 des Zwölften Buches Sozialgesetzbuch leben und denen er nicht auf Grund gesetzlicher Vorschriften zum Unterhalt verpflichtet ist;**
   c) **Geldleistungen nach dem Asylbewerberleistungsgesetz für Personen entgegennimmt, mit denen er in einem gemeinsamen Haushalt zusammenlebt und denen er nicht auf Grund gesetzlicher Vorschriften zum Unterhalt verpflichtet ist;**
2. **Geldleistungen im Sinne des § 54 Absatz 2 oder Absatz 3 Nummer 3 des Ersten Buches Sozialgesetzbuch;**
3. **Geldleistungen gemäß § 5 Absatz 1 des Gesetzes zur Errichtung einer Stiftung „Mutter und Kind – Schutz des ungeborenen Lebens“;**
4. **Geldleistungen, die dem Schuldner selbst nach dem Zweiten oder Zwölften Buch Sozialgesetzbuch oder dem Asylbewerberleistungsgesetz gewährt werden, in dem Umfang, in dem diese den pfändungsfreien Betrag nach § 899 Absatz 1 Satz 1 übersteigen;**
5. **das Kindergeld nach dem Einkommensteuergesetz und andere gesetzliche Geldleistungen für Kinder, es sei denn, dass wegen einer Unterhaltsforderung des Kindes, für das die Leistungen gewährt oder bei dem sie berücksichtigt werden, gepfändet wird;**
6. **Geldleistungen, die dem Schuldner nach landesrechtlichen oder anderen als in den Nummern 1 bis 5 genannten bundesrechtlichen Rechtsvorschriften gewährt werden, in welchen die Unpfändbarkeit der Geldleistung festgelegt wird.**

[2]Für die Erhöhungsbeträge nach Satz 1 gilt § 899 Absatz 2 entsprechend.

I) Regelungsinhalt. Über § 899 I 1 hinausgehend regelt § 902 die Erhöhung des autom gesicherten Grundfreibetrags (sog **zweite Stufe** des Kontopfändungsschutzes); diese Beträge werden als Erhöhungsbeträge bezeichnet. Das Kreditinstitut berücksichtigt die Erhöhungsbeträge nur in dem Umfang, in dem der Sch hierüber geeignete Nachweise erbringt. 1

II) Erhöhungsbeträge (§ 902 S 1). Die in S 1 abschließend aufgezählten Leistungen/Tatbestände führen zu einer **Erhöhung des autom geschützten Grundfreibetrags** (= Erhöhungsbeträge). Der Schutz dieser Leistungen soll idR ohne die Einschaltung des Vollstreckungsgerichts oder der Vollstreckungsbehörde bewirkt werden. Folgende sechs Erhöhungsbeträge werden nicht von der Pfändung des Guthabens auf einem P-Konto erfasst. 2

1) § 902 S 1 Nr 1. Bestimmt pfändungsfreie Beträge nach **§ 850c II iVm IV** als Erhöhungsbeträge, wenn der Sch: a) einer oder mehreren Personen aufgrund **gesetzl Verpflichtung Unterhalt** gewährt, **b) Geldleistungen nach** dem **SGB II oder SGB XII** für Personen entgegennimmt, die mit ihm in einer Bedarfsgemeinschaft iSd § 7 III SGB II oder in einer Gemeinschaft nach §§ 19, 20, 27, 39 S 1 oder § 43 SGB XII leben und denen er nicht aufgrund gesetzl Vorschriften zum Unterhalt verpflichtet ist, **c) Geldleistungen nach dem Asylbewerberleistungsgesetz** für Personen entgegennimmt, mit denen er in einem gem Haushalt zusammenlebt und denen er nicht aufgrund gesetzl Vorschriften zum Unterhalt verpflichtet ist. 3

Zweck: S 1 Nr 1a dient dem Schutz von Personen, denen ggü der Sch gesetzl Unterhaltspflichten hat. Durch **S 1 Nr 1b** sollen die dort genannten Personen gleich behandelt werden wie diej, für die gesetzl Unterhaltspflichten [S 1 Nr 1a] bestehen. Dabei wird nicht der konkret auf das Konto ausgezahlte Betrag, sondern der pauschalierte Pfändungsfreibetrag für gesetzl Unterhalt nach § 850c II angesetzt. Damit sollen die Ausstellung der Bescheinigungen insb durch die Sozialleistungsträger und die Handhabung durch die Kreditinstitute erleichtert werden (BTDrs 19/23171, 29). Durch **S 1 Nr 1c** sollen die dort genannten Personen einerseits gleich behandelt werden wie diej, für die gesetzl Unterhaltspflichten [S 1 Nr 1a] bestehen. Andererseits sollen nicht nur Personen erfasst sein, mit denen der Sch einen gem Haushalt führt, sondern sämtl Personen, mit denen er in einem gem Haushalt zusammenlebt (zB Kinder, vgl BTDrs aaO).

4 **2) § 902 S 1 Nr 2.** Bestimmt als Erhöhungsbetrag zum einen **Geldleistungen gem § 54 II SGB I und** zum anderen Geldleistungen gem **§ 54 III Nr 3 SGB I**.

5 **3) § 902 S 1 Nr 3.** Bestimmt als Erhöhungsbetrag Geldleistungen gem **§ 5 I des G zur Errichtung einer Stiftung „Mutter und Kind – Schutz des ungeborenen Lebens"**. Dadurch soll der Schutz dieser Leistungen für die betr Frauen, die sich häufig in einer schwierigen persönl und wirtschaftl Situation befinden, vereinfacht werden, indem diese Geldleistungen – ohne Einschaltung des Vollstreckungsgerichts – geschützt werden (vgl BTDrs 19/19850, 38).

6 **4) § 902 S 1 Nr 4.** Bestimmt als Erhöhungsbetrag **Geldleistungen**, die dem **Sch** selbst **nach** dem **SGB II oder SGB XII oder** dem **Asylbewerberleistungsgesetz gewährt** werden, soweit diese den pfändungsfreien Betrag nach § 899 I 1 übersteigen. Der Schutz dieser Leistungen ist nur in dem Umfang geboten, in dem diese den pfändungsfreien Betrag übersteigen, der dem Sch nach § 899 I 1 ohnehin zusteht. Auf diese Weise ist in jedem Fall ein Schutz der erfassten Leistungen in vollem Umfang sichergestellt. Zugleich ist eine mehrfache Berücksichtigung, die zu einer unangemessenen Erhöhung des geschützten Betrags führen würde, ausgeschlossen (vgl BTDrs 19/19850, 38).

7 **5) § 902 S 1 Nr 5.** Bestimmt als Erhöhungsbetrag **Kindergeld nach dem EStG** und **andere gesetzl Geldleistungen für Kinder**, es sei denn, dass wegen einer Unterhaltsforderung des Kindes, für das die Leistungen gewährt oder bei dem es berücksichtigt wird, gepfändet wird.

8 **6) § 902 S 1 Nr 6.** Bestimmt als Erhöhungsbetrag **Geldleistungen**, die dem **Sch nach landesrechtl oder** anderen als in Nr 1 bis 5 genannten **bundesrechtl Rechtsvorschriften gewährt** werden, in welchen die Unpfändbarkeit der Geldleistung festgelegt wird. Erforderl ist, dass das jew G sowohl die Voraussetzungen für die Gewährung der Geldleistung als auch dessen Unpfändbarkeit regelt. Unter S 1 Nr 6 fällt zB das Pflegegeld des Freistaats Bayern nach dem Bayerischen Landespflegegeldgesetz (vgl BTDrs 19/19850, 38). **Nicht erfasst** ist zB das sog Wohngeld, weil die Voraussetzungen für dessen Gewährung im Wohngeldgesetz geregelt sind, sich die Voraussetzungen für die Unpfändbarkeit jedoch aus § 54 III Nr 2a SGB I ergeben (vgl BTDrs aaO). Der Sch kann in solchen Fällen aber die *Festsetzung des Erhöhungsbetrags durch das Vollstreckungsgericht (§ 906)* beantragen.

8a **7) Hochwasser-Soforthilfen.** Den in S 1 Nr 1-6 genannten Beträgen und Geldleistungen sind nach § 23 I EGZPO die sog Hochwasser-Soforthilfen gleichgestellt; diese sind auf P-Konten also ebenfalls unpfändbar (iE § 23 EGZPO Rn 1 ff).

9 **III) Übertragung (§ 902 S 2).** S 2 stellt mit dem Verweis auf § 899 II sicher, dass die in S 1 genannten **Erhöhungsbeträge auf drei Folgemonate übertragen** werden können. Gleichzeitig ist damit klar, dass *kein zeitl unbefristeter Pfändungsschutz* besteht.

§ 903 Nachweise über Erhöhungsbeträge

(1) [1]Das Kreditinstitut kann aus Guthaben, soweit es als Erhöhungsbetrag unpfändbar ist, mit befreiender Wirkung gegenüber dem Schuldner an den Gläubiger leisten, bis der Schuldner dem Kreditinstitut nachweist, dass es sich um Guthaben handelt, das nach § 902 nicht von der Pfändung erfasst wird. [2]Der Nachweis ist zu führen durch Vorlage einer Bescheinigung

1. **der Familienkasse, des Sozialleistungsträgers oder einer mit der Gewährung von Geldleistungen im Sinne des § 902 Satz 1 befassten Einrichtung,**
2. **des Arbeitgebers oder**
3. **einer geeigneten Person oder Stelle im Sinne des § 305 Absatz 1 Nummer 1 der Insolvenzordnung.**

(2) [1]Das Kreditinstitut hat Bescheinigungen nach Absatz 1 Satz 2 für die Dauer zu beachten, für die sie ausgestellt sind. [2]Unbefristete Bescheinigungen hat das Kreditinstitut für die Dauer von zwei Jahren zu beachten. [3]Nach Ablauf des in Satz 2 genannten Zeitraums kann das Kreditinstitut von dem Kontoinhaber, der eine Bescheinigung nach Absatz 1 Satz 2 vorgelegt hat, die Vorlage einer neuen Bescheinigung verlangen. [4]Vor Ablauf des in Satz 2 genannten Zeitraums kann das Kreditinstitut eine neue Bescheinigung verlangen, wenn tatsächliche Anhaltspunkte bestehen, die die Annahme rechtfertigen, dass die Angaben in der Bescheinigung unrichtig sind oder nicht mehr zutreffen.

(3) [1]Jede der in Absatz 1 Satz 2 Nummer 1 genannten Stellen, die Leistungen im Sinne des § 902 Satz 1 Nummer 1 Buchstabe b und c sowie Nummer 2 bis 6 durch Überweisung auf ein Zahlungskonto des *Schuldners erbringt, ist* verpflichtet, auf Antrag des Schuldners eine Bescheinigung nach Absatz 1 Satz 2 über ihre Leistungen auszustellen. [2]Die Bescheinigung muss folgende Angaben enthalten:

1. die Höhe der Leistung,
2. in welcher Höhe die Leistung zu welcher der in § 902 Satz 1 Nummer 1 Buchstabe b und c sowie Nummer 2 bis 6 genannten Leistungsarten gehört,
3. für welchen Zeitraum die Leistung gewährt wird.

³Darüber hinaus ist die in Absatz 1 Satz 2 Nummer 1 genannte Stelle verpflichtet, soweit sie Kenntnis hiervon hat, Folgendes zu bescheinigen:

1. die Anzahl der Personen, denen der Schuldner auf Grund gesetzlicher Verpflichtung Unterhalt gewährt,
2. das Geburtsdatum der minderjährigen unterhaltsberechtigten Personen.

(4) Das Kreditinstitut hat die Angaben in der Bescheinigung nach Absatz 1 Satz 2 ab dem zweiten auf die Vorlage der Bescheinigung folgenden Geschäftstag zu beachten.

I) Regelungsinhalt. § 903 regelt den vom Sch zu erbringenden **Nachweis der Erhöhungsbeträge**. Es wird zudem eine Verpflichtung zur **Ausstellung von Bescheinigungen** eingeführt. Zuvor musste der Sch oft erst mehrere Stellen aufsuchen, bevor er eine Bescheinigung erhielt. § 903 löst dieses Problem (vgl BTDrs 19/19850, 39). 1

II) Leistung des Kreditinstituts aus Guthaben an den Gläubiger (§ 903 I). 1) Wirkung (§ 903 I 1). Das Kreditinstitut kann aus Guthaben, soweit es als Erhöhungsbetrag unpfändbar ist, mit befreiender Wirkung ggü dem Sch an den Gl leisten, bis der Sch dem Kreditinstitut nachweist, dass es sich um Guthaben handelt, das nach § 902 nicht von der Pfändung erfasst wird (I 1). Dies schützt das Kreditinstitut vor Ansprüchen des Sch, wenn es – ungeachtet von Erhöhungsbeträgen – an den Gl leistet. Die **Leistung** hat jedoch **nur dann befreiende Wirkung** ggü dem Sch, wenn ein Nachweis nach I 2 nicht erbracht wird. 2

2) Aussteller der Bescheinigung (§ 903 I 2). Nach I 2 ist der Nachweis durch Vorlage einer Bescheinigung einer der folgenden Stellen zu führen. **a) I 2 Nr 1:** Familienkasse, Sozialleistungsträger oder mit der Gewährung von Geldleistungen iSd § 902 S 1 befasste Einrichtung, **b) I 2 Nr 2:** Arbeitgeber oder **c) I 2 Nr 3:** geeignete Person oder Stelle iSd § 305 I Nr 1 InsO; darunter fallen va Schuldnerberatungsstellen (vgl BTDrs 19/19850, 39), aber auch InsVerwalter, wenn sie als RA, StB oder Wirtschaftsprüfer zugelassen sind (sie handeln dann aber nicht in ihrer Eigenschaft als InsOVerwalter; ausführl dazu: Rein NJW-Spezial 2022, 213 mwN). 3

III) Geltungsdauer der Bescheinigung (§ 903 II). II regelt die Geltungsdauer der Bescheinigungen. **1) Befristete Bescheinigungen (§ 903 II 1).** II 1 gilt für befristete Bescheinigungen und bestimmt, dass das Kreditinstitut Bescheinigungen nach I 2 für die **Dauer** zu beachten hat, für die sie ausgestellt sind. 4

2) Unbefristete Bescheinigungen (§ 903 II 2-4). a) Nach II 2 hat das Kreditinstitut unbefristete Bescheinigungen für die **Dauer von zwei Jahren** zu beachten. **Zweck:** Reduzierung des Verwaltungsaufwandes für die Beteiligten. 5

b) II 3 sieht vor, dass das Kreditinstitut, dem der Kontoinhaber eine Bescheinigung nach I 2 vorgelegt hat, eine **erneute Bescheinigung** verlangen kann, wenn seit Ausstellung der dem Kreditinstitut vorliegenden Bescheinigung **zwei Jahre vergangen** sind. Das Kreditinstitut muss sich aber keine erneute Bescheinigung vorlegen lassen; es kann auch auf Grundlage der bish Bescheinigung die Kontoführung weiterbetreiben (vgl BTDrs 19/19850, 39). 6

c) II 4 regelt, dass das Kreditinstitut **vor Ablauf des** in II 2 genannten **Zeitraums** eine **erneute Bescheinigung** verlangen kann, wenn tatsächl Anhaltspunkte bestehen, die die Annahme rechtfertigen, dass der Inhalt der Bescheinigung unrichtig ist oder unrichtig geworden ist. **Zweck:** Verhinderung, dass Zahlungseingänge auf einem P-Konto zu Unrecht als Erhöhungsbeträge behandelt und damit zu Unrecht nicht von einer Pfändung erfasst werden. Diese Unrichtigkeit kann von vornherein bestehen oder aufgrund einer Änderung nachträgl eingetreten sein. **Beispiel:** Der Bescheinigung zu einem weiteren unpfändbaren Betrag wegen der Leistung von Unterhalt ist zu entnehmen, dass ein unterhaltsberechtigtes Kind volljährig wird oder zu einem bestimmten Zeitpunkt eine Ausbildung abschließt. In diesen Fällen ist das Kreditinstitut berechtigt, einen neuen Nachweis zu verlangen; ab diesem Zeitpunkt ist der Nachweis für die Zukunft nicht mehr als erbracht anzusehen und daher der Berechnung des künftigen pfändungsfreien Guthabens nicht mehr zugrunde zu legen (vgl BTDrs 19/19850, 39). 7

IV) Inhalt der Bescheinigung (§ 903 III). III ergänzt I: Während I festlegt, welche Stellen eine Bescheinigung über Erhöhungsbeträge ausstellen können, bestimmt III, welche Angaben die jew Stellen bescheinigen müssen. **1) Verpflichtete Stellen (§ 903 III 1).** Nach III 1 ist jede der in I 2 Nr 1 genannten Stellen, die Leistungen iSd § 902 S 1 Nr 1b und c sowie Nr 2 bis 6 durch Überweisung auf ein Zahlungskonto des Sch erbringt (insb also Familienkassen und Sozialleistungsträger), verpflichtet, auf **Antrag des Sch** eine Bescheinigung nach I 2 über ihre Leistungen auszustellen. 8

2) Angaben in der Bescheinigung (§ 903 III 2, 3). III 2 und 3 regeln, welche Angaben die Bescheinigung enthalten muss. Der Inhalt der Bescheinigung ist nicht von einem Antrag des Sch abhängig: Hat der Sch einen Antrag nach III 1 gestellt, muss die Bescheinigung die in III 2 (ggfls auch III 3) aufgeführten Angaben enthalten (vgl BTDrs 19/23171, 29). **a)** Nach **III 2** muss die Bescheinigung enthalten: die Höhe der Leistung (III 2 Nr 1), in welcher Höhe die Leistung zu welcher der in § 902 S 1 Nr 1b und c sowie Nr 2 bis 6 genannten Leistungsarten gehört (III 2 Nr 2) und für welchen Zeitraum die Leistung gewährt wird (III 2 Nr 3). 9

10 **b)** Nach **III 3** ist die in I 2 Nr 1 genannte Stelle darüber hinaus verpflichtet – soweit sie Kenntnis hiervon hat –, zu bescheinigen: die Anzahl der Personen, denen der Sch auf Grund gesetzl Verpflichtung Unterhalt gewährt (III 3 Nr 1) und das Geburtsdatum der minderj unterhaltsberechtigten Personen (III 3 Nr 2). Diese **Angaben** müssen **nur** gemacht werden, **soweit** die verpflichtete Stelle **Kenntnis** hiervon hat. Das ist zB der Fall, wenn diese Informationen aus dem Verwaltungsvorgang ersichtl sind oder wenn sie sich aus Unterlagen ergeben, die der Sch beibringt. Zweck: Verfahrensvereinfachung; der Sch soll nicht eine weitere Stelle aufsuchen müssen (vgl BTDrs 19/19850, 40).

11 **V) Umsetzungszeit für das Kreditinstitut (§ 903 IV).** Nach IV hat das Kreditinstitut die Angaben in der Bescheinigung nach I 2 **ab dem zweiten auf die Vorlage der Bescheinigung folgenden Geschäftstag** zu beachten. Dadurch wird dem Kreditinstitut eine zeitl Umstellungsmöglichkeit eingeräumt; die 2-Tages-Frist ist als Obergrenze zu verstehen (vgl BTDrs 19/23171, 30; BTDrs 19/19850, 40).

§ 904 Nachzahlung von Leistungen

(1) Werden laufende Geldleistungen zu einem späteren Zeitpunkt als dem Monat, auf den sich die Leistungen beziehen, ausbezahlt, so werden sie von der Pfändung des Guthabens auf dem Pfändungsschutzkonto nicht erfasst, wenn es sich um Geldleistungen gemäß § 902 Satz 1 Nummer 1 Buchstabe b oder c oder Nummer 4 bis 6 handelt.

(2) Laufende Geldleistungen nach dem Sozialgesetzbuch, die nicht in Absatz 1 genannt sind, sowie Arbeitseinkommen nach § 850 Absatz 2 und 3 werden von der Pfändung des Guthabens auf dem Pfändungsschutzkonto nicht erfasst, wenn der nachgezahlte Betrag 500 Euro nicht übersteigt.

(3) [1]Laufende Geldleistungen nach Absatz 2, bei denen der nachgezahlte Betrag 500 Euro übersteigt, werden von der Pfändung des Guthabens auf dem Pfändungsschutzkonto nicht erfasst, soweit der für den jeweiligen Monat nachgezahlte Betrag in dem Monat, auf den er sich bezieht, nicht zu einem pfändbaren Guthaben geführt hätte. [2]Wird die Nachzahlung pauschal und für einen Bewilligungszeitraum gewährt, der länger als ein Monat ist, ist die Nachzahlungssumme zu gleichen Teilen auf die Zahl der betroffenen Monate aufzuteilen.

(4) Für Nachzahlungen von Leistungen nach den Absätzen 1 und 2 gilt § 903 Absatz 1, 3 Satz 1 und Absatz 4 entsprechend.

(5) [1]Für die Festsetzung der Höhe des pfändungsfreien Betrages in den Fällen des Absatzes 3 ist das Vollstreckungsgericht zuständig. [2]Entscheidungen nach Satz 1 ergehen auf Antrag des Schuldners durch Beschluss. [3]Der Beschluss nach Satz 2 gilt als Bescheinigung im Sinne des § 903 Absatz 1 Satz 2.

1 **I) Regelungsinhalt.** § 904 regelt den **Pfändungsschutz** für die **praxisrelevanten Fälle**, in denen Geldleistungen ganz oder teilw nicht für die Zeiträume, für die der Leistungsanspruch besteht, ausbezahlt, sondern erst später nachgezahlt werden. Bei solchen Nachzahlungen können Geldleistungen für mehrere Zeiträume zusammengefasst und in einem Betrag auf das Zahlungskonto des Sch überwiesen werden. Das kann dazu führen, dass im Auszahlungsmonat die Pfändungsfreigrenzen überschritten werden, obwohl bei Überweisung in dem Monat, für den die Geldleistungen bestimmt sind, kein pfändbares Guthaben entstanden wäre. **Zweck:** Die Regelung über die Nachzahlung von Leistungen soll einerseits den Pfändungsschutz für den Sch, der idR keinen Einfluss auf die Auszahlung durch den Leistungsträger hat, gewährleisten. Andererseits werden aufwändige Berechnungen darüber vermieden, ob nachgezahlte Geldleistungen in dem Monat, für den sie bestimmt sind, zu pfändbarem Guthaben geführt hätten. Für die Kreditinstitute soll damit leicht erkennbar sein, welche Nachzahlungsbeträge pfändungsgeschützt sind (vgl BTDrs 19/19850, 40).

2 **II) Nachgezahlte Geldleistungen gem § 904 I.** Werden laufende Geldleistungen zu einem späteren Zeitpunkt als dem Monat, auf den sich die Leistungen beziehen, ausbezahlt, werden sie **von der Pfändung** des Guthabens auf dem P-Konto **nicht erfasst**, wenn es sich um Geldleistungen gem § 902 S 1 Nr 1b oder c oder Nr 4 bis 6 handelt (I). Derartige Geldleistungen sind bei monatl Auszahlung zwar zumindest teilw – im Rahmen des Grundfreibetrags oder als Erhöhungsbetrag nach § 902 – geschützt, können aber im Fall der Nachzahlung – insb bei längeren Zeiträumen – zu einem pfändbaren Betrag in dem Nachzahlungsmonat führen. Um das zu vermeiden, erklärt I solche nachgezahlten Geldleistungen *in voller Höhe* als *pfändungsgeschützt* (iE BTDrs 19/19850, 40).

3 **III) Nachgezahlte Geldleistungen gem § 904 II (≤ 500 Euro). Von der Pfändung** des Guthabens auf dem P-Konto **nicht erfasst** werden laufende Geldleistungen nach dem SGB, die nicht in I genannt sind, sowie Arbeitseinkommen nach § 850 II und III, wenn der nachgezahlte **Betrag 500 Euro nicht übersteigt** (II). Der Hinweis auf das SGB betrifft insb Zahlungen aus der gesetzl Arbeitslosen-, Renten- oder Unfallversicherung und Krankengeld nach dem SGB V. Durch die **Bagatellgrenze** von 500 Euro entfällt – zur einfacheren Handhabung – *eine Rückrechnung, ob in* dem Monat, für den die nachgezahlte Geldleistung bestimmt ist, pfändungsfreies Guthaben entstanden wäre (vgl BTDrs 19/19850, 40).

IV) Nachgezahlte Geldleistungen gem § 904 II (> 500 Euro; § 904 III). III betrifft laufende Geldleistungen nach II, die die Bagatellgrenze von 500 Euro übersteigen. Pfändungsschutz kann für diese Geldleistungen nur durch das Vollstreckungsgericht bewirkt werden (s Rn 7 ff). **1) § 904 III 1.** Nach III 1 werden laufende Geldleistungen nach II, bei denen der nachgezahlte Betrag 500 Euro übersteigt, **von der Pfändung** des Guthabens auf dem P-Konto **nicht erfasst**, soweit der für den jew Monat nachgezahlte Betrag in dem Monat, auf den er sich bezieht, nicht zu einem pfändbaren Guthaben geführt hätte (III 1). Die nachgezahlten Beträge sind bei der Bemessung des pfändungsfreien Betrags den Leistungszeiträumen zuzurechnen, für die sie bestimmt sind. Hierbei ist eine nachträgl Betrachtung der in den jew Monaten erfolgten Kontobewegungen erforderl, weil sich nur so ermitteln lässt, ob die Nachzahlung zu einem pfändbaren Guthaben geführt hätte. 4

2) § 904 III 2. Wird die Nachzahlung pauschal und für einen Bewilligungszeitraum über einen Monat gewährt, ist die **Nachzahlungssumme** zu gleichen Teilen auf die Zahl der betroffenen Monate **aufzuteilen** (III 2). Diese wesentl Erleichterung ist schon deshalb gerechtfertigt, weil eine genaue Rückrechnung in diesen Fällen kaum möglich ist. In der gerichtl Praxis kann das zB bei einer vergleichsweisen Erledigung über den Nachzahlungsbetrag in Betracht kommen. Die pauschale Umlegung nach III 2 befreit das **Vollstreckungsgericht** jedoch nicht davon, aufgrund der von dem Sch vorzulegenden Unterlagen für den jew Monat im Nachzahlungszeitraum den **pfändungsfreien Betrag zu ermitteln**. Dabei wird insb in den Blick zu nehmen sein, ob und ggfls in welcher Höhe der Sch bereits über unpfändbare Beträge verfügt hat (vgl BTDrs 19/19850, 41). 5

V) Nachweispflicht des Schuldners (§ 904 IV). Der Verweis in IV auf § 903 I, III 1 und IV bedeutet, dass der Sch hinsichtl der Leistungen nach I und II einen **Nachweis ggü dem Kreditinstitut** erbringen muss. Andernfalls kann das Kreditinstitut mit befreiender Wirkung an den Gl leisten. Der Nachweis muss sich dabei insb auf die Eigenschaft der Leistungen beziehen (vgl BTDrs 19/19850, 41). 6

VI) Festsetzung durch das Vollstreckungsgericht (§ 904 V). 1) Zweck; Zuständigkeit (§ 904 V 1). Für die Festsetzung der Höhe des pfändungsfreien Betrags in den Fällen von III ist das **Vollstreckungsgericht** (dort: der **Rechtspfleger**, vgl § 20 Nr 17 S 1, S 2 RPflG) **zuständig** (V 1), sofern der Grundfreibetrag in dem Monat, in dem die Nachzahlung erfolgt, überschritten wird. Das Ausstellen einer Bescheinigung iSd § 903 durch das Vollstreckungsgericht ist insb wegen der **Komplexität der Berechnung** erforderl. Der Sch soll sich für solche Bescheinigungen unmittelbar an das Vollstreckungsgericht wenden (vgl BTDrs 19/19850, 41). 7

2) Verfahren; Entscheidung (§ 904 V 2). Das Vollstreckungsgericht wird nur auf **Antrag des Sch** tätig, zu dem der **Gl anzuhören** ist (Art 103 I GG). Die **Entscheidung** nach V 1 ergeht sodann durch **Beschluss** (V 2). Dieser hat die Höhe des pfändungsfreien Betrags bestimmt zu bezeichnen und ist zu begründen. Er ist Sch, Gl und Drittsch vAw **zuzustellen** (§ 329 III). Bzgl der **Kosten** gilt § 788 (insb § 788 IV). **Einstw Anordnungen** können durch das Vollstreckungsgericht entspr § 766 I 2 erfolgen (Schuldnerschutz). 8

3) Wirkung (§ 904 V 3). Der **Beschluss** nach V 2 gilt als **Bescheinigung iSd § 903 I 2** (V 3). Damit wird klargestellt, dass dem Beschluss des Vollstreckungsgerichts dieselbe Wirkung zukommt wie einer solchen Bescheinigung. 9

4) Rechtsbehelfe. Für **Sch** bei (auch teilw) Zurückweisung des Antrags und für **Gl** bei (auch teilw) Stattgabe des Antrags: sof Beschwerde (§ 11 I RPflG, § 793). 10

VII) Gebühren. 1) Gericht: Erste Instanz: Das Verf nach V 2 ist gebührenfrei. Beschwerdeverf und Rechtsbeschwerdeverf wie § 900 Rn 5. **2) RA:** 3309 RVG-VV für den RA des Sch und den des Gl im Verf nach V 2, sofern die Geb nicht schon verdient war (§ 15 I, § 18 I Nr 1 RVG). – Beschwerdeverf wie § 900 Rn 5. 11

§ 905 Festsetzung der Erhöhungsbeträge durch das Vollstreckungsgericht

[1]Macht der Schuldner glaubhaft, dass er eine Bescheinigung im Sinne des § 903 Absatz 1 Satz 2, um deren Erteilung er

1. zunächst bei einer in § 903 Absatz 1 Satz 2 Nummer 1 genannten Stelle, von der er eine Leistung bezieht, und nachfolgend

2. bei einer weiteren Stelle, die zur Erteilung der Bescheinigung berechtigt ist,

nachgesucht hat, nicht in zumutbarer Weise von diesen Stellen erlangen konnte, hat das Vollstreckungsgericht in dem Beschluss auf Antrag die Erhöhungsbeträge nach § 902 festzusetzen und die Angaben nach § 903 Absatz 3 Satz 2 zu bestimmen. [2]Dabei hat das Vollstreckungsgericht den Schuldner auf die Möglichkeit der Stellung eines Antrags nach § 907 Absatz 1 Satz 1 hinzuweisen, wenn nach dem Vorbringen des Schuldners unter Beachtung der von ihm vorgelegten Unterlagen die Voraussetzungen dieser Vorschrift erfüllt sein könnten. [3]Der Beschluss des Vollstreckungsgerichts nach Satz 1 gilt als Bescheinigung im Sinne des § 903 Absatz 1 Satz 2.

1 **I) Regelungsinhalt.** § 905 entspricht § 850k V 4 aF: das **Vollstreckungsgericht** hat die **Erhöhungsbeträge zu bestimmen**, wenn der Sch den Nachweis nicht durch Vorlage einer Bescheinigung gem § 903 I 2 führen kann. **Zweck:** Das in § 905 neu geregelte Tätigwerden der Vollstreckungsgerichte ist erforderl, weil diese in der Vergangenheit häufig nicht tätig wurden. Um zu verhindern, dass der Sch von einer Stelle zur nächsten geschickt wird („Odyssee", so BTDrs 19/19850, 41 f), wird nunmehr – neben der Verpflichtung bestimmter Stellen zur Abgabe von Erklärungen in § 903 – die Zuständigkeit des Vollstreckungsgerichts geregelt (vgl BTDrs aaO).

2 **II) Voraussetzungen (§ 905 S 1). 1) Nichterhalt einer Bescheinigung.** Zunächst darf der Sch eine Bescheinigung nach § 903 I 2 nicht in zumutbarer Weise erlangt haben. Nach **S 1 Nr 1** hat sich der Sch an eine der in § 903 I 2 Nr 1 genannten Stellen zu wenden, sofern er eine solche Leistung bezieht. Dabei ist es idR nicht erforderl, dass der Sch die zur Abgabe einer Erklärung verpflichtete Stelle persönl aufsucht. Erforderl ist aber, dass der **Versuch zur Erlangung der Bescheinigung ernsthaft** unternommen wurde. Sollte eine Bescheinigung dort nicht in zumutbarer Weise zu erlangen sein, hat sich der Sch nachfolgend gem **S 1 Nr 2** an eine **weitere Stelle**, die zur Erteilung der Bescheinigung berechtigt ist, zu wenden. Das kann zB eine Schuldnerberatungsstelle der öffentl oder freien Wohlfahrtspflege sein (vgl BTDrs 19/19850, 42). Sollte eine Bescheinigung in zumutbarer Weise für den Sch auch bei dieser weiteren Stelle nicht zu erlangen sein, muss er nicht noch weitere Stellen aufsuchen.

3 **2) Antrag des Schuldners.** Liegen die in Rn 2 f genannten Voraussetzungen vor, hat das Vollstreckungsgericht auf Antrag des Sch nach § 905 tätig zu werden (*kein Ermessen des Vollstreckungsgerichts:* BTDrs 19/19850, 42).

4 **3) Glaubhaftmachung durch den Schuldner.** Der Sch hat glaubhaft zu machen, dass er sich darum **bemüht** hat, zunächst bei der die Leistung gewährenden Stelle (zB Sozialleistungsträger) die erforderl **Bescheinigung zu erlangen**, und dies sodann bei einer weiteren Stelle (zB Schuldnerberatungsstelle) nochmals versucht hat. Er hat glaubhaft zu machen, dass er die Bescheinigung von den beiden genannten Stellen nicht in zumutbarer Weise erlangen konnte. Bei der Beurteilung der Zumutbarkeit durch das Vollstreckungsgericht ist insb der **Zeitraum** zw dem Nachsuchen des Sch um die Bescheinigung und dem Zeitpunkt, in dem er üblicherweise mit der Ausstellung rechnen kann, beachtl. Darüber hinaus sind die für den Sch im VollstrVerf geltenden **Fristen** relevant. Zu seinen Gunsten besteht zB nach § 900 I 1 ein Moratorium von einem Monat; innerhalb dieses Zeitraums müsste er einen Nachweis durch Vorlage einer Bescheinigung führen, um Erhöhungsbeträge pfändungsfrei zu stellen (vgl BTDrs 19/19850, 42).

5 **III) Festsetzung durch das Vollstreckungsgericht (§ 905 S 1, S 2). 1) Verfahren; Entscheidung etc.** Es gelten die **allg Verf-Grds** (ua Amtsermittlungsgrds; vgl BTDrs 19/19850, 42). Der **Beschluss** des Vollstreckungsgerichts über die Festsetzung der Erhöhungsbeträge nach § 902 muss, um den gleichen Nutzen für das Kreditinstitut zu erreichen, auch die Angaben nach § 903 III 2 enthalten. IE zu **Zuständigkeit, Verfahren, Entscheidung, Rechtsbehelfen** etc: s § 904 Rn 7 f, 10 entspr.

6 **2) Hinweis des Vollstreckungsgerichts (§ 905 S 2).** S 2 bestimmt, dass das Vollstreckungsgericht den Sch **vAw** auf die Möglichkeit der Stellung eines **Antrags nach § 907 I 1 hinzuweisen** hat, wenn nach dem Vorbringen des Sch unter Beachtung der von ihm vorgelegten Unterlagen die Voraussetzungen dieser Vorschrift erfüllt sein könnten. Es hat aber **zunächst** die beantragte **Festsetzung des Erhöhungsbetrags** nach § 905 zu erfolgen, womit der urspr gestellte Antrag erledigt wird. In einem evtl weiteren Verf kann auf Antrag des Sch die Festsetzung der Unpfändbarkeit des Kontoguthabens nach § 907 stattfinden (vgl BTDrs 19/19850, 42).

7 **IV) Wirkung (§ 905 S 3).** Der **Beschluss** des Vollstreckungsgerichts nach S 1 gilt als **Bescheinigung iSd § 903 I 2**; ihm kommt also dieselbe Wirkung zu. Diese in Beschlussform ergangene Bescheinigung kann durch eine **spätere Bescheinigung** ersetzt werden, auch wenn diese nicht in Beschlussform ergeht (vgl BTDrs 19/19850, 42).

8 **V) Gebühren.** Für das Antragsverf nach § 905 S 1: wie § 904 Rn 11.

§ 906 Festsetzung eines abweichenden pfändungsfreien Betrages durch das Vollstreckungsgericht

(1) [1]Wird Guthaben wegen einer der in § 850d oder § 850f Absatz 2 bezeichneten Forderungen gepfändet, tritt an die Stelle der nach § 899 Absatz 1 und § 902 Satz 1 pfändungsfreien Beträge der vom Vollstreckungsgericht im Pfändungsbeschluss belassene Betrag. [2]In den Fällen des § 850d Absatz 1 und 2 kann das Vollstreckungsgericht auf Antrag einen von Satz 1 abweichenden pfändungsfreien Betrag festlegen.

(2) Das Vollstreckungsgericht setzt auf Antrag einen von § 899 Absatz 1 und § 902 Satz 1 abweichenden pfändungsfreien Betrag fest, wenn sich aus einer bundes- oder landesrechtlichen Vorschrift eine solche Abweichung *ergibt*.

(3) In den Fällen des Absatzes 1 Satz 2 und des Absatzes 2

1. ist der Betrag in der Regel zu beziffern,
2. hat das Vollstreckungsgericht zu prüfen, ob eine der in § 732 Absatz 2 bezeichneten Anordnungen zu erlassen ist, und
3. gilt § 905 Satz 2 entsprechend.

(4) Für Beträge, die nach den Absätzen 1 oder 2 festgesetzt sind, gilt § 899 Absatz 2 entsprechend.

I) Regelungsinhalt. § 906 regelt die Festsetzung eines abw pfändungsfreien Betrags durch das Vollstreckungsgericht auf der sog **dritten Stufe** des Kontopfändungsschutzes. 1

II) Pfändung wegen einer Forderung gem § 850d oder § 850f II (§ 906 I). 1) Im Pfändungsbeschluss belassener Betrag (§ 906 I 1). Wird Guthaben wegen einer der in **§ 850d oder § 850f II** bezeichneten Forderungen – dh *Unterhaltsansprüche und Forderungen aus vorsätzl begangenen unerlaubten Handlungen* – gepfändet, tritt an die Stelle der nach § 899 I und § 902 S 1 (Erhöhungsbeträge) pfändungsfreien Beträge der vom Vollstreckungsgericht **im Pfändungsbeschluss belassene Betrag.** I 1 übernimmt § 850k III aF und erfasst zusätzl § 850f II (Forderungen aus vorsätzl begangenen unerlaubten Handlungen). 2

2) Abweichende Festsetzung durch das Vollstreckungsgericht (§ 906 I 2). In den Fällen von **§ 850d I und II** – dh *Unterhaltsansprüche, die kraft G einem Verwandten, dem Ehegatten, einem früheren Ehegatten, dem Lebenspartner, einem früheren Lebenspartner oder nach §§ 1615l, 1615n BGB einem Elternteil zustehen* (zu mehreren Berechtigten: s § 850d II), kann das Vollstreckungsgericht auf **Antrag** (des Gl oder Sch) einen **von I 1 abw pfändungsfreien Betrag** festlegen. Diese bisher in § 850k IV aF geregelte Festsetzung durch das Vollstreckungsgericht ist wegen der sachl Nähe zu I 1 nun in I 2 enthalten. Betroffen ist der Fall, dass im Rahmen der Pfändung von Guthaben wegen einer Unterhaltsforderung das Vollstreckungsgericht einen pfändungsfreien Betrag festgesetzt hat und nun sowohl der Gl als auch der Sch beim Vollstreckungsgericht beantragen kann, einen abw pfändungsfreien Betrag festzusetzen (vgl BTDrs 19/19850, 43). IE zu **Zuständigkeit, Verfahren, Entscheidung, Rechtsbehelfen** etc: s § 904 Rn 7 f, 10 entspr. 3

III) Weitere abweichende Festsetzung durch das Vollstreckungsgericht (§ 906 II). Darüber hinaus setzt das Vollstreckungsgericht nach II auf **Antrag** (des Gl oder Sch) einen **von § 899 I 1 und § 902 S 1 abw pfändungsfreien Betrag** fest, wenn sich aus einer **bundes- oder landesrechtl Vorschrift** eine solche Abweichung ergibt. Dieser offene Tatbestand stellt im Gegensatz zu der Auflistung in § 850k IV aF sicher, dass das Vollstreckungsgericht auf Antrag immer dann einen abw pfändungsfreien Betrag festsetzt, wenn sich nach Bundes- oder Landesrecht eine Notwendigkeit dazu ergibt (vgl BTDrs 19/23171, 30). IE zu **Zuständigkeit, Verfahren, Entscheidung, Rechtsbehelfen** etc: s § 904 Rn 7 f, 10 entspr. 4

IV) Anforderungen an die abweichende Festsetzung nach § 906 I 2 und II (§ 906 III). 1) Bezifferung (§ 906 III Nr 1). Nach III Nr 1 ist die **Höhe des abw Freibetrags** vom Vollstreckungsgericht *idR* zu **beziffern**. Davon ist **abzusehen**, wenn eine bezifferte Festsetzung des abw pfändungsfreien Betrags sowohl den Sch als auch das Vollstreckungsgericht unzumutbar belasten würde. Das gilt nach dem Willen des Gesetzgebers aber **nur in einem Fall:** Nach BGH MDR 2012, 55 kann das Vollstreckungsgericht in best Fällen den Freibetrag durch Bezugnahme auf das vom Arbeitgeber monatl überwiesene pfändungsfreie Arbeitseinkommen festsetzen. *Voraussetzung* ist, dass das Arbeitseinkommen bei dem Arbeitgeber gepfändet ist und ständig in unterschiedl Maße von den Sockelbeträgen abweicht. In solchen Fällen wird daher auf ein P-Konto des Sch vom Arbeitgeber monatl nur der unpfändbare Betrag überwiesen; hinsichtl dieser Zahlungseingänge ist *bereits die Berechnung des pfändungsfreien Einkommens erfolgt.* III Nr 1 greift diese Rspr des BGH auf; eine Ausdehnung der nicht bezifferten Festsetzung über diese Rspr hinaus ist jedoch nicht gewollt (vgl BTDrs 19/19850, 43). 5

2) Anordnung nach § 732 II (§ 906 III Nr 2). Nach III Nr 2 hat das Vollstreckungsgericht zu **prüfen**, ob eine Anordnung nach § 732 II zu erlassen ist. **Maßstab** ist dabei, dass der sich auf einen erhöhten pfändungsfreien Betrag beziehende Pfändungsschutz, soweit er nach einer vorl Prüfung dem Sch zusteht, zB nicht wegen Zeitablaufs tatsächl ins Leere gehen darf: Das droht insb dann, wenn der Zeitraum, in dem das Kreditinstitut Guthaben nicht an den Gl auskehren darf, vor einer endgültigen Entscheidung enden würde (vgl BTDrs 19/19850, 43). 6

3) Verweis auf § 905 S 2 (§ 906 III Nr 3). Nach dem in III Nr 3 enthaltenen Verweis auf § 905 S 2 hat das Vollstreckungsgericht den Sch auf die Möglichkeit der **Antragstellung nach § 907 I 1 hinzuweisen**, wenn nach dem Vorbringen des Sch unter Beachtung der von ihm vorgelegten Unterlagen die Voraussetzungen dieser Vorschrift erfüllt sein könnten. IE s § 905 Rn 6. 7

V) Übertragung (§ 906 IV). IV stellt sicher, dass die nach I und II festgesetzten Beträge **auf drei Folgemonate übertragen** werden können (Verweis auf § 899 II). Gleichzeitig ist damit klar, dass auch auf der sog dritten Stufe des Kontopfändungsschutzes kein zeitl unbefristeter Pfändungsschutz besteht (vgl BTDrs 19/19850, 44). IE s § 899 Rn 5 f. 8

VI) Gebühren. Für die Antragsverf nach I 2, II: wie § 904 Rn 11. 9

§ 907 Festsetzung der Unpfändbarkeit von Kontoguthaben auf dem Pfändungsschutzkonto

(1) [1]Auf Antrag des Schuldners kann das Vollstreckungsgericht festsetzen, dass das Guthaben auf dem Pfändungsschutzkonto für die Dauer von bis zu zwölf Monaten der Pfändung nicht unterworfen ist, wenn der Schuldner

1. nachweist, dass dem Konto in den letzten sechs Monaten vor Antragstellung ganz überwiegend nur unpfändbare Beträge gutgeschrieben worden sind, und

2. glaubhaft macht, dass auch innerhalb der nächsten sechs Monate ganz überwiegend nur die Gutschrift unpfändbarer Beträge zu erwarten ist.

[2]Die Festsetzung ist abzulehnen, wenn ihr überwiegende Belange des Gläubigers entgegenstehen.

(2) [1]Auf Antrag jedes Gläubigers ist die Festsetzung der Unpfändbarkeit aufzuheben, wenn deren Voraussetzungen nicht mehr vorliegen oder die Festsetzung den überwiegenden Belangen des den Antrag stellenden Gläubigers entgegensteht. [2]Der Schuldner hat die Gläubiger auf eine wesentliche Veränderung seiner Vermögensverhältnisse unverzüglich hinzuweisen.

1 **I) Regelungsinhalt.** § 907 übernimmt § 850l aF, verkürzt den **Prognosezeitraum** aber auf **sechs Monate. § 907 I** ermöglicht zugunsten des Sch die Festsetzung einer befristeten Unpfändbarkeit eines P-Kontos bei fehlender Aussicht auf eine erfolgr Vollstr. **§ 907 II** ermöglicht zugunsten des Gl die Aufhebung dieser Festsetzung der Unpfändbarkeit.

2 **II) Festsetzung der Unpfändbarkeit (§ 907 I). 1) Voraussetzungen (§ 907 I 1 und 2).** Nach I 1 und 2 müssen für die Festsetzung der Unpfändbarkeit von Kontoguthaben auf dem P-Konto die folgenden Voraussetzungen erfüllt sein.

3 **a) Antrag des Sch**; zur Vertretung: § 79. **Zeitpunkt:** Der Antrag kann nach Wirksamwerden der Pfändung gestellt werden; der Antragszeitpunkt ist relevant für die Fristberechnung.

4 **b) Nachweis des Sch**, dass dem Konto in den letzten sechs Monaten vor Antragstellung ganz überwiegend nur unpfändbare Beträge gutgeschrieben worden sind (I 1 Nr 1). **aa)** Diesen Nachweis/Beweis (Glaubhaftmachung [§ 294] reicht nicht) kann der Sch insb durch **Vorlage aller Kontoauszüge** (nicht unvollst: AG Brühl JurBüro 2011, 270 [noch zu § 833a aF]) erbringen, ebenso zB durch **Bestätigung des Kreditinstituts** mit Zusammenstellung der Zahlungseingänge.

5 **bb)** Es dürfen *„ganz überwiegend nur unpfändbare Beträge gutgeschrieben"* worden sein. **„Ganz überwiegend"** eröffnet einen Beurteilungsspielraum, ohne eine feste Grenze vorzugeben. Von Relevanz sind dabei die Höhe der Überschreitung und die Häufigkeit des Zahlungseingangs. Praktikabel erscheint es, sich am Bedarf des Sch für einen best Zeitraum zu orientieren. **„Nur unpfändbare Beträge gutgeschrieben"** ist an §§ 899 ff zu messen. Unpfändbar ist danach der (erhöhte, § 902) Freibetrag (§ 899 I). Auch §§ 904 ff sind zu berücksichtigen, weshalb sich die Unpfändbarkeit auch aus den dortigen Tatbeständen ergeben kann.

6 **c) Glaubhaftmachung des Sch** (§ 294), dass auch innerhalb der nächsten sechs Monate ganz überwiegend nur die Gutschrift unpfändbarer Beträge zu erwarten ist (I 1 Nr 2). Zu den Merkmalen *„ganz überwiegend nur unpfändbare Beträge"*: s Rn 5. Im Vergleich zu § 850l aF (dort noch 12 Monate) ist der **Prognosezeitraum** auf **sechs Monate** verkürzt worden (iE BTDrs 19/19850, 44). **Bsp:** Eine Prognose iSd I 1 Nr 2 kann bejaht werden, wenn der Sch berufsunfähig ist und eine Besserung seiner gesundheitl Beschwerden kurz- und mittelfristig nicht zu erwarten ist, oder er sich als Empfänger soz Transferleistungen schon seit längerer Zeit erfolglos um einen Arbeitsplatz bemüht hat (vgl bereits BTDrs 16/7615, 17 [zu § 833a aF]). Da ein angemessener Ausgleich der Interessen von Gl und Sch gefunden werden muss, sind **nicht zu geringe Anforderungen an die Prognose** zu stellen. Selbst bei mittellosen Sch kann noch mit pfändbaren Zahlungseingängen (zB Steuererstattungen) gerechnet werden. Allerdings dürfen die Anforderungen auch nicht überspannt werden (iE BTDrs 16/7615, 17 [zu § 833a aF]).

7 **d)** Der Festsetzung der Unpfändbarkeit nach I 1 dürfen keine **überwiegenden Belange des Gl** entgegenstehen **(I 2)**. Das kann zB der Fall sein, wenn es um die Vollstr einer ges Unterhaltsforderung (§ 850d), einer Rente wegen Verletzung des Körpers oder der Gesundheit (§ 850b I Nr 1) oder einer Forderung aus vorsätzl unerl Handlung (§ 850f II) geht. Denn in diesen Fällen ist der Gl bes schutzbedürftig und kann auch auf geringfügige Beträge angewiesen sein (vgl bereits BTDrs 16/7615, 17 [zu § 833a aF]).

8 **2) Festsetzung durch das Vollstreckungsgericht.** Liegen die in Rn 3-7 genannten Voraussetzungen vor, kann das Vollstreckungsgericht durch **Beschluss** festsetzen, dass das Guthaben auf dem P-Konto für die Dauer von bis zu 12 Monaten der Pfändung nicht unterworfen ist. Die **Dauer der Festsetzung** (bis zu 12 Monate) steht im Ermessen des Vollstreckungsgerichts. Dabei sollte der letzte Tag der Frist angegeben werden; ist kein Endzeitpunkt bestimmt, besteht die Unpfändbarkeit für die Dauer von 12 Monaten, beginnend mit dem Tag der Anordnung (Beschlussdatum). IE zu **Zuständigkeit, Verfahren, Entscheidung, Rechtsbehelfen** etc: s § 904 Rn 7 f, 10 entspr.

3) Zeitliche Grenze; Aufhebung. Mit **Zeitablauf** der im Beschluss nach I 1 festgesetzten Dauer endet autom die Unpfändbarkeit. Fortbestehende Pfändungswirkungen treten wieder in Kraft. Eine **erneute zeitw Festsetzung** der Unpfändbarkeit nach I 1 ist mögl, wenn die Voraussetzungen weiterhin vorliegen. Die Festsetzung der Unpfändbarkeit endet darüber hinaus mit deren **Aufhebung nach II** (dazu Rn 11 ff). 9

4) Verhältnis zu § 765a. Der VollstrSchutz nach § 765a ZPO ist neben § 907 für die Freigabe eines Kontos (besser: einstw Einstellung seiner Pfändung) in **bes Härtefällen** anwendbar, wenn der Schutz nach § 907 nicht ausreicht (vgl bereits BTDrs 16/7615, 17 [zu § 833a aF]). 10

III) Aufhebung der Festsetzung (§ 907 II). 1) Voraussetzungen (§ 907 II 1). Nach II 1 ist auf **Antrag** jedes Gl die Festsetzung der **Unpfändbarkeit** durch das Vollstreckungsgericht **aufzuheben**, wenn ihre Voraussetzungen nicht mehr vorliegen oder die Festsetzung den überwiegenden Belangen des den Antrag stellenden Gl entgegensteht. Dabei sind nicht nur die Interessen des Gl von Belang, der die Vollstr betreibt. Vielmehr sind auch *weitere Gl antragsberechtigt*; zB solche, die erst zu einem späteren Zeitpunkt eine weitere Pfändung veranlassen. Im Hinblick auf diese Gl kann eine andere Bewertung des Vollstreckungsgerichts geboten sein, zB weil andere soz Gesichtspunkte als beim ersten Gl eine Rolle spielen (vgl BTDrs 19/19850, 44). 11

2) Hinweispflicht des Schuldners (§ 907 II 2). Damit den Gl ermöglicht wird, eine Aufhebung nach II 1 in Fällen herbeizuführen, in denen die Voraussetzungen einer Festsetzung nach I ganz oder teilw entfallen sind, hat der Sch die Gl unverzügl auf eine **wesentl Veränderung seiner Vermögensverhältnisse** hinzuweisen (vgl BTDrs 19/19850, 44). 12

3) Aufhebung durch das Vollstreckungsgericht. Liegen die in Rn 11 genannten Voraussetzungen vor, hat das Vollstreckungsgericht die Festsetzung der Unpfändbarkeit durch Beschluss (ganz oder teilw) aufzuheben (II 1). IE zu **Zuständigkeit, Verfahren, Entscheidung, Rechtsbehelfen** etc: s § 904 Rn 7 f, 10 entspr. 13

IV) Gebühren. Für die Antragsverf nach I 1, II 1. Wie § 904 Rn 11. 14

§ 908 Aufgaben des Kreditinstituts

(1) Das Kreditinstitut ist dem Schuldner zur Leistung aus dem nicht von der Pfändung erfassten Guthaben im Rahmen des vertraglich Vereinbarten verpflichtet.

(2) Das Kreditinstitut informiert den Schuldner in einer für diesen geeigneten und zumutbaren Weise über

1. das im laufenden Kalendermonat noch verfügbare von der Pfändung nicht erfasste Guthaben und

2. den Betrag, der mit Ablauf des laufenden Kalendermonats nicht mehr pfändungsfrei ist.

(3) Das Kreditinstitut hat dem Kontoinhaber die Absicht, eine neue Bescheinigung nach § 903 Absatz 2 Satz 3 zu verlangen, mindestens zwei Monate vor dem Zeitpunkt, ab dem es die ihm vorliegende Bescheinigung nicht mehr berücksichtigen will, mitzuteilen.

I) Regelungsinhalt. In § 908 werden die **Aufgaben des Kreditinstituts** in einer Norm zusammengefasst. Es handelt sich einerseits um schon bestehende Verpflichtungen (I; entspr § 850k V 1 aF) und andererseits um neue Informations- bzw Mitteilungspflichten (II, III). Diese Pflichten ggü dem Kontoinhaber belasten die Kreditinstitute nicht unzumutbar, weil die hierfür erforderl Informationen in den Datenbeständen der Kreditinstitute bereits hinterlegt sind oder ohne erhebl Aufwand dort hinterlegt werden können (vgl BTDrs 19/19850, 44). 1

II) Leistungspflicht des Kreditinstituts (§ 908 I). Nach I ist das Kreditinstitut dem Sch zur **Leistung aus dem** nicht von der Pfändung erfassten **Guthaben** im Rahmen des vertragl Vereinbarten verpflichtet. Das entspricht § 850k V 1 aF; zusätzl wird klargestellt, dass die Leistungspflicht das gesamte Guthaben betrifft, das nach §§ 899 ff nicht von der Pfändung erfasst wird (vgl BTDrs 19/19850, 44). Vertragl **Leistungen idS** können sein: Barauszahlung und die Ausführung von Überweisungen, Lastschriften sowie Einziehungsermächtigungen. 2

III) Informationspflicht des Kreditinstituts (§ 908 II). Nach II informiert das Kreditinstitut den Sch in einer für diesen geeigneten und zumutbaren Weise über **1.** das im laufenden Kalendermonat noch verfügbare von der Pfändung nicht erfasste Guthaben und **2.** den Betrag, der mit Ablauf des laufenden Kalendermonats nicht mehr pfändungsfrei ist. II gibt dem Sch einen Anspruch auf bestimmte Mitteilungen zu dem verfügbaren Guthaben, insb zu den Ansparbeträgen. **Zweck:** Transparenz und Nachvollziehbarkeit im Zusammenhang mit den Ansparmöglichkeiten auf dem P-Konto. Dabei geht der Gesetzgeber davon aus, dass die entspr **Mitteilung zumindest einmal im Monat** erfolgt, ansonsten jew auf Nach- bzw Abfrage durch den Sch. Die Informationen sind dem Sch in für ihn zumutbarer und geeigneter Weise zur Verfügung zu stellen. Eine best Form wird in II zwar nicht vorgeschrieben, die *mündl Information reicht* jedoch *nicht aus* (vgl BTDrs 19/19850, 44 f). 3

IV) Mitteilungspflicht des Kreditinstituts (§ 908 III). Nach III hat das Kreditinstitut dem Kontoinhaber die Absicht, eine neue Bescheinigung nach § 903 II 3 zu verlangen, **mindestens zwei Monate** vor dem Zeitpunkt 4 mitzuteilen, ab dem es die ihm vorliegende Bescheinigung nicht mehr berücksichtigen will. Das betrifft die Fälle von unbefristeten Bescheinigungen (**§ 903 II 2**), in denen die für das Kreditinstitut maßgebl zwei-Jahres-Frist (§ 903 II 2) abläuft. **Zweck:** Dem Sch wird dadurch Gelegenheit gegeben, eine aktualisierte Bescheinigung zu beschaffen und rechtzeitig vorzulegen. In den Fällen von **§ 903 II 4** (Vorliegen tatsächl Anhaltspunkte für die Unrichtigkeit der Bescheinigung) ist der Sch gehalten, auf Verlangen des Kreditinstituts einen aktualisierten Nachweis unverzügl zu erbringen (vgl BTDrs 19/19850, 45).

§ 909 Datenweitergabe; Löschungspflicht

(1) [1]Das Kreditinstitut darf zum Zwecke der Überprüfung der Richtigkeit der Versicherung nach § 850k Absatz 3 Satz 2 Auskunfteien mitteilen, dass es für den Kontoinhaber ein Pfändungsschutzkonto führt. [2]Nur zu diesem Zweck dürfen die Auskunfteien diese Angabe verarbeiten und sie nur auf Anfrage anderer Kreditinstitute an diese übermitteln. [3]Die Verarbeitung zu einem anderen Zweck ist auch mit Einwilligung des Kontoinhabers unzulässig.

(2) [1]Wird das Pfändungsschutzkonto für den Kontoinhaber nicht mehr geführt, hat das Kreditinstitut die Auskunfteien, die nach Absatz 1 Satz 1 eine Mitteilung erhalten haben, unverzüglich zu unterrichten. [2]Die Auskunfteien haben nach Erhalt dieser Unterrichtung die Angabe über die Führung des Pfändungsschutzkontos unverzüglich zu löschen.

1 **I) Regelungsinhalt.** § 909 I übernimmt § 850k VIII 3 bis 5 aF bzgl der Weitergabe von Daten an Auskunfteien und zum Abruf dieser Daten; § 909 II führt zusätzl eine gesetzl Löschungsverpflichtung ein (vgl BTDrs 19/19850, 45).

2 **II) Datenweitergabe durch das Kreditinstitut (§ 909 I).** Das Kreditinstitut darf zum **Zweck** der Überprüfung der Richtigkeit der Versicherung nach § 850k III 2 Auskunfteien mitteilen, dass es für den Kontoinhaber ein P-Konto führt (**I 1**). Nur zu diesem Zweck dürfen die Auskunfteien diese Angabe verarbeiten und sie nur auf Anfrage anderer Kreditinstitute an diese übermitteln (**I 2**). Vor dem Hintergrund dieses gesetzl Verarbeitungszwecks ist die **Verarbeitung zu einem anderen Zweck** – selbst mit Einwilligung des Kontoinhabers – **unzulässig** (**I 3**; sa BTDrs 19/19850, 45).

3 **III) Unterrichtungspflicht; Löschungspflicht (§ 909 III). 1) Unterrichtungspflicht des Kreditinstituts (§ 909 III 1).** Wird das P-Konto für den Kontoinhaber nicht mehr geführt, hat das Kreditinstitut die **Auskunfteien**, die nach I 1 eine Mitteilung erhalten haben, **unverzügl** zu **unterrichten** (III 1). Angesprochen werden damit zB die Fälle der vollst Auflösung des P-Kontos oder das Fortbestehen des Kontos bei alleiniger Beendigung dessen Führung als P-Konto (§ 850k V 1; sa BTDrs 19/19850, 45).

4 **2) Löschungspflicht der Auskunfteien (§ 909 III 2).** Nach Erhalt der Unterrichtung (III 1) haben die Auskunfteien die Angabe über die Führung des P-Kontos **unverzügl zu löschen.**

§ 910 Verwaltungsvollstreckung

[1]Die §§ 850k und 850l sowie die Regelungen dieses Abschnitts gelten auch bei einer Pfändung von Kontoguthaben wegen Forderungen, die im Wege der Verwaltungsvollstreckung nach Bundesrecht beigetrieben werden. [2]Mit Ausnahme der Fälle des § 850k Absatz 4 Satz 1, des § 904 Absatz 5 und des § 907 tritt die Vollstreckungsbehörde an die Stelle des Vollstreckungsgerichts.

1 **I) Regelungsinhalt.** § 910 regelt die Pfändung von Kontoguthaben in der Verwaltungsvollstr nach Bundesrecht.

2 **II) Verwaltungsvollstreckung nach Bundesrecht (§ 910 S 1).** S 1 erklärt die Regelungen zur Einrichtung und Beendigung des P-Kontos (**§ 850k**), zur Pfändung des Gemeinschaftskontos (**§ 850l**) und zu den Wirkungen des P-Kontos (**§§ 899 ff**) im Rahmen einer Pfändung von Kontoguthaben wegen Forderungen, die im Wege der **Verwaltungsvollstr nach Bundesrecht** beigetrieben werden, für anwendbar. Damit wird klargestellt, welche Aufgaben den Verwaltungsbehörden bei der Kontopfändung zukommen (iE zur **Zuständigkeit** [S 2]: s Rn 3 f). Ledigl aus kompetenzrechtl Gründen erfolgte keine Erstreckung von § 910 auf Forderungen, die im Wege der **Verwaltungsvollstr nach Landesrecht** beigetrieben werden; es sei jedoch geboten, den Kontenpfändungsschutz auch bei dieser Art der Verwaltungsvollstr gleichermaßen zu gewähren (so BTDrs 19/19850, 45 f).

3 ***III) Zuständigkeit (§ 910 S 2).*** **1) Vollstreckungsbehörde.** Die Vollstreckungsbehörde tritt – mit drei Ausnahmen (s Rn 4) – an die Stelle des Vollstreckungsgerichts in den Fällen von **§ 900 I 2** (Anordnung einer abw Mo-

ratoriumsfrist), **§ 905** (Festsetzung der Erhöhungsbeträge) und **§ 906** (Festsetzung eines abw pfändungsfreien Betrags). Ob die beizutreibende Forderung öffentl-rechtl oder privatrechtl Natur ist, ist unerhebl. **Zweck:** Die Zuständigkeitsübertragung soll der Verf-Vereinfachung und -beschleunigung dienen; eine Zuständigkeit des Vollstreckungsgerichts ist in diesen Fällen nicht erforderl (iE BTDrs 19/19850, 46).

2) Vollstreckungsgericht. In den Fällen von **§ 850k IV 1** (Anordnung eines verbleibenden P-Kontos, wenn der Sch [unzul, vgl § 850k III 1] mehrere Zahlungskonten als P-Konten unterhält), **§ 904 V** (Festsetzung eines abw pfändungsfreien Betrags bei der Nachzahlung von Leistungen > 500 Euro) und **§ 907** (Festsetzung der Unpfändbarkeit von Kontoguthaben auf dem P-Konto) bleibt hingegen das **Vollstreckungsgericht zuständig** (der Gesetzgeber hat in diesen Fällen sachl Bedenken gg eine Zuständigkeit der Vollstreckungsbehörde: iE BTDrs 19/19850, 46). Anträge sind in den vorgenannten Fällen ausschließl beim Vollstreckungsgericht zu stellen und von diesem zu bescheiden. 4

§§ 911 bis 915h (weggefallen)

Abschnitt 5
Arrest und einstweilige Verfügung (§§ 916-945b)

Vorbemerkungen zu §§ 916-945b

Lit: *Baur*, Studien zum einstw Rechtsschutz, 1967; *Berger* (Hrsg), Einstw Rechtsschutz im Zivilrecht, Hdb, 2006; *Enders/Börstinghaus*, Einstw Rechtsschutz, 3. Aufl 2016; *Kleveman* (Hrsg), Anwalts-Hdb Einstw Rechtsschutz, 2. Aufl 2013; *Leipold*, Grundlagen des einstw Rechtsschutzes usw, 1971; *Schilken*, Die Befriedigungsverfügung, 1976; *Schuschke/Walker/Kessen/Thole*, Vollstreckung u Vorläufiger Rechtsschutz, 8. Aufl 2024; *Teplitzky*, Wettbewerbsrechtl Ansprüche u Verf, 13. Aufl 2023, Kap 53-56; *Walker*, Der einstw Rechtsschutz im Zivilprozess u im arbeitsgerichtl Verf, 1993. – Sa § 940 Rn 8 ff: einzelne Rechtsgebiete, zB „Wettbewerbsrecht" (§ 940 Rn 8.36).

I) Allgemeines. 1) Zweck und Arten des einstweiligen Rechtsschutzes. Eine Feststellung und Verwirklichung privater Ansprüche mit den Mitteln staatl Zwangsgewalt erfordert Zeitaufwand. Damit ist für den Anspruchsberechtigten die Gefahr gegeben, dass die Verwirklichung seines Rechts vereitelt oder wesentl erschwert wird. Es bedarf daher zusätzl Verfahrensvorschriften, um dieser Gefahr zu begegnen. Sie sind in den Instituten des Arrests und der einstw Verfügung geschaffen worden. Der **Arrest** dient der **Sicherung der ZwV wegen Geldforderungen** in das bewegl und unbewegl Vermögen, die **einstw Verfügung** der **Sicherung eines Individualanspruchs** und der **einstw Regelung eines streitigen Rechtsverhältnisses**. Die Rechtspraxis hat das Institut der einstw Verfügung fortgebildet und mit der **Leistungsverfügung** eine Grundlage für die ZwV mit dem Ziel einer vorläufigen Befriedigung des Gl geschaffen (s § 935 Rn 2). Arrest und einstw Verfügung schließen einander grds aus; zwischen ihnen besteht nur ausnahmsw ein Wahlrecht (OLG Köln JMBl NW 84, 9; aA Schlosser FS Odersky, 1996, S 670; sa Rn 3). 1

In **FamStreitsachen** (§ 112 FamFG) findet das Arrestverf Anwendung (§ 119 II FamFG; s § 916 Rn 2), auch im **ArbGG** (§ 62 II, § 85 II) wird auf die ZPO verwiesen.

2) Einstweiliger Rechtsschutz als Teil der Rechtsschutzgarantie. Lit: Teplitzky WRP 2016, 1181; Löffel WRP 2019, 8. – Der einstw (vorläufige) Rechtsschutz ist eine Ausprägung der Garantie des **effektiven Rechtsschutzes** (BVerfGE 79, 74; BVerfGE 93, 1, 13 f = NJW 95, 2477; BVerfG MDR 2018, 1073 Tz 3 = NJW 2018, 3093 LS; Laukemann ZZP 126 [2013], 175; Einl Rn 32). Andererseits hat grds auch der Ag Anspruch auf vorheriges **rechtl Gehör** (Art 103 I GG) in Form einer mündl Verh (§ 937 II, § 128 I), durch schriftl Anhörung oder in sonstiger Weise (BVerfG NJW 2018, 3631 Tz 15 = MDR 2019, 176), insb durch Antwort auf Abmahnung (§ 13 I UWG, s Rn 1e) und Schutzschrift (§ 945a). Soweit Entscheidungen ohne vorh rechtl Gehör des Ag ergehen können (s § 922 Rn 1 ff; § 937 Rn 3 ff; § 944 Rn 1), ist das rechtl Gehör nachträgl zu gewähren (BVerfG NJW 2004, 2443; BVerfG NJW 2018, 3631 Tz 15; BGHZ 161, 298, 303), so idR in der (notwendigen) mündl Verh nach Widerspruch (s § 924 Rn 4, § 937 Rn 3), ggf auch später schriftl (s Rn 5a), notfalls gem § 321a (s § 321a Rn 3). Der Ausschluss des vorherigen **rechtl Gehörs** darf aber nicht weitergehen als im Interesse des Eilrechtsschutzes sachl geboten (vgl zB § 922 Rn 2, 18; Teplitzky WRP 2016, 1181 Rn 7 ff; Löffel WRP 2019, 12 Rn 28; Mantz NJW 2019, 953). Ein Minimum an vorhergehenden rechtl Gehör sichert die wettbewerbsrechtl Abmahnung (§ 13 UWG; s Rn 1e), die Anlass zur Einreichung einer Schutzschrift (§ 945a; s Rn 1e) bieten kann. Desgl gelten die Grundsätze der **prozessualen Waffengleichheit** (Einl Rn 16 ff, 24 ff, 27) und **prozessualen Fairness** (BVerfG NJW 2022, 1083 Tz 26; BVerfG NJW 2023, 759 Tz 18; BVerfG NJW 2020, 2021 = MDR 2020, 904; BVerfG NJW 2021, 1587 Tz 29; Teplitzky WRP 2016, 1181 Rn 18 ff, 30; Mantz/Löffel WRP 2022, 1059; Born- 1a kamm GRUR 2020, 715; Berger GRUR 2021, 1131; Schumann JZ 2019, 398; Tyra WRP 2020, 1525; M. Vollkommer MDR 2019, 965; G. Vollkommer MDR 2020, 904; teilw krit Zuck EuGRZ 2020, 9; Einl Rn 24, 27).

1b **3) Verhältnis zur Hauptsache.** Im Hinblick auf die unterschiedl Rechtsschutzziele (s Rn 1), die unterschiedl Prüfungsintensität (§§ 920, 921, 936; sa Rn 3, § 922 Rn 7; BVerfG MDR 2018, 1073 Tz 3) und Wirkungen (vgl § 927; zu § 322 s Rn 13) sind beide Verf **nebeneinander** zulässig (OLG Hamm NJW-RR 91, 1335 mN = MDR 91, 545; OLGR Zweibrücken 2008, 902; sa § 917 Rn 12 f; § 924 Rn 3), eine Verbindung erscheint im Hinblick auf fehlende grundlegende Unterschiede zum Klageverf nicht grds ausgeschlossen (BGH WRP 2017, 1094 Tz 3b, str; krit Rehart WRP 2017, 1307; sa § 927 Rn 9). Der Gegner hat die Möglichkeit, das Hauptsacheverf zu erzwingen (§§ 926, 936). Die Entscheidung in der Hauptsache geht der Eilentscheidung vor (iE s § 927 Rn 5) und ist Grundlage für einen gebotenen Ausgleich (vgl § 945); führt aber bereits die Eilentscheidung, wie idR in Wettbewerbssachen, zur endgültigen Streitbeilegung (Mittel: Abschlusserklärung, s § 924 Rn 9; § 926 Rn 4), kann *gleichzeitiges* Vorgehen im Klageweg missbräuchl sein (BGHZ 144, 166 = NJW 2000, 3566 „Missbräuchl Mehrfachverfolgung"; im Einzelfall verneinend OLG Köln MDR 2009, 1125 = WRP 2009, 863). Der Übergang von dem einen Verf in das andere ist nach hM ausgeschlossen (s Rn 3 aE; § 920 Rn 14), ebenso eine Aussetzung (§ 148) des Eilverf im Hinblick auf das Hauptsacheverf (KG NJW 2019, 1344). Hauptsache- und Arrest-/Verfügungsverf haben selbständige Streitwerte (s § 3 Rn 16.19 u 16.63).

1c **4) Verhältnis zu einstweiligen Anordnungen.** Einstw Anordnungen im 1. instanzl ZP-Bereich: §§ 769, 770 III. Einstw Anordnungen im Rechtsmittelzug gem § 570 III, § 573 I 3, § 575 V sind auf die Wirkungen der angefochtenen Entscheidung beschränkt (BGH MDR 2006, 647; hier s § 570 Rn 4). Einstw Maßnahmen des Schiedsgerichts (§ 1041) s Rn 4; zu einstw Anordnungen in FG-Angelegenheiten s §§ 49 ff FamFG, in Familienstreitsachen (§ 119 I 1) s (zB) §§ 246 ff FamFG; zum Verfassungsbeschwerde-Verf (§ 32 BVerfGG) s Rn 12.

1d **5) Verhältnis zur notariellen Vollstreckungsunterwerfung.** Die notarielle Unterwerfung des Schuldners in einer vollstreckbaren Urkunde gem § 794 I Nr 5 stellt im Hinblick auf die Unterschiede bei der Vollstreckbarkeit keinen vollwertigen Ersatz für eine einstw Verfügung dar; der Schuldner kann daher durch Abgabe einer entspr Erklärung keine außergerichtliche Streitbeilegung erreichen (BGH NJW 2017, 171; KG NJW-RR 2018, 960 Tz 10 f; sa § 926 Rn 31, § 935 Rn 5).

1e **6) Verhältnis zur Abmahnung.** Über die außergerichtl Streitbeilegung durch strafbewehrte Unterlassungsverpflichtung (§ 13 I UWG) und die Vermeidung von Kostennachteilen (§ 93; s § 924 Rn 5) hinaus kommt der Abmahnung (§ 13 I UWG) im einstw Rechtsschutz als „Minimum" vorherigen rechtl Gehörs (s Rn 1a) ganz bes Bedeutung zu (BVerfG NJW 2022, 1083 Tz 28; BVerfG WRP 2022, 844 Tz 23; eingeh Mantz/Löffel WRP 2022, 1059 Rn 9 ff; 15 ff; 34 ff). Hat eine Abmahnung stattgefunden, muss der ASt (bei zeitnahen inhaltsgleichem Verfügungsantrag) die Stellungnahme des Ag unverzüglich mit vorlegen (BVerfG NJW 2022, 1083 Tz 28; BVerfG WRP 2022, 844 Tz 23; BVerfG NJW 2021, 615 Tz 22). Ohne Abmahnung muss der ASt damit rechnen, dass das Gericht mündl Verh anordnet oder den Ag in anderer Weise einbezieht (BVerfG NJW 2021, 1587 Tz 35; BVerfG NJW 2022, 1083 Tz 28; BVerfG WRP 2022, 844 Tz 23). Vorenthaltung der Erwiderung auf die Abmahnung ist Rechtsmissbrauch (Einl I Rn 41) und steht dem Erlass einer einstw Verfügung entgegen (OLG Frankfurt WRP 2024, 1112 Tz 14 f).

2 **7) Internationaler einstweiliger Rechtsschutz.** Internat Zuständigkeit, insb bei ausl Hauptsachezuständigkeit: s EuIZPR Rn 84; § 919 Rn 2, 8; § 926 Rn 10; EU-Bereich: Art 35 Brüssel Ia-VO; Anerkennung u Vollstreckung: Art 36 ff, 39 ff Brüssel Ia-VO; dazu eingeh Tsikrikas ZZP 124 (2011), 461. Inlandsarrest bei ausl Titeln und Auslandsvollstreckung als Arrestgrund bei inländischen Titeln: s § 917 Rn 4 u 15 f; internat Beweissicherung: s § 940 Rn 8.7. Anzuerkennendes Hauptinsolvenzverf (Art 3, 16 EuInsVO) steht inländischer Arrestanordnung entgegen (EuGH ZIP 2010, 187). Ausl Arrestbefehle aus dem Anwendungsbereich der **Brüssel Ia-VO** sind ohne weiteres im Inland vollstreckbar (Art 36, 39 Brüssel Ia-VO), mit umfasst sind auch im einseitigen Verf ergangene Entscheidungen (hier Hau Art 35 Brüssel Ia-VO Rn 11: „ex parte-Entscheidungen"). Die Vollziehungsfrist beträgt für Sicherungstitel aus EU-Ländern zwei Monate (§ 929 II 2; Art 36, 39 Brüssel Ia-VO), iÜ verbleibt es für ausl Titel bei der Monatsfrist (EuGH NJW 2019, 581; sa § 929 Rn 9b, 9c). **Sondervorschriften** für im (Nicht-EU-)Ausland geltend zu machende dt Arrestbefehle und einstw Verfügungen: § 922 I 2, § 936; ferner § 30 IV, § 31 AVAG. Auslandszustellung: s § 922 Rn 15; Erleichterungen bestehen bei Zustellung an ausl jur Person mit erhebl Inlandstätigkeit (OLG München MDR 2020, 242). Eilrechtsschutz bei **internat Rechtshilfe:** s § 940 Rn 8.27.

3 **II) Anwendbare Vorschriften. 1) Summarisches Erkenntnisverfahren.** Das einstw Rechtschutzverfahren ist ein summarisches Erkenntnisverf (s Rn 1b). Es finden außer den VerfGrundrechten (Rn 1a) die Vorschriften des Erkenntnisverf Anwendung (zB für den VerfAntrag: § 920 Rn 1; für seine Rücknahme: § 920 Rn 13; für Gegenantrag: § 927 Rn 9; § 935 Rn 4; für PKH: vor § 114 Rn 4; für Streithilfe: Rn 5a aE; für Einzelrichter: § 348 Rn 2; für mündl Verh: § 922 Rn 1; § 924 Rn 11; § 937 Rn 3; für Unterbrechung: s § 239 Rn 8); für Güteverh: s § 278 Rn 8, soweit sich nicht aus §§ 916-945 und aus den Besonderheiten des Arrests und der einstw Verfügung etwas anderes ergibt (Bsp: s § 925 Rn 2; § 944 ggü § 348 I 2); Besonderheiten gelten im einseitigen Verf für Hinweise gem § 139 (BVerfG NJW 2018, 3631 Tz 24; Löffel WRP 2019, 11 Rn 19, 29; Teplitzky/Schilling

Kap 55 Rn 3; Bsp: s § 937 Rn 7) und allgemein ist bei der Handhabung des Verfahrensrechts dem Eilcharakter Rechnung zu tragen (BVerfG 10.4.2025 – 2 BvR 468/25 Tz 16 zu § 315 II 3). Arrest und einstw Verfügung dienen zwar verschiedenen Zwecken (s Rn 1), wegen der Ähnlichkeit beider Verf ist es jedoch zulässig, **von einem Verf in das andere überzugehen** (KG NJW 61, 1978; MK/Drescher Rn 38), auch noch in der Rechtsmittelinstanz (OLG Düsseldorf NJW 91, 2028). Darin liegt keine Klageänderung (so aber OLG Düsseldorf NJW 91, 2028). UU kann ein Antrag auf Erlass einer einstw Verfügung in einen Antrag auf Erlass eines Arrests **umgedeutet** werden (OLG Köln NJW 70, 1883; OLGR Jena 1997, 96; MK/Drescher Rn 38, str). Ein Übergang vom Arrestprozess in den Hauptsacheprozess ist unzulässig (s § 920 Rn 14). Im Hauptsacheprozess kann die Aufhebung der einstw Verfügung verfolgt werden (BGH WRP 2017, 1094 Tz 36, str; s § 927 Rn 9).

2) Überblick über die gesetzliche Regelung. Nur das ArrestVerf ist eingehend geregelt (§§ 916-934), dagegen beschränkt sich die ZPO beim Verfügungsverf auf eine Globalverweisung auf den Arrest (§ 936) und einige Spezialvorschriften (insb §§ 935, 937 II, 940). Die unzulängliche Regelung wird durch die Rspr des BVerfG ergänzt (vgl Rn 1a, 1e, 5a, 12; § 922 Rn 27; § 936 Rn 1; § 937 Rn 3 usw). 3a

III) Besonderheiten des Verfahrens. 1) Rechtsweg; Zuständigkeit; Schiedsvereinbarung. Der **ordentl Rechtsweg** muss gegeben sein (s § 13 GVG Rn 4 ff); ist dieser nicht gegeben, erfolgt eine Rechtswegverweisung (§ 17a II, VI GVG; iE s vor § 17 GVG Rn 11); der Zulassung der Rechtsbeschwerde gem § 17a IV 4, 5 GVG stehen § 542 II, § 574 I 2 nicht entgegen (BGH WRP 2022, 1279 = MDR 2022, 591 [Fischer MDR 2022, 747]; M. Vollkommer WRP 2022, 1299; s § 17a GVG Rn 16). Bei **örtl Unzuständigkeit** kommt eine Verweisung (§ 281) in Betracht (Teplitzky/Schilling Kap 55 Rn 37; BAG AP § 36 ZPO Nr 27; sa § 924 Rn 6). **§ 513 II** gilt im einstw Verfügungsverfahren jedenfalls dann, wenn ein Hauptsacheverfahren (noch) nicht anhängig ist (so OLG Düsseldorf GRUR 2022, 185 Tz 31; s § 937 Rn 1). Die staatl Gerichte sind auch dann für Maßnahmen des einstw Rechtsschutzes zuständig, wenn für die Hauptsache die **Zuständigkeit eines Schiedsgerichts** vereinbart worden ist (eingeh Laukemann ZZP 126 [2013], 175; OLG München SpuRt 2001, 65; OLG Frankfurt NJW-RR 2001, 1078; OLGR Köln 2002, 392; OLGR Saarbrücken 2007, 426). Das obligatorische **Schlichtungsverf** (§ 15a EGZPO) gilt nicht für Verf des einstw Rechtsschutzes (MK/Gruber § 15a EGZPO Rn 5; abw für private Schlichtungsklausel OLGR Celle 2009, 158, bedenkl, arg § 1033). 4

2) Prozessrechtsverhältnis und Parteistellung. a) Rechtshängigkeit. Die Rechtshängigkeit (und das Prozessrechtsverhältnis) tritt schon mit Einreichung des Antrags ein (KG MDR 88, 239; KG JurBüro 93, 486; OLG Düsseldorf JZ 95, 316; OLG München NJW 93, 1604; OLG Köln GRUR 2001, 425; OLG Hamburg WRP 2014, 100; Guhn WRP 2014, 28; Bülow ZZP 98 [1985], 276 mN; Vossler MDR 2009, 668, hM, str), auch im Verhältnis zum *Gegner* (s Rn 5a); zu den Folgen iÜ s § 920 Rn 12. Im Verhältnis zu einem 2. Arrestgesuch ist der Einwand der **Rechtshängigkeit** gem § 261 III Nr 1 zu beachten (MK/Drescher Rn 16; SchWKT/Kessen Rn 32; WSch/Thümmel Rn 15; einschr KGR Berlin 2001, 52, soweit auch bei Rechtskraft eine Wiederholung zulässig wäre, s Rn 13; sa § 920 Rn 12), nicht dagegen zum Hauptsacheverf M. Stürner ZZP 125 [2012], 6 f). Auch wenn wegen fehlender Parteienidentität die Sperre gem § 261 III Nr 1 nicht eingreift, kann gleichzeitige Mehrfachverfolgung bei Möglichkeit gemeinsamen Vorgehens unzulässig sein (BGHZ 144, 166 = NJW 2000, 3566; s Rn 1b, ferner s § 60 Rn 1; § 940 Rn 8.36). Ein auf den Streitgegenstand des Eilverf beschränktes **Anerkenntnis** ist mögl (OLG Hamm NJW-RR 86, 1232; OLG München OLGZ 88, 230; s § 307 Rn 3; einschr MK/Drescher Rn 22 wegen § 938 I), ein **gerichtl Vergleich** auch ohne diese Beschränkung (BGH NJW-RR 91, 1021; KG WRP 2014, 247 Tz 4; s § 935 Rn 4; § 794 Rn 4, 16d). Eine **Änderung** des geltend gemachten Anspruchs (entspr §§ 263 ff) im Widerspruchsverf ist mögl (s § 925 Rn 3). 5

b) Parteistellung. Der Ag erlangt seine Parteistellung mit der (vorgezogenen) Rechtshängigkeit (MK/Drescher Rn 18; Ahrens/Büttner/Spätgens, Wettbewerbsprozess, Kap 7 Rn 30; Teplitzky/Schilling Kap 55 Rn 1; Guhn WRP 2014, 28, hM; s Rn 5), nicht erst mit der tatsächl Beteiligung am Verf. Hat der Ag eine **Schutzschrift** (§ 945a) eingereicht oder der ASt die Stellungnahme zu einer Abmahung (s Rn 1e) vorgelegt, ist der Ag auch tatsächlich von Anfang an beteiligt (BVerfG NJW 2022, 1083 Tz 28), desgl ab Einbeziehung des Ag in ein zunächst einseitig geführtes Verf (BVerfG NJW 2022, 1083 Tz 27; sa Rn 1a). Bei einer Antragsrücknahme vor mündl Verh kann zugunsten des Ag eine Kostengrundentscheidung entspr § 269 III 3 ergehen (KG MDR 88, 239; OLG München NJW 93, 1604; sa § 920 Rn 13; § 945a Rn 1 [e]); als VerfBeteiligter hat der Ag Recht auf **Gehör, Waffengleichheit** und damit auch auf Akteneinsicht (§ 299 I; s Guhn WRP 2014, 28; s § 922 Rn 18). Auch im einseitigen Verf ohne mündl Verh (§ 937 II) ist der Ag grds vor der Entscheidung anzuhören (Art 103 I GG); es gilt die Gleichwertigkeit der prozessualen Stellung von ASt und Ag (BVerfG NJW 2022, 1083 Tz 26; BVerfG NJW 2023, 759 Tz 18; sa Rn 1a). Die mündl Verhandlung darf nicht systematisch durch ein Beschlussverf ersetzt werden (BVerfG NJW 2024, 1948 = WRP 2024, 584; sa § 937 Rn 3). **Dritte** können sich im Verf unter den Voraussetzungen der §§ 66 ff beteiligen, zB durch Einlegung von Rechtsbehelfen (LG Aachen WM 87, 500). Zu den Fragen der Abtretung des Arrest-/Verfügungsanspruchs s Rn 13 aE. 5a

3) Darlegungs- und Beweislast (Glaubhaftmachungslast). a) Die **Beweisführung** ist durch Zulassung der **Glaubhaftmachung** (§ 294) für Arrest-(Verfügungs-)Anspruch und Arrest-(Verfügungs-)Grund erleichtert. In Einzelfällen enthält das Gesetz weitere Erleichterungen; so kann ein Verfügungsgrund ges vermutet werden (zB § 899 II 2 BGB; § 12 II UWG) oder von Glaubhaftmachung überhaupt abgesehen werden (§ 921 S 1 HS 1). 6

6a **b)** Für die **Verteilung der Glaubhaftmachungslast** gelten im Eilverf keine Besonderheiten (iE str, s SchWKT/Kessen Rn 68, § 920 Rn 21); sie entspricht bei Anhörung des Gegners der im ordentl Verf (ebenso OLG Karlsruhe GRUR 87, 847; OLG Frankfurt FamRZ 89, 88; OLG Frankfurt NJW-RR 91, 175; OLG Stuttgart WRP 91, 269; OLGR Brandenburg 2002, 275, 277; StJ/Bruns § 920 Rn 10; ThP/Seiler Rn 9; Baur/Stürner/Bruns Rn 51.13; Brox/Walker § 50 Rn 14; Baumgärtel/Ulrich Beweislast Bd 3, § 25 UWG Rn 7; **aA** – *volle* Glaubhaftmachungslast des ASt: Hirtz NJW 86, 110 mwN). Eine *volle* Glaubhaftmachungslast des ASt (also auch für das Fehlen von Einreden und Einwendungen des Gegners) soll allerdings nach verbreiteter Meinung (zB OLG Karlsruhe GRUR 87, 847; OLG Frankfurt FamRZ 89, 88; OLG Frankfurt NJW-RR 91, 175; StJ/Bruns § 920 Rn 11 f; Gaul/S/B-E § 77 Rn 13; SchWKT/Kessen Rn 68; WSch/Thümmel § 920 Rn 16) im „einseitigen" Verf gelten; doch kann ohne Anhörung des Gegners (und damit Auslösung der allg Beweislastregeln) der Antrag nicht aus Beweislastgründen zurückgewiesen werden (zutr OLG Stuttgart WRP 98, 433; KG WRP 2011, 611; Teplitzky/Schilling Kap 54 Rn 67); wird die Eilmaßnahme nicht gleichwohl erlassen (vgl § 921 S 1), ist nach mündl Verh zu entscheiden (vgl OLG Stuttgart WRP 91, 269; Baumgärtel FS Gaul, 1997, S 30, 32 ff), soweit es nicht bereits an hinreichendem Vorbringen fehlt (OLG Frankfurt WRP 2020, 218 Tz 7: Behauptungen „ins Blaue"); sa § 920 Rn 9; § 922 Rn 6; § 935 Rn 8). Beweisverwertungsverbote sind auch im Arrestverf zu beachten (s § 920 Rn 8).

7 **4) Verjährung.** Die Verjährung des durch die Eilmaßnahme (Arrest, einstw Verfügung) gesicherten (Hauptsache-)Anspruchs wird gehemmt (Bsp: s § 940 Rn 8.5), so dass die Notwendigkeit der Erhebung der Hauptsacheklage neben dem Eilverf lediglich zur Abwendung der Verjährung nicht besteht (§ 204 I Nr 9 BGB). Die Hemmung tritt durch Zustellung des Antrags auf Erlass der Eilmaßnahme ein (§ 204 I Nr 9 Alt 1 BGB), bei Zustellung „demnächst" mit Rückwirkung auf den Zeitpunkt des Antragseingangs (§ 167). Kommt es im Hinblick auf die §§ 922, 937 II (s § 937 Rn 4, 5) nicht zur Zustellung des Antrags, tritt die Hemmung der Verjährung mit der Einreichung des Antrags ein, wenn der die Eilmaßnahme enthaltende Beschluss innerhalb 1 Monats ab der Verlautbarung (vgl § 929 II) an den Sch zugestellt wird (§ 204 I Nr 9 Alt 2 BGB; näher Maurer GRUR 2003, 209 f). Neubeginn der Verjährung bei Vollstreckungshandlungen: § 212 I Nr 2 BGB; s Rn 14 aE. Fälle kurzer Verjährung: § 11 UWG (s § 940 Rn 8.36). **Weitergehend** hemmt die Zustellung des Antrags auf Erlass einer einstweiligen Verfügung wegen eines Unterlassungsanspruchs nach §§ 1, 2, 2a UKlaG, § 8 I UWG durch eine nach § 3 I UKlaG klagebefugte Einrichtung auch die Verjährung von individuellen Verbraucheransprüchen, die wegen einer Zuwiderhandlung entstanden sind, gegen die sich der Unterlassungsanspruch richtet (§ 204a I Nr 1 BGB nF).

8 **5) Aussetzung und Vorlagepflichten. a) Aussetzung des Anordnungs- und Aufhebungsverf** ist wegen der bes Eilbedürftigkeit grds ausgeschlossen (Teplitzky/Schilling Kap 55 Rn 38; OLG München OLGZ 88, 232; s § 148 Rn 4, 9).

8a **b)** Eine Vorlage an den **EuGH** gem **Art 267 AEUV** ist im Eilverf nicht zulässig (EuGH NJW 77, 1585; BGH ZZP 110 [1997], 373 aE; Teplitzky/Schilling Kap 55 Rn 38 m umfangr Nw).

9 **c)** Vorlage an das **BVerfG** gem **Art 100 I GG** (konkrete Normenkontrolle) ist im Eilverf idR ausgeschlossen (OLG Hamburg JZ 83, 67; Teplitzky/Schilling Kap 55 Rn 39; abw für Sonderfall BVerfGE 63, 131 = NJW 83, 1179). Gleiches gilt für die Vorlage nach **Art 100 II GG** (völkerrechtl Vorfrage; abw OLG Frankfurt Rpfleger 82, 301). Die Vorlagepflicht gem Art 100 I GG steht daher der Gewährung vorläufigen Rechtsschutzes nicht entgegen (BVerfGE 86, 382 ff = NJW 92, 2749).

10 **6) Entscheidung und Begründung.** Die Entscheidung ergeht auf Grund mündl Verh durch **Endurteil** (uU auch als AU, § 307 [s Rn 5] oder VU, §§ 330, 331 [s § 922 Rn 2]), in dringenden Fällen und bei Zurückweisung des Antrags auch ohne mündl Verh durch **Beschluss**. Im Arrestprozess ist mündl Verh freigestellt (§ 128 IV); sie ist jedoch wegen der überlegeneren Form der Gewährung rechtl Gehörs in allen Fällen zu empfehlen, wenn nicht bes Dringlichkeit eine sof Entscheidung erfordert (s § 937 Rn 5). Ergeht die Entscheidung durch Urteil, ist sie zu begründen (§ 313 I Nr 6), der Beschlussarrest braucht nicht begründet zu werden (§ 922 I 2), bei der Beschlussverfügung muss jedenfalls der Fall „besonderer Dringlichkeit" (§ 937 II) dargelegt werden (§ 937 Rn 3). Für die **Rechtsanwendung** gelten keine Besonderheiten, insb bedeutet der „summarische" Charakter des Verf nicht eine weiter gehende Freistellung von der Gesetzesbindung (Art 20 III, Art 97 I GG; § 1 GVG; vgl auch BVerfG JuS 2008, 921).

11 **7) Instanzenzug, Rechtsbehelfe. a) Rechtsmittel.** Sowohl im Urteils- als auch im Beschlussverf besteht nur ein **2-stufiger Instanzenzug:** Die Revision ist ausgeschlossen, § 542 II 1; § 72 IV ArbGG; ist in Beschlussform entschieden, findet keine Rechtsbeschwerde (§ 574) statt (§ 574 I 2; sa BGHZ 152, 195 = NJW 2003, 69); dies gilt auch bei gerichtl Zulassung (§ 574 III) der Rechtsbeschwerde (BGH NJW 2011, 3025 Tz 5). **Abgrenzung:** Die Beschränkung gilt nicht für Zwischenverfahren über die Zulässigkeit des Rechtswegs (BGH WRP 2022, 1199 = MDR 2022, 591 [Fischer MDR 2022, 747]; M. Vollkommer WRP 2022, 1199; sa § 17a GVG Rn 16 aE), für selbständige Nebenverf, wie das ZwV-Verf (BAG NJW 2025, 683; BGH GRUR 2024, 486), das KFV (BGH NJW 2005, 2233; sa § 542 Rn 9). Das Ordnungsmittelverf (§ 890) ist kein Eilverf (BAG NJW 2025, 683; OLG Köln *MDR 2017, 1265), ebensowenig der Erledigungsstreit* (Palmen MDR 2024, 1347). **Rechtspolitische Kritik** üben Schumann JZ 2019, 404; G. Vollkommer MDR 2020, 906; M. Vollkommer WRP 2022, 1199 Rn 21 f.

b) Verfassungsbeschwerde und einstweilige Anordnung. aa) Verfassungsbeschwerde. Der Grundsatz der materiellen Subsidiarität der Verfassungsbeschwerde (BVerfG NJW 2022, 2099 Tz 12) kann über das Erfordernis der Erschöpfung des Rechtswegs (§ 90 II 1 BVerfGG), dh die Durchführung des Eilverf (Widerspruchsverf, s § 924 Rn 1; Instanzenzug im Urteils- und Beschlussverf, s Rn 11) uU die Erhebung der Schadensersatzklage gem § 945 (§ 945 Rn 5) und zusätzl auch die Durchführung des Hauptsacheverf (in allen Instanzen einschl der Anhörungsrüge, vgl BVerfG NJW 2016, 2943) erfordern, wenn nach Art des gerügten Grundrechtsverstoßes dort Gelegenheit zur Abhilfe besteht (BVerfGE 104, 65, 71). Mit der Verfassungsbeschwerde kann die Verfassungswidrigkeit einer stetigen Gerichtspraxis (bewusstes und systematisches Übergehen von VerfGrundrechten insb Waffengleichheit iVm Art 103 I GG)unmittelbar gegen die (Beschluss-)Verfügung innerhalb der Frist gem § 93 I 1 BVerfGG erhoben werden (BVerfG NJW 2022, 1083 Tz 18; BVerfG NJW 2023, 759 Tz 16; BVerfG NJW 2023, 2475 Tz 22; BVerfG NJW 2024, 1948 Tz 12 = WRP 2024, 584; stRspr; Überblick: Mantz/Löffel WRP 2022, 1059 Rn 56; sa § 924 Rn 1); sie ist auf Feststellung der grundrechtswidrigen stetigen Prozesspraxis durch das BVerfG zu richten (BVerfG NJW 2021, 618; BVerfG NJW 2022, 1083 Tz 20 ff; Vollkommer MDR 2019, 965). Für Feststellungsinteresse genügt Wiederholungsgefahr (BVerfG NJW 2022, 1083 Tz 21; BVerfG NJW 2023, 759 Tz 17), wiederholter Verstoß gegen § 31 BVerfGG genügt (BVerfG NJW 2022, 1083 Tz 33 aE; BVerfG NJW 2022, 2099 Tz 17). Zusätzlich zur Verfassungsbeschwerde ist auch Widerspruch einzulegen (BVerfG NJW 2022, 2099 Tz 13 ff; uU Ausnahme: BVerfG NJW 2024, 1868 Tz 25: Einstw Verfügung durch Beschwerdegericht). **bb) Einstweilige Anordnung.** Ein Verstoß gegen die Waffengleichheit genügt als „schwerer Nachteil" iSv **§ 32 I BVerfGG** nicht (BVerfG WRP 2020, 1425), uU aber die fortdauernde Belastung mit einer drückenden Unterlassungspflicht (vgl BVerfG WRP 2020, 1425; BVerfG NJW 2023, 2475 Tz 22); Bsp für erfolgreichen Eilantrag: BVerfG NJW 2022, 1083 Tz 33; BVerfG NJW 2021, 615 Tz 13, 29; BVerfG NJW 2021, 1587 Tz 23; BVerfG NJW 2024, 1948 Tz 7, 10 = WRP 2024, 584; für erfolglosen: BVerfG WRP 2024, 692 Tz 20 ff. Die einstw Anordnung (§ 32 I BVerfGG) ergeht aufgrund einer Folgenabwägung bei Nichterlass und späterem Erfolg der Verfassungsbeschwerde sowie Erlass und späterem Nichterfolg (BVerfG NJW 2017, 2333 Tz 31; BVerfG NJW 2021, 615 Tz 15; BVerfG NJW 2024, 1411 Tz 15; stRspr). Anhängigkeit von Vb-Verf als Hauptsache ist nicht erforderlich (BVerfG WRP 2024, 692 Tz 22). IÜ lässt das BVerfG im einstw Rechtsschutz auch eine Berücksichtigung der Erfolgsaussichten zu (BVerfG MDR 2018, 1073 Tz 3; BVerfG NJW 2023, 2475 Tz 20; BVerfG WRP 2024, 692 Tz 23). 12

8) Eingeschränkte Rechtskraft. Entscheidungen im Arrestverf erwachsen in **formelle Rechtskraft**. Auch beschränkte **materielle** Rechtskraft der **ablehnenden Entscheidung** ist zu bejahen (BGHZ 161, 298, 304; M. Stürner ZZP 125 [2012], 20 f; StJ/Bruns Rn 14; SchWKT/Kessen § 922 Rn 43, hM; aA Bongen/Renaud NJW 91, 2886; WSch/Thümmel Rn 16). Bei unveränderten Verhältnissen ist daher eine Antragswiederholung idR unzulässig (OLG Frankfurt WRP 2014, 479 Tz 2; näher Ahrens/Ahrens, Wettbewerbsprozess, Kap 55 Rn 17 ff); gleichwohl ist die Wiederholung des Arrestantrags bei neuen Mitteln der Glaubhaftmachung zulässig, allerdings mit der Einschränkung, dass der Gl die neuen Mittel der Glaubhaftmachung im 1. Verf noch nicht vorbringen konnte (StJ/Bruns Rn 16; vgl auch OLG Stuttgart WRP 81, 668; KGR Berlin 2001, 52, 53; s § 922 Rn 26). Auch der **stattgebenden** Arrestentscheidung kommt in den Grenzen des § 927 **materielle Rechtskraftwirkung** zu (BGHZ 161, 298, 304; M. Stürner ZZP 125 [2012], 19); auch § 767 II ist anwendbar (s § 927 Rn 9a). Kann ein Arrest oder eine einstw Verfügung wegen Ablaufs der Vollziehungsfrist (§ 929 II, III) nicht mehr vollstreckt werden, so kann der Gl bei Fortbestehen von Grund und Anspruch einen neuen Arrest (eine neue einstw Verfügung) mit gleichem Inhalt erwirken; dabei ist eine beschränkte Rechtskraftwirkung hinsichtl des Grundes und des Anspruchs anzunehmen (M. Stürner ZZP 125 [2012], 19 f), es sei denn, die frühere Anordnung ist im Rechtsmittelzug oder nach § 927 aufgehoben worden oder der Gl hat ausdrückl erklärt, dass er daraus keine Folgerungen mehr herleitet (OLG Frankfurt NJW 68, 2112; OLG Hamburg MDR 70, 936). Eine Titelumschreibung der Beschlussverfügung gem §§ 325, 727 ist idR zulässig (iE Loritz ZZP 106 [1993], 4 mN, 16 ff; sa § 929 Rn 1). **Abgrenzung:** Antragswiederholung während der Rechtshängigkeit des 1. Antrags scheitert an § 261 II Nr 1 (s Rn 5), nach Rücknahme des 1. Antrags idR am fehlenden Rechtsschutzbedürfnis (fehlender Dringlichkeit, so OLG Hamburg NJW-RR 2007, 763; unterscheidend Beyerlein WRP 2005, 1463; sa § 920 Rn 13; § 935 Rn 5; § 937 Rn 6; § 940 Rn 4). Die rechtskräftige Abweisung des Antrags im *Arrest-*(*Verfügungs-*)verf hindert nicht die (erneute) Geltendmachung des Anspruchs im *Klage*verf (OLG Frankfurt WRP 2015, 122 Tz 10; sa Rn 1b). 13

9) Vollstreckbarkeit. Arrest und einstw Verfügung sind Vollstreckungstitel, die (gleich ob als Urteil oder Beschluss ergangen) *ohne weiteres* vollstreckbar sind (s § 929 Rn 1); § 708 Nr 6 betrifft nur ablehnende oder aufhebende Entscheidungen im Arrest-(Verfügungs-)Verf. Die Vollstreckbarkeit kann uU von Sicherheitsleistung abhängen: §§ 921, 936. Einstw Einstellung der ZwV gem §§ 707, 719 ist uU mögl (s § 719 Rn 1; sa § 924 Rn 12, 13; § 929 Rn 8). Vorgenommene oder beantragte Vollstreckungshandlungen führen zum Neubeginn der Verjährung (§ 212 I Nr 2, II, III BGB); die Eröffnung des InsVerf schließt die ZwV auch im Eilrechtsschutz aus (§ 89 InsO). 14

§ 916 Arrestanspruch

(1) Der Arrest findet zur Sicherung der Zwangsvollstreckung in das bewegliche oder unbewegliche Vermögen wegen einer Geldforderung oder wegen eines Anspruchs statt, der in eine Geldforderung übergehen kann.

(2) Die Zulässigkeit des Arrestes wird nicht dadurch ausgeschlossen, dass der Anspruch betagt oder bedingt ist, es sei denn, dass der bedingte Anspruch wegen der entfernten Möglichkeit des Eintritts der Bedingung einen gegenwärtigen Vermögenswert nicht hat.

1 **I) Zweck.** Der Arrest sichert die **ZwV** der Hauptsacheforderung („Arrestanspruch") für den Fall ihrer (idR) späteren Titulierung **in das bewegl und unbewegl Vermögen** des Sch. Aus dem Sicherungszweck ergibt sich, dass Ansprüche, die nicht durch ZwV in das bewegl und unbewegl Vermögen befriedigt werden, auch nicht durch Arrest gesichert werden können (ThP/Seiler Rn 4).

2 **II) Anwendungsbereich. – 1) FamFG.** In **FamStreitsachen** (§ 112 FamFG) kann das Gericht auch den Arrest anordnen (§ 119 II 1 FamFG); Bsp s Rn 6, 8. – **2) AO und weitere Fälle.** Steuerrechtl dingl Arrest: § 324 AO (dazu Bach JR 2010, 286; Gaul JZ 2013, 760; sa § 945 Rn 4); weitere Fälle: SchWKT/Kessen vor § 916 Rn 97. – **3) StPO.** In der StPO wird der strafprozessuale Vermögensarrest ohne Verweisung auf § 917 eigenständig geregelt (§§ 111b, 111e, 111d I 2, § 111h I StPO); die §§ 929 und 945 (BGH NJW 2019, 227 Tz 32 f; § 929 Rn 2; § 945 Rn 4) gelten dort nicht. Tatgeschädigte („Verletzte") werden im Strafvollstreckungsverfahren und im Mangelfall im Insolvenzverfahren aus den eingezogenen Gegenständen (§§ 111b, 459h I StPO) bzw aus dem eingezogenen Wertersatz (§§ 111e, 111f, 459 II StPO) befriedigt; ein „Windhundrennen" findet nicht statt. Der Verletzte muss ggü der StA nach §§ 459h, 459j StPO seinen Entschädigungsanspruch binnen sechs Monaten nach Mitteilung der Rechtskraft der Einziehung geltend machen; eine Arrestpfändung des Verletzten ist nicht erforderlich (§ 459j IV, § 459k IV StPO; zum Ganzen Trüg NJW 2017, 1913; Wolf Rpfleger 2017, 489; Savini Rpfleger 2018, 177; Weiß Rpfleger 2018, 645; Rettke NJW 2020, 3641). Durch die Sicherungsmaßnahmen der StPO (Beschlagnahme gem § 111b StPO, Vermögensarrest gem § 111h StPO) wird ein Arrestgrund iSv § 917 I nicht ausgeschlossen (OLG München NJW-RR 2022, 141 Tz 27; sa § 917 Rn 14; § 929 Rn 11).

3 **III) Arrestanspruch (§ 916 I). 1) Geldforderung.** I betrifft alle Geldforderungen (dh Ansprüche auf Zahlung einer Summe Geldes) sowie alle vermögensrechtl Ansprüche, soweit diese in eine Geldforderung übergehen können (BGH NJW 96, 324). Gleichfalls hierher gehören auch nichtvermögensrechtl Individualansprüche, deren Verletzung einen Geldersatzanspruch auslöst (StJ/Bruns Rn 2). Hat sich die Umwandlung des Individualanspruchs in eine Geldforderung noch nicht vollzogen, so kann der Gl wählen, ob er den Individualanspruch (durch einstw Verfügung) oder den Geldanspruch (durch Arrest) sichern will (SchWKT/Kessen vor § 916 Rn 11, 12). Ist der Individualanspruch gefährdet und das Entstehen einer Ersatzforderung in Geld denkbar, so kann neben der einstw Verfügung zur Sicherung der Individualforderung ausnahmsw auch ein Arrest zur Sicherung des Ersatzanspruchs angeordnet werden (OLG Köln JMBl NW 1984, 9; Gaul/S/B-E § 76 Rn 13).

4 **2) Duldung der Zwangsvollstreckung.** Dem Anspruch auf eine Geldforderung steht der Anspruch auf Duldung der ZwV (zB gem §§ 1147, 1192, 1199 BGB) gleich (OLGR Jena 1997, 96; MK/Drescher Rn 5; str; aA MskV/Braun Rn 13). Bei einem Grundpfandrecht ist Arrest auch auf Grund des dingl Titels zulässig; zwar ist eine weitere Eintragung (gem § 932) nicht zulässig, der Gl erlangt aber einen Titel zur Pfändung mithaftender Gegenstände (StJ/Bruns Rn 13; nach der aA ist Veräußerungs- und Verfügungsverbot erforderl; s § 938 Rn 12). Soweit der insolvenz-(anfechtungs-)rechtl Rückgewähranspruch auf Rückübertragung in Natur gerichtet ist, ist einstw Verfügung geboten (MskV/Braun Rn 13; Arrest verstieße gegen das Übermaßverbot; sa Rn 5; § 938 Rn 12).

5 **3) Bestimmtheit.** Der Arrest wird wegen einer bestimmt bezeichneten und glaubhaft gemachten Forderung angeordnet. Der zu sichernde Arrestanspruch muss daher **genau bezeichnet** werden; so kann die einem angeordneten Arrest zugrunde liegende Geldforderung nicht beliebig durch eine andere ersetzt werden. Bsp: kein Austausch der dem Arrest zugrunde liegenden Steuerforderungen (BFH BB 83, 1844 = ZIP 83, 853; vgl allg Bruschke BB 84, 719 zu §§ 324 ff AO).

6 **4) Beispiele.** Bei einem gegenseitigen Vertrag ist Arrest zur Sicherung einer Forderung des Gl unabhängig davon zulässig, ob er die ihm obliegende Gegenleistung bereits erbracht hat (RGZ 54, 162). Praktische Bedeutung hat der Arrest zur Sicherung des **Pflichtteilsanspruchs** (s Schneider NJW 2010, 3401) sowie des Anspruchs auf **Zugewinnausgleich** (FamStreitsache: § 112 Nr 2, § 261 FamFG). Zum Schutz vor unbegründeter Inanspruchnahme einer Bankgarantie ist Arrest in den Auszahlungsanspruch des Begünstigten durch Auftraggeber zulässig (vgl Blau WM 88, 1474 mwN, str; s § 940 Rn 8.4). Sicherung von Ansprüchen wegen anfechtbarer Rechtshandlungen nach § 3 **AnfG** erfolgt durch Arrest, wenn der Geldanspruch aus § 11 AnfG gesichert werden soll (OLG Düsseldorf NJW 77, 1828; iE Gaul KTS 2007, 141 ff), bei Sicherung der Rückgewähr in Natur daneben durch einstw Verfügung (BGH NJW-RR 92, 736 mwN, str; allg OLG Koblenz NJW-RR 93, 1344; sa § 935 Rn 9 aE). Bei betrügerischer Schädigung von Kapitalanlegern ist Arrest zur Sicherung des Schadensersatzanspruchs

zulässig (vgl OLG Bamberg MDR 2017, 1387), ebenso bei pflichtwidriger Schädigung des Gesellschaftsvermögens durch Gesellschaftsorgane (§ 93 II 1 AktG; § 43 GmbHG).

IV) Arrestanspruch bei Sonderfällen (§ 916 II). 1) Betagte und bedingte Ansprüche. Bei **betagten Ansprüchen** (deren künftige Fälligkeit kalendermäßig feststeht oder durch Kündigung herbeigeführt werden kann) findet der Arrest immer, ja auch dann statt, wenn ein vollstreckbarer Titel vorliegt, denn die ZwV selbst darf vor dem Ablauf des Kalendertages nicht erfolgen, § 751. **II** lässt die Sicherung durch Arrest bei bedingten Ansprüchen zu. Dies gilt uneingeschränkt für **auflösend** bedingte Ansprüche, für **aufschiebend** bedingte Ansprüche jedoch dann nicht, wenn der bedingte Anspruch wegen des entfernten Eintritts der Bedingung einen gegenwärtigen Vermögenswert nicht hat. Die Darlegungs- und Beweislast obliegt in diesem Fall dem Sch, es sei denn, der Gl hat selbst entspr Tatsachen vorgetragen. Die Entscheidung, ob in diesem Sinn ein sicherungsfähiger Anspruch vorliegt, wird im Einzelfall auf Grund der konkreten Umstände zu treffen sein (OLG Hamburg MDR 71, 402). 7

2) Künftige Ansprüche. Welche Kriterien für die Zulässigkeit der Sicherung eines **künftigen Anspruchs** zu fordern sind, ist bestritten (iE Meller-Hannich ZZP 115 [2002], 161). Wegen § 926 geht die hM davon aus, dass künftige Ansprüche nur gesichert werden können, wenn jedenfalls schon Feststellungsklage (§ 256) mögl ist (OLGR Hamm 2008, 715; Gaul/S/B-E § 75 Rn 4; MK/Drescher Rn 10). Mit StJ/Bruns ist jedoch weiter darauf abzustellen, ob ein schutzwertes Interesse besteht, den Anspruch jetzt schon sichern zu können; von Bedeutung ist dabei, wie das Gesetz den Anspruch in anderer Hinsicht derzeit bewertet (StJ/Bruns Rn 10, 11 mwN; ähnl Meller-Hannich ZZP 115 [2002], 174 f; krit WSch/Thümmel Rn 15). Danach kann Arrest erlassen werden wegen des mit dem Tod des Versicherungsnehmers fällig werdenden Anspruchs aus der Lebensversicherung zu Lebzeiten des Versicherungsnehmers (OLG München JW 16, 287) oder wegen des Anspruchs auf Kostenerstattung im Prozess, wenn zu erwarten ist, dass der Sch im Rechtsstreit obsiegen wird (RSchwab/Gottwald § 84 Rn 60; StJ/Bruns Rn 11 aE; sa § 917 Rn 5). In den **FamStreitsachen** (§ 112 Nrn 1, 2 FamFG) kann der Anspruch auf künftigen Unterhalt (OLG Düsseldorf NJW-RR 94, 452 u 454; OLG Stuttgart NJW-RR 96, 775; OLG Karlsruhe NJW-RR 97, 451; OLG Hamm FamRZ 2012, 579; Cirullies FamRZ 2012, 1018; eingeh Menne FamRZ 2004, 6). sowie der (künftige) Anspruch des Ehegatten auf **Zugewinnausgleich** (s Rn 6) durch Arrest gesichert werden (OLG Celle NJW-RR 2014, 1283, 1285 mN). Bei Streit (nur) um bestimmten Gegenstand (s § 1383 BGB) kommt uU einstw Anordnung (zB Verfügungsverbot gem § 49 II FamFG) in Frage. Arrest scheidet aber aus, solange nicht die erforderl Vorabentscheidung einer Verwaltungsbehörde über den Anspruch eingeholt ist (Gaul/S/B-E § 75 Rn 4). 8

V) Einstweilige Verfügung. § 916 I ist durch §§ 935, 940 ersetzt; **II** ist anwendbar. 9

§ 917 Arrestgrund bei dinglichem Arrest

(1) Der dingliche Arrest findet statt, wenn zu besorgen ist, dass ohne dessen Verhängung die Vollstreckung des Urteils vereitelt oder wesentlich erschwert werden würde.

(2) [1]Als ein zureichender Arrestgrund ist es anzusehen, wenn das Urteil im Ausland vollstreckt werden müsste und die Gegenseitigkeit nicht verbürgt ist. [2]Eines Arrestgrundes bedarf es nicht, wenn der Arrest nur zur Sicherung der Zwangsvollstreckung in ein Schiff stattfindet.

I) Zweck. Ein **Arrestgrund** nach § 917 ist neben dem Arrestanspruch (§ 916) 2. Voraussetzung für die Arrestanordnung. Er ist vom Gl darzulegen und **glaubhaft** zu machen (s § 920 Rn 8 ff), außer in den Fällen gem II (s Rn 15 ff). **Fehlt ein Arrestgrund**, ist der **Antrag als unbegründet**, nicht als unzulässig abzuweisen (Gaul/S/B-E § 75 Rn 5 mwN; StJ/Bruns Rn 2; ThP/Seiler § 916 Rn 3; MK/Drescher Rn 2; SchWKT/Kessen Rn 2; Mathäser JuS 95, 442, str; aA Teplitzky DRiZ 82, 43; WSch/Thümmel Rn 2; OLG Stuttgart WRP 97, 357). Der Streit ist ohne praktische Bedeutung, da auch die Gegenansicht eine sof Abweisung des Antrags (als unbegründet) bei offensichtl Fehlen eines Arrestanspruchs zulässt (vgl Teplitzky DRiZ 82, 43 mwN). 1

Einstweilen frei. 2-3

II) Vollstreckungsgefährdung (§ 917 I). 1) Allgemeines. I bezeichnet als Arrestgrund nur die Besorgnis, dass die Vollstreckung eines **Urteils** ohne Arrestverhängung **vereitelt oder wesentl erschwert** werden würde. Es ist nicht erforderl, dass ein Urteil oder ein anderer Vollstreckungstitel bereits vorliegt (bei Fehlen: § 926); vielmehr geht es nur um die Sicherung eines später zu titulierenden Arrestanspruchs, s § 916 Rn 1. Das (künftige) Urteil kann – bei bestehender inländischer Arrestzuständigkeit (s § 919 Rn 2) – auch ein *ausl* sein (s § 926 Rn 10; Sessler WM 2001, 501 mN in Fn 64; iE Wolf FS Schütze, 1999, S 983). Ob ein Arrestgrund vorliegt, bemisst sich nach dem obj Standpunkt eines verständigen, gewissenhaft prüfenden Menschen (OLG Dresden MDR 2018, 699); auf die persönl Ansicht des Gl kommt es nicht an (OLG Rostock NJW-RR 2012, 222). 4

2) Voraussetzungen. a) Unlauteres Verhalten des Sch. Beiseiteschaffen von Vermögensstücken (OLG Düsseldorf NJW-RR 94, 454), Schein- und Schwindelgeschäfte, unseriöse u unerwünschte Geschäftspraktiken (AG 5

Waren VuR 2005, 316; sa Grüneberg/Retzlaff § 661a Rn 1), Verdacht der Veräußerung von erhebl Vermögenswerten (OLG Karlsruhe NJW 97, 1018), insb des einzigen „körperl" Vermögensgegenstandes (OLG Dresden NJW-RR 2007, 659: Grundstück; OLGR Celle 2005, 522: Schiff), Verschiebung ins Ausland (OLG Köln ZIP 88, 969; als Fall von **I** unbedenkl im Hinblick auf **II 1**, s Rn 17a), Verschleierung ihres Verbleibs (LG Köln WM 88, 761), Geschäftsstrukturen bei Betrieben mit hohen Bargeldaufkommen und geringen Betriebsmitteleinsatz, die der Verschleierung der wahren Geschäftsinhaber und Abschöpfung der Erträge dienen (FG Nürnberg EFG 2021, 8), allg Verschleierung der Vermögensverhältnisse (s Thümer MDR 98, 199 m Bsp), Verheimlichung bei Auskunftspflicht (s Rn 8), auffallende Grundstücksbelastung (s OLGR Düsseldorf 1998, 314 mN; sa Rn 8 aE), verschwenderische Lebensweise, Spielleidenschaft, Verschleuderung von Waren, Abtretung aller fälligen und erst in Aussicht stehenden Ansprüche, unsteter Aufenthalt, Verschleierung des Aufenthalts (insb während eines Prozesses im Hinblick auf den Kostenerstattungsanspruch, vgl BGH MDR 2004, 1014, 1015), Aufgabe des Wohnsitzes, häufiger Wechsel des Wohnsitzes, (beabsichtigter) Wegzug ins Ausland (vgl KG FamRZ 85, 731 OLG Düsseldorf NJW-RR 94, 454; OLG Frankfurt MDR 2019, 960, 961), insb iVm Veräußerung von in Grundstück (OLG Hamm FamRZ 2012, 579), anders bei ausreichendem Inlandsvermögen (OLG Stuttgart NJW-RR 96, 775), uU Verurteilung zu Freiheitsstrafe (vgl OLG Düsseldorf Rpfleger 91, 216). Nicht nötig ist dass der Sch beabsichtigt, die ZwV zu vereiteln oder zu erschweren (BFH BB 78, 1203 LS), oder dass er rechtswidrig (OLG Dresden NJW 2022, 1627 Tz 11) oder schuldhaft handelt (OLG Karlsruhe NJW 97, 1018; Brox/Walker § 49 Rn 8; sa Rn 7) oder andere zu rechtswidrigen Handlungen veranlasst. Es ist auch gleichgültig, ob der Sch auf Vermögensvorteile ausgeht oder ob seine Handlungen ihm solche verschaffen. Es genügt, wenn die Handlungen obj die Besorgnis der Gefährdung der späteren ZwV rechtfertigen (RGZ 67, 369). In der Vergangenheit liegende Handlungen ergeben nur dann einen Arrestgrund, wenn gerade sie die erforderl Besorgnis rechtfertigen (BGH VersR 75, 764).

6 **b) Bewusst vertragswidriges Verhalten des Sch.** Dies genügt für sich allein nicht als Arrestgrund (BGH VersR 75, 764; OLG Saarbrücken NJW-RR 99, 143; OLG Schleswig MDR 2014, 1289); lässt dieses Verhalten jedoch den Schluss zu, dass der Sch diese Handlungen wiederholen und dadurch die ZwV vereiteln oder erschweren wird, ist dies Arrestgrund (OLG Dresden NJW 2022, 1627 Tz 11). Es kommt auf die Umstände des Einzelfalls an (BGH WM 83, 614; OLG Köln MDR 86, 595 mwN; Schwerdtner NJW 70, 225; iE Fischer MDR 95, 990 mN). Allein dadurch, dass der Gl eine **Straftat** oder **unerlaubte Handlung** des Sch gegen sein Vermögen behauptet, wird ein Arrestgrund nicht angenommen (OLG Schleswig MDR 83, 141; OLG Düsseldorf NJW-RR 86, 1192; OLG Düsseldorf NJW-RR 99, 1592; OLG Koblenz NJW-RR 2002, 575; OLG Köln MDR 2008, 232; LG München I MDR 2023, 528). Die den Tatbestand eines vermögensbezogenen Strafgesetzes erfüllenden Tatsachen werden jedoch („in der Regel": OLG München MDR 2017, 174; OLG München NJW-RR 2022, 41 Tz 26; OLG Bamberg MDR 2017, 1387, str; **aA** OLG Köln NJW-RR 2000, 69 = MDR 2000, 49; LG München I MDR 2023, 528 offen lassend OLG Rostock NJW-RR 2012, 222, 223; sa § 916 Rn 2 [3]) im Falle ihrer Glaubhaftmachung auch einen Arrestgrund iSv I ergeben (BGH WM 83, 614; iE Fischer MDR 95, 989; **einschr** OLG Düsseldorf NJW-RR 86, 1192; OLG Saarbrücken NJW-RR 99, 143; OLGR Saarbrücken 2006, 81; Mathäser JuS 95, 444); **Bsp:** Veruntreuung von Firmengeldern (§§ 246, 266 StGB; OLG Dresden MDR 98, 795); Verheimlichung von Anlagegeldern (KGR Berlin 2001, 353); Verweigerung der Auskunft über den Verbleib von (beiseitegeschafften?) Gesellschaftsvermögen durch Gesellschaftsorgane (s Hardung/Nober MDR 2018, 1424); Kapitalanlagebetrug (§ 264a StGB; OLG Bamberg MDR 2017, 1387; einschr OLG Düsseldorf NJW-RR 99, 1592).

7 **c) Naturereignisse** oder **Handlungen Dritter.** Solche Umstände können einen Arrestgrund ergeben, wenn dadurch ein Vermögensverfall des Sch droht (StJ/Bruns Rn 10), zB lang andauernde Krankheit, Inhaftierung des Sch (OLG Köln MDR 86, 595), Boykott seines Gewerbebetriebes uÄ (WSch/Thümmel Rn 16).

8 **d) Einzelfälle.** Hat sich der Gl bewusst mit einem **unsicheren Sch** eingelassen, kann ihm allein deshalb der Arrest nicht versagt werden (MK/Drescher Rn 4). Der Erlass eines **Unterhaltsarrestbefehls** setzt voraus, dass sich aus den Umständen ergibt, der Sch werde seiner Unterhaltspflicht in Zukunft nicht nachkommen (OLG Köln FamRZ 83, 1259); bei **Zugewinnausgleich** genügt fortgesetzte Vermögensverschleierung durch Erteilung grob falscher Auskunft (OLG Frankfurt FamRZ 96, 749), ferner Grundstücksveräußerung, insb bei Bindung ins Nicht-EU-Ausland iSv II 1 (OLG Celle NJW-RR 2014, 1283, 1285). Der Rückzahlungsanspruch des Versicherers ist durch dingl Arrest sicherbar, wenn glaubhaft gemacht ist, dass der **Versicherungsfall vorgetäuscht** wurde (OLG Hamm VersR 83, 1174). Ein Arrestgrund ist auch dann anzunehmen, wenn der Sch Angehöriger einer **Sekte** ist und die Absicht verfolgt, dieser sein Vermögen zumindest teilw zuzuwenden (OLG München NJW 83, 2578). Im Prozess gegen ein **konzernangehöriges Unternehmen** liegt ein Arrestgrund dann vor, wenn sich die Konzernspitze in Zahlungsschwierigkeiten befindet und deshalb zu befürchten ist, sie werde sich des Vermögens ihrer Tochtergesellschaft bedienen, um ihre Liquiditätslage zu verbessern (OLG München ZIP 83, 222; einschr OLG Frankfurt ZIP 2004, 777 [Ferslev]: nicht mehr ab Eröffnung des InsVerf). Gesellschaftsrechtl Verflechtung im Ausland kann als Arrestgrund in Frage kommen (s LG Stuttgart RIW 99, 67). **Veräußert** oder belastet der *Eigentümer* sein von einem Bauunternehmer bebautes **Grundstück** vor Eintragung der Bauhandwerkersicherungshypothek oder einer Vormerkung für diese, so kann dies uU genügender Anlass für den Arrest in ein übriges Vermögen sein (Schwerdtner NJW 70, 225; vgl auch LG Berlin NJW 55, 799 einerseits u OLGR Düsseldorf

1998, 313; Thümer MDR 96, 334 andererseits; Hilfe für Gl: § 648a BGB); bei bloßer Vermögensumschichtung unter Veräußerung von Grundbesitz (allein noch kein Arrestgrund: LG München I MDR 2023, 528, 529; ThP/Seiler Rn 2) soll nach aA allg die in der Grundstücksveräußerung liegende Verschlechterung der Zugriffslage durch Umwandlung von Sachwerten in eine Geldforderung als Arrestgrund genügen (so WSch/Thümmel Rn 6; StJ/Bruns Rn 7; iErg auch OLG Dresden NJW-RR 2007, 659; offen OLGR München 1999, 292; sa Rn 5).

3) Abgrenzung. Keinen Arrestgrund ergeben allein die (unverändert) schlechte Vermögenslage des Sch (BGHZ 131, 105 = NJW 96, 324 = MDR 96, 357; BGHZ 171, 261, 268 Tz 23 = NJW 2007, 2485, 2487) oder die **drohende Konkurrenz anderer Gl** (BGH aaO; Buciek NJW 87, 1063; Foerste ZZP 106 [1993], 143; Schilken FS Leipold, 2009, S 159 ff mwN, str; **aA** LG Bremen WM 97, 2081; Berger ZZP 121 [2008], 421 f; SchWKT/Kessen Rn 8; WSch/Thümmel Rn 17); dies ist die Folge des Prinzips der Gläubigergleichbehandlung (OLG Karlsruhe FamRZ 85, 507; LAG Hamm MDR 77, 611; **aA** StJ/Bruns Rn 1; Brox/Walker § 49 Rn 9); der Arrest soll gegen unlautere Beeinträchtigungen und Machenschaften des Sch schützen (s Rn 5), **dient** aber **nicht** dazu, einem Gl einen Vorsprung vor anderen zu verschaffen (BGHZ 131, 106 = aaO; OLG Schleswig MDR 2014, 1289, 1290; Buciek NJW 87, 1064; Foerste ZZP 106 [1993], 149 ff; **aA** SchWKT/Kessen Rn 8; WSch/Thümmel Rn 17; LG Bremen WM 97, 2081) oder seine Stellung ggü dem Schuldnervermögen zu verbessern (OLG Frankfurt Rpfleger 95, 468); liegen jedoch in seinem Rechtsverhältnis die Arrestvoraussetzungen vor, ist es eine **ges Folge** der §§ 930-932, dass ihm insoweit der Vorrang gebührt (s § 930 Rn 5; Schilken FS Leipold, 2009, S 171 ff). Arrest für RA-Honorarforderung auf Grund Informationsvorsprungs aus dem Mandatsverhältnis ist umstr (s § 920 Rn 8). Ein Arrestgrund ist für jeden Gl gesondert zu prüfen. Liegt er nicht vor, kommt bei schlechter Vermögenslage unter den Voraussetzungen der §§ 17-19 InsO der Antrag auf Eröffnung des InsVerf zum Zweck der gleichmäßigen Befriedigung aller Gl in Betracht. Tritt an die Stelle eines „sicheren" Sch ein überschuldeter Erbe, liegt darin kein zureichender Arrestgrund (LAG Hamm MDR 77, 611). Ist ein Antrag auf Eröffnung des InsVerf gestellt, wird bei Anordnung von Sicherungsmaßnahmen gem § 21 InsO, insb bei einem dem Sch auferlegten Verfügungsverbot (§ 21 II Nr 2 InsO) idR die Besorgnis der ZwV-Vereitelung ausscheiden (vgl Schwerdtner NJW 70, 226; OLG Köln ZZP 69 [1956], 52; OLG Frankfurt ZIP 93, 1320; OLG Frankfurt ZIP 93, 1659 für VglO). Bei einem bereits vollzogenen Arrest ist bei Verfahrenseröffnung § 88 InsO zu beachten (sa § 924 Rn 4; § 927 Rn 7), ab Verfahrenseröffnung § 89 InsO (s vor § 916 Rn 14); **Untersuchungshaft** des ArrestSch schließt Arrestgrund nicht aus (OLG München NJW-RR 2022, 141 Tz 27). Keinen Arrestgrund bildet die Vermögensbeschlagnahme der StA gem §§ 111b, 111e StPO (s § 916 Rn 2 [3]) sowie idR eine notw AuslVollstreckung bei Verbürgung der Gegenseitigkeit iSv II Hs 2 (s Rn 17). Ist ein Arrestgrund nur undeutlich mündlich angekündigt (Bsp: OLG Dresden MDR 2018, 699), wird es bereits an der erforderlichen Glaubhaftmachung fehlen (s § 920 Rn 8). 9

III) Ausschluss eines Arrestgrundes. 1) Bestehende anderweitige Sicherung des Gläubigers. a) Ein **bes Sicherungsbedürfnis** ist als Form des allg Rechtsschutzbedürfnisses weitere Voraussetzung von **I** (sa § 935 Rn 5). Dies ergibt sich durch einschränkende Auslegung der Norm und aus dem Rechtsgedanken des § 777 (Verbot der Übersicherung). Den Fällen der Rn 11 stehen andere Möglichkeiten einer Befriedigung des Gl ohne ZwV gleich, zB eine bestehende Aufrechnungslage. 10

b) Ist der Gl bereits **hinreichend dingl gesichert**, zB durch Eigentumsvorbehalt (vgl BGHZ 171, 261, 268 Tz 23 = NJW 2007, 2485, 2487), Sicherungsübereignungen, Pfandrechte (vgl OLG Hamburg MDR 67, 50 u 677), Sicherheitsleistung (Kaution, zB gem § 551 BGB) oder Hinterlegung (vgl BGH NJW 72, 1044; LG Duisburg WM 88, 1485; Blau WM 88, 1476), fehlt das Sicherungsbedürfnis dann, wenn ihm diese Sicherheiten denselben Schutz bieten wie der Arrest; dies gilt jedoch nicht beim (besitzlosen) Vermieterpfandrecht als einzigen Sicherungsmittel (so OLG Frankfurt MDR 2019, 960, 961; LG Augsburg NJW 75, 2350; zweifelhaft; vgl Katzenstein/Hüftle MDR 2005, 1031 f). Liegen die Sicherheiten im Ausland, muss ihre Verwertbarkeit der Sicherheit durch einen Arrest gleichkommen (BGH NJW 72, 1044). 11

2) Anderweitige Vollstreckungsmöglichkeit. Ist der Gl bereits im **Besitz eines Titels** (auch eines Vertragsstaats gem **II 2:** so OLGR Frankfurt 1999, 75 mN; aA Sessler WM 2001, 501 f, iE str), so ist zu unterscheiden: – **a)** Ist der Titel **rechtskräftig** oder **ohne Sicherheitsleistung vorläufig vollstreckbar**, so fehlt idR das Sicherungsbedürfnis, denn der Gl kann sich durch sof ZwV befriedigen (einschr Schlosser RIW 2002, 811, 813 f). Das gilt jedoch nicht für titulierte Ansprüche, die erst in der Zukunft fällig werden, denn die ZwV ist dann erst mit Fälligkeit mögl (s § 916 Rn 7; OLG Hamm FamRZ 80, 391; AG Steinfurt FamRZ 88, 1082); nicht ausgeschlossen wird der Arrest auch durch wegen Unklarheit zweifelhafte Titel (s Kannowski JuS 2001, 484 f). 12

b) Ist der Titel **nur gegen Sicherheitsleistung vorläufig vollstreckbar**, ist daneben nach hM ein Arrest zulässig (StJ/Bruns Rn 24 mwN; für einstw Verfügung auch OLG Hamm GRUR 93, 930), insb dann, wenn Gl zur Sicherheitsleistung außerstande ist (BGH LM § 719 ZPO Nr 14; OLG Hamm NJW-RR 90, 1536; OLG Karlsruhe NJW-RR 96, 960 mN; OLGR Düsseldorf 2006, 480; aA OLG Neustadt MDR 61, 62). Wegen der Möglichkeit der Sicherungsvollstreckung gem § 720a wird der Gl idR aber nicht schutzbedürftig sein (OLGR Frankfurt 1999, 74, 75; MK/Drescher Rn 18; SchWKT/Kessen Rn 16; Baur/Stürner/Bruns Rn 51.5; Kannowski JuS 2001, 483; abw LG Hamburg RIW 97, 67 f bei Rangwahrung von Arrestpfandrecht). 13

14 **3) Verfügungsbeschränkungen.** Sind dem Sch Verfügungsbeschränkungen auferlegt worden, (zB gem § 21 II Nr 2, § 22 I InsO, § 46a KWG), durch die eine Beeinträchtigung der Haftungsgrundlage verhindert wird, fehlt ihrem Umfang entspr das Sicherungsbedürfnis (OLG Köln ZZP 69 [1956], 52 = JR 56, 304; LG Frankfurt ZIP 80, 580) oder entfällt nachträgl (Wegfall des Arrestgrundes; s Rn 9); dagegen schließt Beschlagnahme nach § 111b StPO oder Vermögensarrest nach § 111h StPO einen Arrestgrund nicht aus (OLG München NJW-RR 2022, 141 Tz 27; sa § 916 Rn 2).

15 **IV) Besonderer Arrestgrund der Auslandsvollstreckung (§ 917 II 1). 1) Privilegierter Arrestgrund.** Die Notwendigkeit der Vollstreckung des (künftigen) Hauptsacheurteils im Ausland ist bei fehlender Verbürgung der Gegenseitigkeit allein schon ein „zureichender Arrestgrund", ohne dass es einer nachzuweisenden konkreten Gefährdung (**I**) bedarf (OLGR Frankfurt 1999, 11: Fall von unwiderleglicher Vermutung). Auf die Staatsangehörigkeit und den Aufenthaltsort der Parteien kommt es nicht an. Ebensowenig muss der Gl für den privilegierten Arrestgrund (anders als für den Gerichtsstand des § 23) nachweisen, dass der Sch im Inland über Vermögen verfügt; dies ist eine Frage der Vollstreckung (WSch/Thümmel Rn 28).

16 **2) Anwendungsbereich.** Unstreitig erfasst **II 1** die (Auslands-)Vollstreckung aus *inländischen* Urteilen (OLG München NJW-RR 88, 1023; OLG Hamburg NJW 90, 1425; OLGR Düsseldorf 2000, 21). Umstritten ist, ob der privilegierte Arrestgrund des II 1 darüber hinaus auch die Auslandsvollstreckung aus Urteilen anderer Mitgliedstaaten der Brüssel Ia-VOund Vertragsstaaten des LugÜ erfasst (LG Hamburg RIW 97, 67; Ehricke NJW 91, 2192; Ress JuS 95, 971; Sessler WM 2001, 497, 501; Kropholler/Hartmann FS Drobnig, 1998, S 337; MK/Drescher Rn 13; MskV/Braun Rn 7) oder sogar auf **alle ausländischen Urteile** anzuwenden ist, wenn deren (spätere) Vollstreckbarkeit im Inland überwiegend wahrscheinlich ist (WSch/Thümmel Rn 24). Letzteres ist konsequent, da auch im Bereich des **I** alle (im Inland anerkennungsfähigen) ausl Urteile erfasst sind (Rn 4) und eine Bevorzugung dt oder EU-Urteile dem II 1 nicht entnommen werden kann. Der privilegierte Arrestgrund steht danach *auch* bei einer Vollstreckung von ausl Urteilen in Drittstaaten zur Verfügung, wenn aus der Sicht des Urteilsstaates die Gegenseitigkeit nicht verbürgt ist; mit dem Arrest kann dann (bei Vorliegen eines Arrestgerichtsstands, s § 919) auf im Inland gelegenes Vermögen des Sch zugegriffen werden.

17 **3) Ausnahmen. a) Gegenseitigkeit.** Die drohende Auslandsvollstreckung stellt keinen Arrestgrund dar, wenn für das (künftige) Hauptsacheurteil im Vollstreckungsstaat die **Gegenseitigkeit** verbürgt ist. Diese kann sich durch die Ausgestaltung des innerstaatl Rechts des Vollstreckungsstaats (vgl § 328 I Nr 5), bi- oder multilaterale Anerkennungs- und Vollstreckungsverträge oder die Zugehörigkeit zu einer inter- oder supranationalen Organisation (Begr BTDrs 15/1062, 8) ergeben; im Verhältnis zu den EU- und EFTA-Staaten ist sie zu bejahen (EuGVO; LugÜ; ThP/Hüßtege Art 35 EuGVVO Rn 6). Zum Ganzen Hau § 328 Rn 76 ff.

17a Im Verhältnis zu **Großbritannien** nach dem **Brexit** ist aufgrund des Austrittsvertrags (Einl Rn 11d) die Gegenseitigkeit für Urteile aus Verfahren verbürgt, die vor dem 1.1.2021 in einem EU-Staat *eingeleitet* wurden (sa OLG Frankfurt NJW-RR 2019, 1023 = MDR 2019, 960). Bei Verfahren, die nach dem 31.12.2020 *eingeleitet* wurden, ist dagegen umstritten, nach welchen Vorschriften die Anerkennung seitdem erfolgt (diskutiert werden EuGVÜ; dt-brit Übk v 14.7.1960; innerstaatl Recht; Hau MDR 2021, 521 Rn 12). Bis zu einer umfassenden Neuregelung (zB Beitritt von Großbritannien zum LugÜ, Haager Anerkennungs- und VollstreckungsÜb, s Hau MDR 2021, 521 Rn 4) muss im Einzelfall für das (künftige) Hauptsacheurteil (s Rn 16) geprüft werden, ob dieses in Großbritannien anerkannt und vollstreckt werden kann. Für einen Unterhaltsanspruch (§ 916 Rn 1, 6, 8) ist dies nach dem HUntVÜ 2007 der Fall (Hau MDR 2021, 521 Rn 4). IÜ sollten aufgrund der Rechtsunsicherheit und der derzeit unbekannten Anerkennungspraxis der Gerichte an den vom ASt zu führenden Nachweis gem **II 1** der *fehlenden Verbürgung* der Gegenseitigkeit wegen des Justizgewährungsanspruchs keine zu hohen Anforderungen gestellt werden (Singbartl/Weber EWiR 2019, 643; Verbürgung der Gegenseitigkeit bejahend: Hau MDR 2021, 521 Rn 12); zudem kann die unsichere Rechtslage einen Arrestgrund nach **I** darstellen (dazu sogleich).

17b **b) Rückgriff auf I.** Auch ohne den bes Arrestgrund gem **II 1** können (trotz der Verbürgung der Gegenseitigkeit) rechtl oder tatsächl Schwierigkeiten bei einer Auslandsvollstreckung im Rahmen der allg Regelung des **I** berücksichtigt werden (so Begr BTDrs 15/1062, 8; ferner OLG Dresden NJW-RR 2007, 659; MskV/Braun Rn 6); im EU-Bereich bzw beim LugÜ wird dies aber kaum noch in Frage kommen (s OLGR Köln 2002, 469; instruktiv zu Erschwernissen bei der „grenzüberschreitenden" Arrestvollstreckung im EU-Bereich Fohrer/Mattil WM 2002, 840). Im Verhältnis zu den USA kann für Herausgabeanspruch eine Vollstreckungserschwerung uU zu verneinen sein (so OLG Brandenburg NJW-RR 2019, 1277); wegen des **Brexit** s Rn 17a.

17c **c) Ausreichende Vollstreckungsscherheit.** Trotz des Vorliegens des **II 1** fehlt es an einem Arrestgrund, wenn dem Gl ausreichend Sicherheiten eingeräumt sind, mögen diese auch im Ausland liegen (SchWKT/Kessen Rn 15 f; allg s Rn 11); das Gleiche gilt bei ausreichendem Vermögen im Inland (OLG Stuttgart NJW-RR 95, 775; KGR Berlin 2005, 1006: inländischer Grundbesitz).

18 **V) Erleichterter Arrest für Schiffsgläubiger in Schiff (§ 917 II 2). 1) Allgemeines.** Der Antrag muss auf die Beschlagnahme des Schiffs beschränkt sein. **II 2** gilt **nicht**, wenn ein Arrest gegen den Schiffseigentümer beantragt wird, da dieser zur Beschlagnahme von Vermögenswerten aller Art berechtigt (aA Drews RdTW 2019, 1;

sa § 922 Rn 9). Hierfür muss ein Arrestgrund vorliegen (BeckOK/Mayer Rn 17). Unerhebl ist das anzuwendende materielle Recht, wenn nur die Haftung des Schiffs für die Forderung geltend gemacht wird.

2) Voraussetzungen. a) Personenkreis. Er erschließt sich aus der Formulierung: „… wenn der Arrest *nur* zur Sicherung der ZwV in ein Schiff stattfindet“; diese knüpft an die Befriedigung von Schiffsgläubigern wegen ihrer gesicherten Forderungen „aus dem Schiff“ durch Klage auf Duldung der ZwV an (s § 601 I, II HGB: § 916 Rn 4). Die Erleichterung gilt nur für **Schiffsgläubiger** (§ 596 HGB) wegen deren gesicherter Forderungen; einen gegenständlich auf das Schiff beschränkten Arrest für alle Gl des Schiffseigentümers kennt die ZPO nicht (aA Drews RdTW 2019, 1). Die Schiffsgläubiger sind in § 596 I Nrn 1-5 HGB abschließend aufgezählt (ua Kapitän, Schiffsbesatzung, Hafenbehörden, Lotsen, Berger [s § 30a Rn 3], durch das Schiff geschädigte Schadensersatzgläubiger). **Arrestbeklagter** ist idR der Eigentümer des Schiffs (sa § 601 II HGB). – **b) Arrestanspruch.** Es kommen nur „gesicherte“ Ansprüche der Schiffsgläubiger in Frage, für die sie Befriedigung „aus dem Schiff“ als Pfand verlangen können (ges Pfandrecht, s § 597 HGB). Hierher gehören etwa Heuerforderungen der Schiffsbesatzung, Lotsgelder, Forderungen auf Bergelohn und Bergekosten (s § 30a Rn 3), bestimmte Schadensersatzforderungen ua (§ 596 I Nrn 1-5 HGB). Für die Glaubhaftmachung des Arrestanspruchs (vgl § 920 II) soll idR die eigene eidesstattl Versicherung des Gl ausreichen (Begr BTDrs 17/10309). **c) Arrestgegenstand** ist *nur* das **Schiff. II 2** umfasst Schiffe aller Art, sowohl See- als auch Binnenschiffe (vgl demggü § 930 IV, § 931 VII: „Seeschiff“). 19

3) Rechtsfolgen. Die Beschlagnahme des Schiffs hindert insb seine Entfernung aus dem Inland. Die für die Arrestvollziehung in Seeschiffe bestehenden allg **Schranken** (s § 930 IV, § 931 VII) gelten auch für Arreste, die auf Grund von **II 2** erlassen worden sind. 20

VI) Einstweilige Verfügung. § 917 ist durch §§ 935, 940, 940a ersetzt (aA für II: SchWKT/Kessen Rn 17). 21

§ 918 Arrestgrund bei persönlichem Arrest

Der persönliche Sicherheitsarrest findet nur statt, wenn er erforderlich ist, um die gefährdete Zwangsvollstreckung in das Vermögen des Schuldners zu sichern.

I) Zweck. Der **persönl Sicherheitsarrest** findet als 2. Form des Arrests gem § 916 I ebenfalls nur zur Sicherung der ZwV in das bewegl und unbewegl Vermögen des Sch statt; er ist ausgeschlossen, wenn der Sch überhaupt kein pfändbares Vermögen hat. Er dient nicht dazu, den Sch zu zwingen, Vermögen herbeizuschaffen, zB aus dem Ausland (LG Frankfurt NJW 60, 2006; OLGR Bamberg 2005, 206); deshalb kann auch ein Ausländer durch persönl Sicherheitsarrest nicht gezwungen werden, im Inland seine Arbeit fortzusetzen, wenn er Vermögen nur im Ausland hat (LG Itzehoe SchlHA 66, 90). Der persönl Sicherheitsarrest soll **verhindern**, dass der Sch **Vermögensgegenstände beseite schafft**, die glaubhafterw vorhanden und pfändbar sind. Er darf aber nur verhängt werden, wenn die erforderl Sicherung des Gl nicht durch dingl Arrest erreicht werden kann, **Subsidiarität** des persönl Sicherheitsarrests (SchWKT/Kessen Rn 3); insb wenn der Verbleib glaubhaft gemachten inländischen Vermögens unklar ist (OLG München NJW-RR 88, 383; OLG Karlsruhe NJW-RR 97, 450). In diesem Fall gilt für das **Verhältnis zum dingl Arrest**, dass daneben auch persönl Sicherheitsarrest angeordnet werden kann, wenn nur so der Entzug pfändbaren Vermögens abwendbar ist (StJ/Bruns Rn 6). Zur Offenbarung von vorhandenem Vermögen kann der persönl Sicherheitsarrest nur angeordnet werden, wenn der Sch nach §§ 807, 883 zur Abgabe der eidesstattl Versicherung verpflichtet und zu befürchten ist, er werde sich der Ladung nach §§ 990 ff entziehen (OLG München NJW-RR 88, 382; MK/Drescher Rn 4); wird dann das Verf zur Abgabe der eidesstattl Versicherung nicht unverzügl betrieben, ist der vollzogene Arrest wieder aufzuheben (OLGR Bamberg 2005, 206). 1

II) Verfahren. Die **Arrestanordnung** richtet sich nach den für den dingl Arrest geltenden Vorschriften. Besonderheiten: Persönl Sicherheitsarrest ist im Arrestgesuch und Arrestbefehl anzugeben (s § 920 Rn 4; § 922 Rn 9; § 933 Rn 1). **Vollziehung** des persönl Sicherheitsarrests: § 933 iVm §§ 802g usw (s § 933 Rn 1), ihre Regelung erfolgt zweckmäßigerweise schon bei der Anordnung (MskV/Braun § 922 Rn 6; § 933 Rn 1). Der Grundsatz der **Verhältnismäßigkeit** verbietet Vollziehung bei Bagatellforderung (Brox/Walker § 49 Rn 1b m Hinw auf Art 2 II 2 GG), ist aber nicht verletzt, wenn der Sch ohne weiteres die Lösungssumme erbringen kann (OLG Karlsruhe NJW-RR 97, 450). 2

III) Einstweilige Verfügung. § 918 ist durch §§ 935, 940 ersetzt. Bei einstw Verfügung ist zur Sicherung des Anspruchs auf Herausgabe von Sachen Haftanordnung zulässig (MK/Drescher § 936 Rn 5). 3

IV) Gebühren des Gerichtsvollziehers. 270 GvKostG-KV (46,80 Euro Festgeb); Verdoppelung nach § 11 GvKostG mögl (Vollstreckung zur Nachtzeit, Wochenende, Feiertag). 4

§ 919 Arrestgericht

Für die Anordnung des Arrestes ist sowohl das Gericht der Hauptsache als das Amtsgericht zuständig, in dessen Bezirk der mit Arrest zu belegende Gegenstand oder die in ihrer persönlichen Freiheit zu beschränkende Person sich befindet.

1 **I) Bedeutung.** § 919 regelt iVm § 943 zwei **ausschließl (§ 802)** konkurrierende (§ 35) Zuständigkeiten für die **Anordnung** des Arrests. Zuständig sind sowohl das Gericht der Hauptsache (s Rn 3 ff) als auch das AG, in dessen Bezirk der mit Arrest zu belegende Gegenstand oder die in ihrer Freiheit zu beschränkende Person sich befindet (s Rn 10). Ist der Arrest erlassen, ist das Arrestgericht auch für das **Widerspruchs- und Aufhebungsverf** zuständig (§§ 925-927). Für die **Vollziehung** (§§ 928 ff) gelten, abgesehen von § 930, die sonstigen Bestimmungen über die ZwV.

2 **II) Internationale Zuständigkeit.** Im **Anwendungsbereich der Brüssel Ia-VO** wird die inländische Eilzuständigkeit (§§ 919, 943) nicht von der Zuständigkeitsordnung gem Art 4 ff Brüssel Ia-VO verdrängt, da diese nach **Art 35 Brüssel Ia-VO** auf das *Hauptsacheverf* beschränkt ist (vgl EuGH JZ 99, 1103 u 1105; OLG Karlsruhe MDR 2002, 231; näher Hau hier Art 35 Brüssel Ia-VO Rn 2, 4). Es kann daher zu einem Auseinanderfallen von (ausl) Hauptsache- und (inländischer) Eilzuständigkeit kommen (OLG Düsseldorf ZIP 99, 1522 = RIW 99, 873); zuständig ist dann das Gericht, bei dem der Sch seinen allg Gerichtsstand oder der ZwV unterliegendes Vermögen hat (§§ 12, 13, 23; str, s Wolf FS Schütze, 1999, S 988 ff).

3 **III) Zuständigkeit des Gerichts der Hauptsache (§ 919 Alt 1). 1) Gericht der Hauptsache. Hauptsache** ist beim Arrest das Verf über die zu sichernde Geldforderung, bei der einstw Verfügung der zu sichernde Individualanspruch bzw das zu regelnde Rechtsverhältnis, § 940 (OLG Düsseldorf FamRZ 79, 155; OLG Hamburg WRP 96, 216; MK/Drescher Rn 5; näher s § 937 Rn 1). Aus dem Hauptsacheanspruch muss sich regelmäßig der Arrest-/Verfügungsanspruch ergeben. Ist die Hauptsache FamStreitsache, so ist auch für den Arrest das **FamG** zuständig (§ 119 II 1 FamFG). An dem Verf der Hauptsache müssen dieselben Personen beteiligt sein wie am Arrest; die Parteirolle ist gleichgültig (OLG Frankfurt WRP 96, 27: negative Feststellungsklage). Ein **Schiedsgericht** kann trotz der Möglichkeiten gem § 1041 I niemals Arrestgericht sein (iE s vor § 916 Rn 4); als Gericht der Hauptsache zuständig ist dann das Gericht am Ort des schiedsrichterl Verf gem § 1043 (so zutr OLG Hamburg NJW 97, 749).

4 **2) Anhängige Hauptsache. a) 1. Instanz.** Dasj Gericht ist Gericht der Hauptsache, bei dem diese zur Zeit der Antragstellung im Arrestverf schwebt. Ist wegen der Hauptsache MB erlassen, ist wegen der auf das Mahnverf beschränkten Zuständigkeit gem § 689 II 1 das angegebene Streitgericht Gericht der Hauptsache, nicht aber das AG des vorangegangenen Mahnverf (so aber StJ/Bruns Rn 4). Das Gericht der Widerklage wird erst mit ihrer Erhebung Gericht der Hauptsache (OLG Schleswig SchlHA 56, 270). Die zur Aufrechnung gestellte Gegenforderung ist nicht anhängig, das über sie verhandelnde Gericht mithin insoweit nicht Gericht der Hauptsache (StJ/Bruns Rn 3).

5 Das Gericht der 1. Instanz ist zuständig bis zur Einlegung der Berufung gegen das die Sache in dieser Instanz endgültig abschließende Urteil (MK/Drescher Rn 8; vgl auch allg BGH NJW 95, 1096 mN; sa § 172 Rn 11). Mit Rechtskraft des Berufungsurteils oder Einlegung der Revision ist wiederum das erstinstanzl Gericht zuständig (BGH Rpfleger 76, 178; StJ/Bruns Rn 6; WSch/Thümmel Rn 10).

6 **b) 2. Instanz.** Das **Berufungsgericht** entscheidet über das Arrestgesuch in der Zeit zwischen Einlegung der Berufung bis zur Rechtskraft des Urteils bzw Einlegung der Revision (§ 943 I Alt 2; OLG Köln WRP 76, 714; OLG Schleswig NJW-RR 92, 318).

7 **c) Sonderfälle.** Ist in 1. Instanz Grundurteil (§ 304) ergangen und schwebt der Rechtsstreit wegen des Grundes in der Berufungsinstanz, so ist **sowohl das erstinstanzl als auch das Berufungsgericht** zuständig (OLG Köln ZZP 71 [1958], 243; OLG Karlsruhe MDR 54, 425 LS; MK/Drescher Rn 8, str; **aA** StJ/Bruns Rn 6; AG/Becker Rn 9; Gaul/S/B-E § 77 Rn 4: Gericht 1. Instanz). Gleiches gilt für Zwischenurteil (§ 280 II) und Vorbehaltsurteil (§ 302). Beim Teilurteil kommt es auf den zu sichernden Teil des Anspruchs an (WSch/Thümmel Rn 10).

8 **d) Prüfungsumfang.** § 919 knüpft ledigl an das formelle Moment der Anhängigkeit an (LG Frankfurt NJW 90, 652 mN); das Gericht hat daher nicht zu prüfen, ob es für die bei ihm anhängige Hauptsache auch zuständig ist (OLG Hamburg MDR 81, 1027; LG Frankfurt aaO); eine Ausnahme gilt jedoch für den Fall, dass die Rechtswegzuständigkeit (MK/Drescher Rn 5) oder die **internat Zuständigkeit** fehlt (OLG München MDR 2019, 1089; OLG Koblenz RIW 90, 318 mwN; MskV/Braun § 943 Rn 4, str; krit Otte ZIP 91, 1048). Die in der ersten Instanz bejahte (inl) Zuständigkeit wird in der höheren grds nicht mehr geprüft (vgl § 513 II, § 571 II 2, § 576 II; BGH MDR 2022, 190). Maßgebl ist der Zeitpunkt des **Eingangs** des Arrestgesuchs (s § 920 Rn 12). Verweisung s vor § 916 Rn 4. Später eintretende Umstände ändern an der einmal begründeten Zuständigkeit nichts (§ 261 III Nr 2; OLG Karlsruhe MDR 2010, 1013; sa § 920 Rn 12); spätere rechtskräftige Klageabweisung wegen Unzuständigkeit oder Unzuständigkeit wegen Klageänderung schaden daher nicht (AG/Becker Rn 10; MK/Drescher Rn 5); ein Aufhebungsantrag nach § 927 kann darauf nicht gestützt werden.

3) Nicht anhängige Hauptsache. Ist die Hauptsache noch nicht anhängig, ist zuständiges Arrestgericht jedes Gericht, das für die Hauptsache örtl und sachl zuständig wäre; das angegangene Gericht hat also zu prüfen, ob die Hauptsache bei ihm zulässigerw anhängig gemacht werden könnte (s § 943 I Alt 1) Bei „Vollstreckungsbezug" (s Stadler JZ 99, 1099) ist § 23 auch in Brüssel Ia-VO-Fällen anwendbar (sa OLG Düsseldorf ZIP 99, 1521 = RIW 99, 873; s Rn 10), ein weiterer Inlandsbezug (s § 23 Rn 1) ist nicht erforderl (Fohrer/Mattil WM 2002, 842 mN). Der ASt kann unter mehreren zuständigen Gerichten wählen, § 35. Durch zulässige Gerichtsstandsvereinbarung (§§ 38, 40) über die Hauptsache wird ein an sich unzuständiges Gericht zum Gericht der Hauptsache und damit auch Arrestgericht (vgl OLG Stuttgart RIW 2001, 228; StJ/Bruns Rn 1). Die Vereinbarung inländischer Zuständigkeit gem Art 25 Brüssel Ia-VO begründet auch Hauptsachegerichtsstand iSv § 919 Alt 1 (OLG Frankfurt ZIP 80, 922), Vereinbarung ausl Hauptsachegerichtsstands kann daher zum Verlust inländischer Arrestzuständigkeit nach der Alt 1 von § 919 führen (OLG Stuttgart RIW 2001, 228); dagegen ist die internationale Zuständigkeit gem § 919 Alt 2 im Hinblick auf § 802 prorogationsfest (MK/Drescher Rn 2, 4; StJ/Bruns Rn 1, str; aA OLGR Frankfurt 2009, 419 mwN; Hau EuIZPR Rn 84). 9

IV) Zuständigkeit des AG der Belegenheit (§ 919 Alt 2). Nach der Wahl des Gl (§ 35) ist auch das **AG** (**FamG** bei FamStreitsache) zuständig, in dessen Bezirk die mit Arrest zu belegende Sache oder Person sich befindet. Sie ist als zuständigkeitsbegründendes Merkmal im Antrag anzugeben; der erlassene Arrest kann jedoch in das gesamte Vermögen des Arrestschuldners vollzogen werden, auch soweit es sich außerhalb des AG-Bezirks befindet (StJ/Bruns Rn 13; Thümmel NJW 85, 472: arg § 23 S 1 entspr; einschr Stadler JZ 99, 1094). Das AG ist auch zuständig, wenn kein anderes dt Gericht für die Hauptsache zuständig wäre. Das AG ist, auch wenn Dringlichkeit nicht vorliegt, und ohne Rücksicht auf die Höhe des Anspruchs, selbst wenn der Streit über die Hauptsache bei einem ordentl Gericht anhängig ist, zuständig. Gegenstand kann auch eine Forderung sein; sie befindet sich am Wohnsitz des Drittschuldners und, wenn für sie eine Sache zur Sicherheit haftet, auch an dem Ort, wo sich die Sache befindet, § 23 S 2. Es besteht keine rechtswegüberschreitende AG-Zuständigkeit. 10

V) Einstweilige Verfügung. § 919 ist durch §§ 937, 942 ersetzt. 11

§ 920 Arrestgesuch

(1) Das Gesuch soll die Bezeichnung des Anspruchs unter Angabe des Geldbetrages oder des Geldwertes sowie die Bezeichnung des Arrestgrundes enthalten.

(2) Der Anspruch und der Arrestgrund sind glaubhaft zu machen.

(3) Das Gesuch kann vor der Geschäftsstelle zu Protokoll erklärt werden.

I) Arrestantrag (§ 920 I). 1) Inhalt. I nennt die **inhaltl Mindesterfordernisse** des Arrestantrags („Gesuch") als „Soll"-Vorschrift. **a) Arrestanspruch.** Die **Höhe (Geldwert)** des „Anspruchs" ist anzugeben, denn der spätere Arrestbefehl ist Vollstreckungstitel, und aus der darin angegebenen Summe ergeben sich Umfang des Arrestpfandrechts oder Höhe der Sicherungshypothek. Auch die Lösungssumme gem § 923 wird danach bestimmt. Die den Anspruch begründenden **Tatsachen** sind anzugeben, denn der Arrest wird wegen einer bestimmten Forderung verhängt, s § 916 Rn 5. Für die Anspruchsbezeichnung gelten die allg Grundsätze (§ 253 II Nr 2; § 253 Rn 10 ff); vgl zur Saldoklage s OLG München NJW-RR 2022, 141 Tz 18 ff; § 253 Rn 13a. 1

b) Arrestgrund. Dies sind die Tatsachen, welche die Gefährdung der späteren ZwV erkennen lassen, §§ 917, 918. 2

c) Arrestart. Der Antrag des Gl ist zweckmäßig auf eine bestimmte Arrestart gerichtet (strenger Walker, Der einstw RSchutz im ZP u im arbeitsgerichtl Verf, 1993, Rn 149). Wird dingl Arrest („in das Vermögen des Schuldners") beantragt, darf das Gericht wegen § 308 nicht den persönl Arrest anordnen, auch wenn dessen Voraussetzungen vorliegen (MK/Drescher Rn 6); Gleiches gilt umgekehrt (StJ/Bruns § 922 Rn 4). Ist der Antrag nur allg auf Arrestverhängung gerichtet, wird regelmäßig dingl Arrest verhängt, es sei denn, der Gl trägt auch die bes Voraussetzungen von § 918 vor und die Auslegung seines Antrags ergibt, dass er auch persönl Arrest beantragen will. Wegen des Antrags, nur ohne mündl Verh zu entscheiden, s § 922 Rn 3. 3

d) Weitere Angaben. Der ASt und Ag ist im Rubrum des Antrags genau zu bezeichnen (wie vor § 50 Rn 6; § 253 Rn 8); uU schwierig ist dies vor allem bei der einstw Verfügung (vgl Raeschke-Kessler NJW 81, 663; s § 935 Rn 4; § 940a Rn 4); berechtigte Geheimhaltungsinteressen des ASt uU zu berücksichtigen (OLG Frankfurt MDR 2024, 664 – verneinend). Beantragt der Gl **persönl** Sicherheitsarrest, muss er die bes Voraussetzungen von § 918 vortragen (s Rn 1). Bestimmte **Arrestgegenstände** müssen nur dann bezeichnet werden, wenn das Gesuch beim AG gem § 919 eingereicht wird (s § 919 Rn 10). 4

e) Antragsverbindung. Der **Antrag auf Forderungspfändung** kann in das Arrestgesuch aufgenommen werden (Zuständigkeit: § 930 I 3, § 20 I Nr 16 RpflG). Es liegen dann 2 rechtl getrennte Anträge auf Anordnung und Vollziehung des Arrests vor. Der Arrestbefehl enthält dann zugleich den Pfändungsbeschluss (§ 20 I Nr 16 RPflG; sa § 922 Rn 9; § 930 Rn 5). 5

6 **2) Mängel.** Die **Sollvorschrift** des **I** ermöglicht die Ergänzung des Antrags durch Schriftsatz oder in der mündl Verh. Das Gericht ist nach § 139 verpflichtet, bei behebbaren Mängeln auf Ergänzung hinzuwirken. Ein mangelhaftes Gesuch kann aus anderen Gründen (zB unbehebbare Prozesshindernisse) auch sofort zurückgewiesen werden (StJ/Bruns § 921 Rn 6), es darf jedoch mit ausreichendem Inhalt wiederholt werden; s vor § 916 Rn 13.

7 **3) Form.** Der Antrag kann **schriftl** eingereicht (Nutzungszwang elektron Übermittlung für RAe etc nach § 130d gilt) oder **zu Protokoll der GeschSt** erklärt werden **(III)**, auch im Verf vor den Kollegialgerichten; er unterliegt daher nicht dem Anwaltszwang (§ 78 III; OLG Karlsruhe NJW-RR 93, 1471; StJ/Bruns Rn 1). Wird gegen den vom LG erlassenen Arrest Widerspruch erhoben, besteht für die mündl Verh **Anwaltszwang** (§ 78 I), dagegen nicht für die Beschwerde gegen einen landgerichtl Beschluss ohne mündl Verh (str; s § 922 Rn 19). Vollmacht: §§ 80, 88. Kein **Formularzwang:** s § 930 Rn 3.

8 **II) Glaubhaftmachung (§ 920 II). 1) Gegenstand.** Glaubhaft zu machen (s § 294) sind **Tatsachen**; wegen der rechtl Prüfung: s § 922 Rn 7. Die allg Beweisverwertungsverbote (s § 286 Rn 15a, 15b) gelten auch hier (KG NJW 94, 462); für die Verwertung von auf Grund berufl Verschwiegenheitspflicht erlangten Informationen gilt das GeschGehG (§ 2 Nr 1 GeschGehG). Bestehende Schwierigkeiten (zB bei wissenschaftl umstr Gegenstand) schließen Eilverf nicht aus, ihnen ist durch ein entspr „Maß" der Glaubhaftmachung Rechnung zu tragen (OLG Frankfurt WRP 2016, 905 Tz 6; sa Rn 9 aE). Zur **Verteilung** der Glaubhaftmachungslast s vor § 916 Rn 6a.

9 **2) Umfang; Verteilung. II** gilt für Arrestanspruch und Arrestgrund (Ausnahmen: § 12 I UWG; § 921 S 1, s § 921 Rn 2). Darüber hinaus sind auch die Prozessvoraussetzungen glaubhaft zu machen (OLG Koblenz WRP 79, 387; OLG Hamm FamRZ 98, 687); Vollbeweis wäre mit dem Eilcharakter unvereinbar (OLG Hamburg NJW-RR 2012, 1210, 1211; MK/Drescher Rn 20) und darf daher nicht verlangt werden. Die Beweiserleichterung gem II umfasst (erst recht) auch den Kostenstreit (OLG Hamburg aaO). Die Parteien können jedoch den Vollbeweis durch präsente Beweismittel erbringen, etwa durch Urkundenvorlage oder mitgebrachte Zeugen oder SV in der mündl Verh (OLG Köln MDR 81, 765; OLG Düsseldorf DB 81, 785); ist „sofortige" Beweisaufnahme nicht mögl, scheidet Vertagung zur Glaubhaftmachung idR aus (OLG Hamm FamRZ 98, 687); eine Anordnung der Urkundenvorlegung ggü Dritten (§ 142) findet nicht statt (§ 294 II; OLG Frankfurt NJW-RR 2010, 936). Die **Beweislastverteilung** selbst entspricht der im ordentl Verf (hM, aber str; s vor § 916 Rn 6a); im Verfügungsverf gelten keine Besonderheiten (vgl OLG Frankfurt WRP 2020, 218 Tz 7). Das erforderliche „Glaubhaftmachungs-Maß" kann je nach den Umständen abgestuft sein (OLG Frankfurt NJW-RR 2010, 936, Rn 8 aE; zum entspr „Beweismaß" s vor § 284 Rn 28).

10 **3) Mittel der Glaubhaftmachung.** S § 294 Rn 3 ff; Beschränkung auf präsente Beweismittel (§ 294 II). – **a)** Wegen des **Arrestanspruchs** kann auf die Hauptsacheakten nebst den beigezogenen Akten verwiesen werden, insb auf bereits ergangene Urteile, auch wenn sie angefochten worden sind. Ferner: eidesstattl Versicherung der Partei oder Dritter; Inbezugnahme in Anwaltsschriftsätzen reicht aus (aA OLG Frankfurt FamRZ 84, 313 LS). Für eidesstattl Versicherungen genügt Fax-Form (BayObLG Rpfleger 95, 474 f), allerdings ist eine Abgabe zu Protokoll wegen größerer Glaubwürdigkeit ratsam; in Frage kommt auch sog „anwaltl Versicherung" (dazu OLG München Rpfleger 85, 457). Weiter kommen zur Glaubhaftmachung in Frage: Zeugenvernehmungsprotokolle des Hauptsacheverf (OLG Brandenburg WRP 2012, 747 Tz 20); von den Parteien eingeholte Privatgutachten (KG Rpfleger 87, 262 mN; Krüger WRP 91, 68; wissenschaftl Studien); Anklageschrift in Wirtschaftsstrafsache (OLG Bamberg MDR 2013, 57); Pressemitteilung der StA und Erlass von Haftbefehl (OLG München NJW-RR 2022, 141 Tz 13 f), ausl Urteile auch dann, wenn ihre Anerkennung nach § 328 ausgeschlossen ist (StJ/Bruns Rn 10; Schlosser FS Schwab, 1990, S 445 f). Bei der Feststellung einer Verkehrsauffassung ist eigenes Erfahrungswissen des Gerichts verwertbar (vgl näher Melullis, Hdb des Wettbewerbsrechts, 3. Aufl, Rn 678 ff, 692 ff). Ist über den Hauptsacheanspruch rechtkräftig entschieden, bindet dieses Urteil (s vor § 916 Rn 1b); eine entgegenstehende Glaubhaftmachung ist ausgeschlossen.

11 **b)** Hat eine Partei bereits den Vollbeweis erbracht, ist demggü keine Glaubhaftmachung mögl (OLG Köln MDR 81, 765: zur Widerlegung kann nur ein Strengbeweismittel der ZPO dienen). Soweit der Ag durch eine **Schutzschrift** zu dem befürchteten Arrest-/Verfügungsantrag Stellung nimmt, ist dieses Vorbringen zu berücksichtigen (§ 945a Rn 3); es wird darauf gerichtet sein, dem ASt die Glaubhaftmachung zu erschweren, indem eigener Sachvortrag glaubhaft gemacht oder bewiesen wird.

12 **III) Wirkungen. 1) Rechtshängigkeit; Verjährung.** Der Arrestprozess wird durch die Anbringung des Gesuchs rechtshängig (s vor § 916 Rn 5). Die Verjährung wird durch idR rückwirkende (§ 167) Zustellung des Arrestantrags oder durch dessen Einreichung bei Zustellung des Arrestbefehls innerhalb 1 Monats seit Verlautbarung gehemmt (s vor § 916 Rn 7).

13 **2) Antragsrücknahme.** Der Antrag kann jederzeit **ohne Zustimmung des Gegners** bis zum rechtskräftigen Abschluss des Arrestverf zurückgenommen werden (OLG Saarbrücken MDR 2018, 1151; MK/Drescher Rn 11), bis zum Widerspruch (§ 924) formlos (arg **III**), wegen § 924 Rn 7 dann unter Anwaltszwang (StJ/Bruns Rn 5, ThP/Seiler Rn 2). Dies gilt auch in der mündl Verh und im Rechtsmittelverf (OLG Saarbrücken MDR 2018, 1151); § 269 I ist insoweit nicht anzuwenden. Grund: Der Schutzzweck von § 269 I greift im Arrestverf nicht, denn der Antrag kann wegen des vorläufigen Charakters des Verf idR ohnehin erneut angebracht werden

(s vor § 916 Rn 13; Höfling/Gremminger NJW 2016, 2459; Beyerlein WRP 2005, 1466 [Problem der Dringlichkeit], str; aA Ahrens/Jestaedt, Wettbewerbsprozess, Kap 49 Rn 14 f; einschr OLG Hamburg NJW-RR 2007, 763; OLG Hamburg WRP 2010, 790; sa § 937 Rn 7). **§ 269 III 1** gilt uneingeschränkt (OLG Saarbrücken MDR 2018, 1151). Der Gegner kann die Wirkungslosigkeit des Beschlusses feststellen lassen (§ 269 IV) und Herausgabe des Titels (der Beschlussurkunde) verlangen (§ 371 BGB; Höfling/Gremminger NJW 2016, 2461). Die Kostentragungspflicht gem **§ 269 III 2** ist idR abschließend (OLG Saarbrücken MDR 2018, 1151); ein mat-rechtl KE des ASt besteht auch bei Obsiegen in der Hauptsache nicht (BGH NJW-RR 95, 495). Auch bei Rücknahme im *einseitigen Verf* treffen den ASt gem § 269 III 2 (vorbehaltl S 3) die **Kosten** des (noch nicht zugezogenen) Gegners (KG MDR 88, 329; KG JurBüro 93, 486; OLG Celle AnwBl 87, 232; OLG Hamm MDR 87, 589; OLG Karlsruhe WRP 86, 352; sa § 922 Rn 10). – Das Arrest-/Verfügungsverf kann sowohl übereinstimmend als auch einseitig für erledigt erklärt werden (§ 91a Rn 58.5; Sonderfragen erörtert Palmen MDR 2024, 1345); **§ 269 III 3** ist auch im Eilverf anwendbar ist (OLG Karlsruhe NJW 2012, 1373, 1374 zu cc = MDR 2012, 540 = WRP 2012, 591 Tz 12); bei vergleichsw Rücknahme gilt § 98 (OLG Hamm MDR 87, 589).

3) Kein Übergang in das Hauptsacheverfahren. Der einstw Rechtsschutz ist eine völlig andere Verfahrensart 14
mit anderem Streitgegenstand als der Hauptsacheprozess (Rechtsschutzziel: Sicherung, nicht Befriedigung), deshalb ist auch § 596 nicht entspr anwendbar, denn der Urkundenprozess ist Hauptsacheverf mit Beweismittelbeschränkung (vgl demggü die Unterscheidung in § 926). § 263 ist auch nicht entspr anwendbar (zutr ThP/Seiler Rn 1; Gaul/S/B-E § 75 Rn 13; § 76 Rn 44; **aA** Teplitzky DRiZ 82, 41; OLG Frankfurt FamRZ 89, 297 mN: Übergang bei Zustimmung beider Parteien nach Klageänderungsgrundsätzen zulässig). Dagegen ist der **Übergang in das Verfügungsverf** stets zulässig (iE mN s vor § 916 Rn 3).

IV) Einstweilige Verfügung. § 920 ist anwendbar. Darzulegen und glaubhaft zu machen sind der Verfügungs- 15
anspruch und der Verfügungsgrund (wie § 920 II); s iE Anm zu §§ 935, 940.

V) Gebühren. 1) Gericht: 1,5 **VerfGeb** (1410 GKG-KV). Sie deckt das gesamte Anordnungsverf ab (sa § 924 Rn 14); für das 16
Verf auf Aufhebung und Abänderung fallen ges Geb an (s § 926 Rn 35, § 927 Rn 16), ebenso für die Vollziehung (s § 928 Rn 8). – **Ermäßigung** auf 1,0 Geb 1411 GKG-KV bei Antragsrücknahme vor dem Schluss der mündl Verh (1411 Nr 1a GKG-KV) bzw vor Ablauf des Tages, an dem der (ohne mündl Verh ergangene) Beschluss der Geschäftsstelle zugegangen ist (1411 Nr 1b GKG-KV), bei AU, Verzichtsurteil, Urteil nach § 313a II (1411 Nr 2 GKG-KV; auch bei späterer Urteilsvervollständigung, 1411 aE GKG-KV) und gerichtl Vergleich (1411 Nr 3 GKG-KV). Die Erledigung nach § 91a ermäßigt nur, wenn keine Kostenentscheidung ergeht oder sie nur dem Parteiwillen folgt (1411 Nr 4 GKG-KV). Ausgeschlossen ist die Ermäßigung, wenn bereits ein Beschluss über den Arrest oder die einstw Verfügung (§ 922 I 1, § 936) oder ein anderes als der in 1411 Nr 2 GKG-KV genannten Urteile vorausgegangen ist. – 1412 GKG-KV enthält eine „versteckte" **Entscheidungsgeb.** Nach dem Wert des Streitgegenstandes, auf den sich die Entscheidung bezieht (KG JurBüro 2009, 149 zur nur teilw Bescheidung des Antrags), erhöht sich die VerfGeb auf 3,0 bei einem Streiturteil (auch VU), einem Beschluss nach § 91a mit str Kostenentscheidung und trotz Antragsrücknahme bei einem Beschluss nach § 269 III 3. Dies gilt auch, wenn keine mündl Verh stattgefunden hatte. Grund ist die für die Entscheidung anfallende gerichtl Arbeit (auch die nur wegen der Kosten). 1412 GKG-KV gilt nur, wenn nicht 1411 GKG-KV erfüllt ist; ein AU führt daher nicht zur Erhöhung. – **Vergleich** im Eilverf auch über nicht anhängige Ansprüche (Hauptsache) löst zusätzl eine Geb nach 1900 GKG-KV, § 36 III GKG (0,25) aus. Wird die rechtshängige Hauptsache mitverglichen, ist hierfür aber keine Vergleichsgeb anzusetzen. – Die Geb werden mit Eingang des Antrags bei Gericht fällig (§ 6 GKG), es besteht jedoch keine Vorwegleistungspflicht des ASt (§ 10 GKG). – **2) RA:** Das **erstinstanzl Verf** im einstw Rechtsschutz ist vom Verf über den Antrag bis (ggf) zur Aufhebung dieselbe Angelegenheit (§ 16 Nr 5 RVG), in Bezug auf die Hauptsache aber eine verschiedene Angelegenheit (§ 17 Nr 4 RVG). Es können alle Geb 3100 ff RVG-VV entstehen. Sonderregelung, wenn das Berufungsgericht als Gericht der Hauptsache (§ 943) anzusehen ist, in Vorbem 3.2. II S 1 RVG-VV. – Die **Einigungsgeb** entsteht iHv 1,0 (1003 RVG-VV) für einbezogene, nicht rechtshängige Ansprüche iHv 1,5 (1000 Nr 1 RVG-VV). – **Terminsgeb:** Vorbem 3 III RVG-VV; 3104 RVG-VV. Die „fiktive" Terminsgeb (3104 I Nr 1 RVG-VV) kann im Arrestverf nicht entstehen, weil keine mündl Verh vorgeschrieben ist; anders ist es im Verf nach Widerspruch (s § 925 Rn 1) und bei der einstw Vfg (BGH MDR 2020, 954, für außergerichtl schriftl Vergleich). Immer kann die Terminsgeb entstehen nach Vorbem 3 III 3 Nr 2 RVG-VV für Besprechungen, denn hier wird kein Verf vorausgesetzt, bei dem eine mündl Verh erforderl ist.

§ 921 Entscheidung über das Arrestgesuch

[1]Das Gericht kann, auch wenn der Anspruch oder der Arrestgrund nicht glaubhaft gemacht ist, den Arrest anordnen, sofern wegen der dem Gegner drohenden Nachteile Sicherheit geleistet wird. [2]Es kann die Anordnung des Arrestes von einer Sicherheitsleistung abhängig machen, selbst wenn der Anspruch und der Arrestgrund glaubhaft gemacht sind.

I) Zweck. Das Gericht kann im Beschluss- u UrteilsVerf den Arrest entweder ohne Sicherheitsleistung oder mit 1
Sicherheitsleistung gem § 921 erlassen.

**II) Anordnung der Sicherheitsleistung. 1) Sicherheitsleistung zur Ergänzung der fehlenden Glaubhaftma- 2
chung (§ 921 S 1).** Nur die **Glaubhaftmachung** des Arrestanspruchs oder Arrestgrundes ersetzt die Sicherheitsleistung (**S 1**); die **Tatsachen**, aus denen sie sich ergeben, müssen bezeichnet sein (OLG Frankfurt Rpfleger

95, 469), sonst erfolgt Abweisung des Antrags nach Ablauf der zur Ergänzung bestimmten Frist (RG JW 1899, 393). Die Anordnung der Sicherheitsleistung ermöglicht es dem Gericht, sich mit einem geringeren, unterhalb der Glaubhaftmachung liegenden Grad an Wahrscheinlichkeit zu begnügen (MK/Drescher Rn 2). Steht das Fehlen von Arrestanspruch oder Arrestgrund fest, scheidet eine Arrestanordnung gem **S 1** aus (MK/Drescher Rn 2). Da auch für die weiteren Erfordernisse der Anordnung des Arrests, wie die Prozessvoraussetzungen, Glaubhaftmachung genügt, ist **S 1** auch in diesem Fall anwendbar (StJ/Bruns Rn 5).

3 **2) Arrestanordnung nach Sicherheitsleistung (§ 921 S 2).** Das Gericht kann nach S 2 auch bei Glaubhaftmachung die Anordnung des Arrests von einer Sicherheitsleistung abhängig machen; in diesem Fall erklärt es zunächst die Sicherheitsleistung für erforderl und ordnet nach Leistung der Sicherheit in einem bes Beschluss den Arrest an (vgl RGZ 36, 359). Dieses Vorgehen wird zB veranlasst sein, wenn zu befürchten ist, dass bereits der durch die Arrestanordnung zu erwartende Schaden des Gegners bes hoch sein wird, oder die Vermögensverhältnisse des Gl es bezweifeln lassen, ob dieser etwaige Schadensersatzansprüche des Gegners erfüllen kann (MK/Drescher Rn 4).

4 **3) Arrestvollziehung gegen Sicherheitsleistung.** Zweckmäßiger ist es, statt der **Anordnung des Arrests** die **Vollziehung des Arrestbefehls** von der Sicherheitsleistung abhängig zu machen (OLG Hamm GRUR 84, 603; KG WRP 95, 24 f mwN; Christmann DGVZ 93, 109; StJ/Bruns Rn 10; MK/Drescher Rn 5). Eine Fristsetzung für die Sicherheitsleistung ist nicht nötig, da der Nachweis der Sicherheitsleistung dem Sch innerhalb der Fristen der § 929 II, III zuzustellen ist (vgl Christmann aaO; näher s § 929 Rn 10). Ist der Arrest mit der Maßgabe angeordnet worden, dass er aufgehoben werde, wenn nicht innerhalb … Tagen Sicherheit geleistet werde, so ist bis zur Stellung des Antrags auf Arrestaufhebung (§ 927) Sicherheitsleistung mögl; Fristablauf hindert sie nicht (KG OLG 19, 37). Arrestanordnung unter Sicherheitsleistung ist jedoch dann unzweckmäßig, wenn es dem Gl um die Sicherung eines nur gegen Sicherheitsleistung vollstreckbaren Titels geht, er die Sicherheit aber nicht erbringen kann, s § 917 Rn 13. Hier kommen nur unbedingte Arrestanordnung oder Ablehnung des Gesuchs in Betracht.

5 **III) Verfahren. 1) Anordnung der Sicherheit steht im Ermessen des Gerichts.** Der Gl braucht sich hierzu nicht erboten zu haben. Die Sicherheit ist nach freiem Ermessen zu bestimmen (vgl hierzu § 108). Die Höhe wird regelmäßig so zu bemessen sein, dass sie jeden evtl Schaden (§ 945) deckt; es ist aber keineswegs stets die Höhe der zu sichernden Forderung maßgebend (MK/Drescher Rn 6: Interessenabwägung erforderl).

6 **2) Rechtsbehelfe.** Rechtsbehelf des **Gl** gegen den Beschluss, durch den Sicherheitsleistung angeordnet wird, ist sof Beschwerde (s § 922 Rn 19), wenn er Arrest ohne Sicherheitsleistung beantragt oder zur Sicherheitsleistung nicht Stellung genommen hat (bei Einverständnis mit Sicherheitsleistung fehlt Beschwer, OLG Köln MDR 59, 311); des **Gegners** gegen den Beschluss, durch den Arrest ohne Sicherheitsleistung angeordnet wurde, Widerspruch. Nach rechtskräftigem Abschluss des Verf kann nur noch die Art, nicht mehr die Höhe der Sicherheit geändert werden; bei Verstoß sof Beschwerde (§ 567 I Nr 2).

7 **IV) Einstweilige Verfügung.** Führt die Vollziehung zu schwersten Eingriffen in den Gewerbebetrieb des Sch (zB Untersagung von Produktion oder Vertrieb von Waren; Auferlegung von Kontrahierungszwang ggü Wettbewerber), ist sie idR von einer Sicherheitsleistung (Vollziehungssicherheit) abhängig zu machen (OLG Düsseldorf 26.9.2019 – 2 U 28/19, juris Rn 86; KG WRP 95, 25 mwN; KG WRP 2004, 116 f; iE Melullis, Wettbewerbsprozess, 3. Aufl 2000, Rn 210; sa § 929 Rn 12), auch wenn sie der ASt nicht leisten kann (OLG Köln MDR 89, 920: § 710 nicht entspr anwendbar). Unzulässig ist die Anordnung der Sicherheitsleistung mangels Glaubhaftmachung der Gefährdung, wenn diese Glaubhaftmachung nicht erforderl ist.

§ 922 Arresturteil und Arrestbeschluss

(1) [1]Die Entscheidung über das Gesuch ergeht im Falle einer mündlichen Verhandlung durch Endurteil, andernfalls durch Beschluss. [2]Die Entscheidung, durch die der Arrest angeordnet wird, ist zu begründen, wenn sie im Ausland geltend gemacht werden soll.

(2) Den Beschluss, durch den ein Arrest angeordnet wird, hat die Partei, die den Arrest erwirkt hat, zustellen zu lassen.

(3) Der Beschluss, durch den das Arrestgesuch zurückgewiesen oder vorherige Sicherheitsleistung für erforderlich erklärt wird, ist dem Gegner nicht mitzuteilen.

1 **I) Freigestellte mündliche Verhandlung (§ 922 I 1; § 128 IV). 1) Anordnung; Zuständigkeit.** Über den Arrestantrag (§ 920) entscheidet das Gericht entweder ohne oder nach mündl Verh (**I 1**; freigestellte mündl Verh). Die Verfahrensgestaltung bestimmt das Gericht, nicht der Vors. Ausnahme: KfH. Danach richtet sich, ob die Entscheidung durch **Urteil** (nach mündl Verh) oder **Beschluss** (mit und ohne uU schriftl Anhörung des Ag) ergeht.

2 **2) Rechtliches Gehör; Ausübung des Ermessens.** Dass die Entscheidung idR ohne mündl Verh zu treffen sei, kann dem Gesetz nicht entnommen werden, vielmehr wird auch im Arrestverf der **mündl Verh** als der überle-

generen Form der Verwirklichung des rechtl Gehörs des Gegners (Art 103 I GG) der Vorzug ggü der Möglichkeit der **schriftl Äußerung des Gegners** zu geben sein, falls nicht wegen der **Gefährdung des Zweckes des Arrestverf** von der Anhörung des Gegners überhaupt abzusehen ist (BVerfGE 9, 89, 98; BVerfG NJW 2018, 3631 Tz 15; StJ/Bruns § 922 Rn 1). Auch dann ist aber Art 103 I GG im Beschlussverfahren zu beachten (BVerfG NJW 2022, 1083 Tz 26 f; BVerfG NJW 2021, 615 Tz 19; stRspr; sa vor § 916 Rn 1a u 5a); Einwendungen des Ag auf Grund einer eingereichten **Schutzschrift** sind immer zu beachten (BVerfG NJW 2018, 3631 Tz 22; allg s § 945a Rn 3). Anordnung oder Ablehnung mündl Verh sind unanfechtbar. Bei **Säumnis** einer Partei in der mündl Verh gelten §§ 330 ff (LG Ravensburg NJW 87, 139; AG/Becker Rn 26; sa Fallgestaltung in OLG Dresden MDR 2012, 668). Im einseitigen Verf ergangene Beschlussarreste sind im Geltungsbereich der **Brüssel Ia-VO** vollstreckbar (Hau Art 35 Brüssel Ia-VO Rn 11; sa vor § 916 Rn 2).

3) Keine Disposition des Antragstellers. Der Antrag, Arrest nur bei Entscheidung **ohne** mündl Verh zu erlassen, ist eine unwirksame bedingte Rücknahme des Gesuchs (ThP/Seiler § 922 Rn 1). Entspr Zusagen in einseitigen Hinweisen gem § 139 an den ASt haben zu unterbleiben; erfolgte Hinweise sind dem Ag mitzuteilen (BVerfG NJW 2018, 3631 Tz 24; BVerfG NJW 2021, 615 Tz 23; Löffel WRP 2019, 12 Rn 29, 35). 3

II) Verfahrensbeendigung ohne Arrestbefehl. 1) Antragsrücknahme. Wird das **Arrestgesuch zurückgenommen**, treffen den ASt in entspr Anwendung von § 269 III 2 die Kosten. Ein Ausspruch hierüber ergeht auf Antrag des Ag (§ 269 IV), auch wenn er nicht durch eine gerichtl Mitteilung vom Verf Kenntnis erlangt und daraufhin kostenverursachende Maßnahmen zu seiner Verteidigung veranlasst hat (OLG Düsseldorf NJW 81, 2824 mwN; OLG Hamburg MDR 77, 498; KG MDR 88, 239, SchWKT/Kessen § 920 Rn 15; sa § 920 Rn 13). 4

2) Erledigung der Hauptsache. Die Erledigung der Hauptsache ist im Arrest-(einstw Verfügungs-)Verf mögl (sa § 91a Rn 58.5). Das Erledigungsereignis kann allg (auch bei einseitiger Erledigungserklärung) im Zeitraum zwischen Einreichung und Zustellung des Antrags oder Beschlusses eingetreten sein (OLG Frankfurt GRUR 87, 651; OLG Köln GRUR 2001, 425; Teplitzky/Schilling Kap 55 Rn 42, allgM; anders als im Klageverf [s § 91a Rn 16 f, 32] aber im Hinblick auf vor § 916 Rn 5 kein Fall von § 269 III 3). Ist der Antrag zurückgewiesen worden, ohne dass der Gegner am Verf beteiligt war, kann (entspr dem Klageverf: s § 91a Rn 38) zum Zweck der Erledigungserklärung Beschwerde eingelegt werden (so OLG Frankfurt NJW-RR 92, 493; KG MDR 2009, 765; StJ/Bruns Rn 18, str; **aA** OLG Hamm WRP 85, 227; OLG Karlsruhe WRP 98, 429; OLGR Stuttgart 2001, 182 mwN; OLGR Koblenz 2003, 144; OLG Celle NJW-RR 2009, 1074). Vom Standpunkt der aA aus kommt in entspr Anwendung von § 269 III 3 eine einseitige Rücknahme-(Erledigungs-)erklärung in Frage (so OLG Stuttgart NJW-RR 2007, 527; SchWKT/Kessen § 935 Rn 29, str; **aA** KG MDR 2009, 765; OLG Celle NJW-RR 2009, 1074; Vossler MDR 2009, 668 f); wegen Art 103 I GG ist dann eine Beteiligung des Ag erforderl (s Vossler MDR 2009, 669 m Fn 17; SchWKT/Kessen § 935 Rn 30; hier s § 269 Rn 18d, 18e); dies gilt auch für das nach der Gegenauffassung zulässige Beschwerdeverf (insoweit zutr OLG Celle NJW-RR 2009, 1074). 5

III) Entscheidung ohne mündliche Verhandlung. 1) Prüfung des Gerichts. a) Das Gericht prüft die allg Prozessvoraussetzungen (Zuständigkeit, Partei- und Prozessfähigkeit usw), die Vollmacht (§§ 88, 80) und die Arrestvoraussetzungen. Die im Gesuch vorgetragenen Tatsachen müssen den Arrestanspruch ergeben und die für den Arrestgrund erforderl Gefahr begründen, vgl §§ 916-918, § 920. Sie müssen glaubhaft gemacht worden sein. Das Gericht ist an ein Geständnis gebunden. **Behauptungs-** und **Beweislast** sind grds wie im Hauptverf verteilt (s vor § 916 Rn 6 f). Danach hat der **Ag** seine Einreden und Einwendungen vorzutragen und glaubhaft zu machen. Erhält er jedoch **keine Gelegenheit zur schriftl Stellungnahme**, so kann der Arrest nur *erlassen* werden, wenn der ASt *auch das Fehlen von Einwendungen* usw (zB eigene Vorleistung, Erfüllung uÄ), die nach seinem Vorbringen bestehen können, behauptet und glaubhaft macht (StJ/Bruns § 920 Rn 13; Brox/Walker § 50 Rn 14; Teplitzky DRiZ 82, 44, str; iE s vor § 916 Rn 6a). 6

b) Der **Umfang** der **rechtl Prüfung** ist nach hM ggü dem Hauptsacheverf nicht eingeschränkt (OLG Hamburg WRP 92, 493 mwN; MK/Drescher § 920 Rn 10; SchWKT/Kessen Rn 16, 18; WSch/Thümmel § 920 Rn 13; offen OLG Koblenz NJW 2001, 1364). Demggü ist mit Leipold, Grundlagen, S 64 f, 70, darauf abzustellen, dass § 920 II bzgl der Glaubhaftmachung nicht zwischen Tatsachen und Rechtsfolgen unterscheidet, sondern insgesamt die Vermittlung einer geringeren Wahrscheinlichkeit zulässt. Es findet daher eine eingeschränkte Schlüssigkeitsprüfung statt. Im Einzelfall sind jedoch Wahrscheinlichkeit des behaupteten Anspruchs und Dringlichkeit der beantragten Maßnahme gegeneinander abzuwägen (ähnl BVerfG MDR 2018, 1073 Tz 3; KG BB 94, 1596; MK/Drescher § 920 Rn 16; Littbarski, Einstw Rechtsschutz im Gesellschaftsrecht, 1996, S 107 ff; sa § 940 Rn 8.13, 8.15, 8.32; allg zur „Folgenabwägung" im Rahmen vorläufigen Rechtsschutzes BVerfG NJW 2003, 1236; BVerfG MDR 2018, 1073 Tz 3; sa vor § 916 Rn 12); insb kommt Sicherheitsleistung gem § 921 Rn 2 ff in Betracht. Auch bei Anwendbarkeit ausl Rechts obliegt dem Gericht nur eine eingeschränkte Prüfung (vgl OLG Hamburg VersR 89, 1164 = RIW 90, 225). 7

2) Form und Inhalt der Arrestanordnung. a) Form. Die Entscheidung ergeht durch **Beschluss.** 8

b) Inhalt. Der **Arrestbefehl** muss die Geldforderung nach Grund und Betrag, die Art des Arrests (dingl oder persönl Arrest) und die Lösungssumme (§ 923) bezeichnen und die Kostenentscheidung enthalten (Tenorierung: Wallisch/Spinner JuS 2000, 380). Fehlt die genaue Bezeichnung des gesicherten Anspruchs (s § 916 Rn 5) 9 oder die Angabe über die Art des Arrests, liegt ein wirksamer Arrestbefehl nicht vor (StJ/Bruns Rn 32; aA WSch/Thümmel Rn 6); unschädl ist, wenn die Lösungssumme nicht angegeben ist (OLG Hamburg NJW 58, 1145 = MDR 58, 612; aA LG Düsseldorf NJW 51, 81). Die Aufnahme der Lösungssumme in den Beschluss ersetzt nicht die Bezeichnung des gesicherten Betrags (RGZ 78, 332). Die Angabe, dass der Arrest in bestimmte Gegenstände zu vollziehen sei, ist ohne Wirkung (RGZ 9, 321; einschr Gaul/S/B-E § 77 Rn 20; WSch/Thümmel Rn 6), denn jeder, auch der vom AG erlassene Arrest, kann in das ganze Vermögen des Sch vollzogen werden (OLG Karlsruhe NJW-RR 98, 524; OLG Zweibrücken FamRZ 2000, 966; sa § 919 Rn 10); die Möglichkeit einer Haftungsbeschränkung besteht nicht (OLG Zweibrücken FamRZ 2000, 967); mögl ist aber eine **Verbindung** des Arrestbefehls mit einem **Pfändungsbeschluss** (näher Huber JuS 2018, 961: „Arrestbefehl de luxe"; sa § 920 Rn 5). Die in den Arrestbefehl aufgenommene Kostenpauschale deckt nicht die Kosten des Arrest-, sondern die Kosten des Hauptsacheprozesses (OLG München MDR 57, 238, str; vgl OLG Frankfurt OLGZ 83, 104 mwN).

10 **c) Kostenentscheidung.** Über die Kosten ist nach Maßgabe der §§ 91 ff **vAw** zu entscheiden (§ 308 II); uU ist Gehörsgewährung vor KF nachzuholen (StJ/Bruns Rn 13). Ist über die Kosten des Arrestverf nicht entschieden worden, ist Ergänzung des Arrestes bzgl des Kostenausspruchs nach § 321 zulässig; auch mittels sof Beschwerde kann eine nachträgl Kostenentscheidung erwirkt werden (MK/Drescher Rn 7; StJ/Bruns Rn 15). Zu erstatten sind den Parteien die Kosten für Privatgutachten, die als präsente Beweismittel im Eilverf anerkannt sind (BGH NJW 90, 123; KG Rpfleger 87, 262 mN); dies gilt auch für eine höhere Vergütung als nach §§ 8 ff JVEG, da der Ag im Eilverf auf die sof Gestellung des SV angewiesen ist, s Rn 21. Erstattungsfähig sind uU auch Kosten für nicht vernommene „sistierte Zeugen" (OLG Hamburg MDR 95, 210).

11 **d) Vorläufige Vollstreckbarkeit; Rechtsbehelfsbelehrung.** Der Beschlussarrest ist ohne weiteres vorläufig vollstreckbar (s § 929 Rn 1). Der Beschluss muss auch im LG-Verf eine Belehrung über den Widerspruch (§ 924) enthalten (§ 232 S 2; sa § 924 Rn 4); nicht zu belehren ist über die Anträge gem §§ 926, 927 (s § 926 Rn 1; § 927 Rn 1).

12 **e) Begründung (I 2).** Der den Arrest **anordnende Beschluss** bedarf dann keiner Begründung, wenn mindestens zugleich in Nachholung des zunächst zurückgestellten rechtl Gehörs (s Rn 1; vor § 916 Rn 1a) eine Abschrift (Kopie) des Gesuchs mit zugestellt wird (OLG Nürnberg NJW 76, 1101; OLG Köln MDR 98, 433 [krit E. Schneider]; Klein GRUR 2016, 906; StJ/Bruns Rn 5; MskV/Braun Rn 4, str; aA Nägele NJW 93, 1045 mN; Lippold NJW 94, 1110; MK/Drescher Rn 10: „kann"). Ein Begründungsmangel ist aber noch kein Zustellungsmangel (s Rn 13; sa Rn 22 aE), uU aber für die ZwV (insb § 890) von Bedeutung. Bei **Geltendmachung im Ausland** ist Begründung ausdrückl vorgeschrieben (**I 2**; leer laufend wegen Art 103 I GG m Einl Rn 22 aE); notfalls ist der Beschluss entspr zu vervollständigen (vgl § 30 IV AVAG). Im EU-Bereich bestehen uU Erleichterungen (vgl OLG München MDR 2020, 242: Verständnismöglichkeit im Einzelfall entscheidet). Dagegen ist der den Antrag **zurückweisende Beschluss** stets zu begründen, um dem Beschwerdegericht die Möglichkeit der Nachprüfung zu geben (MK/Drescher Rn 10; sa Einl Rn 22 aE). Zur Beschlussverfügung s Rn 27.

13 **3) Mitteilung bei Anordnung (§ 922 II). a) Zustellungen.** Der Beschluss, durch den der Arrest **angeordnet** wird, ist wegen § 929 II **dem Gl** in begl Abschrift (§ 317 I 1; s § 317 Rn 2) **vAw zuzustellen** (§ 329 II 2; Bernreuther WRP 2010, 1201 Rn 6.1). Der Gl hat eine vom Gericht begl Abschrift des Beschlusses (§ 317 I; BGH NJW 2019, 1374 Tz 11) dem **Gegner** im **Parteibetrieb** durch den **GV** zuzustellen (**II iVm §§ 192-194**); „einfache" Abschrift genügt nicht (OLG Koblenz MDR 2017, 1146; OLG Karlsruhe Rpfleger 2004, 641 [Fax-Mitteilung über Inhalt]), dann aber uU Heilung zu beachten. Mit zuzustellen sind die Antragsschrift sowie Anlagen (farbrichtig: OLG Hamburg NJW-RR 2007, 986), auf die im Beschluss Bezug genommen wird (OLG Düsseldorf MDR 2010, 652; OLG Frankfurt NJW-RR 2014, 1023; einschr OLG Köln WRP 2004, 914: nicht schon bei bloßer Zustellungsauflage).

14 **b) Zustellungsadressat.** Die Zustellung des Beschlussarrests/-verfügung ist an den **Sch** selbst, gem § 171 S 1 an dessen RA als rechtsgeschäftl Vertreter (s Anders WRP 2003, 205) oder an dessen ProzBev zu richten (§ 172, also ggf auch an eine RA-Gesellschaft gem § 59b BRAO; näher § 172 Rn 4), soweit der Gl von der Bestellung eines solchen hinreichend sichere Kenntnis hatte (OLG Frankfurt NJW-RR 2018, 252 Tz 3; OLG Hamburg NJW-RR 95, 445; OLG Stuttgart NJW-RR 94, 624; OLG Köln GRUR 2001, 456; Teplitzky/Schilling Kap 55 Rn 72; abgrenzend OLG Hamm NJW-RR 2001, 1088), zB bei dessen Bezeichnung als „ProzBev" im Rubrum (vgl BGH NJW-RR 2011, 997; § 80 Rn 2). Sie kann (muss aber nicht) gem § 82 an den ProzBev des Hauptverf erfolgen (OLG Frankfurt MDR 84, 58; OLG Oldenburg MDR 2002, 290; sa § 82 Rn 1; § 172 Rn 14). Bloße Zustellungsvollmacht an RA (s § 184) steht ProzVollm (§ 80) nicht gleich (OLGR Düsseldorf 2004, 364). Der im Abmahnverf für den Sch tätige (u insoweit bevollmächtigte: § 171) RA hat iZw keine Vollmacht für das nachfolgende Verfügungsverf (so OLG Hamburg MDR 2006, 1183; OLG Düsseldorf WRP 2019, 490; aA Anders WRP 2003, 205). – Die Zustellung ist an den **ProzBev** des Sch zu richten (§ 172), auch wenn sich dieser nur in einer Schutzschrift wegen des zu erwartenden Verf eindeutig bestellt hat (OLG Düsseldorf GRUR 84, 79; OLG Düsseldorf WRP 82, 531; OLG Karlsruhe WRP 86, 166; Kurtz WRP 2016, 307 Rn 9 ff; krit Melullis WRP 82, 249), vorausgesetzt, der Gl hat davon Kenntnis erlangt. – Wird der Arrest im Laufe des Hauptprozesses erwirkt und sind die *Parteien in diesem* durch ProzBev vertreten, so kann (nicht muss) die Zustellung (vAw) an den ProzBev des ASt (RG JW 1900, 13) sowie seitens des ASt an den ProzBev des Gegners erfolgen (OLG Frankfurt MDR 84, 58 mN).

c) Auslandszustellung. Einem im **Ausland** wohnenden Sch ist der Arrest gem **§ 183** zuzustellen, soweit nicht die **EuZustVO** eingreift (näher OLG Dresden NJW-RR 2019, 319 = MDR 2019, 313; OLG Düsseldorf WRP 2024, 988 Tz 11 zu Art 18 EuZustVO: Postdienste), bei unbekanntem Aufenthaltsort des Sch setzt **öffentl Zustellung** (**§ 185**) einen Antrag und umfassende Initiativen des Gl voraus (OLG Bamberg NJW-RR 2013, 1279 = MDR 2013, 672); für Parteizustellung gem II ist kein Raum (OLG Bamberg NJW-RR 2013, 1279 = MDR 2013, 672), desgl für Vollziehungsfrist gem § 929 II (§ 929 Rn 10). § 829 II 3 findet auf den Arrestbeschluss keine Anwendung; Gleiches gilt von § 829 III, wenn Arrest- und Pfändungsbeschluss gleichzeitig erlassen wurden. 15

d) Verfehlte u fehlende Zustellung. Wird der stattgebende Beschluss **entgegen II** (s Rn 13 f) dem Ag als Verf-Beteiligtem (vor § 916 Rn 5a) vAw zugestellt (s Fallgestaltung in OLGR Celle 2000, 332), wird er ihm ggü wirksam (§ 329 III); die Zustellung hat (unheilbar) keine Vollziehungswirkung (s § 929 Rn 13), genügt aber für §§ 750, 751 iVm § 929 III 2 (OLGR Celle 2000, 332; dazu neigend Dötsch MDR 2010, 1095; nicht entgegenstehend BGH MDR 2010, 885). Solange ein stattgebender Beschluss dem Gegner (überhaupt) **nicht zugestellt** ist, fehlt es im Verhältnis zu ihm weder an einem Prozessrechtsverhältnis noch an einer Parteistellung, wohl aber an einem (wirksamen) VollstrTitel; der Gegner ist nicht KostenSch (Vollkommer Rpfleger 2011, 96) u kann gegen seine Inanspruchnahme mit Rechtsmitteln u Rechtsbehelfen (§§ 104, 567; § 11 I RPflG, §§ 924, 927) vorgehen (iE OLGR Jena 2005, 964; Vollkommer Rpfleger 2011, 96); iÜ besteht Schutz gem § 929 II, III (s § 929 Rn 13). Dementspr wird der stattgebende Beschluss dem Gegner gegenüber nicht wirksam, wenn er ihm nur **formlos übermittelt** wird (BGH NJW-RR 2015, 541 Tz 17, 19 = MDR 2015, 154; sa § 929 Rn 3, 12 f; § 945 Rn 14). 16

e) Heilung. Der Heilung zugänglich sind nicht nur Verstöße gegen den Zustellungsvorgang als solchen, sondern auch **Mängel des zuzustellenden Schriftstücks** (zB Zustellung einfacher statt beglaubigter Abschrift: BGHZ 208, 255 Tz 17 = NJW 2016, 1517 = MDR 2016, 545 = Rpfleger 2016, 488; BGH NJW 2017, 411 Tz 22, sa BGH NJW 2019, 1374 Tz 13 f; str; aA hier Schultzky § 189 Rn 9); allg ist § 189 „weit auszulegen" (BGH NJW 2017, 2472 Tz 38). Bsp: Der dem Sch entgegen **§ 172** persönl zugestellte Beschluss ist in dem Zeitpunkt wirksam zugestellt, in dem er dem ProzBev (auch in Kopie) zugegangen ist (KG WRP 2011, 612, str, aA OLG Hamburg MDR 2018, 424; sa Schultzky § 189 Rn 6) oder unwesentliche Mängel der begl Abschrift, wie Wiedergabe von Anlage in schwarz-weiß statt in Farbe (OLG Köln NJW-RR 2010, 864; abw zB OLG Frankfurt NJW-RR 2014, 1023); *anders* idR bei Fehlen der mit zuzustellenden Antragsschrift: OLG Düsseldorf MDR 2010, 652; einschr OLG Jena NJW-RR 2013, 831. 17

4) Antragszurückweisung, Antragsrücknahme, einseitiges Mitteilungsverbot (§ 922 III), Rechtsmittelverfahren (§§ 567 ff). a) Mitteilung usw. Der Beschluss, durch den der Arrestantrag **zurückgewiesen** oder vorherige Sicherheitsleistung für erforderl erklärt wird, ist dem Gl **förml zuzustellen** (§ 329 III, §§ 567, 569). **III** ist entspr Art 103 I GG dahin zu verstehen, dass der **Gegner** von dem Arrestgesuch und seiner Ablehnung durch das Gericht nur dann nicht in Kenntnis zu setzen ist, wenn wegen der Gefährdung des Arrestzwecks von der Anhörung des Gegners abzusehen ist (BVerfG NJW 2023, 759 Tz 20: Überraschungseffekt; OLG München WRP 2022, 124 LS; Teplitzky FS Bornkamm, 2014, S 1083; Mantz WRP 2022, 154 Rn 10; Bornkamm WRP 2020, 1242). Nach vorangegangener „gehöriger" Abmahnung, Einreichung einer Schutzschrift (s § 945a) oder bei schriftlicher Anhörung ist dem beteiligten Ag (s vor § 916 Rn 5a) der Zurückweisungsbeschluss oder die **Antragsrücknahme** mitzuteilen (Mantz/Löffel WRP 2022, 1059 Rn 27; Mantz WRP 2020, 421 Rn 40 ff; Bornkamm WRP 2020, 1243 Rn 4; sa Rn 21); der Ag hat Recht auf Akteneinsicht (Wehlau WRP 2012, 400 m Fn 45; Guhn WRP 2014, 28; Bornkamm WRP 2020, 1243 Rn 5 aE; s vor § 916 Rn 5a). 3 Monate nach Abruf erhält der Ag gem § 5 III SRV automatisierte Registermitteilung (s § 945a Rn 3). Im Verfügungsverf ist **III** restriktiv auszulegen (s Rn 27). 18

b) Rechtsmittel. Lit: Dötsch MDR 2024, 1284. Gegen die Zurückweisung des Antrags ist die **sof Beschwerde** (§ 567 I Nr 2, § 569) gegeben; auf sie ist wegen fehlender mündl Verh § 511 II Nr 1 nicht entspr anwendbar (LG Zweibrücken NJW-RR 87, 1199; MK/Drescher Rn 15; AG/Becker Rn 40; ThP/Seiler Rn 7; **aA** LG Konstanz NJW-RR 95, 1102; LG Kiel NJW-RR 2012, 1211; LG Wuppertal MDR 2022, 1208 [Seggewiße MDR 2022, 1399]; MskV/Braun Rn 10 mwN). Das Gericht kann ihr selbst (ohne Anordnung mündl Verh) abhelfen (§ 572 I) oder bei Terminierung nach Nichtabhilfe aufgrund mündl Verh durch Urteil entscheiden (OLG Hamburg MDR 2013, 1122; eingeh Dötsch MDR 2024, 1288 f)); die Durchführung des Abhilfeverf ist jedoch wegen der Eilbedürftigkeit nicht zwingend (OLGR Frankfurt 2002, 234; eine teilw Nichtabhilfe scheidet wegen sonst drohender Aufspaltung des Verf aus (KGR Berlin 2003, 375: mündl Verh erforderl). Die Beschwerde gegen die Zurückweisung eines Arrestantrages durch ein Kollegialgericht unterliegt nach überwiegender Auffassung wegen § 78 III, § 569 III Nr 1, § 920 III **nicht** dem **Anwaltszwang** (**so** OLG Köln NJW-RR 88, 254 mwN; KG NJW-RR 92, 576; OLG Karlsruhe NJW-RR 93, 1470; OLGR Karlsruhe 1998, 130; OLG München BauR 95, 875; OLG Celle NJW-RR 2009, 977; ThP/Seiler Rn 7; StJ/Bruns Rn 9; MskV/Braun Rn 10; SchWKT/Kessen Rn 39; WSch/Thümmel § 920 Rn 10; Teplitzky/Schilling Kap 54 Rn 17; Kap 55 Rn 7; Ahrens, Wettbewerbsprozess, Kap 51 Rn 75, sehr str; **aA** OLG Hamm NJW-RR 97, 763 = MDR 97, 395; OLG Düsseldorf OLGZ 83, 358; OLG Frankfurt MDR 83, 233; OLG Frankfurt MDR 99, 186; OLG Frankfurt NJW 81, 2203; OLG Saarbrücken NJW-RR 98, 1611; KG MDR 2023, 1478; Schmitt MDR 2024, 149; Bergerfurth NJW 81, 353; sa § 78 Rn 21, 29; § 569 Rn 10). Der hM ist zuzustimmen. Die Beschwerde unterliegt, ebenso wie der Antrag (§ 920 III) nicht dem Anwaltszwang, da bei Unterbleiben einer mündl Verh in 1. Instanz kein Anwaltsprozess stattgefunden hat (§ 569 III Nr 1). Die Befrei- 19 ung gem § 920 III beschränkt sich nicht auf die Verfahrenseinleitung, sondern erstreckt sich auf das anschließende Verf außerhalb einer mündl Verh (s § 78 Rn 29). Am Beschwerdeverf ist der Ag beteiligt, das Mitteilungsverbot (**III**) steht nicht entgegen (OLG München WRP 2019, 1375 [zust Löffel WRP 2019, 1379 Rn 6 f]). Durch sof Beschwerde kann auch die Ergänzung eines Beschlusses, durch den ein Arrest angeordnet wird, erwirkt werden, wenn der Beschluss keine Kostenentscheidung enthält (vgl LG Hamburg NJW 63, 1460). Gegen einen Beschluss des LG als Beschwerdegericht im Arrest-/Verfügungsverf findet die Rechtsbeschwerde nicht statt (§ 574 I 2 iVm § 542 II), aber auch nicht eine (weitere) Beschwerde zum OLG (OLG Koblenz MDR 2013, 742). Auch in **FamStreitsachen** (§ 119 II FamFG; s § 916 Rn 2 [1]) findet gegen zurückweisende Beschlüsse die sof Beschwerde gem §§ 567 ff – **nicht:** §§ 58 ff FamFG – statt (OLG Frankfurt NJW-RR 2012, 902; OLG Oldenburg MDR 2012, 472 = FamRZ 2012, 1077; Cirullies FamRZ 2011, 748; 2012, 1019; **aA** OLG Karlsruhe FamRZ 2011, 234; OLG München FamRZ 2011, 746; N. Schneider FamRZ 2011, 1782; hier § 58 FamFG Rn 3; § 119 FamFG Rn 3); zu stattgebenden Beschlüssen s § 119 II FamFG iVm § 924, zu Entscheidungen nach mündl Verh s § 925 Rn 4, 9 aE.

20 **c) Besonderheiten des Beschwerdeverfahrens.** Das **Beschwerdegericht** kann ohne mündl Verh entscheiden (Beschluss). Ordnet es Arrest an, ist dagegen nur Widerspruch (§ 924) statthaft (BGHZ 154, 102, 103 = NJW 2003, 1531; Zuständigkeit: s § 924 Rn 6); weist es die Beschwerde zurück, gibt es dagegen keine Rechtsbeschwerde (arg § 542 II, § 574 I 2, s vor § 916 Rn 11). Ordnet das Beschwerdegericht mündl Verh an und geht damit ins **Urteilsverf** über (zulässig, s OLG Hamburg MDR 2013, 1122 für 1. Instanzsa Rn 19). Es hat so zu verfahren, als sei in 1. Instanz auf mündl Verh Urteil erlassen und dagegen Berufung eingelegt worden; § 568 S 2 ist zu beachten (Dötsch MDR 2024, 1288). Die Entscheidung ist durch Endurteil zu treffen (OLG Zweibrücken FamRZ 85, 928; OLG Koblenz NJW-RR 93, 697; OLG Dresden MDR 2012, 668); dieses („erste") Urteil gilt als in 2. Instanz erlassen, unterliegt also, gleich ob in 1. Instanz das AG oder das LG entschieden hatte, weder der Berufung, § 511 I (OLG Dresden MDR 2012, 668) noch der Revision, § 542 II 1 (BGHZ 154, 102, 103 = NJW 2003, 1531; sa Rn 25).

21 **IV) Entscheidung auf Grund mündlicher Verhandlung. 1) Verfahren.** Die Parteien werden zur mündl Verh vAw geladen. Dem Sch ist mit der Ladung das Arrestgesuch oder das aufgenommene Protokoll (§ 920 III) zuzustellen. Im Anwaltsprozess (s § 78 Rn 13) ist der Gegner mit der Ladung aufzufordern, einen RA zu bestellen (§ 215), falls er nicht schon im etwa anhängigen Hauptprozess einen RA hat, dem dann die Ladung zuzustellen ist. Einhaltung der Ladungsfrist (§ 217) ist erforderl, nicht auch der Einlassungsfrist (§ 274 III). In der mündl Verh gelten alle Grundsätze der Mündlichkeit. Eine Antragsänderung ist im Rahmen der Besonderheiten des Eilverf zulässig (OLG Frankfurt NJW 95, 877). Die Erhebung einer Widerklage ist unzulässig. Das Gericht hat die Prozessvoraussetzungen zu prüfen. Beweise müssen sofort erhoben werden können; also Gestellung von Zeugen und SV geboten. *Neue Angriffs- und Verteidigungsmittel* sind in den durch Rechtsmissbrauch gezogenen Grenzen (vgl Röwer MDR 91, 184; allg s Einl Rn 40 f) bis zum Schluss der mündl Verh zulässig; § 296 ist nicht anwendbar (OLG Koblenz NJW-RR 87, 510; OLG Hamburg NJW-RR 87, 36; Dötsch MDR 2010, 1431; Teplitzky/Schilling Kap 55 Rn 60, str; **aA** E. Schneider MDR 88, 1024; hier s § 925 Rn 2; offen LG Aachen NJW-RR 97, 380; zur höh Instanz s Rn 25); erfordert die notwendige Gewährung rechtl Gehörs jedoch eine – im Eilverf grds unzulässige – Vertagung oder Schriftsatzfrist, bleibt neues Vorbringen unberücksichtigt (OLG Koblenz NJW-RR 87, 510; LG Aachen NJW-RR 97, 380; mR krit – für stärkere Berücksichtigung der Besonderheiten des Eilverf – Schote/Lührig WRP 2008, 1283 f). Es gelten die allg Beweislastregeln (s vor § 916 Rn 6a).

22 **2) Entscheidung. a) Form.** Die Entscheidung ergeht durch **Endurteil**; es ist **vorl vollstreckbar** (BGH WRP 2009, 999, 1000 Tz 15 f), das den Arrest anordnende Urteil nach § 929, ohne bes Ausspruch, das Urteil, durch das der Arrest abgelehnt wird, nach § 708 Nr 6. Einstw Einstellung der ZwV ist gem §§ 707, 719 mögl; Auswirkungen auf die Vollziehung: s § 924 Rn 12; § 929 Rn 8. Eine Abwendungsbefugnis des Sch darf nicht ausgesprochen werden (OLG Karlsruhe MDR 83, 677). Das Urteil ist immer vollständig zu begründen (Klein GRUR 2016, 905; StJ/Bruns Rn 27; MK/Drescher Rn 24; anders bei Beschluss, s Rn 12); ein Verstoß ist aber sanktionslos (OLGR Hamburg 2005, 280, 281; Klein GRUR 2016, 907).

23 **b) Inhalt; Kostenentscheidung.** Es gilt Rn 10.

24 **c) Zustellung.** Das Urteil ist vAw beiden Parteien zuzustellen ist, §§ 317, 166 II (Einzelheiten: s Rn 13 ff). Bloße Amtszustellung ist idR noch nicht Vollziehung iSd §§ 928, 929 II, die noch eine eigene Tätigkeit des Gl erfordert; iE s § 929 Rn 10 ff.

25 **3) Rechtsbehelfe.** Gegen das Urteil ist bei VU (s Rn 2 aE) **Einspruch** zulässig, bei kontradiktorischem Endurteil des AG oder LG in 1. Instanz findet **Berufung** statt; ein trotz mündl Verh entgegen **I 1** erlassener Beschluss kann mit Widerspruch (§ 924 I) oder Berufung angefochten werden (StJ/Bruns Rn 12, 31 aE, str; aA OLG Karlsruhe NJW 87, 509: nur Berufung); bei Einlegung von Widerspruch ist ins richtige Verf überzuleiten (s vor § 511 Rn 33). Ist dagegen das Urteil vom LG in der Beschwerdeinstanz, nachdem das Arrestgesuch vom AG durch Beschluss zurückgewiesen und beim LG über die Beschwerde mündl Verh angeordnet war, ergangen, findet kein Rechtsmittel statt (§ 511 I, § 542 II 1; so auch OLG Dresden MDR 2012, 668, s Rn 20; aA StJ/Bruns Rn 10), keine Rechtsbeschwerde gegen Zurückweisung der Beschwerde (s Rn 20), kein Rechtsmittel, wenn Arrestgesuch während der Anhängigkeit des Hauptprozesses in der Berufungsinstanz bei einem LG oder OLG angebracht und von diesem nach mündl Verh durch Endurteil entschieden ist (ThP/Seiler Rn 6). **Besonderheiten**

des Arrestverf gem III (s Rn 18 ff) gelten auch in der Berufungsinstanz (OLG München WM 2021, 2435; Mantz WRP 2022, 154 Rn 6); nicht anwendbar sind §§ 529, 531 (Dötsch MDR 2010, 1431; MK/Drescher Rn 25; **aA** OLG Celle MDR 2025, 58; Heßler § 531 Rn 1); § 538 II Nr 3 (OLG Dresden MDR 2012, 668); Verlängerung der Begründungsfrist (§ 520 II) kann dringlichkeitsschädl sein (Dötsch MDR 2010, 1433; allg sa § 940 Rn 4). **Revision** ist **nie** mögl, § 542 II 1, auch nicht, wenn Berufung als unzulässig verworfen wurde (BGHZ 152, 195 = NJW 2003, 69). Die **Kostenentscheidung** im Rechtsmittelzug umfasst das gesamte Eilverf (StJ/Bruns Rn 28). Wiederaufnahmeklage gegen ein Endurteil ist jedenfalls dann statthaft, wenn durch das Urteil der Arrest oder die einstw Verfügung aufgehoben worden ist (OLG München JZ 56, 112; Rosenberg JR 56, 22).

V) Rechtskraft. Zur formellen und materiellen Rechtskraft s vor § 916 Rn 13. Ein mangels ausreichender Glaubhaftmachung abgewiesener Arrestantrag kann mit besserer Glaubhaftmachung erneuert werden (RGZ 33, 415; OLG Frankfurt NJW 68, 2112; OLG Frankfurt FamRZ 87, 393, 394; OLG Zweibrücken FamRZ 82, 414; StJ/Bruns vor § 916 Rn 15 f mwN). 26

VI) Einstweilige Verfügung. I (Rn 1, 2) gilt nicht entspr. Gesetzl **Regelfall ist die mündl Verh** (BVerfG NJW 2024, 1948 Tz 21 = WRP 2024, 584; s § 937 II; § 937 Rn 3). Auch soweit nach BVerfG-Rspr ein kontradiktorisches Beschlussverf unter Einbeziehung des Ag in Frage kommt (was entgegen I 2 als Ausnahme zu begründen ist, s § 937 Rn 3), darf ohne vorherige Anhörung des Ag idR keine einstw Verfügung erlassen werden (BVerfG NJW 2022, 1083 Tz 26 f; BVerfG NJW 2023, 759 Tz 19 f); das streng-einseitige Verf (entspr § 922) ist auf Ausnahmefälle beschränkt (s unten). Das Erfordernis der Parteizustellung (**II**) ermöglichte die überholte Praxis der Erwirkung von einstw Verfügungen „auf Vorrat" (sog Schubladenverfügung; s Löffel WRP 2019, 13 Rn 31). **III** gilt nicht entspr. Es besteht **kein** uneingeschränktes **Mitteilungsverbot**. Bei „verfassungskonformer Auslegung" von **III** ist zu unterscheiden: **a) Kontradiktorisches Beschlussverf** unter Einbeziehung des Ag. Die zurückweisenden Beschlüsse sind dem Ag mitzuteilen (Mantz/Löffel WRP 2022, 1059 Rn 27; Bornkamm WRP 2020, 1243 Rn 4 f). Auch im Beschwerdeverf (§ 567) ist der Ag beteiligt (OLG München WRP 2019, 1375 [zust Löffel WRP 2019, 1379 Rn 6]). **b) Streng-einseitiges Verf** entspr **III** (s Rn 18). Es handelt sich um Ausnahmefälle, in denen der Überraschungseffekt eine entscheidende Rolle spielt (BVerfG NJW 2023, 759 Tz 20; BVerfG NJW 2022, 1083 Tz 26). **Bsp:** Verfügungsverbot, Anordnung von Sequestration (s § 938 Rn 7). 27

VII) Gebühren. Zum erstinstanzl Verf s § 920 Rn 16; zum Vollzug s § 928 Rn 8. – **1) Gericht:** Im **Beschwerdeverf** über die Beschwerde gegen den Beschluss, mit dem ein Antrag auf Erlass eines Arrests oder eine einstw Verfügung zurückgewiesen wurde (s Rn 19), entsteht 1,5 Geb 1430 Nr 1 GKG-KV; Ermäßigung nach Beschwerderücknahme auf 1,0 (1431 GKG-KV). Hebt das Beschwerdegericht den ablehnenden Beschluss auf u verweist zurück (§ 572 III), stellt das weitere Verf vor dem Erstgericht zusammen mit dem vorherigen Verf vor diesem Gericht einen einheitl Gebührenrechtszug dar (§ 37 GKG), so dass erstinstanzl keine erneute Geb anfällt (§ 35 GKG). – Die Geb für das Verf im Allg beträgt im **Berufungsverf** (Rn 25) gem 1420 GKG-KV 4,0. Es gibt drei abgestufte Ermäßigungstatbestände: auf 1,0 bei Zurücknahme der Berufung, des Antrags oder Widerspruchs vor Eingang der Rechtsmittelbegründungsschrift (1421 GKG-KV), auf 2,0 bei den Erledigungen durch Rücknahme, Anerkenntnis- oder Verzichtsurteil, gerichtl Vergleich oder Erledigungserklärungen nach § 91a (1422 GKG-KV), wobei dieselben Einschränkungen gelten wie bei 1411 GKG-KV in der 1. Instanz, auf 3,0 bei einem Urteil nach § 313a I 2 ohne schriftl Begründung (1423 GKG-KV). Ausdrückl erwähnt ist, dass auch ein VU die Ermäßigung hindert. – **2) RA:** Geb im erstinstanzl Verf s § 920 Rn 16. **Beschwerdeverf:** VerfGeb 3500 RVG-VV; Terminsgeb 3513 RVG-VV, jew iHv 0,5. Wird vom Beschwerdegericht Termin bestimmt: 1,2 (3514 RVG-VV). Die Terminsgeb kann aber auch nach Vorbem 3 III RVG-VV für Besprechungen entstehen. **Berufungsverf:** 3200 ff RVG-VV. 28

§ 923 Abwendungsbefugnis

In dem Arrestbefehl ist ein Geldbetrag festzustellen, durch dessen Hinterlegung die Vollziehung des Arrestes gehemmt und der Schuldner zu dem Antrag auf Aufhebung des vollzogenen Arrestes berechtigt wird.

I) Lösungssumme. Die Lösungssumme ist vAw festzusetzen. Die Höhe des Geldbetrages wird nach der zu sichernden Forderung, Zinsen und Kostenpauschale (OLG München MDR 57, 238 LS) bemessen; die Kosten des Arrestverf werden unabhängig davon festgesetzt und sind gleich beitreibbar. Eine evtl anderweitige Sicherung des Gl hat keinen Einfluss auf die Höhe der Lösungssumme; dazu s § 917 Rn 11. Der Wortlaut von § 923 sieht nur Sicherheitsleistung durch Hinterlegung vor; doch kann das Gericht auch eine andere Art der Sicherheitsleistung bestimmen, § 108. Wird die Höhe der Sicherheit beanstandet, sind für Gl und Sch die gegen die Entscheidung zulässigen Rechtsbehelfe gegeben (StJ/Bruns Rn 2). Ist die Aufnahme der Lösungssumme in den Arrestbefehl übersehen, wird er auf Antrag der Parteien oder auf die gegen die Entscheidung zulässigen Rechtsbehelfe nach § 321 ergänzt (BGH NJW-RR 96, 1238; OLG Hamburg NJW 58, 1145 [Lent]; MK/Drescher Rn 2; SchWKT/Kessen § 922 Rn 21). Auch ohne Lösungssumme ist der Arrestbefehl ein wirksamer Vollstreckungstitel (OLG Hamburg NJW 58, 1145). Die Lösungssumme und der nach §§ 928, 930 bewirkte Arrestvollzug stehen nicht etwa in dem Zusammenhang, dass sich die Lösungssumme um den Wert der im Vollzug des Arrests gepfändeten Sachen mindert (RGZ 20, 396). 1

2 **II) Wirkungen der Sicherheitsleistung. 1) Weiteres Arrestverfahren.** Weist der Sch dem GV die Sicherheitsleistung durch öffentl Urkunden nach, ist der Arrest nicht zu vollziehen, §§ 928, 775 Nr 3 (OLG Karlsruhe MDR 83, 678). Auf den KFB ist die Hinterlegung ohne Einfluss (OLG Karlsruhe HRR 31, 365, sa Rn 1). Wird dem GV der zu hinterlegende Betrag einschließl der Geb und Auslagen übergeben, hat er den aus dem Arrestbefehl ersichtl Betrag zu hinterlegen. Wird die Lösungssumme erst nach Arrestvollziehung hinterlegt, kann der Sch daraufhin nach § 934 Aufhebung der Vollstreckungsmaßnahmen beim Vollstreckungsgericht beantragen (§ 766). Der Arrest selbst bleibt bis zu seiner Aufhebung bestehen; erst danach kann Rückgabe der Sicherheit verlangt werden, s § 943 Rn 7.

3 **2) Internationaler Rechtsstreit.** Ist der die Sicherheit leistende Sch **Ausländer** ohne weiteres Vermögen in Deutschland, so wird durch die Sicherheitsleistung der Gerichtsstand des Vermögens nach § 23 begründet (OLG Frankfurt OLGZ 83, 99; sa § 23 Rn 7). Dies gilt wegen Art 5 II, Art 76 I a Brüssel Ia-VO jedoch nur außerhalb des EU-Bereichs.

4 **III) Rechtsverhältnisse an der geleisteten Sicherheit.** Durch die (auch von einem Dritten erfolgte, RGZ 34, 356) Hinterlegung erlangt der Gl ein Pfandrecht für seine ganze Forderung an dem Geld oder, wenn das Geld mit der Hinterlegung in das Eigentum des Staates übergeht, an der Forderung des Sch gegen den Staat, § 233 BGB. Der hinterlegte Betrag kann, solange der Arrestbefehl wirksam ist, nur vom Sch und Gl gemeinsam zurückgefordert werden. Erst nach Aufhebung des Arrests (§ 925 II, § 926 II, § 927) durch vorläufig vollstreckbare Entscheidung kann der Sch allein die Rückzahlung bei der Hinterlegungsstelle verlangen (OLG Düsseldorf NJW-RR 87, 511, 512 mwN = MDR 87, 506). Die Rückgabe ist in diesem Fall auch dann anzuordnen, wenn der Gl nicht einwilligt und inzwischen Klage zur Hauptsache erhoben oder Berufung eingelegt wurde (OLG Düsseldorf aaO). Rückforderungsrecht des Dritten: OLG Dresden OLG 7, 330; OLG Frankfurt OLG 16, 284. Ist die Rückgabe nicht anders zu erlangen, ist Verf nach § 109 erforderl; über Zuständigkeit hierfür s § 943 Rn 2.

5 **IV) Einstweilige Verfügung.** § 923 ist wegen § 939 unanwendbar (OLG Colmar OLG 23, 238). Gesetzwidrige Abwendungsbefugnis ist jedoch zu beachten (OLG Karlsruhe MDR 83, 677).

§ 924 Widerspruch

(1) Gegen den Beschluss, durch den ein Arrest angeordnet wird, findet Widerspruch statt.
(2) [1]Die widersprechende Partei hat in dem Widerspruch die Gründe darzulegen, die sie für die Aufhebung des Arrestes geltend machen will. [2]Das Gericht hat Termin zur mündlichen Verhandlung von Amts wegen zu bestimmen. [3]Ist das Arrestgericht ein Amtsgericht, so ist der Widerspruch unter Angabe der Gründe, die für die Aufhebung des Arrestes geltend gemacht werden sollen, schriftlich oder zum Protokoll der Geschäftsstelle zu erheben.
(3) [1]Durch Erhebung des Widerspruchs wird die Vollziehung des Arrestes nicht gehemmt. [2]Das Gericht kann aber eine einstweilige Anordnung nach § 707 treffen; § 707 Abs. 1 Satz 2 ist nicht anzuwenden.

1 **I) Rechtsbehelfssystem. 1) Überblick.** Gegen die Anordnung des Arrests durch **Beschluss** kann der Sch **Widerspruch**, gegen die durch **Urteil Berufung** einlegen, s § 922 Rn 19 f, 25. Daneben kann der Sch wahlw auch nach § 926 und nach § 927 vorgehen oder *Hauptsacheklage* (zB negative Feststellungsklage) erheben (s § 926 Rn 3). Der Widerspruch (die Berufung) wendet sich gegen den Arrest mit der Begründung, er hätte überhaupt nicht erlassen werden dürfen, lässt aber auch die Berücksichtigung von nach dem Erlass des Arrests eingetretenen Umständen zu, die den Arrest nicht mehr als gerechtfertigt erscheinen lassen (s § 925 Rn 2). Dagegen eröffnet **§ 927** einen Weg, auf dem die Aufhebung des Arrests wegen nach dem Erlass eingetretener neuer Umstände betrieben werden kann. Der Rechtsbehelf des **§ 926** führt aus einem formalen Grund, näml der Nichtbefolgung der Anordnung, Klage zu erheben, zur Aufhebung des Arrests. Aufhebung bei erfolgreichem Widerspruch (Berufung) und im Fall des § 926 wirkt ex tunc, die nach § 927 dagegen ex nunc. Die Kosten trägt in allen Fällen die unterlegene Partei; sie umfassen bei §§ 924, 926 die Kosten des ganzen Arrestverf, bei § 927 nur die Kosten des Aufhebungsverf (wegen § 91a s Rn 11). Die Klage aus **§ 767** steht dem Sch nicht zu (OLG Karlsruhe GRUR 79, 571 mwN). Einwendungen gegen Vollziehung: **§ 766.** Verstößt die ohne die notwendige Einbeziehung des Ag ergangene **Beschlussverfügung** gegen den Grundsatz der prozessualen Waffengleichheit (s vor § 916 Rn 1a), ist der einzige Rechtsbehelf „ausnahmsweise" die (unmittelbar) gegen sie gerichtete **Verfassungsbeschwerde** (BVerfG NJW 2022, 2099 Tz 9; BVerfG NJW 2023, 2475 Tz 21; BVerfG NJW 2024, 1948 Tz 12 = WRP 2024, 584; Mantz/Löffel WRP 2022, 1059 Rn 55; s näher vor § 916 Rn 12); wegen des Grundsatzes der Subsidiarität muss aber auch mit dem Widerspruch gegen die Beschlussverfügung (uU auch zunächst mit der Schadensersatzklage gem § 945; s vor § 916 Rn 12) vorgegangen werden (BVerfG NJW 2022, 2099 Tz 56). Dagegen findet eine Überprüfung der Fehler*haftigkeit* der Beschlussverfügung im Widerspruchs- oder Rechtsmit*telverf nicht statt* (OLG Düsseldorf WRP 2019, 773 Tz 10 ff; OLG Köln NJW-RR 2019, 240 Tz 10; OLG Köln MDR 2019, 1023 Tz 45-48; Mantz/Löffel WRP 2022, 1059 Rn 54; M. Vollkommer WRP 2022, 1199 Rn 22;

keine „Waffengleichheitsbeschwerde"); die zugleich gegebene Verletzung des rechtl Gehörs unterliegt der Heilung durch mündl Verhandlung (OLG Düsseldorf WRP 2019, 773 Tz 8 f; allg Einl Rn 23).

2) Wahlrecht. a) Grundsatz. Unter den Rechtsbehelfen gem Rn 1 hat der Sch die **Wahl** (hM, OLG Köln WRP 87, 567; OLG Koblenz GRUR 89, 374; OLGR Frankfurt 2006, 266; WSch/Thümmel Rn 13). Dabei wird er sich neben dem Zeitpunkt der Aufhebung des Arrests (s Rn 1, 11) vor allem an der Kostenfolge orientieren. Dagegen kann bei der Wahl zwischen Widerspruch (Berufung) und Aufhebung (§ 927) die Frage eines mögl Schadensersatzanspruchs nach § 945 außer Betracht bleiben, da § 945 voraussetzt, dass der Arrest **von Anfang an** ungerechtfertigt war und somit die Aufhebung wegen **nachträgl** eingetretener Umstände keine Schadensersatzpflicht begründet (StJ/Bruns Rn 4). *Welcher* Behelf gewollt ist, ist ggf durch **Auslegung** zu ermitteln (OLG Köln WRP 87, 567 zu „Aufhebungsantrag"; OLGR Hamburg 2007, 231 zu Fehlen von „Widerspruch"; sa Meiski JuS 2006, 889). 2

b) Schranken. Hat der Sch auf einem Weg die **rechtskräftige Aufhebung** erwirkt, so kann nicht nachträgl ein weiterer Rechtsbehelf gegen den bereits weggefallenen Arrest eingelegt werden (OLG Düsseldorf NJW 71, 812). Ist das auf einen Rechtsbehelf eingeleitete Verf zuungunsten des Sch abgeschlossen, so steht die Rechtskraft dieser Entscheidung einem neuen Verf entgegen, in dem das Ziel der Aufhebung mit Gründen verfolgt wird, die bereits im 1. Verf hätten geltend gemacht werden können (StJ/Bruns Rn 5; SchWKT/Kessen Rn 5). Die einzelnen Verf können nicht nebeneinander durchgeführt werden, die **Rechtshängigkeit** eines Verf steht dem anderen Verf entgegen (StJ/Bruns Rn 6 mwN; aA Gaul/S/B-E § 77 Rn 35 mwN: fehlendes Rechtsschutzbedürfnis; dagegen MskV/Braun Rn 2; MK/Drescher Rn 5 mN; zum Ganzen sa § 927 Rn 2). Ein Nebeneinander von **Hauptsache**- u Eilverf ist grds zulässig (s vor § 916 Rn 1b). 3

II) Widerspruch (§ 924 I). 1) Allgemeines. a) Umfassender Widerspruch. Gegen den Beschlussarrest können der **Sch**, sein Rechtsnachfolger und sein InsVerwalter Widerspruch einlegen; gleichgültig ist, ob der Arrest sofort erlassen wurde oder (ohne mündl Verh) erst vom *Beschwerdegericht* (s Rn 6). Die Eröffnung des InsVerf steht einer Bestätigung eines bereits vollzogenen Arrests nicht entgegen (BGH NJW 62, 591 = MDR 62, 400; vgl StJ/Bruns Rn 15), soweit kein Fall des § 88 InsO vorliegt. **Dritte** können nur gegen die Vollziehung des Arrests Erinnerung einlegen, § 766, oder Klage nach § 771 erheben. Widerspruch ist mögl, solange der Arrestbeschluss besteht; er ist also auch zulässig gegen nicht zugestellten oder nicht vollzogenen Arrestbefehl (OLG Frankfurt OLG 19, 159), selbst bei Ablauf der Vollziehungsfrist des § 929, Erledigung der Hauptsache oder Freigabe der gepfändeten Sachen (StJ/Bruns Rn 10). Er ist an **keine Frist** gebunden (aber s Rn 10) und verschafft dem bislang nicht angehörten Sch **rechtl Gehör** gem Art 103 I GG (s vor § 916 Rn 1a). **Rechtsbehelfsbelehrung:** Über den Widerspruch ist auch in Verf mit RA-Zwang zu belehren (§ 232 S 2). 4

b) Kostenwiderspruch. Der Sch braucht nicht in vollem Umfang zu widersprechen, sondern kann den Widerspruch auf die Kostenentscheidung **beschränken** (BGH NJW 86, 1815 = MDR 85, 467; BGH Rpfleger 2003, 470 = WRP 2003, 1001; OLG Koblenz NJW-RR 97, 893 = MDR 96, 1293; OLG Hamm MDR 91, 357 f; s näher § 93 Rn 6.18); der Streitwert reduziert sich dann auf die angefallenen Kosten (OLG Nürnberg NJW-RR 2013, 635; hier s § 3 Rn 16.63). Im Kostenwiderspruch liegt ein bindender (Teil-)Verzicht auf den Widerspruch in der Sache (BGH MDR 2003, 955, 956; BGH NJW 2013, 3104 Tz 8; OLG Hamburg NJW-RR 2000, 1238; iE Ahrens/Scharen, Wettbewerbsprozess, Kap 51 Rn 56; Teplitzky/Schilling Kap 55 Rn 24, 26) u damit eine Voraussetzung für die Anwendung von **§ 93** (BGH NJW 2013, 3104 Tz 8). Bedeutung hat dies vor allem bei der auf Unterlassung gerichteten einstw Verfügung (vgl Köhler/Bornkamm/Feddersen WettbewerbsR, 39. Aufl, § 12 UWG Rn 3.42), zB bei zwischenzeitl eingetretener Erledigung oder **Anerkenntnis** iSv § 93 (OLG Frankfurt WRP 2022, 342 Tz 11; sa § 93 Rn 6.32). Schon mit Widerspruchseinlegung muss eindeutig erkennbar sein, dass der Sch sich ausschließl gegen die Kostentragungspflicht und nicht gegen den Beschluss als solchen wendet (OLG Hamm MDR 89, 1001; OLG Hamburg MDR 89, 1002; Ahrens/Scharen, Wettbewerbsprozess, Kap 51 Rn 61; Teplitzky/Schilling Kap 55 Rn 27 je mwN, ganz hM); ein späterer Übergang zum Vollwiderspruch ist dann unzulässig (OLG Hamburg NJW-RR 2000, 1238; zur mögl Kombination m Teilkostenwiderspruch: KG MDR 2011, 877). Vollwiderspruch verbunden mit der *Ankündigung* eines erst in der mündl Verh (und damit nicht mehr „sofort" iSv § 93) abzugebenden Anerkenntnisses genügt nicht (iE Ahrens/Scharen, Wettbewerbsprozess, Kap 51 Rn 61; sa § 93 Rn 6.32 u OLG Schleswig GRUR 86, 840; sa § 940 Rn 8.36). **Sonderfall:** Sequestrationsverfügung, s § 938 Rn 11a. Durch „Schubladenverfügung" mit nachgeschalteter Abmahnung (wohl überholt, s § 922 Rn 27) kann der Gl § 93 nicht ausschalten (OLG Frankfurt NJW-RR 2012, 1018 = MDR 2012, 986 LS; Zindel WRP 2017, 278). Die Kostenentscheidung ergeht auch im Fall von § 128 III durch Urteil (KGR Berlin 2007, 1061; OLG Frankfurt MDR 2007, 56), gegen das entspr §§ 93, 99 II **sof Beschwerde** statthaft ist (s § 925 Rn 9 mwN). Die Grundsätze für den Kostenwiderspruch gelten entspr (OLG Frankfurt WRP 2022, 342 Tz 12, Ls 4). 5

2) Zuständigkeit. Das Gericht ist **örtl und sachl** ausschließl (§ 802) zuständig, das den Arrestbeschluss erlassen hat (Jacobs NJW 88, 1365). Hat das Beschwerdegericht den Arrest erlassen, ist das Gericht 1. Instanz zuständig (OLG Düsseldorf MDR 84, 324 mwN; OLG Hamm OLGZ 87, 493 = MDR 87, 593; KG NJW-RR 2008, 520; StJ/Bruns Rn 18; WSch/Thümmel Rn 3; SchWKT/Kessen Rn 10; hM, str; **aA** KG NJW-RR 2004, 1665 = MDR 2005, 165; OLG Dresden NJW 2024, 597; sa § 927 Rn 10). Hat ein *unzuständiges* Gericht den Beschlussarrest (die Beschlussverfügung) erlassen, ist für die Überprüfung im Widerspruchsverf ausschließl das *Gericht der Hauptsache* (§§ 919, 937) zuständig, an das gem § 281 zu verweisen ist (OLG Hamm OLGZ 89, 340; LAG Nds 6

MDR 2006, 592; StJ/*Bruns* Rn 19; MK/*Drescher* Rn 10, str; teilw aA LG Arnsberg NJW-RR 93, 319 mwN; *Teplitzky/Schilling* Kap 55 Rn 37); eine nachträgl Aufhebung des Arrestbeschlusses wegen des Zuständigkeitsmangels im Beschwerdeverf scheidet aus (OLG Stuttgart NJW-RR 2018, 319: arg § 281). Hat das AG als Gericht der Zwangsbereitschaft (s § 919 Rn 10) einen Arrest erlassen, entscheidet es auch über den Widerspruch. Ist der **Rechtsweg** nicht gegeben, ist der Beschluss „vorab" aufzuheben und ist gem § 17a II, III GVG zu verweisen (eingeh *Conrad* GRUR 2014, 1172; sa vor § 916 Rn 4).

7 **3) Einlegung, Rücknahme, Verzicht, Anerkenntnis. a) Einlegung.** Der Widerspruch kann in amtsgerichtl Verf schriftl oder zu Protokoll der GeschSt erhoben werden, **II 3.** Beim LG muss er unter Anwaltszwang schriftl eingelegt werden (OLG Koblenz NJW 80, 2589 mwN; OLG Hamm WRP 92, 724; Bedeutung für Antragsrücknahme: s § 920 Rn 13). Bezeichnung des Rechtsbehelfs als Widerspruch ist nicht erforderl (RGZ 67, 162). Der Widerspruch soll begründet werden, **II 1,** das Fehlen der Begründung (nur Ordnungsvorschrift) macht ihn jedoch nicht unwirksam (SchWKT/*Kessen* Rn 13; WSch/*Thümmel* Rn 6, hM; aA LG München I WRP 96, 253).

8 **b) Rücknahme.** Der Widerspruch kann jederzeit bis zur formellen Rechtskraft des Urteils ohne Zustimmung des Gl zurückgenommen werden (vgl OLG Frankfurt NJW-RR 2013, 703 = MDR 2013, 114; StJ/*Bruns* Rn 13). Kosten entspr § 516 III (OLG München JurBüro 77, 93, hM). Der Widerspruch kann – da nicht fristgebunden – jederzeit wieder eingelegt werden (OLG München MDR 97, 1067; OLG Frankfurt NJW-RR 2013, 703 = MDR 2013, 114); Grenzen: Verzicht, Verwirkung u Rechtsmissbrauch (s Rn 9 f).

9 **c) Verzicht. Anerkenntis.** Auf den Widerspruch kann (auch stillschweigend) **verzichtet** werden; nicht genügt fehlende Zeitnähe der Einlegung (OLG Dresden Rpfleger 2017, 223; sa Rn 10). Ein Verzicht führt dazu, dass ein gleichwohl eingelegter Widerspruch unzulässig ist (OLG Hamm WRP 81, 475). Die Verzichtserklärung muss erkennen lassen, ob ein umfassender Verzicht gewollt ist oder der Sch sich einen **Kostenwiderspruch** (s Rn 5) iVm einem **Anerkenntnis** (§ 93) in der Sache selbst vorbehalten will. In Wettbewerbsprozessen kommt der sog **Abschlusserklärung** die Bedeutung eines Verzichts zu (s § 926 Rn 4). Der Wegfall des Rechtsschutzinteresses für eine Hauptsacheklage setzt allerdings voraus, dass der Verzicht außer den Rechten aus § 924 auch die aus §§ 926, 927 umfasst (KG NJW-RR 95, 60; OLG Hamburg WRP 95, 649; OLG Köln WRP 98, 794; OLG Stuttgart WRP 2007, 688, 689; vgl iE *Ahrens/Ahrens*, Wettbewerbsprozess, Kap 58 Rn 16 ff; *Teplitzky/Bacher* Kap 43 Rn 6 ff, 11 ff; sa § 926 Rn 4; § 927 Rn 9a).

10 **d) Verwirkung, Rechtsmissbrauch.** Verwirkung des Widerspruchs ist mögl (OLG Celle GRUR 80, 945; KG GRUR 85, 237), jedoch wegen des Bezugs zum rechtl Gehör (s Rn 4) nur unter strengen Voraussetzungen (OLG Dresden Rpfleger 2017, 223). Sie setzt neben dem sehr langen Zuwarten des Sch (Zeitmoment) Verhältnisse voraus, unter denen vernünftigerw etwas zur Wahrung des Rechts unternommen zu werden pflegt (Umstandsmoment); s Einl Rn 43 u BVerfGE 32, 305, 308 f = NJW 72, 675. Verwirkung ist demnach anzunehmen, wenn der Gl sich auf das Ausbleiben des Widerspruchs einstellen durfte und dieses sein Vertrauen schutzwürdig ist (OLG Saarbrücken NJW-RR 89, 1513). Bsp: Widerspruch nach 1¾ Jahren bei Hinnahme der ZwV bis auf Nebenpunkte (KGR Berlin 1994, 131; anders bei Fehlen bes Umstände: OLG Dresden Rpfleger 2017, 223). Solange der Hauptsacheprozess läuft, muss aber der Gl mit einem Widerspruch rechnen (BGH NJW 92, 2298; OLGR Frankfurt 1995, 106). Beruht der ergangene Beschluss auf einer zwischenzeitl vom BVerfG für nichtig erklärten Norm, kann der Widerspruch bereits verwirkt sein (so KG GRUR 1985, 237 bei Zeitablauf von über 2 Jahren; aA *Sommerlad* NJW 84, 1489, 1492 mwN). Wird der zurückgenommene Widerspruch mit verbesserter Glaubhaftmachung wiederholt (s Rn 8), scheidet **Rechtsmissbrauch** aus (OLG Frankfurt NJW-RR 2013, 703 = MDR 2013, 114).

11 **III) Wirkungen. 1) Widerspruchsverfahren.** Der Widerspruch führt dazu, dass über die Rechtmäßigkeit des Arrestbefehls auf Grund mündl Verh entschieden wird (§ 925). Das Gericht bestimmt unter Wahrung der Ladungsfrist (§ 217) unverzügl vAw Termin zur mündl Verh **(II 2)**; § 78 gilt (s Rn 7). Im Widerspruchsverf können nach Erlass des Beschlusses eingetretene Umstände, die gem §§ 927, 936 auch nach Bestätigung den Antrag auf Aufhebung rechtfertigen würden, vom Ag geltend gemacht werden (RGZ 67, 163; RGZ 51, 134; OLG Köln WRP 94, 51). Sind bei Widerspruch die Voraussetzungen für den Arrest nachträgl weggefallen, muss der Gl die **Hauptsache** für **erledigt** erklären, wenn er die Kostentragungspflicht vermeiden will (OLG Hamm WRP 69, 119; s § 922 Rn 5).

12 **2) Auswirkungen auf die Arrestvollziehung (§ 924 III).** Der Widerspruch hemmt weder den Arrestvollzug noch die Kostenfestsetzung und Pfändung auf Grund dieses Titels; nötig ist ggf ein Antrag auf **Anordnung aus § 707.** Zu den Voraussetzungen sa Rn 13. Einstellung vor Arrestvollzug unterbricht die Frist des § 929 II (OLG Frankfurt AfP 80, 225; LG Berlin NJW-RR 2009, 1725; sa § 929 Rn 8). **Entspr Anwendung von III 2** ist mögl in den Fällen der §§ 926, 927, 942 (s Rn 13; § 942 Rn 7).

13 **IV) Einstweilige Verfügung.** § 924 ist (außer I, II bei § 942) anwendbar, damit auch auf Teil- und Zwischenverfügungen (OLG Stuttgart NJW-RR 2016, 187 = MDR 2015, 1096). Durch die mündl Verh werden vorangegangene Verstöße gegen das rechtl Gehör geheilt (Einl Rn 23), nicht aber gegen die proz **Waffengleichheit** (BVerfG NJW 2022, 2099 Tz 15; *Mantz/Löffel* WRP 2022, 1059 Rn 54). Die Anwendbarkeit erstreckt sich ferner auf eine **Einstellung der ZwV** durch einstw Anordnung nach **III 2** iVm **§ 707** (ohne dessen I 2), **entspr** in den Fällen der § 926 (OLG Düsseldorf NJW 70, 254), § 927 (LG Braunschweig MDR 56, 567), § 942 (s § 942 Rn 7).

Die einstw Einstellung ist nur zulässig, wenn dadurch der Zweck der einstw Verfügung nicht illusorisch gemacht wird (vgl BGH NJW-RR 97, 1155; OLG Koblenz WRP 81, 545 mwN; sa BVerfG NJW 2020, 2021 Tz 12; ferner auch Klette GRUR 82, 471; aA StJ/Bruns Rn 24; MK/Drescher Rn 15). Erfolgsaussichten sind zu prüfen (Mantz/Löffel WRP 2022, 1059 Rn 52; sa BVerfG NJW 2020, 2021 Tz 12). Das Verf gem **III** gehört nicht zum Rechtsweg iSv § 90 II BVerfGG; gleichwohl können schwere Verstöße gegen Verfahrensgrundrechte (Einl Rn 16-35) im Verfügungsverf bei der Entscheidung gem **III** berücksichtigt werden (ie str; s Mantz/Löffel WRP 2022, 1059 Rn 52). Abw von III 2, § 707 ist eine einstw Einstellung von arbeitsgerichtl Verfügungen nur unter den Voraussetzungen von § 62 I 2 ArbGG mögl (LAG Hamm MDR 88, 892).

V) Gebühren. 1) Gericht: Das Verf nach Widerspruch gegen den durch Beschluss erlassenen Arrest oder die durch Beschluss ergangene einstw Verfügung ist durch die VerfGeb abgegolten (1410 GKG-KV; s § 920 Rn 16). Rücknahme des Widerspruchs führt nicht zur Ermäßigung nach 1411 Nr 1 GKG-KV (OLG Köln MDR 2009, 1418). – IdR wird nach Widerspruch eine mündl Verh stattfinden. Dies führt nicht schon zu einer Gebührenerhöhung auf 3,0, sondern erst, wenn im Termin eine Verfahrensbeendigung erfolgt durch Streiturteil, Beschluss nach § 91a mit str Kostenentscheidung oder Klagerücknahme mit Kostenbeschluss nach § 269 III 3 (1412 GKG-KV). – **2) RA:** S § 920 Rn 16. Seine Tätigkeit vor und nach dem Widerspruch ist gebührenrechtl dieselbe Angelegenheit (§ 16 Nr 5 RVG). Wird über einen Kostenwiderspruch (s Rn 5) im schriftl Verf entschieden (§ 128 III), fällt keine Terminsgeb 3104 I Nr 1 RVG-VV an. Sie kann aber für Besprechungen entstehen (Vorbem 3 III 3 Nr 2 RVG-VV). – Einstw Anordnung (III 2): 3328 RVG-VV; § 19 I 2 Nr 11 RVG; s § 707 Rn 23. 14

§ 925 Entscheidung nach Widerspruch

(1) Wird Widerspruch erhoben, so ist über die Rechtmäßigkeit des Arrestes durch Endurteil zu entscheiden.

(2) Das Gericht kann den Arrest ganz oder teilweise bestätigen, abändern oder aufheben, auch die Bestätigung, Abänderung oder Aufhebung von einer Sicherheitsleistung abhängig machen.

I) Verfahren. 1) Prüfungsumfang; Besetzung. Der **Widerspruch** führt dazu, dass über den Arrestbefehl (nicht über den Arrestantrag) auf Grund **mündl Verh** entschieden wird. § 924 II 2 schließt aber § 128 III nicht aus, so dass bei Kostenwiderspruch die mündl Verh nur fakultativ ist (dann aber § 924 Rn 5 aE beachten). Die Parteistellung ist die Gleiche wie im Anordnungsverf: Der Gl ist Arrestkläger, der Sch Arrestbeklagter. Das Gericht entscheidet darüber, ob der Arrestbefehl nach dem Sach- und Streitstand bei Schluss der mündl Verh sachl gerechtfertigt ist. Das bedeutet, dass alle Voraussetzungen für den Arrest erneut (ohne Bindung an die Beurteilung im Beschlussarrest) zu prüfen sind (BFH NJW 2004, 2183, 2184); dies gilt auch in der Berufungsinstanz (s Rn 9). Haben die Parteien bestimmte Anträge gestellt, ist das Gericht daran gebunden (s § 920 Rn 3); zum Prüfungsumfang bei Kostenwiderspruch gegen Unterlassungsverfügung: OLG Karlsruhe NJW-RR 87, 105. Die Eröffnung des InsVerf steht einer Bestätigung eines bereits vollzogenen Arrests nicht entgegen (BGH NJW 62, 591 = MDR 62, 400; sa § 924 Rn 4; § 927 Rn 7), außer im Fall des § 88 InsO. Nach einem durch die Zivilkammer erlassenen Beschlussarrest ist die Übertragung auf den Einzelrichter ausgeschlossen (OLG München MDR 2018, 1461, arg § 348a I Nr 3, str, zw). 1

2) Einwendungen des Schuldners. Der **Sch** kann geltend machen, der Arrest sei aus Rechtsgründen **von Anfang an nicht gerechtfertigt** gewesen, und sich dabei gegen Prozessvoraussetzungen, Arrestanspruch und Arrestgrund wenden. Er kann auch die **Beweiswürdigung** angreifen. Wegen der dem Arrest zugrunde liegenden Tatsachen kann der Sch sowohl die Glaubhaftmachung des Gl erschüttern als auch Einwendungen, für die er darlegungs- und beweispflichtig ist (s § 922 Rn 6) seinerseits glaubhaft machen. Insb kann der Sch aber **neue Tatsachen** vortragen, die erst nach Erlass des Arrestbefehls eingetreten sind; maßgebender Zeitpunkt für die Überprüfung des Gerichts ist der Schluss der mündl Verh (OLG Frankfurt MDR 85, 681; OLG Köln WRP 94, 50 f; OLG Zweibrücken WRP 2016, 280 Tz 27); insofern überschneidet sich das Widerspruchsverf mit dem Verf nach § 927 (StJ/Bruns Rn 6). Neues Vorbringen ist dann zu berücksichtigen, wenn es sofort mindestens glaubhaft gemacht werden kann; anderenfalls ist es im Eilverf auch bei Entscheidungserheblichkeit ausgeschlossen, s § 922 Rn 21; für § 296 ist kein Raum (str, s mN § 922 Rn 21). Wegen **Kostenwiderspruch** s § 924 Rn 5. 2

3) Neuer Vortrag des Gläubigers. Der **Gl** kann sich auch auf zwischenzeitl eingetretene Veränderungen berufen. Ist das Gericht der Auffassung, dass der Arrestbefehl ursprüngl nicht hätte erlassen werden dürfen, so ist er gleichwohl zu bestätigen, wenn der Gl nunmehr die Tatsachen vorträgt und glaubhaft macht, die den Arrest rechtfertigen (MK/Drescher Rn 4). Der Gl kann auch nunmehr eine zunächst fehlende oder nicht ausreichende Glaubhaftmachung nachholen und so die Aufrechterhaltung des Arrests ohne Sicherheitsleistung erwirken (vgl § 921 S 2). Hat sich die Rechtslage seit Erlass des Arrestbefehls zuungunsten des Gl geändert, sollte er zur Vermeidung der Kostenlast die Hauptsache für erledigt erklären (s § 922 Rn 5 u LG Zweibrücken MDR 92, 1081; Schlüter ZZP 80 [1967], 447). Nicht mögl ist ein Austausch des „alten" gegen einen „neuen" Arrestanspruch zur rangwahrenden Aufrechterhaltung des Arrests (OLG Frankfurt NJW-RR 88, 319); hier muss im Wege der Antragsänderung (§§ 263 ff) ein Neuerlass (Folge: § 929) beantragt werden (OLG Frankfurt NJW-RR 88, 319). 3

4 **II) Entscheidung. 1) Form.** Die Entscheidung ergeht durch **Endurteil (I)**, auch bei Kostenwiderspruch (s Rn 9; § 924 Rn 5), bei Säumnis einer Partei durch VU (§§ 330 ff). In **FamStreitsachen** (§ 119 II FamFG; § 916 Rn 2) ergeht urteilsvertretender Beschluss (§ 38 I, § 116 I FamFG; Cirullies FamRZ 2012, 1019; sa Rn 9 aE).

5 **2) Inhalt.** Das Urteil lautet auf (ggf teilw) **Bestätigung, Aufhebung oder Abänderung** des Arrestes; Gegenstand der Entscheidung ist auch die Sicherheitsleistung (iE **II**). Im Fall der Arrestaufhebung ist der Arrestantrag zurückzuweisen (ThP/Seiler Rn 2); ein unzulässiger Widerspruch wird verworfen (OLG Celle GRUR 80, 946). Das Urteil enthält stets eine Kostenentscheidung (s Rn 6) und uU eine Entscheidung über die vorläufige Vollstreckbarkeit (s Rn 9). Die Aufhebung wirkt (anders als im Verf gem § 927, s § 927 Rn 11) grds *ex tunc* (OLG Frankfurt NJW-RR 2011, 1290); eine Aufhebung nur für die Zukunft unter Aufrechterhaltung („Bestätigung") des Titels für die Vergangenheit ist mögl (vgl BGHZ 156, 335, 344 ff = NJW 2004, 506, 508 f) und uU bei Unterlassungsverfügungen praktisch (s Rn 12).

6 **3) Kostenentscheidung.** Im Urteil ist auch über die Kosten gem §§ 91 ff vAw zu entscheiden; bei Übergehung § 321, wenn nicht Berufung eingelegt wird. Wird der Arrestbeschluss aufgehoben, so hat der Kl die Kosten der Anordnung und Vollziehung des Arrestes sowie diej der Zurückbringung der gepfändeten Gegenstände zum Sch zu tragen bzw Letzterem zu erstatten (RGZ 26, 205). Umfang: s § 922 Rn 10. Weiteren Schaden kann der Sch nach § 945 durch bes Klage (RGZ 50, 41) geltend machen. Eine Kostenentscheidung muss im Widerspruchsverf auch dann ergehen, wenn mit dem Widerspruch die einstw Verfügung nur zum Teil angefochten worden ist; wird in einem weiteren Widerspruchsverf auch der übrige Anspruch angefochten, muss eine einheitl Kostenentscheidung ergehen unter Einbeziehung der früher ergangenen Kostenentscheidung, jedoch ohne diese in ihrem materiellen Gehalt zu verändern (OLG Düsseldorf NJW 70, 618; OLG Karlsruhe WRP 81, 285 mwN). Obsiegt der Gl in der Hauptsache, erwächst ihm daraus wegen des Unterliegens im vorläufigen Verf kein mat-rechtl KE (E. Schneider MDR 81, 360).

7 **4) Vollstreckbarkeit. a) Bestätigung.** Das den Arrest **bestätigende Urteil** wirkt wie der ursprüngl Arrestbefehl (§ 929 I) und ist daher mit der Verkündung sofort vollstreckbar (StJ/Bruns Rn 21), auch wegen der Kosten. Urteile, die den Arrestbeschluss (und damit die Vollziehung) **aufheben, abändern** oder von einer **Sicherheitsleistung** (Bestimmung ihrer Art und Höhe nach § 108) **abhängig machen**, sind ohne Antrag für vollstreckbar zu erklären, § 708 Nr 6.

8 **b) Aufhebung.** Wird der ohne rechtl Gehör ergangene Arrestbefehl aufgehoben, so entfällt seine Wirkung mit Verkündung des Urteils, nicht erst mit dessen Rechtskraft (OLG Düsseldorf NJW-RR 87, 512 mwN; OLG Düsseldorf NJW-RR 2000, 68; OLG Düsseldorf NJW-RR 2002, 138; OLG Schleswig NJW-RR 92, 317; KG NJW-RR 96, 1088; OLG Hamburg MDR 97, 395; OLG Hamburg WRP 97, 54; OLG Frankfurt MDR 97, 1061; OLG Köln MDR 2003, 352; MK/Drescher Rn 10; StJ/Bruns Rn 19; AG/Becker Rn 12, 17; Teplitzky/Schilling Kap 55 Rn 31, hM, str; **aA** OLG Celle NJW-RR 87, 64; Gaul/S/B-E § 77 Rn 36; § 78 Rn 29: ab Rechtskraft). Folge: Der Arrestschuldner kann auf Grund des Urteils die Aufhebung der VollstrMaßnahmen gem § 775 Nrn 1, 3, § 776 beim GV oder gem §§ 766, 764 beim Vollstreckungsgericht beantragen (vgl BFH NJW 2004, 2184); eine geleistete Sicherheit wird frei (OLG Düsseldorf NJW-RR 87, 511); eine Sicherungshypothek erwirbt der Eigentümer (s § 932 Rn 6 aE); im Grundbuch eingetragene Sicherungsmittel (Widerspruch, Vormerkung, Verfügungsverbot) sind zu löschen (s Rn 9, 12). Der Arrestkläger kann dies nicht dadurch verhindern, dass er zusammen mit der Berufung Antrag gem §§ 707, 719 stellt (näher s Rn 9).

9 **III) Verfahren in der Rechtsmittelinstanz. 1) Rechtsmittel.** Gegen das auf den Widerspruch ergangene Urteil ist unter den allg Voraussetzungen **Berufung** zulässig, gegen ein VU **Einspruch** (RGZ 20, 330), gegen ein auf *Kostenwiderspruch* (s § 924 Rn 5) ergangenes Urteil die **sof Beschwerde** entspr § 99 II (OLG Karlsruhe NJW-RR 87, 105; OLG Bremen NJW-RR 88, 625 mwN; OLG Koblenz NJW-RR 97, 893 = MDR 96, 1293; KG MDR 2011, 877; OLG Frankfurt NJW-RR 2012, 1018; Ahrens/Singer, Wettbewerbsprozess, Kap 54 Rn 29; Teplitzky/Schilling Kap 55 Rn 29; Herget hier s § 99 Rn 18, hM); bei Kostenmischentscheidung nach Teilkostenwiderspruch ist das Urteil einheitl mit der Berufung anfechtbar (OLG Hamm OLGZ 87, 374 f mN, auch zur aA; sa § 99 Rn 7; § 91a Rn 56). Die Bejahung der Zuständigkeit durch die 1. Instanz (§ 513 II) ist auch im Eilverf für die Berufungsinstanz bindend (OLG Frankfurt WRP 2017, 343). Die Revision ist ausgeschlossen (§ 542 II); hat Berufungsgericht die Berufung als unzulässig verworfen, findet trotz § 522 I 4 die Rechtsbeschwerde nicht statt (§ 574 I 2; § 542 II; sa BGHZ 152, 195; s § 922 Rn 25). Legt der Gl gegen ein den Arrest aufhebendes Urteil Berufung ein, wird empfohlen, gleichzeitig Einstellung der Vollziehung des Urteils zu beantragen, §§ 707, 719, da aufgehobene Pfändungen, auch wenn das Urteil 1. Instanz aufgehoben wird, nicht wieder aufleben (vgl OLG München OLGZ 69, 196; KG MDR 94, 727 [für Erwerbsverbot]; LG Bonn NJW 62, 161; StJ/Bruns Rn 19; diese Meinung ist abzulehnen, da das Aufhebungsurteil im Widerspruchsverf der anfängl Zurückverweisung des Arrestantrags entspricht, was eine vorläufige Aufrechterhaltung von Vollstreckungswirkungen ausschließt (ebenso OLG Düsseldorf NJW-RR 87, 512; OLG Düsseldorf NJW-RR 2002, 138; KG NJW-RR 96, 1088; OLG Frankfurt MDR 97, 1060; OLG Köln MDR 2003, 352; ThP/Seiler Rn 2; MskV/Braun Rn 10; MK/Drescher Rn 3; SchWKT/Kessen Rn 14; Teplitzky/Schilling Kap 55 Rn 15, str; abw E. Schneider MDR 98, 1134 mwN, sa Rn 8, 12). ***Besonderheiten in FamStreitsachen:*** Gegen den urteilsvertretenden Beschluss (s Rn 4) findet die Beschwerde gem §§ 58 ff FamFG statt (vgl OLG Nürnberg MDR 2018, 824; Cirullies FamRZ 2012, 1019).

2) Verfahren. In der Berufungsinstanz können neue Tatsachen idR noch vorgebracht werden; die Besonderheiten des Eilverf schließen – wie im erstinstanzl Verf (s Rn 2; § 922 Rn 21) – die Präklusion von Tatsachenvorbringen gem §§ 530, 531 idR aus (iE Schote/Lührig WRP 2008, 1284 f). Nicht ausgeschlossen sind insb Tatsachen, die vor oder nach Erlass des Urteils 1. Instanz entstanden sind und nach § 926 II oder § 927 zum Antrag auf Aufhebung des Arrestes berechtigten (RGZ 62, 62; AG/Becker Rn 19). Beweis muss sofort erhoben werden können. 10

3) Entscheidung. Hat das Gericht 1. Instanz den Arrest aufgehoben, wird er vom Berufungsgericht neu erlassen (OLG Schleswig NJW-RR 92, 317 f; OLG Düsseldorf NJW-RR 2000, 68; OLG Düsseldorf NJW-RR 2002, 138; OLG Hamburg WRP 97, 54; OLG Celle NJW-RR 2014, 1283, 1285 = MDR 2014, 986 [entspr, s Rn 4, 9 aE]; Teplitzky/Schilling Kap 55 Rn 32; MskV/Braun Rn 10; StJ/Bruns Rn 19 mN), nicht ledigl „bestätigt" (so aber OLG Celle NJW-RR 87, 64; WSch/Thümmel Rn 11); Folge: eigene Vollziehung notwendig (OLG Düsseldorf aaO; OLG Hamburg WRP 97, 54; MK/Drescher Rn 13; hier s § 929 Rn 5, str; **aA** Celle NJW-RR 87, 64, WSch/Thümmel Rn 11). Wird der Arrestbefehl wegen Versäumung der Vollziehungsfrist gem § 929 II in der Berufungsinstanz aufgehoben, kann der Gl nicht im Wege der Anschlussberufung den erneuten Erlass eines Arrests erreichen (OLG Zweibrücken OLGZ 80, 28; OLG Frankfurt Rpfleger 83, 120). 11

IV) Einstweilige Verfügung. § 925 I ist anwendbar; II ist durch § 939 eingeschränkt. Die Aufhebung einer Unterlassungsverfügung *ex nunc* iVm einer Bestätigung für die Vergangenheit (s Rn 5) muss sich eindeutig aus dem Urteil ergeben (OLG Frankfurt NJW-RR 2011, 1290; sa § 91a Rn 53, 58.58). Sind auf Grund einstw Verfügung Sicherungsmittel (Widerspruch, Vormerkung, Verfügungsverbot) ins Grundbuch eingetragen worden (s § 938 Rn 12 ff; § 941 Rn 2), genügt zur Löschung die Vorlage einer die einstw Verfügung aufhebenden vollstreckbaren Entscheidung (§ 25 GBO); dazu gehört auch ein VU (OLG Düsseldorf Rpfleger 2004, 282). 12

V) Gebühren des Gerichts. Entscheidungsgeb fallen im Widerspruchsverf nicht an; s aber § 920 Rn 16. 13

§ 926 Anordnung der Klageerhebung

(1) Ist die Hauptsache nicht anhängig, so hat das Arrestgericht auf Antrag ohne mündliche Verhandlung anzuordnen, dass die Partei, die den Arrestbefehl erwirkt hat, binnen einer zu bestimmenden Frist Klage zu erheben habe.

(2) Wird dieser Anordnung nicht Folge geleistet, so ist auf Antrag die Aufhebung des Arrestes durch Endurteil auszusprechen.

I) Allgemeines. 1) Zweck. Der Sch kann nach § 926 den Gl zur Erhebung der Hauptsacheklage zwingen (OLG Brandenburg NJW 2014, 3316 Tz 15) und so verhindern, auf Dauer einer einstw Maßnahme unterworfen zu sein, ohne dass der Gl versucht, einen Titel zu erlangen, dessen Vollstreckung gesichert werden soll. Der Antrag gem I unterliegt als Behelf gegen Gl-Untätigkeit nicht der Belehrungspflicht nach § 232 S 1 (vgl Begr BTDrs 17/10490, 13). 1

2) Anwendungsbereich. Grds gilt § 926 für alle Arreste und einstw Verfügungen, unabhängig vom Verf (s Rn 34). Ausnahmen sind in den meisten *Pressegesetzen* der Länder vorgesehen, die ein Hauptverf über den presserechtl Gegendarstellungsanspruch ausschließen; damit entfällt auch das Verf nach § 926. Nicht ausgeschlossen ist Hauptsacheverf in Bayern (§ 10 III BayPresseG), Hessen (§ 10 IV HessPresseG; einschr aber OLG Frankfurt NJW-RR 2002, 1474) und Sachsen (§ 10 V SächsPresseG); in Hamburg schweigt das Gesetz zu diesem Fall, § 926 ist jedoch gleichwohl nicht anwendbar (BGHZ 62, 7 = NJW 74, 642 = MDR 74, 480; OLG Hamburg NJW 68, 2383 = MDR 68, 1015 [Willenberg]). 2

3) Internationaler Rechtsstreit. Das in Deutschland unmittelbar anwendbare Übk über handelsbezogene Aspekte der Rechte des geistigen Eigentums (TRIPS-Übk) enthält in Art 50 VI ein von § 926 teilw abw Aufhebungsverf mit Fristbestimmung durch das anordnende Gericht, hilfsw eingreifender ges Frist von längstens 31 Kalendertagen; vgl dazu Groh/Wündisch GRUR-Int 2001, 505 f; sa § 940 Rn 8.32. 2a

4) Verhältnis zu anderen Rechtsbehelfen. Der Sch ist nicht auf das Verf nach § 926 beschränkt; er kann vielmehr selbst durch **negative Feststellungsklage** ein Hauptsacheverf einleiten (BGH NJW 86, 1815 = MDR 85, 467; OLG Koblenz GRUR 86, 95 mwN; OLG Hamburg MDR 2002, 965; StJ/Bruns Rn 2 mwN, hM) und auf der Grundlage des obsiegenden Urteils die Aufhebung des Arrests gem § 927 verlangen (vgl OLG Koblenz GRUR 86, 95). Das erforderl Feststellungsinteresse fehlt allerdings dann, wenn die Hauptsache sich zwischenzeitl erledigt hat und deshalb für die Aufhebung der Kostenentscheidung mit dem Kostenwiderspruch (s § 924 Rn 5) ein einfacherer Weg zur Verfügung steht (BGH NJW 86, 1815 = MDR 85, 467). Stützt der Gl sein Verhalten auf den Inhalt einer einstw Verfügung, ist der Sch nicht gehindert, ihm dieses Verhalten durch **Unterlassungsklage** verbieten zu lassen; das Verf nach § 926 enthält keine abschließende Regelung (StJ/Bruns Rn 2 mwN; aA BGH NJW 51, 405 LS; auch hier offen BGH LM § 926 ZPO Nr 5 u BGH ZIP 83, 994). Ist der Hauptsacheanspruch **nach** Arrestverhängung **weggefallen**, muss der Sch nach §§ 924 oder 927 vorgehen (s Rn 12). Liegen auch die Voraussetzungen des § 927 vor, kann der Sch wählen, welchen Weg er beschreiten will; er kann aber 3 auch nach beiden Bestimmungen vorgehen (MK/Drescher Rn 2). Ist bereits ein Verf nach §§ 924, 925 oder § 927 anhängig, kann der Sch nach Ablauf der Frist des **I** auch in diesem Verf Aufhebungsantrag nach § 926 stellen (LG Freiburg NJW-RR 88, 250 mN = MDR 88, 64), auch in der Berufungsinstanz (OLG Hamburg MDR 77, 148). **Schadensersatz** aus § 945 kann im Verf gem § 926 nicht begehrt werden. Bei **Verfassungsbeschwerde** gegen Eilmaßnahme gehört der Antrag gem I nicht zur Rechtswegerschöpfung iSv § 90 II BVerfGG (BVerfGE 75, 325 = NJW 87, 2500 = MDR 87, 903; einschr BVerfG NJW 93, 1061; s allg vor § 916 Rn 12).

4 **5) Verzicht.** Auf die Anträge nach § 926 kann ebenso wie auf die Rechte aus § 924 (s § 924 Rn 9) und § 927 (s § 927 Rn 9a) verzichtet werden (OLG Hamm WRP 2023, 850 Tz 2 ff). Dadurch können die Parteien durch Prozessvertrag (s vor § 128 Rn 26 ff) die Entscheidung im einstw Rechtsschutz zur endgültigen Entscheidung machen (BGHZ 181, 373 Tz 14; BGH WRP 2010, 1035 Tz 16). Dies hat als **Abschlusserklärung** vor allem im Wettbewerbsprozess Bedeutung (vgl Conrad MDR 2017, 68; Ahrens/Ahrens, Wettbewerbsprozess, Kap 58 Rn 16 ff; Teplitzky/Bacher Kap 43; WSch/Thümmel § 924 Rn 10; s § 927 Rn 9a; vgl auch BGH NJW 81, 1955; BGH NJW 2005, 2550, 2552; sa § 924 Rn 9; § 927 Rn 9a). In der nachträgl Beschränkung des Widerspruchs auf die Kostenentscheidung (sog **Kostenwiderspruch:** s § 924 Rn 5) kann ein Verzicht auf die Fristsetzung nach § 926 liegen (OLG Stuttgart WRP 80, 102; im Einzelfall dies verneinend OLG Hamm MDR 91, 358). **Wirkungen** des Verzichts für das Fristsetzungsverf: s Rn 13. Auf das Rechtsschutzbedürfnis für eine Hauptsacheklage hat der Verzicht als solcher noch keine Auswirkungen, hinzukommen muss noch der Verzicht auf die Rechte aus § 924 und § 927 (OLG Koblenz GRUR 86, 94 mwN; OLG Hamm GRUR 93, 1002; Conrad MDR 2017, 69). Verzicht auf Fristsetzung gem **I** berührt grds nicht die Rechte des Sch aus § 927 (OLG Koblenz GRUR 86, 95).

5 **II) Fristsetzungsverfahren (§ 926 I).** Es handelt sich um ein Beschlussverf vor dem Arrestgericht (Rpfleger) ohne notwendiges Gehör des Gl.

6 **1) Zuständigkeit. Arrestgericht** ist das Gericht, das den Arrest durch Beschluss oder Urteil angeordnet hat, gleich wo das Verf zur Zeit der Antragstellung schwebt (wie Rn 22; OLG Schleswig NJW-RR 97, 829 = Rpfleger 97, 316). Hat das Beschwerde- oder das Berufungsgericht den Arrest erlassen, ist das Gericht des 1. Rechtszugs zuständig (ganz hM; StJ/Bruns Rn 5 mwN; OLG Köln ZIP 94, 81), im Fall des § 942 II nicht das anordnende AG, sondern das sachl zuständige LG als Gericht der Hauptsache gem §§ 919, 943 (OLG Schleswig NJW-RR 97, 829 = aaO). Die Anordnung ist dem **Rpfleger** übertragen (§ 20 I Nr 14 RPflG).

7 Einstweilen frei.

8 **2) Zulässigkeitsvoraussetzungen. a) Antrag.** Er kann schriftl, **zu Protokoll** des UrkB oder gem § 24 II Nr 3, § 26 RPflG zu Protokoll des Rpflegers (WSch/Thümmel Rn 5) gestellt werden, es besteht kein Anwaltszwang (§ 78 III; § 13 RPflG); der Sch darf nicht auf ihn verzichtet haben (s Rn 4, 13).

9 **b) Bestehen des Arrestbefehls.** Der Antrag ist nur zulässig, solange der Arrestbefehl (noch) besteht. Er kann allerdings schon vor Erlass des Arrests (vorsorgl) gestellt werden für den Fall, dass Arrest angeordnet wird. Die Anordnung der Klageerhebung kann in diesem Fall zusammen mit der Fristsetzung in den Arrestbefehl aufgenommen werden; sie ist dann Sache des Richters (§§ 6, 8 RPflG). Die Abwendung des Arrestvollzugs nach § 923 hindert den Antrag nicht. Wird der Arrest (die einstw Verfügung) im Widerspruchsverf durch rechtskräftige Entscheidung ganz oder teilw aufgehoben oder für erledigt erklärt, ist der Antrag (insoweit) unzulässig (BGH LM § 926 ZPO Nr 3 = NJW 73, 1329 = MDR 73, 745). Zur Bedeutung des Verzichts des Arrestklägers auf seine Rechte aus dem Arrest s Rn 12.

10 **c) Fehlende Rechtshängigkeit („Anhängigkeit" iSv I) der Hauptsache.** Die Hauptsacheklage ist noch nicht erhoben (§ 253 I, § 261 I), die erhobene Klage wurde wieder zurückgenommen (§ 269 III 1) oder als unzulässig zurückgewiesen; das (mit nicht zugestellter) Klageschrift eingereichte PKH-Gesuch wurde zurückgewiesen (OLG Frankfurt MDR 89, 272; sa Rn 32). Ist die Hauptsache schon – noch – rechtshängig (iE s Rn 24), ist der Antrag unzulässig (BGH NJW-RR 87, 685 = MDR 87, 492); Rechtshängigkeit im Ausland steht der inländischen gleich, wenn das ausl Urteil im Inland anzuerkennen ist (OLG Frankfurt MDR 81, 237 = Rpfleger 81, 118; dazu Hausmann IPRax 82, 52 ff; Wolf FS Schütze, 1999, S 985, 995). „Anhängigkeit" (s § 253 Rn 4) steht bei Zustellungsvereitelung durch den Arrestbeklagten der Rechtshängigkeit gleich (OLG Dresden 10.4.2001 – 15 W 522/01).

11 **d) Fehlender Titel in der Hauptsache.** Besitzt der Gl bereits einen Vollstreckungstitel in der Hauptsache, ist der Antrag des Sch unzulässig.

12 **e) Rechtsschutzbedürfnis.** Ein Rechtsschutzbedürfnis für den Antrag **fehlt**, wenn von dem Arrestbefehl für den Sch keine Gefahr mehr ausgeht oder die Aufhebung des Arrests auf einfacherem Weg mögl ist. Fälle: Der Arrest-(Verfügungs-)Kl hat den Arrest-(Verfügungs-)Bekl vor jeder Inanspruchnahme aus dem Arrest (der einstw Verfügung) sichergestellt (BGH NJW 74, 503; OLG Düsseldorf NJW-RR 88, 696; aA StJ/Bruns Rn 7); der Arrest-(Verfügungs-)Kl hat auf die Vollstreckung aus dem Arrest (der einstw Verfügung), auf den materiellen Anspruch (OLG Hamburg NJW-RR 86, 1122; LG Freiburg NJW-RR 88, 251 = MDR 88, 64) und die Rechte aus der Kostenentscheidung verzichtet (BGHZ 122, 179 = NJW 93, 2687; OLGR Köln 2005, 51); die zeitl *begrenzte Geltungsdauer* des Arrests (der einstw Verfügung) ist abgelaufen (OLG Hamm MDR 86, 418; OLG Karlsruhe NJW-RR 88, 252); der zu sichernde Anspruch ist **auf jeden Fall weggefallen** (OLG Frankfurt NJW-

RR 2002, 1474; KG NJW-RR 2012, 446, 447; StJ/Bruns Rn 7; richtiger Behelf des Sch dann § 924 oder § 927, s Rn 3 u 31 aE; krit MK/Drescher Rn 7); **Bsp:** Der Sch hat in der Zwischenzeit erfüllt (OLG Frankfurt NJW 72, 1330; KG aaO), etwa der allein auf Besitzschutz (§ 861 BGB) gestützten Herausgabeverfügung voll entsprochen, die geschuldete Gegendarstellung abgedruckt (OLG Frankfurt NJW-RR 2002, 1474) oder die Hauptsache ist sonst erledigt (vgl LG Göttingen Rpfleger 93, 440; *anders* aber bei fortbestehendem Feststellungsinteresse an der Nichtberechtigung der Eilmaßnahme: OLGR Nürnberg 2005, 521; s dazu sogleich); bei einem Unterlassungsanspruch ist wegen Zeitablaufs die Wiederholungsgefahr entfallen (BGH NJW 74, 503; OLG Hamburg MDR 70, 935; zw OLG Köln Rpfleger 81, 26; aA AG Lauenburg MDR 95, 747), oder er ist zwischenzeitl unstreitig verjährt. Der Gl hat bei fehlendem Rechtsschutzbedürfnis gegen die Anordnung der Fristsetzung vorzugehen (s Rn 19, 33). **Abgrenzung:** Das Rechtsschutzbedürfnis entfällt nicht schon dann, wenn der Aufhebungsantrag allein der Korrektur (s Rn 26) der im Anordnungsverf ergangenen Kostenentscheidung dient (BGHZ 122, 179 = NJW 93, 2687, zust Vollkommer WM 94, 53; OLGR Nürnberg 2005, 521; OLGR Köln 2005, 51, 52); das Hauptsacheverf ist dann ggf als Feststellungsklage (s Rn 31) durchzuführen (OLGR Nürnberg 2005, 521).

f) Fehlender Verzicht des Sch auf den Antrag (s Rn 4). 13

g) Abgrenzung. Ohne Bedeutung für die Zulässigkeit des Antrags sind die Erfolgsaussichten der Hauptsacheklage; sie sind im Fristsetzungsverf in keinem Fall zu prüfen (OLG Köln Rpfleger 81, 26); das schließt nicht aus, dass Fragen der mat-rechtl Begründetheit des Hauptsacheanspruchs im Rahmen der Prüfung des Rechtsschutzbedürfnisses (s Rn 12) von Bedeutung sein können (so SchWKT/Kessen Rn 11; krit MK/Drescher Rn 7). Die Frist zur Klageerhebung ist daher zB auch dann zu bestimmen, wenn der Sch mit der Antragstellung die (kurze) Verjährung des Hauptsacheanspruchs in der Absicht abgewartet hat, sich im Hauptsacheverf auf die Verjährung zu berufen (vgl BGH NJW 81, 1955 = MDR 81, 638 zu § 21 UWG). 14

3) Verfahren und Entscheidung. a) Die Anordnung ergeht ohne mündl Verh durch Beschluss; Gl kann, muss aber nicht gehört werden (unbedenkl im Hinblick auf Art 103 I GG wegen des Formalcharakters des Verf, hM, **aA** SchWKT/Kessen Rn 12; MskV/Braun Rn 10). 15

b) Der Beschluss enthält die **Anordnung der Klageerhebung** samt Fristfestsetzung und Rechtsfolgenbelehrung. Bsp: „Der Gläubiger hat bis zum … beim Gericht der Hauptsache Klage zu erheben. Nach fruchtlosem Ablauf der Frist wird auf Antrag der Arrestbefehl vom … aufgehoben." Die Länge der Frist ist im Gesetz nicht vorgeschrieben; entspr § 276 I 2, § 277 III beträgt sie mindestens 2 Wochen (StJ/Bruns Rn 9). Sie ist nach pflichtgemäßem Ermessen entspr den für eine sorgfältige Partei erforderl Prozessvorbereitungen zu bestimmen (WSch/Thümmel Rn 10: idR 1 Monat, uU länger). Im Anwendungsbereich des TRIPS-Übk (s Rn 2a) beträgt die Obergrenze der gerichtl oder ges Frist 31 Kalendertage (Groh/Wündisch GRUR-Int 2001, 506 mN in Fn 95). 16

c) Der Beschluss wird dem **Gl** durch **Zustellung** bekannt gegeben; damit beginnt die bestimmte Frist zu laufen. Berechnung: § 222. Dem **Sch wird der Beschluss formlos** übersandt (§ 329 II 1) oder mündl eröffnet; dies gilt auch, wenn der Antrag abgelehnt oder eine längere als die beantragte Frist gesetzt wird. Bei Ablehnung keine Mitteilung an den Gl. Die **Frist läuft** auch dann weiter, wenn der Arrest auf Widerspruch aufgehoben und gegen das Urteil Berufung eingelegt wurde (LG Arnsberg MDR 86, 328). 17

d) Auf Antrag des Gl kann die Frist vor ihrem Ablauf durch schriftl Beschluss (OLG Karlsruhe WRP 82, 256 LS) **verlängert werden** (§ 224 II). 18

4) Rechtsbehelfe. a) Gläubiger. aa) Er hat die **befristete Erinnerung** nach § 11 II 1 RPflG (BGH NJW-RR 87, 685 = MDR 87, 492; KG NJW-RR 2012, 446, 447; MK/Drescher Rn 10; ThP/Seiler Rn 6; aA OLG Karlsruhe WRP 83, 104: kein Rechtsbehelf). Die sof Beschwerden nach §§ 567, 793 sind nicht gegeben (OLGR Naumburg 2002, 260). Es entscheidet das Gericht, dem der Rpfleger angehört, bei Bestätigung abschließend, bei Aufhebung der Fristanordnung hat der Sch die allg Rechtsbehelfe gem §§ 567, 574 (OLGR Stuttgart 2009, 118). Der Gl kann auch einen Verlängerungsantrag stellen (s Rn 18). Verweigerung der Fristverlängerung kann durch Gl mit der befristeten Erinnerung angefochten werden (§ 225 III, § 11 II 1 RPflG). Das AG hat gem § 232 S 1 zu belehren. 19

bb) Inzidentkontrolle im Aufhebungsverf. Der Gl kann aber auch im Aufhebungsverf gem **II** (s Rn 22 ff) geltend machen, die Fristsetzung gem **I** habe nicht erfolgen dürfen (BGH NJW-RR 87, 685 mN = MDR 87, 492; OLG Karlsruhe NJW-RR 88, 252). 20

b) Schuldner. Zulässig ist die sof Beschwerde gegen Ablehnung des Antrags oder zu lang bemessene Fristen (§ 11 I RPflG, § 567). Dies gilt auch bei (aufhebender) Entscheidung durch das Gericht (s Rn 19). 21

III) Aufhebungsverfahren (§ 926 II). 1) Allgemeines. Es handelt sich um ein Urteilsverf vor dem Arrestgericht mit notwendiger mündl Verh; es bildet mit dem Anordnungsverf eine Einheit (OLG Frankfurt Rpfleger 86, 281 = AnwBl 86, 407). Der **Antrag** des Sch ist schriftl einzureichen; für ihn gilt Anwaltszwang (§ 78); beim AG kann er auch zu Protokoll erklärt werden (§ 496). Ausschließl (§ 802) zuständig ist das Arrestgericht (s Rn 6), also das Gericht, das die Frist zur Klageerhebung angeordnet hat, auch wenn das Eilverf in der Berufungsinstanz anhängig ist (OLGR Dresden 2004, 39; SchWKT/Kessen Rn 29; WSch/Thümmel Rn 13, MskV/Braun Rn 21, str; **aA** OLG Koblenz NJW-RR 95, 444; OLGR Koblenz 1998, 353; AG/Becker Rn 22 „Zuständigkeit"; ThP/Seiler Rn 10: auch Berufungsgericht); Grund: kein Instanzverlust. Termin zur **mündl Verh** über den 22

Aufhebungsantrag wird vAw bestimmt (§ 216). – Die **Parteirollen** sind (anders als im Widerspruchsverf) vertauscht: Der Sch ist Kl, der Gl Bekl. Die Grundsätze für summarische Verf gelten, Beweisführung ist durch **Glaubhaftmachung** ersetzt. Die Vorschriften über das **Säumnisverf** (§§ 330 ff) und die Entscheidung nach **Aktenlage** (§§ 251a, 331a) finden Anwendung. Folgen: Ist der Sch ausgeblieben, ist sein Antrag abzuweisen (§ 330); ist der Gl nicht erschienen, ist die Nichterhebung der Klage als zugestanden anzusehen (§ 331); bei Aktenlageentscheidung ist der vom Gl erbrachte Nachweis der Klageerhebung zu berücksichtigen.

23 **2) Zulässigkeit.** Der Aufhebungsantrag ist **zulässig**, solange der **Arrest** (die einstw Verfügung) **besteht** (OLG Frankfurt GRUR 87, 651), dh weder im Widerspruchs- oder im Rechtsmittelverf (rechtskräftig, s Rn 17) aufgehoben noch gerichtl für erledigt erklärt worden ist (wie Rn 9) und dem Gl – zulässigerw (s Rn 20) – eine **Frist zur Klageerhebung gesetzt** ist. Die Voraussetzungen für die Fristsetzung (außer gem Rn 10) müssen daher auch für die Aufhebung vorliegen; das gilt insb für das Rechtsschutzbedürfnis des Sch (s Rn 12).

24 **3) Begründetheit.** Der Antrag ist **begründet**, wenn die Hauptsacheklage (zu den Anforderungen: s Rn 29 ff) entweder nicht rechtzeitig erhoben wurde oder eine innerhalb der Frist erhobene Klage wieder zurückgenommen oder als unzulässig zurückgewiesen wurde (vgl StJ/Bruns Rn 13, 14); er ist jedoch unbegründet, wenn die Hauptsacheklage im Zeitpunkt des Verhandlungsschlusses **rechtshängig** oder uU bereits anhängig ist (iE s Rn 32). Der Gl hat die Erhebung der Hauptsacheklage glaubhaft zu machen (OLG Frankfurt MDR 81, 237 = Rpfleger 81, 118 = ZIP 80, 1144). Gerichtsbekannte Rechtshängigkeit ist jedoch vAw zu berücksichtigen (OLG Frankfurt MDR 77, 849). Desgl hat der Gl die Identität von Arrestanspruch und Hauptsache glaubhaft zu machen (OLG Frankfurt MDR 81, 237).

25 **4) Entscheidung. a)** Sie ergeht stets durch Urteil **(II)** und lautet auf Aufhebung des Arrests oder Zurückweisung des Antrags. Entscheidung durch VU ist mögl (s Rn 22). Rechtsbehelfe: Berufung (nicht Revision: § 542 II) gegen streitiges Endurteil (§ 511), Einspruch gegen VU (§ 338).

26 **b)** Im Urteil ist über die **Kosten** der Arrestanordnung sowie diej der Aufhebung einheitl zu entscheiden, wobei der Arrestkläger bei Aufhebung des Arrests die gesamten Kosten des Prozesses (auch eines Rechtsmittelverf) zu tragen hat, ohne Rücksicht darauf, ob der Arrest von Anfang an begründet war oder nicht (OLG Karlsruhe MDR 89, 826; OLG München NJW-RR 97, 832; MK/Drescher Rn 22). Wird die Hauptsacheklage **nicht fristgemäß** erst im Laufe des Aufhebungsverf nach **II** erhoben (s Rn 29, 32, 33) und **erklären** die Parteien das Aufhebungsverf übereinstimmend **für erledigt**, so treffen den Gl die Kosten, weil sich durch sein Verhalten das Aufhebungsverf nachträgl erledigt hat (vgl OLG Frankfurt GRUR 87, 651 unter unzutr Nichtanwendung von § 167, s Rn 32; OLGR Frankfurt 2005, 605, 606 mwN; sa § 91a Rn 58.5); in diesem Fall ergeht (ausnahmsw) eine gesonderte Kostenentscheidung für das Aufhebungsverf (OLG Frankfurt Rpfleger 86, 281). Bei einseitiger Erledigungserklärung des Aufhebungskl kann das durchzuführende Urteils-(Feststellungs-)verf gem § 572 III dem LG übertragen werden (OLG Frankfurt NJW-RR 2020, 1327). *Beachte:* In den Fällen der Fristwahrung (s Rn 32) ist (unabhängig vom Zustellungsdatum) der Aufhebungsantrag von Anfang an unbegründet (s Rn 24), so dass eine Erledigung ausscheidet (KGR Berlin 2003, 357 u OLGR Düsseldorf 2009, 92 gegen OLG Frankfurt GRUR 87, 651). *Allein* das Interesse des Sch an einer Korrektur der Kostenentscheidung des Anordnungsverf genügt als Rechtsschutzinteresse für den Antrag gem **I** (s Rn 12 aE). Streitwert des Aufhebungsverf: s § 3 Rn 16.63.

27 **c)** Das den Arrest aufhebende Urteil ist vAw für **vorläufig vollstreckbar** zu erklären, § 708 Nr 6, das den Antrag zurückweisende Urteil nach § 708 Nr 11 oder § 709 S 1, je nach der Höhe der Kosten. Die Aufhebung des Arrestes wirkt mit Erlass des Urteils (sa § 925 Rn 11).

28 **5) Einstweilige Einstellung.** Im Aufhebungsverf kann das Gericht die **ZwV einstw einstellen**, § 924 III ist entspr anzuwenden (OLG Düsseldorf MDR 70, 58; StJ/Bruns Rn 17); dies gilt unabhängig davon, ob das Gericht der Hauptsache oder das AG, § 919, den Arrest erlassen hat und damit auch mit dem Aufhebungsverf befasst ist (MK/Drescher Rn 21; aA OLG Frankfurt FamRZ 85, 723: Nur das Gericht der Hauptsache kann einstellen).

29 **IV) Hauptsacheverfahren. 1) Klageerhebung. a) Allgemeines.** Es kann **Leistungs- oder Feststellungsklage** (s Rn 31) erhoben werden, auch als Widerklage (s § 33 Rn 10). Wird nur wegen eines Teilanspruchs Klage erhoben, ist der Arrestbefehl nach Fristablauf auf Antrag hinsichtl des anderen Teils aufzuheben. **Gericht** kann auch ein Schiedsgericht sein (s Rn 32), ein ausl Gericht unter den Voraussetzungen von Rn 10. Unter mehreren **zuständigen** Gerichten kann der Gl **wählen** (§ 35). Mit dem Antrag auf Erlass eines Arrests (einer einstw Verfügung) hat der Gl seine Wahl unter mehreren zuständigen Gerichten noch nicht ausgeübt; er kann die Klage in der Hauptsache nachträgl noch bei einem anderen dafür zuständigen Gericht erheben (OLG Karlsruhe NJW 73, 1509). Anstelle des ursprüngl Gl kann auch dessen **Rechtsnachfolger** Klage erheben (LG Frankfurt NJW 72, 955). Zur Rechtzeitigkeit der Klageerhebung s Rn 32.

30 **b) Identität der Parteien und Ansprüche.** Die **Klage muss den Anspruch betreffen, den der erlassene Arrest sichern soll.** Entscheidend ist allein, ob die Klage (auch nur inzident) zur Überprüfung der Rechtmäßigkeit der Eilmaßnahme führt (*BGH NJW 2001, 157, 159* mN = MDR 2001, 168; KG NJW-RR 2019, 1054 = EWiR 2019, *683*); jede Förmelei ist unangebracht (OLG Düsseldorf MDR 88, 976). Bei einer einstw Verfügung zur Eintragung der Vormerkung für eine Bauunternehmersicherungshypothek (§§ 650e, 885 I BGB) ist nach hM Haupt-

sacheklage nur die Klage auf Bewilligung der Eintragung der Hypothek, nicht aber die Klage auf Zahlung des Werklohnes (OLG Brandenburg NJW 2014, 3316 Tz 13 mwN; MskV/Braun Rn 14, str). Diese Ansicht ist jedoch nur dann haltbar, wenn der Zweck des § 926 (s Rn 1) nicht auch durch die Zahlungsklage erfüllt wird, insb der Prüfungsumfang im Zahlungsprozess hinter dem im Prozess über die Bewilligung zur Eintragung der Bauhandwerkersicherungshypothek zurückbleibt. Voraussetzung der Bauunternehmersicherungshypothek sind jedoch nur Erbringung einer geldwerten Werkleistung und deren Einwendungsfreiheit (Jauernig/Mansel § 648 BGB Rn 9 ff). Beides ist auch im Zahlungsprozess zu prüfen. Fälligkeit der Werklohnforderung ist nicht erforderl. Der Gl darf insgesamt nicht dadurch schlechter stehen, dass er einen zusätzl mat-rechtl Sicherungsanspruch hat (zutr Leue JuS 85, 176 ff; zust SchWKT/Kessen Rn 42; abl OLG Brandenburg NJW 2014, 3316 Tz 19 f). Der (weitere) Sicherheitsleistungsanspruch des Unternehmers gem § 650f BGB ändert nichts an dieser Rechtslage. Im **Wettbewerbsprozess** muss der Klageantrag des Hauptsacheverf auf dasselbe Unterlassungsgebot gerichtet sein wie die einstw Verfügung (BGHZ 122, 176 = NJW 93, 2686); ein weiter gehender Antrag in der Hauptsache schadet nicht (BGHZ 122, 176 = NJW 93, 2686). Im **Gesellschaftsrecht** ist eine Berichtigungsklage gegen die GmbH nicht die Hauptsacheklage zu einer gegen den Scheingesellschafter gem § 16 III 4 GmbHG gerichteten einstw Verfügung (KG NJW-RR 2019, 1054 [Brock EWiR 2019, 683]).

c) Zulässigkeit des Verf. Die erhobene Klage muss **zulässig** sein, da andernfalls das Ziel einer sachl Nachprüfung (s Rn 1) nicht erreichbar wäre. Die **Prozessvoraussetzungen** müssen vorliegen (zur Zuständigkeit aber s Rn 32), bei der regelmäßigen Leistungsklage das Rechtsschutzbedürfnis, bei der ausnahmsweisen Feststellungsklage (s Rn 29; Bsp Rn 12 aE) das **Feststellungsinteresse** (§ 256). Durch die Fristsetzung gem **I** als solche wird ein fehlendes Rechtsschutzbedürfnis für die Hauptsacheklage nicht begründet (BGH NJW 2017, 171 Tz 12), durch Abgabe einer einseitig gebliebenen notariellen Unterwerfung (vor § 916 Rn 1d) wird das bestehende Rechtsschutzbedürfnis nicht beseitigt (BGH NJW 2017, 171 Tz 16 ff). Eine Feststellungsklage in der Hauptsache mit dem Ziel, die einstw Maßnahme für ursprüngl rechtmäßig erklären zu lassen, ist nach hM mangels Feststellungsinteresses unzulässig (BGH LM § 926 Nr 3, 4; OLG Hamburg MDR 70, 935; OLG München ZIP 82, 497; Teplitzky/Sender Kap 52 Rn 30; **aA** OLG Hamm 17.6.2013 – 5 U 46/13; LG Frankfurt WuM 2016, 384 = ZMR 2016, 560; OLGR Karlsruhe 1998, 404). Grund: Berücksichtigung des nachträgl Wegfalls des Verfügungsanspruchs im Fristsetzungsverf gem **I** (Rn 12). 31

2) Fristwahrung. a) Zum Fristlauf s Rn 17. – **b) Fristwahrende Handlungen.** Die Zustellung eines Mahnbescheids steht der Klageerhebung (§ 253 I, § 261 I) gleich (OLG Köln OLGZ 79, 119); ebenso die Einleitung des Verf vor einem Schiedsgericht, wenn dessen Zuständigkeit gegeben ist (SchWKT/Kessen Rn 20 mN). Der (nicht zurückgewiesene: OLG Frankfurt MDR 89, 272) Antrag auf PKH wahrt die Frist ebenfalls (Schneider MDR 82, 721 f; StJ/Bruns Rn 11; AG/Becker Rn 5; WSch/Thümmel Rn 21; MK/Drescher Rn 12, str; vgl auch § 52 II FamFG; § 204 I Nr 14 BGB; **aA** MskV/Braun Rn 7, 15; OLG Hamm OLGZ 89, 322; OLG Düsseldorf MDR 87, 771). Die Frist wird auch durch Klageerhebung beim unzuständigen Gericht gewahrt (OLG Nürnberg GRUR 57, 296; OLGR Hamm 1994, 142). Die **demnächst** erfolgende Zustellung (§ 167) wirkt auf den Zeitpunkt der Klageeinreichung (OLG Celle MDR 2007, 1280; OLG Frankfurt WRP 2021, 1616 Tz 14 [im Einzelfall verneinend]; hier Schultzky s § 167 Rn 3) bzw der Einreichung des PKH-Antrags (BGH NJW 2012, 612 Tz 18) zurück. Durch rechtzeitige Klageeinreichung wird dann die Frist gewahrt, wenn der Gl am Schluss der mündl Verh im Aufhebungsverf glaubhaft gemacht hat, seinerseits alles für die Zustellung demnächst getan zu haben (StJ/Bruns Rn 12; ThP/Seiler Rn 8; Teplitzky/Schilling Kap 56 Rn 21; OLG Hamm OLGZ 89, 323; OLGR Celle 1998, 156; OLGR Karlsruhe 1998, 406; OLGR Köln 1999, 400; KGR Berlin 2003, 357; **aA** OLG Frankfurt GRUR 87, 651; OLG Koblenz NJW-RR 95, 444 = WRP 95, 417 [abl Schmid]; KGR Berlin 1995, 18; MskV/Braun Rn 15). Einzahlung eines zu niedrigen Kostenvorschusses schadet bei rechtzeitiger Klageeinreichung nicht (KG NJW-RR 86, 1127), wohl aber eine Verzögerung der Einzahlung von ca 5 Wochen (OLG Frankfurt WRP 2021, 1616 Tz 14, 15). 32

c) Zeitpunkt. Maßgebl für die Beurteilung der Fristwahrung ist der Schluss der mündl Verh 1. Instanz im Aufhebungsverf (OLG Frankfurt GRUR 87, 651; OLG Frankfurt NJW-RR 90, 190). Hat der Gl die Frist zwar versäumt, ist die **nachgeholte** Hauptsacheklage aber bis zur Entscheidung über den Aufhebungsantrag zugestellt worden, gilt die Versäumung als geheilt (§ 231 II; OLG Köln OLGZ 79, 119; OLG Frankfurt GRUR 87, 651; OLG Frankfurt NJW-RR 90, 190; OLGR Düsseldorf 2009, 92); der Arrest bleibt aufrechterhalten. Eine Aufhebung des Arrests aus Formalgründen gem **II** scheidet aus, wenn ein Verf zur Rechtmäßigkeitsprüfung rechtshängig ist (ähnl BGH NJW 2007, 3357 zu § 494a II). Hilfe für den Sch: **Erledigterklärung** (vgl OLG Frankfurt GRUR 87, 651; s Rn 26). Eine Kostenentscheidung gem **§ 93** scheidet idR aus, da der Bekl die Klage durch die Antragstellung gem § 926 veranlasst hat (OLGR Jena 2005, 1013); anders, wenn der Kl versäumt hat, gem Rn 19 gegen die Fristanordnung vorzugehen (dann Kostenaufhebung: KG NJW-RR 2012, 446). 33

V) Einstweilige Verfügung. § 926 ist mit § 20 I Nr 14 RPflG entspr anwendbar. S insb die Ausnahmen in Rn 2 u 4 (Ausschluss der Hauptsacheklage, Verzicht auf Aufhebungsantrag) sowie Rn 30, 31 zu Besonderheiten bei der Hauptsacheklage. 34

VI) Gebühren. 1) Gericht: Die Fristsetzung zur Klageerhebung nach I (s Rn 5 ff) wird durch die VerfGeb für das Anordnungsverf (1410 GKG-KV) abgegolten. Eine etwaige antragsgemäß gewährte Fristverlängerung (§ 224 II) ist gebührenfrei, ebenso 35 das Erinnerungsverf (s Rn 19; § 11 VI 1 RPflG). Im Beschwerdeverf gegen die Rpfleger-Entscheidung (s Rn 21) oder die des Richters (s Rn 9) über die Anordnung der Klageerhebung kann die Geb 1812 GKG-KV anfallen. Die Klageerhebung (s Rn 29 ff) durch den Gl stellt gebührenrechtl einen bes Rechtsstreit dar, auf den 1210 ff GKG-KV anzuwenden sind. – Das Aufhebungsverf nach II ist kostenrechtl von dem Anordnungsverf getrennt zu behandeln. Für das Verf über Anträge auf Aufhebung eines Arrestes oder einer einstw Verfügung im Falle des II (auch der §§ 927, 936) fällt nach Vorbem 1.4 II 1 GKG-KV die in 1410 GKG-KV bestimmte Geb (s § 920 Rn 16) bes an. – **2) RA:** Die Verf nach I und II bilden mit dem Verf auf Anordnung des Arrests (oder der einstw Verfügung) eine Angelegenheit (Gebühreninstanz) nach § 16 Nr 5 RVG; die Geb nach 3100 ff RVG-VV können im Arrestverf (oder Verf der einstw Verfügung) nur einmal entstehen (s § 920 Rn 16). – Beschwerdeverf: 3500, 3513 RVG-VV.

§ 927 Aufhebung wegen veränderter Umstände

(1) Auch nach der Bestätigung des Arrestes kann wegen veränderter Umstände, insbesondere wegen Erledigung des Arrestgrundes oder auf Grund des Erbietens zur Sicherheitsleistung, die Aufhebung des Arrestes beantragt werden.

(2) Die Entscheidung ist durch Endurteil zu erlassen; sie ergeht durch das Gericht, das den Arrest angeordnet hat, und wenn die Hauptsache anhängig ist, durch das Gericht der Hauptsache.

1 **I) Allgemeines. 1) Bedeutung. I** normiert einen Behelf des Sch, mit dem er sich gegen die **Fortdauer** des Arrests wenden kann, gleich von welchem Gericht dieser erlassen wurde und ob durch (rechtskräftiges) Urteil oder Beschluss. Die Frage der ursprüngl Rechtmäßigkeit wird im Verf nach § 927 nicht geprüft (OLG Schleswig NJW-RR 2016, 1470 Tz 21). § 927 ist Ausdruck der eingeschränkten Rechtskraft- (s vor § 916 Rn 13) und Bindungswirkung (OLG München NJW-RR 87, 762) der Arrestanordnung; er geht § 767 II vor (zur Abgrenzung OLG Koblenz GRUR 86, 95; s Rn 15) und schließt § 323 aus (hM). Verzichtet der Gl auf seine Rechte aus dem Arrest (iE s Rn 3), erübrigt sich ein Aufhebungsverf; verzichtet der Sch auf seine Rechte aus § 927 (iE s Rn 9a), kann der Eilmaßnahme Bestandskraft ähnl einem im ordentl Verf ergangenen Urteil verliehen werden (sa Rn 9a; vor § 916 Rn 1b). Der Antrag gem **I** unterliegt als *außerordentl Behelf* nicht der Belehrungspflicht gem § 232 S 1 (Begr BTDrs 17/10490, 13).

2 **2) Abgrenzung.** Ist der Arrestbefehl noch nicht rechtskräftig, können die veränderten Umstände auch im Widerspruchs- oder im Rechtsmittelverf vorgetragen werden (OLG Frankfurt OLGZ 85, 442 = AnwBl 85, 642; LG Lüneburg MDR 2008, 528); für ein Aufhebungsverf nach § 927 kann insoweit das Rechtsschutzbedürfnis fehlen oder entfallen (OLG Koblenz GRUR 89, 374; OLG Düsseldorf NJW-RR 88, 188; OLG Hamm FamRZ 95, 824; anders bei Versäumung der Vollziehungsfrist des § 929 II: auch § 927, s Rn 6 u § 929 Rn 23). Gegen den Beschlussarrest ist nach Mädrich (Das Verhältnis der Rechtsbehelfe des Ag im einstw Verfügungsverf, 1980, S 87 ff) der Antrag nach § 927 wegen der Möglichkeit des Widerspruchs nach § 924 unzulässig (aA OLG Köln WRP 87, 568; StJ/Bruns Rn 1 mwN; MskV/Braun Rn 2; Teplitzky/Schilling Kap 56 Rn 27); diese Ansicht ist abzulehnen, denn das Widerspruchsverf ist im Verhältnis zum Aufhebungsverf keine einfachere Rechtsschutzmöglichkeit (s § 924 Rn 2). Keine Beschränkungen bestehen bei Erlass (oder Bestätigung) des Arrestes durch rechtskräftig gewordenes Urteil. Ein eingeleitetes Aufhebungsverf nach § 927 nimmt einer später eingelegten Berufung im Arrestanordnungsverf nicht das Rechtsschutzbedürfnis (OLG Düsseldorf NJW-RR 88, 188 mN; OLG Hamm FamRZ 95, 824); Grund: Berufung ist der weiter gehende Behelf. Sind umgekehrt die veränderten Umstände bereits in einem anderen auf Beseitigung des Arrests gerichteten Verf **geltend gemacht**, steht dem Aufhebungsverf nach § 927 Rechtshängigkeit oder Rechtskraft entgegen (nach aA fehlt das Rechtsschutzinteresse, so OLG Koblenz GRUR 89, 373; offen LG Lüneburg MDR 2008, 528, str; s § 924 Rn 3); Grund: Die Behelfe stehen zwar *nebeneinander*, aber nicht *zugleich* zur Verfügung (zutr OLG Düsseldorf NJW-RR 88, 188: kein „doppelter Angriff"; allg sa vor § 916 Rn 1a, 5).

3 **II) Aufhebungsvoraussetzungen (§ 927 I). 1) Zulässigkeitsvorausetzungen.** Das notw **Rechtsschutzbedürfnis** für ein Aufhebungsverf nach § 927 fehlt dann, wenn weitere Auswirkungen des Arrests (der einstw Verfügung) nicht mehr drohen (OLG Frankfurt ZIP 81, 210; OLG München ZIP 82, 497), insb wenn der Gl auf seine Rechte aus dem Arrest (der einstw Verfügung) einschließl der Rechte aus der Kostenentscheidung **verzichtet** und den Titel ausgehändigt hat (OLG Frankfurt NJW 68, 2112, 2114; OLG Köln OLGZ 92, 449; OLGR Stuttgart 2008, 924, 925 mN; SchWKT/Kessen Rn 16; aA OLG Hamm GRUR 92, 889 [LS widersprüchl]; OLG München OLGZ 86, 452, 454 f = NJW-RR 86, 998 unter Verkennung von mögl Parteivereinbarungen *nach* Eintritt der Rechtskraft; s § 325 Rn 43). Ein Rechtsschutzbedürfnis ist aber zu bejahen, wenn die Aufhebung im Interesse der Abänderung der Kostenentscheidung verfolgt wird und der Arrest-(Verfügungs-)Gl es ablehnt, den Kostenerstattungsanspruch des Arrest-(Verfügungs-)Sch anzuerkennen (BGHZ 122, 179 = NJW 93, 2687; OLG Schleswig NJW-RR 2016, 1470 Tz 17; auch Vollkommer WM 94, 53; Ahrens/Ahrens, Wettbewerbsprozess, Kap 60 Rn 40 f; sa § 926 Rn 12 u 26; zum teilw Verzicht sa § 91a Rn 53 u 58.58).

4 **2) Veränderte Umstände.** *Sie können* den **Arrestanspruch** oder den **Arrestgrund** betreffen. Es genügt auch eine **neue Beweislage**, selbst wenn der Sch sich auf Beweismittel beruft, die im Zeitpunkt des Erlasses des Arrests schon vorlagen, wenn er sie damals noch nicht benutzen konnte (OLGR Stuttgart 2008, 924, 925; Bur-

gard/Fresemann DRiZ 2000, 195; MK/Drescher Rn 4 mN). Eine neue rechtl Beurteilung durch den Sch genügt nicht, wohl aber die **Änderung der Rechtslage** durch neue Gesetzgebung oder eine neue höchstrichterl Rspr, wenn danach die Durchsetzung des Hauptsacheanspruchs voraussichtl keinen Erfolg (mehr) haben wird (vgl BGHZ 181, 373 Tz 17 ff = NJW 2009, 3303 = WRP 2009, 1388 zu rechtskräftigen Titeln; zu „endgültigen" Titeln im Eilverf s Rn 9a). Einzelne Aufhebungsgründe: s Rn 5-7. Wurde die Hauptsacheklage wegen Fehlens (Wegfalls) des Arrestanspruchs rechtskräftig abgewiesen (s Rn 5), führt dies nicht zur *ipso-jure*-Wirkungslosigkeit des Arrests; stets ist *Aufhebung* erforderl (BGHZ 122, 178 = NJW 93, 2687; OLGR Saarbrücken 2009, 708, 709; Teplitzky WRP 87, 149; Vollkommer WM 94, 52 f).

a) Wegfall des Arrestanspruchs. Als Bsp kommen in Frage: Erlöschen der zu sichernden Forderung, beim Unterlassungsanspruch etwa Wegfall der Wiederholungsgefahr, zB bei Abgabe der Unterlassungserklärung (OLG München GRUR 94, 83; OLGR Frankfurt 2006, 266; OLGR Stuttgart 2008, 924, 925); Wegfall der anspruchsbegründenden Norm infolge Nichtigerklärung durch das BVerfG (BGH NJW 89, 107 mwN); Änderung der Gesetzgebung oder höchstrichterl Rspr (vgl KG WRP 90, 331; OLG Hamburg WRP 97, 53; OLG Frankfurt WRP 2014, 1101 Tz 11; Burgard/Fresemann DRiZ 2000, 196 f; sa Rn 15); rechtskräftige Abweisung der Hauptsacheklage (BGHZ 122, 172 = NJW 93, 2685; Vollkommer WM 94, 51; sa Rn 4 aE), uU auch Klageabweisung in der Hauptsache durch vorläufig vollstr Urteil, wenn mit einem Erfolg eines gegen das Urteil eingelegten Rechtsmittels nicht zu rechnen ist (BGH WM 76, 134; OLG München OLGZ 88, 231 = MDR 86, 681; KG WRP 90, 332; OLG Hamburg 18.9.2003 – 3 U 17/03; im Einzelfall verneinend: OLG Düsseldorf NJW-RR 87, 993; OLG München NJW-RR 87, 761; iE str, vgl Teplitzky WRP 87, 149 mwN; Abgrenzung: s Rn 7); bei Abweisung der Klage als unzulässig ist entscheidend, ob der Kl innerhalb der Frist des § 926 oder einer zu bestimmenden Frist die Klage mit Aussicht auf Erfolg erneuern kann (StJ/Bruns Rn 6); beruht der Arrestanspruch auf mehrfachen Anspruchsgrundlagen, kann der Arrest nur aufgehoben werden, wenn alle Anspruchsgrundlagen entfallen (OLG Saarbrücken NJW 71, 946; vgl dazu auch BGH NJW 78, 2157 = MDR 78, 1011); Nachschieben von geltend gemachten (aber nicht berücksichtigten) weiteren Anspruchsgrundlagen im Rahmen desselben Streitgegenstands ist zulässig (OLG Frankfurt WRP 2014, 1101 Tz 19). 5

b) Erledigung des Arrestgrunds. aa) Als Bsp kommen in Frage: Rechtskräftigwerden von Leistungsurteil, denn das auf Grund der Arrestvollziehung erlangte Pfandrecht behält seinen Rang auch für die ZwV aus dem Leistungstitel (Gaul/S/B-E § 78 Rn 16); idR Rechtskräftigwerden von der einstw Verfügung inhaltsgleichem Unterlassungsurteil (OLG Hamm OLGZ 88, 322; einschr bei weiter gehenden Wirkungen, zB gem § 890 OLG Düsseldorf MDR 90, 732); nunmehr mögl Inlandsvollstreckung (§ 917 II) oder Leistung einer eidesstattl Offenbarungsversicherung durch den Sch (§ 918); Ablauf der Vollziehungsfrist des § 929 II, ohne dass die Vollziehung erfolgt ist (OLG München OLGZ 86, 455; OLG Hamm NJW-RR 90, 1214 mN; OLG Frankfurt NJW-RR 2000, 1236 mN; OLG Schleswig MDR 2001, 231, allgM; zu den str kostenrechtl Folgen s Rn 12 [bb]); Nichtleistung der Sicherheit, von der der Arrestvollzug abhängig gemacht wurde (§ 921 S 2, § 925 II). 6

bb) Zur Aufhebung **genügt nicht** ein nur vorläufig vollstreckbares Leistungsurteil (OLG Frankfurt ZIP 80, 922; KG WRP 79, 547; WSch/Thümmel Rn 12; Unterschied zur Abweisung: s Rn 5) oder ein Feststellungsurteil (StJ/Bruns Rn 8); der bloße „Instanzenfortschritt" in noch nicht rechtskräftig abgeschlossenen Parallelverf (OLGR Bremen 2006, 26). Die Eröffnung des InsVerf über das Vermögen des Sch führt – soweit kein Fall des § 88 InsO vorliegt – nicht zur Aufhebung des Arrests, wenn der Gl Sicherheiten erlangt hat, für die ihm ein Absonderungsrecht zusteht (RGZ 56, 145; BFH NJW 2004, 2183, 2184 mwN). War der Arrestbefehl jedoch bei Eröffnung des InsVerf noch nicht vollzogen, ist er wegen des Vollstreckungsverbots des § 89 InsO nach § 927 aufzuheben, da die Vollziehungsfrist gem § 929 II nicht mehr gewahrt werden kann (zust MK/Drescher Rn 7). Zur Unterlassungsverfügung s Rn 15. 7

3) Erbieten zur Sicherheitsleistung berechtigt den Schuldner nur zur Antragstellung nach § 927. Der Arrest wird jedoch auf Grund des Antrags nur aufgehoben, wenn die Sicherheit tatsächl geleistet wird (ebenso MskV/Braun Rn 8). Der Gl kann wählen, ob er die Sicherheitsleistung annehmen will oder nicht; lehnt er sie jedoch ab, so wird der Arrest auf Grund des Erbietens des Sch aufgehoben (StJ/Bruns Rn 9; WSch/Thümmel Rn 13), sonst auf Grund der geleisteten Sicherheit. 8

III) Aufhebungsverfahren (§ 927 II). 1) Antrag und Verhandlung. a) Antrag. Die Aufhebung des Arrests erfolgt nur auf **Antrag (I)**, niemals vAw oder „automatisch" (s Rn 4). **Antragsberechtigt** sind nur der Sch oder sein Rechtsnachfolger, nicht aber Gl oder ein Dritter. Der Antrag kann, wenn die Hauptsache anhängig ist (§ 927 II Hs 2), im Termin zur Verh über die Hauptsache gestellt werden, auch als (Hilfs-)Widerklage (BGH WRP 2017, 1094 Tz 36; krit Rehart WRP 2017, 1307; sa vor § 916 Rn 1b, 11), ebenso in einem nach §§ 922, 925 anhängigen Verf über die Anordnung oder Bestätigung des Arrests (StJ/Bruns Rn 10). Im amtsgerichtl Verf kann der Antrag schriftl oder zu Protokoll gestellt werden. Die Ladung erfolgt vAw. Vor Kollegialgerichten besteht Anwaltszwang (§ 78 I). Ladungsfrist: § 217. Der Antrag ist auch in der Berufungsinstanz zulässig (OLG Hamm WRP 80, 42; OLG Hamburg MDR 69, 931). Der Sch hat im Verf nach § 927 die **Parteirolle** des (Aufhebungs-)Kl, der Gl diej des (Aufhebungs-)Bekl; im Fall der Widerklage (s oben) ist der Sch Widerkl. Die „veränderten Umstände" (s Rn 4 ff) sind vom beweisbelasteten Sch **glaubhaft** zu machen (OLG Frankfurt NJW-RR 2000, 1236; Burgard/Fresemann DRiZ 2000, 198). 9

9a **b) Abschlusserklärung.** Auf das Recht, wegen veränderter Umstände die Aufhebung des Arrests (der einstw Verfügung) zu beantragen, kann in gewissen Grenzen (Einzelheiten str) **verzichtet** werden (OLG Koblenz GRUR 86, 95 mwN; KG NJW-RR 87, 814; OLG Hamm WRP 2023, 850 Rn 2 ff; ThP/Seiler § 924 Rn 9; AG/Becker Rn 2; Brox/Walker § 53 Rn 37; im Grundsatz auch – Grenzen offen lassend – BGHZ 181, 373 Tz 16 = NJW 2009, 3303 = WRP 2009, 1388, s sogleich unten; iE Ahrens/Ahrens, Wettbewerbsprozess, Kap 58 Rn 18 ff mwN; einschr MK/Drescher Rn 13). Die Verzichtbarkeit auf die Antragsrechte gem §§ 924, 926, 927 ist insb für die Wettbewerbspraxis **(Abschlussschreiben und -erklärung)** von Bedeutung (s § 924 Rn 9; § 926 Rn 4; OLG Hamm WRP 2023, 850; s Conrad MDR 2017, 68). Nach der gebotenen einschr Auslegung müssen aber Einwendungen, die ggü rechtskräftigen Titeln mögl sind (zB gem § 767 II, § 323), gem § 927 auch ggü zu „endgültigen" gemachten mögl sein (iE BGHZ 181, 373 Tz 17 ff = NJW 2009, 3303 = WRP 2009, 1388; sa Rn 15), zB veränderte Umstände, die auf einer Gesetzesänderung oder Änderung der höchstrichterlichen Rspr beruhen (OLG Hamm WRP 2023, 850).

9b **c) Verhandlung; Kosten.** Der Antrag kann wie das Arrestgesuch jederzeit ohne Zustimmung des Gl **zurückgenommen** werden (s § 920 Rn 13); § 269 III 3 ist anwendbar (OLGR Frankfurt 2006, 266). Beantragt der Sch nur die **teilw** Aufhebung, so ist das Gericht daran nach § 308 gebunden (StJ/Bruns Rn 11). Eine Beschränkung des Aufhebungsantrags auf die **Kostenentscheidung** der Anordnung ist im Hinblick auf den selbständigen Verfahrensgegenstand (s Rn 1, 12) idR unzulässig (OLG München OLGZ 86, 456; teilw einschr Hamm NJW-RR 90, 1214, s Rn 12 [bb]); eine entspr Anwendung der Regeln zum Kostenwiderspruch (s § 924 Rn 5) ist jedenfalls für den Fall anzuerkennen, dass sich der Verzicht des Arrest-(Verfügungs-)Kl auf die Rechte aus dem Titel *nicht* auf die Kostenentscheidung bezieht (BGHZ 122, 179 = NJW 93, 2687; OLG Schleswig NJW-RR 95, 896 = WRP 95, 347; OLGR Saarbrücken 2009, 708; Vollkommer WM 94, 53; Hees MDR 94, 438). Die dem Aufhebungsantrag stattgebende Kostenentscheidung umfasst einheitl (auch) die gesamten Kosten des Anordnungsverf; eine Unterscheidung nach einzelnen Kostenpositionen findet nicht statt (so OLGR Saarbrücken 2009, 708, str; teilw abw Gröning WRP 93, 768; Vollkommer WM 94, 51; ohne abschl Stellungnahme BGHZ 122, 172; sa § 945 Rn 14b). Die Kosten eines Abschlussschreibens (Rn 9a) trägt idR der Sch (wie § 13 III UWG; s BGH WRP 2023, 817).

9c **d) Vollstreckung.** In entspr Anwendung des § 924 III kann im Aufhebungsverf die Vollstreckung des angegriffenen Arrests **einstw eingestellt** werden (OLG Braunschweig MDR 56, 557; s § 924 Rn 13). **Aussetzung** des Aufhebungsverf ist ausnahmsw dann zulässig, wenn zwischenzeitl die Hauptsacheklage in 1. Instanz abgewiesen wurde, das Hauptsacheverf aber noch in der Berufungsinstanz schwebt (OLG Düsseldorf NJW 85, 1966; idR aA OLG München OLGZ 88, 232; StJ/Bruns Rn 6; sa vor § 916 Rn 7). Etwas anderes gilt nur, wenn von vornherein mit einem Erfolg der Berufung zu rechnen ist.

10 **2) Zuständigkeit (§ 927 II).** Ist die Hauptsache anhängig, ist das Gericht ausschließl (§ 802) zuständig, das zur Zeit der Antragstellung mit der Sache befasst ist (Gericht der Hauptsache, s § 927 II Hs 2, § 943 II; § 919 Rn 3). Belanglos ist in diesem Fall, welches Gericht den Arrest angeordnet hat. Ein Schiedsgericht ist nie Gericht der Hauptsache (allg s vor § 916 Rn 4; aA für § 927 StJ/Bruns Rn 12), desgl nicht ein ausl Gericht (hM, vgl Wolf FS Schütze, 1999, S 994 ff mN). Ist die Hauptsache nicht (mehr) anhängig, so entscheidet **das Gericht, das den Arrest angeordnet hat** (**II**, § 802), bei Anordnung durch das Berufungsgericht als Gericht der Hauptsache (§ 943) dieses (OLG Hamm MDR 92, 302); das erstinstanzl Gericht ist hierfür aber dann zuständig, wenn eine einstw Verfügung erst vom Rechtsmittelgericht erlassen worden ist (OLG Hamm OLGZ 87, 493 = MDR 87, 593; offen OLG Hamm MDR 92, 302; s § 924 Rn 6).

11 **3) Entscheidung. a) Entscheidungsform.** Die Entscheidung ergeht durch **Endurteil**, auch wenn der Arrest durch Beschluss angeordnet wurde. Das Gericht kann den Antrag zurückweisen, den Arrest *ex nunc* aufheben (OLG Frankfurt NJW-RR 2011, 1290, 1291; s Rn 1), ihn abändern oder Sicherheitsleistung anordnen, wenn der Gl mit Letzterer einverstanden ist. Beim Ausbleiben des Sch wird der Antrag gem § 330 abgewiesen, bei Ausbleiben des Gl ergeht VU nach § 331; es kann auch Entscheidung nach Aktenlage gem § 331a beantragt werden.

12 **b) Kosten.** Der Kostenausspruch im Aufhebungsverf bezieht sich grds nur auf die in *diesem* Verf entstandenen Kosten und lässt die Kostenentscheidung des Anordnungsverf unberührt (OLG Schleswig NJW-RR 2016, 1470 Tz 19, 21; MK/Drescher Rn 16, 17; Teplitzky/Schilling Kap 56 Rn 42, 43, allgM – Grundsatz der kostenmäßigen Selbständigkeit von Anordnungs- u Aufhebungsverf). Die Kostenentscheidung folgt §§ 91 ff, erhebl Bedeutung kommt § 93 zu. Die hM verlangt vorherige Androhung des Antrags gem § 927, damit der Gl uU Verzicht gem Rn 3 erklären kann (OLG Frankfurt MDR 2018, 1150, 1232 [Seggewiße]; OLG Düsseldorf NJOZ 2012, 1500; einschr bei Nichteinhaltung der Vollziehungsfrist gem § 929 II OLG Frankfurt OLGZ 85, 442; OLG Hamm GRUR 85, 84; eingeh Teplitzky/Schilling Kap 56 Rn 43). Umstr ist, ob vom Grundsatz der kostenmäßigen Selbständigkeit von Anordnungs- und Aufhebungsverf **Ausnahmen** anzuerkennen sind (Teplitzky/Schilling Kap 56 Rn 44, 45; auch OLG Koblenz WRP 88, 389 f). Erörtert wird dies für folgende **Aufhebungsgründe: aa)** Die Hauptsacheklage ist rechtskräftig als von Anfang an unbegründet abgewiesen worden (BGHZ 122, 172 = NJW 93, 2685; OLG Karlsruhe WRP 96, 121; OLG Schleswig NJW-RR 2016, 1470 Tz 19; Hees MDR 94, 438; Vollkommer WM 94, 53; näher s Rn 9b). – **bb)** Aufhebung erfolgt, weil Gl die Vollziehungsfrist des § 929 II versäumt hat (*OLG Hamm NJW-RR 90, 1214 mN*; OLG Schleswig NJW-RR 95, 896; OLG Düsseldorf NJW-RR 2000, 68; OLG Karlsruhe WRP 96, 121 f; OLG Frankfurt NJW-RR 2002, 1080, zust Ulrich WRP 96, 86 f; StJ/Bruns Rn 16, str; **aA** OLG München OLGZ 86, 457 = NJW-RR 86, 999 f; OLG München WRP 96, 1052; Meiski JuS 2006, 890;

SchWKT/ Kessen Rn 33; MskV/Braun Rn 12; zum Streitstand mN Seggewiße MDR 2018, 1232); bedenkl, da fehlende Vollziehung nicht vom Gl zu vertreten sein muss (zutr OLG München aaO; OLG Frankfurt OLGZ 94, 94 f; Bsp: OLG Düsseldorf NJW-RR 87, 763). – **cc)** Das dem Arrest (der einstw Verfügung) zugrunde liegende Gesetz wird nachträgl vom BVerfG (mit *ex tunc*-Wirkung) für nichtig erklärt (BGH NJW 89, 107 mN). Bei dieser Fallgruppe darf kein den Arrest-(Verfügungs-)Anspruch rechtskräftig bejahendes Hauptsacheurteil ergangen sein (Teplitzky/Schilling Kap 56 Rn 44); ist dies der Fall, ist die gem § 79 II 1 BVerfGG unberührt bleibende Rechtskraft der Hauptsacheentscheidung auch im Aufhebungsverf weiter zu beachten (BGH NJW 89, 107; Teplitzky/Schilling aaO). Der *Wandel* einer höchstrichterl Rspr rechtfertigt keine einheitl (das Anordnungsverf einbeziehende) Kostenentscheidung (KG WRP 90, 332 f). – **dd)** Werden Aufhebungsgründe im Anordnungsverf geltend gemacht (s Rn 2), ergeht einheitl – die Kosten des gesamten Arrestverf umfassende – Kostenentscheidung (s § 925 Rn 6). – Zur (doppelten) Kostenentscheidung im Aufhebungsverf gem § 927 eingeh Damrau ZAP Nr 1/2013, 33.

c) Vorläufige Vollstreckbarkeit. Bei Aufhebung § 708 Nr 6, sonst § 708 Nr 11 oder § 709 S 1. 13

d) Aufhebungswirkungen. Mit Verkündung des (rechtsgestaltenden) Urteils nach § 927 wird die weitere Vollstreckung aus dem Arrestbefehl unzulässig (hM, OLGR Bremen 2006, 108, 109; OLGR Stuttgart 2008, 924, 925 f; StJ/Bruns Rn 18). Die Aufhebung von VollstrMaßnahmen ist aber erst mit der Rechtskraft zulässig (aA WSch/Thümmel Rn 16: sofort), es sei denn, der Arrest ist bei Geltendmachung von Aufhebungs- und Widerspruchsgründen im selben Verf aus Gründen aufgehoben worden, die den Arrest als von Anfang an ungerechtfertigt erscheinen lassen (StJ/Bruns Rn 18). Dieser Widerspruch zu § 775 Nr 1, § 776 ergibt sich aus dem Sicherungszweck des Arrests (s § 916 Rn 1); dem Gl soll der Rang seiner Pfandrechte bis zum Eintritt der Rechtskraft erhalten bleiben. Dies steht nicht im Gegensatz zu BGHZ 66, 394 = NJW 76, 1453 = MDR 76, 1014, denn der BGH hat dort nur festgestellt, dass gleichwohl erfolgte Aufhebung von VollstrMaßnahmen unabhängig von der Rechtskraft sofort wirksam wird. Wird die vorläufige Vollstreckbarkeit durch das Berufungsgericht eingestellt, so kann aus dem Arrestbefehl erneut vollstreckt werden (LG Kiel SchlHA 58, 177). 14

IV) Einstweilige Verfügung. Der Abschluss eines Unterlassungsvertrags mit strafbewehrter Unterlassungsverpflichtung berechtigt gem § 927 zur Aufhebung einer inhaltsgleichen Unterlassungsverfügung (BGH WRP 2010, 649 Tz 25). Mit der Vollstreckungsabwehrklage aus § 767 kann gegenüber einer Unterlassungsverfügung allg eine Rspr-Änderung geltend gemacht werden (BGH WRP 2009, 1388), in Fällen der sog Leistungsverfügung ist die Vollstreckungsabwehrklage allg gegeben (StJ/Bruns § 938 Rn 40; sa Rn 1). Die Möglichkeit der Geltendmachung durch Widerspruch schließt die Klage aus § 767 aus; s Rn 1; zur Durchbrechung der Bindung an eine *Abschlusserklärung* bei Eingreifen von Einwendungen gem § 767 s BGHZ 181, 373 Tz 17 ff; OLG Frankfurt WRP 2014, 1103 Tz 11 u dazu s Rn 9a. Der eigene Verstoß gegen die gesicherte Unterlassungspflicht bildet keinen Aufhebungsgrund iSv Rn 6 (OLGR Düsseldorf 2002, 355; auch arg § 242 BGB). 15

V) Gebühren. 1) Gericht: Für Verf über Antrag nach §§ 927, 936, das kostenrechtl vom Anordnungsverf getrennt zu behandeln ist, können dieselben Geb wie im Anordnungsverf (1410 ff GKG-KV) entstehen (Vorbem 1.4 II 1 vor 1410 GKG-KV; s § 920 Rn 16). – **2) RA:** Gehört zum Arrestverf (oder einstw Verfügungsverf), § 16 Nr 5 RVG (s § 920 Rn 16). 16

§ 928 Vollziehung des Arrestes

Auf die Vollziehung des Arrestes sind die Vorschriften über die Zwangsvollstreckung entsprechend anzuwenden, soweit nicht die nachfolgenden Paragraphen abweichende Vorschriften enthalten.

I) Überblick. 1) Systematik. Während die §§ 916-927 das „Erkenntnisverf" des Arrestprozesses mit seinen Rechtsbehelfen regeln, das auf schnellem Wege zu einem Titel führen soll, erreicht der Gl die erstrebte Sicherung wegen seines Anspruchs erst durch die **Vollziehung des Arrests**. Diese ist in §§ 928-934 bes geregelt. Im Sprachgebrauch der ZPO ist Vollziehung (s Rn 2) die gesetzestechnische Bezeichnung für die ZwV von Arresten und einstw Verfügungen (BGHZ 120, 77 mwN = NJW 93, 1077 = MDR 93, 268; BGHZ 131, 143 = NJW 96, 198; BGHZ 142, 209; OLG Düsseldorf WRP 2021, 782 Tz 13; OLG Nürnberg NJW-RR 2022, 500 Tz 12; MK/Drescher Rn 1; WSch/Thümmel Rn 2; aA OLG Hamm MDR 82, 763). Beachte: Bei der Unterlassungsverfügung kommt zusätzlich zur Vollziehung (§ 929) eine Vollstreckung (§ 890) in Frage; s § 929 Rn 18. 1

2) Vollziehung. Der **Begriff** der Vollziehung ist von Bedeutung für die Wahrung der ges Vollziehungsfrist (§ 929 II) und den Schadensersatzanspruch aus § 945; hier wird geprüft, **ob** Vollziehung iSv § 928 vorliegt (s § 929 Rn 10 ff). **Wie** die einzelnen Vollstreckungsakte der Vollziehung vorzunehmen sind, bestimmt § 928 durch seine Verweisungen (iE s Rn 4 ff). Für das „ob" ist von einem *doppelten Vollziehungsbegriff* auszugehen. Für die **Vollziehung iSv § 929 II** ist ein **eigenes Tätigwerden des Gl** Wesensmerkmal (OLG Koblenz NJW 80, 948; OLG Hamburg FamRZ 88, 522; Teplitzky WRP 87, 150; iE s § 929 Rn 10 ff). Dagegen kann für die **Haftung gem § 945** eine Vollziehung der Eilmaßnahme bereits frühestens mit der Verkündung des (eine Ordnungsmittelandrohung ausdrückl enthaltenden) Urteils zu bejahen sein, ohne dass es noch auf ein weiteres Tätigwerden des Gl (zB in Form einer Parteizustellung) ankäme (s § 945 Rn 14). 2

3 **II) Zwangsvollstreckung. 1) Allgemeines.** Auf die Vollziehung des **Arrests** sind die Vorschriften über die ZwV entspr anzuwenden (s Rn 4), soweit nicht §§ 929-934 abw Vorschriften (s Rn 5) enthalten. ZwV im engeren Sinne, die zur Befriedigung des Gl führt, findet auf Grund des Arrestbefehls nicht statt; er dient nur zur Sicherung künftiger ZwV (s § 916 Rn 1).

4 **2) Anwendbare Vorschriften.** Anwendbar sind insb: §§ 811 ff, §§ 829 ff (insb § 829 III: BayObLG Rpfleger 85, 59), §§ 850 ff (Beschränkungen der Pfändbarkeit; die allg Regeln des Völkerrechts bzgl der Immunität sind zu beachten; OLG Frankfurt OLGZ 81, 370; dazu Hausmann IPRax 82, 51 ff; BVerfG 64, 1, 19 ff = NJW 1983, 2766 = RIW/AWD 1983, 613 LS [Seidl/Hohenveldern] = IPRax 1984, 196 [Stein IPRax 1984, 179]; s § 20 GVG Rn 1), § 845 (Vorpfändung), § 764 (VollstrGericht), § 766 (Erinnerung des Sch gegen die Art und Weise der Vollziehung), § 771 (Drittwiderspruchsklage, vgl BGHZ 164, 176, 178 = NJW 2006, 65 = MDR 2006, 347), §§ 775, 776 (Einstellung und Aufhebung der Vollzugsmaßregeln), § 788 (Kosten), § 793 (sof Beschwerde), § 805 (Klage auf vorzugsw Befriedigung), §§ 807, 883 (eidesstattl Versicherung, vgl OLG Düsseldorf NJW 80, 2717). Wegen einstw Anordnung bzgl der Vollziehung s § 924 III 2 u § 924 Rn 12, der einstw Einstellung §§ 707, 719 s § 929 Rn 8. Eine Haftungsbeschränkung findet nicht statt (s § 922 Rn 9).

5 **3) Abweichende Vorschriften.** Abweichende Vorschriften enthalten die §§ 929-934. IdR ist keine VollstrKlausel erforderl (§ 929 I; § 724 I; OLG München MDR 2013, 422, 423); die Vollziehung muss innerhalb bestimmter Frist erfolgen (§ 929 II), darf aber schon vor der Zustellung des Arrestbefehls beginnen (§ 929 III); bei bewegl Sachen ist nur die Pfändung (§ 930 I, II), nur ausnahmsw die Verwertung zulässig (§ 930 III); bei Forderungen und anderen Vermögensrechten ist nur Pfändung, nicht auch Überweisung an Zahlungs statt oder zur Einziehung zulässig (Verstoß: s § 930 Rn 4), zuständig ist das Arrestgericht (§ 930 I 3). Die Vollziehung des Arrests in Grundstücke (§ 932) und Schiffe (§ 930 IV, § 931) ist bes geregelt; bei Grundstücken ist nur die Eintragung einer Sicherungshypothek für die Summe gem § 923 als Höchstbetrag zulässig (§ 932). § 933 regelt den Vollzug des persönl Sicherheitsarrests, § 934 die Aufhebung der Arrestvollziehung.

6 **4) Nicht anwendbare Vorschriften.** Diese sind: § 815 I (Ablieferung gepfändeten Geldes); § 767 (Vollstreckungsgegenklage); ihr fehlt wegen § 927 das Rechtsschutzbedürfnis (Baur/Stürner/Bruns Rn 52.1; s § 927 Rn 15); § 836 II (BGHZ 121, 98 = NJW 93, 737; s § 930 Rn 4).

7 **III) Einstweilige Verfügung.** § 928 ist entspr anwendbar und damit die allg Vorschriften über die ZwV. Wegen **Vollziehung** der einstw Verfügung s § 929 Rn 12 ff. Die jew vorzunehmenden **Vollstreckungsakte** richten sich nach dem Inhalt der einstw Verfügung (vgl BGHZ 120, 76 = NJW 93, 1077; sa StJ/Bruns § 938 Rn 32).

8 **IV) Gebühren. 1) Gericht:** Die Vollziehung des Arrests (oder der einstw Verfügung) ist als selbständiges Vollstreckungsverfbes gebührenpflichtig; das gilt auch bei gleichzeitiger Anordnung von Arrest und Vollziehungsakt in einem Beschluss. Für die Vollziehung werden die gleichen Geb erhoben wie für die ZwV aus anderen VollstrTiteln (s § 930 Rn 9; § 932 Rn 10; § 933 Rn 3). – **2) RA:** Die Vollziehung eines Arrests oder einer einstw Verfügung gilt als bes Angelegenheit (§ 18 I Nr 2 RVG), soweit sie sich nicht auf die Zustellung beschränkt (OLG Nürnberg WRP 2022, 249 Tz 34; sa § 19 I 2 Nr 9 RVG). Es gelten für die Vollziehung die auch für die ZwV vorgesehenen Gebührenbestimmungen (Vorbem 3.3.3 I Nr 4 RVG-VV; 3309 RVG-VV, 3310 RVG-VV). Gegenstandswert: § 25 RVG. Da ein Pfändungsantrag sinnvoll nur für den Fall des Erlasses des beantragten Arrests gestellt sein kann, fällt keine Geb an bei Ablehnung des Arrestgesuches; anders, wenn der Arrest erlassen, der Pfändungsantrag dabei aber abgelehnt wird.

§ 929 Vollstreckungsklausel; Vollziehungsfrist

(1) Arrestbefehle bedürfen der Vollstreckungsklausel nur, wenn die Vollziehung für einen anderen als den in dem Befehl bezeichneten Gläubiger oder gegen einen anderen als den in dem Befehl bezeichneten Schuldner erfolgen soll.

(2) [1]Die Vollziehung des Arrestbefehls ist unstatthaft, wenn seit dem Tage, an dem der Befehl verkündet oder der Partei, auf deren Gesuch er erging, zugestellt ist, ein Monat verstrichen ist. [2]Kann ein ausländischer Sicherungstitel im Inland ohne vorherige Vollstreckbarerklärung vollzogen werden, so beträgt die Frist nach Satz 1 zwei Monate.

(3) [1]Die Vollziehung ist vor der Zustellung des Arrestbefehls an den Schuldner zulässig. [2]Sie ist jedoch ohne Wirkung, wenn die Zustellung nicht innerhalb einer Woche nach der Vollziehung und vor Ablauf der für diese im vorhergehenden Absatz bestimmten Frist erfolgt.

Lit: *Gleußner*, Die Vollziehung von Arrest u einstw Verfügung in ihren zeitl Grenzen, 1999 (dazu *Ahrens*, ZZP 113 [2000], 261); *Griesel*, Die Notfristähnlichkeit der Vollziehungsfrist, § 929 Abs 2 ZPO, 1999 (dazu *Walker*, ZZP 116 [2003], 509); Teplitzky/*Schilling*, Wettbewerbsrechtl Ansprüche u Verf, 13. Aufl 2023, Kap 55 Rn 61-82; zu **II 2** s Rn 21a.

1 **I) Vollstreckungsklausel (§ 929 I).** Arrestbefehle und einstw Verfügungen sind mit Erlass des Beschlusses (s § 922 Rn 11) oder Verkündung des Urteils (BGHZ 180, 72 Tz 11 mN = MDR 2009, 1072 = WRP 2009, 999, 1000; s § 922 Rn 22) **sofort vollstreckbar**, eine Vollstreckungsklausel gem §§ 724, 725 ist nicht erforderlich.

Zur Vollziehung genügt eine vom Gericht **beglaubigte Abschrift des Titels** (§ 317 I 1 iVm § 169 II 1; BGH NJW 2019, 1374 Tz 11), es sei denn, sie soll gegen dritte, im Arrestbefehl nicht bezeichnete Personen stattfinden (titelübertragende Vollstreckungsklausel, §§ 727-729, §§ 738, 742, 744 f, § 749; dazu näher – einschr – Loritz ZZP 106 [1993], 3; dagegen Dinstühler, Rechtsnachfolge u einstw Rechtsschutz, 1995, S 99 ff). Soweit im Rahmen zwischenstaatl Verträge Arrestbefehle (einstw Verfügungen) zur ZwV **im Ausland** zugelassen sind, ist die Vollstreckungsklausel erforderl (§ 31 AVAG).

II) Vollziehungsfrist (§ 929 II). 1) Allgemeines. Die Vollziehungsfrist ist prägendes Merkmal des Eilcharakters des einstw Rechtsschutzverf. Sie soll verhindern, dass der dort erlangte Sicherungstitel unter wesentl veränderten Umständen vollzogen wird (BGHZ 180, 72 Tz 15 = MDR 2009, 1072 = WRP 2009, 999, 1000; s näher Rn 11). Es handelt sich um eine **ges Frist**, auf die nicht verzichtet werden kann (StJ/Bruns Rn 8 mwN; BGHZ 120, 86 = NJW 93, 1079; OLG Karlsruhe NJW-RR 2016, 821 Tz 14). Sie kann durch Parteivereinbarung verkürzt, nicht aber verlängert (§ 224 I) werden. Sie ist **keine Notfrist** (§ 224 I 2); **WE** kommt nicht in Betracht (BGHZ 120, 86 = NJW 93, 1079). Die Fristversäumnis ist grds unheilbar und vAw zu beachten (OLG Zweibrücken MDR 98, 123; OLG Brandenburg FamRZ 97, 624; StJ/Bruns Rn 9; zur ZwV s Rn 22). Die Berufung auf die Fristversäumung kann missbräuchl sein (§ 242 BGB; näher Rn 14). Auf den strafprozessualen Vermögensarrest (§ 916 Rn 2) ist **II 1** nicht anwendbar (OLG Hamburg MDR 2023, 727). 2

2) Vollziehungsfrist, Fristbeginn, Fristende bei inländischen Sicherungstiteln (Inlandsvollziehung). a) Vollziehungsfrist (§ 929 II 1). Die Vollziehungsfrist für die Vollziehung des Titels **im Inland** beträgt einen Monat (II 1). Die Zweimonatsfrist (**II 2**) gilt analog, wenn die Vollziehung des Arrestes/der einstw Verfügung *im Ausland* erfolgen soll (sa Rn 9c, 21b; aA 34. Aufl). 3

b) Fristbeginn. aa) Beschlussarrest, -verfügung. Die Frist beginnt mit der Zustellung des Beschlusses an den Gl (MK/Drescher Rn 5; StJ/Bruns Rn 3 je mwN). Bei dessen Übergabe auf der Geschäftsstelle empfiehlt sich die Zustellung durch Aushändigung (§ 174). Fehlt es an einer förml Zustellung, läuft die Vollziehungsfrist von dem Tag ab, an dem der Gl zweifelsfrei in den Besitz der Ausfertigung gekommen ist (zB Gl übermittelt Ausfertigung dem GV zur Zustellung an den Sch). Der Lauf der Vollziehungsfrist wird durch die Einlegung des Widerspruchs nicht gehemmt (OLG Hamburg MDR 60, 932). 3a

bb) Arrest-/Verfügungsurteil. Die Frist beginnt mit Verkündung des Urteils (OLG Düsseldorf MDR 2015, 967), nicht erst mit der Zustellung einer Urteilsausfertigung (Hilfen für Gl: BGHZ 180, 72 Tz 16 = MDR 2009, 1072 = WRP 2009, 999, 1001); Berufungseinlegung hemmt den Fristlauf nicht. Die Vollziehungsfrist läuft auch dann mit Urteilsverkündung, wenn das Urteil später wegen offenbarer Unrichtigkeit gem § 319 berichtigt wird (KG WRP 83, 341; OLG Düsseldorf ZIP 81, 540; offen lassend LG Berlin Rpfleger 88, 155). Die Vollziehung ist selbst dann gem **II 1** unzulässig, wenn dem Gl innerhalb der Vollziehungsfrist trotz Antrags eine Urteilsausfertigung nicht erteilt wurde (OLG Hamm OLGZ 87, 460 = MDR 88, 63; OLG Düsseldorf NJW-RR 87, 764; verfassungsrechtl Bedenken verneint BVerfG NJW 88, 3141). 4

cc) Erneute Vollziehungspflicht. Erfährt die einstw Maßnahme nach Widerspruch (§ 924) oder Berufung (§ 511) eine **wesentl Änderung** (Erweiterung), muss der Gl diese innerhalb der Frist des **II 1** (Beginn mit Überprüfungsentscheidung) **nochmals vollziehen** (SchWKT/Kessen Rn 11; Teplitzky/Schilling Kap 55 Rn 77 ff; Oetker GRUR 2003, 123 f; KG NJW 97, 1161; OLG Hamm NJW-RR 2000, 972; OLG Frankfurt WRP 2014, 344; OLG Hamburg NJW 2015, 2273; OLG Düsseldorf MDR 2015, 967, 968; unterscheidend WSch/Thümmel Rn 7). Dies ist der Fall, wenn der Arrestbefehl zunächst auf Widerspruch aufgehoben, dann in der Berufungsinstanz „bestätigt“ worden ist (OLG Celle NJW-RR 87, 64; OLG Düsseldorf NJW-RR 2000, 68; StJ/Bruns Rn 6 mwN; aA WSch/Thümmel Rn 7; Grund: Fall von Neuerlass) oder eine einstw Verfügung nur mit beschränktem Inhalt (teilw) erlassen und erst in der Berufungsinstanz dem Antrag voll entsprochen worden ist (vgl OLG Koblenz OLGZ 88, 122 = NJW-RR 88, 142) oder das Erstgericht unter Verstoß gegen § 308 die einstw Verfügung erlassen hat (OLG Celle NJW 96, 856). Ist Sicherheitsleistung angeordnet worden, so ist die Sicherheit vor Ablauf der Vollziehungsfrist zu leisten (OLG Frankfurt OLGZ 80, 259; KG ZMR 98, 277). Wird ein zunächst nur gegen Sicherheitsleistung angeordneter Arrest auf Rechtsmittel des Gl ohne Anordnung der Sicherheitsleistung aufrechterhalten, so läuft die Vollziehungsfrist nur dann neu, wenn das Rechtsmittel innerhalb der Vollziehungsfrist eingelegt worden ist (StJ/Bruns Rn 7; abw KG WRP 95, 24: Berufungsentscheidung über Sicherheitsleistung noch innerhalb der Vollziehungsfrist). 5

Keine erneute Vollziehung geboten ist bei Herabsetzung der zu sichernden Forderung (OLG Hamm NJW-RR 2000, 972), Urteilsberichtigung nach § 319 (OLG Koblenz WRP 80, 576; OLG Koblenz ZIP 90, 1573 mN), Rubrumsergänzung (OLG Hamburg NJW 2015, 2273), bloßen Klarstellungen (OLG Hamm WRP 91, 408; OLG Hamburg NJW-RR 95, 1055) oder Einschränkungen eines zu weit gefassten Verbots (OLG Frankfurt WRP 2014, 344; OLG Karlsruhe WRP 97, 59; OLGR Karlsruhe 2003, 410, 412; OLGR Köln 2002, 363). 6

dd) Zweite Vollziehungschance. Bei einem Überprüfungsverf (§§ 924; 511) eröffnet die Bestätigungsentscheidung zugunsten des Gl eine *zweite Vollziehungsmöglichkeit* (zB Pfändung eines weiteren Gegenstandes) innerhalb der nach dieser Entscheidung berechneten Frist gem **II 1** (OLG Frankfurt OLGZ 85, 384; NJW-RR 86, 64; OLG Zweibrücken NJW-RR 2002, 1657 = Rpfleger 2003, 36; Grunsky ZZP 104 [1991], 5; Brox/Walker § 51 Rn 9; SchWKT/Kessen Rn 14; MK/Drescher Rn 6, str; **aA** die **hM:** Baur/Stürner/Bruns Rn 52.4; WSch/Thüm- 7 mel Rn 6; OLG Koblenz ZIP 90, 1573 mwN), jedoch ist bei Wahrung der „ursprüngl" Frist das Unterbleiben einer *erneuten* Vollziehung unschädl (KG NJW 97, 1161; Grunsky ZZP 104 [1991], 5 f). Entsprechendes gilt, wenn ein Aufhebungsantrag des Sch nach § 927 abgewiesen worden ist (StJ/Bruns Rn 4; Gaul/S/B-E § 78 Rn 2; Brox/Walker § 51 Rn 10; aA WSch/Thümmel Rn 6; unterscheidend OLG Karlsruhe NJW-RR 2009, 570).

8 **c) Unterbrechung; Neubeginn.** Die einstw Einstellung der ZwV (§ 924 III 2, §§ 707, 719) **unterbricht** die Vollziehungsfrist (**II 1**) (OLG Düsseldorf OLGZ 87, 370); die Einstellung gegen Sicherheitsleistung wirkt erst ab Sicherheitsleistung (KGR Berlin 2007, 660, 661). Nach deren Ende ist der Arrest **erneut zu vollziehen** (s Rn 5).

9 **d) Fristende.** Die Frist endet gem § 222 iVm § 187 I, § 188 II, III BGB.

9a **3) Vollziehungsfrist, Fristbeginn, Fristende, Fristversäumung bei ausländischen Sicherungstiteln im Inland. a) Allgemeines.** Als Regelung des Vollstreckungsrechts gilt die Vollziehungsfrist auch für **ausländische Sicherungstitel**, die im Inland vollstreckt werden (BGH Rpfleger 2019, 353; BGH ZIP 2024, 1287 Tz 35; Rademacher GPR 2019, 109; Rentsch IPrax 2020, 337). Dabei handelt es sich um Entscheidungen, die funktionell dem Arrest und der einstw Verfügung entsprechen (sa Rn 21c). Dabei ist bei der Frist zu unterscheiden, ob der Titel einer Vollstreckbarerklärung bedarf. **Geltendmachung** von Behelfen gegen die Versäumung der Vollziehungsfrist eingeh BGH ZIP 2024, 1287 (Vogel EWiR 2024, 94).

9b **b) Vollstreckung aufgrund Vollstreckbarerklärung (§ 929 II 1).** Bedarf der ausl Sicherungstitel einer Vollstreckbarerklärung (§ 10 III AVAG; Bsp: BGH Rpfleger 2019, 353), beträgt die Frist 1 Monat (**II 1**); sie **beginnt** mit dem Zugang der Vollstreckbarerklärung beim Gl (BGH Rpfleger 2019, 353 Tz 11; Rentsch IPrax 2020, 337). Unterbrechung und Neubeginn der Vollziehungsfrist (Rn 8) müssen sich auf das Verf der Vollstreckbarerklärung beziehen. Fristende: Rn 9.

9c **c) Vollstreckung ohne Vollstreckbarerklärung (§ 929 II 2).** Bedarf der ausl Sicherungstitel nach Art 2 lit a UAbs 2, Art 36 I, Art 39 I Brüssel Ia-VO iVm § 1112 ZPO keiner Vollstreckbarerklärung, beträgt die Frist 2 Monate (**II 2**). Mit der verlängerten Frist soll einem ausländischen Gl eine hinreichend lange Frist für die Vollziehung des Arrestes usw eingeräumt werden (BTDrs 19/27636, 34; Splinter NJW 2022, 1848 Rn 4). Die Frist **beginnt** mit der Verkündung bzw Bekanntgabe des Titels an den Gl (Rademacher GPR 2019, 109; Wagner EuZW 2019, 41; Splinter NJW 2022, 1848 Rn 4; iE wie Rn 4). Unerheblich ist die Zustellung der nur auf Antrag zu erteilenden Vollstreckbarkeitsbescheinigung (Art 53 Brüssel Ia-VO) an den Gl, da sonst der Fristbeginn vom Verhalten des Gl abhängt. Die längere Vollziehungsfrist gleicht die mit der Beschaffung dieses Nachweises verbundenen Nachteile aus (Splinter NJW 2022, 1848 Rn 4). Unterbrechung und Neubeginn der Vollziehungsfrist (Rn 8) müssen sich auf Entscheidungen des ausl Gerichts, das den Sicherungstitel erlassen hat, beziehen. Fristende: Rn 9. **II 2** gilt auch (analog) „umgekehrt", wenn inl Titel ohne Vollstreckbarerklärung im Ausland vollstreckt werden sollen (s Rn 21b).

10 **III) Wahrung der Vollziehungsfrist. 1) Vollziehung des Arrests (§ 929 II 1 iVm § 936). a) Vollstreckungsantrag.** Der Arrestbefehl wird vollzogen durch **Zustellung des Arrestbefehls** (Regelfolge von § 750 I; einschr **III**, s allg § 922 Rn 13) und den rechtzeitigen **Antrag des Gl beim zuständigen Vollstreckungsorgan auf Vornahme von Vollstreckungshandlungen** (BGHZ 112, 359 mN = NJW 91, 497 = MDR 91, 242 = JZ 91, 404 [Stürner]; BGH NJW 2006, 1290; StJ/Bruns Rn 11 f; Baur/Stürner/Bruns Rn 52.5; Gaul/S/B-E § 78 Rn 3; iE Gleußner aaO S 187 ff, 193 ff). Beim Beschlussarrest ist Zustellung im Parteibetrieb erforderl (vgl § 922 II), beim Urteilsarrest genügt neben dem Antrag des Gl die Zustellung vAw in der Monatsfrist (MK/Drescher Rn 16; Baur/Stürner/Bruns Rn 52.7; Walker, Der einstw Rechtsschutz im ZP u im arbeitsgerichtl Verf, 1993, Rn 394; Pohlmann KTS 94, 51 f; Konsequenz aus BGH NJW 90, 124 u wohl auch BGHZ 180, 72 = MDR 2009, 1072 = WRP 2009, 999). Dem rechtzeitigen Vollstreckungsantrag dürfen nur keine Hindernisse entgegenstehen und die Vollstreckungsakte müssen sofort vorgenommen werden können; ein „Mehr" an Vollziehung ist dem Gl nicht mögl (so auch BGH NJW 2006, 1290). Soweit die **Parteizustellung** als Vollziehung gilt (s Rn 12), ist der Zeitpunkt des Zustellungsauftrags maßgebend, **§ 167** ist anzuwenden (ebenso OLG Frankfurt NJW-RR 2000, 1236 [zu § 270 III aF]; Anders WRP 2003, 206; HM-S/Häublein § 167 Rn 5; Teplitzky/Schilling Kap 55 Rn 70; SchWKT/Kessen Rn 33, str). Bei **öffentl Zustellung** (s § 922 Rn 15) ist für eine Parteizustellung und eine Vollziehungsfrist gem **II 1** kein Raum (so iErg OLG Bamberg NJW-RR 2013, 1279 = MDR 2013, 672). Ist die Vollziehung von einer **Sicherheitsleistung** abhängig gemacht (s § 921 Rn 4), muss deren Nachweis ggü dem Sch innerhalb der Frist geführt (§ 751 II) sein (grds OLG Nürnberg NJW-RR 2022, 500 Tz 10 ff; StJ/Bruns Rn 14).

11 **b) Zeitl Grenzen der Vollstreckung.** Die rechtzeitig eingeleitete Vollstreckung darf zu Ende geführt werden, wenn die vor Fristablauf und die nach Fristablauf getroffenen Maßnahmen eine Einheit bilden (OLG Düsseldorf MDR 83, 239; OLG Koblenz NJW-RR 87, 761; OLG Dresden Rpfleger 2017, 223, 225; Finger NJW 71, 1242; StJ/Bruns Rn 13; WSch/Thümmel Rn 11; aA OLG Köln FamRZ 85, 1065 mwN). Die Einleitung völlig neuer VollstrMaßnahmen (in andere Objekte) ist nach Fristablauf unzulässig (BGHZ 112, 360 = NJW 91, 497 = MDR 91, 242; BGH ZIP 2024, 1287 Tz 34). Eine fehlerhafte Pfändung wahrt die Vollziehungsfrist, auch wenn *Mängel erst nach deren Ablauf behoben* werden (OLG Düsseldorf JMBl NRW 60, 59; LG Berlin Rpfleger 71, 445; abw bei (endgültig) unwirksamen Vollstreckungsmaßnahmen OLG München MDR 2021, 1486: Verstoß gegen EinzelZwVVerbot gem § 111h St PO). Eine erfolglos gebliebene Pfändung kann nach Fristablauf wieder-

holt werden (OLG Celle NJW 68, 1682; Gaul/S/B-E § 78 Rn 4; MK/Drescher Rn 11; LG Hamburg DGVZ 91, 11, str). Die Frist wird ferner gewahrt durch die Vorpfändung (§ 845), den Pfändungsbeschluss bei der Briefhypothek, den Eintragungsantrag bei der Buchhypothek (KG MDR 91, 66) und den Antrag auf Erlass des Pfändungsbeschlusses bei der Forderungspfändung, wenn die Zustellung unverzügl danach betrieben wird (StJ/Bruns Rn 14; OLG Frankfurt FamRZ 80, 477; aA – abzulehnen – OLG Köln FamRZ 85, 1064: Drittschuldnerzustellung erforderl).

2) Vollziehung der einstweiligen Verfügung (§ 929 II 1 iVm § 936). a) Allgemeines. Im Regelfall muss eine **„Vollziehungs-Zustellung" des Titels** (s Rn 1) im Parteibetrieb (insb bei nicht der unmittelbaren Vollstreckung zugängl einstw Verfügungen) innerhalb der Frist des **II 1** erfolgen (**hM:** für Beschluss- und Urteilsverfügung: BGHZ 120, 78 f, 86 = NJW 93, 1077 = MDR 93, 268; OLG Frankfurt WRP 2019, 1041 Tz 13 f; OLG Schleswig MDR 2001, 231; OLG Köln WRP 2003, 541; OLG Stuttgart WRP 2009, 337; OLG Oldenburg WRP 2011, 508; OLG Düsseldorf WRP 2021, 782 Tz 12; Vohwinkel GRUR 2010, 981; StJ/Bruns § 938 Rn 30; MskV/Braun § 936 Rn 4, 5; ThP/Seiler § 936 Rn 7; AG/Becker § 936 Rn 5 „§ 929 – Parteizustellung"; Teplitzky/Schilling Kap 55 Rn 69 ff; aA OLG Oldenburg OLGZ 92, 467 f [abw OLG Oldenburg WRP 2011, 508]; OLG Hamburg WRP 80, 341 [abw OLG Hammburg WRP 97, 54]; OLG Stuttgart NJW-RR 98, 623; OLG Stuttgart WRP 97, 352 [abw OLG Stuttgart WRP 2009, 337]; Knieper WRP 97, 815; Wüstenberg WRP 2010, 1237; Hk-ZPO/Kemper § 936 Rn 12: für Unterlassungsverfügung; OLG Oldenburg FamRZ 89, 879; OLG Koblenz FamRZ 91, 589: für Geldleistungsverfügung; LAG Hamm MDR 87, 961: für rechtsgestaltende Verfügung; OLG Hamm MDR 93, 275: für Herausgabeverfügung). Neben der Parteizustellung ist auch eine andere verbindl Betätigung des Vollziehungswillens des Gl ggü dem Sch denkbar (BGH NJW 90, 124; OLG Dresden MDR 2017, 421; Teplitzky/Schilling Kap 55 Rn 71; aA Vohwinkel GRUR 2010, 981; s Bsp Rn 18). Scheitert eine Zustellung von Anwalt zu Anwalt (§ 195) an der fehlenden Mitwirkungsbereitschaft des gegnerischen Anwalts, soll damit auch die Vollziehung fehlgeschlagen sein (so OLG Karlsruhe NJW-RR 2016, 821; zust Ott WRP 2016, 1457 Rn 21; bedenkl, denn ein Fall unzweifelhafter Bekundung des Vollziehungswillens liegt vor). – **Stellungnahme:** Gegen das Erfordernis einer Vollziehungszustellung bestehen Bedenken. Hält man sie als Kundgabe des Vollziehungswillens und der Bereitschaft zur Haftungsübernahme nach § 945 für unerlässl, so muss (entgegen BGHZ 120, 86) *jede* entspr ausdrückl Erklärung in gleicher Weise genügen; die Sicherung des Beweises ist dann allein Sache des Gl. IÜ setzt die Haftung gem § 945 eine „Vollziehungs-Zustellung" überhaupt nicht voraus. Die Haftung setzt bereits mit dem Beginn des Vollstreckungsdrucks ein (BGH NJW-RR 2015, 541 Tz 17 = MDR 2015, 154; sa § 945 Rn 14), nicht erst mit von einer Zustellung des Titels im Parteibetrieb (BGHZ 180, 72 = MDR 2009, 1072 = WRP 2009, 999; s § 945 Rn 14); um seine Haftung hinauszuschieben, müsste der Gl umgekehrt bes erklären, aus dem Titel für einen bestimmten Zeitraum keine Rechte herzuleiten (BGHZ 180, 72 Tz 16) oder bei der Unterlassungsverfügung auf einen Antrag nach § 890 II verzichten. Für letztere folgt aus BAG NJW 2025, 683 Tz 8, 9, 24 allgemein, dass in der Einleitung des selbständigen Ordnungsmittelverfahrens (§ 890 II; BGH GRUR 2024, 486 Tz 10) die notwendige Vollziehungsmaßnahme liegt; es spielt keine Rolle, ob diese zeitlich vor, gleichzeitig oder erst nach Erlass des zu vollstreckenden Unterlassungstitels vom Gl beantragt wird. – Ist die Vollziehung von einer **Sicherheitsleistung** abhängig gemacht, muss diese innerhalb der Vollziehungsfrist erbracht und nachgewiesen sein, s Rn 10. Hat die Sicherheitsleitung die sich aus § 945 ergebenden Schadensersatzansprüche abzusichern, muss gestellte Sicherheit dazu vollständig kongruent sein (OLG Düsseldorf GRUR 2020, 1126 Tz 5); sa § 945 Rn 14. 12

b) Beschlussverfügung. aa) Parteizustellung. Das (uneingeschränkte) **Zustellungserfordernis** ist zugleich Wirksamkeitsvoraussetzung (§§ 936, 922 II; iE s § 922 Rn 13, 16) und Voraussetzung zur Fristwahrung gem **II 1** (BGHZ 120, 78 = NJW 93, 1077 = MDR 93, 268; OLG Frankfurt NJW-RR 98, 1007; KG NJW-RR 2000, 1239 f). Einzelheiten: § 922 Rn 13 f. 13

bb) Heilung von Zustellungsmängeln; Rechtsmissbrauch. Es gelten die allg Grundsätze, insb ermöglicht § 189 auch die Heilung einer fehlerhaften Vollziehungszustellung (Umfang bei „Urkundsmängeln" ie str; s BGH NJW 2019, 1374 Tz 13 f; OLG Köln WRP 2020, 238 Tz 20 ff; krit Bernreuther WRP 2019, 1143 Rn 15 ff). **Bsp:** (Amts-)Zustellung von einfacher statt beglaubigter Abschrift von Urteil (§ 317 I 1; BGH NJW-RR 2022, 1810 Tz 21 ff = MDR 2022, 846; OLG Düsseldorf WRP 2021, 782 – Rspr-Änderung; Meinhard WRP 2022, 1351 Rn 46; Vossler MDR 2022, 875. Dagegen sind Verstöße gegen die vorgeschriebene **Art** der Zustellung nicht heilbar, so Amtszustellung statt Parteizustellung (OLG Düsseldorf MDR 2010, 652; s Bsp § 922 Rn 16) und umgekehrt (BGH MDR 2010, 885; Eyinck MDR 2011, 1394; weiteres Bsp: Weidert/v. Werder WRP 2021, 1266 Rn 29 ff). Die Zustellungsvereitelung schließt als Fall des Rechtsmissbrauchs (§ 242 BGB; Einl Rn 41) die Berufung auf die Versäumung der Vollziehungsfrist aus (OLG Frankfurt WRP 2016, 637). 14

c) Urteilsverfügung. Trotz der Amtszustellung gem §§ 317, 166 II ist auch die Urteilsverfügung grds (neben etwaigen weiteren VollstrMaßnahmen, s Rn 17-20) durch Parteizustellung zu vollziehen (näher s Rn 12). Es bestehen insoweit keine Unterschiede zur Beschlussverfügung (Rn 13, 14). Die fehlerhafte Parteizustellung kann auch durch eine nachfolgende Amtszustellung geheilt werden (OLG München MDR 2005, 1244; OLG Hamburg WRP 97, 55; OLG Düsseldorf WRP 2021, 782 Tz 15 f – Rspr-Änderung). 15

d) Vollziehung bei verschiedenen Verfügungsformen. Maßgebend ist nicht so sehr die jur Einordnung der Verfügung (s § 935 Rn 2; § 940 Rn 2, 6), sondern die konkret angeordnete Maßnahme (§ 938 Rn 2, 12). 16

17 **aa)** Bei der **Sicherungsverfügung** kann der Zeitpunkt auf die Vornahme vorbereitender Handlungen der Rechtswahrung vorverlegt sein. Bsp: Ist durch einstw Verfügung eine Eintragung ins GB angeordnet, gilt als Vollziehung bereits die Stellung des Eintragungsantrags (vgl § 932 III; iE OLG Hamm MDR 83, 1031; OLG Hamm Rpfleger 95, 468; Baur/Stürner/Bruns Rn 54.16; aA LG Frankfurt Rpfleger 93, 254: auch Parteizustellung); beachte aber **III** (s Rn 27). IÜ erfolgt Vollziehung ebenfalls durch Parteizustellung.

18 **bb) Unterlassungsverfügung.** Die Verbots-(**Unterlassungs-**)**Verfügung** (insb die wettbewerbsrechtl Unterlassungsverfügung gem § 12 UWG) bedarf nach **hM** der Vollziehung durch **Parteizustellung** (Teplitzky/Schilling Kap 55 Rn 61 ff, 72 ff). Der Titel muss dazu auch die *Ordnungsmittelandrohung* (**§ 890 II**) enthalten oder diese muss gesondert zugestellt werden (BGHZ 120, 82 = NJW 93, 1077 = MDR 93, 268; Borck WRP 93, 374; Vollkommer WuB A § 945 ZPO 1.93). Enthält die vAw zugestellte **Urteilsverfügung** noch keine Ordnungsmittelandrohung gem § 890 II, genügt für deren Vollziehung, dass der gesonderte Beschluss über die Androhung vor Ablauf der Vollziehungsfrist erlassen und dem Sch vAw zugestellt wird, eine Parteizustellung ist dann nicht mehr geboten (BAG NJW 2025, 683 Tz 19 ff; sa Rn 12). Eine **aA** hält die Unterlassungsverfügung einer Vollziehung für nicht zugängl oder will für sie die Amtszustellung genügen lassen (OLG Hamburg WRP 80, 341; OLG Bremen WRP 79, 791; OLG Celle NJW-RR 90, 1088; OLG Oldenburg OLGZ 92, 469; OLG Stuttgart OLGZ 94, 364; LAG Hamm MDR 87, 1052; Knieper WRP 97, 815; differenzierend OLG Nürnberg NJW-RR 2022, 500 Tz 28; krit mwN Addicks MDR 94, 225 ff); es werden **Ausnahmen** von der als „sicherster Weg" (so OLG München MDR 2013, 422, 423) erforderl Parteizustellung für mögl gehalten (BGH NJW 90, 124 = MDR 89, 988); dabei wird aber nur ein Formalakt als gleichwertiger Ersatz anerkannt (BGHZ 120, 86 f = NJW 93, 1077 = MDR 93, 268; OLG München MDR 2013, 422, 423; OLG Düsseldorf MDR 2023, 1071). **Bsp:** Gl stellt innerhalb der Vollziehungsfrist Ordnungsmittelantrag bei verbotswidriger oder gebotener Handlung des Sch zu (vgl BGHZ 180, 72 = MDR 2009, 1072; OLG Dresden MDR 2017, 421; wohl weitergehend BAG NJW 2025, 683 Tz 24: rechtzeitiger Antrag nach § 890 II; sa Rn 12); er stellt im Anschluss an die ordnungsgemäße Amtszustellung (§ 317 I) – oder schon vorher – eine formlose Abschrift im Parteibetrieb zu (OLG München MDR 2013, 422; OLG Düsseldorf WRP 2021, 782 Tz 16; aA OLG Koblenz WRP 2017, 863 Tz 6); er nimmt die zu duldende Handlung innerhalb der Vollziehungsfrist vor (OLG Karlsruhe NJW-RR 88, 1470) oder hat eine – gescheiterte – Parteizustellung gem § 195 versucht (str s Rn 12); ein formloses Aufforderungsschreiben soll dagegen nicht genügen (OLG Dresden MDR 2017, 421 [Fischer MDR 2017, 631]), desgl nicht ein Tatbestandsberichtgungsantrag (OLG Düsseldorf MDR 2023, 1071). Die ZwV wegen Zuwiderhandlungen gegen ein Gebot (s Rn 19) oder Verbot (§ 890) ist von der Vollziehungsfrist unabhängig; sie kann auch noch nach Ablauf der Vollziehungsfrist erfolgen, solange die einstw Verfügung nicht aufgehoben wurde und die Dringlichkeit fortbesteht (OLG Köln MDR 2017, 1265).

19 **cc) Handlungs-(Gebots-)verfügung.** Bei der einstw Verfügung auf Auskunft, Gegenvorstellung, Besitzverschaffung, Zutrittsverschaffung uÄ ist umstr, ob die Parteizustellung als Vollziehungsmittel hinreicht (dafür OLG Frankfurt NJW-RR 98, 1007; OLG München MDR 2003, 53; OLG Köln MDR 2016, 1229; LG Koblenz WRP 98, 986) oder – weitergehend – noch Vollstreckungsanträge gem §§ 887, 888, ggf noch deren Mitteilung an den Sch (vgl § 891) erforderl sind (dafür mR OLG Hamburg WRP 96, 1047 [krit Ulrich]; OLG Rostock MDR 2006, 1425; abl OLG München MDR 2003, 53; OLG Köln MDR 2016, 1229; eingeh Teplitzky FS Kreft, 2004, S 163 für Auskunftsverfügung). Bsp: Zur Vollziehung einer einstw Verfügung auf Wiederherstellung der Strom- u Wasserversorgung ist (jedenfalls auch) Antragstellung gem §§ 887, 888 (OLGR Brandenburg 2009, 754), desgl zur Weiterbeschäftigung gem § 888 (LAG Niedersachsen EzA 6/2011, 16) und zum Abdruck einer Gegendarstellung gem § 888 erforderlich (OLG Dresden MDR 2017, 421).

20 **dd) Geldleistungsverfügung.** Ist eine *einmalige Geldleistung* angeordnet worden, so wird sie nur durch den rechtzeitigen Vollstreckungsantrag des Gl (zB **Pfändungsauftrag** an GVollz) vollzogen; eine Parteizustellung ist entbehrl (so OLG Celle FamRZ 88, 524; OLG Oldenburg FamRZ 89, 879, str). Bei *wiederkehrende Leistungen* ist umstritten, welche Anforderungen an die Vollziehung iSv **II 1**, § 936 zu stellen sind (Überblick: Walker, Der einstw Rechtsschutz im ZP u im arbeitsgerichtl Verf, 1993, Rn 587 ff). Teils wird für erforderl, aber auch ausreichend erachtet, dass der Gl das Urteil im Parteibetrieb zustellt (vgl OLG Hamm FamRZ 81, 583; OLG Köln FamRZ 92, 77) und (nach aA zusätzl) innerhalb 1 Monats ab Eintritt der Fälligkeit *hinsichtl der konkreten Teilforderung* mit der Vollstreckung beginnt (so OLG Hamm FamRZ 80, 1145 mN; OLG Hamm FamRZ 91, 583 u 584; OLG Hamm FamRZ 97, 1496; OLG Koblenz FamRZ 91, 589; OLG Bamberg FamRZ 85, 510 mN; AG Sinzig NJW-RR 86, 744; StJ/Bruns § 938 Rn 37; Lang AnwBl 81, 238). *Freiw (Teil-)Leistungen* machen die Vollziehung nur zunächst entbehrl (OLG Köln FamRZ 85, 508).

21 **ee) Einstw Verfügung auf GB-Eintragung.** Für den Fall des Arrestvollzugs in Grundstücke besteht eine Sondervorschrift gem § 932 III. Bei einstw Verfügungen auf Eintragung von Vormerkung, Widerspruch, Verfügungsverbot usw ins GB (s § 938 Rn 12 ff) gilt hinsichtl der Vollziehung: Bei Eintragungsersuchen durch das Gericht (vgl § 941) ist mit dessen Eingang beim GBA die Frist gem **II** 1 gewahrt (OLG Hamburg MDR 2012, 1249; sa § 932 Rn 9; § 941 Rn 2); der Gl muss noch die nachfolgende Zustellung gem III 2 an den Sch bewirken (aaO u s Rn 27); bei unmittelbarem Eintragungsantrag gilt § 932 III entspr (Rn 29).

21a **3) Grenzüberschreitende Vollziehung. a) Allgemeines.** Das Recht des Erlassstaates des Sicherungstitels kann den Zeitraum, in dem der Gl diesen vollstrecken muss, begrenzen (vgl Rn 1, 11). Für die Vollstreckung aus einem solchen Titel im Ausland gelten zusätzlich die Vorschriften im VollstrMitgliedstaat (BTDrs 19/27636, 34), s näher Rn 21b. Lit: Splinter, Mehr Zeit bei der Arrestvollziehung im Ausland, NJW 2022, 1848; Wagner, Vollziehung ausl Arreste in Dtl, WM 2021, 2076; Wagner, Neue dt Arrestvollziehungsfrist, RIW 2021, 777.

21b **b) Vollziehung inl Sicherungstitel im Ausland.** Für die Vollziehung des dt Sicherungstitels (Arrest; einstw Verfügung) im Ausland ist zusätzlich die lex fori des Vollstreckungsstaates zu beachten. Mit Blick auf §§ 924, 927 gilt **II 2** auch für den „umgekehrten Fall" der Auslandsvollziehung (ohne Vollstreckbarerklärung) eines inl Titels (Splinter NJW 2022, 1848 Rn 5, 18, 23; aA 34. Aufl); nach Rentsch IPrax 2020, 337; Wagner EuZW 2019, 41 ist **II 1** unerheblich. Eine Regelung des Fristbeginns fehlt, II 1 gilt entspr: Verkündung des Titels oder Zustellung an den ASt (vgl Wagner RIW 2021, 777; s auch Rn 9c). Bedarf der dt Titel der Vollstreckbarerklärung im Ausland, genügt die Antragstellung als Vollziehung nach **II.** Nach Splinter (NJW 2022, 1848 Rn 21) soll auch in diesem Fall die 2-Monats-Frist des II 2 gelten (zweifelhaft). Wird die Vollziehungsfrist nicht eingehalten, ist der Sicherungstitel aufzuheben (s Rn 23).

21c **c) Vollziehung ausl Sicherungstitel im Inland.** Die Vollziehung ausl Sicherungstitel im Inland richtet sich grds nach den Rn 10 ff. Da sie den inländischen Verfügungsformen (Rn 16 ff) kaum vollständig entsprechen werden (s Art 2 Buchst a Brüssel Ia-VO; hier Art 39 Brüssel Ia-VO Rn 3), ist eine Zuordnung zu der möglichst ähnlichen Verfügungsform vorzunehmen und entspr diesem dt Titel zu vollziehen. Nach Ablauf der Vollziehungsfrist (**II 1 oder II 2**; dazu Rn 9b, 9c) darf keine Vollstreckungsmaßnahme mehr erfolgen; Bsp: BGH Rpfleger 2019, 353; BGH ZIP 2024, 1287 Tz 35; ggf erfolgt Aufhebung s Rn 22, 25. Ob bei ausl Sicherungstiteln eine „Vollziehungszustellung" (Rn 12) im Inland stattzufinden hat, erscheint zweifelhaft.

22 **IV) Versäumung der Vollziehungsfrist. 1) Vollstreckungsakte.** Nach Ablauf der Vollziehungsfrist ist jegl Vollstreckung aus dem (dt) Arrestbefehl unzulässig (**II 1**; BGH ZIP 2024, 1287 Tz 34), wenn sie nicht vorher eingeleitet wurde (s Rn 11); gleiches gilt für die Vollstreckung aus einem ausl Sicherungstitel für die sich für diesen aus **II 1** oder **II 2** ergebende Vollziehungsfrist (Rn 9b, 9c). VollstrMaßnahmen nach Ablauf der Frist sind wegen erhebl Verfahrensverstoßes (s vor § 704 Rn 34) **unwirksam** (BGHZ 112, 361 = NJW 91, 497 = MDR 91, 242; 114, 328; BGH NJW 99, 3494; BGH ZIP 2024, 1287 Tz 34; Splinter NJW 2022, 1848 Rn 7; Brox/Walker § 51 Rn 17; Gaul/S/B-E § 78 Rn 1; **aA** WSch/Thümmel Rn 19); sa § 930 Rn 4. Die Wirksamkeit des Arrestbefehls als Urteil (Beschluss) wird durch die Versäumung der Vollziehungsfrist nicht berührt (BGH ZIP 2024, 1287 Tz 34; **aA** OLG Düsseldorf WRP 2024, 988 Tz 6: kein KFB; arg §§ 511, 927).

23 **2) Rechtsbehelfe bei inländischen Titeln. a) Aufhebung Arrestbefehl/einstw Verfügung.** Beim Beschlussarrest kann der Sch wählen, ob er den Arrestbefehl im **Widerspruchsverf** (§ 924 I) oder im Verf nach **§ 927** wegen Ablaufs der Vollziehungsfrist aufheben lassen will (OLG Karlsruhe Rpfleger 97, 17; sa § 924 Rn 2; § 927 Rn 2). Der Urteilsarrest kann entweder im Berufungsverf (OLG Hamm NJW-RR 86, 1232; OLG Hamburg WRP 96, 1047; OLG Düsseldorf MDR 2010, 652) oder wegen veränderter Umstände nach § 927 aufgehoben werden (OLG Düsseldorf NJW-RR 87, 763 f; OLG Düsseldorf GRUR 84, 385; OLG Düsseldorf MDR 2023, 1071). Wurde der Arrest vom Berufungsgericht erlassen, bleibt nur das Verf nach § 927 (OLG Frankfurt ZIP 81, 210). Nach Ablauf der Vollziehungsfrist ist die materielle Begründetheit von Arrest/einstw Verfügung noch insoweit zu prüfen, als ein Ordnungsmittelverf eingeleitet werden soll (OLG Köln MDR 2017, 1265). Hat der Sch die Einhaltung der Vollziehungsfrist arglistig vereitelt, ist die Berufung auf den Fristablauf missbräuchl (Bsp: OLG Celle OLGZ 86, 489); dies kann der Gl im Aufhebungsverf einredew geltend machen. Darüber hinaus haftet der Sch nach § 826 BGB (vgl OLG Frankfurt OLGZ 94, 95; StJ/Bruns Rn 16).

24 **b) Aufhebung der Vollstreckungsakte.** Der Sch kann nach § 766 die Aufhebung der nach Ablauf der Vollziehungsfrist vorgenommenen **Vollstreckungsakte** verlangen (BGH ZIP 89, 404; StJ/Bruns Rn 16 mwN; allgM).

24a **c) Keine Kostenerstattung.** Nimmt der Gl Antrag auf einstw Verfügung wegen Fristversäumung zurück, kann er die ihm nach § 269 III 2 auferlegten Kosten auch dann nicht vom Sch zurückverlangen, wenn er im Hauptsacheverf obsiegt (BGH NJW-RR 95, 495 f; s § 920 Rn 13).

25 **3) Rechtsbehelfe bei ausländischen Sicherungstiteln.** Die Zuständigkeit nach § 927 II Hs 2 1. Fall zur Aufhebung des Sicherungstitels wegen Ablaufs der Vollziehungsfrist (s Rn 23 u § 927 Rn 6) besteht bei ausländischen Sicherungstiteln nicht; die Fristversäumung nach **II 1, 2** muss mit dem Rechtsbehelf gegen die ZwV-Maßnahme geltend gemacht werden (s Rn 24).

26 **4) Erneuter Arrest. a) Inl Sicherungstitel.** Nach Ablauf der Vollziehungsfrist (**II 1**) kann der Gl erneut den Erlass eines Arrests beantragen, wenn die ges Voraussetzungen vorliegen (OLG Hamburg MDR 2012, 1249; StJ/Bruns Rn 17 mwN; einschr KG NJW-RR 92, 318). Bei bewusstem Verstreichenlassen der Vollziehungsfrist kann aber (auch vermutete: s § 935 Rn 12) Eilbedürftigkeit entfallen (OLG Celle MDR 2013, 116 zu § 885 I 2 BGB). Der Antrag kann auch im Widerspruchsverf und in der Berufungsinstanz gestellt werden (StJ/Bruns Rn 17; OLG Zweibrücken WRP 2016, 280 Tz 20 f; Treffer MDR 99, 952; **aA** die **hM:** AG/Becker Rn 9, 10; ThP/Seiler Rn 5; WSch/Thümmel Rn 18; Ahrens/Ahrens, Wettbewerbsprozess, Kap 55 Rn 23 ff; OLGR Düsseldorf 2004, 477: Zuständigkeit I Instanz). Liegen die Arrestvoraussetzungen vor, ist der 1. Arrestbefehl gar nicht aufzuheben, sondern zu bestätigen (StJ/Bruns Rn 17; zust OLG Celle NJW 86, 2441, 2442; **aA** OLG Düsseldorf

GRUR 84, 385; KGR 2005, 1006). Dies ist jedoch bei der Kostenentscheidung zu berücksichtigen, die entspr § 92 zu treffen ist (StJ/Bruns Rn 17, str; s Ahrens WRP 99, 8 mN), denn der Sache nach liegt eine mit dem Neuerlass des Arrests verbundene Aufhebung vor. Eine **Anschlussberufung** mit dem Ziel, den Arrest neu zu erlassen, ist unzulässig (OLG Frankfurt WRP 83, 212; OLG Koblenz GRUR 81, 91; Zweibrücken OLGZ 80, 28; OLGR Düsseldorf 2004, 477, 478; aA Hegmanns WRP 84, 122; OLG Düsseldorf GRUR 84, 386). Diese Grundsätze gelten auch für die **einstw Verfügung** (OLG Zweibrücken WRP 2016, 280 Tz 20 f).

26a **b) Ausl Sicherungstitel.** Der Ablauf der Vollziehungsfrist (**II 1 oder 2**; s Rn 9b, 9c) bei einem **ausl Sicherungstitel** kann Anlass sein, im Inland entspr den Grundsätzen in Rn 26 einen Arrest oder eine einstw Verfügung zu beantragen (s vor § 916 Rn 2).

27 **V) Vollziehung vor Zustellung (§ 929 III). 1) Voraussetzungen. III 1** ist eine Ausnahme von §§ 750, 751. Diese Bestimmung gilt auch bei der Vollziehung eines ausl Sicherungstitels im Inland, wobei bei diesem die einzuhaltende Vollziehungsfrist nach **II 1** und **II 2** zu bestimmen ist (s Rn 3 u 9a). Bei einer Forderungspfändung gem § 930 I 3, §§ 829 ff ist aber nur die Zustellung an den Sch entbehrl, nicht die an den Drittschuldner; denn § 829 III bleibt unberührt (vgl BayObLG Rpfleger 85, 59; OLG Frankfurt NJW-RR 99, 1447 f = Rpfleger 99, 85 f). Die Zustellung des Arrestbefehls an den Sch muss jedoch zur Wirksamkeit der Vollstreckungsakte gem **III 2 innerhalb 1 Woche** nach der **„Vollziehung"** und **vor Ablauf der Frist des II** erfolgen (beim Arresturteil genügt Amtszustellung gem § 317, s OLG Celle FamRZ 88, 524; WSch/Thümmel Rn 21; dazu neigend Dötsch MDR 2010, 1095; aA OLG Dresden MDR 2017, 421 [Fischer MDR 2017, 631]). Die **Wochenfrist** beginnt abw von der Vollziehung iSv **II** (s Rn 10 ff) **nicht** schon mit Eingang des Antrags beim zuständigen Vollstreckungsorgan, sondern erst mit der Bewirkung des Vollstreckungszugriffs, bei der Forderungspfändung also mit der Zustellung an den Drittschuldner gem §§ 930, 829 III (OLG Frankfurt NJW-RR 99, 1446 = Rpfleger 99, 84 gegen die hM); bei Eintragungsersuchen gem § 941 (s Rn 21; § 941 Rn 2) entscheidet nach hM der Eingang beim GBA (OLG Hamburg MDR 2012, 1249; Dötsch MDR 2010, 1094 mwN), nicht die Eintragung (so aber MskV/Braun § 941 Rn 1). Die Wochenfrist ist nicht verzichtbar (OLG Frankfurt OLGZ 82, 103 = Rpfleger 82, 32). Beim Arrestbeschluss wird die Frist wegen § 922 II nur durch eine Zustellung im Parteibetrieb gewahrt (OLG Koblenz FamRZ 88, 191; zweifelhaft: s § 922 Rn 16). Muss die Zustellung im Ausland oder öffentl erfolgen, genügt zur Wahrung der Frist die Einreichung des Zustellungsersuchens, wenn die Zustellung demnächst erfolgt (§ 167; OLG Hamburg NJW-RR 88, 1277; OLG Köln OLGZ 87, 406 f). Ist die Vollziehung von einer **Sicherheitsleistung** abhängig (§ 751 II, s § 921 Rn 4), so ist die Sicherheit vor der Vollziehung zu erbringen (sa Rn 10); die öffentl Urkunden darüber können später, aber müssen innerhalb der Frist des **III** zugestellt werden (StJ/Bruns Rn 19; AG/Becker Rn 16). **III 2** ist nicht anwendbar, wenn die Zustellung (wenn auch fehlerhaft, aber heilbar, OLG Düsseldorf JMBl NRW 60, 59) vor der Vollziehung erfolgt ist (LG Aachen NJW-RR 90, 1344 mN; StJ/Bruns Rn 19).

28 **2) Verstoß.** Hat Arrestgläubiger die Frist des **III 2** versäumt, ist eine vor Zustellung des Arrestbefehls durchgeführte VollstrMaßnahme unwirksam (BGH NJW 99, 3493; StJ/Bruns Rn 21). Dies kann durch Erinnerung gem § 766 geltend gemacht werden (BGH ZIP 89, 404; OLG Frankfurt NJW-RR 99, 1446 = Rpfleger 99, 84); zu den grundbuchrechtl Rechtsbehelfen s § 932 Rn 7. Die Wirksamkeit des Arrests wird durch die Fristversäumnis nicht berührt; der Gl kann vielmehr innerhalb der Frist des **II** den Arrest oder den ausl Sicherungstitel erneut vollziehen. Ist die Vollziehungsfrist wegen Wirkungslosigkeit der vorzeitigen Vollziehung (III 1) verstrichen (II), ist erneuter Arrest zu beantragen (s Rn 23). War die Versäumung der Wochenfrist (III 2) nur die Folge technischen Versagens, lässt dies die Dringlichkeit der Eilmaßnahme idR nicht entfallen (OLG Hamburg MDR 2012, 1249).

29 **3) Einstweilige Verfügung. III** ist anwendbar (vgl BGH NJW 90, 122, 124), soweit nicht die Vollziehung gerade in der Zustellung besteht (s Rn 12 ff, 18 f). Bsp: Grundbucheintragung von Veräußerungsverbot (s § 938 Rn 12, 14) vor Zustellung der anordnenden einstw Verfügung (BayObLG Rpfleger 2004, 93).

§ 930 Vollziehung in bewegliches Vermögen und Forderungen

(1) [1]Die Vollziehung des Arrestes in bewegliches Vermögen wird durch Pfändung bewirkt. [2]Die Pfändung erfolgt nach denselben Grundsätzen wie jede andere Pfändung und begründet ein Pfandrecht mit den im § 804 bestimmten Wirkungen. [3]Für die Pfändung einer Forderung ist das Arrestgericht als Vollstreckungsgericht zuständig.

(2) Gepfändetes Geld und ein im Verteilungsverfahren auf den Gläubiger fallender Betrag des Erlöses werden hinterlegt.

(3) Das Vollstreckungsgericht kann auf Antrag anordnen, dass eine bewegliche körperliche Sache, wenn sie der Gefahr einer beträchtlichen Wertverringerung ausgesetzt ist oder wenn ihre Aufbewahrung unverhältnismäßige Kosten verursachen würde, versteigert und der Erlös hinterlegt werde.

(4) Die Vollziehung des Arrestes in ein nicht eingetragenes Seeschiff ist unzulässig, wenn sich das Schiff auf der Reise befindet und nicht in einem Hafen liegt.

I) Allgemeines. Vollziehung eines Arrestbefehls ist grds in das gesamte Vermögen des Sch zulässig (s § 922 Rn 9). Zu beachten ist, dass der Arrest eine Sicherungsmaßregel ist und eine Verwertung erst in Frage kommt, wenn ein vollstreckbarer Titel zur Hauptsache vorliegt (**II, III**; BGHZ 89, 86 = MDR 84, 383 u näher s Rn 5; Ausnahme: Leistungsverfügung, s Rn 7; § 935 Rn 2, § 940 Rn 6). Grundlage für die Festsetzung von Vollstreckungs- oder Vollziehungskosten ist der Arrestbefehl (KG Rpfleger 77, 372). 1

II) Arrestpfändung (§ 930 I). 1) Sachpfändung. Es gelten die allg Bestimmungen (§§ 803 ff; 808 ff). Sucht der GV die Räume des Sch auf, ist nach §§ 758, 758a vorzugehen. Bei der Pfändung auf Grund eines Arrestbefehls ist idR Gefahr im Verzug (§ 758a I 2), denn anderenfalls wäre ein Arrestgrund (§ 917) kaum anzunehmen gewesen (Schneider NJW 80, 2378; AG Mönchengladbach-Rheydt DGVZ 80, 94; sa § 61 IV GVGA; aA OLG Karlsruhe DGVZ 83, 139; AG Detmold DGVZ 83, 189; AG/Vogt-Beheim § 758 Rn 15 – „Gefahr im Verzug"; SchWKT/Kessen Rn 2). Ist der Arrest auf Grund mündl Verh ergangen, kann die Ausnahmesituation gem § 758a I 2 nicht ohne weiteres angenommen werden (vgl Amelung ZZP 88 [1975], 91; MskV/Braun Rn 2; hier s § 758a Rn 32). Arrestvollzug zur Unzeit: § 758a IV gilt. 2

2) Forderungspfändung (§ 930 I). a) Antrag. Mit dem Antrag auf Erlass des Arrestbefehls kann die Pfändung einer Forderung, eines Herausgabeanspruchs oder anderer Vermögensrechte (§§ 846 ff, § 857) verbunden werden (OLG München NJW-RR 2022, 140 Tz 34; sa § 920 Rn 5); zweifelhaft, ob der für „isolierte" Anträge eingeführte Formularzwang (§ 3 ZVFV) auch für *verbundene* Anträge gilt. Dies ist zu verneinen, da im Formular ein PfB ohne ÜB nicht vorgesehen ist (vgl BGHZ 200, 145 Tz 31 = NJW 2014, 3160 = Rpfleger 2014, 272: „zumindest widersprüchlich"). Zulässig bei Verbindung ist (auch wenn der Arrest nach mündl Verh durch Urteil angeordnet wird, hM, zB MK/Drescher Rn 4; WSch/Thümmel Rn 8, je mN) Entscheidung über den Pfändungsantrag im Arrestbeschluss bzw iVm dem Arresturteil (s § 922 Rn 9). Wird allerdings der Arrest von einer Sicherheitsleistung abhängig gemacht, ist eine solche Verbindung unzulässig (OLG Düsseldorf Rpfleger 84, 161). 3

b) Zuständigkeit (I 3). Ausschließl zuständig ist das **Arrestgericht als VollstrGericht** (§ 802 iVm **I 3**), bei Erlass des Arrests durch das Rechtsmittelgericht das Gericht des 1. Rechtszugs (StJ/Bruns Rn 2). Das gleiche Gericht ist auch zuständig für die Aufhebung des Pfändungsbeschlusses gem §§ 775, 776 (OLG Bremen WM 98, 522 aE), die Aufhebung der Arrestvollziehung aus § 934 (OLG München OLG 20, 374) und die Entscheidung über Erinnerungen nach § 766 (BGHZ 66, 394 = NJW 76, 1453 = MDR 76, 1014; OLG Stuttgart Rpfleger 75, 407; LG Berlin MDR 75, 765; OLG Frankfurt Rpfleger 80, 485). Die Zuständigkeit des Arrestgerichts als Vollstreckungsgericht **endet**, sobald eine vollstreckbare Entscheidung in der Hauptsache ergeht (OLG Hamm MDR 2017, 1146), also mit der Erstarkung des Arrestpfandrechts zum Pfändungspfandrecht (s Rn 5); von da an ist Vollstreckungsgericht (§ 828 II, § 802) zuständig (OLG Hamm MDR 2017, 1146). Bei Verbindung des Arrestbeschlusses mit der Forderungspfändung ist dem Gl eine beglaubigte Abschrift zuzustellen; er hat sodann den GV mit der Zustellung an Drittschuldner und Sch zu beauftragen; mit Zustellung an den Drittschuldner ist der Arrest in die Forderung vollzogen (vgl BGH ZIP 2000, 902). Soweit der Arrestbefehl nicht zugleich den Pfändungsbeschluss enthält, ist die Pfändung von Forderungen aus dem Arrestbefehl dem Rpfleger übertragen (§ 20 I Nr 16 RPflG; Rechtsbehelf: § 766, OLG Frankfurt Rpfleger 80, 485). Enthält der Arrestbefehl zugleich den Pfändungsbeschluss, bleibt es für den Antrag, den Pfändungsbeschluss anders zu fassen oder für die gepfändete Forderung einen weiteren Drittschuldner zu bezeichnen, bei der Richterzuständigkeit (OLG München Rpfleger 75, 34).

c) Rechtsbehelfe. Gegen die Forderungspfändung ist Erinnerung (§ 766; vgl OLG Zweibrücken FamRZ 2000, 966) oder sof Beschwerde zulässig (allg s § 828 Rn 1).

d) Auswirkungen. Da der Gl auf Grund der Arrestpfändung einer Forderung oder eines anderen Vermögensrechts (§§ 828 ff, §§ 846 ff, §§ 857 ff) **keine** Möglichkeit zu deren **Verwertung** hat (s Rn 1), kann ihm auch kein klagbarer Anspruch auf Auskunft gegen den Drittschuldner, der die von ihm nach § 840 geforderte Erklärung nicht abgibt, eingeräumt werden (BGHZ 68, 289 = NJW 77, 1199 = MDR 77, 746), desgl steht ihm bei einem Gesellschaftsanteil kein Kündigungsrecht gem § 726 BGB = §725 BGB aF, §§ 133, 161 II HGB = §§ 135, 161 II HGB aF zu (vgl OLGR Koblenz 2001, 346; Stöber/Rellermeyer FdgPfdg Rn 1568; MskV/Fleckenhaus § 857 Rn 30, 31). Ist in Vollzug des Arrestbefehls eine (Geld-)**Forderung gepfändet**, so kann der Drittschuldner nur noch an den Arrestschuldner und Pfändungsgläubiger gemeinschaftl zahlen (§§ 828 ff, § 804; § 1281 BGB; RGZ 77, 254). Arrestgläubiger und Sch können Hinterlegung des gepfändeten Betrags für sich und den Arrestschuldner verlangen und nötigenfalls auf Hinterlegung bei der Hinterlegungsstelle klagen (RGZ 36, 357). Der auf einen Arrest gestützte *Überweisungsbeschluss* ist nichtig (BGHZ 121, 101 ff mwN = NJW 93, 736; BGHZ 127, 153; BGH NJW 2014, 2732 = MDR 2014, 1108 = Rpfleger 2015, 38); § 836 II gilt entspr, außer bei Bösgläubigkeit (aA BGHZ 121, 104 ff = NJW 93, 736; m Recht abl dazu Walker ZZP 107 [1994], 105, 107 ff; Henckel ZZP 108 [1995], 260 ff; einschr BGHZ 127, 146, 155 f; dazu näher s vor § 704 Rn 34; § 836 Rn 7). Wegen der Arrestvollziehung in Forderungen aus einem *Kontokorrentverhältnis* vgl BGHZ 80, 172 = NJW 81, 1611 = MDR 81, 730; OLG Celle WM 81, 780; in einen *Auflassungsanspruch* vgl BayObLG Rpfleger 85, 58. Ist ein Anspruch auf Herausgabe einer körperl Sache arrestweise gepfändet, kann der Arrestgläubiger von dem Drittschuldner die Herausgabe an den GV oder Sequester verlangen (§§ 847 f). *Fehlt* der Arrest (s Rn 5) oder ist er *nicht rechtzeitig vollzogen* (s § 929 Rn 22, 28), ist die Vollstreckungshandlung unwirksam (BGHZ 114, 328; BGH NJW 99, 3493). 4

5 **III) Vollstreckbarer Titel.** Ist der Gl im Besitz eines **vollstreckb Titels zur Hauptsache**, verwandelt sich (richtiger: tritt zur Sicherungsfunktion der Arrestpfändung die Verwertungsfunktion der ZwV hinzu, StJ/Bruns Rn 11) sein Arrest- in ein Vollstreckungspfandrecht (OLG Hamm MDR 2017, 1146), dessen Rang sich nach dem Zeitpunkt der Arrestpfändung bestimmt (vgl BGHZ 66, 394; BGHZ 118, 165; Gaul/S/B-E § 78 Rn 16). § 216 I BGB findet auf das **Arrestpfandrecht** Anwendung (OLG Dresden MDR 2003, 54, str). Der durch das Arrestpfandrecht erlangte Rang geht auch dem Pfandrecht eines Gl mit endgültigem Titel vor (§ 804 III; MK/Drescher Rn 5; Brox/Walker § 51 Rn 22). Der Gl kann, wenn der Schuldtitel nach § 750 (ggf mit Bescheinigung der Hinterlegungsstelle über die Hinterlegung der Sicherheit) dem Sch zugestellt ist (hM, vgl Gaul/S/B-E § 78 Rn 16; Brox/Walker § 51 Rn 25; aA Baur/Stürner/Bruns Rn 52.12 f), die Überweisung der Forderung zur Einziehung beantragen, und zwar, da die Überweisung nicht auf Grund des Arrestbefehls erfolgt, beim AG als VollstrGericht. Auf Grund des ergehenden Beschlusses ist Klage gegen Drittschuldner auf Zahlung oder Antrag an Hinterlegungsstelle auf Herausgabe des Erlöses an den Gl zulässig. Ein Anspruch gegen den Sch auf Einwilligung in die Auszahlung besteht nicht (OLG Frankfurt OLGZ 83, 103). Wird Klage in der Hauptsache abgewiesen, bleibt das Arrestpfandrecht zunächst bis zur Aufhebung gem §§ 927, 776 bestehen (Brox/Walker § 51 Rn 25).

6 **IV) Verwertungsbeschluss (§ 930 III).** Zuständig für die Anordnung nach **III** ist das VollstrGericht, dh das AG, in dessen Bezirk sich die Sache befindet (§ 847 II, § 764 II, § 802), also nicht das Arrestgericht. Entscheidung nach freiem Ermessen; zuständig ist der Rpfleger (§ 20 I Nr 17 RPflG). Der GV soll leicht verderbl Waren jedoch nur pfänden, wenn mit einem Verwertungsbeschluss nach **III** zu rechnen ist (Noack DGVZ 81, 83). Rechtsbehelf: sof Beschwerde (§ 11 I RPflG iVm § 793). Ist ein Anspruch auf Herausgabe einer bewegl Sache (§ 847) gepfändet, kann Anordnung nach **III** erst nach freiw oder durch Klage erzwungener Herausgabe der Sache an den GV ergehen (OLG Hamburg OLG 33, 133).

7 **V) Schranken der Vollziehung des Arrests bei Seeschiffen (§ 930 IV).** Das Vollziehungsverbot umfasst weitergehend auch Gl-Handlungen. **IV** gilt nur für nicht eingetragene Seeschiffe; eine entspr Regelung für eingetragene Seeschiffe enthält § 931 VII. Ein Verstoß gegen das Vollziehungsverbot macht die ZwV-Maßnahme (insb Arrestpfändung) nichtig (s allg vor § 704 Rn 34); Offenkundigkeit und Schwere des Verstoßes liegen vor.

8 **VI) Einstweilige Verfügung.** § 930 findet auf die einstw Verfügung keine Anwendung. Geht sie auf Befriedigung des Gl (s § 940 Rn 6), kann bei der Pfändung bewegl Sachen auch deren Versteigerung und Verwertung (AG Wolfsburg DGVZ 95, 62), bei Pfändung von Forderungen auch Überweisung erfolgen (RGZ 36, 390; Zuständigkeit: § 828 II, s § 928 Rn 7). Zur Vollziehung der Leistungsverfügung s § 929 Rn 20.

9 **VII) Gebühren. 1) Gericht:** Bei der Pfändung einer Forderung ist eine Festgeb von 24 Euro (2111 GKG-KV) anzusetzen; diese wird auch dann bes erhoben, wenn die Pfändung mit einem Arrestbefehl in einem Beschluss vereinigt ist. – Im Falle des III (Anordnung der Versteigerung und Hinterlegung des Erlöses) wird keine Geb erhoben. – **2) RA:** Er erhält die Vollziehungsgeb 3309 RVG-VV, § 18 I Nr 2 RVG. Die Anordnung der Versteigerung einer arrestw gepfändeten Sache (III) einschließl der Hinterlegung des Erlöses bildet zusammen mit der VollstrMaßnahme der Pfändung eine einzige Vollstreckungsangelegenheit iSd Gebührenrechts. – **3) GV** im Fall III: 300 GvKostG-KV, s § 814 Rn 5.

§ 931 Vollziehung in eingetragenes Schiff oder Schiffsbauwerk

(1) Die Vollziehung des Arrestes in ein eingetragenes Schiff oder Schiffsbauwerk wird durch Pfändung nach den Vorschriften über die Pfändung beweglicher Sachen mit folgenden Abweichungen bewirkt.

(2) Die Pfändung begründet ein Pfandrecht an dem gepfändeten Schiff oder Schiffsbauwerk; das Pfandrecht gewährt dem Gläubiger im Verhältnis zu anderen Rechten dieselben Rechte wie eine Schiffshypothek.

(3) Die Pfändung wird auf Antrag des Gläubigers vom Arrestgericht als Vollstreckungsgericht angeordnet; das Gericht hat zugleich das Registergericht um die Eintragung einer Vormerkung zur Sicherung des Arrestpfandrechts in das Schiffsregister oder Schiffsbauregister zu ersuchen; die Vormerkung erlischt, wenn die Vollziehung des Arrestes unstatthaft wird.

(4) Der Gerichtsvollzieher hat bei der Vornahme der Pfändung das Schiff oder Schiffsbauwerk in Bewachung und Verwahrung zu nehmen.

(5) Ist zur Zeit der Arrestvollziehung die Zwangsversteigerung des Schiffes oder Schiffsbauwerks eingeleitet, so gilt die in diesem Verfahren erfolgte Beschlagnahme des Schiffes oder Schiffsbauwerks als erste Pfändung im Sinne des § 826; die Abschrift des Pfändungsprotokolls ist dem Vollstreckungsgericht einzureichen.

(6) [1]Das Arrestpfandrecht wird auf Antrag des Gläubigers in das Schiffsregister oder Schiffsbauregister eingetragen; der nach § 923 festgestellte Geldbetrag ist als der Höchstbetrag zu bezeichnen, für den das Schiff oder Schiffsbauwerk haftet. [2]Im Übrigen gelten der § 867 Abs. 1 und 2 und der § 870a Abs. 3 entsprechend, soweit nicht vorstehend etwas anderes bestimmt ist.

(7) Die Vollziehung des Arrestes in ein eingetragenes Seeschiff ist unzulässig, wenn sich das Schiff auf der Reise befindet und nicht in einem Hafen liegt.

I) Arrestvollziehung. 1) Voraussetzungen. Die ZwV in ins Schiffsregister und Schiffsbauregister eingetragene Schiffe erfolgt durch Zwangsversteigerung seitens des VollstrGer. Insoweit sind die Schiffe den Grundstücken gleich behandelt (§ 864 u § 162 ZVG). Bei der **Arrestvollziehung** macht sich die Eigenschaft des Schiffes und Schiffsbauwerkes als bewegl Sache wieder geltend; sie geschieht durch **Pfändung** (vgl **I, III Hs 1**; näher SchWKT/Kessen Rn 2). Die Anordnung der Pfändung kann in den Arrestbefehl aufgenommen werden und wird dann von dem **Arrestgericht** erlassen; ist dies nicht der Fall, ist der Rpfleger für die Anordnung zuständig (§ 20 I Nr 16 RPflG). Der GV, der das Schiff oder Schiffsbauwerk pfändet und in Besitz nimmt, hat die zur Bewachung und Verwahrung des Schiffes erforderl Maßregeln nach §§ 808, 928 zu treffen (**IV**). Hat das VollstrGericht gem § 930 III die Versteigerung des Schiffes angeordnet, so erfolgt sie durch den GV (§§ 816 ff). Die eingetragenen Schiffspfandrechte bleiben durch die Versteigerung unberührt (KGJ 40, 97). Die Vollziehungsschranken gem **VII** entsprechen denen bei nicht eingetragenen Seeschiffen (s § 930 IV u dazu § 930 Rn 7). Nicht eingetragene oder ausl Schiffe werden wie bewegl Sachen gepfändet und verwertet. **Beschränkungen** durch internationale Verträge: Kerameus aaO. Zur Arrestvollziehung in **Luftfahrzeuge** (s § 864 Rn 4) s näher MK/Drescher Rn 6. 1

2) Wirkung. Das Arrestpfandrecht (§ 804) entsteht ohne Eintragung in das Schiffsregister bzw Schiffsbauregister; die Eintragung dient nur zur Berichtigung und zum Schutz des Gl ggü gutgläubigen dritten Erwerbern des Schiffes, Schiffsbauwerkes oder eines Pfandrechts daran. Im Zwangsversteigerungsverf ist der Arrestgläubiger Beteiligter (§ 9 ZVG). 2

II) Einstweilige Verfügung. § 931 ist unanwendbar. 3

§ 932 Arresthypothek

(1) [1]Die Vollziehung des Arrestes in ein Grundstück oder in eine Berechtigung, für welche die sich auf Grundstücke beziehenden Vorschriften gelten, erfolgt durch Eintragung einer Sicherungshypothek für die Forderung; der nach § 923 festgestellte Geldbetrag ist als der Höchstbetrag zu bezeichnen, für den das Grundstück oder die Berechtigung haftet. [2]Ein Anspruch nach § 1179a oder § 1179b des Bürgerlichen Gesetzbuchs steht dem Gläubiger oder im Grundbuch eingetragenen Gläubiger der Sicherungshypothek nicht zu.

(2) Im Übrigen gelten die Vorschriften des § 866 Abs. 3 Satz 1, des § 867 Abs. 1 und 2 und des § 868.

(3) Der Antrag auf Eintragung der Hypothek gilt im Sinne des § 929 Abs. 2, 3 als Vollziehung des Arrestbefehls.

I) Allgemeines. 1) Vollziehung in Grundstücke. a) Anwendungsbereich. Der Arrestvollzug setzt einen **Arrestbefehl** voraus. Seine Vollziehung in ein Grundstück oder grundstücksgleiches Recht erfolgt durch Eintragung einer Sicherungshypothek für die Forderung **(Arresthypothek)**, die – im Falle einer Umwandlung gem Rn 4, 5 – eine Vorstufe der Zwangssicherungshypothek gem §§ 866 ff bildet. Voraussetzung der Eintragung ist, dass Eigentümer und der im Schuldtitel bezeichnete Sch die gleiche Person sind (RGZ 85, 166). § 932 findet auf die Vollziehung des Vermögensarrestes gem §§ 111e, 111f II StPO entsprechende Anwendung (OLG Celle FGPrax 2018, 102). 1

b) Arresthypothek. Die Arresthypothek ist ein vollwertiges Sicherungspfandrecht, das nicht nur auf eine reine Sicherungsfunktion beschränkt ist, sondern dem bereits eine latente Verwertungsfunktion zukommt; nach der hM kann der Gl aus ihr auf Duldung der ZwV klagen, § 1147 BGB ist anwendbar (BGH NJW 97, 3233 = MDR 97, 778; StJ/Bruns Rn 3; Gaul/S/B-E § 78 Rn 21; MK/Drescher Rn 11; ThP/Seiler Rn 1). Eine Gefahr für den Sch liegt darin nicht, da im Duldungsprozess die – zunächst nur glaubhaft gemachte, § 920 II – gesicherte Forderung bewiesen werden muss. Im Gegensatz zur Rechtslage bei der gewöhnl Hypothek und Sicherungshypothek gem §§ 866 ff steht dem eingetragenen Gl ein ges Löschungsanspruch (§§ 1179a, 1179b BGB) nicht zu (**I 2**). 2

c) Eintragung. Die Hypothek ist als **Sicherungshöchstbetragshypothek** einzutragen; als Höchstbetrag ist der nach § 923 festgestellte Geldbetrag zu bezeichnen (zur Bemessung der Höhe s § 923 Rn 1). Unwirksam ist die Zinseintragung bei Eintragung einer Sicherungshypothek für Hauptsache und „laufende Zinsen" (KGJ 31, 336). Soll der Arrest zur Sicherung einer jährl Unterhaltsrente dienen, ist die Arrestsumme so hoch anzunehmen, dass aus deren Zinsen die jährl Rente gedeckt werden kann (OLG Karlsruhe OLG 7, 356). Übersteigt die in dem Arrestbefehl gem § 923 festgesetzte Lösungssumme die im § 866 III bezeichnete Wertgrenze von 750 Euro, so kann auf Grund des Arrestbefehls die Eintragung einer Sicherungshypothek bis zum Höchstbetrag der Lösungssumme auch dann erfolgen, wenn die durch den Arrestbefehl gesicherten mehreren Forderungen mit ihren einzelnen Beträgen hinter dieser Wertgrenze zurückbleiben (KG JFG 7, 401). Das Gleiche gilt, wenn in dem vorgenannten Fall für alle oder einzelne der durch den Arrestbefehl gesicherten Forderungen vollstreckbare Urteile in verschiedenen Verf erwirkt worden sind (KG DJZ 30, 631). Der Gl ist berechtigt, die Arresthypothek zu einem geringeren Betrag als der im Arrestbefehl bestimmten Lösungssumme eintragen zu lassen; der Teilbetrag 3 muss jedoch 750 Euro übersteigen. Bsp: Aufteilung auf mehrere Grundstücke des Sch; Lösungssumme ist dann der jew Höchstbetrag (vgl LG Bremen Rpfleger 94, 163). Fehlt die Angabe des Höchstbetrags im Arrestbefehl, so ist der Antrag auf Eintragung zurückzuweisen. **Rechtsbehelf** des Sch gegen die Eintragung, des Gl gegen deren Ablehnung: § 71 GBO (Brox/Walker § 51 Rn 39 f).

4 **2) Umwandlung. a)** Liegt bzgl der Arrestforderung ein **rechtskräftiges Urteil** vor, kann (und muss) der Gl unter Vorlage des Urteils beim GBA die Umwandlung der Arresthypothek in eine Zwangssicherungshypothek (§§ 1186, 1190 BGB, § 867 I, § 932 II ZPO) beantragen (BGH NJW 97, 3233), wenn die im Urteil zugesprochene Forderung den Betrag von 750 Euro übersteigt. Die Veräußerung des Grundstücks steht der Umschreibung nicht entgegen (BGH NJW 97, 3233), ein Titel gegen den nunmehrigen Eigentümer ist nicht erforderl (LG Zweibrücken NJW-RR 95, 512); dagegen ist nach der Eröffnung des InsVerf eine Umschreibung nicht mehr mögl, auch wenn der Gl bereits vor Verfahrenseröffnung den Titel erworben hat (OLG Frankfurt Rpfleger 75, 103).

5 **b)** Hat der Gl bzgl der Hauptsache nur einen **vorläufig vollstreckbaren Schuldtitel** erwirkt, wird man gleichfalls ein Umwandlungsrecht des Gl annehmen müssen, da er mit diesem eine Zwangshypothek erwirken könnte (so MK/Drescher Rn 13 mN). Bei Antragstellung ist außer dem Titel in der Hauptsache vorzulegen: der Arrestbefehl, Nachweis seiner Zustellung an den Gl (mit Rücksicht auf § 929 II); nicht erforderl ist Nachweis der Zustellung an den Sch (s Rn 7 mN).

6 **II) Anwendbare Vorschriften (§ 932 II).** Auf die Arresthypothek finden iÜ die § 866 III 1, § 867 I und II, § 868 Anwendung **(II). § 867 I:** Die Eintragung erfolgt auf Antrag des Gl (OLG Colmar OLG 9, 84); der Antrag bedarf nicht der **Form** des § 29 GBO; Vermerk der Eintragung auf dem Arrestbefehl; mit der Eintragung entsteht die Hypothek (§ 867 I 2); bei Eröffnung des InsVerf ist für die Sperrfrist gem § 88 InsO nicht der Zeitpunkt gem § 932 III entscheidend (BayObLG MDR 54, 746; ThP/Seiler Rn 3; MskV/Braun Rn 4; MK/Drescher Rn 5). **§ 867 II:** Verteilung der Forderung auf mehrere zu belastende Grundstücke (vgl LG Mannheim Rpfleger 81, 406); keine Gesamthypothek (LG Hechingen Rpfleger 93, 169). **§ 868:** Nach Abweisung des Anspruchs im Hauptprozess – nicht auf Aufhebung der Vollstreckbarkeit des Schuldtitels – erwirbt der Eigentümer des Grundstücks die Hypothek (RGZ 78, 402), ebenso bei Aufhebung des Arrestes nach Widerspruch, auch wenn er in der Berufungsinstanz neu erlassen wird (OLG Düsseldorf NJW-RR 2000, 68; s § 925 Rn 8, 11; § 929 Rn 26).

7 **III) Vollziehungsfristen (§ 932 III).** Mit Eingang des Antrags auf Hypothekeneintragung beim GBA ist zugunsten des ASt die Monatsfrist des § 929 II gewahrt (KG MDR 91, 66 = Rpfleger 91, 126) und zu seinen Ungunsten die Wochenfrist des § 929 III für die nachträgl Zustellung des Arrestbefehls an den Sch in Lauf gesetzt (RGZ 81, 289; aber s § 929 Rn 27; selbständiger Vollziehungsbegriff iSv § 929 III 2). Rechtzeitige *Einreichung* (iSv § 167 Rn 5) des Antrags bei dem AG, zu dem das für die Eintragung zuständige GBA gehört, genügt zur Fristwahrung, Vorlage beim GBA ist nicht erforderl (BGHZ 146, 361 = NJW 2001, 1134 = MDR 2001, 714 = Rpfleger 2001, 294 [Alff im Anschluss an Gleußner Rpfleger 95, 294]). Für die **fristwahrende Wirkung des Eingangs des Antrags** ist zwischen vollstreckungsrechtl und grundbuchrechtl Eintragungshindernissen zu unterscheiden (s Rn 8); § 13 II 2, III GBO ist nur für den *Rang* der Sicherungshypothek von Bedeutung (BGHZ 146, 364 f = aaO); die frühere abw hM (umfangr Nachw in BGHZ 146, 363 = aaO) ist überholt. Die Sicherungshypothek kann sofort nach Erlass des Arrestbefehls eingetragen werden (§ 929 III 1; vgl BayObLG Rpfleger 93, 397); die Zustellung an den Sch muss aber binnen 1 Woche nach der Stellung des Eintragungsantrags nachgeholt werden (§ 929 III 2); die **Einhaltung der Wochenfrist** hat das GBA aber nicht zu prüfen (BayObLG Rpfleger 93, 398 mwN). Zweckmäßig ist es, wenn sich der Arrestgläubiger 2 begl Abschriften des Arrestbefehls erteilen lässt und die eine dem GV zur Zustellung an den Sch übergibt, die andere dem GBA vorlegt. Erfolgt die Zustellung nach Ablauf der Frist, so ist die Eintragung der Arresthypothek wirkungslos; es entsteht kein dingl Recht, auch kein Eigentümergrundpfandrecht (RGZ 151, 155; StJ/Bruns Rn 9; Wittmann MDR 79, 549; für Vormerkung ebenso BGH NJW 99, 3494). Eintragung eines Widerspruchs und Löschung kann nur gem §§ 894, 899 BGB erfolgen; sie herbeizuführen, ist Sache des Sch. Daneben kommt eine Löschung nach § 22 GBO in Betracht (BayObLG Rpfleger 93, 398). Solange die Vollziehungsfrist des § 929 II noch läuft, kann aber der Gl den Antrag auf Eintragung der Arresthypothek innerhalb der Frist wiederholen. Die Wirksamkeit hängt auch hier wiederum von der Einhaltung der 1-wöchigen Frist des § 929 III 2 ab; die frühere Eintragung ist nach §§ 22, 27 GBO zu löschen (Wittmann MDR 79, 549). Nach Aufhebung und späterer Bestätigung des Arrests bedarf es einer erneuten Eintragung der Arresthypothek (KG Rpfleger 81, 119; Grund: wie Rn 6 aE).

8 **IV) Eintragungsverfahren.** Hat das GBA zwecks Behebung eines Eintragungsmangels Zwischenverfügung gem § 18 GBO erlassen, so ist im Hinblick auf seine Doppelstellung als Vollstreckungsorgan und Organ der Grundbuchführung (s § 867 Rn 1) zu unterscheiden: Bei vollstreckungsrechtl Mängeln hat der Eintragungsantrag keine rangwahrende Wirkung nach § 17 GBO (s § 867 Rn 4 u 15). Wird der Mangel nicht innerhalb der Frist des § 929 II beseitigt, so ist der Eintragungsantrag zurückzuweisen; eine Ausnahme gilt für die *Fristwahrung* aber dann, wenn die Beseitigung des Eintragungshindernisses allein beim GBA liegt (so OLG Karlsruhe NJW-RR 98, 524 = Rpfleger 98, 255). Hingegen hat der Antrag bei grundbuchrechtl Mängeln, die mit Zwischenverfügung gem § 18 GBO beanstandet werden können, in jedem Fall rangwahrende Wirkung (Demharter § 18 GBO Rn 36 u § 13 GBO Rn 14); gleichgültig wann die Beseitigung des Hindernisses erfolgt, ist daher allein der Eingang des Eintragungsantrags beim AG/GBA (s Rn 7) für die Frage der Rechtzeitigkeit der Arrestvollziehung

maßgebl. Bsp: Herbeiführung einer mat-rechtl erforderl Zustimmungserklärung (OLG Celle MDR 85, 331 für Zustimmung gem § 15 ErbbauRG). Der Antrag auf Eintragung einer Hypothek gilt nicht als Vollziehung, wenn er abgelehnt wird (SchWKT/Kessen Rn 6). Wird die Arresthypothek trotz des Mangels (zB Fehlen der Sicherheitsleistung) eingetragen, tritt bei nachträgl Mangelbehebung (zB Nachweis für die Sicherheitsleistung) Heilung ex tunc ein (BayObLG NJW-RR 2003, 1668; sa vor § 704 Rn 35).

V) Einstweilige Verfügung. § 932 ist grds nicht anwendbar (SchWKT/Kessen Rn 19); **III** gilt jedoch gem § 936 für die Vollziehung einer auf Eintragung einer Vormerkung oder eines Widerspruchs gerichteten einstw Verfügung (RGZ 81, 289; OLG Hamm Rpfleger 95, 468; OLG München AnwBl 98, 349). Dabei ist, wenn das eine solche einstw Verfügung erlassende Gericht von der im § 941 gewährten Befugnis, das GBA um Eintragung zu ersuchen, Gebrauch macht, gem § 38 GBO das Eintragungsersuchen dem Eintragungsantrag gleich zu achten (RGZ 67, 165; OLG Hamm NJW-RR 2001, 1086, 1089; OLGR Celle 2000, 333). Mit Eingang des gerichtl Ersuchens bzw des Eintragungsantrags wird die Frist des § 929 II gewahrt (s § 941 Rn 2) und zugleich die des § 929 III 2 in Lauf gesetzt (RGZ 81, 289; Dötsch MDR 2010, 1094 f). Bzgl der Möglichkeit, erneut Eintragungsantrag zu stellen, gilt Rn 7. Wann der ASt von dem Eingang des Eintragungsersuchens beim GBA Kenntnis erhalten hat, ist für den Fristbeginn belanglos. Ein Verfügungsverbot wird erst mit Zustellung an den Sch wirksam (OLG Naumburg JW 30, 3335; sa § 938 II). 9

VI) Gebühren. S § 867 Rn 26. Geb des **RA** für den Antrag nach III: § 18 I Nr 2 RVG; 3309 RVG-VV. 10

§ 933 Vollziehung des persönlichen Arrestes

[1]Die Vollziehung des persönlichen Sicherheitsarrestes richtet sich, wenn sie durch Haft erfolgt, nach den Vorschriften der §§ 802g, 802h und 802j Abs. 1 und 2 und, wenn sie durch sonstige Beschränkung der persönlichen Freiheit erfolgt, nach den vom Arrestgericht zu treffenden besonderen Anordnungen, für welche die Beschränkungen der Haft maßgebend sind. [2]In den Haftbefehl ist der nach § 923 festgestellte Geldbetrag aufzunehmen.

I) Persönlicher Sicherheitsarrest. § 918. In dem Arrestbefehl (Nachholung in einem späteren ergänzenden Beschluss mögl: ThP/Seiler Rn 1) ist die Art der Freiheitsbeschränkung anzugeben (Meldepflicht, Hausarrest, Wegnahme des Reisepasses oder Auslandsvisums, nicht aber der Ausweispapiere [aA Schuschke DGVZ 99, 130]). Bei Ausführung der Maßnahmen hat der GV die von dem Gericht getroffene Anordnung genau zu befolgen. Wird Haft angeordnet, so ist neben dem Arrestbefehl ein Haftbefehl auszustellen (§ 802g I). Die Verhaftung erfolgt durch den GV (§ 802g II), der Vollzug der „Sicherungshaft" selbst gem §§ 171-175 StVollzG. Zur Fristwahrung gem § 802h I genügt der rechtzeitig gestellte Haftantrag (BGH NJW 2006, 1290). Längste Haftdauer 6 Monate (§ 802j I). Der Sch hat gegen die Vollziehung Erinnerung an das Vollstreckungsgericht gem § 766 (LG Hamburg MDR 82, 605). Durch Zahlung oder Hinterlegung des nach § 923 festgestellten Geldbetrages (**S 2**) kann der Sch die Verhaftung usw abwenden. Bei prozessunfähigen Sch erfolgt die Vollziehung grds gegen den ges Vertreter; gegen den Prozessunfähigen selbst nur, wenn dies zur Wahrung der Belange des Gl erforderl ist. 1

II) Einstweilige Verfügung. § 933 ist nicht anwendbar. ZwV aus Handlungs- und Unterlassungsverfügung: §§ 888, 890. 2

III) Gebühren. 1) Gericht: Auslagen für die Haft: 9010 GKG-KV. – **2) GV:** 46,80 Euro nach 270 GvKostG-KV; wird der Auftrag nicht erledigt: 18 Euro nach 604 GvKostG-KV. 3

§ 934 Aufhebung der Arrestvollziehung

(1) Wird der in dem Arrestbefehl festgestellte Geldbetrag hinterlegt, so wird der vollzogene Arrest von dem Vollstreckungsgericht aufgehoben.

(2) Das Vollstreckungsgericht kann die Aufhebung des Arrestes auch anordnen, wenn die Fortdauer besondere Aufwendungen erfordert und die Partei, auf deren Gesuch der Arrest verhängt wurde, den nötigen Geldbetrag nicht vorschießt.

(3) Die in diesem Paragraphen erwähnten Entscheidungen ergehen durch Beschluss.

(4) Gegen den Beschluss, durch den der Arrest aufgehoben wird, findet sofortige Beschwerde statt.

I) Zweck. Während §§ 925, 926, 927 die Aufhebung des Arrestbefehls regeln, betrifft § 934 ledigl die zur Vollziehung (§ 928) des Arrestbefehls getroffenen Maßnahmen. Sie können aufgehoben werden, wenn die Lösungssumme gem § 923 hinterlegt wird (I) oder wenn die Fortdauer bes Aufwendungen erfordert und der Gl den erforderl Betrag nicht vorschießt (II). Bes Aufwendungen sind zB Futterkosten, Lagerkosten. 1

2 **II) Aufhebung.** Die Aufhebung ist vAw auszusprechen (aA StJ/Bruns Rn 4 bei I), kann aber auch vom Sch oder einem Dritten angeregt werden (einschr MK/Drescher Rn 3: nur bei II). Der GV hat kein Antragsrecht (BGHZ 89, 82, 86). Zuständig ist das **VollstrG**, das ist das AG, bei Pfändung einer Forderung (§ 930 I 2) das ArrestG. Zuständig ist im Fall des **I** der Rpfleger (§ 20 I Nr 15 RPflG), im Fall des **II** der Richter. Aufgehoben wird nur die **Vollziehungsmaßnahme**, nicht der Arrestbefehl, er bleibt bestehen, bis er nach §§ 924, 925, 926, 927 aufgehoben wird oder der Gl auf seine Rechte aus ihm verzichtet. Der **Beschluss** ist dem Gl vAw zuzustellen (§ 329 III); an Sch genügt dessen formlose Zusendung. Die Kosten des Verf aus § 934 treffen den Sch, § 788; deshalb ist Kostenentscheidung überflüssig (OLG München OLG 25, 223). Die Aufhebung des Arrestvollzugs nach § 934 steht der ZwV aus der Kostenentscheidung des Arrestbefehls nicht entgegen (OLG München MDR 57, 238).

3 **III) Rechtsbehelf.** Bei Aufhebung durch den Rpfleger oder den Richter sof Beschwerde (**I, IV**; § 11 I RPflG, § 793), bei Ablehnung der Aufhebung durch den Rpfleger oder den Richter ebenfalls sof Beschwerde (§ 11 I RPflG, § 567 I).

4 **IV) Einstweilige Verfügung.** § 934 **I** ist durch § 939 ersetzt (Colmar OLG 23, 238); **II-IV** sind entspr anwendbar (Gaul/S/B-E § 79 Rn 30; Brox/Walker § 54 Rn 18, str; aA AG/Becker § 936 Rn 13).

5 **V) Gebühren. 1) Gericht:** Die Verf nach I, II sind gebührenfrei. – Beschwerdeverf: 1812 GKG-KV. – **2) RA:** Der RA des Gl, der die Vollziehung des Arrestes veranlasst hat, hat dadurch die Vollziehungsgeb 3309 RVG-VV verdient. Der Aufhebungsantrag gehört dann zur Angelegenheit (§ 19 II Nr 6 RVG; MskV/Grandel Rn 3). Für den noch nicht mit der Angelegenheit befassten RA des Ag begründet der Aufhebungsantrag den Anspruch auf die Geb 3309 RVG-VV (§ 18 I Nr 2 RVG). – Beschwerdeverf: 3500 RVG-VV, 3513 RVG-VV.

§ 935 Einstweilige Verfügung bezüglich Streitgegenstand

Einstweilige Verfügungen in Bezug auf den Streitgegenstand sind zulässig, wenn zu besorgen ist, dass durch eine Veränderung des bestehenden Zustandes die Verwirklichung des Rechts einer Partei vereitelt oder wesentlich erschwert werden könnte.

1 **I) Allgemeines. 1) Sicherungsverfügung. a) Begriff und Bedeutung.** Anders als der Arrest dienen **einstw Verfügungen** zur **Sicherung von Individualansprüchen** (zur Abgrenzung s § 916 Rn 3), dh anderen als Geldansprüchen. Der Sicherungszweck der einstw Verfügungen wird durch die gerichtl Anordnungen nach § 938 erreicht. Voraussetzung für den Erlass einer einstw Verfügung ist Glaubhaftmachung von **Verfügungsanspruch** (s Rn 6 f) und **Verfügungsgrund** (s Rn 10 f).

2 **b) Arten.** Die ZPO geht von 2 Grundtypen aus, der **Sicherungsverfügung** (§ 935; s Rn 1, 6 ff) und der **Regelungsverfügung** (§ 940). Daneben hat sich in der Rechtspraxis die **Leistungsverfügung** („Befriedigungsverfügung") herausgebildet (s § 940 Rn 6). Sie wird im Allg auf § 940 gestützt und führt zur vorläufigen Befriedigung des Gl. Die Grenzen zwischen den einstw Verfügungen aus § 935 und § 940 sind nicht scharf zu bestimmen (iE str, vgl MskV/Braun Rn 2, s § 940 Rn 2, 7; abl zur Unterscheidung; SchWKT/Roderburg vor § 935 Rn 49; s § 940 Rn 1). Der Verfügungskläger muss ledigl sein Rechtsschutzziel angeben; er braucht sich nicht auf eine Art der einstw Verfügung festzulegen. Die in der Praxis bedeutsame **Unterlassungsverfügung** (s § 938 II: Handlungsverbot) ist iS obiger Einteilung idR Sicherungs- oder Regelungsverfügung, uU auch Leistungsverfügung (s Rn 6; § 940 Rn 1). In engen Grenzen sind auch **feststellende** einstw Verfügungen anzuerkennen (so etwa Vogg NJW 93, 1357; abl OLGR Frankfurt 1997, 23; LAG RhPf BB 97, 1643; Berger ZZP 110 [1997], 287 mN zur Gegenansicht S 289; Bsp: s § 940 Rn 8.13).

3 **2) Abgrenzung.** Einstw Verfügungen sind dann unzulässig, wenn das G zur Regelung des vorläufigen Rechtsschutzes den Erlass **einstw Anordnungen** vorgesehen hat (s vor § 916 Rn 1c). Im Verf in FamSachen und in Angelegenheiten der freiw Gerichtsbarkeit (FamFG) sind nur noch einstw Anordnungen mögl (§§ 49 ff, § 119 I 1, §§ 246 ff FamFG; Finger MDR 2012, 1197). **Bsp** für Abgrenzung zum Nachlassverf: OLG Schleswig NJW-RR 2010, 1381 = MDR 2010, 699 (Kontrolle von TV); OLG Saarbrücken NJW-RR 2012, 588 (Sicherstellung von Erbschein); zum FamStreitverf: OLG Nürnberg NJW-RR 2012, 559 (Sicherung von Rückgewähranspruch gegen Ehegatten). **Neben** dem *Hauptsacheverf* sind einstw Verfügungen immer zulässig, wenn ihre Voraussetzungen (s Rn 6 f, 10 f) vorliegen (s vor § 916 Rn 1b).

4 **3) Verfahren. a) Allgemeines.** Es gelten die bes Vorschriften der §§ 937-945 und „entspr" die Vorschriften über den Arrest gem § 936 als „Ausnahme", idR ein kontradiktorisches Beschlussverf gem Art 3 I iVm Art 20 III, Art 103 I GG, s § 936 Rn 1; vor § 916 Rn 1a, 3. Ob im Verfügungsverf geschlossene **Vergleiche** auf dessen Streitgegenstand beschränkt sind (vorläufige Regelung) oder auch den Hauptsacheanspruch einbeziehen (endgültige Regelung), ist Auslegungsfrage (OLG Köln FamRZ 83, 1122). – **b) Antrag. aa)** Der Verfügungskläger muss den **Streitgegenstand** genau *bezeichnen (zB Grundstücksnummer: BayObLG Rpfleger 81, 190 [Meyer-Stolte]), insb bei* Unterlassungsverfügung ist die störende Handlung so genau wie mögl zu umschreiben (KG MDR 2018, 487, 725 [Conrad]; zB „nicht … zu behindern" hat keinen vollstreckungsfähigen Inhalt). Der Ver-

fügungskläger braucht nur das Rechtsschutzziel anzugeben; das Gericht trifft die erforderl Maßnahmen nach § 938 (s Rn 2). – **bb)** Zur **Bezeichnung** des **Ag** ist nicht unbedingt die namentl Angabe erforderl (OLG Köln NJW 82, 1888); die wirkl gemeinte Person muss jedoch erkennbar sein (s vor § 50 Rn 6). Bei **Personenmehrheit** genügt es nach bestr Ansicht, wenn die gemeinte Personengruppe (zB Haus- u Unternehmensbesetzer, s § 940 Rn 8.19 usw) nach räuml Kriterien abgegrenzt wird und zeitl vorübergehend feststeht (Lisken NJW 82, 1136; Raeschke-Kessler NJW 81, 663; Gerland DGVZ 91, 182; Schladebach ZMR 2000, 72 mwN; Geißler DGVZ 2011, 40; Majer, Die Räumungsvollstreckung u ihre effektive Durchsetzung, 2012, S 54; Hk-ZPO/Kemper § 940 Rn 5; LG Krefeld NJW 82, 289; LG Kassel NJW-RR 91, 381, str; **aA** BGH NJW 2018, 401 = MDR 2018, 174; Msk/Braun § 940a Rn 7a; abl dagegen M. Vollkommer MDR 2018, 1104, arg § 940a II, s § 940 Rn 4). Nicht ausreichend ist die Bezeichnung einer „Anzahl ständig wechselnder Personen" (OLG Köln NJW 82, 1888; OLG Oldenburg NJW-RR 95, 1164 mN = MDR 95, 794; SchWKT/Kessen § 920 Rn 16; **aA** Scherer DGVZ 93, 133; sa § 940a Rn 5 [b]). Ist gleichwohl eine (unbestimmte) einstw Verfügung ergangen, kann die Entscheidung nach § 319 berichtigt werden, wenn sich die genaue Zusammensetzung der Personengruppe später konkretisiert hat (s näher § 940a Rn 4). – **cc) Gegen-(verfügungs-)anträge** nach Art einer Widerklage sind bei mündl Verh (s § 937 Rn 3) in engen Grenzen zulässig (OLG Celle NJW 59, 1833; OLG Rostock OLG-NL 2001, 279, 281; offen lassend OLG Celle NJOZ 2018, 1179 Tz 15 = JuS 2018, 1202 [Fischer]; Dötsch MDR 2012, 623, str; **aA** OLG Frankfurt GRUR-RR 2012, 88; Weber WRP 85, 527; sa § 33 Rn 23).

c) Rechtsschutzbedürfnis. Da die einstw Verfügung einen Verfügungsgrund (s Rn 10) voraussetzt, kommt dem (allg) **Rechtsschutzbedürfnis** daneben nur noch in begrenztem Umfang Bedeutung zu (KG NJW 2022, 548 Tz 4; Teplitzky/Schilling Kap 54 Rn 18; § 940 Rn 4); zB wenn eine einstw Verfügung nur zur Kostenverursachung beantragt (OLG Düsseldorf DB 83, 766; OLG Hamburg WRP 81, 589; sa § 8 IV UWG) oder Eilrechtsschutz vor *verschiedenen* Gerichten wegen *desselben* Wettbewerbsverstoßes begehrt wird (OLG Hamburg NJW-RR 2007, 763; zur „mißbräuchl Mehrfachverfolgung" s § 940 Rn 8.36) oder durch unzulässiges *forum shopping* mittels gezielter Antragsrücknahme und -wiederholung nach erteilten oder verweigerten gerichtl Hinweisen (OLG Düsseldorf WRP 2019, 487; OLG München WRP 2011, 364; OLG Hamburg WRP 2010, 790; OLG Hamburg MDR 2023, 1272 (Waffengleichheit); Teplitzky WRP 2016, 917, Mantz WRP 2020, 424 Rn 59; str; s näher § 937 Rn 7). Ist der Gl bereits anderweitig hinreichend gesichert (zB durch vollstreckbares Hauptsacheurteil, eine „kerngleiche" frühere einstw Verfügung [OLG Frankfurt WRP 2014, 101], Eintragung einer Arresthypothek; Abschlusserklärung iSv § 926 Rn 4, eine strafbewehrte Unterlassungsverpflichtung (§ 13 I UWG), kann das **Sicherungsbedürfnis** als Form des allg Rechtsschutzbedürfnisses fehlen (OLG Köln JMBl NW 84, 9; OLG Frankfurt NJW-RR 91, 1331); desgl dann, wenn der Gl sein Rechtsschutzbegehren zB im Hauptsacheverf aufgibt (KG NJW 2022, 548 Tz 4, 7; entspr Regelung in § 56 II Nr 1 FamFG). Insofern gilt nichts anderes als beim Arrest (s § 917 Rn 10 ff u allg StJ/Bruns Rn 14 vor § 935). An einem gleichwertigen Titel fehlt es bei Abgabe einer nicht sanktionsbewehrten notariellen Unterlassungserklärung (BGH NJW 2017, 171: § 890 II-Beschluss erforderlich), vom Sch nicht erzwingbar (BGH NJW-RR 2018, 960; sa vor § 916 Rn 1d) sowie bei einer einseitigen, vom Gl nicht angenommenen Unterlassungserklärung des Sch (BGH WRP 2023, 184; sa Rn 13 aE). Ein bestehendes **Selbsthilferecht** (zB gem § 562b BGB) lässt das Rechtsschutzbedürfnis für eine einstw Verfügung nicht entfallen (OLG Celle NJW-RR 87, 448; Katzenstein/Hüftle MDR 2005, 1029). Fehlende Abmahnung (§ 12 I UWG) mag zwar für das Rechtsschutzbedürfnis als solches idR ohne Bedeutung sein (vgl ThP/Seiler Rn 11), nicht aber für die weitere VerfGestaltung (BVerfG NJW 2021, 615); die Einholung der einstw Verfügung „auf Vorrat" zur Verwendung nach Abmahnung dürfte nicht mehr möglich sein (zur Problematik s § 922 Rn 27). 5

II) Verfügungsanspruch. 1) Voraussetzungen. a) Begriff. Verfügungsanspruch iSd § 935 ist ein (idR) nicht auf eine Geldleistung (s § 916 Rn 3 ff; aber sa § 940 Rn 6) gerichtetes subj Recht, dessen Verwirklichung durch die einstw Verfügung gesichert werden soll. Es kommen nur solche Ansprüche auf Individualleistungen (**Individualansprüche**) in Betracht, die der Durchsetzung in einem Hauptsacheprozess fähig sind (vgl StJ/Bruns Rn 2), also (alle) Ansprüche auf Handlungen, Duldungen und Unterlassungen, gleich welcher Art (dingl und persönl Ansprüche) und welchen Rechtsgrunds (schuld-, sachen-, familien- und erbrechtl Ansprüche). Bedingte und betagte Ansprüche sind durch einstw Verfügung sicherbar (zum Arrest s § 916 Rn 7); künftige Ansprüche nur, soweit ein unabweisbares Sicherungsbedürfnis besteht (vgl MK/Drescher Rn 11). Für den Anspruch muss der ordentl Rechtsweg gegeben sein (§ 13 GVG). Der zu sichernde Anspruch braucht nicht auf eine Hauptleistung gerichtet zu sein; in Frage kommen auch auf ein Tun oder Unterlassen gerichtete *leistungsvorbereitende Nebenpflichten* (Bairlein BB 2014, 140; Jauernig/Mansel, BGB § 241 Rn 10; Abgrenzung zu § 940 iE str, s § 940 Rn 1, 4, 6); Bsp: Anordnung einer Stundung (OLG Saarbrücken MDR 2008, 335, str; grds abl OLGR Koblenz 2008, 720). 6

b) Rechtl Prüfung. Bei der einstw Verfügung findet nach hM eine volle, nicht nur eingeschränkte Schlüssigkeitsprüfung statt (MK/Drescher Rn 12; str, s § 922 Rn 7). Die Intensität der rechtl Prüfung hängt nicht von der Schwierigkeit der zu entscheidenden Rechtsfragen und dem jew Rechtsgebiet ab (vgl OLG Frankfurt OLGZ 89, 357); der Rechtsschutz darf nicht verweigert werden. Eine genauere Prüfung ist allerdings (auch vom Standpunkt einer eingeschränkten Schlüssigkeitsprüfung aus) dann erforderl, wenn eine Fehlbeurteilung bzgl des Hauptsacheanspruchs zu schwerwiegenden wirtschaftl Folgen führen würde (vgl BVerfG NJW 2018, 3093 (LS) = MDR 2018, 1073; StJ/Bruns Rn 10 mwN; sa vor § 916 Rn 1b). 7

8 **c) Glaubhaftmachung.** Die den Verfügungsanspruch ergebenden Tatsachen sind glaubhaft zu machen (§§ 936, 920 II; s § 920 Rn 9 f). Die Behauptungs- und **Beweislast** sind grds wie im Hauptverf verteilt (näher s vor § 916 Rn 6; § 922 Rn 6). Regelmäßiges **Beweismaß** ist die „überwiegende Wahrscheinlichkeit", uU gelten höhere Anforderungen, bis hin zum Vollbeweis (Teplitzky/Schilling Kap 54 Rn 64 ff). Allg gibt die Anspruchsprüfung Raum für eine *Interessenabwägung* (KG ZIP 92, 955, zust Stein ZIP 92, 899 ff mwN).

9 **2) Bsp für Verfügungsansprüche.** Sicherung des Vermieterpfandrechts (§§ 562-562b BGB; OLG Celle NJW-RR 87, 447), der Vermieter kann nicht auf sein Selbsthilferecht verwiesen werden (s Rn 5); Vorlegung von Sachen oder Urkunden (§ 809 BGB; s § 940 Rn 8.7); Eintragung einer Vormerkung (§ 885 BGB; sa § 941) oder eines Widerspruchs (§ 889 II BGB; sa § 941); Eintragung der Rechtshängigkeit (OLG München NJW 66, 1030 [Wächter NJW 66, 1366], str; zur aA s § 325 Rn 50 mN); Sequestrierung bei Verschleuderung von Eigentumsvorbehaltsware (§§ 929, 158 BGB; OLG Hamburg MDR 70, 506; LG Berlin MDR 68, 1018; s Rn 13); Herausgabeanspruch bei verbotener Eigenmacht (§§ 858, 861 BGB; OLG Saarbrücken MDR 2003, 1198; OLG Saarbrücken NJW-RR 2020, 504 u s § 940 Rn 8.19); Herausgabeanspruch des Vermieters gegen den Haupt-(Unter-)mieter nach Beendigung des Mietverhältnisses (str, s OLG Brandenburg MDR 2001, 1185; OLG Düsseldorf NJW-RR 2009, 1461; s § 940 Rn 8.19; s § 940a Rn 6, 9); Eigentumsverschaffungsanspruch des Erstkäufers gegen den Verkäufer bei Doppelverkauf derselben Sache und drohender Übereignung an den Zweitkäufer (Schlosser ZZP 97 [1984], 137 f; Foerste ZZP 106 [1993], 151 f; Podehl BB 2006, 2484; iE mwN s § 938 Rn 12); Besitzverschaffungsanspruch des konkurrierenden Mieters gegen den Vermieter bei Doppelvermietung (Kohler ZZP 123 [2010], 439; Wichert ZMR 2022, 863, str, s § 938 Rn 12); Unterlassungsansprüche gem § 862 I 2, § 1004 I 2 BGB; § 8 I UWG; § 14 V MarkenG; § 139 I PatG; § 97 I UrhG; § 6 I GeschGehG, ferner Anspruch des Titelschuldners auf Unterlassung der ZwV und auf Titelherausgabe bei Klage gegen Urteilsmissbrauch (s § 940 Rn 8.37); Anspruch des Grundpfandgläubigers auf Unterlassung der Entfernung von zum Haftungsverband (§ 1120 BGB iVm § 20 II ZVG) gehörigem Grundstückszubehör (OLG Köln NJW-RR 87, 751); uU Anspruch auf Prozesskostenvorschuss (BGH FamRZ 89, 847) usw. **Abgrenzung:** Die Herausgabeverfügung ist kein Behelf im Rahmen vertragl Auseinandersetzungen (OLG Bremen NJW-RR 2020, 250 – Auftragsentziehung; sa § 940 Rn 8.19); Tätigwerden (OLG Hamm DNotZ 76, 312) oder Unterlassung eines **Notars** (OLG Stuttgart DNotZ 82, 644) können nicht durch einstw Verfügung erzwungen werden (FG-Angelegenheit gem § 15 II 2 BNotO iVm § 23a II Nr 11 GVG); allenfalls kommt eine einstw Anordnung gem § 49 ff FamFG in Betracht (OLG Düsseldorf DNotZ 83, 703). Entspr gilt für das Verf der Hinterlegungsstelle nach der HinterlO (jetzt landesrechtl HinterlG) (LG Bochum NJW-RR 98, 1372). Die Abgabe einer (nicht nur auf eine vorläufige Regelung oder Sicherung beschränkten) **Willenserklärung** (vgl § 894) kann nicht Gegenstand einer einstw Verfügung sein (OLG Stuttgart NJW 73, 908; OLG Hamburg NJW-RR 91, 382 = MDR 90, 1022; OLGR Zweibrücken 2008, 939; uU aA OLG Köln NJW-RR 97, 60; sa § 938 Rn 2; iE MK/Drescher Rn 8. **Lit:** v. Holtz, Die Erzwingung von Willenserklärungen im einstw Rechtsschutz, 1995; ferner Grau, Die Bedeutung der §§ 894, 895 ZPO für die Vollstr von Willenserklärungen, 2001, S 197 ff, 522 ff; sa § 894 Rn 4; § 940 Rn 6, 8.13), dgl nicht ein Zurückbehaltungsrecht (OLG Schleswig JR 54, 305; Berücksichtigung aber als Einrede: OLG Köln NJW-RR 97, 60 [4b aE]). Ansprüche auf Zugewinnausgleich werden durch **Arrest** gesichert (§ 916 Rn 6 u 8), dgl idR Ansprüche nach **§§ 3 ff, 11 AnfG** (s § 916 Rn 6; einschr BGH NJW-RR 92, 736; OLG Koblenz NJW-RR 93, 1344); einstw Verfügung kommt in Frage zur Sicherung der Rückübertragung (s § 916 Rn 6), ferner im Zusammenhang mit der Eintragung einer Vormerkung (s § 938 Rn 12). Bsp zu einzelnen Rechtsgebieten s § 940 Rn 8 ff; Abgrenzung zur Leistungsverfügung s § 940 Rn 6.

10 **III) Verfügungsgrund. 1) Voraussetzungen. a) Begriff (§§ 935, 940; §§ 936, 917).** Der Verfügungsgrund besteht in der (obj begründeten) Besorgnis, dass durch eine Veränderung des bestehenden Zustandes die Verwirklichung des Rechts des Gl vereitelt oder wesentl erschwert werden könnte (Eilbedürftigkeit, sog **„Dringlichkeit"**, OLG Saarbrücken NJW-RR 2020, 504; näher s § 937 Rn 5; § 940 Rn 1, 4 u Rn 8.36). Dass der Sch Schadensersatz in Geld leisten könnte, ist unerhebl (OLG München BB 86, 2297). Bei Unterlassungsansprüchen ergibt sich die „Dringlichkeit" als Voraussetzung des Verfügungsgrundes nicht schon aus der mat-rechtl Erstbegehungsgefahr oder Wiederholungsgefahr (§ 862 I 2, § 1004 I 2 BGB; § 12 I UWG; sa Rn 12, 13 aE, § 940 Rn 1); Abgrenzung zu „bes" (gesteigerter) Dringlichkeit Rn 12 aE. Zu Fällen widerlegbarer Dringlichkeitsvermutung s Rn 12 und ist getrennt von dieser glaubhaft zu machen (OLG Bamberg MDR 2024, 865).

11 **b) Glaubhaftmachung. Prüfung. aa)** Der Gl hat die Besorgnis darzulegen und die dazu behaupteten Tatsachen glaubhaft zu machen (MK/Drescher Rn 14 f). Das Gesetz hat die Glaubhaftmachung des Verfügungsgrundes in Einzelfällen für entbehrl erklärt: §§ 650d, 885 I, § 899 II 2 BGB, § 12 II UWG, §§ 2, 5 UKlaG, § 42a VI 2 UrhG. **bb)** Das Gericht beurteilt das Vorliegen eines Verfügungsgrunds wie einen unbestimmten Rechtsbegriff; es hat (voll nachprüfbaren) **Beurteilungsspielraum** (StJ/Bruns Rn 14). Eine Gesamtbetrachung entscheidet (OLG Hamburg WRP 2019, 917).

12 **c) Vermutung der Dringlichkeit. Wegfall. aa)** Eine **widerlegbare Dringlichkeitsvermutung** enthält § 12 I UWG (stRspr u allgM, Teplitzky/Schilling Kap 54 Rn 18, 22) u § 140 III MarkenG; weiteres Bsp: § 650d BGB (OLG Karlsruhe NJW 2023, 372 Tz 19, 27; Glöckner JZ 2020, 70) ferner auch bei verbotener Eigenmacht gem *§§ 861, 862 BGB (s § 940 Rn 8.19)*; wegen entspr Anwendung von § 12 I UWG sa „einzelne Rechtsgebiete" in § 940 Rn 8 ff. **bb) Wegfall der Dringlichkeit** tritt ein, wenn keine Wiederholungsgefahr mehr besteht (iE Mein-

hardt WRP 2023, 406 Rn 6 zu UWG-Ansprüchen; sa Rn 13 aE). Eine (Selbst-)Widerlegung der (auch nicht vermuteten) Dringlichkeit kommt in Frage, wenn der ASt in Kenntnis aller Umstände zu lange Zeit bis zur Stellung des Verfügungsantrags zuwartet (OLG Karlsruhe NJW 2023, 372 Tz 27; OLG München WRP 2020, 109; OLG Saarbrücken NJW-RR 2020, 504 Tz 26). Für das „dringlichkeitsschädliche Verhalten" gibt es keine feste Frist. Die Praxis im Wettbewerbsrecht bejaht es ab 1 Monat (OLG Köln NJW-RR 2019, 1213), so auch für UrhRecht OLG München WRP 2020, 109 (Sperrung des Zugangs zu Videoportal); zu lang ist ein Zuwarten von mehreren Monaten nach Wohnungs-(Besitz-)Entziehung (OLG Saarbrücken NKW-RR 2019, 504); entspr gilt für das prozessuale Verhalten (OLG Hamburg WRP 2019, 917: Äußerungsfristen; OLG München WRP 2021, 1622: Fristverlängerungsantrag). **cc) Abgrenzung.** Von der allg Dringlichkeit iS eines Verfügungsgrundes (Rn 10) ist die „bes" Dringlichkeit iSv § 937 II als Voraussetzung für eine Entscheidung ohne mündl Verhandlung zu unterscheiden (BVerfG NJW 2024, 1948 Tz 17 = WRP 2024, 584; § 936 Rn 1).

2) Bsp für Verfügungsgrund. Grds kein Verfügungsgrund ist die schlechte Vermögenslage des Sch (sa BGHZ 131, 105), denn daraus ergibt sich nicht die Gefährdung des zu sichernden Individualanspruchs. Kein Verfügungsgrund ist auch die Sorge, mit einem Rechtsstreit überzogen zu werden (LG Berlin WRP 81, 121), wohl aber der drohende Eintritt eines irreparablen Zustands (AG Wiesbaden NJW 2007, 2562, 2563). Bei Lieferung auf Abzahlung unter Eigentumsvorbehalt ist die bloße Weiterbenutzung nach Rücktritt vom Kaufvertrag keine Veränderung des bestehenden Zustandes iSd § 935 (LG Berlin MDR 68, 1018; OLG Köln NJW-RR 98, 1588; OLG Dresden MDR 98, 305; einschr OLGR Koblenz 1999, 455); Entspr gilt bei Beendigung von Nutzungsverhältnissen (s § 940 Rn 8.19). Als Verfügungsgrund kann aber uU die bei übermäßigem Gebrauch drohende wesentl Verschlechterung einer herauszugebenden Sache in Frage kommen (vgl OLG Düsseldorf MDR 95, 635; OLG Köln NJW-RR 98, 1588, OLG Dresden MDR 98, 305, OLGR Koblenz 1999, 455; OLG Brandenburg MDR 2001, 1185; sa § 940 Rn 8.19), desgl uU die drohende Weiterveräußerung (vgl BGHZ 171, 261, 269 Tz 24). Ein Verfügungsgrund kann auch dann vorliegen, wenn der ASt auf die Herausgabe der Sache dringend angewiesen ist (OLG Rostock OLG-NL 2001, 282 = OLGR Rostock 2001, 560; OLG Bremen NJW-RR 2020, 250 Tz 20; einschr OLG Düsseldorf NJW-RR 2009, 1461, 1462; sa § 940 Rn 8.19; § 940a Rn 6, 9) oder der ASt nur ein gegen Sicherheitsleistung vollstr Urteil auf Rückauflassung eines Grundstücks erwirkt hat und er zur Sicherung des Auflassungsanspruchs eine Vormerkung beantragt (wie § 917 Rn 13; OLG Celle MDR 64, 333), oder wenn der ASt einen bereits vorhandenen Titel auf sich umschreiben lassen kann (LG Hamburg MDR 67, 65; sa § 929 Rn 1) oder wenn ein TV, dem ein Nießbrauch an einem Nachlassgrundstück vermacht ist, die Eintragung einer Vormerkung beantragt, obwohl er als TV die Eintragung des Nießbrauchs selbst veranlassen könnte (OLG Nürnberg MDR 69, 1015); bei Unterlassungsansprüchen (§ 8 I UWG usw) ist Verfügungsgrund Erstbegehungs- oder Wiederholungsgefahr (Meinhardt WRP 2023, 406 Rn 6); sie entfällt bei Zugang einer strafbewehrten Unterlassungserklärung des Sch (BGH NJW 2023, 1654 Tz 35 ff = JZ 2023, 309 [Stieper/Henke]; Meinhardt WRP 2023, 406; sa § 13 I, § 13a UWG). Zu einzelnen Rechtsgebieten s § 940 Rn 8 ff. 13

§ 936 Anwendung der Arrestvorschriften

Auf die Anordnung einstweiliger Verfügungen und das weitere Verfahren sind die Vorschriften über die Anordnung von Arresten und über das Arrestverfahren entsprechend anzuwenden, soweit nicht die nachfolgenden Paragraphen abweichende Vorschriften enthalten.

I) Dreiteilung des Verfügungsverfahrens. Unter Zugrundelegung der Geltung der Verfahrensgrundrechte und der neuen Rspr des BVerfG (s vor § 916 Rn 1a, 12; § 924 Rn 1) ergibt sich, abweichend vom Vorstellungbild des historischen Gesetzgebers (dazu näher 34. Aufl § 936 Rn 1) eine Dreiteilung des Verfügungsverfahrens: **a) Streng einseitiges Verf; „ex parte"**. Die Arrestvorschriften gelten entspr; es ist auf Ausnahmefälle beschränkt, in denen der Überraschungseffekt eine entscheidende Rolle spielt (s § 922 Rn 27; § 938 Rn 9). Die Entscheidung ergeht durch Beschluss (§ 922 I 1 entspr). **b) Kontradiktorisches Beschlussverf; „inter partes"**. Die Abweichung vom gesetzl Regelfall (unten c) wird vom BVerfG hingenommen, wenn die VerfGrundrechte der Waffengleichheit und des rechtl Gehörs gewährleistet sind (s § 922 Rn 27); der Gesetzgeber sollte ein digitales Verfügungsverf einführen (G. Vollkommer MDR 2020, 904/906). Das kontradiktorische Verf (Anhörung des Ag) eröffnet **kein Beschlussverf als Regelverf** (§ 937 Rn 3); fehlt es an einem Fall nachgewiesener „bes" Dringlichkeit, ist im Urteilsverf („c") zu entscheiden (§ 937 II mit § 937 Rn 3). Die Trennungslinie zwischen Beschluss- und Urteilsverfahren verläuft also durch die Fallgruppe „b". **c) Mündl Verf (§§ 128, 937 II)**. Es entspricht dem gesetzl Regelverf. Das BVerfG besteht indirekt durch das Erfordernis eines verfassungsrechtlichen Begründungszwangs auf seiner Einhaltung (vgl § 937 Rn 3, 4; Einl Rn 22). 1

II) Nicht anwendbare Vorschriften. § 916 I, §§ 917, 918, 919, 921 S 1, § 922 I, III (s Rn 3; § 922 Rn 27), §§ 923, 930, 931, 932 I und II, §§ 933, 934. Vgl näher die Anm zu den jew §§ (letzte Rn). 2

III) Entsprechend anwendbare Vorschriften. Insb § 916 II, § 920 (Antragsrücknahme s § 920 Rn 13), § 921 S 2, § 922 I und II (nicht III, s Rn 4), §§ 924, 925, 926, 927, 929 I, II (wegen Vollziehung der einstw Verfügung 3 s § 929 Rn 12-21) u III (wegen Vollziehung vor Zustellung der einstw Verfügung s § 929 Rn 29); zur (zu unterscheidenden) Vollstreckung s § 928 Rn 7.

4 **IV) Gebühren.** S § 920 Rn 16 und weitere Kostenanm zu den Arrestvorschriften.

§ 937 Zuständiges Gericht

(1) Für den Erlass einstweiliger Verfügungen ist das Gericht der Hauptsache zuständig.

(2) Die Entscheidung kann in dringenden Fällen sowie dann, wenn der Antrag auf Erlass einer einstweiligen Verfügung zurückzuweisen ist, ohne mündliche Verhandlung ergehen.

1 **I) Zuständigkeit (§ 937 I). 1) Hauptsache.** Für den Erlass einstw Verfügungen ist das **Gericht der Hauptsache** (§ 943, s § 919 Rn 3) **örtl und sachl ausschließl zuständig** (§ 802); insofern ersetzt § 937 für die einstw Verfügung den § 919. Ist die Hauptsache bei Einreichung des Verfügungsantrags bereits **anhängig** (wie § 919 Rn 4 ff; spätere Anhängigkeit: s § 919 Rn 8; § 920 Rn 12), ist das befasste Gericht für den Erlass einer einstw Verfügung auch dann ausschließl zuständig, wenn es für die Hauptsache unzuständig ist (OLG Hamburg MDR 81, 1027). Hauptsachegericht ist beim LG ab Anhängigkeit die ZK *oder* die KfH (OLG Zweibrücken MDR 89, 272). Für eine einstw Verfügung auf Einstellung der ZwV aus einer Urkunde (§ 794 I Nr 5) ist das Gericht, bei dem die Klage auf Feststellung der Nichtigkeit des beurkundeten Vertrages rechtshängig ist, Gericht der Hauptsache (OLG Düsseldorf OLGZ 85, 493); der Erhebung einer Vollstreckungsgegenklage mit Antrag gem § 769 bedarf es nicht (s § 940 Rn 8.37). Hauptsachegericht ist nach wohl noch üM auch das der negativen Feststellungsklage mit umgekehrten Parteirollen (OLG Frankfurt WRP 96, 27; Himmelsbach GRUR-Prax 2010, 72; MK/Drescher Rn 3; MskV/Braun Rn 3, str; **aA** OLG Köln WRP 2012, 984; Steinbeck NJW 2007, 1783; Hoene WRP 2008, 44; Fritze GRUR 96, 571; Teplitzky/Schilling Kap 54 Rn 3). Zuzustimmen ist der aA: Die endgültige Zuständigkeitsfestlegung durch den „Sch" des Eilverf ist unvereinbar mit dem Vorrang der Leistungsklage bzw des Verfügungsverf (Zapfe WRP 2011, 122; Greger s § 256 Rn 17, 30; eingeh Teplitzky FS Lindacher, 2007, S 188 ff) u dem Zuständigkeitswahlrecht (§ 35) des Verletzten („Gl"). Die ZPO-Eilzuständigkeit gilt auch im **EU-Bereich** und bei ausl Hauptsachegericht (iE s § 919 Rn 2, 9). Die **Bejahung der Zuständigkeit** in 1. Instanz ist mit Berufung nicht überprüfbar; § 513 II gilt auch für das Eilverf (OLG Frankfurt WRP 2017, 343; OLG Düsseldorf GRUR 2022, 183 zu § 4 II 3 Nr 1 UWG; Möller NJW 2022, 2090 Rn 30). Das Gleiche gilt für die Beschwerde, § 571 II 2 (OLG Frankfurt WRP 2021, 1088 zu § 14 II Nr 1 UWG).

2 **2) Sondervorschriften.** In **dringenden Fällen** ist das AG der belegenen Sache zuständig (§ 942). **Bes Bestimmungen** enthalten **§ 13 I 1 UWG** (ausschließl sachl Zuständigkeit des LG für wettbewerbsrechtl Ansprüche umfasst auch Vertragsstrafeansprüche: BGH WRP 2017, 179), **§ 14 II 1 UWG** (konkurrierende Zuständigkeit des Gerichts des Tatorts; iE s § 32 Rn 10) und § 23 BauFdgG (ausschließl Zuständigkeit des AG für Bauforderungen).

3 **II) Mündliche Verhandlung. 1) Gesetzliche Regel.** Die Entscheidung über den Antrag auf Erlass einer einstw Verfügung erfolgt bei Stattgabe **idR auf Grund mündl Verh, II** (BVerfG NJW 2024, 1948 Tz 16, 21 = WRP 2024, 584; sa § 922 Rn 27; § 936 Rn 1); anders beim Arrest (s § 922 Rn 1 f) und im FamFG-Verf (§ 51 II 2 FamFG). Bei der Beurteilung der „bes" Dringlichkeit iSv II Hs 1 hat das Gericht einen weiten vom BVerfG idR beachteten Bewertungsrahmen; ihm vorliegende Äußerungen des Ag (Schutzschrift; vorprozessuale Stellungnahmen zur Abmahnung) sind zu berücksichtigen (BVerfG NJW 2023, 2475 Tz 36 f; BVerfG NJW 2022, 1083 Tz 27 f; BVerfG WRP 2024, 692 Tz 31 stRspr; Löffel WRP 2019, 10 Rn 11 f; Mantz NJW 2019, 953; sa vor § 916 Rn 1e). Die Anhörung des Ag (Einbeziehung) ist zwar Voraussetzung einer Beschlussverfügung, befreit aber nicht von einer mündl Verh; bei der Beschlussverfügung ist „bes" Dringlichkeit iS II kurz zu begründen (BVerfG NJW 2024, 1948 Tz 21 = WRP 2024, 584 [krit Löffel Rn 5]). Scheidet bei *Auslandsbezug* für die Zustellung der Ladung § 183 Nr 1 aus, hilft die Praxis über erleichterte Anwendung von § 185 Nr 2 iVm formloser Übermittlung der Ladung (vgl OLGR Düsseldorf 2004, 456 u näher s § 185 Rn 5). Die Entscheidung durch Beschluss verstößt nur bei strikter Beachtung der Grenzen von **II** nicht gegen Art 103 I GG oder Art 6 MRK (Teplitzky WRP 2016, 1181 Rn 7, 9 im Anschluss an die Rspr des BVerfG); weitergehende Ausprägungen der Rechtsstaatlichkeit des Verf sind auch im „einseitigen" Beschlussverf zu beachten (BVerfG NJW 2018, 3631 Tz 24; Löffel WRP 2019, 11 Rn 17, 36; Vollkommer MDR 2019, 965).

4 **2) Ausnahme. a) Allgemeines.** Die in der Praxis zu beobachtende Verkehrung des ges Regel-/Ausnahmeverhältnisses gem **II** in sein Gegenteil (s Löffel WRP 2019, 10 Rn 15 ff; Meinhardt WRP 2022, 1351 Rn 44) ist im Hinblick auf die Rechtsstaatlichkeit des Verf, die VerfGrundrechte und den auch im Verfügungsverf geltenden Mündlichkeitsgrundsatz (§ 128 I) nicht zu billigen (BVerfG NJW 2024, 1948 Tz 16, 21 = WRP 2024, 584; Teplitzky/Schilling Kap 55 Rn 4; Sponheimer FS Geimer, 2017, S 709); ein wirksamer fachgerichtl Rechtsschutz fehlt; zur Verfassungsbeschwerde und zur Aussetzung der einstw Verfügung gem § 32 BVerfGG: BVerfG WRP *2021, 181; BVerfG NJW 2022*, 1083 Tz 22, 33 aE; BVerfG NJW 2023, 2475 Tz 18; BVerfG NJW 2024, 1948 Tz 16 ff, 21 = WRP 2024, 584; M. Vollkommer MDR 2019, 965; ferner § 936 Rn 2; vor § 916 Rn 12 mN.

b) Dringlichkeit gem II Hs 1. Die Eilbedürftigkeit der Maßnahme muss über die dem einstw Verfügungsverf 5
ohnehin innewohnende Dringlichkeit (Verfügungsgrund) hinausgehen (s § 935 Rn 10; § 940 Rn 1, 4, 8.36). Selbst eine innerhalb kürzester Frist terminierte mündl Verh kann nicht abgewartet werden oder der Zweck der einstw Verfügung erfordert den Überraschungseffekt (OLG Karlsruhe NJW-RR 87, 1206; Löffel WRP 2019, 10 Rn 11 f). § 12 I UWG stellt keine Vermutung für die **bes Dringlichkeit gem II Hs 1** auf (Teplitzky GRUR 78, 286 f; Sponheimer FS Geimer, 2017, S 709; SchWKT/Kessen Rn 12, str); diese muss gesondert begründet werden (BVerfG NJW 2024, 1948 Tz 21 = WRP 2024, 584 [krit Löffel]). Alleinige Entscheidung durch den Vors kommt nach § 944 nur dann in Frage, wenn die Dringlichkeit der Sache nicht einmal mehr den Zusammentritt des Kollegialgerichts zulässt (s § 944 Rn 1). Die bes Dringlichkeit ist im Beschluss zu begründen (StJ/Bruns Rn 9). Hat das Gericht den Verfügungsantrag ohne mündl Verh zurückgewiesen (s Rn 6, 9), sind die Voraussetzungen für den Erlass der einstw Verfügung aber in der Beschwerdeinstanz gegeben, wird das Beschwerdegericht auf Grund mündl Verh entscheiden (§ 572 IV, § 128 IV), str; nach **aA** ist mündl Verhandlung in der Beschwerdeinstanz die Ausnahme (Meinhardt WRP 2022, 1351 Rn 44 mN).

c) Zurückweisung gem II Hs 2. Der Antrag kann als unzulässig oder unbegründet idR ohne mündl Verh durch 6
Beschluss zurückgewiesen werden, II Hs 2. Eine Beteiligung des Gegners ist nicht erforderl (Teplitzky GRUR 2008, 40). **Zweck:** Dem ASt soll durch möglichst frühe Entscheidung Gelegenheit gegeben werden, das Rechtsmittelgericht anzurufen oder seinen Antrag ggf (verbessert) zu wiederholen sowie die Entlastung des Gerichts von sachl nicht gebotenen mündl Verh. Eine Entscheidung nach mündl Verh ist **stets zulässig** und bei Zweifelsfällen **geboten**; **Bsp:** behebbare Antragsmängel (KG MDR 91, 1195), Ergänzbarkeit von Vorbringen und Beweismitteln, Aussicht auf nichtstreitige Beilegung (vgl Hansens NJW 91, 955) oder auf unstreitigen Vortrag (MK/Drescher Rn 10). Das Gericht kann auch nach Beschwerde gegen den Abweisungsbeschluss noch terminieren und ins Urteilsverf übergehen (§ 922 Rn 19). **Abw** gilt im arbeitsgerichtl Verf auch bei Antragszurückweisung (§ 62 II 2 ArbGG, SächsLAG MDR 97, 855).

Zurücknahme des Antrags. Jederzeit zulässig, wenn nach Hinweis des Gerichts erfolgt aber Mitteilung bei neuem 6a
Antrag (OLG Hamburg MDR 2023, 1272, sonst uU Verstoß gegen Waffengleichheit durch forum shopping).

d) Hinweis des Gerichts auf beabsichtigtes Verf? Erbittet der ASt einen Hinweis des Gerichts (§ 139), falls es 7
dem Antrag *nicht ohne* mündl Verh stattgeben wird, ist ein evtl Hinweis zu dokumentieren und dem Gegner wegen der proz Chancengleichheit mitzuteilen (BVerfG NJW 2018, 3631 Tz 24 = MDR 2019, 176; BVerfG NJW 2022, 1083 Tz 29; Löffel WRP 2019, 8 Rn 19, 29; **aA**Teplitzky/Schilling Kap 55 Rn 3), um die Chancengleichheit zu wahren und unzulässiges *forum shopping* abzuwehrern (bisher str; so auch OLG Düsseldorf WRP 2019, 487; weitere Nachw s § 935 Rn 5).

III) Verfahren. Die Entscheidung fällt bei Kollegialgerichten der ER oder die Kammer nach Maßgabe der 8
§§ 348, 348a; wegen KfH s § 105 GVG Rn 3. Der Vors ist gem § 944 zuständig. Die Anordnung oder Ablehnung mündl Verh ist unanfechtbar (RGZ 54, 348). Liegen die Voraussetzungen des **II** vor, so ist Entscheidung ohne mündl Verh in jedem Stadium des Verf mögl, auch dann, wenn bereits Termin zur mündl Verh bestimmt war oder die Sache nach mündl Verh ausnahmsw (vgl Melullis Rn 200) vertagt oder an ein anderes Gericht verwiesen wurde (OLG Stuttgart NJW 56, 1931). Im **arbeitsgerichtl Verf** gilt ein bes enger Dringlichkeitsbegriff, da von der Entscheidung in mündl Verhandlung die Richterbesetzung abhängt (§ 62 II 2, § 53 ArbGG; dazu LAG Düsseldorf EzA 16/2019, 15).

IV) Rechtsmittel; Vollziehung. Der Rechtsmittelzug richtet sich ausschließl nach der Form der ergangenen 9
Entscheidung. Gegen die Beschlussverfügung findet – auch wenn das Gericht die einstw Verfügung (ggf auch zu Unrecht) in einem zweiseitigen schriftl Verf nach Anhörung des Gegners erlassen hat – gem §§ 936, 924 der Widerspruch, gegen die Beschluss-Zurückweisung gem § 567 I die sof Beschwerde statt (LG Zweibrücken NJW-RR 87, 1199, str, einschr LG Konstanz NJW-RR 95, 1102; LG Wuppertal MDR 2015, 359 im Hinblick auf die Beschwer (§ 511 II Nr 1 entspr); LG Wuppertal MDR 2022, 1208 [Seggewiße MDR 2022, 1399]; MskV/Braun Rn 6; s § 922 Rn 19). Entscheidet das LG/OLG als Berufungsgericht über die einstw Verfügung, unterliegt seine Entscheidung keinem Rechtsmittel (§ 542 II); das gilt auch für den Beschluss nach § 91a bei Erledigung der Hauptsache (s § 91a Rn 28). Soweit die einstw Verfügung zur Vollziehung der Vornahme staatl Vollstreckungsakte bedarf, ist dafür das **VollstrGericht** zuständig (§ 764), für die Forderungspfändung das VollstrGericht des § 828.

§ 938 Inhalt der einstweiligen Verfügung

(1) Das Gericht bestimmt nach freiem Ermessen, welche Anordnungen zur Erreichung des Zweckes erforderlich sind.

(2) Die einstweilige Verfügung kann auch in einer Sequestration sowie darin bestehen, dass dem Gegner eine Handlung geboten oder verboten, insbesondere die Veräußerung, Belastung oder Verpfändung eines Grundstücks oder eines eingetragenen Schiffes oder Schiffsbauwerks untersagt wird.

1 **I) Inhalt der einstweiligen Verfügung. 1) Antragsbindung.** I hebt den Grundsatz der Antragsbindung (§ 308 I iVm § 253 II Nr 2) nicht auf (Gaul/S/B-E § 76 Rn 8; aA MK/Drescher Rn 5), bedeutet aber eine Lockerung, da der ASt nur sein Rechtsschutzziel angeben muss, nicht aber eine bestimmte Maßnahme zu beantragen braucht (vgl BVerfGE 86, 49 = NJW-RR 92, 898: Eintragung von Verfügungsverbot statt von angeregtem Widerspruch oder von einer Vormerkung). Beim Antrag auf eine *Unterlassungsverfügung* muss allerdings das erstrebte Verbot (möglichst: OLG München GRUR 94, 625) genau bezeichnet sein (OLG Koblenz NJW-RR 87, 96; OLG Koblenz WRP 93, 344; OLG Celle WRP 91, 315; WSch/Thümmel Rn 4; keine übertriebenen Anforderungen: OLG Stuttgart NJW-RR 97, 521; richterl Formulierungshilfe zulässig: OLG Hamburg WRP 2010, 953). Die Anordnung muss sich **im Rahmen des gestellten Antrags** (§§ 308, 528 S 2) halten und darf darüber nicht hinausgehen, wohl aber (iS eines „minus") hinter ihm zurückbleiben, bei „aliud" ist ein Hinweis gem § 139 geboten (BVerfG NJW 2021, 2018 Tz 16). Bei der *Regelungsverfügung* ist der Spielraum des Richters bes weit (vgl Gaul/S/B-E § 76 Rn 14; § 940 Rn 2-4).

2 **2) Grenzen der Anordnung (§ 938 I, II). a)** Die Anordnung darf die **Entscheidung im Verf zur Hauptsache nicht vorwegnehmen**, sondern muss deren **minus** und ein **aliud** sein (BGH NJW 2018, 1317 Tz 34 ff; Baur, Studien, S 49; Baur/Stürner/Bruns Rn 53.12, 53.20; ThP/Seiler Rn 4; OLG Koblenz MDR 2014, 493; krit Gaul FG Vollkommer, 2006, S 65 ff). Dieser Grundsatz gilt uneingeschränkt für Sicherungs- und Regelungsverfügung (Brox/Walker § 52 Rn 6, 33). Bei Letzterer sind insb Maßnahmen unzulässig, die eine endgültig rechtsgestaltende Wirkung haben und nach materiellem Recht einem rechtskräftigen (Hauptsache-)Urteil vorbehalten sind, zB Ausschluss eines Gesellschafters; Abgabe einer nicht nur auf eine vorläufige Regelung oder Sicherung beschränkten Willenserklärung (OLG Stuttgart NJW 73, 908; s § 935 Rn 9; § 940 Rn 8.13). Weiteres Bsp: Anstelle von Rückruf der verbotswidrig vertriebenen Ware Aufforderung an Abnehmer, die erhaltene Ware nicht weiter zu vertreiben (BGH NJW 2018, 1317 Tz 34-39). Die einstw Verfügung darf dem ASt nicht mehr geben, als er durch ein rechtskräftiges Hauptsacheurteil erreichen könnte. So kann sich die Anordnung nur gegen den Sch, nicht auch gegen Dritte richten (RGZ 121, 188; StJ/Bruns Rn 19); zulässig ist aber die Anordnungen ggü dem Sch, auf Dritte (zB Abnehmer) einzuwirken (BGH NJW 2018, 1317 Tz 37 f).

3 **b) Befriedigung** kann nur im Rahmen der Leistungsverfügung angeordnet werden, die ihrer Natur nach auf Erfüllung gerichtet ist (s § 935 Rn 2; § 940 Rn 6). – **c)** Die Anordnungen müssen einen **vollstreckungsfähigen Inhalt** haben und dürfen keine Maßnahmen enthalten, die nicht vollstreckt werden können (StJ/Bruns Rn 20; WSch/Thümmel Rn 13; sa § 935 Rn 4). – **d)** Die **Erforderlichkeit** der Maßnahme umfasst deren **Verhältnismäßigkeit** (so iErg auch OLG Rostock MDR 96, 1183; Brox/Walker § 52 Rn 7; Gaul/S/B-E § 76 Rn 8: „geringstmögl Eingriff").

4 **3) Vollziehung.** Die Vollziehung der Anordnungen erfolgt unter Anwendung der §§ 936, 928 nach den Bestimmungen der ZwV (s § 928 Rn 7).

5-6 Einstweilen frei.

7 **II) Bsp einzelner Anordnungen (§ 938 II). 1) Sequestration. Lit:** Gleußner DGVZ 96, 33; Schlosser FS Odersky, 1996, S 669. – **a)** Sequestration ist die **Sicherstellung, Verwahrung und Verwaltung** einer Sache (BGHZ 146, 20, 22 = NJW 2001, 434), eines gewerbl Unternehmens oder Handelsgeschäfts (LG Göttingen MDR 58, 246; Schlosser FS Odersky, 1996, S 677; Bach ZRP 2005, 211; StJ/Bruns Rn 23; AG/Becker Rn 13 ff) durch eine vom Gericht zu bestellende Person (OLG Karlsruhe Justiz 89, 191; LG Ellwangen DGVZ 94, 87). Sie kann sich sowohl auf Grundstücke als auch auf bewegl Sachen, deren Hinterlegung nicht mögl ist (auch lebende Tiere, s OLG Koblenz MDR 2014, 493 f: Pferde an GV), auf Forderungen (LG Heidelberg DGVZ 77, 44) und sonstige Vermögensrechte (zB Patent, s BGHZ 172, 98) oder Vermögenswerte (zB Konten) beziehen und soll dann angeordnet werden, wenn die Parteien über die Rechtszuständigkeit bzgl einzelner Vermögensgegenstände oder einer Vermögensmasse streiten (vgl München MDR 84, 62), kann aber auch zur Sicherstellung von schutzrechtsverletzender Ware (OLG Frankfurt WRP 2022, 342 Tz 2; Amschewitz WRP 2012, 401), zur Sicherung von Forderungen und Kontrolle von Vermögensverfügungen (insb iVm Freigabevorbehalt) eingesetzt werden (iE Schlosser FS Odersky, 1996, S 677 ff). Die Kosten der Verwahrung und des Transports bewegl Sachen treffen den Sch; ihretwegen kann die Sache versteigert werden (LG Stuttgart DGVZ 81, 26; aA LG Berlin DGVZ 76, 156).

8 **b) Abgrenzung.** Wesensmerkmal der Sequestration ist die verwaltende Tätigkeit des Sequesters ähnl einem Nachlassverwalter, Pfleger oder Vormund (OLG München MDR 84, 62; zur Rechtsstellung sogleich näher unten). Sie ist daher von der reinen Verwahrung (Sicherstellung) zu unterscheiden (näher Gleußner DGVZ 96, 33); diese verpflichtet nur zu den ihrem Zweck entspr Hilfsgeschäften (zB Abschluss eines Verwahrungsvertrages durch den GV: BGHZ 89, 84 = MDR 84, 383). Die Verwahrung ist VollstrMaßnahme und daher Dienstgeschäft des GV (LG Heidelberg DGVZ 77, 44; Nies MDR 93, 938; Gleußner DGVZ 96, 34); das Rechtsverhältnis des Sequesters zu den Parteien ist dagegen rein privatrechtl Natur (BGHZ 146, 20 = NJW 2001, 434; BGH NJW-RR 2005, 1283, 1284 = Rpfleger 2005, 549). Der Sequester kann den Sch uU in bestimmter Richtung *vertreten* (vgl § 848 II), er ist aber weder *ges Vertreter* noch Partei kraft Amtes (s dazu BGHZ 172, 98, 101 ff = *NJW-RR 2008, 487*). Zur Abgrenzung vgl § 195 Nr 2, 3 GVGA; Grein DGVZ 82, 177; Nies MDR 93, 937; OLG Koblenz MDR 81, 855; teilw aA OLG Karlsruhe Justiz 81, 47.

c) Bestellung. Anordnung. Die Person des Sequesters und sein Aufgabenbereich werden durch das Gericht bestimmt, das die einstw Verfügung erlassen hat. Bestellung und ergänzende Regelung erfolgen zweckmäßigerw in einem gesonderten, durch sof Beschwerde (§ 567) anfechtbaren Beschluss (OLG Karlsruhe Justiz 89, 190). Grund: Beides ist Teil des *Anordnungsverf* und nicht ZwV (OLG Karlsruhe aaO 191; aA AG/Becker Rn 17). Das Gleiche gilt für die Sequestration selbst; **einseitiges Verfahren** (§ 936 Rn 1 lit a) ist ausnahmsweise zulässig (BVerfG NJW 2022, 1083 Tz 26; OLG Frankfurt WRP 2022, 342 Tz 9); für die Sequestrationskosten gilt daher § 788 nicht (KG NJW-RR 87, 574, 575; OLG Schleswig JurBüro 96, 89, 90; OLG Stuttgart DGVZ 94, 88; OLG Brandenburg Rpfleger 2006, 101; Gleußner DGVZ 96, 37 mwN, str). **Abgrenzung:** Lediglich die Inbesitznahme des Sequestrationsobjekts durch den GV und seine Übergabe an den Sequester ist *Vollziehung* der einstw Verfügung gem §§ 936, 928, 788 I (BGHZ 146, 20, 22 = NJW 2001, 434; sa §§ 883 ff); dies führt bei Abtransport und Einlagerung durch den GV als Sequester zu einem „Kostensplitting" (Gleußner DGVZ 96, 38) zwischen Transport- (KG MDR 82, 237: Vollstreckungskosten bejaht) und Lagerkosten (OLG Brandenburg Rpfleger 2006, 101: Vollstreckungskosten verneint, str; **aA** OLG Düsseldorf JurBüro 89, 550; im Einzelfall auch KG NJW-RR 87, 574: Umdeutung von Sequestration in Sicherstellung). Ein GV ist dienstl nicht verpflichtet, das Amt des Sequesters zu übernehmen (§ 154 I 3 GVGA; BGHZ 146, 20 = NJW 2001, 434), wohl aber berechtigt (OLG Frankfurt WRP 2022, 342 Tz 2); wegen der zur Durchführung der Sequestration erforderl Kenntnisse und dem damit verbundenen Haftungsrisiko (dazu BGHZ 146, 20 ff = NJW 2001, 434 in Abgrenzung zu § 839 BGB, Art 34 GG) ist die Einsetzung eines RA zu erwägen, dem der GV die Sache zu übergeben hat. 9

d) Die **Vergütung** wird vom **Prozessgericht** (nicht Vollstreckungsgericht; Richter nicht Rpfleger) im Anordnungsverf durch privatrechtsgestaltenden Hoheitsakt (s Rn 9) in üblicher Höhe (§§ 675, 612 II, § 632 II BGB) festgesetzt (vgl BGH NJW-RR 2005, 1283, 1284 = Rpfleger 2005, 549, str). Diese orientiert sich an den für den Zwangsverwalter geltenden Bestimmungen der ZwVwV (BGH aaO; zu Stundensatzvergütungen dort § 19 u dazu BGH Rpfleger 2004, 367). Die Parteien können die Vergütung auch vereinbaren (BGH aaO). Ein gerichtl Festsetzungsbeschluss ist sofort vollstreckbar (§§ 793, 794 Nr 3; Rechtsbehelf: s Rn 11); erstattungs- und vorschusspflichtig ist, wer die Sequestration beantragt hat, idR also der ASt (Gl; Gleußner DGVZ 96, 37 mN; LG Saarbrücken DGVZ 95, 189). Dieser kann jedoch uU die Kosten als solche des Verfügungsverf gegen den Sch geltend machen (vgl StJ/Bruns Rn 22). Nach hM soll der Staat für die Vergütung des Sequesters auch dann nicht subsidiär haften, wenn der Träger der Kostenlast nicht zahlungsfähig ist und auch das verwaltete Vermögen zur Deckung der Kosten nicht ausreicht (so LG Köln KTS 83, 634 mN, str, bedenkl; aA Schmidt KTS 83, 637 mN: § 1835 III, § 1836 BGB entspr). 10

e) Aufsicht, Rechtsbehelfe. Der Sequester ist bei der Erfüllung seiner Aufgaben selbständig und nicht an Weisungen der Parteien gebunden; er handelt idR im eigenen Namen und steht unter der Aufsicht des ihn bestellenden Gerichts (Prozessgericht: BGHZ 172, 98 = NJW-RR 2008, 487), bei einer entspr Anordnung des Vollstreckungsgerichts (OLG Hamm MDR 51, 742). Bei Einwendungen gegen die Amtsführung des Sequesters kann das die Aufsicht führende Gericht angerufen werden (OLG Karlsruhe Justiz 89, 192; nach LG Koblenz DGVZ 74, 39; Noack JurBüro 81, 1123 gem § 766 entspr das VollstrGericht). Der Sequester ist nicht berechtigt, Aufhebung der Sequestration zu verlangen; er kann nur sein Amt niederlegen (LG Saarbrücken DGVZ 95, 189; Grund: zB Nichtzahlung von Vorschuss, s Rn 10). Die Vergütungsfestsetzung (s Rn 10) unterliegt der sof Beschwerde (OLG München OLGZ 85, 371 mN = MDR 85, 855; OLG Stuttgart DGVZ 94, 88). 11

f) Kostenentscheidung bei Sequestration. Liegt ein Ausnahmefall des streng einseitigen Beschlussverf (§ 936 Rn 1 lit a; Rn 9) vor (keine Abmahnung, keine Anhörung des Ag), kann auf einen Kostenwiderspruch (§ 924 Rn 5) des Ag die Berechtigung des Sequestrationsausspruchs nicht nachgeprüft werden, dh es verbleibt bei der Kostenbelastung des Ag (OLG Frankfurt WRP 2022, 342 Tz 10; s iÜ § 924 Rn 5). 11a

2) Gebote und Verbote. Grundbuch- und Registereintragungen. Lit: Foerste, Grenzen der Durchsetzung von Verfügungsbeschränkung u Erwerbsverbot im Grundstücksrecht, 1986; Hennemann, Die Sicherung anfechtungsrechtl Rückgewähransprüche, KTS 2010, 85; Kohler, Das Verfügungsverbot gem § 938 II ZPO im Liegenschaftsrecht, 1984; Kohler, Einstweilig verfügtes Gebrauchsüberlassungsverbot, insb bei Doppelvermietung, ZZP 123 (2010), 439; Steiner, Einstw Rechtsschutz gegen das Europ Nachlasszeugnis?, ZEV 2016, 487; Weiland, Die Sicherung konkurrierender Sachleistungsansprüche, 1992. – **a) Arten.** Als einzig sinnvolle Maßnahme zur Sicherung von Individualansprüchen, insb bei der Abwicklung von Rechtsgeschäften, erweisen sich oft Ge- und Verbote an den Sch. **II** nennt das **Veräußerungsverbot** (vgl §§ 135, 136 BGB; auch § 137 BGB: BGHZ 134, 187), dem das **Erwerbsverbot** (s Rn 13, 14) gleichsteht (BayObLGZ 97, 55 = MDR 97, 595 = Rpfleger 97, 304; OLGR Naumburg 2003, 483; Heydrich MDR 97, 796; krit MK-BGB/Wacke § 888 Rn 24; iE Foerste aaO S 114 ff; sa Rn 13). **Verfügungsverbote** durch einstw Verfügung sind allg zulässig (§§ 135, 136 BGB; vgl auch § 772; § 888 II BGB), ohne dass der Gl dadurch ein dem materiellen Recht unbekanntes „jus ad rem" erlangt oder in Rechte des Sch oder Dritter (konkurrierender Gl) eingegriffen würde (Kohler JZ 83, 586; Kohler NJW 91, 470; Katzenstein ZZP 116 [2003], 459; Hennemann aaO S 91 ff; Schilken FS Leipold, 2009, S 169 f, str; sa Wieling JZ 82, 839; Weiland aaO S 79 ff). **Bsp** (ferner s Rn 13): Verfügungsverbot zur Sicherung konkurrierender Eigentumsverschaffungsansprüche bei Mehrfachverkauf bewegl Sachen (eingeh Weiland aaO; Podehl BB 2006, 2484; Bairlein BB 2014, 138, str) oder konkurrierender Besitzverschaffungsansprüche bei Mehrfachvermietung (ein- 12 geh Katzenstein ZZP 116 [2003], 466 ff, 490; Kohler ZZP 123 [2010], 456 ff; Tolani Jura 2010, 887; Burbulla MDR 2022, 989 Rn 42; Wichert ZMR 2022, 863; **aA** OLG Frankfurt NJW-RR 97, 77 = MDR 97, 137; OLG Schleswig MDR 2000, 1428; OLG Hamm NJW-RR 2004, 521; KG NJW-RR 2007, 1167; OLG Koblenz MDR 2008, 18; OLG Celle MDR 2009, 135; Fritsche Rpfleger 2005, 639 f mwN, str; sa § 935 Rn 9); zur Sicherung konkurrierender Rückgewähransprüche von Anfechtungsberechtigten gem § 11 I AnfG (vgl BGHZ 172, 360 = NJW 2008, 376 = MDR 2007, 1248 = Rpfleger 2007, 538; Hennemann aaO; Lösung des Konkurrenzproblems: s Rn 15); zur Sicherung erbrechtl Herausgabeansprüche gegen gutgläubigen Erwerb (s Steiner ZEV 2016, 489 f). Ein **Veräußerungsverbot** wegen drohender Verwertung von Vorbehaltsware durch Sequester ist aber dann nicht gerechtfertigt, wenn diese nicht ohne Zustimmung der Vorbehaltseigentümer durchgeführt werden soll (OLG Düsseldorf ZIP 83, 1097). Anstelle der Sequestration (s Rn 7) kann ausnahmsw die **Anordnung der Herausgabe** gegen Sicherheitsleistung an den Gl selbst in Frage kommen, wenn dieser den Gegenstand geeignet und billiger lagern (OLG Düsseldorf MDR 84, 411 betr Vorbehaltsware, zust Kleier MDR 84, 370; sa § 940 Rn 8.19) oder Tiere (§ 90a BGB) besser versorgen kann (aA OLG Koblenz MDR 2014, 493 f). Ein **einstw Bauverbot** kann zur Durchführung einer vorherigen SV-Begutachtung angeordnet werden (BGH NJW 2017, 1600). Eine einstw Verfügung, durch die eine **Grundbucheintragung** (zB Vormerkung, Widerspruch, Rechtshängigkeit, auch Veräußerungsverbot) angeordnet wird (vgl §§ 883, 885; 888 II; §§ 894, 899 BGB; § 325 Rn 50; § 940 Rn 8.16), muss sich gegen den betroffenen Grundstückseigentümer richten (BayObLG NJW 86, 2578); dieser muss bei Erlass der einstw Verfügung noch nicht als Eigentümer im Grundbuch eingetragen sein, wenn nur die Eintragung der **Vormerkung** gerade zugleich mit der (bevorstehenden) Eigentumsumschreibung erfolgen soll (KGR 95, 13). Eintragung einer Vormerkung kann auch zur Sicherung einer Sicherungshypothek gem § 648 I 1 BGB angeordnet werden (s § 940 Rn 8.5), nicht aber zur Sicherung des Duldungsanspruchs gem §§ 2, 11 AnfG; zutr Sicherungsmittel: **Veräußerungsverbot** (BGHZ 172, 360 = aaO). Zur Auswirkung der Insolvenzeröffnung auf die in Vollziehung einer einstw Verfügung eingetragenen Vormerkung s § 89 I InsO; BGHZ 142, 210. Durch einstw Verfügung kann ferner ein Widerspruch zur Gesellschafterliste ins **Handelsregister** eingetragen werden (§ 16 III 4, 5 GmbHG; sa § 940 Rn 8.13). Die Einziehung und Kraftloserklärung unrichtiger **Erbscheine** (§ 2361 BGB) obliegt dem Nachlassgericht (§ 353 FamFG), jedoch ist der Herausgabeanspruch des wirkl Erben (§ 2362 BGB) durch einstw Verfügung sicherbar. Ist der Erbscheinserbe bereits im GB eingetragen, kommen außer Widerspruch (§§ 894, 899 BGB) auch einzutragende Verfügungsverbote in Frage (näher Steiner ZEV 2016, 489 f).

13 **b) Bsp: Gebot** der Zurücknahme eines beim GBA gestellten Antrags auf Eigentumsübertragung (RGZ 117, 290); **Verbot** der Herbeiführung einer Eintragung im Grundbuch wegen Nichtigkeit des Grundgeschäfts (KG MDR 94, 727 = KGR 94, 78); Verbot an Erwerber eines Grundstücks nach erfolgter Auflassung sich durch Beantragung seiner Eintragung in das Grundbuch das Eigentum am Grundstück zu verschaffen; dies stellt als **Erwerbsverbot** ein durch das GBA vAw zu beachtendes Eintragungshindernis dar (BayObLGZ 97, 57 mwN = MDR 97, 595 = Rpfleger 97, 304; OLG Hamm NJW-RR 2001, 1087; OLGR Naumburg 2003, 484; Heydrich MDR 97, 796; sa Foerste aaO S 137 ff: zeitw Suspendierung der Auflassung); Verbot, eine Hypothekenlöschung zu beantragen; **Verbot der Verfügung** über ein Grundstück (BVerfGE 86, 49 = NJW-RR 92, 898; BGHZ 134, 187 betr Unterlassungsverpflichtung; BGHZ 172, 360 betr anfechtungsrechtl Rückgewähransprüche, s Rn 14), Kontoguthaben, eine Forderung oder Grundschuld zu verfügen (LG Frankfurt Rpfleger 83, 250 [weiterf Meyer-Stolte]; OLG Düsseldorf NJW-RR 88, 266); Verbot des Gebrauchmachens von anfechtbar erlangten Vormerkung (OLGR Hamm 2002, 72); Verbot des Weiterbaus oder Störung eines Gewerbebetriebs (OLG Stuttgart OLG 43, 101); Verbot der „Rückkehr“ nach Praxisverkauf (BGHZ 16, 77); Verbot der Abwerbung von Kunden (OLG Koblenz NJW-RR 87, 96); Rückschaffung bestimmter Sachen des Mieters in Mieträume (RGZ 39, 211); Veröffentlichungsverbot von Druckwerk (vgl mat-rechtl BGHZ 206, 347 Tz 32); Hinweisgebot auf Abdruck nicht genehmigter Teile (OLG Frankfurt NJW 85, 1295); Gebot der Beseitigung eines Störzustands (OLG Koblenz GRUR 87, 730; sa mat-rechtl BGHZ 206, 347 Tz 32).

14 **c) Wirkung.** Verfügungsverbote wirken **ab der Zustellung der einstw Verfügung an den Gegner** (RGZ 90, 341; BayObLG Rpfleger 2004, 93; bei Grundbucheintragung s Rn 12 aE; § 941 Rn 2). Das **Veräußerungsverbot** wirkt nach Grundbucheintragung gegen den dritten rechtsgeschäftl Erwerber (RGZ 117, 294), wenn die einstw Verfügung wirksam gem § 929 II vollzogen worden ist (§§ 136, 135 BGB; BVerfGE 86, 51). Die Eintragung ist schon vor Zustellung zulässig, wenn zB das Gericht nach § 941 um Eintragung ersucht hat (KG JFG 5, 298; aA KG RJA 15, 79, 82; Furtner MDR 55, 136); in diesem Fall ist aber § 929 III 2 (entspr) zu beachten (BayObLG Rpfleger 2004, 94). **Erwerbsverbote** sind idR (außer bei Voreintragung gem § 883 BGB) nicht eintragungsfähig (Folge: § 941 nicht anwendbar), vom GBA vAw zu beachten (BayObLGZ 97, 55, 57 = MDR 97, 595 = Rpfleger 97, 304) und dem Erwerber gem § 929 II zuzustellen (OLG Hamm NJW-RR 2001, 1088; iE Heydrich MDR 97, 797). Bei Anfechtung einer Grundstücksveräußerung oder Eintragung einer Hypothek auf Grund des **AnfG** kann zur Sicherung des anfechtungsrechtl Rückgewähranspruchs durch einstw Verfügung die Eintragung eines Veräußerungsverbots angeordnet und im GB eingetragen werden (BGHZ 172, 360 = aaO [s Rn 12]; dazu eingeh Hennemann KTS 2010, 85), die Eintragung einer Vormerkung scheidet aus (s Rn 12 aE). Die Eintragung des Ge- oder Verbotes kann nicht auf Grund einer im gerichtl Vergleich eingegangenen Verpflichtung erfolgen; notwendig ist vielmehr eine einstw Verfügung (OLG Koblenz DRZ 49, 234). Die **Löschung** eines Verfügungsverbots erfolgt bei Aufhebung der einstw Verfügung (OLG Düsseldorf Rpfleger 2004, 282 u näher s § 925 Rn 12).

d) Prioritätsprinzip, Rangfragen. Die relative Unwirksamkeit von beeinträchtigenden Verfügungen gilt auch für spätere widersprechende Verfügungsverbote, so dass bei Zusammentreffen von Verfügungsverboten konkurrierender Gl das zeitl frühere Verbot vorgeht (*Prioritätsprinzip*; vgl § 135 I 2 iVm 1, § 136 BGB; BGHZ 172, 360, 364 ff Tz 11 ff = aaO [s Rn 12]; eingeh Hennemann KTS 2010, 85). Das Veräußerungsverbot hindert nicht die spätere Eintragung einer Zwangshypothek, sichert dem Verbotsgeschützten aber den besseren Rang (§ 888 II BGB; näher BGHZ 172, 360, 365 ff Tz 13, 17); umgekehrt steht das Veräußerungsverbot der Zwangsversteigerung auf Grund voreingetragener dingl Rechte nicht entgegen (vgl OLG Köln ZIP 83, 1254). 15

§ 939 Aufhebung gegen Sicherheitsleistung

Nur unter besonderen Umständen kann die Aufhebung einer einstweiligen Verfügung gegen Sicherheitsleistung gestattet werden.

I) Zweck. Das Wesen der einstw Verfügung ist nicht Sicherstellung der evtl Schadensforderung (für diese ist der Arrest gegeben), sondern Sicherstellung der geschuldeten Leistung (Herausgabe bestimmter Sachen, Vornahme von Handlungen usw). Daher ist nur unter **bes Umständen** die **Abwendung der Vollziehung** bzw deren **Aufhebung** gegen Sicherheitsleistung zuzulassen (OLG Frankfurt MDR 83, 585; OLG Saarbrücken BauR 93, 348). Dies setzt voraus, dass die anzuordnende Sicherheitsleistung voll gewährleistet, dass der Zweck der einstw Verfügung erreicht werden kann (OLG Köln NJW 75, 454). Dies ist denkbar zB bei Wahrung des Vermieterpfandrechts (§§ 562 ff BGB) und anderen Ansprüchen, bei denen das Vermögensinteresse, nicht das Interesse an der betr Individualleistung im Vordergrund steht (Eintragung einer Vormerkung auf Einräumung einer Bauhandwerkersicherungshypothek; OLG Köln NJW 75, 454; OLG Saarbrücken BauR 93, 348; abl OLG Hamm OLGZ 93, 332). Die Maßnahme nach § 939 kann auf Berufung einstw eingestellt werden (OLG München BayJMBl 53, 39; allg zur Einstellung der ZwV: s vor § 916 Rn 14; § 924 Rn 12, 13; § 942 Rn 7). 1

II) Entscheidung. Die Entscheidung erfolgt, sofern sie nicht in die einstw Verfügung selbst aufgenommen ist, auf Grund mündl Verh (sei es, dass die einstw Verfügung durch Urteil angeordnet wird, sei es im Widerspruchsverf [LG Aachen VersR 92, 338] oder im Verf nach § 927) durch **Endurteil** des Gerichts, das die einstw Verfügung erlassen hat, oder, wenn die Hauptsache anhängig ist, durch Gericht der Hauptsache (§ 943). Die Entscheidung kann auch noch im Berufungsverf ergehen (OLG Frankfurt MDR 83, 585; OLG Köln NJW 75, 454), aber nicht mehr nach rechtskräftigem Abschluss des Verf (OLGR Köln 2003, 54). Das Urteil ist nach § 708 Nr 6 vAw für vorläufig vollstreckbar zu erklären. Die Bestimmung der Sicherheit erfolgt nach freiem Ermessen. Nach geleisteter Sicherheit tritt die Aufhebung der einstw Verfügung von selbst ohne weiteres Verf ein (OLG Köln NJW 75, 455; LG Aachen VersR 92, 339); die Einstellung der ZwV bzw Aufhebung der Vollstreckungsmaßregeln erfolgt nach § 775 Nr 1, 3, § 776 (vgl SchWKT/Kessen Rn 7). Zur Löschung einer Vormerkung oder eines Widerspruchs im Grundbuch s § 25 GBO. Der Sch hat neben dem Antrag nach § 939 das Recht, Aufhebung der einstw Verfügung gem §§ 924, 926, 927 zu verlangen. 2

§ 940 Einstweilige Verfügung zur Regelung eines einstweiligen Zustandes

Einstweilige Verfügungen sind auch zum Zwecke der Regelung eines einstweiligen Zustandes in Bezug auf ein streitiges Rechtsverhältnis zulässig, sofern diese Regelung, insbesondere bei dauernden Rechtsverhältnissen zur Abwendung wesentlicher Nachteile oder zur Verhinderung drohender Gewalt oder aus anderen Gründen nötig erscheint.

1 **I) Allgemeines.** Die ZPO unterscheidet zwischen **Sicherungs-** (s § 935 Rn 1 ff) und **Regelungsverfügungen** (§ 940), deren Abgrenzung iE Schwierigkeiten bereitet (s § 935 Rn 2). Die str Einordnung der **Leistungsverfügung** (s Rn 6) als Unterfall der Regelungsverfügung (so Gaul/S/B-E § 76 Rn 10; sa §§ 246, 247 FamFG: Gericht kann „die Verpflichtung zur Zahlung von …" durch einstw Anordnung „regeln") oder eine dritte, durch Rechtsfortbildung entwickelte Art (so Brox/Walker § 52 Rn 19 ff; 53 f; krit zur Unterscheidung MK/Drescher § 935 Rn 6) kann im Hinblick auf deren allg Anerkennung dahinstehen. Über die ges geregelten Einzelfälle (s § 935 Rn 2) hinaus ist die Leistungsverfügung immer dann zuzulassen, wenn dies zur Abwendung wesentl Nachteile, insb einer dringl Notlage unumgängl ist (iE s Rn 6). Kein Unterfall der Leistungsverfügung ist idR die **Unterlassungsverfügung** (s § 938 Rn 12, 13); zwar führt auch die Unterlassungsverfügung praktisch zu einer „Befriedigung" des „gesicherten" Unterlassungsanspruchs; andererseits haben Unterlassungsverfügungen meist *abwehrenden* Charakter und ähneln insoweit Sicherungsverfügungen; die strengen Voraussetzungen für Leistungsverfügungen gelten daher für sie nicht (str). Die einstw Verfügung übernimmt insoweit die Aufgabe des *vorbeugenden negatorischen Rechtsschutzes*; ihr Anwendungsbereich entspricht dem der vorbeugenden Unterlassungsklage (§ 862 I 2, § 1004 I 2 BGB entspr iVm §§ 823 ff BGB; vgl Grüneberg/Sprau vor § 823 BGB Rn 27 ff; OLG Rostock OLG-NL 2001, 280 = OLGR Rostock 2001, 560); zur Sicherung des Unterlassungsanspruchs können den Sch weiter ergänzende Nebenpflichten treffen bis hin zur Einwirkung auf Dritte (s BGHZ 206, 347 Tz 32; BGH NJW 2018, 1317 Tz 19, 22, 29: idR nicht Rückruf; sa § 938 Rn 2). Die mat-rechtl erforderliche Wiederholungsgefahr (vgl § 862 I 2, § 1004 I 2 BGB; § 8 I UWG) darf nicht mit dem VerfGrund (**Dringlichkeit**) gleichgesetzt werden (OLG Nürnberg WRP 2019, 131 Tz 12; Löffel WRP 2019, 9 Rn 10, 12, 13 aE; § 935 Rn 10; sa Rn 4, 6, 8.36). Der präventive Rechtsschutz ist freil nicht auf den außervertragl (deliktischen) Bereich beschränkt, sondern umfasst auch den Schutz vor Vertragsstörungen (s Rn 4, 6; § 935 Rn 6 aE u die Bsp in § 938 Rn 13). Dient die Unterlassungsverfügung dagegen der Durchsetzung eines auf Unterlassung gerichteten Individualanspruchs (s § 935 Rn 6), müssen die zusätzl Voraussetzungen für Leistungsverfügungen (s Rn 6) erfüllt sein (OLG Frankfurt MDR 2004, 1019; MK/Drescher § 938 Rn 38).

2 **II) Regelungsverfügung. 1) Rechtsverhältnis. a)** An Stelle des zu sichernden Individualanspruchs tritt bei § 940 das zu regelnde streitige Rechtsverhältnis (ThP/Seiler Rn 1). Es muss zwischen den Parteien des Verfügungsverf bestehen (OLG Düsseldorf WM 78, 359). Es kommt nicht auf die Rechtsnatur oder rechtl Grundlagen des Rechtsverhältnisses an. Es muss auf gewisse Dauer gerichtet sein, braucht aber nicht von bes „Komplexität" zu sein; vielmehr ist § 940 erweiternd dahin auszulegen, dass eine Regelungsverfügung *„bei jeder Art Anspruch"* mögl ist (so Gaul/S/B-E § 76 Rn 10). Der Gl braucht nach materiellem Recht keinen Anspruch auf die erstrebte Regelung zu haben; es müssen überhaupt noch keine Ansprüche aus dem Rechtsverhältnis entstanden sein (ThP/Seiler Rn 2, str; aA OLG Koblenz NJW-RR 86, 1039: aber entstehen können; ähnl Walker, Der einstw Rechtsschutz im ZP u im arbeitsger Verf, 1993, Rn 115). Möglich sind auch interimistische Maßnahmen oder die Anordnung zeitl begrenzter Übergangsregelungen durch Zwischenverfügung. Wegen des Umfangs der rechtl Prüfung s § 935 Rn 7. **Streitig** ist das Rechtsverhältnis, wenn jede von 2 Parteien ein Recht in Anspruch nimmt oder eine Partei das Recht der anderen bestreitet; nicht nötig ist bereits eingetretene Verletzung. Andererseits genügt die nur befürchtete Verletzung ohne Bestreiten nicht (so auch MK/Drescher Rn 6).

3 **b)** Der ASt hat schlüssig Tatsachen vorzutragen und glaubhaft zu machen, aus denen sich das Rechtsverhältnis und sein mögl Anspruch, bei Abwehr von Störungen durch den Ag auch die Grundlage für die Beurteilung der Rechtmäßigkeit der Störung ergibt (vgl StJ/Bruns Rn 3). Der Antrag muss auf eine Regelung gerichtet sein, braucht jedoch die zu treffende Maßnahme nicht iE zu bezeichnen; dies ist Sache des Gerichts gem § 938 (s § 938 Rn 1 u § 935 Rn 4). Das Gericht entscheidet nach Ermessen, welche Anordnungen zur Erreichung des Zwecks notwendig sind (Grenzen: § 938 Rn 1-3).

4 **2) Verfügungsgrund.** Eine Regelungsverfügung wird erlassen, wenn sie **notwendig** ist; das Gesetz nennt als Bsp die **Abwendung wesentl Nachteile** und die **Verhinderung drohender Gewalt**, lässt aber auch **andere Gründe** zu (Bsp: § 940a Rn 4). Gewalt (iwS) meint auch jede gegen den ASt gerichtete unerlaubte Handlung, insb jede Straftat, wesentl Nachteil ist uU auch der aus vertragswidrigem Verhalten (zB positive Vertragsverletzung, Verzug) drohende Schaden (vgl SchWKT/Kessen Rn 1, 11; verkannt von OLGR Frankfurt 2004, 180). Die Regelungsverfügung dient so der *Wahrung des Rechtsfriedens* durch präventiven Rechtsschutz (s Rn 1). *Gleichwohl werden die Gerichte* nur auf Antrag tätig (OLG Brandenburg MDR 2014, 163). Der Verfügungsgrund ist bei der Regelungsverfügung eine bes Form des Rechtsschutzbedürfnisses (OLG Frankfurt NJW 2005,

3222; OLG Jena NJW-RR 2012, 862 = MDR 2012, 488; Jauernig NJW 75, 1419; aA StJ/Bruns Rn 7; SchWKT/Kessen Rn 8; sa § 935 Rn 5). Der Verfügungsgrund ist glaubhaft zu machen, falls nicht das Gesetz die Voraussetzungen der §§ 935, 940 für entbehrl erklärt (zB § 650d BGB; § 12 II UWG; s § 935 Rn 11). Das Vorliegen eines Verfügungsgrundes ist auf Grund obj Betrachtungsweise zu beurteilen (OLG Nürnberg WRP 2019, 131 Tz 12; Löffel WRP 2019, 9 Rn 10). Die schutzwürdigen Interessen beider Seiten sind im Rahmen des gerichtl Beurteilungsspielraums gegeneinander abzuwägen (OLG Nürnberg WRP 2019, 131 Tz 12: „einzelfallorientierte Interessenabwägung"); **„nötig"** iSv § 940 ist die Regelung nur dann, wenn sie nicht ihrerseits gewichtigere Interessen des Sch verletzt (OLG Hamm NJW-RR 2001, 107; Gaul/S/B-E § 76 Rn 12). Ein Verfügungsgrund (**Dringlichkeit**, s Rn 1; § 935 Rn 10) **fehlt** oder **entfällt**, wenn der ASt trotz ursprüngl bestehenden Regelungsbedürfnisses lange zugewartet hat, bevor er die einstw Verfügung beantragt (KG NJW-RR 2001, 1202; OLG Hamburg NJW-RR 2008, 1435 = MDR 2008, 861; OLG Hamburg WRP 2019, 917 Tz 15; OLG Saarbrücken NJW-RR 2020, 504 Tz 6). Durch langes Zuwarten und dringlichkeitsschädl Verhalten wird insb eine ges Dringlichkeitsvermutung (zB § 12 I UWG) widerlegt (OLG Saarbrücken MDR 2008, 335; OLG Frankfurt WRP 2014, 981 Tz 21 f; KG MDR 2009, 888; OLG Celle MDR 2009, 347; OLG Hamburg WRP 2019, 917 Tz 17 ff; Hess WRP 2016, 924; allg Rechtsgrundsatz, OLG Saarbrücken NJW-RR 2020, 504 Tz 7; sa Rn 8.36; allg s § 935 Rn 12). „Dringlichkeit" kann auch bei zögerlicher Rechtsverfolgung (OLG Nürnberg MDR 2023, 722; sa Rn 8.36) oder „taktischer" Antragswiederholung nach Rücknahme zu verneinen sein (s § 935 Rn 5; § 937 Rn 7).

3) Einzelne Rechtsgebiete. S Rn 8 ff. 5

III) Leistungsverfügung (Befriedigungsverfügung). 1) Voraussetzungen. Die auf Erfüllung gerichtete einstw 6
Verfügung setzt Verfügungsanspruch (strenge Prüfung) und Verfügungsgrund nach Maßgabe der §§ 935, 940 voraus, dh es muss ein „dringendes Bedürfnis" für die Eilmaßnahme bestehen (so § 49 I FamFG). Der **Gl** muss **auf die sof Erfüllung dringend angewiesen** sein (**Verfügungsgrund**), was darzulegen und glaubhaft zu machen ist (OLG Düsseldorf FamRZ 79, 75 u OLG Düsseldorf FamRZ 79, 426; OLG Düsseldorf NJW-RR 96, 124; OLG Düsseldorf ZMR 2006, 446; OLG Rostock OLG-NL 2001, 282; OLG Frankfurt MDR 2004, 1019; LAG Düsseldorf MDR 2005, 1119). **Leistungsverfügung** ist insb bei *Not-/Zwangslage* oder *Existenzgefährdung* außer auf Zahlung (OLG Karlsruhe NJW 2023, 372 Tz 21; OLG Jena NJW-RR 2012, 862 = MDR 2012, 488) oder Herausgabe (OLG Bremen NJW-RR 2020, 250 Tz 20) auch bei sonstigen Handlungen, zB bei Lieferung von Gas, Wasser und Strom (LG Rottweil Justiz 83, 453; StJ/Bruns vor § 935 Rn 50; iE s Rn 8.11) und in den Fällen **zulässig**, in denen die **geschuldete Handlung so kurzfristig zu erbringen ist**, dass die **Erwirkung eines Titels im ordentl Verf nicht mögl** ist (OLG Bremen NJW 2019, 182 Tz 12; OLG Köln NJW-RR 95, 1088; SchWKT/Kessen § 938 Rn 12), die Verweisung auf das Hauptsacheverf praktisch einer Rechtsverweigerung gleichkäme (OLG Jena NJW-RR 2012, 862, 863 = MDR 2012, 488, 489; OLG Frankfurt WRP 2023, 749 Tz 17 mHa Art 19 IV GG). **Bsp:** Ankündigung von Erfüllungsverweigerung bei Fixgeschäft kurz vor Leistungszeit (LG OLG München NJW-RR 87, 958); unberechtigte Verweigerung der Übergabe von bezugsfertigen Wohnraum (KG NJW 2018, 31; sa Rn 8.19; Streitigkeiten über Mehr- und Minderleistungen und Vergütungsanpassung bei Änderung von Bauvertrag (§§ 650b-650d BGB); soweit (auch unklagbare) Nebenpflichten auf – ungestörte – Vertragsdurchführung bestehen (s § 935 Rn 6 aE), ist deren Durchsetzung mittels einstw Verfügung mögl (vgl Stürner FS Zeuner, 1994, S 513; Schlosser FS Odersky, 1996, S 679 ff; Bsp: OLG Rostock MDR 96, 1183; OLG-NL 2001, 279, 283; im Einzelfall abl OLGR Naumburg 98, 312). **Wichtige Anwendungsbereiche** sind: Ansprüche auf Lohn, Gehalt, Rentenzahlungen, zB gem §§ 842, 843 BGB (Bsp: OLG Frankfurt NJW 2007, 851), uU Schadensersatzansprüche (Heilungs-/Arztkosten), Versicherungsleistungen (OLG Köln MDR 2005, 290; OLGR Jena 2009, 131: Krankentagegeld; OLG Koblenz VersR 2005, 392; OLGR Koblenz 2009, 153: vorl Leistungszusage; OLG Bremen NJW-RR 2012, 1177: Übernahme von Behandlungskosten; OLG Jena NJW-RR 2012, 862 = MDR 2012, 488: Rentenzahlungen), OLG Frankfurt ZIP 2021, 2646 = EWiR 2022, 213 (Kellen): vorl Deckungszusage von Verteidigerkosten; *nicht aber* anlässlich der Corona-Pandemie wegen Leistungen aus einer Betriebsschließungsversicherung (LG Bochum NJW-RR 2020, 1364; LG Mannheim VersR 2020, 904) oder auf Entschädigung gem § 56 IV IfSG (LG Heilbronn BB 2020, 1299), wenn staatliche Soforthilfe gezahlt wurde, uU Mehr- oder Mindervergütungen (§§ 650b-650d BGB; s Rn 8.5), Herausgabe (Besitzschutz; Vorenthaltung wichtiger Unterlagen, s Rn 8.19), uU Übergabe und Räumung (§ 940a I-III, s § 940a Rn 2, 3, 7), Vornahme von Handlungen einschließl der Abgabe von Willenserklärungen (s Rn 2; § 935 Rn 9; MK/Drescher § 938 Rn 22 ff, 28 f, 42 ff) und Erteilung von Auskünften (s Rn 8.3), Wiederherstellung von Markt- (OLG Brandenburg MDR 2009, 526) u Netzzugang (vgl LG Kiel NJW-RR 2012, 1211: „Mobilfunksperre"), zeitl befristete Fortsetzung der Belieferung gegen Gegenleistung (iE Kessel/Koch BB 2009, 1032; Spehl BB 2010, 267; Klein/Burianski NJW 2010, 2248); **nicht:** Wiederaufnahme von unterbrochenen Pflegeleistungen (AG Brandenburg NJW-RR 2015, 742; s Rn 8.9); Unterlassung von Sperre von privaten Social-Mediakonto (OLG Frankfurt WRP 2023, 749). Es empfiehlt sich immer, die Leistungsverfügung zeitl zu begrenzen (vgl OLG Rostock MDR 96, 1184; OLG Karlsruhe FamRZ 80, 1117; MK/Drescher § 938 Rn 19: Fristsetzung für Hauptsacheklage vAw; sa § 52 II 1 FamFG). Der Erlass einer *weiteren* Leistungsverfügung kommt aber auch bei Vorliegen der erforderl Notlage dann nicht in Betracht, wenn der Gl es unterlassen hat, innerhalb der zeitl Begrenzung seinen Anspruch im Klageverf zu verfolgen (OLG Frankfurt FamRZ 90, 540 mwN; OLG Frankfurt NJW 2007, 851; OLG Düsseldorf NJW-RR 92, 199). *Verfügungsgrund* entfällt bei der „Bauverfügung" (§ 650d BGB; § 935 Rn 12), bei bestehenden Ansprüchen auf Sozialleistungen, ges Krankenversicherungsschutz (OLG Bremen NJW-RR

2012, 1177), auch durchsetzbaren Unterhaltsansprüchen; auf Sozialhilfe braucht sich der Gl aber nicht verweisen zu lassen (OLG Frankfurt FamRZ 87, 1164; aA OLG Oldenburg NJW 91, 2029 mN; OLGR Jena 2009, 131, 132). **Keine** Leistungsverfügung iS dieser Rn ist die auf Durchsetzung eines *Zurückbehaltungsrechts* gerichtete Duldungsverfügung (OLG Karlsruhe MDR 2016, 1168); für sie gelten Erleichterungen. Bsp: Rn 8.11.

7 **2) Verhältnis zum Hauptsacheprozess.** Die Leistungsverfügung ersetzt nicht den Hauptsacheprozess. Wird der Sch durch Leistungsverfügung und Urteil in der Hauptsache verurteilt, schützt ihn § 775 Nrn 4, 5 gegen doppelte Vollstreckung. Da die Leistungsverfügung auf Erfüllung abzielt, sind alle auf sie gerichteten ZwV-Maßnahmen (§§ 803 ff) zulässig. Aus der gleichen Überlegung kann gegen die Leistungsverfügung auch mit Klage aus § 767 vorgegangen werden (s § 927 Rn 15; StJ/Bruns § 938 Rn 40).

8 **IV) Einzelne Rechtsgebiete (alphabetisch).** – **Lit:** MK/Drescher § 935 Rn 25-151; SchWKT/Roderburg vor § 935 Rn 56-199; sa das bei den einzelnen Stichworten genannte Spezialschrifttum.

8.1 • **Allgemeine Geschäftsbedingungen.** Präventiver Eilrechtsschutz durch eine nach § 3 I UKlaG klagebefugte Einrichtung wegen eines Unterlassungsanspruchs nach § 1 UKlaG wegen einer unzulässigen AGB ist unter den Erleichterungen von § 12 I UWG iV mit § 5 UKlaG möglich; s näher Unterlassungsklagengesetz Rn 8.31a und Verbraucherschutz Rn 8.33.

8.2 • **Arbeitsrecht. Lit:** Korinth, Einstw Rechtsschutz im Arbeitsgerichtsverf, 5. Aufl 2022; Schwab/Weth/Walker § 62 ArbGG Rn 101 ff; SchWKT/Roderburg vor § 935 Rn 160-199; Walker, Der einstw Rechtsschutz im ZP u im arbeitsgerichtl Verf, 1993. – Im Rahmen des Urteilsverf (§§ 2, 3 ArbGG) finden die §§ 935 ff uneingeschränkt Anwendung **(62 II ArbGG)**. Eine einstw Verfügung des **ArbGeb** gegen ArbN auf **Leistung der geschuldeten Dienste** scheitert allerdings bei vertretbaren Diensten (vgl § 887) am fehlenden Verfügungsgrund (Grunsky § 62 Rn 19; idR auch SchWKT/Roderburg Rn 178 vor § 935), bei unvertretbaren Diensten steht das Vollstreckungshindernis des § 888 III entgegen (ebenso MK/Drescher § 935 Rn 97; SchWKT/Roderburg vor § 935 Rn 179; Brox/Walker § 52 Rn 81; LAG Frankfurt NZA 90, 614, str; aA zB Grunsky § 62 Rn 20). Die **Unterlassung anderweitiger Arbeit**, die gegen ein ges (zB §§ 60, 61 HGB) oder vertragl **Konkurrenzverbot** verstößt, kann der ArbGeb durch einstw Verfügung geltend machen (LAG Köln/Grunsky EWiR 92, 1141; LAG Hamm EzA 23/2023, 7; MK/Drescher § 935 Rn 100). Eine einstw Verfügung gegen den konkurrierenden ArbGeb oder eine Gewerkschaft bei **Abwerbung** ist unzulässig (StJ/Bruns vor § 935 Rn 64; **aA** KG als Vorinstanz zu BGH WRP 2022, 1271 Tz 1 für Streit zwischen Gewerkschaften wegen unzulässiger Mitglieder-Abwerbung; sa § 2 Nr 2 ArbGG); ein evtl Schadensersatzanspruch ist im Hauptverf geltend zu machen. – Der **ArbN** kann mittels Geldleistungsverfügung (s Rn 6, 7) zeitl beschränkt, insb für die Dauer des Kündigungsstreits, **Lohnzahlungsansprüche** durchsetzen (allgM, vgl Vossen RdA 91, 216 ff mwN; Grunsky § 62 Rn 22 mN; Germelmann/Matthes/Prütting § 62 Rn 82 mN). Das Gericht kann bei offensichtlich unwirksamer Kündigung auch uU die vorläufige **Weiterbeschäftigung** des gekündigten ArbN für die Dauer des Kündigungsschutzprozesses anordnen (LAG Berlin-Brandenburg EzA 14/2022, 16; LAG Baden-Württemberg EzA 2/2022, 16; eingeh MK/Drescher § 935 Rn 112 ff). Dies gilt nicht nur im Rahmen des „bes" ges (§ 102 V 1 BetrVG), sondern auch des „allg" Weiterbeschäftigungsanspruchs (iE BAG [GS] 48, 122; SchWKT/Roderburg vor § 935 Rn 155). UU kann der ArbGeb durch einstw Verfügung von der Weiterbeschäftigungspflicht **entbunden** werden (§ 102 V 2 BetrVG; dazu Germelmann/Matthes/Prütting § 62 Rn 88). Die Vollziehung (Vollstreckung) der Weiterbeschäftigungsverfügung erfolgt nach Parteizustellung gem § 888 I (Stahlhacke/Preis/Vossen Rn 2237, 2241). Gegen die beabsichtigte Besetzung einer Stelle im Ausschreibungsverfahren mit einem Konkurrenten vor Abschluss der **Konkurrentenklage** kann abgelehnter ArbN mit eV vorgehen (ArbG Gera EzA 7/2024, 16; sa BAG NJW 2025, 683). Während des Kündigungsstreits kann uU ein **Betretungsverbot** gegen den ArbN ergehen (ArbG Kempten BB 94, 859), umgekehrt auch ein **Zutrittsgebot** gg den Arbeitgeber (LAG Berlin-Brandenburg EzA 20/2010, 16). Als Gegenstand von einstw Verfügungen kommen weiter in Frage Urlaubsgewährung (LAG Berlin-Brandenburg EzA 4/2017, 16), **Zeugnisberichtigung** u **Arbeitszeitreduzierungen** (LAG Köln MDR 2002, 1257; LAG Berlin BB 2007, 560). – Maßnahmen des **Nichtraucherschutzes** können (in Grenzen) durch einstw Verfügung durchgesetzt werden (LAG München LAG-E § 618 BGB Nr 4; NZA 91, 521), desgl Schutz vor „Mobbing" am Arbeitsplatz (iE LAG Thüringen BB 2001, 1358 = MDR 2001, 699 LS). Im Streit mehrerer Mitbewerber um die Stellenbesetzung („arbeitsrechtl **Konkurrentenklage**") kann in gewissem Umfang durch einstw Verfügung eingegriffen werden (iE str, s Zimmerling, Arbeitsrechtl Konkurrentenklage u Eingruppierungsklage im öffentl Dienst, 1999, S 30 ff; sa BAG NJW 2010, 3595). – Eine **Streikmaßnahme** kann durch einstw Verfügung bei offensichtl Rechtswidrigkeit des Streiks untersagt werden (LAG Berlin-Brandenburg EzA 2/2022, 14; eingeh MK/Drescher § 935 Rn 120 ff). Keine Untersagung eines durch eine Betriebsvereinbarung befristet ausgeschlossenen Streik (ArbG Koblenz EzA 15/2024, 15). Für die Dauer des Streits kann eine Notdienstregelung zum Schutz konkurrierender Grundrechtsgüter (insb Leben, Gesundheit) getroffen werden (LAG Sachsen EzA 2/2024, 16). Eine (fehlerhafte) **Betriebsratswahl** kann abgebrochen werden (MK/Drescher § 935 Rn 131). – Sa Rn 8.9.

8.3 • **Auskunft, Vorlage, Besichtigung.** Eine einstw Verfügung, durch die der Sch zur Auskunftserteilung verpflichtet wird, ist – ohne Unterschied, ob *es sich um eine Haupt-* oder eine (die Hauptleistung vorbereitende) *Nebenpflicht handelt* –, *als* Vorwegnahme der Hauptsache (s § 938 Rn 2) grds unzulässig (KG GRUR 88, 404 mwN; OLG Hamm NJW-RR 92, 640; OLG Köln WRP 2003, 1008; **aA** MK/Drescher § 938 Rn 42; Schlosser FS

Odersky, 1996, S 682 f; Teplitzky FS Kreft, 2004, S 163). Ausnahmen für vorbereitende Auskünfte gelten, wenn die Realisierung des Hauptanspruchs (s Rn 6) für den Gl von existenzieller Bedeutung ist und von der umgehenden Erteilung der Auskunft abhängt (KG GRUR 88, 404 mN; OLGR Rostock 2004, 267; AG/Becker Rn 19 „Auskunft", str), ferner, wenn ohne alsbaldige Auskunft ein endgültiger Rechtsverlust einträte (OLG Rostock MDR 2004, 1109 für §§ 260, 562b II BGB; OLG Brandenburg MDR 2005, 950 für Sicherungszession, str). Beschränkung auf Auskunft (Einsichtnahme) an zur Vertraulichkeit verpflichtete Person (SV, RA, Patentanwalt) ist mögl (iE BGHZ 183, 153 Tz 19 ff). Durch **Sondervorschriften** ist in Fällen offensichtl Rechtsverletzung eine einstw Verfügung auf Auskunft (**Vorlage**, Duldung der **Besichtigung**) gegen Dritte ausdr zugelassen (§ 24b VII, § 24c III GebrMG, § 46 VII, § 46a III DesignG, § 140b VII, § 140c III PatG, § 101 VII, § 101a III UrhG, § 19 VII, § 19a III MarkenG, § 8 GeschGehG; § 33g GWB), entspr Anwendung ist mögl (LG Düsseldorf WRP 97, 253; LG München I ZIP 2007, 1809, 1815; BVerfG NJW 2018, 3631 Tz 15; StJ/Bruns vor § 935 Rn 49; SchWKT/Roderburg vor § 935 Rn 36; Überblick: Zöllner GRUR-Prax 2010, 74). Für den Verfügungsgrund gilt § 12 I UWG nicht analog (OLG Köln WRP 2003, 1008; Kohn WPR 2014, 881 gegen – offenlassend – OLG Schleswig), vorh Anhörung des Ag ist idR erforderl. Eilrechtsschutz besteht auch bei gesellschaftsrechtl Auskunftsansprüchen (s Emde ZIP 2001, 820 zu §§ 51a, 51b GmbHG; sa Rn 8.13); dem bes Vertreter gem § 147 AktG stehen (gegen den Vorstand) weitreichende Auskunfts- und Informationsrechte zu (OLG Köln BB 2015, 257 = EWiR 2016, 135 [Nikolayczik/Graßl]; LG Heidelberg EWiR 2016, 169 [Lochner]). Der Auskunftsanspruch seinerseits kann durch einstw Verfügung gesichert werden (Bsp: OLG München GRUR 94, 625; OLG Köln aaO; LG Heidelberg aaO). Zu den umstr Anforderungen an die Vollziehung s OLG Frankfurt NJW-RR 98, 1007 u dazu krit Teplitzky FS Kreft, 2004, S 165 ff: Antragstellung gem § 888 erforderl; allg sa § 929 Rn 18 aE. – Entspr gilt für Einsichtsrechte; Bsp: §§ 716, 809, 810 BGB; § 87c IV HGB; Einsicht in Krankenunterlagen (BGHZ 85, 327; BGHZ 106, 148); sa Rn 8.7, 8.21, 8.26. Der Inhaber eines **Geschäftsgeheimnisses** kann gegen den Verletzer mit der Unterlassungsverfügung vorgehen (§ 6 GeschGehG; § 12 I UWG gilt nicht entspr). Sondervorschriften für Verf in „Geschäftsgeheimnisstreitsachen": §§ 16 ff GeschGehG; § 273a. Für das Vorliegen eines Geschäftsgeheimnisses genügt Glaubhaftmachung der überwiegenden Wahrscheinlichkeit (Prognoseentscheidung) für die tatbestandlichen Voraussetzungen (LAG Niedersachsen EzA 16/2024, 16).

• **Bankrecht. Lit:** MK/Drescher § 935 Rn 27-36; Mülbert, Missbrauch von Bankgarantien u einstweiliger Rechtsschutz, 1985; Pioch, Einstw Verfügung gg Inanspruchnahme einer Bürgschaft auf 1. Anfordern, JuS 2018, 438; SchWKT/Roderburg vor § 935 Rn 101-111. – Gegen die missbräuchl Inanspruchnahme einer **Bankgarantie** auf 1. Anfordern kann der Garantieauftraggeber gegen den **Garantiebegünstigten** mit einstw Verfügung vorgehen (allgM, Jedzig WM 88, 1469; Wittmann MDR 2009, 485; allg BGHZ 90, 292; BGHZ 140, 51 f). Voraussetzung der Verbotsverfügung ist liquider Nachweis offenbaren Rechtsmissbrauchs (dazu BGHZ 143, 383; BGHZ 145, 291). Eine einstw Verfügung gegen die **Garantiebank** mit dem Ziel eines Auszahlungsverbots der Garantiesumme an Begünstigten ist unzulässig (OLG Frankfurt NJW-RR 87, 1264 mwN; OLG Köln WM 91, 1752; OLG Stuttgart NJW-RR 2013, 376 mN, hM. Eine Verfügung gegen den Garantiebegünstigten hindert die in Anspruch genommene Garantiebank nicht an der Leistung (BGHZ 145, 294 ff). Bei einer **Bürgschaft auf 1. Anfordern** verpflichtet sich der Bürge bereits auf bloße Zahlungsaufforderung zur Leistung; mit seinen Einwendungen ist er auf den Rückforderungsprozess verwiesen. Droht unberechtigte Inanspruchnahme des Bürgen, ist der Antrag des Sch gegen den Gl auf Unterlassung der Inanspruchnahme des Bürgen zu richten (OLG Zweibrücken MDR 2019, 761; KG 30.3.2021 – 21 W 4/21; iE Pioch aaO). Das Gericht kann die Inanspruchnahme des Bürgen auch nur eingeschränkt zulassen oder von einer Bedingung abhängig machen (KG aaO: Ausräumung von liquider Einwendung des HauptSch). Auch ein **Arrest** in den Garantieauszahlungsanspruch wegen Forderungen des Garantieauftraggebers gegen den Begünstigten aus dem zugrunde liegenden Kausalverhältnis ist wegen der rechtl Selbständigkeit der Garantie unzulässig (so Blau WM 88, 1475 f; OLG Stuttgart MDR 98, 435, iE str). Ähnl liegen die Probleme beim **Akkreditiv** (eing Beckmann DB 88, 1737; sa allg BGH NJW 96, 1812). Auch bei der (gewöhnl) **Bürgschaft** kann deren Nichtinanspruchnahme durch einstw Verfügung durchgesetzt werden (OLG Frankfurt NJW-RR 91, 174 mN; OLG Zweibrücken MDR 2019, 761). Rücknahme einer Kündigung der Bürgschaft (LG Darmstadt WM 84, 259) oder Widerruf einer abgegebenen Anforderungserklärung (Jedzig WM 88, 1472) können im Wege der Leistungsverfügung nicht erreicht werden (aA SchWKT/Roderburg vor § 935 Rn 104). Eine **Globalzession** kann durch ein Einziehungsverbot gesichert werden (vgl OLG Brandenburg MDR 2005, 950), auch durch Auskunftsverfügung (s Rn 8.3). Gegen eine **Kontosperre** des Kreditinstituts nach dem GeldwäscheG (§ 46 GWG: Transaktionsverbot) kann der Bankkunde mit der Leistungsverfügung vorgehen (Paul NJW 2022, 771 Rn 14 f). **Gekündigte Girokontoverträge** extremistischer Parteien können bei Nichtigkeit der Kündigung (§ 134 BGB; Art 3 I, Art 21 II 2 GG) zur Sicherung ungestörter Teilnahme am bargeldlosen Zahlungsverkehr im Wege einstw Verfügung aufrechterhalten werden (vgl BGHZ 154, 146 = NJW 2003, 1658 = MDR 2003, 760; BGH NJW 2004, 1031 = MDR 2004, 460; Reiff EWiR 2003, 502). Die gesetzliche Stundungsregelung des Art 240 § 3 I 1 EGBGB für Verbraucherdarlehnsverträge zur Abmilderung der Folgen der **Corona-Pandemie** kann im Wege der einstw Verfügung festgestellt werden (AG Frankfurt ZIP 2020, 869 [Lühmann EWiR 2020, 261]). **Spezialzuständigkeit:** § 72a I Nr 1 GVG. 8.4

• **Baurecht.** Für den Anspruch des **Bauunternehmers** (auch Architekten und Ingenieurs: KG MDR 2021, 481: sa § 650q BGB) auf Einräumung einer **Sicherungshypothek** gem § 650e BGB kann aufgrund einstw Verfügung 8.5

der Baukammer (§ 72 II Nr 5, § 72a Nr 2 GVG) eine Vormerkung eingetragen werden (§ 883 I, § 885 I BGB). Bei Bestehen anderer Sicherheiten kann der Anspruch ausgeschlossen sein (s § 650f IV BGB); § 867 II ist nicht anwendbar (OLG Frankfurt Rpfleger 95, 501). Das betroffene Grundstück ist genau zu bezeichnen (BayObLG Rpfleger 81, 190). Verfügungsanspruch ist der mat-rechtl Sicherungsanspruch gem § 650e BGB, dessen Bestehen im Einzelfall, insb bei behaupteten Werkmängeln sehr zweifelhaft sein kann (vgl BGHZ 68, 180; OLG Koblenz NJW-RR 94, 786 mwN; Peters NJW 81, 2550, 2552); auf eine bereits eingetretene Wertsteigerung kommt es nicht an (KG MDR 2021, 481). Der Anspruch entfällt bereits dann, wenn der Ag (Grundstückseigentümer/Besteller; Auseinanderfallen uU gem § 242 BGB unschädl: BGHZ 102, 95; OLG Düsseldorf NJW-RR 2007, 1663) den Werklohn bezahlt, auch wenn dies unter dem Vorbehalt zur Abwendung der ZwV geschieht (OLG Hamburg WM 86, 497). Glaubhaftmachung des präjudiziellen Vergütungsanspruchs (§ 650e BGB) verlangt prüffähige Rechnung (LG Fulda NJW-RR 91, 791). Die Vermutung des Verfügungsgrundes gem § 885 I 2 BGB (vgl BGHZ 91, 139, 146) ist widerlegbar (OLG Düsseldorf NJW-RR 2000, 825 mwN); Bsp: jahrelanges Zuwarten mit Antragstellung (OLGR Hamm 2004, 203; dazu NJW-Spezial 2004, 120). Dem Antrag auf Erlass der einstw Verfügung kann das Rechtsschutzbedürfnis fehlen, wenn der Vollziehung der einstw Verfügung ein Vollstreckungshindernis entgegensteht (LG Dortmund BauR 82, 289). Die Zustellung des Verfügungsantrags bzw der Beschlussverfügung gem § 204 I Nr 9 BGB hemmt die Verjährung für den gesicherten Zahlungsanspruch (aA OLG Düsseldorf BauR 80, 475; MK/Drescher § 935 Rn 37; SchWKT/Roderburg vor § 935 Rn 68; aber *arg* § 213 BGB; allg sa vor § 916 Rn 7).

Im **modifizierten Verfügungsverfahren** wird über die Verbindlichkeit vertragsändernder **„Anordnungen"** des Bestellers (§ 650b BGB) und über eine anordnungsbedingte **Vergütungsanpassung** (§ 650b BGB) entschieden („**Bauverfügung**", § 650d BGB; **Überblick:** Glöckner JZ 2020, 70 f; v. Kiedrowski NJW 2021, 1709 und NJW 2022, 508). Nach Beginn und vor Beendigung der Bauausführung (s sogleich unten) wird der Verfügungsgrund („Dringlichkeit") ges vermutet (§ 650d BGB; OLG Karlsruhe NJW 2023, 372 Tz 26). **Verfahren:** Die Entscheidung ergeht aufgrund notwendiger mündl Verhandlung, da wegen des vorangegangenen Einigungsverfahrens (§ 650b BGB) kein Überraschungseffekt mehr möglich ist; jedenfalls hinsichtlich der Anordnung (§ 650b BGB) sind Verfügungs- und Hauptsacheverfahren identisch. Ist eine Mehrvergütung für geänderte oder zusätzliche Bauleistungen geschuldet (§ 650c I-III BGB; KG NJW 2021, 1766; iE str; s v. Kiedrowski aaO; Voit NJW 2020, 2899), ist die Bauverfügung unmittelbar auf Geldzahlung gerichtet (Grüneberg/Retzlaff § 650d BGB Rn 3); ein bes Liquidationsbedürfnis des Unternehmers ist nicht erforderlich (KG NJW 2021, 3198 Tz 27 ff), eine Vergütungsminderung kann zB zu einer gerichtlichen Herabsetzung der Abschlagszahlungen führen. Möglich sind auch (negative) Feststellungen hinsichtl des Mehrvergütungsanspruchs (§ 650c III BGB, s KG NJW 2022, 548 Tz 12, 67, 73; OLG München NJW 2024, 2117, str; **aA** Rodmann NJW 2024, 2077); nicht genügt ein drohender Baustillstand aus anderen Gründen (zB Nichteintritt von Bedingung; vgl Voit NJW 2020, 2900); nicht möglich ist auch eine Leistungsverfügung auf Fortsetzung der Bauarbeiten (KG NJW 2021, 83). Einstw Verfügungen sind auch zugunsten des Bestellers als VerfügungsKl mögl, insb mit negativen Feststellungsanträgen gegenüber Abschlagsforderungen des Unternehmers (KG NJW 2022, 548). Nach der Fertigstellung der Bauarbeiten und Schlussrechnungsreife scheidet eine Leistungsverfügung aus (OLG Karlsruhe NJW 2023, 372 Tz 11 [abl Rodemann NJW 2022, 376], sehr str; **aA** Grüneberg/Retzlaff § 650d BGB Rn 3). Das Gericht stellt die Höhe der Sicherungsforderung gem § 650f BGB nach freiem Ermessen ohne Beweisaufnahme fest (KG NJW-RR 2021, 949). **Weitere Anwendungsfälle** der einstw Verfügung sind die **Herausgabe** von Baumaterial (OLG Stuttgart NJW 2012, 625) und von Bau- und Planungsunterlagen (OLG Köln NJW-RR 98, 1097), von Schlüsseln bei unberechtigter Übergabeverweigerung (KG NJW 2018, 311). **Spezialzuständigkeit** für Bau- und Architektenverträge sowie aus Ingenieurverträgen **LG:** § 72a I Nr 2 GVG.

8.6 • **Besitzschutz.** S Rn 8.19.

8.7 • **Beweissicherung.** Unabhängig von § 485 besteht auch die Möglichkeit, einen mat-rechtl Vorlage-, Besichtigungs-, Inspektions- oder Duldungsanspruch (vgl allg §§ 809, 811 iVm § 242 BGB) im Wege einstw Verfügung durchzusetzen (vgl bish BGHZ 93, 193, 198 ff; KG NJW 2001, 233, 235; Bork NJW 97, 1671 f; Schlosser JZ 91, 607 m Fn 67; Hay in Schlosser [Hrsg], Die Informationsbeschaffung im ZP usw, 1996, S 51 m Fn 263) und dabei auch Geheimhaltungsanordnungen zu treffen (vgl BGHZ 183, 153 Tz 20; sa Rn 8.3). Die vom BGH vorgenommene Ausweitung des Besichtigungsanspruchs gem § 809 BGB (BGHZ 150, 377, 384 ff = NJW-RR 2002, 1617 = MDR 2003, 167 = GRUR 2002, 1046) hat eine entspr Erweiterung des einstw Rechtsschutzes zur Folge (so Tilmann/Schreibauer GRUR 2002, 1015, 1016, 1021, 1022). Zur Sicherung eines Verletzungsanspruchs (zB gem § 101a UrhG) kann im Weg einstw Verfügung eine Durchsuchungsanordnung ergehen (vgl OLG Zweibrücken WRP 2016, 280 Tz 24 ff; dazu Gleußner ZAP F 14 S 214, 475 ff). **Sondervorschrift** im internationalen Bereich: Art 50 I b TRIPS-Übk (dazu Bork NJW 97, 1665) iVm Art 7 EU-Richtl (dazu Ahrens GRUR 2005, 837); EU-Bereich: Art 35 Brüssel Ia-VO (für weiten Anwendungsbereich Mankowski JZ 2005, 1144 gegen EuGH JZ 2005, 1166, sa Hau hier Art 35 Brüssel Ia-VO Rn 6).

8.8 • **Bürgschaft.** S Rn 8.4 aE.

8.9 • **Dienstleistungen.** Sind sie vertretbar, fehlt es am Verfügungsgrund, bei unvertretbaren steht das Vollstreckungsverbot *gem § 888 III* entgegen (s Rn 8.2 mwN). Bsp: Keine einstw Verfügung auf Fortsetzung (ambulanter) Pflegeleistungen (AG Brandenburg NJW-RR 2015, 743 zu Fall von § 627 BGB).

• **Eigentumsschutz. Unternehmensschutz.** Der negatorische Rechtsschutz des Eigentümers (§ 1004 I 2 BGB) erfolgt durch Unterlassungs-, Verbots- u Gebotsverfügungen (§ 938 Rn 12 f). Umgekehrt unterliegen Ausschließungsmaßnahmen des Eigentümers der Kontrolle im einstw Rechtsschutz. So können vom Eigentümer (ggf als Inhaber des Hausrechts) ausgesprochene Betretungs- u Hausverbote durch einstw Vfg aufgehoben oder eingeschränkt werden. Bsp: Hausverbot gegen Fußpflegerin in Altenheim (LG Detmold NJW-RR 2012, 1238); Hausverbot von Pflegeheim gegen Angehörige als Besucher (dazu allg BVerfG NJW 2023, 909 Tz 25); uneingeschr Hausverbot gegen Besucher von Mieter (dazu allg BVerfG NJW 2010, 220). Negatorischen Rechtsschutz genießt auch der eingerichtete und ausgeübte Gewerbebetrieb (s BGH ZIP 2014, 1591 Tz 12). Sa Rn 8.19. 8.10

• **Energieversorgung.** Macht ein Versorgungsunternehmen ggü säumigem Kunden – ggf unter Inanspruchnahme einer Duldungsverfügung (s unten) – von der Möglichkeit der *Versorgungsunterbrechung* Gebrauch (Voraussetzungen: Zahlungsrückstand, Mahnung, Ankündigung, Wahrung der Verhältnismäßigkeit; iE § 19 II, III Strom/GasGVV, vgl auch BVerfG NJW 82, 1511; BVerfG NJW 83, 32; BGH MDR 2014, 136; BGH BB 2013, 274), so kann der Kunde sein Recht auf Wiederherstellung eines unterbrochenen Versorgungsanschlusses durch einstw Verfügung durchsetzen (LG Rottweil Justiz 83, 453; LG Aachen NJW-RR 88, 499 = MDR 88, 230; LG Düsseldorf NJW-RR 90, 117; LG Düsseldorf NJW-RR 95, 906; LG Rostock ZIP 2007, 2379, iE str; offenlassend LG Wuppertal MDR 2022, 1288 [Seggewiße MDR 2022, 1399] bei Tarifstreit; sa § 922 Rn 19; § 937 Rn 9); betroffenen Nichtkunden (Vermieter als alleiniger Vertragspartner des Versorgungsunternehmens) soll idR ein Verfügungsanspruch fehlen (so LG Frankfurt MDR 98, 1023; LG Gera NJW-RR 98, 1466 = MDR 98, 1024; zweifelnd Fritsche Rpfleger 2005, 643 m Fn 68); dann aber Anspruch auf Abschluss eines „gesonderten" Versorgungsvertrags (§ 10 EnWG), der ggf mit einstw Verfügung erzwungen werden kann (s Rn 6; verkannt von LG Gera NJW-RR 98, 1466 = MDR 98, 1024). Das Zutrittsrecht des Versorgungsunternehmens zur Verbrauchsstelle ist ohne die Voraussetzungen Rn 6 durch eine auf Duldung gerichtete einstw Verfügung durchsetzbar (OLG Köln NJW-RR 88, 832; OLG Karlsruhe MDR 2016, 1168; LG Wuppertal MDR 2015, 976). **Lit:** Hempel, Die Einstellung der Versorgung usw, NJW 89, 1652; v. Hesler, Einstw Verfügung auf Wiederaufnahme der Energieversorgung usw, RdE 1985, 42 ff. Sa Rn 8.21. 8.11

• **Erbrecht. Lit:** Horn/Krätzschel, Einstweiliger Rechtsschutz im nachlassgerechtl Verfahren, ZEV 2018, 14. Einstw Verfügungen sind möglich insb auf Antrag des (wirkl) Erben gegen den Erbscheins- und Erbschaftsbesitzer. In Frage kommende Fälle: Einstw Verfügung auf vorläufige Rückgabe oder Abgabe des Erbscheins an das Nachlassgericht (§ 2362 I BGB); auf Verfügungsverbot gegen den Erbschaftsbesitzer (§ 2018 BGB; § 938 Rn 12); auf Herausgabe eines bestimmten Erbschaftsgegenstands an einen Sequester (§ 938 Rn 7); auf Eintragung (§ 941) eines Rechtshängigkeitsvermerks entspr § 899 II BGB (§ 325 Rn 50), Einreichen von Schutzschrift beim GBA vor GB-Verfügung (str, s Horn/Krätschel ZEV 2018, 18); sa Rn 8.16, 8.23. **Spezialzuständigkeit** LG: § 72a I Nr 6 GVG. 8.12

• **Gesellschaftsrecht; Gemeinschaft der Wohnungseigentümer. Lit:** Buchta, Einstweiliger Rechtsschutz gegen Fassung u Ausführung von Gesellschafterbeschlüssen, DB 2008, 913; Otte, Einstweiliger Rechtsschutz im Beschlussmängelstreit, NJW 2023, 1089; Schlitt/Seiler, Einstweiliger Rechtsschutz im Recht börsennotierter AG, ZHR 166 (2002), 544; Werner, Einstweiliger Rechtsschutz im Gesellschafterstreit in der GmbH, NZG 2006, 761. **Verfahren:** Der Grundsatz der Waffengleichheit (s vor § 916 Rn 1a, 5a; § 924 Rn 1; § 937 Rn 3, 4) gilt auch im gesellschaftsrechtl Eilrechtsschutz (Leuering/Rubner NJW-Spezial 2022, 143; Otte NJW 2023, 1089 Tz 28; der Ag ist idR anzuhören). – **Zulässig** ist die *Entziehung der Geschäftsführungs- und Vertretungsbefugnis* (vgl § 116 V, § 124 V HGB; § 38 II GmbHG) und deren vorläufige Regelung durch einstw Verfügung (BGHZ 33, 105; BGH NJW 2014, 3779 Tz 15, allgM) und ein zeitw Vertretungsverbot (BGHZ 86, 183; OLG Frankfurt NJW-RR 99, 257), auch die Übertragung dieser Befugnisse auf Dritte (Nichtgesellschafter: BGHZ 33, 108), ferner die einstw Regelung der Gesellschaftsverhältnisse, zB Verbot des Betretens von Geschäftsräumen, Einsichtnahme in Geschäftsbücher (§§ 51a, 51b GmbHG), vorläufige Aufrechterhaltung der Mitgliedschaftsrechte bei Streit über die Wirksamkeit eines Ausschlusses (OLG Düsseldorf NJW-RR 88, 1271; im Einzelfall abw OLG Hamm NJW-RR 2001, 105); bei der kapitalistischen KG führt die Passivlegitimation der übr Gesellschafter (so OLG Hamm EWiR 2018, 455) zur faktischen Rechtlosstellung des Kl; Hilfe: § 246 II AktG entspr (Klaßen-Kaiser EWiR 2018, 455; arg Effektivitätsgrundsatz, vor § 916 Rn 1a); durch einstw Verfügung kann auch ausnahmsw die (bevorstehende) Beschlussfassung u die Beschlussausführung untersagt (s MK/Drescher § 935 Rn 48, ie str; einschr OLG München ZIP 2006, 2334; Otte NJW 2023, 1084 Rn 8; sa BVerfG BB 2005, 1585), die Mitwirkung an einer Beschlussfassung ausgeschlossen (OLGR Koblenz 98, 85 f) oder die Durchführung einer (Präsenz-)Gesellschafterversammlung untersagt werden (Otte NJW 2023, 1089 Rn 11), zB wenn ein Gesellschafter wegen der Corona-Pandemiemaßnahmen (Einreiseverbot) nicht teilnehmen kann (LG Stuttgart BB 2021, 914) sowie die Zuziehung eines RA als Beistand in der Gesellschafterversammlung gestattet werden (OLG Stuttgart MDR 97, 1137). Die Aktionärsminderheit kann ihr Verlangen auf Einberufung einer Hauptversammlung (§ 122 III AktG) im Wege der einstw Verfügung durchsetzen (LG München I EWiR 2018, 621). Gegen die Zwangseinziehung seines Anteils (s § 34 GmbHG) kann der Gesellschafter mit der einstw Verfügung vorgehen (OLG München ZIP 2021, 1266 = EWiR 2021, 363 [Schirrmacher]; eingeh Wanner-Laufer NJW 2021, 1444), zB mit Verbot gegen die Gesellschaft zur Einreichung von Gesellschafterliste ohne ASt zum Handelsregister 8.13

(BGHZ 222, 323 Tz 36; OLG München MDR 2021, 372), zur Beiordnung eines Widerspruchs zur Gesellschafterliste (§ 16 III 4, § 40 GmbHG) oder auf Berichtigung der Liste (vgl KG NJW 2019, 1054 = EWiR 2019, 683; OLG München ZIP 2021, 1266 = EWiR 2021, 363 [Schirrmacher]). Während eines gerichtl Ausschlussverf kann sich der Noch-Gesellschafter gegen eine Beeinträchtigung seiner Rechte zur Wehr setzen (OLG München MDR 2021, 372; Otte NJW 2023, 1089 Rn 23). **Unzulässig** ist dagegen die Ausschließung eines Gesellschafters aus der Gesellschaft (§ 134 HGB; OLG München MDR 2021, 372 zu GmbH; s § 938 Rn 2) und eine ihr gleichkommende Beschränkung seiner Rechte (OLG Düsseldorf NJW 89, 172: *einseitige* Entziehung von Geschäftsführungs- und Vertretungsbefugnis in 2-Personen-Gesellschaft bei *beiderseitigem* Entziehungsgrund), **idR** auch die Einflussnahme auf die Willensbildung der Gesellschaft, etwa durch das Verbot einer bestimmten Beschlussfassung (OLG Koblenz NJW 91, 1119 mN; OLG Jena EWiR 2002, 411 [Werner]; MK/Drescher § 935 Rn 45; aA OLG Hamburg NJW 92, 187 mN; OLG Frankfurt NJW-RR 92, 934; Otte NJW 2023, 1089 Rn 8, 10) oder die Veranlassung zu einem bestimmten Abstimmungsverhalten (OLG München ZIP 2013, 2200); in engen Grenzen werden davon Ausnahmen zugelassen, so bei eindeutiger Rechtslage und bes Schutzwürdigkeit des ASt (OLG Stuttgart NJW 87, 2449; OLG Saarbrücken NJW-RR 89, 1512; Linnerz BB 2013, 3027). Bsp: bevorstehende Beteiligungsveräußerung ohne die erforderl Zustimmung der Hauptversammlung (LG Duisburg EWiR 2002, 839 [Sinewe]; bevorstehender Ausschluss als Gesellschafter bei offensichtl Fehlen von Ausschließungsgrund; zweifelhaft bei Durchsetzung von Stimmbindung (s OLG Hamburg NJW 92, 186). Der aktienrechtl Sonderprüfer (§ 142 AktG) kann Auskunftsansprüche gegenüber den Gesellschaftsorganen nicht mittels einstw Verfügung durchsetzen (OLG München EWiR 2020, 5). Eine *Feststellung* der Unwirksamkeit von Beschlüssen ist durch einstw Verfügung nicht mögl (OLG Celle ZIP 89, 1552; aA für interimistische Feststellungen Kohler ZZP 103 [1990], 184; Vogg NJW 93, 1359, 1363; SchWKT/Roderburg vor § 935 Rn 89; gänzl abl Berger ZZP 110 [1997], 287). Dagegen sind einstw Verfügungen zum Schutz vor Rechtsscheinwirkungen des **Handelsregisters** mögl (§ 16 III 4, 5 GmbHG: Widerspruch zur Gesellschafterliste; dazu näher BGHZ 222, 323 Tz 36; Prasse/Strotmann BB 2010, 1747; sa bereits oben u § 938 Rn 12 aE). Soweit die Zuständigkeit des Gerichts in **Registersachen** reicht (zB nach § 375 Nr 1 FamFG iVm §§ 144, 145 HGB), sind einstw Verfügungen unzulässig; zB Abberufung von Geschäftsführern (§ 38 II GmbHG) oder Liquidatoren (OLG Frankfurt NJW-RR 89, 98 = MDR 89, 169; allg s § 935 Rn 3). Bestellung von **bes Vertreter** gem § 147 AktG: s Rn 8.3. Im Recht der WEG und bei Beschlüssen der **GdWE** gelten diese Grundsätze entspr; idR überwiegt bei Beschlüssen das Vollziehungsinteresse (§ 23 IV 2 WEG) jedoch das Aussetzungsinteresse (BeckOKWEG/Elzer § 43 Rn 53). In **Beschlussmängelstreitigkeiten** ist der Antrag auf Aussetzung der Vollziehung (Wirksamkeit) des Beschlusses der WE gegen die GdWE zu richten (§ 44 II 1 WEG; BGH 21.4.2023 – V ZR 86/22 Tz 16; sa § 945 Rn 13a). Der WE-Beschluss kann nicht mehr teilw durch einstw Verfügung ausgesetzt werden, sobald er unteilbar geworden ist (Bartholome NJW 2023, 2158, 2163 Rn 36 mN).

8.14 • **Gewaltschutz.** Einstw Rechtsschutz in Gewaltschutzsachen (§ 111 Nr 6, §§ 210 ff FamFG) erfolgt durch einstw Anordnung des FamGerichts (§ 214 FamFG); Vollstreckung: § 96 FamFG.

8.15 • **Gewerblicher Rechtsschutz. Lit:** Cepl/Voß (Hrsg), Prozesskommentar Gewerblicher Rechtsschutz und Urheberrecht, 3. Aufl 2022; Böhler GRUR 2011, 965 (Patentsachen); Lieber/Zimmermann, Die einstweilige Verfügung im Gewerblichen Rechtsschutz, 2010. – **Verfahren:** Der Grundsatz der Waffengleichheit (s vor § 916 Rn 1a, 5a; § 924 Rn 1; § 937 Rn 3, 4) gilt, der Ag ist idR anzuhören. Beschränkende Sondervorschriften bestehen bei **Patentverletzungen** nicht. Die Besonderheiten des Verfahrensgegenstands bringen es jedoch mit sich, dass Unterlassungsverfügungen (§ 139 I PatG) nur ausnahmsw (einschr Böhler GRUR 2011, 965, 970 f; offen OLG Düsseldorf GRUR-Int 90, 471) erlassen werden, wenn sich keine durchgreifenden Zweifel am Bestehen des Schutzrechts aufdrängen und die Verletzungsfrage einfach zu beurteilen ist (OLG Karlsruhe GRUR 88, 900; OLGR Karlsruhe 2009, 591; KG BB 94, 1596 = KGR 94, 154; Böhler GRUR 2011, 966 f, 970 f, hM; sa § 140b VII PatG u Rn 8.3); Einwendungen gegen den Bestand des Schutzrechts hat der Sch (s vor § 916 Rn 6) glaubhaft zu machen, zB auf Grund schwebender Einspruchs-, Nichtigkeits- oder Löschungsverf (iE Meier-Beck GRUR 88, 861, 864 f). Für den Verfügungsgrund gilt § 12 I UWG nicht (OLG Düsseldorf WRP 2022, 474 Tz 18 zu GeschMG; OLG Nürnberg WRP 2019, 131, hM, str; anders dagegen § 140 III MarkenG). Wegen der mit einer Unterlassungs-(Untersagungs-)Verfügung verbundenen Schwere des Eingriffs ist eine einzelfallorientierte Interessenabwägung erforderl (Holzapfel GRUR 2003, 292; OLG Nürnberg WRP 2019, 131); auch kann Anordnung von Sicherheitsleistung geboten sein (OLG Karlsruhe GRUR 80, 794) oder (problematisch: Schultz-Süchting GRUR 88, 577) anstelle einer Unterlassungsverfügung Hinterlegung des Verletzergewinns in Frage kommen. Erteilung einer **Zwangslizenz** durch einstw Verfügung ist im patentgerichtl Verf mögl (§§ 85, 122 I PatG; § 20 GebrMG). Sa Rn 8.3, 8.7, 8.32.

8.16 • **Grundbuch.** Auf Grund einstw Verfügung kann eingetragen werden: Vormerkung (§ 885 I Alt 1 BGB, § 941; Widerspruch (§ 899 II 1 Alt 1 BGB, § 941), sog Rechtshängigkeitsvermerk (str, s § 325 Rn 50 mwN, Bedeutung zweifelhaft: Singbartl/Zintl MDR 2014, 1240); Erwerbsverbot (s § 938 Rn 12 f), Veräußerungsverbot (s § 938 Rn 12 f), über § 894 auch sonstige Eintragungen (zB Grundschuld: OLG Köln NJW-RR 97, 59, 60), **nicht** die Löschung einer Auflassungsvormerkung (KG MDR 77, 500). Bezieht sich das Verfügungsverbot auf ein Briefgrundpfandrecht, ist wegen §§ 41, 42 GBO zugleich gem § 938 Briefherausgabe anzuordnen (iE Meyer-Stolte Rpfleger 83, 250; sa OLG Düsseldorf NJW-RR 88, 266). Rechtsfolgen uU (je nach Art der einstw Verfügung):

vAw zu berücksichtigendes Eintragungshindernis, relative Unwirksamkeit (§§ 135, 136, 883 II), Ausschluss von gutem Glauben (§ 892 I 2, § 325 II u s § 325 Rn 50), nicht: Grundbuchsperre. Zur Verhinderung einer Eintragung kommt eine einstw Verfügung gegen den Notar mit Antragsstellungsverbot usw nicht in Frage (BGHZ 76, 11; Grund: s vor § 916 Rn 4); Hilfe: Erwerbsverbot (s § 938 Rn 13) ggü dem Vertragspartner (vgl BayObLGR 98, 64; OLG Köln OLGZ 90, 400 f). Sa § 938 Rn 12, 13; § 941 Rn 1 f.

• **Handelsregister.** Eintragungen können durch einstw Verfügung für unzulässig erklärt werden (vgl § 16 HGB; BGHZ 222, 323 Tz 36). Löschungen im Handelsregister können nicht durch einstw Verfügung erreicht werden; zum Widerspruch gegen Gesellschafterliste s Rn 8.13. 8.17

• **Heilbehandlung.** Eine bestimmte Behandlungsmethode kann idR nicht durch einstw Verfügung angeordnet werden (LG Karlsruhe NJW 92, 756: Anschließung an Beatmungsgerät; OLG Köln NJW-RR 95, 546: längere stationäre Behandlung); dies dürfte auch bei Abbruch lebensverlängernder Maßnahmen gelten (Fall BGHZ 163, 195 = NJW 2005, 2385 = MDR 2005, 1413 betraf Klageverf). Der Abschluss eines Behandlungsvertrags kann nicht im Wege einer einstw Verfügung durchgesetzt werden, solange Mitwirkungspflichten des Patienten fehlen (hier: Testung auf Covid-19; LG Dortmund NJW 2021, 12251). **Spezialzuständigkeit** LG: § 72a I Nr 3 GVG. 8.18

• **Herausgabe und Sequestration, Räumung und Besitzschutz. Lit:** Saenger JZ 99, 970 (eilige Durchsetzung von Herausgabeansprüchen). – **Verfahren:** Streng-einseitiges Verf zulässig, soweit der Überraschungseffekt eine entscheidende Rolle spielt (vor § 916 Rn 1a, 1e; § 924 Rn 1; § 936 Rn 1; § 938 Rn 11a). Durch einstw Verfügung (Leistungsverfügung) kann Herausgabe von Gegenständen insb im Rahmen des **Besitzschutzes** (§§ 858, 861 BGB) verlangt werden (OLG Hamm NJW-RR 91, 1526 = MDR 91, 941; OLG Köln MDR 95, 1215; OLG Koblenz MDR 2014, 493; einschr OLG Hamburg MDR 70, 770 bei entzogenem Mitbesitz gem § 866 BGB; Schranken für Wiedereinräumung von Mitbesitz: AG Bruchsal NJW 81, 1674 u dazu Smid JuS 82, 892), auch bei wechselseitig begangener verbotener Eigenmacht (AG Rostock NJW-RR 2005, 1533). Verbotene Eigenmacht (§§ 858, 861 BGB) genügt als Verfügungsgrund (OLG Saarbrücken MDR 2003, 1198; AG Rostock NJW-RR 2005, 1533, 1534; sa § 940a Rn 1), eine bes Dringlichkeit ist nicht erforderl (OLG Stuttgart NJW-RR 96, 1516; OLGR Düsseldorf 2002, 175; LG Berlin NJW-RR 2012, 1229, 1230; Schur ZMR 2000, 802 f, 807), unerhebl ist, ob (noch) ein (schuldrechtl) Recht zum Besitz bestand (OLG Düsseldorf ZIP 2008, 1930). Eine Herausgabeverfügung ist auch bei Entfernung von dem Vermieterpfandrecht unterliegenden Sachen mögl (s Rn 8.21). – Bei wechselseitigen Verfügungsanträgen (s § 935 Rn 4) kann (entgegen § 863 BGB) auch ein *Recht zum Besitz* zu berücksichtigen sein (eingeh OLG Rostock OLG-NL 2001, 279, 281; OLG Stuttgart NJW 2012, 625, 627 f [K. Schmidt JuS 2012, 843]; OLG Stuttgart MDR 2012, 212; Lehmann-Richter NJW 2003, 1717). Besitzentziehung auf Grund einstw Verfügung ist keine Besitzstörung (BGH MDR 2003, 621). Bei einer einstw Verfügung gegen namentl nicht bekannte Besitzstörer von Gebäuden zum Zweck der Räumung (sog Hausbesetzerfälle) ist zweifelhaft, ob eine hinreichend bestimmte Umgrenzung der Personengruppe ausreicht (s § 935 Rn 4; § 940a Rn 4); zur Räumungsverfügung gegen Dritte s § 940a II. Darüber hinaus wird **Herausgabe** durch einstw Verfügung ausnahmsweise nur dann angeordnet, wenn der Gl auf die jew Sachen **dringend angewiesen** ist (zusammenfassend OLG Bremen NJW-RR 2020, 250 Tz 20; sa Rn 6), zB für seinen Lebensunterhalt oder Beruf (Arbeitsgeräte, StJ/Bruns vor § 935 Rn 41; Baustellenmaterial, OLG Stuttgart NJW 2012, 625; Arbeitspapiere, LAG Frankfurt DB 81, 534; Betriebsaufzeichnungen, OLG Köln NJW-RR 97, 58; Buchführungsunterlagen, LG Heidelberg MDR 98, 188 [uU aA OLG Köln NJW-RR 2009, 1724: Abwendung durch Einsichtgewährung m Kopie, arg § 273 III BGB]; Bauunterlagen, OLG Köln NJW-RR 98, 1097, u dgl, sa § 935 Rn 13; zu Krankenunterlagen s Rn 8.3) oder die Gefahr einer **Schädigung** durch missbräuchl Verwendung besteht (OLG Celle NJW 2015, 711 Tz 14; LG Köln NJW-RR 87, 1530, 1532: Herausgabe von sicherungshalber übergebenem Blankoscheck; sa Rn 8.35); Entspr gilt für die Räumungsverfügung bei *Gewerberaum* (OLG Celle ZMR 2000, 752: OLG Düsseldorf ZMR 2006, 446; OLG Düsseldorf NJW-RR 2009, 1461, 1462; OLG Rostock OLG-NL 2001, 279: Hotelschiff; s näher § 940a Rn 4) und uU auch bei Räumung oder Übergabe (KG NJW 2018, 311) von *Wohnraum* (iE § 940a Rn 1 ff; sa unten) oder für die Herausgabeverfügung bei zeitabhängiger Bewirtschaftung von landw Fläche (OLGR Celle 2005, 479). Eine Herausgabeverfügung kann nicht durch Parteizustellung allein **vollzogen** werden (OLG Hamm MDR 93, 275). Zu einstw Verfügungen auf **Zutritt** zu einer Wohnung und auf **Wiedereinräumung** des Wohnungsmitbesitzes s Behr NJW 92, 2128; Schreiber NJW 93, 625; AG Waldshut-Tiengen NJW-RR 94, 712; sa § 940a Rn 2, zu einstw Verfügungen auf Unterlassung besitzstörender (Folge-)Vermietung s Rn 8.21. – Als Mittel **vertragl Auseinandersetzungen** scheidet die Herausgabeverfügung aus, etwa zur Durchsetzung einer Auftragsentziehung im Interesse der zügigen Fortsetzung der Sanierungsarbeiten an einem Schiff (vgl OLG Bremen NJW-RR 2020, 250). Schwebt ein **Rechtsstreit über das Eigentum** an einer Sache, oder erweist sich ein Benutzungsverbot als untaugl (s OLGR Naumburg 2002, 295), kann Herausgabe (idR an den GV oder einen **Sequester**, § 938 II) zum Zweck der vorläuf Regelung des Besitzes angeordnet werden, wenn die Voraussetzungen des Verfügungsgrundes vorliegen (s § 938 Rn 7 f, 12). Bloße **Weiterbenutzung** von *Wohn-(Gewerbe-)raum* nach Beendigung eines Nutzungsverhältnisses genügt idR nicht (OLG Düsseldorf MDR 95, 635; OLG Düsseldorf NJW-RR 2009, 1461; OLG Dresden MDR 98, 305; OLG Brandenburg MDR 2001, 1185; einschr OLGR Koblenz 1999, 455 mwN, str; aA Bornhorst WM 98, 1668), auch nicht bei unberechtigter Überlassung des Mietobjekts an nicht zahlenden Dritten (so OLG Düsseldorf NJW-RR 2009, 1461; krit zur Rspr Sa- 8.19

enger JZ 99, 972 ff; sa § 935 Rn 13), wohl aber uU bei Nichtbefolgung einer Sicherungsanordnung (§ 940a III; s § 940a Rn 7 ff) oder uU bei Besitzerwerb vom Mieter ohne Kenntnis des Vermieters (§ 940a II; s § 940a Rn 4 ff). Stellt der herauszugebende Gegenstand eine Kreditsicherheit dar (**Eigentumsvorbehalt, Sicherungsübereignung**), ist zu berücksichtigen, ob durch die Weiterbenutzung (wie zB bei Kfz, anders bei Möbeln) eine Beeinträchtigung (Entwertung) als Sicherheit erfolgt (so zutr Bornhorst, Saenger, jew aaO). Bei gestatteter Weiterveräußerung (Verarbeitung) kommt eine vorbereitende Auskunftsverfügung in Frage (OLGR Bamberg 2007, 551; s Rn 8.3. Hingegen kann der Absonderungsberechtigte nicht die Herausgabe des Sicherungsgutes aus der Insolvenzmasse im Wege einstw Verfügung verlangen (LG Köln ZIP 85, 496). Bei Streit um **Besitz** scheidet eine Herausgabeverfügung aus, wenn das auf ein Zurückbehaltungsrecht gestützte Besitzrecht durch Sicherheitsleistung abgewendet werden kann (§ 273 III BGB; LG Göttingen MDR 80, 324 für Abschleppkosten). **Abgrenzung: keine** Herausgabeverfügungen bei Eingreifen von einstw Anordnung im FamFG-Verf (s § 935 Rn 3). Sa Rn 8.12, 8.21; wegen Kostenwiderspruch § 938 Rn 11a.

8.20 • **Kartellrecht.** Einstw Verfügungen auf **Belieferung** wegen Diskriminierung gem §§ 20 ff, § 33 GWB werden überwiegend in engen Grenzen für grds zulässig erachtet (OLG Düsseldorf WuW 81, 372; OLG Karlsruhe WRP 80, 638; OLG Stuttgart NJW-RR 90, 940; OLG Koblenz WRP 91, 412 mN; OLG Frankfurt NJW-RR 91, 166 f; Köhler BB 2002, 584; Baur/Stürner/Bruns Rn 53.28; abl OLG Koblenz BB 2013, 2131, im Einzelfall verneinend OLG Düsseldorf EWiR 2014, 465; iE Möschel, Recht der Wettbewerbsbeschränkungen, Rn 1154; allg sa Rn 6), dgl auf **Zugang** zum Gastransportnetz eines anderen Unternehmers (OLGR Düsseldorf 2002, 189) oder auf **Aufnahme** in dessen Reiseauskunftsystem (KG WRP 2004, 112 [dazu Sosnitza WRP 2004, 62]). Bei unberechtigter **Dopingsperre** von Monopolverband kann deren Aufhebung verlangt werden (OLG Karlsruhe SpuRt 2016, 170; sa allg BGHZ 210, 292 = NJW 2016, 2266), bei unzulässiger Aufforderung zu einer Bezugssperre (§ 21 I GWB) kann **Beseitigung** oder **Unterlassung** (§§ 21, 33 GWB) (OLG Stuttgart WRP 89, 202; OLGR Hamburg 2008, 35), bei rechtswidriger Weisung des Dachverbands an den Mitgliedsverein deren Unterlassung angeordnet werden (OLG Düsseldorf NZKart 2020, 545). Das gem § 73 GWB zuständige **OLG** kann als Beschwerdegericht einstw Anordnungen gem § 68 iVm § 60 GWB treffen. Bsp: OLG Düsseldorf WuW 2002, 727: Zusammenschlussvorhaben E.ON/Ruhrgas. Im **Vergabeverf** (§§ 97 ff, §§ 107 ff, §§ 116 ff GWB) ist der Eilrechtsschutz eigenständig geregelt (zB für Zuschlag, § 127 GWB); Bsp: OLGR Jena 2009, 232. – **Lit:** Kramer/André JuS 2009, 906; Wolf, Der Eilrechtsschutz im Vergaberecht, 2003.

8.21 • **Mietrecht. Lit:** Fritsche Rpfleger 2005, 637; N. Schneider MDR 2004, 319. – Die Zustimmung des Mieters zu Erhaltungsmaßnahmen iSv § 554 BGB kann der Vermieter durch einstw Verfügung nur dann verlangen, wenn akute Gefahr für die Mietsache besteht (AG Neuss NJW-RR 86, 314); gegen (un-)angekündigte Modernisierungsmaßnahmen (s § 555a II, § 555c BGB) kann der Mieter uU wegen *Besitzstörung* vorgehen (LG Berlin NJW-RR 2012, 1229), ebenso gegen immissionsintensive Umbaumaßnahmen und bauliche Veränderungen (OLG Frankfurt NJW 2019, 1463), ferner gegen beeinträchtigende (Folge-)Vermietung an Dritte (LG Berlin MDR 2014, 890). Beabsichtigter unangemessener Gebrauch der Mietsache kann durch einstw Verfügung untersagt (AG Bad Homburg NJW-RR 92, 335), ordnungsmäßige Beheizung der Mieträume kann geboten werden (vgl OLG Köln ZMR 94, 325 = OLGR Köln 1994, 219; WSch/Thümmel Rn 53), dgl Versorgung mit (Warm-)Wasser usw durch den Vermieter (AG Leipzig MDR 98, 1025; AG Berlin-Schöneberg NJW-RR 2010, 1522). Eine Versorgungssperre des Vermieters als solche kann nicht als verbotene Eigenmacht iSv §§ 858, 862 BGB (BGHZ 180, 300 Tz 24 ff = NJW 2009, 1947) untersagt werden, der Vermieter kann aber unter den Voraussetzungen der Leistungsverfügung (Notlage, Existenzgefährdung usw, s Rn 6) durch einstw Verfügung zur zeitl befristeten Aufrechterhaltung der Weiterversorgung verpflichtet werden (AG Berlin-Schöneberg, AG Lahnstein NJW-RR 2010, 1522; MK/Drescher § 935 Rn 66; sa Rn 8.11). Sicherung des Vermieterpfandrechts (§§ 562 ff BGB) durch einstw Verfügung ist mögl (eing Katzenstein/Hüftle MDR 2005, 1029 ff mwN), das Selbsthilferecht gem § 562b I BGB steht nicht entgegen (Burbulla MDR 2022, 989 Rn 41). Bei Geschäftsräumen kann ein vertragl Konkurrenzschutz auch im Wege der einstw Unterlassungsverfügung durchgesetzt werden (OLG Frankfurt NJW-RR 88, 396; OLG Hamm NJW-RR 90, 1236; OLG Hamm ZMR 91, 297; aA OLGR Jena 2008, 748); nach Übergabe der Mietsache an den Konkurrenten scheidet diese aber aus (Burbulla MDR 2022, 989 Rn 42). Einstw Verfügung zur Mängelbesichtigung durch den Vermieter ist zulässig (einschr LG Duisburg NJW-RR 2007, 85). Die vom Vermieter zu Unrecht verweigerte Erlaubnis zur Untervermietung (vgl § 553 I BGB) kann durch Leistungsverfügung (s Rn 6) vorläufig erteilt werden (s Harsch MDR 2013, 754 mwN). Zur Doppelvermietung s eingehend Wichert ZMR 2022, 863, sa Rn 8.10, 8.19, s § 935 Rn 9, § 938 Rn 12 sowie zur Räumungsverfügung von Wohn- und Gewerberaum s § 940a Rn 1 u 4). Bei Streitigkeiten über Auswirkungen der **Corona-Pandemie** auf das Mietverhältnis (zB Art 240 § 2 EGBGB) spricht die Wertung des § 44 EGZPO für das Vorliegen eines Verfügungsgrunds.

8.22 • **Nachbarrecht.** Einstw Verfügungen wegen unzulässiger Immissionen (§§ 906, 1004 BGB) wurden bish versagt gegen Betrieb einer Mobilfunkanlage (OLGR Düsseldorf 2002, 90) u gegen Bus-Linie in Wohngebiet (OLGR Oldenburg 2002, 236).

8.23 • **Nachlasssachen.** Das Nachlassgericht kann Anordnungen (§§ 49 ff, § 353 FamFG) zum Schutz des wahren Erben treffen, zB die *vorläufige Rückgabe der* Ausfertigung des Erbscheins (OLG Saarbrücken NJW-RR 2012, 588); bei *einem* europ Nachlasszeugnis können dessen Wirkungen ausgesetzt werden (Steiner ZEV 2016, 488 f); sa Rn 8.12.

• **Patentrecht.** S Rn 8.15. 8.24

• **Politische Auseinandersetzungen.** Hier hat das Parteischiedsgerichtsverf gem § 14 PartG, das idR einstw Anordnungen der Parteischiedsgerichte nach dem Vorbild der §§ 935 ff ermöglicht, den Vorrang vor dem vorläufigen Rechtsschutz durch die ordentl Gerichte (vgl OLG Hamm MDR 71, 56; OLG Hamm MDR 72, 521; LG Düsseldorf NJW-RR 90, 832; Vollkommer FS Nagel, 1987, S 474); einstw Verfügung auf Unterlassung von Ehrverletzungen gegen Abgeordnete soll unzulässig sein (so OLG Saarbrücken NJW-RR 94, 184, zweifelhaft); Grenze zulässiger Meinungsäußerung: Schmähkritik (OLG Köln NJW-RR 2016, 1061); zum Namensschutz durch einstw Verfügung s LG Hannover NJW 94, 1356; allg s vor § 916 Rn 4; zum Vereinsausschluss aus politischen Gründen s Rn 8.34. 8.25

• **Presse- u Äußerungsrecht. Persönlichkeitsschutz. Lit:** Löffler, Presserecht, 7. Aufl 2023; Soehring/Hoene, Presserecht, 7. Aufl 2024. – **Verfahren:** Der Grundsatz der Mündlichkeit (§ 937 II; BVerfG NJW 2024, 1948 Tz 16, 21 = WRP 2024, 584; § 935 Rn 3, 4) u Waffengleichheit (s vor § 916 Rn 1a, 5a; § 924 Rn 1) gilt. Bejaht das Gericht im Einzelfall die Dringlichkeit einer gerichtl Regelung (Verfügungsgrund), ist idR mündl Verh auch bei vorheriger Anhörung des Ag erforderlich (BVerfG NJW 2022, 083 Tz 26; BVerfG NJW 2023, 759 Tz 20; BVerfG NJW 2023, 2475 Tz 23; BVerfG NJW 2023, 2478; BVerfG NJW 2024, 1948 Tz 16 = WRP 2024, 584; Petersenn/Peters NJW 2021, 728 ff). Bei Abstandnahme von mündl Verh ist Fall „bes" Dringlichkeit zu begründen (BVerfG NJW 2024, 1948 Tz 21 = WRP 2024, 584 [Löffel]; § 935 Rn 3). Im Rahmen eines **einstw Rechtsschutzes** kann ein Betroffener sich gegen die Veröffentlichung (Verbreitung) ehrverletzender Behauptungen durch ein Presseorgan oder im Internet (s BGHZ 181, 3328), desgl gegen Bildberichterstattung aus seinem höchstpersönl Lebensbereich (BVerfG NJW 2024, 1948 = WRP 2024, 585; sa § 201a StGB) mit einer einstw Verfügung wehren (vgl die in Seitz/Schmidt Anh I abgedr Landespresse-[medien-]gesetze); darin liegt kein Verstoß gegen Art 5 I 2 GG (BVerfG NJW 98, 1381; BGHZ 128, 10; BGHZ 181, 328 Tz 27 ff). Umgekehrt verstößt unberechtigte einstw Verfügung zur Veröffentlichung von Gegendarstellung gegenüber Presseunternehmen gegen Art 5 I 2 GG (BVerfG NJW 2021, 1585 Tz 16). Die anzuordnende Maßnahme gem § 938 hängt von den zeitl Möglichkeiten ab. So kommt in 1. Linie ein Verbot der Aufstellung der konkreten ehrverletzenden Behauptung in Betracht, nur in bes gravierenden Ausnahmefällen das Auslieferungsverbot einer ganzen Zeitungsauflage (vgl Koebel NJW 67, 324 f), das Verbot der Ausstrahlung einer Fernsehsendung (vgl BVerfG NJW-RR 2014, 60) oder das Verbreitungsverbot eines Romans (BGHZ 183, 227, vgl Tz 3). – **Nach** der Veröffentlichung bestimmter Behauptungen können dem Betroffenen Ansprüche auf **Widerruf** (BGHZ 128, 1) und **Gegendarstellung** zustehen (BVerfG NJW 98, 1381; BVerfG NJW 2024, 1411; BVerfG NJW 2024, 1948 Tz 16 = WRP 2024, 584). Der Widerrufsanspruch kann nach üM nicht durch einstw Verfügung durchgesetzt werden (OLG Bremen AfP 79, 355; OLG Köln AfP 81, 358; MK/Drescher § 935 Rn 84; aA – „eingeschränkter" [einstw] Widerruf zulässig – Brox/Walker § 52 Rn 40; E. Schneider AfP 84, 129; vgl auch BGHZ 128, 3: „Verbotsverfügung"). Im Rahmen der Aktualitätsgrenze der Pressemeldung (OLG Hamburg MDR 2017, 1444: idR 5 Wochen; bei Wochen-Zeitschrift etwa 4-6 Wochen: OLG München NJW-RR 98, 27; bei Tageszeitung etwa 4 Wochen: OLGR München 2003, 329; dazu näher Schmidt/Seitz NJW 91, 1015 mN) wird die Veröffentlichung der **Gegendarstellung** durch einstw Verfügung angeordnet (sa Landes-PresseGes). Anordnung von Sicherheitsleistung (§ 921 S 2) scheidet idR aus (OLGR Celle 2006, 378, 379). Die betroffene Redaktion soll vor Ablehnung der nicht ordnungsgemäßen Gegendarstellung auf eine richtige Abfassung hinwirken (LG Wiesbaden MDR 83, 759). Eine geänderte Fassung des Gegendarstellungstextes kann im Verfügungsverf Gegenstand eines Hilfsantrags sein (OLG Brandenburg NJW-RR 2000, 327). Redaktionelle Zusätze zur Gegendarstellung gegenteiligen Inhalts haben zu unterbleiben (BGH NJW 2021, 3334). Auch wenn sich das Presseorgan bereits zur Veröffentlichung der Gegendarstellung bereit erklärt hat, verlangt die hM noch eine Vollziehung der einstw Verfügung durch Parteizustellung (OLG München NJW-RR 89, 180; OLG Frankfurt OLGZ 86, 477 = NJW-RR 87, 764 = MDR 86, 768; einschr OLG Brandenburg NJW-RR 2000, 325, 326: nicht mehr nach Abdruck) oder Antragstellung gem § 888 (OLG Dresden MDR 2017, 421); die Vollziehungsfrist (§ 929 II) darf aber – voll – ausgenutzt werden (OLG Hamburg AfP 87, 434). Wegen des Verhältnisses der presserechtl einstw Verfügung zum Hauptsacheprozess vgl OLG Frankfurt NJW-RR 2002, 1474 u § 926 Rn 2; zur Zuständigkeit s § 32 Rn 15; **Spezialzuständigkeit** LG: § 72a I Nr 5 GVG. Über den (allg) presserechtl Auskunftsanspruch (Art 5 GG) kann weitergehend als oben Rn 8.3 durch einstw Verfügung entschieden werden (OVG Lüneburg NJW 2018, 487). **Weitere Bsp:** Aufhebung einer Zugangssperre zu einem Online-Dienst (BVerfG WRP 2024, 692); Unterlassung krit Äußerungen gegenüber BReg (BVerfG NJW 2024, 1868). 8.26

• **Prozessführung.** Gegen die gerichtl Rechtsverfolgung oder Rechtsverteidigung einer Partei oder ihres ProzBev im Zivilprozess u das ihr dienende Vorbringen gibt es grds keinen Unterlassungsanspruch und damit keinen negatorischen Rechtsschutz (vgl BVerfG NJW 96, 3267; BVerfG NJW-RR 2012, 1002; BGHZ [GZS] 164, 1, 6 f = NJW 2005, 3141, 3143; BGHZ 183, 309 Tz 14 ff = NJW-RR 2010, 554; BGH NJW 2012, 1659 = MDR 2012, 518; eingeh Kiethe MDR 2007, 625), so dass auch einstw Verfügungen auf Unterlassung eines bestimmten Parteivorbringens im Prozess ausscheiden (Klein NJW 2018, 3143; entspr gilt für Auskunftsansprüche: OLG Bremen NJW 2019, 182; allg sa § 945 Rn 5 [b]). Bsp: keine einstw Verfügung gegen die Bezeichnung eines klagenden Wettbewerbsvereins in Abmahnsache als „Absahn-Hai" (LG Berlin NJW 84, 1760); Grenze: unzulässige 8.27

„Schmähung“ (vgl BVerfG NJW 2013, 3021 Tz 15); Bsp: OLG Brandenburg NJW-RR 2012, 1191. Es handelt sich um einen allg Grundsatz, der für *jedes* (vor-)gerichtl/behördl Verf gilt (vgl OLG Frankfurt ZIP 2013, 2018, 2019: InsVerf; BGHZ 183, 309 Tz 14 ff: Patenterteilungsverf; BGH NJW 2012, 1659: Ermittlungsverf; OLG München NJW-RR 95, 1215: Schlichtungsstelle; LG Bochum NJW-RR 98, 1372: Hinterlegungsstelle). **Internationaler Rechtsstreit:** Einstw Verfügungen ausl Gerichte in Bezug auf die Prozessführung vor inländischen Gerichten (zB Prozessführungsverbote) sind im EU-Bereich unzulässig (EuGH NJW 2009, 1655 u dazu Lehmann S 1645; Balthasar/Richers RIW 2009, 351; hier Althammer s § 1033 Rn 12); ebenso im Verhältnis zu Common Law-Ländern (USA, UK); vgl OLG Hamm EWiR 2023, 414 (Eßlinger/Kehrberger), arg Justizgewährungsanspruch gem Art 19 IV GG, vgl Einl Rn 32, 33; wegen der Zustellung ausländischer Klageschrift im Inland s BVerfG JZ 2016, 796 [M. Stürner].

8.28 • **Sport. Lit:** Hilpert, Eilrechtsschutz im Sport, SpuRt 2007, 223; SpuRt 2008, 18; Scherrer (Hrsg), Einstweiliger Rechtsschutz im internationalen Sport, 1999. – Vereins- oder Verbands-„gerichte“ sind idR keine „echten“ Schiedsgerichte (BGHZ 159, 207 = NJW 2004, 2226; BGHZ 197, 162 Tz 17 ff; zur Abgrenzung Longrée/Putzier MDR 2019, 391) u unterliegen im gewissen Umfang der Kontrolle der staatl Gerichte (näher Rn 8.34). Auch im Anwendungsbereich einer sog Athletenvereinbarung ist staatl einstw Rechtsschutz gem § 1033 nicht ausgeschlossen (BayObLG SpuRt 2021, 30 Tz 106; Cherkeh/Schroeder SpuRt 2007, 101). Anwendungsbereiche von einstw Verfügungen sind zB: eingeschränkte Nachprüfung der Spielwertung durch Verbands-Sportgericht (OLG München SpuRt 97, 134), Anordnung von Spielwiederholung (vgl OLG Frankfurt SpuRt 2005, 118; LG Berlin SpuRt 2007, 249), vorläufige Aufnahme in Monopolverband (OLG Düsseldorf NJW-RR 98, 328), Zulassung zu Wettkampfteilnahme (str, s Schimke SpuRt 96, 167 mN), nach Corona-Pandemie bedingtem vorzeitigem Abbruch der Spielzeit auf ermessensfehlerfreie Entscheidung über die Meldung zum DFB-Pokal (LG München I WuW 2020, 685), nicht dagegen auf Erteilung der Spielberechtigung für eine höhere Liga (OLG Frankfurt SpuRt 2020, 196), Zulassung von Trainer (LG München I SpuRt 2007, 124), zu Teilnahme an Trabrennen (KG MDR 2012, 921), Überprüfung von Wettkampfsperre (OLGR Frankfurt 2000, 248 = EWiR 2000, 659 [van Look mwN]; OLG Frankfurt SpuRt 2001, 159), von Dopingsperre (OLG Karlsruhe SpuRt 2016, 170; LG Dortmund SpuRt 2011, 117), auch ggü regelunterworfenem Nichtmitglied (LG München I SpuRt 2000, 155 [Adolphsen]), von Stadionverbot (allg BVerfG NJW 2018, 1667 Tz 45; s Rn 8.34), Änderung der Spielwertung (LG Dortmund SpuRt 2008, 79), Erteilung (Verweigerung) von Lizenz (LG Frankfurt NJW 83, 761; LG Dortmund SpuRt 2006, 77; 2009, 169), Zustimmung zum Vereinswechsel eines Amateurfußballers (LG Lübeck NJW-RR 88, 122), uU Verweigerung oder Behinderung von Transfer (vgl LAG Köln SpuRt 99, 77, iErg verneinend), **nicht:** Durchsetzung unentgeltl Kurzberichterstattung (OLG Bremen SpuRt 94, 85; LG München I SpuRt 2001, 242), Verbot von Zentralvermarktung einer Veranstaltung (vgl LG Hamburg SpuRt 2000, 200); allg krit Osterwalder SpuRt 2011, 230. **Internationaler Sportrechtsschutz**. Der CAS (Court of Arbitration for Sports) ist echtes Schiedsgericht (EGMR NJW 2019, 1057); bis 2021 bestand aber gegenüber Athleten unzulässiger Schiedszwang (BVerfG NJW 2022, 2677 Tz 41 ff = MDR 2022, 1232; Thöne NJW 2022, 2650; Longrée/Blüher MDR 2022, 1249). Sa vor § 916 Rn 4; Rn 8.34.

8.29 • **Stromunterbrechung, Versorgungssperre, Liefersperre.** S Rn 8.11, 8.21.

8.30 • **Telefonsperre.** Wiederherstellung des Anschlusses durch einstw Verfügung mögl, wenn Sperre zur Durchsetzung streitiger Ansprüche erfolgt (AG Frankfurt BB 94, 1457; aA AG Koblenz NJW 94, 2367; sa AG/LG Kiel NJW-RR 2012, 1211).

8.31 • **Unterhaltsrecht.** Der einstw Rechtsschutz im Verf in Unterhaltssachen (§§ 231 ff FamFG) erfolgt durch einstw Anordnungen (§§ 246 ff FamFG; s vor § 916 Rn 1c).

8.31a • **Unterlassungsklagengesetz; Verbraucherrechtedurchsetzungsgesetz.** Präventiver Eilrechtsschutz durch eine nach § 3 I UKlaG klagebefugte Einrichtung wegen eines **Unterlassungsanspruchs** nach §§ 1-2a UKlaG, § 8 I UWG ist unter den Erleichterungen von § 12 I UWG möglich (§ 5 UKlaG); es besteht (fakultative) OLG-Zuständigkeit, § 937 iVm § 6 I UKlaG; landesrechtliche Konzentrationsbestimmungen nach § 13a GVG sind zu beachten. Das Gericht muss die erlassene einstw Verfügung nach § 6a I UKlaG bekannt machen. Die Zustellung des Antrags auf Erlass einer einstweiligen Verfügung (bzw deren Einreichung, § 204a I 2 BGB nF) hemmt nicht nur die Verjährung des Hauptsache- (Unterlassungs-)Anspruchs (§ 204 I Nr 9 BGB), sondern auch die Verjährung von individuellen Verbraucheransprüchen, die wegen der Zuwiderhandlung des Sch entstanden sind, gegen die sich der Unterlassungsanspruch richtet (§ 204a I 1 Nr 1 BGB nF). Bei der **Abhilfeklage**, die auf Leistung an betroffene Verbraucher gerichtet ist (§ 14 S 1, § 16 I 1 Fall 2 VDuG; Abhilfe-Sammelklage, s § 1 VDuG Rn 15), scheidet eine Leistungsverfügung als vorgelagerte Maßnahme dagegen aus. Möglich ist ein Arrest (§§ 916, 917); es besteht (fakultative) OLG-Zuständigkeit, § 937 iVm § 3 I VDuG (landesrechtliche Konzentrationsbestimmungen nach § 3 III VDuG sind zu beachten). Entspr gilt für die Abhilfeklage auf Zahlung eines kollektiven Gesamtbetrages (§ 14 S 2, § 16 I 1 Fall 1, IV VDuG; Abhilfe-Gruppenklage, s § 1 VDuG Rn 16); s näher § 13 VDuG Rn 9.

8.32 • **Urheberrecht. Lit:** Gutsche, Vorläufiger Rechtsschutz im Urheberrecht, FS Nordemann, 1999, S 75. – Unterlassungsverfügungen kommen bei entspr Interessenabwägung idR nur dann in Betracht, wenn keine gewichtigen Zweifel an einer Schutzrechtsverletzung gem §§ 97 ff UrhG bestehen (KG BB 1994, 1596 = KGR Berlin

1994, 154); Hilfe: § 809 BGB (s BGHZ 150, 384 ff u Rn 8.7); ggf ist Sicherheitsleistung (§ 921 S 2, § 936) anzuordnen (Gutsche FS Nordemann, 1999, S 79); § 12 I UWG gilt nicht (KG NJW 97, 330; KG NJW-RR 2003, 1126; OLG München WRP 2012, 1298 Tz 59; OLG Düsseldorf WRP 2015, 1541 Tz 6; str; aA OLG Karlsruhe NJW-RR 95, 176); s mwN Rn 8.15. Zur Einräumung von Zwangslizenzen können einstw Verfügungen erlassen werden (§ 42a VI 2 UrhG); dies gilt auch für Rechte nach dem VGG (OLG München NJW-RR 94, 432, noch zum UrhWG). **Sondervorschrift** im internationalen Bereich: Art 50 TRIPS-Übk (dazu Bork NJW 97, 1665; Groh/Wündisch GRUR-Int 2001, 497). Sa Rn 8.3, 8.7.

• **Verbraucherschutz.** Nach § 3 I UKlaG klagebefugte Einrichtungen können im Interesse der Verbraucher gegen Unternehmer bei bestimmten Rechtsverletzungen Unterlassungs- und Abhilfeansprüche geltend machen (§§ 1, 2, 2a UKlaG; §§ 1, 2, 14 VDuG). Vorgelagert kann die klagebefugte Einrichtung eine einstweilige Verfügung zur Unterlassung erwirken, die auch zugunsten einzelner Verbraucher die Verjährung hemmt und die spätere Abhilfeklage vorbereitet (s näher Rn 8.31a). **Bsp** für „verbraucherrechtswidrige Praktiken“: Verstoß gegen Belehrungspflichten über Widerrufsrechte (BGHZ 109, 127 für UWG), gegen Insolvenzabsicherungspflicht nach § 651k BGB (BGH NJW 2000, 1639 für UWG), Verlangen verbotener (An-)Zahlungen, zB entgegen §§ 486, 651k IV BGB (BGH NJW 2000, 1639), unzulässiges Jahresentgelt in AGB einer Bausparkasse (BGH NJW 2023, 296). 8.33

• **Vereinsrecht.** Im Rahmen der (beschränkten) gerichtl Nachprüfbarkeit von Vereins-/Verbandsstrafen (vgl BGHZ 87, 343 ff; BGHZ 102, 276 ff; BGHZ 128, 110; BGHZ 197, 162 Tz 32; OLG Frankfurt SpuRt 2016, 217; Sauter/Schweyer/Waldner, Der eingetragene Verein, 22. Aufl 2025, Rn 375 ff; Grüneberg/Ellenberger, § 25 BGB Rn 19 ff) findet auch Eilrechtsschutz statt (s Stöber/Otto, Hdb Vereinsrecht, 12. Aufl 2021, Rn 877, 1026); bei Eingriffen in den Vereins-/Verbandsbetrieb ist Zurückhaltung geboten. Bsp: Massenveranstaltungen (BVerfG NJW 2018, 1667 Tz 45: Stadionverbot; Überprüfung von Disqualifikation: OLG Köln SpuRt 2009, 79. Sa Rn 8.28. Zur Abwehr der Beeinträchtigung seines Persönlichkeitsrechts steht dem Verein Einrechtsschutz zur Verfügung (OLGR Brandenburg 2007, 876). 8.34

• **Versicherungsrecht.** Eine Leistungsverfügung zur Durchsetzung von Versicherungsschutz (vorläufige Deckung von Anwaltskosten, vorläufige Verteidigerkosten) ist möglich (OLG Frankfurt ZIP 2021, 2646 = EWiR 2022, 213; sa Rn 6), uU auch auf Kontrahierungszwang (auf Abgabe einer Willenserklärung, s § 935 Rn 9; § 938 Rn 2) bei Schaffung der Voraussetzungen für Versicherungsschutz, zB bei Baumaßnahme. 8.34a

• **Wechselrecht.** Bei *rechtsmissbräuchl Geltendmachung* einer Wechselforderung kommt (vor Protest oder Ablauf der Protestfrist: OLG Hamm MDR 88, 976) einstw Verfügung auf Herausgabe an einen Sequester (vgl LG Köln NJW 87, 1530, 1532) zur Einziehung, uU auch ein Vorlage- und Protestverbot (selten) in Frage (strenge Anforderungen, iE Beisswingert/Vossius BB 86, 2358). Ein vom GV in Vollziehung einer einstw Verfügung beim Ag sichergestellter Wechsel ist dem Bezogenen rechtzeitig vorzuzeigen; bei Nichtzahlung muss der GV Protest mangels Zahlung erheben, da sonst dem Wechselgläubiger jede Regressnahme abgeschnitten würde (iE Ahrens WM 77, 910). 8.35

• **Wettbewerbsrecht. Lit:** Ahrens (Hrsg), Der Wettbewerbsprozess, 8. Aufl 2017, Kap 43-62; Berneke/Schüttpelz, Die einstweilige Verfügung in Wettbewerbssachen, 4. Aufl 2018; Ohly/Sosnitza, UWG, 8. Aufl 2023; Gloy/Loschelder/Danckwerts, Hdb des Wettbewerbsrechts, 5. Aufl 2019; Köhler/Feddersen, Wettbewerbsrecht, 43. Aufl 2025, § 12 UWG Rn 2.1 ff; Danckwerts ua, Wettbewerbsprozessrecht – Abmahnung, Einstweiliger Rechtsschutz, Klageverfahren, Vollstreckung, 2. Aufl 2022; Schuschke/Walker/Kessen/Thole, Vollstreckung und Vorläufiger Rechtsschutz, 8. Aufl 2024, vor § 935 Rn 112-129; Teplitzky, Wettbewerbsrechtliche Ansprüche u Verfahren, 13. Aufl 2023, Kap 53-56; Sponheimer, Die 3fache Dringlichkeit usw, FS Geimer, 2017, S 703; Rspr-Überblick: Meinhardt WRP 2022, 1348 Rn 26 ff. – **Verfahren:** Der Grundsatz der Waffengleichheit (s vor § 916 Rn 1a, 1e, 5a; § 924 Rn 1) gilt auch im UWG-Verfügungsverfahren (BVerfG NJW 2022, 2100; Tyra WRP 2020, 525 Rn 1). Entscheidet das Gericht ohne mündliche Verhandlung (§ 937 Rn 3, 4) ist die idR gebotene Anhörung des Ag bei gehöriger Abmahnung (s § 13 I UWG) uU entbehrlich (s vor § 916 Rn 1e; Mantz/Löffel WRP 2022, 1059 Rn 9 ff, 13 ff). – Die einstw Verfügung ersetzt meist den Hauptsacheprozess, da beide Parteien angesichts der schnellen Auswirkungen von Wettbewerbsverstößen an einer umgehenden Klärung der Rechtslage interessiert sind. Als Sondervorschrift für wettbewerbsrechtl Unterlassungsansprüche erleichtert § 12 I UWG den Erlass einstw Verfügungen (Hess WRP 2018, 785). Die Vorschrift ist auf sämtl Unterlassungsansprüche des Wettbewerbsrechts anwendbar (Köhler/Feddersen, § 12 UWG Rn 2.14; StJ/Bruns vor § 935 Rn 3 je mwN), so auch Ansprüche aus wettbewerbsrechtl Unterlassungsverträgen, zB Vertragsstrafeansprüche (BGH WRP 2017, 179 Tz 22 ff). Vor Einleitung des Verfügungsverf soll der ASt den Ag abmahnen; die **Abmahnung** ist aber nicht Voraussetzung für den Erlass der einstw Verfügung; sie spielt bei der VerfGestaltung (mündl Verh, vorh Anhörung, s oben) und bei der Kostenentscheidung gem § 93 eine Rolle (vgl BGHZ 164, 1, 8 = NJW 2005, 3141, 3143, stRspr; § 13 I UWG; § 93 Rn 6.59). – **Voraussetzung** der einstw Verfügung sind: Darlegung und Glaubhaftmachung (OLG Frankfurt WRP 80, 38) eines Verfügungsanspruchs (zB §§ 3, 8 UWG) und Vorliegen eines Verfügungsgrundes. Letzterer muss jedoch nicht dargelegt und glaubhaft gemacht werden, da **§ 12 I UWG** insoweit von den Voraussetzungen der §§ 935, 940 befreit (**Dringlichkeitsvermutung**, Köhler/Feddersen, § 12 UWG Rn 2.13; OLG Rostock WRP 2022, 240 Tz 4; OLG Celle WRP 2014, 477 Tz 7, str; krit Sponheimer FS Geimer, 2017, S 708). Diese (tatsächl) Vermutung **entfällt**, wenn der Unterlassungsgläubiger den Wettbewerbsverstoß des Gegners in Kenntnis aller Umstände zunächst hinnimmt und die einstw Verfügung erst später bean- 8.36

tragt (sog **Selbstwiderlegung**; OLG Rostock WRP 2022, 240 Tz 2, 4; dazu eingeh Ahrens/Singer Kap 45 Rn 19 ff; sa Rn 4; § 935 Rn 12). Die Kenntnis des Verletzten ist vom Ag glaubhaft zu machen; Kennenmüssen genügt nicht (OLG Karlsruhe GRUR 95, 511, str; aA Teplitzky/Schilling Kap 54 Rn 37: grob fahrlässige Unkenntnis genügt); Wissenszurechnung entspr § 166 I BGB findet statt (OLG Frankfurt WRP 2013, 1068 Tz 4; OLG Rostock WRP 2022, 240 Tz 6). Eine **„Widerlegung"** der Dringlichkeitsvermutung ist jedoch nicht erforderl, es genügt, dass der Ag Indizien für die Kenntnis des Verletzten glaubhaft macht (iE Kochendörfer WRP 2005, 1459 mit Indizienkatalog). Die Vermutung der Dringlichkeit besteht so lange, als der Verletzte an Zeit benötigt, um zuverlässige Kenntnis von den maßgebl Umständen zu erlangen (dringlichkeitsunschädliche Zeitspanne); „dringlichkeitsschädliche" Frist bezeichnet die Zeitspanne zwischen Kenntniserlangung vom Wettbewerbsverstoß und dem Tätigwerden des Verletzten. Es gibt **keine feste zeitl Grenze** (OLG Hamburg WRP 2019, 917 Tz 18: „Einzelfallwürdigung"; Doepner WRP 2011, 1384), wohl aber „Richtlinien" (idR 1 Monat; so zB OLG Celle WRP 2014, 477; OLG München WRP 2020, 109; nicht knapp 2 Monate, OLG Rostock WRP 2022, 240 Tz 2, OLG-Rspr schwankend; iE Hess WRP 2018, 785; Ahrens/Singer Kap 45 Rn 41 ff). Vergleichsverhandlungen über Monate brauchen die Dringlichkeit nicht entfallen zu lassen (so OLG Bremen NJW-RR 91, 44; aA OLG Frankfurt NJW 91, 49). Der ASt darf eine (zu) weiträumige Äußerungsfrist des Gerichts voll ausschöpfen (Art 103 I GG; Vertrauensschutz, s Einl Rn 25; aA OLG Hamburg WRP 2019, 917 Tz 24), desgl nach Unterliegen in 1. Instanz die Berufungs- und -begründungsfrist (OLG München NJW-RR 91, 624; offenlassend OLG München WRP 2016, 1404 Tz 74; krit Teplitzky WRP 2013, 1417), jedoch kann (schon einmalige) einverständl Verlängerung der Begründungsfrist des unterlegenen ASt schaden (OLG Dresden NJW-RR 2018, 1135; OLG München WRP 2021, 1622), ebenso Verzögerungsverhalten im Anordnungs- (OLG Karlsruhe NJW-RR 93, 229; OLG München MDR 94, 153), Widerspruchsverf (OLG Düsseldorf GRUR 92, 190 [abl Ahrens]; OLG Frankfurt WRP 95, 502: VU) oder Rechtsmittelverf (KG MDR 2008, 1230; OLG München WRP 2021, 1622; OLG Nürnberg MDR 2023, 722) sowie bei der Vollziehungszustellung (Rehart WRP 2011, 1041) oder bei Einleitung eines Ordnungsmittelverf gem § 890 (OLG Köln MDR 2017, 1265), dgl ein zeitl nicht beschränkter Vollstreckungsverzicht (OLG Köln WRP 2017, 1265) sowie etwa Antragsrücknahme und Wiederholung vor anderem Gericht (OLG Hamburg NJW-RR 2007, 763 u dazu näher § 935 Rn 5; § 937 Rn 7; Überblick über Fallgruppen „dringlichkeitsschädlichen Verhaltens": Kontusch JuS 2012, 323; krit zur hM Teplitzky WRP 2013, 1414). Die Dringlichkeitsvermutung kann trotz langen Zuwartens aufleben, wenn der Verletzte einen Wettbewerbsverstoß für abgeschlossen hielt, dieser aber nach längerer Zeit fortgesetzt und nun erst Antrag auf Erlass einer einstw Verfügung gestellt wird (Borck NJW 81, 2723 f; OLG Koblenz WRP 88, 480 – im Einzelfall verneinend). Ein solches Wiederaufleben ist auch dann anzunehmen, wenn der Verletzer die zu beanstandende Verletzungshandlung nach Art und (oder) Umfang wesentl ändert (OLG Frankfurt WRP 84, 692 [Traub]). – Mat-rechtl Voraussetzung der Unterlassungsverfügung ist vor erstmaliger Verletzung die (glaubhaft zu machende) **Begehungsgefahr**, nach erstmaliger Verletzung die (dann vermutete: BGH NJW 86, 2505 mN) **Wiederholungsgefahr** der Wettbewerbsverletzung (§ 8 I 1 UWG); diese sind ausgeschlossen, wenn der Verletzer auf **Abmahnung** der Verletzten hin eine strafbewehrte **Unterlassungserklärung** abgegeben hat (BGHZ 235, 222 = NJW 2023, 1654 Tz 35 = JZ 2023, 309 [Stieper/Hanke]; stRspr und hM; **§ 13 I, § 13a UWG**). Ob für den Wegfall des Verfügungsgrundes auch die bloße Einstellung der Verletzungshandlung verbunden mit einem schlichten Wohlverhaltensversprechen genügt, ist Frage des Einzelfalls (iE str; s OLG Düsseldorf WRP 2022, 474; aA BGH NJW 2023, 1654 Tz 39 ff; Rspr-Änderung; krit Meinhardt WRP 2023, 406 Rn 21 ff). – Die **Verjährung** (s § 11 UWG) wird durch (idR rückwirkende: § 167) Zustellung des Verfügungsantrags gehemmt (§ 204 Nr 9 Alt 1 BGB), sonst zurückbezogen auf die Einreichung, wenn die einstw Verfügung binnen eines Monats zugestellt worden ist (§ 204 Nr 9 Alt 2 BGB). Die *Verjährung beginnt erneut* (vgl § 212 I Nr 1 BGB), wenn der Verletzer eine **Unterlassungserklärung** abgibt (KG NJW-RR 90, 1403) oder es durch außerprozessuale **Abschlusserklärung** (s Ahrens/Ahrens Kap 58 Rn 20) zu einer endgültigen Regelung kommt (s § 926 Rn 4; § 927 Rn 9a). Zur **Schutzschrift** s § 945a Rn 1; zur Zulässigkeit von **Gegenanträgen** und **Gegenverfügungen** s § 33 Rn 23; § 935 Rn 4.

8.37 • **Zwangsvollstreckung.** Lässt sich das Ziel durch einstw Anordnung nicht erreichen, wie zB bei Zwangsversteigerungsverf, das einerseits auf Aufhebung einer Gemeinschaft, andererseits auf ZwV wegen einer Geldforderung gerichtet ist, ist eine einstw Einstellung im Wege der einstw Verfügung zulässig (LG Bonn NJW 70, 2303). Auch bei einer bereits erhobenen Klage auf Feststellung der Nichtigkeit des (eine Unterwerfung gem § 794 I Nr 5 enthaltenden) Vertrags ist eine einstw Verfügung auf Einstellung der ZwV mögl (OLG Düsseldorf OLGZ 85, 493; zur Zuständigkeit s § 937 Rn 1); einer Vollstreckungsgegenklage (wegen § 769) bedarf es damit nicht. Bei einer auf § 826 BGB gestützten Klage gegen die Vollstreckung aus einem sittenwidrig erlangten rechtskräftigen Titel (s vor § 322 Rn 72 ff; § 700 Rn 15 ff) kann die vorläufige Einstellung der ZwV (mangels Eingreifen der §§ 767, 769, str) durch einstw Verfügung angeordnet werden (OLG Hamm MDR 87, 505; OLG Frankfurt NJW-RR 92, 511; OLG Stuttgart NJW-RR 98, 70; LG Bochum MDR 99, 359; **aA** OLG Karlsruhe FamRZ 86, 1141; OLG Zweibrücken NJW 91, 3041 = MDR 92, 76; OLG Köln NJW-RR 95, 576 [Münzberg JZ 96, 314]; LG Berlin MDR 2005, 1254; hier Herget s § 769 Rn 1: § 769 entspr; nach noch aA gilt § 707 entspr, vgl Braun, Rechtskraft u Rechtskraftdurchbrechung von Titeln über sittenwidrige Ratenkreditverträge, 1986, S 115 mN).

§ 940a Räumung von Wohnraum

(1) Die Räumung von Wohnraum darf durch einstweilige Verfügung nur wegen verbotener Eigenmacht oder bei einer konkreten Gefahr für Leib oder Leben angeordnet werden.

(2) Die Räumung von Wohnraum darf durch einstweilige Verfügung auch gegen einen Dritten angeordnet werden, der im Besitz der Mietsache ist, wenn gegen den Mieter ein vollstreckbarer Räumungstitel vorliegt und der Vermieter vom Besitzerwerb des Dritten erst nach dem Schluss der mündlichen Verhandlung Kenntnis erlangt hat.

(3) Ist Räumungsklage wegen Zahlungsverzugs erhoben, darf die Räumung von Wohnraum durch einstweilige Verfügung auch angeordnet werden, wenn der Beklagte einer Sicherungsanordnung (§ 283a) im Hauptsacheverfahren nicht Folge leistet.

(4) In den Fällen der Absätze 2 und 3 hat das Gericht den Gegner vor Erlass einer Räumungsverfügung anzuhören.

Lit: *Börstinghaus,* Die neue „Räumungsverfügung" im Wohnraummietprozess, NJW 2014, 2225; *Schuschke,* § 940a II u III ZPO – Irrwege des Gesetzgebers, FS Schilken, 2015, S 799; *Wedel,* Rechtsprobleme des § 940a II ZPO, ZMR 2020, 14; *Wendt,* Die einstweilige Räumungsverfügung des § 940a Abs 2 ZPO, 2015.

I) Räumungsverfügung bei verbotener Eigenmacht (§ 940a I Alt 1). Der Regelung liegt die Auffassung zugrunde, dass eine einstw Verfügung nach § 940 auch zur einstw Regelung des Besitzes an einer Sache zulässig ist (s § 940 Rn 8.19). Für die Räumung von **Wohnraum** (Begriff: s § 721 Rn 2; sehr weitgehend AG Neuss NJW-RR 91, 1169: Hotelzimmmer bei Unterbringung durch Sozialamt; nicht Gewerberaum: SchWKT/Kessen Rn 7; s dazu näher Rn 4) wird jedoch über die Voraussetzungen des § 940 hinaus zusätzl gefordert, dass der Besitz durch **verbotene Eigenmacht** erlangt ist. Dabei kann schon das Vorliegen der verbotenen Eigenmacht einen Verfügungsgrund bilden, ohne dass ein weiterer wesentl Nachteil nachgewiesen zu sein braucht (ebenso Duffek NJW 66, 1346; MK/Drescher Rn 5; SchWKT/Kessen Rn 11; MskV/Braun Rn 2; aA LG Frankfurt NJW 80, 1758; AK/Damm Rn 2). Verbotene Eigenmacht umfasst auch Besitzstörungen (arg § 858 I BGB; Stellwaag ZMR 91, 289). § 721 findet keine Anwendung (LG Hamburg NJW-RR 93, 1233; s § 721 Rn 3). – Bei verbotener Eigenmacht hinsichtl der **Ehewohnung** ist nur das *FamG* im **FamFG-Verf** zuständig (§§ 49 ff, § 111 Nr 5, §§ 200 ff FamFG), das über die §§ 858 ff BGB mitentscheidet; eine entspr Anwendung auf die **ne Lebensgemeinschaft** ist zu verneinen (so zutr LG Hagen FamRZ 93, 187 gegen LG München I NJW-RR 91, 834). – Zum **Besitzschutz** bei Wohn- und Gewerberäumen (§ 940a gilt nicht: OLG Celle ZMR 2000, 752) s § 940 Rn 8.19; zum **Antrag** in Hausbesetzerfällen s § 935 Rn 4. 1

II) Räumungsverfügung bei Gefahr für Leib und Leben (§ 940a I Alt 2). Als zweiter Verfügungsgrund kommt der **Schutz der Person vor körperl Gewalt** (Art 2 II GG) in Frage. Nach **I Alt 2** kann die Räumung von Wohnraum oder (als „minus") ein Betretensverbot für eine Wohnung (§ 1 Nr 1 GewSchG) bei anderen als auf Dauer angelegten gemeinsamen Haushalten auch bei einer konkreten Gefahr für Leib oder Leben des ASt (zB Vermieter, Mitmieter, sonstiger Hausbewohner) durch einstw Verfügung angeordnet werden (Schumacher FamRZ 2001, 957); ein Rückgriff auf die allg Grundsätze („Verhinderung drohender Gewalt": § 940) ist zulässig. **Abgrenzung** zu **einstw Anordnungen** des FamG im **FamFG-Verf:** §§ 49 ff, § 111 Nr 6, §§ 210 ff FamFG). Durch das Betretensverbot wird der Räumungstitel ggf durch einen Unterlassungstitel verstärkt. Bei Nichtbefolgung kann Gl zur Beseitigung einer jeden andauernden Zuwiderhandlung den GV zuziehen, der gem § 758 III vorgehen kann (§ 892a S 1 u 2, eingefügt durch GewSchG); daneben verbleibt Vollziehung gem § 890. 2

III) Räumungsverfügung gegen Dritte (§ 940a II, IV). 1) Zweck. Die Vorschrift **erleichtert die Räumungsvollstreckung** bei Auftreten dritter, im Räumungstitel nicht aufgeführter Personen, die Besitz an der Mietsache in Anspruch nehmen. Sie gehört systematisch ins ZwVR (Ergänzung von § 885), da eine ZwV gegen diese Personen aus dem allein gegen den Mieter gerichteten Räumungstitel nicht stattfindet (BGHZ 159, 383 = NJW 2004, 3041; hier § 885 Rn 6); den erforderlichen Titel schafft die Räumungsverfügung. 3

2) Anwendungsbereich. Die Erleichterung gem **II** gilt auch für die Räumung von Gewerberaum gem §§ 935, 940; der in **II** vertypte Verfügungsgrund ist zugleich ein „anderer Grund" iSv § 940 (OLG Dresden MDR 2018, 404; zust Klüwer ZMR 2018, 196; iErg OLG München MDR 2018, 427; LG Hamburg NJW 2013, 3666; Fleindl ZMR 2014, 938; Burbulla MDR 2019, 1420). Die Streitfrage der entspr Anwendung von **II** (überwM verneinend, s KG NJW 2013, 3588; OLG Celle NJW 2015, 711; Wedel ZMR 2020, 14; ThP/Seiler Rn 3 [a]) auf Gewerberaum kann dahinstehen. Für eine Räumungsverfügung gegen **unbekannte Hausbesetzer** als „Dritte" iSv **II** ist ein ergänzender Titel gegen einen (nicht vorhandenen) Mieter (s Rn 5) entbehrlich; objektbezogener VollstrAuftrag an den GV genügt. „Entspr" **II** muss der Räumungsverfügung eine Feststellung der Personalien des „Dritten" durch GV vorangehen (arg § 750 I; M. Vollkommer MDR 2018, 1104; nicht erkannt in BGH NJW 2018, 399; zust MskV/Braun Rn 7a; sa § 935 Rn 4; § 940 Rn 8.19). Bei unrichtiger Personenfeststellung in der einstw Verfügung findet Berichtigung gem § 319 statt. 4

3) Voraussetzungen. a) Vollstreckbarer Räumungstitel des Vermieters gegen den Mieter. Der Vermieter muss Titel-Gl, der Mieter Titel-Sch, der titulierte Räumungsanspruch mietrechtl Art sein (keine sonstigen Räu- 5 mungsansprüche: LG Arnsberg NJW-RR 2014, 970). Der Titel kann vorläufig (§ 708 Nr 7, § 711) oder endgültig vollstreckbar sein (§ 705), der Räumungsprozess gegen den Mieter also noch in der Berufungsinstanz anhängig oder rechtskräftig abgeschlossen sein. Der ASt der einstw Verfügung muss der Titel-Gl (Vermieter) sein. – **b) Dritter im Besitz der Mietsache.** Dritter ist jeder (Mit-)Besitzer der Mietsache (§§ 854, 866 BGB), der nicht im Räumungstitel namentl als VollstrSch bezeichnet ist (§ 750 I). (Mit-)Besitz von Teilen der Wohnung genügt (LG Berlin NJW-RR 2016, 81; zur Untermiete sogleich). **Personenkreis** (näher s § 885 Rn 6-12). In Frage kommen: Ehegatten (bei Titel nur gegen einen), Lebensgefährten, (erwachsene) Familienangehörige, Mitglieder von Wohngemeinschaften, Untermieter (§ 546 II BGB, insoweit Besitzverhältnisse beachten: LG Berlin NJW-RR 2016, 81), nicht minderjährige und in Berufsausbildung befindliche Kinder (AG Wiesbaden NJW-RR 2015, 1424). Dritter ist auch, wer den Besitz in der Absicht begründet hat, die – allein gegen den Mieter – betriebene ZwV zu vereiteln (BGH NJW 2008, 3287, sehr str, vgl ThP/Seiler Rn 3 [c] mN; aA zB Wedel ZMR 2020, 14 ff arg § 242 BGB), **nicht** aber als Besitzer auftretende Personen, die die Feststellung ihrer Identität verweigern (so Begr BTDrs 17/10485, 34: Missbrauchsfall; wohl auch Horst MDR 2013, 250 f; aA Streyl NZM 2012, 251; zweifelnd ThP/Seiler Rn 3). Vorgehen: Rn 6 [d]. – **c) Besitzerwerb vom Mieter.** Der Dritte muss den Besitz vom Mieter (TltelSch) erworben haben. – **d) Besitzerwerb ohne Kenntnis des Vermieters.** Der Vermieter darf vom „Besitzerwerb des Dritten" bis zum Zeitpunkt des Verhandlungsschlusses im Räumungsprozess (wie § 767 II) **keine Kenntnis** erlangt haben. Grund: Bei Kenntnis Erstreckung der Räumungsklage gegen den Dritten geboten. Fahrlässige oder grobfahrlässige Unkenntnis stehen der Kenntnis nicht gleich (Streyl NZM 2012, 253; MskV/Braun Rn 6; ThP/Seiler Rn 3 [c]; MK/Drescher Rn 11), doch darf sich der Vermieter der Kenntnisnahme nicht verschließen (Wedel ZMR 2020, 16); unerhebl ist, ob der Vermieter vorprozessuale Aufklärungspflichten verletzt hat. Spätere Kenntniserlangung ist unschädl, die bis zur Antragstellung verstrichene Zeit unerheblich (keine Dringlichkeitsprüfung; so iErg LG Mönchengladbach NJW 2014, 950, 951). – **e) Keine Besitzberechtigung.** Der **Dritte darf ggü dem Vermieter** als ungeschriebene Voraussetzung nicht zum Besitz berechtigt sein. Die Rechtsstellung des Dritten entspricht der „mat-rechtl Abhängigkeit" vom Mieter als dem RäumungsSch (dazu s § 325 Rn 38); wie dieser ist er dem Vermieter ggü *nicht berechtigter Besitzer*. Abweichungen auf Grund des eigenen Verhaltens des Vermieters scheiden bis zum Verhandlungsschluss im Räumungsprozess notwendig (s oben d), danach praktisch aus (Vermieter betreibt Räumung).

6 **4) Räumungsverfügung; Besonderheiten des Verfahrens. a)** Es handelt sich – entgegen dem äußeren Anschein – nicht um einen Fall der echten Leistungs-(„Befriedigungs"-)verfügung iSv §§ 935, 940 (s § 935 Rn 2; § 940 Rn 6), sondern um die (unbedenkl) vereinfachte *Erstreckung der Vollstreckbarkeit* des gegen den Mieter ergangenen Räumungstitels auf (gegen) Dritte kraft mat-rechtl Abhängigkeit (s Rn 4, 5 [e]). – **b)** Ist die Räumungsklage noch anhängig (s Rn 5 [a]), ist das Prozessgericht zuständig (s § 937 Rn 1), sonst ausschließl das AG des belegenen Wohnraums (§ 23 Nr 2a GVG, § 29a). Vor Erlass der Räumungsverfügung ist der Dritte schriftl oder – im Rahmen einer anberaumten mündl Verh (§ 937 II) – anzuhören (**IV**). Der ASt (Vermieter) muss seine fehlende Vorkenntnis (s Rn 5 [d]) und den Besitz des Dritten glaubhaft machen (§§ 294, 920 II, § 936), idR durch eidesstattl Versicherung (Wedel ZMR 2020, 16). – **c)** *Verfügungsanspruch* ist der (vom Hauptsacheverf verschiedene) Räumungsanspruch gegen den Dritten (§ 546 II, §§ 985, 986 BGB). Bei Rechtskraft des Räumungstitels gegen den Mieter kann der Dritte die Beendigung des Mietverhältnisses nicht mehr bestreiten (s § 325 Rn 38). *Verfügungsgrund* ist fehlende Besitzberechtigung des Dritten ggü dem Vermieter (s Rn 5 [e]). Gelingt dem Dritten die Glaubhaftmachung der Vorkenntnis des Vermieters oder einer (eigenen) Besitzberechtigung, ist der Antrag abzuweisen (Klageerhebung geboten); andernfalls ist dem Antrag stattzugeben; es handelt sich dann um eine „reine Formsache" (s Begr BTDrs 17/10485, 34), dh, es findet keine Interessenabwägung (§ 940 Rn 4) mehr statt (so LG Mönchengladbach NJW 2014, 950; Wendt aaO S 269; idR auch SchWKT/Kessen Rn 15). – **d)** Scheitert die Erwirkung der Räumungsverfügung gegen den Dritten an der verweigerten Namensangabe (s Rn 5 [b]), liegt ein Fall der Vollstreckungsvereitelung (kollusivem Zusammenwirken von Mieter und Dritten) vor, bei der die Räumung gegen den Dritten allein aufgrund des Titels gegen den Mieter zulässig ist (so Begr BTDrs 17/10485, 34; Wedel ZMR 2020, 15; eing Wendt aaO S 166 ff, selbst aA S 175; zweifelnd ThP/Seiler Rn 3 [c]; MskV/Braun Rn 7).

6a **5) Rechtsbehelfe und Verhältnis zur Hauptsache.** Die Räumungsverfügung ergeht praktisch nur durch Urteil, die Bewilligung einer Räumungsfrist (§ 721) ist ausgeschlossen (wie Rn 10), die §§ 926, 927 scheiden wegen der „Endgültigkeit" des Verfügungsverf aus. Die Beschaffung eines Räumungstitels gegen den Dritten ist nach der „Erleichterung" gem **II nicht** mehr notwendig. Das Hauptsacheverfahren ist durch **II** „ersetzt".

7 **IV) Räumungsverfügung nach Sicherungsanordnung (§ 940a III, IV). 1) Allgemeines.** Diese Regelung (zu verf-rechtl Bedenken ggü **III** s Börstinghaus NJW 2014, 2227; SchWKT/Kessen Rn 24) ergänzt das Institut der Sicherungsanordnung (s § 283a Rn 1). Sie durchbricht das grds Verbot der Räumung von Wohnraum auf Grund einstw Verfügung und bildet – neben den bereits in **I** genannten Fällen (s Rn 1, 2) – einen weiteren (3.) Ausnahmefall der zugelassenen Räumungsverfügung bei Wohnraum (nicht hierher gehört die Vollstr-Vereinfachung gem **II**, s Rn 6). Bei der Auslegung von **III iVm § 283a** ist zu beachten, dass zu den erklärten Zielen des MietRÄndG der Vermieter*schutz ggü Miet*nomaden gehört (vgl Begr BTDrs 17/10485, 13, 15, 17; RAusschuss BTDrs 17/11894, 30, 31; Börstinghaus NZM 2012, 697; Streyl NZM 2012, 249; rechtspolitisch Brunner, Das Phänomen des Mietno-

maden in der Rechtspraxis, 2012, S 177 ff). Die nur für Wohnraum geltende Vorschrift (s Fritz NJW 2013, 1142) führt zu einer Annäherung an die bei Gewerberaum bestehende Rechtslage (s Rn 9 [b aE]; s § 940 Rn 8.19).

2) Voraussetzungen. a) Anhängige Räumungsklage. Sie muss auf eine außerordentliche oder ordentliche Kündigung wegen Zahlungsverzugs des Mieters (§ 543 II Nr 3, § 573 II Nr 1 BGB) gestützt und auf Wohnraum (s § 721 Rn 2; oben Rn 1) gerichtet sein. Die Anhängigkeit der **Zahlungsklage** ist in **III** nicht ausdrückl erwähnt, ergibt sich aber als Voraussetzung für die Sicherungsanordnung (s § 283a Rn 3); die Zahlungsklage umfasst idR die bis zur Vertragsbeendigung aufgelaufenen Mietrückstände und die nach Rechtshängigkeit entstandenen Ansprüche auf Nutzungsentschädigung (§ 546a BGB; §§ 257 ff; s § 283a Rn 3). Die Räumungsklage darf nicht entscheidungsreif sein (§ 300); steht die Entscheidungsreife (kurz) bevor, ist nach dem gleichzeitig eingeführten Beschleunigungsgebot (§ 272 III) anstatt der Eilmaßnahme umgehend die Entscheidung in der Hauptsache zu treffen. – **b) Bestehende Sicherungsanordnung** gegen den Mieter (nicht: mitverklagte „Dritte" iSv Rn 5 [d]). Gegen den bekl Mieter muss im Hauptsacheverf eine rechtskräftig gewordene Sicherungsanordnung (§ 283a I 3) ergangen (MskV/Braun Rn 7; str; aA MK/Drescher Rn 23 mwN), die vom Gericht bestimmte Beibringungsfrist (§ 283a II) muss abgelaufen sein. Vorher fehlt es an einem durchsetzbaren Befolgungszwang. – **c) Nichtbefolgung der Sicherungsanordnung.** Es genügt die Nichtleistung der Sicherheit; ob diese verschuldet ist oder zB auf „unverschuldeter Leistungsunfähigkeit" beruht, ist im Rahmen des Verfügungsgrundes zu berücksichtigen (s dazu Rn 9). Der Bekl (Mieter) trägt die Beweislast für die Rechtzeitigkeit der Sicherheitsleistung (§ 283a II). **d) Keine Voraussetzung** ist die Stellung eines Antrags auf *Erlass einer Räumungsverfügung*. **III** sieht diese als vom Antrag auf Sicherheitsleistung (§ 283a I 1) und dem Räumungsantrag (Rn 8 [a]) gedeckt an. 8

3) Räumungsverfügung; Besonderheiten des Verfahrens. a) Die auf Räumung von Wohnraum gerichtete einstw Verfügung nimmt – idR endgültig (zutr Streyl NZM 2012, 267) – die Entscheidung in der Hauptsache vorweg (SchWKT/Kessen Rn 24; MskV/Braun Rn 8, 11; MK/Drescher Rn 25; ThP/Seiler Rn 6; zu Unrecht aA BReg BTDrs 17/10485, 46 f); es handelt sich damit um den Fall einer (ges ausdrückl zugelassenen) Leistungs- („Befriedigungs-")verfügung (s § 935 Rn 2; § 940 Rn 6). – **b)** Da mit der Räumungsklage die Hauptsache bereits anhängig ist (s Rn 8 [a]), ist das Prozessgericht für den Erlass der Räumungsverfügung *zuständig* s § 937 Rn 1). Im Hinblick auf die Schwere des Eingriffs („Räumung von Wohnraum"; Art 13 GG) und das Fehlen von bes Dringlichkeit wird über den Antrag nur in Ausnahmefällen ohne *mündl Verhandlung* zu entscheiden sein (**IV**, § 937 II; MskV/Braun Rn 11). – **c)** Der *Verfügungsanspruch* ist der auf Zahlungsverzug gestützte Räumungsanspruch (s Rn 8 [a]). Da in der Sicherungsanordnung von der Beendigung des Mietverhältnisses abhängige Zahlungsansprüche gem § 546a BGB mit hoher Erfolgsaussicht bejaht worden sind (s § 283a Rn 3), trifft dies auch auf den Verfügungsanspruch zu. Nach einer auch in der RegBegr vertretenen Auffassung sollen die in **III** genannten (glaubhaft gemachten) Voraussetzungen zugleich den *Verfügungsgrund* ergeben (s Begr BTDrs 17/ 10485, 34 f; BReg BTDrs 17/10485, 46; eing MK/Drescher Rn 22 f; MskV/Braun Rn 9); dann wäre die Räumungsverfügung die Sanktionsfolge der Nichtbefolgung der Sicherungsanordnung (sa § 283a Rn 8). Gegen eine solche Automatik zwischen der Nichtbefolgung der Sicherungsanordnung und Räumungsverfügung bestehen Bedenken (krit Nw s Rn 7). Die Nichtbefolgung der Sicherungsanordnung ist zwar *notwendige*, aber nicht *hinreichende* Voraussetzung für die Räumungsverfügung. Die aA findet im Normwortlaut keine Stütze, denn dann müsste es in **III** statt „darf" „muss" heißen (nicht genügend beachtet von Schuschke FS Schilken, 2015, S 813). Die Formulierung von **III** als Erlaubnistatbestand („darf") kennzeichnet die Normierung einer Ausnahme vom grds Verbot der Räumung von Wohnraum auf Grund einstw Verfügung (s Rn 7). Als Fall der Leistungs-(„Befriedigungs"-)verfügung (s oben a) setzt die Räumungsverfügung voraus, dass der Gl auf die sof Leistung dringend, etwa zur Existenzsicherung angewiesen ist (s § 940 Rn 6). Die vor der Sicherungsanordnung zum Nachteil des Sch stattgefundene Interessenabwägung (s § 283a Rn 4) betrifft nur den Erlass einer Sicherungsmaßnahme, die dem Vermieter gerade keine „Befriedigung aus der Sicherheit" (s § 283a III) vor dem endgültigen Prozesssieg ermöglicht (s § 283a Rn 9) und damit als Grundlage für eine Vorwegnahme der Hauptsache ausscheidet (s oben a). Die aA lässt außer Acht, dass der Gesetzgeber die Bekämpfung eines konkreten Missstands im Auge hatte (s Rn 7 mN), keineswegs aber ein „flächendeckendes" Instrument für *alle* „notleidenden" Mietverhältnisse zur Verfügung stellen wollte. Der nach der aA **III** zukommende weitere Anwendungsbereich führt schließl zu Wertungswidersprüchen zwischen verschiedenen zugelassenen „Ausnahmefällen" von Räumungverfügungen (s Rn 7) und zur Räumungsverfügung bei Gewerberaum (s Rn 7 aE; § 940 Rn 8.19). Als **Bsp** für Räumungsverfügungen kommen daher in Frage: Privater Kleinvermieter ist auf Mieteinkünfte zu seinem Lebensunterhalt angewiesen (vgl OLG Celle ZMR 2000, 762; OLG Düsseldorf ZMR 2006, 446; NJW-RR 2009, 1461, 1462, sämtl für Gewerberaum); Vermieter als „Opfer" eines Mietnomaden (s Rn 7), **nicht:** unverschuldete Leistungsunfähigkeit des Mieters, insb vorübergehender Liquiditätsengpass bei langjährigem Mietverhältnis (s § 935 Rn 13). 9

4) Rechtsbehelfe und Verhältnis zur Hauptsache. Als Rechtsmittel kommt praktisch nur die Berufung in Frage, die §§ 926, 927 scheiden aus (s Rn 6a), ebenso § 945 (s Rn 8 [d]). Das ursprünglich in Form der Räumungsklage anhängige Hauptsacheverfahren ist mit dem Übergang (s Rn 8 [d]) ins „endgültige" (Rn 9 [a]) Verfügungsverfahren durch dieses „ersetzt" und mit der Vollziehung der Räumungsverfügung beendet. Eine „Rückkehr" ins Hauptsacheverfahren nach Räumung wäre mit der beabsichtigten Erleichterung der Räumungsverfügung unvereinbar (s Rn 7). 10

§ 941 Ersuchen um Eintragungen im Grundbuch usw.

Hat auf Grund der einstweiligen Verfügung eine Eintragung in das Grundbuch, das Schiffsregister oder das Schiffsbauregister zu erfolgen, so ist das Gericht befugt, das Grundbuchamt oder die Registerbehörde um die Eintragung zu ersuchen.

1 **I) Voraussetzungen. Lit:** Demharter Rpfleger 98, 133; Dötsch MDR 2010, 1093. – Die Eintragung als solche muss Gegenstand der einstw Verfügung sein; die Vorschrift ist daher unanwendbar, wenn durch Eintragung einer Sicherungshypothek nach § 867 eine einstw Verfügung vollzogen werden soll. **Bsp:** Eintragung einer Vormerkung nach §§ 883, 885 BGB, §§ 10, 11 SchiffsRG; eines Widerspruchs nach § 899 II BGB, § 21 SchiffsRG; eines Veräußerungsverbots nach §§ 136, 892 I 2 BGB (s Rn 2 aE). Ersuchen kann (nicht „muss"; daher gegen Ablehnung kein Rechtsbehelf) nur **das Gericht** (iE Demharter Rpfleger 98, 135), nicht UdG. Zweckmäßigerw wird das Eintragungsersuchen in die einstw Verfügung selbst aufgenommen (Demharter Rpfleger 98, 133). Macht das Gericht von der Befugnis des § 941 keinen Gebrauch, ist der Gl hiervon zu verständigen, damit er das Erforderl selbst veranlassen kann (§ 13 GBO). Wird Eintragungsantrag des Prozessgerichts abgelehnt, steht neben diesem der Partei die Beschwerde nach § 71 GBO zu (SchWKT/Kessen Rn 5; WSch/Thümmel Rn 5).

2 **II) Wirkung.** Durch den Eingang des Ersuchens um Eintragung (s § 38 GBO) beim GBA wird die Frist für die Vollziehung der einstw Verfügung gewahrt (§§ 929, 932 III; RGZ 67, 163; OLGR Celle 2000, 333; Dötsch MDR 2010, 1094 f; sa § 929 Rn 21); das gerichtl Ersuchen setzt aber die Frist des § 929 III 2 in Lauf (s § 932 Rn 9), so dass die vorherige Vollziehung unwirksam wird, wenn nicht innerhalb 1 Woche nach Eingang des Ersuchens und vor Ablauf der Frist des § 929 II 1 u 2 die Zustellung durch den Gl erfolgt (s § 929 Rn 27). Das GBA kann den Nachweis der Zustellung nicht verlangen (KG JW 28, 2466; Demharter Rpfleger 98, 136 ff). Das Eintragungsersuchen ist dem Eintragungsantrag des Gl in der Wirkung gleichgestellt (§ 932 III). Es ist (zugleich) „ZwV" iSv § 88 InsO (Folge: s § 928 Rn 1 iVm §§ 88, 89 InsO). Wegen der Vollziehung der einstw Verfügung s § 929 Rn 12-21. Eine einstw Verfügung, die dem Ag ein Verfügungsverbot auferlegt, wird wirksam mit Verkündung des Urteils bzw Zustellung des Beschlusses an den Ag. Damit entsteht auch die Verfügungsbeschränkung (BayObLG Rpfleger 2004, 93, 94; sa § 938 Rn 14). Der Eintragung in das GB bedarf sie, soweit sie sich auf eingetragene Rechte erstreckt, nur, um ggü den Vorschriften der §§ 136, 135 II BGB den guten Glauben dritter Erwerber auszuschließen. Aus den erwähnten Vorschriften iVm § 892 I BGB ergibt sich zugleich die Eintragungsfähigkeit des Veräußerungsverbots (KG JW 28, 2466; Demharter Rpfleger 98, 134 f).

3 **III) Gebühren. 1) Gericht:** keine für das Ersuchen an das GBA oder das Registergericht. – Wegen der Geb für die Eintragung selbst: 14150 GNotKG-KV (Vormerkung); 14151 GNotKG-KV (Widerspruch); 14152 GNotKG-KV (Löschung); sa Vorbem 1.4. II Nr 2 GNotKG-KV. – **2) RA:** Für den Antrag, das Gericht wolle das GBA oder das Registergericht um die Eintragung ersuchen, steht dem RA keine Vollziehungsgeb zu; es liegt hier nur eine Anregung vor (GS/Müller-Rabe VV 3309 Rn 284). Ebenfalls erwächst dem RA keine Vollziehungsgeb für den Antrag auf Grundbuchberichtigung nach Erlöschen einer eingetragenen Vormerkung (Widerspruchs- oder Verfügungsbeschränkung) infolge der Aufhebung der einstw Verfügung; hier aber Honorierung nach 2300 RVG-VV. Wenn der RA unmittelbar beim GBA oder Registergericht den Eintragungsantrag stellt, erwächst ihm hierfür die Vollziehungsgeb 3309 RVG-VV (GS/Müller-Rabe VV 3309 Rn 284).

§ 942 Zuständigkeit des Amtsgerichts der belegenen Sache

(1) In dringenden Fällen kann das Amtsgericht, in dessen Bezirk sich der Streitgegenstand befindet, eine einstweilige Verfügung erlassen unter Bestimmung einer Frist, innerhalb der die Ladung des Gegners zur mündlichen Verhandlung über die Rechtmäßigkeit der einstweiligen Verfügung bei dem Gericht der Hauptsache zu beantragen ist.

(2) [1]Die einstweilige Verfügung, auf Grund deren eine Vormerkung oder ein Widerspruch gegen die Richtigkeit des Grundbuchs, des Schiffsregisters oder des Schiffsbauregisters eingetragen werden soll, kann von dem Amtsgericht erlassen werden, in dessen Bezirk das Grundstück belegen ist oder der Heimathafen oder der Heimatort des Schiffes oder der Bauort des Schiffsbauwerks sich befindet, auch wenn der Fall nicht für dringlich erachtet wird; liegt der Heimathafen des Schiffes nicht im Inland, so kann die einstweilige Verfügung vom Amtsgericht in Hamburg erlassen werden. [2]Die Bestimmung der im Absatz 1 bezeichneten Frist hat nur auf Antrag des Gegners zu erfolgen.

(3) Nach fruchtlosem Ablauf der Frist hat das Amtsgericht auf Antrag die erlassene Verfügung aufzuheben.

(4) Die in diesem Paragraphen erwähnten Entscheidungen des Amtsgerichts ergehen durch Beschluss.

1 **I) Zuständigkeit des AG. 1) Voraussetzungen (§ 942 I, II).** § 942 ist auf jeden Fall der einstw Verfügung gem §§ 935, 940 anwendbar. Eine rechtswegüberschreitende „Notzuständigkeit" des AG der Zwangsbereitschaft besteht nicht (MK/Drescher *Rn 20; Sch*WKT/Kessen Rn 25). Ein **dringender Fall** liegt in Abgrenzung zu §§ 937 *(s § 937 Rn 5)*, 944 dann vor, wenn der ASt durch die Anrufung des zuständigen Gerichts der Hauptsache einen

nicht hinnehmbaren Rechtsverlust erleiden würde, der durch die dann eintretende zeitl Verzögerung entstehen würde (iE Kunath WRP 91, 65). Die Dringlichkeit ist glaubhaft zu machen (§ 294). Erlässt das AG die einstw Verfügung, obwohl die Dringlichkeit fehlt, ist sie gleichwohl rechtswirksam. In den Fällen des **II** (§§ 885, 899 BGB; § 11 I, § 21 II SchiffsRRG) ist Dringlichkeit nicht erforderl; wegen Heimathafen und Heimatort vgl § 480 HGB, § 6 BinnSchG. Das AG ist auch für das Eintragungsersuchen nach **§ 941** zuständig, nicht jedoch für eine gleichzeitige Forderungspfändung. **Bes Zuständigkeiten:** § 14 UWG, § 23 BauFdgG.

2) Verfahren. a) Mündl Verh ist gem **IV freigestellt**; sie kommt nur in Ausnahmefällen in Betracht, denn durch die zeitl Verzögerung wird regelmäßig auch die Dringlichkeit gem § 942 entfallen, so dass das zuständige Gericht der Hauptsache anzurufen wäre (StJ/Bruns Rn 6). 2

b) Entscheidung nach freiem Ermessen auch nach mündl Verh **durch Beschluss** (**IV**; § 128 IV). Das AG hat in seinem Beschluss (auch wenn es Gericht der Hauptsache ist) dem Gl vAw **(I)** oder auf Antrag **(II)** eine Frist zur Herbeiführung einer Entscheidung des Gerichts der Hauptsache über die Rechtmäßigkeit der einstw Verfügung zu setzen. Die Fristbestimmung erfolgt zweckmäßigerw im Tenor (iE MskV/Braun Rn 6). Bei Unterlassung: Ergänzung nach § 321; die einstw Verfügung ist nicht unwirksam (OLG München MDR 60, 681). Auch nachträgl Fristbestimmung gem **II 2** erfolgt durch den Richter des AG (dazu klarstellend OLG Schleswig NJW-RR 97, 829). Angemessene Frist: ca 1 Woche. Sie beginnt mit Aushändigung des Beschlusses an den Gl und kann gem § 224 verlängert werden. WE ist ausgeschlossen. 3

c) Rechtsbehelfe. Die einstw Verfügung nach § 942 wird hinsichtl ihrer Anfechtung wie jede andere einstw Verfügung behandelt; das **AG** ist gem § 942 nur für ihren **Erlass** und die Aufhebung nach **III** zuständig; über andere Rechtsbehelfe entscheidet das **Gericht der Hauptsache** (OLG Schleswig NJW-RR 97, 829; s Rn 5). Bei Ablehnung der einstw Verfügung hat der Gl sof Beschwerde (§ 567 I Nr 2), die jedoch unzweckmäßig ist, da ein erneuter Antrag beim zust Gericht der Hauptsache nicht mehr von der Dringlichkeit gem § 942 abhängt und uU schneller zu erlangen ist als eine Beschwerdeentscheidung. Sch kann Widerspruch einlegen (§ 924), ohne dass er die Frist gem I, II abwartet; darüber entscheidet immer das Gericht der Hauptsache (OLG Hamm OLGZ 89, 340). Das AG des § 942 muss auf Antrag (auch des Ag: AG Düsseldorf MDR 85, 151) gem § 281 verweisen (StJ/Bruns Rn 11; OLG Hamm OLGZ 89, 340 f mN). Eine weiter gehende Zuständigkeit des AG des § 942 durch rügeloses Verhandeln ist im Hinblick auf die ausschließl Zuständigkeit des Hauptsachegerichts (§§ 802, 937 I) ausgeschlossen (§§ 39, 40 II 2; AG Düsseldorf MDR 85, 151). 4

II) Aufhebung durch das AG (§ 942 III). 1) Verfahren. Nur auf Antrag, nicht vAw, wird über die Aufhebung nach **III** entschieden. Mündl Verh ist freigestellt (**IV**; § 128 IV), Anhörung des Gl ist stets geboten. Die Versäumung der Frist führt nicht ohne weiteres zur Aufhebung, der Antrag gem **I** kann vielmehr nachgeholt werden, solange die einstw Verfügung noch nicht aufgehoben ist (OLG Hamm MDR 65, 305; StJ/Bruns Rn 16). Die Entscheidung ergeht durch **Beschluss**, auch wenn mündl Verh stattfand (RGZ 147, 132). Die Kosten treffen bei Aufhebung den Gl. Wurde nach Widerspruch des Sch auf Antrag gem § 281 die Verh wegen Unzuständigkeit des AG an das LG verwiesen (s Rn 4), so ist bei unterbliebenem Antrag auf Verh über die Rechtmäßigkeit der einstw Verfügung **(I)** der Antrag auf Aufhebung der letzteren an das LG zu stellen (so wohl auch Jacobs NJW 88, 1366, der aber nur vom Terminsantrag spricht). Die Aufhebung nach **III** hat die Schadensersatzpflicht nach § 945 zur Folge. Neben dem Antrag gem **III** kann auch Antrag gem **§ 926 I** auf Fristbestimmung zur Erhebung der Hauptsacheklage und Aufhebung gem § 926 II gestellt werden; zuständig dafür ist das Gericht der Hauptsache (s § 926 Rn 6), nicht das AG gem **I** (OLG Schleswig NJW-RR 97, 829 = Rpfleger 97, 316). 5

2) Rechtsbehelfe. Gegen Zurückweisung des Aufhebungsantrags hat nur der Sch **die sof Beschwerde** (§ 567 I Nr 2); gegen Aufhebungsbeschluss hat der Gl entspr § 934 IV gleichfalls die **sof Beschwerde** (§ 567 I Nr 1, dagegen die zugelassene Rechtsbeschwerde, § 574 I Nr 2), und zwar auch dann, wenn Aufhebung irrtüml durch Urteil statt durch Beschluss erfolgte. 6

III) Rechtfertigungsverfahren vor dem Gericht der Hauptsache. Lit: Jacobs NJW 88, 1365. – Entspr der **Notzuständigkeit** des AG gem § 942 ist über die Rechtmäßigkeit der erlassenen einstw Verfügung auf Antrag mündl zu verhandeln **(I)**; andernfalls wird die einstw Verfügung auf Antrag gem **III** aufgehoben. Das sog Rechtfertigungsverf folgt ganz dem Widerspruchsverf gem §§ 924, 925 (OLG Düsseldorf NJOZ 2012, 1500; SchWKT/Kessen Rn 13). Der Antrag auf Ladung des Gegners zur mündl Verh gem **I** wird vom Gl beim Gericht der Hauptsache gestellt u ist auf Aufrechterhaltung der einstw Verfügung gerichtet; er kann jedoch auch vom Sch gestellt werden (StJ/Bruns Rn 11). Der Antrag ist noch so lange zulässig, wie die einstw Verfügung nicht gem **III** aufgehoben wurde (s Rn 5). Das **Gericht der Hauptsache** entscheidet durch Endurteil, dem die Sach- und Rechtslage zum Schluss der mündl Verh zugrunde zu legen ist. Die Dringlichkeit gem § 942 ist nicht mehr Gegenstand der Entscheidung des Gerichts der Hauptsache. Letzteres ist auch im Rechtfertigungsverf zuständig für die Einstellung der ZwV nach § 924 III iVm § 707 (OLG Düsseldorf NJW 70, 254). Kostenfestsetzung für das Verf vor dem AG u dem Gericht der Hauptsache durch den Kostenbeamten des Letzteren. 7

IV) Gebühren. 1) Gericht: s § 920 Rn 16. Im Fall des § 942 werden das Verf vor dem AG der belegenen Sache und das Verf vor dem Gericht der Hauptsache gebührenmäßig als ein Rechtsstreit behandelt (Vorbem 1.4 II 2 vor 1410 GKG-KV). Für den Antrag auf Aufhebung der erlassenen Verfügung nach III werden keine Geb erhoben. Die Geb für das gegen den (gebührenfreien) Aufhebungsbeschluss des III statthafte Beschwerdeverf richtet sich nach 1812, 1823 GKG-KV. – **2) RA:** s § 920 Rn 16. 8

§ 943 Gericht der Hauptsache

(1) Als Gericht der Hauptsache im Sinne der Vorschriften dieses Abschnitts ist das Gericht des ersten Rechtszuges und, wenn die Hauptsache in der Berufungsinstanz anhängig ist, das Berufungsgericht anzusehen.

(2) Das Gericht der Hauptsache ist für die nach § 109 zu treffenden Anordnungen ausschließlich zuständig, wenn die Hauptsache anhängig ist oder anhängig gewesen ist.

1 **I) Gericht der Hauptsache.** Es entscheidet in den Fällen der §§ 919, 927, 937 und 942; **I** ist eine Definitionsnorm. Wegen der Begriffe *Hauptsache* und *Gericht der Hauptsache* s § 919 Rn 3.

2 **II) Anordnungen gem § 109 (§ 943 II).** Diese kommen bei § 921 S 2, § 925 II, § 927 I, § 934 und § 939 in Betracht. Auch die Lösungssumme gem § 923 gehört hierher (StJ/Bruns Rn 4). Anhängigkeit der Hauptsache ist vAw zu prüfen; Gleiches gilt, wenn der Antrag beim AG gestellt wird, das gem § 919 oder § 942 tätig war (aA MK/Drescher Rn 2). Nach entfallener Anhängigkeit ist immer das Gericht 1. Instanz zuständig, **I**. War die Hauptsache nicht anhängig, so entscheidet das Arrest-(Verfügungs-)Gericht, §§ 919, 937, 942.

3 **1) Sicherheitsleistung des Gläubigers.** Fälle der § 921 S 2, § 925 II. **Veranlassung** ist die Sicherung mögl Ansprüche des Sch nach § 945. – **a)** Sie fällt weg, wenn Arrest/einstw Verfügung nicht vollzogen oder nicht angefochten werden, der Gl rechtskräftig in der Hauptsache obsiegt oder vom Sch befriedigt wird. Der Antrag nach § 109 hat Erfolg (StJ/Bruns Rn 3). Der Sch kann jedoch innerhalb der gem § 109 I gesetzten Frist Klage nach § 945 erheben.

4 **b)** Wegfall der Veranlassung auch dann, wenn Arrest/einstw Verfügung zwar aufgehoben werden, dem Sch aber ersichtl kein Schaden entstanden ist (RGZ 50, 378; RGZ 61, 300) oder seit der Aufhebung des Arrests eine derart lange Zeit verstrichen ist, dass der Sch einen etwa eingetretenen Schaden inzwischen hätte geltend machen können (RGZ 97, 130; aA MK/Drescher Rn 4). Fristsetzung gem § 109 I jedoch nur unter strengen Voraussetzungen (uU spät erkennbarer Schaden, weit reichende wirtschaftl Folgen des Arrestes).

5 **c)** Werden Arrest/einstw Verfügung endgültig bestätigt, ist aber die Hauptsache noch nicht entschieden, besteht weiterhin Veranlassung zur Sicherheitsleistung, denn der Gl haftet auch bei rechtskräftigem Arrest gem § 945, wenn er in der Hauptsache unterliegt.

6 **2) Sicherheitsleistung des Schuldners.** Fälle der § 923, § 925 II, § 927 I, § 939. **a)** Die **Veranlassung entfällt**, wenn der Sch in der Hauptsache rechtskräftig obsiegt hat (OLG München BB 75, 764); dem steht die Befriedigung des Gl gleich (MK/Drescher Rn 5).

7 **b)** Werden Arrest/einstw Verfügung wegen **Nichterhebung der Hauptsacheklage** oder **veränderter Umstände** gem §§ 926, 927 unabhängig von der Sicherheitsleistung aufgehoben, so **entfällt die Veranlassung** zur Sicherheitsleistung, denn bestehender Arrest/einstw Verfügung waren Voraussetzung für diese. Gleiches gilt, wenn Arrest/einstw Verfügung im **Rechtsmittelverf** wegen Fehlens der bes Voraussetzungen aufgehoben werden.

8 **c) Kein Wegfall der Veranlassung** ist die Aufhebung des Arrestes durch Sicherheitsleistung gem § 927 I; ebenso wenig die Aufhebung des Arrestvollzugs durch Sicherheitsleistung nach §§ 923, 934. Das Sicherungsbedürfnis besteht fort (MK/Drescher Rn 6).

9 **III) Gebühren des RA.** Ist das Berufungsgericht Hauptsachegericht (I Alt 2), erwachsen die Geb 3100 RVG-VV (Vorbem 3.2 II 1 RVG-VV; sa § 920 Rn 16).

§ 944 Entscheidung des Vorsitzenden bei Dringlichkeit

In dringenden Fällen kann der Vorsitzende über die in diesem Abschnitt erwähnten Gesuche, sofern deren Erledigung eine mündliche Verhandlung nicht erfordert, anstatt des Gerichts entscheiden.

1 **I) Alleinentscheidungsbefugnis des Vorsitzenden.** § 944 ist anwendbar bei Kammerzuständigkeit (§ 348 I 2), nicht soweit der originäre Einzelrichter zuständig ist (§ 348 I 1; OLGR Saarbrücken 2006, 81, 82; StJ/Bruns Rn 2). **Dringender Fall** iSv § 944 ist zu unterscheiden von der allg Dringlichkeit, die schon der Verfügungsgrund als solcher fordert, und der bes Dringlichkeit gem § 937 II, die das Gericht zur Entscheidung ohne mündl Verh ermächtigt; Entscheidung ohne mündl Verh ist Tatbestandsmerkmal des § 944, so dass die für die Entscheidungsbefugnis des Vors erforderl Dringlichkeit über die bes Dringlichkeit gem § 937 II Hs 1 hinausgehen muss (OLG Karlsruhe NJW-RR 87, 1206). Der Vors kann folgl nur dann allein entscheiden, wenn der vorgetragene Sachverhalt den **sof Erlass** der einstw Verfügung erfordert, also die Zeit bis zum Zusammentreten des Kollegialorgans (*praktisch im Fall der* KfH, vgl LG Zweibrücken NJW-RR 86, 715; aA Sponheimer FS Geimer, *2017, S 711*, bei Anrufung der KfH durch den ASt selbst; arg Art 101 I 2 GG) zur Vermeidung irreparabler

Rechtsverluste nicht mehr abgewartet werden kann (KGR Berlin 1995, 152; Ahrens/Scharen, Wettbewerbsprozess, Kap 51 Rn 25; demggü s § 937 Rn 5). § 12 I UWG befreit nur von der Glaubhaftmachung des Verfügungsgrundes (s § 940 Rn 8.36; Teplitzky WRP 80, 375; WSch/Thümmel Rn 4), genügt aber weder für § 937 II (s § 937 Rn 5) noch § 944. Eine (gänzl) Ablehnung der einstw Verfügung durch den Vors allein ist ebenso ausgeschlossen (str; aA LG Zweibrücken NJW-RR 86, 151; MK/Drescher Rn 4 mwN) wie die mündl Verh vor dem Vors (StJ/Bruns Rn 3). **Arbeitsgericht** Urteilsverf: § 53 I 1 ArbGG; Beschlussverf: § 85 II 2 ArbGG u iE BAG BB 91, 2308.

II) Mündliche Verhandlung. Nicht erforderl in Fällen der § 921, § 922, § 926 I, § 930 I 3, § 934 III, § 937 II, 2
§ 941, § 942 IV, § 943 II. In der KfH kann der Vors ebenfalls nur gem § 944 allein entscheiden (s § 105 GVG Rn 3).

III) Rechtsbehelfe. Gegen die Entscheidung des Vors sind sie dieselben wie bei der Entscheidung durch das 3
Gericht (StJ/Bruns Rn 5). Als Beschwerdegericht (§ 567 I Nr 2) entscheidet der vollbesetzte Senat (§ 122 GVG), ein Fall des § 568 S 1 liegt nicht vor (wie bei KfH, dazu BGHZ 156, 320). Der Vors ist zur Entscheidung über Erinnerungen (§ 766) gegen die Arrestvollziehung nicht befugt (OLG Hamburg OLG 16, 290).

§ 945 Schadensersatzpflicht

Erweist sich die Anordnung eines Arrestes oder einer einstweiligen Verfügung als von Anfang an ungerechtfertigt oder wird die angeordnete Maßregel auf Grund des § 926 Abs. 2 oder des § 942 Abs. 3 aufgehoben, so ist die Partei, welche die Anordnung erwirkt hat, verpflichtet, dem Gegner den Schaden zu ersetzen, der ihm aus der Vollziehung der angeordneten Maßregel oder dadurch entsteht, dass er Sicherheit leistet, um die Vollziehung abzuwenden oder die Aufhebung der Maßregel zu erwirken.

Lit: *Ahrens*, Der Schadensersatzanspruch nach § 945, FS Piper, 1996, S 31; *Schilken*, Grundfragen zum Schadensersatzanspruch nach § 945, FG BGH Bd III, 2000, S 593; *Stolz*, Einstw Rechtsschutz u Schadensersatzpflicht, 1989; *Vohwinkel*, Neuer Vollziehungsbegriff für § 945 ZPO – Auswirkungen auf § 929 II ZPO?, GRUR 2010, 977.

I) Allgemeines. 1) Haftungsgrund. § 945 beruht auf dem allg Rechtsgedanken, dass die **Vollstreckung** aus ei- 1
nem noch nicht endgültigen Vollstreckungstitel **auf Gefahr des Gl** erfolgt (BGHZ 62, 7 = NJW 74, 642; BGHZ 168, 352, 366 Tz 40 = NJW 2006, 2767 = MDR 2007, 148; BGHZ 180, 72 Tz 16 = MDR 2009, 1072; BGH NJW-RR 2015, 541 Tz 14 = MDR 2015, 154; BGH NJW-RR 2016, 485 Tz 36, 44; Ahrens WRP 2020, 387: Risikohaftung; sa Rn 8, 13). § 945 ist kein Fall der Gefährdungshaftung (Ahrens FS Piper, 1996, S 33; aA Saenger JZ 97, 224; WSch/Thümmel Rn 2) oder der privatrechtl Aufopferung (aA Baur, Studien, S 110), sondern normiert eine **unerlaubte Handlung iwS** (Jauernig/Berger, ZwVR, § 36 V mwN; einschr Stolz aaO S 137 f). Die **verschuldensunabhängige Haftung** des ASt (BGH NJW 2025, 2156 Tz 19) dient dem Schutz des Ag vor von Anfang an unberechtigten Maßnahmen des einstw Rechtsschutzes (vgl BVerfG NJW 2022, 2100 Tz 14) und verstößt nicht gegen Art 9 VII RL 2004/48/EG v 29.4.2004 (EuGH GRUR 2024, 195; BGH 13.3.2025 – IX ZR 201/23 Tz 20; Keßler/Palzer GRUR 2024, 366). Es gilt § 32 für die Zuständigkeit, Besonderheiten für die Verjährung bestehen nicht (s Rn 13).

2) Terminologie. Arrest und einstw Verfügung sind in § 945 völlig gleichgestellt. Soweit im Folgenden von Ar- 2
rest (Arrestanspruch, Arrestgrund usw) die Rede ist, ist damit stets auch die einstw Verfügung (der Verfügungsanspruch, Verfügungsgrund usw) mitgemeint. Gl ist der Arrest-(Verfügungs-)Gl („die Partei, welche die Anordnung erwirkt hat"), Sch ist der Arrest-(Verfügungs-)Sch („der Gegner").

3) Anwendungsbereich. a) Geltungsbereich. § 945 **gilt** für den in FamStreitsachen angeordneten Arrest (§ 119 3
II 2 FamFG), für einstw Anordnungen in FamStreitsachen nach § 112 Nrn 2 und 3 FamFG (§ 119 I 2 FamFG), ferner für einstw Anordnungen nach § 123 VwGO (§ 123 III VwGO; vgl BGHZ 120, 76 = NJW 93, 1077 = MDR 93, 268), jedoch gilt eine Einschränkung für beteiligte Dritte (vgl § 123 V iVm §§ 80, 80a VwGO). Auch bei der Aufhebung eines dingl Arrests gem § 324 AO findet (trotz fehlender ausdr Bezugnahme) § 945 entspr Anwendung (BGHZ 63, 277; BGHZ 78, 127, 129, bish stRspr; grdl Gaul JZ 2013, 760 gegen – offenlassend – BGH NJW-RR 2012, 1490, 1491). § 945 gilt auch, wenn die ges Grundlage einer einstw Verfügung vom Verfassungsgericht für nichtig erklärt wird (BGHZ 54, 76 = NJW 70, 1459; KG GRUR 87, 571; OLG Düsseldorf NJW-RR 87, 1205; eine Einschränkung folgt aus dem Vorrang der Rechtskraft: s Rn 11); ferner im presserechtl Gegendarstellungsrecht bei Aufhebung der gerichtl Anordnung auf Veröffentlichung einer Gegendarstellung (BGHZ 62, 7 = NJW 74, 642 = MDR 74, 480; abl Kreuzer JZ 74, 505).

b) Nicht anwendbar ist § 945 auf die ungerechtfertigte Ablehnung des einstw Rechtsschutzes (vgl aber StJ/Bruns 4
Rn 5). Er gilt nicht für die **einstw Anordnungen** in FamStreitsachen gem § 112 Nr 1 (in § 119 I 2 FamFG nicht genannt; BGHZ 143, 75 mN = NJW 2000, 742 f) und auf den dingl Arrest nach § 111d StPO (BGH NJW 2019, 227). § 945 ist ferner nicht anwendbar auf die unberechtigte Einstellung der Vollziehung einer Maßnahme des vorläufigen Rechtsschutzes (vgl BGHZ 95, 14 ff betr Einstellung der ZwV; abl Häsemeyer NJW 86, 1028 f), wohl

aber, wenn *durch einstw Verfügung* die Unterlassung von Vollstreckungsmaßregeln angeordnet war (BGHZ 95, 13 = NJW 85, 1959). Auf die Vollstreckung aus einem im Arrestverf abgeschlossenen, in seinem Bestand vom Hauptverf abhängigen Prozessvergleich finden die §§ 945, 717 II keine Anwendung (OLG Karlsruhe OLGZ 79, 370, hM, str; aA OLG Frankfurt FamRZ 88, 88 mwN zur hM); der RA des Gl muss seinen Mandanten über diese Folge belehren (BGH LM § 945 Nr 2 = MDR 56, 281). Nicht anwendbar ist § 945 weiter im arbeitsgerichtl Beschlussverf auf einstw Verfügungen in Angelegenheiten des BetrVG (§ 85 II 2 ArbGG; dazu BAG NJW 2015, 894 Tz 18, 20-25), auf die sof Vollziehung nicht bestandskräftiger VA gem § 80 II Nr 4 VwGO (BSG MDR 96, 847) oder Steuerbescheide (BGHZ 39, 77; dazu näher Gaul JZ 2013, 770; anders bei § 916 Rn 2 [2]), ferner **nicht** auf Maßnahmen einstw Rechtsschutzes durch **ausl Gerichte** (OLG Nürnberg WRP 92, 509). **Sondervorschrift** für vollstreckbare Urkunde: § 799a, schiedsgerichtl Verf: § 1041 IV 1, bei Vaterschaftsfeststellung: § 248 V 2 FamFG. **EU-Bereich:** Eine eigenständige (von § 945 abw) Regelung gilt bei Verletzung von Rechten des Geistigen Eigentums nach EU-Recht (eingeh und krit unter Hinweis auf EuGH-Rspr Ahrens WRP 2020, 387).

5 **4) Konkurrenzen.** Eine **Haftung für schädigende Rechtsverfolgung** ist teilw auf Vorsatz und grobe Fahrlässigkeit beschränkt (RSchwab/Gottwald § 2 Rn 19 ff). Zu unterscheidende Fallgruppen: **a)** Die Grundsätze der **Haftung für unberechtigte Schutzrechtsverwarnung** nach § 823 I BGB finden auf die vorprozessuale Abmahnung von Schutzrechtsverletzungen Anwendung (BGHZ [GZS] 164, 1, 8 = NJW 2005, 3141, 3143 gegen BGH NJW 2004, 3322, 3324); zum Kreis der Haftenden kann uU auch ein Berater (RA, PatentA) des Abmahnenden gehören (so BGHZ 208, 119 Tz 21 f = NJW 2016, 2110 [krit Vohwinkel/Huff] = EWiR 2016, 575 [krit Gloy], str). Eine entspr Haftung gilt für die Inanspruchnahme von Eilrechtsschutz, auf den das sog *prozessuale Privileg* (dazu BGHZ 164, 1, 6 ff = NJW 2005, 3141, 3143; BGHZ 179, 238, 244 Tz 14 = NJW 2009, 1262) nicht zutrifft; Grund: kein voller Schutz durch das gerichtl Verf (sa § 940 Rn 8.27); allerdings wird das Vorliegen von Verschulden vielfach zu verneinen sein (BGHZ 165, 311, 317 = NJW-RR 2006, 621; BGHZ 179, 238, 246 Tz 20 = NJW 2009, 1262; für „situativen" Verschuldensmaßstab Thole AcP 209 [2009], 526 ff). – **b) Haftung bei unberechtigter Verfahrenseinleitung** (Überblick: Thole AcP 209 [2009], 504 ff). Insoweit besteht ein Haftungsprivileg (s § 940 Rn 8.27); Sonderfall (§ 826 BGB gilt) ist die Haftung bei *rechtsmissbräuchl Verfahrenseinleitung.* Bsp: „räuberische" Aktionärsklage (OLG Frankfurt ZIP 2009, 271 iVm Nichtannahmebeschluss des BGH ZIP 2010, 2505; zust Hess/Leser FS Uwe H. Schneider, 2011, S 530 f); missbräuchl InsAntrag (BGHZ 36, 21; BGH NJW-RR 2011, 1441). **c) Haftung für unberechtigte Abmahnung von Wettbewerbsverstößen.** Stellt die Abmahnung selbst eine wettbewerbswidrige Handlung (§ 3 I UWG) gegenüber dem Mitbewerber dar (selten), kommt Haftung gem § 9 I UWG infrage; dagegen hat bei unberechtigter Abmahnung der Abgemahnte gegen den Abmahnenden einen Anspruch auf Ersatz der für die Rechtsverteidigung erfoderlichen Aufwendungen (§ 13 V UWG). **d) Abgrenzung. aa)** Ansprüche aus **Amtshaftung** (§ 839 BGB, Art 34 GG) gegen VollstrOrgane (zB GV) wegen Vollziehungsschäden. Bsp: Erstattung der Kosten des wegen eines Vollziehungsfehlers aufgehobenen Verfügungsverf als Schadensersatz (s BGH NJW 2019, 1374, dazu Bernreuther WRP 2019, 1143). **bb)** Soweit ausnahmeweise eine **Verfassungsbeschwerde** gegen die Beschlussverfügung in Frage kommt (vor § 916 Rn 12; § 924 Rn 1), gehört die Klage gem § 945 uU (bei durch Geld ausgleichbaren Nachteilen) zum Rechtsweg iSv § 90 II BVerfGG (vgl BVerfG NJW 2022, 2100 Tz 14; Mantz/Löffel WRP 2022, 1059 Rn 56).

6 **5) Verfahren. a) Rechtsweg und Zuständigkeit.** Für eine Klage aus § 945 ist der **Rechtsweg zu den ordentl Gerichten** auch dann gegeben, wenn im Ausgangsverf ein VG gem § 123 VwGO entschieden hat (BGHZ 78, 127 = NJW 81, 349; Lemke DVBl 82, 989; SchWKT/Kessen Rn 50; s § 13 GVG Rn 20, str; aA Grunsky JuS 82, 177 mwN). Es kann im Gerichtsstand der unerlaubten Handlung geklagt werden (s § 32 Rn 3). Aus § 945 ergibt sich die **internat Zuständigkeit** (MK/Drescher Rn 29).

7 **b) Geltendmachung.** Der Anspruch aus § 945 ist in einem eigenen Klageverf oder im Hauptsacheprozess durch Aufrechnung (OLG Schleswig FamRZ 86, 707) oder Widerklage geltend zu machen, nicht in dem wegen des Arrests (einstw Verfügung) schwebenden Verf (StJ/Bruns Rn 33; WSch/Thümmel Rn 26). Der Schadensersatzanspruch kann aber durch Arrest oder einstw Verfügung gesichert werden (OLG München DRZ 49, 283; MK/Drescher Rn 28). Bei der Geldleistungsverfügung kann über den (der Höhe nach unstreitigen) Rückgewähranspruch im Widerspruchs- oder Rechtfertigungsverf mitentschieden werden (Brox/Walker § 54 Rn 32 mN; einschr Stolz S 139 f).

8 **II) Haftung bei ungerechtfertigter Anordnung von Arrest oder einstw Verfügung (§ 945 Alt 1). 1) Voraussetzungen.** Als *von Anfang an* ungerechtfertigt erweist sich die Maßnahme, wenn der Arrest-(Verfügungs-)*Anspruch* oder der Arrest-(Verfügungs-)*Grund* von Anfang an fehlten (BGH MDR 88, 59; NJW-RR 92, 736; einschr für Arrestgrund Ahrens FS Piper, 1996, S 38; SchWKT/Kessen Rn 14). Die materielle Rechtslage entscheidet (BGHZ 168, 352, 357 Tz 13 = NJW 2006, 2767 = MDR 2007, 148, str; abw Saenger JZ 97, 226 ff; sa Rn 14 [c]); maßgebend ist der Schluss im Schadensersatzprozess, unklare Rechtslage bei Einleitung des Eilverf „hilft" nicht (BGHZ 168, 352, 363; sa Rn 1, 13). Als Ausnahmeregelung ist Alt 1 einer erweiternden Auslegung nicht zugängl (BGHZ 122, 178 = NJW 93, 2687). Die Partei, die die Anordnung erwirkt hat (Bekl des Schadensersatzprozesses), trägt die Feststellungslast für das Vorliegen ihrer Voraussetzungen (BGH NJW 88, 3269; BGH NJW-RR 92, 1001; Stolz JZ 88, 979). Maßgebend ist der Zeitpunkt des Erlasses des Arrests (BGH NJW-RR 92, 1001). Bestand der **Anspruch** zu diesem Zeitpunkt, ist der Gl nicht zum Schadensersatz verpflichtet, selbst

wenn der Anspruch rückwirkend entfällt (StJ/Bruns Rn 19; SchWKT/Kessen Rn 10; aA WSch/Thümmel Rn 9). Dies gilt beim Patentnichtigkeitsurteil (StJ/Bruns Rn 19 mwN; aA BGHZ 165, 311, 316 = NJW-RR 2006, 621; offen BGHZ 75, 120), nicht aber – dann Haftung des Gl –, wenn sich die einstw Verfügung auf den vorl Patentschutz stützt (BGHZ 75, 116 = MDR 79, 1020; krit Pietzcker GRUR 80, 442). Wegen Nichtigerklärung der zugrunde gelegten Norm durch das BVerfG s Rn 3, 11. Bei der Prüfung, ob der **Arrestgrund** zur Zeit der Anordnung bestand, kommt es darauf an, ob die Annahme der Besorgnis vom Standpunkt des obj Beurteilers aus gerechtfertigt ist; dass eine Beeinträchtigung tatsächl nicht eingetreten ist, ist unerhebl (RGZ 67, 369). Aus der unrichtigen Annahme einer Prozessvoraussetzung folgt keine Schadensersatzpflicht nach § 945 (OLG Karlsruhe GRUR 84, 158; OLG Düsseldorf MDR 61, 606; MK/Drescher Rn 12, str; aA Fischer FS Merz, 1992, S 90). Gleiches gilt, wenn nach Ansicht des Gerichts des Schadensersatzprozesses ledigl die erforderl Glaubhaftmachung fehlte (ebenso auch BGH NJW-RR 92, 1001: zusätzl Beweisführung mögl, str). Wird ein Verfügungsgrund durch ges Anordnung vermutet (zB § 12 II UWG), kommt ein Schadensersatzanspruch nur in Betracht, wenn der Sch die ges Vermutung im Verfügungsverf widerlegt hatte (MK/Drescher Rn 11).

2) Bindungsfreiheit des Schadensersatzrichters. a) Arrest-(Verfügungs-)Prozess. Das Gericht des Schadensersatzprozesses ist in der Beurteilung der anfängl Rechtfertigung von Arrest oder einstw Verfügung **grds frei**. Insb besteht **keinerlei Bindung an** (auch rkr) **Entscheidungen im Arrestverf**, gleich, ob diese durch Urteil oder durch Beschluss ergehen (KG NJW-RR 87, 448 mN; OLG Stuttgart WRP 92, 520; OLG Frankfurt WRP 2004, 1196; MK/Drescher Rn 16 f; ThP/Seiler Rn 9; SchWKT/Kessen Rn 25; WSch/Thümmel Rn 17; Ahrens FS Piper, 1996, S 36 f; Teplitzky GRUR 92, 824). Dies ergibt sich daraus, dass dem Arrestprozess ein völlig anderer Streitgegenstand zugrunde liegt als dem Hauptsacheverf und damit jede Rechtskraftwirkung ausscheidet (so auch StJ/Bruns Rn 29 f; Schilken FG BGH Bd III, 2000, S 611; s vor § 916 Rn 13). Eine Bindung wäre auch schon wegen der weit geringeren Richtigkeitsgarantie eines summarischen Verf nicht hinnehmbar; die dort zulässige Verkürzung prozessualer Rechte würde sich unzulässigerw in einem ordentl Verf fortsetzen. 9

Nach anderer Auffassung ist der Schadensersatzrichter nur dann frei in seiner Beurteilung, wenn der Arrestbefehl nicht angefochten worden ist. Ist die letzte Entscheidung im Arrestprozess dagegen auf Widerspruch oder Berufung hin ergangen, so wird eine Bindung für den Fall angenommen, dass das Arrestgericht den Arrestbefehl wegen schon anfängl fehlenden Arrestanspruchs **aufhebt** (BGH NJW 92, 2298 mwN; offen BGHZ 126, 374 = NJW 94, 2767; wiederum BGH NJW-RR 98, 1652 mwN). Auch bei rechtskräftiger Aufhebung des Arrestbefehls wegen Fehlens des Arrestgrundes wird Bindung angenommen (BGH VersR 85, 335; AG/Becker Rn 14). Keine Bindung tritt ein, wenn die Aufhebung durch ein nicht begründetes (vgl § 313b) Verzichts- oder VU erfolgt ist (BGH NJW-RR 98, 1651), ferner bei Aufhebung wegen mangelnder Glaubhaftmachung oder Fehlens einer Prozessvoraussetzung. Ist der Arrestbefehl **bestätigt** worden, tritt nach der Gegenauffassung Bindung bzgl des Arrestgrundes (offen BGH NJW-RR 92, 736 mN), nicht aber des Arrestanspruchs ein (BGH NJW-RR 92, 736 mN; zur Inkonsequenz dieser Meinung Ahrens FS Piper, 1996, S 37 f). 10

b) Hauptsacheverf. Liegt ein rechtskräftiges (Sach-)Urteil im Hauptsacheverf vor, so ist der Schadensersatzrichter an die dort vorgenommene Beurteilung bzgl des **Arrestanspruchs** im Umfang der materiellen Rechtskraft dieser Entscheidung gebunden (BGHZ 122, 175 mN = NJW 93, 2686; BGH NJW-RR 92, 999; Dörr MDR 2024, 828); dabei ist für die Rechtskraft unerhebl, ob es sich um ein streitiges oder VU handelt (BGHZ 122, 175 = NJW 93, 2686; allg s vor § 322 Rn 31). Der Gl kann jedoch einwenden, die Rechtslage habe sich zwischen Erlass des Arrestbefehls und letzter mündl Verh in der Hauptsache geändert; ursprüngl sei ein Anspruch gegeben gewesen. Die Nichtigerklärung der ges Grundlage einer einstw Verfügung durch das BVerfG ändert an einer eingetretenen Rechtskraftbindung nichts (§ 79 II 2 BVerfGG; BGH NJW 89, 106). Die Abgabe einer Abschlusserklärung (s § 924 Rn 9; § 927 Rn 9a; § 926 Rn 4) steht einer rechtskräftigen Verurteilung gleich (Teplitzky/Bacher Kap 43 Rn 14; krit Ahrens WRP 97, 911); Folge: s Rn 14a). Bzgl des **Arrestgrundes** entscheidet der Schadensersatzrichter frei, denn dieser war nicht Gegenstand des Hauptsacheverf (Schilken FG BGH Bd III, 2000, S 613 f). 11

III) Haftung bei Aufhebung wegen Fristversäumnis (§ 926 II, § 942 III; § 945 Alt 2). Das Gesetz knüpft insoweit an reine Formaltatbestände an und nicht an die materielle Rechtslage (Baur, Studien, S 103; einschr Ahrens FS Piper, 1996, S 33 f; SchWKT/Kessen Rn 27, 30; zur Schadensentstehung s aber Rn 14). Dass eine solche Aufhebung vorliegt, ist der Begr der aufhebenden Entscheidung zu entnehmen. Der Schadensersatzrichter ist an diese Entscheidung gebunden (BGH MDR 2024, 658 Tz 10; StJ/Bruns Rn 31; WSch/Thümmel Rn 18; krit SchWKT/Kessen Rn 26 f). Ist es nicht zu einer Aufhebungsentscheidung gekommen, ist Alt 2 nicht entspr anwendbar, mögen auch die Aufhebungsvoraussetzungen vorgelegen haben (BGH NJW-RR 92, 999 = MDR 92, 1049), denn Alt 2 ist gleichfalls (s Rn 8) einer erweiternden Auslegung nicht zugängl (BGHZ 122, 178 = NJW 93, 2687). Auch bei einer Aufhebung aus anderem Grund (zB § 927) kann sich der Sch als Kl im Schadensersatzprozess nicht darauf berufen, der Aufhebungsgrund des § 926 II habe vorgelegen; er hätte vielmehr die Aufhebungsentscheidung im Arrestprozess mit Rechtsmittel angreifen müssen (StJ/Bruns Rn 33). Dagegen kann der Gl (Bekl des Schadensersatzprozesses) einwenden, die Aufhebung habe nicht aus § 926 oder § 942, sondern nur aus § 927 erfolgen dürfen, und damit dem Schadensersatzanspruch entgegentreten (StJ/Bruns Rn 33; krit WSch/Thümmel Rn 18). Auf die Fälle der verspäteten Vollziehung (§ 929 II, III) ist § 945 nicht entspr anwendbar (BGH MDR 64, 224; ThP/Seiler Rn 6; MK/Drescher Rn 19; SchWKT/Kessen Rn 31; **aA** StJ/Bruns Rn 32). 12

13 **IV) Schadensersatzpflicht. 1) Allgemeines.** Die Schadensersatzpflicht aus § 945 tritt **unabhängig vom Verschulden** des VollstrGl ein (Risikohaftung: s Rn 1). Die allg Grundsätze des Schadensersatzrechts (§§ 249 ff BGB) über haftungsbegründende u haftungsausfüllende Kausalität, Zurechnungszusammenhang (Adäquanz, sog hypothetische Kausalität, rechtmäßiges Alternativverhalten), „Herausforderung" selbstschädigenden Verhaltens, entgangener Gewinn (§ 252 S 1 BGB), mitwirkendes Verschulden des VollstreckungsSch (§ 254 I BGB; BGH NJW 2025, 2156 Tz 22) u Schadensminderung (§ 254 II 1 BGB), die Schadensermittlung (§ 252 S 2 BGB, § 287; BGH NJW 2025, 2156 Tz 28) einschließl der Grundsätze der Vorteilsausgleichung (BGHZ 77, 151; BGH NJW-RR 2023, 1125; s Rn 14c) sind anwendbar (grundl BGHZ 168, 352, 359 ff = NJW 2006, 2767 = MDR 2007, 148; ferner BGH NJW 2017, 1600 Tz 9 ff). Es gilt die **regelmäßige Verjährungsfrist** (§§ 195, 199 BGB; LG Frankfurt NJW-RR 2022, 646 Tz 30). Bei korrekter Vollziehung des Arrests erlangt der Verletzte davon, dass ihm durch die Vollziehung Schaden entstanden ist, Kenntnis grds erst dann, wenn der Arrest als ungerechtfertigt aufgehoben worden ist; das ist idR erst mit dem endgültigen Abschluss des Arrestprozesses der Fall (BGHZ 75, 1, 6 = NJW 80, 189 = MDR 80, 49; BGHZ 169, 308, 316 Tz 16; BGH MDR 2024, 658 Tz 10; Dörr MDR 2024, 827) bzw mit rechtskräftiger Abweisung in der Hauptsache (BGH NJW 92, 2298; BGH NJW 93, 864 = MDR 93, 1124; BGH MDR 2024, 658 Tz 11, auch bei EU-Auslandsverf), wenn das Verf der einstw Verfügung nicht weiter betrieben wird. Auch ein noch nicht rechtskräftiges Urteil im Hauptsacheverf, das in hohem Maße dafür spricht, dass die einstw Verfügung von Anfang an nicht gerechtfertigt war, genügt zum Verjährungsbeginn (BGH NJW 2003, 2610 [abl Wax LMK 2003, 173]; bestätigend BGH MDR 2024, 658 Tz 13). Eine Klärung der zwischen den Parteien str Frage iSd Ag durch Vorabentscheidung des EuGH in Parallelsache genügt idR nicht (BGH MDR 2024, 658 Tz 16 ff; Dörr MDR 2024, 827).

13a **2) Anspruchsberechtigung. Gl** des Anspruchs aus § 945 ist der **Gegner**, das ist die Partei des Arrest-(Verfügungs-)Verf, gegen die der Arrest (die einstw Verfügung) als Sch vollzogen wurde, also ggf die GdWE (s § 940 Rn 8.13); nicht zum Kreis der Anspruchsberechtigten gehören **Dritte** (Nicht-Schuldner), in deren Rechtskreis sich der Arrest-(Verfügungs-)Vollzug gegen den Sch mittelbar schädigend ausgewirkt hat (BGH NJW 2025, 2156 Tz 50; BGH NJW 94, 1416 = MDR 94, 1242; WSch/Thümmel Rn 24; weiter gehend: StJ/Bruns Rn 13; ThP/Seiler Rn 13); sie können ihren Schaden nur nach den allg Vorschriften (zB gem §§ 823 ff BGB) geltend machen (AG/Becker Rn 19). § 945 gilt aber dann, wenn gegen den Dritten fehlerhaft (zB unter Verstoß gegen § 938) im Titel eine einstw Maßnahme angeordnet wurde (ebenso StJ/Bruns Rn 12; ThP/Seiler Rn 13). Beim Eintritt eines entspr Vollziehungsschadens beim Sch können auch mittelbar Geschädigte (§ 844 II, § 845 BGB) Anspruchsberechtigte sein (StJ/Bruns Rn 14; Brox/Walker § 51 Rn 58, str).

14 **3) „Vollziehungsschaden". a) Grundsatz.** Zu ersetzen ist der durch die Vollstreckung („Vollziehung" s § 828 Rn 1) entstandene Vermögensschaden (Rn 13) u unter den Voraussetzungen von § 253 II BGB Nichtvermögensschaden. Für § 945 entscheidend ist, dass die Eilmaßnahme bereits „sofort vollstreckbar" ist (s § 929 Rn 1), mithin für den Sch „Vollstreckungsdruck" besteht (BGH NJW-RR 2015, 541 Tz 17 = MDR 2015, 154; BGH NJW-RR 2016, 485 Tz 36; BGH NJW 2025, 2156 Tz 15); nicht erforderl ist, dass staatl Vollstreckungsakte vorgenommen wurden, es genügt vielmehr, dass der Gl die im Einzelfall zur Vollziehung erforderl Maßnahmen (s § 929 Rn 10 ff; StJ/Bruns Rn 7) ergriffen hat; *Beginn* der „Vollziehung" genügt (BGHZ 120, 85 = NJW 93, 864; BGH NJW 93, 1079; BGH NJW 2025, 2156 Tz 18; WSch/Thümmel Rn 20). Nicht als Vollziehung genügt eine formlose Mitteilung des Beschlusses entgegen § 922 II (BGH NJW-RR 2015, 541 Tz 17 = MDR 2015, 154; s § 922 Rn 13). Bei einem in Urteilsform (§ 317 I) ergangenen Ge- oder Verbot mit Straf-(Zwangsmittel-)Androhung gem § 890 II, § 888 kann der Zeitpunkt des Beginns des Vollstreckungsdrucks bereits mit der Urteilsverkündung (§ 311) zusammenfallen, ohne dass es noch auf eine Zustellung (vAw oder im Parteibetrieb, §§ 317, 929 II) ankäme (BGHZ 180, 72 = MDR 2009, 1072 = WRP 2009, 999; insoweit zust Vohwinkel GRUR 2010, 977, 978 ff, der aber Konsequenzen für § 929 II ablehnt; demggü s § 929 Rn 12); es genügt dann, dass sich der Sch dem *Vollstreckungsdruck* gebeugt hat (zusammenfassend BGHZ 131, 144 ff mwN = NJW 96, 199 = MDR 96, 451 [Gleußner]). Ist die Vollziehung einer Unterlassungsverfügung von einer Sicherheitsleistung abhängig gemacht worden, hindert die **Unzulänglichkeit der erbrachten Sicherheitsleistung** in einzelnen Punkten daher auch nicht das Entstehen eines Schadensersatzanspruchs des sich beugenden Sch (BGH NJW 2025, 2156 Tz 18). Der „Vollziehungsschaden" umfasst damit auch den durch die unfreiwillige Erfüllung der Maßnahme entstandenen **Befolgungsschaden** (BGH NJW-RR 2016, 485 Tz 36). Der Gl kann aber seine Haftung durch einen zeitl beschränkten Vollstreckungsverzicht entspr hinausschieben (s BGHZ 180, 72 Tz 16). Bsp: Übermittlung von Kopie der einstw Verfügung mit Ankündigung der Zustellung nach Fristablauf (vgl BGH NJW-RR 2016, 485 Tz 54). Schäden aus *unfreiwilliger Befolgung* gleichgestellt sind die Fälle von Abwendungs- und Erfüllungsschäden (s Rn 15).

14a **b) Abgrenzung.** Nicht zu den „Vollziehungsschäden" gehören idR die durch die **Anordnung** der einstw Maßnahme entstandenen Schäden (zur Unterscheidung näher Gehrlein MDR 2000, 687 f mN). Bsp: durch *Bekanntwerden* der Maßnahme entstandener Schaden (BGH NJW 88, 3269 mwN; dann nur [Verschuldens-]Haftung nach den allg Bestimmungen, zB §§ 823 ff, § 826 BGB; vgl BGHZ 85, 114 zu § 717 II; OLG Saarbrücken NJW-*RR 98, 1039, 1040* zu § 826 BGB; sa Rn 4 aE). Wirkt die Anordnung dagegen unmittelbar (ohne weitere Vollzugsakte) rechtsbeeinträchtigend (Bsp: Grundbuchsperre infolge von „Erwerbsverbot"), liegt Vollziehungsschaden vor (zutr Stolz JZ 88, 980, klarstellend zu BGH NJW 88, 3269). **Nicht ersatzfähig** ist auch der aus *freiw Befolgung* von Unterlassungsgeboten *ohne* Ordnungsmittelandrohung gem § 890 II entstandene Schaden (BGHZ 131, 147 = NJW 96, 199 = MDR 96, 451; OLG Köln NJW 96, 1292), der bei *freiw Unterwerfung* eingetretene Schaden (OLGR Frankfurt 1998, 228; OLG Karlsruhe NJW-RR 2003, 1708, 1709; Fall von Rn 11 aE, anders dagegen bei Rn 14) sowie der durch die *Abstandnahme eines Dritten* von dem (untersagten) Vertrag eingetretene Schaden (OLG Saarbrücken NJW-RR 98, 1039). *Keine Ersatzpflicht* besteht, wenn der Sch eine vorbehaltlose Unterwerfungserklärung abgibt u damit auf eine Rechtmäßigkeitskontrolle endgültig verzichtet (s § 924 Rn 9; § 926 Rn 4; § 927 Rn 9a); *anders*, wenn Ansprüche gem § 945 vorbehalten bleiben (BGHZ 168, 352, 366 Tz 41) oder sich die Unterwerfungserklärung auf das Eilverf (iGgs zur Hauptsache) beschränkt (BGHZ 168, 352, 365 f Tz 40). Kein Vollziehungsschaden sind auch Vermögensnachteile, die unabhängig vom Vollzug der einstw Verfügung eingetreten wären (BGHZ 96, 3 = NJW 86, 1108 = MDR 86, 386). Bsp: Substanzschaden des infolge der aufgehobenen einstw Verfügung abgebrochenen Hauses, wenn der Abbruch als solcher berechtigt war (BGH aaO). Nicht von § 945 erfasst wird auch ein gem § 890 festgesetztes (und gezahltes) Ordnungsgeld (KG GRUR 87, 571 mN; Rückzahlungspflicht aus der Staatskasse: OLG Köln OLGZ 92, 452; sa § 890 Rn 25).

c) Kostenschaden. Wegen der Kosten des Verfügungsverf ist zu unterscheiden: Die im Anordnungsverf entstandenen *eigenen* Kosten des Sch sind kein Vollziehungsschaden (BGHZ 122, 176 ff mwN = NJW 93, 2685 = ZZP 107 [1994], 513 [Ahrens]; OLGR Saarbrücken 2009, 708, 709) und können über eine Änderung der Kostengrundentscheidung im Aufhebungsverf geltend gemacht werden (iE s § 927 Rn 9b, 12 [aa]); dagegen sind die vom Gegner beigetriebenen *(fremden)* Kosten an sich (auch) Vollziehungsschaden, gleichwohl aber *einheitl* als Kosten des Anordnungsverf im Aufhebungsverf gem § 927 geltend zu machen; Grund: Vorrang von § 927 vor § 945 (so mR OLGR Saarbrücken 2009, 708 LS 2 m S 709 f; s § 927 Rn 9b); eine „Mehrspurigkeit“ der Kostenerstattung kann so vermieden werden. 14b

d) Einzelfragen zum Schadensumfang; Mitverschulden. Der Vollziehungs-(Befolgungs-)schaden (Rn 14) umfasst: 14c

Produktionseinstellung, Betriebsausfall, Schäden aus Sperren, insb Liefersperren, Vertriebsverbot, Schäden am eingerichteten und ausgeübten Gewerbebetrieb; entgangene Aufträge, Gewinnausfall; Beeinträchtigung des Absatzes; entgangene Erwerbsmöglichkeiten (BGHZ 168, 359); Aufwendungen, die der Sch nach Lage der Sache für geboten halten konnte, um größere Nachteile zu vermeiden (BGHZ 122, 179 = NJW 93, 2687), wie zB erhöhter Aufwand für Umstellung der Werbung (BGH NJW 93, 2685, 2688), Kosten von Rückrufaktionen (vgl BGH NJW-RR 2016, 485 Tz 12, 28 ff). Bei einer auf ein **Unterlassen** gerichteten einstw Verfügung ist der Verfügungskl nur für denj Schaden haftbar, der dem Gegner durch Beschränkung seiner Handlungsfreiheit auf Grund der vollzogenen einstw Verfügung dadurch entstanden ist, dass er die zur Schadensabwehr oder Gewinnerzielung dienenden Handlungen nicht vornehmen konnte, zB bei einem unberechtigten (zu weit gefassten) Unterlassungsgebot (BGH NJW 81, 2579; BGH MDR 85, 911 f). Der BGH lässt offen, ob im Rahmen eines SE-Anspruchs nach § 945 die bei Schutzrechtsverletzungen anerkannte dreifache Schadensberechnung (entgangener Gewinn, angemessene Lizenzgebühr, Herausgabe Verletzergewinn) anwendbar ist (BGH NJW 2025, 2156 Tz 46). Der infolge der freiwilligen Befolgung einer Unterlassungsverfügung durch den Sch bei einem Dritten durch die Verpachtung des Geschäftsbetriebs entstehende Schaden, kann nicht im Wege der **Drittschadensliquidation** verlangt werden (BGH NJW 2025, 2156 Tz 51 ff). Bei unklarer Rechtslage darf der Sch an seinem vom Gl beanstandeten Verhalten festhalten (BGHZ 168, 352, 363 Tz 31); **kein Mitverschulden** liegt im Befolgen einer Unterlassungsanordnung (BGH NJW-RR 2016, 485 Tz 36); der sich dem Vollstreckungsdruck beugende Sch (s Rn 14) darf auch sofortige (schadensträchtige) Maßnahmen treffen (zB Vertriebseinstellung), ohne schriftliche Beweismittel oder eidesstattliche Versicherung abwarten zu müssen (BGH NJW-RR 2016, 485 Tz 52); den Sch trifft keine Obliegenheit zu zeitnaher Sachaufklärung oder Gegenwehr (BGH NJW-RR 2016, 485 Tz 43, 45); einen aussichtsreichen Rechtsbehelf hat der Sch aber idR einzulegen (BGH NJW 2017, 1600 Tz 25 zu Widerspruch; BGH NJW 2006, 2557 zu Einspruch gegen VU). Der Sch darf das Vorgehen des Gl im Eilrechtsschutz nicht veranlasst haben (BGH NJW 2017, 1600 Tz 25; BGH NJW-RR 2016, 485 Tz 38). Das kann bei irreführender geographischer Herkunftsangabe des Produkts der Fall sein (vgl BGH NJW-RR 2016, 485 Tz 40 ff, im Einzelfall verneinend); **Mitverschulden** liegt aber vor bei schuldhafter Veranlassung der Sicherungsmaßnahme durch verdächtiges Verhalten (zB gem § 917 Rn 5; BGH NJW 2006, 2257, 2259). **Kein Fall von Vorteilsausgleichung** liegt vor, wenn die im Beschlussmängelstreit (s § 940 Rn 8.13) geschädigte GdWE ihren Schaden in die Jahresabrechnung einstellt und auf die einzelnen WEigentümer verteilt (BGH 2.4.2023 – V ZR 86/22 Tz 31 f).

Ersatzfähig ist auch der Kostenschaden aus Drittprozessen gem § 93, wenn der Bekl wegen eines *Verwarnungsverbots* nicht vorprozessual abgemahnt werden durfte (BGHZ 164, 1, 8 = NJW 2005, 3141, 3143; Teplitzky WRP 2005, 1435 f). Ein solcher Schaden ist aber nicht entstanden, wenn sich der Sch trotz der einstw Verfügung und ihrer Vollziehung in seiner Handlungsfreiheit nicht hat beschränken lassen (OLG Bremen NJW 54, 1937) oder wenn er sich über den obj Verbotsumfang hinaus weiter gehenden Beschränkungen unterwirft (OLG Hamm MDR 89, 466; OLGR München 2004, 59). Ein „Befolgungsschaden“ (s Rn 14) fehlt auch immer dann, wenn und soweit der Sch mat-rechtl ohnehin zur Unterlassung verpflichtet war (BGHZ 126, 374 f mwN

= NJW 94, 2767; BGHZ 168, 352, 362 Tz 27; BGH NJW-RR 2016, 485 Tz 15; Ahrens FS Piper, 1996, S 33 f; zum Problem der Teilrechtswidrigkeit näher Gehrlein MDR 2000, 688 f; sa Rn 11). Wie sich der Geschädigte bei „*richtiger*“ Verbotsverfügung verhalten hätte, beurteilt das Gericht nach obj nachträgl Prognose (BGH MDR 85, 911 f = GRUR 85, 397). Verzögert der Käufer eines Grundstücks die Löschung der Auflassungsvormerkung durch eine einstw Verfügung und erleidet der Gl hierdurch einen Schaden, so kann eine während des Schuldnerverzugs eingetretene Wertsteigerung des Grundstücks im Wege der Vorteilsausgleichung zu berücksichtigen sein (BGHZ 77, 151 = NJW 80, 2187).

15 **4) Vollziehungsabwendungsschaden.** Er umfasst Schaden aus Sicherheitsleistung oder aus einer Leistung zur Abwendung der „Vollziehung“ iSv Rn 14. Hat der Sch zur Abwendung drohender VollstrMaßnahmen geleistet, gilt § 717 II 1 entspr (BGHZ 131, 146 mN = NJW 96, 199; OLG Köln NJW 96, 1292; WSch/Thümmel Rn 20).

§ 945a Einreichung von Schutzschriften

(1) [1]Die Landesjustizverwaltung Hessen führt für die Länder ein zentrales, länderübergreifendes elektronisches Register für Schutzschriften (Schutzschriftenregister). [2]Schutzschriften sind vorbeugende Verteidigungsschriftsätze gegen erwartete Anträge auf Arrest oder einstweilige Verfügung.

(2) [1]Eine Schutzschrift gilt als bei allen ordentlichen Gerichten der Länder eingereicht, sobald sie in das Schutzschriftenregister eingestellt ist. [2]Schutzschriften sind sechs Monate nach ihrer Einstellung zu löschen.

(3) [1]Die Gerichte erhalten Zugriff auf das Register über ein automatisiertes Abrufverfahren. [2]Die Verwendung der Daten ist auf das für die Erfüllung der gesetzlichen Aufgaben Erforderliche zu beschränken. [3]Abrufvorgänge sind zu protokollieren.

Lit: *Apel/Drescher*, Die Schutzschrift (§ 945a) – Eine Einführung, Jura 2017, 427; *Huber*, Schutzschrift u Schutzschriftenregister, JuS 2018, 1266; *Spernath*, Die Schutzschrift im zivilrechtlichen Verfahren, 2009; *Walker*, Die Schutzschrift und das elektronische Schutzschriftenregister nach §§ 945a, 945b ZPO, FS Schilken, 2015, S 819; *Wehlau/Kalbfus*, Die Schutzschrift im elektronischen Rechtsverkehr, ZRP 2013, 101.

1 **I) Schutzschrift. 1) Begriffe. Schutzschriften** sind vorbeugende Verteidigungsschriftsätze des Ag gegen erwartete Anträge auf Arrest oder einstw Verfügung (**I 2**) zur Erlangung vorherigen **rechtl Gehörs** und Gewährleistung der Waffengleichheit (BVerfG NJW 2023, 2475 Tz 35, 36). Mit ihnen will der mögl Ag erreichen, dass der Antrag zurückgewiesen wird, wenigstens aber verhindern, dass dem Antrag ohne mündl Verh entsprochen wird. Die Schutzschrift ist Gehörsausübung und ersetzt event sonst erdforderliche Anhörung (vgl BVerfG NJW 2018, 3631 Tz 22; Löffel WRP 2019, 12 Rn 27). In dem zentralen elektron **Schutzschriftenregister** werden die in elektron Form übermittelten Schutzschriften für bestimmte Zeit zum elektron Abruf durch die Gerichte bereitgehalten (**II 2, III 1**; Einzelheiten §§ 2-4 SRV). Betreiber des Registers ist die Landesjustizverwaltung Hessen für alle Länder (**I 1**). – **2) Bedeutung.** Mit dem zentralen Schutzschriftenregister ist auch bei einer Vilezahl möglicher Gerichtsstände nur *eine* Schutzschrift einzureichen (s **II 1**). – **3) Zweck.** Durch die Schaffung eines zentralen elektron Registers wird die Rechtsstellung des Ag bewusst wesentl verbessert (s Begr BTDrs 17/12634, 35) und das Fehlerrisiko bei Entscheidungen im „einseitigen“ Verf deutlich verringert (s Walker FS Schilken, 2015, S 816). – **4) Anwendungsbereich.** Die Regelung gilt für die **ordentl** (**II 1**) und **Arbeitsgerichtsbarkeit** (§ 62 II 3, § 85 II 3 ArbGG), also für Eilverf bei allen AG, LG und ArbG. – **5) Kosten der Schutzschrift.** Folgt auf die Schutzschrift ein Verfügungs-(Arrest-)Verf, entsteht eine 1,3-VerfGebühr, die grds erstattungsfähig ist, wenn ein entspr Verfügungsantrag eingeht und abgelehnt oder (nachträgl) zurückgenommen wird, ohne dass eine mündl Verh stattgefunden hat (BGH NJW 2003, 1257; BGH NJW-RR 2007, 1575). Kommt es zu keinem Verf, ist str, ob sich die Gebühr gem Nr 3101 Nr 1 RVG-VV auf eine 0,8-Gebühr ermäßigt (dagegen N. Schneider NJW-Spezial 2022, 411; sa Rn 5).

2 **II) Einreichen der Schutzschrift zum Register (§ 945a II). Einzelheiten § 2 SRV. 1) Form der Schutzschrift.** Es handelt sich um ein elektron Dokument (s § 130a), gerichtet an das Schutzschriftenregister; für RAe besteht Nutzungspflicht (§ 49c BRAO); als online-Formular abrufbar unter https://www.zssr.justiz.de/start.php. Er enthält Angaben zu den (mögl) Parteien (ASt, Ag), zum Gegenstand des Verf, auch Anträge (zB gem § 937 II, § 269 III 2, IV, § 308 II) u (als Anlage) Beweismittel, **nicht** aber zum zuständigen Gericht (Folge der Einreichungsfiktion gem **II 1**). Auch bei Zuständigkeit mehrerer Gerichte ist stets nur *ein* Schriftsatz einzureichen. Die Schutzschrift gilt als eingereicht, sobald sie in das Schutzschriftenregister eingestellt (**II 1**), dh abrufbar gespeichert ist (s § 3 II SRV). Dem Einreicher wird der Zeitpunkt der Einstellung automatisiert bestätigt (§ 3 IV SRV). – **2) Einreichungsberechtigt** sind RAe, natürliche und jur Personen. Es besteht kein Anwaltszwang (wie § 936, § 920 III, § 78 III). Für RAe besteht die berufsrechtl Pflicht zur Nutzung des Registers (§ 49c BRAO); ein Verstoß hat keine prozessualen Folgen (Bacher MDR 2015, 1330; Walker FS Schilken, 2015, S 820). Nicht anwaltlich vertretene Parteien können weiter wie bisher eine Schutzschrift in Papierform einreichen. Das Schutz-

Vertrag, dessen Zweck nicht der beruflichen oder gewerblichen Tätigkeit des Schuldners zugerechnet werden kann, ausschließlich die Gerichte in dessen Wohnsitzstaat zuständig; ausgeschlossen ist damit (abw von Art 6 Brüssel Ia-VO) ein Verfahren gegen einen drittstaatenansässigen Verbraucher.

Wenn der Gläubiger **bereits einen vollstreckbaren Titel** erwirkt hat (dazu EuGH EuZW 2023, 607) oder über eine öffentliche Urkunde über die Forderung verfügt, sind die Gerichte des Mitgliedstaats, in dem die Titulierung oder Beurkundung erfolgt ist, gem Art 6 III, IV EuKoPfVO auch für den Erlass des Pfändungsbeschlusses zuständig. Meint der Schuldner, dass das Gericht seine internationale Zuständigkeit zu Unrecht bejaht hat, ist der **Widerspruch** gem Art 33 I lit a EuKoPfVO (in Deutschland iVm § 954 I) statthaft. 9

2) Sachliche, örtliche und funktionelle Zuständigkeit. Art 6 EuKoPfVO äußert sich nur zur internationalen Zuständigkeit („Gerichte des Mitgliedstaats"). Für die sachliche und örtliche Zuständigkeit verweist in Deutschland **§ 946 I** (entsprechend § 919 Alt 1, § 930 I 3) auf das **Gericht der Hauptsache** und die diesbezügliche Regelung in § 943. Abgesehen wurde von Regelungen entsprechend § 919 Alt 2 (AG am Belegenheitsort) oder § 328 I, § 720a (Vollstreckungsgericht); dazu BTDrs 18/7560, 41. Gem § 946 I 2 iVm § 943 I ist grds das Gericht des 1. Rechtszuges zuständig, hingegen das Berufungsgericht, wenn die Hauptsache dort anhängig ist. Ist die zu sichernde Forderung im Mahnverfahren geltend gemacht worden, so ist Gericht der Hauptsache iSv § 946 I 1 das Mahngericht (OLG Köln MDR 2022, 523; OLG Schleswig MDR 2022, 722). Für den Fall, dass der Gläubiger über eine **öffentliche Urkunde** iSv Art 4 Nr 10 EuKoPfVO verfügt, weist **§ 946 II**, anknüpfend an Art 6 IV EuKoPfVO, die örtliche Zuständigkeit dem Gericht zu, in dessen Bezirk die Urkunde errichtet worden ist, während sich die sachliche Zuständigkeit nach dem Streitwert richtet (dazu BTDrs 18/7560, 42). 10

In dringenden Fällen entscheidet der **Vorsitzende** (§ 946 I 2, § 944). Weil § 946 I nicht das Vollstreckungsgericht betraut, gilt § 20 I Nr 17 lit a RPflG nicht. 11

§ 947 Verfahren

(1) [1]Der Gläubiger kann sich in dem Verfahren auf Erlass des Beschlusses zur vorläufigen Kontenpfändung aller Beweismittel sowie der Versicherung an Eides statt bedienen. [2]Nur eine Beweisaufnahme, die sofort erfolgen kann, ist statthaft.

(2) [1]Das Gericht darf die ihm nach Artikel 14 Absatz 6 der Verordnung (EU) Nr. 655/2014 übermittelten Kontoinformationen für die Zwecke des jeweiligen Verfahrens auf Erlass eines Beschlusses zur vorläufigen Kontenpfändung speichern, übermitteln und nutzen. [2]Soweit übermittelte Kontoinformationen für den Erlass eines Beschlusses zur vorläufigen Kontenpfändung nicht erforderlich sind, sind sie unverzüglich zu löschen oder ist deren Verarbeitung einzuschränken. [3]Die Löschung ist zu protokollieren. [4]§ 802d Absatz 1 Satz 3 gilt entsprechend.

I) Verfahrenseinleitung. Der Gläubiger muss den **Antrag auf Erlass des Pfändungsbeschlusses** gem Art 8 I EuKoPfVO unter Verwendung des dafür vorgesehenen Formblattes I bei dem zuständigen Gericht (s § 946 Rn 7 ff) einreichen. **Anwaltliche Vertretung** ist hierfür – auch in den Fällen von § 78 – nicht obligatorisch (Art 41 S 1 EuKoPfVO). 1

Zur Erleichterung und Beschleunigung des Verfahrens erlaubt die EuKoPfVO auch **elektronische Antragstellung**, sofern dies im Ursprungsstaat vorgesehen ist (Art 8 IV EuKoPfVO, geändert mWv 1.5.2025 durch Art 22 Nr 1 DigitalVO 2023/2844 v 13.12.2023, ABl EU L 2023/2844). In Deutschland gilt § 130a. 2

Der Antrag muss die in Art 8 II EuKoPfVO aufgelisteten **Angaben** enthalten. Sofern der Gläubiger nicht in der Lage ist, die nach Art 8 II lit d EuKoPfVO erforderlichen Angaben zum Schuldnerkonto zu machen, kann er einen **Antrag nach Art 14 EuKoPfVO** auf Einholung von Kundeninformationen stellen. Zu den Voraussetzungen und zur Zuständigkeit s § 948 Rn 1 f. **§ 947 II** regelt sodann den Umgang des Gerichts mit den erlangten Daten (BTDrs 18/7560, 42); die Änderung von § 947 II 2 durch Art 10 Nr 10 G v 20.11.2019 (BGBl I 2019, 1724) hat die Vorschrift an die Vorgaben der DSGVO angepasst. 3

Der Gläubiger ist gem Art 16 I EuKoPfVO nicht berechtigt, gleichzeitig bei mehreren Gerichten **parallele Anträge** gegen den Schuldner zur Sicherung ders Forderung zu stellen. Es steht ihm jedoch frei, weitere Sicherungsmaßnahmen nach den autonomen Verfahrensordnungen der Mitgliedstaaten zu beantragen (vgl ErwGr Nr 6); er muss dies dem Gericht aber mitteilen, Art 16 II-IV EuKoPfVO. Art 29 ff Brüssel Ia-VO sind nicht anwendbar. 4

II) Erlassgrund und Erlassanspruch. Das Gericht, bei dem der Antrag gestellt wird, erlässt gem **Art 7 I EuKoPfVO** den Kontenpfändungsbeschluss, wenn der Gläubiger hinreichende Beweismittel vorgelegt hat, die das Gericht zu der berechtigten Annahme veranlassen, dass die sodann im Einzelnen umschriebene Dringlichkeit gegeben ist (vgl dazu ErwGr Nr 14). Als **Erlassgrund** darzulegen sind konkrete Anzeichen für die Gefahr einer Vollstreckungsvereitelung oder erheblichen Vollstreckungserschwerung (näher OLG Karlsruhe MDR 2024, 125; 5

OLG München 12.7.2024 – 23 W 710/24,Tz 98 ff). Das Erfordernis „hinreichender Beweismittel" wird überwiegend so verstanden, dass der Verordnungsgeber mit dem Begriff der „berechtigten Annahme" nicht etwa auf die mitgliedstaatlichen Regeln zum **Beweismaß** verweist, sondern einen eigenen verordnungsautonomen Maßstab schafft (so etwa Heinze ZVglRWiss 119 [2020], 167, 189; Lüttringhaus ZZP 129 [2016], 187, 199; wohl auch OLG Hamm NJW 2019, 1235 f; für Maßgeblichkeit der lex fori noch Wolber IWRZ 2017, 5, 7); dem hat sich der deutsche Gesetzgeber angeschlossen (BTDrs 18/7560, 42: die EuKoPfVO lasse einen der Glaubhaftmachung vergleichbaren Wahrscheinlichkeitsgrad unterhalb des Vollbeweises genügen; dazu Hau FS Prütting, 2018, S 325, 331 f). Ausgehend von der Maßgeblichkeit eines verordnungsautonomen Maßstabs erscheint es konsequent, dass sich **§ 947 I** nur – wie durch Art 9 EuKoPfVO freigestellt – zu den **statthaften Beweismitteln** äußert. Aus der ausdrücklichen Zulassung der Versicherung an Eides statt folgt aber nicht zwingend, dass eine solche ohne Weiteres eine hinreichende Basis für die in Art 7 I EuKoPfVO geforderte „berechtigte Annahme" bilden kann.

6 Der **Erlassanspruch** liegt ohne Weiteres vor, wenn der Gläubiger bereits über einen **Titel iSv Art 5 lit b EuKoPfVO** verfügt, der den Schuldner zur Erfüllung der Forderung auffordert. Hat er hingegen **noch keinen Titel** in einem Mitgliedstaat erwirkt (Fall gem Art 5 lit a EuKoPfVO), müssen die **zusätzlichen Voraussetzungen gem Art 7 II EuKoPfVO** erfüllt sein (Wahrscheinlichkeit des Bestehens der zu sichernden Forderung; näher dazu OLG München 12.7.2024 – 23 W 710/24, Tz 19 ff). Art 7 II EuKoPfVO gilt auch dann, wenn ein Schuldner für den Fall der künftigen Zuwiderhandlung gegen eine Unterlassungsanordnung zur Zahlung eines Zwangsgelds verurteilt, dessen Höhe aber noch nicht endgültig festgesetzt worden ist (EuGH EuZW 2023, 607, dazu Wiedemann IPRax 2023, 540; anders noch OLG Köln IPRax 2023, 561: die EuKoPfVO gelte nicht für die Sicherung eines Zwangsgeldanspruchs). Verfügt der Gläubiger über einen mitgliedstaatlichen Titel, ist Art 7 II EuKoPfVO auch dann unanwendbar, wenn das Gericht einen **Anerkennungsversagungsgrund** iSv Art 45 Brüssel Ia-VO für gegeben erachtet; denn dies kann erst der Schuldner mit dem Rechtsbehelf gem Art 34 I lit b EuKoPfVO (in Deutschland iVm § 954 II) geltend machen.

7 **III) Erlass des Kontenpfändungsbeschlusses.** Liegen die materiellen Voraussetzungen gem Art 7 EuKoPfVO sowie die formalen Anforderungen vor, erlässt das zuständige Gericht den **Kontenpfändungsbeschluss** auf Grundlage der vom Gläubiger vorgelegten Beweismittel und ohne mündliche **Anhörung des Gläubigers** (Art 9 I EuKoPfVO). Eine **Anhörung des Schuldners** findet nicht statt (Art 11 EuKoPfVO); denn zentrales Anliegen ist die grenzüberschreitende Wahrung des Überraschungseffekts (vgl ErwGr Nr 15). Mit Art 11 EuKoPfVO ist es aber vereinbar, eine dem Gericht vorliegende **Schutzschrift** des Schuldners im Rahmen von Art 9 II EuKoPfVO zu berücksichtigen. Gem Art 9 II EuKoPfVO kann das Gericht, soweit nach seinem nationalen Recht zulässig, **zusätzliche Beweise erheben**; beispielhaft genannt werden eine Anhörung des Gläubigers und die Vernehmung von Zeugen (vgl ErwGr Nr 41). Gerade dies ist in Deutschland aber nicht möglich, weil im Rahmen des Ex-parte-Verfahrens (Art 11 EuKoPfVO) keine mündliche Verhandlung stattfindet (BTDrs 18/7560, 42).

8 Das Gericht entscheidet gem Art 17 II EuKoPfVO unverzüglich innerhalb der **in Art 18 EuKoPfVO bezeichneten Fristen**. An eine Fristüberschreitung sind allerdings keine weiteren Folgen geknüpft; Art 45 EuKoPfVO verpflichtet das Gericht lediglich, so rasch wie möglich die erforderlichen Maßnahmen zu treffen (dazu EuGH EuZW 2023, 607). Der **Kontenpfändungsbeschluss** wird unter Verwendung des vorgesehenen Formblattes erlassen und enthält die in Art 19 EuKoPfVO genannten Angaben. Zum **Umfang der angeordneten Pfändung** beachte Art 17 IV EuKoPfVO. Die **Geltungsdauer des Kontenpfändungsbeschlusses** bestimmt sich nach Art 20 EuKoPfVO, seine Anerkennung, Vollstreckbarkeit und Vollstreckung bestimmen sich nach Art 22 ff EuKoPfVO (s § 950 Rn 1). Zur Mitteilung des Kontenpfändungsbeschlusses an den Gläubiger s Art 17 V EuKoPfVO (mWv 1.5.2025 geändert durch Art 22 Nr 2 DigitalVO 2023/2844 v 13.12.2023, ABl EU L 2023/2844).

9 Wird der **Antrag abgewiesen**, ergeht ein dahingehender Beschluss, der gem § 329 III zuzustellen ist (vgl Art 17 V EuKoPfVO, mWv 1.5.2025 geändert durch Art 22 Nr 2 DigitalVO 2023/2844 v 13.12.2023, ABl EU L 2023/2844). Dem Gläubiger steht dann der **Rechtsbehelf** gem Art 21 EuKoPfVO zu (s § 953 Rn 1 f). Ein **erneuter Antrag** soll gem ErwGr Nr 22 S 2 nur unter Berufung auf veränderte Verhältnisse (neue Tatsachen oder neue Beweismittel) möglich sein.

10 **IV) Ergänzende Geltung des mitgliedstaatlichen Rechts.** Ergänzend sind gem Art 46 EuKoPfVO die mitgliedstaatlichen Verfahrensregeln anzuwenden, in Deutschland namentlich §§ 108 ff, § 139, § 142, § 166 ff und § 293 (BTDrs 18/7560, 42). Für die **Kosten** gelten §§ 91 ff, allerdings vorbehaltlich Art 42 EuKoPfVO.

11 **V) Gebühren.** Ausf Volpert RVGreport 2017, 122; AGS 2017, 209. **1) Gericht:** Es gilt das GKG (§ 1 III Nr 4 GKG). Wert: § 53 I Nr 1 GKG, soweit keine Festgeb anfallen. Gebührenbegrenzung: Art 42 EuKoPfVO. – **a)** Gl hat noch keinen Titel (Art 5 Buchst a EuKoPfVO). Die Geb sind denen des Arrestes gleichgestellt: Vorbem 1.4 I 1 vor 1410 GKG-KV (zur Klarstellung wiederholt in Vorbem 2.1 S 1 vor 2110 GKG-KV). In Verf auf Erwirkung, Widerruf, Abänderung werden Geb jeweils gesondert erhoben (Vorbem 1.4 III vor 1410 GKG-KV). Die Antragsrücknahme ist gebührenbegünstigt (1411 Nr 1b GKG-KV). Beschwerde in allen in der EuKoPfVO für Art 5 Buchst a EuKoPfVO vorgesehenen Beschwerdeverf: 1430 Nr 2 GKG-KV; Rücknahme ist gebührenbegünstigt (1431 GKG-KV). – **b)** Gl hat bereits einen Titel (Art 5 Buchst b EuKoPfVO). Die Geb sind denen der Forde*rungspfändung gleichgestellt: Vorbem 2.1 S 1 vor 2110 GKG-KV* (zur Klarstellung wiederholt in Vorbem 1.4 I 2 vor 1410 GKG-KV). VerfGeb: 2111 GKG-KV; Antrag auf Einholung von Kontoinformation (§ 948): 2112 GKG-KV. Beschwerdeverf: 2121 GKG-KV. – **c)** Rechtsbehelf des Sch gegen die Beschlussvollstreckung (Art 34 EuKoPfVO; § 954 II): 2119 GKG-KV (dabei uner-

hebl, ob dem Beschluss ein titulierter oder nicht titulierter Anspruch zu Grunde liegt, s Vorbem 2.1 S 1 Alt 2 vor 2110 GKG-KV). – **2) RA: a)** Im Fall des Art 5 lit a EuKoPfVO: Eigene Angelegenheit gegenüber dem Hauptsacheverf (§ 17 Nr 4a RVG). Geb wie bei Arrestverf, Vorbem 3.3.3 II 2 RVG-VV; 3100 ff RVG-VV. Ist das Berufungsgericht Gericht der Hauptsache: Vorbem 3.2.II 1 RVG-VV (Geb wie für die 1. Instanz). Fälle derselben Angelegenheit sind in § 16 Nr 5 RVG aufgezählt (nur einmaliger Gebührenanfall, § 15 I RVG). Beschwerdeverf (§ 956 I 2): Vorbem 3.2.1 Nr 3c RVG-VV; 3200 ff RVG-VV; für die übrigen Beschwerdeverf 3500, 3513, 3514 RVG-VV. – **b)** Im Fall des Art 5 Buchst b EuKoPfVO: Geb wie in der ZwV, Vorbem 3.3.3 II 1 RVG-VV, 3309, 3310 RVG-VV; Beschwerdeverf 3500, 3513 RVG-VV; auch die Geb 3514 RVG-VV kann entstehen.

§ 948 Ersuchen um Einholung von Kontoinformationen

(1) Zuständige Auskunftsbehörde gemäß Artikel 14 der Verordnung (EU) Nr. 655/2014 für die Einholung von Kontoinformationen ist das Bundesamt für Justiz.

(2) Zum Zweck der Einholung von Kontoinformationen nach Artikel 14 der Verordnung (EU) Nr. 655/2014 darf das Bundesamt für Justiz das Bundesamt für Steuern ersuchen, bei den Kreditinstituten die in § 93b Absatz 1 der Abgabenordnung bezeichneten Daten abzurufen (§ 93 Absatz 8 der Abgabenordnung).

(3) [1]Das Bundesamt für Justiz protokolliert die eingehenden Ersuchen um Einholung von Kontoinformationen gemäß Artikel 14 der Verordnung (EU) Nr. 655/2014. [2]Zu protokollieren sind ebenfalls die Bezeichnung der ersuchenden Stelle eines anderen Mitgliedstaates der Europäischen Union, der Abruf der in § 93b Absatz 1 der Abgabenordnung bezeichneten Daten und der Zeitpunkt des Eingangs dieser Daten sowie die Weiterleitung der eingegangenen Daten an die ersuchende Stelle. [3]Das Bundesamt für Justiz löscht den Inhalt der eingeholten Kontoinformationen unverzüglich nach deren Übermittlung an die ersuchende Stelle; die Löschung ist zu protokollieren.

Sofern der Gläubiger nicht in der Lage ist, die im Antrag auf Erlass des Kontenpfändungsbeschlusses nach Art 8 II lit d EuKoPfVO erforderlichen Angaben zum Schuldnerkonto zu machen, kann er einen **Antrag nach Art 14 EuKoPfVO** auf Einholung von Kundeninformationen stellen. Ein dahingehender Anspruch besteht nicht schon dann, wenn nicht ausgeschlossen ist, dass der Schuldner in einem Mitgliedstaat Konten unterhält, vielmehr bedarf dieser Umstand einer konkreten Begründung (OLG Hamm NJW 2019, 1235, 1236). Beachte zu den Anforderungen auch das Vorabentscheidungsersuchen des OLG Frankfurt ZIP 2025, 47. Nicht vorgesehen und somit unzulässig ist ein **isolierter Antrag nach Art 14 EuKoPfVO** ohne Antrag auf Erlass eines Kontenpfändungsbeschlusses. 1

Als zuständige Auskunftsbehörde iSv Art 14 EuKoPfVO benennt § 948 für Deutschland das **Bundesamt für Justiz** (I) und konkretisiert dessen Befugnisse und Vorgehen (II/III; näher BTDrs 18/7560, 42 f). Zum Umgang des Gerichts mit den erlangten Daten s § 947 II. 2

§ 949 Nicht rechtzeitige Einleitung des Hauptsacheverfahrens

(1) Ein im Inland erlassener Beschluss zur vorläufigen Kontenpfändung wird nach Artikel 10 Absatz 2 Unterabsatz 1 der Verordnung (EU) Nr. 655/2014 durch Beschluss widerrufen.

(2) [1]Zuständige Stelle, an die gemäß Artikel 10 Absatz 2 Unterabsatz 3 der Verordnung (EU) Nr. 655/2014 das Widerrufsformblatt zu übermitteln ist, ist das Amtsgericht, in dessen Bezirk das Vollstreckungsverfahren stattfinden soll oder stattgefunden hat. [2]Ist ein in einem anderen Mitgliedstaat der Europäischen Union erlassener Beschluss zur vorläufigen Kontenpfändung im Inland zu vollziehen, hat das Amtsgericht nach Satz 1 den Beschluss, durch den das Gericht den Beschluss zur vorläufigen Kontenpfändung widerrufen hat, der Bank im Sinne des Artikels 4 Nummer 2 der Verordnung (EU) Nr. 655/2014 zuzustellen.

Wird die vorläufige Kontenpfändung vor Beginn des Hauptsacheverfahrens beantragt (als solches genügt ein Mahnverfahren: EuGH EuZW 2023, 607), muss der Gläubiger gem **Art 10 I 1 EuKoPfVO** innerhalb von 30 Tagen nach Antragstellung bzw 14 Tagen nach Erlass des Beschlusses (der spätere Zeitpunkt ist maßgeblich) bei Gericht die **Einleitung des Hauptsacheverfahrens** iSv Art 10 III EuKoPfVO nachweisen. Die Fristen können auf Antrag des Schuldners verlängert werden, insb um eine außergerichtliche Einigung zu ermöglichen, Art 10 I 2 EuKoPfVO. 1

Wird die Frist nicht gewahrt, verliert der Kontenpfändungsbeschluss gem Art 10 II UAbs 1 EuKoPfVO entweder automatisch seine Wirkung oder wird widerrufen. In Deutschland gilt gem **§ 949 I** das **Widerrufsmodell**: die Entscheidung ergeht (abweichend von § 926 II) durch Beschluss, der gem § 329 III zuzustellen ist. Ist **Deutschland sowohl Ursprungs- als auch Vollstreckungsmitgliedstaat** (vgl Art 10 II UAbs 3 EuKoPfVO), 2 wird der Widerrufsbeschluss unabhängig davon wirksam, dass die kontoführende Bank davon Kenntnis erlangt; somit obliegt es dem Schuldner, die Bank zu informieren (BTDrs 18/7560, 43).

3 **Fallen Ursprungs- und Vollstreckungsstaat auseinander**, gilt Art 10 II UAbs 3 EuKoPfVO: Das Ursprungsgericht widerruft den Kontenpfändungsbeschluss und übermittelt das Widerrufsformblatt gem Art 29 EuKoPfVO (mWv 1.5.2025 geändert durch Art 22 Nr 3 DigitalVO 2023/2844 v 13.12.2023, ABl EU L 2023/2844) der im Vollstreckungsmitgliedstaat zuständigen Behörde. Dies ist in Deutschland gem § 949 II 1 das AG am Ort der (geplanten) Vollstreckung. Zur dann gebotenen Zustellung des Widerrufsbeschlusses an die Bank s § 949 II 2.

4 Zum **Rechtsbehelf des Gläubigers** s § 953 Rn 1 f.

Titel 2
Vollziehung des Beschlusses zur vorläufigen Kontenpfändung (§§ 950-952)

§ 950 Anwendbare Vorschriften

Auf die Vollziehung des Beschlusses zur vorläufigen Kontenpfändung sind die Vorschriften des Achten Buchs über die Zwangsvollstreckung sowie § 930 Absatz 1 Satz 2 entsprechend anzuwenden, soweit die Verordnung (EU) Nr. 655/2014 und die §§ 951 bis 957 keine abweichenden Vorschriften enthalten.

1 Vorgaben zur **Vollstreckung** (in der Terminologie der ZPO: **Vollziehung**) des Kontenpfändungsbeschlusses enthalten Art 23 ff EuKoPfVO, für Deutschland ergänzt durch §§ 950-952. Gem § 950 gilt § 930 I 2 entsprechend, sodass der Kontenpfändungsbeschluss grds dieselben Wirkungen und denselben Rang hat wie ein Arrestpfandrecht. Zu den iÜ entsprechend anzuwendenden Vorschriften des allgemeinen Vollstreckungsrechts zählen insb § 850k (iVm Art 31 II EuKoPfVO; dazu BTDrs 18/7560, 43/44) sowie § 771 (vgl Art 39 EuKoPfVO).

§ 951 Vollziehung von im Inland erlassenen Beschlüssen

(1) [1]Ist ein im Inland erlassener Beschluss zur vorläufigen Kontenpfändung im Inland zu vollziehen, hat der Gläubiger, der seinen Wohnsitz in einem anderen Mitgliedstaat hat, den Beschluss der Bank zustellen zu lassen. [2]Ist der Beschluss in einem anderen Mitgliedstaat der Europäischen Union zu vollziehen, hat der Gläubiger die Zustellung gemäß Artikel 23 Absatz 3 Unterabsatz 1 der Verordnung (EU) Nr. 655/2014 an die Bank zu veranlassen.

(2) [1]Das Gericht, das den Beschluss erlassen hat, lässt dem Schuldner den Beschluss nach Artikel 28 der Verordnung (EU) Nr. 655/2014 zustellen; diese Zustellung gilt als Zustellung auf Betreiben des Gläubigers (§ 191). [2]Eine Übersetzung oder Transliteration, die nach Artikel 28 Absatz 5 in Verbindung mit Artikel 49 Absatz 1 der Verordnung (EU) Nr. 655/2014 erforderlich ist, hat der Gläubiger bereitzustellen.

1 Während Art 22 EuKoPfVO die **Anerkennung und Vollstreckbarkeit** von Kontenpfändungsbeschlüssen aus anderen Mitgliedstaaten anordnet, geht es in Art 23 ff EuKoPfVO um die **eigentliche Vollstreckung** (bzw Vollziehung), ohne dass es darauf ankommt, ob der Kontenpfändungsbeschluss in einem anderen Mitgliedstaat oder im Vollstreckungsmitgliedstaat erlassen wurde.

2 § 951 betrifft ausschließlich „deutsche" Kontenpfändungsbeschlüsse. Hinsichtlich der dem Gläubiger obliegenden **Zustellung an die Bank** ist danach zu unterscheiden, ob die Vollziehung im Inland erfolgen soll (I 1) oder in einem anderen Mitgliedstaat (I 2). Für die Parteizustellung gem I 1 gelten §§ 191 ff. Der Umstand, dass I 1 nur für Gläubiger mit Wohnsitz (iSv Art 4 Nr 15 EuKoPfVO iVm Art 62 f Brüssel Ia-VO) in einem anderen Mitgliedstaat gilt, soll diese nicht etwa diskriminieren, sondern trägt dem Erfordernis einer grenzüberschreitenden Rechtssache iSv Art 3 EuKoPfVO Rechnung.

3 Die **Zustellung des Kontenpfändungsbeschlusses an den Schuldner** obliegt dem Gericht iSv § 946 nach Maßgabe von Art 28 EuKoPfVO iVm § 951 II. Die Bezugnahme in § 951 II 1 Hs 2 auf § 191 stellt klar, dass die Zustellungsurkunde gem § 193 IV dem Gläubiger zu übermitteln ist (dazu BTDrs 18/7560, 44, dort noch zu § 193 III aF). Gem II 2 obliegt dem Gläubiger die Bereitstellung einer gem Art 28 V iVm Art 49 I EuKoPfVO erforderlichen **Übersetzung** oder Transliteration.

§ 952 Vollziehung von in einem anderen Mitgliedstaat erlassenen Beschlüssen

(1) Zuständige Stelle ist

1. in den in Artikel 23 Absatz 3, 5 und 6, Artikel 25 Absatz 3 und Artikel 27 Absatz 2 der Verordnung (EU) Nr. 655/2014 bezeichneten Fällen das Amtsgericht, in dessen Bezirk das Vollstreckungsverfahren stattfinden soll oder stattgefunden hat,

2. in den in Artikel 28 Absatz 3 der Verordnung (EU) Nr. 655/2014 bezeichneten Fällen das Amtsgericht, in dessen Bezirk der Schuldner seinen Wohnsitz hat.

(2) Das nach Absatz 1 Nummer 1 zuständige Amtsgericht hat

1. in den in Artikel 23 Absatz 3 der Verordnung (EU) Nr. 655/2014 bezeichneten Fällen der Bank den Beschluss zur vorläufigen Kontenpfändung zuzustellen,

2. in den in Artikel 27 Absatz 2 der Verordnung (EU) Nr. 655/2014 bezeichneten Fällen der Bank die Freigabeerklärung des Gläubigers zuzustellen.

§ 952 betrifft ausschließlich die Vollziehung „ausländischer" (also in anderen Mitgliedstaaten erwirkter) Kontenpfändungsbeschlüsse in Deutschland. Für die Fälle, in denen sich die jeweils zuständige Stelle nicht bereits aus der EuKoPfVO ergibt, bestimmt I, dass in Deutschland für die Zwecke der genannten Vorschriften das **Amtsgericht** den Empfang, die Übermittlung oder die Zustellung besorgt, und legt die **örtliche Zuständigkeit** fest. Gemeint ist, dass das AG als Vollstreckungsgericht tätig wird (§ 950 iVm § 764), sodass der Rechtspfleger zuständig ist (§ 20 I Nr 17 RPflG; vgl BTDrs 18/7560, 44). 1

Gem II hat das zuständige AG in den bezeichneten Fällen den Kontenpfändungsbeschluss bzw die Freigabeerklärung des Gläubigers **der Bank zuzustellen**. Dies obliegt gem § 168 I der Geschäftsstelle des AG (BTDrs 18/7560, 44). 2

Titel 3
Rechtsbehelfe (§§ 953-957)

§ 953 Rechtsbehelfe des Gläubigers

(1) Gegen die Ablehnung des Antrags auf Erlass eines Beschlusses zur vorläufigen Kontenpfändung und gegen den Widerruf des Beschlusses zur vorläufigen Kontenpfändung (§ 949 Absatz 1), soweit sie durch das Gericht des ersten Rechtszuges erfolgt sind, findet die sofortige Beschwerde statt.

(2) [1]Die in Artikel 21 Absatz 2 Satz 1 der Verordnung (EU) Nr. 655/2014 bezeichnete Frist von 30 Tagen für die Einlegung des Rechtsbehelfs beginnt mit der Zustellung der Entscheidung an den Gläubiger. [2]Dies gilt auch in den Fällen des § 321a Absatz 2 für die Ablehnung des Antrags auf Erlass des Beschlusses durch das Berufungsgericht.

(3) Die sofortige Beschwerde gegen den Widerruf des Beschlusses zur vorläufigen Kontenpfändung ist innerhalb einer Notfrist von einem Monat ab Zustellung einzulegen.

Gem Art 21 EuKoPfVO steht dem Gläubiger ein **Rechtsbehelf gegen die Ablehnung seines Antrags auf Erlass eines Kontenpfändungsbeschlusses** zu. Erfolgt die Ablehnung durch das **Gericht des 1. Rechtszugs** (§ 946 I, § 943 I Hs 1), ist in Deutschland gem § 953 I die **sofortige Beschwerde** statthaft. Die hierfür maßgebliche 30-Tages-Frist gibt Art 21 II 1 EuKoPfVO vor, hinsichtlich des Fristbeginns konkretisiert durch § 953 II 1 (abstellend auf die Zustellung gem § 329 III). 1

Hat gem § 946 I, § 943 I Hs 2 erst das **Berufungsgericht** den Erlass des Kontenpfändungsbeschlusses abgelehnt, ist die sofortige Beschwerde nicht statthaft (§ 567 I). Der gleichwohl beachtlichen Vorgabe von Art 21 EuKoPfVO, einen Rechtsbehelf zu eröffnen, genügt das deutsche Recht dadurch, dass der Gläubiger eine **Gehörsrüge** gem § 321a erheben kann (dazu BTDrs 18/7560, 44 f). Auch hierfür gilt die 30-Tages-Frist (§ 953 II 2). Nach Maßgabe von Art 21 III EuKoPfVO ist der Schuldner, abweichend von § 321a III, nicht anzuhören. 2

Für den Fall eines **Widerrufs des Kontenpfändungsbeschlusses** enthält Art 10 EuKoPfVO keine Regelung zum Rechtsbehelf. In Deutschland gilt wiederum die differenzierte Lösung des § 953: statthaft ist bei Widerruf in 1. Instanz die sofortige Beschwerde gegen den Widerrufsbeschluss iSv § 949 I (1-Monats-Frist: § 953 III, abweichend von § 569 I), bei Widerruf durch das Berufungsgericht nur die Gehörsrüge. 3

Anwaltliche Vertretung ist nicht obligatorisch (Art 41 S 1 EuKoPfVO). 4

§ 954 Rechtsbehelfe nach den Artikeln 33 bis 35 der Verordnung (EU) Nr. 655/2014

(1) [1]Über den Rechtsbehelf des Schuldners gegen einen im Inland erlassenen Beschluss zur vorläufigen Kontenpfändung nach Artikel 33 Absatz 1 der Verordnung (EU) Nr. 655/2014 (Widerspruch) entscheidet das Gericht, das den Beschluss erlassen hat. [2]Die Entscheidung ergeht durch Beschluss. [3]Die Sätze 1 und 2 gelten entsprechend für den Widerspruch des Schuldners gemäß Artikel 33 Absatz 2 der Verordnung (EU) Nr. 655/2014 gegen die Entscheidung nach Artikel 12 der Verordnung (EU) Nr. 655/2014.

(2) [1]Über den Rechtsbehelf des Schuldners wegen Einwendungen gegen die Vollziehung eines Beschlusses zur vorläufigen Kontenpfändung im Inland nach Artikel 34 der Verordnung (EU) Nr. 655/2014 entscheidet das Vollstreckungsgericht (§ 764 Absatz 2). [2]Für den Antrag nach Artikel 34 Absatz 1 Buchstabe a der Verordnung (EU) Nr. 655/2014 gelten § 906 Absatz 1 Satz 2, Absatz 2 und § 907 entsprechend.

(3) [1]Über Rechtsbehelfe, die nach Artikel 35 Absatz 3 und 4 der Verordnung (EU) Nr. 655/2014 im Vollstreckungsmitgliedstaat eingelegt werden, entscheidet ebenfalls das Vollstreckungsgericht. [2]Sofern nach Artikel 35 der Verordnung (EU) Nr. 655/2014 das Gericht zuständig ist, das den Beschluss zur vorläufigen Kontenpfändung erlassen hat, ergeht die Entscheidung durch Beschluss.

(4) [1]Zuständige Stelle ist in den Fällen des Artikels 36 Absatz 5 Unterabsatz 2 der Verordnung (EU) Nr. 655/2014 das Amtsgericht, in dessen Bezirk das Vollstreckungsverfahren stattfinden soll oder stattgefunden hat. [2]Dieses hat den Beschluss der Bank zuzustellen.

1 Die Vorschrift konkretisiert die Regelung der dem **Schuldner zustehenden Rechtsbehelfe** gegen den Kontenpfändungsbeschluss in Art 33 EuKoPfVO bzw gegen dessen Vollstreckung (Vollziehung) in Art 34 EuKoPfVO, betrifft mit Art 35 EuKoPfVO aber auch Rechtsbehelfe, die dem Schuldner **oder dem Gläubiger** zustehen. Bei alledem sind die verfahrensrechtlichen **Vorgaben von Art 36 EuKoPfVO** zu berücksichtigen; beachte insb Art 36 III EuKoPfVO (mWv 1.5.2025 geändert durch Art 22 Nr 4 DigitalVO 2023/2844 v 13.12.2023, ABl EU L 2023/2844) zur Gehörsgewährung und Art 36 IV EuKoPfVO zur sofortigen Vollstreckbarkeit. **Anwaltliche Vertretung** ist geboten nach Maßgabe von § 78 (anwendbar gem Art 41 S 2 EuKoPfVO).

2 **§ 954 I** regelt die Zuständigkeit (wie § 946) und Entscheidungsform (Beschluss) für die Entscheidung über Anträge des Schuldners gem Art 33 I EuKoPfVO auf **Widerruf oder Abänderung** des Kontenpfändungsbeschlusses bzw der Entscheidung zur Sicherheitsleistung (Art 33 II, Art 12 EuKoPfVO).

3 **§ 954 II 1** regelt die Zuständigkeit (Vollstreckungsgericht, § 764 II) für die Entscheidung über Anträge des Schuldners gem Art 34 I lit a EuKoPfVO auf **Einschränkung der Vollziehung** des Kontenpfändungsbeschlusses (unter Berufung auf Art 31 EuKoPfVO) oder gem Art 34 I lit b bzw II EuKoPfVO auf **Beendigung der Vollziehung**. Zum Antrag gem Art 34 I lit a EuKoPfVO beachte § 954 II 2 (mWv 1.12.2021 geändert durch Art 1 Nr 12 G v 22.11.2020, BGB I 2020, 2466) iVm § 906 I 2, II, § 907 (dazu BTDrs 18/7560, 45). Die Entscheidung gem Art 34 I lit b bzw II EuKoPfVO ist dem Richter vorbehalten (§ 20 I Nr 17 RPflG).

4 **§ 954 III 1** regelt die Zuständigkeit (**Vollstreckungsgericht**, § 764 II; funktionell: Rechtspfleger, § 20 I Nr 17 RPflG) für die Entscheidung über Anträge des Schuldners und Gläubigers gem Art 35 III EuKoPfVO (im Falle einer einvernehmlichen Einigung) bzw des Gläubigers gem Art 35 IV EuKoPfVO (gerichtet auf Anpassung der Freistellung gem Art 31 EuKoPfVO). In den Fällen von Art 35 I EuKoPfVO (Antrag von Gläubiger oder Schuldner auf **Abänderung oder Widerruf wegen veränderter Umstände**) ist hingegen das **Gericht iSv § 946** zuständig, das gem § 954 III 2 durch Beschluss entscheidet (abw von § 927 II). Art 35 II EuKoPfVO (amtswegige Abänderung oder Widerruf wegen veränderter Umstände) ist wegen des Antragserfordernisses gem § 950, § 927 in Deutschland nicht anzuwenden (BTDrs 18/7560, 45).

5 **§ 954 IV 1** benennt das Amtsgericht als zuständige Stelle iSv Art 36 V UAbs 2 EuKoPfVO und regelt die örtliche Zuständigkeit, § 954 IV 2 weist ihm die Aufgabe zu, den Beschluss der Bank zuzustellen (dazu BTDrs 18/7560, 45 f).

6 In den Fällen von § 954 I-III ist die Entscheidungen gem § 329 III zuzustellen, weil die **sofortige Beschwerde** eröffnet ist (§ 956 I).

§ 955 Sicherheitsleistung nach Artikel 38 der Verordnung (EU) Nr. 655/2014

[1]Für die Entscheidung über Anträge des Schuldners auf Beendigung der Vollstreckung wegen erbrachter Sicherheitsleistung nach Artikel 38 Absatz 1 Buchstabe b der Verordnung (EU) Nr. 655/2014 ist das Vollstreckungsgericht zuständig. [2]Die Entscheidung nach Artikel 38 Absatz 1 der Verordnung (EU) Nr. 655/2014 ergeht durch Beschluss.

Leistet der Schuldner **Sicherheit**, so kann er gem Art 38 I EuKoPfVO **im Ursprungsmitgliedstaat** die Aufhebung des Beschlusses (lit a) und im **Vollstreckungsmitgliedstaat** die Beendigung der Vollstreckung beantragen (lit b). Für Letzteres ist in Deutschland gem § 955 S 1 das **Vollstreckungsgericht** zuständig, funktionell der **Rechtspfleger** (§ 20 I Nr 17 lit a RPflG). 1

In beiden Fällen des Art 38 I EuKoPfVO ergeht die Entscheidung in Deutschland gem § 955 S 2 durch **Beschluss**. Dieser ist gem § 329 III zuzustellen, weil gem § 956 die **sofortige Beschwerde** statthaft ist (BTDrs 18/7560, 46). 2

§ 956 Rechtsmittel gegen die Entscheidungen nach § 954 Absatz 1 bis 3 und § 955

(1) [1]Gegen die Entscheidungen des Vollstreckungsgerichts nach § 954 Absatz 2 und 3 Satz 1 sowie nach § 955 Satz 1 findet die sofortige Beschwerde statt. [2]Dies gilt auch für Entscheidungen des Gerichts des ersten Rechtszugs in den Fällen des § 954 Absatz 1 und 3 Satz 2 sowie des § 955 Satz 2.

(2) Die sofortige Beschwerde ist innerhalb einer Notfrist von einem Monat ab Zustellung der Entscheidung einzulegen.

Gem Art 37 EuKoPfVO kann **jede Partei ein Rechtsmittel** gegen eine Entscheidung über einen Rechtsbehelf gem Art 33, Art 34 oder Art 35 EuKoPfVO einlegen. Während die Einzelheiten durch mitgliedstaatliches Recht auszugestalten sind (Art 46 I EuKoPfVO), stellt Art 37 S 2 EuKoPfVO klar, dass das Rechtsmittel zwingend unter Verwendung des dort bezeichneten **Formblatts IX** einzulegen ist (OLG Karlsruhe 18.9.2024 – 19 W 43/23, Tz 20 ff). Art 41 S 2 EuKoPfVO erlaubt **Anwaltszwang** nach mitgliedstaatlichem Recht; somit gilt § 78. 1

In Deutschland findet gem § 956 I **sofortige Beschwerde** statt gegen die Entscheidungen des Vollstreckungsgerichts (§ 954 II, III 1, § 955 S 1 bzw S 2) oder des Gerichts des 1. Rechtszuges (§ 954 I, III 2, § 955 S 2). Gem § 956 II gilt eine Ein-Monats-Notfrist, die mit Zustellung der Entscheidung in Gang gesetzt wird. 2

Im Fall der **Stattgabe der sofortigen Beschwerde des Gläubigers** gegen einen auf Art 33 EuKoPfVO gestützten Widerruf kann das Beschwerdegericht den ursprünglichen Kontenpfändungsbeschluss nicht aufrechterhalten, sondern muss einen neuen erlassen, wobei die Beschwerdeentscheidung und der Neuerlass eine rechtlich einheitliche Entscheidung bilden, die gem Art 28 EuKoPfVO zuzustellen ist (OLG München 12.7.2024 – 23 W 710/24, Tz 105, 115). 3

Gegen Entscheidungen des **Rechtsmittelgerichts** hat die beschwerte Partei nur die Anhörungsrüge gem § 321a (BTDrs 18/7560, 46). 4

Das **Recht eines Dritten zur Anfechtung** eines Beschlusses zur vorläufigen Pfändung bzw der Vollstreckung eines solchen Beschlusses richtet sich gem Art 38 I, II EuKoPfVO nach dem Recht des Ursprungsmitgliedstaats. Hierzu besagt § 956 nichts, vielmehr bleibt es gem § 950 bei den allg Regeln, also § 793, § 771 bzw § 766. Beachte zur **internationalen Zuständigkeit** den Auffanggerichtsstand in Art 39 III EuKoPfVO; iÜ gelten die allg Regeln (insb Art 24 Nr 5 Brüssel Ia-VO). 5

§ 957 Ausschluss der Rechtsbeschwerde

Im Verfahren zur grenzüberschreitenden vorläufigen Kontenpfändung nach der Verordnung (EU) Nr. 655/2014 findet die Rechtsbeschwerde nicht statt.

Wie in Arrestverfahren (§ 542 II 1, § 574 I 2) ist die Rechtsbeschwerde nicht statthaft (dazu BTDrs 18/7560, 46). 1

Titel 4
Schadensersatz; Verordnungsermächtigung (§§ 958-959)

§ 958 Schadensersatz

[1]Erweist sich die Anordnung eines Beschlusses zur vorläufigen Kontenpfändung, der im Inland vollzogen worden ist, als von Anfang an ungerechtfertigt, so ist der Gläubiger verpflichtet, dem Schuldner den Schaden zu ersetzen, der ihm aus der Vollziehung des Beschlusses oder dadurch entsteht, dass er Si-

cherheit leistet, um die Freigabe der vorläufig gepfändeten Gelder oder die Beendigung der Vollstreckung zu erwirken. [2]Im Übrigen richtet sich die Haftung des Gläubigers gegenüber dem Schuldner nach Artikel 13 Absatz 1 und 2 der Verordnung (EU) Nr. 655/2014.

1 Art 13 I, II EuKoPfVO sieht eine verordnungsautonome Grundlage für eine **Haftung des Gläubigers kraft vermuteten Verschuldens** gegenüber dem Schuldner vor (nicht: gegenüber einer Bank oder sonstigen Dritten, Art 13 V EuKoPfVO); beachte hierzu ErwGr Nr 19 EuKoPfVO. Das gem Art 13 IV EuKoPfVO berufene Recht des Vollstreckungsmitgliedstaats (**lex loci executionis**) ergänzt diese Haftungsregelung, kann sie aber auch erweitern (s Art 13 III EuKoPfVO). Davon hat Deutschland mit § 958 S 1 zugunsten einer an § 945 angelehnten **verschuldensunabhängigen Haftung** Gebrauch gemacht, dies allerdings nur für den Fall, dass sich die Anordnung eines im Inland vollzogenen Beschlusses zur vorläufigen Kontenpfändung als von Anfang an ungerechtfertigt erweist. In sonstigen Fällen bleibt es bei Art 13 I, II lit a EuKoPfVO, so insb dann, wenn der Beschluss gem Art 10 EuKoPfVO iVm § 949 infolge versäumter Einleitung des Hauptsacheverfahrens widerrufen wird (BTDrs 18/7560, 46). Für die **internationale Zuständigkeit** für den Haftungsprozess gelten die allg Regeln, insb also Art 4 bzw Art 7 Nr 2 Brüssel Ia-VO.

2 Auch die **Haftung der Bank** bei Nichterfüllung der ihr nach Art 24 f EuKoPfVO obliegenden Pflichten unterliegt gem Art 26 EuKoPfVO dem Recht des Vollstreckungsmitgliedstaats, wobei unklar ist, ob es sich dabei um eine Kollisions- oder (entsprechend Art 24 Rom II-VO 864/2007) um eine Sachnormverweisung handelt. Zu Grund und Umfang der Haftung enthält die EuKoPfVO keine Vorgaben.

§ 959 Verordnungsermächtigung

(1) Die Landesregierungen können die Aufgaben nach Artikel 10 Absatz 2, Artikel 23 Absatz 3, 5 und 6, Artikel 25 Absatz 3, Artikel 27 Absatz 2, Artikel 28 Absatz 3 sowie Artikel 36 Absatz 5 Unterabsatz 2 und 3 der Verordnung (EU) Nr. 655/2014 einem Amtsgericht für die Bezirke mehrerer Amtsgerichte durch Rechtsverordnung zuweisen.
(2) Die Landesregierungen können die Ermächtigung nach Absatz 1 durch Rechtsverordnung einer obersten Landesbehörde übertragen.

1 Zu dieser an § 1069 III, IV angelehnten Regelung vgl BTDrs 18/7560, 46 f. Soweit ersichtlich, wurde zwar in verschiedenen Ländern von der Möglichkeit zur Subdelegation gem II Gebrauch gemacht, nicht hingegen von der (für die Rechtsanwendung weitaus bedeutsameren) Zuständigkeitskonzentration gem I.

Buch 9
Aufgebotsverfahren

Buch 9 (Verfahren in Aufgebotssachen) weggefallen durch Art 29 Nr 27 FGG-RG v 17.12.2008 (BGBl I 2008, 2586); jetzt §§ 433-484 FamFG.

Buch 10
Schiedsrichterliches Verfahren (§§ 1025-1066)

Vorbemerkungen zu §§ 1025-1066

Lit: *Adler*, Extraterritoriale US-Discovery in Schieds- u Gerichtsverf im Ausland, ZVglRWiss 120 (2021), 423; *Adolphsen*, Europ u IZPR in Patentsachen, 3. Aufl 2021, S 309 ff; *Armbrüster*, Modernisierung des Schiedsverfahrensrechts: Viel Licht, einige Schatten, ZRP 2024, 66; *Bähr*, Die Einhegung der Investor-Staat-Schiedsgerichtsbarkeit, 2023; *Balthasar*, Internat Commercial Arbitration[2], 2021; *Bandel*, Einstweiliger Rechtsschutz im Schiedsverfahren, 2000; *Bareuther*, Der eSport und die Schiedsgerichtsbarkeit: Gibt es bald einen eCAS?, SpoPrax 2022, 425; *von Bary*, Gerichtsstands- u Schiedsvereinbarungen im internat Erbrecht, 2018; *Beck/Klumpp* Kartellrechtler im Schiedsverfahren, NZKart 2024, 392; *Beckmann*, Statutarische Schiedsklauseln im dt Recht u internat Kontext, 2007; *van der Beck*, Schiedsgerichtl Investitionsschutz innerhalb der EU – die Implikationen der „Achmea"-Entsch des EuGH, 2022; *Belling*, Die Jurisdiktion ratione materiae der ICSID-Schiedsgerichte, 2008; *Berger*, Private Dispute Resolution in Internat Business[3], 2015; *Bernard*, Anerkennungsversagung aufgrund von Schiedssprüchen unter der EuGVVO, RIW 2023, 16; *Bertolini*, Die Durchsetzung von ISDS-Entscheidungen in Deutschland – Unter Berücksichtigung aktueller Entwicklungen in der EU, 2019; *Blaschczok*, Die kartellrechtliche Zulässigkeit von Schiedsvereinbarungen, IPRax 2025, 24; *Böckstiegel/Berger/Bredow*, Die Beteiligung Dritter an Schiedsverf, 2005; *Böckstiegel/Kröll/Nacimiento*, Arbitration in Germany – The Model Law in Practice[2], 2015; *Böse*, Das Übk zur Beendigung bilateraler Investitionsschutzverträge zwischen den Mitgliedstaaten der EU, 2023, 95, 133; *Boog*, Die Durchsetzung einstw Maßnahmen in internat Schiedsverf aus schweizer Sicht mit rechtsvergl Aspekten, 2011; *Bork*, Schiedsverfahren mit insolventen Parteien, SchiedsVZ 2022, 139; *Borris* Schiedsgerichtsbarkeit und D&O-Versicherung, r+s 2020, 316; *Breder*, Die Verzahnung der Brüssel Ia-VO mit der Schiedsgerichtsbarkeit bei Parallelverf, 2020; *Buchwitz*, SchiedsverfR, 2019; *Burianski/Fleckenstein*, Commercial Courts und Schiedsverfahrensreform, ZRP 2023, 162; *Colberg*, Der Schutz der Schiedsvereinbarung, 2019; *Czernich/Geimer*, Hdb der Streitbeilegungsklauseln, 2017; *Czernich/Deixler-Hübner/Schauer*, Hdb SchiedsR, 2018; *Dahm*, SICC oder Schiedsgericht?: Ein Vergleich des Verfahrens vor dem Singapore International Commercial Court mit den Vor- und Nachteilen internationaler Schiedsverfahren, 2024; *Dolzer/Kriebaum/Schreuer*, Principles of Internat Investmrent Law[3], 2021; *Eckert/Eßlinger/Vogel*, Schiedsverfahren und Insolvenzen im nationalen und internationalen Kontext, ZRI 2025, 61; *Eberl/Eberl* in Schwerdtfeger, GesellschaftsR[4], 2024, Kap 7: Schiedsverf im GesellschaftsR (zit: *Eberl/Eberl*); *Eckert/Eßlinger/Vogel*, Schiedsverfahren und Insolvenzen im nationalen und internationalen Kontext, ZRI 2025, 61; *Eckstein-Puhl*, Prozessbetrug im Schiedsverf, 2005; *Elsing/Pickrahn/Pörnbacher/Wagner*, M&A-Streitigkeiten vor DIS-Schiedsgerichten, 2022; *Epping*, Die Schiedsvereinbarung im internat privaten Rechtsverkehr nach der Reform des dt SchiedsverfR, 1999; *Escher*, Die Dissenting Opinion im Handelsschiedsverfahren, 2023; *Eslami*, Nichtöffentlichkeit des Schiedsverf, 2016; *Feldmann*, Rechtsbehelfe in der ZwV aus Schiedssprüchen, 2014; *Ferrari/Kröll*, Conflict of Laws in Internat Arbitration, 2010; *Flecke/Giammarco/Boog/Elsing*, The DIS Arbitration Rules, 2020; *Flöther*, Auswirkungen des inländischen Insolvenzverf auf Schiedsverf u Schiedsabrede, 2001; *Frische*, Verfahrenswirkungen, Rechtskraft – internat Anerkennung u Vollstreckung von Prozessvergleichen u Schiedssprüchen mit vereinbartem Wortlaut, 2005; *Frohloff*, Verletzung von Schiedsvereinbarungen, 2017; *Gal*, Die Haftung des Schiedsrichters in der internat Handelsschiedsgerichtsbarkeit, 2009; *R. Geimer*, Schiedsgerichtsbarkeit u Verfassung, in Schlosser, Integritätsprobleme im Umfeld der Justiz, 1994, S 113 (zit: *Geimer* in Schlosser); *Gottwald*, Internat Schiedsgerichtsbarkeit, 1997; *Graeve*, Mit formfreien Schiedsvereinbarungen zu elektronischen Schiedssprüchen, SchiedsVZ 2024, 239; *Grenz*, Der Faktor Zeit im Schiedsverf, 2013; *Hammer*, Überprüfung von Schiedsverf durch staatl Gerichte in Deutschland, 2018; *Harbst*, Die Rolle der staatl Gerichte im Schiedsverf, 2002; *Harder*, Das Schiedsverf im ErbR, 2007; *Harms/Andräs* Die angestrebte Reform des deutschen Schiedsverfahrensrechts, DB 2024, 2477; *Hausmaninger* in Fasching/Konecny, Kommentar zu den (österr) Zivilprozessgesetzen[3], Bd IV 2, 2016, §§ 561 ff; *Heinig*, Grenzen von Schiedsgerichtsvereinbarungen im EuZPR, 2010; *Heinze*, Die Reform des deutschen Schiedsrechts und ihre Auswirkungen auf den Sport, SpuRt 2024, 445; *Henkel*, Konstituierungsbezogene Rechtsbehelfe im schiedsrichterl Verf nach der ZPO, Diss 2007; *Henn*, SchiedsverfR[3], 2000; *Hess*, EuZPR[2], 2021, Rn 12.44 ff; *Hess*, Implementing Achmea, IPRax 2024, 193; *Heydn*, Die Datenschutzerklärung des Schiedsgerichts, SchiedsVZ 2020, 239; *Hochbaum*, Missglückte internat Zuständigkeitsvereinb, 1995; *Hoffmann-Nowotny*, Doppelrelevante Tatsachen in ZP u Schiedsverf, 2010; *Holzner*, Die objektive Schiedsfähigkeit von Immaterialgüterrechtsstreitigkeiten, 2001; *Horn*, Der Emergency Arbitrator u die ZPO, 2019; *Hülskötter*, Die (Un-)Wirksamkeit von Schiedsvereinbarungen im SportR, 2020; *Hülskötter*, Europäisches Recht auf Konfrontationskurs mit dem Sitz des CAS, SpuRt 2024, 78; *Illmer*, Der Arglisteinwand an der Schnittstelle von staatl Gerichtsbarkeit u Schiedsgerichtsbarkeit, 2007; *Isler*, Der Direktanspruch in internat Vertragsketten, 2011, Rn 637 ff; *Jaeger*, Die Umsetzung des UNCITRAL-ModellG über die internat Handelsschiedsgerichtsbarkeit im Zuge der nationalen Reformen, 2001; *Jobst*, Das gesellschaftsrechtl Schiedsverf, 2020; *Jordans*, Schiedsgerichte bei Termingeschäften u Anlegerschutz, 2007; *Kahlert*, Vertraulichkeit im Schiedsverf, 2015; *Kahlert*, Der verfassungsrechtl Rahmen der Schiedsgerichtsbarkeit, SchiedsVZ 2023, 2; *Kaneko*, EU-Einheitspatent und Schiedsverfahren, 2018; *Karl*, Die Gewährleistung der Unabhängigkeit u Unparteilichkeit des Schiedsrichters, 2004; *Kaufmann-Kohler/Rigozzi*, Arbitrage internat[2], 2011; *Kiehl/Gebhard*, Die Modernisierung des deutschen Schiedsverfahrensrechts, SchiedsVZ 2024, 173; *Kindt* Blockchainbasierte dezentrale Streitbeilegungsverfahren und ihr Verhältnis zur Schiedsgerichtsbarkeit, SchiedsVZ 2023, 241; *Knoblach*, Sachverhaltsermittlung in der internat Wirtschaftsschiedsgerichtsbarkeit, 2003; *Koller*, Aufrechnung u Widerklage im Schiedsverf, 2009; *Koller* in Angst/Oberhammer, EO[3], 2015, vor § 79 Rn 531 ff; *Krämer*, Möglichkeiten u Grenzen der Rechtswahl in Schiedsverf in Deutschland, 2022; *Kreindler/Wolf/Rieder*, Commercial Arbitration in Germany, 2016; *Krimphove*, Internat Schiedsgerichtsbrkeit – Perspektiven für die Wirtschaft, 2022; *Kröll*, Die Entwicklung des Schiedsrechts im Jahr 2023, NJW 2024, 3493; *Kröll*, Die Entwicklung des Schiedsrechts im Jahr 2024, NJW 2025, 797; *Kronke/Nacimiento/Otto/Port*, Recognition and Enforcement of Foreign Arbitral Awards: A Global Commentary on the New York Convention, 2010; *Kuhn*, Der Sportschiedsrichter zw bürgerl Recht u VerbandsR, 2001; *Lachmann*, Hdb für die Schiedsgerichtspraxis[3], 2008; *Lavranos/Lath/Varma*, The Meltdown of the Energy Charter Treaty (ECT): How the ECT was ruined by the EU and its Member States, SchiedsVZ 2023, 38; *Leininger*, Vertraulichkeit in internat Schiedsverf, 2012; *Liebscher/Oberhammer/Rechberger*, (Österr) SchiedsverfR I, 2012; *Liniger*, Immaterialgüterrechtl Streitigkeiten vor internat Schiedsgerichten mit Sitz in der Schweiz, 2002; *Lühmann*, Die Rechtskraft des Schiedsspruchs im dt u US-amerik Recht, 2014; *Mankowski*, EuInsVO u Schiedsverf, ZIP 2010, 2478; *Martens*, Wirkungen der Schiedsvereinbarung u des Schiedsverf auf Dritte, 2005; *Marx*, Der verfahrensrechtl ordre public bei der Anerkennung und Vollstreckung ausl Schiedssprüche in Dt, 2024; *Massuras*, Dogmatische Strukturen der Mehrparteienschiedsgerichtsbarkeit, 1998; *Maus*, Das Schiedsgutachten im Allgemeinen bürgerl Recht, 2021; *Mayr*, Schiedsvereinbarung u PrivatR, 2019; *Meckes/Wach/Riethmüller/Thomas*, „The Munich PO1": Muster einer Verfahrensleitenden Verfügung Nr. 1 in DIS-Schiedsverfahren mit Schiedsort Deutschland, SchiedsVZ 2024, 29; *Mohs*, Drittwirkung von Schieds- u Gerichtsstandsvereinbarungen, 2006; *Mönnikes*, Die Reform des dt SchiedsverfR, 2000; *Morbach*, Der kartellrechtliche ordre public in der internat Schiedsgerichtsbarkeit, 2021; *Mosiman*, Anti-suit injunctions in internat arbitration, 2010; *Münch*, Ein großer Edelstein – zur angedachten Neuregelung des § 1031 ZPO, ZIP 2024, 2506; *Münch*, Vom Beruf unserer Zeit zur Reform des Schiedsrechts, JZ 2023, 958; *Naumann*, Engl anti-suit injunctions zur Durchsetzung von Schiedsvereinbarungen, 2008; *Nedden/Herzberg/Kopetzki*, ICC-SchO u DIS-SchO – Praxiskommentar zu den Schiedsgerichtsordnungen², 2022; *Niedermaier*, Schieds- u Schiedsverfahrensvereinbarungen in strukturellen Ungleichgewichtslagen, 2013; *Pörnbacher/Reschke*, Die neuen Ergänzenden Regeln der DIS für Streitverkündungen in Schiedsverfahren, BB 2024, 1667; *Proske*, Expert witness conferencing in Schiedsverfahren, 2019; *Quinke*, Börsenschiedsvereinbarungen u prozessualer Anlegerschutz, 2005; *Raeschke-Kessler*, Von der Schieflage zum ausbalancierten System – Schiedsgerichte und Commercial Courts, NJW 2023, 3558; *Raeschke-Kessler/Berger*, Recht und Praxis des Schiedsverfahrens⁴, 2012; *Regen*, Prozessbetrug als Anerkennungshindernis, 2008; *Rehm*, Die Schiedsgerichtsbarkeit im Rechtssystem, 2009; *Reichert/Groh*, Die Schiedsbarkeit von Beschlussmängelstreitigkeiten: Der „Vierteiler" des BGH und seine Auswirkungen auf die Gestaltungspraxis nach Inkrafttreten des MoPeG, ZPG 2023, 121; *Reithmann/Martiny*, Internat VertragsR⁹, 2021; *Retzbach*, Mittelbare Drittwirkungen u subjektive Reichweite der Schiedsvereinbarung, 2019; *Risse/Oehm*, Vertraulichkeit und Nicht-Öffentlichkeit in Schiedsverfahren, ZVglRWiss 114 (2015), 407, 415; *Roquette/Stieglmeier*, Ein schmaler Grat – Zur Zulässigkeit von Global Claims, SchiedsVZ 2023, 177; *Sachs*, Verhaltensstandards für Schiedsrichter, Diss 2007; *Roquette/Sudkamp*, Same but Different – Substantiierung von Bauzeitansprüchen vor staatlichen Gerichten und in Schiedsverfahren, RInPrax 2025, 26; *Sachslehner*, Schiedsvereinbarung in wettbewerbsbeschränkenden Verträgen, 2001; *Salger/Trittmann*, Internat Schiedsverf, 2019; *Sawang*, Geheimhaltung u rechtl Gehör im Schiedsverf nach dt Recht, 2010; *Schäfer/Schäfer*, Schiedsgerichtsbarkeit und Rechtssprache, FS Triebel, 2021, S 265; *Schäffler*, Zulässigkeit u Zweckmäßigkeit der Anwendung angloamerik Beweismethoden in dt u internat Schiedsverf, 2003; *Scherer/Jensen*, Die Digitalisierung der Schiedsgerichtsbarkeit in: Riehm/Dörr, Digitalisierung und Zivilverfahren (2023), 591; *Schlosser*, Recht der internat privaten Schiedsgerichtsbarkeit², 1989 (zit: RipS); *Schlumpf*, Testamentarische Schiedsklauseln, 2011; *Schnabl*, Künstliche Intelligenz als Schiedsgericht – Schiedsgerichtsbarkeit aus dem Automaten?, SchiedsVZ 2024, 269; *Schütze/Thümmel*, Schiedsgericht u Schiedsverf⁷, 2021; *Schütze*, Ausgewählte Probleme des dt u internat SchiedsverfahrensR, 2006; *Schütze*, Institutionelle Schiedsgerichtsbarkeit³, 2018; *Schütze*, Institutional Arbitration, 2013; *Schütze/Tscherning/Wais*, Hdb des Schiedsverf², 1990; *Schulze*, Grenzen der obj Schiedsfähigkeit im Rahmen des § 1030 ZPO, Diss 2003; *Schulzweida*, Schiedsvereinbarungen u Schiedsanordnungen im ErbR, 2020; *Schwab/Walter*, Schiedsgerichtsbarkeit⁷, 2005; *O. Seog-Ung*, Die Bestimmung des anwendbaren materiellen Rechts in der internat Handelsschiedsgerichtsbarkeit nach § 1051 ZPO, 2004; *Solomon*, Die Verbindlichkeit von Schiedssprüchen in der internat Schiedsgerichtsbarkeit, 2007; *Sondhof*, Beschlussmängelstreitigkeiten in Personengesellschaften und ihre Entscheidung vor Schiedsgerichten, 2022; *Spohnheimer*, Gestaltungsfreiheit bei antizipiertem Legalanerkenntnis des Schiedsspruchs, 2010; *Steger*, Die Präklusion von Versagungsgründen bei der Vollstreckung ausl Schiedssprüche, 2015; *Steinbrück*, Die Unterstützung ausl Schiedsverf durch staatl Gerichte, 2009; *Steinbrück*, § 1032 II ZPO, das ICSID-Übereinkommen und Achmea – eine Kollision oder zwei Kollisionen?, IPRax 2023, 36; *Steinbrück/Krahé/van der Beck*, Die Feststellung der Unzulässigkeit von ICSID-Schiedsverfahren nach § 1032 Abs. 2 ZPO, ZIP 2024, 727; *Synatschke*, Die Unzuständigkeitserklärung des Schiedsgerichts – eine Studie zur internat Wirtschaftsschiedsgerichtsbarkeit, 2006; *Tafelmaier*, Schiedsspruch u staatl Gerichtsbarkeit, 2018; *Thomas*, Streitverkündung u Nebenintervention im (dt) Schiedsverf – Die Frage nach einer „Wertungsanalogie", GVRZ 2023, 45; *Torggler* ua, Hdb der Schiedsgerichtsbarkeit³, 2024; *Umbeck/Pust*, Der Regierungsentwurf zur Modernisierung des deutschen Schiedsverfahrensrechts, BB 2024, 2376; *Varga*, Beweiserhebung in transatlantischen Schiedsverf, Diss 2006; *Veith*, Anti-suit injunctions in der internationalen Schiedsgerichtsbarkeit unter Berücksichtigung des Regierungsentwurfs zur Modernisierung des deutschen Schiedsverfahrensrechts, SchiedsVZ 2025, 16; *Voß*, Konfliktlösung per Blockchain – the next big thing? Eine Analyse im Spiegel des internationalen Schiedsverfahrensrechts, ZfPW 2024, 323; *Werner*, Die Organhaftung, das Schiedsverfahren und die Streitverkündung, NZG 2023, 458; *Widdascheck*, Der Justizgewährungsanspruch des Dopingsünders, 2018; *Wilhelmi*, Grenzen der fremdbestimmten Schiedsvereinbarung – Konsequenzen der Pechstein-Entscheidung des BVerfG für die Sport- und die Handelsschiedsgerichtsbarkeit, SchiedsVZ 2024, 1; *Wilke*, Interessenkonflikte in der Internat Schiedsgerichtsbarkeit: Unparteilichkeit, Unabhängigkeit u Offenlegungspflichten, 2006; *Wimalasena*, Die Veröffentlichung von Schiedssprüchen als Beitrag zur Normbildung, 2016; *Wissenschaftl Gesprächskreis SchiedsR München* (ed.), Taktik im Schiedsverf, 2008 (zit: Taktik); *Wössner*, Entscheidungskollisionen unter der Brüssel Ia-Verordnung – Eine Untersuchung zur Litispendenz und Anerkennungsversagung, unter Einbeziehung der Schiedsgerichtsbarkeit, 2023; *Chr. Wolf*, Die institutionelle Handelsschiedsgerichtsbarkeit, 1992; *R. Wolff*, New York Convention², 2019; *Yesilirmak*, Provisional Measures in Internat Commercial Arbitration, 2005; *Zimmer*, Zulässigkeit u Grenzen schiedsgerichtl Entscheidung von Kartellrechtsstreitigkeiten, 1991; *Zobel*, Schiedsgerichtsbarkeit u UnionsR, 2005. Zur Bereichsausnahme des **Art 1 II (d) Brüssel Ia-VO/LugÜ** *Baumann* FS Ahrens, 2016, S 467; *Geimer* FS Ahrens, 2016, S 501. – **Rspr-Übersicht** bei *Kröll*, NJW 2023, 819 u SchiedsVZ 2023, 147, 183. Zu **internat Entwicklungen** *Wilske/Markert/Ebert*, SchiedsVZ 2021, 106. – Zur **DIS-SchO 2018** *Theuine*, SchiedsVZ 2021, 177; zur **ICC-SchO 2021** *Bühler*, SchiedsVZ 2021, 230. **Reformvorhaben:** Eckpunkte des BMJ v 18.4.2023.

RefE v 1.2.2024 u RegE eines Gesetzes zur Modernisierung des Schiedsverfahrensrechts v 26.6.2024 (BTDrs 20/13257) aus der 20. Legislaturperiode; Anhörung im Rechtsausschuss des BT am 4.12.2024.

1 **I) Überblick.** Das Buch 10 erlaubt die **Ausübung privater Gerichtsbarkeit** als **echter Gerichtsbarkeit** (BGH NJW 86, 3027; Habscheid JZ 98, 446) an Stelle der staatl Gerichtsbarkeit für bürgerl Rechtsstreitigkeiten iSv

§ 13 GVG u echte Parteistreitigkeiten der freiw Gerichtsbarkeit. Im öffentlichen Recht setzen **§ 168 I Nr 5** („öffentlich-rechtlicher Schiedsgerichte"), **§ 173 S 2, § 187 I VwGO** diese Möglichkeit voraus, BVerwG NJW 59, 1985, s § 1030 Rn 22; Möller, Echte Schiedsgerichtsbarkeit im VerwaltungsR, 2014; Niggemann/Jonglez de Ligne SchiedsVZ 2011, 80, 87. Die Unterwerfung demokratischer Hoheitsgewalt unter eine Schiedsgerichtsbarkeit ist verfassungsrechtlich zulässig, s BVerfG NJW 2022, 2677, 2679 Tz 39; Classen EuZW 2014, 611. Vgl auch § 30 II, § 38a VermG. Auch die amtl Begr bezeichnet die Schiedsgerichtsbarkeit als eine **der staatlichen Gerichtsbarkeit im Prinzip gleichwertige Rechtsschutzmöglichkeit**, BTDrs 13/5274, 34; Reithmann/Martiny/Hausmann[9] Rn 8.184. Soweit Urteile ausl staatl Gerichte grds anzuerkennen u für vollstrb zu erklären sind (§§ 328, 722, 723; §§ 107 ff FamFG), auch wenn sie aus Staaten stammen, deren Justiz oft weit unterhalb des dt Standards anzusiedeln ist, erscheint die „Anerkennung" inländischer oder ausl Schiedssprüche angesichts des hohen Niveaus der Schiedsorganisationen (s § 1029 Rn 92; § 1035 Rn 35) u der Schiedsrichter (s § 1036 Rn 3) unproblematischer. – Zur Verfassungskonformität der Schiedsgerichtsbarkeit Geimer FS Schlosser, 2005, S 197; Kahlert SchiedsVZ 2023, 2; Lühmann S 192 ff; Tafelmaier S 43 ff. Sa BVerfG NJW 2022, 2677 Tz 39 = SchiedsVZ 2022, 297 (Michaelis). Verfassungswidrig ist die „Zwangsschiedsgerichtsbarkeit" des CAS (s Rn 8); sa Longrée/Blüher MDR 2022, 1249; zu Fragen der Wettbewerbswidrigkeit s EuGH 21.12.2023 – C-124/21 P, EuZW 2024, 373 mAnm Wagner; Blaschczok IPRax 2025, 24, 27 f.

Die **Schiedsgerichtsbarkeit** will Entscheidungen privater Dritter ermöglichen, die von staatl Gerichten allenfalls in begrenztem Umfang überprüft werden können. Denn eine wirksame Schiedsvereinbarung (§ 1029) oder Schiedsanordnung (§ 1066) derogiert die Zuständigkeit der staatl Gerichte. An die Stelle des/der an sich zur Entscheidung des Rechtsstreits zuständigen staatl Gerichte(s) tritt das Schiedsgericht. Das staatl Gericht hat sich einer Sachentscheidung auch dann zu enthalten, wenn es die Schiedsvereinbarung für „unzweckmäßig" hält, § 1032. – Zu den Vor- u Nachteilen der Schiedsgerichtsbarkeit zB Jordans S 7. 2

Privatautonomie als Grundlage der Schiedsgerichtsbarkeit. Der Staat hat keine Veranlassung, die private Schiedsgerichtsbarkeit einzuschränken, sofern keine unmittelbaren staatl Interessen tangiert sind, Lachmann Rn 3 ff. Der Staat selbst hat kein eigenes Interesse (das ggü den Parteiinteressen durchzusetzen wäre), dass seine (staatl) Gerichte entscheiden, wenn feststeht, dass beide Parteien seine zivilprozessuale Hilfe nicht in Anspruch nehmen wollen. Eine Parallele zur Derogation inländischer (staatlicher) Gerichte zu Gunsten eines ausl forum prorogatum drängt sich auf: Jedoch ist die **Rspr-Qualität der Schiedsgerichte** im Vergleich zu derjenigen der staatl, vor allem ausl Gerichte nicht selten beträchtl besser. 3

Niemand darf **gegen seinen Willen dem staatlichen Rechtsschutzsystem entzogen werden**, BGH MDR 2023, 1031. Die Zulassung einer privaten Gerichtsbarkeit an Stelle der staatl ist deshalb verfassungsrechtl nur dann akzeptabel, wenn ua die **Freiwilligkeit der Schiedsvereinbarung** (hierzu OLG Frankfurt 2.1.2025 – 26 SchH 1/23 Tz 97), die Unparteilichkeit des Schiedsrichteramtes u ein verfahrensrechtl Mindeststandard sichergestellt sind, Geimer ZfRV 92, 330 Fn 85; Massuras S 89; Kodek in Liebscher/Oberhammer/Rechberger Rn 1/5; Kahlert S 82 ff. So ist im Fall der „Zwangsschiedsgerichtsbarkeit" des CAS die fehlende **Öffentlichkeit des Verfahrens** beanstandet worden (s näher Rn 8), auch wenn Schiedsverfahren grds nicht-öffentlich durchgeführt werden (s zum Unterschied Vertraulichkeit und Nicht-Öffentlichkeit Risse/Oehm ZVglRWiss 114 [2015], 407, 415; McGuire ZZPInt 24 [2019], 385, 387). – Die lex lata ist für **freiwillige Schiedsvereinbarungen verfassungskonform**. §§ 1025 ff genügen auch den Anforderungen des Art 6 I EMRK u des Art 47 II EuGRC, sofern eine effektive Missbrauchskontrolle durch die staatl Gerichte gewährleistet ist, Matscher FS Nagel, 1987, S 227. Insofern ist Schiedsgerichtsbarkeit **private Rspr unter Aufsicht der staatlichen Gerichte**, Sawang S 250, Prütting FS Schlosser, 2005, S 705. **De lege ferenda** dürfte die **Veröffentlichungsmöglichkeit von Schiedssprüchen**, wie sie § 1054b I-E (BTDrs 20/13257, 38 f) regeln will, die Verfassungskonformität weiter stärken (s näher § 1054 Rn 16). – Auch **nicht vertragliche Schiedsgerichte** (§ 1066) sind verfassungskonform, weil Art 9 I, 14 I 2 GG dem Gesetzgeber einen großen Regelungsspielraum einräumen, Geimer FS Schlosser, 2005, S 197, 200. – Sa Tafelmaier S 43 ff; Spohnheimer S 10 mwN. 4

II) Völkerrechtlicher Hintergrund. Völkerrechtl hat sich Deutschland verpflichtet, Schiedsverträge „anzuerkennen", Art II (3) UNÜ (s § 1061 Anh), hierzu Schlosser RipS[2] Rn 248 u Epping S 19. – Zur Bedeutung der EMRK Kodek in Liebscher/Oberhammer/Rechberger Rn 1/8 ff. 5

III) „Abwanderung" von Wirtschaftsstreitigkeiten. Zentrale Bereiche des nationalen WirtschaftsR sind zur Schiedsgerichtsbarkeit „abgewandert" u damit den staatl Gerichten entzogen, Nw bei Eckert/Eßlinger/Vogel ZRI 2025, 61. Zu den hierfür maßgeblichen **Gründen** rechnen die spezielle Sachkunde der Schiedsrichter, die kürzere Verfahrensdauer [krit Grenz S 1], [mitunter] Kostengünstigkeit, Flexibilität bei der Verfahrensgestaltung, Vertraulichkeit u internat Freizügigkeit von Schiedssprüchen, sa McGuire/Andjic ZZP 138 (2025), 139, 152 f. Zur Vertraulichkeit WSch/Schütze[5] § 1042 Rn 105 ff; Schütze/Thümmel Rn 10.28. Sa § 1029 Rn 33. Zur (sinnvollen) Bekämpfung der **Monopolstellung von Schiedsgerichten** durch Einführung sog *Commercial Courts* s Raeschke-Kessler NJW 2023, 3558, 3562: „… ermöglichen einen fairen Wettbewerb zwischen den Gerichten und den Schiedsgerichten um die zwischen Unternehmen geführten Großprozesse". Kritik an den Zielen und Maßnahmen des Justizstandort-Stärkungsgesetzes äußern McGuire/Andjic ZZP 138 (2025), 139, 163 f: „Würde ein Bedürfnis der Wirtschaft danach bestehen, dass staatliche Zivilgerichte in diesen Streitigkeiten ent- 6 scheiden, würden solche Streitigkeiten vor deutschen Gerichten ausgetragen werden … Die Ursache ist dann nicht das Prozessrecht, sondern es sind materiell-rechtliche Bestimmungen, die zumindest für eine Partei so untragbar sind, dass sie ein anderes Forum vorzieht". Insbesondere § 273a nF ZPO, §§ 16 ff GeschGehG sind jedoch als sinnvoller Reformschritt zu bewerten, indem sie bedarfsabhängig den **Geheimnisschutz** im Zivilprozess ermöglichen.

7 **IV) Besonderheiten der Investitionsschiedsgerichtsbarkeit.** Schiedsgerichte sind gem Art 267 AEUV nicht vorlageberechtigt. Sa § 1051 Rn 12. Daher verstößt nach Ansicht des EuGH die Intra-EU-Investitionsschiedsgerichtsbarkeit gegen Art 344 AEUV, EuGH NJW 2018, 1663 (Wernicke NJW 2018, 1644) = SchiedsVZ 2018, 186 (Kläger) = EuZW 2018, 239 (Scholtka); Schlussentscheidung: BGH RIW 2019, 81 = SchiedsVZ 2019, 46 u infolge BVerfG EuZW 2024, 1055 (Unzulässigkeit der Verfassungsbeschw); hierzu Bischoff IPRax 2018, 588; Classen EuR 2018, 361; Hess, EuZPR², 2021, Rn 12.56 ff; Kainer EuZW 2018, 659; Lang EuR 2018, 525; Lübke GPR 2018, 149; Miller EuZW 2018, 357; Wilske/Markert/Bräuninger SchiedsVZ 2018, 134, 154; Steinbrück/Krahé EuZW 2022, 357. Ebenso EuGH 2.9.2021 – C-741/19 – Komstroy betr ETC-Schiedsklausel, SchiedsVZ 2022, 34 (Schwalb/Weiler); sa BVerfG EuZW 2024, 1055 Tz 44 f. Die Achmea-Rspr des EuGH gilt auch für ICSD-Verf, Oberstes Gericht Litauens EuZW 2022, 567 (Wackernagel). Die Sperrwirkung nach Art 41 I ICSID-Übk greift gem BGH NJW 2023, 3501 Tz 53 ff, 65 nicht in Fällen von Art 26 ECV, so dass wegen des Anwendungsvorrangs des Unionsrechts ein Antrag nach § 1032 II statthaft ist; vgl Steinbrück IPRax 2023, 36 (s näher § 1032 Rn 27). Zu den Sonderregeln in Art 2 u 3 des G InvStreiÜbkG (v 18.3.1965; BGBl II 1969, 369) s Geimer IZPR⁹ Rn 3705 ff. – 23 EU-Mitgliedstaaten haben das **Übk v 5.5.2020 zur Beendigung bilateraler Investitionsschutzverträge zwischen den Mitgliedstaaten der EU** mit geschlossen, ABl 2020 L 169/1 = BGBl II 2021, 3, 4; in Kraft in Deutschland seit 9.6.2021, in Italien seit 3.8.2021, BGBl II 2021, 452. Es fehlen Österreich, Finnland und Schweden. Von Irland (mangels Intra-EU-BITs) und dem VK (wegen des Brexits) ist keine Zeichnung mehr zu erwarten, van der Beck S 274 ff, 308, zur nicht unproblematischen Rückwirkung S 320 ff; Müller-Ibold/Herrmann EuZW 2022, 1085, 1092; Böse S 95, 133. Gem Art 5 des Beendigungsübk können für neue Schiedsverf die Schiedsklauseln in Intra-EU-BIT nicht mehr verwendet werden, Berger SchiedsVZ 2021, 342. Den Zugang zu den nationalen Gerichten regelt Art 10, van der Beck S 297 ff. Sa BGH NJW 2023, 3501 = ZIP 2023, 2016 (LS); Hess IPRax 2024, 193; Steinbrück/Krahé/van der Beck ZIP 2024, 727 f.

8 **V) Besonderheiten der CAS-Sportschiedsgerichtsbarkeit.** Die Freiwilligkeit der vorbehaltlosen Unterwerfung der Berufssportler unter die CAS-Jurisdiktion (hierzu zB Hülskötter SchiedsVZ 2021, 145; Hülskötter SpuRt 2024, 78 f) wird angesichts deren Alternativlosigkeit angezweifelt. BGH NJW 2016, 2266 hat das CAS-System jedoch im Fall Pechstein nicht in Frage gestellt hat. Auch der EGMR respektiert das Interesse, Streitigkeiten im Zusammenhang mit dem Berufssport einer spezialisierten Gerichtsbarkeit zuzuweisen, die schnell u kostengünstig entscheiden kann. Kann der Berufssportler seinen Lebensunterhalt durch Sport nur weiter bestreiten, wenn er der Schiedsklausel zustimmt, hat er sie nicht freiwillig angenommen u nicht auf den Zugang zu einem staatl Gericht verzichtet. Er muss aber freiwillig u unmissverständl auf die Garantien des Art 6 I EMRK verzichtet haben, sonst gelten sie auch für das Schiedsverf. Das Schiedsgericht muss auf Gesetz beruhen u unabhängig u unparteiisch sein. Das System der Auswahl der Schiedsrichter aus einer Liste muss deren Unabhängigkeit u Unparteilichkeit gewährleisten. Das CAS-Verf muss iZw bei Bestrafung wegen Dopings **öffentl** sein, EGMR 2.10.2018 – 40575/10, 67474/10 – Mutu bzw Pechstein/Schweiz, NJW 2019, 1057. – Sa LG Frankfurt/M SpuRt 2020, 320; hierzu Hülskötter SchiedsVZ 2021, 145 sowie EuG NZKart 2021, 111 (zur Unvereinbarkeit der ISU-Regeln mit Art 101 AEUV). WNw bei Hülskötter, Die (Un-)Wirksamkeit von Schiedsvereinbarungen im SportR, 2020; Hülskötter SpuRt 2024, 78 f. Letztendlich hat BVerfG NJW 2022, 2677 Tz 34 ff (Bunte) = SchiedsVZ 2022, 297 (Michaelis) die Schiedsvereinbarung im Fall Pechstein wegen fehlender Öffentlichkeit für verfassungswidrig erklärt, BGH NJW 2016, 2266 aufgehoben u die Sache an das OLG München zurückverwiesen. Hierzu zB Longrée/Blüher MDR 2022, 1249; sa Blaschczok IPRax 2025, 27 f. Den **Standort des CAS** in Lausanne in Frage stellt aufgrund eines Verstoßes gegen **europ Wettbewerbsrecht** (Art 101, 102 AEUV) EuGH EuZW 2024, 373 Tz 184 ff [Wagner]: Lokalisierung in einem Drittstaat verhindere Vorlagemöglichkeit nach Art 267 AEUV; Hülskötter SpuRt 2024, 78. Zur möglichen Einführung eines eCAS für eSport Bareuther SpoPrax 2022, 425. Sehr krit zur Sportschiedsgerichtsbarkeit Widdascheck, Der Justizgewährungsanspruch des Dopingsünders, 2018.

9 **VI) Gesetzliche „Zwangsschiedsgerichtsbarkeit". § 23 VIII u IX VerpackungsG** verschließt für Streitigkeiten über die Beachtung der Bestimmungen über das Ausschreibungsverf den Rechtsweg zu den staatl Gerichten u schreibt ein DIS-Schiedsverf vor. Jedes Unternehmen, das ein Interesse an dem Sammelauftrag hat u eine Verletzung in seinen Rechten durch Nichtbeachtung der Bestimmungen über das Ausschreibungsverfahren geltend macht, kann die Ausschreibung und die Zuschlagsentscheidung durch einen Einzelschiedsrichter, der durch die DIS nach Anhörung der Parteien benannt wird, prüfen lassen. Die endgültige Entscheidung ergeht schriftl u nach Möglichkeit innerhalb einer Frist von acht Wochen ab Eingang des Antrags bei der DIS. Das Schiedsgericht entscheidet, ob der ASt in seinen Rechten verletzt ist, u trifft die geeigneten Maßnahmen, um eine Rechtsverletzung zu beseitigen u eine Schädigung der betroffenen Interessen zu verhindern. Ein wirksam erteilter Zuschlag kann nicht aufgehoben werden. Hat sich das Schiedsverfahren durch Erteilung des Zuschlags, durch

Aufhebung oder durch Einstellung des Ausschreibungsverfahrens oder in sonstiger Weise erledigt, stellt das Schiedsgericht auf Antrag eines Beteiligten fest, ob eine Rechtsverletzung vorgelegen hat. Die Zuständigkeiten der staatl Gerichte für die Geltendmachung von Schadensersatzansprüchen bleiben unberührt. Hierzu Köhler/Hudetz SchiedsVZ 2020, 68. Wohl unrichtig OLG Frankfurt/M 25.2.2021 – 26 Sch 16/19, EWiR 2021, 446 (Fölsing), das Einwand der Verfassungswidrigkeit nach § 1040 für präkludiert hält, statt nach Art 100 I GG zu verfahren. Sa Kröll SchiedsVZ 2022, 255, 259.

VII) Datenschutz im Schiedsverfahren. Die seit 25.5.2018 anzuwendende DSGVO betrifft auch Schiedsverfahren, bei denen regelmäßig personenbezogene Daten verarbeitet werden, hierzu etwa Cervenka/Schwarz SchiedsVZ 2020, 78; Fritz/Prantl/Leinwather/Hofer SchiedsVZ 2019, 301. Heydn SchiedsVZ 2020, 242, 244 empfiehlt deswegen die Verwendung einer **Datenschutzerklärung**, als Anlage zur ersten verfahrensleitenden Verfügung des Schiedsgerichts. 10

VIII) Folgen des Brexit. Da die Schiedsgerichtsbarkeit in Art 1 II (d) Brüssel Ia-VO u in den meisten anderen EU-Rechtsakten ausgenommen ist (näher Hau Art 1 Brüssel Ia-VO Rn 33, 34; sa EuGH IPRax 2023, 280 Tz 44 ff; Hess IPRax 2025, 242, 243 ff; vgl für Nachbesserungsbedarf Kommissionsbericht v 2.6.2025 (COM (2025) 268, 3), hat der **Austritt des VK** aus der EU keine direkten Auswirkungen auf Schiedsverf u Schiedssprüche. Britische Schiedssprüche werden – wie vor dem Brexit – nach § 1061 anerkannt u vollstreckt. Sa Art 1 Brüssel Ia-VO Rn 11, Art 4 Brüssel Ia-VO Rn 6. 11

IX) Gebühren. 1) Gericht: 1620-1629 GKG-KV. – **2) RA:** Ist er als Schiedsrichter tätig: vereinbartes Honorar, denn das RVG gilt nicht (§ 1 II 1 RVG). – Wird ein Schieds*gutachten* eingeholt: 2300 RVG-VV. – Ist er Vertreter im schiedsrichterl Verf: § 36 I Nr 1, II RVG. Verf- u Terminsgeb nach 3100 ff RVG-VV. Besonderheit für die Terminsgeb (3104 RVG-VV): § 36 II RVG. – Die 0,75 VerfGeb 3327 RVG-VV (Ermäßigung auf 0,5 bei vorzeitiger Beendigung, 3337 RVG-VV) und 0,5 Terminsgeb (3332 RVG-VV) entstehen bei der auf bestimmte gerichtl Verf beschränkten Vertretung (§ 1034 II, § 1035, § 1037 III, § 1038 I 2, §§ 1039, 1050). – Zum Begriff der Angelegenheit: § 17 Nr 6, § 16 Nr 7 RVG beim einstw Rechtsschutz (§ 1041); § 16 Nr 8 RVG (Entscheidungen zum Schiedsrichter; gerichtl Unterstützung nach § 1050). – Streitwert: s § 3 Rn 16.147. 12

Abschnitt 1
Allgemeine Vorschriften (§§ 1025-1028)

§ 1025 Anwendungsbereich

(1) Die Vorschriften dieses Buches sind anzuwenden, wenn der Ort des schiedsrichterlichen Verfahrens im Sinne des § 1043 Abs. 1 in Deutschland liegt.

(2) Die Bestimmungen der §§ 1032, 1033 und 1050 sind auch dann anzuwenden, wenn der Ort des schiedsrichterlichen Verfahrens im Ausland liegt oder noch nicht bestimmt ist.

(3) Solange der Ort des schiedsrichterlichen Verfahrens noch nicht bestimmt ist, sind die deutschen Gerichte für die Ausübung der in den §§ 1034, 1035, 1037 und 1038 bezeichneten gerichtlichen Aufgaben zuständig, wenn der Beklagte oder der Kläger seinen Sitz oder seinen gewöhnlichen Aufenthalt in Deutschland hat.

(4) Für die Anerkennung und Vollstreckung ausländischer Schiedssprüche gelten die §§ 1061 bis 1065.

I) Überblick. Der **Verfahrensort** (§ 1043), der zugleich der Erlassort für den Schiedsspruch ist u im Schiedsspruch anzugeben ist (§ 1054 III), ist maßgebl für die Qualifikation des Schiedsspruchs als dt oder ausl. Der Verfahrensort bestimmt auch das maßgebl zwingende VerfR. Schließl ist der Verfahrensort wichtig für die internat u örtl Zuständigkeit des staatl Gerichts (§ 1062 I, sa BayObLG 15.1.2025 – 102 Sch 250/23 Tz 15 f). Zur (analogen) Anwendung von § 1062 III, § 1025 III über § 36a III 1, 2 UrhG s OLG München 1.10.2024 – 6 Sch 29/23e Tz 20 f. 1

Die Parteien bzw die nach § 1066 befugten Personen (Erblasser, autonomer Satzungsgeber etc) bestimmen nach § 1043 völlig frei den **Sitz des Schiedsgerichts** u damit dessen **formale Verankerung in einer konkreten Rechtsordnung**, Epping S 11. Einer sachlichen Anknüpfung zum Streitgegenstand oder den Parteien bedarf es nicht. Dies gilt auch, wenn der Schiedsort die Rechtsverfolgung für eine Partei – die sich darauf jedoch aus freien Stücken vertragl eingelassen hat bzw ihr gem § 1066 unterworfen ist – besonders erschwert. Bei institutionellen Schiedsgerichten bestimmt mitunter die Schiedsorganisation den Sitz, sofern er nicht bereits mit Wahl der Schiedsorganisation festliegt. Fehlt eine Vereinbarung, so bestimmt das Schiedsgericht selbst seinen Sitz in pflichtgemäßer Ausübung seines Ermessens, § 1043 I 2. 2

II) Lokalisierung des Schiedsgerichts. 1) Schiedsverfahren in Deutschland. In diesem Fall handelt es sich um ein dt Schiedsverf, auch wenn dieses Verf von einer anderen Rechtsordnung als eigenes reklamiert wird, dh 3 auch wenn aus der Sicht eines ausl Rechts es sich um ein nicht-dt Verf handelt. Es gelten die Vorschriften des 10. Buches der ZPO als **zwingendes Recht**, soweit nicht im Einzelfall ausdrückl oder aus dem Sinnzusammenhang der betr Norm (hierzu BTDrs 13/5274, 28) abw Parteivereinbarung bzw Anordnung (§ 1066) zugelassen ist.

4 **2) Gestaltungsspielraum der Parteien.** Die das dt zwingende Recht verdrängende **Vereinbarung ausl VerfR in toto** ist nicht mögl. Jedoch gibt § 1042 III den Parteien einen großen Gestaltungsspielraum, den sie auch dazu benutzen dürfen, in den Grenzen des § 1025 ein ausl VerfR im Ganzen für anwendbar zu erklären, BTDrs 13/5274, 47 zu § 1042; sa MK/Adolphsen § 1061 Anh I Art V UNÜ Rn 49.

5 **3) Kein Zitierverbot.** Die Parteien müssen also nicht die Regeln des ausl Rechts abschreiben u zu eigenen von ihnen selbst erfundenen bzw „gestrickten" erklären, um auf diesem Umweg das ausl Recht für das dt Schiedsverf anwendbar zu machen. So kann zB durch Vereinbarung der Parteien oder Anordnung gem § 1066 das dt Schiedsgericht zur Beweisaufnahme nach engl Recht (einschließl cross examination; Mekat SchiedsVZ 2017, 119) verpflichtet werden. Es gibt **kein Zitierverbot**. Das ausl Recht kommt aber nicht kraft kollisionsrechtl Verweisung als ausl Recht (§ 293) zur Anwendung, sondern **innerhalb des dt Verfahrensstatuts als von den Parteien vereinbartes bzw nach § 1066 dekretiertes Regelwerk.**

6 **4) Deutsche Restzuständigkeit (§ 1025 II).** Für die Feststellung der Zulässigkeit eines schiedsrichterl Verf (§ 1032, Schroeter SchiedsVZ 2004, 288, 290), die Anordnung einstw Maßnahmen (§ 1033; hierzu Kröll IHR 2005, 142) u Unterstützung bei der Beweisaufnahme u sonstige richterl Handlungen (§ 1050) können die dt Gerichte auch dann angerufen werden, wenn das **Verf im Ausland** stattfindet (II); noch weitergehend III. § 1032 II gilt auch bei delokalisierten ICSID-Schiedsverfahren (BGH NJW 2023, 3501 Tz 25 f; sa § 1032 Rn 27, 29, 31). Zur Ersatzbenennung von Schiedsrichtern (§ 1025 III, § 1035 III), auch wenn Sitz im Ausland feststeht, aber keine Stadt bzw Gemeinde in diesem, BayObLG SchiedsVZ 2004, 316 (krit Wagner). Hierzu zB Steinbrück S 360. Der **RegE eines Gesetzes zur Modernisierung des Schiedsverfahrensrechts v 26.6.2024** aus der 20. Legislaturperiode sieht in § 1025 II-E auch **Verweis auf 1041 II-IV1-E** vor (s § 1041 Rn 3a). Somit sollen ausdrücklich vorläufige oder sichernde Maßnahmen, welche ein Schiedsgericht mit ausländischem Schiedsort oder noch nicht bestimmtem Schiedsort angeordnet hat, – iS größerer Verkehrsfähigkeit – nach § 1041 II-E in Deutschland gerichtlich zur Vollziehung zugelassen werden können (BTDrs 20/13257, 25 f). Grundlage der Vollstreckung ist die gerichtliche Vollziehungszulassung. Vollstreckbarerklärung als Schiedsspruch nach § 1025 IV, § 1061 I scheidet aus (BTDrs 20/13257, 25; Horn, Der Emergency Arbitrator und die ZPO, 2019, S 222; aA Münch ZZPInt 23 [2018], 259, 273). Schadensersatz nach § 1041 IV 1-E soll im Fall ungerechtfertigter vorläufiger Maßnahmen auch bei ausländischem Schiedsort greifen; Geltendmachung beurteilt sich nach Schiedsverfahrensstatut, weil § 1041 IV 2 hier nicht gelten soll.

7 **5) Ausländisches Schiedsverfahren und missbräuchliche Taktiken.** Liegt der Ort des Schiedsverf (§ 1043 I) außerhalb Deutschlands, gelten iÜ §§ 1025 ff nicht, mit Ausnahme des § 1031, s § 1031 Rn 24. Es handelt sich um ein **ausl Schiedsverf**; der aus diesem hervorgehende Schiedsspruch ist ein ausl, der in Deutschland nach § 1061 anerkannt u für vollstrb erklärt werden kann. Dies gilt auch dann, wenn Parteien die Anwendung der §§ 1025 ff vereinbart hatten. – Auch wenn der Ort des schiedsrichterl Verf „beliebig" gewählt werden kann u somit § 1043 von einem nur „vergeistigten Sitzbegriff" ausgeht (s § 1043 Rn 1), erscheint fraglich, ob die Parteien bzw die nach § 1066 zur Anordnung eines Schiedsgerichts befugte Person die Regeln des dt Schiedsrechts durch Bestimmung eines bloßen „Titularsitzes" im Ausland unterlaufen können, obwohl das Schiedsgericht in Deutschland gebildet u das vor ihm stattfindende Verf ausschließl in Deutschland stattfindet. In **offensichtl Missbrauchsfällen** werden deswegen §§ 1025 ff zur Anwendung gelangen müssen. Im Interesse der Rechtssicherheit muss es sich jedoch um Extremsituationen handeln, in denen jede **halbwegs plausible Beziehung zu dem gewählten (ausl) Schiedsort** fehlt.

8 **III) Schiedsverfahrensstatut. 1) Anwendung ausländischen Rechts.** Das **maßgebl VerfR für aus dt Sicht (§ 1025) ausl Schiedsverf** bestimmt sich nach ausl Recht. Sa § 1029 Rn 14, 85. Ausl Schiedssprüche sind in Deutschland auch dann anzuerkennen, wenn das Herkunftsland die die lex fori des Sitzstaates verdrängende Wahl fremden VerfR erlaubt u die Parteien hiervon Gebrauch gemacht haben, BTDrs 13/5374, 31. Jedenfalls im Anerkennungsstadium muss Deutschland nach Art V (l) (d) UNÜ **die Rechtswahl der Parteien als primäre Anknüpfung** anerkennen.

9 **2) Rechtsspaltung.** Denkbar ist eine Spaltung bzgl Schiedsvereinbarung u Schiedsverf. Vgl § 1059 II Nr 1a im Gegensatz zu Nr 1d, Epping S 28. Doch wird es regelmäßig dem Willen der Parteien entsprechen, dass das auf die Schiedsvereinbarung anwendbare Recht auch das Recht des Schiedsverf ist. Die Parteien können das anwendbare VerfR entweder in der ursprüngl Schiedsvereinbarung oder im Lauf des Schiedsverf auch konkludent bestimmen, BGH NJW 86, 436.

10 **3) Fehlen einer Rechtswahl.** Wurde keine ausdrückl oder konkludente Rechtswahl getroffen, ist im Interesse der Rechtsklarheit u des äußeren Entscheidungseinklangs der **Sitz des Schiedsgerichts** (§ 1043 I) maßgebl. *Diese Anknüpfung versagt allerdings*, wenn der Sitz noch nicht fixiert ist. Jedoch wird der Sitz des Schiedsgerichts nicht durch wechselnde Sitzungs-/Tagungsorte tangiert, § 1043 II. Die hM will das Schiedsvereinbarungsstatut (§ 1029 Rn 85) mit Hilfe des stillschweigenden Parteiwillens (Art 3 I 2 Rom I-VO) dahin bestimmen,

dass **Schiedsvereinbarung u (mat-rechtl) Hauptvertrag dem gleichen Recht unterliegen** sollen, BGH SchiedsVZ 2011, 46 = GWR 2010, 582 (Wagner). Sa Art 1 II (e) Rom I-VO. Anders möglicherw Erw 8 Rom II-VO. Nw bei Ostendorf SchiedsVZ 2010, 234, 235; Samtleben FS v. Hoffmann, 2011, S 1066.

4) Unanwendbarkeit von Art 4 Rom I-VO. Fehlt auch für den Hauptvertrag eine ausdrückl oder konkludente Rechtswahl, so wäre aus Sicht der hM zunächst der Anknüpfungskatalog des Art 4 I-III Rom I-VO durchzudeklinieren. Eine charakteristische Leistung (Art 4 II Rom I-VO) lässt sich nur für den mat-rechtl Hauptvertrag bestimmen, nicht jedoch für die Schiedsvereinbarung. Denn hier sind die „Leistungen" beider Parteien gleich. Der Ansatz der hM führt mithin bei Fehlen einer Rechtswahl nur dann zu einem verwertbaren Ergebnis, wenn man auf die charakteristische Leistung des mat-rechtl Hauptvertrages abstellt. Eine solche Anknüpfung generiert beliebige Resultate, die in keinem sinnvollen Zusammenhang zur Schiedsvereinbarung stehen. Das Gleiche gilt für die in Art 4 I Rom I-VO für einzelne Standardvertragstypen aufgelisteten Anknüpfungspunkte. Diese VO erhebt insoweit keinen Geltungsanspruch, Art 1 II (e) Rom I-VO. Nachdem sich der dt Gesetzgeber (I) für die Anknüpfung an den Schiedsort entschieden hat, ist für die Anwendung des Art 4 Rom I-VO bei Fehlen einer Rechtswahl kein Raum mehr. Zudem enthält § 1059 II Nr 1a einen ausdrückl **Verweis auf das dt Sachrecht, wenn die Parteien keine Rechtswahl getroffen haben**, BGH MDR 2019, 631, s § 1029 Rn 14, 90. – **Rechtswahlklauseln für den mat-rechtl Hauptvertrag** bestimmen mithin nicht das Statut der Schiedsvereinbarung. 11

5) Rechtswahl für Schiedverfahren. Die Rechtswahl für das Schiedsverf erfasst iZw auch die Schiedsvereinbarung, Geimer IZPR[9] Rn 3832: Haben die Parteien das auf das Schiedsverf anwendbare Recht festgelegt, so ergibt sich daraus idR auch die Fixierung des Statuts der Schiedsvereinbarung. Dies gilt jedoch nicht bei Wahl des SchiedsverfR durch Schiedsrichter, Schlosser RipS[2] Rn 251. 12

6) Völkerrechtliche Regelungen. Soweit in völkerrechtl (von Deutschland in Kraft gesetzten) Übk bzw Abk die Anknüpfung der Schiedsvereinbarung für den Fall des Fehlens einer Rechtswahl ausdrückl normiert ist, so ist diese Regelung maßgebl. So stellt Art V (1) (a) UNÜ (s Anh § 1061 Rn 23 ff) ab auf das Recht des Staates des Schiedsorts („Law of the country where the award was made"). Ebenso Art VI (2) (b) EÜ. 13

7) Relevanz für die Anerkennung des Schiedsspruchs. Die durch § 1025 (nur einseitig) festgeschriebene Anknüpfung an den Sitz sollte man allseitig anwenden, aber eine **„Weiterverweisung" des SitzR** auf eine andere Rechtsordnung wohlwollend berücksichtigen, um nicht am zwingenden Recht des SitzR zu scheitern, das gar nicht angewendet sein will. Für die Anerkennung u Vollstreckbarerklärung spielt die Frage, ob ein bestimmter Schiedsspruch aus dt Sicht dem Staate A oder B zuzuordnen ist, wohl selten eine Rolle, weil § 1061 eine globale Anerkennungs- u Vollstreckungspflicht ohne Rücksicht auf den völkerrechtl verbindl Anwendungsbereich des UNÜ begründet. Doch kann die Bestimmung des Schiedsvereinbarungs- u Schiedsverfahrensstatuts aus dt Sicht für die Beantwortung von Vorfragen bei der Anerkennung u Vollstreckbarerklärung ausl Schiedssprüche relevant sein, zB was die Wirksamkeit des Schiedsspruchs nach dem Recht seines Herkunftslandes betrifft. Sa Lugani FS Kronke, 2020, S 1463, 1466. 14

8) Bedeutung des materiellen Rechts. Welches **materielle Recht der Sachentscheidung** zugrunde gelegt wurde, spielt für die Qualifikation keine Rolle, ebenso nicht, ob der entschiedene Fall **internat Bezüge**, zB hinsichtl der Parteien oder des Streitgegenstandes, aufweist. 15

IV) Nicht feststehender Schiedsort (§ 1025 III). Steht der Schiedsort noch nicht fest, weil die Parteien den Schiedsort nicht bestimmt haben u das Schiedsgericht (das den Schiedsort mangels Parteivereinbarung nach § 1043 I 2 festlegen könnte) noch nicht konstituiert ist, so haben die dt Gerichte nach §§ 1034, 1035, 1037, 1038 bei der **Bildung des Schiedsgerichts** Unterstützung zu leisten, wenn der Bekl oder der Kl seinen Sitz oder seinen gewöhnl Aufenthalt in Deutschland hat. So kommt es zur Bildung des Schiedsgerichts, das nunmehr den Schiedsort bestimmt, Habscheid JZ 98, 446. Auch eine Erweiterung der dt internat Zuständigkeit über III hinaus durch Zuständigkeitsvereinbarung (§ 38) ist mögl, Steinbrück S 312 ff. – Die Anerkennung der Ernennungsentscheidung des dt staatl Gerichts im Ausland, insb im „Heimatstaat" des Schiedsgerichts (sofern später der Schiedsort im Ausland festgelegt wird), ist nicht Voraussetzung für das Tätigwerden der dt Gerichte. Keine Ablehnung bei Nichtanerkennung, Geimer IZPR[9] Rn 3737. Zust Steinbrück S 325. Sa § 1062 Rn 3. 16

V) Reichweite der Entscheidungswirkung. Für die Entscheidungswirkungen (res iudicata, Gestaltungswirkung etc) gilt bei ausl Schiedssprüchen das Schiedsverfahrensstatut. Das in § 328 Rn 16 ff Gesagte gilt entsprechend, so dass die Wirkungserstreckungslehre anzuwenden ist (nicht: Kumulationstheorie). Für die Anerkennung des obj Umfangs der materiellen Rechtskraft markiert das dt Recht (§ 1055) somit keine Höchstgrenze (sa Schlosser RipS[2] Rn 904). Anderes könnte nur bei einer offensichtlichen Verletzung des dt *ordre public* angenommen werden. Die Anerkennung der Gestaltungswirkung hängt nicht vom Standpunkt der (vom Schiedsverfahrensstatut zu unterscheidenden) lex causae ab. S § 328 Rn 21. Ausl Exequaturentscheidungen sind nicht Gegenstand der Anerkennung, ebenso nicht Urteile, die nicht in der Sache entscheiden, s § 1061 Rn 8 u 12. Sa § 328 Rn 7 f u LG Köln IPRax 84, 90 (Laschet IPRax 84, 72, Mezger IPRax 84, 194). 17

VI) Verhältnis zur Brüssel Ia-VO. Die Brüssel Ia-VO verpflichtet zwar die nach Art 4 ff Brüssel Ia-VO internat zuständigen Mitgliedstaaten zur Justizgewährung („hard and fast rules"); eine Prozessabweisung aus forum 18 non conveniens-Gründen ist verboten. Doch verbietet sie nicht, staatlichen Rechtsschutz zu verweigern, wenn für den betr Streitgegenstand ein Schiedsgericht zuständig ist, auch wenn dieses außerhalb ihres geografischen Anwendungsbereichs gelegen ist, Erw 12 (1), Geimer FS Ahrens, 2016, S 501.

§ 1026 Umfang gerichtlicher Tätigkeit

Ein Gericht darf in den in den §§ 1025 bis 1061 geregelten Angelegenheiten nur tätig werden, soweit dieses Buch es vorsieht.

1 **Magna Charta der Schiedsgerichtsbarkeit (Art 5 UNCITRAL-ModellG).** § 1026 begrenzt die Eingriffsbefugnisse der staatl Gerichte u ist durch Parteivereinbarung nicht veränderbar. Deren Aufgaben sind abschließend in § 1062 aufgeführt, Tafelmaier S 27; MK/Münch Rn 1 („hands-off"-Doktrin). Daher darf das staatl Gericht das Schiedsverf nicht durch einstw Verfügung (§§ 935, 940) einstellen, s § 1032 Rn 34. So kann der Streit zwischen Parteien, ob die Ernennung von Schiedsrichtern wirksam und das vereinbarte Verf hierzu eingehalten worden ist, nicht gem § 1035 IV entschieden werden, OLG München MDR 2019, 1405. Nur **§ 1059 II Nr 1d** gibt den Parteien die Möglichkeit, Fehler bei der Bildung des Schiedsgerichts im Aufhebungsverf geltend zu machen, allerdings nur eingeschränkt. Nicht jede – möglicherw nur unbedeutende formale – Abweichung von der Vereinbarung führt zur Aufhebung eines Schiedsspruchs. Dieser gesetzgeberischen Entscheidung kann aber nicht mehr Rechnung getragen werden, wenn das staatl Gericht bereits vorab darüber entscheiden kann, ob das Bestellungsverf den getroffenen Vereinbarungen entspricht. Denn zuverlässige Kriterien dazu, welche Fehler vorab noch toleriert werden können, fehlen. Darüber hinaus würde die Möglichkeit, bereits vorab feststellen zu lassen, ob das vereinbarte Verf eingehalten worden ist, einen Eingriff in die Parteiautonomie darstellen. Die Parteien haben sich für einen Weg außerhalb der staatl Gerichtsbarkeit entschieden. Es darf ihnen daher nicht verwehrt werden, Probleme zuerst im Rahmen des Schiedsverf zu lösen u ihnen die Möglichkeit zu geben, sich unter Vermittlung des Schiedsrichters auf ein für alle Beteiligten befriedigendes Verf zu einigen.

§ 1027 Verlust des Rügerechts

[1]Ist einer Bestimmung dieses Buches, von der die Parteien abweichen können, oder einem vereinbarten Erfordernis des schiedsrichterlichen Verfahrens nicht entsprochen worden, so kann eine Partei, die den Mangel nicht unverzüglich oder innerhalb einer dafür vorgesehenen Frist rügt, diesen später nicht mehr geltend machen. [2]Dies gilt nicht, wenn der Partei der Mangel nicht bekannt war.

1 **I) Allgemeines.** Sonderregelungen existieren in § 1031 VI u § 1040 II (zur analogen Anwendung abl BGH 9.1. 2025 – I ZB 48/24). – § 1027 enthält **keine allg Präklusionsregelung** auch für die Fälle, in denen ein ges vorgesehener Rechtsbehelf nicht oder verspätet eingelegt wurde (§ 1037 III, § 1040 III); ob auch in diesen Fällen Präklusion eintritt, ist nach Sinn u Zweck dieser Bestimmungen zu entscheiden, BTDrs 13/5274, 33; sa MK/Münch Rn 1. Eine **Aufklärungspflicht des Schiedsgerichts** über die Folgen der Nichtrüge besteht nur, wenn anderenfalls die rechtsunkundige Partei unzumutbar überrascht würde. Zust zB Saenger Rn 1.

2 **II) Unverzüglichkeit der Rüge.** Die Rüge muss entweder in der nächsten mündl Verh, oder, wenn eine solche nicht festgesetzt ist, in einem sof Schriftsatz erhoben werden, Kahlert 389. Abw Rügefristen können in der Schiedsvereinbarung bzw -anordnung (§ 1066) oder unmittelbar durch das Schiedsgericht festgesetzt werden. Eine Bitte um Auskunft zum aktuellen Verfahrensstand ist keine **Rügeerklärung** iSv § 1027, da § 198 III GVG als Richtschnur dient (OLG Frankfurt/M 17.12.2020 – 26 Sch 15/19 Tz 89 f). Rüge der Schiedskläger erübrigt nicht Verfahrensrüge der Schiedsbeklagten, da dies für jede Partei getrennt zu beurteilen ist (OLG Frankfurt/M 17.12.2020 – 26 Sch 15/19 Tz 89, 91). Es bedarf grds neben eines Rügewillens einer (zugegangenen) Rügehandlung (sa MK/Münch Rn 13).

3 **III) Rechtsfolgen der Präklusion.** Der (präkludierte) Verfahrensverstoß kann als solcher auch im Aufhebungs- oder Vollstreckbarerklärungsverf nicht mehr geltend gemacht werden, OLG Stuttgart SchiedsVZ 2003, 84 (Nacimiento/G. Geimer); OLGR Frankfurt/M 2003, 186; Frohloff S 152. So ist es zB der Partei eines Schiedsverf verwehrt, eine Verletzung ihres rechtl Gehörs durch das Schiedsgericht, die sie nicht unverzügl gerügt hat, später geltend zu machen, wenn sie die Möglichkeit hatte, diese Verletzung unverzügl zu rügen u zudem die Möglichkeit bestand, diese Verletzung zu heilen, BGH NJW 2020, 70 = MDR 2017, 1024 Tz 20 f. Die Rechtsfolge des § 1027 greift nur bei **positiver Kenntnis** des Verstoßes, die zugerechnet werden kann (zB nach § 51 II) und vermutet wird. ***Parallelregelungen:*** Art. 43 DIS-SchO u § 579 öZPO.

§ 1028 Empfang schriftlicher Mitteilungen bei unbekanntem Aufenthalt

(1) Ist der Aufenthalt einer Partei oder einer zur Entgegennahme berechtigten Person unbekannt, gelten, sofern die Parteien nichts anderes vereinbart haben, schriftliche Mitteilungen an dem Tag als empfangen, an dem sie bei ordnungsgemäßer Übermittlung durch Einschreiben gegen Rückschein oder auf eine andere Weise, welche den Zugang an der letztbekannten Postanschrift oder Niederlassung oder dem letztbekannten gewöhnlichen Aufenthalt des Adressaten belegt, dort hätten empfangen werden können.
(2) Absatz 1 ist auf Mitteilungen in gerichtlichen Verfahren nicht anzuwenden.

§ 1028 I gilt nicht für Verf vor staatl Gerichten, § 1028 II, vielmehr sind §§ 185 ff anzuwenden. Bei **bekanntem Aufenthalt** des Adressaten gelten die allg Zugangsregeln. **Unbekannt** sind Adresse oder Aufenthalt, wenn dem Absender Informationen hierüber nicht vorliegen u nach zumutbaren Nachforschungen auch nicht zu erlangen sind, BTDrs 13/5274, 33; MK/Münch Rn 7 will diesen gesetzgeberischen Ansatz im Einzelfall nach subj Kriterien bemessen. Bei unbekanntem Aufenthalt ist der Zugang an der letzten bekannten Postanschrift oder Niederlassung oder dem letzten bekannten gewöhnl Aufenthaltsort maßgebl. Dieser Zugang (oder ein erfolgloser Übermittlungsversuch an einem dieser Orte) ist allerdings in geeigneter Form (zB Einschreiben gegen Rückschein) nachzuweisen, BTDrs 13/5274, 33. Übermittlung mittels **E-Mail** oder Telefax wird von der Vorschrift nicht erfasst, sondern nur schriftliche Erklärungen (sa MK/Münch Rn 4). Zur Entgegennahme berechtigt sind Personen ua nach § 164 III BGB u § 85 I 1. Zur Zustellung im schiedsgericht Verf Geimer IZPR[9] Rn 3860; Otto IPRax 2002, 164, 166. Das Schiedsgericht muss nicht vAw ladungsfähige Anschrift der Parteien ermitteln, OLG Dresden SchiedsVZ 2006, 166. 1

Für die **Berechnung ges Fristen** §§ 187 ff BGB, BTDrs 13/5274, 33. 2

Abschnitt 2
Schiedsvereinbarung (§§ 1029-1033)

§ 1029 Begriffsbestimmung

(1) Schiedsvereinbarung ist eine Vereinbarung der Parteien, alle oder einzelne Streitigkeiten, die zwischen ihnen in Bezug auf ein bestimmtes Rechtsverhältnis vertraglicher oder nichtvertraglicher Art entstanden sind oder künftig entstehen, der Entscheidung durch ein Schiedsgericht zu unterwerfen.
(2) Eine Schiedsvereinbarung kann in Form einer selbständigen Vereinbarung (Schiedsabrede) oder in Form einer Klausel in einem Vertrag (Schiedsklausel) geschlossen werden.

I) Abgrenzungsfragen. 1) Hauptvertrag und Schiedsvereinbarung. Diese sind streng voneinander zu trennen, die §§ 1025 ff sprechen deshalb begriffl konsequent vom Vertrag (= Hauptvertrag) u von der Schiedsvereinbarung. Der erste ist ein mat-rechtl Vertrag, letztere ein Prozessvertrag, s Wagner, Prozessverträge, 1998, S 324, 331. Die Unwirksamkeit des Hauptvertrages nimmt nicht „automatisch" Einfluss auf die Schiedsvereinbarung u umgekehrt; so kann zB das Schiedsgericht bei nichtigem Hauptvertrag über **Bereicherungs- bzw Rückabwicklungsansprüche** entscheiden. § 139 BGB kommt insoweit nicht zum Zuge (**„favor validitatis"**). § 1040 I 2 betont die **„Autonomie der Schiedsvereinbarung"**, BGH SchiedsVZ 2017, 103; OLG Hamburg SchiedsVZ 2013, 180; Kröll NJW 2025, 797, 798. Würde die Wirksamkeit der Schiedsvereinbarung an die des Hauptvertrages geknüpft, wäre dies eine Verletzung der von Deutschland in Art II (3) UNÜ übernommenen Verpflichtung zur Anerkennung von Schiedsverträgen, Schlosser RipS[2] Rn 248. Bei **Verträgen außerhalb der gewerbl bzw selbständigen berufl Tätigkeit** (§ 13 BGB; BGH SchiedsVZ 2005, 157; zur Darlegungs- u Beweislast Bülow WM 2011, 1349; sa BayObLG ZIP 2022, 2177; hierzu Kröll NJW 2023, 819 Rn 7) **einer der Parteien** muss die Schiedsvereinbarung (anders aber § 1066) räuml getrennt vom Hauptvertrag schriftl fixiert sein, **§ 1031 V**, sofern nicht notarielle Beurkundung erfolgt. Auch **kollisionsrechtl** sind für Hauptvertrag (Art 3 ff Rom I-VO) u Schiedsvereinbarung (s § 1025 Rn 8 ff) unterschiedl Anknüpfungen maßgebl, Epping S 25; Lachmann Rn 269. Rechtshängigkeit vor staatl Gericht (§ 261) hindert Abschluss einer Schiedsvereinbarung nicht; nach dem in § 1032 I fixierten Zeitpunkt muss Klagerücknahme erfolgen; StJ/Schlosser Rn 25 hält auch übereinstimmende Erklärung der Erledigung der Hauptsache für zulässig. – Ein **pactum de non petendo** schließt die Klagebarkeit aus u führt daher zur Abweisung der Schiedsklage als unbegründet, nicht als unzulässig, da Schiedsgericht zuständig bleibt, BGH MDR 2016, 480 = NJW-RR 2016, 703. 1

2) Verpflichtung zum Abschluss einer Schiedsvereinbarung. Ein „Vorvertrag" stellt noch keine Schiedsvereinbarung dar, sondern verpflichtet nur zum Abschluss einer solchen. Sie muss hinreichend bestimmt sein u Form des § 1031 wahren, StJ/Schlosser Rn 20. Erfüllungsklage (§ 894) nicht mögl. Die SchiedsO einer Schieds- 2 organisation (s § 1035 Rn 35) als solche verpflichtet nicht zur Übernahme u Betreuung eines Schiedsverf. Sie ist nur **invitatio ad offerendum**, sa MK/Münch vor § 1034 Rn 80; aA StJ/Schlosser vor § 1025 Rn 22. – Steht fest, dass der Zugang zu den staatl Gerichten ausgeschlossen sein sollte, dann liegt bereits eine Schiedsvereinbarung vor, auch wenn auf eine (nie zustande gekommene) Vereinbarung über die Modalitäten des Schiedsgerichtsverf verwiesen worden ist, KG NJW 2011, 2978, 2979; BGH SchiedsVZ 2023, 362 Tz 15; BayObLG SchiedsVZ 2024, 170 Tz 17 f; sa BGH 6.7.2017 – I ZB 101/16: Die in den Kontrakten enthaltene Vereinbarung „Schiedsgericht/arbitration: Verein der Getreidehändler der Hamburger Börse“ erfüllt die Voraussetzungen einer Schiedsvereinbarung. Da sie alle Streitigkeiten der Parteien aus den Kontrakten der Entscheidung durch ein Schiedsgericht unterwirft, ist sie hinreichend bestimmt, auch wenn sie nicht bestimmte Arten von Streitigkeiten beispielhaft aufführt. – Zur schiedsgerichtsfreundl Auslegung BGH 29.9.2022 – I ZB 15/22 Tz 14 ff; hierzu Kröll NJW 2023, 819 Rn 10; sa BayObLG SchiedsVZ 2024, 170 Tz 17 f (VOB-Bauvertrag). Für die Auslegung eines Personengesellschaftsvertrags, der keine Publikumsgesellschaft betrifft, gelten die allg Regeln der §§ 133, 157 BGB, BGH SchiedsVZ 2022, 86. Die Auslegung ist dem Tatsachengericht vorbehalten und vom Rechtsbeschwerdegericht grundsätzlich nur auf **Verfahrensfehler** oder Verstöße gegen anerkannte **Auslegungsgrundsätze, Denkgesetze** oder **Erfahrungssätze** überprüfbar, BGH 9.3.2023 – I ZB 33/22 Tz 76. Ob die Vertragsparteien trotz des Hinweises auf einen gesondert abzuschließenden Schiedsvertrag bereits eine wirksame Schiedsvereinbarung getroffen haben, ist eine Frage des Einzelfalls u vom Tatgericht durch Auslegung gem §§ 133, 157 BGB unter Berücksichtigung der Bestimmung des § 154 I 1 BGB zu ermitteln (sa BayObLG SchiedsVZ 2024, 170 Tz 16, 17). Die Gesellschafter können bereits im Gründungsertrag die Personengesellschaft in die Schiedsbindung einbeziehen. So können zB die Gesellschafter einer Gesellschaft bürgerl Rechts bestimmen, auch ihre **Ansprüche im Verhältnis zur Gesellschaft** einem Schiedsgericht zur Entscheidung zuzuweisen. Dies ist kein unzulässiger Vertrag zu Lasten Dritter. Sa BayObLG 12.9.2022 – 101 SchH 141/21; BGH MDR 2023, 1031 Tz 66; hierzu Kröll NJW 2023, 819 Rn 12 f.

3 **3) Schiedsgutachtervereinbarung.** Soll ein „Schiedsgericht“ nicht den gesamten Rechtsstreit unter den Parteien entscheiden, sondern nur **Teilaspekte**, so liegt idR eine **Schiedsgutachtervereinbarung** vor, zB wenn Dritter nur über abstrakte Rechtsfragen oder das Vorliegen bzw Fehlen behaupteter Tatsachen befinden soll, Schwab/Walter 3 Rn 4. Wenn die Parteien den Dritten (= Entscheidungsbefugten) aber nach Entstehen eines Streits mit einer (beschränkten) Entscheidungsmacht in der Annahme betrauen, ihr Rechtsstreit sei dadurch insgesamt zu erledigen, so ist der zur Entscheidung berufene Dritte iZw für die Entscheidung des ganzen Rechtsstreits zuständig. Folgende **Abgrenzung** zwischen **Schiedsgericht und Schiedsgutachter** ist von Bedeutung: Das Schiedsgericht entscheidet einen Rechtsstreit an Stelle des staatl Gerichts, der Schiedsgutachter hat Tatumstände festzustellen u Tatfragen zu entscheiden, ohne dass er befugt ist, darüber zu befinden, welche Verpflichtungen sich daraus für die Parteien ergeben (sa OLG Köln 30.1.2023 – 19 SchH 40/22: Unterscheidung von Schiedsgerichtsvereinbarung und Schiedsgutachterabrede). Kein sBV bei Schiedsgutachtenabrede, BGH NJW 2022, 1389. Die Feststellung des Leistungsinhalts verbleibt im Rahmen des § 319 BGB den staatl Gerichten, BGH MDR 2001, 1281 = NJW 2001, 3775; OLG München SchiedsVZ 2016, 165. Die Tätigkeit des Schiedsgutachters braucht sich aber nicht auf die Ermittlung einzelner Tatbestandsmerkmale zu beschränken; es kann ihm auch deren rechtl Einordnung übertragen werden, BGH NJW 75, 1556; OLG München MDR 2005, 1186; BayObLG SchiedsVZ 2024, 108 („**Buchwertklausel**“). Wenn Streitigkeiten über Abfindungshöhe Schiedsgutachter überantwortet sind, hindert dies Schiedsverf über Abfindungsansprüche nicht, BayObLG SchiedsVZ 2024, 108 [Schnabl/Kasolowsky]; Kröll NJW 2025, 797, 799. WNw bei Elsing/Pickrahn/Pörnbacher/Wagner, M&A-Streitigkeiten vor DIS-Schiedsgerichten, 2022, S 13 Rn B 27 ff, S 139 Rn D 1 ff, S 145 Rn 28 ff; Maus, Das Schiedsgutachten im Allgemeinen bürgerl Recht, 2021.

4 **4) Schiedsgutachten.** Zu unterscheiden ist zwischen Schiedsgutachten, durch die nach §§ 317 ff BGB eine Leistung bestimmt wird, u solchen **Schiedsgutachten, welche die Feststellung von Leistungen u Elementen der Entscheidung zum Ziel haben**. Man qualifiziert die 1. Gruppe als mat-rechtl Verträge, die 2. Gruppe als Prozessverträge (StJ/Schlosser vor § 1025 Rn 56 ff) u wendet auf die 2. Gruppe weitgehend die für das Schiedsverf geltenden Vorschriften an, Nw bei Wagner, Prozessverträge, 1998, S 661, 668; anders BGH NJW-RR 88, 1405. Schiedsgutachten können von staatl Gerichten grds nicht auf Richtigkeit überprüft werden; jedoch kontrollieren diese analog §§ 317, 319 I BGB **„offenbare Unrichtigkeiten“**, BGH NJW 96, 452; BGH WM 98, 628; Maus S 255. Soll Höhe des Schadens bzw des Anspruchs durch Schiedsgutachten festgestellt werden, darf **Grundurteil** nicht erlassen werden, bevor das Schiedsgutachten dem Gericht vorliegt. Hierfür kann Frist gesetzt werden, §§ 351, 431 BGB. Das Schiedsgutachtenverf als solches unterbricht nicht Verjährung; jedoch liegt in der Schiedsgutachterklausel idR konkludent pactum de non petendo bis zur Erstattung des Gutachtens mit der Rechtsfolge der Hemmung (§ 203 BGB), BGH NJW 90, 1231. Schiedsgutachterklausel schließt iZw Beweissicherungsverf nicht aus, OLG Koblenz EWiR 99, 235 (Bernuth). Eine solche Klausel beseitigt aber nicht die Zuständigkeit des Schiedsgerichts als solche, BGH NJW-RR 2016, 703. – Haben die Parteien hinsichtl eines Anspruchs oder einzelner Anspruchsvoraussetzungen eine Schiedsgutachtenvereinbarung getroffen, ist regelmäßig *die Einholung des Schiedsgutachtens* **Anspruchsvoraussetzung**. Eine vor Einholung des Schiedsgutachtens erhobene Klage ist allenfalls als verfrüht, also „als zur Zeit unbegründet“ abzuweisen. Das Gericht kann aber zunächst nur eine Frist zur Beibringung des Schiedsgutachtens setzen, BGH NJW 2021, 1593.

5) Abgrenzung: Schiedsvereinbarung und Schiedsgutachtervertrag. Keine Schiedsvereinbarung liegt vor, wenn Richtigkeit der Schiedsentscheidung über § 1059 hinaus unbefristet von staatl Gerichten uneingeschränkt überprüfbar sein soll, s Rn 30; BGH ZIP 81, 1098; OLG Naumburg SchiedsVZ 2006, 103. Anders ist es jedoch, wenn die Parteien bzw der nach § 1066 Anordnungsbefugte festlegen, dass jede Partei nach Erlass des Schiedsspruchs innerhalb bestimmter Frist dessen „Anerkennung" ablehnen u den Rechtsweg zu den staatl Gerichten beschreiten kann; denn den Parteien ist es nicht untersagt, dem Schiedsspruch nur unter gewissen Bedingungen die Wirkung des § 1055 zu verschaffen; sie können einem Schiedsspruch diese auch nachträgl einvernehml wieder nehmen. § 1029 verlangt keinen vollständigen, dh bedingungslosen Ausschluss des Zugangs zu den staatl Gerichten; daher ist eine **nur bedingte Unterwerfung der Parteien unter den Schiedsspruch mögl**, zB bedingt durch die Untätigkeit der Parteien binnen bestimmter Frist. Der mit Ablauf der Ausschlussfrist endgültig gewordene Schiedsspruch ist dann ein Schiedsspruch wie jeder andere, der nur mit dem Aufhebungsantrag (§ 1059) angegriffen werden kann, BGH SchiedsVZ 2007, 160, 162 Tz 19 = MDR 2007, 902. – Während eine Schiedsvereinbarung Klage vor staatl Gericht unzulässig macht, schließt ein **Schiedsgutachtervertrag** den Rechtsweg zu den staatl Gerichten nicht aus, BGH WM 82, 543; das Gericht darf aber die vom Gutachter festzustellenden Tatsachen nicht selbst feststellen u ist an Feststellungen des Gutachtens in den Grenzen der §§ 317 ff BGB gebunden, BGH NJW-RR 88, 506. – Gleiches gilt für **Schlichtungsvereinbarung**. Rechtsvergl sa Koller in Liebscher/Oberhammer/Rechberger Rn 3/11. – Mögl ist auch, dem Schiedsverf ein **Mediations- oder sonstiges Streitbeilegungsverf** vorzuschalten, s § 1040 Rn 26; BGH SchiedsVZ 2017, 103. Sa OLG München 3.7.2019 – 34 SchH 13/17. 5

6) Fehlen einer Rechtsstreitigkeit. Keine Rechtsstreitigkeit u damit auch **kein Schiedsverf** liegt vor, wenn bei Fehlen eines „Schiedsgerichts" ein Beschlussorgan (eine Gesellschafterversammlung) zuständig wäre u es um die Zweckmäßigkeit von Verwaltungsmaßnahmen geht, wohl aber, wenn ein Schiedsgericht zu klären hat, ob nach dem Gesellschaftsvertrag bestimmte Mehrheitsentscheidungen zulässig sind, BGH BB 58, 820. Zur Abgrenzung ggü **Vereinsgerichten** BayObLG SchiedsVZ 2021, 168; BGH IPRax 2016, 458 (Thorn/Lasthaus IPRax 2016, 426) betr CAS; hierzu zB Longrée/Putzier MDR 2019, 391; BGH NJW 2004, 2226; hierzu Schroeder SchiedsVZ 2005, 244; OLG Braunschweig SchiedsVZ 2005, 262; OLG München 28.1.2015 – 34 SchH 16/14; Haas/Neumayer NZG 2017, 881. Entscheidend kommt es darauf an, dass Rechtsstreitigkeiten unter **Ausschluss des Rechtswegs zu den staatl Gerichten** der Entscheidung durch eine unabhängige u unparteil Instanz unterworfen werden, BGH NJW-RR 2018, 1402. Bei unklarer Formulierung iZw keine Schiedsvereinbarung, sondern nur **verbandsinterne Streitschlichtung** („Verbandsgericht"), die den Rechtsweg zu den staatl Gerichten nicht versperrt, BayObLG MDR 2003, 1132; BGH NJW 2004, 2226; OLG München 24.8.2010 – 34 Sch 21/10; OLG München SchiedsVZ 2016, 346 (Abgrenzung zu Schiedsgerichten politischer Parteien). Zu **Vertragsbeiräten** OLG Frankfurt/M SchiedsVZ 2017, 150. Das **Ständige Schiedsgericht der Bay Fußballregionalliga** ist ein „echtes" Schiedsgericht. Trotz der faktischen Monopolstellung des BayFußballverbandes u der Notwendigkeit, zur Teilnahme an der Regionalliga eine Schiedsvereinbarung mit ihm abzuschließen, ist diese Schiedsvereinbarung als freiwillig iSv BGHZ 210, 292 (Pechstein) anzusehen, weil der Justizgewähranspruch der betreffenden Clubs nicht unangemessen einschränkt wird. Insb sind Unabhängigkeit u Neutralität der Schiedsrichter hinreichend gesichert, BayObLG SpuRt 2021, 30; ebenso OLG Frankfurt/M MDR 2020, 1060. Dagegen ist das **Landesschiedsgericht des Bay Roten Kreuzes** nur ein Vereinsgericht, BayObLG SchiedsVZ 2021, 168. Sa § 1066 Rn 2. 6

7) Bezugnahme auf Schiedsgerichtsordnung. Diese Bezugnahme muss erkennen lassen, dass schiedsrichterl Erledigung gewollt war (OLG Hamm WM 72, 984). Bsp: Alle aus dem (näher bezeichneten) Vertragsverhältnis entstehenden Streitigkeiten sollen nach der SchiedsgerichtsO des Verbandes X beigelegt werden. Zur Frage der AGB-Kontrolle der Klauseln der SchiedsgerichtsO Chr. Wolf S 103 sowie Spieker ZIP 99, 2138. Zum „Zinnpest"-Fall (BGH NJW 84, 2763) Geimer, Schiedsgerichtsbarkeit u Verfassung, 1994, S 166. Überblick über die einzelnen SchiedsO bei Schütze, Institutionelle Schiedsgerichtsbarkeit[3], 2018. Nw bei Graf von Westphalen ZIP 2022, 245. 7

8) Ausschluss der Klagbarkeit (Naturalobligation). Eine Vereinbarung, durch die ledigl die Verfolgbarkeit eines Anspruchs vor staatl Gerichten ausgeschlossen wird, ist keine Schiedsvereinbarung, sondern die Begründung einer Naturalobligation bzw Umwandlung eines bestehenden Anspruchs in Naturalobligation. 8

9) Unterwerfungsabrede. Zulässig ist eine Abrede, dass die Wirksamkeit des Schiedsspruches davon abhängen soll, dass beide Parteien sich dem Schiedsspruch unterwerfen. AA OLG Karlsruhe AWD 73, 403; WSch/Schütze[5] Rn 11. 9

II) Verfahrensvereinbarungen. S § 1042 Rn 21 f. **1) Unterschied zur Schiedsvereinbarung.** Es ist zwischen der Schiedsvereinbarung (= Vereinbarung, dass sich die Parteien überhaupt schiedsrichterl Entscheidung unterwerfen u damit den Rechtsweg zu den staatl Gerichten ausschließen) u den **Vereinbarungen über das schiedsrichterl Verf** (Ernennung der Schiedsrichter etc, Vereinbarungen über das Verf nach § 1042 III) zu unterscheiden (s etwa BGH 9.1.2025 – I ZB 48/24 Tz 37). Eine Schiedsvereinbarung braucht (wegen § 1035 III) weder Vereinbarungen über die Konstituierung des Schiedsgerichts noch solche über die Verfahrensgestaltung (§ 1042 IV, §§ 1043 ff) u die dem Schiedsrichter an die Hand gegebenen Entscheidungsmittel zu enthalten. Eine Verfahrensvereinbarung bedarf nicht der Form des § 1031, s § 1031 Rn 15 u Anh § 1061 Rn 6; OLGR München 2007, 681, 682. Unwirksamkeit einer **Verfahrensvereinbarung** führt iZw nicht zur Unwirksamkeit der Schieds- 10 vereinbarung gem § 139 BGB, s Rn 32; BGH NJW 2014, 3652; BGH NJW 2014, 3655; BGH 9.1.2025 – I ZB 48/24 Tz 37; KG 24.6.2024 – 12 SchH 6/23; OLG Frankfurt NJW-RR 2010, 788; Pfeiffer NJW 2025, 866. – In den Fällen des § 1066 tritt an die Stelle der Vereinbarung (§ 1042 III) die Anordnung des Satzungsgebers, Erblassers etc, s Rn 95. Keine Zuständigkeit des OLG (§ 1062) für Streitigkeiten auf Zustimmung zu Verfahrensvereinbarungen, OLGR München 2007, 410. – Vorstehende begriffl Unterscheidungen gelten auch für Schiedsanordnungen nach § 1066. – Zur begriffl Trennung vom **Schiedsrichtervertrag** Kahlert S 210. Sa § 1042 Rn 21. – Zur Etablierung eines Sekretärs des Schiedsgerichts Jensen SchiedsVZ 2022, 275, 283.

11 **2) Einzelheiten.** Um zu vermeiden, dass Fehler bei Konstituierung des Schiedsgerichtes u Einleitung des Schiedsverf den Schiedsspruch aufhebbar (§§ 1059, 1060 II) machen, erklären die Parteien nicht selten zu Beginn des Schiedsverf **ausdrückl**, dass das konstituierte Schiedsgericht zur Entscheidung über bestimmte Streitgegenstände zuständig sein soll. In der Praxis enthalten die Vereinbarungen der Parteien oder Anordnungen/Verfügungen nach § 1066 eine Fülle von Regelungen (iSv § 1042 III) einschließl der einvernehml Festlegung des Streitgegenstands. Wenn sie den für die Schiedsvereinbarung geltenden Formvorschriften (§ 1031) entsprechen, begründen sie (hilfsw) die **schiedsrichterl Entscheidungszuständigkeit**, auch wenn die ursprüngl Schiedsvereinbarung/-anordnung (§ 1066) nicht wirksam sein sollte. Ferner ist zwischen der schiedsrichterl Entscheidungszuständigkeit u den den Schiedsrichtern zugewiesenen **Entscheidungsmitteln** zu unterscheiden. Bsp: Rechtsgestaltung, zu der der staatl Richter auf Grund Gesetzes im Hinblick auf den numerus clausus der Gestaltungsklagen nicht befugt wäre, StJ/Schlosser Rn 14.

12 **III) Rechtsnatur der Schiedsvereinbarung. 1) Prozessvertrag.** Durch die Schiedsvereinbarung wird die Entscheidung eines Rechtsstreits den staatl Gerichten entzogen u Schiedsrichtern übertragen (OLG Köln 30.01.2023 – 19 SchH 40/22 Tz 12). Der Schiedsspruch ist ein **Rspr-Akt, kein mat-rechtl Gestaltungsakt**, durch welchen die materielle Rechtslage geändert wird; deshalb ist die Schiedsvereinbarung kein mat-rechtl Vertrag, sondern ein **Prozessvertrag**, BGH ZZP 100 (1987), 452 (Schwab); OLG München 24.8.2010 – 34 Sch 21/10; MK/Münch Rn 15. Auf die **Rechtsnachfolge in das Schiedsvertragsverhältnis** finden nach hM die Regeln des materiellen Rechts (zB §§ 398 ff, §§ 414 ff BGB etc) entspr Anwendung, sa Retzbach S 99 ff. Die Gegenansicht will nur prozessrechtl Normen (§§ 265, 325, 727) anwenden, Martens S 53, 168. Dagegen soll nach Ansicht des EuGH der Zessionar an **Zuständigkeitsvereinbarungen** des Zedenten nur gebunden sein, wenn er „in alle Rechte und Pflichten der ursprüngl Vertragspartei eingetreten ist", EuGH IPRax 2022, 280 (Thon IPRax 2022, 239); hierzu Geimer RIW 2021, 261; Eichmüller/Wodniansky-Wildenfeld, öJZ 2021, 549. Fragl, ob der EuGH diese Rspr auch auf Schiedsvereinbarungen u Schiedsanordnungen (§ 1066) ausdehnen wird. – Auch die Rechtsfigur des **Vertrags zu Gunsten Dritter** ist auf Schiedsvereinbarungen entspr § 328 BGB anwendbar (OLG Frankfurt/M 2.1.2025 – 26 SchH 1/23 Tz 97, 98), s Rn 33; § 1031 Rn 17. Anders Martens S 119, 134: Rechtserwerb des Destinatärs unter der Bedingung (§ 328 II BGB), dass er unter Beachtung des § 1031 eine Schiedsvereinbarung abschließt. Zu sonstigen Fällen der Erstreckung der Schiedsbindung auf Dritte Schütze SchiedsVZ 2014, 274; Gebauer FS Schütze II, 2014, S 95; zur Bindung persönlich haftender Gesellschafter Retzbach S 184 f. **Abweichend die ältere BGH-Rspr:** Die Schiedsvereinbarung sei ein **mat-rechtl Vertrag über prozessuale Beziehungen**, BGHZ 40, 320, 322; BGHZ 49, 384, 386 mit der Konsequenz der unmittelbaren Anwendbarkeit der Art 3 ff Rom I-VO, so aber auch BGH SchiedsVZ 2011, 46 = GWR 2010, 582 (Wagner). Sa Rn 85 ff u § 1025 Rn 8.

13 **2) Verletzung der Schiedsvereinbarung.** Die Schiedsvereinbarung bzw -anordnung (§ 1066) ist ein **prozessualer Dispositionsakt über den Streitgegenstand**, StJ/Schlosser § 1025 Rn 1. Die Parteien haben die **prozessuale Pflicht, alles zu tun, um das Schiedsverf zu fördern**, zB bei Berufung der Schiedsrichter mitzuwirken oder Gebührenvorschüsse zu bezahlen, BGHZ 55, 344; Kersting SchiedsVZ 2013, 297, 301. Teilw abw Koller in Liebscher/Oberhammer/Rechberger Rn 3/364. Aus schweizer Sicht Schlumpf, Testamentarische Schiedsklauseln, 2011, Rn 211 ff. Im Gegensatz zur Verpflichtung zur Einzahlung von Vorschüssen etc fehlt für Klage auf Mitwirkung bei der Bestellung der Schiedsrichter im Hinblick auf § 1035 IV das Rechtsschutzbedürfnis, s § 1035 Rn 2 u 29, Lachmann Rn 379. – Zur Frage, ob die Schiedsvereinbarung nur die Zuständigkeit der staatl Gerichte zu Gunsten des Schiedsgerichts verschiebt oder ob sie darüber hinaus die Parteien verpflichtet, die staatl Gerichte nicht anzurufen, mit der Folge, dass Verstöße zu **Schadensersatzansprüchen** (zB hinsichtl der dadurch entstandenen Kosten) führen; sa BGH NJW 2020, 399 (Wais) = EuZW 2020, 146 (Antomo) = IPRax 2020, 459 (Colberg IPRax 2020, 426) = RIW 2020, 64 (Mankowski); hierzu Peiffer/Weiler RIW 2020, 321, 641; Rieländer RabelsZ 84 (2020), 548; Colberg S 140 ff; Bälz SchiedsVZ 2021, 204. Sa § 1057 Rn 8. Zu staatsgerichtl Durchführungsanordnungen (order compelling arbitration) und Prozessführungsverboten zum Schutz inländischer Schiedsverf Steinbrück S 462 ff; Veith SchiedsVZ 2025, 16 f.

14 Die Einordnung als **Prozessvertrag** hat **Konsequenzen in kollisionsrechtl Hinsicht**, s Rn 85 ff, Geimer IPRax 2006, 298; Magnus IPRax 2016, 521, 529 ff. Da kein schuldrechtl Vertrag vorliegt, sind Art 3 ff Rom I-VO nicht anwendbar, sondern eigene Regeln des Internat VerfahrensR. Solche finden sich für die Anerkennung u Vollstreckung ausl Schiedssprüche in Art V (I) (a) UNÜ (§ 1061) u für inländische in § 1059 II Nr 1 (a) iVm § 1060. Beide Vorschriften stimmen in ihrer **Anknüpfungsleiter** überein: Primär maßgebend ist das von den Parteien ausdrückl oder konkludent gewählte Recht, hilfsw das Recht des Staates, in dem der Schiedsspruch er-

gangen ist. Da es für die Unterscheidung zwischen in- u ausl Schiedssprüchen auf den Sitz des Schiedsgerichts (§ 1043 I) ankommt, ist in § 1059 II Nr 1 (a) unmittelbar das Ergebnis dieser Hilfsverweisung vorgegeben: Falls die Parteien keine Rechtswahl getroffen haben, ist dt Recht maßgebend. Für die sonstigen Situationen u Rechtslagen, in denen es auf die Wirksamkeit der Schiedsvereinbarung ankommt, zB wenn vor dem staatl Gericht die Schiedseinrede erhoben wird (Art II [3] UNÜ), existiert keine ausdrückl Kollisionsnorm. Im Interesse des Entscheidungseinklangs sollte auch in solchen Fällen von Art V (I) (a) UNÜ (§ 1061) u für inländische Schiedssprüche von den in § 1059 II Nr 1 (a) fixierten Anknüpfungen – zumindest im Grundsatz – ausgegangen werden. Sa MK/Münch Rn 34 ff; Frohloff S 252.

Auch wer an der (überholten) mat-rechtl Qualifizierung der Schiedsvereinbarung als „mat-rechtl Vertrag über prozessuale Beziehungen" (s Rn 12) festhalten sollte (so Wiegand SchiedsVZ 2003, 52, 58), muss hinnehmen, dass Art V (I) (a) UNÜ (§ 1061) als lex specialis das schuldvertragl KollisionsR (Art 3 ff Rom I-VO) verdrängt. Damit scheidet die Anwendung von Art 4 II Rom I-VO aus. Diese **Anknüpfung an die vertragscharakteristische Leistung** geht näml im KollisionsR der Schiedsvereinbarung – deren Statut ist selbständig zu ermitteln u von dem des (mat-rechtl) Hauptvertrages klar zu unterscheiden, auch wenn beide Bestandteile einer einheitl Vereinbarung sind – von vorneherein ins Leere. Sie steht in keinem sinnvollen Zusammenhang zur Schiedsvereinbarung, s § 1025 Rn 11; Geimer IPRax 2006, 233, 234. Zu fordern ist daher ein **eigenes Statut der Schiedsvereinbarung:** Fehlt eine Rechtswahl der Parteien für die Schiedsvereinbarung, dann ist dem Recht des Schiedsorts der **Vorzug vor dem Gleichlauf zwischen Schiedsvereinbarungs- u Hauptvertragsstatut** zu geben, s Rn 85 ff; Geimer IZPR[9] Rn 3788; Schlosser IPRax 2020, 223. Sa König SchiedsVZ 2012, 129, 131; BGH SchiedsVZ 2021, 97; BGH 9.1.2025 – I ZB 48/24; hierzu Tarawali/Gerardy SchiedsVZ 2021, 208; Solomon FS Schack, 2022, S 488; Kindt SchiedsVZ 2023, 241 (zu Blockchain-basierten Streitbeilegungsstellen). 15

IV) Zustandekommen der Schiedsvereinbarung. 1) Allgemeines Vertragsrecht. Abschluss, Inhalt u Umfang der Schiedsvereinbarung sind nach ProzessR zu beurteilen. Im BGB ist das allg VertragsR kodifiziert, näml die Rechtsgrundsätze, die auf alle, mithin auch auf öff-rechtl Verträge, insb auch auf Prozessverträge, anzuwenden sind, allerdings mit Modifizierungen, StJ/Schlosser Rn 6; österr OGH RIW 99, 789 (Seidl-Hohenveldern); Beckmann S 55; Saenger Rn 7. Vor Beginn des Schiedsverf sind die Regeln über Abschluss u Beendigung von schuldrechtl Verträgen entspr anzuwenden, Berger S 120. 16

2) Subjektive Schiedsfähigkeit. Die Fähigkeit, Schiedsvereinbarungen zu schließen (s Nagel/Gottwald IZPR[9] Rn 18.65; Schulze S 15) fehlt sowohl im Fall der fehlenden **Rechtsfähigkeit** als auch im Fall der fehlenden **Geschäfts- bzw Abschlussfähigkeit**. Hierfür bedarf es der Prozessfähigkeit. Die Parteien müssen geschäftsfähig sein, oder der ges Vertreter oder an seiner Stelle der Betreuungsbevollmächtigte (§ 1814 III BGB) muss für sie handeln, Lachmann Rn 286 ff, Schulz S 15. Für Streitigkeiten aus Finanztermingeschäften bringt § 101 WpHG eine bes Einschränkung. Danach sind Schiedsvereinbarungen über *künftige Rechtsstreitigkeiten* aus Wertpapierdienstleistungen, Wertpapiernebendienstleistungen oder Finanztermingeschäften nur verbindl, wenn beide Vertragsteile Kaufleute oder jur Personen des öffentl Rechts sind; dies gilt auch im Anwendungsbereich des UNÜ, BGH SchiedsVZ 2011, 46 Tz 22 = GWR 2010, 582 (Wagner). Sa § 160 II Nr 3 InsO sowie § 1854 Nr 6 BGB (s Rn 21). Maßgebl ist das **Personalstatut** (s Rn 23), nicht das Statut der Schiedsvereinbarung; dies ist in § 1059 II Nr 1 nach dem Vorbild des Art V I (a) UNÜ u Art VI II 1 EÜ festgelegt. Aus dt Sicht kommt es auf das Recht am **tatsächl Sitz** des (ausl) Unternehmens an, BGH NJW 98, 2452 = IPRax 99, 104; Epping S 173. An einen **Gutglaubensschutz analog Art 12 EGBGB** stellt BGH RIW 98, 628 = LM § 1041 Nr 18 (krit Geimer) nicht erfüllbare Bedingungen, weil er den Fahrlässigkeitsbegriff zu streng handhabt. – Zur fehlenden Schiedsfähigkeit staatl Unternehmen in Jugoslawien BGH RIW 98, 628 = LM § 1041 Nr 18 (krit Geimer): Einer **Privilegierung von Staatsunternehmen** durch ihr HeimatR ist entgegenzutreten; so auch Art 177 II Schweizer IPRG, Lachmann Rn 290; Schütze IPRax 99, 87. Kollisionsrechtl kommt es auf das Personalstatut der betr Person an, s für Deutschland Art 7, 12 EGBGB, s Rn 23; Borges ZZP 111 (1998), 489. MWv **1.1.2023** unterstellt Art 7 II EGBGB nF die Geschäftsfähigkeit nunmehr dem Recht des gewöhnlichen Aufenthaltsortes (s dazu § 55 Rn 1). 17

3) Partielle Rechtsunfähigkeit. Im Normalfall (Ausnahme: die in § 1066 genannten Schiedsgerichte) gründet sich die Zuständigkeit des Schiedsgerichts auf die **Vereinbarung der Parteien**, §§ 1029, 1032. Eine solche setzt – wie eine Zuständigkeitsvereinbarung – **zwei Rechtssubjekte** voraus. Daran fehlt es, wenn ein beim Vertragsschluss beteiligtes Gebilde nach seinem Personalstatut **nicht rechtsfähig** ist. Gilt zB nach dem maßgebl SitzR die **ultra vires-Doktrin**, so kommt es darauf an, ob die Befugnis zum Abschluss einer Schiedsvereinbarung fehlte. Es ist also zwischen (partieller) Rechts(un)fähigkeit zum Abschluss mat-rechtl Verträge u zum Abschluss von Schiedsvereinbarungen zu unterscheiden. Die Unwirksamkeit des Hauptvertrages führt nicht zur Unwirksamkeit der Schiedsvereinbarung, § 1040 I 2, BGH SchiedsVZ 2017, 103. 18

4) Rügeverlust. Wenn sich der Schiedsbekl im Schiedsverf nicht auf seine fehlende Schiedsfähigkeit u die daraus resultierende Unwirksamkeit der Schiedsvereinbarung berufen hat, kann er dies nicht erstmals im Vollstreckbarerklärungs- bzw Aufhebungsverf mit Aussicht auf Erfolg tun, s § 1040 Rn 5 f. Zwar kommt der Rechtsgedanke des § 1027 nicht zum Zuge, weil die Partei- u subj Schiedsfähigkeit auch vom Schiedsgericht vAw zu prüfen ist. Jedoch kann es nicht angehen, dass der Schiedsbekl seine Einwendungen gegen die Wirksamkeit der Schiedsvereinbarung zurückhält u abwartet, ob ein für ihn günstiger oder ungünstiger Schiedsspruch ergeht. 19

Auch hat der BGH MDR 92, 187 im Vollstreckbarerklärungsverf für Entscheidungen ausl staatl Gerichte die Rüge fehlender Partei- u Prozessfähigkeit abgeschnitten; hierzu Furtak S 181. Auch wenn dem ausl Gebilde die Schiedsfähigkeit fehlt, führt dies nicht dazu, dass es für das Vollstreckbarerklärungs- bzw Aufhebungsverf als nicht parteifähig anzusehen ist, mit der Folge, dass der Antrag als unzulässig abzuweisen wäre. Vielmehr kann das angerufene staatl Gericht in der Sache entscheiden u daher den Schiedsspruch aufheben, sofern nach dem oben Gesagten der Einwand der fehlenden subj Schiedsfähigkeit u damit der Unwirksamkeit der Schiedsvereinbarung nicht nach § 1040 II 2 präkludiert ist.

20 **5) Erteilung einer Vollmacht.** Die Wirksamkeit der Vollmacht zum Abschluss einer Schiedsvereinbarung wird selbständig angeknüpft, s Anh § 1061 Rn 8; LG Hamburg RWS 78, 124; Geimer IPRax 2006, 233, 235; Mansel FS Maier-Reimer, 2010, S 407, 414. Das Schiedsvereinbarungsstatut (s Rn 85 f) bestimmt jedoch über Rechtsfolgen einer unwirksamen Vollmacht. – Für **Vollmacht** zum Abschluss einer Schiedsvereinbarung gelten bei Maßgeblichkeit dt Rechts §§ 164 ff BGB, eine Prozessvollmacht (§ 81) ermächtigt nicht zum Abschluss einer Schiedsvereinbarung. Anders ist es jedoch bei der Prokura, Lachmann Rn 275; MK/Münch Rn 21. **Genehmigung** ersetzt die fehlende Vollmacht; rügelose Verh vor Schiedsgericht bedeutet jedenfalls konkludente Genehmigung, sofern man nicht die Rechtsfigur der **einseitigen Unterwerfung** unter die Jurisdiktion des Schiedsgerichts vorzieht, s Rn 50 u § 1061 Rn 19. In diesem Fall fehlt es auch nicht an der erforderl Form, § 1031 VI. – Die **„Schiedsvollmacht"** (Vollmacht für das Schiedsverf, s § 1042 Rn 25) berechtigt zur vorbehaltlosen Einlassung (§ 1031 VI), aber auch zur (ausdrückl) Bestätigung der Schiedsvereinbarung bzw Schiedsanordnung (§ 1066) einschließl des Neuabschlusses der Schiedsvereinbarung für mit dem Streitgegenstand in Zusammenhang stehende Komplexe.

21 **6) Vormund/Betreuer/Pfleger.** Der Vormund/Betreuer/Pfleger bedarf der Genehmigung des Familien- bzw Betreuungsgerichts bei einem Streitwert über 6.000 Euro u bei nicht vermögensrechtl Streitigkeiten (§ 1854 Nr 6 BGB, § 1799 I, § 1813 I, § 1888 I BGB). Bis zur Genehmigung ist Schiedsvereinbarung schwebend unwirksam (§ 1856 BGB). Eine Schiedsvereinbarung betr die bei Liquidation einer OHG/KG entstehenden Streitigkeiten berührt nicht unmittelbar ein im Miteigentum eines Minderj stehendes Grundstück, sondern (nur) das Gesellschaftsvermögen u bedarf daher keiner gerichtl Genehmigung. – Der **InsVerwalter** kann im Rahmen seiner Verwaltungs- u Verwertungsbefugnis (§ 80 InsO) Schiedsvereinbarungen hinsichtl Masseaktiva u -passiva schließen, in den Fällen des § 160 II Nr 3 InsO nur mit Zustimmung des Gläubigerausschusses, G. Wagner KTS 2010, 39, 40; Mansel FS Maier-Reimer, 2010, S 407, 409. – Davon logisch zu trennen ist seine Bindung an vor Eröffnung der Insolvenz geschlossene Schiedsvereinbarungen u Schiedsrichterverträge, Chr. Berger FS v. Hoffmann, 2011, S 903, s Rn 53; § 1035 Rn 23. Sa Bork SchiedsVZ 2022, 139; Dahl/Schmitz NZI 2013, 1059; Kuhli/Köppel SchiedsVZ 2020, 2; Hombeck/Schneider NZI 2020, 449.

22 **7) Personeller Anknüpfungspunkt.** Relevant ist nur die subj Schiedsfähigkeit der Parteien der Schiedsvereinbarung, nicht die der Parteien des späteren Schiedsverf, s Rn 44 ff.

23 **8) Kollisionsrechtliches.** Ob eine natürl Person rechtsfähig, geschäftsfähig u somit prozessfähig ist, entscheidet ihr **Personalstatut**, Art 7 EGBGB (Gesamtverweisung Art 4 EGBGB); Niedermaier S 179. Seit **1.1.2023** unterstellt Art 7 II EGBGB nF die Geschäftsfähigkeit jedoch dem Recht des gewöhnlichen Aufenthaltsortes (s Althammer § 55 Rn 1). Bei Gesellschaften u jur Personen kommt es auf das Recht des tatsächl Verwaltungssitzes an, sofern dieses nicht auf das Gründungsstatut verweist, dh auf das Recht des Staates, in dem das betr Gebilde gegründet u ggf registriert wurde, Kronke RIW 98, 257. Sitztheorie ist jedoch mit Art 49, 54 AEUV u Art 4 EWR-Abk nicht vereinbar, s Althammer § 50 Rn 31.

24 **9) Willens- und Vollmachtsmängel (§ 1059 II Nr 1a).** Diese können so lange geltend gemacht werden, bis der Schiedsspruch rechtskräftig für vollstrb erklärt ist, § 1059 III. Ausnahme: Anfechtung wegen persönl Eigenschaften des Schiedsrichters, da §§ 1036, 1037 Sonderregelung, vgl BGHZ 17, 7; sa Wagner, Prozessverträge, 1998, S 300; Eckstein-Puhl S 80. MskV/Voit Rn 11 will § 1027 heranziehen.

25 **10) Form der Schiedsvereinbarung.** Zu Formfragen vgl § 1031.

26 **11) Bestimmbarkeit der Rechtsstreitigkeit.** Der Streitgegenstand u damit die Festlegung des Umfangs der Entscheidungszuständigkeit des Schiedsgerichts müssen ausreichend konkretisiert sein. Der Umfang der Zuständigkeit des Schiedsgerichts muss in der Schiedsvereinbarung bzw Schiedsgerichtsanordnung (§ 1066) bestimmt oder aus ihr bestimmbar sein (I: „bestimmtes Rechtsverhältnis"), DIS Schiedsspruch 25.1.2005 – DIS-SV-438/04 SchiedsVZ 2005, 166. Nicht erforderl ist, dass zur Zeit der Vereinbarung bzw Anordnung bereits ein Streit unter den Parteien besteht. Der künftige Rechtsstreit muss genug bestimmt, dh hinreichend konkretisiert sein. Dies ist idR unproblematisch, wenn Haupt- u Schiedsvertrag gleichzeitig geschlossen werden. Zur Bestimmbarkeit des Schiedsgerichts s Rn 53.

27 **12) Bereits rechtshängiges Verfahren.** Dass schon ein Prozess vor staatl Gerichten anhängig ist, ist kein unüberwindl Hindernis für die Vereinbarung der schiedsrichterl Erledigung, § 1032 III. Die Rechtshängigkeit vor den staatl Gerichten kann dann nach dem Wortlaut von § 1032 I wohl nur durch einvernehml Klagerücknahme bzw durch einvernehml Erklärung der Erledigung der Hauptsache enden.

13) Bestehen einer Streitigkeit. Dies ist keine Voraussetzung für (Fort-)Geltung der Schiedsvereinbarung idS, dass die Parteien über den mit der Schiedsklage geltend gemachten bzw zu machenden konkreten mat-rechtl Anspruch unterschiedl Meinung sein müssten. Auch wenn der Bekl den streitgegenständl Anspruch nicht bestreitet oder sogar anerkennt, kann er die Schiedseinrede nach § 1032 erheben. Dies ist nicht rechtsmissbräuchl, OLG Düsseldorf MDR 77, 762; Hau IPRax 99, 232, 235. AA wohl StJ/Schlosser § 1032 Rn 6, 14. 28

V) Notwendiger Inhalt einer Schiedsvereinbarung. Inhalt der Willenseinigung ist, dass ein bestimmter Rechtsstreit bzw eine näher bezeichnete Mehrzahl von Rechtsstreitigkeiten von einem Schiedsgericht an Stelle der an sich zuständigen staatl Gerichte entschieden werden soll, BGH NJW 84, 669; OLG Köln 30.01.2023 – 19 SchH 40/22 Tz 12; Raeschke-Kessler/Berger Rn 270. **1) Mindestinhalt.** Es genügt Vereinbarung, dass die Entscheidung aller oder einzelner Streitigkeiten zwischen den Parteien in Bezug auf ein bestimmtes Rechtsverhältnis einem Schiedsgericht übertragen wird. Eine weitere Konkretisierung ist nicht erforderl, OLG Frankfurt/M NJW 2014, 16, 17; OLG Hamm SchiedsVZ 2014, 38, 44; OLG München 16.8.2017 – 34 SchH 14/16 Tz 45. Dies gilt auch dann, wenn Parteien noch einen Schiedsgerichtsvertrag zur näheren Ausgestaltung des Verf etc vorgesehen hatten, der Vertragsschluss aber nicht (mehr) zustande kam, KG MDR 2011, 952. Zur Bindung an eine **in AGB enthaltene Schiedsvereinbarung** (§ 1031 III; § 1031 Rn 8) OLG Hamm SchiedsVZ 2014, 38, 44. Zur Überprüfung des Zustandekommens einer Schiedsvereinbarung durch das Rechtsbeschwerdegericht zB BGH SchiedsVZ 2016, 42. Sa BGH MDR 2016, 1165 Tz 24 = SchiedsVZ 2016, 343 (Auslegung ausl Schiedsspruchs). Krit Graf von Westphalen ZIP 2022, 245. 29

2) Ausschluss des Rechtswegs zu den staatl Gerichten u Übertragung der Entscheidung auf Schiedsrichter. Es muss das Schiedsverf an Stelle des Verf vor den staatl Gerichten gewünscht sein, s Rn 6; OLG Frankfurt/M SchiedsVZ 2020, 185, 188. Sa Kröll SchiedsVZ 2020, 156. Nur Güte- oder Schlichtungsstelle (Prütting ZZP 99 [1986], 97), wenn Rechtsweg zu den staatl Gerichten unbefristet offen bleiben soll nach Scheitern des Versuchs, Meinungsverschiedenheiten durch „Schiedsgericht" beizulegen, BGH IPRspr 83, Nr 196; OLG Naumburg SchiedsVZ 2006, 103; Hochbaum S 115. Anders ist es jedoch, wenn die Parteien bzw der nach § 1066 Anordnungsbefugte festlegen, dass jede Partei nach Erlass des Schiedsspruchs innerhalb bestimmter Frist dessen „Anerkennung" ablehnen u den Rechtsweg zu den staatl Gerichten beschreiten kann; denn den Parteien ist es nicht untersagt, dem Schiedsspruch nur unter gewissen Bedingungen die Wirkung des § 1055 zu verschaffen, BGH SchiedsVZ 2007, 160, 162 Tz 19. Vgl OLG München 3.7.2019 – 34 ScH 13/17 (Vorschaltung eines Mediationsverf). Von diesen Sonderkonstellationen abgesehen gilt aber: Eine **Aufgabenteilung zwischen staatl Gericht u Schiedsgericht hinsichtl des gleichen Streitgegenstands** ist **unzulässig**, BGH ZZP 73 (1960), 403 (Schwab); Lachmann Rn 7. Sa BGH SchiedsVZ 2008, 40, 41 Tz 12. Eine solche Vereinbarung ist nicht unwirksam. Vielmehr ist durch Auslegung zu ermitteln, was die Parteien wirkl gewollt haben, MK/Münch Rn 92; MskV/Voit Rn 16. Falls aus einem Rechtsverhältnis **verschiedene Rechtsstreitigkeiten** entstehen können, kann die Entscheidung bzgl der einen dem Schiedsgericht übertragen werden, während für die andere(n) zB das staatl Gericht zuständig bleibt. 30

3) (Europäisches) Mahnverfahren. Unterliegt der Anspruch einer Schiedsvereinbarung (§ 1029) oder -anordnung (§ 1066) und der Rechtsweg zu den staatl Gerichten ist ausgeschlossen, dann ist im Prinzip auch der **Erlass eines EuZB unzulässig**, Kodek in Geimer/Schütze IRV (Nr 570) Art 2 EuMahnVO Rn 5. **Das Gleiche gilt für nationale Mahnverf (§§ 688 ff)**. Das ist allerdings in der Praxis nur in den extrem seltenen Fällen realisierbar, in denen dem Mahngericht bekannt ist, dass eine wirksame Schiedsvereinbarung existiert u der Sch die Schiedseinrede erheben wird. Daher steht idR nach Hess in Schlosser/Hess, EU-ZPR[4], 2015, Art 2 EuMahnVO Rn 6 eine Schiedsvereinbarung der Durchführung eines europ Mahnverf nicht entgegen, da EuMahnVO keine Bereichsausnahme wie Art 1 II (d) Brüssel Ia-VO kennt. Der Sch müsse gegen den EuZB Einspruch einlegen u könne dann die Unzuständigkeit der staatl Gerichte reklamieren. Sa Seidel SchiedsVZ 2021, 245. 31

4) Teilunwirksamkeit der Schiedsvereinbarung. Fehlen weitere Vereinbarungen (s Rn 11), greifen die ges Regeln. Es muss jedoch die Reichweite der Schiedsvereinbarung klar sein; denn nur die Parteien, nicht das Gesetz bestimmen den Umfang der Entscheidungszuständigkeit der Schiedsrichter. Enthält die (auch in sonstiger Hinsicht) wirksame Schiedsvereinbarung den notwendigen Inhalt, so führt die **Unwirksamkeit einzelner oder aller sonstiger (fakultativer) Verfahrensvereinbarungen nicht** nach § 139 BGB **automatisch** zur **Unwirksamkeit der Schiedsvereinbarung bzw Schiedsanordnung** (§ 1066); § 1034 Rn 11; BGH MDR 2014, 1165; KG MDR 2011, 952. Diese bleibt iZw vielmehr bestehen, für die Konstituierung des Schiedsgerichts u dessen Verf gelten dann die **ges Regeln**; § 1034 Rn 11; BGH MDR 2014, 2167 BGH SchiedsVZ 2007, 163, 164 Tz 16; OLGR Koblenz 2008, 568; OLG Frankfurt NJW-RR 2010, 788. Differenzierend Massuras S 79. Zu eng KG SchiedsVZ 2003, 185 (Mecklenbrauck), OLGR Karlsruhe 2008, 125. Zur Auslegung „freundschaftl Arbitrage" s OLG Schleswig IHR 2010, 134. – Eine Zuständigkeit des OLG (§ 1062) für Streitigkeiten auf Zustimmung zu Verfahrensvereinbarungen (s Rn 11) u die Vergütung der Schiedsrichter besteht nicht, OLGR München 2007, 410. 32

VI) Fakultativer Inhalt einer Schiedsvereinbarung. 1) Ergänzende Vereinbarungen. Außer dem notwendigen Inhalt einer Schiedsvereinbarung (s Rn 29), näml der Basisvereinbarung, für einen bestimmten bzw bestimmbaren Streitkomplex die Entscheidungszuständigkeit der Schiedsrichter zu begründen, können die Parteien **weitere Vereinbarungen** treffen, insb über die Entscheidungsmittel der Schiedsrichter (Schlosser RipS Rn 421), die Modalitäten der Schiedsrichterbestellung (deren Zahl u Qualifikation), einschließl der Ersatzbestellung, Ort u Sprache (OLG München IPRspr 2010, Nr 305) des Schiedsverf, das in der Sache anzuwendende 33

Recht, Rn 237. Zu Vereinbarungen bzw Festsetzungen nach § 1066 über die **Vertraulichkeit des Schiedsverf** Haas FS Kaissis, 2012, S 315; Oberhammer FS Beys, 2003, S 1139; Kühn/Gantenberg FS Schlosser, 2005, S 461; Oldenstam/v. Pachelbel SchiedsVZ 2006, 31; Frohloff S 91 ff. Sa § 1059 Rn 32. Schiedsvereinbarungen **zu Lasten Dritter** sind nicht mögl, jedoch **zu Gunsten Dritter**, s § 1031 Rn 17.

34 **2) Eigene bindende Regelungen (§ 1042 III).** Die Parteien können durch Vereinbarung (§ 1042 III) bindende Regeln für das schiedsrichterl Verf aufstellen. Dem Schiedsgericht können rechtsgestaltende Entscheidungen übertragen werden. Mögl auch, das Schiedsgericht zu beauftragen, rechtskraftfähige Entscheidungen über Inzidentpunkte und/oder das Vorliegen/Nichtvorliegen von Tatsachen zu treffen, StJ/Schlosser Rn 24, 44. Auch können sie Einzelheiten für die Abfassung u den Erlass des Schiedsspruchs festlegen (Beschlussfassung, Begründung, Währung, Zinsen, Sicherheitsleistung), Gottwald S 30.

35 **3) Kostenentscheidung.** Sofern die Parteien nichts anderes vereinbart haben bzw nichts anderes nach § 1066 verfügt ist, hat das Schiedsgericht auch über die **Kosten des schiedsrichterl Verf** zu entscheiden, § 1057. Dies gilt auch, wenn das Verf unzulässig ist, weil es an einer wirksamen Schiedsvereinbarung fehlt, die dem Schiedsgericht die Entscheidung in der Sache ermöglichen würde, BGH NJW 73, 191.

36 **4) Fakultative Zuständigkeit des Schiedsgerichts.** Mögl ist auch Vereinbarung, dass beide Parteien oder nur eine von ihnen **wählen** kann – bei WahlR nur einer Partei oder eines Dritten (s § 1031 Rn 17) kann jedoch § 138 BGB eingreifen, BGH NJW 89, 1477, bzw AGB-rechtl Benachteiligung vorliegen, BGH MDR 2019, 631; BGH LMK 2011, 320470 (Huber) = MDR 2011, 717 –, ob sie das Schiedsgericht oder das staatl Gericht anrufen, BGHZ 115, 324, 325 = EWiR 92, 721 (Teske). Aber sa Rn 46. Unvereinbar mit § 307 BGB soll eine **Wahlklausel** sein, die dem Bekl ein WahlR zwischen staatl Gericht u Schiedsgericht einräumt, weil dies für die andere Partei zu unübersehbaren Kosten- u Zeitrisiken führe, sofern nicht WahlR vorprozessual ausgeübt werden muss, BGH WM 98, 2444; Raeschke-Kessler/Berger Rn 3370. Andererseits soll auch eine Schiedsvereinbarung zulässig sein, nach der jede Partei die **Möglichkeit hat, innerhalb einer bestimmten Frist den Schiedsspruch nicht anzuerkennen** u wegen des gleichen Streitgegenstands die staatl Gerichte anzurufen, s Rn 6. Der Bestand des Schiedsspruchs wird damit in das Belieben jeder Partei gestellt: Innerhalb der Frist kann nicht nur die Aufhebung (§ 1059) des Schiedsspruchs beantragt werden, sondern die Wirkungen des Schiedsspruchs (§ 1055) können beliebig durch „Nichtanerkennung" desselben beseitigt werden, so dass die weitere Rechtsverfolgung bzw -verteidigung vor den staatl Gerichten zulässig wird, wie wenn es das Schiedsverf u den Schiedsspruch nie gegeben hätte, BGH SchiedsVZ 2007, 160, 162 Tz 19. Sa Rn 46 u § 1055 Rn 10. Ein solches WahlR ist auch zulässig für den Fall, dass die Ansprüche dem Grunde und/oder der Höhe nach nicht bestr sind, BGH NJW 76, 852; BGH WM 84, 380. Die Parteien können vereinbaren, dass Kl **zwischen mehreren** eindeutig bestimmbaren (ständigen oder ad hoc-) **Schiedsgerichten wählen** darf, s Rn 94; Lachmann Rn 377. Die **Kompetenz** des Schiedsgerichtes kann in der Schiedsvereinbarung in der Weise begrenzt werden, dass nur **Teil- u Grundschiedssprüche** mögl sind oder das Schiedsgericht nur über die **Höhe eines Anspruchs** entscheiden kann, StJ/Schlosser Rn 26.

37 **5) Mehrparteienschiedsgerichte.** Für diese (s § 1035 Rn 10; § 1042 Rn 37) fehlt bish ausdrückl Normierung. Ausf Diesselhorst, Mehrparteienschiedsverf, 1994; Hamann/Lennarz SchiedsVZ 2006, 289; Koussoulis ZZP 107 (1994), 195; Markfort, Mehrparteien-Schiedsgerichtsbarkeit im dt u ausl Recht, 1994; Massuras, Dogmatische Strukturen der Mehrparteienschiedsgerichtsbarkeit, 1998. Erforderl ist, dass sich alle Parteien der schiedsgerichtl Erledigung (formgerecht) unterworfen haben bzw gem § 1066 unterworfen sind u dass sie **gleiche Einflussmöglichkeit(en) auf die Konstituierung des Schiedsgerichts** hatten, BGH NJW 96, 1753. Letzteres lässt sich schon dadurch erreichen, dass nicht die Parteien, sondern Dritte (s § 1035 Rn 8) die Schiedsrichter ernennen. Für Anwendung des § 1034 II KG NJW 2008, 2719 = MDR 2008, 1299. Bei **Regress- u Garantieklagen** ist es angesichts der evidenten **Interessengegensätze** dem potentiellen Regressbekl nicht zuzumuten, sich mit dem Primär-Bekl u potentiellen Regresskläger über die Bestellung eines gemeinsam zu benennenden Schiedsrichters zu einigen, StJ/Schlosser § 1034 Rn 33; Wach SchiedsVZ 2020, 228. Bei **notwendiger Streitgenossenschaft** ist das Schiedsverf auch für u gegen den Streitgenossen, der wirksam eine Schiedsvereinbarung geschlossen hat, unzulässig, wenn andere außerhalb deren Reichweite bleiben, MK/Münch Rn 79.

37a **Reformüberlegungen.** Der RegE eines Gesetzes zur Modernisierung des Schiedsverfahrensrechts v 26.6.2024 (BTDrs 20/13257, 28 f) der 20. Legislaturperiode beinhaltet in § 1035 IV-E jedoch eine Vorschrift für **Mehrparteienschiedsverfahren**: *„Streitgenossen haben die ihnen obliegende Bestellung eines Schiedsrichters gemeinschaftlich vorzunehmen, sofern die Parteien nichts anderes vereinbart haben. Erfolgt die gemeinschaftliche Schiedsrichterbestellung nicht innerhalb eines Monats, nachdem alle Streitgenossen eine entsprechende Aufforderung der anderen Partei empfangen haben, so ist der Schiedsrichter auf deren Antrag oder auf Antrag eines Streitgenossen durch das Gericht zu bestellen. Das Gericht kann im Fall des Satzes 2 auch die der anderen Partei obliegende Bestellung eines Schiedsrichters übernehmen; sie ist zuvor anzuhören. Mit der Bestellung nach Satz 3 endet das Amt eines bereits bestellten Schiedsrichters."* Näher dazu § 1035 Rn 10.

38 **6) Bereits etabliertes Schiedsgericht.** Oft ist das Schiedsgericht bereits etabliert, weil der Wunsch nach Hereinnahme der 3. Partei in das Schiedsverf erst später virulent wird. Dann gebietet die **Verfahrensökonomie**, nicht wieder von vorne zu beginnen, nur weil eine 3. Partei in das arbitrale Verf einbezogen werden will oder einbe-

zogen werden soll. Aus praktischer Sicht ist in den allermeisten Fällen die **Hereinnahme des Dritten** nur dann sinnvoll, wenn dieser das bereits existente Schiedsgericht akzeptiert, dh sich dessen Zuständigkeit unterwirft. Die fehlende Mitwirkung des Dritten kann nicht zur Aufhebung des Schiedsspruchs bzw bei ausl Schiedssprüchen nicht zur Verweigerung der Anerkennung führen, wenn dieser zugestimmt hat, zust Kleinschmidt SchiedsVZ 2006, 142, 149; Koller S 264. Auch § 1034 II kann nicht zum Zuge kommen. Anders ist es jedoch, wenn der Dritte das bereits gebildete Schiedsgericht nicht „mitübernimmt". Dann scheitert bereits an diesem Punkt die Einbeziehung des Dritten in das Schiedsgerichtsverf, es sei denn, man entschließt sich, das Schiedsgericht neu zu besetzen, s näher Geimer FS Hay, 2005, S 163, 168; Hamann/Lennarz SchiedsVZ 2006, 289.

7) Verletzung der Chancengleichheit. Das Postulat der Chancengleichheit bei der Besetzung des Schiedsgerichts kann **vor Entstehen der Streitigkeit** nicht abbedungen werden. Bei Übergewicht einer Partei bei der Zusammensetzung des Schiedsgerichts bestellt auf Antrag der benachteiligten Partei das staatl Gericht die Schiedsrichter. Dies bedeutet iErg **Neuernennung des gesamten Schiedsgerichts durch das staatl Gericht**, wenn nicht die maßgebl Schiedsordnung eine andere Stelle hierfür vorsieht, Lionnet/Lionnet, Hdb Schiedsgerichtsbarkeit[3], 2005, S 438, 444. **Nach Entstehen eines Streits** kann so gut wie alles vereinbart werden, StJ/Schlosser § 1034 Rn 34; Massuras S 312: Zwar sei das Gebot der Gleichberechtigung der Parteien grds derogationsfest. Anders ist es aber nach Entstehen der Streitigkeit(en), MK/Münch Rn 61. 39

8) Mitwirkungsrechte von Nebenparteien. Bestr ist, ob Nebenparteien, wie NI, Streitverkündungsempfänger u Beigeladene, Mitwirkungsrechte bei der Bestellung von Schiedsrichtern haben, wenn der Schiedsspruch auch für/gegen sie Wirkungen entfalten kann, abl StJ/Schlosser § 1034 Rn 38: Personen, die als Nebenbeteiligte auftreten wollen, können grds keinen Einfluss auf die Besetzung des Schiedsgerichts geltend machen. Eine Ausnahme gilt nur, wenn sie auch ohne ihre Teilnahme materiell Beteiligte der Verf sind. Gegen seinen Willen kann niemand beigeladen oder regressbeklagt werden, wenn nicht das Schiedsgericht durch eine neutrale Stelle bestellt wird. Noch strikter Zerhusen FS Thode, 2005, S 355, 363. 40

9) Vorsorgliche Zuständigkeitsvereinbarung (Art 25 Brüssel Ia-VO/Art 23 LugÜ; § 38). Diese ist **für den Fall, dass Schiedsvereinbarung unwirksam**, sinnvoll u zulässig. Unwirksamkeit der Schiedsvereinbarung erfasst nicht Zuständigkeitsvereinbarung, BGH NJW-RR 87, 227; Geimer IZPR[9] Rn 1790. – Eine Umdeutung einer unwirksamen Schiedsvereinbarung ohne weitere Anhaltspunkte in eine (wirksame) konkludent geschlossene Gerichtsstandsvereinbarung nur selten mögl. Zum Rangverhältnis von Schieds- zu Gerichtsstandsklausel in AGB BGH NJW 2007, 789. 41

10) Bedingungen. Eine Schiedsvereinbarung kann unter einer **aufschiebenden Bedingung** geschlossen werden, wenn bei Anrufung des Schiedsgerichts oder des staatl Gerichts über Eintritt bzw Ausbleiben der Bedingung Klarheit bestehen wird (Lachmann Rn 410; MK/Münch Rn 152). Klärung ggf gem § 1032 II. Sa BGH NJW-RR 2018, 1334 Tz 25; hierzu § 1059 Rn 15. **Auflösende Bedingungen**, über deren Eintritt bis zur Vollstreckbarerklärung des Schiedsspruchs Klarheit herrschen wird, sind zulässig, StJ/Schlosser[23] Rn 10. Bsp: Die staatl Gerichte sollen entscheiden, wenn die Schiedsrichter ihre Aufgabe nicht binnen bestimmter Frist erledigt haben, OLG Saarbrücken KTS 61, 108. 42

VII) Unwirksamkeitsgründe. 1) Fehlende Unterwerfung. Niemand darf an den Spruch eines Schiedsgerichts gebunden werden, dem er oder sein Rechtsvorgänger sich **nicht freiw unterworfen** hat, s vor § 1025 Rn 4. Dies ist ein Fundamentalsatz des Rechtes der privaten Schiedsgerichtsbarkeit, BGH NJW 78, 1745. Ausnahme: § 1066. Ergeht gleichwohl ein (meritorischer) Schiedsspruch, so ist dieser auf Antrag der betroffenen Partei aufhebbar, § 1059 II Nr 1a (s § 1059 Rn 42) bzw § 1061 iVm Art V (1) (a) UNÜ, sofern nicht der Einwand der Unwirksamkeit der Schiedsvereinbarung nach § 1040 II 2 präkludiert ist. 43

2) Maßstab für die Beurteilung der Unwirksamkeit. Dafür ist das Statut der Schiedsvereinbarung maßgeblich (s Rn 85 ff, Steinbrück S 73 mwN). Aus der Sicht des dt Rechts kommen folgende Konstellationen in Betracht: – **a)** Eine Schiedsvereinbarung ist überhaupt nicht geschlossen oder ist von vornherein unwirksam. Auch im 1. Fall besteht gleichwohl gem § 1057 – soweit nicht eine bes Vereinbarung vorliegt – eine Zuständigkeit des Schiedsgerichts zur Kostenentscheidung gegen Kl (sa Niedermaier SchiedsVZ 2025, 52), nicht nur im 2. Fall s § 1057 Rn 1 u 3. – **b)** Die Schiedsvereinbarung ist außer Kraft getreten, zB durch Aufhebungsvertrag. Die einvernehml Anrufung des staatl Gerichts gilt aber nur für den betr Streitgegenstand; sie führt iZw daher nicht zur Aufhebung der Schiedsvereinbarung in toto, BGH NJW 2017, 892 = SchiedsVZ 2017, 107. – **c)** Schiedsspruch u Schiedsvereinbarung divergieren: Der Schiedsspruch entscheidet einen anderen Rechtsstreit als den in der Schiedsvereinbarung definierten bzw das Schiedsgericht überschreitet seine Zuständigkeit. 44

3) Bestimmtheitsgrundsatz. § 1029 setzt voraus, dass die Schiedsvereinbarung sich auf **Streitigkeiten aus einem bestimmten Rechtsverhältnis** bezieht, Beckmann S 59, 197; Wagner S 593; Kahlert S 266. Bestimmbarkeit genügt, OLG Bamberg SchiedsVZ 2010, 279. Eine Schiedsvereinbarung ist **mangels genügender Bestimmtheit** nichtig, wenn das zur Entscheidung berufene Schiedsgericht **weder eindeutig bestimmt noch bestimmbar** ist, weil nach der Schiedsklausel zwei verschiedene ständige Schiedsgerichte in Betracht kommen, BGH NJW 83, 1267, 1268 = MDR 83, 471 = IPRax 84, 148 (Timmermann IPRax 84, 136); OLG Hamm RIW 95, 681; BayObLGZ 2000, 57, 59; OLGR Köln 2006, 28; Hochbaum S 50. Großzügiger jedoch Art 4 V EÜ. Von den Fäl- 45 len, in denen nicht aufklärbar ist, worauf sich die Parteien geeinigt haben, zu unterscheiden ist das von den Parteien gewollte **WahlR** (s Rn 36 ff).

46 **4) Keine Schiedsvereinbarung bzw Schiedsanordnung (§ 1066).** Diese fehlen, wenn es im Belieben der Parteien steht, trotz u nach Entscheidung eines Schiedsgerichts den ordentl Rechtsweg (s Rn 36) zu beschreiten, RGZ 146, 262, 265; OLG Düsseldorf MDR 56, 750, wenn keine zeitl Beschränkung für das Übergehen des Schiedsspruchs vorgesehen ist. Anders ist es, wenn jede Partei nur innerhalb einer bestimmten Frist die „Anerkennung" des Schiedsspruchs verweigern kann, s Rn 36; BGH SchiedsVZ 2007, 160, 162 Tz 19. Die Abrede der Parteien, dass bei Scheitern außergerichtl Vergleichsverh vor Anrufung des Gerichts zunächst die Einigungsbemühungen vor einer Gütestelle fortgesetzt werden sollen, ist weder eine Schiedsvereinbarung noch ein Schiedsgutachtervertrag, sondern eine Schlichtungsvereinbarung, s Rn 30; OLG Celle NJW 71, 288.

47 **5) Kollusives Zusammenwirken.** Dieser Umstand führt zwischen Bevollmächtigtem u der anderen Partei bei Abschluss der Schiedsvereinbarung führt iZw zur Unwirksamkeit ders, Vollkommer IPRax 92, 210, nicht jedoch bei Parteiverrat während des Schiedsverf. Zur Unwirksamkeit wegen Verstoßes gegen das Gebot überparteil Rechtspflege s § 1035 Rn 4. – Zum **Korruptionseinwand** Rieder/Schoenemann NJW 2011, 1169; Kilches SchiedsVZ 2016, 150; Schlosser SchiedsVZ 2019, 60. Sa Bälz RIW 2021, 206.

48 **6) Wahrung international zwingenden Rechts.** Der BGH will die Vereinbarung eines (ausl) Schiedsgerichts nicht beachten, wenn zu erwarten ist, dass das Schiedsgericht aus dt Sicht **internat zwingendes** u daher auch ggü (ausl) Schiedssprüchen durchzusetzendes Recht nicht beachten wird, BGH NJW 87, 3193; BGH NJW-RR 88, 172 = IPRax 89, 169 (Samtleben IPRax 89, 148); OLG Düsseldorf RIW 95, 769; Synatschke S 39. Wesentl moderater aber BGH JZ 2005, 958 (Wagner/Quinke JZ 2005, 932). Ebenso wie Zuständigkeitsvereinbarungen sind Schiedsvereinbarungen nicht per se unwirksam, weil das Schiedsgericht voraussichtl internat zwingendes Recht nicht anwenden wird, Geimer IZVR[9] Rn 1770; Dathe NJOZ 2010, 2196; Antomo IHR 2013, 225. Sa den belg Ausgangsfall EuGH IPRax 2014, 174 (Lüttringhaus IPRax 2014, 146) = EuZW 2013, 956. Für eine **generelle „ordre public-Kontrolle"** von Schiedsvereinbarungen Thorn/Nickel IPRax 2018, 541, 545. S zu § 101 WpHG BGHZ 184, 365 Tz 20; BGH SchiedsVZ 2011, 157 Tz 20 = LMK 2011, 318032 [Mäsch]).

49 **7) Ausschließliche internationale Zuständigkeit Deutschlands.** Liegt diese zB auf Grund **Art 24 Brüssel Ia-VO/ Art 22 LugÜ** vor, hindert sie nicht die Vereinbarung der schiedsgerichtl Erledigung, Art 1 II (d) Brüssel Ia-VO/ LugÜ, BGH NJW 96, 1753; s § 1030 Rn 5; Geimer IZPR[9] Rn 878, 1769, 3814. Auch wenn im Bereich des autonomen dt Rechts strittig ist, ob die Derogation der internat Zuständigkeit Deutschlands zu Gunsten eines ausl Gerichts trotz einer ausschließl Zuständigkeit eines dt Gerichts (§ 40 II 1), zB gem §§ 24, 29a (abgesehen von § 1030 II), § 29c I 2, § 26 I FernUSG, § 14 UWG, mögl ist, scheitert jedenfalls der Ausschluss der staatl Gerichtsbarkeit durch eine Schiedsvereinbarung bzw eine Verfügung/Anordnung (§ 1066) nicht an einer ausschließl Zuständigkeit.

50 **VIII) Heilung von Formmängeln.** Durch **vorbehaltlose Einlassung zur Hauptsache** werden Formmängel geheilt, § 1031 VI (sa BGH 9.1.2025 – I ZB 48/24). Darüber hinaus kann darin der **(Neu-)Abschluss einer Schiedsvereinbarung** liegen, BGH NJW 83, 1267. Maßgebl ist Zeitpunkt der Einlassung zur Hauptsache. Falls diese durch Schriftsatz erfolgt, kommt es auf den Zeitpunkt des Eingangs dieser Stellungnahme beim Schiedsgericht an. Ferner ist grds präkludiert, wer die Unzuständigkeit des Schiedsgerichtes unentschuldigt verspätet rügt, s § 1040 Rn 7.

51 **IX) Rechtsbeschwerdeverfahren.** Zur Überprüfung von Schiedsvereinbarungen im Rechtsbeschwerdeverfahren s § 1032 Rn 4, 9 u § 1065 Rn 4. Im Hinblick auf § 1032 II fehlt Rechtsschutzbedürfnis für Klage auf Feststellung (§ 256) der Wirksamkeit bzw Unwirksamkeit der Schiedsvereinbarung, Kröll SchiedsVZ 2004, 113, 117. Sa BGH SchiedsVZ 2016, 42.

52 **X) Subjektive Grenzen der Wirkungen der Schiedsvereinbarung. 1) Parteien und Rechtsnachfolger.** Die Schiedsvereinbarung wirkt – anders als die nach § 1066 verfügte Schiedsklausel – nur **zwischen den Parteien** (einschließl Rn 52 f, 61) **u ihren Rechtsnachfolgern** (Gesamt- u Sonderrechtsnachfolger, s § 1031 Rn 16; BGH NJW 2000, 2346; BGH SchiedsVZ 2014, 151, 152 Tz 29 = IPRax 2016, 63 (Kröll IPRax 2016, 43); Schütze SchiedsVZ 2014, 274; Gebauer FS Schütze II, 2014, S 95; wNw Kröll SchiedsVZ 2020, 156, 158; auch im Falle der Umwandlung nach UmwG), bindet aber **nicht Bürgen** (BGH WM 91, 384, 385), **Schuldmitübernehmer** u **Garanten**, da ihre Schuld selbständig neben der Hauptschuld steht u eigenes rechtl Schicksal hat, es sei denn, dass die genannten Personen die betr Schiedsvereinbarung als Beitretende mit unterschrieben haben, Pfeiffer FS Kronke, 2020, S 1497, 1498; anders bei befreiender Schuldübernahme u Eintritt in ein Vertragsverhältnis, für das eine wirksame Schiedsvereinbarung bereits besteht. – WNw bei Pika ZZP 131 (2018), 225, 250; Müller/ Keilmann SchiedsVZ 2007, 113, 114; Sandrock FS Buxbaum, 2000, S 461, 470; rechtsvergl Koller in Liebscher/ Oberhammer/Rechberger Rn 3/289 ff. – Zur **Drittwirkung von Schiedsklauseln in Vertragsketten** Isler, Der Direktanspruch in internat Vertragsketten, Rn 652 ff.

53 ***2) Bindung weiterer Personen.*** Auf einen **vollmachtlosen Vertreter** kann eine in gescheitertem Vertrag enthaltene Schiedsabrede idR nicht erstreckt werden. Eine Erstreckung auf den **Vertreter ohne Vertretungsmacht** kommt nur dann in Betracht, wenn nach dem maßgebl Recht ein entspr „Zurechnungsdurchgriff" erfolgt, ähnl

Raeschke-Kessler/Berger Rn 302. Die Schiedsvereinbarung bindet somit idR nur den Vollmachtgeber, auch in den Fällen der Anscheins- u Duldungsvollmacht. Eine Erstreckung auf den nach § 95 II HGB in Anspruch genommenen **Makler** dagegen findet statt, BGHZ 68, 356. Befriedigt **Bürge** den Gl, geht mit Forderung auch Schiedsvereinbarung auf Bürgen über, § 774 BGB; G. Wagner in Böckstiegel/Berger/Bredow S 34. Der **Erwerber eines vermieteten Hausgrundstücks** (§ 566 BGB) ist an Schiedsvereinbarung im (gewerbl) Mietvertrag gebunden, BGH NJW 2000, 2346, ebenso der **Pfändungsgläubiger.** Ebenso grds der **InsVerwalter**, BGH MDR 2011, 1002; BGH ZIP 2004, 1616, 1618; LG Saarbrücken SchiedsVZ 2016, 111 (Böcker); Kröll SchiedsVZ 2012, 136, 139; Flecke-Giammarco/Keller NZI 2012, 529, 530; zurückhaltender Heydn SchiedsVZ 2010, 182. Die Schiedsvereinbarung ist weder ein gegenseitiger Vertrag iSv § 103 InsO, dessen Erfüllung abgelehnt werden kann, noch ein durch Insolvenzeröffnung erloschener Auftrag (§ 115 InsO), s § 1042 Rn 48; ebenso grds keine Anfechtung der Schiedsvereinbarung nach §§ 129 ff InsO, Flöther S 71 ff. Das Gleiche gilt für Schiedsrichterverträge, Berger FS v. Hoffmann, 2011, S 903; Kindler FS Schütze II, 2014, S 221, 225. Die vom Sch abgeschlossene Schiedsvereinbarung erfasst jedoch nicht die dem **InsVerwalter kraft eigenen Rechts** zustehenden Ansprüche aus Insolvenzanfechtung u Streitigkeiten iZm dem von ihm ausgeübten WahlR (§ 103 InsO), BGH GRUR 2012, 95 (Heim) = ZZP 126 (2013), 111 (Haas); BGH SchiedsVZ 2008, 148; BGH WM 2017, 1116; Schütze SchiedsVZ 2014, 274, 277; Dahl/Schmitz NZI 2013, 1059. Dieser kann jedoch ggf eine diesbzgl Schiedsvereinbarung schließen, sa § 1030 Rn 14. Der auf ein AbsonderungsR gestützten Schiedsklage, die (allein) auf einer noch mit dem Sch getroffenen Schiedsvereinbarung beruht, kann der InsVerwalter Ansprüche aus Insolvenzanfechtung weder im Wege der Einrede noch mit der Schieds(wider)klage entgegensetzen. Er kann jedoch die Einrede der Insolvenzanfechtung im Vollstreckbarerklärungsverf erheben, BGH MDR 2008, 468; aA G. Wagner KTS 2010, 39, 50. Sa § 1042 Rn 48, 50. – Um die par conditio creditorum (§ 87 InsO) zu gewährleisten, muss das Schiedsgericht ermöglichen, die Forderung anzumelden und das Prüfverf nach §§ 174 ff InsO durchzuführen. Da das Urteil über eine Feststellung der Forderung zur Tabelle auch ggü allen Insolvenzgl gem § 183 I InsO Wirkungen entfaltet, müssen diese Gelegenheit haben, die angemeldete Forderung zu prüfen u ggf zu bestreiten nach §§ 174 ff InsO; dagegen sind die (anderen) Insolvenzgl am Schiedsverf nicht beteiligt. Ein Schiedsspruch, der eine nicht angemeldete Forderung zur Insolvenztabelle feststellt, wäre idR ordre public-widrig. Wird die angemeldete Forderung nach dem Prüfungstermin als unbestrittene zur Tabelle festgestellt, ist das Schiedsverf de facto erledigt. Wird sie bestritten, so muss der Schiedskläger an Stelle auf Leistung nunmehr auf **Feststellung seiner Forderung zur Tabelle** klagen und seine Anträge entspr umstellen. Jedoch ist iZw dies auch ohne ausdrückl Erklärung als gewollt anzusehen, s § 1059 Rn 85. Im Falle des Unterliegens des InsVerwalters sind Kostenerstattungsansprüche des siegreichen Gl iZw Masseschulden; denn es muss das Gleiche gelten wie bei Prozessen vor staatl Gerichten (BGH NZI 2008, 565). – Zur Anwendung der Art 4 II (f) u 15 EuInsVO Kasolowsky/Steup IPRax 2010, 180; Nacimiento/Bähr NJW 2010, 414; G. Wagner KTS 2010, 39, 51. – Zur Vollstreckbarerklärung u Insolvenz BayObLGNZI 2022, 142 (Kaubisch/v. Marschall NZI 2022, 111) = ZIP 2021, 2543. Streitigkeiten iZm der Insolvenzanfechtung werden von der vom Gemeinschuldner abgeschlossenen vorkonkursl Schiedsvereinbarung nicht erfasst, sa Heydn SchiedsVZ 2010, 182; Hombeck/Schneider NZI 2020, 449.

3) Vorgesellschaft und Gesamtrechtsnachfolge. Gesellschafter einer (Vor-GmbH) sind im Kontext mit § 11 GmbHG an die von der Gesellschaft geschlossene Schiedsvereinbarung gebunden, Müller/Keilmann SchiedsVZ 2007, 113, 116. Zur Gesamtrechtsnachfolge (§§ 46, 1416, 1437, 1922 BGB, §§ 2 ff, §§ 123 ff UmwG) in das Schiedsvertragsverhältnis s ausf Martens S 102, 149; G. Wagner in Böckstiegel/Berger/Bredow S 13. 54

4) Umfang des Eintritts. Der **Rechtsnachfolger** tritt prozessual voll in die Rechtsposition seines Vorgängers ein. Dies gilt insb für die Rechtsschutzmöglichkeiten, somit auch für den Ausschluss des Rechtsweges zu den staatl Gerichten durch Vereinbarung der Zuständigkeit eines in- oder ausl Schiedsgerichts. Der Rechtsnachfolger erwirbt das Recht bzw die Rechtsposition von vornherein nur mit dieser Maßgabe. Wer sich zB einen **mit einer Schiedsvereinbarung verbundenen Anspruch abtreten** lässt, ist an diese gebunden, BGHZ 77, 35; BGH IPRax 92, 240 (Vollkommer IPRax 92, 207); Wagner, Prozessverträge, 1998, S 311 ff. Der **neue Unternehmensträger** ist auch nach §§ 25, 28 HGB an Schiedsvereinbarung gebunden, Massuras S 139; ebenso nach Maßgabe der Rechtsnachfolge gem Umwandlung. 55

5) Formfreiheit der Rechtsnachfolge. Eines „Eintritts" oder eines Neuabschlusses der Schiedsvereinbarung bedarf es nicht. Daher kommt **§ 1031 im Hinblick auf den Rechtsnachfolger nicht zum Zuge**. Auch der Erwerbsvorgang für das (übertragene) materielle Recht bedarf nicht der Form des § 1031. Die **Bindung des Rechtsnachfolgers auch an die Schiedsvereinbarung** ergibt sich aus dem **Wesen der Rechtsnachfolge**. Niemand kann durch Abtretung oder Gesamtrechtsnachfolge (Umwandlung nach UmwG, Vereinbarung von Gütergemeinschaft [§ 1416 BGB] oder Erbfolge) sich oder seine Nachfolger aus einer wirksamen Schiedsvereinbarung befreien. Auch kann der Rechtsnachfolger sich auf das Fehlen der durch die Formvorschrift des § 1031 intendierten Warnung vor dem Ausschluss des Rechtsweges zu den staatl Gerichten nicht berufen. Ob man dieses Ergebnis rechtskonstruktiv mit dem Hinweis auf **§§ 401, 412 BGB** stützen will, ist Geschmackssache. Dafür BGH NJW 2000, 2346; BGH MDR 98, 59 (krit Terlau MDR 98, 431); BGH IPRax 2016, 63 (Kröll IPRax 2016, 43); Schütze/Thümmel Rn 2.27. Dagegen MK/Münch Rn 51; Massuras S 117; G. Wagner in Böckstiegel/Berger/Bredow S 14 ff; Ventsch/Krauskopf IHR 2008, 9, 11. 56

57 **6) Bestrittene Rechtsnachfolge.** Ist Wirksamkeit der Rechtsnachfolge streitig, so eröffnet Schiedsvereinbarung bzw Schiedsklausel iSv § 1066 im Hinblick auf § 1040 I 2 iZw auch Zuständigkeit des Schiedsgerichts gegen Zessionar bzw vertragseintretenden Schuldübernehmer etc, wenn der äußere Tatbestand einer Abtretung, (befreienden) Schuldübernahme etc gegeben ist, auch wenn sich herausstellt, dass wegen Anfechtung oder §§ 134, 138, 305 ff BGB die Rechtsnachfolge nicht stattgefunden hat. Dies ergibt eine verständige Auslegung. Denn in diesen Fällen ist die Gerichtspflichtigkeit vor dem Schiedsgericht der Verbindlichkeit/Forderung inhärent. – Zum Meinungsstand zur Anwendbarkeit des § 265 ohne eigene Stellungnahme BGHSchiedsVZ 2022, 237 Tz 24 = EWiR 2022, 478 (Pickenpack) = NZM 2022, 390.

58 **7) Persönlich haftende Gesellschafter.** Die von dem vertretungsberechtigten Organ für die Personengesellschaft (GbR, oHG, KG) geschlossene Schiedsvereinbarung erstreckt sich auch auf die **Gesellschafter**; ob dies direkt aus § 126 HGB nF (BGH NJW 81, 2644; BGH IPRax 1992, 240) oder aus dem diesem zugrunde liegenden Rechtsgedanken folgt, ist str, Wiegand SchiedsVZ 2003, 52, 58; Haas/Oberhammer FS K. Schmidt, 2009, S 493 mwN; Pika ZZP 121 (2018), 225, 244; ablehnend Habersack FS Geimer II, 2017, S 163. Insoweit existiert eine Ausnahme von dem Grundsatz, dass nur derj eine Schiedsvereinbarung gegen sich gelten lassen muss, der an ihrem Abschluss beteiligt war. Eine normative „Erstreckung" findet nur statt, wenn vom Gegner (= andere Schiedsvertragspartei) Gesellschaftsverbindlichkeiten oder von dem persönl haftenden Gesellschafter Ansprüche oder sonstige Rechte geltend gemacht werden, welche der Gesellschaft zustehen oder von ihr gesellschaftsrechtl abgeleitet sind, BGH IPRax 92, 240 (Vollkommer IPRax 92, 207) = MDR 92, 737. Weiter OLG Hamburg RIW 89, 574 = EWiR 89, 933 (Bredow); WSch/Schütze[5] Rn 50. Krit Massuras S 167.

59 **8) Faktischer Konzern.** Ein „Schiedsdurchgriff" im (faktischen) Konzern wird überwiegend abgelehnt, BGH SchiedsVZ 2023, 228; Lachmann Rn 509; Mansel FS Maier-Reimer, 2010, S 407, 410; zaghaft befürwortend Massuras S 213. Anders im grds Ansatz jedoch die Praxis internat Schiedsgerichte. Die **„Konzerntheorie" („group of companies doctrine")** stellt auf wirtschaftl Einheit des Konzerns ab u ignoriert jur Selbständigkeit der einzelnen Konzerngesellschaften (sa § 1031 Rn 49). Der Schiedsdurchgriff von der Tochter- auf die Muttergesellschaft u umgekehrt sowie auf Schwester- u Enkelgesellschaften sei legitim angesichts der Leitungsmacht der Mutter u der faktischen Einflussnahmemöglichkeit auf den Abschluss der Schiedsvereinbarung, Busse SchiedsVZ 2005, 118; MK/Münch Rn 57; Müller/Keilmann SchiedsVZ 2007, 113, 114, 117; Koller in Liebscher/Oberhammer/Rechberger Rn 3/314.

60 **9) Schiedsklauseln in Gesellschaftsverträgen von Personengesellschaften.** Diese sind weit auszulegen, OLG Düsseldorf SchiedsVZ 2004, 161; sie gelten iZw auch für gesellschaftsrechtl Streitigkeiten mit ausgeschiedenen Gesellschaftern, OLGR Koblenz 2008, 568, Kröll SchiedsVZ 2010, 144, 146, sowie mit – bei der Gesellschaft offen gelegten Treuhandverhältnissen – iZw auch mit den Treugebern, umfassen aber nicht sog **Drittgeschäfte**, also Rechtsstreite mit Nichtgesellschaftern, aber auch mit Gesellschaftern, die nicht auf der Mitgliedschaft basieren. Sie erfassen auch auf Kapitalerhaltungsvorschriften gestützte Klagen des InsVerwalters, nicht jedoch Klagen wegen existenzvernichtenden Eingriffs. Als **Individualvereinbarungen** sind derartige Klauseln idR unproblematisch. Sie bedürfen der Form des § 1031 V mit Ausnahme von Organisationsverträgen, die unter § 1066 fallen; s § 1066 Rn 1 ff. AA hM, die bei Personengesellschaften generell § 1066 nicht anwenden will, Eberl/Eberl 7 Rn 55. Bei Kapitalanlage- u sonstigen Publikumsgesellschaften findet zum Schutz des Anlegers eine **sehr weite AGB-Kontrolle** statt, BGHZ 104, 50, 53; Raeschke-Kessler/Berger Rn 340; zu eng OLG Bremen MDR 2009, 465; sa Schulz/Niedermeier SchiedsVZ 2009, 196; Synatschke S 38: Schiedsgericht in New York sei für Bremer unzumutbar, weil mit erhebl Mühen für Rechtsverfolgung bzw -verteidigung im Ausland verbunden. Der Anleger ist an eine Schiedsvereinbarung erst gebunden, wenn er **mit Beitritt einen gesonderten Schiedsvertrag gem § 1031 V** abschließt, BGH NJW 80, 1049, es sei denn, es liegt Rechtsnachfolge (s § 1031 Rn 16) vor, BayObLG ZIP 2022, 2177 Tz 30; hierzu Kröll NJW 2023, 819 Rn 8. – Auch **ausgeschiedene Gesellschafter** sind an vertragl Schiedsklauseln gebunden; das Gleiche gilt für die auf § 1066 gestützten Klagen. Bsp: Mitgliedschafts- u Abfindungsstreitigkeiten. – Die **nachträgl Einfügung einer Schiedsklausel** in einen bestehenden Personengesellschaftsvertrag bedarf – wie jede andere Änderung bzw Ergänzung – grds der Einstimmigkeit. Lässt jedoch der Gesellschaftsvertrag Änderung durch Mehrheitsbeschlüsse zu, bedarf es nach hM gleichwohl der **Einstimmigkeit**, da der Zugang zu den staatl Gerichten in gesellschaftsrechtl Streitigkeiten zum Kernbereich der Mitgliedschaft gehöre, K. Schmidt BB 2001, 1857, 1863; sa Massari/Burri-Wenzel SchiedsVZ 2024, 187 f, 194. AA Habersack SchiedsVZ 2003, 241, 245. Nw bei Graf von Westphalen ZIP 2022, 245.

61 **10) Schiedsgerichtsklauseln in Satzungen von Kapitalgesellschaften (§ 1066).** Auch für AG zulässig, sa zur Diskussion Massari/Burri-Wenzel SchiedsVZ 2024, 187, 194 f. § 23 V 1 AktG steht nicht entgegen, s § 1066 Rn 6 f; LG München I MittBayNot 2007, 142, 146; Beckmann S 114; Wagner, Prozessverträge, 1998, S 593; Wagner in Lutter, Europ Auslandsgesellschaften in Dt, 2005, S 300. Sa BGHZ 123, 347, 349 = NJW 94, 51: Zulässigkeit von Gerichtsstandsklauseln; diese ratio decidendi gilt auch für Schiedsvereinbarungen. **Anders** zB K. Schmidt GroßkommAktG § 246 AktG Rn 121. Wegen der Besonderheiten der Beschlussmängelstreitigkeiten *s § 1030 Rn 9; Otte ZIP 2020, 1743, 1745;* Reichert/Groh ZPG 2023, 121 ff (mit Blick auf das MoPeG). Schiedsfähig sind zB Streitigkeiten über das InformationsR des Aktionärs (anders hM) u des GmbH-Gesellschafters, Scholz/K. Schmidt § 51b Rn 5.

11) Immunität ausländischer Staaten. Sind ausl Staaten an einer privatrechtl Schiedsvereinbarung beteiligt, besteht keine Immunität, u zwar auch nicht für Verf vor staatl Gericht (§ 1062) im Zusammenhang mit der Einleitung u Durchsetzung der Schiedsvereinbarung, der Bestellung von Ersatzschiedsrichtern, der ordnungsgemäßen Durchführung des schiedsrichterl Verf u der Kontrolle des Schiedsgerichts sowie der Vollstreckbarerklärung, s § 1061 Rn 44; Art 17 VN-Übk über die Staatenimmunität v 2.12.2004, s § 1030 Rn 14; Geimer IZPR[9] Rn 521, 571, 752, 3854. Sa Rn 19. Zum **Vollstreckbarerklärungsverf** (§ 1061) BGH NJW 2013, 3184 = LMK 2013, 345597 (Wilske/Nettlau); Geimer IZPR[9] Rn 544. 62

XI) Objektive Reichweite einer Schiedsvereinbarung. 1) Auslegung. Die durch großzügige (Hochbaum S 127 ff; Synatschke S 58 ff) Auslegung zu ermittelnde Reichweite der Schiedsvereinbarung bzw Schiedsanordnung (§ 1066) bestimmt sich nach dem Schiedsvereinbarungsstatut (Rn 85 ff), obwohl § 1059 II Nr 1c im Gegensatz zu Nr 1a keine Kollisionsregel enthält (OLG Frankfurt 2.1.2025 – 26 SchH 1/23 Tz 57, 91 f). Rechtsvergl sa Koller in Liebscher/Oberhammer/Rechberger Rn 3/51. – Die tatrichterl Auslegung der Schiedsabrede bzw Schiedsanordnung (§ 1066) unterliegt nur **eingeschränkter revisionsrechtl Überprüfung**, näml nur darauf, ob die allg Auslegungsregeln eingehalten worden sind, BGHZ 165, 376, 379; BGH SchiedsVZ 2009, 123 Tz 25. Zu den vollstreckungsrechtl Klagen s § 1032 Rn 12; Feldmann S 205 ff, 212. 63

2) In favorem jurisdictionis arbitri. Die Schiedsvereinbarung ist weit auszulegen, BGH MDR 2017, 168; BayObLG SchiedsVZ 2021, 140; OLG München SchiedsVZ 2014, 262, 264; OLG München IPRax 2016, 66 (Weller IPRax 2016, 48); LG Stuttgart 10.1.2024 – 49 O 30/23 Tz 25, iZw alle Ansprüche aus dem Vertrag einschließl der **Kognitionsbefugnis für alle Einwendungen** gegen diese Ansprüche (auch im Vollstreckungsstadium) mit Ausnahme der Aufrechnung mit streitigen Gegenforderungen (s Rn 69 ff), Pfeiffer LMK 2013, 350373; Kindler FS Thümmel, 2020, 381, 386; Kröll NJW 2021, 832, 833 Rn 8 ff. Sa BGH ; BGH SchiedsVZ 2024, 254 f: Erfüllungseinwand; OLG München SchiedsVZ 2012, 342. „Streitigkeiten aus Gesellschaftsvertrag" umfassen auch Streitigkeiten mit ausgeschiedenen Gesellschaftern u Bürgenregress, da dieser im Gesellschaftsverhältnis seine Grundlage hat; OLG Düsseldorf SchiedsVZ 2004, 161. Zum zeitl Anwendungsbereich einer Schiedsklausel (in Vertragshändlervertrag) OLG München SchiedsVZ 2013, 230 (Münch). Die mit einer **Aufspaltung der Zuständigkeiten zwischen Schiedsgericht u staatl Gericht** verbundenen Verzögerungen, wie sie insb durch die Aussetzung eines Verf bis zum Abschluss des anderen entstehen können, sind möglichst durch eine weite Auslegung zu vermeiden. 64

3) Prozessfinanzierungvertrag. Schiedsklausel in Prozessfinanzierungsvertrag erstreckt sich iZw auf Darlehen, das der Prozessfinanzierer im Vorgriff auf die klagew durchzusetzende Forderung zur Verfügung gestellt hat, OLG München NJW 2005, 832. Nw zB bei Kröll SchiedsVZ 2005, 139, 141. Die Entscheidungskompetenz des Schiedsgerichts umfasst auch nach Maßgabe des § 1057 die **Kosten des Schiedsverf.** 65

4) Umfang der schiedsrichterlichen Kognitionsbefugnis. Schiedsvereinbarung erfasst iZw – wie Zuständigkeitsvereinbarung (§ 38), Geimer IZPR[9] Rn 1719 – auch **deliktische Anspruchsgrundlagen** (in Anspruchskonkurrenz mit vertragl), OLG Hamburg RIW 89, 578 = EWiR 89, 933 (Bredow); BGH NJW 88, 1215; Feldmann S 213; Mayr, Schiedsvereinbarung u PrivatR, 2019, S 98. Dies gilt jedoch nicht insoweit, als die unerlaubte Handlung sich nicht mit der Vertragsverletzung deckt, OLG München IPRax 2016, 66 (Weller IPRax 2016, 48). Izw werden **zukünftige Vorsatztaten** von der Schiedsklausel nicht bindend erfasst, dh der Geschädigte kann nach seiner Wahl vor staatl Gericht oder vor Schiedsgericht klagen. Sa Geimer FS Martiny, 2014, S 711, 731; Koller in Liebscher/Oberhammer/Rechberger Rn 3/266. Von der Schiedsvereinbarung **nicht erfasst** werden also Tathandlungen, die – bei Würdigung des Sachverhalts als einheitl Lebensvorgang – **der Vertragsverletzung zeitl vorgelagert sind oder ihr nachfolgen**. Zu eng aber BGH WM 91, 386, wonach Einbeziehung deliktischer Ansprüche voraussetze, dass dies klar u eindeutig in der Schiedsklausel zum Ausdruck komme. Zurückhaltend auch BGH LMK 2011, 320470 (Huber) = MDR 2011, 717. Erfasst sind auch Bereicherungsanspruch bei nichtigem Hauptvertrag sowie spätere Vertragsänderungen (= Nachträge bzw Ergänzungen zum Hauptvertrag), BGH IPRspr 83, Nr 196. – Zu **Kartellschadensersatzansprüchen** LG Dortmund NZKart 2017, 604 (Thiede NZKart 2017, 589) = WuW 2017, 621 (Funke). Sa Hornkohl IPRax 2023, 254; Rademacher IPRax 2018, 601; Wagner ZvglRWiss 114 (2015), 494; Wurmnest FS Magnus, 2014, S 567. Sa EuGH RIW 2018, 832 = LMK 2018, 412366 (Pfeiffer). – Die Prüfung einer Schiedsvereinbarung am Maßstab des § 19 GWB bzw Art 101 u 102 AEUV obliegt dem nach § 1062 zuständigen OLG u dort dem dafür zuständigen Senat, nicht dem für Kartellsachen zuständigen Spruchkörper, OLG Frankfurt/M NZKart 2020, 448. Das Gleiche gilt für Landpachtverträge; hier ist der schiedsrechtl Spezialsenat zuständig u nicht der für Landwirtschaftssachen zuständige Senat, OLG Naumburg 30.7.2020 – 7 SchH1/20; Kröll NJW 2021, 832, 833 Rn 14. 66

5) Im Sachzusammenhang stehende (vertragliche) Streitigkeiten. IZw erfasst die Schiedsvereinbarung über Meinungsverschiedenheiten oder Streitigkeiten aus einem Vertrag auch **Streitigkeiten über Zustandekommen des Hauptvertrages** bzw etwaige **Folgen der Unwirksamkeit** u erstreckt sich auch auf **Nachträge und Vergleiche**, BGH IPRspr 83, Nr 196; OLG Frankfurt OLGZ 67, 436; LG Stuttgart 10.1.2024 – 49 O 30/23 Tz 25 (Ergänzungen); Geimer IZPR[9] Rn 1719; Koller in Liebscher/Oberhammer/Rechberger Rn 3/271. Auch wenn die Parteien nur „von allen Streitigkeiten aus diesem Vertrag" sprechen, sind damit auch die Streitigkeiten über Zustandekommen und/oder dessen Wirksamkeit miterfasst, StJ/Schlosser Rn 36. Anders ist es bei Kündigung des gesamten Vertragsverhältnisses, wenn Auslegung ergibt, dass dann auch die Zuständigkeit des Schiedsgerichts 67 entfallen soll, OLGR München 2006, 869. Sa Elsing FS Graf von Westphalen, 2011, S 124. Die Schiedsvereinbarung begründet iZw auch die Zuständigkeit zur **Abänderung des Schiedsspruchs wegen veränderter Verhältnisse**, s § 1055 Rn 11. Die Schiedsklausel in einem **Rahmenvertrag** gilt auch für Einzellieferungen aus einer in dieser enthaltenen Bezugsverpflichtung, auch aus Wiederkehrschuldverhältnis, BGH SchiedsVZ 2007, 215, 216; DIS Schiedsspruch SchiedsVZ 2005, 166. Bei mehreren selbständigen Vertragsverhältnissen ist für jedes jew gesondert zu prüfen, ob Schiedsvereinbarung besteht, auch wenn die Verträge rechtl oder wirtschaftl miteinander zusammenhängen, Raeschke-Kessler/Berger Rn 306. Die Schiedsvereinbarung erstreckt sich nach hM iZw nicht auf **Wechsel- u Scheckansprüche**. Lachmann Rn 492; Schütze/Thümmel Rn 14.1. Sa § 1032 Rn 14. Die im Hinblick auf § 1035 III 2 wohl nur sehr seltene **Klage auf Mitwirkung der Partei bei der Schiedsrichterernennung** ist von Schiedsvereinbarung nicht mitumfasst, LG Gießen FamRZ 95, 890. – Zur Durchsetzung von **Vorschussansprüchen** für das Schiedsverf Buchwitz/Schütt SchiedsVZ 2015, 1, 6. Enger AG OLG Düsseldorf SchiedsVZ 2003, 240.

68 **6) Gesellschaftsvertrag.** Ein in einem Gesellschaftsvertrag vorgesehenes Schiedsgericht ist auch dann zuständig, wenn vor Eintragung der Gesellschaft im Handelsregister Streitigkeiten auftreten. Die in der Satzung einer AG enthaltene Bestimmung, alle Streitigkeiten zwischen Aktionären u der Gesellschaft sollten durch ein Schiedsgericht unter Ausschluss des Rechtsweges geregelt werden, erfasst nach hM – entgegen der hier vertretenen Auffassung – nicht auch die Anfechtungs- u Nichtigkeitsklage gegen einen Beschluss der Hauptversammlung der AG, s § 1030 Rn 9 f, § 1066 Rn 5; vgl BGH NJW 2001, 2176.

69 **7) Berücksichtigung des Aufrechnungseinwands.** Die mat-rechtl Voraussetzungen für die Aufrechnung bestimmt die für die Hauptforderung maßgebl Rechtsordnung (Aufrechnungsstatut); maßgebl ist mithin das Statut der Forderung, gegen die aufgerechnet wird, Art 17 Rom I-VO, Koller S 90 ff. Hierzu zählt zB OLG Düsseldorf IHR 2004, 203, 208 auch das Erfordernis der „Entscheidungsreife" (Art 1243 I ital Codice civile), obwohl dieses evident der Verfahrensbeschleunigung dient. Sa IPG 2003/2004 Nr 4 (Bochum). Ob u wie der Aufrechnungseinwand im dt Schiedsverf (§ 1043) eingeführt werden kann, entscheidet aber das dt Recht. Sa BGH 6.5. 2021 – I ZB 71/20. Tritt die Kompensation der Forderungen nach der maßgebl lex causae ex lege bzw wie nach § 388 BGB durch Aufrechnungserklärung ein, bedarf es also keiner Verrechnung durch Richterspruch (Gestaltungsurteil), so wollen manche die (mat-rechtl wirksame) Aufrechnung beachten u die Schiedsklage abweisen, auch wenn für die klagew Geltendmachung der zur Aufrechnung verwendeten Forderung das Schiedsgericht nicht zuständig ist, weil hierfür die staatl Gerichte oder ein anderes Schiedsgericht zuständig wäre: „Le juge d'action est le juge de l'exception", Schweizer BGE 85 II 103. Für Analogie zu § 17 II 1 GVG Jauch, Die Aufrechnung u Verrechnung in der Schiedsgerichtsbarkeit, 2001, S 116 ff. Die Schiedsvereinbarung schließt aber nach hM die Vereinbarung mit ein, dass ggü einer im Schiedsverf eingeklagten Forderung die Aufrechnung mit einer nicht dem Schiedsverf unterliegenden Forderung nicht beachtet werden darf **(prozessuales Verbot, die mat-rechtl bereits perfekte Aufrechnung geltend zu machen)**; StJ/Schlosser Rn 60 ff; Schlosser RipS[2] Rn 399; aA MK/Münch § 1046 Rn 41. Nw bei Köhne/Langner RIW 2003, 361; sa BGH 6.5.2021 – I ZB 71/20.

70 **8) Ausnahmen vom Grundsatz der Unzulässigkeit der Aufrechnung.** Zulässig die die Aufrechnung, wenn (1) Gegenforderung rechtskräftig festgestellt oder unstreitig ist oder (2) der Kl zu der vom Bekl vor Beginn des Schiedsverf schriftl angekündigten Aufrechnung geschwiegen hat oder (3) die Parteien durch ausdrückl oder konkludente Vereinbarung die Zuständigkeit des Schiedsgerichts auf die Entscheidung über Gegenforderung erstreckt haben, Berger RIW 98, 429; Illmer S 84, BGH 6.5.2021 – I ZB 71/20. Zur **Widerklage** s § 1046 III.

71 **9) Forderungszuständigkeit verschiedener Schiedsgerichte.** Sind für die Forderungen verschiedene Schiedsgerichte zuständig, weil der Schiedsbekl verschiedene Schiedsrichter benannt hat, obwohl die verschiedenen Schiedsverf auf ein u ders Schiedsvereinbarung beruhen, kann die Berufung auf das Verbot der Geltendmachung der Aufrechnung im Schiedsverf **rechtsmissbräuchl** sein. Auch Aufrechnung mit Forderung aus wirtschaftl verwandten Verträgen ist zulässig, StJ/Schlosser Rn 60. Sa BGH 6.5.2021 – I ZB 71/20.

72 **10) (Nachträglicher) Aufrechnungseinwand gegen Schiedsspruch.** War die Geltendmachung der Aufrechnung im Schiedsverf unzulässig, kann nach Erlass des Schiedsspruchs der Aufrechnungseinwand wieder geltend gemacht werden, u zwar als Einwand gegen die Vollstreckbarerklärung (§§ 1060, 1061, BGH 6.5.2021 – I ZB 71/20; BGH SchiedsVZ 2008, 148, 150; sa OLG München SchiedsVZ 2016, 118) oder durch Gegenantrag (§ 767) gegen Vollstreckbarerklärung, s § 1060 Rn 9, 25. Dabei ist das staatl Gericht im Verf nach §§ 1060, 1061 an die Rechtsansicht des Schiedsgerichts nicht gebunden, für die zur Aufrechnung gestellte Gegenforderung bestehe eine weitere Schiedsvereinbarung; OLG Frankfurt/M IWRZ 2021, 42; KG SchiedsVZ 2011, 287.

73 **11) Aufrechnungseinwand vor staatlichen Gerichten**. Im **Verf vor staatl Gerichten** darf Aufrechnung mit einer Gegenforderung nicht beachtet werden, die einer Schiedsvereinbarung unterliegt, BGH 6.5.2021 – I ZB 71/20; BGHZ 60, 89; OLG Hamm RIW 83, 698, es sei denn, es liegt bereits ein Schiedsspruch vor, BGH MDR 2008, 461 = SchiedsVZ 2008, 94. Hat das staatl Gericht (zu Recht) die Aufrechnung mit der der Schiedsvereinbarung unterliegenden Forderung nicht beachtet, so kann nach Abschluss des Schiedsverf der Aufrechnungseinwand nach § 767 gegen Urteil des staatl Gerichts geltend gemacht werden. Sa OLG Frankfurt/M IWRZ 2021, 42.

12) Vorbehaltsurteil/Vorbehaltsschiedsspruch. In beiden Hypothesen besteht die Möglichkeit, ein Vorbehaltsurteil bzw einen Vorbehaltsschiedsspruch zu erlassen, § 302. Dabei darf das Schiedsgericht im „Nachverf" auch das Vorbehaltsurteil des staatl Gerichts aufheben, Geimer IZPR[9] Rn 3818; Lühmann 38; aA Schwab/Walter 3 Rn 14. Sa § 1032 Rn 10. Auch kann Schiedsgericht, wenn es den Bekl infolge Ignorierung der (materiell wirksamen) Aufrechnung verurteilt, den Kl zur Sicherheitsleistung verpflichten, Berger RIW 1998, 431. Das Schiedsgericht kann Erlass des verurteilenden Schiedsspruchs von der bindenden Zusage des Kl abhängig machen, aus Schiedsspruch vor Entscheidung über Gegenforderung nicht zu vollstrecken, StJ/Schlosser Rn 60. – Das Verbot, eine schiedsbefangene Gegenforderung im Wege der Aufrechnung vor dem staatl Gericht geltend zu machen, besteht nicht mehr, wenn Schiedsspruch über Gegenforderung ergangen ist, auch wenn dagegen Aufhebungsantrag (§ 1059) gestellt worden ist. Wird Schiedsspruch aufgehoben, lässt BGH MDR 2008, 461 = SchiedsVZ 2008, 94 **Restitutionsklage entspr § 580 Nr 6** zu. Hierzu allg Regen Rn 827 ff. Gegen Vorbehaltsurteil u für vorbehaltlose Verurteilung OLG Zweibrücken MDR 2013, 1369: Wenn Schiedsgericht zur Zahlung der Aufrechnungsforderung verurteilt, dann § 767 gegen staatl Urteil. 74

13) Reichweite der Schiedsvereinbarung im Vollstreckungsverfahren. Die ZwV als solche ist Angelegenheit der staatl Vollstreckungsorgane. Soweit die ZPO die Entscheidung im ZwV-Verf auftauchender materiell-rechtl Fragen in ein klassisches Erkenntnisverf der staatl Gerichte verweist, werden iZw auch solche Verf von der Schiedsvereinbarung erfasst, wie zB der Erfüllungseinwand in Verf nach §§ 767, 887, 888, BGH NJW-RR 2013, 1336; BGH SchiedsVZ 2024, 254 Tz 31; OLG München SchiedsVZ 2012, 342. S § 1032 Rn 12; § 1060 Rn 13. 75

XII) Wirkungen der Schiedsvereinbarung. 1) Ausschluss der staatlichen Gerichtsbarkeit. Hauptwirkung der Schiedsvereinbarung liegt im Ausschluss der staatl Gerichtsbarkeit u der Entstehung einer prozessualen Einrede, § 1032 I, s näher Massuras S 262. Zum (angebl) Anspruch aus Schiedsvereinbarung, nicht vor staatl Gerichten (vor allem nicht im Ausland) verklagt zu werden, Kurth, Inländischer Rechtsschutz gegen Verf vor ausl Gerichten, 1989, S 71. Zur „Verteidigung" der Schiedsvereinbarung durch einstw Verfügung Schlosser RIW 2006, 486. 76

2) Zuständigkeit staatlicher Gerichte für Eilverfahren. Durch die Vereinbarung eines Schiedsgerichts wird die staatl Gerichtsbarkeit nicht schlechthin ausgeschlossen, sie bleibt für das **Eilverf** (§§ 916 ff) nach **Maßgabe von § 1041** bestehen. Nach hM soll § 917 II nur die Vollstreckung eines dt Titels sichern, nicht die eines ausl, OLG München NJW-RR 88, 1023. Daher will LG OLG Duisburg RIW 89, 58 **§ 917 II nicht anwenden, wenn ausl Schiedsgericht vereinbart** wurde, hierzu Schlosser RipS[2] Rn 409, 419. 77

3) Einrede nach § 1032 I. Klagt eine Partei abredewidrig **vor staatl Gericht**, so muss die andere Partei die Einrede der Schiedsvereinbarung erheben u damit die „Unzuständigkeit" des staatl Gerichts rügen, § 1032 I. Anders ist die Situation bei der Klage vor einem derogierten (§ 38) Gericht: Wird die Unzuständigkeitsrüge nicht rechtzeitig erhoben, greift hinsichtl der Zuständigkeit § 39 ein. Wird ein ausl Schiedsgericht vereinbart, so ist damit nicht – wie bei der Vereinbarung der ausschließl internat Zuständigkeit eines ausl staatl Gerichts (Geimer IZPR[9] Rn 1706) – die **internat Zuständigkeit Deutschlands** ausgeschlossen, Geimer IZPR[9] Rn 3801. Zum Übergehen der Schiedsvereinbarung durch ein ausl staatl Gericht s Hau § 328 Rn 44. 78

XIII) Beendigung der Schiedsvereinbarung. 1) Rücktritt, Kündigung, Aufhebung. Rücktritt ist mögl bis zur Anrufung des Schiedsgerichts analog § 323 BGB (aA Habscheid KTS 80, 291; krit auch Koller in Liebscher/Oberhammer/Rechberger Rn 3/383), danach nur noch eine **Kündigung aus wichtigem Grund entspr § 314 BGB**. Ein KündigungsR soll immer dann gegeben sein, wenn einer Partei die Fortsetzung des Verf nicht mehr zuzumuten ist, BGH NJW 86, 2765; MskV/Voit Rn 27; gegen Kündigungsmöglichkeit nach Beginn des Schiedsverf Eckstein-Puhl S 83. Zur Kündigung wegen Undurchführbarkeit OLG Hamm SchiedsVZ 2014, 38, 44. Sa Grenz S 121; Frohloff S 228. Zur einvernehml Aufhebung Synatschke S 51 ff. Zur (konkludenten) **Aufhebung durch Anrufung staatl Gerichte** s § 1031 Rn 4; Die einvernehml Anrufung des staatl Gerichts gilt aber nur für den betr Streitgegenstand; sie führt iZw daher nicht zur Aufhebung der Schiedsvereinbarung in toto, BGH SchiedsVZ 2017, 107. Sa Kersting SchiedsVZ 2013, 297, 299. – Zu Recht sehr zurückhaltend OLG München SchiedsVZ 2012, 96, 99 bei **Kündigung wegen angebl Verfahrenssabotage durch Gegner**. Angesichts der Gleichwertigkeit des Schiedsverf mit staatl Rechtsschutz (s vor § 1025 Rn 1) muss die **Eingriffsschwelle in ein laufendes Schiedsverf hoch** angesetzt werden. ZB kann der Vorwurf des Prozessbetruges erst im Aufhebungs- bzw Vollstreckbarerklärungsverf vom staatl Gericht geprüft werden, BGH NJW-RR 2017, 313. 79

2) Undurchführbarkeit der Schiedsvereinbarung. Diese ist nach BGH nicht bloß ein Kündigungsgrund aus wichtigem Grund. Sie führt vielmehr ex lege zum Wegfall der Schiedsvereinbarung. Nach neuem Recht ist eine Kündigung nicht mehr erforderl. Es genügt obj Eintritt der Undurchführbarkeit, § 1032 I letzter Hs Alt 3, BGH NJW 2000, 3720; OLG Düsseldorf ZIP 2004, 1956; OLG Köln SchiedsVZ 2003, 239. Hierzu Kersting SchiedsVZ 2013, 297, 306; Eckert/Eßlinger/Vogel ZRI 2025, 61, 68. Krit Schütze/Thümmel Rn 5.94. Fällt eine **Partei in Armut** u kann sie die erforderl Vorschüsse nicht mehr aufbringen, so ist Schiedsvereinbarung ebenfalls undurchführbar, es sei denn, der Gegner erklärt sich bereit, die Kosten vorzuschießen. Ist der Gegner zwar bereit, die Kosten der Schiedsrichter zu tragen, lehnt er es aber ab, auch die Kosten für eine anwaltschaftl Vertretung der armen Partei vorzuschießen, so kann diese sich auf die Undurchführbarkeit der Schiedsvereinbarung berufen, wenn ihr nicht zuzumuten ist, sich ohne RA auf das schiedsrichterl Verf einzulassen, BGH NJW 88, 1215 = 80

EWiR 88, 519 (Schlosser); Hochbaum S 165. Davor muss der anderen Partei ausreichend Gelegenheit gegeben werden, die Kosten zu bezahlen. Diese ist jedoch hierzu nur verpflichtet, wenn dies vereinbart worden ist. Sa Komuzky SchiedsVZ 2022, 13; Buchwitz/Schütt SchiedsVZ 2015, 1, 4; Frohloff S 227, 240 u § 1032 Rn 23, 24.

81 **3) Kriegerische Ereignisse und Sanktionen.** Undurchführbarkeit des Schiedsverf kann sich auch aus **kriegerischen Ereignissen** ergeben, LG Kassel NJW 92, 3107 = IPRax 93, 240 (Habscheid/Habscheid IPRax 93, 219). Undurchführbarkeit liegt nicht vor, wenn eine Partei mit **Sanktionen** aufgrund des russischen Angriffskrieges gegen die Ukraine rechnen muss (KG SchiedsVZ 2024, 218 [Gerl]).

82 **4) Wegfall des Trägers der Schiedsgerichtsorganisation.** In diesem Fall erfolgt idR **Anpassung der Schiedsvereinbarung an die veränderten Verhältnisse**, zB Beibehaltung der VerfO der weggefallenen Schiedsorganisation u Wahrnehmung von deren Aufgaben durch einen Dritten, Steinbrück S 83; Wolf S 193. Sa DIS-Schiedsverf – Zwischenentscheid v 15.7.2010, SchiedsVZ 2010, 229; DIS-SchO statt DAS-SchO; CA Paris SchiedsVZ 2013, 238 (Kühner). Anders BGH NJW 94, 1008 zur Auflösung einer DDR-Kammer. Ausf Hochbaum S 185.

83 **5) Erlöschen der Schiedsvereinbarung.** Wurde ein (ausl) Schiedsgericht vereinbart, so entfällt die Sperrwirkung der Schiedsvereinbarung (für den Zugang zu den staatl Gerichten) nicht schon dann, wenn Rechtsverfolgung vor (ausl) Schiedsgericht unbequemer u weniger vorteilhaft ist, als sich dies die Parteien bei Vertragsschluss vorgestellt haben (sie können aber einvernehml die Schiedsvereinbarung aufheben). Eine **Schiedsvereinbarung erlischt** in den Fällen des Erlasses des Schiedsspruchs (die Schiedsvereinbarung lebt aber iZw nach Aufhebung des Schiedsspruches wieder auf, § 1059 V), des Verlustes der Einrede aus der Schiedsvereinbarung (s § 1032 Rn 5; Kersting SchiedsVZ 2013, 297, 299), bei Eintritt der Befristung oder auflösenden Bedingung, bei erfolgreicher Anfechtung, bei vertragl Aufhebung (die nicht der Form des § 1031 bedarf, vgl Schlosser RipS^2 Rn 431, Schwab/Walter 8 Rn 7; Mayr, Schiedsvereinbarung u PrivatR, 2019, 138), bei Nichterhebung der Einrede der Schiedsvereinbarung nach § 1032 I (s § 1032 Rn 5), bei Stimmengleichheit der Schiedsrichter, nach Ablauf von Schiedsklagefristen, Schlosser RipS^2 Rn 436, bei Unzuständigerklärung des Schiedsgerichts oder mit rechtskräftiger Sachentscheidung des staatl Gerichts im Inland. **Wegfall der Schiedsvereinbarung** bedeutet Wiederaufleben der Zuständigkeit der staatl Gerichte. Dies ist iZw bei Überschreiten der für den Erlass des Schiedsspruchs gesetzten Frist nicht gewollt, s § 1061 Rn 20. **Außerkrafttreten (Erlöschen) der Schiedsvereinbarung** kann vor staatl Gericht nach § 1032 I oder in einem Feststellungsverf (§ 1032 II) geltend gemacht werden. Im zweiten Fall kommt dem das Erlöschen feststellenden Beschluss res iudicata-Wirkung zu.

84 **6) Nichterlöschen der Schiedsvereinbarung.** Die Schiedsvereinbarung erlischt nicht bei Wegfall eines Schiedsrichters, §§ 1038, 1039, nicht durch Tod oder Insolvenz einer Partei (keine Unterbrechung; Flöther 41; Heidbrink/v. der Groeben ZIP 2006, 265; zur Anwendung der EuInsVO Kasolowsky/Steup IPRax 2010, 180; Nacimiento/Bähr NJW 2010, 414; G. Wagner KTS 2010, 39, 51; sa Kröll in Ferrari/Kröll S 211) oder Anerkenntnis des Anspruchs allein, OLG Düsseldorf MDR 77, 762 = BB 77, 1523; Hau IPRax 99, 232, 234. S § 1063 Rn 18. Die Schiedsvereinbarung hängt zB auch nicht von dem Fortbestehen einer OHG ab, da gerade im Liquidationsstadium bei der Auseinandersetzung entstehende Streitigkeiten schiedsrichterl Entscheidungen notwendig machen können, OLG Karlsruhe NJW 58, 1148.

85 **XIV) Auslandsbezüge. 1) Schiedsvereinbarungsstatut.** Nach BGH NJW-RR 2021, 376 = SchiedsVZ 2021, 97 = WM 2022, 786; BGH 9.1.2025 – I ZB 48/24 beurteilt sich das Zustandekommen und die Wirksamkeit einer Schiedsvereinbarung im Kollisionsfall nach Art V (1) a UNÜ; hierzu Tarawali/Gerardy SchiedsVZ 2021, 208; Geimer IZPR^9 Rn 3788; König SchiedsVZ 2012, 129; Stürner/Wendelstein IPRax 2014, 473; Magnus IPRax 2016, 521, 529 ff); Solomon FS Schack, 2022, S 488. Es gelten – da Schiedsvereinbarung entgegen hM kein matrechtl Vertrag, sondern Prozessvertrag (s Rn 12) – nicht die Regeln des IPR (Art 3 ff Rom I-VO), sondern eigene Normen des internat ProzessR. Ein Rückgriff auf die Rom I-VO scheitert an deren Art 1 II (c), der Schieds- u Gerichtsstandsvereinbarungen ausschließt. Deswegen ist bei internat Schiedsvereinbarungen das Schiedsvereinbarungsstatut in (analoger) Anwendung von Art V (I) (a) UNÜ zu ermitteln, BGH NJW-RR 2021, 376 Tz 51; ebenso BGH 9.1.2025 – I ZB 48/24; anders früher BGH MDR 2019, 631. Primär maßgebl ist die ausdrückl oder konkludente Rechtswahl der Parteien (BGH IPRax 2006, 266 [Geimer IPRax 2006, 233], subsidiär das Recht des Schiedsortes, OLG München IPRax 2016, 66 (Weller IPRax 2016, 48); OLG Frankfurt/M 2.1.2025 – 26 SchH 1/23 Tz 57, 91, 93. Dies ergibt sich aus dem Rechtsgedanken des Art V (l) (a) UNÜ iVm § 1061, Jordans S 151. Sa OLG Düsseldorf 15.11.2017 – VI-U (Kart) 8/17; hierzu Wächter SchiedsVZ 2018, 294. Haben die Parteien vor dem OLG (§ 1062) den Prozessstoff nur nach dt Recht erörtert, sieht OLG Hamm SchiedsVZ 2014, 38, 42 darin eine **im Verf nach § 1060 bzw § 1061 relevante (nachträgl) Rechtswahl**, die auch eine etwa vorher getroffene Rechtswahl überholt. – Schiedsvereinbarungsstatut ist unabhängig von dem des Hauptvertrags u von diesem zu unterscheiden; Unwirksamkeit des mat-rechtl Hauptvertrags führt als solche nicht zur Unwirksamkeit der Schiedsvereinbarung u umgekehrt, s § 1040 Rn 3. Das Schiedsvereinbarungsstatut gilt auch für die Einbeziehung Dritter in die Schiedsvereinbarung, BGH IPRax 2016, 63 (Kröll IPRax *2016, 43) unter Hinweis auf Rechtsgedanken* des Art 14 II Rom II-VO. Die Schiedsvereinbarung unterfällt nicht der **Formfreiheit des Hauptvertrages.** ZB findet Art 11 CISG auf die Frage der Formgültigkeit von Schiedsvereinbarungen keine Anwendung, BGH NJW-RR 2021, 376 Tz 37, 58.

86 **2) Analogie zu Art V (1) (a) UNÜ (Anh zu § 1061).** Danach kann die Anerkennung oder Vollstreckung eines Schiedsspruchs versagt werden, wenn die Schiedsvereinbarung nach dem Recht, dem die Parteien sie unterstellt haben, oder, falls die Parteien hierüber nichts bestimmt haben, nach dem Recht des Staates, in dem der Schiedsspruch ergangen ist, ungültig ist. Zwar regelt Art V (1) (a) UNÜ (Anh zu § 1061) nur die kollisionsrechtl Anknüpfung der Schiedsvereinbarung im Stadium der Anerkennung u Vollstreckung eines ausl Schiedsspruchs. Eine analoge Anwendung im Einredeverf (Art II [3] UNÜ) ist jedoch unter Berücksichtigung des „Prinzips des inneren Entscheidungseinklangs" (Epping S 41) geboten, auch wenn Art II (3) UNÜ keinen Verweis auf Art V (1) (a) UNÜ enthält. Dabei gewährleistet die analoge Anwendung von Art V (I) (a) UNÜ neben einem Gleichlauf von Einredeverf u Exequatur- und Vollstreckbarerklärungsverf auch einen Gleichlauf von Einredeverf Schiedsverf, König SchiedsVZ 2012, 129, 132.

87 **3) Objektive Anknüpfung.** In Ermangelung einer Rechtswahl der Parteien ist als objektive Anknüpfung der Schiedsvereinbarung im Verf vor dem staatl Einredegericht nach Art V (I) (a) UNÜ auf den Ort abzustellen, an dem der Schiedsspruch ergehen soll. Welchem Recht das Schiedsvertragsstatut unterfällt, wenn der Schiedsort im Zeitpunkt der Entscheidung über die Gültigkeit der Schiedsvereinbarung noch nicht bekannt ist, hat der BGH noch nicht entschieden. Für lex fori König, SchiedsVZ 2012, 129, 133; für einen Rückgriff auf die Kollisionsnormen der lex fori MK/Adolphsen Art II UNÜ Rn 29; Epping S 41; vgl auch Art II (c) des Europ Übk über die internat Handelsschiedsgerichtsbarkeit v 21.4.1961, BGBl II 1964, 425.

88 **4) Wirksame Einbeziehung einer in AGB enthaltenen Schiedsklausel.** Irrelevant, dass die AGB nach dem auf den Hauptvertrag anzuwendenden Recht nicht Vertragsbestandteil geworden sind. Andernfalls würde das Schicksal der Schiedsvereinbarung vom Schicksal eines Teils des Hauptvertrags abhängig gemacht. Das widerspricht dem **Autonomieprinzip im Schiedsverfahrensrecht**. Bei der „Einbeziehung" von Schiedsklauseln in AGB geht es um das Zustandekommen u die Wirksamkeit der Schiedsvereinbarung, nicht um die inhaltliche Reichweite des Hauptvertrags. Die nach dem Hauptvertragsstatut zu beantwortende Frage, ob der materielle Teil eines AGB-Klauselwerks in den Vertrag einbezogen wurde, ist deshalb von der Frage zu trennen, ob die in den AGB enthaltene Schiedsvereinbarung wirksam zustande gekommen ist, BGH NJW-RR 2021, 376 Tz 60; Epping S 136 f; krit Graf von Westphalen ZIP 2022, 245.

89 **5) Umfang des Schiedsvereinbarungsstatuts.** Dazu gehören das Zustandekommen u die inhaltl Wirksamkeit der Schiedsvereinbarung, u zwar sowohl die allg vertragsrechtl Fragen, zB die mit der großzügigen Auslegung (Rn 63) zusammenhängenden sowie die Auswirkungen von Willensmängeln, als auch die spezifisch schiedsrechtl Komplexe, wie zB Kündigung von Schiedsvereinbarungen u die Zulässigkeit bestimmter Varianten von Schiedsvereinbarungen (zB WahlR, entweder das Schiedsgericht oder das staatl Gericht anrufen zu dürfen), OLG Hamm SchiedsVZ 2014, 38, 41; OLG München IPRax 2016, 66 (Weller IPRax 2016, 48); Epping S 39. Sonderanknüpfungen für die subj (s Rn 17) u die obj Schiedsfähigkeit gehen vor. Separat wird auch die Form angeknüpft (Formstatut: maßgebend ist nach § 1025 I der Schiedsort, Epping S 55, 58 ff), ebenso die Vollmacht (Vollmachtsstatut, s Geimer IPRax 2006, 233, 235).

90 **6) Keine allgemeine Kollisionsnorm.** Das dt Recht kennt – ebenso wie Art 34 UNCITRAL-MG (hierzu Epping S 42) – keine ausdrückl allg Kollisionsnorm für alle Situationen, in denen über das **Zustandekommen u die Wirksamkeit einer Schiedsvereinbarung** zu befinden ist. § 1059 II Nr 1a gilt für das Aufhebungs- u das Exequaturverf, § 1060 II. Für alle ausl Schiedsverf verweist § 1061 I – vorbehaltl speziellerer Staatsverträge – auf Art V (1) (a) UNÜ. Gleichwohl sind beide Vorschriften in **allen Lagen** heranzuziehen, wenn es um die Frage geht, ob eine wirksame Schiedsvereinbarung bzw Schiedsanordnung (§ 1066) vorliegt, Geimer IZPR[9] Rn 3721, 3788 ff, 3832.

91 **7) Rechtswahl.** Die Parteien können das maßgebl Recht wählen, Geimer IZPR[9] Rn 3785. Für **inländische Schiedsverf** ergibt sich dies aus § 1059 II Nr 1a; fehlt eine Rechtswahl, richtet sich die Wirksamkeit nach dt Recht. Dieser Verweis auf das dt Recht bedeutet wegen des Territorialitätsprinzips Anknüpfung an den (dt) Schiedsort, s § 1025 Rn 11; Epping S 46; MskV/Voit Rn 28. Allerdings schränken Art V (1) (a) u Art VI (2) (c) EuÜ die Rechtswahl der Parteien ein, Gottwald S 19. Haben die Parteien (eines ausl Schiedsverf, s § 1025 Rn 1) das auf das Schiedsverf anwendbare Recht festgelegt, so ergibt sich daraus idR auch die Fixierung des Schiedsvereinbarungsstatuts. Dies gilt jedoch nicht bei **Wahl des SchiedsverfR durch Schiedsrichter**, Schlosser RipS[2] Rn 251. – OLG Düsseldorf NJW 96, 400 = RIW 96, 801 erklärt Rechtswahl in AGB im Interesse des Verbraucherschutzes (Art 6 II 2 Rom I-VO, § 305c BGB) für unwirksam. Nw bei Ostendorf SchiedsVZ 2010, 234, 235; Graf von Westphalen ZIP 2022, 245. Die **im Gesamtvertragswerk enthaltene Rechtswahlklausel** ist **nicht relevant**, gleichgültig, ob diese räuml vor oder nach Schiedsklausel eingefügt ist. Daher kann aus allg Rechtswahlklausel nicht hergeleitet werden, dass Schiedsvereinbarung diesem (gewählten) Recht unterliegen soll, wenn der von den Parteien gewählte Schiedsort in einem anderen Land liegt. Hier ist es sinnvoll, die Schiedsvereinbarung dem Recht des Schiedsverf zu unterstellen, Geimer IZPR[9] Rn 3724; Schlosser RipS[2] Rn 254; anders hM.

92 **8) Schiedsverfahrensstatut und Statut der Schiedsvereinbarung.** Das Schiedsverfahrensstatut ist vom Statut der Schiedsvereinbarung zu unterscheiden, Geimer IZPR[9] Rn 3721, 3832; Hau IPRax 99, 232, 234; Schlosser RipS[2] Rn 257 ff, hierzu s § 1025 Rn 8 f. Das Statut des Schiedsorganisationsvertrages (wiederum zu unterschei-

den vom Statut der Schiedsvereinbarung u dem des Schiedsverf) bestimmt sich nach Art 3 ff Rom I-VO. Fehlt eine Rechtswahl, so kommt es nach Art 4 II Rom I-VO auf die vertragscharakteristische Leistung an; diese erbringt die Schiedsorganisation (s § 1035 Rn 35) iZw an ihrem Sitz, Schütze, Institutionelle Schiedsgerichtsbarkeit[3], 2018, Einl Rn 38. Sa Theune SchiedsVZ 2021, 177, 186. – Zu deren Haftung Risse/Reiser NJW 2015, 2839.

93 **9) Einrede nach § 1032.** Die Blockade des Rechtsschutzes durch die dt staatl Gerichte (§ 1032) ist auch bei ausl Schiedsvereinbarungsstatut (s Rn 85 ff) stets nach der dt lex fori (§ 1032) zu beurteilen, § 1025 II. Denn es geht – ebenso wie bei der (ausschließl) Zuständigkeitsvereinbarung auf ein ausl Gericht (s Hau EuIZPR Rn 46 f) – um die Frage der Rechtsschutzgewährung durch die dt staatl Gerichte. Diese Frage kann das ausl Recht nicht beantworten, OLG Frankfurt/M IPRax 99, 247 (Hau IPRax 99, 232, 234); OLG Hamm SchiedsVZ 2014, 38, 41.

94 **10) Konkurrierende Schiedsvereinbarungen.** Mehrere (konkurrierende) Schiedsvereinbarungen über den gleichen Streitgegenstand sind zulässig, wenn das Verhältnis zueinander hinreichend klar geregelt ist, s Rn 36.

95 **XV) Außervertragliche Schiedsgerichte.** Basis für die Kompetenz des Schiedsgerichts ist in den Fällen des § 1066 nicht die Vereinbarung der Parteien (§ 1029), sondern die Anordnung des Satzungsgebers, Erblassers etc.

96 **XVI) Kombination der Schiedsvereinbarung mit einer Zuständigkeitsvereinbarung.** Mögl u sinnvoll, vor allem in Fällen mit Auslandsbezügen, für die den staatl Gerichten trotz Zuständigkeit des Schiedsgerichts verbleibenden Kompetenzen (§ 1033 II, § 1033, § 1040 III 1 u 2). IÜ macht eine Zuständigkeitsvereinbarung (auf dt Gerichte) dann Sinn, wenn Schiedseinrede nicht oder nicht rechtzeitig erhoben wurde, BGH NJW 2006, 779 = SchiedsVZ 2006, 101.

§ 1030 Schiedsfähigkeit

(1) [1]Jeder vermögensrechtliche Anspruch kann Gegenstand einer Schiedsvereinbarung sein. [2]Eine Schiedsvereinbarung über nichtvermögensrechtliche Ansprüche hat insoweit rechtliche Wirkung, als die Parteien berechtigt sind, über den Gegenstand des Streites einen Vergleich zu schließen.

(2) [1]Eine Schiedsvereinbarung über Rechtsstreitigkeiten, die den Bestand eines Mietverhältnisses über Wohnraum im Inland betreffen, ist unwirksam. [2]Dies gilt nicht, soweit es sich um Wohnraum der in § 549 Abs. 2 Nr. 1 bis 3 des Bürgerlichen Gesetzbuchs bestimmten Art handelt.

(3) Gesetzliche Vorschriften außerhalb dieses Buches, nach denen Streitigkeiten einem schiedsrichterlichen Verfahren nicht oder nur unter bestimmten Voraussetzungen unterworfen werden dürfen, bleiben unberührt.

1 **I) Schiedsfähigkeit des Streitgegenstandes. 1) Vermögensrechtliche und nichtvermögensrechtliche Ansprüche.** I sieht nach dem Vorbild des Art 177 I schweiz IPRG die Schiedsfähigkeit für alle vermögensrechtl Ansprüche vor (vorbehaltlich einer ausdrückl ges Ausnahme iSv III) u verwendet das Kriterium der Vergleichsfähigkeit nur noch zur Abgrenzung der schiedsfähigen von den nichtschiedsfähigen nichtvermögensrechtl Streitigkeiten. Vermögensrechtl zu qualifizieren sind solche, die auf einem vermögensrechtl Rechtsverhältnis beruhen, u darüber hinaus alle auf Geld oder geldwerte Sachen u Rechte gerichteten Ansprüche, auch wenn das zugrundeliegende Rechtsverhältnis als nicht vermögensrechtl einzuordnen ist, OLG München SchiedsVZ 2014, 262, 264; OLG München IPRax 2016, 66 (Weller IPRax 2016, 48); für weite Grenzziehung auch Berger S 24; Epping S 191. Bei den nicht vermögensrechtl Streitigkeiten (I 2) kommt es auf die obj Verfügbarkeit des Rechtsverhältnisses an. Die obj Schiedsfähigkeit fehlt auch bei I 2 nur dann, wenn der Staat im Interesse bes schutzwürdiger, der Verfügungsmacht privater Personen entzogener Rechtsgüter ein Rspr-Monopol idS vorbehalten hat, dass allein der staatl Richter in der Lage sein soll, durch seine Entscheidung den angestrebten Rechtszustand herbeizuführen bzw das Recht im unmittelbar staatl Interesse durchzusetzen. Sa OLG Frankfurt/M SchiedsVZ 2004, 97.

2 **2) Einschränkungen.** Überholt ist frühere Rspr zu § 1025 aF, die verschiedene vermögensrechtl Ansprüche wegen der Befürchtung, das Schiedsgericht könnte **zwingendes Recht** uminterpretieren, für nicht schiedsfähig erklärte, s BGH NJW 2004, 2898; Schulze S 44 ff. Eine ausdrückl Einschränkung der obj Schiedsfähigkeit findet sich in §§ 101 ff ArbGG. § 1854 Nr 6 BGB, § 160 II Nr 3 InsO sowie § 101 WpHG betreffen die subj Schiedsfähigkeit, BGH SchiedsVZ 2011, 46 Tz 22; BGH SchiedsVZ 2011, 157; Niedermaier SchiedsVZ 2012, 177; Jordans S 108, 112, 221.

3 **3) Staatliches Rechtsschutzmonopol.** Nur solche nichtvermögensrechtl Streitigkeiten sind nicht schiedsfähig, für welche der Gesetzgeber (BTDrs 13/5274, 34) im Interesse bes schutzwürdiger Rechtsgüter ein staatl Rechtsschutzmonopol vorbehalten hat dahingehend, dass niemand außer dem (in- oder ausl) staatl Richter in der *Lage sein soll, den angestrebten Rechtszustand* herbeizuführen: weder die Parteien durch Vergleich noch ein Schiedsgericht durch Schiedsspruch, Wagner, Prozessverträge, 1998, S 99; früher schon Bork ZZP 100 (1987), 272; BGH RIW 91, 674; BGH NJW 2004, 2898 = ZIP 2004, 1616, 1618.

4) Beispiele für vermögensrechtliche Ansprüche. Nach I 1 kann jeder vermögensrechtl Anspruch Gegenstand einer Schiedsvereinbarung sein; so ist zB der **Rückforderungsanspruch des Schenkers** (§ 528 BGB) oder der Pflichtteilsanspruch schiedsfähig, aA BGH WM 2017, 1111 = ZEV 2017, 416 (Geimer); LG Duisburg ZEV 2022, 103 Tz 20 f (zu Ausgleichungsansprüchen nach §§ 2050 ff BGB). **Vorschriften über Verfügungs-, Vergleichs- oder Verzichtsverbote**, wie zB nach § 311b BGB oder § 89b HGB, §§ 50, 302 II AktG u §§ 9b, 43 GmbHG, stehen der Schiedsfähigkeit der zugrundeliegenden Ansprüche nicht entgegen, BTDrs 13/5274, 34; Lachmann Rn 281; Schütze Rn 200; Wagner S 586; Quinke IPRax 2007, 246. Sa § 1029 Rn 48. Der Anspruchsbegriff des § 1030 ist nicht mat-rechtl, sondern prozessual zu verstehen. Schiedsfähig sind daher auch **Feststellungs- u Gestaltungsklagen u sonstige (nach ausl Recht) vorstellbare Klageformen**, Raeschke-Kessler/Berger Rn 208. Irrelevant ist auch, ob die Durchsetzung vor staatl Gerichten im ZPO- oder FamFG-Verf stattfindet, Lachmann Rn 283. So ist zB der **Auskunfts- u Einsichtsanspruch eines GmbH-Gesellschafters** schiedsfähig, OLG Hamm BB 2000, 1159. – **Ansprüche wegen Kartellverstößen** sind schiedsfähig. 4

5) Ausschließliche Zuständigkeit und rechtsgestaltende Entscheidungen. Die ausschließl Zuständigkeit **für das (hypothetische) Verf vor staatl Gericht** ist für sich allein kein Grund, die Schiedsfähigkeit zu verneinen, s § 1029 Rn 49; BGHZ 132, 278, 282 = NJW 96, 1753. So kann zB die Schiedsunfähigkeit bestimmter gesellschaftsrechtl Nichtigkeits- u Anfechtungsklagen nach § 1030 I jedenfalls nicht mehr aus der ausschließl Zuständigkeit der LG (vgl § 246 III 1 AktG) hergeleitet werden. Das Schiedsgericht kann grds auch **Entscheidungen mit rechtsgestaltender Wirkung** erlassen. Dem Schiedsgericht kann danach an Stelle des staatl Gerichts übertragen werden, zB Auflösung einer Gesellschaft nach § 139 HGB oder § 61 GmbHG, BayObLGZ 84, 47, ebenso Entscheidung nach § 166 HGB, BayObLG MDR 79, 317, oder die Auseinandersetzung einer Erbengemeinschaft, BGH NJW 79, 2567. Das Gleiche gilt für Auskunftsansprüche (zB § 51a GmbHG, OLG Hamm GmbHR 2000, 676 [Emde]) sowie Ansprüche nach §§ 9a, 9b I 1 GmbHG sowie die Haftung der Geschäftsführer (§ 43 III 2, § 44 GmbHG, § 15b InsO), die Haftung im Zusammenhang mit Kapitalerhöhungen (§ 57 IV GmbHG), sowie für Ansprüche gegen die Gründer u Organe der Gesellschaft (§ 50, § 93 IV 3, § 116 AktG) u die konzernrechtl Ausgleichspflicht (§ 302 III AktG), Wagner, Prozessverträge, 1998, S 587. Das Schiedsgericht kann auch mit solchen Gestaltungsentscheidungen beauftragt werden, welche das staatl Gericht ex lege nicht treffen könnte. Ein Schiedsgericht kann zur **Rechtsgestaltung nach Ermessen** ermächtigt werden, StJ/Schlosser § 1029 Rn 44. Schiedsfähig ist zB eine wegen Zustimmungserfordernis im Gesellschaftsvertrag oder „Familienvertrag" auf rechtsgestaltende Ersetzung dieser Zustimmung gerichtete Schiedsklage, BayObLGZ 99, 255, 267. 5

II) Fallgruppen der Schiedsfähigkeit. 1) Familien- und Erbrecht. Nicht schiedsfähig sind: Scheidungen (Schulze S 56; schiedsfähig sind jedoch die Scheidungsfolgesachen, Mankowski in FS Schütze II, 2014, S 369, 373, 374; Huber SchiedsVZ 2004, 280; Schumacher FamRZ 2004, 1677; Schumacher DNotI 2005, 169), Abstammungsfeststellungen (§ 169 FamFG), Lebenspartnerschaftssachen (§ 269 I Nr 1-4 FamFG) sowie Angelegenheiten der fG mit Ausnahme der echten Streitsachen, Schulze S 55 ff; BayObLGZ 78, 298. Schiedsfähig sind zB Verf nach §§ 43 ff WEG, § 132 AktG (v. Gerkan EWiR 86, 803) sowie Landpachtsachen. Schiedsfähig ist auch Streit über Entlassung des TV (§ 2227 BGB), aA BGH SchiedsVZ 2018, 46. Die EuErbVO schließt die schiedsgerichtl Erledigung erbrechtl Streitigkeiten nicht aus. 6

2) Nicht schiedsfähige Vorfragen. Unbeschränkte Kognitionsbefugnis für das Schiedsgericht besteht jedoch, wenn die nicht schiedsfähigen Streitfragen ledigl Vorfragen sind, s § 1051 Rn 11; Raeschke-Kessler/Berger Rn 211. Allerdings hilft diese **Inzidentprüfungsbefugnis** dann nicht weiter, wenn – wie oft in Statussachen – eine gestaltende Entscheidung des staatl Gerichts fehlt. Schiedsfähig sind aber zB Unterhaltsstreitigkeiten zwischen Verwandten, (geschiedenen) Ehegatten u zwischen der Mutter u dem Vater des Kindes, Raeschke-Kessler/Berger Rn 210. 7

3) Schiedsfähigkeit nicht verzichtbarer Ansprüche. Ansprüche, auf die nicht oder nicht zu jeder Zeit verzichtet werden kann, § 276 III, § 1614 BGB, § 89b IV HGB, § 51a III GmbHG; Ansprüche, über die ausdrückl weder durch Verzicht noch durch Vergleich disponiert werden kann (zB § 9b I 1 GmbHG). Auch Ansprüche aus Verträgen, die gegen §§ 134, 138 BGB verstoßen oder wegen Formmangels nichtig sind, sind schiedsfähig, Schlosser RipS[2] Rn 288; Raeschke-Kessler/Berger Rn 168. Schiedsfähig ist zB Verpflichtung auf Leistung der Stammeinlage, OLG Frankfurt/M BB 2004, 908. Ebenso Unterhaltsansprüche trotz § 1614 I BGB, Schulze S 72. Zur Schiedsfähigkeit von Ansprüchen aus Managerhaftung Umbeck SchiedsVZ 2009, 143. 8

4) Aktienrechtliche Anfechtungs- und Nichtigkeitsklage. Diese Klage (§ 241 Nr 5, §§ 243 ff, § 246, § 248 AktG) ist unter Beachtung der vom BGH aufgestellten Kautelen – vgl BGH NJW 2009, 1962 = SchiedsVZ 2009, 233 (Hilbig SchiedsVZ 2009, 247) – schiedsfähig, ebenso die Nichtigkeitsklage (§ 249 AktG), OLG Frankfurt/M NZG 2011, 269; Geimer DZWiR 97, 119. Sa Borris NZG 2010, 481; Albrecht NZG 2010, 486; Versin GmbHR 2015, 969; Reichert/Groh ZPG 2023, 121, 124 ff (mit Blick auf das MoPeG). Auch ein Schiedsspruch kann die Wirkung des § 248 AktG erzeugen, wenn durch die Schiedsklausel in der Satzung der AG (§ 1066) bzw auf Grund Verfahrensgestaltung des Schiedsgerichts das erforderl Verfahrensinstrumentarium geschaffen worden ist, um den von der Gestaltungswirkung bzw Rechtskrafterstreckung betroffenen Dritten eine angemessene Teilnahme zB als NI oder Beigeladene am Schiedsverf zu ermöglichen (§ 23 V AktG). Die Ausgestaltung des Schiedsverf muss dem multilateralen Charakter des Verf nach dem Modell der §§ 246 ff AktG Rechnung tragen: 9

Es darf nur ein einziges Schiedsverf stattfinden, in dem alle Aktionäre u sonstige interessierte Parteien eine den §§ 246 ff AktG im Wesentl vergleichbare Mitwirkungsmöglichkeit haben, Wagner, Prozessverträge, 1998, S 592; ähnl Lüke/Blenske ZGR 98, 253; Formulierungsvorschlag von Zilles BB 99, Beilage 4, 2 f; Reichert/Groh ZPG 2023, 121 ff; aA K. Schmidt VGR, GesellschaftsR in der Diskussion 2009, 2010, S 97, 128 wegen § 23 V AktG (s § 1066 Rn 5). Sa § 1029 Rn 60 f. IÜ könnten auch nach hM die für die Nichtigkeits- bzw Anfechtungsklage in concreto entscheidenden **Vorfragen** zum Gegenstand eines oder mehrerer Schiedsverf gemacht werden. Für die einfache Feststellungsklage, die nur Wirkungen inter partes entfaltet, gelten die Anforderungen von BGH „Schiedsfähigkeit II" (BGH NJW 2009, 1962) nicht, BGH NJW 2015, 3234 = LMK 2015, 374507 (Wolff); Vorinstanz: OLG München 18.12.2013 – 34 Sch 14/32. Vgl auch BGH NJW 2001, 2176; Reichert FS Ulmer, 2003, S 534; Gentzsch/Hauser/Kapoor SchiedsVZ 2019, 64, 66.

10 **5) Anfechtungs- und Nichtigkeitsklage gegen GmbH-Gesellschafterbeschlüsse und Beschlüsse in Personengesellschaften.** Auch diese Klage ist schiedsfähig, BGH NJW 2009, 1962. Ebenso bei **Personengesellschaften** BGH SchiedsVZ 2017, 194; hierzu zB Otte ZIP 2020, 1743, 1745; Reichert/Groh ZPG 2023, 121, 124 ff., gerade mit Blick auf die sich im Personengesellschaftsrecht ergebenden Änderungen durch das MoPeG 2024: Annährung an §§ 241 ff AktG. – **(1)** Die Schiedsklausel muss mit Zustimmung aller Gesellschafter in der Satzung verankert sein. Anders als bei der Gründung der GmbH (Gesellschaftsvertrag) ist dieses Erfordernis bei nachträgl Einfügung durch Satzungsänderung problematisch. Alternativ zur Satzung (§ 1066) kommt auch Schiedsvereinbarung (§ 1029) in Betracht; hierzu ist Mitwirkung sämtlicher Gesellschafter und der Gesellschaft erforderl. – **(2)** Jeder Gesellschafter muss – neben den Gesellschaftsorganen – über die Einleitung und den Verlauf des Schiedsverf informiert u dadurch in die Lage versetzt werden, dem Verf zumindest als NI beizutreten. – **(3)** Alle Gesellschafter müssen an der Auswahl u Bestellung der Schiedsrichter mitwirken können, sofern nicht die Auswahl durch eine neutrale Stelle erfolgt. – **(4)** Alle dens Streitgegenstand betr Beschlussmängelstreitigkeiten müssen bei einem Schiedsgericht konzentriert sein. Zur kautelarjuristischen Umsetzung s die DIS Ergänzenden Regeln (DIS-ERGeS), abrufbar im Internet. Alte Standardklauseln, die die Besonderheiten der §§ 246, 248 AktG nicht berücksichtigen, sollen nach hM nicht ausreichen, OLG Frankfurt/M SchiedsVZ 2010, 334. Sa Gentzsch/Hauser/Kapoor SchiedsVZ 2019, 64. – **Rechtsnachfolger** sind an eine wirksam nach § 1066 oder § 1029 begründete Schiedsabrede gebunden. Ihre „Schiedsgerichtspflichtigkeit" bzw -unterworfenheit bedarf nicht ihrer erneuten Zustimmung. Wer einen mit einer Schiedsklausel behafteten Geschäftsanteil erwirbt, kann die Zuständigkeit des Schiedsgerichts nicht abstreifen. – Unstreitig schiedsfähig waren bereits vor der neuen Rspr des BGH 6.4.2009 – II ZR 255/08 Rechtsstreitigkeiten zwischen einzelnen Gesellschaftern über die Feststellung (§ 256) der Wirksamkeit von Gesellschafterbeschlüssen inter partes, BGH ZIP 96, 830, 831; BGH NJW 2001, 2176, ebenso Klagen auf Auskunft u Einsicht (§ 51a GmbHG) u Streitigkeiten über Ersatzansprüche der Gesellschaft, § 50, § 302 III, § 309 III, § 310 IV AktG, § 9a I, § 43 II, § 57 IV GmbHG. Sa Nolting SchiedsVZ 2011, 319; Gentzsch/Hauser/Kapoor SchiedsVZ 2019, 64.

11 **6) Beschlussmängelstreitigkeiten.** Die Zuständigkeit des Schiedsgerichts beruht auf außervertragl Grundlage iSd 2. Abschnitts (§ 1066) iVm der jew Satzungsklausel, welche die schiedsgerichtl Streiterledigung anordnet. IZw erfasst eine solche Klausel auch **alle Beschlussmängelstreitigkeiten** iSv §§ 241 ff AktG, die auch für GmbHs anzuwenden sind. Die funktionale Äquivalenz der Schiedsgerichte bedeutet, dass diese ebenso wie die staatl Gerichte über Beschlussmängelstreitigkeiten entscheiden können, sofern die im AktG aufgestellten bes Verfahrenskautelen sichergestellt sind: Die Chancengleichheit bei Bildung des Schiedsgerichts wird am einfachsten dadurch gewahrt, dass alle Schiedsrichter von neutraler dritter Seite bestellt werden. Die wegen § 246 III AktG erforderl Konzentration in einem Verf ist durch Beiladung (s § 1042 Rn 3a, 43) zu bewerkstelligen. Dies dürfte jedenfalls bei kleinen bis mittleren Gesellschaften wegen der überschaubaren Zahl der Beteiligten auf keine praktischen Durchführungsprobleme stoßen. Ausf Versin GmbHR 2015, 969 mwN. Eine Schiedsklausel, die korporativer Bestandteil des Gesellschaftsvertrags einer GmbH ist, ist gem den für solche Satzungsbestimmungen geltenden Grundsätzen nach objektiven Gesichtspunkten auszulegen. Eine nach objektivem Verständnis auszulegende Schiedsklausel in der Satzung einer GmbH, die ausdrückl alle Streitigkeiten, Ansprüche u Meinungsverschiedenheiten der Gesellschafter in ihrem Verhältnis untereinander und zur Gesellschaft erfasst, wenn die Differenzen den Gesellschaftsvertrag betreffen oder mit ihm in Zusammenhang stehen, ist grds weit auszulegen. Eine weite Schiedsklausel im Gesellschaftsvertrag einer GmbH bildet eine materiell-rechtlich wirksame Grundlage für eine schiedsgerichtl Zuständigkeit in Beschlussmängelstreitigkeiten (nur) dann, wenn sie die in höchstrichterlicher Rechtsprechung aufgestellten Mindestanforderungen erfüllt, BayObLG SchiedsVZ 2023, 100 (Lenz); Reichert/Groh ZPG 2023, 121 ff (mit Blick auf das MoPeG). Sa § 1066 Rn 13.

12 **7) Erga omnes-Wirkung.** Auch erstreckt sich die **Rechtskraft** (Feststellungswirkung) des Schiedsspruchs in gleicher Weise wie das Urteil des staatl Gerichts nach § 248 I, § 249 I AktG auf alle Beteiligten einschließl der Beigeladenen. Dies folgt bereits aus der vom Reformgesetzgeber bes betonten Gleichwertigkeit der Rspr der Schiedsgerichte mit der der staatl Gerichte. Zudem ist der Parteibegriff des § 1055 weit zu fassen. Er umfasst *auch die Beigeladenen, so österr OGH NZG 99, 307, 308* = RdW 99, 206 zur Parallelnorm in § 594 österr ZPO. Hierzu zB Schulze S 115. Jedenfalls ist die jew Satzungsklausel eine ausreichende Basis für die Rechtskrafterstreckung. Aus dieser Satzungsnorm ergibt sich der eindeutige Wille der Satzungsgeber, dass alle die Gesellschaft u

das Gesellschaftsverhältnis betr Streitigkeiten nicht von den staatl Gerichten, sondern von einem Schiedsgericht entschieden werden sollen. Bei verständiger Auslegung ordnet die Satzungsnorm mithin an, dass die Rechtskraft des Schiedsspruchs auf alle am Gesellschaftsverhältnis Beteiligten erstreckt wird. Andernfalls würde die Schiedsgerichtsklausel in der Satzung leerlaufen, welche die **Schiedsgerichtspflichtigkeit** aller an der Gesellschaft, ihren Organen u sonst am Gesellschaftsverhältnis Beteiligten gem § 1066 begründet, ohne deren individuelles Einverständnis vorauszusetzen. Deshalb bedarf es auch keiner Zustimmung der beigeladenen Dritten (Nicht-Parteien des Schiedsverf), da § 1066 iVm der Satzung eine ausreichende normative Basis gibt. Anders als im 1. Abschnitt des 10. Buchs der ZPO ist – was oft nicht klar genug herausgestellt wird (deutl aber K. Schmidt, GesellschaftsR[4], 2002, S 34, 78, 81, 698) – Grundlage der Zuständigkeit u Entscheidungsbefugnis des Schiedsgerichts nicht die Vereinbarung der betroffenen Parteien (§ 1029), sondern die durch § 1066 legitimierte Regelungsbefugnis des Satzungsgebers. Es ist somit eine **Wirkungserstreckung kraft Satzung** mögl u iZw zu bejahen, sofern die Beteiligung am Schiedsverf für alle Beigeladenen mögl ist u die Gleichheit aller Verfahrensbeteiligten bei der Bestellung der Schiedsrichter sichergestellt ist; zB bei Ernennung der Schiedsrichter durch einen Dritten. Sa § 1066 Rn 18.

8) Beiladung der Gesellschafter. Allen anfechtungsberechtigten Gesellschaftern, Organmitgliedern u sonstigen 13
Beteiligten ist in gleichem Umfang wie beim staatl Gericht durch **Beiladung** Gelegenheit zu geben, am Verf teilzunehmen. Die Ermächtigung zur Beiladung durch das Schiedsgericht basiert auf der jew Satzungsklausel, welche für gesellschaftsrechtl Streitigkeiten die Zuständigkeit des Schiedsgerichts begründet. Die Möglichkeit der Beiladung braucht dort nicht ausdrückl vorgesehen zu sein. Ohne Beiladung wären Schiedsverf in den Fällen der §§ 241 ff AktG unter Beachtung der in BGHZ 132, 278, 289 aufgestellten Voraussetzungen nicht durchführbar. Daraus ergibt sich bei einer den Satzungszweck sinnvoll berücksichtigenden Auslegung, dass die Schiedsklausel in der Satzung eine solche Ermächtigung zur Beiladung konkludent enthält. Die Satzung bindet auf Grund § 1066 alle am Gesellschaftsverhältnis Beteiligten u die Organe der Gesellschaft.

9) Insolvenzstreitigkeiten. Schiedsfähig sind auch Insolvenzstreitigkeiten (Aussonderungs-, Absonderungs- u 14
Masseschuldprozesse) sowie Feststellungsstreitigkeiten zwischen Anmelder u Widersprechendem, Flöther S 60; Eckert/Eßlinger/Vogel ZRI 2025, 61 („schiedsfreundlich"); ebenso Anfechtungsklagen (§§ 129 ff InsO); jedoch fehlt in solchen Situationen idR eine Schiedsvereinbarung. Die vom Gemeinschuldner geschlossene Schiedsvereinbarung umfasst Anfechtungsprozesse u Streitigkeiten iZm der Ausübung des WahlR des InsVerwalters (§ 103 InsO) nicht, s § 1029 Rn 53, 84; BGH MDR 2011, 1002; WSch/Schütze[5] § 1029 Rn 52 ff. Sa Hombeck/Schneider NZI 2020, 449. Schiedsfähig sind auch **Streitigkeiten zwischen Investoren u ausl Staaten**, BTDrs 13/5274, 35.

10) Kartellstreitigkeiten. Diese sind grds schiedsfähig, s WSch/Schütze[5] § 1025 Rn 42; G. Wagner ZVglRWiss 15
114 (2015), 494; auch Art 101 AEUV u Art 53 EWR-Abk v 2.5.1992 stehen nicht entgegen, Kasolowsky/Steup IPRax 2011, 96, 97; sa GA Jääskinen 11.12.2014 – C-352/13 Rn 98, 132, EuZW 2015, 124; K. Schmidt BB 2006, 1397; K. Schmidt ZHR 162 (1998), 265, 283; Blaschczok IPRax 2025, 24. Allerdings sind tragende Grundsätze des KartellR (s § 1051 Rn 4) über den ordre public-Vorbehalt durchzusetzen (s § 1059 Rn 69; § 1061 Rn 35; § 1062 Rn 1, 6); EuGH NJW 99, 3549 – Ecco Swiss; Blanke SchiedsVZ 2008, 234. S aber auch EuGH NJW 2000, 2185 = IPRax 2001, 328 (Heß IPRax 2001, 301) sowie Niggemann SchiedsVZ 2005, 265; s zum CAS OLG München SchiedsVZ 2015, 40, 42; EuGH EuZW 2024, 373 Rn 190 f [Wagner]; Duve/Rösch SchiedsVZ 2015, 69; Heermann SchiedsVZ 2015, 78; Hess, EuZPR[2], 2021, Rn 12.46 ff; Beck/Klumpp, NZKart 2024, 392, 397 ff; Blaschczok IPRax 2025, 24 f.

11) Schiedsgerichte für wertpapierrechtliche Streitigkeiten. Schiedsvereinbarungen über künftige Rechtsstrei- 16
tigkeiten aus Wertpapierdienstleistungen, Wertpapiernebendienstleistungen oder Finanztermingeschäften sind nur verbindl, wenn beide Vertragsteile Kaufleute oder jur Personen des öffentl Rechts sind, § 101 WpHG, Niedermaier SchiedsVZ 2012, 177; Schütze/Thümmel Rn 21.1 ff. Rügelose Einlassung (§ 1031 VI) jedoch mögl, Jordans S 113.

12) Existenz von Spezialgerichten (insb Patentgericht). Schiedsfähigkeit fehlt nach bish hM, wenn der Ge- 17
setzgeber bes Gerichte für bestimmte Streitigkeiten wie Klagen auf Nichtigerklärung oder Zurücknahme von Patenten eingerichtet hat; BTDrs 13/5274, 35. **Patentnichtigkeitsklagen** (§ 81 I, § 22 I PatG), **Designlöschungsklagen** (§ 36 DesignG) sowie **Markenlöschungsklagen** (§§ 49, 51, 55 I MarkenG) seien danach nicht schiedsfähig, zB WSch/Schütze[5] § 1029 Rn 52 ff; Lachmann Rn 311 ff: Da für Klagen auf Nichtigerklärung von erteilten Patenten, auf Zurücknahme von Patenten u auf Erteilung von Zwangslizenzen nur das Patentgericht zuständig ist, sei Schiedsvereinbarung unzulässig, nicht dagegen in anderen Patentstreitsachen (§§ 51 ff PatG), BTDrs 13/5274, 35; aA etwa Feldmann S 92; Schlosser RipS[2] Rn 317; Schulze S 212. Richtigerweise kann Schiedsvereinbarung dem Patentinhaber zur mittelbaren Erreichung der *erga omnes* – Wirkung den **Verzicht gegenüber Patentamt** aufgeben, sa Holzner S 110 f; Kaneko S 232 f. Die Streitfrage offen lassend BGH GRUR 2025, 305 Tz 16. Das Schiedsgericht kann zwar nicht das Patent als solches für nichtig erklären, es kann aber den Bekl verurteilen, bei der zuständigen Patentbehörde die Löschung des Patents zu beantragen, §§ 22, 81 PatG. Der Schiedsspruch wird nach Vollstreckbarerklärung (§ 1060) gem § 894 vollstreckt, so dass der Patentbehörde der fingierte Löschungsantrag vorliegt, Schütze/Thümmel Rn 19.1. Schiedsfähig sind auch **sonstige**

Immaterialgüterrechtsstreitigkeiten, insb die in §§ 104, 105 UrhG genannten sowie die **Markenlöschungsklage** (§ 55 MarkenG). Schiedsfähig sind unbestritten die **Verletzungsklagen.**

18 **13) Schiedsfähigkeit bei Geltung ausländischen Rechts.** Art V (1d) (2a) UNÜ (s Anh § 1061 Rn 23 ff) verbietet, dass ein Staat an die Schiedsfähigkeit strengere Anforderungen stellt, wenn das Schiedsverf nicht inländischem, sondern ausl Recht untersteht, Schlosser RipS[2] Rn 318.

19 **14) Schiedsgerichte zur Nachprüfung einer Entscheidung eines staatlichen Gerichts.** Deren Einrichtung ist zulässig, StJ/Schlosser § 1029 Rn 33. AA BGH MDR 1961, 846; OLG München NJW 59, 2220. Sa § 1032 Rn 14. Schiedsgericht kann von Parteien auch ermächtigt werden, **Vorbehaltsurteil des staatl Gerichts** aufzuheben (§ 302 IV 2). Das Gleiche gilt für § 927 u **Klagen nach §§ 767, 771, 878**, ebenso **Verf nach §§ 887, 888**, BGH NJW-RR 2013, 1336; BGH SchiedsVZ 2024, 254; OLG München SchiedsVZ 2012, 342. S § 1029 Rn 74, § 1032 Rn 12; § 1060 Rn 13. Schiedsgerichte zur Feststellung des Vorliegens/Nichtvorliegens der Voraussetzungen für die Anerkennung bzw Vollstreckbarerklärung von Urteilen ausl staatl Gerichte (§ 328) sind – soweit es um vermögensrechtl Streitgegenstände geht – zulässig. Soweit die Anerkennungsvoraussetzungen bzw Versagungsgründe zur Disposition der Parteien stehen, ist schiedsgerichtl Entscheidung auch iÜ zulässig.

20 **15) Vollstreckbarerklärung.** Diese (§§ 722, 723 ZPO; § 110 II FamFG) kann nicht auf Schiedsgerichte übertragen werden, vgl § 1062 I Nr 4; ebenso nicht die Kompetenz nach § 107 FamFG.

21 **16) Mietverhältnisse über Wohnraum in Deutschland. II** schließt – ohne Rücksicht auf das Verfahrensstatut – Schiedsvereinbarungen über Rechtsstreitigkeiten, welche den Bestand eines dt Mietverhältnisses betreffen, in Fortführung der im mat-rechtl Bereich zugunsten des Mieters getroffenen Schutzmaßnahmen aus. Insb soll § 29a nicht ausgeschaltet werden können; daher auch Heilung ausgeschlossen. Ausgenommen sind Rechtsstreitigkeiten, die Wohnraum betreffen, der nur zu vorübergehenden Zwecken vermietet ist, u Wohnraum, der Teil der vom Vermieter selbst bewohnten Wohnung ist u den der Vermieter ganz oder überwiegend mit Einrichtungsgegenständen auszustatten hat, sofern der Wohnraum nicht zum dauernden Gebrauch für eine Familie überlassen ist. Unter II fallen Klagen auf Feststellung des Bestehens oder Nichtbestehens eines Mietverhältnisses oder Untermietverhältnisses u Klagen, bei denen das Bestehen eines Mietverhältnisses nur incidenter festgestellt wird, wie Räumungsklage; ohne Bedeutung ist auch, ob als weitere Anspruchsgrundlage §§ 985, 812 BGB geltend gemacht werden, StJ/Schlosser Rn 21. Nicht unter II fallen Streitigkeiten über sonstige Ansprüche aus dem Mietverhältnis, die nicht unmittelbar den (Weiter-)Bestand des Rechts auf Raumnutzung betreffen, wie Klagen auf Erfüllung oder Schadensersatz wegen Nichterfüllung, Klagen im Zusammenhang mit dem Mietervorkaufsrecht sowie Streitigkeiten iZm Klagen auf Zustimmung zur Mieterhöhung nach § 557 III, § 558 BGB. AA WSch/Schütze[5] Rn 14. II darf **nicht ausdehnend ausgelegt werden**; nicht erfasst werden Landpachtverträge mit Wohnraumüberlassung (§ 585 BGB), OLG München SchiedsVZ 2005, 308, 309. II ist nicht entspr anwendbar auf **sonstige ausschließl Zuständigkeiten** (zB § 24 ZPO, § 26 I FernUSG).

22 **III) Öffentlich-rechtliche Streitigkeiten.** Auf dem Gebiet des öffentl Rechtes ist Schiedsgerichtsbarkeit mögl, soweit die Parteien über den Streitgegenstand einen öff-rechtl Vertrag schließen können, s § 1025 Rn 1, § 1062 Rn 1. Die §§ 1025 ff sind ggf auch im verwaltungsrechtl Verf entspr anwendbar. Die Möglichkeit einer schiedsrichterl Entscheidung ist insb im VermG (§ 30 II, § 38a VermG) in begrenztem Umfang vorgesehen, vgl BTDrs 13/5274, 35. Ausf Stumpf, Alternative Streitbeilegung im VerwaltungsR, 2006; hierzu Bespr Schäfer SchiedsVZ 2009, 337. Sa WSch/Schütze[5] Rn 5. **Ansprüche auf Informationszugang** nach § 1 I IFG sind nicht schiedsfähig, weil mit §§ 5, 6 und 8 IFG nicht disponible Interessen Dritter sowie nach § 3 IFG öffentliche Belange (ohne Ermessensspielraum) geschützt werden. Insoweit stehen Sinn und Zweck des Normkomplexes entgegen, OVG Berlin-Brandenburg ZGI 2024, 37 („PKW-Maut").

23 **IV) Internationale Bezüge. 1) Schiedsunfähigkeit nach ausländischem Recht.** Nach § 1025 I findet bei dt Schiedsort § 1030 stets Anwendung, OLG München SchiedsVZ 2014, 262, 264; OLG München IPRax 2016, 66 (Weller IPRax 2016, 48); Mankowski FS Schütze II, 2014, S 369, 374. Dementspr ist nach dt Recht nicht bestehende Schiedsfähigkeit Aufhebungsgrund, § 1059 II Nr 2a. AA Samtleben ZZPInt 16 (2011), 425, 446 u ZBankR 2003, 69, 76 (gewöhnl Aufenthalt des nichtkaufmännischen Schiedsbeklagten). Umgekehrt ist **Schiedsunfähigkeit nach ausl Recht**, zB der lex causae der Hauptsache oder dem Heimat- oder WohnsitzR des Sch oder des präsumtiven Vollstreckungsstaates, aus der Sicht des dt SchiedsR irrelevant. Damit ist die Anerkennung u Vollstreckbarerklärung des dt Schiedsspruchs im Ausland uU gefährdet, was im Interesse der unkomplizierten Anwendbarkeit des dt SchiedsR in Kauf genommen wird, Raeschke-Kessler/Berger Rn 166. Es gilt ebenso wie für die staatl dt Gerichte der Grundsatz: **Die Kompetenz eines dt** (dh nach dt Recht organisierten) **Schiedsgerichts hängt nicht von Anerkennung durch ausl Staaten ab.** Ob diese ihrerseits den dt Schiedsspruch in ihrer Rechtssphäre anerkennen, entscheiden sie selbst. Für **Schiedsverf mit Schiedsort im Ausland** fehlt ausdrückl Regelung, ebenso für **Situationen vor Festlegung des Schiedsorts.** Bestr ist, nach welcher Rechtsordnung die **obj Schiedsfähigkeit** zu beurteilen ist; Art II (1) UNÜ u Art 7 MG schweigen sich über die maßgebl Anknüpfung aus. *Für die Anerkennungsperspektive* ist nach Art V (1) (a) UNÜ u Art 34 (2) (a) (i) MG das von den Parteien vereinbarte Recht, hilfsw das Recht am Sitz des Schiedsgerichts maßgebl. Allerdings darf der Anerkennungsstaat auch sein eigenes Recht anwenden, Art V (2) (a) UNÜ; Art 36 (1) (b) (i) MG.

2) Lex fori des Vollstreckungsstaates. Daher wollen viele auf die lex fori des Vollstreckungsstaates bzw im Einredestadium (Art II UNÜ) auf das Recht des Gerichtsstaates abstellen, Epping S 200 ff. Nach aA soll kumulativ nach § 1030 u nach dem Schiedsvereinbarungsstatut (§ 1029 Rn 85 ff) Schiedsfähigkeit geprüft werden, Schulze S 52. Der **künftige Vollstreckungsstaat** ist aber oft nicht bekannt. Gleichwohl ist die Schiedsfähigkeit auch bei ausl Schiedsort stets nach § 1030, nicht nach dem Schiedsvereinbarungsstatut zu beurteilen, Epping S 200, MK/Münch Rn 23; StJ/Schlosser Rn 30. AA Gottwald S 23, der eine Ausnahme nur dann machen will, wenn Streitgegenstand nach dem Recht aller mögl Vollstreckungsstaaten nicht schiedsfähig ist. – Sa Jordans S 220. 24

3) Einredestadium. Im Einredestadium (I) wird die obj Schiedsfähigkeit – unabhängig vom Statut der Schiedsvereinbarung – vom staatl Gericht nach § 1030 beurteilt, soweit es um die **„Derogation" der an sich nach Art 4 ff Brüssel Ia-VO/Art 2 ff LugÜ bzw §§ 12 ff zu bejahenden internat Zuständigkeit Deutschlands** geht; die Grenzziehung hierfür wird – ebenso wie bei Derogationsverträgen nach § 38 – nicht dem ausl Recht überlassen, Geimer IZPR[9] Rn 3811; Berger RIW 2001, 12. Das Gleiche soll auch für die Einredewirkung (keine Beachtung vAw) des I gelten. Differenzierend Kronke RIW 98, 259. § 1059 II Nr 2a stellt auf dt Recht ab. Denn bei Maßgeblichkeit der lex causae der Schiedsvereinbarung „würde den Parteien eine Dispositionsbefugnis eingeräumt, die ihnen nicht zusteht", BTDrs 13/5274, 59. 25

4) Exequaturstadium. Im Exequaturstadium wird nur in den Grenzen des § 1060 II nachgeprüft, Schlosser RipS[2] Rn 304. Fehlt eine (konkludente) Parteivereinbarung oder Festlegung nach § 1066, so ist Schiedsfähigkeit nach dt Recht (§ 1030) zu beurteilen, s § 1059 Rn 65. 26

5) Missbräuchliche Klauseln in Verbraucherverträgen. Art 3 iVm Anh Nr 1 (q) der RL 93/13/EWG über missbräuchliche Klauseln in Verbraucherverträgen v 5.5.1993 (ABl v 21.4.1993 L 95/29). Nw zB in EuGH EuZW 2016, 147 (Ebers), Henke, Enthält die Liste des Anh der KlauselRL 93/13/EWG Grundregeln des Europ VertragsR?, 2010. Anh Nr 1(q) erwähnt als Bsp für missbräuchl Klausel eine Schiedsvereinbarung, die ein „nicht unter die rechtl Bestimmungen fallendes Schiedsverf" vorsieht, durch das dem Verbraucher die Möglichkeit genommen wird, „Rechtsbehelfe bei Gericht einzulegen". Es ist Aufgabe der nationalen Gerichte, die Missbräuchlichkeit der Vertragsklausel vAw festzustellen, EuGH NJW 2007, 135 – Mostaza Claro = SchiedsVZ 2007, 46, 48 (G. Wagner SchiedsVZ 2007, 49). Schiedsgerichte (§§ 1025 ff ZPO) agieren aber in Deutschland nach „rechtl Bestimmungen"; für Schiedsvereinbarungen gilt daher Nr 1 lit q) des Anh zu Art 3 III RL 93/13/EWG nicht, Arnold/Kramer, AG 2014, 677, 679 ff; Habersack FS Coester-Waltjen, 2015, S 1097, 1107. Der EuGH lehnt eine europaeinheitl autonome Auslegung u Anwendung des Missbrauchstatbestands des Art 3 I RL ab, EuGH ZEuP 2005, 418 (Röthel); EuGH EWiR 2010, 91 (Mankowski): Da unionsrechtl Vorschriften fehlen, ist die Umsetzung Sache der Mitgliedstaaten (unter Beachtung der **Grundsätze der Äquivalenz u der Effektivität**). Bei einem Antrag auf ZwV aus einem in Abwesenheit des Verbrauchers (Nichtteilnahme am Schiedsverf) ergangenen Schiedsspruch ist das staatl Gericht vAw verpflichtet, die Missbräuchlichkeit der Schiedsklausel zu prüfen. 27

§ 1031 Form der Schiedsvereinbarung

(1) Die Schiedsvereinbarung muss entweder in einem von den Parteien unterzeichneten Dokument oder in zwischen ihnen gewechselten Schreiben, Fernkopien, Telegrammen oder anderen Formen der Nachrichtenübermittlung, die einen Nachweis der Vereinbarung sicherstellen, enthalten sein.

(2) Die Form des Absatzes 1 gilt auch dann als erfüllt, wenn die Schiedsvereinbarung in einem von der einen Partei der anderen Partei oder von einem Dritten beiden Parteien übermittelten Dokument enthalten ist und der Inhalt des Dokuments im Fall eines nicht rechtzeitig erfolgten Widerspruchs nach der Verkehrssitte als Vertragsinhalt angesehen wird.

(3) Nimmt ein den Formerfordernissen des Absatzes 1 oder 2 entsprechender Vertrag auf ein Dokument Bezug, das eine Schiedsklausel enthält, so begründet dies eine Schiedsvereinbarung, wenn die Bezugnahme dergestalt ist, dass sie diese Klausel zu einem Bestandteil des Vertrages macht.

(4) (aufgehoben)

(5) [1]Schiedsvereinbarungen, an denen ein Verbraucher beteiligt ist, müssen in einer von den Parteien eigenhändig unterzeichneten Urkunde enthalten sein. [2]Die schriftliche Form nach Satz 1 kann durch die elektronische Form nach § 126a des Bürgerlichen Gesetzbuchs ersetzt werden. [3]Andere Vereinbarungen als solche, die sich auf das schiedsrichterliche Verfahren beziehen, darf die Urkunde oder das elektronische Dokument nicht enthalten; dies gilt nicht bei notarieller Beurkundung.

(6) Der Mangel der Form wird durch die Einlassung auf die schiedsgerichtliche Verhandlung zur Hauptsache geheilt.

Lit: *Graeve* Mit formfreien Schiedsvereinbarungen zu elektronischen Schiedssprüchen, SchiedsVZ 2024, 239.

1 **I) Anwendungsbereich. 1) Ort des Schiedsverfahrens in Deutschland.** Liegt der Ort des Schiedsverf (§ 1043 I) in Deutschland, ist § 1031 gem § 1025 I zwingendes Recht. Daher **keine analoge Anwendung des Art 11 EGBGB für inländische Schiedsverf**, s Rn 33; Epping S 95; MskV/Voit Rn 17. Rechtswahlfreiheit (s § 1025 Rn 3 ff) greift nach § 1059 II Nr 1a erst dann, wenn eine nach §§ 1029, 1031 wirksame Schiedsvereinbarung vorliegt. Nur bei ausl Schiedsverf iSv § 1025 II ist Art 11 EGBGB (analog) anwendbar, BGH NJW-RR 2021, 376 Tz 51; Kronke RIW 98, 259. Danach ist § 1031 nur relevant, wenn die Schiedsvereinbarung dt Recht unterliegt oder in Deutschland abgeschlossen wurde, wobei es bei Distanzgeschäften auf Zugang der Annahmeerklärung im Inland ankommt. Krit Wagner, Prozessverträge, 1998, 372 ff. Differenzierend StJ/Schlosser Rn 35. – § 1031 ist **nicht anwendbar auf nichtvertragl Schiedsgerichte**, § 1066 Rn 5.

2 **2) Objektive Schiedsfähigkeit.** Liegt der Schiedsort im Inland, so ist die obj Schiedsfähigkeit sowohl vom Schiedsgericht als auch von den staatl Gerichten **in allen Verfahrenssituationen** (Einrede- u Aufhebungs- bzw Vollstreckbarerklärungsstadium) nach dt Recht (§ 1030) zu beurteilen. Hieran können die Parteien der Schiedsvereinbarung durch Wahl einer ausl Rechtsordnung nichts ändern. Sa § 1059 II Nr 2 (a). Wollte man nach den einzelnen Verfahrensstadien differenzieren, würde aus dem Blickwinkel ein u ders Rechtsordnung die Wirksamkeit der Schiedsvereinbarung nach unterschiedl Kriterien beurteilt werden. Doch es kann nicht angehen, die Klage zu dem staatl Gericht abzuweisen mit der Begründung, das Schiedsgericht sei zuständig, dann aber die Vollstreckbarerklärung abzulehnen, weil keine wirksame Schiedsvereinbarung vorliegt, Schlosser RipS[2] Rn 246.

3 **3) Vorrang der staatsvertraglichen Regelung der Formfrage.** Art II (2) UNÜ (Anh § 1061 Rn 4 ff; s Rn 21) verdrängt schärfere (formstrengere) Vorschriften des nationalen Rechts; unberührt bleiben aber gem Art VII weniger strenge, BGH NJW-RR 2021, 376 Tz 2; Nagel/Gottwald IZPR[9] Rn 18.22. AA MK/Münch Rn 24. Nw auch bei Synatschke S 40 ff.

4 **4) Gewerblicher Bereich. Mündlichkeit** genügt auch im gewerbl Bereich nicht. Anders früher § 1027 II aF; s jedoch zu Reformüberlegungen Rn 49. Erforderl ist vielmehr eine Form (OLG Frankfurt/M 5.3.2024 – 26 SchH 8/23 Tz 25), die einen **Nachweis der Vereinbarung** erlaubt, der angefügte Katalog ist nur beispielhaft zu verstehen. IÜ sind – **sofern kein Verbraucher** (V; § 13 BGB) **beteiligt ist**, BGH SchiedsVZ 2011, 46 Tz 24 = GWR 2010, 582 (Wagner) – die Formvorschriften der I-IV sowie VI liberaler als Art II UNÜ, BGH NZG 2010, 1351. In Betracht kommen folgende Varianten:

5 **a) Schiedsvereinbarung in gemeinsam unterzeichnetem Dokument (§ 1031 I Alt 1).** Da – von V abgesehen – das Trennungsverbot nicht gilt, kann das Schriftstück auch sonstige Vereinbarungen, zB den mat-rechtl Hauptvertrag, enthalten. Nachträgl einvernehml Änderungen des Textes oberhalb der Unterschriften sind zulässig, BGH NJW 94, 2300; Raeschke-Kessler/Berger Rn 222. Die Parteien bzw ihre organschaftl Vertreter (Vorstände, Geschäftsführer etc) müssen nicht persönl unterschreiben. Es genügt auch die Unterzeichnung durch Bevollmächtigte oder Vertreter ohne Vertretungsmacht, wenn deren Handeln genehmigt worden ist, Lachmann Rn 275. Beachtung des § 126 BGB nicht erforderl, aber üblich, s Rn 35; Beckmann S 221, 223, 233: eigenständige prozessrechtl Formanforderungen.

6 **b) Schiedsvereinbarung in der schriftl oder in sonstigen Formen der Nachrichtenübermittlung dokumentierten Korrespondenz der Parteien (§ 1031 I Alt 2).** Die Vorschrift entspricht Art II UNÜ (s Rn 21) u Art 7 UNCITRAL-MG. Die Aufzählung der Kommunikationsmittel ist nicht abschließend. In Betracht kommt auch **elektron Datenaustausch** (s für E-Mail OLG Celle 2.8.2018 – 8 Sch 1/18; BayObLG 14.3.2025 – 101 Sch 3/24 Tz 77, 78; Graeve SchiedsVZ 2024, 239 f: jede Form der Nachrichtenübermittlung mit Sachbeleg). Erforderl ist Abspeicherung, um den Nachweis der Vereinbarung zu gewährleisten, Beckmann S 230. Bsp (OLG München 16.12.2011 – 34 SchH 30/11). Dies gilt auch für andere Formen elektronischer Datenübermittlung. Visuelle Wahrnehmbarkeit sei nach Graeve SchiedsVZ 2024, 239 keine Voraussetzung (zB auch Blockchain-Nutzung). Für Öffnung des Art II (2) UNÜ in Richtung elektron Kommunikationsformen Mankowski FS Kronke, 2020, S 1475.

7 **c) Schiedsvereinbarung in einem einseitig von einer Partei oder einem Dritten übermittelten Schriftstück.** Diese **„halbe Schriftform" (§ 1031 II)** in Anlehnung an Art 25 I Brüssel Ia-VO/Art 23 I LugÜ (§ 38 II) u in Abweichung von Art 7 II UNCITRAL-MG genügt. Erforderl ist einseitige Schriftlichkeit; daher genügt entspr Handelsbrauch für sich allein nicht, BGH 6.4.2017 – I ZB 69/16 Tz 21; Raeschke-Kessler/Berger Rn 229. Schiedsvereinbarung muss in dem Schriftstück niedergelegt sein u dessen unwidersprochen gebliebener Inhalt nach der (nationalen bzw lokalen) Verkehrssitte als Vertragsinhalt angesehen werden. Maßstab ist das auf die Schiedsvereinbarung anzuwendende materielle Recht, BayObLG 19.8.2022 – 102 SchH 99/21 Tz 73. Wie früher (BGH AWD 70, 417, 419) kann Schiedsvereinbarung durch Schweigen auf **kaufmännisches Bestätigungsschreiben** zustande kommen, s Rn 27; BTDrs 13/5274, 36; BayObLG 14.3.2025 – 101 Sch 3/24 Tz 95 f; Epping S 73, 158. – Schiedsklauseln in Rechnungen sind keine kaufmännischen Bestätigungsschreiben, sondern nur Abrechnung von (erbrachten) Leistungen, BGH IPRax 2006, 266 (Geimer IPRax 2006, 233). Sa Rn 27 u zu **Reformüberlegungen** BTDrs 20/13257, 27 f sowie Rn 49.

8 ***d) Schiedsvereinbarung in AGB (§ 1031 III).*** **(1)** muss das verweisende Dokument den Formerfordernissen der I oder II genügen (ausreichend nach II zB auch Bestätigungsschreiben, BGHZ 7, 187, 188) u **(2)** muss der in diesem enthaltene Verweis die AGB zum Vertragsbestandteil machen. Aus dem Umkehrschluss zu IV und

aus den Materialien zum UNCITRAL-MG ergibt sich, dass entgegen dem Wortlaut des III für die Einbeziehung der in den AGB enthaltenen Schiedsklausel ein spezieller Hinweis auf diese Schiedsklausel nicht erforderl ist; BGH NJW 2007, 789; BayObLG NJW-RR 99, 644; OLG München 15.9.2010 – 20 U 2515/2010; OLG München 16.12.2011 – 34 SchH 30/11; OLG Frankfurt/M SchiedsVZ 2020, 185, 1878. Eine Schiedsklausel ist iZw **nicht überraschend iSv § 305c BGB**, OLG Frankfurt/M IPRspr 2007, Nr 218. Zu eng OLG Bremen MDR 2009, 465: Schiedsgericht in New York sei für Bremer unzumutbar, weil mit erhebl Mühen für Rechtsverfolgung bzw -verteidigung im Ausland verbunden. Hierzu Schulz/Niedermaier SchiedsVZ 2009, 196; OLG Dresden IPRax 2010, 241 (Eichel IPRax 2010, 219). Nw bei Ostendorf SchiedsVZ 2010, 234, 235 u Thorn/Nickel IPRax 2018, 541.

5) Abgrenzung zur Verfahrensvereinbarungen in AGB. III erfasst nicht Verfahrensvereinbarungen in AGB. Insoweit gilt allg AGB-Recht. Sa OLG Frankfurt/M NJW 2014, 16 (Bestellung eines Einzelschiedsrichters in AGB), zust BGH NJW-RR 2018, 1331 Tz 23 = MDR 2018, 1338. 9

6) Allgemeine Bezugnahme auf das Schriftstück. Eine allg Bezugnahme auf das Schriftstück reicht aus. Der Verweis braucht – wie bei § 38 u Art 25 Brüssel Ia-VO, Art 3 (c) (ii) HGÜ (Bläsi S 75) – die Schiedsklausel nicht zu erwähnen, Epping S 144. Es genügt, wenn die Bezugnahme auf das andere Schriftstück so ausgestaltet ist, dass sich die **Gegenpartei bewusst wird oder werden kann, dass die Parteien den Zugang zu den staatl Gerichten ausschließen**, dh an die Stelle deren Zuständigkeit die Zuständigkeit des Schiedsgerichts setzen, sa BayObLG 14.3.2025 – 101 Sch 3/24 Tz 77; BayObLG 19.8.2022 – 102 SchH 99/21 Tz 70. Es genügt daher ein allg Hinweis auf die AGB, wenn die andere Partei bzw deren Vertreter oder Repräsentanten im Besitz der AGB sind u diese daher zur Kenntnis nehmen können. Es genügt auch, **wenn Streitschlichtung durch Schiedsgerichte in dem betr Handelszweig üblich ist**, Raeschke-Kessler/Berger Rn 234. AA Saenger Rn 7. 10

7) Dynamische Verweisung bei ständigen Schiedsgerichten. Vereinbaren die Parteien die Zuständigkeit eines ständigen Schiedsgerichts u unterwerfen sie sich stillschweigend oder ausdrückl der Verfahrensordnung dieses Gerichts, so billigen sie damit zwar grds **spätere Änderungen der VerfO** schon bei Abschluss des Schiedsvertrags angesichts von tatsächl u rechtl Entwicklungen. Dies gilt jedoch nicht, soweit spätere Änderungen der VerfO unter Berücksichtigung von Treu u Glauben gegen anerkennenswerte Interessen einer der Parteien der Schiedsvereinbarung verstoßen, zB wenn dadurch der Kreis der zur Schiedsklage berechtigten Personen erweitert wird. Die Parteien rechnen bei Abschluss einer Schiedsvereinbarung nicht damit, dass sie vor dem Schiedsgericht durch Kläger in Anspruch genommen werden können, die allein wegen späterer Änderungen klagebefugt geworden sind. Die Einräumung eines Klagerechts für einen an der Schiedsvereinbarung unbeteiligten Dritten ist damit von der bei Abschluss der Schiedsvereinbarung **stillschweigend erklärten Billigung späterer Änderungen** der VerfO regelmäßig nicht umfasst, BGH NJW-RR 2018, 1331 Tz 21 ff = MDR 2018, 1338; s dazu mit Blick auf die **geplante Reform des deutschen Schiedsrecht** Heinze SpuRt 2024, 445, 448: „jedenfalls bei Unternehmergeschäften" müsse „die Möglichkeit einer nachträglichen Einbeziehung von Schiedsparteien" bestehen. 11

8) Konnossement. Der Verfrachter kann mit der Begebung eines Konnossementes an einen Dritten eine Schiedsvereinbarung schließen, wenn Schiedsklausel in Konnossement enthalten ist, § 522 I 2 HGB. **Inkorporationsklausel**, in der ausdrückl auf die im Chartervertrag enthaltene Schiedsklausel Bezug genommen wird, genügt nach Streichung von IV nicht mehr, BTDrs 17/10309, 143. 12

9) Formulierung der „Schiedsvereinbarung". Das Wort **„Schiedsvereinbarung"** muss nicht verwendet werden. Wichtig ist nur, dass die Parteien die Entscheidung des Rechtsstreits den staatl Gerichten entziehen u einer bestimmten Person/Stelle übertragen wollen. Das Erfordernis der Niederlegung in einer **bes Urkunde** gilt nach V nur für den **nicht gewerbl bzw nicht berufl Bereich.** 13

10) Gewillkürte Vertreter. Diese müssen speziell zum Abschluss der Schiedsvereinbarung bevollmächtigt sein, Vollkommer Rpfleger 74, 133. Sa BGH NJW 94, 2300. **Vollmacht zum Abschluss einer Schiedsvereinbarung** im Anwendungsbereich des Art II UNÜ u bei § 1031 jedoch **formfrei** mögl, § 167 II BGB, Schlosser RipS^2 Rn 356, 368. Ausnahme bei Unwiderruflichkeit, Raeschke-Kessler/Berger Rn 267, Rn 269. Auch Blankounterschrift soll genügen, Saenger Rn 12. **Duldungsvollmacht genügt**, OLG München 16.12.2011 – 34 SchH 30/11. Erforderl, dass Partei es über einen längeren Zeitraum hin hat wissentlich geschehen lassen, dass jemand für sie Verträge abgeschlossen u abgewickelt hat, Grüneberg/Ellenberger § 172 BGB Rn 8. 14

11) Abgrenzung: Nebenabreden, Verfahrensvereinbarungen. Für Nebenabreden, Verfahrensvereinbarungen und Vereinbarungen über das anzuwendende Recht gilt § 1031 nicht, s § 1029 Rn 10 f. Diese sind **formfrei** mögl. Es genügt, dass sich aus der nach I zugelassenen Form der Nachrichtenübermittlung bzw der eigenhändig unterzeichneten Urkunde (V 1) bzw aus der notariellen Urkunde (V 2 Hs 2) hinreichend deutl ergibt, dass an Stelle der staatl Gerichte ein Schiedsgericht entscheiden soll. Für die Festlegung der Einzelheiten genügt Bezugnahme auf eine in einem anderen zwischen den gleichen Parteien oder ihren Rechtsvorgängern abgeschlossenen Vertrag enthaltene Schiedsvereinbarung (OLG Oldenburg MDR 51, 690, 691) oder auf eine bestimmte Schiedsordnung; die in Bezug genommenen Dokumente müssen nicht den Formerfordernissen des § 1031 entsprechen, BayObLGZ 99, 255, 265; Kahlert S 247. Eine Zuständigkeit des OLG (§ 1062) für Streitigkeiten auf Zustimmung zu Verfahrensvereinbarungen u die Vergütung der Schiedsrichter besteht nicht, OLGR München 2007, 410; Hilgard/Haubner BB 2014, 970. Allerdings kann sich eine **Verschärfung der Form** aus anderen Vor- 15 schriften ergeben, insb aus § 311b I BGB u § 15 GmbHG, s Rn 47. Zur Anwendung des § 307 II Nr 1 BGB im gewerbl nicht kaufmännischen Bereich Spieker ZIP 99, 2138. Sa Böttcher/Fischer NZG 2011, 601.

16 **12) Rechtsnachfolger.** Bei Abtretung eines Rechts aus einem Vertrag entscheidet das Forderungsstatut, ob der Zessionar an die Schiedsvereinbarung gebunden ist, Schack IZVR[9] Rn 1445 f. Bei Maßgeblichkeit dt Rechts gehen nach hM (s § 1029 Rn 12, 57 ff) auch die Rechte u Pflichten aus einer mit ihm verbundenen Schiedsvereinbarung auf den Erwerber über, ohne dass es des gesonderten Beitritts des Erwerbers zur Schiedsvereinbarung in der Form des § 1031 bzw Art II (2) UNÜ bedarf, es sei denn, in der Schiedsvereinbarung wurde etwas anderes vereinbart, BGH NZG 98, 63; BGHZ 71, 162, 164; BGH ZIP 97, 2082; BGH NJW 80, 1797; BayObLGZ 99, 255, 266; Lachmann Rn 521 ff; enger Schwab/Walter 7 Rn 32. Der **Einzelrechtsnachfolger hat kein schutzwürdiges Interesse, das Recht ohne die Schiedsklausel zu erwerben**, da er sich vorab über den Inhalt des zu übertragenen Rechts u damit auch über die Schiedsgerichtsbindung informieren kann, Eberl/Eberl 7 Rn 42; Gottwald FS Geimer II, 2017, S 131, 133. Anders tendenziell bei Personengesellschaften BayObLG ZIP 2022, 2177; hierzu Kröll NJW 2023, 819 Rn 8. – Auch **Träger der Arbeitslosen- bzw Sozialhilfe** sind an die Schiedsvereinbarung gebunden. – Zum Meinungsstand zur Anwendbarkeit des § 265 ohne eigene Stellungnahme BGH SchiedsVZ 2022, 237 Tz 24.

17 **13) Schiedsvereinbarung zugunsten Dritter.** Aus den gleichen Gründen zulässig wie Zuständigkeitsvereinbarungen zu Gunsten Dritter, s § 1029 Rn 33; zust WSch/Schütze[5] Rn 40. Bedenken unter dem Aspekt einer unzulässigen Schiedsbindung unbeteiligter Dritter bestehen nicht, wenn den Dritten lediglich ein Wahlrecht eingeräumt wird, BGH IPRax 2020, 238 (Schlosser IPRax 2020, 222); OLG Frankfurt 2.1.2025 – 26 SchH 1/23 Tz 96, 97; Pfeiffer FS Kronke, 2020, S 1497, 1498. Dabei ist unerhebl, ob der Begünstigte bei Abschluss der Vereinbarung schon gelebt hat, BGHZ 129, 297, 305; BayObLGZ 99, 255, 267. Durch eine solche Klausel zu Gunsten eines Dritten unterwerfen sich ledigl die Vertragsschließenden oder einer von ihnen dem schiedsgerichtl Verf; dem Dritten bleibt jedoch die Wahl, ob er nicht doch Klage vor den staatl Gerichten vorziehen möchte. Sa § 1029 Rn 33; § 1031 Rn 17. – Nicht in Betracht kommen jedoch **Schiedsvereinbarungen zu Lasten Dritter:** Die Gerichtspflichtigkeit des Dritten vor Schiedsgerichten kann (ohne dessen Mitwirkung) nicht begründet werden (differenzierend Massuras S 99), aber dagegen **Klagemöglichkeiten für einen Dritten.** So können A und B vereinbaren, dass C sie beide oder einen von ihnen vor einem Schiedsgericht verklagen darf. Dem Dritten wird dadurch aber nicht der Weg zu den staatl Gerichten versperrt, wenn er von der Schiedsvereinbarung keinen Gebrauch machen will. Die Form des § 1031 muss nur im Verhältnis zwischen A und B gewahrt sein; eines „Beitritts" des C in der Form des § 1031 bedarf es nicht. **Umgehung des Formzwangs** (§ 1031) liegt nicht vor, sa BGHZ 48, 35, 45. Konstruktiv benötigt Dritter keine eigene Schiedsvereinbarung, da ihn die im Deckungsverhältnis zwischen Versprechendem und Versprechensempfänger getroffene Vereinbarung begünstigt, s OLG Frankfurt 2.1.2025 – 26 SchH 1/23 Tz 65, 97 f, 100; OLG Köln 11.10.2024 – 19 Sch 19/23 Tz 118; Massuras S 106; StJ/Schlosser § 1029 Rn 70. AA Martens S 119, 134: Rechtserwerb des Destinatärs unter der Bedingung (§ 328 II BGB), dass er unter Beachtung des § 1031 eine Schiedsvereinbarung abschließt; mwN bei Beckmann S 99. Vergleichbares soll nach OLG Hamburg 12.8.2019 – 6 Sch 2/19 Tz 25 bei **Vertrag mit Schutzwirkung zugunsten Dritter** gelten. – Zu sonstigen Fällen der Erstreckung der Schiedsbindung auf Dritte Schütze SchiedsVZ 2014, 274; sa Gebauer FS Schütze II, 2014, S 95.

18 **14) Schiedsgerichtsgebundene Ansprüche.** Davon zu unterscheiden ist die Begründung eines Anspruchs durch Vertrag zu Gunsten eines Dritten mit der Maßgabe, dass dieser Anspruch nur vor einem Schiedsgericht eingeklagt werden kann. Der mat-rechtl Anspruch existiert dann von Anfang an nur mit der „Einschränkung", dass er nicht vor staatl Gerichten, sondern „nur" vor dem Schiedsgericht einklagbar ist. Hier ist dem Anspruchsinhalt die Schiedsklausel inhärent, so dass Dritter hieran gebunden ist, sofern Schiedsklausel nicht erst nach Entstehen der Rechte des Dritten vereinbart wurde. Dies bedeutet: Es besteht für den Destinatär nicht bloß die Verpflichtung, nicht vor staatl Gerichten zu klagen, RG JW 01, 207, 208. Klagt er gleichwohl, so ist die Klage a limine als unbegründet abzuweisen. Denn es handelt sich um eine **unvollkommene (vor staatl Gerichten nicht durchsetzbare) Verbindlichkeit**. Auf die Schiedseinrede (§ 1032) kommt es dabei nicht an.

19 **15) Erstreckung der Bindungswirkung des Schiedsspruchs.** Wiederum zu unterscheiden ist die Vereinbarung, dass die Feststellungen in einem Dritte betr Schiedsspruch auch zwischen den Vertragsteilen bindend sein sollen, BGH EWiR 88, 567 (Vortmann), sowie der (mit Schiedsklausel versehene) Vertrag auf Leistung an einen Dritten oder zu Gunsten eines Dritten. Hier ist dem Anspruchsinhalt die Schiedsklausel inhärent, so dass Dritter hieran gebunden ist, sofern Schiedsklausel nicht erst nach Entstehen der Rechte des Dritten vereinbart wurde, s Rn 17.

20 **16) Letztwillige Verfügung.** Für Schiedsgerichte, die durch letztwillige Verfügung eingesetzt sind, **gilt nicht § 1031**, sondern § 1066, ebenso für Schiedsklauseln in Satzungen u in Gemeinschaftsordnungen von Wohnungseigentumsgemeinschaften zur Erledigung von Streitigkeiten iSv §§ 43 ff WEG. Werden individualrechtl Vereinbarungen in die Satzung bzw Gemeinschaftsordnung aufgenommen, muss allerdings die Form des § 1031 gewahrt werden, BGH NJW 63, 203 = MDR 63, 115; K. Schmidt ZHR 162 (1998), 265, 273.

21 **17) Bedeutung von Art II UNÜ.** Art II UNÜ (s Anh § 1061 Rn 4 ff) verlangt ebenfalls **volle Schriftform**, Samtleben ZZPInt 16 (2011), 425, 437: entweder Unterzeichnung der Schiedsvereinbarung oder des Vertrages, wel-

cher sie enthält, durch beide Parteien oder Wechsel von Briefen, Fernschreiben oder Telegrammen, welche die Schiedsvereinbarung enthalten, BGH SchiedsVZ 2011, 46 Tz 21 = GWR 2010, 582 (Wagner); MskV/Voit Rn 18. Erforderl ist ein **gegenseitiger Schriftwechsel**; entscheidend ist Wechselseitigkeit, OLG München SchiedsVZ 2010, 50. Einseitige Zusendung eines Vertragstextes reicht nicht aus, auch nicht die einseitige schriftl Bestätigung einer mündl Abrede. Weder eine mündl noch eine konkludente Annahme eines schriftl Vertragsangebotes genügen, selbst dann nicht, wenn zwischen den Parteien laufende Geschäftsbeziehungen bestehen. Telex- u Fax-Schreiben sind Telegrammen gleichzustellen, BayObLG RIW 2003, 383; BayObLG 14.3. 2025 – 101 Sch 3/24 Tz 77, 78. Sa OLG Brandenburg IPRax 2003, 349 (Otto IPRax 2003, 333, 335); OLG Köln IPRspr 2010, Nr 309. – Die UNCITRAL-Resolution v 7.7.2006 (www.uncitral.org) empfiehlt für Art II, auch **elektron Korrespondenz** ausreichen zu lassen, hierzu Schramm/Geisinger/Pinsolle in Kronke/Nacimiento/Otto/Port S 75 ff; Samtleben ZZPInt 16 (2011), 425, 438.

18) Halbe Schriftform nach Art II UNÜ. Diese – wie in **II** oder nach § 38 II 2 bzw Art 25 I Brüssel Ia-VO/Art 23 I LugÜ/Art 3 (c) HGÜ für die Gerichtsstandsvereinbarung vorgesehen – ist für Art II UNÜ nicht ausreichend. Ein **kaufmännisches Bestätigungsschreiben** genügt nach Art II UNÜ nicht. Anders, wenn trotz formunwirksamer Schiedsvereinbarung Parteien Schiedsrichter durch Schriftwechsel bestellen. Darin liegt nunmehr formwirksame Bestätigung der Schiedsvereinbarung, OLG Hamburg NJW-RR 99, 1738. S zu Reformüberlegungen BTDrs 20/13257, 27 f sowie Rn 49. 22

19) Bezugnahme auf AGB. Bei Bezugnahme auf AGB einer Partei, **die eine Schiedsklausel enthalten**, genügt Konsens über Einbeziehung der AGB, die ihrerseits Schiedsklausel enthalten, s Rn 8 f; OLG Schleswig RIW 2000, 706; OLG Köln IPRspr 2010, Nr 309; Samtleben FS v. Hoffmann, 2011, S 1066. Sa BGH NJW-RR 2021, 376 Tz 60 (sa § 1029 Rn 85 ff). 23

20) Vorrang des nationalen Rechts. In allen Fällen begründet jedoch Art VII (1) UNÜ den Vorrang des formliberaleren nationalen Rechts; auch für Schiedsverf mit Schiedsort außerhalb Deutschlands genügt Einhaltung des § 1031, BGH NJW-RR 2021, 376 Tz 26; BGH SchiedsVZ 2010, 332; Quinke SchiedsVZ 2011, 169; Samtleben ZZPInt 16 (2011), 425, 440. Auch wenn eine Parallelvorschrift zu § 1031 VI in Art II UNÜ (s Anh § 1061 Rn 4 ff) fehlt, wird gleichwohl Formmangel durch rügelose Einlassung zur Hauptsache geheilt, s Rn 46 ff; OLG Schleswig RIW 2000, 706; OLG Düsseldorf IPRspr 2011, Nr 297a; Saenger Rn 19. Sa Anh § 1061 Rn 5. 24

21) Europäisches Übereinkommen über die Internationale Handelsschiedsgerichtsbarkeit. Art I Abs 2 (a) des Europ Übk über die Internat Handelsschiedsgerichtsbarkeit verlangt nur Schriftform der Schiedsvereinbarung (von beiden Parteien unterschriebenen Vertrag), nicht jedoch bes Urkunde iSd V, OLG Frankfurt RIW 86, 379. Auch nachträgl schriftl Einverständnis genügt, OLG Köln RIW 92, 760; Epping S 68. Das Schriftformerfordernis gilt nicht, wenn die beteiligten Personen ihren Sitz oder gewöhnl Aufenthalt in Staaten haben, deren Rechtsordnung keine Schriftform vorsieht, u die Schiedsvereinbarung nach diesem Recht wirksam ist; anders als Art II UNÜ u § 1031 werden auch mündl Schiedsvereinbarungen zugelassen, MskV/Voit Rn 19. Eine Formerleichterung nur nach dem Recht einer Partei oder nach dem Schiedsvertragsstatut reicht jedoch nicht, BayObLG RIW 2003, 383. 25

22) Aufhebung der Schiedsvereinbarung. Eine Aufhebung der Schiedsvereinbarung durch Vertrag (s § 1029 Rn 83 f) unterliegt nicht der Form, Kersting SchiedsVZ 2013, 297, 299; MK/Münch § 1029 Rn 145; Schwab/Walter 8 Rn 7. 26

23) Schweigen auf ein kaufmännisches Bestätigungsschreiben. II. stellt ggü dem UNÜ insofern eine Erleichterung dar, als der Form auch dann genügt ist, wenn das Schweigen der Gegenpartei nach der Verkehrssitte als Zustimmung zu dem schriftl Angebot der anderen Partei anzusehen ist. Gedacht ist insb an das Schweigen auf ein kaufmännisches Bestätigungsschreiben (s bereits Rn 7). Mündl Schiedsvereinbarungen sind dagegen auch bei Gewerbetreibenden nicht wirksam, BTDrs 13/5274, 36. S jedoch zu **Reformüberlegungen** BTDrs 20/13257, 27 f sowie Rn 49. 27

II) Schiedsvereinbarungen in AGB (§ 1031 III). 1) Verhältnis zu § 1031 V. Diese sind im Rahmen gewerbl bzw berufl Tätigkeit der Parteien, für welche das Erfordernis der Niederschrift in einer bes Urkunde nicht gilt, zulässig. Dagegen schränkt V Schiedsvereinbarungen mit Verbrauchern in AGB de facto ein, schließt sie aber nicht aus, zu eng Wagner, Prozessverträge, 1998, S 158, 594; Schulze 101; BayObLG 14.3.2025 – 101 Sch 3/24 Tz 79; OLG Bremen MDR 2009, 465. 28

2) Verhältnis zu §§ 305 ff. III ist nicht lex specialis zu §§ 305 ff BGB. Im Anwendungsbereich des § 310 BGB (Unternehmer [§ 14 BGB] etc) gilt § 305 II BGB nicht. Es genügt, dass die Möglichkeit bestand, in zumutbarer Weise vom Inhalt der AGB Kenntnis zu nehmen, OLG München 15.9.2010 – 20 U 2515/10. 29

3) Verhältnis zum Hauptvertrag. Wegen § 1040 I 2 (Trennung von Hauptvertrag u Schiedsvereinbarung, BGH SchiedsVZ 2017, 103) führt ein nach §§ 307 ff BGB unwirksamer Hauptvertrag nicht zu Unwirksamkeit der Schiedsvereinbarung. Die Derogation der staatl Gerichte zugunsten der Zuständigkeit eines Schiedsgerichts (§ 1029) verstößt als solche auch nicht gegen das ges Leitbild. Jedoch können Verfahrensvereinbarungen in einer Schiedsvereinbarung (s § 1029 Rn 10 f) gegen §§ 305 ff BGB verstoßen. Allerdings hat deren Unwirksamkeit 30 iZw nicht die Unwirksamkeit der Schiedsvereinbarung zur Folge. An Stelle der unwirksamen Verfahrensvereinbarung tritt die einschlägige Regelung des 10. Buchs, s § 1029 Rn 10 f.

31 **4) Umfang der Inhaltskontrolle.** BGH NJW 2005, 1125 = JZ 2005, 958 (Wagner/Quinke JZ 2005, 932) u BGH SchiedsVZ 2007, 163, 164 Tz 14 lassen **offen, ob neben V überhaupt noch eine Inhaltskontrolle nach §§ 305 ff BGB stattfindet:** Jedenfalls ist formularmäßige Schiedsklausel nicht überraschend (§ 305c BGB), noch ist sie eine unangemessene Benachteiligung des Verbrauchers (§ 307 I 1 BGB). Der Verwender der AGB braucht kein bes Bedürfnis an der Einsetzung eines Schiedsgerichts darzulegen. Die **Inhaltskontrolle von Schiedsklauseln in Formularverträgen u AGB**, die zusammen mit dem mat-rechtl Hauptvertrag für **künftige Streitigkeiten** vereinbart werden, ist vor allem auf die **unparteiische Zusammensetzung des Schiedsgerichts** u die **Einhaltung elementarer Prinzipien der Verfahrensfairness** gerichtet, OLG Düsseldorf NJW 96, 400; OLG Düsseldorf NJW-RR 97, 372, 373; OLGR Frankfurt/M 2008, 647; Ostendorf SchiedsVZ 2010, 234, 235. Zu weit geht – weil die **Gleichwertigkeit von Schiedsgerichtsbarkeit** mit der staatl Rspr (s vor § 1025 Rn 1) verkennend – BGH NJW 1992, 575: Die Unwirksamkeit der AGB-Schiedsklausel sei schon deswegen zu bejahen, weil das Schiedsgericht mit Nichtjuristen besetzt werden könnte, die voraussichtl nicht in der Lage seien, die Unwirksamkeit anderer missbilligter Klauseln der AGB zu erkennen. Die **abstrakte Gefahr** genügt aber nicht; krit auch Raeschke-Kessler/Berger Rn 375 sowie StJ/Schlosser § 1029 Rn 45. Dem BGH zust jedoch Wagner, Prozessverträge, 1998, S 597. Prüfung nach § 307 BGB ergibt iZw nicht unangemessene Benachteiligung durch Schiedsklausel, da Gesetzgeber Schiedsgerichtsbarkeit gleichberechtigt neben die staatl Gerichtsbarkeit gestellt hat, s vor § 1025 Rn 1, MskV/Voit Rn 6.

32 **III) Schiedsvereinbarungen mit Verbrauchern, § 13 BGB. 1) Normzweck.** Hierzu gehören nicht Existenzgründer, BGH SchiedsVZ 2005, 157; maßgebend ist Zeitpunkt des Abschlusses der Schiedsvereinbarung, Reithmann/Martiny/Hausmann[9] Rn 8.355; zur Darlegungs- u Beweislast BayObLG ZIP 2022, 2177; hierzu Kröll NJW 2023, 819 Rn 7. § 1031 V will **außerhalb gewerbl u selbständig berufl Tätigkeit davor schützen**, dass sich jemand durch Unterzeichnung umfangreicher Klauselwerke einer Schiedsvereinbarung unterwirft, ohne dies zu merken. Diese Gefahr besteht nicht bei notarieller Beurkundung wegen der Belehrungspflicht des Notars, s Rn 37. Das bes Formerfordernis des V 1 greift immer dann, wenn an der Schiedsvereinbarung mindestens 1 Verbraucher beteiligt ist, s BayObLG 14.3.2025 – 101 Sch 3/24 Tz 79. Der Streitkomplex, für welchen die Zuständigkeit des Schiedsgerichts begründet werden soll, muss außerhalb der gewerbl bzw selbständigen berufl Tätigkeit der betr Person liegen. Eine Schiedsabrede, an der ein **Verbraucher** beteiligt ist, kann durch Formularvertrag vereinbart werden, wenn die Formerfordernisse (V) eingehalten sind. Es ist nicht erforderl, dass auf Seiten des Verwenders ein bes Bedürfnis an der Einsetzung eines Schiedsgerichts besteht, BGH JZ 2005, 958 (Wagner/Quinke JZ 2005, 932). – **Organe der jur Personen u Gesellschaften** qualifiziert die hM als Verbraucher, zB OLG Hamm AG 2007, 910, ausf Haarmann FS Crezelius, 2018, S 137, 150; krit F. Wagner ZIP 2023, 1393, 1395.

33 **2) Formvorschrift (§ 1031 V).** Anwendungsbereich: § 1025 I. V ist ohne Rücksicht auf lex causae (auch wenn diese durch Rechtswahl bestimmt ist, BGH NJW-RR 2012, 49 = EWiR 2011, 791 [Vogl]) anzuwenden, wenn Verbraucher sich gewöhnl in Deutschland aufhält. Art 11 I-III EGBGB dann unanwendbar, kein Günstigkeitsvergleich. Dies soll dem Umstand Rechnung tragen, dass der Verbraucher meist nur mit den Formvorschriften seines Aufenthaltsstaates vertraut ist, amtl Begr BTDrs 10/504, 80; BGH MMR 2011, 732; BGH RIW 2012, 81. Sa BGH 25.1.2011 – XI ZR 350/08. Über die Modalitäten der „Abwahl" der dt staatl Gerichte befindet allein das dt Recht. Anders wohl Samtleben IPRax 2011, 469, 470.

34 **3) Konkretisierung der beruflichen oder gewerblichen Tätigkeit. Bank- u Börsengeschäfte**, die der Pflege des eigenen Vermögens dienen, sind grds keine berufl oder gewerbl Tätigkeit, BGHZ 149, 80, 86; BGH WM 2010, 2025; BGH MMR 2011, 732. Nw bei Geimer FS Martiny, 2014, S 711. Bei der **Gründung von Kapitalgesellschaften**, für die notarielle Form vorgeschrieben ist (§ 2 GmbHG, § 23 AktG), spielt V ohnehin keine Rolle wegen der Mitwirkung des Notars, s Rn 37. Aber auch bei der Gründung von Personenhandelsgesellschaften sollte man entgegen der hM (Nw bei Eberl/Eberl 7 Rn 34 ff) die Verbrauchereigenschaft u damit die Anwendung des V ablehnen, mit Ausnahme von Publikumsgesellschaften, MskV/Voit Rn 9, ebenso bei der Vorbereitung einer selbständigen berufl Tätigkeit, zB Gründung einer RA-Kanzlei, Habersack SchiedsVZ 2003, 241, 242 mwN. Zur Verbrauchereigenschaft von Sportlern Haas/Hauptmann SchiedsVZ 2004, 175, 182. Auch Gesellschafter-Geschäftsführer fallen unter V, Pfeiffer FS Kronke, 2020, S 1497, 1503. § 101 ArbGG gilt für Geschäftsführer nicht, § 5 I 3 ArbGG, Haas/Hoßfeld FS Uwe H. Schneider, 2011, S 407, 410.

35 **4) Besondere Urkunden bzw elektronische Dokument.** Erforderl ist Einhaltung der **Schriftform iSv § 126 BGB oder elektron Form iSv § 126a BGB**, die in den übrigen Fällen des § 1031 nicht notwendig ist, Epping S 81. Wechselseitige, in eigenständigen Schriftstücken enthaltene Erklärungen genügen nicht, OLG München MDR 2005, 1186. Andere Vereinbarungen als solche, die das schiedsrichterl Verf betreffen, darf die Urk nicht enthalten. Schiedsvereinbarung muss aber nicht auf gesondertem Blatt stehen. Es genügt, dass sie – wenn auf gleichem Blatt wie Hauptvertrag – von diesem eindeutig abgesetzt u bes unterschrieben ist, MK/Münch Rn 67. Unterzeichnung durch Bevollmächtigten (§ 167 II BGB) mögl. Eigenhändig bedeutet nicht höchstpersönl, StJ/Schlosser Rn 24.

36 **5) Inhalt der Urkunde.** Die Urk braucht nicht alle für das Schiedsverf als maßgebl vereinbarten Einzelheiten enthalten. Es kann vielmehr auf ein anderes Schriftstück verwiesen werden, wie etwa AGB, eine Musterschiedsord-

nung oder eine andere Schiedsvereinbarung. Jedoch muss sich aus dem Verweis erkennen lassen, dass die Parteien die Zuständigkeit eines Schiedsgerichts begründen wollten, Raeschke-Kessler/Berger Rn 248. Bei mehreren wirtschaftl zusammenhängenden Verträgen kann auf die formwirksame Schiedsvereinbarung in einem dieser Verträge verwiesen werden, soweit die Bezugnahme wiederum die Anforderungen des V erfüllt, MskV/Voit Rn 10.

6) Entfallen des Erfordernisses der besonderen Urkunde. Dieses Erfordenis entfällt bei **notarieller Beurkundung im Hinblick auf Belehrungspflicht des Notars.** S 2 letzter Hs bezieht sich nicht nur auf das Verbot anderer als solcher Vereinbarungen, die das schiedsrichterl Verf betreffen; der Gesetzgeber wollte vielmehr auch auf Erfordernis einer bes Urk verzichten; BGH SchiedsVZ 2007, 163 Tz 11; OLG München MDR 2008, 943. 37

7) Verfahrensvereinbarungen. Das Erfordernis des V gilt nur für die Schiedsvereinbarung als solche (s § 1029 Rn 2), nicht jedoch für Verfahrensvereinbarungen (s § 1029 Rn 10 f), Jordans S 23, 96 ff. 38

IV) Folgen des Formmangels. 1) Unwirksamkeit. Bei Nichteinhaltung der Erfordernisse des § 1031 ist die Vereinbarung unwirksam, § 1059 II Nr 1a, BTDrs 13/5274, 36. Die Formerfordernisse des § 1031 sind vom staatl Gericht über § 1059 I Nr 1a durchzusetzen, sofern nicht VI zur Anwendung kommt. Die Unwirksamkeit von Verfahrensvereinbarungen, für die § 1031 ohnehin nicht zur Anwendung kommt (s Rn 37), lässt die Wirksamkeit der (ansonsten nicht zu beanstandenden) Schiedsvereinbarung unberührt, BGH SchiedsVZ 2007, 163, 164 Tz 16. Bei **Nichteinhaltung von V** kann sich auch der Unternehmer auf die Unwirksamkeit der Schiedsvereinbarung berufen, BGH SchiedsVZ 2011, 227. Dies gilt jedoch nicht, wenn Verbraucher Schiedsklage erhoben hat, Schlosser FamRZ 2016, 1313; sa § 1059 Rn 42. Verstoß gegen Formvorschrift (§ 1031 V 1) begründet **keinen Aufhebungsgrund** nach § 1059 II Nr 2lit b, da **keine unabdingbare Norm** betroffen ist (BayObLG NZG 2025, 42 Tz 50 f: rügeloses Einlassen nach § 1031 VI bewirkt Heilung). Auch Verletzung des Trennungsgebots (§ 1031 V 3) genügt nicht (BayObLG NZG 2025, 42 Tz 50, 52 f). Bei Fristversäumnis nach § 1060 II 3 kann Aufhebungsgrund gem § 1059 II Nr 1 lit a **nicht** in *ordre public* – Verstoß gem § 1059 II Nr 2 lit b **umgedeutet** werden (sa OLG Hamm 18.7.2007 – 8 Sch 2/07 Tz 25, 45). – Enthält ein **mehrseitiger Vertrag auch Vereinbarungen zwischen Nichtverbrauchern**, so erfasst iZw die Unwirksamkeit wegen **Formmangels nach V nicht die Gesamtvereinbarung** in toto, sondern nur im Verhältnis zum Verbraucher, sofern die Form iÜ zwischen den anderen Parteien gewahrt ist, es sei denn, die Auslegung ergibt klar, dass die Zuständigkeit des Schiedsgerichts für die Streitigkeiten zwischen den übrigen Parteien (ohne Verbraucherstatus) nur dann gewollt war, wenn es auch für Streitigkeiten mit dem Verbraucher zuständig ist. 39

2) Heilung von Formmängeln durch rügelose Einlassung (§ 1031 VI). Um Unklarheiten über die Formgültigkeit möglichst früh auszuräumen, sieht VI jedoch die Möglichkeit der Heilung durch rügelose Einlassung vor, u zwar auch in den Fällen des § 1066 (s § 1066 Rn 30). Die Streitigkeit muss dafür durch den Sachantrag eine **nähere Bestimmung** erfahren haben, BGH MDR 63, 381. Nur in diesem Umfang tritt Heilung für das konkrete Schiedsverf ein, nicht für andere (künftige) Verf, MskV/Voit Rn 14. Sie entfällt, wenn Schiedsklage zurückgenommen u anschließend wiederholt wird. Die Mitwirkung bei der Bildung des Schiedsgerichts (zB durch Benennung eines Schiedsrichters oder Einzahlung eines Kostenvorschusses) ist noch keine Einlassung, § 1040 II 2. – Die Rechtsfolge des VI folgt bereits aus § 1040 II. Die **Doppelregelung** geht auf Art 7 Nr 2 S 3 MG zurück u dient der Klarstellung, StJ/Schlosser Rn 28. – Der Schiedsbekl muss gerade den **Formmangel** rügen. **Andere Vorbehalte bzgl der Zuständigkeit des Schiedsgerichts** hindern die Heilung des Formmangels nicht, BGH SchiedsVZ 2005, 259. Vorsorgl Ausführungen zur Hauptsache unter Aufrechterhaltung der Rüge der Unzuständigkeit des Schiedsgerichts können den Formmangel nicht heilen, BGH KTS 63, 105; Schütze/Thümmel Rn 226. 40

3) Heilungsbewusstsein. Nicht erforderl, dass sich die Parteien des Formmangels bzw des Eintritts der Heilung bewusst sind, BGHZ 48, 35, 46 = NJW 67, 2057. Da nach § 1044 II der das Verf einleitende Schiedsantrag einen Hinweis auf Schiedsvereinbarung enthalten muss, dürfte bei Schiedsbekl das entspr Bewusstsein jedoch idR vorhanden sein, Raeschke-Kessler/Berger Rn 243. – Es reicht eine schriftl Einlassung aus, da mündl Verh vor Schiedsgericht nicht obligatorisch ist, § 1047 I. Notwendig ist aber eine nach außen in Erscheinung getretene verfahrensbezogene Aktivität. Bloßes Schweigen genügt nicht, OLG München MDR 2005, 1186, 1187. 41

4) Maßgeblicher Zeitpunkt. Einreichung der Klagebeantwortung. Danach greift auch subsidiär § 1040 II, Epping S 88 ff; BayObLG RIW 2003, 383. 42

5) Andere Unwirksamkeitsgründe als Formmängel. In Schiedsklage u rügeloser Einlassung liegt – auch in den Fällen der Unwirksamkeit der Anordnung/Verfügung nach § 1066 – Neuabschluss der Schiedsvereinbarung, sofern früherer Nichtigkeitsgrund nicht mehr besteht; Bedenken tragen insoweit Reichert/Groh ZPG 2023, 121, 128. **Rechtsgeschäftl Erklärungsbewusstsein** im Stadium des Neuabschlusses (= Bestätigung der bish unwirksamen Schiedsvereinbarung) nicht erforderl, soweit bei Erstabschluss der Schiedsvereinbarung (seinerzeit) vorhanden gewesen. AA Saenger Rn 16; die analoge Anwendung von § 1031 VI offenlassend: BGH 9.1. 2025 – I ZB 48/24. 43

6) Notwendiges Erklärungsbewusstsein. Bei Fehlen einer Schiedsvereinbarung bei Erstabschluss ist jedoch entspr **Erklärungsbewusstsein** erforderl, BGHZ 88, 314. Eine Analogie zu §§ 39, 295 kann Schiedsvereinbarung nicht ersetzen. Parteien müssen Ausschluss des Rechtsweges zu den staatl Gerichten gewollt haben, K. Schmidt 44

FS Nagel, 1987, S 373; Schwab/Walter 5 Rn 7. Denn durch die bloße Tatsache der Einlassung wird nur der Formmangel der bereits (mündl) abgeschlossenen Schiedsvereinbarung geheilt, OLG München MDR 2005, 1186, 1187.

45 **7) Vergleich zum UNÜ.** Das UNÜ (s Anh § 1061 Rn 1 ff) enthält keine dem VI vergleichbare Heilungsvorschrift. Trotzdem wird aus dem Verbot des venire contra factum proprium eine Präklusion der auf den Formmangel (Art II UNÜ) gestützten Rüge der Unzuständigkeit des Schiedsgerichts wegen rügeloser Einlassung auf das Schiedsverf angenommen, s Rn 24; Haas IPRax 93, 384; Epping S 82. Eine Präklusionsnorm kennt jedoch Art V (2) EÜ.

46 **8) Schiedsvereinbarung als Teil eines der notariellen Beurkundung bedürftigen Rechtsgeschäfts.** Aus der rechtl Selbständigkeit der Schiedsvereinbarung ggü dem Hauptvertrag (§ 1040 I 2) folgt, dass eine Schiedsvereinbarung, die sich auf ein der notariellen Form bedürftiges Rechtsgeschäft (zB nach § 311b I BGB oder § 15 GmbHG) bezieht, nicht ihrerseits der notariellen Form bedarf. Es genügt vielmehr die Form des § 1031. Zust WSch/Schütze[5] Rn 17, 36. Vereinbaren die Parteien zB die schiedsgerichtl Erledigung von Streitigkeiten aus einem bereits abgeschlossenen Kaufvertrag, so bedarf die Schiedsvereinbarung nur der Form des § 1031.

47 **9) Auslegung der Selbständigkeit der Schiedsvereinbarung.** Ist die Schiedsklausel jedoch Teil eines der notariellen Form bedürftigen Vertragswerks, ist durch Auslegung zu ermitteln, ob die Schiedsvereinbarung rechtl selbständig neben den übrigen Vereinbarungen existieren soll, BGH NJW 2014, 3652. Nur dann genügt für die Schiedsvereinbarung die Form des § 1031, dh die Schiedsklausel ist formwirksam vereinbart, auch wenn das übrige Vertragswerk formunwirksam ist. Davon zu trennen ist die Erwägung, dass die die notarielle Beurkundung vorschreibende Norm die **Beurkundung aller Abreden, also auch der Schiedsvereinbarung**, verlangt. Dies ist zB für § 311b I BGB u § 15 GmbHG zu bejahen, Tröder MittRheinNotK 2000, 379, 381. AA Lachmann BB 2000, 1633, 1636; Lüttmann/Breyer ZZP 119 (2006), 475. Wie hier allg zum Verhältnis eines nach § 311b BGB notariell zu beurkundenden Rechtsgeschäfts zu einem formfreien auf Grund des rechtsgeschäftl Verknüpfungswillens der Beteiligten BGH DNotZ 2002, 944 (Schmucker DNotZ 2002, 900); Schmitz RNotZ 2003, 591, 602. Sa Böttcher/Fischer NZG 2011, 601; Hilgard/Haubner BB 2014, 970; G. Wagner in Elsing ua, M&A-Streitigkeiten vor DIS-Schiedsgerichten, 2022, Rn E 18 S 153.

48 **10) Abgrenzung: Zustandekommen der Schiedsvereinbarung.** Die **Willenseinigung über das Zustandekommen der Schiedsvereinbarung** ist **selbständig neben der Formfrage** zu prüfen. Es gilt das Gleiche wie bei § 38 u Art 25 Brüssel Ia-VO/Art 23 LugÜ/Art 3 (c) HGÜ (Bläsi S 75). Allerdings soll die Formvorschrift den Nachweis des Zustandekommens erleichtern. Steht fest, dass die Form des § 1031 gewahrt wurde, dann sind zum Nachweis der übereinstimmenden Willenseinigung über die Schiedsabrede alle Beweismittel zulässig; insb ist der Verlust der Urkunde bzw der Datenspeicherung kein Grund, die Einhaltung der Form nachträgl entfallen zu lassen, Geimer IPRax 1986, 85, 87; Geimer/Schütze EuZVR[4] Art 25 Rn 103; Beckmann S 239.

49 **V) Reformüberlegungen.** Der RegE eines Gesetzes zur Modernisierung des Schiedsverfahrensrechts v 26.6. 2024 aus der 20. Legislaturperiode (BTDrs 20/13257, 26 f) will unter Streichung der bish § 1031 I-III (mittels Parallelwertung zu § 38) erstmals (s jedoch Rn 4 hinsichtlich § 1027 II aF für beidseitige Handelsgeschäfte) **formfreie Schiedsvereinbarungen** gestatten (begrüßend zum Eckpunktepapier Wolff ZIP 2023, 1623, 1626; F. Wagner ZIP 2023, 1393, 1394; der RefE knüpfte Formfreiheit noch an ein beidseitiges Handelsgeschäft). Für **Verbraucher** sollen § 1031 V, VI inhaltlich als I u II nF fortgelten, s Graeve SchiedsVZ 2024, 239 f, 241 f, der anregt, rügeloses Einlassen des Verbrauchers um das rechtsfolgenorientierte Belehrungserfordernis analog § 504 zu ergänzen. Insoweit den RegE begrüßend, jedoch mit eigenem Formulierungsvorschlag zu § 1031 s Münch ZIP 2024, 2506, 2510, 2514; sa Münch JZ 2023, 958, 961. Art II UNÜ soll Formverzicht wegen Art VII (anerkennungsrechtliches Meistbegünstigungsprinzip) nicht entgegenstehen. Bedenken zum Formverzicht bringen Kiehl/Gebhard SchiedsVZ 2024, 173, 175 vor: reine Mündlichkeit trage „Obstruktionspotential" gegen staatliche Gerichtsverfahren in sich; Armbrüster ZRP 2024, 67 f: wenig praktisches Bedürfnis für Formerleichterung; aA Graeve SchiedsVZ 2024, 239, 241 f: kein besonderes Bedürfnis nach Rechtssicherheit für Schiedsvereinbarungen. Der BR (BTDrs 20/13257, 59) will an Formvorschrift insgesamt festhalten: Vermeidung verzögernder Streitigkeiten über Abschluss u Inhalt der Schiedsvereinbarung sowie notwendiger Beweisaufnahmen. Formfreiheit gilt ihm als Gefahr für Rechtssicherheit im Fall „grundlegender prozessualer Weichenstellung"; iE dem BR zust Kiehl/Gebhard SchiedsVZ 2024, 173, 175; krit zu den Bedenken des BR jedoch Münch ZIP 2024, 2512: „zu viel Paternalismus". Heinze SpuRt 2024, 445, 447 befürchtet, dass Formverzicht mit Anerkennung der ***group of companies doctrine*** in Deutschland einhergehen könnte (s CA Paris Rev arb 1984, 98 – *Dow Chemical*; Busse SchiedsVZ 2005, 118, 120 ff; Müller/Keilmann SchiedsVZ 2007, 113, 117 ff; dazu § 1029 Rn 59).

§ 1032 Schiedsvereinbarung und Klage vor Gericht

(1) Wird vor einem Gericht Klage in einer Angelegenheit erhoben, die Gegenstand einer Schiedsvereinbarung ist, so hat das Gericht die Klage als unzulässig abzuweisen, sofern der Beklagte dies vor Beginn der mündlichen Verhandlung zur Hauptsache rügt, es sei denn, das Gericht stellt fest, dass die Schiedsvereinbarung nichtig, unwirksam oder undurchführbar ist.

(2) Bei Gericht kann bis zur Bildung des Schiedsgerichts Antrag auf Feststellung der Zulässigkeit oder Unzulässigkeit eines schiedsrichterlichen Verfahrens gestellt werden.

(3) Ist ein Verfahren im Sinne des Absatzes 1 oder 2 anhängig, kann ein schiedsrichterliches Verfahren gleichwohl eingeleitet oder fortgesetzt werden und ein Schiedsspruch ergehen.

Lit: *Henkel*, Konstituierungsbezogene Rechtsbehelfe im schiedsrichterl Verf nach der ZPO, Diss 2007; *Illmer*, Der Arglisteinwand an der Schnittstelle von staatl Gerichtsbarkeit u Schiedsgerichtsbarkeit, 2007; *Kasolowsky/Wendler*, Verletzung der Schiedsklausel durch sanktionierte russische Parteien: Positive Feststellung der Zulässigkeit des Schiedsverfahrens nach § 1032 II ZPO, IPRax 2024, 363; *Kröll*, SchiedsVZ 2012, 136, 141; *Seelmann-Eggebert*, Too much of a good thing? The exorbitant scope of § 1032(2) of the German Code of Civil Procedure, SchiedsVZ 2023, 32; *Synatschke*, Die Unzuständigkeitserklärung des Schiedsgerichts, 2006, S 65, 190.

I) Weiter Anwendungsbereich. S § 1025 II, Steinbrück S 360 ff. **1) Einredeerhebung.** Die Schiedsvereinbarung bzw Schiedsklausel iSv § 1066 – gleich ob in- oder ausl Schiedsgericht betroffen, Geimer IZPR[9] Rn 3802; Illmer S 6 – begründet eine Einrede, wenn der Kl der Schiedsvereinbarung bzw der Schiedsklausel iSv § 1066 zuwider das staatl Gericht angeht; der Bekl muss sich **ausdrückl auf Schiedsvereinbarung bzw Schiedsklausel berufen**, WSch/Schütze[5] Rn 32. **Zeitpunkt:** Einrede kann bis zum Beginn der mündl Verh zur Hauptsache (diese beginnt erst mit Stellung der Sachanträge) erhoben werden; sie braucht nicht innerhalb der Klageerwiderungsfrist vorgebracht werden. I ist eine Sonderregelung, welche den allg Präklusionsvorschriften vorgeht, BGH NJW-RR 2021, 376 Tz; BGH NJW 2001, 2176; P. Huber SchiedsVZ 2003, 73. Die Einrede des Schiedsvertrages bzw der Schiedsanordnung (§ 1066) ist **an keine Form gebunden**, sofern der Bekl deutl zum Ausdruck bringt, dass die Sachentscheidung nicht dem angerufenen staatl Gericht, sondern dem Schiedsgericht überantwortet werden soll, BGH 28.11.2018 – II ZR 328/17; BGH SchiedsVZ 2019, 123, 125. Er muss jedoch die Schiedsabrede, auf die er sich beruft, konkret bezeichnen, BGH LMK 2011, 320470 (Huber) = MDR 2011, 717. Im Anwendungsbereich des Anwaltszwanges muss er einen RA bestellen (anders ist es bei der [derogierenden] Zuständigkeitsvereinbarung, die „vAw" nach hM zu beachten ist; vgl aber § 331 I 2, Geimer IZPR[9] Rn 1820). Zur Schiedseinrede im Nachverf (§ 302 IV, § 600) BGH NJW-RR 2002, 387. § 1032 gilt nach § 1025 II unabhängig davon, ob der Ort des Schiedsverf im Ausland liegt u welchem Recht die Schiedsvereinbarung unterliegt; Geimer IZPR[9] Rn 3802; G. Wagner, Prozessverträge, 1998, S 351; OLG Düsseldorf RIW 96, 776. Das UNÜ regelt an sich nur die Voraussetzungen für die Anerkennung ausl Schiedssprüche. Gleichwohl wendet man dessen Grundsätze, zB Art V (1a), auch im „Einredestadium" des § 1032 an. Hat das staatl Gericht (§ 1062) nach II bzw § 1040 III die Unwirksamkeit der Schiedsvereinbarung (§ 1029) bzw der Schiedsklausel (§ 1066) oder deren (eingeschränkten) Umfang festgestellt, dann ist das nach I befasste Gericht daran gebunden. Es darf nicht von der Wirksamkeit bzw dem weiteren Umfang ausgehen u deshalb die Klage als unzulässig abweisen, P. Huber SchiedsVZ 2003, 73, 74. – Die Einrede der Schiedsvereinbarung ist nicht unzulässig, wenn Bekl einem **sBV** zugestimmt hatte, OLG Brandenburg MDR 2011, 941, 942. 1

2) Berücksichtigung vAw ausgeschlossen. Die Parteien können keine weitergehende Wirkung der Schiedsvereinbarung dahin vereinbaren, dass sie auch vAw zu berücksichtigen ist, wenn sie durch Vortrag einer Partei zu Kenntnis des Gerichts kommt. Berücksichtigung vAw schreibt jedoch Art 8 III des Handels- u Schifffahrtsabk mit UdSSR v 25.4.1958, BGBl II 1959, 222, vor. – Erhebt der Schiedsbeklagte im Schiedsverfahren keine Zuständigkeitsrüge, ist er damit auch im Verfahren vor den staatl Gerichten regelmäßig ausgeschlossen, BGH MDR 2022, 659 Tz 9 = SchiedsVZ 2022, 237. 2

3) Verhältnis zwischen I und II. Wurde Verf nach II zuerst eingeleitet, entfällt Rechtsschutzbedürfnis hierfür nicht durch Klage vor staatl Gericht, OLG München SchiedsVZ 2014, 262, 264; bei ausl Schiedsgerichten jedenfalls dann, wenn – wie in Frankreich (Art 1448 cpc) – nur kursorisch geprüft wird, ob die Schiedsklausel offensichtl („manifestement") nichtig oder unanwendbar ist, OLG München IPRax 2016, 66 (Weller IPRax 2016, 48). Das Schiedsgericht hat sein Verf solange auszusetzen, bis Entscheidung des OLG nach II ergangen ist, allerdings nur insoweit als die Schiedsvereinbarung bzw Schiedsklausel iSv § 1066 die Hauptsache betreffen kann. Im umgekehrten Fall (Antrag nach II wird erst nach Rechtshängigkeit der Klage vor AG bzw LG gestellt) ist ebenso zu verfahren. Das nach I angegangene Gericht sollte entgegen der bisher hM (s Rn 28) die Entscheidung nach II abwarten; denn das OLG (§ 1062) ist nach der Wertung des Gesetzgebers das „berufene" Gericht zur Entscheidung über die Zulässigkeit des schiedsgerichtl Verf, BGH NJW-RR 2018, 1402. – Das Gleiche gilt mutatis muntandis für das **Verhältnis zwischen § 1032 I u § 1040 III 2**. Ungeklärt, ob Antrag nach II **Verjährung** hemmt, da dies in § 204 BGB nicht ausdrückl angesprochen. Zur Verjährung allg Valdini SchiedsVZ 2016, 76, 77; Salger/Trittmann/Sessler § 7 Rn 11. 3

4) Rechtshängigkeit iSv § 261 III Nr 1. Die Klageerhebung vor dem Schiedsgericht begründet keine vAw zu berücksichtigende Rechtshängigkeit iSv § 261 III Nr 1; sie kann nur nach § 1032 geltend gemacht werden, BAG MDR 88, 259; BGH MDR 2011, 1002 = NZI 2011, 634 (hierzu Dahl/Thomas NZI 2012, 534). Der BGH als Revisions- bzw Rechtsbeschwerdegericht prüft § 1032 nicht vAw, da Erhebung der Einrede im Belieben der Partei steht u präkludiert werden kann, BGH NJW-RR 96, 1150. Der Inhalt der Schiedsvereinbarung (§ 1029) bzw -anordnung (§ 1066) ist als Tatsachenfeststellung für BGH bindend, §§ 546, 559. Deren Auslegung wird vom 4

BGH nur dahin überprüft, ob gegen Auslegungsregeln, Denkgesetze oder Erfahrungssätze verstoßen bzw zwingendes Recht (iSd § 545) nicht angewandt worden ist, BGH NJW 57, 791; StJ/Schlosser Rn 35. Sa § 1065 Rn 4.

5 **5) Außerkrafttreten der Schiedsvereinbarung.** Nicht rechtzeitige Erhebung der Einrede der Schiedsvereinbarung führt idR bei bewusstem Unterlassen zum Außerkrafttreten der Schiedsvereinbarung (konkludente Vereinbarung der Aufhebung), s § 1029 Rn 83; Illmer S 147; diff MK/Münch Rn 22; Kersting SchiedsVZ 2013, 297; Mayr, Schiedsvereinbarung u PrivatR, 2019, S 138; praktisch bedeutsam, wenn Verf vor staatl Gericht ohne Sachentscheidung endet. Dies gilt aber nur für den **konkret eingeklagten Streitgegenstand.** IÜ bleibt Schiedsvereinbarung in Kraft, zB in einem Rahmenvertrag betr eine Vielzahl von (denkbaren) Streitigkeiten aus einem (komplexen) Vertragsverhältnis bzw Dauerschuldverhältnis etc.

6 **6) Venire contra factum proprium.** Hat sich der Bekl im schiedsrichterl Verf auf die Unwirksamkeit der Schiedsvereinbarung berufen, so verstößt es idR gegen Treu u Glauben (venire contra factum proprium), wenn er später vor dem staatl Gericht die Einrede der Schiedsvereinbarung erhebt, BGH SchiedsVZ 2019, 46 Tz 43; BGH SchiedsVZ 2009, 287 Tz 9; BGH NJW 68, 1928; OLG Frankfurt/M IPRax 99, 247 (Hau IPRax 99, 232). Dies gilt auch umgekehrt, wenn Partei sich vor staatl Gericht auf Schiedsvereinbarung berufen hat, BGH WM 2017, 1111 = ZEV 2017, 416 (Geimer) mwN.

7 **7) Abweisung der Klage als unzulässig.** Die begründete Einrede der Schiedsvereinbarung führt nicht bloß zur Aussetzung des Verf, sondern zur Abweisung der Klage als unzulässig, auch wenn Bekl Klageforderung anerkannt hat, s § 1029 Rn 28. Es gibt **keine Aussetzung des Verf analog § 148 oder Verweisung vom staatl Gericht an Schiedsgericht** u umgekehrt, sa MK/Münch Rn 28. Über die Zulässigkeit der Klage (weil Einrede der Schiedsvereinbarung unbegründet) kann Zwischenurteil ergehen, s Rn 20. Zeitgrenze: Abschluss des Schiedsverf. Das staatl Gericht hat – bei Wirksamkeit der Schiedsvereinbarung – keinen Ermessensspielraum: Es darf **keine forum non conveniens-Erwägungen** (s EuIZPR Rn 60) anstellen. Es darf nicht die Schiedsvereinbarung für „unzweckmäßig" erklären u so die Derogation der staatl Gerichte überspielen. – Zur Undurchführbarkeit der Schiedsvereinbarung s § 1029 Rn 80 ff sowie Kröll SchiedsVZ 2008, 62, 65.

8 **8) Präklusion der Schiedseinrede.** I weicht von den allg Präklusionsvorschriften (§ 276 I 2, § 282 III 2, § 296 III) ab. Wird dem Bekl eine Klageerwiderungsfrist gesetzt, so muss die Schiedseinrede nicht schon innerhalb dieser Frist erhoben werden. Es reicht vielmehr, die Rüge vor Beginn der mündl Verh zu erheben, zB in der Einspruchsschrift gegen ein im Vorverfahren erlassenes VU, BGH SchiedsVZ 2021, 97. Findet keine mündl Verh statt und ist auch kein vergleichbarer Zeitpunkt wie im Fall des § 128 II 2 festgelegt, dürfte es an einer verlässl Grundlage für eine zeitl Grenze für diese Rüge fehlen. Es spricht deshalb viel dafür, dass das Rügerecht erst mit der nächsten gerichtl Entscheidung untergeht, wenn für die rügeberechtigte Partei keine Schriftsatzfrist gem § 128 II 2 läuft oder sie sich nicht äußert.

9 **9) Überschreitung der zeitlichen Grenze.** Diese kann gem § 295 I geheilt werden. Die Rechtsbeschwerde könnte sich deshalb gem § 576 III nicht auf eine Verletzung von § 1032 I berufen, BGH MDR 2021, 831 = WM 2021, 894.

10 **10) Umfang der Einrede.** § 1032 I findet entgegen seinem Wortlaut („Klage") auch im **Vollstreckbarerklärungsverf** (§ 1060 Rn 11) Anwendung. Die Schiedseinrede kann einer vor den staatl Gerichten geltend gemachten Einwendung entgegengehalten werden, wenn diese schiedsbefangen ist. Auch die Schiedsbefangenheit zB einer Aufrechnungsforderung ist vom staatl Gericht jedoch nur dann zu beachten, wenn die die Vollstreckbarerklärung beantragende Partei mit Blick auf die Aufrechnungsforderung die Schiedseinrede erhebt, sa BGH 6.5. 2021 – I ZB 71/20.

11 **11) Verspätete Einrede.** Lässt die Vorinstanz eine verspätete Schiedseinrede zu Unrecht zu und weist sie deshalb die Klage als unzulässig ab oder berücksichtigt sie zB einen Aufrechnungseinwand im Vollstreckbarerklärungsverf nicht, versagt sie der klagenden oder die Einwendung geltend machenden Partei damit rechtsfehlerhaft den Zugang zu den staatl Gerichten. Das Rechtsmittelgericht hat deshalb zu prüfen, ob die Voraussetzungen von § 1032 I tatsächlich vorgelegen haben, BGH MDR 2021, 831.

12 **II) Besondere Verfahrensarten. 1) Klagen nach §§ 771, 767, 805, 878 iVm § 794 I Nr 4a, § 795 bzw §§ 86 ff FamFG.** Auch hier ist die Einrede der Schiedsvereinbarung zulässig, BGH NJW-RR 96, 508; BGH SchiedsVZ 2008, 40, 43 Tz 19 = MDR 2008, 156; Feldmann S 185 ff, 199 ff, 206 ff, auch wenn es um eine Umgangsregelung oder die Herausgabe eines Kindes geht. Das Gleiche gilt für **Erfüllungseinwand in Verf nach §§ 887, 888** (BGH BB 2013, 2313 [Schäfer]). S § 1029 Rn 75; § 1060 Rn 9. – Staatl Gericht bleibt jedoch für einstw Rechtsschutz (§ 769) zuständig, § 1033 (hierzu zB Laukemann ZZP 126 [2013], 175).

13 **2) Arrest und einstweilige Verfügung.** Nach §§ 1033, 1041 können Maßnahmen des einstw Rechtsschutzes sowohl durch Schiedsgericht als auch durch staatl Gericht erlassen werden. Die Einrede der Schiedsvereinbarung greift insoweit nicht. Mittels **Schutzschrift**, in der auf die Schiedsvereinbarung aufmerksam gemacht wird, *kann verhindert werden*, dass ein Gericht eine(n) Arrest bzw einstw Verfügung ohne Anhörung des Gegners erlässt, Schnabl SchiedsVZ 2023, 79. Es besteht bei Leistungsverfügungen die Gefahr des Unterlaufens des Schiedsverf durch „einstw" Rechtsschutz der staatl Gerichte; OLG Hamm RIW 94, 243.

3) Urkunden- und Wechselprozess. Schiedsvereinbarung schließt iZw auch Urkundenprozess (§§ 592 ff) aus, BGH NJW 2006, 779; BGH SchiedsVZ 2007, 215, 216; OLG Celle SchiedsVZ 2006, 53. Dies soll nach OLG München RIW 90, 585 auch für Wechsel- u Scheckprozess (§§ 602 ff) gelten, sofern Parteien Einbeziehung der Wechsel- u Scheckansprüche gewollt haben. Die hM, BGH MDR 1994, 509; BGH NJW 2006, 779; OLG Düsseldorf NJW 83, 2149 betont hingegen, dass sich niemand der Möglichkeit der beschleunigten u vereinfachten Durchsetzung vor staatl Gerichten begeben wolle, dies auch, wenn die Wechselausstellung bereits in dem von der Schiedsklausel betroffenen Vertrag vorgesehen ist. Erst das **Nachverf** habe **vor dem Schiedsgericht** stattzufinden; Voraussetzung sei aber, dass Bekl bereits im Urkundenprozess Einrede nach I erhebt; nur dann könne dem Bekl im Vorbehaltsurteil die Ausführung seiner Rechte im Nachverf vor dem Schiedsgericht vorbehalten werden, OLGR Bamberg 2005, 79; MK/Münch Rn 15. Das Schiedsgericht kann im Nachverf das Vorbehaltsurteil des staatl Gerichts aufheben, s § 1029 Rn 74; StJ/Schlosser § 1029 Rn 42; Schwab/Walter 7 Rn 16a. Nach der Gegenansicht muss dies das staatl Gericht in einem (weiteren) Nachverf (§ 600 II) tun, Schwab/Walter 3 Rn 14. Sa Stiegelmeier SchiedsVZ 2021, 155. 14

4) Verfahren der freiwilligen Gerichtsbarkeit. Vereinbarung der schiedsrichterl Erledigung zulässig in den Grenzen der §§ 1030, 1066; s § 1030 Rn 6. – **SBV** (§§ 485 ff) trotz Schiedsvereinbarung zulässig, s § 1033 Rn 3, ebenso für Schiedsgutachterklausel OLG Koblenz EWiR 99, 235 (Bernuth). 15

5) Erlass eines EuZB/Mahnverfahren. Der Erlass eines **EuZB** ist unzulässig, wenn Anspruch einer Schiedsvereinbarung (§ 1029) oder einer Schiedsanordnung (§ 1066) unterliegt, Kodek in Geimer/Schütze IRV (Nr 570) Art 2 Rn 5. Das Gleiche gilt für **nationale Mahnverf (§§ 688 ff)**. Voraussetzung ist allerdings, dass Rpfleger von der Existenz der Schiedsvereinbarung bzw -anordnung (§ 1066) Kenntnis hat. Das ist idR nicht der Fall, s § 1029 Rn 31. Sa StJ/Schlosser Rn 12. 16

III) Wirkungen der Klageabweisung durch Prozessurteil. Nach hM stellt das Prozessurteil die Wirksamkeit der Schiedsvereinbarung bindend fest, RGZ 40, 403, so dass bei Vollstreckbarerklärung des Schiedsspruches (§ 1060) bzw bei Entscheidung über Aufhebungsantrag (§ 1059 I Nr 1) vom Bestehen der Schiedsvereinbarung auszugehen ist, MK/Münch Rn 29; P. Huber SchiedsVZ 2003, 73, 74; Rehm Rn 367. Es handelt sich um eine **Bindungswirkung sui generis**, sa BGHR 2009, 949 Tz 9; OLGR Celle 2007, 664, 666; OLGR Frankfurt/M 2008, 644; Illmer S 100. – Weist umgekehrt das Schiedsgericht die Schiedsklage als unzulässig wegen Fehlens einer wirksamen Schiedsvereinbarung (§ 1029) bzw Schiedsanordnung (§ 1066) ab, so handelt es sich – vorbehaltl seiner Anfechtung beim OLG (§ 1040 Rn 14 ff; § 1059 Rn 42) – um einen der Rechtskraft (§ 1055) fähigen Prozessschiedsspruch. Das staatl Gericht kann nicht mehr nach I abweisen, da Zugang zum Schiedsgericht versperrt ist. Ähnl StJ/Schlosser Rn 22. AA Hammer Rn 257. 17

IV) Konkurrenzen. 1) Frühere Entscheidung des Schiedsgerichts. Entscheidet das Schiedsgericht vor dem staatl Gericht, so ergeben sich keine Konkurrenzprobleme, wenn das staatl Gericht eine Entscheidung in der Sache im Hinblick auf die Rechtskraft des Schiedsspruchs (§ 1055) ablehnt, s Rn 19. Hält das staatl Gericht nach Erlass eines Schiedsspruchs das Schiedsgericht für unzuständig, so hat es **analog §§ 148 ff auszusetzen**, um der im Schiedsverf unterlegenen Partei Gelegenheit zu geben, das Aufhebungsverf (§ 1059) zu betreiben, MskV/Voit Rn 8; Haas FS Rechberger, 2005, S 187, 202; enger StJ/Schlosser Rn 43. Keinesfalls darf das staatl Gericht den ergangenen Schiedsspruch wegen vermeintl Fehlens einer Schiedsvereinbarung einfach ignorieren, s § 1055 Rn 8, 14. Sa § 1040 II u III. 18

2) Frühere staatliche Sachentscheidung. Ergeht staatl Sachentscheidung vor einer Entscheidung des Schiedsgerichts, so muss das Schiedsgericht die **Rechtskraft des staatl Urteils** inter partes (§ 325; Lühmann S 160 ff, 223 ff) beachten, BGH MDR 2014, 2167; StJ/Schlosser § 1059 Rn 7. Missachtet es die staatl Entscheidung, dann ist wegen der Gleichwertigkeit der Schiedsgerichtsbarkeit mit der staatl Gerichtsbarkeit der **Schiedsspruch nicht nichtig**, sondern nur aufhebbar, StJ/Schlosser § 1040 Rn 24. Sa § 1055 Rn 13. Das Gleiche gilt, wenn staatl Gericht im Verf nach § 1062 I Nr 2 die Unzulässigkeit des schiedsrichterl Verf bzw das Außerkrafttreten (Erlöschen) der Schiedsvereinbarung bereits rechtskräftig festgestellt hatte oder gem § 280 die Einrede der Schiedsvereinbarung für unbegründet erklärt hatte. Die bisher hM hält den Schiedsspruch hingegen für nichtig, P. Huber SchiedsVZ 2003, 73, 74; Haas FS Rechberger, 2005, S 187, 207; Illmer S 108; MskV/Voit Rn 9. 19

V) Zwischenurteil. Das Zwischenurteil (§ 280) nur über Einrede der Schiedsvereinbarung bzw Rechtskraftwirkung des Schiedsspruchs (§ 1055) ist zulässig. Durch Rechtsmittel (§ 280 II 1) fällt die Sache nur im Umfang des Zwischenstreits bei Rechtsmittelgericht an, BGH NJW 86, 1436; OLGR Köln 2006, 28. Erklärt staatl Gericht Einrede der Schiedsvereinbarung gem § 280 für unbegründet, dann ist ein gleichwohl ergangener Schiedsspruch des Schiedsgerichts, das die Vereinbarung für wirksam erachtet, nichtig, nicht nur aufhebbar, so Schlosser FS Nagel, 1987, S 360; aA Lühmann S 240; Rechberger in Liebscher/Oberhammer/Rechberger Rn 6/168. Ergeht Schiedsspruch vor Erlass des Zwischenurteils, dann muss staatl Gericht – falls es Einrede der Schiedsvereinbarung (nach wie vor) für unbegründet hält – entspr §§ 148 ff aussetzen, s Rn 18. 20

VI) Sachentscheid eines staatlichen Gerichts. Erlässt **staatl dt Gericht** Sachentscheidung, obwohl begründete Einrede nach § 1032 vorlag, ist Urteil des staatl dt Gerichts gleichwohl voll wirksam (Rechtskraft, Vollstreckbarkeit etc). Hat jedoch ein **ausl staatl Gericht** entschieden, dann wird dessen Sachentscheidung wegen Überge- 21 hens der Vereinbarung über die schiedsgerichtl Erledigung in Deutschland grds nicht anerkannt. S § 328 Rn 44 u § 1061 Rn 50. – Anders im Anwendungsbereich von Brüssel Ia-VO/LugÜ, s Hau Art 1 Brüssel Ia-VO Rn 33 f. – Hat das ausl (staatl) Gericht die Klage als unzulässig abgewiesen, weil für die Entscheidung in der Sache ein **Schiedsgericht** zuständig sei, so fällt diese Entscheidung zwar in den Anwendungsbereich der Art 4 ff Brüssel Ia-VO. Art 1 II (d) Brüssel Ia-VO kommt insoweit nicht zur Anwendung. Sie ist aber nach Art 36 Brüssel Ia-VO nicht anerkennungsfähig, Erw 12, s § 1043 Rn 5. Sa OLGR Düsseldorf 2007, 704. Gleichwohl muss iZw das Schiedsgericht eine meritorische Entscheidung erlassen, um einen **negativen Kompetenzkonflikt u damit Rechtsverweigerung** zu vermeiden.

22 **VII) Streitverkündung im staatlichen Verfahren.** Eine Streitverkündung kann der Streitverkündungsempfänger nach § 1032 nicht verhindern (Schlosser RipS[2] Rn 402; Bartels TranspR 2002, 19), es sei denn, der Streitverkünder hatte sich vertragl zur Unterlassung der Streitverkündung verpflichtet, StJ/Schlosser Rn 46. Klar gegen Streitverkündungswirkung (§ 74 III) MK/Münch Rn 17. – Umgekehrt geht **Streitverkündung im Schiedsverf** ins Leere, wenn Empfänger an Schiedsvereinbarung bzw Anordnung nach § 1066 nicht gebunden ist, s § 1042 Rn 3, 42. Vgl auch OLG Hamburg BB 2002, 1170; Elsing SchiedsVZ 2004, 88; G. Wagner in Böckstiegel/Berger/Bredow S 42; Müller/Keilmann SchiedsVZ 2007, 113, 119; Stretz SchiedsVZ 2013, 193; Werner NZG 2023, 458, 463 (zu Fällen der Organhaftung); zu den neuen „Ergänzenden Regeln“ der DIS s Pörnbacher/Reschke BB 2024, 1667.

23 **VIII) Notwendigkeit der Einrede. 1) Wegfall der Einrede bei Nichtigkeit, Unwirksamkeit oder Undurchführbarkeit der Schiedsvereinbarung.** Insb bei Unzuständigerklärung, dh (endgültige) Ablehnung einer Sachentscheidung durch Schiedsgericht fällt Einrede weg (s § 1029 Rn 80 f). Nach Erlass des Schiedsspruchs (§ 1054) entfällt Einrede nach § 1032, jedoch muss staatl Gericht res iudicata des Schiedsspruchs (§ 1055) beachten, selbst wenn dieser aufhebbar wäre, s Rn 19. – Zur Kündigung Mayr, Schiedsvereinbarung u PrivatR, 2019, S 139.

24 **2) Gegeneinrede der Arglist.** In Ausnahmefällen kann der Schiedseinrede die Gegeneinrede der Arglist entgegengesetzt werden, wenn dem Kl nach Treu u Glauben nicht mehr zugemutet werden kann, an der Schiedsvereinbarung festgehalten zu werden; so kann sich Bekl im Prozess vor staatl Gericht nicht auf Schiedsvereinbarung berufen, wenn er in dem zunächst eingeleiteten Schiedsverf die Wirksamkeit der Schiedsvereinbarung bestr u deshalb das Schiedsgericht keine Entscheidung in der Sache erlassen hat, BGHZ 50, 191, 195; BGH NJW-RR 87, 1194; BGHR 2009, 949 Tz 9; vice versa OLG Düsseldorf 22.7.2014 – 4 Sch 8/13 Tz 50. Auch ist es dem Kl nicht zumutbar, ein Schiedsverf gegen eine Partei durchzuführen, die gezeigt hat, dass sie auch in sonstiger Hinsicht zu arglistigem Verhalten im Prozess bereit ist (BGH NJW-RR 87, 1194), oder wenn Mittellosigkeit des Bekl u damit Undurchführbarkeit des Schiedsverf feststeht, s § 1029 Rn 80 f; BGH NJW 88, 1215; OLG Hamm RIW 96, 681. Schlosser RipS[2] Rn 435 will nur eine Kündigung aus wichtigem Grund zulassen. Erst dann entfalle die Sperrwirkung der Schiedsvereinbarung. Dieses **„Kündigungsmodell“** setzt eine rechtsgestaltende Erklärung der vertragstreuen Partei voraus. Das Gegenkonzept ist das „Gegeneinrede-Modell“, sa Komuzky SchiedsVZ 2022, 13.

25 **IX) Verstoß gegen Treu und Glauben.** Umgekehrt verstößt eine Partei gegen Treu u Glauben, wenn sie sich **vorprozessual nachdrückl u uneingeschränkt auf eine angebl geschlossene Schiedsvereinbarung beruft**, ihren Vertragspartner dadurch zur Erhebung einer Schiedsklage veranlasst, im Schiedsverf selbst u im Verf zur Vollstreckbarerklärung (eines ihr nachteiligen Schiedsspruchs) dann aber geltend macht, eine gültige Schiedsvereinbarung sei nicht zu Stande gekommen, s Rn 6; BGH SchiedsVZ 2019, 46 Tz 43; BGH 9.1.2025 – I ZB 48/24 Tz 13; OLG München SpuRt 2003, 199; OLG Düsseldorf 22.7.2014 – 4 Sch 8/13 Tz 50; Schlosser RipS[2] Rn 806. Dies gilt auch in den Fällen des § 1066, BGH WM 2017, 1111 = ZEV 2017, 416 (Geimer).

26 Eine Einrede einer Schiedsvereinbarung kann auch der Zulässigkeit einer **Widerklage** entgegenstehen. Eine Schiedseinrede kann unbeachtlich sein, wenn ein **widersprüchliches Verhalten der die Einrede erhebenden Partei** vorliegt. Eine Partei verhält sich widersprüchlich, wenn im Schiedsverf u im ordentl Gerichtsverf unterschiedl Standpunkte zur Schiedsvereinbarung u deren Reichweite eingenommen werden. Die Schiedseinrede eines Klägers ggü einer von einer Schiedsvereinbarung erfassten Widerklage ist nicht allein deshalb nach § 242 BGB unbeachtlich, weil diese im sachl Zusammenhang mit der von der Schiedsvereinbarung nicht erfassten Klage steht, BGH NJW-RR 2021, 791 = SchiedsVZ 2022, 291 = EWiR 2021, 575 (Hangebrauck).

27 **X) Keine Kompetenz-Kompetenz.** Die Entscheidung des Schiedsgerichts zur Frage der Wirksamkeit der Schiedsvereinbarung unterliegt – anders als nach altem Recht – auf Antrag der vollen Nachprüfung durch das staatl Gericht; das SchiedsverfG 1997 hat die echte Kompetenzkompetenz für Schiedsgerichte beseitigt, § 1040 III, § 1062 I Nr 2. S § 1040 Rn 1; StJ/Schlosser Rn 18a. Anders als früher kann die endgültige Entscheidung über die Zuständigkeit des Schiedsgerichts nicht wiederum auf ein Schiedsgericht übertragen werden, OLGR Celle 2007, 664, 667; P. Huber SchiedsVZ 2003, 73, 75; Haas FS Rechberger, 2005, S 187, 203 mwN. Sa Anh § 1061 Rn 24; OLG Düsseldorf 22.7.2014 – 4 Sch 8/13 Tz 35. Auch ist das staatl Gericht nicht verpflichtet, vor einer Entscheidung über die Schiedseinrede die Zuständigkeitsentscheidung des Schiedsgerichts (§ 1040 I 1) abzuwarten, BGH NJW 2005, 1125 (*Wagner/Quinke JZ 2005, 932*). Haben die Parteien eine echte Letzt-Kompetenz-Kompetenz des Schiedsgerichts gewollt, ist nur diese Vereinbarung unwirksam, nicht jedoch gem § 139 BGB die gesamte Schiedsvereinbarung. Das Schiedsgericht bleibt zuständig; nur kann seine Zuständigkeitsentscheidung vom staatl

Gericht überprüft werden, BGH NJW 2005, 1125; BGH NJW 2014, 3652; OLG München MDR 2008, 943, 944. Sa BGH NZG 2022, 218. **Art 41 I ICSID-Übk** (Kompetenz-Kompetenz) verhindert ab Einleitung eines ICSID-Schiedsverfahrens Antrag nach § 1032 II, s BGH NJW 2023, 3501 Tz 54, 55; näher vor § 1025 Rn 7.

XI) Selbständiges Feststellungsverfahren (§ 1032 II). 1) Antrag auf Feststellung der Zulässigkeit bzw Unzulässigkeit. Nach II ist vor staatl Gericht (§ 1062 I Nr 2; OLGR Schleswig 2009, 70) Antrag auf Feststellung der Zulässigkeit bzw Unzulässigkeit des schiedsrichterl Verf mögl, gem § 1025 II auch für ausl, Steinbrück S 360 ff, solange **Schiedsverf noch nicht eingeleitet** ist, OLG München SchiedsVZ 2015, 40, 47; OLG Frankfurt/M 25.8. 2023 – 26 SchH 4/23 Tz 28 f. – Kostenentscheidung: §§ 91 ff; auch § 93 anwendbar, OLG Frankfurt/M 21.6. 2013 – 26 SchH 3/13. In Betracht kommt nach II auch **positiver Feststellungsantrag**, so schon RGZ 23, 426. **Negativer Feststellungsantrag** kann nur die Unzulässigkeit des schiedsrichterl Verf im Ganzen betreffen, die Unzulässigkeit einzelner Verfahrenshandlungen kann nur nach §§ 1059, 1060 II vom staatl Gericht geprüft werden. **Prüfungsgegenstand** ist allein, ob eine wirksame Schiedsvereinbarung bzw Schiedsklausel nach § 1066 besteht, diese durchführbar ist u der Gegenstand des Schiedsverf dieser Schiedsvereinbarung bzw Schiedsklausel (§ 1066) unterfällt, BayObLG ZIP 2022, 2177; BGH SchiedsVZ 2012, 281 = ZZP 126 (2013), 111 (Haas); OLG Frankfurt/M SchiedsVZ 2006, 329, 331; OLG Saarbrücken SchiedsVZ 2008, 313, 315, nicht jedoch die Frage, ob die (beabsichtigte) Schiedsklage iÜ zulässig u begründet ist, sa KG 1.6.2023 – 12 SchH 5/22 Tz 20 f; dazu Kasolowsky/Wendler IPRax 2024, 364 f. Dies hat allein das Schiedsgericht zu prüfen u zu entscheiden, zB ob fehlendes Rechtsschutzinteresse des Schiedsklägers oder die materielle Rechtskraft einer (staatl) Vorentscheidung entgegensteht, OLG Köln SchiedsVZ 2012, 222. Dem Antrag nach II fehlt entgegen bisher hM (sa Rn 3) nicht das **Rechtsschutzbedürfnis**, wenn bereits ein **Hauptsacheverf vor staatl Gericht** rechtshängig ist, auch dann, wenn die Einrede des Schiedsverf bereits im ordentl Verf erhoben worden ist, weil das OLG nach der gesetzgeberischen Wertung das zur Entscheidung über die Zulässigkeit des schiedsgerichtl Verf berufene Gericht ist, BGH SchiedsVZ 2020, 50; BGH NJW-RR 2018, 1402. Sa Kröll SchiedsVZ 2020, 156, 157, 160. – Auch, wenn sich ein Kl zunächst an ein Schiedsgericht wendet, kann er vor dessen Konstituierung wegen Zweifeln an der Zuständigkeit des Schiedsgerichts das staatl Gericht gem § 1032 II anrufen, BGH NJW 2019, 857 = FamRZ 2019, 563; BGH 9.1.2025 – I ZB 48/24 („prozessual zulässiges Verhalten"). Sa Kröll SchiedsVZ 2020, 156, 161. Die **vorbehaltlose Erhebung** der Schiedsklage präkludiert nicht den Antrag nach § 1032 II (keine analoge Anwendung von § 1040 II 1 bzw § 1031 VI), s BGH 9.1.2025 – I ZB 48/24. Die dem Verfahren nach § 1032 II immanente Verzögerung des schiedsrichterlichen Verf ist hinzunehmen, OLG Frankfurt/M SchiedsVZ 2020, 185, 187 f. Nach OLG Frankfurt/M 25.8.2023 – 26 SchH 4/23 Tz 28 f fehlt jedoch Rechtsschutzinteresse für Antrag nach § 1032 II, wenn Zulässigkeit des schiedsrichterlichen Verfahrens zwischen Parteien völlig unbestritten ist. Anerkenntnis des Antragsgegners ist iRv § 1032 II zulässig, s BGH 10.10.2024 – I ZB 22/24; OLG Frankfurt/M 3.9.2022 – 26 SchH 2/22 Tz 9. **Übereinstimmender Antrag** des Antragsgegners auf Feststellung der Unzulässigkeit des Schiedsverfahrens beseitigt Rechtsschutzbedürfnis des Antragsstellers nach § 1032 II nicht, s BGH 10.10.2024 – I ZB 22/24. 28

2) Umfang der Entscheidungskompetenz. Das staatl Gericht darf nur über die Wirksamkeit der Schiedsvereinbarung bzw Schiedsanordnung (§ 1066) u deren Umfang entscheiden, mithin ob u inwieweit eine Zuständigkeit des Schiedsgerichts besteht; es darf dem Schiedsgericht keine verbindl Handlungsanweisungen geben u keine Fristen zur Entscheidung setzen, Steinbrück S 378. – **Unwirksamkeit einer Verfahrensvereinbarung** führt iZw nicht zur Unwirksamkeit der Schiedsvereinbarung gem § 139 BGB, BGH MDR 2014, 1165; BGH MDR 2014, 2167; OLG Frankfurt NJW-RR 2010, 788. – Generell verlangt OLG München 26.8.2015 – 34 SchH 2/14 ein gegenwärtiges rechtl Interesse des Ast auf gerichtl Feststellung der Zulässigkeit oder Unzulässigkeit eines schiedsrichterl Verf. Ohne dass sich bereits ein konkreter Rechtskonflikt abzeichnen würde, erlaube § 1032 II nicht die (abstrakte) Überprüfung der Gültigkeit von Schiedsklauseln. – Das Rechtsschutzbedürfnis für den Antrag gem § 1032 II entfällt nicht durch den Erlass eines Teil- oder Endschiedsspruchs. Ebenso wie im Fall des § 1040 III 1, 2 beginnt die Frist für den Aufhebungsantrag bei einer abschließenden Entscheidung nach § 1032 II analog § 1059 III 2 mit dem Tag, an dem der ASt die Entscheidung des Gerichts empfangen hat, BGH NJW 2017, 3723. Sa BGH NJW 2017, 488 = SchiedsVZ 2017, 103. **Reformüberlegungen.** Der RegE eines Gesetzes zur Modernisierung des Schiedsverfahrensrechts v 26.6.2024 aus der 20. Legislaturperiode (BTDrs 20/ 13257, 27 f) sieht Klarstellung dahingehend vor (§ 1032 II 2- E: „*Das Gericht entscheidet im Zusammenhang mit seiner Entscheidung nach Satz 1 auf Antrag auch über das Bestehen oder die Gültigkeit der Schiedsvereinbarung*"), dass das Gericht iRv § 1032 II 1-E auch Entscheidungskompetenz hinsichtlich Bestehen bzw Gültigkeit der Schiedsvereinbarung besitzt, was prozessökonomisch geboten erscheint. Wie bei § 1040 I kann auf Antrag (§ 308 I) **materiell rechtskräftige Feststellung** über den Bestand der Schiedsvereinbarung erreicht werden (sa BGH NJW 2023, 3501 Tz 53 ff, dazu Steinbrück/Krahé/van der Beck ZIP 2024, 727 f). Nach Münch JZ 2023, 958, 961 f drängt sich Parallele zu § 256 II auf, was auch dem „Prinzip der Gleichbehandlung beider Seiten" Rechnung trage. Umbeck/Pust BB 2024, 2376, 2379 heben aus praktischer Sicht das Antragserfordernis hervor. Nach dem RegE (BTDrs 20/13257, 57) werde Entscheidung nach § 1032 II 2-E mit Gebühr nach II 1-E (Antrag auf Feststellung der Zulässigkeit oder Unzulässigkeit des Verfahrens, Nr 1621 KV GKG) abgegolten. Nach Heinze SpuRt 2024, 445, 449 sei § 1032 II 2-E wegen „Bedürfnis nach Rechtklarheit in Bezug auf die Vereinbarkeit von Schiedsvereinbarungen mit dem Europäischen Unionsrecht" von großer Bedeutung. 29

30 **3) Pflicht zur Aussetzung des Verfahrens.** Im Anwendungsbereich des EÜ besteht völkervertragl Pflicht zur Aussetzung des Verf nach II bereits ab Einl des Schiedsverf, nicht erst nach Konstituierung des Schiedsgerichts, Art 6 III EÜ, Schlosser RipS[2] Rn 618 ff; Steinbrück S 377. – Ist das Verf nach II zulässig, muss das OLG (§ 1062) über die Feststellungsanträge entscheiden; es darf nicht aussetzen, um dem Schiedsgericht den „Vortritt" zu lassen, Steinbrück S 379. – Zuständigkeit nach II kann abbedungen werden, Steinbrück S 372. Dies kann auch konkludent erfolgen, wenn feststeht, dass die Parteien bzw der nach § 1066 Anordnungsbefugte dem Schiedsgericht die vorrangige Kompetenz-Kompetenz einräumen wollten, Steinbrück S 380.

31 **4) Rechtskraft- bzw Bindungswirkung für das Hauptsacheverfahren.** Die im Verf nach II ergangene **positive oder negative Feststellung über die Entscheidungszuständigkeit des Schiedsgerichts** entfaltet Rechtskraft- bzw Bindungswirkung auch für das Hauptsacheverf vor dem staatl Gericht (I), s Rn 1 aE, nicht jedoch für das Schiedsgericht, III. Sa Steinbrück S 351; BGH 6.5.2021 – I ZB 71/20 Tz 16; BGH NJW 2023, 3501 Tz 77 u 92 („faktisch-mittelbare Auswirkung auf eingeleitetes ICSID-Schiedsverfahren"). **§ 1032 II 2-E** (s zum RegE eines Gesetzes zur Modernisierung des Schiedsverfahrensrechts Rn 29) erstreckt auf Antrag (§ 308 I) die materiell rechtskräftige Feststellung auch auf den **Bestand** u die **Gültigkeit der Schiedsvereinbarung.**

32 **5) Zeitliche Grenze: Bildung des Schiedsgerichts.** Nach Bildung des Schiedsgerichts (entscheidender Zeitpunkt beim Dreierschiedsgericht: Amtsannahme durch Obmann, BayObLGZ 99, 255, 263; Henkel Rn 67) kann die Rüge der Unzuständigkeit des Schiedsgerichts oder der Überschreitung schiedsrichterl Befugnisse nur nach § 1040 II vor dem Schiedsgericht geltend gemacht werden; dieses hat – vorbehaltl der Möglichkeit der Partei(en), Aufhebungsantrag (§ 1059 II Nr 1 [a]) zu stellen – über die Wirksamkeit der Schiedsvereinbarung u damit über seine Zuständigkeit zu entscheiden; der Feststellungsantrag nach II vor den staatl Gerichten ist nur vor Bildung des Schiedsgerichts zulässig, BTDrs 13/5274, 38; BGH 27.7.2023 – I ZB 75/22 Tz 50; OLG München SchiedsVZ 2012, 159; OLG Frankfurt/M NZG 2024, 953. Maßgebend ist der **Eingang beim OLG** (§ 1062); auf Zustellung/Bekanntgabe des Feststellungsantrags (II) an Ag kommt es nicht an, BGH 27.7.2023 – I ZB 75/22 Tz 50; OLG Frankfurt/M NZG 2024, 953. Gebildet ist Schiedsgericht, wenn Schiedsrichter bestellt sind u Amt angenommen haben (BGH 27.7.2023 – I ZB 75/22 Tz 50). **Ersatzschiedsrichterbestellung** (§ 1039 I) nach erstmaliger Bildung des Schiedsgerichts lässt Antrag nach § 1032 II nicht wieder zulässig werden (BGH SchiedsVZ 2023, 306 Tz 19, 20: anders bei Neubildung nach Beendigung gem § 1056 III). Zulässiger Antrag wird auch nach Bildung des Schiedsgerichts nicht unzulässig, arg III. Verf nach II vor staatl Gericht (§ 1062) u Schiedsgericht laufen dann parallel nebeneinander, wobei das Schiedsgericht sein Verf aussetzen kann; BGH MDR 2011, 1002; hierzu Dahl/Thomas NZI 2012, 534. Letzteres ist auf jeden Fall dann erforderl, wenn Schiedsgericht seine Zuständigkeit verneinen will, aber offen ist, ob staatl Gericht Schiedsvereinbarung (§ 1029) bzw -anordnung (§ 1066) für wirksam erklären wird. – Dass eine Partei vorsorgl einen Schiedsrichter ihrer Wahl benannt hat, nimmt ihr nicht die Berechtigung, die Unzulässigkeit des Schiedsverf geltend zu machen, OLG München 16.8.2017 – 34 SchH 14/16 Tz 39.

33 **6) Sachbefassung des Schiedsgerichts.** Bei ständigen Schiedsgerichten kommt es für die Anwendbarkeit des § 1032 II nicht auf die Bildung des Schiedsgerichts an, sondern darauf, ob sich das Schiedsgericht bereits mit der Sache befasst hat, BGH NJW-RR 2018, 1402. Bestimmt eine Schiedsklausel als maßgebl Verfahrensordnung die Schiedsgerichtsordnung der DIS eV, so besteht ein Schiedsgericht für die jew Streitsache erst mit der Konstituierung. Ein Antrag nach § 1032 II ist rechtzeitig gestellt, wenn er vor diesem Zeitpunkt bei Gericht anhängig gemacht worden ist. Die Einreichung einer DIS-Schiedsklage ist nicht vergleichbar mit der Anrufung eines ständigen Schiedsgerichts, das als dauerhafte Einrichtung vorgehalten wird, so dass es keiner fallweisen Konstituierung bedarf, BayObLG NJW-RR 2023, 400 = SchiedsVZ 2023, 100 (Lenz).

34 **XII) Keine Einstellung des Schiedsverfahrens. 1) Keine Eingriffskompetenz des staatlichen Gerichts.** Das staatl Gericht darf in das Schiedsverf nicht unmittelbar eingreifen. Daher keine Einstellung des Schiedsverf durch einstw Verfügung, III, StJ/Schlosser Rn 44; Haas FS Rechberger, 2005, S 187, 207. Die Schiedsrichter können in den Fällen des § 1032 ihr Verf freiw aussetzen, wenn keine Verschleppungsgefahr besteht, u die Entscheidung des staatl Gerichts abwarten. Zust MK/Münch Rn 45. Es gibt also **keine obligatorische Rechtshängigkeitssperre** wie zwischen staatl Gerichten nach § 261, BGH MDR 2011, 1002 (hierzu Dahl/Thomas NZI 2012, 534); P. Huber SchiedsVZ 2003, 73, 74; Haas FS Rechberger, 2005, S 187, 195.

35 **2) Keine Blockade des staatlichen Verfahrens.** Umgekehrt gibt es auch vor dem staatl Gericht nicht den Einwand der Schiedsanhängigkeit mit der Folge, dass das Verf vor dem staatl Gericht blockiert wäre, s Rn 4. Dieses prüft dann nach Maßgabe von I incidenter, ob eine Entscheidungszuständigkeit des Schiedsgerichts besteht, Haas FS Rechberger, 2005, S 187, 196.

36 **XIII) Ausländische Entscheidungen staatlicher Gerichte.** Ausländische Entscheidungen staatlicher Gerichte zur Frage der Wirksamkeit der Schiedsvereinbarung bzw Anordnungen nach dem Modell des § 1066 sind keine Entscheidungen in der Sache. Sie können daher nicht nach § 328 anerkannt werden, Geimer IZPR[9] Rn 3891, 3942; BGH *SchiedsVZ 2023, 228; OLG München* SpuRt 2003, 199. Anders, wenn Wirksamkeit der Schiedsvereinbarung Gegenstand eines Feststellungsverf war, Geimer FS Kaissis, 2012, S 287, 302. Sa Hau Art 45 Brüssel Ia-VO Rn 22; Illmer IPRax 2012, 264, 270; Kersting SchiedsVZ 2013, 297, 306. Art 36 ff Brüssel Ia-VO sind wegen

Art 1 II (d) iVm Erw 12 (2) grds nicht anwendbar, Geimer FS Ahrens, 2016, S 501. Ein einen Schiedsspruch bestätigendes Judikat kann eine entgegenstehende Entscheidung iSv Art 45 I lit c, lit d Brüssel Ia-VO darstellen, s EuGH IPRax 2023, 280; krit Bernard RIW 2023, 16; Pika IPRax 2023, 238; Solomon ZEuP 2023, 673; sa Kommissionsbericht v 2.6.2025, COM(2025) 268, 15.

XIV) Unterlassungsverfügungen zum Schutz der Zuständigkeit des Schiedsgerichts. S näher § 1033 Rn 12; Steinbrück S 462. Unzulässig im geografischen Anwendungsbereich der Brüssel Ia-VO, EuGH NJW 2009, 1655; OLG Düsseldorf SchiedsVZ 2024, 262: Justizgewährungsanspruch rechtfertige keine deutsche „anti-anti suit injunction". Dagegen verbietet die Brüssel Ia-VO nicht, dass Schiedsgerichte Prozessführung vor staatl Gerichten verbieten, EuGH EuZW 2015, 509 = LMK 2015, 370522 (Pfeiffer) – Gazprom; hierzu Mansel/Thorn/Wagner IPRax 2016, 1, 11. 37

XV) Internationale Zuständigkeit. Es gilt die Doppelfunktionstheorie, BGH NJW 2023, 3501 Tz 24 [Tietje]; Hess IPRax 2024, 193. § 1025 II gilt auch für die int Zuständigkeit in Verfahren nach § 1032 II, III. 38

XVI) Gebühren für das Verfahren nach § 1032 II. 1) Gericht: 1621 GKG-KV. – **2) RA:** Die Vergütung ist nicht in die Aufzählung der Tätigkeiten in 3327 RVG-VV übernommen. Es gelten daher die Regelgeb 3100 ff RVG-VV (Vorbem 3.1. I RVG-VV). 39

§ 1033 Schiedsvereinbarung und einstweilige gerichtliche Maßnahmen

Eine Schiedsvereinbarung schließt nicht aus, dass ein Gericht vor oder nach Beginn des schiedsrichterlichen Verfahrens auf Antrag einer Partei eine vorläufige oder sichernde Maßnahme in Bezug auf den Streitgegenstand des schiedsrichterlichen Verfahrens anordnet.

Lit: *Meier*, Streitigkeiten mit russischen (ehemaligen) Geschäftspartnern – Survival Kit, RInPrax 2025, 32.

I) Überblick. 1) Einstweiliger Rechtsschutz bei staatlichen Gerichten. Mit § 1033 eröffnet der Gesetzgeber die Möglichkeit, **bei staatl Gerichten** einstw Rechtsschutz in Angelegenheiten zu erlangen, die Gegenstand einer Schiedsvereinbarung waren, zB Kröll NJW 2021, 832, 833 Rn 16 ff; er gewährt aber gleichzeitig mit § 1041 die Möglichkeit, solche Maßnahmen **unmittelbar beim Schiedsgericht** zu beantragen. § 1033 dient damit in erster Linie der Klarstellung. Sa § 1032 Rn 13. – Zur Notwendigkeit der Einbeziehung des Gegners in das einstw RechtsschutzVerf BVerfG NJW 2020, 2021; hierzu Gaier SchiedsVZ 2021, 7. – Zur Anordnung von **einstw Maßnahmen nach ausl Recht** durch dt Gericht Geimer IZPR[9] Rn 339; Steinbrück S 432 ff. 1

2) Befugnisse des staatlichen Gerichts. Die Wirkungen einer Schiedsvereinbarung bzw einer Schiedsanordnung (§ 1066) sind schwächer als die einer Gerichtsstandsvereinbarung; denn sie beseitigen nicht die Befugnisse der staatl Gerichte in puncto einstw Rechtsschutz, ohne Rücksicht darauf, ob das Schiedsgericht seinen Sitz im In- oder Ausland hat, § 1025 II. Selbst wenn das Schiedsgericht im Ausland schon konstituiert ist, entfällt nicht per se die Verpflichtung der staatl Gerichte in Deutschland zum einstw Rechtsschutz. Die Parteien können zwar einstw Rechtsschutz durch die staatl (dt) Gerichte ausschließen, s Rn 10. Zu erforschen ist aber der (objektive) Wille der Parteien. In der „normalen" Schiedsvereinbarung liegt entgegen OLG Nürnberg SchiedsVZ 2005, 50 (krit Geimer SchiedsVZ 2005, 52) noch keine Derogation des § 1033. 2

II) Hauptsachegericht. 1) Zuständigkeit. Funktional zuständig ist nicht das OLG (§§ 1062 ff), sondern nach allg Regeln das AG bzw LG, nicht dasj am Sitz des Schiedsgerichts, Steinbrück S 427; befindet sich dieser im Ausland, ist einstw Rechtsschutz gleichwohl mögl. § 1025 II, § 1033 begründen neben den allg Normen für den einstw Rechtsschutz (§§ 919, 937, 942) keine (zusätzl) Anknüpfungen für die internat Zuständigkeit (sa OLG Düsseldorf SchiedsVZ 2024, 262 für „**anti-anti suit injunction**"). Auch fehlt in § 1062 eine entspr örtl Zuständigkeit. Sie besagen ledigl, dass die Zuständigkeit des Schiedsgerichts für die Hauptsache die Zuständigkeit der staatl Gerichte für den einstw Rechtsschutz – neben der des Schiedsgerichts (§ 1041) – grds (s Rn 10 f) unberührt lässt. Gericht der Hauptsache ist das Gericht, das ohne die Schiedsklausel zuständig wäre. 3

2) Einzelheiten kompetenzrechtlicher Zuweisung. Die Schiedsvereinbarung ist keine Gerichtsstandsvereinbarung (§ 38), welche die Zuständigkeit der staatl Gerichte für den einstw Rechtsschutz verschiebt, Geimer SchiedsVZ 2005, 52; Kröll IHR 2005, 142, 145; Schütze IPRax 2006, 442. Sa Steinbrück S 310, 429. – Nach EuGH IPRax 1999, 240 gibt es auf der Basis der Art 4 ff Brüssel Ia-VO/Art 2 ff LugÜ **kein Gericht der Hauptsache**, da deren Zuständigkeit durch Schiedsvereinbarung bzw Schiedsanordnung (§ 1066) derogiert sei. Danach nur §§ 12 ff anwendbar. Ist für die Hauptsache ein Schiedsgericht zuständig, dann gibt es nach EuGH IPRax 1999, 240 für die staatl Gerichte gem Art 35 Brüssel Ia-VO keine unionale (auf Art 4 ff Brüssel Ia-VO gestützte) Zuständigkeit für einstw Rechtsschutz mehr. Als kompetenzrechtl Basis kommt dann nur das nationale Recht in Betracht, EuGH IPRax 1999, 240 = JZ 1999, 1103 (Stadler JZ 1999, 1089); Geimer/Schütze, EuZVR, Art 1 EuGVVO Rn 164. Dagegen Schlosser/Hess, EU-ZPR[5], 2021, Art 4 EuGVVO Rn 8 u 25. 4

III) Durchsetzung des Schiedsspruchs. Diese kann nicht nach § 1033 geschehen, sedes materiae ist vielmehr § 1063 III, LG Braunschweig SchiedsVZ 2015, 292, 293. 5

6 **IV) Gleichrangigkeit von §§ 1033 und 1041.** Diese Vorschriften stehen gleichrangig nebeneinander. Doppelte Entscheidungen sollen durch das Erfordernis des Rechtsschutzinteresses u die Notwendigkeit der Vollziehbarerklärung einstw Maßnahmen des Schiedsgerichtes gem § 1041 II verhindert werden, BTDrs 13/5274, 39; BGH SchiedsVZ 2020, 50 Tz 20 f, 23: „konkurrierende Zuständigkeit" gewollt; s jedoch OLG Zweibrücken 13.9.2024 – 4 U 74/24 Tz 6, 7: Gefahr der Schaffung bindender Fakten für das Schiedsgericht. Vgl auch Heß/G. Vollkommer IPRax 99, 220, 232. Paralleler staatl einstw Rechtsschutz gleichzeitig in mehreren Staaten mögl u oft erforderl, Steinbrück S 431 ff. Die Vereinbarung eines Schiedsgerichts zur Entscheidung über die Hauptsache lässt für sich allein **noch nicht die Dringlichkeit als Grund für einstw Verfügung durch staatl Gericht entfallen**, OLG Brandenburg MDR 2011, 941. Abwegig die Ansicht, die Schiedsvereinbarung enthalte die konkludente Abrede, etwaige Streitigkeiten als nicht dringl iSv § 940 gelten zu lassen, zust MK/Münch Rn 18. Zum Verhältnis zwischen § 1033 u § 1041 sa Schroth SchiedsVZ 2003, 102; Haas ZZPInt 17 (2002), 347; Laukemann ZZP 126 (2013), 175. – § 917 ohne II 2 anwendbar. Die vom EuGH IPRax 2000, 411 zu Art 35 Brüssel Ia-VO (s Art 36 Brüssel Ia-VO Rn 3, 4) entwickelten Beschränkungen kommen nicht zur Anwendung, Art 1 II (d) Brüssel Ia-VO, StJ/Schlosser Rn 5. AA Steinbrück S 435.

7 **V) Selbständiges Beweisverfahren (§§ 485 ff).** Fällt unter § 1033, OLG Düsseldorf IPRax 2010, 442 (Steinbrück IPRax 2010, 424); OLG Brandenburg MDR 2011, 941, ebenso für Schiedsgutachterklausel OLG Koblenz MDR 99, 502, 503 = EWiR 99, 235 (Bernuth). Vgl auch MK/Münch Rn 7.

8 **VI) Schiedsvereinbarung mit Schiedsverfahrensort in Deutschland (§ 1043).** Sie beinhaltet keine konkludente Gerichtsstandsvereinbarung, welche die (an sich nach Art 4 ff Brüssel Ia-VO bzw §§ 12 ff fehlende) internat Zuständigkeit Deutschlands für einstw Rechtsschutz durch die dt staatl Gerichte (§ 1033) begründet, österr OGH IPRax 2003, 64 (Reiners IPRax 2003, 74); Böckstiegel/Kröll/Nacimiento/Kreindler/Schmidt Rn 26. Umgekehrt derogieren Vereinbarung bzw Anordnung (§ 1066) eines Schiedsorts im Ausland die nach §§ 919, 937, 942 an sich gegebene internat Zuständigkeit Deutschlands für den einstw Rechtsschutz nicht, denn sie besitzen nicht die „Kraft", die nach den allg Regeln zu bejahende internat Zuständigkeit Deutschlands für den einstw Rechtsschutz zu beseitigen (**Ausnahme:** ausdrückliche Derogation durch Parteien), s Rn 10.

9 **VII) Keine Verpflichtung zur Leistung einer Prozesskostensicherheit.** Im Interesse der Effizienz des Rechtsschutzes kommt § 110 auch bei mündl Verh nicht zur Anwendung (bestr), BGH SchiedsVZ 2022, 32. AA OLG München SchiedsVZ 2022, 183 (Niedermaier). Sa Kröll SchiedsVZ 2022, 255, 256; Schumacher/Shchavelev SchiedsVZ 2022, 265.

10 **VIII) Ausschluss des einstweiligen Rechtsschutzes durch staatliche Gerichte.** Parteien können nach § 1042 III einstw Rechtsschutz durch staatl Gerichte ausschließen u hierfür die exklusive Zuständigkeit des Schiedsgerichts (§ 1041) begründen; aA MK/Münch Rn 18; Schlosser SchiedsVZ 2009, 84, 87. WNw bei Boog Rn 64; Feldmann S 273; Steinbrück S 453; Haas ZZPInt 17 (2002), 347, 369. Erforderl ist jedoch ausdrückl Vereinbarung (LG Braunschweig GRUR-RS 2024, 5224 Tz 24); „normale" Schiedsvereinbarung schließt einstw Rechtsschutz durch staatl Gerichte nicht aus, arg § 1033, s Adolphsen S 579 ff. Die Vereinbarung eines Schiedsgerichts mit Sitz im Ausland schließt – sofern die Parteien gem § 1042 III nicht ausdrückl etwas anderes vereinbart haben – die an sich nach §§ 1033, 919, 937, 942 gegebene Zuständigkeit der dt Gerichte nicht aus, OLGR Köln 2002, 392; OLG Düsseldorf SchiedsVZ 2024, 262, 265 = RIW 2025, 81 (keine Derogation); Kröll IHR 2005, 142; Schütze/Thümmel Rn 14.20; aA OLG Nürnberg SchiedsVZ 2005, 50 (krit Geimer) = IPRax 2006, 468 (krit Schütze IPRax 2006, 442). Heinze SpuRt 2024, 445, 450 bedauert, dass RegE eines Gesetzes zur Modernisierung des Schiedsverfahrensrechts v 26.6.2024 (BTDrs 20/13257) Zulässigkeit von **„Exklusivvereinbarungen"** offen lässt (s § 1041 Rn 3).

11 **IX) Vorläufige oder sichernde Maßnahmen als zulässige Mittel des einstweiligen Rechtsschutzes. 1) Allgemeines.** Gemeint sind alle nach der ZPO u dem FamFG (§ 246) zulässigen Eilmaßnahmen, amtl Begr 38, also Arrest u einstw Sicherungs-, Regelungs- u Leistungsverfügungen sowie sBV, BGH SchiedsVZ 2020, 50. Steinbrück S 432 ff will in den Fällen des § 1025 II sogar einstw Maßnahmen nach ausl Recht zulassen, wie zB worldwide freezing orders (hierzu Boog Rn 17 ff, 101, 924) oder Abschlagszahlungen nach franz Recht (référé provision). Vorstehendes gilt entspr in den Fällen des § 1066. Sa § 1029 Rn 77.

12 **2) Unterlassungsverfügungen zum Schutz der Zuständigkeit des Schiedsgerichts.** Sie sind im Anwendungsbereich der Brüssel Ia-VO bzw des LugÜ unzulässig, Geimer/Schütze EuZVR[4] Art 1 Rn 161; EuGH IPRax 2009, 336 (Illmer IPRax 2009, 312). AA House of Lords 21.2.2007 (2007) HL 4 – West Tankers Inc v RAS, IHR 2007, 83; Schlosser RIW 2006, 486, 487. Zu staatsgerichtl Durchführungsanordnungen (order compelling arbitration) und Prozessführungsverboten (**anti suit injunction**) zum Schutz inländischer Schiedsverf außerhalb des **Brüssel Ia-VO-Bereichs** bej Steinbrück S 462 ff; für Berücksichtigung bei der (künftigen) Modernisierung des Schiedsverfahrensrechts s Veith SchiedsVZ 2025, 16 f. Vgl auch OLG Düsseldorf SchiedsVZ 2024, 262: Justizgewährungsanspruch rechtfertige keine deutsche **„anti-anti suit injunction"** zum Schutz ausländ Verfahrens vor ausländ „anti suit injunction", weil staatliche Souveränität betroffener **Drittstaaten** vorrangig; abw hingegen OLG Hamm *EuZW 2023, 1062: Justizgewährungsanspruch* als „sonstiges Recht" iSd § 823 I BGB, dazu Kröll NJW 2024, 802; s speziell zur Untersagung der Klageerhebung vor **russischen Gerichten** Meier RInPrax 2025, 32, 35 f. Zur **anti-arbitration injunction** sa LG Essen IPRax 2025, 270; dazu Hess IPRax 2025, 242, 243 ff.

Abschnitt 3
Bildung des Schiedsgerichts (§§ 1034-1039)

§ 1034 Zusammensetzung des Schiedsgerichts

(1) Die Parteien können die Anzahl der Schiedsrichter vereinbaren. Fehlt eine solche Vereinbarung, so ist die Zahl der Schiedsrichter drei.

(2) [1]Gibt die Schiedsvereinbarung einer Partei bei der Zusammensetzung des Schiedsgerichts ein Übergewicht, das die andere Partei benachteiligt, so kann diese Partei bei Gericht beantragen, den oder die Schiedsrichter abweichend von der erfolgten Ernennung oder der vereinbarten Ernennungsregelung zu bestellen. [2]Der Antrag ist spätestens bis zum Ablauf von zwei Wochen, nachdem der Partei die Zusammensetzung des Schiedsgerichts bekannt geworden ist, zu stellen. [3]§ 1032 Abs. 3 gilt entsprechend.

I) Überblick. 1) Dreierschiedsgericht. I bestimmt das Dreierschiedsgericht als **ges Regelfall**. Eine abw Verein- 1
barung über die Zahl der Schiedsrichter u die Art ihrer Ernennung ist auch noch nach Abschluss der Schiedsvereinbarung jederzeit bis zum Erlass des Schiedsspruchs mögl, Grenz S 106. Unberührt bleiben jedoch die Honorarverpflichtungen der Parteien aus bereits abgeschlossenen Schiedsrichterverträgen. Nachw bei Kröll SchiedsVZ 2020, 156, 162.

2) Gleichheit der Parteien bei der Bildung des Schiedsgerichts. Diese gewährleistet **II**; zur Schiedsrichterbe- 2
stellung im Mehrparteienschiedsverf s § 1029 Rn 37, 37a; BGH ZIP 1996, 830, 831; KG MDR 2008, 1299; Berger RIW 2001, 13; Massuras S 323; Synatschke S 268 ff; OLG Celle EWiR 2000, 411 (krit Mankowski) hält **Schiedsrichterernennung in AGB** für zulässig. Jedoch ist **Ernennung eines Einzelschiedsrichters in AGB iZw unwirksam**, weil Gegner jeden Einfluss auf Besetzung des Schiedsgerichts verliert, BGH NJW-RR 2007, 1466. Es kommt dann § 1035 III zum Zuge, OLG Frankfurt/M NJW 2014, 16, 17. – Im Verf nach II prüft das OLG (§ 1062) incidenter, ob der Gegenstand der Schiedsklage in den Anwendungsbereich der Schiedsklausel fallen kann. Denn das staatl Gericht soll nicht für eine letztl sinnlose, weil ins Leere gehende Entscheidung in Anspruch genommen werden, BayObLGZ 99, 255.

3) Verfassungsrechtliche Mindeststandards. Die Unparteilichkeit (Neutralität) und Unabhängigkeit (Wei- 3
sungsfreiheit) der Schiedsrichter ist wie bei den staatl Richtern im In- u Ausland Essentiale jeder Rspr-Tätigkeit. Das GG verlangt für die Entscheidung von Rechtsstreitigkeiten den unabhängigen Richter. Dies gilt für inwie ausl staatl Gerichte ebenso wie für Schiedsgerichte, BGHZ 98, 70; OLGR Celle 2007, 664, 667. Art 97 I GG hat aber unmittelbar nur den staatl Richter im Auge. Gleichwohl gehört der Grundsatz, dass niemand in eigener Sache Richter sein kann (s § 1035 Rn 4), zu den rechtsstaatl Prinzipien, die auch für das Schiedsverf gelten müssen. Wenn der Gesetzgeber als Ersatz für staatl Gerichte eine Privatgerichtsbarkeit zulässt, so ist dies – auch wenn man die **Freiwilligkeit der Unterwerfung** in Betracht zieht – nur dann **verfassungskonform**, wenn im Prinzip an der Neutralität des Schiedsrichters nicht gerüttelt wird, Habscheid KTS 1970, 136. Neben der „Weisungsfreiheit“ u der persönl Unabhängigkeit ist jeder richterl Tätigkeit wesentl, dass sie von einem nicht beteiligten Dritten ausgeübt wird. Ausf Karl, Die Gewährleistung der Unabhängigkeit u Unparteilichkeit des Schiedsrichters, 2004.

4) Vergleich zu staatlichen Gerichten. Durchaus diskutabel ist die Frage, ob Schiedsrichter persönl unabhängi- 4
ger sind als staatl Richter, die einem bestimmten System bzw Rechtsklima soziologisch verhaftet sind (Böckstiegel NJW 77, 466) oder ob sie persönl abhängiger sind als ihre staatl Pendants, weil sie stets auf der Suche nach neuen „lukrativen“ Schiedsrichterverträgen sind. Gleichwohl lassen sich derartige Verallgemeinerungen kaum verifizieren, sind somit in ihrer Apodiktik abzulehnen, sa § 1036 Rn 3.

5) Keine besondere richterliche Qualifikation. Es ist verfassungsrechtl nicht zu beanstanden, dass die ZPO 5
keine bes richterl Qualifikation für die Schiedsrichter verlangt. Die bes Stärke der Schiedsgerichtsbarkeit besteht ja auch gerade darin, dass Techniker, Chemiker etc, die vom Streitgegenstand fachl etwas verstehen, Schiedsrichter werden können. IÜ gilt: Volenti non fit iniuria. Wer sich einem Schiedsverf unterwirft, muss wissen, dass auch Personen ohne Qualifikation zum Richteramt u ohne berufsrichterl Erfahrung seinen Fall entscheiden. Da § 1036 I jedoch von „Person“ spricht, steht dies einem die menschliche Richtertätigkeit substituierenden Einsatz **„Künstlicher Intelligenz“** zwingend entgegen, ebenso wie verfassungsrechtliche Gründe (Schnabl SchiedsVZ 2024, 269, 272, sa § 1035 Rn 5).

II) Ernennungsverfahren. 1) Parallele zum staatlichen Gericht. Anders als in der Schiedsgerichtsbarkeit gibt 6
es im Bereich der staatl Gerichtsbarkeit keine ad hoc-Gerichte. **Art 101 I 2 GG** garantiert den bereits im Voraus möglichst generell-abstrakt bestimmten Richter. Beim staatl Gericht finden die Parteien bereits eine nach den Regeln des GVG ordnungsgemäß besetzte Richterbank vor, auf deren Zusammensetzung sie keinen Einfluss haben. Dagegen können in der Schiedsgerichtsbarkeit die Parteien sich die Richter selbst aussuchen. Sie können die Schiedsrichter einvernehml ernennen; sie können aber auch jeder Partei das Recht einräumen, einen

Schiedsrichter zu ernennen. Hierzu gibt es in der staatl Gerichtsbarkeit keine Parallele. Es ist zwar übertrieben, die Bildung des Schiedsgerichts als den **wichtigsten Akt im gesamten Schiedsverf** zu bezeichnen, es ist aber für jeden einsichtig, dass die Auswahl der Schiedsrichter für die fachl Kompetenz u die Kooperationsfähigkeit des Schiedsgerichts von großer Bedeutung ist, Geimer, Schiedsgerichtsbarkeit u Verfassung, 1994, S 143.

7 **2) Fehlen eines „gesetzlichen Richters".** Das **Gebot des ges Richters (Art 101 I 2 GG)** gilt für das Schiedsgericht nicht. Jedoch gebietet die Verfassung, bei der **Ausgestaltung des Ernennungsverf** die Unparteilichkeit des Schiedsgerichts sicherzustellen. Wenn jede Partei einen vermeintl ihr nahestehenden Schiedsrichter ernennt, wird dieses Defizit ausreichend kompensiert. Die Störung dieses Gleichgewichts durch das **alleinige ErnennungsR einer Partei oder deren Befugnis zur Ernennung der Mehrzahl der Schiedsrichter** wäre nicht nur auf einfachgesetzlicher Ebene (§ 1035 III 3, § 1042 I 1), sondern auch von Verfassungs wegen zu beanstanden. Der BGH hat den **Übergang des ErnennungsR auf die andere Partei** für unstatthaft erklärt, wenn eine Partei ihrer Verpflichtung, einen Schiedsrichter zu ernennen (Mayr, Schiedsvereinbarung u PrivatR, 2019, S 146 ff), nicht nachkommt, BGH BB 70, 1504. Anders bei ausl Verfahrensstatut BGH NJW 88, 3027; Hochbaum S 86. Sa BGH SchiedsVZ 2007, 163, 164 Tz 16; Henkel Rn 145 ff. Unstatthaft ist auch die Abrede, die Stimme des von der einen Partei ernannten Schiedsrichters solle bei Stimmengleichheit den Ausschlag geben, Schütze/Tscherning/Wais Rn 158, oder dass der von einer Partei ernannte Schiedsrichter berechtigt sein soll, den Schiedsspruch allein zu fällen, nachdem die andere Partei der Aufforderung nicht nachgekommen ist, innerhalb einer festgelegten Frist ebenfalls einen Schiedsrichter zu benennen, BGHZ 54, 392 = BB 70, 1504; Gottwald S 53; anders bei Maßgeblichkeit engl Rechts (weil dieses eine Korrekturmöglichkeit vorsieht) OLG Hamburg RIW 85, 490; noch weitergehend BGHZ 90, 70 = NJW 86, 3027: Das öffentl Interesse an der Beachtung des Gebots überparteil Rechtspflege „wiege geringer". Zur Wahrung der vom GG unabdingbar verlangten Neutralität des Schiedsgerichts reicht nach hM ein AblehnungsR der anderen Partei nicht aus.

8 **3) Ernennungsrecht der säumigen Partei.** Nach fruchtlosem Ablauf der vom Gegner gesetzten Frist sieht im Interesse der Verfahrensbeschleunigung § 1035 III 3 den Verlust des ErnennungsR der säumigen Partei u die Ernennung durch das staatl Gericht vor. Gegen die Entscheidung des OLG (§ 1062) findet die Rechtsbeschwerde nicht statt, § 1065 I 2. Die Parteien können in ihrer Vereinbarung das ErnennungsR für diesen Fall auch einem Dritten übertragen, aber eben nicht der anderen Partei, s § 1035 Rn 8. Haben die Parteien für den Fall fehlender Einigung auf einen Vors des Schiedsgerichts vereinbart, dass der Vorschlag eines Dritten die Parteien unanfechtbar binden soll, u verweigert der Dritte die Bestimmung des Vors nur deshalb, weil eine der Parteien seine Vorschlagskompetenz bestreitet, so ist wegen des noch mögl Erfolgs des vereinbarten Bestellungsverf noch kein Vorsitzender durch das staatl Gericht (§ 1062 I Nr 1) zu bestellen, sondern anzuordnen, dass der Ag verpflichtet ist, der Benennung eines Vors durch den Dritten zuzustimmen, BayObLG NJW-RR 2002, 1437.

9 **4) Schiedsrichterlisten.** Diese sind solange nicht zu beanstanden, als ein **ausreichender Auswahlspielraum** bleibt u nicht ein Übergewicht einer Partei dadurch institutionalisiert ist, Wolf S 125. So ist zu beanstanden, wenn ein Nichtverbandsmitglied in einem schiedsgerichtl Rechtsstreit mit einem Verbandsmitglied nur Schiedsrichter auswählen kann, die Verbandsmitglieder sind, BGHZ 51, 255 = ZZP 82 (1969), 475 (Kornblum).

10 **5) Mitwirkung Dritter bei der Abfassung des Schiedsspruchs.** Die Beiziehung eines rechtskundigen Dritten bei der Beratung u Abfassung des Schiedsspruchs erachtet die hM als zulässig, sofern dieser nicht an Stelle der Schiedsrichter richterl Funktionen übernimmt, s § 1035 Rn 23; Gal S 302; BGH IPRax 91, 244 (Schlosser IPRax 91, 218). Str ist die Beurteilung der Mitwirkung von **Schiedsorganisationen** bei der Abfassung des Schiedsspruchs (s § 1042 Rn 49).

11 **6) Unwirksamkeit der Vereinbarung über Schiedsrichterbestellung.** Diese führt iZw nicht zur Unwirksamkeit der Schiedsvereinbarung; es greifen dann die ges Regeln ein; s § 1029 Rn 32; BGH SchiedsVZ 2007, 163, 164 Tz 16; enger KG SchiedsVZ 2003, 185 (Mecklenbrauck). Überholt ist die BGH-Rspr, wonach eine Schiedsvereinbarung unwirksam sei, wenn ein nur aus Mitgliedern eines Vereins zu bildendes Schiedsgericht über **Streitigkeiten zwischen Vereinsmitgliedern u Nichtmitgliedern** zu entscheiden hat, BGH NJW 69, 750, aA OLG Hamburg MDR 75, 409 (Bettermann). Das solle für den Fall gelten, wenn Schiedsrichter bzw Obmann vom Vorstand eines Vereins zu ernennen sind, aber nur eine Partei Mitglied dieses Vereins ist, OLG München KTS 83, 166; unentschieden BGH NJW-RR 86, 1059. Betr **CAS** sieht BGH SchiedsVZ 2016, 218 Tz 35 vor, dass „nicht jedwede Beeinträchtigung der Unabhängigkeit" schadet; sa Wilhelmi SchiedsV 2024, 1, 16: 1034 II sperre **Anwendung zivilrechtlicher Generalklauseln** nicht (sa vor § 1025 Rn 8).

12 **7) Nichtvertragliche Schiedsgerichte.** Auch in den Fällen des § 1066 gelten die vorstehenden Grundsätze. Zust WSch/Schütze[5] Rn 16. Bei **Vereinsschiedsgerichten** beanstandet BGH NJW 2004, 2226 die Wahl der Schiedsrichter durch die Mitgliederversammlung. Das einzelne Vereinsmitglied habe bei einer Streitigkeit mit dem Verein keine rechtl gesicherte Möglichkeit, in gleichem Umfang wie dieser an der Zusammensetzung des Schiedsgerichts mitzuwirken. Das Stimmrecht in der Mitgliederversammlung biete insoweit keinen gleichwertigen Ersatz. Sa OLG München SchiedsVZ 2016, 346 (Abgrenzung zu Schiedsgerichten politischer Parteien).

13 ***III) Keine Derogation.*** Die dem staatl Gericht nach § 1034 übertragenen Aufgaben können nicht abbedungen werden, OLG Frankfurt/M 11.7.2013 – 26 SchH 8/12.

§ 1035 Bestellung der Schiedsrichter

(1) Die Parteien können das Verfahren zur Bestellung des Schiedsrichters oder der Schiedsrichter vereinbaren.

(2) Sofern die Parteien nichts anderes vereinbart haben, ist eine Partei an die durch sie erfolgte Bestellung eines Schiedsrichters gebunden, sobald die andere Partei die Mitteilung über die Bestellung empfangen hat.

(3) [1]Fehlt eine Vereinbarung der Parteien über die Bestellung der Schiedsrichter, wird ein Einzelschiedsrichter, wenn die Parteien sich über seine Bestellung nicht einigen können, auf Antrag einer Partei durch das Gericht bestellt. [2]In schiedsrichterlichen Verfahren mit drei Schiedsrichtern bestellt jede Partei einen Schiedsrichter; diese beiden Schiedsrichter bestellen den dritten Schiedsrichter, der als Vorsitzender des Schiedsgerichts tätig wird. [3]Hat eine Partei den Schiedsrichter nicht innerhalb eines Monats nach Empfang einer entsprechenden Aufforderung durch die andere Partei bestellt oder können sich die beiden Schiedsrichter nicht binnen eines Monats nach ihrer Bestellung über den dritten Schiedsrichter einigen, so ist der Schiedsrichter auf Antrag einer Partei durch das Gericht zu bestellen.

(4) Haben die Parteien ein Verfahren für die Bestellung vereinbart und handelt eine Partei nicht entsprechend diesem Verfahren oder können die Parteien oder die beiden Schiedsrichter eine Einigung entsprechend diesem Verfahren nicht erzielen oder erfüllt ein Dritter eine ihm nach diesem Verfahren übertragene Aufgabe nicht, so kann jede Partei bei Gericht die Anordnung der erforderlichen Maßnahmen beantragen, sofern das vereinbarte Bestellungsverfahren zur Sicherung der Bestellung nichts anderes vorsieht.

(5) [1]Das Gericht hat bei der Bestellung eines Schiedsrichters alle nach der Parteivereinbarung für den Schiedsrichter vorgeschriebenen Voraussetzungen zu berücksichtigen und allen Gesichtspunkten Rechnung zu tragen, die die Bestellung eines unabhängigen und unparteiischen Schiedsrichters sicherstellen. [2]Bei der Bestellung eines Einzelschiedsrichters oder eines dritten Schiedsrichters hat das Gericht auch die Zweckmäßigkeit der Bestellung eines Schiedsrichters mit einer anderen Staatsangehörigkeit als derjenigen der Parteien in Erwägung zu ziehen.

Lit: *Lüttenberg/Beimel/Heetkamp*, Neue Pflichten für Schiedsgerichte aus der KI-Verordnung?, SchiedsVZ 2024, 225; *Schnabl*, Künstliche Intelligenz als Schiedsgericht – Schiedsgerichtsbarkeit aus dem Automaten?, SchiedsVZ 2024, 269.

I) Überblick. 1) Vereinbarungen über die Bestellung der Schiedsrichter (§ 1035 I). Diese sind **formfrei** mögl, § 1031 gilt nicht, OLGR München 2007, 681, 682; MK/Münch Rn 7. Unwirksame Vereinbarungen führen iZw nicht zur Unwirksamkeit der Schiedsvereinbarung, s § 1034 Rn 11. Ausf zum Ernennungsverf Schütze/Thümmel Rn 1.52 ff; Hantke SchiedsVZ 2003, 269. – Die Parteien bzw die nach § 1066 zur Anordnung eines Schiedsgerichts berechtigte Person können auch ein **gestuftes Verf für die Ernennung der Schiedsrichter** vorschreiben, zB zunächst Ernennung von zwei Schiedsrichtern durch je eine Partei u erst später Bestellung des Vors, wenn es dem Zweierschiedsgericht nicht gelungen ist, eine gütl Einigung herbeizuführen. Das Zweierkollegium ist nicht etwa nur eine (vorgeschaltete) Gütestelle vor dem Dreierschiedsgericht, sondern zzt das Schiedsgericht iSv §§ 1034 ff mit der Folge, dass das Zweierschiedsgericht über Befangenheitsanträge (§ 1037) etc zu entscheiden hat u dass es einen Schiedsspruch (zB nach § 1053) mit Zustimmung der Parteien erlassen kann. Gleiches gilt vice versa, wenn das Schiedsgericht zunächst nur aus dem Vors bestehen soll (zB um eine gütl Einigung zu versuchen) u erst in einem späteren Stadium das Schiedsgericht um zwei Beisitzer erweitert werden soll. 1

2) Pflicht zur Mitwirkung bei der Bestellung der Schiedsrichter. Diese folgt aus der Schiedsvereinbarung bzw Schiedsanordnung (§ 1066, s § 1029 Rn 40, 67). Für Durchsetzung im Klageweg fehlt wegen IV das Rechtsschutzbedürfnis, Steinbrück S 283. Gegen Pflicht Frohloff S 52 ff, 187. 2

3) Ernennung als Prozesshandlung. Die Ernennung des Schiedsrichters ist Prozesshandlung, MK/Münch Rn 13. Daher nicht nach §§ 119 ff BGB anfechtbar. Die Anzeige von der Ernennung eines Schiedsrichters ist nicht Voraussetzung für die Wirksamkeit der Ernennung, II. Sa StJ/Schlosser Rn 2. 3

4) Auswahl der/des Schiedsrichter(s). Bei Auswahl der/des Schiedsrichter(s) haben die Parteien **volle Freiheit**, Grenz S 22; Gottwald S 46; Grenzen zieht nur § 1036 u der verfassungsrechtl verankerte Grundsatz der **Überparteilichkeit der Rechtspflege:** Niemand darf in eigener Sache Richter sein, BGH SchiedsVZ 2012, 154, 155; OLG Frankfurt/M SchiedsVZ 2017, 150 Tz 26. Nie kann eine Partei oder ihr ges Vertreter Schiedsrichter sein; Henkel Rn 105; Schwab/Walter 9 Rn 6. Das Gleiche gilt für Organe einer jur Person oder eines sonstigen Verbandes. So kann zB die Gesellschafterversammlung einer GmbH nicht als Schiedsgericht für Streitigkeiten zwischen GmbH u Gesellschaftern etabliert werden, BGH NJW 2018, 869 Tz 16; OLG München 8.6.2018 – 34 Sch 11/18. Wird eine Partei selbst oder eines ihrer Organe oder ihr ges Vertreter mit der Entscheidung beauftragt, liegt keine Schiedsvereinbarung, sondern ein mat-rechtl Vertrag (§ 315 BGB) vor. Ob in einer nach Entstehung eines Streitfalls geschlossenen Schiedsvereinbarung ein ledigl mitzeichnungsberechtigter organschaftl Vertreter 4 einer Partei von den Parteien gemeinsam zum Schiedsrichter bestellt werden kann, ist bestr, bej BGH NJW 76, 109 (Kornblum BB 77, 675), überholt wohl durch BGH NJW 2018, 869 Tz 18; Schlosser JZ 76, 245. Allg zu der von §§ 1025 ff zu unterscheidenden **Verbandsgerichtsbarkeit** s § 1029 Rn 6; BGH SchiedsVZ 2004, 205; BayObLG SchiedsVZ 2021, 168; Lachmann Rn 25 ff; Wagner, Prozessverträge, 1998, S 456 ff. Der Dritte kann aber auch (schon) in anderer Funktion mit der Angelegenheit befasst sein, zB als TV (RGZ 100, 76). Die Parteien können auch ihre ProzBev u sonstige ihnen nahestehende Personen als Schiedsrichter bestellen, OLG Hamburg BB 57, 378; KG SchiedsVZ 2008, 200, 201; KG 15.3.2010 – 20 SchH 4/09. Jedoch besteht uU AblehnungsR (§ 1036) für Gegenpartei. S § 1037 Rn 1.

5 **5) Fehlende Qualifikationsanforderungen.** Das Gesetz schreibt **keine bes Qualifikation** vor. Insb ist die Befähigung zum Richteramt nicht Voraussetzung für die Übernahme des Schiedsrichteramtes, Kronke RIW 98, 257; Schütze/Thümmel Rn 1.47; zum Schiedsrichter können auch **Nichtjuristen** ernannt werden. Die Parteien können jedoch vertragl bes Anforderungen aufstellen. Immerhin spricht § 1036 I von einer „Person", so dass **Künstliche Intelligenz** als Ersatz für Schiedsgerichte *de lege lata* ausgeschlossen ist, abl Schnabl SchiedsVZ 2024, 269, 284, sa § 1036 Rn 3. *De lege ferenda* stehen aufgrund der Entscheidungswirkung (§ 1055) von Schiedssprüchen verfassungsrechtliche Gründe entgegen (Schnabl SchiedsVZ 2024, 269, 284). International wäre **Herausbildung schiedsrechtlicher internationaler Standards zum KI-Einsatz** sinnvoll (Schnabl SchiedsVZ 2024, 269, 279 mit Hinweis auf SVAMC Guidelines 2024, Nr 6, 7: „*An arbitrator shall not delegate any part of their personal mandate to any AI tool. This principle shall particularly apply to the arbitrator's decision-making process. The use of AI tools by arbitrators shall not replace their independent analysis of the facts, the law, and the evidence.*"). Schiedsgerichtsbarkeit stellt alternative Streitbeilegung iSv **Anh III Nr 8a S 2 KI-VO** dar (sa Erwg 61 u Lüttenberg/Beimel/Heetkamp SchiedsVZ 2024, 225, 227: Hochrisiko- KI). Art 6 III 2d KI-VO erlaubt jedoch „vorbereitende Aufgaben für eine Bewertung", wenn rechtliches Gehör gewahrt ist (Schnabl SchiedsVZ 2024, 269, 282). Denkbar ist Vorgehen nach **§ 1053 II**: KI – Nutzung für Schiedsspruch mit vereinbartem Wortlaut (näher § 1053 Rn 1). Mitwirkungsverpflichtung aus Schiedsrichtervertrag und Beschränkung auf eine Tatsacheninstanz sprechen für Zurückhaltung und Offenlegung durch Schiedsgericht (Schnabl SchiedsVZ 2024, 269, 282); großzügiger Lüttenberg/Beimel/Heetkamp SchiedsVZ 2024, 225, 228: KI-Systeme für vorbereitende Tätigkeiten bzw bei „Ermittlung und Auslegung von Sachverhalten" idR unproblematisch. Sa Schultzky KI Rn 1 ff, 7 f, 12.

6 **6) Unfähig zum Schiedsrichteramt.** Fähigkeit für Schiedsrichteramt fehlt, wer geschäftsunfähig ist oder sonst infolge krankhaften oder altersbedingten **Verfalls seiner Geisteskräfte** der Aufgabe nicht gewachsen ist. Er kann abgelehnt werden. Er ist jedoch nicht verpflichtet, sich psychiatrisch untersuchen zu lassen, BGH EWiR 86, 1047 (Schütze). Daneben kann jede Partei Antrag nach § 1038 I 2 stellen.

7 **7) Juristische Personen und sonstige Verbände.** Diese können – da sie selbst nicht handlungsfähig u daher zu kognitiver rechtsprechender Tätigkeit nicht in der Lage sind – nicht Schiedsrichter sein. AA Schwab/Walter 9 Rn 1. IZw ergibt Auslegung, dass der Vors des Vorstands bzw der Geschäftsführung der von den Parteien gewollte Schiedsrichter ist. Gibt es keinen Vors des mehrgliedrigen Vertretungsorgans, so ist der an Lebensjahren Älteste der gewollte Schiedsrichter. Das Gleiche gilt in den Fällen des § 1066. **Behörden** können durch Parteivereinbarung nach hM zwar nicht für verwaltungsrechtl zu qualifizierende Entscheidungen über privatrechtl Ansprüche **(privatrechtsgestaltende VA)** für zuständig erklärt werden. Zulässig aber, Behörden als solche zu Schiedsrichtern zu ernennen, StJ/Schlosser § 1036 Rn 6; bestr. Gewollt ist aber bei verständiger Auslegung, dass der Behördenvorstand (bei job sharing der an Jahren älteste) oder ein von ihm zu bestimmendes Behördenmitglied Schiedsrichter sein soll, Chr. Wolf S 165. Keine Schiedsvereinbarung, wenn die Entscheidung auf ein bestehendes staatl (in- oder ausl) Gericht als Teil dessen sonstiger Tätigkeit übertragen wird. UU ist zu prüfen, ob eine Prorogation (§§ 38, 40) vorliegt.

8 **8) Ernennung durch Dritte.** Die Parteien können auch Ernennung durch Dritte vereinbaren u deren Modalitäten regeln, Massuras S 90; MK/Münch Rn 28; Schütze/Thümmel Rn 1.59. Parteien können diese Aufgabe Präsidenten der RA-, Notar-, Steuerberater- oder Wirtschaftsprüferkammer, einem Gerichtspräsidenten bzw Behördenvorständen durch Ermächtigung übertragen, ohne dass Verpflichtung zur Ernennung besteht. Eine Selbsternennung durch den Ermächtigten ist ausgeschlossen, StJ/Schlosser Rn 23. Die Amtsperson handelt nicht als solche, sondern als Privatperson, RGZ 53, 1, 3; sie bedarf keiner Nebenbeschäftigungsgenehmigung. Der Benennende handelt nicht im eigenen Namen, sondern im Namen der Parteien. Er begründet zwischen sich u dem Benannten keine eigene Rechtsbeziehung, Lachmann Rn 811.

9 **9) Unparteilichkeit des ernennungsbefugten Dritten.** Diese ist nicht erforderl. AA Saenger Rn 4. Es genügt, wenn der vom „parteiischen" Dritten ernannte Schiedsrichter unparteiisch ist. Anders bish hM: Wurde die Ernennung einem Dritten übertragen, so muss dieser nach dieser Ansicht unparteiisch sein, wenn er den alleinigen Schiedsrichter oder den Obmann des Schiedsgerichts bestimmen soll, nicht jedoch, wenn er an Stelle einer Partei deren ErnennungsR ausüben soll, Chr. Wolf S 169. Zulässig (wenn auch als Regel nicht empfehlenswert) wäre Ernennung eines Nachfolgers durch den erfolgreich abgelehnten oder wegen seiner Befangenheit aus eigenem Antrieb ausgeschiedenen Schiedsrichter.

10) Mehrere Beteiligte auf einer Parteiseite. Stehen auf der Seite einer Partei mehrere Beteiligte (s § 1042 Rn 37), dann müssen sie sich – untereinander – **auf einen Schiedsrichter einigen**; tun sie es nicht, etwa bei widerstreitender Interessenlage (zB bei Streit, wer in der Produktions- bzw Lieferkette letztl den Schaden verursacht hat etc), Ernennung durch staatl Gericht, Gottwald S 35. Differenzierend jedoch MK/Münch Rn 82. Nach Auffassung des Cour de cassation Rev Arb 92, 470 = BB 92 Beilage Nr 15, 27 ist Waffengleichheit der Parteien verletzt, wenn die andere Partei ihren Schiedsrichter selbst ernennt, während für die **Streitgenossen** – wegen ihrer (internen) Nichteinigung auf einen gemeinsamen Schiedsrichter – der Schiedsrichter vom Gericht ernannt wird. Lösung nach vielen SchOen: Mehrere Streitgenossen müssen sich auf einen Schiedsrichter einigen. Tun sie es nicht, wird Schiedsrichter beider Seiten von Gericht bzw Schiedsorganisation ernannt. Die bereits von der anderen Partei durchgeführte Schiedsrichterbenennung wird gegenstandslos. Abw MK/Münch Rn 81. Sa OLG Frankfurt/M SchiedsVZ 2006, 220, 222. **Reformüberlegungen.** Der RegE eines Gesetzes zur Modernisierung des Schiedsverfahrensrechts v 26.6.2024 aus der 20. Legislaturperiode (BTDrs 20/13257, 28 f) sieht in § 1035 IV-E („*Streitgenossen haben die ihnen obliegende Bestellung eines Schiedsrichters gemeinschaftlich vorzunehmen, sofern die Parteien nichts anderes vereinbart haben. Erfolgt die gemeinschaftliche Schiedsrichterbestellung nicht innerhalb eines Monats, nachdem alle Streitgenossen eine entsprechende Aufforderung der anderen Partei empfangen haben, so ist der Schiedsrichter auf deren Antrag oder auf Antrag eines Streitgenossen durch das Gericht zu bestellen. Das Gericht kann im Fall des Satzes 2 auch die der anderen Partei obliegende Bestellung eines Schiedsrichters übernehmen; sie ist zuvor anzuhören. Mit der Bestellung nach Satz 3 endet das Amt eines bereits bestellten Schiedsrichters.*“) eine Regelung für **Mehrparteienschiedsverfahren** mit mehr als einem Schiedsrichter vor. Ohne Vereinbarung besteht das Schiedsgericht aus drei Schiedsrichtern (§ 1034 I 2), von denen die Streitgenossen (§ 1035 III 2 Hs 1) einen zu bestellen haben. Es soll iZw **gemeinschaftliche Bestellung** (§ 1035 IV 1-E) durch Streitgenossen gelten (§§ 59 ff); bei Nichteinigung innerhalb eines Monats erfolgt auf Antrag (ermessensabhängige) gerichtliche Bestellung (§ 1035 IV 2-E, nach § 1062 I durch OLG), evtl (ermessensabhängig) auch für andere Partei nach Anhörung (Mittelweg zwischen „Einzellösung“ u „Gesamtlösung“), Umbeck/Pust BB 2024, 2376, 2378; sa Münch ZZPInt 23 (2018), 259, 291. Das österreichische (§ 587 V öZPO) bzw Schweizer Vorbild (§ 362 II SchwZPO) ist bewusst gewählt (Kiehl/Gebhard SchiedsVZ 2024, 173, 176). Etwaige dabei einzustellende Ermessensaspekte sind: die von Streitgenossen für das Scheitern der gemeinschaftlichen Bestellung angegebenen Gründe bzw die Bedeutung der Kandidatenbenennung für andere Partei (BTDrs 20/13257, 28 f, 30). Im Ganzen bleiben Ermessenskriterien gleichwohl unklar (krit deswegen Umbeck/Pust BB 2024, 2376, 2378). Ob „Einzellösung“ vorzugswürdig erscheint, wenn fehlende Einigung auf prozesstaktischen Gründen beruht, „Gesamtlösung“ dagegen bei echten Interessensgegensätzen, erscheint zu akademisch (krit auch Kiehl/Gebhard SchiedsVZ 2024, 173, 176). Nach § 1035 IV 4-E ist Amtsbeendigung für bereits bestellten Schiedsrichter vorgesehen, was für diesen zu Rechtsunsicherheit führt. § 1035 IV 1-E ist dispositiv gestaltet (Vorrang etwa von § 13 DIS-SportSchO, s Heinze SpuRt 2024, 445, 451). Anwendungsbereich von § 1035 IV-E ist auf **adhoc-Schiedsgerichtsbarkeit** begrenzt (Umbeck/Pust BB 2024, 2376, 2378 f). Unklar ist, welche Grundsätze gelten, wenn nachträglich dritte Partei hinzukommt (Kiehl/Gebhard SchiedsVZ 2024, 173, 176). 10

11) Zeitliche Begrenzungen. Die Parteien können – um das Schiedsverf zu beschleunigen – das Amt der Schiedsrichter befristen, dh das Schiedsrichtermandat **zeitl beschränken**; Grenz S 114; Gottwald S 56. Ergeht trotz Ablaufs der Frist noch ein Schiedsspruch, dann ist dieser aufhebbar, § 1059 II Nr 1 und/oder Nr 2, aber nicht nichtig (kein „Nicht-Schiedsspruch“, Bühler/Raeschke-Kessler EWiR 88, 1121). Nach Ablauf der **6-Monatsfrist nach ICC-Rules 2017/ICC-Rules 2021 (Art 31)** erlischt das Schiedsrichteramt nicht automatisch, weil **Verlängerung** mögl, BGH NJW 88, 3090. Sa Reiner/Jahnel in Schütze, Institutionelle Schiedsgerichtsbarkeit[3], 2018, Art 24 Rn 3 ff; Synatschke S 54. 11

12) Schiedsverfahrensstatut. Im internat-rechtl Kontext kommt es auf das Schiedsverfahrensstatut (s § 1025 Rn 8) an, Klein IPRax 86, 53. Für Komplex „Schiedsrichterernennung“ (= Konstituierung des Schiedsgerichts) ist eine selbständige Anknüpfung mögl. Die Parteien können speziell hierfür eine bestimmte Rechtsordnung ausdrückl oder konkludent wählen, Schlosser RipS[2] Rn 214; Ruckteschler/Stooß FS Kronke, 2020, S 1517, 1518. 12

II) Widerruf vor Erhalt der Anzeige (§ 130 I BGB) möglich (§ 1035 II). Verweigert der Schiedsrichter die Ausführung des Amtes u wird statt seiner ein anderer ernannt, so ist II bzgl des zuerst bestellten Schiedsrichters nicht anwendbar, OLGZ 40, 439. Zust Saenger Rn 8. 13

III) Bestellungsverfahren. 1) Fehlende Vereinbarung. § 1035 III regelt die Bestellung der Schiedsrichter, wenn die Parteien hierzu keine Vereinbarung getroffen haben bzw die getroffenen Vereinbarungen unwirksam sind, OLG Frankfurt/M NJW 2014, 16. Ist nur ein Schiedsrichter vorgesehen, müssen die Parteien über seine Person Einigung erzielen; im Regelfall des Dreierschiedsgerichtes (§ 1034 I 2) bestellt jede Partei ggf auf Aufforderung (III 3) je einen Schiedsrichter, diese Schiedsrichter bestellen den Vors (Obmann). Die **Aufforderung** braucht nicht schriftl zu erfolgen. Sie muss den Namen des eigenen Schiedsrichters (KG MDR 2008, 285; OLG SchiedsVZ 2010, 229) u Verlangen an Gegner enthalten, seinerseits einen Schiedsrichter zu ernennen, BGH NJW 60, 1296. Es ist zweckmäßig, sie zuzustellen; aus ihr muss ersichtl sein, welcher Streit durch Schiedsrichter entschieden werden soll. Ein Hinweis auf die **gesetzliche Monatsfrist** ist nicht erforderl. Die Frist läuft ab Zugang der Aufforderung, OLGR München 2007, 681, 683. Zur Abgrenzung ggü § 1034 II OLG Frankfurt/M 14

NJW 2014, 16, 17. – Im Anwendungsbereich des § 1066 tritt an die Stelle der Parteivereinbarung die **Regelungsbefugnis des Anordnungsbefugten**, zB des Erblassers, des Satzungsgebers etc.

15 **2) Versäumung der Frist.** Die Ernennung eines Schiedsrichters soll nach Versäumung der Frist nur solange nachgeholt werden können, bis die andere Partei Antrag auf Ersatzbenennung gestellt hat, BTDrs 13/5274, 40, was zu restriktiv erscheint. Die Nachholung muss mögl sein, solange OLG keinen Schiedsrichter ernannt hat, Lachmann Rn 905; MskV/Voit Rn 10. AA BayObLGZ 2002, 17, 20; BayObLG NJW-RR 2002, 933; OLG München MDR 2006, 1306; OLG Naumburg SchiedsVZ 2003, 236: Ausschlussfrist. Die **Frist zur Ernennung des/der Vorsitzenden** (III 3) beginnt erst, nachdem beiden Schiedsrichtern ihre Bestellung mitgeteilt worden ist, sie also agieren können. – Die Ernennung eines nach der Schiedsvereinbarung nicht qualifizierten Schiedsrichters steht nicht ohne weiteres der Fristversäumnis gleich. Nur Benennung eines der Schiedsvereinbarung eindeutig nicht entspr Schiedsrichters in der Absicht, das Schiedsverf zu verzögern, bewirkt den Verlust des ErnennungsR, OLG Bremen NJW 72, 454.

16 **3) Bestellung auf Antrag einer Partei durch das OLG (§ 1062 I Nr 1).** Dieser Weg ist zu beschreiten, wenn eine Einigung der Parteien oder der Schiedsrichter nicht erzielt werden kann oder eine der Parteien nach Aufforderung nicht fristgemäß ihrerseits einen Schiedsrichter bestellt. Gegen die Entscheidung des OLG findet die Rechtsbeschwerde nicht statt, § 1065 I 2. – Nach Verstreichen der Ernennungsfrist geht das ErnennungsR automatisch auf das staatl Gericht (§ 1062) über; dieses hat aber nachträgl Vorschläge der ursprüngl ernennungsberechtigten Partei möglichst zu berücksichtigen, OLG München MDR 2006, 1308. – Die beiden bestellten Schiedsrichter können nicht – ohne entspr Parteivereinbarung – die verbindl Bestellung des 3. Schiedsrichters einem Dritten übertragen, OLG München MDR 2009, 1354. – IÜ können ohne ausreichende Regelung durch die Parteien die dem staatl Gericht (§ 1062) übertragenen Aufgaben **nicht ersatzlos abbedungen** werden, so dass es an einem funktionierenden Mechanismus zur Bildung des Schiedsgerichts fehlte, OLG Frankfurt/M 11.7.2013 – 26 SchH 8/12.

17 **4) Entscheidung des OLG.** Diese erfolgt immer durch Beschluss (ohne oder nach mündl Verh, § 1063 I), der unanfechtbar ist, § 1065 I 2, auch wenn vorfragenw Unwirksamkeit der Schiedsklausel festgestellt worden ist, BGHR 2009, 903. – OLG prüft Wirksamkeit der Schiedsvereinbarung nicht abschließend, sondern nur offensichtl Unwirksamkeit, vor allem ob Schiedsvereinbarung gegen zwingendes Recht verstößt, an dessen Durchsetzung ein unmittelbares staatl Interesse besteht, zust OLG Frankfurt/M 26.10.2017 – 26 SchH 3/17. AA WSch/Schütze[5] Rn 57. Weder das Schiedsgericht noch das OLG im Aufhebungs- bzw Vollstreckbarerklärungsverf (§§ 1059 ff) sind an die rechtl u tatsächl Feststellungen des OLG im Bestellungsverf gebunden, BGH NJW 69, 978, 979; denn es wird im Ernennungsverf nicht rechtskräftig über Wirksamkeit bzw Unwirksamkeit der Schiedsvereinbarung bzw Schiedsanordnung (§ 1066) entschieden, BGH NJW-RR 2010, 425; OLG Frankfurt/M NJW 2014, 16. Anders ist es, wenn andere Partei im Bestellungsverf im Wege des **„Widerantrags" (analog § 33)** gem § 1032 II die **Feststellung der Unzulässigkeit des schiedsrichterl Verf** beantragt. Dann ist die Wirksamkeit der Schiedsvereinbarung bzw Schiedsanordnung verbindl zu klären, OLGR München 2006, 869, 870. – **Prüfungsgegenstand** im Ernennungsverf des staatl Gerichts ist nicht die Frage, ob die (beabsichtigte) Schiedsklage iÜ zulässig u begründet ist. Diese Prüfungs- und Entscheidungskompetenz besitzt allein das Schiedsgericht, zB hins der Frage, ob fehlendes Rechtsschutzinteresse des Schiedskl oder die materielle Rechtskraft einer (staatl) Vorentscheidung entgegensteht, OLG Köln SchiedsVZ 2012, 222; sa § 1032 Rn 28. – Fällt der vom staatl Gericht ernannte Schiedsrichter weg, so gilt § 1039. – Gegen Schiedsrichterernennung durch OLG **keine Rechtsbeschwerde**, § 1065 I 2, BGH NJW 2020, 3174; hierzu Wellensiek IBR 2020, 496; Kröll NJW 2021, 832, 834 Rn 15; BGH SchiedsVZ 2012, 281, 282. – Bei **Antragsrücknahme** § 269 III 2 anwendbar, OLG München NJW-RR 2014, 1534, sa § 1063 Rn 1, 3.

18 Mit der Ernennung eines Schiedsrichters durch das Gericht wird aber **nicht zugleich auch das Bestehen einer gültigen Schiedsvereinbarung für alle späteren Verf bindend festgestellt**, BGH MDR 69, 459 (Habscheid ZZP 84 [1971], 203); Schwab/Walter 10 Rn 24. Sa Synatschke S 70.

19 **IV) Vereinbarungen der Parteien.** § 1035 **IV** betrifft den Fall, dass die Parteien ein Bestellungsverf vereinbart haben. Hält sich eine Partei nicht an dieses Verf oder erweist es sich als undurchführbar, hat das Gericht auf Antrag die erforderl Maßnahmen anzuordnen. Die Parteien können diese Zuständigkeit des Gerichts abbedingen, IV. Dann kann es – wenn die Parteien nicht anderweitige Vorsorge getroffen haben – zur Undurchführbarkeit der Schiedsvereinbarung kommen, Steinbrück S 307. Nach altem Recht führte der Tod oder sonstige Wegfall des Dritten bzw seine Untätigkeit – sofern eine Anpassung (s § 1029 Rn 82) nicht mögl war – zur Beendigung, BGH NJW 94, 1008. **Anders IV**, BayObLGZ 2000, 187, 189: Gerade dann, wenn das von den Parteien bzw von dem Schiedsgerichtsanordnungsbefugten (§ 1066) vorgesehene Bestellungsverf – aus welchen Gründen auch immer – scheitert, soll nach IV das staatl Gericht dem Schiedsverf zum Erfolg verhelfen („Reservefunktion"), OLG München SchiedsVZ 2010, 168. – Zu den heilbaren Mängeln bei der Schiedsrichterernennung s Hochbaum S 79; sa § 1042 *Rn 16. Stets ist* vorab der Wille der Parteien zu erforschen. Ungenaue Bezeichnung (falsa demonstratio) unschädl. Bsp: Vereinbarung des Schiedsgerichts der „german central chamber of commerce" bedeutet DIS-Schiedsgericht, KG IPRspr 99, Nr 182.

V) Vorfragenentscheidung. Streit darüber, ob Ernennung eines Schiedsrichters durch Partei oder Dritten (un) wirksam ist (zB Unwirksamkeit wegen fehlender Ernennungsbefugnis oder weil Ernennungsfrist abgelaufen), entscheidet staatl Gericht als Vorfrage in den Verf nach III u IV; unzulässig aber Feststellungsantrag entspr IV, OLG München MDR 2019, 1405; überholt OLG München SchiedsVZ 2012, 111, 112. Hierzu u zu den unscharfen Grenzen zwischen III u IV OLG Hamm SchiedsVZ 2003, 79, 81 (Kröll). Sa MK/Münch Rn 32. 20

VI) Internationale Zuständigkeit. Für ausländische Schiedsverfahren besteht nach Maßgabe von § 1025 III eine internat Zuständigkeit Deutschlands. 21

VII) Schiedsrichterernennung für inländisches Verfahren durch ausländisches Gericht. Diese würde zur Anwendung ausl VerfR führen. Sie ist wegen des Territorialitätsgrundsatzes des § 1025 I deshalb nur insoweit zulässig, soweit § 1035 abdingbar ist. 22

VIII) Schiedsrichtervertrag. 1) Schuldrechtlicher Vertrag. Das Rechtsverhältnis zwischen den Parteien u den Schiedsrichtern bestimmt sich nach dem Schiedsrichtervertrag (§§ 662 ff BGB bzw §§ 611 ff BGB, Gal S 44 ff; Theune SchiedsVZ 2021, 177, 190 ff; nach BGH ZZP 66 [1953], 152, 155; RGZ 94, 210, 213: Vertrag sui generis; Martinek/Semler/Flohr/Gantenberg Hdb d Vertriebsrechts[5], 2025 Rn 121ff („typengemischt"), mwN bei G. Wagner KTS 2010, 39, 64; Altenkirch SchiedsVZ 2014, 113; Ruckteschler/Stooß FS Kronke, 2020, S 1517, 1518). Dieser beruht zwar auf der Schiedsvereinbarung bzw ergänzt diese, ist aber ein **eigenständiger schuldrechtl Vertrag**, Gottwald S 48; Schütze/Thümmel Rn 1.106; Chr. Wolf S 77. AA Schwab/Walter 11 Rn 9 („auch" Prozessvertrag). Auch InsVerwalter kann Schiedsrichterverträge schließen, jedoch ist § 160 II Nr 3 InsO zu beachten. InsVerwalter ist an vor Eröffnung der Insolvenz geschlossene Schiedsrichterverträge gebunden; er kann nicht nach §§ 103 ff InsO anfechten, Bork SchiedsVZ 2022, 139; G. Wagner KTS 2010, 39, 64. Sa BGH GRUR 2012, 95 (Heim). – **Rechtswahl** (Art 3 Rom I-VO, Gal S 392) mögl. Fehlt eine solche, so entspricht es idR dem Parteiwillen, dass der Schiedsrichtervertrag dem Verfahrensstatut, dh dem auf das Schiedsverf anwendbaren Recht unterliegt, v. Hoffmann FS Glossner, 1994, S 143; Kronke RIW 98, 258. Für **gesetzliche Ansprüche** gilt Delikts- bzw Bereicherungsstatut. **Direkte vertragl Rechtsbeziehung zwischen Parteien u Schiedsrichtern** ist bei ad hoc-Schiedsgerichten die Regel. Sie ist jedoch nicht zwingend erforderl. **Zwischenschaltung eines Dritten** zulässig, zB Parteien schließen mit Schiedsorganisation (zu deren Haftung Risse/Reiser NJW 2015, 2839.) den „Schiedsrichtervertrag". Diese kontrahiert wiederum mit den Schiedsrichtern. Bei dieser Gestaltung bestehen keine direkten vertragl Beziehungen zwischen den Parteien u den Schiedsrichtern. Doch hat dieser Vertrag **Schutzwirkung auch für die Parteien**. Zust Theune SchiedsVZ 2021, 177, 194. Sa § 1057 Rn 4 aE; Geimer in Böckstiegel/Berger/Bredow S 71, 84; Gal S 116. 23

2) Honorarvereinbarung. Das Honorar der Schiedsrichter bestimmt sich nach Vereinbarung mit Parteien bzw Schiedsorganisation (s Rn 24), ansonsten – bei dt Schuldstatut – nach §§ 675, 612 BGB. Näher Schütze FS Wegen, 2015, S 751; Martinek/Semler/Flohr/Gantenberg Hdb d Vertriebsrechts[5], 2025 Rn 124. Danach hat der Schiedsrichter Anspruch auf eine am Sitz des Schiedsgerichts übliche (§ 612 II BGB), hilfsw auf eine angemessene von den Schiedsrichtern nach billigem Ermessen selbst festzusetzende Vergütung, §§ 315, 316 BGB, Raeschke-Kessler/Berger Rn 524; angemessen sind iZw die DIS- bzw ICC-Sätze, nicht die RVG-Gebührensätze; Schütze/Thümmel Rn 1.119); Martinek/Semler/Flohr/Gantenberg Hdb d Vertriebsrechts[5], 2025 Rn 124. AA LG Mönchengladbach SchiedsVZ 2007, 104 (Ackermann SchiedsVZ 2007, 107. Der Schiedsrichter kann seinen Honoraranspruch gegen jede Partei geltend machen, auch wenn sie ihn nicht ernannt hat, da Vertrag mit beiden **Parteien geschlossen ist u diese als Gesamtschuldner** haften, §§ 421, 427 BGB; Altenkirch SchiedsVZ 2014, 113, 114; MK/Münch vor § 1034 Rn 36. In den **Fällen des § 1066** haften die Parteien nur, wenn sie ihrerseits mit den Schiedsrichtern kontrahiert haben; ansonsten ist Sch der Nachlass bzw der Verband, der das Schiedsgericht eingesetzt hat, Theune SchiedsVZ 2021, 177, 192. – Denkbar ist auch ein Honoraranspruch gegen die Schiedsorganisation, die bei der Bestellung des Schiedsgerichts bzw bei der Durchführung des Schiedsgerichtsverf mitgewirkt hat, Geimer in Böckstiegel/Berger/Bredow S 71, 84. AA Schütze, Institutionelle Schiedsgerichtsbarkeit[3], 2018, Einl Rn 46. 24

3) Entscheidung durch staatliches Gericht. Bei Streit Entscheidung durch staatl Gericht, nicht durch Schiedsgericht (Verbot, als Richter in eigener Sache tätig zu werden, BGH SchiedsVZ 2012, 154, 155; BGH NJW 85, 1903; OLG Frankfurt/M SchiedsVZ 2017, 150 Tz 26); s § 1057 Rn 4. AG Stuttgart SchiedsVZ 2012, 54 (Winkler) bei Zuständigkeit (§ 1062 IV) für Streit zwischen Schiedsgericht u einer oder beiden Partei(en) wegen Festsetzung des Streitwerts, sofern diese dem Schiedsgericht verboten ist, s § 1057 Rn 4 f, oder wenn es um die Überprüfung der Ermessensausübung bei der Festsetzung des Streitwerts geht. AA Lachmann Rn 1901. 25

4) Anspruch auf Vorschuss. Den Anspruch auf Vorschuss (Steinbrück S 334; Buchwitz/Schütt SchiedsVZ 2015, 1) haben die Schiedsrichter zwar (vgl § 669 BGB), können ihn aber nicht einklagen, BGHZ 94, 92; dies kann die andere Partei, weil jede Partei aus der Schiedsvereinbarung, die insoweit den Charakter einer **„Verfahrensgesellschaft"** (Habscheid KTS 55, 33) hat, verpflichtet ist, das ihre beizutragen, dass das Schiedsverf in Gang kommt u zügig durchgeführt wird, BGH SchiedsVZ 2012, 154, 155 Tz 7; AG Düsseldorf SchiedsVZ 2003, 240; Steinbrück S 334. Zur anteilmäßigen Vorschusspflicht des Schiedsbekl im Innenverhältnis zum Schiedskl s BGH NJW 71, 888 (Breetzke NJW 71, 1457); Frohloff S 54 ff. Zur Vergütung bei **vorzeitiger Verfahrensbeen-** 26

digung Buchwaldt NJW 94, 638. – StJ/Schlosser § 1029 Rn 54 hält es zutreffend für mögl, dass Zuständigkeit des Schiedsgerichts für Klage auf Leistung des **Kostenvorschusses** gegen die andere Partei bzw auf Erstattung des für die andere Partei vorgestreckten Kostenvorschusses vereinbart wird u dass das Schiedsgericht durch Teilschiedsspruch entscheiden kann. IZw ist dies konkludent gewollt u von einer Regel-Schiedsklausel umfasst.

27 **5) Honorarhaftung im Fall von § 1066.** Hat der Erblasser nach § 1066 ein Schiedsgericht eingesetzt, so haftet für das Honorar der Nachlass. Streiten die Erben untereinander vor dem Schiedsgericht, so kann dieses Vorschuss von den einzelnen Erben (= Parteien) nach ihren Erbquoten verlangen. Ihre (möglicherw) darüberhinausgehende (erbrechtl) Haftung bleibt unberührt.

28 **6) Lösung vom Schiedsrichtervertrag.** Ein Schiedsrichter kann, wenn er das Amt angenommen hat, den dadurch zu Stande gekommenen Vertrag nicht einseitig lösen (Gal S 314 ff; weniger streng MK/Münch Rn 56 vor § 1034 unter Hinweis auf § 627 II BGB); zur Erfüllung (Ausübung des Richteramtes) kann er aber – auch wenn mat-rechtl ein Erfüllungsanspruch besteht, BGHZ 98, 32; Gal S 127 ff – wegen § 888 III, § 1038 nicht gezwungen werden, Schlosser RipS[2] Rn 495. Hat die Mehrheit der Schiedsrichter einen Spruch gefällt, so sind auch die Schiedsrichter, die dagegen gestimmt oder sich der Stimme enthalten haben, verpflichtet, den Schiedsspruch zu unterschreiben, unbeschadet der Ersetzungsmöglichkeit nach § 1054 I, Gal S 133. S § 1054 Rn 6.

29 **IX) Pflichtenkreis des Schiedsrichters. 1) Erledigung des Verfahrens.** Er muss nach besten Kräften mitwirken u den Streitfall in einem rechtsstaatl Verf einer alsbaldigen Erledigung zuführen. Er ist zu **Neutralität** u **Unparteilichkeit** verpflichtet, BGHZ 98, 35 = NJW 86, 3077. Bei **grundlosem Rücktritt** vom Schiedsrichteramt ggf § 627 II BGB, ThP/Nordmeier § 1039 Rn 3. – Die **Pflicht zur höchstpersönlichen Tätigkeit** ist eng zu fassen. Der Schiedsrichter darf Hilfskräfte beiziehen, solange er die Oberleitung u Verantwortung für das gesamte Geschehen innehat, Nw bei Gal S 300 ff. Sa § 1049 Rn 3.

30 **2) Schiedsrichterhaftung.** Schiedsrichter haften für ihre richterl Tätigkeit, zu der auch der einstw Rechtsschutz (§ 1041) gehört, nur in den Grenzen des § 839 II BGB, BGHZ 15, 12, 15 = NJW 54, 1763; Feldmann S 243; Gal S 169 ff; Schütze/Thümmel Rn 1.124; Martinek/Semler/Flohr/Gantenberg Hdb d Vertriebsrechts[5], 2025 Rn 125; enger Lachmann Rn 4340; ansonsten wie staatl Richter für jedes Verschulden, Schlosser RipS[2] Rn 493; Chr. Wolf S 261. Schärfere Haftung als die von staatl Richtern verstößt gegen Art 3 I GG, Geimer, Schiedsgerichtsbarkeit u Verfassung, 1994, S 192. AA Loritz FS Stürner, 2013, S 327. Haftungsbeschränkungsvereinbarungen mit Parteien sind möglich, der völlige Ausschluss dgg bedenklich (so jedoch Art 41 ICC-SchO 2021, dazu Martinek/Semler/Flohr/Gantenberg Hdb d Vertriebsrechts[5], 2025, Rn 126).

31 **3) Verschwiegenheitspflicht.** Die Schiedsrichter sind idR zur Verschwiegenheit über das Schiedsverf verpflichtet, s § 1052 Rn 5; Gal S 328. Ausf Kahlert S 176 ff. Insb sind sie zur Wahrung des **Beratungsgeheimnisses** (§ 46 DRiG; Kahlert S 200 ff) verpflichtet, haben aber auch ein Recht auf dessen Wahrung. Die Entbindung durch die Parteien ist nicht ausreichend, BGH MDR 2015, 670. Über Vorgänge außerhalb der Beratung u Abstimmung kann der Schiedsrichter jedoch als Zeuge vernommen werden, zB über Gespräch mit einer Partei während des Schiedsverf, OLG Düsseldorf EWiR 88, 623; Schwab/Walter 19 Rn 5. AA Kahlert S 197. – Zum Recht u zur (angebl) Pflicht zur Offenbarung eines für die Parteien nicht erkennbaren **Befangenheitsgrundes** durch die Mitschiedsrichter Schütze FS Hopt II, 2010, S 2933, 2938 (Kenntnisnahme unzulässiger Beweismittel).

32 **4) Akteneinsicht.** Der die Schiedsakten verwaltende Schiedsrichter ist auch nach Ende des Schiedsverf verpflichtet, Akteneinsicht zu gewähren, nicht jedoch hinsichtl Zustandekommen des Schiedsspruchs u sonstiger Entscheidungen des Schiedsgerichts (Voten etc). Denn insoweit gilt das Beratungsgeheimnis. Zust WSch/Schütze[5] Rn 91.

33 **5) Rechtsdienstleistungsgesetz und Nebentätigkeit.** Tätigkeit als Schiedsrichter fällt nicht unter RDG, § 2 III Nr 2. – Das Fehlen der dienstrechtl notwendigen **Nebenbeschäftigungsgenehmigung für Beamte, Richter** (auch im Nebenamt, zB Universitätsprofessoren, § 65 BBG, § 40 DRiG; hierzu KG SchiedsVZ 2003, 185 [Mecklenbrauck]) bzw Parallelbestimmungen in den Landesgesetzen) führt nicht zur Unwirksamkeit des Schiedsrichtervertrages (sofern diese nicht ausdrückl zur Bedingung gemacht wurde) u nicht zur Aufhebbarkeit des Schiedsspruchs, sondern nur zu disziplinarrechtl Maßnahmen, Lachmann Rn 859. Es darf näml nicht zu Lasten der Schiedsparteien gehen, dass die erforderl Genehmigung fehlt bzw rechtswidrig erteilt wurde, BGH MDR 2016, 904; OLG Stuttgart SchiedsVZ 2003, 84, 85 (Nacimiento/G. Geimer); StJ/Schlosser § 1036 Rn 4. Die Gegenmeinung wendet § 134 BGB an, s MK/Münch Rn 66 vor § 1034. Zur Stellung des Obmanns des Schiedsgerichts als Treuhänder der eingezahlten Vorschüsse Schlosser SchiedsVZ 2004, 21, 22.

34 **X) Fehlen eines wirksamen Schiedsrichtervertrages.** Dies ist für sich genommen kein Aufhebungsgrund. Wer ohne Schiedsrichtervertrag als Schiedsrichter agiert, begeht keine Amtsanmaßung (§ 132 StGB). Mit Annahme der Bestellung/Ernennung als Schiedsrichter beginnt grds das „Amt" als Schiedsrichter, auch wenn sich der Bestellte/Ernannte den Abschluss eines Schiedsrichtervertrags mit den Parteien bzw der Schiedsorganisation vorbehalten hat u dieser nicht zu Stande gekommen oder defekt ist.

35 **XI) Rechtsverhältnis der Schied*sparteien* zur Schiedsorganisation.** S § 1029 Rn 2, 82, 92; MK/Münch Rn 76; *Schütze, Institutionelle Schiedsgerichtsbarkeit*[3], 2018, Einl Rn 35 ff. Bestr, ob deren Tätigkeiten nur administrativer Art sind oder als Rspr zu qualifizieren sind, dafür Chr. Wolf S 62, 231. So greift zB ICC-Schiedsgerichtshof

nachhaltig in das Schiedsverf ein. Seine Unterstützungsfunktionen werden sonst (mangels Vereinbarung) von den staatl Gerichten wahrgenommen. Die gleiche Unabhängigkeit u Unparteilichkeit wie bei den staatl Richtern erscheint erstrebenswert (Schlosser RipS[2] Rn 518 d). Bestr, ob Vorlagepflicht für Schiedsspruchsentwurf zum Schiedsgerichtshof vor Unterzeichnung durch Schiedsrichter nach ICC-Rules 2017/ICC-Rules 2021 (Art 27, Art 34) die Unabhängigkeit der Schiedsrichter verletzt, Chr. Wolf S 49. Zur Haftungsproblematik Chr. Wolf S 251; Risse/Reiser NJW 2015, 2839.

XII) Einheitliche Rechtsstellung der Schiedsrichter ohne Rücksicht auf ihren Hauptberuf. Das BerufsR der Schiedsrichter ist relevant, soweit es schiedsrichterl Tätigkeiten verbietet oder beschränkt, s Rn 33. Jedoch kann sich ein Schiedsrichter nicht auf die Privilegien (ZeugnisverweigerungsR, Haftungsbeschränkungen etc) seines Hauptberufs berufen, zB als RA, Notar, staatl Richter etc. S zB § 1 III RVG. 36

XIII) Aufhebung des Schiedsspruchs. Aufhebung gem § 1059 II Nr 1 (d) erfolgt, wenn Schiedsgericht mit einem erfolgreich abgelehnten Schiedsrichter besetzt gewesen ist, auch wenn Entscheidung über Ablehnungsantrag erst nach Erlass des Schiedsspruchs ergangen ist. Dies gilt auch bei einem einstimmig ergangenen Schiedsspruch eines Dreierschiedsgerichts wegen der Möglichkeit der Beeinflussung der anderen Schiedsrichter bei der Beratung u des Abstimmungsverhaltens, BGH MDR 2015, 670. 37

XIV) Gebühren. 1) Gericht: 1623 GKG-KV; die Geb fällt für die Bestellung jedes Schiedsrichters gesondert an. – **2) RA:** 3327 RVG-VV, 3332 RVG-VV; zur Angelegenheit: § 16 Nr 8 RVG. 38

§ 1036 Ablehnung eines Schiedsrichters

(1) [1]Eine Person, der ein Schiedsrichteramt angetragen wird, hat alle Umstände offen zu legen, die Zweifel an ihrer Unparteilichkeit oder Unabhängigkeit wecken können. [2]Ein Schiedsrichter ist auch nach seiner Bestellung bis zum Ende des schiedsrichterlichen Verfahrens verpflichtet, solche Umstände den Parteien unverzüglich offen zu legen, wenn er sie ihnen nicht schon vorher mitgeteilt hat.

(2) [1]Ein Schiedsrichter kann nur abgelehnt werden, wenn Umstände vorliegen, die berechtigte Zweifel an seiner Unparteilichkeit oder Unabhängigkeit aufkommen lassen, oder wenn er die zwischen den Parteien vereinbarten Voraussetzungen nicht erfüllt. [2]Eine Partei kann einen Schiedsrichter, den sie bestellt oder an dessen Bestellung sie mitgewirkt hat, nur aus Gründen ablehnen, die ihr erst nach der Bestellung bekannt geworden sind.

Lit: *Froitzheim*, Die Ablehnung von Schiedsrichtern wegen Befangenheit in der internat Schiedsgerichtsbarkeit, 2016; *Gal*, Die Haftung des Schiedsrichters in der internat Handelsschiedsgerichtsbarkeit, 2009, S 262 ff; *Horst*, Das Spannungsverhältnis zwischen Schiedsrichter u Parteivertreter, 2017; *G. Sachs*, Verhaltensstandards für Schiedsrichter, Diss 2007; *Spohnheimer*, Gestaltungsfreiheit bei antizipiertem Legalanerkenntnis des Schiedsspruchs, 2010, S 249; *Tebel*, Schiedsrichterkonflikte – Zu viel des Guten? Oder notwendig?, SchiedsVZ 2024, 306; *Wilke*, Interessenkonflikte in der Internat Schiedsgerichtsbarkeit: Unparteilichkeit, Unabhängigkeit u Offenlegungspflichten, 2006. – Zum Recht u zur (angebl) Pflicht zur Offenbarung eines für die Parteien nicht erkennbaren Befangenheitsgrundes durch die Mitschiedsrichter *Schütze*, FS Hopt II, 2010, S 2933. – Zum österr Recht *Riegler/Petsche* in Liebscher/Oberhammer/Rechberger, (Österr) SchiedsverfR I, Rn 5/135 ff. – Rspr-Nachw bei *Kröll* NJW 2023, 819 Rn 19.

I) Überblick. 1) Unabhängigkeit und Unparteilichkeit. Schiedsrichter und Sachverständige (§ 1049 III) müssen unabhängig u unparteilich sein, was elementare Grundlage jeder Rspr ist, s § 1034 Rn 3 f, 7. Anders als bei der staatl Gerichtsbarkeit liegt deren Beachtung aber nicht im (unverzichtbaren) öffentl Interesse, wie dies BGHZ 98, 70, 72 postuliert. Dagegen überzeugend BGHZ 65, 59, 64, 65, wo für eine einzelfallabhängige **Abstufung** der an die schiedsrichterl Unabhängigkeit zu stellenden Mindestanforderungen plädiert wird, die auch großzügiger ausfallen kann. Der Begriff des **prozessualen Mindeststandards** (dazu Althammer/Weller [Hrsg], Europäische Mindeststandards für Spruchkörper, 2017), erscheint für Schiedsgerichte dehnbarer. Es besteht insoweit **Dispositionsspielraum** der Parteien, s Wagner, Prozessverträge, 1998, S 500 Fn 562; Mankowski SchiedsVZ 2004, 304. Bereits der Wortlaut von § 1036 I („Person") verhindert, dass der menschliche Schiedsrichter durch den Einsatz **„Künstlicher Intelligenz"** substituiert werden kann (Schnabl SchiedsVZ 2024, 269, 272, sa näher § 1035 Rn 5; sa Schultzky KI Rn 7). 1

2) Dreierschiedsgericht. Die via Rechtsstaatsprinzip auch für Schiedsrichter zu fordernde Unparteilichkeit ist beim Dreierschiedsgericht nicht nur für den Obmann erforderl; das Verfassungsgebot der unparteil Rechtspflege gilt auch für die parteiernannten Schiedsrichter. Ob „abgestufte" Anforderungen an die Unparteilichkeit existieren, erscheint zumindest diskutabel, abl jedoch Lachmann FS Geimer, 2002, S 515. Für quantitative, aber nicht qualitative Abstufung der Ablehnungsgründe Husslein-Stich S 68. 2

3) Integritätserfordernisse bei den Schiedsrichtern. Während die Parteien bei staatl Gerichtsbarkeit bereits einen im Voraus bestimmten Spruchkörper vorfinden, der nach den strengen Regeln des Art 101 I 2 GG gebildet wurde oder jedenfalls gebildet werden sollte, muss im Schiedsverf idR erst das Schiedsgericht etabliert werden. 3

Für die Frage, welche Abstriche von den für die staatl Richter geltenden Integritätserfordernissen bei den Schiedsrichtern zu machen sind, findet sich bish keine klare Linie. Der Umstand der Ernennung durch nur eine Partei kann allein nicht als Integritätsmanko iSe widerlegl Vermutung gedeutet werden. Die meisten Schiedsrichter besitzen eine richterl Integrität, die über jeden Zweifel erhaben ist. Dies gilt nicht nur für (vorsitzende) Richter oberster Bundesgerichte u der OLGe, sondern auch für Universitätsprofessoren u RAe mit großen Erfahrungen zB in der internat Handelsschiedsgerichtsbarkeit, Schütze/Tscherning/Wais Rn 184. Bereits die Tatsache, dass von den Parteien vorbehaltlos akzeptierte, einstimmige Schiedssprüche häufiger vorkommen, widerlegt die **These von der Parteilichkeit der Schiedsrichter** in ihrer Apodiktik, Geimer, Schiedsgerichtsbarkeit u Verfassung, 1994, S 137, 172 ff; StJ/Schlosser Rn 27.

4 **4) Ausschließung von Schiedsrichtern.** Anders als in Verf vor den staatl Gerichten sieht die ZPO eine Ausschließung von Schiedsrichtern nicht vor. § 41 ist auf Schiedsrichter nicht anwendbar, OLG Frankfurt/M SchiedsVZ 2006, 329, 331; Gal S 263. Nur die Parteien u ihre ges Vertreter hält man für ex lege ausgeschlossen, s § 1035 Rn 4. Bei Mitgliedern nicht vertretungsberechtigter Organe jur Personen hält StJ/Schlosser Rn 14 ein AblehnungsR für ausreichend. BGHZ 65, 59 = JZ 1976, 245 (Schlosser) will bei Gesellschaften dann eine Ausnahme machen, wenn nach Entstehen des Rechtsstreits ein Mitglied des Vertretungsorgans einer Partei zum Schiedsrichter bestellt wurde. Denkbar ist, dass Schiedsparteien in voller Absicht gemeinschaftl einen Schiedsrichter ernennen, der nach § 41 als staatl Richter vom Richteramt ausgeschlossen wäre, einen gemeinsamen Verwandten etwa oder mit der Sache schon befasst gewesenen RA, zu dem sie beide bes Vertrauen haben, Schütze/Tscherning/Wais Rn 271; Lachmann FS Geimer, 2002, S 517.

5 Einstweilen frei.

6 **5) Verzicht auf Ablehnung.** Die Garantie der Unparteilichkeit des Schiedsgerichts hat zwingende Bedeutung in dem Sinne, dass sie nicht im Vorhinein abbedungen werden darf. Hiervon zu unterscheiden ist der zulässige Verzicht auf Ablehnung **nach Bekanntwerden eines konkreten Ablehnungsgrundes.** Es gibt Konstellationen, in denen von einem AblehnungsR aus guten Gründen keinen Gebrauch wird. Wer wissentlich einen befangenen Schiedsrichter walten lässt, dem geschieht kein Unrecht, RGZ 53, 398; Maus, Das Schiedsgutachten im Allgemeinen bürgerl Recht, 2021, S 271. Das **AblehnungsR geht verloren**, wenn eine Partei sich bei einem Schiedsrichter, ohne den ihr bekannten Ablehnungsgrund geltend zu machen, in eine Verh eingelassen hat oder Anträge gestellt hat, Henn Rn 172; aA Henkel Rn 331. In diesen Fällen ist dann auch der Aufhebungsantrag (§ 1059) unbegründet. Das Gleiche gilt, wenn die Partei in Kenntnis der fehlenden Qualifikation des Schiedsrichters erklärt hat, das Schiedsgericht sei ordnungsgem gebildet, OLGR Frankfurt/M 2008, 195.

7 **6) Kein „Kompensationseffekt der beiderseitigen Parteilichkeit“.** Stimmen, die auf den **„Kompensationseffekt der beiderseitigen Parteilichkeit“** (Fasching, Schiedsgericht u Schiedsverf im österr u im internat Recht, 1973, S 61; Matscher JBl 75, 457) hinweisen, ist mit Bedenken zu begegnen. Hierzu Geimer in Schlosser, Integritätsprobleme im Umfeld der Justiz, 1994, S 143. Sehr kritisch BGH NJW 2018, 869; OLG München 8.6.2018 – 34 Sch 11/18.

8 **7) Verfahren zur Ausscheidung parteiischer Schiedsrichter.** Das GG verlangt gleichwohl, dass der Gesetzgeber ein effizientes Verf vorsieht, wie parteiische Schiedsrichter eliminiert werden können, auch wenn dies im Belieben der Parteien steht. Der Gesetzgeber ist aber von Verfassungs wegen nicht verpflichtet, die Integritätsanforderungen zu vertypen u normativ zu verdichten oder gar in einer Art Generalprävention die Fähigkeit zum Schiedsrichteramt an enge Voraussetzungen zu knüpfen.

9 **8) Offenbarungspflicht (§ 1036 I).** Sie ist – solange die staatl Richter nicht in gleichem Umfang verpflichtet werden wie die Schiedsrichter (zur Offenbarungspflicht BGH NJW 95, 1677, 1679 im Anschluss an BVerfGE NJW 93, 2229) – im Lichte des Art 3 I GG restriktiv auszulegen. Offenlegung bedeutet nicht automatisch, dass ein Ablehnungsgrund besteht, Schütze/Thümmel Rn 1.81. Eine **Verletzung der Offenbarungspflicht** kann als solche nur in bes Ausnahmefällen Ablehnung rechtfertigen, BGH MDR 2019, 629 (betr SV); BayObLG 14.11.2024 – 102 SchH 49/24e; Schmidt-Ahrendts/Schneider SchiedsVZ 2020, 35, 39. SchiedsR muss aber nicht über „alles Mögliche“ informieren, sondern nur auf Umstände hinweisen, die bei vernünftiger Betrachtung obj eine Ablehnung rechtfertigen. Über die Offenbarungspflicht u deren Sanktionierung sollen zu Rn 10 ff nicht zusätzl Ablehnungsgründe geschaffen werden, KG SchiedsVZ 2010, 225, 227; OLG München 10.7.2013 – 34 SchH 8/12 mwN. Zur Konkretisierung von § 1036 I könnten die IBA Guidelines helfen (dazu Tebel SchiedsVZ 2024, 306, 307 f).

10 **II) Ablehnungsgründe. 1) Keine unmittelbare Geltung von §§ 41, 42.** § 1036 verweist nicht auf §§ 41, 42, deren Tatbestände begründen jedoch idR Zweifel iSd § 1036, wenn die Parteien das betr Naheverhältnis nicht gekannt haben bzw nicht ausdrückl etwas anderes vereinbart haben, OLG Frankfurt/M SchiedsVZ 2011, 342; OLG Naumburg SchiedsVZ 2003, 134 (Kröll); OLG München SchiedsVZ 2016, 51, 55; BayObLG 7.11.2024 – 102 SchH 135/24e. Ähnl MK/Münch Rn 10. Gründe, die den Richter von der Ausübung seines Amtes ausschließen, kommen bei einem Schiedsrichter nur als Ablehnungsgründe in Betracht, s Rn 4. Parteien können durch Vereinbarung **Ablehnungsgründe erweitern, aber auch einschränken.** Die **Partei selbst oder deren ges Vertreter** (zB der Vereinsvorstand, BGH NJW 2004, 2226) kann begriffl nicht Schiedsrichter sein. Auch wenn dieser Grundsatz nicht abdingbar ist, können sie über **Integritätserfordernisse** Regelungen treffen, vgl Geimer in

Schlosser, Integritätsprobleme im Umfeld der Justiz, 1994, S 137, 172. – Zur Befangenheit wegen Drohung mit Strafanzeige OLGR München 2007, 230; aus internat Sicht Pfeiffer IDR 2004, 105. Zur **Kasuistik der Ablehnungsgründe** MK/Münch Rn 10 ff; Kröll SchiedsVZ 2007, 145, 148; Kröll SchiedsVZ 2008, 62, 70. – **Keine „Pflicht zum Konjunktiv"**: Die Pflicht zur Unparteilichkeit gebietet es nicht, dass sich Schiedsrichter in Hinweisen zur Sach- und Rechtslage, die sie vor der mündl Verh erteilen, nur in der Möglichkeitsform äußern u die Vorläufigkeit ihrer Beurteilung ausdrückl betonen, OLG München NJW 2016, 881. – Verfahrensfehler des Schiedsrichters u Fehler bei der Tatsachenfeststellung können Besorgnis der Befangenheit nur bei bes Häufung u Schwere begründen, OLG München SchiedsVZ 2010, 52. Die Befangenheitsablehnung ist kein Instrument zur Fehler- und Verfahrenskontrolle, OLG München 20.8.2014 – 34 SchH 10/14. – Unzulängl und/oder unsachl Stellungnahmen zum Ablehnungsgesuch können uU die Besorgnis der Befangenheit begründen, OLG München SchiedsVZ 2014, 45, 48. Sa OLG München SchiedsVZ 2015, 309. Die Äußerung, „dass ein *pragmatischer* Grund für die Zulässigkeit der Feststellungsklage" vorliege, genügt für Ablehnung nicht, da neutrale rechtliche Auseinandersetzung weiter möglich, s BayObLG 7.11.2024 –102 SchH 135/24e Tz 22.

2) Verhältnis zwischen Schiedsrichter und Partei. Maßgebend ist das Verhältnis zwischen Schiedsrichter u Partei. Eine Freundschaft oder sonstige nahe Beziehung der Schiedsrichter untereinander oder zu einem Bevollmächtigten einer Partei oder zu den Repräsentanten der Schiedsorganisation (s § 1035 Rn 35) ist kein Ablehnungsgrund, OLG Frankfurt/M SchiedsVZ 2008, 96; KG SchiedsVZ 2010, 225, 226; OLG München 10.7.2013 – 34 SchH 8/12; OLG München SchiedsVZ 2014, 258, 260. Dass Juristen, die sich auf Schiedsgerichtsbarkeit oder ein sonstiges Rechtsgebiet (zB MedizinR oder BauR) spezialisiert haben, sich kennen u evtl gemeinsam in Fachgremien oder Institutionen der Schiedsgerichtsbarkeit oder wissenschaftl Veranstaltungen tätig sind, erscheint unvermeidbar, zumindest wenn deren Stimme Gewicht hat. Das Gleiche gilt für **Kontakte bei wissenschaftl Gesprächskreisen, Vorträgen u Publikationen**, zB im Rahmen der DIS oder der ICC bzw in lokalen „Schiedskreisen", wie sie mittlerweile in allen größeren dt Städten existieren, s Raeschke-Kessler FS Schütze II, 2014, S 369, 457, 459. Befangenheit bejaht in DIS-Schiedsverf SchiedsVZ 2003, 94: Zugehörigkeit des Schiedsrichters zu einer Sozietät, die rechtsberatend für eine Konzerngesellschaft tätig war. Kein Ablehnungsgrund, wenn Schiedsrichter in anderen Verf als Bevollmächtigter der Gegenpartei eine für abl Partei ungünstige Rechtsauffassung vertreten hat, OLG Hamburg SchiedsVZ 2003, 191. Kein Ablehnungsgrund, wenn Assistent einer ProzBev während des Schiedsverf in Kanzlei des Vorsitzenden Schiedsrichters eintritt, OLG Dresden SchiedsVZ 2008, 309. Auf (veröffentlichte) wissenschaftl Meinungen eines Schiedsrichters oder von ihm (in einem anderen Verf vertretenen) Rechtsansichten kann Ablehnung nicht gestützt werden; erst recht nicht auf die Funktion des Herausgebers einer Schriftenreihe oder Zeitschrift, OLG Frankfurt/M SchiedsVZ 2008, 96. Auch der „Wissensvorsprung" wegen Fungierens als Schiedsrichter in einem früheren oder parallelen (konnexen) Schiedsverf u die damit (vermeintl) bessere Kenntnis der Sach- u Rechtslage ist kein Ablehnungsgrund. 11

3) Vorenthalten von Informationen. Weist Schiedsrichter Informationen, die ihm die Partei, die ihn benannt hat, außerhalb des Schiedsverf erteilt, nicht zurück, so rechtfertigt dies nur dann die Besorgnis seiner Befangenheit, wenn Informationen den übrigen Prozessbeteiligten vorenthalten werden sollen, OLG Neustadt MDR 55, 616; OLGR Celle 2004, 396. Die einer Partei ggü erklärte Bereitschaft, in einem Schiedsverf als Schiedsrichter tätig zu sein, rechtfertigt nicht die Ablehnung, Schütze/Thümmel Rn 1.82. Das Gleiche gilt iZw für **bereits abgeschlossene anwaltl Beratung einer Partei**, OLG Frankfurt/M SchiedsVZ 2011, 342; OLG Hamburg SchiedsVZ 2006, 55, 56. 12

4) Entscheidung über Ablehnung. Über Ablehnungsantrag entscheidet – wenn betr Schiedsrichter sein Amt nicht von sich aus niederlegt – das Schiedsgericht einschließl des abgelehnten Schiedsrichters. Dagegen Antrag zum OLG statthaft, § 1037 III, u zwar auch dann, wenn die Parteien nach § 1037 I primär die Entscheidung eines Ausschusses einer Schiedsorganisation (s § 1035 Rn 35) vorgesehen haben, Raeschke-Kessler/Berger Rn 546. Das Verf vor dem Schiedsgericht (§ 1037 II) kann auch abbedungen werden mit der Folge, dass das OLG unmittelbar über die Ablehnung entscheidet, OLG Hamburg SchiedsVZ 2006, 55, 56. Sa § 1037 Rn 1. Ohne eine solche Vereinbarung bzw Anordnung nach § 1066 kann das staatl Gericht nicht unmittelbar über die Ablehnung befinden. Wenn das Schiedsgericht keine Entscheidung über den Ablehnungsantrag erlässt, ist ein Antrag auf gerichtl Entscheidung (§ 1037 III 1) mangels Anfechtungsgegenstand unzulässig. In Betracht kommt jedoch ein Antrag nach § 1038 I 2 bzw eine Überprüfung der (in)korrekten Besetzung des Schiedsgerichts im Aufhebungs- bzw Vollstreckbarerklärungsverf (§§ 1059, 1060), OLG München SchiedsVZ 2006, 286. 13

5) Oberflächliche Bearbeitung der Schiedssache. Das Ablehnungsverf (§ 1037) dient grds nicht dazu, vor Erlass des Schiedsspruchs (danach § 1059) Verfahrensfehler geltend zu machen, OLG München SchiedsVZ 2016, 51, 55. Fehler in der Verfahrensführung, bei der Tatsachenfeststellung und der Rechtsanwendung können – wie bei staatl Richtern – nur in Ausnahmefällen die Besorgnis der Befangenheit begründen, näml dann, wenn sie in bes Häufung u Schwere auftreten und die Fehlerhaftigkeit der Sachbehandlung mit einiger Deutlichkeit auf eine Voreingenommenheit oder Willkür des Schiedsrichters hindeutet (s zur Willkür BGH 5.2.2025 – I ZB 78/24 Tz 22 f). Kein Ablehnungsgrund, wenn Schiedsgericht den Antrag auf Nachlass eines Schriftsatzes u den Ablehnungsantrag erst im Endschiedsspruch zurückweist, OLG Frankfurt/M SchiedsVZ 2010, 52. Zur Ablehnung wegen **Verfahrensverschleppung** OLG Frankfurt 15.10.2018 – 26 SchH 3/18. 14

15 **6) Maßgeblicher Zeitpunkt.** Soweit nichts anderes vereinbart: § 1037 II. Danach Präklusion der Möglichkeit der Ablehnung, OLG München SchiedsVZ 2013, 334, 336.

16 **7) Dritte Personen.** Dritte, die mit Schiedsrichterernennung betraut sind, können nicht abgelehnt werden, s § 1035 Rn 8.

17 **8) Schadensersatzpflichten.** Diese entstehen nur unter den gleichen Voraussetzungen, wie ein staatl Richter nach Art 34 GG in Regress genommen werden kann. Zu weitgehend Schlosser LM Nr 9 zu § 1032 ZPO; Häberlein IDR-Beilage 3 zu BB 2003, 7, 9.

§ 1037 Ablehnungsverfahren

(1) Die Parteien können vorbehaltlich des Absatzes 3 ein Verfahren für die Ablehnung eines Schiedsrichters vereinbaren.

(2) [1]Fehlt eine solche Vereinbarung, so hat die Partei, die einen Schiedsrichter ablehnen will, innerhalb von zwei Wochen, nachdem ihr die Zusammensetzung des Schiedsgerichts oder ein Umstand im Sinne des § 1036 Abs. 2 bekannt geworden ist, dem Schiedsgericht schriftlich die Ablehnungsgründe darzulegen. [2]Tritt der abgelehnte Schiedsrichter von seinem Amt nicht zurück oder stimmt die andere Partei der Ablehnung nicht zu, so entscheidet das Schiedsgericht über die Ablehnung.

(3) [1]Bleibt die Ablehnung nach dem von den Parteien vereinbarten Verfahren oder nach dem in Absatz 2 vorgesehenen Verfahren erfolglos, so kann die ablehnende Partei innerhalb eines Monats, nachdem sie von der Entscheidung, mit der die Ablehnung verweigert wurde, Kenntnis erlangt hat, bei Gericht eine Entscheidung über die Ablehnung beantragen; die Parteien können eine andere Frist vereinbaren. [2]Während ein solcher Antrag anhängig ist, kann das Schiedsgericht einschließlich des abgelehnten Schiedsrichters das schiedsrichterliche Verfahren fortsetzen und einen Schiedsspruch erlassen.

1 **I) Vereinbarung über Ablehnungsverfahren nach § 1037 I. 1) Kein Formzwang.** § 1031 gilt nicht. Die Möglichkeit, nach III das staatl Gericht anzurufen, kann nicht abbedungen werden, etwa dadurch, dass die Zuständigkeit einem an Stelle des in § 1062 genannten einem ausl staatl Gericht oder einem in- oder ausl Schiedsgericht übertragen wird. – Andererseits kann aber das Vorschaltverf (II) derogiert werden, mit der Folge, dass das OLG (s Rn 5) unmittelbar über die Ablehnung entscheidet, OLG Hamburg SchiedsVZ 2006, 55, 56. Sa Henkel Rn 322. – Gegen die Entscheidung des OLG findet die Rechtsbeschwerde nicht statt, § 1065 I 2.

2 **2) Form der Ablehnungserklärung.** Die Ablehnung ist dem Schiedsgericht ggü schriftl oder elektron (§ 126 III iVm § 126a BGB; MK/Münch Rn 10) **zu erklären.** Hat nach II 2 das Schiedsgericht (s § 1035 Rn 1) über den Ablehnungsantrag zu befinden, so entscheidet der abgelehnte Schiedsrichter mit, II 2; Henkel Rn 355; Lachmann Rn 1072. Bei Stimmengleichheit ist der Ablehnungsantrag abgelehnt, § 1052 I. Ablehnungsantrag gegen Einzelschiedsrichter ist bereits durch Nichtrücktritt abgelehnt, OLG München SchiedsVZ 2008, 102, 103; BTDrs 13/5274, 41; MK/Münch Rn 20. Die für begründet erklärte Ablehnung eines Schiedsrichters wirkt nur für die Zukunft, dh keine ex-tunc-Wirkung. **Nichtmitwirkung** des abgelehnten Schiedsrichters **im Ablehnungsverf** bleibt sanktionslos, weil das staatl Gericht nur über die Begründetheit der Ablehnung, dh ob begründete Zweifel an der Unparteilichkeit oder Unabhängigkeit des betr Schiedsrichters bestehen, befindet, was bei dessen unterbliebener Mitwirkung nicht der Fall, OLGR München 2006, 271, 272; OLG München SchiedsVZ 2013, 334, 336.

3 **3) Wirksamkeit vorgenommener Amtshandlungen.** Die vom (abgelehnten) Schiedsrichter vor Ablehnung bzw vor endgültiger Entscheidung über Ablehnung vorgenommenen Amtshandlungen bleiben wirksam, MK/Münch § 1036 Rn 59. – Zum Ablehnungsverf Schütze/Thümmel Rn 1.87.

4 **II) Zeitliche Grenzen der Ablehnung. Nach Erlass des Schiedsspruchs** (§ 1054) grds kein Raum mehr für Ablehnung, s Rn 7; BGH NJW 52, 27; OLG Düsseldorf WM 84, 1209; OLG Naumburg SchiedsVZ 2003, 134 (Kröll); jedoch ist ein über die Ablehnung eines Schiedsrichters anhängiges gerichtl Verf auch dann fortzusetzen, wenn der Schiedsspruch ergeht, OLG Frankfurt/M SchiedsVZ 2008, 96; OLG München SchiedsVZ 2014, 45, 47; Henkel Rn 370. Nach Erlass des Schiedsspruchs kann auch eine Schiedsvereinbarung, in der das Schiedsgericht bestellt ist, nicht wegen Irrtums über persönl Eigenschaften des Schiedsrichters angefochten werden, BGHZ 17, 7. Im Fall des § 1059 V kann ggf wieder abgelehnt werden, s § 1059 Rn 36, 64. – Die Ablehnung eines Schiedsrichters wegen Besorgnis der Befangenheit ist zwar grds nicht mehr mögl, sobald der Schiedsspruch erlassen ist. Hat der Schiedsrichter aber den Parteien durch einen **Verstoß gegen** seine **Offenbarungspflicht** die Möglichkeit genommen, bereits im Schiedsverf einen Ablehnungsantrag zu stellen, ist im Verf auf Aufhebung oder Vollstreckbarerklärung des Schiedsspruchs zu prüfen, ob die vom Schiedsrichter zu offenbarenden Gründe zu seiner Ablehnung ausgereicht hätten. Davon abgesehen können im Aufhebungs- u Vollstreckbarerklärungsverf nur noch **besondere schwerwiegende u eindeutige Ablehnungsgründe** geltend gemacht werden. Diese können zur Aufhebung des Schiedsspruchs nach §§ 1059 II Nr 1 (d) oder – soweit das

Gebot überparteil Rechtspflege als wesentl Grundsatz des dt Rechts betroffen ist – nach § 1059 II Nr 1 (b) führen. In beiden Fällen müssen die Ablehnungsgründe auf einen Zeitpunkt vor Erlass des Schiedsspruchs zurückreichen, weil sie sich nur dann auf ihn ausgewirkt haben können. Ablehnungsgründe können regelmäßig nicht mehr geltend gemacht werden, wenn bei Erlass des Schiedsspruchs für sie bereits Präklusion nach § 1037 II 1 eingetreten oder die Frist für einen Antrag auf gerichtl Entscheidung nach § 1037 III 1 abgelaufen ist oder sie durch rechtskräftige gerichtl Entscheidung als nicht durchgreifend erklärt worden sind, BGH ZIP 2023, 880. Nach BayObLG 7.11.2024 – 102 SchH 135/24e könnten iSv § 1037 II 1 länger zurückliegende Umstände iRe Gesamtwürdigung Berücksichtigung erfahren, zB wenn **Gesamttatbestand** vorliegt (sa Armbrüster/Wächter SchiedsVZ 2017, 213, 216).

III) Entscheidung nach § 1037 III. Bleibt Ablehnung erfolglos, kann abl Partei Entscheidung des OLG (§ 1062 I 5
Nr 1) gem § 1037 III beantragen. Diese ist unanfechtbar, § 1065 I 2. Sie erwächst in materielle Rechtskraft u ist deshalb auch für den BGH verbindl, OLGR München 2007, 361. Die Anhängigkeit des Antrags hindert **Fortführung des schiedsrichterl Verf** ebenso wenig wie Erlass eines Schiedsspruches, III 2. Erklärt staatl Gericht Ablehnung für begründet, dann ist Schiedsspruch, an dem abgelehnter Schiedsrichter mitgewirkt hat, zwar wirksam, aber aufhebbar, § 1059 II Nr 1d, auch wenn dieser einstimmig ergangen ist, BGH MDR 2015, 670. Die Schiedsrichter erhalten für die Entscheidung über den Ablehnungsantrag zusätzl zum „normalen" Honorar keine Extra-Vergütung. Dagegen löst das staatl Beschlussverf (§ 1062) (erhebl) Kosten aus; dadurch wird der Flut unbegründeter Ablehnungen begegnet. – **Rechtsschutzbedürfnis entfällt nicht** deswegen, weil gegen den **in der Zwischenzeit ergangenen Schiedsspruch**, an dem der abgelehnte Schiedsrichter mitgewirkt hat, Aufhebungsantrag (§ 1059) gestellt worden ist; denn das Verf ist noch nicht total beendet, § 1056 I, III, § 1057 II, § 1058, § 1059 IV, OLG München SchiedsVZ 2014, 45, 47. – **Befangenheit eines Schiedsrichters** kann **nur gem III** geltend gemacht werden, nicht erst im Aufhebungs- bzw Vollstreckbarerklärungsverf (§§ 1059, 1060). **Unterbleibt Antrag gem III oder ist dieser verfristet, kann Befangenheit nicht gem § 1059 II Nr 1 (d) oder Nr 2 (b) beanstandet werden,** § 1059 Rn 55. Ausnahme: Rn 7.

IV) Präklusionswirkung. 1) Aufhebungs- oder Vollstreckbarerklärungsverfahren. § 1027 nicht anwendbar, 6
s § 1027 Rn 1. Die Präklusionswirkung des § 1037 III ist aus Sinn u Zweck dieser Vorschrift herzuleiten. Im Aufhebungs- oder Vollstreckbarerklärungsverf können wegen der materiellen Rechtskraft (§ 1065 I 2) der richterl Entscheidung nach III keine Ablehnungsgründe geltend gemacht werden, soweit die Partei von der Möglichkeit des III erfolglos Gebrauch gemacht hat. Im Interesse einer raschen Klärung der Frage schiedsrichterl Befangenheit tritt auch dann Präklusion ein, wenn Antrag nach III nicht gestellt wurde; die Formulierung „kann" begründet kein Recht, Ablehnungsgründe wahlw auch im Aufhebungs- oder Vollstreckbarerklärungsverf geltend zu machen, BTDrs 13/5274, 42; Henkel Rn 360. Vielmehr muss bereits im Schiedsverf rechtzeitig die Ablehnung erfolgen (II); ggf muss die Ablehnung nach III weiterverfolgt werden. Ansonsten tritt Präklusion ein, BGH IPRax 2001, 580 (Sandrock IPRax 2001, 550) = EWiR 2001, 395 (Kröll); OLG München SchiedsVZ 2010, 52. Sa § 1059 Rn 54, 55. Bestr ob Antrag nach III noch zwingend erforderl ist, wenn innerhalb der Monatsfrist Schiedsspruch ergeht, so StJ/Schlosser Rn 14. Dagegen zutr OLG Stuttgart SchiedsVZ 2003, 84, 87 (Nacimiento/G. Geimer): Ablehnung ist dann nur noch im Aufhebungsverf (§ 1059) geltend zu machen. Unentschieden OLG München SchiedsVZ 2010, 52, 53.

2) Nach Erlass des Schiedsspruchs bekannt gewordene Ablehnungsgründe. Nach Erlass des Schiedsspruchs 7
ist Ablehnung unzulässig, nur noch Antrag nach § 1059. Erst nach Erlass des Schiedsspruchs bekannt gewordene Ablehnungsgründe **können im Aufhebungs- u Vollstreckbarerklärungsverf geltend gemacht werden,** BGH ZIP 2023, 880; BGH NJW 2018, 70; enger früher BGH NJW 99, 2370; OLG München 24.8.2010 – 34 Sch 21/10; Salger/Trittmann/Hilgard § 16 Rn 33. Ebenso für den Fall, dass Schiedsgericht über Ablehnungsantrag nicht entschieden hat, OLG Stuttgart SchiedsVZ 2003, 84, 85 (Nacimiento/G. Geimer).

V) Aufhebungsverfahren. Hat ein Mitglied des Schiedsgerichts gegen das Verbot verstoßen, als Richter in eige- 8
ner Sache tätig zu werden, ist dies nach BGH NJW 76, 109 ein **absoluter Aufhebungsgrund** (§ 1059 II Nr 1d); an dieser Rspr sollte § 1037 nichts ändern, BTDrs 13/5274, 41. Jedoch sind die in II bzw in der Vereinbarung der Parteien (I) stipulierten Präklusionen auch im Aufhebungsverf zu beachten. Wer die dort vorgesehenen Fristen versäumt bzw nicht gerichtl Entscheidung (III) beantragt, kann sich auch im Aufhebungsverf nicht auf die Parteilichkeit des Schiedsrichters berufen, OLG Hamm SchiedsVZ 2003, 79, 81 (Kröll), OLGR München 2007, 361, vorbehaltl der Ausnahmefälle in Rn 7.

VI) Anrufung des OLG (§ 1037 III 1). Fristwahrung – da materielle Ausschlussfrist (keine Notfrist) – auch bei 9
Einreichung des Antrags bei örtl unzuständigem OLG, OLG München SchiedsVZ 2012, 96, 99. – Bei **Antragsrücknahme** gilt § 269 III 2, OLG München NJW-RR 2014, 1534; sa § 1063 Rn 1, 3. – **Kein Rechtsmittel zu staatl Gericht, wenn SchiedsG dem Ablehnungsantrag stattgegeben hat**, Salger/Trittmann/Hilgard § 16 Rn 108. – Das OLG entscheidet im Beschlussverf, § 1063 I. Seine Entscheidung kann nicht mit der Rechtsbeschwerde angegriffen werden, § 1065 I 1, s Rn 5.

VII) Gebühren. 1) Gericht: 1624 GKG-KV. Zum Gegenstandswert s § 3 Rn 16.6. – **2) RA:** 3327, 3332 RVG-VV; zur Angelegen- 10
heit: § 16 Nr 8 RVG.

§ 1038 Untätigkeit oder Unmöglichkeit der Aufgabenerfüllung

(1) [1]Ist ein Schiedsrichter rechtlich oder tatsächlich außer Stande, seine Aufgaben zu erfüllen, oder kommt er aus anderen Gründen seinen Aufgaben in angemessener Frist nicht nach, so endet sein Amt, wenn er zurücktritt oder wenn die Parteien die Beendigung seines Amtes vereinbaren. [2]Tritt der Schiedsrichter von seinem Amt nicht zurück oder können sich die Parteien über dessen Beendigung nicht einigen, kann jede Partei bei Gericht eine Entscheidung über die Beendigung des Amtes beantragen.

(2) Tritt ein Schiedsrichter in den Fällen des Absatzes 1 oder des § 1037 Abs. 2 zurück oder stimmt eine Partei der Beendigung des Schiedsrichteramtes zu, so bedeutet dies nicht die Anerkennung der in Absatz 1 oder § 1036 Abs. 2 genannten Rücktrittsgründe.

1 **I) Anwendungsbereich.** § 1038 gilt unabhängig davon, wie Schiedsrichter bestellt wurden. Gegen die Entscheidung des OLG (§ 1062 I Nr 1) in den Fällen des I 2 findet die Rechtsbeschwerde nicht statt, § 1065 I 2.

2 **II) Beendigung des Amtes (§ 1038 I). 1) Beispiele.** Verlust der Geschäftsfähigkeit, Tod oder schwere Krankheit, lange Auslandsreise. Verweigerung oder Verzögerung der Unterschrift trotz angemessener Frist (Schadensersatzpflicht bei arglistigem Verhalten, RGZ 37, 412), Verweigerung einer notwendigen Sprucherganzung (s zu **Verzögerungsfällen** BayObLG 29.4.2024 – 102 SchH 23/24 e Tz 20 f, 26; BayObLG 9.2.2022 – 101 SchH 125/21 Tz 130 f). Zu Recht zurückhaltend bei der Überprüfung der zeitl Verfahrensgestaltung OLG München SchiedsVZ 2011, 308 = MDR 2011, 565. Nicht aber fehlende Einigung über einen nach Schiedsvereinbarung zu wählenden Obmann; Weigerung des Dritten, Schiedsrichter zu ernennen: hier gilt § 1035 III, IV. Auch nicht Ablehnung der Sachentscheidung durch Schiedsgericht wegen Unzuständigkeit, hier § 1040 III.

3 **2) Angemessenheit der Frist.** Welche Frist angemessen ist, kann nur auf Grund der Würdigung des **Einzelfalles** entschieden werden, wobei insb die Regelungen in der Schiedsvereinbarung, die von den Parteien vorausgesetzte Qualifikation der Schiedsrichter u die Schwierigkeit des Streitgegenstandes sowie die Zumutbarkeit weiteren Abwartens zu berücksichtigen sind. Bsp: OLG München SchiedsVZ 2016, 54; BayObLG 29.4.2024 – 102 SchH 23/24 e Tz 20 f. Bei Untätigkeit über längeren Zeitraum (keine Rückmeldung trotz wiederholter Nachfragen) kann dies ohne Bedeutung eines Verschuldensvorwurfs unannehmbar sein, s BayObLG 29.4.2024 – 102 SchH 23/24 e Tz 25 f. Dem Schiedsgericht **feste Entscheidungsfristen** (wie in Italien) vorzugeben, ist unüblich (Buchwitz SchiedsVZ 2023, 345, sa § 1042 Rn 8).

4 **3) Anderweitige Regelungen.** Die Voraussetzungen des I 1 werden nur in den Fällen des I 2 relevant. Denn das Schiedsrichteramt endet auch, wenn der Schiedsrichter **ohne Grund** zurücktritt, KG ebenso, wenn die **Parteien die Beendigung vereinbaren**, ohne dass einer der Gründe des I 1 vorliegt, arg II, § 1039 I, vgl auch BTDrs 13/5274, 42; Kahlert S 386; Schütze FS Wegen, 2015, S 751. Daraus folgt, dass die Parteien in der Schiedsvereinbarung oder in einer sonstigen Vereinbarung auch im Vorhinein **anderweitige Regelungen** treffen können, obwohl § 1038 nicht ausdrückl unter Parteivorbehalt steht, Theune SchiedsVZ 2021, 177, 184.

5 **III) Rücktritt des Schiedsrichters.** § 1038 II soll Rücktritt des Schiedsrichters oder Einigung über die Beendigung des Schiedsrichteramtes erleichtern, BTDrs 13/5274, 42. Abw Regelung durch die Parteien mögl, BTDrs 13/5274, 28.

6 **IV) Rechtsfolgen.** § 1038 führt nicht zum Außerkrafttreten der Schiedsvereinbarung bzw Schiedsklausel iSv § 1066 u zum Verlust der Möglichkeit des § 1032, sondern zur Bestellung eines Ersatzschiedsrichters nach § 1039.

7 **V) Gebühren für das Verfahren nach § 1038 I 2. 1) Gericht:** 1624 GKG-KV. – **2) RA:** 3327 RVG-VV, 3332 RVG-VV; zur Angelegenheit: § 16 Nr 8 RVG.

§ 1039 Bestellung eines Ersatzschiedsrichters

(1) [1]Endet das Amt eines Schiedsrichters nach den §§ 1037, 1038 oder wegen seines Rücktritts vom Amt aus einem anderen Grund oder wegen der Aufhebung seines Amtes durch Vereinbarung der Parteien, so ist ein Ersatzschiedsrichter zu bestellen. [2]Die Bestellung erfolgt nach den Regeln, die auf die Bestellung des zu ersetzenden Schiedsrichters anzuwenden waren.

(2) Die Parteien können eine abweichende Vereinbarung treffen.

1 **I) Aufrechterhaltung der Schiedsvereinbarung.** § 1039 normiert die Aufrechterhaltung der Schiedsvereinbarung in den Fällen der §§ 1037, 1038 als ges Regel, MK/Münch Rn 10. Dies gilt auch, wenn ein vertragl **namentl bestimmter Schiedsrichter wegfällt**. Abw *Vereinbarung* mögl, insb kann die Auslegung ergeben, dass in *diesem Fall* die Schiedsvereinbarung erlöschen soll. IZw § 1035 IV Alt 3, Saenger Rn 2; ggf Anpassung, wenn die Parteien die Ernennung der Schiedsrichter einer **Schiedsorganisation** (s § 1035 Rn 35) übertragen haben u

diese aufgelöst wird, s § 1029 Rn 82. **Ersatzschiedsrichterbestellung** (§ 1039 I) nach erstmaliger Bildung des Schiedsgerichts macht Antrag nach § 1032 II nicht erneut zulässig (BGH SchiedsVZ 2023, 306 Tz 19, 20).

II) Verfahrensregeln für Ersatzbestellung. Diese ist nach den Regeln vorzunehmen, die auf die Bestellung des zu ersetzenden Schiedsrichters anzuwenden waren. 2

III) Gebühren. 1) Gericht: 1623 GKG-KV. – 2) RA: 3327 RVG-VV, 3332 RVG-VV; zur Angelegenheit: § 16 Nr 8 RVG. 3

Abschnitt 4
Zuständigkeit des Schiedsgerichts (§§ 1040, 1041)

§ 1040 Befugnis des Schiedsgerichts zur Entscheidung über die eigene Zuständigkeit

(1) [1]Das Schiedsgericht kann über die eigene Zuständigkeit und im Zusammenhang hiermit über das Bestehen oder die Gültigkeit der Schiedsvereinbarung entscheiden. [2]Hierbei ist eine Schiedsklausel als eine von den übrigen Vertragsbestimmungen unabhängige Vereinbarung zu behandeln.

(2) [1]Die Rüge der Unzuständigkeit des Schiedsgerichts ist spätestens mit der Klagebeantwortung vorzubringen. [2]Von der Erhebung einer solchen Rüge ist eine Partei nicht dadurch ausgeschlossen, dass sie einen Schiedsrichter bestellt oder an der Bestellung eines Schiedsrichters mitgewirkt hat. [3]Die Rüge, das Schiedsgericht überschreite seine Befugnisse, ist zu erheben, sobald die Angelegenheit, von der dies behauptet wird, im schiedsrichterlichen Verfahren zur Erörterung kommt. [4]Das Schiedsgericht kann in beiden Fällen eine spätere Rüge zulassen, wenn die Partei die Verspätung genügend entschuldigt.

(3) [1]Hält das Schiedsgericht sich für zuständig, so entscheidet es über eine Rüge nach Absatz 2 in der Regel durch Zwischenentscheid. [2]In diesem Fall kann jede Partei innerhalb eines Monats nach schriftlicher Mitteilung des Entscheids eine gerichtliche Entscheidung beantragen. [3]Während ein solcher Antrag anhängig ist, kann das Schiedsgericht das schiedsrichterliche Verfahren fortsetzen und einen Schiedsspruch erlassen.

I) Kompetenz-Kompetenz. In I 1 hat der Gesetzgeber unter bewusster Abkehr von früh Rspr (BGH NJW-RR 88, 1527) die Befugnis des Schiedsgerichtes, über die eigene Zuständigkeit zu entscheiden (Kompetenz-Kompetenz), normiert (BTDrs 13/5274, 44), gleichzeitig aber die Möglichkeit eröffnet, gegen dessen Entscheidungen insoweit die staatl Gerichte anzurufen, III 2. Das **staatl Gericht** hat also **das letzte Wort**; es gibt somit keine echte Kompetenz-Kompetenz des Schiedsgerichts mehr, s § 1032 Rn 27, OLG München SchiedsVZ 2013, 230 (Münch); Borges ZZP 111 (1998), 491. **III 2 kann nicht abbedungen werden**. Zust Schütze FS Stürner, 2013, S 531, 534. Auch ist das staatl Gericht nicht verpflichtet, vor einer Entscheidung über die Schiedseinrede die Zuständigkeitsentscheidung des Schiedsgerichts (§ 1040 I 1) abzuwarten, BGH NJW 2005, 1125 (dazu Wagner/Quinke JZ 2005, 932). 1

II) Verhältnis zu § 1032. Nach **Bildung des Schiedsgerichtes** kann dessen Unzuständigkeit oder Überschreitung schiedsrichterl Befugnisse gem § 1040 II nur vor dem Schiedsgericht geltend gemacht werden, BTDrs 13/5274, 38. Anträge gem § 1032 I u II sind unstatthaft, s Rn 13, 14, um nicht die mit § 1040 bezweckte Präklusionswirkung (s Rn 20) zu unterlaufen. Klagen über den gleichen Streitgegenstand vor dem staatl Gericht muss die andere Partei gem § 1032 entgegentreten. Allerdings wird die Zuständigkeitsfrage nur vorfragenw geprüft. 2

III) Wirksamkeit der Schiedsvereinbarung. 1) Schiedsvereinbarung u Hauptvertrag. Schiedsvereinbarung u Hauptvertrag sind gem **I 2** grds als unabhängige Verträge zu betrachten, auch wenn die Schiedsklausel Bestandteil des Hauptvertrages ist, BGH SchiedsVZ 2017, 103; OLG Hamm SchiedsVZ 2014, 38, 43. Das Schiedsgericht entscheidet im Fall der Unwirksamkeit des Hauptvertrages bzw dessen Beendigung durch Kündigung oder Zeitablauf über daraus resultierende Rückabwicklungsansprüche, s § 1029 Rn 1. Sa OLG Hamburg SchiedsVZ 2013, 180. Die Frage der Gültigkeit der Schiedsvereinbarung kann mit der Befugnis zur Beurteilung des Bestands eines Patents verbunden sein, s BGH 14.11.2024 – X ZR 124/22 (BPatG) Tz 17. 3

2) Bindung des Schiedsgerichts. Wenn sich ein **staatl Gericht** mit Rücksicht auf das Bestehen einer von ihm für wirksam gehaltenen Schiedsklausel **rechtskräftig für unzuständig erklärt** hat oder die Wirksamkeit der Schiedsvereinbarung gem § 1032 II festgestellt ist, darf das Schiedsgericht seine Zuständigkeit nicht mit der Begr verneinen, die Schiedsvereinbarung sei unwirksam u daher seien die staatl Gerichte zuständig, BGH 6.5. 2021 – I ZB 71/20 Tz 16; Illmer S 103; Windthorst SchiedsVZ 2004, 230, 231. Die Schiedsrichter können jedoch zur Ausübung ihres Richteramtes nicht im Wege der ZwV gezwungen werden. Sie sind aber uU schadensersatzpflichtig; erforderlichenfalls Ersatzbestellung gem §§ 1038, 1039. Erst wenn auch diese gescheitert ist, ist Rechtsweg zu staatl Gerichten wiedereröffnet, Schiedsgericht IHK Kassel SchiedsVZ 2006, 167; Haas FS Rechberger, 2005, S 187, 206. AA MskV/Voit Rn 9, 13. Sa Synatschke S 105. 4

5 **3) Rüge der Unzuständigkeit des Schiedsgerichtes.** Diese ist gem II 1 **spätestens mit der Klagebeantwortung** vorzubringen, sa OLG Frankfurt 2.1.2025 – 26 SchH 1/23 Tz 50 f. II 2 räumt die Möglichkeit ein, die Konstituierung des Schiedsgerichtes abzuwarten u erst dann zu entscheiden, ob die Unzuständigkeit des Schiedsgerichtes gerügt oder die Zuständigkeit durch rügelose Einlassung begründet werden soll, sa BGH 9.2.2023 – I ZB 62/22 Tz 20.

6 **4) Überschreitung schiedsrichterlicher Befugnisse.** Diese Überschreitung ist gem II 3 zu rügen, sobald die Angelegenheit, von der dies behauptet wird, zur Erörterung kommt. Das ist nicht bereits dann der Fall, wenn eine der Parteien im Schriftsatz die Zuständigkeit des Schiedsgerichtes für eine bestimmte Angelegenheit behauptet oder unterstellt. Das Schiedsgericht muss vielmehr selbst zu erkennen geben, dass es sich insoweit zur Entscheidung für befugt hält; erst ab diesem Zeitpunkt kann eine Kompetenzüberschreitung vorliegen, die nach II 3 zu rügen ist. Ausreichend aber, wenn das Schiedsgericht die andere Partei zur Stellungnahme auffordert, ohne sich selbst zur Frage seiner Zuständigkeit zu äußern. Ähnl Triebel/Hafner SchiedsVZ 2009, 318; anders Lachmann Rn 699; MK/Münch Rn 25. Erlässt Schiedsgericht Zwischenentscheid (III), so muss beschwerte Partei dagegen gerichtl Entscheidung beantragen, ansonsten tritt Präklusion (s Rn 20) ein, BayObLG SchiedsVZ 2004, 45.

7 **5) „Verspätete" Rüge.** Das Schiedsgericht kann gem II 4 eine spätere Rüge zulassen, wenn die Partei die Verspätung **genügend entschuldigt**. Entschuldigungsgründe müssen nicht notwendig mit der Rüge, aber spätestens dann vorgebracht werden, wenn das Schiedsgericht darauf hinweist, dass Zurückweisung als verspätet in Betracht kommt, anders StJ/Schlosser Rn 16. **Entschuldigungsgründe:** Ist Schiedsvereinbarung zB wegen arglistiger Täuschung oder widerrechtl Drohung anfechtbar, genügt unverzügl Rüge, sobald die Täuschung entdeckt wurde bzw die Zwangslage aufgehört hat.

8 **IV) Entscheidung des Schiedsgerichtes über seine nach § 1029 bzw § 1066 begründete Zuständigkeit und weiteres Verfahren. 1) Zwischenentscheid.** Regelmäßig ergeht Zwischenentscheid, wenn Zuständigkeit bejaht wird. Hiergegen Antrag gem III 2 zum OLG (§ 1062), mit dem auch zur Überprüfung gestellt werden kann, ob eine Verspätung iSv II 4 genügend entschuldigt ist. Kein Anwaltszwang vor OLG, § 1063 IV, § 78 III. OLG entscheidet durch Beschluss. Es ist an die tatsächl Feststellungen des Schiedsgerichts im Zwischenentscheid nicht gebunden, Lachmann Rn 746. Gleichzeitig Fortführung des Schiedsverf mögl. Das Schiedsgericht kann in Ausnahmefällen („in der Regel", III 1) **auch erst im Schiedsspruch** positiv über seine Zuständigkeit entscheiden, insb um Verzögerungstaktiken zu begegnen. In diesem Fall ist diese Entscheidung uneingeschränkt im Aufhebungs- oder Vollstreckbarerklärungsverf zu überprüfen, § 1059 II Nr 1a, c. Für **Mitteilung des Zwischenentscheids** genügt **elektron Übersendung**, OLG Stuttgart SchiedsVZ 2022, 293. Zwischenentscheid nach III kann **in jeder Lage des Verf** ergehen, auch **ohne Antrag einer Partei** oder eines Beigeladenen **vAw.** Das Gesetz will aus Gründen der Prozessökonomie baldige Entscheidung der Kompetenzfrage. Befugnis des Schiedsgerichts zur Entscheidung über seine Zuständigkeit kann durch **Parteivereinbarung** (§ 1042 III) bzw Anordnung (§ 1066) nicht beseitigt oder eingeschränkt werden.

9 Einstweilen frei.

10 **2) Wahl zwischen beiden Entscheidungsmöglichkeiten.** Die Wahl zwischen beiden Entscheidungsmöglichkeiten sollte durch den Grundsatz der Verfahrensökonomie bestimmt sein; sie hat jedoch keine eigenständige Bedeutung als Aufhebungsgrund. Zu „Prima Facie"-Zuständigkeitsentscheidungen Nater-Bass Bull ASA 2002, 608. – Der Zuständigkeitszwischenentscheid muss die Zuständigkeit des Schiedsgerichts **hinreichend deutlich** feststellen. Eine solche ausdrückl Entscheidung ist Voraussetzung für eine gerichtl Entscheidung gem III 2. Ein Weiterverhandeln des Schiedsgerichts, ohne über seine (gerügte) Zuständigkeit zu entscheiden, kann nicht nach III 2 angefochten werden, OLGR München 2006, 767.

11 **3) (Teil-)Prozessschiedsspruch.** Hält sich das Schiedsgericht für ganz oder teilw unzuständig, so ergeht bisher oft kein Zwischenentscheid, sondern ein (Teil-)Prozessschiedsspruch einschließl Entscheidung über die Kostentragung, s § 1057 Rn 2; BGH NJW 2002, 3031; OLG Naumburg SchiedsVZ 2006, 103, 104; Synatschke S 128 ff. Er ist im Aufhebungsverf anfechtbar, s § 1054 Rn 3, vgl BTDrs 13/5274, 44; Rehm Rn 394. Allerdings sieht der Wortlaut des § 1059 II keinen eigenständigen Aufhebungsgrund vor für den Fall, dass sich das Schiedsgericht zu Unrecht für unzuständig erklärt hat. Der auf Unzuständigkeit erkennende Schiedsspruch unterliegt wie jeder andere (inländische) Schiedsspruch der Aufhebung in den Fällen des § 1059 II Nrn 1b, 2. ZB wenn das Schiedsgericht nicht ordnungsgemäß besetzt war, das rechtl Gehör nicht gewährt oder sonst gegen den ordre public verstoßen hat, OLG München SchiedsVZ 2014, 258, 261. Ansonsten gilt nach hM das Verbot der révision au fond, s § 1059 Rn 66, 86, BGH SchiedsVZ 2003, 39 (Münch); OLG Frankfurt/M SchiedsVZ 2013, 341, 343. Nw zB bei Kröll SchiedsVZ 2022, 255, 258 ff. Nichtbeachtung von § 1040 III allein stellt richtigerweise **keinen ordre public-Verstoß** nach § 1059 II Nr 2 (b) dar (s BGH NJW 2002, 3031; OLG München 25.1.2017 – 34 Sch 37/16 Tz 11 f). **Reformüberlegung:** Der RegE eines Gesetzes zur Modernisierung des Schiedsverfahrensrechts v 26.6.2024 aus der 20. Legislaturperiode (BTDrs 20/13257, 30, 31) sieht in **§ 1040 IV-E** folgende Klarstellung vor: *„Hält das Schiedsgericht sich auf eine Rüge nach II hin für unzuständig, so kann ein Schiedsspruch über die Unzuständigkeit des Schiedsgerichts auch dann nach § 1059 aufgehoben werden, wenn der Antragsteller begründet geltend macht, dass sich das Schiedsgericht zu Unrecht für unzuständig gehalten hat.“* Negativer Schiedsspruch über

Zuständigkeit (**Prozessschiedsspruch**) könnte nach § 1059 aufgehoben werden. Antragsteller muss Unrichtigkeit der Entscheidung begründet geltend machen (befürwortend zur Erweiterung der Aufhebungsgründe Münch ZZPInt 23 (2018), 259, 287 f; aA Wolff SchiedsVZ 2016, 293, 303 f). Vorschrift soll Lückenschließung und Verbesserung des Zugangs zu Schiedsgerichten dienen. Regelungsstandort (außerhalb von § 1059 II) wird mit Entscheidungscharakter begründet (BTDrs 20/13257, 30, 31): § 1040 betrifft keine Sachschiedssprüche, sondern Zuständigkeitsentscheide (klarst Hinweis in § 1059 I-E). Aufhebungsmöglichkeit, weil Schiedsvereinbarung wirksam und Anwendungsbereich erfüllt, ist bish nicht existent (§ 1059 II Nr 2 b nicht einschlägig, s BGH NJW 2002, 3032; Kiehl/Gebhard SchiedsVZ 2024, 173, 174). § 1040 IV-E soll neuen Aufhebungsgrund schaffen, folgt jedoch der Systematik von § 1059: Rückverweisungsmöglichkeit nach § 1059 IV, Wiederaufleben der Schiedsvereinbarung nach § 1059 V, Beachtung der Frist nach § 1059 III. Nach Umbeck/Pust BB 2024, 2376, 2380 spricht bei Prozessschiedsspruch Prozessökonomie gegen Rückverweisung nach § 1059 IV.

4) Rechtsschutz bei staatlichen Gerichten. Das Argument, die Parteien könnten Rechtsschutz bei den dt staatl Gerichten suchen, trägt jedenfalls dann nicht, wenn nach Art 4 ff Brüssel Ia-VO bzw §§ 12 ff ZPO bzw nach den sonst einschlägigen Normen (zB nach Art 3 ff EuUntVO oder Art 4 EuErbVO) Deutschland **nicht internat zuständig** ist. Dies kann dazu führen, dass die Parteien (vor allem aber der Kl) vor ein staatl Forum in einem Staat (auch innerhalb der EU) gezwungen werden, vor deren Justiz sie wegen deren schlechten Rufs – was Unparteilichkeit und/oder Effizienz anbelangt – gerade durch die Schiedsvereinbarung (aus objektiv durchaus nachvollziehbaren Gründen) entfliehen wollten. Aber auch in einem **reinen Inlandsfall** können die Parteien bzw die vertragstreue Partei ein vitales Interesse daran haben, dass anstelle der staatl Gerichte das vereinbarte bzw gem § 1066 verfügte Schiedsgericht meritorisch entscheidet, etwa wegen der bes Sachkunde der Schiedsrichter, der Vertraulichkeit des Schiedsverf oder der (ggü einem staatl Urteil) besseren Chancen für die globale Vollstreckbarkeit nach dem UNÜ oder einem sonstigen völkerrechtl Übk bzw dem nationalen AnerkennungsR des Vollstreckungsstaates, Geimer FS Elsing, 2015, S 147, 149; Münch SchiedsVZ 2003, 42. Sa Wolff SchiedsVZ 2016, 293, 303. 12

5) Negativer Zwischenentscheid entspr § 1040 III. Das Schiedsgericht muss durch negativen Zwischenentscheid entspr § 1040 III – im Interesse der Verfahrensökonomie u im Hinblick auf den Grundsatz der Waffengleichheit der Parteien – über seine Zuständigkeit befinden. Ein negativer Zwischenentscheid hat ggü einem (endgültigen) Prozessschiedsspruch (für den im Aufhebungsverf [§ 1059] nach bisher hM das Verbot der révision au fond gilt u der den Weg zum Schiedsgericht auch im Falle einer Fehlentscheidung versperrt) den Vorzug, dass das Schiedsgericht in der Sache entscheiden kann, wenn das OLG (III 2) entgegen der Auffassung des Schiedsgerichts die Zuständigkeit des Schiedsgerichts (dem Willen der Parteien bzw der Anordnung nach § 1066 gemäß) bejaht, sa BayObLGSchiedsVZ 2023, 100 Tz 40. AA OLG Frankfurt/M SchiedsVZ 2013, 341, 343: Zwischenentscheid nur für Fälle der Bejahung der Zuständigkeit. 13

6) Anfechtung des Zwischenentscheids und Entscheidung des OLG. Hält sich das Schiedsgericht bish für unzuständig, so muss es dies den Parteien mitteilen und – bei anderer Rechtsansicht des Schiedsklägers und/oder des Schiedsbekl – einen **Zwischenentscheid** erlassen, der beim **OLG** angefochten werden kann. Bestätigt dieses die Rechtsansicht des Schiedsgerichts, weist Letzteres die Schiedsklage ab. Das Gleiche gilt, wenn innerhalb der Monatsfrist (§ 1040 II 2) keine Partei gerichtl Entscheidung beantragt hat. Bejaht das OLG die Zuständigkeit des Schiedsgerichts, muss dieses – sofern die sonstigen Zulässigkeitsvoraussetzungen für die Schiedsklage gegeben sind – in der Sache entscheiden. Der Weg zum Schiedsgericht wird so offengehalten und der **„schiedsgerichtl Justizgewährungsanspruch"** bleibt gewährleistet. 14

7) Verpflichtung des Schiedsgerichts. Diese Vorgehensweise (Zwischenentscheid) soll grds nicht im Belieben des Schiedsgerichts stehen. Es soll vielmehr hierzu verpflichtet sein. Erlässt es einen Prozessschiedsspruch, ohne vorher den Parteien Gelegenheit gegeben zu haben, zur Zuständigkeitsfrage das OLG entspr § 1040 III 2 anzurufen (dazu OLG Frankfurt 2.1.2025 – 26 SchH 1/23 Tz 50 f), liege ein **Verfahrensfehler** vor, der per se nach § 1059 II Nr 1 (d) den Aufhebungsantrag gegen den Prozessschiedsspruch begründet. IÜ käme man zum gleichen Ergebnis über die ordre public-Kontrolle des schiedsrichterl Verf (§ 1059 II Nr 2 [b]), so Geimer FS Elsing, 2015, S 147; s jedoch zum Prozessschiedsspruch u Reformüberlegungen auch bereits Rn 11). 15

8) Zuständigkeitsbegründende Einlassung. Auch der Schiedsbekl kann gegen den Prozessschiedsspruch opponieren, wenn er an der Zuständigkeit des Schiedsgerichts interessiert ist. Plädiert auch er für die Zuständigkeit des Schiedsgerichts, liegt allerdings eine zuständigkeitsbegründende Einlassung iSv § 1040 II vor mit der Folge, dass sich für das Schiedsgericht die Frage der Unzuständigkeit wegen Fehlens einer Vereinbarung (§ 1029) bzw einer Anordnung (§ 1066) meist nicht (mehr) stellt, sieht man von der Geschäftsunfähigkeit eines Beteiligten ab. Es bleiben aber die Fälle, in denen Dissens herrscht zwischen dem Schiedsgericht u den Parteien über die Schiedsfähigkeit des Streitgegenstands. 16

9) Widersprüchliches Verhalten. Hat der Schiedsbekl im Schiedsverf Abweisung der Schiedsklage wegen Unzuständigkeit des Schiedsgerichts beantragt, wäre es venire contra factum proprium, wollte er nun beim OLG das Gegenteil beantragen. 17

10) Aufhebungsantrag gegen Prozessschiedsspruch. Andere wollen den Weg über das Zwischenverf entspr § 1040 III nicht gehen und lassen direkt gegen den fehlerhaften Prozessschiedsspruch (wegen fehlender Zustän- 18 digkeit des Schiedsgerichts) den Aufhebungsantrag „spiegelbildl“ zu § 1059 II Nr 1 (a) (StJ/Schlosser § 1059 Rn 32) bzw entspr § 1040 III 2 (Spohnheimer S 16, 163) zu. Zu den Bedenken s bereits die Nachweise in Rn 11.

19 **V) Anrufung des OLG gegen Zwischenentscheid des Schiedsgerichts (§ 1040 III 2, § 1062). 1) Materielle Rechtskraft.** Die Entscheidung erwächst in materielle Rechtskraft u ist deshalb im Aufhebungs- bzw Vollstreckbarerklärungsverf (§§ 1059, 1060) verbindl, s BGH SchiedsVZ 2016, 339 Tz 30; BGH SchiedsVZ 2016, 328, 335 Tz 80; Illmer S 104, 120; sa § 1059 Rn 42, 49. Im Verf nach III 2 ist § 1063 II nicht einschlägig: **mündl Verh nicht obligatorisch**, da noch kein Schiedsspruch vorliegt, BGH NJW 2014, 3652; OLG Hamburg SchiedsVZ 2009, 71, 72. Fristwahrung – da materielle Ausschlussfrist (keine Notfrist) – auch bei Einreichung des Antrags bei örtl unzuständigem OLG, OLG München SchiedsVZ 2012, 96, 99. Sa OLG München 28.12.2014 – 34 SchH 3/14. – Bei **Antragsrücknahme** gilt § 269 III 2, OLG München NJW-RR 2014, 1534; sa § 1063 Rn 1, 3.

20 **2) Präklusionswirkung durch unanfechtbaren (positiven) Zwischenentscheid.** Wird die Frist des II 1 oder S 3 unentschuldigt versäumt, kann die Rüge der fehlenden Entscheidungszuständigkeit des Schiedsgerichts weder im weiteren schiedsrichterl Verf noch im Aufhebungs- oder Vollstreckbarerklärungsverf geltend gemacht werden, BTDrs 13/5274, 4; BGH MDR 2022, 659; OLG Stuttgart SchiedsVZ 2022, 293 Tz 19; OLG München 24.8.2010 – 34 Sch 21/10; OLG München 2.1.2012 – 34 SchH 23/11; Borges ZZP 111 (1998), 490; Kröll SchiedsVZ 2005, 139, 144. Gleiches gilt, wenn der Antrag gegen den zuständigkeitsbejahenden Zwischenentscheid gem III nicht oder nicht rechtzeitig gestellt oder wenn die Einrede nach § 1032 I erhoben wird, Haas FS Rechberger, 2005, S 187, 197, 200. Dies gilt jedoch nur, wenn der Bekl am Schiedsverf teilgenommen hat. Niemand braucht sich an einem Schiedsverf zu beteiligen, nur um das Fehlen einer wirksamen Schiedsvereinbarung vorzutragen. Zust OLGR Bremen 2009, 156, Niedermaier S 150. Zu eng Müller/Keilmann SchiedsVZ 2007, 113, 119. – Bei Nichtteilnahme des Bekl s § 1048 II u III.

21 **3) Konkurrenz mit § 1032 I.** Wenn das Schiedsgericht bereits Zwischenentscheid erlassen hat, hat das staatl Gericht gem § 148 auszusetzen, um der Partei Gelegenheit zu geben, den Rechtsbehelf (III 2) einzulegen, s § 1032 Rn 20; Haas FS Rechberger, 2005, S 187, 198.

22 **4) Konkurrenz mit § 1032 II.** Das Rechtsschutzbedürfnis für den Antrag auf gerichtl Entscheidung gem § 1032 II ZPO entfällt nicht durch den Erlass eines Teil- oder Endschiedsspruchs, BGH NJW 2017, 3723. Sa Haas FS Rechberger, 2005, S 187, 199.

23 **5) Erlass des Endschiedsspruchs vor Entscheidung des staatlichen Gerichts.** Bisher galt: Für Antrag auf gerichtl Entscheidung gegen Zwischenentscheid (III 2) entfällt Rechtsschutzbedürfnis. Die betroffene Partei muss Aufhebung (§ 1059) beantragen, um Verfristung (§ 1059 III) vorzubeugen, BGH SchiedsVZ 2013, 333. **Totale Kehrtwendung** durch BGH SchiedsVZ 2017, 103 (Gebert/Pörnbacher) = LMK 2016, 382306 (Wilske/Krapfl): Der Erlass eines Endschiedsspruchs lässt das **Rechtsschutzbedürfnis** für einen Antrag gem III 2 nicht entfallen. Gegen den Endschiedsspruch kann der Aufhebungsantrag (§ 1059) gestellt werden, wenn die Zuständigkeit des Schiedsgerichts im Verf nach III 2 verneint wurde, und zwar, wenn die Parteien nichts anderes vereinbart haben innerhalb einer Frist von 3 Monaten beginnend analog § 1059 III 2 mit dem Tag, an dem der ASt die Entscheidung des Rechtsbeschwerdegerichts empfangen hat.

24 **6) Fehlende Zuständigkeitszwischenentscheidung.** Beschließt das Schiedsgericht, keine Zuständigkeitszwischenentscheidung (III 1) zu erlassen, so handelt es sich um eine verfahrensleitende Verfügung. Hiergegen weder Antrag nach III 2 noch Aufhebungsantrag (§ 1059) statthaft, Kröll SchiedsVZ 2004, 113, 117; Schütze SchiedsVZ 2009, 241, 245.

25 **7) Kostenerstattung.** Entscheidet das Schiedsgericht entgegen der Regel des § 1057 bereits im Zwischenentscheid nach III über die endgültige Kostenerstattung zwischen den Parteien bzgl des bish Verfahrensabschnitts, so handelt es sich insoweit um einen **Teilschlussentscheid des Schiedsgerichts**, der gem § 1060 für vollstrb erklärt werden kann, BGHR 2007, 465.

26 **VI) Streitbeilegungsverfahren.** Über die Erforderlichkeit der Durchführung eines der Schiedsklage vorgeschalteten Streitbeilegungsverf ist nicht im Verf nach III 2 zu entscheiden, weil es nicht um die Zuständigkeit des Schiedsgerichts, sondern die Zulässigkeit der Schiedsklage geht, BGH SchiedsVZ 2017, 103 (Gebert/Pörnbacher).

27 **VII) Gebühren für das Verfahren nach § 1040 III 2. 1) Gericht:** 1622 GKG-KV; Wert: 1/3 der Hauptsache (OLG München SchiedsVZ 2007, 330). – **2) RA:** Das Verf wurde nicht in die Aufzählung in 3327 RVG-VV übernommen. Es gelten daher die Regelgeb 3100 ff RVG-VV (§ 36 I Nr 1 RVG; Vorbem 3.1. I RVG-VV; OLG Hamburg OLGR Hamburg 2009, 795).

§ 1041 Maßnahmen des einstweiligen Rechtsschutzes

(1) [1]Haben die Parteien nichts anderes vereinbart, so kann das Schiedsgericht auf Antrag einer Partei vorläufige oder sichernde Maßnahmen anordnen, die es in Bezug auf den Streitgegenstand für erforderlich hält. [2]Das Schiedsgericht kann von jeder Partei im Zusammenhang mit einer solchen Maßnahme angemessene Sicherheit verlangen.

(2) [1]Das Gericht kann auf Antrag einer Partei die Vollziehung einer Maßnahme nach Absatz 1 zulassen, sofern nicht schon eine entsprechende Maßnahme des einstweiligen Rechtsschutzes bei einem Gericht beantragt worden ist. [2]Es kann die Anordnung abweichend fassen, wenn dies zur Vollziehung der Maßnahme notwendig ist.

(3) Auf Antrag kann das Gericht den Beschluss nach Absatz 2 aufheben oder ändern.

(4) [1]Erweist sich die Anordnung einer Maßnahme nach Absatz 1 als von Anfang an ungerechtfertigt, so ist die Partei, welche ihre Vollziehung erwirkt hat, verpflichtet, dem Gegner den Schaden zu ersetzen, der ihm aus der Vollziehung der Maßnahme oder dadurch entsteht, dass er Sicherheit leistet, um die Vollziehung abzuwenden. [2]Der Anspruch kann im anhängigen schiedsrichterlichen Verfahren geltend gemacht werden.

Lit: *Horn*, Der Emergency Arbitrator u die ZPO, 2019; *Kröll*, Die Entwicklung des Schiedsrechts im Jahr 2020, NJW 2021, 832, 833 Rn 16 ff.

I) Grundlagen. 1) Maßnahmen einstweiligen Rechtsschutzes. Gem **§ 1041 I** ist das Schiedsgericht **gleichrangig neben dem staatlichen Gericht** (s § 1033 Rn 2) befugt, Maßnahmen einstw Rechtsschutzes zu erlassen, dh Arreste zur Sicherung von Geldforderungen u einstw Verfügungen zur Sicherung von Individualansprüchen in ungefährer Anlehnung an §§ 916 ff, §§ 935 ff, darüber hinaus aber auch sonstige provisorische Maßnahmen, auch wenn sie dem dt Recht nicht bekannt sind, wie zB freezing orders (Maeva injunctions; hierzu Boog, Rn 17 ff, 101, 924), s Rn 8; Schlosser RIW 2001, 81, 82. Inhaltl sind die nach § 1041 zulässigen Maßnahmen nicht durch §§ 916 ff limitiert. Auch **einstw Leistungsverfügungen** kommen in Betracht. Erforderl ist aber auch im schiedsgerichtl Verf ein Arrest-/Verfügungsanspruch, MK/Münch Rn 18. Diese Voraussetzungen überprüft das OLG (§ 1062 I Nr 3) im Vollziehbarkeitsverf (II 1) zumindest in groben Umrissen, OLGR Saarbrücken 2007, 426. Es soll verhindert werden, dass die Schiedsgerichte – auch wenn sie nicht exakt an die gleichen Grenzen wie die staatl Gerichte (§§ 916 ff, §§ 935 ff) gebunden sind – generell dazu übergehen, ohne diese Voraussetzungen „vorläufige Schiedssprüche" zu erlassen. Denn auch die Schiedsgerichte haben das **Verbot der Vorwegnahme der Hauptsache** zu beachten, Schroth SchiedsVZ 2007, 102, 103. IÜ gibt es keine Einschränkungen ggü dem einstw Rechtsschutz durch staatl Gerichte. Daher einstw Rechtsschutz auch im ex parte-Verf (**ohne vorh Anhörung des Gegners**; zum Bereich der notwendigen Einbeziehung des Gegners in das einstw Rechtsschutzverf BVerfG NJW 2020, 2021; hierzu Gaier SchiedsVZ 2021, 7) unter gleichen Voraussetzungen wie bei staatl Gericht, StJ/Schlosser Rn 21. Dann hat in Anlehnung an § 924 das Schiedsgericht Gelegenheit zum nachträgl rechtl Gehör zu eröffnen. Das Schiedsgericht ist bei Vorliegen der ges Voraussetzungen verpflichtet, die beantragte Maßnahme zu erlassen, Lachmann Rn 2901; Kleveman/Happ § 8 Rn 21; (anders im Hinblick auf „kann", BTDrs 13/5274, 45). Im Fall der Ablehnung bleibt Weg des § 1033. IdR dürfte die Anrufung des staatl Gerichtes aus praktischen Erwägungen u Effizienzgründen vorzuziehen sein, Lachmann Rn 2933 ff; Schütze BB 98, 1650, 1653. – Jedoch ist zu beachten, dass im Unterschied zu den staatl Gerichten die Schiedsgerichte auch **einstw Maßnahmen für einen (begrenzten) Zeitraum nach der Entscheidung über die Hauptsache** anordnen können, wenn Regelungsbedarf besteht, weil die Umsetzung des Schiedsspruchs einige Zeit dauern wird. So kann zB das Schiedsgericht einen vorl Amtswalter einsetzen, wenn es Wahlen für nichtig erklärt hat, BGH JZ 2000, 1111, 1113; Eberl/Eberl 7 Rn 139. – Zum Verhältnis zwischen § 1033 und § 1041 sa BGH SchiedsVZ 2020, 50 Tz 20 f, 23: „konkurrierende Zuständigkeit"; OLG Zweibrücken 13.9.2024 – 4 U 74/24 Tz 6, 7: Gefahr der Schaffung bindender Fakten für das Schiedsgericht; Schroth SchiedsVZ 2003, 102; Haas ZZPInt 17 (2002), 347. – Einstw Maßnahmen nach § 1041 sind **kein Schiedsspruch**; daher **keine Rechtskraft** (§ 1055) u **kein Aufhebungsverf** (§ 1059), BayObLG SchiedsVZ 2020, 315, 317 (Goumas). Sa Haas ZZPInt 17 (2002), 347, 354, 356. 1

2) Eidesstattliche Versicherungen. Zur Abnahme **eidesstattlicher Versicherungen** ist das Schiedsgericht nicht befugt; zur Glaubhaftmachung muss es sich anderer Mittel bedienen, Eberl/Eberl 7 Rn 144; MK/Münch Rn 27. **Sicherheitsleistung** kann sowohl vom ASt als auch vom Ag verlangt werden, I 2, Eberl/Eberl 7 Rn 142. **Persönl Arrest** kann ebenfalls vom Schiedsgericht angeordnet werden, Eberl/Eberl 7 Rn 137 mwN. AA StJ/Schlosser Rn 11. Die Anordnung als solche ist mit Art 104 II GG vereinbar. **Form:** § 1054 ist entspr anzuwenden. 2

II) Vollziehbarerklärung. 1) Pflichtgemäßes Ermessen. Vollziehbarerklärung auf Antrag (**§ 1041 II**) steht im pflichtgemäßen Ermessen des **staatl Gerichts**. Damit soll dem OLG (§ 1062 I Nr 4) insb eine Überprüfung der Wirksamkeit der Schiedsvereinbarung sowie die Verweigerung der Vollziehbarerklärung bei unverhältnismäßigen Anordnungen ermöglicht werden, BTDrs 13/5274, 45. Dabei ist jedoch das **Verbot der révision au fond** (§ 1059 Rn 65 f, 85 f) zu beachten, Laukemann ZZP 126 (2013), 175; Gaier SchiedsVZ 2021, 7, 11; MK/Münch Rn 44. AA insoweit wohl BayObLG SchiedsVZ 2020, 315, 317 (Goumas): Kröll NJW 2021, 832, 835 Rn 18. Dabei sind auch nachträgl eingetretene Tatsachen zu berücksichtigen. Die Unwirksamkeit der Schiedsvereinbarung ist indessen nur beachtl, wenn sich der Ag darauf beruft u insoweit keine Präklusion nach § 1040 (s § 1040 Rn 20) eingetreten ist. **Abw Fassung der Maßnahme** mögl (II 2), insb im Hinblick auf den Bestimmtheitsgrundsatz des dt ZwV-Rechts. ZB kann einer Unterlassungsverfügung auch eine Strafandrohung (§ 890 II) hinzugefügt werden, Eberl/Eberl 7 Rn 152; Frohloff S 208. Auch mögl Vertragsstrafe zu Gunsten der Partei, über deren Verhängung Schiedsgericht entscheiden darf, s dazu OLGR Saarbrücken 2007, 426. Auf Grund der 3

Vollziehbarerklärung können die dort zugelassenen Zwangsmaßnahmen durchgesetzt werden; einer (gesonderten) Vollstreckbarerklärung der einstw Maßnahme des Schiedsgerichts (§ 1060) bedarf es nicht.

3a **2) Aktuelle Reformüberlegungen.** Der RegE eines Gesetzes zur Modernisierung des Schiedsverfahrensrechts v 26.6.2024 aus der 20. Legislaturperiode (BTDrs 20/13257, 31) reformiert u erweitert in § 1041 II-E die Voraussetzungen der Vollziehungszulassung: *„Das Gericht hat auf Antrag einer Partei die Vollziehung einer Maßnahme nach I zuzulassen. Es kann die Maßnahme nach I abweichend fassen, wenn dies zu ihrer Vollziehung notwendig ist, und sie in dieser abweichenden Fassung zur Vollziehung zulassen. Der Antrag auf Zulassung der Vollziehung ist nur zurückzuweisen, wenn (Nr 1) in entsprechender Anwendung des § 1059 II einer der dort bezeichneten Aufhebungsgründe vorliegt, (Nr 2) eine entsprechende Maßnahme des einstweiligen Rechtsschutzes bereits bei einem inländischen Gericht beantragt wurde, (Nr 3) eine vom Schiedsgericht verlangte Sicherheit nicht geleistet wurde oder (Nr 4) die vorläufige oder sichernde Maßnahme vom Schiedsgericht aufgehoben oder ausgesetzt wurde. Im Fall des Satz 3 Nr 1 hebt das Gericht die vorläufige oder sichernde Maßnahme auf, wenn der Ort des schiedsrichterlichen Verfahrens in der Bundesrepublik Deutschland liegt; anderenfalls stellt es fest, dass die Maßnahme im Inland nicht anzuerkennen ist. Das Gericht kann die Zulassung der Vollziehung auch dann von einer Sicherheitsleistung abhängig machen, wenn das Schiedsgericht keine angemessene Sicherheit verlangt hat. § 1064 I ist entsprechend anzuwenden.“* § 1025 II-E (s § 1025 Rn 6) verdeutlicht bereits mit Verweis auf § 1041 II-E, dass ausländ Maßnahmen durch inländ gerichtliche Vollziehungszulassung vollstreckt werden können. Darüber hinaus beseitigt § 1041 II 1-E das **richterliche Ermessen**, sofern keine Zurückweisungsgründe vorliegen (§ 1041 II 3-E), sa Umbeck/Pust BB 2024, 2376, 2381. Bish § 1041 II 1 Hs 2 wird in Zurückweisungsgrund nach § 1041 II 3 Nr 2-E umgeformt, wenn Maßnahme bereits bei inländ Gericht beantragt. Klargestellt wird, dass nur Anträge bei inländischen Gerichten relevant sind (BTDrs 20/13257, 31, 33). Zurückweisung nach § 1041 II 3 Nr 1-E soll sich an Formulierung in § 1060 II 1 u Gründen nach § 1059 II orientieren (BTDrs 20/13257, 31, 33). § 1041 II 3 Nr 3-E entspricht mit Blick auf Sicherheitsleistung u § 1041 II 3 Nr 4-E hinsichtlich Aufhebung/Aussetzung der einstw Maßnahme durch das Schiedsgericht Art 17 I 1 (a) (iii) UNCITRAL-MG. Heinze SpuRt 2024, 445, 450 spricht von Paradigmenwechsel, vermisst jedoch hinsichtlich der (möglichen) Disponibilität von § 1033 Klarstellung für „Konkurrenzverhältnis zwischen staatsgerichtlichem und schiedsgerichtlichem einstweiligen Rechtsschutz“.

4 **3) Aufhebung bzw Änderung des Beschlusses.** Auf Antrag kann das Gericht den Beschluss iSv II aufheben oder ändern, § 1041 III. Dies ist vor allem dann geboten, wenn Grund für die vom Schiedsgericht angeordnete Maßnahme ganz oder teilw weggefallen ist oder veränderte Umstände eingetreten sind, BTDrs 13/5274, 45.

5 **III) Schadensersatz.** Der Schadensersatzanspruch **des Ag** ist in IV in Anlehnung an § 945 geregelt; er kann im anhängigen schiedsrichterlichen Verf geltend gemacht werden.

6 **IV) Interimsentscheidungen des Schiedsgerichts. 1) Neben Maßnahmen** nach § 1041, die nicht nach § 1059 anfechtbar sind, ist eine **endgültige Vorabentscheidung des Schiedsgerichtes für einen bestimmten Zeitraum** mögl. So kann ein Unterhaltsbetrag für die Dauer des Verf festgelegt werden, StJ/Schlosser Rn 11; Bandel S 61. Das Gleiche gilt für die Regelung der Geschäftsführungsbefugnis/Vertretungsmacht in einer Gesellschaft. Denkbar ist auch eine für die Dauer des Verf endgültig wirkende Unterlassungsverpflichtung, ebenso die Auferlegung von Sicherheitsleistungen für die Dauer des Schiedsverf. Solche schiedsrichterl Anordnungen sind endgültige Schiedssprüche iSv § 1059, sa § 1059 Rn 1 f, Schlosser ZZP 99 (1986), 241; Geimer IZPR[9] Rn 3820.

7 **2) Entscheidung auf Grund summarischer Grundlage.** Dem Schiedsgericht kann auch die Entscheidung auf Grund summarischer Beweisaufnahme, Überzeugungsbildung nach überwiegender Wahrscheinlichkeit u vorläufiger Interessenabwägung, also nach seinem Ermessen auf Grund summarischer Sachverhaltserfassung, gestattet werden. Nach der Einführung des § 1041 dürfte diesen Möglichkeiten indessen geringe praktische Bedeutung zukommen.

8 **3) Sicherungsmaßnahmen**. Das Schiedsgericht kann wie das staatl Gericht Arreste u einstw Verfügungen erlassen. Es ist jedoch auf solche Maßnahmen nicht beschränkt; es kann auch Sicherungsmaßnahmen verfügen, s § 1042 Rn 40. **Zwangsgeld** darf es allerdings nur verhängen, wenn es hierzu ausdrückl ermächtigt ist, Raeschke-Kessler/Berger Rn 589, 594.

9 **V) Rechtsbeschwerde.** Gegen Entscheidung des OLG (§ 1062 I Nr 3) findet keine Rechtsbeschwerde statt, § 1065 I 2.

10 **VI) Keine vorläufige Kontenpfändung zur Unterstützung des Schiedsverfahrens.** S Art 2 II (e) EuKoPfVO.

11 **VII) Schiedsrichterhonorar.** Der Erlass der einstw Anordnung ist durch das „normale“ Schiedsrichterhonorar mit abgegolten, soweit nicht etwas Abweichendes ausdrückl vereinbart bzw gem § 1066 angeordnet ist. Die Schiedsrichter erhalten keine zusätzl Vergütung.

12 **VIII) Gebühren. 1) Gericht:** 1626 GKG-KV. Die Geb im Zulassungsverf einerseits u im Aufhebungs- oder Änderungsverf andererseits werden jew gesondert erhoben. – Anteiliger Wert: § 53 I Nr 3 GKG; § 3. – **2) RA:** Das Anordnungsverf (§ 1041 I) gehört noch zum Schiedsverf. – *Schieds- u Zulassungsverf (II) sind hingegen verschiedene Angelegenheiten (§ 17 Nr 6 RVG). – Das Zulassungsverf u die Aufhebungs- oder Änderungsverf sind dieselbe Angelegenheit (§ 16 Nr 7 RVG).* Es entstehen die Geb 3327 RVG-VV, 3332 RVG-VV (GS/Müller-Rabe, VV 3327 Rn 3).

Abschnitt 5
Durchführung des schiedsrichterlichen Verfahrens (§§ 1042-1050)

§ 1042 Allgemeine Verfahrensregeln

(1) [1]Die Parteien sind gleich zu behandeln. [2]Jeder Partei ist rechtliches Gehör zu gewähren.

(2) Rechtsanwälte dürfen als Bevollmächtigte nicht ausgeschlossen werden.

(3) Im Übrigen können die Parteien vorbehaltlich der zwingenden Vorschriften dieses Buches das Verfahren selbst oder durch Bezugnahme auf eine schiedsrichterliche Verfahrensordnung regeln.

(4) [1]Soweit eine Vereinbarung der Parteien nicht vorliegt und dieses Buch keine Regelung enthält, werden die Verfahrensregeln vom Schiedsgericht nach freiem Ermessen bestimmt. [2]Das Schiedsgericht ist berechtigt, über die Zulässigkeit einer Beweiserhebung zu entscheiden, diese durchzuführen und das Ergebnis frei zu würdigen.

Lit: *Buchwitz*, Feste Entscheidungsfristen für Schiedsgerichte – Vorbild Italien?, SchiedsVZ 2023, 345; *Heydn*, Die Datenschutzerklärung des Schiedsgerichts, SchiedsVZ 2020, 239.

I) Überblick. Die §§ 1042-1050 enthalten (anders noch Generalklausel nach § 1034 II aF) ausf Normen für das schiedsrichterl Verf. Ausgangspunkt ist jedoch die **Freiheit der Parteien**, die Modalitäten des Schiedsverf selbst zu regeln (III, Spohnheimer S 80 ff mwN). Soweit es an einer Parteivereinbarung fehlt, haben die **Schiedsrichter** ein **Verfahrensermessen** (IV). Zu beachten sind jedoch stets die im Gesetz zwingend vorgeschriebenen Mindestpostulate für Verfahrensgerechtigkeit, insb die Gleichbehandlung der Parteien u die Gewährleistung eines fairen Verf durch Gewährung rechtl Gehörs (rules of natural justice), Gottwald S 55. IÜ entspricht Gestaltungsspielraum des Schiedsgerichts nach § 1042 IV 1 dem der Parteien (Ausnahme: § 1051, s OLG Frankfurt/M 14.7. 2022 – 26 Sch 19/21 Tz 169). – **Protokollführung nach §§ 159 ff** ist nicht vorgeschrieben, kann aber vereinbart werden, OLG München SchiedsVZ 2016, 51, 56. Nw bei J. Stürner SchiedsVZ 2018, 299. – Zum Datenschutz im Schiedsverfahren Heydn SchiedsVZ 2020, 239. 1

II) Gleichbehandlungsgrundsatz (§ 1042 I 1). Er ergibt sich bereits aus den rechtsstaatl Anforderungen an die Ausgestaltung des Schiedsverf. Er ist zwingend zu beachten u soll zusammen mit dem Grundsatz rechtl Gehörs (I 2) das Schiedsverf als eine dem Verf vor staatl Gerichten gleichwertige Rechtsschutzmöglichkeit qualifizieren, BTDrs 13/5274, 46; BGH SchiedsVZ 2021, 46 = LMK 2021, 435921 (Wilske/Ebert); Kröll NJW 2021, 832, 836 Rn 26 ff. Verboten ist eine Beeinträchtigung der Chancengleichheit durch Verschiedenbehandlung, StJ/Schlosser Rn 40; Pika ZZP 131 (2018), 225, 250. Insb muss das Schiedsgericht für gleichen Informationsstand beider Parteien zum Verf sorgen, § 1047 III, Lachmann Rn 211, 1290 ff. Zum Umfang § 133, BGH MDR 2016, 479. Abw Wittinghofer SchiedsVZ 2017, 110, 112. – Zur Waffengleichheit OLG Frankfurt/M 25.3.2021 – 26 Sch 18/20 Tz 64; sa allg BGH SchiedsVZ 2021, 46 Tz 19; Kröll NJW 2021, 832, 836 Rn 26 ff. 2

III) Rechtliches Gehör. 1) Rspr. S BGH MDR 2018, 1146; BayObLG ZIP 2023, 1048 (LS); hierzu Kröll NJW 2023, 819 Rn 16; OLG Frankfurt/M 20.4.2023 – 26 Sch 6/22 Tz 41 f; OLG München SchiedsVZ 2012, 43; OLG München SchiedsVZ 2014, 258, 261; OLG München 29.1.2018 – 34 Sch 31/15. WNw zB bei Kröll SchiedsVZ 2022, 255, 258 ff. 3

2) Umfang der Gewährung. Das Schiedsgericht muss **beiden Parteien** (bei der Mehrparteienschiedsgerichtsbarkeit: allen Parteien; im Fall der Beiladung: auch den Beigeladenen; im Fall der Streitverkündung: auch dem Streitverkündeten etc) vor Erlass des Schiedsspruchs **rechtl Gehör** gewähren, § 1042 I 2. Dies ist – ebenso wie im staatl Zivilprozess – die wichtigste verfahrensmäßige Sicherung der Parteien gegen Willkür der Schiedsrichter. Der Anspruch auf rechtl Gehör ist das „prozessuale Urrecht des Menschen“ (BVerfGE 55, 6; BGH 5.2.2025 – I ZB 78/24 Tz 22 f) u als solches „das zentrale verfassungsrechtl Prinzip“, Leipold ZZP 93 (1980), 243. Es ist unabdingbar (§ 1025 I, vgl BGH NJW 86, 1436). Das Schiedsgericht ist ggü staatl Gericht gleichrangig, BTDrs 13/5274; s § 1041 Rn 1. Daher ist nun unter den gleichen Voraussetzungen wie beim staatl Gericht einstw Rechtsschutz auch ohne Anhörung des Gegners zulässig. AA MK/Münch Rn 31. 3a

3) Vorheriger Verzicht auf rechtliches Gehör. Dieser ist iÜ – da gegen ein Fundamentalprinzip jedes fairen Verf verstoßend (BVerfG NJW 93, 2229; Schnabl SchiedsVZ 2024, 269, 275) – unwirksam, III. Das Schiedsgericht muss trotz „Verzichts“ rechtl Gehör gewähren. Davon zu unterscheiden ist die tatsächl Nichtwahrnehmung der vom Schiedsgericht gebotenen Gelegenheit zur Stellungnahme. Bei Verletzung des rechtl Gehörs kann Betroffener auch auf Geltendmachung als Aufhebungs- bzw Vollstreckbarerklärungsverweigerungsgrund (s § 1059 Rn 48 f, 50 f) verzichten, Wagner, Prozessverträge, 1998, S 95. **Präklusion** (§ 1027), wenn Verletzung des rechtl Gehörs nicht bereits im Schiedsverf gerügt wurde, OLG Stuttgart SchiedsVZ 2003, 84, 85 (Nacimiento/G. Geimer). 4

4) Verfassungsrechtliche Verankerung. Der Anspruch auf rechtl Gehör vor Schiedsgerichten ist – jedenfalls über das Rechtsstaatsgebot des Art 20 III GG – verfassungsrechtl verankert, wenn man Art 103 GG wegen 5

Art 1 III GG für nicht anwendbar hält. Schiedsgerichtsbarkeit ist Rechtspflege, u eine Privatgerichtsbarkeit ist verfassungsrechtl nur bei Gewährleistung rechtsstaatl Verf zulässig. Schiedsgerichte müssen **rechtl Gehör im gleichen Umfang wie staatl Gerichte** gewähren, BGH 26.11.2020 – I ZB 11/20 Tz 23; OLG Frankfurt/M SchiedsVZ 2014, 154, 157; BTDrs 13/5274, 46; Niedermaier S 52; Sawang S 256 ff, 261, 266; Schnabl SchiedsVZ 2024, 269, 275. Auch ggü ausl Schiedssprüchen werden die **dt Mindeststandards** durchgesetzt. BayObLG NJW-RR 2002, 431 (Schiedsverf ohne Beteiligung des Gegners, weil diesen die Ladung etc nicht erreicht hat): Zustellungsfiktionen uU ausreichend. Zur Präklusion s § 1046 Rn 3 u § 1059 Rn 28, 42 ff, 50.

6 **5) Einzelheiten.** Die Parteien müssen Gelegenheit erhalten, alles vorzubringen, was ihnen für die Entscheidung des Rechtsstreits von Bedeutung zu sein scheint, BGHZ 3, 218; StJ/Schlosser § 1061 Anh Rn 186 ff. Die Parteien müssen über den Streitgegenstand unterrichtet werden. Weiß Bekl nicht, dass der Kl auch Zinsen begehrt, dann verletzt der Schiedsspruch, der Zinsen zuspricht, den Anspruch des Bekl auf rechtl Gehör, OLG Frankfurt/M SpuRt 2001, 159 (tatsächl Anhörung, obwohl in Statut nicht vorgesehen). – Wenngleich den Beteiligten Gelegenheit gegeben werden muss, zu allen Tatsachen u Beweismitteln Stellung zu nehmen, auf die sich das Schiedsgericht in seiner Entscheidung stützen möchte, besteht keine allg Aufklärungs- u Fragepflicht des Schiedsgerichts. **§ 139** nicht direkt anwendbar, nur wenn gem III vereinbart bzw nach § 1066 angeordnet, OLG München 29.10.2009 – 34 Sch 15/09; KG MDR 2018, 885: keine schiedsrichterlichen Hinweispflichten; Kröll NJW 2011, 1265, 1269. Für Einführung einer **Hinweispflicht** in § 1042 I *de lege ferenda* Raeschke-Kessler, NJW 2023, 3558, 3562, deren Verletzung nach § 1059 II Nr 1b, d überprüfbar wäre.

7 **6) Verletzung des Gehörsrechts.** Grds keine Verletzung des rechtl Gehörs, wenn eine Partei aus Geldmangel gezwungen ist, vor dem Schiedsgericht **ohne Anwalt** zu verhandeln. Ausnahme: ungewöhnl komplizierte Rechts- u Tatfragen. Ablehnung einer Vertagung, um (neuen) RA bestellen zu können, kann rechtl Gehör verletzen, BGHZ 27, 163. BGH EWiR 89, 311 (Bredow) stellt aber klar, dass Recht zur Vertretung durch RA nicht zur Verfahrensverzögerung missbraucht werden darf. – Die zu § 227 I ergangene Rspr über die Erheblichkeit von Gründen für einen **Terminverlegungsantrag** kann auf die Schiedsgerichtsbarkeit übertragen werden, soweit die Besonderheiten des Schiedsverf keine abweichende Beurteilung erfordern. Führt die offensichtl fehlerhafte Ablehnung eines Terminverlegungsantrags dazu, dass eine Partei in der mündl Verh vor dem Schiedsgericht nicht anwaltl vertreten ist und ihr ÄußerungsR daher nicht sachgerecht wahrnehmen kann, verletzt dies das GehörsR (Art 103 I GG) der betroffenen Partei. IdR kann dann nicht ausgeschlossen werden, dass eine Erörterung des Streitstoffs in der mündl Verh unter Beteiligung des RA der Partei zu einer anderen Entscheidung geführt hätte, BGH SchiedsVZ 2023, 59 = LMK 2022, 813481 (Pfeiffer). Hierzu Kröll NJW 2023, 819 Rn 20.

8 **7) Entscheidungsfristen.** Bei **Verlängerung der 6-Monatsfrist** (für Erlass des Schiedsspruchs) nach ICC-Rules 2017/ICC-Rules 2021 ohne Anhörung der Parteien sieht BGH NJW 88, 390 rechtl Gehör nicht verletzt. Ebenso OLG Karlsruhe SchiedsVZ 2012, 101, 106. Feste Entscheidungsfristen für Schiedsgerichte (wie in Italien Art 820 I cpc: 240 Tage) sind nicht vorgesehen, doch kraft Privatautonomie erlaubt (etwa als Ordnungsvorschrift), s Buchwitz SchiedsVZ 2023, 345.

9 **8) Äußerungsrecht.** Die Parteien müssen sich zu allen Tatsachen u **Beweismitteln äußern** können, welche das Schiedsgericht seiner Entscheidung zugrunde legen möchte, auch zu Urk, BGH KTS 62, 240. Die Parteien müssen Gelegenheit haben, zu dem Ergebnis einer **Beweisaufnahme** Stellung zu nehmen. Sie haben auch ein Recht auf Anwesenheit bei Beweiserhebung (**Parteiöffentlichkeit**, § 357); BGHZ 3, 218; OLG Hamburg MDR 1968, 1018. §§ 131, 134 f gelten nicht. Jeder Beteiligte muss Gelegenheit haben, in **Urk Einsicht** zu nehmen, die für die Entscheidung eine Rolle spielen, MK/Münch Rn 47. Zur Einsichtnahme in **Strafverfahrensakten** v. Bernuth SchiedsVZ 2018, 277.

10 **9) Anwesenheit bei Beweiserhebung.** Macht die Partei von ihrem Recht auf Anwesenheit bei Beweiserhebung keinen Gebrauch, so kann das Schiedsgericht in Abwesenheit der Partei(en) Beweise erheben; es muss aber die Partei(en) vom Ergebnis der Beweisaufnahme unterrichten. Wenn eine Partei auf Ladung hin nicht erscheint, darf das Schiedsgericht im Termin aber Beweise nur dann aufnehmen, wenn die Absicht einer Beweisaufnahme den Parteien mitgeteilt worden war, BGHZ 3, 218.

11 **10) Auseinandersetzung mit Parteivorbringen und Beweisantrag.** Das Schiedsgericht muss sich mit dem gesamten Parteivorbringen auseinandersetzen. Das Recht auf rechtl Gehör erschöpft sich nicht darin, dass den Parteien Gelegenheit zu geben ist, alles ihnen erforderl Erscheinende vorzutragen. Das Schiedsgericht muss das Vorgebrachte auch zur Kenntnis nehmen u in Erwägung ziehen, BGH SchiedsVZ 2020, 46; BGH NJW 86, 1436; OLG Frankfurt/M 25.3.2021 – 26 Sch 18/20 Tz 49; OLG Frankfurt/M 20.4.2023 – 26 Sch 6/22 Tz 43; OLG Köln SchiedsVZ 2005, 163, 165. Sa Wilhelmi SchiedsVZ 2020, 30; Meckes/Wach/Riethmüller/Thomas SchiedsVZ 2024, 29, 33. Es genügt jedoch, wenn Beweisantrag erst in den Gründen des Schiedsspruchs abgelehnt wird; ein selbständiger Ablehnungsbeschluss ist nicht erforderl, OLG Köln RIW 93, 501. Das Schiedsgericht entscheidet autonom, ob eine Tatsache überhaupt entscheidungsrelevant ist, § 1042 IV 2. Nur insoweit kann das **Übergehen eines Beweisantrags** von Bedeutung sein. IÜ gilt Verbot der révision au fond, vorbehaltl ordre public, OLG München SchiedsVZ 2014, 258, 261. Das Gebot rechtl Gehörs ist verletzt, wenn das Schiedsgericht im Schiedsspruch zentrales Vorbringen eines Beteiligten mit bloßen Leerformeln bescheidet, BGH 26.11.2020 – I

ZB 11/20 Tz 23; OLG München 29.1.2018 – 34 Sch 31/15; BGH MDR 2018, 1146. **Hinweispflichten des Schiedsgerichts** bestehen allenfalls dann, wenn der betroffenen Partei wesentl Sachvortrag abgeschnitten wird. Auf keinen Fall ist das Schiedsgericht unter dem Gesichtspunkt des rechtl Gehörs verpflichtet, seine Rechtsauffassung vorab bekannt zu geben; s § 1059 Rn 60. WNw bei Feldmann S 62 ff. – Allg zu der bescheidenen Zahl der erfolgreichen Gehörsrügen Kröll NJW 2023, 819 Rn 20. Sa BayObLG 18.1.2022 – 101 Sch 60/21.

11) Übergehen von Beweisanträgen. Bei Übergehen von Beweisanträgen ist zu beachten, dass die Beurteilung 12 der Entscheidungsrelevanz der unter Beweis gestellten Behauptungen dem Schiedsgericht obliegt, dessen Entscheidung vom staatl Gericht nicht nachgeprüft werden kann; eine Fehlentscheidung des Schiedsgerichts ist für sich allein kein Aufhebungsgrund, s § 1059 Rn 66. Es gilt vielmehr das **Verbot der révision au fond**, BGH 26.11.2020 – I ZB 11/20 Tz 32; BGH MDR 2008, 156; OLG München SchiedsVZ 2012, 43, 47; OLG Frankfurt/M SchiedsVZ 2013, 341, 344. Das Schiedsgericht kann einen Beweisantrag des Kl übergehen, wenn die Klage in dem betr Punkt bereits unschlüssig ist. Vgl auch Sandrock BB 2001, 2173, 2177; Spohnheimer S 328. Die Entscheidungsgründe sollen ledigl eine kurze Zusammenfassung der den Schiedsspruch tragenden Erwägungen enthalten. Allerdings spricht es tendenziell für eine Verletzung des rechtl Gehörs, wenn die Gründe das Vorbringen einer Partei überhaupt nicht erwähnen u keinerlei Abwägungen enthalten, Kröll NJW 2011, 1265, 1268. Wurde über Beweisaufnahme **Wortprotokoll** geführt, ist dieses aber unvollständig bzw lückenhaft, weil Tonaufnahmeträger versagt hat, ist Beweisaufnahme zu wiederholen, sofern nicht alle Parteien darauf verzichten. Ansonsten droht in den allermeisten Fällen Aufhebung des gleichwohl erlassenen Schiedsspruchs (§ 1059), da strikter Nachweis der Kausalität nicht erforderl. Sa BGH SchiedsVZ 2009, 126, 127.

12) Mitteilung der Rechtsansicht. Das Schiedsgericht muss nicht im gleichen Umfang wie das staatl Gericht 13 (§ 139 I) den Parteien seine Rechtsansicht vor Fällung der Entscheidung mitteilen oder die Änderung einer mitgeteilten Rechtsansicht vorher bekannt geben, OLG München SchiedsVZ 2016, 51, 55; Saenger Rn 7. Nicht erforderl ist Hinweis auf die Entscheidungserheblichkeit einer Vorfrage, OLG Naumburg SchiedsVZ 2011, 228. Lassen Schiedsrichter ein **Rechtsgutachten** anfertigen, so müssen sie dieses den Parteien mitteilen, anders noch BGH KTS 57, 124 = ZZP 71 (1958), 427. Sa Geimer, Schiedsgerichtsbarkeit u Verfassung, S 113. AA für „interne" Gutachten StJ/Schlosser § 1061 Anh Rn 204.

13) Durcharbeitung von Aktenkonvoluten. Die Grundsätze des rechtl Gehörs u des Begründungszwangs er- 14 fordern nicht, dass sich das Schiedsgericht im schriftl Schiedsspruch mit allen Einzelheiten des Parteivortrags auseinandersetzt, OLG München 24.8.2010 – 34 Sch 21/10. Nichtbeachtung des § 139 begründet idR keine Verletzung des rechtl Gehörs. Näher Kröll NJW 2011, 1265, 1269; Grenz S 142. – Ebenso wie staatl Gerichte (s BGH NJW 2019, 1082; Althammer ZZP 137 (2024), 377) sind Schiedsgerichte nicht verpflichtet, umfangreiche **ungeordnete Anlagenkonvolute** von sich aus durchzuarbeiten, um so die erhobenen Ansprüche zu konkretisieren. Ausnahme: Wenn der Kl zur Substantiierung seines Anspruchs auf eine aus sich heraus verständl Darstellung in den Anlagen konkret Bezug nimmt u die Berücksichtigung der in Bezug genommenen Anlage vom Tatrichter keine unzumutbare Sucharbeit verlangt, BGH 2.10.2018 – VI ZR 213/17. Sa BGH SchiedsVZ 2020, 46 u Wilhelmi SchiedsVZ 2020, 30, 34; Althammer ZZP 137 (2024), 377.

14) Heilungsverfahren. Verweigerung rechtl Gehörs kann durch **Oberschiedsgericht** geheilt werden, OLG 15 Hamburg RIW 91, 154. Die Parteien können auch **nach dem Modell des § 321a ein Gehörsabhilfeverf vor dem Schiedsgericht** vereinbaren. Die Vereinbarung einer Frist von 2 Wochen nach Zustellung des Schiedsspruchs zur Einleitung eines Abhilfeverf entzieht einer Partei nicht den notwendigen Rechtsschutz u ist daher nicht gem § 138 I BGB nichtig. Die Vereinbarung der Zustellung eines Schiedsspruchs durch Einschreiben mit Rückschein ist auch dann nicht wegen Verstoßes gegen den Grundsatz einer dem Rechtsschutz durch staatl Gerichte gleichwertigen Ausgestaltung des schiedsgerichtl Verf nach § 138 I BGB nichtig, wenn der Schiedsspruch bevollmächtigten Rechtsanwälten zuzustellen ist, BGH NJW 2015, 3234 = LMK 2015, 374507 (Wolff); Hammer Rn 609, 658.

15) Heilung durch staatliches Gericht. Das staatl Gericht kann wegen des **Verbotes der révision au fond** 16 (s § 1059 Rn 66) den Mangel nicht dadurch heilen, dass es seinerseits rechtl Gehör gewährt. Zust OLGR Hamburg 2008, 916, 919; MK/Münch Rn 67. Allerdings muss sich Verletzung des rechtl Gehörs auf Schiedsspruch ausgewirkt haben, s § 1059 Rn 48. Ansonsten keine Aufhebung (§ 1059), OLGR Celle 2004, 396.

16) Übergehen von Einzelheiten des Vortrags. Weist das Schiedsgericht die Klage deshalb ab, weil es (irrig) 17 davon ausgeht, der Kl habe die Einwendung des Bekl nicht bestr, so liegt darin ein Übergehen des Vortrages einer Partei (Kl) u ein Verstoß gegen das rechtl Gehör. Daher muss gem § 1059 II Nr 1b der Schiedsspruch aufgehoben werden, soweit er darauf beruhen kann, OLG Frankfurt/M 20.4.2023 – 26 Sch 6/22 Tz 41 f, 43. Strenger MK/Münch Rn 64. Hat der Schiedsspruch über **mehrere voneinander abgrenzbare Ansprüche** befunden, so kommt, wenn das rechtl Gehör nur hinsichtl eines dieser Ansprüche nicht ordnungsgemäß gewährt worden ist, grds nur eine Teilaufhebung in Betracht, BGH WM 2022, 576 = SchiedsVZ 2022, 228 Tz 83; Böckstiegel/Kröll/Nacimiento/Sachs/Lörcher Rn 21. Eine solche scheidet jedoch aus, wenn das Schiedsgericht auf einen Saldo (= Differenz zwischen den Forderungen des Kl u des Bekl infolge von Aufrechnung oder sonstiger Verrechnung) erkannt hat, BGH RIW 85, 973.

18 **17) Verfassungsbeschwerde.** Eine Verfassungsbeschwerde gegen einen Schiedsspruch wegen Verletzung des Art 103 GG ist nicht statthaft, da Schiedsgerichte **keine öffentliche Gewalt** ausüben, §§ 90 ff BVerfGG, WSch/Schütze[5] § 1034 Rn 21. Dies gilt aber nicht für Verfassungsbeschwerde gegen das Urteil des staatl Gerichts, das Schiedsspruch, der unter Missachtung des Anspruchs einer der Parteien auf rechtl Gehör zu Stande gekommen ist, für vollstrb erklärt (§ 1060) bzw durch Abweisung des Aufhebungsantrags (§ 1059) bestätigt. Denn angesichts der fundamentalen Bedeutung des Art 103 GG kann es nicht hingenommen werden, dass ein staatl Gericht eine begründete Rüge der Verletzung des rechtl Gehörs durch das Schiedsgericht ignoriert, ebenso wenig wie in den Fällen des § 328 I Nr 2 (Anerkennung eines ausl Urteils, das unter Verletzung des rechtl Gehörs ergangen ist). In beiden Fällen liegt eine eigene Art 103 GG verletzende Handlung der dt öffentl Gewalt. Sie wird vom BVerfG in unbeschränkter Kognition überprüft.

19 **IV) Garantie der anwaltschaftlichen Vertretung. 1) Grundsatz.** Nach § 1042 II dürfen RA als ProzBev (bzw Beistände) nicht ausgeschlossen werden. Abw Parteivereinbarung ist unwirksam. Verstoß ist Aufhebungsgrund nach § 1059 II Nr 1b, c. RAe iSv II sind **auch ausl Anwälte**. Eine Zurückweisung gem § 79 III kommt nicht in Betracht, Spohnheimer S 235. Sa Salger/Trittmann/Wilske § 29 Rn 6 ff.

20 **2) Beschränkungen der zugelassenen Anwälte.** Diese verstoßen, wenn sie nach Gattungsmerkmalen durch Parteivereinbarung bzw Anordnung nach § 1066 erfolgen, nicht gegen § 1042 II, sofern für die Parteien noch eine hinreichend große Auswahl bleibt u keine **diskriminierenden oder sonst unsachl Kriterien** zur Abgrenzung verwendet werden, Spohnheimer S 237. AA Kahlert S 165 mwN. Auch beschränkende Vereinbarungen hinsichtl der **Erstattungsfähigkeit der Anwaltskosten** sind durch § 1042 II nicht verboten. Im schiedsgerichtl Verf herrscht ohnehin **kein Anwaltszwang**, sofern die Parteien nichts anderes vereinbart haben.

21 **V) Parteivereinbarungen für Verfahren des Schiedsgerichts. 1) Bindung der Schiedsrichter.** Die Parteien können Regeln über das Verf vereinbaren, soweit es sich bei den Vorschriften des 10. Buchs nicht um zwingendes Recht handelt (s § 1025 Rn 3), Hammer Rn 676. Daran sind die Schiedsrichter gebunden. Solche Vereinbarungen sind auch nach Konstituierung des Schiedsgerichts (auch als Ergänzung oder Abänderung früherer Vereinbarungen) mögl, die Zustimmung der Schiedsrichter ist nicht erforderl, zust Spohnheimer S 93; Kahlert S 146, 153, 224. Die Schiedsrichter können aber uU den Schiedsrichtervertrag kündigen, StJ/Schlosser Rn 14. – In den Fällen des § 1066 tritt an die Stelle der Parteivereinbarung die Anordnung des jew Regelungsbefugten. Kommt jedoch das nach § 1066 organisierte Schiedsverf in Gang, können die konkreten Parteien ebenfalls Verfahrensvereinbarungen treffen, die iZw vorrangig sind.

22 **2) Abgrenzung zur Schiedsvereinbarung.** Die Verfahrensvereinbarungen sind dogmatisch zu trennen von der Schiedsvereinbarung (s § 1029 Rn 10 f), sie können mit dieser aber verbunden sein. Sie sind jedoch nicht Bestandteil derselben, sondern **bes Vereinbarungen, welche nicht der Form des § 1031 bedürfen**, Beckmann S 58. Keine Zuständigkeit des OLG (§ 1062) für Streitigkeiten auf Zustimmung zu Verfahrensvereinbarungen, OLGR München 2007, 410. Insb zu folgenden Punkten können Parteivereinbarungen sinnvoll sein: Form u Inhalt der Klageschrift; Art der Zustellung; Fristen für Klagebeantwortung; Replik/Duplik; Modalitäten der Parteivertretung (s Rn 19); Zuziehung eines Protokollführers, da §§ 159 ff per se nicht anwendbar, OLG München SchiedsVZ 2016, 51, 56; Art der Gewährung rechtl Gehörs (schriftl/mündl, ob auch nach Beweisaufnahme); auch zur **Durchführung einer Videokonferenz** (Umbeck/Pust BB 2024, 2376, 2378, sa § 1047 Rn 3 f);
Art u Umfang der Beweisaufnahme (vAw wegen oder nur auf Antrag); Beratung u Abstimmung der Schiedsrichter; Abfassung des Schiedsspruchs (Verzicht auf Begründung); Vereinbarung eines Instanzenzugs.

23 **3) Bezugnahme auf Verfahrensordnungen (institutioneller) Schiedsgerichtsorganisationen.** Diese Bezugnahme (s § 1029 Rn 92; § 1035 Rn 35) ist mögl, wegen zwingender Geltung des 10. Buches allerdings nur im Rahmen von dessen dispositiven Vorschriften, s § 1025 Rn 4. IZw ist Verfahrensordnung idF zurzeit des Abschlusses der Schiedsvereinbarung vereinbart, OLG Hamburg KTS 83, 499.

24 **4) Unwirksamkeit einzelner Vereinbarungen.** Sind einzelne Vereinbarungen über das schiedsgerichtl Verf unwirksam, bleibt die (an sich wirksame) Schiedsvereinbarung iZw unberührt, MK/Münch Rn 16; Saenger Rn 14; Schlosser RipS[2] Rn 263; s § 1029 Rn 32; sa § 1035 Rn 1.

25 **5) Rechtsgeschäftliche Vertretung im Schiedsverfahren („Schiedsvollmacht").** Maßgebl Schiedsverfahrensstatut, also Recht, das auf Schiedsverf anwendbar ist, Schlosser RipS[2] Rn 351.

26 **6) Verfügung von „Verfahrensanordnungen".** In den **Fällen des § 1066** kann der privatautonom agierende Satzungsgeber, der Erblasser etc einseitig „Verfahrensanordnungen" verfügen. Die Parteien eines konkreten (auf § 1066 basierenden) Schiedsverf können jedoch eine hiervon abw Vereinbarung (II) schließen, s § 1066 Rn 31.

27 **VI) Verfahrensermessen der Schiedsrichter.** Sofern die Parteien bzw der nach § 1066 maßgebl Anordnende nichts anderes vereinbart haben u das 10. Buch keine Regelung enthält, bestimmt das Schiedsgericht sein Verf nach freiem Ermessen, IV, ist aber in jedem Fall an die Grundsätze des I gebunden, OLGR Celle 2004, 396. Es hat den **präsumtiven Willen der Parteien** zu berücksichtigen, ähnl Schütze SchiedsVZ 2018, 101; Salger/Trittmann/v. Schlabrendorff § 2 Rn 207. Der **Gestaltungsspielraum** des Schiedsgerichts ist jedoch nicht geringer als der der Parteien (OLG Frankfurt/M 14.07.2022 – 26 Sch 19/21 Tz 169). Es kann sich eine **Verfahrensordnung**

geben, muss aber nicht. Sa Spohnheimer S 121 mwN. – Zur Etablierung eines **Sekretärs des Schiedsgerichts** Jensen SchiedsVZ 2022, 275, 283.

Das Schiedsgericht darf auch Verfahrensgestaltungen im Laufe des Rechtsstreits wieder abändern, es sei denn, es würden dadurch Prozesshandlungen der Parteien unwirksam, etwa durch rückwirkende Anordnung, es solle nur noch mündl Vorgetragenes wirksam Prozessstoff sein. Das Schiedsgericht kann aber bereits eingetretene Präklusionswirkungen wieder aufheben, dabei ist stets der Grundsatz der Gleichbehandlung zu beachten.

Verfahrensleitung. Das Schiedsgericht, insb dessen Vors, hat durch geeignete Maßnahmen einer **Verfahrenssabotage durch eine Partei oder beide** entgegenzuwirken, zB durch Präklusionen (§§ 1027, 1048) oder im Rahmen der Beweiswürdigung (IV), OLG München SchiedsVZ 2012, 96, 100. 28

VII) Ermittlung des Sachverhalts. Ausf Schlosser RipS^2 Rn 637 ff. **1) Prozessuale Besonderheiten.** Das Schiedsgericht hat den dem Streit zugrundeliegenden Sachverhalt grds vAw zu ermitteln, ohne an Beweisantritte der Parteien gebunden zu sein, s § 1059 Rn 94; OLG Frankfurt/M SchiedsVZ 2022, 40. Es herrscht jedoch nicht die Inquisitionsmaxime. Es hat bei der Beweiserhebung ein weites Verfahrensermessen, IV 2. Zu den Grenzen OLG Karlsruhe 27.3.2009 – 10 Sch 8/08; Kröll SchiedsVZ 2010, 213, 216. Es kann die Parteien zur **Urkundenvorlage** auffordern, Lachmann Rn 1568, 3071; Varga S 125; Roquette/Sudkamp RInPrax 2025, 26, 29: *„document production"*. Ein **echtes Versäumnisverf** findet idR nicht statt, § 1048 II. Es ist an **ges Beweisregeln** (§§ 415 ff) nicht gebunden, muss aber **grds alle angetretenen Beweise erheben**, wenn der Beweisantritt zu entscheidungserhebl Punkten erfolgt; Meckes/Wach/Riethmüller/Thomas SchiedsVZ 2024, 29, 33. Über Entscheidungserheblichkeit befindet wiederum das Schiedsgericht, Kröll SchiedsVZ 2013, 211. Eine **Verletzung der Ermittlungspflicht** des Schiedsgerichts ist **Aufhebungsgrund** nach § 1059 II Nr 1d. Hierzu BayObLG EWiR 2000, 199 (Berger). Das Recht auf Aufnahme relevanter Beweise folgt aber auch aus dem Anspruch auf rechtl Gehör; Geimer ZfRV 92, 321, 410. **Gehörverstoß** kann Verletzung des (verfahrensrechtlichen) *ordre public* (§ 1059 II Nr 2b, BGH SchiedsVZ 2020, 46, 49; OLG Frankfurt/M 20.4.2023 – 26 Sch 6/22 Tz 43) begründen. 29

Zu **befangenem SV** BGH NJW 2020, 70 = MDR 2017, 1024; BGH MDR 2019, 629. Hierzu Schmidt-Ahrendts/Schneider SchiedsVZ 2020, 35, 39. 30

2) Entscheidung über die Zulässigkeit der Beweiserhebung. IV 2 ist eine Absage an die in common law-Staaten herrschende Praxis: Dort steht es den Parteien frei, Zeugen u SV zur Verh mitzubringen u selbst zu befragen, ohne dass der Schiedsrichter vorher eine Schlüssigkeitsprüfung zum Beweisthema vornimmt, BTDrs 13/5274, 46. 31

3) Durchführung der Beweiserhebung. Das Buch 10 enthält keine Vorschriften über den **Urkundenbeweis**; die Parteien können Vorlagepflichten vereinbaren, ansonsten kann das Schiedsgericht über § 142 hinausgehende Anordnungen treffen, Helm/Bolke/Wienfort SchiedsVZ 2018, 325. 32

Zeugen- u Sachverständigenbeweis. Nur freiw erschienene Zeugen u SV können vernommen werden; dem Schiedsgericht stehen keine Zwangsmittel zur Verfügung, Eckstein-Puhl S 55. Auch Eide oder eidesstattl Versicherungen darf es nicht abnehmen, s § 1050 Rn 1, obwohl das neue Recht anders als § 1035 aF kein ausdrückl Eidesverbot festlegt. In diesen Fällen besteht aber die Möglichkeit, die Hilfe des staatl Gerichts (§ 1062 IV) zu beantragen, § 1050. Zur Durchführung der Beweisaufnahme sa Grenz S 53 ff. 33

4) Vernehmungsmethode. Die Schiedsrichter sind nicht an §§ 373 ff gebunden. Sie können auch die Beweise schriftl erheben, dh sich mit schriftl Zeugenaussagen bzw schriftl SV- u Parteibekundungen zufriedengeben, OLG München 20.8.2014 – 34 SchH 10/14. Sa BGH SchiedsVZ 2021, 46 Tz 20 = LMK 2021, 435921 (Wilske/Ebert); Kröll NJW 2021, 832, 836 Rn 26 ff. Zulässig ist es, nur einen Schiedsrichter mit der Vernehmung zu betrauen. In jedem Fall muss aber das verfassungs- u internat-menschenrechtl auch im Schiedsgerichtsverf garantierte **Recht der beweisbelasteten Partei auf uneingeschränkte u effiziente Beweisführung** (sa § 363 Rn 4) gewährleistet sein. Es muss sich um ein faires Beweisaufnahmeverf handeln, das für die Wahrheitsfindung in ausreichendem Maße obj geeignet ist. Vom Schiedsgericht schriftl oder per E-Mail gestellte Fragen mit vorformulierten **Multiple Choice-Antworten** sind idR ungeeignet. Ist die **Glaubwürdigkeit von Zeugen** zweifelhaft, genügen schriftl Aussagen nur in extremen Ausnahmefällen. IZw kann jede Partei erneute Anhörung bzw Gegenüberstellung vor Schiedsgericht u/oder Beeidigung (§ 1050) verlangen. Schiedsgericht muss auch im schriftl Beweisaufnahmeverf zur Wahrheit ermahnen u auf **strafrechtl Konsequenzen einer Falschaussage** (Beihilfe zu [versuchtem] Prozessbetrug etc) hinweisen. – Zum **Kreuzverhör** Mekat SchiedsVZ 2017, 119. **Falschaussage vor Schiedsgericht** ist nicht nach § 153 StGB strafbar, uU aber nach § 263 StGB. Sa Feldmann S 107. 34

5) Antizipierte Beweiswürdigung. Eine antizipierte Beweiswürdigung u eine daraus abgeleitete Ablehnung des Beweisantrages ist in größerem Umfang als bei staatl Gerichten mögl. Zu weitgehend BGH NJW 66, 549 = ZZP 79 (1966), 451 (Habscheid). AA Spohnheimer S 330. Sa OLG Köln IPRspr 2010 Nr 309. 35

6) Entschädigung von Zeugen und Gutachtern. Die freiw erscheinenden Zeugen haben ihre Ansprüche wegen Zeitversäumnis ggü der Schiedspartei, welche die Aussage veranlasst hat, geltend zu machen, v. Bodungen/Pörnbacher in Taktik im Schiedsverf, 2008, S 137; aA RGZ 74, 321 (beide Parteien als Gesamtschuldner). Keine Festsetzung durch Schiedsgericht. Die Höhe der Zeugenentschädigung ist durch ZSEG nicht begrenzt, v. Bo- 36 dungen/Pörnbacher S 136. Ein Schiedsgericht, das einen SV mit der Erstellung eines Gutachtens beauftragt, tut dies im Auftrag u in Vollmacht der Parteien, BGHZ 42, 313 = NJW 65, 298.

37 **VIII) Sonstige Verfahrensfragen. 1) Subjektive Klagenhäufung.** Diese ist grds mögl. Voraussetzung: Alle beteiligten Personen müssen sich der Schiedsklausel unterworfen haben oder gem § 1066 unterworfen sein; auch muss die Besetzung des Schiedsgerichts einvernehml geregelt sein. Es genügt nicht, wenn alle zur **Verbindung** anstehenden Schiedsverf das gleiche Schiedsgericht vorsehen. Wenn nach der Schiedsvereinbarung „jede Partei" einen Schiedsrichter ernennen kann, darf einerseits dieses BenennungsR ohne Zustimmung des Betroffenen nicht dadurch relativiert werden, dass auf der Kläger- oder Beklagtenseite mehrere Personen sind. Andererseits darf das Gleichgewicht unter den Schiedsrichtern nicht dadurch in Frage gestellt werden, dass die eine Seite mehr Schiedsrichter als die andere ernennt. Sofern die eine Seite (mehrere Kl bzw Bekl) sich nicht auf einen gemeinsamen Schiedsrichter einigen kann u eine Ersatzernennung durch einen Dritten (Massuras S 316) für diesen Fall nicht vorgesehen ist (s § 1035 Rn 8 f), ist eine subj Klagenhäufung ausgeschlossen. Im Falle notwendiger Streitgenossenschaft aus mat-rechtl Gründen (nicht jedoch aus prozessualen, Massuras S 385) wegen gemeinsamer Aktiv- oder Passivlegitimation kann dann überhaupt kein Schiedsverf stattfinden. Zu Reformfragen s § 1035 Rn 10.

38 **2) Partei- und Prozessfähigkeit.** Es gelten §§ 50 ff, sofern die Parteien nichts Abweichendes vereinbart haben (was rechtsstaatl Mindeststandard nicht widerspricht), Schütze/Tscherning/Wais Rn 591. Sa § 1029 Rn 17.

39 **3) PKH (§ 114).** Diese kommt im dt Schiedsverf nicht in Betracht, Schütze/Tscherning/Wais Rn 592; Spohnheimer S 245.

40 **4) Sicherheitsleistung durch ausländische Schiedskläger für die Kosten des Schiedsverf einschließlich der Kosten der Schiedsrichter.** § 110 ist für Schiedsverf als solches zumindest analog anwendbar, WSch/Schütze[5] § 1042 Rn 78; Geimer IZPR[9] Rn 3859. § 110 betrifft aber nur Kläger/Antragsteller mit gewöhnl Aufenthalt bzw Sitz außerhalb der EU/Europ Wirtschaftsraums. Ohne diese geografische Begrenzung kann in krassen Einzelfällen das Schiedsgericht im Rahmen seines Verfahrensgestaltungsermessens eine Sicherheitsleistung jedenfalls dann anordnen, wenn der evtl Kostenerstattungsanspruch des Bekl (dessen Anteil an dem an das Schiedsgericht bzw an die Schiedsinstitution zu zahlenden Vorschuss u voraussichtl entstehende außergerichtl Kosten) evident gefährdet ist, wie zB bei der Klage eines Vermögenslosen oder des InsVerw. In jedem Fall kann ein vertragl begründeter Anspruch auf Sicherheitsleistung durch einstw Maßnahmen durchgesetzt werden. – Denkbar sind auch einstw Maßnahmen zur **Sicherung des Kosteninteresses des Kl**, Pörnbacher/Thiel SchiedsVZ 2010, 14, 20. Sa § 1057 Rn 5.

41 **5) Nebenintervention.** Die Parteien können auch eine Nebenintervention zulassen u ihre Voraussetzungen näher bestimmen. WNw bei Hamann/Lennarz SchiedsVZ 2006, 289, 291; Synatschke S 289; G. Wagner in Böckstiegel/Berger/Bredow, S 44; Wach SchiedsVZ 2020, 228. Erforderl ist die Zustimmung der Parteien; sie können darüber entscheiden, ob ein Dritter an „ihrem" Schiedsverf teilnehmen darf. Jede Partei kann dies verhindern; darüber hinaus verlangen Schwab/Walter 16 Rn 20 noch die Zustimmung der Schiedsrichter. Der Zwischenschiedsspruch über die Zulassung einer NI kann nicht selbständig mit dem Aufhebungsantrag angefochten werden. Zustimmung der Schiedsrichter ist aber nicht erforderl; diese haben allenfalls ein KündigungsR, sofern sich durch die NI ihr Aufgaben- u Arbeitsgebiet unzumutbar erweitert, Geimer in Böckstiegel/Berger/Bredow, S 71, 83. – Zur Nebenintervention OLG Stuttgart SchiedsVZ 2003, 84, 85 (Nacimiento/G. Geimer). Sa Stretz SchiedsVZ 2013, 193.

42 **6) Streitverkündung.** Diese ist grds zulässig. Voraussetzung ist die (vorherige oder nachträgl) Unterwerfung des Dritten, dem der Streit verkündet werden soll, unter die Entscheidungszuständigkeit des Schiedsgerichts, s § 1032 Rn 22; Hamann/Lennarz SchiedsVZ 2006, 289, 291; Martens S 283 ff; Massuras S 492 ff; Saenger Rn 22; WSch/Schütze[5] Rn 84 ff; Stretz SchiedsVZ 2013, 193; Werner NZG 2023, 458, 463.

42a **7) Hauptintervention (§§ 64, 75).** Auch diese ist zulässig, wenn die Parteien u Schiedsrichter zustimmen. Der Beitretende unterwirft sich der Zuständigkeit des Schiedsgerichts, Martens S 302; Schwab/Walter 16 Rn 20.

43 **8) Beiladung.** Das Schiedsgericht muss im Gestaltungsverf (s § 1030 Rn 5) – ebenso wie das staatl Gericht – einem **subj rechtl betroffenen Dritten** Gelegenheit zur Teilnahme am Schiedsverf geben. Zust WSch/Schütze[5] Rn 91. Dies ist nicht nur auf Fälle der streitgenössischen NI (§§ 66, 69) beschränkt; bei Verstoß Aufhebung gem § 1059 II Nr 1b, d; vgl K. Schmidt ZGR 88, 532. Ausf zum Verfahrensermessen des Schiedsgerichts Schlosser FS Geimer, 2002, S 947.

44 **9) Verbindung zweier getrennter Schiedsverfahren zur gemeinsamen Verhandlung und Entscheidung.** Eine derartige Verbindung ist unzulässig, es sei denn, das Schiedsgericht ist für beide Verf „zuständig" u alle Betroffenen haben zugestimmt, Berger S 209; Laschet IPRax 86, 182; Raeschke-Kessler/Berger Rn 779.

45 **10) Widerklage.** S § 1046 Rn 4; BGH SchiedsVZ 2022, 291 = EWiR 2021, 575 (Hangebrauck); Kleinschmidt SchiedsVZ 2006, 142.

46 **11) Schiedsverfahren und Rechtsmittel.** Das **Schiedsverfahren** ist idR **einstufig**. Die Parteien können aber ein **Rechtsmittel an höhere schiedsrichterl Instanz** vorsehen u regeln, wie u in welcher Frist dieses Rechtsmittel einzulegen ist, Dolf Weber FS Geimer, 2002, S 1445; Grenz S 93. Für Verf der schiedsgerichtl Berufungsinstanz

gelten §§ 1042 ff. Nur der das schiedsrichterl Verf endgültig abschließende u in ihm nicht mehr abänderbare Spruch ist Schiedsspruch iSd §§ 1051 ff. Nur dieser kann für vollstrb erklärt werden, § 1060. Dies gilt auch dann, wenn die Parteien ausdrückl vereinbart hatten, der Schiedsspruch 1. Instanz könne für vorläufig vollstrb erklärt werden. Die Schiedsrichter 1. Instanz sind an ihre Entscheidung gebunden, sobald sie diese den Parteien bekannt gegeben haben. Sie können ihn nach diesem Zeitpunkt nur dann abändern, wenn das Oberschiedsgericht als Rechtsmittelinstanz zurückverwiesen hat. Es kann auch eine nur beschränkte Nachprüfung durch das Oberschiedsgericht wie im **Revisionsverf** vereinbart werden.

12) Keine Rechtsmittel zu staatlichen Gerichten. Ein Schiedsspruch kann durch Rechtsmittel nach §§ 511 ff oder Wiederaufnahmeklage (§§ 578 ff; s § 1059 Rn 21; Feldmann S 265 ff) vor staatl Gerichten nicht angefochten werden. Ein Schiedsgericht kann also nicht dergestalt in die staatl Gerichtsbarkeit eingebunden werden, dass es an die Stelle des staatl Gerichts 1. Instanz tritt, die staatl Rechtsmittelgerichte aber funktionell zuständig bleiben. Zulässig ist dagegen eine Vereinbarung, der Schiedsspruch solle nur unter der aufschiebenden Bedingung wirksam werden, dass keine der Parteien während einer Ausschlussfrist vor dem staatl Gericht Klage (aus dem materiellen Rechtsverhältnis) erhebt. 47

13) Insolvenz. Diese bewirkt keine Beendigung (§§ 115 f InsO) oder auch nur Unterbrechung des Schiedsverf, s § 1029 Rn 53, 84. Unterbrechung nur, wenn dies von den Parteien vereinbart ist, BGHZ 24, 15, 18; BGH 29.1. 2009 – III ZB 88/07; OLG Dresden SchiedsVZ 2005, 159; Bork SchiedsVZ 2022, 139; G. Wagner KTS 2010, 39, 51. InsVerwalter tritt an die Stelle des Gemeinschuldners, dieser hat kein WahlR (§ 103 InsO), Schütze/Thümmel Rn 24.2, idR auch kein AnfechtungsR nach §§ 129 ff InsO, s § 1029 Rn 53; BGH MDR 2011, 1002 (Dahl/Thomas NZI 2012, 534); die Verfahrensvollmacht des Gemeinschuldners erlischt, § 116 InsO, Raeschke-Kessler/Berger Rn 690. Für Verf vor staatl Gericht (zB Ernennung der Schiedsrichter oder §§ 1059, 1060) gilt jedoch § 240, BGH MDR 2017, 906; sa BGH GRUR 2019, 549. – Sa § 1060 Rn 27; BGH MDR 2008, 478. Im Verf auf Aufhebung u Vollstreckbarerklärung eines Schiedsspruchs ist ein Antrag auf Feststellung einer Forderung zur Insolvenztabelle unzulässig, BGH MDR 2017, 906. Sa § 1063 Rn 18. Sa BayObLG NZI 2022, 142 (Kaubisch/v. Marschall NZI 2022, 111). 48

14) Überprüfung des Schiedsspruchs durch Schiedsorganisation. S § 1035 Rn 35. Nach den ICC-Rules (Art 27, Art 34, sa § 1035 Rn 35) haben die Schiedsrichter vor Erlass des Schiedsspruchs dessen Entwurf dem Schiedsgerichtshof vorzulegen. Dieser kann formale Änderungen anordnen u in materiellen Punkten Anregungen zu Änderungen geben. Dies verstößt nach Schlosser RipS[2] Rn 524 gegen Gebot der Unabhängigkeit der Schiedsrichter. Dagegen Böckstiegel NJW 77, 463, 466, weil auch Oberschiedsgericht zulässig sei. Sa Reiner/Jahnel in Schütze, Institutionelle Schiedsgerichtsbarkeit[3], 2018, Art 27 Rn 4. 49

15) Unterbrechung und Aussetzung. §§ 239 ff sind nicht unmittelbar anwendbar (sa Mann/Waschkowski SchiedsVZ 2023, 263). Jedoch wird Schiedsgericht im Rahmen seines Verfahrensermessens zu gleichen oder ähnl Ergebnissen kommen wie in einem vergleichbaren Fall das staatl Gericht. Die Insolvenzeröffnung unterbricht nicht ex lege das Schiedsverf; jedoch muss Schiedsgericht dem InsVerwalter ausreichend Zeit lassen für die Entscheidung über die Verfahrensfortsetzung, s Rn 48; Heidbrink/v. der Groeben ZIP 2006, 265 mwN. Zur Anwendung der Art 7 II (f) u Art 18 EuInsVO Kasolowsky/Steup IPRax 2010, 180; Nacimiento/Bähr NJW 2010, 414; G. Wagner KTS 2010, 39, 51; Bork SchiedsVZ 2022, 139. Auch muss das Schiedsgericht ermöglichen, die Forderung anzumelden und das Prüfverf nach §§ 174 ff InsO durchzuführen. Das Gleiche gilt beim Tod einer Partei für die Erben. Sa BGH SchiedsVZ 2008, 148 (s Rn 48). 50

16) Ruhen des Verfahrens. Für das Ruhen des Verf müssen mindestens die Anforderungen des § 251 gegeben sein. Das Schiedsverf ruht also in keinem Fall, bevor nicht das Schiedsgericht dies angeordnet hat. Im Hinblick auf das in der Schiedsgerichtsbarkeit bes wichtige **Beschleunigungsgebot** sollte das Schiedsgericht idR nicht unbefristet aussetzen. Den Beteiligten bleibt vorbehalten, rechtzeitig vor Ablauf der vom Schiedsgericht gesetzten Frist unter Darlegung der Gründe einen etwaigen Verlängerungsantrag (für das Ruhen des Verf) zu stellen. Zum weiten Ermessensspielraum des Schiedsgerichts BGH SchiedsVZ 2008, 40, 43 Tz 24. 51

17) Strafprozessuales Verfahren. Auch wenn die am Sitz des Schiedsgerichts maßgebl Rechtsordnung für Verf vor den staatl Gerichten den **Vorrang des Strafprozesses vor dem** (den gleichen Sachverhalt betr) **Zivilprozess** anordnet, ist das für das Schiedsgericht iZw unbeachtl. Dessen Verf wird mithin durch den Strafprozess nicht blockiert. Das Schiedsgericht kann jedoch von sich aus sein Verf aussetzen, um die Ergebnisse des Strafprozesses bzw einzelner Verfahrensstadien desselben abzuwarten, Wilhelmi IPRax 2007, 348. 52

18) Entscheidungsformen des Schiedsgerichts. Endschiedsspruch, Teilschiedsspruch (zB BGH SchiedsVZ 2021, 341 (Groh/Lieberknecht SchiedsVZ 2021, 297); OLG München SchiedsVZ 2012, 107, 110; Kröll SchiedsVZ 2022, 255; sa Haas SchiedsVZ 2010, 286, 289; Schlosser FS Stathopoulos II, 2010, S 2639), Zwischenschiedsspruch, Zwischenentscheid (§ 1040 III), Anordnung (§ 1041), Schiedsverfahrensverfügung (procedural order), s § 1054 Rn 3 u § 1059 Rn 22. Sa die Terminologie in § 1045 I 2. Teilschiedssprüche entfalten **materielle Rechtskraft** (§ 1055), nicht dagegen Zwischenschiedssprüche. Diese binden nur das Schiedsgericht im anhängigen Schiedsverf (**innerprozessuale Bindungswirkung**). Es liegt im Ermessen des Schiedsgerichts, ob es eine **feststellende Entscheidung** als Teilschiedsspruch oder nur als Zwischenschiedsspruch (ohne Rechtskraftwir- 53 kung u ohne Anfechtungsmöglichkeit nach § 1059 [s § 1059 Rn 22 f]) erlässt, Trittmann S 263. Bei Verurteilung zu Leistungen, die vollstrb erklärt werden sollen (§ 1060), kommt nur Erlass eines Teilschiedsspruchs in Betracht, wobei der Leistungsbefehl entspr BGHZ 108, 256, 260 klar definiert sein muss, Schlosser FS Stathopoulos II, 2010, S 2639.

54 **19) Entscheidung über materiell-rechtliche Anspruchsgrundlagen.** Anders als die staatl Gerichte (BGH NJW 92, 2180) können Schiedsgerichte **Teilschiedssprüche** auch über einzelne mat-rechtl Anspruchsgrundlagen (zB keine Vertragshaftung, offenlassend andere rechtl Gesichtspunkte), das kollisionsrechtl maßgebl Recht oder Schadensposten etc erlassen, ja sogar über die **Feststellung von (aus der Sicht des Schiedsgerichts relevanten) Tatsachen**, vgl Schlosser FS Stathopoulos II, 2010, S 2639. Insoweit kann der Verfahrensgegenstand nach Rechtsgrundlagen aufgespalten werden. Auch kann zB durch Teilschiedsspruch für einen Verfahrensabschnitt eine endgültige Kostenentscheidung iSv § 1060 getroffen werden, BGH NJW-RR 2007, 1008. – Zur Verurteilung zu Abschlagszahlungen OLG München SchiedsVZ 2012, 107, 110.

55 **20) Schiedsverfahrensverfügungen.** § 273 nicht (entspr) anwendbar. Zuständig ist nicht der Vors, sondern das gesamte Schiedsgericht, vorbehaltl § 1052 III. Dieses muss gem § 1052 I entscheiden. Der Vors u jeder Beisitzer ist aber iZw (konkludent) ermächtigt, die Entscheidung des Schiedsgerichts nach außen zu kommunizieren. § 1054 findet keine Anwendung. Anders als bei Teil- u Zwischenschiedssprüchen besteht **keine innerprozessuale Bindung**. Schiedsverfahrensverfügungen können grds geändert werden, vorbehaltl des Vertrauensschutzes (zB bei Fristverlängerungen, Schlosser FS Stathopoulos II, 2010, S 2639). – Sa § 1052 Rn 8.

56 **21) Entscheidungsbefugnisse des Schiedsgerichts.** Dieses hat im Hinblick auf das Gleichwertigkeitsprinzip grds mindestens die gleichen Befugnisse (nach seinem Verfahrensstatut, s § 1025 Rn 8 f) wie das staatl Gericht. Es kann zB eine **Schadensschätzung** (§ 287; BGH NJW-RR 2016, 892 Tz 27; Risse/Höfling SchiedsVZ 2020, 73; Roquette/Stieglmeier, SchiedsVZ 2023, 177, 182: für Übertragung auf Beweiserleichterungen bei (englischen) ***global claims***) vornehmen oder eine **Eventualentscheidung iSv § 510b** treffen, wobei – von Bagatellfällen abgesehen – die Höhe der Entschädigung nicht dem freien Ermessen des Schiedsgerichts überlassen bleibt, sofern die Parteien nicht eine so weitgehende Billigkeitsentscheidung vereinbart hatten, StJ/Schlosser § 1029 Rn 44; sa Roquette/Sudkamp RInPrax 2025, 26, 30: Ermessen durch Verbot der Billigkeitsentscheidung (1051 III) begrenzt. – Auch darüberhinausgehende Entscheidungen des Schiedsgerichts sind nicht ausgeschlossen, wie zB die Grenzen der §§ 256-260 übersteigende Schiedssprüche. – Zur Abgrenzung von nach § 1042 IV 2 zulässiger Schadensschätzung (§ 287) zur vereinbarungspflichtigen **Billigkeitsentscheidung**, die sich durch Fehlen jeglicher Erwägungen zum positiven Recht auszeichnet, OLG Frankfurt/M SchiedsVZ 2022, 40, 47 Tz 79, 80; Roquette/Sudkamp RInPrax 2025, 26, 30: für Bauzeitanspruch.

57 **22) Privatstrafen.** Die Parteien können das Schiedsgericht angesichts der ihm fehlenden hoheitl Befugnisse evtl ermächtigen, seine Anordnungen durch die Androhung von Privatstrafen zu sanktionieren und bei Nichtbeachtung im Schiedsspruch der Höhe nach endgültig festzusetzen (Verurteilung zur Zahlung an den Gegner). Denkbar wäre eine Parallele zu der (in den romanischen Rechtsordnungen verbreiteten) astreinte als Zwangsmaßnahme (tendenziell StJ/Schlosser § 1051 Rn 9; Schlosser FS Gottwald, 2014, S 552 f, 564 f: „Gewähren Schiedsrichter Leistungsfristen oder verhängen ‚astreintes' ohne nach anwendbarem Recht dazu ermächtigt zu sein, so ist es, wenn eine halbwegs vertretbare Begründung dafür gegeben wird, ein error in iudicando und kein Grund, den Schiedsspruch aufzuheben oder ihn nicht anzuerkennen"). Fragl, ob ohne ausdrückl Regelung der Parteien dieses Vorgehen von den Schiedsrichtern bewusst gem IV praktiziert werden darf.

§ 1043 Ort des schiedsrichterlichen Verfahrens

(1) [1]Die Parteien können eine Vereinbarung über den Ort des schiedsrichterlichen Verfahrens treffen. [2]Fehlt eine solche Vereinbarung, so wird der Ort des schiedsrichterlichen Verfahrens vom Schiedsgericht bestimmt. [3]Dabei sind die Umstände des Falles einschließlich der Eignung des Ortes für die Parteien zu berücksichtigen.

(2) Haben die Parteien nichts anderes vereinbart, so kann das Schiedsgericht ungeachtet des Absatzes 1 an jedem ihm geeignet erscheinenden Ort zu einer mündlichen Verhandlung, zur Vernehmung von Zeugen, Sachverständigen oder der Parteien, zur Beratung zwischen seinen Mitgliedern, zur Besichtigung von Sachen oder zur Einsichtnahme in Dokumente zusammentreten.

1 **I) Überblick. 1) Verfahrensort.** Der Verfahrensort ist insb von Bedeutung für die Frage nach dem anwendbaren VerfR u für die Qualifikation als in- oder ausl Schiedsspruch. § 1043 ist deshalb auch anzuwenden, wenn zu ermitteln ist, ob iSv § 1025 I wirksam ein Schiedsort in Deutschland festgelegt wurde (sa BGH 27.7.2023 – I ZB 75/22 Tz 28). Es handelt sich um einen Rechtsbegriff, der losgelöst ist von den Bezügen zu den Parteien (Staatsangehörigkeit, Wohnsitz, gewöhnl Aufenthalt) u zu dem Streitgegenstand. Er kann „willkürlich" gewählt werden u wird nicht selten an einem „neutralen" Ort fixiert. Vgl Eckstein-Puhl S 68, Raeschke-Kessler/Berger

Rn 135: Solomon S 424 „formelles Legaldomizil", „vergeistigter Sitzbegriff", zum CAS s insow Hülskötter SpuRt 2024, 78, 84 u EuGH EuZW 2024, 373 [Wagner]; sa Blaschczok IPRax 2025, 27 f. Zu Missbrauchsfällen s § 1025 Rn 7. Davon zu unterscheiden ist der **Tagungsort** (II) (s Rn 4). Bleibt Ort des Schiedsverf unklar, stellt im Aufhebungsverf (§ 1059) OLG Düsseldorf EWiR 2000, 795 (Kröll) auf Ort der letzten mündl Verh ab, ähnl OLG München SchiedsVZ 2005, 308, 309: Ort der Beweisaufnahme. Sa OLG München SchiedsVZ 2010, 336 im Hinblick auf § 1062 I: Maßgebend für Zuständigkeit des OLG ist der im Schiedsspruch angegebene Ort des schiedsrichterl Verf, auch wenn tatsächl woanders erlassen. Den Parteien steht es frei, eine fehlerhafte Ortsangabe berichtigen zu lassen, § 1058.

2) Wahl des Schiedsortes durch die Parteien. Man sollte insb im Auge behalten, ob die Anerkennung u Vollstreckbarerklärung eines nach dem VerfR des Schiedsortes ergangenen Schiedsspruches in den mögl Vollstreckungsstaaten gewährleistet ist, BTDrs 13/5274, 47. – Keine Lokalisierung der intern Investitionsschiedsgerichte BGH NJW 2023, 3501 Tz 27 ff für ICSID-Schiedssprüche („anationale" Schiedssprüche; dazu Heß IPRax 2024, 193, 194). 2

3) Festlegung des Schiedsortes durch das Schiedsgericht. Diese Festlegung (sa OLG München SchiedsVZ 2008, 307; BayObLG 1.4.2025 – 102 Sch 1/25 e) ist wegen seiner weit reichenden Bedeutung keine „einzelne Verfahrensfrage" iSv § 1052, sie kann nicht dem Vors übertragen werden, BTDrs 13/5274, 47. **Grob missbräuchl Festlegung des Schiedsorts** durch die Schiedsrichter ist Verfahrensverstoß u Aufhebungsgrund nach § 1059 II Nr 1d. Das staatl Gericht darf aber sein Ermessen nicht an die Stelle des Ermessens der Schiedsrichter setzen. Aufzuheben ist also nur bei evidentem Ermessensmissbrauch, weniger deutl Borges ZZP 111 (1998), 505. Auch nach Festlegung des Schiedsortes durch das Schiedsgericht nach II können Parteien einvernehml einen anderen Schiedsort vereinbaren, StJ/Schlosser Rn 3. Diese Wahl haben die Schiedsrichter zu beachten. Sie können aber ggf ihren Schiedsrichtervertrag fristlos kündigen u ihr Amt zur Verfügung stellen, wenn Wechsel des Schiedsortes zu einem (ihnen nicht zumutbaren) VerfahrensR führt. Sa Kahlert S 224. II verpflichtet die Schiedsrichter nicht, den Schiedsort zu bestimmen. Eine solche Pflicht ergibt sich aber aus der **generellen Verfahrensförderungspflicht der Schiedsrichter** aus dem Schiedsrichtervertrag. Für Festlegung durch staatl Gericht bei Weigerung oder Untätigkeit der Schiedsrichter Borges ZZP 111 (1998), 505. 3

II) Tagungsort (§ 1043 II). Das Schiedsgericht kann an jedem ihm geeignet erscheinenden Ort zusammentreten, wenn die Parteien nichts anderes vereinbart haben (sa BGH 27.7.2023 – I ZB 75/22 Tz 28 zu Art 62 ICSID-Übk). Die Festlegung des Schiedsortes iSv I wird hierdurch nicht berührt; s § 1025 Rn 10. Die Festlegung des Schiedsortes, der zugleich der Erlassort für den Schiedsspruch ist (§ 1054 III), dient der **Verankerung des Schiedsverf in einer bestimmten Rechtsordnung**, BTDrs 13/5274, 47; Epping S 11; Konrad in Liebscher/Oberhammer/Rechberger Rn 2/10. Nach aA lässt II nur gelegentl Ortswechsel zu. Wenn sämtl Verfahrenshandlungen an einem anderen Ort stattfinden, soll der effektive Ort des Schiedsverf maßgebl sein, WSch/Schütze[5] Rn 19; Kronke RIW 98, 261 („bloße Fiktion"). 4

III) Zuständigkeitsbestimmungen gem Art 4 ff Brüssel Ia-VO. Diese Vorschriften finden wegen Art 1 II (d) Brüssel Ia-VO für Schiedsgerichte grds keine Anwendung; rechtfertigen lässt sich dies auch damit, dass diese keine Gerichte iSv Art 2 (a) Brüssel Ia-VO sind, EuGH EuZW 2015, 509 – Gazprom. Sa Mankowski in Rauscher, EuZPR-EuIPR[5], Art 1 Brüssel Ia-VO Rn 4 u Art 25 Brüssel Ia-VO Rn 17. Etwas anderes gilt nur, wenn Schiedsgerichte kraft staatl Delegation Recht sprechen. Solche in das staatl Justizsystem eingegliederte „Zwangsschiedsgerichte" sind Gerichte iSv Art 2 (a) Brüssel Ia-VO, EuGH EuZW 2014, 301; Mankowski in Rauscher, EuZPR-EuIPR[5], Art 1 Brüssel Ia-VO Rn 8. – Da sich ex ante nicht absehen lässt, ob die Zuständigkeit des Schiedsgerichts (prozessordnungskonform nach der lex fori) im Verf vor dem staatl Gericht überhaupt geltend gemacht wird (bei Maßgeblichkeit dt Rechts gibt § 1032 I nur eine Einrede, die rechtzeitig erhoben werden muss) und wie am Ende das angerufene staatl Gericht über die Wirksamkeit der Schiedsvereinbarung bzw. Schiedsanordnung (§ 1066) entscheiden wird, finden für das Erkenntnisverf vor dem mit der Klage befassten staatl Gericht trotz Art 1 II (d) Brüssel Ia-VO iVm Erw 12 (2) die Kompetenzregeln der Art 4 ff Brüssel Ia-VO immer Anwendung, also auch dann, wenn letztlich wegen der Zuständigkeit des Schiedsgerichts die Klage als unzulässig abgewiesen wird, EuGH SchiedsVZ 2009, 120 – Allianz. Für die Anerkennung dieser Prozessabweisung stehen wegen Art 1 II (d) Brüssel Ia-VO Art 36 ff Brüssel Ia-VO nicht zur Verfügung. Die **Anwendungsbereiche von Kompetenzsystem und Anerkennungsregime fallen mithin auseinander**. – Anders bei Entscheidung in der Sache s § 1061 Rn 50 f. 5

IV) Schiedsort. Der Schiedsort **kann frei gewählt** (§ 1029) bzw bestimmt (vgl § 1066) werden. Auch die in Art 24 Brüssel Ia-VO aufgeführten Streitgegenstände sind schiedsfähig. Die dortigen ausschließl internat Zuständigkeiten können zu Gunsten der Zuständigkeit eines Schiedsgerichts derogiert werden, selbst wenn dieses seinen Schiedsort außerhalb des geografischen Anwendungsbereichs der Brüssel Ia-VO hat, obwohl dies zugunsten der staatl Gerichte eines anderen Mitgliedstaats oder eines Drittstaats gem Art 25 IV Brüssel Ia-VO verboten ist. Das Gleiche gilt für die Pro- bzw. Derogationsschranken in Versicherungs-, Verbraucher- u Arbeitssachen (Art 15, 19 u 23 Brüssel Ia-VO), Geimer FS Ahrens, 2016, S 501. Wurde jedoch der Schiedsspruch aufgehoben u entscheidet nunmehr ein staatl Gericht über die Sache, gelten für dieses Art 4 ff Brüssel Ia-VO; OLG Hamburg NJW 1990, 1425. 6

§ 1044 Beginn des schiedsrichterlichen Verfahrens

[1]Haben die Parteien nichts anderes vereinbart, so beginnt das schiedsrichterliche Verfahren über eine bestimmte Streitigkeit mit dem Tag, an dem der Beklagte den Antrag, die Streitigkeit einem Schiedsgericht vorzulegen, empfangen hat. [2]Der Antrag muss die Bezeichnung der Parteien, die Angabe des Streitgegenstandes und einen Hinweis auf die Schiedsvereinbarung enthalten.

1 **I) Beginn des Schiedsverfahrens. 1) Bei Ad-hoc-Verfahren.** Soweit die Parteien keine Regelung vorgenommen haben, ist Tag maßgebl, an dem der Bekl den Antrag empfangen hat, die Streitigkeit einem Schiedsgericht vorzulegen. Vgl Art 21 UNCITRAL-MG; Gottwald S 52. Einer förml Zustellung bedarf es nicht.

2 **2) Mindestinhalt des Vorlegungsantrages.** § 1044 S 2 verlangt als Mindestinhalt des Vorlegungsantrages die Angabe der Parteien, einen Hinweis auf die Schiedsvereinbarung u die Angabe des Streitgegenstandes. Auch wenn man von einem zweigliedrigen Streitgegenstandsbegriff (s Einl Rn 83) ausgeht, müssen die Tatsachen, die den Anspruch begründen, zu diesem Zeitpunkt noch nicht dargelegt werden, Wach in Taktik des Schiedsverf, 2008, 57, 104. Sa Spohnheimer S 350; WSch/Schütze[5] Rn 4. Die Anforderungen für einen Vorlegungsantrag sind geringer als diej für eine Schiedsklageschrift (§ 1046 I). Die Angaben des Kl müssen aber die Prüfung ermöglichen, ob die vorgelegte Streitigkeit der Schiedsvereinbarung unterfällt, BTDrs 13/5274, 47; Roquette/Sudkamp RInPrax 2025, 26, 29. Die Schiedsvereinbarung muss weder beigefügt noch zitiert werden (krit Graeve SchiedsVZ 2024, 239, 242), wenngleich dies zweckmäßig ist, um auf einfache Weise klarzumachen, worauf der Kl seinen Antrag stützt, Lachmann Rn 760.

3 **3) Bei ständigem Schiedsgericht.** Die Antragstellung bei einer Schiedsorganisation (s § 1035 Rn 35) ist idR durch die betr Schiedsordnung genau geregelt. Ausf Schlosser RipS[2] Rn 607; Spohnheimer S 101 ff.

4 **II) Schiedshängigkeit.** Mit Zugang des Vorlegungsantrages tritt Schiedshängigkeit ein. Sie bewirkt – bei Maßgeblichkeit dt Rechts – nach § 204 I Nr 11, § 941 BGB Verjährungs- u Ersitzungsfristhemmung. Ausf Lachmann Rn 765; Münch FS Schlosser, 2005, S 613; Valdini SchiedsVZ 2016, 76, 77. Ein Güte- oder bloßes Schlichtungsverf bei einer Schiedsorganisation genügt jedoch nicht, BGH NJW-RR 93, 1059. S aber § 1029 Rn 5. Der Erlass des Schiedsspruchs verlängert Verjährungsfrist auf 30 Jahre nach § 197 I Nr 3 BGB; diese entfällt rückwirkend mit Aufhebung des Schiedsspruchs (§ 1059), Raeschke-Kessler/Berger Rn 584. Auch treten die sonst mit der Klageerhebung verbundenen Nebenfolgen ein, so zB Verjährungshemmung gem § 204 I Nr 11 BGB, wenn dt Recht lex causae ist. Zu den mat-rechtl Wirkungen des Schiedsverf Geimer IZPR[9] Rn 3845; Windthorst SchiedsVZ 2004, 230.

5 **III) Keine Rechtshängigkeit.** Rechtshängigkeit iSd § 261 III Nr 1 wird durch das Verf vor dem Schiedsgericht dagegen nicht begründet, Lachmann Rn 762. Die Anrufung des staatl Gerichts trotz Befassung eines Schiedsgerichts mit der Angelegenheit ist nur unzulässig, wenn eine wirksame Schiedsvereinbarung bzw Schiedsgerichtsanordnung iSv § 1066 besteht u die Einrede nach § 1032 I rechtzeitig erhoben ist. Anders Art 6 III EÜ. IÜ hat jedoch Klageerhebung vor dem Schiedsgericht die gleiche Wirkung wie Rechtshängigkeit vor staatl Gerichten, wie zB Verjährung, Verzinsungspflicht etc, Gerstenmaier SchiedsVZ 2012, 1, 3; Münch FS Schlosser, 2005, S 613. AA v. Bernuth/Hoffmann SchiedsVZ 2006, 127, 128.

§ 1045 Verfahrenssprache

(1) [1]Die Parteien können die Sprache oder die Sprachen, die im schiedsrichterlichen Verfahren zu verwenden sind, vereinbaren. [2]Fehlt eine solche Vereinbarung, so bestimmt hierüber das Schiedsgericht. [3]Die Vereinbarung der Parteien oder die Bestimmung des Schiedsgerichts ist, sofern darin nichts anderes vorgesehen wird, für schriftliche Erklärungen einer Partei, mündliche Verhandlungen, Schiedssprüche, sonstige Entscheidungen und andere Mitteilungen des Schiedsgerichts maßgebend.
(2) Das Schiedsgericht kann anordnen, dass schriftliche Beweismittel mit einer Übersetzung in die Sprache oder die Sprachen versehen sein müssen, die zwischen den Parteien vereinbart oder vom Schiedsgericht bestimmt worden sind.

Lit: *Jäger/Zavodsky*, Verfahrenssprache im Schiedsverfahren, SchiedsVZ 2019, 175.

1 § 184 GVG gilt nur für Verf vor staatl Gerichten. Die Parteien können u sollen die Verfahrenssprache ohne jede Bindung frei vereinbaren, s Jäger/Zavodsky SchiedsVZ 2019, 175, 176: Ausprägung von § 1042 III. Sie können **auch Zweisprachigkeit** vereinbaren. Zust WSch/Schütze[5] Rn 6. Doch führt dies idR zu unnötigen Verzögerungen. Zweckmäßig ist eine Verfahrenssprache, die möglichst wenige Übersetzungen notwendig macht, Gottwald S 56. **Nachträgliche Änderung** der Verfahrenssprache ist möglich (mit Rücktrittsmöglichkeit nach § 1038 I), s Jäger/Zavodsky SchiedsVZ 2019, 175, 177.

Fehlt eine Vereinbarung der Parteien über die Verfahrenssprache, so entscheidet das Schiedsgericht, s Jäger/Zavodsky SchiedsVZ 2019, 177: Alleinentscheidung durch Vorsitzenden iSd § 1052 III ist gestattet; wichtigster Anhaltspunkt ist hierfür die Vertragssprache des mat-rechtl Hauptvertrages. Zum Verhältnis Schiedsgerichtsbarkeit u *Commercial Court*, der in englischer Sprache verhandeln kann, s Raeschke-Kessler NJW 2023, 3558; zum RegE eines Gesetzes zur Modernisierung des Schiedsverfahrensrechts (BTDrs 20/13257, 47 f: § 1063a- E) s § 1062 Rn 9. 2

Trifft das Schiedsgericht eine **Anordnung gem II**, so handelt es sich bei den dadurch anfallenden Kosten um notwendige Kosten iSv § 1057 I. Sie sind Gegenstand der Kostenentscheidung unabhängig davon, welche Partei die Übersetzung zu veranlassen hatte, BTDrs 13/5274, 48. 3

§ 1046 Klage und Klagebeantwortung

(1) [1]Innerhalb der von den Parteien vereinbarten oder vom Schiedsgericht bestimmten Frist hat der Kläger seinen Anspruch und die Tatsachen, auf die sich dieser Anspruch stützt, darzulegen und der Beklagte hierzu Stellung zu nehmen. [2]Die Parteien können dabei alle ihnen erheblich erscheinenden Dokumente vorlegen oder andere Beweismittel bezeichnen, deren sie sich bedienen wollen.

(2) Haben die Parteien nichts anderes vereinbart, so kann jede Partei im Laufe des schiedsrichterlichen Verfahrens ihre Klage oder ihre Angriffs- und Verteidigungsmittel ändern oder ergänzen, es sei denn, das Schiedsgericht lässt dies wegen Verspätung, die nicht genügend entschuldigt wird, nicht zu.

(3) Die Absätze 1 und 2 gelten für die Widerklage entsprechend.

I) Klageinhalt. § 1046 I lehnt sich an die Anforderungen an, die nach dt Recht (§ 253) an den Inhalt der Klageschrift zu stellen sind, BTDrs 13/5274, 48. Notwendig ist die **Bezeichnung des Anspruchs** u der **Tatsachen, auf die er sich stützt**; hierdurch wird der Streitgegenstand bestimmt. Für flexible Handhabung Gerstenmaier FS Schütze II, 2014, S 123; **Schlüssigkeit** ist dagegen nach I nicht erforderl (aA MK/Münch Rn 5), unentschuldigt verspätet vorgebrachter Sachvortrag kann aber gem II zurückgewiesen werden. Der Gesetzgeber hat mit I 2 die **Pflicht zur Bezeichnung** von Schriftstücken u sonstigen Beweismitteln flexibler als nach dt ProzessR normiert, BTDrs 13/5274, 48. **Fehlende Bezeichnung** führt deshalb per se nicht zur Unbeachtlichkeit, möglicherw aber zur Präklusion nach II, großzügiger Lachmann Rn 1446. 1

II) Änderung der Schiedsklage (§ 1046 II). Soweit nicht durch Parteivereinbarung bzw Anordnung gem § 1066 begrenzt, ist Änderung der Schiedsklage jederzeit mögl, soweit neuer Streitgegenstand schiedsfähig (§ 1033) u Schiedsgericht hierfür zuständig, ThP/Nordmeier Rn 8; MK/Münch Rn 25 f; Spohnheimer S 352. Enger BTDrs 13/5274, 49: § 263 analog. Zum Begriff der Angriffs- u Verteidigungsmittel s § 282 Rn 2. 2

III) Zurückweisung. Sa Spohnheimer S 348, 353. § 1046 enthält in II eine im Vergleich zu §§ 296, 282 „abgespeckte" Form einer Präklusionsvorschrift. Die Frage, wann Angriffs- u Verteidigungsmittel vorzubringen bzw als verspätet anzusehen sind, ist nur unvollständig geregelt; I 2 ist ledigl Kannvorschrift u erfasst darüber hinaus nach dem Wortlaut nicht einfachen Tatsachenvortrag. Die **Parteien** sollten deshalb **Regelung gem § 1042 III, § 1047 II** treffen; dies kann auch noch während des laufenden Verf erfolgen. Fehlt Parteivereinbarung, muss das Schiedsgericht den Begriff der Verspätung im Spannungsfeld zwischen den Grundsätzen des rechtl Gehörs (§ 1042 I 2) u der Prozessbeschleunigung nach pflichtgemäßem Ermessen bestimmen, zust OLG Frankfurt/M SchiedsVZ 2014, 154, 157; für Anlehnung an § 282 ThP/Nordmeier Rn 9. Zurückweisung, wenn eine durch das Schiedsgericht gesetzte angemessene Frist versäumt wurde oder die Partei auf ausdrückl Hinweis des Schiedsgerichtes untätig geblieben ist, obwohl entspr Ergänzung der Angriffs- oder Verteidigungsmittel zumutbar war. Hat ledigl die Gegenpartei Unschlüssigkeit oder fehlende Beweisbewehrung beanstandet, so muss die darlegungs- bzw beweisbelastete Partei um Hinweis durch das Schiedsgericht bitten, wenn sie ihr Vorbringen gleichwohl für ausreichend hält. Zurückweisung ausgeschlossen gem II Hs 2, wenn die Verspätung genügend entschuldigt ist, s BayObLG 28.6.2022 – 101 Sch 120/21 Tz 58. Dabei ist 85 II anwendbar, BayOBLG NZG 2025, 42 Tz 67. Das Gleiche gilt wegen § 1042 I 2, wenn das Verf durch die Verspätung voraussichtl nicht verzögert werden wird (sa BayOBLG NZG 2025, 42 Tz 68). Zurückweisung unter Verstoß gegen II ist **Aufhebungsgrund** gem § 1059 II Nr 1b, d, Lachmann Rn 2197; Spohnheimer S 358. 3

IV) Widerklage (§ 1046 III). Ihr Gegenstand muss von der Schiedsvereinbarung umfasst sein. Sie ist auch dann nicht zulässig, wenn über sie ein anders zusammengesetztes Schiedsgericht entscheiden soll, OLG Hamburg MDR 65, 54. –Ansonsten ist ein weiterer als der in III beschriebene Zusammenhang zwischen Schiedsklage u Schiedswiderklage nicht erforderl, Frohloff S 199; sa BGH SchiedsVZ 2022, 291 = EWiR 2021, 575 (Hangebrauck). 4

Wird Schiedsklage zurückgenommen, bleibt Zuständigkeit des Schiedsgerichts für Widerklage bestehen, Berger S 325; Raeschke-Kessler/Berger Rn 702. AA aus österr Sicht Koller S 248. – **Die Parteien können die Widerkla-**

gemöglichkeit ausschließen. Zust Saenger Rn 12; WSch/Schütze[5] Rn 46. Liegt kein ausdrückl Ausschluss vor, dann kann nur bei Vorliegen bes Umstände des Einzelfalls ein konkludenter Ausschluss angenommen werden. – **Widerklage gegen Dritte.** Geimer in Böckstiegel/Berger/Bredow, S 81; Geimer FS Hay, 2005, S 171; Kleinschmidt SchiedsVZ 2006, 141, 148; WSch/Schütze[5] Rn 50.

§ 1047 Mündliche Verhandlung und schriftliches Verfahren

(1) [1]Vorbehaltlich einer Vereinbarung der Parteien entscheidet das Schiedsgericht, ob mündlich verhandelt werden soll oder ob das Verfahren auf der Grundlage von Dokumenten und anderen Unterlagen durchzuführen ist. [2]Haben die Parteien die mündliche Verhandlung nicht ausgeschlossen, hat das Schiedsgericht eine solche Verhandlung in einem geeigneten Abschnitt des Verfahrens durchzuführen, wenn eine Partei es beantragt.

(2) Die Parteien sind von jeder Verhandlung und jedem Zusammentreffen des Schiedsgerichts zu Zwecken der Beweisaufnahme rechtzeitig in Kenntnis zu setzen.

(3) Alle Schriftsätze, Dokumente und sonstigen Mitteilungen, die dem Schiedsgericht von einer Partei vorgelegt werden, sind der anderen Partei, Gutachten und andere schriftliche Beweismittel, auf die sich das Schiedsgericht bei seiner Entscheidung stützen kann, sind beiden Parteien zur Kenntnis zu bringen.

Lit: *Krapfl/Ebert*, Virtuelle Schiedsverhandlungen: Bewährungsprobe bestanden?, COVuR 2022, 640.

1 **I) Allgemeines.** Vorbehaltl abw Vereinbarung bzw Anordnung (§ 1066) ist eine **mündl Verh grds nicht obligatorisch**; auf Antrag einer Partei muss sie aber durchgeführt werden. Selbst wenn sie durch Vereinbarung ausgeschlossen ist, kann sie in **Ausnahmefällen** unter dem Gesichtspunkt des rechtl Gehörs geboten sein, wenn sie von einer Partei beantragt wird, BTDrs 13/5274, 49. Ggf auch vAw, wenn rechtl Gehör in concreto anders nicht effektiv gewährt werden kann, Spohnheimer S 308. – Sanktion: § 1059 II Nr 1b, d.

2 **II) Fehlende Bezugnahme.** Aus **I** folgt, dass schriftsätzl Vorbringen selbst dann Prozessstoff wird, wenn nicht in der mündl Verh darauf Bezug genommen wird, BTDrs 13/5274, 49.

3 **III) Nachträglicher Verzicht auf mündliche Verhandlung.** Haben die Parteien mündl Verh vereinbart, so können sie bzw ihre ProzBev (Saenger Rn 2; aA Lachmann Rn 1591) diese Vereinbarung jederzeit wieder aufheben oder modifizieren. Zust WSch/Schütze[5] Rn 6. Ihre Verfahrensvollmacht deckt eine solche Vereinbarung. Vgl auch BGH NJW 94, 2155.

Auch wenn mündl Verh vereinbart ist, muss Schiedsspruch nicht in mündl Verh verkündet werden. Er kann vielmehr im schriftl Verf erlassen werden. Dies gilt zB auch für Schiedsspruch mit vereinbartem Wortlaut (§ 1053), insb wenn Parteien einen Vergleich mit Widerrufsvorbehalt geschlossen haben, s § 1053 Rn 3.

4 **IV) Reformüberlegung.** Der RegE eines Gesetzes zur Modernisierung des Schiedsverfahrensrechts v 26.6.2024 aus der 20. Legislaturperiode (BTDrs 20/13257, 34 f) erlaubt gem § 1047 II-E Durchführung der mündl Verh nach Anhörung der Parteien als (hybride) **Videoverhandlung** (s § 128a), was Beweiserhebungen (§ 1042 IV 2) inkludiert („*Das Schiedsgericht kann die mündliche Verhandlung nach Anhörung der Parteien auch per Bild- und Tonübertragung (Videoverhandlung) durchführen. Satz 1 gilt nicht, wenn die Parteien etwas anderes vereinbart haben.*"). Auch einzelne Beteiligte können mittels Videoübertragung zugeschaltet sein. Anspruch der Parteien auf Durchführung soll nicht bestehen. **Ermessensausübung** ermöglicht Berücksichtigung der Verfahrenseffizienz *in concreto.* Individualabrede über Zulässigkeit der Videoverhandlung bleibt möglich (§ 1047 II 2-E). Durchführung als Videoverhandlung wäre rechtzeitig mitzuteilen (§ 1047 III-E); zu dieser Digitalisierungsinitiative Umbeck/Pust BB 2024, 2376, 2378: Bereits § 1042 IV gestatte Videokonferenz, sofern rechtliches Gehör gewahrt. Seit COVID-19-Pandemie ist dies bereits internationale Schiedspraxis (s Krapfl/Ebert COVuR 2022, 640). Bei Beweisaufnahmen kann direkter Eindruck der Zeugen gleichwohl bedeutsam sein. Gründe des **Datenschutzes** können ausnahmsweise Videoverhandlung entgegenstehen (BTDrs 20/13257, 34, 35 f: zu Art 9 DSGVO). Parteien können Procedere der Videoverhandlung regeln (zB Aufzeichnungsmöglichkeit). „Virtual Hearing Protocol" ist üblich (BTDrs 20/13257, 34, 35 f). Zur Notwendigkeit von Vertraulichkeitsabreden s Gielen/Wahnschaffe SchiedsVZ 2020, 257, 261.

5 **V) Recht auf Information (§ 1047 III).** Sanktion § 1059 II Nr 1b. Hierzu Spohnheimer S 247 ff. – Sa § 1036 I. Umfang der Informationspflicht geht über § 133 nicht hinaus, BGH SchiedsVZ 2016, 163 = MDR 2016, 479.

§ 1048 Säumnis einer Partei

(1) Versäumt es der Kläger, seine Klage nach § 1046 Abs. 1 einzureichen, so beendet das Schiedsgericht das Verfahren.

(2) Versäumt es der Beklagte, die Klage nach § 1046 Abs. 1 zu beantworten, so setzt das Schiedsgericht das Verfahren fort, ohne die Säumnis als solche als Zugeständnis der Behauptungen des Klägers zu behandeln.

(3) Versäumt es eine Partei, zu einer mündlichen Verhandlung zu erscheinen oder innerhalb einer festgelegten Frist ein Dokument zum Beweis vorzulegen, so kann das Schiedsgericht das Verfahren fortsetzen und den Schiedsspruch nach den vorliegenden Erkenntnissen erlassen.

(4) [1]Wird die Säumnis nach Überzeugung des Schiedsgerichts genügend entschuldigt, bleibt sie außer Betracht. [2]Im Übrigen können die Parteien über die Folgen der Säumnis etwas anderes vereinbaren.

I) Versäumung der Fristen des § 1046 I. Beendigung des Verf bei Säumnis des Kl durch Beschluss iSv § 1056 II Nr 1a. Säumnis des **Bekl** (II) ist als solche nicht als Zugeständnis der Behauptungen des Kl zu werten. Auf Grund bes Umstände des Einzelfalles kann das Schiedsgericht ein solches Zugeständnis dennoch annehmen; nach seinem pflichtgemäßen Ermessen kann es aber auch über den Vortrag des Kl verhandeln u Beweis erheben, BTDrs 13/5274, 50; Theune in Schütze, Institutionelle Schiedsgerichtsbarkeit[3], 2018, § 30 DIS-SchO Rn 1. 1

II) Säumnis in der mündlichen Verhandlung. Rechtzeitige Ladung vorausgesetzt (§ 1047 II), kann Verf fortgesetzt werden u darüber hinaus Schiedsspruch nach den vorliegenden Erkenntnissen ergehen. Dabei ist der gesamte Prozessstoff zu berücksichtigen. Nach OLG München 25.4.2016 – 34 Sch 12/15 Tz 34 setzt dies entspr § 331a S 2 eine hinreichende Sachverhaltsklärung voraus. **Nachträgliche Schlüssigkeitsprüfung** im Aufhebungsverfahren (§ 1059) verstößt jedoch gegen *révision au fond*, OLG Frankfurt/M 14.7.2022 – 26 Sch 19/21 Tz 180. 2

III) Nichtvorlage eines Dokuments innerhalb festgesetzter Frist. Bei angemessener Fristsetzung Fortsetzung des Verf u **Schiedsspruch nach vorliegenden (präsenten) Erkenntnissen** mögl. Dies gilt auch, wenn das Schiedsgericht die Vorlage eines Dokuments anordnet, das die Partei nicht selbst als Beweismittel angeboten hat. Voraussetzung ist aber, dass Vorlagepflicht besteht. Zust WSch/Schütze[5] Rn 25. Genügende Entschuldigung s § 1040 Rn 7. 3

IV) Abweichende Regelung der Säumnisfolgen. Dies ist mögl, § 1048 IV 2. Hierzu zB OLG München FamRZ 2016, 1310 (Schlosser). Theoretisch können die Parteien die Anwendbarkeit der §§ 330 ff vereinbaren (Raeschke-Kessler Rn 719; Spohnheimer S 370 ff; anders Schwab/Walter 18 Rn 16, da Versäumnisschiedsspruch endgültig sei). Wenn die Parteien ein Rechtsmittel zu einem Oberschiedsgericht vereinbaren können, muss auch ein **Einspruchsverf** vor dem Schiedsgericht mögl sein. Der Versäumnisschiedsspruch ist auflösend bedingt durch Einlegung des Einspruchs. In diesem Fall kommen §§ 1059, 1060 nur auf Einspruchsentscheidung zum Zuge. Zust WSch/Schütze[5] Rn 28. Anders Otto IPRax 2002, 164, 167. 4

V) Aufhebungsverfahren. Nachprüfung der Einhaltung des § 1048 im Aufhebungsverf (§ 1059): OLG München FamRZ 2016, 1310 (Schlosser). 5

§ 1049 Vom Schiedsgericht bestellter Sachverständiger

(1) [1]Haben die Parteien nichts anderes vereinbart, so kann das Schiedsgericht einen oder mehrere Sachverständige zur Erstattung eines Gutachtens über bestimmte vom Schiedsgericht festzulegende Fragen bestellen. [2]Es kann ferner eine Partei auffordern, dem Sachverständigen jede sachdienliche Auskunft zu erteilen oder alle für das Verfahren erheblichen Dokumente oder Sachen zur Besichtigung vorzulegen oder zugänglich zu machen.

(2) [1]Haben die Parteien nichts anderes vereinbart, so hat der Sachverständige, wenn eine Partei dies beantragt oder das Schiedsgericht es für erforderlich hält, nach Erstattung seines schriftlichen oder mündlichen Gutachtens an einer mündlichen Verhandlung teilzunehmen. [2]Bei der Verhandlung können die Parteien dem Sachverständigen Fragen stellen und eigene Sachverständige zu den streitigen Fragen aussagen lassen.

(3) Auf den vom Schiedsgericht bestellten Sachverständigen sind die §§ 1036, 1037 Abs. 1 und 2 entsprechend anzuwenden.

Die Parteien können die **Bestellung eines SV** (allg dazu Köchl ZZPInt 15 [2010], 89) ausschließen oder die Wahl des Schiedsgerichts auf bestimmte Personen oder Sachgebiete beschränken, zB um Kosten zu sparen. Hierzu Spohnheimer S 332. 1

2 **Anordnung von Auskunftserteilung oder Vorlage (§ 1049 I 2).** Als Sanktion steht dem Schiedsgericht ledigl § 1048 III zur Verfügung. Folgt die Partei der Aufforderung nicht, muss es gem § 1050 die Hilfe staatl Gerichte in Anspruch nehmen.

3 Die Schiedsrichter haben ihre RsprAufgabe höchstpersönl zu erfüllen, s § 1035 Rn 29. Sie dürfen keinen „Subunternehmer" damit beauftragen. Sie können aber – wie die staatl Richter – Hilfspersonal heranziehen. Dies gilt auch für **jur Berater** bei der Leitung des Schiedsverf und/oder Entscheidungsfindung: Auch ohne ausdrückl Ermächtigung in der Vereinbarung der Parteien bzw Anordnung nach § 1066 zulässig, solange Funktion eines Beraters (= Informationsquelle) für Schiedsrichter nicht überschritten. Unzulässig, wenn **„Berater" über die abstrakte Darstellung der Rechtslage hinaus** bestimmenden Einfluss auf Sachverhaltsfeststellung und/oder Entscheidungsfindung hat, BGHZ 110, 104, 107; BGH IPRax 91, 244 (Schlosser IPRax 91, 218); Gal S 302; Lachmann Rn 4288; Schwab/Walter 19 Rn 3; Kahlert S 227 ff mwN.

4 **§ 1049 III** verweist nicht auf § 1037 III; die erfolglose Ablehnung kann deshalb nur im Aufhebungs- oder Vollstreckbarerklärungsverf (§§ 1059 ff) angegriffen werden. Sa OLG München SchiedsVZ 2014, 258, 260. Ausführl BGH NJW 2020, 70 = MDR 2017, 1024; hierzu Schmidt-Ahrendts/Schneider SchiedsVZ 2020, 35: Hat ein SV nicht alle Umstände offengelegt, die Zweifel an seiner Unparteilichkeit oder Unabhängigkeit wecken können, entspricht das schiedsrichterl Verf nicht § 1049 III, § 1036 I. Dieser Verfahrensverstoß hat sich idR iSv § 1059 II Nr 1 (d) auf den Schiedsspruch ausgewirkt, wenn der Schiedsspruch auf dem Gutachten des SV beruht u die vom SV zu offenbarenden Gründe zu seiner Ablehnung ausgereicht hätten, weil sie berechtigte Zweifel an seiner Unparteilichkeit oder Unabhängigkeit aufkommen lassen. Sa BGH MDR 2019, 629. Hierzu Schmidt-Ahrendts/Schneider SchiedsVZ 2020, 35, 39.

§ 1050 Gerichtliche Unterstützung bei der Beweisaufnahme und sonstige richterliche Handlungen

[1]Das Schiedsgericht oder eine Partei mit Zustimmung des Schiedsgerichts kann bei Gericht Unterstützung bei der Beweisaufnahme oder die Vornahme sonstiger richterlicher Handlungen, zu denen das Schiedsgericht nicht befugt ist, beantragen. [2]Das Gericht erledigt den Antrag, sofern es ihn nicht für unzulässig hält, nach seinen für die Beweisaufnahme oder die sonstige richterliche Handlung geltenden Verfahrensvorschriften. [3]Die Schiedsrichter sind berechtigt, an einer gerichtlichen Beweisaufnahme teilzunehmen und Fragen zu stellen.

1 **I) Grundlagen. 1) Fehlen jeder Zwangsgewalt.** Ggü Zeugen u SV hat das Schiedsgericht keine Zwangsmittel; auch **Eide** oder **eidesstattl Versicherungen** dürfen die Schiedsrichter nicht abnehmen, s § 1042 Rn 33. Dies ist – angesichts des vom Staat sorgsam gehüteten Gewaltmonopols – konsequent u auch verfassungsrechtl geboten (Geimer DNotZ 1991, 267 Fn 10, 270 Fn 27), da die Schiedsrichter ihr Richteramt eben nicht staatl legitimieren. Gleichwohl muss der Staat, der die Schiedsgerichtsbarkeit als eigene – die Judikatur der staatl Gerichte substituierende – Rspr zulässt, dafür sorgen, dass die Vorenthaltung jeder Zwangsgewalt für den Schiedsrichter nicht dazu führt, dass das Schiedsgericht seine RsprAufgabe nicht (mehr) sachgerecht erledigen kann, Geimer, Schiedsgerichtsbarkeit u Verfassung, 1994, S 194. Deshalb stellt der Staat seine Gerichte zur **„Aushilfe"** zur Verfügung. Rechtsvergl Varga S 234, 254.

2 **2) Ausländisches Schiedsverfahren.** § 1050 ist gem § 1025 I u II in- u ausl Schiedsverf anzuwenden, s Rn 9; Varga S 258.

3 **3) Antragsberechtigung.** Diese besitzen das Schiedsgericht oder eine Partei mit Zustimmung des Schiedsgerichts, Lachmann Rn 1631. Die andere Partei ist vor Vornahme der beantragten Handlung zu hören. Das Schiedsgericht braucht – wenn die Notwendigkeit der Beeidigung eines Zeugen, SV oder einer Partei feststeht – diese(n) nicht vorab uneidl vernehmen, kann es aber nach pflichtgemäßem Ermessen. Nimmt Schiedsgericht selbst Eid oder eidesstattl Versicherung ab, so ist dies keine Amtsanmaßung (§ 132 StGB); Schiedsspruch ist jedoch aufhebbar, § 1059 II Nr 1d, wenn Schiedsgericht der Aussage wegen des Eides bes Bedeutung zumisst, Schwab/Walter 15 Rn 26.

4 **4) Zuständigkeit.** Dies ist gem § 1062 IV das AG, in dessen Bezirk die beantragte Handlung vorgenommen werden soll. Es besteht kein Anwaltszwang, § 78 I.

5 **II) Internationale Rechtshilfe.** Ob Schiedsgericht „gerichtl Behörde" iSv Art 1 HBÜ (BTDrs 7/4892, 53) ist, ist bestr. Nach Gegenansicht muss nach § 1050 verfahren werden. Sa Schoibl FS Rechberger, 2005, S 513, 524. Private Schiedsgerichte fallen nicht unter Art 2 Nr 1 EuBewVO, s Art 2 EuBewVO Rn 1. Diese können jedoch ohnehin *ohne* Souveränitätsschranken extraterritoriale Beweisaufnahmen vornehmen, allerdings keinen Zwang anwenden. Soweit solcher für erforderl gehalten wird, soll dem Schiedsgericht der Weg nach § 1050 offenstehen: Das dt AG soll trotz § 1062 IV dann nach der EuBewVO verfahren dürfen, dh Ersuchen an den betr Mitgliedstaat (Art 7 ff)

oder unmittelbare Beweisaufnahme nach Art 19 EuBewVO, Gebauer/Wiedmann/Huber Rn 25. AA Schmidt EuZPR Rn 375. Zur Nichtanwendung von 28 U.S.C. § 1782 (a) (die auch US-Discovery ermöglichen) auf Schiedsverf US Supreme Court 13.6.2022, 596 U.S. (2022), SchiedsVZ 2022, 345 (Niedermaier); sa Adler ZVglRWiss 120 (2021), 423; Faulhaber/Beimel SchiedsVZ 2022, 1; Martinez-Fraga SchiedsVZ 2010, 85, 158; Timár/Kraayvanger SchiedsVZ 2012, 66. Sa Brinkmann IPRax 2015, 109; Elsing SchiedsVZ 2020, 294. Ablehnend US CA 2nd Circuit 8.7.2020 No 19-781, SchiedsVZ 2020, 248 (Maucher).

III) Verfahren vor staatlichem Gericht. 1) Beweiserhebung. Das zuständige Gericht hat nicht zu prüfen, ob Schiedsvereinbarung wirksam ist; denn das Schiedsgericht hat primäre Kompetenz-Kompetenz (§ 1040 I 1), MK/Münch Rn 21. Es hat sich jedoch zu vergewissern, ob das Schiedsgericht die Beweiserhebung usw angeordnet hat, ob die fragl Handlung vom Schiedsgericht nicht selbst vorgenommen werden kann u ob der Antrag zulässig ist. Letztere Einschränkung soll verdeutlichen, dass das Gericht **unzulässige Beweismethoden** ablehnen kann, zB (brit) die Durchführung eines Urkundenbeweises in der Form der US-amerik discovery of documents, BTDrs 13/5274, 51, die durch § 14 AusfG-HZÜ u HBÜ aF nicht toleriert wurde; weniger eng Varga S 260. **§ 14 HZÜ/HBÜ-AusfG nF** gestattet nun **mWv 1.7.2022** unter ganz konkreten (kumulativen) Voraussetzungen, dass auf die *„pre-trial discovery of documents"* ausgelegte Rechtshilfeersuchen erledigt werden können (dazu Wagner EuZW 2022, 733, 735 f). In den verbleibenden Fällen der Unzulässigkeit hat staatl Gericht kein Ermessen: Der Antrag ist abzulehnen, wenn das dt VerfahrensR für die beantragte Unterstützungshandlung keine Rechtsgrundlage bereitstellt. AA Knöfel in Geimer/Schütze IRV (Nr 375) Art 23 HBÜ Rn 16 („kann"). Die Ausführung des Ersuchens ist durch Beschluss anzuordnen, der den Parteien zuzustellen ist. Das Gericht kann, wenn um Zeugen- oder SV-Vernehmung ersucht wird, Auslagenvorschuss verlangen, OLGE 23, 178; es kann auch nach §§ 156 ff GVG ein anderes dt Gericht ersuchen oder nach § 363 ein ausl Gericht, s Rn 5. Das **Protokoll** über die Beweisaufnahme bleibt beim Gericht. Das Schiedsgericht bzw die Parteien erhalten auf Antrag begl Abschriften. Nach neuem Recht kann auch Schiedsgericht selbst begl Abschriften anfordern, auch wenn es nicht den Antrag an staatl Gericht gestellt hat. 6

2) Teilnahmerecht der Parteien und Schiedsrichter. Diese sind gem S 3 berechtigt, an einer gerichtl Beweisaufnahme teilzunehmen u Fragen zu stellen. 7

3) Beispiele für Unterstützungshandlungen. Unter S 1 fällt zB die Vernehmung eines nicht freiw erscheinenden Zeugen oder SV, notfalls mit Zwang, die Abnahme von Eiden u eidesstattl Versicherungen, auswärtige Vernehmung im Wege der Rechtshilfe, Erzwingung der Vorlage einer Urkunde durch Dritte (§ 142 II, § 390; § 236 IV 2 FamFG). Ersuchen einer Behörde um Mitteilung einer Urkunde (§ 432), öffentl Zustellung u Zustellung im Ausland, Ernennung eines Verfahrenspflegers sowie Einholung einer Aussagegenehmigung (§ 376) u Klärung des Inhalts des UnionsR durch Vorlage gem Art 267 AEUV, sa § 1051 Rn 8, 12; Geimer IZPR[9] Rn 3742 ff, 3858 u Lachmann Rn 1621. Das staatl Gericht muss auch Maßnahmen durchführen, die nach seiner Auffassung das Schiedsgericht selbst veranlassen könnte, sofern das Ersuchen nicht offensichtl abwegig ist. Für großzügige Handhabung auch StJ/Schlosser Rn 6; Steinbrück S 417. – AG Stuttgart SchiedsVZ 2012, 54 (Winkler) bejaht auch Zuständigkeit (§ 1062 IV) für Streit über Streitwert, s § 1035 Rn 25. 8

4) Aushilfe für Schiedsverfahren mit Schiedsort im Ausland. § 1025 II gibt auch den Parteien eines Schiedsverf mit ausl Schiedsort einen Anspruch auf Aushilfe. AG hat insoweit keinen Ermessensspielraum. Zust Steinbrück S 386 ff, 416. Es muss auch Handlungen vornehmen, die ein dt Schiedsgericht nicht benötigt. Grenze: völlig wesensfremde Tätigkeiten. 9

5) Derogation der Aushilfezuständigkeit der deutschen Gerichte? Bestr, in welchem Umfang sie mögl ist, Nw bei Steinbrück S 410. Umgekehrt kontrovers, ob über § 1025 II, § 1050 hinaus zu Gunsten eines ausl Schiedsverf weitere Unterstützungsmaßnahmen durch dt AG (§ 1062 IV) prorogiert werden können, Steinbrück S 415. 10

6) Einstweiliger Rechtsschutz. § 1033. 11

7) Beschwerde gegen Entscheidung des AG. § 567 I; § 169 I 1 GVG nicht anwendbar, BGH SchiedsVZ 2021, 43. 12

IV) Gebühren. 1) Gericht: 1625 GKG-KV. – **2) RA:** 3327 RVG-VV, 3332 RVG-VV; das schiedsrichterl Verf u das Verf nach § 1050 sind dieselbe Angelegenheit (§ 16 Nr 8 RVG). – Beschwerdeverf: 3500 RVG-VV, 3513 RVG-VV (je 0,5). 13

Abschnitt 6
Schiedsspruch und Beendigung des Verfahrens (§§ 1051-1058)

§ 1051 Anwendbares Recht

(1) [1]Das Schiedsgericht hat die Streitigkeit in Übereinstimmung mit den Rechtsvorschriften zu entscheiden, die von den Parteien als auf den Inhalt des Rechtsstreits anwendbar bezeichnet worden sind. [2]Die Bezeichnung des Rechts oder der Rechtsordnung eines bestimmten Staates ist, sofern die Parteien nicht

ausdrücklich etwas anderes vereinbart haben, als unmittelbare Verweisung auf die Sachvorschriften dieses Staates und nicht auf sein Kollisionsrecht zu verstehen.

(2) Haben die Parteien die anzuwendenden Rechtsvorschriften nicht bestimmt, so hat das Schiedsgericht das Recht des Staates anzuwenden, mit dem der Gegenstand des Verfahrens die engsten Verbindungen aufweist.

(3) [1]Das Schiedsgericht hat nur dann nach Billigkeit zu entscheiden, wenn die Parteien es ausdrücklich dazu ermächtigt haben. [2]Die Ermächtigung kann bis zur Entscheidung des Schiedsgerichts erteilt werden.

(4) In allen Fällen hat das Schiedsgericht in Übereinstimmung mit den Bestimmungen des Vertrages zu entscheiden und dabei bestehende Handelsbräuche zu berücksichtigen.

Lit: *Brödermann*, „Unidroit" Principles of International Commercial Contracts, IWRZ 2024, 107; *Hild*, Die ordre-public-Kontrolle von Schiedssprüchen mit kartellrechtlichem Streitgegenstand, NZKart 2023, 160; *Leupertz*, Die Vereinbarung deutschen Rechts unter Abwahl des AGB-Rechts in Schiedsverfahren, RInPrax 2025, 2; *Pfeiffer*, Der Ausschluss des AGB-Rechts im Rahmen einer Schiedsvereinbarung, NJW 2025, 866.

1 **I) Das vom Schiedsgericht anzuwendende materielle Recht.** Schiedsrichter ist zu einer **Rechtsentscheidung** verpflichtet, ebenso wie wenn der staatl Richter zu entscheiden hätte, BGH WM 75, 910; Geimer IZPR[9] Rn 3874; Ritlewski SchiedsVZ 2007, 130, 136. Bestr ist, ob sich Schiedsgericht streng an Art 3 ff Rom I-VO bzw an die Rom II-VO halten muss, Reithmann/Martiny/Hausmann[9] 8.413 („Dauerthema"). Vgl Art 1 II (e) Rom I-VO. Anders möglicherw Erw 8 Rom II-VO. Nw bei Ostendorf SchiedsVZ 2010, 234, 235.

2 **II) Sachlicher Anwendungsbereich.** § 1051 ist **nicht auf das VertragsR beschränkt**, Kronke RIW 98, 262, auch wenn die Diskussion sich vorwiegend um das VertragsR dreht. § 1051 ist den Art 27 ff EGBGB nachgebildet, die das **EG-Übk v 19.6.1980 über das auf vertragl Schuldverhältnisse anzuwendende Recht** (BGBl II 1986, 809) in das nationale Recht umsetzten; nunmehr sind allein Art 3 ff Rom I-VO maßgebl. Obwohl Schiedsvereinbarungen aus dem Anwendungsbereich des EVÜ ausgeklammert sind (Art 1 II [e] EVÜ; nunmehr Art 1 II [e] Rom I-VO), hielt der RegE BTDrs 13/5274, 52 unter Hinweis auf den Giullino-Lagarde-Bericht zum EVÜ (BTDrs 10/503, 44 liSp vor Abschnitt 6) die Kollisionsregeln des Übk auch im Schiedsverf für verbindl. Nach hM ist somit in § 1051 die These von der **Geltung des staatl KollisionsR am Sitz des Schiedsverf** verankert, G. Wagner FS Schumann, 2001, S 535. WNw bei Jordans S 132 ff, Hartenstein TranspR 2010, 261; Ostendorf SchiedsVZ 2010, 234. Für **Anwendungsvorrang der Rom I-VO u sonstigen IPR-VOen u RL der EU** Mankowski RIW 2011, 42; Mankowski FS v. Hoffmann, 2011, S 1012, 1024; Mankowski FS Schütze II, 2014, S 369; Schack FS Schütze II, 2014, S 511. In der Rom II-VO fehlt ohnehin eine Ausnahmeregelung. Großzügiger Martiny FS Schütze, 1999, S 529, 537, 541; Moller NGZ 2000, 57, 68; MskV/Voit Rn 3. – Dieser strikte Ansatz wird zunehmend in Zweifel gezogen, Hausmann FS v. Hoffmann, 2011, S 971, 977. Trotz der für staatl Gerichte zwingenden Vorschrift des Art 3 III Rom I-VO können danach die Parteien bzw der nach § 1066 Anordnungsbefugte auch bei **reinen Inlandssachverhalten** – jedenfalls bei Unternehmensverträgen, s für Verbraucherschutz restriktiv aber auch NJW 2006, 762 (keine internat zwingenden Vorschriften), allerdings vorbehaltl zwingender Regeln der RL 93/13/EWG – zB die Anwendung dt Rechts mit Ausnahme des **AGB-Rechts** (§§ 305 ff BGB) vereinbaren, Pfeiffer NJW 2012, 1169; Pfeiffer NJW 2025, 867 f; Leupertz RInPrax 2025, 2, 4 f: zB für Haftungsbeschränkungsklauseln. Der darauf basierte Schiedsspruch kann nicht wegen ordre public-Widrigkeit (§ 1059 II Nr 2b) kassiert werden, solange ein aus § 242 BGB abgeleiteter (niedriger) Mindeststandard an materieller Gerechtigkeit gewahrt ist, sa Flockermann/Deuring NJW 2024, 879; Leupertz RInPrax 2025, 2, 5: „selektiver Ausschluss des AGB-Rechts … kein Verstoß gegen ordre public"; Pfeiffer NJW 2025, 870: „ergibt sich aus § 242 BGB eine eingeschränkte und maßvolle Inhaltskontrolle". Klauselverbote nach §§ 308, 309 BGB finden nicht automatisch indizielle Berücksichtigung. Würde das Schiedsgericht sich nicht an den Ausschluss des dt AGB-Rechts halten und (offen) §§ 305 ff BGB anwenden, wäre dies uU ein Aufhebungsgrund nach § 1059 II Nr 1d. – Zum gleichen Ergebnis kommt man auch aus Sicht der bish hM, gestützt auf III: Wenn die Parteien bzw der nach § 1066 Anordnungsbefugte generell einen Billigkeits-Schiedsspruch wählen dürfen, dann müssen sie per **argumentum a maiore ad minus** auch bestimmte normative Segmente ausschließen dürfen. Ein Alles-oder-nichts-Prinzip liegt III nicht zugrunde.

3 **III) Wahlmöglichkeit der Parteien. 1) Parteivereinbarung.** Maßgebend sind die Vereinbarungen der Parteien bzw die Festlegungen des nach § 1066 Anordnungsbefugten u die Schiedsordnungen institutioneller Schiedsgerichte, auf welche die Parteien Bezug genommen haben. Dabei sind die Parteien nicht auf die Wahl der Gesamtrechtsordnung eines bestimmten Staates beschränkt, sie können auch Vorschriften aus verschiedenen nationalen Rechtsordnungen oder auf internat Ebene erarbeitete Regelwerke wählen. Zur Wahl der **„UNIDROIT" Principles of International Commercial Contracts** (*Simplified Global Contracting*) s Brödermann IWRZ 2024, 107, 110. Die Parteien können auch die Schiedsrichter ermächtigen, eine Wahl zu treffen, Geimer IZPR[9] Rn 3869. AA MK/Münch Rn 18. **Eingeschränkt** ist die Rechtswahl der Parteien allerdings durch Art 3 III, 6 II, 9 II Rom I-VO (bestr). – **Stillschweigende Rechtswahl** mögl. IZw ist Recht am Sitz des schiedsrichterl Verf (§ 1043 I) gewählt, MK/Martiny Art 3 Rom I-VO Rn 52.

über selbständige abgrenzbare Teile der Klageanträge sind zulässig, Lachmann Rn 1719. Sa OLG Jena SchiedsVZ 2008, 44 (bindende Zwischenentscheide des Schiedsgerichts).

III) **Dissenting Opinion.** Die Schiedsrichter haben mangels anderer Vereinbarung der Parteien bzw Verfügung/Anordnung (in den Fällen des § 1066) das **Beratungsgeheimnis** (einschl des Abstimmungsergebnisses) zu wahren; ihre Vernehmung als Zeugen über die Vorgänge bei der Beratung ist unzulässig, s § 1035 Rn 31; BGH NJW 57, 792. Eine Dissenting Opinion ist bish nur bei ausdrückl Gestattung in der Verfahrensvereinbarung der Parteien bzw in der Verfahrensanordnung nach § 1066 zulässig, darüber hinaus verlangt Lachmann Rn 1775 die Zustimmung der übrigen Schiedsrichter, weil das Beratungsgeheimnis diese schützt. Nw bei Schütze FS Geimer II, 2017, S 641; Schroeder/Asschenfeldt ZIP 2020, 1847; Sessler/Ruß SchiedsVZ 2020, 20; Hochstrasser/Sunaric SchiedsVZ 2021, 35; Risse/Altenkirch BB 2020, 2818. 5

IV) **Reformüberlegungen.** Im RegE eines Gesetzes zur Modernisierung des Schiedsverfahrensrechts v 26.6. 2024 aus der 20. Legislaturperiode (BTDrs 20/13257, 37 f) sieht § 1054a I ZPO-E („*Ein Schiedsrichter kann seine in der Beratung vertretene abweichende Meinung zu dem Schiedsspruch oder zu dessen Begründung in einem Sondervotum niederlegen, sofern die Parteien nichts anderes vereinbaren.*") Möglichkeit eines Sondervotums hinsichtlich Entscheidungsergebnis sowie Begründung bei **Beteiligung mehrerer Schiedsrichter** (§ 1052 I) vor. Nach § 1054a II-E *soll* Schiedsrichter den anderen rechtzeitig den Wunsch zur Abgabe eines Sondervotums mitteilen (Appellcharakter!). Abweichende Meinung soll sich bereits in Beratung zeigen. § 1054a I 2-E erlaubt Parteien, sowohl Regelungsmechanismus für Sondervoten zu vereinbaren (zB Abgabefrist), als auch solche zu verbieten. Nach § 1054a III 1-E ist Sondervotum kein Bestandteil des Schiedsspruchs (Trennungsprinzip), gleichwohl jedoch nach § 1054a III 2 schriftlich niederzulegen und vom Schiedsrichter zu unterschreiben (kein Erlass nach § 1054 I 1-E!). Ordre public – Einwand (1059 II Nr 2b, so bish OLG Frankfurt 16.1.2020 – 26 Sch 14/18; offenlassend BGH 26.11.2020 – IZB 11/20 Tz 41; abl Umbeck/Pust BB 2024, 2376, 2378 f) wäre mangels Verletzung des Beratungsgeheimnisses (dazu BGH NJW-RR 2015, 1087 Tz 15) ausgeschlossen (s BTDrs 20/13257, 38: kein Einblick in eigentlichen Beratungsablauf). Sondervoten stärken Qualität schiedsrichterlicher Streitbeilegung (Escher S 236) u gefährden institutionelle Unabhängigkeit nicht (BTDrs 20/13257, 38, 39). Trennung von Sondervotum und Schiedsspruch verhindert Verzögerungstaktiken (BTDrs 20/13257, 38, 39). Sondervotum kann in elektronischem Dokument mit qualifizierter elektronischer Signatur enthalten sein (s § 1054 I 3-E). Sondervotum ist Parteien u übrigen Schiedsrichtern zu übermitteln (§ 1054 V 1-E). 5a

V) **Verweigerung der Abstimmung.** Verweigert ein Schiedsrichter die Teilnahme an der Abstimmung, so können die übrigen Schiedsrichter ohne ihn entscheiden, § 1052 **II**. Erforderl ist auch in diesem Fall **absolute Mehrheit** auf die Gesamtbesetzung bezogen, BTDrs 13/5274, 54; MK/Münch Rn 19. – Von einer Verweigerung eines Schiedsrichters, die das Schiedsgericht unter den Voraussetzungen des § 1052 II 1 u 2 zu einer Entscheidung ohne diesen Schiedsrichter berechtigt, kann bei Uneinigkeit über die Entscheidungsreife des Schiedsverf erst ausgegangen werden, nachdem das Schiedsgericht – ggf ohne Mitwirkung des die Entscheidungsreife verneinenden Schiedsrichters – über die Entscheidungsreife abgestimmt hat u diese mehrheitl für gegeben hält. Trifft ein Schiedsgericht seine Entscheidung ohne Mitwirkung eines zur Entscheidung berufenen Schiedsrichters, ist anzunehmen, dass sich dies auf den Schiedsspruch ausgewirkt hat, so dass der Aufhebungsgrund des § 1059 II Nr 1 (d) vorliegt. Es ist immer möglich, dass das Verhalten eines Schiedsrichters bei der Beratung und der Abstimmung die Meinungsbildung und das Abstimmungsverhalten der anderen Schiedsrichter beeinflusst, BGH ZIP 2023, 880. 6

VI) **Entscheidung über einzelne Verfahrensfragen durch den Vorsitzenden (§ 1052 III).** Hierzu Schlosser SchiedsVZ 2003, 1; Schlosser SchiedsVZ 2004, 21. Der Vors kann über den äußeren Verfahrensablauf (Terminierung, Reihenfolge von Zeugenvernehmungen) ohnehin allein entscheiden; III bezieht sich auf den inneren Verfahrensablauf, BTDrs 13/5274, 54. Bsp: Entscheidung über mündl oder schriftl Verf, Verfahrenssprache, Hinzuziehung von SV. Nicht: Festlegung des Schiedsortes (§ 1043 I), hier ist wegen der grds Bedeutung für das anwendbare VerfahrensR (§ 1025) Entscheidung durch das Kollegium erforderl. 7

VII) **Abwesenheit und sonstige (vorübergehende) Verhinderung eines Schiedsrichters.** Beim Dreierschiedsgericht zB wegen Nichterreichbarkeit im Urlaub oder medizin Eingriffs: II nicht anwendbar. Vorhandene zwei Schiedsrichter können einstimmig Schiedsverfahrensverfügungen (s § 1042 Rn 55) erlassen, um Fortgang des Verf nicht zu gefährden, zB Fristverlängerungen oder Zeugenladungen, in dringenden Fällen auch einstw Maßnahmen (§ 1041), nicht jedoch endgültige Vorabentscheidungen, s § 1041 Rn 6. 8

§ 1053 Vergleich

(1) [1]Vergleichen sich die Parteien während des schiedsrichterlichen Verfahrens über die Streitigkeit, so beendet das Schiedsgericht das Verfahren. [2]Auf Antrag der Parteien hält es den Vergleich in der Form eines Schiedsspruchs mit vereinbartem Wortlaut fest, sofern der Inhalt des Vergleichs nicht gegen die öffentliche Ordnung (ordre public) verstößt.

(2) [1]Ein Schiedsspruch mit vereinbartem Wortlaut ist gemäß § 1054 zu erlassen und muss angeben, dass es sich um einen Schiedsspruch handelt. [2]Ein solcher Schiedsspruch hat dieselbe Wirkung wie jeder andere Schiedsspruch zur Sache.

(3) Soweit die Wirksamkeit von Erklärungen eine notarielle Beurkundung erfordert, wird diese bei einem Schiedsspruch mit vereinbartem Wortlaut durch die Aufnahme der Erklärungen der Parteien in den Schiedsspruch ersetzt.

(4) [1]Mit Zustimmung der Parteien kann ein Schiedsspruch mit vereinbartem Wortlaut auch von einem Notar, der seinen Amtssitz im Bezirk des nach § 1062 Abs. 1, 2 für die Vollstreckbarerklärung zuständigen Gerichts hat, für vollstreckbar erklärt werden. [2]Der Notar lehnt die Vollstreckbarerklärung ab, wenn die Voraussetzungen des Absatzes 1 Satz 2 nicht vorliegen.

Lit: *Pauschinger* Der Schiedsspruch mit vereinbartem Wortlaut über Organhaftungsansprüche, AG 2019, 671.

1 **I) Überblick. 1) Vergleichsabschluss.** Vergleichen sich die Parteien über den Streitgegenstand, beendet das Schiedsgericht das Verf ohne Schiedsspruch durch Beschluss gem § 1056 II Nr 2. Der Vergleich als solcher kann anders als nach § 1044 aF nicht nach § 1060 vollstrb erklärt werden, OLG Frankfurt/M SchiedsVZ 2003, 288 = IDR 2004, 47 (Mankowski); OLGR München 2007, 413. – Anders ist es jedoch im Anwendungsbereich des Art 12 II dt-österr Vertrag, BayObLGR 2004, 381. – Zur Abgrenzung ggü einem **Beendigungsbeschluss** (§ 1056 II) OLG München 12.6.2012 – 34 Sch 7/10. Bei Erstellung des Vergleichs können **KI-Instrumente** genutzt werden (Schnabl SchiedsVZ 2024, 269, 284, sa § 1035 Rn 5), sofern Schiedsspruch (1053 I 2, II) selbst in menschlicher Hand verbleibt. Wird Vergleich durch KI-Instrumente des Schiedsgerichts ermöglicht (schiedsgerichtlicher Vergleichsvorschlag), das diesen durch Schiedsspruch mit vereinbartem Inhalt festhält, ist Anh III Nr 8a S 2 KI-VO einschlägig: **Hochrisiko-KI** (wohl auch Lüttenberg/Beimel/Heetkamp SchiedsVZ 2024, 225, 227 f). Doch kann Ausnahme nach Art 6 III UAbs 2 d KI-VO vorliegen (bloße Vorbereitungshandlung). Unproblematisch ist es, wenn Parteien eigene KI einsetzen und Vergleich in Schiedsspruch festhalten lassen; s zur Thematik auch Schultzky KI Rn 7, 12.

2 **2) Erlass eines Schiedsspruchs mit vereinbartem Inhalt.** Mögl ist aber auch Antrag beider Parteien beim Schiedsgericht (s § 1035 Rn 1) auf Erlass eines Schiedsspruchs, dessen Inhalt die Parteien vereinbart haben. Vorteil: Reine Schiedsvergleiche fallen nicht in den Anwendungsbereich des UNÜ u können daher im Ausland möglicherw nicht vollstreckt werden. Ausnahmsw begründen manche bilaterale **Anerkennungs- u Vollstreckungsverträge** für ausl Schiedsvergleiche eine völkerrechtl Pflicht zur Anerkennung u Vollstreckung, so Art 9 III dt-schweizer Abk, Art 13 II dt-ital Abk, Art 13 II dt-belg Abk, Art 12 dt-österr Vertrag, Art 14 II dt-griech Vertrag, Art 52 II dt-tunes Vertrag. Ausl Schiedssprüche mit vereinbartem Inhalt sind nach § 1061 vollstrb (BayObLG SchiedsVZ 2024, 59 für „Schiedsspruch" tschechischen Schiedsgerichts, sa § 1061 Rn 7). Parteien eines Vergleichs, die an Vollstreckung interessiert sind, sollten Antrag nach § 1053 I 2 stellen. Bei einem **Teilvergleich in einem Mehrparteienverf** nur zwischen einzelnen Parteien genügt deren Antrag. – Auch Schiedsspruch nach § 1053 kann nach § 1059 aufgehoben werden, s § 1059 Rn 1.

3 **3) Vergleich unter Widerrufsvorbehalt.** Haben die Parteien den **Vergleich unter Widerrufsvorbehalt** geschlossen, ergeht Schiedsspruch nach § 1053 im schriftl Verf, wenn feststeht, dass der Vergleich nicht fristgerecht widerrufen wurde, s § 1047 Rn 3. Zust Berger RIW 2001, 16; BayObLG 9.1.2024 – 102 Sch 179/23 Tz 33. Widerrufsvorbehalt als solcher wird nicht in den Schiedsspruch aufgenommen. Auch sonst ist das Schiedsgericht bei Formulierung des Schiedsspruchs nicht gehalten, den Wortlaut des Vergleichs zu übernehmen. Notwendig ist nur, dass bei verständiger Würdigung der Inhalt des Schiedsspruchs **nicht** von dem des Vergleichs **abweicht**. Innerhalb dieser Grenzen darf das Schiedsgericht **umformulieren**. Enger Lachmann Rn 1814.

4 **II) Verfahrensbeitritt.** Ein **Dritter** kann durch widerspruchlose Einlassung auf die Verh zur Sache vor dem Schiedsgericht u durch Unterschreiben des Antrags gem I 2 dem schiedsrichterl Verf beitreten u so die Basis für die Zuständigkeit des Schiedsgerichts auch ggü sich selbst schaffen, Geimer in Böckstiegel/Berger/Bredow, S 86. Zust Lachmann Rn 1809; Mankowski ZZP 114 (2001), 37, 63. Zum „Parteibeitritt" sa OLG München SchiedsVZ 2007, 164, 166.

5 **III) Ordre public-Klausel (§ 1053 I 2).** Sie erfasst insb die Fälle, in welchen der Streitgegenstand nicht schiedsfähig ist, BTDrs 13/5274, 55, oder der Vergleich gegen auch internat durchzusetzende ges Verbote verstößt, die vAw wegen zu beachten sind. **KI-Einsatz** (allein) verstößt nicht gegen öffentliche Ordnung (Schnabl SchiedsVZ 2024, 269, 284), sofern keine den menschlichen Schiedsrichter substituierende Nutzung gegeben ist (sa Rn 1 u § 1035 Rn 5). Zur Überprüfung des Schiedsspruchs im Aufhebungs- bzw Vollstreckbarerklärungsverf BGH MDR 2007, 851; OLG München SchiedsVZ 2007, 164, 166; Mankowski ZZP 114 (2001), 37, 46 ff; Schulze S 40. Bei Organhaftungsansprüchen ist Vergleichsbeschränkung nach § 93 IV 3 AktG zu beachten (Zustimmung der Hauptversammlung, s Pauschinger AG 2019, 671, 678). Verstoß kann zu Aufhebung nach § 1059 II Nr 1d bzw *§ 1059 II* Nr 2b führen. **Verzugsstrafzins** stellt auch ohne zeitliche Begrenzung keinen ordre public-Verstoß dar (§ 1059 II Nr 2b, s BayObLG 22.1.2024 – 101 Sch 172/23 Tz 28; BayObLG 29.10.2020 – 1 Sch 90/20 Tz 24 ff), weil er auf Vergleich beruht.

IV) Bezeichnung als Schiedsspruch mit vereinbartem Wortlaut. Der Schiedsspruch iSv I 2 muss gem **II** ausdrückl als solcher bezeichnet sein; sinnvoll ist im Hinblick auf § 1054 II auch der Hinweis, dass es sich um einen Schiedsspruch mit vereinbartem Inhalt handelt. Es gelten dieselben **Formerfordernisse** wie für einen Schiedsspruch, der auf Grund streitiger Verh ergangen ist (OLG München 12.6.2012 – 34 Sch 7/10); auch die **Wirkungen** sind identisch (BayObLG 22.1.2024 – 101 Sch 172/23 Tz 20; Pauschinger AG 2019, 671). Ledigl der Begründungszwang entfällt, § 1054 II. Auch der Schiedsspruch nach § 1053 entfaltet **materielle Rechtskraftwirkung** (§ 1055), krit Gaul FS Sandrock, 2000, S 326 f. Er hat mithin eine stärkere Wirkung als der vor einem staatl Gericht geschlossene Vergleich, § 794 I Nr 1. 6

V) Ersatz für notarielle Beurkundung (§ 1053 III). Der Schiedsspruch mit vereinbartem Inhalt ersetzt wie der Prozessvergleich (§ 127a BGB) die vom materiellen Recht geforderte notarielle Beurkundung oder Beglaubigung. Dies ist dogmatisch schwer verständl, weil Schiedsrichter – anders als staatl Richter (§ 127a BGB) – nicht Inhaber eines vom Staat übertragenen Amtes sind. Die in §§ 415 ff u weltweit im Bereich des Lateinischen Notariats getroffene Unterscheidung zwischen öffentl u Privaturkunden wird durch III relativiert. Daher ist nur enge Auslegung vertretbar. Zust Schütze FS Lorenz II, 2001, S 275, 281. Die Wirkung von III tritt nicht ein, wenn Schiedsverf offenkundig zur Umgehung der Formvorschriften gewählt wurde, OLG München GmbHR 2005, 1568. Hierzu Kröll SchiedsVZ 2007, 145, 156. Zurückhaltender Schroeter SchiedsVZ 2006, 298. Für **Eintragungen in das Grundbuch oder andere öffentl Register** bedarf der Schiedsspruch mit vereinbartem Inhalt nicht der vorh Vollstreckbarerklärung, s § 1055 Rn 2; aA BTDrs 13/5274, 55. 7

VI) Notarielle Vollstreckbarerklärung. 1) Zustimmung der Parteien. Um eine weitere Entlastung der staatl Gerichte zu erreichen, sieht IV die notarielle Vollstreckbarerklärung des Schiedsspruches mit vereinbartem Inhalt vor. Allerdings müssen beide Parteien hierzu ihre Zustimmung erteilen; sind die Voraussetzungen der Vollstreckbarerklärung streitig, muss Antrag beim staatl Gericht gestellt werden, §§ 1060, 1062 I Nr 4. Sa Feldmann S 167 ff. 8

2) Genuin richterliche Aufgabe. Dem Notar wird mit IV eine genuin richterl Aufgabe übertragen, die klar von seiner Zuständigkeit nach der BNotO, insb zu Beurkundungen (§ 20 BNotO) zu trennen ist. Daher findet das BeurkG keine Anwendung, insb auch nicht § 3 BeurkG. Die Unparteilichkeit des Notars im Verf nach § 1053 IV ist nach §§ 41 ff sicherzustellen. Die Feststellung des Sachverhalts erfolgt nach ZPO-Regeln. So ist zB § 139 anzuwenden, nicht § 17 BeurkG. Hat der Notar als Schiedsrichter beim Schiedsspruch mitgewirkt, kann er diesen nicht für vollstrb erklären. 9

3) Keine Pflichtaufgabe. Der Notar ist nicht verpflichtet, Vollstreckbarerklärungsanträge entgegenzunehmen u über sie zu entscheiden; er kann vielmehr die Sache an das zuständige Gericht (§ 1062 I Nr 4) abgeben, zB durch bindenden Verweisungsbeschluss analog § 281. Zust zB Saenger Rn 7. AA Schütze FS Lorenz II, 2001, S 275, 283. Der Notar kann aber auch dem Ast den Schiedsspruch schlicht zurückgeben. Trotz übereinstimmenden Vollstreckbarerklärungsantrags der Parteien muss Notar ihn als unbegründet zurückweisen, wenn Inhalt des Vergleichs gegen **ordre public** verstößt, s Rn 5. 10

4) Entscheidung des Notars durch Beschluss. Dieser steht der Entscheidung des staatl Gerichts gleich. Dies gilt insb für **Fehlerfolgen:** Verfahrensverstöße u Fehlentscheidungen in der Sache führen iZw nicht zur Nichtigkeit. Es gelten die **allg Grundsätze für die Bestandskraft von Staatsakten** trotz Fehlerhaftigkeit: Izw sind sie nicht nichtig. Insb führt örtl Unzuständigkeit des Notars nicht zur Nichtigkeit, analog § 513 II, ebenso nicht fehlende oder unwirksame Zustimmung der Parteien iSv § 1053 IV. 11

5) Haftungsprivileg. Auch für den Notar gilt – da er richterl Funktionen ausübt – das **Haftungsprivileg des § 839 II BGB.** Zust Schütze FS Lorenz II, 2001, S 275, 283. AA Lachmann Rn 1836. 12

6) Vollstreckbarkeit. Die positive Entscheidung verleiht dem Schiedsspruch Vollstreckbarkeit; die negative Entscheidung des Notars entfaltet unter den gleichen Voraussetzungen wie die Parallelentscheidung des staatl Gerichts Rechtskraftwirkung. Die Vollstreckbarerklärung ist – ebenso wie der Vollstreckbarerklärungsbeschluss des Gerichts – vom Notar mit der **VollstrKlausel** zu versehen. Die notarielle Vollstreckbarerklärung ist **VollstrTitel** iSv § 794 I Nr 4a, StJ/Schlosser Rn 32. Notar hat auch über die **Kosten des Vollstreckbarerklärungsverf** nach §§ 91 ff zu entscheiden. 13

7) Zustellung. Die Entscheidung des Notars ist den Parteien bzw ihren (Prozess-)Bev (§ 172) vAw zuzustellen, §§ 270, 329 III. Der Notar kann die Zustellung selbst bewirken, § 20 I 2 BNotO. Er kann aber auch nach § 176 II den Beschluss der Post zur Zustellung aushändigen oder einen GV beauftragen. Sa Ersfeld MittRhNotK 92, 234. 14

8) Rechtsbehelfe gegen die Entscheidung des Notars? Ein Rechtsbehelf gegen die positive wie die negative Entscheidung des Notars ist – anders als nach § 796c II 2 – nach den Vorschriften des 10. Buches nicht vorgesehen. Auch Art 19 IV GG macht einen solchen nicht notwendig. Denn der persönl u sachl unabhängige Notar (§ 1 BNotO) erfüllt die Voraussetzungen der **Art 92 ff GG** für ein Rspr-Organ. Es ist richtigerweise zu differenzieren: Lehnt der Notar die Vollstreckbarerklärung ab, findet dagegen kein Rechtsmittel statt; es bleibt aber der Weg des § 1060. Spricht er jedoch die Vollstreckbarerklärung aus, sollte ein gegenständl beschränktes Rechtsmittel statthaft sein. Sinnvoll wäre die **Rechtsbeschwerde zum BGH entspr § 1065**, allerdings **mit einem beschränkten** 15

Prüfungsgegenstand: Der BGH hätte nur zu prüfen, ob Vergleich wegen eines Normverstoßes unwirksam ist, der vAw wegen zu prüfen ist, weil die betroffene Norm unmittelbare staatl Interessen schützt. IÜ findet keine Nachprüfung statt, Geimer DNotZ 91, 275. Zust Gottwald, Konsensuale Streitbeilegung, 2001, S 31, 42; Schütze SchiedsVZ 2009, 241, 245. Für Rechtsbehelf zum OLG Lachmann Rn 1841; StJ/Schlosser Rn 33.

16 **VII) Aufhebungsantrag (§ 1059).** Er ist auch gegen Schiedsspruch mit vereinbartem Wortlaut zulässig, s § 1059 Rn 1. Allerdings genügt nicht Abschluss eines Vergleichs. Vielmehr muss Schiedsspruch (§ 1054) erlassen sein.

17 **VIII) Schiedsgerichtsklausel.** Haben die Parteien in den Vergleich wiederum eine Schiedsgerichtsklausel aufgenommen, so wird auch dieser Inhalt des Schiedsspruchs mit vereinbartem Wortlaut u nimmt an dessen Rechtskraft (§ 1055) teil. Dh: Wird nicht rechtzeitig Aufhebungsantrag erfolgreich gestellt, steht Wirksamkeit der Schiedsvereinbarung zwischen den Parteien verbindl fest. Ein etwaiger auf Grund dieser Klausel ergehender Schiedsspruch kann nicht nach § 1059 II Nr 1a erfolgreich angegriffen werden, allenfalls mit Ausnahme des Streits über den Umfang der (wirksamen) Schiedsvereinbarung, wenn hierzu der Schiedsspruch mit vereinbartem Wortlaut keine eindeutigen Feststellungen enthält.

18 **IX) Notwendiger Erlass eines Schiedsspruchs mit vereinbartem Wortlaut.** Liegt **nur ein Vergleich** vor, so ist Antrag nach § 1059 bzw § 1060 (noch) nicht statthaft. Das OLG (§ 1062) sollte den Antrag nicht a limine verwerfen, sondern den Parteien nach Möglichkeit Gelegenheit geben, beim Schiedsgericht den Schiedsspruch nach § 1053 zu beantragen u zu erwirken. Das Gleiche gilt, wenn Schiedsspruch mit vereinbartem Wortlaut zwar bereits ergangen ist, dieser aber (noch) nicht den Formerfordernissen des § 1053 entspricht, sofern diese nachholbar sind.

§ 1054 Form und Inhalt des Schiedsspruchs

(1) [1]Der Schiedsspruch ist schriftlich zu erlassen und durch den Schiedsrichter oder die Schiedsrichter zu unterschreiben. [2]In schiedsrichterlichen Verfahren mit mehr als einem Schiedsrichter genügen die Unterschriften der Mehrheit aller Mitglieder des Schiedsgerichts, sofern der Grund für eine fehlende Unterschrift angegeben wird.

(2) Der Schiedsspruch ist zu begründen, es sei denn, die Parteien haben vereinbart, dass keine Begründung gegeben werden muss, oder es handelt sich um einen Schiedsspruch mit vereinbartem Wortlaut im Sinne des § 1053.

(3) [1]Im Schiedsspruch sind der Tag, an dem er erlassen wurde, und der nach § 1043 Abs. 1 bestimmte Ort des schiedsrichterlichen Verfahrens anzugeben. [2]Der Schiedsspruch gilt als an diesem Tag und diesem Ort erlassen.

(4) Jeder Partei ist ein von den Schiedsrichtern unterschriebener Schiedsspruch zu übermitteln.

Lit: *Graeve*, Mit formfreien Schiedsvereinbarungen zu elektronischen Schiedssprüchen, SchiedsVZ 2024, 239.

1 **I) Überblick.** Zu den verschiedenen Entscheidungsformen s § 1042 Rn 53 u § 1059 Rn 22. **1) Formbedarf.** Bloße Verkündung und/oder formlose Mitteilung des Schiedsspruchs ist wirkungslos, RGZ 38, 392. Vor Erfüllung der unverzichtbaren Förmlichkeiten des § 1054 liegt kein wirksamer Schiedsspruch vor, BGH RIW 86, 970; BGH NJW-RR 2024, 1248, 1250 (zur Aufhebung nach § 1059); sa Schnabl SchiedsVZ 2024, 269, 272 (zum Einsatz von **KI-Tools**); daher (noch) keine Rechtskraftwirkung (§ 1055) u keine Möglichkeit der Vollstreckbarerklärung (§ 1060), auch Aufhebungsantrag (s § 1059 Rn 1) (noch) nicht statthaft. Solange Schiedsverf weder durch wirksamen Schiedsspruch (§ 1054) noch durch -vergleich (§ 1053 I) abgeschlossen ist, kann Einrede nach § 1032 erhoben werden, nach diesem Zeitpunkt gilt § 1055. Geriert sich Schiedsgutachter (§ 317 BGB, s § 1029 Rn 4) fälschlicherw als Schiedsrichter u erlässt einen die Erfordernisse des § 1054 erfüllenden Schiedsspruch, dann liegt ein wirksamer Schiedsspruch vor, der Rechtskraft (§ 1055) entfaltet, solange er nicht nach § 1059 II Nr 1a wegen Fehlens einer Schiedsvereinbarung aufgehoben ist, s § 1059 Rn 25. Ausführl OLG München 30.9.2020 – 34 Sch 13/18: Jeder Partei muss ein dem § 1054 I entspr Schiedsspruch übermittelt werden (§ 1054 IV). **Übermittlung** ist Aufgabe des Schiedsgerichts, sodass „Partei-Zustellung" nicht genügt (BayObLG 14.3.2025 – 101 Sch 3/24 Tz 41 f). Erst mit ordnungsgemäßem Zugang hat der Schiedsspruch **Außenwirkung**, kann also auch durch einstimmige Entscheidung der Schiedsrichter nicht mehr zurückgenommen werden (näher BayObLG 7.5.2025 – 101 Sch 25/23 Tz 44). Solange eine formgemäße Zusendung nicht erfolgt ist, ist das Schiedsverf nicht abgeschlossen. Es reicht es nach dem Sinn und Zweck der Vorschrift des § 1054 ZPO aus, um die Verantwortlichkeit der Schiedsrichter für das Ergebnis des Schiedsspruchs durch deren Unterschrift zu bezeugen, wenn der Originalschiedsspruch mit den Unterschriften kopiert und diese Kopien den Parteien zugeleitet werden. Die Übersendung nur einer beglaubigten Abschrift des Schiedsspruchs – ohne Unterschriften – genügt nicht. Der Umstand, dass ein vollständig unterzeichneter Schiedsspruch sich lediglich in den Akten des Schiedsgerichts befindet, führt *nicht zur Wirksamkeit* des Schiedsspruchs. – Zur **Heilung von Zustellungsmängeln (§ 189)** ist der tatsächl Zugang des zuzustellenden Originals nicht erforderl. Die erfolgreiche Übermittlung einer (elektron) Kopie in Form eines Telefaxes, einer Fotokopie oder eines Scans ist ausreichend (BayObLG 14.3.2025 – 101 Sch 3/24 Tz 39:

Scan als elektronisches Dokument; Graeve SchiedsVZ 2024, 239, 242 f). § 1064 I beinhaltet keine Zulässigkeitsvoraussetzung (sa BayObLG 4.7.2023 – 101 Sch 28/22 Tz 42: Beweismittel). Die bloße mündl Überlieferung oder eine handschriftl oder maschinenschriftl Abschrift des zuzustellenden Originals führen dagegen wegen der Fehleranfälligkeit einer solchen Übermittlung nicht zur Heilung des Zustellungsmangels, BGH SchiedsVZ 2020, 196 = FD-ZVR 2020, 429319 (Toussaint).

2) Folge der Nichterfüllung der Vorschriften des § 1054. Abweisung des Antrags auf Vollstreckbarerklärung bzw auf Aufhebung, vgl BGH NJW 80, 1284. Erfordernisse des § 1054 sind jedoch nachholbar. – **Schriftlichkeit** mit Unterschrift kann **nicht elektron** nach § 126a iVm § 126 III BGB ersetzt werden, MK/Münch Rn 7; Graeve SchiedsVZ 2024, 239, 243; s jedoch Rn 4a zum Reformvorschlag (BTDrs 20/13257, 35 f: „elektronischer Schiedsspruch"). Die Parteien können nicht durch Vereinbarung von den Erfordernissen des § 1054 abweichen. Ein nur vom Vors eines Dreierschiedsgerichts unterzeichnetes Sitzungsprotokoll, das den (angebl) Schiedsspruch enthält, genügt nicht den Anforderungen des § 1054, OLGR München 2006, 767. 2

3) Anwendungsbereich. § 1054 kommt bei Schiedsort (§ 1043 I) in Deutschland zum Zuge, ohne Rücksicht auf etwaige Auslandsbezüge des Streitgegenstandes, § 1025 I. Bei ausl Schiedsort ist das Wirksamwerden ausl Schiedssprüche nach dem Schiedsverfahrensstatut (s § 1025 Rn 8) zu beurteilen, StJ/Schlosser Rn 33. Sa § 1055 Rn 17. Schiedsspruch iSv § 1054 ist die **endgültige Entscheidung über den Streitgegenstand im Ganzen oder einen abgrenzbaren Teil (Teilschiedsspruch)**, BGH SchiedsVZ 2021, 341 (Groh/Lieberknecht SchiedsVZ 2021, 297); BGHZ 10, 325, hierzu gehört auch der **Prozessschiedsspruch**, s § 1040 Rn 10 ff; § 1059 Rn 22. S zur Klarstellung der Natur des Prozessschiedsspruchs auch **RegE eines Gesetzes zur Modernisierung des Schiedsverfahrensrechts** v 26.6.2024 (BTDrs 20/13257, 30, 31) aus der 20. Legislaturperiode. Im Fall eines Instanzenzugs soll nur der Spruch des Oberschiedsgerichts „Schiedsspruch", sofern aus sich heraus verständl ohne Bezugnahme auf erstinstanziellen Schiedsspruch sein, OLG Düsseldorf BB 76, 251. Genauer BGH NJW-RR 2018, 1334 = LMK 2018, 410818 (Pfeiffer): Die Wirksamkeit des Schiedsspruchs 1. Instanz steht unter der aufschiebenden Bedingung seiner Bestätigung durch das Oberschiedsgericht. Die Bedingung tritt ein, wenn die Berufung nicht fristgemäß eingelegt, als unzulässig verworfen oder als unbegründet zurückgewiesen wird. Sa § 1059 Rn 15. Auf **Maßnahmen des einstw Rechtsschutzes** ist § 1054 entspr anzuwenden. AA MK/Münch Rn 6; Saenger Rn 2. Gem § 1042 IV können Parteien den Erlass von Teilschiedssprüchen zulassen, vorschreiben oder verbieten. Fehlt eine Parteivereinbarung, steht Erlass von **Teilschiedssprüchen im Ermessen des Schiedsgerichts**, s § 1059 Rn 58. Sie müssen innerhalb der Frist des § 1059 III angegriffen werden. Für Zwischenentscheide über einzelne Angriffs- u Verteidigungsmittel gelten §§ 1054 u 1059 nicht. Sie müssen nicht begründet werden, sind aber für das Schiedsgericht bindend. Begründung sollte jedoch im Schiedsspruch nachgeholt werden. Zwischenentscheidungen sind keine Schiedssprüche iSv § 1059. Ein Vorbehaltsschiedsspruch, in dem über die vom Bekl zur Aufrechnung gestellte Gegenforderung noch nicht entschieden ist, ist ein auflösend bedingter Schiedsspruch, der das Schiedsverf noch nicht beendet. Er ist nur ein Zwischenentscheid, gegen den ein Aufhebungsantrag (§ 1059) nicht statthaft ist, s § 1059 Rn 22. 3

4) Erfordernisse des § 1054. Diese sind für einen ordnungsgemäßen Schiedsspruch: **schriftl** Abfassung, Unterzeichnung durch die Schiedsrichter u Übersendung, nicht jedoch Datierung (s Rn 9). Ihre Einhaltung wird – soweit abw Vereinbarungen der Parteien nicht mögl – in jeder Lage des Verf, auch in Rechtsbeschwerdeinstanz, **vAw** geprüft, BGH NJW 76, 1940; BGH KTS 80, 130. Die Förmlichkeiten können aber noch während des Rechtsbeschwerdeverf nachgeholt werden; BGHZ 85, 288; BGH NJW-RR 2024, 1248 = WM 2025, 277 f Tz 22. – Sa BayObLG EWiR 2003, 999 (Geimer); Meul/Pfaffinger SchiedsVZ 2022, 320, 325. 4

5) Reformvorschlag. Der RegE zur Modernisierung des Schiedsverfahrensrechts (BTDrs 20/13257, 35 f) aus der 20. Legslaturperiode sieht in § 1054 I 2, 3-E die Möglichkeit eines **elektronischen Schiedsspruchs** vor („*Sofern keine Partei widerspricht, kann der Schiedsspruch auch elektronisch erlassen werden. Der elektronische Schiedsspruch muss in einem elektronischen Dokument enthalten sein, das die Namen aller Mitglieder des Schiedsgerichts angibt und mit den qualifizierten elektronischen Signaturen der Mitglieder versehen ist.*"). Dies soll voranschreitender **Digitalisierung** dienen, begrüßend Kiehl/Gebhard SchiedsVZ 2024, 173 f. Mangels Parteiwiderspruch entscheidet Schiedsgericht über Form nach pflichtgemäßem Ermessen. Zweckmäßigerweise sind Parteien vor Erlass des Schiedsspruchs zu hören. Die Parteiautonomie erleichtert internationale Vollstreckbarerklärung in der dem Vollstreckungsstaat genehmen Form (BTDrs 20/13257, 35, 36). Schiedsspruch muss dabei in elektronischem Dokument enthalten sein. Erforderlich wäre überdies Angabe der Namen aller Schiedsrichter u Verwendung der qualifizierten elektronischen Signatur (krit zu diesem Erfordernis Graeve SchiedsVZ 2024, 239, 245). Bei **Verfahren mit mehr als einem Schiedsrichter** genügt bei Angabe des Grundes die qualifizierte elektronische Signatur der Mehrheit (§ 1054 II-E, Verhinderungsvermerk). Sofern Parteien elektronischer Schiedsspruch übermittelt wurde, kann nachträglich schriftliche Ausfertigung verlangt werden (§ 1054 I 1-E iVm § 1054 V-E), etwa um Vollstreckung im Ausland zu erleichtern (BTDrs 20/13257, 37; Umbeck/Pust BB 2024, 2376, 2378 f). Einsatz **künstlicher Intelligenz** bei Erstellung elektronischen Dokuments scheitert am Unterschriftserfordernis (Schnabl SchiedsVZ 2024, 269, 272). Reform dürfte trotz Nichtgeltung von § 1054 (s § 1025 Rn 7) Anerkennung u Vollstreckung ausländ (elektronischer) Schiedssprüche erleichtern, Graeve SchiedsVZ 2024, 239, 244. Lediglich Beweismittelregel stellt § 1064 I dar (s näher OLG Frankfurt/M 4a

17.05.2021 – 26 Sch 1/21 Tz 37). RegE (BTDrs 20/13257, 55) erlaubt in § 1064 I 3-E, einen als **elektronisches Dokument** erlassenen Schiedsspruch auf elektronischem Weg zu übermitteln, s 1064 Rn 1.

5 **II) Schriftliche Abfassung, Datierung und Unterzeichnung durch Schiedsrichter. 1) Mehrköpfiges Schiedsgericht.** Bei drei- u mehrköpfigem Schiedsgericht genügt Unterzeichnung durch die Mehrheit aller Mitglieder des Schiedsgerichts; auch die Unterschrift des Vors ist ersetzbar, Schütze/Thümmel Rn 13.20. Werden mehrere Unterschriften ersetzt, ist trotz der missverständl Formulierung von I 2 der **Grund für jede einzelne fehlende Unterschrift** anzugeben, BTDrs 13/5274, 55. Andernfalls liegt kein wirksamer Schiedsspruch vor, OLG Frankfurt 27.4.2023 – 26 Sch 14/22 (bei BGH NJW-RR 2024, 1248: „keine besonderen formalen Anforderungen" für Vermerk). Anders ist es jedoch, wenn der Grund zwar angegeben, aber unzutr ist, BayObLG 7.12.2022 – 101 Sch 76/22; hierzu Kröll NJW 2023, 819 Rn 16; sa Kröll SchiedsVZ 2010, 213, 218.

6 **2) Klage auf Unterzeichnung.** Soweit keine Ersetzung mögl, kann Schiedsrichter auf Unterzeichnung verklagt werden, s § 1035 Rn 28; RGZ 126, 381; Triebel/Viertel BB 86, 1170; Gal S 133 ff. Vollstreckung nach § 888 I (bestr wegen § 888 III). Ist ein Schiedsrichter zur Unterschrift außer Stande, zB durch Tod, u Ersetzung nach § 1054 I 2 nicht mögl, sind §§ 1038, 1039 anzuwenden.

7 **3) Bindung der Schiedsrichter.** Erst mit der (letzten) Unterschrift sind die Schiedsrichter untereinander gebunden (BGH BGH NJW-RR 2024, 1250 = WM 2025, 277 f Tz 19 f). **Zurücknahme oder Abänderung** mit Mehrheit (§ 1038) mögl, soweit noch nicht nach II bekannt gegeben, OLG Düsseldorf SchiedsVZ 2008, 156, 159. AA Saenger Rn 4 (Einstimmigkeit).

8 **4) Begründung des Schiedsspruchs.** Haben die Parteien keine abw Vereinbarung getroffen u liegt kein Schiedsspruch gem § 1053 I 2 vor, muss der Schiedsspruch **Gründe** enthalten. II stellt allerdings weniger strenge Anforderungen auf als § 547 Nr 6. Er dient nicht dazu, eine Nachprüfung unter dem Gesichtspunkt des § 1059 II Nr 2b sicherzustellen, BGHZ 30, 89. An die Begründung von Schiedssprüchen können mithin nicht die **für Urteile staatl Gerichte geltenden Maßstäbe** angelegt werden, BGH RIW 90, 495; OLG München SchiedsVZ 2017, 40 Tz 68 ff; Lachmann Rn 1771; sie müssen nur gewissen Mindestanforderungen entsprechen, OLG Frankfurt/M 20.4.2023 – 26 Sch 6/22 Tz 45; OLG Frankfurt/M SchiedsVZ 2022, 40 Tz 49: Sie dürfen nicht offenbar widersinnig sein, OLGR München 2007, 361, 362. Die Begr darf sich nicht auf inhaltsleere Wendungen beschränken u muss **zu den wesentl Verteidigungsmitteln der Parteien Stellung nehmen**, OLG München SchiedsVZ 2015, 303, 307: Jedenfalls bedürfen die Punkte, die unmittelbar von der Entscheidungsformel erfasst werden, stets einer Begr. Es genügt, wenn das Schiedsgericht eine kurze Zusammenfassung der den Schiedsspruch tragenden Erwägungen gibt. Auf die aus seiner Sicht für den Ausgang des Schiedsverfahrens zentralen Fragen muss das Schiedsgericht eingehen. Darüber hinaus muss es zu den wesentl Verteidigungsmitteln der Parteien Stellung nehmen, sich aber nicht mit jedem Punkt des Parteivorbringens befassen, BGH SchiedsVZ 2022, 228. – **Fehlen der Begründung** führt nicht zur Unwirksamkeit des Schiedsspruches, sondern nur zur Aufhebbarkeit, s § 1059 Rn 55, 62. Sa Schlosser FS Thümmel, 2020, S 797, 806 u Wilhelmi FS Thümmel, 2020, S 983.

9 **5) Erlasszeitpunkt.** Die Bezeichnung des **Tages, an dem der Schiedsspruch erlassen wurde** (§ 1054 III), dient nur der Kennzeichnung des Schiedsspruchs. Fehlendes Datum macht Schiedsspruch nicht unwirksam, Lachmann Rn 1759; vgl auch BGH WM 77, 320; BayObLG 9.1.2024 – 102 Sch 179/23 Tz 43: widersprüchliche Angaben; MK/Münch Rn 37; StJ/Schlosser Rn 24. Auch hinsichtl der Datumsangabe ist der **Gegenteilsbeweis** zuzulassen; anderenfalls könnten die Schiedsrichter insb ihnen gesetzte Fristen nach Belieben manipulieren, Saenger Rn 6; Schütze/Thümmel Rn 13.21; aA BTDrs 13/5274, 56; ThP/Nordmeier Rn 8.

10 **6) Ort des schiedsrichterlichen Verfahrens.** Ferner ist der Ort des schiedsrichterl Verf (§ 1043) anzugeben, **§ 1054 III 2.** Dieser ist nicht zu verwechseln mit dem/den Tagungs- bzw Beratungsort(en) des Schiedsgerichts. Das Fehlen der Angabe des Ortes macht Schiedsspruch nicht unwirksam, BGH TranspR 2021, 504; BayObLG 1.4.2025 – 102 Sch 1/25 e Tz 16. Dieser ist aus den Umständen zu rekonstruieren, ggf nach § 1058; sa OLG München 24.8.2010 – 34 Sch 21/10; OLG München SchiedsVZ 2013, 231, 233 (krit Münch).

11 **7) Niederlegung des Schiedsspruchs beim staatlichen Gericht.** Dies sieht das Gesetz nicht (mehr) vor. Sie ist weder erforderl noch mögl. Gem IV genügt **Übermittlung** eines von den Schiedsrichtern unterschriebenen Schiedsspruches an jede Partei oder deren Verfahrensbevollmächtigten, zB durch Einschreiben mit RS, BGH NJW 2015, 3234 = LMK 2015, 374507 (Wolff); OLG München SchiedsVZ 2012, 217. Zustellung einer Ausfertigung nach §§ 166 ff nicht erforderl; damit entfallen insb die mit einer Zustellung ins Ausland verbundenen Verzögerungen. In der Praxis ist die Übersendung per Einschreiben gegen Rückschein oder gegen Empfangsbekenntnis üblich, Gottwald S 72. Auch elektron Übermittlung mögl, wenn Parteien einverstanden sind.

11a **8) Schiedsspruch iSv § 1054 IV.** Als dieser ist sowohl das Original als auch die Zweitschrift anzusehen; entscheidend ist, dass jedes Exemplar die Unterschrift der Schiedsrichter trägt, BTDrs 13/5274, 56. Übersendung einer begl Abschrift der Urschrift des Schiedsspruchs genügt danach nicht, Lachmann Rn 1777. Die Frist für den Aufhebungsantrag beginnt erst mit Empfang des Schiedsspruchs, § 1059 III 2 (zu Zustellungsfragen s BayObLG 7.5. *2025 – 101 Sch 25/23 Tz 51*). Daher ist Nachweis der Übersendung sicherzustellen. Nach Kröll SchiedsVZ 2004, 113, 120 kann Übersendung während des Verf nach § 1059 bzw § 1060 nachgeholt werden. Zu den Förmlichkeiten eines Schiedsspruchs sa OLG München SchiedsVZ 2012, 217.

9) Abänderung des Schiedsspruchs. S § 1055 Rn 11. 12

10) Ausländische Schiedssprüche. Wann u wie ein ausl Schiedsspruch rechtl existent wird, bestimmt das **Schiedsverfahrensstatut**, OLG Hamm RIW 83, 698. – Ob nach dem Recht des Sitzstaates ein wirksamer Schiedsspruch vorliegt (zB weil nicht alle Schiedsrichter unterschrieben u keinen Grund hierfür angegeben haben), soll nach OLG München SchiedsVZ 2010, 169, 172 nicht selbständig geprüft werden, wenn das staatl Gericht im Aufhebungs- bzw Nichtigkeitsverf im Sitzstaat von der Wirksamkeit des Schiedsspruchs ausgegangen ist. Stattdessen sei die Anerkennungsfrage (§ 328 ZPO) zu stellen. 13

III) Verlust des Originals des Schiedsspruchs. Dies führt nicht zum Wegfall der Wirkungen (§ 1055) desselben. Auch kann er weiterhin für vollstrb erklärt werden. Allerdings muss Existenz u Inhalt des Schiedsspruchs – sofern bestritten – mit den allg zulässigen Beweismitteln bewiesen werden. Aber jede Partei hat iZw Anspruch auf Erstellung einer weiteren Urschrift durch Schiedsgericht (sofern Schiedsrichter noch vorhanden sind bzw nach § 1054 I 2 verfahren werden kann, StJ/Schlosser § 1064 Rn 1). 14

IV) Zwangsvollstreckung aus dem Schiedsspruch. Hierfür sind die staatl Vollstreckungsorgane zuständig nach Vollstreckbarerklärung, §§ 1060, 1061. Schiedsgericht kann aber Ordnungsmittel im Schiedsspruch androhen zB nach § 890 II, u muss es auch, da es insoweit das Prozessgericht ist. Fehlt die Androhung im Schiedsspruch, ist Ergänzung nach § 1058 möglich. Alternativ ist OLG nach § 1062 für die Androhung zuständig, nicht das AG als VollstrGericht, Mann/Nußbaum SchiedsVZ 2021, 253. OLG darf sich nicht unter Hinweis auf § 1058 für unzuständig erklären. 15

V) Reformüberlegungen. Der RegE eines Gesetzes zur Modernisierung des Schiedsverfahrensrechts v 26.6. 2024 aus der 20. Legislaturperiode (BTDrs 20/13257, 38 f) erlaubt Schiedsgericht nach § 1054b I ZPO-E die **Veröffentlichung** des **Schiedsspruchs** (und auch eines Sondervotums, s dazu § 1052 Rn 5) in anonymisierter oder pseudonymisierter Form („*Mit Zustimmung der Parteien darf das Schiedsgericht den Schiedsspruch und ein etwaiges Sondervotum ganz oder in Teilen in anonymisierter oder pseudonymisierter Form veröffentlichen oder eine solche Veröffentlichung veranlassen. Die Zustimmung einer Partei gilt als erteilt, wenn diese der Veröffentlichung nicht innerhalb von drei Monaten, nachdem ihr die Aufforderung zur Zustimmung durch das Schiedsgericht zugegangen ist, widersprochen hat und sie zuvor auf diese Folge hingewiesen worden ist.*“). Voraussetzung wäre **Zustimmung** der Parteien, die nach § 1054b I 2 ZPO-E fingiert wird, sofern kein Widerspruch innerhalb von drei Monaten (Fristberechnung: § 222) nach Zugang der Aufforderung (bei entspr Rechtsfolgenbelehrung). Aufforderung durch Schiedsgericht ist vor oder nach Erlass des Schiedsspruchs zulässig. Auszugsweise Veröffentlichung bzw Beschränkung auf tragende Entscheidungsgründe ist möglich (Wimalasena S 301), was Geheimhaltungsinteresse wahrt (BTDrs 20/13257, 38 f). Vorbild ist zB Art 41 VIAC Schieds- und Mediationsordnung, 2021. Verfassungsrechtliche Gründe u Stärkung der Transparenz sprechen für Bekanntmachung von Schiedssprüchen (Kahlert SchiedsVZ 2023, 2, 10); zudem ist Förderung kohärenter Entscheidungspraxis wünschenswert (BTDrs 20/13257, 38 f; Umbeck/Pust BB 2024, 2376, 2378 f: Stärkung des Schiedsortes Deutschland). § 1054b II-E stärkt **Privatautonomie** („*Die Parteien können von I abweichende Vereinbarungen treffen.*“), zB durch Vereinbarung einer Veröffentlichungsfrist (BTDrs 20/13257, 40); sa § 1042 III Alt 2: Bezugnahme auf entspr Regelungen institutioneller Schiedsordnungen. § 1054b III-E stellt klar, dass aus anderen Rechtsvorschriften (zB DSGVO) weitergehende Anforderungen für Veröffentlichung von Schiedssprüchen folgen können (Fritz/Prantl/Leinwather/Hofer SchiedsVZ 2019, 301, 308). Bei trotz Anonymisierung bestehenden (zB datenschutzrechtlichen) Bedenken ist Veröffentlichung zu unterlassen. 16

§ 1055 Wirkungen des Schiedsspruchs

Der Schiedsspruch hat unter den Parteien die Wirkungen eines rechtskräftigen gerichtlichen Urteils.

Lit: *Klement*, Die Rechtskraft des Schiedsspruchs, 2018; *Pika*, Schiedsspruch ultra partes?, ZZP 131 (2018), 225; *Pika*, Third Party Effects of Arbitral Awards, 2019; *Tafelmaier*, Schiedsspruch u staatl Gerichtsbarkeit, 2018, S 165 ff; *Werner* Die Organhaftung, das Schiedsverfahren und die Streitverkündung, NZG 2023, 458. Zur gewillkürten Prozessstandschaft *Pfeiffer*, Gewillkürte Prozessstandschaft im Schiedsverfahren, SchiedsVZ 2017, 135.

I) Überblick. 1) Gleichstellung des Schiedsspruchs mit dem Urteil eines staatlichen Gerichts. Der Schiedsspruch eines dt Schiedsgerichts hat die gleichen Wirkungen wie eine Parallelentscheidung des dt staatl Gerichts. Es gilt der gleiche zweigliedrige Streitgegenstandsbegriff, BGH SchiedsVZ 2009, 123; OLGR Karlsruhe 2009, 68, sowie die üblichen objektiven Rechtskraftgrenzen. Anders als bei staatl Urteilen fehlt Schiedsspruch, der zu einer Leistung oder Unterlassung verurteilt, die **Vollstreckbarkeit**. Diese muss dem Schiedsspruch durch rechtsgestaltende Entscheidung des staatl Gerichts (§ 1060) verliehen werden. Die Rechtslage ist vergleichbar mit der Beachtlichkeit der Wirkungen von Entscheidungen ausl (staatl) Gerichte im Inland. Die Wirkungen der ausl Urteile werden kraft Gesetzes (§ 328) auf das Inland erstreckt (sofern die Anerkennungsvoraussetzungen gegeben sind) mit einer Ausnahme: Die Vollstreckbarkeit muss dem ausl Urteil in einem bes Verf (§§ 722, 723) ori- 1 ginär verliehen werden. – Gleichwohl sind die im Schiedsspruch angeordneten Leistungen einschl etwaiger Zinsen, Kosten u sonstigen Nebenleistungen sofort fällig, sofern im Schiedsspruch nichts anderes angeordnet ist, auch wenn die 3-Monatsfrist (§ 1059 III 1) noch nicht abgelaufen bzw der Schiedsspruch noch nicht für vollstrb erklärt ist, OLG Dresden 24.2.2009 – 11 Sch 01/09; Kröll SchiedsVZ 2010, 214. – Zum Zahlungsverzug Lüttenberg SchiedsVZ 2022, 315.

2 **2) Gestaltungswirkung.** Auch die Gestaltungswirkung eines Schiedsspruchs tritt ohne vorh Vollstreckbarerklärung ein, StJ/Schlosser § 1060 Rn 7; Lachmann Rn 1787; Walter FS Schwab, 1990, S 554. AA BayObLGZ 84, 47; Hammer Rn 574; Saenger Rn 11; K. Schmidt ZGR 88, 535. Ein **Gleichlauf von Rechtskraft u Vollstreckbarkeit** existiert nicht, s Lüttenberg SchiedsVZ 2022, 315, 317 (zur Rolle des Kostenerstattungsanspruchs). Dies gilt auch, wenn der Schiedsspruch Grundlage für eine Eintragung ins Grundbuch oder in ein öffentl Register, zB Vereins-, Handels- oder Güterrechtsregister ist, s § 1053 Rn 7. Bestr, ob § 894 eine Vollstreckbarerklärung (§ 1060) voraussetzt, so hM: OLG München 15.9.2016 – 34 Sch 19/16; Hammer Rn 574. AA mit Recht StJ/Schlosser § 1060 Rn 6. Verurteilt das Schiedsgericht zur Abgabe einer Willenserklärung, so tritt die Fiktion des § 894 erst mit Unanfechtbarkeit der Vollstreckbarerklärung (§ 1060) ein; so auch OLG Dresden BB 2001, Beil 7, 22.

3 **3) Qualität der Rechtskraftwirkung.** Die Wirkungen selbst des aufhebbaren Schiedsspruchs (s § 1059 Rn 18) sind identisch mit denen des staatl Urteils. Es gibt keine Rechtskraft, Gestaltungswirkung etc „2. Klasse“, bloß weil Schiedsrichter u nicht staatl Richter entschieden haben. Zu wenig deutlich BGH NJW 2020, 70 = MDR 2017, 1024 Tz 47.

4 **4) § 248 I 1, § 249 I 1 AktG.** Diese Bestimmungen sind auch auf Entscheidungen privater Schiedsgerichte anwendbar, wenn das Schiedsverf so ausgestaltet ist, dass die von der Gestaltungswirkung bzw Rechtskrafterstreckung betroffenen Dritten eine angemessene Möglichkeit haben, sich am Schiedsverf zu beteiligen, s § 1030 Rn 9; österr OGH NZG 99, 307, 308 (zur Parallelnorm des § 594 I österr ZPO; hierzu zB Schulze S 115).

5 **5) Maßgeblicher Zeitpunkt.** Mit Erfüllung der in § 1054 festgelegten förml Erfordernisse des Schiedsspruchs entfaltet der Schiedsspruch die Wirkung eines rechtskräftigen Urteils; vgl BGH NJW 86, 1436. Dem steht nicht entgegen, dass die Frist für Aufhebungsantrag (§ 1059 III) noch nicht abgelaufen ist, Lühmann S 41 ff.

6 **6) Endentscheidung in der Sache.** Rechtskraftfähige Schiedssprüche sind nur solche, die eine Endentscheidung in der Sache (= über den Streitgegenstand) enthalten (sa BayObLG 9.1.2024 – 102 Sch 179/23 Tz 40 für Frage der Kostenerstattung), auch Teilschiedssprüche (s § 1056 Rn 2 u § 328 Rn 7).

7 **7) Grenzen der Rechtskraft.** Für die obj und subj Grenzen der Rechtskraft eines dt Schiedsspruchs gelten §§ 322 ff, §§ 325 ff, sofern die Parteien nichts Abweichendes vereinbaren, BGH SchiedsVZ 2009, 123; Lühmann S 160 ff. AA Hammer Rn 573. So ist zB eine der materiellen Rechtskraft fähige **Inzidentfeststellung** iSv § 256 II ohne entspr Vereinbarung nicht zulässig, Schwab/Walter 3 Rn 10. Sa Lühmann S 37. Eine über das Gesetz hinausgehende Rechtskrafterstreckung auf Dritte kommt nur in Betracht, wenn die Dritten dieser Vereinbarung beigetreten waren bzw ihr zugestimmt haben. Ausf Pika ZZP 131 (2018), 225, 226, 255. Krit Gaul FS Sandrock, 2000, S 289 ff. Zu § 265 s BGH SchiedsVZ 2022, 237 Tz 20 ff; Synatschke S 283. Zur Bindung des **D&O-Versicherers** an einen im Haftpflichtverhältnis gefällten Schiedsspruch s Werner NZG 2023, 458, 460: Entscheidend ist, ob dem Versicherungsvertrag mittels Auslegung eine Bindung im Deckungsprozess entnommen werden könne. Lösung: Haftungs- und Deckungsverfahren in (integriertem) Mehrparteien-Schiedsverfahren verbinden, s Werner NZG 2023, 458, 461 ff; sa Borris r+s 2020, 316, 319 ff.

8 **8) Beachtung der Rechtskraft vAw.** Die Rechtskraft des Schiedsspruchs ist vAw zu beachten, wenn das Gericht im Rahmen der Verhandlungsmaxime davon Kenntnis erlangt, Walter RIW 88, 946; Gaul FS Sandrock, 2000, S 320 f mN. Sa Münch FS Geimer II, 2017, S 461, 479. Anders Hammer Rn 571 u hM für Zeit vor der Vollstreckbarerklärung: Lachmann Rn 1785; WSch/Büscher § 322 Rn 26. Sa Illmer S 115. Zum grundlosen Ignorieren der Rechtskraft eines anderen Schiedsspruchs § 1059 Rn 49.

9 **II) Präklusionswirkung des Schiedsspruchs.** § 1055 erfasst auch die Präklusionswirkung nach dem Vorbild des § 767 II, s § 1060 Rn 12. Einwendungen, die vor Erlass des Schiedsspruchs entstanden sind u im Schiedsverf noch hätten vorgebracht werden können, sind präkludiert, sofern keine Aufhebungsgründe (§ 1059) vorliegen u der Schiedsspruch aufgehoben wurde, BGH NJW 90, 3210; MskV/Voit Rn 12; Eckstein-Puhl S 255. Vor dem in § 767 II genannten Zeitpunkt entstandene mat-rechtl Einwendungen sind, wie beim Urteil staatl Gerichte, präkludiert. Danach entstandene Einwendungen sind im Vollstreckbarerklärungsverf geltend zu machen; ansonsten Präklusion. Für die nach Abschluss dieses Verf entstandenen Einwendungen kommt Klage nach § 767 in Betracht, s § 1060 Rn 9.

10 **III) Derogation der Rechtskraft eines Schiedsspruchs.** Dies ist durch Parteivereinbarung mögl, OLG Bremen NJW 57, 1035; G. Wagner, Prozessverträge, 1998, S 715. Bestr Walter FS Schwab, 1990, S 555 mwN. Dagegen Gaul FS Sandrock, 2000, S 323 ff; Spohnheimer S 24. Wenn die Parteien einem Schiedsspruch die Wirkung des § 1055 nachträgl einvernehml wieder nehmen können, können sie auch im Vorhinein festlegen, dass jede Partei nach Erlass des Schiedsspruchs innerhalb bestimmter Frist dessen „Anerkennung“ ablehnen u den Rechtsweg zu den staatl Gerichten beschreiten kann; sie können mithin dem Schiedsspruch nur unter gewissen Bedingungen

die Wirkung des § 1055 verschaffen. MaW: **Eine nur bedingte Unterwerfung der Parteien unter den Schiedsspruch ist mögl**, zB bedingt durch die Untätigkeit der Parteien binnen bestimmter Frist; der mit Ablauf der Ausschlussfrist endgültig gewordene Schiedsspruch ist dann ein Schiedsspruch wie jeder andere, der nur mit dem Aufhebungsantrag (§ 1059) angegriffen werden kann, BGH SchiedsVZ 2007, 160, 162 Tz 19. Sa § 1029 Rn 5.

IV) Abänderungs- und Nachforderungsverfahren (§§ 323, 324 ZPO; §§ 238 ff FamFG). Aus dem Gleichstellungsgrundsatz folgt, dass auch für diese Verf das Schiedsgericht – über § 1058 hinaus – zuständig ist. Allerdings muss in den meisten Fällen für diese eigenständigen Klagen das Schiedsgericht neu gebildet werden, StJ/Schlosser Rn 18. Jedoch kann auch ein „ständiges Schiedsgericht" etabliert werden, zB für Preis- oder sonstige Vertragsanpassungen im Zusammenhang mit Dauerschuldverhältnissen. – Fehlt in concreto eine Zuständigkeit des Schiedsgerichts zur Abänderung, ist das staatl Gericht zuständig, Feldmann S 263. 11

V) Kosten. Diese sind gem § 1057 vom Schiedsgericht im Schiedsspruch festzusetzen. Die Kosten der Schiedsrichter selbst kann das Schiedsgericht auch dann nicht festsetzen, wenn dies in der Schiedsvereinbarung ausdrückl vereinbart ist; dies gilt für jede Art der **Festsetzung ihrer eigenen Kosten** im Schiedsspruch wegen des Verbots, in eigener Sache als Richter tätig zu werden, BGH EWiR 85, 419 (Schlosser). Rechtsvergl Gottwald S 92. Sa § 1035 Rn 25. – Zum Zahlungsverzug Lüttenberg SchiedsVZ 2022, 315. 12

VI) Kollision mit der Rechtskraft der Entscheidung eines staatlichen Gerichts. Auch hier gilt der Gleichstellungsgrundsatz (s Rn 1). Es gelten die allg, aus § 580 Nr 7a hergeleiteten Grundsätze, auch wenn Nr 7 in § 1059 nicht aufgeführt. Sa § 1032 Rn 19; Schlosser RipS^2 Rn 880. Ausf Gaul FS Sandrock, 2000, S 302 ff; Haas FS Rechberger, 2005, S 187, 210; Lühmann S 210 ff. 13

VII) Im Zweifel keine Nichtigkeit des Schiedsspruchs. Das **Fehlen einer wirksamen Schiedsvereinbarung (§ 1029)** bzw **Schiedsanordnung (§ 1066)** sowie **Mängel des Schiedsverf** und beim **Erlass des Schiedsspruchs** sowie **sonstige Aufhebungsgründe des § 1059** führen regelmäßig (Ausnahmen s § 1059 Rn 25) nicht zur Unwirksamkeit des Schiedsspruchs, Lühmann S 44; Spohnheimer S 15. Dieser entfaltet vielmehr solange seine Wirkungen, als er nicht entweder auf Initiative der beschwerten Partei (§ 1059, Aufhebungsantrag) oder bei Unterliegen der siegreichen Partei im Vollstreckbarerklärungsverf (§ 1060 II) durch rechtsgestaltende Entscheidung des staatl Gerichts kassiert worden ist. Dies gilt – abgesehen von den bei § 1059 Rn 25 aufgeführten Fällen – auch dann, wenn unmittelbare Staatsinteressen auf dem Spiel stehen, etwa der Verstoß gegen den ordre public darin liegt, dass der Schiedsspruch zwingendes Devisen- oder KartellR verletzt bzw nicht angewandt hat, auf dessen Beachtung der Staat vorbehaltlos besteht, BGH MDR 2023, 386; Hild NZKart 2023, 160 f. Zur Verfristung des Aufhebungsantrags (§ 1059 III) s § 1059 Rn 12, 13. 14

Die Rechtslage ist also **anders als bei der Anerkennung ausl Urteile und ausl Schiedssprüche:** Hier kann das Fehlen einer Anerkennungsvoraussetzung bzw das Vorliegen eines Versagungsgrundes incidenter vom später angegangenen Gericht geprüft werden. Kommt dieses zB auf Rüge der betroffenen Partei zu dem Ergebnis, dass das ausl Gericht kein rechtl Gehör gewährt hat, so hat es die Wirkungen des ausl Urteils grds nicht nach § 328 zu beachten. 15

Es ist bei seiner Kognition nur dann eingeengt, wenn bereits eine rechtskraftfähige Entscheidung eines inländischen Gerichts/Schiedsgerichts (s § 1030 Rn 19) zur Frage der Anerkennung bzw Nichtanerkennung der Wirkungen der ausl Entscheidung vorliegt, Geimer/Schütze, Internat Urteilsanerkennung I/2, 1984, § 147 (2). In diesem Fall hat es die Feststellungswirkung dieses Feststellungsurteils(-beschlusses) zu beachten. 16

Welche Wirkungen der ausl Schiedsspruch entfaltet, regelt nicht § 1055, sondern das ausl Verfahrensstatut, Geimer IZPR^9 Rn 3890. AA OLG München SpuRt 2003, 199. Dieses (s § 1025 Rn 3, 8) bestimmt Ausgestaltung u Umfang der Wirkungen des Schiedsspruches, insb der Rechtskraft, StJ/Schlosser Rn 35; Feldmann S 227. Sa § 1061 Rn 13. 17

VIII) Vollstreckbarkeit. Dem inländischen (s Rn 1) wie dem ausl Schiedsspruch (s § 1061 Rn 1, 14) fehlt die Vollstreckbarkeit. Sie muss ihm erst durch staatl Gericht verliehen werden, §§ 1060, 1061. Daher ist es nicht sinnvoll, aber unschädl, wenn **Schiedsrichter ihren Schiedsspruch für (vorläufig) vollstrb erklären**, Schlosser RipS^2 Rn 893. 18

IX) Anerkennung der prozessualen Wirkungen. Die Anerkennung der prozessualen Wirkungen des ausl Schiedsspruchs (Rechtskraft, Präklusions-, Gestaltungswirkung etc) tritt ohne Anerkennungsverf **ipso iure** ein, soweit die Anerkennungsvoraussetzungen (Art 3 ff UNÜ) gegeben sind. S § 1061 Rn 14. 19

X) Wiederaufnahme des Schiedsverfahrens analog §§ 580 ff. Die Parteien können das judicium rescindens einem Schiedsgericht übertragen. Fehlt eine solche Vereinbarung (§ 1029) bzw Anordnung (§ 1066), ist hierfür analog § 1062 das OLG zuständig. 20

XI) Ausnahmen von der Rechtskraft. S Feldmann S 223 ff. 21

XII) Verkennung der Grenzen der Rechtskraft. Eine klare Verkennung der Grenzen der Rechtskraft eines in- oder ausl Schiedsspruchs beinhaltet eine Verletzung des verfahrensrechtl **ordre public**, BGH MDR 2019, 181, s § 1059 Rn 74. 22

§ 1056 Beendigung des schiedsrichterlichen Verfahrens

(1) Das schiedsrichterliche Verfahren wird mit dem endgültigen Schiedsspruch oder mit einem Beschluss des Schiedsgerichts nach Absatz 2 beendet.

(2) Das Schiedsgericht stellt durch Beschluss die Beendigung des schiedsrichterlichen Verfahrens fest, wenn

1. der Kläger

a) es versäumt, seine Klage nach § 1046 Abs. 1 einzureichen und kein Fall des § 1048 Abs. 4 vorliegt, oder

b) seine Klage zurücknimmt, es sei denn, dass der Beklagte dem widerspricht und das Schiedsgericht ein berechtigtes Interesse des Beklagten an der endgültigen Beilegung der Streitigkeit anerkennt; oder

2. die Parteien die Beendigung des Verfahrens vereinbaren; oder

3. die Parteien das schiedsrichterliche Verfahren trotz Aufforderung des Schiedsgerichts nicht weiter betreiben oder die Fortsetzung des Verfahrens aus einem anderen Grund unmöglich geworden ist.

(3) Vorbehaltlich des § 1057 Abs. 2 und der §§ 1058, 1059 Abs. 4 endet das Amt des Schiedsgerichts mit der Beendigung des schiedsrichterlichen Verfahrens.

1 **I) Möglichkeiten der Beendigung des Schiedsverfahrens. 1) Einzelfälle.** Durch Schiedsspruch in der Sache, Prozessschiedsspruch (s § 1040 Rn 10 ff; § 1059 Rn 22, 47) oder Beschluss gem II. Tenorierungsvorschläge bei Lachmann Rn 1731 ff. Auch in den Fällen des II ist über die Kosten nach § 1057 zu entscheiden, ebenso bei Abweisung der Schiedsklage wegen Unzuständigkeit, s § 1057 Rn 3; Lachmann Rn 722, 1872, 1879. – Beschluss nach II kommt nur in Betracht, wenn bzw soweit kein Schiedsspruch ergeht, OLG München SchiedsVZ 2012, 217.

2 **2) Teilschiedsspruch.** Umfasst die Schiedsklage mehrere Ansprüche oder ist der geltend gemachte Anspruch teilbar, kann das Schiedsgericht einen Teilschiedsspruch (s § 1059 Rn 58) erlassen, s § 1054 Rn 3; BGH SchiedsVZ 2021, 341 (Groh/Lieberknecht SchiedsVZ 2021, 297). Mögl ist auch die **Verurteilung zu einem Mindestbetrag** mit der Begr, in dieser Höhe schulde der Bekl auf jeden Fall, sofern klargestellt ist, auf welche Schadensposten der Mindestbetrag entfällt, Schlosser RipS[2] Rn 692.

3 **3) § 1056 II Nr 1a, unentschuldigte Säumnis des Klägers.** Betrifft den Fall der unentschuldigten Säumnis des Kl, sofern die Parteien bzw der Erblasser/Satzungsgeber (§ 1066) § 1048 I nicht gem § 1048 IV abbedungen haben.

4 **4) § 1056 II Nr 1b, Klagerücknahme.** Ein berechtigtes Interesse des Bekl an der endgültigen Beilegung des Rechtsstreites kann schon vor Beginn der mündl Verh bestehen, Gerstenmaier SchiedsVZ 2010, 281, 283, anders BTDrs 13/5274, 57.

5 **5) § 1056 II Nr 2, beiderseitige Erledigungserklärung.** Erfasst die Fälle beiderseitiger Erledigungserklärung, zB bei Erfüllung durch den Bekl oder Abschluss eines Vergleiches, der nicht gem § 1053 I 2 als Schiedsspruch mit vereinbartem Wortlaut festgehalten werden soll.

6 **II) Amt des Schiedsgerichtes.** Mit Beendigung des Verf endet gem **III** grds auch das Amt des Schiedsgerichtes u der Schiedsrichter. Ausnahmen: gesonderter Schiedsspruch über die Kosten (§ 1057 II 2), Berichtigungs-, Auslegungs-, Ergänzungsschiedsspruch gem § 1058 oder Fortsetzung des Schiedsverf nach Rückverweisung gem § 1059; sa § 1055 Rn 11. Nach dem **RegE eines Gesetzes zur Modernisierung des Schiedsverfahrensrechts** v 26.6.2024 aus der 20. Legislaturperiode (BTDrs 20/13257, 41) sind als weitere Ausnahmen § 1054 V 2-E (nachträglicher Papierschiedsspruch bei elektronischer Form) u § 1054b I-E (Veröffentlichung von Schiedssprüchen) zu ergänzen, da Amtsverlängerung erforderlich ist.

7 **III) Überprüfung des Beendigungsbeschlusses durch staatliches Gericht.** Diese erfolgt nach Schütze SchiedsVZ 2009, 241, 246 entspr § 1059. AA Haas SchiedsVZ 2010, 286.

8 **IV) Vollstreckungsrechtliche Klagen.** Soweit für **vollstreckungsrechtl Klagen** (s § 1032 Rn 12) das Schiedsgericht des Erkenntnisverf zuständig sein soll, muss dies ausdrückl vereinbart bzw nach § 1066 bestimmt sein. Ansonsten gilt im Hinblick auf III: Es muss ein neues Schiedsgericht gebildet werden, Feldmann S 189.

§ 1057 Entscheidung über die Kosten

(1) [1]Sofern die Parteien nichts anderes vereinbart haben, hat das Schiedsgericht in einem Schiedsspruch darüber zu entscheiden, zu welchem Anteil die Parteien die Kosten des schiedsrichterlichen Verfahrens einschließlich der den Parteien erwachsenen und zur zweckentsprechenden Rechtsverfolgung notwendigen Kosten zu tragen haben. [2]Hierbei entscheidet das Schiedsgericht nach pflichtgemäßem Ermessen unter Berücksichtigung der Umstände des Einzelfalles, insbesondere des Ausgangs des Verfahrens.

(2) [1]Soweit die Kosten des schiedsrichterlichen Verfahrens feststehen, hat das Schiedsgericht auch darüber zu entscheiden, in welcher Höhe die Parteien diese zu tragen haben. [2]Ist die Festsetzung der Kosten unterblieben oder erst nach Beendigung des schiedsrichterlichen Verfahrens möglich, wird hierüber in einem gesonderten Schiedsspruch entschieden.

Lit: *Lüttenberg*, Kostenerstattung und Verzug im Schiedsverfahren, SchiedsVZ 2022, 315; *Pörnbacher* in Elsing/Pickrahn/Pörnbacher/Wagner, M&A-Streitigkeiten vor DIS-Schiedsgerichten, 2022, S 173 Rn F 61 ff.

I) Überblick. 1) Kostenverteilung und -festsetzung. Das Schiedsgericht ist auch zur **Kostenverteilung u -festsetzung** zuständig, OLG Köln SchiedsVZ 2004, 269, und zwar auch dann, wenn es die Schiedsklage als unzulässig abweist, weil eine wirksame Schiedsvereinbarung (§ 1029, Art II UNÜ) bzw Schiedsanordnung (§ 1066) nicht vorliegt bzw der Klagegegenstand von der Schiedsklausel nicht erfasst wird, s Rn 3 u § 1029 Rn 43 f; MK/Münch Rn 37; StJ/Schlosser Rn 4. Das staatl Gericht kann die Zuständigkeit des Schiedsgerichts nach § 1057 durch Einwendungen nach § 767 unterlaufen, es sei denn, das Schiedsgericht hat klar seine Zuständigkeit zur Kostenentscheidung – zu Recht oder zu Unrecht – verneint, BGH SchiedsVZ 2014, 31, 33 Tz 10. Es muss die zu erstattenden Kosten ziffernmäßig festlegen. Eine Kostenfestsetzung durch den Rpfleger des staatl Gerichts nach § 103 auf Grund des Schiedsspruches kommt nicht in Betracht. Die Kostenentscheidung wirkt nur zwischen den Parteien, nicht im Verhältnis einer Partei u ihrem VerfahrensBev. Keine Kostenfestsetzung analog § 11 RVG durch das Schiedsgericht, KG AnwBl 99, 55. Anders ist es, wenn für die Honorarfrage wiederum ein Schiedsgericht vereinbart wurde. 1

2) Eigener Kostenschiedsspruch. Das Schiedsgericht braucht im Schiedsspruch zur Hauptsache nicht auch über die Kosten zu entscheiden. Es kann diesen Komplex einem eigenen Kostenschiedsspruch vorbehalten, Lüttenberg SchiedsVZ 2022, 315, 316 f. Es kann über die **Verteilung der Kosten** (in – nicht strikter – Anlehnung an §§ 91 ff) wiederum separat in einem **Kostengrundschiedsspruch** u über die Höhe der zu erstattenden Kosten in einem weiteren **(bezifferten) Kostenschiedsspruch** befinden, Lüttenberg SchiedsVZ 2022, 315, 317 (zum Nachtragsschiedsspruch u zur Fälligkeit des Kostenerstattungsanspruchs). Es wird aber idR die Verteilung der Kosten im Schiedsspruch zur Hauptsache vornehmen. Nach hM (s § 1060 Rn 6) kann auch der Kostengrundschiedsspruch für vollstrb erklärt werden, auch wenn der bezifferte Schiedsspruch über die Höhe der zu erstattenden Kosten noch nicht ergangen ist. Durch **Teilschiedsspruch** kann **für einen Verfahrensabschnitt** eine endgültige Kostenentscheidung iSv § 1060 getroffen werden, BGH NJW-RR 2007, 1008. 1a

3) Vereinbarungen der Parteien. Primär maßgebl sind die Vereinbarungen der Parteien bzw die Verfügung/Anordnung in den Fällen des § 1066; diese können zB die Anwendung der §§ 91 ff festlegen; anderenfalls ist das Schiedsgericht an diese Vorschriften nicht gebunden (BTDrs 13/5274, 57), wird sich aber regelmäßig an ihnen orientieren. Sa StJ/Schlosser Rn 7. Das Schiedsgericht kann ggf von §§ 91 ff abweichen, zB wenn eine Partei das Schiedsgerichtsverf ohne sachl Grund verzögert oder ihre Wahrheitspflicht verletzt hat, v. Bodungen/Pörnbacher in Taktik im Schiedsverf, S 124. 2

4) Aufhebung des Schiedsspruchs iZw auch Kostenausspruch. Enthält der Schiedsspruch noch keine Kostenentscheidung, so handelt es sich um einen Teilschiedsspruch (s § 1054 Rn 3), über die Kosten ist dann in einem weiteren Schiedsspruch zu entscheiden. Davor ist das Schiedsrichteramt nicht beendet, § 1056 III iVm § 1057 II 2, Raeschke-Kessler/Berger Rn 883. Der Kostenschiedsspruch ist selbständig anfechtbar, allerdings unter Beachtung des § 1059 III hinsichtl der Kostengrundentscheidung im Schiedsspruch. Dieser darf nicht in Frage gestellt werden, OLG Stuttgart IDR-Beil BB 2002, 44, 45; WSch/Schütze[5] Rn 12. 2a

5) „Prozessschiedsspruch". Erlässt das Schiedsgericht einen **„Prozessschiedsspruch"** (Spohnheimer S 62), weil es sich ganz oder teilw als unzuständig erklärt, so kann es gleichwohl über die Kosten entscheiden, sofern der Wille der Parteien, für diesen Fall eine Zuständigkeit des Schiedsgerichts für die Kostenentscheidung zu begründen, hinreichend deutl erkennbar ist, s § 1029 Rn 44; BGH NJW 2002, 3031; OLG Frankfurt/M SchiedsVZ 2013, 341, 343. Krit Voit FS Musielak, 2004, S 595, 615 zu MskV/Voit Rn 2 u § 1040 Rn 11. Weitergehend v. Bodungen/Pörnbacher in Taktik im Schiedsverf, S 125 auf Grund der gem § 1040 I ausdrückl eingeräumten vorläufigen Kompetenz-Kompetenz. WNw bei Synatschke S 201 ff.; Niedermaier SchiedsVZ 2025, 52. **Fehlt** es auch bei wohlwollendster Betrachtungsweise an jeglichem **Anhalt für den Abschluss einer Schiedsvereinbarung** (§ 1029) **oder an einer Anordnung** iSv § 1066, so kommt eine Kostenentscheidung gegen den Schiedsbekl nicht in Betracht, StJ/Schlosser Rn 4. AA MK/Münch Rn 37. Dabei spielt es keine Rolle, ob man in solchen Fällen eine Kompetenz des Schiedsgerichts für Entscheidungen gegen den Bekl bejaht oder nicht. 3

II) Entscheidungsbefugnis. 1) Entscheidung in eigener Sache. Wegen des Verbots, als Richter in eigener Sache zu entscheiden (s § 1035 Rn 4), dürfen Schiedsrichter ihre Geb nicht selbst festsetzen, auch nicht mittelbar über Festsetzung des Streitwerts (s § 1035 Rn 25; die Streitwertfestsetzung wirkt nur zwischen den Parteien, § 1055, BGH SchiedsVZ 2012, 154, 155), oder durch bezifferten Schiedsspruch, der die Schiedsrichterhonorare mitumfasst, OLG München SchiedsVZ 2007, 164, 166; Kröll SchiedsVZ 2004, 113, 119. Sie können aber festlegen, welche Partei die Kosten der Schiedsrichter zu tragen hat. Diese können sie dann vor dem staatl Gericht auf Zahlung verklagen. IZw haftet aber auch andere Partei. Ausf Lachmann Rn 1866 ff. Großzügiger Wolff 4

SchiedsVZ 2006, 131, 141. Vgl auch BGH NJW 99, 2974, 2975. Vorstehendes gilt auch, wenn Gl des Anspruchs nicht die Schiedsrichter sind, sondern die Schiedsorganisation (sa § 1035 Rn 24).

5 **2) Verstoß und Ahndung.** Wenn die Schiedsrichter entgegen dem Verbot, in eigener Sache zu richten, ihre Vergütung festgesetzt bzw zu deren Zahlung verurteilt haben, so ist nur dieser Teil auf Antrag gem § 1059 aufzuheben, nicht aber auch die sonstige Entscheidung des Rechtsstreits, sofern keine sonstigen Aufhebungsgründe vorliegen. OLG Dresden SchiedsVZ 2004, 44 beanstandet nicht, wenn Schiedsgericht auch über die Tragung – u damit auch über die Höhe – der eigenen Kosten entschieden hat, wenn das Schiedsgericht von den Parteien hierzu ermächtigt worden ist, Kröll SchiedsVZ 2006, 203, 212. Sa OLG Frankfurt/M IPRspr 2008 Nr 203. Eine solche **Ermächtigung** liege vor, wenn beide Parteien hälftig Vorschuss gewähren. Damit unterwerfen sie sich der Entscheidung des Schiedsgerichts über die Verwendung des Vorschusses. Diese Auflockerung des bish streng gehandhabten Verbots der Entscheidung in eigener Sache ist grds zu begrüßen, jedoch ein einseitiges BestimmungsR (§ 315 BGB) des Vors bzw des Schiedsgerichts anzunehmen. Daher **bezifferter Kostenschiedsspruch zur Kostenerstattung zwischen Parteien** mögl, der das Honorar der Schiedsrichter bzw Schiedsorganisation mitumfasst, BGH SchiedsVZ 2017, 200; OLG München SchiedsVZ 2012, 287, 288. Dieser ist aber **kein Vollstreckungstitel der Schiedsrichter bzw der Schiedsorganisation** für eigene Honoraransprüche, KG SchiedsVZ 2011, 110. Sa Kröll SchiedsVZ 2004, 113, 119; Wolff SchiedsVZ 2006, 131, 141. – Haben die Parteien aufgrund der vom Schiedsgericht eingeforderten Kostenvorschüsse **zuviel gezahlt**, so können sie die Überzahlung außerhalb des Schiedsverf von den Schiedsrichtern zurückverlangen, u zwar auch dann noch, nachdem die Vorschüsse der Parteien für die Kosten des Schiedsverf entspr der vom Schiedsgericht festgelegten Kostenquote untereinander ausgeglichen worden sind, BGH SchiedsVZ 2017, 200.

6 **3) Indirekte Sanktionen.** Die Schiedsrichter dürfen auch nicht durch indirekte Sanktionen (Unterlassen der Beweisaufnahme) auf Weigerung einer Partei reagieren, Kostenvorschuss zu zahlen, s § 1059 Rn 54; BGH NJW 85, 1903. Anders Schlosser RipS[2] Rn 709 für Fälle mit Auslandsbeziehungen, da es hier für Schiedsrichter unzumutbar sei, sich wegen ihrer Honoraransprüche an die staatl Gerichte im Ausland zu wenden, vgl auch Art 60 WBÜ.

7 **III) Kostenvergleich.** Die Kostenentscheidung nach § 1057 entfällt, wenn die Parteien sich über die Kosten vergleichen. In diesen Fällen kann **Kostenschiedsspruch mit vereinbartem Wortlaut** (§ 1053) beantragt werden, OLG München SchiedsVZ 2007, 164, 166.

8 **IV) Kosten des unzuständigen staatlichen Gerichts.** Hat eine Partei trotz wirksamer Schiedsklausel vor staatl Gericht geklagt, wurde die Klage aber als unzulässig abgewiesen, so kann das Schiedsgericht auch über den Ersatz der Kosten entscheiden, die dem Bekl für seine Verteidigung vor dem staatl Gericht entstanden sind. Da dt Gericht nach §§ 91 ff eine Kostenentscheidung trifft, wird idR Bedarf für eine Entscheidung des Schiedsgerichts nur dann bestehen, wenn entgegen der Schiedsklausel im Ausland geklagt wurde u das dortige staatl Gericht keine den §§ 91 ff vergleichbare Kostenentscheidung getroffen hat. Bsp: USA, Sandrock IDR 2004, 106.

9 **V) Unterliegen des Insolvenzverwalters.** In diesem Fall sind Kostenerstattungsansprüche iZw **Masseschulden**, s § 1029 Rn 53.

10 **VI) Kontrolle der Kostenverteilung zwischen den Parteien durch die staatlichen Gerichte.** Grundsatz: Verbot der révision au fond. Nur in Extremfällen kommt ordre public zum Zuge, s § 1061 Rn 30. Auch RA-Zeithonorare sind grds akzeptabel, OLG München SchiedsVZ 2012, 156; OLG München SchiedsVZ 2012, 282 sowie OLG München SchiedsVZ 2017, 40 Tz 62.

11 **VII) Vollstreckbarerklärung des Kostenschiedsspruchs.** Dies setzt Vollstreckbarerklärung des in der Hauptsache ergangenen Schiedsspruchs nicht voraus, auch nicht der Kostengrundentscheidung, OLG München SchiedsVZ 2012, 156, 158. – Zum Zahlungsverzug Lüttenberg SchiedsVZ 2022, 315.

§ 1058 Berichtigung, Auslegung und Ergänzung des Schiedsspruchs

(1) Jede Partei kann beim Schiedsgericht beantragen,

1. **Rechen-, Schreib- und Druckfehler oder Fehler ähnlicher Art im Schiedsspruch zu berichtigen;**
2. **bestimmte Teile des Schiedsspruchs auszulegen;**
3. **einen ergänzenden Schiedsspruch über solche Ansprüche zu erlassen, die im schiedsrichterlichen Verfahren zwar geltend gemacht, im Schiedsspruch aber nicht behandelt worden sind.**

(2) Sofern die Parteien keine andere Frist vereinbart haben, ist der Antrag innerhalb eines Monats nach Empfang des Schiedsspruchs zu stellen.

(3) Das Schiedsgericht soll über die Berichtigung oder Auslegung des Schiedsspruchs innerhalb eines Monats und über die Ergänzung des Schiedsspruchs innerhalb von zwei Monaten entscheiden.

(4) Eine Berichtigung des Schiedsspruchs kann das Schiedsgericht auch ohne Antrag vornehmen.

(5) § 1054 ist auf die Berichtigung, Auslegung oder Ergänzung des Schiedsspruchs anzuwenden.

I) Überblick. 1) Berichtigung des Schiedsspruchs. Die Parteien können Berichtigung, Auslegung u Ergänzung des Schiedsspruchs beantragen; das Schiedsgericht kann auch ohne Antrag gem IV aktiv werden. Insoweit ist § 1058 vorrangig vor § 1059, Tafelmaier S 81. Abw vom UNCITRAL-MG hat der dt Gesetzgeber nicht die Möglichkeit vorgesehen, Auslegung u Ergänzung durch Parteivereinbarung auszuschließen, BTDrs 13/5274, 58. – Zur Fristwahrung bzgl Aufhebungsantrag (§ 1059 III 3) BGH 26.11.2020 – I ZB 11/20 Tz 17: kein Erfordernis inneren Zusammenhangs zwischen Antragsgegenstand nach § 1058 u Aufhebungsantrag. – Wer den Weg über § 1058 nicht geht, ist mit seinen diesbezügl Einwendungen **im Aufhebungs- u Vollstreckbarerkläungsverf präkludiert**, WSch/Schütze[5] Rn 34, 36. 1

2) Entscheidung über Antrag. Das Schiedsgericht entscheidet über den Antrag unter **Berücksichtigung der allg Verfahrensvorschriften** (§§ 1042 ff), insb sind beide Parteien anzuhören. Sa WSch/Schütze[5] Rn 22. 2

3) Frist (§ 1058 III). Nach dem Rechtsgedanken des § 310 I 2 kann das Schiedsgericht die dort gesetzten Fristen überschreiten, wenn wichtige Gründe, insb der Umfang oder die Schwierigkeit der Sache dies erfordern. 3

II) Berichtigungs- und Auslegungsschiedsspruch. Diese sind **keine selbständigen Schiedssprüche**, sondern Teil der ursprüngl Entscheidung, KG SchiedsVZ 2011, 110, 112. AA OLG Frankfurt/M SchiedsVZ 2005, 311. Dagegen handelt es sich beim Ergänzungsschiedsspruch um einen selbständigen Schiedsspruch, der unabhängig von der ursprüngl Entscheidung für vollstrb erklärt bzw nach § 1059 angegriffen werden kann, BTDrs 13/5274, 58; Schütze SchiedsVZ 2009, 241, 246; WSch/Schütze[5] Rn 26; Schütze/Thümmel Rn 13.42. – Zur Abänderung s § 1055 Rn 11. 4

III) Sicherheitsleistung für den Kostenerstattungsanspruch. Diese kann durch das Schiedsgericht (§ 1041) zu Gunsten der (voraussichtl) siegreichen Partei oder wahlweise durch das staatl Gericht (§ 1033, Pörnbacher/Thiel SchiedsVZ 2010, 14, 17 ff) im Wege des einstw Rechtsschutzes angeordnet werden, sofern man nicht schon das in § 1042 Rn 27 angesprochene Verfahrensgestaltungsermessen genügen lässt, Nw bei Altenkirch, Sicherheitsleistung für Prozesskosten, 2013, S 211 ff. 5

Abschnitt 7
Rechtsbehelf gegen den Schiedsspruch (§ 1059)

§ 1059 Aufhebungsantrag

(1) Gegen einen Schiedsspruch kann nur der Antrag auf gerichtliche Aufhebung nach den Absätzen 2 und 3 gestellt werden.

(2) Ein Schiedsspruch kann nur aufgehoben werden,

1. wenn der Antragsteller begründet geltend macht, dass

a) eine der Parteien, die eine Schiedsvereinbarung nach den §§ 1029, 1031 geschlossen haben, nach dem Recht, das für sie persönlich maßgebend ist, hierzu nicht fähig war, oder dass die Schiedsvereinbarung nach dem Recht, dem die Parteien sie unterstellt haben oder, falls die Parteien hierüber nichts bestimmt haben, nach deutschem Recht ungültig ist oder

b) er von der Bestellung eines Schiedsrichters oder von dem schiedsrichterlichen Verfahren nicht gehörig in Kenntnis gesetzt worden ist oder dass er aus einem anderen Grund seine Angriffs- oder Verteidigungsmittel nicht hat geltend machen können oder

c) der Schiedsspruch eine Streitigkeit betrifft, die in der Schiedsabrede nicht erwähnt ist oder nicht unter die Bestimmungen der Schiedsklausel fällt, oder dass er Entscheidungen enthält, welche die Grenzen der Schiedsvereinbarung überschreiten; kann jedoch der Teil des Schiedsspruchs, der sich auf Streitpunkte bezieht, die dem schiedsrichterlichen Verfahren unterworfen waren, von dem Teil, der Streitpunkte betrifft, die ihm nicht unterworfen waren, getrennt werden, so kann nur der letztgenannte Teil des Schiedsspruchs aufgehoben werden; oder

d) die Bildung des Schiedsgerichts oder das schiedsrichterliche Verfahren einer Bestimmung dieses Buches oder einer zulässigen Vereinbarung der Parteien nicht entsprochen hat und anzunehmen ist, dass sich dies auf den Schiedsspruch ausgewirkt hat; oder

2. wenn das Gericht feststellt, dass

a) der Gegenstand des Streites nach deutschem Recht nicht schiedsfähig ist oder

b) die Anerkennung oder Vollstreckung des Schiedsspruchs zu einem Ergebnis führt, das der öffentlichen Ordnung (ordre public) widerspricht.

(3) [1]Sofern die Parteien nichts anderes vereinbaren, muss der Aufhebungsantrag innerhalb einer Frist von drei Monaten bei Gericht eingereicht werden. [2]Die Frist beginnt mit dem Tag, an dem der Antrag-

steller den Schiedsspruch empfangen hat. [3]Ist der Antrag nach § 1058 gestellt worden, verlängert sich die Frist um höchstens einen Monat nach Empfang der Entscheidung über diesen Antrag. [4]Der Antrag auf Aufhebung des Schiedsspruchs kann nicht mehr gestellt werden, wenn der Schiedsspruch von einem deutschen Gericht für vollstreckbar erklärt worden ist.

(4) Ist die Aufhebung beantragt worden, so kann das Gericht in geeigneten Fällen auf Antrag einer Partei unter Aufhebung des Schiedsspruchs die Sache an das Schiedsgericht zurückverweisen.

(5) Die Aufhebung des Schiedsspruchs hat im Zweifel zur Folge, dass wegen des Streitgegenstandes die Schiedsvereinbarung wiederauflebt.

Lit: *Hild*, Die ordre-public-Kontrolle von Schiedssprüchen mit kartellrechtlichem Streitgegenstand, NZKart 2023, 160; *Salger/Trittmann/Poseck*, Internat SchiedsV, 2019, § 22; *Tafelmaier*, Schiedsspruch u staatl Gerichtsbarkeit, 2018. Zum Verzicht auf jegl staatl Kontrolle *Münch*, Schiedsverfahren mit Verzicht auf Staatskontrolle – zum Residualschutz der *fair-trial*-Maxime, SchiedsVZ 2017, 114. – Rspr-Übersicht bei *Kröll*, Schiedsrechtl Rechtsprechung 2021, SchiedsVZ 2022, 150 u 255; *Kröll*, Schiedsrechtl Rechtsprechung 2022, SchiedsVZ 2023, 147 u 183.

1 **I) Überblick. 1) Vorliegen eines Schiedsspruchs.** Ein **formell wirksamer (§ 1054) inländischer (§ 1025 I) Schiedsspruch**, dessen Existenz unstreitig oder zur Überzeugung des Gerichts (§ 286) nachgewiesen ist (vgl § 1064 I; OLG Frankfurt/M SchiedsVZ 2017, 150 Tz 24), kann wegen der in § 1059 aufgeführten Mängel auf Aufhebungsantrag oder im Vollstreckbarerklärungsverf (§ 1060 II) vom staatl Gericht aufgehoben werden. Dies gilt auch für Schiedssprüche nach § 1053, BGH NJW 2001, 373 = ZZP 114 (2001), 351 (Voit). Der **Aufhebungsantrag** ist ein **Rechtsgestaltungsantrag**. Der Aufhebungsantrag ist erst **statthaft**, wenn die unverzichtbaren **Förmlichkeiten des § 1054** erfüllt sind. Das mit dem Aufhebungsantrag befasste Gericht hat deshalb vAw zu prüfen, ob überhaupt ein Schiedsspruch vorliegt u ob die Voraussetzungen des § 1054 erfüllt sind, s Rn 22; BGH SchiedsVZ 2004, 205; BGH NJW-RR 2024, 1248. Krit Schroeder SchiedsVZ 2005, 244 (für Aufhebbarkeit auch von „Scheinschiedssprüchen"). **Anordnungen im Rahmen des einstw Rechtsschutzes** (§ 1041) können nach § 1059 nicht angegriffen werden. Sa § 1041 Rn 6. – **Maßgebl Zeitpunkt:** letzte Tatsachenverh bzw gleichgestellter Zeitpunkt (§ 128 II), BGHZ 30, 97; sa BVerfG EuZW 2024, 1055 Tz 43. Einwendungen, die erst nach rechtskräftiger Vollstreckbarerklärung entstanden sind, sind nach § 767 geltend zu machen. – Ein Verf nach § 1059 setzt den Antrag einer antragsberechtigten Partei voraus; eine **Aufhebung vAw** kommt nicht in Betracht, OLGR München 2007, 498, 499. – Zur **Rückverweisung an das Schiedsgericht (IV)** s Rn 99 f; Wighardt SchiedsVZ 2010, 252. **Reformüberlegungen.** Der RegE eines Gesetzes zur Modernisierung des Schiedsverfahrensrechts v 26.6.2024 aus der 20. Legislaturperiode (BTDrs 20/13257, 30) sieht in § 1059 I-E klarst Hinweis auf § 1040 IV-E vor, wonach ein negativer Schiedsspruch über die Zuständigkeit (Prozessschiedsspruch) nach § 1059 aufgehoben werden kann, wenn der Antragsteller die Unrichtigkeit dieser Entscheidung begründet, s § 1040 Rn 11, 18.

2 **2) Keine Klage auf Feststellung der Unwirksamkeit.** Gegen wirksamen (aber aufhebbaren) Schiedsspruch kann logischerw nicht mit einer Klage auf Feststellung der Unwirksamkeit des Schiedsspruchs mit Erfolg vorgegangen werden, sondern nur mit Antrag auf Aufhebung. Denkbar wäre eine solche Feststellungsklage bei Nichtigkeit (Wirkungslosigkeit) des Schiedsspruchs (Bsp: Ehescheidung); doch fehlt ihr das Rechtsschutzbedürfnis, weil auch nichtige Schiedssprüche nach § 1059 aufzuheben sind. Sa Rn 25.

3 **3) Ausländische Schiedssprüche.** Für ausl Schiedssprüche (§ 1061) nimmt Deutschland eine (völkerrechtl an sich mögl) Aufhebungszuständigkeit nicht in Anspruch, Geimer IZPR[9] Rn 222c, 1262; Feldmann S 28; Schütze/Thümmel Rn 16.49. § 1062 begründet keine internat Zuständigkeit, weil I Nr 4 nur auf § 1059 (nicht auch auf § 1061) Bezug nimmt, ebenso iErg Borges ZZP 111 (1998), 499. Bei ausl Schiedssprüchen (s § 1025 Rn 8) kommt nur eine Verweigerung der Anerkennung bzw Vollstreckbarerklärung in Betracht. Bleibt Ort des Schiedsverf (§ 1043) unklar, stellt OLG Düsseldorf EWiR 2000, 795 (Kröll) auf Ort der letzten mündl Verh ab für die Frage, ob inländischer Schiedsspruch vorliegt.

4 **4) Prozessuale Einzelheiten.** Über die **Zulässigkeit des Aufhebungsantrags** kann analog § 280 abgesondert verhandelt u entschieden werden. Gegen den Beschluss findet die **Rechtsbeschwerde** (§ 1065) statt, BGH NJW 2001, 3787. Im Verf der Rechtsbeschwerde können grds keine neuen Tatsachen eingeführt werden, § 577 II 4 iVm § 559 I 1. Ausnahme: Tatsachen, die die prozessuale Rechtslage erst während des Rechtsbeschwerdeverf verändert haben, s § 559 Rn 4; § 1065 Rn 4; BGH SchiedsVZ 2007, 160, 162 Tz 25. – Zur Überprüfung des Zustandekommens einer Schiedsvereinbarung durch das Rechtsbeschwerdegericht BGH SchiedsVZ 2016, 42. Sa BGH SchiedsVZ 2016, 343 Tz 24 (Auslegung ausl Schiedsspruchs).

5 Auf **Geltendmachung von Mängeln** kann grds **verzichtet** werden, nicht nur wegen einzelner bekannter Mängel nach Erlass des Schiedsspruchs, nicht jedoch auf das Aufhebungsverf als solches, s Rn 90; BGH MDR 2022, 659 = SchiedsVZ 2022, 237. Zust Jordans S 99. Enger Lachmann Rn 2346. Zur Einschränkung des Art 192 schweizer IPRG SpuRt 2007, 113; Walter FS Machacek & Matscher, 2008, S 965.

6 **5) Antragsberechtigung.** Antragsberechtigt ist jedenfalls, wer durch die prozessualen Wirkungen des Schiedsspruchs **beschwert** ist (s BGH SchiedsVZ 2024, 254 f: kein fremdnütziger Rechtsbehelf). Beschwer im Kosten-

punkt reicht aus, OLG Saarbrücken SchiedsVZ 2008, 313, 315; StJ/Schlosser Rn 5. Beschwert ist idR die unterlegene Partei, aber auch ein **Dritter** zB wegen Rechtskrafterstreckung (s § 1055 Rn 7) oder aus sonstigen Gründen (zB im Fall der Beiladung, Schlosser FS Geimer, 2002, S 947, 963), OLG Stuttgart SchiedsVZ 2003, 84, 85 (Nacimiento/G. Geimer); Schlosser JZ 1996, 1020, 1022; Triebel/Hafner SchiedsVZ 2009, 313, 320. Der siegreiche Kl (Gl) ist nicht beschwert u daher im „Normalfall" nicht antragsberechtigt. Dieser kann im Verf nach § 1060 Vollstreckbarerklärung bzw Feststellung des Nichtvorliegens eines Aufhebungsgrundes beantragen, s Rn 30.

§ 1059 setzt **keine Beschwer des Antragstellers** voraus. Für seinen Antrag muss aber ein **Rechtsschutzbedürfnis** bestehen, WSch/Schütze[5] Rn 77; Schütze/Thümmel Rn 789. Unter dieser Voraussetzung sind seltene Fälle denkbar, in denen der siegreiche Schiedskläger selbst die Aufhebung des von ihm mühsam erstrittenen Schiedsspruchs beantragen kann, zB weil er dem „Dschungel" der globalen Sanktions- u Antisanktionssysteme entrinnen will, in den er durch den Schiedsspruch geraten ist. – Wer vom Schiedsgericht zur Zahlung verurteilt worden ist und **zahlt, um den Prozesszinsen zu entgehen**, bleibt nach wie vor befugt, die Aufhebung des Schiedsspruchs zu beantragen, auch wenn er keinen ausdrückl Rückforderungsvorbehalt bei der Zahlung gemacht hat; anders nach BGH SchiedsVZ 2024, 254 Tz 20 f, wenn **vorbehaltlose Zahlung** Ausdruck endgültiger Akzeptanz des Schiedsspruchs darstellt. Im Einzelfall zu klären ist, ob Zahlung wirklich Forderung erfüllen soll, s BGH SchiedsVZ 2024, 254 Tz 28 f. 7

6) Rechtsschutzbedürfnis und Präklusion. Dass der ASt von den in §§ 1027, 1040 vorgesehenen Nachprüfungsmöglichkeiten keinen Gebrauch gemacht hat, führt zur Präklusion im Aufhebungsverf, s § 1027 Rn 3, § 1040 Rn 20; LG Köln IPRspr 2008, Nr 196. Das **Rechtsschutzbedürfnis** fehlt trotz § 1060 II nicht, wenn die Vollstreckbarerklärung beantragt ist, weil Gl (= Ag des Aufhebungsantrags) seinen Antrag zurücknehmen könnte u dann Präklusion der Aufhebungsgründe (III) drohte, BayObLG 7.5.2025 – 102 Sch 46/24 e Tz 73 f; OLGR Karlsruhe 2008, 125; van de Sande/Folter SchiedsVZ 2016, 72. AA OLG Frankfurt/M FamRZ 2008, 1978, 1979. Die Einrede der Rechtshängigkeit greift im Verhältnis von Aufhebungsverf u Verf auf Vollstreckbarerklärung nicht durch, weil beide Verf verschiedene Ziele verfolgen, sa Rn 27 f. Beide Verf sollten verbunden werden; zumindest sollte ein Verf ausgesetzt werden. Auch ein **Gegenantrag auf Vollstreckbarerklärung im Aufhebungsverf** ist zulässig, Schwab/Walter 25 Rn 5, 27 Rn 4. Sa OLG Stuttgart SchiedsVZ 2014, 307 (Keller); Hübler NZI 2014, 498; van de Sande/Folter SchiedsVZ 2016, 72, 74. 8

7) Antragsgegner. Richtiger Gegner ist, wer aus dem Schiedsspruch Rechte herleitet, StJ/Schlosser Rn 9. Beantragt eine Partei des Schiedsverf oder ihr Rechtsnachfolger die Aufhebung, so ist idR richtiger Ag die **Gegenpartei** des Schiedsverf oder ihr Rechtsnachfolger; denn der Schiedsspruch wirkt nach § 1055 „unter den Parteien". Verschiebungen können sich im Falle der Rechtskrafterstreckung auf Dritte ergeben, s § 1055 Rn 7. Beantragt **Dritter** die Aufhebung (s Rn 6), so sind die beiden Parteien des Schiedsverf bzw ihre Rechtsnachfolger die richtigen Ag. Bei Einzelrechtsnachfolge kann gegen Rechtsvorgänger und/oder Rechtsnachfolger Aufhebung beantragt werden, Schwab/Walter 25 Rn 8. Zur Beachtung der Rechtsnachfolge im Aufhebungsverf BGHReport 2007, 515, 516 Tz 12; OLG München 12.11.2009 – 34 Sch 17/09; Kröll SchiedsVZ 2010, 214. Der Nachweis ist nicht auf die in § 727 I genannten Beweismittel beschränkt. 9

8) Antragsinhalt. Der Antrag kann **nur Aufhebung bzw Teilaufhebung, jedoch nicht die Änderung** des Schiedsspruchs zum Ziel haben. Auch bei „Zurückverweisung" gem IV ist der Schiedsspruch aufzuheben. Ein auf **teilw Aufhebung** gerichteter Antrag ist auch außerhalb des Anwendungsbereichs von II Nr 1(c) zulässig, wenn der selbständig angegriffene Teil vom übrigen Schiedsspruch getrennt werden kann, BGH SchiedsVZ 2022, 228 Tz 83; BGH SchiedsVZ 2021, 341 Tz 9 (Groh/Lieberknecht SchiedsVZ 2021, 297); OLG München OLGR 2007, 498, 499. Daher auch Aufhebungsantrag nur gegen die Kostenentscheidung des Schiedsgerichts zulässig, Hausmann FS Stoll, 2001, S 593, 611. AA BGH JZ 57, 36 unter Hinw auf § 99 I. Sa Rn 99 u § 1060 Rn 1 sowie BGH SchiedsVZ 2017, 200; Tafelmaier S 85. 10

9) Ziel des Aufhebungsverfahrens. Dies ist die Aufhebung des Schiedsspruchs, dh Beseitigung seiner Wirkungen (§ 1055) ex tunc durch kassatorische Entscheidung des staatl Gerichts. Die Entscheidung lautet entweder auf Aufhebung des Schiedsspruchs oder Abweisung des Antrags. Eine **Abänderung des Schiedsspruchs** kommt nicht in Betracht. Hiervon zu unterscheiden ist die **teilw Aufhebung des Schiedsspruchs**. Diese ist denkbar, wenn der Schiedsspruch über mehrere selbständige Ansprüche entschieden hat u nur im Hinblick auf einen ein Aufhebungsgrund gegeben ist. So ist zB bei Fehlen von Gründen hinsichtl eines Anspruchs nur insoweit aufzuheben, BGH SchiedsVZ 2017, 200; BGHZ 96, 49. 11

10) Zuständigkeit. Zuständig ist das staatl Gericht; die örtl u sachl Zuständigkeit ergibt sich aus § 1062 I Nr 4. Mit dem Aufhebungsantrag kann die **Eventualklage in der Hauptsache** nicht verbunden werden, s Rn 32. **Einstw Rechtsschutz durch staatl Gerichte während des Aufhebungsverf** zulässig, auch nach § 940. OLG ist „Gericht der Hauptsache", StJ/Schlosser Rn 27. 12

11) Begründetheit des Antrags. Der Aufhebungsantrag ist begründet, wenn einer der Aufhebungsgründe des § 1059 vorliegt. Die Aufzählung des § 1059 ist erschöpfend. Der Antrag kann auf mehrere Aufhebungsgründe gestützt werden. Die Rechtskraft des Beschlusses über einen Aufhebungsgrund steht der Geltendmachung eines weiteren Grundes entgegen, zust Saenger Rn 40; aA StJ/Schlosser Rn 56. 13

14 **12) Frist für Aufhebungsantrag.** Der Aufhebungsantrag ist nach **III** innerhalb einer **Frist von 3 Monaten** (vgl Art 34 III MG) ab Empfang des Schiedsspruchs zu erheben, BGH SchiedsVZ 2022, 237; BayObLG 7.5.2025 – 102 Sch 46/24 e Tz 70 (auch bei unzuständigem Gericht). Zustellung (§§ 166 ff) nicht erforderl; unentschieden BGH NJW 2001, 3787, 3788. Frist gilt auch für Restitutionsgründe, Eckstein-Puhl S 226, 247. AA Gaul FS Leipold, 2009, S 881 (s Rn 80; zur angedachten Reform s Rn 101: RegE, s BTDrs 20/13257, 43 f, verselbständigt Restitutionsgründe in § 1059a I-E). Wurde Berichtigung, Auslegung oder Ergänzung des Schiedsspruches beantragt (§ 1058), so läuft die Frist frühestens 1 Monat nach Zugang der Entscheidung über diesen Antrag ab (**III 3**). Hierzu BGH 26.11.2020 – I ZB 11/20: Ein **innerer Zusammenhang zwischen dem Gegenstand des Antrags nach § 1058 u dem Aufhebungsantrag** ist nicht erforderl. Nach Ablauf der Frist können Aufhebungsgründe auch nicht mehr dem Vollstreckbarerklärungsantrag entgegengesetzt werden, § 1060 II 3; Schütze/Thümmel Rn 16.43. Weniger streng Rüßmann FS Yessiou-Faltsi, 2007, S 579 bei Prozessbetrug; Regen Rn 922. – Die Parteien können Vereinbarungen über die Länge der Frist u die Modalitäten ihrer Wahrung treffen. Sie können die Frist verkürzen, verlängern oder ganz abbedingen, Borges ZZP 111 (1998), 497. Die **Fristvereinbarung** muss aber vor Ablauf der ges Frist getroffen werden, BTDrs 13/9142, 48, 50. Stellt ein Dritter (s Rn 6), dem der Schiedsspruch nicht übersandt worden war (§ 1054 IV), Aufhebungsantrag, so kommt es für den Beginn der 3-Monatsfrist auf den Zeitpunkt des Kennens bzw Kennenmüssens an. – Zur Frage einer teleologischen Reduktion des III bei **Rechtskraftverstoß** Lühmann S 237.

15 **13) Fristbeginn nach § 1059 III.** Ebenso wie im Fall des § 1040 III 1, 2 (BGH NJW 2017, 488) beginnt die Frist für den Aufhebungsantrag bei einer abschließenden Entscheidung nach § 1032 II analog § 1059 III 2 mit dem Tag, an dem der ASt die Entscheidung des Gerichts empfangen hat (BGH NJW 2017, 3723). **Reformgesetzgeber** will Rspr in neuem § 1059 III 3-E nachbilden (s RegE, BTDrs 20/13257, 41 f: *„Ist zu diesem Zeitpunkt ein in § 1062 I Nr 2 bezeichnetes Verfahren rechtshängig, so beginnt die Frist an dem Tag, an dem die verfahrensbeendende Entscheidung rechtskräftig geworden ist oder das Verfahren auf andere Weise beendet wird“*). Ansonsten wäre denkbar, dass Aufhebungsantrag trotz rechtskräftiger Entscheidung über Unzuständigkeit unzulässig ist (BTDrs 20/13257, 41 f). – Zur Fristberechnung bei Einschaltung eines **Oberschiedsgerichts**; BGH NJW-RR 2018, 1334 Tz 14 ff = LMK 2018, 410818 (Pfeiffer): Ist eine Berufung im Schiedsverf zugelassen, beginnt die Frist für den Aufhebungsantrag gem § 1059 III 2 mit dem Tag, an dem der ASt die Entscheidung des Oberschiedsgerichts empfangen hat. Bei einem zweistufigen Schiedsverf steht die Wirksamkeit des Schiedsspruchs 1. Instanz unter der aufschiebenden Bedingung seiner Bestätigung durch das Oberschiedsgericht. Diese tritt ein, wenn die Berufung nicht fristgemäß eingelegt (Zeitpunkt nach §1059 III 3: Verstreichen der Rechtsmittelfrist, BayObLG 14.3.2025 – 101 Sch 3/24 Tz 61 f), als unzulässig verworfen oder als unbegründet zurückgewiesen wird.Die im Schiedsverf unterlegene Partei kann sowohl in einem von ihr angestrengten Aufhebungsverf als auch zur Abwehr der Vollstreckbarerklärung des Schiedsspruchs vor dem OLG Aufhebungsgründe gegen einen Beschluss des Oberschiedsgerichts geltend machen, durch den ihre Berufung im Schiedsverf als unzulässig verworfen worden ist.

16 **14) Aufhebungsverfahren gegen Rechtsmittelschiedsspruch.** Gegen den (erstinstanzl) Schiedsspruch gerichtete Aufhebungsgründe können im Aufhebungsverf gegen einen die Unzulässigkeit der Berufung feststellenden Beschluss des **Oberschiedsgerichts** nicht geltend gemacht werden. Bleibt der Angriff gegen den Beschluss des Oberschiedsgerichts, durch den die Berufung als unzulässig verworfen wurde, ohne Erfolg, so erlangt der Schiedsspruch materielle Rechtskraft gem § 1055. Wird dann die Vollstreckbarerklärung des Schiedsspruchs gem § 1060 beantragt, hindert die Bestandskraft des Beschlusses des Oberschiedsgerichts den Ag nicht, in diesem Verf alle gegen den Schiedsspruch in Betracht kommenden Aufhebungsgründe geltend zu machen.

17 **15) Eigene, neue Entscheidung in der Sache.** Wenn der Rechtsmittelschiedsspruch anstelle des erstinstanzl Schiedsspruchs eine **eigene, neue Entscheidung in der Sache** enthält, ist der erstinstanzielle Schiedsspruch total kassiert, dh nicht mehr existent. Dann ist der Schiedsspruch des Oberschiedsgerichts alleiniger Gegenstand der Verf nach § 1059 bzw § 1060 (sa BayObLG 8.1.2024 – 102 Sch 170/23e Tz 10 f). Wenn jedoch der Schiedsspruch des Oberschiedsgerichts den Spruch der 1. Instanz nur in Teilen abändert, kommt es darauf an, ob das Oberschiedsgericht die nicht aufgehobenen Teile des Schiedsspruchs der 1. Instanz durch ausreichend deutliche Bezugnahme in seine eigene Entscheidung aufgenommen hat. In einem solchen Fall genügt die Vollstreckbarerklärung des (einheitl) Rechtsmittelschiedsspruchs des Oberschiedsgerichts; andernfalls wäre auch eine Vollstreckbarerklärung der nicht abgeänderten Teile des erstinstanzlichen Spruchs notwendig, ähnl Pfeiffer LMK 2018, 410818.

18 **16) Aufhebungsantrag gegen die Entscheidung des Oberschiedsgerichts.** Wenn das Oberschiedsgericht das Rechtsmittel der in 1. Instanz unterlegenen Partei als unzulässig verwirft, muss die unterlegene Partei auch gegen die Entscheidung des Schiedsgerichts der 1. Instanz gem § 1059 vorgehen; denn der Rechtsmittelschiedsspruch kann nicht als einheitliche Entscheidung über alle Ansprüche des Schiedsverfahrens interpretiert werden. Der Spruch des Obergerichts enthält nämlich keine Entscheidung in der Sache. Ein Aufhebungsantrag nur gegen die Entscheidung des Oberschiedsgerichts würde allenfalls nur zu deren führen, mit der Folge, dass erneut über das Rechtsmittel gegen den Schiedsspruch des Schiedsgerichts der ersten Instanz vor dem Oberschiedsgericht zu verhandeln wäre, Pfeiffer LMK 2018, 410818.

19 **17) Bedeutung der Vollstreckbarerklärung.** Der Antrag auf Aufhebung des Schiedsspruchs kann nicht mehr gestellt werden, wenn der **Schiedsspruch von einem dt Gericht oder Notar (§ 1053 IV) für vollstrb erklärt**

worden ist, **III 4.** Auch negative Feststellungsklage ist dann unzulässig. Neuerl Einwendungen gegen den im Schiedsspruch festgestellten Anspruch können nur nach § 767 vorgebracht werden. Für die Wiederaufnahme gegen die Vollstreckbarerklärung gelten §§ 578 ff. Die Wirkung der Präklusion nach III wird über § 1060 II 3 abgemildert. **Aufhebungsgründe**, die **vAw** zu berücksichtigen sind, müssen auch nach Fristablauf im Vollstreckbarerklärungsverf beachtet werden, BGH SchiedsVZ 2022, 237; BGH SchiedsVZ 2024, 115, 118; BTDrs 13/5274, 61. **Nach Ablauf der Frist ist Aufhebungsantrag unzulässig**, jedoch ist Vollstreckbarerklärung nach § 1060 II 2 zu versagen bei Fehlen der obj Schiedsfähigkeit (s Rn 65) oder bei Verstoß gegen dt ordre public, soweit es um die Wahrung unmittelbarer staatl Interessen geht, s Rn 71. Ohne Aufhebung bleibt Rechtskraft (§ 1055) bestehen, sofern es sich nicht um nichtigen Schiedsspruch (s § 1055 Rn 14) handelt. Nichtigkeit kann nach § 256 auch nach Fristablauf festgestellt werden. Weitergehend Hausmann FS Stoll, 2001, S 593, 616; Lühmann S 45 ff.

18) **Verfristung.** Billigkeitserwägungen (§ 242 BGB) bzw der Einwand der unzulässigen Rechtsausübung können die Verfristung nicht beseitigen, Eckstein-Puhl S 262. In den Fällen des § 826 BGB will BGHZ 145, 376, 381 trotz Fristablaufs aufheben. Sa Rn 82 sowie Gaul FS Leipold, 2009, S 881, 902, 907; Regen Rn 882 ff. Sa OLG Köln SchiedsVZ 2015, 295 (Jerczynski). 20

19) **Wiederaufnahmeverf gegen den Schiedsspruch.** Einige wollen entgegen § 1042 Rn 47 nach Ablauf der Frist ein Wiederaufnahmeverf gegen den Schiedsspruch zulassen. Analog § 584 habe das Schiedsgericht über den Wiederaufnahmegrund zu entscheiden, sofern es noch etabliert u der Wiederaufnahmegrund nicht gerade in der Sphäre des Schiedsgerichts (Korruptheit etc; hierzu zB Schlosser SchiedsVZ 2019, 60) zu lokalisieren ist. Ansonsten wird wiederum auf § 826 BGB verwiesen, StJ/Schlosser § 1058 Rn 9; MskV/Voit § 1055 Rn 12; Tafelmaier S 102. Sa allg Nw bei Regen Rn 882 ff; s vor § 322 Rn 72 ff; WSch/Büscher § 322 Rn 231. 21

20) **Endentscheidung.** Sa § 1042 Rn 53; Haas SchiedsVZ 2010, 286, 290; Böckstiegel/Kröll/Nacimiento/Kröll/Kraft Rn 12 ff. Das Aufhebungsverf findet nur statt gegen Endentscheidungen des Schiedsgerichts über das Klage-/Widerklagebegehren, einschließl Teilschiedssprüche u Schiedssprüche mit vereinbartem Wortlaut (s § 1053 Rn 2 u Rn 1), auch gegen **Prozessschiedsspruch**, mit dem sich das Schiedsgericht gem § 1040 für unzuständig erklärt hat, BTDrs 13/5274, 44; Synatschke S 122; Tafelmaier S 91 ff; § 1040 Rn 10 ff; Rn 47. Sa OLG München 18.12.2014 – 34 SchH 3/14. Nicht jedoch gegen beim Oberschiedsgericht anfechtbare erstinstanzl Schiedssprüche, BGH NJW-RR 2018, 1334 Tz 14 = LMK 2018, 410818 (Pfeiffer) (s § 1042 Rn 46), Zwischenschiedssprüche sowie sonstige Vorentscheide über selbständige Angriffs- u Verteidigungsmittel, Beweisbeschlüsse, Ersuchen an staatl Gerichte um Aushilfe (§ 1050), Schiedsverfahrensverfügungen (sa § 1042 Rn 53) usw, Nw Laschet IPRax 84, 75. Sa § 1040 Rn 13. Weist das OLG (§ 1062) den Aufhebungsantrag ab, weil es der Ansicht ist, es liege nur ein nicht selbständig anfechtbarer Zwischenentscheid vor, dann ist das später (im Zusammenhang mit dem „Endschiedsspruch") befasste OLG an diese Rechtsansicht gebunden (Bindungswirkung sui generis). Es kann im 2. Aufhebungsverf nicht die gegenteilige Auffassung vertreten mit der Folge der Verfristung (§ 1059 III). Entscheidet das Schiedsgericht abw von § 1057 bereits im Zwischenentscheid nach § 1040 III über die **endgültige Kostenerstattung** zwischen den Parteien bzgl des bish Verfahrensabschnitts, so handelt es sich insoweit um einen **Teilschlussentscheid des Schiedsgerichts**, der gem § 1059 selbständig angefochten werden kann, BGHReport 2007, 465; sa BayObLG 9.1.2024 – 102 Sch 179/23 Tz 40. 22

21) **Vorabentscheidung über den Grund.** Eine (nicht bindende) Vorabentscheidung über den Grund kann nicht selbständig nach § 1059 angefochten werden, Schütze SchiedsVZ 2009, 241, 245; anders ist es aber, wenn mit dem Erlass eines Grundschiedsspruchs nach der Schiedsvereinbarung oder dem Willen der Schiedsrichter der Streit über den Grund endgültig entschieden ist, s § 1052 Rn 4; BGH NJW-RR 2018, 1334 Tz 14 = LMK 2018, 410818 (Pfeiffer); BGHZ 10, 325, 326; BGH MDR 2008, 156. AA OLG Frankfurt/M SchiedsVZ 2007, 278 (krit Kremer/Weimann SchiedsVZ 2007, 238). – Generell für **Anfechtbarkeit des Grundschiedsspruchs** Spohnheimer S 440, 459 ff. 23

22) **Ausländische Schiedssprüche.** Ein **Aufhebungsantrag** gegen einen ausl Schiedsspruch ist **unzulässig**, § 1025, ThP/Nordmeier Rn 5; zulässig ist jedoch Feststellung der Unwirksamkeit des Schiedsspruchs im Inland, dh, dass er nicht anzuerkennen ist, s Rn 1 u § 1061 Rn 48. Zust Feldmann S 259. 24

II) **Nichtige/wirkungslose Schiedssprüche.** Ebenso wie es nichtige/wirkungslose Urteile staatl Gerichte gibt (s vor § 300 Rn 13), sind auch Schiedssprüche denkbar, die von vornherein keine Wirkungen entfalten, Spohnheimer FS Käfer, 2009, S 375 ff. Bsp: Schiedsspruch, der eine Ehe scheidet, einen Vormund/Pfleger/Betreuer ernennt/abberuft, BGH MDR 1962, 397 = ZZP 75 (1962), 119 (Schwab). Wie bei Urteilen staatl Gerichte sollte jedoch der **Kreis der Nichtigkeitsgründe** im Interesse der Rechtssicherheit begrenzt werden, also wenigen **Extremkonstellationen** vorbehalten sein. Ansonsten würde die Regelung in § 1055 ausgehöhlt. Noch stringenter gegen Nichtigkeit Schroeter SchiedsVZ 2004, 288, 295. Arglistig erschlichene Schiedssprüche sind wirksam, Eckstein-Puhl S 265. Auch **schwerste ordre public-Verstöße** führen nicht zur Nichtigkeit des Schiedsspruchs, auch nicht das Vorliegen von **Restitutionsgründen** (s Rn 80). – Liegt einer der seltenen **Fälle der Nichtigkeit** vor, dann bedeutet dies, dass der Schiedsspruch mangels Wirkungen von den später angegangenen Gerichten/Behörden nicht zu beachten ist. Gleichwohl ist im Interesse der Rechtsklarheit ein **Aufhebungsantrag statthaft**, 25

StJ/Schlosser[23] Rn 8; Synatschke S 102. Es handelt sich dann um ein **Feststellungsverf** (Feststellung der Nichtigkeit), vgl auch Schlosser RipS[2] Rn 756 aE. – Ist unklar, ob es sich um einen Schiedsspruch, ein Schiedsgutachten (s § 1029 Rn 4) oder das Ergebnis einer Schlichtung handelt, ist Aufhebungsantrag ebenfalls statthaft mit der Folge, dass Antrag nicht als unzulässig, sondern als unbegründet zurückzuweisen ist, wenn kein Schiedsspruch vorliegt, Kröll SchiedsVZ 2004, 113, 118. Handelt es sich in Wahrheit nur um einen Auftrag für ein Schiedsgutachten, **geriert der Beauftragte sich** aber **als Schiedsrichter** u erlässt er einen Schiedsspruch, dann liegt ein wirksamer Schiedsspruch vor, der Rechtskraft (§ 1055) entfaltet, solange er nicht nach II Nr 1a wegen **Fehlens einer Schiedsvereinbarung** aufgehoben ist. – Ergeht ein Schiedsspruch, obwohl das staatl Gericht **die Einrede der Schiedsvereinbarung als unbegründet zurückgewiesen hat** (s § 1032 Rn 19), so soll er nach hM nicht nur aufhebbar, sondern **nichtig** sein, weil es „jeder der Parteien gänzl unzumutbar (wäre), einen 2. Prozess um die Unzulässigkeit des schiedsrichterl Verf zu führen, auch wenn das dann entscheidende Gericht an die Feststellungen aus dem ersten Prozess gebunden wäre", Schlosser FS Nagel, 1987, S 360. Sa § 1032 Rn 20.

26 **III) Aufhebbare Schiedssprüche.** Ebenso wie bei Urteilen staatl Gerichte führen Mängel der Schiedsvereinbarung, des Verf oder Fehler bei der Entscheidungsfindung regelmäßig nur zur Aufhebbarkeit des Schiedsspruchs (Eckert/Eßlinger/Vogel ZRI 2025, 61, 65 f). Solange er vom staatl Gericht (§ 1062) nicht durch **rechtsgestaltende Entscheidung** ex tunc aufgehoben worden ist, entfaltet er alle seine Wirkungen, Schwab/Walter 24 Rn 1; Feldmann S 242. Aufhebungsgründe können somit – außerhalb des Vollstreckbarerklärungsverf, vgl § 1060 II – nicht einredew geltend gemacht werden. Eine **Inzidentprüfung** dergestalt, dass die Wirkungen des Schiedsspruchs ignoriert werden könnten, wenn das Gericht das Vorliegen eines Aufhebungsgrundes bejaht, ist verboten, sa Borges ZZP 111 (1998), 501. So hat zB das später angegangene Gericht (Staats- oder Schiedsgericht) die Feststellungs-(res iudicata-)Wirkung (§ 1055) des (vorher ergangenen) Schiedsspruchs zu beachten, auch wenn feststeht, dass das Schiedsgericht den Anspruch auf rechtl Gehör verletzt hat und/oder ein schwerer Verstoß gegen den **ordre public** vorliegt. Das Gleiche gilt für die sonstigen (in concreto einschlägigen) Wirkungen des Schiedsspruchs, wie Präklusions-, Gestaltungs-, Interventions-, Streitverkündungs- u Tatbestandswirkung. – Das später angegangene staatl Gericht kann jedoch sein **Verf auszusetzen** (analog § 148), um der (interessierten) Partei Gelegenheit zu geben, Aufhebungsantrag beim zuständigen Gericht (§ 1062 I Nr 4) zu stellen oder Wider„klage" (s Rn 8) zu erheben. Es darf aber nicht selbst vAw (Ausnahme: § 1042 II) den Schiedsspruch aufheben, Walter FS Schwab, 1990, S 551.

27 **IV) Verhältnis zum Vollstreckbarerklärungsverfahren. 1) Keine Identität des Verfahrensgegenstandes**, daher keine Sperre für 2. Verf nach § 261 III Nr 1, s Rn 8. Im Verf nach § 1060 soll dem Schiedsspruch die Vollstreckbarkeit verliehen werden; der Antrag nach § 1059 zielt auf Aufhebung des Schiedsspruchs (= Beseitigung der Wirkungen des Schiedsspruchs, die dieser nach § 1055 per se entfaltet). Zust Hausmann FS Stoll, 2001, S 593, 615; Haas FS Rechberger, 2005, S 187, 189. – Eine **Konnexität** zwischen beiden Verf stellt **§ 1060 II** her. Liegt ein Aufhebungsgrund (§ 1059) vor, so endet das Vollstreckbarerklärungsverf nicht mit bloßer Antragsabweisung (= Nichtverleihung der Vollstreckbarkeit), sondern mit der Aufhebung des Schiedsspruchs. Sa BGH ZEV 2017, 416 (Geimer); OLG Frankfurt/M SchiedsVZ 2017, 150 Tz 24.

28 **2)** Deshalb fehlt idR (sa Rn 8) das **Rechtsschutzbedürfnis für den Aufhebungsantrag**, wenn Gl (= die siegreiche Partei) bereits die Vollstreckbarerklärung beantragt hat. Es ist einfacher u billiger u auch dem Sch zumutbar, die Aufhebung nach § 1060 II zu betreiben. Der selbständige Aufhebungsantrag nach § 1059 ist abzuweisen. Sobald ein Vollstreckbarerklärungsverf (§ 1060) eingeleitet ist, sind die Aufhebungsgründe in diesem Verf geltend zu machen, sofern sichergestellt ist, dass keine Präklusion des Ag (§ 1059 III) durch Antragsrücknahme des ASt eintreten kann, van de Sande/Folter SchiedsVZ 2016, 72; ohne diese Einschränkung aber OLG Hamburg SchiedsVZ 2003, 284, 286; OLGR Hamburg 2008, 916. IÜ hat die Vollstreckbarerklärung **Bindungswirkung** für das Aufhebungsverf, § 1059 III 4; BayObLG 28.5.2003 – 4 Z Sch 10/03; Haas FS Rechberger, 2005, S 187, 189. – War das Aufhebungsverf bereits anhängig, als die Vollstreckbarerklärung beantragt wurde, so ist das Aufhebungsverf **auszusetzen**, analog § 148, zust Harbst S 186; Wighardt SchiedsVZ 2010, 252, 253. Wird der Schiedsspruch nach § 1060 II aufgehoben, ist der Aufhebungsprozess in der Hauptsache erledigt. Zur Kostenentscheidung nach § 91a Schwab ZZP 72 (1959), 127. Die Aussetzung des Verf nach § 1060 zu Gunsten des Aufhebungsverf ist nur in seltenen Fällen sachgerecht, etwa wenn das Verf schon weit gediehen ist, zB bereits in Rechtsbeschwerdeinstanz.

29 **3)** Eine **Klage auf Feststellung der Wirksamkeit des Schiedsspruches** kommt nicht in Betracht, weil iZw von der Wirksamkeit des Schiedsspruches auszugehen ist, s Rn 26. Für eine auf **Feststellung der Rechtsunwirksamkeit** zielende Klage fehlt angesichts der Antragsmöglichkeit nach § 1059 das rechtl Interesse (§ 256). IdR ist eine solche Klage nach § 139 als Aufhebungsantrag zu interpretieren, Schwab/Walter 24 Rn 2. Doch fehlt dem AG oder LG die sachl Zuständigkeit (§ 1062). Formlose Abgabe an OLG nicht mögl.

30 **4) Feststellung, dass Aufhebungsgründe nicht vorliegen.** Den Aufhebungsantrag kann nur die beschwerte Partei stellen, s Rn 6. Für die siegreiche Partei besteht idR kein Rechtsschutzbedürfnis, weil sie die Vollstreckbarerklärung nach § 1060 betreiben kann. Es können aber nur solche Schiedssprüche für vollstrb erklärt werden, die einen **vollstreckungsfähigen Inhalt** haben. Es scheiden also – mit Ausnahme des Kostenpunktes – **feststellende u gestaltende Schiedssprüche** aus, ebenso Schiedssprüche, auf Grund deren der Sch bereits geleistet hat. Durch die rechtsgestaltende Vollstreckbarerklärung wird dem Schiedsspruch die Vollstreckbarkeit

verliehen. Anders ist es aber bei den sonstigen Wirkungen des Schiedsspruchs. Diese treten unmittelbar kraft **Gesetzes** ein, ohne Rücksicht darauf, ob ein Aufhebungsgrund vorliegt oder nicht, s § 1055 Rn 1 ff.

5) Die siegreiche Partei hat ein Interesse daran feststellen zu lassen, dass ein Aufhebungsgrund nicht vorliegt. **Ein bes Feststellungsverf sieht das Gesetz nicht vor.** Die hM (s § 1060 Rn 6) lässt dogmatisch unscharf auch bei nicht oder nicht mehr vollstreckbaren Schiedssprüchen eine **Vollstreckbarerklärung** zu, BGH SchiedsVZ 2006, 278; OLG München 24.8.2010 – 34 Sch 21/10. Die Vollstreckbarerklärung diene nicht nur der eigentl ZwV, ihr Zweck bestehe vielmehr vor allem auch darin, „die Geltung des Schiedsspruchs im geordneten Rechtsweg zur Anerkennung zu bringen u gegen die Anfechtung durch Geltendmachung von Aufhebungsgründen sicherzustellen", StJ/Schlosser § 1060 Rn 8; Schwab/Walter 26 Rn 7; BGH BB 1960, 302; BGH FamRZ 87, 269 (für feststellenden Schiedsspruch); BayObLG MDR 84, 496 (für rechtsgestaltenden Schiedsspruch). Zurückhaltender BayObLG 28.5.2003 – 4 Z Sch 10/03. Hierzu Kröll SchiedsVZ 2004, 113, 120. – Richtigerweise sollte von **der Vollstreckbarerklärung das Feststellungsverf klar abgegrenzt** werden. Daher kann die siegreiche Partei im vereinfachten Verf nach § 1060 hinsichtl nicht vollstrb Schiedssprüche die **Feststellung beantragen, dass ein Aufhebungsgrund nicht vorliegt**. Ist das staatl Gericht der Auffassung, dass ein Aufhebungsgrund vorliegt, erfolgt Aufhebung analog § 1060 II. 31

V) Verfahrensverbindungen. Verbindung des Aufhebungsantrags mit der auf den mat-rechtl Anspruch/das materielle Rechtsverhältnis gestützten Klage ist – angesichts der unterschiedl sachl Zuständigkeit (§ 1062) – **nicht mögl**. Zust Hausmann FS Stoll, 2001, S 593, 610. – Auch Hauptintervention (§ 64) im Aufhebungsverf scheidet aus, aA WSch/Mansel § 64 Rn 18. – Eine Klage auf **Verurteilung zu Schadensersatz** – neben der Verurteilung zur Kostentragung – bei mutwilligem Aufhebungsantrag ist denkbar, weil dadurch die vertragl vereinbarte **Vertraulichkeit des Schiedsverf** (sa § 1029 Rn 13) gebrochen wurde, Schlosser RipS[2] Rn 394 gE. Sa Frohloff S 91 ff. 32

VI) Aufhebungsgründe. 1) Sind in § 1059 II abschließend normiert. Kein Aufhebungsgrund ist zB die nachträgl Änderung der Rechtslage oder der Tatsachen des vom Schiedsgericht entschiedenen Falls, BayObLG 20.3.2003 – 4 Z Sch 23/02; hierzu Kröll SchiedsVZ 2004, 113, 118. Gesetzestechnisch ist es richtig, von einem **numerus clausus der Aufhebungsgründe** zu sprechen, vgl auch BTDrs 13/5274, 58. De facto werden jedoch durch den **konturenschwachen ordre public-Vorbehalt** (II Nr 2b) die Grenzen zwischen den aufhebbaren u den (wegen des Verbotes der révision au fond) nicht aufhebbaren Schiedssprüchen verwischt. Rspr-Übersicht bei Kröll SchiedsVZ 2020, 219, 223. Sa § 1040 Rn 10 ff. 33

2) Ein Schiedsspruch **kann aufgehoben werden**, wenn ASt einen der Aufhebungsgründe des II Nr 1 begründet geltend macht oder Gericht einen Aufhebungsgrund nach II Nr 2 feststellt, OLGR München 2009, 482. Nach dieser Formulierung ist die Aufhebung des Schiedsspruches auch bei Vorliegen eines der Aufhebungsgründe nicht zwingend. Die Pflicht des Gerichtes, dem Aufhebungsantrag zu entsprechen, unterliegt vielmehr Einschränkungen, die sich aus Sinn u Zweck des § 1059 ergeben. 34

VII) Grundsatz. 1) Aufhebungspflicht besteht, soweit eine Kontrolle der Aktivitäten des Schiedsgerichtes **verfassungsrechtl geboten** ist. Der Gesetzgeber hat dafür zu sorgen, dass die **rechtsstaatlichen Mindeststandards** eingehalten sind, die an ein Rspr-Organ, sei es staatl oder nicht, zu stellen sind (übergreifend Althammer/Weller (Hrsg), Europäische Mindeststandards für Spruchkörper, 2017). Hierzu gehören vor allem die Unparteilichkeit des Gerichtes u ein faires Verf, insb die Einhaltung des Grundsatzes des rechtl Gehörs, der auch das Recht auf Beweis u ein faires Beweisaufnahmeverf miteinschließt, Geimer ZfRV 92, 321, 410; Sawang S 70. Diese Anforderungen sind über II Nr 2b durchzusetzen. – Die Rüge einer Verletzung des **Anspruchs auf rechtl Gehör** hat jedoch nur dann Erfolg, wenn die angefochtene Entscheidung des Schiedsgerichts auf der Verletzung des Art 103 I GG **beruht**, wenn also nicht ausgeschlossen werden kann, dass das Schiedsgericht ohne den Verstoß zu einer anderen Beurteilung des Sachverhalts oder in einem wesentl Punkt zu einer anderen Würdigung gekommen wäre, BGH SchiedsVZ 2021, 46, 47; BGH SchiedsVZ 2020, 46; OLG Frankfurt/M 25.3.2021 – 26 Sch 18/20 Tz 47; OLG Frankfurt/M 20.4.2023 – 26 Sch 6/22 Tz 41 f. Zum Recht auf Beweis auch BVerfG NJW 2001, 2531. 35

2) Der ASt muss die Aufhebungsgründe iSv II Nr 1 **begründet geltend machen**. Die Begründung muss den Anforderungen genügen, die der BGH zu § 551 III 1 Nr 2 entwickelt hat, s § 551 Rn 11 ff u § 559, BGH SchiedsVZ 2021, 46 Tz 12 = LMK 2021, 435921 (Wilske/Ebert); Kröll NJW 2021, 832, 836 Rn 26 ff; KG SchiedsVZ 2009, 179, 180. Keine Aufhebung, wenn sich der Aufhebungsgrund zwar aus den Schiedsakten ergibt, der ASt ihn jedoch nicht geltend macht, Ehricke ZZP 113 (2000), 457; ebenso wenig, wenn ASt den Aufhebungsgrund zwar geltend macht, aber nicht hinreichend begründet (sofern keine unmittelbaren Staatsinteressen auf dem Spiel stehen). In beiden Fällen kann aber das Gericht aus §§ 139, 278 III zu **Hinweis** verpflichtet sein. AA Ehricke ZZP 113 (2000), 460. Zum „begründet geltend machen" BGH ZZP 113 (2000), 483. Sa § 1063 Rn 2 u BGH MDR 2022, 659. – Geringere Anforderungen stellt Rspr bei ordre public-Verstoß. Hier sollen Anhaltspunkte in tatsächl Vorbringen genügen, OLG München FamRZ 2016, 1310 (Schlosser). Das kann aber nur gelten, wenn es um die Durchsetzung von Normen im unmittelbaren Staatsinteresse geht, Rn 71. Auch wenn schiedsrichterl Verf ordre public-widrig war, kann die beschwerte Partei ein Interesse am Bestand des Schiedsspruchs, also seiner Nichtaufhebung, haben. Sa Kröll SchiedsVZ 2022, 255, 260 ff. – Zur Geltendmachung von Ablehnungsgründen im Aufhebungsverf, BGH ZIP 2023, 880 (s § 1037 Rn 4). 36

37 **3)** Eine Pflicht, den Aufhebungsgrund begründet geltend zu machen, besteht in den Fällen des **II Nr 2** grds nicht. Sie kann sich aber aus **Sinn u Zweck dieser Vorschrift** ergeben. Im gleichen Umfang ist auch das Gericht nicht zur Aufhebung verpflichtet, sondern an die gestellten Anträge gebunden.

38 **a)** Soweit es nicht um die **Wahrung unmittelbarer Staatsinteressen** geht, kann die Partei, deren Schutz die Anerkennungsvoraussetzung bzw der Versagungsgrund dient, entscheiden, ob sie den Aufhebungsgrund **geltend machen** will. Eine Beachtung vAw oder auf Antrag des Gegners – ohne **Rüge der betroffenen Partei** – kommt nicht in Betracht. AA BGH NJW 2007, 772, 773; OLG Hamm SchiedsVZ 2013, 182, 184; Eckstein-Puhl S 173. Ebenfalls abl iErg, aber wenig überzeugend EuGH SchiedsVZ 2007, 46, 48 (G. Wagner SchiedsVZ 2007, 49) = IPRax 2008, 515 (Schlosser IPRax 2008, 497) für den Sonderfall der Nichtbeachtung der RL 93/13/EWG v 5.4.1993. – Sa § 1030 Rn 27; Fornasier ZEuP 2014, 414; Böckstiegel/Kröll/Nacimiento/Kröll/Kraft Rn 47, 80. – Relevant wird diese Einschränkung insb bei **Verstößen gegen den verfahrensrechtl ordre public (II Nr 2b)**. Bsp: Dem Bekl wird vom Schiedsgericht das rechtl Gehör verweigert. In der Sache entscheidet aber das Schiedsgericht zu seinen Gunsten. Es weist die Klage als unbegründet ab. Es würde die Dinge auf den Kopf stellen, wollte man dem Kl gestatten, gegen die res iudicata-Wirkung einzuwenden, diese sei nicht zu beachten, da der Schiedsspruch wegen Verletzung des rechtl Gehörs nicht anzuerkennen sei.

39 **b)** Im selben Umfang muss die betr Partei den **Aufhebungsgrund iSv II Nr 2 auch begründen**; es gilt der **Verhandlungsgrundsatz**. Nur soweit die Aufhebungsgründe nicht ledigl dem Schutz einer Partei, sondern der **Wahrung unmittelbarer Staatsinteressen** dienen, hat das staatl Gericht den Sachverhalt **vAw** zu untersuchen; Schlosser RipS[2] Rn 926. Abw Saenger Rn 21. Insoweit ist es nicht an ein Geständnis (§§ 288 ff) gebunden, ebenso nicht an die Geständnisfiktion des § 331. In diesen Fällen ist auch § 330 nicht anzuwenden.

40 **c)** Geht es nicht um die Wahrung unmittelbarer Staatsinteressen, empfiehlt sich die Erhebung **einer begründeten Rüge** auch aus **praktischen Erwägungen**. Denn nicht immer lässt sich zweifelsfrei vorhersagen, ob das Gericht einen – wenn auch gravierenden – Verfahrensfehler als ordre public-Verstoß ansehen wird; der ProzBev der betr Partei muss deshalb sicherstellen, dass die Aufhebung hilfsw nach II Nr 1 erfolgen kann. IÜ muss die betr Partei auch einen Verstoß gegen den verfahrensrechtl ordre public spätestens in der Rechtsbeschwerdeinstanz geltend machen u darlegen, will sie den Nachweis führen, dass die erstinstanzl Entscheidung auf einem Verstoß gegen I Nr 2 beruht (§ 1065 II). Da der BGH gerade ordre public-Erwägungen nur in Ausnahmefällen durchgreifen lässt, empfiehlt es sich, auch solche Aufhebungsgründe bereits im Verf nach § 1059 vor dem OLG umfassend geltend zu machen u zu begründen.

41 **d)** Der Schiedsspruch ist nach dem **Rechtsgedanken des § 561** trotz Vorliegens eines Aufhebungsgrundes auch dann nicht aufzuheben, wenn sich die Entscheidung des Schiedsgerichtes **aus anderen Gründen als richtig darstellt**. Soweit sich dies nicht bereits aus dem Schiedsspruch selbst ergibt, trifft die Darlegungs- u Beweislast hierfür – abgesehen von § 291 – den Ag. Der ASt muss nur in den Fällen des II Nr 2b darlegen u beweisen, es sei anzunehmen, der behauptete Rechtsfehler habe sich auf den Schiedsspruch ausgewirkt. Auch ist das **Verbot der révision au fond** (s Rn 86) zu beachten, BGH SchiedsVZ 2003, 39 (Münch). Krit Voit FS Musielak, 2004, S 595 Rn 74.

42 **VIII) Fehlen bzw Ungültigkeit der Schiedsvereinbarung bzw Schiedsanordnung iSv § 1066 (§ 1059 II Nr 1a). 1)** Erfasst wird auch das Fehlen einer Schiedsvereinbarung bzw Schiedsanordnung, BGH SchiedsVZ 2019, 46; Kröll SchiedsVZ 2020, 219, 221; zu den Unwirksamkeitsgründen s § 1029 Rn 43. Zur Anfechtung s § 1029 Rn 24. Bejaht das Schiedsgericht seine Zuständigkeit (weil es die Schiedsvereinbarung bzw die Schiedsklausel [§ 1066] für wirksam erachtet) nicht erst in den Gründen des Schiedsspruchs, sondern vorab in einem Zwischenentscheid (§ 1040 III 1), muss der Bekl nach **§ 1040 III 2** vorgehen, um eine Präklusion des Einwands der Unwirksamkeit zu verhindern, BGH NJW-RR 2018, 1334 Tz 25 = LMK 2018, 410818 (Pfeiffer); BGH SchiedsVZ 2016, 339 Tz 30; BGH SchiedsVZ 2016, 328, 335 Tz 80; sa § 1040 Rn 8, 20; KG SchiedsVZ 2009, 179, 181. Sa § 1032 Rn 31 u Steinbrück S 351. Die **Entscheidung des staatl Gerichts nach § 1032 II bzw § 1040 III 2** erwächst in materielle Rechtskraft. Sie kann im Aufhebungsverf nicht in Frage gestellt werden. Die Bindungswirkung einer Entscheidung über die Zuständigkeit des Schiedsgerichts (§ 1040 III 2) umfasst auch die Feststellung der objektiven Schiedsfähigkeit, OLG München ZIP 2020, 1372; daher insoweit **Präklusion** im Aufhebungs- u Vollstreckbarerklärungsverf, Kröll NJW 2021, 832, 835 Rn 22. Sa § 1040 Rn 20. – Unternehmer kann sich nicht auf Unwirksamkeit der Schiedsvereinbarung wegen Nichteinhaltung von § 1031 V berufen, wenn Verbraucher Schiedsklage erhoben hat, Schlosser FamRZ 2016, 1313 gegen BGH MDR 2011, 947; sa § 1031 Rn 39 u § 1061 Rn 19. Dieser Einwand steht nur dem **Verbraucher** zu.

43 **2)** Der **Schiedskläger** kann die „Unzuständigkeit" des Schiedsgerichts wegen Fehlens/Unwirksamkeit einer Schiedsvereinbarung nicht rügen. Das Gleiche gilt für den Bekl, der im Schiedsverf Widerklage erhoben hat. Sa Anh § 1061 Rn 25; OLGR Celle 2007, 665, 666; OLG Hamm SchiedsVZ 2013, 183. Arglistig handelt, wer selbst das Schiedsgericht angerufen hat (**venire contra factum proprium**). Er kann sich – wenn der Schiedsspruch zu *seinen Ungunsten* ergangen ist – nicht auf die Unwirksamkeit der Schiedsvereinbarung berufen, RG HRR 31, 1489; Illmer S 71; Schwab/Walter 7 Rn 4. – Ein **Bekl**, der die Klage vor dem staatl Gericht gem § 1032 I blockiert hat, handelt gegen **Treu u Glauben**, wenn er sich auf die Unwirksamkeit der Schiedsvereinbarung beru-

fen wollte. Nw zB bei BGH ZEV 2017, 416 (Geimer); BGH RIW 2019, 81 Tz 43. – Das Gleiche gilt, wenn der Bekl sich im vorprozessualen Stadium auf Schiedsvereinbarung berufen hat, s § 1032 Rn 6. **Nimmt der Bekl am Schiedsverf teil**, so muss er das Fehlen einer wirksamen Schiedsvereinbarung bzw wirksamen Schiedsanordnung (§ 1066) bereits im Schiedsverf rügen, sonst ist er **präkludiert**; er kann sich im Aufhebungs- bzw Vollstreckbarerklärungsverf nicht mehr auf das Fehlen der Schiedsvereinbarung bzw der wirksamen Anordnung berufen, OLG Koblenz SchiedsVZ 2005, 260; Illmer S 23; Kröll SchiedsVZ 2006, 203, 210, 213. Sa OLG Hamm SchiedsVZ 2006, 106; s § 1061 Rn 19. AA iErg, aber wenig überzeugend EuGH IPRax 2008, 515 (s Rn 38): Der Wirksamkeit der Schiedsvereinbarung stehen im unmittelbaren öffentl Interesse des Staates oder der EU erlassene Normen entgegen.

3) Über die Frage der **Überschreitung der Zuständigkeit bzw Ermächtigung** des Schiedsgerichts (s § 1051 Rn 7) entscheidet das staatl Gericht gem § 1040 III bindend auch für das Aufhebungsverf, Hausmann FS Stoll, 2001, S 593, 602. 44

4) Nichteinhaltung der für den Erlass des Schiedsspruchs vereinbarten Frist führt iZw bei verständiger Auslegung nicht zum Wegfall der Entscheidungskompetenz des Schiedsgerichts, da das Wiederaufleben der Zuständigkeit der staatl Gerichte Verzögerungen beinhaltet. Andernfalls bedarf es einer klaren Vereinbarung, Kröll SchiedsVZ 2004, 113, 121. 45

5) Liegt **keine wirksame Schiedsvereinbarung** bzw Schiedsklausel iSv § 1066 vor u ist dieser Einwand nicht präkludiert, so ist der **Schiedsspruch aufzuheben**, sa § 1061 Rn 19. Wurde ledigl der Kompetenzrahmen einer wirksamen Schiedsvereinbarung überschritten, so erfolgt Aufhebung nur hinsichtl des durch die Schiedsvereinbarung **nicht gedeckten Teils**, soweit eine klare Trennung der Entscheidung des Schiedsgerichts mögl ist. – Zur Überprüfung der Verfristung nach § 1032 I, BGH MDR 2021, 831 = WM 2021, 894. – Wer sich darauf beruft, die **Schiedsvereinbarung** bzw eine diesbzgl Abänderungsvereinbarung sei nur **zum Schein geschlossen** worden, trägt die Darlegungs- u Beweislast, BayObLG ZIP 2022, 2177; OLG München SchiedsVZ 2011, 337. 46

6) Prozessschiedsspruch wegen Unzuständigkeit des Schiedsgerichts (Rn 22) wird vom Wortlaut des § 1059 II Nr 1 (a) nicht erfasst. Gleichwohl besteht eine Überprüfungsmöglichkeit, weil das Schiedsgericht vor Abweisung der Schiedsklage einen **negativen Zwischenentscheid entspr § 1040 III** erlassen muss, Geimer FS Elsing, 2015, S 147, 149; Wolff SchiedsVZ 2016, 293, 303. Nach hM liegt bei **Nichtbeachtung von § 1040 III** kein Verstoß gegen § 1059 II Nr 2 (b) vor (s BGH NJW 2002, 3031; OLG München 25.1.2017 – 34 Sch 37/16 Tz 11 f). **Reformüberlegung.** Der RegE eines Gesetzes zur Modernisierung des Schiedsverfahrensrechts v 26.6.2024 aus der 20. Legislaturperiode (BTDrs 20/13257, 30, 31) will nach § 1040 IV-E folgende Aufhebungsmöglichkeit einführen *„Hält das Schiedsgericht sich auf eine Rüge nach Absatz 2 hin für unzuständig, so kann ein Schiedsspruch über die Unzuständigkeit des Schiedsgerichts auch dann nach § 1059 aufgehoben werden, wenn der Antragsteller begründet geltend macht, dass sich das Schiedsgericht zu Unrecht für unzuständig gehalten hat.“* § 1059 I-E soll klarst Hinweis erhalten. Näher s § 1040 Rn 11, 13 ff. 47

IX) Verletzung des rechtlichen Gehörs. S § 1042 Rn 3; § 1061 Rn 37; BGH 5.3.2020 – I ZB 49/19; BGH NJW-RR 2022, 1425; OLG Frankfurt/M 25.3.2021 – 26 Sch 18/20 Tz 49; BayObLG 18.1.2022 – 101 Sch 60/21; BayObLG 13.12.2023 – 101 Sch 112/22 Tz 80; OLG München SchiedsVZ 2015, 303; OLG München SchiedsVZ 2012, 156, 159; OLG Frankfurt/M SchiedsVZ 2014, 154; Hammer Rn 726. **§ 321a nicht anwendbar**, da nicht vereinbart, s § 1042 Rn 15) einschließl der Fälle, dass **Angriffs- oder Verteidigungsmittel** (zum Begriff s § 282 Rn 2) nicht geltend gemacht werden konnten **(§ 1059 II Nr 1b)**. **1) a)** Die Vorschrift bezieht sich nach ihrem Wortlaut **nicht auf einzelne Angriffs- u Verteidigungsmittel**. AA MK/Münch Rn 30. Unentschieden OLG Frankfurt/M SchiedsVZ 2014, 154, 157. Insoweit kommen aber **II Nr 2b bzw Nr 1d** in Betracht mit der Folge, dass ein Verstoß gegen den ordre public vorliegen oder der ASt darlegen muss, es sei anzunehmen, dass sich der Verstoß auf den Schiedsspruch ausgewirkt hat. Dargelegt werden muss, was konkret bei Gewährung des (vermeintl) verweigerten rechtl Gehörs vorgebracht bzw von der nicht vernommenen Beweisperson ausgesagt worden wäre u wie sich dies auf den Schiedsspruch ausgewirkt hätte, OLGR München 2009, 482; OLG München SchiedsVZ 2012, 107, 110; Spohnheimer S 405 ff mwN. – Eine entscheidungserhebl Verletzung des Rechts auf rechtl Gehör verstößt gegen **verfahrensrechtl ordre public** u führt zur Aufhebung eines Schiedsspruchs, OLG Frankfurt/M 20.4.2023 – 26 Sch 6/22 Tz 41 f; BayObLG 7.12.2022 – 101 Sch 76/22; hierzu Kröll NJW 2023, 819 Rn 16 u 20. 48

b) Bei Erlass eines Schiedsspruchs kann die **entgegenstehende Rechtskraft** eines anderen Schiedsspruchs mit identischem Streitgegenstand zu beachten sein. Beruft sich eine Partei im Schiedsverf auf die **entgegenstehende Rechtskraft** eines in einem anderen Schiedsverf ergangenen Schiedsspruchs, kann der Anspruch auf rechtl Gehör es gebieten, in den Gründen des Schiedsspruchs darauf einzugehen. Erfolgt das entsprechende Vorbringen zur entgegenstehenden Rechtskraft im Schiedsverf erst nach Schluss der mündl Verh oder dem entsprechenden Zeitpunkt im schriftl Verf, kann es eine Verletzung des rechtl Gehörs darstellen, wenn das Schiedsgericht in der Begründung des Schiedsspruchs nicht zu erkennen gibt, dass es das Vorbringen zur Kenntnis genommen und die Möglichkeit der Wiedereröffnung der Verhandlung erwogen hat. Der Umstand, dass das Schiedsverf, in dem zuerst ein Schiedsspruch ergangen ist, als „jüngeres“ Verf wegen anderweitiger Rechtshängigkeit analog 49

§ 261 III Nr 1 möglicherw unzulässig gewesen ist, steht der grds Beachtlichkeit der materiellen Rechtskraft des gleichwohl ergangenen Schiedsspruchs im „älteren" Verfahren nicht entgegen. Für den Fall, dass das Schiedsgericht im „älteren" Verfahren ausnahmsw eine Durchbrechung der Rechtskraft nach § 826 BGB annimmt, ist dies nachvollziehbar darzulegen und zu begründen, BayObLG 7.12.2022 – 101 Sch 76/22; hierzu Kröll NJW 2023, 819 Rn 16.

50 2) Das **Gebot des rechtl Gehörs** verpflichtet das Schiedsgericht ua dazu, den **wesentl Kern des Vorbringens der Partei** zu erfassen u – soweit er eine zentrale Frage des jew Verf betrifft – in den Gründen zu bescheiden. Setzt sich das Schiedsgericht mit dem Parteivortrag **nicht inhaltl auseinander, sondern mit Leerformeln** über diesen hinweg, ist das nicht anders zu behandeln als ein kommentarloses Übergehen des Vortrags, BGH MDR 2018, 1146. Ist dieser **Mindeststandard** jedoch eingehalten, so gilt: Die Überprüfung des staatl Gerichts unter dem Gesichtspunkt der Verletzung des rechtl Gehörs bietet keinen absoluten Schutz dagegen, dass das Schiedsgericht **Beweisanträge** der Parteien gem § 1042 IV 2 unberücksichtigt gelassen hat, s § 1042 Rn 12; OLG München SchiedsVZ 2012, 43; OLG Frankfurt/M SchiedsVZ 2014, 154, 157. Dies gilt selbst dann, wenn die **Beurteilung fehlerhaft** war. Nur eine **vorgeschobene Begründung**, die verdecken soll, dass das Schiedsgericht sich mit dem Vorbringen der Partei(en) nicht befasst hat, verletzt das rechtl Gehör, BGH NJW 1992, 2299, 2300; OLG München 29.10.2009 – 34 Sch 15/09; OLG Karlsruhe 27.3.2009 – 10 Sch 8/08; Kröll SchiedsVZ 2010, 213, 216. Die beschwerte Partei muss Verletzung des rechtl Gehörs nach Möglichkeit bereits im Schiedsverf rügen; ansonsten droht Präklusion (§ 1027), OLG München 5.10.2009 – 34 Sch 12/09; hierzu Kröll SchiedsVZ 2010, 213, 216; OLG Stuttgart SchiedsVZ 2003, 84, 85 (Nacimiento/G. Geimer). – **Bsp**: Schiedsspruch verurteilt statt der verklagten GbR deren Gesellschafter als Gesamtschuldner. Deren rechtl Gehör wird verletzt, weil sie zu einer Leistung verurteilt werden, ohne vorher am Schiedsverf als Partei(en) mitgewirkt zu haben, OLGR München 2007, 498, 499. – Kein Aufhebungsgrund, wenn die zuvor im Schiedsverf angehörte Partei in der abschließenden Verh vor dem Schiedsgericht neben ihrem VerfBev keine Gelegenheit mehr erhalten hat, persönl das Wort zu ergreifen, OLG München SchiedsVZ 2010, 169, 172.

51 3) Es besteht **keine strikte Bindung des Schiedsgerichts an den Beibringungsgrundsatz**. Das Schiedsgericht kann vielmehr im Rahmen des ihm gem § 1042 IV 1 eingeräumten freien Ermessens **den Sachverhalt auch von Amts wegen ermitteln**, s § 1042 Rn 29; OLG Frankfurt/M 25.3.2021 – 26 Sch 18/20 Tz 49; abw wohl BGH WM 2022, 576 Tz 53; BayObLG 14.3.2025 – 101 Sch 3/24 Tz 83 f: für Tatsachenermittlung Rüge erforderlich.

52 4) Lässt ein staatl Gericht **verspätetes Vorbringen zu Unrecht zu**, kann darauf kein Rechtsmittel gegründet werden. Das Interesse an einer materiell richtigen Entscheidung ist höher als das Interesse an einer prozessual richtigen Behandlung der Verspätungsvorschriften, BGH NJW 2016, 3035, 3037. Dieser Grundsatz gilt **auch im Verhältnis zwischen dem schiedsgericht Verf u dem Vollstreckbarerklärungs- u Aufhebungsverf**. Etwas anderes könnte allenfalls dann gelten, wenn die Parteien eine anderweitige Abrede getroffen hätten, OLG Frankfurt/M SchiedsVZ 2022, 40 Tz 67.

53 **X) Kompetenzüberschreitung.** Gegenstand des Schiedsspruchs **wird nicht von der Schiedsvereinbarung bzw Schiedsklausel** iSv § 1066 erfasst **(§ 1059 II Nr 1c)**, hierzu Kröll SchiedsVZ 2020, 29, 224; Salger/Trittmann/Poseck § 22 Rn 37. Parallelnorm: Art V (1) (c) UNÜ iVm § 1061. S § 1029 Rn 63 f sowie Eberl SchiedsVZ 2003, 109. In diesem Fall trifft den Schiedsbekl die prozessuale Last, die Unzuständigkeit des Schiedsgerichts nach § 1040 zu rügen, will er nicht präkludiert sein, s Rn 42 f; OLG Koblenz 17.3.2011 – 2 Sch 11/10. Das staatl Gericht darf den Schiedsspruch **nur insoweit aufheben**, als er durch die Schiedsvereinbarung nicht gedeckt ist; iÜ bleibt er – soweit inhaltl trennbar – bestehen, Borges ZZP 111 (1998), 492; WSch/Schütze[5] Rn 54. – Der Schiedskl kann sich nicht auf die Unwirksamkeit der Schiedsvereinbarung berufen, s Rn 43. – Erfasst bei vertretbarer Auslegung des Schiedsgerichts eine Schiedsklausel auch Streitigkeiten zwischen den Parteien in Zusammenhang mit einer Vertriebsvereinbarung, so berührt der Einwand, der Vertrag sei mit der Tochtergesellschaft der Schiedsklägerin geschlossen worden, nicht die Zuständigkeit des Schiedsgerichts, sondern die materielle Begründetheit der Schiedsklage, BGH 27.4.2017 – I ZB 61/15. Diese Rspr sei kein Verstoß den Grundsatz, dass die endgültige Entscheidung über die Zuständigkeit des Schiedsgerichts den staatl Gerichten vorbehalten ist (BGH NJW 2014, 3652).

54 **XI) Fehlerhafte Besetzung des Schiedsgerichts (§ 1059 II Nr 1d).** Macht das Verf als Ganzes unzulässig u führt zur Aufhebung des Schiedsspruchs, sofern nicht Präklusion nach § 1027 eingetreten ist, Borges ZZP 111 (1998), 493. Ein Schiedsgericht verstößt gegen das **Verbot, in eigener Sache als Richter tätig** zu werden, wenn es wegen der Weigerung einer Partei, einen angeforderten Vergütungsvorschuss an die Schiedsrichter zu zahlen, eine für erhebl gehaltene Beweisaufnahme nicht durchführt u ohne Verwertung der Beweismittel in der Sache entscheidet, s § 1057 Rn 4, BGHZ 94, 92. Um **Präklusion** zu vermeiden (§ 1027 S 1), muss Partei, die sich auf die fehlerhafte Bildung des Schiedsgerichts beruft, alle ihr zustehenden Rechtsbehelfe (§ 1034 II, § 1037 III, § 1038 I) ausschöpfen, OLG Frankfurt/M SchiedsVZ 2006, 220, 222; OLG München IPRspr 2006, Nr 206; OLG München SchiedsVZ 2010, 52; OLG München SchiedsVZ 2014, 258, 260; Lachmann Rn 2253, s § 1037 Rn 6.

55 **XII) Sonstige Mängel des schiedsgerichtlichen Verfahrens (§ 1059 II Nr 1d). 1)** Es muss ein Verstoß gegen Vorschriften des 10. Buches oder zulässige Parteivereinbarungen bzw Verfügungen/Anordnungen gem § 1066

vorliegen, der nicht nach § 1027 präkludiert ist. Nicht zum Verf gehört nur die Entscheidungsfindung im engeren Sinne, Borges ZZP 111 (1998), 493, jedoch aber die Begründungspflicht, s Rn 62. Zu den durch das staatl Gericht auf ihre Einhaltung zu überprüfenden Parteivereinbarungen gehören auch die Regelungen einer **institutionellen Verfahrensordnung**, der die Parteien sich unterworfen haben. Von diesen Vereinbarungen weicht nach hM ein Schiedsgericht ab, wenn es die ihm darin **vorgegebene Entscheidungsgrundlage** nicht beachtet, also wenn es nach einer anderen als der ihm verbindl vorgeschriebenen Rechtsordnung entscheidet oder wenn es ohne Ermächtigung der Parteien eine Billigkeits- statt einer Rechtsentscheidung trifft, BGH RIW 85, 972; Roquette/Sudkamp RInPrax 2025, 26, 30; s aber § 1051 Rn 7. Das staatl Gericht hat nur zu prüfen, ob das Schiedsgericht das von den Parteien gewählte Recht seiner Entscheidung zugrunde gelegt hat, nicht jedoch, ob es dieses Recht richtig ausgelegt hat, BGH RIW 1985, 972; Sandrock BB 2001, 2179; Hausmann FS Stoll, 2001, S 593, 601. Sa § 1051 Rn 9. Zum Übergehen eines Beweisantrags durch das Schiedsgericht s § 1042 Rn 11. Fehlen der Begründung (§ 1054 II) fällt unter Nr 1d, BTDrs 13/5274, 60, s hierzu aber Rn 62 u BayObLG EWiR 2000, 199 (Berger). – Unter fehlerhafte Besetzung des Schiedsgerichts fällt – vorbehaltl einer Präklusion (Rn 54) – auch die Mitwirkung eines **wegen Befangenheit ausgeschlossenen oder auszuschließenden Schiedsrichters**, allerdings iE nur dann, wenn Antrag nach § 1037 III (s § 1037 Rn 5 f) rechtzeitig gestellt wurde, BGH SchiedsVZ 2016, 41, 42. – Entscheidung des OLG zur Befangenheit bindet auch BGH, da insoweit Rechtsbeschwerde unstatthaft, § 1065 I 2.

2) In den Fällen des II Nr 1d ist der Schiedsspruch nur dann aufzuheben, wenn anzunehmen ist, dass sich der **Verfahrensverstoß auf den Schiedsspruch ausgewirkt hat**, wobei die entfernte Möglichkeit abweichender Entscheidung genügt. Bei einem **einstimmig ergangenen Schiedsspruch eines Dreierschiedsgerichts** bestünde etwa Möglichkeit der Beeinflussung der anderen Schiedsrichter, wenn Schiedsgericht mit einem erfolgreich abgelehnten Schiedsrichter besetzt gewesen ist, BGH NJW-RR 2015, 1087. Sa § 1035 Rn 37. – Weniger klar zum **Gutachten eines nicht neutralen SV** BGH NJW 2020, 70 = MDR 2017, 1024; hierzu Schmidt-Ahrendts/Schneider SchiedsVZ 2020, 35: § 580 Nr 3 nicht anwendbar. 56

3) Das staatl Gericht muss unter Berücksichtigung des gesamten Prozessstoffes des Aufhebungsverf eine **Prognose** treffen. Der erforderl **Grad der Wahrscheinlichkeit einer abw Entscheidung** hängt von der Art des festgestellten Verfahrensverstoßes ab, ebenso die Anforderungen an die Darlegungen der beschwerten Partei. So muss diese konkret darlegen, was sie ohne Verletzung ihres Anspruchs auf rechtl Gehör vorgetragen hätte u auf diese Weise ihren Vortrag nachträgl schlüssig machen, vgl OLG Hamburg RIW 1991, 154; weitergehend Hausmann FS Stoll, 2001, S 593, 603; Eckstein-Puhl S 199. Wurde im Schiedsverf eine andere als die vereinbarte **Verfahrenssprache** verwendet, so muss die betr Partei dies bereits im Schiedsverf (erfolglos) gerügt haben, s Rn 63. Auch wenn sie dies getan hat, kommt eine Nichtanerkennung nur dann in Betracht, wenn sich dies auf ihre Prozessführung oder auf den Inhalt des Schiedsspruchs nachteilig ausgewirkt hat, OLG München SchiedsVZ 2010, 169, 172. Sa Anh § 1061 Rn 28. 57

4) Teilschiedsspruch. Das Schiedsgericht ist im Rahmen seines Ermessens (§ 1042 IV) trotz Gefahr widersprüchl Entscheidungen befugt, Teilschiedssprüche zu erlassen, auch wenn die Voraussetzungen des § 301 nicht gegeben sind, solange die Verfahrensgestaltung (noch) rational nachvollziehbar ist. Nur diese äußersten Grenzen darf das staatl Gericht (§§ 1059, 1060) nachprüfen, s § 1054 Rn 3. Sa Hammer Rn 691. Der **Aspekt der Widerspruchsfreiheit** von Teil- und Schlussentscheidung ist dabei kein unverzichtbarer Grundsatz der dt Rechtsordnung, BGH SchiedsVZ 2021, 341 (Groh/Lieberknecht SchiedsVZ 2021, 297); Kröll NJW 2021, 832, 836 Rn 29. 58

5) Schiedsspruch ultra petita. Wenn das Schiedsgericht mehr oder anderes zuerkennt, als vom Kl ausdrückl u klar beantragt, ist der Schiedsspruch aufhebbar. Waren jedoch die Klageanträge unklar u konnten sie auch auf Rückfrage nicht klargestellt werden, so ist das staatl Gericht (§ 1062) an die **Auslegung des Schiedsgerichts gebunden**, OLG München 5.10.2009 – 34 Sch 12/09; Kröll SchiedsVZ 2010, 213, 216; Hammer Rn 692. – Aufhebbar ist jedoch der Schiedsspruch immer dann, wenn für ultra petita keine Zuständigkeit des Schiedsgerichts besteht, s Rn 42. 59

6) Überraschungsschiedsspruch. Aufhebbar wegen Verletzung rechtl Gehörs, wenn dem Schiedsspruch rechtl Erwägungen zugrunde liegen, mit denen auch ein **gewissenhafter u prozesskundiger Beteiligter** unter keinen Umständen zu rechnen brauchte, sa OLG Frankfurt/M 20.4.2023 – 26 Sch 6/22 Tz 46. Jedoch trifft Schiedsgericht **keine generelle Hinweispflicht** zu seiner Rechtsauffassung hat, OLG München 5.10.2009 – 34 Sch 12/09; OLG Stuttgart SchiedsVZ 2011, 49; OLG Frankfurt/M 25.3.2021 – 26 Sch 18/20 Tz 76; Spohnheimer S 281 ff. Sa § 1042 Rn 11. 60

7) Verweigerung der Durchführung einer mündl Verh durch das Schiedsgericht. Soweit nicht von den Parteien (§ 1042 III) bzw dem gem § 1066 Anordnungsbefugten vorgeschrieben, ist der Schiedsspruch allein deswegen nicht aufhebbar; ausreichendes rechtl Gehör kann das Schiedsgericht (§ 1042 IV 1) auch im schriftl Verf gewähren; iÜ ist die Verweigerung idR nicht kausal für den Inhalt des Schiedsspruchs, OLG Frankfurt/M 27.8. 2009 – 26 Sch 3/09; Kröll SchiedsVZ 2010, 213, 216. Sa zum Kausalitätserfordernis allg OLG Karlsruhe SchiedsVZ 2022, 291 Tz 57 ff. 61

62 **8) Fehlende Ermessensausübung des Schiedsgerichts u Begründung des Schiedsspruches.** Ist Ermessen dem Schiedsgericht eingeräumt, muss es hiervon tatsächl auch Gebrauch machen u dies in der Begründung des Schiedsspruchs dokumentieren, OLG München FamRZ 2016, 1310 (Schlosser). – **Fehlt eine Begründung des Schiedsspruches** (§ 1054 II, s Rn 55) u wird sie auch bis zum Schluss der mündl Verh im Aufhebungsverf nicht nachgeholt, so ist grds davon auszugehen, dass sich dieser Mangel auf den Schiedsspruch ausgewirkt hat. – Haben die Parteien auf eine Begründung nach § 1054 II verzichtet, so ist der Aufhebungsantrag nicht (insoweit) unzulässig, sondern unbegründet, BGH NJW 86, 1438. Sa Schlosser FS Thümmel, 2020, S 797, 806 u Wilhelmi FS Thümmel, 2020, S 983.

63 **9) Rüge der beschwerten Partei.** Der Mangel des schiedsgerichtl Verf ist nur auf Rüge der beschwerten Partei, nicht auf Rüge des Gegners oder vAw zu beachten. Ein Verstoß gegen die ordre public-Maximen kann im Aufhebungsverf nicht mehr gerügt werden, wenn er nicht schon im Schiedsverf (erfolglos) geltend gemacht wurde, sofern dies dort (noch) mögl war. Es muss also die Beseitigung des Verfahrensfehlers **bereits im Schiedsverf versucht worden sein**, § 1027; Schlosser RipS[2] Rn 847; Marx S 25, 26. AA Hausmann FS Stoll, 2001, S 593, 605; BayObLG IPRspr 99, Nr 179.

64 **10) Ordnungsgemäße Besetzung des Schiedsgerichts u Befangenheitsgründe.** S § 1036 Rn 13 u § 1037 Rn 8. Kein Ablehnungs- bzw Aufhebungsgrund, wenn Schiedsgericht Antrag auf Gewährung einer Schriftsatzfrist oder einen Ablehnungsantrag erst im Endschiedsspruch zurückweist, OLG Frankfurt/M SchiedsVZ 2010, 52; Kröll SchiedsVZ 2010, 213, 215. Denn dies erlaubt § 1037 III 2.

65 **XIII) Objektive Schiedsfähigkeit des Streitgegenstandes (§ 1059 II Nr 2a).** Maßgebend ist allein **dt Recht** (§ 1030), ohne Rücksicht auf Statut der Schiedsvereinbarung oder des Schiedsverf, vorbehaltl Parteivereinbarung bzw Festlegung nach § 1066, Borges ZZP 111 (1998), 494; Böcker, Das neue Recht der obj Schiedsfähigkeit, 1998, S 248 ff. Keine Präklusion nach hM, OLG München FamRZ 2016, 1310 (Schlosser).

66 **XIV) Verstoß gegen den ordre public (§ 1059 II Nr 2b). 1) Überblick.** OLG München FamRZ 2016, 1310 (Schlosser); Kröll SchiedsVZ 2020, 219, 225; Tafelmaier S 100 ff. Der logisch richtige Ausgangspunkt zum Verständnis des ordre public-Vorbehalts des I Nr 2 ist das **Verbot der révision au fond**, s Rn 86. Das Aufhebungsverf ist **kein Rechtsmittel zur Überprüfung der sachl Richtigkeit des Schiedsspruchs**, OLG Stuttgart SchiedsVZ 2003, 84, 85 (Nacimiento/G. Geimer); OLG Karlsruhe 27.3.2009 – 10 Sch 8/08; Kröll SchiedsVZ 2010, 213, 217, da auch Fehlentscheidungen des Schiedsgerichts grds hingenommen werden (BGH MDR 1999, 1281; OLG Köln SchiedsVZ 2012, 161, 165). Nur **in extremen Ausnahmefällen**, in denen die Hinnahme des Schiedsspruchs unerträgl wäre, greift der ordre public ein. Der schiedsrechtl ordre public hat die gleiche Struktur wie der anerkennungsrechtl des § 328 I Nr 4. S § 328 Rn 62 ff. Sa OLG Celle IPRspr 2005, Nr 188. Er erfasst nicht nur die **Entscheidungsfindung**, sondern auch das dem Schiedsspruch **vorausgehende Verf**, insb Verstöße gegen § 1042 I (allerdings kommen daneben Nr 1b, d in Betracht; sa Spohnheimer S 409) u § 1048, OLG München FamRZ 2016, 1310 (Schlosser), zB Verletzung der Waffengleichheit (hierzu BGH SchiedsVZ 2021, 46 Tz 19 = LMK 2021, 435921 [Wilske/Ebert]); Kröll NJW 2021, 832, 836 Rn 26 ff. Es ist **vAw** zu prüfen, wenn **unmittelbare Staatsinteressen** betroffen sind, ansonsten nur auf **Rüge** der betroffenen Partei (nicht ihres Gegners!). Zur Vermeidung von Präklusion muss die (betroffene) Partei bereits im Schiedsverf alle ihr zur Verfügung stehenden Möglichkeiten (erfolglos) ausgeschöpft haben, zust Wagner, Prozessverträge, 1998, S 95; LG Köln IPRspr 2008, Nr 196. – Ggü Art 6 EGBGB hat der **ordre public-Vorbehalt des II Nr 2b** (ebenso wie der des § 328 I Nr 4 u § 109 I Nr 4 FamFG) eine **„abgeschwächte Wirkung" (ordre public atténué de reconnaissance**, s § 328 Rn 64, zust Hammer Rn 710; sa BGH NJW 2020, 3026, 3031 f). Sehr deutl für § 328 BGH RIW 1998, 626, 628: „Abzustellen ist dabei nicht auf den nationalen ordre public, den die dt Gerichte bei eigener Anwendung ausl Rechts zu beachten haben, sondern auf den **großzügigeren anerkennungsrechtl ordre public international**. Mit diesem ist ein ausl Urteil nicht schon dann unvereinbar, wenn der dt Richter – hätte er den Prozess entschieden – auf Grund zwingenden dt Rechts zu einem anderen Ergebnis gekommen wäre. Maßgebl ist vielmehr, ob das Ergebnis der Anwendung ausl Rechts im konkreten Fall zu den Grundgedanken der dt Regelungen u den in ihnen enthaltenen Gerechtigkeitsvorstellungen in so starkem Widerspruch steht, dass es nach dt Vorstellung untragbar erscheint". Zum großzügigeren **ordre public international** BGH SchiedsVZ 2017, 200; OLG Frankfurt/M 12.6.2025 – 26 Sch 12/24 Tz 20: „weniger streng"; OLG Karlsruhe SchiedsVZ 2012, 101, 104. – Die ordre public-Kontrolle dient nicht dazu, eine nachlässige Prozessführung im Schiedsverf zu korrigieren, Geimer IZPR[9] Rn 2991, 3926; zust OLG Saarbrücken SchiedsVZ 2012, 48, 50.

67 **2) Verhältnis zu den Aufhebungsgründen der Nr 1b, d.** Diese sind **nicht leges speciales**, so dass eine Überprüfung des Schiedsverf unter dem Gesichtspunkt des verfahrensrechtl ordre public über die dort angesprochenen Aspekte hinaus ausgeschlossen wäre. Jedoch dürfte es sich um extreme Fälle handeln, da die **Verfahrenskontrolle nach I (b)** das ordre public-widrige Verf umfasst, insb die fehlerhafte Besetzung des Schiedsgerichts, Neutralitätsverletzungen der Schiedsrichter u Nichtgewährung des rechtl Gehörs. Umgekehrt sollte die Prüfung nach I (d) durch weitgehende Anwendung von Präklusionen den Umfang der ordre public-Prüfung möglichst nicht übersteigen, sa § 1061 Rn 31 f. Anders Spohnheimer S 412. Sa OLG Köln IPRspr 2010, Nr 309; OLG München FamRZ 2016, 1310 (Schlosser); Gaier SchiedsVZ 2021, 7, 11. – **Verletzung des rechtl Gehörs** erfolgt jedenfalls stets nur auf Rüge der betroffenen Partei, nicht vAw oder auf Rüge des Gegners, der von einem für ihn in der Sache ungünstigen Schiedsspruch wegkommen will.

3) Nachprüfung des Schiedsspruches unter dem Gesichtspunkt des ordre public. S beispielhaft BGH NJW-RR 2017, 313 Tz 59. Maßg Zeitpunkt ist nicht der, zu dem die Wirkungen der Entscheidung eintreten (abw 35. Aufl), sondern nach hM der Zeitpunkt der Entscheidung über den Aufhebungsantrag, Hausmann FS Stoll, 2001, S 593, 607. Hinsichtl der **rechtl Ausführungen** des Schiedsgerichts ist das staatl Gericht bei der Nachprüfung auf einen Verstoß gegen den ordre public vollkommen frei, BGHZ 27, 254. Wollte man näml eine Bindung des staatl Gerichts an die Rechtsauffassung des Schiedsgerichts fordern, so würde das praktisch II Nr 2b illusorisch machen. Bsp: Schiedsgericht verneint Verstoß gegen § 138 BGB. – Das staatl Gericht darf das **Verhältnis des vom Schiedsgericht angenommenen Rechtsgrundes zu der ausgesprochenen Rechtsfolge** nachprüfen. So ist ein Schiedsspruch wegen ordre public-Verstoßes aufzuheben, wenn das Schiedsgericht zwar annimmt, es liege ein zB **sittenwidriger Vertrag** vor, aber trotzdem – aus welchen Motiven auch immer, etwa aus „Billigkeitsgründen" – zur Leistung aus dem nichtigen Vertrag verurteilt, BGHZ 27, 249, 254; Harbst SchiedsVZ 2007, 22, 25. 68

4) Umstritten ist, ob das staatl Gericht die **Subsumtionstätigkeit des Schiedsgerichts** nachprüfen darf. **Dafür** (richtigerweise): BGHZ 27, 249, Köhn KTS 56, 187, Habscheid JZ 59, 175. **Dagegen**: RG HRR 36 Nr 911, OLG Hamburg NJW 1955, 390; OLG Hamburg BB 1954, 577. Die Verweigerung der Prüfungskompetenz würde jedoch die Kontrollfunktion, die der staatl Richter über die Schiedssprüche ausübt, weitgehend lahmlegen, Habscheid JZ 1959, 175. Für Aufhebung, jedoch nur bei „offensichtl" Sittenwidrigkeit, KG 27.5.2002 – 23 Sch 6/02; hierzu Kröll SchiedsVZ 2004, 113, 118. – Zur Prüfungsdichte auf dem Gebiet des KartellR (s § 1030 Rn 15; § 1051 Rn 4) BGH MDR 2023, 386; K. Schmidt BB 2006, 1397, 1400; G. Wagner ZVglRWiss 114 (2015), 494, 502; Beck/Klumpp NZKart 2024, 392 ff; Hild NZKart 2023, 160, 164: ungeschriebenes Tatbestandsmerkmal „offensichtlich" (s Rn 72, 86) beschränke nicht Kontrolldichte in Kartellsachen. 69

5) Von der Frage der **Nachprüfbarkeit der rechtl Beurteilung**, welche der Sachverhalt durch das Schiedsgericht erfahren hat, ist die Frage zu trennen, ob das staatl Gericht bei der ordre public-Prüfung von dem **Sachverhalt** auszugehen hat, der dem Schiedsgericht bei seiner Spruchfindung zugrunde gelegen hat, oder ob es **ohne Bindung an die tatsächl Feststellungen des Schiedsgerichtes** den Sachverhalt selbst (nach den in Rn 38 ff dargestellten Maximen) aufklären darf. Wie ist zu entscheiden, wenn der vom Schiedsgericht herangezogene Tatsachenstoff an der Wirklichkeit vorbeigeht (s OLG Celle NJW 1956, 1723)? Die Lösung ist diffizil: Es erscheint zunächst naheliegend, auch im Falle unrichtiger tatsächl Feststellungen des Schiedsgerichts dem staatl Gericht eine unumschränkte Nachprüfung zu gestatten. So BGHZ 30, 89, 95; BGH WM 1983, 1207; OLG Düsseldorf WuW 2006, 281; Schwab/Walter 24 Rn 46; Lachmann Rn 2358. Dagegen könnte vorgebracht werden, es läge dann auch immer ein ordre public-Verstoß vor, wenn das Schiedsgericht auf Grund der Unkenntnis des wahren Sachverhaltes eine zum Bereich des ordre public gehörende Norm, etwa § 138 BGB, nicht angewendet hat, s OLG Hamburg BB 1954, 577. 70

6) Das staatl Gericht könnte evtl unter dem Vorwand, es könnte ein zum ordre public gehörender Rechtsgrundsatz verletzt sein, den ganzen Streitkomplex auch in seinen tatsächl Grundlagen wieder aufrollen, was aber auf eine **verbotene sachl Nachprüfung** hinausliefe, s Rn 86. Daraus folgt, dass die **vom Schiedsgericht vorgenommene Tatsachenfeststellung solange unangreifbar ist, als nicht ein Verfahrensmangel vorliegt**, vgl II Nr 1d. Das staatl Gericht kann mithin nur prüfen, ob das Verf, auf dem die Tatsachenfeststellung beruht, mit Mängeln behaftet ist. Ansonsten ist es **an die Tatsachenfeststellung gebunden**, sa OLG Köln SchiedsVZ 2005, 163, 165; Tafelmaier S 105; WSch/Schütze[5] Rn 68. IE wie hier BayObLG 20.3.2003 – 4 Z Sch 23/02; hierzu Kröll SchiedsVZ 2004, 113, 119; Harbst SchiedsVZ 2007, 22, 24: Nicht zulässig sei es, dass das staatl Gericht die Beweiswürdigung des Schiedsgerichts durch eine eigene ersetzt. Dies gilt jedoch nur insoweit, als es nicht um die **Durchsetzung unmittelbarer staatl Interessen** geht, BGH MDR 2023, 386. IE auch Schlosser SchiedsVZ 2019, 60, 62. Stehen unmittelbare Staatsinteressen auf dem Spiel, so ist der staatl Richter an die Tatsachenfeststellungen des Schiedsgerichts nicht gebunden. Insoweit gilt die Verhandlungsmaxime nicht; sa Horn SchiedsVZ 2008, 209, 217. – Im Verf auf Vollstreckbarerklärung u Aufhebung eines Schiedsspruchs kann eine Gehörsrechtsverletzung des OLG auch darin liegen, dass es eine dem Schiedsgericht unterlaufene entscheidungserhebl Gehörsrechtsverletzung perpetuiert, indem es den Schiedsspruch trotz entsprechender Rüge nicht aufhebt, BGH WM 2022, 576 = SchiedsVZ 2022, 228. 71

XV) Dogmatische Eingrenzung des ordre public. 1) Über den ordre public wird **nur ein Ausschnitt aus dem weiten Gebiet des zwingenden Rechts u der dahinterstehenden elementaren Rechtsprinzipien** durchgesetzt. Ein Verstoß gegen den ordre public liegt vor, wenn der Schiedsspruch mit **elementaren Gerechtigkeitsvorstellungen** unvereinbar ist, BGHZ 54, 123, 132. Nach der **aktuellen Formel** des BGH 5.3.2020 – I ZB 49/19 setzt dies voraus, „dass das Ergebnis mit wesentl Grundsätzen des dt Rechts offensichtl unvereinbar ist. In diesem Zusammenhang stellt nicht jeder Widerspruch der Entscheidung eines Schiedsgerichts zu zwingenden Vorschriften des dt Rechts einen Verstoß gegen den ordre public dar. Vielmehr muss es sich um eine nicht abdingbare Norm handeln, die Ausdruck einer für die Rechtsordnung grundlegenden Wertentscheidung des Gesetzgebers ist." Hierzu Kröll NJW 2021, 832, 836 Rn 30; sa Dathe NJOZ 2010, 2196; Antomo IHR 2013, 225. Der BGH verlangt in stRspr überdies einen **„offensichtl" Verstoß gegen den dt ordre public**, BGH SchiedsVZ 2014, 98. 72

73 2) Zumindest lassen sich zur Konkretisierung allg Tendenzen u Zielrichtungen beschreiben: Nach BGH NJW 2009, 1215 ist Schiedsspruch aufzuheben, wenn die Entscheidung zu einem Ergebnis führt, das **mit wesentl Grundsätzen des dt Rechts offensichtl unvereinbar** ist, dh wenn der Schiedsspruch eine Norm verletzt, die die **Grundlagen des staatl oder wirtschaftl Lebens** regelt, oder wenn er zu dt Gerechtigkeitsvorstellungen in einem untragbaren Widerspruch steht; der Schiedsspruch muss mithin die **elementaren Grundlagen der Rechtsordnung** verletzen. Nicht bes erwähnt der BGH, aber schließt mit ein den Fall der **Nichtanwendung einer solchen zentralen Norm des dt Rechts**. Noch großzügiger sei aber der **ordre public international** ggü ausl Schiedssprüchen zu handhaben, s Rn 83, § 1061 Rn 31; BGH SchiedsVZ 2017, 200; OLG Karlsruhe SchiedsVZ 2012, 101, 104 mwN.

74 3) Die **Machterhaltungsfunktion des ordre public** steht dabei im Vordergrund, BGHZ 22, 29. Die **Normen, an deren Beachtung der Staat ein unmittelbar machtpolitisches Interesse** hat, gehören vorwiegend zum öffentl Recht. Grundlage der staatl Macht ist aber nicht das gesamte öffentl Recht schlechthin, BGHZ 22, 28. So würde zB ein Schiedsspruch, der Feiertagsgesetze ignoriert, nicht aus diesem Gesichtspunkt aufgehoben werden, Köhn KTS 56, 137. – In den hier erörterten Zusammenhang gehören in erster Linie die **Prohibitivgesetze**, Schlosser RipS² Rn 874. Bsp: Verurteilung zur Zahlung eines Bestechungsgeldes, OLG Hamburg IPRspr 99, Nr 178. Sa OLG Hamm SchiedsVZ 2006, 106, 110. Abgesehen von den Strafgesetzen berühren am meisten die **wirtschaftsdirigistischen Gesetze** unmittelbar das Machtinteresse des Staates. Von ihrer Einhaltung hängt die soziale Ordnung ab. Daher greift der Staat ein, wenn ein Schiedsspruch sie verletzt oder (schlicht) übergeht. So verfällt ein Schiedsspruch der Aufhebung bzw wird nicht für vollstrb erklärt, wenn er **Devisenvorschriften** nicht beachtet, zB Art VIII Abschn 2(b) S 1 IWF-Übk (s § 1061 Rn 33). Was sonstige Import- u Exportverbote bzw Beschränkungen für den Außenhandel bedeuten, das sind für die innerstaatl Wirtschaftsordnung die (wenigen noch bestehenden) Preisvorschriften, zB für Ärzte/Zahnärzte, **Lebensmittelgesetze** (RG DJ 42, 91) u was es sonst an Normen gibt, welche der Niederschlag der **fundamentalen wirtschaftspolitischen Konzeption des Staates** sind. Zurückhaltend jedoch EuGH NJW 2000, 2185. Weiter noch EuGH NJW 99, 3549. Sa Hess EuZPR² Rn 12.46 ff; Koehler/Müller in Leible/Terhechte (ed), Europ Rechtsschutz- u VerfahrensR, 2014, § 26 Rn 78 ff; Mankowski ZZP 1 (2001), 37, 58; Schlosser ZZPInt 11 (2006), 375, 376. – Das unmittelbare Staatsinteresse ist aber nicht auf Normen dieser Art beschränkt. Hierher gehört zB auch der **Kulturgüterschutz** (Verbot des Verbringens ins Ausland, Nw Reichelt IPRax 86, 73; Pieroth/Kampmann NJW 90, 1385; Peya, Die Ausfuhr von Kulturgütern im nationalen u GemeinschaftsR, 2002). Sa OLG Frankfurt/M 12.6.2025 – 26 Sch 12/24 Tz 20: gegen Russland verhängte Sanktionen der Europäischen Union als Teil des ordre public.

75 4) Über den ordre public ist aber nicht die Beachtung der **materiellen Rechtskraft durchzusetzen**. Der Staat legt zwar größten Wert auf den Rechtsfrieden u sorgt durch das Institut der Rechtskraft dafür. Trotzdem lässt er eine **Parteidisposition** über die rechtskräftig entschiedene Sache zu. **Eine klare Verkennung der Grenzen der materiellen Rechtskraft eines staatl Urteils oder eines in- oder ausl Schiedsspruchs** verletzt aber den verfahrensrechtl ordre public, sofern die Bestimmung des Umfangs der Rechtskraft anhand der früheren Entscheidung nicht zweifelhaft ist und insb keine Auslegung der Entscheidungsgründe erfordert, StJ/Schlosser Anh § 1061 Rn 363; BGH MDR 2019, 181.

76 5) Der Anwendungsbereich des ordre public ist **nicht auf die Wahrung der staatl Macht beschränkt**. Der Staat hat im demokratisch legitimierten Rechtsstaat (Art 20 GG) auch die Aufgabe, **Private** vor **Missbrauch der Schiedsgerichtsbarkeit** zu schützen, was als **Gerechtigkeitsfunktion** bezeichnet werden kann. Die Schutzwürdigkeit des Einzelinteresses ist jedoch gemindert, weil sich die Parteien freiw dem staatl Rechtsschutzsystem entzogen u sich den Schiedsgerichten unterworfen haben. S Rn 83. Insoweit ist ein **eklatanter Verstoß** notwendig, „der das Vertrauen weiter Kreise auf die allg Rechtssicherheit u die Zuverlässigkeit des schiedsrichterl Verf im einzelnen Fall zu erschüttern geeignet ist" (KG JW 35, 59), um einen ordre public – Verstoß annehmen zu dürfen. Zust OLG Dresden SchiedsVZ 2005, 210, 213; Tafelmaier S 107, 152; Maus, Das Schiedsgutachten im Allgemeinen bürgerl Recht, 2021, S 253. Ähnlich unterscheidet BGHZ 22, 24, 29 zwischen **privaten u staatl Interessen,** wobei Letztere viel eher einen ordre public – Verstoß begründen sollen. Aufhebungsgründe, die dem Schutz einer Partei dienen, sind – wie bei § 328 – nur auf deren Rüge zu beachten; sie sind präkludiert, wenn Rüge auch im Schiedsverf erfolgreich gewesen wäre; BGH RIW 90, 495 (analog § 582). Sa LG Köln IPRspr 2008, Nr 196.

77 6) **Grundrechte.** Nr 2b nennt die Grundrechte nicht ausdrückl; gleichwohl gehören sie auch nach der Neufassung zum **Kern des ordre public**, BTDrs 13/5274, 59. Ein Schiedsspruch, der eine Bestimmung des Grundrechtskataloges innerhalb ihres Geltungsbereiches nicht oder falsch anwendet, ist iZw ordre public-widrig, OLG Frankfurt/M SchiedsVZ 2006, 220, 223; OLG Frankfurt/M SchiedsVZ 2013, 341, 343. Klärungsbedürftig ist freilich, inwieweit Grundrechte in das PrivatR hineinwirken, Geimer, Schiedsgericht u Verfassung, in Schlosser, Integritätsprobleme im Umfeld der Justiz, 1994, S 144 ff.

78 7) Von den Verstößen der Schiedsrichter gegen zwingendes (nicht zum ordre public gehörendes) Recht (in ihrem Schiedsspruch) sind **Verstöße der Parteien gegen das zwingende Recht** in der Schiedsvereinbarung scharf zu trennen. Für Letztere gelten die allg Regeln über die Vertragsfreiheit u ihre Grenzen. Setzen sich die Parteien über diese Grenzen hinweg, so ist die **Schiedsvereinbarung unwirksam** (§§ 134, 138 BGB). Ein darauf beruhender Schiedsspruch ist nach II Nr 1a aufzuheben. S aber § 1029 Rn 32.

8) Anwendung des „richtigen Rechts“. Dass das Schiedsgericht aus der Sicht des staatl Gerichts eine falsche IPR-Entscheidung getroffen hat (s § 1051 Rn 11) u daher nicht das richtige Recht angewandt hat, ist für sich allein noch kein Grund, den Schiedsspruch für ordre public-widrig zu erklären. Anders ist es, wenn die Schiedsrichter ganz offen das von den Parteien gewählte Recht ignoriert haben, Schlosser RipS² Rn 863. 79

9) Restitutionsgründe stellen einen Unterfall des verfahrensrechtl ordre public dar, BGH MDR 2001, 345 = ZZP 114 (2001), 351 (Voit); OLG Stuttgart SchiedsVZ 2003, 84, 85 (Nacimiento/G. Geimer). Krit Gaul FS Leipold, 2009, S 881, 909. S zu **Reformüberlegungen** (§ 1059a I-E) Rn 101. Daneben können sie Verfahrensverstöße iSv Nr 1b, d sein. Außer den Voraussetzungen des § 580 muss in den Fällen des § 580 Nrn 1-5 auch die des § 581 vorliegen, so OLG Stuttgart 3.6.2003 – 1 Sch 2/2003; Henkel Rn 114. Aufhebungsverf ist **analog § 149 auszusetzen**, um Ergebnis des Strafverf abzuwarten. Bei Verurteilung eines Schiedsrichters wegen Rechtsbeugung ist der Schiedsspruch in vollem Umfang aufzuheben, auch wenn die Verurteilung nur einen Teil der Ansprüche betrifft, die Gegenstand des Schiedsspruchs sind, KG NJW 76, 1356. Keine Aufhebung bei nachträgl Auffindung eines neuen Urteils oder einer neuen Urk, RGZ 41, 256; § 580 Nr 7, Schwab/Walter 24 Rn 52. Vgl aber BGH IPRax 1991, 244 (Schlosser IPRax 1991, 218). Sa Rn 88. Nw bei Eckstein-Puhl S 137 ff; Rüßmann FS Schlosser, 2005, S 785; Rüßmann FS Yessiou-Faltsi, 2007, S 569. 80

10) Nichtgewährung rechtl Gehörs (s Rn 48 u § 1042 Rn 3 f; OLG München SchiedsVZ 2012, 43; BayObLG 13.12.2023 – 101 Sch 112/22 Tz 80; OLG Frankfurt/M 29.2.2024 – 26 Sch 12/23 Tz 60; sa BGH NJW-RR 2022, 1425) u **nicht vorschriftsmäßige Vertretung** fallen unter Nr 2b, BTDrs 13/5274, 59; BGH MDR 2018, 1146 Tz 14. Für die Frage der Ordnungsgemäßheit der Vertretung gelten §§ 80 ff, nicht §§ 166 ff BGB. – Zur Empfangsvollmacht des RA (Unanwendbarkeit des § 87 für 2. Schiedsverf) OLG Frankfurt/M 22.10.2009 – 26 Sch 5/09; Kröll SchiedsVZ 2010, 215. 81

11) Sittenwidrig erschlichener Schiedsspruch. Das RG hat in konsequenter Anwendung seiner für das erschlichene Fehlurteil eines staatl Gerichts entwickelten Grundsätze auch für Schiedssprüche einen Anspruch aus § 826 BGB gegeben, RG HRR 28 Nr 1946; ebenso BGH MDR 2001, 345 = ZZP 114 (2001), 351 (Voit); OLG Stuttgart SchiedsVZ 2003, 84, 85 (Nacimiento/G. Geimer); OLG Köln SchiedsVZ 2015, 295 (Jerczynski); OLG Frankfurt/M 29.2.2024 – 26 Sch 12/23 Tz 44 f; Kröll SchiedsVZ 2022, 255, 264; Braun ZZP 136 (2023), 153. Die dagegen vorgebrachten Bedenken sind dieselben – mit mat-rechtl Mitteln werde das prozessrechtl Institut der Rechtskraft (§ 1055) ausgehöhlt – jedoch nicht überzeugend; vielmehr zeigt diese (notwendige) Rechtsfortbildung, dass der „Rechtsbehelf nach § 826 BGB“ die Rechtssicherheit keineswegs erschüttert hat, s vor § 322 Rn 72 ff; aA Gaul FS Leipold, 2009, S 881, 909 ff; Nacimiento/G. Geimer SchiedsVZ 2003, 88, 92; Eckstein-Puhl S 290. Nach BGH NJW-RR 2017, 313 Tz 60 jedoch **keine Anwendung des § 826 BGB**, wenn Kl den Schiedsspruch unter Verletzung einer ihm gegenüber einem Dritten obliegenden vertraglichen Pflicht erwirkt habe. 82

12) Vergleich mit § 328 I Nr 4 und Art 6 EGBGB. Da beide ordre public-Klauseln die gleiche Funktion besitzen, darf auf die Erläuterungen § 328 Rn 64 ff verwiesen werden. Bei der **Wahrung unmittelbarer Staatsinteressen**, also dem „unverzichtbaren“ Bestand an Normen u Rechtsprinzipien, die die Grundlagen des staatl u wirtschaftl Lebens ausmachen, bestehen keine Durchsetzungsdivergenzen. Solche sind beim **Schutz von Parteiinteressen** jedoch denkbar: § 1059 II Nr 2b könnte restriktiver als § 328 I Nr 4 gehandhabt werden, s auch BGH NJW 1986, 3027; BGH RIW 1990, 494, weil die Parteien des Schiedsverf sich – anders als idR der Bekl (Ausnahme: § 328 I Nr 1 iVm §§ 38 ff) – freiw (mit Ausnahme der Fälle des § 1066) der Zuständigkeit des Schiedsgerichts unterworfen haben. AA MK/Münch Rn 48. 83

Stehen nur Parteiinteressen auf dem Spiel, so wird der ordre public-Verstoß nicht vAw, sondern nur auf Rüge der beschwerten Partei (nicht des Gegners) beachtet, s Rn 63; § 1061 Rn 24. § 1059 II Nr 2b hat eine geringere „Angriffsintensität“ (ordre public atténué de reconnaissance, s Rn 66; Geimer IZPR⁹ Rn 26) als Art 6 EGBGB. Umgekehrt reicht § 1059 II Nr 2b weiter als diese Vorschrift, weil er auch eine unrichtige (Nicht-)Anwendung eigenen Rechts (also nicht nur ausl Rechts) erfasst. 84

13) Beispiele. Eine Partei wurde durch den Schiedsspruch zur Duldung oder Unterlassung einer Handlung verurteilt, deren Vornahme verboten ist, oder der Schiedsspruch hat sich über wesentl unverzichtbare ges Vorschriften hinweggesetzt, zB Preisvorschriften BGH NJW 1958, 1538; § 20 GWB MDR 1976, 382; BGH NJW 1969, 978; Raeschke-Kessler EuZW 90, 147. Ein Schiedsgericht kann die Vergütung seiner Mitglieder weder unmittelbar noch mittelbar durch eine Entscheidung über den Streitwert des Schiedsgerichtsverf festsetzen, BGHZ 94, 92, s § 1057 Rn 3. – Nachprüfung der Kostenentscheidung BGH LM § 1041 Nr 9. – Vgl auch BGH NJW 1990, 3211. **Nichtbeachtung** des § 101 WpHG (früher § 37h WpHG) ist bei dt Personalstatut (Art 7 EGBGB) iZw auch bei ausl Schiedssprüchen ordre public-widrig, Jordans S 221, 227; Niedermaier SchiedsVZ 2012, 177; Quinke IPRax 2007, 246, 247. Sa BGH ZIP 2005, 478, 481. Fehlen einer Mindestaufklärung über Risiken von Finanztermingeschäften verletzt dt ordre public. Diese muss aber nicht unbedingt in den Formen des § 101 WpHG erfolgen, Jordans S 130, 222, 249. Sa BGH RIW 2005, 463; LG Wuppertal WM 1993, 103, 107; enger OLG Köln VersR 1993, 479. **Kein ordre public-Verstoß**, wenn Schiedsgericht zur Zahlung an einen Zessionar verurteilt, obwohl Abtretung nach §§ 129 ff InsO anfechtbar oder wenn gegen Kapitalersatzrecht (§ 57 AktG, §§ 30 ff GmbHG) verstoßen wurde, BayObLG SchiedsVZ 2004, 319. Hierzu Kröll SchiedsVZ 2005, 139, 146. 85

– Eine Entscheidung ultra petita (§ 308) wertet OLG Köln SchiedsVZ 2012, 161, 166 als ordre public-Verstoß. – Ein nach **Insolvenzeröffnung** ergangener Schiedsspruch, der zur Leistung verurteilt, kann als bloße Feststellung zur Insolvenztabelle auszulegen sein, wenn aus den Entscheidungsgründen klar hervorgeht, dass eine zuerkannte Forderung nur ein Recht auf insolvenzmäßige Befriedigung verschaffen sollte u es sich dabei um keine Masseforderung handeln kann. Jedoch verstößt ein Schiedsspruch gegen dt ordre public, der eine zuvor nicht zur Insolvenztabelle angemeldete Forderung zuerkennt. Denn die par conditio creditorum (§ 87 InsO) ist Bestandteil des dt ordre public, BGH SchiedsVZ 2009, 176; OLG Stuttgart SchiedsVZ 2014, 307 (Keller); sa Hübler NZI 2014, 494, 498. – Großzügig auch OLG Karlsruhe SchiedsVZ 2012, 101, 104.

86 **14) Verbot der révision au fond.** Dem Staat geht es ebenso wie bei der Prüfung der Voraussetzungen für die Anerkennung ausl Urteile (s § 328 Rn 39) im Aufhebungs- bzw Vollstreckbarerklärungsverf nicht um **sachl Nachprüfung des Schiedsspruches**; die sachl **Unrichtigkeit** der Streitentscheidung ist ebenso wie beim ausl Urteil **kein Aufhebungsgrund**, BTDrs 13/5274, 58, 59; OLG München SchiedsVZ 2012, 107, 110; OLG München SchiedsVZ 2015, 303; OLG Frankfurt/M SchiedsVZ 2014, 154, 157. Es kommt ledigl darauf an, einen **Missbrauch** der den privaten Schiedsrichtern zugestandenen Rspr-Befugnis zu verhindern (sa BayObLG 7.5.2025 – 102 Sch 46/24 e Tz 30, abl zur Willkürkontrolle; BGH 5.2.2025 – I ZB 78/24 Tz 20 f). Daraus ergibt sich: **Dispositives Recht** gehört nicht zum ordre public, ein Verstoß dagegen bleibt im Aufhebungsverf außer Betracht. Aber auch nicht alles **zwingende Recht** schlechthin fällt unter II Nr 2b, BGH SchiedsVZ 2022, 237; BGH NJW 2009, 1215. Das ergibt sich zunächst aus dem Wortlaut des Gesetzes. Hätte der Gesetzgeber jeden Verstoß gegen das zwingende Recht als Aufhebungsgrund angesehen, hätte er das klar zum Ausdruck gebracht wie in § 110 ArbGG. Der Grund für Verbot der révision au fond liegt im **Wesen der Schiedsgerichtsbarkeit als gleichwertiger Rspr-Alternative.** Diese wäre in Frage gestellt, wenn die staatl Gerichte den Schiedsspruch auf Verletzung zwingenden Rechts schlechthin nachprüfen. – Eine inhaltliche Überprüfung der Entscheidung durch die staatl Gerichte darf somit grundsätzlich nicht stattfinden, will man das Schiedsgericht nicht zu einer **bloßen Vorinstanz** degradieren u die Vorteile der Schiedsgerichtsbarkeit wieder zunichtemachen, Geimer, Schiedsgerichtsbarkeit u Verfassung, 1994, S 180; vgl auch EuGH NJW 2000, 2185; BGH IHR 2009, 128. Von dem Verbot der révision au fond, das zu den grundlegenden Prinzipien der Verfahren nach den §§ 1059, 1060 gehört, kann nur abgewichen werden, wenn die Entscheidung den **ordre public** verletzen, also zu einem Ergebnis führen würde, das mit den **wesentlichen Grundsätzen des deutschen Rechts offensichtlich unvereinbar** ist. Nach der (älteren) Rechtsprechung des BGH ist dies der Fall, wenn der Schiedsspruch eine Norm verletzt, die die Grundlagen des staatlichen oder wirtschaftlichen Lebens regelt, oder wenn er zu deutschen Gerechtigkeitsvorstellungen in einem untragbaren Widerspruch steht; der Schiedsspruch muss mithin die **elementaren Grundlagen der Rechtsordnung** verletzen. Dies sind insbesondere die Grundrechte und die guten Sitten, alle Grundprinzipien des deutschen Rechts sowie ein Mindeststandard an Verfahrensgerechtigkeit. Die Frage der Auslegung eines Vertrags betrifft die einfache Inhaltskontrolle des Schiedsspruchs, die dem ordentlichen Gericht grundsätzlich versagt ist, selbst wenn die Auslegung durch das Schiedsgericht inhaltlich unrichtig sein sollte, OLG Köln 4.8.2017 – 19 Sch 6/17. – Zur **Prüfungsdichte des schiedsrichterl Beweisverf u der Beweiswürdigung** BayObLG 18.1.2022 – 101 Sch 60/21; OLG München SchiedsVZ 2010, 52, 55; Kröll NJW 2011, 1265, 1268. Sa Maus, Das Schiedsgutachten im Allgemeinen bürgerl Recht, 2021, 253; § 1042 Rn 29 ff.

87 **XVI) Streitgegenstand des Aufhebungsverfahrens. 1)** Die Aufhebungsgründe bezwecken entweder den Schutz einer Partei oder die Wahrung unmittelbarer staatl Interessen. Ob der Schiedsspruch ordre public-widrig ist, hat das Gericht deshalb **vAw** u ohne Bindung an den Vortrag der Parteien nur insoweit zu prüfen, als es um **unmittelbare Staatsinteressen** geht, aA BTDrs 13/5274, 58. Umgekehrt besteht keine Veranlassung, der beschwerten Partei die Tür zu neuen Aufhebungsverf offen zu halten. Das Interesse an Rechtssicherheit u Rechtsklarheit ist vorrangig. Die beschwerte Partei hat deshalb **die prozessuale Last, alle Aufhebungsgründe** geltend zu machen. Ansonsten ist sie präkludiert, § 1060 II; zust MK/Münch Rn 77.

88 **2)** Sobald die **Vollstreckbarerklärung des Schiedsspruchs** erfolgt ist, ist der Aufhebungsantrag (§ 1059 III 4) präkludiert. **Restitutionsgründe** nach § 580 Nrn 1-6 stellen zwar einen Aufhebungsgrund nach II Nr 2b dar; der Gesetzgeber will die Frist des III bish indessen uneingeschränkt angewendet wissen u verweist auf das Schadensersatzrecht, wenn Restitutionsgründe erst nach Fristablauf bekannt werden, BTDrs 13/5274, 60. Dagegen Gaul FS Sandrock, 2000, S 294 ff sowie FS Leipold, 2009, S 881. Der Gesetzentwurf der BR zur **Modernisierung des Schiedsverfahrensrechts** aus der 20. Legislaturperiode will **Restitutionsgründe** in (außerordentlichem) „Restitutionsantrag“ verselbständigen (§ 1059a-E, s BTDrs 20/13257, 41 f), so dass sie nicht Frist (§ 1059 III) unterfallen (s näher Rn 101). Der Restitutionsantrag ist dann innerhalb einer **Notfrist** von einem Monat (ab Kenntnis vom Restitutionsgrund) anzubringen (§ 1059a IV-E).

89 **XVII) Keine Derogation der Möglichkeit, Aufhebungsantrag zu stellen.** Der vertragl Ausschluss des Aufhebungsantrags ist – anders als in Belgien u in der Schweiz (Art 192 IPR-G), OLG Hamburg RIW 1989, 576; vgl auch Berger RIW 1989, 850 – unwirksam, weil teilw auch unmittelbare staatl Interessen auf dem Spiel stehen, über welche die Parteien nicht disponieren können. Aus den gleichen Gründen kann die Zuständigkeit des staatl Gerichts (§ 1062 I Nr 4) nicht durch Schiedsvereinbarung auf ein Schiedsgericht verlagert werden, BGH SchiedsVZ 2022, 237, s § 1062 Rn 6. Der Staat will sich die Kontrolle der privaten Gerichtsbarkeit nicht nehmen

lassen, BGH RIW 1985, 970. Sa Reiner/Jahnel in Schütze, Institutionelle Schiedsgerichtsbarkeit[3], 2018, Art 28 Rn 4. Unwirksamer Ausschluss führt aber iZw nicht zur Unwirksamkeit der Schiedsvereinbarung als solche, BGH SchiedsVZ 2022, 237 Tz 15.

XVIII) Verzicht auf die Geltendmachung einzelner Aufhebungsgründe. 1) Von dem Verzicht auf den Auf- 90
hebungsantrag schlechthin (vertragl Ausschluss bzw Verlagerung auf Schiedsgericht) zu unterscheiden, ist Verzicht auf die Geltendmachung einzelner Aufhebungsgründe. Ein solcher ist zulässig, soweit an der Einhaltung der in Frage stehenden Rechtsnormen **kein unmittelbares staatl Interesse** besteht, s Rn 5. Die Rechtslage ist die gleiche wie bei der Anerkennung ausl Urteile, s § 328 Rn 56; zust Wagner, Prozessverträge, 1998, S 95; Adolphsen S 594; StJ/Schlosser Rn 2. AA hM, v. Bernuth S 19; Saenger Rn 5; WSch/Schütze[5] Rn 90.

2) Soweit die Aufhebungsgründe **dem Schutz einer Partei** dienen, kann diese sich durch Vertrag verpflichten, 91
diese(n) Aufhebungsgrund(e) nicht geltend zu machen. Stellt sie gleichwohl einen Aufhebungsantrag, so ist dieser (insoweit) unbegründet, weil der (betr) **Aufhebungsgrund präkludiert** ist. Der Verzicht ist auch im Vorhinein mögl; jedoch ist in solchen Fällen der Wille des Verzichtenden bes genau zu erforschen u iZw eng auszulegen. **Pauschale Vorabverzichte** sind nicht wirksam. AA die bish hM, zB Rehm Rn 282: Verzicht nur nach Erlass des Schiedsspruchs u Kenntnis des (bereits vorhandenen) Aufhebungsgrundes mögl, wie hier StJ/Schlosser Rn 2; BGH WM 1985, 1487. Einzige Ausnahme nach bish hM: Fehlen von Entscheidungsgründen. Wie hier OLG Frankfurt/M NJW 1984, 2768. Ein Verzicht auf die Geltendmachung von Aufhebungsgründen ist nur dann **unwirksam**, wenn **unmittelbare staatl Interessen** auf dem Spiel stehen, auf deren Wahrung – ohne Rücksicht auf das Verhalten der Parteien – bestanden werden muss.

3) Ein **vor dem Erhalt des Schiedsspruchs** erklärter genereller Verzicht auf die Befugnis, einen Aufhebungsan- 92
trag zu stellen, ist nach BGH MDR 2022, 659 Tz 9 unwirksam. Der Vollstreckbarerklärung eines Schiedsspruchs, der aufgrund einer Schiedsvereinbarung ergangen ist, die einen solchen Verzicht enthält, steht allerdings der dt ordre public nicht entgegen.

XIX) Darlegungs- und Beweislast. Sie trägt derj, der den Aufhebungsgrund geltend macht, also im Aufhe- 93
bungsverf der ASt u im Fall des § 1060 II der Ag (Sch), BGH WM 1979, 1006; Hammer FS Schütze II, 2014, S 141, 143; sa BayObLG ZIP 2022, 2177. AA LG Berlin RIW 91, 419. Soweit die Aufhebungsgründe nicht nur dem Schutz einer Partei, sondern der Wahrung **unmittelbarer Staatsinteressen** dienen, hat das staatl Gericht den Sachverhalt **vAw** zu untersuchen.

XX) Verfahrensmaximen. Grundsatz: Wie auch sonst im (normalen) Zivilprozess gilt die Verhandlungsmaxi- 94
me; sa Rn 39. Ausnahme: Soweit **unmittelbare Staatsinteressen** auf dem Spiel stehen, ist das staatl Gericht auf den Vortrag der Parteien u deren Beweisantritte nicht beschränkt. Es hat vielmehr **vAw** den Sachverhalt zu erforschen. Insoweit ist das Gericht nicht an ein Geständnis (§§ 288 ff) gebunden, ebenso nicht an die Geständnisfiktion des § 331. In den vorgenannten Fällen ist auch § 330 nicht anzuwenden. Ist einmal Aufhebungsantrag gestellt, ist bei Vorliegen eines im unmittelbaren Staatsinteresse liegenden Aufhebungsgrundes der Schiedsspruch aufzuheben. Offen gelassen von BGH SchiedsVZ 2004, 205. Sa BGH SchiedsVZ 2006, 161, 162. – Soweit **nach § 1059 II Nr 1 Aufhebungsgründe begründet geltend zu machen** sind, unterliegt das Begründungserfordernis nicht der in § 1059 III genannten Frist. Einer Verzögerung des Verf kann das OLG dadurch vorbeugen, dass es mit der Terminierung der nach § 1063 II 1 im Aufhebungsverf vorgeschriebenen mündl Verh oder mit der Zustellung des Antrags auf Vollstreckbarerklärung eine Frist setzt, innerhalb derer für die Aufhebung des Schiedsspruchs relevantes Vorbringen dem Gericht mitzuteilen ist. Nach Ablauf der Frist unterliegt die Geltendmachung weiterer Aufhebungsgründe des § 1059 II Nr 1 den entsprechend **anwendbaren Präklusionsvorschriften** der § 296 I, § 571 III, BGH SchiedsVZ 2023, 59 = LMK 2022, 813481 (Pfeiffer). Hierzu Kröll NJW 2023, 819 Rn 20.

XXI) Kein Antragsrecht des Staatsanwalts. Das dt Recht kennt kein Antragsrecht des Staatsanwalts, obwohl 95
dies konsequent wäre, soweit es um die **Wahrung unmittelbarer Staatsinteressen** geht. De lege lata ist ein Schiedsspruch – solange er nicht aufgehoben worden ist – wirksam, auch wenn er mit zwingenden Normen kollidiert, die für die Grundlagen des staatl oder wirtschaftl Lebens von elementarer Bedeutung sind u auf deren Beachtung der Staat vorbehaltlos bestehen muss. Zust WSch/Schütze[5] Rn 81.

XXII) Folgen der Aufhebung des Schiedsspruchs. 1) Mit Eintritt der formellen Rechtskraft (§ 705) des Aufhe- 96
bungsbeschlusses des staatl Gerichts werden die Wirkungen des Schiedsspruchs (§ 1055) rückwirkend beseitigt. Zust Feldmann S 119. Der Sch kann – sofern er endgültig (s Rn 97) siegreich ist – das auf den Schiedsspruch Geleistete – analog § 717 III – nach §§ 812 ff BGB zurückfordern; § 812 I 2 BGB ist anzuwenden. Darüber hinaus hat der Sch uU einen deliktischen Anspruch aus § 826 BGB, nicht jedoch einen verschuldensunabhängigen Anspruch analog § 717 II, Schwab/Walter 25 Rn 15. AA Riezler IZPR, 1949, 642. Wurde **Rechtsbeschwerde** eingelegt, wird Aufhebung des Schiedsspruchs erst mit der (das OLG bestätigenden) Schlussentscheidung des BGH wirksam.

2) Ob **nach Aufhebung des Schiedsspruchs erneut vor dem Schiedsgericht zu verhandeln** ist (auch wenn 97
keine Zurückverweisung nach IV erfolgt ist) oder ob die Schiedsvereinbarung erledigt u damit der Weg zu den

staatl Gerichten wieder offen ist, richtet sich nach dem Willen der Parteien. Der Gesetzgeber geht entgegen der bish hM nun in V davon aus, dass die Parteien iZw die **Fortsetzung des Rechtsstreits im Schiedsverf** gewollt haben. Dies gilt insb bei Teilaufhebung, s Rn 10. IV u V gelten auch im Vollstreckbarerklärungsverf (s § 1060 Rn 26), OLGR Hamburg 2008, 916, 918. – WNw bei Spohnheimer S 435; Wighardt SchiedsVZ 2010, 252.

98 **3) Neubildung des Schiedsgerichts** ist nicht erforderl, soweit Amt der Schiedsrichter trotz § 1056 III fortbesteht, OLG München SchiedsVZ 2014, 45, 47; Lachmann Rn 2391. Anders BTDrs 13/5274, 60; Hausmann FS Stoll, 2001, S 593, 613. **Zurückverweisung nach IV** mögl, auch wenn eine Partei nach Anhörung widerspricht, OLGR Hamburg 2008, 916, 919; MK/Münch Rn 92. **Staatl Gericht muss auf Zurückverweisungsmöglichkeit nicht gem § 139 I 2 hinweisen**, BGH MDR 2018, 1146, 318; BGH SchiedsVZ 2020, 46. Sa Wilhelmi SchiedsVZ 2020, 30. Wurde der Schiedsspruch aufgehoben, weil das Schiedsgericht das Verf unfair geführt hat, dann dürfte idR ein **Ablehnungsrecht** der vom Verfahrensverstoß betroffenen Partei nach **§ 1036 II** gegeben sein. Dies gilt insb bei Verletzung des Rechts auf rechtl Gehör. AA OLG Düsseldorf SchiedsVZ 2008, 156, 160; Spohnheimer S 437.

Wurde der Schiedsspruch aufgehoben, weil **Schiedsgericht die Entscheidungszuständigkeit (§§ 1029, 1066) fehlte**, dann kommt **V** von vorneherein nicht zum Zuge. Vielmehr ist der Rechtsweg zu den staatl Gerichten wieder offen, MK/Münch Rn 89; Haas FS Rechberger, 2005, S 187, 202.

99 **XXIII) Teilaufhebung.** Möglich, wenn ein Aufhebungsgrund nur einen Teil des Schiedsspruchs betrifft u der verbleibende Rest teilurteilsfähig ist, Rn 10; BGH SchiedsVZ 2022, 228 Tz 83; BGH SchiedsVZ 2021, 341 Tz 9 (Groh/Lieberknecht SchiedsVZ 2021, 297); BGH SchiedsVZ 2017, 200; BGH SchiedsVZ 2009, 176, 178; Feldmann S 119. Sa § 1060 Rn 1.

100 **XXIV) Abänderungsgründe.** S § 1055 Rn 11; Abänderungsgründe fallen nicht unter § 1059.

101 **XXV) Reformüberlegungen.** Restitutionsgründe (§ 580) werden bish als fristgebundene Aufhebungsgründe behandelt (1059 II Nr 2b: *ordre public*-Verstoß, s Rn 14, 80, 88). Gesetzentwurf der BR zur Modernisierung des Schiedsverfahrensrechts will diese in (außerordentlichem) **„Restitutionsantrag"** verselbständigen (§ 1059a-E, s BTDrs 20/13257, 41 f), damit diese nicht Frist (§ 1059 III) unterfallen. Eine Gleichstellung mit gerichtlichen Entscheidungen erscheint hinsichtlich Bedeutung der Restitutionsgründe (§ 580) u Rechtskraftwirkung (§ 1055) geboten (BTDrs 20/13257, 42). 1059a-E ist enumerativ an § 580 angelehnt (Umbeck/Pust BB 2024, 2376, 2380 f). Voraussetzung ist, dass Frist (§ 1059 III) für Aufhebungsantrag abgelaufen (§ 1059a I-E: *„Ist gegen einen Schiedsspruch ein Aufhebungsantrag nach § 1059 nicht mehr zulässig, so kann der Schiedsspruch auf Antrag gerichtlich aufgehoben werden, wenn der Antragsteller begründet geltend macht, dass …"*). Vor Fristlauf sind Restitutionsgründe („schwere Mängel") nach § 1059a I-E (Nr 1: relevante Urkunde fälschlich angefertigt/verfälscht, Nr 2: strafbare Verletzung der Wahrheitspflicht durch Zeuge/Sachverständige, Nr 3: Schiedsspruch durch Straftat erwirkt, Nr 4: strafbare Pflichtverletzung durch Schiedsrichter, Nr 5: relevantes Urteil/Schiedsspruch rechtskräftig aufgehoben, Nr 6: Auffinden früher rechtskräftig gewordenen Urteils bzw Schiedsspruchs, Nr 7: Auffinden einer günstigere Entscheidung ermöglichenden Urkunde, s dazu krit Umbeck/Pust BB 2024, 2376, 2380 f) iRv § 1059 II Nr 2 b zu berücksichtigen. § 580 Nr 1, 8 finden – mangels praktischer Bedeutung – iRv § 1059a-E keine Erwähnung (BTDrs 20/13257, 43 f). Nach § 1059a II 1-E ist erforderlich, dass „wegen der Straftat eine rechtskräftige Verurteilung ergangen ist" bzw Strafverfahren „aus anderen Gründen als wegen Mangels an Beweis" nicht eingeleitet oder nicht durchgeführt werden kann. Rechtskraft von Schiedssprüchen darf nicht leichter beseitigt werden (BTDrs 20/13257, 45). Entspr § 582 ist Antrag nur zulässig, *„wenn … Antragsteller ohne … Verschulden außerstande war, … Restitutionsgrund in … früheren Verfahren, insbesondere … Aufhebungsverfahren nach § 1059, geltend zu machen"*. Restitutionsantrag ist innerhalb **Notfrist** (ein Monat ab Kenntnis vom Restitutionsgrund) zu erheben (§ 1059a IV-E). Rückgriff auf § 826 BGB (s BayObLG 7.12.2022 – 101 Sch 76/22 Tz 73 f; sa Umbeck/Pust BB 2024, 2376, 2380 f) erübrigt sich. Restitutionsgründe sind begründet geltend zu machen („schlüssiger Parteivortrag", BGH SchiedsVZ 2021, 46 Tz 10 f), sa Rn 36. Nach § 1059a I-E ist bei Aufhebung des Schiedsspruchs auch (etwaige) Vollstreckbarerklärung antragsunabhängig aufzuheben. § 1059a VI-E ermöglicht Zurückverweisung nach § 1059 IV u Wiederaufleben der Schiedsvereinbarung gem § 1059 V. § 1060 II 3 ermöglicht Einbeziehung des *ordre public* – Einwands ohne Fristwahrung (Umbeck/Pust BB 2024, 2376, 2380 f).

102 **XXVI) Gebühren. 1) Gericht:** 1620 GKG-KV. – **2) RA:** Die Tätigkeit wurde nicht in die Aufzählung in 3327 RVG-VV übernommen. Es gelten daher die Regelgeb und trotz OLG-Zuständigkeit 3100 ff RVG-VV (Vorbem 3.1. I RVG-VV; MskV/Grandel Rn 44).

Abschnitt 8
Voraussetzungen der Anerkennung und Vollstreckung von Schiedssprüchen (§§ 1060, 1061)

§ 1060 Inländische Schiedssprüche

(1) Die Zwangsvollstreckung findet statt, wenn der Schiedsspruch für vollstreckbar erklärt ist.

(2) [1]Der Antrag auf Vollstreckbarerklärung ist unter Aufhebung des Schiedsspruchs abzulehnen, wenn einer der in § 1059 Abs. 2 bezeichneten Aufhebungsgründe vorliegt. [2]Aufhebungsgründe sind nicht zu berücksichtigen, soweit im Zeitpunkt der Zustellung des Antrags auf Vollstreckbarerklärung ein auf sie gestützter Aufhebungsantrag rechtskräftig abgewiesen ist. [3]Aufhebungsgründe nach § 1059 Abs. 2 Nr. 1 sind auch dann nicht zu berücksichtigen, wenn die in § 1059 Abs. 3 bestimmten Fristen abgelaufen sind, ohne dass der Antragsgegner einen Antrag auf Aufhebung des Schiedsspruchs gestellt hat.

Lit: *Ebert*, Zur Kostensicherheit nach § 110 ZPO in Verfahren zur Aufhebung, Anerkennung und Vollstreckbarerklärung von in- und ausländischen Schiedssprüchen, IWRZ 2023, 195; *Feldmann*, Rechtsbehelfe in der ZwV aus Schiedssprüchen, 2014, S 123 ff, 286; *Tafelmaier*, Schiedsspruch u staatl Gerichtsbarkeit, 2018, S 175 ff.

I) Überblick. 1) Rechtsgestaltung. Das Verf zielt auf eine Rechtsgestaltung: Dem Schiedsspruch wird durch das staatl Gericht die Vollstreckbarkeit verliehen. Die Rechtslage ist die gleiche wie in § 722. – Dem Antrag auf Vollstreckbarerklärung ist stattzugeben, wenn ein endgültiger Schiedsspruch (s Rn 5) vorliegt u keine Aufhebungsgründe, die vAw zu berücksichtigen bzw nach II nicht präkludiert sind, geltend gemacht werden. Nach II können alle in § 1059 aufgeführten Aufhebungsgründe präkludieren, Böcker, Das neue Recht der obj Schiedsfähigkeit, 1998, S 264. Der Antrag auf Vollstreckbarerklärung ist auch dann zulässig, wenn Aufhebung (§ 1059) beantragt ist, OLG Stuttgart IDR-Beil BB 2002, 44, 45. – Zu den inhaltl Mindestanforderungen an einen Schiedsspruch, der Gegenstand eines Verf nach § 1060 bzw § 1059 sein kann, BayObLG EWiR 2003, 999 (Geimer). – Wegen des Verhältnisses zum Aufhebungsverf s § 1059 Rn 10, 14. – Zur Vollstreckung vor Vollstreckbarerklärung s § 1063 III. – Zur **Teilvollstreckbarerklärung**, wenn Aufhebungsgründe nur bzgl selbständiger Teile des Schiedsspruchs vorliegen, BGH SchiedsVZ 2017, 200; sa § 1057 Rn 5 u § 1059 Rn 6, 7. – Im Vollstreckbarerklärungsverf können **Ansprüche auf Ersatz vorgerichtl Kosten** – soweit diese nicht Gegenstand des Schiedsverf waren – nicht tituliert werden, OLG Frankfurt/M SchiedsVZ 2020, 318. – **Pflicht des Ast zur Leistung von Prozesskostensicherheit (§ 110)** gilt für Vollstreckbarerklärungsantrag inkl § 110 II Nr 4, BGH 12.1.2023 – I ZB 33/22; Ebert IWRZ 2023, 195, 202; s § 1063 Rn 1. – Ein **negativer Feststellungsantrag**, dass Vollstreckbarerklärung für Schiedsspruch X unzulässig sei, existiert nach dem Gesetz nicht. Wer inländischen Schiedsspruch bekämpft, muss Aufhebungsantrag (§ 1059) stellen. Anders bei ausl Schiedssprüchen, s § 1061 Rn 15. 1

2) Aktiv- und Passivlegitimation. Eine etwaige Rechtsnachfolge ist im Verf nach § 1060 zu beachten; die Vollstreckbarerklärung erfolgt unmittelbar für u gegen den Rechtsnachfolger, s Rn 9; BGHR 2007, 515, 516 Tz 12; StJ/Schlosser Rn 29; Ventsch/Krauskopf IHR 2008, 9, 12. Sa OLG Frankfurt/M FamRZ 2008, 1978: Jeder Miterbe kann für die Erbengemeinschaft Antrag auf Vollstreckbarerklärung stellen, § 2039 BGB. – Zur Prozessführungsbefugnis im Insolvenzfall OLG Stuttgart SchiedsVZ 2014, 307 (Keller); sa Hübler NZI 2014, 498. – Zur Rubrumsberichtigung analog § 319 OLG Karlsruhe SchiedsVZ 2015, 145; BGH SchiedsVZ 2015, 149. Sa Bork SchiedsVZ 2022, 139. 2

3) Erkenntnisverfahren besonderer Art. Das Vollstreckbarerklärungsverf ist – ebenso wie das Verf nach § 722 – kein ZwV-Verf, sondern ein Erkenntnisverf bes Art, OLG München 15.9.2016 – 34 Sch 19/16 Tz 10; OLG München SchiedsVZ 2007, 164, 165. Sa OLG Stuttgart SchiedsVZ 2014, 307: hierzu Hübler NZI 2014, 498. Zur internat Zuständigkeit s Rn 17 u § 1062 Rn 3. Soweit §§ 1062 ff keine Regelung treffen, gelten die allg Vorschriften der ZPO für das Erkenntnisverf, zB für den Vollstreckbarerklärungsantrag § 253 u für den Vollmachtsnachweis des VerfBev §§ 80 ff, BGH MDR 2002, 1025; StJ/Schlosser § 1064 Rn 1. Es findet idR (s § 1063 Rn 13) **kein Versäumnisverf** (§§ 330 ff) statt, BGH SchiedsVZ 2006, 161. – **Zur Unterbrechung durch Insolvenzeröffnung** im In- oder Ausland s § 723 Rn 21. Zu den Verfahrensmaximen s § 1059 Rn 94. – Sa BayObLG NZI 2022, 142 (Kaubisch/v. Marschall NZI 2022, 111). 3

4) Kostentragung. Dem Ag sind im Regelfall die Kosten nach § 91 aufzuerlegen; ggf entspr § 269 III 3, OLG Hamm SchiedsVZ 2010, 56. § 93 kommt nur ganz ausnahmsw zur Anwendung, OLG München SchiedsVZ 2007, 164, 166; OLG Stuttgart SchiedsVZ 2009, 67; OLG Köln 4.7.2024 – 19 Sch 18/23 Tz 7. Etwas anderes gilt, wenn die Parteien vereinbart hatten, dass bis zu einem bestimmten Zeitpunkt ein Antrag auf Vollstreckbarerklärung nicht gestellt werden solle. IÜ gilt: Der Gl hat Anspruch auf einen vollstreckungsfähigen Titel als wirksames Druckmittel. Er braucht nicht abzuwarten, ob Sch freiwillig erfüllt, OLG München SchiedsVZ 2008, 151, 152; ebenso für Ratenzahlungen OLG München SchiedsVZ 2009, 343, 344; dazu Kröll NJW 2009, 1183, 1187 u SchiedsVZ 2010, 213, 217. – Zu § 91a OLG Stuttgart SchiedsVZ 2014, 307 (Keller); sa Hübler NZI 2014, 498. 4

5 **5) Zeitpunkt der Vollstreckbarerklärung.** Diese ist auch vor Fälligkeit der im Schiedsspruch vorgenommenen ausgeurteilten Verpflichtungen zulässig; das Rechtsschutzbedürfnis fehlt nicht. Die siegreiche Partei hat Anspruch auf einen vollstreckungsfähigen Titel als wirksames Druckmittel. § 751 kommt – da Verf nach § 1060 kein ZwV-Verf – nicht zur Anwendung, OLG München SchiedsVZ 2007, 164, 165; OLG Naumburg SchiedsVZ 2010, 278; zu § 1061 OLG München SchiedsVZ 2009, 343; OLG Dresden 24.2.2009 – 11 Sch 01/09; Kröll SchiedsVZ 2010, 214. Hinzu kommt, dass nur die umfassende Vollstreckbarerklärung den Schiedsspruch vor der Geltendmachung von Aufhebungsgründen schützt, BGH WM 2006, 1121 Tz 10; BayObLG 20.1.2023 –102 Sch 115/21 Tz 136; Rechtsschutzbedürfnis für Vollstreckbarerklärung existiert auch, wenn Schiedsspruch nicht vollstreckbar (zB bei Sanktionen nach VO (EU) Nr 269/2014), s OLG Köln 24.5.2024 – 19 Sch 26/23: auf Anerkennung ausländischer Schiedssprüche übertragbar.

6 **II) Anwendungsbereich. 1) Inländische Schiedssprüche.** Das Verf ist nur statthaft für inländische Schiedssprüche, die verurteilen. Zust KG SchiedsVZ 2006, 310; MskV/Voit Rn 2. Feststellende u gestaltende Schiedssprüche können – außer der Verurteilung zur Kostenerstattung (OLG Köln SchiedsVZ 2004, 269) – nicht für vollstrb erklärt werden; anders hM, BGH SchiedsVZ 2006, 278 (Wolff/Falk); BGH SchiedsVZ 2009, 176 Tz 18; OLG München SchiedsVZ 2009, 127, 128; OLG Naumburg 8.6.2010 – 10 Sch 2/10. Sa OLG Düsseldorf 22.7. 2014 – 4 Sch 8/13 Tz 58; WSch/Schütze[5] Rn 17. Sa § 1061 Rn 48.

7 **2) Inhalt der Entscheidung.** Jedoch kann im **Beschlussverf analog § 1060 festgestellt werden, dass ein Aufhebungsgrund nicht vorliegt**. Näher s § 1059 Rn 25. Sa § 1061 Rn 48. – Abzulehnen BayObLGZ 84, 47, wo für Beachtung der Gestaltungswirkung Vollstreckbarerklärung verlangt wird. Wie hier StJ/Schlosser Rn 2: Einhaltung des § 1054 genügt. Die hM, die alle Schiedssprüche ohne Rücksicht auf ihren Inhalt für vollstrb erklären will, um ihren Bestand (fehlende Aufhebbarkeit) rechtskraftfähig festzustellen, führt nicht nur zu dogmatischen Ungereimtheiten, sondern auch zu gefährlichen Folgen: Wurde zB die Schiedsklage teilw abgewiesen, so könnte der Schiedskl den gesamten Schiedsspruch, also auch den Teil, hinsichtl dessen er im Schiedsgerichtsverf unterlegen ist, für vollstrb erklären lassen u der Schiedsbekl (Ag des Vollstreckbarerklärungsverf) müsste nach § 91 (s Rn 1) die gesamten Kosten des Verf tragen, die idR nicht unerhebl sind. Das Gleiche müsste konsequenterw gelten, wenn der Schiedsbekl gem dem Schiedsspruch bereits ganz oder teilw geleistet hat; s Rn 4. Dass diese Konsequenzen bereits aus rechtsstaatlichen Gründen nicht hinnehmbar sind, müsste einleuchten.

8 **III) Keine Leistungsklage aus Schiedsspruch anstatt Antrag auf Vollstreckbarerklärung.** Für Klage aus dem materiellen Rechtsverhältnis, gestützt auf Rechtskraft des Schiedsspruchs, fehlt Rechtsschutzbedürfnis, da § 1060 vereinf Verf; anders bei „bes Umständen", Schwab/Walter 26 Rn 4; Feldmann S 217. AA Schlosser FS Schwab, 1990, S 435. Sa § 1059 Rn 24 f.

9 **IV) Einwendungen. 1) Entstehungszeitpunkt der Einwendungen.** Einwendungen, die **nach Erlass des Schiedsspruchs, aber vor Abschluss des Vollstreckbarerklärungsverf** entstanden sind, können – soweit sie nicht ihrerseits der Zuständigkeit eines Schiedsgerichts unterfallen (s § 1032 Rn 12; OLG München SchiedsVZ 2006, 165; OLG München SchiedsVZ 2008, 151, 152; OLG München 1.12.2015 – 34 Sch 26/15; OLG Hamburg u OLG Frankfurt/M SchiedsVZ 2010, 52-55; Kröll SchiedsVZ 2010, 215; Kröll NJW 2021, 832, 833 Rn 8. Ausnahme: Sie werden zwar von der Schiedsvereinbarung erfasst, das Schiedsgericht hat über sie aber nicht entschieden, BGH SchiedsVZ 2014, 31, 32; OLG München SchiedsVZ 2012, 342; OLG IWRZ 2021, 42) – **gegen den Vollstreckbarerklärungsantrag geltend gemacht** werden; krit Kröll FS Schütze II, 2014, S 305, 319. Andernfalls sind sie – entgegen RGZ 148, 270, 276 – präkludiert. Sa BGH NJW 90, 3210; BGH SchiedsVZ 2008, 40, 43 Tz 31; OLG Hamm NJW-RR 2001, 1362; OLG Köln SchiedsVZ 2005, 163, 165; OLG Düsseldorf SchiedsVZ 2005, 214, 215; OLG Dresden SchiedsVZ 2005, 210, 213; anders BayObLG MDR 2000, 968 (Weigel); Borris/Schmidt SchiedsVZ 2004, 273: Klage nach § 767, sobald Vollstreckbarerklärung erfolgt ist. Für „Gegenantrag" im Verf vor OLG, über den auch nach Vollstreckbarerklärung entschieden werden kann, StJ/Schlosser § 1063 Rn 6. Bestr, ob § 767 I Zuständigkeit des OLG (so OLG Dresden SchiedsVZ 2005, 210) begründet oder ob Eingangszuständigkeit bei AG/LG verblieben ist. Sa Linke FS Schlosser, 2005, S 503, 505; Kröll SchiedsVZ 2006, 203, 212. Die Gegenmeinung führt zu dem schwer verständl Ergebnis, dass Schiedsspruch in toto für vollstrb zu erklären ist (mit der Kostenfolge des § 91), obwohl unstr der Ag (Sch) bereits ganz oder teilw erfüllt hat. Sa OLG München IPRspr 2010, Nr 305. – Zur Aufrechnung s § 1061 Rn 25. – Einwendungen, die vor der Zeitgrenze des § 767 II entstanden sind, können ausnahmsweise im Verf nach § 1060 berücksichtigt werden, wenn sie zwar im Schiedsverf vorgetragen worden sind, diese aber das Schiedsgericht unberücksichtigt gelassen hat, weil es sich – zu Recht oder zu Unrecht – insoweit für unzuständig gehalten hat, BGH SchiedsVZ 2014, 31, 32. Der Aufrechnungseinwand analog § 767 II kann grds erhoben werden, allerdings dann nicht, wenn die zur Aufrechnung gestellte Forderung ihrerseits einer Schiedsabrede unterliegt; OLG Frankfurt/M IWRZ 2021, 42.

10 **2) Begründetheit der Einwendungen.** Sind die Einwendungen begründet, ist der Exequaturantrag abzuweisen, aber der Schiedsspruch nicht aufzuheben, da kein Aufhebungsgrund nach § 1059 vorliegt. Die Rechtskraft des Schiedsspruchs, welche die causa für die Erfüllung ist, wirkt fort. Der Gl kann (hilfsw) Feststellung beantragen, *dass kein Aufhebungsgrund vorliegt*. Einwendungen, die erst nach rechtskräftiger Vollstreckbarerklärung entstanden sind, sind gegen diese nach § 767 geltend zu machen. Sa Kröll FS Schütze II, 2014, S 305, 313; BGHZ 145, 376, 381 will auch auf § 826 BGB gestützte Einwendungen zulassen.

3) Zuständigkeit eines Schiedsgerichts bzgl materiell-rechtlicher Einwendungen. Soweit bzgl der mat-rechtl 11
Einwendungen die Zuständigkeit des/eines Schiedsgerichts besteht, gibt es insoweit keine Kognitionsbefugnis der staatl Gerichte, sofern betroffene Partei Einrede nach § 1032 I erhebt. Der Schiedsbekl muss dann seine Einwendungen im Schiedsverf geltend machen, sofern Schiedseinrede (§ 1032) erhoben wird, s § 1032 Rn 10; BGH MDR 2021, 831; OLG München 1.12.2015 – 34 Sch 26/15; OLG München SchiedsVZ 2010, 52, 56; Borris/Schmidt SchiedsVZ 2004, 273, 279. Sa Rn 14. – Izw keine Anwendung des § 93, OLG München 27.4.2009 – 34 Sch 05/09; OLG Dresden 24.2.2009 – 11 Sch 01/09; Kröll SchiedsVZ 2010, 214.

4) Frühere (präkludierte) Einwendungen. Einwendungen, die vor Erlass des Schiedsspruchs entstanden sind u 12
im Schiedsverf noch vorgebracht werden konnten (§ 767 II), sind präkludiert, sofern keine Aufhebungsgründe (§ 1059) vorliegen; BGH NJW 1990, 3210; MskV/Voit § 1055 Rn 12; Eckstein-Puhl S 255. Sa Hammer Rn 771.

5) Erfüllung der im Schiedsspruch ausgeurteilten Verpflichtungen während des Vollstreckbarerklärungsverfahrens. 13
In diesen Fällen ist der Vollstreckbarerklärungsantrag in der Hauptsache für erledigt zu erklären, § 91a; OLG München SchiedsVZ 2007, 164, 165; evtl Auslegung der Erledigungserklärung als Antragsrücknahme (§ 269 III 3, IV), s BayObLG 6.5.2024 – 101 Sch 40/24 e. – Soweit Schiedsvereinbarung den Erfüllungseinwand mitumfasst, ist – ohne Aussetzung – Schiedsspruch für vollstrb zu erklären. Sch kann gem § 767 beim Schiedsgericht vorgehen. Sa BGH NJW-RR 2013, 1336; BGH SchiedsVZ 2024, 254 Tz 31: Schiedsbindung des Erfüllungseinwands entspr bei Aufhebungsverf nach § 1059 zu berücksichtigen; OLG München SchiedsVZ 2012, 342.

6) Nach Vollstreckbarerklärung entstandene Einwendungen. Diese können mit der Vollstreckungsabwehr- 14
klage (§ 767) durchgesetzt werden. Hierfür ist iZw wiederum das Schiedsgericht zuständig, BGH SchiedsVZ 2008, 40, 43 Tz 19. Anders, wenn die zur Aufrechnung gestellte Forderung nicht schiedsbefangen ist. OLG (§ 1062) ist Gericht des 1. Rechtszugs (§ 767), BGH 6.5.2021 – I ZB 71/20; BGH SchiedsVZ 2014, 31, 33; KG IPRspr 2010, Nr 300a. Hierzu Kröll NJW 2011, 1265, 1269.

V) Vorliegen eines Schiedsspruches (§ 1055). Dieser muss den Erfordernissen des § 1054 entsprechen, das 15
schiedsgerichtl Verf ganz oder teilw abschließen u einen Anspruch zuerkennen, RGZ 114, 168; BGH SchiedsVZ 2008, 40, 43 Tz 13; BGH NJW-RR 2024, 1248; Tafelmaier S 176. Zu Zwischenentscheidung (zB Vorbehalt der Nachprüfung einer Aufrechnung) BGHZ 10, 325 = NJW 53, 1913. Bei Nichtvorliegen der Förmlichkeit des § 1054 keine Aufhebung nach II.

VI) Zwangsvollstreckung. Die ZwV findet statt wegen Hauptsache u Kosten, auch wegen der letzteren allein, 16
RGZ 19, 407; nicht jedoch auf Antrag eines Schiedsrichters wegen der mit festgesetzten Schiedsrichtervergütung, s § 1057 Rn 3. Im Vollstreckbarerklärungsbeschluss sind Ordnungsmittel nach § 890 anzudrohen; näher § 1054 Rn 15.

VII) Exequaturverfahren. 1) Der **Antrag** auf Vollstreckbarerklärung (II) ist bei dem nach § 1062 I Nr 4 zu- 17
ständigen OLG schriftl oder zu Protokoll der GeschSt (§ 1063 IV) zu stellen. Vollstreckbarerklärung auf Grund Anerkenntnis (§ 307) mögl, sofern nicht Vollstreckbarerklärungshindernisse entgegenstehen, die im unmittelbaren staatl Interesse (s § 1059 Rn 39 ff) vAw zu beachten sind, ähnl Schlosser RipS[2] Rn 755.

2) Ist **Forderung während Schiedsverf auf einen Dritten übergegangen** (sei es durch Erbschaft, Abtretung 18
oder infolge Pfändung), kann dieser den Antrag stellen, OLGZ 39, 95; RGZ 41, 397.

3) Bei **Rechtsnachfolge auf Seiten des Sch** ist die Vollstreckbarerklärung gegen Rechtsnachfolger auszuspre- 19
chen, BGH 6.5.2021 – I ZB 71/20 Tz 7; BGH MDR 2007, 850 = BGHR 2007, 515, 516 Tz 12. AA wohl MK/Münch Rn 51: Leistungsklage gegen Rechtsnachfolger.

4) Zu den **3 verschiedenen Arten abl Entscheidungen** Schwab/Walter 28 Rn 1-3: Ablehnung wegen Fehlens 20
einer Prozessvoraussetzung (hierzu zählt auch Rn 5), aus materiellen Gründen, die nach Abschluss des Schiedsverf entstanden sind (s Rn 4), u wegen Vorliegens eines Aufhebungsgrundes. Nur im 3. Fall ist Schiedsspruch aufzuheben, II.

VIII) Vollstreckbarerklärung. Kann – auch bei Vorliegen eines Verfügungsgrundes (Eilbedürftigkeit) – **nicht** 21
durch einstw Verfügung erfolgen. AA Schlosser ZZP 99 (1986), 257. Mögl aber **Anordnung nach § 1063 III**, Feldmann S 282 ff. – **Hauptintervention (§ 64)** im Vollstreckbarerklärungsverf scheidet aus, aA WSch/Mansel[5] § 64 Rn 18.

IX) Vollstreckungstitel. 1) VollstrTitel ist allein die Entscheidung des staatl Gerichts, welche den Schieds- 22
spruch für vollstrb erklärt, § 794 I Nr 4a, nicht der Schiedsspruch, s etwa BayObLG SchiedsVZ 2024, 310 Tz 25, 29 f; aA zB Tafelmaier S 178. Nicht erst mit Vollstreckbarerklärung treten die Wirkungen des § 894 ein, StJ/Schlosser Rn 6; Schlosser RipS[2] Rn 902. AA hM, Walter FS Schwab, 1990, S 557. Sa § 1055 Rn 2. – Der **Bestimmtheitsgrundsatz** (s § 704 Rn 2) gilt nicht für den Schiedsspruch, sondern für die Vollstreckbarerklärung durch staatl Gericht. Dieses hat für die **notwendige Konkretisierung** zu sorgen, damit dem Bestimmtheitsgebot des dt ZwVR Genüge getan ist. So kann zB auch Parteibezeichnung klargestellt werden, BGH MDR 2012, 186; BayObLG 18.1.2022 – 101 Sch 60/21; BayObLG SchiedsVZ 2024, 310 Tz 25, 29 f; OLG München 1.12.2015 – 34 Sch 26/15; OLG München IPRspr 2010, Nr 303; OLG Düsseldorf IPRax 2007, 453 (Roth IPRax 2007, 423);

OLG Düsseldorf 22.7.2014 – 4 Sch 8/13 Tz 57. Eine Ergänzung hinsichtl Zinsen kommt nicht in Betracht, wenn Schiedsgericht eine Verzinsung ausdrückl abgelehnt hat, OLG Frankfurt/M IPRspr 2010, Nr 301. Sa BayObLGR 2004, 381. Hierzu Kröll SchiedsVZ 2005, 139, 147: keine Ergänzung hinsichtl der Höhe der zu erstattenden **Kosten**. Soweit keine Ergänzung durch Exequaturgericht mögl, bleibt nur Ergänzungsantrag (§ 1058). Enger auch KG SchiedsVZ 2005, 310. Sa Roth IPRax 2006, 22. Zur Klarstellung nicht eindeutiger Bezeichnung einer Partei OLG München SchiedsVZ 2006, 111. – **Konkretisierung:** Im Vollstreckbarerklärungsbeschluss muss der Inhalt des Schiedsspruchs konkretisiert werden.

23 2) Obwohl Vollstreckbarerklärungsbeschluss des OLG (§ 1062) kein Leistungstitel, sondern prozessuale Gestaltung ist, ist er nach §§ 708 ff für **vorläufig vollstreckbar** zu erklären (§ 1064 II) u mit der **VollstrKlausel** zu versehen, s § 723 Rn 30. – Der BGH (§ 1065 I 1) kann vor Endentscheidung über die Rechtsbeschwerde einstw Anordnungen erlassen, zB Vollziehung der angefochtenen Entscheidung aussetzen, § 575 V, § 570 III, Feldmann S 286.

24 3) Eine **révision au fond** findet – wie im Aufhebungsverf (s § 1059 Rn 86) – nicht statt. Die materielle Richtigkeit des Schiedsspruchs ist nicht zu prüfen, BGH SchiedsVZ 2008, 40, 42 Tz 18; RGZ 105, 386; OLG Naumburg SchiedsVZ 2010, 278; OLG Frankfurt/M SchiedsVZ 2013, 341, 344. Wegen der Prüfung der Aufhebungsgründe s § 1059 Rn 34 ff. Sa Umbeck/Pust BB 2024, 2376, 2380 f.

25 4) **Aufrechnung im Vollstreckbarerklärungsverfahren.** Hat das Schiedsgericht eine zur Aufrechnung gestellte Gegenforderung nicht berücksichtigt, kann der Aufrechnungseinwand grds im Verf der Vollstreckbarerklärung (§§ 1060, 1061) geltend gemacht werden, es sei denn, für die Entscheidung über die Gegenforderung ist wiederum ein Schiedsgericht zuständig, BGH 6.5.2021 – I ZB 71/20 Tz 10 ff; BGH SchiedsVZ 2010, 275; BGH MDR 2010, 1415 = SchiedsVZ 2010, 330; KG IPRspr 2010, Nr 300a; OLG München SchiedsVZ 2013, 179; OLG München SchiedsVZ 2016, 118. Sa OLG München SchiedsVZ 2010, 52, 56. Der Aufrechnungseinwand kann allerdings dann nicht berücksichtigt werden, wenn die zur Aufrechnung gestellte Forderung ihrerseits einer Schiedsabrede unterliegt; OLG Frankfurt/MIWRZ 2021, 42. Das Verbot, eine schiedsbefangene Gegenforderung im Wege der Aufrechnung vor dem staatl Gericht im Vollstreckbarerklärungsverf geltend zu machen (s § 1029 Rn 73), besteht nicht mehr, wenn Schiedsspruch über Gegenforderung ergangen ist, auch wenn dagegen Aufhebungsantrag (§ 1059) gestellt worden ist. Wird Schiedsspruch aufgehoben, ist Restitution entspr § 580 Nr 6 mögl, BGH MDR 2008, 461; OLG Köln SchiedsVZ 2012, 161, 166. Sa Rn 11.

26 5) **Aufhebung bei Ablehnung der Vollstreckbarerklärung.** Wird der Antrag auf Vollstreckbarerklärung abgelehnt, weil ein Aufhebungsgrund vorliegt, so muss das Gericht vAw u ohne bes Antrag den Schiedsspruch aufheben, BGH BB 58, 569. **Zurückverweisung an Schiedsgericht** entspr § 1059 IV u V mögl, BGH MDR 2018, 1146 = SchiedsVZ 2018, 318 Tz 23; BGH SchiedsVZ 2020, 46; OLGR Hamburg 2008, 916, 918; Wighardt SchiedsVZ 2010, 252, 253. **Staatl Gericht muss hierauf nicht gem § 139 I 2 hinweisen**, BGH MDR 2018, 1146 = SchiedsVZ 2018, 318; BGH SchiedsVZ 2020, 46. Sa Wilhelmi SchiedsVZ 2020, 30. Der **RegE zur Modernisierung des Schiedsverfahrensrechts** aus der 20. Legislaturperiode will diese Rspr in § 1060 II 4-E kodifizieren: „*§ 1059 IV und V gilt entsprechend*". Zurückverweisung an Schiedsgericht ist somit bei Geeignetheit des Falles auf Antrag möglich, s BTDrs 20/13257, 47 f. Der Klarstellung dient auch Verweis auf § 1059 V: Wiederaufleben der Schiedsvereinbarung.

27 6) **Insolvenz des Antragsgegners.** Leistungsklage aus Schiedsspruch unzulässig, uU aber nicht Vollstreckbarerklärung. Gl muss seine Rechte aus Schiedsspruch im InsVerf anmelden, Schlosser RipS[2] Rn 894. Zur Unterbrechung des Vollstreckbarerklärungsverf s Hau § 723 Rn 21; sa BGH GRUR 2019, 549.

28 **X) Internationale Zuständigkeit.** Die internat Zuständigkeit Deutschlands für die Vollstreckbarerklärung inländischer Schiedssprüche (§ 1061) basiert auf § 1062 I Nr 4, für ausl auf § 1062 II. Fehlt es an einer **örtl Zuständigkeit**, so ist das KG in Berlin zuständig.

29 **XI) Keine Rechtshängigkeitssperre.** Antrag auf Vollstreckbarerklärung in einem ausl Staat begründet keine Rechtshängigkeitssperre analog § 261, da verschiedene Verfahrensgegenstände, OLG Hamburg SchiedsVZ 2003, 284, 286. Die so bewirkte Vervielfältigung der VollstrTitel ist zulässig. Es gibt keine executio non conveniens, dh die dt Vollstreckbarerklärung darf nicht mit der Begr abgelehnt werden, der Gl könne im Ausland besser oder schneller vollstrecken. Auch kann die Ablehnung nicht darauf gestützt werden, im Inland befinde sich kein pfändbares Vermögen des Sch, Geimer IZPR[9] Rn 1218; Geimer/Schütze EuZVR[4] Art 39 Rn 437.

30 **XII) Qualitatives und quantitatives Teilexequatur.** Ebenso wie bei der Vollstreckbarerklärung ausl Urteile (§ 722) kann auch Antrag auf Vollstreckbarerklärung **selbständig abgrenzbarer Teile des Schiedsspruchs** gestellt werden, BayObLG 7.12.2022 – 101 Sch 76/22; BayObLG 13.12.2023 – 101 Sch 112/22 Tz 73; hierzu Kröll NJW 2023, 819 Rn 16; OLG Frankfurt/M IPRspr 2010, Nr 301. ZB kann ein auf Räumung eines Mietobjekts u Zahlung rückständiger Miete lautender Schiedsspruch nur hinsichtl der Räumungs- oder der Zahlungsverpflichtung für vollstrb erklärt werden. Das Gleiche gilt für **teilbare Ansprüche**. So kann zB ein Schiedsspruch, der zur Zahlung von 100.000 Euro verurteilt, auf Antrag nur hinsichtl einer Teilsumme für vollstrb erklärt werden. Nach der hier vertretenen Meinung muss sogar so verfahren werden, wenn der überschießende Teil bereits

bezahlt ist. Bei einer zu hohen (gegen den dt ordre public verstoßenden) Vertragsstrafe soll Vollstreckbarerklärung bzgl des noch tolerablen Teils mögl sein, OLG Dresden IPRspr 2010, Nr 308. Hat das Schiedsgericht im Verfahren über eine isolierte Beschlussfeststellungsklage zwischen Gesellschaftern einer GmbH und der Gesellschaft mit Wirkung inter omnes positiv festgestellt, dass ein Gesellschafterbeschluss mit bestimmtem Inhalt wirksam gefasst worden ist, steht die Unteilbarkeit des Schiedsspruchs einem Verfahren der Vollstreckbarerklärung entgegen, das nur zwischen Gesellschaftern, nicht aber zwischen Gesellschaftern und Gesellschaft geführt wird, BayObLG GmbHR 2023, 396. Eine erstinstanzliche Parteierweiterung auf Antragstellerseite im Verfahren über den Antrag auf Aufhebung eines Schiedsspruchs und den Gegenantrag auf Vollstreckbarerklärung ist trotz mangelnden Einverständnisses der Gegenseite im Fall der Sachdienlichkeit zulässig. Im Umfang der Aufhebung eines Schiedsspruchs kann die Sache auch dann an das Schiedsgericht zurückverwiesen werden, wenn nur eine Partei die Zurückverweisung beantragt, sofern keine augenfällige, gravierende Verletzung des rechtlichen Gehörs einer Partei vorliegt und die Zurückverweisung sachdienlich erscheint, BayObLG GmbHR 2023, 396.

Zu beachten ist jedoch das **Verbot des Venire contra factum proprium:** Wer Aufhebung eines Teils des Schiedsspruchs nach § 1059 beantragt u erreicht hat, sollte nicht mit logisch widersprüchl Vortrag hinsichtl des anderen Teils gehört werden, wenn er nunmehr Vollstreckbarerklärung des restl Teils beantragt, sa Spickhoff IPRax 2006, 522. 31

XIII) Durchführung der Zwangsvollstreckung. 1) Es gelten die allg Vorschriften wie bei der Vollstreckung dt staatl VollstrTitel. Soweit das Prozessgericht des 1. Rechtszugs zuständig ist, zB nach §§ 767, 887, ist dies das OLG (§ 1062 I), BGH MDR 2010, 1415 = SchiedsVZ 2010, 330; KG IPRspr 2010, Nr 300a; Feldmann 187, 189; s § 887 Rn 6, § 1054 Rn 15. AA OLG Jena SchiedsVZ 2008, 44, 46: AG (§ 1062 IV). – Zur **Zuständigkeit des Schiedsgerichts für vollstreckungsrechtl Klagen** s § 1032 Rn 12; § 1056 Rn 8; Feldmann S 206 ff. 32

2) AG Stuttgart SchiedsVZ 2012, 54 (Winkler) bejaht Zuständigkeit für Streit zwischen Schiedsgericht u einer oder beiden Partei(en) wegen **Festsetzung des Streitwerts**, sofern diese dem Schiedsgericht verboten ist, s § 1035 Rn 25; § 1057 Rn 4 f, oder wenn es um die **Überprüfung der Ermessensausübung** bei der Festsetzung des Streitwerts geht. AA Lachmann Rn 1901. 33

XIV) Gebühren. 1) Gericht: 1620 GKG-KV. – **2) RA:** 3100 ff RVG-VV (OLG Hamburg AGS 2018, 464 Tz 11). 34

§ 1061 Ausländische Schiedssprüche

(1) [1]Die Anerkennung und Vollstreckung ausländischer Schiedssprüche richtet sich nach dem Übereinkommen vom 10. Juni 1958 über die Anerkennung und Vollstreckung ausländischer Schiedssprüche (BGBl. 1961 II S. 121). [2]Die Vorschriften in anderen Staatsverträgen über die Anerkennung und Vollstreckung von Schiedssprüchen bleiben unberührt.

(2) Ist die Vollstreckbarerklärung abzulehnen, stellt das Gericht fest, dass der Schiedsspruch im Inland nicht anzuerkennen ist.

(3) Wird der Schiedsspruch, nachdem er für vollstreckbar erklärt worden ist, im Ausland aufgehoben, so kann die Aufhebung der Vollstreckbarerklärung beantragt werden.

I) Überblick. 1) Anerkennungserfordernis. Ausl Schiedssprüche bedürfen ebenso wie ausl Urteile (§ 328) der **Anerkennung**, um im Inland Wirkungen entfalten zu können. Ihre Anerkennung u Vollstreckbarerklärung richtet sich gem § 1061 nach UNÜ 1958 (BGBl II 1962, 102) (hierzu Anh), unabhängig davon, ob der Schiedsort in einem Vertragsstaat liegt. Art 1 I 2 UNÜ ist für Deutschland wegen des **in § 1025 verankerten Territorialitätsprinzips** gegenstandslos. Eine **Aufhebung** ausl Schiedssprüche kommt nicht in Betracht, s § 1059 Rn 1. Vielmehr kann ihre Nichtanerkennungsfähigkeit im Inland **festgestellt** werden. Im Hinblick auf die **Befristung des Aufhebungsantrags** für inländische Schiedssprüche (§ 1059 III) u die Unzulässigkeit der inzidenten Einwendung von Aufhebungsgründen (s § 1059 Rn 26) ist die „Bestandskraft" inländischer Schiedssprüche wesentl stärker als die ausl Schiedssprüche, gegen die – solange keine rechtskraftfähige Feststellung eines dt Gerichts vorliegt – immer wieder gem Art V UNÜ eingewandt werden kann, die Anerkennungsvoraussetzungen lägen nicht vor bzw ein Versagungsgrund sei gegeben. – Zur Abgrenzung von inländischen Schiedssprüchen Tafelmaier S 73 ff. – Zu den Verfahrensgarantien des dt Verf vor dem OLG (§ 1025 IV) BGH SchiedsVZ 2020, 196 = FD-ZVR 2020, 429319 (Toussaint), Kröll SchiedsVZ 2021, 265. – Sa R. Geimer IPRax 2022, 306. – Bei **Aussetzung des Vollstreckbarerklärungsverf wegen Anhängigkeit eines Aufhebungsverf im Ursprungsstaat (Art VI UNÜ)** hat das dt OLG einen großen Ermessensspielraum, BayObLG 18.1.2022 – 101 Sch 60/21; OLG Frankfurt/M 1.12.2022 – 26 Sch 4/22; hierzu Kröll NJW 2023, 819 Rn 28. Keine Lokalisierung der intern Investitionsschiedsgerichtsbarkeit nach BGH NJW 2023, 3501 Tz 27 ff für ICSID-Schiedssprüche (Schiedssprüche „sui generis", iSv „anational"). 1

2) Inhalt der Vollstreckbarerklärung. Gem Art III UNÜ sind ausl Schiedssprüche auf Antrag für vollstrb zu erklären, sofern kein Versagungsgrund (Art V UNÜ) in concreto entgegensteht; ob dies der Fall ist, ist für jede 2

Regelung des Tenors gesondert zu prüfen. Ggf **Teilvollstreckbarerklärung** mögl, BGH SchiedsVZ 2017, 200. Sa § 1060 Rn 1. – Ohne Bedeutung ist, ob das in der Sache anwendbare Recht oder das Verfahrensstatut oder das Recht eines Drittstaates eine Vollstreckbarerklärung fordert oder für zulässig hält, OLG München 1.9.2009 – 34 Sch 14/09; hierzu Kröll SchiedsVZ 2010, 213, 217. Für das Vollstreckbarerklärungsverf gelten §§ 1062 ff, ergänzend kommen die allg Vorschriften der ZPO für das Erkenntnisverf 1. Instanz zur Anwendung, BGH MDR 2002, 1025; s § 1063 Rn 12. Zur Unterbrechung durch Insolvenzeröffnung im In- oder Ausland s Hau § 723 Rn 21. Differenzierend OLG Bamberg IPRax 2007, 454 (Gruber IPRax 2007, 426). Die Vorschriften über die Anerkennung u Vollstreckung in **anderen bilateralen u multilateralen Abkommen** bleiben unberührt, I 2, soweit sie nicht durch das UNÜ 1958 zT gegenstandslos geworden sind (s näher 35. Aufl). IÜ sind nach dem Grundsatz der **Meistbegünstigung** die anerkennungsfreundlicheren Bestimmungen anzuwenden, Art VII UNÜ; BTDrs 13/5274, 62; Kröll SchiedsVZ 2022, 255, 264.

3 **3) Anerkennung kraft liberalerem autonomem deutschem Recht.** Eine Anerkennung kraft liberalerem autonomem dt Recht in toto kommt jedoch nicht mehr in Betracht, weil das geltende Recht – anders als früher (§ 1044 aF) – auf eine **eigenständige Regelung** verzichtet hat, Borges ZZP 111 (1998), 507, abgesehen von Randbereichen wie zB die Vorlagepflichten. So ist § 1064 III liberaler als Art IV UNÜ, BGH SchiedsVZ 2003, 281, 282 (Kröll), insoweit überholt BGH NJW 2000, 3650. Das nationale Recht kommt gem Art VII UNÜ vorrangig zur Anwendung, wenn das Schiedsvereinbarungsstatut (s § 1029 Rn 85 ff) weniger streng ist als Art II UNÜ, BGH IPRax 2006, 266 (Geimer IPRax 2006, 233) = LMK 2006, 166229 (Geimer). Sa § 1031 Rn 24.

4 **4) Zeitpunkt.** Vollstreckbarerklärung ist auch **vor Fälligkeit der im Schiedsspruch vorgenommenen ausgeurteilten Verpflichtungen** zulässig, s § 1060 Rn 5; OLG München SchiedsVZ 2009, 343. Rechtsschutzbedürfnis für Vollstreckbarerklärung ist auch gegeben, wenn **Schiedsspruch nicht vollstreckbar** (zB Sanktionen nach VO (EU) Nr 269/2014 drohen), s OLG Köln IHR 2025, 71. – Für die **Konkretisierung ausl Schiedssprüche** gelten die gleichen Regeln wie für inländische, s § 1060 Rn 22; BayObLG 18.1.2022 – 101 Sch 60/21.

5 **5) Alternativen.** Als Alternative zur Vollstreckbarerklärung in jedem (in Betracht kommenden) Vollstreckungsstaat kann man im Anwendungsbereich der EuMahnVO einen **EuZB für die vom Schiedsgericht ausgeurteilte Geldsumme** erwirken, Schlosser SchiedsVZ 2009, 129, 139. Dieser ist in der gesamten EU mit Ausnahme Dänemarks ohne Exequatur vollstrb, Art 19 EuMahnVO. Eine Überprüfung im jew Vollstreckungsstaat findet nur im engen Rahmen des Art 20 EuMahnVO statt. Nicht geprüft werden die Versagungsgründe des Art V UNÜ.

6 **II) Einordnung. 1) Abgrenzungen.** Ob ein **ausl oder ein inländischer Schiedsspruch** vorliegt, beurteilt sich aus der Perspektive des dt staatl Richters (Schlosser RipS[2] Rn 207, 209) nach dem **Territorialitätsprinzip** des § 1025. Die für die **Abgrenzung zwischen §§ 328, 722, 723 ZPO bzw § 110 FamFG einerseits u § 1061 ZPO andererseits** wichtige Frage, ob ein **Schiedsspruch** vorliegt, ist nach dt Recht zu beurteilen, OLG Rostock IPRax 2002, 401 (Kröll IPRax 2002, 384); OLG Düsseldorf SchiedsVZ 2005, 214, 215. Schiedsspruch iSv § 1061 ist nur eine Entscheidung, die **einem dt Schiedsspruch äquivalent** ist. Ein *lodo di arbitrato irrituale* (**„informeller Schiedsspruch“**) ist kein Schiedsspruch, da dieser nach ital Recht nicht für vollstrb erklärt werden kann, sondern nur schuldrechtl Wirkungen zwischen den Parteien entfaltet, BGH IPRax 1982, 143 (Wenger IPRax 82, 135); BayObLG SchiedsVZ 2003, 142; Ventsch/Krauskopf IHR 2008, 9, 10; WSch/Schütze[5] Rn 35. Sa OLG Hamburg IPRspr 2008, Nr 205. Liegt eine Entscheidung vor, die nach dt Recht die Merkmale eines Schiedsspruchs erfüllt, handelt es sich aber nach dem maßgebl ausl Recht um ein staatl Urteil, so ist der Standpunkt des ausl Rechts entscheidend. § 1061 scheidet dann aus. Es ist also eine **doppelte Qualifikation** (nach dt u ausl Recht) erforderl; Geimer IZPR[9] Rn 3892; Saenger Rn 2. AA Tafelmaier S 190: zweitstaatl Recht; WSch/Schütze[5] Rn 19.

7 **2) Prozessabweisung bei Klage nach § 722.** Eine Abweisung einer Klage nach § 722 droht (weil Kl von staatl Urteil ausgeht), wenn – bei richtiger Einordnung – Schiedsspruch gegeben ist. Umdeutung in Antrag nach § 1061 nicht mögl u umgekehrt; dies gilt auch für Antrag nach Art 38 ff LugÜ u nach AVAG bzw den AusfG zu den Anerkennungs- u Vollstreckungsverträgen, da unterschiedl sachl Zuständigkeit (§§ 23, 71 GVG, § 3 I AVAG) mit § 1062 nicht harmoniert, s § 1059 Rn 29, 32; § 1060 Rn 8. **Zwischengebilde** zwischen Gerichtsurteil u Schiedsspruch existieren nicht, sa OLG Hamburg IPRspr 2008, Nr 205.

8 **3) Exequaturentscheidungen des ausländischen staatlichen Gerichts.** Sie sind **keine Schiedssprüche** u können daher nicht nach § 1061 für vollstrb erklärt werden; Geimer IZPR[9] Rn 3891. Sie fallen aber auch nicht unter §§ 722, 723; BGH IPRax 2010, 364 (Geimer IPRax 2010, 346); BGH MDR 2023, 1031; Tafelmaier S 193.

9 **4) Kostenentscheidung.** Verurteilungen zur **Kostenerstattung zwischen den Parteien** bzw einer Partei u einem Dritten (zB NI) sind wie bei staatl Urteilen anzuerkennen u für vollstrb zu erklären, Geimer IZPR[9] Rn 3900. Entscheidet das Schiedsgericht bereits im **Zwischenentscheid** über seine Zuständigkeit (partial award on jurisdiction) über die endgültige **Kostenerstattung** zwischen den Parteien bzgl des bish Verfahrensabschnitts, so handelt es sich insoweit um einen **Teilschlussentscheid des Schiedsgerichts**, der für vollstrb erklärt werden kann, BGH NJW-RR 2007, 1008. Hat das ausl Schiedsgericht über Kostenerstattung nicht entschieden, kann das dt Exequaturgericht (§ 1062 I Nr 4) den ausl Schiedsspruch insoweit nicht ergänzen, OLG Düsseldorf IPRspr 2011, Nr 297a. Es muss Leistungsklage erhoben werden, OLG Hamburg RIW 1991, 154, sofern ein Ergänzungsverf beim Schiedsgericht nicht möglich ist. Erlaubt ist **Konkretisierung des ausl Schiedsspruchs**,

wenn außer Zweifel ist, dass Schiedsgericht Kosten zusprechen wollte u dies auch – wenngleich ungeschickt bzw unzureichend formuliert – getan hat, BayObLG 18.1.2022 – 101 Sch 60/21; OLGR Celle 2007, 664, 667. Sa Kröll SchiedsVZ 2022, 255, 265. **Kosten, die durch Verf vor staatl Gerichten im Ausland entstanden sind**, fallen nicht unter § 1061, sondern unter § 722, es sei denn, sie sind bei der Kostenerstattungsentscheidung des Schiedsgerichts bereits mit einbezogen.

5) Anationale Schiedssprüche. Anationale, dh von jeder nationalen Rechtsordnung losgelöste Schiedsverf u 10
damit auch Schiedssprüche gibt es (an sich) nicht, Geimer IZPR[9] Rn 3718; WSch/Schütze[5] Rn 29. AA Herdegen RIW 1989, 333 Fn 49; Rensmann Journal of Internat Arbitration 15 (1998), 37; s jedoch BGH NJW 2023, 3501 Tz 27 ff für ICSID-Schiedssprüche (näher Rn 1). Das positive dt Recht folgt im Anschluss an das UNCITRAL-MG dem Territorialitätsprinzip. Dieses verlangt auch die Verankerung des Schiedsverf in einer **bestimmten nationalen Rechtsordnung**. Im Anwendungsbereich der §§ 1025 ff können auch aus diesem Grund anationale Schiedssprüche grds nicht akzeptiert werden, Epping S 13.

6) Schiedssprüche zwischen Staaten und Privaten auf völkerrechtlicher Grundlage. Solche Schiedssprüche 11
kommen insb im Bereich des Investitionsschutzes in Betracht: hierzu vor § 1025 Rn 7; Bähr, Die Einhegung der Investor-Staat-Schiedsgerichtsbarkeit, 2023; Engel SchiedsVZ 2015, 218; Gramlich/Conen SchiedsVZ 2015, 225; Steinbrück/Krahé/van der Beck ZIP 2024, 727; OLG Frankfurt/M EuZW 2015, 408 Vereinbarkeit mit Art 18, 267, 344 AEUV); Müller/Simon NJOZ 2018, 961; zum TTIP Sandrock RIW 2015, 625. GAin Kokott 22.4.2021 – C-109/20 Tz 85 kommt in ihren Schlussanträgen zu folgendem Vorschlag: Individuelle Schiedsvereinbarungen zwischen Mitgliedstaaten u Investoren aus anderen Mitgliedstaaten über die hoheitl Anwendung des UnionsR sind nur mit der Verpflichtung zur loyalen Zusammenarbeit nach Art 4 III EUV sowie der Autonomie des UnionsR nach Art 267 u 344 AEUV vereinbar, wenn Gerichte der Mitgliedstaaten den Schiedsspruch umfassend auf seine Vereinbarkeit mit dem UnionsR überprüfen können, falls erforderl gem Art 267 AEUV. Solche Schiedsvereinbarungen müssen darüber hinaus mit dem **Grundsatz der Gleichbehandlung** nach Art 20 EuGRC vereinbar sein. – Im **CETA-Gutachten v 30.4.2019** (EuZW 2019, 457; hierzu Stöbener de Mora/Wernicke EuZW 2019, 970 u Weiß EuR 2020, 407) lässt der EuGH – anders als im Intra-EU-Investitionsschutz (Achmea-Urteil EuGH EuZW 2018, 239; EuGH SchiedsVZ 2022, 34 [Schwalb/Weiler]; sa BVerfG EuZW 2024, 1055 Tz 44 f) – das Abk mit Kanada zwar unangetastet, macht aber strenge Vorgaben für den Abschluss künftiger Investitionsschutzabkommen durch die EU.

7) Zwischenschiedssprüche. Für eine Anerkennung kommen nur **Sachentscheidungen** in Betracht, sa Hau § 328 12
Rn 7; Geimer IZPR[9] Rn 3891; OLG München SpuRt 2003, 199. Großzügiger OLG Jena SchiedsVZ 2008, 44, 45. Daher stellt sich die Frage der Anerkennungsfähigkeit von Zwischenschiedssprüchen **über prozessuale Punkte** nicht, auch wenn diese nach dem „Heimatrecht" des Schiedsspruchs in materielle Rechtskraft erwachsen. AA Schlosser RipS[2] Rn 744; Marx S 60. Zum **einstw Rechtsschutz (interim measures) durch ausl Schiedsgerichte** s Bandel S 339, 361 abl, da vorläufige Maßnahmen des ausl Schiedsgerichts nicht unter Art 1 UNÜ fallen.

8) Wirkungen des ausländischen Schiedsspruchs. Diese sind nach dem Verfahrensstatut (s § 1025 Rn 8) zu 13
beurteilen, nicht nach § 1055, s § 1055 Rn 17, 20. Die **Anerkennung der prozessualen Wirkungen des ausl Schiedsspruchs (Rechtskraft, Präklusions-, Gestaltungswirkung etc)** tritt ohne Anerkennungsverf ipso iure ein, soweit die Anerkennungsvoraussetzungen (Art 3 ff UNÜ) gegeben sind. S § 1055 Rn 19, Schlosser RipS[2] Rn 886; u zwar zum selben Zeitpunkt, zu dem die Wirkungen des Schiedsspruchs – nach dem Recht seines Ursprungsstaats – eintreten. Einer **bes Inlandsbeziehung/-berührung** bedarf es nicht; aA Schütze/Tscherning/Wais Rn 646. Sa BPatG IPRspr 2002, Nr 220: Die Fiktion nach Art des § 894 (s dazu Hau § 723 Rn 12) setze Vollstreckbarerklärung voraus.

9) Vollstreckungsfähiger Inhalt. § 1061 betrifft die **Verleihung der Vollstreckbarkeit** – wie in § 722 u nach 14
Art 38 ff LugÜ. Nur insoweit ist die Durchführung eines bes Verf erforderl, s § 1055 Rn 19. Andererseits soll auch für **feststellende u gestaltende Schiedssprüche** Vollstreckbarerklärung zulässig sein, hM s § 1059 Rn 30, § 1060 Rn 6. Dies erscheint dogmatisch zweifelhaft. Ebenso wenig wie ein ausl Feststellungs- oder Gestaltungsurt, das von einem (ausl) staatl Gericht stammt, nach § 722 für vollstrb erklärt werden kann, s Hau § 723 Rn 12: nur Kostenausspruch, kann ein ausl Schiedsspruch ohne **vollstreckungsfähigen Inhalt** (maßgeblich dafür: die dt lex fori) für vollstrb erklärt werden. Denkbar ist Feststellung der Anerkennung (Erstreckung) der Wirkungen entspr § 1061.

III) Unterschied zu inländischen Schiedssprüchen. 1) Nichtanerkennung. Liegen die Anerkennungsvoraus- 15
setzungen nicht vor, werden die Wirkungen des ausl Schiedsspruchs, welche diesem nach der maßgebl ausl Rechtsordnung zukommen (Feststellungs- bzw Gestaltungswirkung), nicht auf das Inland erstreckt. Rechtsfolge der Nichtanerkennung tritt unmittelbar kraft Gesetzes ein, ohne dass vorher ein Feststellungsverf vor einem staatl Gericht durchgeführt werden müsste (BayObLG SchiedsVZ 2025, 41 Tz 91 f). Hierin liegt ein wesentl Unterschied zu den Wirkungen inländischer Schiedssprüche. Bsp: Ein inländischer Schiedsspruch, welcher den Anspruch einer Partei auf Gewährung rechtl Gehörs verletzt, ist wirksam. Seine res iudicata-Wirkung (§ 1055) ist zu beachten, solange er nicht auf Antrag der beschwerten Partei bzw auf deren Rüge nach § 1060 II aufgehoben worden ist, § 1059 II. Anders ist es bei ausl Schiedsspruch, § 1061. Hier kann sich die beschwerte Partei auf die Nichtanerkennung (= Wirkungslosigkeit des Schiedsspruchs im Inland, da die nach ausl Recht eingetrete-

nen Wirkungen nicht auf das Inland erstreckt werden) berufen. Auch ein **negativer Antrag (dass der ausl Schiedsspruch nicht anzuerkennen sei)** fällt in den Anwendungsbereich des § 1061; zumindest ist dieses OLG-Beschlussverf analog anzuwenden, s Rn 48

16 **2) Voraussetzungen der Art III ff UNÜ.** Bei **Prüfung der Voraussetzungen der Art III ff UNÜ** ist das dt staatl Gericht weder an **rechtl Beurteilung** noch an **tatsächl Feststellungen des Schiedsgerichts** gebunden, BGHZ 27, 254 u BGH MDR 1964, 590; OLG Rostock IPRax 2002, 401 (Kröll IPRax 2002, 384); OLG Koblenz 27.11.2012 – 2 Sch 2/12, vorbehaltl der bei § 1059 Rn 68, 71 gemachten Einschränkungen, Ahrendt, Zuständigkeitsstreit im Schiedsverf, 1996, S 12; Tafelmaier S 230. – Ob nach dem Recht des Sitzstaates ein wirksamer Schiedsspruch vorliegt, will OLG München SchiedsVZ 2010, 169, 172 nicht selbständig prüfen, wenn das staatl Gericht im Aufhebungs- bzw Nichtigkeitsverf im Sitzstaat von der Wirksamkeit des Schiedsspruchs ausgegangen ist.

17 **3) Rüge der betroffenen Partei.** Soweit es nicht um die Wahrung unmittelbarer Staatsinteressen geht, hat es die Partei, deren Schutz die Anerkennungsvoraussetzung bzw der Versagungsgrund dient (also die beschwerte Partei), in der Hand, ob sie das Anerkennungshindernis geltend machen will. Eine Beachtung vAw oder auf Antrag des Gegners – ohne **Rüge der betroffenen Partei** – kommt nicht in Betracht, sa Tafelmaier S 229 u § 1059 Rn 63 ff.

18 **4) Einwendungen.** Soweit dem dem ausl Schiedsspruch zugrundeliegenden materiellen Anspruch Einwendungen entgegenstehen, sind diese im Rahmen des § 767 II zulässig, OLG Saarbrücken SchiedsVZ 2012, 48, 50; OLG Brandenburg SchiedsVZ 2016, 43, 50; s Rn 42; s § 1060 Rn 9. Nw bei Kröll SchiedsVZ 2006, 203, 212; Kröll NJW 2011, 1265, 1269; Saenger Rn 17. Eine **Aufrechnung** des Sch **ohne die zeitl Begrenzung von § 767 II** (Aufrechnung mit Forderung, die vor dem Abschluss des Schiedsgerichtsverf entstanden ist) ist hier zulässig, wenn sich das Schiedsgericht der Entscheidung über die aufgerechnete Forderung wegen Unzuständigkeit enthalten hatte, s § 1029 Rn 69 ff; BGH 6.5.2021 – I ZB 71/20; BGH SchiedsVZ 2010, 330; OLG Frankfurt/M IWRZ 2021, 42. Dabei ist das staatl Gericht nicht an die Rechtsansicht des Schiedsgerichts gebunden, für die zur Aufrechnung gestellte Gegenforderung bestehe eine weitere Schiedsvereinbarung, KG SchiedsVZ 2011, 287 (Spetzler).

19 **5) Nichtvorliegen bzw Unwirksamkeit der Schiedsvereinbarung** (Art V [1] a UNÜ; zB OLG München SchiedsVZ 2009, 340; 2010, 50; Kröll SchiedsVZ 2010, 213, 218: Bei Teilnahme des Bekl am Schiedsverf, muss er das Fehlen einer wirksamen Schiedsvereinbarung bereits **im ausl Schiedsverf rügen**, andernfalls ist er in Deutschland **präkludiert** (keine Berufung auf Art V (1) (a) UNÜ möglich, OLG Brandenburg 20.5.2020 – 11 Sch 1/19 Tz 75; OLG Koblenz SchiedsVZ 2005, 260). In BGH NJW 2012, 1290 hatte sich Bekl ab Beginn des Schiedsverf stets auf die Unwirksamkeit der Schiedsvereinbarung berufen. Bzgl des (nicht rechtzeitig angefochtenen) Zwischenschiedsspruchs ist nicht wiederum die Anerkennungsfrage zu stellen. AA OLG Hamm SchiedsVZ 2006, 106, 109. Anders ist es, wenn er am Schiedsverf nicht teilgenommen hat oder wenn er im Schiedsverf sich auf das Fehlen einer wirksamen Schiedsvereinbarung berufen u nur hilfsw zur Hauptsache Stellung genommen hat. Dann ist im dt Vollstreckbarerklärungsverf Art V (1) (a) UNÜ in vollem Umfang zu prüfen, auch wenn der Bekl im Ursprungsstaat von mögl Rechtsbehelfen keinen Gebrauch gemacht hat, zust OLG München SchiedsVZ 2009, 340, 343. Sa Anh § 1061 Rn 17. – Bei Bestätigung der Zuständigkeit des Schiedsgerichts durch **das staatl Gericht im Aufhebungsverf im Ursprungsstaat** sind dt Gerichte hieran im Anerkennungs- bzw Vollstreckbarerklärungsverf nicht gebunden, BGH SchiedsVZ 2023, 228 Tz 43: keine Entscheidung über Vollstreckbarkeit in anderen Staaten. AA OLG Brandenburg 20.5.2020 – 11 Sch 1/19 Tz 81; hierzu Kröll NJW 2021, 832, 835 Rn 23 ff.

20 **6) Keine Bindung an Feststellungen des Schiedsgerichts.** An die **tatsächl u rechtl Feststellungen** des Schiedsgerichts bzw des ausl staatl Gerichts ist das dt Gericht nicht gebunden, BGH 9.3.2023 – I ZB 33/22 Tz 43; OLG Celle SchiedsVZ 2004, 166; Tafelmaier S 230. Sa BayObLG SchiedsVZ 2004, 163. Zur obj Schiedsunfähigkeit s § 1030 Rn 1 ff. Zur subj Schiedsfähigkeit (s § 1029 Rn 17) BGH IPRax 2011, 499 (Samtleben IPRax 2011, 469); BGH 23.4.1998 – III ZR 194/96, LM § 1041 Nr 18 (Geimer). Liegt **keine wirksame Schiedsvereinbarung** vor u ist dieser Einwand **nicht präkludiert**, so ist Vollstreckbarerklärungsantrag abzuweisen u ggf nach II zu verfahren. Überschreiten der in der Schiedsvereinbarung vorgesehenen Erlassfrist für Schiedsspruch führt iZw nicht zum Wegfall der Entscheidungskompetenz des Schiedsgerichts, Kröll SchiedsVZ 2004, 113, 121. – Der Schiedskl kann sich nicht auf das Fehlen einer wirksamen Schiedsvereinbarung berufen, sa § 1059 Rn 43 u Anh § 1061 Rn 17; OLG Hamm SchiedsVZ 2013, 182, 183 f.

21 **7) Völkervertragliche Verpflichtung zur Anerkennung und Vollstreckbarerklärung?** Art V (I) (a) UNÜ verweist auf „eine Vereinbarung iSd Art II". Liegt eine solche nicht vor, besteht gem Art III UNÜ **keine völkervertragl Verpflichtung zur Anerkennung u Vollstreckbarerklärung**. Die „Modernisierung" des Art II UNÜ durch den liberaleren Art 7 des UNCITRAL-MG kann auf völkerrechtl Ebene die vertragl Verpflichtungen der Vertragsstaaten nicht erweitern, StJ/Schlosser Anh § 1061 Rn 378. Maßgebl allein ist der von den Vertragsstaaten ratifizierte Text des UNÜ. Art VII UNÜ lässt weitergehende **Anerkennungsregimes anderer völkerrechtl Verträge** unberührt; Rechtsgrundlage für die Anerkennung u Vollstreckung ist dann aber nicht das UNÜ, sondern der betr völkerrechtl Vertrag. Fehlt ein solcher Vertrag, so bleibt nur der (alternative) Verweis des Art VII

UNÜ auf das dt nationale Recht. Aber auch dieser führt oft nicht zur Anerkennungs- u Vollstreckungspflicht (kraft genuin dt Rechts); denn die Schiedsrechtsreform 1998 hat das früher bestehende eigenständige Anerkennungsregime (§ 1044 ZPO aF) abgeschafft u verweist in § 1061 I pauschal auf das UNÜ. Damit entfällt ein **Auffangnetz in favorem recognitionis**, Geimer IZPR[9] Rn 3888. Dies führt zu dem grotesken Ergebnis, dass – was die Anforderungen an die Wirksamkeit der Schiedsvereinbarung anbelangt – ausl Schiedssprüche strenger behandelt werden als inländische, Kröll IPRax 2002, 384, 386. Die früher zur Reparatur gemachten Vorschläge bezwecken, die Einhaltung der Voraussetzungen des § 1031 oder zumindest des Art 7 des UNCITRAL-MG (= § 1031 I-III, VI) „in entspr Anwendung von Art VII" genügen zu lassen, Kröll IPRax 2002, 384, 386. Dem ist der BGH gefolgt: Auch für Schiedsverf mit Schiedsort außerhalb Deutschlands genügt Einhaltung des § 1031, BGHZ 187, 126 = LMK 2010, 310078 (Pfeiffer), s § 1031 Rn 24; Quinke SchiedsVZ 2011, 169. Auch der **aktuelle RegE zur Modernisierung des Schiedsverfahrensrechts** aus der 20. Legislaturperiode (BTDrs 20/13257) enthält keine Bemühungen, den Wortlaut von § 1061 I bzw § 1025 IV in anerkennungsfreundlichem Sinne zu präzisieren. Allerdings wird der **Formverzicht nach § 1031-E** mittelbar auch ausl Schiedssprüchen zu Gute kommen (sa § 1031 Rn 49).

8) Anerkennungspflicht kraft genuin deutschen Anerkennungsrechts. Sofern die in diesen Normen aufgestellten Voraussetzungen in concreto nicht vorliegen, will BGH IPRax 2006, 266 (Geimer IPRax 2006, 233) in erweiternder Auslegung des § 1061 I ggü Art V [I] [a] UNÜ **Anerkennungspflicht kraft genuin dt AnerkennungsR** auch dann annehmen, wenn nach dem Schiedsvereinbarungsstatut (§ 1029 Rn 85 ff) eine wirksame Schiedsvereinbarung zu Stande gekommen ist. MaW: Wenn die in Art II UNÜ (s § 1031 Rn 21) einheitsrechtl aufgestellten Voraussetzungen nicht vorliegen, soll ersatzw auf das (liberalere) Schiedsvereinbarungsstatut zurückgegriffen werden. Das Statut der Schiedsvereinbarung soll daher auch darüber befinden, ob eine **AGB-Schiedsklausel Gegenstand der Willenseinigung der Parteien** gewesen ist, BGH SchiedsVZ 2021, 97 Tz 60 (s § 1029 Rn 85 ff). Die (ggü dem UNÜ u § 1031 liberaleren) ausl Normen dürfen aber das *Prinzip der* **Freiwilligkeit der Schiedsgerichtsbarkeit** jedoch nicht in Frage stellen. Ausnahme: § 1066, Geimer FS Schlosser, 2005, S 197, 200. Nur mit dieser Einschränkung verweist das dt autonome AnerkennungsR auf die ausl lex causae. 22

9) Rechtsunwirksamkeit des Schiedsspruchs (Art V [1] e UNÜ). Maßgebend ist Schiedsverfahrensstatut (s § 1025 Rn 8), Schlosser RipS[2] Rn 223, 800, 810, 859. Bestr. Hat das staatl Gericht des Ursprungsstaats im Aufhebungs- bzw Nichtigkeitsverf die Wirksamkeit des Schiedsspruchs nach dortigem Recht (zB trotz Fehlens der Unterschrift eines Schiedsrichters) bejaht, so soll dies **für den dt Richter bindend** sein, s Rn 16; OLG München SchiedsVZ 2010, 169, 171; Harbst SchiedsVZ 2007, 22, 30; Kröll NJW 2011, 1265, 1270. 23

IV) Verstoß gegen deutsche öffentliche Ordnung. Dh gegen **wesentl** (auch internat durchzusetzende) **unabdingbare Grundsätze des dt Rechts**, Art V (2) b UNÜ. Vgl § 1059 II Nr 2 u § 328 I Nr 4. **1) Ordre public-Widrigkeit des schiedsrichterl Verf. a)** Ebenso wie bei der Anerkennung ausl Urteile staatl Gerichte erzwingt der ordre public eine Kontrolle des ausl Schiedsverf. Deren Gegenstand ist nicht die Beachtung der nach dem maßgebl Schiedsverfahrensstatut zwingenden Verfahrensregeln, sondern des in Deutschland schlechthin unabdingbaren **Mindeststandards an Verfahrensgerechtigkeit**, OLG Saarbrücken SchiedsVZ 2012, 48, 50; OLG Köln SchiedsVZ 2005, 163, 165; Geimer IPRax 2006, 298. Das Ordre public-widrige Verf muss von der beschwerten Partei rechtzeitig gerügt werden, da eine Beachtung vAw oder auf Rüge des Gegners nicht möglich ist. Sa Rn 27. Der ordre public-relevante **Verfahrensverstoß muss kausal für den Schiedsspruch** sein, OLG Karlsruhe SchiedsVZ 2022, 291, 296 Tz 57; OLG Köln SchiedsVZ 2014, 203, 204; es genügt allerdings, dass die Entscheidung des Schiedsgerichts auf dem gerügten Verstoß beruhen kann, BGH SchiedsVZ 2009, 126, 127; OLG Köln IPRspr 2010, Nr 302; Samtleben ZZPInt 16 (2011), 425, 449. Nach BGH SchiedsVZ 2017, 200 kann einem ausl Schiedsspruch nur dann die Anerkennung u Vollstreckung versagt werden, wenn das schiedsgerichtl Verf an einem schwerwiegenden, die Grundlagen des staatl u wirtschaftl Lebens berührenden Mangel leidet (BGH NJW-RR 2017, 313). Nicht jeder Verfahrensmangel nach dem maßgebl Recht verletzt zugleich den **dt ordre public**, s § 1059 Rn 55 f. Es kommt auf die Schwere des dem Schiedsverf u damit auch dem Schiedsspruch anhaftenden Makels an, BGHZ 57, 153. ZB ist **Restitutionsgrund** (§ 580 Nr 16) nach Maßgabe des § 582 ausreichend, um die Versagung wegen ordre public-widrigen Verf auszusprechen, BGH MDR 1969, 567; BGH MDR 2001, 345; s § 1059 Rn 80 f; zu Reformüberlegungen s § 1059 Rn 101. Sa Gaul FS Leipold, 2009, S 881 mwN. Zur **Verletzung rechtl Gehörs** s § 1042 Rn 3a, 7; BGH IPRax 1991, 244 (Schlosser IPRax 1991, 218); BayObLG EWiR 2000, 199 (Berger). Zur **Kausalität** s § 1059 Rn 61. 24

b) Bestr, ob Umstand, dass nur **Schiedsrichter aus dem Heimatstaat nur einer Partei** betraut werden dürfen, Unparteilichkeit des Schiedsrichteramtes gefährdet, Habscheid KTS 72, 209. BGH NJW 1986, 3027 will an ausl Schiedssprüche – was die **Unparteilichkeit der Schiedsrichter** betrifft – generell weniger strenge Anforderungen stellen als an inländische, OLGR Celle 2007, 664, 667; OLG Frankfurt/M RIW 1989, 913. **Verletzungen des Neutralitätsgebots durch Schiedsrichter** führen nur dann zur Verweigerung der Anerkennung, wenn sie mit den Grundsätzen richterl Amtsführung schlechthin unvereinbar sind, etwa wenn sie aus der Sicht eines unbefangenen Beobachters die konkrete Befürchtung rechtfertigen, dass der Schiedsrichter nur Vollstrecker des Willens einer Partei ist, oder weil der Schiedsrichter aus sachfremden Erwägungen die Belange einer Partei einseitig fördert, OLG Celle 2007, 664, 667; OLG Hamm IHR 2010, 84. 25

26 **c) Wesentl Grundsatz des dt Rechts** (niemand darf gegen seinen Willen seinem **staatl Richter** entzogen werden, hierzu Massuras S 88; BGH 9.3.2023 – I ZB 33/22 Tz 66) ist verletzt, wenn nach dem maßgebl ausl Recht es nicht auf die Wirksamkeit der Schiedsvereinbarung ankommt, BGHZ 71, 131; BGH NJW 1978, 1744; Geimer IZPR[9] Rn 3770, 3943; Geimer, Schiedsgerichtsbarkeit u Verfassung, 1994, S 163.

27 **d) Nur die Partei, die von dem Verfahrensmangel betroffen ist, kann sich auf diesen berufen, nicht der Gegner** (dem vielleicht die Sachentscheidung des Schiedsgerichts nicht gefällt). Auch eine Beachtung vAw kommt nicht in Betracht, Rn 17. AA Eckstein-Puhl S 173.

28 **e)** Weiter muss die betroffene Partei (erfolglos) versucht haben, den Verfahrensmangel im ausl Schiedsverf geltend zu machen, s § 1059 Rn 63 sowie Marx S 25; Schütze WuB VII B 3 – § 1044/1.91. BGH MDR 2001, 645 betr Befangenheit der Schiedsrichter. Sa OLG Hamm IHR 2010, 84. Ebenso bei Fehlen einer wirksamen Schiedsvereinbarung OLG Koblenz SchiedsVZ 2005, 260, 261. Ansonsten droht **Präklusion**. Dies gilt auch für Einwendungen des Kl gegen die **Widerklage**, OLG Hamburg RIW 91, 155.

Präklusion tritt auch ein, wenn die beschwerte Partei den Verfahrensmangel in einem anhängigen Nichtigkeits- bzw Aufhebungsverf vor dem staatl Gericht im „Heimatstaat" des Schiedsspruchs nicht geltend gemacht hat, OLG Hamburg RIW 91, 155; Geimer IZPR[9] Rn 3918; aA BGH IPRspr 90, Nr 236b. Nach BGH NJW 2011, 1290 muss sie jedoch ein solches Verf nicht in Gang setzen. Sa WSch/Schütze[5] Rn 88a.

29 **f) Überprüfung des schiedsgerichtl Verf nach Art V (1) (d) UNÜ** erfasst idR bereits alle vorgenannten Fälle der **ordre public-Widrigkeit** des Verf. Umgekehrt sollte man auf Grund weit zu interpretierender Präklusion von (im Schiedsverf) nicht vorgebrachten Verfahrensmängeln die Prüfung nach Art V (1) (d) UNÜ möglichst auf den in Rn 24 ff beschriebenen Umfang beschränken. Die ordre public-Prüfung des Verf darf jedenfalls nicht zu einer Prüfung vAw führen. AA BayObLG NJW-RR 2000, 807; Sandrock BB 2000, 2173, 2174. Verfahrensmängel müssen – soweit mögl – bereits im Schiedsverf gerügt werden, ansonsten Präklusion, zB schiedsrichterl Schlaf während der mündl Verh, OLG Karlsruhe SchiedsVZ 2012, 101, 106. – Wechselnde Tagungsorte des Schiedsgerichts (abw vom Schiedsort) sind iZw – ebenso wie bei inländischen Schiedsverf (§ 1043 II) – nicht zu beanstanden, OLG Karlsruhe SchiedsVZ 2012, 101, 105. Überschreiten der 6-Monatsfrist nach Art 30 ICC-SchO 2017/Art 31 ICC-SchO 2021 (s § 1042 Rn 8) begründet iZw keinen ordre public-Verstoß, OLG Karlsruhe SchiedsVZ 2012, 101, 106. Sa Tafelmaier S 230.

30 **2) Ordre public-Widrigkeit des Schiedsspruchs. a)** Ausgangspunkt ist das für in- u ausl Schiedssprüche geltende **Verbot der révision au fond** (s § 1059 Rn 86; BGH SchiedsVZ 2024, 115, 120 = MDR 2024, 391 Tz 49; OLG Karlsruhe SchiedsVZ 2012, 101, 105; Geimer IZPR[9] Rn 3909). **Unrichtige Rechtsanwendung ist für sich allein kein Grund**, die Anerkennung u Vollstreckbarerklärung des ausl Schiedsspruchs zu verweigern. Fehlentscheidungen in der Sache sind bei Schiedssprüchen ebenfalls hinzunehmen, zust BGH SchiedsVZ 2024, 115, 120 = MDR 2024, 391 Tz 49; Geimer IZPR[9] Rn 2910; zust OLG Saarbrücken SchiedsVZ 2012, 48, 50. Die (enge) Ausnahme bildet die **ordre public-Prüfung**. Ein Verstoß gegen ordre public liegt insb dann vor, wenn der ausl Schiedsspruch zu einer nach dt Recht **verbotenen Handlung** verurteilt bzw wenn wegen Unterbleibens einer solchen Handlung zum Schadensersatz verurteilt wurde. Anderes gilt, wenn eine Partei deshalb Schadensersatz zahlen soll, weil sie nicht alles ihr Zumutbare zur Erlangung einer behördl Genehmigung (zB Einfuhrgenehmigung) getan hat bzw bei einem Garantieversprechen, BGH MDR 64, 590; Böckstiegel NJW 1975, 1581; Nolting RIW 1988, 512 Fn 8.

31 **b)** Die **„Angriffsintensität"** des **ordre public** ist ggü ausl Schiedssprüchen grds nicht geringer als ggü ausl Urteilen u inländischen Schiedssprüchen; s § 1059 Rn 84 ff; Borges ZZP 111 (1998), 494 ff. Jedoch kann sich aus dem **Erfordernis des Inlandsbezugs** der ordre public-Widrigkeit (sa Hau § 328 Rn 63) rein faktisch eine **Absenkung der Anforderungen** an einen ausl Schiedsspruch ggü einem inländischen ergeben. Die Anforderungen **des ordre public international** sollen insoweit weniger streng sein, s BGH SchiedsVZ 2017, 200; BGH NJW 1992, 2299; OLG Karlsruhe SchiedsVZ 2012, 101, 104. Die Anforderungen an die **Begründung eines ausl Schiedsspruchs** können abgesenkt sein, BGH RIW 1990, 494; OLGR Celle 2007, 664, 667. – Zur Verurteilung zu **punitive damages** s § 328 Rn 68. Zum Erschleichen eines Schiedsspruchs trotz außergerichtl Vergleichs s BayObLG 20.11.2003 – 4Z Sch 17/03. Zur Abgrenzung ggü dem strengeren *ordre public interne* (§ 1059 II Nr 2b) BGH SchiedsVZ 2009, 176 Tz 27. Die Prüfungsdichte iZm dem **dt ordre public** ist ggü Schiedssprüchen aus anderen EU-Staaten **(europ ordre public)** grds inhaltlich die gleiche wie ggü solchen aus Drittstaaten, sa Marx S 81. Für „mildere" Behandlung der EU-Schiedssprüche dagegen Raeschke-Kessler EuZW 90, 148.

32 **c)** Bei der Anerkennung ausl Schiedssprüche besteht **kein Raum für eine kollisionsrechtl Kontrolle** (s Hau § 328 Rn 21), Pfeiffer NJW 2012, 1169, 1172; Tafelmaier S 224; sa § 1051 Rn 2, 5. Eine Verletzung des Ordre public läge jedoch vor, wenn Schiedsgericht **bewusst willkürl** seiner Entscheidung eine andere Rechtsordnung zugrunde gelegt hat, als sie von den Parteien eindeutig festgeschrieben wurde (s zur Willkür BGH 5.2.2025 – I ZB 78/24 Tz 22 f). Dass das Schiedsgericht ein **Beweisverf** nach Regeln durchgeführt hat (zB nach common law-Regeln, hierzu Schlosser RipS[2] Rn 638, 845), die von dt Rechtsvorstellungen erhebl abweichen, stellt an sich keinen Anerkennungsverweigerungsgrund dar. Die Berücksichtigung von **Restitutionsgründen** ist Teil des allg ordre public-Vorbehalts, s § 1059 Rn 80, 88; Schlosser RipS[2] Rn 873, 885, 899. Differenzierend Gaul FS Leipold,

2009, S 881; zu aktuellen Reformfragen bereits § 1059 Rn 101. Zum **Prozessbetrug** s BGH NJW-RR 2017, 313 Tz 58; großzügig Hau § 328 Rn 73; Regen Rn 922.

d) Einzelbeispiele. Der **Termineinwand** wird auch bei nicht termingeschäftsfähigen Partnern nicht mehr über den ordre public durchgesetzt, s BGH ZIP 1998, 1025 (für nicht aufklärungsbedürftige Inländer); BGH IPRax 1992, 380 (Samtleben IPRax 1992, 362). Sa BGH NJW-RR 2005, 1071. Die Verurteilung zur Zahlung von **Zinseszinsen** (§ 289 S 1 BGB) verstößt nicht gegen ordre public, OLG Hamburg NJW-RR 1992, 568. Auch ein **Verzugsstrafzins** verstößt ohne zeitliche Begrenzung nicht gegen § 1059 II Nr 2b (s BayObLG 22.1.2024 – 101 Sch 172/23 Tz 28 zu Schiedsspruch mit vereinbartem Inhalt; sa BayObLG 29.10.2020 – 1 Sch 90/20 Tz 24 ff). Zur Verurteilung zu **punitive damages** (s § 328 Rn 68) durch ausl Schiedsgericht Vorpfeil RIW 1991, 597; zur Abgrenzung zu US-amerikanischen „statutory damages" Thelen ZVglRWiss 117 (2018), 156, 183. Zur Durchsetzung des Art **VIII Abschn 2(b) S 1 IWF-Übk**, Geimer IZPR[9] Rn 234. Kostenentscheidung, die trotz Obsiegens der siegreichen Partei die gesamten Kosten auferlegt, verstößt nicht gegen ordre public, OLG Stuttgart IPRspr 2001, Nr 204. – Schwer nachvollziehbare **Kostenverteilung** ist nur in Extremfällen ordre public-widrig, OLG Karlsruhe SchiedsVZ 2012, 101, 106. 33

e) Abweichen des Schiedsgerichts von seinem Auftrag (Entscheidung nach Billigkeit statt nach Recht u Gesetz) verstößt bei bewusster u willkürl Abweichung gegen dt ordre public, Marx 107. – Sa § 1051 Rn 8 u § 1059 Rn 55, 68. **Fehlende Begründung** des Schiedsspruchs ist für sich allein kein Anerkennungsverweigerungsgrund, Marx S 117. Jedoch geht ein **non liquet** zu Lasten der siegreichen Partei. Sa BGH RIW 90, 494 u OLG Bremen IPRspr 99, Nr 181. Zu **Rechtskraftkollisionen** (Missachtung rechtskräftiger Vorentscheidungen) s Marx S 120. 34

f) Über den dt ordre public sind auch **internat zwingende Normen des Europ UnionsR** durchzusetzen, BGH NJW 1969, 980; BGH NJW 1972, 2180; Gamauf ZfRV 2000, 41; so ausdrückl für Art 81 I EG/Art 101 AEUV (§ 1030 Rn 15) EuGH NJW 99, 3549; einschränkend EuGH NJW 2000, 2185 = EWiR 2000, 627 (Geimer). Sa GA Jääskinen EuZW 2015, 124 sowie OLG München SchiedsVZ 2015, 40, 42. Hierzu zB Duve/Rösch SchiedsVZ 2015, 69; Heermann SchiedsVZ 2015, 78; G. Wagner ZVglRWiss 114 (2015), 494, 514. Allgemein zur effektiven **Durchsetzung des UnionsR in der Schiedsgerichtsbarkeit** im ausreichenden Umfang BGH SchiedsVZ 2016, 328, 335 mwN. 35

3) Nicht ordnungsgemäße Vertretung. OLG Frankfurt RIW 89, 913. Maßgebl allein das Schiedsverfahrensstatut (s § 1042 Rn 25 f) bzw das Vollmachtsstatut (s Geimer IPRax 2006, 233, 235). Anders hM: dt Recht unter Beachtung kollisionsrechtl Grundsätze, Schwab/Walter 30 Rn 24; Marx S 114. 36

4) Verletzung des rechtlichen Gehörs. Eine solche kann nur beschwerte Partei geltend machen, nicht Gegner; **keine Prüfung vAw**, s § 1042 Rn 3 ff; Marx S 107; Schlosser RipS[2] Rn 831. Wer krank ist, muss Vertreter entsenden. Evtl Verstoß muss mit Rechtsbehelfen innerhalb des (ausl) Schiedsverf bzw Aufhebungsklage im Ursprungsstaat gerügt werden. Ansonsten **Präklusion**, OLG Frankfurt RIW 1989, 914; KG IPRspr 2008, Nr 199. Zum rechtl Gehör BayObLG NJW-RR 2002, 431: Bei Schiedsverf ohne Beteiligung des Gegners Zustellungsfiktionen uU ausreichend, s KGR Berlin 2008, 839, 840. – Sa BGH RIW 90, 495. Kein Anerkennungsverweigerungsgrund, wenn die zuvor im Schiedsverf angehörte Partei in der abschließenden Verh vor dem Schiedsgericht neben ihrem VerfBev keine Gelegenheit mehr erhalten hat, **persönl das Wort zu ergreifen**, OLG München SchiedsVZ 2010, 169, 172. 37

V) Kein Aufhebungsverfahren im Ursprungsstaat (wo das Schiedsgericht seinen Sitz hat). Präklusion des Aufhebungsgrundes im dt Vollstreckbarerklärungsverf tritt nicht ein, wenn von der **Möglichkeit, befristete Aufhebungsklage im Ausland zu erheben** (vgl Art VI UNÜ), kein Gebrauch gemacht wurde (s näher zur früheren Rechtslage 35. Aufl u BGH RIW 2001, 458, 460). Eine solche Präklusion **lehnt** BGH IPRax 2012, 249 (Otto IPRax 2012, 223) – Vorinstanz OLG München SchiedsVZ 2010, 50 für § 1061 **definitiv ab** (hierzu krit Santomauro SchiedsVZ 2016, 178) –, soweit es um die **Prüfung der Zuständigkeit des Schiedsgerichts im Anerkennungs- bzw Exequaturstadium** geht. Der BGH verwirft auch den Einwand, es sei widersprüchl u grob treuwidrig, wenn beschwerte Partei ausdrückl auf Aufhebungsantrag im Ursprungsstaat des Schiedsspruchs verzichtet, aber der Vollstreckbarerklärung des Schiedsspruchs in anderen Ländern entgegentritt. **Fortführung der Rspr** durch BGH SchiedsVZ 2024, 115, 118 = MDR 2024, 391 f: keine Präklusion von Anerkennungsversagungsgrund nach Art V (1) UNÜ bei unterlassener Rechtsmitteleinlegung im Erlassstaat; sa BayObLG SchiedsVZ 2025, 41, 50: kein Vorbehalt der Geltendmachung (befristeter) ausländischer Rechtsbehelfe gegen Schiedsspruch. – Keine Bindung an Abweisung der Aufhebung im Ursprungsstaat, BGH SchiedsVZ 2023, 228. 38

Wurde im **Ursprungsstaat Aufhebung des ausl Schiedsspruchs beantragt**, ist dort hierüber aber **noch nicht endgültig entschieden**, so können die dt Gerichte gem Art VI UNÜ das dt Vollstreckbarerklärungsverf aussetzen oder den ausl Schiedsspruch gegen Sicherheitsleistung für vollstrb erklären. Sie können aber auch ohne Sicherheitsleistung die Vollstreckbarerklärung aussprechen, so zB BayObLG 16.1.2022 – 101 Sch 60/21; OLG Frankfurt/M 1.12.2022 – 26 Sch 4/22; hierzu Kröll NJW 2023, 819 Rn 28. Wird dann der ausl Schiedsspruch wider Erwarten im Ursprungsstaat doch aufgehoben, muss der Schuldner seinen Vollstreckungsschaden vor staatl Gerichten einklagen, es sei denn, das Schiedsgericht ist auch hierfür zuständig. Außerhalb des Anwendungsbe- 39 reichs der Brüssel Ia-VO (Art 1 II lit c) u des LugÜ (Art 1 II Nr 3) eröffnen § 32 u § 23 ein Forum in Deutschland, sofern der beklagte Gläubiger im Ausland wohnt oder seinen Sitz hat. Die **Anwendung von § 717 II 2** über § 794 I Nr 4a bzw § 1065 II 2 hilft nicht weiter, weil das dt „Auffangverfahren" fehlt; denn das dt Vollstreckbarerklärungsverf dürfte zumindest in den meisten Fällen längst beendet sein. Hält man die vorgenannten Bereichsausnahmen des Art 1 II Brüssel Ia-VO bzw. LugÜ nicht für gegeben, weil der Verfahrensgegenstand nicht arbitral einzuordnen sei, da der Schaden nicht durch den Schiedsspruch, sondern durch Erlass der dt Vollstreckbarerklärung u damit Kreierung eines VollstrTitels in Deutschland und dessen Durchsetzung durch die dt Vollstreckungsorgane entstanden sei, dann muss man auf Art 4 ff Brüssel Ia-VO bzw Art 2 ff LugÜ rekurrieren, sofern man den Anwendungsbereich des Art 24 Nr 5 Brüssel Ia-VO bzw Art 22 Nr 5 LugÜ nicht auf Klagen wegen Vollstreckungsschäden anwenden will. Trotz gewisser Bedenken hätte das **Forum im Vollstreckungsstaat** Vorzüge: Der Staat, der bei der Durchsetzung eines letztlich nicht existenten Anspruchs sein Vollstreckungsregime zur Verfügung gestellt hat, darf sich bei der Rückabwicklung der „verunglückten" ZwV nicht durch die Vorenthaltung eines Forums verweigern. Hierzu näher Geimer GS Mankowski, 2024, S 603 ff.

40 **VI) Verbindlichkeit des ausländischen Schiedsspruchs. 1) Voraussetzung für Vollstreckbarerklärung** gem § 1061 ist zunächst, dass der ausl Schiedsspruch nach dem für ihn maßgebl Recht verbindl geworden ist, Art V (1) e UNÜ, OLG Frankfurt/M IPRspr 2008, Nr 203. Dies setzt nicht voraus, dass der Schiedsspruch im Ursprungsstaat für vollstrb erklärt wurde, er muss dort nur bei Vorliegen aller Voraussetzungen für **vollstreckbar erklärt werden können**. Bestr, ob dieser Begriff autonom zu bestimmen ist oder ob das Verfahrensstatut (s § 1025 Rn 8) maßgebl ist (so hM), Solomon S 97 mwN. Der Schiedsspruch darf weder bei einem Oberschiedsgericht noch mit einem Rechtsmittel beim staatl Gericht angegriffen werden können, das zu einer (umfassenden) Nachprüfung in sachl oder rechtl Hinsicht führen kann. Großzügiger BayObLG SchiedsVZ 2003, 142 u Plaßmeier SchiedsVZ 2004, 234. Ein Schiedsspruch ist jedenfalls solange nicht verbindl, als er vom Schiedsgericht (1. oder 2. Instanz) im Rahmen des Schiedsverf noch **geändert** werden kann, Solomon S 108. Die **Verbindlichkeit des Schiedsspruchs** ist jedoch nicht ausgeschlossen, wenn der Schiedsspruch durch einen § 1059 entspr Aufhebungsantrag oder Klage nachträgl beseitigt werden kann, arg III, BGH NJW 88, 3090; BayObLG NJW 2003, 386; OLG Hamm IHR 2010, 84; Geimer IZPR[9] Rn 3889.

41 **2)** Wird der Schiedsspruch im Staate des Sitzes des Schiedsgerichts oder in dem Staat, dessen Rechtsordnung für das Schiedsverf (aus dt Sicht, s Rn 6) maßgebl ist (Schiedsverfahrensstatut; s § 1025 Rn 8), aufgehoben oder für wirkungslos erklärt, stellt sich die Frage, ob das ausl Urteil vorbehaltlos als Faktum („Erlöschenstatbestand") hingenommen werden soll. Sofern nicht Art VII UNÜ bzw Art IX EÜ zur Anwendung kommt, ist entscheidend, wie man Art V (1) e UNÜ interpretiert. Ist Ursprungsstaat internat ausschließl zuständig zur Aufhebung, so bedeutet dies nicht, dass jedes Aufhebungsurteil aus dem Heimatstaat anerkannt werden muss, Geimer IZPR[9] Rn 3944; BGH SchiedsVZ 2013, 229, 230. AA OLG Dresden IHR 2008, 69. Sa Samtleben ZZPInt 16 (2011), 425, 454.

42 **3) Einwendungen gegen den Anspruch selbst** sind zulässig, wenn nach Abschluss des Schiedsverf entstanden, s Rn 18, 19. Sa § 1060 Rn 9, BGHZ 34, 274; OLGR Bremen 2006, 650, 652; Geimer IZPR[9] Rn 3906. Nach BGH NJW 90, 1419 kann jedoch im Vollstreckbarerklärungsverf Einwand der Abänderbarkeit gem § 323 nicht berücksichtigt werden. – Zur Aufrechnung im Vollstreckbarerklärungsverf s § 1060 Rn 25; BGH 6.5.2021 – I ZB 71/20; BGH SchiedsVZ 2010, 275; OLG Schleswig SchiedsVZ 2010, 276. Der Aufrechnungseinwand kann analog § 767 II grds erhoben werden, allerdings dann nicht, wenn die zur Aufrechnung gestellte Forderung ihrerseits einer Schiedsabrede unterliegt; OLG Frankfurt/M IWRZ 2021, 42.

43 **4) Vollstreckbarerklärungsverf in mehreren Staaten** wegen desselben Schiedsspruchs auch gleichzeitig zulässig. § 261 III Nr 1 analog steht nicht entgegen, Geimer FS Thümmel, 2020, 223; zust OLG München SchiedsVZ 2020, 145; Hammer Rn 758. Denn Gl muss sich VollstrTitel als Basis der ZwV verschaffen, um rechtzeitig „starten" zu können. Dem Ag sind idR die Kosten nach § 91 aufzuerlegen, **§ 93 kommt nur ausnahmsw zum Zuge**, s § 1060 Rn 4; OLG Stuttgart SchiedsVZ 2009, 67. Sa OLG München SchiedsVZ 2009, 127, 128; OLG Frankfurt/M 21.6.2013 – 26 SchH 3/13; Kröll SchiedsVZ 2009, 1187; 2010, 214. **Vollstreckungsversuche des Gl im Ausland** sind kein Grund, die Vollstreckbarerklärung zu verweigern; Geimer IPRax 90, 192; WSch/Schütze[5] Rn 101. Soweit die Vollstreckung im Ausland bereits zur Erfüllung geführt hat (Pfändung bzw sonstige Sicherung genügt nicht, OLG München SchiedsVZ 2020, 145), ist dieser Einwand analog § 767 relevant, s § 1060 Rn 9. Bei konkreter Gefahr der Doppelvollstreckung, die genau darzulegen u glaubhaft zu machen ist, kann die **ZwV auf Sicherungsvollstreckung beschränkt** werden.

44 **5) Staatliche oder aus dieser abgeleitete Immunität als Einwand.** Hierzu etwa Gottwald S 27; Langkeit S 210, 218; StJ/Schlosser § 1060 Rn 40 ff; BGH NJW 2013, 3184; Geimer IZPR[9] Rn 542, 3929. Zu unterscheiden ist (a) die Unzulässigkeit des Vollstreckbarerklärungsverf, weil der Streitgegenstand dem hoheitl Bereich als **actum iure imperii** zuzuordnen ist. Jedoch umfasst der im Abschluss einer Schiedsvereinbarung liegende Verzicht auf die Immunität auch die Vollstreckbarerklärung; (b) die Unzulässigkeit der ZwV auf Grund der dt Vollstreckbarerklärung (diese ist der VollstrTitel in Deutschland) in einen konkreten Gegenstand, weil für diesen wegen seiner Nutzung zu hoheitl Zwecken Vollstreckungsimmunität besteht, KG SchiedsVZ 2004, 103 (Geimer SchiedsVZ 2004, 108); OLG Köln SchiedsVZ 2004, 99 (Kröll IPRax 2004, 223); BGH SchiedsVZ 2006, 44.

6) Verfahren der Vollstreckbarerklärung s § 1064 III. – **Nebenintervention** u **Streitverkündung** grds zulässig, OLG Frankfurt/M SchiedsVZ 2013, 119, 121; Werner NZG 2023, 458 f; Nw bei Lühmann S 134. Sa § 1063 Rn 16. – **Keine Annexzuständigkeit für Ersatz vorgerichtl Kosten**, OLG Frankfurt/M SchiedsVZ 2020, 318 u § 1060 Rn 1. 45

7) Antrag auf Aufhebung der Vollstreckbarerklärung gem § 1061 III. Wird der im Inland für vollstrb erklärte Schiedsspruch im Ausland aufgehoben, berührt dies die dt Vollstreckbarerklärung an sich nicht, da es sich um einen **Gestaltungsakt** handelt, der **originär die Vollstreckbarkeit im Inland begründet**. Der Sch kann jedoch gem III Aufhebung der Vollstreckbarerklärung beantragen (§ 1062 I Nr 4), wenn die Aufhebung des Schiedsspruchs im Ausland erst nach Beendigung des dt Vollstreckbarerklärungsverf erfolgt ist. Anderenfalls ist er präkludiert, § 767 II. Erlangt er erst nach Vollstreckbarerklärung von Aufhebungsgründen Kenntnis, so ist eine nachträgl Aufhebung nicht vorgesehen; die nachträgl Geltendmachung von Aufhebungsgründen ist dem im Ausland zu betreibenden Verf vorbehalten. 46

8) Erfüllungsklage aus Schiedsspruch (= Leistungsklage im Gegensatz zum Vollstreckbarerklärungsverf nach § 1061, das eine prozessuale Rechtsgestaltung zum Gegenstand hat) **ist unzulässig, da Rechtsschutzbedürfnis fehlt.** § 1061 bietet einfacheren u billigeren Weg, einen im Inland vollstrb Titel zu erlangen, vor allem auch im Hinblick auf § 1063 III; Geimer IZPR[9] Rn 3930. 47

9) Zur Klärung der Frage, ob die Wirkungen eines ausl Schiedsspruchs im Inland anzuerkennen sind oder nicht, stellt das dt Recht **kein bes (vereinf) Feststellungsverf** zur Verfügung. § 1061 betrifft nur die **Vollstreckbarerklärung.** Diese kommt nur in Betracht für Schiedssprüche, die nach dem maßgebl ausl Recht vollstrb sind; es scheiden also – mit Ausnahme der Entscheidung im Kostenpunkt – feststellende u gestaltende Schiedssprüche aus. AA die hM (s § 1060 Rn 6; Illmer IPRax 2012, 264, 267 f). Gleichwohl sollte man auch **für die Feststellung der Anerkennung bzw Nichtanerkennung des ausl Schiedsspruchs** das (in § 1061 für die Vollstreckbarerklärung vorgesehene) **Beschlussverf vor dem OLG (§ 1062 I Nr 4)** zulassen. Andernfalls bliebe nur die Feststellungsklage (§ 256), soweit Feststellung analog §§ 1061 ff ausscheidet, s § 1060 Rn 6. **Klage auf Feststellung, dass Schiedsspruch im Inland wegen Nichtanerkennung keine Wirkung entfaltet**, wäre dann zulässig (Adolphsen S 514), wohl auch positive Feststellungsklage, wenn Antrag auf Vollstreckbarerklärung wegen Erfüllung nicht mehr in Betracht kommt, § 1061 Rn 15 u die komplexen Hilfsanträge in BGH 12.1.2023 – I ZB 33/22. BGH 9.3.2023 – I ZB 33/22 Tz 94 ff folgt dem weitgehend: Dem zukünftigen Antragsgegner eines Vollstreckbarerklärungsverfahrens steht bis zur Einleitung dieses Verf ein Antrag auf Feststellung der Nichtanerkennung des ausl Schiedsspruchs analog § 1062 I Nr 4 Fall 2, § 1061 II zu. Dieser Antrag auf Feststellung der Nichtanerkennung ist nicht fristgebunden. Die Drei-Monats-Frist gem § 1059 III 1-3 sowie die Präklusion des § 1060 II 2 finden auf ausl Schiedssprüche keine, auch keine entspr Anwendung. – Beschlussverf auch statthaft für Feststellung der **Erledigung der Hauptsache**, KG 1.11.2016 – 20 Sch 2/14; WSch/Schütze[5] Rn 30. Gegen **Kostenbeschluss** des OLG nur Rechtsbeschwerde zum BGH, nicht § 99; unstatthaft nur wegen Kostenpunkt BGH MDR 2008, 592. Zur Auslegung der **Erledigungserklärung** als Antragsrücknahme nach § 269 III 3, IV s BayObLG 6.5.2024 – 101 Sch 40/24 e. Sa § 1065 Rn 1. 48

VII) Anerkennung von Entscheidungen staatlicher Gerichte auf dem Gebiet der Schiedsgerichtsbarkeit. Das Urteil eines ausl staatl Gerichts, das die Klage wegen Bestehens einer wirksamen Schiedsklausel abweist oder die Wirksamkeit ders feststellt, kann – da keine Entscheidung in der Sache – nicht anerkannt werden, Geimer IZPR[9] Rn 3891, 3942; OLG München SpuRt 2003, 199. 49

VIII) Übergehen einer Schiedsabrede. 1) Nichtanerkennung der Sachentscheidung eines ausl staatl Gerichts, analog § 328 I Nr 1, **das Schiedsvereinbarung ignoriert hat**, obwohl Bekl sich (ordnungsgemäß u rechtzeitig) auf die Schiedsvereinbarung berufen hatte, s Hau § 328 Rn 44. Fragl, ob schon internat Zuständigkeit des Erststaates (§ 328 I Nr 1) fehlt, so zB Schlosser RipS[2] Rn 400 gE, 883 oder ob ordre public (§ 328 I Nr 4) eingreift. 50

2) Anwendungsbereich der Brüssel Ia-VO. Erw 12 (3) (1) bestätigt hingegen die grds Anerkennungsfähigkeit von Entscheidungen in der Sache, die nicht hätten ergehen dürfen, weil bei richtiger Rechtsanwendung die **Zuständigkeit eines Schiedsgerichts** wirksam begründet war. Das Gleiche gilt im **Anwendungsbereich des LugÜ.** Art 1 II (d) Brüssel Ia-VO kann vom Zweitrichter im ersuchten Mitgliedstaat (Art 2 [e] Brüssel Ia-VO) nicht selbständig nachgeprüft werden. Da die internat Zuständigkeit des Ursprungsmitgliedstaates im Anerkennungsstadium gem Art 45 III Brüssel Ia-VO nicht überprüft werden darf, bleibt das (rechtswidrige) Übergehen einer wirksamen Schiedsvereinbarung folgenlos. Aus Art 45 III 2 Brüssel Ia-VO folgt auch für das Verhältnis zwischen staatl Gerichtsbarkeit u Schiedsgerichtsbarkeit, dass alle mit der „Zuständigkeit“ im weitesten Sinne zusammenhängenden Fragen abschließend im Erstverf geklärt u entschieden werden sollen. Dabei kann die Frage offenbleiben, ob die wirksame Schiedsvereinbarung – ebenso wie die Gerichtsstandsvereinbarung (Art 25 Brüssel Ia-VO) – die an sich nach Art 4 ff Brüssel Ia-VO bestehende internat Zuständigkeit des staatl Gerichts beseitigt oder nicht, Geimer IZPR[9] Rn 3736; Geimer FS Ahrens, 2016, S 501; wNw bei Domej FS Gottwald, 2014, S 97, 104. 51

In Versicherungs-, Verbraucher- und Arbeitssachen gilt nichts Abweichendes. Ist die kompetenzrechtl privilegierte, weil besonders zu schützende **„schwächere“ Partei** (Versicherungsnehmer etc, **Verbraucher**, ArbeitN) auf der Beklagtenseite, geht es also um deren internat Gerichtspflichtigkeit, dann muss zwar gem Art 45 I (e) 52

(i) Brüssel Ia-VO auf deren Antrag (Art 45 I Brüssel Ia-VO) auch im Anerkennungsstadium die Einhaltung der Art 10 ff Brüssel Ia-VO nachgeprüft werden. Aber auch hier kann das Übergehen einer wirksamen Schiedsvereinbarung durch das staatl Gericht nicht zur Versagung der Anerkennung u Vollstreckung führen.

53 Hat ein staatl Gericht in einem Mitgliedstaat ein Sachurteil erlassen, so schließt die Brüssel Ia-VO nicht aus, dass gleichwohl **das an sich zuständige Schiedsgericht auch in der Sache entscheidet**. Das Konkurrenzverhältnis ist im internat Kontext nach den Unvereinbarkeitsregeln des Art 45 I (c) u (d) Brüssel Ia-VO zu klären. Diese sind zugunsten von Schiedssprüchen analog anzuwenden mit der Folge, dass ggf die Anerkennung u Vollstreckung staatl Gerichtsentscheidungen auf Antrag eines Berechtigten (Art 45 I, Art 46 Brüssel Ia-VO) scheitern kann, Mankowski SchiedsVZ 2014, 209; Mankowski in Rauscher[5] Art 1 Brüssel Ia-VO Rn 154, 155; Hess in Schlosser/Hess[4] Art 45 EuGVVO Rn 30. – Auch wegen der Unvereinbarkeit mit einem Schiedsspruch kann der **Versagungsgrund des Art 45 I (c) Brüssel Ia-VO** zur Anwendung kommen, EuGH IPRax 2023, 238 – London Steam-Ship Owners' Mutual Insurance Association. Hierzu Gal VersR 2022, 1276; Bernard RIW 2023, 16.

54 In Betracht zu ziehen ist auch das nach Art 73 II Brüssel Ia-VO vorrangige New Yorker Übk (Anh § 1061 Rn 1 ff), sofern man aus dessen Art II (3) ein Anerkennungsverbot herauslesen will. Nw bei Mankowski in Rauscher[5] Art 1 Brüssel Ia-VO Rn 153, 154. Abl Domej FS Gottwald, 2014, S 97, 104, 106.

55 **IX) Schiedssprüche nichtvertraglicher Schiedsgerichte mit Sitz im Ausland.** Ist Basis für die Zuständigkeit des ausl Schiedsgerichts nicht eine Schiedsvereinbarung (Art II UNÜ), sondern eine einseitige Anordnung nach dem Modell des § 1066, so ist die Anerkennung u Vollstreckbarerklärung des ausl Schiedsspruchs nicht von vorneherein ausgeschlossen, weil das UNÜ diese Konstellation nicht im Auge hat (**keine völkerrechtl Verpflichtung**). Anders aber das dt autonome Recht. § 1066 verweist auch auf § 1061. Auf Grund dieser Verweisung ist Art V (1) (a) UNÜ dahingehend modifiziert, dass es nicht auf eine wirksame Schiedsvereinbarung, sondern eine wirksame Anordnung des Erblassers, Satzungsgebers etc ankommt, s § 1066 Rn 32.

56 **X) Schiedsvergleiche.** Im ausl Schiedsverf abgeschlossene **Schiedsvergleiche** können als solche nicht gem § 1061 für vollstrb erklärt werden, sofern sie nicht in einem **Schiedsspruch mit vereinbartem Wortlaut** (vgl § 1053) tituliert sind. Dann sind sie ohne weiteres nach § 1061 vollstrb (BayObLG SchiedsVZ 2024, 59 für „Schiedsspruch" tschechischen Schiedsgerichts). „Genehmigung" des Vergleichs im Tenor steht Schiedsspruch mit vereinbartem Wortlaut nicht entgegen. Auch reine **Schiedsvergleiche** sind ausnahmsweise vollstrb, soweit völkerrechtl Verträge diese Schiedssprüchen gleichstellen, so Art 9 III dt-schweizer Abk, Art 13 II dt-belg Abk, Art 12 dt-österr Vertr, Art 14 dt-griech Vertr u Art 52 II dt-tunes Vertr. Im Zweifelsfall ist Parteien Beantragung der Überführung in Schiedsspruch mit vereinbartem Wortlaut anzuraten.

57 **XI) Durchführung der Zwangsvollstreckung.** Erfolgt auf Grund der dt Vollstreckbarerklärung (die gem § 1064 II für vorläufig vollstrb zu erklären ist, s § 1060 Rn 23; Feldmann S 286) nach dt Recht, s § 1060 Rn 32. Es gelten die allg Vorschriften wie bei der Vollstreckung dt staatl VollstrTitel. Soweit das Prozessgericht des 1. Rechtszugs zuständig ist, zB nach § 887, ist dies das OLG (§ 1062 I), OLG München 18.6.2012 – 34 Sch 32/11; sa § 887 Rn 6. AA OLG Jena SchiedsVZ 2008, 44, 46: AG (§ 1062 IV).

58 **XII) ICSID-Schiedssprüche.** Zu **ICSID-Schiedssprüchen** s ausf Geimer IZPR[9] Rn 3705 ff.

59 **XIII) Gebühren. 1) Gericht:** 1620 Anm GKG-KV; Vorbem 1.5 GKG-KV. – **2) RA:** Vorbem 3.1 RVG-VV; 3100 ff RVG-VV (OLG Karlsruhe JurBüro 2020, 22). – Beschwerde: Vorbem 3.2.1 Nr 2a RVG-VV. – Rechtsbeschwerde: Vorbem 3.2.2 Nr 1a RVG-VV.

Anhang nach § 1061

UN-Übereinkommen über die Anerkennung und Vollstreckung ausländischer Schiedssprüche v 10.6.1958 (BGBl II 1961, 121)

Lit: *Koller* in Angst/Oberhammer, EO[3], 2015, Rn 531 ff vor § 79; *Kronke/Nacimiento/Otto/Port*, Recognition and Enforcement of Foreign Arbitral Awards – A Global Commentary on the NYC, 2010; *Salger/Trittmann/Poseck*, Internationale Schiedsverfahren, 2019, § 23 Rn 25 ff; *Tafelmaier*, Schiedsspruch und staatl Gerichtsbarkeit, 2018, S 188 ff.

Artikel I

1 **(1) [1]Dieses Übereinkommen ist auf die Anerkennung und Vollstreckung von Schiedssprüchen anzuwenden, die in Rechtsstreitigkeiten zwischen natürlichen oder juristischen Personen in dem Hoheitsgebiet eines anderen Staates als desjenigen ergangen sind, in dem die Anerkennung und Vollstreckung nachgesucht wird. [2]Es ist auch auf solche Schiedssprüche anzuwenden, die in dem Staat, in dem ihre Anerkennung und Vollstreckung nachgesucht wird, nicht als inländische anzusehen sind.**

(2) Unter „Schiedssprüchen" sind nicht nur Schiedssprüche von Schiedsrichtern, die für eine bestimmte Sache bestellt worden sind, sondern auch solche eines ständigen Schiedsgerichtes, dem sich die Parteien unterworfen haben, zu verstehen.

(3) [1]Jeder Staat, der dieses Übereinkommen unterzeichnet oder ratifiziert, ihm beitritt oder dessen Ausdehnung gemäß Artikel X notifiziert, kann gleichzeitig auf der Grundlage der Gegenseitigkeit erklären, dass er das Übereinkommen nur auf die Anerkennung und Vollstreckung solcher Schiedssprüche anwenden werde, die in dem Hoheitsgebiet eines anderen Vertragsstaates ergangen sind. [2]Er kann auch erklären, dass er das Übereinkommen nur auf Streitigkeiten aus solchen Rechtsverhältnissen, sei es vertraglicher oder nichtvertraglicher Art, anwenden werde, die nach seinem innerstaatlichen Recht als Handelssachen angesehen werden.

Der Begriff des Schiedsspruchs ist autonom, dh einheitl für alle Vertragsstaaten zu ermitteln. Jedoch kann der 2
dt Gesetzgeber über den Anwendungsbereich des UNÜ hinaus die Anerkennung u Vollstreckung ausl Rspr-Akte anordnen, Koller in Angst/Oberhammer, EO[3], 2015, Rn 538 ff vor § 79. **Schiedsvergleiche** fallen – sofern sie nicht in Form eines Schiedsspruchs mit vereinbartem Wortlaut tituliert worden sind (vgl § 1053) – nicht in den Anwendungsbereich des UNÜ, ebenso nicht Prozessschiedssprüche, s § 1061 Rn 12.

Eine Beschränkung auf Zivil- u Handelssachen enthält das UNÜ nicht, StJ/Schlosser Anh § 1061 Rn 7a ff. AA 3
Schütze IZPR in ZPO[2] § 1061 Rn 35; Tafelmaier S 190.

Artikel II

(1) Jeder Vertragsstaat erkennt eine schriftliche Vereinbarung an, durch die sich die Parteien verpflichten, 4
alle oder einzelne Streitigkeiten, die zwischen ihnen aus einem bestimmten Rechtsverhältnis, sei es vertraglicher oder nichtvertraglicher Art, bereits entstanden sind oder etwa künftig entstehen, einem schiedsrichterlichen Verfahren zu unterwerfen, sofern der Gegenstand des Streites auf schiedsrichterlichem Wege geregelt werden kann.

(2) Unter einer „schriftlichen Vereinbarung" ist eine Schiedsklausel in einem Vertrag oder eine Schiedsabrede zu verstehen, sofern der Vertrag oder die Schiedsabrede von den Parteien unterzeichnet oder in Briefen oder Telegrammen enthalten ist, die sie gewechselt haben.

(3) Wird ein Gericht eines Vertragsstaates wegen eines Streitgegenstandes angerufen, hinsichtlich dessen die Parteien eine Vereinbarung im Sinne dieses Artikels getroffen haben, so hat das Gericht auf Antrag einer der Parteien sie auf das schiedsrichterliche Verfahren zu verweisen, sofern es nicht feststellt, dass die Vereinbarung hinfällig, unwirksam oder nicht erfüllbar ist.

I) Formvorschrift des Art II (2). S § 1031 Rn 21 f u BGH IPRax 2006, 266 (Geimer IPRax 2006, 233) = LMK 5
2006, 166229 (Geimer) = SchiedsVZ 2005, 306; OLG Köln IPRspr 2010, Nr 309; Hanefeld/Wittinghofer SchiedsVZ 2005, 217, 219; Schwab/Walter 44 Rn 7; BayObLGZ 2002, 392, 396 = NJW-RR 2003, 719; OLG Brandenburg IPRax 2003, 349 (Otto IPRax 2003, 333, 335). In jedem Fall greift die Auffangregel des Art VII. Danach genügt Einhaltung des § 1031 auch für Schiedsverf mit Schiedsort außerhalb Deutschlands, BGH NJW-RR 2021, 376 Tz 26 WM 2022, 786; BGH SchiedsVZ 2010, 332 = LMK 2010, 310078 (Pfeiffer); OLG Düsseldorf 22.7.2014 – 4 Sch 8/13 Tz 40, sa § 1061 Rn 23 ff. – II gilt ebenso wie § 1031 (s § 1029 Rn 10, 11) **nicht auch für Verfahrensvereinbarungen**, Niedermaier S 197. – Die einseitige Zusendung von Dokumenten genügt zur Begründung einer Schiedsvereinbarung selbst bei laufenden Geschäftsbeziehungen nicht, weil für die Wechselseitigkeit eine stillschweigende Antragsannahme der anderen Partei nicht ausreicht, OLG Düsseldorf 22.7.2014 – 4 Sch 8/13 Tz 37.

Nicht ausdrückl normiert ist, nach welchem Recht die Schiedsvereinbarung in der Einredesituation nach Art II 6
(3) zu beurteilen ist. Nach hM (s § 1029 Rn 14, 85 ff) sind im Interesse des Entscheidungseinklangs die Kollisionsregeln des Art V (1) (a) UNÜ anzuwenden, ebenso wie in allen anderen Situationen, in denen über die Wirksamkeit einer Schiedsvereinbarung zu entscheiden ist, die voraussichtl zu einem unter Art I (1) UNÜ fallenden Schiedsspruch führen wird, Epping S 20, 41.

Die Formvorschrift des Art II gilt nicht für die **Erteilung der Vollmacht**. Zust OLG Hamm SchiedsVZ 2014, 7
38, 43.

Das **Statut der Vollmacht** (zum Abschluss einer Schiedsvereinbarung) ist gesondert vom Statut der Schiedsver- 8
einbarung anzuknüpfen, s § 1029 Rn 85 ff, 89; OLG Hamm SchiedsVZ 2014, 38, 43; Geimer IZPR[9] Rn 3792; Geimer IPRax 2006, 233, 235; Mansel FS Maier-Reimer, 2010, S 407, 414. Wenn in concreto keine Wahl des Vollmachtsstatuts vorgenommen wurde, kommen als obj Anknüpfung der Vereinbarungsabschlussort oder der Sitz des Schiedsgerichts in Betracht. Letztere Anknüpfung sollte man vorziehen. Denn der mehr oder minder zufällige Ort des Handelns des (vermeintl) Vertreters (realer Gebrauchsort) ist ein viel schwächerer kollisionsrechtl Bezugspunkt.

II) Unwirksamkeitsgründe. Kein EinheitsR, maßgebl vielmehr Schiedsvereinbarungsstatut, s § 1029 Rn 63, 9
85 ff; Geimer IZPR[9] Rn 3799a. III verpflichtet zur Auslegung in favorem validitatis. Zust Steinbrück S 73 ff. Nw auch bei Koller in Liebscher/Oberhammer/Rechberger Rn 3/54.

Darlegungs- u Beweislast für Vorliegen einer wirksamen Schiedsvereinbarung trägt diej Partei, die sich da- 10
rauf beruft, BayObLG ZIP 2022, 2177, im Vollstreckbarerklärungsverf mithin der Ast, OLG München SchiedsVZ 2010, 50. Sa § 1064 Rn 1.

11 **III) Vereinbarung (Art II [1]).** Bei gewechselter Korrespondenz muss im Wege der Auslegung dem Verhalten des Vertragspartners entnommen werden können, dass die Schiedsklausel von dessen rechtsgeschäftl Willen mitumfasst ist, OLG München SchiedsVZ 2010, 50. – Gestaltet ein ausl Broker seine Vertragsformulare so, dass seine Unterzeichnung der dort aufgeführten Schiedsabrede nicht vorgesehen ist, kann seinem Vertragspartner, der das Formular unterschrieben hat, sich aber auf Formnichtigkeit beruft, kein widersprüchl Verhalten vorgeworfen werden, BGH SchiedsVZ 2011, 46 = GWR 2010, 582 (Wagner). Wer sich darauf beruft, die Schiedsvereinbarung bzw eine diesbzgl Abänderungsvereinbarung sei nur zum Schein geschlossen worden, trägt die Darlegungs- u Beweislast, BayObLG ZIP 2022, 2177; OLG München SchiedsVZ 2011, 337.

Artikel III

12 **[1]Jeder Vertragsstaat erkennt Schiedssprüche als wirksam an und lässt sie nach den Verfahrensvorschriften des Hoheitsgebietes, in dem der Schiedsspruch geltend gemacht wird, zur Vollstreckung zu, sofern die in den folgenden Artikeln festgelegten Voraussetzungen gegeben sind. [2]Die Anerkennung oder Vollstreckung von Schiedssprüchen, auf die dieses Übereinkommen anzuwenden ist, darf weder wesentlich strengeren Verfahrensvorschriften noch wesentlich höheren Kosten unterliegen als die Anerkennung oder Vollstreckung inländischer Schiedssprüche.**

13 Ob nach dem Recht des Sitzstaates ein wirksamer Schiedsspruch vorliegt (zB weil nicht alle Schiedsrichter unterschrieben und keinen Grund hierfür angegeben haben), will OLG München SchiedsVZ 2010, 169, 172 nicht selbständig ergründen, s § 1061 Rn 16. – Zur Frage, ob das UNÜ Anerkennungsverbote ggü staatl Urteilen enthält, die die Schiedsvereinbarung irrig ignoriert haben, s § 1061 Rn 54.

14 **Umfassende Anerkennungspflicht für ausl Schiedssprüche.** Sie gilt – mangels eines völkerrechtl Vorbehalts Deutschlands – auch für Schiedssprüche, die in einem Nichtvertragsstaat ergangen sind. Sie ist nicht auf Schiedssprüche in Handelssachen beschränkt. Das Schiedsverf muss keine internat Bezüge aufweisen, Samtleben ZZPInt 16 (2011), 425, 427.

15 § 1025 IV verweist auf §§ 1062 ff. Zu mat-rechtl Einwendungen s § 1061 Rn 42; Koller in Angst/Oberhammer, EO[3], vor § 79 Rn 593.

Artikel IV

16 **(1) Zur Anerkennung und Vollstreckung, die im vorangehenden Artikel erwähnt wird, ist erforderlich, dass die Partei, welche die Anerkennung und Vollstreckung nachsucht, zugleich mit ihrem Antrag vorlegt:**

a) die gehörig legalisierte (beglaubigte) Urschrift des Schiedsspruches oder eine Abschrift, deren Übereinstimmung mit einer solchen Urschrift ordnungsgemäß beglaubigt ist;

b) die Urschrift der Vereinbarung im Sinne des Artikels II oder eine Abschrift, deren Übereinstimmung mit einer solchen Urschrift ordnungsgemäß beglaubigt ist.

(2) [1]Ist der Schiedsspruch oder die Vereinbarung nicht in einer amtlichen Sprache des Landes abgefasst, in dem der Schiedsspruch geltend gemacht wird, so hat die Partei, die seine Anerkennung und Vollstreckung nachsucht, eine Übersetzung der erwähnten Urkunden in diese Sprache beizubringen. [2]Die Übersetzung muss von einem amtlichen oder beeidigten Übersetzer oder von einem diplomatischen oder konsularischen Vertreter beglaubigt sein.

17 Der ASt muss nur den Schiedsspruch u die Schiedsvereinbarung vorlegen. Den Ag trifft die Darlegungs- u Beweislast für die in Art V (1) aufgelisteten Anerkennungshindernisse. Sa allg BayObLG ZIP 2022, 2177. Die in Art IV normierten Vorlagepflichten sind abschließend, arg Art III. Ein Rückgriff auf strengeres nationales Recht (s Rn 20) kommt nicht in Betracht, Haas IPRax 2000, 432, 433. Es handelt sich ledigl um **Beweismittelregel**, nicht um vAw zu beachtende Formvorschrift, BGH NJW 2000, 3650, 3651 = IPRax 2001, 458 (Krapfl IPRax 2001, 443); BayObLGZ 99, 233 = NJW-RR 99, 644; OLG Hamm RIW 97, 962. WNw bei OLG München 27.2. 2009 – 34 Sch 19/09; Kröll SchiedsVZ 2010, 213, 217. § 1064 III iVm I ist anerkennungsfreundlicher als Art IV UNÜ u hat daher gem Art VII Vorrang, BGH SchiedsVZ 2003, 281, 282 (Kröll); OLG Schleswig SchiedsVZ 2003, 237; OLG Celle IPRspr 2007, Nr 218; OLG München SchiedsVZ 2009, 343; OLG München SchiedsVZ 2010, 169, 171, 172; OLG Celle IPRspr 2007, Nr 218. WNw bei Otto in Kronke/Nacimiento/Otto/Port S 177 ff. Über Art VII wendet die Praxis der OLGe § 1064 I an mit der Folge, dass entgegen Art IV Schiedsvereinbarung nicht vorgelegt werden muss. Vielmehr muss der Ag sich auf das Fehlen einer wirksamen Schiedsvereinbarung berufen, Samtleben ZZPInt 16 (2011), 425, 434, 436.

18 Art IV fordert nicht den Nachweis der Verbindlichkeit u Rechtskraft des Schiedsspruchs. Art IV (1) (a) verlangt den Nachweis der Echtheit (Authentizität) des Schiedsspruchs durch Vorlage der legalisierten Urschrift bzw begl Abschrift des Schiedsspruchs. Dieser Nachweis ist nicht erforderl, wenn Existenz der Schiedsvereinbarung bzw des Schiedsspruchs zwischen den Parteien unstreitig ist, BGH NJW 2000, 3650; BGH NJW 2001, 1730.

19 Ebenso verhält es sich hinsichtl Nachweis der Existenz der Schiedsvereinbarung durch Urkundenvorlage. Auch Art IV (1) (b) verlangt nur Vorlage der Urschrift oder begl Abschrift, nicht Nachweis der Wirksamkeit bzw

Gültigkeit, BGH NJW 99, 3650; BGH NJW 2001, 1730; OLG Schleswig RIW 2000, 706 = IHR 2001, 125; Gusy JIntArb 2002, 363; Haas IPRax 2000, 432, 434.

Art IV wird durch **liberaleres nationales Recht** (§ 1064) abgeschwächt, Art VII, BGH NJW-RR 2004, 1504 OLG Brandenburg SchiedsVZ 2016, 43, 49; OLG München SchiedsVZ 2020, 145. § 1064 III iVm I stellt weniger Anforderungen. Nach dem Günstigkeitsprinzip des Art VII (1) daher Vorlage der in Art IV (1) (b) genannten Unterlagen in Deutschland nicht erforderl, OLG Frankfurt/M 1.12.2022 – 26 Sch 4/22; OLG Düsseldorf 22.7. 2014 – 4 Sch 8/13 Tz 32; Otto IPRax 2002, 164, 169. AA OLG Rostock IPRax 2002, 401 (Kröll IPRax 2002, 384). 20

Wann die in Art IV angesprochenen Beweismittel vorzulegen sind, regelt die jew lex fori. 21

Das OLG kann Beibringung von Übersetzungen nach § 142 III anordnen, OLG München SchiedsVZ 2009, 343. Gegen übertriebenen Formalismus OGH Liechtenstein SchiedsVZ 2014, 34. 22

Artikel V

(1) Die Anerkennung und Vollstreckung des Schiedsspruches darf auf Antrag der Partei, gegen die er geltend gemacht wird, nur versagt werden, wenn diese Partei der zuständigen Behörde des Landes, in dem die Anerkennung und Vollstreckung nachgesucht wird, den Beweis erbringt, 23

a) dass die Parteien, die eine Vereinbarung im Sinne des Artikels II geschlossen haben, nach dem Recht, das für sie persönlich maßgebend ist, in irgendeiner Hinsicht hierzu nicht fähig waren oder dass die Vereinbarung nach dem Recht, dem die Parteien sie unterstellt haben, oder, falls die Parteien hierüber nichts bestimmt haben, nach dem Recht des Landes, in dem der Schiedsspruch ergangen ist, ungültig ist oder

b) dass die Partei, gegen die der Schiedsspruch geltend gemacht wird, von der Bestellung des Schiedsrichters oder von dem schiedsrichterlichen Verfahren nicht gehörig in Kenntnis gesetzt worden ist oder dass sie aus einem anderen Grund ihre Angriffs- oder Verteidigungsmittel nicht hat geltend machen können oder

c) dass der Schiedsspruch eine Streitigkeit betrifft, die in der Schiedsabrede nicht erwähnt ist oder nicht unter die Bestimmungen der Schiedsklausel fällt, oder dass er Entscheidungen enthält, welche die Grenzen der Schiedsabrede oder der Schiedsklausel überschreiten; kann jedoch der Teil des Schiedsspruches, der sich auf Streitpunkte bezieht, die dem schiedsrichterlichen Verfahren unterworfen waren, von dem Teil, der Streitpunkte betrifft, die ihm nicht unterworfen waren, getrennt werden, so kann der erstgenannte Teil des Schiedsspruches anerkannt und vollstreckt werden, oder

d) dass die Bildung des Schiedsgerichtes oder das schiedsrichterliche Verfahren der Vereinbarung der Parteien oder, mangels einer solchen Vereinbarung, dem Recht des Landes, in dem das schiedsrichterliche Verfahren stattfand, nicht entsprochen hat oder

e) dass der Schiedsspruch für die Parteien noch nicht verbindlich geworden ist oder dass er von einer zuständigen Behörde des Landes, in dem oder nach dessen Recht er ergangen ist, aufgehoben oder in seinen Wirkungen einstweilen gehemmt worden ist.

(2) Die Anerkennung und Vollstreckung eines Schiedsspruches darf auch versagt werden, wenn die zuständige Behörde des Landes, in dem die Anerkennung und Vollstreckung nachgesucht wird, feststellt,

a) dass der Gegenstand des Streites nach dem Recht dieses Landes nicht auf schiedsrichterlichem Wege geregelt werden kann oder

b) dass die Anerkennung oder Vollstreckung des Schiedsspruches der öffentlichen Ordnung dieses Landes widersprechen würde.

I) Darlegungs- und Beweislast. 1) ASt trägt Darlegungs- u Beweislast **für Zustandekommen (Abschluss) der Schiedsvereinbarung, Ag für deren (Un-)Wirksamkeit**, BGH 21.2.2017 – I ZB 115/15; BayObLG ZIP 2022, 2177; Kröll NJW 2011, 1265, 1270. Sa Rn 25. Zur Beurteilung der Schiedsfähigkeit s BGH SchiedsVZ 2011, 46 Tz 22 = GWR 2010, 582 (Wagner); OLG Frankfurt/M SpuRt 2001, 159 (tatsächl Anhörung, obwohl in Statut nicht vorgesehen). Zur AGB-Kontrolle OLG Dresden IPRax 2010, 241 (Eichel IPRax 2010, 219); Samtleben ZZPInt 16 (2011), 425, 448. Unerhebl ist, dass das Schiedsgericht die Wirksamkeit der Schiedsvereinbarung bejaht hat; denn es hat **keine Kompetenz-Kompetenz** in dem Sinne, dass es mit Bindungswirkung auch für die staatl Gerichte das Vorliegen einer validen Schiedsvereinbarung feststellen könnte. Das staatl Gericht ist weder im Aufhebungs- noch im Vollstreckbarerklärungsverf an die tatsächl u rechtl Feststellungen des Schiedsgerichts insoweit gebunden, OLGR Celle 2007, 664, 667; OLG Düsseldorf 22.7.2014 – 4 Sch 8/13 Tz 35; sa § 1032 Rn 27. Zur AGB-Kontrolle von Schiedsordnungen Spohnheimer S 111. – BGH NJW-RR 2021, 376 Tz 51 = SchiedsVZ 2021, 97 = WM 2022, 786 (sa § 1029 Rn 85 ff) wendet Art V (I) (a) UNÜ auch im Einredestadium (Art 2 III UNÜ) an. Sa Tarawali/Gerardy SchiedsVZ 2021, 208. 24

2) Der **Schiedskläger** kann sich nicht auf das Fehlen einer Schiedsvereinbarung berufen; dies gilt auch dann, wenn er vorher beim staatl Gericht geklagt hatte u dort gem § 1032 I abgewiesen worden war, OLGR Celle 2007, 664, 666 = IPRspr 2007, Nr 218; OLG Hamm SchiedsVZ 2013, 182; sa § 1059 Rn 43. Zur Beweislast für das Vorliegen einer Schiedsvereinbarung (Art V [1] [a]) Kröll SchiedsVZ 2004, 113, 121; SchiedsVZ 2005, 139, 147; ZZP 117 (2004), 453. Zu streng OLG Celle SchiedsVZ 2004, 165 = IDR 2004, 95 (Wegen/Wilske IDR 2004, 25

77). Allg zur Darlegungs- u Beweislast BayObLG ZIP 2022, 2177; Eckstein-Puhl S 168 ff. – Für volle u unbeschränkte Nachprüfungsmöglichkeit UK-Supreme Court 3.11.2010, EWiR 2011, 29 (Vogl).

26 **3) Rügeloses Einlassen** auf Schiedsverf begründet – auch wenn in Art II nicht ausdrückl normiert – Zuständigkeit des Schiedsgerichts, sofern das Schiedsverfahrensstatut eine Regel wie § 1031 VI kennt, OLG Schleswig RIW 2000, 706, 707; Jordans S 224. Auch wenn dies nicht der Fall ist, ist der Einwand der fehlenden Schiedsvereinbarung präkludiert. Dieser ist nur zulässig, wenn Schiedsbekl am Schiedsverf nicht teilgenommen oder im Schiedsverf das Fehlen einer wirksamen Schiedsvereinbarung in limine litis gerügt hat, Samtleben ZZPInt 16 (2011), 425, 443.

27 **II) Fehlerhafte Bildung des Schiedsgerichts (Art I [d]).** BGH NJW 2008, 2718. Fehlerhaftes Verf: OLG München SchiedsVZ 2010, 169, 171; Samtleben ZZPInt 16 (2011), 425, 451.

28 **III) Verfahrensverstoß.** Der nach Art V relevante Verfahrensverstoß **muss kausal für den Schiedsspruch** sein, OLG Karlsruhe SchiedsVZ 2022, 291, 296 Tz 57 ff; OLG Köln SchiedsVZ 2014, 203, 204; es genügt allerdings, dass die Entscheidung des Schiedsgerichts auf dem gerügten Verstoß beruhen kann, BGH SchiedsVZ 2009, 126, 127. Wurde im Schiedsverf eine andere als die vereinbarte **Verfahrenssprache** verwendet, so muss die betr Partei dies bereits im Schiedsverf (erfolglos) gerügt haben. Auch wenn sie dies getan hat, kommt eine Nichtanerkennung nur dann in Betracht, wenn sich dies auf ihre Prozessführung oder auf den Inhalt des Schiedsspruchs nachteilig ausgewirkt hat, OLG München SchiedsVZ 2010, 169, 172: Keine Verletzung des ordre public, wenn sich die Parteien im Schiedsverf auf fremde Sprache eingelassen hatten. Sa § 1059 Rn 57; OLG Frankfurt/M SchiedsVZ 2014, 206, 207; OLG Köln SchiedsVZ 2014, 203, 204.

29 **IV) Aufhebung des Schiedsspruchs im Ursprungsstaat (Art I [e]).** Gleichwohl Anerkennung u Vollstreckbarerklärung nach nationalem Recht mögl, Art VII, Kröll SchiedsVZ 2009, 40, 51. Offengelassen von OLG Dresden IHR 2008, 69 (Steinbrück IHR 2008, 152) = SchiedsVZ 2007, 327; BGH NJW 2008, 2718 = SchiedsVZ 2008, 195. – Zur Endgültigkeit der Aufhebungsentscheidung Oberhammer FS Kerameus, 2009, S 969.

30 Hat das staatl Gericht des Ursprungsstaats im Aufhebungs- bzw Nichtigkeitsverf die Wirksamkeit des Schiedsspruchs nach dortigem Recht (zB trotz Fehlens der Unterschrift eines Schiedsrichters) bejaht, so ist dies **für den dt Richter nicht bindend**, BGH SchiedsVZ 2023, 228. AA OLG München SchiedsVZ 2010, 169, 171; Harbst SchiedsVZ 2007, 22, 30.

31 **V) Feststellung der Nichtanerkennung des ausländischen Schiedsspruchs im Beschlussverfahren des § 1061.** Hierzu § 1061 Rn 15 u 48.

Artikel VI

32 **Ist bei der Behörde, die im Sinne des Artikels V Absatz 1 Buchstabe e zuständig ist, ein Antrag gestellt worden, den Schiedsspruch aufzuheben oder ihn in seinen Wirkungen einstweilen zu hemmen, so kann die Behörde, vor welcher der Schiedsspruch geltend gemacht wird, sofern sie es für angebracht hält, die Entscheidung über den Antrag, die Vollstreckung zuzulassen, aussetzen; sie kann aber auch auf Antrag der Partei, welche die Vollstreckung des Schiedsspruches begehrt, der anderen Partei auferlegen, angemessene Sicherheit zu leisten.**

33 Das OLG u der BGH haben einen weiten Ermessensspielraum, OLG München SchiedsVZ 2020, 145 (Pika); BayObLG 16.1.2022 – 101 Sch 60/21; sa § 1061 Rn 1, 39.

34 Die Einleitung eines Aufhebungsverf im Ursprungsstaat des Schiedsspruchs bedeutet nicht zwingend, dass das Vollstreckbarerklärungsverf in Deutschland auszusetzen oder Sicherheitsleistung anzuordnen wäre, OLG München SchiedsVZ 2020, 145, 146; OLG Frankfurt/M 1.12.2022 – 26 Sch 4/22; hierzu Kröll NJW 2023, 819 Rn 28; MK/Adolphsen[6] UNÜ Art VI Rn 2. Stufe 1: Der Antragsgegner muss im dt Vollstreckbarerklärungsverf plausibel darlegen, wieso die von ihm im Aufhebungsverf im Ursprungsstaat gegen den Schiedsspruch geltend gemachten Aufhebungsgründe erfolgsversprechend erscheinen, Adolphsen aaO; OLG Frankfurt/M 1.12.2022 – 26 Sch 4/22 Tz 73. Stufe 2: Auch wenn diese Präsentation gelingt, folgt daraus nicht automatisch die Aussetzung oder die Anordnung einer Sicherheitsleistung. Vielmehr sind erst jetzt die Voraussetzungen dafür geschaffen, dass das dt Gericht über die für den konkreten Einzelfall angemessene passgenaue Entscheidungsvariante nachdenkt.

Artikel VII

35 **(1) Die Bestimmungen dieses Übereinkommens lassen die Gültigkeit mehrseitiger oder zweiseitiger Verträge, welche die Vertragsstaaten über die Anerkennung und Vollstreckung von Schiedssprüchen geschlossen haben, unberührt und nehmen keiner beteiligten Partei das Recht, sich auf einen Schiedsspruch nach Maßgabe des innerstaatlichen Rechts oder der Verträge des Landes, in dem er geltend gemacht wird, zu berufen.**

(2) Das Genfer Protokoll über die Schiedsklauseln von 1923 und das Genfer Abkommen zur Vollstreckung ausländischer Schiedssprüche von 1927 treten zwischen den Vertragsstaaten in dem Zeitpunkt und in dem Ausmaß außer Kraft, in dem dieses Übereinkommen für sie verbindlich wird.

(Artikel VIII-XVI nicht abgedr)

Abschnitt 9
Gerichtliches Verfahren (§§ 1062-1065)

§ 1062 Zuständigkeit

(1) Das Oberlandesgericht, das in der Schiedsvereinbarung bezeichnet ist oder, wenn eine solche Bezeichnung fehlt, in dessen Bezirk der Ort des schiedsrichterlichen Verfahrens liegt, ist zuständig für Entscheidungen über Anträge betreffend

1. die Bestellung eines Schiedsrichters (§§ 1034, 1035), die Ablehnung eines Schiedsrichters (§ 1037) oder die Beendigung des Schiedsrichteramtes (§ 1038);

2. die Feststellung der Zulässigkeit oder Unzulässigkeit eines schiedsrichterlichen Verfahrens (§ 1032) oder die Entscheidung eines Schiedsgerichts, in der dieses seine Zuständigkeit in einem Zwischenentscheid bejaht hat (§ 1040);

3. die Vollziehung, Aufhebung oder Änderung der Anordnung vorläufiger oder sichernder Maßnahmen des Schiedsgerichts (§ 1041);

4. die Aufhebung (§ 1059) oder die Vollstreckbarerklärung des Schiedsspruchs (§§ 1060 ff.) oder die Aufhebung der Vollstreckbarerklärung (§ 1061).

(2) Besteht in den Fällen des Absatzes 1 Nr. 2 erste Alternative, Nr. 3 oder Nr. 4 kein deutscher Schiedsort, so ist für die Entscheidungen das Oberlandesgericht zuständig, in dessen Bezirk der Antragsgegner seinen Sitz oder gewöhnlichen Aufenthalt hat oder sich Vermögen des Antragsgegners oder der mit der Schiedsklage in Anspruch genommene oder von der Maßnahme betroffene Gegenstand befindet, hilfsweise das Kammergericht.

(3) In den Fällen des § 1025 Abs. 3 ist für die Entscheidung das Oberlandesgericht zuständig, in dessen Bezirk der Kläger oder der Beklagte seinen Sitz oder seinen gewöhnlichen Aufenthalt hat.

(4) Für die Unterstützung bei der Beweisaufnahme und sonstige richterliche Handlungen (§ 1050) ist das Amtsgericht zuständig, in dessen Bezirk die richterliche Handlung vorzunehmen ist.

(5) [1]Sind in einem Land mehrere Oberlandesgerichte errichtet, so kann die Zuständigkeit von der Landesregierung durch Rechtsverordnung einem Oberlandesgericht oder dem obersten Landesgericht übertragen werden; die Landesregierung kann die Ermächtigung durch Rechtsverordnung auf die Landesjustizverwaltung übertragen. [2]Mehrere Länder können die Zuständigkeit eines Oberlandesgerichts über die Ländergrenzen hinaus vereinbaren.

I) Überblick. 1) § 1062 sieht für alle gerichtl Aufgaben die (derogationsfeste, dh durch Zuständigkeitsvereinba- 1
rung zu Gunsten des LG oder AG nicht verschiebbare) **Eingangszuständigkeit der OLG** bzw BayObLG vor, OLG München 21.12.2011 – 34 SchH 11/11; BayObLG NZG 2025, 42; BayObLG 9.2.2022 – 101 SchH 125/21 Tz 102, 103; ledigl die gerichtl Unterstützungshandlungen nach § 1050 sind im Hinblick auf Orts- u Praxisnähe (BTDrs 13/5274, 64) gem IV den **AG** zugeordnet. Beim OLG bzw BayObLG entscheidet ein Zivilsenat; wird jedoch der ordre public-Verstoß auf die Nichtbeachtung zwingenden KartellR (sa § 1030 Rn 15) gestützt, hält OLG Düsseldorf IPRspr 2002, Nr 222 unzutr (s Rn 6) den Kartellsenat für zuständig. Für Schiedsverf in **Arbeitssachen** vgl § 109 I 1, § 110 II ArbGG, in **öff-rechtl Angelegenheiten** (§ 168 I Nr 5 VwGO) vgl § 173 S 2 VwGO (Zuständigkeit des Verwaltungsgerichts), Nw zB bei Niggemann/Jonglez de Ligne SchiedsVZ 2011, 80, 87; Möller, Echte Schiedsgerichtsbarkeit im VerwaltungsR, 2014; sa § 1065 Rn 7. – § 1062 anwendbar im FG-Bereich (s § 1025 Rn 1). Die sachl Zuständigkeit (OLG) u die Konzentrationszuständigkeit (V) sind derogationsfest, OLG München SchiedsVZ 2012, 96, 99; OLG München SchiedsVZ 2012, 111, 112. Sa Rn 9. Zust WSch/Schütze[5] Rn 12. – Die dem staatl Gericht nach §§ 1034, 1035 übertragenen Kontroll- bzw Regulierungsfunktionen können **nicht abbedungen** werden, OLG Frankfurt/M SchiedsVZ 2013, 294. – **Kostenentscheidung:** §§ 91 ff; auch § 93 anwendbar, OLG Frankfurt/M SchiedsVZ 2013, 294. – **Keine Annexzuständigkeit** für Ersatz vorgerichtl Kosten, § 1060 Rn 1. – Zur **Zuständigkeit des Landgerichts in Abweichung von § 1062** nach Art 2 u 3 InvStreiÜbkG (BGBl II 1969, 369), sa ausf Geimer IZPR[9] Rn 3705 ff; BGH NJW 2023, 3501. Zur (analogen) Anwendung von § 1062 III, § 1025 III über § 36a III 1, 2 UrhG s OLG München 1.10.2024 – 6 Sch 29/23e Tz 20 f.

2) Örtlich zuständig ist das in der Schiedsvereinbarung oder einer dieser nachfolgenden Vereinbarung der Par- 2
teien bzw in der Schiedsanordnung gem § 1066 bezeichnete OLG. Fehlt eine solche Bezeichnung, dh Vereinbarung über die örtl Zuständigkeit des OLG (s Rn 1), ist das Gericht zuständig, in dessen Bezirk der Ort des schiedsrichterl Verf (§ 1043 I) liegt, OLG München SchiedsVZ 2008, 307. Maßgebend ist der im Schiedsspruch angegebene Ort des schiedsrichterl Verf, auch wenn tatsächl woanders erlassen. AA WSch/Schütze[5] Rn 16 (am effektiven Schiedsort). Den Parteien steht es frei, eine fehlerhafte Ortsangabe berichtigen zu lassen, § 1058, OLG München SchiedsVZ 2010, 336. Die örtl Zuständigkeit des angerufenen OLG kann auch nach § 38 (OLG

München SchiedsVZ 2008, 307; OLG Frankfurt/M SchiedsVZ 2020, 185, 187) u § 39 begründet werden, OLG Stuttgart SchiedsVZ 2003, 84, 85 (Nacimiento/G. Geimer). Haben die Parteien in Verkennung der Konzentration gem V ein für Schiedssachen nicht zuständiges OLG gewählt, so ist im Wege der Auslegung das gem V bezeichnete Konzentrations-OLG als zuständig zu betrachten, OLG München SchiedsVZ 2014, 258, 260; OLG München IBR 2010, 1005 (Lembcke); Kröll SchiedsVZ 2010, 214. – **Perpetuatio fori entspr § 261 III Nr 2**, OLG München SchiedsVZ 2010, 169, 170. Bei fehlender örtl Zuständigkeit **Verweisung entspr § 281** mögl, OLG München SchiedsVZ 2008, 307.

3 **3) II u III** enthalten Zuständigkeitsregeln für den Fall, dass der **Schiedsort nicht in Deutschland** liegt (§ 1025 II) oder noch nicht bestimmt ist (§ 1025 III). Bei Ort des Schiedsverf im Ausland (§§ 1025, 1043) können mehrere OLG örtl zuständig sein, zwischen denen der ASt wählen kann, sa Lachmann Rn 2723. Steht noch nicht fest, ob Schiedsort im In- oder Ausland liegt, ist das **KG** zuständig, OLG Köln SchiedsVZ 2003, 238; KG 1.6. 2023 – 12 SchH 5/22, dazu Kasolowsky/Wendler IPRax 2024, 364. Zur Ersatzbenennung von Schiedsrichtern (§ 1025 III, § 1035 III) BayObLG SchiedsVZ 2004, 316 (krit Wagner). Zu II sa OLG Köln IPRspr 2010, Nr 307. Vermögen begründet örtl Zuständigkeit, sofern es dem Vollstreckungszugriff unterliegt, OLG München IPRspr 2011, Nr 303. Zur Belegenheit v Globalurkunden BayObLG IPRax 2021, 373 (Mankowski IPRax 2021, 352). – § 1062 II greift vielmehr auch dann ein, wenn der **Schiedsort zwar in Deutschland liegt, aber noch unbestimmt ist**, KG NJ 2018, 122; BayObLG SchiedsVZ 2021, 240 Tz 18; BayObLG 31.1.2024 – 101 SchH 237/23 e Tz 11; hierzu Kröll SchiedsVZ 2022, 150 u 255. – Die **internat Zuständigkeit Deutschlands zur Vollstreckbarerklärung ausl Schiedssprüche** (§ 1061) ist auch dann zu bejahen, wenn der Sch in Deutschland (noch) kein Vermögen hat. AA KG SchiedsVZ 2007, 108 (Escher/Reichert SchiedsVZ 2007, 71, 73). Hierzu Kröll SchiedsVZ 2009, 40, 47. Örtl zuständig ist – wenn sonstige Zuständigkeitsanknüpfungspunkte fehlen – nach II das KG. Ob eine Schiedsabrede eine Vereinbarung über das zuständige OLG iSv § 1062 I oder über den Schiedsort – über den auf das zuständige OLG geschlossen werden kann – enthält, ist durch **Auslegung der Schiedsklausel** (§§ 133, 157 BGB) zu ermitteln. Als stillschweigende Vereinbarung des zuständigen OLG am Sitz des Versicherungsnehmers als Schiedsort kann es anzusehen sein, wenn die Parteien des die Schiedsabrede enthaltenden Versicherungsvertrags für den Fall, dass sich die von ihnen jeweils zu benennenden Schiedsrichter nicht auf den Obmann des Schiedsgerichts einigen können, vereinbaren, dass der dritte Schiedsrichter durch den Präsidenten des LG benannt werden soll, in dessen Bezirk der Versicherungsnehmer seinen Sitz hat, KG NJ 2018, 122. – Die Brüssel Ia-VO ist unanwendbar, Art 1 II (d) Brüssel Ia-VO iVm Erw 12.

4 **4) Zuständigkeitsbestimmung gem § 36 Nr 3** für gegen mehrere Beteiligte gerichteten Vollstreckbarerklärungsantrag, vgl BayObLG RIW 89, 309.

5 **5) Zuständigkeit des Notars** (§ 1053 IV) steht konkurrierend neben der des OLG.

6 **6) Kartellsachen.** S § 1030 Rn 15. Die Prüfung einer Schiedsvereinbarung am Maßstab des § 19 GWB bzw Art 101 u 102 AEUVobliegt dem für Schiedssachen allg zuständigen Senat, nicht dem für Kartellsachen zuständigen Spruchkörper, OLG Frankfurt/M NZKart 2020, 448; Hild NZKart 2023, 160; Beck/Klumpp, NZKart 2024, 392 ff; Blaschczok IPRax 2025, 24 f, 27. S speziell zum CAS u zur Ausnutzung maktbeherrschender Stellung EuGH EuZW 2024, 373 Tz 190 f [Wagner]; sa Blaschczok IPRax 2025, 27 f. Aus §§ 91, 95 GWB leitete OLG Düsseldorf IPRspr 2002, Nr 222 eine ausschließl Zuständigkeit des Kartellsenats ab, wenn geltend gemacht wird, der Schiedsspruch verletze europ oder dt KartellR. Dem ist mit Blick auf Streichung des § 91 GWB aF nicht zu folgen. § 1062 gilt ohne Modifikationen, auch wenn kartellrechtl Fragen anstehen. Zudem differenziert das dt KompetenzR nicht nach der Rechtsnatur der vorgebrachten Begründungen bzw Einwendungen. Auch ist § 1062 lex posterior u geht daher vor. Zust MskV/Voit Rn 2. AA Kasolowsky/Steup SchiedsVZ 2008, 72, 73.

7 **II) Insbesondere: Zuständigkeiten nach § 1062 I Nrn 3 und 4.** Die Zuständigkeiten nach I Nrn 3 u 4 können nicht auf ein Schiedsgericht übertragen werden (BGH SchiedsVZ 2022, 237 = EWiR 2022, 478 (Pickenpack); s § 1059 Rn 89. Der **RegE eines Gesetzes zur Modernisierung des Schiedsverfahrensrechts** v 26.6.2024 aus der 20. Legislaturperiode (BTDrs 20/13257, 47) ergänzt I Nr 4 um Zuständigkeit des OLG für **Restitutionsantrag** nach 1059a-E.

8 **III) Internationale Zuständigkeit Deutschlands.** Im Hinblick auf § 1025 I besteht eine **internat Zuständigkeit** Deutschlands für die Aufhebung (§ 1059) nur für inländische Schiedssprüche (§ 1043 I), Eckstein-Puhl S 71 Fn 91 gE.

9 **IV) Konzentrationsermächtigung.** Für **alle in Bayern** (§ 1043 I) **erlassenen Schiedssprüche** ist gem V iVm § 7 GZVJu die **Zuständigkeit beim BayObLG** konzentriert. In **Rheinland-Pfalz** ist das OLG Koblenz auch für den Bereich der Pfalz zuständig. In **NRW** ist das OLG Köln zuständig (GV.NRW 2019, 191). Innerhalb des betr Bundeslandes ist die Zuständigkeit des nach V bestimmten OLG derogationsfest. ZB begründet die Prorogation des OLG Bamberg oder Nürnberg die Zuständigkeit des BayObLG, OLG München SchiedsVZ 2012, 96, 99; BayObLG NZG 2025, 42; BayObLG 15.1.2025 – 102 Sch 250/23; BayObLG 9.2.2022 – 101 SchH 125/21 Tz 102, 103. **Reformüberlegungen.** Der RegE eines Gesetzes zur Modernisierung des Schiedsverfahrensrechts v 26.6. 2024 aus der 20. Legislaturperiode (BTDrs 20/13257, 47 f) sieht in § 1062 V-E vor, dass Zuständigkeit durch Landesrechtsverordnung auf existierenden (evtl gemeinsamen) ***Commercial Court*** (§ 119b GVG) übertragen

werden kann, ohne dass Streitwertgrenzen gelten. **§ 1063a-E** regelt Verfahren vor *Commercial Courts* in schiedsgerichtlichen Angelegenheiten: zB vollständige Verhandlung in **englischer Sprache** („lingua franca"); zum Verhältnis Schiedsgerichtsbarkeit u *Commercial Court* s Raeschke-Kessler NJW 2023, 3558. Nach **§ 1065 III Nr 1-3-E** kann bei Verf vor *Commercial Court* nach § 1063a I 1-E auch Rechtsbeschwerdeverf vor BGH in englischer Sprache geführt werden (BTDrs 20/13257, 55 f). Nach **§ 1063b I-E** können Parteien Schiedsvereinbarung u andere Dokumente auch in deutschsprachigen Verf nach § 1062 I u IV in englischer Sprache vorlegen (BTDrs 20/13257, 53, 54). In Abweichung zu § 142 III 1 kann Übersetzung nur verlangt werden, wenn **Einzelfallbedürfnis** besteht (§ 1063b II-E, dazu BTDrs 20/13257, 54).

V) Zuständigkeit des OLG bzw BayObLG für gerichtliche Entscheidungen im Zusammenhang mit der Durchführung der Zwangsvollstreckung in Deutschland. S § 1060 Rn 32, § 1061 Rn 57. Soweit das Prozessgericht des 1. Rechtszugs zuständig ist, zB nach § 887, ist dies das OLG (§ 1062 I Nr 4). AA OLG Jena SchiedsVZ 2008, 44, 46: AG (§ 1062 IV). 10

VI) Wiederaufnahme des Schiedsverfahrens analog §§ 580 ff. Für judicium rescindens ist – mangels anderweitiger Vereinbarung – analog § 1062 das OLG zuständig, s § 1055 Rn 20. 11

§ 1063 Allgemeine Vorschriften

(1) [1]Das Gericht entscheidet durch Beschluss. [2]Vor der Entscheidung ist der Gegner zu hören.

(2) Das Gericht hat die mündliche Verhandlung anzuordnen, wenn die Aufhebung des Schiedsspruchs beantragt wird oder wenn bei einem Antrag auf Anerkennung oder Vollstreckbarerklärung des Schiedsspruchs Aufhebungsgründe nach § 1059 Abs. 2 in Betracht kommen.

(3) [1]Der Vorsitzende des Zivilsenats kann ohne vorherige Anhörung des Gegners anordnen, dass der Antragsteller bis zur Entscheidung über den Antrag die Zwangsvollstreckung aus dem Schiedsspruch betreiben oder die vorläufige oder sichernde Maßnahme des Schiedsgerichts nach § 1041 vollziehen darf. [2]Die Zwangsvollstreckung aus dem Schiedsspruch darf nicht über Maßnahmen zur Sicherung hinausgehen. [3]Der Antragsgegner ist befugt, die Zwangsvollstreckung durch Leistung einer Sicherheit in Höhe des Betrages, wegen dessen der Antragsteller vollstrecken kann, abzuwenden.

(4) Solange eine mündliche Verhandlung nicht angeordnet ist, können zu Protokoll der Geschäftsstelle Anträge gestellt und Erklärungen abgegeben werden.

Lit: *Ebert* Zur Kostensicherheit nach § 110 ZPO in Verfahren zur Aufhebung, Anerkennung und Vollstreckbarerklärung von in- und ausländischen Schiedssprüchen, IWRZ 2023, 195.

I) Überblick. Gem § 1063 sind alle gerichtl Entscheidungen im **Beschlussverf** zu erlassen. **1)** §§ 330 ff finden keine Anwendung, BGH NJW 2007, 772, 773; OLG Hamm SchiedsVZ 2013, 182, 183. Sa Rn 3. Der Beschluss, in dem auch über die Kosten zu entscheiden ist, ist den Parteien vAw zuzustellen. Ist im Beschlussverf das Bestehen der Schiedsklausel rechtskräftig festgestellt, dann ist daneben kein Raum für eine **Feststellungsklage** auf Unzulässigkeit des schiedsrichterl Verf. Denn der Beschluss entfaltet res iudicata-Wirkung. – Anordnung einer **Sicherheitsleistung (§ 110)** ist zulässig; § 110 gilt zB für Vollstreckbarerklärungsantrag inklusive § 110 II Nr 4, BGH ZIP 2023, 715; WSch/Schütze[5] Rn 31; offengelassen noch in BGH SchiedsVZ 2022, 32; sa OLG Karlsruhe SchiedsVZ 2022, 291, 293 Tz 19; OLG München SchiedsVZ 2022, 183 (Niedermaier); Kröll SchiedsVZ 2022, 255, 256; Schumacher/Shchavelev SchiedsVZ 2022, 265; zu weiteren Konstellationen Ebert IWRZ 2023, 195, 202. – Bei **Antragsrücknahme** gilt § 269 III 2, OLG München NJW-RR 2014, 1534. Zu den Verfahrensgarantien des dt OLG-Verf BGH SchiedsVZ 2020, 196 = FD-ZVR 2020, 429319 (Toussaint). – Über den Antrag auf Vollstreckbarerklärung des Schiedsspruchs (§ 1061 I) ist im Beschlussverf (§ 1063 I) zu entscheiden. Er ist dem Ag nach § 183 zuzustellen. Scheitert die Zustellung an den Ag, so ist öffentlich nach § 185 Nr 3 u Nr 4 zuzustellen. Dies gilt auch für fremde Staaten, § 183 IV Nr 2. Sa Geimer IPRax 2022, 306. – Bei Verstoß gegen § 172 (keine Zustellung an ProzessBev) ist Zustellung direkt an Beteiligte unwirksam; bei Wegfall des Bev keine Anwendung des § 574 Nr 4, BGH NJW-RR 2020, 1191 = FD-ZVR 2020, 431420 (Toussaint); Kröll SchiedsZ 2021, 265. – **Ultima ratione** besteht eine Auffangzuständigkeit beim Kammergericht, § 1062 Rn 3. Die internat Zuständigkeit Deutschlands für die Vollstreckbarerklärung ausl Schiedssprüche ist auch dann zu bejahen, wenn der Sch (noch) kein Vermögen in Deutschland hat. AA KG IPRax 2011, 592 (Deißner IPRax 2011, 565) = SchiedsVZ 2007, 100, 108. 1

2) Mündliche Verhandlung (§ 128 I). Obligatorisch im Aufhebungsverf, ebenso, wenn im Vollstreckbarerklärungsverf Aufhebungsgründe geltend gemacht werden gem Art 6 I EMRK bzw Art 47 II EuGRC in allen übrigen Fällen auf ausdrückl Antrag einer Partei, BTDrs 13/5274, 65; BGH 12.1.2023 – I ZB 33/22 Tz 21. Voraussetzung ist, dass die betr Partei den Aufhebungsgrund „begründet" geltend gemacht hat (§ 1059 II), BGH SchiedsVZ 2017, 200; OLG München SchiedsVZ 2016, 118, 119. Enger Ehricke ZZP 113 (2000), 462. Im **Verf über Zwischenentscheid** des Schiedsgerichts über seine Zuständigkeit (§ 1040 III 2) ist **mündl Verh nicht obli-** 2

gatorisch, da noch kein Schiedsspruch vorliegt, BGH NJW 2014, 3652; OLG Hamburg SchiedsVZ 2009, 71, 72. Sa Böckstiegel/Kröll/Nacimiento/Schroeder/Wortmann Rn 13.

3 3) Für das **Verfahren gilt die dt lex fori**, auch wenn Schiedsverf ausl Recht unterliegt (§ 1025 II), Schlosser RipS[2] Rn 597, mithin das Erkenntnisverf in 1. Instanz, jedoch ohne §§ 330, 331, ThP/Nordmeier Rn 1; OLG Hamm SchiedsVZ 2013, 182. Für den Antrag kommt deshalb insb § 133 zur Anwendung.

4 **4) § 1063 III** (OLG Frankfurt/M SchiedsVZ 2020, 94; Laukemann ZZP 126 [2013], 175, 187; Herzberg/Eller SchiedsVZ 2018, 336; Ebert SchiedsVZ 2020, 55 Kröll SchiedsVZ 2020, 219, 2264 u Kröll NJW 2023, 819 Rn 29 f) erlaubt – anders als § 722 – ohne völkervertragl Verpflichtung aus UNÜ als dt Besonderheit – die Anordnung von **Maßnahmen der Sicherungsvollstreckung durch den Vors ohne vorh Anhörung des Gegners.** **a)** Dieser kann jedoch **Schutzschrift** (sa Schnabl SchiedsVZ 2023, 79) einreichen u Sicherungsvollstr nach **III 3** abwenden. § 920 II findet auch nicht analog Anwendung. Jedoch muss der ASt die **bes Umstände** detailliert darlegen, weshalb vor Vollstreckbarerklärung (§§ 1060, 1061) eine Sicherungsvollstreckung geboten oder zumindest naheliegend ist. Ein berechtigtes Interesse des Gl an der Zulassung der Sicherungsvollstreckung ist zu bejahen, wenn Sch im Inland ledigl bewegl Vermögen hat, das er ohne weiteres ins Ausland verlagern könnte, OLG Frankfurt/M SchiedsVZ 2010, 227; Sessler/Schreiber SchiedsVZ 2006, 119.

Der **RegE eines Gesetzes zur Modernisierung des Schiedsverfahrensrechts** v 26.6.2024 (BTDrs 20/13257, 49) aus der 20. Legislaturperiode schränkt Anordnungsbefugnis in § 1063 III entspr § 944 auf *„dringende Fälle"* ein: kasuistische Entwicklung geeigneter Konstellationen durch Rspr wäre erforderlich; Anordnung soll (klarstellend) nur *„auf Antrag"* u **nicht vAw** erfolgen können (BTDrs 20/13257, 49; Ebert SchiedsVZ 2020, 55 f).

5 **b) Gl muss keine Sicherheit leisten.** Sch kann nach III 3 verfahren, OLG Frankfurt/M SchiedsVZ 2010, 227; Samtleben ZZPInt 16 (2011), 425, 431. Die Veranlassung für eine vom BGH angeordnete Sicherheitsleistung entfällt nicht deswegen, weil der angefochtene Vollstreckbarerklärungsbeschluss aufgehoben u das Verf an das OLG zurückverwiesen worden ist, BGH NJW-RR 2014, 64.

6 **c) Durchführung der Sicherungsvollstreckung.** § 794a I Nr 4a, § 795 ist nicht anwendbar. Daher **keine Zustellung gem § 750 u keine Klauselerteilung** erforderl, ebenso keine Anordnung der vorläufigen Vollstreckbarkeit (§ 1064 II), KG SchiedsVZ 2018, 370.

7 **d) OLG bzw BGH** (dort der jew Senatsvorsitzende für seine Anordnungen) **ist auch Vollstreckungsgericht**; nicht das AG, u erlässt Pfändungsbeschlüsse etc, Herzberg/Eller SchiedsVZ 2018, 336, 339, 342. AA KG SchiedsVZ 2017, 37.

8 **e) Keine isolierte Rechtsbeschwerde** gegen Anordnung oder Ablehnung der Sicherungsvollstr, BGH 7.7.2018 – I ZB 90/15. Diese kann aber vom Vorsitzenden abgeändert oder aufgehoben werden, Herzberg/Eller SchiedsVZ 2018, 336, 338.

9 **f)** Antrag nach III löst – neben dem Antrag auf Vollstreckbarerklärung – **keine weitere Geb** nach Nr 1626 GKG-KV aus, OLG Jena SchiedsVZ 2017, 147; OLG Hamm SchiedsVZ 2012, 221. – III zB iVm vorläufiger Kontenpfändung sehr effektiv.

10 **II) § 1063 IV (Abmilderung des Anwaltszwanges).** Solange keine mündl Verh angeordnet ist, können die Parteien selbst zu Protokoll der GeschSt Anträge stellen oder Erklärungen abgeben, Eberl/Eberl 7 Rn 103.

11 **III) Begründung der Entscheidung des OLG.** Die Entscheidungen, gegen die Rechtsbeschwerde (§ 1065) statthaft ist, müssen mit den für die rechtl Beurteilung erforderl **tatsächl Feststellungen** versehen sein. Diese müssen nicht in einem **formellen Tatbestand** oder in einer gesonderten **Schilderung des Sachverhalts innerhalb der Gründe des Beschlusses** getroffen werden. Es genügt, wenn der Sach- und Streitstand in einem für die Beurteilung der aufgeworfenen Rechtsfragen ausreichendem Umfang aus den sonstigen Ausführungen des OLG zu entnehmen ist. In tatsächl einfach gelagerten Fällen reicht **Bezugnahme auf Schiedsspruch**, BGH NJW 1999, 2974.

12 **IV) Verfahren. 1)** IÜ finden auf die in § 1062 genannten Verf die **allg Vorschriften über das Erkenntnisverf im 1. Rechtszug** Anwendung, sofern sich aus der ratio legis nichts Abweichendes ergibt, s § 1061 Rn 2 ff; OLG Dresden SchiedsVZ 2005, 159, 162. Die Antragsschrift (§§ 1059, 1060, 1061) muss nach § 270 förml zugestellt werden, daher kommt auch § 183 zur Anwendung. Ansonsten § 185 Nr 3 u 4. Ebenso OLGR Koblenz 2004, 232 für §§ 330 ff. Das OLG kann zB auch die Vorlage von Übersetzungen nach § 142 III anordnen, OLG München SchiedsVZ 2009, 343. § 307 ist anwendbar, soweit der Prozessgegenstand der Disposition der Parteien unterliegt, OLG Bremen SchiedsVZ 2009, 338; KG NZI 2012, 759 (Brinkmann NZI 2012, 735). – **Verweisung** (§ 281, § 17a GVG) ist – soweit irgendwie mögl – der Antragsabweisung vorzuziehen.

13 **2)** Bei **Säumnis des ASt** hat bei zwingender mündl Verh (s Rn 2) der Ag die Wahl zwischen einem „Versäumnisbeschluss" analog § 330 mit der Möglichkeit des Einspruchs, einer Entscheidung nach Lage der Akten oder Vertagung, WSch/Schütze[5] Rn 14; Linke FS Schlosser, 2005, S 503, 510; OLG Hamm MDR 2007, 483, 484. AA BGH SchiedsVZ 2006, 161, 162: Trotz Säumnis ist über Antrag in der Sache zu entscheiden. Anders BayObLG NJW-RR 2000, 807: Antragszurückweisung ohne Sachprüfung. Differenzierend Schwab/Walter 28 Rn 10; StJ/Schlosser Rn 23.

3) Ist im Ursprungsstaat ein Aufhebungsverf anhängig, so kann das dt Vollstreckbarerklärungsverf (§ 1061) ausgesetzt werden; es besteht nach Art VI UNÜ Rn 1 ein weiter Entscheidungsspielraum, s § 1061 Rn 39. 14

4) Vorlage der Schiedsrichterakten. Kommt grds nicht in Betracht. Jede Partei muss die Tatsachen darlegen u unter Beweis stellen, für die sie die Darlegungs- bzw Beweislast trägt. Sa Haller SchiedsVZ 2011, 179. 15

5) Nebenintervention u Streitverkündung grds zulässig, auch im Vollstreckbarerklärungsverf, KG SchiedsVZ 2013, 112, 119; OLG Saarbrücken SchiedsVZ 2007, 323; OLG Stuttgart SchiedsVZ 2014, 307 (Keller); sa Hübler NZI 2014, 494, 498; Werner NZG 2023, 458 f. 16

6) Feststellung der Erledigung der Hauptsache. S § 1061 Rn 48 u § 1065 Rn 1. 17

V) Insolvenzeröffnung. Führt zur Unterbrechung des Aufhebungs- bzw Vollstreckbarerklärungsverf, soweit Schiedsspruch die Insolvenzmasse betrifft. Ein Antrag auf Feststellung einer Forderung zur Insolvenztabelle ist unzulässig, BGH WM 2017, 1116. – Ist der Antrag auf Vollstreckbarerklärung eines Schiedsspruchs nach Eröffnung des InsVerf gegen den InsolvenzSch erhoben worden u der Schiedsspruch über eine die Insolvenzmasse betreffende Gläubigerforderung ergangen, so hat das Fehlen der Prozessführungsbefugnis auf der Passivseite des Verf die Unzulässigkeit des Antrags zur Folge. Gibt der InsolvenzVerw durch Erklärung gegenüber dem InsolvenzSch dessen selbstständige Tätigkeit gem § 35 II InsO frei, fällt insoweit die Verwaltungs- u Verfügungsbefugnis an den Sch mit Wirkung ex nunc zurück. Zu diesem Zeitpunkt bereits entstandene Forderungen und bereits bestehende Verpflichtungen gehören weiter zur Insolvenzmasse und unterliegen der Verwaltungs- u Verfügungsbefugnis des InsVerw, BayObLG NZI 2022, 142 (Kaubisch/Marschall NZI 2022, 111). 18

§ 1064 Besonderheiten bei der Vollstreckbarerklärung von Schiedssprüchen

(1) [1]Mit dem Antrag auf Vollstreckbarerklärung eines Schiedsspruchs ist der Schiedsspruch oder eine beglaubigte Abschrift des Schiedsspruchs vorzulegen. [2]Die Beglaubigung kann auch von dem für das gerichtliche Verfahren bevollmächtigten Rechtsanwalt vorgenommen werden.

(2) Der Beschluss, durch den ein Schiedsspruch für vollstreckbar erklärt wird, ist für vorläufig vollstreckbar zu erklären.

(3) Auf ausländische Schiedssprüche sind die Absätze 1 und 2 anzuwenden, soweit Staatsverträge nicht ein anderes bestimmen.

Bes Form der **Beglaubigung** nicht erforderl, BTDrs 13/5274, 65. Es handelt sich um **Beweismittelregel** (s näher OLG Frankfurt/M 17.5.2021 – 26 Sch 1/21 Tz 37). **Vorlage der Schiedsvereinbarung** nach I nicht erforderl; sie kann aber nach § 142 durch das Gericht angeordnet werden, Eberl/Eberl 7 Rn 100, ebenso Übersetzung eines ausl Schiedsspruchs, BayObLG RIW 2001, 140. § 1064 I ist enger als Art IV UNÜ u hat daher gem Art VII UNÜ Vorrang s Anh § 1061 Rn 17. – Die Darlegungs- u Beweislast für Abschluss der Schiedsvereinbarung bzw Erlass einer Schiedsanordnung (§ 1066) hat ASt, arg § 1059 II Nr 1a. Denn dort wird die Schiedsvereinbarung etc vorausgesetzt, während das Fehlen der subj Schiedsfähigkeit bzw die Ungültigkeit der getroffenen Abrede Aufhebungsgründe sind, die der Ag (begründet) geltend zu machen hat. ASt kann insoweit auf den Schiedsspruch Bezug nehmen, OLG München 16.12.2011 – 34 SchH 30/11. Sa Anh § 1061 Rn 10. **Reformüberlegungen.** Der RegE eines Gesetzes zur Modernisierung des Schiedsverfahrensrechts v 26.6.2024 aus der 20. Legislaturperiode (BTDrs 20/13257, 55) erlaubt in § 1064 I 3-E, einen nach § 1054 I 2-E als **elektronisches Dokument** erlassenen Schiedsspruch auf elektronischem Weg zu übermitteln („*Ist der Schiedsspruch in der Form des § 1054 Absatz 1 Satz 2 erlassen worden, genügt die Übermittlung als elektronisches Dokument nach Maßgabe des § 130a*“). 1

Vorläufige Vollstreckbarerklärung gem II, da Beschluss der Rechtsbeschwerde (§ 1065) unterliegt (vgl § 794 I Nr 3), s § 1060 Rn 21, 23. Gegen Vollstreckung aus OLG-Beschluss einstw Anordnung des BGH (§ 575 V, § 570 III) mögl, Feldmann S 286. 2

Widerklage. Jedenfalls nach Anordnung der mündl Verh war nach altem Recht (konnexe) Widerklage zulässig, Schlosser RipS[2] Rn 890. Nunmehr fällt die sachl Zuständigkeit (§§ 23, 71 GVG) nicht mehr zusammen, § 1063. Daher scheidet Widerklagemöglichkeit aus. Zust WSch/Schütze[5] Rn 14. 3

§ 110 gilt für Vollstreckbarerklärungsantrag inkl § 110 II Nr 4, BGH ZIP 2023, 715, § 1063 Rn 1. 4

§ 1064 III läuft derzeit leer, s Anh § 1061 Rn 20. Zust WSch/Schütze[5] Rn 15. Das liberale dt Recht (I u II) wird zwar verdrängt durch strengere Regeln in völkerrechtl Verträgen. Art IV UNÜ beansprucht jedoch keinen Vorrang, arg Art VII UNÜ. AA OLG Rostock IPRax 2002, 401 (Kröll IPRax 2002, 384). Auch sonst sind Staatsverträge, die etwas anderes iSv III bestimmen, in Deutschland nicht in Kraft. 5

§ 1065 Rechtsmittel

(1) [1]Gegen die in § 1062 Abs. 1 Nr. 2 und 4 genannten Entscheidungen findet die Rechtsbeschwerde statt. [2]Im Übrigen sind die Entscheidungen in den in § 1062 Abs. 1 bezeichneten Verfahren unanfechtbar.

(2) [1]Die Rechtsbeschwerde kann auch darauf gestützt werden, dass die Entscheidung auf einer Verletzung eines Staatsvertrages beruht. [2]Die §§ 707, 717 sind entsprechend anzuwenden.

1 **Rechtsbeschwerde zum BGH** (§ 574 I Nr 1, § 133 GVG) ist statthaft gegen Entscheidungen des staatl Gerichtes über die Zulässigkeit oder Unzulässigkeit eines schiedsrichterl Verf und über bei Zwischenbescheid des Schiedsgerichtes (§§ 1040, 1032, 1062 I Nr 2; sa § 1035 Rn 17; BGHR 2009, 903) sowie gegen Aufhebung, Vollstreckbarerklärung und Aufhebung der Vollstreckbarerklärung bzw deren Ablehnung (§ 1059, § 1069, § 1061, § 1061 III, § 1062 I Nr 4); auch gegen Beschluss, der analog § 280 den Aufhebungsantrag für zulässig erklärt, BGH NJW 2001, 3787. **Voraussetzung ist, dass die Rechtssache grundsätzl Bedeutung hat oder die Fortbildung des Rechts oder die Sicherung einer einheitl Rspr eine BGH-Entsch erfordert**, § 574 II. Hierzu zB BGH 26.11.2020 – I ZB 11/20 Tz 14: Anschlussbeschwerde (§ 574 IV) mögl. – Weist das OLG den Antrag auf Bestellung eines Schiedsrichters (§ 1062 I Nr 1 iVm § 1035 IV) zurück, weil Schiedsvereinbarung offensichtl unwirksam sei (s § 1035 Rn 17), ist Rechtsbeschwerde nicht statthaft. Die **vorfragenweise Prüfung der Schiedsvereinbarung** macht die Entscheidung über die Einsetzung des Schiedsgerichts (Nr 1) nicht zu einer iSv Nr 2, BGH IHR 2010, 177. Auch gegen Schiedsrichterernennung durch OLG **keine Rechtsbeschwerde** statthaft, BGH SchiedsVZ 2012, 281, 282. – Gegen die vom OLG als Gericht 1. Instanz gem § 93 getroffene **Kostenentscheidung** findet die auf den Kostenpunkt isolierte Rechtsbeschwerde nicht statt, § 576, BGH MDR 2008, 592. Sa KG 1.11.2016 – 20 Sch 2/14. Zur **Kontrolle des OLG-Verf** BGH SchiedsVZ 2020, 196. – Zur Verletzung des rechtl Gehörs durch OLG bei Nichtberücksichtigung der zeitl Begrenzung der Schiedsvereinbarung BGH SchiedsVZ 2020, 94; Kröll NJW 2021, 832, 833 Rn 10 ff. Eine Gehörsrechtsverletzung des OLG kann auch darin liegen, dass es eine dem Schiedsgericht unterlaufene entscheidungserhebl Gehörsrechtsverletzung perpetuiert, indem es den Schiedsspruch trotz entsprechender Rüge nicht aufhebt, BGH SchiedsVZ 2022, 228. – Zum Verbot des § 576 II BGH 9.3.2023 – I ZB 33/22 Tz 82; zur Anschlussrechtsbeschwerde BGH aaO Tz 87. **Reformüberlegungen.** Der RegE eines Gesetzes zur Modernisierung des Schiedsverfahrensrechts v 26.6.2024 aus der 20. Legislaturperiode (BTDrs 20/13257, 55 f) schafft mit § 1065 III-E die Möglichkeit, das Verf über die Rechtsbeschwerde zum BGH in schiedsrechtlichen Angelegenheiten nach § 1063a I 1-E (*Commercial Court*) vollständig in **englischer Sprache** zu führen.

2 **§ 1065 II 1** ergänzt § 576 I, Lachmann Rn 2785.

3 Das **Verf** entspricht weitgehend dem Revisionsverf, §§ 574 ff.

4 **Ausnahmsw Einführung neuer Tatsachen trotz § 577 II 4, § 559 I 1.** Der BGH hat Tatsachen zu berücksichtigen, welche die prozessuale Rechtslage erst während des Verf der Rechtsbeschwerde verändern oder vom Rechtsbeschwerdegericht vAw zu berücksichtigen sind, BGH SchiedsVZ 2007, 160, 162 Tz 25; s § 559 Rn 4. Des Weiteren sind Entscheidungen zu beachten, die eine vorgreifl Rechtsfrage rechtskräftig klären, von deren Beantwortung das Ergebnis des zur Beurteilung stehenden Rechtsstreits abhängt, BGH NJW 2001, 1730. – Der BGH ist unbeschränkt zur Auslegung des Schiedsspruchs befugt, auch eines ausl, BGH SchiedsVZ 2016, 343 Tz 24.

5 **Individualvereinbarungen** können im **Rechtsbeschwerdeverf** nur darauf **geprüft** werden, ob das OLG bei der Auslegung gegen Rechtsregeln, Denkgesetze oder Erfahrungssätze verstoßen hat. Schiedsvereinbarungen werden allerdings vielfach einem Vertrag in immer wiederkehrenden formelhaften Wendungen hinzugefügt. Dann kann das Rechtsbeschwerdegericht dazu Auslegungsregeln aufstellen, BGH NJW 1983, 1267. – Vgl auch BGH NJW 1988, 3091 (Nachprüfung von AGB, da Berufungsgericht keine Auslegung vorgenommen hatte).

6 **Sicherheitsleistung (§ 1065 II 2), § 707 I 1, § 109 I.** Bei der Entscheidung über den Einstellungsantrag sind die widerstreitenden Interessen von Schuldner u Gläubiger gegeneinander abzuwägen (BGH SchiedsVZ 2020, 92; BGH 22.8.2017 – I ZB 70/17 Tz 4; Kröll SchiedsVZ 2020, 219, 227) u dabei auch die **Erfolgsaussichten des Rechtsbehelfs summarisch zu prüfen**. Eine solche Prüfung setzt voraus, dass der ASt die Gründe vorgebracht hat, die seiner Ansicht nach die Abänderung oder Aufhebung des Titels rechtfertigen. Eine **Einstellung der ZwV vor Eingang der Rechtsmittelbegründung kommt idR nicht in Betracht**. Bei der Interessenabwägung im Übrigen **räumt das gesetzl Leitbild grds dem Vollstreckungsinteresse des Gl den Vorrang** ein; soll demgegenüber das Schutzinteresse des Schuldners überwiegen, bedarf es hierfür besonderer Gründe, BGH 25.9.2018 – I ZB 73/18. – Die Anordnung der **Sicherheitsleistung entfällt nicht automatisch mit Aufhebung der Vollstreckbarerklärung u Rückverweisung an OLG**, da durchaus noch ein Sicherungsbedürfnis bestehen kann, BGH NJW 2013, 3184 = LMK 2013, 345597 (Wilske/Nettlau).

7 **Öffentlich-rechtliche Schiedsgerichtsbarkeit.** S § 1025 Rn 1, § 1030 Rn 22. Zuständig ist OVG, § 173 S 2 VwGO. BR hat zentrale Zuständigkeit des BVerwG (nach dem Modell des § 1065) verhindert, Kopp/Schenke[30] § 173 VwGO Rn 8. Sa Kahlert S 130; Möller, Echte Schiedsgerichtsbarkeit im VerwaltungsR, 2014.

8 **Gebühren. a) Gericht:** Geb iHv 3,0 (1628 GKG-KV), die sich bei Rücknahme der Rechtsbeschwerde oder des Antrags auf 1,0 ermäßigt (1629 GKG-KV). – **b) RA:** I 1: Vorbem 3.2.2 Nr 1c RVG-VV; 3206 ff RVG-VV. – II 2: 3328 RVG-VV; § 19 I 2 Nr 11 RVG.

Abschnitt 10
Außervertragliche Schiedsgerichte (§ 1066)

§ 1066 Entsprechende Anwendung der Vorschriften des Buches 10

Für Schiedsgerichte, die in gesetzlich statthafter Weise durch letztwillige oder andere nicht auf Vereinbarung beruhende Verfügungen angeordnet werden, gelten die Vorschriften dieses Buches entsprechend.

Lit: *Beckmann*, Statutarische Schiedsklauseln im dt Recht u internat Kontext, 2007; *Crezelius*, Schiedsgerichte u ErbR, FS Westermann, 2008, S 161; *Dawirs*, Das letztwillig angeordnete Schiedsgerichtsverf, 2014; *Geimer* FS Schlosser, 2005, S 189; *Geimer* in Böckstiegel/Berger/Bredow, Die Beteiligung Dritter am Schiedsverf, 2005, S 71, 75; *Geimer* in Taktik im Schiedsverf, 2008, S 109; *Haas*, Beruhen Schiedsabreden in Gesellschaftsverträgen nicht auf Vereinbarungen i.S. des § 1066 ZPO oder vielleicht doch?, SchiedsVZ 2007, 1; *Haas*, Schiedsgerichte in Erbsachen, SchiedsVZ 2011, 289; *Harder*, Das Schiedsverf im ErbR, 2007; *Huneke/Gegler*, Schiedsvereinbarungen in Familienunternehmen, RFamU 2023, 119; *Jobst*, Das gesellschaftsrechtl Schiedsverf, 2020; *Kölbl*, Schiedsklauseln in Vereinssatzungen, 2003; *Massari/Burri-Wenzel*, Arbitrating Corporate Law Disputes: The new Swiss Law – A Model for Germany?, SchiedsVZ 2024, 187; *Salger/Trittmann/Borris* Internationale Schiedsverfahren, 2019, § 28 Rn 74 ff; *Schlumpf*, Testamentarische Schiedsklauseln, 2011; *K. Schmidt* in GesellschaftsR in der Diskussion 2009 (VGR-Jahrestagung), 2010, S 97; *Schulzweida*, Schiedsvereinbarungen u Schiedsanordnungen im ErbR, 2020; *Zimmermann*, Sind vom Erblasser angeordnete Schiedsgerichte zweckmäßig?, ErbR 2021, 181. – Zur österr Parallelvorschrift (§ 581 II ZPO) *Koller* in Liebscher/Oberhammer/Rechberger, (Österr) SchiedsverfR I, 2012, Rn 3/328 ff; *Mayr*, öJZ 2009, 539, 546; *Stippl* in Liebscher/Oberhammer/Rechberger, (Österr) SchiedsverfR I, 2012, Rn 4/113.

I) Anwendungsbereich. Alle auf inländischem oder (aus dt Sicht maßgebl) ausl Privatrecht beruhenden Schieds- 1
gerichte, mit Ausnahme der vertragl vereinbarten (§ 1029) und solcher, die ein Gesetz selbst – als Sondergericht – an Stelle eines Rechtsweges zu einem staatl Gericht etabliert. § 1066 inkludiert in seinen Anwendungsbereich Schiedsgerichte, die auf ges Grundlage durch nicht vertragl zu qualifizierenden Rechtsakt (Rechtsgeschäft) eingerichtet werden, insb durch körperschaftl Satzungen (statutarische Schiedsklauseln), s Rn 2, K. Schmidt JZ 1989, 1077; Zimmermann ErbR 2021, 181 f. Bestr, aber mit K. Schmidt gegen hM (zB Otte ZIP 2020, 1743, 1745) zu bejahen, dass auch Schiedsklauseln in Personengesellschaftsverträgen (OHG, KG) unter § 1066 fallen, s Rn 13.

II) Satzungsmäßige Schiedsgerichte. 1) Unter § 1066 fällt zB die Anordnung eines Schiedsgerichts durch **Stif- 2
tungsurkunde** oder **Vereinssatzung**, wenn Rechtsstreitigkeiten unter Ausschluss des ordentl Rechtswegs der Entscheidung durch eine unabhängige u unparteiliche Instanz unterworfen werden. Die Streitbeteiligten müssen paritätisch Einfluss auf die Besetzung eines solchen Vereinsgerichts nehmen können, sa § 1029 Rn 6. Die Satzung muss gewährleisten, dass das Vereinsgericht bei einer Streitigkeit zwischen dem Verein und einem Vereinsmitglied den Beteiligten als neutraler Dritter gegenübersteht. Für **Verbandsgerichte**, die in Streitigkeiten zwischen dem Verband und seinen Mitgliedern entscheiden, gelten dies Grundsätze, BGH NJW-RR 2018, 1402. Sa StJ/Schlosser Rn 4; Haarmann FS Crezelius, 2018, S 137, 149. Die Anordnung setzt privatrechtl Autonomie voraus; fehlt sie, ist Anordnung des Schiedsgerichts durch Satzung unwirksam, BGH NJW 1967, 2057; vgl auch KG NJW 1977, 57; Kleinmann BB 1970, 1076. Der Verein kann aber in Vereinsangelegenheiten einseitig durch Satzung Schiedsgericht einsetzen, das für Streitigkeiten mit oder unter Mitgliedern zuständig ist; es bedarf dann insoweit keiner gesonderten Schiedsvereinbarung mit dem Mitglied in der Form des § 1031, Haas/Hoßfeld FS Uwe H. Schneider, 2011, S 407, 416. Dem Bedürfnis nach Rechtssicherheit, dem § 1031 ua Rechnung tragen soll, ist auch durch die Festlegung des Zuständigkeits- und Aufgabenbereichs des Schiedsgerichts in der Satzung ausreichend Genüge getan, BGH NJW 2000, 1713; Habersack/Wasserbäch AG 2016, 1. Zur Abgrenzung ggü bloßen Verbandsorganen BGH SchiedsVZ 2004, 205; OLG Braunschweig SchiedsVZ 2005, 262; Kröll SchiedsVZ 2006, 203; Schroeder SchiedsVZ 2005, 244; s § 1034 Rn 12. – Zur Abgrenzung ggü **vertragl eingesetzten Schiedsgerichten** (§ 1029) OLG München 24.8.2010 – 34 Sch 21/10. – Eine Schiedsklausel, die korporativer Bestandteil des **Gesellschaftsvertrags einer GmbH** ist, ist gemäß den für solche Satzungsbestimmungen geltenden Grundsätzen nach objektiven Gesichtspunkten auszulegen. Eine weite Schiedsklausel im Gesellschaftsvertrag einer GmbH bildet eine materiell-rechtlich wirksame Grundlage für eine schiedsgerichtl Zuständigkeit in Beschlussmängelstreitigkeiten (nur) dann, wenn sie die in höchstrichterl Rspr aufgestellten Mindestanforderungen erfüllt, BayObLG SchiedsVZ 2023, 100 (Lenz); Reichert/Groh ZPG 2023, 121 ff (mit Blick auf das MoPeG). Zur Notwendigkeit der Einbeziehung der Gesellschaft u aller Gesellschafter BayObLG GmbHR 2023, 396, s § 1060 Rn 30. Zu verfassungsrechtlichen Fragen im Zusammenhang mit Schiedsklauseln in Satzungen s Kahlert SchiedsVZ 2023, 2, 8: Problematisch bei Monopolstellung der Personenvereinigung.

2) Als Gegengewicht gegen die **Übermacht des Vereins/Verbandes** bei der Bildung des Schiedsgerichts kommt 3
das Verf nach § 1034 II in Betracht.

Eine in die Satzung einer Kapitalgesellschaft (AG oder GmbH, s § 1029 Rn 68) aufgenommene Schiedsklausel 4
kann Zuständigkeit des Schiedsgerichts für Streitigkeiten über **Rechtsverhältnisse anordnen, welche der Bestimmung der Gesellschafter unterliegen, also den Gegenstand statutarischer Bindung bilden können**, K. Schmidt ZHR 162 (1998), 265, 275 u BB 2001, 1857, 1860; Reichert FS Ulmer, 2003, S 529; Massari/Burri-

Wenzel SchiedsVZ 2024, 187 f (auch zu § 697n Schweiz OR mWv 1.1.2023). Erfasst werden auch die Organe der Gesellschaft bzw jur Person, Umbeck SchiedsVZ 2009, 143; Haas/Hoßfeld FS Uwe H. Schneider, 2011, S 407, 415. Unter § 1066 fallen jedoch nicht **individualrechtl Streitigkeiten**, zu diesen zählt BGH NJW 1963, 203 auch **Streitigkeiten aus einem satzungsmäßigen AnkaufsR**. Das Gleiche gilt für BGHZ 48, 35, 43, wonach § 1066 Schiedsklauseln nur für Streitigkeiten aus dem Mitgliedschaftsverhältnis betreffe. Für weite Auslegung BGH ZIP 2004, 1616, 1618.

5 **3)** § 1066 ist anwendbar für **Ausschluss eines Gesellschafters und dessen Abfindung**, BGH WM 83, 1207; ebenso für das Verf nach § 306 AktG aF/SpruchG zur **Festsetzung der Höhe der Abfindung** sowie Streitigkeiten in Zusammenhang mit einer in der Satzung vorgesehenen **Kaduzierung** (OLG Hamm OLGZ 90, 453; Kornmeier DB 1980, 193), **Zwangsamortisation** oder der **Vermögensverteilung durch die Liquidatoren**, Scholz/Scheller[13] § 72 GmbHG Rn 6. Die Satzung muss aber ein geeignetes Instrumentarium zur Einbeziehung außenstehender Aktionäre zur Verfügung stellen; s § 1030 Rn 9; Raeschke-Kessler/Berger Rn 356. Mit Ausnahme individualrechtl Streitigkeiten (§§ 4, 101 III ArbGG) kann Satzung auch Schiedsklausel für Organstreitigkeiten vorsehen, Haas/Hoßfeld FS Uwe H. Schneider, 2011, S 407, 415.

6 **4)** Statutarische Schiedsklausel nach § 1066 zB zulässig für **Informationsstreitigkeiten** OLG Koblenz GmbHR 90, 556; Wagner, Prozessverträge, 1998, S 587, 593; Ansprüche gegen Organe der Gesellschaft bzw jur Person, Umbeck SchiedsVZ 2009, 143, 147; für die **Auflösungs- und Nichtigkeitsklage**, Massari/Burri-Wenzel SchiedsVZ 2024, 187, 188 f. Anders K. Schmidt ZHR 162 (1998), 265, 285 unter Hinweis auf **§ 23 V 1 AktG** für Auskunftserzwingungs- (§ 132 AktG) und für Bestellungsverf (§ 104 AktG). § 23 V AktG ist aber nicht unter § 1030 III subsumierbar, s Mülbert ZZP 118 (2005), 265, 321. Sa LG München I MittBayNot 2007, 142, 146; StJ/Schlosser § 1034 Rn 52.

7 **5) Schiedsklausel kann auch nachträgl noch durch Satzungsänderung eingefügt werden**, jedoch ist analog § 53 IV GmbHG Einstimmigkeit erforderl, BGH NJW 2009, 1962 (Hilbig SchiedsVZ 2009, 247); Albrecht NZG 2010, 486. Auch kann Schiedsklausel durch Satzungsänderung beseitigt werden, BGHZ 38, 155, 161; hierzu genügt nicht **Mehrheitsbeschluss**, sa Massari/Burri-Wenzel SchiedsVZ 2024, 187 f, 194 (anders § 697n Schw OR 2023). Vielmehr ist **Einstimmigkeit** erforderl, weil eine Rückführung in die staatl Gerichtsbarkeit nur freiwillig erfolgen darf, iErg ebenso Raeschke-Kessler/Berger Rn 361. – Zur notwendigen Modifikation des § 33 BGB ausf Haas SchiedsVZ 2007, 1.

8 **6)** Nach BGH NJW 2000, 1713 seien bei der Änderung einer **Vereinssatzung u neu eingefügter Schiedsklausel** diej Mitglieder unterworfen, die der Satzungsänderung zugestimmt haben. Die Mitglieder, die nicht zugestimmt haben, könnten sich durch Austritt (§ 39 BGB) der Unterwerfung unter die Schiedsgerichtsbarkeit entziehen, andernfalls sind sie an die Schiedsklausel in der geänderten Vereinssatzung gebunden. Ihre (indirekte) Unterwerfung unter die Klausel liegt in der Aufrechterhaltung ihrer Mitgliedschaft trotz der Möglichkeit des Austritts, jedoch nur, wenn der Vereinsaustritt eine zumutbare Alternative zum Verzicht auf den Zugang zu den staatl Gerichten darstellt. Dies ist idR bei **„Monopolvereinen"** nicht der Fall. Im Bsp: Verein, welcher das Zuchtbuch für Dt Schäferhunde führt.

9 **7)** Für **neuen Gesellschafter** als Rechtsnachfolger (s § 1029 Rn 55 ff; § 1030 Rn 10; § 1031 Rn 16) wie kraft originärem Beitritt (zB durch Übernahme einer neuen Stammeinlage bei Kapitalerhöhung) gilt Satzungs-Schiedsklausel ohne weiteres. Eines bes Beitritts bedarf es nicht. Denn **mit dem Eintritt in die Gesellschaft unterwirft sich der neue Gesellschafter der Satzung und der von ihr vorgeschriebenen Schiedsgerichtsbarkeit**, BGH NJW 1978, 1585; BGH NJW 1979, 2567. Differenzierend Haas SchiedsVZ 2007, 1, 8. So für Kapitalgesellschaften, anders aber bei Personengesellschaften hM, BayObLG ZIP 2022, 2177.

10 **8)** Ist in der Satzung vorgesehen, dass bei **Nichtzustandekommen eines Gesellschafterbeschlusses** ein als Schiedsgericht tituliertes Gremium zu entscheiden hat, so handelt es sich nicht um Rspr (§§ 1025 ff daher unanwendbar), sondern um die **Rechtsgestaltung eines an die Stelle der Gesellschafterversammlung getretenen Gesellschaftsorgans.** Dagegen nicht Aufhebungsantrag (§ 1059), sondern **Nichtigkeits- bzw Anfechtungsklage** (§§ 246 ff AktG) statthaft, sofern nicht wiederum diese in den Anwendungsbereich einer statutarischen Schiedsklausel fällt, s § 1030 Rn 10, 11. Einstimmigkeit im Gremium macht Klage nicht unstatthaft, BGH NJW 1965, 1378. Zur Abgrenzung zwischen Organisationsentscheidungen von Rspr-Tätigkeit Scholz/K. Schmidt/Bochmann[13] § 45 GmbHG Rn 20 f; BGH SchiedsVZ 2004, 205; Schroeder SchiedsVZ 2005, 244.

11 **9)** Die Gesellschaft selbst (s § 1035 Rn 7) oder eines ihrer Organe kann in Streitigkeiten, an denen sie selbst Partei ist, **nicht Schiedsrichter** sein. Das Gleiche gilt für andere jur Personen, wie zB Vereine. Zum **Verbot, als Schiedsrichter in eigener Sache aufzutreten**, s § 1035 Rn 4.

12 **10)** Für **Beschlussmängelstreitigkeiten, also Anfechtungs- und Nichtigkeitsklagen einer AG**, kann nach früher (aber mittlerweile überholter) hM (K. Schmidt BB 2001, 1857, 1861; Reichert FS Ulmer, 2003, S 531 mwN) – entgegen der hier vertretenen Auffassung (s § 1030 Rn 9 ff) – weder in der Satzung der AG (§ 1066) noch durch Vertrag des Kl mit bekl AG (§ 1029) noch durch rügelose Einlassung auf die Schiedsklage eine Zuständigkeit des Schiedsgerichts begründet werden, weil AktG Rechtsschutz durch staatl Gericht zwingend vorschreibt, § 23

V 1 AktG, K. Schmidt ZHR 162 (1998), 265, 285; Reichert/Groh ZPG 2023, 121, 124 ff (mit Blick auf das MoPeG). S aber Rn 6; sa § 1030 Rn 9 ff; Beckmann S 114.

11) Auch **Organisationsverträge von Personengesellschaften** (s Rn 1) fallen unter § 1066 (aA hM, s § 1029 Rn 60), wobei **Schiedsklausel nicht nachträgl durch Mehrheitsbeschluss eingeführt werden kann**; BGH NZG 2022, 218 u BGH SchiedsVZ 2022, 86 – **Schiedsfähigkeit IV**: Die zur GmbH entwickelten Mindestanforderungen für die Wirksamkeit von Schiedsvereinbarungen, die Beschlussmängelstreitigkeiten erfassen (BGHZ 180, 221 Tz 20 – **Schiedsfähigkeit II**), gelten auch für Personengesellschaften, bei denen der Gesellschaftsvertrag vorsieht, dass Beschlussmängelstreitigkeiten nicht unter den Gesellschaftern, sondern mit der Gesellschaft auszutragen sind (Abgrenzung zu BGH SchiedsVZ 2017, 194 Tz 24 ff – **Schiedsfähigkeit III**); hierzu Jobst ZIP 2022, 884; Kröll SchiedsVZ 2022, 150, 153; Glienker/Hohm SchiedsVZ 2022, 189; Reichert/Groh ZPG 2023, 121 ff (mit Blick auf das MoPeG); Massari/Burri-Wenzel SchiedsVZ 2024, 187, 189, 194 f; Mülbert/Schneider MittBayNot 2022, 385; Huneke/Gegler RFamU 2023, 119, 124 f. IZw lässt eine Schiedsvereinbarung, die alle Streitigkeiten aus dem Gesellschaftsverhältnis umfasst, auf den Willen der Vertragsparteien schließen, im Falle ihrer Teilnichtigkeit nicht vollständig von ihr Abstand zu nehmen, sondern sie im zulässigen Umfang aufrechtzuerhalten. Sa BGH NZG 2022, 218 (Ausschließungsklage bei GmbH). Krit Nolting EWiR 2022, 101; Liebscher FS Thümmel, 2020, S 487; Lörcher/Otte FS Thümmel, 2020, S 515. 13

Zur **Rechtslage seit 1.1.2024** K. Schmidt ZHR 187 (2023), 107; Reichert/Groh ZPG 2023, 121; Liebscher/Günthner ZIP 2022, 713; Jobst ZIP 2022, 884, 888. Nach §§ 109 ff HGB nF ist das **Anfechtungsmodell der Regelfall**. § 110 HGB nF unterscheidet wie §§ 241, 243 AktG zwischen nichtigen u nur anfechtbaren Beschlüssen. Jeder Gesellschafter kann den Mangel eines Gesellschafterbeschlusses durch Anfechtungs- bzw. Nichtigkeitsklage gegen die Gesellschaft geltend machen, § 113 HGB nF, BTDrs 19/27635, 111. § 113 VI HGB erstreckt die Rechtskraft des Schiedsspruchs auf alle Gesellschafter, wenn sie nicht Partei des Schiedsverf waren. Das Anfechtungsmodell des HGB nF kann im Gesellschaftsvertrag abbedungen werden. – §§ 109 ff HGB nF gelten jedoch nicht für BGB-Gesellschaften. Nach Huneke/Gegler RFamU 2023, 119, 124 seien durch das MoPeG die Unterschiede zwischen GmbH und Personengesellschaften nivelliert worden, so dass künftig einheitlich die in BGHZ 180, 221 Tz 20 – **Schiedsfähigkeit II** entwickelten Mindestanforderungen heranzuziehen seien. 14

12) Bei **Publikumsgesellschaften** ist jedoch strenge Inhaltskontrolle geboten, vor allem unter dem Blickwinkel des § 1034 III; BGHZ 104, 50, 53. Noch weiter K. Schmidt ZGR 88, 539: „Die Publikumsgesellschaft muss sich wie die AG vor den Gerichten des Staates stellen". 15

III) Befugnisse des Erblassers. 1) Durch letztwillige Verfügung eingesetzte Schiedsgerichte (Crezelius FS Westermann, 2008, S 161; Bandel MittBayNot 2017, 1 u SchiedsVZ 2017, 72; Zimmermann ErbR 2021, 181 f) setzen formwirksames und auch sonst wirksames Testament oder Erbvertrag (§ 2299 BGB) voraus. Anders für Erbverträge OLG Hamm NJW-RR 1991, 455, Haas SchiedsVZ 2007, 1, 4, die § 1029 und damit auch § 1031 unmittelbar anwenden wollen. Dies trifft nur für Vereinbarungen unter Lebenden zu, die neben erbvertragl Verfügungen oder einseitigen (nicht erbvertragl bindenden) Verfügungen in der notariellen Urkunde enthalten sind. Keine Bindung auch beim gem Testament, OLG Celle MittBayNot 2017, 1 (krit Bandel). Ansonsten kann Erblasser auch im Erbvertrag oder gem Testament einseitig ein Schiedsgericht einsetzen und „Verfahrensanordnungen" treffen. Zur Haftung des Nachlasses für Schiedsrichterhonorar s § 1035 Rn 27. 16

Der **Kompetenzbereich des Schiedsgerichts** wird unmittelbar vom Erblasser bestimmt. Äußerste Grenzen: Streitigkeiten im Zusammenhang mit dem Nachlass und seiner Abwicklung, § 27, zB Rechtsstreitigkeiten zwischen Erben (Erbprätendenten) und zwischen Erben und Vermächtnisnehmern sowie über Erbunwürdigkeit. Der TV kann zum Schiedsrichter ernannt werden, RGZ 100, 76. Dieser darf jedoch nicht als Richter in eigener Sache auftreten, s BGH NJW 2019, 857. 17

2) Verfehlt ist der Versuch, die Anordnung des Schiedsgerichts in das mat-rechtl Instrumentarium des ErbR (§§ 1937-1941 BGB) einzuzwängen, etwa als **Auflage** zu deuten, dass sich die am Nachlass beteiligten Personen einem Schiedsgericht „unterwerfen" müssten, s RGZ 100, 77, 78. Die Zuständigkeit des Schiedsgerichts beruht vielmehr auf der **einseitigen Anordnung** des Erblassers. Dieser kann im Rahmen des ihm durch § 1066 zugestandenen Regelungsspielraums für die Parteien des konkreten Rechtsstreits den Zugang zu den staatl Gerichten ausschließen u an deren Stelle die Zuständigkeit eines Schiedsgerichts begründen, abw LG Duisburg ZEV 2022, 103 Tz 20 (keine letztwillige Schiedsanordnung über Ausgleichungsansprüche nach §§ 2050 ff BGB); ebenso BGH NJW 2017, 2115 für Pflichtteilsansprüche, s näher Rn 22. Er kann auch eine über den Wortlaut des § 1055 hinausgehende **Rechtskrafterstreckung** anordnen, sofern die Beteiligung am Schiedsverf für alle durch die Rechtskraft Betroffenen mögl ist u die Gleichheit aller Verfahrensbeteiligten bei der Bestellung der Schiedsrichter sichergestellt ist; zB bei Ernennung durch Dritten; sa § 1030 Rn 9. – Zur Schiedsrichterbestellung gem § 1035, wenn klare Regelung des Erblassers fehlt, OLG München FamRZ 2018, 533. 18

3) Keine der Parteien kann allein der Gerichtspflichtigkeit vor dem ihr unerwünschten Schiedsgericht entkommen: Eine Abweichung ist nur möglich, wenn beide sich verständigen, die Schiedsklausel zu ignorieren, so wenn die bekl Partei auf die Klage der anderen nicht auf die Zuständigkeit des Schiedsgerichts rekurriert, dh vor dem staatl Gericht nicht die Einrede der Schiedsklausel gem § 1066 iVm § 1032 I erhebt. Skeptisch (für Be- 19

achtung des § 1066 vAw) OLG Celle MittBayNot 2017, 1 (krit Bandel). § 1032 I betrifft nur das Ausstiegsszenario. Der Erblasser kann im Gegensatz zu der durch Vertrag der Parteien fundierten Schiedsgerichtsbarkeit (§ 1029) ohne Zustimmung der betroffenen Parteien auch **Drittklagen** in beiderlei Richtungen vor dem von ihm eingesetzten Schiedsgericht zulassen, also Klagen eines Dritten gegen eine oder gegen beide der ursprüngl Parteien des Schiedsgerichtsverf u umgekehrt Klagen einer der ursprüngl Parteien oder beider gegen einen am Schiedsgerichtsverf bish nicht beteiligten Dritten, allerdings immer nur unter der Voraussetzung, dass der durch die Schiedsklausel belastete Dritte unter die Regelungsbefugnis des Erblassers fällt. Andernfalls bleibt es bei dem Erfordernis der Zustimmung des Betroffenen, Massuras S 469. Der Erblasser kann auch Personen, die seiner „Regelungsgewalt" nicht unterliegen, ein Teilnahmerecht am Schiedsgerichtsverf gewähren.

20 **4)** § 2065 BGB steht der **Einsetzung eines Schiedsgerichts, das über Geltung, Auslegung und Inhalt einer Verfügung von Todes wegen entscheiden soll**, nicht entgegen. Seine Entscheidung ist **Rechtsanwendung**, nicht Willensentscheidung eines „Dritten". Zust Crezelius FS Westermann, 2008, S 161, 170, OLG Celle MittBayNot 2017, 1 (Bandel). Ein Schiedsgericht kann auch über die **ges Erbfolge** entscheiden. Das Testament, welches das Schiedsgericht einsetzt, braucht mithin keine mat-rechtl Erklärungen enthalten.

21 **5)** Wenn aber ein Schiedsgericht an Stelle des staatl Gerichts inter partes verbindl (§ 1055) über die Frage befinden kann, wer Erbe ist, dann muss es auch mögl sein, dass nach dem Willen des Erblassers das Schiedsgericht über **Pflichtteilsrechte** entscheiden kann. Der Umstand, dass Erblasser über den Pflichtteilsanspruch nicht disponieren kann, steht Einsetzung eines Schiedsgerichts auch mit Wirkung für den Pflichtteilsberechtigten nicht entgegen. Man muss die prozessuale Frage der Gerichtspflichtigkeit von Pflichtteilsberechtigten vor Schiedsgerichten auf Grund der Anordnung des Erblassers (Ermächtigungsnorm hierfür: § 1066) von der mat-rechtl Frage trennen, dass der Erblasser weder die Pflichtteilsberechtigung noch die Höhe des Pflichtteils bestimmen kann. § 1066 eröffnet dem Erblasser die Möglichkeit zu bestimmen, dass an Stelle der staatl Gerichte ein Schiedsgericht über Pflichtteilsansprüche bzw bei ausl Erbstatut (Rn 19) über Noterbrechte zu entscheiden hat. Zust Pawlytta ZEV 2003, 89, 94; Crezelius FS Westermann, 2008, S 161, 172; StJ/Schlosser Rn 3; mwN bei Beckmann S 91 ff. Zu etwaigen verfassungsrechtlichen Bedenken s Kahlert SchiedsVZ 2023, 2, 8.

22 **6)** Anders die **hM**, BGH ZEV 2017, 416 (Geimer); sa BGH NJW 2017, 2115; OLG München FamRZ 2016, 1310 (krit Schlosser FamRZ 2016, 1313); Bandel SchiedsVZ 2017, 72; Lange ZEV 2017, 1; Burchard ZEV 2017, 308. Wenn der Pflichtteilsberechtigte (als die nach hM vor der Kompetenz-Willkür des Erblassers zu schützende Person) selbst den Weg zum Schiedsgericht wählt, darf das staatl Gericht nicht vAw gegensteuern. Auch wenn man mit der hM dem Erblasser die Befugnis abspräche, dem Pflichtteilsberechtigten den Weg zu den staatl Gerichten zu versperren, begründet dies noch lange nicht, weshalb es dem Erblasser verboten sein sollte, seinen Erben wahlweise auch vor einem Schiedsgericht gerichtspflichtig zu machen, wenn der Pflichtteilsberechtigte es vorzieht, vor dem Schiedsgericht statt vor dem staatl Gericht zu klagen (Arg: Erbe kann die Erbschaft ausschlagen u sich so von der Schiedsbindung befreien, Schlosser FamRZ 2016, 1313; Bandel SchiedsVZ 2017, 72, 75; Geimer ZEV 2017, 416). Dass LG Duisburg ZEV 2022, 103 Tz 20 Streitigkeiten über Ausgleichungsansprüche nach §§ 2050 ff BGB wegen § 2315 BGB nicht als schiedsfähig ansieht, trifft nur deswegen zu, weil Auslegung zweiseitiger Rechtsgeschäfte betroffen ist (für § 1030 auch Burchard ZEV 2022, 105).

23 **7)** Auch bei **ausl Erbstatut (Art 21 ff EuErbVO)** beurteilt sich diese Befugnis nach dt ProzessR, sofern das eingesetzte Schiedsgericht seinen Sitz in Deutschland hat. Zust Koller in Liebscher/Oberhammer/Rechberger, Rn 3/354 Fn 1168. Sa Beckmann S 53. AA BGH ZEV 2017, 416 (Geimer); Bandel SchiedsVZ 2017, 72. Die Einsetzung eines Schiedsgerichts, das seinen Sitz in Deutschland hat; dies ist nach § 1066 auch dann zulässig, wenn für die Erbfolge ausl Recht zur Anwendung kommt. Die Frage der Zulässigkeit der schiedsgerichtl Streiterledigung kann nicht dem ausl Erbstatut überlassen werden. Auf die Anerkennungsfähigkeit des vom dt Schiedsgericht erlassenen Schiedsspruchs im Ausland kommt es nicht an, Geimer in Taktik im Schiedsverf, 2008, S 109.

24 **8)** Auch wenn man Rn 16 mit der hM nicht folgen will, wäre wenigstens eine **einseitige Schiedsbindung des Erben** (s Rn 22) sinnvoll; denn der in den EU-Mitgliedstaaten (ohne Dänemark u Irland) universell anzuwendende **Art 5 EuErbVO** schränkt die Zulässigkeit von Zuständigkeitsvereinbarungen stark ein. Zudem sind Zuständigkeitsvereinbarungen zwischen verstrittenen Nachlassbeteiligten ohnehin selten, s eingehend Geimer ZEV 2017, 416. Die EuErbVO schließt die schiedsgerichtl Erledigung erbrechtl Streitigkeiten nicht aus.

25 **9) Erbscheinsantrag** ist in den Fällen des § 1066 nicht unzulässig, wie OLG Celle MittBayNot 2017, 1 (krit Bandel) meint, sondern idR nach § 21 FamFG auszusetzen. Die Entscheidung des Schiedsgerichts wirkt wie eine Parallelentscheidung des staatl Gerichts (§ 325) nur inter partes (§ 1055), Lühmann S 160 ff. Sie ist für das **Nachlassgericht** (§ 23a II Nr 2 GVG, §§ 342 ff FamFG) in gleichem Umfang wie diese maßgebl: Streiten nur zwei Erbprätendenten, ist das Nachlassgericht bei der Erbscheinserteilung daran gebunden, nicht jedoch hinsichtl der Frage, ob keine der Parteien, sondern ein Dritter Erbe ist. Dies übersieht LG Hechingen FamRZ 2001, 723.

26 **10)** Ein Schiedsgericht kann auch über Eintritt einer vom Erblasser gesetzten Bedingung befinden. Es darf aber nicht an Stelle des Erblassers gestalten, also Anordnungen treffen oder ergänzen, welche der Erblasser bewusst unterlassen oder unvollständig gelassen hat, Staudinger/Otte vor §§ 1937-1941 BGB Rn 6 sowie § 2065 BGB Rn 10. Davon zu unterscheiden ist die ergänzende Auslegung einer Verfügung von Todes wegen, die an Stelle

der staatl Gerichte auch ein Schiedsgericht vornehmen kann, RGZ 100, 77. – Auch Streit über **Entlassung des TV** ist schiedsfähig iSv § 1066, Geimer FS Schlosser, 2005, S 207; Geimer GS M. Wolf, 2011, S 371. AA BGH SchiedsVZ 2018, 46. Ebenso Streit über Vergütung des TV.

11) Parteien und ihre ges Vertreter können nicht Schiedsrichter sein, s § 1035 Rn 4. Daher kann auch ein zum Schiedsrichter ernannter TV nicht **Schiedsrichter in eigener Sache** sein, zB bei Streitigkeiten, die seine Tätigkeit u seine Befugnisse sowie seine Vergütung betreffen, s Rn 16; MK-BGB/Brandner § 2203 BGB Rn 18; Staudinger/Otte vor §§ 1937-1941 BGB Rn 12. 27

IV) WEG-Angelegenheiten. Schiedsgerichte iSv § 1066 können auch in der Gemeinschaftsordnung von WE-Gemeinschaften zur Beilegung der in §§ 43 ff WEG genannten Streitigkeiten fixiert werden. 28

V) Auslobung (§ 657 BGB). Schiedsgerichte iSv § 1066 können auch durch Auslobung errichtet werden, WSch/Schütze[5] Rn 21; Schütze/Thümmel Rn 24.12. 29

VI) Form. 1) In den Fällen des § 1066 ist **Formvorschrift** des § 1031 nicht anwendbar, auch nicht analog, OLG Hamburg SchiedsVZ 2004, 266; Haarmann FS Crezelius, 2018, S 137, 150. Weiter soll rügelose Einlassung auf das Schiedsverf (§ 1031 IV) die Zuständigkeit des Schiedsgerichts nicht begründen, K. Schmidt ZHR 162 (1998), 265, 275; Raeschke-Kessler/Berger Rn 352. Dies überzeugt nicht: Richtigerweise können die Parteien auch in den Fällen des § 1066 eine Schiedsvereinbarung (§ 1029) schließen oder sich durch vorbehaltlose Einlassung auf die schiedsgerichtl Verh zur Hauptsache der Jurisdiktion des Schiedsgerichts unterwerfen. Das erübrigt die komplizierte Prüfung, ob bereits nach § 1066 die Zuständigkeit des Schiedsgerichts begründet war. 30

2) Die Parteien eines konkreten (auf § 1066 beruhenden) Schiedsverf können durch **Verfahrensvereinbarungen** (§ 1042 II) von den „Verfahrensanordnungen" des Satzungsgebers, Erblassers etc abweichen, s § 1042 Rn 22. Sie können auch durch Vereinbarung nach § 1029 den Kompetenzbereich des nach § 1066 eingesetzten Schiedsgerichts erweitern oder einengen bzw ganz beseitigen. Keine Zuständigkeit des OLG (§ 1062) für Streitigkeiten über deren Bestehen bzw Auslegung, OLGR München 2007, 410. 31

VII) Ausländische nicht vertraglich begründete Schiedsgerichte. Auch Schiedssprüche von Schiedsgerichten mit Sitz außerhalb Deutschlands, deren Zuständigkeit nicht auf einer Schiedsvereinbarung beruht, sondern auf einer **privatautonomen Anordnung, Verfügung oder Satzung iSv § 1066**, können nach § 1061 anerkannt u für vollstrb erklärt werden. Vgl zB OLG Frankfurt/M SpuRt 2001, 159. Zwar besteht keine völkerrechtl Verpflichtung, weil der Anwendungsbereich des UNÜ (Art II) diese Schiedssprüche nach hM (aA Geimer IPRax 2006, 298; Beckmann S 386 ff; Haas SchiedsVZ 2007, 1, 10) nicht umfasst. Jedoch verweist § 1066 auf § 1061, dh Art V (1) (a) UNÜ ist dahingehend modifiziert, dass es nicht auf eine wirksame Schiedsvereinbarung, sondern eine **wirksame Anordnung** des Erblassers, Satzungsgebers etc ankommt. Zust WSch/Schütze[5] Rn 28; s im weiteren Kontext auch Massari/Burri-Wenzel SchiedsVZ 2024, 187 f, 194 zu Schiedssprüchen nach § **697n I Schweiz OR mWv 1.1.2023**: *„Die Statuten können vorsehen, dass gesellschaftsrechtliche Streitigkeiten durch ein Schiedsgericht mit Sitz in der Schweiz beurteilt werden. Wenn die Statuten es nicht anders bestimmen, bindet die Schiedsklausel die Gesellschaft, die Organe der Gesellschaft, die Mitglieder der Organe und die Aktionäre."* 32

Buch 11
Justizielle Zusammenarbeit in der Europäischen Union (§§ 1067-1120)

Abschnitt 1
Zustellung nach der Verordnung (EU) 2020/1784 (§§ 1067-1071)

§ 1067 Zustellung durch Auslandsvertretungen

(1) [1]Eine Zustellung nach Artikel 17 der Verordnung (EU) 2020/1784 durch die zuständige deutsche Auslandsvertretung soll nur im begründeten Ausnahmefall erfolgen. [2]Eine Zustellung nach Satz 1 an einen Adressaten, der nicht deutscher Staatsangehöriger ist, ist nur zulässig, sofern der Mitgliedstaat, in dem die Zustellung erfolgen soll, dies nicht durch eine Erklärung nach Artikel 33 Absatz 1 Satz 1 der Verordnung (EU) 2020/1784 ausgeschlossen hat.

(2) Eine Zustellung nach Artikel 17 der Verordnung (EU) 2020/1784, die in der Bundesrepublik Deutschland bewirkt werden soll, ist nur zulässig, wenn der Adressat des zuzustellenden Schriftstücks Staatsangehöriger des Übermittlungsstaats ist.

Lit: *Bellardita*, Die Reform der grenzüberschreitenden Zustellung, DGVZ 2023, 1; *Fabig/Windau*, Übersetzungen bei Auslandszustellungen innerhalb der EU?, NJW 2017, 2502; *Fabig/Windau*, Die Neufassungen der Europäischen Zustellungs- und Beweisaufnahmeverordnungen, NJW 2022, 1977; *Gottwald*, Die Neufassungen der EU-Zustellungs- und Beweisverordnungen, MDR 2022, 1185; *Knöfel*, Die Neufassung der Europäischen Zustellungsverordnung, RIW 2021, 473; *Nitschmann*, Der Zustellungsverkehr mit dem Vereinigten Königreich, 2023; *Richter*, Internationale Klagezustellung nach der neugefassten EuZustVO, IPRax 2022, 433; *Sujecki*, Neufassung der Europäischen Zustellungsverordnung, EuZW 2021, 286; *Ulrici*, Zustellung über den Europäischen elektronischen Zustellungspunkt, FS Rauscher, 2025, S 519; *Wagner*, Neuigkeiten zum internationalen Zivilverfahrensrecht, EuZW 2022, 733. – WN: *Linke/Hau* IZVR vor Rn 8.1.

1 **I) Überblick zur EuZustVO.** Die VO 2020/1784 v 25.11.2020 über die Zustellung gerichtlicher und außergerichtlicher Schriftstücke in Zivil- oder Handelssachen in den Mitgliedstaaten (**EuZustVO**, ABl EU 2020 L 405/40, berichtigt ABl EU 2022 L 173/133; Text und Kurzkommentierung s hier Art 1 EuZustVO ff) hat mWv 1.7.2022 die ältere EuZustVO 1393/2007 v 13.11.2007 (ABl EU 2007 L 324/79) abgelöst. Die EuZustVO gilt **räumlich** für alle Mitgliedstaaten der EU (im Verhältnis zu Dänemark nach Maßgabe eines besonderen Abkommens, s § 1071 Rn 1) und **sachlich** für Zivil- oder Handelssachen (Art 1 I EuZustVO ohne einen Art 1 II Brüssel Ia-VO entsprechenden Ausschlusskatalog). Sie wurde geändert durch Art 24 DigitalVO 2023/2844 v 13.12.2023 (ABl EU L 2023/2844). Im **Europäischen Justizportal** sind Informationen zur EuZustVO sowie die **Formblätter** online zugänglich: https://e-justice.europa.eu/topics/taking-legal-action/european-judicial-atlas-civil-matters/serving-documents-recast_de.

2 Buch 11 Abschnitt 1 der ZPO enthält die **deutschen Durchführungsvorschriften** zur EuZustVO. Im Einzelnen geht es um die Zustellung durch deutsche oder ausländische Auslandsvertretungen (§ 1067), die Möglichkeit einer elektronischen Zustellung nach Deutschland (§ 1068), Zuständigkeitsfragen (§ 1069), Sprachfragen (§ 1070) und den Zustellungsverkehr mit Dänemark (§ 1071). Beachte zu in Deutschland aus- und eingehenden Ersuchen nach der EuZustVO auch die Erläuterungen in **§§ 33 ff, §§ 91 ff ZRHO**.

3 **II) Zustellung durch Auslandsvertretungen (§ 1067).** Die Vorschrift betrifft die Zustellung iSv Art 17 EuZustVO durch Auslandsvertretungen, also **diplomatische oder konsularische Vertretungen**, und zwar entweder durch deutsche Auslandsvertretungen im EU-Ausland **(I)** oder durch ausländ Auslandsvertretungen in Deutschland **(II)**. Die praktische Relevanz ist gering, weil Zustellungen innerhalb der EU idR per Post (Art 18 EuZustVO) bzw elektronisch (Art 19 EuZustVO) oder durch die Empfangsstellen iSv Art 3 EuZustVO erfolgen; vgl BTDrs 20/1110, 29.

4 Die in I 1 vorgesehene Beschränkung der **Zustellung durch deutsche Auslandsvertretungen im EU-Ausland** auf **Ausnahmefälle** steht in Einklang mit der EuZustVO (BTDrs 20/1110, 29). Zu denken ist dabei vor allem an Zustellungen an eigenes entsandtes Personal der deutschen Auslandsvertretungen (entsprechend § 183 IV Nr 3, dort auch zu Haushaltsangehörigen solcher Beschäftigten); die weiteren im RegE (BTDrs 20/1110, 29 m Verweis auf 25) in Anlehnung an § 183 IV genannten Ausnahmefälle liegen im innereurop Rechtsverkehr eher fern. Die Einschätzung, ob ein Ausnahmefall vorliegt, obliegt dem Gericht, nicht etwa der Auslandsvertretung (vgl BTDrs 20/1416, 8).

5 Nach Maßgabe von I 1 kommt die Zustellung in Betracht, wenn der **Zustellungsadressat Deutscher** bzw zumindest auch Deutscher ist (klarstellend BTDrs 20/1110, 29; beachte auch § 14 IV ZRHO zur Weiterleitung von Informationen über die Staatsangehörigkeit an die Auslandsvertretung). Hierbei kommt es im Falle eines **Doppelstaaters** nicht darauf an, ob seine effektive Staatsangehörigkeit die deutsche oder ausländische ist. Ist

der Adressat hingegen staatenlos oder aus deutscher Sicht nur **ausländ Staatsangehöriger**, ist die Einschränkung in I 2 zu beachten. **Vorbehalte iSv I 2** haben gestützt auf Art 17 II, 33 I 1 EuZustVO die meisten Mitgliedstaaten erklärt; vgl die Nw im Länderteil zur ZRHO (zugänglich unter www.bundesjustizamt.de, dort unter „Internationale Rechtshilfe in Zivilsachen"), im Europäischen Justizportal (https://e-justice.europa.eu; dort unter „Europäischer Gerichtsatlas für Zivilsachen"; dort unter „Zustellung von Schriftstücken (Neufassung)") oder bei Rauscher/Ulrici Art 17 EU-ZustVO Rn 16. Beachte zur technischen Abwicklung der Zustellung durch deutsche Auslandsvertretungen auch § 46 ZRHO.

6 Die **Zustellung durch ausländische Auslandsvertretungen im Inland** gestattet Deutschland gem II (gestützt auf den dt Vorbehalt gem Art 17 II, 33 I EuZustVO) nur dann, wenn der Adressat des zuzustellenden Schriftstücks – zumindest auch (vgl BTDrs 20/1110, 29) – Staatsangehöriger des Übermittlungsstaats ist; ist dies der Fall, steht der Zustellung eine zusätzliche deutsche Staatsangehörigkeit nicht entgegen (Art 5 I 2 EGBGB gilt nicht; iErg aA Geimer IZPR Rn 2171), und zwar wiederum unabhängig davon, ob die deutsche oder die ausländ Staatsangehörigkeit die effektive ist. Ein Staatenloser gilt iSv II nicht als Angehöriger des Übermittlungsstaats.

7 Für **Gesellschaften und juristische Personen** ist str, ob an diese überhaupt eine Zustellung durch Auslandsvertretungen in Betracht kommt (verneinend: BTDrs 14/5910, 6). Bejaht man dies, so liegt es nahe, auf das Gründungsstatut abzustellen (so auch MK/Rauscher Rn 11).

8 Eine Heilung gem § 189 kommt zwar bei einem **Verstoß gegen I 1** in Betracht (wenn es an einem Ausnahmefall fehlt; vgl hierzu BTDrs 20/1416, 8), nicht hingegen bei einem **Verstoß gegen I 2** iVm Art 17 II EuZustVO (denn Heilungsregeln des nationalen Rechts dürfen sich nicht über eine Verletzung des EU-Rechts hinwegsetzen). Darüber, wie sich ein **Verstoß gegen II** auswirkt, entscheidet nicht die deutsche lex fori, sondern das im Übermittlungsstaat geltende Recht (allerdings wiederum unter Berücksichtigung des Vorrangs von Art 17 II EuZustVO).

9 Zur auch im Falle einer Zustellung durch Auslandsvertretungen gem Art 17 EuZustVO gebotenen **Belehrung des Adressaten** über sein Annahmeverweigerungsrecht beachte Art 12 VII EuZustVO idF v Art 24 Nr 1 DigitalVO 2023/2844 v 13.12.2023 (ABl EU L 2023/2844).

10 **III) Kosten der Zustellung.** Unionsrechtl u völkervertragl Rechtshilfeverkehr: Art 15 EuZustVO; § 79 I ZRHO. Übersetzungskosten: Art 9 II EuZustVO. PKH: Art 30 EuZustVO. Evtl weitere Kosten nach § 79 III ZRHO iVm dem Länderteil. – Vertragloser Rechtshilfeverkehr: § 80 ZRHO iVm dem Länderteil. – Die Kosten sind Auslagen des Gerichts (9014 GKG-KV) u werden auch erhoben, wenn keine Zahlungen zu leisten sind (9014 Anm GKG-KV).

§ 1068 Elektronische Zustellung

An Adressaten in der Bundesrepublik Deutschland dürfen gerichtliche elektronische Schriftstücke nur nach Artikel 19 Absatz 1 Buchstabe a der Verordnung (EU) 2020/1784 elektronisch zugestellt werden.

1 Die in **§ 1068 aF** enthaltene Durchführungsregelung zur **Postzustellung** ist mWv 1.7.2022 entfallen, weil eine solche gem Art 18 EuZustVO (anders als nach ihren Vorgängern) ohne Möglichkeit eines mitgliedstaatlichen Vorbehalts zulässig ist; BTDrs 20/1110, 29.

2 In **§ 1068 nF** geht es um die Zustellung gerichtlicher (dazu BTDrs 20/1888, 34) **elektronischer Dokumente** an Adressaten in Deutschland. Zulässig soll dies nur nach Maßgabe von **Art 19 I lit a EuZustVO** sein, also mittels eines **qualifizierten Dienstes** im Falle einer diesbezüglichen Zustimmung des Adressaten.

3 Der eigentliche Regelungsgehalt von § 1068 nF besteht indes e contrario darin, eine Zustellung gem **Art 19 I lit b EuZustVO**, also **per E-Mail gegen Empfangsbestätigung**, auszuschließen. Hierzu verweist der RegE (BTDrs 20/1110, 30; ebenso Wagner EuZW 2022, 733, 734) auf den Vorbehalt mitgliedstaatlicher Kautelen in Art 19 II EuZustVO und auf die deutsche Position, wonach die Zustellung elektronischer Dokumente im Interesse der Übermittlungssicherheit immer einen sicheren Übermittlungsweg voraussetzte (vgl § 173 I). Allerdings ist in Art 19 II EuZustVO nur von „zusätzlichen Bestimmungen" die Rede, sodass der vollständige Ausschluss einer der beiden in Art 19 I EuZustVO vorgesehenen Übermittlungswege durch den dt Gesetzgeber nicht verordnungskonform erscheint (ebenso etwa Fabig/Windau NJW 2022, 1977, 1978; Gottwald MDR 2022, 1185, 1187; Rauscher/Ulrici Art 19 EU-ZustVO Rn 34).

4 § 1068 besagt nichts über die Zulässigkeit einer **elektronischen Zustellung über den europäischen elektronischen Zustellungspunkt** gem Art 19a EuZustVO idF v Art 24 Nr 3 DigitalVO 2023/2844 v 13.12.2023 (ABl EU L 2023/2844); der Zeitpunkt des Inkrafttretens dieser Vorschrift steht noch nicht fest (Art 37 III EuZustVO, angefügt durch Art 24 Nr 4 DigitalVO 2023/2844).

5 Zur auch im Falle einer elektronischen Zustellung gem Art 19 EuZustVO gebotenen **Belehrung des Adressaten** über sein Annahmeverweigerungsrecht beachte Art 12 VI, VII EuZustVO idF v Art 24 Nr 1 DigitalVO 2023/2844 v 13.12.2023 (ABl EU L 2023/2844).

§ 1069 Zuständigkeiten nach der Verordnung (EU) 2020/1784; Verordnungsermächtigungen

(1) Für Zustellungen im Ausland sind als deutsche Übermittlungsstelle im Sinne von Artikel 3 Absatz 1 der Verordnung (EU) 2020/1784 zuständig:

1. **für gerichtliche Schriftstücke das die Zustellung betreibende Gericht und**
2. **für außergerichtliche Schriftstücke dasjenige Amtsgericht, in dessen Bezirk die Person, welche die Zustellung betreibt, ihren Wohnsitz oder gewöhnlichen Aufenthalt hat; bei notariellen Urkunden auch dasjenige Amtsgericht, in dessen Bezirk der beurkundende Notar seinen Amtssitz hat; bei juristischen Personen tritt an die Stelle des Wohnsitzes oder des gewöhnlichen Aufenthalts der Sitz; die Landesregierungen können die Aufgaben der Übermittlungsstelle einem Amtsgericht für die Bezirke mehrerer Amtsgerichte durch Rechtsverordnung zuweisen.**

(2) [1]Für Zustellungen in der Bundesrepublik Deutschland ist als deutsche Empfangsstelle im Sinne von Artikel 3 Absatz 2 der Verordnung (EU) 2020/1784 die Geschäftsstelle desjenigen Amtsgerichts zuständig, in dessen Bezirk das Schriftstück zugestellt werden soll. [2]Die Landesregierungen können die Aufgaben der Empfangsstelle einem Amtsgericht für die Bezirke mehrerer Amtsgerichte durch Rechtsverordnung zuweisen.

(3) [1]Die Landesregierungen bestimmen durch Rechtsverordnung die Stelle, die in dem jeweiligen Land als deutsche Zentralstelle nach Artikel 4 der Verordnung (EU) 2020/1784 zuständig ist. [2]Die Aufgaben der Zentralstelle können in jedem Land nur einer Stelle zugewiesen werden.

(4) [1]Zentralstelle des Bundes nach Artikel 4 der Verordnung (EU) 2020/1784 ist das Bundesamt für Justiz. [2]Es unterstützt bei Bedarf die zuständigen Behörden der Länder.

(5) Die Landesregierungen können die Befugnis zum Erlass einer Rechtsverordnung nach Absatz 1 Nr. 2, Absatz 2 Satz 2 und Absatz 3 Satz 1 einer obersten Landesbehörde übertragen.

Die Vorschrift bestimmt (I) die deutsche **Übermittlungsstelle** iSv Art 3 I EuZustVO, **(II)** die deutsche **Empfangsstelle** iSv Art 3 II EuZustVO und **(III/IV)** die deutsche **Zentralstelle** iSv Art 4 EuZustVO; gem **V** sind die Landesregierungen zur Delegation ihrer Verordnungskompetenz ermächtigt. Nicht hinreichend verlässlich sind leider die deutschen Angaben zur innerdeutschen Zuständigkeitsverteilung im Europäischen Justizportal (https://e-justice.europa.eu; dort unter „Europäischer Gerichtsatlas für Zivilsachen"; dort unter „Zustellung von Schriftstücken (Neufassung)"). 1

§ 1069 I betrifft **ausgehende Zustellungsersuchen** und regelt hierzu die sachl und örtl Zuständigkeit der dt **Übermittlungsstelle**. Diese ist gem I Nr 2 auch für außergerichtl Schriftstücke (also solche, die mit einem gerichtl Verf nicht in Zusammenhang stehen; vgl auch Art 21 EuZustVO und dazu ErwGr Nr 8) Sache der Gerichte, nicht etwa der GV, Anwälte oder Notare. Zur Tätigkeit der dt Übermittlungsstelle und zur Ermittlung der ausländ Empfangsstelle vgl § 39 I, III ZRHO. 2

§ 1069 II 1 regelt zu in Deutschland **eingehenden Zustellungsersuchen** die örtl Zuständigkeit der **Empfangsstelle**. Zum Vorgehen bei Anrufung einer örtlich unzuständigen Empfangsstelle beachte Art 10 IV EuZustVO, aber auch OLG Frankfurt NZG 2025, 182 (dort zur Zuständigkeitsbestimmung gem § 36 sowie dazu, dass die Möglichkeit einer Zustellung im Bezirk der angerufenen Empfangsstelle eine Verweisung bzw Weiterleitung an die für den Sitz des Zustellungsempfängers zuständigen Empfangsstelle ausschließe). Von der **Konzentrationsermächtigung** gem II 2 hat NRW Gebrauch gemacht (§ 32 II JuZuVO). Zur Tätigkeit der dt Empfangsstellen (dort: Rechtspfleger, § 29 Nr 1 RPflG; dazu BTDrs 18/10714, 20) vgl § 92 I, III ZRHO. 3

Deutschland hat, gestützt auf Art 4 UAbs 2 EuZustVO, **mehrere Zentralstellen** benannt: Neben die **Zentralstellen der Länder** (III) tritt gem IV das **Bundesamt für Justiz (BfJ)** als Zentralstelle auf Bundesebene, um bei Bedarf die zuständigen Stellen der Länder bei ihren Aufgaben nach der VO zu unterstützen. Es erarbeitet bei Problemen in der internat Zusammenarbeit gemeinsam mit ausl Stellen Lösungen und erteilt inländischen und ausl Stellen zu schwierigen Fragen des Rechtshilfeverkehrs Auskünfte. Auch sorgt es für ein abgestimmtes Verhalten der dt Rechtshilfebehörden. Die Benennung des BfJ wirkt sich aber nicht auf Zuständigkeiten oder tatsächl Abläufe im Rechtshilfeverkehr aus; insb leitet das BfJ auch weiterhin Zustellungsersuchen, die als Irrläufer bei ihm oder anderen Bundesbehörden eingehen, an die zuständigen Landesstellen weiter. Dazu BTDrs 20/1120, 30; Wager EuZW 2022, 733, 735. 4

§ 1070 Sprache eingehender Anträge, Bescheinigungen und Mitteilungen

Aus dem Ausland eingehende Zustellungsanträge, Bescheinigungen über die Zustellung sowie sonstige Mitteilungen nach der Verordnung (EU) 2020/1784 müssen in deutscher oder in englischer Sprache abgefasst oder von einer Übersetzung in die deutsche oder englische Sprache begleitet sein.

1 Die Vorschrift nimmt Bezug auf Art 3 IV 1 lit d EuZustVO (in Deutschland aus einem anderen Mitgliedstaat eingehender Zustellungsantrag gem Formblatt A) und Art 14 EuZustVO (Zustellungsbescheinigung der ausländ Empfangsstelle gem Formblatt K zu einem aus Deutschland ausgehenden Zustellungsantrag), nicht hingegen auf Art 12 II EuZustVO (Formblatt L mit Belehrung über das Recht des Adressaten auf Annahmeverweigerung). Vorgeschrieben ist die Verwendung der **deutschen oder englischen Sprache**, dies allerdings nur für die **Eintragung in die Formblätter**, nicht für die Formblätter als solche (vgl Art 3 IV 1 lit d, Art 14 II EuZustVO: „ausgefüllt"; unklar BTDrs 20/1110, 31). Zum Erfordernis einer Beglaubigung s Art 8 EuZustVO Rn 3.

2 Genügt ein **eingehendes Ersuchen** nicht § 1070, so ist es unter Verwendung von Formblatt F zurückzugeben (Art 10 III EuZustVO). Ist im Falle eines **ausgehenden Ersuchens** die übermittelte Zustellungsbescheinigung nicht in Deutsch oder Englisch ausgefüllt, ist eine ordnungsgemäße Bescheinigung anzufordern; auf die Wirksamkeit oder den Zeitpunkt der erfolgten Zustellung wirkt sich dies nicht aus.

§ 1071 Zustellung nach dem Abkommen zwischen der Europäischen Gemeinschaft und dem Königreich Dänemark vom 19. Oktober 2005 über die Zustellung gerichtlicher und außergerichtlicher Schriftstücke in Zivil- oder Handelssachen

Wenn die Verordnung (EU) 2020/1784 im Verhältnis zu Dänemark auf Grund des Artikels 2 Absatz 1 des Abkommens zwischen der Europäischen Gemeinschaft und dem Königreich Dänemark vom 19. Oktober 2005 über die Zustellung gerichtlicher und außergerichtlicher Schriftstücke in Zivil- oder Handelssachen anwendbar ist, gelten die Vorschriften der §§ 1067 bis 1070 entsprechend.

1 Im Verhältnis zu Dänemark ist die EuZustVO nicht ohne Weiteres anwendbar (s ErwGr Nr 48), sondern erst aufgrund der Fortgeltung des schon zur EuZustVO 2000 geschlossenen Abkommens v 19.10.2005; beachte dazu die Mitteilung in ABl EU 2021 L 19/1.

Abschnitt 2
Beweisaufnahme nach der Verordnung (EU) 2020/1783
(§§ 1072-1075)

§ 1072 Beweisaufnahme in den Mitgliedstaaten der Europäischen Union

Soll die Beweisaufnahme nach der Verordnung (EU) 2020/1783 erfolgen, so kann das deutsche Gericht

1. nach den Artikeln 12 bis 18 der Verordnung (EU) 2020/1783 das zuständige Gericht eines anderen Mitgliedstaats um Aufnahme des Beweises ersuchen,

2. unter den Voraussetzungen der Artikel 19 und 20 der Verordnung (EU) 2020/1784 eine unmittelbare Beweisaufnahme in einem anderen Mitgliedstaat beantragen oder

3. unter den Voraussetzungen des Artikels 21 der Verordnung (EU) 2020/1783 und nur in einem begründeten Ausnahmefall einen deutschen Konsularbeamten um Vernehmung eines deutschen Staatsangehörigen in einem anderen Mitgliedstaat ersuchen.

Lit: *Berger*, Grenzüberschreitende Videobeweisaufnahmen, FS Rauscher, 2025, S 55; *Fabig/Windau*, Die Neufassungen der Europäischen Zustellungs- und Beweisaufnahmeverordnungen, NJW 2022, 1977; *Gottwald*, Die Neufassungen der EU-Zustellungs- und Beweisverordnungen, MDR 2022, 1185; *Knöfel*, Die Neufassung der Europäischen Beweisaufnahmeverordnung, RIW 2021, 247; *Wagner*, Neuigkeiten zum internationalen Zivilverfahrensrecht, EuZW 2022, 733. – WN: *Linke/Hau* IZVR vor Rn 10.1.

I) Überblick zur EuBewVO. Die VO 2020/1783 v 25.11.2020 über die Zusammenarbeit zwischen den Gerichten der Mitgliedstaaten auf dem Gebiet der Beweisaufnahme in Zivil- oder Handelssachen (**EuBewVO**, ABl EU 2020 L 405/41; Text und Kurzkommentierung s hier Art 1 EuBewVO ff) hat mWv 1.7.2022 die ältere EuBewVO 1206/2001 v 28.5.2001 (ABl EU 2001 L 174/1) abgelöst. Die EuBewVO gilt **räumlich** für alle Mitgliedstaaten der EU mit Ausnahme Dänemarks (vgl ErwGr Nr 38; es besteht kein Erstreckungsabkommen, wie es für die EuZustVO gilt, vgl Art 1 EuBewVO Rn 5) und **sachlich** für Zivil- oder Handelssachen (Art 1 I EuBewVO ohne einen Art 1 I 2, II Brüssel Ia-VO entsprechenden Ausschlusskatalog). Im **Europäischen Justizportal** sind Informationen zur EuBewVO sowie die **Formblätter** online zugänglich: https://e-justice.europa.eu/topics/taking-legal-action/european-judicial-atlas-civil-matters/taking-evidence-recast_de. 1

Buch 11 Abschnitt 2 der ZPO enthält die **deutschen Durchführungsvorschriften** zur EuBewVO. Während §§ 1074, 1075 die Beweisaufnahme im Inland betreffen, geht es in §§ 1072, 1073 um die **Beweisaufnahme im Ausland**: um die Konstellation, dass für ein Verfahren vor einem deutschen Gericht in einer Zivil- oder Handelssache die Beweisaufnahme in einem **anderen Mitgliedstaat der EuBewVO** durchgeführt werden soll. Beachte zu den Möglichkeiten der EuBewVO sowie zu aus- und eingehenden Ersuchen auch die **Erläuterungen in §§ 55 ff, §§ 127 ff ZRHO**. 2

II) Modi der Beweisaufnahme für ein deutsches Verfahren (§ 1072). Nr 1 adressiert **klassische Rechtshilfeersuchen** des ersuchenden deutschen Gerichts um eine Beweisaufnahme durch das ersuchte Gericht eines anderen Mitgliedstaats nach Maßgabe von Art 12-18 EuBewVO. Beachte zur Ermittlung des in dem anderen Mitgliedstaat zuständigen Gerichts iSv Art 3 EuBewVO und der dort akzeptierten Sprachen (Art 6 EuBewVO) die länderspezifischen Angaben im Länderteil zur ZRHO (zugänglich unter www.bundesjustizamt.de) oder im Europäischen Justizportal (https://e-justice.europa.eu; dort unter „Europäischer Gerichtsatlas für Zivilsachen“; dort unter „Beweisaufnahme“). Beachte Art 5 EuBewVO zu Form und Inhalt des Ersuchens, Art 3 und Art 7 EuBewVO zu dessen Übermittlung im **unmittelbaren Geschäftsverkehr** (also nicht etwa, anders als im HBÜ, unter Einschaltung der Zentralstellen iSv Art 4 EuBewVO), Art 9-11 EuBewVO zur Entgegennahme und Prüfung des Ersuchens durch das ersuchte Gericht und § 1073 I zu Teilnahmerechten. 3

Nach **Nr 2** kann das ersuchende deutsche Gericht in geeigneten Fällen alternativ Gebrauch machen von der Möglichkeit einer **unmittelbaren Beweisaufnahme** im Ausland gem Art 19 EuBewVO (durch Mitglieder des deutschen Gerichts oder von diesem beauftragte Sachverständige, s § 1073 II) oder einer **Beweisaufnahme per Videokonferenz** gem dem neuen Art 20 EuBewVO (näher dazu Knöfel RIW 2021, 247, 248 ff). Beides setzt ein Ersuchen voraus, das unter Verwendung von Formblatt L bzw N an die zuständige Behörde des betreffenden anderen Mitgliedstaats zu richten ist; beachte die mit Art 19 V EuBewVO eingeführte Bewilligungsfiktion. Das ersuchte Gericht darf die unmittelbare Beweisaufnahme nur aus den in Art 19 VII EuBewVO aufgeführten Gründen ablehnen. Im Grundsatz unterliegt sie der deutschen lex fori als dem Recht des ersuchenden Staats (Art 19 VIII EuBewVO). Zum verfahrensfehlerhaften Unterlassen einer Zeugenvernehmung gem § 1072 Nr 2 vgl OLG Brandenburg 20.3.2024 – 13 UF 157/23,Tz 21. 4

Schließlich gestattet **Nr 3** dem deutschen Gericht einen **deutschen Konsularbeamten** nach Maßgabe des neuen Art 21 EuBewVO (näher dazu Knöfel RIW 2021, 247, 255 ff) um die Vernehmung eines deutschen Staatsangehörigen in einem anderen Mitgliedstaat zu ersuchen (nicht hingegen um sonstige Formen der Beweisaufnahme, etwa eine Inaugenscheinnahme; BTDrs 20/1110, 32). Allerdings gilt Nr 3, entsprechend § 363 II 3 bzw § 1067 I 1 (s § 1067 Rn 4), nur dann, wenn nach Ansicht des Gerichts ein begründeter **Ausnahmefall** vorliegt. Zudem ist erforderlich, dass die zu vernehmende Person zumindest auch (klarstellend BTDrs 20/1110, 32) über die **deutsche Staatsangehörigkeit** verfügt (beachte § 14 IV ZRHO zur Weiterleitung von Informationen über die Staatsangehörigkeit an die Auslandsvertretung); im Falle eines **Doppelstaaters** kommt es nicht darauf an, ob seine effektive Staatsangehörigkeit die deutsche oder ausländische ist. Art 21 EuBewVO setzt kein Ersuchen an den anderen Mitgliedstaat voraus. Gem § 63a II ZRHO ist das Ersuchen formlos (ggf über die Prüfungsstelle) an die Auslandsvertretung zu richten und auf dem Postweg zu übermitteln. Die Vernehmung hat grds in den Räumlichkeiten der Auslandsvertretung zu erfolgen (zu denkbaren Ausnahmen vgl ErwGr 25 zur EuBewVO), und zwar nach Maßgabe des deutschen Rechts, aber nur auf freiwilliger Basis und ohne Zwang (vgl Art 21 S 1, 2 EuBewVO). Zu den Anforderungen an den dt Konsularbeamten s § 19 KonsG, zudem § 14 V ZRHO. Zu **Teilnahmerechten** in den Fällen von Nr 3 s § 1073 I, zudem § 63a ZRHO. 5

III) Kosten der Beweisaufnahme. Unionsrechtl u völkervertragl Rechtshilfeverkehr: Art 22 EuBewVO; § 79 II ZRHO. Die zu erstattenden Aufwendungen/Auslagen sind enumerativ aufgeführt: Kosten für SV u Dolmetscher, für die Erledigung in bes Form, für Video- u Telefonkonferenz. – Kaution oder Vorschuss kann nur bei Beauftragung eines SV verlangt werden (§ 79 II 2 ZRHO). – PKH: § 79 IV ZRHO. – Vertragloser Rechtshilfeverkehr: § 80 ZRHO iVm dem Länderteil. – Die Kosten sind Auslagen des Gerichts (9014 GKG-KV) u werden auch erhoben, wenn keine Zahlungen zu leisten sind (9014 Anm GKG-KV). 6

§ 1073 Teilnahmerechte

(1) [1]Das ersuchende deutsche Gericht oder ein von diesem beauftragtes Mitglied darf im Geltungsbereich der Verordnung (EU) 2020/1783 bei der Erledigung des Ersuchens auf Beweisaufnahme durch das ersuchte ausländische Gericht oder durch den deutschen Konsularbeamten anwesend und beteiligt sein. [2]Parteien, deren Vertreter sowie Sachverständige können sich hierbei in dem Umfang beteiligen, in dem sie in dem betreffenden Verfahren an einer inländischen Beweisaufnahme beteiligt werden dürfen.

(2) Eine unmittelbare Beweisaufnahme im Ausland nach Artikel 19 Absatz 3 der Verordnung (EU) 2020/1783 dürfen Mitglieder des Gerichts sowie von diesem beauftragte Sachverständige durchführen.

1 Die Vorschrift betrifft, wie § 1072, nur die Konstellation, dass für ein Verfahren vor einem deutschen Gericht in einer Zivil- oder Handelssache (Art 1 I EuBewVO) die **Beweisaufnahme in einem anderen Mitgliedstaat der EuBewVO** durchgeführt wird. Geregelt werden hier die **Teilnahmerechte**: in § 1073 I für Fälle gem § 1072 Nr 1 (Beweisaufnahme durch das ersuchte ausländ Gericht gem Art 12-18 EuBewVO) oder Nr 3 (Vernehmung durch einen deutschen Konsularbeamten gem Art 21 EuBewVO), in § 1073 II für Fälle gem § 1072 Nr 2 (unmittelbare Beweisaufnahme gem Art 19 EuBewVO).

2 **I 1** klärt für Fälle gem § 1072 Nr 1 (insoweit orientiert an Art 14 EuBewVO) oder Nr 3 die Rolle des **ersuchenden deutschen Gerichts** oder eines von diesem **beauftragten Mitglieds**: sie haben ein Recht auf Anwesenheit und auf weitergehende Beteiligung (insb: Ausübung von Fragerechten); beachte auch §§ 62, 63a III ZRHO. **I 2** setzt in solchen Fällen für **Parteien** und deren **Vertreter** (Art 13 EuBewVO) sowie für **Sachverständige** (Art 14 II 2 EuBewVO) ein Anwesenheitsrecht voraus und verweist zum Recht auf weitergehende Beteiligung auf die entsprechende Anwendung der für den Fall einer inländischen Beweisaufnahme geltenden Regeln. Anwesenheit meint hierbei jeweils nicht nur physische Präsenz, sondern auch eine Video- oder Telefonzuschaltung (vgl § 60 II, § 60a ZRHO); zur aktiven Beteiligung vgl §§ 61, 62 ZRHO. Eine aktive Beteiligung ist beim ersuchten ausländ Gericht zu beantragen; dieses kann die Bedingungen festlegen (vgl Art 13 III, IV, Art 14 IV, V EuBewVO). Wegen § 67 sollte § 1073 I 2 entsprechend für Streithelfer gelten; Parteisachverständige sind nicht Sachverständige iSv I 2 und idR auch nicht Parteivertreter.

3 **II** stellt im Hinblick auf Art 19 III EuBewVO klar, dass Mitglieder des ersuchenden deutschen Gerichts (gemeint: ein Mitglied, mehrere Mitglieder oder der gesamte Spruchkörper) sowie (gemeint: und/oder) von diesem beauftragte Sachverständige (gemeint: mindestens ein SV) eine unmittelbare Beweisaufnahme im Ausland iSv Art 19 EuBewVO bzw § 1072 Nr 2 Alt 1 durchführen dürfen. Offenbar soll sich II aber auch auf die Fälle v Art 20 EuBewVO bzw § 1072 Nr 2 Alt 2 beziehen (dies unterstellt auch § 63 I 2 ZRHO); denn es ist nicht ersichtlich, warum Art 20 EuBewVO auf Initiative des Rechtsausschusses (BTDrs 20/1888, 34) nur in § 1072 Nr 2 nachgetragen wurde.

§ 1074 Zuständigkeiten nach der Verordnung (EU) 2020/1783; Verordnungsermächtigung

(1) Für Beweisaufnahmen in der Bundesrepublik Deutschland ist als ersuchtes Gericht im Sinne von Artikel 3 Absatz 1 der Verordnung (EU) 2020/1783 dasjenige Amtsgericht zuständig, in dessen Bezirk die Verfahrenshandlung durchgeführt werden soll.

(2) Die Landesregierungen können die Aufgaben des ersuchten Gerichts einem Amtsgericht für die Bezirke mehrerer Amtsgerichte durch Rechtsverordnung zuweisen.

(3) [1]Die Landesregierungen bestimmen durch Rechtsverordnung die Stelle, die in dem jeweiligen Land

1. **als deutsche Zentralstelle nach Artikel 4 der Verordnung (EU) 2020/1783 zuständig ist,**
2. **als zuständige Stelle über Ersuchen um unmittelbare Beweisaufnahme nach Artikel 19 Absatz 1 der Verordnung (EU) 2020/1783 entscheidet.**

[2]Die Aufgaben nach den Nummern 1 und 2 können in jedem Land nur jeweils einer Stelle zugewiesen werden.

(4) [1]Zentralstelle des Bundes nach Artikel 4 der Verordnung (EU) 2020/1783 ist das Bundesamt für Justiz. [2]Es unterstützt bei Bedarf die zuständigen Behörden der Länder.

(5) Die Landesregierungen können die Befugnis zum Erlass einer Rechtsverordnung nach Absatz 2 und 3 Satz 1 einer obersten Landesbehörde übertragen.

1 Anders als in §§ 1072, 1073 geht es in § 1074 (u § 1075) um **eingehende Ersuchen**. Die Vorschrift bestimmt **(I/II)** für Deutschland das **ersuchte Gericht** iSv Art 3 I EuBewVO und **(III/IV)** die deutsche **Zentralstelle** iSv Art 4 EuBewVO bzw die im Falle eines Antrags auf unmittelbare Beweisaufnahme im Inland **zuständige** Stelle iSv Art 19 I EuBewVO; gem **V** sind die Landesregierungen zur Delegation ihrer Verordnungskompetenz ermächtigt.

I erklärt die Amtsgerichte streitwertunabhängig für **sachlich** zuständig und regelt die **örtliche Zuständigkeit**. Von der **Konzentrationsermächtigung gem II** haben Gebrauch gemacht: Berlin (§ 1 Nr 2 ZuwV), Hamburg (§ 1 I Nr 8 AmtsGZVO), NRW (§ 32 IV JuZuVO), Rheinland-Pfalz (§ 15 ZFGGZuVO), Saarland (§ 7 II Nr 2 SAGGVG). § 127 II ZRHO stellt klar, dass Vernehmungen stets von einem **Richter** vorzunehmen sind und Referendare hiermit nicht beauftragt werden sollen. 2

Im Anwendungsbereich der EuBewVO soll vorrangig im **unmittelbaren Geschäftsverkehr** zwischen den Gerichten iSv Art 3 EuBewVO kommuniziert werden; daher kommt den **Zentralstellen der Länder** (anders als im HBÜ) lediglich unterstützende Funktion zu (klarstellend Art 4 EuBewVO; vgl auch §§ 57, 127 II ZRHO). Gem IV tritt das **Bundesjustizamt (BfJ)** als Zentralstelle auf Bundesebene neben die Länderstellen, um diese als Ansprechpartner bei schwierigen Fragen und Problemen zu unterstützen, so etwa bei negativen Kompetenzkonflikten (vgl Art 9 EuBewVO Rn 2); damit ist aber (wie in den Fällen des § 1069 IV) keine Änderung der tatsächlichen Abläufe bei den Länderstellen beabsichtigt; hierzu BTDrs 20/1110, 32. 3

§ 1075 Sprache eingehender Ersuchen

Aus dem Ausland eingehende Ersuchen auf Beweisaufnahme sowie Mitteilungen nach der Verordnung (EU) 2020/1783 müssen in deutscher Sprache abgefasst oder von einer Übersetzung in die deutsche Sprache begleitet sein.

Die Vorschrift bezieht sich auf Art 6 EuBewVO. Vorgeschrieben ist für **eingehende Ersuchen** (Art 5 EuBewVO) und sonstige Mitteilungen die Verwendung der **deutschen Sprache**. Weitere Sprachen lässt Deutschland nicht zu, abweichend von § 1070 auch nicht Englisch (dazu BTDrs 20/1110, 33). Fremdsprachige Ersuchen müssen daher von einer **Übersetzung** begleitet sein. Zur Entbehrlichkeit einer Beglaubigung s Art 6 EuBewVO Rn 1. Zum Vorgehen im Falle eines in Fremdsprache ausgefüllten Formblatts ohne Übersetzung vgl Art 9 I, Art 11 I EuBewVO sowie § 128a ZRHO. Zu ausgehenden Ersuchen vgl § 56 III ZRHO. 1

Abschnitt 3
Prozesskostenhilfe nach der Richtlinie 2003/8/EG
(§§ 1076-1078)

§ 1076 Anwendbare Vorschriften

Für die grenzüberschreitende Prozesskostenhilfe innerhalb der Europäischen Union nach der Richtlinie 2003/8/EG des Rates vom 27. Januar 2003 zur Verbesserung des Zugangs zum Recht bei Streitsachen mit grenzüberschreitendem Bezug durch Festlegung gemeinsamer Mindestvorschriften für die Prozesskostenhilfe in derartigen Streitsachen (ABl. EG Nr. L 26 S. 41, ABl. EU Nr. L 32 S. 15) gelten die §§ 114 bis 127a, soweit nachfolgend nichts Abweichendes bestimmt ist.

Lit: *Gasparinetti*, Anwendungsprobleme der Richtlinie 2003/8/EG unter besonderer Berücksichtigung des deutsch-italienischen Rechtsverkehrs, JbItalR 2022, 133; *Hau* in Gebauer/Wiedmann, Europ ZivilR^3, 2021, Kap 52; *Klama*, Die Prozesskostenhilfe im grenzüberschreitenden Rechtsverkehr, 2022; *Knöfel*, Prozesskostenhilfe im internationalen Zivilverfahrensrecht, FS Kaissis, 2012, S 501; *Roth* in Leible/Terhechte, Europ Rechtsschutz- und VerfahrensR^2, 2021, § 28.

I) Überblick zur PKH-RL. Die **RL 2003/8/EG v 27.1.2003** zur Verbesserung des Zugangs zum Recht bei Streitsachen mit grenzüberschreitendem Bezug durch Festlegung gemeinsamer Mindestvorschriften für die Prozesskostenhilfe (**PKH-RL**; Art 13 IV PKH-RL geändert durch Art 1 Digital-RL 2023/2843 v 13.12.2023, ABl EU L 2023/2843 v 27.12.2023) soll eine angemessene PKH in internationalen Fällen gewährleisten. So wird das Stellen von PKH-Anträgen im Ausland durch Standardformulare u Übermittlungs- u Empfangsstellen erleichtert, und die zuständigen Behörden des jew Wohnsitz- bzw Aufenthaltsstaates werden verpflichtet, Hilfestellungen für die Übersetzung u Übermittlung des Antrages an den Forumsmitgliedstaat zu leisten. 1

Die PKH-RL gilt für sämtliche **Mitgliedstaaten** der EU mit Ausnahme Dänemarks (dazu Art 1 III PKH-RL). Sie galt für das Vereinigte Königreich und im Verhältnis zu diesem auch nach dessen Austritt aus der EU (**Brexit**) noch bis zum Ende des Übergangszeitraums am 31.12.2020 (Art 69 I lit a, Art 126, Art 167 I AustrittsAbk v 24.1.2020, ABl EU 2020 L 29/7). Im **Europäischen Justizportal** sind Informationen zur PKH-RL sowie die **Formblätter** online zugänglich: https://e-justice.europa.eu/topics/taking-legal-action/european-judicial-atlas-civil-matters/legal-aid_de. 2

3 Die PKH-RL ist richtlinienautonom auszulegen. **Sachlicher Anwendungsbereich:** Art 1 II PKH-RL. **Begriff der grenzüberschreitenden Streitsache:** Art 2 PKH-RL. Für die hierbei relevante Wohnsitz- bzw Sitzbestimmung gelten Art 62-63 Brüssel Ia-VO entspr (Art 2 II PKH-RL, Art 80 S 2 Brüssel Ia-VO), während der Begriff des gewöhnlichen Aufenthalts autonom zu verstehen ist. Räumlich gilt die PKH-RL – und gelten §§ 1076-1078 – nur für den Rechtsverkehr zwischen den Mitgliedstaaten (s Rn 2). Art 3 I PKH-RL schreibt nur für **natürliche Personen** einen Anspruch auf grenzüberschreitende PKH vor. Allerdings ermöglicht § 116 S 1 Nr 2 für das dt PKH-Recht die Unterstützung inländischer **juristischer Personen** u solcher, die in einem anderen EU-Mitgliedstaat oder einem EWR-Vertragsstaat gegründet u dort ansässig sind (dazu BTDrs 15/3281, 9); s § 116 Rn 18.

4 **II) Umsetzung der PKH-RL in Deutschland.** Buch 11 Abschnitt 3 der ZPO enthält die **deutschen Umsetzungsvorschriften** zur PKH-RL: § 1077 regelt ins Ausland ausgehende, § 1078 in Deutschland eingehende Ersuchen; iÜ stellt § 1076 die Anwendbarkeit der §§ 114-127a klar, während § 114 I 2 umgekehrt auf §§ 1076-1078 hinweist. Zur entsprechenden Geltung vgl § 76 I FamFG, § 11a I 1 ArbGG, § 4 InsO. Zu den Vorgaben der PKH-RL für die **vorprozessuale Beratungshilfe** in Streitsachen mit grenzüberschreitendem Bezug s § 10 BerHG.

5 **III) Verhältnis zu Drittstaaten.** Seit der PKH-Novelle 1980 (BGBl I 1980, 677) werden in Deutschland auch ausländische Bedürftige unabhängig davon unterstützt, ob die Gegenseitigkeit mit ihrem Heimatstaat verbürgt ist. Schon zuvor war dieses Erfordernis durch Konventionsrecht abbedungen worden, so insb durch **Art 20 HZPÜ** (s EuIZPR Rn 20); zu den im Verhältnis zu Nicht-EU-Staaten nach wie vor beachtlichen Verfahrens- und Übermittlungsregeln für den Rechtsverkehr mit HZPÜ-Vertragsstaaten s Art 21-23 HZPÜ u § 9 AusfG.

§ 1077 Ausgehende Ersuchen

(1) [1]Für die Entgegennahme und Übermittlung von Anträgen natürlicher Personen auf grenzüberschreitende Prozesskostenhilfe ist das Amtsgericht zuständig, in dessen Bezirk der Antragsteller seinen Wohnsitz oder gewöhnlichen Aufenthalt hat (Übermittlungsstelle). [2]Die Landesregierungen können die Aufgaben der Übermittlungsstelle einem Amtsgericht für die Bezirke mehrerer Amtsgerichte durch Rechtsverordnung zuweisen. [3]Sie können die Ermächtigung durch Rechtsverordnung auf die Landesjustizverwaltungen übertragen. [4]§ 21 Satz 1 des Auslandsunterhaltsgesetzes bleibt unberührt.

(2) [1]Das Bundesministerium der Justiz und für Verbraucherschutz wird ermächtigt, durch Rechtsverordnung mit Zustimmung des Bundesrates die in Artikel 16 Abs. 1 der Richtlinie 2003/8/EG vorgesehenen Standardformulare für Anträge auf grenzüberschreitende Prozesskostenhilfe und für deren Übermittlung einzuführen. [2]Soweit Standardformulare für Anträge auf grenzüberschreitende Prozesskostenhilfe und für deren Übermittlung eingeführt sind, müssen sich der Antragsteller und die Übermittlungsstelle ihrer bedienen.

(3) [1]Die Übermittlungsstelle kann die Übermittlung durch Beschluss vollständig oder teilweise ablehnen, wenn der Antrag offensichtlich unbegründet ist oder offensichtlich nicht in den Anwendungsbereich der Richtlinie 2003/8/EG fällt. [2]Sie kann von Amts wegen Übersetzungen von dem Antrag beigefügten fremdsprachigen Anlagen fertigen, soweit dies zur Vorbereitung einer Entscheidung nach Satz 1 erforderlich ist. [3]Gegen die ablehnende Entscheidung findet die sofortige Beschwerde nach Maßgabe des § 127 Abs. 2 Satz 2 und 3 statt.

(4) [1]Die Übermittlungsstelle fertigt von Amts wegen Übersetzungen der Eintragungen im Standardformular für Anträge auf Prozesskostenhilfe sowie der beizufügenden Anlagen

a) in eine der Amtssprachen des Mitgliedstaats der zuständigen Empfangsstelle, die zugleich einer der Amtssprachen der Europäischen Union entspricht, oder

b) in eine andere von diesem Mitgliedstaat zugelassene Sprache.

[2]Die Übermittlungsstelle prüft die Vollständigkeit des Antrags und wirkt darauf hin, dass Anlagen, die nach ihrer Kenntnis zur Entscheidung über den Antrag erforderlich sind, beigefügt werden.

(5) [1]Die Übermittlungsstelle übersendet den Antrag und die beizufügenden Anlagen ohne Legalisation oder gleichwertige Förmlichkeiten an die zuständige Empfangsstelle des Mitgliedstaats des Gerichtsstands oder des Vollstreckungsmitgliedstaats. [2]Die Übermittlung erfolgt innerhalb von 14 Tagen nach Vorliegen der gemäß Absatz 4 zu fertigenden Übersetzungen.

(6) [1]Hat die zuständige Stelle des anderen Mitgliedstaats das Ersuchen um Prozesskostenhilfe auf Grund der persönlichen und wirtschaftlichen Verhältnisse des Antragstellers abgelehnt oder eine Ablehnung angekündigt, so stellt die Übermittlungsstelle auf Antrag eine Bescheinigung der Bedürftigkeit aus, wenn der Antragsteller in einem entsprechenden deutschen Verfahren nach § 115 Abs. 1 und 2 als bedürftig anzusehen wäre. [2]Absatz 4 Satz 1 gilt für die Übersetzung der Bescheinigung entsprechend. [3]Die Übermittlungsstelle übersendet der Empfangsstelle des anderen Mitgliedstaats die Bescheinigung der Bedürftigkeit zwecks Ergänzung des ursprünglichen Ersuchens um grenzüberschreitende Prozesskostenhilfe.

In Deutschland kann PKH nicht für ein **im Ausland zu führendes Verfahren** bewilligt werden. Indes regelt § 1077 in Umsetzung der PKH-RL sog **ausgehende Ersuchen**, also den Fall, dass eine in Deutschland ansässige natürl Person bei einem hiesigen Amtsgericht Unterstützung für ihre Rechtsdurchsetzung im EU-Ausland beantragt. Davon wiederum unberührt bleibt die Möglichkeit der Partei, sich direkt an das Gericht des ausländ Mitgliedstaats zu wenden (vgl Art 13 I PKH-RL). 1

Zur **sachlichen und örtlichen Zuständigkeit** des Amtsgerichts für die Entgegennahme und Übermittlung des Antrags s § 1077 I; zur Bestimmung des Wohnsitzes bzw gewöhnl Aufenthalts vgl § 1076 Rn 3. Funktional zuständig ist gem § 20 I Nr 6 RPflG grds der **Rechtspfleger**, das betrifft neben der Übermittlungstätigkeit auch die Ablehnung der Übermittlung, wenn der Antrag offensichtl unbegründet ist oder offensichtl nicht in den Anwendungsbereich der PKH-RL fällt (III), sowie die ggf erforderl Erteilung einer Bedürftigkeitsbescheinigung (VI). 2

Zu den **amtlichen Formularen** gem II 1 vgl EG-PKHVV v 21.12.2004 (BGBl I 2004, 3538); Benutzungszwang: II 2. **Beratungshilfe** für Unterstützung bei der Antragstellung kann gem § 10 I Nr 2 BerHG beansprucht werden. Zur Anfertigung v **Übersetzungen** durch die Übermittlungsstelle s IV. Im Falle eines ordnungsgemäßen Antrags ergeht kein Beschluss, vielmehr gilt V; die Übermittlungsstelle muss dem Gegner des ASt kein rechtl Gehör gewähren. **Verjährungshemmung** (bei Anwendbarkeit dt Sachrechts): § 214 I Nr 14 BGB. 3

Die vollständige oder teilw **Ablehnung der Übermittlung** erfolgt aus den in III 1 genannten, allerdings restriktiv zu handhabenden Gründen (näher Gebauer/Wiedmann/Hau Kap 52 Rn 25); III 1 gilt entsprechend bei Verstoß gegen II 2. Entscheidung: ohne mündl Verh (§ 127 I 1) durch mit Gründen versehenen Beschluss (Art 13 III 2, Art 15 II PKH-RL); sof Beschwerde: III 2, § 127 II 2, 3. 4

Darüber, ob dem **Antrag auf PKH stattzugeben** ist, entscheiden erst die Behörden im ersuchten Mitgliedstaat nach dem dort geltenden Recht. Wäre der Antrag mangels Bedürftigkeit abzulehnen, soll trotzdem PKH gewährt werden, wenn der ASt nachweist, dass er die Prozesskosten wegen unterschiedl hoher Lebenshaltungskosten im Mitgliedstaat seines Wohnsitzes oder Aufenthalts einerseits u im Gerichtstaat andererseits nicht zu tragen vermag (Art 5 IV PKH-RL). Dem dient die **Bedürftigkeitsbescheinigung**, die von der dt Übermittlungsstelle gem § 1077 VI auszustellen ist. 5

§ 1078 Eingehende Ersuchen

(1) [1]Für eingehende Ersuchen um grenzüberschreitende Prozesskostenhilfe ist das Prozessgericht oder das Vollstreckungsgericht zuständig. [2]Die Anträge müssen in deutscher Sprache ausgefüllt und die Anlagen von einer Übersetzung in die deutsche Sprache begleitet sein. [3]Eine Legalisation oder gleichwertige Förmlichkeiten dürfen nicht verlangt werden.

(2) [1]Das Gericht entscheidet über das Ersuchen nach Maßgabe der §§ 114 bis 116. [2]Es übersendet der übermittelnden Stelle eine Abschrift seiner Entscheidung.

(3) Der Antragsteller erhält auch dann grenzüberschreitende Prozesskostenhilfe, wenn er nachweist, dass er wegen unterschiedlich hoher Lebenshaltungskosten im Mitgliedstaat seines Wohnsitzes oder gewöhnlichen Aufenthalts einerseits und im Geltungsbereich dieses Gesetzes andererseits die Kosten der Prozessführung nicht, nur zum Teil oder nur in Raten aufbringen kann.

(4) [1]Wurde grenzüberschreitende Prozesskostenhilfe bewilligt, so gilt für jeden weiteren Rechtszug, der von dem Antragsteller oder dem Gegner eingeleitet wird, ein neuerliches Ersuchen um grenzüberschreitende Prozesskostenhilfe als gestellt. [2]Das Gericht hat dahin zu wirken, dass der Antragsteller die Voraussetzungen für die Bewilligung der grenzüberschreitenden Prozesskostenhilfe für den jeweiligen Rechtszug darlegt.

§ 1078 regelt **eingehende Ersuchen**, also den Fall, dass der ASt (eine in einem anderen EU-Staat ansässige natürliche Person, s § 1076 Rn 3) in Deutschland einen Prozess führen oder die ZwV betreiben möchte und sich deshalb an die Übermittlungsstelle seines Wohnsitz- oder Aufenthaltsstaats wendet. Die Staatsangehörigkeit des ASt spielt dabei keine Rolle. Die ausländ Übermittlungsstelle leitet das Ersuchen an die **deutsche Empfangsbehörde** weiter. Dies ist gem I 1 das dt Prozess- oder Vollstreckungsgericht (nur für Letzteres gilt § 20 I Nr 6 RPflG). Obwohl § 1078 keine § 1077 II 2 entsprechende Regelung enthält, ist für den Antrag gem §§ 1076, 117 IV das **amtliche Formular** zu verwenden: entweder gem der EG-PKHVV v 21.12.2004 (BGBl I 2004, 3538) oder gem Art 16 PKH-RL (Entscheidung 2004/844/EG v 9.11.2004, ABl EU 2004 L 365/27; Beschluss 2005/630/EG v 26.8.2005, ABl EU 2005 L 225/23). **Deutsche Sprache:** I 2/3 (dazu BGH WM 2015, 737). 1

Dem ASt bleibt es, wie Art 13 I PKH-RL klarstellt, unbenommen, sich **unmittelbar an das deutsche Gericht** zu wenden und bei diesem nach allg Regeln um PKH nachzusuchen (dafür in richtlinienkonformen Auslegung BGH WM 2019, 278); insb sind ihm auch in diesem Fall die entstandenen Übersetzungskosten zu erstatten (EuGH RIW 2017, 693; Vorlage: BAG NZA 2016, 61; Abschlussentscheidung: BAG NJW 2017, 3741; ebenso BGH WM 2019, 278, insoweit noch anders BGH WM 2015, 737). 2

3 Gem II 1 entscheidet das dt Gericht über den PKH-Antrag nach §§ 114-116; gem § 1076 gilt auch für das Verfahren die dt lex fori (näher Gebauer/Wiedmann/Hau Kap 52 Rn 34, 38 f). Zur **Bedürftigkeit** ist allerdings § 1078 III zu beachten (Hintergrund: Art 5 IV PKH-RL): Danach ist PKH auch dann zu gewähren, wenn der auslandsansässige ASt nachweist, dass er die Kosten der Prozessführung nicht aufbringen kann, weil die Lebenshaltungskosten in seinem Wohnsitz- oder Aufenthaltsstaat höher sind als die inländischen. Sind umgekehrt die Lebenshaltungskosten im Ausland niedriger als bei uns, sind die nach § 115 maßgeblichen Sätze nicht etwa zulasten des ASt zu modifizieren (BGH NJW-RR 2008, 1453). Da in Deutschland die Möglichkeit vorprozessualer Rechtsberatung besteht (§ 1 BerHG), ist es zulässig, die Gewährung von grenzüberschreitender PKH von den **Erfolgsaussichten** abhängig zu machen (vgl Art 6 II PKH-RL); dass die Rechtsverfolgung oder Rechtsverteidigung **nicht mutwillig** erscheinen darf, steht im Einklang mit Art 6 III PKH-RL.

4 Abweichend von § 119 I 1 gilt die Antragstellung in manchen Mitgliedstaaten **für alle Rechtszüge**. Daher fingiert IV 1 (mit Rücksicht auf Art 9 III PKH-RL), dass im Falle einmal bewilligter PKH auch für jeden weiteren Rechtszug, der von dem ASt oder dem Gegner eingeleitet wird, ein neuerl Ersuchen als gestellt gilt (dazu BTDrs 15/3281, 13).

Abschnitt 4
Europäische Vollstreckungstitel nach der Verordnung (EG) Nr. 805/2004 (§§ 1079-1086)

Titel 1
Bestätigung inländischer Titel als Europäische Vollstreckungstitel (§§ 1079-1081)

§ 1079 Zuständigkeit

Für die Ausstellung der Bestätigungen nach

1. **Artikel 9 Abs. 1, Artikel 24 Abs. 1, Artikel 25 Abs. 1 und**
2. **Artikel 6 Abs. 2 und 3**

der Verordnung (EG) Nr. 805/2004 sind die Gerichte, Behörden oder Notare zuständig, denen die Erteilung einer vollstreckbaren Ausfertigung des Titels obliegt.

Lit: *Bach*, Die EuVTVO im System des Europäischen Zivilverfahrensrechts, RIW 2018, 549; *Baumert*, Die EuVTVO im System des Europäischen Zivilverfahrensrechts, RIW 2018, 555; *Beuck*, Voraussetzungen und Rechtsbehelfe beim einheitlichen Vollstreckungstitel nach der EuVTVO, 2017; *Bitter*, Vollstreckbarerklärung und Zwangsvollstreckung ausländischer Titel in der EU, 2009; *Bittmann*, Der Europäische Vollstreckungstitel, AnwBl 2011, 378; *Giebel*, Fünf Jahre Europäischer Vollstreckungstitel in der deutschen Gerichtspraxis, IPRax 2011, 529; *Hardung*, Die europäische Titelfreizügigkeit, 2020; *Jakowski*, Das Anerkennungsregime des europäischen Zivilprozessrechts für mitgliedstaatliche Entscheidungen: Eine Analyse der Verordnungen EuGVVO, EuVTVO, EuMahnVO und EuGFVO unter dem Blickwinkel des deutschen Zivilprozessrechts, 2020; *Ptak*, Der Europäische Vollstreckungstitel und das rechtliche Gehör des Schuldners, 2014; *Stürner*, Rechtsschutz gegen fehlerhafte Europäische Vollstreckungstitel, GPR 2010, 43. – WN: *Geimer* IZPR vor Rn 3177h; *Linke/Hau* IZVR vor Rn 14.1.

1 **I) Überblick zur EuVTVO.** Gem dem seit 10.1.2015 anwendbaren Art 39 Brüssel Ia-VO ist eine Entscheidung, die in ihrem Ursprungsmitgliedstaat vollstreckbar ist, auch in den anderen Mitgliedstaaten vollstreckbar, ohne dass es einer Vollstreckbarerklärung bedarf (Entsprechendes gilt gem Art 58 f Brüssel Ia-VO für öffentliche Urkunden und gerichtliche Vergleiche). Abgerückt ist die Brüssel Ia-VO damit von ihren Vorgängern, dem EuGVÜ und der Brüssel I-VO, die auch für den innereuropäischen Rechtsverkehr an dem traditionellen Exequatur festgehalten hatten (s § 1110 Rn 5). Ein früher Vorläufer der Brüssel Ia-VO hinsichtlich des **Abschieds vom Exequaturerfordernis** wenigstens für bestimmte Titel ist die VO 805/2004 v 21.4.2004 zur Einführung eines europäischen Vollstreckungstitels für unbestrittene Forderungen (**EuVTVO**, ABl EU 2004 L 143/15).

2 Die EuVTVO wurde geändert durch Art 1 VO 2022/2040 v 19.10.2022 (ABl EU 2022 L 275/30) und Art 18 DigitalVO 2023/2844 v 13.12.2023 (ABl EU L 2023/2844). Im **Europäischen Justizportal** sind Informationen zum *Europäischen Vollstreckungstitel* sowie die in der EuVTVO vorgesehenen **Formblätter** online zugänglich: https://e-justice.europa.eu/topics/taking-legal-action/european-judicial-atlas-civil-matters/european-enforcement-order_de. Zur **fortbestehenden praktischen Bedeutung der EuVTVO** nach Inkrafttreten der Brüssel Ia-VO

s von Hein RIW 2023, 198 f, 200. Zum Verhältnis zwischen EuVTVO und Brüssel I-VO s Art 27 EuVTVO (dazu BGH NJW-RR 2010, 571, 572: Bestätigung als europäischer Vollstreckungstitel lässt Rechtsschutzbedürfnis für Vollstreckbarerklärung entfallen).

Zum **zeitlichen** Anwendungsbereich vgl Art 26, Art 33 EuVTVO. Die EuVTVO gilt räumlich für Titel, die in einem **EU-Mitgliedstaat** (Ausnahme: Dänemark, Art 2 Abs 3 EuVTVO mit ErwGr Nr 25) als Europäische Vollstreckungstitel bestätigt worden sind (dazu Rn 6 ff). Sie galt für das Vereinigte Königreich nach dessen Austritt aus der EU (**Brexit**) noch bis zum Ende des Übergangszeitraums am 31.12.2020 (Art 126, Art 167 I AustrittsAbk v 24.1.2020, ABl EU 2020 L 29/7) und bleibt anwendbar auf Alttitel nach Maßgabe von Art 67 II lit d Austritts-Abk. Sachlich werden **Zivil- und Handelssachen** nach Maßgabe von Art 2 I, II EuVTVO erfasst (der Ausschlusskatalog ist enger als der in Art 1 II Brüssel Ia-VO, sodass insb auch Unterhaltssachen einbezogen werden). 3

In Betracht kommt die Bestätigung als Europäischer Vollstreckungstitel für **Entscheidungen** (Art 4 Nr 1 EuVTVO), **gerichtliche Vergleiche** und **öffentliche Urkunden** (Art 4 Nr 3 EuVTVO). Der Titel muss sich gem Art 4 Nr 2 EuVTVO auf eine **bestimmte Geldforderung** beziehen (dazu EuGH EuZW 2018, 136: betrifft ein Urteil in der Hauptsache keine Geldforderung, so wird auch der Prozesskostenausspruch nicht von der EuVTVO erfasst; beachte zur Anwendbarkeit der EuVTVO auf Kostentitel auch OLG Zweibrücken 13.4.2023 – 3 W 11/23). Zudem muss die titulierte **Forderung unbestritten** iSv Art 3 I 2 EuVTVO sein (zur gebotenen autonomen Auslegung vgl EuGH NJW 2016, 2311), und zwar in dem Sinn, dass der Schuldner ihr im gerichtlichen Verfahren (dazu EuGH EuZW 2017, 689; Wolber EuZW 2017, 680) entweder ausdrücklich durch Anerkenntnis oder im Wege des Vergleichsschlusses zugestimmt oder zu keiner Zeit widersprochen hat (Bsp: rechtskräftiger Vollstreckungsbescheid), dass gegen ihn ein Versäumnisurteil ergangen ist oder dass er sie ausdrücklich in einer öffentlichen Urkunde anerkannt hat. 4

Buch 11 Abschnitt 4 der ZPO (eingefügt durch G v 18.8.2005, BGBl I 2005, 2477; beachte dazu BTDrs 15/5222) enthält die **deutschen Durchführungsvorschriften** zur EuVTVO: **Titel 1** (§§ 1079-1081) betrifft die Bestätigung deutscher Titel zum Zwecke ihrer Vollstreckung im Ausland, **Titel 2** (§§ 1082-1086) hingegen umgekehrt die Vollstreckung von Titeln aus anderen Mitgliedstaaten im Inland. 5

II) Bestätigung als Europäischer Vollstreckungstitel. Der Begriff Europäischer Vollstreckungstitel ist missverständlich, weil es in der EuVTVO (anders als in der EuMahnVO und EuBagatellVO) nicht um den Erlass genuin europäischer Titel geht, sondern nur darum, mitgliedstaatliche Titel in einem europarechtlich geregelten Bestätigungsverfahren gewissermaßen umzuetikettieren. Die Bestätigung setzt einen **Antrag des Gläubigers** voraus (Art 6 I EuVTVO); die weiteren **Voraussetzungen** und das **Verfahren der Bestätigung** bestimmen sich für gerichtliche Entscheidungen nach Art 6 ff EuVTVO, für gerichtliche Vergleiche und öffentliche Urkunden nach Art 24 f EuVTVO. Näher § 1080 Rn 1 ff. 6

III) Vollstreckung Europäischer Vollstreckungstitel. Im Ursprungsstaat bestätigte Europäische Vollstreckungstitel sind in anderen Mitgliedstaaten anzuerkennen (Art 5 EuVTVO) und gem Art 20 I 2, Art 24 II, Art 25 II EuVTVO zu vollstrecken, und zwar unter den gleichen Bedingungen wie dort erlassene Titel. Dazu bedarf es **keiner Vollstreckbarerklärung** (Art 5 EuVTVO; zur Entbehrlichkeit der Vollstreckungsklausel s § 1082). Der Gläubiger hat die in Art 20 II EuVTVO genannten Unterlagen beizubringen (zum Erfordernis von Übersetzungen s § 1083 Rn 1). Das eigentliche **Vollstreckungsverfahren** richtet sich nach dem Recht des Vollstreckungsmitgliedstaats (Art 20 I 1 EuVTVO). 7

Eine **Überprüfung im Vollstreckungsstaat** (s § 1084 Rn 1) ist dahingehend vorgesehen, ob eine Entscheidungskollision iSv Art 21 I EuVTVO droht. Art 21 II EuVTVO verbietet ausdrücklich eine révision au fond, und auch auf einen Ordre-public-Vorbehalt wurde bewusst verzichtet (klarstellend BGH NJW 2014, 2363 ff, dort auch zur Vereinbarkeit mit Art 6 EMRK und Art 47 EuGRC; BGH MDR 2023, 1479, 1480). Ein Versagungsverfahren in direkter oder analoger Anwendung von Art 45 ff Brüssel Ia-VO bzw § 1115 findet im Anwendungsbereich der EuVTVO nicht statt (BGH MDR 2022, 1240). Selbst dann, wenn sich im Vollstreckungsstaat bereits herausgestellt hat, dass aus seiner Sicht einer ausländischen Entscheidung ein **Anerkennungsversagungsgrund** entgegensteht, bleibt eine Vollstreckung gem der EuVTVO möglich, wenn die Entscheidung als Europäischer Vollstreckungstitel bestätigt worden ist. Dies hat der BGH noch zum Anwendungsbereich der Brüssel I-VO für den Fall ausgesprochen, dass die Vollstreckbarerklärung wegen Art 34 Nr 2, Art 45 Brüssel I-VO versagt worden ist (BGH MDR 2023, 1479 f). Dasselbe dürfte nunmehr auch im Anschluss an ein erfolgreiches Anerkennungs- bzw. Vollstreckungsversagungsverfahren gem Art 45 ff Brüssel Ia-VO gelten (aA Adolphsen JZ 2024, 148). 8

Nach alledem muss der Schuldner **gegen den Europäischen Vollstreckungstitel im Ursprungsstaat vorgehen,** soweit ihm dies überhaupt noch möglich ist. Wenn dort die Vollstreckbarkeit entfallen oder beschränkt worden ist, kann sich der Schuldner eine Bestätigung gem Art 6 II EuVTVO beschaffen und sich darauf im Vollstreckungsstaat berufen (klarstellend EuGH RIW 2023, 193; s § 1085 Rn 1). Verordnungseigene Vorgaben für die Kontrolle im Ursprungsstaat ergeben sich aus Art 10 EuVTVO (Berichtigung oder Widerruf der Bestätigung; s § 1081 Rn 1 f) und Art 19 EuVTVO (Mindestvorschriften für eine Überprüfung in Ausnahmefällen; in Deutschland: §§ 233 ff, § 338; beachte zudem OLG Saarbrücken NJW 2019, 1468: Klage gem § 826 BGB auf 9

Unterlassung der Zwangsvollstreckung, nachdem durch eine Täuschung des deutschen Notars in Deutschland die Bestätigung als Europäischer Vollstreckungstitel erschlichen worden war). Macht der Schuldner davon Gebrauch, gilt Art 23 EuVTVO: Die **Vollstreckung kann im Vollstreckungsstaat ausgesetzt oder beschränkt werden** (s § 1084 Rn 2). Allerdings kommt eine Aussetzung gem Art 23 lit c EuVTVO nur unter außergewöhnlichen Umständen in Betracht und kann iÜ auch nicht mit Maßnahmen nach lit a oder lit b kombiniert werden (EuGH RIW 2023, 193). Zur Vollstreckungsabwehrklage s § 1086 Rn 2 ff.

10 **IV) Zuständigkeit für die Ausstellung von Bestätigungen in Deutschland (§ 1079).** Die EuVTVO macht keine näheren Vorgaben hinsichtlich der Zuständigkeit im Ursprungsmitgliedstaat für die **Bestätigung als Europäische Vollstreckungstitel** einer Entscheidung (Art 9 I EuVTVO mit Formblatt in Anhang I), eines gerichtlichen Vergleichs (Art 24 I EuVTVO mit Formblatt in Anhang II) oder einer öffentlichen Urkunde (Art 25 I EuVTVO mit Formblatt in Anhang III), zudem für die **Bestätigung der fehlenden oder beschränkten Vollstreckbarkeit** (Art 6 II EuVTVO mit Formblatt in Anhang IV) sowie für eine **Ersatzbestätigung** (Art 6 III EuVTVO mit Formblatt in Anhang V). Für Deutschland gelten gem § 1079 die Regeln über die Erteilung einer vollstreckbaren Ausfertigung entsprechend (rechtspolitische Kritik an der dezentralen Aufgabenzuweisung übt Althammer ZVglRWiss 119 [2020], 197, 208 f). Sachlich und örtlich zuständig für die Ausstellung der Bescheinigung zu einer **gerichtlichen Entscheidung** oder zu einem **gerichtlichen Vergleich** ist grds das Gericht erster Instanz; solange jedoch der Rechtsstreit bei einem höheren Gericht anhängig ist, ist dieses Gericht zuständig, § 724 II, § 795b. Funktionell zuständig ist gem § 20 I Nr 11 RPflG der **Rechtspfleger** (fragl ist, ob dies in Einklang steht mit den Vorgaben durch EuGH EuZW 2016, 235, 237; dazu Althammer ZVglRWiss 119 [2020], 197, 212 ff; Bittmann IPRax 2016, 563). Bescheinigungen zu **öffentlichen Urkunden** (Art 2 lit c Brüssel Ia-VO) erteilt der die Urkunde verwahrende Notar bzw das AG, wenn die Urkunde dorthin abgeliefert ist (§ 797 I Nr 2 lit a, c). Im Falle eines **Anwaltsvergleichs** iSv § 796a sollte es darauf ankommen, ob die Vollstreckbarerklärung durch das Prozessgericht (§ 796b) oder den Notar (§ 796c) erfolgt ist (iErg ebenso SchWKT/Eichel Rn 4). Für Unterhaltsansprüche titulierende Jugendamtsurkunden iSv § 59 I Nr 3, 4 SGB VIII gilt § 60 S 3 Nr 1 SGB VIII.

11 **V) Gebühren. 1) Gericht:** Festgeb 1513 GKG-KV iHv 24 Euro für Verf über Anträge auf Ausstellung einer Bestätigung. Rechtsmittel gegen die Ausstellung/Verweigerung der Bestätigung oder gegen die Berichtigung/den Widerruf bzw deren Verweigerung: 1523 GKG-KV iHv 72 Euro bei Verwerfung oder Zurückweisung. Berichtigung/Widerruf der Bestätigung als solche lösen keine weitere Geb aus. – Kostenschuldner: § 22 III GKG. – **2) RA:** § 19 I 2 Nr 9a Buchst a RVG. Als Einzeltätigkeit: 3309, 3310 RVG-VV. – Rechtsmittel: 3500, 3513 RVG-VV. – **3) Notar:** 23805 GNotKG-KV (24 Euro).

§ 1080 Entscheidung

(1) [1]Bestätigungen nach Artikel 9 Abs. 1, Artikel 24 Abs. 1, Artikel 25 Abs. 1 und Artikel 6 Abs. 3 der Verordnung (EG) Nr. 805/2004 sind ohne Anhörung des Schuldners auszustellen. [2]Eine Ausfertigung der Bestätigung ist dem Schuldner von Amts wegen zuzustellen. [3]Das gilt nicht, wenn die antragstellende Person Übermittlung an sich zur Zustellung im Parteibetrieb beantragt hat.

(2) Wird der Antrag auf Ausstellung einer Bestätigung zurückgewiesen, so sind die Vorschriften über die Anfechtung der Entscheidung über die Erteilung einer Vollstreckungsklausel entsprechend anzuwenden.

1 **I) Prüfung vor Bestätigung.** Die Bestätigung einer Entscheidung als Europäischer Vollstreckungstitel setzt einen **Antrag des Gläubigers** voraus, der nicht fristgebunden ist, sondern gem Art 6 I EuVTVO „jederzeit" gestellt werden kann (aber nicht mehr für Alttitel, vgl Art 26, Art 33 EuVTVO), auch schon zu Beginn des Titulierungsverfahrens.

2 Wird die Bestätigung für eine deutsche Entscheidung begehrt, obliegt der gem § 1079 zuständigen Stelle die Prüfung der in Art 6 I EuVTVO genannten Voraussetzungen, also gem lit a zunächst des Eintritts der **Vollstreckbarkeit** nach Maßgabe des deutschen Rechts. Der Verweis in Art 6 I lit b EuVTVO auf die Brüssel I-VO bezieht sich gem Art 80 S 2 Brüssel Ia-VO nunmehr auf die Brüssel Ia-VO; zu prüfen ist daher, ob die zu bestätigende Entscheidung in Einklang steht mit den **Vorgaben zur Entscheidungszuständigkeit** gem Art 10-16 Brüssel Ia-VO (Versicherungssachen) und Art 24 Brüssel Ia-VO (ausschließliche Gerichtsstände). In **Verbrauchersachen** sind die Voraussetzungen für die Bestätigung gem Art 6 I lit d EuVTVO sogar noch etwas strenger als die zuständigkeitsrechtlichen Vorgaben gem Art 17-19 Brüssel Ia-VO (beachte EuGH NJW 2014, 841, dort zur Unanwendbarkeit im beiderseitigen Verbrauchergeschäft). Hinsichtlich der **verordnungsautonomen Mindestanforderungen**, die gem Art 6 I lit d iVm Art 12 ff EuVTVO (Art 12 EuVTVO geändert mWv 1.5.2025 durch Art 18 DigitalVO 2023/2844 v 13.12.2023, ABl EU L 2023/2844) an das mitgliedstaatliche Titulierungsverfahren zu stellen sind, ist insb zu prüfen, ob das rechtliche Gehör bei der Zustellung des verfahrenseinleitenden Schriftstücks gewahrt worden ist (hierzu EuGH EuZW 2018, 341; BGH NJW 2011, 522, 524). Vor Ausstellung der Bescheinigung hat die zuständige Stelle auch zu klären, ob der **sachliche Anwendungsbereich** der EuVTVO eröffnet ist (vgl zur Parallelfrage in der Brüssel Ia-VO EuGH FamRZ 2019, 1557, 1559 f; EuGH IPRax 2021, 77; zur Bindung in anderen Mitgliedstaaten s § 1082 Rn 3).

Gem § 1080 I 1 stellt die gem § 1079 zuständige Stelle die Bescheinigung gem Art 9 I, Art 24 I, Art 25 I und Art 6 III EuVTVO **ohne Anhörung des Schuldners** aus (dazu BTDrs 15/5222, 13). Nicht vorgesehen ist eine Ausnahme, wie sie gem § 1111 I 2 für solche **qualifizierten Bescheinigungen** gilt, denen titelergänzende oder titelumschreibende Funktion zukommt. 3

II) Entscheidung. Liegen die Voraussetzungen für die Bestätigung vor, so ist diese gem Art 9 I EuVTVO unter Verwendung des **Formblatts in Anhang I** auszustellen, und zwar in deutscher Sprache (Art 9 II EuVTVO iVm § 184 GVG; beachte aber auch § 184a GVG). Zur Möglichkeit einer **Teilbestätigung** vgl Art 8 EuVTVO. **Mehrfache Ausstellung** der Bescheinigung ist möglich und an keine weiteren Voraussetzungen geknüpft (vgl BTDrs 18/823, 20, dort zur Parallelfrage im Anwendungsbereich der Brüssel Ia-VO), was bedeutsam ist, wenn der Gläubiger die Vollstreckung in mehreren Mitgliedstaaten betreiben möchte (dazu Hau DGVZ 2021, 162, 166 f). 4

Gem § 1080 I 2 ist **dem Schuldner** eine Ausfertigung der Bescheinigung **von Amts wegen zuzustellen**. Ist die Zustellung ins Ausland erforderlich, gelten die allg Regeln, namentlich also die EuZustVO. § 1080 I 3 (eingef mWv 18.8.2021 durch Art 3 Nr 1 G v 10.8.2021, BGBl I 2021, 3424) lässt auf Antrag die **Zustellung im Parteibetrieb** zu (auch noch nach einem gescheiterten amtswegigen Zustellungsversuch). Dies ermöglicht ein Vorgehen gem Art 20 EuZustVO (Zustellung unmittelbar durch Amtspersonen, Beamte oder sonstige zuständige Personen des Empfangsmitgliedstaates), was schneller bzw zuverlässiger funktionieren mag als eine amtswegige Zustellung (dazu BTDrs 19/28681, 65). Die EuVTVO enthält keine Regelung zum Zeitpunkt der Zustellung; insoweit bietet sich eine entsprechende Anwendung von Art 43 I Brüssel Ia-VO an. Zur Übermittlung der Bescheinigung an den **Gläubiger** gelten keine besonderen Vorgaben, sie kann formlos erfolgen. 5

Art 10 IV EuVTVO schließt einen **Rechtsbehelf des Schuldners** gegen die Bestätigung als Europäischer Vollstreckungstitel aus. Zur Möglichkeit eines Antrags auf Berichtigung oder Widerruf gem Art 10 I EuVTVO s § 1081 Rn 1 f. Zu den **Rechtsbehelfen des Gläubigers**, wenn sein Antrag auf Ausstellung der Bescheinigung zurückgewiesen worden ist, ergibt sich aus § 1080 II die entsprechende Anwendbarkeit von § 11 I RPflG (OLG Zweibrücken 13.4.2023 – 3 W 11/23 Tz 8; LAG Berlin-Brandenburg NJ 2023, 36) und § 54 BeurkG. 6

III) Art 6 II EuVTVO. Nicht in § 1080 geregelt ist das Vorgehen im Fall eines Antrags des Schuldners gem Art 6 II EuVTVO. Bevor die gem § 1079 Nr 2 zuständige deutsche Stelle die fehlende oder beschränkte Vollstreckbarkeit des Europäischen Vollstreckungstitels bescheinigt, hat sie dem Gläubiger nach allg Regeln rechtliches Gehör zu gewähren. Zu den Rechtsbehelfen sollte § 1080 II entsprechend gelten (BTDrs 15/5222, 13; SchWKT/Eichel Rn 7). 7

§ 1081 Berichtigung und Widerruf

(1) [1]Ein Antrag nach Artikel 10 Abs. 1 der Verordnung (EG) Nr. 805/2004 auf Berichtigung oder Widerruf einer gerichtlichen Bestätigung ist bei dem Gericht zu stellen, das die Bestätigung ausgestellt hat. [2]Über den Antrag entscheidet dieses Gericht. [3]Ein Antrag auf Berichtigung oder Widerruf einer notariellen oder behördlichen Bestätigung ist an die Stelle zu richten, die die Bestätigung ausgestellt hat. [4]Die Notare oder Behörden leiten den Antrag unverzüglich dem Amtsgericht, in dessen Bezirk sie ihren Sitz haben, zur Entscheidung zu.

(2) [1]Der Antrag auf Widerruf durch den Schuldner ist nur binnen einer Frist von einem Monat zulässig. [2]Ist die Bestätigung im Ausland zuzustellen, beträgt die Frist zwei Monate. [3]Sie ist eine Notfrist und beginnt mit der Zustellung der Bestätigung, jedoch frühestens mit der Zustellung des Titels, auf den sich die Bestätigung bezieht. [4]In dem Antrag auf Widerruf sind die Gründe darzulegen, weshalb die Bestätigung eindeutig zu Unrecht erteilt worden ist.

(3) § 319 Abs. 2 und 3 ist auf die Berichtigung und den Widerruf entsprechend anzuwenden.

Geregelt ist die Zuständigkeit für die Entgegennahme und Entscheidung im Falle eines Antrags des Schuldners auf **Berichtigung (Art 10 I lit a EuVTVO) oder Widerruf (Art 10 I lit b EuVTVO)** der Bestätigung einer deutschen gerichtlichen Entscheidung, eines deutschen gerichtlichen Vergleichs (iVm Art 24 III EuVTVO) oder einer deutschen öffentlichen Urkunde (iVm Art 25 III EuVTVO) als Europäischer Vollstreckungstitel. Abweichend von § 1079 obliegt die Entscheidung gem § 1081 I **stets dem Gericht**, dort dem Rechtspfleger (§ 20 I Nr 11 RPflG). Geht der Antrag entgegen I 3 beim AG ein, macht ihn dies nicht unzulässig. 1

Für den **Antrag** des Schuldners stellt Art 10 III EuVTVO die Verwendung des Formblatts gem Anhang VI frei. Die nähere Ausgestaltung des Berichtigungs- bzw Widerrufsverfahrens obliegt dem Ursprungsmitgliedstaat (Art 10 III EuVTVO). Davon dürfte es gedeckt sein, dass Deutschland für den Antrag auf Widerruf (nicht: auf Berichtigung) in § 1081 II nicht nur ein **Begründungserfordernis**, sondern auch eine **Frist** vorschreibt (aA ThP/Nordmeier Rn 6). Gem III gilt § 319 II entsprechend für die **gerichtliche Entscheidung** über die Berichtigung bzw den Widerruf. 2

3 **Rechtsbehelfe:** Gem § 1081 III iVm § 319 III Hs 2 steht dem Gläubiger gegen einen stattgebenden Beschluss die sofortige Beschwerde zu. Wegen § 1081 III iVm § 319 III Hs 1 ist für den Schuldner bei Zurückweisung des Antrags nur befristete Erinnerung gem § 11 II RPflG eröffnet. Dazu und zur statthaften sofortigen Beschwerde des Gläubigers, wenn der Richter daraufhin die Bestätigung widerruft, s BGH NJW 2012, 858 Tz 12. Gegen die Bestätigung als Europäischer Vollstreckungstitel gibt es keinen Rechtsbehelf (Art 10 IV EuVTVO).

4 **Gebühren. 1) Gericht:** Festgeb 1523 Nr 2 GKG-KV iHv 72 Euro bei Verwerfung oder Zurückweisung eines Rechtsmittels in Verf über die Berichtigung oder den Widerruf. – **2) RA:** § 19 I 2 Nr 9a RVG: Rechtsmittel: 3500, 3513 RVG-VV.

Titel 2
Zwangsvollstreckung aus Europäischen Vollstreckungstiteln im Inland
(§§ 1082-1086)

§ 1082 Vollstreckungstitel

Aus einem Titel, der in einem anderen Mitgliedstaat der Europäischen Union nach der Verordnung (EG) Nr. 805/2004 als Europäischer Vollstreckungstitel bestätigt worden ist, findet die Zwangsvollstreckung im Inland statt, ohne dass es einer Vollstreckungsklausel bedarf.

1 Im Anwendungsbereich der EuVTVO übernehmen die **Bescheinigungen** gem Art 9 I, Art 24 I und Art 25 I EuVTVO iVm Anhängen I-III die Funktion, den Bestand und die **Vollstreckbarkeit des ausländischen Titels** zu dokumentieren. Konsequent stellt § 1082 klar, dass ein ausländischer Europäischer Vollstreckungstitel in Deutschland **keiner Vollstreckungsklausel** bedarf.

2 Das eigentliche **Vollstreckungsverfahren** bestimmt sich gem Art 20 I 1 EuVTVO nach dem Recht des Vollstreckungsmitgliedstaats. Vor diesem Hintergrund meint der Regierungsentwurf zu § 1082, dass es, abgesehen von der Entbehrlichkeit der Vollstreckungsklausel, bei § 750 bleibe (BTDrs 15/5222, 14). Fraglich ist indes, ob die Vollstreckung danach von der **Zustellung** der Bescheinigung abhängig gemacht werden darf. Dies wird bisweilen verneint, weil sich die EuVTVO nicht zur Zustellung äußert und § 1080 I 2 nur für inländische Bescheinigungen gilt (SchWKT/Eichel Rn 2; Huber in Hdb ZVR Kap 9 Rn 247). Das Problem erledigt sich, wenn man, wie hier vertreten, Art 43 I 1 Brüssel Ia-VO analog anwendet (§ 1080 Rn 5; für ein aus Art 6 EMRK bzw Art 47 EuGRC abzuleitendes Zustellungserfordernis plädiert Geimer IZPR Rn 3195b). Eine § 7 AVAG entsprechende Regelung ist für EuVTVO-Titel nicht vorgesehen, aber auch entbehrlich, weil mit der Bescheinigung der Nachweis iSv § 751 II erbracht ist, dass der Titel in seinem Ursprungsstaat ohne Weiteres (insb ohne Sicherheitsleistung) vollstreckbar ist (BTDrs 15/5222, 14). Eine unklare Bezeichnung im Europäischen Vollstreckungstitel hat das Vollstreckungsorgan nach allgemeinen Grundsätzen durch **Auslegung** zu klären (dazu BGH NJW 2010, 2137).

3 Das Vollstreckungsorgan hat zu prüfen, ob die **Voraussetzungen von Art 20 II EuVTVO** erfüllt sind. Fraglich ist, ob ihm auch eine Überprüfung dahingehend zusteht, ob der **Anwendungsbereich der EuVTVO** eröffnet ist; ausweislich Art 20 I 2, Art 10 I lit b EuVTVO liegt es näher, dass diese Frage allein im Ursprungsmitgliedstaat zu klären ist (Huber in Hdb ZVR Kap 9 Rn 246). Aufgrund der abschließenden Sonderregelung in Art 21 EuVTVO iVm § 1084 steht es dem Vollstreckungsorgan keineswegs frei, den dort vorgesehenen **Vollstreckungsversagungsgrund** zu prüfen.

4 Gegen die Art und Weise – sowie die Verweigerung – der Zwangsvollstreckung ist in Deutschland die **Erinnerung gem § 766** statthaft (BTDrs 15/5222, 14).

§ 1083 Übersetzung

Hat der Gläubiger nach Artikel 20 Abs. 2 Buchstabe c der Verordnung (EG) Nr. 805/2004 eine Übersetzung vorzulegen, so ist diese in deutscher Sprache zu verfassen und von einer hierzu in einem der Mitgliedstaaten der Europäischen Union befugten Person zu beglaubigen.

1 Die Vorschrift betrifft die Vollstreckung eines ausländischen Europäischen Vollstreckungstitels in Deutschland. Die vom Gläubiger beizubringenden Unterlagen nennt Art 20 II EuVTVO. Unter den dort in lit c genannten Voraussetzung ist eine fremdsprachige Bestätigung (nicht der Vollstreckungstitel selbst) gem § 1083 mit einer **deutschen *Übersetzung samt Beglaubigung*** vorzulegen. Ungeachtet § 184 GVG bedarf es aber nicht stets einer Übersetzung, sondern dann, wenn das Bestätigungsformblatt ergänzende, individuelle handschriftliche Angaben enthält (vgl BTDrs 15/5222, 14). Andere Sprachen als Deutsch lässt § 1083 nicht zu (auch nicht, anders als § 1070, Englisch).

§ 1084 Anträge nach den Artikeln 21 und 23 der Verordnung (EG) Nr. 805/2004

(1) [1]Für Anträge auf Verweigerung, Aussetzung oder Beschränkung der Zwangsvollstreckung nach den Artikeln 21 und 23 der Verordnung (EG) Nr. 805/2004 ist das Amtsgericht als Vollstreckungsgericht zuständig. [2]Die Vorschriften des Buches 8 über die örtliche Zuständigkeit des Vollstreckungsgerichts sind entsprechend anzuwenden. [3]Die Zuständigkeit nach den Sätzen 1 und 2 ist ausschließlich.

(2) [1]Die Entscheidung über den Antrag nach Artikel 21 der Verordnung (EG) Nr. 805/2004 ergeht durch Beschluss. [2]Auf die Einstellung der Zwangsvollstreckung und die Aufhebung der bereits getroffenen Vollstreckungsmaßregeln sind § 769 Abs. 1 und 3 sowie § 770 entsprechend anzuwenden. [3]Die Aufhebung einer Vollstreckungsmaßregel ist auch ohne Sicherheitsleistung zulässig.

(3) [1]Über den Antrag auf Aussetzung oder Beschränkung der Vollstreckung nach Artikel 23 der Verordnung (EG) Nr. 805/2004 wird durch einstweilige Anordnung entschieden. [2]Die Entscheidung ist unanfechtbar.

1 **I) Verweigerung der Vollstreckung.** Zu der gem **Art 21 EuVTVO** eng beschränkten Möglichkeit einer **Überprüfung des Europäischen Vollstreckungstitels im Vollstreckungsmitgliedstaat** s § 1079 Rn 8. Für den Fall, dass ein dahingehender Antrag in Deutschland gestellt wird, regelt § 1084 – jeweils ausschließlich (I 3) – die sachliche Zuständigkeit (I 1: Amtsgericht als Vollstreckungsgericht) und die örtliche Zuständigkeit (I 2 iVm § 828 II) sowie einige Verfahrensfragen (II). Die Entscheidung obliegt nicht dem Rechtspfleger (§ 1084 ist nicht genannt in § 20 I Nr 8 RPflG), sondern dem Richter (BTDrs 15/5222, 15). Dem Gläubiger ist vorheriges rechtliches Gehör zu gewähren (SchWKT/Eichel Rn 7). Gegen den Beschluss gem II 1 findet sofortige Beschwerde statt (§ 793). Eine einstweilige Anordnung gem II 2 iVm § 769 I, III, § 770 ist unanfechtbar (BTDrs 15/5222, 15).

2 **II) Beschränkung oder Aussetzung der Vollstreckung.** Wenn sich der Schuldner im **Ursprungsmitgliedstaat** gegen den Europäischen Vollstreckungstitel wendet, kann im Vollstreckungsstaat die **Vollstreckung gem Art 23 EuVTVO beschränkt oder ausgesetzt** werden (s § 1079 Rn 9). Für dahingehende Vollstreckungsschutzanträge in Deutschland regelt § 1084 die Zuständigkeit (I; s oben Rn 1) sowie einige Verfahrensfragen (III). Dem Gläubiger ist rechtliches Gehör zu gewähren, erforderlichenfalls im Nachhinein (SchWKT/Eichel Rn 10). Die Entscheidung durch den Richter ergeht als einstweilige Anordnung (III 1); sie ist unanfechtbar (III 2), soll aber mit der im Ursprungsmitgliedstaat ergehenden Hauptsacheentscheidung hinfällig werden (BTDrs 15/5222, 15).

3 **III) Gebühren. 1) Gericht:** Festgeb 2119 GKG-KV iHv 36 Euro. – Kostensch: § 22 I 1, § 29 Nr 1 GKG. – **2) RA zu I 1, II 1, III 1:** § 18 I Nr 6 RVG; 3309, 3310 RVG-VV; **zu II 2:** § 19 I 2 Nr 11; 3328, 3332 RVG-VV nur bei abgesonderter Verh. – Gegenstandswert § 25 II RVG; Bruchteil der Hauptsache, idR 1/5.

§ 1085 Einstellung der Zwangsvollstreckung

Die Zwangsvollstreckung ist entsprechend den §§ 775 und 776 auch dann einzustellen oder zu beschränken, wenn die Ausfertigung einer Bestätigung über die Nichtvollstreckbarkeit oder über die Beschränkung der Vollstreckbarkeit nach Artikel 6 Abs. 2 der Verordnung (EG) Nr. 805/2004 vorgelegt wird.

1 Ist die Vollstreckbarkeit im Ursprungsstaat entfallen oder beschränkt worden, so kann sich der Schuldner dort eine Bestätigung gem Art 6 II EuVTVO mit Formblatt in Anhang IV beschaffen und diese im Vollstreckungsstaat vorlegen (s § 1079 Rn 9). Daran anknüpfend sieht § 1085 entsprechend § 775 die Einstellung oder Beschränkung der Vollstreckung und entsprechend § 776 die Aufhebung von Vollstreckungsmaßregeln vor (BTDrs 15/5222, 15). Wie sich aus § 1085 ergibt („auch dann"), sollen §§ 775, 776 aber auch unabhängig von Art 6 II EuVTVO anwendbar sein (SchWKT/Eichel Rn 3).

2 **Gebühren. a) Gericht:** keine. – **b) RA:** gehört zum Rechtszug, § 19 I 2 Nr 11 RVG; 3328, 3332 RVG-VV.

§ 1086 Vollstreckungsabwehrklage

(1) [1]Für Klagen nach § 795 Satz 1 in Verbindung mit § 767 ist das Gericht ausschließlich örtlich zuständig, in dessen Bezirk der Schuldner seinen Wohnsitz hat, oder, wenn er im Inland keinen Wohnsitz hat, das Gericht, in dessen Bezirk die Zwangsvollstreckung stattfinden soll oder stattgefunden hat. [2]Der Sitz von Gesellschaften oder juristischen Personen steht dem Wohnsitz gleich.

(2) § 767 Abs. 2 ist entsprechend auf gerichtliche Vergleiche und öffentliche Urkunden anzuwenden.

1 Entsteht Streit über **materiell-rechtliche Einwendungen** gegen einen im Ausland als Europäischer Vollstreckungstitel titulierten Anspruch (wie Erfüllung, Erfüllungssurrogate, Vergleich, Erlass und Stundung, Gläubigerwechsel etc), so bietet es sich an, dies **im Ursprungsmitgliedstaat** zu klären: Entfällt die Vollstreckbarkeit, so kann dies gem Art 6 II EuVTVO bescheinigt und in allen Mitgliedstaaten beachtet werden (s für Deutschland § 1085).

2 Denkbar ist zudem, einen Streit über materiell-rechtliche Einwendungen im Hinblick auf die Vollstreckungsmöglichkeit in Deutschland im Rahmen einer deutschen **Vollstreckungsabwehrklage** gem § 767 auszutragen. Diese Möglichkeit versteht sich im europäischen Vollstreckungssystem zwar keineswegs von selbst, wird aber sowohl vom EuGH (zur Brüssel I-VO: EuGH NJW 2011, 3506, 3507; zur EuUntVO: EuGH NJW 2020, 2323) als auch vom deutschen Gesetzgeber als gegeben unterstellt (vgl BTDrs 15/5222, 15, dort zur Vereinbarkeit mit Art 21 II EuVTVO): Für die Vollstreckung Europäischer Vollstreckungstitel sollen gem § 794 I Nr 7, § 795 S 1 grds die allgemeinen Regeln des 8. Buchs gelten, mithin auch § 767, was durch § 1086 unterstrichen wird.

3 Die **örtliche Zuständigkeit** für den Vollstreckungsabwehrprozess bestimmt sich nach § 1086 I. Demgegenüber soll sich die **internationale Entscheidungszuständigkeit** aus Art 24 Nr 5 Brüssel Ia-VO ergeben (BTDrs 15/5222, 15). Die **sachliche Zuständigkeit** richtet sich nach den allg Vorschriften (§§ 23, 71, 96 GVG).

4 Hinsichtlich der **Präklusion von Einwendungen** gilt § 767 II, und zwar gem § 1086 II auch für gerichtliche Vergleiche und (abweichend von § 797 IV) öffentliche Urkunden. Dies beruht auf Art 24 II, Art 25 II EuVTVO, wonach die Vollstreckbarkeit solcher Titel im Vollstreckungsmitgliedstaat nicht angefochten werden kann. Präkludierte Einwendungen können somit nur im Ursprungsmitgliedstaat geltend gemacht werden (BTDrs 15/5222, 15).

5 **Gebühren.** Wie bei Klagen im ordentl Prozess, 1210 ff; 3100 ff GKG-KV.

Abschnitt 5
Europäisches Mahnverfahren nach der Verordnung (EG) Nr. 1896/2006 (§§ 1087-1096)

Titel 1
Allgemeine Vorschriften (§§ 1087-1089)

§ 1087 Zuständigkeit

Für die Bearbeitung von Anträgen auf Erlass und Überprüfung sowie die Vollstreckbarerklärung eines Europäischen Zahlungsbefehls nach der Verordnung (EG) Nr. 1896/2006 ist das Amtsgericht Wedding in Berlin ausschließlich zuständig.

Lit: *Einhaus*, Erste Erfahrungen mit dem Europäischen Zahlungsbefehl, EuZW 2011, 865; *Fabian*, Die Europäische Mahnverfahrensverordnung im Kontext der Europäisierung des Prozessrechts, 2010; *Hess/Bittmann*, Die Verordnungen zur Einführung eines Europäischen Mahnverfahrens und eines Europäischen Verfahrens für geringfügige Forderungen, IPRax 2008, 305; *Jakowski*, Das Anerkennungsregime des europäischen Zivilprozessrechts für mitgliedstaatliche Entscheidungen: Eine Analyse der Verordnungen EuGVVO, EuVTVO, EuMahnVO und EuGFVO unter dem Blickwinkel des deutschen Zivilprozessrechts, 2020; *Kormann*, Das neue Europäische Mahnverfahren im Vergleich zu den Mahnverfahren in Deutschland und Österreich, 2007; *Kreße*, Das Europäische Mahnverfahren, EWS 2008, 508; *Magnus*, Herausforderungen bei der Anwendung der Europäischen Mahnverordnung, in Pfeiffer/Lobach, Effektive grenzüberschreitende Vollstreckung in der Europäischen Union, 2022, S 49; *Nordmeier*, Neuerungen im deutschen IZVR durch das Gesetz zur Änderung von Vorschriften im Bereich des Internationalen Privat- und Zivilverfahrensrechts, IPRax 2017, 436; *Pernfuß*, Die Effizienz des Europäischen Mahnverfahrens, 2009; *Preuß*, Erlass und Überprüfung des Europäischen Zahlungsbefehls, ZZP 122 (2009), 3; *Rellermeyer*, Grundzüge des Europäischen Mahnverfahrens, Rpfleger 2009, 11; *Ulrici*, Aktuelle Entwicklungen des Europäischen Mahnverfahrens, EuZW 2016, 369; *Ulrici*, Rechtsbehelf bei Fehlen einer ordnungsgemäßen Zustellung des Europäischen Zahlungsbefehls, EuZW 2017, 367; *Ulrici*, Die EuMVVO im System des EuZPR, RIW 2018, 718; *Vielberg*, Europäisierung nationaler Mahnverfahren, 2018. – WN: *Geimer* IZPR vor Rn 3195k; *Linke/Hau* IZVR vor Rn 11.1.

1 **I) Überblick zur EuMahnVO.** Das europäische Sekundärrecht regelt nicht nur Fragen der internationalen Zuständigkeit, Anerkennung und Vollstreckbarkeit (vgl zu alledem insb die Brüssel Ia-VO) sowie eher technische Aspekte der Durchführung von Zivilverfahren mit Auslandsbezug (vgl insb die EuZustVO und die EuBewVO), sondern sieht auch besondere Erkenntnisverfahren für die grenzüberschreitende Rechtsdurchsetzung vor und definiert besondere europäische Vollstreckungstitel. So verhält es sich mit der EuBagatellVO (s § 1097 Rn 1) und der *VO 1896/2006* v 12.12.2006 zur Einführung eines Europäischen Mahnverfahrens (**EuMahnVO**, ABl EU 2006 L 399/1, geändert durch Art 2 VO 2015/2421 v 16.12.2015 [ABl EU 2015 L 341/1] und Art 19 DigitalVO 2023/2844 v 13.12.2023 [ABl EU L 2023/2844]). Im **Europäischen Justizportal** sind Informationen zum

EuMahnverf sowie die in der EuMahnVO vorgesehenen **Formblätter** online zugänglich: https://e-justice.europa.eu/topics/taking-legal-action/european-judicial-atlas-civil-matters/european-payment-order_de.

Die EuMahnVO gilt für sämtliche **Mitgliedstaaten** der EU mit Ausnahme Dänemarks (dazu Art 2 III EuMahnVO und ErwGr Nr 32). Sie galt für das Vereinigte Königreich nach dessen Austritt aus der EU (**Brexit**) noch bis zum Ende des Übergangszeitraums am 31.12.2020 (Art 126, Art 167 I AustrittsAbk v 24.1.2020, ABl EU 2020 L 29/7) und bleibt anwendbar auf Europäische Zahlungsbefehle aus Altverfahren nach Maßgabe von Art 67 III lit d AustrittsAbk. Das europäische Mahnverfahren (im Folgenden: **EuMahnverf**) verdrängt nicht die mitgliedstaatlichen Verfahrensordnungen und dort vorgesehene Mahnverfahren (wie §§ 688 ff; s EuIZPR Rn 17); vielmehr bietet es eine **zusätzliche Rechtsdurchsetzungsalternative** (Art 1 II EuMahnVO), die allerdings nur in **grenzüberschreitenden Rechtssachen** iSv Art 2 I, Art 3 EuMahnVO zur Verfügung steht. In den **sachlichen Anwendungsbereich** fallen – ohne Wertobergrenze – bezifferte und bei Antragstellung fällige **Geldforderungen** (Art 4 EuMahnVO; zu noch unbezifferten Zinsen vgl EuGH EuZW 2013, 147, 149 f) in **Zivil- und Handelssachen** iSv Art 2 EuMahnVO (der Ausnahmekatalog in II deckt sich nicht vollständig mit Art 1 II Brüssel Ia-VO, insb klammert lit d Ansprüche aus außervertraglichen Schuldverhältnissen weitgehend aus dem Anwendungsbereich aus). 2

Buch 11 Abschnitt 5 der ZPO (eingefügt durch G v 30.10.2008, BGBl I 2008, 2122; dazu BTDrs 16/8839, 18/10714) enthält die **deutschen Durchführungsvorschriften** zur EuMahnVO: **Titel 1** (§§ 1087-1089) betrifft die Durchführung des EuMahnverf in Deutschland, **Titel 2** (§§ 1090, 1091) das Verfahren nach Einspruch gegen einen in Deutschland erlassenen Zahlungsbefehl und **Titel 3** (§§ 1092, 1092a) die Überprüfung eines solchen. **Titel 4** (§§ 1093-1096) befasst sich mit der Zwangsvollstreckung, wobei die Regeln teils für inländische und teils für ausländische Zahlungsbefehle gelten. Soweit weder das EU-Recht noch §§ 1087-1096 Sonderregeln vorsehen, gilt für die Durchführung des EuMahnverf bzw die Vollstreckung des Zahlungsbefehls in Deutschland die **ZPO** (Art 21 I 1, Art 26 EuMahnVO). In **Arbeitssachen** verweist § 46b I ArbGG grds auf §§ 1087 ff (Ausnahmen: § 46b II, III ArbGG). 3

II) Zuständigkeit. Die **internationale Zuständigkeit** für die Durchführung des EuMahnverf bestimmt sich gem Art 6 I EuMahnVO grds nach den Vorschriften der Brüssel Ia-VO (vgl Art 80 S 2 Brüssel Ia-VO). Mithin sind, vorbehaltlich eines besonderen Gerichtsstands (Art 7 ff Brüssel Ia-VO), grds die Gerichte am Wohnsitz des Antragsgegners international zuständig (Art 4 Brüssel Ia-VO), wobei diese Zuständigkeit für das EuMahnVerf ausschließlich ist, sofern der Antragsgegner Verbraucher ist (Art 6 II EuMahnVO). Selbst dann, wenn an sich eine internationale Zuständigkeit gegeben wäre, kann das EuMahnverf ausgeschlossen sein, wenn keine grenzüberschreitende Rechtssache iSv Art 2 I, Art 3 EuMahnVO vorliegt. 4

Sachlich und örtlich ist in Deutschland gem **§ 1087** das AG Wedding in Berlin ausschließlich zuständig (beachte zu dieser rechtspolitisch sinnvollen Zuständigkeitskonzentration BTDrs 16/8839, 22; zur europarechtlichen Zulässigkeit vgl Althammer ZVglRWiss 119 [2020], 197, 202), und zwar für das gesamte EuMahnVerf von der Antragstellung bis zum Erlass und zur Vollstreckbarerklärung des Zahlungsbefehls, zudem für die Überprüfung gem Art 20 EuMahnVO. Für **Arbeitssachen** ist keine Zuständigkeitskonzentration vorgesehen, vielmehr gilt § 46b II ArbGG (dazu BTDrs 16/8839, 31). 5

Funktionell ist gem § 20 I Nr 7 RPflG (in Arbeitssachen iVm § 9 III ArbGG) grds der Rechtspfleger zuständig für das EuMahnverf einschließlich der Abgabe an das für das streitige Verfahren zuständige Gericht (§ 1090 II), jedoch sind die Überprüfung des Zahlungsbefehls (Art 20 EuMahnVO, § 1092, wohl auch § 1092a) und das Streitverfahren dem Richter vorbehalten. ErwGr Nr 16 zur EuMahnVO stellt klar, dass die Prüfung des verfahrenseinleitenden Antrags nicht zwingend durch einen Richter erfolgen muss. Gleichwohl erscheint die weitgehende deutsche Zuweisung an den Rechtspfleger zweifelhaft, soweit es im EuMahnverf um die Klärung von Rechtsfragen, namentlich die Prüfung von AGB geht (s von Hein ZVglRWiss 119 [2020], 123, 136 unter Hinweis auf EuGH NJW 2020, 383). 6

III) Durchführung des europäischen Mahnverfahrens in Deutschland. Der **Antrag auf Erlass eines Europäischen Zahlungsbefehls** ist zu unterzeichnen (Art 7 VI EuMahnVO, geändert mWv 1.5.2025 durch Art 19 Nr 2 DigitalVO 2023/2844 v 13.12.2023, ABl EU L 2023/2844) und gem Art 7 I EuMahnVO bei dem zuständigen Gericht zu stellen, wobei zwingend das vorgesehene **Formblatt A** zu verwenden ist. Der Antrag ist nach Maßgabe von Art 7 V EuMahnVO einzureichen (geändert mWv 1.5.2025 durch Art 19 Nr 1 DigitalVO 2023/2844 v 13.12.2023, ABl EU L 2023/2844; für Deutschland s § 1088 Rn 1 f). Beweismittel sind lediglich zu bezeichnen (Art 7 II lit e EuMahnVO), Urkunden oder andere Beweismittel sind also nicht beizufügen. Der Antragsteller muss aber erklären, dass er sämtliche Angaben nach bestem Wissen und Gewissen gemacht und zur Kenntnis genommen habe, dass Falschangaben angemessene Sanktionen nach mitgliedstaatlichem Recht nach sich ziehen können (Art 7 III EuMahnVO). Art 7 EuMahnVO regelt die für die Antragstellung erforderlichen Angaben abschließend, sodass das mitgliedstaatliche Recht die Verfahrenseinleitung nicht von weiteren Angaben abhängig machen darf (EuGH EuZW 2013, 147, 148). Allerdings betont der EuGH, dass auch das mit dem EuMahnverf befasste Gericht im Falle eines Verbrauchervertrags der Pflicht zur amtswegigen Prüfung womöglich unangemessener Klauseln unterliegt, und folgert daraus, dass das Gericht im Zweifel gehalten ist, weitere Informationen, etwa den streitge- 7 genständlichen Vertrag, gem (bzw analog) Art 9 I EuMahnVO anzufordern (EuGH NJW 2020, 383). **Anwaltszwang** besteht im gesamten EuMahnverf nicht (Art 24 EuMahnVO). Ob **Stellvertretung** (etwa durch Inkassodienstleister) zulässig ist, bestimmt sich für Deutschland nach § 79 (s Vollkommer/Huber NJW 2009, 1105, 1106).

8 Die **gerichtliche Prüfung des Antrags** betrifft gem Art 8 S 1 EuMahnVO die Anwendbarkeit des Verfahrens, das Vorliegen einer grenzüberschreitenden Rechtssache, die gerichtliche Zuständigkeit sowie die formale Ordnungsmäßigkeit des Antrags; zudem prüft das Gericht in der Sache, ob die bezifferte und fällige Geldforderung, ausgehend von den Angaben des Antragstellers, begründet erscheint. Es ist ausdrücklich vorgesehen, dass diese Prüfung im Rahmen eines automatisierten Verfahrens erfolgen kann (Art 8 S 2 EuMahnVO). Das weitere Vorgehen im Falle formaler Mängel des Antrags bestimmt sich nach Art 9 EuMahnVO, im Falle vollständig oder teilweise unbegründeter Anträge nach Art 10, Art 11 EuMahnVO. Dem Antragsteller steht gegen die **Zurückweisung des Antrags** kein Rechtsmittel zu (Art 11 II EuMahnVO). Es soll ihm aber freistehen, seine Forderung in einem weiteren EuMahnverf zu verfolgen (EuGH NJW 2025, 343 Tz 61).

9 **IV) Zahlungsbefehl und Rechtsbehelfe.** Liegen alle Voraussetzungen vor, so erlässt das Gericht gem Art 12 I EuMahnVO den **Europäischen Zahlungsbefehl** unter Verwendung von Formblatt E. Zur **Zustellung** an den Antragsgegner und zu den dabei zu übermittelnden Unterlagen und Informationen s § 1089 Rn 1 ff; zum Rechtsschutz nach unterbliebener oder fehlerhafter Zustellung s § 1092a Rn 1 ff.

10 Binnen 30 Tagen ab Zustellung des Zahlungsbefehls kann der Antragsgegner **Einspruch** einlegen (Art 16 I, II EuMahnVO); dazu § 1090 Rn 1 ff. Legt der Antragsgegner den Einspruch nicht oder verspätet ein, so erklärt das Gericht den Zahlungsbefehl gem Art 18 I EuMahnVO nach Überprüfung des Zustelldatums mittels Formblatts G für vollstreckbar. Die **Vollstreckbarerklärung des Zahlungsbefehls im Ursprungsmitgliedstaat** entfaltet gem Art 19 EuMahnVO Wirkung für alle Mitgliedstaaten, ohne dass dort ein weiteres Exequaturverfahren notwendig wäre. Nach Ablauf der Einspruchsfrist bleibt dem Antragsgegner ausnahmsweise noch eine Möglichkeit zur **Überprüfung des Zahlungsbefehls im Ursprungsmitgliedstaat** nach Maßgabe von Art 20 EuMahnVO. Beachte dazu § 1092 Rn 1 ff.

11 **V) Kosten.** Die Kosten des EuMahnverf sowie eines eventuell folgenden ordentlichen Zivilverfahrens bestimmen sich nach dem Recht des Ursprungsmitgliedstaats (Art 26 EuMahnVO). Allerdings darf die Einleitung des EuMahnverf dem Antragsteller keinesfalls zusätzliche Kosten verursachen (Art 25 I EuMahnVO; geändert durch VO 2015/2421 v 16.12.2015, ABl EU 2015 L 341/1; dazu Ulrici EuZW 2016, 369, 370 f).

12 **VI) Gebühren. 1) Gericht:** Es gilt das GKG (§ 1 III Nr 2 GKG). Erlass des MB erst nach Vorauszahlung der Geb entspr § 12 III 1 GKG (§ 12 IV 1 GKG). Geb im Mahnverf nach 1100 GKG-KV iHv 0,5, mindestens 38 Euro. Anrechnung bei Übergang in das Streitverf: 1210 Anm 1 S 2 GKG-KV. – 2) **RA:** 3305 ff RVG-VV.

§ 1088 Maschinelle Bearbeitung

(1) [1]Der Antrag auf Erlass des Europäischen Zahlungsbefehls und der Einspruch können in einer nur maschinell lesbaren Form bei Gericht eingereicht werden, wenn diese dem Gericht für seine maschinelle Bearbeitung geeignet erscheint. [2]§ 130a Absatz 5 Satz 1 gilt entsprechend.

(2) Der Senat des Landes Berlin bestimmt durch Rechtsverordnung, die nicht der Zustimmung des Bundesrates bedarf, den Zeitpunkt, in dem beim Amtsgericht Wedding die maschinelle Bearbeitung der Mahnverfahren eingeführt wird; er kann die Ermächtigung durch Rechtsverordnung auf die Senatsverwaltung für Justiz des Landes Berlin übertragen.

1 Mit dem in I vorgesehenen Formularzwang für die **Einreichung des Antrags** auf Erlass des Zahlungsbefehls und **des Einspruchs** macht der deutsche Gesetzgeber Gebrauch von Art 7 V, VI, Art 8 S 2, Art 16 IV, V EuMahnVO (dazu BTDrs 16/8839, 22 f). Der Antrag bzw der Einspruch ist eingegangen, sobald er auf der für den Empfang bestimmten Einrichtung des Gerichts gespeichert ist (I 2 iVm § 130a V 1; BTDrs 16/8839, 23).

2 Die **maschinelle Bearbeitung der Mahnverfahren** ist gem II abhängig von der entsprechenden Ausrüstung des AG Wedding durch das Land Berlin. Dazu ist es, soweit ersichtlich, noch nicht gekommen. Erfolgt ist jedoch die Kompetenzdelegation auf die Berliner Senatsverwaltung für Justiz (§ 1 Nr 1 Berliner IT-Subdelegationsverordnung Justiz).

§ 1089 Zustellung

(1) [1]Ist der Europäische Zahlungsbefehl im Inland zuzustellen, gelten die Vorschriften über das Verfahren bei Zustellungen von Amts wegen entsprechend. [2]Die §§ 185 bis 188 sind nicht anzuwenden.

(2) Ist der Europäische Zahlungsbefehl in einem anderen Mitgliedstaat der Europäischen Union zuzustellen, gelten die Vorschriften der Verordnung (EU) 2020/1784 sowie für die Durchführung dieser Verordnung § 1067 Absatz 1, § 1069 Absatz 1 und § 1070 entsprechend.

II geändert durch G zur Durchführung der EU-Verordnungen über grenzüberschreitende Zustellungen und grenzüberschreitende Beweisaufnahmen in Zivil- oder Handelssachen, zur Änderung der Zivilrechtshilfe, des Vormundschafts- und Betreuungsrechts, zur Anpassung von Rechtsvorschriften zum Verbraucherschutz und zur Verbraucherrechtsdurchsetzung sowie zur Änderung sonstiger Vorschriften v 24.6.2022 (BGBl I 2022, 959) mWv 1.7.2022.

1 Der gem Art 12 I EuMahnVO erlassene Zahlungsbefehl wird dem Antragsgegner gem **Art 12 V EuMahnVO zugestellt**, und zwar zusammen mit einer Kopie des Antragsformulars (Art 12 II EuMahnVO), mit einem Einspruchsformblatt (Art 16 I EuMahnVO) und versehen mit den Informationen und einer Rechtsbehelfsbelehrung gem Art 12 III, IV EuMahnVO. Die Zustellung muss unter Beachtung der Vorgaben von **Art 13-15 EuMahnVO** erfolgen (Art 13 EuMahnVO geändert mWv 1.5.2025 durch Art 19 Nr 3 DigitalVO 2023/2844 v 13.12.2023, ABl EU L 2023/2844). Nach Ansicht des EuGH sind zudem die Vorgaben der EuZustVO (nunmehr: **Art 12 EuZustVO**) zu berücksichtigen: Wird der Zahlungsbefehl zugestellt, ohne dass der Antrag auf Erlass des Zahlungsbefehls in einer Sprache abgefasst wurde, von der anzunehmen ist, dass der Antragsgegner sie versteht, oder ohne eine Übersetzung beizufügen, muss der Antragsgegner von seinem Recht in Kenntnis gesetzt werden, die Annahme zu verweigern; wird dagegen verstoßen, beginnt die Einspruchsfrist (s § 1090 Rn 2) nicht zu laufen (EuGH EuZW 2018, 1001; EuGH NJW 2025, 343 Tz 43 ff).

2 Hinsichtlich der Zustellung eines deutschen Zahlungsbefehls differenziert **§ 1089** danach, ob sie **im Inland** erfolgen kann (I) oder in einem **anderen EU-Mitgliedstaat** vorzunehmen ist (II, an die EuZustVO angepasst durch G v 24.6.2022, BGBl I 2022, 959). I 2 schließt eine **öffentl Zustellung** gem §§ 185-188 mit Rücksicht auf Art 14 II EuMahnVO aus (vgl ErwGr Nr 19).

3 Wird das EuMahnverf gegen einen **drittstaatenansässigen Antragsgegner** geführt (zulässig nach Maßgabe von Art 2 I EuMahnVO, wobei sich die gem Art 6 I EuMahnVO erforderliche internationale Zuständigkeit in Deutschland insb aus einer Gerichtsstandsvereinbarung ergeben kann), so ist für die Zustellung § 185 II-V zu beachten und idR das HZÜ einschlägig.

Titel 2
Einspruch gegen den Europäischen Zahlungsbefehl (§§ 1090-1091)

§ 1090 Verfahren nach Einspruch

(1) [1]Im Fall des Artikels 17 Abs. 1 der Verordnung (EG) Nr. 1896/2006 fordert das Gericht den Antragsteller mit der Mitteilung nach Artikel 17 Abs. 3 der Verordnung (EG) Nr. 1896/2006 auf, das Gericht zu bezeichnen, das für die Durchführung des streitigen Verfahrens zuständig ist. [2]Das Gericht setzt dem Antragsteller hierfür eine nach den Umständen angemessene Frist und weist ihn darauf hin, dass dem für die Durchführung des streitigen Verfahrens bezeichneten Gericht die Prüfung seiner Zuständigkeit vorbehalten bleibt. [3]Die Aufforderung ist dem Antragsgegner mitzuteilen. [4]Für den Fall, dass der Antragsteller nicht innerhalb der ihm hierfür nach Satz 2 gesetzten Frist das für die Durchführung des streitigen Verfahrens zuständige Gericht benennt, ist der Europäische Zahlungsbefehl aufzuheben. Hierdurch endet das Verfahren nach der Verordnung (EG) Nr. 1896/2006.

(2) [1]Nach Eingang der Mitteilung des Antragstellers nach Absatz 1 Satz 1 gibt das Gericht, das den Europäischen Zahlungsbefehl erlassen hat, das Verfahren von Amts wegen an das vom Antragsteller bezeichnete Gericht ab. [2]§ 696 Abs. 1 Satz 3 bis 5, Abs. 2, 4 und 5 sowie § 698 gelten entsprechend.

(3) Die Streitsache gilt als mit Zustellung des Europäischen Zahlungsbefehls rechtshängig geworden, wenn sie nach Übersendung der Aufforderung nach Absatz 1 Satz 1 und unter Berücksichtigung der Frist nach Absatz 1 Satz 2 alsbald abgegeben wird.

1 Der Antragsgegner kann gem Art 16 I EuMahnVO einen **Einspruch gegen den Zahlungsbefehl** einlegen, ohne dass es hierfür einer Begründung bedarf (vgl Art 16 III EuMahnVO). Für die **Zuständigkeit** zur Entgegennahme des Einspruchs und zur Entscheidung darüber gelten § 1087 sowie § 20 I Nr 7 RPflG.

2 Art 16 I EuMahnVO schreibt dem Antragsgegner nicht die Verwendung des ihm übermittelten Formblatts F vor; für die **Einreichung bei Gericht** gelten Art 16 IV, V EuMahnVO (geändert mWv 1.5.2025 durch Art 19 Nr 3 DigitalVO 2023/2844 v 13.12.2023, ABl EU L 2023/2844) und in Deutschland § 1088 I. Die **Einspruchsfrist** beträgt gem Art 16 II EuMahnVO 30 Tage ab ordnungsgemäßer Zustellung des Zahlungsbefehls iSv

Art 12 V EuMahnVO (s § 1089 Rn 1). Wiedereinsetzung in die Einspruchsfrist ist ausgeschlossen (§ 1092 IV); zum Rechtsschutz bei unterbliebener oder fehlerhafter Zustellung des Zahlungsbefehls s § 1092a Rn 1 ff.

3 Wie sich aus Art 18 I 1 EuMahnVO ergibt, **verhindert der Einspruch dauerhaft eine Vollstreckbarerklärung** des Zahlungsbefehls (vgl EuGH NJW 2025, 343 Tz 57 unter Hinweis auf Art 1 I lit a EuMahnVO, wonach das EuMahnverf nur für unbestrittene Forderungen gilt). Im Hinblick darauf kann der Antragsteller gem Art 7 IV S 2, Art 17 I EuMahnVO ausdrücklich erklären, dass das Verfahren im Fall eines Einspruchs enden soll. Ist eine solche Erklärung des Antragstellers unterblieben, hat der fristgerechte Einspruch gem Art 17 I EuMahnVO zur Folge, dass das **Verfahren vor den Gerichten des Ursprungsmitgliedstaats weitergeführt** wird, und zwar entweder **als Europäisches Bagatellverfahren** (lit a; diese Option wurde eingeführt durch VO 2015/2421 v 16.12.2015, ABl EU 2015 L 341/1; dazu Ulrici EuZW 2016, 369, 370) **oder als Zivilverfahren nach mitgliedstaatlichem Recht** (lit b, II). Der Antragsteller ist gem Art 17 V EuMahnVO zu informieren.

4 Die Ausgestaltung des **weiteren Verfahrens nach Einspruch** obliegt gem Art 17 IV EuMahnVO dem mitgliedstaatlichen Recht (vgl EuGH IPRax 2017, 277). In Deutschland gelten §§ 1090, 1091, die nach wie vor allein auf die Überleitung in ein streitiges ZPO-Verfahren zugeschnitten, aber entsprechend anzuwenden sind, wenn die Überleitung gem Art 17 I lit a EuMahnVO in ein Europäisches Bagatellverfahren erfolgen soll.

5 Nach Eingang eines Einspruchs gegen den von ihm erlassenen Zahlungsbefehl wendet sich das AG Wedding an den Antragsteller, um den **weiteren Kostenvorschuss** anzufordern (§ 12 IV GKG) und um nach Maßgabe von § 1090 I unter **Fristsetzung** abzufragen, bei welchem (inländischen) Gericht das streitige Verfahren geführt werden soll (BTDrs 16/8839, 23). Reagiert der Antragsgegner nicht fristgerecht, endet das EuMahnverf gem § 1090 I 4, 5 (eingefügt durch Art 1 Nr 16 G v 11.6.2017, BGBl I 2017, 1607; dazu BTDrs 18/10714, 20; krit Nordmeier IPRax 2017, 436, 439 f). Äußert sich der Antragsteller, gibt das AG Wedding gem II das Verfahren von Amts wegen an das benannte Gericht ab. Ausgeschlossen ist die **Abgabe** an ein Gericht eines anderen Mitgliedstaats. Gem II 2 gelten § 696 I 3-5, II, IV, V für die Abgabe entsprechend; somit ist diese nicht anfechtbar (II 2 iVm § 696 I 3 Hs 2). Wann **Rechtshängigkeit eintritt**, bestimmt § 1090 III (statt § 696 III).

6 Die Abgabe begründet nicht die **Zuständigkeit des Gerichts**, das der Antragsteller für das streitige Verfahren benannt hat, sondern bleibt von diesem Gericht nach allg Regeln zu prüfen (vgl § 1090 I 2, II 2 iVm § 696 V). Im Übrigen ist der Einspruch **keine zuständigkeitsbegründende Einlassung** iSv Art 26 Brüssel Ia-VO auf ein Verfahren im Gerichtsstaat, und zwar selbst dann nicht, wenn sich der Antragsgegner in der Einspruchsschrift schon zur Hauptsache geäußert, aber den Zuständigkeitsmangel nicht geltend gemacht hat (EuGH EuZW 2013, 628).

7 **Gebühren. 1) Gericht:** 1210 GKG-KV mit Anrechnung der Geb des Mahnverf (1210 Anm 1 S 2 GKG-KV). Nach Einspruch ist Kostensch des nachfolgenden Verf der, der den Zahlungsbefehl beantragt hat (§ 22 I 4 GKG). – **2) RA:** 3100 ff RVG-VV (3100 RVG-VV bereits für den Einspruch: OLG Nürnberg MDR 2010, 294). – Das Verf nach Art 20 VO (EG) Nr 1896/2006 (EuMahnVO) gehört zum Rechtszug (§ 19 I 2 Nr 5d RVG).

§ 1091 Einleitung des Streitverfahrens

§ 697 Abs. 1 bis 3 gilt entsprechend.

1 Die Vorschrift knüpft an Art 17 IV EuMahnVO an. In Deutschland gilt für die Einleitung des Streitverfahrens nach Abgabe an das Streitgericht dieselbe Regelung wie für das deutsche Mahnverfahren. Nicht verwiesen wird auf § 697 IV, weil Art 17 EuMahnVO **keine Rücknahme des Einspruchs** durch den Antragsgegner vorsieht; unbenommen bleibt diesem ein Anerkenntnis gem § 307 im streitigen Verfahren (BTDrs 16/8839, 24). Demgegenüber steht dem Antragsteller bis zum Beginn der mündlichen Verhandlung des Antragsgegners zur Hauptsache die **Rücknahme des Antrags auf Durchführung des streitigen Verfahrens** frei (§ 1090 II 2 iVm § 696 IV). In **Arbeitssachen** gilt § 46b III ArbGG (dazu BTDrs 16/8839, 31).

Titel 3
Überprüfung des Europäischen Zahlungsbefehls in Ausnahmefällen
(§§ 1092-1092a)

§ 1092 Verfahren

(1) [1]*Die Entscheidung* über einen Antrag auf Überprüfung des Europäischen Zahlungsbefehls nach Artikel 20 Abs. 1 oder Abs. 2 der Verordnung (EG) Nr. 1896/2006 ergeht durch Beschluss. [2]Der Beschluss ist unanfechtbar.

(2) Der Antragsgegner hat die Tatsachen, die eine Aufhebung des Europäischen Zahlungsbefehls begründen, glaubhaft zu machen.

(3) Erklärt das Gericht den Europäischen Zahlungsbefehl für nichtig, endet das Verfahren nach der Verordnung (EG) Nr. 1896/2006.

(4) Eine Wiedereinsetzung in die Frist nach Artikel 16 Abs. 2 der Verordnung (EG) Nr. 1896/2006 findet nicht statt.

Nach Ablauf der Einspruchsfrist (Art 16 II EuMahnVO; s § 1090 Rn 2) bleibt dem Antragsgegner ausnahmsweise noch eine Möglichkeit zur **Überprüfung des Zahlungsbefehls im Ursprungsmitgliedstaat** nach Maßgabe von Art 20 EuMahnVO. Erreichen kann er damit im Erfolgsfall die Nichtigerklärung des Zahlungsbefehls (Art 20 III 2 EuMahnVO). In **Art 20 I EuMahnVO** geht es um Fälle, in denen der Antragsgegner nach Zustellung des Zahlungsbefehls den Einspruch nicht rechtzeitig einlegen konnte, er sodann aber unverzüglich tätig wird, in **Art 20 II EuMahnVO** hingegen um Fälle, in denen der Zahlungsbefehl offensichtlich zu Unrecht erlassen wurde. In beiden Konstellationen hält der EuGH die Überprüfung nur unter **strengen Voraussetzungen** für denkbar; insb sei die Nichteinhaltung der Einspruchsfrist aufgrund eines Fehlverhaltens des Vertreters des Antragsgegners kein außergewöhnlicher Umstand iSv Art 20 I lit b oder II EuMahnVO (EuGH IPRax 2014, 340). Ebenso wenig kann der Antragsgegner mittels Art 20 EuMahnVO geltend machen, dass sich das Ursprungsgericht infolge falscher Angaben des Antragstellers im Antragsformular zu Unrecht für zuständig erklärt habe (EuGH EuZW 2016, 196). Zum Rechtsschutz bei **unterbliebener oder fehlerhafter Zustellung** s § 1092a Rn 1 ff. 1

Das AG Wedding (dort: der Richter, § 20 I Nr 7 Hs 2 RPflG) ist gem § 1087 **zuständig** für die Überprüfung eines von ihm erlassenen Zahlungsbefehls (nicht etwa für ausländische Zahlungsbefehle; klarstellend BTDrs 16/8839, 24). Die Überprüfung gem Art 20 I EuMahnVO setzt einen **Antrag des Antragsgegners** voraus; dieser hat die Tatsachen, auf die er sich stützt, glaubhaft zu machen (§ 1092 II). Zu **Vollstreckungsschutzanträgen im Vollstreckungsmitgliedstaat** s Art 23 EuMahnVO und § 1095 I Rn 1 ff. 2

Die Entscheidung ergeht gem § 1092 I durch **unanfechtbaren Beschluss**. Das EuMahnverf ist gem § 1092 III beendet, wenn das Gericht den Überprüfungsantrag für begründet erachtet und den Zahlungsbefehl gem Art 20 III 2 EuMahnVO für nichtig erklärt; im Fall der **Nichtigerklärung** ist keine Überleitung in das streitige Verfahren vorgesehen (dazu BTDrs 16/8839, 24). Wird dem Überprüfungsantrag nicht stattgegeben, bleibt der Zahlungsbefehl in Kraft (Art 20 III 1 EuMahnVO). 3

Eine **Wiedereinsetzung in die Einspruchsfrist** gem Art 16 II EuMahnVO ist in der EuMahnVO nicht vorgesehen und damit ausgeschlossen (klarstellend § 1092 IV). Zur Möglichkeit einer **Vollstreckungsabwehrklage** in Deutschland im Falle eines deutschen Zahlungsbefehls s § 1095 Rn 3. 4

§ 1092a Rechtsbehelf bei Nichtzustellung oder bei nicht ordnungsgemäßer Zustellung des Europäischen Zahlungsbefehls

(1) [1]Der Antragsgegner kann die Aufhebung des Europäischen Zahlungsbefehls beantragen, wenn ihm der Europäische Zahlungsbefehl

1. nicht zugestellt wurde oder

2. in einer nicht den Anforderungen der Artikel 13 bis 15 der Verordnung (EG) Nr. 1896/2006 genügenden Weise zugestellt wurde.

[2]Der Antrag muss innerhalb eines Monats ab dem Zeitpunkt gestellt werden, zu dem der Antragsgegner Kenntnis vom Erlass des Europäischen Zahlungsbefehls oder des Zustellungsmangels gehabt hat oder hätte haben können. [3]Gibt das Gericht dem Antrag aus einem der in Satz 1 genannten Gründe statt, wird der Europäische Zahlungsbefehl für nichtig erklärt.

(2) [1]Hat das Gericht zum Zeitpunkt der Antragstellung nach Absatz 1 Satz 1 den Europäischen Zahlungsbefehl bereits nach Artikel 18 der Verordnung (EG) Nr. 1896/2006 für vollstreckbar erklärt und gibt es dem Antrag nunmehr statt, so erklärt es die Zwangsvollstreckung aus dem Zahlungsbefehl für unzulässig. [2]Absatz 1 Satz 3 gilt entsprechend.

(3) [1]Die Entscheidung ergeht durch Beschluss. [2]Der Beschluss ist unanfechtbar. [3]§ 1092 Absatz 2 bis 4 findet entsprechende Anwendung.

In Art 20 EuMahnVO und § 1092 nicht geregelt ist der Sonderfall, dass der **Zahlungsbefehl** entgegen Art 12 V EuMahnVO **überhaupt nicht oder nicht in Einklang mit Art 13 ff EuMahnVO zugestellt** worden ist. Will der Antragsgegner dies rügen, soll nach Ansicht des EuGH nicht etwa Art 20 EuMahnVO analog anwendbar sein; vielmehr müsse das nationale Verfahrensrecht im Ursprungsmitgliedstaat gem Art 26 EuMahnVO eine 1

Rechtsschutzmöglichkeit eröffnen, damit der Antragsgegner die Ungültigkeit der Vollstreckbarerklärung geltend machen kann (EuGH EuZW 2014, 916; bestätigend EuGH NJW 2025, 343 Tz 40 f).

2 Nachdem sich das AG Wedding im Hinblick auf die EuGH-Judikatur zunächst mit einer analogen Anwendung von § 732 I beholfen hatte (dazu AG Wedding 19.5.2023 – 70b C 5/21, juris Tz 5), hat der deutsche Gesetzgeber mit **§ 1092a** einen **neuen Rechtsbehelf** geschaffen (eingefügt durch Art 1 Nr 17 G v 11.6.2017, BGBl I 2017, 1607; dazu BTDrs 18/10714, 20 f; beachte zudem Nordmeier IPRax 2017, 436, 439 f; Ulrici EuZW 2017, 367), bei dem es sich der Sache nach um eine **fristgebundene Zustellungsrüge** handelt (vgl AG Wedding 19.5.2023 – 70b C 5/21, juris Tz 2). Die Zweifel des AG Wedding (19.5.2023 – 70b C 5/21, juris) an der Vereinbarkeit dieser Lösung mit der EuMahnVO hat der EuGH nicht bestätigt (EuGH NJW 2025, 343; dazu Budzikiewicz/Mansel/Thorn/Wagner IPRax 2025, 93, 123 f).

3 **Zuständig** zur Entscheidung über den Antrag gem § 1092a ist gem (bzw analog) § 1087 das AG Wedding (dort: der Richter, wiederum gem oder analog § 20 I Nr 7 Hs 2 RPflG). Die in § 1092a I 2 vorgesehene **Ausschlussfrist** soll Missbrauch vermeiden (BTDrs 18/10714, 20; krit Ulrici EuZW 2017, 367, 371); zur Vereinbarkeit der Befristung mit der EuMahnVO hat sich der EuGH noch nicht geäußert (im Ausgangsfall zu EuGH NJW 2025, 343, war dieser Aspekt nicht entscheidungserheblich, vgl AG Wedding 19.5.2023 – 70b C 5/21, juris Tz 18 f). IÜ ist der Rechtsbehelf weitgehend an Art 20 III EuMahnVO und § 1092 angelehnt (§ 1092a I 3, III). Ein Antrag auf Wiedereinsetzung in die Einspruchsfrist ist gem § 1092a IV 3, § 1092 II unstatthaft, kann aber uU als Antrag gem § 1092a verstanden werden (vgl AG Wedding 19.5.2023 – 70b C 5/21, juris Tz 19). § 1092a II betrifft die Fassung einer stattgebenden Entscheidung, wenn die **Vollstreckbarerklärung** (Art 18 EuMahnVO) bereits erfolgt ist. Zu **Vollstreckungsschutzanträgen** s § 1095 Rn 1 ff.

Titel 4
Zwangsvollstreckung aus dem Europäischen Zahlungsbefehl (§§ 1093-1096)

§ 1093 Vollstreckungsklausel

Aus einem nach der Verordnung (EG) Nr. 1896/2006 erlassenen und für vollstreckbar erklärten Europäischen Zahlungsbefehl findet die Zwangsvollstreckung im Inland statt, ohne dass es einer Vollstreckungsklausel bedarf.

1 Gem Art 19 EuMahnVO ist ein Zahlungsbefehl, der gem Art 18 I EuMahnVO **im Ursprungsmitgliedstaat für vollstreckbar erklärt** worden ist, ohne Weiteres in allen Mitgliedstaaten der EU (mit Ausnahme Dänemarks, Art 2 III EuMahnVO) vollstreckbar, insb **ohne (weitere) Vollstreckbarerklärung im Vollstreckungsmitgliedstaat.** Hingegen kann ein Zahlungsbefehl, der im Ursprungsmitgliedstaat nicht für vollstreckbar erklärt worden ist, auch nicht in anderen Mitgliedstaaten für vollstreckbar erklärt werden.

2 Die vom Gläubiger für die Einleitung der Vollstreckung in einem anderen Mitgliedstaat **beizubringenden Unterlagen** nennt Art 21 II EuMahnVO (zur Erforderlichkeit einer Übersetzung s § 1094 Rn 1). Die **Formblätter E und G** (vgl Art 12 I, Art 18 I EuMahnVO) übernehmen dabei die Funktion, den Bestand und die **Vollstreckbarkeit des Zahlungsbefehls** zu dokumentieren. Konsequent ordnet § 1093 an, dass es in Deutschland **keiner Vollstreckungsklausel** bedarf, und zwar weder für ausländische noch für inländische Zahlungsbefehle (vgl BTDrs 16/8839, 25: eine Inländerdiskriminierung sei zu vermeiden).

3 Das Vollstreckungsorgan hat zu prüfen, ob die **Voraussetzungen von Art 21 II EuMahnVO** erfüllt sind. Fraglich ist, ob ihm auch eine Überprüfung dahingehend zusteht, ob der **Anwendungsbereich der EuMahnVO** eröffnet ist; ausweislich Art 20 II EuMahnVO liegt es näher, dass diese Frage allein im Ursprungsmitgliedstaat zu klären ist. Aufgrund der abschließenden Sonderregelung in Art 22 EuMahnVO iVm § 1096 steht es dem Vollstreckungsorgan keineswegs frei, die dort vorgesehenen **Vollstreckungsversagungsgründe** zu prüfen.

4 Das eigentliche **Vollstreckungsverfahren** bestimmt sich nach dem Recht des Vollstreckungsmitgliedstaats, wobei die Vollstreckung unter den gleichen Bedingungen wie bei einem inländischen Titel erfolgt (Art 21 I EuMahnVO). Somit bleibt es, abgesehen von der Entbehrlichkeit der Vollstreckungsklausel, bei § 750 (BTDrs 16/8839, 25); allerdings darf die Vollstreckung zwar vom Nachweis der Zustellung der Vollstreckbarerklärung, nicht hingegen des Zahlungsbefehls abhängig gemacht werden (AG Sinsheim Rpfleger 2024, 416 Tz 47 f). Eine unklare Bezeichnung im Europäischen Vollstreckungstitel hat das Vollstreckungsorgan nach allgemeinen Grundsätzen durch **Auslegung** zu klären (dazu BGH NJW 2010, 2137, dort zur EuVTVO).

5 *Gegen die Art und Weise – sowie die Verweigerung –* der Zwangsvollstreckung ist in Deutschland die **Erinnerung gem § 766** statthaft (beachte AG Sinsheim Rpfleger 2024, 416 Tz 52, dort zur Unbeachtlichkeit der Berufung auf einen Prozessbetrug im ausländischen EuMahnVerf).

§ 1094 Übersetzung

Hat der Gläubiger nach Artikel 21 Abs. 2 Buchstabe b der Verordnung (EG) Nr. 1896/2006 eine Übersetzung vorzulegen, so ist diese in deutscher Sprache zu verfassen und von einer in einem der Mitgliedstaaten der Europäischen Union hierzu befugten Person zu beglaubigen.

Die Vorschrift betrifft die **Vollstreckung eines ausländischen Zahlungsbefehls** in Deutschland. Die vom Gläubiger beizubringenden Unterlagen nennt Art 21 II EuMahnVO. Unter den dort in lit b genannten Voraussetzung ist ein fremdsprachiger Zahlungsbefehl gem § 1094 mit einer **deutschen Übersetzung samt Beglaubigung** vorzulegen. Ungeachtet § 184 GVG bedarf es aber nicht stets einer Übersetzung, sondern dann, wenn der Zahlungsbefehl ergänzende, individuelle handschriftliche Angaben enthält (BTDrs 16/8839, 25). Andere Sprachen als Deutsch lässt § 1094 nicht zu (auch nicht, anders als § 1070, Englisch). 1

§ 1095 Vollstreckungsschutz und Vollstreckungsabwehrklage gegen den im Inland erlassenen Europäischen Zahlungsbefehl

(1) [1]Wird die Überprüfung eines im Inland erlassenen Europäischen Zahlungsbefehls nach Artikel 20 der Verordnung (EG) Nr. 1896/2006 oder dessen Aufhebung nach § 1092a beantragt, gilt § 707 entsprechend. [2]Für die Entscheidung über den Antrag nach § 707 ist das Gericht zuständig, das über den Antrag nach Artikel 20 der Verordnung (EG) Nr. 1896/2006 entscheidet.

(2) Einwendungen, die den Anspruch selbst betreffen, sind nur insoweit zulässig, als die Gründe, auf denen sie beruhen, nach Zustellung des Europäischen Zahlungsbefehls entstanden sind und durch Einspruch nach Artikel 16 der Verordnung (EG) Nr. 1896/2006 nicht mehr geltend gemacht werden können.

Die EuMahnVO enthält (anders als Art 15 II, Art 23 EuBagatellVO zum Bagatellurteil) keine Regelungen zum **Vollstreckungsschutz des Schuldners im Ursprungsmitgliedstaat** des Zahlungsbefehls. Insb lässt sich hierzu nichts aus Art 22, Art 23 EuMahnVO herleiten, die auf den Rechtsschutz im Vollstreckungsstaat gegen ausländ Zahlungsbefehle zugeschnitten sind. Für den Vollstreckungsschutz im Ursprungsmitgliedstaat gelten somit die dort geltenden allgemeinen Regeln (Art 21 I EuMahnVO). Hier setzt § 1095 für **deutsche Zahlungsbefehle** an (BTDrs 16/8839, 25). 1

Gem I 1 kann entsprechend § 707 die **einstweilige Einstellung der Vollstreckung** (ohne oder gegen Sicherheitsleistung) beantragt werden, wenn der Schuldner in Deutschland einen Überprüfungsantrag gem Art 20 EuMahnVO gestellt oder die Zustellungsrüge gem § 1092a erhoben hat (zur diesbezüglichen Erweiterung von § 1095 I 1 durch Art 1 Nr 18 G v 11.6.2017, BGBl I 2017, 1607, vgl BTDrs 18/10714, 21). Zur Zuständigkeit gilt gem I 2 dasselbe wie für das Überprüfungsverfahren (s § 1092 Rn 2). 2

In Betracht kommt zudem eine **Vollstreckungsabwehrklage** gem § 767 (iVm § 794 I Nr 6, § 795 S 1). Hierfür gelten die allg Regeln; § 1095 II regelt nur den für die **Präklusion von Einwendungen** maßgeblichen Zeitpunkt (BTDrs 16/8839, 25). Ist Präklusion eingetreten, schließt dies ein Überprüfungsverfahren nach Art 20 EuMahnVO nicht aus (BTDrs 16/8839, 25). 3

§ 1096 Anträge nach den Artikeln 22 und 23 der Verordnung (EG) Nr. 1896/2006; Vollstreckungsabwehrklage

(1) [1]Für Anträge auf Verweigerung der Zwangsvollstreckung nach Artikel 22 Abs. 1 der Verordnung (EG) Nr. 1896/2006 gilt § 1084 Abs. 1 und 2 entsprechend. [2]Für Anträge auf Aussetzung oder Beschränkung der Zwangsvollstreckung nach Artikel 23 der Verordnung (EG) Nr. 1896/2006 ist § 1084 Abs. 1 und 3 entsprechend anzuwenden.

(2) [1]Für Anträge auf Verweigerung der Zwangsvollstreckung nach Artikel 22 Abs. 2 der Verordnung (EG) Nr. 1896/2006 gilt § 1086 Abs. 1 entsprechend. [2]Für Klagen nach § 795 Satz 1 in Verbindung mit § 767 sind § 1086 Abs. 1 und § 1095 Abs. 2 entsprechend anzuwenden.

Im Vollstreckungsstaat darf die **Vollstreckung aus einem ausländ Zahlungsbefehl** nur nach Maßgabe von Art 22 und 23 EuMahnVO verweigert, ausgesetzt oder beschränkt werden. Eine révision au fond ist ausdrücklich ausgeschlossen (Art 22 III EuMahnVO; vgl AG Sinsheim Rpfleger 2024, 416 Tz 52, dort zur Unbeachtlichkeit der Berufung auf einen Prozessbetrug im ausländischen EuMahnVerf), eine Ordre-public-Kontrolle ist 1 nicht vorgesehen. Ein Versagungsverfahren in direkter oder analoger Anwendung von Art 45 ff Brüssel Ia-VO bzw § 1115 findet nicht statt (klarstellend OLG Brandenburg MDR 2021, 1027).

2 Während § 1095 für deutsche Zahlungsbefehle gilt (s § 1095 Rn 1), betrifft § 1096 nur **Zahlungsbefehle aus anderen Mitgliedstaaten**. § 1096 I lehnt sich an die Regelung zum Rechtsschutz gegen Europäische Vollstreckungstitel in § 1084 an (BTDrs 16/8839, 25). Zu Anträgen auf **Verweigerung der Vollstreckung** gem Art 22 I EuMahnVO vgl § 1084 Rn 1, zu Anträgen auf **Beschränkung oder Aussetzung der Vollstreckung** gem Art 23 EuMahnVO vgl § 1084 Rn 2.

3 Anders als in Art 22 I EuMahnVO geht es in Art 22 II EuMahnVO um eine Einwendung gegen den mit dem Zahlungsbefehl titulierten Anspruch. Konsequent ordnet § 1096 II 1 die entsprechende Anwendung der Vorschrift zur **Vollstreckungsabwehrklage** in § 1086 I an (BTDrs 16/8839, 26). Allerdings betrifft Art 22 II EuMahnVO nur den Fall der (behaupteten) Erfüllung des titulierten Anspruchs. Der deutsche Gesetzgeber sieht sich indes nicht gehindert, in Deutschland die Möglichkeit von Vollstreckungsabwehrklagen zu eröffnen, die sich auf **sonstige Einwendungen** gegen ausländische Zahlungsbefehle stützen (BTDrs 16/8839, 26). Hierzu verweist § 1096 II 2 auf § 1086 I (zur Zuständigkeit; s § 1086 Rn 3) und § 1095 II (zur Präklusion; s § 1095 Rn 3).

4 **Gebühren. 1) Gericht:** Festgeb 2119 GKG-KV (36 Euro). – **2) RA:** 3100 RVG-VV; bes Angelegenheit nach § 18 I Nr 6 RVG. – Sa § 1084 Rn 3.

Abschnitt 6
Europäisches Verfahren für geringfügige Forderungen nach der Verordnung (EG) Nr. 861/2007 (§§ 1097-1109)

Titel 1
Erkenntnisverfahren (§§ 1097-1104a)

§ 1097 Einleitung und Durchführung des Verfahrens

(1) Die Formblätter gemäß der Verordnung (EG) Nr. 861/2007 und andere Anträge oder Erklärungen können als Schriftsatz, als Telekopie oder nach Maßgabe des § 130a als elektronisches Dokument bei Gericht eingereicht werden.
(2) Im Falle des Artikels 4 Abs. 3 der Verordnung (EG) Nr. 861/2007 wird das Verfahren über die Klage ohne Anwendung der Vorschriften der Verordnung (EG) Nr. 861/2007 fortgeführt.

Lit: *Brokamp*, Das Europäische Verfahren für geringfügige Forderungen, 2008; *Einhaus*, Die revidierte EuGFVO im System des europäischen Zivilverfahrensrechts, RIW 2018, 631; *Hardung*, Die europäische Titelfreizügigkeit, 2020; *Hau*, Stand und Fortentwicklung der Europäischen Verordnung über geringfügige Forderungen, in Pfeiffer/Lobach, Effektive grenzüberschreitende Vollstreckung in der Europäischen Union, 2022, S 77; *von Hein/Imm*, Zuständigkeitskonzentration in europäischen Verfahren für geringfügige Forderungen, IPRax 2019, 75; *Hess/Bittmann*, Die Verordnungen zur Einführung eines Europäischen Mahnverfahrens und eines Europäischen Verfahrens für geringfügige Forderungen, IPRax 2008, 305; *Huber*, Die Reform des europäischen Verfahrens für geringfügige Forderungen, RIW 2018, 625; *Jakowski*, Das Anerkennungsregime des europäischen Zivilprozessrechts für mitgliedstaatliche Entscheidungen: Eine Analyse der Verordnungen EuGVVO, EuVTVO, EuMahnVO und EuGFVO unter dem Blickwinkel des deutschen Zivilprozessrechts, 2020; *Mayer/Lindemann/Haibach*, Small Claims Verordnung – Klage, Urteil, Anerkennung und Vollstreckung geringfügiger Forderungen in Europa, 2009; *Nordmeier*, Neuerungen im deutschen IZVR durch das Gesetz zur Änderung von Vorschriften im Bereich des Internationalen Privat- und Zivilverfahrensrechts, IPRax 2017, 436. – WN: *Geimer* IZPR vor Rn 3196f; *Linke/Hau* IZVR vor Rn 11.1.

1 **I) Überblick zur EuBagatellVO.** Das europäische Sekundärrecht regelt nicht nur Fragen der internationalen Zuständigkeit, Anerkennung und Vollstreckbarkeit (vgl zu alledem insb die Brüssel Ia-VO) sowie eher technische Aspekte der Durchführung von Zivilverfahren mit Auslandsbezug (vgl insb die EuZustVO und die EuBewVO), sondern sieht auch besondere Erkenntnisverfahren für die grenzüberschreitende Rechtsdurchsetzung vor und definiert besondere europäische Vollstreckungstitel. So verhält es sich mit der EuMahnVO (s § 1087 Rn 1) und der VO 861/2007 v 11.7.2007 zur Einführung eines europäischen Verfahrens für geringfügige Forderungen (**EuBagatellVO**, ABl EU 2007 L 199/1; geändert durch Art 1 VO 2015/2421 v 16.12.2015 [ABl EU 2015 L 341/1] und Art 20 DigitalVO 2023/2844 v 13.12.2023 [ABl EU L 2023/2844]). Im **Europäischen Justizportal** sind Informationen zum EuBagatellVerf sowie die in der EuBagatellVO vorgesehenen **Formblätter** online zugänglich: https://e-justice.europa.eu/topics/taking-legal-action/european-judicial-atlas-civil-matters/small-claims_de.

2 Die EuBagatellVO gilt für sämtliche **Mitgliedstaaten** der EU mit Ausnahme Dänemarks (s ErwGr Nr 38). Sie galt für das Vereinigte Königreich nach dessen Austritt aus der EU (**Brexit**) noch bis zum Ende des Übergangs-

zeitraums am 31.12.2020 (Art 126, Art 167 I AustrittsAbk v 24.1.2020, ABl EU 2020 L 29/7) und bleibt anwendbar auf Altverfahren nach Maßgabe von Art 67 III lit e AustrittsAbk. Das europäische Bagatellverfahren (**EuBagatellVerf**) verdrängt nicht die mitgliedstaatlichen Verfahrensordnungen, vielmehr bietet es eine **zusätzliche Rechtsdurchsetzungsalternative** (Art 1 I 2 EuBagatellVO), die allerdings nur in **grenzüberschreitenden Rechtssachen** iSv Art 3 EuBagatellVO zur Verfügung steht (dazu EuGH IPRax 2020, 30). **Sachlicher Anwendungsbereich:** Art 2 EuBagatellVO (der Ausnahmekatalog ist umfangreicher als Art 1 II Brüssel Ia-VO, beachte insb Art 2 II lit h-j EuBagatellVO); **Streitwertgrenze:** 5.000 Euro ohne Zinsen, Kosten und Auslagen bei Verfahrenseinleitung (Art 2 I EuBagatellVO). Erfasst werden nach hM neben Zahlungs- und sonstigen Leistungsklagen auch positive oder negative Feststellungsklagen, theoretisch auch Gestaltungsklagen.

Buch 11 Abschnitt 6 der ZPO (eingefügt durch G v 30.10.2008, BGBl I 2008, 2122; dazu BTDrs 16/8839, 18/10714) 3
enthält die **deutschen Durchführungsvorschriften** zur EuBagatellVO. Titel 1 (§§ 1097-1104a) betrifft in Deutschland durchgeführte EuBagatellVerf, Titel 2 sodann die Vollstreckung des sog Bagatellurteils, wobei es in §§ 1105, 1106 um inländische und in §§ 1107-1109 um ausländische Bagatellurteile geht. Soweit weder das EU-Recht noch §§ 1097-1109 Sonderregeln vorsehen, gelten in Deutschland für die Durchführung des EuBagatellVerf (Art 19 EuBagatellVO) bzw die Vollstreckung des Bagatellurteils (Art 21 I EuBagatellVO) die **allg Regeln der ZPO.**

II) Durchführung des europäischen Bagatellverfahrens in Deutschland. 1) Zuständigkeit. Anders als Art 6 I 4
EuMahnVO äußert sich die EuBagatellVO nicht zur Bestimmung des zuständigen Gerichts. Die **internationale Entscheidungszuständigkeit** bestimmt sich nach den allg Regeln (s EuIZPR Rn 42 ff). Für die **sachliche** und (soweit von der Brüssel Ia-VO bzw dem LugÜ nicht mitgeregelt) **örtliche Zuständigkeit** bleibt es bei der Anwendung der lex fori (beachte die Möglichkeit der Zuständigkeitskonzentration in § 1104a). In Deutschland entscheidet streitwertbedingt regelmäßig das Amtsgericht (§ 23 Nr 1 GVG; denkbare Ausnahme: § 71 II Nr 3 GVG). **Funktionell** obliegt das EuBagatellVerf dem Richter (Ausnahme: § 1106 ZPO, § 20 I Nr 11 RPflG).

2) Verfahrenseinleitung. Gem Art 4 I 1 EuBagatellVO in der seit 1.5.2025 geltenden Neufassung durch Art 20 5
Nr 1 DigitalVO 2023/2844 leitet der Kläger das EuBagatellVerf ein, indem er das ausgefüllte **Klageformblatt A** (Anhang I zur EuBagatellVO) direkt beim zuständigen Gericht einreicht oder diesem auf dem Postweg übersendet oder durch die elektronischen Kommunikationsmittel nach Art 4 DigitalVO 2023/2844 (sog europäischer elektronischer Zugangspunkt im Europäischen Justizportal) oder auf einem anderem Wege übermittelt, den die lex fori des angerufenen Gerichts eröffnet. Für Letzteres gilt in Deutschland § 1097 I: erlaubt sind **Schriftsatz, Telekopie oder elektronisches Dokument** gem § 130a. Auch § 130d ist anzuwenden, sodass den dort Genannten nur die Einreichung als elektronisches Dokument offen steht (vgl ErwGr Nr 9 S 1 zur ÄndVO 2015/2421). Abweichend von § 496 sieht § 1097 I nicht die Klage zu Protokoll der Geschäftsstelle iSv § 129a vor. § 1097 I gilt auch für **weitere Anträge und Erklärungen** der Parteien im weiteren EuBagatellVerf (vgl BTDrs 16/8839, 26); beachte auch Art 13 II EuBagatellVO in der seit 1.5.2025 geltenden Neufassung durch Art 20 Nr 5 DigitalVO 2023/2844.

3) Vorabprüfung des Anwendungsbereichs. Das im EuBagatellVerf angerufene Gericht hat vorab zu prüfen, 6
ob der Anwendungsbereich der EuBagatellVO (s Rn 2) eröffnet ist. Verneint es die Anwendbarkeit, so greifen Art 4 III EuBagatellVO und in Deutschland § 1097 II: Nimmt der Kläger trotz richterlichen Hinweises die Klage nicht zurück, so wird diese nicht abgewiesen, sondern im normalen Klageverfahren fortgeführt; die Wirkungen der Rechtshängigkeit bleiben erhalten (OLG Frankfurt aM 25.8.2022 – 11 SV 26/22). Entsprechendes dürfte gelten, wenn sich erst im weiteren Verfahren herausstellt, dass der Anwendungsbereich nicht eröffnet ist (vgl Art 5 V EuBagatellVO), oder bei nachträglichem Überschreiten der Wertgrenze gem Art 2 I EuBagatellVO.

III) Gebühren. 1) Gericht: Die Vorschriften des GKG für das Zivilprozessverf finden Anwendung (§ 1 III Nr 1 GKG). – Keine 7
Vorauszahlungspflicht (§ 12 II Nr 2 GKG). Wird das Verf ohne Anwendung der EuBagatellVO fortgeführt, ist die Geb für das Verf im Allg (1210 GKG-KV) vorauszuzahlen (§ 12 IV 2 GKG). – Es fallen Geb an nach 1210 ff GKG-KV. Ermäßigung nach 1211 Nr 1e GKG-KV von 3,0 auf 1,0 mögl bei Klagerücknahme vor Ablauf des Tages, an dem das schriftl Urteil der GeschSt übermittelt wird. Findet eine mündl Verh statt, gilt 1211 Nr 1a GKG-KV. – **2) RA:** 3100 ff RVG-VV. Das Verf nach Art 18 EuBagatellVO gehört zum Rechtszug (§ 19 I 2 Nr 5c RVG). – Bei, wie idR, einer Entscheidung im schriftl Verf fällt keine Terminsgeb an; das Verf über geringfügige Forderung wurde bewusst nicht in 3104 RVG-VV aufgenommen (BRDrs 95/08, 48 zu Art 5). Stets kann aber für Besprechungen eine Terminsgeb anfallen (Vorbem 3 III 3 Nr 2 RVG-VV).

§ 1098 Annahmeverweigerung auf Grund der verwendeten Sprache

[1]Die Frist zur Erklärung der Annahmeverweigerung nach Artikel 6 Abs. 3 der Verordnung (EG) Nr. 861/2007 beträgt eine Woche. [2]Sie ist eine Notfrist und beginnt mit der Zustellung des Schriftstücks. [3]Der Empfänger ist über die Folgen einer Versäumung der Frist zu belehren.

Art 6 I, II EuBagatellVO regelt für das BagatellVO, welche Schriftstücke einer **Übersetzung** bedürfen. Unter 1
den in Art 6 III EuBagatellVO genannten Voraussetzungen hat der Adressat das **Recht zur Annahmeverweige-**

rung bzw Rücksendung des Schriftstücks (entsprechend Art 12 EuZustVO). Kommt es dazu, ist die Zustellung unwirksam und gem Art 6 III EuBagatellVO vorzugehen. Nicht dort, sondern in § 1098 ist die **Frist für die Annahmeverweigerung bzw Rücksendung** geregelt: In Einklang mit ErwGr Nr 19 zur EuBagatellVO sieht § 1098 S 1 eine Wochenfrist vor (dazu BTDrs 16/8839, 26 f; anders nunmehr Art 12 III EuZustVO: zwei Wochen). Gem S 2 handelt es sich um eine Notfrist iSv § 224 I 2 (gem § 233 iVm Art 19 EuBagatellVO ist Wiedereinsetzung möglich; BTDrs 16/8839, 27), die ab Zustellung des Schriftstücks läuft. Die Fristwahrung erfordert rechtzeitige Mitteilung der Verweigerung an das Gericht, nicht die Rücksendung des Schriftstücks. Gem S 3 ist der Zustellungsempfänger über die Folgen einer Fristversäumung zu belehren.

§ 1099 Widerklage

(1) Eine Widerklage, die nicht den Vorschriften der Verordnung (EG) Nr. 861/2007 entspricht, ist außer im Fall des Artikels 5 Abs. 7 Satz 1 der Verordnung (EG) Nr. 861/2007 als unzulässig abzuweisen.

(2) [1]Im Fall des Artikels 5 Abs. 7 Satz 1 der Verordnung (EG) Nr. 861/2007 wird das Verfahren über die Klage und die Widerklage ohne Anwendung der Vorschriften der Verordnung (EG) Nr. 861/2007 fortgeführt. [2]Das Verfahren wird in der Lage übernommen, in der es sich zur Zeit der Erhebung der Widerklage befunden hat.

1 Aus dem Verweis in ErwGr Nr 16 S 1 zur EuBagatellVO auf Art 6 Brüssel I-VO (jetzt: Art 8 Nr 3 Brüssel Ia-VO) folgt, dass im EuBagatellVerf nur konnexe Widerklagen zulässig sind (vgl BTDrs 16/8839, 27). Daran anknüpfend schreibt § 1099 I die Abweisung einer **inkonnexen Widerklage** als **unzulässig** vor. Entsprechendes sollte für **konnexe Widerklagen** gelten, die nicht in den sachl Anwendungsbereich iSv Art 2 EuBagatellVO fallen (also: keine isolierte Überleitung analog Art 4 III EuBagatellVO iVm § 1097 II) oder für die trotz Art 8 Nr 3 Brüssel Ia-VO die internationale Zuständigkeit fehlt (zB infolge einer Gerichtsstandsvereinbarung gem Art 25 Brüssel Ia-VO). Erhebt hingegen der Beklagte eine die **Wertgrenze von 5.000 Euro (Art 2 I EuBagatellVO) übersteigende Widerklage**, wird gem Art 5 VII EuBagatellVO das gesamte Verfahren – auch hinsichtlich der Klage – im normalen Klageverfahren fortgeführt (BTDrs 16/8839, 27). In Deutschland ist dann gem § 1099 II zu verfahren.

§ 1100 Mündliche Verhandlung

(1) Im Fall einer Videoverhandlung nach Artikel 8 der Verordnung (EG) Nr. 861/2007 ist nur § 128a Absatz 6 anwendbar.

(2) Die Bestimmung eines frühen ersten Termins zur mündlichen Verhandlung (§ 275) ist ausgeschlossen.

I geändert durch G zur Förderung des Einsatzes von Videokonferenztechnik in der Zivilgerichtsbarkeit und den Fachgerichtsbarkeiten v 15.7.2024 (BGBl 2024 I Nr 237) mWv 19.7.2024.

1 Trotz der Vorliebe des Verordnungsgebers für eine schriftliche Durchführung des EuBagatellVerf (vgl Art 5 I EuBagatellVO) kommt gem Art 5 Ia, Art 7 I lit c EuBagatellVO die Anordnung einer **mündlichen Verhandlung** in Betracht. Gegebenenfalls sind Art 8 EuBagatellVO und in Deutschland § 1100 zu beachten.

2 Die Änderung von § 1100 I durch G v 15.7.2024 (BGBl 2024 I Nr 237) trägt dem Umstand Rechnung, dass Art 8 EuBagatellVO (seit der Neufassung durch die VO 2015/2421) zum Einsatz von **Fernkommunikationstechnologie** bei der mündl Verhandlung eine weitgehend abschließende und ggü dem mitgliedstaatlichen Recht vorrangige Regelung vorsieht. Daher beschränkt sich § 1100 I darauf, die in § 128a VI enthaltenen Vorschriften zur Aufzeichnung der Videoverhandlung für anwendbar zu erklären (vgl RegE BTDrs 20/8095, 66). Dies steht mangels insoweit einschlägiger verordnungseigener Bestimmungen in Einklang mit Art 19 EuBagatellVO. Ferner ergibt sich aus I („Videoverhandlung"), dass Deutschland nach wie vor keinen Gebrauch von der durch Art 8 EuBagatellVO eröffneten Möglichkeit macht, die mündl Verh als reine Telefonkonferenz durchzuführen.

3 Weil das Gericht die mündl Verhandlung gem Art 7 I lit c EuBagatellVO erst nach Eingang der Klageerwiderung anordnen darf, kommt **kein früher erster Termin** iSv § 275 in Betracht; dies stellt § 1100 II klar (BTDrs 16/8839, 27).

§ 1101 Beweisaufnahme

(1) Das Gericht kann die Beweise in der ihm geeignet erscheinenden Art aufnehmen, soweit Artikel 9 Abs. 2 bis 4 der Verordnung (EG) Nr. 861/2007 nichts anderes bestimmt.

(2) Im Fall einer Beweisaufnahme per Bild- und Tonübertragung nach Artikel 9 Absatz 1 Satz 2 der Verordnung (EG) Nr. 861/2007 ist nur § 284 Absatz 2 Satz 3 in Verbindung mit § 128a Absatz 6 und § 284 Absatz 3 anwendbar.

II geändert durch G zur Förderung des Einsatzes von Videokonferenztechnik in der Zivilgerichtsbarkeit und den Fachgerichtsbarkeiten v 15.7.2024 (BGBl 2024 I Nr 237) mWv 19.7.2024.

Das mit dem EuBagatellVerf befasste Gericht kann, wenn es die Sache noch nicht für spruchreif hält und sich auch keine gütliche Einigung anbietet (vgl Art 12 III, Art 23a EuBagatellVO), gem Art 7 I lit b EuBagatellVO eine Beweisaufnahme durchführen. Diese erfolgt gem Art 9 I EuBagatellVO im **Freibeweisverfahren**. Dem trägt § 1101 I Rechnung, ohne dass es – wie gem § 284 S 2 – auf das Einverständnis der Parteien ankäme. Zu beachten ist Art 9 II EuBagatellVO, wonach auch die Beweisaufnahme **grds schriftlich** erfolgen soll. 1

Für den Fall, dass im Rahmen der Beweisaufnahme eine Person anzuhören ist, verweist Art 9 III auf Art 8 EuBagatellVO. In Deutschland gilt ergänzend § 1101 II. Dessen Neufassung durch G v 15.7.2024 (BGBl 2024 I Nr 237) nimmt nur Bezug auf das in Art 9 I 2 EuBagatellVO (idF durch VO 2015/2421) enthaltene Gebot einer möglichst einfachen und unaufwändigen Art der Beweisaufnahme; ersichtlich gemeint ist aber zumindest auch die Regelung in Art 9 III iVm Art 8 EuBagatellVO zur Möglichkeit einer **Anhörung mittels Fernkommunikationstechnologie** (vgl auch RegE BTDrs 20/8095, 67). Der Verweis in § 1101 II auf § 128a VI stellt die Anwendbarkeit der deutschen Regeln zur Videoaufzeichnung klar (s § 1100 Rn 2). Wie § 1100 I („Videoverhandlung") deutet der Wortlaut von § 1101 II („Bild- und Tonübertragung") darauf hin, dass rein telefonische Anhörungen in Deutschland nicht in Betracht kommen; diese Lesart stünde allerdings in Widerspruch zu § 1101 I und Art 9 I 2 EuBagatellVO. Gem II iVm § 284 III soll es dem deutschen Gericht auch im EuBagatellVerf freistehen, Anordnungen zum Aufenthaltsort der Beweisperson an einer Gerichtsstelle zu treffen; dabei ist aber offenbar nur an inländische Gerichtsstellen gedacht (vgl den Verweis auf §§ 156 ff GVG in BTDrs 20/8095, 61). Dadurch, dass II (auf Betreiben des BR, vgl BTDrs 20/8095, 89) nicht auf § 284 II verweist, wird dem Umstand Rechnung getragen, dass die EuBagatellVO (anders als § 284 II 5) auch bei Urkunden eine Beweisaufnahme mittels Bild- und Tonübertragung für möglich erachtet. 2

Die Möglichkeiten und Grenzen einer **grenzüberschreitenden Beweisaufnahme** bestimmen sich nicht etwa nach Art 9 EuBagatellVO bzw § 1101, sondern für den innereuropäischen Rechtsverkehr nach der **EuBewVO** (beachte insb Art 19-21 EuBewVO zur unmittelbaren Beweisaufnahme in einem anderen Mitgliedstaat) und im Verhältnis zu Drittstaaten nach dem einschlägigen multi- bzw. bilateralen Konventionsrecht (dazu § 363). 3

§ 1102 Urteil

[1]Urteile bedürfen keiner Verkündung. [2]Die Verkündung eines Urteils wird durch die Zustellung ersetzt.

Zum Erlass des Bagatellurteils vgl Art 7 EuBagatellVO; es ist gem Art 7 II 2 EuBagatellVO den Parteien zustellen. Gem § 1102 S 1 muss das Bagatellurteil **nicht verkündet** werden, und zwar auch dann nicht, wenn eine mündl Verhandlung stattgefunden hat (BTDrs 16/8839, 28; zu Zweifeln an der Vereinbarkeit mit Art 6 I 2 EMRK vgl StJ/Domej Rn 2). Eine unterbleibende Verkündung des Bagatellurteils wird durch dessen **Zustellung** ersetzt (S 2); diese ist aber auch dann erforderl, wenn eine Verkündung erfolgt. Erlassen ist das Bagatellurteil mit Übergabe an die Geschäftsstelle (BTDrs 16/8839, 28). 1

Beachte zum Bagatellurteil auch Art 15 EuBagatellVO (Vollstreckbarkeit im Inland), Art 16 EuBagatellVO (Kosten), Art 17 und 18 EuBagatellVO (Rechtsmittel), Art 20-23 EuBagatellVO (Anerkennung und Vollstreckung in anderen Mitgliedstaaten). 2

Gebühren. Wie § 1097 Rn 7. **Kostenerstattung:** Kostentragungspflicht des Unterlegenen, Art 16 EuBagatellVO; bei Teilunterliegen Kostenaufteilung möglich (EuGH NJW 2019, 1427). Erstattungsfähig sind notwendige Gerichts-, Rechtsanwalts- und Übersetzungskosten; Festsetzung nach nationalem Recht (ErwGr 29 EuBagatellVO). 3

§ 1103 Säumnis

[1]Äußert sich eine Partei binnen der für sie geltenden Frist nicht oder erscheint sie nicht zur mündlichen Verhandlung, kann das Gericht eine Entscheidung nach Lage der Akten erlassen. [2]§ 251a ist nicht anzuwenden.

1 Versäumt der Beklagte oder Widerbeklagte die **Antwortfrist gem Art 5 III oder VI EuBagatellVO**, erlässt das Gericht gem Art 7 III EuBagatellVO ein Urteil. Für in Deutschland ausgetragene EuBagatellVerf ordnet S 1 an, dass es sich dabei um eine Entscheidung (genauer: ein Urteil) nach Lage der Akten handelt (also nicht um ein Versäumnisurteil). Unanwendbar ist, wie S 2 klarstellt, § 251a, zudem aber auch § 331a. § 1103 gilt auch in den von der EuBagatellVO nicht näher geregelten **weiteren Säumnisfällen** (BTDrs 16/8839, 28), also dann, wenn eine Partei eine sonstige ihr gesetzte Frist versäumt (vgl Art 7 I lit a EuBagatellVO; beachte zur gebotenen Belehrung Art 14 I EuBagatellVO) oder nicht zur mündl Verhandlung erscheint (iSv § 333) oder wenn beide Parteien säumig sind. Zum **Überprüfungsverfahren** gem Art 18 EuBagatellVO s § 1104 Rn 1.

§ 1104 Abhilfe bei unverschuldeter Säumnis des Beklagten

(1) [1]Liegen die Voraussetzungen des Artikels 18 Abs. 1 und 2 der Verordnung (EG) Nr. 861/2007 vor, wird das Verfahren fortgeführt; es wird in die Lage zurückversetzt, in der es sich vor Erlass des Urteils befand. [2]Auf Antrag stellt das Gericht die Nichtigkeit des Urteils durch Beschluss fest.

(2) Der Beklagte hat die tatsächlichen Voraussetzungen des Artikels 18 Abs. 1 und 2 der Verordnung (EG) Nr. 861/2007 glaubhaft zu machen.

1 Das **Überprüfungsverfahren gem Art 18 EuBagatellVO** schafft einen befristeten **besonderen Rechtsbehelf**, wenn der Beklagte (oder Widerbeklagte) geltend macht, dass seine Verteidigungsrechte nicht gewahrt worden sind. Art 18 EuBagatellVO ist zugeschnitten auf Bagatellurteile gem Art 7 III EuBagatellVO, dürfte aber in sämtlichen Fällen des § 1103 eröffnet sein (also auch bei Säumnis einer sonstigen Frist oder bei Nichterscheinen in der mündl Verhandlung; s § 1103 Rn 1). Zuständig für das Überprüfungsverfahren ist das mit dem EuBagatellVerf befasste Gericht (Art 18 I EuBagatellVO). Gem § 1104 II genügt es, dass der Rechtsbehelfsführer die in Art 18 I, II EuBagatellVO genannten Voraussetzungen iSv § 294 **glaubhaft macht**. Dem Gegner ist **rechtl Gehör** zu gewähren.

2 Die Einleitung des Überprüfungsverfahrens hat **keinen Suspensiveffekt**; gem Art 23 EuBagatellVO kann aber die Aussetzung oder Beschränkung der Vollstreckung beantragt werden. Befindet das Gericht zugunsten des Rechtsbehelfsführers, ist gem Art 18 III 2 EuBagatellVO das **Bagatellurteil nichtig**. Diese Wirkung soll ipso iure gelten; in Deutschland kann sie gem **§ 1104 I 2** auf Antrag deklaratorisch durch Beschluss festgestellt werden (BTDrs 16/8839, 28). IÜ wird gem I 1 das **EuBagatellVerf fortgesetzt**, und zwar zurückversetzt in die Lage, in der es sich vor Erlass des erfolgreich angefochtenen Bagatellurteils befunden hatte (entsprechend § 342).

§ 1104a Gemeinsame Gerichte

[1]Die Landesregierungen werden ermächtigt, durch Rechtsverordnung einem Amtsgericht für die Bezirke mehrerer Amtsgerichte und einem Landgericht für die Bezirke mehrerer Landgerichte die Angelegenheiten in europäischen Verfahren für geringfügige Forderungen nach der Verordnung (EG) Nr. 861/2007 zuzuweisen, wenn dies der sachlichen Förderung der Verfahren dient. [2]Die Landesregierungen können die Ermächtigung auf die Landesjustizverwaltungen übertragen.

1 Die Regelung der **örtlichen Zuständigkeit** für die Durchführung des EuBagatellVerf ist grds (vorbehaltlich vorrangiger Regeln wie Art 7 Nr 1 bzw 2 Brüssel Ia-VO zum Vertrags- bzw. Deliktsgerichtsstand: „Gericht des Ortes") Sache der mitgliedstaatlichen lex fori, in Deutschland gelten also §§ 12 ff. Der durch Art 1 Nr 22 G v 11.6. 2017 (BGBl I 2017, 1607; dazu BTDrs 18/10714, 10 und 21 f) eingefügte § 1104a schafft eine bundesgesetzliche Grundlage für die (rechtspolitisch sinnvolle) **Zuständigkeitskonzentration**. Davon haben inzwischen Gebrauch gemacht: Baden-Württemberg (OLG-Bezirk Karlsruhe: Amtsgericht Heidelberg; OLG-Bezirk Stuttgart: Amtsgericht Heilbronn); Brandenburg (Amtsgericht Königs Wusterhausen); Nordrhein-Westfalen (Amtsgericht Essen); Sachsen-Anhalt (Amtsgericht Halle [Saale]); Schleswig-Holstein (LG-Bezirk Flensburg: Amtsgericht Flensburg; LG-Bezirk Itzehoe: Amtsgericht Itzehoe; LG-Bezirk Kiel: Amtsgericht Kiel; LG-Bezirk Lübeck: Amtsgericht Lübeck).

Titel 2
Zwangsvollstreckung (§§ 1105-1109)

§ 1105 Zwangsvollstreckung inländischer Titel

(1) [1]Urteile sind für vorläufig vollstreckbar ohne Sicherheitsleistung zu erklären. [2]Die §§ 712 und 719 Abs. 1 Satz 1 in Verbindung mit § 707 sind nicht anzuwenden.

(2) [1]Für Anträge auf Beschränkung der Zwangsvollstreckung nach Artikel 15 Abs. 2 in Verbindung mit Artikel 23 der Verordnung (EG) Nr. 861/2007 ist das Gericht der Hauptsache zuständig. [2]Die Entscheidung ergeht im Wege einstweiliger Anordnung. [3]Sie ist unanfechtbar. [4]Die tatsächlichen Voraussetzungen des Artikels 23 der Verordnung (EG) Nr. 861/2007 sind glaubhaft zu machen.

1 Titel 2 betrifft die **Vollstreckung des Bagatellurteils**, wobei es in §§ 1105, 1106 um inländische und in §§ 1107-1109 um ausländische Bagatellurteile geht. Zur entsprechenden Geltung für **gerichtliche Vergleiche** s Art 23a EuBagatellVO.

2 Die Vollstreckung eines in Deutschland erlassenen Bagatellurteils in Deutschland erfordert wegen Art 15 I 1 EuBagatellVO **keine Vollstreckungsklausel** (kein Umkehrschluss zu § 1107; aA etwa SchWKT/Eichel Rn 2). Es bedarf hierfür auch nicht etwa der in Art 20 II EuBagatellVO vorgesehenen Bestätigung (vgl dazu § 1106 Rn 1); denn diese dient nur der erleichterten Auslandsvollstreckung (Art 21 II lit b EuBagatellVO).

3 Gem Art 15 I EuBagatellVO ist das Bagatellurteil im Urteilsstaat schon vor Eintritt der Rechtskraft **vorläufig vollstreckbar**, ohne dass der Urteilsgläubiger Sicherheit leisten müsste. Diese Wirkungen treten ipso iure ein, bedürfen also (abweichend von § 708) keines Ausspruchs. Ein solcher kann aber gem § 1105 I 1 klarstellend ergehen (BTDrs 16/8839, 28 f).

4 Aus Art 15 I EuBagatellVO folgt auch, dass dem Schuldner **keine Abwendungsbefugnis** zusteht und die Zwangsvollstreckung auch nicht nach nationalem Recht **einstweilen eingestellt** werden darf. Dem trägt § 1105 I 2 Rechnung. Vielmehr darf das Vollstreckungsverfahren nur nach Maßgabe von Art 15 II iVm Art 23 EuBagatellVO auf **Sicherungsmaßnahmen** beschränkt, von einer **Sicherheitsleistung** abhängig gemacht oder **ausgesetzt** werden. § 1105 II regelt die diesbezügl Zuständigkeit sowie einige Verfahrensfragen (für Anträge, die direkt, also nicht vermittelt durch Art 15 II EuBagatellVO, in den Anwendungsbereich von Art 23 EuBagatellVO fallen, gilt nicht § 1105 II, sondern § 1109 I 2). Trotz Unanfechtbarkeit (II 3) soll eine Abänderung der einstweiligen Anordnung möglich sein (BTDrs 16/8839, 29). Für die Höhe einer ausnahmsweise zu fordernden Sicherheitsleistung gilt § 709 S 2 (BTDrs 16/8839, 29). Denkbar bleibt eine **Haftung des Titelgläubigers** wegen vorschneller Vollstreckung gem § 717 II.

§ 1106 Bestätigung inländischer Titel

(1) Für die Ausstellung der Bestätigung nach Artikel 20 Abs. 2 der Verordnung (EG) Nr. 861/2007 ist das Gericht zuständig, dem die Erteilung einer vollstreckbaren Ausfertigung des Titels obliegt.

(2) [1]Vor Ausfertigung der Bestätigung ist der Schuldner anzuhören. [2]Wird der Antrag auf Ausstellung einer Bestätigung zurückgewiesen, so sind die Vorschriften über die Anfechtung der Entscheidung über die Erteilung einer Vollstreckungsklausel entsprechend anzuwenden.

1 Die Vollstreckung eines in Deutschland erlassenen Bagatellurteils **im Ausland** setzt gem Art 21 II lit b, Art 20 II EuBagatellVO die auf Antrag erfolgende **Bestätigung mittels Formblatts D** voraus. § 1106 I regelt die diesbezügl **Zuständigkeit** und will besagen, dass § 724 II anzuwenden ist. Funktionell zuständig ist gem § 20 Nr 11 RPflG allerdings der Rechtspfleger; beachte zudem §§ 5, 6 RPflG (Vorlage an bzw Bearbeitung durch den Richter; dazu BTDrs 16/8839, 30).

2 Die Bestätigung muss dem Urteilsschuldner nicht zugestellt werden, doch soll dieser gem § 1106 II 1 vor Ausfertigung der Bestätigung **anzuhören** sein (BTDrs 16/8839, 29). Ob Letzteres von der EuBagatellVO gedeckt ist, erscheint fraglich und ist streitig (verneinend Rauscher/Varga Art 20 EuBagatellVO Rn 7; bejahend StJ/Domej § 1106 Rn 4; SchWKT/Eichel Rn 2).

3 Für den Fall, dass der Antrag auf Bestätigung zurückgewiesen wird, ergibt sich aus § 1106 II 2 die Anwendbarkeit von § 11 I RPflG, § 567 I Nr 1 ZPO: statthaft ist somit die **sofortige Beschwerde** (hM; aA Klauselklage iSv § 731, so AG/Schmidt Rn 4). Eine antragsgemäß ergehende Bestätigung ist hingegen unanfechtbar; in Betracht kommen aber Art 18, 23 EuBagatellVO.

§ 1107 Ausländische Vollstreckungstitel

Aus einem Titel, der in einem Mitgliedstaat der Europäischen Union nach der Verordnung (EG) Nr. 861/2007 ergangen ist, findet die Zwangsvollstreckung im Inland statt, ohne dass es einer Vollstreckungsklausel bedarf.

1 Art 20 I EuBagatellVO ordnet die **Anerkennung und Vollstreckung ausländischer Bagatellurteile** an. Die Vollstreckung erfolgt unter den gleichen Bedingungen wie bei einem deutschen Titel (Art 21 I EuBagatellVO) und erfordert **keine Vollstreckbarerklärung** (Art 20 I EuBagatellVO) und **keine Vollstreckungsklausel** (klarstellend § 1107). Die vom Gläubiger beizubringenden Unterlagen nennt Art 21 II EuBagatellVO. Unberührt lässt § 1107 die Erfordernisse von § 750, die das deutsche Vollstreckungsorgan zu prüfen hat. Die Aufgabe der Vollstreckungsklausel übernimmt die im Ursprungsstaat ausgestellte Bestätigung gemäß Art 20 II, Art 21 II lit b EuBagatellVO, die nicht zustellungsbedürftig ist (BTDrs 16/8839, 29).

2 Im Falle der **Rechtsnachfolge** auf Gläubiger- oder Schuldnerseite dürfte eine Umschreibung des Vollstreckungstitels im Urteilsstaat erforderlich sein (aA WSch/Schütze Rn 4 f: § 727 sei anwendbar).

§ 1108 Übersetzung

Hat der Gläubiger nach Artikel 21 Abs. 2 Buchstabe b der Verordnung (EG) Nr. 861/2007 eine Übersetzung vorzulegen, so ist diese in deutscher Sprache zu verfassen und von einer in einem der Mitgliedstaaten der Europäischen Union hierzu befugten Person zu erstellen.

1 Die Vorschrift betrifft die Anerkennung und Vollstreckung eines **ausländischen Bagatellurteils** in Deutschland. Die vom Gläubiger beizubringenden Unterlagen nennt Art 21 II EuBagatellVO. Unter den dort in lit b genannten Voraussetzung ist eine fremdsprachige Bestätigung iSv Art 20 II EuBagatellVO (nicht das Bagatellurteil selbst) gem § 1108 mit einer **deutschen Übersetzung** vorzulegen. Ungeachtet § 184 GVG bedarf es aber nicht stets einer Übersetzung, sondern nur, wenn eine solche „erforderlich" ist, so insb dann, wenn das Bestätigungsformblatt ergänzende, individuelle handschriftliche Angaben enthält (vgl BTDrs 16/8839, 30). Übereinstimmend mit § 1083 lässt § 1108 andere Sprachen als Deutsch nicht zu (auch nicht, anders als § 1070, Englisch); abweichend von § 1083 bedarf es aber keiner Beglaubigung der Übersetzung.

§ 1109 Anträge nach den Artikeln 22 und 23 der Verordnung (EG) Nr. 861/2007; Vollstreckungsabwehrklage

(1) [1]Auf Anträge nach Artikel 22 der Verordnung (EG) Nr. 861/2007 ist § 1084 Abs. 1 und 2 entsprechend anzuwenden. [2]Auf Anträge nach Artikel 23 der Verordnung (EG) Nr. 861/2007 ist § 1084 Abs. 1 und 3 entsprechend anzuwenden.
(2) § 1086 gilt entsprechend.

1 Für den Fall, dass in Deutschland die Vollstreckung eines ausländischen Bagatellurteils betrieben wird, ist eine révision au fond ausgeschlossen (Art 22 II EuBagatellVO) und abweichend von Art 45 I lit a Brüssel Ia-VO auch keine Ordre-public-Kontrolle vorgesehen. Die Vollstreckung darf in Deutschland nur nach Maßgabe von Art 22 und 23 EuBagatellVO abgelehnt, ausgesetzt oder beschränkt werden. Für dahingehende **Vollstreckungsschutzanträge** verweist § 1109 I 1 auf § 1084 I, II und § 1109 I 2 auf § 1084 I, III. Für Anträge gemäß Art 15 II iVm Art 23 EuBagatellVO gilt hingegen nicht § 1109 I 2, sondern § 1105 II.

2 Gem § 1109 II soll für die **Vollstreckungsabwehrklage** § 1086 entsprechend gelten. Eine Zuständigkeitsbestimmung analog § 1109 II, § 1086 I bietet sich bei der Vollstreckung ausländischer Bagatellurteile an, soweit das deutsche Recht das Prozessgericht als Vollstreckungsorgan vorsieht (§§ 887, 888, 890); vgl Vollkommer/Huber NJW 2009, 1105, 1108.

3 **Gebühren. 1) Gericht:** Festgeb 2119 GKG-KV (36 Euro). **2) RA:** 3100 RVG-VV; bes Angelegenheit nach § 18 I Nr 6 RVG. – Sa § 1084 Rn 3.

Abschnitt 7
Anerkennung und Vollstreckung nach der Verordnung (EU) Nr. 1215/2012 (§§ 1110-1117)

Titel 1
Bescheinigung über inländische Titel (§§ 1110-1111)

§ 1110 Zuständigkeit

Für die Ausstellung der Bescheinigung nach den Artikeln 53 und 60 der Verordnung (EU) Nr. 1215/2012 sind die Gerichte oder Notare zuständig, denen die Erteilung einer vollstreckbaren Ausfertigung des Titels obliegt.

Lit: *Fischer*, Die neue Brüssel-Ia-Verordnung in der Notariatspraxis, NotBZ 2015, 130; *Geimer*, Unionsweite Titelvollstreckung ohne Exequatur nach der Reform der Brüssel I-Verordnung, FS Schütze, 2015, S. 109; *Gössl*, Die Vollstreckung von dynamischen Zinssätzen unter der neuen EuGVVO, NJW 2014, 3479; *Hardung*, Die europäische Titelfreizügigkeit, 2020; *Hau*, Neue Regeln für die Anerkennung und Vollstreckung ausländischer Entscheidungen in Zivil- und Handelssachen in Europa, MDR 2014, 1417; *Hau*, Enforcement shopping im grenzüberschreitenden Zivilrechtsverkehr, DGVZ 2021, 162; *Haubold*, Europäische Titelfreizügigkeit und Einwände des Schuldners in der Zwangsvollstreckung, FS Schütze, 2015, S 163; *von Hein*, Die Anpassung unbekannter Maßnahmen und Anordnungen nach Art. 54 EuGVVO nF, FS Geimer, 2017, S 245; *Jakowski*, Das Anerkennungsregime des europäischen Zivilprozessrechts für mitgliedstaatliche Entscheidungen: Eine Analyse der Verordnungen EuGVVO, EuVTVO, EuMahnVO und EuGFVO unter dem Blickwinkel des deutschen Zivilprozessrechts, 2020; *Mäsch/Peiffer*, Das neue Vollstreckungsregime unter der Brüssel Ia-VO, RIW 2019, 245; *Meller-Hannich*, Schnittstellen und Wechselwirkungen zwischen dem europäischen Zivilprozessrecht und dem nationalen Vollstreckungsrecht, ZVglRWiss 119 (2020), 254; *Roth*, Vollstreckungsrechtliche Probleme wegen einer im Ursprungsstaat aufgehobenen Entscheidung, IPRax 2021, 541; *Stürner*, Die Vollstreckung aus ausländischen Zivilurteilen nach der Brüssel Ia-VO, DGVZ 2016, 215; *Thöne*, Der Abschied vom Exequatur, GPR 2015, 149; *Thöne*, Die Abschaffung des Exequaturverfahrens und die EuGVVO, 2016; *Ulrici*, Anerkennung und Vollstreckung nach Brüssel Ia, JZ 2016, 127; *Vollmer*, Neues zur Auslandsvollstreckung aus notariellen Urkunden, MittBayNot 2016, 20; *Wagner*, Vollstreckungsabwehrklage vor dem EuGH, FS Schack, 2022, S 902; *Wiedemann*, Vollstreckbarkeit: Entwicklung, Wirkungserstreckung und Qualifikation im System Brüssel Ia, 2017; *Wolber*, Schuldnerschutz im Europäischen Zwangsvollstreckungsrecht, 2015; *Zimmer*, Die Abschaffung des Exequaturverfahrens im Rahmen der Brüssel Ia-VO, 2019. – WN: Art 39 Brüssel Ia-VO vor Rn 1.

I) Überblick zur Brüssel Ia-VO. Das Herzstück der sekundärrechtlichen Vorschriften über grenzüberschreitende Zivilverfahren bildet heute die VO 1215/2012 v 12.12.2012 über die gerichtliche Zuständigkeit und die Anerkennung und Vollstreckung von Entscheidungen in Zivil- und Handelssachen (**Brüssel Ia-VO**, ABl EU 2012 L 351/1; Text und Kommentierung s hier Art 1 Brüssel Ia-VO ff). Sie wurde ergänzt um Vorschriften zum Einheitlichen Patentgericht und zum Benelux-Gerichtshof durch VO 542/2014 v 15.5.2014 (ABl EU 2014 L 163/1). Im **Europäischen Justizportal** sind Informationen zur Brüssel Ia-VO sowie die **Formblätter** online zugänglich: https://e-justice.europa.eu/topics/taking-legal-action/european-judicial-atlas-civil-matters/brussels-i-regulation-recast_de. 1

Die Brüssel Ia-VO gilt für sämtliche **Mitgliedstaaten** der EU; zur Sonderposition Dänemarks vgl ErwGr Nr 41. 2
Sie galt für das Vereinigte Königreich nach dessen Austritt aus der EU (**Brexit**) noch bis zum Ende des Übergangszeitraums am 31.12.2020 (Art 126, Art 167 I AustrittsAbk v 24.1.2020, ABl EU 2020 L 29/7) und bleibt anwendbar auf Altverfahren und Alttitel nach Maßgabe von Art 67 I lit a, II lit a AustrittsAbk.

Ausführungsbedürftig durch mitgliedstaatliches Recht sind in der Brüssel Ia-VO nicht die Regelungen zur in- 3
ternationalen Entscheidungszuständigkeit (Art 4 ff Brüssel Ia-VO) und zur Koordinierung paralleler Verfahren (Art 29 ff Brüssel Ia-VO), sondern nur die Regelungen in Kap III zur **Anerkennung und Vollstreckung** (iSv Vollstreckbarkeit) **von gerichtlichen Entscheidungen** (Art 2 lit a, Art 36 ff Brüssel Ia-VO; vgl zum Entscheidungsbegriff BGH ZIP 2024, 1287 Tz 16 ff), **öffentlichen Urkunden** (Art 2 lit c, Art 58 Brüssel Ia-VO) **und gerichtlichen Vergleichen** (Art 2 lit b, Art 59 Brüssel Ia-VO). Die diesbezüglichen **deutschen Durchführungsvorschriften** sind enthalten in Buch 11 Abschnitt 7 der ZPO, eingefügt mWv 10.1.2015 durch Art 1 Nr 14 G v 8.7.2014 (BGBl I 2014, 890; dazu BTDrs 18/823): Titel 1 (§§ 1110, 1111) betrifft die Erteilung von Bescheinigungen für deutsche Titel zum Zwecke der Vollstreckung im Ausland, Titel 2 (§§ 11112-1117) hingegen umgekehrt die Anerkennung und Vollstreckung von Titeln aus anderen Mitgliedstaaten im Inland.

Abgelöst hat die Brüssel Ia-VO 11 (Überleitungsregel: Art 66 Brüssel Ia-VO) die **Brüssel I-VO** 44/2001 v 22.12. 4
2000 (ABl EU 2001 L 12/1). Die Durchführungsregeln zur Brüssel I-VO waren im **AVAG** enthalten und müssen, obwohl sie durch Art 5 G v 8.7.2014 mWv 10.1.2015 aufgehoben wurden, insoweit anwendbar bleiben, als die Brüssel I-VO nach Maßgabe von Art 66 II Brüssel Ia-VO noch für Altfälle fortgilt (klarstellend etwa BGH NJW-RR 2017, 1342; BGH IPRax 2021, 583 Tz 3). Ebenfalls nicht in der ZPO, sondern im AVAG finden sich

die deutschen Durchführungsvorschriften für mehrere bedeutsame Konventionen, namentlich das LugÜ, das HGÜ und das HAVÜ (s § 328 Rn 28).

5 Der wesentliche Unterschied zwischen der Brüssel Ia-VO und der Brüssel I-VO (und dem noch früheren EuGVÜ, s EuIZPR Rn 19) besteht in der **Abschaffung des Erfordernisses einer Vollstreckbarerklärung** (bzw eines Exequaturs): Gem Art 39, Art 58 I 1, Art 59 Brüssel Ia-VO sind Titel aus einem Mitgliedstaat in allen anderen Mitgliedstaaten ohne Weiteres vollstreckbar, sobald und solange sie in ihrem Ursprungsstaat vollstreckbar sind. Zum Eintritt der Vollstreckbarkeit bei Anordnung einer Sicherungsleistung vgl Ulrici RIW 2019, 406; ein damit befasstes Vorabentscheidungsersuchen (BGH WM 2018, 383) hat sich erledigt (BGH 27.9.2018 – IX ZB 89/16).

6 **II) Ausstellung der Bescheinigung (§ 1110).** Art 42 I Brüssel Ia-VO benennt die Unterlagen, die der Gläubiger zur Betreibung der Vollstreckung außerhalb des Ursprungsstaats vorzulegen hat. Eine besondere Rolle spielt dabei die in Art 53 Brüssel Ia-VO mit Anhang I (Formblatt für gerichtl Entscheidungen) bzw in Art 60 Brüssel Ia-VO mit Anhang II (Formblatt für öffentl Urkunden und gerichtl Vergleiche) vorgesehene **formalisierte Bescheinigung**; denn im Normalfall soll die Vollstreckung ohne Weiteres in sämtlichen Mitgliedstaaten anhand der Angaben im Formblatt erfolgen können. Die Bescheinigung dokumentiert den Bestand und die Vollstreckbarkeit des Titels (s Art 53 Brüssel Ia-VO Rn 1).

7 Die Bescheinigung ist im **Ursprungsmitgliedstaat** des jeweiligen Titels zu erteilen. Hinsichtlich der **Zuständigkeit** ist in Art 53 Brüssel Ia-VO nur vom „Ursprungsgericht" und in Art 60 Brüssel Ia-VO von der „zuständigen Behörde" bzw dem „Gericht des Ursprungsmitgliedstaats" die Rede. Diese Begriffe füllt § 1110 für Deutschland aus (dazu BTDrs 18/823, 20). Sachlich und örtlich zuständig für die Ausstellung der Bescheinigung zu einer deutschen **gerichtlichen Entscheidung** (Art 2 lit a Brüssel Ia-VO) oder einem in einem deutschen Verfahren geschlossenen **gerichtlichen Vergleich** (Art 2 lit b Brüssel Ia-VO) ist grds das Gericht erster Instanz; solange jedoch der Rechtstreit bei einem höheren Gericht anhängig ist, ist dieses Gericht zuständig, § 724 II, § 795b (vgl KG IPRspr 2016 Nr 291). Funktionell zuständig ist der Rechtspfleger, § 20 I Nr 11 RPflG. Bescheinigungen zu **öffentlichen Urkunden** (Art 2 lit c Brüssel Ia-VO) erteilt der die Urkunde verwahrende Notar bzw das AG, wenn die Urkunde dorthin abgeliefert ist (§ 797 I Nr 2 lit a, c). Im Falle eines **Anwaltsvergleichs** iSv § 796a sollte es darauf ankommen, ob die Vollstreckbarerklärung durch das Prozessgericht (§ 796b) oder den Notar (§ 796c) erfolgt ist (iErg ebenso SchWKT/Eichel Rn 4).

8 **III) Gebühren. 1) Gericht:** Kostenschuldner: § 22 III GKG. Geb: 1513 GKG-KV. Rechtsmittel: 1523 GKG-KV. – **2) RA:** Tätigkeit gehört zum Verf, § 19 I 2 Nr 9a Buchst a RVG. – **3) Notar:** 23805 GNotKG-KV.

§ 1111 Verfahren

(1) [1]Bescheinigungen nach den Artikeln 53 und 60 der Verordnung (EU) Nr. 1215/2012 sind ohne Anhörung des Schuldners auszustellen. [2]In den Fällen des § 726 Absatz 1 und der §§ 727 bis 729 kann der Schuldner vor der Ausstellung der Bescheinigung gehört werden. [3]Eine Ausfertigung der Bescheinigung ist dem Schuldner von Amts wegen zuzustellen. [4]Das gilt nicht, wenn die antragstellende Person Übermittlung an sich zur Zustellung im Parteibetrieb beantragt hat.

(2) Für die Anfechtbarkeit der Entscheidung über die Ausstellung der Bescheinigung nach Absatz 1 gelten die Vorschriften über die Anfechtbarkeit der Entscheidung über die Erteilung der Vollstreckungsklausel entsprechend.

1 Die **Bescheinigung** wird grds ohne Anhörung des Schuldners ausgestellt (§ 1111 I 1). Eine Ausnahme gilt für eine **qualifizierte Bescheinigung**, der – entsprechend § 726 I bzw §§ 727-729 – titelergänzende oder titelumschreibende Funktion zukommt: In diesen Fällen kann gem I 2 eine Anhörung des Schuldners nach pflichtgemäßem Ermessen erfolgen (dazu BTDrs 18/823, 20).

2 Vor Ausstellung der Bescheinigung hat die zuständige Stelle zu klären, ob der **sachliche Anwendungsbereich** gem Art 1 Brüssel Ia-VO eröffnet ist (vgl zur gebotenen Prüfung im Ursprungsmitgliedstaat EuGH FamRZ 2019, 1557, 1559 f; EuGH IPRax 2021, 77; zur Frage der Bindung in anderen Mitgliedstaaten s § 1112 Rn 3). Die Ausstellung erfordert aber nicht die vorherige Erteilung einer vollstreckbaren Ausfertigung der Entscheidung (klarstellend BTDrs 18/823, 20); sie hat auch unabhängig davon zu erfolgen, ob der Titel einen vollstreckungsfähigen Ausspruch hat. **Mehrfache Ausstellung** der Bescheinigung ist möglich und an keine weiteren Voraussetzungen geknüpft (BTDrs 18/823, 20), was bedeutsam ist, wenn der Gläubiger die Vollstreckung in mehreren Mitgliedstaaten betreiben möchte (dazu Hau DGVZ 2021, 162, 166 f).

3 Gem Art 43 I 1 Brüssel Ia-VO hat vor der ersten Vollstreckungsmaßnahme die **Zustellung der Bescheinigung** an den Schuldner zu erfolgen (zum Beifügen der Entscheidung vgl Art 43 I 2 Brüssel Ia-VO). Diese verordnungsautonome Vorgabe wird durch § 1111 I 3 konkretisiert, wonach eine Ausfertigung der Bescheinigung zuzustellen ist, und zwar **von Amts wegen**. Ist die Zustellung ins Ausland erforderlich, gelten die allg Regeln, namentlich also die EuZustVO. § 1111 I 4 (eingef mWv 18.8.2021 durch Art 3 Nr 2 G v 10.8.2021, BGBl I 2021,

3424) lässt auf Antrag die **Zustellung im Parteibetrieb** zu (auch noch nach einem gescheiterten amtswegigen Zustellungsversuch). Dies ermöglicht ein Vorgehen gem Art 20 EuZustVO (Zustellung unmittelbar durch Amtspersonen, Beamte oder sonstige zuständige Personen des Empfangsmitgliedstaates), was schneller bzw zuverlässiger funktionieren mag als eine amtswegige Zustellung (dazu BTDrs 19/28681, 65).

Zu den **Rechtsbehelfen** ergibt sich aus § 1111 II für den **Schuldner** die entsprechende Anwendbarkeit von §§ 732, 768, wenn er Einwendungen gegen die Erteilung der Bescheinigung geltend machen möchte, und für den **Gläubiger** die entsprechende Anwendbarkeit von § 11 I RPflG und § 54 BeurkG, wenn sein Antrag auf Ausstellung der Bescheinigung zurückgewiesen worden ist (SchWKT/Eichel Rn 4, dort auch zur fragl Anwendbarkeit von § 731). 4

Titel 2
Anerkennung und Vollstreckung ausländischer Titel im Inland
(§§ 1112-1117)

§ 1112 Entbehrlichkeit der Vollstreckungsklausel

Aus einem Titel, der in einem anderen Mitgliedstaat der Europäischen Union vollstreckbar ist, findet die Zwangsvollstreckung im Inland statt, ohne dass es einer Vollstreckungsklausel bedarf.

Im Anwendungsbereich der Brüssel Ia-VO übernehmen die **Bescheinigungen** gem Art 53 Brüssel Ia-VO mit Anhang I bzw Art 60 Brüssel Ia-VO mit Anhang II (s § 1110 Rn 6 f) die Funktion, den Bestand und die **Vollstreckbarkeit des ausländischen Titels** zu dokumentieren. Konsequent stellt § 1112 klar, dass ein gem der Brüssel Ia-VO vollstreckbarer Titel in Deutschland **keiner Vollstreckungsklausel** bedarf. 1

Beachtlich bleiben wegen Art 41 I 1 Brüssel Ia-VO hingegen die sonstigen **allg Vollstreckungsvoraussetzungen**; somit ist § 750 anwendbar (abgesehen von der Entbehrlichkeit der Vollstreckungsklausel). Eine § 7 AVAG entsprechende Regelung ist für Brüssel Ia-Titel nicht vorgesehen, aber auch entbehrlich, weil mit der Bescheinigung der Nachweis iSv § 751 II erbracht ist, dass der Titel in seinem Ursprungsstaat ohne Weiteres (insb ohne Sicherheitsleistung) vollstreckbar ist (BTDrs 18/823, 21). 2

Das Vollstreckungsorgan hat auch zu prüfen, ob die **Voraussetzungen von Art 42 Brüssel Ia-VO** erfüllt sind, und richtigerweise zudem, ob der **sachliche Anwendungsbereich der Brüssel Ia-VO** eröffnet ist (so auch BTDrs 18/823, 21). Unklar ist allerdings, ob Letzteres in Einklang mit der Auffassung des EuGH steht, der hinsichtlich der Anwendbarkeit der Brüssel Ia-VO offenbar eine Bindung anderer Mitgliedstaaten an die erteilte Bescheinigung unterstellt (obiter und ohne nähere Begründung EuGH FamRZ 2019, 1557 Tz 35; wie hier gegen eine Bindung etwa StJ/Koller Art 53 EuGVVO Rn 21 mwN; vgl das neue Vorabentscheidungsersuchen BGH 5.6.2025 – V ZB 15/24, dort zur fraglichen Bindung an die erststaatliche Einordnung als Zivil- und Handelssache; zur gebotenen Prüfung von Art 1 Brüssel Ia-VO vor Erteilung der Bescheinigung im Ursprungsmitgliedstaat s § 1111 Rn 2). Ausweislich der abschließenden Sonderregelung in Art 46 ff Brüssel Ia-VO iVm § 1115 steht es dem Vollstreckungsorgan keineswegs zu, Gründe zu prüfen, die gem Art 45 Brüssel Ia-VO eine **Versagung der Vollstreckung** rechtfertigen können (klarstellend OLG Frankfurt aM IPRax 2020, 567 Tz 15). 3

Gegen die Art und Weise – sowie die Verweigerung – der Zwangsvollstreckung ist in Deutschland die **Erinnerung gem § 766** statthaft (BTDrs 18/823, 21). 4

§ 1113 Übersetzung oder Transliteration

Hat eine Partei nach Artikel 57 der Verordnung (EU) Nr. 1215/2012 eine Übersetzung oder eine Transliteration vorzulegen, so ist diese in deutscher Sprache abzufassen und von einer in einem Mitgliedstaat der Europäischen Union hierzu befugten Person zu erstellen.

Die Vollstreckungsbehörde kann gem Art 42 III Brüssel Ia-VO eine **Übersetzung oder Transliteration des Inhalts der Bescheinigung** nach Art 53 bzw Art 60 Brüssel Ia-VO verlangen, so insb dann, wenn die Bescheinigung über routinemäßige Eintragungen hinaus weitere Angaben enthält (BTDrs 18/823, 21). Eine Übersetzung des ausländ Titels darf die Behörde nur ausnahmsweise fordern, wenn dies unabdingbar erscheint (Art 42 IV Brüssel Ia-VO). Allerdings kann der Schuldner nach Maßgabe von Art 43 II Brüssel Ia-VO auf einer Übersetzung des Titels bestehen. Soweit eine Übersetzung oder Transliteration erforderlich ist, gelten Art 57 Brüssel Ia-VO und für Deutschland § 1113. Übereinstimmend mit § 1083 lässt § 1113 andere Sprachen als **Deutsch** nicht zu (auch nicht, anders als § 1070, Englisch); abweichend von § 1083 bedarf es aber keiner Beglaubigung der Übersetzung. 1

§ 1114 Anfechtung der Anpassung eines Titels

Für die Anfechtung der Anpassung eines Titels (Artikel 54 der Verordnung (EU) Nr. 1215/2012) sind folgende Rechtsgrundlagen entsprechend anzuwenden:

1. **im Fall von Maßnahmen des Gerichtsvollziehers oder des Vollstreckungsgerichts § 766,**
2. **im Fall von Entscheidungen des Vollstreckungsgerichts oder von Vollstreckungsmaßnahmen des Prozessgerichts § 793 und**
3. **im Fall von Vollstreckungsmaßnahmen des Grundbuchamts § 71 der Grundbuchordnung.**

1 Bisweilen enthält eine Entscheidung eine Anordnung, die als solche im Recht des Vollstreckungsmitgliedstaats nicht bekannt ist. Für diesen Fall schreibt **Art 54 I Brüssel Ia-VO** vor, die Anordnung soweit möglich an eine der lex loci executionis bekannte funktionsäquivalente Anordnung anzupassen. Eine dementsprechende Konkretisierungsbefugnis sollte für Titel bestehen, die aus Sicht des Vollstreckungsstaats nicht hinreichend bestimmt sind.

2 Gem ErwGr Nr 28 Brüssel Ia-VO richtet sich das **Anpassungsverfahren** nach dem Recht des Vollstreckungsstaats. Der deutsche Gesetzgeber verzichtet hierzu auf besondere Zuständigkeitsregel: Vielmehr obliege die Anpassung (entsprechend der auslegungsweisen Festlegung des Inhalts eines unklaren, aber bestimmbaren deutschen Titels) dem jeweils zuständigen **Vollstreckungsorgan** (BTDrs 18/823, 22; vgl etwa OLG Frankfurt aM IPRax 2020, 567 Tz 22, dort zur Klärung der unbestimmten Zinshöhe durch das Grundbuchamt bei Eintragung einer Zwangssicherungshypothek). Denkbar ist Vorlage an den Richter gem § 5 II RPflG bzw § 41 IV 2 GVGA. Rechtspolitisch ist zweifelhaft, ob der Verzicht auf eine einheitliche Anpassungsinstanz sinnvoll ist. Im Einzelfall kann es sich in Deutschland anbieten, Rechtsklarheit hinsichtlich des Inhalts des ausländ Titels inter partes mittels **Feststellungsklage** herbeizuführen (dazu Gössl NJW 2014, 3479, 3482).

3 Kommt es zu einer Anpassung, kann sie gem **Art 54 II Brüssel Ia-VO** angefochten werden. Die nähere Ausgestaltung dieser **Rechtsbehelfsmöglichkeit** ist wiederum Sache der Mitgliedstaaten. Deutschland sieht mit § 1114 eine differenzierende Lösung vor. Diese ist Konsequenz des Verzichts auf eine einheitliche Anpassungsinstanz, stellt die Parteien allerdings, wie bei § 766 und § 793, vor das Problem, Maßnahmen von Entscheidungen des Vollstreckungsgerichts abzugrenzen (unter Berufung auf das europarechtliche Effektivitätsgebots idR für Anwendbarkeit von § 1114 Nr 2, § 793 etwa Gössl NJW 2014, 3479, 3483).

§ 1115 Versagung der Anerkennung oder der Vollstreckung

(1) Für Anträge auf Versagung der Anerkennung oder der Vollstreckung (Artikel 45 Absatz 4 und Artikel 47 Absatz 1 der Verordnung (EU) Nr. 1215/2012) ist das Landgericht ausschließlich zuständig.

(2) [1]Örtlich zuständig ist ausschließlich das Landgericht, in dessen Bezirk der Schuldner seinen Wohnsitz hat. [2]Hat der Schuldner im Inland keinen Wohnsitz, ist ausschließlich das Landgericht zuständig, in dessen Bezirk die Zwangsvollstreckung durchgeführt werden soll. [3]Der Sitz von Gesellschaften und juristischen Personen steht dem Wohnsitz gleich.

(3) Der Antrag auf Versagung kann bei dem zuständigen Landgericht schriftlich eingereicht oder mündlich zu Protokoll der Geschäftsstelle erklärt werden.

(4) [1]Über den Antrag auf Versagung entscheidet der Vorsitzende einer Zivilkammer durch Beschluss. [2]Der Beschluss ist zu begründen und kann ohne mündliche Verhandlung ergehen. [3]Der Antragsgegner ist vor der Entscheidung zu hören.

(5) [1]Gegen die Entscheidung findet die sofortige Beschwerde statt. [2]Die Notfrist des § 569 Absatz 1 Satz 1 beträgt einen Monat und beginnt mit der Zustellung der Entscheidung. [3]Gegen den Beschluss des Beschwerdegerichts findet die Rechtsbeschwerde statt.

(6) [1]Über den Antrag auf Aussetzung oder Beschränkung der Vollstreckung und den Antrag, die Vollstreckung von der Leistung einer Sicherheit abhängig zu machen (Artikel 44 Absatz 1 der Verordnung (EU) Nr. 1215/2012), wird durch einstweilige Anordnung entschieden. [2]Die Entscheidung ist unanfechtbar.

1 Gem Art 39 Brüssel Ia-VO sind mitgliedstaatliche gerichtl Entscheidungen (ebenso wie öffentl Urkunden und gerichtl Vergleiche, Art 58 f Brüssel Ia-VO), die im Ursprungsstaat vollstreckbar sind, zwar **ohne Vollstreckbarerklärung** (Exequatur) auch in allen anderen Mitgliedstaaten vollstreckbar, sie unterliegen aber gem Art 46 Brüssel Ia-VO im Vollstreckungsstaat auf Antrag des Schuldners einer Überprüfung anhand der Versagungs*gründe des Art 45 Brüssel Ia-VO. Dieses sog* **Vollstreckungsversagungsverfahren** ist in Art 46 ff Brüssel Ia-VO und für Deutschland ergänzend in § 1115 geregelt (vgl BTDrs 18/823, 22 f; BGH NJW 2022, 199 Tz 10 ff). Diese Regelungen gelten entsprechend für vollstreckbare Urkunden und gerichtliche Vergleiche (Art 58 I, Art 59

Brüssel Ia-VO) sowie dann, wenn es nicht um die Versagung der Vollstreckung, sondern nur der Anerkennung einer ausländ Entscheidung geht (Art 36 II, Art 45 IV Brüssel Ia-VO). Hingegen steht das Verfahren nicht zur Verfügung als Rechtsbehelf gegen Titel, deren Vollstreckbarkeit sich nicht aus der Brüssel Ia-VO, sondern aus **anderen Verordnungen** ergibt (klarstellend BGH MDR 2022, 1240, dort zu einem EuVTVO-Titel; OLG Brandenburg MDR 2021, 1027, dort zu einem EuMahnVO-Zahlungsbefehl; Entsprechendes gilt für EuBagatellVO-Urteile).

Eingeleitet wird das Vollstreckungsversagungsverfahren durch einen **Antrag** des Schuldners (Art 46 Brüssel Ia-VO) bzw eines sonstigen Berechtigten (Art 45 I Brüssel Ia-VO); hierfür besteht kein Anwaltszwang (§ 1115 III, § 78 III). Von der Möglichkeit, eine Frist für die Verfahrenseinleitung vorzusehen (ErwGr Nr 30), hat Deutschland keinen Gebrauch gemacht. Zur **sachlichen und örtliche Zuständigkeit des Landgerichts** s § 1115 I, II; **funktional** zuständig ist der Vorsitzende einer Zivilkammer (§ 1115 IV 1), und zwar als eigenständiges Organ, nicht als Einzelrichter. Die Regelung in § 1115 II ist zu eng, weil es Konstellationen gibt, in denen für Versagungsanträge ein Rechtsschutzinteresse besteht, obwohl in Deutschland (noch) kein Schuldnervermögen vorhanden ist. Aus Art 46 ff Brüssel Ia-VO iVm § 1115 folgt, dass die Prüfung von Vollstreckungsversagungsgründen nur dem Gericht, nicht hingegen dem **Vollstreckungsorgan** obliegt (klarstellend OLG Frankfurt aM IPRax 2020, 567 Tz 15). 2

Das Vollstreckungsversagungsverfahren ist gem § 1115 IV 2, 3 **kontradiktorisch** ausgestaltet: zwar ist eine mündl Verhandlung nicht vorgeschrieben, sondern nur freigestellt, doch der Gläubiger ist als Antragsgegner zu hören. IÜ gelten für das Verfahren die allg Regeln der ZPO (BTDrs 18/823, 22). **Prüfungsmaßstab** sind gem Art 46 die in Art 45 Brüssel Ia-VO aufgeführten Versagungsgründe (unter Beachtung des Verbots einer révision au fond, Art 52 Brüssel Ia-VO); zu materiell-rechtlichen Einwendungen s § 1117 Rn 1 ff. 3

Die Entscheidung muss unverzüglich ergehen (Art 48 Brüssel Ia-VO), und zwar durch **Beschluss**, der zu begründen (§ 1115 IV 1, 2) und zuzustellen ist (§ 329 III). Die im Erfolgsfall ergehende Gestaltungsentscheidung **beseitigt die Vollstreckbarkeit mit Wirkung ex tunc** (BTDrs 18/823, 22), dies allerdings nur für Deutschland als Vollstreckungsstaat, nicht für andere Mitgliedstaaten. 4

Gegen den Beschluss ist **sofortige Beschwerde** zum OLG (§ 119 I Nr 2 GVG) statthaft: Art 49 Brüssel Ia-VO (gem II, abweichend von § 569 I 1, stets beim Beschwerdegericht einzulegen) iVm § 1115 V 1, 2 (mit Sonderregelung für die Beschwerdefrist); zur Möglichkeit einer Wiedereinsetzung beachte BGH NJW 2022, 199 (vgl aber Tz 18 aE, wonach der BGH die Rechtslage nunmehr als geklärt betrachtet). IÜ gelten die allg Regeln über die sofortige Beschwerde (auch §§ 572 f, dazu OLG Düsseldorf 18.3.2025 – 3 W 22/25, Tz 25 ff; Mankowski IPRax 2022, 251, 255 f), nicht jedoch § 567 II. Sodann: **Rechtsbeschwerde** gem Art 50 Brüssel Ia-VO, § 1115 V 3. 5

Zur Möglichkeit einer **Aussetzung des Vollstreckungsversagungsverfahrens** beachte Art 51 I Brüssel Ia-VO. Wurde die Vollstreckungsversagung beantragt, kann das Landgericht die in Art 44 I Brüssel Ia-VO iVm § 1115 VI aufgeführten **vorläufigen Anordnungen** treffen (BTDrs 18/823, 23). Zum gerichtl Entschließungs- und Auswahlermessen, zur Darlegungslast des Schuldners sowie zum abschließenden Charakter (Unanwendbarkeit von § 769) vgl BGH ZIP 2022, 1619. Die Anordnungen gem § 1115 VI sind – wie bei §§ 769, 770 – nicht (isoliert) anfechtbar. Anders als in Art 44 I Brüssel Ia-VO iVm § 1115 VI geht es in Art 44 II Brüssel Ia-VO und § 1116 um die **Aussetzung der Vollstreckung** in Reaktion darauf, dass die Vollstreckbarkeit im Ursprungsmitgliedstaat ausgesetzt worden ist. 6

Gebühren des Gerichts. 1510 Nr 5 GKG-KV. Ermäßigung: 1511 GKG-KV. Rechtsmittel: 1520 GKG-KV. Ermäßigung: 1521, 1522 GKG-KV. Zum Gegenstandswert der anwaltl Tätigkeit s BGH NJW 2024, 1658 = MDR 2024, 694. 7

§ 1116 Wegfall oder Beschränkung der Vollstreckbarkeit im Ursprungsmitgliedstaat

Auf Antrag des Schuldners (Artikel 44 Absatz 2 der Verordnung (EU) Nr. 1215/2012) ist die Zwangsvollstreckung entsprechend § 775 Nummer 1 und 2 und § 776 auch dann einzustellen oder zu beschränken, wenn der Schuldner eine Entscheidung eines Gerichts des Ursprungsmitgliedstaats über die Nichtvollstreckbarkeit oder über die Beschränkung der Vollstreckbarkeit vorlegt. Auf Verlangen des Vollstreckungsorgans ist eine Übersetzung der Entscheidung vorzulegen. § 1108 gilt entsprechend.

Im Vollstreckungsmitgliedstaat kann das Vollstreckungsverfahren gem Art 44 II Brüssel Ia-VO auf Antrag des Schuldners ausgesetzt werden, wenn die Vollstreckbarkeit im Ursprungsmitgliedstaat ausgesetzt ist (zur Abgrenzung von Art 44 I und II Brüssel Ia-VO s § 1115 Rn 6). Im Übrigen können Titel gem Art 39 Brüssel Ia-VO, entsprechend dem Grundsatz der Wirkungserstreckung, nur dann in anderen Mitgliedstaaten vollstreckt werden, wenn sie in ihrem Ursprungsstaat (schon bzw noch) vollstreckbar sind, insb also dann nicht mehr, 1 wenn sie dort bereits aufgehoben worden sind. Daran anknüpfend möchte der deutsche Gesetzgeber mit § 1116 (entsprechend § 1085 sowie § 32 AUG) unnötige Unsicherheiten vermeiden (BTDrs 18/823, 23): Über den Sonderfall des Art 44 II Brüssel Ia-VO hinausgehend, soll dann, wenn der Schuldner eine Entscheidung eines Gerichts des Ursprungsmitgliedstaats über die **Nichtvollstreckbarkeit oder Beschränkung der Vollstreckbarkeit** vorlegt, in Deutschland entsprechend § 775 Nr 1, 2, § 776 verfahren werden. Dies dürfte von Art 39 bzw Art 41 I 1 Brüssel Ia-VO gedeckt sein. Ungeachtet § 1116 kann für den Titelschuldner allerdings ein Bedürfnis bestehen, die Aufhebung des ausländ Titels in einem **Versagungsverfahren analog Art 46 ff Brüssel Ia-VO** geltend zu machen; dazu Roth IPRax 2021, 541, 543 f.

2 Nach Maßgabe von § 1116 S 2 hat der Schuldner dem Vollstreckungsorgan eine **Übersetzung** ins Deutsche (§ 1116 S 3, § 1108) der im Ursprungsmitgliedstaat ergangenen Entscheidung über die fehlende, entfallene oder beschränkte Vollstreckbarkeit vorzulegen (BTDrs 18/823, 23).

§ 1117 Vollstreckungsabwehrklage

(1) Für Klagen nach § 795 Satz 1 in Verbindung mit § 767 gilt § 1086 Absatz 1 entsprechend.
(2) Richtet sich die Klage gegen die Vollstreckung aus einem gerichtlichen Vergleich oder einer öffentlichen Urkunde, ist § 767 Absatz 2 nicht anzuwenden.

1 Entsteht Streit über **materiell-rechtliche Einwendungen** gegen den im Ausland titulierten Anspruch (wie Erfüllung, Erfüllungssurrogate, Vergleich, Erlass und Stundung, Gläubigerwechsel etc), so bietet es sich an, dies **im Ursprungsmitgliedstaat** zu klären: Entfällt die Vollstreckbarkeit, so wäre dies gem Art 39 Brüssel Ia-VO für sämtliche Mitgliedstaaten beachtlich.

2 Ungeklärt ist, ob materiell-rechtliche Einwendungen, wie in ErwGr Nr 30 zur Brüssel Ia-VO angedeutet, gemeinsam mit Versagungsgründen iSv Art 45 Brüssel Ia-VO im **Vollstreckungsversagungsverfahren** gem Art 46 ff Brüssel Ia-VO iVm § 1115 geltend gemacht werden können (zum Streitstand BGH ZIP 2024, 1287 Tz 33; OLG Düsseldorf 18.3.2025 – 3 W 22/25, Tz 68 ff). Denkbar ist zudem, einen Streit über materiell-rechtliche Einwendungen im Hinblick auf die Vollstreckungsmöglichkeit in Deutschland im Rahmen einer deutschen **Vollstreckungsabwehrklage** gem § 767 auszutragen. Diese Möglichkeit versteht sich im europäischen Vollstreckungssystem zwar keineswegs von selbst (vgl etwa Domej RabelsZ 78 [2014], 508, 516), wird aber sowohl vom EuGH (zur Brüssel I-VO: EuGH NJW 2011, 3506, 3507; zur EuUntVO: EuGH NJW 2020, 2323) als auch vom deutschen Gesetzgeber als gegeben unterstellt (vgl BTDrs 18/823, 23 f mit fragl Berufung auf ErwGr Nr 30 zur Brüssel Ia-VO): Für die Vollstreckung ausländ Titel, die aufgrund der Brüssel Ia-VO in Deutschland vollstreckbar sind, sollen gem § 794 I Nr 9, § 795 S 1 grds die allgemeinen Regeln des 8. Buchs gelten, mithin auch § 767, was durch § 1117 besonders unterstrichen wird.

3 Die **örtliche Zuständigkeit** für den Vollstreckungsabwehrprozess bestimmt sich nach § 1117 I iVm § 1086 I (zur entsprechenden Anwendung auf die Zuständigkeit für die Androhung gem § 890 II nach ausländ Unterlassungsverfügung s OLG München IHR 2022, 218). Demgegenüber soll sich die **internationale Entscheidungszuständigkeit** aus Art 24 Nr 5 Brüssel Ia-VO ergeben (BTDrs 18/823, 23). Laut EuGH gilt Art 24 Nr 5 Brüssel Ia-VO allerdings nicht für eine sog verlängerte Vollstreckungsabwehrklage (EuGH NJW 2022, 380 Tz 26 ff, dort zu einer auf Bereicherungsrecht gestützten Klage auf Rückgewähr des Betrags, der in einem später für unzulässig erklärten Vollstreckungsverfahren überwiesen worden war). Die **sachliche Zuständigkeit** richtet sich nach den allg Vorschriften (§§ 23, 71 GVG).

4 Die in § 1117 I, § 795 S 1, § 767 II enthaltene **Präklusionsvorschrift** gewährleistet mit Rücksicht auf das **Verbot einer révision au fond** (Art 52 Brüssel Ia-VO), dass im Inland nur solche Einwendungen beachtlich sind, die im Ursprungsstaat nicht vorgetragen werden konnten, die also erst nach dem Zeitpunkt entstanden sind, in dem sie im ausländ Titulierungsverfahren spätestens hätten geltend gemacht werden müssen. Bei **gerichtl Vergleichen u öffentl Urkunden** aus anderen Mitgliedstaaten kommt keine Präklusion in Betracht: Dies stellt § 1117 II mit Rücksicht auf die gebotene Gleichbehandlung von in- und ausländischen Titeln (Art 58 I 3, Art 59, Art 41 I 2 Brüssel Ia-VO) entsprechend § 797 IV klar (BTDrs 18/823, 24; anders allerdings § 1086 II).

5 **Gebühren.** Wie bei Klagen im ordentl Prozess, 1210 ff GKG-KV; 3100 ff RVG-VV.

Abschnitt 8
Beweis der Echtheit ausländischer öffentlicher Urkunden nach der Verordnung (EU) 2016/1191 (§§ 1118-1120)

§ 1118 Zentralbehörde

Das Bundesamt für Justiz ist Zentralbehörde nach Artikel 15 Absatz 1 der Verordnung (EU) 2016/1191 des Europäischen Parlaments und des Rates vom 6. Juli 2016 zur Förderung der Freizügigkeit von Bürgern durch die Vereinfachung der Anforderungen an die Vorlage bestimmter öffentlicher Urkunden innerhalb der Europäischen Union und zur Änderung der Verordnung (EU) Nr. 1024/2012 (ABl. L 200 vom 26.7.2016, S. 1). Die Verfahren nach diesem Gesetz vor dem Bundesamt sind Justizverwaltungsverfahren. Informationen nach Artikel 22 Absatz 2 der Verordnung werden durch das Bundesamt mitgeteilt.

Lit: *Kienzle*, Nachweis der Echtheit ausländischer öffentlicher E-Dokumente im Zivilprozess, NJW 2019, 1712; *Kohler/Pintens*, Entwicklungen im europäischen Personen-, Familien- und Erbrecht 2016-2017, FamRZ 2016, 1509; *Mansel/Thorn/Wagner*, Europäisches Kollisionsrecht 2016, IPRax 2017, 1; *Patreider*, Die Europäische Urkundenverordnung, StAZ 2022, 327; *Rechberger*, Die neue EU-Urkunden-Verordnung, FS Geimer, 2017, S 545; *Sieberichs*, Die EU-Urkundenvorlageverordnung, StAZ 2016, 262.

I) Überblick zur EuUrkVO. Abschnitt 8 (§§ 1118-1120) wurde mWv 16.2.2019 eingefügt durch Art 1 G v 31.1. 2019 (BGBl I 2019, 54; RegE: BTDrs 19/4851). Geregelt sind hier die **deutschen Durchführungsbestimmungen** zur Verordnung 2016/1191 v 6.7.2016 zur Förderung der Freizügigkeit von Bürgern durch die Vereinfachung der Anforderungen an die Vorlage bestimmter öffentlicher Urkunden innerhalb der EU (**EuUrkVO**, auch bekannt als EuApostillenVO; ABl EU 2016 L 200/1). Im **Europäischen Justizportal** sind Informationen zur EuUrkVO sowie die **Formblätter** online zugänglich: https://e-justice.europa.eu/topics/taking-legal-action/european-judicial-atlas-civil-matters/public-documents_de. 1

Die EuUrkVO gilt für sämtliche **Mitgliedstaaten** der EU; sie galt für das Vereinigte Königreich nach dessen Austritt aus der EU (**Brexit**) bis zum Ende des Übergangszeitraums am 31.12.2020 (Art 126, Art 167 I AustrittsAbk v 24.1.2020, ABl EU 2020 L 29/7). 2

Die EuUrkVO erfasst gem Art 2 **öffentl Urkunden** (Begriff: Art 3 Nr 1 EuUrkVO) über Geburt, über die Tatsache, dass eine Person am Leben ist, über Tod, Eheschließung (einschließl Ehefähigkeit u Familienstand) und Eheauflösung, eingetragene Partnerschaft (einschließl der Fähigkeit, eine eingetragene Partnerschaft einzugehen, u Status der eingetragenen Partnerschaft) und Auflösung einer solchen, Abstammung, Adoption, Wohnsitz und/oder Aufenthaltsort, Staatsangehörigkeit sowie Vorstrafenfreiheit. Sie soll den Urkundenverkehr innerhalb der EU erleichtern. Insb bedürfen die in ihren Anwendungsbereich fallenden Urkunden **keiner Legalisation oder Apostille** (Art 4, Art 3 Nr 3 f EuUrkVO) u **keiner Übersetzung** (Art 6 EuUrkVO). Stattdessen werden den Urkunden **mehrsprachige Formulare als Übersetzungshilfe** beigefügt (Art 7 EuUrkVO). 3

II) Deutsche Zentralbehörde (§ 1118). § 1118 S 1 bestimmt das **BfJ** (www.bundesjustizamt.de) als **deutsche Zentralbehörde** iSv Art 15 EuUrkVO (Aufgaben: Art 16 EuUrkVO). Zur Einordnung als Justizverwaltungsverfahren s S 2; **Rechtsbehelf** gegen Justizverwaltungsakte des BfJ daher: §§ 23-30a EGGVG. Zudem ist das BfJ gem § 1120 S 2 zuständig für das Beifügen der mehrsprachigen Formulare an die Grundurkunde (s Rn 2), dies aber nur, soweit es sich um justizielle Urkunden handelt (ansonsten: § 1120 S 1; s § 1120 Rn 1). 4

§ 1119 Verwaltungszusammenarbeit

(1) Soweit bei der Überprüfung der Echtheit einer öffentlichen Urkunde oder einer beglaubigten Kopie eine Nachfrage bei der ausstellenden deutschen Behörde erforderlich ist, kann sich das Bundesamt unmittelbar an diese Behörde wenden. Dazu nutzt es das Binnenmarkt-Informationssystem unter Beachtung bereits vorhandener Verfahrensstrukturen. Diese Behörden sind im Rahmen ihrer Zuständigkeit neben dem Bundesamt für Justiz auch zuständig für die Beantwortung von Auskunftsersuchen der Mitgliedstaaten der Europäischen Union.

(2) Über Änderungen bei den gemäß Artikel 22 Absatz 1 Buchstabe b der Verordnung einzustellenden Urkunden unterrichtet das Bundesministerium des Innern, für Bau und Heimat das Bundesamt, soweit diese in seine Zuständigkeit fallen.

§ 1119 regelt Einzelheiten des Verwaltungsverfahrens u der Zusammenarbeit mit den für das Personenstands- und Melderecht zuständigen Stellen der Länder; die obersten Bundesbehörden unterrichten das BfJ über relevante Änderungen. Hierzu BTDrs 19/4851, 14 f. 1

2 I 1 betrifft im Verwendungsstaat aufgeworfene **Fragen zur Echtheit der ausl Urkunde**. Im Übrigen sind **Fragen** nach Art 13 ff EuUrkVO mit Hilfe des **Binnenmarkt-Informationssystems (IMI)** zu klären. Auskunftsersuchen eines Mitgliedstaats über das IMI können unmittelbar an die ausstellende dt Behörde gerichtet werden oder an das BfJ als Zentralbehörde. Kann das BfJ eine Anfrage nicht beantworten, so leitet es diese über IMI an die ausstellende Behörde weiter, die die Anfrage unmittelbar der ersuchenden ausl Stelle über IMI beantwortet. **Dt Auskunftsersuchen** werden über das IMI unmittelbar an die zuständigen Stellen des anderen Mitgliedstaats gesendet, vgl BTDrs 19/4851, 14 f.

§ 1120 Mehrsprachige Formulare

Mehrsprachige Formulare gemäß Artikel 7 der Verordnung (EU) 2016/1191 werden durch die Behörden ausgestellt, die für die Erteilung der Urkunden zuständig sind. Das Bundesamt für Justiz ist für das Ausstellen der Formulare zuständig, soweit Urkunden des Geschäftsbereichs des Bundesministeriums der Justiz und für Verbraucherschutz oder gerichtliche Urkunden betroffen sind.

1 Zu den gem Art 7 EuUrkVO kreierten mehrsprachigen Formularen s § 1118 Rn 2. § 1120 regelt die Zuständigkeit in Deutschland für die **Beifügung** der mehrsprachigen Formulare an die Grundurkunde, je nachdem, ob es um justizielle Urkunden geht (S 2: BfJ) oder um sonstige Urkunden (S 1: die für die Urkundenausstellung zuständigen Behörden, idR also Standesämter u Meldebehörden; vgl BTDrs 19/4851, 14). Zu den **Gebühren** für die Ausstellung des mehrsprachigen Formulars s Anl zu § 4 I JVKostG Nr 1335.

2 **Auskunftsersuchen dt Behörden** werden über das Binnenmarkt-Informationssystem (IMI) unmittelbar an die zuständigen Stellen des anderen Mitgliedstaats gerichtet. Zur **Kommunikation innerhalb der EU** s § 1119 Rn 2.

§§ 1121 bis 1136

Der am 16.7.2025 vom Bundeskabinett beschlossene RegE eines G zur Entwicklung und Erprobung eines Online-Verfahrens in der Zivilgerichtsbarkeit (OVErpG) sieht die Einführung eines Buches 12 „Erprobung und Evaluierung" vor (§§ 1121-1136; abrufbar unter bmjv.de). Mit den Regelungen soll die ZPO für die praktische Erprobung neuer digitaler Technologien, Kommunikationsformen und neuer Verfahrensabläufe geöffnet werden; vorgesehen sind allgemeine Vorschriften für Erprobungen sowie Regelungen für das Anwendungsgebiet eines Online-Verfahrens. Zeitnah zum Inkrafttreten des G finden Sie eine Kommentierung der neuen Vorschriften in der Online-Version des Zöller (Ihre persönlichen Zugangsdaten s zu Beginn des Werkes).

Gesetz betreffend die Einführung der Zivilprozessordnung

vom 30. Januar 1877 (RGBl 1877, 244),
zuletzt geändert durch Gesetz vom 7. Oktober 2024 (BGBl 2024 I Nr 302).

§§ 1, 2 (weggefallen)

§ 3 Sachlicher Geltungsbereich

(1) Die Zivilprozessordnung findet auf alle bürgerlichen Rechtsstreitigkeiten Anwendung, welche vor die ordentlichen Gerichte gehören.

(2) Insoweit die Gerichtsbarkeit in bürgerlichen Rechtsstreitigkeiten, für welche besondere Gerichte zugelassen sind, durch die Landesgesetzgebung den ordentlichen Gerichten übertragen wird, kann dieselbe ein abweichendes Verfahren gestatten.

I) § 3 I. Vor die ordentl Gerichte gehören nach § 13 GVG grds alle bürgerl Rechtsstreitigkeiten. Durch BundesR kann das Verf vor den ordentl Gerichten für bestimmte Sachen abweichend von der ZPO geregelt werden (zB BEG, GWB, LwVG). Die ZPO ist auch anwendbar auf Streitigkeiten, die durch Gesetz den Zivilgerichten zugewiesen sind, sofern dieses Gesetz nicht ein Landesgesetz ist u darin etwas anderes bestimmt wird (II). 1

II) § 3 II. Wenn die Zuständigkeit bundesrechtl zugelassener bes Gerichte gem § 3 EGGVG durch Landesgesetz auf die ordentl Gerichte übertragen wird, kann das Landesgesetz insoweit das Verf vor den ordentl Gerichten abweichend von der ZPO regeln. Über von der ZPO abweichende landesrechtl Verfahrensbestimmungen s §§ 11, 14, 15. 2

§ 4 Offenhaltung des Rechtswegs

Für bürgerliche Rechtsstreitigkeiten, für welche nach dem Gegenstand oder der Art des Anspruchs der Rechtsweg zulässig ist, darf aus dem Grund, weil als Partei der Fiskus, eine Gemeinde oder eine andere öffentliche Korporation beteiligt ist, der Rechtsweg durch die Landesgesetzgebung nicht ausgeschlossen werden.

I) Allgemein. Dem **Ausschluss** des Wegs zu den Gerichten in bürgerl-rechtl Streitigkeiten **durch LandesR** steht generell Art 19 IV GG entgegen. § 4 ist daher gegenstandslos, soweit er es verbietet, die endgültige Entscheidung in bürgerl-rechtl Streitigkeiten einer Verwaltungsbehörde zuzuweisen. § 4 lässt nicht zu, dass Zivilprozesse des Fiskus, der Gemeinden und sonstigen öff-rechtl Körperschaften durch Landesgesetz in einen anderen als den Zivilrechtsweg (zB den Verwaltungsrechtsweg) verwiesen werden, wenn gleichartige Streitfälle unter Privaten vor die Zivilgerichte gehören (BGHZ 31, 117; wegen der umgekehrten Zuweisung bestimmter öff-rechtl Ansprüche an die ordentl Gerichte durch die Landesgesetzgebung s § 71 III GVG, § 40 I 2 VwGO; ferner § 232 BauGB). 1

II) Erschwerungen. Landesrechtl Erschwerungen, die das Beschreiten **des Rechtswegs** nicht ausschließen, sind jedoch zulässig, soweit sie für den Bürger nicht unzumutbar sind (BVerfGE 8, 240; BVerfGE 22, 49; BVerfGE 40, 237). Die Klageerhebung kann davon abhängig gemacht werden, dass zunächst die Entscheidung einer bestimmten Behörde eingeholt wird (vgl Stech ZZP 77 [1964], 211). 2

§§ 5, 6 (gegenstandslos)

§ 7 Rechtsmittelverfahren und oberstes Landesgericht

(1) [1]Ist in einem Land auf Grund des § 8 des Einführungsgesetzes zum Gerichtsverfassungsgesetz für bürgerliche Rechtsstreitigkeiten ein oberstes Landesgericht eingerichtet, so entscheidet das Berufungsgericht, wenn es die Revision zulässt, oder das Gericht, das die Rechtsbeschwerde zulässt, gleichzeitig über die Zuständigkeit für die Verhandlung und Entscheidung über das Rechtsmittel. [2]Die Entscheidung ist für das oberste Landesgericht und den Bundesgerichtshof bindend.

(2) [1]Die Nichtzulassungsbeschwerde, der Antrag auf Zulassung der Sprungrevision oder die Rechtsbeschwerde im Falle des § 574 Abs. 1 Nr. 1 der Zivilprozessordnung ist bei dem Bundesgerichtshof einzureichen. [2]Betreffen die Gründe für die Zulassung der Revision oder der Rechtsbeschwerde im Wesentlichen Rechtsnormen, die in den Landesgesetzen enthalten sind, so erklärt sich der Bundesgerichtshof durch Beschluss zur Entscheidung über die Beschwerde oder den Antrag für unzuständig und übersendet dem obersten Landesgericht die Prozessakten. [3]Das oberste Landesgericht ist an die Entscheidung des Bundesgerichtshofes über die Zuständigkeit gebunden. [4]Es gibt Gelegenheit zu einer Änderung oder Ergänzung der Begründung der Beschwerde oder des Antrags.

Lit (zum BayObLG): *Herbst* (Hrsg), Das BayObLG, Geschichte u Gegenwart, 1993; *Herbst* FS Odersky, 1996, S 561.

1 **I) Inhalt der Regelung.** § 7 löst die verfahrensrechtl Fragen, die sich aus dem Nebeneinander von BGH und einem obersten Landesgericht (konkret des BayObLG) ergeben, soweit ein Land von der Möglichkeit des § 8 EGGVG Gebrauch macht, für die Verf in bürgerl Rechtsstreitigkeiten ein oberstes Landesgericht einzurichten.

2 **II) BayObLG.** Ein **oberstes Landesgericht** gibt es in Bayern. Das traditionsreiche Gericht bestand seit dem Inkrafttreten der ZPO. Aufgehoben wurde es von den Nationalsozialisten, die das BayObLG durch VO v 19.3. 1935 auflösten. Es wurde mit G Nr 124 v 11.5.1948 (GVBl 1948, 83) nach dem 2. Weltkrieg wieder eingerichtet. Durch das GerichtsauflösungsG (BayObLGAuflG v 25.10.2004) wurde das Gericht erneut mWv 1.1.2005 aufgelöst. Durch G zur Errichtung des Bayerischen Obersten Landesgerichts v 12.7.2018 (GVBl 2018, 545) wurde es wieder errichtet. Es ist seit dem 15.9.2018 für bürgerlich-rechtliche Revisionen zuständig, wenn Landesrecht in Mitten steht. Für Revisionen (einschließl Sprungrevisionen) und Rechtsbeschwerden gegen Berufungen bay Berufungs- und Beschwerdegerichte steht das BayObLG gleichrangig neben dem BGH. Zur Abgrenzung ist darauf abzustellen, ob für die zu treffende Entscheidung im Wesentlichen Rechtsnormen des Bundes- oder Landesrechts zur Anwendung kommen (§ 8 EGGVG).

3 **III) Verfahren bei zugelassener Revision oder Rechtsbeschwerde (§ 7 I). 1) Zuständigkeitsbestimmung.** Lässt das Revisionsgericht die Revision (§ 543 ZPO) oder das Beschwerdegericht die Rechtsbeschwerde zu (§ 574 I 1 Nr 2 ZPO), hat es gleichzeitig mit der Zulassung über die Zuständigkeit für das Revisions- und Rechtsbeschwerdeverf nach dem Maßstab des § 8 EGGVG zu entscheiden. In Bayern ist jede Zulassungsentscheidung mit einer **ausdrücklichen Zuständigkeitsbestimmung** zu verbinden. Die Entscheidung ist für das gesamte weitere Verfahren bindend (I 2). Revision und Rechtsbeschwerde sind bei dem bestimmten Gericht einzulegen, auch alle sonstigen Prozesshandlungen sind dort vorzunehmen. Die versehentlich unterbliebene Entscheidung über das zuständige Revisionsgericht kann das Berufungsgericht mit Bindungswirkung durch Berichtigungsbeschluss gem § 319 I ZPO nachholen. Bestimmt das Berufungsgericht nachträglich das BayObLG als Revisionsgericht, ist diese Entscheidung auch für den BGH gem § 7 I 2 bindend. Dieser erklärt sich entspr § 7 II 2 für unzuständig und übersendet die Prozessakten dem BayObLG (BGH FamRZ 2021, 770). Eine Vornahme bei einem anderen Gericht ist unwirksam, auch wenn die Entscheidung des zulassenden Gerichtes sachlich unrichtig war (BGH NJW-RR 1987, 125).

4 **2) Meistbegünstigung bei fehlender Zuständigkeitsbestimmung.** Hat das Zulassungsgericht die nach § 7 I vorgeschriebene **Zuständigkeitsbestimmung unterlassen**, gilt der Grundsatz der Meistbegünstigung. Das Rechtsmittel kann sowohl beim BGH als auch beim BayObLG eingelegt werden (BGH NJW-RR 2020, 691 = MDR 2019, 1077). Die Zuständigkeitsbestimmung muss vom Ausgangsgericht nach § 319 oder § 321 ZPO nachgeholt werden. Die gegenüber einem der beiden Gerichte bis zur endgültigen Zuständigkeitsbestimmung vorgenommenen Prozesshandlungen behalten ihre Wirksamkeit, wenn nachträglich die Zuständigkeit des anderen Gerichtes bestimmt wird (BGH FamRZ 2021, 770; BGH NJW 81, 576). IErg liegt nur ein Rechtsmittel vor, das die beteiligten Gerichte zusammenführen müssen. Bei Urteilsergänzung beginnt die Rechtsmittelbegründungsfrist neu zu laufen. Wurde eine Zuständigkeitsbestimmung unterlassen und das Rechtsmittel beim BGH eingelegt, so wird entsprechend II 2 auch eine Abgabe an das BayObLG ohne Nachholung der Zuständigkeitsentscheidung möglich sein.

5 **IV) Verfahren bei nicht zugelassener Revision oder Rechtsbeschwerde (§ 7 II). 1) Einlegung beim BGH.** Hat das Revisions- oder Beschwerdegericht das Rechtsmittel (Revision, Sprungrevision) nicht zugelassen, kann *die NZB, der Antrag auf Sprungrevision* oder die nach § 574 I 1 Nr 1 ZPO nach gesetzl Vorschrift ausdrücklich zulässige Rechtsbeschwerde nur beim BGH eingelegt werden. Ein beim BayObLG eingelegtes Rechtsmittel ist nicht fristwahrend. Beim BGH muss ein Rechtsanwalt mit Zulassung beim BGH tätig werden.

2) Bindungswirkung. An die Entscheidung des BGH nach II 2 ist das BayObLG für das gesamte weitere Verfahren **gebunden**. Die Entscheidung kann der BGH in jeder Lage des Verfahrens treffen (BGH NJW-RR 2021, 1363 = MDR 2021, 1211). Gibt er allerdings der NZB statt oder lässt die Sprungrevision zu, steht für das weitere Verfahren seine Zuständigkeit fest. 6

3) Fortsetzung des Verfahrens. Nach der **Abgabe** wird das Verfahren vom BayObLG in dem Stand fortgesetzt, in dem es sich bei der Abgabe befand. Die bisherigen Prozesshandlungen und die vom BGH getroffenen Entscheidungen und Verfügungen haben weiter Bestand (zB PKH, ZwV, Fristverlängerungen). 7

4) Rechtliches Gehör vor Fortsetzung. Vor der Fortsetzung des Verfahrens gibt das BayObLG nochmals rechtl Gehör. Das ist schon deshalb notwendig, weil regelmäßig ein Anwaltswechsel stattfinden wird. Die Anwaltschaft beim BGH kann nur dort auftreten (§ 172 BRAO). Beim BayObLG besteht keine eigene Anwaltschaft. 8

V) Landwirtschaftssachen. In Landwirtschaftssachen besteht – auch in streitigen – keine Zuständigkeit des BayObLG. Die frühere Sondervorschrift des § 52 LwVG ist aufgehoben. 9

VI) Verfahren bei unstatthaften Rechtsbehelfen. Eine Verwerfungskompetenz des BayObLG besteht, wenn ein Fall des § 8 II EGGVG vorliegt, also Landesrecht in Mitten steht. Bei unzulässigen Rechtsbeschwerden nimmt das BayObLG gleichfalls eine Verwerfungskompetenz an, wenn es angerufen ist. BGH und BayObLG stünden insoweit gleichberechtigt nebeneinander (BayObLG 19.2.2004 – 2 ZBR 25/04, juris; BayObLG 12.5.2002 – 1 ZBRH 2/02, juris; BayObLG 7.5.2002 – 1 ZBR 51/02, juris; anders BayObLG 4.5.2020 – 1 ZBR 36/20, juris: Eine bloße Vorlage an das BayObLG ist keine Zulassungsentscheidung iSv I). 10

§ 8 (weggefallen)

§ 9 Bestimmung des zuständigen Gerichts

Das oberste Landesgericht für bürgerliche Rechtsstreitigkeiten bestimmt das zuständige Gericht auch dann, wenn nach § 36 Abs. 2 der Zivilprozessordnung ein in seinem Bezirk gelegenes Oberlandesgericht zu entscheiden hätte.

I) Einordnung eines ObLG. Die Norm regelt die Einordnung eines ObLG **in den für die Zuständigkeitsbestimmung nach § 36 ZPO maßgebl Instanzenzug.** Während nach § 36 II ZPO der BGH als höheres gemeinschaftl Gericht unberücksichtigt bleibt, ist ein ObLG ein im Instanzenzug „höheres gemeinschaftl Gericht" iSd § 36 I ZPO und daher zur Zuständigkeitsbestimmung nach dieser Vorschrift berufen. Nach § 9 tritt ein oberstes Landesgericht ferner an die Stelle eines OLG seines Bezirks, sofern dieses nach § 36 II ZPO an Stelle des BGH zur Entscheidung berufen wäre. 1

II) BayObLG. Bedeutung hat die Vorschrift **nur** in Bayern. 2

1) BayObLG als gemeinschaftlich im Rechtszug höheres Gericht. Zuständig für eine Entscheidung im Verfahren gem § 36 ZPO ist grds das für die in Betracht kommenden Gerichte gemeinschaftliche im Rechtszug zunächst höhere Gericht (§ 36 I ZPO). Maßgeblich ist dabei nicht der allgemeine Gerichtsaufbau, sondern die Rechtsmittelzuständigkeit in der jeweiligen Verfahrensart (vgl BGHZ 104, 363 mwN; § 36 ZPO Rn 7; MskV/Heinrich § 36 Rn 8; Saenger § 36 Rn 4; WSch/Smid/Hartmann § 36 Rn 23; StJ/Roth § 36 Rn 7). Ist das zunächst höhere gemeinschaftliche Gericht der BGH und hat deshalb gem § 36 II ZPO an dessen Stelle grds das OLG zu entscheiden, zu dessen Bezirk das zuerst mit der Sache befasste Gericht gehört, dann hat, sofern dieses OLG in Bayern liegt, gem § 9 anstelle des OLG das BayObLG die Bestimmungsentscheidung zu treffen. Dies ist immer dann der Fall, wenn die Gerichte in verschiedenen OLG-Bezirken liegen (BayObLG MDR 2024, 1113). In bürgerlichen Rechtsstreitigkeiten, für die sich der Instanzenzug mangels Sondervorschriften nach den allgemeinen gesetzl Bestimmungen richtet, gilt dies auch dann, wenn ein AG und ein weiteres Gericht im selben bayerischen OLG-Bezirk (nicht bei zwei AGen desselben LG-Bezirks, weil dann das LG das zunächst höhere Gericht ist, oder bei zwei LG im selben OLG-Bezirk, weil dann das OLG das zunächst höhere Gericht ist) beteiligt sind (BayObLG 24.9.2019 – 1 AR 83/19, juris; BayObLG 24.4.2024 – 101 AR 15/24e, juris). Ebenso beim Kompetenzkonflikt zwischen AG und LG, wenn beide im selben LG-Bezirk liegen, weil das gemeinsame höhere Gericht der BGH wäre (BayObLG 28.10.2020 – 101 AR 114/20, juris), auch bei einem Konflikt zwischen WEG-Gericht und Streitgericht. Das BayObLG ist auch zuständig bei einem Streit zweier Senate eines OLG, ob eine gesetzliche funktionelle Zuständigkeit nach § 119a GVG gegeben ist (BayObLG NJW 2022, 2849). 3

2) Familienstreitsachen. Das BayObLG entscheidet auch bei einem Kompetenzkonflikt in **FamStreitsachen** iSv § 112 FamFG, weil nach § 113 I 2 FamFG auf diese Verfahren die Vorschriften des Zivilprozessrechts, mit- 4 hin auch §§ 36, 37 ZPO zur Anwendung kommen. § 5 FamFG, der auf die Familiensachen anzuwenden ist, gilt insoweit nicht (BayObLG 6.7.2023 – 102 AR 135/23, juris). Voraussetzung ist aber auch hier, dass Gerichte **verschiedener** OLG-Bezirke beteiligt sind, weil sonst das OLG gemeinsames nächsthöheres Gericht ist (BayObLG 15.5.2019 – 1 AR 35/19, juris; insoweit unzutreffend OLG München FamRZ 2019, 719). In den anderen Familiensachen ist nach § 5 FamFG das OLG zuständig.

5 **3) Zuständigkeitsbestimmung zwischen bayerischen und nichtbayerischen Gerichten.** Sind von der Zuständigkeitsfrage auch **nichtbayerische Gerichte** betroffen, so entscheidet das BayOblG immer an Stelle des sonst nach § 36 II ZPO berufenen bayer OLG.

6 **III) Vorlagepflicht nach § 36 III ZPO.** Sie gilt auch dann, wenn ein ObLG entscheidet. Dieses ist „anderes Oberlandesgericht" iSd Vorschrift.

§ 10 (gegenstandslos)

§ 11 (weggefallen)

§ 12 Begriff des Gesetzes

Gesetz im Sinne der Zivilprozessordnung und dieses Gesetzes ist jede Rechtsnorm.

1 Gleich lautend: Art 2 EGBGB. – Rechtsnormen: s § 1 GVG Rn 10.

§ 13 (weggefallen)

§ 14 Verhältnis zu Landesprozessrecht

(1) Die prozessrechtlichen Vorschriften der Landesgesetze treten für alle bürgerlichen Rechtsstreitigkeiten, deren Entscheidung in Gemäßheit des § 3 nach den Vorschriften der Zivilprozessordnung zu erfolgen hat, außer Kraft, soweit nicht in der Zivilprozessordnung auf sie verwiesen oder soweit nicht bestimmt ist, dass sie nicht berührt werden.

(2) (weggefallen)

1 S aber auch § 3 II. Verweisung auf LandesR: zB § 418 III, § 801 ZPO. Ausnahmsw Aufrechterhaltung: §§ 15-17.

§ 15 Vorbehalte für Landesrecht

(1) Unberührt bleiben:

1. **die landesgesetzlichen Vorschriften über die Einstellung des Verfahrens für den Fall, dass ein Kompetenzkonflikt zwischen den Gerichten und den Verwaltungsbehörden oder Verwaltungsgerichten entsteht;**
2. **die landesgesetzlichen Vorschriften über das Verfahren bei Streitigkeiten, welche die Zwangsenteignung und die Entschädigung wegen derselben betreffen;**
3. **die landesgesetzlichen Vorschriften über die Zwangsvollstreckung wegen Geldforderungen gegen einen Gemeindeverband oder eine Gemeinde, soweit nicht dingliche Rechte verfolgt werden;**
4. ***die landesgesetzlichen* Vorschriften, nach welchen auf die Zwangsvollstreckung gegen einen Rechtsnachfolger des Schuldners, soweit sie in das zu einem Lehen, mit Einschluss eines allodifizierten Lehens, zu einem Stammgute, Familienfideikommiss oder Anerbengut gehörende Vermögen stattfin-**

den soll, die Vorschriften über die Zwangsvollstreckung gegen einen Erben des Schuldners entsprechende Anwendung finden.

(2) (weggefallen)

I) Neues LandesR. Soweit auf den vorbehaltenen Gebieten das LandesR unberührt bleibt, ist auch neues LandesR mögl. 1

II) § 15 I Nr 1. Regelung für Fälle des Kompetenzkonflikts; gegenstandslos durch §§ 17, 17a, 17b GVG. 2

III) § 15 I Nr 2. Für Entschädigungsansprüche aus Enteignung ist der Zivilrechtsweg gegeben (Art 14 III 4 GG). § 15 Nr 2 wird durch Verfassungsrecht aber nur eingeschränkt, nicht beseitigt (RGZ 104, 139); im Zivilrechtsweg überprüfbare Vorentscheidungen der VerwBehörden sind dadurch nicht ausgeschlossen (BGHZ 4, 51); für das Beschreiten des Rechtswegs gegen die Verwaltungsentscheidung können Ausschlussfristen bestimmt werden; ausschließl Gerichtsstände können angeordnet werden (BayObLGZ 67, 110; BayObLGZ 68, 159). Auch sonst sind von der ZPO abweichende landesrechtl Verfahrensbestimmungen nicht ausgeschlossen (vgl BGH NJW 80, 583 für den Rechtsmittelzug – sa § 3 EGGVG; BayObLGZ 66, 79; mögl geringere Anforderungen an die Bestimmtheit des Klagantrags als nach der ZPO). Sa die Ermächtigung für die Landesgesetzgebung in § 232 BauGB, die Entscheidung über die Anfechtung landesrechtl Enteignungs- und Eingriffsakte den Baulandgerichten nach dem BauGB zu übertragen (vgl dazu BGH NJW 80, 583 zum Hamb EnteigR). – Für Bayern s BayEnteignungsG v 25.7.1978 (GVBl 1978, 625), das wegen Art 93 BayVerf den 2-spurigen Rechtsweg beibehalten hat (Art 44). 3

IV) § 15 I Nr 3. Für die ZwV gg Bund, Länder, Körperschaften, Anstalten u Stiftungen des öffentl Rechts (außer Gemeinden u Gemeindeverbänden) gilt § 882a ZPO. – ZwV wegen Geldforderungen gg Gemeinden (dazu Geissler NJW 53, 1855): Es gilt die Gemeindegesetzgebung der Länder. Die allg Vorschriften der ZPO gelten aber für die ZwV auf Herausgabe, Erwirkung von Handlungen und Unterlassungen, Geltendmachung dingl Rechte. Vorschrift gilt auch für arbeitsgerichtl Titel (BGH MDR 2010, 773). 4

V) § 15 I Nr 4. Die Vorbehalte der Art 59 ff EGBGB für die Landesgesetzgebung waren zT schon durch Reichs- und BesatzungsR überholt und sind, soweit nicht aufgehoben, durch Auflösung der gebundenen Güter großenteils gegenstandslos geworden. 5

§ 15a Obligatorische Streitschlichtung

(1) [1]Durch Landesgesetz kann bestimmt werden, dass die Erhebung der Klage erst zulässig ist, nachdem von einer durch die Landesjustizverwaltung eingerichteten oder anerkannten Gütestelle versucht worden ist, die Streitigkeit einvernehmlich beizulegen

1. **in vermögensrechtlichen Streitigkeiten vor dem Amtsgericht über Ansprüche, deren Gegenstand an Geld oder Geldeswert die Summe von 750 Euro nicht übersteigt,**
2. **in Streitigkeiten über Ansprüche aus dem Nachbarrecht nach den §§ 910, 911, 923 des Bürgerlichen Gesetzbuchs und nach § 906 des Bürgerlichen Gesetzbuchs sowie nach den landesgesetzlichen Vorschriften im Sinne des Artikels 124 des Einführungsgesetzes zum Bürgerlichen Gesetzbuche, sofern es sich nicht um Einwirkungen von einem gewerblichen Betrieb handelt,**
3. **in Streitigkeiten über Ansprüche wegen der Verletzung der persönlichen Ehre, die nicht in Presse oder Rundfunk begangen worden sind;**
4. **in Streitigkeiten über Ansprüche nach Abschnitt 3 des Allgemeinen Gleichbehandlungsgesetzes.**

[2]Der Kläger hat eine von der Gütestelle ausgestellte Bescheinigung über einen erfolglosen Einigungsversuch mit der Klage einzureichen. [3]Diese Bescheinigung ist ihm auf Antrag auch auszustellen, wenn binnen einer Frist von drei Monaten das von ihm beantragte Einigungsverfahren nicht durchgeführt worden ist.

(2) [1]Absatz 1 findet keine Anwendung auf

1. **Klagen nach den §§ 323, 323a, 324, 328 der Zivilprozessordnung, Widerklagen und Klagen, die binnen einer gesetzlichen oder gerichtlichen Frist zu erheben sind,**
2. **(aufgehoben)**
3. **Wiederaufnahmeverfahren,**
4. **Ansprüche, die im Urkunden- oder Wechselprozess geltend gemacht werden,**
5. **die Durchführung des streitigen Verfahrens, wenn ein Anspruch im Mahnverfahren geltend gemacht worden ist,**
6. **Klagen wegen vollstreckungsrechtlicher Maßnahmen, insbesondere nach dem Achten Buch der Zivilprozessordnung.**

[2]Das Gleiche gilt, wenn die Parteien nicht in demselben Land wohnen oder ihren Sitz oder eine Niederlassung haben.

(3) [1]Das Erfordernis eines Einigungsversuchs vor einer von der Landesjustizverwaltung eingerichteten oder anerkannten Gütestelle entfällt, wenn die Parteien einvernehmlich einen Einigungsversuch vor einer sonstigen Gütestelle, die Streitbeilegung betreibt, unternommen haben. [2]Das Einvernehmen nach Satz 1 wird unwiderleglich vermutet, wenn ein Verbraucher eine Verbraucherschlichtungsstelle, eine branchengebundene andere Gütestelle oder eine andere Gütestelle der Industrie- und Handelskammer, der Handwerkskammer oder der Innung angerufen hat. [3]Absatz 1 Satz 2 gilt entsprechend.

(4) Zu den Kosten des Rechtsstreits im Sinne des § 91 Abs. 1, 2 der Zivilprozessordnung gehören die Kosten der Gütestelle, die durch das Einigungsverfahren nach Absatz 1 entstanden sind.

(5) Das Nähere regelt das Landesrecht; es kann auch den Anwendungsbereich des Absatzes 1 einschränken, die Ausschlussgründe des Absatzes 2 erweitern und bestimmen, dass die Gütestelle ihre Tätigkeit von der Einzahlung eines angemessenen Kostenvorschusses abhängig machen und gegen eine im Gütetermin nicht erschienene Partei ein Ordnungsgeld festsetzen darf.

(6) [1]Gütestellen im Sinne dieser Bestimmung können auch durch Landesrecht anerkannt werden. [2]Die vor diesen Gütestellen geschlossenen Vergleiche gelten als Vergleiche im Sinne des § 794 Abs. 1 Nr. 1 der Zivilprozessordnung.

1 **I) Allgemein.** § 15a dient der Förderung der außergerichtl Streitbeilegung. Neben einer Entlastung der Zivilgerichte soll durch die Notwendigkeit eines **außergerichtl Schlichtungsverf** die konsensuale Streitbeilegung im Interesse der Parteien gefördert werden. Die Pflicht zur Durchführung eines außergerichtl Schlichtungsversuchs ist verfassungsrechtl unbedenkl und verstößt nicht gegen den allg Justizgewährungsanspruch (BVerfG NJW-RR 2007, 1073 = ZKM 2007, 128 [Greger]).

2 **II) Landesrecht.** Der Bundesgesetzgeber hat mit § 15a den **Landesgesetzgebern** die Möglichkeit eingeräumt, im Bereich des Zivilprozessrechts tätig zu werden. Er macht insoweit von seiner konkurrierenden Gesetzgebungskompetenz aus Art 72 I GG keinen Gebrauch. Die Aufspaltung in LandesR hat sachl Gründe: Die außergerichtl Streitbeilegung baut auf die in den Ländern vorhandenen, unterschiedl Schlichtungsstrukturen und -traditionen auf und will sich diese nutzbar machen. § 15a beschränkt sich nicht auf die Länderöffnungsklausel. Er enthält selbst Bestimmungen, die die Frage der Prozessvoraussetzung unmittelbar bundesges regeln. Dies gilt vor allem für die II, III u IV. Die Antwort, ob die Prozessvoraussetzung erfüllt ist, ergibt sich für den Rechtsanwender also immer aus der bundesges Vorschrift im Zusammenklang mit der jew landesrechtl Regelung, zumal V auch Modifikationen der bundesges Regelung durch LandesR erlaubt.

3 **III) Sachlicher Anwendungsbereich.** I 1 umreißt den Bereich, in dem den Ländern die Schaffung der Prozessvoraussetzung des gescheiterten Schlichtungsverf erlaubt ist. Er definiert somit den sachl Anwendungsbereich der obligatorischen Streitschlichtung. Trifft ein schlichtungsbedürftiger Anspruch im Wege der Klagehäufung mit einem nicht schlichtungsbedürftigen zusammen, entfällt die Schlichtungspflicht nicht (BGH MDR 2009, 1127; aA LG Aachen NJW-RR 2002, 1439 = MDR 2002, 906).

4 **1) Vermögensrechtliche Streitigkeiten.** Nach I 1 Nr 1 können alle vermögensrechtl Streitigkeiten vor den AG bis zu einem Streitwert von 750 Euro der obligatorischen Schlichtung unterworfen werden. Ratio legis ist hier das Missverhältnis zwischen Aufwand und Kosten eines Rechtsstreits vor Gericht zum Wert der Hauptsache. Bei Festlegung der Streitwertgrenze hat sich der Gesetzgeber an der Berufungssumme des § 511a I ZPO aF orientiert. Seit der Senkung der Berufungssumme auf 600 Euro in § 511 II Nr 1 ZPO stimmen die Bagatellgrenzen der ZPO (sa § 495a ZPO) weiter nicht überein. Die Abgrenzung zwischen vermögensrechtl und nichtvermögensrechtl Streitigkeiten folgt bish Lehre und Rspr. Vermögensrechtl sind alle Ansprüche, die auf Geld und geldwerte Leistungen gerichtet sind, gleichgültig, ob sie einem vermögensrechtl oder nichtvermögensrechtl Grundverhältnis entspringen (BGHZ 14, 74; BGH MDR 74, 926; BGH MDR 85, 397). Auf die Klageart kommt es nicht an, also etwa auch bei (negativer) Feststellungsklage. Nicht unter die Schlichtungspflicht fällt allerdings die Klage auf Feststellung zur Insolvenztabelle nach § 180 I 1 InsO, weil der Streitwert für den Kl nicht abschätzbar ist (BGH MDR 2011, 1253; aA AG Wuppertal ZInsO 2002, 91). Vermögensrechtl Ansprüche unter 750 Euro, die kraft bes Zuweisung in den sachl Zuständigkeitsbereich der **LG** gehören, können nicht in die obligatorische Schlichtung einbezogen werden. Ob der Streitwert ein taugl Kriterium für die Abgrenzung schlichtungsbedürftiger Streitigkeiten ist, ist umstr. In den meisten landesrechtl Vorschriften gibt es keine rein streitwertabhängige Schlichtungspflicht.

5 **2) Nachbarrechtliche Streitigkeiten.** Nach I 1 Nr 2 gehören nachbarrechtl Streitigkeiten in den Anwendungsbereich der Vorschrift, weil sie sich bes für eine einvernehml Streitbeilegung eignen. Die Wiederherstellung des Rechtsfriedens im persönl Verhältnis soll im Mittelpunkt der konsensualen Lösung des Streits liegen. Diesem Grundgedanken folgend fallen aber nicht ausnahmslos alle nachbarrechtl Streitigkeiten unter I 1 Nr 2. Streitig*keiten um Überhänge von Wurzeln und Zweigen nach* § 911 BGB, Hinüberfalls von Früchten nach § 912 BGB und wegen eines Grenzbaums nach § 923 BGB gehören uneingeschränkt dazu, ohne dass die Einschränkung auf Einflüsse, die nicht auf Gewerbebetrieb zurückzuführen sind, greifen würde (zu weitgehend auch OLGR

Frankfurt 2008, 814 und AG Nürnberg MDR 2002, 1189, die Ansprüche aus unerlaubter Handlung einbeziehen, die mit nachbarrechtl Streitigkeit in engem Zusammenhang stehen; vgl BVerfG NJW-RR 2009, 1026). Umfasst sind auch entspr auf § 1004 I BGB gestützte Beseitigungsansprüche (OLG Hamm MDR 2019, 221; LG Karlsruhe Justiz 2003, 265). Umstritten ist, ob Ansprüche im Verhältnis von **Wohnungseigentümern** zueinander unter die Schlichtungspflicht fallen, was angesichts der vergleichbaren Interessenlage zu bejahen ist (dafür LG Dortmund NJW-RR 2017, 1292; dagegen LG Frankfurt MDR 2018, 730; LG München I ZMR 2021, 61 unter Bezugnahme auf den Katalog des BaySchlG). Anders ist dies bei den Immissionen nach § 906 BGB und den Streitigkeiten aus landesrechtl Nachbarrecht nach § 124 EGBGB, also Streitigkeiten um Nachbarwände, Grenzwände, Hammerschlags- und Leiterrechte, Licht- und Fensterrechte, Bodenerhöhungen, Niederschlagswasser, Aufschichtungen, Grundwasser, Schornsteinrechte, Trepprechte uÄ (vgl zu den einzelnen landesrechtl Bestimmungen Grüneberg/Herrler § 124 EGBGB Rn 4). Ein Schlichtungsverf ist hier nicht nötig, wenn es sich um Einwirkungen handelt, die von einem Gewerbebetrieb ausgehen. Der Begriff ist im Gesetz nicht definiert, aber aus dem Sinn und Zweck der Regelung abzuleiten, die das Schlichtungsverf auf persönl geprägte nachbarl Beziehungen beschränken will (Erdel MDR 2005, 721: dauerhafte, auf Gewinnerzielung gerichtete berufsmäßige Tätigkeit). Zahlungsansprüche, die aus nachbarrechtl Ansprüchen abgeleitet sind, fallen jedenfalls dann nicht unter die Vorschrift, wenn die Schlichtung in dem betr Land für solche nicht eingeführt ist (BGH NJW-RR 2009, 1238; BGH MDR 2016, 583). Nachbarrechtl Streitigkeiten können, im Gegensatz zu den vermögensrechtl Streitigkeiten des I 1 Nr 1, auch dann der obligatorischen Schlichtung unterworfen werden, wenn die Zuständigkeit des LG begründet ist. Soweit aus den nachbarrechtl Vorschriften vermögensrechtl Ansprüche erwachsen, fallen sie unter I 1 Nr 2, so dass die Schlichtung durch Landesrecht für sie vorgesehen werden kann, auch wenn der Streitwertbereich von 750 Euro überschritten ist.

3) Ehrverletzungen. Der Landesgesetzgeber kann Ansprüche wegen Verletzung der persönl Ehre in die Schlichtungspflicht einbeziehen. Nach der Gesetzesbegr wird auch hier wieder auf den Bereich persönl Beziehungen verwiesen und auf das Sühneverf nach § 380 StPO als Parallelregelung Bezug genommen. Unter den Anwendungsbereich fallen damit alle Ansprüche, die sich inhaltl auf eine Ehrverletzung iSd strafrechtl Bestimmungen stützen (BGH ZUM 2023, 144), ohne dass es auf die zivilrechtl Anspruchsgrundlage ankäme. Umfasst sind (jedenfalls in Bayern) Schmerzensgeldansprüche (BayObLG MDR 2024, 327). Nach der ratio legis ausgenommen sind Ansprüche aus Ehrverletzungen, die in Presse und Rundfunk begangen sind. Die Begriffe sind untechnisch verwendet, so dass es darauf ankommt, ob die Ehrverletzung durch Medien einer weiteren Öffentlichkeit bekannt geworden sind. Damit sind alle Ansprüche aus Ehrverletzungen ausgenommen, die in Print- und elektronischen Medien aller Art (also zB auch Internet, soziale Netzwerke) begangen wurden. 6

4) AGG. Zu den Streitigkeiten, die der obligatorischen Schlichtung unterworfen werden können, gehören auch diej aus Abschnitt 3 des AGG. Der Gesetzgeber will ausdrückl in diesem Bereich das Potenzial der konsensualen Streitbeilegung nutzen und sieht eine Nähe zu den Streitigkeiten über Ansprüche aus Ehrverletzungen (BTDrs 16/1780, 58). Die Landesgesetzgeber können damit Beseitigungs-, Unterlassungs- und Schadensersatzansprüche nach § 21 AGG wegen Verstoßes gegen ein zivilrechtl Benachteiligungsverbot nach § 19 AGG in die Landesschlichtungsgesetze einbeziehen. 6a

5) Einschränkungen im sachlichen Anwendungsbereich. Im LandesR können auch Einschränkungen im sachl Anwendungsbereich enthalten sein. Das BaySchlG beschränkt den Anwendungsbereich auf amtsgerichtl Verf. Denkbar ist auch, durch LandesR einzelne Sachgebiete (etwa Amtshaftungsansprüche) von der obligatorischen Schlichtung auszunehmen. 7

IV) Ausnahmen. Einen Ausnahmekatalog enthält II. Der Landesgesetzgeber kann für die dort genannten bes Verfahrensarten kein Schlichtungsverf vorsehen, selbst wenn der Streitgegenstand unter I fällt. In II sind Verfahrensarten zusammengefasst, in denen die Durchführung des Güteverf dem bes Bedürfnis nach Beschleunigung zuwiderlaufen oder wegen der Kompliziertheit des Streitstoffes jedenfalls nicht obligatorisch sein soll. 8

1) Abänderungsklagen, Zusatzklagen, Anerkennungsverfahren. Nach II 1 Nr 1 sind ausgenommen die **Abänderungsklagen** nach §§ 323, 323a ZPO, die **Zusatzklage** nach § 324 ZPO und die **Anerkennungsverf** nach § 328 ZPO, wobei hierunter alle Verf zur Anerkennung ausl Titel fallen. Widerklagen sind ausgenommen, weil sie erst im laufenden Prozess erhoben werden. Bei ges oder vereinbarten Klagefristen scheidet ein obligatorisches Güteverf aus, weil ansonsten Friktionen mit der Einhaltung der Frist zu befürchten sind. Ein praktisch bedeutsamer Fall wird die Klage auf Zustimmung zu einem Mieterhöhungsverlangen nach § 558b II 2 BGB sein. 9

2) Familiensachen. Sie fallen unter das FamFG und unterliegen nicht der Schlichtung. 10

3) Wiederaufnahmeverfahren nach §§ 578 ff ZPO. Sie sind nach II 1 Nr 3 vom obligatorischen Schlichtungsverf ausgenommen, weil hier bereits ein rechtskräftiges Urteil vorliegt. 11

4) Urkunden- und Wechselprozess. Ansprüche, die im Urkunden- und Wechselprozess nach §§ 592 ff ZPO geltend gemacht werden, sind von der obligatorischen Schlichtung nach II 1 Nr 4 befreit. Maßgebl ist hierbei, dass der Anspruch zulässigerw in der bes Verfahrensart verfolgt wird, weil durch die unzulässige Wahl des Urkundenprozesses die Notwendigkeit der Schlichtung nicht umgangen werden kann. 12

13 **5) Mahnverfahren.** Die bedeutsamste Ausnahme findet sich in II 1 Nr 5. Ist ein Mahnverf vorangegangen, entfällt das Güteverf. Die Ausnahmeregelung hat 2 Gründe: Zum einen muss die Möglichkeit der raschen Titulierung unbestrittener Forderungen erhalten bleiben, zum anderen wären alle Verf, denen ein Mahnverf vorangegangen ist, von der Menge her von den Schlichtungsstellen nicht zu bewältigen. Der Gesetzgeber nimmt in Kauf, dass ein an sich notwendiges Schlichtungsverf durch Antrag auf Erlass eines Mahnbescheids umgangen werden kann. Die Ausnahme greift allerdings nicht, wenn der Anspruch im Mahnverf in unzulässiger Weise geltend gemacht wurde (AG Rosenheim MDR 2001, 1132) oder wenn ein nicht mahnfähiger Anspruch zunächst im Mahnverf als Zahlungsanspruch geltend gemacht und nach Widerspruch umgestellt wird (AG Brakel NJW-RR 2002, 935).

14 **6) Vollstreckungsrechtliche Rechtsbehelfe.** Schließl entfällt das Schlichtungsverf nach II 1 Nr 5 bei vollstreckungsrechtl Rechtsbehelfen, insb also bei den Rechtsbehelfen des 8. Buches.

15 **V) Örtliche Einschränkung.** Die Öffnungsklausel selbst schränkt ihren Anwendungsbereich in II 2 örtl ein. Schlichtungsverf können nicht vorgesehen werden, wenn die Parteien nicht in dems Land wohnen oder Sitz oder Niederlassung nicht in dems Land haben. Damit wird die Anwendung interlokalen Schlichtungsrechts überflüssig.

16 **1) „Wohnen“.** Der Begriff „Wohnen“ vereint in sich den Wohnsitz der natürl Personen nach §§ 13 ff ZPO und nach den Gesetzesmaterialien zugleich den gewöhnl Aufenthalt. Der Sitz jur Personen entspricht dem Begriff in § 17 ZPO, wobei die dort entwickelten Grundsätze entspr anzuwenden sind. Niederlassung ist iSv § 21 ZPO zu verstehen. Für die Frage, ob ein Schlichtungsverf notwendig ist, kommt es auf „Wohnen“, Sitz oder Niederlassung zum Zeitpunkt des Schlichtungsantrages an. Zur Frage der Notwendigkeit der Nachholung des Schlichtungsverf bei Verweisung nach § 281 ZPO s Rn 18.

17 **2) Weitere örtliche Einschränkung.** Im LandesR kann die **örtl Anwendbarkeit** der Schlichtungsvorschriften weiter beschränkt sein (AG Lüdenscheid NJW 2002, 1279; AG Ahrensburg SchlHA 2004, 26 zu Gesamtschuldnern). Die Mehrzahl der SchlichtG begrenzt die Anwendbarkeit auf Streitigkeiten, bei denen die Parteien Sitz oder Niederlassung im selben **LG-Bezirk** haben. Das SchlichtG des Saarlandes enthält keine Einschränkung. Damit soll die persönl Anwesenheit der Parteien im Schlichtungstermin sichergestellt werden, ohne Probleme mit der Anreise und der Abrechnung von Reisekosten hervorzurufen. Die generelle Zuständigkeit der Schlichtungsstellen wird dadurch aber nicht eingeschränkt (BGH MDR 2008, 1295 zu den Gütestellen in NRW).

18 **3) Verweisung des Rechtsstreits.** Probleme können sich ergeben, wenn ein Gericht eines Landes ohne obligatorisches Schlichtungsverf wegen fehlender sachl oder örtl Zuständigkeit nach **§ 281 ZPO** an ein Gericht eines Landes **verweist**, das die obligatorische Schlichtung eingeführt hat. Die Verweisung nach § 281 ZPO erhält die Rechtshängigkeit des Rechtsstreits; frühere Prozesshandlungen wirken wegen des Grundsatzes der Einheit des Verf fort (s § 281 ZPO Rn 15a). Dieser Gedanke sollte auch in dieser Fallkonstellation Berücksichtigung finden, weil das Güteverf dem gerichtl Verf vorgelagert ist und bei Klageerhebung bereits abgeschlossen ist. Damit bleibt das beim abgebenden Gericht zulässige Verf weiter zulässig, ohne dass das Güteverf nun nachgeholt werden müsste, auch wenn die Durchführung des Schlichtungsverf Prozessvoraussetzung ist. Das Gegenargument, auf diese Weise könne das Schlichtungsverf umgangen werden, wiegt angesichts der Ausnahmen des II nicht bes schwer.

19 **VI) Gütestellen.** Die Länder bestimmen in ihren SchlichtG die Gütestellen nach I. Die Formulierung nimmt Bezug auf § 794 I Nr 1 ZPO. Die landesrechtl Bestimmungen stützen sich auf diese Vorschrift. So sind im BaySchlG die Notare und RA, die von der Rechtsanwaltskammer hierfür zugelassen sind, kraft Gesetzes Gütestellen. In den Ländern mit Schiedsleutetradition werden die Schiedspersonen als Gütestellen kraft Gesetzes bestimmt. Daneben sehen die Schlichtungsvorschriften der Länder die Möglichkeit vor, weitere Gütestellen anzuerkennen. Dafür werden Kriterien aufgestellt, die im Wesentl Neutralität, Unabhängigkeit und rechtsstaatl Verf sichern sollen (vgl etwa Art 22 BayAGGVG idF des BaySchlG). Nach VI 2 sind die Vergleiche der Gütestellen Vollstreckungstitel iSv § 794 I Nr 1 ZPO. Die Lösung im BaySchlG führt dazu, dass bay RA, die als Gütestelle anerkannt sind, auch über den Streitwertbereich des I 1 Nr 1 hinaus Vollstreckungstitel schaffen können.

20 **VII) Verjährung.** Nach § 204 I Nr 4 BGB hemmt die Veranlassung der Bekanntgabe des Güteantrags die Verjährung. Dies gilt für die Gütestelle nach § 794 I Nr 1 ZPO und für die Gütestelle, an die sich die Parteien einvernehml nach III wenden (nach Friedrich NJW 2003, 1781 auch bei örtl oder sachl unzuständiger Gütestelle). Hemmung tritt bereits mit Einreichung ein, wenn die Bekanntgabe demnächst veranlasst wird. Der Gl ist gehalten, die Voraussetzungen für die Durchführung des Güteverf zu schaffen. Die Gütestellen verfahren nach Maßgabe der landesrechtl Bestimmungen und ihrer eigenen Verfahrensordnung. Wer die Verjährung durch Anrufung der Gütestelle unterbrechen will, muss sich also insb vergewissern, dass die gewählte Gütestelle den Schlichtungsantrag behandelt. Die Landesgesetze enthalten teilw Bestimmungen über die Art der Übermittlung des Schlichtungsantrags durch die Schlichtungsstelle. Soweit sie zur Form der Übermittlung nichts aussagen, weil sie das Verf offen ausgestalten wollen, liegt die Entscheidung hierüber im Ermessen des Schlichters, *der sich an den Umständen des Einzelfalls orientiert.* In kritischen Fällen dürfte die Übersendung per Einschreiben mit Rückschein ausreichen. Jedenfalls muss die Gütestelle die Veranlassung der Bekanntgabe in den Akten dokumentieren.

VIII) Sonstige Gütestellen. Mit der Regelung in III wird die bestehende Struktur von sonstigen Gütestellen in die obligatorische Schlichtung integriert. Eine obligatorische Schlichtungsstelle müssen die Parteien nicht anrufen, wenn sie sich an eine sonstige Stelle gewandt haben, die Streitbeilegung betreibt. Gemeint sind die bestehenden Schlichtungsstellen vom Bankenombudsmann bis hin zu KFZ-Schlichtungsstellen und den Einrichtungen der Ärzte- und Zahnärztekammern. Auch die **Verbraucherschlichtungsstellen** sind durch das Verbraucherstreitbeilegungsgesetz (VSBG) v 19.2.2016 (BGBl I 2016, 254) einbezogen (Gössl NJW 2016, 838). Alle diese Schlichtungsstellen verfahren nach unterschiedlichsten Schlichtungsordnungen. Sie konnten deshalb nicht durch gesetzl Definition als obligatorische Schlichtungsstellen übernommen werden, weil sie zB teilw schriftl verfahren oder die Schlichter einseitig von der Institution bestellt werden, die die Schlichtungsstelle eingerichtet hat. Das Einvernehmen der Parteien rechtfertigt aber Zurückhaltung bei staatl Kontrolle. Wer sich einvernehml an diese Stellen wendet, weil sie kostengünstig sind oder über bes Fachkenntnisse verfügen, erspart sich den Gang zur Schiedsperson in den Ländern mit Schiedsleutetradition oder zum Notar oder RA in Bayern. Schließl können sich die Parteien auch einvernehml an einen Notar oder RA wenden und ihn außerhalb der Schlichtungsgesetze der Länder beauftragen. III 2 dient dem Verbraucherschutz; das Einvernehmen, das Voraussetzung für das Tätigwerden einer sonstigen Schlichtungsstelle ist, wird in den dort genannten Fällen unwiderlegl vermutet. Schlichtungsstellen nach III sind keine Gütestellen iSv § 794 I Nr 1 ZPO; damit sind die dort geschlossenen Vergleiche privatschriftl Vergleiche, keine Vollstreckungstitel. 21

IX) Bescheinigung. Dem Gericht ggü weist der Kl das Scheitern des Einigungsversuchs mit der Bescheinigung nach I 2 nach. Eine sonstige Gütestelle nach III stellt eine entspr Bescheinigung aus. Das Gericht ist an die Bescheinigung über das Scheitern des Güteversuchs gebunden (BGH MDR 2010, 225). Für die nach LandesR anerkannten und eingerichteten Gütestellen enthalten die landesrechtl Bestimmungen nähere Vorgaben für den Inhalt der Bescheinigung (so enthält das Zeugnis nach Art 4 III BaySchlG Namen und Anschriften der Parteien, kurze Darstellung des Streitgegenstandes, Angaben zum Streitwert, sowie den Zeitpunkt, zu dem das Verf beendet wurde; eine entspr Regelung enthält § 56 II JustG NRW). 22

X) Prozessvoraussetzung. Der Versuch gütl Einigung vor einer Gütestelle nach I iVm den landesgesetzl Bestimmungen oder einer sonstigen Schlichtungsstelle nach III ist Prozessvoraussetzung. 23

1) Prüfung von Amts wegen. Sie muss in jeder Lage des Verf gegeben sein und ist vom Gericht **vAw zu prüfen** (s vor § 253 ZPO Rn 9a). Die Bescheinigung ermöglicht die Prüfung. An die rechtl Einschätzungen der Schlichtungsstelle ist das Gericht nicht gebunden. So muss das Gericht etwa die Höhe des Streitwerts selbst beurteilen. Dabei ist aber stets die ratio des § 15a zu beachten. Ziel ist es, die Parteien im Anwendungsbereich der Vorschrift zunächst auf die konsensuale Streitbeilegung zu verweisen, ehe der Rechtsweg beschritten werden kann. Sobald ein derartiger Einigungsversuch stattgefunden hat, ist die Prozessvoraussetzung erfüllt, was idR mit der Vorlage des Zeugnisses nachgewiesen ist. Detaillierte Prüfung durch das Gericht würde den Sinn der Vorschrift verfehlen. Deshalb ist bei einer Klageerweiterung auch für den Erhöhungsbetrag kein Schlichtungsverf durchzuführen (AG Halle NJW 2001, 2099). 24

2) Klageänderung, Klageerweiterung, Parteiwechsel. Fehlt die Prozessvoraussetzung, so ist die Klage ohne Rücksicht auf ihre sachl Begründetheit abzuweisen. Durch Klageerweiterung (§ 264 Nr 2 ZPO) kann das Schlichtungsverf entbehrl werden, wenn die Erweiterung nicht rechtsmissbräuchl vorgenommen wird (so LG Baden-Baden NJW-RR 2002, 935; LG Kassel NJW 2002, 2256; LG München I MDR 2003, 1313; Friedrich NJW 2002, 3223 u MDR 2003, 1313; Bitter NJW 2005, 1235; dagegen AG München NZM 2003, 280; OLG München NJW-RR 2003, 515). Die Klage bleibt zulässig bei sachdienl oder mit Einwilligung der Gegenpartei durchgeführtem Parteiwechsel (BGH MDR 2010, 1076). Eine Gesetzesänderung, die die Schlichtungspflicht während des Verf beseitigt, ist beachtl (BGH NJW 2007, 519). Wurde ein Schlichtungsverf durchgeführt, muss es bei Klageerweiterung oder -änderung nicht erneut durchgeführt werden (BGH MDR 2005, 265). Wird die Klage auf eine weitere Partei erweitert, muss für jede das Schlichtungsverf durchgeführt sein (BGH MDR 2010, 1143). Umstr war, ob das nach LandesR notwendige Schlichtungsverf nach Klageerhebung nachgeholt werden kann. Der BGH (MDR 2005, 285; Greger ZKM 2005, 138) hält eine solche Klage für sofort abweisungsreif, eröffnet also **nicht** die Nachholung des Schlichtungsverf. Ein Anerkenntnisurteil ist auch ohne vorgängige Schlichtung möglich (BGH MDR 2014, 1340). Mit der Berufung kann gerügt werden, dass das Ausgangsgericht die Notwendigkeit eines Schlichtungsverf verkannt hat (OLG Saarbrücken NJW 2007, 1292; Rimmelspacher/Arnold NJW 2006, 15; aA LG Marburg NJW 2005, 2866; Bausch JR 2007, 444). Die Klage kann wiederholt werden, sobald das Schlichtungsverf nachgeholt ist (s vor § 253 ZPO Rn 9; nach LG Karlsruhe Justiz 2003, 265 soll § 269 VI ZPO auf das Schlichtungsverf analog anwendbar sein). 25

XI) Gebühr. Die Gebühr, die für die Durchführung des Schlichtungsverf fällig wird, ergibt sich aus den Landesgesetzen. Übersteigt die nach LandesR vorgesehene Geb den Bagatellbereich, so kann hierfür staatl Hilfeleistung in Anspruch genommen werden (zB nach Art 15 BaySchlG nach Beratungshilfegrundsätzen). Wird der Streit im Schlichtungsverf beigelegt, wird die Frage der Kostenverteilung im Vergleich geregelt. Gem IV zählen die Kosten der Gütestelle zu den Kosten des Rechtsstreits iSv § 91 I, II ZPO. Sie sind damit von der unterlegenen Partei zu erstatten, wenn sich an das gescheiterte Schlichtungsverf ein gerichtl Verf anschließt (vgl Friedrich JR 2002, 399; sie können festgesetzt werden: AG Wolfratshausen NJW-RR 2003, 1728). Lässt sich die Partei im Schlichtungs- 26 verf von einem RA vertreten, so erhält er 1 **Geschäftsgeb** von 1,5 nach 2303 RVG-VV; bei einer Einigung vor der Gütestelle kommt die **Einigungsgeb** von 1,5 nach 1000 RVG-VV hinzu. Die Geschäftsgeb ist nach Vorbem 3 RVG-VV zur Hälfte, höchstens jedoch zu 0,75 auf die Verfahrensgeb des gerichtl Verf angerechnet. Ebenso anzurechnen ist die Geschäftsgeb nach 2400 RVG-VV auf die in einem nachfolgenden Güteverf anfallende Geschäftsgeb nach 2403 RVG-VV. Nicht gesetzl geregelt ist die Erstattungsfähigkeit der Anwaltskosten für die Vertretung im Schlichtungstermin durch die unterlegene Partei des nachfolgenden Zivilverf. Sie sind unter dem Gesichtspunkt der Vorbereitungskosten erstattungsfähig (BayObLGZ 2004, 169; OLGR Karlsruhe 2008, 761; OLG Köln MDR 2010, 295; aA BGH NJW 2021, 2887; OLG Hamm JurBüro 2007, 489). Eine bedürftige Partei kann für die Vertretung durch einen RA im Schlichtungsverf **Beratungshilfe** nach § 1 I BerHG erhalten (AG Nürnberg JurBüro 2002, 147: keine Beratungshilfe für anwaltl Vertretung, wenn Gegenseite auch ohne Anwalt).

27 **XII) Einzelne landesrechtliche Regelungen.** V enthält den Verweis auf das LandesR (sa aktuelle Fassungen in Habersack -Ergänzungsband Nr 104-104j). SchlichtG auf Grund des § 15a bestehen in Bayern (BaySchlG v 25.4.2000, GVBl 2000, 268); Brandenburg (BbgSchGG v 16.12.2022, GVBl I/31); Hessen (SchlichtG, GVBl 2001, 98); Mecklenburg-Vorpommern (SchStG v 13.9.1990, GBl I 1990, 1527); Niedersachsen (NSchlG v 17.12.2009, GVBl 2009, 482); NRW (JustG v 26.1.2010); Rheinland-Pfalz (LSchlG v 10.9.2008, GVBl 2008, 204); Saarland (LSchlG v 21.2.2001, Amtsbl 2001, 532); Sachsen-Anhalt (SchStG GVBl LSA 2001, 214); Schleswig-Holstein (LSchlG v 11.12.2001, GVOBl 2001, 361). Im Wesentl haben sich 2 Typen entwickelt: Während Bayern auf die rechtsberatenden Berufe (Notare und RA) zurückgreift, nutzen die anderen Länder in 1. Linie die dort vorhandene Schiedsleutestruktur, wobei zumeist RA, teils auch Notare als sonstige Gütestellen zugelassen werden können. Teilw waren die landesrechtl Vorschriften als Zeitgesetze erlassen, um nach einem bereits im Gesetz festgelegten Zeitraum eine umfängl Überprüfung der praktischen Auswirkungen vornehmen zu können. Die Gesetze wurden zT bereits mehrfach verlängert.

28 **1) Vorschusspflicht.** Ausdrückl ermächtigt wird der Landesgesetzgeber, eine Vorschusspflicht für das Schlichtungsverf im Landesrecht vorzusehen. Davon ist zB in Art 14 BaySchlG Gebrauch gemacht, um RA und Notaren das Eintreiben der Geb zu ersparen und das Verf möglichst reibungslos zu gestalten. Nach Beendigung des Schlichtungsverf wird dann über die Geb abgerechnet.

29 **2) Ordnungsgeld bei Nichterscheinen.** Außerdem kann im LandesR ein Ordnungsgeld für die im Gütetermin nicht erschienene Partei vorgesehen werden. Ordnungsgeldbewehrte Erscheinenspflicht ist bereits in den Schiedsamtsgesetzen einiger Länder bekannt. Sowohl im BaySchlG als auch im JustG NRW ist aber von dieser Möglichkeit bewusst nicht Gebrauch gemacht worden; die Anwesenheit im Schlichtungstermin wird vielmehr indirekt durch Kostenfolgen gesichert.

§ 16 Vollvirtuelle Videoverhandlung

(1) [1]Die Bundesregierung und die Landesregierungen werden ermächtigt, durch Rechtsverordnung für ihre jeweiligen Zuständigkeitsbereiche vollvirtuelle Videoverhandlungen zum Zwecke ihrer Erprobung zuzulassen. [2]Eine Videoverhandlung (§ 128a der Zivilprozessordnung) findet als vollvirtuelle Videoverhandlung statt, wenn alle Verfahrensbeteiligten und alle Mitglieder des Gerichts an der mündlichen Verhandlung per Bild- und Tonübertragung teilnehmen und der Vorsitzende die Videoverhandlung von einem anderen Ort als der Gerichtsstelle aus leitet. [3]Die Landesregierungen können die in Satz 1 genannte Ermächtigung durch Rechtsverordnung auf die Landesjustizverwaltungen übertragen.

(2) [1]Die Zulassung vollvirtueller Videoverhandlungen kann auf einzelne Gerichte oder Verfahren beschränkt werden. In der Rechtsverordnung ist Folgendes zu bestimmen:

1. **die technischen und organisatorischen Rahmenbedingungen für die Herstellung der Öffentlichkeit nach Absatz 4 sowie**
2. **Art und Umfang der nach § 17 zu erhebenden Daten.**

[2]Die Geltungsdauer der Rechtsverordnung ist längstens bis zum Ablauf des 31. Dezember 2033 zu befristen. Die Rechtsverordnung der Bundesregierung bedarf nicht der Zustimmung des Bundesrates.

(3) [1]Ist durch Rechtsverordnung nach den Absätzen 1 und 2 eine vollvirtuelle Videoverhandlung zugelassen, so ist deren Durchführung nur zulässig, wenn

1. **alle Mitglieder des Gerichts gegenüber dem Vorsitzenden erklärt haben, an der mündlichen Verhandlung per Bild- und Tonübertragung teilzunehmen,**
2. **gegenüber allen Verfahrensbeteiligten eine Videoverhandlung nach § 128a Absatz 2 Satz 1 der Zivilprozessordnung angeordnet wurde und**
3. **kein Verfahrensbeteiligter fristgerecht Einspruch nach § 128a Absatz 2 Satz 2 der Zivilprozessordnung eingelegt hat.**

[2]Über die Durchführung einer vollvirtuellen Videoverhandlung entscheidet der Vorsitzende.

(4) In öffentlichen Verhandlungen ist die Öffentlichkeit herzustellen, indem die vollvirtuelle Videoverhandlung in Bild und Ton an einen öffentlich zugänglichen Raum im zuständigen Gericht übertragen wird.

(5) Absatz 4 gilt entsprechend für die Urteilsverkündung nach § 310 Absatz 1 Satz 3 der Zivilprozessordnung.

Eingefügt durch G zur Förderung des Einsatzes von Videokonferenztechnik in der Zivilgerichtsbarkeit und den Fachgerichtsbarkeiten v 15.7.2024 (BGBl 2024 I Nr 237) mWv 19.7.2024. §§ 16, 17 EGZPO werden mWv 1.1.2034 wieder aufgehoben.

Kommentierung zu §§ 16 und 17 zusammengefasst im Anschluss an § 17 Rn 1 ff.

§ 17 Evaluierung der vollvirtuellen Videoverhandlung

(1) Das Bundesministerium der Justiz evaluiert unter Beteiligung der an der Erprobung teilnehmenden Länder vier Jahre und acht Jahre nach dem 19. Juli 2024 die mit der vollvirtuellen Videoverhandlung gemachten Erfahrungen und die daraus gewonnenen Erkenntnisse.

(2) Die an der Erprobung teilnehmenden Länder berichten dem Bundesministerium der Justiz zum Zwecke der Evaluierung nach Absatz 1 am Ende eines jeden Kalenderjahres über die an den Gerichten in ihrem Zuständigkeitsbereich durchgeführten vollvirtuellen Videoverhandlungen. Der Bericht soll bezogen auf den Berichtszeitraum folgende Angaben enthalten:

1. **Anzahl der durchgeführten vollvirtuellen Videoverhandlungen,**
2. **Angaben zu Art und Sachgebiet der Verfahren, in denen eine vollvirtuelle Videoverhandlung stattgefunden hat,**
3. **Angaben zur anwaltlichen Vertretung in diesen Verfahren,**
4. **Angaben über die technische Ausstattung des öffentlichen Übertragungsraums nach § 16 Absatz 4 sowie die hierfür entstandenen Kosten und Aufwendungen,**
5. **Angaben zum Umfang, in welchem die Öffentlichkeit von den Möglichkeiten des § 16 Absatz 4 Gebrauch gemacht hat und**
6. **Angaben über die Erfahrungen der Gerichte und Verfahrensbeteiligten mit der Durchführung vollvirtueller Videoverhandlungen und der Herstellung der Öffentlichkeit nach § 16 Absatz 4.**

Eingefügt durch G zur Förderung des Einsatzes von Videokonferenztechnik in der Zivilgerichtsbarkeit und den Fachgerichtsbarkeiten v 15.7.2024 (BGBl 2024 I Nr 237) mWv 19.7.2024. §§ 16, 17 EGZPO werden mWv 1.1.2034 wieder aufgehoben.

I) Bedeutung. Die vom BT am 17.11.2023 beschlossene, überstürzte Einführung einer vollvirtuellen, dh vollständig online geführten mündl Verh, bei der sich auch das Gericht nicht an der Gerichtsstelle befinden muss, wurde vom Vermittlungsausschuss auf **Modellversuche** zurückgefahren, die durch VO des Bundes oder der Länder für ihren jeweiligen Zuständigkeitsbereich, evtl beschränkt auf einzelne Gerichte oder Verfahrensarten, eingeführt werden können. Die Erprobungen sollen nach § 17 evaluiert werden. – Hiervon hat das Saarland Gebrauch gemacht mit VO v 4.12.2024, ABl 2024, 1164. 1

II) Verfahren. Über die vollvirtuelle Verhandlungsführung entscheidet der Vors nach freiem Ermessen. Vorausgesetzt wird, dass alle Mitglieder des Gerichts ihr **Einverständnis** erklärt haben, allen Verfahrensbeteiligten ggü Videoverh **angeordnet** wurde und **keiner fristgerecht Einspruch** erhoben hat. Verfahrensbeteiligte sind die in § 128a I 3 ZPO Genannten; für Verh mit Vernehmung von einspruchsberechtigten Beweispersonen ist das Verf demnach wenig geeignet. Für Verfahrensgestaltung und Verhandlungsleitung gelten die Erl zu § 128a ZPO Rn 3 ff. 2

III) Öffentlichkeit. Die Videoverh, ggf auch die Urteilsverkündung, ist an einen **öffentlich zugänglichen Raum des Gerichts** zu übertragen; eine Übertragung ins Internet oder an andere Medien ist nicht zulässig. Werden in den Raum gleichzeitig mehrere Verhandlungen übertragen, muss gewährleistet sein, dass die Plätze für Besucher aller Sitzungen ausreichen und ein störungsfreies Verfolgen jeder Verhandlung gewährleistet ist (zB durch Einzelmonitore oder Tablets mit Kopfhörern). Eine **Rückübertragung** aus dem Zuschauerraum an die Prozessbeteiligten sieht § 16 nicht vor. Diese wissen also nicht, wer die Verhandlung verfolgt, mit möglicherweise negativen Folgen für die Wahrheitsfindung (Umgehen der Einzelvernehmung von Zeugen, § 394 I ZPO) und die Unbefangenheit von Äußerungen. Der Vors kann Herstellung bzw Ausschluss der Öffentlichkeit nicht kontrollieren u die Ordnungsgewalt für den Ablauf der Sitzung (§§ 175 ff GVG) partiell nicht ausüben; an ihre Stelle soll für den Zuschauerraum laut Gesetzesbegründung das Hausrecht des Gerichtsvorstands treten (BTDrs 20/8095, 44). Ob die Erleichterung für den Vors, sich nicht in einen Sitzungssaal begeben zu müssen, diese mit erhebl technischem u personellem Aufwand verbundenen Unwägbarkeiten rechtfertigt, wird zu Recht bezweifelt (AG/Schmidt vor §§ 16, 17 Rn 1; Schmieder jM 2024, 282, 285). 3

§ 18 (gegenstandslos)

§ 19 Begriff der Rechtskraft

(1) Rechtskräftig im Sinne dieses Gesetzes sind Endurteile, welche mit einem ordentlichen Rechtsmittel nicht mehr angefochten werden können.

(2) Als ordentliche Rechtsmittel im Sinne des vorstehenden Absatzes sind diejenigen Rechtsmittel anzusehen, welche an eine von dem Tage der Verkündung oder Zustellung des Urteils laufende Notfrist gebunden sind.

1 Die Bestimmung betrifft die formelle Rechtskraft des § 705 ZPO.

§ 20 Übergangsvorschriften zum Sechsten Gesetz zur Änderung der Pfändungsfreigrenzen

(1) [1]Eine vor dem Inkrafttreten des Sechsten Gesetzes zur Änderung der Pfändungsfreigrenzen vom 1. April 1992 (BGBl. I S. 745) am 1. Juli 1992 ausgebrachte Pfändung, die nach den Pfändungsfreigrenzen des bis zu diesem Zeitpunkt geltenden Rechts bemessen worden ist, richtet sich hinsichtlich der Leistungen, die nach dem 1. Juli 1992 fällig werden, nach den seit diesem Zeitpunkt geltenden Vorschriften. [2]Auf Antrag des Gläubigers, des Schuldners oder des Drittschuldners hat das Vollstreckungsgericht den Pfändungsbeschluss entsprechend zu berichtigen. [3]Der Drittschuldner kann nach dem Inhalt des früheren Pfändungsbeschlusses mit befreiender Wirkung leisten, bis ihm der Berichtigungsbeschluss zugestellt wird.

(2) [1]Soweit die Wirksamkeit einer Verfügung über Arbeitseinkommen davon abhängt, dass die Forderung der Pfändung unterworfen ist, sind die Vorschriften des Artikels 1 des Sechsten Gesetzes zur Änderung der Pfändungsfreigrenzen vom 1. April 1992 (BGBl. I S. 745) auch dann anzuwenden, wenn die Verfügung vor dem 1. Juli 1992 erfolgt ist. [2]Der Schuldner der Forderung kann nach Maßgabe der bis zu diesem Zeitpunkt geltenden Vorschriften so lange mit befreiender Wirkung leisten, bis ihm eine entgegenstehende vollstreckbare gerichtliche Entscheidung zugestellt wird oder eine Verzichtserklärung desjenigen zugeht, an den der Schuldner auf Grund dieses Gesetzes weniger als bisher zu leisten hat.

(3) Die Absätze 1 und 2 gelten entsprechend, wenn sich die pfändbaren Beträge zum 1. Juli des jeweiligen Jahres ändern.

1 **I) Herkunft.** Die Vorschrift stammt aus dem 6. G zur Änd der Pfändungsfreigrenzen v 1.4.1992 (BGBl I 1992, 745). Sie wurde als fortgeltender Regelungsrest durch das 1. G zur Bereinigung von BundesR im Zuständigkeitsbereich des BMJ hierher verschoben. III wurde eingefügt durch das G zur Reform des Kontopfändungsschutzes mWv 1.7.2010 – allerdings aufgrund eines Gesetzgebungsversehens in § 20, die Vorschrift gehört zu § 21.

2 **II) Zeitgrenze.** Für Pfändungen, die vor der Rechtsänderung ausgebracht wurden, gelten die neuen Pfändungsfreigrenzen, wenn nach dem 1.7.1992 Leistungen fällig werden, nach III auch für die Pfändungsfreigrenzen des § 850c IIa ZPO. Durch das PKoFoG sind die Pfändungsgrenzen nach § 850c ZPO der Übersichtlichkeit halber gänzlich umstrukturiert worden. Eine inhaltliche Änderung ist damit ausdrücklich nicht verbunden (BTDrs 19/19850, 28). Das neue Recht ist also im Sinne einer dynamischen Verweisung auch für die alten Titel maßgeblich. III gehört richtigerweise zu § 21 EGZPO. Das VollstrGericht kann den Pfändungsbeschluss auf Antrag entspr berichtigen. Für rechtsgeschäftl Verfügungen gilt Entspr (II).

§ 21 Übergangsvorschriften zum Siebten Gesetz zur Änderung der Pfändungsfreigrenzen

(1) [1]Für eine vor dem 1. Januar 2002 ausgebrachte Pfändung sind hinsichtlich der nach diesem Zeitpunkt fälligen Leistungen die Vorschriften des § 850a Nr. 4, § 850b Abs. 1 Nr. 4, § 850c und § 850f Abs. 3 der Zivilprozessordnung in der ab diesem Zeitpunkt geltenden Fassung anzuwenden. [2]Auf Antrag des Gläubigers, des Schuldners oder des Drittschuldners hat das Vollstreckungsgericht den Pfändungsbeschluss

entsprechend zu berichtigen. [3]Der Drittschuldner kann nach dem Inhalt des früheren Pfändungsbeschlusses mit befreiender Wirkung leisten, bis ihm der Berichtigungsbeschluss zugestellt wird.

(2) [1]Soweit die Wirksamkeit einer Verfügung über Arbeitseinkommen davon abhängt, dass die Forderung der Pfändung unterworfen ist, sind die Vorschriften des § 850a Nr. 4, § 850b Abs. 1 Nr. 4, § 850c und § 850f Abs. 3 der Zivilprozessordnung in der ab dem 1. Januar 2002 geltenden Fassung hinsichtlich der Leistungen, die nach diesem Zeitpunkt fällig werden, auch anzuwenden, wenn die Verfügung vor diesem Zeitpunkt erfolgt ist. [2]Der Drittschuldner kann nach den bis zum 1. Januar 2002 geltenden Vorschriften so lange mit befreiender Wirkung leisten, bis ihm eine entgegenstehende vollstreckbare gerichtliche Entscheidung zugestellt wird oder eine Verzichtserklärung desjenigen zugeht, an den der Schuldner nach den ab diesem Zeitpunkt geltenden Vorschriften weniger zu leisten hat.

I) Herkunft. § 21 stammt aus dem 7. G zur Änd der Pfändungsfreigrenzen v 13.12.2001 (BGBl I 2001, 3638) und wurde durch das 1. G zur Bereinigung von BundesR im Zuständigkeitsbereich des BMJ hierher verschoben. Die Vorschrift enthält eine **Übergangsregelung** für die in dem G vorgenommene Neuregelung der Pfändungsfreigrenzen (§§ 850a-f ZPO), die zum 1.1.2002 in Kraft trat. Die Vorschrift ist durch das PKoFoG nicht geändert worden (s § 20 Rn 2). 1

II) Zeitgrenze. Die Regelung gilt auch für **nach dem 1.1.2002 fällige Leistungen auf Pfändungen, die vor diesem Termin ausgebracht** wurden (I 1), was auf Antrag deklaratorisch ausgesprochen wird (I 2). I 3 regelt den Drittschuldnerschutz in diesen Fällen. – II enthält eine entspr Regelung für rechtsgeschäftl Verfügungen, deren Wirksamkeit iE von den Pfändungsfreigrenzen abhängt. § 20 III gehört hierher und ist fälschlicherweise bei § 20 angefügt (sa § 20 Rn 2). 2

§ 22 Überleitungsvorschriften zum Zweiten Gesetz zur Änderung zwangsvollstreckungsrechtlicher Vorschriften (2. Zwangsvollstreckungsnovelle)

(1) [1]§ 708 Nr. 11 der Zivilprozessordnung ist in seiner bis zum 1. Januar 1999 geltenden Fassung (Inkrafttreten der 2. Zwangsvollstreckungsnovelle vom 17. Dezember 1997 (BGBl. I S. 3039, 1998 I S. 583), die durch Artikel 8 des Gesetzes vom 19. Dezember 1998 (BGBl. I S. 3836) geändert worden ist) anzuwenden, wenn die mündliche Verhandlung, auf die das Urteil ergeht, vor dem 1. Januar 1999 geschlossen worden ist. [2]Im schriftlichen Verfahren tritt an die Stelle des Schlusses der mündlichen Verhandlung der Zeitpunkt, bis zu dem Schriftsätze eingereicht werden können.

(2) § 765a Abs. 3 der Zivilprozessordnung in der Fassung des Artikels 1 Nr. 9 Buchstabe c der 2. Zwangsvollstreckungsnovelle gilt nicht, wenn die Räumung binnen einem Monat seit Inkrafttreten der 2. Zwangsvollstreckungsnovelle am 1. Januar 1999 stattfinden soll.

(3) § 788 Abs. 1 Satz 3 der Zivilprozessordnung in der Fassung des Artikels 1 Nr. 11 Buchstabe a der 2. Zwangsvollstreckungsnovelle gilt nur für Kosten, die nach Inkrafttreten der 2. Zwangsvollstreckungsnovelle am 1. Januar 1999 entstehen.

(4) § 794 Abs. 1 Nr. 5 der Zivilprozessordnung ist in seiner bis zum 1. Januar 1999 geltenden Fassung anzuwenden, wenn die Urkunde vor dem Inkrafttreten der 2. Zwangsvollstreckungsnovelle am 1. Januar 1999 errichtet wurde.

(5) § 807 Abs. 1 Nr. 3 und 4 der Zivilprozessordnung in der Fassung des Artikels 1 Nr. 14 Buchstabe a der 2. Zwangsvollstreckungsnovelle gilt nicht für die Verfahren, in denen der Gerichtsvollzieher die Vollstreckung vor dem Inkrafttreten der 2. Zwangsvollstreckungsnovelle am 1. Januar 1999 versucht hatte.

(6) § 833 Abs. 2 der Zivilprozessordnung in der Fassung des Artikels 1 Nr. 23 Buchstabe a der 2. Zwangsvollstreckungsnovelle gilt nicht für Arbeits- oder Dienstverhältnisse, die vor dem Inkrafttreten der 2. Zwangsvollstreckungsnovelle am 1. Januar 1999 beendet waren.

(7) § 866 Abs. 3 Satz 1 und § 867 Abs. 2 der Zivilprozessordnung in der Fassung des Artikels 1 Nr. 26 und 27 Buchstabe a der 2. Zwangsvollstreckungsnovelle gelten nicht für Eintragungen, die vor dem Inkrafttreten der 2. Zwangsvollstreckungsnovelle am 1. Januar 1999 beantragt worden sind.

(8) (weggefallen)

(9) Auf Anträge auf Bestimmung eines Termins zur Abnahme der eidesstattlichen Versicherung, die vor dem 1. Januar 1999 gestellt worden sind, finden die §§ 807, 899, 900 der Zivilprozessordnung und § 20 Nr. 17 des Rechtspflegergesetzes in der jeweils bis zum 1. Januar 1999 geltenden Fassung Anwendung.

I) Herkunft. Die Vorschrift stammt aus dem 2. G zur Änd zwangsvollstreckungsrechtl Vorschriften v 17.12. 1997 (BGBl I 1997, 3039, I 1998, 583) und wurde durch das 1. G zur Bereinigung von BundesR im Zuständig- 1 keitsbereich des BMJ hierher verschoben. VIII ist aufgehoben mWv 1.5.2013 durch MietRÄndG v 11.3.2013 (BGBl I 2013, 434).

2 **II) Fortgeltung bisheriger Bestimmungen.** Als Übergangsregelung ist sie durch Zeitablauf gegenstandslos; ihr und den folgenden Regelungen ist aber der allg Grundsatz zu entnehmen, dass Verf nach den bish Vorschriften zu Ende geführt werden (BGH NJW 2009, 598).

§ 23 Schutz von Hochwasser-Soforthilfen vor Pfändungen auf Pfändungsschutzkonten

(1) Staatliche Soforthilfen, die als Billigkeitsleistungen zur Überbrückung von Notlagen von Bürgern oder zur Milderung von Schäden der Unternehmen der Land- und Forstwirtschaft und der gewerblichen Wirtschaft sowie der Angehörigen freier Berufe und Selbstständigen, in den von den Starkregen- und Hochwasserereignissen im Juli 2021 betroffenen Gebieten gewährt werden, werden den in § 902 Satz 1 der Zivilprozessordnung genannten Beträgen und Geldleistungen, die nicht von der Pfändung erfasst werden, gleichgestellt.

(2) Das Kreditinstitut ist dem Schuldner auch dann zur Leistung aus dem Guthaben für die nach Absatz 1 nicht von der Pfändung erfassten Soforthilfen im Rahmen des vertraglich Vereinbarten verpflichtet, wenn der Schuldner durch Vorlage des Bewilligungsbescheides oder eines Kontoauszuges nachweist, dass das Guthaben nicht von der Pfändung erfasst ist.

(3) Die Absätze 1 und 2 gelten nicht für Pfändungen wegen Rückforderungen von Soforthilfen im Sinne des Absatzes 1.

1 **I) Regelungszweck.** § 23 regelt den **Pfändungsschutz für Hochwasser-Soforthilfen** auf einem P-Konto und gewährleistet damit den erleichterten Zugang zu diesen Hilfeleistungen (ausführl ua dazu: Ahrens ZVI 2023, 106; Kohte ZVI 2023, 49). Die Vorschrift setzt die mat-rechtl Unpfändbarkeit dieser Hilfeleistungen voraus. *Corona-Soforthilfen* hat der BGH wegen deren Zweckbindung gem § 851 I ZPO für unpfändbar erklärt und entschieden, dass der Pfändungsfreibetrag entspr § 906 I 2, II ZPO zu erhöhen ist (vgl BGH MDR 2021, 642 [noch zu § 850k IV ZPO aF]). Gleiches muss für *Hochwasser-Soforthilfen* gelten (iE BTDrs 19/32039, 26; dazu schon: AG Euskirchen 2.8.2021 – 11 M 1030/11, juris).

2 **II) Anwendungsbereich. 1) Sachlich: Hochwasser-Soforthilfen (§ 23 I).** In sachl Hinsicht gilt I für **staatl Soforthilfen**, die als Billigkeitsleistungen zur Überbrückung von Notlagen von Bürgern oder zur Milderung von Schäden der Unternehmen der Land- und Forstwirtschaft und der gewerbl Wirtschaft sowie der Angehörigen freier Berufe und Selbständigen in den von den **Starkregen- und Hochwasserereignissen im Juli 2021 betroffenen Gebieten** gewährt werden (Hochwasser-Soforthilfen). **Unanwendbar** ist I auf **Kredite**, die im Rahmen von Starkregen- und Hochwasser-Hilfsprogrammen von Bund, Ländern oder Kommunen gewährt werden. Umfang und Ziel von Soforthilfen und Krediten sind unterschiedl: Die *Soforthilfe* ist insb auf Grund ihres vergleichsweise geringen Umfangs darauf angelegt, einen kurzfristigen Liquiditätsengpass zu überbrücken; ein *Kredit* zielt hingegen auf eine längerfristige Hilfe ab (BTDrs 19/32039, 26).

3 **2) Geschützter Personenkreis.** In personeller Hinsicht gilt § 23 nur für **natürl Personen** (vgl § 850k I 1 ZPO); auf Personengesellschaften und jur Personen sind die Vorschriften des P-Kontos unanwendbar (iE BTDrs 19/32039, 26).

4 **III) Folge: Unpfändbarkeit.** I stellt die **Hochwasser-Soforthilfen** den in **§ 902 S 1 ZPO** genannten Beträgen und Geldleistungen, die nicht von der Pfändung erfasst werden, gleich; erklärt diese also **auf P-Konten** ebenfalls für **unpfändbar**. **Zweck:** Sch könnten nach § 906 I 2, II ZPO beim Vollstreckungsgericht zwar selbst einen Antrag auf Erhöhung des Freibetrages bzgl der Hochwasser-Soforthilfen stellen. Die von den Unwettern zT selbst betroffenen Gerichte konnten den vollen Dienstbetrieb jedoch noch nicht wieder aufnehmen und sind für Sch daher teilw schlecht erreichbar. Gleiches gilt für Schuldnerberatungsstellen. Dies führt zu Lasten der Sch zu Verzögerungen. Soweit Gl in gerichtl Verf rechtl Gehör zu Anträgen der Sch zu gewähren ist und die Gl ebenfalls von den Folgen des Starkregens/Hochwassers betroffen und deshalb schlecht erreichbar sind, würde das zu weiteren Verzögerungen führen. § 23 I stellt in dieser außergewöhnl Situation ein notw und einfaches Verf zur Verfügung, um die Unpfändbarkeit von Hochwasser-Soforthilfen auf P-Konten sicherzustellen (vgl BTDrs 19/32039, 26 f).

5 **IV) Nachweis gegenüber dem Kreditinstitut. 1) Bescheinigung nach § 903 I 2 ZPO (§ 23 I).** Der Verweis in I auf § 902 S 1 ZPO *eröffnet* dem Sch die Möglichkeit, dem Kreditinstitut eine **Bescheinigung iSd § 903 I 2 ZPO** (zB einer Schuldnerberatungsstelle) zum Nachweis einer Hochwasser-Soforthilfe vorzulegen, um die **Auszahlung dieser Soforthilfe durch das Kreditinstitut** zu erreichen (vgl BTDrs 19/32039, 27).

2) Anderer Nachweis (§ 23 II). II eröffnet dem Sch eine weitere Nachweismöglichkeit. Alternativ zur Vorlage einer Bescheinigung nach § 903 I 2 ZPO kann der Nachweis einer Hochwasser-Soforthilfe auch dadurch erbracht werden, dass der Sch dem Kreditinstitut den **Bewilligungsbescheid** zukommen lässt oder einen **Kontoauszug** vorlegt, dessen Verwendungszweck aufschlussreich ist (vgl BTDrs 19/32039, 27), um so die **Auszahlung dieser Soforthilfe durch das Kreditinstitut** zu erreichen. 6

V) Unanwendbarkeit nach § 23 III. I und II sind unanwendbar auf **Rückforderungen von Hochwasser-Soforthilfen** (III). **Zweck:** Es muss sichergestellt sein, dass Rückforderungen in Fällen, in denen nach Einschätzung der Bewilligungsbehörde die Soforthilfe zu Unrecht bewilligt wurde, zwangsweise durchgesetzt werden können und insoweit auch auf das P-Konto zugegriffen werden kann (vgl BTDrs 19/32039, 27). 7

§ 24 Übergangsregelung zum Mietrechtsreformgesetz

Auf einen Räumungsrechtsstreit, der vor dem 1. September 2001 rechtshängig geworden ist, finden § 93b Abs. 1 und 2, § 721 Abs. 7 sowie § 794a Abs. 5 der Zivilprozessordnung in der bis zu diesem Zeitpunkt geltenden Fassung Anwendung.

Die Vorschrift wurde eingefügt durch Mietrechts-RG v 9.6.2001 (BGBl I 2001, 1149). Sie enthält eine Übergangsregelung für die zivilprozessualen Änderungen des Mietrechts-RG betr die Kostenverteilung und den VollstrSchutz bei **Räumungsklagen:** Maßgebl ist der Stichtag (1.9.2001) für die Begründung der Rechtshängigkeit. – Die Überleitungsvorschrift ist durch Zeitablauf weitgehend gegenstandslos. 1

§ 25 (weggefallen)

§ 26 Übergangsregelung zum Zivilprozessreformgesetz

Für das Gesetz zur Reform des Zivilprozesses vom 27. Juli 2001 gelten folgende Übergangsvorschriften:

1. **(weggefallen)**
2. **[1]Für am 1. Januar 2002 anhängige Verfahren finden die §§ 23, 105 Abs. 3 des Gerichtverfassungsgesetzes und § 92 Abs. 2, §§ 128, 269 Abs. 3, §§ 278, 313a, 495a der Zivilprozessordnung sowie die Vorschriften über das Verfahren im ersten Rechtszug vor dem Einzelrichter in der am 31. Dezember 2001 geltenden Fassung weiter Anwendung. [2]Für das Ordnungsgeld gilt § 178 des Gerichtsverfassungsgesetzes in der am 31. Dezember 2001 geltenden Fassung, wenn der Beschluss, der es festsetzt, vor dem 1. Januar 2002 verkündet oder, soweit eine Verkündung nicht stattgefunden hat, der Geschäftsstelle übergeben worden ist.**
3. **[1]Das Bundesministerium der Justiz gibt die nach § 115 Abs. 3 Nr. 2 Satz 1 vom Einkommen abzusetzenden Beträge für die Zeit vom 1. Januar 2002 bis zum 30. Juni 2002 neu bekannt. [2]Die Prozesskostenhilfebekanntmachung 2001 ist insoweit nicht mehr anzuwenden.**
4. **Ist die Prozesskostenhilfe vor dem 1. Januar 2002 bewilligt worden, gilt § 115 Abs. 1 Satz 4 der Zivilprozessordnung für den Rechtszug in der im Zeitpunkt der Bewilligung geltenden Fassung weiter.**
5. **[1]Für die Berufung gelten die am 31. Dezember 2001 geltenden Vorschriften weiter, wenn die mündliche Verhandlung, auf die das anzufechtende Urteil ergeht, vor dem 1. Januar 2002 geschlossen worden ist. [2]In schriftlichen Verfahren tritt an die Stelle des Schlusses der mündlichen Verhandlung der Zeitpunkt, bis zu dem Schriftsätze eingereicht werden können.**
6. **§ 541 der Zivilprozessordnung in der am 31. Dezember 2001 geltenden Fassung ist nur noch anzuwenden, soweit nach Nummer 5 Satz 1 über die Berufung nach den bisherigen Vorschriften zu entscheiden ist, am 1. Januar 2002 Rechtsfragen zur Vorabentscheidung dem übergeordneten Oberlandesgericht oder dem Bundesgerichtshof vorliegen oder nach diesem Zeitpunkt noch vorzulegen sind.**
7. **[1]Für die Revision gelten die am 31. Dezember 2001 geltenden Vorschriften weiter, wenn die mündliche Verhandlung, auf die das anzufechtende Urteil ergeht, vor dem 1. Januar 2002 geschlossen worden ist. [2]In schriftlichen Verfahren tritt an die Stelle des Schlusses der mündlichen Verhandlung der Zeitpunkt, bis zu dem Schriftsätze eingereicht werden können.**
8. **(aufgehoben)**
9. **(weggefallen)**

10. Für Beschwerden und für die Erinnerung finden die am 31. Dezember 2001 geltenden Vorschriften weiter Anwendung, wenn die anzufechtende Entscheidung vor dem 1. Januar 2002 verkündet oder, soweit eine Verkündung nicht stattgefunden hat, der Geschäftsstelle übergeben worden ist.

11. Soweit nach den Nummern 2 bis 5, 7 und 9 in der vor dem 1. Januar 2002 geltenden Fassung Vorschriften weiter anzuwenden sind, die auf Geldbeträge in Deutscher Mark Bezug nehmen, sind diese Vorschriften vom 1. Januar 2002 an mit der Maßgabe anzuwenden, dass die Beträge nach dem Umrechnungskurs 1 Euro = 1,95583 Deutsche Mark und den Rundungsregeln der Verordnung (EG) Nr. 1103/97 des Rates vom 17. Juni 1997 über bestimmte Vorschriften im Zusammenhang mit der Einführung des Euro (ABl. EG Nr. L 162 S. 1) in die Euro-Einheit umgerechnet werden.

1 **I) Bedeutung der Vorschrift.** § 26 wurde eingefügt durch ZPO-RG v 27.7.2001 (BGBl I 2001, 1887). Sie enthält ausschließl **Übergangsregelungen für das ZPO-RG**, das nach dessen Art 53 Nr 3 grds am 1.1.2002 in Kraft getreten ist. Sie gelten für alle – auch mittelbar, etwa durch Verweisung anzuwendenden – Änd durch das ZPO-RG. Sie betreffen weitgehend die Überleitung der Verf in der Erstphase ab 1.1.2002.

2 **II) Grundsatz.** Entspr den allg Regeln für Verfahrensvorschriften waren die Änd des Zivilprozesses durch das ZPO-RG **generell ab dem Zeitpunkt des Inkrafttretens – 1.1.2002 – auch auf damals laufende Verf** anzuwenden; die Ausnahmen sind wegen Zeitablaufs – ebenso wie die Überleitungsvorschrift selbst – weitgehend gegenstandslos.

§ 27 Vereinfachtes Unterhaltsverfahren

Auf vereinfachte Verfahren über den Unterhalt Minderjähriger (§§ 645 bis 660 der Zivilprozessordnung), in denen der Antrag auf Festsetzung von Unterhalt vor dem 1. Januar 2002 eingereicht wurde, finden die Vorschriften über das vereinfachte Verfahren über den Unterhalt Minderjähriger in der am 31. Dezember 2001 geltenden Fassung weiter Anwendung.

1 **I) Herkunft.** Die Vorschrift betrifft die Änd des **vereinf Verf über den Unterhalt Minderj** (§§ 645 ff ZPO) durch G v 13.12.2001 (BGBl I 2001, 574), die am 1.1.2002 in Kraft trat.

2 **II) Zeitgrenze. Die Übergangsregelung** stellt darauf ab, wann der das Verf einleitende Antrag bei Gericht eingereicht wurde. Sie ist durch Zeitablauf weitgehend gegenstandslos.

§ 28 Verbraucherkreditverträge

(1) Das Mahnverfahren findet nicht statt für Ansprüche eines Unternehmers aus einem Vertrag, für den das Verbraucherkreditgesetz gilt, wenn der nach dem Verbraucherkreditgesetz anzugebende effektive oder anfängliche effektive Jahreszins den bei Vertragsschluss geltenden Basiszinssatz nach § 247 des Bürgerlichen Gesetzbuchs um mehr als zwölf Prozentpunkte übersteigt.
(2) § 690 Abs. 1 Nr. 3 der Zivilprozessordnung findet auf Verträge, für die das Verbraucherkreditgesetz gilt, mit der Maßgabe Anwendung, dass an die Stelle der Angabe des nach den §§ 492, 502 des Bürgerlichen Gesetzbuchs anzugebenden effektiven oder anfänglichen effektiven Jahreszinses die Angabe des nach dem Verbraucherkreditgesetz anzugebenden effektiven oder anfänglichen effektiven Jahreszinses tritt.

1 **I) Herkunft.** Die Vorschrift ist eingefügt durch das SchuldRModG v 26.11.2001 (BGBl I 2001, 3138), in Kraft seit 1.1.2002, in I geändert durch VO zur Ersetzung von Zinssätzen v 5.4.2002 (BGBl I 2002, 1250).

2 **II) Zeitgrenze.** Die Vorschrift enthält eine **Übergangsregelung für Verbraucherkreditaltverträge** (Vertragsschluss vor dem 1.1.2002), auf die nach Art 229 § 5 EGBGB das VerbrKrG weiter anwendbar ist, hinsichtl der insoweit geänderten Regelungen für das Mahnverf in § 688 II Nr 1 und § 690 I Nr 3 ZPO. In der Übergangsregelung wird die Fortgeltung der vor dem G v 26.11.2001 geltenden Fassung der §§ 688, 690 ZPO angeordnet. Sie ist durch Zeitablauf weitgehend gegenstandslos.

§ 29 1. Justizmodernisierungsgesetz

Für das 1. Justizmodernisierungsgesetz vom 24. August 2004 (BGBl. I S. 2198) gelten folgende Übergangsvorschriften:

1. **Auf Verfahren, die am 1. September 2004 anhängig sind, findet § 91a der Zivilprozessordnung in der vor dem 1. September 2004 geltenden Fassung Anwendung.**
2. **[1]§ 91 in der seit dem 1. September 2004 geltenden Fassung ist auch auf Verfahren anzuwenden, die zu diesem Zeitpunkt anhängig oder rechtskräftig abgeschlossen worden sind; einer Kostenrückfestsetzung steht nicht entgegen, dass sie vor dem 1. September 2004 abgelehnt worden ist. [2]Haben die Parteien etwas anderes vereinbart, bleibt es dabei.**
3. **Auf Verfahren, die am 1. September 2004 anhängig sind, findet § 411a der Zivilprozessordnung keine Anwendung.**

I) Herkunft. Die Vorschrift wurde eingefügt durch das 1. JuMoG. 1

II) Zeitgrenze. Sie enthält bes **Übergangsregelungen** für **Verf**, die im Zeitpunkt des Inkrafttretens des 1. JuMoG (1.9.2004) **bereits anhängig waren.** Sie ist durch Zeitablauf weitgehend gegenstandslos. 2

§ 30 JKomG

[1]Für Artikel 1 Nr. 2a und 3a des Justizkommunikationsgesetzes vom 22. März 2005 (BGBl. I S. 837) gilt folgende Übergangsvorschrift:

Ist einer Partei vor dem Inkrafttreten dieses Gesetzes für einen Rechtszug Prozesskostenhilfe bewilligt worden, so ist für diesen Rechtszug insoweit das bisherige Recht anzuwenden. [2]Maßgebend ist das Datum des Bewilligungsbeschlusses. [3]Eine Maßnahme der Zwangsvollstreckung gilt als besonderer Rechtszug.

I) Herkunft. Die Vorschrift wurde eingefügt durch JKomG v 22.3.2005 (BGBl I 2005, 837). 1

II) Zeitgrenze. Sie betrifft vor allem die Änd des § 115 ZPO. Die gesamten Beträge haben sich zu Lasten des ASt geändert. War dem ASt vor dem 1.4.2005 PKH gewährt, gilt das alte Recht fort. Es handelt sich um eine Überleitungsvorschrift, die durch Zeitablauf weitgehend gegenstandslos ist. 2

§ 31 KapMuG

[1]Für das Gesetz zur Einführung von Kapitalanleger-Musterverfahren vom 16. August 2005 (BGBl. I S. 2437) gilt folgende Übergangsvorschrift:

Auf Verfahren, die nach dem 31. Oktober 2005 anhängig werden, findet § 32b der Zivilprozessordnung keine Anwendung, wenn zu diesem Zeitpunkt bereits bei einem anderen Gericht mindestens zehn Verfahren anhängig sind, in denen die Voraussetzungen für ein Musterverfahren ebenso wie bei dem neu anhängig werdenden Verfahren vorliegen. [2]In den Verfahren nach Satz 1 richtet sich die Zuständigkeit der Gerichte nach den bisher geltenden Vorschriften.

I) Herkunft. Die Vorschrift wurde eingefügt durch G zur Einführung von Kapitalanleger-Musterverf v 16.8. 2005 (BGBl I 2005, 2437). 1

II) Zeitgrenze. Die ausschl Zuständigkeit nach dem KapMuG in § 32b ZPO am Sitz des Emittenten, des Anbieters von Vermögensanlagen oder der Zielgesellschaft findet dann keine Anwendung, wenn vor dem 31.10.2005 bereits an einem anderen Gericht mindestens 10 Verf anhängig waren, die die Voraussetzungen für ein Musterverf erfüllten. Es handelt sich um eine Überleitungsvorschrift, die durch Zeitablauf weitgehend gegenstandslos ist. Das hat sich auch durch die erneute Überarbeitung der Vorschrift durch das Zweite G zur Reform des Kapitalanleger-MusterverfahrensG v 16.7.2024 nicht geändert. 2

§ 32 Überleitungsvorschriften zum Gesetz zur Entlastung der Rechtspflege

(1) [1]Wenn vor dem Inkrafttreten des Gesetzes zur Entlastung der Rechtspflege vom 11. Januar 1993 (BGBl. I S. 50) am 1. März 1993 die mündliche Verhandlung, auf die das anzufechtende Urteil ergeht, geschlossen worden ist, gelten für die Zulässigkeit der Berufungen die bis dahin geltenden Vorschriften. [2]Im schriftlichen Verfahren tritt an die Stelle des Schlusses der mündlichen Verhandlung in den Fällen des § 128 Abs. 2 der Zivilprozessordnung der Zeitpunkt, bis zu dem Schriftsätze eingereicht werden

können, im Übrigen der Zeitpunkt, zu dem die Geschäftsstelle zum Zwecke der Zustellung die anzufechtende Entscheidung an die Parteien hinausgegeben hat.

(2) Für anhängige Verfahren in der Zivilgerichtsbarkeit gelten die Vorschriften über das Verfahren vor dem Einzelrichter, die §§ 9, 29a Abs. 1, § 128 Abs 3 Satz 1 und § 495a Abs. 1 Satz 1 der Zivilprozessordnung, § 23 Nr. 1 und 2 Buchstabe a und § 23b Abs. 3 Satz 2 des Gerichtsverfassungsgesetzes in der bis zum 1. März 1993 geltenden Fassung.

1 **I) Herkunft.** Die Vorschriften stammen aus dem G zur Entlastung der Rechtspflege v 11.1.1993 (BGBl I 1993, 50) und wurden durch das 1. G zur Bereinigung von BundesR im Zuständigkeitsbereich des BMJ hierher verschoben.

2 **II) Zeitgrenze.** Überleitungsvorschrift, die durch Zeitablauf weitgehend gegenstandslos ist.

§ 33 Überleitungsvorschriften zum Schiedsverfahrens-Neuregelungsgesetz

(1) Die Wirksamkeit von Schiedsvereinbarungen, die vor dem Inkrafttreten des Schiedsverfahrens-Neuregelungsgesetzes vom 22. Dezember 1997 (BGBl. I S. 3224) am 1. Januar 1998 geschlossen worden sind, beurteilt sich nach dem bis zu diesem Zeitpunkt geltenden Recht.

(2) [1]Für schiedsrichterliche Verfahren, die am 1. Januar 1998 noch nicht beendet waren, ist das bis zu diesem Zeitpunkt geltende Recht mit der Maßgabe anzuwenden, dass an die Stelle des schiedsrichterlichen Vergleichs der Schiedsspruch mit vereinbartem Wortlaut tritt. [2]Die Parteien können jedoch die Anwendung des neuen Rechts vereinbaren.

(3) Für gerichtliche Verfahren, die bis zum 1. Januar 1998 anhängig geworden sind, ist das bis zu diesem Zeitpunkt geltende Recht weiter anzuwenden.

(4) [1]Aus für vollstreckbar erklärten schiedsrichterlichen Vergleichen, die vor dem 1. Januar 1998 geschlossen worden sind, findet die Zwangsvollstreckung statt, sofern die Entscheidung über die Vollstreckbarkeit rechtskräftig oder für vorläufig vollstreckbar erklärt worden ist. [2]Für die Entscheidung über die Vollstreckbarkeit gilt das bis zum Inkrafttreten des Schiedsverfahrens-Neuregelungsgesetzes vom 22. Dezember 1997 (BGBl. I S. 3224) geltende Recht.

1 **I) Herkunft.** Die Vorschrift stammt aus dem G zur Neuregelung des SchiedsverfahrensR v 22.12.1997 (BGBl I 1997, 3224) und ist durch das 1. G zur Bereinigung von BundesR im Zuständigkeitsbereich des BMJ hierher verschoben worden.

2 **II) Zeitgrenze.** Für vorher abgeschlossene Schiedsvereinbarungen gelten die alten Vorschriften. Bei noch anhängigen Verf können die Parteien zum neuen Recht wechseln. IV schließt eine weitere Regelungslücke und betrifft Fälle, in denen der schiedsrichterl Vergleich zwar vor dem 1.1.1998 geschlossen, aber erst danach für vollstreckbar erklärt wurde. Auch insoweit gilt das alte Recht.

§ 34 Überleitungsvorschriften zum Gesetz zur Vereinfachung und Beschleunigung gerichtlicher Verfahren

In ihrer bis zum Inkrafttreten des Gesetzes zur Vereinfachung und Beschleunigung gerichtlicher Verfahren vom 3. Dezember 1976 (BGBl. I S. 3281) geltenden Fassung sind weiter anzuwenden:

1. **Vorschriften über die Aufforderung an den Beklagten, es dem Gericht anzuzeigen, wenn er sich gegen die Klage verteidigen wolle, über die Fristen zur schriftlichen Klageerwiderung, zur schriftlichen Berufungserwiderung und zur schriftlichen Stellungnahme auf diese, über die Begründung des Einspruchs gegen ein Versäumnisurteil sowie über die Folgen einer Verletzung dieser Vorschriften durch die Parteien, wenn vor dem 1. Juli 1977 die Klage oder das Versäumnisurteil zugestellt oder die Berufung eingelegt wurde;**
2. **sonstige Vorschriften über die Nichtzulassung nicht rechtzeitig vorgebrachter Angriffs- und Verteidigungsmittel, wenn das Angriffs- oder Verteidigungsmittel in einer vor dem 1. Juli 1977 abgehaltenen mündlichen Verhandlung vorgebracht wurde;**
3. **Vorschriften über die Nichtzulassung neuer Angriffs- und Verteidigungsmittel im Berufungsrechtszug, die bereits in der ersten Instanz vorzubringen waren, wenn die mündliche Verhandlung im ersten Rechtszug vor dem 1. Juli 1977 geschlossen wurde;**

4. **Vorschriften über das Urteil, wenn der Termin, in dem die mündliche Verhandlung geschlossen wurde, vor dem 1. Juli 1977 stattgefunden hat;**
5. **Vorschriften über die Zustellung und Ausfertigung der Urteile, wenn das Urteil vor dem 1. Juli 1977 verkündet worden ist oder, wenn es ohne mündliche Verhandlung ergangen ist, der Geschäftsstelle übergeben wurde;**
6. **Vorschriften über die Fristen zur Einlegung von Rechtsmitteln und des Einspruchs, wenn die anzufechtende Entscheidung vor dem 1. Juli 1977 verkündet oder statt einer Verkündung zugestellt worden ist;**
7. **Vorschriften über das Mahnverfahren, wenn der Mahnantrag vor dem 1. Juli 1977 gestellt wurde.**

I) Herkunft. Die Vorschrift stammt aus dem G zur Vereinfachung und Beschleunigung gerichtl Verf v 3.12. 1976 (BGBl I 1976, 3281). Sie ist durch das 1. G zur Bereinigung von BundesR im Zuständigkeitsbereich des BMJ hierher verschoben worden. 1

II) Zeitgrenze. Überleitungsvorschrift, die durch Zeitablauf gegenstandslos ist. Nach der Gesetzesbegr soll sie eigentlich wieder gestrichen werden. 2

§ 35 Überleitungsvorschrift zum 2. JuMoG

Auf Verfahren, die vor dem 31. Dezember 2006 rechtskräftig abgeschlossen worden sind, ist § 580 Nr. 8 der Zivilprozessordnung nicht anzuwenden.

I) Herkunft. Vorschrift ist eingefügt worden durch das 2. JuMoG. 1

II) Zeitgrenze. Der Restitutionsgrund des § 580 Nr 8 ZPO (Urteil beruht auf einer vom EuGH für Menschenrechte festgestellten Verletzung der EMRK) gilt nur für Verf, die nach dem Inkrafttreten rechtskräftig abgeschlossen werden, was verfassungsrechtl unbedenklich ist (BVerfG FamRZ 2015, 1263). Für den Begriff der Rechtskraft ist auf § 19 zurückzugreifen (BGH MDR 2014, 675). 2

§ 36 Übergangsvorschriften zum Gesetz zur Änderung des Unterhaltsrechts

Für das Gesetz zur Änderung des Unterhaltsrechts vom 21. Dezember 2007 (BGBl. I S. 3189) gelten folgende Übergangsvorschriften:

1. **Ist über den Unterhaltsanspruch vor dem 1. Januar 2008 rechtskräftig entschieden, ein vollstreckbarer Titel errichtet oder eine Unterhaltsvereinbarung getroffen worden, sind Umstände, die vor diesem Tag entstanden und durch das Gesetz zur Änderung des Unterhaltsrechts erheblich geworden sind, nur zu berücksichtigen, soweit eine wesentliche Änderung der Unterhaltsverpflichtung eintritt und die Änderung dem anderen Teil unter Berücksichtigung seines Vertrauens in die getroffene Regelung zumutbar ist.**
2. **Die in Nummer 1 genannten Umstände können bei der erstmaligen Änderung eines vollstreckbaren Unterhaltstitels nach dem 1. Januar 2008 ohne die Beschränkungen des § 323 Abs. 2 und des § 767 Abs. 2 der Zivilprozessordnung geltend gemacht werden.**
3. **[1]Ist einem Kind der Unterhalt auf Grund eines vollstreckbaren Titels oder einer Unterhaltsvereinbarung als Prozentsatz des jeweiligen Regelbetrags nach der Regelbetrag-Verordnung zu leisten, gilt der Titel oder die Unterhaltsvereinbarung fort. [2]An die Stelle des Regelbetrags tritt der Mindestunterhalt. [3]An die Stelle des bisherigen Prozentsatzes tritt ein neuer Prozentsatz. [4]Hierbei gilt:**
   a) **Sieht der Titel oder die Vereinbarung die Anrechnung des hälftigen oder eines Teils des hälftigen Kindergelds vor, ergibt sich der neue Prozentsatz, indem dem bisher zu zahlenden Unterhaltsbetrag das hälftige Kindergeld hinzugerechnet wird und der sich so ergebende Betrag in Verhältnis zu dem bei Inkrafttreten des Gesetzes zur Änderung des Unterhaltsrechts geltenden Mindestunterhalt gesetzt wird; der zukünftig zu zahlende Unterhaltsbetrag ergibt sich, indem der neue Prozentsatz mit dem Mindestunterhalt vervielfältigt und von dem Ergebnis das hälftige Kindergeld abgezogen wird.**
   b) **Sieht der Titel oder die Vereinbarung die Hinzurechnung des hälftigen Kindergelds vor, ergibt sich der neue Prozentsatz, indem vom bisher zu zahlenden Unterhaltsbetrag das hälftige Kinder-**

geld abgezogen wird und der sich so ergebende Betrag in Verhältnis zu dem bei Inkrafttreten des Gesetzes zur Änderung des Unterhaltsrechts geltenden Mindestunterhalt gesetzt wird; der zukünftig zu zahlende Unterhaltsbetrag ergibt sich, indem der neue Prozentsatz mit dem Mindestunterhalt vervielfältigt und dem Ergebnis das hälftige Kindergeld hinzugerechnet wird.

c) Sieht der Titel oder die Vereinbarung die Anrechnung des vollen Kindergelds vor, ist Buchstabe a anzuwenden, wobei an die Stelle des hälftigen Kindergelds das volle Kindergeld tritt.

d) Sieht der Titel oder die Vereinbarung weder eine Anrechnung noch eine Hinzurechnung des Kindergelds oder eines Teils des Kindergelds vor, ist Buchstabe a anzuwenden.

[5]Der sich ergebende Prozentsatz ist auf eine Dezimalstelle zu begrenzen. Die Nummern 1 und 2 bleiben unberührt.

4. Der Mindestunterhalt minderjähriger Kinder im Sinne des § 1612a Abs. 1 des Bürgerlichen Gesetzbuchs beträgt

a) für die Zeit bis zur Vollendung des sechsten Lebensjahrs (erste Altersstufe) 279 Euro,

b) für die Zeit vom siebten bis zur Vollendung des zwölften Lebensjahrs (zweite Altersstufe) 322 Euro,

c) für die Zeit vom 13. Lebensjahr an (dritte Altersstufe) 365 Euro

jeweils bis zu dem Zeitpunkt, in dem der Mindestunterhalt nach Maßgabe des § 1612a Abs. 1 des Bürgerlichen Gesetzbuchs den hier festgelegten Betrag übersteigt.

5. [1]In einem Verfahren nach § 621 Abs. 1 Nr. 4, 5 oder Nr. 11 der Zivilprozessordnung können die in Nummer 1 genannten Umstände noch in der Revisionsinstanz vorgebracht werden. [2]Das Revisionsgericht kann die Sache an das Berufungsgericht zurückverweisen, wenn bezüglich der neuen Tatsachen eine Beweisaufnahme erforderlich wird.

6. In den in Nummer 5 genannten Verfahren ist eine vor dem 1. Januar 2008 geschlossene mündliche Verhandlung auf Antrag wieder zu eröffnen.

7. Unterhaltsleistungen, die vor dem 1. Januar 2008 fällig geworden sind oder den Unterhalt für Ehegatten betreffen, die nach dem bis zum 30. Juni 1977 geltenden Recht geschieden worden sind, bleiben unberührt.

1 **I) Grundsatz.** Die Vorschrift enthält die Übergangsregeln zum seinerzeit neuen UnterhaltsR v 21.12.2007 (BGBl I 2007, 3189). Das neue Recht ist grds für alle Unterhaltsansprüche anwendbar, die nach dem 1.1.2008 fällig werden. Für vorher fällige Unterhaltsleistungen oder für Ehegattenunterhalt nach dem bis zum 30.6.1977 geltenden Recht ist das neue Recht nicht maßgebl (Nr 7). Alte Unterhaltstitel sind an das neue Recht anzupassen (sa BGH NJW 2010, 2953); dies setzt aber eine wesentl Änderung der Unterhaltspflicht voraus und das Vertrauen in getroffene Regelungen wird in gewissem Umfang geschützt (BTDrs 16/1830, 33). Nr 4 ergänzt die mat-rechtl Regelung des § 1612a BGB für dynamisierten Mindestunterhalt.

2 **II) Wesentliche Änderung.** Eine Änderung eines vollstreckbaren Unterhaltstitels kommt im Verf nach § 323 ZPO oder § 767 ZPO nach Nr 1 nur dann in Betracht, wenn sich eine wesentl Änderung der Unterhaltsverpflichtung aus Umständen ergibt, die bereits zum Zeitpunkt der Errichtung des Titels bestanden und durch die Rechtsänderung maßgebl geworden sind (BGH NJW 2011, 2512; BGH MDR 2011, 1176; BGH NJW 2012, 1356) und die Änderung dem Verpflichteten oder im Falle der Herabsetzung dem Berechtigten unter Vertrauensschutzgesichtspunkten **zumutbar** ist. Der Abänderbarkeit unterliegen auch Prozessvergleiche, sonstige Unterhaltstitel und Unterhaltsvereinbarungen. Bei Unterhaltsvereinbarungen kommt es zunächst auf die Vereinbarung selbst an, soweit sich keine Gesichtspunkte für eine vertragl Regelung ergeben, muss das Vertrauensprinzip der Nr 1 angewandt werden (BGH MDR 2014, 1327; Borth FamRZ 2008, 105; MK/Gruber Rn 18).

3 1) Eine **wesentl Änderung** wird nach der Rspr angenommen, wenn sich eine Abweichung ggü der zu ändernden Entscheidung von 10 %, teils auch darunter, ergibt (Borth FamRZ 2008, 105; MK/Gruber Rn 11; OLG Dresden NJW 2009, 2071).

4 2) Nr 1 lässt es zu, die wesentl Änderung auf die Rechtsänderung durch das UÄndG 2007 zu stützen, zB Neuregelungen zur Erwerbsobliegenheit (§ 1570 I 2, 3 BGB).

5 3) **Vertrauensschutzgesichtspunkte** sind zu berücksichtigen (BTDrs 16/1830, 33). Es kommt jew darauf an, ob die Abänderung dem Teil, der dadurch schlechter gestellt wird, zugemutet werden kann. Die Rspr hat hier einen erhebl Spielraum. Dabei ist zu beachten, dass grds vom Übergang auf das neue Recht auszugehen ist.

6 **III) Präklusion.** Nr 2 beseitigt für die erstmalige Abänderung die Hürden der Präklusion aus § 323 II oder § 767 II ZPO. Umstände, die aber auch nach altem Recht bereits maßgebl waren, bleiben ausgeschlossen.

7 **IV) Dynamisierte Titel.** Nr 3 enthält Sonderregelungen für die Umstellung von dynamisierten Titeln auf Kindesunterhalt. Sie gelten fort und werden ohne bes Verf in neues Recht überführt. An die Stelle des bish Regelbetrages tritt der Mindestunterhalt (wobei die Beträge der Nr 4 zu beachten sind), und der Prozentsatz wird neu berechnet (Einzelheiten und Berechnungsbsp s Vossenkämper FamRZ 2008, 201).

V) Mindestunterhalt. Die in Nr 4 genannten **Mindestunterhaltsbeträge** sind mittlerweile obsolet, weil das steuerliche Existenzminimum höher liegt. 8

VI) Wiedereröffnung des Verfahrens. Wiedereröffnungen werden wegen Zeitablaufs nicht mehr vorkommen. 9

§ 37 Übergangsvorschrift zum Risikobegrenzungsgesetz

§ 799a der Zivilprozessordnung ist nicht anzuwenden, wenn die Vollstreckung aus der Urkunde vor dem 19. August 2008 für unzulässig erklärt worden ist.

I) Herkunft. Die Vorschrift wurde eingefügt durch RisikobegrenzungsG v 12.8.2008 (BGBl I 2008, 1666). 1

II) Zeitgrenze. Die durch das RisikobegrenzungsG eingeführte verschuldensunabhängige Schadensersatzpflicht 2 bei Vollstreckung aus Urkunden im Zusammenhang mit der Bestellung von Grundpfandrechten nach § 799a ZPO gilt wegen des notwendigen Vertrauensschutzes nur dann, wenn die Vollstreckung aus der Urkunde nach Inkrafttreten des RisikobegrenzungsG für unzulässig erklärt wurde.

§ 37a Übergangsbestimmung zur Prozesskostenhilfe

Führt die Änderung der nach § 115 Absatz 1 Satz 3 der Zivilprozessordnung maßgebenden Beträge durch Artikel 6 des Gesetzes zur Ermittlung von Regelbedarfen und zur Änderung des Zweiten und Zwölften Buches Sozialgesetzbuch vom 24. März 2011 (BGBl. I S. 453) dazu, dass keine Monatsrate zu zahlen ist, so ist dies auf Antrag bereits ab dem 1. Januar 2011 zu berücksichtigen.

I) Herkunft. Die Vorschrift wurde eingefügt durch das G zur Ermittlung von Regelbedarfen und zur Änderung 1 des 2. und 12. Buches Sozialgesetzbuch v 24.3.2011 (BGBl I 2011, 45).

II) Zeitgrenze. Die Erhöhung der Regelsätze kann bei der Gewährung von PKH rückwirkend bereits ab dem 2 1.1.2011 berücksichtigt werden, wenn dies beantragt ist.

§ 37b Übergangsvorschrift zum Gesetz zur Stärkung des Justizstandortes Deutschland durch Einführung von Commercial Courts und der Gerichtssprache Englisch in der Zivilgerichtsbarkeit (Justizstandort-Stärkungsgesetz)

[1]§ 273a der Zivilprozessordnung ist auch in Verfahren anwendbar, die am 1. April 2025 bereits anhängig sind. [2]Im Übrigen sind auf Verfahren, die am 1. April 2025 anhängig sind, die bis zu diesem Zeitpunkt geltenden Vorschriften anzuwenden.

I) Herkunft. Die Vorschrift wurde eingefügt durch G zur Stärkung des Justizstandortes Deutschland durch 1 Einführung von Commercial Courts und der Gerichtssprache Englisch in der Zivilgerichtsbarkeit (Justizstandort-Stärkungsgesetz) v 7.10.2024 (BGBl 2024 I Nr 302).

II) Zeitgrenze. Die neuen Vorschriften sind grundsätzlich nur auf Verfahren anwendbar, die nach Inkrafttreten 2 des G am 1.4.2025 anhängig gemacht werden. Die neue Geschäftsgeheimnisschutzregelung des § 273a ZPO gilt aber auch für bereits anhängige Verfahren (s § 273a ZPO Rn 1).

§ 38 Informationspflicht aus Anlass des Gesetzes zur Reform des Kontopfändungsschutzes

[1]Die Kreditinstitute haben die Inhaber der bei ihnen geführten Konten darüber zu unterrichten, dass Pfändungsschutz für Kontoguthaben und Verrechnungsschutz für Sozialleistungen und Kindergeld ab dem 1. Januar 2012 nur für Pfändungsschutzkonten nach § 850k der Zivilprozessordnung in der Fassung des Gesetzes zur Reform des Kontopfändungsschutzes vom 7. Juli 2009 (BGBl. I S. 1707) gewährt wird. [2]Die Unterrichtung hat in Textform spätestens bis zum 30. November 2011 zu erfolgen.

1 **I) Herkunft.** Die Vorschrift wurde eingefügt durch G zur Reform des Kontopfändungsschutzes v 7.7.2009 (BGBl I 2009, 1707). Sie ist am 1.7.2010 in Kraft getreten.

2 **II) Informationspflicht. Seit dem 1.1.2012** gibt es Kontopfändungsschutz nur noch auf dem Pfändungsschutzkonto nach § 850k ZPO. Die Kreditinstitute müssen ihre Kunden darüber unterrichten. Da Textform nach § 126 BGB gilt, genügt etwa ein Ausdruck aus dem Kontoauszugdrucker. Eine Änderung durch das PKoFoG hat sich nicht ergeben.

§ 38a Übergangsbestimmung zum Gesetz zur Änderung des § 522 der Zivilprozessordnung

(1) Für Zurückweisungsbeschlüsse, die vor dem 27. Oktober 2011 erlassen wurden, ist § 522 Absatz 3 in der vor dem 27. Oktober 2011 geltenden Fassung weiter anzuwenden.

(2) Auf Urteile, bei denen die Frist des § 586 Absatz 2 Satz 2 der Zivilprozessordnung am 27. Oktober 2011 abgelaufen ist, ist § 586 Absatz 4 der Zivilprozessordnung nicht anzuwenden.

1 **I) Herkunft.** Die Vorschrift wurde eingefügt durch G zur Änderung des § 522 ZPO. Überleitungsvorschrift, die durch Zeitablauf weitgehend gegenstandslos ist.

2 **II) Zeitgrenze.** Vor dem Inkrafttreten des ÄndG erlassene Beschlüsse nach § 522 II ZPO, mit denen die Berufung durch einstimmigen Beschluss zurückgewiesen wurde, bleiben unanfechtbar, gegen sie ist die NZB nicht statthaft.

3 **III) Ausschlussfrist.** Eine Restitutionsklage nach § 580 Nr 8 ZPO ist ausgeschlossen, wenn die 5-Jahresfrist des § 586 II 2 bereits zum Zeitpunkt der Gesetzesänderung abgelaufen war.

§ 39 Übergangsvorschriften zum Gesetz zur Reform der Sachaufklärung in der Zwangsvollstreckung

Für das Gesetz zur Reform der Sachaufklärung in der Zwangsvollstreckung vom 29. Juli 2009 (BGBl. I S. 2258) gelten folgende Übergangsvorschriften:

1. **Für Vollstreckungsaufträge, die vor dem 1. Januar 2013 beim Gerichtsvollzieher eingegangen sind, sind an Stelle der §§ 754, 755, 758a Abs. 2, von § 788 Abs. 4, der §§ 802a bis 802l, 807, 836 Abs. 3, der §§ 851b, 882b bis 882h, 883 Abs. 2 und von § 933 Satz 1 der Zivilprozessordnung die §§ 754, 806b, 807, 813a, 813b, 836 Abs. 3, der § 845 Abs. 1 Satz 3, die §§ 851b, 883 Abs. 2 und 4, der § 888 Abs. 1 Satz 3, die §§ 899 bis 915h und § 933 Satz 1 der Zivilprozessordnung in der bis zum 31. Dezember 2012 geltenden Fassung weiter anzuwenden.**
2. **Für Vollstreckungsaufträge, die vor dem 1. Januar 2013 beim Vollziehungsbeamten eingegangen sind, sind die §§ 6 und 7 der Justizbeitreibungsordnung und die darin genannten Bestimmungen der Zivilprozessordnung in der bis zum 31. Dezember 2012 geltenden Fassung weiter anzuwenden.**
3. **§ 16 Abs. 3 des Verwaltungs-Vollstreckungsgesetzes, § 15 Satz 1 des Ausführungsgesetzes zum deutsch-österreichischen Konkursvertrag, § 98 Abs. 3 der Insolvenzordnung, § 463b Abs. 3 der Strafprozessordnung, § 35 Abs. 3, § 89 Abs. 3, § 91 Abs. 2 und § 94 des Gesetzes über das Verfahren in Familiensachen und in den Angelegenheiten der freiwilligen Gerichtsbarkeit, § 90 Abs. 3 des Gesetzes über Ordnungswidrigkeiten, §§ 284, 326 Abs. 3, § 334 Abs. 3 der Abgabenordnung und § 25 Abs. 4 des Straßenverkehrsgesetzes sowie die darin genannten Bestimmungen der Zivilprozessordnung sind in der bis zum 31. Dezember 2012 geltenden Fassung weiter anzuwenden, wenn die Auskunftserteilung oder die Haft vor dem 1. Januar 2013 angeordnet worden ist.**
4. **[1]Im Rahmen des § 802d Abs. 1 Satz 1 der Zivilprozessordnung und des § 284 Abs. 4 Satz 1 der Abgabenordnung steht die Abgabe einer eidesstattlichen Versicherung nach § 807 der Zivilprozessordnung oder nach § 284 der Abgabenordnung in der bis zum 31. Dezember 2012 geltenden Fassung der Abgabe einer Vermögensauskunft nach § 802c der Zivilprozessordnung oder nach § 284 der Abgabenordnung in der ab dem 1. Januar 2013 geltenden Fassung gleich. [2]Kann ein Gläubiger aus diesem Grund keine Vermögensauskunft verlangen, ist er nach Maßgabe des § 299 Abs. 1 der Zivilprozessordnung dazu befugt, das beim Vollstreckungsgericht verwahrte Vermögensverzeichnis einzusehen, das der eidesstattlichen Versicherung zu Grunde liegt, und sich aus ihm Abschriften erteilen zu lassen. [3]Insoweit sind die bis zum 31. Dezember 2012 geltenden Vorschriften des Gerichtskostenge-**

setzes über die Erteilung einer Ablichtung oder eines Ausdrucks des mit eidesstattlicher Versicherung abgegebenen Vermögensverzeichnisses oder den Antrag auf Gewährung der Einsicht in dieses Vermögensverzeichnis weiter anzuwenden.

5. **[1]Das Schuldnerverzeichnis nach § 915 der Zivilprozessordnung in der bis zum 31. Dezember 2012 geltenden Fassung wird hinsichtlich der Eintragungen fortgeführt, die vor dem 1. Januar 2013 vorzunehmen waren oder die nach den Nummern 1 bis 3 nach dem 31. Dezember 2012 vorzunehmen sind. Die §§ 915 bis 915h der Zivilprozessordnung sowie § 26 Absatz 2 der Insolvenzordnung jeweils in der bis zum 31. Dezember 2012 geltenden Fassung sind insoweit weiter anzuwenden. [2]Unbeschadet des § 915a Abs. 2 der Zivilprozessordnung in der bis zum 31. Dezember 2012 geltenden Fassung ist eine Eintragung in dem nach Satz 1 fortgeführten Schuldnerverzeichnis vorzeitig zu löschen, wenn der Schuldner in das Schuldnerverzeichnis nach § 882b der Zivilprozessordnung in der ab dem 1. Januar 2013 geltenden Fassung eingetragen wird.**
6. **Soweit eine gesetzliche Bestimmung die Eintragung in das Schuldnerverzeichnis nach § 882b der Zivilprozessordnung in der ab dem 1. Januar 2013 geltenden Fassung voraussetzt, steht dem die Eintragung in das nach Nummer 5 fortgeführte Schuldnerverzeichnis gleich.**

I) Herkunft. Die Vorschrift wurde eingefügt durch G zur Reform der Sachaufklärung in der ZwV v 29.7.2009 (BGBl I 2009, 2258). Sie ist – wie dieses Gesetz – am 1.1.2013 in Kraft getreten und enthält die Übergangsvorschriften zu den neuen ZwV-Vorschriften. Nr 5 wurde mWv 1.1.2013 geändert durch G v 22.12.2011 (BGBl I 2011, 3044). Überleitungsvorschrift, die durch Zeitablauf weitgehend gegenstandslos ist. 1

II) Zeitgrenze. Das geltende Recht ist auf alle VollstrAufträge anzuwenden, die ab dem 1.1.2013 erteilt werden, egal ob es sich um Aufträge nach der ZPO, dem JBeitrG oder nach öff-rechtl Vollstreckungsvorschriften handelt (Nrn 1-3). 2

III) Erneute eidesstattliche Versicherung. Nach Nr 4 braucht ein Sch, der innerhalb der **zweijährigen** (LG Köln NJW-RR 2014) Sperrfrist des neuen § 802d ZPO oder § 284 AO eine eidesstattl Versicherung nach altem Recht abgegeben hat, nicht erneut eine solche abgeben. Der Gl kann im Gegenzug Einsicht in das nach altem Recht erstellte VermVerzeichnis nehmen. Die nach altem Recht erteilten Vermögensverzeichnisse werden nicht beim zentralen VollstrGericht hinterlegt. 3

IV) Schuldnerverzeichnis. Nr 5 regelt die Eintragung in das SchVerzeichnis nach altem Recht: Alle eidesstattl Versicherungen, die noch vor dem 1.1.2013 abgegeben wurden oder auf die nach dem Übergangsrecht der Nrn 1-3 altes Recht anzuwenden ist, werden in das bish SchVerzeichnis eingetragen. Der Eintrag in das bish SchVerzeichnis ist aber vorzeitig zu löschen, wenn wegen der verschiedenen Anknüpfungszeitpunkte für die Berechnung der Sperrfrist und der Löschungsfrist nach § 915a ZPO in der bish Fassung der Sch bereits in das Register nach neuem Recht einzutragen ist. 4

V) Wirkung der Eintragung. Soweit in anderen ges Bestimmungen an die Eintragung in das SchVerzeichnis Rechtsfolgen geknüpft werden (zB § 7 Nr 9 BRAO), steht nach Nr 6 die Eintragung im SchVerzeichnis nach altem Recht derj nach neuem Recht gleich. 5

§ 40 Übergangsvorschrift zum Gesetz zur Änderung des Prozesskostenhilfe- und Beratungshilferechts

[1]Hat eine Partei vor dem 1. Januar 2014 für einen Rechtszug Prozesskostenhilfe beantragt, so sind für diesen Rechtszug die §§ 114 bis 127 der Zivilprozessordnung, § 48 Absatz 1 Nummer 1 der Bundesrechtsanwaltsordnung, § 4b der Insolvenzordnung, § 11a des Arbeitsgerichtsgesetzes, § 397a der Strafprozessordnung, § 77 Absatz 1 Satz 2 und § 168 Absatz 2 Satz 2 des Gesetzes über das Verfahren in Familiensachen und in Angelegenheiten der freiwilligen Gerichtsbarkeit, § 12 Satz 1 des Rechtsanwaltsvergütungsgesetzes sowie die §§ 136 und 137 des Patentgesetzes in der bis zum 31. Dezember 2013 geltenden Fassung anzuwenden. [2]Eine Maßnahme der Zwangsvollstreckung gilt als besonderer Rechtszug.

I) Herkunft. Vorschrift wurde eingefügt mWv 1.1.2014 durch G zur Änderung des Prozesskostenhilfe- und Beratungshilferechts v 31.8.2013 (BGBl I 2013, 3533). Überleitungsvorschrift, die durch Zeitablauf weitgehend gegenstandslos ist. 1

II) Zeitgrenze. Das neue Recht der Prozesskostenhilfe gilt für den betroffenen Rechtszug nicht, wenn die Partei den Antrag auf Bewilligung vor dem 1.1.2014 gestellt hat. Dabei kommt es auf den Eingang des Antrags bei Gericht an. Zwangsvollstreckungsmaßnahmen gelten als besonderer Rechtszug. 2

§ 41 Übergangsvorschrift zum Gesetz zur Änderung des Sachverständigenrechts und zur weiteren Änderung des Gesetzes über das Verfahren in Familiensachen und in den Angelegenheiten der freiwilligen Gerichtsbarkeit sowie zur Änderung des Sozialgerichtsgesetzes, der Verwaltungsgerichtsordnung, der Finanzgerichtsordnung und des Gerichtskostengesetzes

Wurde der Sachverständige vor dem 15. Oktober 2016 ernannt, ist § 411 Absatz 1 und 2 der Zivilprozessordnung in der bis zum 15. Oktober 2016 geltenden Fassung anzuwenden.

1 **I) Herkunft.** Vorschrift wurde eingefügt mWv 15.10.2016 durch G v 11.10.2016 (BGBl I 2016, 2222).

2 **II) Inhalt.** Die Vorschriften zur Erstattung des schriftlichen Gutachtens durch den SV sind verschärft worden: es ist immer eine Frist zur Erstattung zu setzen; bei Versäumung soll ein Ordnungsgeld verhängt werden. Die Verschärfung gilt nur für die Verfahren, in denen der SV nach Inkrafttreten der Änderung beauftragt wurde.

§ 42 Informationspflichten aus Anlass des Gesetzes zur Durchführung der Verordnung (EU) Nr. 655/2014 sowie zur Änderung sonstiger zivilprozessualer, grundbuchrechtlicher und vermögensrechtlicher Vorschriften und zur Änderung der Justizbeitreibungsordnung

Die Länder übermitteln dem Bundesministerium der Justiz und für Verbraucherschutz auf Anfrage die Informationen nach Artikel 53 Absatz 2 der Verordnung (EU) Nr. 655/2014 des Europäischen Parlaments und des Rates vom 15. Mai 2014 zur Einführung eines Verfahrens für einen Europäischen Beschluss zur vorläufigen Kontenpfändung im Hinblick auf die Erleichterung der grenzüberschreitenden Eintreibung von Forderungen in Zivil- und Handelssachen (ABl. L 189 vom 27.6.2014, S. 59).

1 **I) Herkunft.** Vorschrift wurde eingefügt mWv 18.1.2017 durch EuKoPfVODG v 21.11.2016 (BGBl I 2016, 2591).

2 **II) Mitteilungspflichten.** Die Vorschrift stellt sicher, dass die Verpflichtungen nach Art 53 II EuKoPfVO eingehalten werden können. Die Länder müssen folgende Angaben erheben und sie der Kommission auf Anfrage zu übermitteln: die Zahl der Anträge auf Erlass eines Beschlusses zur vorläufigen Kontenpfändung und die Zahl der erlassenen Beschlüsse, die Zahl der Anträge auf Einlegung eines Rechtsbehelfs gem den Art 33 und 34 EuKoPfVO und, wenn möglich, die Zahl der Fälle, in denen dem Rechtsbehelf stattgegeben wurde, und die Zahl der Anträge auf Einlegung eines Rechtsmittels gem Art 37 EuKoPfVO und, sofern möglich,die Zahl der Fälle, in denen das Rechtsmittel erfolgreich war.

§ 43 Übergangsregelung zum Gesetz zur Einführung der elektronischen Akte in der Justiz und zur weiteren Förderung des elektronischen Rechtsverkehrs; Verordnungsermächtigung

[1]Dokumente und Aktenteile, die nach den Verschlusssachenanweisungen des Bundes oder der Länder als Verschlussache höher als VS-NUR FÜR DEN DIENSTGEBRAUCH eingestuft sind, dürfen bis zum 31. Dezember 2035 abweichend von den §§ 130a bis 130d und 298a der Zivilprozessordnung in Papierform erstellt, geführt und übermittelt werden. [2]Dokumente und Aktenteile, die nach den Verschlusssachenanweisungen des Bundes oder der Länder als Verschlussache VS-NUR FÜR DEN DIENSTGEBRAUCH eingestuft sind, dürfen bis zum 31. Dezember 2035 abweichend von den §§ 130a bis 130d und 298a der Zivilprozessordnung in Papierform übermittelt werden. [3]Die für die Handhabung von Verschlusssachen geltenden Geheimschutzvorschriften bleiben unberührt.

Eingefügt durch G zur weiteren Digitalisierung der Justiz v 12.7.2024 (BGBl 2024 I Nr 234) mWv 17.7.2024. Zum 1.1.2036 wird die Vorschrift aufgehoben (Art 16 des G). Nach dem RefE eines G zur Änderung der Vorschriften über die Einführung der elektron Akte ua soll in einem II die Weiterführung von Papierakten durch Verwaltungsvorschrift ermöglicht werden. Zeitnah zum Inkrafttreten des G finden Sie eine Kommentierung der Änderung in der Online-Version des Zöller (Ihre persönlichen Zugangsdaten s zu Beginn des Werkes).

1) Bedeutung. Die Vorschrift enthält Sonderregelungen für die elektron Übermittlung von Verschlusssachen. 1

2) Behandlung von Verschlusssachen der öffentlichen Verwaltung. Solche werden bis zum 31.12.2035 von der Pflicht zur elektron Übermittlung nach den §§ 130a ff ZPO und von der obligatorischen elektron Aktenführung nach § 298a ZPO ausgenommen. Verschlusssachen, die als VS-NUR FÜR DEN DIENSTGEBRAUCH eingestuft sind, dürfen während dieser Übergangszeit weiterhin in Papierform übermittelt werden, sind dann aber gem § 298a II ZPO in die elektron Akte zu übertragen. Höher eingestufte Verschlusssachen dürfen in Papierform verbleiben und sind nach den jeweiligen Anweisungen für Verschlusssachen zu behandeln. Die Gerichtsakte wird dann also teilweise in Papier-, teilweise in elektron Form geführt (s dazu § 298a III ZPO). 2

§ 44 Vorrang- und Beschleunigungsgebot

(1) Verfahren über die Anpassung der Miete oder Pacht für Grundstücke oder Räume, die keine Wohnräume sind, wegen staatlicher Maßnahmen zur Bekämpfung der COVID-19-Pandemie sind vorrangig und beschleunigt zu behandeln.
(2) In Verfahren nach Absatz 1 soll ein früher erster Termin spätestens einen Monat nach Zustellung der Klageschrift stattfinden.

I) Herkunft. Vorschrift wurde mWv 31.12.2020 eingefügt durch das G zur weiteren Verkürzung des Restschuldbefreiungsverfahrens und zur Anpassung pandemiebedingter Vorschriften im Gesellschafts-, Genossenschafts-, Vereins- und Stiftungsrecht sowie im Miet- und Pachtrecht v 22.12.2020 (BGBl I 2020, 3328). 1

II) Beschleunigung von Verfahren. Nach Art 240 § 7 EGBGB idF des in Rn 1 genannten G besteht die Vermutung für eine Störung der Geschäftsgrundlage nach § 313 BGB bei Miet- und Pachtverträgen über Räume, die von staatlichen Maßnahmen zur Bekämpfung der COVID-19-Pandemie betroffen sind. Die entsprechenden Zivilverfahren sind beschleunigt zu betreiben. Eine Sanktion einer Verletzung des Beschleunigungsgebots besteht über § 198 GVG hinaus nicht (Klein MDR 2021, 393). 2

§ 45 Übergangsvorschrift zum Personengesellschaftsrechtsmodernisierungsgesetz

Zur Zwangsvollstreckung in das Vermögen einer rechtsfähigen Gesellschaft bürgerlichen Rechts im Sinne von § 705 Absatz 2 des Bürgerlichen Gesetzbuchs genügt ein gegen alle Gesellschafter gerichteter Vollstreckungstitel, wenn dieser vor dem 1. Januar 2024 erwirkt wurde.

Eingefügt durch G zur Modernisierung des Personengesellschaftsrechts (MoPeG) v 10.8.2021 (BGBl I 2021, 3436) mWv 1.1.2024.

I) Herkunft. Vorschrift wurde mit Verkündung des MoPeG am 17.8.2021 eingefügt und ist am 1.1.2024 in Kraft getreten. 1

II) Zwangsvollstreckung in Vermögen einer rechtsfähigen BGB-Gesellschaft mit altem Titel. Bei Titeln, die vor Inkrafttreten des MoPeG erwirkt wurden, genügt zur Vollstreckung in das Vermögen der rechtsfähigen BGB-Gesellschaft ein gegen alle Gesellschafter gerichteter Titel. Ab dem 1.1.2024 ist für die Zwangsvollstreckung in das Vermögen einer BGB-Gesellschaft ein gegen die Gesellschaft gerichteter Vollstreckungstitel erforderlich. 2

§ 46 Übergangsvorschrift zum Verbraucherrechtedurchsetzungsgesetz

Auf eine vor dem 13. Oktober 2023 anhängig gemachte Musterfeststellungsklage sind die §§ 32c und 606 bis 614 der Zivilprozessordnung einschließlich der auf Grund des § 609 Absatz 7 der Zivilprozessordnung erlassenen Musterfeststellungsklagenregister-Verordnung sowie § 119 Absatz 3 des Gerichtsverfassungsgesetzes in der bis einschließlich 12. Oktober 2023 geltenden Fassung anzuwenden.

I) Herkunft. Angefügt durch G zur Umsetzung der Richtlinie (EU) 2020/1828 über Verbandsklagen zum Schutz der Kollektivinteressen der Verbraucher und zur Aufhebung der Richtlinie 2009/22/EG sowie zur Änderung des Kapitalanleger-Musterverfahrensgesetzes (Verbandsklagenrichtlinienumsetzungsgesetz – VRUG) v 8.10.2023 (BGBl 2023 I Nr 272) mWv 13.10.2023. 1

II) Anwendbarkeit des VDUG. Für Verfahren, die nach dem Inkrafttreten des VRUG anhängig werden, gilt das VDuG (s hier die Kommentierung des VDuG [Althammer und G. Vollkommer]). 2

Gesetz zur gebündelten Durchsetzung von Verbraucherrechten (Verbraucherrechtedurchsetzungsgesetz – VDuG)

In der Fassung vom 8. Oktober 2023 (BGBl 2023 I Nr 272),
zuletzt geändert durch Zweites Gesetz zur Reform des Kapitalanleger-Musterverfahrensgesetzes vom 16. Juli 2024 (BGBl 2024 I Nr 240).

Materialien und Literatur zu §§ 1-50 1) Materialien. RegE BTDrs 20/6520; BTDrs 20/6878 (mit Stellungnahme BR und Gegenäußerung der BReg). Beschluss Rechtsausschuss: BTDrs 20/7631.

2) Lit. a) Gutachten im Vorfeld der Richtlinienumsetzung: *Bruns*, Rechtsgutachten zur Umsetzung der EU-Verbandsklagerichtlinie in deutsches Recht, https://www.dihk.de/resource/blob/60208/dc65ef7b610a1d1c5c9c769d3f82aa1f/gutachten-verbandsklagerichtlinie-data.pdf; *Bruns*, Die neue deutsche Verbandsklage auf Abhilfeleistung im Spiegel der ELI-UNIDROIT Model Rules und der Prozessrechtsdogmatik, ZZPInt 27 (2022), 293; *Gsell/Meller-Hannich*, Die Umsetzung der neuen EU-Verbandsklagenrichtlinie (abrufbar: https://www.vzbv.de/sites/default/files/downloads/2021/02/03/21-02-04_vzbv_verbandsklagen-rl_gutachten_gsell_meller-hannich.pdf). – **b)** Überblick und Einzelfragen (ab RefE): *Dittmann/Gollnast*, Anforderungen an den Klageantrag bei Abhilfeverbandsklagen nach dem VDuG-E: Zulässig oder unzulässig – das ist hier die Frage, VuR 2023, 135; *Ermer/Schultzky*, Massenverfahren als rechtspolitische Herausforderung, RAW 2023, 116; *Gsell/Meller-Hannich*, Die Umsetzung der Verbandsklagen-Richtlinie als Chance für eine Bewältigung von Streu- und Massenschadenereignissen, JZ 2022, 421; *Heerma*, Das geplante Verbraucherrechtedurchsetzungsgesetz: Abhilfeurteile und deren Umsetzung nach dem VDuG, ZZP 136 (2023), 425; *Janal*, Die Umsetzung der Verbandsklagenrichtlinie, GRUR 2023, 985; *Mayrhofer/Koller*, Die „Gleichartigkeit" als Nadelöhr der Abhilfeklage, ZIP 2023, 1065; *Mekat/Amrhein*, Die Umsetzung der Verbandsklagen-RL in Deutschland nach dem Referentenentwurf, RAW 2023, 23; *Melhardt*, Friktionen zwischen § 8 KapMuG und der Verbraucherverbandsklage nach dem VDuG-E, WM 2023, 1305; *Meller-Hannich*, Der RefE für ein Verbandsklagenrichtlinienumsetzungsgesetz (VRUG), DB 2023, 628; *Scherer*, Abhilfeanspruch gem Art. 9 Abs. 1 VerbandsklagenRL/§ 1 Abs. 1 Nr. 1 VDuG-E und Verbraucherschadensersatzanspruch gem § 9 Abs. 2 UWG – Kollektivrechtsschutz contra Individualrechtsschutz?, VuR 2022, 443; *Schultze-Moderow/Steinle/Muchow*, Die neue Sammelklage – Ein Balanceakt zwischen Verbraucher- und Unternehmensinteressen, BB 2023, 72; *Thönissen*, ESG-Klagen und kollektiver Rechtsschutz, NJW 2023, 945. – **c)** Zum VDuG: *Alamdari*, Verbraucherschutz durch Abhilfeklagen – Zukunft des kollektiven Rechtsschutzes im deutschen Zivilprozess, NJOZ 2023, 1472; *Bayat*, Die Prospekthaftung im Abhilfeverfahren – Zugleich ein Vergleich von VDuG und KapMuG unter Berücksichtigung des jüngsten Referentenentwurfs, BKR 2024, 219; *Beuth*, Das Kollektiv und sein Repräsentant, Berlin 2025; *Gsell*, Die Umsetzung der Verbandsklagenrichtlinie – Effektiver Rechtsschutz für Verbraucher und Entlastung der Justiz durch die neue Verbands-Abhilfeklage?, GRUR 2024, 979; *Gsell*, Die neue Verbands-Abhilfeklage, ZIP 2025, 113; *Meindl*, Die klageberechtigten Stellen nach dem Verbraucherrechtedurchsetzungsgesetz, Baden-Baden, 2024; *Münscher*, Die Abhilfeklage nach dem neuen Verbraucherrechtedurchsetzungsgesetz, WM 2023, 2082; *Röß*, Die Abhilfeklage zugunsten namentlich benannter Verbraucher, NJW 2024, 1302; *Röthemeyer*, Das Verbraucherrechtedurchsetzungsgesetz (VDuG) zur Umsetzung der Verbandsklagen-Richtlinie – Die neue Abhilfeklage, VuR 2023, 332; *Röthemeyer*, Ein Jahr Abhilfeklage nach der Verbandsklagen-RL – nach der Reform ist vor der Reform, BKR 2024, 977; *Schläfke/Lühmann*, Kollektiver Rechtsschutz nach der Umsetzung der EU-Verbandsklagen-RL, NJW 2023, 3385; *Schneider/Conrady/Kapoor*, Die Abhilfeklage – Eine ernstzunehmende Konkurrenz für die Abtretungsmodelle?, BB 2023, 2179; *Stadler*, Die neue Verbands(abhilfe)klage – Umsetzung der Richtlinie 2020/1828, ZZP 136 (2023), 129; *Thönissen*, Schadensersatz in der Verbandsabhilfeklage, r+s 2023, 749; *Vollkommer*, Die neue Abhilfeklage nach dem VDuG: Strukturen und erste Anwendungsprobleme, MDR 2023, 1349; *Waßmuth/von Rummel*, Das Gesetz zur Umsetzung der EU-Verbandsklagenrichtlinie, ZIP 2023, 1515.

Abschnitt 1
Allgemeine Vorschriften (§§ 1-13)

§ 1 Verbandsklagen

(1) In bürgerlichen Rechtsstreitigkeiten, die Ansprüche und Rechtsverhältnisse einer Vielzahl von Verbrauchern gegen einen Unternehmer betreffen, können klageberechtigte Stellen folgende Verbandsklagen gegen Unternehmer erheben:

1. Abhilfeklagen und

2. Musterfeststellungsklagen.

(2) [1]Kleine Unternehmen gelten als Verbraucher im Sinne dieses Gesetzes. [2]Kleine Unternehmen sind solche, die weniger als 10 Personen beschäftigen und deren Jahresumsatz oder Jahresbilanz 2 Millionen Euro nicht übersteigt.

(3) Der Zulässigkeit einer Verbandsklage nach diesem Gesetz steht nicht entgegen, dass wegen desselben Lebenssachverhalts ein Musterverfahren nach dem Kapitalanleger-Musterverfahrensgesetz eröffnet worden ist.

IdF des G zur Umsetzung der Richtlinie (EU) 2020/1828 über Verbandsklagen zum Schutz der Kollektivinteressen der Verbraucher und zur Aufhebung der Richtlinie 2009/22/EG sowie zur Änderung des Kapitalanleger-Musterverfahrensgesetzes (Verbandsklagenrichtlinienumsetzungsgesetz – VRUG) v 8.10.2023 (BGBl 2023 I Nr 272) mWv 13.10.2023; III angefügt durch Zweites G zur Reform des Kapitalanleger-Musterverfahrensgesetzes v 16.7.2024 (BGBl 2024 I Nr 240) mWv 20.7.2024.

1 **I) VDuG-Verbandsklage; Bezüge zum UKlaG. 1) Anlass und Zweck. a) Anlass.** Die RL (EU) 2020/1828 über Verbandsklagen zum Schutz der Kollektivinteressen der Verbraucher (ABl EU Nr L 409 v 4.12.2020, 1-27) wird durch das G zur **Umsetzung der Richtlinie** (EU) 2020/1828 über Verbandsklagen zum Schutz der Kollektivinteressen der Verbraucher und zur Aufhebung der Richtlinien 2009/22/EG sowie zur Änderung des Kapitalanleger-Musterverfahrensgesetzes (Verbandsklagenrichtlinienumsetzungsgesetz – **VRUG**; BGBl 2023 I Nr 272, S 2) zum 13.10.2023 (verspätet) umgesetzt. Das VDuG ist richtlinienkonform auszulegen.

2 **b) Zweck.** Mit der im VDuG geregelten **Verbandsklage auf Abhilfe (§ 1 I Nr 1 VDuG**, §§ 14 ff VDuG) können die klageberechtigten Stellen gegen einen Unternehmer sowohl Ansprüche auf Leistung zugunsten namentlich genannter Verbraucher als auch zugunsten namentlich nicht genannter Verbraucher einklagen. Das zweistufige Verfahren der ZPO-MFK, bei dem die betroffenen Verbraucher auf der Grundlage der vom Verbraucherschutzverband erreichten **Musterfeststellungen** noch selbst ihren Anspruch einklagen mussten (s G. Vollkommer 34. Aufl, § 606 ZPO Rn 1), bleibt aber als Option erhalten (**§ 1 I Nr 2 VDuG**, § 41 VDuG). Mit der Abhilfeklage und dem anschließenden **Umsetzungsverfahren** wird die zentrale Vorgabe der RL umgesetzt, dass der **einzelne Verbraucher keine gesonderte Klage** erheben muss, um die ihm zustehende Leistung des Unternehmers zu erhalten (Art 9 VI RL (EU) 2020/1828; ErwGr 50; G. Vollkommer MDR 2021, 129, 133). Beim sachlichen und persönlichen Anwendungsbereich geht das VDuG dagegen über die Vorgaben der RL (EU) 2020/1828 hinaus.

3 Die Verbandsklagen nach dem VDuG dienen der **individuellen Rechtsdurchsetzung** einzelner (Verbraucher-) Rechte, ein kollektiver (Schadens-)Ausgleich einer bestimmten Rechtsverletzung, der auf eine pauschale Abhilfeleistung des Unternehmers unter Befreiung von individuellen Haftungsklagen gerichtet wäre, wird nicht verfolgt. Entsprechend kann der Unternehmer individuelle Einreden gegenüber einzelnen Gläubigern erheben (§ 40 VDuG), einzelne Gläubiger, die die im Abhilfegrundurteil verlangten Nachweise nicht beibringen können, können ihr Recht (gestützt auf die Bindungswirkung, § 11 III 1 VDuG) individuell nachweisen (§ 39 VDuG) und selbst Bagatellschäden werden jedem Gläubiger ersetzt. Nicht verbrauchte Beträge aus dem Umsetzungsfonds gehen an den Unternehmer zurück (§ 37 VDuG).

4 **2) Anwendungsbereich (§ 1 I VDuG). a) Sachlicher Anwendungsbereich. aa) Umfassender Klagegegenstand.** Mit einer Klage nach dem VDuG können sämtliche Ansprüche zwischen (einer Vielzahl von) Verbrauchern und einem Unternehmer geltend gemacht werden. Der Anwendungsbereich ist (anders als bei der umzusetzenden RL (EU) 2020/1828 und bei bestimmten Anwendungsfällen in der Überleitungsvorschrift zum Verjährungsrecht in Art 229 § 65 S 3 EGBGB, s Rn 22) nicht auf spezifisches Verbraucher(vertrags)recht beschränkt. In sachlicher Hinsicht erstreckt sich das VDuG daher auf **alle bürgerlichen Rechtsstreitigkeiten** zwischen Verbrauchern und Unternehmen (Schultze-Moderow/Steinle/Muchow BB 2023, 72, 73); das VDuG gilt nicht im arbeitsgerichtlichen Verfahren, da das ArbGG nicht auf das VDuG Bezug nimmt (skeptisch Diller NZA 2023, 673, aber iErg ebenso). Nicht Gegenstand des VDuG sind außerdem Ansprüche gegen Nicht-Unternehmer (zB eV; Staat; s Rn 12).

5 Gegenstand einer Klage nach dem VDuG können sein: Vertragliche Ansprüche, wie aus KaufV; MietV; BankR (Schultze-Moderow/Steinle/Muchow BB 2023, 72); KapitalanlageR (s § 2 II Nrn 7, 8 UKlaG; differenzierend Melhardt WM 2023, 1305); EnergierlieferungsV (s § 2 II Nr 41, 42 UKlaG); WohnungsmietR (s § 2 II Nr 40 UKlaG; BGHZ 229, 139 = NJW-RR 2022, 11 = MDR 2021, 665; Meller-Hannich WuM 2021, 1); BeförderungsV einschl Flug-/FahrgastrechteVOen (s § 2 II Nrn 22, 24, 38 UKlaG); ges Ansprüche wie aus DeliktsR (§ 9 II UWG; §§ 823, 826 BGB); BereicherungsR (zB Rückforderungsansprüche wegen zu Unrecht bezahlter Inkassokosten, in Anlehnung an BGH MDR 2025, 644); AGG-Recht; KartellR (s Mallmann/Erne NZKart 2019, 77; Schultze-Moderow/Steinle/Muchow BB 2023, 72; skeptisch Thönissen r+s 2023, 749); DatenschutzR (Art 82 II DSGVO; § 3 I, § 8 III Nr 3 UWG; § 2 I, II Nr 13 UKlaG; zum UWG und UKlaG: BGH MDR 2025, 606 Tz 26; BGH MDR 2025, 671; BGH NJW 2025, 2237; Geissler/Ströbel NJW 2019, 3414); Environmental Social Governance (ESG)/Lieferketten-Compliance (Schultze-Moderow/Steinle/Muchow BB 2023, 72, 75; Thönissen NJW 2023, 945; § 7 VDuG Rn 2).

6 **bb) Anwendbares Recht. Lit:** Althammer FS Roth, 2021, S 657; Stadler, Grenzüberschreitende Wirkungen von Vergleichen und Urteilen im Musterfeststellungsverfahren, NJW 2020, 265; Thönissen, Zuständigkeit und Sperrwirkung bei Verbandsabhilfeklagen, EuZW 2023, 637.

7 Das auf den mit der VDuG-Klage zur Entscheidung gestellten Sachverhalt **anzuwendende Sachrecht** wird über das **IPR** ermittelt (BGH NJW 2025, 1958 Tz 23 zum UKlaG). Dieses richtet sich nach der Art des Anspruchs oder Rechtsverhältnisses, das Gegenstand des Abhilfebegehrens oder der Musterfeststellung ist (zB ROM-I oder *ROM-II-VOen*; *MskV*/Stadler vor § 1 VDuG Rn 31). Bei grenzüberschreitenden Sachverhalten können sich die Ansprüche der betroffenen Verbraucher somit nach unterschiedlichem materiellem Recht richten (MskV/

Stadler vor § 1 VDuG Rn 31; Bsp: Nach Art 4 Rom II-VO kommt bei Dieselklagen wohl das Heimatdeliktsrecht der Käufer, nicht einheitlich das Recht am Sitz des Herstellers zur Anwendung). Dies führt unter dem VDuG dazu, eine **Mehrheit von Streitgegenständen** zu bilden, da die nach dem VDuG erhobene Klage (bei allen Typen, s Rn 14 ff) eine **einheitliche (kollektive) Entscheidung** zum Ziel hat (MskV/Stadler vor § 1 VDuG Rn 31; Lösung: Abtrennung nach § 145 I, § 260 ZPO unter Bildung eines Mosaiks oder einheitliche Rechtswahl; für Beschränkung der Klage auf das deutsche Recht MskV/Stadler vor § 1 VDuG Rn 31). Eine gemeinsame Klage einer in- und ausländischen klagebefugten Stelle kann daran scheitern (sa § 2 VDuG Rn 15, § 2 VDuG Rn 16; § 7 VDuG Rn 2; § 14 VDuG Rn 5; § 16 VDuG Rn 8).

b) Persönlicher Anwendungsbereich (§ 1 I, II VDuG). aa) Gläubiger; Rechtsinhaber. aaa) Verbraucher. Es gilt der **prozessuale Verbraucherbegriff** (§ 29c II ZPO). Änderungen gegenüber der ZPO-MFK erfolgten nicht (Röthemeyer VuR 2023, 332; ThP/Nordmeier § 1 VDuG Rn 1). 8

bbb) Kleine Unternehmen (§ 1 II VDuG). (1) Fiktion als Verbraucher. Kleine Unternehmen werden für den Anwendungsbereich des VDuG Verbrauchern gleichgestellt. Diese Nicht-Verbraucher können sich zur Abhilfeklage/Musterfeststellungsklage anmelden. Alle **Rechtswirkungen der Verbandsklage** erfassen dann auch diese Personen: Verjährungshemmung (§ 204a I 1 BGB), Bindungswirkung (§ 11 III 1 VDuG), Teilnahme am Umsetzungsfonds (§ 26 VDuG). Die Öffnung des VDuG hilft Unternehmen aber nur dann auch in der Sache, wenn der Gegenstand der Abhilfe- oder Musterfeststellungsklage Ansprüche oder Rechtsverhältnisse betrifft, die sich aus dem (allgemeinen) Bürgerlichen Recht, Haftungs- oder Kartellrecht ergeben (Bsp: deliktische Schadensersatzansprüche wegen unzulässiger Abschalteinrichtungen aus § 823 II, § 826 BGB). Die Fiktion des **§ 1 II 1 VDuG** gilt dagegen nicht für das mit der Abhilfeklage geltend gemachte materielle Rechtsverhältnis. Soweit dort spezifisches Verbraucherschutzrecht anzuwenden ist (Bsp: §§ 355, 495 BGB: Verbraucherdarlehenswiderruf), gehen Anmeldungen von Unternehmen ins Leere. Bei der Inhaltskontrolle von AGB kann der Prüfungsmaßstab von der Verbrauchereigenschaft des Verwendungsgegners abhängen (§ 310 III Nr 3 BGB). – Bei Sachverhalten, die ausschließlich **materielles Verbraucherrecht** betreffen, sollte schon bei der Öffnung des Klageregisters mitgeteilt werden, dass die Verbandsklage Rechtsverhältnisse von Nichtverbrauchern nicht betreffen kann. Nicht verständlich erscheint dagegen die Überlegung des Rechtsausschusses, wonach sich aus der Anmeldung (§ 46 VDuG) ergeben soll, ob Gegenstand der Verbandsklage auch Ansprüche und Rechtsverhältnisse von kleinen Unternehmen sind (BTDrs 20/7631, 110, 113 zu § 5 VDuG und § 46 VDuG). Vielmehr ist es der Kläger, der den Streitgegenstand festlegt. 9

(2) Definition (§ 1 II 2 VDuG). Kleine Unternehmen sind natürliche oder juristische Personen, die weniger als **10 Personen beschäftigen** und deren **Jahresumsatz oder Jahresbilanz 2.000.000,00 Euro** nicht übersteigt. Der RegE bezog sich noch auf die Definition der kleinen und mittleren Unternehmen anhand der Empfehlung der KOM 2003/361/EG, der Rechtsausschuss änderte die Bezugsgrößen. Die Begriffe im VDuG sollten systematisch anhand des nationalen Rechts, nicht anhand der Art 3 ff Anhang der Empfehlung 2003/361/EG ausgelegt werden (**aA** Skauradszun/Wais § 1 VDuG Rn 34; Köhler/Feddersen/Scherer, § 1 VDuG Rn 32, hM). „Beschäftigen" meint danach nicht-selbständige Arbeit iSv § 7 I 1 SGB IV (ohne Berücksichtigung des mitarbeitenden „Eigentümers"); Teilzeitkräfte sollten wie in § 23 I 4 KSchG gezählt werden. Die genannten Voraussetzungen müssen im **Zeitpunkt der Anmeldung** (nicht auch oder nur bei einer späteren Teilnahme am Umsetzungsverfahren etc) vorliegen. Der/die Jahresumsatz/-bilanzsumme sind dem zZ der Anmeldung zuletzt vorliegenden (testierten) Jahresabschluss zu entnehmen. Bei der Beschäftigtenzahl dürfte es schwierig sein, diese nach langer Zeit (zB bei der Teilnahme am Umsetzungsverfahren nach §§ 22 ff VDuG) festzustellen und nachzuweisen. Bei der Anmeldung ist zwar anzugeben, dass diese als kleines Unternehmen erfolgt (§ 46 II Nr 2 VDuG), eine Überprüfung findet aber nicht statt (§ 46 III VDuG, s § 46 VDuG Rn 11). 10

(3) Beschränkung auf eigene Forderungen. Die Gesetzesbegründung rechtfertigt die Gleichstellung der kleinen Unternehmen mit Verbrauchern damit, dass der Rechtsstreit ihre Ansprüche oder Rechtsverhältnisse gleichermaßen betrifft wie die von Verbrauchern. Eine Anmeldung ist daher nicht möglich wegen Forderungen, die für den Anmelder iSv § 2 II RDG „fremd" sind. Insb können sich Inkasso-Dienstleister nicht (vorübergehend) einer Verbandsklage anschließen. 11

bb) Schuldner. Die andere Partei des der Verbandsklage zugrundeliegenden Anspruchs oder Rechtsverhältnisses muss ein **Unternehmer** sein (**§ 1 I VDuG**). Eine Definition im VDuG fehlt (wie schon bei der ZPO-MFK), jedoch kann auf Art 3 Nr 2 RL (EU) 2020/1828, § 2 I Nr 6 UWG und die Erkenntnisse bei der ZPO-MFK zurückgegriffen werden (BGH ZIP 2023, 1856 = WM 2023, 1659 zum InsVerwalter; G. Vollkommer 34. Aufl, § 606 ZPO Rn 17). 12

c) Zeitlicher Anwendungsbereich (§ 46 EGZPO). Das VDuG ist ab seinem Inkrafttreten **am 13.10.2023** auf neu anhängige (Begriff: Greger § 253 ZPO Rn 4) Verbandsklagen anzuwenden; entsprechend gilt die VerbandsklageregisterVO (s § 49 VDuG Rn 2). Dies folgt aus dem allgemeinen Prinzip, dass neues Verfahrensrecht auf alle laufenden Prozesse anzuwenden ist (Einl ZPO Rn 13). Für eine vor dem 13.10.2023 anhängige ZPO-MFK ordnet § 46 EGZPO die Fortgeltung des alten Rechts an (zur Behandlung von Altfällen s Rn 23). Zur rechtssicheren Abgrenzung des intertemporal anwendbaren Rechts wird dazu im Verbandsklageregister der Zeitpunkt 13 der Anhängigkeit der Klage bekannt gemacht (§ 44 Nr 4 Fall 1 VDuG; BTDrs 20/7631, 113). Die Anhängigkeit bestimmt auch die Priorität verschiedener VDuG-Klagen (§ 8 S 1 VDuG).

14 **II) Typen der Klagen nach dem VDuG. 1) Überblick.** Abhängig von dem Rechtsschutzziel und dem Kreis der von der Verbandsklage Begünstigen lassen sich **drei grundlegende Typen** der VDuG-Klagen unterscheiden. Diese ergeben sich erst aus einer Zusammenschau der Vorschriften über die Klageschrift (§ 5 VDuG), den Regeln der Abhilfeklage (§§ 14, 15 VDuG), der Musterfeststellungsklage (§ 41 VDuG) und der Verweisung auf die allgemeinen Vorschriften der ZPO (§ 5 III VDuG iVm § 253 ZPO; Meller-Hannich DB 2023, 628). Innerhalb der Abhilfeklagen kann wiederum danach unterschieden werden, ob eine Geldzahlung (zB Schadensersatz; Entschädigung) oder eine andere (vertretbare oder nicht-vertretbare) Leistung (zB Reparatur; Umtausch; Update) begehrt wird.

15 **2) Abhilfe-Sammelklage (§ 1 I Nr 1, § 14 S 1, § 15 I 1, § 16 I 2 VDuG).** Bei diesem Typ der Abhilfeklage begehrt der klagende Verband eine Leistung des Unternehmers an **namentlich benannte Verbraucher** (§ 16 I 2 VDuG). Die mit dieser Klage zusammengefassten Ansprüche müssen „im Wesentlichen gleichartig" sein (§ 15 I VDuG). Inhaltlich können sie auf eine Geldleistung (zB Schadensersatz, Minderung) oder auf eine Sachleistung (zB Reparatur eines Produkts, Neuberechnung eines Entgelts) gerichtet sein. Nach § 14 S 1 VDuG sind nur Leistungsanträge möglich, was einem **Feststellungsantrag** wegen möglicher künftiger Schäden gem § 256 I ZPO auch bei namentlich bestimmten Verbrauchern entgegensteht (Bsp: BGH NJW 2025, 298 Tz 47 ff bei DSGVO-Verstoß). Nicht möglich ist außerdem ein **Unterlassungsantrag** (Bsp: BGH NJW 2025, 298 Tz. 62 ff bei DSGVO-Verstoß). Zwar lässt diesen der Antrag der Wortlaut des § 14 S 1 VDuG („Verurteilung zu einer Leistung") zu, jedoch stellt er keine „Abhilfe" (sa Art 9 I Verbandsklagen-Richtlinie) dar, sondern soll künftigen Rechtsverletzungen vorbeugen (sa Rn 16 zum Gleichlauf mit der Abhilfe-Gruppenklage; sa G. Vollkommer MDR 2025, 638). Dieser Typus der Abhilfeklage entspricht einerseits einer **Prozessstandschaft**, bei der der Kläger aufgrund einer Ermächtigung einen ihm fremden Anspruch gerichtlich geltend macht, und anderseits der **Inkasso-Sammelklage**, bei der dem Kläger fremde Ansprüche zur Bündelung und zur gemeinsamen gerichtlichen Durchsetzung abgetreten werden. – Eine Anmeldung ist auch bei einer reinen Abhilfesammelklage, die keinen (zusätzlichen) Antrag nach § 14 S 2 VDuG (Abhilfe-Gruppenklage auf Zahlung eines kollektiven Gesamtbetrags) enthält, möglich. Die Vorschrift des § 46 I VDuG lässt eine Anmeldung zur Verbandsklage zu, wenn der angemeldete Anspruch „Gegenstand der Verbandsklage" ist (ähnlich formuliert auch § 204a I 1 Nr 4 BGB). Das VDuG unterscheidet weder bei der Anmeldung noch der Bindungswirkung zwischen den Anträgen nach § 14 S 1 und S 2 VDuG. Schließlich setzt die Bindungswirkung (nur) voraus, dass mit der Anmeldung der „Lebenssachverhalt der Verbandsklage und ein mit ihr geltend gemachter Anspruch" betroffen sind (§ 11 III 1 Fall 1 VDuG). Der anmeldende Verbraucher (Kleinunternehmer) muss also einen im Vergleich zum vom Verband geltend gemachten individuellen (Verbraucher-)Anspruch gleichartigen Anspruch (§ 15 I VDuG) gegen den Unternehmer verfolgen. Ein stattgebendes (Leistungs-)Urteil über die Abhilfeklage (§ 14 S 1, § 16 I 2 VDuG) wirkt zugunsten des angemeldeten Verbrauchers (Kleinunternehmens) wie ein Grundurteil nach § 304 I ZPO, eine Klageabweisung hingegen verneint seinen Anspruch (Einzelheiten: § 11 VDuG Rn 21 ff).

16 **3) Abhilfe-Gruppenklage (§ 1 I Nr 1, § 14, § 15 I 1, § 16 I 1 VDuG).** Bei diesem Typ der Abhilfeklage begehrt der klagende Verband eine Leistung des Unternehmers an **nicht individualisierte Verbraucher**, die als „im Wesentlichen" **gleichartige Gruppe** definiert werden. Inhaltlich können diese (gleichartigen) Ansprüche auf eine Geldleistung (zB Schadensersatz, Minderung) oder auf eine Sachleistung (zB Reparatur eines Produkts) gerichtet sein. Nicht möglich sind **Unterlassungsanträge** (Bsp BGH NJW 2025, 298 Tz 62 ff: DSGVO-Verstoß), was sich auch im Umkehrschluss aus § 29 I VDuG ergibt, der für diese Leistungspflicht keine Vollstreckung vorsieht; insoweit muss der klagende Verband neben der VDuG-Klage nach dem UWG oder UKlaG gegen den Unternehmer vorgehen (Bsp: BGH MDR 2025, 606; sa Rn 20, 21). Praktisch bedeutsam ist die Verurteilung des Unternehmers zu einem **kollektiven Gesamtbetrag** (§ 14 S 2, § 16 I 1 Fall 1, II 2, § 18 II, §§ 19, 21, 25 I 2 VDuG; Meller-Hannich DB 2023, 628 Fn 35), der vom Sachwalter an diejenigen Verbraucher (Kleinunternehmen) zu verteilen ist, die sich im Register angemeldet haben (§ 26 VDuG), deren Ansprüche Gegenstand der Abhilfeklage sind (vgl § 204a I 1 Nr 4 BGB) und die die im Abhilfegrundurteil genannten Nachweise erbringen können (§ 16 II 1 Nr 2 VDuG). Die Konkretisierung der nach dem rkr Abschluss der Abhilfeklage zu befriedigenden (Verbraucher-)Ansprüche erfolgt mehrstufig im Abhilfegrundurteil (§ 16 II 1 Nr 1, 2, II 2 VDuG), durch die Anmeldung nach §§ 11, 46 VDuG und anhand der Feststellungen im Umsetzungsverfahren (§ 27 VDuG). Zur bloßen **Feststellung** einer (künftigen) Schadensersatzpflicht des Unternehmers s § 13 VDuG Rn 11; § 41 VDuG Rn 3.

17 **4) Musterfeststellungsklage (§ 1 I Nr 2, § 41 VDuG).** Bei diesem Verfahrenstyp des VDuG begehrt der klagende Verband die Feststellung des Vorliegens oder Nichtvorliegens von tatsächlichen und rechtlichen Voraussetzungen für das Bestehen oder Nicht-Bestehen von Ansprüchen oder Rechtsverhältnissen (**Feststellungsziele**) zwischen einem Verbraucher und einem Unternehmer (§ 1 I Nr 2, § 41 I VDuG; MFK). Dies entspricht der ZPO-MFK (§ 606 ZPO aF). Es besteht kein Vorrang der Abhilfeklage (§ 41 II VDuG). Wie bei der Abhilfe-Gruppenklage und der ZPO-MFK erfolgt die *Individualisierung* der betroffenen Verbraucher durch deren *Anmeldung im Verbandsklageregister* und durch die **Bindungswirkung** des im Verbandsprozess ergehenden Urteils für einen Folgeprozess (§ 11 III 1 Fall 2 VDuG).

5) Kombination der Klageziele. Eine **Verbindung** der unterschiedlichen Ziele und Typen ist möglich (§ 260 ZPO; Skauradszun/Skauradszun § 13 VDuG Rn 30). Bei der Abhilfe-Sammelklage ist eine Kombination mit der Abhilfe-Gruppenklage wegen der ohnehin möglichen Anmeldungen zu empfehlen (s § 11 VDuG Rn 21; § 13 VDuG Rn 3, 24a; § 14 VDuG Rn 8). In den verjährungsrechtlichen Übergangsfällen des Art 229 § 65 EGBGB kann uU die Musterfeststellung (§ 1 I Nr 2, § 41 VDuG; Rn 17) zur rechtssicheren Verjährungshemmung führen (s Rn 22; § 41 VDuG Rn 1). Mit einem weiten Verständnis des § 41 II VDuG kann die Musterfeststellung auch mit der Abhilfe-Sammelklage (Rn 15) verbunden werden (skeptisch Waßmuth/von Rummel ZIP 2023, 1515/1525), da letztere eine schon vor dem 13.10.2023 bestehende Klagemöglichkeit (arg Rn 15) lediglich vereinfacht und die Richtlinienumsetzung den schon bestehenden Verbraucherschutz nicht verkürzen soll (arg Art 229 § 65 S 4 EGBGB). 18

III) Verhältnis des VDuG zum KapMuG, UKlaG und UWG. 1) Verhältnis zum KapMuG (§ 1 III VDuG). Die Eröffnung eines KapMuG-Musterverfahrens (§ 9 I KapMuG idF v 20.7.2024) steht einer späteren Klage nach dem VDuG nicht entgegen (**III**; § 1 III 1 KapMuG; BTDrs 20/10942, 30); dies galt auch schon für das KapMuG 2012 (35. Aufl, vor 606 ZPO Rn 54). Umgekehrt sperrt eine rechtshängige VDuG-Klage nicht die Einleitung eines KapMuG-Musterverfahrens (§ 1 III KapMuG). Zur Vermeidung widersprüchlicher Bindungswirkungen für erfasste Ausgangsverfahren wurde § 18 II 2 KapMuG geschaffen; eine mögliche inhaltliche Divergenz der in den parallelen VDuG- und KapMuG-Verfahren ergehenden Entscheidungen nimmt der Gesetzgeber hin (BTDrs 20/10942, 30); es erfolgt keine Aussetzung nach § 148 I ZPO (s Rn 2); eine Aussetzung nach § 148 IV 1 ZPO ist möglich, wenn ein Leitentscheidungsverfahren bestimmt wurde (Sander ZHR 188 [2024], 755; G. Vollkommer NJW 2024, 3257 Rn 17). 19

2) Verhältnis zum UKlaG. Die Klagen nach dem VDuG und die Unterlassungsklage nach dem UKlaG ergänzen sich. Die Unterlassungsklage (samt vorgeschalteter einstweiliger Verfügung) stellt idR den Rechtsverstoß für die Zukunft ab, mit der Abhilfeklage werden die Rechtsfolgen aus dem rechtswidrigen Vollzug in der Vergangenheit „kollektiv" ausgeglichen. Überschneidungen von VDuG und UKlaG können sich auch daraus ergeben, dass im Zusammenhang mit dem obj Rechtsverstoß vom Unternehmer auch unzulässige (zB rechtfertigende) AGB verwendet werden (Bsp: BGH MDR 2025, 606; DSGVO-Verstoß). Soweit iS einer „Fortsetzungsfeststellungsklage" die Rechtswidrigkeit eines schon abgestellten Rechtsverstoßes festgestellt werden soll, können sich uU die Anwendungsbereiche des UKlaG und des VDuG (§ 1 I Nr 2, § 41 VDuG) überschneiden. Beide Gesetze sehen eine erstinstanzliche Zuständigkeit des OLG vor (s näher § 3 VDuG Rn 1). Parallele Verfahren sind die Folge, eine Aussetzung der VDuG-Klage in Bezug auf die UKlaG-Klage nach § 148 I ZPO scheidet aus, eine Verbindung (§ 147 ZPO) beider Prozesse (s § 3 Rn 6) oder eine Aussetzung des UKlaG-Prozesses nach § 148 II ZPO sind möglich (sa Rn 21). Eine Aussetzung nach § 148 IV 1 ZPO kann erfolgen, wenn ein Leitentscheidungsverfahren bestimmt wurde (G. Vollkommer NJW 2024, 3257 Rn 17). 20

3) Verhältnis zum UWG. Die Klagen nach dem VDuG (zB § 9 II UWG) und die Unterlassungsklage nach dem UWG (zB §§ 3, 7 UWG) ergänzen sich. Die unterschiedliche sachliche Zuständigkeit (§ 3 I einerseits, § 8 I UWG anderseits) führt zwingend zu parallelen Verfahren vor unterschiedlichen Gerichten (s KG MDR 2025, 341 zum UKlaG und UWG; Janal GRUR 2023, 985), eine **Aussetzung** der Abhilfeklage nach § 148 I ZPO mit Blick auf die (auch frühere) UWG-Klage scheidet aus (BayObLG MDR 2024, 1264 = BB 2024, 2319 [Einfeldt]; Lühmann ZIP 2024, 1956), umgekehrt könnte der UWG-Prozess (theoretisch) nach § 148 II ZPO (auf Antrag des dort klagenden Verbands) ausgesetzt werden. Eine Aussetzung des VDuG-Prozesses nach § 148 IV 1 ZPO ist möglich, wenn ein Leitentscheidungsverfahren bestimmt wurde (sa Rn 20). 21
Der Ausgleich von Streuschäden erfolgt mit der Musterfeststellungsklage (MFK), der Abhilfeklage oder der Abschöpfungsklage (§ 10 UWG), nicht mit dem (Folgen-)Beseitigungsanspruch aus § 8 I 1 Fall 1 UWG (BGH NJW 2024, 3152 [Unseld NJW 2024, 3156]; Lühmann NJW 2024, 3321 Rn 22).

IV) Verjährungshemmung der Unterlassungs-/Abhilfe- und Musterfeststellungsklage. Lit: Gsell ZIP 2025, 113. Die Unterlassungsklage nach dem UKlaG und eine ihr vorangehende einstweilige Unterlassungsverfügung (§ 5 UKlaG iVm § 12 II UWG) hemmen (anders als nach altem Recht) für Zuwiderhandlungen nach dem 12.10. 2023 („verjährungsrechtliche Neufälle" nach Art 229 § 65 S 3 EGBGB) die Verjährung der von der verfolgten Zuwiderhandlung betroffenen Verbraucheransprüche (§ 204a I 1 Nrn 1, 2 BGB), ohne dass es einer Anmeldung zum Klageregister bedarf; eine Erstreckung der Hemmung auf Ansprüche von kleinen Unternehmen ist nicht vorgesehen (§ 204a IV BGB). – Die Abhilfeklage (§ 1 I Nr 1 VDuG) und die Musterfeststellung (§ 1 I Nr 2, § 41 VDuG) hemmen die Verjährung der davon betroffenen Ansprüche von einzelnen Verbrauchern oder kleinen Unternehmen dagegen nur dann, wenn sich diese Personen bis zur Schließung des Verbandsklageregisters dort wirksam angemeldet haben (§ 204a I 1 Nrn 3, 4 BGB; § 204a IV BGB). Bei einer Abhilfeklage ist für Altverstöße vor dem 25.6.2023 die Überleitungsvorschrift des Art 229 § 65 S 3, 4 EGBGB zu beachten (s zum Ganzen näher Gsell ZIP 2025, 113; Waßmuth/von Rummel ZIP 2023, 1515, 1525). Wegen der rückwirkenden Verjährungshemmung durch eine spätere Anmeldung kann auf die Rtspr des BGH zur ZPO-MFK und zu § 204 Nr 1a BGB aF zurückgegriffen werden (Bsp: BGH NJW 2023, 1888; BGH NJW 2021, 3250; sa Schläfke/Lühmann NJW 2023, 3385 Rn 45). 22

V) Altfälle. Auf eine vor dem Inkrafttreten des VRUG am 13.10.2023 anhängige (Begriff: Greger § 253 ZPO Rn 4) Musterfeststellungsklage ist das alte Recht (§ 32c aF, §§ 606 ff aF ZPO; § 119 III aF GKG; MFK-RegisterVO aF; im Folgenden: ZPO-MFK; s näher 34 Aufl) umfassend weiter anzuwenden (§ 46 EGZPO; BGH ZIP 23

2025, 893 Tz 8 = MDR 2025, 644). Eine ZPO-MFK kann nach dem Inkrafttreten des VRUG nicht um Abhilfe(leistungs)anträge nach §§ 1, 5, 14 iSv § 260 ZPO erweitert werden; der Anmeldezeitraum für Verbraucher verlängert sich ebenfalls nicht. Eine Erweiterung der ZPO-MFK um Leistungsanträge iS einer „Inkasso-Verbandssammelklage" für namentlich benannte Verbraucher nach dem Anwendungszeitpunkt der RL (EU) 2020/1828 (25.6.2023) würde eine (derzeit nicht anerkannte) erweiternde Auslegung des § 119 III GVG aF iS einer Annexkompetenz voraussetzen (s G. Vollkommer Editorial NJW-aktuell 29, 2023, 3).

§ 2 Klageberechtigte Stellen

(1) Klageberechtigte Stellen für Verbandsklagen sind

1. qualifizierte Verbraucherverbände, die
   a) in der Liste nach § 4 des Unterlassungsklagengesetzes eingetragen sind und
   b) nicht mehr als 5 Prozent ihrer finanziellen Mittel durch Zuwendungen von Unternehmen beziehen, sowie

2. qualifizierte Einrichtungen aus anderen Mitgliedstaaten der Europäischen Union, die in dem Verzeichnis der Europäischen Kommission nach Artikel 5 Absatz 1 Satz 4 der Richtlinie (EU) 2020/1828 des Europäischen Parlaments und des Rates vom 25. November 2020 über Verbandsklagen zum Schutz der Kollektivinteressen der Verbraucher und zur Aufhebung der Richtlinie 2009/22/EG (ABl. L 409 vom 4.12.2020, S. 1) eingetragen sind.

(2) Bestehen ernsthafte Zweifel daran, dass die Voraussetzung nach Absatz 1 Nummer 1 Buchstabe b vorliegt, so verlangt das Gericht vom Kläger die Offenlegung seiner finanziellen Mittel.

(3) Es wird unwiderleglich vermutet, dass Verbraucherzentralen und andere Verbraucherverbände, die überwiegend mit öffentlichen Mitteln gefördert werden, die Voraussetzung des Absatzes 1 Nummer 1 Buchstabe b erfüllen.

IdF des G zur Umsetzung der Richtlinie (EU) 2020/1828 über Verbandsklagen zum Schutz der Kollektivinteressen der Verbraucher und zur Aufhebung der Richtlinie 2009/22/EG sowie zur Änderung des Kapitalanleger-Musterverfahrensgesetzes (Verbandsklagenrichtlinienumsetzungsgesetz – VRUG) v 8.10.2023 (BGBl 2023 I Nr 272) mWv 13.10.2023.

1 **I) Grenzüberschreitende und innerstaatliche Verbandsklagen. 1) Grenzüberschreitende Verbandsklage (Art 3 Nr 7 RL (EU) 2020/1828; § 2 I Nr 2 VDuG).** Eine **grenzüberschreitende Verbandsklage** liegt vor, wenn diese von der klagenden qualifizierten Einrichtung in einem anderen Mitgliedstaat als dem erhoben wird, von dem sie als „qualifizierte Einrichtung" gegenüber der Kommission benannt wurde (Art 3 Nr 7 RL (EU) 2020/1828). Bezugspunkt für diese Feststellung ist das mit der Verbandsklage angerufene Gericht. Diesen Fall regelt § 2 I Nr 2 VDuG, wenn ein EU-Verband vor einem deutschen Gericht klagt. Die von einem anderen EU-Mitgliedstaat verliehene Klagebefugnis muss ohne eigene Überprüfung durch das angerufene Gericht „anerkannt" werden. Der grenzüberschreitenden Verbandsklage kann, muss aber kein grenzüberschreitender Lebenssachverhalt (s § 1 VDuG Rn 6, 7) zugrunde liegen.

2 **2) Innerstaatliche Verbandsklage (Art 3 Nr 5 RL (EU) 2020/1828; § 2 I Nr 1, II, III VDuG).** Eine **innerstaatliche Verbandsklage** ist eine Verbandsklage, die von einer qualifizierten Einrichtung in dem Mitgliedstaat erhoben wird, von dem die qualifizierte Einrichtung als solche benannt wurde (Art 3 Nr 6 RL (EU) 2020/1828). Unerheblich ist in diesem Zusammenhang, ob der verklagte Unternehmer seinen Wohnsitz/Sitz ebenfalls in diesem Mitgliedstaat hat. Ob die Gerichte in diesem Mitgliedstaat zuständig sind, richtet sich nach den Regeln der Internationalen Zuständigkeit. Auch die innerstaatliche Verbandsklage vermag einen grenzüberschreitenden Sachverhalt geltend zu machen (s § 1 VDuG Rn 6, 7). Der klagende Verband kann dabei sowohl die kollektiven Interessen „seiner" Verbraucher als auch die Interessen von Verbrauchern aus anderen Mitgliedstaaten verfolgen. Die Klagebefugnis für das VDuG regelt § 2 I Nr 1 VDuG (s Rn 8 ff).

3 **II) Arten der Klagebefugnis. 1) Vorgaben der RL.** Art 4 RL (EU) 2020/1828 vereinheitlicht die Kriterien für klagebefugte Stellen (**qualifizierte Einrichtungen**) nur für grenzüberschreitende Verbandsklagen (s Rn 1). Für innerstaatliche Verbandsklagen (s Rn 2) belässt die RL den Mitgliedstaaten dagegen weitgehend freie Hand, sofern die Wirksamkeit und Effektivität der Verbandsklagen gewährleistet wird (Janal GRUR 2023, 985). Die Ausgestaltung dieses Rechtsrahmens erfolgt im UKlaG.

4 **2) Begriffe.** Die §§ 3 ff UKlaG unterscheiden bei der **Klagebefugnis** nunmehr zwischen „qualifizierten Verbraucherverbänden" (§§ 3, 4 UKlaG) für die innerstaatliche Verbandsklage und „qualifizierten Einrichtungen" für die grenzüberschreitende Verbandsklage (vgl Art 4 III RL (EU) 2020/1828).

5 **a) Qualifizierte Einrichtungen.** Bei diesen handelt es sich um in- wie ausländische Einrichtungen, die grenz*überschreitende Verfahren* betreiben und die in die **Liste der Kommission** nach Art 5 I RL (EU) 2020/1828 eingetragen sind. Für grenzüberschreitende Klagen deutscher Verbände im EU-Ausland stellt § 4d II UKlaG ei-

gene (niedrigere) Anforderungen auf; insb bedarf es keiner Mindest-Mitgliederzahl. Das Bundesamt der Justiz (BfJ) führt das (neue) Register qualifizierter deutscher Einrichtungen und meldet die Liste an die Europäische Kommission (§ 4d UKlaG).

b) Qualifizierte Verbraucherverbände. Bei den Anforderungen an die **qualifizierten Verbraucherverbände** (§§ 3, 4 UKlaG) bei innerstaatlichen Verbandsklagen verbleibt es bei den bisherigen Kriterien des § 4 UKlaG. Das BfJ führt weiterhin die Liste der qualifizierten Einrichtungen nach § 4 UKlaG. Die schon bislang in die Liste nach § 4 UKlaG eingetragenen Verbraucherverbände behalten die Klagebefugnis (§ 4 II, § 18 UKlaG; BTDrs 20/7631, 118). Das **VDuG** sieht mit **§ 2 I Nr 1b VDuG** (nur) für seinen Anwendungsbereich eine **zusätzliche Voraussetzung** für den klagenden deutschen Verband vor. 6

III) Klagebefugnis nach VDuG. 1) Überblick. Lit: Meindl, Die klageberechtigten Stellen nach dem Verbraucherrechtedurchsetzungsgesetz, 2024. Die **Klagebefugnis** des VDuG unterscheidet zwischen inländischen (**§ 2 I Nr 1 VDuG**) und EU-Verbänden (**§ 2 I Nr 2 VDuG**). Der Gesetzgeber hat von der in Art 4 VI RL (EU) 2020/1828 vorgesehenen Möglichkeit keinen Gebrauch gemacht, auch sog „Ad hoc-Verbände" (zB Interessensverbände der von einem Rechtsverstoß betroffenen Verbraucher) mit einer Klageberechtigung auszustatten (Janal GRUR 2023, 985). Die Klagebefugnis des § 2 VDuG gilt **für alle Klagearten des VDuG.** 7

2) Qualifizierte Verbraucherverbände; innerstaatliche Verbandsklage (§ 2 I Nr 1, II, III VDuG). Bei der **innerstaatlichen Verbandsklage** sind klagebefugt nach § 2 I Nr 1 VDuG die in die Liste gem § 4 UKlaG eingetragenen qualifizierten Verbraucherverbände, soweit diese nicht mehr als fünf Prozent ihrer finanziellen Mittel durch Zuwendungen von Unternehmen beziehen. 8

a) Eintragung der Einrichtung (§ 2 I Nr 1a VDuG). Inländische Verbände müssen nach § 4 I 1 UKlaG beim BfJ in die **Liste qualifizierter Verbraucherverbände** eingetragen sein. Das Gericht kann bei Zweifeln an der Klagebefugnis ein Überprüfungsverfahren nach § 4 IV, § 4a, § 4c UKlaG veranlassen. Es gelten die Bestimmungen des § 4c II, IV UKlaG (Ruhen der Eintragung). Der Nachweis der Klagebefugnis erfolgt durch Vorlage der Bescheinigung gem § 4 III 1 UKlaG. 9

b) Verbotene finanzielle Unterstützung (§ 2 I Nr 1b VDuG; § 2 II, III VDuG). aa) Qualifizierte Verbraucherverbände ohne Verbraucherzentralen etc iSv § 2 III VDuG. aaa) Verbotene Unternehmensfinanzierung. Das Verbot nach **§ 2 I Nr 1b VDuG**, keine Finanzierung **von mehr als 5 % der Mittel** durch Zuwendungen von Unternehmen zu erhalten, soll verhindern, dass durch die **Instrumentalisierung von Verbänden** (Mit-)Bewerber geschädigt werden. Die erlaubte Zuwendung bezieht sich auf den jährlichen Haushalt des qualifizierten Verbraucherverbandes (aA Röthemeyer Musterfeststellungsklage, § 606 ZPO Rn 38: Kalenderjahr vor Klageerhebung). Der hier verwendete Begriff „Unternehmen" ist wie „Unternehmer" in § 1 I zu verstehen (s § 1 VDuG Rn 12); erfasst sind zB auch RA-Kanzleien, Inkassounternehmen und Prozessfinanzierer. Während **§ 2 I Nr 1 lit b VDuG** die allgemeine Finanzierung des Verbandes regelt, gilt § 4 II VDuG für die Finanzierung der konkreten Klage (Prozessfinanzierung). 10

bbb) Verfahren; Prüfung. Die Klageschrift muss die Angabe und den Nachweis enthalten, dass der Kläger eine klagebefugte Stelle ist (§ 5 I Nr 1 VDuG). Beim **negativen Merkmal** des **§ 2 I Nr 1 lit b VDuG** genügt die Angabe, dass dieser Fall nicht gegeben ist. Nur bei ernsthaften Zweifeln, dass der Ausschlusstatbestand § 2 I Nr 1b VDuG vorliegt (also nicht routinemäßig; BTDrs 20/6520, 72 zu § 4 VDuG), kann das Gericht die Offenlegung der finanziellen Mittel des Klägers verlangen (**§ 2 II VDuG**). Dies bedeutet die Vorlage einer Vermögensübersicht, aus der sich der Zufluss von Mitteln und ihre Herkunft erkennen lässt (BeckOK ZPO/Lutz 49. Ed 1.7. 2023, § 606 Rn 38.1). 11

bb) Verbraucherzentralen etc (§ 2 III VDuG). Privilegiert sind **Verbraucherzentralen** und andere Verbraucherverbände, die überwiegend, dh regelmäßig und über 50 % mit öffentlichen Mitteln gefördert werden; deren Klagebefugnis besteht kraft Gesetzes (§ 2 III VDuG; sa § 4 II 2 UKlaG). Diese Verbände müssen (nur) ihre (aktuelle) Eintragung nach § 4 I UKlaG (Bescheinigung gem § 4 III 1 UKlaG) und ihre überwiegende öffentliche Förderung nachweisen (uU gilt § 291 ZPO; s Beckmann/Waßmuth WM 2019, 45, 48 zur ZPO-MFK). 12

c) Maßgeblicher Zeitpunkt. Die Anforderung an die Klagebefugnis nach § 2 I Nr 1b VDuG muss nur bei **Klageerhebung** vorliegen (s G. Vollkommer WuB 2021, 232; aA BGHZ 227, 365 Tz 13 = NJW 2021, 1014 = MDR 2021, 316 jeweils zur ZPO-MFK). Damit ist der Zweck dieser Vorschrift, die Erhebung unlauterer Verbandsklagen zum Nachteil von Mitbewerbern zu verhindern, erreicht. Eine spätere Änderung bei der finanziellen Ausstattung des Klägers schadet nicht. 13

Die **Klagebefugnis** nach **§ 2 I Nr 1 lit a VDuG** (Eintragung nach § 4 UKlaG) muss dagegen bis zur **letzten mündlichen Verhandlung** gegeben sein (BGHZ 227, 365 Tz 13 = NJW 2021, 1014 = MDR 2021, 316). Verliert der Kläger diese Klagebefugnis, ist § 241 ZPO im Interesse des Erhalts der gewonnenen Prozessergebnisse für die angemeldeten Verbraucher analog anzuwenden. Ein aufnahmebereiter anderer klagebefugter Verband kann das Verfahren fortsetzen; andernfalls ist die Klage als unzulässig abzuweisen (sa § 13 VDuG Rn 7). 14

3) Grenzüberschreitende Verbandsklage (§ 2 I Nr 2 VDuG); qualifizierte Einrichtungen. Bei der grenzüberschreitenden Verbandsklage (Art 3 Nr 7, Art 6 RL (EU) 2020/1828) sind klagebefugt gem **§ 2 I Nr 2 VDuG qua-** 15

lifizierte Einrichtungen aus anderen EU-Mitgliedstaaten, die im Verzeichnis der Europäischen Kommission eingetragen sind. Der Nachweis wird durch die Vorlage der Eintragung geführt (Art 6 III RL (EU) 2020/1828). Eine Überprüfung der Klagebefugnis anhand von deren Heimatrecht erfolgt nicht. Allerdings kann das angerufene Gericht prüfen, ob die erhobene Klage vom Satzungszeck der klagenden Einrichtung gedeckt ist (ErwGr 32 RL (EU) 2020/1828; Asmus/Waßmuth/Schreber, Kollektive Rechtsdurchsetzung, RL (EU) 2020/1828 Rn 23).

16 **4) Gemeinsame Verbandsklage.** Nach Art 6 II RL (EU) 2020/1828 müssen mehrere qualifizierte Einrichtungen aus verschiedenen Mitgliedstaaten auch eine **gemeinsame Klage** erheben können. Dies ist nach § 13 I 1 VDuG iVm §§ 59, 60 ZPO möglich. Bei grenzüberschreitenden Sachverhalten kann aber eine Abtrennung erforderlich werden (s § 1 VDuG Rn 7 aE; § 7 VDuG Rn 2).

§ 3 Zuständigkeit; Verordnungsermächtigung

(1) Für Verbandsklagen ist dasjenige Oberlandesgericht sachlich und örtlich ausschließlich zuständig, in dessen Bezirk sich der allgemeine Gerichtsstand des Unternehmers, gegen den sich die Verbandsklage richtet, befindet.

(2) [1]Regelungen in Rechtsakten der Europäischen Union bleiben unberührt. [2]Regelungen in völkerrechtlichen Vereinbarungen, soweit sie unmittelbar anwendbares innerstaatliches Recht sind, gehen den Vorschriften dieses Gesetzes vor.

(3) [1]Die Landesregierungen können durch Rechtsverordnung einem Oberlandesgericht die Entscheidung und Verhandlung für die Bezirke mehrerer Oberlandesgerichte oder dem Obersten Landesgericht zuweisen, sofern

1. in dem Land mehrere Oberlandesgerichte errichtet sind und

2. die Zuweisung für das Verbandsklageverfahren förderlich ist.

[2]Die Landesregierungen können die Ermächtigung durch Rechtsverordnung auf ihre Landesjustizverwaltung übertragen.

IdF des G zur Umsetzung der Richtlinie (EU) 2020/1828 über Verbandsklagen zum Schutz der Kollektivinteressen der Verbraucher und zur Aufhebung der Richtlinie 2009/22/EG sowie zur Änderung des Kapitalanleger-Musterverfahrensgesetzes (Verbandsklagenrichtlinienumsetzungsgesetz – VRUG) v 8.10.2023 (BGBl 2023 I Nr 272) mWv 13.10.2023.

1 **I) Sachliche Zuständigkeit (VDuG; UKlaG).** Ausschließlich **sachlich zuständig** für die Klagen nach dem VDuG ist das **OLG**. Die Länder können von der **Zuständigkeitskonzentration** nach **§ 3 III VDuG** Gebrauch machen und eines von mehreren Oberlandesgerichten oder in Bayern das BayObLG für zuständig erklären (sa Rn 7). Die Unterlassungsklage nach dem UKlaG ist jetzt ebenfalls beim OLG zu erheben (§ 6 I UKlaG); auch hier können die Länder eine auf § 13a GVG gestützte Konzentration anordnen (in Bayern: OLG Bamberg, § 6 GZVJu; ab 16.11.2023).

2 **II) Internationale und örtliche Zuständigkeit. 1) Internationale Zuständigkeit.** Die **internationale Zuständigkeit** für Verbandsklagen bestimmt sich im EU-Bereich nach den Gerichtsständen der EuGVVO (**§ 3 II 1 VDuG**). Danach richtet sich die Zuständigkeit des angerufenen Gerichts nach Art 4 EuGVVO oder nach einem der besonderen Gerichtsstände, soweit dieser auf diese Art von Klagen anwendbar ist (zB Art 7 Nr 1, Nr 2; Art 8 Nr 1; Art 11 ff; Art 24 Nr 1 EuGVVO). Art 17 ff EuGVVO sind nicht anwendbar, da die klagebefugten Verbände selbst keine Verbraucher sind (Schultzky 34. Aufl, § 32b ZPO Rn 2).

3 Außerhalb des räumlichen Anwendungsbereichs der EuGVVO, also den **Drittstaatenfällen,** würden Zuständigkeiten in völkerrechtlichen Verträgen vorgehen (**§ 3 II 2 VDuG**), die jedoch Abhilfe- und Musterfeststellungsklagen bislang nicht kennen. Nach autonomem Recht kann die internationale Zuständigkeit der deutschen Gerichte für Abhilfeklagen auf § 6 I 2 Nrn 1, 2 UKlaG analog oder auf §§ 12 ff ZPO analog gestützt werden. Eine Niederlassung (§ 21 ZPO) genügt nicht. Die Grundlage der Prüfung der Zuständigkeit bildet der Vortrag in der Klage (ErwGr 34; Art 7 II u III RL (EU) 2020/1828).

4 **2) Örtliche Zuständigkeit.** Die **ausschließliche örtliche** Zuständigkeit bestimmt sich nach dem allgemeinen Gerichtsstand des verklagten Unternehmers (§ 3 I VDuG; §§ 12 ff ZPO). Eine inhaltliche Abweichung gegenüber dem anders formulierten § 6 I 1 UKlaG dürfte nicht beabsichtigt sein.

5 Werden mehrere Unternehmer verklagt (s § 7 VDuG Rn 3), ist ein **gemeinsamer Gerichtsstand** nach § 36 I Nr 3 ZPO zu bestimmen (OLG Hamm 26.2.2024 – 1 UH 17/24; Skauradszun/Gödicke § 3 VDuG Rn. 5).

6 **3) Klagenhäufung (§ 260 ZPO).** Die gleiche sachliche und örtliche Zuständigkeit erlaubt, anders als der Rechtszustand vor Ablauf der Umsetzungsfrist der RL (EU) 2020/1828, eine Klagenhäufung von **VDuG-Klage *und* Unterlassungsklage nach dem UKlaG.** Divergierende Zuständigkeiten können sich aber (wieder) aus den nach § 3 III 1 VDuG, § 13a GVG erlassenen Konzentrationsvorschriften der Länder ergeben.

III) Konzentrationsermächtigung. Von der **Konzentrationsermächtigung** nach § 3 III 1 VDuG haben (Stand: 25.5.2025) Gebrauch gemacht: Bayern: BayObLG (§ 8a GZVJu; ab 16.11.2023); Nordrhein-Westfalen: OLG Hamm (VO v 18.10.2023, GV.NRW v 9.11.2023, 1165). 7

§ 4 Verbraucherquorum; Finanzierung

(1) [1]Eine Verbandsklage ist nur zulässig, wenn die klageberechtigte Stelle nachvollziehbar darlegt, dass

1. von der Abhilfeklage Ansprüche von mindestens 50 Verbrauchern betroffen sein können oder

2. von den Feststellungszielen der Musterfeststellungsklage die Ansprüche oder Rechtsverhältnisse von mindestens 50 Verbrauchern abhängen können.

[2]Im Fall des § 7 Absatz 1 ist die Gesamtzahl der von der gemeinschaftlichen Klage betroffenen Verbraucher maßgeblich.

(2) Eine Verbandsklage ist unzulässig, wenn sie von einem Dritten finanziert wird,

1. der ein Wettbewerber des verklagten Unternehmers ist,

2. der vom verklagten Unternehmer abhängig ist,

3 dem ein wirtschaftlicher Anteil an der vom verklagten Unternehmer zu erbringenden Leistung von mehr als 10 Prozent versprochen ist oder

4. von dem zu erwarten ist, dass er die Prozessführung der klageberechtigten Stelle, einschließlich Entscheidungen über Vergleiche, zu Lasten der Verbraucher beeinflussen wird.

(3) [1]Mit Klageeinreichung hat die klageberechtigte Stelle dem Gericht die Herkunft der Mittel, mit denen die Klage finanziert wird, offenzulegen. [2]Wird die Klage durch einen Dritten finanziert, sind darüber hinaus die mit dem finanzierenden Dritten getroffenen Vereinbarungen offenzulegen. [3]Dies gilt auch in den Fällen, in denen die Finanzierung der Klage erst nach Klageeinreichung erfolgt.

IdF des G zur Umsetzung der Richtlinie (EU) 2020/1828 über Verbandsklagen zum Schutz der Kollektivinteressen der Verbraucher und zur Aufhebung der Richtlinie 2009/22/EG sowie zur Änderung des Kapitalanleger-Musterverfahrensgesetzes (Verbandsklagenrichtlinienumsetzungsgesetz – VRUG) v 8.10.2023 (BGBl 2023 I Nr 272) mWv 13.10.2023.

I) Verbraucherquorum; Breitenwirkung der Verbandsklage (§ 4 I VDuG). In der Klageschrift muss „nachvollziehbar dargelegt" werden, dass von der Abhilfeklage Ansprüche von **mindestens 50 Verbrauchern** „betroffen sein können" (**§ 4 I 1 Nr 1 VDuG; Quorum**). Entsprechendes gilt für eine Musterfeststellungsklage (**§ 4 I 1 Nr 2 VDuG**, § 41 VDuG). Ein Beweis der tatsächlichen Betroffenheit soll damit nicht vorausgesetzt werden (BTDrs 20/7631, 110). Ein Anmeldequorum wie bei der ZPO-MFK (§ 606 III Nr 3 ZPO aF) wird dagegen nicht mehr verlangt. Werden mit der Abhilfeklage **mehrere prozessuale Ansprüche** verfolgt, muss nach der Gesetzesbegründung das Quorum für jeden Anspruch nachgewiesen werden (BTDrs 20/6520, 77 f; zur Abhilfesammelklage s aber auch Rn 2); bei **mehreren Feststellungszielen** ist für jedes das Quorum zu erfüllen (BGH NJW 2020, 341 = MDR 2020, 81 zur ZPO-MFK). Bei einer **Streitgenossenschaft** von Verbänden oder einer Klage gegen mehrere Unternehmer genügt die Erreichung eines gemeinsamen Quorums von 50 betroffenen Verbrauchern (s § 7 VDuG Rn 6). 1

Mit dieser besonderen Zulässigkeitsvoraussetzung soll festgestellt werden, dass die Klage nicht nur „individuelle Bedeutung" hat (BTDrs 20/6520, 71), was zugleich das Merkmal „Vielzahl von Verbrauchern" in § 1 I VDuG präzisiert. Bei notorischen Massen-Haftungssachverhalten, wie Haftungsklagen bei Dieselmotoren mit unzulässigen Abschalteinrichtungen aus § 823 II BGB, liegt das Bedürfnis für eine kollektive Rechtsverfolgung auf der Hand. Gleiches gilt, wenn zB im Wege der Abhilfe-Gruppenklage die Entschädigung wegen einer (Flug-)Verspätung von einem Flugzeug mit mehr als 50 Passagieren eingeklagt wird. Offen ist, wie sich dieses Merkmal bei der **Abhilfe-Sammelklage** auswirkt. Bedeutet das Quorum, dass von einer solchen Klage mindestens 50 namentlich genannte Verbraucher erfasst sein müssen, oder genügen auch weniger, wenn nur nachgewiesen wird, dass eine solche Zahl betroffen sein kann (und zu erwarten ist, dass sich diese im Wege der Anmeldung anschließen werden). Letzteres dürfte zutreffen, da sich auch bei diesem Klagetyp die erforderliche Breitenwirkung (§ 1 I, § 4 I VDuG) über § 11 III 1 VDuG auf angemeldete Verbraucher und Kleinunternehmen erreichen lässt (s § 11 VDuG Rn 21 f). 2

II) Anfängliche Offenlegung der Finanzierung (§ 4 III 1 VDuG). 1) Klagefinanzierung. Nach **§ 4 III 1 VDuG** hat der klageberechtigte Verband zur sachgerechten Kontrolle der Einhaltung der in **§ 4 II VDuG** vorgegebenen Grenzen einer Drittfinanzierung die **Herkunft der Mittel**, mit denen die Klage finanziert wird, in Form einer Auflistung der Finanzierungsquellen, mit der Klageerhebung dem Gericht offenzulegen (BTDrs 20/7631, 110 zu § 4 VDuG). Damit wird Art 10 III RL (EU) 2020/1828 umgesetzt. Nach § 5 I Nr 5 VDuG muss in der Klageschrift ohnehin eine schon **vereinbarte Prozessfinanzierung durch einen Dritten** und dessen Name angegeben werden. Es wird angenommen, dass die Herkunft der Mittel (**§ 4 III 1 VDuG**) und wohl auch eine abgeschlossene Finanzierungsvereinbarung (**§ 4 III 2 VDuG**) nur dem Gericht vorzulegen sind (Gsell Editorial, 3

NJW-aktuell 31/2023, 3), wofür der Wortlaut der § 5 I Nr 5, § 4 II 2 VDuG spräche. Andererseits fehlt eine Regelung wie § 117 II 2 ZPO, so dass sich der Beklagte im Wege der Akteneinsicht Kenntnis von den ergänzenden Mitteilungen und von der Vereinbarung mit dem Dritten verschaffen kann.

4 **2) Abgrenzung zu § 2 I Nr 1 lit b, II VDuG.** Die Regelung des § 2 I Nr 1 lit b VDuG, wonach nicht mehr als 5 % der Mittel durch Zuwendungen von Unternehmen erfolgen dürfen, betrifft die Finanzierung des Verbandes im Allgemeinen, während **§ 4 II, III VDuG** auf die Finanzierung der Klage abstellen. Die Mitteilung nach **§ 4 III 1 VDuG** kann aber Zweifel an den allgemeinen Finanzierungsgrundlagen iSv § 2 II VDuG wecken.

5 **III) Prozessfinanzierung durch Dritte (§ 4 II, III 2, 3 VDuG).** Das VDuG geht von der grundsätzlichen Zulässigkeit einer **Prozessfinanzierung** für die Verbandsklage aus, unterwirft diese jedoch zur Vermeidung missbräuchlicher Klagen einer sehr strengen Regulierung. Die Bestimmungen der **§ 4 II Nr 1, 2 und 4 VDuG** dienen der Umsetzung von Art 10 II RL (EU) 2020/1828. Die Regelung des **§ 4 II Nr 3 VDuG** wurde vom Rechtsausschuss des Bundestags eingefügt. Eine Finanzierung von Abhilfe- oder Musterfeststellungsklagen durch einen Wettbewerber des verklagten Unternehmens (**§ 4 II Nr 1 VDuG**) oder durch Finanzierer, die vom verklagten Unternehmen abhängig sind (**§ 4 II Nr 2 VDuG**) oder denen ein wirtschaftlicher Anteil an der vom verklagten Unternehmer zu erbringenden Leistung **von mehr als 10 % versprochen** ist (**§ 4 II Nr 3 VDuG**) oder von denen zu erwarten ist, dass sie die Prozessführung der klageberechtigten Stelle zu Lasten der Verbraucher beeinflussen werden (**§ 4 II Nr 4 VDuG**), ist unzulässig. Dritter ist jede andere natürliche oder juristische Person als der Kläger. In der Formulierung „wirtschaftlicher Anteil" (**§ 4 II Nr 3 VDuG**) kommt zum Ausdruck, dass es unerheblich ist, über welche rechtliche Konstruktion dem Dritten ein solcher Vorteil versprochen wird oder eingeräumt werden soll (BTDrs 20/7631, 110).

6 Welche Geschäftschancen Prozessfinanzierer in diesem engen Rahmen sehen und wie dessen Anforderungen praktisch umgesetzt werden können, bleibt abzuwarten (Röthemeyer VuR 2023, 332/334; Wais NJW 2025, 1441). Die Gesetzesbegründung erklärt nicht, woher der wirtschaftliche Anteil von 10 % an der vom verklagten Unternehmer „zu erbringenden Leistung" kommen soll (Wais NJW 2025, 1441 Rn 5). Bei der **Abhilfe-Gruppenklage** steht der kollektive Gesamtbetrag (§ 18 II VDuG) jedenfalls ausschließlich den angemeldeten Verbrauchern zu (BTDrs 20/6520, 86 und BTDrs 20/7631, 110; aA Scherer WRP 2025, 148, 149); diese müssten sich also nachträglich bereit erklären, auf einen Teil ihres Anspruchs zugunsten des Prozessfinanzierers zu verzichten (für Anteil am tatsächlich an die Verbraucher ausgezahlten Anteil, Wais NJW 2025, 1441 Rn 6). Das Entgelt des Prozessfinanzierers stellt keine Kosten des Umsetzungsverfahrens (§ 18 I Nr 2 VDuG) dar. Denkbar erscheint eine entsprechende Abrede bei der **Abhilfe-Sammelklage**, bei der die namentlich genannten Verbraucher sich mit der Prozessfinanzierung vorab einverstanden erklären; auch bei der Abhilfe-Gruppenklage wird dies anlässlich der Anmeldung erwogen (Wais NJW 2025, 1441 Rn 7). Ähnliches ist möglich nach einer **Musterfeststellungsklage**, wenn in der zweiten Stufe einzelne Ansprüche mit Hilfe des Verbandes eingeklagt werden (sa § 11 VDuG Rn 19, § 11 VDuG Rn 23).

7 **IV) Nachträgliche Prozessfinanzierung (§ 4 III 3 VDuG).** Wird die Vereinbarung über eine **Prozessfinanzierung nach Klageeinreichung** getroffen, ist sie ebenfalls offen zu legen (**§ 4 III 3 VDuG**). Die Pflicht zur Offenlegung wird zum Zeitpunkt der Vereinbarung ausgelöst (BTDrs 20/7631, 110). Dieser Fall könnte zB im Zusammenhang mit einer besonders kostspieligen Beweisaufnahme eintreten.

8 **V) Rechtsfolgen unzulässiger Prozessfinanzierungen.** Eine nach **§ 4 II VDuG** verbotene anfängliche Prozessfinanzierung führt zur **Unzulässigkeit der Klage** (§ 4 II VDuG; BTDrs 20/6520, 72). In evidenten Fällen kann die **Zustellung der Klageschrift abgelehnt** werden oder zumindest eine Veröffentlichung der Klage im Verbandsklageregister unterbleiben (s näher § 44 VDuG Rn 2, 3). Eine Heilung des Mangels ex nunc ist möglich, indem eine andere Art der Finanzierung erfolgt. Bei einer nachträglichen Prozessfinanzierung muss dem Kläger Gelegenheit gegeben werden, diese mit Blick auf die Bedenken des Gerichts zu ändern oder zu beenden (vgl Art 10 IV 1 RL (EU) 2020/1828), bevor die Klage als unzulässig abgewiesen wird. § 4 II VDuG ist kein Verbotsgesetz iSv § 134 BGB.

§ 5 Klageschrift

(1) Die Klageschrift, mit der eine Verbandsklage erhoben wird, muss Folgendes enthalten:

1. die Angabe und den Nachweis, dass der Kläger eine klageberechtigte Stelle ist,

2. die nachvollziehbare Darlegung, dass

a) von der Abhilfeklage Ansprüche von mindestens 50 Verbrauchern betroffen sein können oder

b) von den Feststellungszielen der Musterfeststellungsklage die Ansprüche oder Rechtsverhältnisse von mindestens 50 Verbrauchern abhängen können,

3. die Angabe des Werts des Streitgegenstands und

4. die Angabe, ob ein Dritter die Verbandsklage finanziert, sowie gegebenenfalls den Namen des Dritten.

(2) Die Klageschrift soll für den Zweck der Bekanntmachung im Verbandsklageregister eine kurze Darstellung des Lebenssachverhalts enthalten, aus dem die geltend gemachten Ansprüche von Verbrauchern hergeleitet werden.

(3) Im Übrigen ist § 253 der Zivilprozessordnung entsprechend anzuwenden.

IdF des G zur Umsetzung der Richtlinie (EU) 2020/1828 über Verbandsklagen zum Schutz der Kollektivinteressen der Verbraucher und zur Aufhebung der Richtlinie 2009/22/EG sowie zur Änderung des Kapitalanleger-Musterverfahrensgesetzes (Verbandsklagenrichtlinienumsetzungsgesetz – VRUG) v 8.10.2023 (BGBl 2023 I Nr 272) mWv 13.10.2023.

I) Überblick. Das VDuG sieht eine Reihe **neuer** und nicht leicht handhabbarer und zumal verstreuter **Sondervorschriften für die Klageschrift** vor. Diese dürften die Praxis vor Probleme stellen (Dittmann/Gollnast VuR 2023, 135). 1

II) Anforderungen an die Klageschrift (§§ 5, 15 I, II VDuG; § 253 II ZPO). 1) Klageantrag. a) Abhilfesammelklage (§ 1 VDuG Rn 15). Werden Ansprüche **namentlich genannter Verbraucher** eingeklagt, sollen diese (nach allgemeinen Grundsätzen) **beziffert** bzw sonst in vollstreckbarer Weise beschrieben werden (§ 253 II Nr 2 Fall 2 ZPO). Möglich sollte auch sein, im Antrag nur die Summe der geltend gemachten (Einzel-)Geldforderungen aufzunehmen und die Aufteilung auf die einzelnen Gläubiger im Rahmen der Sachverhaltsdarstellung vorzunehmen. 2

b) Abhilfe-Gruppenklage. aa) Zahlungsantrag. Wird bei der Abhilfe-Gruppenklage (s § 1 VDuG Rn 16) die Zahlung eines **kollektiven Gesamtbetrages** begehrt (§ 14 S 2 VDuG), so ist dieser zu beziffern (§ 253 II Nr 2 ZPO); seine Zahlung ist zugunsten des Sachwalters (§§ 23, 27 VDuG) zu verlangen. Hierbei handelt es sich aber nur um eine frühe Schätzung, da bei Klageerhebung unbekannt ist, wie viele Verbraucher sich anmelden werden (zweifelnd Dittmann/Gollnast VuR 2023, 135/139; sa § 14 VDuG Rn 6). Zusätzlich „muss" in den weiteren Ausführungen der Klage die **Höhe des Einzelanspruchs** angegeben werden, wenn dieser feststeht und bei allen erfassten Verbrauchern identisch ist (§ 15 II 2 VDuG). Wo dies nicht möglich ist, „soll" die Berechnungsmethode der erfassten Einzelansprüche angegeben werden (§ 15 II 3 VDuG). Der Bezifferung kommt bei dieser Klageform aber eine **geringere Bedeutung** als im individuellen Zivilprozess zu. Die Verjährungshemmung wird durch den in der Klage genannten kollektiven Gesamtbetrag nicht nach oben hin begrenzt (arg § 21 VDuG); der kollektive Gesamtbetrag muss zudem im Laufe des Verfahrens mit Blick auf die sukzessiven Anmeldungen überprüft und angepasst werden (§ 264 Nr 1 ZPO) und er kann sogar noch später mit der Erhöhungsklage des § 21 VDuG nach oben korrigiert werden; eine (endgültige) Zuvielforderung kann es ohnehin nicht geben, da der nicht zur Befriedigung der Verbraucher verbleibende Rest dem verurteilten Unternehmer zurückgegeben wird (§ 37 VDuG). 3

bb) Sonstiger Leistungsantrag. Wird eine sonstige (vertretbare oder nicht vertretbare) Leistung des Unternehmers begehrt, ist diese nach § 253 II Nr 2 ZPO möglichst **bestimmt zu beschreiben** (Bsp: Softwareupdate entsprechend den Vorgaben des KBA im Bescheid vom … bei Motoren der Baureihe XY aufzuspielen). Die für die Zwangsvollstreckung erforderliche Individualisierung des Gläubigers erfolgt dagegen erst im Umsetzungsverfahren (§ 29 VDuG Rn 1, 3). 4

cc) Gruppenbildung. Weiter muss der Klageantrag die **Gruppe der Berechtigten** nach § 15 I 1 VDuG bestimmt (§ 253 II Nr 2 ZPO) beschreiben, für die der kollektive Gesamtbetrag oder die sonstige Leistung verlangt wird (s näher § 15 VDuG Rn 3, 4 ff). Dieses Erfordernis folgt aus § 44 Nr 3 VDuG. Es bietet sich an, dass mitgeteilt wird, ob von dem in der Abhilfeklage geltend gemachten Rechtsverhältnis auch Nicht-Verbraucher erfasst sein können (zB deliktische Haftung, § 823 II BGB). 5

dd) Abhilfegrundantrag? Ein Antrag, der auf den Erlass eines bestimmten **Abhilfegrundurteils** (§ 16 II VDuG) gerichtet ist, erscheint (wie auch sonst in der ZPO mit Blick auf ein Grundurteil) an sich entbehrlich. Allerdings kann sich bei seinem Fehlen das Problem stellen, ob der klagende Verband wegen eines Abhilfegrundurteils beschwert sein kann, weil die dort aufgestellten „konkreten Voraussetzungen" der Anspruchsberechtigung aus Sicht des Klägers zu hohe Hürden enthalten oder die dort verlangten Nachweise zu streng sind. 6

c) Musterfeststellungsklage. Die **Feststellungsziele** sind bestimmt zu bezeichnen. Es gelten die zur ZPO-MFK entwickelten Grundsätze (s näher § 41 VDuG Rn 3, 5). 7

2) Klagegrund; Gleichartigkeit. Die Darstellung des **Klagegrundes** (dh des gleichartigen Lebenssachverhalts) erfordert bei dieser Rechtsschutzform **besondere Aufmerksamkeit.** 8

a) Abhilfe-Sammelklage. Soweit die Abhilfeklage auf ein Bündel von individuellen Ansprüchen gestützt wird (Abhilfe-Sammelklage, s § 1 VDuG Rn 15), gelten die **allgemeinen Regeln der ZPO bei der objektiven Klagehäufung** (§ 260 ZPO). Die individuellen Vorgänge, aus denen sich die unterschiedlichen Ansprüche ableiten, sind mit entsprechendem Tatsachenvortrag darzustellen; verzichtbar sind dagegen, abweichend gegenüber einer ZPO-(Inkassosammel-)Klage, Angaben zu deren Abtretung an den klagenden Verband oder zur Ermächtigung des klagenden Verbandes, weil sich dessen **Prozessführungsbefugnis** aus dem VDuG ergibt. Inhaltlich 9 müssen die gebündelten (individuellen) Ansprüche darüber hinaus „im Wesentlichen gleichartig" (§ 15 I 1 VDuG) sein, was in der Klageschrift „angegeben" werden muss (§ 15 II 1 VDuG). Das Erfordernis der „Gleichartigkeit" geht über § 260 ZPO hinaus und verlangt nach § 15 I 2 Nr 1 VDuG die Ableitung der Ansprüche aus demselben Sachverhalt (zB ein Unfallgeschehen, das nach Ort und Zeit beschrieben wird; verspäteter Flug nach Flugnummer, Start- und Zielort; unzulässiger Abfluss von Daten aus einem bestimmten Ereignis) oder aus vergleichbaren Sachverhalten (zB Serienschaden wegen unzulässiger Abschalteinrichtungen). Weiter müssen bei den gebündelten Ansprüchen im Wesentlichen die gleichen Tatsachen- und Rechtsfragen entscheidungserheblich sein (§ 15 I 2 Nr 2 VDuG). Danach wäre bei Schadensersatzklagen wegen unzulässiger Abschalteinrichtungen weiter nach einzelnen Motoren oder technischen Ausgestaltungen (ggf Baujahr, Leistung) zu unterscheiden.

10 **b) Typisierende Klage (Abhilfe-Gruppenklage; Musterfeststellungsklage).** Bei dieser Form der Klage (§ 1 VDuG Rn 16, 17) fehlen ohnehin individuelle Ansprüche, vielmehr wird ein **typisierter, abstrakter Haftungssachverhalt** beschrieben. Auch dieser Sachverhalt ist möglichst bestimmt zu beschreiben, die Anforderungen an die „Gleichartigkeit" (§ 15 I 1 VDuG) der sich aus ihm abgeleiteten Ansprüche gelten auch hier. Im Unterschied zur individuellen Abhilfeklage in Form der Abhilfe-Sammelklage fehlen in der Klageschrift individualisierende Angaben zu den einzelnen Gläubigern. Dieses Defizit wird einerseits dadurch ersetzt, dass der klagende Verband einen kollektiven Gesamtbetrag (als geschätzte Summe der noch festzustellenden Einzelansprüche) beziffert (vgl § 14 S 2 VDuG). Zum anderen erfolgt (bis zu einem Abhilfegrundurteil) eine Konkretisierung durch die nachfolgenden Anmeldungen einzelner Verbraucher zum Klageregister. Für die gebotene Bestimmtheit der Klage ist es aber geboten, diesen Kreis der möglichen Anspruchsinhaber anhand der Kriterien des § 15 I 2 VDuG zu umschreiben und damit (für eine entsprechende Feststellung ihrer Berechtigung im Umsetzungsverfahren) **bestimmbar** zu machen (§ 16 II Nr 1 VDuG). Die Abhilfeklage muss dazu eine **homogene Gruppe** von identifizierenden Ansprüchen zur kollektiven Durchsetzung beschreiben. Bei der MFK gilt Entsprechendes.

11 **c) Bedeutung für Unternehmen.** Soweit dies noch nicht in den Anträgen erfolgt ist, sollten bei der Darstellung des Klagegrundes Ausführungen erfolgen, ob (nach Auffassung des Klägers) die von der Abhilfeklage verfolgten materiell-rechtlichen Ansprüche ausschließlich Verbrauchern (§ 13 BGB) oder auch Unternehmen (iSv § 1 II VDuG) zustehen können (s Rn 5).

12 **3) Weitere Muss-Bestimmungen (§ 5 VDuG). a) Überblick.** Wie bei der ZPO-MFK sieht § 5 I VDuG einige „Muss-Bestimmungen" für **zusätzliche Angaben** in der Klageschrift vor. Ihr Fehlen kann der Zustellung der Klage oder ihrer Bekanntmachung im Verbandsklageregister entgegenstehen (s § 44 VDuG Rn 2, 3).

13 **b) Klagebefugnis nach § 2 I, § 5 I Nr 1 VDuG.** Das Erfordernis der **Eintragung in die Liste** nach § 4 UKlaG wird durch dessen Vorlage nachgewiesen. Der EU-Verband muss seine Eintragung im Verzeichnis der EU-Kommission nach § 2 I Nr 2 VDuG nachweisen.

14 **c) Breitenwirkung (§ 4 I, § 5 I Nr 2 VDuG).** In der Klageschrift muss „nachvollziehbar dargelegt" werden, dass von der Abhilfeklage Ansprüche von **mindestens 50 Verbrauchern** „betroffen sein können" (§ 4 I 1 Nr 1 VDuG; s § 4 VDuG Rn 1, 2). Ein Beweis der tatsächlichen Betroffenheit soll damit nicht vorausgesetzt werden (BTDrs 20/7631, 110). Entsprechendes gilt für eine Musterfeststellungsklage (§ 4 I 1 Nr 2 VDuG). Mit dieser besonderen Zulässigkeitsvoraussetzung soll festgestellt werden, dass die Klage nicht nur „individuelle Bedeutung" hat (BTDrs 20/6520, 71), sondern eine „Vielzahl von Verbrauchern" (§ 1 I VDuG) betroffen ist.

15 Bei der **Abhilfe-Sammelklage** müssen allerdings nicht mindestens 50 Verbraucher namentlich erfasst werden; es muss nur nachgewiesen werden, dass eine solche Zahl betroffen sein kann (und zu erwarten ist, dass sich diese im Wege der Anmeldung anschließen werden, s näher § 4 VDuG Rn 2).

16 **d) Finanzierung der Klage und Prozessfinanzierung (§ 4 III, § 5 I Nr 4 VDuG).** In der Klageschrift muss erklärt werden, dass entweder **keine Prozessfinanzierung** vorliegt oder eine solche ist unter **namentlicher Nennung des Finanzierers** (§ 5 I Nr. 4 VDuG) und unter Vorlage der getroffenen Vereinbarung (§ 4 III 2 VDuG) aufzudecken. Aus § 4 III 1 VDuG ergibt sich weiter, dass die Herkunft der Mittel, mit denen die Klage finanziert wird, offen zu legen ist, was aber nicht in der Klageschrift selbst erfolgen muss (s § 4 VDuG Rn 3).

17 **e) Gleichartigkeit der verfolgten Verbraucheransprüche bei der Abhilfeklage (§ 15 II 1 VDuG).** Das mit der Abhilfeklage in jeder ihrer Varianten verfolgte Ziel ist es, eine **homogene Gruppe** von (identifizierbaren oder noch zu identifizierenden) Ansprüchen zur **kollektiven Durchsetzung** zu bilden. S dazu Rn 9, 10; eingehend: § 15 VDuG Rn 3 ff.

18 **f) Wert des Streitgegenstands (§ 5 I Nr 3 VDuG).** Bei einer auf Zahlung gerichteten Abhilfeklage bedarf es ohnehin einer Bezifferung (§ 253 II Nr 2 ZPO; s Rn 3). Aus der Begründung (BTDrs 20/6520, 72) lässt sich entnehmen, dass es bei dieser Angabe gar nicht um den Streitwert, sondern um den erwarteten **Gesamtwert der Abhilfe-Gruppenklage** geht. Der klagende Verband soll schätzen, wie viele Verbraucher sich anschließen werden und welche Summe der kollektive Gesamtbetrag dann voraussichtlich haben wird; dies schlägt sich aber ohnehin schon bei der auf eine Geldzahlung gerichteten Klage im Klageantrag nieder. Die Schätzung der Kosten des kollektiven Reparaturaufwands (zB eines Updates der Motorsteuerung) wiederum dürfte dem Kläger dagegen schwerfallen.

Die Vorschrift ist daher wörtlich zu verstehen. Der Kläger muss nach § 5 I Nr 3 VDuG den nach dem **GKG gedeckelten Streitwert** angeben. Für die Abhilfeklage beträgt der Höchststreitwert 300.000 Euro, bei der Musterfeststellungsklage 250.000 Euro (§ 48 I GKG nF). Eine praktische Bedeutung kommt dieser Angabe, außer für die Berechnung des Kostenvorschusses, nicht zu. 19

g) Abhilfegruppenklage; Höhe des Einzelanspruchs bei identischen Einzelforderungen. Die Klage muss bei der **Abhilfe-Gruppenklage** Ausführungen zu den **erfassten Einzelansprüchen** enthalten, wenn diese der Höhe nach feststehen und bei allen erfassten Verbrauchern identisch sind (§ 15 II 2 VDuG). Bsp: Pauschale Fluggastrechteentschädigung, die bei einem bestimmten Flug angefallen ist; Entschädigung nach § 58 III 2 TKG; bei variablen Berechnungen s Rn 9, 22. 20

4) Weitere Soll-Bestimmungen. a) Kurze Darstellung des Lebenssachverhalts (§ 5 II VDuG). Es soll die **Veröffentlichung** der Verbandsklage im Register vorbereiten (§ 44 Nr 6 VDuG; Hk-VDuG/Röthemeyer § 5 VDuG Rn 6). 21

b) Abhilfegruppenklage: Berechnungsmethode bei variablen Einzelforderungen. Soweit bei der **Abhilfe-Gruppenklage** die betroffenen Verbraucher nur anhand abstrakter Kriterien („kollektiv", BTDrs 20/6520, 78) beschrieben werden, kann dies auch für die **variable Höhe des einzelnen Anspruchs** gelten (§ 15 II 3 VDuG). Bsp: Schadensersatz wegen einer unzulässigen Abschalteinrichtung iHv 15 % des Brutto-Kaufpreises (Dittmann/Gollnast VuR 2023, 135/140). 22

5) Weitere Angaben bei und nach der Klageerhebung. a) Allgemeine Finanzierung des Verbandes. Wegen des **negativen Tatbestandsmerkmals** des § 2 I Nr 1 lit b VDuG, wonach der Verband nicht mehr als 5 % seiner finanziellen Mittel aus Zuwendungen von Unternehmen beziehen darf, besteht zunächst keine Vortrags- oder Nachweispflicht. Nur wenn das Gericht „ernsthafte Zweifel" äußert, müssen die finanziellen Mittel des Verbands, über die ohnehin gebotene Aufdeckung der Finanzierung des Prozesses hinaus, offengelegt werden (§ 2 II VDuG). 23

b) Nachträgliche Prozessfinanzierung. Wird erst später eine Prozessfinanzierung vereinbart, ist dies mitzuteilen (§ 4 III 3 VDuG). 24

§ 6 Offenlegung von Beweismitteln; Androhung und Festsetzung von Ordnungsgeld

(1) Ordnet das Gericht die Vorlage einer Urkunde oder sonstiger Unterlagen (§ 142 der Zivilprozessordnung), die Vorlage von Akten (§ 143 der Zivilprozessordnung) oder die Vorlage eines Gegenstandes (§ 144 der Zivilprozessordnung) an, so kann es der vorlagepflichtigen Partei für den Fall, dass diese der Anordnung nicht nachkommt, die Festsetzung eines Ordnungsgelds in Höhe von bis zu 250 000 Euro androhen.

(2) [1]Kommt die vorlagepflichtige Partei der gerichtlichen Anordnung trotz Androhung eines Ordnungsgelds nicht nach, so ist das angedrohte Ordnungsgeld durch Beschluss festzusetzen. [2]Das Ordnungsgeld kann erneut festgesetzt werden, wenn die vorlagepflichtige Partei der gerichtlichen Anordnung wiederholt nicht nachkommt.

IdF des G zur Umsetzung der Richtlinie (EU) 2020/1828 über Verbandsklagen zum Schutz der Kollektivinteressen der Verbraucher und zur Aufhebung der Richtlinie 2009/22/EG sowie zur Änderung des Kapitalanleger-Musterverfahrensgesetzes (Verbandsklagenrichtlinienumsetzungsgesetz – VRUG) v 8.10.2023 (BGBl 2023 I Nr 272) mWv 13.10.2023.

I) Allgemeines. Mit der Vorschrift wird **Art 18 RL (EU) 2020/1828** umgesetzt, der die Mitgliedstaaten verpflichtet, im Zusammenhang mit der Verbandsklage Regelungen zur Offenlegung von Beweismitteln einzuführen (sa Waßmuth/Rummel ZIP 2023, 1523 f). Im Fall, dass ein Verband alle ihm zugänglichen Beweismittel vorgelegt hat und darauf hinweist, dass dem Beklagten bzw Dritten weitere Beweismittel zur Verfügung stehen, soll das Gericht – unter Berücksichtigung der geltenden Vertraulichkeitsvorschriften – auf Antrag deren Offenlegung anordnen können. Dem Beklagten muss bereits aus Gründen der prozessualen Waffengleichheit dasselbe Antragsrecht zukommen. Rechtstechnisch erfolgt dies in Form einer **deklaratorischen Verweisung** auf §§ 142, 143 u § 144 ZPO, die auch ohne § 6 VDuG Geltung beanspruchen würden. Umfang und Voraussetzungen der Vorlagepflichten erfahren keinerlei Änderung (Waßmuth/Rummel ZIP 2023, 1523 f). Des Weiteren wird **Art 19 I lit b RL (EU) 2020/1828** umgesetzt, der die Mitgliedstaaten verpflichtet, wirksame, verhältnismäßige und abschreckende Sanktionen (insb Geldbußen) für den Fall der Nichtbefolgung dieser Pflichten einzuführen. 1

Da die Urkundenedition im Verhältnis der **Parteien** gem § 142 I ZPO bisher nicht erzwingbar war (StJ/Althammer § 142 ZPO Rn 35), ließ die Richtlinienumsetzung eine Verschärfung notwendig werden (aA Bruns ZZPInt 27 [2022], 311 f; sa Rn 5). Insofern erfahren die Regelungen zur Urkundenedition – jedoch weniger weitgehend als bei der Kartellschadensersatzrichtlinie (§§ 33g, 89b, 89d GWB) und bei § 17 KapMuG nF (dazu Meier-Hoffmann ZIP 2025, 418) – eine **sondergesetzliche Ausformung** (krit Bruns ZZPInt 27 [2022], 311 f), die jedoch nur das Sanktionensystem betrifft (sa Rn 2, 5): keine Verknüpfung mit materiell-rechtlichem Vorlageanspruch (MskV/Stadler Rn 1).

2 **II) Richterliche Anordnungen nach §§ 142, 143, 144 ZPO. 1) Urkundenedition nach § 142 ZPO.** Unter den Voraussetzungen von § 142 I ZPO **kann** das Gericht der gegnerischen Partei bzw einem Dritten aufgeben, die in ihrem bzw seinem Besitz befindlichen Urkunden bzw sonstigen Unterlagen vorzulegen. Voraussetzung hierfür ist, dass sich eine der Parteien darauf bezogen hat. Für die Erfüllung der Vorlage kann das Gericht eine Frist setzen (§ 142 I 2 ZPO). Eine Verpflichtung, Anordnungen nach § 142 I ZPO zu erlassen, trifft das Gericht grds nicht (pflichtgemäßes Ermessen; sa Rn 7). Lediglich im Fall eines Beweisantritts der Partei nach **§ 428 ZPO** obliegt die Vorlageanordnung gegenüber einem Dritten nicht mehr dem gerichtlichen Ermessen (s StJ/Althammer § 142 ZPO Rn 8, 33). § 6 VDuG ändert an diesen Anforderungen und Maßstäben nichts. Insb bleibt der **zivilprozessuale Beibringungsgrundsatz** unangetastet, eine Beweiserhebung von Amts wegen findet nicht statt (StJ/Althammer § 142 ZPO Rn 7). Zu einem (verbraucherfreundlichen) vorprozessualen **Discovery-Verfahren** nach US-amerikanischen Vorbild kommt es nicht (Waßmuth/Rummel ZIP 2023, 1523 f). Erwägungsgrund 68 RL (EU) 2020/1828 weist zwar auf die zwischen Unternehmer und Verbrauchern in der Praxis häufig bestehende Informationsasymmetrie hin. Daraus hat der deutsche Gesetzgeber jedoch keine Konsequenzen gezogen (sa G. Vollkommer WuB 2023, 315). Nach seiner Auffassung genügen vielmehr §§ 142 f ZPO den Anforderungen der RL. Die üblichen Darlegungs- und Beweislasten gelten somit auch iRd Verbandsklageverfahrens. Um eine unzulässige Ausforschung des Gegners zu verhindern, ist für eine Anordnung nach § 142 I ZPO im Allgemeinen eine Substantiierung des Tatsachenvortrags und die konkrete Bezeichnung der Urkunde durch die beweisbelastete Partei erforderlich (s StJ/Althammer § 142 ZPO Rn 4, 9). Dritte können die Vorlage bei Unzumutbarkeit oder bei Berechtigung zur Zeugnisverweigerung (§§ 383-385 ZPO) nach § 142 II ZPO ablehnen (StJ/Althammer § 142 ZPO Rn 10 f, 25 f). **Geheimnisschutz** für die Parteien ist nach § 273a ZPO nF erreichbar bzw der vollständige Ausschluss der Öffentlichkeit nach §§ 172, 174 III GVG. § 138 ZPO wird durch die Vorschrift nicht berührt (BTDrs 20/6520, 73). Am Grundsatz „nemo contra se edere tenetur" wird sich weiterhin nichts ändern (s BGH NJW 2007, 155 Tz 7; BGH ZIP 2008, 565 Tz 9; BGH GRUR 2013, 316 Tz 20). Eine allgemeine prozessuale Aufklärungspflicht der nicht darlegungs- und beweispflichtigen Partei wird nicht eingeführt. Ob im Verbandsklageverfahren künftig im Zusammenhang mit §§ 142 f ZPO prozessuale Erleichterungen gelten sollten, wird die Praxis zeigen. Das materielle Recht konnte die RL nicht modifizieren (Bruns ZZPInt 27 [2022], 311).

3 **2) Aktenherausgabe nach § 143 ZPO.** § 143 ZPO dient der **Vervollständigung der Gerichtsakten**, jedoch auch der Akten des Gegners. Danach kann das Gericht die Vorlage der im Besitz der Parteien befindlichen Akten anordnen, soweit diese aus Dokumenten bestehen, welche die Verhandlung und Entscheidung der Sache betreffen.

4 **3) Vorlage von Gegenständen nach § 144 ZPO.** Für die Einnahme des Augenscheins bzw eine Begutachtung durch Sachverständige kann das Gericht einer Partei oder einem Dritten die **Vorlegung von Gegenständen** aufgeben und hierzu eine Frist setzen (§ 144 I 1, 2 ZPO). Der Gegenstand des Augenscheins muss von der Partei **konkret bezeichnet** werden (s näher StJ/Althammer § 144 ZPO Rn 5).

5 **III) Sanktionsmaßnahmen.** Die eigentliche Bedeutung von § 6 VDuG liegt in der Umsetzung von **Art 19 I lit b RL (EU) 2020/1828** (BTDrs 20/6020, 73), also allein auf sanktionsrechtlicher Ebene (s Rn 1; sa Waßmuth/Rummel ZIP 2023, 1523 f). Nach erfolgloser **Androhung** von Ordnungsgeld nach **I** in Höhe von bis zu 250.000 Euro ermöglicht **II 1** dessen Festsetzung durch das Gericht in **Beschlussform**, wenn Anordnungen nach §§ 142, 143 u 144 ZPO von einer Partei nicht beachtet wurden. Damit führt die Anwendung von **§ 142 I ZPO** im künftigen Verbandsklageverfahren zu anderen prozessualen Konsequenzen als im Individualprozess, was *prima facie* bedenklich erscheint. Sofern eine **Partei** im Individualprozess der gerichtlich angeordneten Urkundenvorlage (§ 142 I ZPO) bzw der Herausgabe eines Gegenstandes (§ 144 I ZPO) nicht nachkommt, sind Zwangsmaßnahmen nicht vorgesehen (StJ/Althammer § 142 ZPO Rn 35; § 144 ZPO Rn 31). Stattdessen ist nur eine (freie) beweisrechtliche Würdigung der Nichtvorlage analog § 427 S 2 ZPO zu Lasten der nicht beweisbelasteten Partei möglich (bzw im Falle eines Augenscheins nach § 371 III ZPO). § 6 VDuG erlaubt dagegen für Verbandsklageverfahren auch die Androhung der Festsetzung von **Ordnungsgeld** (Ordnungshaft wird von Art 19 II RL (EU) 2020/1828 nicht verlangt, sa MskV/Stadler Rn 1). ZT wird dies bereits als systemwidriger Eingriff in das bish deutsche System gerichtlicher Anordnungsbefugnisse nach §§ 142 f ZPO angesehen (Bruns ZZPInt 27 [2022], 311 f). Denn die **freie richterliche Beweiswürdigung** fehlender Parteimitwirkung nach § 427 S 2 ZPO – mit der Folge drohenden Prozessverlusts – genüge. Die Unterscheidung zwischen Mitwirkungspflichten von Parteien u Dritten, wie sie §§ 142 f ZPO zugrunde liegt, sollte nicht aufgeweicht werden (Bruns ZZPInt 27 [2022], 311 f; sa Baumert ZZP 137 [2024], 235). In natura erzwingbare Vorlagepflichten der Parteien *stellten im deutschen Zivilprozessrecht einen Fremdkörper dar* (so Bruns ZZPInt 27 [2022], 311 f). Die Möglichkeit der Verhängung von Ordnungsgeld in derart massiver Höhe dürfte jedoch die Effektivität des Ver-

bandsklageverfahrens auf Dauer fördern. Die Nichtmitwirkung **Dritter** ist dagegen bereits bish mit Ordnungsgeld (bzw Ordnungshaft) sanktionierbar (§ 142 II 2, § 144 II 2, § 390 I 2 ZPO), wobei sich der Rahmen gem § 6 EGStGB (bis 1.000 Euro) ergibt.

6 **§ 6 II 2 VDuG** erlaubt darüber hinaus auch, dass das Ordnungsgeld in abw Höhe nach nochmaliger Androhung gegenüber der **vorlagepflichtigen Partei erneut** festgesetzt wird (Hk-VDuG/Röthemeyer Rn 4; krit Amrhein/Mekat RAW 2023, 23, 27; aA Skauradszun/Wais Rn 9: nur einmalige Festsetzung). Dies ist im Fall von § 390 I 2 iVm § 142 II, § 144 II ZPO gegenüber Dritten (anders als bei § 380 II ZPO) nicht möglich (s Greger § 390 ZPO Rn 6). Vielmehr kann dort bei wiederholter Weigerung nur **Ordnungshaft** angeordnet werden (§ 390 II 1 ZPO), um die Vorlage der Urkunde zu erzwingen (s StJ/Althammer § 142 ZPO Rn 30). Auch insoweit existiert nunmehr im Parteiverhältnis eine prozessuale Sonderregel für Verbandsklageverfahren. Eine nachteilige Würdigung entspr § 427 S 2 ZPO bleibt daneben möglich.

7 **IV) Rechtsmittel.** Gegen Ordnungsgeldbeschlüsse des OLG/BayOblG ist die **Rechtsbeschwerde** nach § 574 I 1 Nr 2 ZPO statthaft, wenn das Gericht sie gem § 574 II, III ZPO zulässt (sa BTDrs 20/6520, 73). Die richterliche Anordnung der Vorlage selbst ist evtl mit der Hauptentscheidung, gegen die nach § 16 V VDuG die Revision statthaft ist, anfechtbar (§ 557 II ZPO). Die Ablehnung einer Anordnung nach § 142 ZPO führt grds nicht zur Anfechtbarkeit der Entscheidung, sofern kein Rechtsfehler vorliegt. Denkbar ist ein solcher allenfalls bei vollständigem **Nichtgebrauch des Ermessens** (BGH NJW 2007, 2989, 2991 f; StJ/Althammer § 142 ZPO Rn 7; sa G. Vollkommer WuB 2023, 315). Abzuwarten bleibt, ob diese Grundsätze im Verbandsklageverfahren eine Modifikation erfahren.

§ 7 Streitgenossenschaft

(1) Mehrere klageberechtigte Stellen können gemeinschaftlich gegen einen Unternehmer klagen. Mehrere Unternehmer können gemeinschaftlich verklagt werden.

(2) Die §§ 59 bis 63 der Zivilprozessordnung sind entsprechend anzuwenden.

IdF des G zur Umsetzung der Richtlinie (EU) 2020/1828 über Verbandsklagen zum Schutz der Kollektivinteressen der Verbraucher und zur Aufhebung der Richtlinie 2009/22/EG sowie zur Änderung des Kapitalanleger-Musterverfahrensgesetzes (Verbandsklagenrichtlinienumsetzungsgesetz – VRUG) v 8.10.2023 (BGBl 2023 I Nr 272) mWv 13.10.2023.

Lit: *Skauradszun*, Strategische Streithelfer und zuständigkeitsrelevante Streitgenossen nach dem VDuG, ZIP 2024, 1761.

1 **I) Allgemeines.** § 7 I VDuG erlaubt eine aktive bzw passive Streitgenossenschaft (**subjektive Klagenhäufung**). Mehrere klageberechtigte Stellen können gegen einen Unternehmer gemeinschaftlich eine Abhilfe- bzw Musterfeststellungsklage erheben. Ebenso können mehrere Unternehmer gemeinschaftlich verklagt werden. Es dürfte jedoch auch die Kombination beider Konstellationen zulässig sein (Rn 4). Die Vorschrift regelt ausdrücklich nur die **anfängliche Parteihäufung** in Form der Streitgenossenschaft, enthält jedoch keine Aussage für eine nachträgliche Parteihäufung. Mit 7 VDuG wird auch Art 6 II RL (EU) 2020/1828 umgesetzt, der verlangt, dass verschiedene klageberechtigte Stellen aus unterschiedlichen Mitgliedstaaten eine gemeinsame Verbandsklage erheben können.

2 **II) Anwendungsbereich. 1) Mehrere klageberechtigte Stellen. § 7 I 1 VDuG** thematisiert die (aktive) Streitgenossenschaft auf Klägerseite und erklärt diese ausdrücklich für zulässig. Mehrere Verbände (klageberechtigte Stellen) können gemeinsam eine Verbandsabhilfeklage (§ 14 VDuG) bzw eine Verbandsmusterfeststellungsklage (§ 41 VDuG) gegen einen Unternehmer erheben (BTDrs 20/6520, 73). Die Gesetzesbegründung stellt klar, dass diese Form der Streitgenossenschaft nicht auf Fälle mit **grenzüberschreitendem Bezug** beschränkt ist, bei denen Verbraucher aus verschiedenen Mitgliedstaaten betroffen sind (BTDrs 20/6520, 73). Die Klägerhäufung ist auch bei reinen **Inlandsfällen** gestattet, in denen nur in Deutschland wohnhafte Verbraucher betroffen sind. Für die Klageberechtigung spielt keine Rolle, ob die Verbände alle in Deutschland ihren Sitz haben bzw alle in einem anderen Mitgliedstaat ansässig sind. Entgegen BTDrs 20/6520, 73 („Eine Streitgenossenschaft kann sowohl von klageberechtigten Stellen gebildet werden, die ihren Sitz allesamt im Inland haben als auch von klageberechtigten Stellen, von denen eine ihren Sitz im Inland, die andere ihren Sitz in einem anderen Mitgliedstaat hat") bedarf es keiner inländischen (deutschen) „Ankerzuständigkeit" (etwa nach dem Vorbild von Art 8 Nr 1 Brüssel Ia-VO auf Beklagtenseite), weil § 7 I VDuG diese Voraussetzung nicht kennt (Skauradszun/

Wais Rn 12, 13; Hk-VDuG/Röthemeyer Rn 3). So ist denkbar, dass Verbände aus unterschiedlichen Mitgliedstaaten gegen ein Unternehmen wegen klimaschädigendem Verhalten eine gemeinsame Verbandsabhilfeklage erheben (zu Klimawandelklagen Schultze-Moderow/Steinle/Muchow BB 2023, 75 f). Gleichwohl dürfte sich in Fällen mit grenzüberschreitendem Bezug die Schwierigkeit stellen, dass Verbraucheransprüche nach unterschiedlichem materiellen Recht zu beurteilen sind (sa Art 4 I Rom II-VO für deliktische Fälle; näher § 1 VDuG Rn 7). Bereits mit Blick auf die wesentliche Gleichartigkeit der Rechtsfragen iSv § 15 II 2 Nr 2 VDuG könnte eine einheitliche Verbandsklage einer inländischen u ausländischen klageberechtigten Stelle zweifelhaft sein (s § 15 VDuG Rn 5; sa § 1 VDuG Rn 7: Abtrennung der Verfahren; unterschiedliche Streitgegenstände).

3 **2) Mehrere beklagte Unternehmer.** Auch mehrere Unternehmer können gem **§ 7 I 2 VDuG** gemeinschaftlich verklagt werden (passive Streitgenossenschaft; Bsp: Hersteller u Händler). Die Vorschrift wurde erst auf Anregung des Bundesrates aus **Klarstellungsgründen** hin aufgenommen (BTDrs 20/7631, 110). Die Erfüllung der Voraussetzungen nach §§ 59, 60 ZPO iVm § 7 II VDuG (Bsp: Gesamtschuldnerschaft) ist hierfür geboten (BTDrs 20/7631, 110; Scholl ZfPW 2019, 317, 346 für die MFK). Hiermit soll auch die in § 13 I 1 VDuG vorgesehene Globalverweisung auf die allgemeinen Vorschriften der ZPO konkretisiert werden. Hinsichtlich der **örtlichen Gerichtszuständigkeit** bedarf es uU einer Bestimmung nach § 36 I Nr 3 ZPO (Scholl ZfPW 2019, 317, 346; vorgenommen von: OLG Hamm 26.2.2024 – 1 UH 17/24; krit dazu Skauradszun ZIP 2024, 1761, 1764; s § 3 VDuG Rn 5). Mögliche Beurteilungskriterien für die Bestimmung: Vergleich der Bilanzsummen der Unternehmer, konkrete Marktanteile, Bildung von Spezialzuständigkeiten (Skauradszun ZIP 2024, 1761, 1765).

4 **3) Mehrere klageberechtigte Stellen und mehrere beklagte Unternehmen.** § 7 VDuG spricht nicht ausdrücklich an, ob auch mehrere klageberechtigte Stellen mehrere Unternehmen verklagen können. Es dürfte jedoch auch die Kombination der von § 7 I 1, 2 VDuG beschriebenen Konstellationen möglich sein (Bsp: Verbände A u B gegen Unternehmen C u D), sofern die Voraussetzungen von § 7 II VDuG vorliegen (zust Skauradszun/Wais Rn 5; s allgemein zur Kombination MK/Schultes § 59 ZPO Rn 3).

5 **III) Verweisung auf die Vorschriften der Streitgenossenschaft.** Die **Regelungen zur Streitgenossenschaft** (§§ 59 bis 63 ZPO) gelten für Abhilfe- oder Musterfeststellungsklagen, welche von mehreren klageberechtigten Stellen bzw gegen mehrere Unternehmer geführt werden, nach § 7 II VDuG entsprechend (BTDrs 20/6520, 73; BTDrs 20/7631, 110; § 13 I VDuG gilt insoweit nicht, s Rn 3). Die Verweisung auf § 60 ZPO (Gleichartigkeit der Ansprüche) war im Regierungsentwurf noch nicht enthalten (s BTDrs 20/7631, 15, 110). Die Voraussetzungen von §§ 59, 60 ZPO sind grds weit auszulegen (s Althammer § 60 ZPO Rn 4). Der Begriff der **Rechtsgemeinschaft** ist bezogen auf das materielle Recht, um welches gestritten wird (Bsp: mehrere Unternehmer als Gesamtschuldner). Denkbar ist auch, dass ein Unternehmer gegenüber den durch die klageberechtigten Stellen vertretenen Verbrauchern dieselbe Pflichtverletzung begangen hat. Letztlich kann diese Prüfung wieder die Frage aufwerfen, ob dem Verband ein eigener (materiellrechtlicher) Anspruch gegen den Unternehmer zusteht. Bei der Identität des tatsächlichen und rechtlichen Grundes iSv § 59 ZPO kann auf die Identität des schadensverursachenden Ereignisses abgestellt werden. Sollten die Voraussetzungen der Streitgenossenschaft nach § 7 II VDuG nicht vorliegen, was bei grenzüberschreitenden Fällen denkbar ist (s Rn 2), wird das Gericht auf Rüge hin die Verfahren abtrennen (s Althammer § 60 ZPO Rn 8), so dass diese getrennt geführt werden. Für **Prozesshandlungen** gilt im Fall von §§ 59, 60 ZPO der Grundsatz der Selbständigkeit (§ 61 ZPO), so dass sie grds nur der handelnden Partei zugerechnet werden (s Althammer § 61 ZPO Rn 8). Eine solche **einfache Streitgenossenschaft** dürfte bei passiver Streitgenossenschaft vorliegen. Die Voraussetzungen einer **notwendigen Streitgenossenschaft** aus materiellrechtlichen Gründen (§ 62 Alt 2 ZPO) werden *in praxi* kaum gegeben sein (näher Skauradszun/Wais Rn 7-9). Inwieweit der Charakter der Verbandsklage bei aktiver Streitgenossenschaft aus prozessualen Gründen eine Anwendung von § 62 Alt 1 ZPO erfordert (etwa mit Blick auf einheitliche Dispositionsakte der Kläger), muss die künftige Judikatur entscheiden (dafür Hk-VDuG/Röthemeyer Rn 9, weil ErwG 31 RL (EU) 2020/1828 von „einer einzigen Verbandsklage" spreche; mit Recht zurückhaltend Skauradszun/Wais Rn 10).

6 **IV) Notwendiges Verbraucherquorum.** Nach **§ 4 I 2 VDuG** ist bei einer Streitgenossenschaft nach § 7 I VDuG stets die Gesamtzahl der von der gemeinschaftlichen Verbandsklage betroffenen Verbraucher für das Verbraucherquorum maßgeblich, das nach § 4 I 1 Nr 1, Nr 2 VDuG nachvollziehbar dargelegt werden muss. Die Ergänzung der Vorschrift wurde auf Anregung des Bundesrats (BTDrs 20/6878, 1) hin durch den Rechtsausschuss verwirklicht (BTDrs 20/7631, 110). Bei in Streitgenossenschaft **klagenden Verbänden** genügt somit die Erreichung eines **gemeinsamen Quorums** von 50 betroffenen Verbrauchern. Ein sachlicher Grund für eine Erhöhung des Quorums existiert nicht (BTDrs 20/6878, 1). Insbesondere ergeben sich mit Blick auf den zu leistenden Verfahrensaufwand keine Unterschiede, ob eine oder mehrere klageberechtigte Stellen die Verbandsabhilfeklage bzw die Verbandsmusterfeststellungsklage betreiben. Auch dann ist die erforderliche Breitenwirkung der Verbandsklage nachgewiesen (s § 4 VDuG Rn 1, 2; § 5 VDuG Rn 14). Auch bei mehreren **verklagten Unternehmern** ist ausreichend, dass von der Klage insgesamt 50 Verbraucher betroffen sind (BTDrs 20/7631, 110). Dass die – iSv § 15 VDuG gleichartigen Verbraucheransprüche – gegenüber verschiedenen Unternehmen bestehen, ist unerheblich.

7 ***V) Nachträgliche Parteierweiterung.*** § 7 I VDuG thematisiert nur die gemeinsame (anfängliche) Klageerhebung (s Rn 1). Für eine **nachträgliche Streitgenossenschaft** auf Kläger- oder Beklagtenseite trifft die Vorschrift

– ebenso wie §§ 59 ff ZPO – keine Regelung. Die Interessenlage dürfte jedoch nicht grds eine andere wie bei der Parteierweiterung im Individualprozess sein (aA wohl Janal GRUR 2023, 985). Insoweit mag sich ein Rückgriff auf § 263 ZPO analog und die überkommenen Grundsätze der Parteierweiterung empfehlen (Sachdienlichkeitserklärung, sa BGH 10.7.2015 – V ZR 169/14, NJW 2016, 53; Greger § 263 ZPO Rn 3, 20). Eine weitere klageberechtigte Stelle kann somit zu einer bereits erhobenen Verbandsklage hinzukommen. Bei konkurrierenden Verbandsklagen könnte eine Entscheidung nach § 8 I VDuG uU durch eine Einigung über eine nachträgliche gemeinschaftliche Verfahrensführung vermieden werden (s § 8 VDuG Rn 10; sa § 610 II ZPO aF).

§ 8 Sperrwirkung der Verbandsklage

[1]Ab Anhängigkeit einer Verbandsklage kann gegen denselben Unternehmer keine weitere Verbandsklage erhoben werden, deren Streitgegenstand denselben Lebenssachverhalt und dieselben Ansprüche oder dieselben Feststellungsziele betrifft. [2]Diese Sperrwirkung entfällt, sobald die Verbandsklage ohne Entscheidung in der Sache beendet wird.

IdF des G zur Umsetzung der Richtlinie (EU) 2020/1828 über Verbandsklagen zum Schutz der Kollektivinteressen der Verbraucher und zur Aufhebung der Richtlinie 2009/22/EG sowie zur Änderung des Kapitalanleger-Musterverfahrensgesetzes (Verbandsklagenrichtlinienumsetzungsgesetz – VRUG) v 8.10.2023 (BGBl 2023 I Nr 272) mWv 13.10.2023.

Lit: *Thönissen*, Zuständigkeit und Sperrwirkung bei Verbandsabhilfeklagen, EuZW 2023, 637.

I) Allgemeines. 1) Zweck. Bei den Klagen nach dem VDuG bestehen **konkurrierende Klagebefugnisse** der Verbände, ähnlich wie beim UKlaG und UWG. Dies hat zur Folge, dass bei einem Haftungsereignis mehrere neben- und nacheinanderlaufende Klagen verschiedener Verbände gegen denselben Beklagten möglich sind, da mangels Parteiidentität weder der Einwand der entgegenstehenden Rechtshängigkeit (§ 261 III Nr 1 ZPO) noch der Rechtskraft noch des fehlenden Rechtsschutzbedürfnisses eingreifen (vgl BGH GRUR 1960, 379; BTDrs 20/6520, 73). Um diese Konkurrenz zu lösen, enthält § 8 S 1 VDuG eine, von der ZPO-MFK (§ 610 I ZPO aF) inhaltlich abweichende Sonderregelung, die anstelle des § 261 III Nr 1 ZPO iVm § 13 I VDuG tritt. Danach gilt eine **strikte Priorität** der Anhängigkeit der ersten Verbandsklage. Rechtspolitisch ist diese Regelung abzulehnen, da die weder darauf abstellt, welche der konkurrierenden Klagen umfassender ausgestaltet noch welcher Kläger für das anstehende Verfahren besser geeignet ist; zudem führt sie zu einem unerwünschten Wettlauf bei der Klageerhebung (sa Meindl (Lit vor § 1 VDuG) S 362). 1

2) Internationaler Rechtsstreit. § 8 VDuG regelt die Konkurrenz **inländischer Verfahren**. Werden aus einem Haftungsereignis in mehreren EU-Mitgliedstaaten Verbandsklagen erhoben, finden Art 29 f Brüssel Ia-VO Anwendung, soweit es sich um dieselben Parteien handelt. Ansonsten fehlen ausdrückliche Bestimmungen, um die Konkurrenz mehrerer Verbandsklagen aufzulösen. Eine Abstimmung zwischen den Gerichten und Parteien ist anzustreben (zB bei der Gruppenbildung, s § 1 VDuG Rn 7); auf ein späteres inländisches Verfahren kann § 8 S 1 VDuG analog anzuwenden sein. Auf Mehrfachanmeldungen von Verbrauchern in parallelen Verbandsklagen kann der Beklagte nach § 40 VDuG (s § 40 VDuG Rn 3) reagieren. 2

II) Anhängigkeit. Die **Anhängigkeit** meint den Eingang der Klageschrift (§ 5 VDuG) bei Gericht (Greger § 253 ZPO Rn 4). Gehen zwei Klagen am gleichen Tag beim zuständigen Gericht (§ 3 VDuG) ein, entscheidet die Stunde oder Minute ihres Eingangs, was sich bei der gebotenen elektron Einreichung (§ 130d ZPO iVm § 13 I 1 VDuG) idR zuverlässig feststellen lässt (BTDrs 20/7631, 110). 3

III) Identität der Klagen. 1) Allgemeines. § 8 S 1 VDuG verlangt, dass der Streitgegenstand der beiden Verbandsklagen **denselben Lebenssachverhalt** *und* **dieselben Ansprüche oder dieselben Feststellungsziele** betrifft. Bei einem wortlautgetreuen Verständnis wären zwei auf denselben Lebenssachverhalt gestützte Klagen mit unterschiedlichen Feststellungszielen, mehrere Abhilfe-Sammelklagen (§ 1 VDuG Rn 15) mit verschiedenen benannten Verbrauchern oder eine Abhilfesammelklage und eine Abhilfe-Gruppenklage (§ 1 VDuG Rn 16) wegen der unterschiedlichen Anträge, Ansprüche und Feststellungsziele nebeneinander möglich. Es käme zu einer mehrfachen Öffnung des Klageregisters, die wiederum zu unterschiedlichen Zeitpunkten geschlossen werden müssten. In den Verfahren könnten sich widersprechende Entscheidungen ergehen. Dies will die Sperrwirkung des § 8 VDuG, mit der jede weitere „gleichgerichtete Abhilfe- oder Musterfeststellungsklage unzulässig" sein soll (BTDrs 20/6520, 74), aber gerade verhindern. **Ein Haftungssachverhalt** (s zum IPR aber § 1 VDuG Rn 7) kann daher, über den Wortlaut hinaus, im Inland **nur von einer Verbandsklage** geltend gemacht werden. 4

2) Sperrwirkung gleichgerichteter Verbandsklagen. Nach dem Sinn und Zweck des § 8 S 1 VDuG ist jede **spätere Verbandsklage** gegen denselben Beklagten unzulässig, die aufgrund desselben Haftungssachverhalts und mit einem gleichgerichteten Rechtsschutzziel (sa § 15 VDuG) erhoben wird. 5

Die **Sperrwirkung** ist bei der Anhängigkeit weit, bei der Rechtskraft und einer möglichen dauernden Sperrwirkung dagegen eng zu fassen. Ab Anhängigkeit genügt für die Sperrwirkung insb eine Teilidentität der Feststel- 6 lungsziele oder der Leistungsanträge. Bsp: Wird gegen den Beklagten wegen einer deliktischen Haftung eine Musterfeststellungklage erhoben, sperrt diese eine spätere Abhilfeklage und umgekehrt. Wird aufgrund eines Lebenssachverhalts (Bsp: unzulässige Abschalteinrichtung) eine auf das Deliktsrecht mit dem Ziel der Zahlung von Schadensersatz gerichtete Klage erhoben (§ 823 II, § 826 BGB), macht die auf die kaufrechtliche Gewährleistung des identischen Beklagten gestützte Klage dagegen ein anderes Rechtschutzziel und damit einen anderen Streitgegenstand geltend; Gleiches gilt erst Recht für eine gegen einen anderen Beklagten gerichtete Klage.

7 **3) Wirkung.** Die **Sperrwirkung** der früheren Klage ist **auflösend bedingt**. Sie endet, wenn die erste Verbandsklage ohne Entscheidung in der Sache beendet wird (**§ 8 S 2 VDuG**; Bsp: Rechtskräftige Abweisung als unzulässig, Klagerücknahme [§ 269 ZPO], übereinstimmende Erledigterklärung [§ 91a ZPO]). Ergeht im ersten Verfahren dagegen eine **Sachentscheidung**, wird die Sperrwirkung grundsätzlich **dauerhaft**. Sie steht einer **ergänzenden Verbandsklage** aber nicht in jedem Fall entgegen. So ist bei der Abhilfe-Gruppenklage eine Zusatzklage (§ 21 VDuG) möglich. Nach einer stattgebenden Abhilfe-Sammelklage oder nach einem stattgebenden Musterfeststellungsurteil ist (in Umsetzung der Bindungswirkung des § 11 III 1 VDuG) eine ergänzende Abhilfe-Gruppenklage zulässig (§ 11 VDuG Rn 21).

8 Ein **gerichtlicher Vergleich** hat urteilsersetzenden Charakter. Er steht deshalb nach § 8 VDuG einem Sachurteil gleich und führt zur dauerhaften Sperrwirkung. Dies gilt insb für den gerichtlich genehmigten Vergleich nach § 9 VDuG (MskV/Stadler § 8 VDuG Rn 4), aber auch für einen Vergleich nach § 278 VI, § 794 I Nr 1 ZPO.

9 **IV) Verfahren; Sonderfälle. 1) Verfahren.** Eine iSv Rn 5 gleichgerichtete spätere Verbandsklage ist als **unzulässig abzuweisen** (Hk-VDuG/Röthemeyer § 8 VDuG Rn 7); allein die theoretische Möglichkeit des Bedingungseintritts nach § 8 S 2 VDuG steht der Abweisung nicht entgegen (s aber auch Rn 10). Nach aA wird die spätere Klage nach § 148 I ZPO ausgesetzt, solange der Entfall Sperrwirkung (S 2) möglich ist (ThP/Nordmeier § 8 VDuG Rn 3; AG/Schmidt § 8 VDuG Rn 5; MskV/Stadler § 8 VDuG Rn 2). Die spätere Verbandsklage wird nicht im **Klageregister** bekannt gemacht (arg Rn 1). Sie kann ohne mündl Verh (nach rechtl Hinweis) durch Beschluss als unzulässig abgewiesen werden (s näher § 44 VDuG Rn 3, 4).

10 **2) Sonderfälle.** Wird die frühere Klage wegen Zweifeln an ihrer Zulässigkeit nicht bekannt gemacht (s § 44 VDuG Rn 3), kann das Verfahren über die zweite Klage nach **§ 148 I ZPO** ausgesetzt werden, bis über die Zulässigkeit der ersten Klage rechtskräftig entschieden ist. Die Kläger der konkurrierenden Verbandsklagen können eine Entscheidung über die Priorität abwenden, indem sie sich nachträglich auf eine gemeinschaftliche Prozessführung verständigen, s § 7 I VDuG (s § 7 VDuG Rn 2).

11 **V) Abgrenzung.** Das im Abhilfeverfahren ergehende Urteil (§ 16 VDuG) entfaltet **Rechtskraft** zwischen den Parteien (§ 322 I, § 325 ZPO iVm § 13 I VDuG). Im Fall einer Klageabweisung als unzulässig kann die Klage vom klagenden Verband nicht ohne Behebung des Mangels wiederholt werden. Im Falle einer Verurteilung auf Zahlung eines kollektiven Gesamtbetrags (§ 16 I 1 Fall 1 VDuG) ist eine (Zusatz-)Klage auf Erhöhung möglich (§ 21 VDuG).

§ 9 Gerichtlicher Vergleich

(1) [1]Zur gütlichen Beilegung des Rechtsstreits können die Parteien einen gerichtlichen Vergleich auch mit Wirkung für die im Verbandsklageregister angemeldeten Verbraucher schließen. [2]Der gerichtliche Vergleich kann nicht vor Ablauf des in § 46 Absatz 1 Satz 1 genannten Zeitpunkts geschlossen werden.
(2) [1]Der Vergleich bedarf der Genehmigung des Gerichts. [2]Das Gericht genehmigt den Vergleich durch Beschluss, wenn es ihn unter Berücksichtigung des Sach- und Streitstands, insbesondere der Interessen der betroffenen Verbraucher, als angemessene gütliche Beilegung des Rechtsstreits erachtet. [3]Andernfalls lehnt das Gericht die Genehmigung des Vergleichs durch Beschluss ab.

IdF des G zur Umsetzung der Richtlinie (EU) 2020/1828 über Verbandsklagen zum Schutz der Kollektivinteressen der Verbraucher und zur Aufhebung der Richtlinie 2009/22/EG sowie zur Änderung des Kapitalanleger-Musterverfahrensgesetzes (Verbandsklagenrichtlinienumsetzungsgesetz – VRUG) v 8.10.2023 (BGBl 2023 I Nr 272) mWv 13.10.2023.

1 **I) Überblick.** Die **Neuregelung** der §§ 9, 10 VDuG vermeidet Schwächen des § 611 ZPO aF und regelt Einzelfragen gegenüber dieser Bestimmung abweichend. Das Verfahren des VDuG ist bei der Abhilfeklage schon wegen des komplizierten Umsetzungsverfahrens (§§ 22 ff VDuG) auf eine vergleichsweise Beilegung ausgerichtet. Das VDuG sieht dazu einen **gerichtlich genehmigten Vergleich** zwischen den Parteien vor, der die angemeldeten Verbraucher bindet (§ 9 I 1 VDuG; kollektiver Vergleich). Inhaltlich entspricht er einerseits einem Abhilfegrundurteil, bei dem die Voraussetzungen und der Umfang der gewährten Verbraucheransprüche im Einzelnen festgelegt werden (s § 16 II VDuG). Andererseits kann er eigene, kostengünstige Strukturen schaffen, wie diese Ansprüche befriedigt werden (Röthemeyer VuR 2023, 332/335; s § 17 VDuG Rn 3). Nach einem Abhilfegrund*urteil (§ 16 VDuG) soll* das Gericht sogar die Parteien ausdrücklich auffordern, einen Vergleichsvorschlag zu unterbreiten (§ 17 I 1 VDuG), der ein förmliches Umsetzungsverfahren (§§ 22 ff VDuG) entbehrlich macht.

II) Verhältnis zu § 794 ZPO. Das VDuG enthält keine ausdrückliche Aussage, ob allgemein oder zumindest bei einer Abhilfesammelklage neben dem kollektiven Vergleich des § 9 VDuG auch ein Prozessvergleich nach **§ 794 I Nr 1 ZPO** (ohne Zustimmung des Gerichts und vor Ablauf des in § 46 I 1 VDuG genannten Zeitpunkts) geschlossen werden kann; der Wortlaut des § 9 I 1 VDuG („auch") und des § 13 I VDuG lassen dies zu (Röthemeyer VuR 2023, 332/335; s zur ZPO-MFK G. Vollkommer 34. Aufl, § 611 ZPO Rn 11 mwN). Ein solcher ZPO-Vergleich könnte allerdings idR nur zugunsten der angemeldeten Verbraucher und ohne Abgeltungswirkung geschlossen werden (arg §§ 328, 333, 397 BGB). Bei der **Abhilfe-Sammelklage** dagegen kann wegen der gesetzlichen Prozessführungsbefugnis des Verbands auch mit Wirkung für und gegen die namentlich genannten Verbraucher ein Abgeltungsvergleich geschlossen werden (uU unter Ansatz einer Prozessfinanzierung, vgl Röthemeyer VuR 2023, 332/335). 2

III) Genehmigung; Zeitpunkt. 1) Genehmigung. Der von den Parteien geschlossene kollektive Vergleich nach § 9 VDuG bedarf der **Genehmigung des Gerichts** (**§ 9 II 1 VDuG**). Der Prüfungsmaßstab wird in **§ 9 II 2 VDuG** beschrieben. Das Gericht entscheidet ohne mündl Verh durch Beschluss (**§ 9 II 3 VDuG**; § 128 IV ZPO). Der gerichtlich genehmigte Vergleich ist im Verbandsklageregister bekannt zu machen (§ 44 Nr 10 VDuG). Die Genehmigung ist unanfechtbar. Wird die Genehmigung versagt, ist das Verfahren (idR mit einem Urteil, s Rn 4) fortzusetzen. Gegen die Versagung ist die Rechtsbeschwerde statthaft, wenn diese zugelassen wurde. Ein Zulassungsgrund liegt nur vor, wenn dieser das Genehmigungsverfahren betrifft. Die sachliche Würdigung des Vergleichs anhand der Rechtslage, auch wenn diese ungeklärte Rechtsfragen enthält, führt nicht zu einem Zulassungsgrund. Das Gericht kann insoweit nur prüfen, ob die Rechtsunsicherheit vertretbar im Vergleichsergebnis abgebildet wird, was nicht Aufgabe des Rechtsbeschwerdeverfahrens ist. Zur **Wirkung** des genehmigten Vergleichs: § 10 VDuG Rn 6; § 17 VDuG Rn 6. 3

2) Zeitpunkt. a) Gesetzliche Regelung. Der kollektive Vergleich (§ 9 I VDuG) kann gem **§ 9 I 2 VDuG** erst **nach Ablauf der Anmeldefrist des § 46 I 1 VDuG**, also frühestens drei Wochen nach Schluss der mündl Verh geschlossen werden (sa § 17 VDuG Rn 3). Diese Regelung geht auf die Entwurfsfassung (und die ZPO-MFK, § 611 VI ZPO aF) zurück, bei welcher der Anmeldeschluss für die Verbraucheranmeldung aber schon in der Frühphase des Prozesses lag (§ 46 I 1 VDuG-RegE BTDrs 20/6520: zwei Monate nach dem ersten Termin). Die Bestimmung des **§ 9 I 2 VDuG** diente dort dazu, auch beim Vergleichsabschluss sicherzustellen, dass anmeldewillige Verbraucher ausreichend Zeit für die Anmeldung hatten (BTDrs 20/6520, 74). Eine Auslegung des **§ 9 I 2 VDuG** dahin, dass das Register drei Wochen nach Veröffentlichung des genehmigten Vergleichs geschlossen wird, erscheint vom Ergebnis her zwar sinnvoll, dürfte aber methodisch nicht erreichbar sein. 4

b) Kritik. Mit der vom Rechtsausschuss beschlossenen verlängerten Anmeldefrist des § 46 I 1 VDuG kann ein kollektiver Vergleich bei einem strikten Verständnis des Gesetzes daher erstmals geschlossen werden, wenn das Verfahren entscheidungsreif ist, also insb die Beweisaufnahme abgeschlossen wurde (§ 136 IV, § 310 I ZPO; BTDrs 20/7631, 113). Auch fehlt eine Abstimmung mit § 13 IV VDuG, der in dieser Situation einen um (nur) sechs Wochen hinausgeschobenen Verkündungstermin vorsieht, was für das Aushandeln des Vergleichs und dessen Genehmigung nicht genügen wird (sa § 17 VDuG Rn 3). Diese Regelung **entwertet** (wohl unbeabsichtigt; vgl Röthemeyer VuR 2023, 332/334: „Redaktionsversehen") das Instrument des Vergleichs, der damit praktisch auf die Phase nach Erlass eines Abhilfegrundurteils (bzw nach Erlass des Musterfeststellungsurteils) beschränkt wäre (vgl § 17 I 1, § 42 VDuG). Üblicherweise werden Vergleiche aber auch in einer frühen Phase des Prozesses geschlossen, um die Unwägbarkeiten bei der Tatsachenfeststellung, der Beweiserhebung und der Beweiswürdigung aufzugreifen oder um die Kosten einer aufwändigen Beweisaufnahme zu sparen. 5

c) Lösung. Neben dem Abschluss eines **ZPO-Vergleichs** (s Rn 2) oder eines **außergerichtlichen Vergleichs** mit Klagerücknahme (s § 13 VDuG Rn 20; Bsp: VW-MFK; sa Münscher WM 2023, 2082/2086) kommt als weiterer Ausweg ein **vorgezogener Verhandlungsschluss** in Frage. Im Falle einer im Termin erklärten „abschlussreifen" Vergleichsbereitschaft der Parteien (bei Genehmigungsfähigkeit) wird die mündl Verh mit Blick hierauf (vorläufig) geschlossen (die Sache wäre „vollständig erörtert", § 136 IV ZPO), um den Anmeldeschluss nach § 46 I 1 VDuG auszulösen. Der Vergleich könnte dann nach Ablauf der Drei-Wochenfrist entweder in einem reinen „Protokollierungstermin" (ohne Wiedereintritt in die mündl Verh) oder im Verfahren des § 278 VI ZPO geschlossen werden. Scheitert der Vergleich oder wird er nicht genehmigt, wäre die mündl Verh wieder zu eröffnen (§ 156 ZPO), die Anmeldefrist würde wieder laufen (s allg dazu BTDrs 20/7631, 113; § 46 VDuG Rn 16). 6

§ 10 Austritt aus dem Vergleich

(1) [1]Jeder im Verbandsklageregister angemeldete Verbraucher kann innerhalb einer Frist von einem Monat gegenüber dem Bundesamt für Justiz den Austritt aus dem Vergleich erklären. [2]Die Frist beginnt mit der Bekanntgabe des Vergleichs im Verbandsklageregister.

(2) [1]Verbraucher, die ihren Austritt wirksam erklärt haben, werden durch den Vergleich nicht gebunden. [2]Der Austritt berührt nicht die Wirksamkeit der Anmeldung im Verbandsklageregister.

IdF des G zur Umsetzung der Richtlinie (EU) 2020/1828 über Verbandsklagen zum Schutz der Kollektivinteressen der Verbraucher und zur Aufhebung der Richtlinie 2009/22/EG sowie zur Änderung des Kapitalanleger-Musterverfahrensgesetzes (Verbandsklagenrichtlinienumsetzungsgesetz – VRUG) v 8.10.2023 (BGBl 2023 I Nr 272) mWv 13.10.2023.

1 **I) Zweck.** Die Vorschrift setzt Art 11 IV RL (EU) 2020/1828 um. Verbraucher haben damit die Möglichkeit, den Austritt aus dem vom klagenden Verband mit dem beklagten Unternehmer geschlossenen Vergleich nach § 9 VDuG zu erklären. Zum Vergleich nach § 794 I ZPO s § 9 VDuG Rn 2; sa § 4a VKRegV.

2 **II) Austritt (§§ 10, 47 III VDuG). 1) Frist.** Nach der Bekanntgabe des genehmigten Vergleichs im Verbandsklageregister können die angemeldeten Verbraucher (und Kleinunternehmen) innerhalb von **einem Monat** ihren Austritt aus dem kollektiven Vergleich gegenüber dem BfJ (anders § 611 ZPO aF: gegenüber dem Gericht) erklären (§ 10 I VDuG). Die Monatsfrist berechnet sich nach **§ 222 ZPO** iVm § 13 I 1 VDuG, es gilt § 222 II ZPO (kein Fristende an einem Samstag, Sonn- oder Feiertag). Wegen der Feiertage ist auf das LandesR am Sitz des BfJ in Bonn, nicht auf den Sitz des Gerichts (§ 3 VDuG) abzustellen.

3 Die Sonderregelung des § 46 I 2 VDuG gilt nicht für die Fristberechnung beim Austritt aus dem Vergleich. Diese wird nach § 46 I, IV VDuG nur für die An- und Abmeldung angeordnet, § 47 III VDuG verweist wegen des Austritts aus dem Vergleich nur auf die Formvorschriften des § 47 I und II VDuG, nicht auf § 46 VDuG. Wegen der bei Fristen besonders zu beachtenden Rechtssicherheit scheidet eine analoge Anwendung des § 46 I 2 VDuG aus.

4 **2) Form.** Für den Austritt gilt die gleiche **Form wie für die An- und Abmeldung** zum Register (§ 47 III VDuG; s § 47 VDuG Rn 2, 3; sa § 17 VDuG Rn 7). Das BfJ stellt ein Formular zur Verfügung (§ 4a I 2 VKRegV).

5 **3) Erfassung.** Das BfJ trägt den fristgerechten Austritt und das Datum im Verbandsklageregister ein. Der Verbraucher erhält eine Bestätigung seines Austritts (§ 4a III VKRegV).

6 **III) Wirkungen.** Der Vergleich bindet die ausgetretenen Verbraucher (Kleinunternehmen) nicht (mehr). Ein Zustimmungsquorum sieht das VDuG (anders § 611 V ZPO aF) dagegen nicht vor, so dass der genehmigte Vergleich den **Verbandsprozess auf jeden Fall beendigt** (sa § 17 VDuG Rn 6; Waßmuth/von Rummel ZIP 2023, 1515, 1526).

7 Der Austritt lässt die **Wirksamkeit der Anmeldung** nicht entfallen (**§ 10 II 2 VDuG**), was wegen der Verjährungshemmung wichtig ist (§ 204a I 1 Nrn 3, 4, III 2 BGB). Aus dem Vergleich ausgetretene Verbraucher (Kleinunternehmen) müssen ihre Ansprüche anschließend eigenständig verfolgen (zu beachten ist die Ablaufhemmung gem § 204a III 2 BGB). Die **Wirksamkeit des Austritts** wird vom BfJ (bis auf die Rechtzeitigkeit, § 4a II 2 VKRegV) nicht geprüft oder sonst festgestellt. Dies erfolgt erst inzident, wenn der betroffene Verbraucher gegenüber dem Unternehmer vom Vergleich abweichende Ansprüche geltend macht oder sich der Unternehmer ihm gegenüber auf den Vergleich beruft.

§ 11 Sperrwirkung der Anmeldung; Bindungswirkung

(1) Hat ein Verbraucher vor der Bekanntgabe der Verbandsklage im Verbandsklageregister eine Klage gegen den Unternehmer erhoben, die die Ansprüche oder Rechtsverhältnisse oder Feststellungsziele und den Lebenssachverhalt der Verbandsklage betrifft, und meldet er seinen Anspruch oder sein Rechtsverhältnis zum Verbandsklageregister an, so setzt das Gericht das Verfahren bis zur rechtskräftigen Entscheidung über die Verbandsklage oder bis zur sonstigen Erledigung der Verbandsklage oder bis zur wirksamen Rücknahme der Anmeldung zum Verbandsklageregister aus.

(2) Während der Rechtshängigkeit der Verbandsklage kann ein angemeldeter Verbraucher gegen den Unternehmer keine Klage erheben, deren Streitgegenstand denselben Lebenssachverhalt und dieselben Ansprüche oder dieselben Feststellungsziele betrifft.

(3) [1]Rechtskräftige Urteile über Verbandsklagen binden ein zur Entscheidung eines Rechtsstreits zwischen einem angemeldeten Verbraucher und dem verklagten Unternehmer berufenes Gericht, soweit dessen Entscheidung den Lebenssachverhalt der Verbandsklage und einen mit der Abhilfeklage geltend gemachten Anspruch oder ein mit der Musterfeststellungsklage geltend gemachtes Feststellungsziel betrifft. [2]Satz 1 gilt nicht für Abhilfeendurteile nach § 18.

IdF des G zur Umsetzung der Richtlinie (EU) 2020/1828 über Verbandsklagen zum Schutz der Kollektivinteressen der Verbraucher und zur Aufhebung der Richtlinie 2009/22/EG sowie zur Änderung des Kapitalanleger-Musterverfahrensgesetzes (Verbandsklagenrichtlinienumsetzungsgesetz – VRUG) v 8.10.2023 (BGBl 2023 I Nr 272) mWv 13.10.2023.

1 ***I) Überblick.*** Die Vorschrift des § 11 VDuG fasst **gleichlautende Bestimmungen der ZPO-MFK** zusammen. Die Bestimmung des **§ 11 I VDuG** entspricht § 613 II ZPO aF, diejenige des **§ 11 II VDuG** entspricht § 610 III

ZPO aF. Die Bindungswirkung (**§ 11 III 1 VDuG**) fand sich in § 613 I ZPO aF. Zur Auslegung kann auf die Rspr und Lit zu den aufgehobenen ZPO-Bestimmungen zurückgegriffen werden (Bsp: BGH NJW 2020, 1974 = MDR 2020, 621). Die neuen Regelungen gelten nunmehr allerdings auch für Klagen kleiner Unternehmen (§ 1 II VDuG). Der Bindungswirkung (§ 11 III 1 VDuG) kommt je nach dem Klagetyp (s § 1 VDuG Rn 14 ff) eine unterschiedliche Bedeutung zu.

II) Verhältnis der Verbandsklage zur individuellen Rechtsverfolgung (§ 11 I, II VDuG). 1) Zweck. § 11 I und **II VDuG** regeln die Auswirkungen der Verbandsklage auf die **Klagen einzelner Verbraucher**, die ihre Ansprüche beim BfJ anmelden. Diese Regelungen erfolgen im Vorgriff auf die **mögliche Bindungswirkung** nach **§ 11 III 1 VDuG** und vermeiden widersprechende Entscheidungen (s AG/Schmidt § 11 VDuG Rn 1; Mekat/Nordholtz NJW 2019, 411/412 zur ZPO-MFK). 2

Die Bestimmungen des **§ 11 I, II VDuG** sind mit Blick auf die notwendige Bekanntmachung der Verbandsklage im Verbandsklageregister (§ 44 VDuG) und ihren Zweck hinsichtlich des maßgeblichen Zeitpunktes **berichtigend auszulegen**, da einerseits die Verbandsklage erst nach deren Rechtshängigkeit der Öffentlichkeit bekannt wird (§ 44 VDuG Rn 7) und andererseits der Verbraucher im Anwendungsbereich des § 11 II VDuG keinen Einfluss auf den Zeitpunkt seiner Klagezustellung hat (§ 271 I ZPO). Während § 11 I VDuG die Aussetzung laufender Klagen vorsieht, soll § 11 II VDuG während der Verbandsklage die Einleitung weiterer Individualklagen gegen den gleichen Beklagten verhindern, die die dort geltend gemachten Ansprüche oder Feststellungsziele „betreffen" („Sperrwirkung"; Hk-VDuG/Röthemeyer § 11 VDuG Rn 15 iVm Rn 4). 3

2) Sperrwirkung der Verbandsklage gegenüber neuen Verbraucherklagen (§ 11 II VDuG). a) Anwendungsbereich; Klageeinreichung nach Bekanntmachung der Verbandsklage. § 11 II VDuG erfasst (bei der gebotenen einschränkenden Auslegung, s Rn 3) nur den Fall, dass die Klage des Verbrauchers **nach der Bekanntmachung der Verbandsklage** (§ 44 Nrn 1-7 VDuG) eingereicht wird und der Verbraucher seinen Anspruch entweder bei Klageeinreichung oder später gem § 46 I VDuG beim Klageregister anmeldet (s Röthemeyer Musterfeststellungsklage, 2. Aufl, § 610 ZPO Rn 36; Scherer WRP 2025, 723 Rn 14, 24). Bei einem wörtlichen Verständnis des **§ 11 II VDuG** wären auch solche Verbraucher-Klagen unzulässig, die vor der Bekanntmachung oder sogar vor Einreichung der Verbandsklage eingereicht wurden, aber erst nach Erhebung der Verbandsklage dem Beklagten zugestellt werden; dies macht aber keinen Sinn. Entsprechend erweitert sich der Anwendungsbereich des **§ 11 I VDuG** (Rechtsfolge: Aussetzung), der damit alle Fälle erfasst, in denen die Klage des Verbrauchers vor der Bekanntmachung der Verbandsklage eingereicht wurde, mag die Zustellung auch erst danach erfolgen (**aA** Scherer WRP 2025, 723 Rn 26 f: § 269 III 3 ZPO). Dies entspricht auch sonst der Wertung des VRUG, das Konkurrenzfragen nach der Anhängigkeit löst (§ 8 VDuG; § 46 EGZPO). 4

b) Betroffenheit. Für die **Betroffenheit** nach **§ 11 II VDuG** genügt es, dass sich die Individualklage und die Verbandsklage auf den gleichen Lebenssachverhalt stützen und beide daraus ein vergleichbares Rechtsschutzziel ableiten. In diesem Sinn ist eine individuelle Verbraucherklage bereits ausgeschlossen, wenn die rechtshängige Verbandsklage nach **§ 11 III 1 VDuG** eine Bindungswirkung für das angemeldete Rechtsverhältnis auslösen kann (ähnlich jetzt § 10 I 1 KapMuG). 5

c) Rechtsfolge. Die entgegen **§ 11 II VDuG** erhobene Klage ist **unzulässig** und kostenpflichtig abzuweisen (Skauradszun/Wagner § 11 VDuG Rn 18; Köhler/Feddersen/Scherer § 11 VDuG Rn 11). Ein gestellter Musterverfahrensantrag ist unzulässig (§ 2 I KapMuG, § 3 II Nr 1 KapMuG), eine Aussetzung wegen eines Musterverfahrens (§ 10 I 1 KapMuG, § 10 II 1 KapMuG) erfolgt wegen der Entscheidungsreife nicht (zum Fall der schon erfolgten Unterbrechung/Aussetzung, Rn 11a). Die Tatsache der Anmeldung muss von einer Partei vorgetragen werden (Skauradszun/Wagner § 11 VDuG Rn 21; Schneider BB 2018, 1994), eine schon ergangene Sachentscheidung muss angefochten werden; bei Rechtskraft uU Fall des § 580 Nr 7a ZPO. Die entgegen **§ 11 II VDuG** erhobene Klage wird zulässig entweder mit Rücknahme der Anmeldung (§ 46 IV VDuG), dem Wegfall der Rechtshängigkeit der Verbandsklage sowie nach dem Vorliegen einer rechtskräftigen Musterfeststellung oder einem stattgebenden rechtskräftigen Endurteil bei einer Abhilfe-Sammelklage (**§ 11 III 1 aE VDuG** analog). In den beiden zuletzt genannten Fällen, bedarf es nunmehr einer individuellen Rechtsverfolgung, so dass sich der Verstoß gegen **§ 11 II VDuG** überholt hat. Bei der Abhilfegruppenklage geht dagegen das Umsetzungsverfahren (§§ 22 ff VDuG) vor (arg § 39 VDuG Rn 3), so dass die Individualklage (weiterhin) abzuweisen ist. Entsprechendes gilt im Falle eines Vergleichs nach § 9 VDuG, weil dann ein Titel zugunsten des Individualklägers vorliegt. 6

3) Aussetzung anhängiger Verbraucherklagen (§ 11 I VDuG). a) Anwendungsbereich. Nach **§ 11 I VDuG** werden (in berichtigender Auslegung, s Rn 3, 4) alle **vor der Bekanntmachung der Verbandsklage** im Verbandsklageregister (§ 44 VDuG) **anhängige Verbraucherklagen** ausgesetzt, sobald der dortige Kläger (Verbraucher, Kleinunternehmer) seine Ansprüche gem § 46 I VDuG anmeldet und die Verbandsklage die Individualklage „betrifft". Die Aussetzung hat auch im **höheren Rechtszug** zu erfolgen (G. Vollkommer EWiR 2020, 319), **nicht** jedoch im **Revisions- und Nichtzulassungsbeschwerdeverfahren**. Der BGH ist nicht Gericht iSd § 11 I VDuG (BGH, B 20.4.2022 – VII ZR 456/21, Tz 6 zu § 613 II ZPO; MK/Menges 6. Aufl § 613 ZPO aF Rn 5). Bei einem Musterverfahren nach dem KapMuG gilt § 18 II KapMuG (dazu § 1 VDuG Rn 19). 7

8 **b) Betroffenheit.** Es genügt wie bei **§ 11 II VDuG** (s Rn 5), dass sich die Individualklage und die Verbandsklage auf den gleichen Lebenssachverhalt stützen und beide daraus ein vergleichbares Rechtsschutzziel ableiten.

9 **c) Verfahren; Geltendmachung. aa)** Die **Aussetzung** erfolgt **vAw** (§ 248 II ZPO); eine mündl Verh ist nicht erforderlich (BGHZ 225, 51 = NJW 2020, 1974 = MDR 2020, 621). Die Aussetzung erfolgt, solange das Individualverfahren noch nicht „endgültig beendet" ist; der Schluss der mündl Verh, auf die das Urteil ergeht, bildet keine Zäsur (BGH aaO). Das zuständige Gericht prüft die **Wirksamkeit der Anmeldung** (§ 46 I VDuG) und die **Betroffenheit** der Individualklage von der Verbandsklage. Die Aussetzung der Individualklage verlangt nicht, dass nur noch Tatsachen oder Rechtsfragen offen sind, die unabhängig vom Ausgang der Verbandsklage nicht beantwortet werden können (arg freiwillige Anmeldung zur Verbandsklage); ist die Individualklage dagegen unabhängig von den Feststellungen der Verbandsklage entscheidungsreif, kann die Aussetzung unterbleiben (Bsp: Verjährung trotz § 204 I Nr 1a BGB).

10 **bb)** Die Tatsache der Anmeldung (§ 46 I VDuG) muss vorgetragen werden (§ 248 I ZPO). Erfährt das Gericht von einem möglichen **Aussetzungsgrund**, darf es eine instanzbeendende Entscheidung erst erlassen, wenn über die Aussetzung (abschließend) entschieden ist; andernfalls liegt ein Verfahrensfehler vor (BGHZ 225, 51 = NJW 2020, 1974 = MDR 2020, 621). Entsteht der Aussetzungstatbestand (Anmeldung) erst nach Erlass der instanzbeendenden Entscheidung, richtet sich die Zuständigkeit für die Entscheidung über die Aussetzung gem **§ 11 I VDuG**, § 248 ZPO (Rechtsfolge: Aufhören des Fristlaufs, § 249 I ZPO) danach, ob schon ein Rechtsmittel eingelegt wurde (MK/Stackmann § 248 ZPO Rn 3; zum Ganzen näher G. Vollkommer EWiR 2020, 319).

11 **cc) Beginn; Ende; Aufnahme.** Die **Aussetzung beginnt** mit dem Beschluss nach § 248 II ZPO (Greger vor § 239 ZPO Rn 2). Die Aussetzung dauert bei der Abhilfe-Sammelklage, bei der Musterfeststellungsklage sowie bei der klageabweisenden Abhilfe-Gruppenklage (§ 16 I 3 VDuG) bis zur **Rechtskraft des Urteils im Verbandsklageprozess** oder (bei allen Verbandsklagen) bis zu deren sonstiger Beendigung (§ 11 I aE VDuG). Nach einem rechtskräftigen **Abhilfe-Endurteil** (§ 18 I, II VDuG) kann die Aufnahme des individuellen Prozesses (nach Durchführung des Umsetzungsverfahrens) nur unter den Voraussetzungen der **§§ 39, 40 VDuG** erfolgen. Die Aussetzung endet bei allen Arten der Verbandsklage ferner mit der Rücknahme der Anmeldung (§ 46 IV VDuG) oder dem opt-out des Verbrauchers (Kleinunternehmers) aus einem nach § 9 VDuG geschlossenen Vergleich (§ 10 VDuG).

Die **Wiederaufnahme** erfolgt vAw oder auf Antrag. Bei der Fortsetzung des individuellen Prozesses ist die **Bindungswirkung** des VDuG-Urteils (**§ 11 III 1 VDuG**) zu beachten, auch wenn die Aussetzung erst im höheren Rechtszug erfolgte. Bei der Aufnahme eines ausgesetzten NZB-Verf stellt das Ergebnis der Verbandsklage einen eigenen Zulassungsgrund nach § 543 II 1 Nr 2 ZPO dar; nicht geregelt ist dagegen der Fall, dass die Beschwer des § 544 II Nr 1 ZPO nicht erreicht wird (s G. Vollkommer EWiR 2020, 319); uU hat sich die Individualklage durch die Verbandsklage erledigt (Bsp: Befriedigung im Umsetzungsverfahren).

11a **d) Verhältnis zum KapMuG.** Verbandsklagen nach dem VDuG und Musterverfahren nach dem KapMuG sind nebeneinander möglich (§ 1 VDuG Rn 19), entsprechend können im VDuG-Verfahren Anmeldungen nach **I** erfolgen (Hettenbach WM 2024, 1437 Rn 13). Die Bindungswirkung der Anmeldung (**I**) gem **III 1** und diejenige nach § 25 I 1 KapMuG besteht jedoch nur alternativ. Ist die **vor der Bekanntmachung** der VDuG-Klage erhobene Individualklage nach § 6 KapMuG unterbrochen oder nach § 10 I 1, II 1 KapMuG in Bezug auf ein Musterverfahren ausgesetzt, erzeugt eine Anmeldung nach **I** nur dann die Bindungswirkung nach **III 1**, wenn die Individualklage nach § 18 II 1 KapMuG (privilegiert) zurückgenommen wurde (§ 18 II 2 KapMuG). Solange eine Anmeldung zur VDuG-Klage noch erfolgen kann (§ 46 I 1 VDuG), besteht also die Möglichkeit, sich unter Verzicht auf die Teilnahme am Musterverfahren der VDuG-Klage gem § 11 VDuG anzuschließen.

Wird die Individualklage **nach der Bekanntmachung** der VDuG-Klage erhoben, gilt **II** und die spätere Anmeldung nach **I** führt zur Unzulässigkeit auch der schon nach § 6 KapMuG, § 10 I, II KapMuG unterbrochenen/ausgesetzten Individualklage (so Rn 6). Solange weder eine Klagerücknahme (§ 18 II 1 KapMuG) erfolgt noch (nach Wiederaufnahme) ein klageabweisendes Prozessurteil vorliegt, greift aber die Bindungswirkung gem **III 1** nicht ein (§ 18 II 2 KapMuG); kann die Anmeldung (**I**) nicht mehr zurückgenommen werden (§ 46 IV 1), fehlt es im Ergebnis an jeder Bindungswirkung.

12 **4) Kein Zwang zur Verbandsklage.** Es gibt für Verbraucher (und Kleinunternehmen) **keinen rechtlichen Zwang**, sich einer Abhilfe- oder Musterfeststellungsklage anzuschließen. Eine solche Klage steht in Konkurrenz zur individuellen Rechtsverfolgung oder zu anderen Formen des kollektiven Rechtsschutzes (zB Inkasso-Sammelklage; Legal-Tech-Anbieter) aber auch zum KapMuG (dazu näher Rn 11a). Die deutlich verlängerte Möglichkeit der Registeranmeldung und der damit gesicherten Verjährungshemmung nimmt einer eigenen Rechtsverfolgung aber einen Anreiz. Zur Haftung des Verbands gegenüber Anmeldern s § 46 VDuG Rn 18; zur begrenzten Hilfe bei fehlerhaftem Handeln des RA s § 13 VDuG Rn 7.

13 **5) Abgrenzung zu § 148 II ZPO.** Die Vorschrift des § 148 II ZPO, wonach bislang mit Blick auf eine MFK die Aussetzung eines selbst nicht MFK-fähigen Rechtsstreits erfolgen konnte, wurde mit dem VRUG für Abhilfe- *und Musterfeststellungsklagen* angepasst. Wegen der nach § 1 II VDuG erfolgten Erstreckung des VDuG auf Kleinunternehmen, reduziert sich der Anwendungsbereich des § 148 II ZPO.

III) Bindungswirkung (§ 11 III VDuG). 1) Überblick. Die **Bindungswirkung** kommt nach der Gesetzesbegründung Musterfeststellungsurteilen, klageabweisenden Abhilfeurteilen (s dazu aber Rn 20) und Abhilfegrundurteilen zu (BTDrs 20/6520, 75). Das Abhilfeendurteil erzeugt nur Wirkungen zwischen den Prozessparteien (§ 11 III 2 VDuG). 14

2) Betroffenheit. Die für das Eingreifen der Bindungswirkung notwendige **Betroffenheit** des mit der Anmeldung verfolgten individuellen Rechtsverhältnisses zur rechtkräftigen Entscheidung über die Verbandsklage liegt jedenfalls dann vor, wenn der angemeldete Anspruch/das angemeldete Rechtsverhältnis iSv § 15 I VDuG gegenüber dem in der Verbandsklage verfolgten Rechten im Wesentlichen gleichartig ist, also auch selbst Gegenstand der Verbandsklage gewesen sein konnte. Bsp: Außervertragliche Haftung des KFZ-Herstellers wegen einer unzulässigen Motorsoftware bei gleichem Motor, Hersteller und Haftungszeitraum; dagegen fehlt die Betroffenheit, wenn in der Individualklage die kaufvertragliche Haftung verfolgt wird. 15

3) Wirkung. a) Zweck. Die § 22 I 1, 2 KapMuG nachempfundene Bindungswirkung des Verbandsklageurteils (**§ 11 III 1 VDuG**) ist von der Rechtskraftwirkung zu unterscheiden (s G. Vollkommer § 325a ZPO Rn 2-3). Sie tritt zusammen mit dieser (auch bei VU- u Anerkenntnis-Urteil) ein, um eine **Breitenwirkung** des Verbandsklageurteils für die individuellen Rechtsverhältnisse angemeldeter Verbraucher und Kleinunternehmen zu erzeugen. Bei der Abhilfe-Gruppenklage kommt ihr nur Bedeutung zu, soweit der angemeldete Verbraucher im Umsetzungsverfahren nicht befriedigt werden kann (s Rn 20). 16

b) Folge. Die Bindungswirkung hat zur Folge, dass Gerichte, die nach rechtskräftigem Abschluss des Verbandsklageverfahrens mit einer Individualklage des Verbrauchers befasst werden, nicht von dem in Rechtskraft erwachsenen Ausspruch des Verbandsklageurteils **abweichen** dürfen (BTDrs 20/6520, 75). Gleiches gilt für Klagen eines Kleinunternehmens iSv § 1 II VDuG. 17

Die **Bindungswirkung** entspricht der obj Rechtskraft und **wirkt für und gegen** die angemeldeten Verbraucher im Verhältnis zum Beklagten der Verbandsklage (Scherer WRP 2025, 723 Rn 28 ff). Soweit danach eine Bindung auch zum Nachteil des Verbrauchers eintreten kann, wurde bei der ZPO-MFK ein Verstoß gegen Art 103 I GG behauptet, da sich der Verbraucher nicht an der MFK beteiligen kann (s MskV/Stadler 20. Aufl, § 613 ZPO Rn 3 ff). Dagegen sprach, dass sich die Anmelder bewusst einem fremden Prozess anschließen und dessen Ausgang (ähnlich einem Musterverfahren) für sich akzeptieren wollen (aA AG/Schmidt 82. Aufl, § 613 ZPO Rn 4). Unter dem VDuG hat der Verbraucher aber fast bis zum Ende des Prozesses in erster Instanz die Möglichkeit, sich der Bindungswirkung durch die Rücknahme der Anmeldung wieder zu entziehen. Damit dürften die vorgebrachten Bedenken entkräftet sein. 18

c) Einzelheiten zur Bindungswirkung. aa) Musterfeststellungsklage. In den später erhobenen oder den nach **§ 11 I VDuG** aufzunehmenden Individualprozessen der von der Bindungswirkung erfassten angemeldeten Verbraucher und Kleinunternehmen gegen den Beklagten der Verbandsklage (Folgeprozess) werden die **tatsächlichen und rechtlichen Feststellungen** des Musterfeststellungsurteils (§ 41 I VDuG) bei den präjudiziellen Vorfragen (s G. Vollkommer vor § 322 ZPO Rn 34a) iSe **Abweichungsverbots** zugrunde gelegt. Dies gilt freilich nur, soweit der Sachverhalt des individuellen Rechtsstreits dem „Mustersachverhalt“, wie er dem Urteil über die MFK zugrunde liegt, in den tragenden Teilen entspricht. Bsp: Im Kaufpreisrückzahlungsprozess des Verbrauchers nach §§ 346, 323, 434 BGB wird der gem **§ 11 III 1 VDuG** festgestellte Sachmangel (§§ 434, 323 V BGB) zugrunde gelegt; es muss damit idealerweise nur noch über die individuellen Fragen des Rückgewährschuldverhältnisses entschieden werden (im Bsp: Höhe der Nutzungsentschädigung). Ob die bindenden Feststellungen für den Folgeprozess rechtlich relevant und bindend sind, prüft das dort angerufene Gericht. Soweit der **individuelle Sachverhalt** relevante Abweichungen ggü dem Urteil gem § 41 I VDuG enthält (zB Beschaffenheitsvereinbarung nach § 434 I 1 BGB) oder sonst vom Mustersachverhalt abweicht, läuft die Bindungswirkung leer (Waclawik NJW 2018, 2922). Bsp: Wird in der MFK aufgrund des dort erfolgten Sachvortrags (nur) eine Haftung des Herstellers gegenüber Käufern nach § 826 BGB für einen Kauf vor dem 15.9.2015 bejaht, fehlt es an einer Bindungswirkung nach § 11 III 1 VDuG, wenn es im Individualprozess um einen Kauf nach diesem Datum geht und diesem Umstand für die Rechtsanwendung Bedeutung zukommt. Die (denkbaren) Sachverhaltsvarianten müssen als eigenes Feststellungsziel in der MFK formuliert werden (s BGH NJW 2020, 341 = MDR 2019, 1328), um eine umfassende Bindungswirkung zu erzeugen. 19

bb) Abhilfe-Gruppenklage. Die Gesetzesbegründung geht davon aus, dass die **Bindungswirkung** die Grundlage für die Teilnehme am Umsetzungsverfahren bildet (BTDrs 20/6520, 75); dort entscheidet aber kein Gericht, sondern der Sachwalter (§ 23 I, § 27 VDuG). Auch im Widerspruchsverfahren (§ 28 IV VDuG) wird vom Gericht nur dessen Entscheidung überprüft (s § 28 VDuG Rn 5). Im Umsetzungsverfahren besteht vielmehr eine unmittelbare Bindung an das Abhilfegrundurteil (§ 27 Nr 3 VDuG). Die Bindungswirkung des **§ 11 III 1 VDuG** hat bei der Abhilfe-Gruppenklage (s § 1 VDuG Rn 16) für klagestattgebende Urteile daher nur Bedeutung für die **gerichtlichen Individualverfahren nach §§ 39, 40 VDuG** im Anschluss an das Umsetzungsverfahren oder für sonstige Prozesse, bei denen es auf das der Abhilfeklage zugrundeliegende Rechtsverhältnis ankommt (Münscher WM 2023, 2082/2085; Scherer WRP 2025, 723 Rn 33 ff)). Auch dort gilt, dass der Sachverhalt des individuellen Rechtsstreits dem „Abhilfesachverhalt“, wie er dem Urteil über die Verbandsklage zu- 20 grunde liegt, in den tragenden Teilen entsprechen muss. Die Klageabweisung wirkt entsprechend gegen die angemeldeten Verbraucher (Scherer WRP 2025, 723 Rn 32).

21 **cc) Abhilfe-Sammelklage.** Das bei einer **Abhilfe-Sammelklage** ergehende Urteil erwächst (auch) gegenüber den dort **namentlich genannten Verbrauchern** im Verhältnis zum Beklagten (wie bei einer Prozessstandschaft) in Rechtskraft (§ 322 I, § 325 I ZPO). Insoweit bedarf es weder einer Anmeldung noch tritt daneben eine Bindungswirkung ein.

22 Auch die **Abhilfe-Sammelklage** wird im Klageregister bekannt gemacht, führt zur Registeröffnung und ermöglicht eine Anmeldung von betroffenen Verbrauchern/Kleinunternehmen (s § 4 VDuG Rn 2). Gegenüber solchen Dritten, die sich im Klageregister angemeldet haben, entfaltet das in der Abhilfesammelklage ergangene rechtskräftige Urteil nach **§ 11 III 1 VDuG** Bindungswirkung. Die Gesetzesbegründung bezieht diese allerdings nur auf **klageabweisende Urteile** (BTDrs 20/6520, 75). Danach werden auch die betroffenen Ansprüche der angemeldeten Verbraucher/Kleinunternehmen mit von der Klageabweisung erfasst; eine gleichwohl erhobene Klage wäre unter Anwendung der Bindungswirkung (**§ 11 III 1 VDuG**) als unbegründet abzuweisen (Scherer WRP 2025, 723 Rn 32).

23 Die Bindungswirkung gilt aber im Falle einer **rechtskräftigen Klagestattgabe** auch **zugunsten der Anmelder**. Dies gebietet die Waffengleichheit gegenüber der Klageabweisung. Das der Abhilfe-Sammelklage klagestattgebende Urteil wirkt zugunsten der Anmelder für nach **§ 11 III 1 VDuG** betroffene Ansprüche wie ein **Grundurteil nach § 304 I ZPO** (sa § 14 VDuG Rn 8); die Rechtslage ist im Ergebnis ähnlich wie bei einer klagestattgebenden Musterfeststellungsklage (sa § 13 VDuG Rn 13, 24a). Zur weiteren Durchsetzung dieser Ansprüche kann sich der Verband diese abtreten lassen und als (Legal-Tech) Inkasso-Sammelklage nach der ZPO geltend machen (vgl auch § 79 II Nr 3 ZPO). Möglich ist auch eine nachgeschaltete (zweite) Abhilfe-Sammelklage (gestützt auf die Bindungswirkung des ersten Verfahrens). In diesen Konstellationen könnte ein Prozessfinanzierungsmodell durchaus praktikabel sein (vgl auch Gsell Editorial NJW-aktuell 31/2023, 3 zum vorausgehenden UKlaG-Prozess).

§ 12 Informationspflichten

(1) [1]Die klageberechtigte Stelle ist verpflichtet, auf ihrer Internetseite zu informieren über:

1. Verbandsklagen, die sie erheben will,

2. Verbandsklagen, die sie bereits erhoben hat, und

3. den Verfahrensstand der Verbandsklagen.

[2]Auf der Internetseite ist ferner darüber zu informieren, dass Verbraucher nur dann von den Wirkungen einer Verbandsklage erfasst werden, wenn sie Ansprüche oder Rechtsverhältnisse, die Gegenstand der Verbandsklage sind, zur Eintragung in das Verbandsklageregister anmelden.

(2) Wird ein Verfahren über eine Verbandsklage durch unanfechtbaren Beschluss, unanfechtbares Urteil oder durch einen Vergleich nach § 9 beendet, so ist der Beschluss, das Urteil oder der Vergleich in veröffentlichungsfähiger anonymisierter Form ab dem Zeitpunkt der Beendigung des Verfahrens mindestens sechs Monate auf der Internetseite der klageberechtigten Stelle zu veröffentlichen.

(3) Die Kosten der Veröffentlichungen auf der Internetseite nach den Absätzen 1 und 2 sind Kosten des Rechtsstreits.

IdF des G zur Umsetzung der Richtlinie (EU) 2020/1828 über Verbandsklagen zum Schutz der Kollektivinteressen der Verbraucher und zur Aufhebung der Richtlinie 2009/22/EG sowie zur Änderung des Kapitalanleger-Musterverfahrensgesetzes (Verbandsklagenrichtlinienumsetzungsgesetz – VRUG) v 8.10.2023 (BGBl 2023 I Nr 272) mWv 13.10.2023.

1 **I) Zweck.** Die Regelung dient der Umsetzung von Art 13 I-V RL (EU) 2020/1828. Sie schafft neben dem Verbandsklageregister die notwendige **Öffentlichkeit**, um die **Breitenwirkung** der Verbandsklage herzustellen.

2 **II) Einzelheiten.** Nach § 12 I VDuG müssen die klageberechtigten Stellen auf ihrer **Internetseite** Angaben zu Verbandsklagen machen, die sie erheben wollen oder bereits erhoben haben. Hierdurch wird aber kein Schuldverhältnis nach § 311 II Nr 3 BGB mit einem interessierten Verbraucher begründet (sa § 13 VDuG Rn 5 und § 46 VDuG Rn 18). Ferner müssen sie Verbraucher darüber informieren, dass sie der Verbandsklage beitreten müssen, um von einer solchen zu profitieren. Weiter muss die klageberechtigte Stelle nach § 12 II VDuG mindestens sechs Monate lang über die Verfahrensergebnisse informieren. Der veröffentlichende Verband hat bei seinen Veröffentlichungen die Einhaltung datenschutzrechtlicher Vorschriften zu beachten (zB ausreichende *Anonymisierung). Gewinnt* die klageberechtigte Stelle das Verbandsklageverfahren, sind die **Kosten** für die Veröffentlichung der damit im Zusammenhang stehenden Informationen nach **§ 12 I, II VDuG** nach § 91 I 1 ZPO von der unterliegenden Partei zu tragen; Regelungen zur Ermittlung dieser Kosten fehlen.

§ 13 Anwendung der Zivilprozessordnung

(1) [1]Auf Verbandsklageverfahren sind die Vorschriften der Zivilprozessordnung anzuwenden, soweit sich aus diesem Gesetz nicht etwas anderes ergibt. [2]Auf das Verfahren vor den Oberlandesgerichten sind dabei die im ersten Rechtszug für das Verfahren vor den Landgerichten geltenden Vorschriften entsprechend anzuwenden.

(2) Die §§ 66 bis 74 der Zivilprozessordnung sind nicht anzuwenden im Verhältnis zwischen den Parteien der Verbandsklage und denjenigen Verbrauchern, die

1. **einen Anspruch oder ein Rechtsverhältnis zum Verbandsklageregister angemeldet haben oder**
2. **behaupten, entweder einen Anspruch gegen den verklagten Unternehmer zu haben oder von ihm in Anspruch genommen zu werden oder zu ihm in einem Rechtsverhältnis zu stehen.**

(3) § 128 Absatz 2 sowie die §§ 306 und 307 Satz 2 der Zivilprozessordnung sind nicht anzuwenden.

(4) Ein Urteil oder Abhilfegrundurteil ergeht nicht vor Ablauf von sechs Wochen nach dem Schluss der mündlichen Verhandlung.

IdF des G zur Umsetzung der Richtlinie (EU) 2020/1828 über Verbandsklagen zum Schutz der Kollektivinteressen der Verbraucher und zur Aufhebung der Richtlinie 2009/22/EG sowie zur Änderung des Kapitalanleger-Musterverfahrensgesetzes (Verbandsklagenrichtlinienumsetzungsgesetz – VRUG) v 8.10.2023 (BGBl 2023 I Nr 272) mWv 13.10.2023.

I) Überblick. Auf Abhilfe- und Musterfeststellungsverfahren finden die allgemeinen zivilprozessualen Bestimmungen Anwendung einschließlich der Regelungen über die Zwangsvollstreckung (BTDrs 20/6520, 76). Der Gesetzgeber geht davon aus, dass lediglich vereinzelte Sonderregungen notwendig sind, um den Besonderheiten des Verbandsklageverfahrens Rechnung zu tragen (BTDrs 20/6520, 76). Nur der **Verfahrensablauf bei der Abhilfe-Gruppenklage** wird im VDuG näher geregelt, das sich im Übrigen auf einzelne Sonderbestimmungen beschränkt (sa Rn 21, 22 und Rn 24). 1

II) Verfahrensablauf bei den Verbandsklagen. 1) Abhilfe-Sammelklage (§ 14 S 1, § 16 I 2 VDuG); Musterfeststellungsklage (§ 14, § 41 VDuG). Bei den Verfahrenstypen der **Abhilfe-Sammelklage** (s § 1 VDuG Rn 15) und der **Musterfeststellungsklage** (§ 1 I, § 41 VDuG; s § 1 VDuG Rn 17) kommt das **regelmäßige erstinstanzliche Verfahren** vor den Landgerichten ohne größere Abweichungen zur Anwendung (§ 13 I 2 VDuG; Meller-Hannich DB 2023, 628). Der klagende Verband erstreitet bei der Sammelklage im Erfolgsfall ein Leistungsurteil, das er als Titelgläubiger wie bei einer Prozessstandschaft zugunsten der im Titel genannten Gläubiger (Verbraucher; kleine Unternehmen) vollstreckt. Im Falle einer erfolgreichen MFK (§ 41 I VDuG) müssen die betroffenen Verbraucher (kleinen Unternehmen), denen gegenüber die Bindungswirkung gilt (§ 11 III 1 VDuG), in einer zweiten Stufe selbst klagen oder dazu eine andere Form des kollektiven Rechtsschutzes wählen. 2

2) Abhilfe-Gruppenklage auf Zahlung des kollektiven Gesamtbetrags oder auf eine andere Leistung (§ 14 S 2, § 16 I 1, II, §§ 18, 19, 21, 22 ff VDuG). Der Verfahrenstyp der **Abhilfe-Gruppenklage** (s § 1 VDuG Rn 16), dessen praktisch wichtigster Anwendungsfall auf eine Geldzahlung zugunsten der sich anmeldenden Verbraucher (und Kleinunternehmer) gerichtet ist, ist **neu und ohne Vorbild**. Das VDuG hat hierzu ein **fünfstufiges Regelverfahren** (Meller-Hannich DB 2023, 628; Mayrhofer/Koller ZIP 2023, 1065) geschaffen: 3

a) Regelverfahren. Ist die Abhilfeklage dem Grunde nach gerechtfertigt, ergeht ein Abhilfegrundurteil. Dieses enthält die im Umsetzungsverfahren zu erbringenden Berechtigungsnachweise und Vorgaben zur Berechnung des Zahlungsanspruchs (§ 16 II VDuG) (**erste Phase**). Nach dem Abhilfegrundurteil soll sich eine Vergleichsphase anschließen, um das Abhilfegrundurteil einvernehmlich umzusetzen (§ 17 I VDuG) (**zweite Phase**). Kommt kein Vergleich zustande und ist das Grundurteil rechtskräftig, ergeht das Abhilfeendurteil, welches das Umsetzungsverfahren einleitet und die Grundlage für die Zwangsvollstreckung gegen den Unternehmer bildet (§ 18 VDuG) (**dritte Phase**). Im (neuartigen) Umsetzungsverfahren (§§ 22 ff VDuG) werden vom Sachwalter die Anmeldungen anhand der Vorgaben des Abhilfegrundurteils geprüft. Dieser veranlasst die Befriedigung der Ansprüche oder weist diese zurück (**vierte Phase**). Erweist sich die ausgeurteilte Summe als zu niedrig, kann vom Verband auf Erhöhung des kollektiven Gesamtbetrags geklagt werden (§ 21 VDuG). Soweit in diesem formalisierten Umsetzungsverfahren vom Sachwalter nicht zu prüfende Umstände, wie zB eine individuelle Beweisführung eines Verbrauchers oder individuelle Einwände des Unternehmers gegenüber der Berechtigung eines einzelnen Verbrauchers offenbleiben, kommt es zur Individualklage des Verbrauchers (§ 39 VDuG) oder des Unternehmers (§ 40 VDuG) (**fünfte Phase**). – **b) Verkürztes Verfahren.** Im **verkürzten Erkenntnisverfahren** können die Phasen eins und zwei entfallen und es kann unter den Voraussetzungen des § 16 IV VDuG sofort ein kombiniertes Abhilfegrund- und endurteil (dritte Phase) ergehen. 4

3) Stellung der Verbraucher. Die Verbraucher, die sich durch die Anmeldung einem Verbandsklageverfahren (§ 1 I VDuG) angeschlossen haben, sind dort (wie schon bei der ZPO-MFK) auf eine rein **passive Rolle** beschränkt und werden ausschließlich durch den klagenden Verband repräsentiert (sa § 46 VDuG Rn 18). Die verlängerte Opt-out-Möglichkeit bis zum Schluss der Verhandlung (§ 46 I VDuG) sollte die hiergegen mit Blick auf Art 103 I GG erhobenen Bedenken entkräften (s § 11 VDuG Rn 12). 5

6 **III) Anwendbare ZPO-Vorschriften (§ 13 I 1 VDuG). 1) Buch 1 der ZPO.** Zu einzelnen Regelungen:

7 **a)** Zur **Ausschließung und Ablehnung** von Richtern s insb G. Vollkommer § 41 ZPO Rn 6 und § 42 ZPO Rn 11a. – **b)** Zu Streitgenossenschaft, Streithilfe und Streitverkündung s § 7 VDuG Rn 2 ff; § 7 VDuG Rn 5. – **c)** Die Vorschriften der §§ 130 ff ZPO gelten; dies gilt insb für den **elektronischen Rechtsverkehr**, es gilt für Rechtsanwälte die aktive Nutzungspflicht (§ 130d S 1 ZPO). Ob die Akten schon als elektronisches Dokument geführt werden, richtet sich nach dem LandesR. – **d)** Eine **Prozesstrennung** (§ 145 ZPO) ist zB zur Gruppenbildung nach § 15 VDuG grds möglich, wirft aber Folgeprobleme auf, wenn das Verbandsklageregister schon geöffnet wurde. – **e)** Aussetzung (§ 148 I, IV ZPO, § 149 ZPO) ist möglich (§ 1 VDuG Rn 20, 21; G. Vollkommer NJW 2024, 3257 Rn 17).

f) § 240 ZPO (Unterbrechung durch Insolvenzverfahren) gilt bis zur Rechtskraft des Abhilfeendurteils bzw Endurteils. Die Auswirkungen einer Insolvenz auf die laufende Verbandsklage werden nicht näher geregelt; die allgemeinen Regeln sind für die Zwecke dieser neuen Form der Verbandsklage (s § 1 VDuG Rn 2) lückenhaft. Bei **Insolvenz des verklagten Unternehmers** gelten wegen der Insolvenzforderungen der namentlich genannten Verbraucher und wegen der iSv § 11 III 1 VDuG von der Verbandsklage „betroffenen" Verbraucher die §§ 174 ff InsO; die nach § 240 ZPO unterbrochene Abhilfe-Gruppenklage (§ 1 VDuG Rn 16) kann bei Widerspruch des InsVerwalters als Fortsetzungs-Musterfeststellungsklage zur einheitlichen Klärung der verfolgten Ansprüche diesem gegenüber aufgenommen werden (aA Skauradszun/Skauradszun § 13 VDuG Rn 17, jedenfalls dann, wenn Widerspruch eines anderen Insolvenzgläubigers vorliegt). Bei der Abhilfe-Sammelklage (§ 1 VDuG Rn 15) wird der Antrag auf Tabellenfeststellung zugunsten der namentlich genannten Verbraucher umgestellt. Bei **Insolvenz des klagenden Verbandes** ist eine Übernahme des unterbrochenen Verfahrens durch einen anderen (übernahmebereiten) Verband (§ 2 I VDuG) möglich, um die Prozessergebnisse zu sichern. Im Umsetzungsverfahren gilt die Sondervorschrift des § 38 VDuG bei Insolvenz des Beklagten. – **g) Wiedereinsetzung.** Bei der Wiedereinsetzung ist § 85 II ZPO auf Seiten des Kl wegen dessen Prozessführung im Drittinteresse (§ 1 VDuG Rn 2, 3; § 46 VDuG Rn 18) und der fehlenden eigenen Rechtsmittelbefugnis der Anmelder (s § 42 VDuG Rn 3; § 46 VDuG Rn 18), denen damit das Handeln des RA des Kl nicht zurechenbar ist (s MskV/Stadler 20. Aufl, § 608 ZPO Rn 2), nicht anwendbar (Rechtslage wie bei § 44 St PO; aA Skauradszun/Skauradszun § 13 VDuG Rn 19). Sa zur Haftung des Klägers gegenüber Anmeldern § 46 VDuG Rn 18.

8 **2) Buch 8 der ZPO (Zwangsvollstreckung). a) Zwangsvollstreckung.** Das **Buch 8 der ZPO** gilt auch für die VDuG-Klage; bei einem auf eine **Geldzahlung** lautenden Abhilfeendurteil erfolgt die Zwangsvollstreckung durch den Kläger zugunsten des Sachwalters (§ 25 I, § 27 Nr 1 VDuG). Das auf eine **Handlung** lautende Abhilfeendurteil muss im Umsetzungsverfahren durch den Sachwalter im Verfahren nach § 29 VDuG (s § 29 VDuG Rn 2, 3) konkretisiert werden. Lässt man bei der **Abhilfesammelklage** die Verurteilung des Unternehmers zur Vornahme einer Handlung (zB Reparatur) durch **Endurteil** zu (s Rn 18 auch zur aA), liegt eine analoge Anwendung des § 29 II 1, 2 VDuG nahe. Ein solches Urteil wäre dann vom klagenden Verband einheitlich sowohl wegen vertretbarer als auch wegen nicht vertretbarer Handlungen durch Zwangsgeld/Zwangshaft zu vollstrecken.

9 **b) Einstweiliger Rechtsschutz.** Die Vorschriften über den einstweiligen Rechtsschutz finden Anwendung. Ein **Arrest** ist wegen einer auf Geldzahlung gerichteten Abhilfeklage möglich (§ 916 I ZPO). Bei der **Abhilfe-Sammelklage** (§ 1 VDuG Rn 15) bildet jeder individuelle (Verbraucher-)Anspruch einen Arrestanspruch (§ 916 ZPO); der Arrestgrund bezieht sich auf dessen drohende Vereitelung oder Erschwerung in der Zwangsvollstreckung. Die Vollziehung des Arrestes (§§ 928, 929 ZPO) hat für jeden einzelnen Anspruch zu erfolgen. – Bei der **Abhilfe-Gruppenklage** (§ 1 VDuG Rn 16) ist auf den kollektiven Gesamtbetrag (iSd Abhilfe-Endurteils, § 19 I VDuG) und dessen gefährdete Durchsetzung abzustellen. Der Bestellung eines Sachwalters (§ 23 I VDuG) bedarf es idR nicht, da nur eine Sicherung aber keine Leistung an den Gläubiger erfolgt; bei der Abwendungs-Hinterlegung (§ 923 ZPO) ist ergänzend anzuordnen, dass diese auch zugunsten des (noch zu bestellenden) Sachwalters erfolgt. – Bei auf eine Handlung gerichteten Abhilfeklagen scheidet eine **Leistungsverfügung** (§§ 935, 938 ZPO) aus, da darin eine Vorwegnahme der Hauptsache liegt.

10 **3) Stellung des Gerichts.** Das nach § 3 VDuG zuständige Gericht wendet das landgerichtliche Verf an (§ 13 I 2 VDuG), entscheidet aber in seiner **gerichtsverfassungsrechtlichen Stellung** als OLG/BayObLG (sa KK-KapMuG/Vollkommer § 11 Rn 7 f).

11 **4) Verfahren bis zum Urteil (§§ 253-299a ZPO). a) Klageerhebung (§§ 253, 271 ZPO).** Die Verbandsklage beginnt mit der **Zustellung der Klageschrift** (§ 253 I, § 271 I ZPO); die Vorschusspflicht nach § 12 I GKG gilt. Die Rechtshängigkeit ist im Verbandsklageregister bekannt zu machen, wodurch auch die Möglichkeit der Anmeldung geschaffen wird (s § 44 VDuG Rn 1, 3, 7). Weiter sichert schon die Rechtshängigkeit der Verbandsklage die **Hemmung der Verjährung** individueller Verbraucher- (oder Kleinunternehmens-)ansprüche nach § 204a I 1 Nr 3, 4 BGB. Bei **schweren Mängeln der Klage** kann eine Zustellung unterbleiben, s § 46 VDuG Rn 3. Rechtspolitisch ist die Verweisung des § 13 I 2 VDuG missglückt. Vielmehr sollten im Vorfeld der förmli*chen Klageerhebung* Zielrichtung und Gruppenbildung zwischen Kläger, Beklagten und Gericht definiert und damit das „Programm" der Verbandsklage vorab festgelegt werden. Die allg **Feststellungsklage** (§ 256 I ZPO) ist bei der Abhilfeklage in beiden Varianten nach § 14 S 1 VDuG („Verurteilung zu einer Leistung") ausge-

schlossen (s § 1 VDuG Rn 15). Auch bei der Abhilfe-Sammelklage kann daher ein künftiger Schadensersatzanspruch des namentlich genannten Verbrauchers (Bsp: BGH NJW 2025, 298 Tz 47 f = MDR 2025, 57) nicht neben der Verurteilung zur SE-Zahlung festgestellt werden. Feststellungsanträge sind vielmehr nur als Musterfeststellungen iSv § 41 VDuG möglich (Skauradszun/Skauradszun § 13 VDuG Rn 46; s § 41 VDuG Rn 3). Eine **Stufenklage** (§ 254 ZPO iVm § 13 I 2 VDuG) kommt allenfalls bei einer Abhilfe-Sammelklage in Betracht (weitergehend Skauradszun/Skauradszun § 13 VDuG Rn 46), während bei der Abhilfe-Gruppenklage der kollektive Gesamtbetrag (§ 14 S 2 VDuG) nach prozessualen Regeln (zB mit Hilfe § 6 VDuG) geschätzt wird (§ 287 ZPO).

b) Verfahrensweise; früher erster Termin; schriftliches Vorverfahren (§§ 272 ff ZPO); Gruppenbildung (§ 15 I VDuG). Die Vorgabe des § 272 I ZPO, wonach der Rechtsstreit in einem Haupttermin erledigt werden soll, erscheint bei einer Verbandsklage nach dem VDuG illusorisch. Das Verfahren ist vom Gericht **im Einzelfall sachgerecht** zu gestalten (s Rn 29). – Die Bildung, Bestimmung und Beschreibung der im Abhilfeprozess erfassten (im Wesentlichen) „gleichartigen Verbraucheransprüche" (§ 15 I 1 VDuG) bedarf einer frühzeitigen und sorgfältigen Prüfung (s § 15 VDuG Rn 6). Dies muss zu Beginn des Verfahrens erfolgen, da damit der Kreis der möglichen Anmeldeberechtigten festgelegt wird. Dieser Aufgabe wird das VDuG nicht gerecht. Die erforderliche **Gruppenbildung** kann einerseits nicht der Dispositionsbefugnis des Klägers bei Klageerhebung überlassen sein, da darin auch eine Rechtsanwendung liegt. Eine Klage muss zudem uU mit parallelen Verfahren im EU-Ausland abgestimmt oder mit Blick auf gesperrte Konkurrenzklagen (§ 8 VDuG) angepasst werden. Die in der Klage vorgenommene Gruppenbildung kann andererseits auch nicht erst im Abhilfe(grund-/end-)urteil erfolgen, da dann die Anmeldefrist bereits abgelaufen ist (§ 46 I VDuG). – Es bietet sich daher an, unter Heranziehung der **Kooperationsmaxime** (dazu Greger vor § 128 ZPO Rn 13a) die Grundausrichtung des Abhilfeverfahrens frühzeitig und konsensual festzulegen („Organisationstermin"; vgl § 621 ZPO-E; sa Rn 29). Dort wäre ein (gemeinsam erarbeiteter) Abhilfe-/Musterfeststellungsantrag, bei dem insb die Kriterien der Gleichartigkeit der erfassten Verbraucheransprüche (zB nach Gruppen und Untergruppen) in **einfacher Sprache** festgelegt werden, zu formulieren. Ein derart überarbeiteter Antrag ist dann nach § 44 Nr 3 VDuG bekannt zu machen. 12

c) Klageänderung (§§ 263, 264 ZPO). Anders als bei der ZPO-MFK ist zwar die Möglichkeit zur **Klageänderung** nicht mehr zeitlich bis zum „ersten Termin" begrenzt, da das Zeitfenster der An- und Abmeldung bis zum „letzten" Termin erweitert wurde (§ 46 I 1 VDuG; § 136 IV ZPO). Nach der Festlegung der erfassten Gruppe iSv § 15 VDuG sollte aber die Sachdienlichkeit einer späten Klageänderung besonders sorgfältig geprüft werden (sa Röß MDR 2023, 1417, Rn 19, 24 f: zeitliche Begrenzung). Bei der **Abhilfe-Sammelklage** (§ 16 I 2 VDuG, § 1 VDuG Rn 15) ist es möglich, aber nicht geboten, die im Laufe des Verfahrens nach § 11 I VDuG angemeldeten Verbraucher (im Wege der obj Klageerweiterung) ebenfalls in die Klage gem § 16 I 2 VDuG aufzunehmen, um auch deren Ansprüche zur Entscheidung zu stellen (aA Bruns ZZP 137 [2024], 3, 25; Röß NJW 2024, 1302). Eine solche Erweiterung hat zur Folge, dass auch die neu eingefügten Ansprüche nach Grund und Höhe zu prüfen sind, was das Verfahren verlängert; die Sachdienlichkeit einer solchen Erweiterung ist daher fraglich. Richtigerweise werden diese Anmeldungen über die Abhilfe-Gruppenklage erfasst (s näher Rn 24a). **Hilfsanträge** müssen sich an die in den Hauptanträgen erfolgte Gruppenbildung halten. Bei der Abhilfe-Gruppenklage (§ 1 VDuG Rn 16) kann der **kollektive Gesamtbetrag** (§ 19 VDuG) entsprechend den laufenden Anmeldungen bis zur letzten mündl Verh angepasst werden (§ 264 Nr 1 ZPO; sa § 5 VDuG Rn 3). Zur Widerklage s Rn 27. 13

d) Stoffsammlung; Geständnis (§ 138; §§ 288-290 ZPO). Es gelten für die **Stoffsammlung** die allg Bestimmungen. Ein Geständnis des Klägers ist möglich; das Verbot des Verzichts steht dem nicht entgegen. Andernfalls wäre die Waffengleichheit im Prozess verletzt. 14

e) Präklusion. Die Vorschriften der §§ 296, 296a ZPO gelten. Im Interesse der gebotenen **Beschleunigung** des ohnehin schwerfälligen Verfahrens nach dem VDuG hat das Gericht auf einen frühzeitigen Vortrag hinzuwirken. 15

f) Mündliche Verhandlung; Verfahrensrügen. Die Vorschriften über die **Mündlichkeit** gelten (§§ 297, 285, 279 ZPO), eine Heilung von Verfahrensfehlern nach § 295 ZPO ist möglich. 16

g) Beweislast; Beweisaufnahme. Es gelten die allg Grundsätze zur Darlegungs- und Beweislast; sa § 6 VDuG Rn 1, 2. Bei der Beweisaufnahme gelten keine Besonderheiten. Ein namentlich benannter Verbraucher bei der Abhilfe-Sammelklage kann als Zeuge vernommen werden, erst recht ein Verbraucher, der sich zur Verbandsklage angemeldet hat. Anders als bei § 14 I 1 KapMuG ist § 379 ZPO (Vorschusspflicht) bei der Verbandsklage nicht ausgeschlossen. 17

h) Entscheidung. Die stattgebende Entscheidung bei der **Abhilfeklage-Sammelklage** ergeht stets durch „Urteil" (§ 16 I 2 VDuG; das VDuG hat dabei die Klage auf eine andere als auf Geld gerichtete Leistung (zB Reparatur, Umtausch) übersehen (Schläfke/Lühmann NJW 2023, 3385 Tz 24; **aA** § 16 VDuG Rn 3: Abhilfegrundurteil mit Umsetzungsverfahren), was ein „Endurteil" iSv § 310 I ZPO meint. Ein Grundurteil (§ 304 I ZPO) erscheint möglich, das dann zur Registerschließung führt (zur Bindungswirkung in diesem Fall s § 11 VDuG Rn 22 f). Bei der stattgebenden **Abhilfe-Gruppenklage** ergeht idR ein „Abhilfegrundurteil" nach § 16 I 1 VDuG oder (im verkürzten Verfahren) ein „Abhilfeendurteil" (§ 16 IV, § 18 I, II VDuG). Die Erhöhung des kollektiven Gesamtbetrages (§ 21 VDuG) erfolgt durch (weiteres) Abhilfeendurteil (§ 16 IV, § 18 VDuG analog; s § 16 VDuG Rn 11). – **Klageabweisende Entscheidungen** bei Abhilfeklagen (als unzulässig oder unbegründet) ergehen stets 18 durch „Urteil" (§ 16 I 3 VDuG), was ein Endurteil nach § 310 I ZPO meint. Eine **Teil-Entscheidung** (§ 301 ZPO) erscheint mit Blick auf die Verknüpfung von Verhandlungsschluss und Registerschließung (§ 46 VDuG) gänzlich ausgeschlossen zu sein (sa Rn 29). Die Möglichkeit eines **Zwischenurteils** nach § 280 II ZPO (insb zur Zulässigkeit der Abhilfeklage) ist von der Verweisung des § 13 I 2 VDuG umfasst. Über die MFK ist durch **Musterfeststellungsurteil** (§ 42 VDuG) zu entscheiden (wie § 612 ZPO aF). Die Geltung der Vorschriften über die **vorläufige Vollstreckbarkeit** wird im VDuG nicht ausgeschlossen, so dass theoretisch (sa § 24 VDuG Rn 3) aus einem Abhilfeendurteil gegen Sicherheitsleistung des Klägers vollstreckt werden kann (§ 709 ZPO). In diesem Fall wäre vom erkennenden Gericht sofort ein Sachwalter zu bestellen (§§ 23, 24 Nr 2 VDuG). Das Urteil enthält, außer beim Abhilfegrundurteil (§ 16 III VDuG), eine **Kostenentscheidung** nach §§ 91 ff ZPO (iVm § 308 II ZPO iVm § 13 I 2 VDuG; sa § 16 VDuG Rn 10; § 18 VDuG Rn 5).

19 **i) Sonstige Urteilsvorschriften.** §§ 318-321 ZPO sind anwendbar; § 321a ZPO gilt nur bei Entscheidungen, die weder mit der Revision noch, mangels Zulassung, mit der Rechtsbeschwerde anfechtbar sind.

20 **j) Klagerücknahme; Erledigung; Ruhen.** Für die **Klagerücknahme** gilt § 269 ZPO iVm § 13 I 2 VDuG; auch nach Abschluss eines **außergerichtlichen Vergleichs** (Münscher WM 2023, 2082/2086). Eine **übereinstimmende Erledigungserklärung** (§ 91a ZPO) ist möglich (**§ 13 I 1 VDuG**). Ein einvernehmliches **Ruhen des Verfahrens** (§ 251 S 1 ZPO) erscheint mit Blick auf die Sperrwirkung der Anmeldung (§ 11 I, II VDuG) und dem Verbot weiterer Verbandsklagen (§ 8 S 1 VDuG) problematisch. Die Zweckmäßigkeit des Ruhens (§ 251 S 1 ZPO) muss vom Gericht daher eigens begründet werden.

21 **IV) Nicht anwendbare ZPO-Vorschriften (§ 13 III VDuG). 1) Kein schriftliches Verfahren.** Angesichts der Breitenwirkung der Verbandsklageverfahren und weil § 46 I, IV VDuG zur An- und Abmeldung an einen Termin anknüpfen, ist eine Entscheidung im schriftlichen Verfahren nach § 128 II ZPO ausgeschlossen. Alle Urteile im Verfahren des VDuG, auch das **AU (§ 13 III 3. Fall VDuG)**, müssen nach einer **mündlichen Verhandlung** erheben.

22 **2) Kein Verzicht.** Da die klageberechtigte Stelle keine eigenen Ansprüche verfolgt, ist ein **Verzicht** nach § 306 ZPO ausgeschlossen.

23 **3) Sonstiges.** Im Gegensatz zur ZPO-MFK (§ 610 V 2 ZPO aF) werden die § 278 II-V ZPO (förmliche Güteverhandlung) nicht für unanwendbar erklärt; dies steht im Widerspruch zur zeitlich sehr eingeschränkten Möglichkeit, einen Vergleich nach § 9 VDuG abzuschließen (s § 9 VDuG Rn 4). Die Einzelrichterübertragung nach §§ 348-350 ZPO wird zwar nicht mehr ausdrücklich ausgeschlossen (so noch § 610 V 2 ZPO aF), findet aber auf den erkennenden OLG-Senat ohnehin keine Anwendung (Skauradszun/Skauradszun § 13 VDuG Rn 56; AG/Schmidt § 13 VDuG Rn 7; aA Hk-VDuG/Röthemeyer § 13 VDuG Rn 11, 12: § 348a I ZPO anwendbar). S wegen **§ 13 II VDuG** Rn 28.

24 **V) Hinausgeschobener Verkündungstermin (§ 13 IV VDuG).** Das Verbandsklageregister soll vor Erlass der Entscheidung geschlossen sein (§ 46 I 1 VDuG) und die Parteien sollen vor Erlass der Entscheidung die schlussendlich erreichte Zahl an Anmeldungen kennen (BTDrs 20/7631, 111). Dazu sieht **§ 13 IV VDuG** vor, dass der **Verkündungstermin (für ein Urteil, nicht für einen Beweisbeschluss)** frühestens **sechs Wochen** nach Schluss der mündl Verh bestimmt werden darf. Urteile, Endurteile, Versäumnisurteile (gegen den Beklagten, sa Rn 26) und Abhilfegrundurteile (sowie Abhilfeendurteile im verkürzten Verfahren nach § 16 IV VDuG) und Musterfeststellungsurteile (§ 42 VDuG) dürfen daher nicht vor Ablauf von sechs Wochen nach Schluss der mündl Verh (§ 136 IV ZPO) verkündet werden (**§ 13 IV VDuG**). Die Fiktion des § 280 II 1 ZPO bewirkt beim Zwischenurteil, dass auch dort ein Verkündungstermin erst sechs Wochen nach Verhandlungsschluss liegen darf. Wird später doch wieder zur Hauptsache verhandelt (§ 280 II 2 ZPO), ist das Register erneut zu öffnen (s § 46 VDuG Rn 16). Ein **Stuhlurteil** kommt nur beim echten Abhilfeendurteil nach § 18 I, II VDuG in Betracht. Einen **Sonderfall** bildet die Beschlussverwerfung ohne Registereröffnung, s § 44 VDuG Rn 3, 4.

24a Ein Scheinproblem betrifft dagegen das sog **Wiedereröffnungskarusell**, bei dem es darum geht, innerhalb der Frist nach § 46 I 1 VDuG neu angemeldete Verbraucher noch in den Antrag der Abhilfe-Sammelklage (§ 16 I 2 VDuG; § 1 VDuG Rn 15) aufnehmen zu können, was aber den erneuten Eintritt in die mündliche Verhandlung (§ 156 ZPO) verlangen würde (Röß NJW 2024, 1302, 1308; Skauradszun/Skauradszun § 13 VDuG Rn 67; sa Rn 13). Eine solche fortlaufende Anpassung der Abhilfe-Sammelklage um alle (namentlichen) Anmeldungen ist weder geboten noch praktikabel noch sinnvoll (aA Bruns ZZP 137 [2024], 3; Köhler/Feddersen/Scherer § 13 VDuG Rn 16). Soweit der Kläger ohnehin auch eine Abhilfe-Gruppenklage (§ 16 I 1 VDuG; § 1 VDuG Rn 16) erhebt, werden sämtliche Anmeldungen im Umsetzungsverfahren (§§ 22 ff VDuG) erfasst. Sollte ein solcher Antrag (trotz Hinweis nach § 139 I 2 ZPO) fehlen, ist das Gericht daran gebunden (§ 308 I 1 ZPO; verkannt Skauradszun/Skauradszun § 14 VDuG Rn 27); eine Klageerweiterung ist nach Schluss der mündl Verhandlung nicht mehr möglich und es verbleibt dann für die angemeldeten, aber nicht namentlich erfassten Verbraucher *bei der Bindungs*wirkung des § 11 III 1 VDuG (s § 11 VDuG Rn 21 ff). Dies ist Ausfluss des Dispositionsrechts des Klägers, aber keine unzureichende Umsetzung der Richtlinie (sa § 11 VDuG Rn 23 wegen der sich aus der Bindungswirkung ergebenden Rechtsfolgen).

Das Gericht muss das von ihm ins Auge gefasste Ende des Prozesses dem BfJ mitteilen, damit das **Register geschlossen** werden kann (s § 44 VDuG Rn 10). 25

VI) Besonderheiten des Verbandsklageprozesses. 1) Eingeschränkte Dispositionsbefugnis. Die **Dispositionsbefugnis** des klagenden Verbands ist eingeschränkt (kein Verzicht gem § 307 ZPO (§ 13 III VDuG) und analog dazu **kein VU** nach § 330 ZPO, sondern Entscheidung auf Grundlage des Sachvortrags; aA Skauradszun/Skauradszun § 13 VDuG Rn 55; BeckOK/Lutz § 606 ZPO Rn 18). Möglich sind die (ggf teilweise) Klagerücknahme (§ 269 I ZPO) und Erledigung nach § 91a ZPO sowie (eingeschränkt) der Vergleich nach § 794 ZPO (s § 9 VDuG Rn 2). Auf Seiten des Beklagten gibt es keine Einschränkungen. 26

2) Widerklage/Drittwiderklage (§§ 33, 261 II ZPO). Die **Widerklage** (§ 33 ZPO) wird nicht ausdrücklich ausgeschlossen. Bei den **Abhilfeklagen** scheidet sie jedoch aus, weil dem beklagten Unternehmer kein Gegenanspruch zustehen kann, der zusammen mit der Abhilfeklage verfolgt werden könnte. Bei der **Musterfeststellungsklage** ist die Zulässigkeit der Widerklage umstritten. Sie kommt nur insoweit in Betracht, als damit ein Feststellungsziel verfolgt wird, das die mit der Klage verfolgten Feststellungsziele ergänzt und zur umfassenden Klärung der Rechtslage beiträgt (Skauradszun/Skauradszun § 13 VDuG Rn 10; **aA** Hk-VDuG/Röthemeyer § 13 VDuG Rn 19; Köhler/Feddersen/Scherer § 13 VDuG Rn 24). Eine **Drittwiderklage** gegen einzelne Verbraucher ist ausgeschlossen (BTDrs 20/6520, 76: arg gesonderte Prozessart). 27

3) Eingeschränkte Streithilfe/Streitverkündung (§ 13 II VDuG). Einzelne Verbraucher, die ihre Ansprüche gegen den Beklagten nach § 46 I VDuG angemeldet haben oder im Zusammenhang mit der Verbandsklage stehende Ansprüche gegen den Beklagten behaupten, können sich weder von sich aus an der Verbandsklage im Wege der **Streithilfe** (§ 66 ZPO) beteiligen, noch können sie von den Parteien der Verbandsklage durch **Streitverkündung** (§ 72 ZPO) hineingezogen werden (§ 13 II VDuG). Diese (sinnvolle) Begrenzung der Verfahrensbeteiligten soll das Verf schlank und effektiv halten (MK-ZPO/Wolber § 13 VDuG Rn 3). Außerhalb des **§ 13 II VDuG** sind die §§ 66 ff ZPO anwendbar (MskV/Stadler § 13 VDuG Rn 3; Hk-VDuG/Röthemeyer § 13 VDuG Rn 4). Möglich ist danach zB die Streitverkündung des beklagten Herstellers an seinen Zulieferer (Schmidt WM 2018, 1966, 1970), der verklagten Konzerntochter an die Konzernmutter oder einer Partei an ihren früheren Prozessbevollmächtigten wegen eines RA-Regresses. 28

VII) Aktive Prozessleitung; keine Teilurteile. Der **materiellen Prozessleitung** durch das OLG/BayObLG (die nach § 44 Nr 9 VDuG im Verbandsklageregister kontinuierlich bekannt zu machen ist) kommt **überragende Bedeutung** zu. Dazu sind insb die in § 139 I, §§ 142, 144, 146, 273, 280, 358a ZPO eröffneten Möglichkeiten auszuschöpfen (zB Zwischenstreit über Zulässigkeit; Strukturierung des Streitstoffs; vorbereitende mündliche Anhörungen; Erörterungstermin; Organisationstermin; abgestimmter Verfahrenskalender, s näher: KK-KapMuG/Vollkommer § 12 Rn 27 ff; Röthemeyer MDR 2019, 6, 10 f; Zwickel MDR 2021, 716; Greger § 139 ZPO Rn 4b, 4c; § 273 ZPO Rn 6, 15). 29

Ein **Abschichten von Anspruchsteilen** (zB bei der Abhilfe-Sammelklage) oder einzelnen Feststellungszielen bei der Musterfeststellungsklage durch Teil-Urteil lässt das VDuG wegen der geänderten Frist zur An- und Abmeldung (§ 46 I VDuG) **nicht** zu (Ausnahme: Teil-Urteil über UKlaG-Antrag bei Kombination mit VDuG-Klage, § 3 VDuG Rn 6); dieses verlangt vor der Entscheidung den Schluss der mündlichen Verhandlung und das Schließen des Registers (BTDrs 20/7631, 111). 30

Abschnitt 2
Abhilfeklagen (§§ 14-40)

Unterabschnitt 1
Besondere Voraussetzungen (§§ 14-15)

§ 14 Abhilfeklage

[1]Mit der Abhilfeklage begehrt die klageberechtigte Stelle die Verurteilung des Unternehmers zu einer Leistung an die betroffenen Verbraucher. [2]Als Leistung kann auch die Zahlung eines kollektiven Gesamtbetrags begehrt werden.

IdF des G zur Umsetzung der Richtlinie (EU) 2020/1828 über Verbandsklagen zum Schutz der Kollektivinteressen der Verbraucher und zur Aufhebung der Richtlinie 2009/22/EG sowie zur Änderung des Kapitalanleger-Musterverfahrensgesetzes (Verbandsklagenrichtlinienumsetzungsgesetz – VRUG) v 8.10.2023 (BGBl 2023 I Nr 272) mWv 13.10.2023.

Lit: *Althammer*, Die Verbandsabhilfeklage (§ 14 VDuG) als neue Rechtsschutzform, FS Orfanidis (im Erscheinen), S 21; *Röß*, Die Abhilfeklage zugunsten namentlich benannter Verbraucher, NJW 2024, 1302.

1 **I) Allgemeines.** Die Vorschrift führt als zentrale prozessuale Neuerung des VDuG in Umsetzung von Art 9 I RL (EU) 2020/1828 eine verbandsgeführte **Abhilfeklage** ein (§ 1 I Nr 1 VDuG). Diese ist unmittelbar auf Verurteilung zur Leistung gerichtet, womit sich der bish zweistufige Weg der Rechtsdurchsetzung der Musterfeststellungsklage (sa Art 9 VI RL (EU) 2020/1828) erübrigt: Die einzelnen Verbraucher sind nicht mehr gezwungen, nach Vorliegen des Musterfeststellungsurteils im Individualprozess Leistungsklage zu erheben (Bayat NZA 2023, 1165). **Partei** der Abhilfeklage ist dabei nur der Verband (klageberechtige Einrichtung), nicht die angemeldeten Verbraucher, welche lediglich repräsentiert werden (G. Vollkommer § 1 VDuG Rn 2, 3). Als Ersatz für die fehlenden Parteirechte ist mit Rücksicht auf Art 103 I GG ein Austritt bis zum Zeitpunkt von § 46 I, IV VDuG (drei Wochen nach Schluss der mündl Verh) möglich. Problematisch mit Blick auf die Nutzung der Abhilfeklage dürfte sich das Konkurrenzverhältnis zur **Musterfeststellungsklage** und der Umstand, dass diese als gleichwertige Option erhalten bleibt (§ 1 I Nr 2, § 41 VDuG; Schneider/Conrady/Kapoor BB 2023, 2182: „Wahlrecht"; Waßmuth/Rummel ZIP 2023, 1524), erweisen. Durch ihre fehlende Subsidiarität gegenüber der rechtschutzintensiveren Abhilfeklage (§ 41 II VDuG) könnte auch die richtlinienkonforme Umsetzung in Frage gestellt werden (sa Stadler ZZP 136 [2023], 135). § 1 III 2 KapMuG nF u § 1 III nF VDuG stellen klar, das Abhilfeklage u **KapMuG-Verfahren** nebeneinander bestehen können (s näher Röthemeyer BKR 2024, 977, 979).

2 **II) Mögliche Leistungsinhalte.** Inhaltlich kann die Abhilfeklage insb auf **Geldleistung** (etwa Zahlung von Schadensersatz bzw Minderung), jedoch auch auf **andere Leistung** (Naturalabhilfe) wie Reparatur, Ersatzleistung, Preisminderung, Vertragsauflösung oder Kaufpreiserstattung ausgerichtet sein (s BTDrs 20/6520, 77 unter Hinweis auf Art 9 I RL (EU) 2020/1828; Janal GRUR 2023, 991; Stadler ZZP 136 [2023], 129, 138 f). Zu den Aufgaben des Sachwalters im Umsetzungsverfahren s insoweit § 27 Nr 10 VDuG. Das Leistungsverlangen ist für den Streitwert maßgeblich, dessen Obergrenze für Abhilfeklagen sowie Verfahren über die Erhöhung des kollektiven Gesamtbetrags 300.000 Euro beträgt, was zur Begrenzung des Kostenrisikos der Verbände führen soll (§ 48 I 3 GKG nF; s BTDrs 20/7631, 113 f; zu den mit der Streitwertdeckelung verbundenen Nachteilen aus Kläger- und Beklagtensicht s jedoch Schneider/Conrady/Kapoor BB 2023, 2187). Die Grenze gilt nicht im Umsetzungsverfahren nach §§ 22 ff VDuG (s § 59a GKG).

3 **III) Varianten der Abhilfeklage. 1) Überblick.** Kennzeichen der Abhilfeklage ist, dass **klageberechtigte Stellen** (§ 2 VDuG) die den im Verbandsklageregister angemeldeten Verbrauchern (§ 46 I VDuG) gegen Unternehmer zustehenden Leistungsansprüche geltend machen (BTDrs 20/6520, 77). Rechtslogisch kann die Anmeldung erst nach der Bekanntgabe der Verbandsklage im Verbandsklageregister (§ 43 II, § 44 VDuG) erfolgen (s zu den 41 bisher bekannt gemachten Musterfeststellungs- und Abhilfeklagen: https://www.bundesjustizamt.de/DE/Themen/Verbraucherrechte/VerbandsklageregisterMusterfeststellungsklagenregister/Verbandsklagenregister/Verbandsklagen/Verbandsklagen_node.html; s zur Entwicklung auch Röthemeyer BKR 2024, 977, 979). Der Gesetzgeber unterscheidet im Kern **zwei Varianten** der Abhilfeklage danach, ob die Anspruchsinhaber bereits namentlich individualisiert sind oder nicht (§ 14 S 1, 2 VDuG). Abhängig davon, ob die Verurteilung zu einer Geldleistung oder einer anderen Leistung (s Rn 2) begehrt wird, existieren zwei weitere Varianten der Abhilfeklage (s etwa Bruns ZZPInt 27 [2022], 313: vier Typen der Abhilfeklage).

4 **2) Individualisierte Sammel- bzw Inkasso-Abhilfeklage.** Zum einen ist denkbar, dass die klageberechtigte Stelle in Form **bestimmter Klagebeträge** eine Leistung an **namentlich benannte** Verbraucher verlangt (**§ 14 S 1, § 16 I 2 VDuG**: Entscheidung durch Urteil). Die Abhilfeklage übernimmt hier die bekannte Funktion einer **Sammel-** bzw **Inkassoklage** (s G. Vollkommer § 1 VDuG Rn 15: „Abhilfe-Sammelklage"; § 1 VDuG Rn 15; G. Vollkommer MDR 2023, 1353; Alamdari NJOZ 2023, 1472, 1474; Ring NJ 2024, 255, 257; Röß NJW 2024, 1302, 1304; gegen diese Unterscheidung Skauradszun/Wais Rn 10, 12), bei der (individualisierte) fremde Ansprüche eingefordert werden. Der Verband ist insoweit als **gewillkürter Prozessstandschafter** für die ermächtigenden Verbraucher tätig, wofür § 14 VDuG die gesetzl Grundlage bietet („**Hybridkonstruktion**" bzw gesetzl standardisierte Form der gewillkürten Prozessstandschaft; ähnlich für die MFK Althammer vor § 50 ZPO Rn 55: gesetzl Prozessstandschaft im „Kollektivinteresse", bei er es jedoch zu keiner Anspruchsdurchsetzung kommt; Hk-VDuG/Röthemeyer Rn 3 spricht von einer „Quasi-Prozessstandschaft mit einer Mischung aus *gesetzlichen und* gewillkürten Zügen"; abw Skauradszun/Wais Rn 13: vertypte gesetzliche Prozessstandschaft; Gsell GRUR 2024, 979, 985). In dogmatischer Hinsicht macht der Verband somit keinen eigenen Anspruch klageweise geltend, sondern wird als bloßer Repräsentant (Prozessstandschafter) tätig (Stadler ZZP 136 [2023],

129, 134 f; krit Bruns ZZPInt 27 [2022], 317 f zur korrespondierenden Vollstreckungsstandschaft). Die entsprechende Erteilung der **Ermächtigung** der Verbraucher an die klagebefugte Einrichtung wird in deren Anmeldung (*opt in*) nach § 46 I VDuG zu sehen sein, die erst nach Klageerhebung erfolgen kann (s Rn 3, 8). Denkbar ist jedoch auch, dass bereits im Vorhinein abgetretene Ansprüche vom Verband in gebündelter Weise geltend gemacht werden. Voraussetzung für die Abhilfeklage ist stets, dass die Ansprüche „im Wesentlichen gleichartig" sind (§ 15 I VDuG). Überwiegend wird die Klage auf **Geldleistung** gerichtet sein, wenngleich andere Leistungsinhalte (Sachleistung, Reparatur etc, s Rn 2) denkbar sind. Inhaltlich kann somit neben einer Geldzahlung an individualisierte Verbraucher auch **Naturalabhilfe** an namentlich bezeichnete Verbraucher mit der Verbandsklage begehrt werden (Bruns ZZPInt 27 [2022], 313; zur Problematik, ob hierüber durch Abhilfegrundurteil oder Endurteil entschieden wird s § 16 VDuG Rn 3). Diese erste Variante der Abhilfeklage (§ 14 S 1 VDuG) dürfte – angesichts der am Markt existierenden *Legal Tech*-Klageanbieter – weniger praktische Bedeutung erlangen (so Stadler ZZP 136 [2023], 129, 138 f: Berechtigte werden abschließend benannt).

3) Gruppenklage/Forderung eines kollektiven Gesamtbetrags. Andererseits kann Leistung zugunsten von derzeit **noch nicht näher individualisierten Verbrauchern** begehrt werden (BTDrs 20/6520, 77; BGH NJW 2024, 3152 Tz 15, 37: zum (konkurrierenden) § 8 I 1 Alt 1 UWG; zum wettbewerbsrechtlichen Beseitigungsanspruch auch Lühmann NJW 2024, 3321). In dogmatischer Hinsicht liegt hier keine Prozessstandschaft, sondern eine neuartige „Gruppenklage" vor (sa G. Vollkommer § 1 VDuG Rn 16: „Abhilfe-Gruppenklage"; § 1 VDuG Rn 16; Meller-Hannich DB 2023, 628; Mayrhofer/Koller ZIP 2023, 1065). Bei Zahlungsanträgen geschieht dies durch die Forderung eines **kollektiven Gesamtbetrags (§ 14 S 2, § 16 I 1 Alt 1, § 18 II, § 19, § 27 Nr 9 VDuG**), der an den Sachwalter abgeliefert wird (§ 27 Nr 1b VDuG). Dieser wird erst im nachfolgenden Umsetzungsverfahren an die berechtigten Verbraucher verteilt, welche sich dafür nach §§ 46, 26 VDuG angemeldet haben (BTDrs 20/6520, 77) und die im **Abhilfegrundurteil** angegebenen Nachweise besitzen (§ 16 II 1 Nr 2 VDuG). Dieser kollektive Gesamtbetrag darf vom Gericht nach § 19 II VDuG iVm § 287 ZPO geschätzt werden. Auch hier ist denkbar, dass mit der Klage **andere Leistungsinhalte** (Naturalabhilfe in Form von Sachleistung, Reparatur etc, s Rn 2) zugunsten von nicht namentlich bezeichneten Verbrauchern eingefordert werden, sofern diese eine „im Wesentlichen" gleichartige Gruppe bilden (s G. Vollkommer § 1 VDuG Rn 16). Eine **Verbandsklage auf kollektive Naturalabhilfe** ist gesetzlich in § 16 I 1, II 3 VDuG nur angedeutet (vgl überdies die Gesetzesbegründung, BTDrs 20/6520, 79: Abhilfegrundurteil bei kollektiv auf andere Leistung gerichteten Ansprüchen). Trotz Fehlens einer ausdrücklichen Ausformung in § 14 VDuG muss eine Klage auf „kollektive Gesamtnaturalabhilfeleistung" – trotz Unsicherheiten hinsichtlich der Bestimmtheit des Antrags – zulässig sein, bei welcher die Verbraucher nicht im Einzelnen namentlich individualisiert sind (Bruns ZZPInt 27 [2022], 313; sa Hk-VDuG/Röthemeyer Rn 9 mit Formulierungsvorschlag: „… den Beklagten zu verurteilen, an die Verbraucherinnen und Verbraucher nach Maßgabe des vom Bundesamt der Justiz nach § 48 IV VDuG zu erteilenden Auszugs aus dem Klageregister … zu übergeben und zu übereignen"). Fraglich erscheint, ob auch in diesem Fall eine Art **Umsetzungsfonds** (s für Geldleistungen § 25 VDuG), etwa mit vertretbaren Sachen, errichtet werden kann, was wohl bereits aus vollstreckungsrechtlicher Perspektive zweifelhaft erscheint (abl auch Skauradszun/Wais Rn 36; mit Recht weist Bruns ZZPInt 27 [2022], 320 auf die vorgesehene Handlungsvollstreckung durch den Sachwalter nach § 29 VDuG hin). Der Sachwalter führt die Vollstreckung gegen den Unternehmer im Umsetzungsverfahren mittels Anordnung von Zwangsgeld und Zwangshaft durch (§ 29 I VDuG). Bei der Klage des Verbands auf Zahlung eines kollektiven Gesamtbetrags (§ 14 S 2 VDuG) handelt es sich um einen **eigenständigen Streitgegenstand**, der sich nicht aus der Summe abgetretener Einzelansprüche – wie bei der Sammelklage nach § 14 S 1 VDuG, § 260 ZPO – zusammensetzt (sa § 16 VDuG Rn 8). Gegenstand der Entscheidung ist hier folglich nicht der einzelne Verbraucheranspruch, sondern der kollektive Gesamtbetrag (sa Thönissen r+s 2023, 749 f: „Diskrepanz zwischen gerichtlicher Erkenntnis und ‚Abhilfe' an die jeweiligen Verbraucher"). Auch wenn die Gesetzesbegründung schweigt, ist nicht ausgeschlossen, dass hier ein (begleitender) eigener Anspruch des Verbands existiert (Thönissen r+s 2023, 749 f; Bruns ZZPInt 27 [2022], 314, 315; aA Stadler ZZP 136 [2023], 129, 138). Im Ergebnis vermittelt die Abhilfeklage für Verbraucher zwar die Illusion der „vollständigen Wiedergutmachung", jedoch ist in rechtspraktischer Hinsicht das mehrstufige Regelverfahren wohl als „juristisches Overengineering" zu begreifen (so Schneider/Conrady/Kapoor BB 2023, 2179: Vorteil der Abtretungsmodelle sei die prozessual einfachere Struktur). Ein Überblick zum „fünfstufigen Regelverfahren" zur Verwirklichung der Abhilfeklage nach § 14 S 2 VDuG findet sich bei G. Vollkommer § 13 VDuG Rn 3. 5

IV) Klageantrag und Begründung. Im Fall der Abhilfeklage nach **§ 14 S 1 VDuG** (Sammelklage) müssen die Ansprüche namentlich individualisierter Verbraucher nach § 5 III VDuG iVm § 253 II Nr 2 ZPO ausreichend beziffert bzw konkretisiert werden. Sofern im Klageantrag nur eine Gesamtsumme angegeben wird, muss bei der Sachverhaltsdarstellung klargestellt werden, welche Forderungshöhe den einzelnen Verbrauchern jeweils zusteht (sa § 5 VDuG Rn 2). Auch bei der Einforderung einer anderen Leistung (Naturalabhilfe wie Reparatur, Nachbesserung etc) gilt das **Bestimmtheitserfordernis**, so dass die geschuldeten Handlungen trennscharf umschrieben werden müssen (sa G. Vollkommer § 5 VDuG Rn 4: bestimmtes „Softwareupdate" in Dieselfällen). Bei der Klage nach **§ 14 S 2 VDuG** (Abhilfegruppenklage) muss der geforderte **kollektive Gesamtbetrag** hingegen nach der Gesetzesbegründung nicht konkret beziffert werden (BTDrs 20/6520, 73). § 253 II Nr 2 ZPO gelte – trotz der Verweisung von § 5 III VDuG – insoweit nicht (BTDrs 20/6520, 73; Thönissen r+s 2023, 749 f; 6

strenger G. Vollkommer § 5 VDuG Rn 3). Für diesen Verzicht spricht, dass eine Bezifferung bei Klageerhebung in Ermangelung des späteren Umfangs des „opt in" praktisch höchst schwierig ist (Dittmann/Gollnast VuR 2023, 135, 139). Die großzügige Anmeldefrist erlaubt nach § 46 I VDuG sogar eine Registrierung nach Schluss der Verhandlung. Insoweit wird der klageberechtigten Einrichtung in der Klageschrift höchstens eine **annähernde Schätzung** des Gesamtbetrags zumutbar sein (sa G. Vollkommer § 5 VDuG Rn 3; zust Skauradszun/Wais § 14 Rn 32), wenn die Praxis künftig nicht ganz darauf verzichten will. Für abgesenkte Voraussetzungen der Antragstellung spricht, dass auch das Gericht die Höhe des Gesamtbetrags nur nach freier Überzeugung bestimmt (§ 19 I, II VDuG) und dabei § 287 ZPO zu beachten ist (Dittmann/Gollnast VuR 2023, 135, 139: „auf objektiver Grundlage geschätzter Betrag"; teilw wird für eine gesetzliche Pauschalisierung/Kollektivierung der Schätzung geworben, die am materiellen Recht ansetzt, s Stadler ZZP 136 [2023], 129, 139 u § 19 VDuG Rn 6). Die Regierungsbegründung zu § 19 VDuG (BTDrs 20/6520, 83) stellt insoweit klar, dass der Verband für die gerichtliche Schätzung des Gesamtbetrags die „Darlegung konkreter Anhaltspunkte zur Anspruchshöhe" schuldet. Gleichwohl sind die praktischen Schwierigkeiten nicht zu übersehen (Stadler ZZP 136 [2023], 129, 139 Fn 41: mit Hinweis auf die schwierige Schadensfeststellung bei unzulässiger Kündigung von Energielieferverträgen). **§ 15 II 2 VDuG** verlangt nur, dass die Klageschrift die Höhe des einzelnen Verbraucheranspruchs angibt, sofern alle Ansprüche der betroffenen Verbraucher der Höhe nach gleich sind. Sofern dies nicht der Fall ist, *sollen* Angaben zur Berechnungsmethode der Höhe der Einzelansprüche vorhanden sein (§ 15 II 3 VDuG). Der Antrag ist des Weiteren auf Zahlung an den Sachwalter (§§ 23, 27 Nr 2 VDuG) zu richten (sa § 5 VDuG Rn 3). Die Klageschrift muss sich auch zur Gleichartigkeit der Ansprüche der Verbraucher äußern (§ 15 II 1 VDuG). Bei der Forderung eines kollektiven Gesamtbetrags hat der Klageantrag die **Gruppe der Berechtigten** abgrenzbar zu bestimmen (s näher § 15 VDuG Rn 7; sa § 5 VDuG Rn 5). Diese Angaben werden auch im Verbandsklageregister bekannt gemacht (§ 44 Nr 1-3 VDuG). Die Sonderfrage, ob ein eigener Antrag auf Erlass eines konkreten Abhilfegrundurteils nach § 16 II VDuG erforderlich ist, stellt sich nur mit Blick auf die Rechtsmittelbeschwer, wenn die dort im Tenor aufgestellten Anforderungen an die Berechtigungsnachweise zu hoch sind (s näher G. Vollkommer § 5 VDuG Rn 6).

7 **V) Verjährungshemmung.** Die Abhilfeklage nach § 14 S 2 VDuG ermöglicht die Verjährungshemmung (§ 204 I Nr 4 BGB), ohne dass deren **Umfang** durch den anfänglichen kollektiven Gesamtbetrag beschränkt wäre (s näher § 5 VDuG Rn 3). Denn eine nachträgliche (klageweise) Erhöhung ist möglich (§ 21 VDuG, § 264 Nr 1 ZPO; zust Skauradszun/Wais Rn 47).

8 **VI) Klageverbindung.** Eine **Verbindung** der Klageziele nach § 14 S 1, 2 VDuG ist möglich (§ 260 ZPO) und aus praktischen Gründen anzuraten (BTDrs 20/6520, 78; Schneider/Conrady/Kapoor BB 2023, 2182 f: „gemischte Abhilfeklage"; Skauradszun/Wais Rn 51). Dies gilt in erster Linie für die individualisierte Abhilfe-Sammelklage (Rn 4), bei welcher auch nach Schluss der mündl Verh mit weiteren Anmeldungen zum Verbandsklageregister zu rechnen ist, was rechtspraktisch die richterliche Kognitionsbefugnis einschränkt (sa Röß NJW 2024, 1302, 1305 zur Problematik des „Wiedereröffnungskarussells" nach § 156 ZPO). Diese weiteren Anmeldungen (§ 46 I VDuG) sind bei der Klage nach § 14 S 1 VDuG auch möglich, wenn kein eigener Antrag nach § 14 S 2 VDuG gestellt wird. Interessant ist die Anmeldung bereits mit Blick auf die verjährungshemmende Wirkung (§ 204a I Nr 3, 4 BGB; zur rückwirkenden Hemmung durch spätes *opt in* s Gsell GRUR 2024, 979, 986 u BGH NJW 2021, 3250 für die MFK). Ist die Sammelklage nach § 14 S 1 VDuG begründet, ergeht bei Geldleistungen ein Urteil nach § 16 I 2 VDuG, welches zugunsten der „lediglich" angemeldeten Verbraucher wirkungsgemäß einem Grundurteil nach § 304 ZPO entspricht (s G. Vollkommer § 1 VDuG Rn 15). Bei mehreren Abhilfeklagen, welche miteinander verbunden werden, ist jeweils auf die Einhaltung der Gleichartigkeit (§ 15 I VDuG) und die Erfüllung des Quorums (§ 4 VDuG) zu achten (s § 15 VDuG Rn 7). Das beklagte Unternehmen kann hingegen keine **Widerklage** gegen die angemeldeten Verbraucher erheben, da dies ausgeschlossen ist (s BTDrs 20/6520, 76 zu § 13 VDuG). Die Freiheit zur Antragsgestaltung u Antragskombination steht somit nur der klageberechtigten Stelle zu (Waßmuth/Rummel ZIP 2023, 1524).

9 **VII) Gebühren. 1) Gericht:** 1212 GKG-KV: 4,0 Geb. Der Streitwert ist auf 300.000 Euro begrenzt (§ 48 I 3 GKG). Reduzierung bei Rücknahme, Vergleich usw auf 2,0 Geb; ein vorangegangenes Abhilfegrundurteil schließt die Ermäßigung nicht aus (1213 GKG-KV; sa § 253 ZPO Rn 28.) – **2) RA:** Es entstehen die regelmäßigen Geb 3100 ff RVG-VV.

§ 15 Gleichartigkeit der Verbraucheransprüche; Klageschrift

(1) [1]Die Abhilfeklage ist nur zulässig, wenn die von der Klage betroffenen Ansprüche von Verbrauchern im Wesentlichen gleichartig sind. [2]Das ist der Fall, wenn

1. **die Ansprüche auf demselben Sachverhalt oder auf einer Reihe im Wesentlichen vergleichbarer Sachverhalte beruhen und**
2. **für die Ansprüche die im Wesentlichen gleichen Tatsachen- und Rechtsfragen entscheidungserheblich sind.**

(2) [1]Die Klageschrift muss Angaben zur Gleichartigkeit der betroffenen Ansprüche von Verbrauchern enthalten. [2]Beantragt die klageberechtigte Stelle die Verurteilung des Unternehmers zur Zahlung eines kollektiven Gesamtbetrags, so muss die Klageschrift auch die Höhe des einzelnen Verbraucheranspruchs angeben, wenn alle Ansprüche der betroffenen Verbraucher der Höhe nach gleich sind. [3]Andernfalls soll die Methode angegeben werden, nach der sich die Höhe der jeweiligen einzelnen Ansprüche der betroffenen Verbraucher berechnen lässt.

IdF des G zur Umsetzung der Richtlinie (EU) 2020/1828 über Verbandsklagen zum Schutz der Kollektivinteressen der Verbraucher und zur Aufhebung der Richtlinie 2009/22/EG sowie zur Änderung des Kapitalanleger-Musterverfahrensgesetzes (Verbandsklagenrichtlinienumsetzungsgesetz – VRUG) v 8.10.2023 (BGBl 2023 I Nr 272) mWv 13.10.2023.

1 **I) Allgemeines. § 15 I 1 VDuG** enthält für Abhilfeklagen eine **besondere Zulässigkeitsvoraussetzung**, deren Ausgestaltung ErwGr 12 der RL (EU) 2020/1828 ausdrücklich den Mitgliedstaaten überantwortet: Die nationalen Anforderungen an den „Grad der Ähnlichkeit der Einzelansprüche" dürfen jedoch das „wirksame Funktionieren eines Verbandsklageverfahrens" nicht beeinträchtigen (sa Schultze-Moderow/Steinle/Muchow BB 2023, 72, 73; Schneider/Conrady/Kapoor BB 2023, 2184: künftiger „Hauptstreitpunkt"; Sossna BB 2025, 329, 335). Dies folgt bereits aus dem europäischen Effizienzgebot (zurückhaltender Skauradszun/Wais Rn 5). Dieses Erfordernis dürfte die Judikatur mit schwierigen Auslegungsfragen konfrontieren. **§ 15 II VDuG** enthält diesbezüglich nähere Konkretisierungen für den Inhalt der Klageschrift. Bereits bei der Frage, ob die Klage an den Beklagten zuzustellen ist, könnte dieses „Muss-Erfordernis" Beachtung finden (für Nichtzustellung bei formeller Nichterfüllung wohl G. Vollkommer § 5 Rn 12). IdR ist die Abhilfeklage jedoch „nur" durch **Prozessurteil** als unzulässig abzuweisen, wenn es an der (wesentlichen) Gleichartigkeit fehlt (Hk-VDuG/Röthemeyer Rn 8). Zur Abweisung der Verbandsklage als unzulässig aus anderen Gründen wird es nur bei schweren Mängeln kommen (s zur Musterfeststellungsklage bereits BGH WM 2021, 231).

2 **II) Gleichartigkeit der Ansprüche. Von Amts wegen** zu prüfende Zulässigkeitsvoraussetzung ist nach **§ 15 I 1 VDuG**, dass die den Klagegegenstand bildenden Verbraucheransprüche im Wesentlichen gleichartig sind, wofür **zwei kumulative** Anforderungen bestehen: Die Identität des Sachverhalts bzw die (wesentliche) Vergleichbarkeit der zugrundeliegenden Sachverhalte (§ 15 I 2 Nr 1 VDuG) *und* die Entscheidungserheblichkeit der (im Wesentlichen) gleichen Tatsachen- und Rechtsfragen (§ 15 I 2 Nr 2 VDuG). Der **abschwächende Zusatz „wesentlich"** fehlte im RegE noch (BTDrs 20/6520, 77) und beruht teilw auf Anregungen des BR (BTDrs 20/6878, 2) sowie der Ausgestaltung durch den Rechtsausschuss (sa Schneider/Conrady/Kapoor BB 2023, 2184). Die Formulierung soll zu sachgerechten Ergebnissen im Einzelfall führen und Unterschiede zwischen den betroffenen Ansprüchen nivellieren, sofern die gemeinsame Rechtsverfolgung **prozessökonomisch** erscheint (BTDrs 20/7631, 111; für richterliche Flexibilität nach „Zweckmäßigkeitserwägungen" Mayrhofer/Koller ZIP 2023, 1065, 1072, 1073; ähnlich Gsell NJW 2025, 38, 40: „großzügiger Beurteilungsspielraum" mit der Befugnis, abzuschichten bzw Untergruppen zu bilden sowie zur Prozesstrennung; Skauradszun/Wais Rn 31, 45). Mitentscheidend aus Sicht des Gerichts ist hierfür, ob die **Nachweise der Anspruchsberechtigung** nach einheitlichen Kriterien bestimmt werden können bzw leicht überprüfbar sind (zB Flugticket, Eintrittskarte etc; s auch Gsell NJW 2025, 38, 40; Maultzsch ZZP 137 [2024], 119, 142). Gsell GRUR 2024, 979, 984 möchte bei Fehlen eines „standardisierten Nachweises" analog § 16 II Nr 2, § 15 I VDuG die Abweisung der Klage als unzulässig erlauben. Für kooperative Festlegung des Verfahrensgegenstandes dagegen G. Vollkommer RAW 2024, 2, 4.

3 **1) Sachverhaltsidentität bzw -vergleichbarkeit.** Nach **§ 15 I 2 Nr 1 VDuG** müssen die gebündelten Ansprüche aus demselben Sachverhalt oder aus (im Wesentlichen) vergleichbaren Sachverhalten folgen. Ersteres soll etwa der Fall bei einem nach Flugnummer bzw Start- und Zielort verspätetem Flug sein (BTDrs 20/6520, 77, 78; G. Vollkommer MDR 2023, 1354). Fälle der **Fluggastentschädigung** werden jedoch kaum für die neue Verbands-Abhilfeklage praktisch relevant werden (sa Stadler ZZP 136 [2023], 129, 140, 141: *Legal Tech*-Klagen; überdies ist Rechtsschutz über die Schlichtungsstelle Luftverkehr zu erreichen, https://www.bundesjustizamt.de/DE/Themen/Verbraucherrechte/Schlichtungsstellen/Luftverkehr/Luftverkehr_node.html). Zweiteres ist etwa anzunehmen bei verschiedenen Verbraucherverträgen, welche dieselbe unwirksame AGB-Bestimmung beinhalten (sa BTDrs 20/6520, 77, 78; BGH NJW 2021, 2273 = ZIP 2021, 1262 betrifft die Rückzahlung von Entgelten durch Kreditinstitute bei unwirksamen Gebührenerhöhungen) bzw einer Vielzahl von Vermögensschäden wegen derselben unzulässigen KFZ-Abschalteinrichtung (die Gleichartigkeit in Dieselfällen verneinend Stadler ZZP 136 [2023], 129, 141; ebenso für immateriellen Schadensausgleich nach Art 82 DSGVO). Die entspr Sachverhalte sind in der **Klageschrift** zu beschreiben (§ 15 II 1 VDuG). Dies gilt zunächst für die **(individualisierte) Abhilfeklage** nach § 14 S 1 VDuG, bei der die Verbraucher namentlich bezeichnet sind (Sammel- bzw

Inkassoklage, sa Skauradszun/Wais Rn 35 u näher § 14 VDuG Rn 4). Im Fall der **(abstrakten) „Gruppenklage"** – insb bei der Forderung eines kollektiven Gesamtbetrags (§ 14 S 2 VDuG) – stehen nicht konkrete Verbraucheransprüche, sondern ein Sachverhalt im Mittelpunkt, der die Grundlage für evtl Haftungsansprüche bildet. Auch wenn die Verbraucher in der Klage nicht namentlich individualisiert werden, bedarf es zumindest einer Konkretisierung des Sachverhalts, die eindeutige Schlüsse auf die „Gleichartigkeit" etwaiger später daraus abgeleiteter Ansprüche zulässt. Auch durch Bezifferung des (geschätzten) kollektiven Gesamtschadens, die jedoch in der Klageschrift nicht zwingend erfolgen muss (abw von § 253 II Nr 2 ZPO; s Rn 8 u § 14 VDuG Rn 6), könnte der Sachverhalt näher bestimmt werden. Spätere Anmeldungen von Einzelforderungen bis zum Abhilfegrundurteil (§ 16 I 1 VDuG) könnten ebenfalls zur Konkretisierung beitragen (so G. Vollkommer MDR 2023, 1354), auch wenn grds die Klageschrift maßgeblich ist (Rn 8). Im Fall der Gruppenklage (§ 14 S 2 VDuG) muss die Klageschrift die potentiellen Anspruchsinhaber zumindest abstrakt als **„abgrenzbare einheitliche Gruppe"** erkennen lassen, welche die Anforderungen nach § 15 I 2 VDuG an die Gleichartigkeit erfüllt (sa G. Vollkommer MDR 2023, 1354; Mayrhofer/Koller ZIP 2023, 1068). Die Feststellung der Anspruchsberechtigung im späteren Umsetzungsverfahren wird dadurch erst ermöglicht (§ 16 II 1 Nr 1, 2 VDuG).

4 **2) Gleiche Tatsachen- und Rechtsfragen.** Für die gemeinsam geltend gemachten Ansprüche müssen kumulativ die **im Wesentlichen** gleichen Tatsachen- und Rechtsfragen entscheidungserheblich sein (**§ 15 I 2 Nr 2 VDuG**), damit die Abhilfeklage effizient ist. Dies gilt sowohl für die Abhilfeklage nach § 14 S 1 VDuG als auch nach § 14 S 2 VDuG. Eine Entscheidung über eine Vielzahl von Verbraucheransprüchen setzt nach Ansicht des Gesetzgebers voraus, dass dem Gericht eine **„schablonenhafte Prüfung"** der (wesentlichen) tatsächlichen und rechtlichen Anspruchsvoraussetzungen möglich ist (Schneider/Conrady/Kapoor BB 2023, 2184; Gsell NJW 2025, 38, 39). Unzulässig wäre somit die Bündelung von Ansprüchen, die individuell divergierende Einzelfallprüfungen von relevanten Umständen erfordern (sa BTDrs 20/6520, 73, 77, 78; Waßmuth/Rummel ZIP 2023, 1524). Insb die Prüfung stark unterschiedlicher Rechtsfragen gilt es bereits aus Gründen der Verfahrenseffizienz zu vermeiden (Bsp: mögliche Verjährung eines Teils der Verbraucheransprüche, BTDrs 20/6520, 78). Andernfalls könnte auch über die gemeinsam verfolgten Ansprüche im Fall der individualisierten Sammelklage von § 14 S 1 VDuG keine abschließende (gemeinsame) Entscheidung getroffen werden (§ 16 I 2 VDuG). Dies gilt in gleicher Weise für die Forderung eines kollektiven Gesamtbetrags nach § 14 S 2 VDuG. Überdies müssen im Abhilfegrundurteil gem § 16 I 1, II 1 VDuG einheitliche Angaben zu den Anspruchsvoraussetzungen und den Berechtigungsnachweisen der Verbraucher, die für den Sachwalter im späteren **Umsetzungsverfahren** leitend sind (§ 27 Nr 3, 4 VDuG), enthalten sein. Dies kann nur bei entsprechender Ähnlichkeit der Tatsachen- und Rechtsfragen gelingen (BTDrs 20/6520, 78; näher Mayrhofer/Koller ZIP 2023, 1069; Skauradszun/Wais Rn 22). Nach Ansicht des Rechtsausschusses dürfen die Anforderungen an die Gleichartigkeit jedoch nicht zu hoch angesetzt werden (sa Rn 2). Der abschwächende Zusatz **„wesentlich"** soll insoweit zu sachgerechten und prozessökonomischen Ergebnissen im Einzelfall führen (BTDrs 20/7631, 111). Divergieren Verbraucheransprüche in der Forderungshöhe, hindert dies die Gleichartigkeit nicht, sofern **dieselbe Berechnungsformel** zugrunde gelegt werden kann (zB variierend nach der Vertragsdauer, s BTDrs 20/6520, 78; Schneider/Conrady/Kapoor BB 2023, 2184 für Zinszahlungsansprüche bei unwirksamen AGBs). Auf Vorschlag des BR sollte in § 15 I VDuG als S 3 die Klarstellung eingefügt werden, dass individuelle **Einwendungen** (Verwirkung nach § 242 BGB; Einwand nach § 814 BGB; Aufrechnungseinwand; Geschäftsunfähigkeit bei Vertragsschluss, s bereits BTDrs 20/6520, 97) und **Einreden** (BTDrs 20/6878, 2: individuell unterschiedlicher Verjährungsbeginn [§ 199 I Nr 2 BGB] bei kollektiver Rückforderung rechtswidrig erhobener Entgelte) gegen einzelne Verbraucher der Annahme der Gleichartigkeit nicht entgegenstehen, sofern dies die Feststellung der Berechtigung nach § 16 II 1 Nr 1 VDuG nicht hindert. Dazu kam es nicht, obgleich gerade auch die einheitliche Klärung der (subjektiven) Tatbestandsvoraussetzungen von Einreden sinnvoll sein kann. Dennoch kann auch diesem Anliegen mit der weiten Formulierung der Gleichartigkeit („im Wesentlichen") im Einzelfall Rechnung getragen werden (BTDrs 20/7631, 111), so dass die kollektive Rechtsverfolgung im Wege der Abhilfeklage nicht unzulässig ist (s zust Gsell NJW 2025, 38, 40, 41). IÜ folgt bereits aus der Existenz von §§ 39, 40 VDuG, dass derartige vereinzelte Umstände die Gleichartigkeit nicht beeinträchtigen (richtig Mayrhofer/Koller ZIP 2023, 1069; Maultzsch ZZP 137 [2024], 119, 144: Prüfung individueller Umstände dem Sachwalter überlassen; Skauradszun/Wais Rn 23, sa § 40 VDuG Rn 3). Vor besondere Schwierigkeiten wird die klageberechtigte Stelle eine Verbandsklage im **grenzüberschreitenden Kontext** stellen (Bsp: Flugverspätungen; internationale Schadensfälle). Ob im Wesentlichen gleiche Rechtsfragen iSv § 15 I 2 Nr 2 VDuG aufgeworfen sind, hängt dann von den durch das **Kollisionsrecht** bestimmten Heimatrechten der Verbraucher ab (näher Schneider/Conrady/Kapoor BB 2023, 2182: unproblematisch wohl bei nationaler Ausformung einheitlichen EU-Rechts). Bei dieser Rechtsvervielfältigung erscheint nicht nur das zwingende Erfordernis der Gleichartigkeit der Verbraucheransprüche zweifelhaft, sondern vor allem aus Sicht des entscheidenden Gerichts die Effektivität des Verbandsklageverfahrens gefährdet (sa Skauradszun/Wais Rn 30). Die Gesetzesbegründung (BTDrs 20/6520, 78) gestattet jedoch unter Rekurs auf Art 7 II RL (EU) 2020/1828 die **Beschränkung der Verbandsklage** auf inländische Verbraucher, ohne sich näher mit der Vielfalt der damit zusammenhängenden Fragestellungen zu beschäftigen (sa Waßmuth/Rummel ZIP 2023, 1524). Darin dürfte jedenfalls dann keine unzulässige Diskriminierung hinsichtlich der Staatsangehörigkeit liegen, wenn die Beschränkung mit der notwendigen Effektuierung des Verbands-

klageverfahrens begründet wird (s Althammer FS Roth, 2021, S 675 f zur Musterfeststellungsklage; zust Skauradszun/Wais Rn 30; aA Maultzsch ZZP 137 [2024], 119, 142 f). Auch eine Beschränkung der Verbandsklage auf Verbraucher unter Ausschluss kleiner Unternehmer (§ 1 II VDuG) wäre dann denkbar und vom klageberechtigten Verbraucherverband bereits aufgrund des beschränkten Satzungszwecks anzustreben (richtig Waßmuth/Rummel ZIP 2023, 1524; allgemein zur Beschränkungsbefugnis Mayrhofer/Koller ZIP 2023, 1068).

Bsp: Gleichartigkeit idS wäre für Entschädigungsansprüche bei Flugannullierung zu bejahen, wenn identische Anspruchsvoraussetzungen nach VO (EG) Nr 261/2004 bestehen (sa BTDrs 20/6520, 78). Anderes gilt möglicherweise, wenn der Vertragsschluss teilweise mit Fluggesellschaft und teilweise mit Reiseveranstalter erfolgt ist (so noch BTDrs 20/6520, 78), was jedoch nach den Änderungen des Rechtsausschusses (s Rn 2) zu eng gedacht wäre. Bei unzulässigen Abschalteinrichtungen im „VW-Fall" könnte Gleichartigkeit bei verschiedenen Motortypen verneint werden (näher dazu Sossna BB 2025, 329, 335). Gleiches gilt bei bloßer teilweiser Mangelhaftigkeit einer Produktserie, welche den Nachweis der Schadhaftigkeit im Einzelfall erfordert (so BTDrs 20/6520, 78; zum sinnvollen Umgang mit „Ausreißern" dagegen Mayrhofer/Koller ZIP 2023, 1070). Gleichartigkeit ist häufig zu verneinen, wenn es für Entschädigungsansprüche auf den subjektiven Kenntnisstand der jeweiligen Verbraucher bei Vertragsschluss ankommt (BTDrs 20/6520, 78; zur subjektiven Begrenzung des Klagezuschnitts Mayrhofer/Koller ZIP 2023, 1068). Gleichartigkeit wäre zu bejahen für Prospekthaftungsansprüche bei Identität von Prospekt u Rechtsgrundlage (s etwa §§ 9, 10, 14 WpPG, näher Schneider/Conrady/Kapoor BB 2023, 2184). Für die Varianz der Käuferrechte iSv § 437 Nr 1, 2, 3 BGB (Nachbesserung, Minderung, Schadensersatz etc) muss die klageberechtigte Stelle nicht den gesamten Umfang der elektiven Konkurrenz im Klageantrag abdecken, was auch für die Sperrwirkung nach § 8 I VDuG relevant wird (dezidiert, wenngleich iE offenlassend Schneider/Conrady/Kapoor BB 2023, 2184 für „Diesel-Fälle"). Zumindest müsste gestattet werden, die Klage nachträglich zu erweitern bzw umzustellen (§ 264 Nr 2, 3 ZPO). Die Gleichartigkeit dürfte für die Geltendmachung von Kartellschadensersatzansprüchen direkter und indirekter Abnehmer tendenziell zu verneinen sein (sa Schultze-Moderow/Steinle/Muchow BB 2023, 76). 5

3) Zeitpunkt der Klärung. Die Festlegung der Kriterien für die Gleichartigkeit der mit der Abhilfeklage verfolgten Verbraucheransprüche sollte **möglichst frühzeitig** im Verbandsklageregister erfolgen (§ 43 II VDuG; § 44 Nr 3 VDuG), um weiteren potentiell anmeldungswilligen Verbrauchern innerhalb der Frist von § 46 I VDuG die Registrierung zu ermöglichen. Richterliche Korrekturen dürften ansonsten zu spät kommen. Grds ist die **Zulässigkeit der Verbandsklage** vom Gericht auf der Basis der Klageschrift zu beurteilen (s näher Rn 8). Für die Ermittlung der (wesentlichen) Gleichartigkeit der von der Klage „betroffenen" Verbraucheransprüche ist jedoch nicht auf die *tatsächlich* im Register angemeldeten Ansprüche abzustellen. Vielmehr ist nur entscheidend, ob die vom klagenden Verband **gebildete Gruppe** ausreichend homogen ist (Mayrhofer/Koller ZIP 2023, 1067). Welche Tatsachen und Rechtsfragen nach § 15 I 2 Nr 2 VDuG entscheidungserheblich sind, wird vielfach erst der spätere Prozessverlauf zeigen. Die Ausrichtung des Klageziels wird deswegen, soweit es die Bildung relevanter Betroffenengruppen betrifft, aus Effektivitätsgründen nicht stets der klageberechtigten Einrichtung allein überlassen werden können, sondern auch eine Mitwirkung des Beklagten erfordern (G. Vollkommer RAW 2024, 2, 4, empfiehlt eine Einbeziehung des beklagten Unternehmens nach der „Kooperationsmaxime"; krit Sossna BB 2025, 329, 332: Mitwirkung unwahrscheinlich). Denkbar ist, dass Verbandsklagen nachträglich verbunden werden (s näher Rn 7; s zur subjektiven Klagehäufung § 7 VDuG Rn 1). 6

III) Verbindung mehrerer prozessualer Ansprüche. Eine **Verbindung** von mehreren Klagezielen durch den Verband, die jeweils unterschiedliche Streitgegenstände bilden (§§ 147, 260 ZPO) und deren Betroffenengruppen voneinander abgrenzbar sind (Mayrhofer/Koller ZIP 2023, 1068), ist möglich (BTDrs 20/6520, 77, 78). Die Abhilfeklagen müssen jeweils zulässig sein, was bedeutet, dass für die jeweilige Klagegruppe die Voraussetzungen der Gleichartigkeit und des Klagequorums erfüllt sind (§ 4 VDuG). Gleichwohl können die Klagen nachträglich getrennt werden (§ 145 I ZPO), wenn sich herausstellt, dass eine gemeinsame Verhandlung der Streitgegenstände nicht sinnvoll ist. 7

IV) Anforderungen an die Klageschrift. § 15 II VDuG enthält Anforderungen für die Klageschrift (§ 253 II ZPO). Nach **S 1** hat diese auch Angaben zur **Gleichartigkeit** der betroffenen Ansprüche zu enthalten, was zunächst für die individualisierte Abhilfeklage (bzw **Abhilfesammelklage**, s § 14 VDuG Rn 4, 6 u G. Vollkommer § 1 VDuG Rn 15) zu beachten ist. Des Weiteren wird Art 9 V RL (EU) 2020/1828 umgesetzt: II gilt insoweit auch für abstrakte Klagen (**Gruppenklagen**, s § 14 VDuG Rn 5 u G. Vollkommer § 1 VDuG Rn 16), wenn die Abhilfeentscheidung keine konkreten anspruchsberechtigten Personen aufführen kann, weil der Verband in der Klageschrift keine bestimmten Leistungsanträge für namentlich individualisierte Verbraucher gestellt hat (sa BTDrs 20/6520, 78; näher BGH NJW 2024, 3152 Tz 15, 37). In Ausnahme von § 253 II Nr 1 ZPO soll die Klageerhebung gegen den Unternehmer gleichwohl zulässig sein (BTDrs 20/6520, 78; sa § 14 VDuG Rn 6). Jedoch ist zumindest die **anspruchsberechtigte Gruppe** als solche trennscharf zu kennzeichnen (BGH NJW 2024, 3152 Tz 15, 37). Dem Gericht muss ausreichende Klarheit darüber verschafft werden, welche „anspruchsrelevanten Umstände" für alle betroffenen Verbraucher kennzeichnend sind, ohne dass es auf die tatsächlichen Anmeldungen ankommt (s Rn 6). Es genügt insoweit eine „kollektive Beschreibung", die sich an den gleichartigen Anspruchsvoraussetzungen orientiert (Bsp: Buchung eines bestimmten annullierten Fluges, bestimmte Flugnum- 8 mer, konkretes Datum etc). Nach Art 7 II RL (EU) 2020/1828 hat die klageberechtigte Stelle dem Gericht „hinreichende Angaben“ zu den von der Klage betroffenen Verbrauchern zu machen. Eine Beschränkung auf **inländische Betroffene** ist insoweit möglich (sa BTDrs 20/6520, 78; sa Rn 4). Bei der Beantragung zur Zahlung eines **kollektiven Gesamtbetrags** hat die Klageschrift zwar keine konkrete Bezifferung dieses Betrages (s BTDrs 20/6520, 73; zu den praktischen Schwierigkeiten Dittmann/Gollnast VuR 2023, 135, 139 u näher § 14 VDuG Rn 6), jedoch Angaben zur konkreten (einzelnen) **Anspruchshöhe** zu enthalten, sofern diese für alle von der Klage betroffenen Verbraucher **identisch** ist (**§ 15 II 2 VDuG**; Bsp: Fluggastrechteentschädigung; Entschädigung gem § 58 III 2 TKG). Bei Unterschieden in der Höhe soll durch die Angabe der **einheitlichen Berechnungsmethode** die Nachvollziehbarkeit für das Gericht erreicht werden (**§ 15 II 3 VDuG**), was etwa bei Kartellschadensersatzansprüchen große praktische Probleme bereitet (instruktiv Schultze-Moderow/Steinle/Muchow BB 2023, 77: „wettbewerbsökonomische Berechnungsmethoden“). Diese Angaben des Verbands benötigt das Gericht für die gerichtliche Schätzung des Gesamtbetrags nach § 19 VDuG (sa BTDrs 20/6520, 83). ZT wird die inhaltliche Einengung der Abhilfeklage iSv § 14 S 2, § 15 II 3 VDuG auf bestimmte bzw berechenbare Ansprüche als **europarechtswidrig** bezeichnet, da die Richtlinie gerade „keine Einschränkung auf berechenbare Ansprüche“ vorsehe und dies häufig unpraktikabel sei (so insb für Produkthaftungssachen Bruns ZZPInt 27 [2022], 293, 313).

Unterabschnitt 2
Abhilfeentscheidung (§§ 16-21)

§ 16 Urteil und Abhilfegrundurteil

(1) [1]Hält das Gericht eine Abhilfeklage, die auf Zahlung eines kollektiven Gesamtbetrags oder auf die Verurteilung zu einer anderen Leistung als zur Zahlung gerichtet ist, dem Grunde nach für begründet, so erlässt es ein Abhilfegrundurteil. [2]Wird die Leistung an namentlich benannte Verbraucher begehrt, entscheidet das Gericht im Fall einer Verurteilung zur Zahlung durch Urteil. Hält das Gericht die Abhilfeklage für unzulässig oder unbegründet, weist es die Klage durch Urteil ab.
(2) [1]Die Urteilsformel eines Abhilfegrundurteils enthält folgende Angaben:
1. die konkreten Voraussetzungen, nach denen sich die Anspruchsberechtigung der betroffenen Verbraucher bestimmt, und
2. die von jedem einzelnen Verbraucher im Umsetzungsverfahren zu erbringenden Berechtigungsnachweise.

[2]Wird mit der Abhilfeklage ein kollektiver Gesamtbetrag geltend gemacht, so enthält die Urteilsformel ferner den Betrag, der jedem berechtigten Verbraucher zusteht, oder, wenn die den berechtigten Verbrauchern zustehenden Beträge unterschiedlich hoch sind, die Methode, nach der die den berechtigten Verbrauchern jeweils zustehenden Einzelbeträge zu berechnen sind. [3]Wird mit der Abhilfeklage die Verurteilung zu einer anderen Leistung als zur Zahlung begehrt, so ist die Verurteilung in der Urteilsformel auszusprechen.
(3) Im Fall des Absatzes 1 Satz 1 bleibt die Kostenentscheidung dem Abhilfeendurteil vorbehalten.
(4) [1]Im Fall des Absatzes 1 Satz 1 entscheidet das Gericht durch Urteil, wenn
1. beide Parteien dies beantragen und
2. Bemühungen um einen Vergleich nach § 17 Absatz 1 aussichtslos erscheinen.

[2]In diesem Fall enthält die Urteilsformel die Angaben nach Absatz 2 und § 18 Absatz 1; § 18 Absatz 2 und 3 ist entsprechend anzuwenden.
(5) [1]Gegen Urteile nach den Absätzen 1 und 4 findet die Revision statt. [2]Diese bedarf keiner Zulassung.

IdF des G zur Umsetzung der Richtlinie (EU) 2020/1828 über Verbandsklagen zum Schutz der Kollektivinteressen der Verbraucher und zur Aufhebung der Richtlinie 2009/22/EG sowie zur Änderung des Kapitalanleger-Musterverfahrensgesetzes (Verbandsklagenrichtlinienumsetzungsgesetz – VRUG) v 8.10.2023 (BGBl 2023 I Nr 272) mWv 13.10.2023.

I) Überblick zum Verfahren. Die Vorschrift ordnet an, in welcher **Form** das Gericht über die Abhilfeklage zu befinden hat (BTDrs 20/6520, 79). Ist diese im Falle eines Antrags auf Zahlung eines kollektiven Gesamtbetrages bzw auf Verurteilung zu einer anderen Leistung erfolgreich, entscheidet das Gericht durch **Abhilfegrundurteil** (§ 16 I 1, II VDuG), das bereits betragsmäßige Angaben enthält. Ein solches Abhilfegrundurteil darf jedoch nach § 13 IV VDuG nicht vor Ablauf von sechs Wochen nach dem Schluss der mündlichen Verhandlung ergehen (G. Vollkommer § 13 VDuG Rn 24). Ist keine Einigung durch Vergleich möglich (§ 17 II VDuG), folgt das Abhilfeendurteil (§ 18 VDuG), das über die Anordnung des Umsetzungsverfahrens (§§ 22 f VDuG) und die Kosten befindet (sa Stadler ZZP 136 [2023], 136). Unter den Voraussetzungen von § 16 IV VDuG kommt ausnahmsweise eine Entscheidung durch **Urteil** (verkürztes Verfahren) in Betracht. Sofern mit der Abhilfeklage erfolgreich Zahlung an namentlich benannte Verbraucher begehrt wird (vgl zur Sammelklage § 14 VDuG Rn 4), entscheidet das Gericht nur durch **Urteil** (§ 16 I 2 VDuG), ohne dass ein Umsetzungsverfahren erforderlich wäre. Ob die Abwicklung (Befriedigung) dann unmittelbar im Verhältnis zwischen dem Beklagten und dem begünstigten Verbraucher erfolgen kann (so wohl Thönissen r+s 2023, 749), erscheint jedoch zweifelhaft (s zur Vollstreckung krit Bruns ZZP 27 [2022], 318: Einzelzwangsvollstreckung von Verbrauchern durch titelübertragende Klausel nach § 727 ZPO gelte es zu vermeiden; aA Röß NJW 2024, 1302, 1304, s näher Rn 3). Nach der Gesetzesbegründung erfolgt die Vollstreckung – zugunsten der Verbraucher – vielmehr durch die klageberechtige Stelle (BTDrs 20/6520, 81 zu § 18 VDuG; sa Rn 3). Durch **Urteil** entschieden wird auch im Fall der **Klageabweisung** als unzulässig bzw unbegründet. 1

II) Entscheidung durch Abhilfegrundurteil. Über eine begründete Abhilfeklage, die auf **Zahlung eines kollektiven Gesamtbetrages** oder auf Verurteilung zu einer **anderen Leistung** abzielt, entscheidet das Gericht durch **Abhilfegrundurteil (§ 16 I 1 VDuG)**. Diese Entscheidungsform ist zwingend; richterliches Ermessen besteht insoweit nicht. Begründet ist die Klage bereits, wenn die Haftung des Unternehmers dem Grunde nach gegeben ist, also etwa die Zahlungsverpflichtung an sich feststeht (BTDrs 20/6520, 79; sa Maus NJW 2025, 212 ff). Gleiches gilt, wenn ein Verband kollektiv Ansprüche mit anderem Leistungsinhalt geltend macht (Bsp: Reparatur, Ersatzleistung oder Vertragsauflösung, s näher Rn 3), was unzweifelhaft möglich ist (sa § 14 VDuG Rn 5; Bruns ZZPInt 27 [2022], 313). Das Gericht muss vor Erlass des Abhilfegrundurteils auch *kollektive* Einwendungen des Beklagten, welche allen Verbraucheransprüchen entgegenstehen könnten, prüfen (BTDrs 20/6520, 79). Nach Erlass des Abhilfegrundurteils wird das Verfahren nach Maßgabe von §§ 17 ff VDuG fortgesetzt. 2

III) Entscheidung durch Urteil. Sofern mit der Abhilfeklage gem § 14 S 1 VDuG erfolgreich **eine bestimmte Leistung** an **namentlich benannte Verbraucher** begehrt wird (vgl zur individualisierten Sammelklage § 14 VDuG Rn 4), entscheidet das Gericht im Fall der Entscheidungsreife nur durch **Urteil (§ 16 I 2 VDuG)**, das ein Endurteil iSv §§ 300 ff ZPO darstellt (iÜ ist nach richterlichem Ermessen auch ein Grundurteil nach § 304 I ZPO möglich). Ein Umsetzungsverfahren ist hier nicht erforderlich, so dass ein Abhilfegrundurteil (§ 16 I VDuG) nur verzögernd auf den Verfahrensablauf wirken würde (sa BTDrs 20/6520, 79). Die Vollstreckungsbefugnis ist aus den Gesetzesmaterialien zu ermitteln (s bereits Rn 1; Bruns ZZPInt 27 [2022], 317 f): Der Verband ist richtigerweise als gewillkürter Prozessstandschafter anzusehen und besitzt für das ergehende Leistungsurteil somit auch die notwendige Vollstreckungsstandschaft zu Gunsten der im Titel (in der Urteilsformel) namentlich genannten Verbraucher (s BTDrs 20/6520, 81 zu § 18 VDuG: individualisierter Titel; sa G. Vollkommer § 1 VDuG Rn 15; Hk-VDuG/Röthemeyer Rn 3, 15, 22; aA Röß NJW 2024, 1302, 1304: Anspruch der Verbraucher auf Erteilung titelumschreibender Klausel, s bereits Rn 1; zur (zu bejahenden) Frage, ob Übergang auf Antrag nach § 16 I 1 VDuG eine Klageänderung darstellt: Skauradszun/Voigt Rn 30). Die Verwaltungsverantwortung der klageberechtigten Stelle bei der Durchleitung der Beträge an die berechtigten Verbraucher ist mit Insolvenzrisiken belastet (krit Bruns ZZPInt 27 [2022], 318). Es bleibt überdies bei einer unpraktischen (vielfachen) Einzelzwangsvollstreckung (sa Bruns ZZPInt 27 [2022], 318: keine kollektive Erwirkung möglich). Nach dem **Wortlaut von § 16 I 2 VDuG** scheint das Gericht jedoch nur durch Endurteil entscheiden zu können, wenn eine Verurteilung zur Zahlung im Raum steht und nicht eine **Verurteilung auf eine andere Leistung** (wie zB Reparatur). Dies ist misslich, weil bei vollständiger Individualisierung der Leistung und namentlicher Bezeichnung des Leistungsempfängers die Durchführung eines Umsetzungsverfahrens idR überflüssig erscheint. Auch die Gesetzesbegründung („Stellt die klageberechtigte Stelle … bestimmte Anträge zugunsten namentlich benannter Verbraucherinnen und Verbraucher und ist der Rechtsstreit entscheidungsreif, bedarf es eines Abhilfegrundurteils nicht“, s BTDrs 20/6520, 79 zu § 16 VDuG; sa BTDrs 20/6520, 81 zu § 18 VDuG) könnte so gedeutet werden. Gleichwohl ist der Wortlaut klar und kann kaum als Redaktionsversehen gedeutet werden (s Meller-Hannich VersR 2023, 1327: „Gesetzestext eindeutig“; sa Bruns ZZPInt 27 [2022], 316 f; Hk-VDuG/Röthemeyer Rn 3, 11 f; aA G. Vollkommer § 13 VDuG Rn 8, 18 mit der Annahme eines Endurteils; Skauradszun/Voigt Rn 42: teleologische Extension von § 16 I 2 VDuG; ebenso Skauradszun/Wais § 14 Rn 34), so dass idR ein Abhilfegrundurteil ergehen müsste (nicht eindeutig Thönissen r+s 2023, 749 f). Für den generellen Weg des Umsetzungsverfahrens spricht die Vollstreckungskompetenz des Sachwalters bei Naturalleistungen nach § 29 I, II VDuG iVm § 888 ZPO, welche die klageberechtigte Stelle überfordern könnte (für Vollstreckungskompetenz des Verbands bei analoger Anwendung von § 29 II 1, 2 VDuG dagegen G. Vollkommer § 13 VDuG Rn 8). Die Vollstreckung erfolgt mittels der Anordnung von Zwangsgeld u Zwangshaft. Dadurch sollen sowohl der klagende Verband als auch die Verbraucher entlastet werden (sa BTDrs 20/6520, 90). § 29 VDuG 3 unterscheidet dabei nicht danach, inwieweit die Verbraucheransprüche auf Naturalleistung bei Klageerhebung bereits individualisiert sind. Die namentlich bezeichneten Verbraucher nehmen nach § 26 VDuG am Umsetzungsverfahren teil, wenn sie zuvor ihre Ansprüche nach § 46 VDuG angemeldet haben.

4 **IV) Klageabweisung durch Urteil.** Durch Urteil entschieden wird auch im Fall der Klageabweisung als unzulässig bzw unbegründet (**§ 16 I 3 VDuG**). Auch hierbei handelt es sich um ein Endurteil nach § 310 I ZPO.

5 **V) Urteilsformel des Abhilfegrundurteils.** Der **Urteilsformel** des Abhilfegrundurteils (**§ 16 II VDuG**) kommt eine wichtige **Informationsfunktion** zu, welche über die unmittelbaren Parteien des Abhilfeverfahrens (klageberechtigte Stelle und beklagter Unternehmer) hinausreicht (sa BTDrs 20/6520, 79). Denn die Verbraucher und der zur Umsetzung eingesetzte Sachwalter müssen daraus die **Berechtigungsvoraussetzungen** (§ 16 II 1 Nr 1 VDuG), welche einen Anspruch auf Abhilfe rechtfertigen, und die dafür im Umsetzungsverfahren vom einzelnen Verbraucher vorzulegenden **Berechtigungsnachweise** (§ 16 II 1 Nr 2 VDuG) ableiten können. Diese Angaben dienen dem Sachwalter zur Verteilung des Gesamtabhilfebetrags nach § 27 Nr 3-11 VDuG.

6 **1) Berechtigungsvoraussetzungen.** Die **Berechtigungsvoraussetzungen** für die Abhilfeleistung müssen in der Urteilsformel ausreichend **konkretisiert** sein (**§ 16 II 1 Nr 1 VDuG**), um beurteilen zu können, ob dem einzelnen (angemeldeten) Verbraucher ein Anspruch zusteht (Thönissen r+s 2023, 749, 751). Denkbar ist die Angabe, dass der Verbraucher einen bestimmten Vertragstyp mit dem Unternehmer abgeschlossen hat (zB Formularkreditvertrag mit unwirksamer Klausel, sa BTDrs 20/6520, 79) oder ein bestimmtes Produkt einer insgesamt fehlerhaften Produktserie käuflich erworben hat. Insoweit sind Konkretisierungen vielerlei Art (zB Einschränkungen des Vertragszeitraums) denkbar.

7 **2) Berechtigungsnachweise.** Die Urteilsformel enthält auch Angaben zu den **Berechtigungsnachweisen (§ 16 II 1 Nr 2 VDuG)**, welche ein (angemeldeter) Verbraucher dem Sachwalter im durch Abhilfeendurteil (§ 18 I Nr 1 VDuG) angeordneten **Umsetzungsverfahren** zur Prüfung vorlegen muss. Die Gesetzesbegründung (BTDrs 20/6520, 79) erwähnt hierfür eine Reihe von Beispielen: Boardingcard, Kopie eines Sparvertrags bzw Rechnungsvorlage bei Produktkauf. Gerade die Boardingcard dürfte wenig praktische Relevanz haben, da die (schematische) Entgeltrückzahlung nach Fluggannullierung im Betätigungsfeld der *Legal Tech*-Anbieter bleiben wird (so auch Stadler ZZP 136 [2023], 129, 141). Neben Originalurkunden kommen für den Nachweis auch Kopien und sogar Fotographien in Betracht, was vom Gericht festgelegt wird. Sollten für dieselbe Anspruchsvoraussetzung verschiedene Nachweise gestattet sein, ist diese Alternativität ebenfalls in der Urteilsformel anzugeben (BTDrs 20/6520, 80). Die auf die Beschlussempfehlung des Rechtsausschusses eingefügten Worte „im Umsetzungsverfahren" gehen auf einen Änderungsantrag des BR zurück (BTDrs 20/6878, 3; BTDrs 20/7631, 111). Damit wird klargestellt, dass die **Eingrenzung** auf die im Abhilfegrundurteil genannten Berechtigungsnachweise (§ 16 II 1 Nr 2 VDuG) nur Bedeutung für das Umsetzungsverfahren (§§ 22 f VDuG) besitzt, jedoch nicht für ein etwaiges **Individualverfahren** (§ 39 VDuG). Verneint der Sachwalter die Berechtigung des Verbrauchers im Umsetzungsverfahren und verweigert folglich die Anspruchserfüllung, kann dieser alle denkbaren Nachweismöglichkeiten für die Begründung einer Individualklage nutzen (BTDrs 20/7631, 111). Die sich aus § 11 III VDuG ergebende Bindungswirkung rechtskräftiger Verbandsklagenurteile gilt folglich nicht für Berechtigungsnachweise nach § 16 II 1 Nr 2 VDuG (BTDrs 20/6878, 3: keine Beschränkung der Beweismittel im Individualverfahren).

8 **3) Anspruchshöhe bei kollektivem Gesamtbetrag. § 16 II 2 VDuG** korrespondiert mit § 15 II 2 VDuG, welcher den Inhalt der Klageschrift betrifft: Denn im Fall, dass die Zahlung eines **kollektiven Gesamtbetrags** beantragt wird, muss diese zwar entgegen § 253 II Nr 2 ZPO keine konkrete Bezifferung dieses Gesamtbetrages leisten (s dazu § 15 VDuG Rn 8; Thönissen r+s 2023, 749, 750; Skauradszun/Wais § 14 Rn 32), jedoch Angaben zur konkreten (einzelnen) Anspruchshöhe machen, sofern diese für alle von der Klage betroffenen Verbraucher gleich ist (Bsp: Entschädigung nach § 58 III 2 TKG). Bei Nichtidentität der Höhe soll die Klageschrift Angaben zur einheitlichen Berechnungsmethode enthalten, die für das Gericht nachvollziehbar ist (§ 15 II 3 VDuG). Diese Informationen des Verbands benötigt das Gericht für die spätere Schätzung des Gesamtbetrags nach § 19 VDuG im Abhilfeendurteil (§ 18 II VDuG; BTDrs 20/6520, 83). Nach **§ 16 II 2 VDuG** hat die **Urteilsformel des Abhilfegrundurteils** dagegen nur den **Betrag** anzugeben, der dem einzelnen berechtigten Verbraucher zusteht bzw – im Fall, dass die den berechtigten Verbrauchern zustehenden Beträge divergieren –, die **Berechnungsmethode** für die den berechtigten Verbrauchern zustehenden Einzelbeträge, was der künftige praktische Regelfall sein dürfte (sa Heerma ZZP 136 [2023], 425, 437; Skauradszun/Voigt Rn 17). Dies meint die mathematische Formel zur Berechnung der individuellen Forderungshöhe, die dem Sachwalter im Umsetzungsverfahren Unterstützung bietet (Bsp: Zinsnachzahlung durch Banken abhängig von Laufzeit und Vermögenshöhe, BTDrs 20/6520, 83). Auch in „Dieselfällen" divergieren die Einzelschäden in Abhängigkeit von Kaufpreis und Nutzungen (BGHZ 226, 322, 324 = ZIP 2020, 1664; BGH ZIP 2023, 1421). Die gesetzgeberische Anforderung an Abhilfeklage (§ 15 II 3 VDuG) u Urteilsformel (§ 16 II 2, 3 VDuG), die Anspruchshöhe berechenbar zu machen, wird teils als europarechtswidrig bezeichnet, weil die RL diese Einschränkung nicht kenne (Bruns ZZPInt 27 [2022], 293, 313). Jedoch stellt immerhin ErwGr 50 RL (EU) 2020/1828 auf „die Berechnungsmethode für *die Schäden*" ab, *die in* Abhilfeentscheidungen dargelegt werden soll. Im Ergebnis ist es jedoch zumindest dogmatisch unüblich, in einem Grundurteil (vgl allgemein § 304 ZPO) Angaben zur Anspruchshöhe einzuverlangen (sa Heerma ZZP 136 [2023], 425, 436; Bruns Stellungnahme zum RegE v 10.5.2023, 29). Bei der Klage auf

Zahlung eines kollektiven Gesamtbetrags (§ 14 S 2 VDuG) liegt ein **eigenständiger Streitgegenstand** vor (sa § 14 VDuG Rn 5; sa Thönissen r+s 2023, 749 f; Skauradszun/Voigt Rn 9).

4) Abweichender Leistungsinhalt. Wird mit der Abhilfeklage die Verurteilung zu einer **anderen Leistung** 9
(Bsp: Reparatur, Ersatzlieferung) als zur Zahlung begehrt, so ist auch dies in der Urteilsformel auszudrücken, sofern die Abhilfeklage dem Grunde nach begründet erscheint (**§ 16 II 3 VDuG**; BTDrs 20/620, 80). Bei der Klage auf Naturalleistung wird das Verfahren regelmäßig durch Abhilfegrundurteil abgeschlossen (s zur Problematik näher Rn 3), an das sich das Abhilfeendurteil und das Umsetzungsverfahren mit dem Nachweis der Anspruchsberechtigung anschließen.

VI) Kostenentscheidung. Das **Abhilfegrundurteil** als solches enthält für den Fall, dass die Abhilfeklage dem 10
Grunde nach (teilweise) gerechtfertigt erscheint, **keine Kostenentscheidung**, was **§ 16 III VDuG** klarstellt. Diese ist erst im Abhilfeendurteil vorzunehmen. Anderes gilt, wenn die Abhilfeklage als unzulässig oder unbegründet abgewiesen wird (Rn 4). Dann enthält das Endurteil (Urteil nach § 16 I 3 VDuG) auch bereits die Kostenentscheidung (BTDrs 20/6520, 80).

VII) Urteil im verkürzten Verfahren. In Ausnahme zu **§ 16 I 1 VDuG** kommt unter den Voraussetzungen 11
von **§ 16 IV 1 VDuG** eine Entscheidung durch Urteil iSv § 300 ZPO in Betracht (verkürztes Verfahren). Auf die Entscheidung durch Abhilfegrundurteil kann dann verzichtet werden. Die Vorschrift wurde erst auf die Beschlussempfehlung des Rechtsausschusses eingefügt (BTDrs 20/7631, 20, 111). Beide Parteien müssen eine Entscheidung durch Urteil – anstelle eines Abhilfegrundurteils – beantragen (Nr 1) und die Bemühungen um einen Vergleich müssen nach § 17 Abs. 1 aussichtslos erscheinen (Nr 2). Nach der Gesetzesbegründung (BTDrs 20/7631, 20, 111) sollen dafür bereits die Parteianträge eine starke indizielle Bedeutung besitzen. Bei der Tenorierung übernimmt das Endurteil eine **doppelte Funktion**, setzt sich somit aus den Angaben aus II, die dem Abhilfegrundurteil zugedacht wären, und den Angaben des ansonsten nachfolgenden Abhilfeendurteils (§ 18 I VDuG) zusammen (Schneider/Conrady/Kapoor BB 2023, 2185), was in der Urteilsformel zum Ausdruck gebracht werden muss (**§ 16 IV 2 Hs 1 VDuG**). Für die Tenorierung sind nach **§ 16 IV 2 Hs 2 VDuG** überdies **§ 18 II, III VDuG** anzuwenden, so dass die Urteilsformel die Verurteilung des Unternehmers zur Zahlung des kollektiven Gesamtbetrags zu Händen des Sachwalters ausspricht bzw Angaben zu einer etwaigen Verlängerung der Widerspruchsfrist nach § 28 II 1 VDuG enthält.

VIII) Rechtsmittel. Als Rechtsmittel statthaft gegen das Abhilfegrundurteil des OLG/BayOblG nach § 16 I 12
VDuG und das Urteil nach § 16 IV VDuG ist jeweils die **zulassungsfreie Revision** zum BGH (**§ 16 V VDuG**), was der Eigenart als Leitverfahren entgegenkommt. Dies entspricht der Rechtslage bei § 614 ZPO aF (s BTDrs 20/6520, 80; BTDrs 20/7631, 111; s für Musterfeststellungsurteile nunmehr § 42 VDuG; klarstellend zur Statthaftigkeit der Revision ohne Zulassungsentscheidung bereits BGH NJW 2023, 1816 = ZIP 2023, 1101). Ausgeschlossen ist eine zweite Tatsacheninstanz iSd Berufung (Hk-VDuG/Röthemeyer § 16 VDuG Rn 23).

§ 17 Vergleichsvorschlag; Fortsetzung des Abhilfeverfahrens

(1) [1]Nach der Verkündung des Abhilfegrundurteils soll das Gericht die Parteien auffordern, einen schriftlichen Vergleichsvorschlag zur Umsetzung des Abhilfegrundurteils zu unterbreiten. [2]Das Gericht kann den Parteien eine Frist zur Unterbreitung des Vergleichsvorschlags setzen. [3]Auf Antrag einer Partei und mit Zustimmung der Gegenpartei kann das Gericht diese Frist verlängern. [4]Die §§ 9 und 10 sind entsprechend anzuwenden.

(2) [1]Wird das Abhilfeverfahren nicht durch wirksamen Vergleich beendet und ist das Abhilfegrundurteil rechtskräftig, so setzt das Gericht das Abhilfeverfahren fort. [2]Es entscheidet durch Abhilfeendurteil.

IdF des G zur Umsetzung der Richtlinie (EU) 2020/1828 über Verbandsklagen zum Schutz der Kollektivinteressen der Verbraucher und zur Aufhebung der Richtlinie 2009/22/EG sowie zur Änderung des Kapitalanleger-Musterverfahrensgesetzes (Verbandsklagenrichtlinienumsetzungsgesetz – VRUG) v 8.10.2023 (BGBl 2023 I Nr 272) mWv 13.10.2023.

I) Allgemeines. Mit der Vorschrift sollen in Umsetzung von **Art 11 RL (EU) 2020/1828** die Vergleichsbemü- 1
hungen der Parteien nach Verkündung des Abhilfegrundurteils gestärkt werden, bevor durch Abhilfeendurteil die Durchführung des Umsetzungsverfahrens angeordnet wird. § 17 VDuG dient nach Wunsch des Gesetzgebers dem Ziel einer zügigen und einvernehmlichen Streitbeendigung (BTDrs 20/6520, 80). Dadurch werden

praktische Schwierigkeiten im späteren Verfahrensverlauf vermieden. Der gerichtlich genehmigte Vergleich (§ 9 II VDuG) dient jedoch nicht dazu, wie dies teilweise vorgeschlagen wurde (s Bruns ZZPInt 27 [2023], 327), die Basis für die Abwicklung eines Umsetzungsverfahrens zu bilden. Ein solches soll nach Vergleichsschluss gerade nicht mehr stattfinden. Außergerichtliche Vergleiche werden vom Gesetzgeber nicht berücksichtigt (s näher Rn 5 u § 13 VDuG Rn 20).

2 **II) Aufforderung zur Unterbreitung eines Vorschlags.** Nach Verkündung des Abhilfegrundurteils beginnt eine für Vergleichsvereinbarungen besonders günstige Verfahrensphase. Das Gericht soll in diesem Zeitraum die Parteien zur Unterbreitung eines **schriftlichen Vergleichsvorschlags** auffordern (begrenztes Ermessen). Darin soll das Abhilfegrundurteil möglichst umgesetzt werden **(§ 17 I 1 VDuG)**. Die Aufforderung (gem § 13 I 2 VDuG iVm § 329 II ZPO durch Beschluss, so Skauradszun/Voigt Rn 7) kann mit einer **Fristsetzung** durch das Gericht verbunden werden (**§ 17 I 2 VDuG**), welche nach § 17 I 3 VDuG auf Antrag einer Partei und mit Zustimmung der Gegenpartei **verlängert** werden kann. Der bereits verurteilte Unternehmer wird die Aufforderung als Anreiz sehen, berechtigte Verbraucheransprüche ohne Vollstreckungsdruck mittels Vergleichs zu befriedigen und dadurch weitere Kosten zu ersparen (BTDrs 20/6520, 80; Schneider/Conrady/Kapoor BB 2023, 2185; krit zu Recht Sossna BB 2025, 329 ff, 333: Durch Vergleich erhalte Unternehmer weder Gewissheit über (abschließende) Erledigung des Rechtsstreits noch über Haftungshöhe). Den (autonomen) Vergleichsbemühungen wird eine Fristsetzung dabei nicht unbedingt zuträglich sein. Nach seinem Ermessen kann das Gericht jedoch von der Aufforderung absehen, wenn eine vergleichsweise Einigung ausgeschlossen erscheint (BTDrs 20/6520, 80). Unter den Voraussetzungen von **§ 16 IV 1 VDuG** wäre bei von Anfang an ausgeschlossenem Vergleichsschluss das Abhilfegrundurteil auch durch eine Entscheidung mittels Urteils (§ 300 ZPO) ersetzbar, sofern dies beide Parteien beantragen (s § 16 VDuG Rn 11; Bruns ZZPInt 27 [2022], 321 f).

3 **1) Zeitpunkt.** Ein Vergleichsabschluss ist bereits mit Einreichung der Abhilfeklage – und damit auch vor Erlass des Abhilfegrundurteils – jederzeit unter den Voraussetzungen von §§ 9, 10 VDuG (gerichtliche Genehmigung) möglich (sa Heerma ZZP 136 [2023], 425, 438). Der Umstand, dass § 46 I 1 VDuG nunmehr – anders als noch im RegE – die Anmeldung von Verbrauchern bis Ablauf von drei Wochen nach Schluss der mündlichen Verhandlung zulässt, mindert die Chancen für einen **frühen Vergleich**, weil für den Unternehmer erst dann eine sichere Grundlage für ein Vergleichsangebot existiert (so Stadler ZZP 136 [2023], 144; weitergehend Bruns ZZPInt 27 [2022], 305: „Blockade von Vergleichsabschlüssen"; Skauradszun/Voigt Rn 22; s zu diesem „Konstruktionsfehler" aus anderen Gründen Röß NJW 2024, 1302, 1305). Zudem kann nach § 9 I 2 VDuG ein **Kollektivvergleich** erst nach Ablauf der Anmeldefrist geschlossen werden (§ 46 I 1 VDuG), wobei bis zum Ergehen eines Abhilfegrundurteils nach § 13 IV VDuG (frühestens sechs Wochen nach Schluss der mündlichen Verhandlung) dann teilweise faktisch nur drei Wochen zur Verfügung stehen (sa Heerma ZZP 136 [2023], 425, 438 f Fn 72; krit Röthemeyer VuR 2023, 332, 334; G. Vollkommer § 9 VDuG Rn 4 ff). Jedoch hätte diese unsichere Grundlage für Vergleichsschlüsse noch mehr bei dem im Vorschlag von Gsell/Meller-Hannich VZBV-Gutachten v 4.2.2021 favorisierten (späten) *opt in* (auch nach Erlass des stattgebenden Verbandsklagenurteils) gegolten. § 17 I 1 VDuG erachtet deswegen wohl ab dem Zeitpunkt der **Verkündung des Abhilfegrundurteils** (§ 16 I, II VDuG) höhere Chancen für eine gütliche Einigung für gegeben. Der Unternehmer weiß dann bereits um die wesentlichen Grundlagen seiner Haftung. Die Rechtslage ist zwar nicht endgültig geklärt, weil das Abhilfegrundurteil mit einer Revision angegriffen werden kann (§ 16 V VDuG). Gleichwohl muss ein Vergleich auch bereits vor der Beendigung eines etwaigen Revisionsverfahrens möglich sein, um eine effiziente und kostengünstige Verfahrensbeendigung auf einverständlichem Wege zu erreichen (BTDrs 20/6520, 80; Röthemeyer VuR 2023, 332, 335). Eine eingelegte Revision könnte dann zurückgenommen werden.

4 **2) Inhalt des Vergleichsvorschlags.** Der Vergleichsvorschlag soll ein **Prüf- und Verteilungssystem** zur Umsetzung der Abhilfegrundentscheidung enthalten, das die Parteien einverständlich und eigenständig vollziehen wollen (sa BTDrs 20/6520, 80). Der Sachwalter bleibt insoweit außen vor, ein staatliches Umsetzungsverfahren findet nicht statt. In der Rechtsfolge kann die Zahlung einer **konkreten Geldsumme** bzw **konkrete Naturalabhilfeleistungen** (zB Reparatur) vereinbart werden. Nach der Vorstellung des Gesetzgebers soll das beklagte Unternehmen die Abwicklung in eigener Initiative durchführen und damit ein Umsetzungsverfahren nach §§ 22 f VDuG überflüssig machen (BTDrs 20/6520, 80). Die Verwirklichung der Vorgaben des Abhilfegrundurteils kann dabei nach Maßgabe eines vom Unternehmer vorgeschlagenen **Verteilungs- und Abwicklungssystems** geschehen, mit dem der klagendende Verband einverstanden ist. Dieses soll es erlauben, Ansprüche in effizienter Weise auf ihre Begründetheit hin zu prüfen, dabei die individuellen Berechtigungsnachweise zu eruieren und berechtigte Ansprüche zu erfüllen (BTDrs 20/6520, 80). Im Rahmen des durch den Unternehmer entwickelten Prüfsystems ist auch ein Rückgriff auf die Expertise und Unterstützung **Dritter** möglich (Sachverständige, Treuhänder etc, sa Hk-VDuG/Röthemeyer Rn 8). Aus Sicht des Unternehmers hat ein Abwicklungsvergleich den Vorteil, dass dieser die konkrete Umsetzung des Abhilfegrundurteils beeinflussen kann. Dadurch ist auch eine Steuerung und Reduzierung der Abwicklungskosten leichter möglich, insb weil das gerichtliche Umsetzungsverfahren vermieden wird (BTDrs 20/6520, 80).

5 **3) Gerichtliche Prüfung.** Die Wirksamkeit des zwischen den Parteien vereinbarten Abhilfevergleichs (kollektiver Vergleich) steht unter dem Vorbehalt, dass er einer gerichtlichen Prüfung standhält und genehmigt wird,

wie dies nach § 611 III ZPO aF bei der Musterfeststellungsklage der Fall war. Nach **§ 17 I 4 VDuG** gelten §§ 9, 10 VDuG entsprechend. Insoweit wird **Art 11 II RL (EU) 2020/1828** umgesetzt, der anordnet, dass Vergleiche der gerichtlichen bzw verwaltungsbehördlichen Überprüfung unterstehen. Nach § 9 I 2 VDuG kann der Vergleich nicht vor Ablauf von drei Wochen nach Schluss der mündlichen Verhandlung geschlossen werden, weil bis dahin die Anmeldung nach § 46 I 1 VDuG möglich ist (Meller-Hannich VersR 2023, 1326). Dies ist jedoch für den **Abhilfevergleich** nach Verkündung des Abhilfegrundurteils aufgrund Fristablaufs bedeutungslos. Nach § 9 II 2 VDuG bedarf der Vergleich der **gerichtlichen Genehmigung durch Beschluss** (Schneider/Conrady/Kapoor BB 2023, 2185), um Wirksamkeit zu entfalten (klarstellend im Hinblick auf die Wirksamkeitsfolge Bruns ZZPInt 27 [2022], 325 f). Diese wird erteilt, wenn der Vergleich nach Auffassung des Gerichts – unter Berücksichtigung des Sach- und Streitstands, insb **der Interessen der betroffenen Verbraucher** (sa Art 11 II RL (EU) 2020/1828) – eine angemessene gütliche Streitlösung beinhaltet (§ 9 II 2 VDuG; Hk-VDuG/Röthemeyer Rn 13; problematisch könnten aus Verbrauchersicht etwa ungünstige Schadenspauschalierungen sein). Der Beschluss, mit dem die Genehmigung erteilt wird, ist unanfechtbar. Obwohl dies im Gesetzeswortlaut (im Gegensatz zu § 611 III 3 ZPO aF) nicht klargestellt wird, folgt dies aus der Regierungsbegründung (BTDrs 20/6520, 74 zu § 9 VDuG). Die **ablehnende** Entscheidung ergeht ebenfalls durch Beschluss. Dieser ist jedoch mit **Rechtsbeschwerde** anfechtbar, wenn das Gericht unter den Voraussetzungen vom § 574 I 1 Nr 2, II ZPO die Zulassung ausspricht (BTDrs 20/6520, 74). Hingegen war die Anfechtung nach dem Referentenentwurf großzügiger mit stets zulassungsfreier Rechtsbeschwerde möglich (§ 574 I 1 Nr 1 ZPO; befürwortend deswegen mit Blick auf die Entwicklung allgemeiner Genehmigungsstandards Bruns ZZPInt 27 [2022], 327). §§ 9, 10 sowie § 17 VDuG äußern sich nicht zur Integration **außergerichtlicher Kollektivvergleiche**, obgleich andere europäische Rechtsordnungen damit gute Erfahrungen gesammelt und das Potential der gütlichen Streitbeilegung insoweit erkannt haben (mit Recht krit Bruns ZZPInt 27 [2022], 327; Skauradszun/Voigt Rn 23: „Settlement-only-Klagen"). Zweifelhaft ist darüber hinaus, inwieweit auch herkömmliche **ZPO-Prozessvergleiche** nach **§ 794 I Nr 1 ZPO** (ohne gerichtliche Genehmigung) möglich sind (grds befürwortend G. Vollkommer § 9 VDuG Rn 2; aA Skauradszun/Voigt Rn 22, 23; MskV/Stadler Rn 2: kein praktisches Bedürfnis).

4) Prozessbeendigende Wirkung. Ist der Vergleichsschluss wirksam, hat der Vergleich **prozessbeendigende Wirkung**, und zwar unabhängig von späteren Austritten von Verbrauchern (sa G. Vollkommer § 10 VDuG Rn 6; auch im Extremfall eines vollständigen Austritts, s Waßmuth/Rummel ZIP 2023, 1526). Die Rechtshängigkeit der Abhilfeklage endet. Auch ein etwaiges Abhilfegrundurteil wird dann gegenstandslos. Der gerichtliche Vergleich kann zwischen den Parteien auch mit Wirkung „für" die im Verbandsklageregister angemeldeten Verbraucher geschlossen werden (§ 9 I 1 VDuG), was der praktische Regelfall sein dürfte. Ihm kommt richtigerweise **Drittwirkung** zugunsten und zulasten der Verbraucher zu. Während diese Rechtsfolgen in § 611 I ZPO aF klar zum Ausdruck gebracht wurden, findet die Wirkung „gegen" Verbraucher nicht unmittelbar im Wortlaut von § 17 I, § 9 I VDuG Erwähnung, sondern nur in der Regierungsbegründung (BTDrs 20/6520, 74; zutr Bruns ZZPInt 27 [2022], 325 f). 6

III) Austritt aus dem Vergleich. Nach § 10 I 1 VDuG, der durch § 17 I 3 VDuG in Bezug genommen wird, können angemeldete Verbraucher innerhalb einer Frist von **einem Monat** gegenüber dem **Bundesamt für Justiz** aus dem Vergleich austreten (Schneider/Conrady/Kapoor BB 2023, 2185). Der genehmigte Kollektivvergleich sowie die Austrittsfrist sind hierzu im Verbandsklageregister öffentlich bekannt zu geben (§ 44 Nr 10 VDuG). Der Gesetzgeber entscheidet sich somit für einen **opt-out-Mechanismus** (§ 10 I 1 VDuG; sa Heerma ZZP 136 [2023], 439). Damit wird zugleich Art 11 IV RL (EU) 2020/1828 umgesetzt. Eine Austrittserklärung war auch für den Vergleich nach § 611 IV 2 ZPO aF vorgesehen. Die Frist für die Erklärung des Austritts beginnt mit der Bekanntgabe des Vergleichs im **Verbandsklageregister** zu laufen (§ 10 I 2 VDuG), das für alle Verbraucher jederzeit einsehbar ist. Der Gesetzgeber verzichtet bewusst auf eine Zustellung des genehmigten Vergleichs an die einzelnen angemeldeten Verbraucher (so noch § 611 IV 1 ZPO aF für die Musterfeststellungsklage) aus Effizienzgründen (BTDrs 20/6520, 74). Wird der Austritt vom Verbraucher **wirksam** erklärt, kann der Vergleich für und gegen diesen keine Wirkung entfalten (§ 10 II 1 VDuG). Eine **Bindungswirkung** tritt insoweit nicht ein. Vielmehr kann der ausgetretene Verbraucher zur Durchsetzung seines Anspruchs ein Individualklageverfahren betreiben. Die Abhilfeklage, deren Rechtshängigkeit durch den prozessbeendigenden Vergleich beendet ist, steht insoweit nicht entgegen (§ 11 II VDuG; BTDrs 20/6520, 74 f). Das Bundesamt für Justiz nimmt die Eintragung des Austritts im Verbandsklageregister vor. Auf Beschlussempfehlung des Rechtsausschusses wurde durch Einfügung des Wortes **„wirksam"** klargestellt, dass nicht nur eine fristgerechte, sondern auch formgerechte Erklärung notwendig ist (§ 47 III VDuG; BTDrs 20/7631, 111). Der wirksame Austritt hat jedoch keinen Einfluss auf die Wirksamkeit der ursprünglichen Anmeldung des Verbrauchers im Verbandsklageregister (§ 10 II 2 VDuG; zur Verjährungshemmung u Ablaufhemmung s § 204a I 1 Nrn 3, 4, III 2 BGB; G. Vollkommer § 10 VDuG Rn 7). Bruns kritisiert die Regelung dahingehend, dass Verbrauchern bei der Abhilfeklage (im Gegensatz zur präjudiziellen Musterfeststellungsklage), bei der diese über ihre materiellen Ansprüche in Form des *Opt in* disponieren, keinerlei Austritt aus dem Vergleich möglich sein sollte, um die einverständliche kollektive Streitbeilegung nicht zu gefährden (Bruns ZZPInt 27 [2022], 326; aA wohl Skauradszun/Voigt Rn 18). Zumindest theoretisch besteht die Möglichkeit die Wirksamkeit des Vergleichs an ein Quorum von Nichtaustritten zu knüpfen (Gsell GRUR 2024, 979, 988). 7

8 IV) **Fortsetzung des Verfahrens.** Zu einer Fortsetzung des Abhilfeverfahrens kommt es, wenn keine vergleichsweise Einigung bzw kein wirksamer Vergleich zustande kommt, weil das Gericht seine Genehmigung verweigert. Die Fortsetzung ist nach **§ 17 II VDuG** jedoch nur möglich, wenn das Abhilfegrundurteil **Rechtskraft** erlangt hat und damit eine sichere Grundlage für die Haftung des Unternehmers – dem Grunde nach – bildet (BTDrs 20/6520, 81; Schneider/Conrady/Kapoor BB 2023, 2185: erheblicher Zeitversatz). Das Gericht entscheidet dann – unabhängig vom Ziel der Abhilfeklage (Geldzahlung bzw Naturalabhilfe) – durch Abhilfeendurteil (§ 18 VDuG).

§ 18 Abhilfeendurteil

(1) Die Urteilsformel des Abhilfeendurteils enthält folgende Angaben:
1. die Anordnung des Umsetzungsverfahrens,
2. die vorläufige Festsetzung der Kosten des Umsetzungsverfahrens,
3. die Verurteilung des Unternehmers zur Zahlung der nach Nummer 2 vorläufig festgesetzten Kosten des Umsetzungsverfahrens zu Händen des Sachwalters sowie
4. die Entscheidung über die Kosten des Verfahrens.
(2) Wird mit der Abhilfeklage ein kollektiver Gesamtbetrag geltend gemacht, enthält die Urteilsformel außerdem die Verurteilung des Unternehmers zur Zahlung eines solchen Betrags zu Händen des Sachwalters.
(3) Das Gericht kann bei Vorliegen besonderer Umstände, insbesondere einer Vielzahl betroffener Verbraucheransprüche, im Abhilfeendurteil die Widerspruchsfrist nach § 28 Absatz 2 Satz 1 angemessen verlängern.
(4) [1]Gegen Abhilfeendurteile findet die Revision statt. [2]Diese bedarf keiner Zulassung.

IdF des G zur Umsetzung der Richtlinie (EU) 2020/1828 über Verbandsklagen zum Schutz der Kollektivinteressen der Verbraucher und zur Aufhebung der Richtlinie 2009/22/EG sowie zur Änderung des Kapitalanleger-Musterverfahrensgesetzes (Verbandsklagenrichtlinienumsetzungsgesetz – VRUG) v 8.10.2023 (BGBl 2023 I Nr 272) mWv 13.10.2023.

1 I) **Allgemeines.** Sofern nach Erlass des Abhilfegrundurteils (§ 16 VDuG) kein Abhilfevergleich zustande kommt (§ 17 II VDuG), erlässt das Gericht ein Abhilfeendurteil nach Maßgabe von § 18 VDuG. Die Vorschrift regelt ua die Angaben, welche die Urteilsformel enthalten muss. Bei verkürztem Verfahren u Entscheidung unmittelbar durch Urteil (§ 16 IV 1, 2 VDuG) wird § 18 VDuG entspr herangezogen (s § 16 VDuG Rn 11).

2 II) **Notwendige Angaben in der Urteilsformel. 1) Durchführung des Umsetzungsverfahrens.** Nach § 18 I Nr 1 VDuG ist in der Urteilsformel die Durchführung des **Umsetzungsverfahrens** anzuordnen. Das Umsetzungsverfahren, für welches nach § 22 I VDuG das Prozessgericht die Zuständigkeit besitzt, ist notwendig, wenn das Gericht zuvor ein Abhilfegrundurteil (§ 16 I, II VDuG bzw ein Abhilfeurteil nach § 16 IV VDuG; sa Meller-Hannich VersR 2023, 1327; Schneider/Conrady/Kapoor BB 2023, 2186) erlassen hat. Dies geschieht, wenn die berechtigten Verbraucher nicht namentlich bezeichnet sind (s hingegen zur individualisierten Klage (§ 14 S 1 VDuG) näher § 14 VDuG Rn 4), sondern nur aufgrund der im Abhilfegrundurteil genannten Berechtigungsvoraussetzungen (§ 16 II 1 Nr 1, 2 VDuG) bestimmt werden. Vorausgegangen ist hier eine Klage, mit der die Verurteilung zu einem **kollektiven Gesamtbetrag** (§ 14 S 2 VDuG) oder zu einer **kollektiven Naturalabhilfe** begehrt wird (s § 14 VDuG Rn 5). Im Umsetzungsverfahren sollen die geltend gemachten Ansprüche der angemeldeten Verbraucher auf ihre Berechtigung hin geprüft und dann erfüllt werden (BTDrs 20/6520, 81, 82). Dies gilt zunächst für Ansprüche, die auf eine Geldzahlung gerichtet sind, wenn der Unternehmer zuvor auf Zahlung eines kollektiven Gesamtbetrags verurteilt wurde, der nunmehr im Umsetzungsverfahren verteilt werden soll. Eines Umsetzungsverfahrens bedarf es jedoch auch zur Abwicklung von Ansprüchen, die auf eine andere Leistung gerichtet sind (Bsp: Reparatur von Kaufobjekten). **Kein Umsetzungsverfahren** ist hingegen erforderlich, wenn der Verband im Rahmen bestimmter Anträge **Zahlung** an namentlich bezeichnete Verbraucher fordert und das Gericht über die konkretisierten Forderungen in einem Endurteil entscheidet (§ 16 I 2 VDuG). Für die Vollstreckung der **individualisierten Geldleistungstitel** zugunsten der einzelnen Verbraucher besitzt der Verband die erforderliche Kompetenz (Vollstreckungsstandschaft; sa BTDrs 20/6520, 81, 82; sa § 16 VDuG Rn 3). Weder ein *Umsetzungsverfahren* noch ein vorausgehendes Abhilfegrundurteil sind hier notwendig (sa BTDrs 20/6520, 79). **Zweifelhaft** ist nach der Gesetzesbegründung jedoch, ob ein Umsetzungsverfahren nur benötigt wird, wenn eine nicht auf Geldzahlung (Naturalabhilfe) gerichtete Verurteilung nicht ausreichend individualisiert ist oder ob ein

solches auch dann stattfindet, wenn konkrete Anträge zugunsten namentlich bezeichneter Verbraucher gestellt wurden (s näher zur Problematik § 16 VDuG Rn 3). Für den generellen Weg des Umsetzungsverfahrens bei der Verurteilung zur Naturalabhilfe spricht entscheidend die Vollstreckungskompetenz des Sachwalters bei Naturalleistungen nach **§ 29 I, II VDuG**. Verband und Verbraucher werden dadurch entlastet (sa BTDrs 20/6520, 90). Andererseits könnte dieser Weg bei individualisierter Naturalabhilfe mitunter ebenso umständlich wie bei individualisierter Geldzahlung wirken. Die Frage wird iE in der Praxis geklärt werden müssen.

2) Vorläufige Kostenfestsetzung. Die Urteilsformel muss sich zudem über die **vorläufige Festsetzung** der Kosten des Umsetzungsverfahrens aussprechen (§ 18 I Nr 2 VDuG). Hierzu kann das Gericht nur – in vorausschauender Betrachtung – die Höhe der künftig anfallenden Vergütung und der Auslagen des Sachwalters (großzügig) schätzen (s § 20 I Nr 1, 2 VDuG; sa BTDrs 20/6520, 81, 82; Hk-VDuG/Röthemeyer Rn 4). Als Grundlage für die Bewertung des Aufwands des Sachwalters und des Umfangs des Umsetzungsverfahrens dienen einerseits die **Angaben im Klageregister**, insb die Anzahl der angemeldeten Verbraucheransprüche. Andererseits bietet das Abhilfegrundurteil nach § 16 II 1 Nr 1, 2 VDuG eine Richtschnur für den insgesamt anfallenden Prüfungsaufwand hinsichtlich der Anspruchs- und Berechtigungsvoraussetzungen. Die Höhe der Sachwalterauslagen orientiert sich an der Höhe der Verbindlichkeiten, welche der Sachwalter gegenüber Dritten eingehen muss (BTDrs 20/6520, 81, 82). Die Zahlungspflicht nach § 18 I Nr 2 VDuG muss vom Unternehmer „zu Händen des Sachwalters" erfüllt sein, bevor hinsichtlich des Umsetzungsverfahrens der **Eröffnungsbeschluss** ergeht (§ 24 Nr 1 VDuG; sa G. Vollkommer § 24 VDuG Rn 3). 3

3) Verurteilung des Unternehmers. Der Urteilstenor muss nach § 18 I Nr 3 VDuG die **Verurteilung des Unternehmers** zur Zahlung der vorläufig festgesetzten Kosten des Umsetzungsverfahrens (§ 18 I Nr 2 VDuG) „zu Händen des Sachwalters", der erst später nach § 23 I VDuG bestellt wird, aussprechen (s zum Umsetzungsfonds § 25 I VDuG, § 33 VDuG). Dieser Teil der Tenorierung soll die Durchführbarkeit des Umsetzungsverfahrens auf eine sichere finanzielle Grundlage stellen (s BTDrs 20/6520, 82). Es soll verhindert werden, dass der Sachwalter später seinen Vergütungsanspruch nicht durchsetzen kann bzw Verbindlichkeiten gegenüber Dritten nicht erfüllt werden können. Der Unternehmer hat deswegen aufgrund der Festsetzung im Abhilfeendurteil die von ihm grds zu tragenden Kosten (§ 20 II VDuG) bereits vorab zu leisten. Mit dieser **Titulierung** kann die klageberechtigte Stelle – neben der Zahlung des kollektiven Gesamtbetrags nach § 18 II VDuG – auch den vorläufig festgesetzten Kostenbetrag nach § 18 I Nr 3 VDuG gegen den verurteilten Unternehmer vollstrecken (s BTDrs 20/6520, 82; s näher G. Vollkommer § 24 VDuG Rn 3: erst nach Rechtskraft des Abhilfeendurteils u unten Rn 9). Andernfalls wäre das in § 18 I Nr 1 VDuG angeordnete Umsetzungsverfahren in praktischer Hinsicht häufig nicht zu realisieren, was den intendierten Zweck der verbraucherschützenden Verbandsabhilfeklage ad absurdum führen würde. Die Titulierung „zu Händen des Sachwalters" verhindert eine komplizierte finanzielle Dreieckskonstellation, mit dem Risiko, dass das Geld nicht bzw nicht schnell genug bei diesem ankommt (sa BTDrs 20/6520, 82). 4

4) Verfahrenskosten. Nach § 18 I Nr 4 VDuG muss die Urteilsformel auch eine Entscheidung über die **Verfahrenskosten** treffen. Dies betrifft die Tragung der allgemeinen Gerichts- und Rechtsanwaltskosten nach §§ 91 f ZPO. Die Vorschrift soll auch eine Trennung dieser Kosten von den Kosten des Umsetzungsverfahrens zum Ausdruck bringen (BTDrs 20/6520, 82). 5

5) Kollektiver Gesamtbetrag. Bei Abhilfeklagen nach § 14 S 2 VDuG, mit denen die klageberechtigte Stelle einen kollektiven Gesamtbetrag begehrt, muss die Urteilsformel des Abhilfeendurteils auch die Verurteilung des Unternehmers zur **Zahlung dieses Gesamtbetrags** „zu Händen des Sachwalters" aussprechen (§ 18 II VDuG). Voraussetzung dafür ist, dass nach zusprechendem Abhilfegrundurteil (§ 16 VDuG) auch die Abhilfeklage iÜ begründet ist. Im Unterschied zum Abhilfegrundurteil ist im Abhilfeendurteil der **kollektive Gesamtbetrag konkret** zu beziffern (BTDrs 20/6520, 82; Schneider/Conrady/Kapoor BB 2023, 2183; die Schätzung erfolgt nach Maßgabe von § 19 VDuG). Auch dieser Betrag ist grds zu Händen des Sachwalters zu leisten, bevor das **Umsetzungsverfahren** nach § 24 Nr 2 VDuG **eröffnet** wird (zur Ermessensentscheidung des Gerichts bei teilweiser Nichtleistung s G. Vollkommer § 24 VDuG Rn 2). Ungeklärte Fragen ergeben sich bei eintretender Insolvenz des verurteilten Untermehmens (s Thönissen KTS 2023, 205, 214; Meller-Hannich NZI 2024, 745, 746: „fingierte Masse"). 6

Hingegen wird im Tenor des Abhilfegrundurteils nach **§ 16 II 2 VDuG** nur der Betrag angeben, der dem einzelnen berechtigten Verbraucher zusteht bzw – im Fall, dass die den berechtigten Verbrauchern zustehenden Beträge divergieren – die Berechnungsmethode für die den berechtigten Verbrauchern zustehenden Einzelbeträge (mathematische Formel zur Berechnung der individuellen Forderungshöhe; s näher § 16 VDuG Rn 8). Mit der Verurteilung des Unternehmers zur Zahlung des Gesamtbetrags in der Urteilsformel nach § 18 II VDuG entscheidet das Gericht nur über einen **vorläufigen Betrag**, der uU nach § 21 VDuG nachträglich erhöht werden kann (aA noch der Gesetzgebungsvorschlag von Bruns ZZP 134 [2021], 421, für eine abschließende Gesamtabhilfesumme). Damit wird nicht über die Berechtigung **einzelner Verbraucheransprüche** gegenüber dem Unternehmen entschieden (BTDrs 20/6520, 82). Die Regierungsbegründung stellt insoweit klar, dass das Abhilfeendurteil **keine Titulierung einzelner Verbraucheransprüche** beinhaltet, die dann von den Verbrauchern gegen den Unternehmer vollstreckt werden könnten (sa Meller-Hannich VersR 2023, 1327). Denkbar ist jedoch, dass der obsiegende Verbraucherverband die Verurteilung zur Zahlung des kollektiven Ge- 7 samtbetrags gegen den (zahlungsunwilligen) Unternehmer vollstrecken muss, und zwar nach Maßgabe der Regeln zur Vollstreckung von Geldforderungen (§§ 803 ff ZPO, so BTDrs 20/6520, 82; aA [und dogmatisch überzeugender] Bruns ZZPInt 27 [2022], 315 f: Handlungsvollstreckung nach § 888 ZPO; Maultzsch ZZP 137 [2024], 119, 129, 132). In jedem Fall ist der kollektive Gesamtvertrag vom Unternehmer „zu Händen des Sachwalters" zu leisten (zur Einzahlung in den Umsetzungsfonds s § 25 I VDuG) und nicht an die klageberechtigte Stelle. Denn der Sachwalter (§ 23 VDuG) hat diese Gesamtsumme im Umsetzungsverfahren an die berechtigten Forderungsinhaber aufzuteilen.

8 **III) Verlängerung der Widerspruchsfrist. § 18 III VDuG** gibt dem Gericht auf, bei Vorliegen **besonderer Umstände** im Abhilfeendurteil die Widerspruchsfrist nach § 28 II VDuG **von Amts wegen** zu **verlängern**, wobei als Regelfall die Vielzahl betroffener Verbraucheransprüche genannt wird. Danach können der betroffene Verbraucher und der Unternehmer grds innerhalb von vier Wochen nach Zugang der Mitteilung des Sachwalters widersprechen. Relevant wird dies vor allem, wenn das Gericht bereits zum Zeitpunkt des Erlasses des Abhilfeendurteils erkennt, dass vom Unternehmer eine ausreichende Nachprüfung der vom Sachwalter für berechtigt erklärten Ansprüche innerhalb dieser Regelfrist nicht verlangt werden kann (BTDrs 20/6520). Eine weitere Verlängerung ist jedoch nicht möglich.

9 **IV) Anfechtbarkeit.** Das Abhilfeendurteil ist mit der **Revision** zum BGH anfechtbar (§ 18 IV VDuG), ohne dass es einer Zulassung durch das OLG/BayObLG bedarf. Nicht unproblematisch ist, wenn das Umsetzungsverfahren (§§ 22 f VDuG) vor Rechtskraft des Abhilfeendurteils beginnt (Schneider/Conrady/Kapoor BB 2023, 2186). Sollten bereits Verbraucheransprüche erfüllt werden, wäre eine Rückforderung nach Aufhebung des Urteils nur schwer durchführbar (Schneider/Conrady/Kapoor BB 2023, 2186). Zumindest die Vollstreckung sollte somit erst **nach Rechtskraft** beginnen (s G. Vollkommer § 24 VDuG Rn 3), auch wenn dies eine längere Wartezeit bedeuten kann. Alternativ kann der Weg der vorläufigen Vollstreckbarkeit gegen Sicherheitsleistung (§§ 704, 709 I 1 ZPO) beschritten werden (s Hk-VDuG/Röthemeyer Rn 10; G. Vollkommer § 24 VDuG Rn 3, der Zweifel hegt, ob der Verband die notwendige Summe aufbringen kann).

10 **V) Bindungswirkung des Abhilfeendurteils.** Nach § 11 III 1 VDuG entfalten rechtskräftige Urteile über Verbandsklagen Bindungswirkung für ein zur Entscheidung eines Rechtsstreits zwischen einem angemeldeten Verbraucher und dem verklagten Unternehmer berufenes Gericht (Individualverfahren). Jedoch binden danach nur **Abhilfegrundurteile** (sa BTDrs 20/6520, 75), weil § 11 III 2 VDuG ausdrücklich anordnet, dass Abhilfeendurteile keine Bindungswirkung entfalten sollen. Die Regierungsbegründung schweigt zu den Gründen der fehlenden Bindungswirkung des Abhilfeendurteils. Diese hätte den Vorteil, dass Verbraucher und Unternehmer an die Anordnung des Umsetzungsverfahrens und die Verurteilung des Unternehmers zur Zahlung eines kollektiven Gesamtbetrages – unter Berücksichtigung von § 21 VDuG – gebunden wären (krit deswegen Bruns ZZPInt 27 [2022], 323). Trotz § 11 III 2 VDuG ist der Verbraucher jedoch wegen § 39 VDuG faktisch gezwungen, am Umsetzungsverfahren teilzunehmen. Denn bei fehlender aktiver Beteiligung dürfte der Verbraucher mit seinem Anspruch im Rahmen einer späteren Individualklage präkludiert sein, wenn er – wie diese Vorschrift vorgibt – das Widerspruchsverfahren nach § 28 VDuG hätte nutzen können (so Heerma ZZP 136 [2023], 425, 454; zust Skauradszun/Voigt Rn 23).

§ 19 Kollektiver Gesamtbetrag

(1) Das Gericht kann die Höhe des kollektiven Gesamtbetrags unter Würdigung aller Umstände nach freier Überzeugung bestimmen.
(2) § 287 der Zivilprozessordnung ist entsprechend anzuwenden.

IdF des G zur Umsetzung der Richtlinie (EU) 2020/1828 über Verbandsklagen zum Schutz der Kollektivinteressen der Verbraucher und zur Aufhebung der Richtlinie 2009/22/EG sowie zur Änderung des Kapitalanleger-Musterverfahrensgesetzes (Verbandsklagenrichtlinienumsetzungsgesetz – VRUG) v 8.10.2023 (BGBl 2023 I Nr 272) mWv 13.10.2023.

1 **I) Allgemeines.** Wenn die Abhilfeklage keine konkreten Zahlungsanträge zugunsten namentlich bezeichneter Verbraucher (§ 14 S 1 VDuG) vorsieht, sondern das allgemeine Begehren, den Unternehmer zur Zahlung zugunsten betroffener Verbraucher zu verurteilen (§ 14 S 2 VDuG), ist in der Urteilsformel des Abhilfeendurteils *die Verurteilung des Unternehmers* zur Zahlung eines **konkreten kollektiven Gesamtbetrags** „zu Händen des Sachwalters" (§ 18 II VDuG) auszusprechen (sa § 18 VDuG Rn 6; BTDrs 20/6520, 83; G. Vollkommer MDR 2023, 1353). Dieser muss in seiner **Höhe** beziffert werden.

II) Bestimmung des kollektiven Gesamtbetrags. Der kollektive Gesamtbetrag wird vom Gericht unter Würdigung aller Umstände nach **freier Überzeugung** bestimmt (§ 19 I VDuG), iE geschätzt (BTDrs 20/6520, 83; BGH NJW 2024, 3152 Tz 37: „vom Gesetzgeber austarierte(s) Konzept des kollektiven Rechtsschutzes"; krit Dittmann GVRZ 2024, 6 Rn 5, keine freie Schätzung nach billigem Ermessen), wobei der Verfahrenseffizienz wichtige Bedeutung zukommen muss. 2

1) Bedeutung des Verbandsklageregisters. Als maßgeblicher Anhaltspunkt für die Schätzung kommt nach der Regierungsbegründung ein aktueller Auszug des **Verbandsklageregisters** in Betracht (so BTDrs 20/6520, 83; s https://www.bundesjustizamt.de/DE/Themen/Verbraucherrechte/VerbandsklageregisterMusterfeststellungsklagenregister/Verbandsklagenregister/Verbandsklagen/Verbandsklagen_node.html). Die Zahl der Anmeldungen gibt dabei Auskunft über den Umfang der geltend gemachten Verbraucheransprüche. Jedoch wird mit Recht kritisiert, dass die derzeitige Ausgestaltung der Registrierung (§ 46 VDuG) eine unzureichende Grundlage für die Schätzung bildet (Stadler ZZP 136 [2023], 139). Nach § 46 II 2 VDuG müssen Anmelder den Anspruch **nicht zwingend beziffern** (bloße „Sollvorschrift"), eine inhaltliche Verifizierung findet nach § 46 III VDuG nicht statt (Schneider/Conrady/Kapoor BB 2023, 2185: bei komplexen Sach- u Rechtsfragen ohnehin wenig aussagekräftig). Die Übertragung der Kriterien der Musterfeststellungsklage (§ 608 ZPO aF) auf die anspruchsorientierte Rechtsdurchsetzung der Verbandsabhilfeklage greift zu kurz. 3

2) Darlegung konkreter Anhaltspunkte und richterliche Schätzung. Die **richterliche Schätzung** muss auf **konkrete Anhaltspunkte** zur Anspruchshöhe gegründet sein, welche der klageberechtigte Verband in seiner Klageschrift (§ 14 S 2 VDuG, § 15 II 2, 3 VDuG) bzw später im Verfahren darlegen muss. Beispielsweise ist bei der Schädigung von Verbrauchern anzugeben, in welcher Höhe der Einzelne geschädigt wurde, soweit die Ermittlung eines Durchschnittswerts möglich ist (BTDrs 20/6520, 83; Schneider/Conrady/Kapoor BB 2023, 2185). Dafür sollten auch die Umstände angegeben werden, die diese Annahme rechtfertigen. § 15 II 2 VDuG verlangt, dass die **Klageschrift** neben der Bezifferung des Gesamtbetrags Angaben zur einzelnen **Anspruchshöhe** enthält, wenn diese für die von der Klage betroffenen Verbraucher **identisch** ist (Bsp: pauschale Fluggastrechteentschädigung nach Verordnung (EG) Nr 261/2004, sa § 14 VDuG Rn 6, § 15 VDuG Rn 8; Dittmann/Gollnast VuR 2023, 135, 139). Dabei hilft das Verbandsklageregister (s Rn 3) aufgrund der rudimentären Anforderungen an die Registrierung (§ 46 II, III VDuG) weniger als vom Gesetzgeber behauptet, zumal die längere Anmeldefrist klare Verhältnisse bei Klageerhebung verhindert (Stadler ZZP 136 [2023], 139). Die Anforderungen hängen dabei auch von der **konkreten Sachmaterie** ab: Bei der Schätzung eines Kartellschadensersatzes bedarf es Angaben zum Einkaufsvolumen und zur Preisentwicklung (Schultze-Moderow/Steinle/Muchow BB 2023, 78). Bei **betragsmäßigen Divergenzen**, wie sie etwa in den „Dieselfällen" vorkommen (s zur Berechnung BGHZ 226, 322, 324 f = ZIP 2020, 1664), soll durch die Angabe der einheitlichen Berechnungsmethode (§ 15 II 3 VDuG) die spätere Nachvollziehbarkeit für das Gericht erleichtert und die **gerichtliche Schätzung des Gesamtbetrags im Abhilfeendurteil** (§ 18 II VDuG) nach § 19 I VDuG ermöglicht werden (BTDrs 20/6520, 83; krit Bruns ZZPInt 27 [2022], 293, 313; sa § 15 VDuG Rn 8). Im vorausgehenden Abhilfegrundurteil (§ 16 II 2 VDuG) wird dagegen nur der Betrag angegeben, der dem einzelnen berechtigten Verbraucher – bei Identität der Beträge – generell zusteht bzw – für den Fall, dass die zustehenden Beträge divergieren – die Berechnungsmethode für die Einzelbeträge (s näher § 16 VDuG Rn 6 f). Die Gesetzesbegründung zu § 19 VDuG (BTDrs 20/6520, 83; krit dazu Skauradszun MDR 2024, 743) stellt klar, dass das Gericht im Normalfall von der Berechtigung aller angemeldeten Verbraucheransprüche ausgehen darf, um eine **Gesamtsumme aller Ansprüche** bilden zu können. Soweit nach Durchführung der Einzelprüfung im Umsetzungsverfahren ein Restbetrag verbleibt, ist dieser ohnehin an den Unternehmer zurückzuerstatten (§ 37 VDuG, BTDrs 20/6520, 83; krit Sossna BB 2025, 329, 334: „irritierend realitätsfern", da Gefährdung der unternehmerischen Liquidität bei „maximalistischen" Verbraucheransprüchen, welche bei fehlendem Kostenrisiko erwartbar seien). Der „erste Aufschlag" erfolgt somit durch den Verband, der für die Schätzung Anhaltspunkte darlegen muss, die iS einer „sekundären Behauptungs- und Darlegungslast" durch das Unternehmen zu ergänzen bzw zu konkretisieren sind. Im Übrigen sind weitere prozessuale und materielle Erleichterungen für das Gericht zu bedenken (s Rn 6). Im Ergebnis wird das Gericht ein Aufklärungsdefizit bei der Konkretisierung des Gesamtbetrags überwinden müssen. Dies gilt auch für die Bildung notwendiger Untergruppen bei der Berechtigung (Stadler ZZP 136 [2023], 139, die für die Konkretisierung des Gesamtschadens dem Verband eine **Stufenklage** empfiehlt). Dabei ist zu bedenken, dass Belege und Nachweise zum individuellen Schaden des jeweiligen Verbrauchers erst im Umsetzungsverfahren vorgelegt werden müssen (Heerma ZZP 136 [2023], 425, 436), diese somit bei der Schätzung des Gesamtbetrags nicht zur Verfügung stehen. Eine Erhöhung des (kompensatorischen) Gesamtbetrags durch das Gericht um eine „Marge" für die Honorierung von **Drittfinanzierungen** ist von vornherein ausgeschlossen (Schneider/Conrady/Kapoor BB 2023, 2183). Denkbar erscheint dagegen, in den kollektiven Gesamtbetrag **Zinsanteile** (§§ 286, 288 BGB) für verspätete Zahlung aufzunehmen und diesen damit entsprechend zu erhöhen. Zur eintretenden **Insolvenz** des verurteilten Untermehmens s Thönissen KTS 2023, 205, 214; Meller-Hannich NZI 2024, 745, 746: „fingierte Masse". 4

3) Vorläufigkeit der Verurteilung. Die Verurteilung des Unternehmers zur Zahlung des Gesamtbetrags in der Urteilsformel des Abhilfeendurteils nach § 18 II VDuG ist überdies nur **vorläufiger Art**, da der Betrag nach § 21 VDuG nachträglich erhöht werden kann (abw Vorschlag von Bruns ZZP 134 [2021], 421, für abschlie- 5 ßende Gesamtabhilfesumme). Dadurch ist auch die Rechtskraftwirkung des Abhilfeendurteils begrenzt (krit Bruns ZZPInt 27 [2022], 323; Stadler ZZP 136 [2023], 136; s näher § 21 VDuG Rn 5).

6 **III) Prozessuale und materielle Erleichterungen.** Durch die Verweisung in **§ 19 II VDuG** wird klargestellt, dass die bei § 287 ZPO geltenden prozessualen Erleichterungen zur **Schadensermittlung** entsprechend gelten. Insb kommen für die Schätzung des Gesamtbetrags die Erleichterungen für das Beweismaß und das Beweisverfahren zur Anwendung (BTDrs 20/6520, 83; richtig MskV/Stadler Rn 1: Absenkung des Beweismaßes gilt nicht für haftungsbegründende Kausalität), wobei verifizierbare Anhaltspunkte für das Schätzungsergebnis existieren sollten (s zur Bemessung der Gesamtfahrleistung eines KFZ für Nutzungsvorteil BGH NJW 2022, 463 = ZIP 2021, 2335; allgemein zu § 287 ZPO Stadler FS Roth, 2021, S 539 f), so dass dieses nicht haltlos erscheint (BGH NJW-RR 2014, 545; sa Rn 5). Denn es handelt sich um keine bloße Billigkeitsentscheidung (BGH NJW-RR 2016, 892). Das Erfordernis des Wahrheitsbeweises nach § 286 ZPO ist für den Umfang der Haftung jedoch eingeschränkt. **Wahrscheinlichkeitsbetrachtungen** sind dem Gericht erlaubt. Dadurch sollen aufwändige Tatsachenermittlungen und umfangreiche Beweisaufnahmen für das Gericht vermieden werden. Dies gilt insbesondere für die Vornahme von Einzelprüfungen zur Schadenshöhe (BTDrs 20/6520, 83; s Thönissen ZRP 2025, 139, 141 zur Einführung eines Mindestschadens). Ansonsten wäre die Effektivität des Abhilfeklageverfahrens gefährdet. Gleichwohl kann das Gericht nach seinem **Ermessen** eine Beweisaufnahme anordnen und durchführen, wenn es dies für geboten hält (sa BTDrs 20/6520, 83 u BGH NJW-RR 2021, 76: Sachverständigengutachten). Die Beweislastverteilung wird durch § 287 ZPO nicht abgewandelt (BGH NJW 1970, 1971; ebenso nun Skauradszun/Skauradszun Rn 8; Skauradszun MDR 2024, 742). Das bedeutet iE, dass der einzelne Verbraucherschaden nicht – wie üblich – nach der Differenzhypothese (§ 249 I BGB) ermittelt wird, um dann infolge durch Addition einer Gesamtsumme zugeführt zu werden (richtig Heerma ZZP 136 [2023], 436). IE muss die Befugnis des Gerichts bei der Schadensfeststellung weit ausgestaltet sein (Gsell/Meller-Hannich Folgegutachten v 23.2.2022, 42 ff; Skauradszun MDR 2024, 742: „überwiegende, aber auf gesicherter Grundlage beruhende Wahrscheinlichkeit"). Mit Recht wird *de lege ferenda* empfohlen, die richterliche Schätzung auch durch (kollektive) Pauschalisierungen zu unterstützen, die im **materiellen Recht** ihre Grundlage finden sollten und – weg vom Einzelfall – eine typische Bewertung von Schäden erlauben (so etwa Stadler ZZP 136 [2023], 139; allgemein zur „Kompensation ohne Schaden" Stadler FS Roth, 2021, S 539 f, 557; Gsell/Meller-Hannich JZ 2022, 421, 430; sa Roquette/Stieglmeier SchiedsVZ 2023, 177 zur Zulässigkeit von *Global Claims* im englischen Recht). Die Einführung neuer Schadenspauschalisierungen nach dem Muster der Fluggastrechteverordnung wäre hilfreich, sofern sie auf den kollektiven Rechtsschutz begrenzt blieben.

§ 20 Kosten des Umsetzungsverfahrens

(1) Kosten des Umsetzungsverfahrens im Sinne dieses Gesetzes sind:

1. die Auslagen des Sachwalters, insbesondere Verbindlichkeiten, die er zur ordnungsgemäßen Erfüllung seiner Aufgaben begründet, und

2. die Vergütung des Sachwalters.

(2) Die Kosten des Umsetzungsverfahrens trägt der Unternehmer.

IdF des G zur Umsetzung der Richtlinie (EU) 2020/1828 über Verbandsklagen zum Schutz der Kollektivinteressen der Verbraucher und zur Aufhebung der Richtlinie 2009/22/EG sowie zur Änderung des Kapitalanleger-Musterverfahrensgesetzes (Verbandsklagenrichtlinienumsetzungsgesetz – VRUG) v 8.10.2023 (BGBl 2023 I Nr 272) mWv 13.10.2023.

1 **I) Kosten des Umsetzungsverfahrens.** Die Kosten des Umsetzungsverfahrens (im Sinne dieses Gesetzes), die nach § 20 II VDuG der Unternehmer zu tragen hat, sind die Auslagen des Sachwalters und seine Vergütung (§ 20 I Nr 1, 2 VDuG; sa BTDrs 20/6520, 83). Davon zu unterscheiden sind die Gerichtskosten, welche im Umsetzungsverfahren entstehen, wofür die Vorschriften des Gerichtskostengesetzes (GKG) maßgeblich sind (BTDrs 20/6520, 83). Nach Nr 1660 GKG-KV fällt hier eine 1,0-Gebühr an. Sie bestimmt sich nach § 59a GKG nach dem Gesamtwert der von dem Umsetzungsverfahren erfassten Ansprüche.

2 **1) Auslagen.** Als **Auslagen** des Sachwalters anerkannt werden Verbindlichkeiten, die dieser im Rahmen seiner Befugnisse zur ordnungsgemäßen Aufgabenerfüllung begründet. In diesem Fall hat der Sachwalter auch einen Anspruch auf Erstattung (§ 32 I Nr 1 VDuG). Denkbar ist, dass Aufträge an **dritte Personen** vergeben werden, die den Sachwalter bei der zügigen Aufgabenwahrnehmung im Umsetzungsverfahren unterstützen soll (sa BTDrs 20/6520, 83). So wird dies vor allem Bereiche betreffen, welche dem Sachwalter kaum selbst überantwortet werden können, wie der **Betrieb eines Online-Portals**, das der digitalen Eingabe von Berechtigungsnachweisen durch Verbraucher dient (so BTDrs 20/6520, 83; zust Skauradszun/Skauradszun Rn 8: auch Kosten für eine angemessene Berufshaftpflichtversicherung). Feste Grenzen, in welchem Umfang der Sachwalter dritte

Personen zur Unterstützung heranziehen darf, existieren nicht. Bei komplizierten Umsetzungsverfahren kann der Sachwalter in größerem Umfang auf Spezialisten zurückgreifen, um eine effektive Verfahrensdurchführung zu gewährleisten. Dem **Umsetzungsfonds** darf der Sachwalter nur nach Anordnung des Gerichts Beträge zur Kostenbegleichung entnehmen (§ 25 III 2 VDuG).

2) Vergütung. Die Kosten des Umsetzungsverfahrens umfassen nach § 20 I Nr 1 VDuG auch die Vergütung des Sachwalters, sofern sie angemessen ist (s § 32 I Nr 2 VDuG). 3

II) Kostentragung durch Unternehmer. § 20 II VDuG legt die Kosten des Umsetzungsverfahrens grds dem Unternehmer auf (s ebenso § 26a GKG), weil Verbraucher nach ErwGr 36 u 38 RL (EU) 2020/1828 keine Verfahrenskosten tragen sollen. Die Gesetzesbegründung schlägt überdies eine Parallele zum zivilprozessualen Vollstreckungsrecht vor (BTDrs 20/6520, 83). Ohne Umsetzungsverfahren wäre eine Zwangsvollstreckung des Titels erforderlich, wenn nicht freiwillig erfüllt wird, so dass auch hier der Unternehmer als Vollstreckungsschuldner die Kosten zu tragen hätte (§ 788 ZPO). Für den kooperierenden Unternehmer führt Skauradszun/Skauradszun Rn 17 hingegen als maßgeblichen Kostenaspekt an, dass dieser ein eigenes Prüfungsinteresse habe, um missbräuchliche Anmeldungen herauszufiltern. 4

§ 21 Erhöhung des kollektiven Gesamtbetrags

(1) [1]Die klageberechtigte Stelle kann während des Umsetzungsverfahrens die Erhöhung des kollektiven Gesamtbetrags beantragen. [2]Die Klage ist nur zulässig, wenn die klageberechtigte Stelle Tatsachen vorträgt, aus denen sich ergibt, dass der kollektive Gesamtbetrag nicht zur Erfüllung der berechtigten Zahlungsansprüche aller angemeldeten Verbraucher ausreicht.

(2) [1]Reicht der kollektive Gesamtbetrag nicht zur Erfüllung der berechtigten Zahlungsansprüche aller angemeldeten Verbraucher aus, so ist der Unternehmer zur Zahlung eines weiteren kollektiven Gesamtbetrags zu verurteilen, der der Erhöhung entspricht. [2]§ 19 gilt entsprechend. [3]Das Umsetzungsverfahren ruht während des Erhöhungsverfahrens.

IdF des G zur Umsetzung der Richtlinie (EU) 2020/1828 über Verbandsklagen zum Schutz der Kollektivinteressen der Verbraucher und zur Aufhebung der Richtlinie 2009/22/EG sowie zur Änderung des Kapitalanleger-Musterverfahrensgesetzes (Verbandsklagenrichtlinienumsetzungsgesetz – VRUG) v 8.10.2023 (BGBl 2023 I Nr 272) mWv 13.10.2023.

I) Antrag auf Erhöhung des kollektiven Gesamtbetrags. 1) Zweck der Erhöhungsklage. Während des Umsetzungsverfahrens kann sich ergeben, dass der im Abhilfeendurteil bestimmte kollektive Gesamtbetrag (§ 18 II, § 19 VDuG) nicht ausreicht, worüber der Sachwalter zu informieren hat (§ 27 Nr 8 VDuG). **§ 21 I 1 VDuG** erlaubt deswegen die Beantragung einer **nachträglichen Erhöhung** des kollektiven Gesamtbetrags im Wege der Klage durch den Verband (Erhöhungsklage). Der Gesetzgeber sieht die Rechtfertigung dafür in den Unsicherheiten bei der anfänglichen Bezifferung des Betrags begründet (BTDrs 20/6520, 84; s zur Schätzung § 19 VDuG Rn 1 f). Die Erhöhung erlaubt es, alle berechtigten Zahlungsansprüche im Umsetzungsverfahren zu erfüllen. Dadurch wird vermieden, dass Verbraucher noch offene Ansprüche später im Rahmen einer Individualklage verfolgen müssen (§ 39 VDuG; BTDrs 20/6520, 84). Überdies werden die Effektivität sowie die Konzentrationswirkung des Umsetzungsverfahrens gesteigert (krit zu diesem Konzept jedoch Meller-Hannich VersR 2023, 1327). Richtig ist allerdings der Hinweis, dass aufgrund der bloßen Existenz der Erhöhungsklage der Unternehmer durch Bestreiten der angemeldeten Ansprüche regelmäßig versuchen wird, seine Verantwortlichkeit so gering wie möglich zu halten (Stadler ZZP 136 [2023], 136). Denn auch eine **Wiederholung** der Erhöhungsklage scheint nach der gesetzlichen Konzeption nicht ausgeschlossen zu sein (Bruns ZZPInt 27 [2023], 323). Der Gesetzgebungsvorschlag von Bruns ZZP 134 [2021], 421 f, 430, 432, sah hingegen eine abschließende, in einen Fonds einzubezahlende Gesamtsumme vor, welche erforderlichenfalls anteilig gekürzt werden sollte. Eine Entsprechung (§ 21 VDuG analog) zu Gunsten des Unternehmers (Klage auf Verringerung des angesetzten Betrages, so Gsell GRUR 2024, 979, 989) wird mit Blick auf § 37 VDuG mehrheitlich abgelehnt (sa Skauradszun MDR 2024, 743). 1

2) Zulässigkeit der Erhöhungsklage. Die klageberechtigte Stelle muss die Erhöhung beim **Prozessgericht** mittels Klage verlangen, indem sie Tatsachen vorträgt, die die Annahme rechtfertigen, dass der bisher festgesetzte Betrag (s § 18 VDuG Rn 6) nicht zur Befriedigung der berechtigten Zahlungsansprüche aller angemeldeten Verbraucher genügt (Thönissen r+s 2023, 750), wobei auf die Informationen des Sachwalters rekurriert werden kann (s Rn 1). Dieser Vortrag bildet eine notwendige **Zulässigkeitsvoraussetzung** für die Erhöhungsklage. Der 2

Klageweg ist iÜ auch dann zu beschreiten, wenn der Unternehmer sich nicht gegen die Erhöhung wendet (§ 93 ZPO gilt insoweit nicht). Die Klage ist nur zulässig, wenn die Beendigung des Umsetzungsverfahrens noch nicht festgestellt ist (§ 36 VDuG).

3 **II) Begründetheit der Erhöhungsklage.** Die Klage hat Erfolg, wenn der im Abhilfeendurteil ausgesprochene kollektive Gesamtbetrag zu niedrig bestimmt war, um alle berechtigten Ansprüche der angemeldeten Verbraucher zu befriedigen (sa Skauradszun/Skauradszun Rn 14: etwa infolge einer Rechtsprechungsänderung). Die erforderliche Erhöhung wird wiederum durch Schätzung nach **§ 19 iVm § 21 II 2 VDuG** ermittelt. Der Unternehmer wird durch **Urteil** (weiteres Abhilfeendurteil analog § 18 VDuG; ebenso Skauradszun/Skauradszun Rn 21) zur Zahlung eines **weiteren kollektiven Gesamtbetrags** verurteilt, der der Erhöhung entspricht (BTDrs 20/6520, 84). Das zuvor ergangene Abhilfeendurteil gilt iÜ weiterhin (BTDrs 20/6520, 84), was auch in der Tenorierung im Erhöhungsurteil zum Ausdruck kommen sollte. Allerdings ist es möglich, mit dem Erhöhungsurteil bisherige Unklarheiten des Sachwalters bei der Auslegung des Urteilstenors zu klären. Nach § 48 I 3 GKG nF beträgt die Streitwertobergrenze für das Erhöhungsverfahren 300.000 Euro, wobei Erhöhungs- und Abhilfeverfahren getrennt betrachtet werden (BTDrs 20/6520, 130; BTDrs 20/7631, 114, 115).

4 **III) Fortsetzung des Umsetzungsverfahrens.** Nach § 21 II 3 VDuG **ruht** das Umsetzungsverfahren **während** des Erhöhungsverfahrens automatisch (§ 249 I ZPO gilt analog). Nachdem dieses abgeschlossen ist, wird das Umsetzungsverfahren fortgesetzt, beginnt somit nicht neu (sa BTDrs 20/6520, 84). Der BR hatte im Gesetzgebungsverfahren darauf hingewiesen, dass das Ruhenlassen des Umsetzungsverfahrens durch den Sachwalter bereits sinnvoll sei, sobald für ihn absehbar werde, dass der Gesamtbetrag nicht zur vollständigen Erfüllung aller angemeldeten Ansprüche genüge (BTDrs 20/6878, 3). Da die Erhebung der Erhöhungsklage durch den Verband möglicherweise zu spät erfolge, seien bis dahin Einzelansprüche in voller Höhe auszugleichen, obwohl nicht alle Ansprüche befriedigt werden könnten. Als Alternative hielt der BR auch Abschlagsverteilungen (entspr § 187 II 1 InsO) für denkbar (BTDrs 20/6878, 3). Die Bundesregierung sah jedoch angesichts von § 27 Nr 7, 9 VDuG, der dem Sachwalter die Erstellung eines Zahlungsplans für die Gesamthöhe der berechtigten Ansprüche und erforderlichenfalls die gleichmäßige Verteilung des Gesamtbetrags aufgebe, keinen Regelungsbedarf (BTDrs 20/6878, 9).

5 **IV) Rechtskraft des Abhilfeendurteils.** Durch die nachträgliche Erhöhungsklage wird die **Rechtskraftwirkung** des Abhilfeendurteils, das grds mit der **Revision** angreifbar ist (§ 18 IV VDuG), in Frage gestellt (sa Stadler ZZP 136 [2023], 136; Bruns ZZPInt 27 [2022], 323). Die Erhöhungsklage ist mit einer Abänderungsklage (§ 323 ZPO) funktionell nicht vergleichbar (so jedoch BTDrs 20/6520, 130: „§ 323 ZPO nachgebildet"; Hk-VDuG/Röthemeyer Rn 1). Deswegen ist die Kritik nicht nur aus dogmatischer Sicht berechtigt: Eine Verurteilung des Unternehmers durch Schätzung nach § 287 ZPO iVm § 19 II VDuG erwächst in Rechtskraft, so dass eine nochmalige Verhandlung und Entscheidung unzulässig wäre, wenn der Streitgegenstand identisch bleibt (Bruns ZZPInt 27 [2022], 323 f; allgemein StJ/Althammer § 322 ZPO Rn 36). Nicht zuletzt aus verfassungsrechtlichen Gründen und dem Gebot der Verfahrensfairness ist es notwendig, dass der Unternehmer irgendwann Rechtssicherheit erlangt. Dabei ist zu bedenken, dass das erhöhende Abhilfeendurteil nach § 21 I VDuG wiederum mit der Revision angreifbar sein dürfte (§ 18 IV VDuG entspr; Skauradszun/Skauradszun Rn 23) und insgesamt das Umsetzungsverfahren damit in die Länge gezogen wird. Nur in dogmatischer Hinsicht ließe sich die Rechtskraftproblematik evtl durch Annahme zweier unterschiedlicher materiellrechtlicher Ansprüche des Verbands – zunächst auf Abschlagszahlung nach § 18 II, § 19 VDuG u sodann auf Nachforderung/Erhöhung iSv § 21 VDuG – entschärfen (so Bruns ZZPInt 27 [2022], 323 f), mit der Folge, dass auch unterschiedliche Klägerinteressen (Streitgegenstände) vorlägen. Der verzögernde Effekt einer oder mehrerer Erhöhungsklagen bleibt jedoch erhalten.

6 **V) Gebühren. 1) Gericht:** Für Erhöhungsklage 1212, 1213 GKG-KV; der Streitwert bestimmt sich nach dem begehrten Erhöhungsbetrag, begrenzt auf 300.000 Euro (§ 48 I 3 GKG; s Rn 3). – **2) RA:** Abhilfeklage, Umsetzungsverfahren und Erhöhungsklage sind jew unterschiedl Angelegenheiten (§ 17 Nr 5a RVG). Es entstehen die regelmäßigen Geb 3100 ff RVG-VV.

Unterabschnitt 3
Umsetzungsverfahren (§§ 22-38)

§ 22 Zuständigkeit; Entscheidungen im Umsetzungsverfahren

(1) Für das Umsetzungsverfahren ist ausschließlich das Prozessgericht der Abhilfeklage zuständig.

(2) Die Entscheidungen des Gerichts im Umsetzungsverfahren können ohne mündliche Verhandlung ergehen.

IdF des G zur Umsetzung der Richtlinie (EU) 2020/1828 über Verbandsklagen zum Schutz der Kollektivinteressen der Verbraucher und zur Aufhebung der Richtlinie 2009/22/EG sowie zur Änderung des Kapitalanleger-Musterverfahrensgesetzes (Verbandsklagenrichtlinienumsetzungsgesetz – VRUG) v 8.10.2023 (BGBl 2023 I Nr 272) mWv 13.10.2023.

I) Überblick zum Umsetzungsverfahren. 1) Zweck. Das Umsetzungsverfahren im **weiten Sinne** schließt sich an das (idR rechtskräftige; s § 24 VDuG Rn 3) **Abhilfeendurteil** (§ 18 VDuG) an. Im nach § 24 VDuG förmlich eröffneten Umsetzungsverfahren **im engen Sinne** werden die Ansprüche von Verbrauchern oder Kleinunternehmen (§ 1 II VDuG), die sich wirksam nach § 46 VDuG angemeldet hatten, anhand der inhaltlichen Voraussetzungen des Abhilfegrundurteils (§ 16 II VDuG) vom Sachwalter geprüft und erfüllt (§ 362 BGB; § 25 III VDuG). Für diese Personen entfällt sowohl die Notwendigkeit einer Individualklage als auch einer eigenen Zwangsvollstreckung gegen den Unternehmer. Das Umsetzungsverfahren stellt eine Verlängerung der Zwangsvollstreckung aus Titeln nach §§ 16, 18, 21 VDuG dar. Seine Regelung ist der Schifffahrtsrechtlichen Verteilungsordnung nachempfunden (BTDrs 20/6520, 85). 1

2) Beginn; Ende. Das Umsetzungsverfahren **im weiten Sinn** beginnt mit der Ernennung des Sachwalters (§ 23 I VDuG). Es endet nach vollständiger Befriedigung aller Anmelder mit dem Beschluss nach § 36 VDuG oder mit seiner vorzeitigen Einstellung nach § 38 I VDuG im Falle der Insolvenz des Unternehmers. Das Umsetzungsverfahren **im engen Sinn**, welches die Verteilung des erfolgreich gebildeten Umsetzungsfonds zum Gegenstand hat, beginnt mit dem Eröffnungsbeschluss nach § 24 VDuG. 2

3) Abgrenzung. Kein Umsetzungsverfahren findet statt wegen eines klagestattgebenden Urteils bei einer **Abhilfe-Sammelklage** (§ 14 S 1 VDuG, § 16 I 2 VDuG; s § 1 VDuG Rn 15), das nach dem Buch 8 der ZPO durch den Kläger zugunsten der namentlich benannten Verbraucher vollstreckt wird (s § 13 VDuG Rn 8); Gleiches gilt bei einer Verurteilung zur Vornahme einer Handlung (s § 13 VDuG Rn 18; **aA** Althammer § 16 VDuG Rn 3: hier Umsetzungsverfahren erforderlich). Bei einer Musterfeststellungsklage (§ 1 I Nr 2, § 41 VDuG; s § 1 VDuG Rn 17) erfolgt, abgesehen von den Kosten, ohnehin keine Zwangsvollstreckung. 3

II) Zuständigkeit (§ 22 I VDuG). Das (Prozess-)Gericht (§§ 3, 22 I VDuG) ist für alle gerichtlichen Maßnahmen im Umsetzungsverfahren ausschließlich örtlich, sachlich und funktionell zuständig. Es übt bis zur Beendigung des Umsetzungsverfahrens (§§ 36, 38 VDuG), ähnlich einem Insolvenzgericht, eine **überwachende und verwaltende Tätigkeit** aus; eine Übertragung einzelner Aufgaben auf den Rechtspfleger oder auf den Einzelrichter ist (bis auf § 28 IV 3 VDuG) nicht vorgesehen. 4

III) Aufgaben des Gerichts. 1) Allgemeines. Das Gericht hat im Umsetzungsverfahren gegenüber dem Sachwalter eine **leitende und überwachende Funktion**. Mit individuellen Verbraucheransprüchen wird das Gericht nur im Rahmen des Widerspruchsverfahrens nach § 28 IV VDuG oder bei Vollstreckungsmaßnahmen nach § 29 VDuG befasst. 5

2) Gerichtliche Tätigkeiten im Umsetzungsverfahren. Typische Maßnahmen und Entscheidungen des Gerichts im Umsetzungsverfahren sind die Bestellung/Entlassung des Sachwalters (§ 23 I VDuG; § 30 III 2 VDuG), Entscheidung über dessen Ablehnung (§ 23 IV VDuG), die förmliche Eröffnung des Umsetzungsverfahrens (§ 24 VDuG), das Verhängen von Zwangsmitteln gegen den Unternehmer zur Vollstreckung von vertretbaren oder nicht vertretbaren Handlungen (§ 29 VDuG), einzelne Maßnahmen zur Anleitung und Überwachung des Sachwalters (§ 30 II, III VDuG), die Entscheidung über Kosten, Vergütung und Vorschüsse des Sachwalters (§ 32 II VDuG), die Prüfung von Schlussbericht und Schlussrechnung (§§ 34, 35 VDuG), eine Aussetzung oder Einstellung (§ 38 I VDuG) sowie die Entscheidung über die Beendigung des Umsetzungsverfahrens (§ 36 VDuG). Daneben ist das Gericht weiter für die Übermittlung der im Verbandsklageregister zu veröffentlichen Entscheidungen und Mitteilungen an das BfJ verantwortlich (§ 45 VDuG; § 2 II VKRegV). 6

IV) Verfahren (§ 22 II VDuG). Das gerichtliche Verfahren bestimmt sich gem § 13 I 1 VDuG nach den Vorschriften der ZPO (sa § 4 InsO), was aber im Umsetzungsverfahren unpassend ist. So widerspräche die Geltung des Beibringungsgrundsatzes der dortigen Aufgabe des Gerichts, den Sachwalter zu überwachen und anzuleiten. Die gerichtlichen Maßnahmen erfolgen analog § 5 I InsO **von Amts wegen**, es gilt die **Amtsermittlung**. Eine mündliche Verhandlung ist im Umsetzungsverfahren generell nicht notwendig (§ 22 II VDuG). Die jeweiligen Verfahrensbeteiligten (zB Kläger, Beklagter, Sachwalter, Anmelder) werden in den konkreten Verfahren anhand ihrer rechtlichen Stellung und dem Gegenstand des Verfahrens bestimmt. 7

V) Rechtsmittel. Gegen im Umsetzungsverfahren im **weiten Sinn** erlassene Beschlüsse hat das Gericht nach den allgemeinen Vorschriften der ZPO (§ 574 I 1 Nr 2, III ZPO) die **Rechtsbeschwerde** unter den Voraussetzungen des § 574 II ZPO zuzulassen. Wird die Rechtsbeschwerde nicht zugelassen, kommen als Rechtsbehelfe die **Gehörsrüge** (§ 321a ZPO iVm § 13 I 2 VDuG) oder die **Gegenvorstellung** in Betracht. 8

VI) Gebühren. 1) Gericht: 1650 GKG-KV: 1,0 Geb. Streitwert: § 59a GKG. Alleinige Kostenhaftung des Unternehmers nach § 26a GKG. – **2) RA:** Abhilfeklage und Umsetzungsverfahren sind unterschiedl Angelegenheiten (§ 17 Nr 5a RVG). Es entsteht 0,5 Verfahrensgeb (3339 RVG-VV), für RA des Unternehmers aus Wert des kollektiven Gesamtbetrags, für Verbraucher-RA aus individuellem Interesse (§ 24 RVG); bei Vertretung mehrerer Verbraucher entsteht die Geb jew gesondert (3339 RVG-VV aE). 9

§ 23 Bestellung des Sachwalters

(1) [1]Das Gericht bestellt einen Sachwalter. [2]Vor der Bestellung sollen die Parteien des Abhilfeverfahrens zur Person des Sachwalters gehört werden.

(2) [1]Zum Sachwalter ist eine geeignete und von den Parteien unabhängige Person zu bestellen. [2]Die Unabhängigkeit wird nicht schon dadurch ausgeschlossen, dass die Person von einer Partei vorgeschlagen worden ist. [3]Das Gericht kann von der als Sachwalter vorgesehenen Person den Nachweis einer Berufshaftpflichtversicherung verlangen, deren Deckungssumme dem Umfang des Umsetzungsverfahrens angemessen ist.

(3) [1]Der Sachwalter erhält vom Gericht eine Urkunde über seine Bestellung. [2]Bei Beendigung seines Amtes hat der Sachwalter dem Gericht die Urkunde zurückzugeben.

(4) [1]Ein Sachwalter kann von den Parteien aus denselben Gründen, die nach § 42 der Zivilprozessordnung zur Ablehnung eines Richters berechtigen, abgelehnt werden. [2]Der Ablehnungsgrund ist glaubhaft zu machen; zur Versicherung an Eides statt darf die Partei nicht zugelassen werden. [3]Ein Sachwalter kann auch wegen Ungeeignetheit abgelehnt werden.

(5) [1]Ein Ablehnungsantrag ist binnen zwei Wochen nach der Verkündung oder der Zustellung des Beschlusses über die Bestellung zu stellen. [2]Zu einem späteren Zeitpunkt ist der Antrag auf Ablehnung nur zulässig, wenn die Partei glaubhaft macht, dass sie ohne ihr Verschulden verhindert war, den Ablehnungsgrund früher geltend zu machen.

(6) Gegen den Beschluss, durch den die Ablehnung für begründet erklärt wird, findet kein Rechtsmittel statt.

IdF des G zur Umsetzung der Richtlinie (EU) 2020/1828 über Verbandsklagen zum Schutz der Kollektivinteressen der Verbraucher und zur Aufhebung der Richtlinie 2009/22/EG sowie zur Änderung des Kapitalanleger-Musterverfahrensgesetzes (Verbandsklagenrichtlinienumsetzungsgesetz – VRUG) v 8.10.2023 (BGBl 2023 I Nr 272) mWv 13.10.2023.

Lit: *Dahl/Linnenbrin*, Die Position des Sachwalters im Umsetzungsverfahren der neuen Verbandsabhilfeklage nach VDuG, NZI 2024, 33.

1 **I) Bestellung des Sachwalters. 1) Zeitpunkt.** Da der Sachwalter das Bankkonto für den Umsetzungsfonds einrichten muss (§ 25 VDuG Rn 1), ist er spätestens **nach Eintritt der Rechtskraft** des Abhilfeendurteils zu ernennen. Im Einzelfall kann eine frühere Ernennung erforderlich werden (zB bei einer vorläufigen Vollstreckung des Abhilfeendurteils, s § 13 VDuG Rn 18; Skauradszun/Dahl/Linnenbrink § 23 VDuG Rn 9). Im Zeitpunkt der Ernennung des Sachwalters ist daher noch offen, ob die Kosten (§ 18 I Nr 2 VDuG, § 24 VDuG) und der kollektive Gesamtbetrag (§ 18 II VDuG; § 24 VDuG) tatsächlich einbezahlt werden oder vollstreckt werden können.

2 **2) Verfahren (§ 23 I VDuG); Bestellung.** Der Sachwalter ist vom Gericht (§ 22 I VDuG; dh OLG/BayObLG mangels Sonderregelung als Kollegialorgan) durch Beschluss zu bestellen. Die Suche nach einer dazu bereiten Person erfolgt **vAw** (s § 22 VDuG Rn 7). Vor der Ernennung soll es die Parteien des Abhilfeverfahrens zur Person des Sachwalters hören (BTDrs 20/6520, 95).

3 Einer Begründung bedarf der Bestellungsbeschluss idR nicht. Der Beschluss ist im Verbandsklageregister **öffentlich bekannt zu machen** (§ 44 Nr 14 VDuG), was eine Verkündung oder Zustellung an die Parteien ersetzt. Das Amt des Sachwalters beginnt mit der nachfolgenden Annahme durch diesen; dieser erhält eine Urkunde über seine Bestellung (§ 23 III VDuG). Der Bestellungsbeschluss ist (wie bei § 56 I InsO) unanfechtbar.

4 **II) Person des Sachwalters (§ 23 II VDuG).** Die Regelung lehnt sich an § 9 I der Schifffahrtsrechtlichen Verteilungsordnung (SVertO) an. Es ist eine **geeignete** und von den Parteien des Abhilfeverfahrens **unabhängige** Person zu bestellen. Die Parteien können dazu Vorschläge machen.

5 Die Eignung richtet sich nach der Komplexität und der zu erwartenden Schwierigkeit des Umsetzungsverfahrens. Sachwalter können beispielsweise Rechtsanwälte, Steuerberater, Betriebswirte, Insolvenzverwalter oder Wirtschaftsprüfer sein. Bei umfangreichen oder komplexen Umsetzungsverfahren kommen praktisch nur Berufsträger in Betracht, die auch über entsprechend ausgestattete Büros und Personal verfügen. Zudem kann das Bestehen einer Berufshaftpflichtversicherung verlangt werden (s näher BTDrs 20/6520, 85).

6 **III) Ablehnung des Sachwalters (§ 23 IV; V; VI VDuG). 1) Allgemeines.** Das Ablehnungsrecht nach § 23 IV VDuG ist an § 406 ZPO (Sachverständigenablehnung) angelehnt. Anders als der gerichtliche Sachverständige, kann der Sachwalter aber auch wegen **Ungeeignetheit** abgelehnt werden (§ 23 IV 3 VDuG). Der Anwendungsbereich des Ablehnungsverfahrens kann sich mit einem Entlassungsverfahren nach § 30 III VDuG überschneiden.

7 **2) Ablehnungsgründe.** Die Ablehnung dient der Sicherstellung der **Unparteilichkeit des Sachwalters**; s näher § 42 ZPO. Die Erweiterung der Ablehnung wegen der **Ungeeignetheit des Sachwalters** wird in der Gesetzesbegründung nicht näher begründet. Die Ungeeignetheit kann sich aus der fehlenden Sachkunde oder wegen organisatorischer Unzulänglichkeit für die Abwicklung des Umsetzungsverfahrens ergeben. Im Ergebnis ersetzt sie

ein fehlendes Anfechtungsrecht gegenüber dem Bestellungsbeschluss, weil damit die Auswahlentscheidung nach § 23 II VDuG nochmals überprüft werden kann.

3) Ablehnungsverfahren. Nur die Parteien des Abhilfeverfahrens sind berechtigt, den Sachwalter abzulehnen. Ein **Ablehnungsrecht** der Anmelder besteht, auch im Widerspruchsverfahren nach § 28 IV VDuG, nicht. Der Ablehnungsantrag unterliegt der **Zwei-Wochen-Frist** gem § 23 V 1 VDuG (Fristbeginn: IdR Veröffentlichung, § 44 Nr 14 VDuG). Ein späterer Antrag ist nur unter den besonderen Voraussetzungen des § 23 V 2 VDuG zulässig. Der Ablehnungsgrund und der Grund für einen verspäteten Ablehnungsantrag sind glaubhaft zu machen. 8

4) Entscheidung; Veröffentlichung. Zuständig zur Entscheidung über den Ablehnungsantrag ist das **Gericht** (§ 22 I VDuG); es entscheidet als Kollegialorgan. Die andere Partei und der Sachwalter sind anzuhören. **Gibt** das Gericht dem Ablehnungsantrag **statt**, ist wie bei der Entlassung des Sachwalters zu verfahren und ein neuer Sachwalter zu bestellen. Der unanfechtbare (§ 23 VI VDuG) stattgebende Beschluss ist nach § 44 Nr 14 VDuG im Verbandsklageregister bekannt zu machen. 9

Bei der **zurückweisenden Entscheidung** hat das Gericht nach den allgemeinen Vorschriften der ZPO (§ 574 I 1 Nr 2, III ZPO) die Rechtsbeschwerde unter den Voraussetzungen des § 574 II ZPO zuzulassen. Der Beschluss ist dem Antragsteller zuzustellen, soweit die Rechtsbeschwerde zugelassen wird, sonst formlos mitzuteilen; er ist nicht im Verbandsklageregister bekannt zu machen. 10

§ 24 Eröffnungsbeschluss

Das Gericht beschließt die Eröffnung des Umsetzungsverfahrens, sobald der Unternehmer die folgenden Beträge zu Händen des Sachwalters gezahlt hat:

1. **den vorläufig festgesetzten Kostenbetrag (§ 18 Absatz 1 Nummer 2),**
2. **den kollektiven Gesamtbetrag (§ 18 Absatz 2), sofern der Unternehmer zur Zahlung eines solchen verurteilt ist.**

IdF des G zur Umsetzung der Richtlinie (EU) 2020/1828 über Verbandsklagen zum Schutz der Kollektivinteressen der Verbraucher und zur Aufhebung der Richtlinie 2009/22/EG sowie zur Änderung des Kapitalanleger-Musterverfahrensgesetzes (Verbandsklagenrichtlinienumsetzungsgesetz – VRUG) v 8.10.2023 (BGBl 2023 I Nr 272) mWv 13.10.2023.

I) Zweck. Die Eröffnung des **Umsetzungsverfahrens im engen Sinn** (§ 22 VDuG Rn 1) führt zu einer Zäsur. Der Sachwalter kann beginnen, die Ansprüche anhand der Anmeldungen und des Abhilfegrundurteils zu prüfen und auf deren Erfüllung (insb durch Auszahlungen aus dem kollektiven Gesamtbetrag) hinwirken. Im Falle der **Insolvenz** des Unternehmers gilt § 38 VDuG; das Umsetzungsverfahren ist dann ggf auszusetzen oder einzustellen. 1

II) Zeitpunkt. 1) Vollständige oder teilweise Zahlung. Das Umsetzungsverfahren ieS (§ 22 VDuG Rn 1) ist vom Gericht (§ 22 I VDuG) zu eröffnen, sobald die im Abhilfeendurteil ausgesprochene Zahlungspflicht (§ 18 I Nr 2 VDuG, § 18 II VDuG) erfüllt wurde. Dies verlangt jedenfalls die **vollständige Einzahlung des Kostenbetrages** (§ 24 Nr 1 VDuG). Sofern der geschuldete **kollektive Gesamtbetrag** (§ 18 II VDuG; § 24 Nr 2 VDuG) nur teilweise zur Verfügung steht, entscheidet das Gericht nach Ermessen, ob das Umsetzungsverfahren gleichwohl schon eröffnet wird (Umkehrschluss aus § 38 I 3 VDuG). In diesem Fall kann zunächst nur eine gleichmäßige Verteilung unter den Berechtigten erfolgen (§ 27 Nr 9 VDuG). Im Falle einer späteren Insolvenz des Unternehmers gilt § 38 I 3 VDuG, das Umsetzungsverfahren wird dann unabhängig von insolvenzrechtlichen Anfechtungstatbeständen zugunsten einer Befriedigung im Insolvenzverfahren eingestellt (s näher § 38 VDuG Rn 4, 7). 2

2) Zwangsvollstreckung. Leistet der verurteilte Unternehmer nicht freiwillig, bedarf es der **Zwangsvollstreckung**. Diese betreibt der Kläger nach den Vorschriften des Buchs 8 der ZPO (Münscher WM 2023, 2082, 2086). Titel ist das Abhilfeendurteil (§ 18 I, II VDuG). Dieses ist nach § 709 ZPO gegen Sicherheitsleistung für vorläufig vollstreckbar zu erklären; § 708 Nr 10 ZPO gilt nicht, da das OLG/BayObLG in einem erstinstanzlichen Verfahren entscheidet. Der klagende Verband dürfte aber kaum in der Lage sein, die erforderliche Sicherheitsleistung, die sich am Wert der geschuldeten Abhilfeleistung orientiert, zu erbringen. IdR wird daher eine Vollstreckung erst **nach Rechtskraft** des Abhilfeendurteils erfolgen können. Bis dahin kommt eine Sicherungsvollstreckung nach § 720a I 1, II ZPO in Frage. Die im Wege der Zwangsvollstreckung beigetriebenen Geldbeträge sind vom Vollstreckungsorgan an den Sachwalter zu übergeben bzw auf das von ihm dazu geführte Konto einzuzahlen (s § 25 VDuG Rn 1). 3

3) Nachweis der Zahlung. Der Sachwalter unterrichtet das Gericht über eingegangene Zahlungen (§ 27 Nr 1 VDuG), das Gericht kann ihn zur Auskunft auffordern (§ 30 I VDuG). 4

III) Verfahren; Veröffentlichung. Das Gericht (§ 22 I VDuG) entscheidet über die Eröffnung nach Anhörung der Parteien und des Sachwalters. Der Eröffnungsbeschluss ist im **Verbandsklageregister** öffentlich bekannt zu machen (§ 44 Nr 15 VDuG); dem Beklagten ist er förmlich zuzustellen (arg § 750 I ZPO; § 29 VDuG Rn 2), 5 dem Sachwalter formlos mitzuteilen. Das Gericht hat nach den allgemeinen Vorschriften der ZPO (§ 574 I 1 Nr 2, III ZPO) die Rechtsbeschwerde unter den Voraussetzungen des § 574 II ZPO zuzulassen. Der Eröffnungsbeschluss beschwert (nur) den Beklagten als Maßnahme der Zwangsvollstreckung iwS; lehnt das Gericht die Eröffnung ab, ist (nur) der Kläger beschwert.

§ 25 Umsetzungsfonds

(1) [1]Der Sachwalter errichtet einen Umsetzungsfonds. [2]In diesen sind der vorläufig festgesetzte Kostenbetrag und gegebenenfalls der kollektive Gesamtbetrag sowie gegebenenfalls dessen Erhöhung einzuzahlen.

(2) [1]Der Umsetzungsfonds ist vom Vermögen des Sachwalters getrennt zu führen. [2]Der Sachwalter verwaltet den Umsetzungsfonds und verfügt über ihn.

(3) [1]Berechtigte Ansprüche von Verbrauchern auf Zahlung erfüllt der Sachwalter unmittelbar durch Zahlung aus dem Umsetzungsfonds. [2]Beträge zur Begleichung von Kosten des Umsetzungsverfahrens und Vorschüsse darf der Sachwalter dem Umsetzungsfonds nur nach Anordnung des Gerichts entnehmen. [3]Diese Entnahmen dürfen in ihrer Gesamtsumme den vorläufig festgesetzten Kostenbetrag nicht übersteigen.

(4) Die Gelder des Umsetzungsfonds unterliegen nicht der Pfändung.

IdF des G zur Umsetzung der Richtlinie (EU) 2020/1828 über Verbandsklagen zum Schutz der Kollektivinteressen der Verbraucher und zur Aufhebung der Richtlinie 2009/22/EG sowie zur Änderung des Kapitalanleger-Musterverfahrensgesetzes (Verbandsklagenrichtlinienumsetzungsgesetz – VRUG) v 8.10.2023 (BGBl 2023 I Nr 272) mWv 13.10.2023.

1 **I) Umsetzungsfonds (§ 25 I 1, II, IV VDuG).** Für den Umsetzungsfonds eröffnet der Sachwalter nach seiner Bestellung (§ 23 III VDuG) bei einem Kreditinstitut ein **Bankkonto**. Dieses lautet auf den Namen des Sachwalters mit der zusätzlichen Bezeichnung als Umsetzungsfonds für das konkrete Abhilfeverfahren (vgl zu § 149 InsO; BGH NZI 2019, 414 = ZIP 2019, 718). Einen Kontrahierungszwang der Zahlungsdienstleister sieht das VDuG nicht vor (s zum InsVerwalter Mitlehner NZI 2019, 961). Auf dieses Konto können der Unternehmer oder Vollstreckungsorgane die geschuldeten Beträge, die im Umsetzungsverfahren zu verteilen sind, sowie die Kosten einzahlen. Gläubiger des Sachwalters können nicht in dieses Konto vollstrecken (§ 25 II 1; IV VDuG). Erfolgen gleichwohl Vollstreckungsmaßnahmen Dritter in dieses Konto, kann hiergegen Erinnerung nach § 766 ZPO eingelegt werden, soweit es sich nach außen klar erkennbar um Mittel des Umsetzungsfonds handelt. Daneben kann Klage gem § 771 ZPO erhoben werden, s näher § 771 ZPO Rn 14.27; antrags-/klageberechtigt sind die Parteien der Verbandsklage.

2 **II) Leistungen aus dem Umsetzungsfonds (§ 25 II 2; III VDuG). 1) Entnahmen zur Kostendeckung.** Der Sachwalter muss sich **Auslagen, Vergütung** sowie die entsprechenden **Vorschüsse** vom Gericht **genehmigen lassen** (§ 32 II VDuG). Erst nach gerichtlicher Anordnung darf er diese Beträge aus dem im Umsetzungsfonds enthaltenen vorläufig festgesetzten Kostenbetrag (§ 18 I Nr 2 VDuG) entnehmen.

3 **2) Erfüllung von Zahlungsansprüchen.** Der **kollektive Gesamtbetrag** (§ 19 I VDuG) dient ausschließlich der Erfüllung berechtigter Zahlungsansprüche der am Umsetzungsverfahren teilnehmenden Verbraucher/Kleinunternehmen (§ 26 VDuG). Ergibt die Prüfung des Sachwalters die Berechtigung eines Anspruchs, veranlasst er die Auszahlung aus dem kollektiven Gesamtbetrag an den Gläubiger (idR durch Überweisung). Die Auszahlung erfolgt auf der Grundlage der im Verfahren nach § 28 VDuG getroffenen **Feststellung zur Anspruchsberechtigung.** Dies ist entweder die Mitteilung des Sachwalters nach § 28 I VDuG oder die Widerspruchsentscheidung des Gerichts (§ 28 IV VDuG).

§ 26 Teilnahme am Umsetzungsverfahren

An dem Umsetzungsverfahren nehmen alle Verbraucher teil, die ihre Ansprüche wirksam zum Verbandsklageregister angemeldet haben und die ihre Anmeldung nicht wirksam zurückgenommen haben.

IdF des G zur Umsetzung der Richtlinie (EU) 2020/1828 über Verbandsklagen zum Schutz der Kollektivinteressen der Verbraucher und zur Aufhebung der Richtlinie 2009/22/EG sowie zur Änderung des Kapitalanleger-Musterverfahrensgesetzes (Verbandsklagenrichtlinienumsetzungsgesetz – VRUG) v 8.10.2023 (BGBl 2023 I Nr 272) mWv 13.10.2023.

1 ***I) Zweck.*** *An dem* Umsetzungsverfahren nehmen formal alle Verbraucher und Kleinunternehmen (§ 1 II VDuG) teil, die sich im Klageregister **rechtzeitig und wirksam angemeldet** haben und die ihre Anmeldung nicht frist- und formgerecht zurückgenommen haben. Die Regelung bestimmt abschließend den Kreis derer,

die von dem Sachwalter im Umsetzungsverfahren zu berücksichtigen sind. Ob sich die Abhilfegrundentscheidung auf diese Personen erstreckt und ob die danach verlangten Nachweise erbracht werden (§ 11 III 1 VDuG, § 16 I 1, II VDuG), ist Gegenstand der Prüfung des Sachwalters (§ 27 Nr 3, 4, 5 VDuG).

II) Prüfung der An- und Abmeldung. Der Sachwalter kann sich vom BfJ einen **Auszug aus dem Verbandsklageregister** erteilen lassen (§ 27 Nr 2 VDuG; § 6 I 2 VKRegV). Er prüft, ob die Anmeldung rechtzeitig und wirksam erfolgt ist. Die Unwirksamkeit einer Abmeldung ist von ihm nur zu prüfen, wenn sich diese Person gleichwohl am Umsetzungsverfahren beteiligen will. 2

§ 27 Aufgaben des Sachwalters

Der Sachwalter hat folgende Aufgaben und Befugnisse:

1. **er weist dem Gericht den Erhalt folgender Beträge nach:**
   a) **den Erhalt des vorläufig festgesetzten Kostenbetrags und**
   b) **für den Fall der Verurteilung zur Zahlung eines kollektiven Gesamtbetrags den Erhalt des kollektiven Gesamtbetrags sowie gegebenenfalls dessen Erhöhung,**
2. **er kann vom Bundesamt für Justiz einen Auszug aus dem Verbandsklageregister verlangen, der die am Umsetzungsverfahren teilnehmenden Verbraucher sowie sämtliche Angaben ausweist, die im Verbandsklageregister zu den geltend gemachten Ansprüchen vermerkt sind,**
3. **er prüft die Anspruchsberechtigung der am Umsetzungsverfahren teilnehmenden Verbraucher nach Maßgabe des Abhilfegrundurteils,**
4. **er setzt den am Umsetzungsverfahren teilnehmenden Verbrauchern, sofern er dies für erforderlich hält, eine Frist zur Vorlage der Berechtigungsnachweise,**
5. **er kann im Einzelfall ergänzende Erklärungen der Verbraucher oder des Unternehmers verlangen und zu diesem Zwecke Fristen setzen,**
6. **er kann nicht fristgerecht eingegangene Berechtigungsnachweise und Erklärungen zurückweisen, wenn er den betroffenen Verbraucher zuvor auf diese Rechtsfolge hingewiesen hat,**
7. **er stellt die Gesamthöhe der berechtigten Ansprüche aller Verbraucher auf Zahlung in einem Auszahlungsplan zusammen,**
8. **er informiert die Parteien, sofern der kollektive Gesamtbetrag nicht zur Erfüllung der berechtigten Zahlungsansprüche aller angemeldeten Verbraucher ausreicht,**
9. **er erfüllt berechtigte Ansprüche von Verbrauchern auf Zahlung und sorgt für den Fall, dass nach dem Auszahlungsplan der kollektive Gesamtbetrag nicht zur Erfüllung der berechtigten Ansprüche aller Verbraucher ausreicht, für eine gleichmäßige Verteilung,**
10. **er fordert für den Fall der Verurteilung zu einer anderen Leistung als zur Zahlung den Unternehmer zur Erfüllung berechtigter Verbraucheransprüche auf, setzt ihm zu diesem Zweck angemessene Fristen und verlangt die Anzeige der Erfüllung sowie die Vorlage von Nachweisen und**
11. **er kann die Erfüllung geltend gemachter Ansprüche von Verbrauchern ganz oder teilweise ablehnen.**

IdF des G zur Umsetzung der Richtlinie (EU) 2020/1828 über Verbandsklagen zum Schutz der Kollektivinteressen der Verbraucher und zur Aufhebung der Richtlinie 2009/22/EG sowie zur Änderung des Kapitalanleger-Musterverfahrensgesetzes (Verbandsklagenrichtlinienumsetzungsgesetz – VRUG) v 8.10.2023 (BGBl 2023 I Nr 272) mWv 13.10.2023.

I) Zweck. Die Regelung beschreibt die **Aufgaben und Befugnisse**, die dem Sachwalter bei der Umsetzung der Abhilfegrundentscheidung im Umsetzungsverfahren zukommen. Der nach § 23 I VDuG bestellte Sachwalter nimmt seine Tätigkeit nach Erlass des Eröffnungsbeschlusses (§ 24 VDuG) auf. Er prüft die Berechtigung der am Umsetzungsverfahren teilnehmenden Verbraucher/Kleinunternehmen **eigenverantwortlich** und veranlasst die Befriedigung berechtigter Ansprüche. 1

II) Überblick zur Tätigkeit. 1) Prüfung der angemeldeten Ansprüche (§ 27 Nr 2-6 VDuG). Der Sachwalter prüft in einem von ihm ausgestalteten Verfahren (unter Nutzung digitaler Datenbanken und Kommunikationswege), ob die Anmelder nach Maßgabe des Abhilfegrundurteils einen Leistungsanspruch haben (Röthemeyer VuR 2023, 332/335). Dazu muss er auch feststellen, ob es sich bei den Anmeldern um Verbraucher (§ 29c ZPO; s § 1 VDuG Rn 8) oder Kleinunternehmen (§ 1 II VDuG, s § 1 VDuG Rn 9, 10) handelt. Die Gesetzesbegründung geht nicht darauf ein, welche **Feststellungen in diesem formalisierten Verfahren** getroffen werden müssen. Bei natürlichen Personen dürfte deren Verbrauchereigenschaft vermutet werden können, bei juristischen Personen oder Gesellschaften wäre der Nachweis für das Vorliegen der Voraussetzungen des § 1 II VDuG zu führen (vgl § 27 Nr 5 VDuG). Es ist möglich, dass der Unternehmer für bestimmte Konstellationen die Anspruchsberechtigung unstreitig stellt (§ 138 III ZPO). 2

3 **2) Auszahlungsplan (§ 27 Nr 7, 8 VDuG).** Der **Auszahlungsplan** gibt Auskunft, ob der kollektive Gesamtbetrag zur vollständigen Erfüllung sämtlicher berechtigter Ansprüche ausreicht oder (zunächst) nur eine anteilige Erfüllung erfolgen kann. Im Mangelfall kann die klageberechtigte Stelle auf der Grundlage der Mitteilung des Sachwalters (§ 27 Nr 9 VDuG) die **Erhöhung des kollektiven Gesamtbetrags** verlangen (§ 21 I 2 VDuG).

4 **3) Feststellung und Ablehnung von Ansprüchen (§ 27 Nr 9-11 VDuG).** Soweit alle Berechtigungsvoraussetzungen erfüllt sind, trägt der Sachwalter dafür Sorge, dass der geltend gemachte Anspruch erfüllt wird (§ 27 Nr 9, 10 VDuG); werden die Voraussetzungen nicht erfüllt, lehnt der Sachwalter die Erfüllung ab (§ 27 Nr 11 VDuG). In beiden Fällen teilt er das Ergebnis seiner Prüfung dem betroffenen Verbraucher und dem Unternehmer mit (§ 28 I VDuG). S zum weiteren Verfahren § 28 VDuG Rn 3 ff.

§ 28 Widerspruchsverfahren

(1) Der Sachwalter teilt dem betroffenen Verbraucher und dem Unternehmer in Textform mit, ob sich ein Anspruch nach Prüfung ganz oder teilweise als berechtigt erweist.

(2) [1]Der betroffene Verbraucher und der Unternehmer können vorbehaltlich einer Entscheidung nach § 18 Absatz 3 binnen vier Wochen nach Zugang der Mitteilung des Sachwalters widersprechen. [2]Der Widerspruch ist in Textform an den Sachwalter zu richten und zu begründen.

(3) Der Sachwalter übermittelt dem betroffenen Verbraucher und dem Unternehmer seine Entscheidung über den Widerspruch in Textform.

(4) [1]Der betroffene Verbraucher und der Unternehmer können bei dem Prozessgericht des Abhilfeverfahrens binnen zwei Wochen nach Zugang der Widerspruchsentscheidung des Sachwalters eine gerichtliche Entscheidung über den Widerspruch beantragen, soweit sie durch die Widerspruchsentscheidung des Sachwalters beschwert sind. [2]Das Gericht entscheidet durch Beschluss. [3]Es kann die Entscheidung auf einen Einzelrichter übertragen. [4]Die Entscheidung kann im schriftlichen Verfahren nach Anhörung des betroffenen Verbrauchers und des Unternehmers ergehen. [5]§ 78 Absatz 1 Satz 1 der Zivilprozessordnung ist nicht anzuwenden. [6]Die Entscheidung des Gerichts ist unanfechtbar.

IdF des G zur Umsetzung der Richtlinie (EU) 2020/1828 über Verbandsklagen zum Schutz der Kollektivinteressen der Verbraucher und zur Aufhebung der Richtlinie 2009/22/EG sowie zur Änderung des Kapitalanleger-Musterverfahrensgesetzes (Verbandsklagenrichtlinienumsetzungsgesetz – VRUG) v 8.10.2023 (BGBl 2023 I Nr 272) mWv 13.10.2023.

1 **I) Zweck. Bejaht** der Sachwalter die Berechtigung eines bestimmen Verbrauchers/Kleinunternehmens (§ 27 Nr 9, 10 VDuG), **konkretisiert** seine **Mitteilung** nach § 28 I VDuG die abstrakte Verurteilung des Unternehmers im Abhilfegrundurteil (§ 16 II VDuG) zu dessen Gunsten. Die in der Mitteilung erfolgte Bezifferung des Anspruchs bildet die Grundlage für eine Auszahlung aus dem **kollektiven Gesamtbetrag** bei Zahlungspflichten (§ 25 III VDuG; § 27 Nr 9 VDuG) und enthält die notwendige Titelergänzung bei der Zwangsvollstreckung von **Handlungspflichten** (§ 27 Nr 10 VDuG; § 29 VDuG). **Verneint** der Sachwalter die Berechtigung eines bestimmten Verbrauchers (Kleinunternehmens) (§ 27 Nr 11 VDuG), wird dieser im Umsetzungsverfahren nicht befriedigt. Er muss seinen Anspruch dann nach Maßgabe des § 39 VDuG im Wege der **Individualklage** verfolgen.

2 **II) Mitteilung des Sachwalters (§ 28 I VDuG).** Der Sachwalter teilt nach Überprüfung der jeweiligen Anmeldung in **Textform** dem betroffenen Verbraucher (Kleinunternehmen) und Unternehmer mit, ob er den geltend gemachten Anspruch ganz oder teilweise im Umsetzungsverfahren befriedigen wird. Dies umfasst auch die Mitteilung, dass die Befriedigung vollständig abgelehnt wird (arg § 39 VDuG). Diese Ankündigung bildet die **Grundlage** für die Behandlung der Anmeldung im weiteren Umsetzungsverfahren, wenn sie entweder nicht angefochten wird (§ 28 II VDuG) oder wenn sie im Widerspruchsverfahren (§ 28 III, IV VDuG) bestätigt wird.

3 **III) Widerspruchsverfahren gegenüber dem Sachwalter (§ 28 III VDuG).** Gegen die Mitteilung des Sachwalters nach § 28 I VDuG kann die beschwerte Seite **Widerspruch** einlegen (§ 28 II VDuG). Die Widerspruchsfrist beträgt **vier Wochen**; sie kann im Abhilfeendurteil verlängert worden sein (§ 18 III VDuG). Die Frist beginnt mit dem Zugang der Mitteilung nach § 28 I VDuG zu laufen; ein gesicherter Nachweis zum Zugang dürfte ohne Zustellung kaum gelingen. Der Widerspruch bedarf der **Textform** (§ 126b BGB) und ist an den Sachwalter zu richten. Der Widerspruch ist zu begründen. Der Sachwalter überprüft daraufhin seine Entscheidung und teilt das Ergebnis Verbraucher und Unternehmer in Textform mit (§ 28 III VDuG).

4 **IV) Gerichtliche Entscheidung (§ 28 IV VDuG). 1) Verfahren.** Die Möglichkeit einer gerichtlichen Entscheidung gegen die Widerspruchsentscheidung des Sachwalters nach § 28 III VDuG hat erst der Rechtsausschuss des Bundestages eingefügt. Die dafür notwendige Beschwer kann auch erstmals in der Widerspruchsentscheidung liegen. Eine bestimmte **Form** für den Antrag auf gerichtliche Entscheidung sieht § 28 IV VDuG nicht vor; nach den **allg Regeln des VDuG** gelten §§ 130, 130a ZPO iVm § 13 I 1 VDuG (Brief, Fax, elektron Dokument, keine einfache E-Mail). Es besteht keine Begründungspflicht und kein Rechtsanwalts-Zwang (§ 28 IV 5 VDuG).

Die **Zwei-Wochenfrist** beginnt mit Zugang der Widerspruchsentscheidung (§ 28 IV 1 VDuG); ein gesicherter Nachweis des Zugangszeitpunkts dürfte ohne Zustellung nicht gelingen. Das Gericht entscheidet, ggf durch den Einzelrichter (§ 28 IV 3 VDuG), durch **Beschluss ohne mündliche Verhandlung** und nach Anhörung des Gegners (§ 28 IV 2, 3 VDuG). Seine Entscheidung ist **unanfechtbar** (§ 28 IV 6 VDuG).

5 **2) Entscheidung; Prüfungsumfang.** Das Gericht entscheidet über den Widerspruch nach § 28 II VDuG (BTDrs 20/7631, 112). Es überprüft dabei (wie der Sachwalter) aber nur, ob der geltend gemachte Anspruch nach den vorliegenden Unterlagen und den im Abhilfegrundurteil genannten Voraussetzungen **im Umsetzungsverfahren erfüllt werden muss** (§ 16 II 1 Nr 1 VDuG, § 26 VDuG). Seine Entscheidung ist für den Verbraucher insoweit endgültig (BTDrs 20/7631, 112 zu § 39 VDuG). Umstände, die vom Sachwalter nicht beachtet werden müssen (zB im Umsetzungsverfahren nicht zugelassene Beweismittel), können nur in den Klageverfahren nach §§ 39, 40 VDuG vorgebracht werden (BTDrs 20/7631, 112).

§ 29 Zwangsmittel gegen den Unternehmer

(1) [1]Kommt der Unternehmer einer Aufforderung des Sachwalters zur Erfüllung eines Anspruchs eines Verbrauchers, der auf eine andere vertretbare Handlung als Zahlung oder auf eine nicht vertretbare Handlung gerichtet ist, nicht fristgerecht nach, so kann das Gericht auf Antrag des Sachwalters anordnen, dass der Unternehmer durch Zwangsgeld und für den Fall, dass dieses nicht beigetrieben werden kann, durch Zwangshaft zur Vornahme der anderen vertretbaren Handlung oder der nicht vertretbaren Handlung anzuhalten sei. [2]Für die Zwecke der Vollstreckung der Zwangsmittel tritt der Sachwalter an die Stelle des Gläubigers.

(2) [1]Auf andere vertretbare Handlungen als Zahlung ist § 888 der Zivilprozessordnung mit Ausnahme seines Absatzes 1 Satz 1 entsprechend anzuwenden; § 887 Absatz 1 und 2 der Zivilprozessordnung ist auf solche Handlungen nicht anzuwenden. [2]Auf nicht vertretbare Handlungen ist § 888 Absatz 1 Satz 1 der Zivilprozessordnung nicht anzuwenden.

IdF des G zur Umsetzung der Richtlinie (EU) 2020/1828 über Verbandsklagen zum Schutz der Kollektivinteressen der Verbraucher und zur Aufhebung der Richtlinie 2009/22/EG sowie zur Änderung des Kapitalanleger-Musterverfahrensgesetzes (Verbandsklagenrichtlinienumsetzungsgesetz – VRUG) v 8.10.2023 (BGBl 2023 I Nr 272) mWv 13.10.2023.

1 **I) Zweck.** Die Vorschrift enthält in § 29 I 1, II 1 VDuG eine **Sonderregelung für die Zwangsvollstreckung** von vertretbaren Handlungen (§ 887 ZPO; Bsp: Reparatur, Ersatzleistung, Neuberechnung), indem an Stelle der Ersatzvornahme die Verhängung eines Zwangsgeldes/Zwangshaft tritt. Damit soll den Bedürfnissen einer zeitlich und organisatorisch angemessenen Abwicklung eines Massenverfahrens Rechnung getragen werden (BTDrs 20/6520, 90). Im Ergebnis spielt es damit keine Rolle, ob die vom Unternehmer geschuldete Handlung als vertretbar oder nicht vertretbar anzusehen ist; lediglich Zahlungsverpflichtungen fallen nicht unter diese Vorschrift (dort: Auszahlung durch den Sachwalter aus dem Umsetzungsfonds, § 25 III VDuG; § 27 Nr 9 VDuG). Die Regelung ist Ausfluss des Prinzips, dass mit der Verbandsklage nur individuelle Ansprüche durchgesetzt werden und keine allgemeine oder kollektive Wiedergutmachung erreicht werden soll. Ihre Praktikabilität ist wegen der vorzunehmenden Individualisierung (dazu Rn 3) zu bezweifeln.

2 **II) Zwangsvollstreckung. 1) Titel; Klausel; Zustellung.** Die Vollstreckung richtet sich nach Buch 8 der ZPO (§ 13 I VDuG). An Stelle des § 888 I 1 ZPO tritt **I 1. Vollstreckungsorgan** ist das Prozessgericht (§ 22 I VDuG), **Vollstreckungstitel** ist das Abhilfegrundurteil (§ 16 II 1 Nr 1, 2 VDuG) iVm Abhilfeendurteil (§ 18 I VDuG) und dem Eröffnungsbeschluss (§ 24 VDuG); die Titel müssen dem Beklagten zugestellt sein, die **Klausel** für das Abhilfeendurteil (§ 724 ZPO) erteilt sein (§ 750 I ZPO). Eine titelübertragende Klausel an den Sachwalter ist entbehrlich, da § 29 I 2 VDuG seine gesetzliche Zuständigkeit anstelle des Titelgläubigers vorsieht; das **Antragsrecht** des Sachwalters gewährt § 29 I 1 VDuG.

3 **2) Handlungspflicht.** Die zu **vollstreckende** (vertretbare oder nicht vertretbare) **Handlung** des Unternehmers ergibt sich aus der (endgültigen) Mitteilung des Sachwalters nach § 28 I VDuG (ggf in der Fassung der Widerspruchsentscheidung nach § 28 III VDuG) oder der gerichtlichen Entscheidung nach § 28 IV VDuG). Darin wird die vom Unternehmer geschuldete Handlung zugunsten bestimmter, namentlich genannter Verbraucher konkretisiert. Die Fristen des § 28 II, IV VDuG müssen vor Antragstellung nach § 29 I 1 VDuG abgelaufen sein; eine förmliche Zustellung auch der Mitteilung nach § 28 I VDuG an den Unternehmer sieht das Gesetz nicht vor (arg § 28 II VDuG). Der Antrag nach § 29 I 1 VDuG kann auch mehrere Mitteilungen nach § 28 I VDuG zusammenfassen.

4 **3) Verfahren.** Der **Unternehmer** ist vor Erlass der Entscheidung **anzuhören**. Die zu vollstreckende Handlung darf wegen der Formalisierung der Zwangsvollstreckung vom Gericht nicht sachlich geprüft werden; dieses muss auf Einrede des Unternehmers aber uU die zwischenzeitliche Erfüllung (§ 362 BGB) prüfen (s § 888 ZPO Rn 11).

5 Die Vollstreckung erfolgt nach § 888 I 2, 3, II ZPO, das verhängte **Zwangsgeld** wird zugunsten der Justizkasse vollstreckt. Gegen Beschlüsse nach § 29 I VDuG iVm § 888 I 2, 3 ZPO hat das Gericht nach den allgemeinen Vorschriften (§ 574 I 1 Nr 2, III ZPO) die Rechtsbeschwerde unter den Voraussetzungen des § 574 II ZPO zuzulassen.

§ 30 Gerichtliche Aufsicht; Zwangsmittel gegen den Sachwalter

(1) Der Sachwalter untersteht der Aufsicht des Gerichts.

(2) [1]Das Gericht kann dem Sachwalter zur Durchführung des Umsetzungsverfahrens Fristen setzen. [2]Es kann vom Sachwalter jederzeit Zwischenberichte über den Stand des Umsetzungsverfahrens anfordern, insbesondere Auskunft darüber verlangen,

1. **auf welche Art und Weise der Sachwalter die von Verbrauchern zu erbringenden Berechtigungsnachweise prüft und**
2. **welche von Verbrauchern geltend gemachten Ansprüche der Sachwalter in welcher Höhe bereits erfüllt hat.**

[3]Das Gericht kann dem Sachwalter Fristen zur Übermittlung von Zwischenberichten setzen.

(3) [1]Erfüllt der Sachwalter die ihm nach diesem Gesetz obliegenden Pflichten nicht, so kann das Gericht nach vorheriger Androhung ein Zwangsgeld gegen ihn festsetzen. [2]Das einzelne Zwangsgeld darf den Betrag von 25 000 Euro nicht übersteigen. [3]Nach vorheriger Androhung kann das Gericht den Sachwalter aus wichtigem Grund entlassen.

IdF des G zur Umsetzung der Richtlinie (EU) 2020/1828 über Verbandsklagen zum Schutz der Kollektivinteressen der Verbraucher und zur Aufhebung der Richtlinie 2009/22/EG sowie zur Änderung des Kapitalanleger-Musterverfahrensgesetzes (Verbandsklagenrichtlinienumsetzungsgesetz – VRUG) v 8.10.2023 (BGBl 2023 I Nr 272) mWv 13.10.2023.

1 **Überblick.** Die Regelung entspricht § 9 V SVertO. Das Gericht **beaufsichtigt** den Sachwalter bei seiner Tätigkeit (§ 30 I, II VDuG). Es kann gegen den Sachwalter ein Zwangsgeld festsetzen (§ 30 III 1 VDuG) oder diesen aus wichtigem Grund entlassen (§ 30 III 2 VDuG). Gegen Beschlüsse nach § 30 III VDuG hat das Gericht nach den allgemeinen Vorschriften (§ 574 I 1 Nr 2, III ZPO) die Rechtsbeschwerde unter den Voraussetzungen des § 574 II ZPO zuzulassen. Nach einer rechtskräftigen Entlassung hat das Gericht einen neuen Sachwalter zu bestellen.

§ 31 Haftung des Sachwalters

[1]Verletzt der Sachwalter schuldhaft ihm nach diesem Gesetz obliegende Pflichten, so ist er zum Schadensersatz verpflichtet, und zwar

1. **dem Unternehmer, wenn die verletzte Pflicht den Schutz des Unternehmers bezweckt, und**
2. **dem Verbraucher, wenn die verletzte Pflicht den Schutz des Verbrauchers bezweckt.**

[2]Der Sachwalter hat für die Sorgfalt eines ordentlichen und gewissenhaften Sachwalters einzustehen.

IdF des G zur Umsetzung der Richtlinie (EU) 2020/1828 über Verbandsklagen zum Schutz der Kollektivinteressen der Verbraucher und zur Aufhebung der Richtlinie 2009/22/EG sowie zur Änderung des Kapitalanleger-Musterverfahrensgesetzes (Verbandsklagenrichtlinienumsetzungsgesetz – VRUG) v 8.10.2023 (BGBl 2023 I Nr 272) mWv 13.10.2023.

1 **Überblick.** Die Regelung lehnt sich an § 60 I InsO an. Der Sachwalter kann sich bei der Verteilung des Umsetzungsfonds sowohl gegenüber dem Unternehmer als auch gegenüber einzelnen Verbrauchern **schadensersatzpflichtig** machen, wenn er seinen (vermögensbetreuenden) Pflichten (§ 31 S 2 VDuG) nicht nachkommt. Nachdem gegen die beabsichtigte Entscheidung des Sachwalters über die Anspruchsberechtigung (§ 28 I VDuG) sowohl der Verbraucher als auch der Unternehmer nach § 28 IV VDuG eine gerichtliche Entscheidung beantragen kann, ist der Anwendungsbereich des § 31 VDuG deutlich eingeschränkt. Die in der Entwurfsbegründung (BTDrs 20/6520, 91) genannte Haftung gegenüber dem Unternehmer, wenn der Sachwalter Auszahlungen ohne ordnungsgemäße Prüfung der Berechtigung vornimmt, besteht mangels Zurechnungszusammenhangs nicht, wenn der Unternehmer es unterlassen hat, das Widerspruchsverfahren (§ 28 IV VDuG) zu beschreiten.

2 Eine Haftung des Sachwalters besteht insb, wenn vom Gericht nicht genehmigte Auslagen oder sonst Beträge ohne Grundlage aus dem Fonds entnommen werden (§ 32 II VDuG; § 32 VDuG Rn 2). **Gläubiger** dieses Anspruchs ist (jedenfalls) der Unternehmer. Gerichtet ist der Anspruch auf Erstattung der zu Unrecht entnommenen Beträge in den Umsetzungsfonds (§ 249 I BGB). Daneben kann auch der Kläger diesen Anspruch für die Gesamtheit der angemeldeten Verbraucher geltend machen (§ 428 BGB; § 92 InsO).

§ 32 Ansprüche des Sachwalters

(1) Der Sachwalter hat Anspruch auf:

1. die Erstattung der Auslagen, die er zur ordnungsgemäßen Erfüllung seiner Aufgaben begründet,

2. eine angemessene Vergütung für seine Geschäftsführung und

3. einen Vorschuss auf seine Auslagen und seine Vergütung, soweit dies zur Erfüllung seiner Aufgaben notwendig ist.

(2) Auf Antrag des Sachwalters setzt das Gericht die Höhe der Auslagen, der Vergütung und des Vorschusses fest.

IdF des G zur Umsetzung der Richtlinie (EU) 2020/1828 über Verbandsklagen zum Schutz der Kollektivinteressen der Verbraucher und zur Aufhebung der Richtlinie 2009/22/EG sowie zur Änderung des Kapitalanleger-Musterverfahrensgesetzes (Verbandsklagenrichtlinienumsetzungsgesetz – VRUG) v 8.10.2023 (BGBl 2023 I Nr 272) mWv 13.10.2023.

I) Ansprüche des Sachwalters (§ 32 I VDuG). Der Sachwalter hat einen Anspruch auf Erstattung der im Umsetzungsverfahren entstandenen **Auslagen**, auf eine **angemessene Vergütung** und auf entsprechende **Vorschüsse**. Erstattungsfähig sind nur erforderliche Auslagen (§ 32 I Nr 1 VDuG); der Sachwalter muss eine kostenangemessene Abwicklung verfolgen. Er kann wegen einer konkret geplanten Auslage das Gericht um Prüfung ersuchen (BTDrs 20/6520, 91). Die Regelung zur Vergütung (§ 32 I Nr 2 VDuG) entspricht § 9 VI SVertO. Die **Höhe der Vergütung** ist gesetzlich nicht näher geregelt oder beziffert. Die Angemessenheit ist vom Gericht anhand der besonderen Umstände des Einzelfalls, insb der Qualifikation des Sachwalters, der Komplexität des Umsetzungsverfahrens und des Haftungsrisikos zu bestimmen. Der Sachwalter kann einen Vorschuss auf die Vergütung oder Auslagen verlangen (§ 32 I Nr 3 VDuG). 1

II) Festsetzung durch das Gericht (§ 32 II VDuG). Die Ansprüche des § 32 I VDuG (Auslagen, Vergütung und Vorschüsse) müssen vom Gericht (§ 22 I VDuG) **festgesetzt** werden, bevor sie vom Sachwalter aus dem Umsetzungsfonds entnommen werden dürfen. Antragsberechtigt ist der Sachwalter. Sachwalter und Unternehmer können die gerichtliche Festsetzung, soweit sie beschwert sind, mit der Rechtsbeschwerde nur anfechten, wenn diese zugelassen ist (§ 574 I 1 Nr 2, II ZPO). 2

§ 33 Schlussrechnung

[1]Der Sachwalter hat dem Gericht bei Beendigung seines Amtes Schlussrechnung zu legen. [2]Die Rechnung einschließlich der Belege muss spätestens einen Monat nach Beendigung des Umsetzungsverfahrens

1. elektronisch oder auf der Geschäftsstelle des Gerichts eingereicht werden und

2. zur Einsicht des Unternehmers zur Verfügung stehen.

[3]Das Gericht benachrichtigt den Unternehmer unverzüglich vom Eingang der Schlussrechnung. [4]Der Unternehmer ist berechtigt, Einwendungen gegen die Schlussrechnung zu erheben. [5]Soweit binnen zwei Wochen nach der Benachrichtigung keine Einwendungen erhoben werden, gilt die Rechnung als anerkannt.

IdF des G zur Umsetzung der Richtlinie (EU) 2020/1828 über Verbandsklagen zum Schutz der Kollektivinteressen der Verbraucher und zur Aufhebung der Richtlinie 2009/22/EG sowie zur Änderung des Kapitalanleger-Musterverfahrensgesetzes (Verbandsklagenrichtlinienumsetzungsgesetz – VRUG) v 8.10.2023 (BGBl 2023 I Nr 272) mWv 13.10.2023.

Überblick. Die Regelung ist an § 9 VII SVertO angelehnt. Die **Schlussrechnung** enthält eine Aufstellung aller im Umsetzungsverfahren entstandenen Kosten sowie die beanspruchte Vergütung (§ 33 S 1 VDuG). Sie gibt Aufschluss über die Verwendung des vorläufig festgesetzten Kostenbetrags. Erhebt der Unternehmer Einwendungen, muss das Gericht diese prüfen. Erhebt der Unternehmer keine fristgerechten Einwendungen (§ 33 S 2, 3 VDuG), gilt die Schlussrechnung als anerkannt. Diese Fiktion entlastet das Gericht von einer weiteren Prüfungspflicht (BTDrs 20/6520, 92). 1

§ 34 Schlussbericht

(1) [1]Der Sachwalter teilt dem Gericht die Beendigung des Umsetzungsverfahrens unverzüglich mit. [2]Das Gericht setzt dem Sachwalter eine angemessene Frist zur Vorlage des Schlussberichts. [3]Die Sätze 1 und 2 gelten auch für den Fall der vorzeitigen Beendigung des Amtes des Sachwalters und der Einstellung des Umsetzungsverfahrens.

(2) Der Schlussbericht enthält folgende Angaben:

1. eine Auflistung der im Umsetzungsverfahren von Verbrauchern geltend gemachten Ansprüche, die

a) vom Sachwalter ganz oder teilweise durch Zahlung erfüllt wurden unter Angabe des jeweiligen Namens des Verbrauchers, des jeweiligen Zahlungszeitpunkts und des jeweiligen Zahlungsbetrags oder

b) vom Unternehmer anders als durch Zahlung erfüllt wurden unter Angabe des jeweiligen Namens des Verbrauchers und des Zeitpunkts der Erbringung der jeweiligen Leistung,

2. eine Auflistung der vollständig oder teilweise abgelehnten Ansprüche von Verbrauchern unter Angabe

a) des jeweiligen Namens des Verbrauchers,

b) der jeweiligen Art oder der jeweiligen Höhe des geltend gemachten Anspruchs sowie

c) des Umfangs der jeweiligen Ablehnung,

3. eine zusammenfassende Gegenüberstellung der aus dem Umsetzungsfonds geleisteten Zahlungen und des kollektiven Gesamtbetrags.

(3) Die Parteien erhalten vom Gericht eine formlose Abschrift des Schlussberichts.

IdF des G zur Umsetzung der Richtlinie (EU) 2020/1828 über Verbandsklagen zum Schutz der Kollektivinteressen der Verbraucher und zur Aufhebung der Richtlinie 2009/22/EG sowie zur Änderung des Kapitalanleger-Musterverfahrensgesetzes (Verbandsklagenrichtlinienumsetzungsgesetz – VRUG) v 8.10.2023 (BGBl 2023 I Nr 272) mWv 13.10.2023.

1 **Überblick.** Der Schlussbericht (§ 34 II VDuG) gibt Auskunft über das Schicksal der im Umsetzungsverfahren geltend gemachten Ansprüche und über die Verwendung des kollektiven Gesamtbetrags. Er ermöglicht dem Gericht und den Parteien (§ 34 III VDuG) die abschließende Prüfung, ob alle im Umsetzungsverfahren zu berücksichtigenden Verbraucheransprüche bearbeitet wurden, insb für wen und wie der kollektive Gesamtbetrag verwertet worden ist.

§ 35 Prüfung des Schlussberichts und der Schlussrechnung

(1) Das Gericht prüft den Schlussbericht und die Schlussrechnung des Sachwalters.

(2) Beanstandet das Gericht den Schlussbericht oder die Schlussrechnung, so fordert es den Sachwalter unter Fristsetzung dazu auf, der Beanstandung abzuhelfen.

IdF des G zur Umsetzung der Richtlinie (EU) 2020/1828 über Verbandsklagen zum Schutz der Kollektivinteressen der Verbraucher und zur Aufhebung der Richtlinie 2009/22/EG sowie zur Änderung des Kapitalanleger-Musterverfahrensgesetzes (Verbandsklagenrichtlinienumsetzungsgesetz – VRUG) v 8.10.2023 (BGBl 2023 I Nr 272) mWv 13.10.2023.

1 **Überblick.** Die Prüfung nach § 35 I VDuG stellt keine gerichtliche Prüfung von Einzelansprüchen oder deren Abwicklung dar. Das Gericht (§ 22 I VDuG) nimmt keine rechtsprechenden Aufgaben wahr, sondern übt lediglich seine Überwachungs- und Kontrollfunktionen hinsichtlich des ordnungsgemäßen Ablaufs des Umsetzungsverfahrens und der Verwendung der Gelder des Umsetzungsfonds aus (BTDrs 20/6520, 93). Beanstandungen nach § 35 II VDuG liegen zB vor, wenn sich aus dem Schlussbericht ergibt, dass bestimmte Verbraucheransprüche noch nicht geprüft worden sind oder berechtigte Ansprüche noch nicht ausgezahlt worden sind. Fehler der Schlussrechnung können sich beispielsweise weiter daraus ergeben, dass bestimmte Auslagen zu Unrecht erfolgten.

§ 36 Feststellung der Beendigung des Umsetzungsverfahrens

(1) [1]Das Gericht stellt die Beendigung des Umsetzungsverfahrens fest. [2]Der Beschluss enthält:

1. die endgültige Festsetzung der Kosten des Umsetzungsverfahrens,

2. die Festsetzung eines vom Unternehmer noch an den Sachwalter zu zahlenden Kostenbetrags, wenn die Kosten des Umsetzungsverfahrens den vorläufig festgesetzten Kostenbetrag übersteigen, sowie

3. die Angabe, ob und in welcher Höhe ein Restbetrag verbleibt.

[3]Der Beschluss steht hinsichtlich seiner Vollstreckbarkeit einem Kostenfestsetzungsbeschluss gleich.

(2) Der Beschluss ist den Parteien und dem Sachwalter zuzustellen.

IdF des G zur Umsetzung der Richtlinie (EU) 2020/1828 über Verbandsklagen zum Schutz der Kollektivinteressen der Verbraucher und zur Aufhebung der Richtlinie 2009/22/EG sowie zur Änderung des Kapitalanleger-Musterverfahrensgesetzes (Verbandsklagenrichtlinienumsetzungsgesetz – VRUG) v 8.10.2023 (BGBl 2023 I Nr 272) mWv 13.10.2023.

Überblick. Ergeben die Prüfungen des Schlussberichts und der Schlussrechnung keinen Anlass für Beanstandungen, stellt das Gericht die **Beendigung des Umsetzungsverfahrens** durch Beschluss fest (§ 36 I 1 VDuG). In dem Beschluss setzt das Gericht die Kosten des Umsetzungsverfahrens, insb die Vergütung des Sachwalters fest (§ 36 I 2 Nr 1 VDuG). Übersteigen die tatsächlich entstandenen Kosten die vorläufig festgesetzten, ist der Unternehmer verpflichtet, auch die weiteren Kosten zu tragen (§ 20 II VDuG). Der Beschluss ist insoweit Vollstreckungstitel (§ 36 I 2 VDuG iVm § 794 I Nr 2 ZPO) gegen den Unternehmer. Ein im Beschluss ausgewiesener **nicht verbrauchter Restbetrag** ist vom Sachwalter nach § 37 VDuG an den Unternehmer zurückzuzahlen (§ 36 I 2 VDuG iVm § 794 I Nr 2 ZPO; § 37 S 2 VDuG). Gegen den zuzustellenden (§ 36 II VDuG) Beschluss hat das Gericht nach den allg Vorschriften (§ 574 I 1 Nr 2, III ZPO) die Rechtsbeschwerde unter den Voraussetzungen des § 574 II ZPO zuzulassen. Der Beendigungsbeschluss ist nach § 44 Nr 16 VDuG im Verbandsklageregister zu veröffentlichen. 1

§ 37 Nicht abgerufene Beträge

[1]Ist der kollektive Gesamtbetrag nach Beendigung des Umsetzungsverfahrens nicht vollständig ausgekehrt oder übersteigt der vorläufig festgesetzte Kostenbetrag die endgültig festgesetzten Kosten des Umsetzungsverfahrens, so ist der Sachwalter dem Unternehmer zur Erstattung des verbleibenden Betrags verpflichtet. [2]Dieser Rückzahlungsanspruch ist mit der Bekanntmachung des Beschlusses über die Feststellung der Beendigung des Umsetzungsverfahrens im Verbandsklageregister fällig.

IdF des G zur Umsetzung der Richtlinie (EU) 2020/1828 über Verbandsklagen zum Schutz der Kollektivinteressen der Verbraucher und zur Aufhebung der Richtlinie 2009/22/EG sowie zur Änderung des Kapitalanleger-Musterverfahrensgesetzes (Verbandsklagenrichtlinienumsetzungsgesetz – VRUG) v 8.10.2023 (BGBl 2023 I Nr 272) mWv 13.10.2023.

Überblick. Die Abhilfeklagen dienen der Befriedigung individueller Ansprüche von Verbrauchern oder Kleinunternehmern. Die Verfahren sind weder auf einen allgemeinen oder pauschalen finanziellen Ausgleich eines Haftungssachverhalts gerichtet noch sollen sie einen Strafschadensersatz dem Unternehmer auferlegen (s Erwägungsgrund (43) der RL (EU) 2020/1828). Ein nicht verbrauchter Teil des kollektiven Gesamtbetrags oder nicht verbrauchte (vorgeschossene) Kosten sind deshalb an den Unternehmer vom Sachwalter nach Maßgabe des Beschlusses nach § 37 VDuG zurückzuzahlen. 1

§ 38 Insolvenzverfahren über das Vermögen des Unternehmers; Restrukturierung

(1) [1]Die Eröffnung eines Insolvenzverfahrens über das Vermögen des Unternehmers hindert die Durchführung des Umsetzungsverfahrens nicht. [2]Auf Antrag des Sachwalters wird das Umsetzungsverfahren zwecks Klärung möglicher Insolvenzanfechtungsansprüche auf Rückzahlung der nach § 24 gezahlten Beträge ausgesetzt oder, sofern nach Einschätzung des Sachwalters ein Anfechtungsanspruch besteht und dieser nicht offensichtlich unbegründet ist, eingestellt. [3]Das Umsetzungsverfahren ist auch einzustellen, wenn zum Zeitpunkt der Verfahrenseröffnung lediglich ein Teil der nach § 24 zu leistenden Zahlungen erbracht ist.

(2) [1]Wird das Umsetzungsverfahren eingestellt, sind alle nach § 24 erfolgten Zahlungen an die Insolvenzmasse zurückzugewähren. [2]Die zurückzugewährenden Zahlungen gelten als auf den vorläufig festgesetzten Kostenbetrag (§ 18 Absatz 1 Nummer 3) und den kollektiven Gesamtbetrag (§ 18 Absatz 2) in dem Verhältnis geleistet, in dem beide Beträge zueinander stehen.

(3) [1]Der auf den kollektiven Gesamtbetrag entfallende Teil der nach Absatz 2 an die Masse zurückgewährten Zahlungen bildet eine Sondermasse zur Befriedigung derjenigen Verbraucher, die im Rahmen des Umsetzungsverfahrens einen berechtigten Zahlungsanspruch gehabt hätten; dies gilt nicht für Zahlungen, die der Insolvenzanfechtung unterliegen. [2]Zur Verwaltung und Verteilung der Sondermasse ist der Sachwalter zum Sonderinsolvenzverwalter zu bestellen.

(4) § 11 Absatz 3 gilt auch im Verhältnis zu allen Insolvenzgläubigern.

(5) [1]Werden die in einem Abhilfegrundurteil ausgeurteilten Ansprüche in einen Restrukturierungsplan nach dem Unternehmensstabilisierungs- und -restrukturierungsgesetz einbezogen, so ist für die betroffenen Anspruchsinhaber im Restrukturierungsplan eine eigenständige Gruppe zu bilden. [2]Die Abwicklung der durch den Plan gestalteten Verbraucherforderungen ist dem Restrukturierungsbeauftragten zu übertragen.

IdF des G zur Umsetzung der Richtlinie (EU) 2020/1828 über Verbandsklagen zum Schutz der Kollektivinteressen der Verbraucher und zur Aufhebung der Richtlinie 2009/22/EG sowie zur Änderung des Kapitalanleger-Musterverfahrensgesetzes (Verbandsklagenrichtlinienumsetzungsgesetz – VRUG) v 8.10.2023 (BGBl 2023 I Nr 272) mWv 13.10.2023.

Lit: *Brzoza*, Vergütungsproblematik der insolvenzrechtlichen Sondermasse durch VRUG generell geklärt?, NZI 2024, 481; *Kalisz*, Supervorrang von Verbrauchern – eine Fehlentwicklung in § 38 VDuG, NZI 2024, 153; *Meller-Hannich*, Die Insolvenz im Umsetzungsverfahren nach dem Verbraucherrechtedurchsetzungsgesetz (VDuG), NZI 2024, 745; *Scherer*, Abhilfeansprüche in der Insolvenz, NZI 2023, 985; *Schmittmann*, Die insolvenzrechtlichen Aspekte des Referentenentwurfs eines Gesetzes zur Umsetzung der Richtlinie (EU) 2020/1828 über Verbandsklagen zum Schutz der Kollektivinteressen der Verbraucher und zur Aufhebung der Richtlinie 2009/22/EG, ZRI 2023, 277; *Skauradszun/Böhning*, VDuG-Verbraucheransprüche in einem StaRUG-Restrukturierungsplan, ZRI 2024, 833.

1 **I) Zweck.** Die Vorschrift regelt die Folgen der **Eröffnung des Insolvenzverfahrens** über das Vermögen des Unternehmers auf das **Umsetzungsverfahrens iwS**, also für den Zeitraum ab Rechtskraft des Abhilfeendurteils (**aA** Köhler/Feddersen/Scherer § 38 VDuG Rn 4; Skauradszun/Skauradszun § 38 VDuG Rn 11: Umsetzungsverfahren im engen Sinn, s § 22 VDuG Rn 1). Für den Zeitraum davor gilt § 240 ZPO iVm § 13 I VDuG (s § 13 VDuG Rn 7 [e]). Nicht geregelt ist die **Insolvenz des Klägers** während des Umsetzungsverfahrens; dieses wird ohne Unterbrechung fortgesetzt. Soweit kein anderer Verband eintritt (vgl § 13 VDuG Rn 7 [e]), nimmt der InsVerwalter die Rechte aus §§ 22 ff VDuG wahr.

2 **II) Folgen der Insolvenzeröffnung.** Im Falle der Insolvenzeröffnung über das Vermögen des Unternehmers ist zu unterscheiden:

3 **1) Vollständige Einzahlung.** Sind die zur Eröffnung des Umsetzungsverfahrens nach § 24 VDuG erforderlichen Beträge bereits bei dem Sachwalter **vollständig eingegangen** (Kosten und kollektiver Gesamtbetrag), steht die Eröffnung des Insolvenzverfahrens der (weiteren) Durchführung des Umsetzungsverfahrens oder dem Erlass des Beschlusses nach § 24 VDuG grundsätzlich nicht entgegen (§ 38 I 1 VDuG); anders ist dies nur, wenn eine insolvenzrechtliche Anfechtung (§§ 129 ff InsO) droht. Das Umsetzungsverfahren ist dann auf Antrag des Sachwalters auszusetzen oder einzustellen (§ 38 I 2 VDuG).

4 **2) Teilweise Einzahlung; Abhilfe durch andere Leistung als Zahlung.** Fehlt es an einer vollständigen Einzahlung der nach § 24 VDuG erforderlichen Beträge, wird das Umsetzungsverfahren erst gar **nicht durchgeführt**; soweit dieses (ausnahmsweise) schon begonnen wurde (s § 24 VDuG Rn 2), ist es einzustellen (§ 38 I 3 VDuG). Gleiches gilt bei Abhilfeklagen, die auf eine andere Leistung als die Zahlung einer Geldsumme gerichtet sind (zB Reparatur, Umtausch), da ab Insolvenzeröffnung keine Vollstreckung gegen den Schuldner mehr zulässig ist (§ 89 InsO)

5 **3)** Im Falle der **Einstellung des Umsetzungsverfahrens** sind zugunsten des Umsetzungsfonds erfolgte Zahlungen oder zu seinen Gunsten beigetriebene Beträge an die Insolvenzmasse zu erstatten (§ 38 II VDuG).

6 **III) Teilnahme der Verbraucher am Insolvenzverfahren. 1) Fortgesetzes Umsetzungsverfahren.** Wird das Umsetzungsverfahren trotz der Insolvenz des Unternehmers **fortgesetzt**, muss der Verbraucher/das Kleinunternehmen seinen Zahlungsanspruch nicht zur Tabelle anmelden, soweit er/es aus dem Umsetzungsfonds befriedigt werden kann. Im **Mangelfall** kann es aber nicht mehr zur Erhöhung des kollektiven Gesamtbetrages kommen (§§ 21, 27 Nr 8 VDuG; Hk-VDuG/Röthemeyer § 38 VDuG Rn 7). Eine bedingte Tabellenanmeldung für den Ausfall im Umsetzungsverfahren ist möglich.

7 **2) Eingestelltes Umsetzungsverfahren.** Wird das **Umsetzungsverfahren** nach § 38 I VDuG **eingestellt**, setzen § 38 III und IV VDuG voraus, dass die Verbraucher (Kleinunternehmen) ihre Ansprüche im Insolvenzverfahren des Unternehmers nach §§ 174 ff InsO als Insolvenzgläubiger zur Tabelle anmelden; Ansprüche auf Vornahme von Handlungen sind auf eine Geldzahlung umzustellen (§ 45 InsO). Eine (Sammel-)Anmeldung durch den Verband ist nicht vorgesehen. Den Verbrauchern (Kleinunternehmen) kommt bei der Tabellenanmeldung (auch gegenüber anderen Gläubigern) die Bindungswirkung einer rechtskräftigen Entscheidung über die Verbandsklage nach § 11 III 1 VDuG zugute. Wurden infolge der Einstellung des Umsetzungsverfahrens schon in den Umsetzungsfonds gelangte Zahlungen wieder der Masse zurückgewährt, wird aus dem erstatteten kollektiven Gesamtbetrag, soweit dieser keiner Anfechtung unterliegt, eine **Sondermasse** gebildet, für die der Sachwalter als Sonderinsolvenzverwalter bestellt wird (§ 38 II, III VDuG).

8 **IV) Restrukturierungsplan (§ 38 V VDuG).** Werden in einem Abhilfegrundurteil ausgeurteilte Ansprüche nach dessen Erlass in einen **Restrukturierungsplan** nach dem Unternehmensstabilisierungs- und -restrukturierungsgesetz (StaRUG) einbezogen, sind die Inhaber der davon betroffenen Anspruchsinhaber zwingend zu einer eigenständigen Gruppe iSd § 9 StaRUG zusammenzufassen; dies stärkt die Position der Anmelder als Gruppe (zur Abstimmung Skauradszun/Böhning ZRI 2024, 833, 839 ff). Die Wirkungen des Restrukturierungsplans (§ 67 I StaRUG) auf die im Abhilfegrundurteil erfassten Ansprüche werden im Abhilfeendurteil (§ 19 I VDuG) umgesetzt (Skauradszun/Böhning ZRI 2024, 833, 838); gegenüber einem (ggf rkr) Abhilfeendurteil gilt § 767 I ZPO.

Unterabschnitt 4
Individualklagen (§§ 39-40)

§ 39 Offene Verbraucheransprüche

Hat der Sachwalter die Erfüllung eines vom Verbraucher geltend gemachten Anspruchs im Umsetzungsverfahren vollständig oder teilweise abgelehnt oder hat der Sachwalter einen Anspruch eines Verbrauchers bis zur Beendigung des Umsetzungsverfahrens nicht oder nur teilweise erfüllt, so kann der Verbraucher diesen Anspruch im Wege der Individualklage geltend machen, soweit er ihn nicht bereits im Widerspruchsverfahren nach § 28 hätte geltend machen können.

IdF des G zur Umsetzung der Richtlinie (EU) 2020/1828 über Verbandsklagen zum Schutz der Kollektivinteressen der Verbraucher und zur Aufhebung der Richtlinie 2009/22/EG sowie zur Änderung des Kapitalanleger-Musterverfahrensgesetzes (Verbandsklagenrichtlinienumsetzungsgesetz – VRUG) v 8.10.2023 (BGBl 2023 I Nr 272) mWv 13.10.2023.

I) Zweck. Die Vorschrift sichert einerseits, dass Verbraucher (Kleinunternehmen), die sich zur Abhilfeklage angemeldet hatten, ihren Anspruch noch gerichtlich verfolgen können, wenn sie nicht in der Lage waren, ihre Berechtigung nach den formalen Anforderungen des Umsetzungsverfahrens ganz oder teilweise nachzuweisen. Zugleich dient sie der Entlastung der Gerichte, da eine Anspruchsrealisierung im Umsetzungsverfahren vorrangig zu betreiben ist. 1

II) Individualklage. 1) Zuständigkeit. Die in § 39 VDuG genannte „Individualklage“ meint eine **Klage nach der ZPO**. Die **sachliche** und **örtliche Zuständigkeit** für den vom Verbraucher (Kleinunternehmen) verfolgten Anspruch gegen den Unternehmer richtet sich nach den allgemeinen Regeln (§§ 12 ff ZPO; §§ 23, 72 GVG). Diese Klage ist nicht Teil des Abhilfe- oder Umsetzungsverfahrens. Jedoch ist dort die Bindungswirkung des Abhilfegrundurteils (§ 16 II VDuG, § 11 III 1 VDuG) zu beachten. Ein nach § 11 I VDuG **ausgesetztes Verfahren** ist zu diesem Zweck aufzunehmen. 2

2) Subsidiarität. Die **Individualklage** ist gegenüber einer möglichen Anspruchsdurchsetzung im Umsetzungsverfahren **subsidiär**. Sie kann nicht erhoben werden, bevor der Sachwalter über den konkreten Anspruch im Umsetzungsverfahren entschieden hat (§§ 27, 28 VDuG). Ein Widerspruchsverfahren (§ 28 II-IV VDuG) muss abgeschlossen sein. Diese Regelung dient der **Entlastung der Gerichte**, bei denen die Individualklagen erhoben werden müssen. Die Klage ist jedoch zulässig, wenn das Umsetzungsverfahren ohne eine solche Prüfung des Klageanspruchs durch den Sachwalter für beendet erklärt wurde (§ 36 VDuG) oder wenn von vorneherein feststeht, dass der Kläger die Nachweise des Abhilfegrundurteils nicht beibringen kann. Eine unter Verletzung des Subsidiaritätsgebots erhobene Klage ist als unzulässig abzuweisen. 3

3) Prüfungsumfang. Das Gericht prüft den Anspruch unter Beachtung der **Bindungswirkung** des § 11 III 1 VDuG. Die Klage kann jedoch nicht darauf gestützt werden, dass der Sachwalter den Anspruch nach Maßgabe des Abhilfegrundurteils richtigerweise hätte erfüllen müssen; insoweit ist eine dies verneinende Widerspruchsentscheidung nach § 28 IV VDuG bindend (§ 39 letzter Hs VDuG; BTDrs 20/7631, 112). 4

III) Anwendungsfälle. Eine Klage nach § 39 VDuG kommt in Betracht, wenn der Anspruch oder die Gläubigerstellung mit den im Abhilfegrundurteil verlangten (beschränkten) **Beweismitteln** nicht nachgewiesen werden kann, weil die vom Abhilfegrundurteil verlangten Erwerbsurkunden nicht mehr vorliegen (Bsp: notwendige Zeugeneinvernahme). Die Klage kann weiter erforderlich werden, wenn ein **Zessionar** den Anspruch verfolgt (s dazu § 46 VDuG Rn 21) und die Zession bestritten ist oder wenn die tatsächlichen Voraussetzungen des Vorliegens eines **Kleinunternehmens** (§ 1 II VDuG) im Umsetzungsverfahren nicht nachgewiesen werden konnten (s § 27 VDuG Rn 2). 5

§ 40 Herausgabeanspruch des Unternehmers

(1) Der Unternehmer kann Einwendungen, die den vom Verbraucher im Verbandsklageverfahren geltend gemachten Anspruch selbst betreffen, im Wege der Klage geltend machen, soweit er die Gründe, auf denen sie beruhen, vor dem Prozessgericht des Abhilfeverfahrens oder im Widerspruchsverfahren nach § 28 nicht hätte geltend machen können.

(2) [1]Der Herausgabeanspruch des Unternehmers gegen den Verbraucher bestimmt sich nach den Vorschriften des Bürgerlichen Gesetzbuchs über die Herausgabe der ungerechtfertigten Bereicherung. [2]§ 818 Absatz 3 des Bürgerlichen Gesetzbuchs ist nicht anzuwenden. [3]Der Anspruch erlischt, wenn er nicht binnen neun Monaten nach Leistung an den Verbraucher diesem gegenüber schriftlich geltend gemacht wird.

IdF des G zur Umsetzung der Richtlinie (EU) 2020/1828 über Verbandsklagen zum Schutz der Kollektivinteressen der Verbraucher und zur Aufhebung der Richtlinie 2009/22/EG sowie zur Änderung des Kapitalanleger-Musterverfahrensgesetzes (Verbandsklagenrichtlinienumsetzungsgesetz – VRUG) v 8.10.2023 (BGBl 2023 I Nr 272) mWv 13.10.2023.

1 **I) Zweck.** Die Regelung stellt sicher, dass individuelle Einwendungen des Unternehmers gegenüber einem bestimmten Verbraucheranspruch mit der Abhilfeklage und dem Umsetzungsverfahren nicht abgeschnitten werden. Sie bildet insoweit das Gegenstück zur Klage des im Umsetzungsverfahren nicht befriedigten Verbrauchers nach § 39 VDuG.

2 **II) Rückforderungsklage (§ 40 I VDuG).** Die Klage nach § 40 I VDuG meint eine **Klage nach der ZPO.** Die **sachliche** und **örtliche Zuständigkeit** für den Herausgabeanspruch des Unternehmers (§ 40 II VDuG) richten sich nach den allgemeinen Regeln (§§ 12 ff ZPO; §§ 23, 72 GVG). Diese Klage ist nicht Teil des Abhilfe- oder Umsetzungsverfahrens. Jedoch ist die **Bindungswirkung** des Abhilfegrundurteils (§ 16 II, § 11 III 1 VDuG) zu beachten. Ein nach § 11 I VDuG **ausgesetztes** Verfahren ist zu diesem Zweck aufzunehmen.

3 **III) Herausgabeanspruch (§ 40 II VDuG). 1) Anspruchsgrund.** § 40 II VDuG sieht einen **materiell-rechtlichen Herausgabeanspruch** des Unternehmers gegen den Verbraucher nach § 812 I 1 BGB vor. Dieser verlangt, dass der Verbraucher die im Umsetzungsverfahren (§§ 22 ff VDuG) erlangte Leistung (Zahlung; Sachleistung) ohne Rechtsgrund erhalten hat. Der Unternehmer kann dazu individuelle rechtshindernde und rechtsvernichtende Einwendungen (zu rechtshemmenden Einreden s § 813 BGB) vortragen. Mögliche Einwendungen des Unternehmers sind insb die anderweitig erfolgte Erfüllung des Anspruchs (zB weil der Verbraucher in einem Abhilfeverfahren in einem anderen EU-Staat befriedigt wurde, s § 8 VDuG Rn 2), individuelle haftungsausschließende Vereinbarungen bei Vertragsschluss, das Fehlen eines individuellen Schadens oder die Geschäftsunfähigkeit des Verbrauchers bei Vertragsschluss (BTDrs 20/6520, 97).

4 **2) Präklusion.** Der Herausgabeanspruch kann nicht damit begründet werden, dass der Sachwalter den Anspruch des Verbrauchers nach Maßgabe des Abhilfegrundurteils und der im Umsetzungsverfahren vorgelegten Unterlagen richtigerweise hätte ablehnen müssen (§ 27 Nr 11 VDuG); diese Einrede muss der Unternehmer mit dem Widerspruch (§ 28 II VDuG) verfolgen; die dazu ergangene Widerspruchsentscheidung nach § 28 IV VDuG ist bindend (§ 40 I aE VDuG; BTDrs 20/7631, 112).

5 **3) Umfang der Herausgabehaftung. a) Inhalt (§ 40 II 1, 2 VDuG).** Herausgabe erfolgt in Form der **Rückzahlung** oder **Rückgabe** der im Umsetzungsverfahren erlangten Leistung. Kann das Erlangte nicht mehr gegenständlich herausgegeben werden, ist der Wert zu ersetzen, § 818 II BGB. § 40 II 1 VDuG sieht den Verbraucher, der im Umsetzungsverfahren befriedigt wurde, als nicht schutzwürdig an, weswegen § 818 III BGB (Wegfall der Bereicherung) ausgeschlossen wird (s aber § 40 II 2 VDuG).

6 **b) Ausschlussfrist (§ 40 II 3 VDuG).** Der Herausgabeanspruch erlischt, wenn er nicht binnen **neun Monaten** nach Leistung an den Verbraucher diesem gegenüber schriftlich geltend gemacht wird. Verbraucher sollen nach Ablauf der Frist Gewissheit darüber erlangen, ob sie die Leistung endgültig behalten dürfen (BTDrs 20/7631, 113). **Fristbeginn**: Erhalt der Leistung (Auszahlung aus dem Umsetzungsfonds durch den Sachwalter; sonstige Leistung durch den Unternehmer); **Fristberechnung**: §§ 188, 189 BGB. Fristwahrung: Schriftliche Geltendmachung (§ 126 BGB; nicht: Fax; E-Mail); Zugang beim Verbraucher maßgeblich (§ 130 I BGB); bei Geltendmachung des Anspruchs aus § 40 II VDuG in einem gerichtlichen Verfahren (Mahn- oder Klageverfahren; Aufrechnung) genügt für die Fristwahrung die Einhaltung der prozessualen Form (§§ 130 ff ZPO; arg: Substitution).

7 **c) Verjährung.** Der Anspruch aus § 40 II 1 VDuG unterliegt der Verjährung nach §§ 195, 199 BGB.

Abschnitt 3
Musterfeststellungsklagen (§§ 41-42)

§ 41 Musterfeststellungsklage

(1) Mit der Musterfeststellungsklage begehrt die klageberechtigte Stelle die Feststellung des Vorliegens oder Nichtvorliegens von tatsächlichen und rechtlichen Voraussetzungen für das Bestehen oder Nichtbestehen von Ansprüchen oder Rechtsverhältnissen (Feststellungsziele) zwischen Verbrauchern und einem Unternehmer.

(2) Der Zulässigkeit einer Musterfeststellungsklage steht nicht entgegen, dass die klageberechtigte Stelle Abhilfeklage erheben könnte.

IdF des G zur Umsetzung der Richtlinie (EU) 2020/1828 über Verbandsklagen zum Schutz der Kollektivinteressen der Verbraucher und zur Aufhebung der Richtlinie 2009/22/EG sowie zur Änderung des Kapitalanleger-Musterverfahrensgesetzes (Verbandsklagenrichtlinienumsetzungsgesetz – VRUG) v 8.10.2023 (BGBl 2023 I Nr 272) mWv 13.10.2023.

I) Zweck. Die Regelung entspricht § 606 I 1 ZPO aF. Das Rechtsinstrument der Musterfeststellungsklage wird als weiterer Klagetyp neben der Abhilfeklage fortgeführt (sa § 1 VDuG Rn 17). Nach § 41 II VDuG ist eine Musterfeststellungsklage nicht deshalb unzulässig, weil die klageberechtigte Stelle sogleich auf Abhilfe – also auf Leistung – klagen könnte. Es obliegt der klageberechtigten Stelle zu beurteilen, durch welche Klageart die Rechte der Verbraucher ausreichend und angemessen wahrgenommen werden. Bei den verjährungsrechtlichen Übergangsfällen des Art 229 § 65 EGBGB kann die Musterfeststellung wegen der gegenüber einer Abhilfeklage weiterreichenden Hemmungswirkung vorzugswürdig sein (s Art 229 § 65 S 1, 3 und 4 EGBGB; sa § 1 VDuG Rn 18, 20). 1

II) Struktur des Verfahrens. Die Musterfeststellung im Verbandsklageverfahren dient als **erste Stufe** der Durchsetzung von (individuellen) Ansprüchen, die Verbraucher oder kleine Unternehmen nach § 1 II VDuG angemeldet haben. Dazu hemmt die MFK deren Verjährung (§ 204a I 1 Nr 3 BGB; s § 1 VDuG Rn 20) und klärt (idealerweise) die verallgemeinerungsfähigen Grundlagen der Haftung des Unternehmers verbindlich und einheitlich (§ 11 III 1 VDuG). Die anschließende individuelle Rechtsdurchsetzung der Verbraucher/Kleinunternehmen in der **zweiten Stufe** wird damit insb bei Streu- und Massenschäden erleichtert (kritisch Balke/Liebscher/Steinbrück ZIP 2018, 1325). Die MFK macht zwar den individuellen Folgeprozess nicht entbehrlich, vermindert für den Verbraucher aber dort das Prozessrisiko (MskV/Stadler 20. Aufl, vor § 606 ZPO aF Rn 3). Die zweite Stufe kann auch als **ZPO-Inkassosammelklage** ausgestaltet werden, bei der die Ansprüche durch Abtretung in der Person des Inkassoklägers gebündelt werden. Möglich ist auf der zweiten Stufe aber auch eine **Abhilfeklage-Sammelklage** (§ 1 VDuG Rn 15), mit der die Ansprüche der aufgrund der MFK namentlich bekannten Verbraucher durchgesetzt werden (sa § 8 VDuG Rn 7). 2

III) Feststellungsziele (I). 1) Allgemeines. I erweitert einerseits gegenüber § 256 I ZPO den Kreis **zulässiger Feststellungsanträge** (Schmidt WM 2018, 1966, 1968), andererseits ist die Feststellung des Bestehens oder Nichtbestehens eines bestimmten Rechtsverhältnisses iSv § 256 I ZPO über die Klage nach **I** nicht möglich (s unten). Mit der MFK erfolgt eine konkrete Rechtsanwendung auf den Streitgegenstand (vgl BGH WM 2020, 1774 Tz 23 = MDR 2020, 1384: „konkrete Rechtsanwendung im Einzelfall" zum KapMuG; BGH ZIP 2025, 893 Tz 25 = MDR 2025, 644; sa G. Vollkommer MDR 2020, 81). Mit ihr kann aber keine abstrakte Auslegung einer Rechtsnorm verfolgt werden (aA Dresden VuR 2020, 306). Das Urteil (§ 42 VDuG) wendet auf der Grundlage der vorgetragenen und (ggf nach Beweisaufnahme) festgestellten tatsächlichen Verhältnisse („Mustertatbestand") wie im Individualprozess die einschlägigen Rechtsvorschriften „konkret" an (Feldhusen ZIP 2020, 2377; sa Rn 5); uU sind dabei verschiedene Modalitäten beim Sachverhalt zu unterscheiden. Die erfolgreiche Musterfeststellung stellt entweder die Haftung des Unternehmers gegenüber einem Verbraucher (Kleinunternehmen) auf der Grundlage der im Mustertatbestand festgestellten tatsächlichen Umstände dem Grunde nach fest oder verneint dem Grunde nach einen Anspruch des Unternehmers gegenüber Verbrauchern (Kleinunternehmern; BGH ZIP 2025, 893 Tz 26 = MDR 2025, 644). Entsprechend besteht die Bindungswirkung an dieses Urteil (§ 11 III 1 VDuG) nur insoweit, wie der individuelle Sachverhalt auch dem Mustersachverhalt in seinen rechtlich tragenden Grundlagen entspricht. **Kein Feststellungsziel** sind (künftige) Ansprüche oder Rechtsverhältnisse, die Gegenstand des § 256 I ZPO sein können (Skauradszun/Wagner § 41 VDuG Rn 9; Bsp BGH NJW 2025, 298 Tz 47 ff: Feststellung des SE-Anspruchs wegen künftiger Schäden nach DSGVO-Verstoß); solche konkreten Rechtsverhältnisse können nur im Individualprozess (ggf auf der Grundlage eines Musterfeststellungsurteils) festgestellt/verneint werden (s § 1 VDuG Rn 15). 3

2) Streitgegenstand. Der Streitgegenstand der MFK setzt sich aus den **einzelnen Feststellungszielen**, die eigenständige Rechtsschutzbegehren bilden, zusammen (BGH NJW 2020, 341 Tz 10 = MDR 2019, 1328; Nordholtz/Mekat/Rohls § 3 Rn 66; sa vor § 322 ZPO Rn 34a); der „Lebenssachverhalt" gehört dazu nur, soweit aus ihm die beantragten Feststellungen unmittelbar abgeleitet werden. 4

3) Inhalt. Feststellungsziele können tatsächliche oder rechtliche Feststellungen sein, soweit sie mit „Breitenwirkung" (BRDrs 176/18, 20) verbunden sind (MskV/Stadler 20. Aufl, § 606 ZPO aF Rn 12; ThP/Nordmeier § 41 VDuG Rn 1; Hk-ZPO/Rathmann 10. Aufl, § 606 ZPO aF Rn 9). Typischerweise handelt es sich um verallgemeinerungsfähige präjudizielle „Vorfragen" aus dem in der MFK darzustellenden Rechtsverhältnis des Verbrauchers mit dem Unternehmer (sa vor § 322 ZPO Rn 34a). Bsp: Mangelhaftigkeit eines (Serien-)Motors und die sich daraus ergebenden Käuferrechte (§ 437 BGB); die Bewertung eines Verhaltens (zu einem bestimmten Zeitpunkt) als sittenwidrige Schädigung (§ 826 BGB); Unrichtigkeit einer bestimmten Widerrufsbelehrung; Unwirksamkeit einer formularmäßigen Zinsänderungsklausel (BGHZ 231, 215 Tz 21 = NJW 2022, 311 = MDR 2022, 43); Inkassovergütung als ersatzfähiger Verzugsschaden des Unternehmers (BGH ZIP 2025, 893 Tz 26 = MDR 2025, 644); bestimmter Verstoß gegen DSGVO (G. Vollkommer MDR 2025, 638; sa Meta-Abhilfeklage OLG Hamburg Az 11 VKl 1/24). Möglich ist ferner die Feststellung einer ergänzenden Vertragsauslegung (zB Bestimmung einer Verzinsung), wenn die AGB des Kreditinstituts wegen einer nach §§ 305c, 307 ff BGB unwirksamen AGB eine Lücke enthalten (§ 306 II BGB, §§ 133, 157, 242 BGB); diese ergänzende Auslegung erfolgt auf der Grundlage der im Mustertatbestand festgestellten tatsächlichen Umstände (BGHZ 231, 215 Tz 44 = NJW 2022, 311 = MDR 2022, 43; überholt Dresden VuR 2020, 306). Die Bindungswirkung (§ 11 III 1 VDuG) setzt voraus, dass das individuelle Rechtsverhältnis dem im Mustertatbestand festgestellten entspricht. **Nicht** 5

feststellungsfähig sind dagegen individuelle Umstände eines einzelnen Rechtsverhältnisses (zB Schaden des einzelnen Verbrauchers). Unzulässig nach § 253 II Nr 1 ZPO sind schließlich „globale" Feststellungsziele, die keinen Bezug zu einem bestimmten Sachverhalt haben (Bsp bei G. Vollkommer MDR 2020, 81).

6 **IV) Gebühren. 1) Gericht:** 1212 GKG-KV: 4,0 Geb. Streitwert: s § 3 ZPO Rn 16.76, Obergrenze nach § 48 I 2 GKG sind 250.000 Euro (sa Hartmann MDR 2018, 1477). – **2) RA:** wie bei Klage, s § 253 ZPO Rn 28.

§ 42 Revision

[1]Gegen Musterfeststellungsurteile findet die Revision statt. [2]Diese bedarf keiner Zulassung.

IdF des G zur Umsetzung der Richtlinie (EU) 2020/1828 über Verbandsklagen zum Schutz der Kollektivinteressen der Verbraucher und zur Aufhebung der Richtlinie 2009/22/EG sowie zur Änderung des Kapitalanleger-Musterverfahrensgesetzes (Verbandsklagenrichtlinienumsetzungsgesetz – VRUG) v 8.10.2023 (BGBl 2023 I Nr 272) mWv 13.10.2023.

1 **I) Musterfeststellungsurteile. 1) Inhalt; Form.** Über die MFK wird nach zwingender mündlicher Verhandlung (§ 13 III, IV VDuG; Ausnahme: Beschlussverwerfung ohne Registeröffnung: § 44 VDuG Rn 3) durch „**Musterfeststellungsurteil**" (vgl § 42 VDuG, statt Endurteil, § 300 I ZPO) auch wegen der Kosten (§ 308 II ZPO) entschieden. Bei Fehlen einer Zulässigkeitsvoraussetzung ist die MFK als unzulässig abzuweisen. Die Zulässigkeit kann in den Gründen der Sachentscheidung festgestellt werden, soweit nicht durch **Zwischenurteil** (§ 280 II ZPO) zu entscheiden ist. Ist die Klage zulässig, ergeht ein Sachurteil.

2 **2) Verkündung; Zustellung; Bekanntmachung.** Das Urteil ist zu verkünden und den Parteien vAw zuzustellen (§§ 311, 317 I ZPO). Die §§ 318-321 ZPO sind anwendbar, § 321a ZPO ist nicht statthaft (§ 321a I 1 Nr 1 ZPO iVm § 42 VDuG). Das Urteil (außer VU nach § 331 ZPO) wird vom Gericht nach seiner Verkündung unverzüglich (§ 43 II 1 VDuG) in der Form des § 317 I 1 ZPO (Abschrift) im Klageregister **öffentlich bekannt** gemacht, ebenso die Mitteilung, dass dagegen ein Rechtsmittel eingelegt wurde (§ 44 Nr 12 VDuG; idR vom BGH wegen § 549 I 1 ZPO). Das Rechtskraftzeugnis ist vAw zu erteilen und nach § 44 Nr 13 VDuG im Klageregister bekannt zu machen; Zuständigkeit: § 706 I ZPO. Dies gilt auch für Revisionsurteile des BGH (BeckOK/Lutz § 612 ZPO Rn 2).

3 **3) Revision.** Die Regelung des § 42 VDuG entspricht § 614 S 1 ZPO aF (s BGH NJW 2023, 1816 Tz 15). Gegen die instanzbeendenden Urteile des OLG/BayObLG sowie Zwischenurteile nach § 280 II ZPO ist **kraft Gesetzes** die Revision der Parteien und deren Streithelfer (nicht aber einzelner Anmelder) statthaft; einer Zulassung durch das OLG/BayObLG (§ 543 I Nr 1 ZPO) bedarf es nicht.

4 **II) Sonstige Entscheidungen.** Die sonstigen (Zwischen-)Entscheidungen (zB § 45 I ZPO, § 46 I ZPO; § 9 II 2 VDuG) unterliegen nach allg Grundsätzen der **Rechtsbeschwerde**, da das OLG/BayObLG trotz § 13 I 2 VDuG in seiner gerichtsverfassungsrechtl Stellung tätig ist (§ 574 I 1 Nr 2 ZPO; BGH WM 2021, 231 Tz 12; BGH NJW 2020, 341 = MDR 2019, 1328). Die Rechtsbeschwerde muss vom OLG/BayObLG **zugelassen** werden (§ 574 III ZPO); für diese gilt § 42 S 2 VDuG nicht (Ausnahme: Abweisung der MFK ohne mV durch Beschluss, s § 44 VDuG Rn 3).

Abschnitt 4
Verbandsklageregister (§§ 43-49)

§ 43 Verbandsklageregister

(1) [1]Das Bundesamt für Justiz führt ein Register für Verbandsklagen (Verbandsklageregister). [2]Das Verbandsklageregister kann elektronisch betrieben werden.

(2) [1]Öffentliche Bekanntmachungen und Eintragungen sind unverzüglich vorzunehmen. [2]Die öffentliche Bekanntmachung von Terminen muss spätestens zwei Wochen vor dem jeweiligen Terminstag erfolgen.

(3) Die im Verbandsklageregister erfassten öffentlichen Bekanntmachungen und Eintragungen sind bis zum Schluss des zehnten Jahres nach der rechtskräftigen Entscheidung oder anderweitigen Beendigung des jeweiligen Verbandsklageverfahrens aufzubewahren und sodann zu löschen.

IdF des G zur Umsetzung der Richtlinie (EU) 2020/1828 über Verbandsklagen zum Schutz der Kollektivinteressen der Verbraucher und zur Aufhebung der Richtlinie 2009/22/EG sowie zur Änderung des Kapitalanleger-Musterverfahrensgesetzes (Verbandsklagenrichtlinienumsetzungsgesetz – VRUG) v 8.10.2023 (BGBl 2023 I Nr 272) mWv 13.10.2023.

I) Überblick. Das bislang für Musterfeststellungsverfahren bestehende Klageregister (§ 609 I ZPO aF) wird als Verbandsklageregister für Verbandsklagen nunmehr gemeinsam geführt (Hotline 0228 99410-6880). Diese Vorschrift dient zugleich der Umsetzung von Art 9 (2) und (3) der RL (EU) 2020/1828. Das Register erfasst die An- und Abmeldungen der Verbraucher (§§ 46, 47 VDuG) und unterrichtet die Öffentlichkeit fortlaufendend über den Gang der Verbandsklage (§ 44 VDuG). 1

II) Register. Aufbau und Inhalt des beim BfJ geführten Registers ergeben sich aus § 43 VDuG iVm der VKRegV (s § 49 VDuG Rn 2). **Öffentliche Bekanntmachungen** können über die Internetseite (abrufbar unter www.bundesjustizamt.de/verbandsklageregister) von jedermann (10 Jahre lang) eingesehen werden. 2

Das BfJ nimmt die erforderlichen **öffentlichen Bekanntmachungen** (§ 44 VDuG) und **Eintragungen** (§ 46 VDUG) im Verbandsklageregister unverzüglich, das heißt ohne schuldhaftes Zögern (BTDrs 20/6520, 98) vor. Dazu stellt das BfJ entsprechende **Muster** zur Verfügung, die im pdf-Format ausgefüllt werden können. Vom Gericht anberaumte Termine sind spätestens zwei Wochen vor dem Terminstag öffentlich bekannt zu machen, um Verbraucher mit ausreichend zeitlichem Vorlauf zu informieren. Eine Verletzung dieser Pflicht ist allerdings nicht sanktioniert; die lange Frist zur An- und Abmeldung ermöglicht den Verbrauchern eine ausreichende Reaktionsmöglichkeit. 3

§ 44 Bekanntmachung von Angaben zu Verbandsklagen

Die folgenden Angaben zu einer rechtshängigen Verbandsklage sind im Verbandsklageregister öffentlich bekannt zu machen:

1. **Bezeichnung der Parteien,**
2. **Bezeichnung des Gerichts und des Aktenzeichens,**
3. **Art der Verbandsklage,**
4. **Zeitpunkt der Anhängigkeit und der Rechtshängigkeit,**
5. **Abhilfeantrag des Klägers, einschließlich der Merkmale, nach denen sich die Gleichartigkeit der von Verbrauchern geltend gemachten Ansprüche bestimmt, oder die Feststellungsziele,**
6. **kurze Darstellung des vom Kläger vorgetragenen Lebenssachverhalts,**
7. **Zeitpunkt der Bekanntmachung im Verbandsklageregister,**
8. **Befugnis der Verbraucher, Ansprüche oder Rechtsverhältnisse, die mit der Abhilfe- oder Musterfeststellungsklage geltend gemacht werden, zur Eintragung in das Verbandsklageregister anzumelden, Form, Frist und Wirkung der Anmeldung sowie ihrer Rücknahme,**
9. **Terminsbestimmungen, Hinweise und Zwischenentscheidungen des Gerichts,**
10. **gerichtlich genehmigte Vergleiche, Befugnis der angemeldeten Verbraucher zum Austritt aus dem Vergleich, Form, Frist und Wirkung des Austritts,**
11. **Urteile im Verbandsklageverfahren,**
12. **Einlegung eines Rechtsmittels,**
13. **Eintritt der Rechtskraft,**
14. **Beschluss über die Bestellung eines Sachwalters, Beschluss, durch den die Ablehnung eines Sachwalters für begründet erklärt wird, sowie Beschluss über die Entlassung eines Sachwalters,**
15. **Beschluss über die Eröffnung eines Umsetzungsverfahrens,**
16. **Beschluss über die Feststellung der Beendigung des Umsetzungsverfahrens,**
17. **sonstige Beendigung des Verbandsklageverfahrens,**
18. **die Eröffnung des Insolvenzverfahrens über das Vermögen des Unternehmers,**
19. **Verpflichtung des Bundesamts für Justiz, einem angemeldeten Verbraucher auf dessen Verlangen einen Auszug über die Angaben zu überlassen, die im Verbandsklageregister zu ihm und seiner Anmeldung erfasst sind.**

IdF des G zur Umsetzung der Richtlinie (EU) 2020/1828 über Verbandsklagen zum Schutz der Kollektivinteressen der Verbraucher und zur Aufhebung der Richtlinie 2009/22/EG sowie zur Änderung des Kapitalanleger-Musterverfahrensgesetzes (Verbandsklagenrichtlinienumsetzungsgesetz – VRUG) v 8.10.2023 (BGBl 2023 I Nr 272) mWv 13.10.2023.

I) Zweck. Das Ziel der Bekanntmachung ist, die betroffenen Verbraucher und Kleinunternehmen (§ 1 II VDuG) über die Rechtshängigkeit einer Verbandsklage zu informieren und ihnen so zu ermöglichen, von dem Verfahren durch die Anmeldung eigener Ansprüche oder Rechtsverhältnisse zu profitieren. Nach § 7a VKRegV können sich **ab dem 1.1.2026** (s § 49 VDuG Rn 2) angemeldete Personen über den Fortgang des Verfahrens per E-Mail fortlaufend unterrichten lassen. Zugleich entlastet die Bekanntgabe von Entscheidungen oder Verfahrensereig- 1 nissen über das Register die Gerichte davon, Einzelzustellungen an eine Vielzahl von Personen vorzunehmen. Die Bekanntmachung im Register stellt eine Form der öffentlichen Zustellung dar, die in den gesetzlich geregelten Fällen zum Anlaufen von Fristen führen kann (Bsp § 10 I 2 VDuG: Austritt aus dem Vergleich).

2 **II) Bekanntmachung unzulässiger Klagen?** Die Entwurfsbegründung geht davon aus, dass die **öffentliche Bekanntgabe** der Verbandsklage im Verbandsklageregister vom Gericht unabhängig davon zu veranlassen ist, ob es die **Verbandsklage für zulässig** hält oder nicht. Verbraucher sollen in jedem Falle von der verjährungshemmenden Wirkung der Verbandsklage profitieren können (BTDrs 20/6520, 99).

3 Dem ist nicht uneingeschränkt zu folgen (Skauradszun/Schröder § 45 VDuG Rn 9; Köhler/Feddersen/Scherer § 44 VDuG Rn 5 f). Das VDuG sieht allerdings, wie schon die ZPO-MFK, **keine Sondervorschriften für die Prüfung der Zulässigkeit der Klage** vor (s § 13 VDuG Rn 11, 12). Bei der ZPO-MFK hat die Praxis jedoch bei offensichtlichen und schweren Mängeln das Verfahren entwickelt, nach Anhörung der Parteien die Bekanntmachung der MFK zu versagen und die Klage als unzulässig durch Beschluss abzuweisen (Konsequenz aus BGH WM 2021, 231 Tz 32; G. Vollkommer WuB 2021, 232). Dieses Vorgehen ist weiterhin möglich (Münscher WM 2023, 2082/2084), wenngleich die Anwendungsfälle auf klare Mängel bei der Klagebefugnis (zB fehlende Eintragung) oder auf gewichtige Verstöße gegen Muss-Bestimmungen (keine Angabe zur Finanzierung) beschränkt sind. Es kann auch die förmliche Zustellung der Klage an den Beklagten unterbleiben (§ 271 ZPO), solange eine **Muss-Angabe der Klageschrift** nach § 5 I VDuG, § 15 II VDuG nicht erfüllt wird (Bsp: Keine Angabe zur Finanzierung). In diesem Fall wird keine Rechtshängigkeit (§ 261 I ZPO) begründet und es bedarf auch nach dem VDuG dann auch keiner Veröffentlichung (§ 44 VDuG).
Die frühzeitige Abweisung substanzloser Klagen ohne Registeröffnung vermeidet sonst auftretende schwere Verwerfungen. Solche unzulässigen Klagen sperren andere (erfolgversprechende) Klagen (§ 8 S 1 VDuG) und die Registeröffnung weckt bei den Anmeldern falsche Erwartungen. Zudem bliebe sonst die mit den (in der ZPO raren) Muss-Bestimmungen verbundene Verschärfung der inhaltlichen Anforderungen an die Klageschrift ohne rechtliche Bedeutung. Das vorstehend beschriebene Vorgehen nimmt gleichzeitig den Anreiz, möglichst schnell eine unzureichend aufbereitete Klage einzureichen.

4 Das Sonderverfahren nach Rn 3 gilt ferner für **prioritätsjüngere Klagen**, die gegen die Sperrwirkung des § 8 S 1 VDuG verstoßen. Dies ergibt sich aus dem Zweck des **§ 8 S 1 VDuG**, wonach das Register bei gleichgerichteten Klagen nur einmal zu öffnen ist. Das im Gesetzgebungsverfahren genannte Interesse an einer Verjährungshemmung wird durch die prioritätsältere Klage ohnehin gewahrt.

5 **III) Veröffentlichungspflichtige Vorgänge. 1) Überblick.** Die im Verbandsklageregister bekannt zu machenden Angaben beschränken sich auf die in § 44 VDuG aufgeführten Angaben (s aber auch Rn 10). Die Regelung schreibt allerdings die Schwächen des § 607 I ZPO aF fort; eine auf die konkrete Verbandsklage bezogene, dialogbasierte digitale Kommunikation ist weiterhin nicht vorgesehen.

6 **2) Veröffentlichungen nach § 44 Nr 1-7 VDuG.** Die Bekanntmachung dieser Angaben, insb der Merkmale, nach denen sich die **Gleichartigkeit** der geltend gemachten Verbraucheransprüche bestimmt, sowie die Darstellung des vorgetragenen Lebenssachverhaltes (§ 44 Nr 4 VDuG) dienen dazu, dass Verbraucher und Kleinunternehmen die Relevanz der Verbandsklage für eigene Ansprüche oder Rechtsverhältnisse einschätzen können.

7 Die Art der Verbandsklage soll angeben, ob eine Abhilfe- oder Musterfeststellungsklage vorliegt (BTDrs 20/7631, 111), der Zeitpunkt der Anhängigkeit weist auf das auf die Verbandsklage intertemporal anwendbare Recht (§ 46 EGZPO) hin (vgl § 1 VDuG Rn 13). Die Angabe der Rechtshängigkeit dient dazu, den Eintritt der Verjährungshemmung feststellen zu können (§ 204a I 1 BGB).

8 **3) Veröffentlichung nach § 44 Nr 8 VDuG.** Nach § 44 **Nr 8** VDuG ist über die Möglichkeit der **Anmeldung** einschließlich der formellen Voraussetzungen und ihrer Wirkungen sowie über die Möglichkeit der **Rücknahme der Anmeldung** zu informieren. Diese Veröffentlichung ist auf die konkrete Verbandsklage hin auszugestalten, um Anmeldungen zu verhindern, die ins Leere gehen werden. Soweit die Verbandsklage ausschließlich materielles Verbraucherrecht zum Gegenstand hat (zB Widerruf nach §§ 495, 355 BGB), sollte der ausdrückliche Hinweis erfolgen, dass eine Beteiligung von kleinen Unternehmen nicht möglich ist (s § 1 VDuG Rn 9; § 5 VDuG Rn 5, 11). Werden bei einem **grenzüberschreitenden Sachverhalt** nur bestimmte Sachverhaltskomplexe vom Streitgegenstand der Verbandsklage erfasst, ist darauf hinzuweisen, dass die Anmelder in diese Gruppe fallen müssen, um von den Wirkungen der Verbandsklage profitieren zu können; weiter kann auf ein paralleles Verfahren in einem andern EU-Staat hingewiesen werden.

9 **4) Veröffentlichung nach § 44 Nr 9, 10 VDuG.** Im Register sind **Termine**, gerichtliche **Hinweise** und **Zwischenentscheidungen** sowie gerichtlich genehmigte **Vergleiche** nach § 9 I VDuG einzustellen; bei Terminen gilt ein Vorlauf von drei Wochen (§ 43 II 2 VDuG).

10 Die Mitteilung des **Schlusses der mündl Verh** und des anberaumten **Verkündungstermins** (§ 13 VDuG) sowie das sich daraus ergebende Datum der Schließung des Registers nach § 46 I 1 VDuG teilt das erkennende Gericht (OLG/BayObLG) dem BfJ zur Veröffentlichung mit; die Fristberechnung kann nicht dem BfJ überlassen werden. Auf die anstehende Registerschließung ist bei der Veröffentlichung ausdrücklich hinzuweisen. Eine

ausdrückliche Anordnung für dieses Vorgehen fehlt allerdings im Katalog des § 44 VDuG, was auf die spätere Änderung bei der Anmeldefrist durch den Rechtsausschuss des BT zurückzuführen sein dürfte. Dieses Vorgehen lässt sich aber auf § 44 Nr 9 VDuG (Mitteilung des Verkündungstermins) stützen. Zusätzlich sollte der Kläger die Öffentlichkeit nach § 12 VDuG über die anstehende Schließung des Registers informieren. Mitzuteilen nach § **44 Nr 9 VDuG** ist der **Wiedereintritt in die geschlossene mündl Verh** und die damit erfolgende Wiedereröffnung des Registers (s näher § 46 VDuG Rn 16). 11

5) Veröffentlichungen nach § 44 Nr 11-13 VDuG. Die Veröffentlichungen geben Auskunft über Urteile und den Eintritt der Rechtskraft. 12

6) Veröffentlichungen nach § 44 Nr 14-18 VDuG. Die Angaben geben Auskunft über das **Umsetzungsverfahren** und dessen Beendigung. Der Kläger sollte im Fall der Insolvenzeröffnung die angemeldeten Verbraucher darüber unterrichten, dass sie ihre Ansprüche nunmehr auch beim Insolvenzverwalter anmelden müssen. 13

7) Veröffentlichung nach § 44 Nr 19 VDuG. Danach sind Verbraucher darüber zu informieren, dass ihnen ein Anspruch auf einen Auszug über ihre Anmeldung zusteht. Mit dem Auszug können sie ihre Anmeldung in einem etwaigen Folgeprozess nachweisen. 14

§ 45 Veranlassung der Bekanntmachung durch das Gericht

Das Gericht übermittelt dem Bundesamt für Justiz unverzüglich veröffentlichungsfähige Fassungen der im Verbandsklageregister öffentlich bekannt zu machenden Angaben (§ 44 Nummer 1 bis 6 und 9 bis 18), insbesondere der Terminsbestimmungen, Hinweise, Zwischenentscheidungen und Urteile.

IdF des G zur Umsetzung der Richtlinie (EU) 2020/1828 über Verbandsklagen zum Schutz der Kollektivinteressen der Verbraucher und zur Aufhebung der Richtlinie 2009/22/EG sowie zur Änderung des Kapitalanleger-Musterverfahrensgesetzes (Verbandsklagenrichtlinienumsetzungsgesetz – VRUG) v 8.10.2023 (BGBl 2023 I Nr 272) mWv 13.10.2023.

Überblick. Die Vorschrift bestimmt die Verantwortung über die in das Register einzustellenden Informationen. Es obliegt danach dem Gericht, dem BfJ unverzüglich (s dazu § 43 VDuG Rn 3) die nach § 44 Nr 1-6 und 9-18 VDuG bekanntzumachenden Angaben in veröffentlichungsfähiger Form (§ 2 II VKRegV) zu übermitteln. 1

Aufgabe des Gerichts ist es auch, die **Anonymisierung** bestimmter personenbezogener Daten vorzunehmen. Sofern in der Klageschrift Namen, Anschriften oder Angaben zum persönlichen Vermögen Betroffener enthalten sind (zB bei der Abhilfe-Sammelklage), sind diese vom Gericht unkenntlich zu machen. Der Grad der erforderlichen Anonymisierung ist nach den Umständen des Einzelfalls durch das Gericht zu beurteilen, wie es auch sonst der Praxis insb bei Urteilsveröffentlichungen durch das Gericht selbst entspricht (BTDrs 20/6520, 100). 2

Den Zeitpunkt der Bekanntmachung (§ 44 Nr 7 VDuG) ermittelt das BfJ selbst (§ 2 I 2 VKRegV); der Hinweis auf die Verpflichtung des BfJ auf Erteilung eines Auszugs über die Anmeldung nach § 44 Nr 19 VDuG sollte ebenfalls formularmäßig vom BfJ erfolgen. 3

§ 46 Anmeldung von Ansprüchen; Rücknahme der Anmeldung

(1) [1]Verbraucher können Ansprüche oder Rechtsverhältnisse, die Gegenstand einer Verbandsklage sind, bis zum Ablauf von drei Wochen nach dem Schluss der mündlichen Verhandlung zur Eintragung in das Verbandsklageregister anmelden. [2]§ 193 des Bürgerlichen Gesetzbuchs findet keine Anwendung.

(2) [1]Die Anmeldung ist nur wirksam, wenn sie frist- und formgerecht erfolgt und folgende Angaben enthält:

1. **Name und Anschrift des Verbrauchers,**
2. **Angabe, ob die Anmeldung als kleines Unternehmen im Sinne des § 1 Absatz 2 erfolgt,**
3. **Bezeichnung des Gerichts und Aktenzeichen,**
4. **Bezeichnung des Beklagten,**
5. **Gegenstand und Grund des Anspruchs oder des Rechtsverhältnisses des Verbrauchers,**
6. **Versicherung der Richtigkeit und Vollständigkeit der Angaben.**

[2]Wird ein Zahlungsanspruch angemeldet, so soll die Anmeldung auch Angaben zur Höhe dieses Anspruchs enthalten.

(3) Die Angaben der wirksamen Anmeldung werden ohne inhaltliche Prüfung in das Verbandsklageregister eingetragen.

(4) [1]Die Anmeldung kann bis zu dem in Absatz 1 genannten Zeitpunkt zurückgenommen werden. [2]§ 193 des Bürgerlichen Gesetzbuchs findet keine Anwendung.

IdF des G zur Umsetzung der Richtlinie (EU) 2020/1828 über Verbandsklagen zum Schutz der Kollektivinteressen der Verbraucher und zur Aufhebung der Richtlinie 2009/22/EG sowie zur Änderung des Kapitalanleger-Musterverfahrensgesetzes (Verbandsklagenrichtlinienumsetzungsgesetz – VRUG) v 8.10.2023 (BGBl 2023 I Nr 272) mWv 13.10.2023.

1 **I) Zweck; Bedeutung.** Die Anmeldung von Verbrauchern und Kleinunternehmen zum Verbandsklageregister (sog „opt-in") ist geboten, um die **Wirkungen der Abhilfeklage** bzw der **MFK** auf deren individuelles Rechtsverhältnis zum verklagten Unternehmer zu erstrecken. Dies gilt für die Verjährungshemmung (§ 204a I 1 Nr 3, 4 BGB), die Bindungswirkung rkr Urteile über Verbandsklagen (§ 11 III 1 VDuG) sowie die Teilnahme an einem Umsetzungsverfahren (§ 26 VDuG). Bei der gefundenen Frist handelt es sich um einen politischen Kompromiss, den der Rechtsausschuss des BT gefunden hat (verfassungsrechtl Bedenken äußert Röß MDR 2023, 1417 Rn 26 ff). Die Idee dahinter dürfte sein, dass die An- und Abmeldung aufgrund einer validen Einschätzung der Prozessaussichten erfolgen können soll, aber in Unkenntnis des Ausgangs der I. Instanz (s Röthemeyer VuR 2023, 332/334). Bei der **Abhilfe-Gruppenklage** wird das Register danach beim Regelverfahren (s § 13 VDuG Rn 4 [a]) vor dem Abhilfegrundurteil (§ 16 I 1 VDuG), beim verkürzten Verfahren (s § 13 VDuG Rn 4 [b]) vor dem Abhilfeendurteil (§ 16 IV VDuG) geschlossen.

2 **II) Inhalt (§ 46 II VDuG); Adressat der Anmeldung. 1) Inhalt.** Die zwingenden inhaltlichen Anforderungen an die Anmeldung werden in § 46 II 1 VDuG genannt, dessen **II 1 Nr 1, 3-6** dem § 608 II 1 ZPO aF entsprechen. Ergänzend gilt das **Formular** gem § 3 II VKRegV (s § 49 VDuG Rn 2).

3 **a)** Die Angabe nach **§ 46 II 1 Nr 1 VDuG** muss den Anmelder **zweifelsfrei identifizieren**. Auf dieser Grundlage wird die Beteiligung im Umsetzungsverfahren (§ 26 VDuG) festgestellt oder kann die Bindungswirkung (§ 11 III 1 VDuG) im Folgeprozess festgestellt werden.

4 **b)** Bei der Anmeldung ist anzugeben, ob diese als **kleines Unternehmen** erfolgt (§ 46 II 1 Nr 2 VDuG; sa § 1 VDuG Rn 9, 10). Dies dient der Unterrichtung von Gericht und Prozessparteien über die Breitenwirkung der Verbandsklage. Eine Überprüfung der Voraussetzungen des § 1 II VDuG erfolgt nicht; Anmelder sollten entsprechende Daten und Unterlagen zum späteren Nachweis sichern.

5 **c)** Die Angaben zu **Gegenstand und Grund des Anspruchs/Rechtsverhältnisses** gegen den Unternehmer (**§ 46 II 1 Nr 5 VDuG**) verlangen weder eine schlüssige noch eine substantiierte Darstellung. Es genügt, wenn das Interesse des Anmelders am Verbandsprozess vom Gericht und den Prozessparteien nachvollzogen werden kann.

6 Die strenge Auslegung des § 608 II Nr 4 ZPO aF, wonach der Anspruch in der Anmeldung wie bei einer Klage nach § 253 II ZPO zu individualisieren ist, ist nicht auf den wortgleichen § 46 II 1 Nr 5 VDuG zu übertragen (G. Vollkommer NJW 2023, 1891 gegen BGH NJW 2023, 1888 = ZIP 2023, 1446). Auch brauchen keine Ausführungen dazu erfolgen, warum der Anspruch von der Verbandsklage „abhängt" (vgl MskV/Stadler 20. Aufl, § 608 ZPO Rn 4 zur ZPO-MFK). Da die Verjährung des Individualanspruchs ohnehin schon durch die Verbandsklage (auflösend bedingt) gehemmt wird, kann der Nachweis der Berechtigung und die Anspruchsindividualisierung noch im Umsetzungsverfahren (anhand der Nachweise nach § 16 II VDuG; § 16 VDuG Rn 6, 7) oder in einem späteren Prozess (unter Beachtung der Bindungswirkung, § 11 III 1 VDuG iVm § 39 VDuG) geführt werden (s Vollkommer NJW 2023, 1891).

7 **d)** Eine **Bezifferung** ist nicht erforderlich (**§ 46 II 2 VDuG**); deren Angabe dient dazu, dass der Unternehmer die wirtschaftliche Bedeutung der Verbandsklage abschätzen kann.

8 **e)** Die Versicherung nach § 46 II 1 Nr 6 VDuG soll Missbrauch entgegenwirken, ist aber kein Fall des § 156 StGB (Röthemeyer Musterfeststellungsklage, § 608 ZPO Rn 8).

9 **2) Adressat.** Die Anmeldung erfolgt (wie bisher) **gegenüber dem BfJ** (§ 47 I VDuG). Eine zum OLG/BayObLG erfolgte Anmeldung ist an jenes weiterzuleiten (s Einl ZPO Rn 26). Das BfJ trägt die Angaben unverzüglich (§ 43 II 1 VDuG), aber ohne inhaltliche Prüfung (§ 46 II VDuG) deklaratorisch im Klageregister ein (§ 3 III 1 VKRegV) und vergibt ein Aktenzeichen (§ 3 III 3 VKRegV). Die Ablehnung der Eintragung durch das BfJ, weil die Anmeldung außerhalb der Frist erfolgt oder unvollständig ist (§ 3 III 2 VKRegV), ist gem § 23 EGGVG anfechtbar (BGH MDR 2021, 701; AG/Schmidt § 46 VDuG Rn 6).

10 **3) Stellvertretung.** Eine **Stellvertretung** bei der Anmeldung ist zulässig (§ 46 II 1 Nr 6 VDuG steht nicht entgegen), die Beschränkungen des § 79 II 2 ZPO gelten nicht, da es sich um eine mat-rechtl Erklärung handelt. RA-Zwang (§ 78 ZPO) besteht nicht, da die Anmeldung gegenüber dem BfJ erfolgt. Die Vollmacht ist bei der Anmeldung nicht nachzuweisen (arg § 47 II 5 VDuG). Bei der Einreichung durch einen Rechtsanwalt (als Bevollmächtigten) ist die Vollmacht anwaltlich zu versichern (§ 47 II 5 VDuG iVm § 703 ZPO).

11 **III) Keine Überprüfung (§ 46 III VDuG).** Eine **inhaltliche Prüfung der Anmeldung** oder der subjektiven Teilnahmeberechtigung des Anmelders (§ 1 I, II VDuG) **findet nicht statt** (§ 46 III VDuG; Münscher WM 2023, 2082/2085). Insb die Frage, ob die Anmeldung tatsächlich einen Anspruch oder ein Rechtsverhältnis be-

trifft, die von der Verbandsklage erfasst sind, klärt sich erst im Umsetzungsverfahren (§§ 22 ff VDuG) oder einem individuellen Nachverfahren (zB § 39 VDuG; Bsp: BGH NJW 2023, 1888 = ZIP 2023, 1446). Gleiches gilt für die Verbrauchereigenschaft (§ 1 I VDuG; § 29c ZPO), die Einordnung des Anmelders als kleines Unternehmen (§ 1 II VDuG) oder die Einhaltung der Form (§ 47 VDuG). Eine verspätete Anmeldung wird allerdings schon nicht im Register eingetragen (§ 3 III 1, 2 VKRegV).

IV) Rücknahme der Anmeldung (§ 46 IV VDuG). Die Erklärung der **Rücknahme der Anmeldung** erfolgt 12
entsprechend den Vorschriften der Anmeldung (§ 46 IV VDuG). Mit der Abmeldung enden die Wirkungen der Abhilfeklage für diese Person; für die **Verjährung** gilt die **Ablaufhemmung** nach § 204a III BGB. Auch die Wirksamkeit der Rücknahme der Anmeldung wird erst in einem Folgeverfahren geprüft.

V) Zeitraum der An- und Abmeldung (§ 46 I, IV VDuG). 1) Beginn; Ende. Der An- und Abmeldezeitraum 13
beginnt mit der Registeröffnung und **endet mit Ablauf von drei Wochen nach dem Schluss der mündl Verh** (§ 46 I 1 VDuG), auch an einem Samstag, Sonn- oder Feiertag (§ 46 I 2 VDuG). Der Verhandlungsschluss ergibt sich daraus, dass nach § 310 I ZPO ein Termin zur Urteilsverkündung bestimmt wird, der nach § 13 IV VDuG frühestens in sechs Wochen liegen darf (s § 13 VDuG Rn 24).

Eine WE (§§ 233 ff ZPO) bei der An- und Abmeldung scheidet aus, da es sich nicht um eine Notfrist handelt 14
(AG/Schmidt § 46 VDuG Rn 3), eine Ausnahme davon enthält § 7 VKRegV (Nichterreichbarkeit des BfJ aufgrund technischer Störung). Gegen die Weigerung des BfJ, die Anmeldung wegen Fristüberschreitung in das Klageregister einzutragen (§ 3 III 2 VKRegV), ist Antrag nach §§ 23 ff EGGVG zu stellen (BGH MDR 2021, 701).

2) Mitteilung des Schlusses der mündlichen Verhandlung. Der Verhandlungsschluss und das sich daraus er- 15
gebende Datum der **Schließung des Registers** nach **I 1** teilt das erkennende Gericht (OLG/BayObLG) dem BfJ zur Veröffentlichung mit; die Fristberechnung kann nicht dem BfJ überlassen werden. Eine ausdrückliche Anordnung für dieses Vorgehen fehlt allerdings im Katalog des § 44 VDuG (s näher § 44 VDuG Rn 5 ff).

3) Wiedereröffnung des Registers. Wird die mündl Verh trotz des Verkündungstermins **wiedereröffnet**, blei- 16
ben An- und Abmeldungen weiter möglich (BTDrs 20/7631, 113); eine entsprechende Mitteilung an das BfJ muss vom Gericht erfolgen. Dies kann sich ergeben, wenn doch keine instanzbeendende Entscheidung ergeht und das Gericht erneut in die mündl Verh eintritt, eine Beweisaufnahme anordnet oder wenn gegen das VU nach § 331 ZPO Einspruch eingelegt wird. Ersichtlich soll jedoch eine mündl Verh vor dem BGH (§ 553 I, § 555 ZPO) nicht zur erneuten Öffnung des Klageregisters führen (s Rn 1). Ob dagegen eine Wiedereröffnung des Registers nach einer **Aufhebung und Zurückverweisung** erfolgt, lassen Gesetzestext und Begründung unbeantwortet. Zu bejahen dürfte dies jedenfalls dann sein, wenn die Abweisung der Abhilfeklage als unzulässig keinen Bestand hat.

VI) Rechtswirkungen der Anmeldung. 1) Allgemeines. Die **Rechtsfolgen der Anmeldung** finden sich in § 11 17
VDuG, § 26 VDuG, § 204a I 1 Nr 3, 4 BGB. Da schon die Abhilfe- und Musterfeststellungsklage die Verjährung hemmt (§ 204a I 1 Nr 3, 4 BGB), kann die Anmeldung auch noch nach Ablauf der Verjährungsfrist erfolgen (BGHZ 231, 1 Tz 24 = NJW 2021, 3250 = MDR 2021, 1188; Rüsing NJW 2020, 2588 zur ZPO-MFK). Auch die **unbezifferte Anmeldung** führt zur Hemmung der Verjährung des von der Verbandsklage erfassten Anspruchs des Verbrauchers in voller Höhe (ähnlich wie bei der Streitverkündung gem § 204 I Nr 6 BGB). Die Anmeldung ist nicht rechtsmissbräuchlich, wenn sie ausschließlich zum Zweck der Verjährungshemmung erfolgt und zeitnah wieder zurückgenommen wird (BGHZ 231, 1 Tz 38 ff = NJW 2021, 3250 = MDR 2021, 1188; Rüsing NJW 2020, 2588). Mit der Anmeldung verzichtet der Verbraucher jedoch auf andere Wege der Rechtsdurchsetzung, da sowohl eine Klage (§ 11 II VDuG) als auch die Einleitung eines **Verbraucherschlichtungsverfahrens** (§ 14 I Nr 3, § 30 II Nr 5 VSBG, § 57b II 1 Nr 3 LuftVG; Greger MDR 2020, 65 Tz 29) unzulässig werden. Möglich sind aber außergerichtliche Verhandlungen mit dem Unternehmer, um einen bilateralen Vergleich zu schließen. Die Tatsache der Anmeldung und deren Inhalt werden durch den Auszug aus dem Register nach § 48 III VDuG nachgewiesen (§ 6 II VKRegV [s § 49 VDuG Rn 2]).

2) Rechte des Anmelders; Verhältnis zum Kläger. Durch die Anmeldung wird der Verbraucher **nicht zum** 18
Verfahrensbeteiligten, er hat im Verbandsklageverf keine Auskunfts- oder Akteneinsichtsrechte (Röthemeyer MDR 2019, 6; ThP/Seiler § 609 Rn 3 zur ZPO-MFK), auch nicht ggü dem Kläger. Es wird teilweise angenommen, dass zwischen dem klagenden Verband und den angemeldeten Verbrauchern eine Art von **Auftragsverhältnis** zustande kommt, das den Verband zur „gewissenhaften Prozessführung" verpflichtet (Röß NJW 2021, 1495; Berger ZZP 113 [2020], 3, 46 f; differenzierend MskV/Stadler vor § 1 VDuG Rn 24; ähnlich Meindl [Lit vor § 1 VDuG], S 206; Beuth [Lit vor § 1 VDuG], S 285/335 ff; arg § 241 II, § 311a II Nr 3 BGB); dies ist **abzulehnen**, da der Verband nur seine satzungsmäßigen Ziele (vgl § 2 VDuG) verfolgt, iÜ im öffentlichen Interesse tätig ist (sa § 12 VDuG Rn 1). Dies bestätigt das Fehlen einer gesetzlichen Haftungsnorm im VDuG, obwohl das Problem bekannt war und beim Sachwalter mit § 31 VDuG aufgegriffen wurde (Röthemeyer VuR 2023, 332/337; MK-ZPO/Wolber § 3 VDuG Rn 13). Anders gelagert liegt die Prozessführung zugunsten der **namentlich genannten Verbraucher** (§ 16 I 2 VDuG) bei der Abhilfe-Sammelklage (s § 1 VDuG Rn 15). Diese Personen müssen mit der Geltendmachung ihrer Ansprüche *intern* einverstanden sein, so dass dort zumindest ein

rechtsgeschäftlicher Kontakt besteht (MskV/Stadler vor § 1 VDuG Rn 24; aA Röthemeyer VuR 2023, 332/336). Der **Prozessbevollmächtigte** des klagenden Verbandes haftet den angemeldeten Verbrauchern weder aus Vertrag mit Schutzwirkung (§ 328 BGB analog), noch für deren Schaden aufgrund des Rechtsanwaltsvertrages mit dem Kläger in Form einer Drittschadensliquidation (Meindl [Lit vor § 1 VDuG], S 214 ff; Beuth [Lit vor § 1 VDuG], S 367, jew mN zum Streitstand). Zur begrenzten Hilfe bei fehlerhaftem Handeln des RA: § 13 VDuG Rn 7.

19 **3) Rechtsnachfolge. a) Zession.** Unter der ZPO-MFK war umstritten, ob die mit der Anmeldung ausgelösten Rechtsfolgen im Wege einer **Einzelrechtsnachfolge** auf den Rechtsnachfolger des Anmelders übergehen (vgl Röthemeyer Musterfeststellungsklage, § 611 ZPO Rn 9; Müller GWR 2019, 399; Röß NJW 2020, 953). Beim VDuG ist zu unterscheiden:

20 **aa) Vor Registerschließung.** Bis zum Schließen des Registers (§ 46 I VDuG) erfolgt keine Erstreckung der Anmeldung des Zedenten auf den Zessionar. Der Zessionar muss sich selbst anmelden, der Zedent die Rücknahme seiner Anmeldung erklären. Auf diesem Weg ist sichergestellt, dass nur Verbraucher und Kleinunternehmen von der Verbandsklage profitieren können (arg § 1 VDuG). Auch § 3 VKRegV sieht weiterhin keine Eintragung einer Einzelrechtsnachfolge vor.

21 **bb) Nach Registerschließung.** Nach der Registerschließung (§ 46 I VDuG) entfaltet die Bindungswirkung (§ 11 III 1 VDuG) Vorwirkungen, die es erlauben, diese in analoger Anwendung der §§ 322, 325 ZPO auf jeden Einzelrechtsnachfolger eines Anmelders zu erstrecken. Die Bindungswirkung des rechtskräftigen Verbandsklagenurteils wirkt dann gem § 11 III 1 VDuG für und gegen den Zessionar; ein gutgläubiger bindungsfreier Erwerb der Forderung (vgl § 325 II ZPO) ist nicht möglich. Da die Teilnahme am Umsetzungsverfahren aufgrund der registrierten Anmeldung erfolgt (§ 26 VDuG), muss der Zessionar jedoch regelmäßig den Anspruch nach § 39 VDuG geltend machen. Nach einer erfolgreichen **Musterfeststellungsklage** kann der angemeldete Verbraucher seinen Anspruch daher an einen **Inkasso-Dienstleister** abtreten, der diesen auf der Grundlage der bindenden Musterfeststellungen einzieht.

22 **b) Gesamtrechtsnachfolge.** Die Rechtswirkungen der Anmeldung gehen auf den **Erben** des angemeldeten Verbrauchers über (§ 1922 BGB), was in das Register eingetragen werden kann (§ 3 V VKRegV).

§ 47 Formvorschriften

(1) Anmeldung und Rücknahme sind in Textform gegenüber dem Bundesamt für Justiz zu erklären.

(2) [1]Wird die Anmeldung oder die Rücknahme durch einen Rechtsanwalt erklärt, muss für die Erklärung das vom Bundesamt für Justiz hierfür elektronisch bereitgestellte Formular genutzt werden. [2]Ist dies aus technischen Gründen vorübergehend nicht möglich, so ist die Übermittlung in Textform zulässig. [3]Die vorübergehende Unmöglichkeit ist bei der Ersatzeinreichung oder unverzüglich danach glaubhaft zu machen; auf Anforderung des Bundesamts für Justiz ist die Erklärung mittels des elektronisch bereitgestellten Formulars nachzuholen. [4]§ 703 der Zivilprozessordnung gilt entsprechend.

(3) Die Absätze 1 und 2 sind auf die Erklärung des Austritts aus einem Vergleich entsprechend anzuwenden.

IdF des G zur Umsetzung der Richtlinie (EU) 2020/1828 über Verbandsklagen zum Schutz der Kollektivinteressen der Verbraucher und zur Aufhebung der Richtlinie 2009/22/EG sowie zur Änderung des Kapitalanleger-Musterverfahrensgesetzes (Verbandsklagenrichtlinienumsetzungsgesetz – VRUG) v 8.10.2023 (BGBl 2023 I Nr 272) mWv 13.10.2023.

1 **I) Anwendungsbereich.** Die Formvorschrift des § 47 VDuG gilt für die An- und Abmeldung zum Verbandsklageregister (§ 47 I VDuG) und für die Erklärung über den Austritt aus einem Vergleich nach § 10 VDuG (§ 47 III VDuG).

2 **II) Form. 1) Textform (§ 47 I VDuG).** Die Erklärung einer natürlichen oder juristischen Person (vgl § 1 II VDuG), die nicht RA ist, erfolgt in **Textform** (§ 47 I VDuG, wie § 608 IV ZPO aF). Die Gesetzesbegründung spricht missverständlich davon, dass die Erklärung „auch schriftlich" abgegeben werden kann. Gemeint ist die **Textform nach § 126b BGB**, nicht die Übermittlung der Erklärung nach den allgemeinen Vorschriften des § 130 ZPO. Zulässig ist daher auch die einfache E-Mail (Hk-VDuG/Röthemeyer § 47 VDuG Rn 2, 4); s auch § 3 I VKRegV. Die **Formulare**, die das BfJ auf seinem Online-Portal anbietet (§ 3 I 2 VKRegV; mit Ausfüllanleitung), können genutzt werden.

3 **2) Elektronische Form (§ 47 II 1-4 VDuG).** Die Erklärung „durch einen Rechtsanwalt" **muss** über ein vom BfJ **elektronisch** bereitgestelltes Formular erfolgen (§ 47 II 1 VDuG; § 3 I 2 Fall 1 VKRegV); dies erfordert nicht auch dessen Einreichung auf einem sicheren Übermittlungsweg (§ 130a III ZPO; arg kein Schriftsatz iSd ZPO). *Bei Störungen* (sa § 7 S 2 VKRegV) gilt eine dem § 130d ZPO nachgebildete Regelung (§ 47 II 2-4 VDuG), die gegenüber § 7 S 1 VKRegV vorrangig ist. Die Begründung geht davon aus, dass diese Regelung nur gilt, wenn

der Rechtsanwalt als Bevollmächtigter tätig ist (BTDrs 20/7631, 107). Mit Blick auf die strenge Auslegung des § 130d S 2, 3 ZPO ist es der sicherste Weg, bei Störungen, soweit möglich, zu einem späteren Zeitpunkt die elektron Einreichung vorzunehmen oder den Mandanten die Anmeldung selbst vornehmen zu lassen.

3) Vollmacht (§ 47 II 5 VDuG). Bei der RA-Einreichung bedarf es des **Nachweises einer Vollmacht** nicht (§ 47 II 5 VDuG). Die ordnungsgemäße Bevollmächtigung ist anwaltlich zu versichern (BTDrs 20/6520, 102). 4

§ 48 Einsichtnahme und Auskunft

(1) Öffentliche Bekanntmachungen können von jedermann unentgeltlich im Verbandsklageregister eingesehen werden.

(2) [1]Das Bundesamt für Justiz hat dem Gericht sowie dem bestellten Sachwalter auf dessen Anforderung jeweils einen Auszug aller im Verbandsklageregister erfassten Angaben über die Verbraucher zu übersenden, die sich wirksam zu einer Verbandsklage zur Eintragung in das Verbandsklageregister angemeldet und ihre Anmeldung nicht wirksam zurückgenommen haben. [2]Das Gericht übermittelt den Parteien formlos eine Abschrift des Auszugs.

(3) Das Bundesamt für Justiz hat einem angemeldeten Verbraucher auf dessen Verlangen einen schriftlichen Auszug über die Angaben zu überlassen, die im Klageregister zu ihm und seiner Anmeldung erfasst sind.

(4) Das Bundesamt für Justiz hat den Parteien einer Verbandsklage auf deren Anforderung jeweils einen Auszug aller im Verbandsklageregister erfassten Angaben über diejenigen Verbraucher zu überlassen, die sich wirksam zu einer Verbandsklage zur Eintragung in das Verbandsklageregister angemeldet und ihre Anmeldung nicht wirksam zurückgenommen haben.

IdF des G zur Umsetzung der Richtlinie (EU) 2020/1828 über Verbandsklagen zum Schutz der Kollektivinteressen der Verbraucher und zur Aufhebung der Richtlinie 2009/22/EG sowie zur Änderung des Kapitalanleger-Musterverfahrensgesetzes (Verbandsklagenrichtlinienumsetzungsgesetz – VRUG) v 8.10.2023 (BGBl 2023 I Nr 272) mWv 13.10.2023.

I) Allgemeines Einsichtsrecht (§ 48 I VDUG). Die Regelung des § 48 I VDuG entspricht § 609 III ZPO aF. Sie stellt sicher, dass jedermann frei und unentgeltlich Einsicht in die wesentlichen Informationen des Abhilfe- oder Musterfeststellungsverfahrens erhält. Die **öffentlichen Bekanntmachungen** können über die Internetseite (abrufbar unter www.bundesjustizamt.de/verbandsklagenregister) eingesehen werden (I iVm § 2 I VKRegV). 1

II) Auszug aus dem Register für Gericht und Sachwalter (§ 48 II VDuG). Die Bestimmung des § 48 II VDuG entspricht § 609 V ZPO aF. Das Gericht erhält einen Auszug sämtlicher verfahrensrelevanter Informationen, die im Verbandsklageregister erfasst sind, insbesondere auch Angaben über die angemeldeten Verbraucher und Kleinunternehmen (§ 6 I 1 VKRegV). Findet ein Umsetzungsverfahren (§ 22 VDuG) statt, bekommt der gerichtlich bestellte Sachwalter (§ 23 I VDuG) alle verfahrensrelevanten Informationen (§ 6 I 2 VKRegV). Einzelne Prozessgerichte, bei denen Verbraucherklagen anhängig sind, haben kein Einsichts- oder Auskunftsrecht, sondern sind auf Angaben der Parteien angewiesen. 2

Die **Auskunft** kann mehrfach verlangt werden. Schließlich müssen Änderungen der Adressen der Anmelder (§ 3 IV VKRegV) oder offenkundige Falscheintragungen im Register laufend berichtigt und an das OLG/BayObLG (auf Anfrage) weitergeben werden. 3

Entgegen dem missverständlichen Wortlaut der § 48 II, IV VDuG überprüft das BfJ nicht die (materielle) Wirksamkeit einer An- und Abmeldung, sondern nur deren Rechtzeitigkeit (§ 46 III VDuG; § 3 III 1 VKREgV; s § 46 VDuG Rn 11). Die Angabe zu An- und Abmeldungen erfolgt auf der Grundlage der nach § 46 III VDuG erfolgten Eintragung im Register. 4

III) Auskunft gegenüber Anmeldern (§ 48 III VDuG). III übernimmt die bisherige Regelung des § 609 IV 4 ZPO aF sinngemäß. Danach können angemeldete Verbraucher oder Kleinunternehmen (§ 1 II VDuG) einen Auszug zu ihrer An- oder Abmeldung verlangen (§ 3 VI VKRegV; § 4 III VKRegV). Art 15 der Datenschutz-Grundverordnung bleibt unberührt (BTDrs 20/7631, 13). 5

IV) Auszug für die Parteien (§ 48 IV VDuG). Die Regelung entspricht inhaltlich § 609 VI ZPO aF. Die Parteien haben als Verfahrensbeteiligte des Verbandsklageverfahrens ein Interesse auf einen entsprechenden Auszug aus dem Verbandsklageregister. Die Auskunft kann mehrfach verlangt werden. 6

§ 49 Verordnungsermächtigung

Das Bundesministerium der Justiz wird ermächtigt, durch Rechtsverordnung ohne Zustimmung des Bundesrats die näheren Einzelheiten zum Verbandsklageregister zu regeln, insbesondere Bestimmungen über Inhalt, Aufbau, Führung und Art des Betriebs des Verbandsklageregisters, die Einreichung, Eintragung, Änderung und Vernichtung der im Verbandsklageregister erfassten Angaben, die Erteilung von Auszügen aus dem Verbandsklageregister sowie zur Information angemeldeter Verbraucher, zur Datensicherheit und Barrierefreiheit zu treffen.

IdF des G zur Umsetzung der Richtlinie (EU) 2020/1828 über Verbandsklagen zum Schutz der Kollektivinteressen der Verbraucher und zur Aufhebung der Richtlinie 2009/22/EG sowie zur Änderung des Kapitalanleger-Musterverfahrensgesetzes (Verbandsklagenrichtlinienumsetzungsgesetz – VRUG) v 8.10.2023 (BGBl 2023 I Nr 272) mWv 13.10.2023.

1 **Überblick.** Die Regelung entspricht im Wesentlichen § 609 VII ZPO aF. Aufbau und Inhalt des beim BfJ geführten Registers ergeben sich aus § 43 VDuG und der VKRegV (s Rn 2). Im Register erfolgen auch die Veröffentlichungen nach dem UKlaG.

2 **Verordnung über das Register für Verbandsklagen (Verbandsklageregisterverordnung – VKRegV)**

v 24.10.2018 (BGBl I 2018, 1804, ber 1845), geändert durch VO v 14.7.2021 (BGBl I 2021, 2923), idF des Gesetzes v 8.10.2023 (BGBl 2023 I Nr 272)

§ 1 Register für Verbandsklagen

(1) Das Bundesamt für Justiz führt ein Verbandsklageregister, in dem es nach Maßgabe der folgenden Vorschriften Folgendes öffentlich bekannt macht:

1. Verbandsklagen nach § 1 Absatz 1 des Verbraucherrechtedurchsetzungsgesetzes,
2. einstweilige Verfügungen in Bezug auf Ansprüche nach den §§ 1 bis 2a des Unterlassungsklagengesetzes oder § 8 Absatz 1 des Gesetzes gegen den unlauteren Wettbewerb von qualifizierten Verbraucherverbänden und qualifizierten Einrichtungen anderer Mitgliedstaaten der Europäischen Union, die in dem Verzeichnis der Europäischen Kommission nach Artikel 5 Absatz 1 Satz 4 der Richtlinie (EU) 2020/1828 des Europäischen Parlaments und des Rates vom 25. November 2020 über Verbandsklagen zum Schutz der Kollektivinteressen der Verbraucher und zur Aufhebung der Richtlinie 2009/22/EG (ABl. L 409 vom 4.12.2020, S. 1) eingetragen sind, und
3. Unterlassungsklagen zur Durchsetzung von Ansprüchen nach Nummer 2 durch die dort genannten Verbraucherverbände und Einrichtungen.

(2) Das Bundesamt für Justiz erfasst im Verbandsklageregister ferner Anmeldungen zur Eintragung von Ansprüchen oder Rechtsverhältnissen von Verbrauchern und kleinen Unternehmen zu den nach Absatz 1 Nummer 1 öffentlich bekanntgemachten Verbandsklagen.

(3) [1]Die öffentlichen Bekanntmachungen erfolgen durch Veröffentlichung auf einer Internetseite, die der inhaltlichen Verantwortung des Bundesamtes für Justiz unterliegt und von jedermann unentgeltlich eingesehen werden kann. [2]Auf der Internetseite sind auch die vom Bundesamt für Justiz elektronisch zur Verfügung zu stellenden Formulare abrufbar. [3]Die öffentlichen Bekanntmachungen nach Absatz 1 sind jeweils in einer eigenen Rubrik vorzunehmen.

§ 2 Öffentliche Bekanntmachungen und Mitteilungen des Gerichts

(1) [1]Öffentlich bekannt zu machen sind

1. zu Verbandsklagen nach dem Verbraucherrechtedurchsetzungsgesetz die Angaben nach § 44 des Verbraucherrechtedurchsetzungsgesetzes,
2. zu einstweiligen Verfügungen die Angaben nach § 6a Absatz 1 und 3 des Unterlassungsklagengesetzes und
3. zu Unterlassungsklagen die Angaben nach § 6a Absatz 2 und 3 des Unterlassungsklagengesetzes.

[2]Das Datum der öffentlichen Bekanntmachung ist jeweils anzugeben.

(2) Das Gericht übermittelt die bekannt zu machenden Angaben als strukturierten maschinenlesbaren Datensatz im Dateiformat XML in der jeweils gültigen XJustiz-Version oder im Dateiformat PDF auf einem sicheren Übermittlungsweg (§ 130a Absatz 4 der Zivilprozessordnung) an das Bundesamt für Justiz.

(3) Der Antrag auf Bekanntmachung des Zustellungsdatums einer einstweiligen Verfügung nach § 6a Absatz 1 Satz 4 des Unterlassungsklagengesetzes ist schriftlich zu stellen.

§ 3 Anmeldung und Eintragung von Ansprüchen oder Rechtsverhältnissen

(1) [1]Für die Anmeldung zur Eintragung von Ansprüchen oder Rechtsverhältnissen in das Verbandsklageregister nach § 43 Absatz 1 Satz 1 des Verbraucherrechtedurchsetzungsgesetzes stellt das Bundesamt für Justiz Verbrauchern unentgeltlich ein Formular gemeinsam mit einer Ausfüllanleitung zur Verfügung. [2]Das Formular und die Ausfüllanleitung werden jeweils elektronisch und in Papierform zur Verfügung gestellt.

(2) [1]Die nach § 46 Absatz 2 Satz 1 des Verbraucherrechtedurchsetzungsgesetzes erforderlichen Angaben sind im Formular als verpflichtend zu kennzeichnen. [2]Beim Formularfeld zu Gegenstand und Grund des Anspruchs oder des Rechtsverhältnisses ist darauf hinzuweisen, dass die Angabe hierzu höchstens 2 500 Zeichen betragen soll.

(3) [1]Die Eintragung in das Verbandsklageregister wird vom Bundesamt für Justiz nur vorgenommen, wenn die Anmeldung

1. innerhalb der Frist des § 46 Absatz 1 des Verbraucherrechtedurchsetzungsgesetzes eingegangen ist und
2. alle Angaben nach § 46 Absatz 2 Satz 1 des Verbraucherrechtedurchsetzungsgesetzes enthält.

[2]Andernfalls lehnt es die Eintragung ab. [3]Mit der Eintragung vergibt das Bundesamt für Justiz ein Geschäftszeichen und erfasst darunter auch das Datum des Eingangs der Anmeldung. [4]Es bestätigt dem Verbraucher alsbald die Eintragung in das Verbandsklageregister und teilt ihm dabei das Geschäftszeichen mit. [5]Dieses Geschäftszeichen ist in der weiteren Kommunikation mit dem Bundesamt für Justiz stets anzugeben.

(4) [1]Teilt der angemeldete Verbraucher Namens- oder Anschriftenänderungen mit, so sind auch sie im Verbandsklageregister zu erfassen. [2]Für die Mitteilung stellt das Bundesamt für Justiz unentgeltlich ein Formular zur Verfügung. [3]Das Formular wird sowohl elektronisch als auch in Papierform zur Verfügung gestellt. [4]Der Verbraucher ist in der Eingangsbestätigung darauf hinzuweisen, dass er für die Mitteilung einer Namens- oder Anschriftenänderung das Formular nutzen kann.

(5) [1]Teilt im Falle des Todes des angemeldeten Verbrauchers der Erbe den Erbfall mit, so ist der Erbfall in das Verbandsklageregister einzutragen und der Name sowie die Anschrift des Erben zu erfassen. [2]Für solche Mitteilungen stellt das Bundesamt für Justiz unentgeltlich ein Formular zur Verfügung. [3]Das Formular wird sowohl elektronisch als auch in Papierform zur Verfügung gestellt.

(6) [1]Für Auskunftsersuchen der angemeldeten Verbraucher nach § 48 Absatz 3 des Verbraucherrechtedurchsetzungsgesetzes stellt das Bundesamt für Justiz unentgeltlich ein Formular zur Verfügung. [2]Das Formular wird sowohl elektronisch als auch in Papierform zur Verfügung gestellt. [3]Die Auskunft wird nur erteilt, wenn die in dem Formular als verpflichtend gekennzeichneten Felder ausgefüllt sind.

§ 4 Rücknahme der Anmeldung

(1) [1]Für die Rücknahme der Anmeldung von Ansprüchen oder Rechtsverhältnissen in das Verbandsklageregister stellt das Bundesamt für Justiz Verbrauchern unentgeltlich ein Formular zur Verfügung. [2]Das Formular wird elektronisch und in Papierform zur Verfügung gestellt.

(2) [1]Die Rücknahme der Anmeldung und das Datum des Eingangs der Rücknahme sind im Verbandsklageregister einzutragen. [2]Die Eintragung wird nur vorgenommen, wenn die Rücknahme innerhalb der Frist des § 46 Absatz 4 des Verbraucherrechtedurchsetzungsgesetzes eingegangen ist. [3]Andernfalls lehnt das Bundesamt für Justiz die Eintragung ab.

(3) Das Bundesamt für Justiz erteilt dem Verbraucher alsbald eine Bestätigung über die Eintragung der Rücknahme im Verbandsklageregister.

§ 4a Austritt aus einem gerichtlichen Vergleich

(1) [1]Für den Austritt aus einem gerichtlichen Vergleich stellt das Bundesamt für Justiz Verbrauchern unentgeltlich ein Formular zur Verfügung. [2]Das Formular wird elektronisch und in Papierform zur Verfügung gestellt.

(2) [1]Der Austritt und das Datum des Austritts sind im Verbandsklageregister einzutragen. [2]Die Eintragung wird nur vorgenommen, wenn der Austritt innerhalb der Frist des § 10 Absatz 1 des Verbraucherrechtedurchsetzungsgesetzes eingegangen ist. [3]Andernfalls lehnt das Bundesamt für Justiz die Eintragung ab.

(3) Das Bundesamt für Justiz erteilt dem Verbraucher alsbald eine Bestätigung über die Eintragung des Austritts im Verbandsklageregister.

§ 5 Maschinell erstellter Ablehnungsbescheid

[1]Lehnt das Bundesamt für Justiz eine Eintragung mit einem vollständig maschinell erstellten Bescheid ab, so können die Unterschrift und die Namenswiedergabe fehlen. [2]In diesem Fall kann das Dokument den Hinweis enthalten, dass Unterschrift und Namenswiedergabe fehlen können und es maschinell erstellt worden ist.

§ 6 Auszug aus dem Verbandsklageregister

(1) [1]Das Bundesamt für Justiz übermittelt dem Gericht der Verbandsklage auf Anforderung einen elektronischen Auszug aus dem Verbandsklageregister auf einem sicheren Übermittlungsweg (§ 130a Absatz 4 der Zivilprozessordnung) als strukturierten maschinenlesbaren Datensatz im Dateiformat XML in der jeweils gültigen XJustiz-Version. [2]Dem Sachwalter kann das Bundesamt für Justiz auf Anforderung ebenfalls auf diese Weise einen Auszug übermitteln.

(2) [1]Fordert eine Partei einen Auszug nach § 48 Absatz 4 des Verbraucherrechtedurchsetzungsgesetzes an, verwendet sie hierfür das vom Bundesamt für Justiz vorgegebene Formular. [2]Das Bundesamt für Justiz kann den Auszug als elektronisches Dokument auf einem sicheren Übermittlungsweg entsprechend § 130a Absatz 4 der Zivilprozessordnung an deren Prozessbevollmächtigten übermitteln.

§ 7 Technische Störungen des Verbandsklageregisters

[1]Macht der Verbraucher glaubhaft, dass seine Anmeldung oder seine Rücknahme der Anmeldung aufgrund einer vorübergehenden technischen Störung des Verbandsklageregisters nicht eingegangen ist, und holt er die Anmeldung oder die Rücknahme unverzüglich nach, so ist sie als zum Zeitpunkt der glaubhaft gemachten vorherigen Anmeldung oder Rücknahme eingegangen anzusehen. [2]Das Bundesamt für Justiz dokumentiert den Zeitpunkt des Beginns und des Endes von technischen Störungen des Verbandsklageregisters.

§ 7a Benachrichtigung angemeldeter Verbraucher

[1]Das Bundesamt für Justiz benachrichtigt Verbraucher und kleine Unternehmen, die im Rahmen ihrer Anmeldung zu einer Verbandsklage nach § 1 Absatz 1 des Verbraucherrechtedurchsetzungsgesetzes eine E-Mail-Adresse angegeben haben, wenn im Register zu dieser Verbandsklage Angaben nach § 44 Nummer 7 bis 14 des Verbraucherrechtedurchsetzungsgesetzes bekanntgemacht werden. [2]Die Benachrichtigung nach Satz 1 ist unverzüglich an die angegebene E-Mail-Adresse zu versenden.

§ 8 Inkrafttreten

Diese Verordnung tritt am 1. November 2018 in Kraft.

Abschnitt 5
Schlussvorschriften (§ 50)

§ 50 Evaluierung

Dieses Gesetz ist fünf Jahre nach dem Inkrafttreten zu evaluieren.

IdF des G zur Umsetzung der Richtlinie (EU) 2020/1828 über Verbandsklagen zum Schutz der Kollektivinteressen der Verbraucher und zur Aufhebung der Richtlinie 2009/22/EG sowie zur Änderung des Kapitalanleger-Musterverfahrensgesetzes (Verbandsklagenrichtlinienumsetzungsgesetz – VRUG) v 8.10.2023 (BGBl 2023 I Nr 272) mWv 13.10.2023.

1 **Überblick.** Die RL (EU) 2020/1828 wird nach deren Art 23 evaluiert; § 50 VDuG sieht ergänzend die Evaluation der nationalen Umsetzungsgesetzgebung vor. Die Überprüfung gilt insb den Reglungen über den Sachwalter, die Anmeldefrist und über die Verjährungshemmung (BTDrs 20/7631, 114).

Gesetz über das Verfahren in Familiensachen und in den Angelegenheiten der freiwilligen Gerichtsbarkeit

vom 17. Dezember 2008 (BGBl I 2008, 2586),
zuletzt geändert durch Gesetz vom 7. April 2025 (BGBl 2025 I Nr 109).

Auszug aus Buch 1 und 2

Einleitung

Mit dem FGG-ReformG, dessen Kern das FamFG darstellt, sollte ein **einheitliches Regelwerk** für das Verf der freiwilligen Gerichtsbarkeit und der FamSachen geschaffen werden. Vollständig umgesetzt wurde das hinsichtl der FamSachen aber nur für die der **freiwilligen Gerichtsbarkeit**. Das sind die Verf nach § 111 Nrn 2-7 (Kindschaftssachen, Abstammungssachen, Adoptionssachen, Ehewohnungs- und Haushaltssachen, Gewaltschutzsachen, VersAusglSachen), ferner Verf zur Bestimmung des Kindergeldberechtigten nach § 3 II 3 BKiGG und § 64 II 3 EStG (Unterhaltssachen nach § 231 II), Güterrechtssachen nach § 261 II (Verf nach § 1365 II, § 1369 II, §§ 1382, 1383, 1426, 1430, 1452 BGB) und Anträge zur Schlüsselgewalt iSv § 1357 BGB (sonstige FamSachen gem § 266 II). Für **Ehe- und FamStreitsachen** wird hingegen wegen ihrer Nähe zum Zivilprozess für das Erkenntnisverf von § 113 I weitgehend auf das Verf der ZPO verwiesen, gem § 120 auch für die Vollstreckung. Für sie gelten aber weitgehend die Bestimmungen des FamFG über die Entscheidungsform (§ 38, Beschluss, s auch § 116 I; Überblick s vor §§ 38-48) und die Rechtsmittel (§§ 58 ff, modifiziert durch § 117; Überblick s vor §§ 58-75). – Die bes Vorschriften der FamSachen der freiwilligen Gerichtsbarkeit (s oben) werden ab der 35. Aufl nicht mehr kommentiert (s einschlägige Kommentierungen zB in Prütting/Helms FamFG, 6. Aufl 2023). 1

Ein Ziel des FamFG für die FamSachen war die Schaffung des **„großen" FamG** (§ 111; § 23a GVG). Dieses soll umfassend für alle Streitigkeiten innerhalb einer Familie zuständig sein, was sich an der Einbeziehung der – früher der allg Zivilabteilung des AG zugewiesenen – Abstammungssachen (§ 169) sowie der – früher idR als allg Zivilsachen entschiedenen – sonstigen FamSachen gem § 266 zeigt; für letztere setzt die Rspr insb des BGH die Idee des großen Familiengerichts durch eine weite Auslegung um (s § 266 Rn 8). – Gem § 270 sind auf **Lebenspartnerschaftssachen** die in den vergleichbaren FamSachen geltenden Verfahrensvorschriften entspr anzuwenden, § 270. Angesichts der zahlenmäßig geringen praktischen Relevanz dieser Verf insb seit Inkrafttreten des G über die „Ehe für alle" (G v 20.7.2017, BGBl I 2017, 2787) wird in den Kommentierungen auf ihre eigenständige Erwähnung im Interesse der besseren Lesbarkeit weitgehend verzichtet. 2

Wegen der Einzelheiten der Neukonzeption des FamFG im Vergleich zum früheren Recht s 29. Aufl. 3

Buch 1
Allgemeiner Teil (§§ 1-110)

Abschnitt 1
Allgemeine Vorschriften (§§ 1-22a)

§ 1 Anwendungsbereich

Dieses Gesetz gilt für das Verfahren in Familiensachen sowie in den Angelegenheiten der freiwilligen Gerichtsbarkeit, soweit sie durch Bundesgesetz den Gerichten zugewiesen sind.

Das FamFG gilt für die in § 111 (abschließend) angeführten FamSachen sowie die in § 23a II GVG (nicht abschließend, vgl § 23a II Nr 11 GVG) definierten Angelegenheiten der freiwilligen Gerichtsbarkeit, wenn sie einem Gericht ges zugewiesen sind. 1

Das FamFG gilt nur für das **gerichtliche Verfahren**, nicht aber bei Tätigkeit des Notars, Jugendamts usw. 2

§ 2 Örtliche Zuständigkeit

(1) Unter mehreren örtlich zuständigen Gerichten ist das Gericht zuständig, das zuerst mit der Angelegenheit befasst ist.

(2) Die örtliche Zuständigkeit eines Gerichts bleibt bei Veränderung der sie begründenden Umstände erhalten.

(3) Gerichtliche Handlungen sind nicht deswegen unwirksam, weil sie von einem örtlich unzuständigen Gericht vorgenommen worden sind.

1 **I) Anwendungsbereich und Regelungsgegenstand.** Anzuwenden ist die Vorschrift auf fG-FamSachen (s Einl FamFG Rn 1), für Ehe- und FamStreitsachen gelten die ZPO-Regelungen, § 113 I. Entgegen der Überschrift wird nicht die örtl Zuständigkeit geregelt. Diese ist in den Regelungen der einzelnen Verf bestimmt, zB §§ 122, 152, 170, 187, 201, 211, 218, 232, 262. Die **sachliche Zuständigkeit** ist in § 23a GVG normiert; in FamSachen ist Eingangsgericht das AG. Die funktionale Zuständigkeit (Rpfleger – Richter) ergibt sich aus §§ 3 f RpflG. Zur internat Zuständigkeit s §§ 98 ff.

2 **II) Vorgriffszuständigkeit (§ 2 I). 1) Voraussetzungen.** I ist anzuwenden, wenn mehrere Gerichte örtl zuständig sind, zB bei doppeltem Wohnsitz oder gewöhnl Aufenthalt (vgl BayObLG FamRZ 85, 533). Es genügt nicht, dass ein Gericht sich irrtüml zunächst für zuständig angesehen hat; dadurch wird keine Zuständigkeit begründet (OLG Oldenburg NJW-RR 92, 1533 zu § 4 FGG). Entscheidend ist, wann das Gericht mit einer Sache befasst, nicht wann es tatsächl tätig wurde. In Antragsverf kommt es auf den Eingang des Antrags (KG MDR 2017, 108; BGH NJW-RR 93, 1091), in Verf vAw auf die Kenntnisnahme der Umstände an, die die Verpflichtung des Gerichts zur Einleitung eines Verf begründen (OLG Hamm FamRZ 2006, 1460). Der Umfang der Erstbefassung ist unerhebl (BayObLG FamRZ 85, 533).

3 **2) Wirkungen (§ 2 II).** Das zuerst befasste Gericht ist das **allein zuständige**, uU später anderswo eingeleitete Verf sind abzugeben. Die einmal gegebene Zuständigkeit bleibt bestehen, auch wenn sich die sie begründenden Umstände ändern, Grundsatz der **perpetuatio fori** (II). Voraussetzung der fortbestehenden Zuständigkeit ist, dass es sich um eine **einheitliche Angelegenheit** handelt. Einheitl Angelegenheit ist zB: die Aufnahme eines Verf nach Abtrennung oder Aussetzung (KG FamRZ 2011, 319; OLG Bremen FamRZ 2011, 1808); die Verlängerung einer Umgangspflegschaft im Verh zum Ausgangsverf (OLG Zweibrücken FamRZ 2015, 520). Gesonderte Angelegenheiten sind zB: jedes durch einen neuen Antrag eingeleitete Verf; die einzelnen Kindschaftssachen nach § 151; Kindschaftssachen betr mehrerer Kinder; Überprüfungs- und Abänderungsverf ggü Erstverf (BayObLG FamRZ 2001, 775; KGR Berlin 1999, 131), Minderjährigen- und Volljährigenadoption (OLG Karlsruhe FamRZ 2019, 905). Bei Streit verschiedener Gerichte über die örtl Zuständigkeit: § 5. – Die Befugnis zur **Abgabe** gem § 4 (vgl OLG Frankfurt FamRZ 2016, 1691; OLG Zweibrücken FamRZ 2015, 520) sowie die Verpflichtung gem §§ 153, 202 zur Abgabe an das Gericht der Ehe- bzw Lebenspartnerschaftssache bleiben durch I unberührt.

4 **III) Wirksamkeit von Maßnahmen bei Unzuständigkeit (§ 2 III).** Dem Verstoß gegen die örtl Zuständigkeit wird für die Wirksamkeit einer gerichtl Entscheidung keine Bedeutung beigemessen; dem entsprechen § 65 IV, § 72 II, wonach auch ein Rechtsmittel darauf nicht gestützt werden kann. Eine entspr Anwendung von III auf die fehlende sachl und – für die dt Beurteilung (die Anerkennung im Ausland bestimmt sich nach dessen Rechtsordnung) – internat Zuständigkeit ist sachgerecht (PH/Prütting Rn 38 f; Sternal/Sternal Rn 37). Für die funktionale Zuständigkeit gilt: Handelt der Richter an Stelle des Rpflegers, ist die Maßnahme wirksam, § 8 I RPflG. Umgekehrt (Rpfleger statt Richter) ist nach § 8 II-IV RPflG zu differenzieren. Handlungen des UdG an Stelle von Richter oder Rpfleger sind unwirksam. Sa § 47 Rn 8.

§ 3 Verweisung bei Unzuständigkeit

(1) [1]Ist das angerufene Gericht örtlich oder sachlich unzuständig, hat es sich, sofern das zuständige Gericht bestimmt werden kann, durch Beschluss für unzuständig zu erklären und die Sache an das zuständige Gericht zu verweisen. [2]Vor der Verweisung sind die Beteiligten anzuhören.

(2) [1]Sind mehrere Gerichte zuständig, ist die Sache an das vom Antragsteller gewählte Gericht zu verweisen. [2]Unterbleibt die Wahl oder ist das Verfahren von Amts wegen eingeleitet worden, ist die Sache an das vom angerufenen Gericht bestimmte Gericht zu verweisen.

(3) [1]Der Beschluss ist nicht anfechtbar. [2]Er ist für das als zuständig bezeichnete Gericht bindend.

(4) Die im Verfahren vor dem angerufenen Gericht entstehenden Kosten werden als Teil der Kosten behandelt, die bei dem im Beschluss bezeichneten Gericht anfallen.

1 **I) Anwendungsbereich und Regelungsgegenstand.** Anzuwenden ist die Vorschrift auf fG-FamSachen (s Einl FamFG Rn 1), für Ehe- und FamStreitsachen gilt § 281 ZPO, § 113 I. Für Kindschaftssachen enthält § 154 eine

Sonderregelung. Der Anwendungsbereich ist auf erstinstanzl Anträge beschränkt; in 2. und 3. Instanz kann die sachl oder örtl Unzuständigkeit nicht mehr gerügt werden, § 65 II, § 72 II. Die Regelung erfasst die örtl und sachl Zuständigkeit. Für die Verweisung an ein Gericht eines anderen Gerichtszweigs gilt § 17a GVG (PH/Prütting Rn 8). Diese Vorschrift gilt gem § 17a VI GVG entspr im Verh zwischen Zivil-, Familien- und fG-Abteilung des AG; iE s § 17a GVG Rn 21.

II) Voraussetzungen einer Verweisung. Erforderl ist eine **Unzuständigkeit** des befassten Gerichts. Es genügt nicht, dass *auch* ein anderes Gericht zuständig ist (s § 2 Rn 2); II 1 gilt nur für die Bestimmung des Gerichts, an das zu verweisen ist. Eine Zustellung des Antrags an andere Beteiligte vor Verweisung ist nicht erforderl (vgl zB Sternal/Sternal Rn 43), da in fG-Verf der Grundsatz von § 253 I, § 261 I ZPO nicht gilt; dem fG-Verf ist eine Differenzierung zwischen Anhängigkeit und Rechtshängigkeit fremd (s § 23 Rn 6). – Eines **Verweisungsantrags** bedarf es weder in Amts- noch in Antragsverf (OLG Saarbrücken FamRZ 2017, 235; OLG Frankfurt FamRZ 2014, 1479; KG FamRZ 2012, 908; PH/Prütting Rn 14); die Gegenansicht (Sternal/Sternal Rn 45) findet im Gesetzeswortlaut keine Grundlage. 2

III) Verfahren (§ 3 I 2). Das angerufene Gericht hat die Muss-Beteiligten iSv § 7 II jdf insoweit zu ermitteln, wie es für eine Entscheidung über die Zuständigkeit und zur Gewährung rechtl Gehörs erforderl ist (OLG Frankfurt FamRZ 2024, 467). Den bekannten Beteiligten ist **rechtliches Gehör** zu gewähren, wobei dem ASt im Rahmen seiner Mitwirkungspflicht (§ 27) aufgegeben werden kann, deren Anschriften mitzuteilen (BTDrs 16/6308, 175). Eine umfassende Pflicht zur Ermittlung sämtl Beteiligter besteht hingegen nicht (Sternal/Sternal Rn 48; BTDrs 16/6308, 175; weitergehend MK-FamFG/Pabst Rn 11). Auch in Verf der einstw Anordnung ist wegen der Bindungswirkung (III 2) sowie Art 103 GG grds eine – ggf sehr kurzfristige – Möglichkeit zur Stellungnahme zu gewähren (Sternal/Sternal Rn 47; MK-FamFG/Pabst Rn 11). Eine – ggf auf die Einschränkung von § 51 II 1 zu stützende – Ausnahme ist nur in Extremfällen denkbar, etwa wenn die Anhörung dem Zweck der einstw Anordnung zuwiderlaufen würde (dazu OLG Brandenburg FamRZ 2011, 56). 3

IV) Entscheidung. Die Ermittlung des zuständigen Gerichts obliegt dem mit der Sache bis dahin befassten Gericht, II 1. Bei **mehreren** zuständigen Gerichten obliegt in Antragsverf dem ASt die Wahl, die aber auf die vom befassten Gericht als zuständig angesehenen beschränkt ist (Sternal/Sternal Rn 46). Ohne Wahl des ASt bzw bei fehlender Wahlmöglichkeit hat das Gericht unter mehreren das nach pflichtgemäßem Ermessen von ihm für sachgerecht angesehene Gericht auszuwählen. – Die Verweisung erfolgt durch – ggf kurz – zu begründenden **Beschluss.** Dieser spricht die eigene Unzuständigkeit aus und bezeichnet konkret das zuständige Gericht, an das verwiesen wird. – Eine Kostenentscheidung ist nicht zu treffen, da gem IV auch über die vor den ursprüngl Gericht entstandenen Kosten in der Schlussentscheidung zu befinden ist. Sa Rn 7. 4

V) Wirkung der Entscheidung (§ 3 III 2). Die Verweisung führt dazu, dass die Sache ab Eingang bei dem Gericht, an das verwiesen wurde, anhängig ist (entspr § 281 II 3 ZPO, ThP/Seiler Rn 4). Für dieses Gericht ist die Verweisung grds **bindend** (OLG Hamburg FamRZ 2024, 207). Die für § 281 ZPO in der Rspr anerkannten Ausnahmen von der Bindungswirkung (s § 281 ZPO Rn 17), gelten entspr (OLG Schleswig FamRZ 2024, 1892; OLG Frankfurt FamRZ 2024, 467; OLG Karlsruhe FamRZ 2019, 905; KG FamRZ 2014, 787; PH/Prütting Rn 26). Keine Bindung besteht aber hinsichtl einer anderweitigen (auch Rück-)Verweisung gem § 154 (OLG Frankfurt FamRZ 2017, 236). – Verfahrenshandlungen des ursprüngl Gerichts sowie ihm ggü vorgenommene bleiben wirksam. 5

VI) Unanfechtbarkeit (§ 3 III 1). Für die Beteiligten ist die Verweisung nicht anfechtbar, auch wenn ausnahmsweise (s Rn 5) keine Bindung des Gerichts besteht, an das verwiesen wird. Der Wortlaut ist insoweit eindeutig. Eine außerordentl Beschwerde ist generell nicht (mehr) statthaft (BGH NJW 2002, 1577 = MDR 2002, 901, seitdem stRspr) und wäre angesichts der Wertung von § 65 II auch sachl nicht gerechtfertigt. 6

VII) Gebühren. Die Verfahrenseinheit bleibt erhalten (§ 6 I 1, § 29 FamGKG: § 20 S 1, § 15 II RVG). Erhebung der Mehrkosten bei Verschulden mögl, § 6 III FamGKG. 7

§ 4 Abgabe an ein anderes Gericht

[1]Das Gericht kann die Sache aus wichtigem Grund an ein anderes Gericht abgeben, wenn sich dieses zur Übernahme der Sache bereit erklärt hat. [2]Vor der Abgabe sollen die Beteiligten angehört werden.

I) Anwendungsbereich und Regelungsgegenstand. Anzuwenden ist die Vorschrift auf fG-FamSachen (s Einl FamFG Rn 1). Im Gegensatz zu § 3 regelt § 4 die nicht bindende Abgabe einer Sache an ein anderes Gericht trotz bestehender Zuständigkeit des angerufenen Gerichts aus Gründen der Zweckmäßigkeit. § 4 ist auch in der **Beschwerdeinstanz** anwendbar (OLG Schleswig MDR 2021, 626). 1

II) Voraussetzungen. 1) Zuständigkeit. Beide Gerichte müssen sich zumindest für zuständig ansehen. Andernfalls wäre auf Seiten des abgebenden Gerichts gem § 3 zu verweisen und durch das andere die Übernahme zu verweigern (PH/Prütting Rn 11; Sternal/Sternal Rn 6 ff). Ausreichend ist aber, dass dies bei Vollzug der Ab- 2 gabe der Fall ist, zB bei bevorstehendem Umzug des Kindes. Besteht eine ausschließl Zuständigkeit (§ 152 I), ist eine Abgabe unzulässig (OLG Bremen FamRZ 2013, 1680).

3 **2) Wichtiger Grund.** Maßgebend ist, ob das um die Übernahme ersuchte Gericht die Sache voraussichtl leichter und zweckmäßiger führen kann als das bisher befasste (OLG Schleswig MDR 2021, 626; BayObLG NJW-RR 88, 1034; PH/Prütting Rn 12 ff). Maßgebend ist der **Zeitpunkt** der Abgabe (OLG Hamburg FamRZ 2024, 207). **Beispiele** für wichtigen Grund: in einer Kindschaftssache Umzug des Kindes in anderen Gerichtsbezirk (OLG Hamm FamRZ 2011, 55; ebenso OLG Brandenburg FamRZ 2023, 1071 LS für Betreuung); Zusammenhang mit bei anderem Gericht geführten Verf (AG Ludwigslust FamRZ 2010, 1754: Zusammenhang zwischen Gewaltschutz und elterl Sorge). – In die Abwägung, ob ein die Abgabe rechtfertigender Grund vorliegt, ist auch eine durch die Abgabe eintretende **Verzögerung** einzubeziehen, insb bei dem Beschleunigungsgebot unterliegenden Kindschaftssachen (OLG Hamm FamRZ 2011, 55; OLG Brandenburg FamRZ 2000, 1295).

4 **3) Übernahmebereitschaft.** Diese ist für die Abgabe erforderl, muss also vor der Abgabeentscheidung erklärt sein. Sie steht im pflichtgemäßen Ermessen des um Übernahme ersuchten Gerichts, darf also nicht aus sachfremden Erwägungen abgelehnt werden. Sie muss eindeutig sein, allein die nicht sofortige Rücksendung der Akten genügt nicht (Sternal/Sternal Rn 32). Einigen sich die Gerichte nicht, kann eine Entscheidung gem § 5 I Nr 5 herbeigeführt werden.

5 **III) Verfahren.** Grds ist den Beteiligten vor einer Abgabe **rechtliches Gehör** zu gewähren. Der dies nur als Sollvorschrift formulierende I 2 soll allein in Eilfällen ein Absehen ermöglichen (BTDrs 16/6308, 176). Eine Zustimmung der Beteiligten ist aber nicht erforderl. Auch bedarf es der Anhörung nur zur Abgabeentscheidung, nicht bereits zur Übernahmeanfrage, da diese nur vorbereitenden Charakter hat.

6 **IV) Entscheidung.** Die Abgabe bedarf keiner bes Form, sie kann durch Beschluss, Verfügung oder konkludent (OLG Hamm FamRZ 2010, 1460) durch Übersendung der Akten erfolgen. Zum Vollzug bedarf es der Übernahme, die ihrerseits konkludent, insb durch Bearbeitung in der Sache, erfolgen kann (OLG Hamm FamRZ 2010, 1460). Die Wirksamkeit der Abgabe hängt nicht davon ab, ob deren Voraussetzungen vorlagen. Weder Abgabe noch Übernahme sind widerrufbar (BayObLG FamRZ 98, 1182), auch nicht bei einem Irrtum des übernehmenden Gerichts über die Voraussetzungen einer Abgabe (OLG Hamm FamRZ 2010, 1460).

7 **V) Wirkung.** Mit Abgabe und Übernahme geht das Verf über, bisherige Entscheidungen bleiben wirksam. Rechtsmittelgericht ist auch für zuvor getroffene Entscheidungen das dem übernehmenden Gericht übergeordnete Beschwerdegericht (Sternal/Sternal Rn 45). – Der Abgabe/Übernahme kommt – anders als der Verweisung gem § 3 – **keine Bindungswirkung** für die Zukunft zu, so dass zB bei einem Rückzug eine Rückabgabe mögl ist (OLG Hamm FamRZ 2010, 1460).

8 **VI) Rechtsmittel.** Die Abgabeentscheidung ist **nicht anfechtbar**, da es sich um eine Zwischenentscheidung handelt, deren Anfechtbarkeit nicht angeordnet ist (s § 58 Rn 8 f) und die daher allenfalls gem § 58 II mit der Endentscheidung überprüfbar ist (BGH FamRZ 2011, 282). Die Annahmeverfügung des übernehmenden Gerichts ist ebenfalls nicht selbständig anfechtbar.

9 **VII) Gebühren.** Wie § 3 Rn 7.

§ 5 Gerichtliche Bestimmung der Zuständigkeit

(1) Das zuständige Gericht wird durch das nächsthöhere gemeinsame Gericht bestimmt:

1. wenn das an sich zuständige Gericht in einem einzelnen Fall an der Ausübung der Gerichtsbarkeit rechtlich oder tatsächlich verhindert ist;

2. wenn es mit Rücksicht auf die Grenzen verschiedener Gerichtsbezirke oder aus sonstigen tatsächlichen Gründen ungewiss ist, welches Gericht für das Verfahren zuständig ist;

3. wenn verschiedene Gerichte sich rechtskräftig für zuständig erklärt haben;

4. wenn verschiedene Gerichte, von denen eines für das Verfahren zuständig ist, sich rechtskräftig für unzuständig erklärt haben;

5. wenn eine Abgabe aus wichtigem Grund (§ 4) erfolgen soll, die Gerichte sich jedoch nicht einigen können.

(2) Ist das nächsthöhere gemeinsame Gericht der Bundesgerichtshof, wird das zuständige Gericht durch das Oberlandesgericht bestimmt, zu dessen Bezirk das zuerst mit der Sache befasste Gericht gehört.

(3) Der Beschluss, der das zuständige Gericht bestimmt, ist nicht anfechtbar.

1 ***I) Anwendungsbereich und Regelungsgegenstand.*** Anzuwenden ist die Vorschrift auf fG-FamSachen (s Einl FamFG Rn 1), für Ehe- und FamStreitsachen gilt § 36 ZPO, § 113 I. Geregelt wird die Bestimmung der **örtlichen und sachlichen Zuständigkeit** (PH/Prütting Rn 5; Sternal/Sternal Rn 7). Für die Rechtswegzuständigkeit

gilt § 17a GVG, ebenso für die Zuständigkeit zwischen Zivil- und Familienabteilung des AG, § 17a VI GVG (OLG Hamm NJW 2010, 2740); iE s § 17a GVG Rn 21. Bei entspr Verweisung kommt eine Entscheidung gem § 5 nicht mehr in Betracht (OLG Bremen FamRZ 2024, 1048; OLG Frankfurt FamRZ 2023, 536). – Die Regelung lehnt sich an **§ 36 ZPO** an, dessen Grundsätze daher entspr herangezogen werden können.

II) Nächsthöheres gemeinsames Gericht (§ 5 I, II). Das ist nicht das nach dem allg Gerichtsaufbau, sondern das **im Rechtsmittelzug** übergeordnete Gericht (BGH NJW 88, 2739), also in FamSachen das OLG, nicht das LG (OLG Hamm FamRZ 2016, 1692 = MDR 2016, 906; aA OLG Oldenburg FGPrax 2012, 284; OLG Stuttgart FGPrax 2011, 326; PH/Prütting Rn 34). II dient der Entlastung des BGH von Kompetenzstreitigkeiten (BGH NJW-RR 2017, 1). „Befasst" bestimmt sich wie nach § 2; s § 2 Rn 2. „Sache" ist der jew Gegenstand des Verf, nicht der Zuständigkeitsstreit (KG FamRZ 2017, 539; OLG Brandenburg FGPrax 2021, 24). Maßgebend ist das 1. befasste Gericht, auch wenn es nicht mehr am Streit beteiligt ist (KG FamRZ 2017, 539), sofern es sich nicht um ein auf Dauer angelegtes Verf handelt (OLG Frankfurt FGPrax 2023, 160; OLG Brandenburg FGPrax 2021, 24, je für Betreuungsverf). Eine Zuständigkeit des BayObLG besteht nicht (BayObLG FamRZ 2021, 1557). 2

III) Die einzelnen Fälle der Zuständigkeitsbestimmung. § 5 I Nr 1: entspricht § 36 I Nr 1; s § 36 ZPO Rn 17 f. – **§ 5 I Nr 2:** Die Alt 1 entspricht § 36 I Nr 2 ZPO; s § 36 ZPO Rn 19. Bei Alt 2 ist die Beurteilung der Zuständigkeitsfrage aus tatsächl Gründen unmögl, weil die Umstände nicht aufklärbar sind, wie zB der Sterbeort eines wohnsitzlosen Erblassers. 3

§ 5 I Nr 3 betrifft den positiven (entspr § 36 Nr 5 ZPO, s § 36 ZPO Rn 31) und **§ 5 I Nr 4** den negativen **Kompetenzkonflikt** (entspr § 36 Nr 6 ZPO, s § 36 ZPO Rn 32 ff). Es genügt, ist aber auch erforderl (OLG Hamm FamRZ 2020, 1912), wenn ernsthafte und als endgültig gemeinte Unzuständigkeitserklärungen vorliegen, sofern diese Außenwirkung haben, also den Verfahrensbeteiligten – soweit sie erreichbar sind – zumindest formlos bekannt gemacht worden sind (OLG Schleswig FamRZ 2024, 1892; OLG Hamburg FamRZ 2024, 207; OLG Frankfurt FamRZ 2017, 236; OLG Hamm FamRZ 2016, 1391); allein interne Schreiben genügen nicht (KG MDR 2022, 788). Es muss sich um gegenseitig ausschließende Zuständigkeitsentscheidungen handeln; es reicht nicht, wenn ein Gericht ein drittes für zuständig hält (OLG Hamm FamRZ 2020, 1912). Die Regelungen sind entspr auf Kompetenzkonflikt mit Gericht eines anderen Rechtszweigs anwendbar, es entscheidet das zuerst angegangene übergeordnete Bundesgericht (BGH FamRZ 2021, 1884). 4

§ 5 I Nr 5 betrifft eine str Abgabe nach § 4. Das höhere Gericht prüft allein, ob ein wichtiger Grund iSv § 4 vorliegt (OLG Köln FamRZ 2015, 75). Ein drittes Gericht kann nicht zur Übernahme verpflichtet werden, es sei denn, es ist bereits vorher in den Zuständigkeitsstreit einbezogen worden (BayObLGZ 86, 433). 5

IV) Verfahren. Das vorlegende Gericht hat vor Einleitung des Bestimmungsverfahrens eventuell notwendige Maßnahmen in der Sache zu treffen (BayObLG Rpfleger 91, 110); ein Streit über deren Sachdienlichkeit steht der Abgabe und Vorlage nicht entgegen (OLG Koblenz FamRZ 2019, 388). Es hat auch die die örtl Zuständigkeit begründenden Tatsachen vAw zu **ermitteln** (OLG Frankfurt FamRZ 2024, 467 für „Muss-Beteiligte"; OLG München FamRZ 2017, 1251; OLG Düsseldorf ZEV 2017, 103). Dasselbe gilt für die einen wichtigen Grund zur Abgabe gem I Nr 5 rechtfertigenden Tatsachen (BayObLG NJW-RR 88, 1034; PH/Prütting Rn 29). Neben den beteiligten Gerichten kann ein **Antrag** auf Zuständigkeitsbestimmung unter den Voraussetzungen von I auch von einem Beteiligten gestellt werden, der ein rechtl Interesse an ihr hat (BayObLG FamRZ 98, 1182; PH/Prütting Rn 33; Sternal/Sternal Rn 42), nicht aber von der Justizverwaltung (OLG Hamm FGPrax 2009, 35). Eine Zuständigkeitsbestimmung ist nicht mehr zulässig, wenn der **Gerichtswechsel vollzogen**, also Abgabe und Übernahme erfolgt sind (BayObLG FamRZ 1998, 1182; ThP/Hüßtege Rn 7) oder das Verf in der Hauptsache abgeschlossen oder sonst erledigt ist (OLG Hamm FGPrax 2009, 359). – Den Beteiligten des Verf ist **rechtliches Gehör** (Art 103 I GG) zu gewähren. Die Vorlage kann durch den **Rpfleger** erfolgen, wenn die zu treffende Maßnahme in seine Zuständigkeit fällt (OLG Frankfurt FamRZ 2020, 1502; OLG Brandenburg FamRZ 2019, 232; aA für Betreuungsverf OLG Zweibrücken FamRZ 2010, 1371). 6

V) Entscheidung (§ 5 III). Das die Zuständigkeit bestimmende Gericht entscheidet durch zu begründenden Beschluss, der nicht anfechtbar ist. Er enthält keine Kostenentscheidung, da es sich um kein zwischen den Beteiligten kontradiktorisches Verf handelt und Gerichtskosten nicht entstehen (s Rn 8). Es ist entweder das zuständige Gericht zu bestimmen oder eine Bestimmung abzulehnen. 7

VI) Gebühren. 1) Gericht: keine. – **2) RA:** gehört zum Rechtszug, § 16 Nr 3a RVG; bei Einzeltätigkeit: 3403 RVG-VV; ausf N. Schneider NJW 2003, 2436. 8

§ 6 Ausschließung und Ablehnung der Gerichtspersonen

(1) [1]Für die Ausschließung und Ablehnung der Gerichtspersonen gelten die §§ 41 bis 49 der Zivilprozessordnung entsprechend. [2]Ausgeschlossen ist auch, wer bei einem vorausgegangenen Verwaltungsverfahren mitgewirkt hat.

(2) Der Beschluss, durch den das Ablehnungsgesuch für unbegründet erklärt wird, ist mit der sofortigen Beschwerde in entsprechender Anwendung der §§ 567 bis 572 der Zivilprozessordnung anfechtbar.

Lit: *Köhler*, Befangenheitsantrag in Kindschaftssachen nach § 155 I – Tätigkeitsverbot vs Beschleunigungsgebot, FamRZ 2020, 1070.

1 **I) Anwendungsbereich.** Er erfasst nur die **fG-Verfahren** (s Einl FamFG Rn 1), in Ehe- und FamStreitsachen gelten gem § 113 I §§ 41 ff ZPO unmittelbar. **„Gerichtspersonen"** sind Richter, Rpfleger (§ 10 RPflG) und UdG (§ 49 ZPO). Für GV gilt nur § 155 GVG, daneben keine Ablehnung (BGH FamRZ 2004, 1960); für SV § 406 ZPO iVm § 30 I FamFG (OLG Brandenburg FamRZ 2015, 68), für Dolmetscher § 191 GVG (PH/Prütting Rn 6). Mitarbeiter des Jugendamtes können nicht abgelehnt werden (OLG Celle FamRZ 2011, 1532).

2 **II) Ausschließungs- und Ablehnungsgründe (§ 6 II).** Kraft Verweisung gelten die Grundsätze der §§ 41-49 ZPO entspr; s Erl dort. Einen § 41 ZPO ergänzenden Ausschließungsgrund enthält **I 2**. Die Mitwirkung eines Richters an einem Verf, das er als Organ der (Justiz-)Verwaltung veranlasst hat und in dem die Rechtmäßigkeit dieses Verwaltungshandelns überprüft werden soll, ist im Hinblick auf den Grundsatz der Gewaltenteilung ausgeschlossen (BayObLG NJW 86, 1622). – Wie im Zivilprozess entfällt entspr § 43 ZPO ein Ablehnungsrecht, wenn der Beteiligte **zur Sache verhandelt**, ohne den Ablehnungsgrund geltend zu machen (OLG Saarbrücken FamRZ 2009, 1767; PH/Prütting Rn 39). Wegen des fehlenden Mündlichkeitsprinzips des fG-Verf genügt die Stellung eines schriftl Sachantrags (OLG Saarbrücken FamRZ 2010, 484). Zur Unverzüglichkeit iSv § 44 IV 2 ZPO in Umgangsverf s OLG Brandenburg FamRZ 2020, 1835.

3 **Einzelfälle** in FamSachen. Eine Besorgnis der Befangenheit kann gerechtfertigt sein: bei Verweigerung der eigenen rechtl Vertretung eines über 14 Jahre alten Mindj (OLG Karlsruhe FamRZ 2016, 567); bei Beharren auf Anforderung eines Auslagenvorschusses für SV in Kindschaftssache (OLG Stuttgart FamRZ 2016, 2144); bei einseitigem Hinweis nach Abschluss eines Unterhaltsverf, eine Strafanzeige wegen Verletzung der Unterhaltspflicht könne den Sch uU zu Zahlungen veranlassen (OLG Nürnberg MDR 2016, 113); bei einer Verfahrensverzögerung in Umgangssache nur, wenn sie den Anschein der Willkür erweckt und sich dadurch der Eindruck einer sachwidrigen, auf persönl Voreingenommenheit beruhenden Benachteiligung aufdrängt (OLG Köln FamRZ 2017, 1764 LS). – **Keine Ausschließung** liegt vor bei der Mitwirkung eines Richters, der eine einstw Anordnung beim AG erlassen hat, als Richter des Beschwerdegerichts im Hauptsacheverf (BGH FamRZ 2017, 557).

4 **III) Verfahren.** Es gilt § 44 ZPO entspr, insb ist die Glaubhaftmachung durch eigene eidesstattl Versicherung ausgeschlossen (OLG Koblenz FamRZ 2024, 64 = MDR 2023, 1338). Es gilt der Amtsermittlungsgrundsatz, wobei der Ablehnende die Feststellunglast trägt (OLG Koblenz FamRZ 2024, 64 = MDR 2023, 1338; für ZPO BGH MDR 2011, 68).

5 **IV) Rechtsmittel (§ 6 III).** Gegen den Beschluss, durch den das Ablehnungsgesuch für **unbegründet** erklärt wird, ist die sof Beschwerde nach §§ 567-572 ZPO statthaft. In Ehe- und FamStreitverf besteht gem § 114 Anwaltszwang (OLG Bamberg FamRZ 2019, 50; OLG Dresden FamRZ 2013, 1920). – **Rechtsbeschwerde** ist nach Zulassung eröffnet (§ 574 I 1 Nr 2 ZPO, BGH MDR 2012, 361). – Gegen einen **stattgebenden** Beschluss ist kein Rechtsmittel gegeben, da es sich um eine Zwischenentscheidung handelt, die nur – bei hier fehlender – ges Anordnung selbständig anfechtbar wäre (s § 58 Rn 9).

6 **V) Gebühren. 1) Gericht:** keine. – **2) RA:** gehört zum Rechtszug, § 19 I 2 Nr 3 RVG; als Einzeltätigkeit: 3403 RVG-VV.

§ 7 Beteiligte

(1) In Antragsverfahren ist der Antragsteller Beteiligter.

(2) Als Beteiligte sind hinzuzuziehen:

1. diejenigen, deren Recht durch das Verfahren unmittelbar betroffen wird,

2. diejenigen, die auf Grund dieses oder eines anderen Gesetzes von Amts wegen oder auf Antrag zu beteiligen sind.

(3) Das Gericht kann von Amts wegen oder auf Antrag weitere Personen als Beteiligte hinzuziehen, soweit dies in diesem oder einem anderen Gesetz vorgesehen ist.

(4) [1]Diejenigen, die auf ihren Antrag als Beteiligte zu dem Verfahren hinzuzuziehen sind oder hinzugezogen werden können, sind von der Einleitung des Verfahrens zu benachrichtigen, soweit sie dem Gericht bekannt sind. [2]Sie sind über ihr Antragsrecht zu belehren.

(5) [1]Das Gericht entscheidet durch Beschluss, wenn es einem Antrag auf Hinzuziehung gemäß Absatz 2 oder Absatz 3 nicht entspricht. [2]Der Beschluss ist mit der sofortigen Beschwerde in entsprechender Anwendung der §§ 567 bis 572 der Zivilprozessordnung anfechtbar.

(6) Wer anzuhören ist oder eine Auskunft zu erteilen hat, ohne dass die Voraussetzungen des Absatzes 2 oder Absatzes 3 vorliegen, wird dadurch nicht Beteiligter.

I) Grundsätze. Anzuwenden ist die Vorschrift auf die fG-Verf (s Einl FamFG Rn 1); in Ehe- und FamStreitsachen gelten die Grundsätze des kontradiktorischen Verf des Zivilprozesses. Dem Begriff des Beteiligten kommt zentrale Bedeutung für das fG-Verf zu, da mit ihm bestimmt wird, welche Personen von dem Verf betroffen und zur Mitwirkung an ihm berechtigt und ggf auch verpflichtet (zB gem §§ 27, 35) sind. Im Kontrast hierzu stehen die nur zur Sachaufklärung beigezogenen Personen (§ 7 VI). – Traditionell wird zwischen formell und materiell Beteiligten unterschieden. **Materiell** beteiligt sind Personen, deren Rechte und Pflichten durch das Verf und durch die darin zu erwartende oder getroffene Entscheidung unmittelbar betroffen sein können (BGHZ 35, 296; Sternal/Sternal Rn 9). **Formell** am Verf beteiligt ist, wer zur Wahrnehmung von – nicht notwendig eigenen – Interessen am Verf teilnimmt oder zu diesem durch das Gericht hinzugezogen wird (Sternal/Sternal Rn 10). Das FamFG hat diese Begrifflichkeit nicht übernommen, sondern wollte den Beteiligtenbegriff „stärker als bisher von mat-rechtl Elementen trennen" (BTDrs 16/6308, 178) und verstärkt an das formelle Recht anknüpfen (zur Entstehungsgeschichte s PH/Prütting Rn 7 ff). Dem entsprechend knüpft § 7 an die **Hinzuziehung** als Beteiligter an. Dies ändert aber nichts daran, dass ein in seinen Rechten Betroffener, also materiell Beteiligter, unabhängig von einer tatsächl erfolgten Hinzuziehung beschwerdeberechtigt ist (s § 59 Rn 7; zur dann geltenden Beschwerdefrist s § 63 Rn 6). 1

II) Systematik. § 7 kennt 3 Arten von Beteiligten: Den ASt in Antragsverf (I), die sog Muss-Beteiligten gem II sowie die Kann-Beteiligten gem III. Ob eine Person beteiligungsfähig ist, bestimmt sich nach § 8, ob sie verfahrensfähig ist nach § 9 und ob sie postulationsfähig ist nach § 10. 2

III) Beteiligung kraft Antragstellung (§ 7 I). Diese besteht allein in echten Antragsverf (s vor § 23 Rn 3), in denen also das Verf nur auf Antrag (§ 23) eingeleitet wird. Ein „Antrag" in einem Amtsverf stellt hingegen nur eine Anregung dar (vgl § 24 I), durch die keine Beteiligtenstellung begründet wird (OLG Hamburg FamRZ 2016, 151 LS für „Antrag" auf Vormundschaft; OLG Koblenz FamRZ 2016, 1004 für „Antrag" auf Übernahme der Pflegschaft). 3

IV) Notwendige Beteiligung (§ 7 II). Die in II Genannten muss das Gericht in jedem Fall von sich aus oder auf ihren Antrag hinzuziehen, sog **Muss-Beteiligte**. Die durch Hinzuziehung in 1. Instanz begründete Beteiligtenstellung besteht in der Beschwerdeinstanz fort; auf eine Anführung im Rubrum des erstinstanzl Beschlusses kommt es nicht an (BGH FamRZ 2012, 1049). 4

1) Hinzuziehung wegen unmittelbarer Betroffenheit (§ 7 II Nr 1). II Nr 1 knüpft an den materiellen Beteiligtenbegriff (s Rn 1) an und entspricht damit inhaltl den Voraussetzungen für die Beschwerdeberechtigung in § 59 I (BGH FamRZ 2024, 1115; BGH FamRZ 2017, 50 Tz 18; BGH FamRZ 2015, 1019 Tz 9); zu diesen s § 59 Rn 3 ff. Eine Rechtsbeeinträchtigung idS liegt vor, wenn der Entscheidungssatz des angefochtenen Beschlusses unmittelbar in ein dem Beschwerdeführer zustehendes Recht eingreift, es also aufhebt, beschränkt, mindert, ungünstig beeinflusst oder gefährdet, die Ausübung dieses Rechts stört oder die mögl Verbesserung der Rechtsstellung vorenthält oder erschwert (BGH FamRZ 2024, 1115; BGH FamRZ 2017, 50 Tz 18). Eine Beeinträchtigung lediglich wirtschaftl, rechtl oder sonstiger berechtigter Interessen genügt dagegen nicht (BGH FamRZ 2024, 1115; BGH FamRZ 2017, 50 Tz 18; BGH FamRZ 2015, 1019 Tz 10 mwN). Für Nr 1 ist entscheidend, dass der Gegenstand des Verf ein Recht des zu Beteiligenden idS betrifft. Einer Prognose, ob es zu einer Rechtsbeeinträchtigung kommt, bedarf es nicht. Es genügt, wenn das Verf darauf gerichtet ist, eine unmittelbare Beeinträchtigung eines Rechts des zu Beteiligenden zu bewirken. 5

Einzelfälle (angesichts der identischen Wertung sa § 59 Rn 5 f). **Zu beteiligen** sind: Das Kind im Sorgerechtsverf (BGH FamRZ 2011, 1788; BGH FamRZ 2011, 1859, auch zur Vertretung; OLG Brandenburg FamRZ 2014, 1649); das Kind im Verf über die Anerkennung einer ausl Adoption nach dem AdWirkG (OLG Hamm FamRZ 2012, 1230); das Kind im Verf zur Bestellung eines Ergänzungspflegers für die Ausübung des Zeugnisverweigerungsrechts (OLG Schleswig FamRZ 2013, 571); im den leibl Vater betr Umgangsverf der rechtl Vater (OLG Frankfurt FamRZ 2021; 776); sorgeberechtigte Elternteil, auch wenn das Kind in einer Pflegefamilie lebt (OLG Hamm FamRZ 2011, 1889); im Umgangsverf im Verf auf Erlass einer Verbleibensanordnung gem § 1632 IV BGB der Elternteil, dem zwar ua das Aufenthaltsbestimmungsrecht entzogen worden ist, der aber noch über Teilbereiche des Sorgerechts verfügt (BGH FamRZ 2014, 1357); das Jugendamt als Amtsvormund im Umgangsverf (BGH FamRZ 2017, 50); derjenige, der als Vormund/Pfleger konkret ausgewählt werden soll (OLG Brandenburg FamRZ 2017, 1252). Beteiligte in Verf des VersAusgl: § 219, außerdem gem II Nr 1 der InsVerwalter, wenn ein Anrecht betroffen ist, das zur Masse gehören kann (BGH FamRZ 2021, 1357). 6

Nicht zu beteiligen sind: der Elternteil, dem das Sorgerecht entzogen ist, betr die Entlassung des Vormundes (OLG Hamm FamRZ 2016, 1003); der nach §§ 1909, 1795 I Nr 1 BGB an der Vertretung gehinderte Elternteil im Verf der Neubestellung eines Ergänzungspflegers (OLG Koblenz FamRZ 2016, 1004); Großeltern im Sorgerechtsverf der Enkelkinder nach §§ 1666, 1666a BGB, selbst wenn sie als Vormund in Betracht kommen (OLG Bremen FamRZ 2016, 1006; OLG Hamm FamRZ 2012, 799); die Eltern bei einer Entscheidung über die Person des Umgangspflegers (OLG Frankfurt FamRZ 2012, 570). 7

2) Hinzuziehung auf Grund gesetzlicher Anordnung (§ 7 II Nr 2). a) Allgemein. Die Regelung wird ergänzt durch die Generalklausel von II Nr 1. Die Beteiligungsanordnungen enthalten daher keine abschließende Rege- 8 lung. Entsprechende Kataloge von zu Beteiligenden enthält ua das 2. Buch für die FamSachen: § 162 II 1 (Verf gem § 1666 BGB), § 172 I (Abstammungssachen), § 188 (Adoptionssachen), § 204 I (Ehewohnungssachen), § 219 (VersAusglSachen). Die durch Hinzuziehung in 1. Instanz begründete Beteiligtenstellung besteht in der **Beschwerdeinstanz** fort; auf eine Anführung im Rubrum des Beschlusses kommt es nicht an (BGH FamRZ 2012, 1049).

9 **b) Beteiligtenstellung von Behörden.** In FamSachen kommt insb eine solche des **Jugendamtes** in Betracht. Diese ist im 2. Buch grds abschließend geregelt, für Kindschaftssachen in § 162 (BGH FamRZ 2017, 50); Ausnahme: es wird als Vormund/Pfleger für das Kind tätig (s Rn 6). Weitere Regelungen: § 172 II (Abstammungssachen); § 188 II (Adoptionssachen); § 204 II (Ehewohnungssachen); § 212 (Gewaltschutzsachen). Die Behörde ist nicht vAw hinzuzuziehen, sondern entspr der jew Regelung nur auf **Antrag**. Sie hat also die Wahl, ob sie nur angehört werden (vgl § 162 I) oder als Beteiligte (vgl § 162 II 2) aktiv am Verf mitwirken will. Stellt sie einen Antrag auf Beteiligung, hat das Gericht sie gem II Nr 2 als Beteiligte hinzuzuziehen; ein Ermessensspielraum besteht nicht. Die Behörde hat dann alle Verfahrensrechte, kann aber auch mit Verfahrenskosten belastet werden (s § 81 Rn 2). Das Beschwerderecht steht der Behörde aber auf Grund ges Anordnung unabhängig von der Beteiligung in der 1. Instanz zu (vgl § 162 III 2). Damit soll vorsorgl Beteiligungen zur Rechtswahrung vorgebeugt werden.

10 **V) Kann-Beteiligte (§ 7 III 1). 1) Voraussetzungen.** Die Personen, die auf Antrag oder vAw **in fremdem Interesse** – bei eigenen Rechten gilt II Nr 1 – hinzugezogen werden können, werden nicht durch eine Generalklausel, sondern durch abschließende (BTDrs 16/6308, 179) Aufzählung, für FamSachen im 2. Buch definiert. In FamSachen kommt insb eine Hinzuziehung der Pflegeperson gem § 161 I in Betracht (zB OLG Frankfurt FamRZ 2022, 473). In Unterbringungssachen, also auch solche betr mindj Kinder (§ 151 Nr 6, 7, § 167), können im Interesse des Betroffenen gem § 315 IV Nr 1 ua die Eltern und die Pflegeeltern als Beteiligte hinzugezogen werden. Diese Entscheidung steht im pflichtgemäßen Ermessen des Gerichts (BGH FamRZ 2012, 960 für § 274 IV). Maßstab ist das wohlverstandene Interesse des vom Verf betroffenen Beteiligten, da die Beteiligung der selbst in ihren Rechten nicht betroffenen Personen ausschließl in seinem Interesse erfolgt (BGH FamRZ 2012, 960). Bestehen Zweifel, ob der Betroffene mit einer Hinzuziehung einer Person einverstanden ist, muss er vorher gehört werden; widerspricht er der Hinzuziehung mit nachvollziehbaren Gründen, ist von einer Beteiligung abzusehen, falls nicht schwerwiegende Gründe gleichwohl eine Hinzuziehung angeraten sein lassen (BTDrs 16/6308, 179).

11 **2) Verfahren (§ 7 III, IV).** Der **Antrag auf Hinzuziehung** kann in jeder Instanz gestellt werden, nach Abschluss der 1. Instanz aber in FamSachen (anders in allg fG-Verf wegen der Abhilfemöglichkeit gem § 68 I 1, LG Saarbrücken FamRZ 2010, 1371) nur im Beschwerdeverf (OLG Köln FamRZ 2016, 1693). Gem IV sind die Antragsberechtigten über die Einleitung des Verf und ihre Möglichkeit zu belehren, ihre Hinzuziehung zu beantragen. Diese **Belehrung** sollte auch die verfahrensrechtl Konsequenzen, insb eine mögliche Kostenlast (s § 81 Rn 2), umfassen. Die Belehrungspflicht beschränkt sich ausdrückl auf die dem Gericht bekannten Personen, um Verfahrensverzögerungen zu vermeiden (BTDrs 16/6308, 179). Ist eine im Antrag bezeichnete Person unter der angegebenen Anschrift nicht erreichbar, kann das Gericht die neue Anschrift selbst ermitteln oder dies dem ASt aufgeben, § 27 (BTDrs 16/6308, 179). Eine unterbliebene Belehrung rechtfertigt keine Beschwerde gegen die Hauptsacheentscheidung (BGH FamRZ 2020, 1590).

12 **3) Entscheidung (§ 7 V 1).** Die positive Entscheidung über die **Hinzuziehung** kann auch **konkludent**, etwa durch das Übersenden von Schriftstücken oder die Ladung zu Terminen erfolgen (BGH MDR 2023, 798 Tz 12; BGH FamRZ 2021, 1062; BGH FamRZ 2020, 1590; BGH MDR 2019, 366 Tz 7). Erforderl ist aber, dass das Gericht dem Beteiligten eine Einflussnahme auf das laufende Verf ermöglichen will und dies zum Ausdruck bringt (BGH FamRZ 2021, 1062; BGH FamRZ 2019, 915; BGH FamRZ 2019, 1091). **Nicht ausreichend** ist idR die Bewilligung von Akteneinsicht (BGH FamRZ 2019, 915), die Gelegenheit zur Stellungnahme unter ausdrückl Hinweis auf Möglichkeit eines Antrags gem IV (BGH FamRZ 2019, 1091), allein die Bekanntgabe der instanzbeendenden Entscheidung (BGH MDR 2023, 798 Tz 12; BGH FamRZ 2021, 1062; BGH FamRZ 2018, 197 Tz 11) oder die Aufnahme in das Rubrum (BGH FamRZ 2020, 1590). Die unterbliebene Aufnahme in das Rubrum der Endentscheidung steht der Annahme einer konkludenten Hinzuziehung aber nicht entgegen (BGH MDR 2023, 798 Tz 12; BGH FamRZ 2014, 1099 Tz 11). – Die **Zurückweisung** eines Antrags auf Hinzuziehung bedarf gem V 1 eines zu begründenden Beschlusses. Eine **Aufhebung der Hinzuziehung** ist durch Beschluss zulässig (BGH FamRZ 2020, 782).

13 **4) Rechtsmittel (§ 7 V 2).** Die **Hinzuziehung** ist als Zwischenentscheidung mangels ausdrückl Anordnung (s § 58 Rn 9) nicht selbständig anfechtbar. Die **Zurückweisung** des Antrags auf Hinzuziehung ist gem V 2 mit der sof Beschwerde entspr §§ 567 ff ZPO anfechtbar; angesichts vergleichbarer Interessenlage hat dies analog für die Aufhebung einer Hinzuziehung (s Rn 12) zu gelten. Die Rechtsbeschwerde ist nach Zulassung gem §§ 574 ff ZPO statthaft (BGH FamRZ 2011, 368 = MDR 2011, 316).

14 **VI) Alleinige Anhörung (§ 7 VI).** Die Regelung in VI dient der Klarstellung: Personen und Behörden, die anzuhören sind oder eine Auskunft zu erteilen haben, werden nicht allein dadurch schon zu Beteiligten des Verf. Das betrifft in FamSachen insb das Jugendamt (vgl § 162 I), das erst auf seinen Antrag zum Beteiligten wird (s Rn 9).

§ 8 Beteiligtenfähigkeit

Beteiligtenfähig sind

1. natürliche und juristische Personen,

2. Vereinigungen, Personengruppen und Einrichtungen, soweit ihnen ein Recht zustehen kann,

3. Behörden.

Die Vorschrift lehnt sich an § 61 VwGO an. Sie ist in Ehe- und FamStreitsachen nicht anzuwenden; in diesen gilt gem § 113 I 2 § 50 ZPO. Die Beteiligtenfähigkeit entspricht im Wesentl der Parteifähigkeit iSv § 50 ZPO und ist die Fähigkeit, im Verf Beteiligter zu sein. Sie ist Prozesshandlungs- und Sachentscheidungsvoraussetzung (PH/Prütting § 8 Rn 2, 23) und orientiert sich an der **Rechtsfähigkeit** nach materiellem Recht. Ob die Beteiligtenrechte selbst ausgeübt werden können, bestimmt sich nach § 9. 1

Beteiligtenfähig sind gem **Nr 1** natürl und jur Pers des öffentl und privaten Rechts; iE s § 50 ZPO Rn 9, dessen Grundsätze entspr gelten. In einem pränatalen Vaterschaftsfeststellungsverf kann auch das noch nicht geborene Kind Beteiligter sein (OLG München FamRZ 2016, 1793). Zur Beteiligungsfähigkeit **ausländischer** Personen s EuIZPR Rn 62 ff. Im Streit über die Beteiligtenfähigkeit (Zulassungsstreit) ist der Betroffene zu beteiligen (BGH NJW 93, 2943). 2

Nr 3 erstreckt die Beteiligtenfähigkeit generell auf Behörden. Daher ist zB im Fall des § 162 II das **Jugendamt** selbst Beteiligter und nicht die Körperschaft, der es angehört. 3

§ 9 Verfahrensfähigkeit

(1) Verfahrensfähig sind

1. die nach bürgerlichem Recht Geschäftsfähigen,

2. die nach bürgerlichem Recht beschränkt Geschäftsfähigen, soweit sie für den Gegenstand des Verfahrens nach bürgerlichem Recht als geschäftsfähig anerkannt sind,

3. die nach bürgerlichem Recht beschränkt Geschäftsfähigen, soweit sie das 14. Lebensjahr vollendet haben und sie in einem Verfahren, das ihre Person betrifft, ein ihnen nach bürgerlichem Recht zustehendes Recht geltend machen,

4. diejenigen, die auf Grund dieses oder eines anderen Gesetzes dazu bestimmt werden.

(2) Soweit ein Geschäftsunfähiger oder in der Geschäftsfähigkeit Beschränkter nicht verfahrensfähig ist, handeln für ihn die nach bürgerlichem Recht dazu befugten Personen.

(3) Für Vereinigungen sowie für Behörden handeln ihre gesetzlichen Vertreter und Vorstände.

(4) Das Verschulden eines gesetzlichen Vertreters steht dem Verschulden eines Beteiligten gleich.

(5) Die §§ 53 bis 58 der Zivilprozessordnung gelten entsprechend.

I) Grundsätze. § 9 ist in Ehe- und FamStreitsachen nicht anzuwenden, gem § 113 I gilt § 51 ZPO und in Ehesachen § 125. Verfahrensfähigkeit ist die Fähigkeit des Beteiligten, selbst oder durch einen selbst gewählten Vertreter wirksam Erklärungen im Verf abzugeben (OLG Düsseldorf FamRZ 2019, 1631). Sie entspricht der Prozessfähigkeit iSv § 51 ZPO. Fehlt es an ihr, sind dennoch vorgenommene Verfahrenshandlungen unwirksam. Die Verfahrensfähigkeit ist vAw zu prüfen, V iVm § 56 I ZPO (OLG Düsseldorf FamRZ 2015, 275). Auf Bedenken an der Verfahrensfähigkeit ist hinzuweisen (BGH FamRZ 2014, 553). 1

II) Verfahrensfähige Personen (§ 9 I). Verfahrensfähig kann nur sein, wer auch beteiligtenfähig ist. **1) § 9 Nr 1.** Verfahrensfähig sind die nach bürgerl Recht voll Geschäftsfähigen. Die Geschäftsfähigkeit richtet sich nach den §§ 2, 104 ff BGB. Zu Verfahrensfähigkeit **ausländischer Personen** s EuIZPR Rn 63. 2

2) § 9 Nr 2. Verfahrensfähig sind ferner die nach bürgerl Recht beschränkt Geschäftsfähigen, soweit sie nach bürgerl Recht als geschäftsfähig angesehen werden, zB die zum selbständigen Betrieb eines Erwerbsgeschäfts gem § 112 BGB ermächtigten Mindj für alle Geschäfte, die der Betrieb mit sich bringt, oder die zur Dienst- oder Arbeitsübernahme gem § 113 BGB ermächtigten Mindj für Geschäfte, die Eingehung, Aufhebung oder Erfüllung des Dienstgeschäfts betreffen. 3

3) § 9 Nr 3. Lit: Burghart FamRZ 2019, 1029. Mit der Regelung soll dem mindj Kind – das beschränkt geschäftsfähig, also nicht gem § 104 Nr 2 BGB geschäftsunfähig ist – ermöglicht werden, ihm eingeräumte Rechte im Verf selbst geltend zu machen. Erforderl ist die Vollendung des 14. Lebensjahres zum Zeitpunkt der Verfahrenshandlung (OLG München FamRZ 2019, 1706). Das Verf muss (zumindest auch) die **Person** betreffen, also nicht nur das Vermögen. Erfasst werden insb die Kindschaftssachen gem § 151, aber – entgegen der restriktiven Formulierung in BTDrs 16/9733, 352 – auch Abstammungs- und Adoptionssachen (OLG Hamm FamRZ 2012, 1230 für Adoptionsverf; generell Sternal/Sternal Rn 14; ThP/Hüßtege Rn 6), da auch sie die Person des Kindes betreffen. 4

Verfahrensfähigkeit besteht nur „soweit" eine dem Kind nach bürgerl Recht zustehende **Rechtsposition** geltend gemacht wird, sie kann also auf einzelne Gegenstände des Verf beschränkt sein. Solche Rechte sind **zB** (weitere Bsp bei Köhler ZKJ 2018, 50): Widerspruchsrecht gem § 1671 I Nr 1, II Nr 1 BGB (BGH FamRZ 2021, 1402; OLG Koblenz FamRZ 2019, 706); Umgangsrecht (BGH FamRZ 2021, 1402; OLG Koblenz FamRZ 2019, 706), auch mit Geschwistern (KG FamRZ 2017, 899; str, aA Köhler FamRZ 2019, 706); Verf gem § 1632 BGB (OLG Düsseldorf FamRZ 2019, 2021; aA OLG Koblenz FamRZ 2019, 706); Beteiligung bei Auswahl des Vormundes (BGH FamRZ 2021, 1402; OLG Bremen FamRZ 2017, 1701). Kein Recht idS besteht nach dem BGH mangels konkretem subj Recht für die Durchsetzung von Maßnahmen gem § 1666 BGB (BGH FamRZ 2021, 1402 abw zur früher hM der OLG; s 35. Aufl; dem BGH folgend OLG Karlsruhe NZFam 2024, 894 = FamRZ 2024, 1790 LS). Dasselbe gilt in Auskunftsverf gem § 1686 BGB (aA OLG Dresden FamRZ 2019, 707 [abl Hammer FamRZ 2019, 708]). Soweit das Kind verfahrensfähig ist, kann es auch einen **RA beauftragen** (BGH FamRZ 2021, 1402; OLG Dresden FamRZ 2019, 707; sa § 11 Rn 1), durch diesen Akteneinsicht nehmen lassen (VerfGH Berlin FamRZ 2021, 1224) und **VKH** (s § 76 Rn 31, 33) unter Beiordnung eines RA (s § 78 Rn 7) beantragen. – Erfasst wird nach Auffassung des OLG Frankfurt (OLG Frankfurt FamRZ 2023, 1970 für Antrag gem § 1626a II 1 BGB; krit Preisner NZFam 2023, 892) auch die Geltendmachung von entspr Rechten des **minderjährigen Elternteils.**

5 **4) § 9 Nr 4.** In FamSachen ist die Regelung in § 167 III relevant, nach der in **Unterbringungsverfahren** das Kind ohne Rücksicht auf seine Geschäftsfähigkeit verfahrensfähig ist, wenn es das 14. Lebensjahr vollendet hat.

6 **III) Vertretung Verfahrensunfähiger (§ 9 II).** Maßgebend ist das bürgerl Recht. Nicht selbst gem I Nr 3 verfahrensfähige Kinder werden daher grds durch ihre Eltern vertreten (§ 1629 BGB). Ausnahmen können sich aus dem BGB (§§ 1671, 1629 II iVm § 1795 BGB) sowie dem FamFG, insb § 173 in Abstammungssachen, ergeben. Für die personenbezogenen Kindschaftssachen gem § 151 war str, ob bei einem mögl Interessenkonflikt zwischen Kind und zumindest einem Elternteil diesem die Sorge gem § 1629 II 3, § 1796 BGB zu entziehen ist. Nach der Rspr des BGH (BGH FamRZ 2012, 436; BGH FamRZ 2011, 1788 Tz 18 mN zur Gegenansicht) ist dies grds unverhältnismäßig, da die Rechte des Kindes in den seine Person betr Verfahren idR durch einen Verfahrensbeistand (§ 158) wahrgenommen werden können. Zur Bestellung eines Ergänzungspflegers im Verf zur Genehmigung eines Rechtsgeschäfts s § 40 Rn 8, zur Bekanntgabe der Entscheidung s § 41 Rn 7. – Zur Vertretung einer **ausländischen** verfahrensunfähigen Person s EuIZPR Rn 64.

7 **IV) Verfahrensfähigkeit von Vereinigungen und Behörden (§ 9 III).** Der Begriff der Vereinigung ist weit zu verstehen. Er umfasst auch jur Pers des Privatrechts und des öffentl Rechts sowie nicht rechtsfähige Vereinigungen iSd § 8 Nr 2. Zur Vertretung befugt sind hierbei neben den ges Vertretern auch vertretungsbefugte Personen kraft Amtes. Handlungsbevollmächtigte eines **Versorgungsträgers** bedürfen für die Einlegung eines Rechtsmittels keiner bes erteilten Befugnis zur Prozessführung gem § 54 II HGB (BGH FamRZ 2018, 1816). **Behörden** werden durch ihren Leiter oder dessen Vertreter vertreten, die – wie idR – einen Sachbearbeiter oder sonstigen Mitarbeiter bevollmächtigen können.

8 **V) Verschuldenszurechnung (§ 9 IV).** Die Vorschrift ist an § 51 II ZPO angelehnt; iE s § 51 ZPO Rn 18 ff. Die Zurechnung des Verschuldens des gewillkürten Vertreters ist in § 11 II iVm § 85 II ZPO normiert.

9 **VI) Entsprechende Anwendung der §§ 53-58 ZPO (§ 9 V).** Da die Verfahrensfähigkeit im ZP der Prozessfähigkeit entspricht, sind deren Vorschriften entspr anzuwenden. In FamSachen sind insb § 55 ZPO (Verfahrensfähigkeit von Ausländern, sa Rn 2) und § 56 ZPO (amtswegige Prüfung, die sich aber auch aus § 26 ergeben würde) von Bedeutung.

§ 10 Bevollmächtigte

(1) Soweit eine Vertretung durch Rechtsanwälte nicht geboten ist, können die Beteiligten das Verfahren selbst betreiben.

(2) [1]Die Beteiligten können sich durch einen Rechtsanwalt als Bevollmächtigten vertreten lassen. [2]Darüber hinaus sind als Bevollmächtigte, soweit eine Vertretung durch Rechtsanwälte nicht geboten ist, vertretungsbefugt nur

1. **Beschäftigte des Beteiligten oder eines mit ihm verbundenen Unternehmens (§ 15 des Aktiengesetzes); Behörden und juristische Personen des öffentlichen Rechts einschließlich der von ihnen zur Erfüllung ihrer öffentlichen Aufgaben gebildeten Zusammenschlüsse können sich auch durch Beschäftigte anderer Behörden oder juristischer Personen des öffentlichen Rechts einschließlich der von ihnen zur Erfüllung ihrer öffentlichen Aufgaben gebildeten Zusammenschlüsse vertreten lassen;**
2. **volljährige Familienangehörige (§ 15 der Abgabenordnung, § 11 des Lebenspartnerschaftsgesetzes), Personen mit Befähigung zum Richteramt und die Beteiligten, wenn die Vertretung nicht im Zusammenhang mit einer entgeltlichen Tätigkeit steht;**
3. **Notare.**

(3) [1]Das Gericht weist Bevollmächtigte, die nicht nach Maßgabe des Absatzes 2 vertretungsbefugt sind, durch unanfechtbaren Beschluss zurück. [2]Verfahrenshandlungen, die ein nicht vertretungsbefugter Bevollmächtigter bis zu seiner Zurückweisung vorgenommen hat, und Zustellungen oder Mitteilungen an diesen Bevollmächtigten sind wirksam. [3]Das Gericht kann den in Absatz 2 Satz 2 Nr. 1 und 2 bezeichneten Bevollmächtigten durch unanfechtbaren Beschluss die weitere Vertretung untersagen, wenn sie nicht in der Lage sind, das Sach- und Streitverhältnis sachgerecht darzustellen.

(4) [1]Vor dem Bundesgerichtshof müssen sich die Beteiligten, außer im Verfahren über die Ausschließung und Ablehnung von Gerichtspersonen und im Verfahren über die Verfahrenskostenhilfe, durch einen beim Bundesgerichtshof zugelassenen Rechtsanwalt vertreten lassen. [2]Behörden und juristische Personen des öffentlichen Rechts einschließlich der von ihnen zur Erfüllung ihrer öffentlichen Aufgaben gebildeten Zusammenschlüsse können sich durch eigene Beschäftigte mit Befähigung zum Richteramt oder durch Beschäftigte mit Befähigung zum Richteramt anderer Behörden oder juristischer Personen des öffentlichen Rechts einschließlich der von ihnen zur Erfüllung ihrer öffentlichen Aufgaben gebildeten Zusammenschlüsse vertreten lassen. [3]Für die Beiordnung eines Notanwaltes gelten die §§ 78b und 78c der Zivilprozessordnung entsprechend.

(5) Richter dürfen nicht als Bevollmächtigte vor dem Gericht auftreten, dem sie angehören.

I) Grundsätze. § 10 ist ohne Einschränkung auf isolierte **fG-Verfahren** anzuwenden. Soweit diese Folgesache iSv § 137 II sind, ist zu differenzieren: Ehegatten unterliegen auch in fG-Folgesachen gem § 114 I einem RA-Zwang, übrige Beteiligte nicht. Für die Ehegatten in isolierten fG-FamSachen, für die übrigen Beteiligten auch in fG-Folgesachen besteht nur vor dem BGH gem IV ein (durch IV 2 eingeschränkter) Anwaltszwang. Im Übrigen, also auch im Beschwerdeverf gem § 58, können sich die Beteiligten gem **I selbst vertreten** oder durch die in II Genannten vertreten lassen. 1

II) Vertretung durch Bevollmächtigte (§ 10 II). Die Regelung entspricht mit Ausnahme von Nr 3 § 79 II 1, 2 Nr 1, 2 ZPO; s § 79 ZPO Rn 5 ff. – Nr 3 erweitert die Vertretung auf die **Notare**, was wegen II 1 nur für das Nur-Notariat Bedeutung hat. Mangels entspr Einschränkung ist die Vertretungsberechtigung weder auf mit dem Neutralitätsgebot (§ 14 I 2 BNotO) vereinbare Tätigkeiten (BGHZ 54, 275; PH/Fritzsche Rn 16) noch auf den Zusammenhang mit vorgenommenen Beurkundungen beschränkt. Im letzteren Fall liegt aber eine Handlung in Vollzug der Beurkundung nahe, so dass eine beabsichtigte Vertretung grds der Klarstellung bedarf (OLG Bremen FamRZ 2014, 1394). 2

III) Zurückweisung und Untersagung weiterer Vertretung (§ 10 III). Die Regelung entspricht § 79 III 3 ZPO; s § 79 ZPO Rn 11. Der Beschluss über die Zurückweisung hat konstitutive Wirkung (BGH FamRZ 2024, 1398). Bis zu seiner Zurückweisung ist der nicht Zugelassene verfahrensrechtl als Vertreter des Beteiligten zu berücksichtigen (BGH FamRZ 2024, 1398). Davor vorgenommene Verfahrenshandlungen sind ebenso wie Zustellungen und Mitteilungen an ihn wirksam, III 2 (OLG Köln FGPrax 2014, 139 für Beschwerde). 3

IV) Vertretungserfordernis vor dem BGH (§ 10 IV). Die Vertretung durch einen beim BGH **zugelassenen RA** (IV 1) ist in allen bei ihm geführten fG-Verf (auch für Verfahrensbeistand, BGH FamRZ 2019, 1077) erforderl mit Ausnahme der Richterablehnung und der VKH. Letztere Ausnahme gilt aber nicht, wenn gegen die VKH-Versagung Rechtsbeschwerde eingelegt wird (BGH FamRZ 2010, 1425 für § 114 II). Die Vertretung durch einen BGH-RA setzt voraus, dass dieser wirksam bevollmächtigt worden ist (BGH FamRZ 2015, 918: nicht wirksam durch Verfahrenspflegerin). Das Erfordernis der Befähigung zum Richteramt gem IV 2 gilt auch für **Bezirksrevisoren** als Vertreter der Landeskasse (BGH FamRZ 2010, 1544). 4

V) Vertretung durch Richter (§ 10 V). Die Regelung entspricht § 79 IV 1 ZPO; s § 79 ZPO Rn 12. Für eine entspr Anwendung auf **Rpfleger** (so PH/Fritzsche Rn 28) fehlt es angesichts der eindeutigen Regelung, die zB auch einen UdG des Gerichts (als Familienangehörigen iSv II 2 Nr 2) nicht erfasst, an einer analogiefähigen Lücke. 5

§ 11 Verfahrensvollmacht

[1]Die Vollmacht ist schriftlich zu den Gerichtsakten einzureichen. [2]Sie kann nachgereicht werden; hierfür kann das Gericht eine Frist bestimmen. [3]Der Mangel der Vollmacht kann in jeder Lage des Verfahrens geltend gemacht werden. [4]Das Gericht hat den Mangel der Vollmacht von Amts wegen zu berücksichtigen, wenn nicht als Bevollmächtigter ein Rechtsanwalt oder Notar auftritt. [5]Im Übrigen gelten die §§ 81 bis 87 und 89 der Zivilprozessordnung entsprechend.

Die Vorschrift ist in fG-Verf (s Einl FamFG Rn 1) anzuwenden; in Ehe- und FamStreitsachen gilt gem § 113 I 2 § 90 ZPO. **S 1 und 2** entsprechen § 80 ZPO; s § 80 ZPO Rn 1 ff. Schriftform bedeutet eigenhändige Unterschrift (OLG Bremen FamRZ 2022, 322). **S 3 und 4** entsprechen – ergänzt um das Auftreten eines Notars und die Rü- 1 gemöglichkeit für jeden Beteiligten – § 88 ZPO; s § 88 ZPO Rn 1 ff. Ohne Rüge prüft das Gericht die Vollmacht eines RA nur bei konkreten tatsächl Anhaltspunkten (BGH MDR 2023, 988). **S 5** verweist für den Umfang, die Wirkung, den Fortbestand und das Erlöschen der Vollmacht direkt auf die Vorschriften der ZPO. Sowohl Vollmachtgeber wie Vollmachtnehmer (Bevollmächtigter) müssen verfahrensfähig iSv § 9 sein; s § 80 ZPO Rn 3. Verfahrensfähigkeit des Beteiligten reicht aber zur wirksamen Bevollmächtigung, Geschäftsfähigkeit ist nicht erforderl (BGH MDR 2014, 297; sa § 9 Rn 3).

2 Ein **Versorgungsträger** muss daher – ggf auf Aufforderung gem S 2 – eine auf die für ihn handelnde natürliche Person ausgestellte schriftl Vollmacht vorlegen, es sei denn, sein vertretungsberechtigtes Organ handelt selber bzw er wird von einem RA vertreten (OLG Frankfurt FamRB 2017, 88 [Adamus]).

§ 12 Beistand

[1]Im Termin können die Beteiligten mit Beiständen erscheinen. [2]Beistand kann sein, wer in Verfahren, in denen die Beteiligten das Verfahren selbst betreiben können, als Bevollmächtigter zur Vertretung befugt ist. [3]Das Gericht kann andere Personen als Beistand zulassen, wenn dies sachdienlich ist und hierfür nach den Umständen des Einzelfalls ein Bedürfnis besteht. [4]§ 10 Abs. 3 Satz 1 und 3 und Abs. 5 gilt entsprechend. [5]Das von dem Beistand Vorgetragene gilt als von dem Beteiligten vorgebracht, soweit es nicht von diesem sofort widerrufen oder berichtigt wird.

1 Die Vorschrift ist auf die fG-Verf anzuwenden; in Ehe- und FamStreitsachen gilt gem § 113 I 2 unmittelbar § 90 ZPO. § 12 entspricht § 90 ZPO; daher s § 90 ZPO Rn 2 ff. § 12 ist wie § 90 ZPO eng auszulegen; ein Bedürfnis besteht grds nicht, wenn der Beteiligte bereits durch einen RA vertreten wird (KG FamRZ 2025, 198). § 12 erfasst nicht die Anwesenheit einer Begleitperson (KG FamRZ 2025, 198).

§ 13 Akteneinsicht

(1) Die Beteiligten können die Gerichtsakten auf der Geschäftsstelle einsehen, soweit nicht schwerwiegende Interessen eines Beteiligten oder eines Dritten entgegenstehen.

(2) [1]Personen, die an dem Verfahren nicht beteiligt sind, kann Einsicht nur gestattet werden, soweit sie ein berechtigtes Interesse glaubhaft machen und schutzwürdige Interessen eines Beteiligten oder eines Dritten nicht entgegenstehen. [2]Die Einsicht ist zu versagen, wenn ein Fall des § 1758 des Bürgerlichen Gesetzbuchs vorliegt.

(3) [1]Soweit Akteneinsicht gewährt wird, können die Berechtigten sich auf ihre Kosten durch die Geschäftsstelle Ausfertigungen, Auszüge und Abschriften erteilen lassen. [2]Die Abschrift ist auf Verlangen zu beglaubigen.

(4) [1]Einem Rechtsanwalt, einem Notar oder einer beteiligten Behörde kann das Gericht die Akten in die Amts- oder Geschäftsräume überlassen. [2]Ein Recht auf Überlassung von Beweisstücken in die Amts- oder Geschäftsräume besteht nicht. [3]Die Entscheidung nach Satz 1 ist nicht anfechtbar.

(5) Werden die Gerichtsakten elektronisch geführt, gilt § 299 Absatz 3 und 4 der Zivilprozessordnung entsprechend.

(6) Die Entwürfe zu Beschlüssen und Verfügungen, die zu ihrer Vorbereitung gelieferten Arbeiten sowie die Dokumente, die Abstimmungen betreffen, werden weder vorgelegt noch abschriftlich mitgeteilt.

(7) Über die Akteneinsicht entscheidet das Gericht, bei Kollegialgerichten der Vorsitzende.

Durch G zur Förderung des Einsatzes von Videokonferenztechnik in der Zivilgerichtsbarkeit und den Fachgerichtsbarkeiten v 15.7.2024 (BGBl 2024 I Nr 237) wurde mWv 19.7.2024 in V die Angabe „§ 299 Abs. 3“ durch die Wörter „§ 299 Absatz 3 und 4“ ersetzt.

Lit: *Müller*, Das statthafte Rechtsmittel gegen Entscheidungen über Akteneinsichtsgesuche Dritter, FamRZ 2021, 480.

1 **I) Allgemeines.** Die Regelung ist **anwendbar** in den fG-Verf (s Einl FamFG Rn 1); in Ehe- und FamStreitsachen gilt gem § 113 I 2 § 299 ZPO. Sie geht als bereichsspezifische Sonderregelung den **Datenschutzgesetzen** des Bundes und der Länder vor (Sternal/Sternal Rn 7 mwN).

2 **II) Akteneinsicht für die Beteiligten (§ 13 I). 1) Grundsatz: uneingeschränktes Akteneinsichtsrecht.** Es besteht als Ausformung des Rechts auf rechtl Gehör (Art 103 I GG). Die Darlegungen eines berechtigten Interesses ist **während des Verfahrens** nicht erforderl. Nach dessen Abschluss bestimmt sich das Einsichtsrecht gem II, insb ist ein berechtigtes Interesse erforderl (BayObLG FamRZ 2025, 458; OLG Bamberg FamRZ 2023, 1648; BGH FamRZ 2015, 1176 Tz 11 für § 299 ZPO), das aber idR anzunehmen ist (BayObLG FamRZ 2025, 458).

Einsicht genommen werden kann grds (Ausnahme gem IV 1) nur auf der GeschSt. Wegen des **Umfangs** gelten die Grundsätze von § 299 I ZPO entspr; s § 299 ZPO Rn 3 ff.

2) Einschränkung. Für eine Einschränkung genügt nicht jedes Interesse aus der Vermögens- oder Privatsphäre. 3
Vielmehr muss dieses Interesse **so schwerwiegend** sein, dass das Recht auf vollumfängl Akteneinsicht im Einzelfall zurückzustehen hat. Zur Prüfung ist idR dem betroffenen Beteiligten/Dritten rechtl Gehör zu gewähren. Die Versagung ist nur gerechtfertigt, „soweit" der Einsicht das schwerwiegende Interesse entgegensteht. Je nach Einzelfall können die Beteiligten zur Wahrung ihres rechtl Gehörs zumindest Bekanntgabe des wesentl Inhalts in geeigneter Form verlangen, soweit dies mit dem Zweck der Versagung vereinbar ist, etwa durch Auszüge, geschwärzte Kopien oder eine schriftl oder mündl Zusammenfassung. Kann auf diese Weise das rechtl Gehör nicht hinreichend gewährt werden, dürfen die Erkenntnisse aus den betr Unterlagen nicht zur Grundlage der Entscheidung gemacht werden (BTDrs 16/6308, 182; sa § 37 Rn 18 f; sa BVerfG NJW 2014, 1581). **Bsp** für gerechtfertigte Einschränkungen der Akteneinsicht: Anschrift oÄ in Gewaltschutzsachen; in Kindschaftssachen bei Gefährdung des Kindeswohls im Einzelfall die Anschrift der Pflegeltern (OLG Köln FamRZ 98, 307; OLG Stuttgart FamRZ 85, 525) oder der Unterbringungseinrichtung; in Kindschaftssachen die Eltern betreffende psychologische oder psychiatrische Gutachten (OLG Celle FamRZ 2011, 1080).

III) Recht Dritter auf Akteneinsicht (§ 13 II). Ein **berechtigtes Interesse** kann tatsächl, etwa wirtschaftl oder 4
wissenschaftl Art sein und liegt grds vor, wenn Rechte des ASt durch den Streitstoff der Akten auch nur mittelbar berührt werden können und Kenntnis vom Inhalt der Akten für ihn zur Verfolgung von Rechten oder zur Abwehr von Ansprüchen erforderl ist (BGH MDR 2024, 237 für Nachlassverf; OLG Düsseldorf FamRZ 2022, 1570). Die Entscheidung steht im pflichtgemäßen **Ermessen**, es dürfen keine schutzwürdigen Interessen eines Beteiligten oder Dritten entgegenstehen, die unterschiedl Interessen sind ggf **abzuwägen** (BGH MDR 2024, 237). In den häufig höchstpersönl Verhältnisse behandelnden FamSachen ist es gerechtfertigt, im Zweifel entspr dem Rechtsgedanken von § 170 I 1 GVG dem Geheimhaltungsbedürfnis der Beteiligten Vorrang einzuräumen (PH/Fritzsche Rn 36; sa die Rspr nachfolgend Rn 5). – **II 2** dient der Wahrung des Adoptionsgeheimnisses (PH/Fritzsche Rn 37; sa OLG Koblenz FamRZ 2020, 270). – Großzügig kann verfahren werden, wenn Einsicht in von dem die Akteneinsicht Begehrenden verfasste Schriftstücken verlangt wird (OLG Koblenz FamRZ 2020, 270). – Nicht anwendbar ist II auf die Überlassung **anonymisierter Entscheidungsabschriften** (OLG Karlsruhe FamRZ 2022, 209). Zur Veröffentlichung von Entscheidungen s § 299 ZPO Rn 14 f.

Akteneinsicht durch Behörden wird, sofern sie nicht Beteiligte des Verf sind (dann s IV), nicht gem § 13, son- 5
dern nach den Grundsätzen der **Amtshilfe** (Art 35 GG, §§ 156 ff GVG) gewährt (BayObLG FamRZ 2022, 1732; OLG Bamberg MDR 2023, 1121; KG MDR 2014, 983); eine Anfechtung der Entscheidung erfolgt gem § 23 EGGVG (BayObLG FamRZ 2022, 1732; OLG Bamberg MDR 2023, 1121). Auch ihnen darf Akteneinsicht nur gestattet werden, wenn und soweit sie ein berechtigtes Interesse glaubhaft machen und schutzwürdige Interessen eines Beteiligten oder eines Dritten nicht entgegenstehen oder die Beteiligten einverstanden sind (BayObLG FamRZ 2022, 1732 für Unterbringungsverf; OLG Naumburg FamRZ 2018, 846: Ersuchen der StA für Umgangsverf; OLG Köln FamRZ 2014, 788: Ersuchen der StA für Betreuungsverf).

IV) Erteilung von Ausfertigungen, Auszügen und Abschriften (§ 13 III). III 1 entspricht für die Erteilung 6
§ 299 I ZPO; s § 299 ZPO Rn 5. Ein besonderes rechtl Interesse muss nicht dargetan werden, es gilt nur die Grenze des Rechtsmissbrauchs (KG FamRZ 2011, 1415). Gem III 2 kann die Beglaubigung beantragt werden. Die Erteilung erfolgt durch die GeschSt, eine richterl Entscheidung ist – nach der Bewilligung der Akteneinsicht – nicht erforderl.

V) Überlassung von Akten (§ 13 IV). RA, Notaren oder beteiligten (für andere s Rn 5) Behörden können die 7
Akten nach pflichtgemäßem Ermessen zur Einsicht in den Kanzlei- oder Büroräumen überlassen werden. Ermessenskriterien sind zB (vgl PH/Fritzsche Rn 54) der Schutz wichtiger Aktenbestandteile vor Verlust (OLG Köln FGPrax 2008, 71), Entfernung zum Gericht, Erfordernis der ständigen Verfügbarkeit zur Bearbeitung (OLG Koblenz FamRZ 2015, 1422), eine unzuverlässige Aktenrückgabe in der Vergangenheit (OLG Düsseldorf MDR 87, 768). Gem IV 2 ist diese Entscheidung **nicht anfechtbar**, auch nicht mit der Beschwerdeentscheidung überprüfbar (s § 58 Rn 10). Nach Ansicht des BGH (BGH FGPrax 2021, 233) soll letzteres dann nicht gelten, wenn die Entscheidung ermessensfehlerhaft ist und dem Beteiligten faktisch die Möglichkeit nimmt, von seinem Anspruch auf Gewährung rechtl Gehörs Gebrauch zu machen. Dies wird in der Entscheidung außerhalb einfach gelagerter Fälle mit rechtspolitischen Erwägungen bei einem RA im Regelfall angenommen, was kaum geeignet erscheint, die vom Gesetzgeber getroffene Entscheidung nicht anzuwenden.

VI) Elektronische Aktenführung (§ 13 V). § 299 III ZPO gilt entsprechend; s § 299 ZPO Rn 11. Durch das G 8
zur Förderung des Einsatzes von Videokonferenztechnik in der Zivilgerichtsbarkeit und den Fachgerichtsbarkeiten v 15.7.2024 (BGBl 2024 I Nr 237) wurde die Verweisung auf § 299 IV ZPO nF erweitert. Damit sind die dortigen Regelungen zum Datenschutz bei der Akteneinsicht in elektron Akten auch für familiengerichtl Akten anzuwenden; s § 299 ZPO Rn 12. Diese Verweisung gilt mangels anderweitiger Bestimmung (vgl Art 19 I des Gesetzes) auch für bereits anhängige Verf.

VII) Entscheidung (§ 13 VII). Über das Einsichtsgesuch sowie ggf eine Überlassung gem IV entscheidet das 9
Gericht, bei Kollegialgerichten der Vors – oder ein Einzelrichter gem § 68 IV – allein. Ob beim AG Richter

oder Rpfleger entscheiden, bestimmt sich danach, wer für das Verf in der Sache zuständig ist. Instanziell ist das Gericht zuständig, bei dem die Akten sich gerade befinden (OLG Köln FGPrax 2000, 46).

10 **VIII) Rechtsmittel.** Str ist die Anfechtung des Akteneinsichtsgesuchs **Dritter** gem II. Nach dem BGH (BGH FamRZ 2024, 453 für Nachlassverf) ist die Entscheidung darüber zumindest bei abgeschlossenem Verf ein gem § 23 EGGVG anzufechtender Justizverwaltungsakt. Dem haben sich das OLG Köln (OLG Köln FamRZ 2024, 1309) für eine FamSache und das BayObLG (BayObLG FamRZ 2024, 1561 = MDR 2024, 1134) für VKH-Unterlagen angeschlossen. Die bis dahin hM sah generell die Entscheidung über Akteneinsicht Dritter als gem § 58 anfechtbare Entscheidung an (BayObLG MDR 2023, 442; OLG Karlsruhe FamRZ 2022, 1867; OLG Hamburg FamRZ 2015, 2188; OLG Hamm FamRZ 2013, 1152; KG FamRZ 2011, 1415; Müller FamRZ 2021, 480 m ausführl Begr; aA OLG Düsseldorf FamRZ 2021, 1748; OLG Frankfurt FamRZ 2020, 1581), auch nach Abschluss des Hauptsacheverf (BayObLG MDR 2023, 442; OLG Koblenz FamRZ 2020, 270; aA OLG Hamm FamRZ 2012, 51). Die BGH-Entscheidung dürfte aber insb angesichts ihrer Bezugnahme auf die Gesetzesbegründung (BTDrs 16/6308, 182) auch auf ein solches Gesuch in einem laufenden Verf übertragbar sein (aA Lückemann § 23 EGGVG Rn 4a). – Ggü **Beteiligten** des Verf handelt es sich während des laufenden Verf um eine Zwischenentscheidung, die bei einer Entscheidung durch den Richter mangels entspr ges Anordnung (s § 58 Rn 9) nicht isoliert anfechtbar, sondern nur mit der Hauptsacheentscheidung gem § 58 II überprüfbar ist (PH/Fritzsche Rn 66; Sternal/Sternal Rn 79). Nach Abschluss des Verf handelt es sich in konsequenter Umsetzung der BGH-Entscheidung um einen gem § 23 EGGVG anzufechtenden Justizverwaltungsakt (so zB BayObLG FamRZ 2025, 458). Für Überlassung gem IV 1 s Rn 7. Hat der **Rpfleger** entschieden, ist die Erinnerung gem § 11 II RPflG eröffnet (PH/Fritzsche Rn 66; Sternal/Sternal Rn 82).

11 **IX) Gebühren.** keine Gerichtsgebühr. Auslagen: 1) Ausfertigung, Auszüge, Abschriften (III 1): 2000 FamGKG-KV; – 2) Aktenversendung (IV 1): 2003 FamGKG-KV, 12 Euro; – 3) elektron Übermittlung: 2000 Nr 3 FamGKG-KV (1,50-5 Euro).

§ 14 Elektronische Akte; elektronisches Dokument; Verordnungsermächtigung

(1) [1]Die Gerichtsakten werden elektronisch geführt. [2]§ 298a Absatz 2 der Zivilprozessordnung gilt entsprechend.

(2) [1]Anträge und Erklärungen der Beteiligten sowie schriftlich einzureichende Auskünfte, Aussagen, Gutachten, Übersetzungen, Anträge und Erklärungen Dritter können als elektronisches Dokument übermittelt werden. [2]Für das elektronische Dokument gelten § 130a der Zivilprozessordnung, auf dieser Grundlage erlassene Rechtsverordnungen sowie § 298 der Zivilprozessordnung entsprechend.

(3) Für das gerichtliche elektronische Dokument gelten die §§ 130b und 298 der Zivilprozessordnung entsprechend.

(4) [1]Die Bundesregierung und die Landesregierungen bestimmen jeweils für ihren Bereich durch Rechtsverordnung die organisatorischen und dem Stand der Technik entsprechenden technischen Rahmenbedingungen für die Bildung, Führung und Aufbewahrung der elektronischen Akten einschließlich der einzuhaltenden Anforderungen der Barrierefreiheit. [2]Die Bundesregierung und die Landesregierungen können jeweils für ihren Bereich durch Rechtsverordnung bestimmen, dass Akten, die in Papierform angelegt wurden, in Papierform weitergeführt werden. [3]Die Landesregierungen können die Ermächtigungen nach den Sätzen 1 und 2 durch Rechtsverordnung auf die für die Zivilgerichtsbarkeit zuständigen obersten Landesbehörden übertragen. [4]Die Rechtsverordnungen der Bundesregierung bedürfen nicht der Zustimmung des Bundesrates.

(5) [1]Sind die Gerichtsakten nach ordnungsgemäßen Grundsätzen zur Ersetzung der Urschrift auf einen Bild- oder anderen Datenträger übertragen worden und liegt der schriftliche Nachweis darüber vor, dass die Wiedergabe mit der Urschrift übereinstimmt, so können Ausfertigungen, Auszüge und Abschriften von dem Bild- oder dem Datenträger erteilt werden. [2]Auf der Urschrift anzubringende Vermerke werden in diesem Fall bei dem Nachweis angebracht.

(6) [1]Die Bundesregierung und die Landesregierungen können jeweils für ihren Bereich durch Rechtsverordnung bestimmen, dass Akten, die vor dem 1. Januar 2026 in Papierform angelegt wurden, ab einem bestimmten Stichtag oder Ereignis in elektronischer Form weitergeführt werden. [2]Die Zulassung der Weiterführung in elektronischer Form kann auf einzelne Gerichte oder Verfahren beschränkt werden; wird von dieser Möglichkeit Gebrauch gemacht, kann in der Rechtsverordnung bestimmt werden, dass durch Verwaltungsvorschrift, die öffentlich bekanntzumachen ist, geregelt wird, in welchen Verfahren Akten in elektronischer Form weitergeführt werden. [3]Die Rechtsverordnung der Bundesregierung bedarf nicht der Zustimmung des Bundesrates. [4]Die Ermächtigung kann durch Rechtsverordnung auf die jeweils zuständige oberste Landesbehörde übertragen werden.

(7) [1]Dokumente und Aktenteile, die nach den Verschlusssachenanweisungen des Bundes oder der Länder als Verschlusssache höher als VS-NUR FÜR DEN DIENSTGEBRAUCH eingestuft sind, dürfen bis zum 31. Dezember 2035 in Papierform erstellt, geführt und übermittelt werden. [2]Dokumente und Aktenteile, die nach den Verschlusssachenanweisungen des Bundes oder der Länder als Verschlusssache VS-NUR FÜR DEN DIENSTGEBRAUCH eingestuft sind, dürfen bis zum 31. Dezember 2035 in Papierform übermittelt werden. [3]Die für die Handhabung von Verschlusssachen geltenden Geheimschutzvorschriften bleiben unberührt.

(8) (weggefallen)

(9) Die Bundesregierung kann durch Rechtsverordnung mit Zustimmung des Bundesrates die für die Übermittlung elektronischer Akten zwischen Behörden und Gerichten geltenden Standards bestimmen.

Die Vorschrift wurde durch G zur weiteren Digitalisierung der Justiz v 12.7.2024 (BGBl 2024 I Nr 234) mWv 17.7.2024 sowie mWv 1.1.2026 (sa Rn 6), ferner durch G zur Einführung der elektronischen Akte in der Justiz und zur weiteren Förderung des elektron Rechtsverkehrs v 5.7.2017 (BGBl I 2017, 2208) mWv 1.1.2026 geändert. Erneute Änderung (insb Verlängerung der Frist gem I) mWv 1.1.2026 geplant in RefE eines G zur Änderung der Vorschriften über die Einführung der elektron Akte ua. Zeitnah zum Inkrafttreten des G finden Sie eine Kommentierung der Änderung in der Online-Version des Zöller (Ihre persönlichen Zugangsdaten s zu Beginn des Werkes).

I) Grundsätze. Die Vorschrift bestimmt die Grundsätze der elektron Akte sowie der Einreichung elektron Dokumente in fG-Verf – in Ehe- und FamStreitsachen gelten gem § 113 I 2 die ZPO-Normen unmittelbar – in Anlehnung an die ZPO. 1

II) Elektronische Aktenführung (§ 14 I, III, V). Ab 1.1.2026 sind in FamFG-Verf die Akten elektron zu führen, **I 1**; zur Führung als sog Hybridakte s Rn 5. Die Verweisung in **I 2** auf § 298a II ZPO betrifft den **Transfer** von der Papier- in die elektron Form; s § 298a ZPO Rn 3. – Für die Anforderungen an das **gerichtliche elektronische Dokument** gelten gem **III** § 130b ZPO (Signaturerfordernis) und § 298 ZPO (Aktenausdruck) entspr. – **V** enthält Bestimmungen zur Erteilung von Abschriften usw aus dem Datenträgerarchiv, die § 299a ZPO entspr; s § 299a ZPO Rn 1 f. 2

III) Anträge usw als elektronisches Dokument (§ 14 II). Anträge, Erklärungen usw der Beteiligten und von Dritten, zB SV, können als elektron Dokument eingereicht werden, das den Anforderungen von § 130a ZPO einschl der gem § 130a II 2 ZPO erlassenen VO genügen muss; s § 130a ZPO Rn 4 ff. 3

IV) Verordnungsermächtigungen zur elektronischen Aktenführung (§ 14 IV, IX). IV enthält VO-Ermächtigungen entspr § 298a I ZPO; s § 298a ZPO Rn 1. – **IX** eröffnet die Möglichkeit, durch VO Standards zur elektron Aktenübermittlung zu bestimmen. Die Regelung entspricht § 298a IV ZPO nF; s § 298a ZPO Rn 5. 4

V) Ausnahmen von der elektronischen Aktenführung (§ 14 VI, VII). Durch das G zur weiteren Digitalisierung der Justiz v 12.7.2024 (BGBl 2024 I Nr 234) ist gem **VI** die Möglichkeit eingeräumt worden, vor dem 1.1. 2026 in Papierform angelegte Akten ab 1.1.2026 elektron fortzuführen, sog **Hybridaktenführung**. Die Regelung entspr § 298a III ZPO nF; s § 298a ZPO Rn 4. Für die Zeit bis Ende 2025 enthielt der mWv 17.7.2024 eingefügte **VIII** eine entspr Bestimmung, die aber am 31.12.2025 außer Kraft getreten ist (Art 50 III G zur weiteren Digitalisierung der Justiz). Durch diese Regelungen ist die zuvor in IV 5 aF für insb Vormundschaftssachen vorgesehene ausnahmsw Möglichkeit zur Hybridaktenführung obsolet und daher aufgehoben worden. 5

Die in **VII** getroffene, in FamSachen kaum relevante Regelung zur Übermittlung von Verschlusssachen entspr § 43 I EGZPO nF; s § 43 EGZPO Rn 2. Die Bestimmung tritt am 31.12.2035 außer Kraft, Art 50 IV G zur weiteren Digitalisierung der Justiz. 6

§ 14a Formulare; Verordnungsermächtigung

[1]Das Bundesministerium der Justiz kann durch Rechtsverordnung mit Zustimmung des Bundesrates elektronische Formulare einführen. [2]Die Rechtsverordnung kann bestimmen, dass die in den Formularen enthaltenen Angaben ganz oder teilweise in strukturierter maschinenlesbarer Form zu übermitteln sind. [3]Die Formulare sind auf einer in der Rechtsverordnung zu bestimmenden Kommunikationsplattform im Internet zur Nutzung bereitzustellen. [4]Die Rechtsverordnung kann bestimmen, dass eine Identifikation des Formularverwenders abweichend von § 130a Absatz 3 der Zivilprozessordnung auch durch Nutzung des elektronischen Identitätsnachweises nach § 18 des Personalausweisgesetzes, § 12 des eID-Karte-Gesetzes oder § 78 Absatz 5 des Aufenthaltsgesetzes erfolgen kann.

Die Vorschrift entspricht § 130c ZPO; s Erl dort. 1

§ 14b Nutzungspflicht für Rechtsanwälte, Notare und Behörden

(1) [1]Bei Gericht schriftlich einzureichende Anträge und Erklärungen sind durch einen Rechtsanwalt, durch einen Notar, durch eine Behörde oder durch eine juristische Person des öffentlichen Rechts einschließlich der von ihr zur Erfüllung ihrer öffentlichen Aufgaben gebildeten Zusammenschlüsse als elektronisches Dokument zu übermitteln. [2]Ist dies aus technischen Gründen vorübergehend nicht möglich, so bleibt die Übermittlung nach den allgemeinen Vorschriften zulässig. [3]Die vorübergehende Unmöglichkeit ist mit der Ersatzeinreichung oder unverzüglich danach glaubhaft zu machen; auf Anforderung ist ein elektronisches Dokument nachzureichen.

(2) [1]Andere Anträge und Erklärungen, die durch einen Rechtsanwalt, durch einen Notar, durch eine Behörde oder durch eine juristische Person des öffentlichen Rechts einschließlich der von ihr zur Erfüllung ihrer öffentlichen Aufgaben gebildeten Zusammenschlüsse eingereicht werden, sollen als elektronisches Dokument übermittelt werden. [2]Werden sie nach den allgemeinen Vorschriften übermittelt, so ist auf Anforderung ein elektronisches Dokument nachzureichen.

Lit: *Müller/Müller*, Die aktive Nutzungspflicht des elektron Rechtsverkehrs in FamSachen, FamRZ 2022, 1169.

1 Die Vorschrift gilt in fG-Verf; in Ehe- und FamStreitsachen gilt über § 113 I 2 § 130d ZPO, an dem sich auch § 14b orientiert. Gem I 1 sind schriftl einzureichende Anträge und Erklärungen elektron zu übermitteln. Anderenfalls sind sie **unwirksam** (BGH MDR 2024, 187; BGH FamRZ 2023, 461 = MDR 2023, 316). Dazu gehört insb die Einlegung der **Beschwerde** gem § 64 II (BGH FamRZ 2023, 1577; BGH FamRZ 2023, 461 = MDR 2023, 316; BGH FamRZ 2022, 1957 Tz 7). Dies gilt unabhängig davon, ob alternativ eine Erklärung zu Protokoll der GeschSt hätte abgegeben werden können (BGH FamRZ 2023, 1577; BGH FamRZ 2023, 461 = MDR 2023, 316). Zu den Anforderungen s § 130d ZPO Rn 1. Behörde iSv § 14b sind auch die **„Staatskasse“** (BGH FamRZ 2024, 452 = MDR 2024, 187), **Jobcenter** (OLG Rostock FamRZ 2024, 1808 = MDR 2024, 1522), **DRV** (OLG Karlsruhe FamRZ 2024, 1812; OLG Frankfurt FamRZ 2024, 200 = MDR 2024, 43; OLG Bamberg FamRZ 2022, 1049) und **Jugendamt** (OLG Frankfurt FamRZ 2022, 802). Die Nutzungspflicht trifft auch den **RA**, der nicht als Vertreter eines Beteiligten, sondern zB **als Verfahrensbeistand** am Verf beteiligt ist (vgl BGH FamRZ 2023, 1577 für anwaltl Betreuer; BGH FamRZ 2023, 719 für anwaltl Verfahrenspfleger; BGH WM 2023, 89 für anwaltl InsVerwalter; Müller/Müller FamRZ 2022, 1169 mNw zum Streitstand). Ebenso unterliegt ein RA **in eigener Sache** der Nutzungspflicht zumindest dann, wenn er ein Rechtsmittel einlegt (BGH WM 2025, 805; BGH MDR 2024, 934 = FamRZ 2024, 1314 für § 130d ZPO; mit Recht weitergehend VG Berlin FamRZ 2022, 1222). – Zur Anwendung von § 14b auf landesrechtl geregelte Verf zur **Unterbringung** psychisch Kranker s Müller/Müller FamRZ 2022, 1169, 1170.

2 **Anträge** und **Erklärungen**, die **nicht notwendig schriftlich** einzureichen sind, „sollen“ gem II durch den genannten Personenkreis elektron eingereicht werden, somit nur im Regelfall. Es handelt sich also nicht um ein Formerfordernis (OLG Frankfurt FamRZ 2024, 159). Damit unterfallen – auch das Verf einleitende – Anträge und Erklärungen, die gem § 25 I schriftl oder zur Niederschrift der GeschSt abgegeben werden können, nicht I, müssen also auch durch einen RA nicht elektron eingereicht werden (BGH FamRZ 2023, 1577 Tz 18 für Vergütungsantrag eines RA als Betreuer; OLG Frankfurt FamRZ 2024, 159 für Erbscheinsantrag). Um die Nutzungspflicht des elektron Rechtsverkehrs aber nicht leerlaufen zu lassen und auch eine entspr Weiterverarbeitung zu ermöglichen, müssen auch Anträge und Erklärungen, die ausnahmsweise nicht elektron eingereicht wurden, **auf Anforderung** des Gerichts elektron **nachgereicht** werden. Geschieht dies nicht, hindert das aber die Wirksamkeit nicht (OLG Frankfurt FamRZ 2024, 159).

§ 15 Bekanntgabe; formlose Mitteilung

(1) Dokumente, deren Inhalt eine Termins- oder Fristbestimmung enthält oder den Lauf einer Frist auslöst, sind den Beteiligten bekannt zu geben.

(2) [1]Die Bekanntgabe kann durch Zustellung nach den §§ 166 bis 195 der Zivilprozessordnung oder dadurch bewirkt werden, dass das Schriftstück unter der Anschrift des Adressaten zur Post gegeben wird. [2]Soll die Bekanntgabe im Inland bewirkt werden, gilt das Schriftstück vier Tage nach Aufgabe zur Post als bekannt gegeben, wenn nicht der Beteiligte glaubhaft macht, dass ihm das Schriftstück nicht oder erst zu einem späteren Zeitpunkt zugegangen ist.

(3) Ist eine Bekanntgabe nicht geboten, können Dokumente den Beteiligten formlos mitgeteilt werden.

Durch G zur Modernisierung des Postrechts v 15.7.2024 (BGBl 2024 I Nr 236) wurden mWv 1.1.2025 in II 2 die Wörter „drei Tage“ durch die Wörter „vier Tage“ ersetzt.

1 ***I) Allgemeines.*** § 15 ist in fG-Verf **anzuwenden**; in Ehe- und FamStreitsachen gelten gem § 113 I 2 ZPO die Vorschriften der ZPO, insb §§ 166 ff, § 329 ZPO. Eine eigenständige Regelung enthält § 41 für die Bekanntgabe

eines Beschlusses, ferner § 33 II 2 für die Anordnung des persönl Erscheinens. – § 15 differenziert zwischen förml Bekanntgabe und formloser Mitteilung gem III.

II) Bekanntgabe (§ 15 I, II). 1) Grundsätze. Diese förml Art der Verlautbarung ist erforderl, wenn das Dokument eine Frist auslöst oder bestimmt oder eine Terminsbestimmung enthält. Die Bekanntgabe kann durch förml Zustellung oder Aufgabe zur Post erfolgen. Welche der Möglichkeiten gewählt wird, liegt im pflichtgemäßen **Ermessen** des Gerichts (BGH MDR 2020, 947; BGH FamRZ 2011, 1049), soweit nicht gem § 41 I 2 eine Zustellung erforderl ist; s § 41 Rn 3. Bei Fehlen konkreter Anordnung durch den Richter/Rpfleger entscheidet der UdG (entspr § 168 ZPO); Ermessenskriterium sollte va sein, mit welcher Wahrscheinlichkeit ein zuverlässiger Nachweis der Bekanntgabe erforderl sein wird. 2

2) Durchführung. a) Die förml **Zustellung** erfolgt gem II 1 nach §§ 166 ff ZPO. Von der Verweisung erfasst ist auch die **öffentliche Zustellung** gem §§ 185 ff ZPO; gegen deren Ablehnung ist zumindest in Antragsverfahren entspr § 567 ZPO die sof Beschwerde eröffnet (OLG Celle FamRZ 2022, 1635 mwN; aA OLG Frankfurt FamRZ 2015, 1996). **b**) Die Bekanntgabe durch **Aufgabe zur Post** erfolgt durch einfachen Brief; s § 184 ZPO Rn 9, dessen Grundsätze entspr gelten. Entspr § 184 II 4 ZPO ist in den Akten **zu vermerken**, zu welcher Zeit und an welche Anschrift das Schriftstück zur Post gegeben wurde; der Vermerk ist vom UdG, der das Schreiben aber nicht selbst zur Post gegeben haben muss, zu unterschreiben (BGH FamRZ 2025, 629 = MDR 2025, 406; BGH FamRZ 2016, 296); ein einfacher „ab-Vermerk“ reicht nicht (OLG München FamRZ 2012, 1405). Auch muss erkennbar sein, dass die Übersendung gerade zur förml Bekanntgabe geschieht (OLG München FamRZ 2012, 1405; von BGH FamRZ 2016, 296 offengelassen). Die **Fiktion der Bekanntgabe** im Inland (II 2) beschränkt sich mangels entspr Anordnung nicht auf Werktage (Sternal/Sternal Rn 83; sa BFH NJW 2006, 1615; BFH NJW 2000, 1742; aA BFH NJW 2004, 94), wobei dann die Widerlegung der Fiktion naheliegt. Für die Widerlegung reicht ein reines Bestreiten des Zugangs nicht (BGH FamRZ 2012, 1867), erforderl ist die Darlegung und ggf Glaubhaftmachung (§ 31) von Umständen, die der auf übl Postlaufzeiten beruhenden tatsächl Vermutung entgegenstehen. Die Fiktion hindert die Feststellung eines früheren Zugangs nicht (BGH FamRZ 2012, 1867). – Wenn die Bekanntgabe **im Ausland** beabsichtigt ist, greift die Zugangsfiktion nach der in § 184 II 1 ZPO vorgesehenen 2-Wochenfrist entgegen einer zT vertretenen Ansicht (BTDrs 16/6308, 182; Sternal/Sternal Rn 84) mangels – für die einschneidende Wirkung einer Zustellfiktion erforderl – anderweitiger ges Anordnung (anders nach § 8 InsO) nur bei förml Zustellung gem § 184 ZPO, also nach vergebl Frist zur Benennung eines Zustellbevollmächtigten ein (so zutr MK-FamFG/Pabst Rn 19). 3

III) Formlose Mitteilung (§ 15 III). Sofern das Dokument weder nach I noch nach sonstigen Vorschriften, insb § 41 I für Beschluss, förml bekannt gegeben werden muss, kann das Gericht es nach seinem Ermessen entweder dennoch gem II bekannt geben oder gem III formlos mitteilen. Dies kann durch einfachen Brief, E-Mail, aber auch telefonisch (BGH FamRZ 2000, 813; BTDrs 16/6308, 183) geschehen. 4

§ 16 Fristen

(1) Der Lauf einer Frist beginnt, soweit nichts anderes bestimmt ist, mit der Bekanntgabe.

(2) Für die Fristen gelten die §§ 222 und 224 Abs. 2 und 3 sowie § 225 der Zivilprozessordnung entsprechend.

I) Anwendungsbereich. § 16 ist in fG-Verf anzuwenden; in Ehe- und FamStreitsachen gelten gem § 113 I 2 ZPO §§ 221 ff ZPO. Vorrangig („soweit nichts anderes bestimmt“) sind abweichende Spezialregelungen, insb § 63 III für die Beschwerdefrist. 1

II) Fristbeginn (§ 16 I). Der Fristbeginn wird in I entspr § 221 ZPO bestimmt, anders als dort aber nicht beschränkt auf richterl Fristen. Hinsichtl letzterer kann aber ein abweichender Fristbeginn bestimmt werden. Die Frist beginnt nicht notwendig erst mit förml Zustellung, vielmehr durch jede wirksame **Bekanntgabe** iSv § 15. Eine gegen § 41 I 2 verstoßende Bekanntgabe einer Entscheidung ist unwirksam und lässt die Beschwerdefrist nicht beginnen (s § 41 Rn 3 aE). 2

III) Entsprechende Anwendung der ZPO-Vorschriften (§ 16 II). Es gelten die Bestimmungen zur Berechnung (§§ 222, 224 III ZPO) sowie zur Abkürzung und Verlängerung (§ 224 II, § 225 ZPO). 3

§ 17 Wiedereinsetzung in den vorigen Stand

(1) War jemand ohne sein Verschulden verhindert, eine gesetzliche Frist einzuhalten, ist ihm auf Antrag Wiedereinsetzung in den vorigen Stand zu gewähren.

(2) Ein Fehlen des Verschuldens wird vermutet, wenn eine Rechtsbehelfsbelehrung unterblieben oder fehlerhaft ist.

1 **I) Anwendungsbereich.** §§ 17-19 sind in fG-Verf (Einl FamFG Rn 1) anzuwenden. In Ehe- und FamStreitsachen gelten §§ 233 ff ZPO, § 113 I 2, § 117 V; eine entspr Anwendung von § 17 II (so BGH MDR 2012, 928) ist nach der Einführung von § 233 S 2 ZPO nicht mehr erforderl.

2 **II) Schuldlose Fristversäumnis (§ 17 I).** Erfasst werden nur **gesetzliche Fristen**, diese aber – anders als gem § 233 ZPO (s § 233 ZPO Rn 7) – ohne Einschränkung (BGHZ 232, 284 = FamRZ 2022, 969 Tz 35). Hinsichtl des fehlenden **Verschuldens** gelten dieselben Grundsätze wie gem § 233 ZPO; s § 233 ZPO Rn 11 ff. Zu einer stärkeren Berücksichtigung der persönl Kenntnisse und Fähigkeiten des Beteiligten neigend: BGH FamRZ 2021, 457 Tz 16.

3 **III) Unterbliebene oder fehlerhafte Rechtsbehelfsbelehrung (§ 17 II).** Die unterbliebene oder unrichtige Belehrung (§ 39) hindert den Eintritt der Rechtskraft nicht; s § 39 Rn 17. Gem II wird in diesem Fall aber ein fehlendes Verschulden an der Fristversäumnis vermutet. Dies gilt uneingeschränkt aber nur bei einem sich selbst vertretenden **Privatbeteiligten**; dieser muss dann ein fehlendes Verschulden nicht gem § 18 III glaubhaft machen (Bsp: BGH FamRZ 2023, 593). Bei **anwaltlicher Vertretung** gilt dies nur bei für den RA einen verständl Rechtsirrtum auslösender Belehrung (BGH FamRZ 2021, 444, BGH FamRZ 2017, 1151; BGH FamRZ 2014, 643; BGH MDR 2012, 362; uU großzügiger BVerfG FamRZ 2021, 40; sa Köhler FamRZ 2021, 574), etwa bei einer zweifelhaft und höchstrichterl noch nicht geklärten Frage (BGH FamRZ 2017, 1151 Tz 27). Bei fehlender oder offenkundig falscher Belehrung ist ein RA nicht entschuldigt (BGH FamRZ 2023, 1140 für Anfechtungsfrist gegen Zwischenentscheidung; BGH FamRZ 2023, 627 für erforderl elektron Einreichung; BGH FamRZ 2021, 444 für Statthaftigkeit der Rechtsbeschwerde gem § 117 I 4 FamFG, § 522 I 4 ZPO; BGH FamRZ 2014, 643 für Einspruchsfrist; BGH MDR 2012, 928 für RA-Zwang; BGH FamRZ 2010, 1425; OLG Brandenburg FamRZ 2019, 225 für Versäumnisbeschluss; OLG Nürnberg FamRZ 2022, 711, OLG Stuttgart FamRZ 2020, 774 je für Beschwerde in HKÜ-Verf; OLG Bremen MDR 2021, 835 für Verf der einstw Anordnung). Dem Beteiligten ist dies aber nur zuzurechnen, wenn sich das anwaltl Mandat auf diese Angelegenheit bezog (BGH MDR 2023, 800 = FamRZ 2023, 1048). Dieselben Grundsätze gelten für rechtskundige **Behörden** (BGH NJW 2013, 1308 für Juristen eines Landkreises; BGH MDR 2012, 230 für Bezirksregierung; OLG Frankfurt MDR 2024, 43 für DRV; OLG Frankfurt FamRZ 2024, 457 für Jugendamt). Keine WE ist auch dann zu gewähren, wenn die falsche Belehrung für die Fristversäumnis nicht **kausal** war (BVerwG NJW 2013, 1617), zB weil auch die falsch mitgeteilte längere Frist nicht eingehalten wurde (OLG Karlsruhe MDR 2014, 860). Sa § 233 ZPO Rn 23.31.

4 **IV) Gebühren.** S § 238 ZPO Rn 10.

§ 18 Antrag auf Wiedereinsetzung

(1) [1]Der Antrag auf Wiedereinsetzung ist binnen zwei Wochen nach Wegfall des Hindernisses zu stellen. [2]Ist der Beteiligte verhindert, die Frist zur Begründung der Rechtsbeschwerde einzuhalten, beträgt die Frist einen Monat.

(2) Die Form des Antrags auf Wiedereinsetzung richtet sich nach den Vorschriften, die für die versäumte Verfahrenshandlung gelten.

(3) [1]Die Tatsachen zur Begründung des Antrags sind bei der Antragstellung oder im Verfahren über den Antrag glaubhaft zu machen. [2]Innerhalb der Antragsfrist ist die versäumte Rechtshandlung nachzuholen. [3]Ist dies geschehen, kann die Wiedereinsetzung auch ohne Antrag gewährt werden.

(4) Nach Ablauf eines Jahres, von dem Ende der versäumten Frist an gerechnet, kann Wiedereinsetzung nicht mehr beantragt oder ohne Antrag bewilligt werden.

1 **I) Frist (§ 18 I, IV).** Die Regelung entspricht hinsichtl des Beginns der Frist mit Wegfall des Hindernisses § 234 II ZPO; s § 234 ZPO Rn 5 ff. Die Dauer der Frist entspricht § 234 I ZPO; s § 234 ZPO Rn 2. Die Monatsfrist ist auf die Frist zur Begründung der Rechtsbeschwerde beschränkt, da nur diese, nicht aber die Beschwerde in fG-Verf (§ 65 I, s § 65 Rn 2, 4), auf die § 18 allein anzuwenden ist (s § 17 Rn 1), binnen eines Monats zu begründen ist. Durch die Regelung in I 2 ist die Entscheidung BGH FamRZ 2012, 99 überholt. – Die Regelung zur **Ausschlussfrist** in IV entspricht § 234 III ZPO; s § 234 ZPO Rn 10. Die dort anerkannte Ausnahme bei allein vom Gericht zu vertretenden Umständen gilt ebenfalls (BGH FamRZ 2023, 593).

2 **II) Form des Antrags (§ 18 II, III 3).** Die Akzessorietät der Form entspr § 236 ZPO. **Einzureichen** ist der Antrag bei dem Gericht (§ 19 I), das über die nachzuholende Verfahrenshandlung zu entscheiden hat (näher mit Bsp PH/Fritzsche Rn 9), bei Versäumung der Beschwerdefrist also bei dem OLG (BGH FamRZ 2013, 1385 Tz 17; BGH FamRZ 2011, 1649 Tz 15; aA ThP/Hüßtege Rn 3). Der Antrag kann auch konkludent gestellt werden; s § 236 ZPO Rn 2. WE kann gem III 3 unter denselben Voraussetzungen wie gem § 236 II 2 ZPO **von Amts wegen** gewährt werden; s § 236 ZPO Rn 5.

3 ***III) Darlegung*** **und Glaubhaftmachung (§ 18 III 1).** Im Unterschied zu § 236 II 1 ZPO (s § 236 ZPO Rn 6a) müssen die die WE rechtfertigenden **Tatsachen** mangels entspr Bestimmung weder mit dem Antrag noch in-

nerhalb der Antragsfrist vorgetragen werden, es reicht die Darlegung im Laufe des WE-Verf (PH/Fritzsche Rn 16; Sternal/Sternal Rn 18). Aus der Obliegenheit zur Glaubhaftmachung ergibt sich mittelbar die Darlegungslast des ASt für die eine WE rechtfertigenden Tatsachen; dazu s § 236 ZPO Rn 6. Die Regelung zur **Glaubhaftmachung** – gem § 31 – entspricht § 236 II 1 Hs 2 ZPO; s § 236 ZPO Rn 7.

IV) Nachholung der Verfahrenshandlung (§ 18 III 2). Die Regelung entspricht § 236 II Hs 1 ZPO; s § 236 ZPO Rn 8. 4

§ 19 Entscheidung über die Wiedereinsetzung

(1) Über die Wiedereinsetzung entscheidet das Gericht, das über die versäumte Rechtshandlung zu befinden hat.

(2) Die Wiedereinsetzung ist nicht anfechtbar.

(3) Die Versagung der Wiedereinsetzung ist nach den Vorschriften anfechtbar, die für die versäumte Rechtshandlung gelten.

I) Zuständigkeit und Entscheidung (§ 19 I). Die Regelung entspricht § 237 ZPO; s § 237 ZPO Rn 1 f. Zum Inhalt der Entscheidung gelten die ZPO-Grundsätze entspr, s § 238 ZPO Rn 2. Über die **Kosten** der WE (zu ggf entstehenden Kosten s § 238 ZPO Rn 9) ist im Rahmen der Endentscheidung gem §§ 80 ff zu entscheiden (ThP/Hüßtege Rn 8). Im Rahmen der Ermessensentscheidung kann der Rechtsgedanke von § 238 IV ZPO berücksichtigt werden. 1

II) Anfechtbarkeit (§ 19 II, III). Die Regelung in II und III entspricht § 238 II 1, III ZPO; s § 238 ZPO Rn 6 ff. Die Gewährung von WE durch das OLG unterliegt nicht der Prüfung im Rechtsbeschwerdeverfahren (BGH 18.3.2025 – II ZB 11/24 Tz 8, WM 2025, 1079). Die Abhängigkeit der Anfechtbarkeit der WE von der der Hauptsache hat zur Folge, dass in fG-Verf ohne Zulassung der Rechtsbeschwerde die Versagung der WE in die Beschwerdefrist nicht anfechtbar ist (BGH FamRZ 2014, 109; sa § 70 Rn 15). 2

III) Wirkung. Durch die WE werden die Rechtsfolgen der Fristversäumnis beseitigt und die Rechtzeitigkeit der nachgeholten Verfahrenshandlung fingiert; s § 238 ZPO Rn 3. Diese Grundsätze gelten auch ohne ausdrückl Anordnung im FamFG als allg Rechtsgrundsätze. 3

§ 20 Verfahrensverbindung und -trennung

Das Gericht kann Verfahren verbinden oder trennen, soweit es dies für sachdienlich hält.

I) Grundsätze. § 20 ist in fG-Verf (s Einl FamFG Rn 1) **anzuwenden**, soweit nicht Spezialnormen eingreifen: § 179 für Abstammungssachen und § 196 für Adoptionssachen. In Ehe- und FamStreitsachen gelten die vorrangigen FamFG-Normen §§ 126, 137, 140 und iÜ gem § 113 I 2 die §§ 145, 147 ZPO. Über eine Verbindung oder Trennung entscheidet das Gericht entweder auf **Antrag** oder **von Amts wegen** nach pflichtgemäßem, von der Sachdienlichkeit geprägten Ermessen. Die Entscheidung ergeht durch Beschluss (PH/Fritzsche Rn 12) und ist als richterl Zwischenentscheidung mangels entspr Anordnung (s § 58 Rn 9) nicht selbständig **anfechtbar**, sondern nur im Rahmen des Rechtsmittels gegen die Hauptsacheentscheidung gem § 58 II überprüfbar, aber wegen des eingeräumten Ermessens nur auf dessen Fehlgebrauch (BTDrs 16/6308, 184). Eine Entscheidung durch den Rpfleger unterliegt der Erinnerung gem § 11 II RPflG. – Die Regelung gilt auch im **Beschwerdeverfahren** (OLG Nürnberg FamRZ 2023, 792). 1

II) Verbindung. Eine Verbindung kann sowohl für das gesamte Verf als auch für einzelne Abschnitte, zB für einen Termin oder eine Beweisaufnahme erfolgen (OLG Nürnberg FamRZ 2023, 792; PH/Fritzsche Rn 5; Sternal/Sternal Rn 5). Sie ist zulässig, wenn die Verbindung sachdienl erscheint, die örtl und sachl Zuständigkeit des Gerichts für beide Verf gegeben ist und es sich um die **gleiche Verfahrensart** handelt (OLG Karlsruhe FamRZ 2018, 1068). Daher zB – außerhalb des Scheidungsverbunds – keine Verbindung zwischen fG- und FamStreitsache (OLG Koblenz FamRZ 2020, 239; OLG Frankfurt FamRZ 2016, 57; PH/Fritzsche Rn 8). Sachdienlichkeit liegt vor, wenn die Gegenstände der Verf in einem Zusammenhang stehen oder in einem Verf hätten geltend gemacht werden können (BTDrs 16/6308, 184). Eine Verbindung der Verf führt dazu, dass diese künftig als einheitl gelten und Verfahrenshandlungen nicht wiederholt werden müssen, sofern dadurch nicht das rechtl Gehör (§ 37 II) beeinträchtigt wird. 2

III) Trennung. Eine Trennung setzt eine Trennbarkeit voraus, entweder weil auf einer Seite mehrere Beteiligte sind oder weil es sich um trennbare Verfahrensgegenstände handelt; zu letzteren s § 65 Rn 6. Sachdienlichkeit 3 erfordert idR, dass durch die Trennung ein Verf schneller abgeschlossen werden kann oder für ein Verf ein wichtiger Grund für eine Abgabe iSv § 4 besteht. Eine Trennung führt dazu, dass die Verf künftig als eigenständig fortgeführt werden; Verfahrenshandlungen müssen nicht wiederholt werden.

4 **IV) Gebühren. 1) Gericht:** keine Geb für den Beschluss. – Die bis zur Verbindung angefallenen Geb bleiben bestehen (OLG Hamm FamRZ 2014, 690); keine Ermäßigung wegen Verbindung. – Nach Trennung sind die Geb für jedes der getrennten Verf neu zu berechnen unter anteiliger Anrechnung der bereits entrichteten VerfGeb (s § 145 ZPO Rn 28). – **2) RA:** Die einmal verdienten Geb bleiben erhalten (OLG Hamm FamRZ 2014, 690; s § 147 ZPO Rn 10; § 145 ZPO Rn 28 zum Wahlrecht des RA; Enders JurBüro 2007, 281; OLG Zweibrücken JurBüro 2006, 425: Verbindung in den Verbund).

§ 21 Aussetzung des Verfahrens

(1) [1]Das Gericht kann das Verfahren aus wichtigem Grund aussetzen, insbesondere wenn die Entscheidung ganz oder zum Teil von dem Bestehen oder Nichtbestehen eines Rechtsverhältnisses abhängt, das den Gegenstand eines anderen anhängigen Verfahrens bildet oder von einer Verwaltungsbehörde festzustellen ist. [2]§ 249 der Zivilprozessordnung ist entsprechend anzuwenden.

(2) Der Beschluss ist mit der sofortigen Beschwerde in entsprechender Anwendung der §§ 567 bis 572 der Zivilprozessordnung anfechtbar.

1 **I) Allgemein.** § 21 ist auf fG-Verf (s Einl FamFG Rn 1) **anzuwenden**, wobei vorrangige Sonderregelungen bestehen: gem § 36a II (für Mediation, in Kindschaftssachen iVm § 155 IV), § 221 II (VersAusgl). In Ehe- und FamStreitsachen gelten § 136 II (Ehesache), iÜ gem § 113 I 2 die Vorschriften der ZPO, insb §§ 148 f, §§ 152 ff ZPO.– Neben der Aussetzung ist in echten Streitverf der fG (s vor § 23 Rn 4) auf Antrag der Beteiligten entspr § 251 ZPO die Anordnung des **Ruhens des Verfahrens** mögl (BayObLG FamRZ 2023, 1568).

2 **II) Wichtiger Grund (§ 21 I).** Dieser ist Voraussetzung für eine Aussetzung. Wichtigster Fall ist die **Vorgreiflichkeit** eines anderen Gerichts- oder Verwaltungsverfahrens; dazu s § 249 ZPO Rn 5 ff. Daneben kommen **andere wichtige Gründe** in Betracht. Entscheidend ist, ob der Grund einen faktischen Stillstand des Verf zu rechtfertigen vermag, was im Einzelfall abzuwägen ist. Einer Aussetzung kann entgegenstehen, dass das andere Verf nicht ausreichend betrieben wurde (OLG Karlsruhe FamRZ 2014, 1561). **Beispiele** für wichtigen Grund: im Einzelfall Verf vor dem BVerfG zur Prüfung einer entscheidungserhebl Norm (BGH FamRZ 2013, 1189); im Einzelfall in Kindschaftssachen, wenn die Verhältnisse noch in der Entwicklung begriffen und nicht zu überblicken, zeitnah aber bessere Erkenntnismöglichkeiten zu erwarten sind (OLG Schleswig FamRZ 2025, 379; KG FamRZ 2011, 393); Aussetzung eines Gewaltschutzverf wegen laufendem Ermittlungsverf (OLG Hamburg FamRZ 2013, 238); Aussetzung des VersAusgl wegen der VBL-Startgutschriftenproblematik (OLG Bremen FamRZ 2017, 912; OLG Nürnberg MDR 2011, 1044). – **Keine Aussetzung** ist gerechtfertigt: Wenn ein Beteiligter an der Sachverhaltsaufklärung nicht mitwirkt (OLG Köln FamRZ 2013, 719 für fehlende Mitwirkung an Gutachten in Kindschaftssache); wenn ein dauerhaftes Hindernis für das andere Verf besteht, zB der Ag in Abstammungssache (OLG Karlsruhe FamRZ 2012, 59) oder in Kindschaftssache das Kind im Ausland (OLG Schleswig FamRZ 2025, 379) nicht auffindbar sind.

3 **III) Verfahren und Entscheidung.** Das Gericht entscheidet **von Amts wegen** oder auf Antrag bzw Anregung eines Beteiligten nach Gewährung rechtl Gehörs durch Beschluss, der wegen der Anfechtbarkeit (s Rn 5) zu begründen ist. Die Begründung muss die tragenden Ermessenserwägungen erkennen lassen. Ob das Gericht bei Vorliegen eines Aussetzungsgrundes von der Möglichkeit der Aussetzung Gebrauch macht, liegt in seinem pflichtgemäßen **Ermessen** (BGH FamRZ 2013, 118). Dabei sind die Eigenart des jew Verf und die Interessen der Beteiligten zu berücksichtigen, insb, ob diesen die aussetzungsbedingte Verfahrensverzögerung zugemutet werden kann (BGH FamRZ 2013, 118). Ebenso sind ggf die Erfolgsaussichten eines vorgreifl Verf zu berücksichtigen (OLG Rostock FGPrax 2012, 74; vgl auch BGH FamRZ 2013, 118 Tz 19). In eilbedürftigen Verf, insb der einstw Anordnung (KG FamRZ 2011, 920), scheidet daher eine Aussetzung grds aus.

4 **IV) Wirkung (§ 21 I 2).** Gem I 2 ist § 249 ZPO entspr anwendbar; s § 249 ZPO Rn 2 ff. Endet die Aussetzung nicht durch Ablauf einer festgesetzten Frist, kann das Gericht sie jederzeit vAw oder auf Antrag **aufheben**, wenn der wichtige Grund weggefallen ist (PH/Fritzsche Rn 25). In Kindschaftssachen ist § 155 IV zu beachten.

5 **V) Rechtsmittel (§ 21 II).** Eröffnet ist die sof ZPO-Beschwerde gem §§ 567-572 ZPO sowohl gegen die Aussetzung als auch gegen deren Ablehnung (BGH FamRZ 2013, 118), ebenso gegen die Ablehnung einer Wiederaufnahme des Verf (OLG Nürnberg FamRZ 2010, 1462; PH/Fritzsche Rn 26). Die Beschwerde kann nur gegen die Entscheidung über eine Aussetzung gerichtet werden und nicht auf eine bestimmte Entscheidung in der Hauptsache (OLG Köln FGPrax 2010, 215). Bei Zulassung ist entspr § 574 ZPO die Rechtsbeschwerde statthaft (BGH FamRZ 2013, 118). Ob ein wichtiger Grund iSv I besteht, unterliegt der uneingeschränkten **Überprüfung** durch das Beschwerdegericht (BGH FamRZ 2013, 118). Die darauf aufbauende Ermessensentscheidung ist im Beschwerdeverf nur auf Ermessens- und Verfahrensfehler zu überprüfen (KG FamRZ 2011, 393; OLG Nürnberg MDR 2011,

1044). – Im Rechtsmittelverf gegen die Endentscheidung kann die Rechtmäßigkeit der Aussetzung nicht mehr in Frage gestellt werden, wenn sie entweder mangels oder trotz Anfechtung rechtskräftig wird (entspr § 512 ZPO, s § 58 Rn 12 aE). Eine erstinstanzl unterbliebene Aussetzung unterliegt aber der Prüfung im Rahmen der Anfechtung der Beschwerdeentscheidung (OLG Bremen FamRZ 2017, 912; OLG Rostock FamRZ 2011, 1653; OLG Karlsruhe FamRZ 2011, 727 zur Aussetzung des Verf zum VersAusgl wegen der Startguthabenproblematik der VBL).

VI) Gebühren. 1) Gericht: keine Geb für den Beschluss. Das Verf vor u nach der Aussetzung ist eine Instanz (§ 29 FamGKG). – Beschwerde (II): § 1 S 2 FamGKG; 1912 FamGKG-KV (Festgeb 72 Euro, bis 31.5.2025 66 Euro). – **2) RA:** nur einmaliger Anfall der Geb (§ 15 II RVG). – Beschwerde: 3500 RVG-VV. 6

§ 22 Antragsrücknahme; Beendigungserklärung

(1) [1]Ein Antrag kann bis zur Rechtskraft der Endentscheidung zurückgenommen werden. [2]Die Rücknahme bedarf nach Erlass der Endentscheidung der Zustimmung der übrigen Beteiligten.

(2) [1]Eine bereits ergangene, noch nicht rechtskräftige Endentscheidung wird durch die Antragsrücknahme wirkungslos, ohne dass es einer ausdrücklichen Aufhebung bedarf. [2]Das Gericht stellt auf Antrag die nach Satz 1 eintretende Wirkung durch Beschluss fest. [3]Der Beschluss ist nicht anfechtbar.

(3) Eine Entscheidung über einen Antrag ergeht nicht, soweit sämtliche Beteiligte erklären, dass sie das Verfahren beenden wollen.

(4) Die Absätze 2 und 3 gelten nicht in Verfahren, die von Amts wegen eingeleitet werden können.

I) Anwendungsbereich. Die Vorschrift ist in fG-Verf (Einl FamFG Rn 1) anzuwenden, in Ehe- und FamStreitsachen gilt, soweit nicht §§ 134, 141 (Ehesachen) eingreifen, gem § 113 I 2 § 269 ZPO. Die Regelungen in I-III gelten gem IV nur für echte **Antragsverfahren**, also solche, in denen der Antrag Verfahrensvoraussetzung ist; s vor § 23 Rn 3, § 23 Rn 1. 1

II) Antragsrücknahme (§ 22 I). 1) Erklärung. Sie ist bis zum Eintritt der Rechtskraft der Entscheidung (§ 45) mögl. Vor Erlass der erstinstanzl Endentscheidung (Legaldefinition in § 38 III 3) bedarf es nicht der **Zustimmung** eines anderen Beteiligten, auch nicht des Ag in echten Streitverf (s vor § 23 Rn 4) oder nach einem Termin. In 2. Instanz bedarf es gem I 2 der Zustimmung aller anderen Beteiligten. Dies soll nicht in einem nur auf Antrag durchgeführten Verf auf Erlass einer einstw Anordnung gelten (OLG Hamburg FamRZ 2015, 2185). Für die Rücknahmeerklärung gelten die Grundsätze von § 25; s § 25 Rn 3 ff. Die Rücknahme muss nicht ausdrückl erklärt werden, eine Auslegung muss aber den Willen ergeben, dass das Begehren des Antrags nicht weiter verfolgt wird, und abgegrenzt werden zu einer Beendigungserklärung iSv III. Sie ist **gegenüber dem Gericht** zu erklären, bei dem die Sache aktuell anhängig ist (BGH NJW-RR 2023, 703 = FamRZ 2023, 1044 LS für Klagerücknahme). Eine Teilrücknahme ist bei teilbarem Verfahrensgegenstand zulässig; dazu s § 65 Rn 6. Eine Rücknahme steht einem erneuten Antrag nicht entgegen, soweit das Antragsrecht nicht zwischenzeitl erloschen ist. Nach Rücknahme ist über die Kosten gem § 81 I 3, § 83 II zu entscheiden; s § 83 Rn 6. 2

2) Wirkung (§ 22 II). Das Verf ist mit wirksamer Rücknahme beendet (OLG München FamRZ 2020, 199). Ein bereits ergangener Beschluss wird gem II 1 in reinen Antragsverf – nicht aber in Amtsverf, IV – ohne weiteres wirkungslos. Die Regelung ist an § 269 III 1 Hs 2 ZPO angelehnt; daher s § 269 ZPO Rn 17. 3

III) Beendigungserklärung (§ 22 III). Erklären alle Beteiligten eines **Antragsverfahrens** (s vor § 23 Rn 3), dieses beenden zu wollen, endet die Rechtshängigkeit der Hauptsache und es ist nur noch über die Kosten nach § 83 II, § 81 zu entscheiden (BGH FamRZ 2021, 970); s § 83 Rn 5. Eine Prüfung, ob eine Erledigung der Hauptsache tatsächl eingetreten ist, findet nicht statt (OLG Brandenburg FamRZ 2013, 1328). Die Erklärungen können auch nach Erlass der Endentscheidung bis zum Eintritt der Rechtskraft abgegeben werden (OLG München 11.4.2011 – 34 Wx 167/10). Eine schon ergangene Entscheidung wird entspr II ohne Weiteres wirkungslos (PH/Fritzsche Rn 19a), was nur auf Antrag deklaratorisch festgestellt wird (OLG München 11.4.2011 – 34 Wx 167/10). – Erklärt der ASt **einseitig** die Hauptsache für erledigt und bejaht das Gericht diese vAw zu prüfende Frage, hat es durch Beschluss die Erledigung festzustellen (BayObLG WM 93, 1793; OLG Stuttgart JurBüro 85, 1700). Ist die Hauptsache nicht erledigt, ist der Erledigungsantrag zurückzuweisen, wenn der ASt nicht hilfsw seinen ursprüngl Antrag aufrechterhält (OLG Hamm FGPrax 99, 48). 4

IV) Amtsverfahren (§ 22 IV). Mangels Dispositionsbefugnis der Beteiligten über den Verfahrensgegenstand in Verf, die (auch) vAw eingeleitet werden können, sind in diesen die Regelungen von I-III nicht anwendbar (OLG Braunschweig 11.2.2025 – 10 W 2/25, FamRZ 2025, 954). Zum Eintritt der **Erledigung** s § 62 Rn 3. An übereinstimmende Erledigungserklärungen ist das Gericht nur in fG-Streitverf (s vor § 23 Rn 4) gebunden (BGH FamRZ 82, 156; BayObLG FamRZ 2001, 1311). Das Verf ist vAw einzustellen, wenn kein Regelungsbedürfnis (mehr) besteht (OLG Frankfurt FamRZ 2024, 457). Die Erledigung der Hauptsache ist als Wegfall einer wesentl Verfahrensvoraussetzung von Amts wegen in jedem Verfahrensabschnitt zu beachten (BayObLG 5

FamRZ 83, 839 LS). Das Gericht muss den Beteiligten ggü feststellen, dass es die Hauptsache für erledigt ansieht, eine Sachentscheidung also nicht mehr treffen wird (OLG Zweibrücken FamRZ 2023, 1305; OLG Schleswig FamRZ 2012, 895). Dies kann sich aus dem Kostenbeschluss ergeben (zB OLG Frankfurt FamRZ 2024, 457; OLG Koblenz FamRZ 2020, 775), zu dem das FamG gem § 81 I 3 verpflichtet ist. Anderenfalls ist eine formlose Feststellung ausreichend (OLG Schleswig FamRZ 2012, 895; aA OLG Braunschweig FamRZ 2020, 1189). – Die **Rücknahme** eines in Amtsverf als Anregung (§ 24 I) geltenden „Antrags" beendet das Verf nicht (OLG Zweibrücken FamRZ 2023, 1305; OLG Koblenz FamRZ 2020, 1109, je für Umgangsverf), kann aber Anlass zur Prüfung geben, ob das Regelungsbedürfnis entfallen ist.

§ 22a Mitteilungen an die Familien- und Betreuungsgerichte

(1) Wird infolge eines gerichtlichen Verfahrens eine Tätigkeit des Familien- oder Betreuungsgerichts erforderlich, hat das Gericht dem Familien- oder Betreuungsgericht Mitteilung zu machen.

(2) [1]Im Übrigen dürfen Gerichte und Behörden dem Familien- oder Betreuungsgericht personenbezogene Daten übermitteln, wenn deren Kenntnis aus ihrer Sicht für familien- oder betreuungsgerichtliche Maßnahmen erforderlich ist, soweit nicht für die übermittelnde Stelle erkennbar ist, dass schutzwürdige Interessen des Betroffenen an dem Ausschluss der Übermittlung das Schutzbedürfnis eines Minderjährigen oder Betreuten oder das öffentliche Interesse an der Übermittlung überwiegen. [2]Die Übermittlung unterbleibt, wenn ihr eine besondere bundes- oder entsprechende landesgesetzliche Verwendungsregelung entgegensteht.

1 **I) Mitteilungspflicht (§ 22a I).** I verpflichtet jedes Gericht, nicht nur der ordentl Gerichtsbarkeit, zur Mitteilung, wenn für sein Verf eine Tätigkeit des FamG erforderl ist. Es kommt also auf die Notwendigkeit für das Verf bei dem anderen Gericht an; dem darüber hinausgehenden Schutz der Kinder usw wird durch II Rechnung getragen. Das mit dem Verf befasste Gericht hat selbst zu prüfen, ob für sein Verf ein Tätigwerden des FamG erforderl ist. **Beispiel:** Erforderlichkeit der Bestellung eines Ergänzungspflegers zur Wahrnehmung der Interessen des Kindes in dem Verf. – **Spezialvorschriften** enthalten in FamSachen § 168a (Mitteilungspflicht des Standesamts), § 216a (Mitteilungspflicht des FamG nach Gewaltschutzanordnung) und § 356 I (Mitteilungspflicht des Nachlassgerichts bei Erberwerb durch Kinder).

2 **II) Befugnis zur Datenübermittlung (§ 22a II).** II begründet die Rechtsgrundlage für die Übermittlung (weiterer) personenbezogener Daten. Erfasst werden die Fälle, dass ein Gericht oder eine Behörde (zB Polizei, StA) Kenntnis von Umständen erhält, die familiengerichtl Maßnahmen erforderl erscheinen lassen. Bsp: Polizei findet bei Wohnungsdurchsuchung Anhaltspunkte für Verwahrlosung oder sonstige Kindeswohlgefährdung. Die übermittelnde Stelle hat ein Ermessen, ob und ggf welche Daten sie weitergibt (PH/Fritzsche Rn 7) und muss die in II 1 angeführte Abwägung mit den schutzwürdigen Interessen des Betroffenen vornehmen. – Ohne Abwägung ist die Übermittlung bei entgegenstehenden Verwendungsregelungen gem II 2 unzulässig. – Die Übersendung der Akten eines FamG an ein anderes auf dessen **Anforderung** bestimmt sich nicht nach § 22a, sondern nach den Regelungen über Amtshilfe (OLG Hamburg FamRZ 2019, 1730).

3 **III) Durchführung.** Die Mitteilung erfolgt im Anwendungsbereich des GVG nach §§ 12 ff GVG; § 22a ist ein Anwendungsfall von § 13 I Nr 1 EGGVG (MK-FamFG/Pabst Rn 19). Das FamG hat eigenständig zu prüfen, ob es ein Tätigwerden für erforderl erachtet (Sternal/Sternal Rn 8; DJSch/Bartels Rn 11).

4 **IV) Rechtsschutz für den Betroffenen.** Dieser bestimmt sich nach dem jew Verfahrensrecht der übermittelnden Stellen. Wenn solche fehlen, greift § 22 EGGVG ein (PH/Fritzsche Rn 8; DJSch/Bartels Rn 12).

Abschnitt 2
Verfahren im ersten Rechtszug (§§ 23-37)

Vorbemerkungen zu §§ 23-37

1 **I) Anwendungsbereich.** Dieser Abschnitt ist auf die fG-FamSachen anzuwenden. Das sind die Verf nach § 111 Nr 2-7 (Kindschaftssachen, Abstammungssachen, Adoptionssachen, Ehewohnungs- und Haushaltssachen, Gewaltschutzsachen, VersAusglSachen), ferner Verf zur Bestimmung des Kindergeldberechtigten nach § 3 II 3 *BKiGG und § 64 II 3 EStG (Unterhaltssachen nach § 231 II)*, Güterrechtssachen nach § 261 II (Verf nach § 1365 II, § 1369 II, §§ 1382, 1383, 1426, 1430, 1452 BGB) und Anträge zur Schlüsselgewalt iSv § 1357 BGB

(sonstige FamSachen gem § 266 II). Auf Ehesachen (§ 121) und FamStreitsachen (§ 112) sind stattdessen die entspr Vorschriften der ZPO anzuwenden, § 113 I.

Die Vorschriften gelten unabhängig davon, ob das Verf dem **Rechtspfleger** (§ 3 RPflG) übertragen oder dem **Richter** vorbehalten ist. Nur soweit generell ein Richtervorbehalt besteht, zB bei der Durchsuchung von Wohnräumen (§ 91 im Rahmen der Vollstreckung) oder der Anordnung von Haft (zB § 35 I) besteht eine ausschließl Zuständigkeit des Richters, § 4 II Nr 2 RPflG. 2

II) Definitionen. 1) Verfahrensarten. Sie lassen sich wie folgt einteilen (vgl auch Begr RegE BTDrs 16/6308, 185; SchBW/Brinkmann Rn 5 ff; PH/Fritzsche Rn 3 ff): **a) Amtsverfahren.** Sie werden seitens des Gerichts vAw eingeleitet, das auch ggf ermittelt, ob das Verf einzuleiten ist. Ermittlungen durch das Gericht vAw. Bsp: Sorgerechtssachen gem § 1666 BGB (OLG Brandenburg FamRZ 2011, 1872); Umgangsverf (zB OLG Rostock MDR 2024, 714 = FamRZ 2024, 1298 LS). – **b) Antragsverfahren** (s § 23 Rn 1 f). Sie werden durch den Antrag eines Beteiligten eingeleitet. Ermittlungen durch das Gericht vAw. **Bsp:** Ehewohnungs- und Haushaltssachen (§ 203 I). – **c) Alternative Verfahrenseinleitung.** Einleitung ist auf Antrag oder vAw mögl. Wer einen Antrag stellt, wird ASt im verfahrensrechtl Sinne; das Verf kann aber ohne oder gegen seinen Willen vAw fortgesetzt werden. Ermittlungen durch das Gericht vAw. *Bsp:* Verbleibeanordnung gem § 1632 IV oder § 1682 S 1 BGB. – **d) Antragsverfahren mit Beibringungspflichten.** Das Verf wird auf Antrag eingeleitet, die tatsächl Grundlagen müssen auf Grund spezialges Regelung beigebracht werden. **Bsp:** Grundbucheintragung gem §§ 13, 19 GBO. 3

2) Echte Streitverfahren der freiwilligen Gerichtsbarkeit. Als solche werden Antragsverf (s Rn 3) bezeichnet, in denen das Gericht verbindl über subj private Rechte von Verfahrensbeteiligten entscheidet (BGH 27.2.2025 – III ZB 33/24 Tz 13, juris; BayObLG FamRZ 2023, 1568; KG FamRZ 2012, 1323). In ihnen darf das Gericht über die Sachanträge der Beteiligten nicht hinausgehen (BGH NJW 84, 2831 = MDR 84, 841). Die Beteiligten können über den Verfahrensgegenstand disponieren (BGH 27.2.2025 – III ZB 33/24 Tz 13, juris), ihn übereinstimmend für erledigt erklären, § 22 III, (BayObLG FamRZ 2023, 1568) oder den Antrag zurücknehmen, § 22 I. Streitverf in FamSachen sind insb Ehewohnungs- und Haushaltssachen (OLGR Frankfurt 2006, 893), Gewaltschutzsachen (KG FamRZ 2012, 1323) und VersAusglSachen (BGH FamRZ 88, 709 = MDR 88, 764). Übersicht über die Streitverf bei Sternal/Sternal § 1 Rn 37 ff. Ihnen gleich stehen Verf über die Vergütung von Verfahrensbeiständen und Pflegern (BayObLG FamRZ 98, 1055 = MDR 97, 1152). 4

§ 23 Verfahrenseinleitender Antrag

(1) [1]Ein verfahrenseinleitender Antrag soll begründet werden. [2]In dem Antrag sollen die zur Begründung dienenden Tatsachen und Beweismittel angegeben sowie die Personen benannt werden, die als Beteiligte in Betracht kommen. [3]Der Antrag soll in geeigneten Fällen die Angabe enthalten, ob der Antragstellung der Versuch einer Mediation oder eines anderen Verfahrens der außergerichtlichen Konfliktbeilegung vorausgegangen ist, sowie eine Äußerung dazu, ob einem solchen Verfahren Gründe entgegenstehen. [4]Urkunden, auf die Bezug genommen wird, sollen in Urschrift oder Abschrift beigefügt werden. [5]Der Antrag soll von dem Antragsteller oder seinem Bevollmächtigten unterschrieben werden.

(2) Das Gericht soll den Antrag an die übrigen Beteiligten übermitteln.

Lit: *Hergenröder*, Antragstellung mittels E-Mail in Verfahren nach dem FamFG, FamRZ 2020, 1982; *Riedel/Vogelmair*, Videokonferenztechnik – Einsatz im Bereich der Rechtspflegeraufgaben, Rpfleger 2024, 500.

I) Allgemein. Der Vorschrift gehen Spezialvorschriften in den weiteren Büchern des FamFG oder dem BGB vor. Bsp: Im Adoptionsverf ist notarielle Beurkundung erforderl (§ 1752 II 2, § 1762 III BGB). § 23 ist anwendbar auf fG-Verf (s vor § 23 Rn 1), die auf **Antrag** eingeleitet werden (s vor § 23 Rn 3). Dieses Erfordernis kann sich sowohl aus dem **Verfahrensrecht** wie aus dem **materiellen Recht** ergeben. Im FamFG ist dies für folgende FamSachen bestimmt: Abstammungssachen (§ 171 I), Ehewohnungs- und Haushaltssachen (§ 203 I) und einzelne VersAusglSachen nach der Scheidung (§ 223). Aus dem materiellen Recht ergibt sich dies zB für Adoptionssachen (§ 1752 BGB; OLG Nürnberg MDR 2011, 1295), Gewaltschutzsachen (§ 1 GewSchG), Übertragung des Sorgerechts nach Trennung der Eltern (§ 1671 BGB, OLG Brandenburg FamRZ 2014, 784; OLG Brandenburg FamRZ 2010, 662). Kein Antragsverf ist ein **Umgangs**verf nach § 1684 III BGB, wenn es auch idR auf Initiative des Berechtigten eingeleitet wird (OLG Köln FamRZ 2022, 369; OLG Braunschweig FamRZ 2020, 1189; OLG Koblenz FamRZ 2020, 1109; OLG Frankfurt FamRZ 2020, 1109; aA Socha FamRZ 2009, 947): Antragserfordernis ist ges nicht angeordnet; der Umgang ist nicht nur Recht, sondern auch Pflicht der Eltern (§ 1684 I BGB; BVerfG NJW 2008, 1287). – Der Antrag kann entspr den ZPO-Grundsätzen (s vor §§ 128 ff ZPO) **ausgelegt** (BGH NVwZ-RR 2016, 635) und **umgedeutet** (BGH MDR 2016, 1454) werden. Er hat ohne weitere Prüfung durch das Gericht oder weitere Zwischenschritte **verfahrenseinleitende Wirkung** (OLG Frankfurt FamRZ 2024, 1046; sa Rn 6). 1

II) Antragsbefugnis. In Antragsverf darf eine Sachentscheidung nur ergehen, wenn der ASt berechtigt ist, die begehrte Entscheidung zu beantragen. Fehlt es an dieser Antragsbefugnis, so ist der Antrag wegen Fehlens einer 2

Verfahrensvoraussetzung als unzulässig zurückzuweisen (BGH NJW 89, 1091). Die Antragsberechtigung ergibt sich primär aus der Regelung, die das Antragserfordernis bestimmt (zB § 203: Antrag eines Ehegatten), anderenfalls aus dem materiellen Recht (zB § 1600 BGB für Anfechtung der Vaterschaft). Wenn die Antragsberechtigung nicht geregelt ist, steht sie nur den materiell Beteiligten zu (BGH NJW 89, 1091), also denj, deren Rechte und Pflichten durch die zu treffende Entscheidung unmittelbar berührt werden können (BayObLG FamRZ 88, 1102; PH/Fritzsche Rn 5; Sternal/Sternal Rn 28). Das Fehlen eines (wirksamen) Antrags kann im Laufe des Verf, auch noch in der Rechtsbeschwerdeinstanz, **geheilt** werden (BayObLG FamRZ 1998, 860; BayObLG FamRZ 1994, 1068). Zur Rücknahme eines Antrags s § 22.

3 **III) Antragsinhalt (§ 23 I).** Der Antrag soll begründet werden (**I 1**), damit das Verf frühzeitig strukturiert und gefördert werden kann (Begr RegE BTDrs 16/6308, 185). **I 2** konkretisiert den erwarteten Inhalt. Diese allg Regelung wird für einzelne Verfahrensarten deren Besonderheiten angepasst, in FamSachen für Abstammungssachen (§ 171 II) und Ehewohnungs- und Haushaltssachen (§ 203). Wie sich aus der Gestaltung als Soll-Vorschrift ergibt, handelt es sich bei § 23 um **kein Zulässigkeitserfordernis** (Begr RegE BTDrs 16/6308, 185). Dennoch empfiehlt sich eine entspr Begründung, um dem Gericht Anhaltspunkte für seine Ermittlungen (§ 26) zu bieten. Gem **I 4** sollen – wie gem § 131 I ZPO – angeführte **Urkunden** in Urschrift oder Kopie beigefügt werden, wobei ggf entspr § 131 II ZPO die Beifügung von Auszügen genügt (Begr RegE BTDrs 16/6308, 186). Die Einreichung von Abschriften für die übrigen Beteiligten wird nicht verlangt, da diese und ihre Zahl häufig für den ASt nicht erkennbar sind. Durch die Mitteilung nach **I 3** sollen sich die Beteiligten in für eine gütl Einigung geeigneten Verf damit auseinandersetzen, ob und wie sie den Konflikt außergerichtl beilegen können (BTDrs 17/5335, 22). Dies bezieht sich auf die nach § 36a vorgesehenen Möglichkeiten.

4 In Abgrenzung zum in § 23 geregelten verfahrenseinleitenden Antrag richtet sich ein **Sachantrag** auf eine konkrete Entscheidung des Gerichts, ähnl einem Klageantrag im Zivilprozess. In fG-Verf ist ein solcher bestimmter Sachantrag grds nicht erforderl (OLG Hamm MDR 2011, 983), wenn das Gericht nach seinem Ermessen entscheidet, welche Regelung iE zu treffen ist. Die Antragsschrift iSv I muss ledigl erkennen lassen, wer ASt ist und welches **Rechtsschutzziel** angestrebt werden soll (BGH FamRZ 2003, 1738). Ein Sachantrag ist aber dann erforderl, wenn dies ges angeordnet ist oder wenn es sich um ein sog echtes **Streitverfahren** (s vor § 23 Rn 4) handelt, in dem das Gericht an den Antrag gebunden ist. Angesichts der Nähe dieser Streitverf zu den zivilprozessualen Streitigkeiten ist es gerechtfertigt, die Vorschriften der ZPO zur Klage weitgehend entspr anzuwenden (Sternal/Sternal § 1 Rn 40 ff). Zulässig sind daher Leistungs-, Gestaltungs- und Feststellungsanträge, eine Verbindung von Haupt- und Hilfsanträgen ist mögl. Der **Antrag** kann entspr §§ 263 ff ZPO **geändert** werden. Eine Erweiterung oder Einschränkung des Antrags ist entspr § 264 Nr 2 ZPO stets zulässig (SchBW/Brinkmann Rn 82).

5 **IV) Form.** Der Antrag kann **schriftlich** oder zur **Niederschrift** der GeschSt gestellt werden, § 25, nicht aber mündl oder telefonisch (s § 25 Rn 2; OLG Nürnberg FamRZ 2014, 63; aA PH/Fritzsche Rn 10; Sternal/Sternal Rn 22). Der Ausdruck einer E-Mail durch das Gericht genügt dem Schriftlichkeitsgebot (BGH NJW 2008, 2649; OLG Karlsruhe MDR 2012, 855). Erstinstanzl Anträge in isolierten fG-Sachen unterliegen nicht dem Anwaltszwang (vgl § 10 IV; § 114 gilt für diese nicht). Speziellere Regelungen zur Form gehen § 25 vor (zB in Adoptionssachen, s Rn 1). Gem **I 5** soll der Antrag **unterschrieben** werden. Daher ist eine Unterschrift im Regelfall erforderl, aber kein zwingendes Formerfordernis (OLG Frankfurt FamRZ 2024, 159; KG FamRZ 2011, 920). Es reicht aus, wenn sich aus anderen Anhaltspunkten eine der Unterschrift vergleichbare Gewähr für die Richtigkeit des Inhalts, die Urheberschaft und den Willen ergibt, das Schreiben in den Rechtsverkehr zu bringen (BGH FGPrax 2011, 41; KG FamRZ 2011, 920; OLG Karlsruhe MDR 2012, 855). Bei Einreichung als elektron Dokument tritt gem § 14 II iVm § 130a III ZPO an die Stelle der Unterschrift die elektron **Signatur**. – Dem Antrag muss sich entnehmen lassen, **wer Antragsteller** ist (BGH NVwZ-RR 2016, 635).

6 **V) Übermittlung des Antrags (§ 23 II).** Sie erfolgt an die übrigen Beteiligten iSv § 7. Dies kann formlos geschehen, wenn nicht zugleich ein Termin anberaumt oder eine Frist bestimmt wird, § 15 I, III. Da die Übermittlung die Gewährung rechtl Gehörs vor einer die Rechte eines Beteiligten beeinträchtigenden Entscheidung (§ 37 II) sicherstellen soll, bedarf es der Übermittlung nicht, wenn der Antrag von vornherein unzulässig oder unbegründet ist und deshalb zurückgewiesen wird. – Der verfahrenseinleitende Antrag ist unabhängig von einer Übermittlung mit seinem Eingang beim Gericht wirksam gestellt; eine Differenzierung zwischen **Anhängigkeit** und **Rechtshängigkeit** ist dem fG-Verf fremd (OLG Stuttgart FamRZ 2016, 1002; OLG Dresden NJW-RR 2011, 660).

§ 24 Anregung des Verfahrens

(1) Soweit Verfahren von Amts wegen eingeleitet werden können, kann die Einleitung eines Verfahrens angeregt werden.

***(2)* Folgt das Gericht der Anregung nach Absatz 1 nicht, hat es denjenigen, der die Einleitung angeregt hat, darüber zu unterrichten, soweit ein berechtigtes Interesse an der Unterrichtung ersichtlich ist.**

I) Anwendungsbereich. Die sog **Amtsverf** (s vor § 23 Rn 3). 1

II) Anregung (§ 24 I). Ein Amtsverf wird durch das Gericht eingeleitet, ohne dass es der Initiative eines ASt bedarf. Wenn es Anhaltspunkte dafür hat, dass sein Einschreiten erforderl sein könnte, muss es **von Amts wegen** tätig werden, unabhängig davon, woher es diese Kenntnis hat. Die Einleitung des Verf hängt nicht davon ab, dass die Voraussetzungen für ein Eingreifen bereits feststehen. Dies soll in dem Verf gerade festgestellt werden. I regelt den Fall, dass ein Außenstehender das Gericht zu einem Handeln auffordert. Dies wird häufig als „Antrag" bezeichnet, ist aber mangels Antragserfordernis nur eine „Anregung" (zB OLG Bamberg FamRZ 2023, 1053). Die Einleitung selbst bedarf keiner förml **Entscheidung**, sie liegt in dem ersten Tätigwerden. Wenn auf Grund der Ermittlungen keine Maßnahme des Gerichts erforderl ist, ist das Verf grds formlos einzustellen. Wenn der Anregung aber subjektive Rechte zugrunde liegen, zB bei Umgangsverf, ist Entscheidung durch Beschluss geboten (OLG Frankfurt FamRZ 2016, 482). Derj, der eine Anregung zum Handeln des Gerichts gibt, wird dadurch nicht zum „Antragsteller" und damit nicht zum Beteiligten iSv § 7 I (s § 7 Rn 3; PH/Fritzsche Rn 3). Eine **Beschwerde** gegen die Ablehnung – formlos oder durch Beschluss – steht ihm auch nach einer Mitteilung iSv II grds nicht zu (s § 59 Rn 7 aE, auch zu Ausnahmen). – Wird ein Verf auf eine Anregung nicht eingeleitet, ergeht **keine Kostenentscheidung** (OLG Bamberg FamRZ 2023, 1053). 2

III) Informationspflicht (§ 24 II). Derj, der ein Verf angeregt hat, ist darüber zu informieren, wenn die Anregung nicht zu einem Handeln geführt hat, sofern er ein **berechtigtes Interesse** daran hat. Letzteres hat zB derj, der in einem eingeleiteten Verf Beteiligter (§ 7) gewesen wäre (Begr RegE BTDrs 16/6308, 186), insb wer eine **Umgangs**regelung für sich begehrt hat (OLG Frankfurt FamRZ 2021, 205). Ein *rechtl* Interesse ist aber nicht erforderl. Das berechtigte Interesse kann fehlen, wenn der Anregende weniger gewichtige Umstände zur Verfahrenseinleitung geliefert hat oder nur in entfernter Beziehung zu dem Betroffenen steht, wenn zB berufl bekannt gewordene Erkenntnisse Grundlage waren (PH/Fritzsche Rn 7). 3

Wenn ein berechtigtes Interesse besteht, muss die **Information erteilt** werden, ein Ermessen ist dem Gericht nach dem eindeutigen Wortlaut („hat") nicht eingeräumt (aA Sternal/Sternal Rn 7; für aus Grundrechten hergeleitete Einschränkung im Einzelfall PH/Fritzsche Rn 8). Auch eine Abwägung mit Interessen des Beteiligten, wie in § 13 I für die Akteneinsicht, ist nicht mögl. Daran ist auch auf den Einwand des BR (BTDrs 16/6308, 365) festgehalten worden (BTDrs 16/6308, 405), der eine entspr Einschränkung vorgeschlagen hatte. – Eine Mitteilung ist nur erforderl, wenn ein Verf **nicht eingeleitet** wurde, nicht aber bei einer positiven Entscheidung. Mitzuteilen ist nur die **Tatsache als solche**, aber nicht die entspr Begr (SchBW/Brinkmann Rn 7; aA Sternal/Sternal Rn 8). Anhaltspunkte dafür, dass auch die Gründe mitzuteilen sind, ergeben sich aus dem Wortlaut des Gesetzes nicht. Mit Recht hat auch der BR (BTDrs 16/6308, 365) in seiner Stellungnahme auf das Recht zur informationellen Selbstbestimmung hingewiesen, was die BReg in ihrer Gegenäußerung (BTDrs 16/6308, 405) zu dem Hinweis veranlasst hat, dass die Gründe nicht mitzuteilen seien; eine andere Auffassung hatte sie noch in der ursprüngl Begr (BTDrs 16/6308, 186) vertreten. 4

IV) Mitteilung an den potentiell Betroffenen. Eine Information desj, der von einer zu treffenden Maßnahme betroffen gewesen wäre, ist nicht geregelt. Sofern der Beteiligte bereits angehört worden ist, ist ihm formlos mitzuteilen, dass nach dem Ergebnis der Ermittlungen kein Anlass für Maßnahmen besteht. Dem gleichzustellen ist, wenn davon auszugehen ist, dass der Beteiligte auf andere Weise von dem Verf Kenntnis erlangt hat. Anderenfalls bedarf es einer Mitteilung grds nicht. 5

§ 25 Anträge und Erklärungen zur Niederschrift der Geschäftsstelle

(1) Die Beteiligten können Anträge und Erklärungen gegenüber dem zuständigen Gericht schriftlich oder zur Niederschrift der Geschäftsstelle abgeben, soweit eine Vertretung durch einen Rechtsanwalt nicht notwendig ist.

(2) Anträge und Erklärungen, deren Abgabe vor dem Urkundsbeamten der Geschäftsstelle zulässig ist, können vor der Geschäftsstelle eines jeden Amtsgerichts zur Niederschrift abgegeben werden.

(3) [1]Der Urkundsbeamte der Geschäftsstelle kann Anträge und Erklärungen nach Absatz 2 auch per Bild- und Tonübertragung aufnehmen. [2]In diesem Fall kann sich der Urkundsbeamte der Geschäftsstelle bei der Aufnahme der Anträge und Erklärungen an einem anderen Ort als der Geschäftsstelle aufhalten. [3]Die Bild- und Tonübertragung wird nicht aufgezeichnet.

(4) [1]Die Geschäftsstelle hat die Niederschrift unverzüglich an das Gericht zu übermitteln, an das der Antrag oder die Erklärung gerichtet ist. [2]Die Wirkung einer Verfahrenshandlung tritt nicht ein, bevor die Niederschrift dort eingeht.

Durch G zur Förderung des Einsatzes von Videokonferenztechnik in der Zivilgerichtsbarkeit und den Fachgerichtsbarkeiten v 15.7.2024 (BGBl 2024 I Nr 237) wurde mWv 19.7.2024 ein neuer III angefügt; der bisherige III wurde IV.

Lit: *Lappe*, „Parteiverrat" durch Rpfleger? Rechtsantragsstelle und Beratungshilfe bei entgegengesetzten Interessen, Rpfleger 95, 94; *Müller-Engelmann*, Die Aufnahme von Erklärungen durch den Rpfleger, Rpfleger-Jahrbuch 88, 342; *Müller-Engelmann*, Die Aufnahme von Erklärungen durch den Rpfleger, Rpfleger 87, 493; *Riedel/Vogelmair*, Videokonferenztechnik – Einsatz im Bereich der Rechtspflegeraufgaben, Rpfleger 2024, 50.

1 **I) Anwendungsbereich.** § 25 ist anwendbar auf die fG-Verf (s vor § 23 Rn 1). In Ehe- und FamStreitsachen (§§ 112, 121) gelten über § 113 I 1 FamFG die Vorschriften der ZPO.

2 **II) Allgemein (§ 25 I). Erklärungen** sind Äußerungen der Beteiligten, die für das Gericht bestimmt sind: zB Sachverhaltsschilderungen, Stellungnahmen, rechtsgeschäftl oder verfahrensrechtl Erklärungen (Rücknahmen, Erledigungserklärungen). **Anträge** sollen eine bestimmte Tätigkeit des Gerichts auslösen; es kann sich um Sach- oder Verfahrensanträge (zB verfahrenseinleitende Anträge, Rechtsmittelschriften, Anträge auf VKH) handeln (Sternal/Sternal Rn 10). Sie fallen nur unter § 25, wenn die entspr Verfahrenshandlung nicht dem Anwaltszwang (§ 10 IV, § 114) oder spezialges Formvorschriften (zB § 64 II 4 für Beschwerdeeinlegung) unterliegt. – Anträge und Erklärungen sind schriftl oder zu Protokoll der GeschSt abzugeben. **Telefonisch oder mündlich** – außerhalb von dafür anberaumten Terminen (§§ 32 ff) – ist dies nicht mögl (OLG Nürnberg FamRZ 2014, 63; LG Essen FamRZ 2016, 1697; SchBW/Brinkmann Rn 32; aA PH/Fritzsche Rn 13; Sternal/Sternal Rn 15). Anderenfalls wäre eine entspr Vorschrift im Rahmen der Verfahrensvorschriften des 1. Rechtszugs nicht erforderl. Dass eine Erklärung in Verf ohne Anwaltszwang schriftl abgegeben werden darf, hätte keiner ausdrückl Regelung bedurft. Auch zu Protokoll kann eine Erklärung nicht telefonisch gegeben werden (s Rn 4). Die Übermittlung als **elektronisches Dokument** ist gem § 14 II zulässig. Die gem § 14b bestehende **Nutzungspflicht des elektronischen Rechtsverkehrs** erfasst Anträge iSv § 25 nicht; s § 14b Rn 2.

3 **III) Schriftlich (§ 25 I).** Dies ist eine Erklärung nicht nur, wenn sie der Form des § 126 BGB (Unterzeichnung) genügt (BGH NJW-RR 2011, 483). Diese Vorschrift kann wegen der Eigenständigkeit des Verfahrensrechts weder unmittelbar noch entspr auf Verfahrenshandlungen angewendet werden (GmS-OGB NJW 80, 172). Die Schriftlichkeit soll gewährleisten, dass dem Schriftstück der Inhalt der Erklärung und die Person, von der sie ausgeht, hinreichend zuverlässig entnommen werden können. Außerdem muss feststehen, dass es sich bei dem Schriftstück nicht nur um einen Entwurf handelt, sondern dass es mit Wissen und Willen des Beteiligten dem Gericht zugeleitet worden ist (GmS-OGB NJW 80, 172; GmS-OGB NJW 2000, 2340). Dazu bedarf es nicht notwendig der **Unterschrift**, wie sich aus § 23 I ergibt. Wenn für den verfahrenseinleitenden Antrag die Unterzeichnung nur als Soll-Vorschrift ausgestaltet ist (s § 23 Rn 5), ist für § 25 I eine stärkere Formbedürftigkeit nicht gerechtfertigt (SchBW/Brinkmann Rn 12). Die Authentizität und Verbindlichkeit der Erklärung kann sich auch aus anderen Umständen ergeben (BGH NJW-RR 2011, 483), zB durch die persönl Abgabe beim Gericht. Soweit von dem Unterschriftserfordernis des § 130 Nr 6 ZPO Ausnahmen zugelassen werden (s § 130 ZPO Rn 14 ff), gilt dies für § 25 erst recht. Der Ausdruck einer **E-Mail** durch das Gericht genügt dem Schriftlichkeitsgebot (BGH NJW 2008, 2649; OLG Karlsruhe MDR 2012, 855).

4 **IV) Erklärung zu Protokoll des UdG (§ 25 II).** Sie ist statt einer schriftl Erklärung zulässig. Eine Erklärung kann nicht **telefonisch** zu Protokoll der GeschSt abgegeben werden (BGH FamRZ 2009, 970 = MDR 2009, 707 LS; BGH NJW 81, 1627). Die Entscheidung des BGH bezieht sich zwar unmittelbar nur auf die Einlegung eines Rechtsmittels, die Begründung verhält sich aber allg zur Unzulässigkeit fernmündl Erklärungen zu Protokoll gem § 129a ZPO. Für § 25 ist eine abweichende Beurteilung nicht gerechtfertigt. – **Zuständig** für die Aufnahme einer Erklärung ist gem I der UrkB des Gerichts, das mit der Sache befasst ist bzw befasst werden soll (bei Einleitungsantrag, Rechtsmittel). Daneben zuständig ist gem **II** grds der UrkB jedes **anderen AG** (vgl aber IV 2). Da nicht an die funktionelle Zuständigkeit angeknüpft wird, kommt es in FamSachen nicht darauf an, ob dieses AG auch FamG ist. Die Aufgabe des UrkB wird insoweit idR von einem **Rechtspfleger** wahrgenommen (eingeh Müller-Engelmann Rpfleger-Jb 88, 342). Notwendig ist dies aber nur, soweit diese Aufgabe dem Rpfleger gem § 24 I RPflG übertragen ist. Soweit der Rpfleger die Erklärung gem § 24 II RPflG nur (wegen ihrer Schwierigkeit und Bedeutung) aufnehmen „soll", ist eine dennoch vom UrkB protokollierte Erklärung wirksam (Roth FamRZ 2006, 1140; aA AG Kleve FamRZ 2006, 1138). Die Aufnahme durch einen Richter ist unschädl, § 8 I RPflG. Die Aufnahme der Erklärung ist **Amtspflicht** (BGH NJW 81, 1627 für Strafverf; sa § 129a ZPO Rn 2), auch wenn der Beteiligte sich schriftl äußern könnte; anders nur bei Rechtsmissbrauch wie wiederholten gleichlautenden Erklärungen oder beleidigendem Inhalt (Sternal/Sternal Rn 19). Sie darf aber nicht deshalb verweigert werden, weil der Aufnehmende das Begehren für unzulässig, unbegründet oder aussichtslos hält. Zum Rechtsmittel bei Weigerung s § 129a ZPO Rn 2. Eine Aufnahme kann aber nur innerhalb der **normalen Dienststunden** verlangt werden (BGH NStZ 2009, 585; BGH NStZ 1996, 353). Auf die öffentl bekannt gemachten Sprechzeiten der GeschSt kann sich der Beteiligte verlassen (BayObLG DAR 2025, 39). – Zulässig ist auch die richterl Protokollierung **in einem Termin** (BGH FamRZ 2019, 1951; OLG Karlsruhe FamRZ 2021, 49).

5 Der **Inhalt** des Protokolls ist nicht geregelt. Es hat nach seinem Zweck den aufnehmenden UrkB, die Personalien des erschienenen Beteiligten, das Datum und den Inhalt der Erklärung zu enthalten (BayObLG FamRZ 2005, 834 für § 11 FGG); abzuschließen ist das Protokoll mit der Unterschrift/qualifizierten elektron Signatur des UrkB (OLG Karlsruhe FamRZ 2021, 49). Eine Unterzeichnung durch den Erschienenen ist nicht erforderl (OLG Karlsruhe FamRZ 2021, 49; BayObLG FamRZ 2005, 834), aber zweckmäßig (PH/Fritzsche Rn 12). Spä-

tere Änderungen mit Ausnahme der Berichtigung von Schreibfehlern sind unzulässig (OLG Karlsruhe FamRZ 2021, 49). In der Sache ergeben sich die Anforderungen aus der aufzunehmenden Erklärung. Keine wirksame Erklärung zu Protokoll liegt vor, wenn nur auf von dem Beteiligten gefertigte Schreiben usw Bezug genommen wird (BayObLG Rpfleger 95, 342; OLG Köln NJW-RR 95, 968; PH/Fritzsche Rn 12); darin kann aber ggf eine schriftl Erklärung iSv I liegen. Eine fehlerhafte Aufnahme der Erklärung kann eine WE in den vorigen Stand rechtfertigen (BVerfG NJW 2005, 3629, auch zur Hinweispflicht auf WE; BayObLG Rpfleger 95, 342).

V) Aufnahme mittels Bild- und Tonübertragung (§ 25 III). Durch das G zur Förderung des Einsatzes von Videokonferenztechnik in der Zivilgerichtsbarkeit und den Fachgerichtsbarkeiten v 15.7.2024 (BGBl 2024 I Nr 237) wurde III eingefügt. Danach können Anträge und Erklärungen iSv II auch per Bild- und Tonübertragung aufgenommen werden, wobei sich der UdG dabei an einem anderen Ort als der GeschSt aufhalten kann. Dies soll aber nicht für Erklärungen gelten, die einer bes Form bedürfen, also insb nicht für solche, die das Gericht nach Maßgabe des BeurkG aufzunehmen hat (BTDrs 20/8095, 67). Die Regelung gilt mangels anderweitiger Bestimmung (vgl Art 19 I des Gesetzes) auch für bereits anhängige Verf. 5a

VI) Protokollierung durch anderes AG (§ 25 IV). Dieses hat die Niederschrift unverzügl, grds aber nur im ordnungsgemäßen Geschäftsgang (PH/Fritzsche Rn 17), an das Gericht **weiterzuleiten**, für das die Erklärung bestimmt ist (**IV**). Wenn dagegen verstoßen wird, kann WE nach §§ 17 ff in Betracht kommen; die zur Einreichung einer Erklärung bei einem unzuständigen Gericht entwickelten Grundsätze (s § 233 ZPO Rn 21) können entspr herangezogen werden. Welches Gericht Adressat ist, bestimmt der Beteiligte, ggf nach Hinweis des UrkB (SchBW/Brinkmann Rn 25). Die Wirkung der Verfahrenshandlung, insb eine **Fristwahrung**, tritt erst mit Eingang der Niederschrift beim zuständigen Gericht ein (**IV 2**). 6

§ 26 Ermittlung von Amts wegen

Das Gericht hat von Amts wegen die zur Feststellung der entscheidungserheblichen Tatsachen erforderlichen Ermittlungen durchzuführen.

I) Allgemein. Der Grundsatz der Amtsermittlung (auch **Untersuchungsgrundsatz** genannt) prägt das gesamte **fG-Verfahren**. Auf die Ehe- und FamStreitsachen ist er gem § 113 I 1 nicht **anwendbar**, an seine Stelle treten die Vorschriften der ZPO, die für Ehesachen wiederum eingeschränkt werden (§ 113 IV, § 127). In **Abstammungssachen** gilt der Untersuchungsgrundsatz ebenfalls eingeschränkt, § 177 I. 1

II) Grundsätze der Amtsermittlung. 1) Allgemein. Der Grundsatz der Amtsermittlung gilt unabhängig davon, ob es sich um ein **Antrags- oder Amtsverfahren** handelt. Er gilt sowohl in 1. Instanz als auch in der Beschwerdeinstanz (§ 68 III 1); ebenso im Verf der Rechtsbeschwerde (§ 74 IV), soweit in diesem noch Feststellungen zu treffen sind. Die **Feststellung des Sachverhalts** sowie die Einführung gewonnener Erkenntnisse in das Verf obliegen allein dem Gericht. Die **Beteiligten** sollen zwar bei der Ermittlung des Sachverhalts mitwirken (§ 27) und können durch ihre Darstellung erhebl Einfluss auf das Verf nehmen. Sie können aber die Ermittlungstätigkeit des Gerichts nicht einschränken, auch nicht durch den Verzicht auf bestimmte Beweismittel (BGH FamRZ 2011, 796, 800 für Kindesanhörung). Das Gericht ist an das Vorbringen der Beteiligten und ihre Beweisanträge (s Rn 9) nicht gebunden, es kann unabhängig davon Ermittlungen anstellen (§ 29 I). Anders als im Zivilprozess kann das Gericht auch einen Sachverhalt näher aufklären und ggf dazu Beweis erheben, der zwischen den Beteiligten **nicht streitig** ist (BGH NJW 1999, 566; PH/Prütting Rn 33). Ein ausdrückl Geständnis bindet das Gericht ebenfalls nicht (OLG Köln FamRZ 1991, 117). Dies schließt es andererseits nicht aus, dass das Gericht in diesem Fall im Rahmen seiner Überzeugungsbildung (§ 37 I) von der Richtigkeit der übereinstimmend mitgeteilten Tatsache ausgeht (OLGR Frankfurt 2006, 893; Sternal/Sternal Rn 16). Dafür wird insb in streitig geführten Verf Anlass bestehen, da das Gericht dann davon ausgehen kann, dass ein Beteiligter der unrichtigen Darstellung eines anderen entgegentreten würde. 2

Eine **Beweisführungslast** gibt es nicht, nur eine materielle Feststellungslast (s § 37 Rn 9). Eine **Säumnisentscheidung** ist ebenso unzulässig (PH/Prütting Rn 13) wie die Fiktion, dass das tatsächl Vorbringen der anderen Beteiligten als zugestanden gilt (§ 331 I ZPO). Mit dem Grundsatz der Amtsermittlung nicht vereinbar ist auch die **Präklusion** von Vorbringen oder das Setzen von Ausschlussfristen (s § 37 Rn 4). 3

2) Grenzen der Amtsermittlungspflicht. Ges eingeschränkt ist sie in **Abstammungssachen** (§ 177). Begrenzt ist die Befugnis zur Amtsermittlung durch den **Verfahrensgegenstand.** Diesen bestimmt in Amtsverf das Gericht selbst, in Antragsverf der ASt, wobei zur Bestimmung des Verfahrensgegenstands (wie beim Streitgegenstand; dazu s Einl ZPO Rn 60 ff) Antrag und zu Grunde liegender Sachverhalt heranzuziehen sind (s § 45 Rn 12). Das Gericht muss nicht allen theoretischen Möglichkeiten nachgehen (BVerfG FamRZ 2016, 26; BGH FamRZ 2010, 720; OLG Hamm FamRZ 2025, 199), nicht quasi **ins Blaue hinein** ermitteln (s Rn 8, 10). Der Umfang der Ermittlungspflicht korreliert auch mit der **Mitwirkung** der Beteiligten, zu der diese verpflichtet sind (s § 27 Rn 2). Wenn die Beteiligten an der Sachaufklärung nicht mitwirken und ansonsten kein Anlass zu weiteren, erfolgversprechenden Ermittlungen besteht, kann das Gericht von weiteren Ermittlungen absehen (BGH NJW 2011, 1289 = FamRZ 4

2011, 556; OLG Hamm FamRZ 2025, 199; OLG Frankfurt FamRZ 2018, 1319; OLG Düsseldorf FamRZ 2017, 983; KG FamRZ 2013, 308; einschr PH/Prütting § 27 Rn 8); dieser Gedanke hat in § 206 III Niederschlag gefunden. Es muss die Beteiligten aber ggf zur Mitwirkung konkret auffordern (§ 28 I 1; BayObLG FamRZ 93, 1496). In echten **Streitverfahren** der fG (s vor § 23 Rn 4), zB Gewaltschutz- und VersAusglSachen, kann das Gericht, ohne seine Aufklärungspflicht zu verletzen, davon ausgehen, dass die Beteiligten ihnen vorteilhafte Umstände von sich aus vorbringen (BGH NJW 2001, 1212; BGH FamRZ 88, 709; OLG Brandenburg FamRZ 2012, 1719, 1721).

5 **III) Gegenstand der Amtsermittlung.** Die Ermittlung ist auf alle **Tatsachen** zu erstrecken, die für die mögl Entscheidung von Bedeutung sind. Das sind nicht nur solche, die die Tatbestandsmerkmale einer Norm erfüllen, sondern auch Indiztatsachen, die nach der Lebenserfahrung die Schlussfolgerung auf die Erfüllung eines Tatbestandsmerkmals ermöglichen. Offenkundige Tatsachen iSv § 291 ZPO (s § 291 ZPO Rn 1) bedürfen keiner weiteren Ermittlungen des Gerichts (PH/Prütting Rn 33).

6 Die Amtsermittlungspflicht bezieht sich auch auf die **Verfahrensvoraussetzungen**. Das sind insb die örtl und sachl Zuständigkeit und das Vorliegen eines erforderl Antrags (§ 23 I). Sie bezieht sich auch auf die Zulässigkeit eines **Rechtsmittels**, da weder Wortlaut noch Zweck von § 26 etwas anderes nahelegen (BayObLGZ 2004, 37; SchBW/Brinkmann Rn 15; aA KG FGPrax 1995, 120: Geltung des Beibringungsgrundsatzes). Vom Gericht ebenfalls – im Freibeweis – zu ermitteln ist das ggf anzuwendende **ausländische Recht** (BGH FamRZ 2025, 747; BGH FamRZ 2017, 1209; BayObLG FGPrax 1998, 240); die zu § 293 ZPO entwickelten Grundsätze (s § 293 ZPO Rn 10 ff) gelten entspr (BGHZ 198, 14 Tz 25 = WM 2013, 1894; PH/Prütting Rn 18 ff). Für das einstw Anordnungsverf gilt dies wegen der Eilbedürftigkeit nur eingeschränkt, s § 49 Rn 7. Unterstützung bei der Ermittlung bieten das Europäische Justizielle Netzwerk sowie dessen Verbindungsrichter (iE s Menne JZ 2018, 332; Menne FamRZ 2018, 1644).

7 **IV) Durchführung der Ermittlungen.** Dem Gericht stehen für die Ermittlung va folgende **Erkenntnisquellen** zur Verfügung: Die Sachverhaltsdarstellungen der Beteiligten, denen insb in Antragsverf ein deutl Erkenntniswert zukommt; in FamSachen idR das Ergebnis eines Termins (§ 32) und von persönl Anhörungen (§§ 33, 34); Stellungnahmen Dritter, insb des Jugendamts; Akten anderer Verf; das Ergebnis einer formlosen Beweiserhebung (§ 29) oder einer förml Beweisaufnahme (§ 30).

8 **Welche Ermittlungen** das Gericht anstellt, um die Grundlage für seine Überzeugungsbildung nach § 37 I (s § 37 Rn 2 ff) zu gewinnen, liegt in seinem pflichtgemäßen **Ermessen** (BGH FamRZ 2025, 219; BGH FamRZ 2023, 228 Tz 10; BGH FamRZ 2022, 1761 Tz 17). Dies betrifft auch die Frage, ob es den Sachverhalt durch formlose Ermittlungen (§ 29) oder durch förml Beweisaufnahme (§ 30) aufklärt (§ 30 I). IE s § 30 Rn 2. Eine Aufklärungs- und **Ermittlungspflicht** besteht, soweit das Vorbringen der Beteiligten und der Sachverhalt bei sorgfältiger Prüfung dazu Anlass geben (BGH FamRZ 2022, 1761 Tz 17; BGH FamRZ 2010, 720). Das Gericht darf von weiteren Ermittlungen erst absehen, wenn von einer weiteren Beweisaufnahme ein sachdienl, die Entscheidung beeinflussendes Ergebnis nicht mehr zu erwarten ist (BVerfG FamRZ 2016, 26; BGH FamRZ 2022, 1761 Tz 17; BGH FamRZ 2010, 720; BayObLG FamRZ 2002, 1291). Wegen der betroffenen Grundrechte (Art 6 GG) besteht in Kindschaftssachen eine gesteigerte Aufklärungspflicht (BGH FamRZ 2010, 720), insb bei Sorgerechtsentziehung (BGH FamRZ 2012, 99, 102). Ggf sind auch neuartige Erkenntnismöglichkeiten einzubeziehen (BVerfG FamRZ 2010, 1879 für Vaterschaftsfeststellung bei Zwillingen). Zur Behandlung von Beweisanträgen s Rn 10. Das Ergebnis der Ermittlungen ist zur Wahrung seines rechtl Gehörs zumindest dem Beteiligten **mitzuteilen**, zu dessen Lasten eine Entscheidung beabsichtigt ist, § 37 II.

9 Beim Erlass **einstweiliger Anordnungen** (§ 49) muss der Sachverhalt nicht erschöpfend aufgeklärt werden (sa § 51 Rn 7). Abhängig von der Eilbedürftigkeit kann das Gericht sich auf die Ermittlungsergebnisse von Behörden, etwa des Jugendamtes, der Polizei oder StA stützen. Die Tatsachen, die der Entscheidung zugrunde gelegt werden, bedürfen ebenso wie die Tatsachen, aus denen sich die Dringlichkeit des Eingreifens ergibt, nicht des vollen Beweises; es reicht die Glaubhaftmachung (§ 51 I 2). Dadurch wird der Umfang der Amtsermittlungspflicht eingeschränkt (OLG Frankfurt NJW-RR 99, 144).

10 **V) Beweisanträge.** Die Beteiligten sind auf Grund ihrer Stellung als Verfahrenssubjekte berechtigt, durch Beweisanträge auf die Amtsermittlung des Gerichts Einfluss zu nehmen (PH/Prütting Rn 28). Das Gericht ist an diese Anträge nicht gebunden und muss ihnen nicht allein auf Grund der Antragstellung nachgehen (s Rn 2; BayObLG FamRZ 2004, 1821; KG DAV 91, 763). Es hat aber zu prüfen, ob sie im Rahmen von § 26 Anlass zu weiter gehenden oder anderweitigen Ermittlungen bieten. Erforderl ist dafür zum einen, dass es sich um eine **beweisbedürftige** Tatsache handelt. Daran fehlt es, wenn das Gericht sie als wahr unterstellen kann oder bereits als bewiesen ansieht (s vor § 284 ZPO Rn 12 f). Eine Tatsache ist auch dann nicht beweisbedürftig, wenn es auf sie für die Entscheidung des Gerichts nicht ankommt. Zum anderen darf die Beweiserhebung nicht **unzulässig** oder das Beweismittel **unerreichbar** oder völlig **ungeeignet** sein (s vor § 284 ZPO Rn 10a, 11). Nicht ausreichend für eine Ablehnung weiterer Ermittlungen ist es, wenn das Gericht den angebotenen Zeugen für unglaubwürdig erachtet. Eine solche vorweggenommene Beweiswürdigung ist auch im fG-Verf nicht zulässig (BayObLG FamRZ 97, 1509; OLG Karlsruhe FGPrax 95, 156). Ebenfalls unzulässig wäre es, eine Beweisaufnahme abzulehnen, weil das Gegenteil einer behaupteten Tatsache bereits erwiesen sei. Der **Gegenbeweis** steht einem Beteiligten immer offen (PH/Prütting Rn 29; zu den Besonderheiten in Abstammungssachen KG DAV 91, 763). Ein Beweisantritt kann wegen des Amtsermittlungsgrundsatzes grds auch nicht mit der Begründung zurückgewiesen werden, es

liege eine „**Ausforschung**“ vor. Unzulässig ist nur der Versuch, vollkommen unbekannte Tatsachen erst zu ermitteln (PH/Prütting Rn 28). Das Gericht muss einem Beweisermittlungsantrag nicht nachgehen, wenn ohne greifbare Anhaltspunkte willkürl Behauptungen **ins Blaue hinein** aufgestellt werden (OLGR Hamm 2004, 105; OLG Brandenburg NJW-RR 2001, 176; sa Rn 4). Generell kann sich das Gericht im Amtsverf bei der Ablehnung von Beweisanträgen an § 244 III StPO orientieren (BGH FamRZ 93, 691 = MDR 93, 873).

Über die Ablehnung weiter gehender Ermittlungen auf Grund eines Beweisantrags muss im Laufe des Verf nicht ausdrückl entschieden werden. Eine dennoch getroffene **Entscheidung** ist nicht isoliert anfechtbar. IdR ist aber eine entspr **Begründung** im Rahmen der Endentscheidung erforderl, sofern es sich bei der maßgebl Tatsache nicht ersichtl um eine für die Entscheidung des Gerichts völlig unerhebl handelt. Im Rahmen des Rechtsmittelverf ist auch zu prüfen, ob das Gericht seiner Ermittlungspflicht nachgekommen ist. Das unberechtigte Zurückweisen eines Beweisantrags ist als unzureichende Sachaufklärung ein Verstoß gegen Verfahrensrecht, der gem § 72 I gerügt werden kann (s § 72 Rn 3). 11

§ 27 Mitwirkung der Beteiligten

(1) Die Beteiligten sollen bei der Ermittlung des Sachverhalts mitwirken.

(2) Die Beteiligten haben ihre Erklärungen über tatsächliche Umstände vollständig und der Wahrheit gemäß abzugeben.

I) Allgemein. § 27 normiert die Verpflichtung der Beteiligten, an der Aufklärung des Sachverhalts mitzuwirken. Die Vorschrift ist mangels entspr Einschränkung auf alle fG-Verf **anwendbar**, unabhängig davon, ob es sich um Antrags- oder Amtsverf handelt. Sie findet auch in der Beschwerde- (§ 68 III 1) und Rechtsbeschwerdeinstanz (§ 74 I) Anwendung. In Ehe- und FamStreitsachen gilt gem § 113 I 1 der durch § 113 IV, § 127 modifizierte Beibringungsgrundsatz der ZPO. 1

II) Inhalt der Verpflichtung. Die Beteiligten sollen dem Gericht, soweit sie dazu in der Lage sind, durch Angabe von Tatsachen und Beweismitteln eine **Aufklärung des Sachverhalts** ermöglichen. Diese Mitwirkungsverpflichtung ist umso höher, je mehr das Gericht auf ihre Mitwirkung bei der Sachverhaltsaufklärung angewiesen ist, insb bei Informationen aus dem höchstpersönl Lebensbereich eines Beteiligten (OLG Frankfurt FamRZ 2018, 1319; OLG Frankfurt FamRZ 2017, 244 für Altersbestimmung). Es handelt sich um eine **Verpflichtung**, nicht nur eine Obliegenheit (Begr RegE BTDrs 16/6308, 406). Durch die Fassung als Soll-Vorschrift wollte der Gesetzgeber zum Ausdruck bringen, dass ein Verstoß keine unmittelbaren prozessualen Konsequenzen iSe Unzulässigkeit hat und dass es fG-Verf gibt, in denen eine Mitwirkung der Beteiligten nicht oder nur sehr eingeschränkt erwartet werden kann. Zur Mitteilung ihnen **nachteiliger Tatsachen** sind die Beteiligten nicht verpflichtet (PH/Prütting Rn 5; SchBW/Brinkmann Rn 7), da kein Beteiligter eines Verf sich selbst belasten muss. 2

Die Beteiligten müssen zum einen aus ihrer Sicht den entscheidungsrelevanten **Sachverhalt** schildern sowie ggf ihn stützende **Beweismittel** angeben oder vorlegen (Urkunden). Von ihnen ist auch zu erwarten, dass sie sich zu abweichenden Darstellungen anderer Beteiligter konkret äußern (SchBW/Brinkmann Rn 10); zu unstreitigen Darstellungen s § 26 Rn 2. Die primäre Verantwortung für die Sachverhaltsfeststellung bleibt aber beim **Gericht**. Dieses hat daher die Beteiligten, wenn sie ihrer Mitwirkung nur unzureichend nachkommen, gem § 28 I konkret dazu **aufzufordern** und aufzuzeigen, woran es fehlt (BayObLG FamRZ 93, 1496; BayObLG FamRZ 2002, 1291; je zu § 12 FGG). Zu Einschränkungen der Aufklärungspflicht s § 26 Rn 4. Die Abfassung einer schriftl Stellungnahme kann nicht erzwungen werden (OLGR Frankfurt 2006, 893), ebenso wenig die Mitwirkung an einer körperl oder psychiatrischen **Untersuchung** (BGH FamRZ 2010, 720; OLG Nürnberg FamRZ 2014, 677; OLG Frankfurt MDR 2015, 659). 3

III) Durchsetzung und Folgen eines Verstoßes. Die Verpflichtung zur Mitwirkung ist vom Gericht nur eingeschränkt **durchsetzbar**. Eine allg Förderung des Verf ist nicht erzwingbar (PH/Prütting Rn 6). § 35 ermöglicht nur die Durchsetzung konkreter Anordnungen (s § 35 Rn 2). Das Gericht kann das **persönliche Erscheinen** der Beteiligten zum Zwecke der Sachaufklärung anordnen und notfalls zwangsw durchsetzen, § 33. Es kann einzelne **Anordnungen**, zB zur Vorlage einer Urkunde oder Erteilung einer Auskunft gem § 220 III, treffen und diese ggf gem § 35 erzwingen. Größere Bedeutung hat eine verweigerte oder unzureichende Mitwirkung für die Pflicht des Gerichts zur **Amtsermittlung:** Wenn ein Beteiligter an der Aufklärung des Sachverhalts nicht mitwirkt und ansonsten kein Anlass zu weiteren, Erfolg versprechenden Ermittlungen besteht, hat das Gericht seiner Ermittlungspflicht Genüge getan (s § 26 Rn 4). Denkbar ist auch, dass die nachhaltige Weigerung einer Mitwirkung im Rahmen der **Beweiswürdigung** negativ berücksichtigt wird (PH/Prütting Rn 10). 4

IV) Wahrheitspflicht (§ 27 II). II entspricht der Regelung in § 138 I ZPO, dessen Grundsätze entspr angewendet werden können (s § 138 ZPO Rn 1 ff). Die Verpflichtung, die Erklärungen vollständig abzugeben, besagt lediglich, dass die Beteiligten nicht durch ein bewusst lückenhaftes Vorbringen den Sachverhalt absichtl verfälschen dürfen (PH/Prütting Rn 14). 5

§ 28 Verfahrensleitung

(1) [1]Das Gericht hat darauf hinzuwirken, dass die Beteiligten sich rechtzeitig über alle erheblichen Tatsachen erklären und ungenügende tatsächliche Angaben ergänzen. [2]Es hat die Beteiligten auf einen rechtlichen Gesichtspunkt hinzuweisen, wenn es ihn anders beurteilt als die Beteiligten und seine Entscheidung darauf stützen will.

(2) In Antragsverfahren hat das Gericht auch darauf hinzuwirken, dass Formfehler beseitigt und sachdienliche Anträge gestellt werden.

(3) Hinweise nach dieser Vorschrift hat das Gericht so früh wie möglich zu erteilen und aktenkundig zu machen.

(4) [1]Über Termine und persönliche Anhörungen hat das Gericht einen Vermerk zu fertigen; für die Niederschrift des Vermerks kann ein Urkundsbeamter der Geschäftsstelle hinzugezogen werden, wenn dies auf Grund des zu erwartenden Umfangs des Vermerks, in Anbetracht der Schwierigkeit der Sache oder aus einem sonstigen wichtigen Grund erforderlich ist. [2]In den Vermerk sind die wesentlichen Vorgänge des Termins und der persönlichen Anhörung aufzunehmen. [3]Über den Versuch einer gütlichen Einigung vor einem Güterichter nach § 36 Absatz 5 wird ein Vermerk nur angefertigt, wenn alle Beteiligten sich einverstanden erklären. [4]Die Herstellung durch Aufzeichnung auf Datenträger in der Form des § 14 Abs. 3 ist möglich.

1 **I) Allgemein.** § 28 regelt Grundsätze der Verfahrensleitung durch das Gericht. Von einer detaillierteren Regelung wurde abgesehen, um eine flexible Gestaltung des Verf zu ermöglichen (Begr RegE BTDrs 16/6308, 187). Die Vorschrift ist auf die **fG-Verfahren** anwendbar (s vor § 23 Rn 1). Unerhebl ist, ob es sich um ein **Antrags- oder Amtsverfahren** handelt. In Ehe- und FamStreitsachen (§§ 112, 121) treten gem § 113 I 1 die Vorschriften der ZPO an ihre Stelle.

2 **II) Tatsachenvortrag (§ 28 I 1).** Im Rahmen seiner Pflicht zur Amtsermittlung (§ 26) hat das Gericht darauf hinzuwirken, dass die Beteiligten sich zu dem entscheidungserhebl Sachverhalt **umfassend äußern**. Auf bestehende Lücken in der Sachdarstellung ist hinzuweisen, Widersprüche sind aufzuzeigen. Die Regelung entspricht insoweit in der Sache § 139 I 2 ZPO. Die zur Hinweispflicht gem § 139 ZPO entwickelten Grundsätze (s § 139 ZPO Rn 3 ff, 15 ff) sind entspr anwendbar, allerdings ohne die Einschränkungen, die sich daraus ergeben, dass der Zivilprozess ein Parteiprozess ist. Wie in diesem (BGH MDR 2018, 1209) ist das Gericht zu einem Hinweis **zur beabsichtigten Würdigung** des Sachverhalts nicht verpflichtet.

3 Das Gericht muss sich in **Antragsverfahren** im Rahmen des von dem Antrag bestimmten Verfahrensgegenstands halten. Es darf nicht darauf hinwirken, dass ein neuer eingeführt wird (KG StAZ 2023, 374; PH/Prütting Rn 11, 24). In **Amtsverfahren** gilt diese Einschränkung nicht, da in diesen das Gericht die Gesamtverantwortung nicht nur für die Tatsachenermittlung, sondern auch für die zutr Herausarbeitung des Verfahrensgegenstandes trägt (PH/Prütting Rn 13). – Das Gericht hat auch darauf hinzuwirken, dass die Beteiligten sich **rechtzeitig** erklären. Dies geschieht sinnvollerweise durch entspr Auflagen mit Fristsetzung. Der Fristablauf führt aber nicht dazu, dass weiterer Sachvortrag ausgeschlossen ist. Dem fG-Verf ist ein §§ 296, 296a ZPO entspr Ausschluss verspäteten Vorbringens fremd. Bis zum Erlass der Entscheidung noch vorgebrachter Sachvortrag muss berücksichtigt werden (iE s § 37 Rn 4 f).

4 **III) Rechtlicher Hinweis (§ 28 I 2).** Das Grundrecht auf Gewähr rechtl Gehörs (Art 103 I GG; sa § 37 Rn 12 f) verpflichtet das Gericht grds weder zu einem Rechtsgespräch (s § 32 Rn 8) noch zu einem Hinweis auf seine Rechtsauffassung (BVerfGE 86, 133). Es gewährleistet den Beteiligten aber das Recht, sich auch zur **Rechtslage** zu äußern (BVerfG FamRZ 95, 795). Zum Schutz vor Überraschungsentscheidungen und zur Wahrung rechtl Gehörs verpflichtet I 2 das Gericht, die Beteiligten auf einen entscheidungserhebl rechtl Gesichtspunkt hinzuweisen, den es anders beurteilt als die Beteiligten. Dies setzt voraus, dass die **abweichende Rechtsauffassung** der Beteiligten im Verf zur Geltung gebracht worden ist (PH/Prütting Rn 9). Eine Hinweispflicht entfällt also, wenn kein Beteiligter in dem Verf einen Rechtsstandpunkt eingenommen hat (Begr RegE BTDrs 16/6308, 187). Anders verhält es sich nur, wenn es nach Auffassung des Gerichts auf eine Rechtsfrage ankommt, mit der die Beteiligten bei Anwendung der von ihnen zu verlangenden Sorgfalt nicht zu rechnen brauchten (BVerfGE 86, 133; KGR Berlin 2000, 150, 154). Ein Hinweis ist auch dann entbehrl, wenn zwischen den Beteiligten unterschiedl rechtl Auffassungen erörtert werden. In diesem Fall kann die Streitentscheidung durch das Gericht keine Überraschung sein, sofern das Gericht einer der beiden Auffassungen folgt (Begr RegE BTDrs 16/6308, 187; BGH NJW-RR 2006, 235). Sofern der Sachvortrag der Parteien aber wegen Unkenntnis oder **Verkennung der Rechtslage** an der Sache vorbei geht oder unvollständig ist, hat das Gericht gem I 1 auf entspr Ergänzungen hinzuwirken. Das Beschwerdegericht hat auch darauf hinzuweisen, wenn es die Sach- oder Rechtslage **anders als das AG** würdigen will (BGH 22.6.2021 – XIII ZB 88/20 Tz 14, juris).

5 **IV) Antragsverfahren (§ 28 II).** In Antragsverfahren hat das Gericht die gem I erforderl Maßnahmen zu ergreifen. Daneben soll es auf sachdienl **Anträge**, auf die es in Amtsverf nicht ankommen kann, hinwirken. Da-

mit soll der ASt va dazu gebracht werden, den zur Erreichung seines Verfahrensziels richtigen und wirksamen Antrag zu stellen. Dieses Verfahrensziel begrenzt aber auch die Pflicht des Gerichts (KG StAZ 2023, 374; PH/Prütting Rn 11; s Rn 3). Das Gericht soll ferner auf die Beseitigung von Formfehlern hinwirken, etwa einen Mangel der Vollmacht (SchBW/Brinkmann Rn 20).

V) Hinweiserteilung (§ 28 III). Das Gericht hat im Interesse der Verfahrensbeschleunigung Hinweise so **früh wie möglich** zu erteilen und aktenkundig zu machen. Diese Regelung entspricht § 139 IV 1 ZPO (dazu s § 139 ZPO Rn 13) und bezieht sich auf alle Pflichten nach I und II. Die **Dokumentationspflicht** kann, sofern der Hinweis nicht schriftl erteilt wird, durch einen entspr Aktenvermerk oder durch die Aufnahme in den nach § 28 IV anzufertigenden Vermerk über einen Termin erfüllt werden. Ist die Dokumentation versehentl unterblieben, kann sie in der Endentscheidung nachgeholt werden (BGH NJW 2006, 60 für § 139 ZPO). Die Folgen einer unterbliebenen Dokumentation sind, anders als in § 139 IV ZPO, nicht geregelt. Unabhängig davon wird ein Rechtsmittelgericht in diesem Fall idR davon ausgehen müssen, dass der Hinweis tatsächl nicht erteilt wurde (SchBW/Brinkmann Rn 27). Die Verantwortung für die **Erteilung** trifft im Kollegialgericht den gesamten Spruchkörper, Verlautbarung durch den Vors oder den Berichterstatter reicht aber aus (zur vergleichbaren Regelung s § 139 ZPO Rn 12). 6

VI) Hinwirken auf eine gütliche Beilegung. Dies obliegt dem Gericht gem § 36 I 2 grds auch in fG-Verf. IE s § 36 Rn 4 ff. 7

VII) Terminsvermerk (§ 28 IV). Über die wesentl Vorgänge eines Termins oder einer (isolierten) Anhörung (§§ 32-34) hat das Gericht einen Vermerk anzufertigen. Dieser dient zum einen dazu, die Beteiligten über die Ergebnisse einer Anhörung oder eines Termins zu **informieren**, so dass sie sich dazu äußern und ihr weiteres Verfahrensverhalten darauf einstellen können. Zum anderen muss er dem Rechtsmittelgericht eine Überprüfung der Sachentscheidung sowie dem **Beschwerdegericht** die Beantwortung der Frage (vgl § 68 III 2) ermöglichen, ob die dokumentierte Verfahrenshandlung zu wiederholen ist (Begr RegE BTDrs 16/6308, 187). Ihm kommt als öffentl Urk **Beweiskraft** für die getroffenen Feststellungen zu (BGH 23.3.2021 – XIII ZB 29/19, juris; OLG Bamberg FamRZ 2021, 704; OLG Koblenz FamRZ 2019, 362 LS), aber keine negative Beweiskraft entspr § 165 ZPO. Die Feststellung der Vorgänge ist bei seinem Schweigen aufgrund anderer Erkenntnisquellen mögl (BGH FGPrax 2020, 147: dienstl Stellungnahme). 8

Der **Inhalt** des Vermerks muss sich an dieser Funktion orientieren. Es bestehen aber keine konkreten Anforderungen an Form und Inhalt, die Gestaltung liegt im pflichtgemäßen Ermessen des Gerichts (BGH FamRZ 2021, 1897 Tz 53; BGH FamRZ 2015, 39). Dieses hat im Einzelfall zu entscheiden, ob es eine Zusammenfassung des Verlaufs des Termins oder eine ausführl Niederschrift entspr einem Protokoll gem § 160 ZPO anfertigt (Begr RegE BTDrs 16/6308, 187). Die Beweisregel des **§ 165 ZPO** (Beweis der Förmlichkeiten nur durch das Protokoll) ist nicht anzuwenden (BGH FGPrax 2020, 147 Tz 14). Die **wesentlichen Vorgänge** sind gem IV 2 in jedem Fall wiederzugeben. Das sind neben den anwesenden Personen, Ort und Zeit (OLG Braunschweig FamRZ 2022, 1718; OLG Brandenburg FamRZ 2020, 848) in 1. Linie die Umstände, die unmittelbar entscheidungserhebl sind (OLG Braunschweig FamRZ 2022, 1718). Dazu gehören eventuelle Antragsänderungen (II), erteilte Hinweise (I, III, OLG Braunschweig FamRZ 2022, 1718), das Ergebnis einer Anhörung oder Beweisaufnahme und ggf eine mündl Bekanntgabe des Beschlusses (§ 41 II 1). Einer detaillierten Aufnahme bedarf es aber entspr § 161 ZPO nicht, wenn die Entscheidung nicht anfechtbar ist, da der Vermerk geringeren und nicht höheren Anforderungen als ein Protokoll unterliegt (KG FamRZ 2017, 1854). Die umfassende Protokollierung einer **Anhörung** ist nicht erforderl, nur das wesentl Ergebnis muss festgehalten werden (BGH FamRZ 2021, 1897 Tz 53; BGH FamRZ 2015, 39). Das muss bei einer Anfechtbarkeit der Entscheidung aber so ausführlich sein, dass es auch für das Rechtsmittelgericht aussagekräftig ist (KG FamRZ 2017, 1854; OLG Saarbrücken FamRZ 2010, 2085; zum früheren Recht: BGH FamRZ 2001, 907). Sofern ein **Vergleich** geschlossen wird, ist gem § 36 II eine der ZPO entspr Niederschrift anzufertigen (s § 36 Rn 7). – Gem IV 2 soll ein Vermerk über **Einigungsversuche vor einem Güterichter** ohne Einverständnis aller Beteiligten nicht angefertigt werden, denn diese sollen im Interesse eines offenen Einigungsgesprächs Vertraulichkeit erwarten können (Zorn FamRZ 2012, 1265, 1269; sa § 278 ZPO Rn 30). Eine getroffene Einigung ist aber gem § 36 I 1, V 3 in jedem Fall zu dokumentieren. 9

Anzufertigen ist der Vermerk grds durch den für die Bearbeitung der Sache zuständigen Rpfleger oder Richter. Dieser kann gem IV 1 Hs 2 einen UrkB hinzuziehen; die Voraussetzungen dafür entsprechen § 159 I 2 ZPO (s § 159 ZPO Rn 2 ff); die Heranziehung liegt im Ermessen, ihr Unterbleiben ist für die Wirksamkeit unerhebl (Karlsruhe FamRZ 2021, 49). Sofern keine Erklärungen zu genehmigen sind (wie bei einem Vergleich), kann der Vermerk auch im Anschluss an den Termin gefertigt werden (BGH FGPrax 2020, 147 Tz 18). Bei elektron Erstellung gem **IV 3** gelten über § 14 III §§ 130, 298 ZPO entspr; s § 160a ZPO Rn 10. Eine **Berichtigung** des Vermerks ist über den ausdrückl geregelten Fall, dass ein Vergleich protokolliert wird (§ 36 IV), hinaus auch sonst jederzeit zulässig (BGH FGPrax 2020, 147; OLG Köln MDR 2022, 661). Die Ablehnung ist aber nicht anfechtbar (OLG Köln MDR 2022, 661). 10

§ 29 Beweiserhebung

(1) [1]Das Gericht erhebt die erforderlichen Beweise in geeigneter Form. [2]Es ist hierbei an das Vorbringen der Beteiligten nicht gebunden.

(2) Die Vorschriften der Zivilprozessordnung über die Vernehmung bei Amtsverschwiegenheit und das Recht zur Zeugnisverweigerung gelten für die Befragung von Auskunftspersonen entsprechend.

(3) Das Gericht hat die Ergebnisse der Beweiserhebung aktenkundig zu machen.

Lit: *Pohlmann*, Streng- und Freibeweis in der FG, ZZP 106 (1993), 181; *Pohlmann*, Anm zum Beschluss des BayObLG NJW-RR 92, 653 (Beweiserhebungsgrundsätze im FGG-Verf), Rpfleger 92, 484.

1 **I) Allgemein.** § 29 ist auf die fG-Verf **anwendbar** (s vor § 23 Rn 1). In Ehe- und FamStreitsachen sind gem § 113 I die Beweisvorschriften der ZPO anzuwenden. § 29 regelt den sog **Freibeweis**, der Feststellungen nicht nur im Wege förml Beweisaufnahme mit den in der ZPO genannten Beweismitteln (gem § 30), sondern formloser (s Rn 2) ermöglicht. Die Wahl zwischen beiden Formen trifft das Gericht gem § 30 I nach seinem Ermessen, das durch § 30 III eingeschränkt ist. Es genügt, dass die Ablehnung von **Beweisanträgen** erst in der Endentscheidung begründet wird (BTDrs 16/9733, 288). Zu Beweisanträgen s § 26 Rn 10 f. – Ein **selbständiges Beweisverfahren** ist entspr § 485 ZPO auch in fG-Verf zulässig (OLG Hamburg FamRZ 2020, 525: auch im Freibeweis). Bsp: Vernehmung eines schwerkranken Zeugen.

2 **II) Grundsätze des Freibeweisverfahrens.** Der Freibeweis ist zulässig, soweit das Gesetz keine abweichende Regelung trifft (vgl § 30 II, III). Unerhebl ist, ob es sich um ein Antrags- oder Amtsverf handelt. Das Gericht erhebt die Beweise in der ihm geeignet erscheinenden Form, ohne an **förmliche Regeln** gebunden zu sein. Die Mittel des Freibeweises sind im Gesetz nicht abschließend aufgezählt, um die Flexibilität dieses Ermittlungsinstruments zu wahren. Der Freibeweis soll dem Gericht ein zügiges, effizientes und ergebnisorientiertes Arbeiten ermöglichen (Begr RegE BTDrs 16/6308, 188). **Mittel** dafür sind etwa die persönl Anhörung des Beteiligten (BGH FGPrax 2010, 152), die informelle persönl, telefonische (BayObLG NJW 90, 1857) oder schriftl Befragung einer Auskunftsperson, die formlose Anhörung einer als Zeuge in Betracht kommenden Person (OLG Stuttgart FamRZ 2015, 1189), amtl Auskünfte, Stellungnahmen von Behörden, Arztberichte (BayObLG NJW 90, 1857), Privatgutachten, Fotos. Ferner mögl ist die Beiziehung von Akten unter Auswertung der darin gewonnenen Erkenntnisse, zB Darstellungen der Beteiligten, Zeugenaussagen (BayObLG NJW-RR 96, 583), Gutachten. Eine **eidesstattliche Versicherung** ist Beweismittel des Freibeweisverfahrens (BGH NJW 2000, 814; BGH WM 91, 1652; OLG Schleswig FamRZ 2017, 402); zu beachten ist aber ihr gegenüber einer Zeugenaussage geringerer, regelmäßig auf – nicht ausreichende (s Rn 3) – Glaubhaftmachung (§ 31) gerichteter Beweiswert (BGH NJW 2000, 814), der häufig erst zusammen mit anderen Erkenntnissen die erforderl Überzeugungsbildung rechtfertigt (BGH WM 91, 1652).

3 Welches dieser Mittel das Gericht wählt, entscheidet es nach seinem **Ermessen** im Rahmen seiner Amtsermittlung (s § 26 Rn 8). Kriterium dafür ist, welches Beweismittel am besten und – bes bei Eilbedürftigkeit – am schnellsten geeignet ist, die erforderl Erkenntnisse zu liefern. Zur Entscheidung zwischen Freibeweis und Strengbeweis s § 30 Rn 2 ff. An das Vorbringen der Beteiligten ist das Gericht nicht gebunden (**I 2**). Es kann auch einen Sachverhalt aufklären, der zwischen den Beteiligten nicht streitig ist (s § 26 Rn 2). Der Freibeweis stellt das Gericht im Beweisverf und bei der Gewinnung der Beweismittel freier, senkt aber die Anforderungen an die richterl **Überzeugungsbildung** nicht; Glaubhaftmachung reicht daher nicht aus (BGH NJW 2000, 814; BGH NJW 97, 3319; s § 37 Rn 3).

4 **III) Durchführung des Freibeweises.** Es bedarf keiner förml Anordnung (PH/Prütting Rn 9), zB in Form eines Beweisbeschlusses. Durchführung durch ein einzelnes Mitglied des Beschwerdegerichts ist in geeigneten Fällen zulässig, wenn ein unmittelbarer Eindruck durch alle Mitglieder nicht erforderl ist (BGH InfAuslR 2010, 384 = FamRZ 2010, 1433 LS). Die Beweisvorschriften der ZPO sind nach dem Zweck des Freibeweises (Freistellung von den Formerfordernissen) nicht anzuwenden (Ausnahme: II). Dies gilt neben den Vorschriften über die Erhebung der Beweise auch für die allg Grundsätze: Nicht anwendbar sind die Grundsätze der **Unmittelbarkeit** der Beweisaufnahme (OLG Schleswig FamRZ 2018, 109; OLG Frankfurt FamRZ 2017, 914), und der **Beteiligtenöffentlichkeit** (BayObLG NJW 90, 1857; SchBW/Brinkmann Rn 14). **Rechtliches Gehör** (§ 37 II) ist den Beteiligten vor einer nachteiligen Entscheidung zu dem Ergebnis der Ermittlungen zu gewähren, sachgerecht dadurch, dass sie den gem III gefertigten Vermerk zur Kenntnis erhalten. Die Mitwirkung an einer Sachverhaltsermittlung im Freibeweisverf (zB die Erteilung schriftl Auskünfte) kann nicht **erzwungen** werden (OLG Nürnberg FamRZ 2014, 677). Bei einer Weigerung der Auskunftsperson usw muss das Gericht in das förml Beweisverf – mit den dort vorgesehenen Zwangsmitteln – wechseln.

5 **IV) Amtsverschwiegenheit; Zeugnisverweigerung (§ 29 II).** Die entspr Vorschriften der ZPO gelten auch im Freibeweisverf. – **1) Aussagegenehmigung** (§ 376 ZPO). Sie ist für die Einholung einer Auskunft bei einer zur Amtsverschwiegenheit verpflichteten Person erforderl, da es keinen Unterschied macht, in welchem Beweisverf *eine Mitteilung* gemacht wird. Für Notare ist § 18 BNotO zu beachten. Keiner Aussagegenehmigung bedarf es in Verf der Gefahrenabwehr (zB § 1666 BGB) für Informationen der Mitarbeiter der Behörden, die zu diesem Zweck mit dem Gericht zusammenzuarbeiten haben, wie das Gesundheitsamt (BayObLG NJW 90, 1857). Dies

gilt entspr für Angehörige der Behörden, deren Beteiligung das FamFG zur Wahrung öffentl oder Drittinteressen vorsieht. Dies trifft insb auf das **Jugendamt** zu, das in einer Reihe von FamSachen zu beteiligen oder anzuhören ist. – **2) Auskunftsverweigerungsrecht.** Dieses steht Auskunftspersonen entspr §§ 383 ff ZPO zu. Für Sozialarbeiter vgl OLG Hamm FamRZ 1992, 201. Der Verfahrensbeistand hat ein Zeugnisverweigerungsrecht gem § 383 I Nr 6 ZPO (OLG Braunschweig FamRZ 2012, 1408). Für das Verf über die Berechtigung zur Auskunftsverweigerung sind die §§ 386 ff ZPO entspr anwendbar, ebenso die Belehrungspflicht nach § 383 II ZPO (OLG Stuttgart FamRZ 2015, 1189, auch zu den Folgen eines Verstoßes). Die Amtsermittlungspflicht erstreckt sich nicht auf die Verweigerungsgründe, vielmehr sind diese entspr § 386 I ZPO von der Auskunftsperson darzulegen und glaubhaft zu machen (Begr RegE BTDrs 16/6308, 189).

V) Dokumentation (§ 29 III). Das Gericht hat das Ergebnis seiner Ermittlungen in den Akten zu dokumentieren, damit für die Beteiligten – die idR bei der Erhebung des Freibeweises nicht anwesend sind – und das Rechtsmittelgericht erkennbar wird, auf welcher Grundlage die Entscheidung getroffen wird bzw wurde. Die Feststellungen sind in einem **Vermerk** festzuhalten (Begr RegE BTDrs 16/6308, 189), sofern sich das Ergebnis nicht bereits schriftl (schriftl Auskunft, Privatgutachten usw) bei der Akte befindet. Der Vermerk oder die sonstige Unterlage ist – sofern entscheidungserhebl – zumindest dem Beteiligten, zu dessen Lasten die Entscheidung ergeht, zur Kenntnis zu geben ist, um ihm Gelegenheit zur Äußerung zu geben (§ 37 II). „Aktenkundig" ist das Ergebnis der Ermittlungen zwar auch dann, wenn es erst im Rahmen der **Endentscheidung** – getrennt von deren Begr – mitgeteilt wird (s § 139 ZPO Rn 13). Damit wird den Beteiligten aber unzulässigerweise das Recht zur Äußerung (§ 37 II) abgeschnitten. Eine **förmliche Beweisaufnahme** in einem Termin und eine persönl Anhörung sind in einen Vermerk gem § 28 IV aufzunehmen. 6

VI) Gebühren. Gericht u RA: keine Geb für das Beweisverf. Gerichtl Auslagen: 2005 FamGKG-KV iVm JVEG. 7

§ 30 Förmliche Beweisaufnahme

(1) Das Gericht entscheidet nach pflichtgemäßem Ermessen, ob es die entscheidungserheblichen Tatsachen durch eine förmliche Beweisaufnahme entsprechend der Zivilprozessordnung feststellt.

(2) Eine förmliche Beweisaufnahme hat stattzufinden, wenn es in diesem Gesetz vorgesehen ist.

(3) Eine förmliche Beweisaufnahme über die Richtigkeit einer Tatsachenbehauptung soll stattfinden, wenn das Gericht seine Entscheidung maßgeblich auf die Feststellung dieser Tatsache stützen will und die Richtigkeit von einem Beteiligten ausdrücklich bestritten wird.

(4) Den Beteiligten ist Gelegenheit zu geben, zum Ergebnis einer förmlichen Beweisaufnahme Stellung zu nehmen, soweit dies zur Aufklärung des Sachverhalts oder zur Gewährung rechtlichen Gehörs erforderlich ist.

(5) [1]In geeigneten Fällen und soweit ausreichende Kapazitäten zur Verfügung stehen, kann das Gericht auf Antrag oder von Amts wegen die Vernehmung eines Zeugen oder Sachverständigen per Bild- und Tonübertragung gestatten. [2]Das Antragsrecht steht den Beteiligten, Zeugen und Sachverständigen zu. [3]§ 128a Absatz 1, 5 und 6 der Zivilprozessordnung gilt entsprechend. [4]Entscheidungen über die Gestattung oder Ablehnung der Vernehmung per Bild- und Tonübertragung sind unanfechtbar.

Durch G zur Förderung des Einsatzes von Videokonferenztechnik in der Zivilgerichtsbarkeit und den Fachgerichtsbarkeiten v 15.7.2024 (BGBl 2024 I Nr 237) wurde V mWv 19.7.2024 angefügt.

Lit: S § 29.

I) Allgemein. Die Vorschrift trifft Bestimmungen für die förml Beweisaufnahme (sog **Strengbeweis**) in fG-Verf. I enthält den Grundsatz der Ermessensentscheidung über die Wahl zwischen Frei- und Strengbeweis, II u III Einschränkungen dieses Ermessens. IV gehört systematisch zur Amtsermittlungspflicht (§ 26) und der Gewährung rechtl Gehörs (§ 37 II). V ermöglicht die Vernehmung eines Zeugen oder SV im Wege der Bild- und Tonübertragung. 1

II) Wahl zwischen Frei- und Strengbeweis (§ 30 I). 1) Grundsätze. Die Entscheidung, ob es den erhebl Sachverhalt durch förml Beweisaufnahme entspr der ZPO ermittelt und feststellt, trifft das Gericht sowohl in Amtswie in Antragsverf (BayObLG FamRZ 2004, 1821) nach seinem pflichtgemäßen Ermessen. Das Gesetz verzichtet weitgehend auf ermessensleitende Kriterien für diese Entscheidung, um die Flexibilität des Verf zu erhalten (Begr RegE BTDrs 16/6308, 189). Auszugehen ist entsprechend der Amtsermittlungspflicht (§ 26) von dem Grundsatz, dass der Strengbeweis dann erforderl ist, wenn dies zur ausreichenden Sachaufklärung oder wegen der Bedeutung der Angelegenheit notwendig ist (Begr RegE BTDrs 16/6308, 189). Wenn durch Ermittlungen im Freibeweisverfahren (s § 29 Rn 2) eine hinreichend **sichere Aufklärung** zu erreichen ist, bedarf es einer förml Beweisaufnahme nach I hingegen nicht (OLG München FamRZ 2007, 2009; BayObLG FamRZ 2004, 1821). Tatsachenbehauptungen, die sich in einem Freibeweisverf nicht haben bestätigen lassen, muss das Ge- 2 richt aber grds nicht auch noch durch Strengbeweis nachgehen (OLG Hamm FamRZ 2025, 48; OLG Hamm FamRZ 2020, 1872).

3 Ein spezielles **Antragsrecht** auf Durchführung einer förml Beweisaufnahme besteht nicht (zum Beweisantrag allg s § 26 Rn 10). Den Beteiligten bleibt es aber unbenommen, förml Beweisaufnahme anzuregen. Das Gericht ist daran weder gebunden noch hat es diese Anregung zu bescheiden (s § 26 Rn 11), sie aber im Rahmen seines Ermessens zu berücksichtigen. Wenn die Ermessensentscheidung zu Gunsten des Freibeweises nicht zu beanstanden ist, kann dessen Durchführung nicht entgegen gehalten werden, dass die Garantien der förml Beweisaufnahme – Unmittelbarkeit, Beteiligtenöffentlichkeit – nicht eingehalten wurden (BayObLG NJW-RR 96, 583).

4 **2) Anwendung des Freibeweises.** Sie kommt insb in Betracht, wenn in **Amtsverfahren** überhaupt erst festgestellt werden soll, ob Tatsachen vorliegen, die zu Maßnahmen Anlass bieten können (Jansen/Briesemeister § 12 FGG Rn 51). Auch in diesem Prüfungsstadium bedarf es bereits gerichtl Feststellungen, da diese von einem Bestreiten unabhängig sind (s § 26 Rn 2). Ferner können Erkenntnisse des Freibeweises zur **Ergänzung** eines bereits im Wesentl geklärten Sachverhalts herangezogen werden. Der Freibeweis ist bei **Eilbedürftigkeit** idR geeigneter, da schneller durchzuführen (BayObLG NJW 90, 1857). Er ist auch – wie im Zivilprozess (BGH NJW 2000, 814; BGH NJW 97, 3319) – bei der Feststellung von **Verfahrensvoraussetzungen** anwendbar (Begr RegE BTDrs 16/6308, 189). Er bietet sich iÜ insb bei der Befragung von Außenstehenden (zB Ärzten) oder Behördenmitarbeitern an. Sa § 29 Rn 2 f.

5 **3) Förmliche Beweisaufnahme.** Sie ist grds erforderl, **a)** wenn durch formlose Ermittlungen eine **genügende Sachaufklärung** nicht zu erreichen ist (OLG Hamm FamRZ 2025, 48; OLG Karlsruhe FamRZ 2016, 1006); zB wenn sich schriftl eingeholte Stellungnahmen widersprechen (OLG Saarbrücken NJW-RR 88, 1211) oder nicht überzeugen oder ggf Zwangs- und Ordnungsmittel ggü Zeugen anzuwenden sind (OLG Hamm FamRZ 2025, 65); – **b)** wenn das Recht der Beteiligten, an der Tatsachenfeststellung **mitzuwirken**, auf andere Weise nicht hinreichend gesichert ist (OLG Karlsruhe FamRZ 2016, 1006; OLG Saarbrücken NJW-RR 88, 1211; OLG Köln FamRZ 93, 1253). Hauptanwendungsfall ist die Möglichkeit, auf die Vernehmung von Zeugen und SV durch Fragen und Vorhalte Einfluss zu nehmen; – **c)** wenn es für die Entscheidung auf die Feststellung einer bestimmten **Einzeltatsache** ankommt (OLG München FamRZ 2007, 2009; BayObLG NJW-RR 96, 583; OLG Köln FamRZ 93, 1253); sofern diese Tatsache zudem str ist, findet III Anwendung; – **d)** wegen der **Schwere** des Eingriffs. Dies ist bei Eingriffen in Grundrechte (Art 6 GG) regelmäßig der Fall (Sternal/Sternal Rn 15), nicht aber stets. Eine förml Beweisaufnahme kann entbehrl sein, wenn die den Eingriff rechtfertigenden Tatsachen unstreitig sind (Begr RegE BTDrs 16/6308, 189).

6 **III) Gesetzliche Anordnung (§ 30 II).** In einigen Verf schreibt das FamFG eine **förmliche Beweisaufnahme** wegen der Schwere des Eingriffs vor, so in Abstammungssachen (§ 177 II) und Unterbringungsverf (§ 321).

7 **IV) Streitige Tatsache (§ 30 III). 1) Grundsatz.** III schränkt das Ermessen nach I ein. Wenn eine Tatsache, die für die zu treffende Entscheidung von maßgebl Bedeutung ist, im Freibeweisverf str geblieben ist, soll das Gericht eine förml Beweisaufnahme durchführen (Begr RegE BTDrs 16/6308, 189). Erforderl sind kumulativ **3 Voraussetzungen:**

8 **a) Maßgebliche Bedeutung der Tatsache.** Sie liegt vor, wenn die Tatsache für die zu treffende Entscheidung als Haupttatsache den Tatbestand einer entscheidungsrelevanten Norm unmittelbar ausfüllt. Wenn die str Tatsache eine Indiztatsache für das Vorliegen einer Haupttatsache ist, muss zum einen die angeführte Relevanz der Haupttatsache gegeben, zum anderen ein hinreichend sicherer Rückschluss von der Indiz- auf die Haupttatsache mögl sein (Begr RegE BTDrs 16/6308, 190). Ist die str Tatsache eine von mehreren Anknüpfungstatsachen, mit denen die Annahme eines unbestimmten Rechtsbegriffs, zB des Kindeswohls, begründet werden soll, ist sie (nur) im Wege des Strengbeweises zu klären, wenn ihr im Rahmen der gerichtl Abwägung ausschlaggebende Bedeutung zukommt (VerfGH Berlin JAmt 2018, 150; Begr RegE BTDrs 16/6308, 190).

9 **b) Verwertungsabsicht.** Das Gericht will die Tatsache seiner Entscheidung **zu Grunde legen**. Anwendungsfall von III sind nach der Vorstellung des Gesetzgebers (Begr RegE BTDrs 16/6308, 190) nicht Zweifel des Gerichts (dann ggf Entscheidung für förml Beweisaufnahme nach I, s Rn 5). Es soll vielmehr seine positive Überzeugung vom Vorliegen einer Tatsache noch einmal im förml Beweisverf überprüfen müssen (OLG Hamm FamRZ 2020, 1872), wenn sie auch nach dem Ergebnis eines Freibeweisverf noch bestritten (s Rn 10) wird (ThP/Seiler Rn 9).

10 **c) Ausdrückliches Bestreiten der Tatsache.** Konkludentes oder pauschales Bestreiten reicht nicht aus. IdR ist ein substantiiertes Bestreiten erforderl, es sei denn, dem Beteiligten ist ein höherer Grad an Substantiierung nicht mögl oder zuzumuten (Begr RegE BTDrs 16/6308, 190). Liegen bereits im Freibeweis gewonnene Erkenntnisse vor, muss der Beteiligte in Ausprägung seiner Mitwirkungspflicht gem § 27 und entspr den zu § 138 ZPO entwickelten Grundsätzen (s § 138 ZPO Rn 8) konkret, ggf durch eine nachvollziehbare Gegendarstellung, darlegen, warum er diese für falsch hält (Begr RegE 16/6308, 190). Bei den an die Substantiierung zu stellenden Anforderungen ist die Fähigkeit der Beteiligten, sich im Verf zu artikulieren, zu berücksichtigen (Begr RegE 16/6308, 190).

11 **2) Ausnahme.** Da es sich um eine **Soll-Vorschrift** handelt, kann das Gericht im Ausnahmefall von einer grds erforderl förml Beweisaufnahme auch absehen. Eine Pflicht zum Strengbeweis ist nur dort gerechtfertigt, wo

auch der Zivilprozess ihn vorsieht (Begr RegE BTDrs 16/6308, 189 bzgl Verfahrensvoraussetzungen). Daher können die Beteiligten auch dann, wenn eigentl eine förml Beweisaufnahme erforderl wäre, ihr **Einverständnis** mit dem Freibeweisverf entspr § 284 S 2 ZPO erklären (SchBW/Brinkmann Rn 22). Ob das Gericht dem folgt, entscheidet es danach, ob die Amtsermittlungspflicht (§ 26) dies rechtfertigt.

V) Durchführung (§ 30 I). 1) Grundsätze. Die Verweisung in I erfasst die **§§ 284-294 ZPO** nach ihrem Regelungsgehalt nicht. Diese Bestimmungen sind entweder wegen der dem Gericht obliegenden Amtsermittlung nicht anzuwenden (§§ 288-290 ZPO, Geständnis; § 292 ZPO, dazu s § 37 Rn 7) oder sind im FamFG ausdrückl anderweitig geregelt: § 285 (§ 30 IV FamFG), § 286 (§ 37 I FamFG), § 294 ZPO (§ 31). Die Geltung von § 291 (offenkundige Tatsachen) und § 293 ZPO (fremdes Recht usw, zur entspr Anwendbarkeit s BGHZ 198, 14 = WM 2013, 1894 Tz 25) geht über den Anwendungsbereich von § 30 hinaus und beruht darauf, dass es sich um allg Rechtsgrundsätze handelt. – Die förml Beweisaufnahme folgt den Regelungen der ZPO (**§§ 355 ff ZPO**), allerdings nur in entspr Anwendung. Dies bedeutet, dass diese Regeln nur Anwendung finden, soweit die Grundsätze des fG-Verf keine Abweichung gebieten. Über die Beweisaufnahme ist ein Vermerk gem § 28 IV anzufertigen, kein **Protokoll** entspr §§ 160 ff ZPO (Begr RegE BTDrs 16/6308, 187; Sternal/Sternal § 29 Rn 28; aA ThP/Seiler Rn 8). Das Ergebnis (Aussage der Zeugen und SV usw) muss aber in einer § 160 I Nrn 4, 5, §§ 161, 162 ZPO entspr Form dokumentiert werden, da dies notw Bestandteil einer ZPO-Beweisaufnahme ist. – Der Verweis auf die ZPO erfasst auch die **Anfechtbarkeit** von Entscheidungen im Beweisverf (BGH FamRZ 2015, 1875). Der **Beweisbeschluss** selbst ist grds nicht anfechtbar, s § 58 Rn 13. – Zur Würdigung einer Beweisaufnahme, Beweislast, Beweisvereitelung usw s § 37 Rn 6 ff. 12

2) Anwendbare Vorschriften. Anzuwenden sind daher folgende allg Vorschriften über die Beweisaufnahme: **a)** die Grundsätze der **Unmittelbarkeit** und der **Beteiligtenöffentlichkeit** (§§ 355, 357 ZPO; OLG München FamRZ 2008, 2047; BayObLG NJW-RR 96, 583, je zum FGG); – **b)** die Vorschriften über den Beweisbeschluss (§§ 358 ff ZPO, BGH FamRZ 2013, 211; BGH FamRZ 2010, 1726); – **c)** die Beweisaufnahme durch den beauftragten oder ersuchten Richter (BGH FamRZ 2010, 1433 LS = InfAuslR 2010, 384) sowie im Ausland (§§ 361-363, §§ 365-369, § 375 ZPO); – **d)** die Verbindung von Beweis- mit Erörterungstermin (§ 370 ZPO; Begr RegE BTDrs 16/6308, 191). 13

3) Nicht anwendbare Vorschriften. Von den allg Vorschriften nicht anwendbar sind § 356 (Beibringungsfrist) und § 364 ZPO (Parteimitwirkung bei Beweisaufnahme im Ausland), da sie mit dem Grundsatz der Amtsermittlung (§ 26) nicht vereinbar sind. Aus diesem Grund nicht anwendbar sind auch die §§ 288-290, § 292 ZPO (ges Vermutungen; dazu s § 37 Rn 6; für § 292 aA PH/Prütting Rn 18). 14

VI) Beweismittel. Es sind die der **ZPO:** Augenscheinseinnahme (§§ 371 ff ZPO), Zeugenbeweis (§§ 373 ff ZPO), SV-Beweis (§§ 402 ff ZPO), Urkundenbeweis (§§ 415 ff ZPO), Beteiligtenvernehmung (Parteivernehmung, §§ 445 ff ZPO). Es gelten die Vorschriften der Beweisaufnahme nach der ZPO mit folgenden **Besonderheiten:** 15

1) Augenscheinsbeweis. § 371 I, II ZPO (Beweisantritt) ist nicht anwendbar, da mit der Ermittlung des Sachverhalts durch das Gericht (§ 26) nicht vereinbar. Anordnung und Durchführung der Beweisaufnahme erfolgt durch das Gericht. Es kann daher die Vorlage des Gegenstands usw anordnen und notfalls durch Zwangsmittel gem § 35 durchsetzen. Ebenfalls nicht anwendbar ist § 371 III ZPO (Vereitelung des Augenscheins), da er auf den Parteiprozess („Behauptungen des Gegners") zugeschnitten ist und die Fiktion dem Grundsatz der Amtsermittlung widerspricht (s § 26 Rn 2; aA SchBW/Brinkmann Rn 43; Sternal/Sternal Rn 40). Anwendbar sind allein die allg Grundsätze der **Beweisvereitelung** (s § 37 Rn 7). – Zur Verwertung **heimlicher Videoaufnahmen** in Verf gem § 1666 BGB OLG München FamRZ 2021, 1716. 16

2) Zeugenbeweis. § 373 ZPO (Beweisantritt) ist nicht anwendbar, da mit dem Grundsatz der Amtsermittlung (§ 26) nicht vereinbar; dasselbe gilt für § 379 ZPO (Auslagenvorschuss). Anzuwenden sind die Vorschriften der ZPO über die **Beeidigung**. Ein Verzicht auf die Beeidigung (§ 391 ZPO) bindet das Gericht aber wegen der Amtsermittlung nicht. Als Zeugen vernommen werden kann nur, wer **nicht Beteiligter** iSv § 7 I, II ist oder gem § 7 III hinzugezogen worden ist; spätere Zuziehung steht der Verwertung nicht entgegen (sa vor § 373 ZPO Rn 9). Nicht als Zeuge vernommen werden kann, wer als ges Vertreter einen nicht voll Geschäftsfähigen (Kind) im Verf vertritt (§ 9 II). In diesem Fall ist das **Kind** zeugnisfähig (s § 455 ZPO Rn 1), es sei denn, es ist gem § 9 I Nr 3 partiell handlungsfähig (SchBW/Brinkmann Rn 49); dann ist es nicht als Zeuge, sondern ggf als Beteiligter zu vernehmen. Wegen ihrer eigenen verfahrensrechtl Stellung (vgl zB § 60) können Kinder auch in **Kindschaftssachen** nicht als Zeugen vernommen werden (§ 163 III), hingegen in anderen Verf (OLG Stuttgart FamRZ 2015, 1189 für Ehewohnungssache). Gem V ist eine Vernehmung im Wege der **Bild- und Tonübertragung** zulässig; s Rn 23. Der Verfahrensbeistand hat ein **Zeugnisverweigerungsrecht** gem § 383 I Nr 6 ZPO (OLG Braunschweig FamRZ 2012, 1408). Zum Zeugnisverweigerungsrecht einer Bank in einem Verf zum VersAusgl s BGH FamRZ 2024, 630. 17

3) Sachverständigenbeweis. § 403 (Beweisantritt), § 402 (Auslagenvorschuss) und § 404 IV ZPO (Einigung über SV) sind nicht anwendbar, da mit dem Grundsatz der Amtsermittlung (§ 26) nicht vereinbar. Die Verwertung eines Gutachtens aus anderem Verf entspr § 411a ZPO ist zulässig, wenn dies angekündigt und Gelegenheit zur Stellungnahme gegeben wird (BGH FamRZ 2017, 48; BGH FamRZ 2016, 1149; BGH FamRZ 2012, 18

293). Einen generellen **Zeitraum**, ab wann ein Gutachten nicht mehr verwertbar ist, gibt es nicht, es kommt auf den Einzelfall an (BGH FamRZ 2016, 2091 = MDR 2017, 93: über 1 Jahr zurückliegend). Im Verf nach § 1666 BGB kann ein Elternteil nicht zu einer **psychiatrischen Untersuchung** gezwungen werden, Weigerung ist nicht als Beweisvereitelung zu werten (BGH FamRZ 2010, 720; KG FamRZ 2021, 1226; OLG Nürnberg FamRZ 2014, 677); nach OLG Nürnberg (FamRZ 2014, 677; sa § 58 Rn 13) ist gegen Anordnung sof Beschwerde statthaft. Er kann aber in Anwesenheit eines SV gerichtl angehört, hierzu kann das persönl Erscheinen angeordnet und ggf gem § 33 FamFG erzwungen werden (BGH FamRZ 2010, 720; sa BGH FamRZ 2016, 1149). Die Begutachtung des **Kindes** gegen den Willen des Sorgeberechtigten ist unzulässig, die Zustimmung kann aber im Einzelfall bei Kindeswohlgefahr gem § 1666 III BGB ersetzt werden (BGH FamRZ 2010, 720). Es besteht kein Anspruch auf eine Begleitung oder Audio-/**Videodokumentation** der Exploration (KG FamRZ 2021, 1226). Ein Gutachten kann auch mündl erstattet werden (BGH FamRZ 2010, 1726). – Die Ablehnung bestimmt sich entspr § 406 ZPO (zur Rechtzeitigkeit KG FamRZ 2021, 1906), Rechtsmittel ist sof Beschwerde gem § 567 ZPO (OLG Frankfurt FamRZ 2023, 370; OLG Naumburg FamRZ 2012, 657; sa BGH FamRZ 2015, 1875). – Die Anwendung der Hinweispflicht des SV gem **§ 407a IV 2 ZPO** (hohe Kosten) in Amtsverf ist str (s OLG Frankfurt FamRZ 2024, 470 mit umfangreichen Nw zur Rspr). – Gem V ist eine Erstattung oder Erläuterung des Gutachtens im Wege der **Bild- und Tonübertragung** zulässig; s Rn 23.

19 **4) Urkundenbeweis.** §§ 420, 421 ZPO (Beweisantritt) sind nicht entspr anwendbar, da mit dem Grundsatz der Amtsermittlung (§ 26) nicht vereinbar. Die Bestimmungen über die Beweiskraft **öffentliche Urkunden** sind entspr anzuwenden (BayObLG FamRZ 2000, 1051). Konkreten (s § 26 Rn 4) Zweifeln daran, ob der Vorgang richtig beurkundet wurde (§ 415 II ZPO), muss das Gericht vAw nachgehen (BayObLG FamRZ 2000, 1051). Zur Widerlegung der Beweiskraft ist die Überzeugung notwendig, dass der Vorgang nicht richtig beurkundet wurde (BayObLG FamRZ 2000, 1051). Für die Beweiskraft von **Privaturkunden** gelten die §§ 416, 419 ZPO, nicht aber die Beweisregeln der §§ 439, 440 II ZPO; an ihre Stelle tritt die richterl Beweiswürdigung (s § 37 Rn 8; BayObLG NJW-RR 2002, 1453; Sternal/Sternal § 29 Rn 34). Der Verweis auf die Vorschriften der ZPO erfasst auch die Verpflichtung zur **Vorlage** von Urkunden (§ 425 ZPO); die abw frühere Rspr (zB BayObLG FamRZ 88, 658) beruhte darauf, dass § 15 FGG nicht auf den Urkundenbeweis verwies, und ist daher überholt. Nicht anwendbar ist aber § 427 ZPO (Folgen der Nichtvorlegung durch Gegner), da dies mit dem Amtsermittlungsgrundsatz nicht vereinbar ist (SchBW/Brinkmann Rn 91); eine Weigerung kann aber bei der Beweiswürdigung berücksichtigt werden. Das Gericht kann die Herausgabe oder Vorlage anordnen und dies gem § 35 durchsetzen. Dem steht der Verweis auf die Vorschriften der ZPO nicht entgegen, da die „entspr" Anwendung den Unterschied zwischen Parteiprozess und Amtsermittlungsverf berücksichtigen muss.

20 **5) Beteiligtenvernehmung.** Sie ist in Abgrenzung zur persönl Anhörung (§§ 33, 34) eine Beweisaufnahme entspr §§ 445 ff ZPO. § 445 ZPO (Beweisantritt) ist nicht entspr anzuwenden, da mit dem Grundsatz der Amtsermittlung (§ 26) nicht vereinbar. Entspr gilt für die §§ 446, 447 ZPO, da diese eine formelle Beweislast voraussetzen, die das fG-Verf nicht kennt (s § 37 Rn 9). Dies gilt auch für § 448 ZPO, so dass ein „Anbeweis" nicht erforderl ist (SchBW/Brinkmann Rn 95; aA Sternal/Sternal Rn 120).

21 **6) Amtliche Auskünfte.** Diese (§ 273 II Nr 2 ZPO) können im Beweisverf nach der ZPO eingeholt werden (s § 358a Nr 2 ZPO) und sind daher auch im fG-Verf im förml Beweisverf zulässig (SchBW/Brinkmann Rn 100).

22 **VII) Gelegenheit zur Stellungnahme (§ 30 IV).** Das Gericht ist verpflichtet, den Beteiligten Gelegenheit zur Stellungnahme zum Ergebnis einer Beweiserhebung im Strengbeweisverf zu geben, soweit dies zur **Aufklärung** des Sachverhalts (§ 26) oder zur Gewährung **rechtlichen Gehörs** erforderl ist. Im letztgenannten Fall wird auch § 37 II Rechnung getragen. Gelegenheit zur Stellungnahme kann schriftl gegeben werden (PH/Prütting Rn 16). Da die förml Beweisaufnahme idR in Anwesenheit der Beteiligten oder ihrer Vertreter stattfindet, dürfte in den meisten Fällen aber eine Gelegenheit zur Stellungnahme im Anschluss an die Beweisaufnahme naheliegen (sa § 32 Rn 3).

23 **VIII) Beweisaufnahme mittels Bild- und Tonübertragung (§ 30 V).** Durch das G zur Förderung des Einsatzes von Videokonferenztechnik in der Zivilgerichtsbarkeit und den Fachgerichtsbarkeiten v 15.7.2024 (BGBl 2024 I Nr 237) wurde V eingefügt. Danach kann das Gericht eine Vernehmung von **Zeugen und Sachverständigen** per Bild- und Tonübertragung gestatten, wenn sich die Sache dafür eignet und ausreichende Kapazitäten zur Verfügung stehen. Für eine förml **Beteiligtenvernehmung** (s Rn 20) fehlt eine Regelung. Da für eine abweichende Handhabung aber keine Rechtfertigung besteht, ist eine entspr Anwendung gerechtfertigt. Das Gericht entscheidet nach seinem **Ermessen von Amts wegen** oder auf **Antrag**. Diesen können die Beteiligten oder die zu vernehmende Person stellen (**S 2**). Die Entscheidung ist **unanfechtbar** (**S 4**). Anders als gem § 32 III 3 ist auch für den Fall der Ablehnung eines Antrags eine Begr nicht erforderl. § 128a I ZPO (allg Voraussetzungen), § 128a V ZPO (Leitung der Videoverhandlung) und § 128a VI ZPO (Aufzeichnung) gelten entspr. Die Regelung gilt mangels anderweitiger Bestimmung (vgl Art 19 I des Gesetzes) auch für bereits **anhängige Verfahren**.

24 **IX) Gebühren.** Wie § 29 Rn 7.

§ 31 Glaubhaftmachung

(1) Wer eine tatsächliche Behauptung glaubhaft zu machen hat, kann sich aller Beweismittel bedienen, auch zur Versicherung an Eides statt zugelassen werden.

(2) Eine Beweisaufnahme, die nicht sofort erfolgen kann, ist unstatthaft.

Eine Glaubhaftmachung ist nur ausreichend, wenn das Gesetz dies anordnet. Sie ist im FamFG vor allem in **Zwischen-** und **Eilverfahren** vorgesehen. Dies ist insb in den § 18 III 1, § 33 III 4, § 44 II 1, §§ 95 III 1, § 107 IV 2, § 120 II 2, § 155 II 5 sowie durch Bezug auf die entspr Vorschriften der ZPO in den § 6 I 1, § 32 I 2, § 48 II 2, § 76 I, § 85, § 118, § 119 II 2 der Fall. – Die Vorschrift **entspricht** wörtl **§ 294 ZPO**; auf die dortige Erläuterung wird verwiesen. Sa § 51 Rn 5. 1

§ 32 Termin

(1) [1]Das Gericht kann die Sache mit den Beteiligten in einem Termin erörtern. [2]Die §§ 219, 227 Abs. 1, 2 und 4 der Zivilprozessordnung gelten entsprechend.

(2) Zwischen der Ladung und dem Termin soll eine angemessene Frist liegen.

(3) [1]In geeigneten Fällen und soweit ausreichende Kapazitäten zur Verfügung stehen, soll das Gericht zur Erörterung der Sache auf Antrag eines Beteiligten oder von Amts wegen die Teilnahme per Bild- und Tonübertragung für einen Beteiligten, mehrere oder alle Beteiligte gestatten. [2]§ 128a Absatz 1, 5 und 6 der Zivilprozessordnung gilt entsprechend. [3]Die Ablehnung eines Antrags auf Teilnahme per Bild- und Tonübertragung ist kurz zu begründen. [4]Entscheidungen über die Gestattung oder Ablehnung der Erörterung per Bild- und Tonübertragung sind unanfechtbar.

Durch G zur Förderung des Einsatzes von Videokonferenztechnik in der Zivilgerichtsbarkeit und den Fachgerichtsbarkeiten v 15.7.2024 (BGBl 2024 I Nr 237) wurde III mWv 19.7.2024 neu gefasst.

Lit: *Frank*, Die Neuregelung der Videoverhandlung in FamSachen, FamRZ 2024, 1593; *Greger*, Zeitgerechte Kommunikation im familiengerichtlichen Verfahren: mündlich, schriftlich, elektronisch?, FF 2020, 387; *Riedel/Vogelmair*, Videokonferenztechnik – Einsatz im Bereich der Rechtspflegeraufgaben, Rpfleger 2024, 500.

I) Anwendungsbereich. § 32 ist nur anwendbar auf **fG-Verfahren** (s vor § 23 Rn 1). In **Ehe- und FamStreitsachen** (§§ 112, 121) gilt gem § 113 I 1 das Mündlichkeitsprinzip des § 128 I ZPO (KG FamRZ 2011, 591; OLG Hamm AGS 2011, 172). Neben dem in § 32 geregelten Erörterungstermin gibt es Beweis- und (reine) Anhörungstermine (s § 34). 1

II) Entscheidung über Terminsanberaumung (§ 32 I 1). I 1 stellt klar, dass das Gericht in **jedem Verfahren** die Möglichkeit hat, die Sache mit den Beteiligten in einem Termin mündl zu erörtern, wenn es dies für sachdienl hält. Sofern das Gesetz die Durchführung eines Termins verlangt, verbleibt es dabei. Dies ist gem § 155 II 1 in den **Kindschaftssachen** der Fall, die den Aufenthalt, den Umgang oder die Herausgabe des Kindes sowie Entscheidungen wegen Gefährdung des Kindeswohls betreffen. In den **übrigen Verfahren** hat das Gericht nach pflichtgemäßem **Ermessen** (OLG Frankfurt FamRZ 2024, 449; Begr RegE BTDrs 16/6308, 191) – das durch die Pflicht zur Amtsaufklärung (§ 26) begrenzt ist – zu entscheiden, ob es einen Erörterungstermin anberaumt. Dieses Ermessen wird in einer Reihe von **FamSachen** dadurch reduziert, dass in ihnen die Angelegenheit in einem Termin erörtert werden „soll“: § 175 I 1 (Abstammungssachen), § 207 (Ehewohnungs- und Haushaltssachen), § 221 I (VersAusglSachen). Aus der jew Fassung als **Soll-Vorschrift** ist zu schließen, dass das Gericht grds zur Durchführung eines Erörterungstermins verpflichtet ist; ein Absehen davon muss begründet werden (BayObLG ZMR 1999, 349 = BayObLGR 99, 26 LS; PH/Abramenko Rn 19). Ein Verzicht auf einen Termin ist verfahrensfehlerhaft, wenn dadurch gegen die Amtsermittlungspflicht (§ 26) oder den Grundsatz rechtl Gehörs verstoßen wird (BGH NJW 83, 824 = MDR 83, 475; OLG Koblenz FamRZ 85, 1144). 2

In einstw **Anordnungsverfahren** (Ausnahme: in Unterhaltssachen grds mündl Verh erforderl, § 246 II) kann von der Anberaumung eines im Hauptsacheverf erforderl Termins abgesehen werden (§ 51 II 2), der aber auf Antrag nachzuholen und dann Grundlage einer neuen Entscheidung ist, § 54 II. – Führt das Gericht eine förml **Beweisaufnahme** nach den Vorschriften der ZPO durch (§ 30), ist den Beteiligten zu gestatten, der Beweisaufnahme beizuwohnen (§ 357 I ZPO). Erfolgt die Beweisaufnahme vor dem Gericht, bei dem das Verf anhängig ist, ergibt sich aus der entspr Anwendung von § 370 I ZPO, dass sie in einem Termin stattzufinden hat, der zugleich der Erörterung der Sache mit den Beteiligten dient. 3

III) Funktion des Termins. Anders als im Zivilprozess (s § 128 ZPO Rn 1) ist Entscheidungsgrundlage gem § 37 I nicht nur das in einem ggf durchgeführten Erörterungstermin Vorgebrachte, sondern der gesamte, sich aus den Akten ergebende Tatsachenstoff (BayObLG FamRZ 90, 1279 = MDR 90, 1023; Begr RegE BTDrs 16/6308, 191; sa § 37 Rn 2), der auch noch nach dem Termin bis zum Erlass der Entscheidung (§ 38 III 3) ergänzt 4 werden kann. Die Entscheidung muss grundsätzl auch nicht von den **Richtern**/dem Rpfleger getroffen werden, die an dem Erörterungstermin teilgenommen haben (KG NJW-RR 1994, 278; BayObLGZ 2002, 369 = MDR 2003, 410; PH/Abramenko Rn 8).

5 Zweck des Termins ist va die **Aufklärung** des Sachverhalts (§ 26) und in Ausprägung des Rechts auf **rechtliches Gehör** (§ 37 II) die Gelegenheit für die Beteiligten, ihre Position dem Gericht mündl zu vermitteln (OLG Frankfurt FamRZ 2024, 449; zum FGG: BGH NJW 1998, 3713). Dem kommt bes Bedeutung dann zu, wenn schriftl ungewandte Beteiligte ohne anwaltl Vertretung ein Verf betreiben. In geeigneten Fällen kann der Termin auch der Herbeiführung einer gütl **Einigung** (§ 36 I 2) dienen.

6 **IV) Anberaumung des Termins (§ 32 I 2, II).** Entspr § 219 ZPO soll der Termin an der Gerichtsstelle abgehalten werden, was in FamSachen (anders in Betreuungs- und Unterbringungssachen) auch idR gerechtfertigt ist. Zu laden sind die **Beteiligten** iSv § 7. Hat ein Beteiligter einen RA als Verfahrensbevollmächtigten bestellt, ist dieser gem § 15 II 1 FamFG iVm § 172 I 1 ZPO zu laden. Sofern der Beteiligte sich durch einen sonstigen Bevollmächtigen gem § 10 II 2 vertreten lässt, kann dieser entspr § 171 ZPO mW für den Beteiligten geladen werden. Der Beteiligte selbst muss an dem Termin neben einem Vertreter nur teilnehmen, wenn sein persönl Erscheinen (§ 33) angeordnet ist. Die **Ladung** kann gem § 15 sowohl durch förml Zustellung entspr §§ 166 ff ZPO als auch durch Aufgabe zur Post bewirkt werden. Eine konkrete **Ladungsfrist** bestimmt II nicht. Zur Konkretisierung der Angemessenheit der Frist kann § 217 ZPO (Mindestfrist in Anwaltsverf 1 Woche und in sonstigen Verf 3 Tage) herangezogen werden (vgl OLG Frankfurt FamRZ 2013, 316: 1 Woche in Gewaltschutzverf); eine Unterschreitung dieser Fristen dürfte in FamSachen nur bei bes Eilbedürftigkeit in Betracht kommen (PH/Abramenko Rn 26; SchBW/Schulte-Bunert Rn 11). – Hinsichtl der **Änderung** eines Termins findet § 227 I, II ZPO entspr Anwendung. Mangels Verweises auf § 227 III ZPO ist auch bei entspr Antrag ein in der Zeit vom 1.7. bis 31.8. anberaumter Termin nicht notwendig zu verlegen. Soweit auch nach der Änderung durch das G zur Förderung des Einsatzes von Videokonferenztechnik in der Zivilgerichtsbarkeit … v 15.7.2024 in I weiterhin auf § 227 IV ZPO, nicht aber auf § 227 V ZPO verwiesen wird, dürfte es sich um ein Versehen handeln. Gemeint ist wohl ein Verweis auf § 227 V ZPO nF (Entscheidung über Terminsänderung), der § 227 IV ZPO aF entspr (s vor § 227 ZPO Rn 1).

7 **V) Durchführung des Termins.** Bei der Gestaltung des Termins hat das Gericht einen größeren Spielraum als nach der ZPO. Einer **Antragstellung** bedarf es angesichts der anderen Funktion des Termins (s Rn 4) nicht. Sie kann aber sachgerecht sein, um das Rechtsschutzziel der Beteiligten klarzustellen. Bleibt ein Beteiligter dem Termin fern, wird dieser ohne ihn durchgeführt; eine **Versäumnisentscheidung** ist unzulässig. Der Termin ist gem § 170 I GVG grds **nicht öffentlich**; das Gericht kann die Öffentlichkeit zulassen, aber nicht gegen den Willen eines Beteiligten. IE s § 170 GVG Rn 1. Über den Termin ist gem s § 28 IV ein **Vermerk** zu fertigen; wegen der Einzelheiten s § 28 Rn 8 ff. Ein **erneuter** Termin muss nur durchgeführt werden, wenn dies angesichts seines Zwecks (s Rn 4 f) erforderl ist.

8 Die **persönliche Anhörung** eines Beteiligten (§ 34) muss nicht zwingend in einem Termin zur Erörterung stattfinden (Begr RegE BTDrs 16/6308, 191), wobei dies in vielen Fällen sachgerecht sein kann. Ein Erörterungstermin kann – anders als eine persönl Anhörung – auch nur mit Verfahrensbevollmächtigten durchgeführt werden. Ein Anspruch auf ein sog **Rechtsgespräch** besteht in fG-Verf grds weder einfachges (BayObLG FamRZ 90, 1279 = MDR 90, 1023) noch von Verfassungs wegen (BVerfG NJW 96, 3202). Das Gericht muss auch nicht mitteilen, wie es die Sache rechtl beurteilen werde (BayObLG Rpfleger 83, 485 = FamRZ 83, 1261 LS). Dennoch kann eine Erörterung der Rechtslage geboten sein, um die Beteiligten im Rahmen der Amtsermittlungspflicht zur Mitwirkung (§ 27) zu veranlassen und auf noch fehlenden Sachvortrag hinzuwirken (BayObLG FamRZ 90, 1279 = MDR 90, 1023). Sofern das Gericht keine mündl Verh durchführt oder sich nach dieser neue Erkenntnisse ergeben, hat es den Beteiligten auf andere Weise **rechtliches Gehör** zu gewähren (§ 37 II). Zu rechtl Hinweisen s § 28 Rn 4.

9 **VI) Bild- und Tonübertragung (§ 32 III).** Durch das G zur Förderung des Einsatzes von Videokonferenztechnik in der Zivilgerichtsbarkeit und den Fachgerichtsbarkeiten v 18.7.2024 (BGBl 2024 I Nr 237) wurde III mWv 19.7.2024 geändert. Danach soll das Gericht eine Erörterung per Bild- und Tonübertragung gestatten, wenn sich die Sache dafür eignet und ausreichende Kapazitäten zur Verfügung stehen. Dies kann für einen, mehrere oder alle Beteiligten erfolgen. Das Gericht entscheidet **von Amts wegen** oder auf **Antrag** eines Beteiligten. Als Beteiligter idS ist sachgerecht ein formell Beteiligter anzusehen, also wer sich an dem Verf beteiligt. Wer zwar gem § 7 hinzuzuziehen ist, sich am Verf aber nicht beteiligt, hat kein schutzwürdiges Interesse an einer Bild- und Tonübertragung. Anders als nach früherem Recht bedarf es des Einverständnisses anderer Beteiligter nicht mehr. Anders als in Zivil- und (gem § 113 I 1) in Ehe- und FamStreitsachen, kann die Teilnahme nicht angeordnet (so § 128a II ZPO), sondern **nur gestattet** werden. Damit wird dem Umstand Rechnung getragen, dass sich in fG-Sachen Beteiligte vielfach selbst vertreten.

10 Abw von § 128a II ZPO („kann") **„soll"** das Gericht gem III bei Vorliegen der Voraussetzungen eine positive Entscheidung treffen. Das bedeutet entspr dem allg jur Sprachgebrauch, dass sie idR zu treffen ist. Grund dafür *dürfte sein, dass* es sich allein um eine Gestattung va im Interesse des jew Beteiligten handelt. – Hinsichtl der Eignung der Sache besteht ein Beurteilungsspielraum des Gerichts. Wird ein Antrag eines Beteiligten abgelehnt, ist dies kurz zu **begründen** (S 3). Sowohl die positive wie die negative Entscheidung sind **unanfechtbar** (**S 4**).

§ 128a I ZPO (allg Voraussetzungen), § 128a V ZPO (Leitung der Videoverhandlung) und § 128a VI ZPO (Aufzeichnung) gelten entspr. Die Regelung gilt mangels anderweitiger Bestimmung (vgl Art 19 I des G zur Förderung des Einsatzes von Videokonferenztechnik) auch für bereits **anhängige Verfahren.**

VII) Beschwerdeverfahren. In diesem kann gem § 68 III 2 von der Durchführung eines Termins abgesehen werden, wenn dieser bereits im 1. Rechtszug ordnungsgemäß durchgeführt wurde und von einer Wiederholung keine zusätzl Erkenntnisse zu erwarten sind. Wegen der Einzelheiten s § 68 Rn 6 ff. Führt das Beschwerdegericht einen Erörterungstermin durch, ist § 32 gem § 68 III 1 anwendbar. Wenn es die Entscheidung nicht einem Einzelrichter überträgt (§ 68 IV), ist der Termin durch den gesamten Spruchkörper durchzuführen. 11

VIII) Gebühren. 1) Gericht: keine für den Termin (I 1). – **2) RA:** Der Erörterungstermin löst die Terminsgeb (3104 RVG-VV) aus (Vorbem 3 III RVG-VV). Nach der Klarstellung durch G v 7.4.2025 (BGBl 2025 I Nr 109) entsteht die Terminsgeb auch in den Fällen von I Nr 1 Anm zu Nr 3104 RVG-VV, wenn ein erforderl Erörterungstermin (insb gem § 155 II) entbehrl geworden ist. 12

§ 33 Persönliches Erscheinen der Beteiligten

(1) [1]Das Gericht kann das persönliche Erscheinen eines Beteiligten zu einem Termin anordnen und ihn anhören, wenn dies zur Aufklärung des Sachverhalts sachdienlich erscheint. [2]Sind in einem Verfahren mehrere Beteiligte persönlich anzuhören, hat die Anhörung eines Beteiligten in Abwesenheit der anderen Beteiligten stattzufinden, falls dies zum Schutz des anzuhörenden Beteiligten oder aus anderen Gründen erforderlich ist. [3]Als persönliches Erscheinen gilt auch die Teilnahme an einem Termin per Bild- und Tonübertragung nach § 32 Absatz 3.

(2) [1]Der verfahrensfähige Beteiligte ist selbst zu laden, auch wenn er einen Bevollmächtigten hat; dieser ist von der Ladung zu benachrichtigen. [2]Das Gericht soll die Zustellung der Ladung anordnen, wenn das Erscheinen eines Beteiligten ungewiss ist.

(3) [1]Bleibt der ordnungsgemäß geladene Beteiligte unentschuldigt im Termin aus, kann gegen ihn durch Beschluss ein Ordnungsgeld verhängt werden. [2]Die Festsetzung des Ordnungsgeldes kann wiederholt werden. [3]Im Fall des wiederholten, unentschuldigten Ausbleibens kann die Vorführung des Beteiligten angeordnet werden. [4]Erfolgt eine genügende Entschuldigung nachträglich und macht der Beteiligte glaubhaft, dass ihn an der Verspätung der Entschuldigung kein Verschulden trifft, werden die nach den Sätzen 1 bis 3 getroffenen Anordnungen aufgehoben. [5]Der Beschluss, durch den ein Ordnungsmittel verhängt wird, ist mit der sofortigen Beschwerde in entsprechender Anwendung der §§ 567 bis 572 der Zivilprozessordnung anfechtbar.

(4) Der Beteiligte ist auf die Folgen seines Ausbleibens in der Ladung hinzuweisen.

I 3 wurde durch G zur Förderung des Einsatzes von Videokonferenztechnik in der Zivilgerichtsbarkeit und den Fachgerichtsbarkeiten v 15.7.2024 (BGBl 2024 I Nr 237) mWv 19.7.2024 angefügt.

Lit: *Klenk*, Wiederholte persönliche Anhörungsversuche in Kindschaftssachen, FamRZ 2025, 485.

I) Anwendungsbereich. § 33 regelt die Anordnung persönl Erscheinens zu einem Termin, der idR ein **Erörterungstermin** iSv § 32 ist (KG FamRZ 2018, 765). Mögl ist aber auch die Anordnung zum Erscheinen in einem der Sachaufklärung dienenden **Anhörungstermin** (s § 34 Rn 5). Er ist nur anwendbar auf **fG-Verfahren** (s vor § 23 Rn 1). In Ehe- und FamStreitsachen (§§ 112, 121) gilt über § 113 I 1 § 141 ZPO. 1

II) Anordnungsentscheidung. 1) Sachverhaltsaufklärung. Das Gericht kann das persönl Erscheinen eines oder mehrerer Beteiligten anordnen, wenn dies zur **Aufklärung** des Sachverhalts erforderl ist. Dies ist etwa dann der Fall, wenn eine schriftl Äußerung keine hinreichende Sachaufklärung gebracht hat, von vornherein nicht Erfolg versprechend erscheint (Begr RegE BTDrs 16/6308, 191) oder wenn eine persönl Anhörung eine wahrheitsgemäßere Darstellung erwarten lässt (OLG Köln FamRZ 91, 117). Mögl ist die Anordnung auch, um einem SV einen Eindruck von dem Beteiligten zu verschaffen (BGH FamRZ 2010, 720; sa § 30 Rn 18). Ob das Gericht das persönl Erscheinen anordnet, entscheidet es – wie nach § 141 ZPO (s § 141 ZPO Rn 3) – nach seinem pflichtgemäßen **Ermessen**. Voraussetzung ist, ob ihm das persönl Erscheinen zur Sachverhaltsaufklärung (§ 26) sachdienl erscheint, also eine dafür geeignete und zweckentspr Maßnahme darstellt. In den idR personenbezogenen fG-FamSachen ist die Anordnung des persönl Erscheinens meistens sachdienl. Sofern Sachdienlichkeit vorliegt, kann das Gericht im Rahmen der Ermessensausübung weitere Gesichtspunkte berücksichtigen, zB entspr § 141 I 3 ZPO die Auswirkungen auf den Beteiligten (Dauer der Anreise, Alter, Gesundheit) oder die eintretende Verzögerung des Verf. Wenn die Anordnung eines persönl Erscheinens zur Aufklärung des Sachverhalts (§ 26) naheliegt, das Gericht dennoch von ihr absieht, bedarf es zur Überprüfung der Ermessensausübung einer entspr **Begründung** in der Endentscheidung (PH/Abramenko Rn 10). 2

2) Gesetzliche Anordnung. I stellt einen Auffangtatbestand dar. Daneben ist zT eine Pflicht zur Anhörung ges angeordnet. Bsp: Anhörung von Kind und Eltern in Kindschaftssachen gem §§ 159, 160 sowie von Annehmen- 3 dem und Kind in Adoptionssachen gem § 192 I. Insoweit ergibt sich die Verpflichtung zur Anhörung aus § 34 I Nr 2, unabhängig davon, ob dies der Sachverhaltsermittlung oder der Gewährung rechtl Gehörs dient (BGH FamRZ 2014, 1543 Tz 12). Auch die persönl Anhörung der Eheleute in Ehewohnungs- und Haushaltssachen gem § 207 dient regelmäßig der Sachverhaltsaufklärung (OLG Bremen FamRZ 89, 306).

4 **III) Verhältnis zu § 34.** § 33 betrifft die Anordnung des persönl Erscheinens zum Zwecke der **Sachaufklärung** (ähnl § 141 ZPO), während § 34 die persönl Anhörung zur **Gewährleistung rechtlichen Gehörs** oder entspr ges Anordnung regelt. Eine genaue **Differenzierung**, zu was für einen Termin geladen wird, ist sowohl hinsichtl der Anwesenheit weiterer Beteiligter (dazu KG FamRZ 2018, 765) als auch hinsichtl der Folgen eines Ausbleibens – Ordnungsmittel gem § 33 III oder Fortsetzung des Verf gem § 34 III – von Bedeutung (vgl OLG Braunschweig FamRZ 2024, 960). **Entscheidend** ist der Zweck, dem die Anhörung dienen soll. Ist dies auch die Sachaufklärung, liegt ein Anwendungsfall von § 33 vor (Bsp s Rn 3), auch wenn die Anhörung zugleich der Gewährung rechtl Gehörs dient (Begr RegE BTDrs 16/6308, 191; sa OLG Bremen FamRZ 2015, 1219). Geht es hingegen allein um die Gewährung rechtl Gehörs, ist § 34 anzuwenden (Begr RegE BTDrs 16/6308, 192).

5 **IV) Ladung (§ 33 II, IV).** Gem II 1 ist – entspr § 141 II ZPO – der Beteiligte selbst zu dem Termin zu laden, auch wenn er einen Bevollmächtigten hat. Die Ladung kann gem § 15 durch **Zustellung** entspr §§ 166 ff ZPO oder durch Übergabe zur Post bewirkt werden. Ist das Erscheinen ungewiss, soll gem II 2 die Zustellung der Ladung angeordnet werden, um ggf die Verhängung von Maßnahmen nach III zu ermöglichen. In der Ladung ist gem **IV** auf die Folgen eines Ausbleibens, also die Maßnahmen gem III, Ordnungsgeld und ggf Vorführung, deutl und verständl (OLG Braunschweig FamRZ 2024, 960 [Oeley FamRZ 2024, 962]) **hinzuweisen**. Die Ladung eines mindj **Kindes** ist an den Sorgeberechtigten zu richten mit der Anordnung gem § 35, für ein Erscheinen des Kindes Sorge zu tragen (OLG Celle FamRZ 2019, 1875; KG FamRZ 2019, 1702; Jokisch FamRZ 2023, 545). – Erforderl ist ein gewisser zeitl Abstand zwischen Zugang der Ladung und Termin, damit der Beteiligte ein Erscheinen ermöglichen kann. Eine Frist von 3 Tagen entspr § 217 ZPO stellt im Regelfall die Untergrenze dar und dürfte auch nur in eilbedürftigen Sachen zumutbar sein.

6 **V) Durchführung der Anhörung.** Der Beteiligte ist durch das Gericht persönl anzuhören und zu befragen, auch wenn er durch einen Verfahrensbevollmächtigten vertreten wird. Es handelt sich – wie bei der Anhörung gem § 141 ZPO – nicht um eine Beweisaufnahme, der Beteiligte kann daher durch andere Beteiligte nicht wie ein Zeuge befragt werden. Über die Anhörung ist gem § 28 IV ein **Vermerk** anzufertigen. – Durch G zur Förderung des Einsatzes von Videokonferenztechnik in der Zivilgerichtsbarkeit … v 15.7.2024 (BGBl 2024 I Nr 237) wurde I durch S 3 dahingehend ergänzt, dass als persönl Erscheinen auch die Teilnahme an dem Termin **per Bild- und Tonübertragung** gem § 32 III gilt; dies setzt selbstverständl eine entspr Gestattung durch das Gericht voraus. Die Regelung gilt mangels anderweitiger Bestimmung (vgl Art 19 I des Gesetzes) auch für bereits **anhängige Verfahren**.

7 **I 2** stellt klar, dass das Gericht einen Beteiligten in **Abwesenheit der anderen Beteiligten** anhören kann, wenn dies zu seinem Schutz oder aus anderen Gründen erforderl ist. Die Vorschrift gilt für alle Anhörungen im Anwendungsbereich des § 33 (s Rn 1, 3 f; für Ehesachen enthält § 128 I 2 eine entspr Regelung); die Anhörung eines **Kindes** in Kindschaftssachen kann das Gericht gem § 159 IV 4 nach seinem Ermessen gestalten, wovon auch die Anwesenheit der Beteiligten erfasst ist (BTDrs 16/9733, 289). § 33 betrifft nur den Ausschluss des Beteiligten selbst, nicht aber die Anwesenheit von Bevollmächtigten und Beiständen (BTDrs 16/9733, 289); diese können nur nach § 10 III 3, § 11 ausgeschlossen werden. **Hauptanwendungsfall** dürften Gewaltschutzsachen sowie Verf sein, in denen wegen der Impulsivität der Beteiligten ein geordneter Anhörungstermin nicht mögl ist (PH/Abramenko Rn 12). Das Ergebnis der Anhörung ist zur Wahrung seines rechtl Gehörs (§ 37 II) auch dem Beteiligten mitzuteilen, dessen Anwesenheit ausgeschlossen worden ist, damit er dazu Stellung nehmen kann (PH/Abramenko Rn 12). Dem Gericht steht ein **Beurteilungsspielraum** zu, ob es eine Anhörung in Abwesenheit des anderen Beteiligten für erforderl ansieht. Bei der entspr – positiven oder negativen – Entscheidung handelt es sich um verfahrensleitende Verfügungen, die mangels Anordnung nicht isoliert **anfechtbar** sind (s § 58 Rn 9). Da sie aber gem § 58 II der Beurteilung zusammen mit der Beschwerde in der Hauptsache unterliegen, sind sie (spätestens) mit der Endentscheidung zumindest kurz zu begründen. Wenn die Anhörung in 1. Instanz insoweit verfahrensfehlerhaft gewesen ist, muss das Beschwerdegericht sie wiederholen und kann nicht gem § 68 III 2 auf eine eigene Anhörung verzichten (s § 68 Rn 7). Wenn bei einem **Kollegialgericht** – nach Richterwechsel – nur 2 von 3 entscheidenden Richtern an der Anhörung teilgenommen haben, darf es die Anhörung jedenfalls in ihrem objektiven Ertrag verwerten (BGH FamRZ 2024, 643 = MDR 2024, 393).

8 **VI) Ordnungs- und Zwangsmaßnahmen (§ 33 III). 1) Voraussetzungen.** Erforderl sind ordnungsgemäße Ladung und unentschuldigtes Fernbleiben eines **Beteiligten** (OLG Karlsruhe FamRZ 2023, 544). Ist das **Kind** nicht verfahrensfähig, ist sein Erscheinen (zur Ladung s Rn 5) gem § 35 gegen den Sorgeberechtigten durchzusetzen (OLG Hamm FamRZ 2023, 1741, Anordnung von Zwangshaft; OLG Celle FamRZ 2019, 1875; Cirullies FamRZ 2023, 489; aA OLG Karlsruhe FamRZ 2023, 544 [abl Jokisch FamRZ 2023, 545]). – **a) Ordnungsgemäße Ladung.** Es muss festgestellt werden, dass dem Beteiligten die Ladung – unter Hinweis auf die Anordnung des persönl Erscheinens (OLG Celle FamRZ 2019, 1875) – mit dem gem IV erforderl Hinweis (s Rn 5) zugegangen ist. Wurde nicht förml zugestellt, genügt es, wenn feststeht, dass der Beteiligte die Ladung erhalten hat (PH/Abramenko Rn 24). IÜ s Rn 5. – **b) Entschuldigung.** Es können die zu § 381 ZPO entwickelten Grundsätze herange-

zogen werden. Insb muss die Entschuldigung grds so früh erfolgen, dass der Termin noch verlegt werden kann (OLG Brandenburg FamRZ 2020, 1586 LS) – **c) Nichterscheinen.** Nur dieses kann durch Ordnungsmittel sanktioniert werden; Äußerungen zur Sache können nicht durchgesetzt werden. Dies ist für § 141 ZPO anerkannt (s § 141 ZPO Rn 1) und auch für § 33 gerechtfertigt (PH/Abramenko Rn 26). III knüpft Ordnungsmittel allein an das Ausbleiben des Beteiligten. Dies kann angesichts des Sanktionscharakters (BVerfG NJW 2007, 860; BGH NJW 2004, 506; je für § 890 ZPO) eines Ordnungsmittels nicht erweiternd ausgelegt werden. Die Obliegenheit zur Mitwirkung (§ 27) rechtfertigt zwar ggf eine (negative) Würdigung des Verhaltens in der Hauptsacheentscheidung (s § 26 Rn 4, § 27 Rn 4), nicht aber die Verhängung von Ordnungs- und Zwangsmitteln.

2) Rechtsfolgen. Das Gericht kann **Ordnungsgeld** verhängen, um das persönl Erscheinen zu erzwingen. Zweck 9
der Vorschrift ist nicht, eine vermeintl Missachtung des Gerichts zu ahnden, sondern die Aufklärung des Sachverhalts zu fördern (OLG Hamm FamRZ 2012, 150; für § 141 ZPO BGH MDR 2007, 1090). Ein Ordnungsgeld kann deshalb nur festgesetzt werden, wenn das unentschuldigte Ausbleiben des Beteiligten die Sachaufklärung oder sonstige Förderung des Verf erschwert hat (OLG Frankfurt FamRZ 2017, 1332; OLG Hamm FamRZ 2012, 150; BGH MDR 2007, 1090 für § 141 ZPO), nicht aber um einen Vergleichsabschluss zu erzwingen (BGH MDR 2007, 1090). – **Höhe** des Ordnungsgeldes: Mangels anderweitiger Bestimmung beträgt der Mindestbetrag 5 Euro und der Höchstbetrag 1.000 Euro, Art 6 I EGStGB. Die konkrete Höhe bestimmt das Gericht nach seinem pflichtgemäßen Ermessen unter Berücksichtigung des Zwecks des Ordnungsmittels (BGH NJW 2004, 506 für § 890 ZPO). Von Bedeutung sind va Art, Umfang und Dauer des Verstoßes und der Verschuldensgrad (BGH NJW 2004, 506). Zahlungserleichterungen sind im Einzelfall gem Art 7 EGStGB mögl (s § 89 Rn 9). Sofern im Interesse der Sachaufklärung geboten, kann Ordnungsgeld gem III 2 auch mehrfach festgesetzt werden, wenn der Beteiligte wiederholt nicht erscheint. Ordnungshaft kann nicht angeordnet werden, auch nicht anstelle eines uneinbringl Ordnungsgeldes. Die Anordnung der **Vorführung** ist gem III 3 mögl, wenn der Beteiligte wiederholt unentschuldigt nicht erschienen ist. Ein mindj Kind kann nicht vorgeführt werden, da die Durchsetzung über § 35 erfolgt (s Rn 8), der dies nicht vorsieht.

3) Entscheidung. Es steht im **Ermessen** des Gerichts, ob es bei Vorliegen der Voraussetzungen von der Verhän- 10
gung von Ordnungsgeld oder der Vorführung Gebrauch macht (OLG Hamm FamRZ 2012, 150). Es entscheidet durch **Beschluss** (III 1), der zu begründen ist. **Nachträgliche Aufhebung** der Entscheidung setzt zum einen voraus, dass der Beteiligte sein Ausbleiben in dem Termin hinreichend entschuldigt, und zum anderen, dass ihn an der Verspätung der Entschuldigung kein Verschulden trifft, er das Gericht also nicht rechtzeitig vor dem Termin informieren konnte. Nur wenn beides vorliegt, ist eine Aufhebung mögl (OLG Brandenburg FamRZ 2020, 1586 LS; PH/Abramenko Rn 28; Begr RegE BTDrs 16/6308, 191), dann aber auch vorzunehmen. Die entspr Tatsachen sind glaubhaft zu machen. Eine Frist für die Darlegung der Entschuldigungsgründe ist nicht vorgesehen.

4) Rechtsmittel (§ 33 III 5). Gegen die Anordnung eines **Ordnungsmittels** ist gem III 5 die sof Beschwerde 11
entspr §§ 567-572 ZPO. Durch die Bezeichnung „Ordnungsmittel" soll nach dem Willen des Gesetzgebers wohl auch die Anordnung der Vorführung erfasst werden, obwohl es sich dabei um ein reines Zwangsmittel handelt. Die Verwendung des Oberbegriffs Ordnungsmittel wäre anderenfalls nicht verständl, da ein anderes Ordnungsmittel als Ordnungsgeld nicht vorgesehen ist. Außerdem wäre es nicht gerechtfertigt, allein die Anordnung der Vorführung unanfechtbar bleiben zu lassen. Die sof Beschwerde hat gem § 570 I ZPO **aufschiebende Wirkung,** da es sich um ein gegen einen Beteiligten verhängtes Ordnungs- bzw Zwangsmittel handelt (s § 570 ZPO Rn 2). Nicht geregelt ist eine Beschwerde gegen die **Ablehnung** einer nachträgl **Aufhebung** nach III 4. Dabei dürfte es sich um eine versehentl Regelungslücke handeln, die durch eine analoge Anwendung von III 5 zu schließen ist (PH/Abramenko Rn 43).

VII) Gebühren bei Ordnungsgeld (§ 33 III). 1) Gericht: keine. – **2) RA:** keine, mit VerfGeb abgegolten, § 19 I 1 RVG, § 18 12
RVG enthält keine andere Regelung.

§ 34 Persönliche Anhörung

(1) Das Gericht hat einen Beteiligten persönlich anzuhören,

1. wenn dies zur Gewährleistung des rechtlichen Gehörs des Beteiligten erforderlich ist oder

2. wenn dies in diesem oder in einem anderen Gesetz vorgeschrieben ist.

(2) Die persönliche Anhörung eines Beteiligten kann unterbleiben, wenn hiervon erhebliche Nachteile für seine Gesundheit zu besorgen sind oder der Beteiligte offensichtlich nicht in der Lage ist, seinen Willen kundzutun.

(3) [1]Bleibt der Beteiligte im anberaumten Anhörungstermin unentschuldigt aus, kann das Verfahren ohne seine persönliche Anhörung beendet werden. [2]Der Beteiligte ist auf die Folgen seines Ausbleibens hinzuweisen.

(4) [1]Im Anwendungsbereich des Absatzes 1 Nummer 1 kann das Gericht die persönliche Anhörung eines Beteiligten per Bild- und Tonübertragung gestatten. [2]§ 32 Absatz 3 gilt entsprechend.

Durch das G zur Förderung des Einsatzes von Videokonferenztechnik in der Zivilgerichtsbarkeit und den Fachgerichtsbarkeiten v 18.7.2024 (BGBl 2024 I Nr 237) wurde IV mWv 19.7.2024 angefügt.

Lit: *Frank*, Die Neuregelung der Videoverhandlung in FamSachen, FamRZ 2024, 1593; *Klenk*, Wiederholte persönliche Anhörungsversuche in Kindschaftssachen, FamRZ 2025, 485.

1 **I) Allgemein.** Die Vorschrift regelt im Interesse der Beteiligten die Grundzüge der persönl Anhörung (BGH FamRZ 2014, 1543). Zum Verhältnis zu § 33 s Rn 5 und § 33 Rn 4. Zur persönl Anhörung während der **Corona-Pandemie** s BGH FamRZ 2021, 138 (Betreuungssache, m umfangr Nw); LG Darmstadt FamRZ 2020, 946; Beckmann FamRZ 2020, 735; Braun FamRZ 2020, 737; Götsche FamRZ 2020, 820.

2 **II) Anhörungspflicht (§ 34 I). 1) § 34 I Nr 1.** Auch ohne eine spezielle Pflicht hat das Gericht einen Beteiligten persönl anzuhören, wenn dies erforderl ist, um dessen Anspruch auf **rechtliches Gehör** zu erfüllen. Unter welchen Voraussetzungen dies zu erfolgen hat, entzieht sich allg Definition. Eine persönl Anhörung ist jedenfalls dann in Betracht zu ziehen, wenn Gegenstand des Verf ein Eingriff in die Persönlichkeitsrechte eines Beteiligten ist. Eine persönl Anhörung ist darüber hinaus immer dann zu erwägen, wenn nicht zu erwarten ist, dass ein Beteiligter durch die Gelegenheit zur schriftl Äußerung seinen Standpunkt im Verf wirksam zur Geltung bringen kann (Begr RegE BTDrs 16/6308, 192).

3 **2) § 34 I Nr 2.** Eine persönl Anhörung ist durchzuführen, wenn dies **vorgeschrieben** ist. Die Aufnahme dieser Selbstverständlichkeit erklärt sich aus den dann anzuwendenden Regelungen in II und III. Erfasst sind Anhörungen unabhängig davon, ob sie der Sachverhaltsaufklärung oder der Gewährung rechtl Gehörs oder beidem dienen sollen (BGH FamRZ 2014, 1543).

4 **III) Durchführung der Anhörung.** Ein **Absehen** von der Anhörung ist gem **II** unter den genannten Voraussetzungen zulässig (zu diesen s BGH FamRZ 2016, 2093). In FamSachen dürften diese kaum vorliegen. Ein **Verzicht** des Beteiligten ist unzulässig (BGH FamRZ 2010, 1650). Verweigert der Beteiligte die Zusammenarbeit mit einem SV, kann von einer persönl Anhörung nicht mit der Begründung abgesehen werden, er werde auch zu dieser nicht erscheinen (BVerfG NJW 2011, 1275). – Ort und **Gestaltung der Anhörung** obliegt gerichtl Ermessen, das sowohl den Gegenstand des Verf als auch die Person des Anzuhörenden zu berücksichtigen hat (KG FamRZ 2018, 765). Sofern sie der Gewährleistung des rechtl Gehörs nur eines Beteiligten dient, ist ledigl dessen Anwesenheit erforderl (Begr RegE BTDrs 16/6308, 192); einem **Bevollmächtigten** ist die Teilnahme zu ermöglichen, er muss zumindest benachrichtigt werden (BGH FamRZ 2012, 104). Andere Beteiligte haben keinen Anspruch auf Teilnahme (KG FamRZ 2018, 765), sind aber vom Ergebnis der Anhörung in Kenntnis zu setzen, falls das Gericht seine Entscheidung darauf stützen will (§ 37 II). Der Beteiligte kann aber auch im Rahmen eines Erörterungstermins (§ 32) angehört werden. Auf die Ladung des anzuhörenden Beteiligten kann § 33 II entspr angewendet werden; deren Ordnungsgemäßheit muss feststellbar sein, um die Wirkung des IV auslösen zu können. Auf seine Folgen ist gem III 2 **hinzuweisen**, sachgerecht in der Ladung oder Terminsankündigung. Über die Anhörung ist gem § 28 IV ein Vermerk anzufertigen. Das **Beschwerdegericht** kann die Anhörung einem Mitglied übertragen, wenn es nicht auf einen persönl Eindruck aller ankommt (BGH FamRZ 2012, 104).

5 **IV) Ausbleiben (§ 34 III).** Sofern die persönl Anhörung ausschließl im Interesse der Verfahrensrechte des Beteiligten anberaumt wird, kommen Ordnungs- und Zwangsmittel gegen einen ausgebliebenen Beteiligten nicht in Betracht. Das Verf ist ledigl so **fortzuführen**, als ob der Beteiligte persönl angehört worden wäre, da ihm Gelegenheit hierzu gegeben worden ist. Hierauf ist der Beteiligte gem III 2 **hinzuweisen**. Für die Beurteilung, ob der Beteiligte **unentschuldigt** der Anhörung ferngeblieben ist, können die zu § 381 ZPO entwickelten Grundsätze herangezogen werden. – Eine ges Verpflichtung zur persönl Anhörung weist idR aber auch Elemente der **Sachverhaltsermittlung** auf, und sei es, um als Grundlage für die Entscheidung einen persönl Eindruck von den Beteiligten zu erhalten (BGH FamRZ 2019, 736). Die Anhörungspflichten in FamSachen dienen idR zumindest auch der Sachverhaltsaufklärung (Bsp s § 33 Rn 3; ferner Bremen FamRZ 89, 306 für Hausratsverf). Dann wird die Aufklärungspflicht aus § 26 durch § 34 III 1 nicht beschränkt (BGH FamRZ 2014, 1543), sodass bei einer vergebl Anordnung des **persönlichen Erscheinens** zum Anhörungstermin auch Maßnahmen gem § 33 III ergriffen werden können (vgl OLG Frankfurt FamRZ 2017, 1332). Es darf in diesen Fällen grds nur dann nach III verfahren werden, wenn alle zwanglosen Möglichkeiten zur Anhörung vergebl ausgeschöpft sind und eine Vorführung unverhältnismäßig ist (BGH FamRZ 2023, 1906; BGH FamRZ 2022, 379; BGH FamRZ 2019, 736, alle für Betreuungsverf).

6 **V) Anhörung per Bild- und Tonübertragung (§ 34 IV).** Durch das G zur Förderung des Einsatzes von Videokonferenztechnik in der Zivilgerichtsbarkeit … v 18.7.2024 (BGBl 2024 I Nr 237) wurde IV angefügt. Danach kann das Gericht im **Anwendungsbereich** von I 1 (Gewährleistung des rechtl Gehörs) die persönl Anhörung eines Beteiligten per **Bild- und Tonübertragung** gestatten. Nicht eröffnet wurde die Möglichkeit für Anhörungen gem I Nr 2, also die Fälle, in denen die Anhörung nicht nur zur Gewährleistung rechtl Gehörs, sondern kraft ges Anordnung erforderl ist, wie insb die Kindesanhörung gem § 159 I (krit Frank FamRZ 2024, 1593). Für die *Voraussetzungen und die* Entscheidung gilt § 32 III entspr; s § 32 Rn 9 f. Anders als gem § 32 III handelt es sich aber nicht um eine „Soll-Regelung“, die Entscheidung steht daher im uneingeschränkten **Ermessen**. Die Neuregelung gilt mangels anderweitiger Bestimmung (vgl Art 19 I des Gesetzes) auch für bereits **anhängige Verfahren**.

§ 35 Zwangsmittel

(1) [1]Ist auf Grund einer gerichtlichen Anordnung die Verpflichtung zur Vornahme oder Unterlassung einer Handlung durchzusetzen, kann das Gericht, sofern ein Gesetz nicht etwas anderes bestimmt, gegen den Verpflichteten durch Beschluss Zwangsgeld festsetzen. [2]Das Gericht kann für den Fall, dass dieses nicht beigetrieben werden kann, Zwangshaft anordnen. [3]Verspricht die Anordnung eines Zwangsgeldes keinen Erfolg, soll das Gericht Zwangshaft anordnen.

(2) Die gerichtliche Entscheidung, die die Verpflichtung zur Vornahme oder Unterlassung einer Handlung anordnet, hat auf die Folgen einer Zuwiderhandlung gegen die Entscheidung hinzuweisen.

(3) [1]Das einzelne Zwangsgeld darf den Betrag von 25 000 Euro nicht übersteigen. [2]Mit der Festsetzung des Zwangsmittels sind dem Verpflichteten zugleich die Kosten dieses Verfahrens aufzuerlegen. [3]Für den Vollzug der Haft gelten § 802g Abs. 1 Satz 2 und Abs. 2, die §§ 802h und 802j Abs. 1 der Zivilprozessordnung entsprechend.

(4) [1]Ist die Verpflichtung zur Herausgabe oder Vorlage einer Sache oder zur Vornahme einer vertretbaren Handlung zu vollstrecken, so kann das Gericht, soweit ein Gesetz nicht etwas anderes bestimmt, durch Beschluss neben oder anstelle einer Maßnahme nach den Absätzen 1, 2 die in §§ 883, 886, 887 der Zivilprozessordnung vorgesehenen Maßnahmen anordnen. [2]Die §§ 891 und 892 der Zivilprozessordnung gelten entsprechend.

(5) Der Beschluss, durch den Zwangsmaßnahmen angeordnet werden, ist mit der sofortigen Beschwerde in entsprechender Anwendung der §§ 567 bis 572 der Zivilprozessordnung anfechtbar.

Lit: *Cirullies*, Zwangstitel u Haftbefehl – Die Anordnung von Ersatzzwangshaft, NJW 2013, 203; *Cirullies*, Sanktionsmöglichkeiten in VersAusglVerf bei fehlender Mitwirkung der Beteiligten, FamRZ 2012, 157.

I) Allgemeines. § 35 regelt die Vollstreckung von verfahrensleitenden gerichtl Anordnungen (OLG Zweibrücken FamRZ 2010, 1369). Die Vollstreckung von instanzbeendenden Endentscheidungen (§ 38 I 1) bestimmt sich in fG-FamSachen nach §§ 86 ff, in Ehe- und FamStreitsachen nach der ZPO (s vor § 86 Rn 2). Der allg Vorschrift des § 35 gehen **spezialgesetzliche Regelungen** gem I 1 („sofern ein Gesetz nicht etwas anderes bestimmt") vor, wie zB § 1837 III, § 1915 I 1 BGB für Anordnungen ggü einem Vormund oder Pfleger. Die Anordnung des **persönlichen Erscheinens** zum Zweck der Sachaufklärung wird gem § 33 III durchgesetzt. 1

II) Anordnungen. Zu vollstrecken sind gem I 1 **gerichtliche** (OLG Hamm FamRZ 2011, 1682) Handlungs- oder Unterlassungsgebote; gem § 35 nicht durchsetzbar ist eine allg ges (§ 27 I) Mitwirkungspflicht oder eine Aufforderung zur schriftl Stellungnahme (OLGR Frankfurt 2006, 893 zu § 33 FGG). Eine **Unterlassungs**anordnung ist zB das Verbot, eine Begutachtung durch bestimmte Maßnahmen zu behindern. Eine Verpflichtung zur Vornahme einer **Handlung** ist zB eine verfahrensrechtl Auskunftspflicht, etwa zum VersAusgl (§ 220 III, BGH FamRZ 2021, 100). Soweit es um die Vornahme einer Handlung geht, ist unerhebl, ob sie vertretbar oder nicht vertretbar ist (anders nach IV). Erfasst von der Verpflichtung zur Vornahme einer Handlung ist auch die Verpflichtung zur Herausgabe oder Vorlage einer Sache (Begr RegE BTDrs 16/6308, 193), insb auch einer Urkunde (s § 30 Rn 19). Zur Durchsetzung einer Auflage zur **Kindesanhörung** s § 33 Rn 8. Die Anordnung muss eine materiell- oder verfahrensrechtl **Grundlage** haben (OLG Karlsruhe FamRZ 2023, 1785), es muss eine entspr Verpflichtung bestehen (OLG Rostock FamRZ 2015, 410). Die Anordnung muss wie jeder Vollstreckungstitel **inhaltlich bestimmt** sein, damit sie vollstreckt werden kann (OLG Hamm FamRZ 2024, 473; OLG Karlsruhe FamRZ 2023, 1785; OLG Brandenburg FamRZ 2018, 1530; OLG Schleswig FamRZ 2015, 1221; iE s § 86 Rn 5); nicht ausreichend ist zB die Auflage, Fehlzeiten beim VersTräger zu klären (OLG Hamm FamRZ 2024, 473; OLG Schleswig FamRZ 2015, 1221) oder diesem nicht näher bezeichnete Unterlagen vorzulegen (OLG Brandenburg FamRZ 2025, 113; OLG Karlsruhe FamRZ 2023, 1785). Sie muss dem Adressaten bekannt gemacht sein, wobei sich zu Beweiszwecken eine Zustellung (§ 15 II) empfiehlt, wenn eine zwangsw Durchsetzung zu erwarten ist. Eine – mit dem Hinweis gem II versehene – schriftl **Verfügung** ist ausreichend. Einer Entscheidung in Beschlussform bedarf es nicht (Schulte-Bunert FuR 2009, 125, 126), sofern dies nicht nach anderen Vorschriften erforderl ist. 2

III) Durchsetzung mit Zwangsmitteln. 1) Voraussetzung. Sie ist hinsichtl aller Anordnungen iSv Rn 2 mögl. Erforderl ist ein **schuldhafter**, also mindestens fahrlässiger Verstoß, da anderenfalls kein Anlass für den Einsatz von Zwangsmitteln bestünde (OLG Köln FamRZ 2021, 551; OLG Naumburg FGPrax 2013, 158; OLG Hamm FGPrax 2010, 276; aA PH/Hammer Rn 11). Dem Beteiligten ist vor der Festsetzung rechtl Gehör zu gewähren. Die Entscheidung über die Festsetzung von Zwangsmitteln trifft das Gericht nach pflichtgemäßem **Ermessen** vAw (OLG Hamm FamRZ 2011, 1659), unabhängig davon, ob das Verf auf Antrag oder vAw eingeleitet wurde (Begr RegE 16/6308, 193). Da das Zwangsgeld als Zwangsmittel – anders als ein Ordnungsmittel – keinen Sanktionscharakter hat, sondern allein ein bestimmtes Verhalten bewirken soll, darf es nicht mehr festgesetzt werden, wenn der verfolgte **Zweck bereits erreicht**, insb die Handlung vorgenommen (BGH FamRZ 2017, 1948) oder die gerichtl Anordnung aufgehoben (OLG Köln FamRZ 2002, 111) ist. Solange der Anordnung nicht Folge geleistet wird, ist auch eine **mehrmalige** Festsetzung mögl (BayObLG FamRZ 93, 823 zu § 33 FGG). Voraussetzung ist aber, dass das zuvor angeordnete Zwangsmittel gezahlt oder vollstreckt worden ist (BGH FamRZ 2019, 3

141 für § 888 ZPO; OLG Celle FamRZ 2005, 1575; OLGR Naumburg 2001, 305). Zur Frage der **Rückerstattung** eines beigetriebenen Zwangsgeldes s Rn 10.

4 **2) Zwangsmittel (§ 35 I, III).** Primäres Zwangsmittel ist die Festsetzung von **Zwangsgeld** (I 1). Der Mindestbetrag beträgt 5 Euro (Art 6 I EGStGB), der Höchstbetrag 25.000 Euro (**III 1**). Für den Fall, dass das Zwangsgeld nicht beigetrieben werden kann, kann das Gericht an seiner Stelle Zwangshaft anordnen (**I 2**). Ist dies zunächst unterblieben, kann Ersatzhaft entspr Art 8 EGStGB nachträgl festgesetzt werden (s § 888 ZPO Rn 9). Wenn die Anordnung eines Zwangsgeldes keinen Erfolg verspricht, soll das Gericht unmittelbar **Zwangshaft** anordnen (**I 3**). Erfolglosigkeit kann angenommen werden, wenn Zwangsgeld als Zwangsmittel angesichts der wirtschaftl Situation des Verpflichteten ohne entspr Wirkung bleiben wird (OLGR Stuttgart 2007, 15). Dem gleichzustellen ist, wenn Zwangsgeld bereits beigetrieben worden ist, ohne dass dies zur Erfüllung der Verpflichtung geführt hat.

5 Das Mindestmaß der **Zwangshaft** beträgt 1 Tag (Art 6 II EGStGB), da keine abw Regelung getroffen ist, das Höchstmaß 6 Monate (III 3 iVm § 802j I ZPO). Die Dauer der Haft ist nach Tagen zu bestimmen (Art 6 II EGStGB). Für den **Vollzug** der Haft verweist **III 3** auf die ZPO: Das Gericht hat einen Haftbefehl entspr § 802g I 2 ZPO zu erlassen, in dem die Beteiligten, insb der Verpflichtete und der Grund der Verhaftung (Bezeichnung als Zwangshaft, Angabe der durchzusetzenden Verpflichtung, s § 802g ZPO Rn 10) anzuführen sind. Die Verhaftung erfolgt gem § 802g II ZPO durch den GV im Auftrag des Gerichts.

6 Die konkrete **Bemessung** des Zwangsmittels hängt von den Umständen des Einzelfalls ab, insb der Intensität des Verhaltens des Verpflichteten (Sternal/Jokisch Rn 20; BayObLG FamRZ 1996, 878 zu § 33 FGG), ob also bereits früher festgesetzte Zwangsmittel sich als wirkungslos erwiesen haben oder es sich um die erstmalige Festsetzung handelt. Ferner zu berücksichtigen sind das Ausmaß des Verschuldens, bei der Festsetzung von Zwangsgeld auch die wirtschaftl Verhältnisse des Verpflichteten, da sich nach ihnen bemisst, wie empfindl das Zwangsgeld auf ihn wirken wird. Das Gericht entscheidet durch **Beschluss (V)**. Soll allein Zwangsgeld festgesetzt werden, kann die Festsetzung durch den Rpfleger erfolgen, soweit das Hauptsacheverf dem Rpfleger übertragen ist. Die Anordnung ersatzw oder originärer Zwangshaft ist dem Richter vorbehalten (§ 4 II Nr 2 RPflG). – Zwangsgeld wird nach dem JBeitrG **vollstreckt** (§ 1 I Nr 3, II JBeitrG).

7 **IV) Hinweispflicht (§ 35 II).** Mit der gerichtl Entscheidung ist zugleich auf die Folgen des Zuwiderhandelns hinzuweisen. Der Hinweis kann aber **nachgeholt** werden (OLG Naumburg FamRZ 2015, 1222; aA SchBW/Schulte-Bunert Rn 9). Er muss die **Höhe** des beabsichtigten Zwangsgelds bzw die Dauer der Zwangshaft enthalten, wobei die Angabe des maximal Zulässigen ausreicht (OLG Brandenburg FamRZ 2024, 474; OLG Brandenburg FamRZ 2018, 1530; BGH MDR 74, 33 zum FGG). Ferner ist auf die nach IV mögl Maßnahmen hinzuweisen, wenn sie in Betracht kommen (SchBW/Schulte-Bunert Rn 9). Der Hinweis ist nicht isoliert anfechtbar (BGH FamRZ 2012, 1204; OLG Zweibrücken FamRZ 2011, 1089; OLG München FGPrax 2010, 122). Teilw wird vertreten (OLG Schleswig FamRZ 2019, 1267 LS; OLG Karlsruhe FamRZ 2016, 1103), dass vor erneuter Festsetzung der Hinweis **wiederholt** werden müsse, auch wenn es sich um dieselbe Verpflichtung handelt. Dies ist nicht gerechtfertigt, da eine Androhung des Zwangsmittels gerade nicht (mehr) erforderl ist und dem Verpflichteten die mögl Konsequenzen bereits vor Augen geführt wurden.

8 **V) Kosten (§ 35 III 2).** Die Kostenregelung in S 2 enthält eine Ausnahme von den allg Kostenbestimmungen (§§ 81 ff). Primär sind die Gerichtskosten (Gebühren und Auslagen) erfasst (LG Kassel 20.12.2010 – 3 T 712/10), die dem Verpflichteten aufzuerlegen sind. Es kann aber auch die Erstattung außergerichtl Kosten (s Rn 11) gem §§ 80 ff angeordnet werden.

9 **VI) Vollstreckung nach der ZPO (§ 35 IV).** Soweit es um die Herausgabe oder Vorlage einer Sache oder die Vornahme einer vertretbaren Handlung geht, kann das Gericht zur Vollstreckung der von ihm getroffenen verfahrensleitenden Anordnung grds die in den §§ 883, 886, 887 ZPO vorgesehenen Maßnahmen wählen. Ein Verschulden ist – anders als nach I (s Rn 3) – nicht erforderl (SchBW/Schulte-Bunert Rn 18). Diese Vollstreckung kann neben oder an Stelle einer Vollstreckung durch Zwangsmittel nach I durchgeführt werden. Die verfahrensleitende Anordnung wird dann nach den in Bezug genommenen Vorschriften der ZPO vollstreckt, also vor allem durch Wegnahme oder Ersatzvornahme. Die diese Art der Vollstreckung anordnende Entscheidung des Gerichts ergeht durch **Beschluss**. Durch ihn ist zB anzuordnen, dass die **Herausgabe** einer bestimmten Urkunde durch den GV nach § 883 ZPO zu vollstrecken ist. Dieser vollstreckt dann auf der Grundlage eines Auftrags des Gerichts bei dem Verpflichteten. Die Entscheidung entspr § 887 ZPO hat sachgerecht dahin zu ergehen, dass die **Handlung** durch einen konkret zu bestimmenden Dritten auf Kosten des Verpflichteten vorzunehmen ist. Nicht anwendbar sind die Vorschriften der ZPO, soweit sie auf die Vollstreckung zwischen Gl und Sch als Privatperson abstellen. An die Stelle des Gl tritt das Gericht, eine Verpflichtung zur Vorauszahlung der Kosten gem § 887 II ZPO ist nicht mögl (Begr RegE BTDrs 16/6308, 193).

10 **VII) Rechtsmittel (§ 35 V).** Rechtsmittel gegen die Anordnung von Zwangsmaßnahmen ist die **sofortige Beschwerde** entspr §§ 567-572 ZPO. Diese hat gem § 570 I ZPO **aufschiebende Wirkung**, da es sich um ein gegen *einen Beteiligten* verhängtes Zwangsmittel handelt (s § 570 ZPO Rn 2). Es entscheidet der ER (OLG Köln FGPrax 2010, 216). **Anwaltszwang** besteht gem § 569 III Nr 1 ZPO auch in Folgesache nicht, da in dem Zwangsmittelverf selbst kein Anwaltszwang besteht (OLG Karlsruhe NJW 2025, 982; OLG Oldenburg FamRZ

2013, 649; OLG Brandenburg MDR 2014, 1092; aA OLG Rostock FamRZ 2024, 1310 = MDR 2024, 861 [abl Schwamb FamRB 2024, 230]; OLG Frankfurt FamRZ 2024, 201; OLG Bamberg MDR 2021, 1290). Eine entspr Anwendung auf den Beschluss, der eine Vollstreckung nach IV anordnet, ist gerechtfertigt, auch wenn dieser kein Zwangsmittel im eigentl Sinn (Zwangsgeld, Zwangshaft) anordnet. – Kommt der Verpflichtete nach Festsetzung des Zwangsmittels vor dessen Rechtskraft der Anordnung nach, ist es – auch im Beschwerdeverf (OLG Brandenburg FamRZ 2025, 462; OLG Braunschweig FamRZ 2018, 614) – **aufzuheben** (BGH FamRZ 2017, 1948); von einer weiteren Vollstreckung ist abzusehen. Der Verpflichtete hat aber die Verfahrenskosten zu tragen (OLG Brandenburg FamRZ 2025, 462; OLG Schleswig FamRZ 2012, 729 LS). Ist aber das **Zwangsgeld beigetrieben**, rechtfertigt eine nachträgl Erfüllung der Anordnung die Aufhebung der Festsetzung und eine Rückzahlung nicht (BGH FamRZ 2017, 1948; aA Lorenz FamRZ 2016, 688). Ist erst nach Erfüllung der Verpflichtung gezahlt worden, ist der Beschluss nach Ansicht des OLG Frankfurt entspr § 776 ZPO aufzuheben und das Zwangsgeld zurückzuzahlen (OLG Frankfurt FamRZ 2025, 132 LS).

VIII) Gebühren. 1) Gericht: Festgeb (24 Euro (seit 1.6.2025), 1502 FamGKG-KV) je Anordnung (Zwangsgeld, Zwangshaft, Maßnahmen nach IV). 1602 FamGKG-KV (Anordnung von Zwangsmitteln) gilt nur für die Vollstreckung nach Buch 1 Abschnitt 8 (§§ 86-96), Vorbem 1.6 S 1 FamGKG-KV. – Beschwerde: § 1 S 2 FamGKG; 1912 FamGKG-KV; Rechtsbeschwerde: 1923 FamGKG-KV. – **2) RA:** bes Angelegenheit, § 18 I Nr 21 RVG; mangels anderweitiger Regelung Gebührentatbestand: 3309, 3310 RVG-VV analog (ebenso PH/Fritzsche Rn 25; GS/Müller-Rabe, VV 3309 Rn 271). 11

§ 36 Vergleich

(1) [1]Die Beteiligten können einen Vergleich schließen, soweit sie über den Gegenstand des Verfahrens verfügen können. [2]Das Gericht soll außer in Gewaltschutzsachen auf eine gütliche Einigung der Beteiligten hinwirken.

(2) [1]Kommt eine Einigung im Termin zustande, ist hierüber eine Niederschrift anzufertigen. [2]Die Vorschriften der Zivilprozessordnung über die Niederschrift des Vergleichs sind entsprechend anzuwenden.

(3) Ein nach Absatz 1 Satz 1 zulässiger Vergleich kann auch schriftlich entsprechend § 278 Abs. 6 der Zivilprozessordnung geschlossen werden.

(4) Unrichtigkeiten in der Niederschrift oder in dem Beschluss über den Vergleich können entsprechend § 164 der Zivilprozessordnung berichtigt werden.

(5) [1]Das Gericht kann die Beteiligten für den Versuch einer gütlichen Einigung vor einen hierfür bestimmten und nicht entscheidungsbefugten Richter (Güterichter) verweisen. [2]Der Güterichter kann alle Methoden der Konfliktbeilegung einschließlich der Mediation einsetzen. [3]Für das Verfahren vor dem Güterichter gelten die Absätze 1 bis 4 entsprechend.

Lit: *Hamdan/Hamdan*, Die (Un-)Zulässigkeit von Verfahrensvergleichen in FamSachen, MDR 2024, 1151.

I) Allgemein. § 36 regelt den Abschluss eines Vergleichs in den fG-Verf (s vor § 23 Rn 1); vorrangig sind aber Sondervorschriften über den Vergleich in den weiteren Büchern des FamFG. Eine solche enthält insb § 156 II, wonach ein Vergleich über den **Umgang** oder die Herausgabe eines Kindes der gerichtl Billigung bedarf. In **Ehe- und FamStreitsachen** (§§ 112, 121) gelten über § 113 I 1 die Vorschriften der ZPO. 1

II) Zulässigkeit (§ 36 I 1). 1) Allgemein. Ein gerichtl Vergleich ist immer dann zulässig, wenn die Beteiligten über den Gegenstand des Verf **verfügen** können. Ob und inwieweit dies der Fall ist, richtet sich nach **materiellem Recht**. Dies ist unabhängig davon, ob es sich bei dem Verf um ein Antrags- oder Amtsverf handelt, wobei ein Amtsverf wegen der dort zu wahrenden obj Interessen eher gegen eine Dispositionsfähigkeit der Beteiligten spricht. Wenn hingegen ein Verf nur auf Antrag eingeleitet wird, liegt es nahe, dass die Beteiligten über den Verfahrensgegenstand verfügen können (SchBW/Brinkmann Rn 9). Auch wenn die Beteiligten über den Verfahrensgegenstand nicht verfügen können, ist ihnen die Einigung über die **Rücknahme** eines eingelegten Rechtsmittels mögl (Sternal/Jokisch Rn 21). – Die Beteiligten können sich auch über weitere, im Verf (noch) **nicht anhängige Gegenstände** vergleichen, sofern sie hierüber verfügen können. Dies gilt auch für Gegenstände, die nicht im Verf nach dem FamFG geltend zu machen wären (PH/Abramenko Rn 8). 2

2) Einzelfälle. Nicht dispositionsfähig ist der **Umgang** zwischen Kind und Eltern, da dieser auch Pflicht der Eltern ggü dem Kind ist (§ 1684 I BGB; BVerfG NJW 2008, 1287) und wie sich aus § 156 II ergibt (OLG Frankfurt FamRZ 2014, 53). Erst mit der gerichtl Billigung wird der Vergleich vollstreckbar (§ 86 I Nr 2, s § 86 Rn 3). Dasselbe gilt bei einer Einigung über die **Herausgabe des Kindes**, § 156 II. Entscheidungen zum **Sorgerecht** oder eines Teils davon unterliegen nicht der Disposition der Beteiligten (BGH FamRZ 2011, 796, 801; OLG Jena FamRZ 2019, 821 für Verf gem § 1630 BGB), unabhängig davon, ob sie gem §§ 1666 ff (OLG Schleswig FamRZ 2020, 596) oder § 1671 BGB ergehen. Die Zustimmung eines Elternteils zur Übertragung des Sorgerechts auf den anderen (§ 1671 II Nr 1 BGB) bildet nur die mat-rechtl Grundlage für eine entspr Entscheidung des Gerichts. – **Verfügungsbefugt** sind die Beteiligten hinsichtl der Verfahrensgegenstände **Ehewohnung** und 3

Haushaltsgegenstände, wie sich aus der früheren Regelung in § 13 II HausratV ergibt. Ausdrückl kodifiziert ist die Regelungsbefugnis der Ehegatten zum **Versorgungsausgleich**, §§ 6 ff VersAusglG. In **Gewaltschutzsachen** (§ 210) sind die Beteiligten ebenfalls verfügungsbefugt (s Rn 6). Die Beteiligten können sich auch immer über die **Kosten** des Verf einigen (PH/Abramenko Rn 8), wie sich aus § 83 I 1 ergibt.

4 **III) Hinwirken auf Vergleich (§ 36 I 2).** Es handelt sich um eine Pflicht des Gerichts im Rahmen der Verfahrensleitung (§ 28). Sie wird in einzelnen Vorschriften des 2. Buchs wiederholt und konkretisiert: § 156 I in **Kindschaftssachen**, die die elterl Sorge bei Trennung und Scheidung, den Aufenthalt des Kindes, das Umgangsrecht und die Herausgabe des Kindes betreffen; § 165 IV im Vermittlungsverf zum Umgang.

5 Diese Verpflichtung besteht in **allen Familiensachen** (außer den Gewaltschutzsachen, s Rn 6), nicht nur in den Verf, in denen die Beteiligten einen Vergleich schließen können (OLG Jena FamRZ 2019, 821; PH/Abramenko Rn 3). Eine gütl Einigung kann zB auch in einer Rücknahme des Antrags oder der Abgabe einer mat-rechtl Erklärung (zB der Zustimmung zur Übertragung des Sorgerechts gem § 1671 II Nr 1 BGB) liegen. Die gerichtl Verpflichtung ist noch **stärker betont** als in § 278 I ZPO (PH/Abramenko Rn 4); danach soll das Gericht auf eine gütl Beilegung „bedacht sein", während es gem § 36 auf eine solche „hinwirken" soll. Dies verlangt ein aktiveres Tätigwerden des Gerichts, wobei sich in der Praxis die Anwendung beider Vorschriften kaum unterscheiden dürfte. Der **Zweck** der Regelung besteht – ähnl § 278 I ZPO (s § 278 ZPO Rn 1) – nicht primär in der Entlastung des Gerichts, sondern in einer dem Rechtsfrieden nachhaltiger dienenden Streitbeilegung, die im günstigsten Fall auch künftige Auseinandersetzungen zu vermeiden hilft.

6 In **Gewaltschutzsachen** soll das Gericht den Abschluss einer Einigung zwischen den Beteiligten nicht fördern. Der Zweck dafür – die fehlende Strafbewehrung – ist durch § 214a iVm § 4 GewSchG (Änderung durch G v 1.3.2017, BGBl I 2017, 386) entfallen, die Einschränkung in I 2 aber ohne erkennbare Rechtfertigung aufrechterhalten worden. Auch ohne Bestätigung gem § 214a ist der Vergleich aber Vollstreckungstitel iSv § 86 I Nr 3 (BTDrs 18/9946, 16). Eine Vollstreckung nach § 96 ist nicht mögl (str, s § 96 Rn 2), wohl aber die neben § 96 mögl Vollstreckung gem § 95 I Nr 3 iVm § 890 ZPO (s § 95 Rn 7; § 96 Rn 1).

7 **IV) Abschluss im Termin (§ 36 II).** Über den im Termin geschlossenen Vergleich ist – anders als in sonstigen Terminen, für die ein Vermerk gem § 28 IV ausreicht – eine förml **Niederschrift** anzufertigen, **II 1**. Damit wird dem Umstand Rechnung getragen, dass es sich bei dem Vergleich um einen VollstrTitel handelt, § 86 I Nrn 2 u 3. Hinsichtl des weiteren Ablaufs des Termins bedarf es dieser Förmlichkeit nicht, er kann daher in der Form eines Vermerks (§ 28 IV) dokumentiert werden. Gem der Verweisung in **II 2** muss die Niederschrift entspr dem ZPO-Vergleich ein volles Rubrum enthalten, der Vergleichstext ist im Wortlaut wiederzugeben (§ 160 III Nr 1 ZPO), der Text muss vorgelesen, vorgespielt oder zur Durchsicht vorgelegt und genehmigt werden (OLG Karlsruhe FamRZ 2019, 1451; OLG Hamm FGPrax 2011, 209). Wegen der Einzelheiten s § 160 I, III Nr 1, § 160a, § 162 I, § 163 ZPO. Der Vergleich muss die übernommenen Verpflichtungen konkret regeln, damit er **vollstreckungsfähig** ist (s § 86 Rn 3 ff).

8 **V) Schriftlicher Vergleich (§ 36 III).** III ermöglicht den schriftl Vergleichsabschluss entspr § 278 VI ZPO. Wegen der Einzelheiten s § 278 ZPO Rn 34 ff. Ein formloses Einvernehmen ist noch kein Vergleich (OLG Zweibrücken FamRZ 2025, 753). – Nach der dies für die Praxis klärenden Entscheidung des BGH (FamRZ 2017, 603 = MDR 2017, 416, auch zum Streitstand) wahrt auch ein Vergleichsschluss gem § 278 VI ZPO entspr § 127a BGB die notarielle Form. Dies hat dann auch für den gem § 36 III geschlossenen Vergleich zu gelten. Bedeutung hat dies insb in VersAusglSachen (§ 7 VersAusglG).

9 **VI) Wirkung.** Der wirksam geschlossene Vergleich ist **Vollstreckungstitel** gem § 86 I Nrn 2 und 3 (iVm § 794 I Nr 1 ZPO). Sofern er den gesamten Verfahrensgegenstand erfasst, endet das Verf. Eine bereits ergangene, noch nicht rechtskräftige Entscheidung wird wirkungslos, ohne dass es eines entspr Beschlusses bedarf, sofern die Entscheidung durch den Vergleich nicht ausdrückl aufrechterhalten wird (SchBW/Brinkmann Rn 33; Sternal/Jokisch Rn 6). Zu Nichtigkeit, Anfechtbarkeit, Störung der Geschäftsgrundlage des Vergleichs s § 794 ZPO Rn 16. Ein **unwirksamer Vergleich** führt nicht zur Beendigung des Verf; es ist bei Geltendmachung der Unwirksamkeit fortzuführen; iE s § 794 ZPO Rn 16a. Einer **Kostenentscheidung** nach Abschluss des Vergleichs bedarf es nicht, wenn sich die Beteiligten über die Verteilung der Kosten geeinigt haben. Sofern es an einer solchen Einigung fehlt, haben gem § 83 I alle Beteiligten die Gerichtskosten zu gleichen Teilen zu tragen, außergerichtl Kosten sind nicht zu erstatten. Wenn der Vergleich die Kostenentscheidung bewusst dem Gericht überlässt – sog negative Kostenregelung –, ist ein gerichtl Kostenbeschluss erforderl. IE s § 83 Rn 2; § 98 ZPO Rn 3.

10 Auch ein im fG-Verf geschlossener Vergleich kann im Rahmen der mat-rechtl Verfügungsbefugnis neben der verfahrensbeendenden Erklärung mat-rechtl Willenserklärungen enthalten – sog **Doppelnatur** des Vergleichs (BayObLG ZMR 2000, 624; PH/Abramenko Rn 7; für ZPO-Vergleich s § 794 ZPO Rn 3). Wenn der Vergleich mangels inhaltl Bestimmtheit nicht vollstreckungsfähig ist (s § 86 Rn 3 ff), kann eine mat-rechtl Vereinbarung unabhängig davon wirksam sein (BayObLG ZMR 2000, 624). **Dritte** können in den Vergleich einbezogen werden, wenn sie ihm beitreten (PH/Abramenko Rn 10). – Zur **Abänderung** s § 48 Rn 3.

11 **VII) Berichtigung (§ 36 IV).** Gem IV können Einwände gegen die Richtigkeit eines im FamFG-Verf aufgenommenen Vergleichs mit einem Protokollberichtigungsantrag entspr § 164 ZPO geltend gemacht werden.

Hinsichtl des schriftl gem § 278 VI ZPO geschlossenen Vergleichs ergibt sich dies bereits aus § 278 VI 3 ZPO. Hinsichtl des gerichtl protokollierten Vergleichs ist die Verweisung erforderl, da für den Vermerk gem § 28 IV ein entspr Berichtigungsverf nicht vorgesehen ist. Eine inhaltl Änderung des Vergleichs ist mit der Berichtigung nach § 164 ZPO aber nicht eröffnet (s § 160 ZPO Rn 5; BayVerfGH NJW 2005, 1347).

VIII) Güterichter (§ 36 V). Die Regelung entspricht § 278 V ZPO (daher s § 278 ZPO Rn 25 ff). Das Verf des Güterichters bestimmt sich nach I-IV. Insb ist eine getroffene Einigung in einer **Niederschrift** nach II 1 zu protokollieren. Über einen Einigungsversuch ist aber wegen der grds zu wahrenden Vertraulichkeit gem § 28 IV 2 nur bei Einverständnis aller Beteiligten ein Vermerk anzufertigen (s § 28 Rn 9). 12

IX) Gebühren. 1) Gericht: keine Geb; vielmehr idR Ermäßigungstatbestand, weil das Verf ohne Endentscheidung beendet wird (zB 1321 Nr 1 FamGKG-KV); Ausnahme: Kostenentscheidung wird Gericht überlassen (OLG Düsseldorf AGS 2018, 121). Übersteigt der Wert des Vergleichsgegenstands den des Verf: 1500 FamGKG-KV (Geb v 0,25 aus dem Mehrwert). – **2) RA:** 1000 I S 2, 1003 RVG-VV. Im Beschwerde- u Rechtsbeschwerdeverf (3.2.1; 3.2.2): 1004 RVG-VV mit dem Gebührensatz von 1,3. – Das FamFG hat aus der ZPO den Begriff „Vergleich" übernommen. Das RVG lässt die „Einigung" für den Gebührenanfall ausreichen (s § 98 ZPO Rn 7). – Da in fG-FamSachen mündl Verh idR nicht vorgeschrieben ist, kann hier die Terminsgeb bei einem Vergleich im schriftl Verf grds nicht entstehen (vgl 3104 I Nr 1 RVG-VV). Ebenso wenig in den FamStreitsachen 2. Instanz, da dort mündl Verh entbehrl (§ 68 III 2). In 1. Instanz gilt in diesen Verf der Mündlichkeitsgrundsatz (§ 113 I 2 iVm § 128 I ZPO), daher ist hier 3104 I Nr 1 RVG-VV anwendbar. 13

§ 36a Mediation, außergerichtliche Konfliktbeilegung

(1) [1]Das Gericht kann einzelnen oder allen Beteiligten eine Mediation oder ein anderes Verfahren der außergerichtlichen Konfliktbeilegung vorschlagen. [2]In Gewaltschutzsachen sind die schutzwürdigen Belange der von Gewalt betroffenen Person zu wahren.

(2) Entscheiden sich die Beteiligten zur Durchführung einer Mediation oder eines anderen Verfahrens der außergerichtlichen Konfliktbeilegung, setzt das Gericht das Verfahren aus.

(3) Gerichtliche Anordnungs- und Genehmigungsvorbehalte bleiben von der Durchführung einer Mediation oder eines anderen Verfahrens der außergerichtlichen Konfliktbeilegung unberührt.

1) Bedeutung. Wie § 278a ZPO. S dort; zu Besonderheiten s nachstehend. 1

2) Anwendungsbereich. Vorschrift gilt grds für sämtl Verf nach dem FamFG, in denen für die Beteiligten die Möglichkeit einer einvernehml Konfliktbeilegung besteht, auch dann, wenn eine gebotene Gerichtsentscheidung nicht ihrer Dispositionsbefugnis unterläge (s Rn 4), auch Beschwerdeverf (§ 68 III 1). In Ehesachen u FamStreitsachen gilt statt § 36a aber § 278a ZPO entspr (§ 113 I). In Gewaltschutzsachen (§ 210) verlangt I 2 eine krit Prüfung der Schutzbelange (näher Gläßer, Mediation u Beziehungsgewalt, 2008). 2

3) Verfahren. Der Vorschlag einer außergerichtl Konfliktbeilegung kann auf einzelne Beteiligte beschränkt werden. Erklären diese ihre Bereitschaft hierzu, wird das Verf insgesamt durch Beschluss ausgesetzt (s § 21). Es empfiehlt sich, insb in vAw zu führenden Verf, die Aussetzung zu befristen. Sie kann auch jederzeit durch Beschluss aufgehoben werden, wenn ihr Grund weggefallen ist. Kindbezogene Verf nach § 155 I sind idR spätestens nach 3 Monaten wieder aufzunehmen (§ 155 IV). 3

4) Ergebnis des außergerichtlichen Verfahrens. Kommt es nicht zu einer Einigung, wird das Gerichtsverf fortgeführt. IÜ hängt das weitere Vorgehen vom Verf u der Art der Einigung ab. Sie kann zB Grundlage eines Vergleichs nach § 36 sein, zu einer Antragsrücknahme (§ 22 I 1) oder zu einer übereinstimmenden Beendigungserklärung nach § 22 III führen, im Amtsverf zur Erledigung u Einstellung des Verf. **III** stellt klar, dass gerichtl Anordnungen (zB nach §§ 1666, 1671 BGB) u Genehmigungen (zB § 156 II) durch die Einigung nicht entbehrl werden. 4

5) Praxishinweise. Allg Vorschläge einer außergerichtl Konfliktlösung haben wenig Erfolgsaussicht. Den Beteiligten sollten konkrete Lösungswege u -chancen aufgezeigt werden. Vorteilhaft ist eine Vernetzung mit Anbietern entspr Verf (in Trennungs- u Kindschaftssachen zT kostenfrei oder -günstig). In Folge- u in Kindschaftssachen kommt auch Anordnung eines Informationsgesprächs nach § 135 bzw § 156 I 3 in Betracht. Weitere Möglichkeiten: Verweisung an Güterichter (§ 36 V), in Kindschaftssachen Hinweis auf Beratungsangebote (§ 156 I 2) oder Anordnung lösungsorientierter Begutachtung (§ 163 II). 5

6) Kosten. Die des außergerichtl Verf werden nicht von der VKH umfasst (wissenschaftl Forschungsvorhaben nach § 7 MediationsG wurden nicht eingeführt), auch nicht dort etwa anfallende (zusätzl) RA-Gebühren (aA Effer-Uhe NJW 2013, 3333). Für die Beendigung des gerichtl Verf gelten die allg Regeln. Bei erzielter Einigung Kostenvergünstigung nach § 61a FamGKG, soweit durch LandesVO angeordnet. Von der Ermächtigung hat, soweit ersichtl, bisher kein Land Gebrauch gemacht. Die Nds VO über das Entfallen von Gerichtsgebühren bei außergerichtl Konfliktbeilegung v 12.7.2019 gilt für das FamFG-Verf nicht. 6

§ 37 Grundlage der Entscheidung

(1) Das Gericht entscheidet nach seiner freien, aus dem gesamten Inhalt des Verfahrens gewonnenen Überzeugung.

(2) Das Gericht darf eine Entscheidung, die die Rechte eines Beteiligten beeinträchtigt, nur auf Tatsachen und Beweisergebnisse stützen, zu denen dieser Beteiligte sich äußern konnte.

1 **I) Allgemein.** § 37 regelt 2 fundamentale prozessuale Grundsätze, näml die freie Beweiswürdigung (I) und das Gebot rechtl Gehörs (II). Die Vorschrift ist auf die fG-Verf (s vor § 23 Rn 1) **anwendbar**. In Ehe- und Fam-Streitsachen (§§ 112, 121) treten gem § 113 I 1 die Vorschriften der ZPO an ihre Stelle.

2 **II) Entscheidungsgrundlage (§ 37 I). 1) Grundsätze.** Grundlage der Entscheidung ist der Sachverhalt, wie er sich nach der Überzeugung des Gerichts auf Grund seiner Ermittlungen (§ 26) darstellt. Das Gericht hat seiner Entscheidung den **gesamten Akteninhalt** ohne Rücksicht darauf zu Grunde zu legen, ob er in einem Termin erörtert worden ist (BayObLG FamRZ 90, 1156), da das Verf der freiw Gerichtsbarkeit keinen Mündlichkeitsgrundsatz kennt. Dazu gehören zunächst die **Angaben der Beteiligten** (s Rn 4), daneben aber **alle Umstände**, von denen das Gericht prozessordnungsgemäß Kenntnis erlangt hat. Das sind insb (PH/Prütting Rn 10) alle Handlungen und Unterlassungen, der persönl Eindruck der Beteiligten, ihr Verhalten bei einer persönl Anhörung, ein evtl Wechsel in der Sachdarstellung, eine verweigerte Mitwirkung bei der Aufklärung (§ 27). Außerdem sind die ggf erhobenen **Beweise** zu würdigen (s Rn 6). Das Gericht muss in seiner Entscheidung in für die Beteiligten und die Rechtsmittelinstanzen nachvollziehbarer Weise **begründen**, wie es zu seiner Überzeugung in den wesentl Punkten gelangt ist.

3 **2) Entscheidungsmaßstab.** Dieser entspricht den zu § 286 ZPO entwickelten Grundsätzen (BVerfG FamRZ 2020, 422; OLG Saarbrücken FamRZ 2025, 526). Erforderl ist die freie, grds (Ausnahmen s Rn 8) nicht an Beweisregeln gebundene **Überzeugung** des Gerichts. Das Gericht muss von der Richtigkeit der Feststellungen, die es seiner Entscheidung zugrunde legen will, überzeugt sein. Es reicht ein für das praktische Leben **brauchbarer Grad an Gewissheit** (BGH NJW 94, 1348 für Vaterschaftsfeststellung; OLG Rostock FamRZ 2021, 640; KG FamRZ 2020, 842; OLG Hamburg ErbR 2020, 475). IE s § 286 ZPO Rn 13, 17 ff. Das Beweismaß hängt nicht von der Art der Beweiserhebung ab, also ob das Gericht die Feststellungen im Frei- oder im Strengbeweisverf trifft (s § 30 Rn 2 ff). Auch wenn sich das Gericht des **Freibeweises** bedient, muss es von der Wahrheit der getroffenen Feststellung überzeugt sein; der Beweismaßstab ist nicht reduziert (BGH NJW 97, 3319).

4 **3) Angaben der Beteiligten.** Diese sind unabhängig davon zu berücksichtigen, ob sie schriftl, zu Protokoll der GeschSt (§ 25 I) oder in einem Termin (§ 32) gemacht wurden. Ein ggf durchgeführter **Termin** (zu dessen Funktion s § 32 Rn 4) hindert die Beteiligten (anders als nach § 296a ZPO) nicht daran, dem Gericht danach weiteren Sachvortrag zu unterbreiten. Dies kann auch noch nach Ablauf einer gesetzten **Frist zur Äußerung** geschehen (BayObLG NJW-RR 89, 1090).

5 Ausführungen der Beteiligten, insb **Schriftsätze**, sind zu berücksichtigen, solange der Beschluss noch nicht iSv § 38 III 3 (s § 38 Rn 16) **erlassen** ist (BGH FamRZ 2018, 1593; BGH FamRZ 2015, 1698; OLG Düsseldorf MDR 2013, 1186). Dies ist neben dem Verlesen der Beschlussformel die **Übergabe** des Beschlusses **an die Geschäftsstelle**. Bis zu diesem Zeitpunkt ist Sachvortrag daher zu berücksichtigen, unabhängig davon, ob der Beschluss bereits beraten, schriftl abgesetzt (OLG Zweibrücken FGPrax 2002, 116 = MDR 2002, 949) oder unterschrieben/signiert ist (BGH FamRZ 2018, 1593; BGH FamRZ 2015, 1698; OLG Düsseldorf MDR 2013, 1186). Wenn ein Schriftsatz vor diesem Zeitpunkt eingeht, aber nach dem Datum, das als das der Beschlussfassung angegeben ist, muss das Gericht – etwa durch einen Vermerk – kenntl machen, ob es diesen Schriftsatz zur Kenntnis genommen hat; andernfalls ist er als rechtzeitig zu behandeln (BayVerfGH VerfGHE BY 31, 235; OLG Zweibrücken FGPrax 2002, 116 = MDR 2002, 949). Für die Beurteilung, ob die Entscheidung auf zutr Grundlage ergangen ist, ist unerhebl, ob ein Schriftsatz tatsächl dem Richter vor Herausgabe der Entscheidung zur Kenntnis gelangt ist (BVerfG FamRZ 2023, 875; BGHMDR 2024, 796; BGH FamRZ 2018, 1593) und ob einen Justizangehörigen daran ein Verschulden trifft (BVerfG FamRZ 2023, 875; BVerfGE 67, 199; BGH MDR 2010, 1212). Zur Wahrung rechtl Gehörs iE s Rn 15 ff.

6 **4) Würdigung einer Beweisaufnahme.** Zu würdigen ist das Ergebnis einer Beweisaufnahme, unabhängig davon, ob die Beweise im Streng- oder Freibeweisverf (BayObLG FamRZ 91, 1114) erhoben worden sind. Es gelten die auch im Zivilprozess anerkannten Grundsätze der Beweiswürdigung (s § 286 ZPO Rn 12 ff). Das Gericht ist – wie im Zivilprozess (s § 286 ZPO Rn 13b) – im Einzelfall nicht gehindert, seine Überzeugung auf die Angaben eines Beteiligten zu stützen, auch wenn sie im Gegensatz zu einer Zeugenaussage stehen (BayObLG FamRZ 91, 1114). Die Grundsätze des sog **Anscheinsbeweises** (s vor § 284 ZPO Rn 29), tatsächl Vermutungen und Erfahrungssätze finden auch im fG-Verf Anwendung (BGHZ 53, 369; Sternal/Sternal § 29 Rn 31). Zu Beweisvermutungen s Rn 8. Ein vom gericht1 abweichendes **Privatgutachten** ist zu würdigen (BGH FamRZ 2022, 1556 = MDR 2022, 1097).

7 Eine **Beweisvereitelung** (allg s § 286 ZPO Rn 14b) kann auch im fG-Verf berücksichtigt werden (BGH FamRZ 2010, 720; OLG Hamburg ErbR 2020, 475; OLG Naumburg FamRZ 2006, 282). Sie führt in Verf mit Amtser-

mittlung nicht notwendig zu einer Entscheidung zu Lasten des Vereitelnden, sondern stellt einen, wenn auch möglicherw gewichtigen, Gesichtspunkt im Rahmen der Gesamtwürdigung aller Umstände dar (BGH FamRZ 93, 691; BGH FamRZ 86, 663 = NJW 86, 2371). Das Gericht muss vor einer Entscheidung auf die mögl Anwendung der Grundsätze der Beweisvereitelung hinweisen (BGH FamRZ 93, 691 = MDR 93, 873). Da eine Beweisvereitelung auch einen Verstoß gegen die Mitwirkungspflicht (§ 27) darstellt, kann sie auch Einfluss auf den Umfang der gerichtl Ermittlungen haben (s § 26 Rn 4). Zur Verweigerung einer psychiatrischen Untersuchung s § 30 Rn 18.

Beweisregeln schränken die freie Beweiswürdigung nur ein, wenn sie ges angeordnet sind (§ 286 II ZPO iVm § 30 I FamFG). Hinsichtl der zivilprozessualen Beweisregeln s § 286 ZPO Rn 3. Soweit ein Gegenbeweis zugelassen ist, ist im fG-Verf die entspr Ermittlung von der gerichtl Pflicht zur Amtsermittlung erfasst (Jansen/Briesemeister § 12 FGG Rn 112). Zur Beweiskraft von **Urkunden** s § 30 Rn 19. In FamSachen kann außerdem § 54 PStG (Beweiskraft von Personenstandsurkunden) von Bedeutung sein. **Gesetzliche (Beweis-)Vermutungen** iSv § 292 ZPO schränken nicht die Beweiswürdigung ein, sondern führen dazu, dass die vermutete Tatsache (zunächst) nicht beweisbedürftig ist. Derartige Vermutungen widersprechen idR der Amtsermittlungspflicht (§ 26). Daher sind die Beweisregeln der §§ 439, 440 II ZPO über **Privaturkunden** im fG-Verf nicht anwendbar (s § 30 Rn 19). 8

5) Beweislast. Zu unterscheiden ist zwischen der subj Beweislast (Beweisführungslast) und der obj Beweislast (Feststellungslast). Die **Beweisführungslast** ist die Obliegenheit, im Interesse des eigenen Prozesserfolgs Beweise anzubieten (s vor § 284 ZPO Rn 18). Eine solche Last ist dem vom Grundsatz der Amtsermittlung (§ 26) geprägten fG-Verf fremd (OLG Oldenburg FamRZ 2024, 899; BayObLG NJW-RR 2002, 1453; PH/Prütting § 26 Rn 50 f). Auch in ihm stellt sich aber die Frage der **Feststellungslast**. Sie bringt zum Ausdruck, zu wessen Lasten es geht, wenn bestimmte Tatsachen nach Durchführung der erforderl Ermittlungen nicht festgestellt werden können (OLG Oldenburg FamRZ 2024, 899; PH/Prütting § 26 Rn 50 f). 9

Die Grundsätze für die Verteilung der Feststellungslast ergeben sich aus dem materiellen Recht (OLG Oldenburg FamRZ 2024, 899); auf die Stellung der Beteiligten im Verf kommt es nicht an. In **Antragsverfahren** trägt derj die Feststellungslast, dem die entspr **Tatsache günstig** ist (OLG Oldenburg FamRZ 2024, 899). IdR trägt daher der ASt die Feststellungslast für die rechtsbegründenden Tatsachen, der Ag die für die rechtsvernichtenden, rechtshindernden und rechtshemmenden Tatsachen (KG FamRZ 91, 486; PH/Prütting Rn 25). Dies ist aber nicht Folge der Stellung im Verf, sondern davon, dass regelmäßig derj der ASt ist, der ein Recht geltend macht. Ob ein Tatbestandsmerkmal rechtsbegründenden oder rechtshindernden usw Charakter hat, ist in vielen Fällen der ges Formulierung zu entnehmen (s vor § 284 ZPO Rn 17a; MK/Prütting § 286 ZPO Rn 115 ff). In den familienrechtl **Amtsverfahren** trägt – zumindest gedankl – der Staat die Feststellungslast (BVerfG FamRZ 2020, 422; BGH FamRZ 2010, 720). Das Gericht darf in diesen eine Maßnahme nur anordnen, wenn nach seiner Überzeugung die tatsächl Voraussetzungen dafür gegeben sind. 10

III) Rechtliches Gehör (§ 37 II). 1) Grundsätze. Der verfassungsrechtl Grundsatz rechtl Gehörs (Art 103 I GG) gilt auch in fG-Verf einschl der mit Amtsermittlungsgrundsatz (BVerfG FamRZ 2024, 360; BVerfG NJW 2009, 138). Das Gericht darf seiner Entscheidung nur solche Tatsachen zugrunde legen, zu denen sich der Beteiligte, dessen Rechte beeinträchtigt werden, zuvor äußern konnte (zB BGH FamRZ 2019, 139); das gilt insb auch für SV-Gutachten (BGH FamRZ 2023, 472; BGH FamRZ 2017, 48). Im FamFG-Verf besteht keine generelle Verpflichtung zur **Übersendung schriftlicher Äußerungen** und Beweisergebnisse; nur der verfahrenseinleitende Antrag soll an die übrigen Beteiligten übermittelt werden (§ 23 II). – In FamSachen wird dies zwar in der Praxis idR anders gehandhabt, hier werden die Beteiligten meist in vergleichbarer Weise wie im Zivilprozess in das Verf eingebunden. Die Regelung in II stellt aber für alle Verf sicher, dass eine Entscheidung nur auf solche Tatsachen usw gestützt wird, die dem Beteiligten, dessen Rechtsstellung negativ betroffen wird, so rechtzeitig mitgeteilt werden, dass er **ausreichend Zeit** hat, davon Kenntnis zu nehmen und sich dazu zu äußern (BGH FamRZ 2016, 1148). 11

2) Anspruchsträger. Zu gewähren ist rechtl Gehör dem **Beteiligten**, der durch die Entscheidung in seinen Rechten beeinträchtigt wird. Die Stellung eines Beteiligten ergibt sich aus § 7, eine formelle Beteiligung ist nicht erforderl (s § 7 II Nr 1 u BVerfG NJW 2009, 138). **Behörden** ist dann rechtl Gehör zu gewähren, wenn sie in dem Verf ein ihnen – tatsächl oder vermeintl – zustehendes Antrags- oder Beschwerderecht wahrnehmen (BGHZ 31, 92), zB wenn das Jugendamt gem § 162 III 2 Beschwerde eingelegt hat (BayObLG FamRZ 89, 652 für § 57 I Nr 9 FGG). Wenn sie nur in Erfüllung ihnen allg obliegender öffentl Aufgaben tätig werden, steht ihnen ein Anspruch auf rechtl Gehör nicht zu, da sie keine eigenen Rechte wahrnehmen. Dies ist etwa der Fall, wenn das Finanzamt eine Pflegschaft anregt (BayObLG RPfleger 86, 293) oder das Jugendamt gem § 162 I mitwirkt. – Der Beteiligte ist in seinen Rechten **beeinträchtigt**, wenn er durch die beabsichtigte Entscheidung in seiner Rechtsstellung negativ betroffen werden würde (Begr RegE BTDrs 16/6308, 194). Auch die Vorenthaltung einer verbesserten Rechtsstellung reicht aus, wie zB bei der Zurückweisung eines Antrags (SchBW/Brinkmann Rn 22). Sofern ein Antrag zurückzuweisen ist, bedarf es mangels Rechtsbeeinträchtigung der Anhörung anderer Beteiligter nicht. 12

13 **3) Umfang des Anspruchs.** Der Grundsatz des rechtl Gehörs verpflichtet das Gericht, die mündl und schriftl Äußerungen der Beteiligten zur Kenntnis zu nehmen und bei seiner Entscheidung in Erwägung zu ziehen (stRspr des BVerfG, zB BVerfG FamRZ 2024, 360; BVerfG FamRZ 2023, 1870). Grds ist davon auszugehen, dass ein Gericht so verfährt (BVerfG FamRZ 2023, 1870 mwN; BGH NJW-RR 2000, 47). Dagegen spricht es nicht, wenn die Gründe der Entscheidung nicht jeden einzelnen Punkt erörtern; das Gericht ist nicht verpflichtet, sich mit jedem Vorbringen der Beteiligten in den Gründen zu befassen (BVerfG FamRZ 2023, 1870 mwN). Geht das Gericht aber in seinen **Entscheidungsgründen** auf den wesentl Kern des Vortrags eines Beteiligten zu einer Frage nicht ein, die für das Verf von zentraler Bedeutung ist, lässt dies auf die Nichtberücksichtigung des Vortrags schließen, sofern er nicht nach dem Rechtsstandpunkt des Gerichts unerhebl oder offensichtl unsubstantiiert war (stRspr des BVerfG, zB BVerfG FamRZ 2023, 1870 mwN; BVerfG FamRZ 2011, 808; BGH NJW 2009, 2139).

14 Der Anspruch auf rechtl Gehör gewährleistet den Beteiligten das Recht, sich auch zur **Rechtslage** zu äußern (BVerfG FamRZ 95, 795). Es verstößt gegen Art 103 I GG, wenn das Gericht ohne vorh Hinweis auf einen rechtl Gesichtspunkt abstellt, mit dem auch ein gewissenhafter und kundiger Beteiligter selbst unter Berücksichtigung der Vielzahl vertretbarer Rechtsauffassungen nicht zu rechnen brauchte (BVerfGE 86, 133 = NJW 92, 2877 LS; BGH NJW-RR 2011, 487). Daher hat das Gericht die Beteiligten auf einen entscheidungserhebl rechtl Gesichtspunkt hinzuweisen, wenn es ihn anders beurteilt als die Beteiligten, § 28 I 2 (s § 28 Rn 5). – Das **Ergebnis von Ermittlungen**, insb ein SV-Gutachten, ist vor der Entscheidung mitzuteilen (BGH FamRZ 2020, 784; BGH MDR 2013, 1281).

15 **4) Art und Weise der Gehörsgewährung.** Im Regelfall sind dem Betroffenen die entscheidungsrelevanten Erklärungen anderer Beteiligter sowie die Ergebnisse einer Beweisaufnahme, unabhängig davon, ob sie im Frei- oder Strengbeweisverf stattgefunden hat, mitzuteilen. Dies kann durch Übersendung der schriftl Erklärungen anderer Beteiligter, des Vermerks (§ 28 IV) über einen Termin, eine Beweisaufnahme oder eine persönl Anhörung außerhalb eines Termins (BGH FamRZ 1986, 895), eines Vermerks über das Ergebnis einer formlosen Ermittlung (§ 29 III) oder eines schriftl SV-Gutachtens geschehen. Auch über sonstige Erkenntnisse, die das Gericht – sofern zulässig – verwerten will, zB Kenntnisse aus anderen Verf (auch dem einstw Anordnungsverf, § 51 III 2), muss es die Beteiligten informieren.

16 Eine Gelegenheit zur Äußerung in einem **Termin** (§ 32) reicht aus, wenn es dem Beteiligten zuzumuten ist, sich sofort dazu zu erklären; dies ist idR bei weniger komplexen Zusammenhängen der Fall (Begr RegE BTDrs 16/6308, 194). In diesen Fällen kann das Ergebnis einer Beweisaufnahme oder einer Anhörung unmittelbar anschließend im Termin erörtert werden. Der Einräumung einer Frist zur schriftl Stellungnahme bedarf es dann nicht mehr (BGH MDR 2018, 1141 für ZP). Ansonsten, insb auch bei Übermittlung von Stellungnahmen usw außerhalb eines Termins, wird dem Anspruch auf rechtl Gehör genügt, wenn die Beteiligten sich **schriftlich** oder zur Niederschrift der GeschSt (§ 25) äußern können. Ein Anspruch auf Durchführung eines Termins zur Gewährung rechtl Gehörs besteht im Rahmen von § 34, ansonsten nicht (BVerfG NJW 84, 1053; OLG Köln FamRZ 2013, 483). Grds muss den Beteiligten keine Stellungnahme aufgegeben werden (BayObLG FamRZ 2000, 1458; OLG Köln ZIP 84, 1284), vielmehr kann das Gericht davon ausgehen, dass die Beteiligten zur Wahrung ihrer Interessen sich selbst äußern. Anders kann es sich bei erkennbarer Geschäftsungewandtheit des Beteiligten verhalten (dann ggf auch persönl Anhörung gem § 34 I Nr 1) oder dann, wenn das Gericht im Rahmen der Sachaufklärung (§§ 26, 27) eine Stellungnahme für erforderl hält. Im letztgenannten Fall handelt es sich dann aber nicht mehr um die Gewährung rechtl Gehörs, sondern um eine Ermittlungstätigkeit des Gerichts. – Das Gericht hat vor der Entscheidung, wenn es nicht eine Frist zur Stellungnahme setzt, eine angemessene Zeit zu warten, um **Gelegenheit zur Äußerung** zu neuem Sachvortrag usw zu geben (BVerfGE 60, 313 = NJW 82, 1691). Ausreichend ist grds eine Frist von 2 Wochen (BayObLG FamRZ 2000, 1458). Wenn ein Beteiligter ankündigt, noch eine Stellungnahme binnen einer bestimmten Frist einzureichen, ist diese entweder abzuwarten oder durch richterl Anordnung (auf einen angemessenen, ausreichenden Zeitraum) zu verkürzen (SchBW/Brinkmann Rn 39). Sofern ein Beteiligter ohne konkrete Zeitangabe noch **Sachvortrag ankündigt**, muss das Gericht, wenn es keine Frist setzt, eine nach den Umständen des Falls zu bemessende angemessene Frist abwarten; einer Erinnerung oder Nachfrage bedarf es aber nicht (BVerfG NJW 2009, 1582). Dasselbe gilt, wenn sich ein RA für den Beteiligten meldet und Akteneinsicht beantragt (BayObLG MDR 97, 1153). Das Gericht muss von ihm **gesetzte Fristen** zur Stellungnahme auch bei Eilbedürftigkeit abwarten (BVerfG MDR 2018, 614; BVerfG FamRZ 95, 795); in Betracht kommt ggf allenfalls eine nachträgl Verkürzung. Zum **Zeitpunkt**, bis zu dem Schriftsätze zu berücksichtigen sind, s Rn 4 f.

17 **5) Beschränkungen.** Eine Einschränkung des Anspruchs auf rechtl Gehör besteht im einstw Anordnungsverf gem § 51 II 1 (s § 51 Rn 6) bei bes **Eilbedürftigkeit**, wenn also ein unmittelbares Eingreifen des Gerichts erforderl ist. Der Schutz des Art 103 I GG ist eingeschränkt, wenn eine vorh Anhörung den Zweck der Maßnahme vereiteln würde oder wenn die Entscheidung nach vorh Anhörung zu spät käme (BVerfG NJW 91, 1283). In diesem Fall muss rechtl Gehör aber unverzügl nachträgl gewährt und auf Grund dessen die getroffene Entscheidung überprüft werden (s § 51 Rn 6).

18 Rechtl Gehör ist auch insoweit zu gewähren, als Inhalte aus der **Privatsphäre** betroffen sind. Nach der Vorstellung des Gesetzgebers (Begr RegE BTDrs 16/6308, 194) kann von einer Übersendung von entscheidungserhebl

Beweisdokumenten abgesehen werden, wenn **schwerwiegende Interessen** eines Beteiligten oder eines Dritten entgegenstehen. Dem kann zumindest für FamSachen nicht gefolgt werden (iErg ebenso Sternal/Jokisch Rn 4; aA wohl SchBW/Brinkmann Rn 43 f). Die Gewährung rechtl Gehörs erfordert nach der stRspr des BVerfG (zB BVerfG FamRZ 2006, 763; BVerfGE 50, 280), dass einer gerichtl Entscheidung nur solche Tatsachen und Beweisergebnisse zugrunde gelegt werden, zu denen sich die Beteiligten vorher äußern konnten. Der Betroffene soll vor einer Entscheidung, die seine Rechte betrifft, zu Wort kommen, um Einfluss auf das Verf und sein Ergebnis nehmen zu können (BVerfG NJW 1995, 2096). Da **Art 103 I GG** ein vorbehaltlos gewährleistetes Grundrecht ist, können sich Schranken nur aus kollidierenden Verfassungspositionen ergeben (vgl zB v. Münch/Kunig/Saliger Art 103 GG Rn 10). Diese verfassungsrechtl Möglichkeit hat der Gesetzgeber, dem diese Normierung der Schranken obliegt (vgl zB v. Münch/Kunig/Saliger Art 103 GG Rn 10), nicht wahrgenommen. II gewährt das rechtl Gehör uneingeschränkt, ein Vorbehalt, wie ihn zB § 13 I für die Akteneinsicht („soweit nicht schwerwiegende Interessen – entgegenstehen"), § 288 I für die Bekanntgabe von Beschlüssen in Betreuungssachen („um erhebl Nachteile für seine Gesundheit zu vermeiden") oder § 247 S 3 StPO (vergleichbare Einschränkung) enthalten, ist nicht aufgenommen. Allein die Begr des RegE ist nicht geeignet, ein grundrechtl geschütztes, ausdrückl eingeräumtes Recht einzuschränken.

Damit ist das Gericht aber nicht gehindert, über Anhörungen des Kindes oder der Eltern in **Sorgerechts- und Umgangsverfahren** nur zusammenfassend zu informieren und dabei evtl problematische Details auszulassen. In diesem Fall darf das Gericht seine Entscheidung aber auch nur auf die Tatsachen stützen, die es dem Beteiligten, dessen Rechte beeinträchtigt werden, mitgeteilt hat (ebenso Sternal/Jokisch Rn 4). Mit dem Grundrecht auf rechtl Gehör unvereinbar wäre es, wenn das Gericht zB seine Entscheidung darauf stützt, dass das Kind in der Anhörung einen Missbrauch durch den Sorge- oder Umgangsberechtigten geschildert hat, dies aber (zum Schutz des Kindes) dem Betroffenen nicht mitgeteilt hat. – Soweit es um die Bekanntgabe ärztl oder psychologischer **Gutachten** usw an das Kind geht, enthält § 159 IV 1 eine die Grundrechtspositionen angemessen zum Ausgleich bringende Regelung. 19

IV) Rechtsfolgen eines Verstoßes gegen § 37 I und II. 1) Sachverhaltsfeststellung. Die Beschwerdeinstanz ist volle Tatsacheninstanz (s § 68 Rn 5), in ihr kann daher der Sachverhalt unabhängig von der erstinstanzl Entscheidung festgestellt, deren Mängel also geheilt werden. Im Verf der Rechtsbeschwerde kann die Tatsachenfeststellung, zu der auch die Beweiswürdigung gehört, nur auf Rechtsfehler überprüft werden (BayObLG NJW-RR 99, 1309). Dabei ist zu prüfen, ob das Beschwerdegericht den maßgebenden Sachverhalt genügend erforscht (§ 26) und alle wesentl Gesichtspunkte berücksichtigt hat (BGH FamRZ 2013, 287), nicht gegen ges Beweisregeln, gegen Denkgesetze und feststehende Erfahrungssätze verstoßen hat, ob es die Beweisanforderungen zu hoch oder zu niedrig angesetzt hat und ob die getroffenen Schlussfolgerungen rechtl mögl sind (BayObLG NJW-RR 99, 1309). 20

2) Rechtliches Gehör. Der in dem Verstoß gegen das Gebot rechtl Gehörs liegende Verfahrensmangel kann durch Nachholung des Gehörs geheilt werden, auch noch in der Beschwerdeinstanz (OLG Karlsruhe ZFE 2011, 199; BayObLG NJW-RR 99, 452), da diese volle Tatsacheninstanz (s § 68 Rn 5) ist. Eine Aufhebung und Zurückverweisung ist daher grds nicht erforderl (s § 69 Rn 2). Im Rahmen einer gem § 70 II zugelassenen Rechtsbeschwerde kann ein Verstoß gegen das Gebot rechtl Gehörs als Rechtsverletzung (§ 72 I) geltend gemacht werden. Sofern ein Rechtsmittel gegen die Entscheidung nicht gegeben ist, kann der beschwerte Beteiligte Anhörungsrüge gem § 44 erheben. 21

Abschnitt 3
Beschluss (§§ 38-48)

Vorbemerkungen zu §§ 38-48

Der Beschluss ist gem § 116 I **einheitliche Entscheidungsform** für alle Endentscheidungen in allen FamSachen (§ 111), sowohl in fG-Verf (§ 111 Nrn 2-7, s vor § 23 Rn 1), als auch in Ehe- (§ 121) und FamStreitsachen (§ 112). Dies gilt auch für Anerkenntnis-, Verzichts- und Versäumnisentscheidungen. Eine „Übersetzung" der zivilprozessualen Begriffe enthält § 113 V. 1

In **Ehe- und FamStreitsachen** ist die Anwendung der §§ 38-48 aber eingeschränkt. Gem § 113 I 1 sind in diesen Verf die §§ 40-45, § 46 S 1 u 2, §§ 47-48 nicht anzuwenden. Anwendbar sind (nur) die § 38 (Beschlussform), § 39 (Rechtsbehelfsbelehrung) und § 46 S 3 u 4 (Rechtskraftzeugnis in Ehe- und Abstammungssachen nebst Rechtsmittel). IÜ treten an die Stelle der nicht anwendbaren Vorschriften die entspr Bestimmungen der ZPO. 2

Die §§ 38-48 sind, soweit nichts anderes bestimmt ist, auf **alle Beschlüsse nach dem FamFG** anwendbar, also auch auf **Neben- und Zwischenentscheidungen** in Beschlussform (str). Eine generelle Beschränkung nur auf 3

Endentscheidungen iSv § 38 I 1 kann dem Gesetz nicht entnommen werden. Vielmehr ist ausdrückl angeordnet, wenn eine Vorschrift nur auf Endentscheidungen Anwendung finden soll, zB in § 44 I 2, § 48 I 1. Anderenfalls würde es außerdem für andere Beschlüsse an entspr Regelungen fehlen, zB wie Zwischenentscheidungen wie die Aussetzung der Vollstreckung gem §§ 55, 64 III bekannt gegeben und wirksam werden. Nach seinem Regelungsgehalt allein auf Endentscheidungen anzuwenden ist § 38.

§ 38 Entscheidung durch Beschluss

(1) [1]Das Gericht entscheidet durch Beschluss, soweit durch die Entscheidung der Verfahrensgegenstand ganz oder teilweise erledigt wird (Endentscheidung). [2]Für Registersachen kann durch Gesetz Abweichendes bestimmt werden.

(2) Der Beschluss enthält

1. die Bezeichnung der Beteiligten, ihrer gesetzlichen Vertreter und der Bevollmächtigten;

2. die Bezeichnung des Gerichts und die Namen der Gerichtspersonen, die bei der Entscheidung mitgewirkt haben;

3. die Beschlussformel.

(3) [1]Der Beschluss ist zu begründen. [2]Er ist zu unterschreiben. [3]Das Datum der Übergabe des Beschlusses an die Geschäftsstelle oder der Bekanntgabe durch Verlesen der Beschlussformel (Erlass) ist auf dem Beschluss zu vermerken.

(4) Einer Begründung bedarf es nicht, soweit

1. die Entscheidung auf Grund eines Anerkenntnisses oder Verzichts oder als Versäumnisentscheidung ergeht und entsprechend bezeichnet ist,

2. gleichgerichteten Anträgen der Beteiligten stattgegeben wird oder der Beschluss nicht dem erklärten Willen eines Beteiligten widerspricht oder

3. der Beschluss in Gegenwart aller Beteiligten mündlich bekannt gegeben wurde und alle Beteiligten auf Rechtsmittel verzichtet haben.

(5) Absatz 4 ist nicht anzuwenden:

1. in Ehesachen, mit Ausnahme der eine Scheidung aussprechenden Entscheidung;

2. in Abstammungssachen;

3. in Betreuungssachen;

4. wenn zu erwarten ist, dass der Beschluss im Ausland geltend gemacht werden wird.

(6) Soll ein ohne Begründung hergestellter Beschluss im Ausland geltend gemacht werden, gelten die Vorschriften über die Vervollständigung von Versäumnis- und Anerkenntnisentscheidungen entsprechend.

1 **I) Allgemein.** § 38 trifft eine einheitl Bestimmung allein (BGH FamRZ 2022, 981 Tz 9) für Endentscheidungen, die in allen Verf nach dem FamFG ergehen, unabhängig davon, ob Richter oder Rpfleger (OLG Frankfurt FamRZ 2018, 1093) entscheiden.

2 **II) Entscheidung in Beschlussform (§ 38 I). 1) Anwendungsbereich.** I schreibt die Entscheidung durch Beschluss für **alle Endentscheidungen** in Verf nach dem FamFG vor. Die Einschränkung in I 2 hat für FamSachen keine Bedeutung.

3 **2) Endentscheidung.** Diese ist in I 1 **gesetzlich definiert:** Eine Entscheidung, durch die der Verfahrensgegenstand ganz oder teilw erledigt wird. IdR ist das die für diesen Verfahrensgegenstand instanzbeendende Entscheidung (OLG Bamberg FamRZ 2023, 783), die in einem Amtsverf auch in der Ablehnung von (weiteren) Maßnahmen liegen kann (BGH ZIP 2024, 1000). Eine Endentscheidung liegt aber auch vor, wenn das Verf trotz einer den Verfahrensgegenstand zunächst erledigenden Entscheidung in dieser Instanz noch fortgesetzt werden kann, zB bei einem Versäumnisbeschluss in Ehe- und FamStreitsachen, gegen den Einspruch (§ 113 I, § 338 ZPO) eingelegt werden kann; bei einer ohne mündl Verh ergangenen einstw Anordnung, über die ggf auf Grund mündl Verh erneut zu entscheiden ist (§ 54 II). Statthaft ist entspr § 256 II ZPO ein **Zwischenfeststellungsbeschluss** (OLG Bamberg FamRZ 2024, 1136). – IdR wird mit der Endentscheidung über die **Hauptsache** entschieden. Endentscheidung ist aber auch ein Beschluss, durch den die Erledigung der Hauptsache festgestellt und über die **Kosten** entschieden wird (OLG Köln FamRZ 1983, 1262). Dasselbe gilt für eine isolierte Kostenentscheidung gem § 81 (OLG Bamberg FamRZ 2023, 1053), § 83 (BGH FamRZ 2011, 1933 Tz 15) oder § 84 *(OLG Celle JurBüro 2012, 377)*, da mit ihr über den letzten noch anhängigen Verfahrensgegenstand entschieden wird. Zur Anfechtung s § 58 Rn 4. – Eine **Teilentscheidung** ist entspr § 301 ZPO zulässig, wenn der Verfahrensgegenstand teilbar (s § 65 Rn 5 f) ist (OLG Frankfurt FamRZ 2022, 267; OLG Düsseldorf FamRZ 2011,

718; OLG Saarbrücken FamRZ 2010, 1922) und die Gefahr einander widersprechender Entscheidungen im Verhältnis zum restl Verfahrensgegenstand ausgeschlossen werden kann (OLG Frankfurt FamRZ 2022, 267 für Entscheidung gem §§ 1666, 1671 BGB; OLG Frankfurt FamRZ 2018, 997 für VersAusgleich; OLG Düsseldorf FamRZ 2011, 718).

3) Zwischen- und Nebenentscheidungen. Sie ergehen in Beschlussform, wenn dies im Gesetz bestimmt ist, zB für Verweisung (§ 3), Aussetzung (§ 21), Zwangs- (§ 35 V) und Ordnungsmittel (§ 33 III), VKH (§ 76 II). Soweit ges nicht die Beschlussform vorgeschrieben ist, kann das Gericht Entscheidungen durch Verfügungen treffen. Wenn es die Beschlussform wählt, ist es nicht an die Formalien des § 38 gebunden, da es sich nicht um Endentscheidungen handelt. Allein der Erlass als Beschluss eröffnet eine Beschwerdemöglichkeit nicht. 4

4) Beschlüsse in Vollstreckungsverfahren. Diese sind grds keine Endentscheidungen iSv § 38, da diese Vorschrift sich nach ihrer systematischen Stellung auf Erkenntnisverf bezieht. Sie sind gem § 87 IV mit der sof Beschwerde entspr §§ 567 ff ZPO anfechtbar. Endentscheidungen sind aber Beschlüsse (§ 95 II), die in einem Erkenntnisverf der ZwV ergehen; das sind insb Entscheidungen entspr (s § 95 Rn 10) § 767 ZPO (OLG Brandenburg FamRZ 2012, 1223) und § 771 ZPO. 5

5) Einstweilige Anordnung. Entscheidungen, die eine solche erlassen, ablehnen, ändern oder aufheben, sind Endentscheidungen (OLG Schleswig FamRZ 2016, 1785; OLG Stuttgart NJW 2009, 3733), da es sich bei dem Anordnungsverf gem § 51 III 1 um ein selbständiges, durch eine eigenständige Entscheidung abzuschließendes Verf handelt (s vor § 49 Rn 1). 6

6) Weitere Einzelfälle. Endentscheidungen sind: Beschlüsse über die **Vergütung** von Vormund (OLG Nürnberg FamRZ 2010, 1760; OLG Stuttgart JurBüro 2010, 549), Umgangspfleger (OLG Hamm FamRZ 2011, 307) und Verfahrensbeistand (BGH FamRZ 2010, 1544); die Anordnung einer **Ergänzungspflegschaft** (KG FamRZ 2010, 1171; OLG Oldenburg NJW 2010, 1888); Auswahl des Ergänzungspflegers (OLG Düsseldorf FamRZ 2011, 742); familiengerichtl **Genehmigung** (OLG Jena FamRZ 2014, 140; OLG Düsseldorf FamRZ 2011, 485); Verf nach **§ 64 II 3 EStG aF/§ 66 III EStG nF** (KG FamRZ 2011, 494; OLG Nürnberg MDR 2011, 731); Billigung einer Umgangsvereinbarung gem **§ 156 II** (BGH FamRZ 2019, 1616). Zu Entscheidungen über Akteneinsicht s § 13 Rn 10. 6a

III) Struktur des Beschlusses. Einer **Überschrift** „Beschluss" bedarf es nicht notwendig, sie ist aber sachgerecht (s § 313 ZPO Rn 3 für Urteil). Soweit es sich um einen Versäumnis-, Anerkenntnis- oder Verzichtsbeschluss handelt, ist er als solcher zu bezeichnen (§ 113 I FamFG iVm § 313b I 2 ZPO), wenn von den Möglichkeiten der Abkürzung entspr § 313b ZPO Gebrauch gemacht wird. Anderenfalls ist dies nicht erforderl (BGH FamRZ 88, 945). Er ergeht auch in Ehe- u FamStreitsachen **nicht „Im Namen des Volkes"** (PH/Abramenko Rn 4; SchBW/Oberheim Rn 62; aA OLG Zweibrücken FamRZ 2012, 471; Msk/Borth § 40 Rn 2), da dies gem § 311 I ZPO Urteilen vorbehalten und eine entspr Anwendung nicht bestimmt ist. Nach einem Eingangssatzteil („In der FamSache") folgt das sog **Rubrum** (II). In Streitverf der fG, Ehesachen (§ 121) und FamStreitsachen (§ 112) werden die Beteiligten grds als ASt und Ag bezeichnet, das Rubrum wird als Streitrubrum („In der FamSache Herr A gegen Frau A") gestaltet. Andere Beteiligte werden als „weitere Beteiligte" angeführt. In Rechtsfürsorgesachen, insb den Kindschaftssachen (zB Sorgerecht und Umgang), ist zu bezeichnen, um wen es geht. **Bsp:** „In der FamSache betr den am … geborenen X.Y.". Im Anschluss daran werden üblicherw das Gericht sowie die entscheidenden Gerichtspersonen (Rpfleger oder Richter) genannt, häufig auch das Datum (entspr der Struktur eines Urteils, § 313 ZPO). Dem Entscheidungssatz folgt unter der Überschrift „Gründe" die Begründung der Entscheidung, die idR aus einem tatbestandl Teil und den Gründen für die getroffene Entscheidung besteht. Abzuschließen ist der Beschluss mit Rechtsbehelfsbelehrung und Unterschrift/Signatur. 7

IV) Formalien des Beschlusses (§ 38 II). 1) § 38 II Nr 1. Wer **Beteiligter** ist, bestimmt sich nach § 7. Aufzuführen sind die Beteiligten, die zum Zeitpunkt der Entscheidung am Verf beteiligt gewesen sind, oder die von der Entscheidung trotz Ausscheidens hinsichtl der Kostenentscheidung noch betroffen sind. Sie sind so genau zu bezeichnen, dass ihre Identität bestimmt werden kann. Dafür sind grds Vor- und Zuname sowie die genaue Wohnanschrift erforderl (s § 313 ZPO Rn 4). Sofern der Beteiligte bei Erlass der Entscheidung nicht verfahrensfähig (§ 9) ist, ist neben ihm sein **gesetzlicher Vertreter** aufzuführen, ebenso mit vollem Namen und Anschrift. Ein Wechsel der ges Vertretung im Laufe des Verf ist zu berücksichtigen, aufzunehmen ist die Person, die zum Zeitpunkt der Entscheidung vertretungsberechtigt ist. Wenn der Beteiligte durch einen RA oder einen anderen **Bevollmächtigten** (§ 10 II) vertreten ist, ist dieser ebenfalls in den Beschluss aufzunehmen. Die Angaben müssen in der **Urschrift** des Beschlusses enthalten sein (BGH MDR 2008, 97; OLG Saarbrücken FamRZ 2022, 551; OLG Celle FamRZ 2021, 625); nicht ausreichend ist eine Anweisung an die GeschSt, das Rubrum (in die Ausfertigungen) einzufügen. Ein sog Kurzrubrum ist in einer Endentscheidung unzulässig (BGH NJW 2003, 3136 = FamRZ 2003, 1742 mwN; OLG Hamm FamRZ 2023, 150); eine dem widersprechende Entscheidung ist bei Bezugnahme auf konkrete Stellen in der Akte aber dennoch kein „Scheinbeschluss", so dass aus ihm vollstreckt werden kann (BGH NJW 2003, 3136 = FamRZ 2003, 1742; s vor § 300 ZPO Rn 14; aA OLG Hamm FamRZ 2023, 150; OLG Köln FamRZ 2020, 1930 LS). 8

2) § 38 II Nr 2. Zur Bezeichnung des Gerichts und der Gerichtspersonen s § 313 ZPO Rn 5. 9

10 **3) § 38 II Nr 3.** Die **Beschlussformel** (Tenor) entspricht der Urteilsformel im Zivilprozess (zu dieser s § 313 ZPO Rn 8). Sie muss die Entscheidung in genauer und möglichst knapper Form enthalten sowie aus sich heraus verständl sein. Inhalt und Umfang einer Verpflichtung sind vollstreckungsfähig zu bezeichnen (s § 86 Rn 5 ff). Neben der Entscheidung zur Hauptsache muss sie in FamSachen eine **Kostenentscheidung** enthalten (§ 81 I 2). In den fG-Verf (s vor § 23 Rn 1) richtet sich diese nach §§ 80 ff. In Ehe- und FamStreitsachen (§ 112) sind gem § 113 I grds die Vorschriften der ZPO anwendbar (insb §§ 91 ff, § 269 III ZPO). Vorrangige Sondervorschriften enthalten §§ 132 (Aufhebung der Ehe), 150 (Entscheidung in Scheidungssachen und Folgesachen) und 243 FamFG (Unterhaltssachen). Wenn ein Verf Folgesache eines Scheidungsverf ist, geht die Regelung für die Kosten in Folgesachen (§ 150) den allg Bestimmungen sowie den auf die jew Folgesache sonst anwendbaren Vorschriften (zB § 243 in Unterhaltssachen) vor (Begr RegE BTDrs 16/6308, 233). Ggf ist auch eine Entscheidung über Ausschluss oder Beschränkung der **Vollstreckung** gem § 95 III 1 (s § 95 Rn 11 ff) oder § 120 II 2 (s § 120 Rn 2 f) zu treffen. Eine Entscheidung zur vorläufigen Vollstreckbarkeit ist auch in FamStreitsachen (§ 112) nicht zu treffen, § 116 II, III, § 120 II. Im Einzelfall kann die **sofortige Wirksamkeit** angeordnet werden: § 40 III 2, in FamStreitsachen, insb Unterhaltssachen, gem § 116 III 2, 3, bei Bestellung eines Vormunds gem § 168a II 2 iVm § 287 I, in Adoptionssachen gem § 198 I 2, in Ehewohnungs- und Haushaltssachen gem § 209 II, in Gewaltschutzsachen gem § 216 I. Aufgenommen werden sollte ggf auch die **Zulassung** eines Rechtsmittels (§ 61 II, § 70 I). Die Vorschriften über die einzelnen Verf in den weiteren Büchern können **ergänzende Regelungen** zum Tenor enthalten, zB § 182 für Abstammungssachen.

11 **4) Tag einer mündlichen Verhandlung.** Er ist – anders als nach § 313 I Nr 2 ZPO – gem II auch in Ehe- u FamStreitsachen nicht notwendig anzugeben (Rasch FPR 2010, 150; SchBW/Oberheim Rn 64; aA Sternal/Jokisch Rn 49, aber: § 313 ZPO wird durch § 38 verdrängt). In den FamStreitsachen (§ 112), auf die § 38 anwendbar ist, kommt aber einem gem § 113 I FamFG, § 128 I ZPO zumindest in 1. Instanz (zur Beschwerdeinstanz § 68 III 2) anzuberaumenden Termin weiterhin Bedeutung zu. Auf ihn kommt es zB in Unterhaltssachen für die Frage an, auf welche Gründe ein Abänderungsantrag gestützt werden kann (§ 238 II), ferner für die Präklusionsfrist des § 767 II ZPO (iVm § 120 I FamFG). Wenn das Datum in diesen Verf vom Gericht nicht trotz der fehlenden Verpflichtung in den Beschluss aufgenommen wird, was **dringend zu empfehlen** ist, kann es später nur aus den Akten ermittelt werden.

12 **V) Begründung (§ 38 III 1).** Im Interesse der Verfahrensflexibilität (Begr RegE BTDrs 16/6308, 195) bestehen keine konkreten **inhaltlichen Anforderungen** an die Fassung der Entscheidungsgründe; insb gelten die Anforderungen an ein Urteil nach §§ 313 ff ZPO nicht. Auch für Ehe- und FamStreitsachen ergibt sich eine Bezugnahme auf diese Vorschriften aus § 113 I nicht, vielmehr ist danach § 38 anzuwenden (Rasch FPR 2010, 150). Inhalt und Umfang der Begründung haben sich an dem **Zweck** der Entscheidungsgründe zu orientieren, die Beteiligten von der Richtigkeit der Entscheidung zu überzeugen oder zumindest ersichtl zu machen, dass ihre Sach- und Rechtsausführungen erwogen wurden (BVerfGE 58, 353 = NJW 82, 30), sowie dem Rechtsmittelgericht ggf eine Überprüfung zu ermöglichen (Sternal/Jokisch Rn 64; BGH NJW-RR 1995, 700 = MDR 1996, 604 für ZPO; KG MDR 1999, 1151). Dafür ist es grds erforderl, zwischen dem Sachverhalt und den daraus gezogenen rechtl Folgerungen zu differenzieren. Darzustellen ist in fG-Verf zumindest der Kern des **Vorbringens der Beteiligten** sowie ihr Begehren, wenn auch nicht notwendig in wörtl Wiedergabe evtl Anträge. Ferner sind grds die vom Gericht getätigten **Ermittlungen** (§ 29) und ggf förml Beweisaufnahmen (§ 30) sowie ihr Ergebnis mitzuteilen. In welchem **Umfang** dies zu geschehen hat, ist eine Frage des Einzelfalls. Zu den Anforderungen an die Begründung eines **Sorgerechtsentzugs** vgl BVerfG FamRZ 2025, 28. Ggf kann auf konkrete Aktenbestandteile, zB Gutachten, Bezug genommen werden. – Eine „Tatbestandsberichtigung" kann mangels Tatbestands nicht verlangt werden (OLG Frankfurt NZFam 2019, 584; aA Abramenko FamRB 2020, 69). – In **Ehe- und FamStreitsachen** sollten die gestellten Anträge und der Sachvortrag im Beschluss des FamG wie in einem Urteil wiedergegeben werden (Rasch FPR 2010, 150), da diese Verf gem § 113 I FamFG in 1. Instanz entspr der ZPO geführt werden, woran sich auch die Darstellung zu orientieren hat.

13 Grds getrennt von der Wiedergabe des vom Gericht seiner Entscheidung zu Grunde gelegten Sachverhalts ist die auf dieser Grundlage getroffene Entscheidung zu begründen. Die **tragenden Gründe** sind so darzustellen, dass sowohl die Beteiligten wie ggf das Rechtsmittelgericht die **maßgebenden Erwägungen** verstehen und nachvollziehen können (OLG Köln FGPrax 2011, 85; OLG Köln FamRZ 2005, 1921; KG MDR 99, 1151; OLG Saarbrücken FamRZ 93, 1098). Ist der Sachverhalt str, ist eine Würdigung der vorgebrachten Tatsachen sowie der erhobenen Beweise erforderl (OLG Brandenburg FamRZ 2024, 469). Das wesentl, der Rechtsverfolgung und -verteidigung dienende Vorbringen muss in der Begründung des Beschlusses verarbeitet werden (BVerfG MDR 2024, 1396; BVerfG NJW 82, 30; BVerfGK 2, 310), es muss aber nicht notwendig auf alle Einzelpunkte des Vorbringens eingegangen werden (BVerfG NJW 97, 2310; BGH VersR 2009, 130). Hinsichtl des erforderl Umfanges kann auf die zu § 313 III ZPO entwickelten Grundsätze (s § 313 ZPO Rn 19) zurückgegriffen werden. Die Bezugnahme auf eine **Computerberechnung** (OLG Frankfurt FamRZ 2006, 274 für VersAusgl; OLG *Hamm FamRZ 93, 719 für Unterhalt*) genügt als alleinige Begründung ebenso wenig wie das Ankreuzen von Textbausteinen (OLG München NJW-RR 2008, 1091) oder der Verweis auf eine **Anlage** (OLG Oldenburg FamRZ 2012, 1080). Auch eine Weisung des Richters an den Rpfleger macht eine inhaltl Begründung der dann

getroffenen Entscheidung nicht entbehrl (OLG Köln FGPrax 2011, 85). Zu begründen sind auch die **Nebenentscheidungen** (Kosten, Vollstreckung, s Rn 10). Hinsichtl der Kosten muss bei Anwendung von § 81 erkennbar sein, von welchen Ermessenskriterien das Gericht ausgegangen ist (s § 81 Rn 7). Die Nichtzulassung eines Rechtsmittels ist zumindest dann zu begründen, wenn die Zulassung angeregt („beantragt") worden ist. Die Vorschriften über die einzelnen Verf in den weiteren Büchern können ergänzende Regelungen für die Abfassung der Gründe enthalten. Für **Adoptionssachen** ist dies in § 197 I bestimmt.

VI) Rechtsbehelfsbelehrung. Sie ist gem § 39 grds erforderl. Wie sich aus § 39 ergibt, ist diese Bestandteil des Beschlusses, muss also von den entscheidenden Gerichtspersonen (Rpfleger oder Richter) verantwortet werden. Sie muss daher von der Unterschrift/Signatur gedeckt sein, eine Anheftung oÄ reicht nicht aus. IE s Erläuterung zu § 39. 14

VII) Unterschrift/Signatur. § 38 geht noch von einer **Papierakte** aus. Für diese gilt: Sie schließt die Entscheidung ab. Zu unterschreiben haben die Gerichtspersonen, die gem II Nr 2 angeführt sind. Weitere Einzelheiten s § 313 ZPO Rn 26. Eine Bestimmung für den Fall der Verhinderung, wie sie § 315 I 2 ZPO enthält, gibt es nicht. Eine entspr Anwendung ist aber gerechtfertigt (SchBW/Oberheim Rn 52; Sternal/Jokisch Rn 83), da an einen Beschluss keine strengeren Anforderungen als an ein Urteil zu stellen sind (BGH NJW-RR 94, 1406). Bei **elektronischer Aktenführung** tritt gem § 14 III iVm § 130b ZPO an die Stelle der Unterschrift die qualifizierte elektron Signatur; zu dieser s § 130b ZPO Rn 2. 15

VIII) Erlass des Beschlusses (§ 38 III 3). Für den in III 3 ges definierten Erlass gibt es 2 Möglichkeiten: **a)** durch mündl Bekanntgabe. In diesem Fall ist die Beschlussformel gem § 41 II durch **Verlesen** in Anwesenheit der Beteiligten bekannt zu machen; Verkündung in Abwesenheit reicht nicht (OLG Frankfurt FamRZ 2016, 1801). **b)** durch **Übergabe** des fertig abgefassten und unterschriebenen bzw qualifizert elektron signierten Beschlusses **an die Geschäftsstelle** (BGH FamRZ 2023, 212; BGH FamRZ 2018, 1593; BGH MDR 2016, 1390), wenn der Beschluss nur schriftl bekannt gegeben werden soll (§ 41 I); Erlasszeitpunkt ist aber erst die Empfangnahme durch den UrkB (BGH FamRZ 2022, 189). Das Datum der jew Handlung, durch die der Beschluss erlassen wurde, ist auf diesem zu vermerken. Der **Vermerk** ist entspr § 315 III ZPO zu unterschreiben (Sternal/Jokisch Rn 96), bei elektron Aktenführung elektron anzufertigen und zu signieren. Er erbringt gem § 418 I ZPO (zur Anwendbarkeit s § 30 Rn 19) Beweis für den Zeitpunkt des Erlasses durch Übergabe an die GeschSt (aA PH/Abramenko Rn 24: nur Beweiserleichterung; SchBW/Oberheim Rn 58, aber: Zustellung für Erlass nicht erforderl), da für dieses gerichtl Internum ein anderer Nachweis nicht zur Verfügung steht (anders als für ZPO mit Protokoll der Verkündung, s § 311 ZPO Rn 3a). Er ist aber keine Wirksamkeitsvoraussetzung für den Erlass (OLG München FGPrax 2017, 12; Keuter FamRZ 2016, 473; aA OLG Bremen FamRZ 2015, 2170). Mit dem Erlass wird der Beschluss existent und die Instanz abgeschlossen (BGH FamRZ 2024, 1201); bis dahin sind Schriftsätze zu berücksichtigen (s § 37 Rn 5). Mit Erlass ist das Gericht an die getroffene eigene Entscheidung **gebunden** (BGH NJW 2021, 553; BGH MDR 2015, 1029; OLG Rostock FamRZ 2024, 1886; OLG Hamburg FamRZ 2024, 634), und es läuft die absolute Beschwerdefrist (§ 63 III 2). Die schriftl Bekanntgabe des Beschlusses ist nach §§ 41, 15 vorzunehmen. 16

In **Ehe- und FamStreitsachen** ist § 38 gem § 113 I ebenfalls anzuwenden, nicht aber § 41. In diesen Verf ist der Beschluss grds gem § 113 I FamFG iVm § 329 I 1, § 310 ZPO zu **verkünden** (BGH MDR 2024, 1061; BGH FamRZ 2024, 1201); der Nachweis kann gem § 113 I FamFG iVm § 165 S 1, § 160 III Nr 7 ZPO nur durch das Protokoll geführt werden, der Verkündungsvermerk genügt nicht (BGH MDR 2024, 1061; sa § 311 ZPO Rn 3a). Ohne mündl Verh, zB gem **§ 68 III 2** oder im vereinfachten Unterhaltsverf gem § 253, ist eine Verkündung aber nicht erforderl, der Beschluss kann vielmehr durch Übergabe an die GeschSt erlassen werden (BGH FamRZ 2024, 1201; BGH FamRZ 2023, 212). Eine Verkündung erfolgt gem § 173 I GVG öffentl; ein Verstoß hindert aber die Wirksamkeit der Verkündung nicht (OLG Celle MDR 2014, 1325). Mit der Verkündung ist der Beschluss iSv § 38 III 2 **erlassen** (BGH FamRZ 2024, 1201). Der Beschluss ist entspr § 329 II 2, III ZPO zuzustellen. 16a

IX) Absehen von einer Begründung (§ 38 IV). Dies ist (nur) unter den Voraussetzungen von IV zulässig. Ob diese erfüllt sind, ist sorgfältig zu prüfen. Im Zweifelsfall sollte der Beschluss wegen der Gefahr einer Aufhebung und Zurückverweisung (§ 69 I 3) begründet werden, da eine Entscheidung ohne Begründung einen wesentl Verfahrensmangel darstellt. Eine Nachholung der Begründung ist nur gem VI mögl, nicht aber wenn sonst die Voraussetzungen für ein Absehen von der Begründung verkannt worden sind (s § 313a ZPO Rn 12). Wenn die Voraussetzungen der Nrn 1-3 nicht vorliegen, muss nach der gesetzgeberischen Entscheidung auch ein **nicht rechtsmittelfähiger** Beschluss begründet werden. Die Möglichkeit, in Ehe- und FamStreitsachen die Begründung in das Sitzungsprotokoll aufzunehmen, besteht gem § 117 IV nur im Beschwerdeverf. 17

1) § 38 IV Nr 1. Anzuwenden auf die Ehe- (§ 121) und FamStreitsachen (§ 112), in denen gem § 113 I (eingeschränkt durch § 114 IV für Ehesachen) die Vorschriften der ZPO über das Anerkenntnis-, Verzichts- und Versäumnisurteil entspr Anwendung finden. In diesem Fall kann wie nach § 313b ZPO von einer Begründung abgesehen werden; zu den Einzelheiten s § 313b ZPO Rn 1 ff. In diesem Fall ist der Beschluss als Anerkenntnis-, Verzichts- und Versäumnisbeschluss zu bezeichnen (s Rn 7). 18

19 **2) § 38 IV Nr 2.** Durch die Regelung soll dem Gericht eine **unkomplizierte Entscheidung** für die Vielzahl der fG-Verf – ermöglicht werden, die in der Sache zwischen den Beteiligten nicht str sind oder in denen nur der ASt Beteiligter ist (Begr RegE BTDrs 16/6308, 195). Sie betrifft eher weniger die FamSachen. Der Gesetzesbegr kann entnommen werden, dass der Wortlaut des Gesetzes die beabsichtigte Differenzierung nur unvollständig wiedergibt (anders PH/Abramenko Rn 27 f): Wenn **mehrere Beteiligte** vorhanden sind, bedarf es einer Entscheidung nach ihren übereinstimmenden Anträgen, um von einer Begründung abzusehen. Hingegen soll die Alternative, dass der Beschluss nicht dem erklärten Willen eines Beteiligten widerspricht, wohl nur den Fall regeln, dass es auch nur **einen Beteiligten**, näml den ASt gibt. Wenn die Entscheidung seinem im Antrag zum Ausdruck gekommenen Willen nicht widerspricht, bedarf es keine Begründung. – Nicht verlangt wird, dass der Beschluss nicht **anfechtbar** ist. Wenn das FamG unter den Voraussetzungen von IV Nr 2 berechtigt von einer Begründung abgesehen hat, liegt kein Verfahrensfehler vor, der im Falle einer Beschwerde eine Aufhebung und Zurückverweisung (§ 69 I 3) rechtfertigen könnte. In FamSachen kommt eine Anwendung von IV Nr 2 in **Scheidungssachen** in Betracht (s Rn 21). In **Kindschaftssachen** ist gem § 164 S 3 eine Anwendung von IV Nr 2 ausgeschlossen, da die Beteiligten über den Gegenstand des Verf nicht disponieren können, insb in Verf gem § 1666 BGB (BVerfG FamRZ 2021, 749 [Hammer]; OLG Frankfurt MDR 2025, 598; OLG Schleswig FamRZ 2020, 596; PH/Hammer § 164 Rn 9; sa BVerfG FamRZ 2023, 781). Nach OLG Brandenburg (OLG Brandenburg FamRZ 2024, 469) soll dies auch in Gewaltschutzverf gelten.

20 **3) § 38 IV Nr 3.** Eine Begründung ist entspr § 313a II ZPO entbehrl, wenn der Beschluss den Beteiligten – etwa unmittelbar im Anschluss an die Erörterungen in einem Termin – mündl bekannt gegeben (§ 41 II 1 bzw § 113 I FamFG iVm § 329 ZPO) wird und alle Beteiligten iSv § 7 **Rechtsmittelverzicht** erklären. Voraussetzung ist, dass alle Beteiligten (§ 7) anwesend oder vertreten sind und alle, nicht notwendig gleichzeitig, auf ein Rechtsmittel verzichten. Der Rechtsmittelverzicht ist, auch wenn der Wortlaut von IV Nr 3 insoweit nicht eindeutig ist, erst **nach der Bekanntmachung** zulässig (SchBW/Oberheim Rn 102; aA PH/Abramenko Rn 32). Dies ergibt sich aus § 67 I, wonach eine Beschwerde (nur) dann unzulässig ist, wenn der Beschwerdeführer auf sie nach Bekanntgabe des Beschlusses verzichtet hat (s § 67 Rn 4). Dies wird, zumindest im Anwendungsbereich von § 38 IV, grds ggü dem Gericht geschehen, § 67 I. Dem ebenfalls zulässigen Verzicht ggü einem Beteiligten gem § 67 III (s § 67 Rn 2) kommt insoweit keine Bedeutung zu, weil das Gericht idR vor Absetzen der Gründe davon keine Kenntnis erlangen wird. Zulässig ist ein Verzicht auch **nach dem Termin**. In diesem Fall ist er – bei Erklärung ggü dem Gericht – gem § 25 schriftl oder zur Niederschrift der GeschSt zu erklären, sofern nicht Anwaltszwang besteht (§ 114 I). Der Verzicht ist nicht befristet (anders § 313a III ZPO), so dass von einer Begründung abgesehen werden kann, wenn der Verzicht bis zum Absetzen des begründeten Beschlusses erklärt wird. Der Rechtsmittelverzicht hat daher zugleich die Wirkung eines Begründungsverzichts. Umgekehrt gilt ein solcher idR nicht als Rechtsmittelverzicht (BGH NJW 2006, 3498 = MDR 2007, 290). Zu weiteren Einzelheiten des Rechtsmittelverzichts s § 67 Rn 2 ff.

21 **X) Kein Absehen von einer Begründung (§ 38 V).** In den enumerativ aufgeführten Fällen ist eine Begründung immer erforderl. Der in § 313a IV ZPO geregelte Fall (Verurteilung zu künftig wiederkehrenden Leistungen) gehört dazu aus nicht nachvollziehbaren Gründen nicht. Eine entspr Anwendung von § 313a IV ZPO scheitert an dem geschlossenen Regelungskatalog in § 38 IV, der gem § 113 I auch in FamStreitsachen (zB Unterhalt) die ZPO-Vorschriften verdrängt.

22 **1) § 38 V Nr 1.** Betrifft die Ehesachen (§ 121), in denen im öffentl Interesse eine schriftl Begründung der Entscheidung geboten ist. Eine Ausnahme gilt nur für den auch sonst eher formelhaft begründeten **Scheidungsausspruch**, der unter den Voraussetzungen von IV keiner Begründung bedarf, sofern nicht V Nr 4 Anwendung findet. Die übrigen Bestandteile einer Verbundentscheidung müssen aber begründet werden (BGH NJW 81, 2816), sofern nicht hinsichtl der Folgesachen ebenfalls die Voraussetzungen von IV vorliegen. Hinsichtl des Scheidungsausspruchs kann das Gericht auch ohne Rechtsmittelverzicht (IV Nr 3) von einer Begründung absehen: Wenn beide Eheleute übereinstimmend die Scheidung beantragen, liegen gleichgerichtete Anträge iSv IV Nr 2 vor.

23 **2) § 38 V Nr 2.** An der Klärung der Abstammung besteht ein öffentl Interesse, das einem Absehen von einer Begründung entgegensteht.

24 **3) § 38 V Nr 3.** In Betreuungssachen ist im öffentl Interesse eine Begründung der Entscheidung erforderl.

25 **4) § 38 V Nr 4.** Im internat Rechtsverkehr ist im Allg eine begründete Entscheidung erforderl (vgl zB Jayme IPrax 88, 309 über Nichtanerkennung eines Scheidungsurteils in Italien), das auch erkennen lassen muss, auf Grund welchen Rechts das Gericht entschieden hat (BGH NJW 88, 3097 = MDR 88, 962). Eine Geltendmachung im Ausland ist in FamSachen zu erwarten, wenn ein Beteiligter sich ständig im Ausland aufhält oder eine fremde Staatsangehörigkeit hat, selbst wenn er auch dt Staatsangehöriger ist (vgl BTDrs 7/2729, 78).

26 **XI) Geltendmachung im Ausland (§ 38 VI).** Ein Beschluss, der im Ausland geltend gemacht werden soll, bedarf einer vollständigen Begründung (s Rn 25). Wenn er diese nicht enthält, muss er nachträgl vervollständigt werden. *Hinsichtl des **Verfahrens*** verweist VI auf die Vorschriften zur Vervollständigung von Versäumnis- und Anerkenntnisentscheidungen, zB § 30 AVAG (s § 313b ZPO Rn 5). Anwendbar ist VI auf alle Beschlüsse, die eine Begründung gem IV nicht enthalten.

XII) Bindung an die Anträge. Das Gericht ist bei seiner Entscheidung an die gestellten Anträge (nur) insoweit gebunden, als die Beteiligten über den Verfahrensgegenstand verfügen können. In **FamStreitsachen** darf das Gericht gem § 113 I FamFG iVm § 308 I ZPO über die gestellten Anträge nicht hinausgehen. In den **fG-FamSachen** ist das FamG hingegen bei der zu treffenden Entscheidung freier, ihm ist regelmäßig – im Rahmen des Verfahrensgegenstands – ein von den Anträgen unabhängiger Entscheidungsspielraum eingeräumt (BGH FamRZ 2011, 547 = MDR 2011, 296 für VersAusgl). In den **echten Streitsachen** der freiw Gerichtsbarkeit (s vor § 23 Rn 4) darf das Gericht wegen deren Nähe zu den ZPO-Verf aber nicht mehr zusprechen als begehrt, soweit nicht daneben, wie zB im Rahmen des VersAusgl (BGH NJW 84, 2879), öffentl Interessen zu wahren sind. In Haushaltssachen ist das Gericht nunmehr an den nach § 203 FamFG iVm §§ 1361a, 1568b BGB gestellten Antrag gebunden (PH/Neumann § 203 Rn 2; MK/Wellenhoffer § 1568b BGB Rn 39), ebenso in Ehewohnungssachen (OLG Frankfurt FamRZ 2025, 928; OLG Brandenburg FamRZ 2018, 1098); ältere Rspr (zB BGHZ 18 143 zur HausratVO) ist angesichts der Gesetzesänderung überholt. 27

XIII) Gebühren. Gericht: Es entstehen keine Geb für den Beschluss, sondern nur solche für die dem Beschluss zugrundeliegenden Verf (Ausnahme: § 249 I; 1210 FamGKG-KV). – Gebührenermäßigung, wenn Beschluss wegen Einigung, Antrags- oder Rechtmittelrücknahme entbehrl oder gem IV Nr 2, 3 keine Begründung enthält (zB 1221, 1223 FamGKG-KV). Beschlussbegründungen wegen V Nr 4, VI stehen Ermäßigungen nicht entgegen (vgl 1221 Nr 2 FamGKG-KV u dort Anm 2; 1321 Nr 3 FamGKG-KV u dort Anm 1). Die isolierte Kostenentscheidung ist auch dann noch streitfrei (u hindert die Ermäßigung nicht), wenn sie ledigl den Willen der Beteiligten umsetzt. 28

§ 39 Rechtsbehelfsbelehrung

[1]Jeder Beschluss hat eine Belehrung über das statthafte Rechtsmittel, den Einspruch, den Widerspruch oder die Erinnerung sowie das Gericht, bei dem diese Rechtsbehelfe einzulegen sind, dessen Sitz und die einzuhaltende Form und Frist zu enthalten. [2]Über die Sprungrechtsbeschwerde muss nicht belehrt werden.

I) Allgemein. Der Rechtsbehelfsbelehrung kommt im FamFG-Verf bes Bedeutung zu, da dieses in weiten Teilen ohne anwaltl Vertretung geführt werden kann. 1

II) Anwendungsbereich. Die Vorschrift ist auf **alle Beschlüsse** anzuwenden, die im FamFG-Verf ergehen (Sternal/Jokisch Rn 3; SchBW/Oberheim Rn 8). Dies ergibt sich sowohl aus dem Wortlaut „Jeder Beschluss" wie aus der Begr des RegE (BTDrs 16/6308, 196). Der Anwendungsbereich erstreckt sich somit neben **Endentscheidungen** iSv § 38 grds auch auf **Zwischen- und Nebenentscheidungen** (sa vor § 38 Rn 3). Unerhebl ist, ob für deren Anfechtbarkeit auf die §§ 567 ff ZPO verwiesen wird (OLG Schleswig SchlHA 2011, 36; Sternal/Jokisch Rn 3; SchBW/Oberheim Rn 13). Anwendbar ist § 39 auch auf anfechtbare (s Rn 4, 9) Entscheidungen des **Beschwerdegerichts**, da § 69 III auf die Vorschriften über den erstinstanzl Beschluss verweist. In **Ehe-** (§ 121) und **FamStreitsachen** (§ 112) ist § 39 ebenfalls anwendbar, da § 113 I die Anwendung nicht ausschließt. Die Rechtsbehelfsbelehrung ist auch bei anwaltl Vertretung vollständig zu erteilen (anders § 232 S 2 ZPO). 2

Eine Belehrung nach § 39 ist aber **nicht erforderlich**, soweit die erstinstanzl Entscheidung nicht nach dem FamFG, sondern auf Grundlage **anderer Verfahrensvorschriften** ergeht. Wenn für das gesamte Verf, nicht nur für die Beschwerde (s Rn 2), auf die ZPO verwiesen wird, wie zB hinsichtl der **Kostenfestsetzung** (§ 85), bestimmt sich das Erfordernis einer Rechtsbehelfsbelehrung daher nach § 232 ZPO. Vergleichbares gilt für die **Wertfestsetzung** nach § 8a FamGKG und für Entscheidung nach dem RVG gem § 12c RVG. 3

III) Umfang der Belehrungspflicht. 1) Rechtsmittel. Zum Begriff des Rechtsmittels vor § 511 ZPO Rn 4. Beschwerde (§ 58); Rechtsbeschwerde (§ 70); sof Beschwerde (§ 567 ZPO), soweit eröffnet. Über die **Sprungrechtsbeschwerde** ist nach dem mWv 1.1.2013 eingefügten S 2 nicht mehr zu belehren. **Unerheblich** ist, ob das Rechtsmittel **im konkreten Fall zulässig** ist. Da über das „statthafte" Rechtsmittel zu belehren ist, wird die Belehrungspflicht allein durch die abstrakte Statthaftigkeit begründet (BGH MDR 2020, 1461; BGH MDR 2014, 739). Es kommt daher nicht darauf an, ob die gem § 61 erforderl Beschwer – nach Ansicht des FamG – erreicht oder die Beschwerde zugelassen ist (BGH MDR 2020, 1461). Sofern die Rechtsbeschwerde mangels Zulassung (§ 70 I) und Vorliegens eines Ausnahmefalls der zulassungsfreien Rechtsbeschwerde (§ 70 III u s § 70 Rn 10, 16) nicht eröffnet ist, bedarf es keiner Belehrung (s Rn 9; PH/Abramenko Rn 13). Davon zu unterscheiden ist, dass die Rechtskraft des angefochtenen Beschlusses erst mit Ablauf der Frist zur Einlegung der Rechtsbeschwerde eintritt (s § 45 Rn 2). Zur Rechtsbeschwerde gegen Verwerfungsbeschlüsse s § 70 Rn 15. Zur Belehrung im einstw Anordnungsverf s § 51 Rn 11. 4

2) Einspruch gegen Versäumnisbeschlüsse. Anwendbar in Ehe- und FamStreitsachen (§ 113 I 1 FamFG iVm § 338 ZPO). 5

3) Widerspruch. Dies ist in FamSachen nur im Arrestverf (§ 119 II FamFG iVm § 924 ZPO) ein statthafter Rechtsbehelf. Soweit er in § 136 I 1 erwähnt ist, handelt es sich um eine Verfahrenserklärung, aber nicht um einen Rechtsbehelf gegen eine ergangene Entscheidung (aA SchBW/Oberheim Rn 20). 6

7 **4) Erinnerung.** Sie ist gegen Entscheidungen des Rpflegers statthaft, wenn der Beschluss bei einer Entscheidung durch den Richter unanfechtbar wäre (§ 11 II RPflG). Gegen Entscheidungen des UdG ist auf Grund spezialges Anordnung (zB § 46 S 5) die Erinnerung entspr § 573 ZPO eröffnet.

8 **5) Außerordentliche Rechtsbehelfe.** Über sie ist nicht zu belehren (Begr RegE BTDrs 16/6308, 196; ferner BFH/NV 2005, 2019). Das betrifft etwa die WE gem § 17 bzw § 113 I FamFG iVm § 233 ZPO, Beschlussberichtigung und -ergänzung gem §§ 42, 43 bzw § 113 I FamFG iVm §§ 319 ff ZPO, Gehörsrüge gem § 44 bzw § 113 I FamFG iVm § 321a ZPO (BFH 3.8.2007 – IV S 30/06), Gegenvorstellung (BFH/NV 2005, 2019) und Verfassungsbeschwerde.

9 **6) Belehrung entbehrlich.** Keine Rechtsbehelfsbelehrung ist erforderl, wenn ein Rechtsmittel **nicht statthaft** ist (s Rn 4). Auch eines Hinweises darauf bedarf es – anders als zB gem 9 V 2 ArbGG – nicht (OLG Stuttgart NJW 2009, 3733; Vogel FPR 2012, 294; PH/Abramenko Rn 4). Keiner Belehrung bedürfen daher die meisten Entscheidungen über eine **einstweilige Anordnung** (§ 57, OLG Stuttgart NJW 2009, 3733). Zur nicht zugelassenen Rechtsbeschwerde s Rn 4. Ebenfalls nicht belehrt werden muss über den Antrag auf Einleitung des Hauptverf gem **§ 52 II** (str, s § 51 Rn 11). Die **Anschlussbeschwerde** (§ 66) ist ebenfalls kein Rechtsmittel, über das zu belehren ist (Sternal/Jokisch Rn 4; BAGE 85, 178 für Anschlussberufung); die Anschließung ist nur ein eigener Antrag innerhalb eines fremden Rechtsmittels (s § 524 ZPO Rn 3 für Anschlussberufung).

10 **IV) Form.** Da der Beschluss die Belehrung zu enthalten hat, ist sie **Bestandteil des Beschlusses**. Sie muss also oberhalb einer Unterschrift des Richters oder Rpflegers stehen (OLG Oldenburg FamRZ 2012, 1080; BAG NJW 1999, 1205; PH/Abramenko Rn 5) und bei elektron Aktenführung von der qualifizierten elektron Signatur erfasst werden. Die Anheftung eines Formblatts genügt dem ebenso wenig (OLG Oldenburg FamRZ 2012, 1080) wie ein Hinweis im Urteil auf die auf der Rückseite stehende Rechtsmittelbelehrung (BAG NJW 1994, 3181; aA Maurer FamRZ 2009, 465, 467). Die richtige Belehrung ist Bestandteil der Entscheidungsfindung des Gerichts und von ihm **zu verantworten.** Von der Gerichtsverwaltung zur Verfügung gestellte Textbausteine entbinden den entscheidenden Richter oder Rpfleger nicht davon, ihre Geeignetheit für die konkrete Entscheidung im Einzelfall zu prüfen.

11 **V) Inhalt der Belehrung.** Die Benennung **konkreter Vorschriften** ist nicht erforderl, da dies zum Verständnis für die Beteiligten nicht erforderl ist. Andererseits ist die Bezugnahme auf solche nicht ausreichend, da die Rechtsbehelfsbelehrung angesichts ihres Zwecks aus sich heraus verständl sein muss (BGH FamRZ 2010, 1425 = MDR 2010, 1073). Die Beteiligten sollen durch sie in die Lage versetzt werden, ohne die Hinzuziehung eines RA den zulässigen Rechtsbehelf gegen die ergangene Entscheidung einzulegen (BGH FamRZ 2010, 1425 = MDR 2010, 1073). Erforderl ist daher eine Belehrung, die nicht abstrakt alle denkbaren Rechtsbehelfe aufführt, sondern über den **gegen die konkrete Entscheidung** statthaften (nicht: zulässigen) Rechtsbehelf belehrt (OLG Karlsruhe MDR 2011, 919; PH/Abramenko Rn 6). Da die Anforderungen an die Beschwerde unterschiedl sind, darf daher zB ein einheitl, beide Entscheidungsarten erfassender Text für Beschwerden gegen Entscheidungen in fG-Sachen (§ 58) und in Ehe- und FamStreitsachen (Modifikationen durch § 117) nicht erstellt werden. Den Beteiligten darf nicht die Bewertung überlassen bleiben, um welche Art der Entscheidung es sich handelt. Nicht erforderl ist aber eine konkrete Zulässigkeitsprüfung, zB ob der Beschwerdewert gem § 61 I erreicht ist (s Rn 4). Eine zutr Belehrung ist insb bei kombinierten Entscheidungen (Säumnis- und str Entscheidung; Hauptsacheentscheidung mit Kostenentscheidung nach Erledigungserklärung usw) kompliziert und fehleranfällig, zumal insoweit Textbausteine an ihre Grenzen gelangen. Zu belehren ist über folgende Punkte:

12 **1) Art des Rechtsbehelfs.** Dieser ist zu bezeichnen. Wenn bei einer gemischten Entscheidung mehrere Rechtsbehelfe statthaft sind, ist über alle zu belehren. Sofern der Rechtsbehelf nur unter bestimmten abstrakten Voraussetzungen zulässig ist, gehört deren Benennung zur Belehrung über den Rechtsbehelf (SchBW/Oberheim Rn 41): für die Beschwerde der **erforderliche Wert**, andernfalls das Erfordernis der Zulassung, § 61.

13 **2) Zuständiges Gericht.** Zu belehren ist über das Gericht, bei dem der Rechtsbehelf **einzulegen** ist; unerhebl ist, ob dieses auch über den Rechtsbehelf entscheidet. Das Gericht ist mit seinem Namen zu bezeichnen („Amtsgericht X"), sein Sitz anzugeben. **Sitz** ist der Ort oder die Stadt, in dem sich das Gericht befindet (BVerwG NVwZ 2021, 1061; BVerwG NVwZ 1991, 261; Grüneberg/Ellenberger § 7 BGB Rn 1 für Wohnsitz). Sofern sich der Sitz bereits eindeutig aus der Bezeichnung des Gerichts ergibt, muss er nicht notwendig wiederholt werden (BVerwG NVwZ 1991, 261). Nicht gefordert ist daher die konkrete **Anschrift** (str, aA ohne nähere Begr BGH MDR 2011, 933; BGH FamRZ 2010, 1425 = MDR 2010, 1073; PH/Abramenko Rn 7; SchBW/Oberheim Rn 45; wie hier BVerwG NVwZ 2021, 1061; BVerwG NVwZ 1991, 261), da eine entspr Bestimmung, wie sie zB § 9 V 3 ArbGG enthält, fehlt. Die Rechtsbehelfsbelehrung soll eine Rechtsunkenntnis in verfahrensrechtl Hinsicht beseitigen; es ist aber nicht ihre Aufgabe, dem Rechtssuchenden Erkundigungen zur Postanschrift abzunehmen (so zutr BVerwG NVwZ 2021, 1061). IdR ist das Rechtsmittel außerdem bei dem dem Beschwerdeführer bereits bekannten Ausgangsgericht einzureichen (vgl zB § 64 I).

14 **3) *Form.*** *Zu belehren ist über die* Form der Rechtsmitteleinlegung (BGH MDR 2011, 933; BGH FamRZ 2010, 1425 = MDR 2010, 1073), soweit diese Zulässigkeitsvoraussetzung ist. Dazu gehört, ob der Rechtsbehelf **schriftlich** oder ggf notwendig als **elektronisches Dokument** (§ 14b) eingelegt werden muss, ob er der Unterschrift

bedarf (§ 64 II 4; OLG Dresden FGPrax 2011, 103; aA SchBW/Oberheim Rn 48) und dass er in dt Sprache (§ 184 GVG) abzufassen ist (BGH NJW 1982, 532; Sternal/Jokisch Rn 14; sa BVerwG BVerwGE 163, 26 = NJW 2019, 247). Zum Formerfordernis, über das zu belehren ist, gehören die nach § 64 II 3 für die **Beschwerde**einlegung erforderl Angaben (Begr RegE BTDrs 16/6308, 206): die Bezeichnung des angefochtenen Beschlusses sowie die Erklärung, dass Beschwerde eingelegt wird. Über die in **Ehe- und FamStreitsachen** erforderl (§ 117 I 1) Form und Frist der **Beschwerde*begründung*** muss nicht belehrt werden (BGH MDR 2011, 933). In fG-Sachen ist die Begründung kein Zulässigkeitserfordernis (s § 65 Rn 2). Über einen **Anwaltszwang** (§§ 10 IV, 114) ist ebenfalls zu belehren (BGH MDR 2011, 933; BGH FamRZ 2012, 1796; OLG Karlsruhe FamRZ 2011, 1806). Über die die Schriftform **ersetzenden Möglichkeiten**, zB durch Computerfax (s § 130 ZPO Rn 17) oder freiwillige elektron Einreichung (§ 14 II FamFG iVm § 130a ZPO) muss nicht belehrt werden (aA SchBW/Oberheim Rn 48; wie hier PH/Abramenko Rn 8; sa OVG Rheinland-Pfalz NVwZ-RR 2020, 91). Der Zweck der Rechtbehelfsbelehrung (s Rn 11) erfordert nicht die Information über alle denkbaren Möglichkeiten, so wie es auch keiner Belehrung über außerordentl Rechtsbehelfe bedarf (s Rn 8).

4) Frist. Die zu wahrende Frist muss mitgeteilt werden. Um dem Beschwerdeführer die Ermittlung des Fristablaufs zu ermöglichen, muss auch abstrakt anhand des Gesetzestextes (BFH/NV 1987, 12) erläutert werden, wann die Frist beginnt (PH/Abramenko Rn 10; SchBW/Oberheim Rn 55; Schoch/Schneider/Meissner/Schenk § 58 VwGO Rn 39; aA BVerwG NVwZ-RR 2019, 885), also zB für Beschwerde (§ 63 III 1) „ab schriftl Bekanntgabe". Nicht belehrt werden muss über Besonderheiten (zB § 16 II FamFG, § 222 ZPO) der Fristberechnung (BVerfGE 31, 388 = NJW 71, 2217). Den Lauf der Frist für seinen konkreten Fall zu berechnen, ist Sache des betroffenen Beteiligten, nicht des Gerichts (BFH/NV 1987, 12; Schoch/Schneider/Meissner/Schenk § 58 VwGO Rn 39). Damit die Belehrung über die Frist ihre Funktion (s Rn 11) erfüllen kann, muss sie darauf hinweisen, dass der Rechtsbehelf innerhalb der Frist beim zuständigen (sa § 25 IV 2) Gericht **eingegangen** sein muss (aA BVerwG NJW 1972, 1435; SchBW/Oberheim Rn 56). Ohne diese Kenntnis ist der Beteiligte nicht in die Lage versetzt, ohne Zuziehung eines RA ein zulässiges Rechtsmittel einzulegen (dazu BGH FamRZ 2010, 1425). 15

5) Zusätzliche Angaben. Ergänzungen, die nicht vorgeschrieben sind, sind unschädl, sofern sie zutr und verständl sind und die Einlegung des Rechtsbehelfs nicht durch irreführende Angaben erschweren (SchBW/Oberheim Rn 58f; BVerwG NJW 2019, 247 mwN). Eine übermäßig große Zahl zusätzl Angaben kann aber die Belehrung so unübersichtl machen, dass sie ihre Funktion nicht mehr erfüllen kann (SchBW/Oberheim Rn 60). 16

VI) Folgen unzureichender Belehrung. Eine vom Gericht als unzureichend oder falsch erkannte Belehrung kann ggf gem § 42 (bzw § 113 I FamFG iVm §§ 319 ff ZPO) **berichtigt** werden (sa § 319 ZPO Rn 28), da es sich um einen Bestandteil des Beschlusses handelt (s Rn 10). Anders als in anderen Verfahrensordnungen (§ 58 VwGO, § 9 V 3 ArbGG, § 55 FGO) führt eine falsche Rechtsbehelfsbelehrung nicht dazu, dass die Frist zur Einlegung nicht zu laufen beginnt (BGH MDR 2010, 506), sondern rechtfertigt ggf eine **Wiedereinsetzung** in den vorigen Stand; zu dieser s § 17 Rn 3. Eine fehlerhafte Belehrung verhilft einer daraufhin eingelegten Beschwerde **nicht zur Zulässigkeit** (BGH MDR 2010, 1144; OLG Karlsruhe NJW-RR 2010, 1223), Gerichtskosten für sie sind aber wegen unrichtiger Sachbehandlung (§ 20 FamGKG) nicht zu erheben (BGH MDR 2010, 1144; BFH/NV 2011, 278). 17

§ 40 Wirksamwerden

(1) Der Beschluss wird wirksam mit Bekanntgabe an den Beteiligten, für den er seinem wesentlichen Inhalt nach bestimmt ist.

(2) [1]Ein Beschluss, der die Genehmigung eines Rechtsgeschäfts zum Gegenstand hat, wird erst mit Rechtskraft wirksam. [2]Dies ist mit der Entscheidung auszusprechen.

(3) [1]Ein Beschluss, durch den auf Antrag die Ermächtigung oder die Zustimmung eines anderen zu einem Rechtsgeschäft ersetzt oder die Beschränkung oder Ausschließung der Berechtigung des Ehegatten oder Lebenspartners, Geschäfte mit Wirkung für den anderen Ehegatten oder Lebenspartner zu besorgen (§ 1357 Abs. 2 Satz 1 des Bürgerlichen Gesetzbuchs, auch in Verbindung mit § 8 Abs. 2 des Lebenspartnerschaftsgesetzes), aufgehoben wird, wird erst mit Rechtskraft wirksam. [2]Bei Gefahr im Verzug kann das Gericht die sofortige Wirksamkeit des Beschlusses anordnen. [3]Der Beschluss wird mit Bekanntgabe an den Antragsteller wirksam.

Lit: *Kölmel*, Die Vertretung des Kindes bei der Bekanntgabe des Genehmigungsbeschlusses, MittBayNot 2011, 190; *Rink*, Die Wirksamkeit von Entscheidungen in Betreuungs- und Unterbringungssachen, FamRZ 92, 1011; *Sonnenfeld/Zorn*, Wirksamwerden gerichtl genehmigungsbedürftiger Rechtsgeschäfte, Rpfleger 2004, 533.

I) Allgemein. Die Vorschrift ist **anwendbar** auf die fG-Verf (s vor § 23 Rn 1). Zur Anwendung auf Zwischen- und Nebenentscheidungen s vor § 38 Rn 3. In **Ehe- und FamStreitsachen** ist sie gem § 113 I nicht anzuwenden, die Wirksamkeit ist in § 116 II, III geregelt. I enthält den Grundsatz, in II und III werden Ausnahmen geregelt. Zu unterscheiden ist das Wirksamwerden von dem Erlass (§ 38 III 3) und der Bekanntgabe (§ 41) des Beschlusses. 1

2 **II) Wirksamwerden mit Bekanntgabe (§ 40 I). 1) Grundsätze.** Soweit ges nichts anderes bestimmt ist, wird der Beschluss mit seiner Bekanntgabe an den Beteiligten wirksam, für den er seinem wesentl Inhalt nach bestimmt ist. Das Gericht kann keinen abweichenden Zeitpunkt bestimmen (OLG Celle FamRZ 2013, 2001). Mit Wirksamkeit ist der Beschluss gem § 86 II **vollstreckbar**. Der Eintritt der Rechtskraft ist daher in diesem Fall (sa Rn 7 ff) für eine Vollstreckung nicht erforderl. Die Einlegung eines **Rechtsmittels** ändert an der Vollstreckbarkeit nichts (zB OLG Saarbrücken FamRZ 2015, 162), soweit dies nicht ausdrückl angeordnet ist (zB § 35 V, § 87 IV FamFG iVm § 570 I ZPO). Das Beschwerdegericht kann aber die Vollziehung des angefochtenen Beschlusses aussetzen, § 64 III.

3 **2) Maßgebende Bekanntgabe.** Die Bekanntgabe kann schriftl (§ 41 I) oder mündl (§ 41 II) erfolgen. Wegen der Einzelheiten s Erläuterungen zu § 41. Für die Wirksamkeit maßgebend ist die Bekanntgabe ggü demj, für den der Beschluss seinem **wesentlichen Inhalt nach bestimmt** ist. Dies ist nicht jeder, dessen Rechte durch die getroffene Entscheidung *auch* betroffen werden (BGHZ 6, 232). Diesem ist der Beschluss zwar ebenfalls gem § 41 bekannt zu geben. § 40 bezweckt aber (Begr RegE BTDrs 16/6308, 196; OLG Hamm FamRZ 2003, 172 für § 16 I FGG) eine Beschleunigung des Eintritts der Wirksamkeit der Entscheidung insb in den Fällen, in denen eine Maßnahme getroffen wird, die eine Wahrnehmung von Interessen oder Rechten ermöglichen soll. Wirksamkeit tritt daher mit Bekanntmachung an denj ein, für den der Beschluss Rechte oder Pflichten begründet, dessen Rechtsstellung durch die erlassene Entscheidung nach deren Zweck und Inhalt **unmittelbar betroffen** wird und an den sie sich richtet (BGHZ 6, 232; OLG Karlsruhe FamRZ 2024, 1795; OLG Hamm Rpfleger 1987, 251). Wird ein Antrag oder ein Rechtsmittel zurückgewiesen, wird die Entscheidung mit Bekanntgabe an den ASt bzw Rechtsmittelführer wirksam. Wird eine Rechtsstellung (teilw) entzogen, wird die Entscheidung mit der Bekanntgabe an den wirksam, in dessen **Rechtsstellung eingegriffen** wird (Sternal/Jokisch Rn 21).

4 **Einzelfälle.** Wirksamkeit tritt ein: bei Entziehung (§§ 1666 ff BGB) des Sorgerechts mit Bekanntgabe an den bisherigen Sorgeberechtigten (OVG Lüneburg NJW 2011, 3112); bei einer Maßnahme nach dem GewSchG mit Bekanntgabe an den Adressaten, sofern die sof Wirksamkeit gem § 216 I angeordnet ist; bei Aufhebung einer Pflegschaft mit Bekanntgabe an den Pfleger (KG OLGZ 71, 196; OLGZ 71, 201); die Bestellung zum **Vormund** mit der Bekanntgabe an diesen (§ 168a II), aber nicht vor Wirksamkeit einer Entziehung des Sorgerechts (OVG Lüneburg NJW 2011, 3112); die Übertragung der Entscheidungsbefugnis gem **§ 1628 BGB**, sobald sie dem Elternteil bekannt gegeben worden ist, der sie ausüben soll (OLG Hamm FamRZ 2003, 172; sa Rn 11 aE).

5 In Einzelfällen ist – ggü § 40 vorrangig – **gesetzlich bestimmt**, an wen der Beschluss bekannt zu geben ist, damit er wirksam wird. In FamSachen treffen § 168a II für die Bestellung eines **Vormunds** und § 197 II für **Adoptionssachen** eine solche Regelung (Zustellung an Annehmenden, nach dessen Tod an Kind). Die Bekanntgabe der Entscheidung an das Kind in Kindschaftssachen (§ 164) hat nicht diese Funktion. Wie der Vorschrift zu entnehmen ist, knüpft die Bekanntgabe an die Beschwerdemöglichkeit an, soll also diese sicherstellen, nicht die Wirksamkeit der Entscheidung. Diese tritt nach den allg Grundsätzen (s Rn 3 f) ein. – Ist eine Entscheidung für **mehrere Betroffene** bestimmt (zB beide Eltern bei Entzug des Sorgerechts), tritt die Wirksamkeit ggü dem jew Adressaten ein, wenn ihm die Entscheidung bekannt gegeben ist. Nur sofern es sich um eine **unteilbare Entscheidung** handelt, hängt deren Wirksamkeit von der Bekanntgabe an den Letzten, für den sie bestimmt ist, ab (BayObLG NJW-RR 91, 958; OLG Hamm FamRZ 81, 63 = MDR 80, 765). Unteilbar ist zB die Entscheidung nach § 3 BKGG (OLG Hamm FamRZ 81, 63).

6 **3) Ende der Wirksamkeit.** Sie tritt ein, wenn der Beschluss im Rechtsmittelverf aufgehoben wird, rückwirkend (vgl aber § 47) mit Wirksamwerden der **Beschwerdeentscheidung** (KG OLGZ 71, 196 = NJW 71, 52). Sofern sich die Verhältnisse nachträgl **ändern**, kann der Beschluss ggf gem § 48 I geändert werden. Von der verfahrensrechtl Wirksamkeit zu unterscheiden sind die **materiell-rechtlichen Wirkungen**, die der wirksam gewordene Beschluss herbeigeführt hat. So endet zB mit Volljährigkeit des Kindes die Wirkung einer Umgangsregelung. Dies ändert aber nichts an der verfahrensrechtl Wirksamkeit des Beschlusses. Der die mat-rechtl Wirkung beendende Umstand muss ggf im Rahmen der Vollstreckung gem § 95 I FamFG, § 767 ZPO geltend gemacht werden. Auf Titel, in denen die Vollstreckungsvorschriften der ZPO nicht anwendbar sind, wie zB Umgangsregelungen (§ 88), ist der Umstand, sofern er nicht vAw beachtet wird, als Einwand im VollstrVerf zu erheben.

7 **III) Wirksamwerden mit Rechtskraft.** Wirksamkeit bereits mit Bekanntgabe an den unmittelbar Betroffenen gem I ist in den Fällen nicht sachgerecht, in denen mit der Wirksamkeit der Entscheidung eine gravierende Rechtsänderung verknüpft wird. Für diese Fälle ordnet das Gesetz an, dass der Grundsatz von I durchbrochen wird und Wirksamkeit erst mit Rechtskraft (§ 45) eintritt. Zum Eintritt der Rechtskraft s § 45 Rn 5 ff. Zum Problem der Rechtskraft bei **übergangenem Beteiligten** s § 63 Rn 6.

8 **1) Genehmigung eines Rechtsgeschäfts (§ 40 II).** Der Beschluss, durch den ein Rechtsgeschäft genehmigt wird, wird erst mit Rechtskraft wirksam. Mit dieser Regelung wird der Entscheidung des BVerfG v 18.1.2000 (BVerfGE 101, 397 = NJW 2000, 1709) Rechnung getragen, nach der es mit Art 19 IV GG nicht vereinbar ist, wenn den in ihren Rechten Betroffenen die Möglichkeit verwehrt wird, Entscheidungen des Rpflegers vor ihrer Wirksamkeit durch den Richter **überprüfen zu lassen**. Diese Möglichkeit wurde mit II eingeräumt und löste damit das zwischenzeitl praktizierte System des Vorbescheids (vgl Keidel/Engelhard § 55 FGG Rn 12) ab. Ist

den Beteiligten an einer möglichst schnellen Rechtskraft der Entscheidung gelegen, haben sie die Möglichkeit, durch Rechtsmittelverzicht (§ 67) die umgehende Wirksamkeit der Entscheidung herbeizuführen. Dem Interesse an einer **kurzfristigen Klärung** soll dadurch Rechnung getragen werden, dass die Beschwerdefrist gem § 63 II Nr 2 nur 2 Wochen beträgt. Zur Sprungrechtsbeschwerde s § 75 Rn 7. – Für die Vertretung des nicht verfahrensfähigen (§ 9 I Nr 3) **Kindes** im Genehmigungsverf ist ggf ein Ergänzungspfleger, nicht aber ein Verfahrensbeistand zu bestellen (OLG Celle Rpfleger 2013, 88; KG FamRZ 2010, 1171; OLG Köln FamRZ 2011, 231 LS; Heggen NotBZ 2010, 393; teilw anders OLG Brandenburg MittBayNot 2011, 240; Mahlmann FPR 2011, 271: nur bei konkret festgestelltem Interessengegensatz). Denn dieser kann nur für die die Person betr Verf bestellt werden, § 158 I (vgl BGH FamRZ 2012, 436; Sternal/Schäder § 158 Rn 7; aA: analoge Anwendung Litzenburger RNotZ 2010, 32; Kölmel NotBZ 2010, 2, 5; Kölmel MittBayNot 2011, 190, 195; dagegen zu Recht Sonnenfeld NotBZ 2009, 295).

Gem § 40 II 2 hat das Gericht mit der Entscheidung **auszusprechen**, dass die Genehmigung erst mit Rechtskraft wirksam wird. Dies dient der Rechtsklarheit ggü Dritten beim Abschluss eines Rechtsgeschäfts, hat aber darüber hinaus keine Wirkung. Die aufgeschobene Wirksamkeit folgt aus der ges Anordnung und ist unabhängig vom gerichtl Ausspruch (PH/Abramenko Rn 13). Um der Hinweisfunktion gerecht zu werden, ist der Ausspruch in den Beschlusstenor aufzunehmen. Die **Rechtskraft** (§ 45) des Beschlusses kann durch ein entspr Zeugnis (§ 46) nachgewiesen werden. Zur Wirksamkeit ggü Dritten s Erläuterung zu § 47. Für die Anordnung einer **sofortigen Wirksamkeit** der Entscheidung fehlt es an einer ges Grundlage (ThP/Seiler Rn 7). Eine Analogie zu § 40 III 2 ist nicht gerechtfertigt (aA PH/Abramenko Rn 14), da angesichts der Regelung in ders Vorschrift von einer unbewussten Lücke nicht ausgegangen werden kann. 9

Einzelfälle sind zB: § 112 I, § 1411 II, § 1484 II, § 1491 III, § 1492 III, § 1643, § 1812 I, III, § 1820, § 1821 (OLG Hamm FamRZ 2011, 396) BGB. Nicht anwendbar ist die Vorschrift auf die Genehmigung nach § 1645 BGB, da diese als reine Ordnungsvorschrift keiner hinausgeschobenen Wirksamkeit bedarf. 10

2) Ermächtigung/Zustimmung zu einem Rechtsgeschäft usw (§ 40 III). a) Anwendungsbereich. Diese Vorschrift fasst eine Reihe von Entscheidungen zusammen, in denen kraft Gesetzes der Beschluss erst **mit Rechtskraft wirksam** wird, das Gericht aber teilw im Einzelfall die sof Wirksamkeit anordnen kann. **Anwendbar** ist III ua auf folgende Fallgestaltungen (SchBW/Oberheim Rn 36; Sternal/Jokisch Rn 40 ff; im Folgenden werden nur abw Ansichten angeführt): – **aa)** Ersatz einer **Ermächtigung** gem § 113 III (aA MK-BGB/Spickhoff § 113 Rn 42), § 1825 I 2 BGB; – **bb)** Ersatz einer **Zustimmung** gem § 1315 I 3, § 1365 II (OLG Jena FamRZ 2020, 1540), § 1369 II, §§ 1426, 1430, 1452, 1630 II (analoge Anwendung), § 1639 iVm § 1803 III (aA Sternal/Jokisch Rn 45), § 1746 III § 1748, § 1749 I, § 1767 II, § 1797 I, § 1798 BGB; – **cc)** Aufhebung der Beschränkung oder Ausschließung der Berechtigung des Ehegatten im Rahmen der sog **Schlüsselgewalt** (1357 II BGB) sowie entspr bei Bestehen einer Lebenspartnerschaft (§ 8 II LPartG); – **dd)** III ist auf die Entscheidung bei Meinungsverschiedenheiten der Eltern gem **§ 1628 BGB** nicht entspr anwendbar (OLG Hamm FamRZ 2003, 172 für § 16 FGG; Sternal/Jokisch Rn 46; aA OLG Frankfurt FamRZ 1991, 1336 mwN für § 16 FGG; MK-FamFG/Ulrici Rn 14). Der Beschluss wird nach allg Grundsätzen (s Rn 4) wirksam, wenn er dem Elternteil bekanntgegeben wird, der die Entscheidungsbefugnis erhält. Der sonst eintretende Schwebezustand entspräche nicht dem Kindeswohl. 11

b) Entscheidung. In den Fällen des § 40 III kann das Gericht gem III 2 die **sofortige Wirksamkeit** des Beschlusses anordnen. Dies kann sowohl zusammen mit der Hauptsacheentscheidung wie nachträgl in einem gesonderten Beschluss geschehen (Sternal/Jokisch Rn 52). Voraussetzung dafür ist eine **„Gefahr im Verzug"**. Diese kann entspr den Voraussetzungen einer einstw Anordnung (§ 49 I) angenommen werden, wenn ein dringendes Bedürfnis für eine sof Wirksamkeit besteht, weil andernfalls ein erhebl Rechtsnachteil droht. **Bsp** bei PH/Abramenko Rn 18. Dem Gericht steht ein **Ermessen** zu, ob es die sof Wirksamkeit anordnet („kann"). Der Beschluss wird in diesem Fall gem **III 3** wirksam, wenn er dem ASt bekannt gegeben ist. ASt ist der des zugrunde liegenden Verf auf Zustimmung usw. Die Anordnung der sof Wirksamkeit selbst bedarf nach der ges Regelung keines **Antrags** (aA PH/Abramenko Rn 19; wie hier Sternal/Jokisch Rn 54), wobei sein Fehlen im Antragsverf Indiz gegen entspr Anordnung ist. Zur Wirksamkeit des Beschlusses im Verhältnis zu Dritten s § 47. Die Anordnung der sof Wirksamkeit ist **nicht anfechtbar**, auch nicht im Rahmen der Anfechtung der Hauptsache (BayObLG NJW-RR 87, 1226). Das Beschwerdegericht kann aber die Anordnung der sof Wirksamkeit durch eine einstw Anordnung gem § 64 III außer Kraft setzen (BayObLG NJW-RR 87, 1226; PH/Abramenko Rn 20). 12

3) Weitere gesetzliche Regelungen der Wirksamkeit erst mit Rechtskraft. Sie sind in Einzelvorschriften getroffen: § 184 S 1 (Endentscheidung in **Abstammungssachen**), § 198 I (Ersetzung einer Einwilligung oder Zustimmung zur **Adoption**), § 198 II (Aufhebung der Adoption), § 209 II (Endentscheidungen in **Ehewohnungs- und Haushaltssachen**), § 216 I 1 (**Gewaltschutzsachen**), § 224 I (**VersAusgl**), § 264 I (Stundung und Übertragung von Vermögensgegenständen im **Zugewinnausgleich**), § 324 I (Unterbringungsmaßnahmen). In Einzelfällen kann die sof Wirksamkeit angeordnet werden; insoweit wird auf die genannten Vorschriften verwiesen. Außerhalb der fG-Verf bestimmt § 116, dass Endentscheidungen in **Ehesachen** (§ 121) mit Rechtskraft wirksam werden, Endentscheidungen in **FamStreitsachen** (§ 112) ebenfalls, allerdings mit der Möglichkeit, die sof Wirksamkeit anzuordnen. 13

§ 41 Bekanntgabe des Beschlusses

(1) [1]Der Beschluss wird den Beteiligten in beglaubigter Abschrift bekannt gegeben; Ausfertigungen werden nur auf Antrag und nur in Papierform erteilt. [2]Ein anfechtbarer Beschluss ist demjenigen zuzustellen, dessen erklärtem Willen er nicht entspricht.

(2) [1]Anwesenden kann der Beschluss auch durch Verlesen der Beschlussformel bekannt gegeben werden. [2]Dies ist in den Akten zu vermerken. [3]In diesem Fall ist die Begründung des Beschlusses unverzüglich nachzuholen. [4]Der Beschluss ist im Fall des Satzes 1 auch schriftlich bekannt zu geben.

(3) Ein Beschluss, der die Genehmigung eines Rechtsgeschäfts zum Gegenstand hat, ist auch demjenigen, für den das Rechtsgeschäft genehmigt wird, bekannt zu geben.

I 1 neu gefasst durch G zur weiteren Digitalisierung der Justiz v 12.7.2024 (BGBl 2024 I Nr 234) mWv 17.7.2024.

Lit: *Cirullies*, Zustellungsprobleme in Gewaltschutzsachen, FamRZ 2012, 1854; *Schneider*, Bekanntgabe und Zustellung in FamSachen, Rpfleger 2011, 1.

1 **I) Allgemeines und Anwendungsbereich.** Die Vorschrift ist anwendbar auf die fG-Verf (s vor § 23 Rn 1). Zur Anwendbarkeit auch auf **Zwischen- und Nebenentscheidungen** s vor § 38 Rn 3. Beschlüsse in **Ehe- und Fam-Streitsachen** sind gem § 113 I nach den Vorschriften der ZPO zu verkünden (BGH FamRZ 2012, 106) und zuzustellen (s § 38 Rn 16a; § 113 Rn 2). Ggü § 41 vorrangig sind Spezialvorschriften über die Bekanntgabe, insb § 164 in **Kindschaftssachen** (Bekanntgabe an Kind).

2 **II) Grundsätze.** Mögl ist die **Bekanntgabe** schriftl (I) und ggü Anwesenden durch Verlesen des Tenors (II). Ein Beschluss ist allen **Beteiligten** des Verf bekannt zu geben (I 1). Wer Beteiligter ist, bestimmt sich nach § 7. Die Bekanntgabe an das gem § 9 I Nr 3 nicht verfahrensfähige **Kind** kann wirksam grds (Ausnahme: § 164) nur ggü dem gesetzl Vertreter erfolgen (OLG Karlsruhe FamRZ 2024, 1795). Zum Wirksamwerden reicht gem § 40 I grds bereits die Bekanntgabe an den Beteiligten aus, für den er seinem wesentl Inhalt nach bestimmt ist (s § 40 Rn 3 f, zu Ausnahmen s § 40 Rn 7 ff). Durch G zur weiteren Digitalisierung der Justiz v 12.7.2024 (BGBl 2024 I Nr 234) ist klargestellt, dass – wie gem § 317 ZPO bereits seit längerem ein Urteil (s § 317 ZPO Rn 2) – der Beschluss als **beglaubigte Abschrift** bekannt gegeben wird und eine Ausfertigung – in Papierform – nur auf ausdrückl Antrag erteilt wird. – Dem **Jugendamt** sind Entscheidungen gem § 162 III, § 176 II, § 194 II, § 205 II mitzuteilen. Aus der abw Wortwahl ergibt sich, dass dafür die Formvorschriften des § 41 nicht eingehalten werden müssen (PH/Abramenko Rn 4).

3 **III) Schriftliche Bekanntgabe (§ 41 I). 1) Förmliche Zustellung (§ 41 I 2).** Demj Beteiligten, dessen erklärtem Willen ein anfechtbarer Beschluss nicht entspricht, ist er gem I 2 zuzustellen, bei (anwaltl) Vertretung an den **Bevollmächtigten** (BGH FamRZ 2021, 635). Dies gilt auch dann, wenn der Empfänger nicht selbst Betroffener, also unmittelbarer Adressat der Maßnahme ist (BGH MDR 2017, 661). Der **Wille** des Beteiligten muss in dem Verf **erkennbar geworden** sein, bloßes Schweigen genügt nicht (BGH FamRZ 2020, 1034). Auch nach entspr Hinweis darf das Gericht aus seinem Schweigen nicht schließen, dass der Beteiligte an früher erklärtem Widerspruch nicht festhält (BGH MDR 2020, 566). Der abweichende Wille kann sich sowohl aus einem ausdrückl Antrag als auch aus seinen sonstigen Äußerungen ergeben. Allein ein – ggf aus der Interessenlage hergeleiteter – mutmaßlicher Wille eines Beteiligten reicht für die Notwendigkeit einer Zustellung aber nicht aus (BGH FamRZ 2020, 1034). **Anfechtbar** iSv I 2 ist ein Beschluss, wenn ein Rechtsmittel statthaft ist; eine konkrete Zulässigkeitsprüfung ist für die Frage der Zustellung nicht erforderl (PH/Abramenko Rn 8). Die Zustellung wird gem § 15 II 1 nach den Vorschriften der ZPO (§§ 166 ff ZPO) durchgeführt. – Unterbleibt eine gem I 2 erforderl Zustellung, ist die **Bekanntgabe unwirksam** (BGH FamRZ 2022, 226; BGH FamRZ 2021, 1662; BGH FamRZ 2020, 770), eine Heilung idR mangels Zustellungswillens ausgeschlossen (BGH FamRZ 2022, 226; BGH FamRZ 2021, 1662). Daher sollte **im Zweifel zugestellt** werden.

4 **2) Einfache Bekanntgabe.** Sofern die Voraussetzungen von I 2 nicht vorliegen, kann das Gericht die Art der Zustellung nach seinem **Ermessen** wählen (BGH FamRZ 2022, 226; BGH FamRZ 2021, 1662). Gem § 15 II stehen dafür die förml **Zustellung** nach §§ 166 ff ZPO oder die **Aufgabe zur Post** zur Verfügung. Eine andere, insb mündl Bekanntgabe ist – außer nach II – nicht zulässig. Es muss für den Empfänger erkennbar sein, dass die Übersendung zur förml Bekanntgabe und nicht nur zur Kenntnis erfolgt (OLG München FamRZ 2012, 1405). Sofern das Gericht die Beschwerde eines Beteiligten für wahrscheinl hält, auch wenn sein abw Wille nicht erkennbar geworden ist (dann notwendige Zustellung gem I 2), entspricht eine förml Zustellung idR sachgerechter Ausübung des Ermessens (PH/Abramenko Rn 9). Für Endentscheidungen in FamSachen dürfte eine formlose Bekanntgabe wegen der häufig str Auseinandersetzung nur selten in Betracht kommen.

5 **IV) Mündliche Bekanntgabe (§ 41 II).** Sie ist (nur, s Rn 4) durch **Verlesen der Beschlussformel** gem II mögl. Dies setzt voraus, dass der Tenor bereits schriftl abgefasst ist. Die Bekanntgabe wirkt nur ggü den **Anwesenden** *(PH/Abramenko Rn 15) sowie den ordnungsgemäß vertretenen Beteiligten.* Einem Abwesenden ggü tritt die Wirkung der Bekanntgabe, insb eine Wirksamkeit gem § 40 I, erst mit der schriftl Bekanntmachung an ihn gem I ein. In FamSachen wird diese Art der Bekanntmachung vor allem im Anschluss an einen **Termin**

(§ 32) in Betracht kommen. Dabei handelt es sich um einen wesentl Vorgang des Termins, der gem § 28 IV in den darüber anzufertigenden **Vermerk** aufzunehmen ist. Anderenfalls ist die Bekanntgabe gem **II 2** auf andere Art in den Akten zu vermerken; insoweit können dieselben Grundsätze wie zu § 38 III 3 angewendet werden (s § 38 Rn 16).

Eine wirksame Bekanntgabe setzt nicht voraus, dass der Beschluss bereits schriftl begründet ist (vgl II 3 sowie BTDrs 16/9733, 289). Auch wenn die schriftl **Begründung** ausnahmsw bereits vorliegen sollte, bedarf es ihrer Mitteilung für eine wirksame Bekanntgabe nach dem eindeutigen Wortlaut von II 1 nicht (Sternal/Jokisch Rn 17; anders nach früherem Recht: BayObLG NJW-RR 1999, 957). Der Beschluss ist in diesem Fall unverzügl nachträgl (schriftl) zu begründen (**II 3**) und in vollständiger Form schriftl bekannt zu geben (**II 4**). Der Spaltung dieser Regelung in 2 Sätze kommt keine inhaltl Bedeutung zu. Sie dürfte dadurch veranlasst sein, dass II 3 erst im Laufe des Gesetzgebungsverf (BTDrs 16/9733, 289) eingefügt worden ist. Da der Legaldefinition in § 121 BGB (**unverzüglich** = „ohne schuldhaftes Zögern") allg Bedeutung beizumessen ist (vgl Grüneberg/Ellenberger § 121 BGB Rn 3 mwN), ist der Beschluss innerhalb der insoweit anerkannten **Höchstfrist** von **2 Wochen** (BAG NJW 1991, 2726; OLGR Jena 2000, 8; OLG Hamm NJW-RR 90, 523) zu begründen. In Eilfällen kann aber auch eine schnellere Begründung erforderl sein. Die Form der nachträgl **schriftliche Bekanntgabe** richtet sich nach I. Erst mit dieser beginnt gem § 63 III die Rechtsmittelfrist. Der Beschluss ist aber bereits mit der mündl Bekanntgabe **erlassen** (§ 38 III 2). 6

V) Genehmigungsbeschluss (§ 41 III). Mit der Regelung in III wird der Kreis der **Adressaten der Bekanntgabe** für den Fall **erweitert**, dass ein Rechtsgeschäft genehmigt wird. Grds kann einem Beteiligten auch durch Vermittlung eines Vertreters **rechtliches Gehör** gewährt werden. In einem Verf, das die Genehmigung eines Rechtsgeschäfts dieses Vertreters betrifft, ist dies aber nicht mögl (BVerfG FamRZ 2000, 731 = MDR 2000, 655). Denn das rechtl Gehör kann nicht durch denj vermittelt werden, dessen Handeln im Genehmigungsverf überprüft werden soll, weil die erforderl Objektivität nicht gewährleistet ist (OLG Hamm FamRZ 2011, 396). Mit der Regelung in III soll gewährleistet werden, dass der Rechtsinhaber selbst von der Entscheidung frühzeitig Kenntnis erlangt, so dass er seine Rechte ggf im Rechtsmittelverf verfolgen kann (OLG Naumburg FamRZ 2014, 493). Seine Rechtsmittelfrist beginnt mit Bekanntgabe ihm gegenüber (BGH MDR 2016, 229). Durch das Wort „auch" wird klargestellt, dass diese Bekanntgabe an den Rechtsinhaber neben die **Bekanntgabe gem I** (ggf auch II) tritt (OLG Celle FamRZ 2013, 651). Nach der Rspr des BGH (BGH FamRZ 2014, 640 für Erbausschlagung mN zur früher überwiegenden Gegenansicht; BGH FamRZ 2019, 986 für Vertragsschluss) gilt dies aber für die Vertretung des **minderjährigen Kindes** durch die Eltern nur eingeschränkt: für die Bekanntgabe nach III ist danach nur dann ein Ergänzungspfleger zu bestellen, wenn die Voraussetzungen für eine Entziehung der Vertretungsmacht nach § 1796 BGB vorliegen. 7

Hinsichtl der **Art der Bekanntgabe** gelten keine Besonderheiten, sie wird im Regelfall schriftl gem I vorgenommen werden. Soweit es um eine Genehmigung gem §§ 1643, 1822 BGB geht, ist die Entscheidung an einen bestellten Ergänzungspfleger (s § 40 Rn 8; OLG Celle FamRZ 2013, 651) sowie an das Kind bekanntzugeben, wenn es das 14. Lebensjahr vollendet hat, § 164 S 1 (vgl Kölmel NotBZ 2010, 2, 6). 8

§ 42 Berichtigung des Beschlusses

(1) Schreibfehler, Rechenfehler und ähnliche offenbare Unrichtigkeiten im Beschluss sind jederzeit vom Gericht auch von Amts wegen zu berichtigen.

(2) [1]Der Beschluss, der die Berichtigung ausspricht, wird auf dem berichtigten Beschluss und auf den Ausfertigungen vermerkt. [2]Erfolgt der Berichtigungsbeschluss in der Form des § 14 Abs. 3, ist er in einem gesonderten elektronischen Dokument festzuhalten. [3]Das Dokument ist mit dem Beschluss untrennbar zu verbinden.

(3) [1]Der Beschluss, durch den der Antrag auf Berichtigung zurückgewiesen wird, ist nicht anfechtbar. [2]Der Beschluss, der eine Berichtigung ausspricht, ist mit der sofortigen Beschwerde in entsprechender Anwendung der §§ 567 bis 572 der Zivilprozessordnung anfechtbar.

Der RefE eines G zur Änderung des Zuständigkeitsstreitwerts der AG, zum Ausbau der Spezialisierung der Justiz in Zivilsachen sowie zur Änderung weiterer prozessualer Regelungen sieht als § 84a eine Regelung vor, dass bei einer nach Erlass der Entscheidung erfolgten Änderung des Gebührenwerts binnen 6 Monaten vAw auch die Kostenentscheidung geändert werden kann. Zeitnah zum Inkrafttreten des G finden Sie eine Kommentierung der Änderung in der Online-Version des Zöller (Ihre persönlichen Zugangsdaten s zu Beginn des Werkes).

§ 42 ist auf alle Entscheidungen in **fG-Verfahren** (s vor § 23 Rn 1), auch Zwischen- und Nebenentscheidungen (s vor § 38 Rn 3; PH/Abramenko Rn 10), anwendbar. In **Ehe- und FamStreitsachen** gilt § 319 ZPO über § 113 I. Die Vorschrift entspricht in der Sache § 319 ZPO, dessen Grundsätze entspr anzuwenden sind (vgl zB BGH FamRZ 2018, 1006 = MDR 2018, 891); s § 319 ZPO Rn 1 ff. Insb ist auch eine Berichtigung im Beschwerdeverf 1

(OLG Köln FamRZ 2018, 1515) oder Rechtsbeschwerdeverf (BGH FamRZ 2025, 230) vAw mögl. Während des Verf vor dem Rechtsmittelgericht ist dieses zuständig (BGH FamRZ 2025, 230; OLG Brandenburg FamRZ 2023, 437). Eine offensichtl Unrichtigkeit soll bei Übergehen eines Anrechts im **Versorgungsausgleich** mangels Willensbildung des Gerichts nicht bereits dann vorliegen, wenn das aus der EDV übernommene Rubrum den Versorgungsträger und die Versicherungsnummer benennt (OLG Brandenburg FamRZ 2023, 938). Ein Berichtigungsbeschluss hat keinen Einfluss auf die **Beschwerdefrist**, sofern sich aus ihm nicht erst Beschwer oder die Anfechtbarkeit ergeben (OLG Koblenz FamRZ 2024, 1649 LS; iE s § 319 ZPO Rn 38).

2 Das **Berichtigungsverfahren** bestimmt sich in fG-Verf nach dem FamFG. Hinsichtl der **Beschwerde** verweist III 2 auf die sof Beschwerde gem §§ 567 ff ZPO; dies erfasst auch die Rechtsbeschwerde gem § 574 ZPO (BGH FamRZ 2024, 1115, auch zur Beschwerdeberechtigung).

3 **Gebühren. 1) Gericht:** keine Geb. – **2) RA:** keine Geb, § 19 I 2 Nr 6 RVG. Als Einzeltätigkeit: 3403 RVG-VV.

§ 43 Ergänzung des Beschlusses

(1) Wenn ein Antrag, der nach den Verfahrensakten von einem Beteiligten gestellt wurde, ganz oder teilweise übergangen oder die Kostenentscheidung unterblieben ist, ist auf Antrag der Beschluss nachträglich zu ergänzen.

(2) Die nachträgliche Entscheidung muss binnen einer zweiwöchigen Frist, die mit der schriftlichen Bekanntgabe des Beschlusses beginnt, beantragt werden.

1 Die Vorschrift übernimmt die Regelung des **§ 321 I, II ZPO**. Sie wurde ledigl an die Besonderheiten des fG-Verf angepasst: Da es in diesem keinen Tatbestand iSv § 313 II ZPO gibt, kommt es für die Frage, ob ein **Antrag übergangen** worden ist, auf die gesamten Verfahrensakten an (s § 37 Rn 2); es reicht aus, dass sich ein Begehren aus dem Vorbringen des Beteiligten ergibt, ein ausformulierter Antrag ist nicht erforderl (PH/Abramenko Rn 5). Die zu § 321 ZPO entwickelten Grundsätze (s § 321 ZPO Rn 2 ff) sind entspr anzuwenden. Das Übergehen eines dem **Versorgungsausgleich** unterliegenden Anrechts ist grds keine versehentl Teilentscheidung und unterfällt daher nicht § 43 (BGH FamRZ 2014, 1614 Tz 14; OLG Brandenburg FamRZ 2023, 938 [Dutta FamRZ 2023, 939]).

2 § 43 ist auf alle Entscheidungen in **fG-Verfahren** (s vor § 23 Rn 1) **anwendbar**, auch auf Zwischen- und Nebenentscheidungen (s vor § 38 Rn 3; PH/Abramenko Rn 3). In Ehe- und FamStreitsachen gilt über § 113 I § 321 ZPO unmittelbar. Unerhebl ist, ob der zu ergänzende Beschluss in einem **Antrags- oder Amtsverfahren** ergangen ist (PH/Abramenko Rn 2; SchBW/Oberheim Rn 5). In Amtsverf ist Voraussetzung, dass das Rechtsschutzbegehren eines Beteiligten versehentl nicht vollständig beschieden wurde (BGH FamRZ 2014, 1614) oder die Kostenentscheidung unterblieben ist. Auch in diesen Verf ist aber für eine Ergänzung gem II ein rechtzeitig gestellter **Antrag auf Ergänzung** erforderl. Dies gilt auch bei Ergänzung um die Kostenentscheidung (OLG Frankfurt FamRZ 2016, 1097; OLG Jena FamRZ 2014, 1732 LS; aA ThP/Hüßtege § 82 Rn 3), entspr der Rechtslage nach der ZPO: Kostenentscheidung ohne Antrag nach § 308 II 2 ZPO, Ergänzung nur auf Antrag gem § 321 I ZPO (s § 321 ZPO Rn 9). Ein **Antrag** ist nicht iSv § 43 Abs. 1 FamFG **übergangen**, wenn das FamG aufgrund von Rechtsirrtum oder Missverständnis irrig davon ausgegangen ist, ein solcher sei überhaupt nicht rechtshängig (BGH MDR 2022, 1176 = FamRZ 2022, 1634). Die **2-Wochenfrist** beginnt mit der schriftl Bekanntgabe gem § 41, es sei denn, es ist nicht ersichtl, dass eine förml Bekanntgabe beabsichtigt war (OLG München FamRZ 2012, 1405). Auf das Ergänzungsverf sind die Vorschriften des FamFG anwendbar. Da der Ergänzungsbeschluss idR selbständig mit Rechtsmitteln anfechtbar ist (BGH MDR 2000, 1209; s § 321 ZPO Rn 14), bedarf er in diesem Fall einer **Rechtsmittelbelehrung** gem § 39. Die **Anfechtung** der Ergänzung einer Endentscheidung (§ 38 I 1) richtet sich nach §§ 58 ff, §§ 70 ff (Sternal/Jokisch Rn 17). Eine Beschwerde ist nur zulässig, wenn durch den Ergänzungsbeschluss der gem § 61 III erforderl Beschwerdewert erreicht oder die Beschwerde zugelassen ist (PH/Abramenko Rn 16). Eine Rechtsbeschwerde ist nur zulässig, wenn sie gegen die ergänzte Entscheidung zulässig ist oder – bei Ablehnung – wäre (BGH FGPrax 2011, 148), sie insb zugelassen oder zulassungsfrei ist (BGH MDR 2000, 1209; BGH NJW 80, 840 für Urteilsergänzung). Die Ergänzung einer Zwischen- oder Nebenentscheidung ist nur dann anfechtbar, wenn es die ergänzte Entscheidung ist. – Hinsichtl des ergänzten Beschlusses ist § 518 ZPO (Neubeginn einer noch nicht abgelaufenen Berufungsfrist) entspr anwendbar (OLG Brandenburg FGPrax 2016, 191). Ist bei Bekanntgabe des Ergänzungsbeschlusses die Beschwerdefrist bereits abgelaufen, so verbleibt es bei der für den Hauptbeschluss bereits eingetretenen Rechtskraft (OLG Brandenburg FGPrax 2016, 191).

3 **Gebühren. 1) Gericht:** keine Geb. – **2) RA:** keine Geb, § 19 I 2 Nr 6 RVG. Als Einzeltätigkeit: 3403 RVG-VV.

§ 44 Abhilfe bei Verletzung des Anspruchs auf rechtliches Gehör

(1) [1]Auf die Rüge eines durch eine Entscheidung beschwerten Beteiligten ist das Verfahren fortzuführen, wenn

1. ein Rechtsmittel oder ein Rechtsbehelf gegen die Entscheidung oder eine andere Abänderungsmöglichkeit nicht gegeben ist und

2. das Gericht den Anspruch dieses Beteiligten auf rechtliches Gehör in entscheidungserheblicher Weise verletzt hat.

[2]Gegen eine der Endentscheidung vorausgehende Entscheidung findet die Rüge nicht statt.

(2) [1]Die Rüge ist innerhalb von zwei Wochen nach Kenntnis von der Verletzung des rechtlichen Gehörs zu erheben; der Zeitpunkt der Kenntniserlangung ist glaubhaft zu machen. [2]Nach Ablauf eines Jahres seit der Bekanntgabe der angegriffenen Entscheidung an diesen Beteiligten kann die Rüge nicht mehr erhoben werden. [3]Die Rüge ist schriftlich oder zur Niederschrift bei dem Gericht zu erheben, dessen Entscheidung angegriffen wird. [4]Die Rüge muss die angegriffene Entscheidung bezeichnen und das Vorliegen der in Absatz 1 Satz 1 Nr. 2 genannten Voraussetzungen darlegen.

(3) Den übrigen Beteiligten ist, soweit erforderlich, Gelegenheit zur Stellungnahme zu geben.

(4) [1]Ist die Rüge nicht in der gesetzlichen Form oder Frist erhoben, ist sie als unzulässig zu verwerfen. [2]Ist die Rüge unbegründet, weist das Gericht sie zurück. [3]Die Entscheidung ergeht durch nicht anfechtbaren Beschluss. [4]Der Beschluss soll kurz begründet werden.

(5) Ist die Rüge begründet, hilft ihr das Gericht ab, indem es das Verfahren fortführt, soweit dies auf Grund der Rüge geboten ist.

I) Allgemein. Die Vorschrift ist auf alle Entscheidungen in **fG-Verfahren**, auch auf Nebenentscheidungen (s vor § 38 Rn 3; PH/Abramenko Rn 2), **anwendbar**; Zwischenentscheidungen sind gem I 2 grds ausgenommen (s Rn 3). Gegen die Entscheidung nach § 44 ist eine **erneute Rüge** nicht statthaft (BGH FamRZ 2021, 699; BGH FamRZ 2017, 1947 je für § 321a ZPO; BayVerfGH NJW-RR 2011, 430; BVerfGK 14, 238; OLG Jena MDR 2011, 450 LS). In Ehe- und FamStreitsachen gilt § 321a ZPO über § 113 I FamFG. Da der Wortlaut weitgehend mit § 321a ZPO identisch ist, wird für Einzelheiten auf dessen Erläuterung verwiesen. – Zum Anspruch auf rechtl Gehör allg s § 37 Rn 11 ff. 1

II) Voraussetzungen (§ 44 I). Gem § 44 I 1 Nr 1 ist die Rüge auch subsidiär ggü einer **anderen Abänderungsmöglichkeit** als einem Rechtsbehelf/Rechtsmittel. Diese Formulierung sollte bei ihrer Einfügung in das FGG ua auch die Änderungsmöglichkeit gem § 18 I FGG erfassen (BTDrs 15/3706, 19). Da sie wörtl in das FamFG übernommen wurde, erstreckt sich der Anwendungsbereich dieser Bestimmung auf die an deren Stelle getretenen Vorschriften (aA PH/Abramenko Rn 6; Sternal/Göbel Rn 7). Das sind für FamSachen § 48 I, § 166 I, §§ 225 ff. Ob eine andere Abänderung iSv I 1 Nr 1 mögl ist, muss aber nach dem Zweck von § 44 beurteilt werden, einen fachgerichtl Rechtsschutz für Gehörsverletzungen zu ermöglichen (BTDrs 15/3706, 19). Vorrangig sind diese Vorschriften daher nur, soweit nach ihnen die Verletzung des Anspruchs auf rechtl Gehör geltend gemacht werden kann. Dies ist nicht der Fall, wenn sie – wie **§ 48 I** (s § 48 Rn 5 ff) – eine Änderung der Verhältnisse voraussetzen. Denn eine solche ist idR in der 2-Wochenfrist von II 1 noch nicht eingetreten. 2

Für Entscheidungen, die der **Endentscheidung vorausgehen**, bedarf es der Anhörungsrüge nicht, da diese Zwischenentscheidungen der Beurteilung im Rahmen eines Rechtsmittels gegen die Hauptsache unterliegen, § 58 II. Außerdem steht nicht fest, ob sich ein Verstoß bei der Endentscheidung zu Lasten des Beteiligten auswirkt. Bei **selbständigen Zwischenentscheidungen**, die über eine wesentl Rechtsfrage mit bindender Wirkung für das weitere Verf entscheiden und keiner weiteren Nachprüfung mehr unterliegen, ist die Anhörungsrüge in verfassungskonformer Auslegung hingegen statthaft (iE s § 321a ZPO Rn 5). **Bsp:** Verweisungsbeschlüsse (§ 3), Ablehnung der VKH. **Beweisbeschlüsse** (nur) ausnahmsw, wenn sie sich als Grundrechtseingriff darstellen (s § 321a ZPO Rn 5 aE); für SV-Beweisbeschluss in Unterbringungsverf vom BVerfG (FamRZ 2011, 272) offen gelassen. 3

III) Anforderungen an die Rüge (§ 44 II). Erforderl ist auch im fG-Verf (für ZPO s § 321a ZPO Rn 13a), dass der Rügeführer schlüssig eine entscheidungserhebl Verletzung des rechtl Gehörs darlegt (BGH MDR 2024, 56; OLG München FGPrax 2016, 143). Er muss den Sachvortrag nachholen, der bei ordnungsgemäßer Gewähr rechtl Gehörs von ihm vorgetragen worden wäre. Aus diesem muss sich ergeben, dass das Gericht bei Berücksichtigung dieses Vortrags und einer auf Grund dessen möglicherw gebotenen weiteren Sachaufklärung zu einer für den Rügeführer günstigeren Entscheidung hätte kommen können (OLG München FGPrax 2016, 143; OLG Brandenburg FGPrax 2008, 201). – Eine **Wiedereinsetzung** in die Frist nach II 1 ist gem § 17 mögl. Die Rüge kann entspr dem Grundsatz des § 25 nicht nur schriftl (s § 25 Rn 3), sondern auch zur **Niederschrift der Geschäftsstelle** erhoben werden. Eine Abweichung von § 25 II, wonach die Erklärung zu Protokoll der GeschSt jedes AG abgegeben werden kann, dürfte mit der Formulierung nicht beabsichtigt gewesen sein, dass die Rüge bei dem Gericht zu erheben ist, das die angegriffene Entscheidung erlassen hat. Für eine solche Einschränkung besteht keine Rechtfertigung, entscheidend ist, dass die Rüge rechtzeitig bei diesem Gericht eingegangen ist (vgl § 25 IV 2). 4

5 **IV) Entscheidung (§ 44 IV, V). 1) § 44 IV.** Die **Kostenentscheidung** ist gem § 81 zu treffen; sie kann aber unterbleiben, wenn kein RA nur für das Rügeverf beauftragt wurde, da der bisherige keine gesonderte Vergütung verlangen kann und die Gerichtskosten sich aus dem Gesetz ergeben, s Rn 6. – **2) § 44 V.** Für den Fall, dass die Rüge begründet ist, ordnet V die **Fortsetzung des Verfahrens** an. Die Erhebung der Rüge steht der Vollstreckung nicht entgegen. Eine **Einstellung der Vollstreckung** ist hinsichtl der in § 95 I angeführten Titel entspr § 707 ZPO (s § 95 Rn 11) mögl, sobald die Rüge erhoben wird (Abramenko FGPrax 2009, 198). Für die Vollstreckung von Entscheidungen über die Herausgabe von Personen und die Regelung des Umgangs fehlt in § 93 eine solche Bestimmung. Angesichts der Vergleichbarkeit zB mit einer Wiederaufnahme des Verf (§ 93 I 1 Nr 2) ist aber eine entspr Anwendung gerechtfertigt.

6 **V) Gebühren. 1) Gericht:** 1800 FamGKG-KV Festgeb 72 Euro (seit 1.6.2025); schon bei einem Teilerfolg ist das Verf gebührenfrei. – **2) RA**, der bereits im Verf vertreten hat: § 19 I 2 Nr 5 RVG (keine Geb). Ist er nur im Rügeverf tätig: 3330, 3332 RVG-VV (Geb iHv 0,5). Hier dann Begrenzung gem § 15 VI RVG, so dass der RA in einem Verf, für das nur 1 Geb iHv 0,3 anfällt (zB 3309 RVG-VV), für das Rügeverf auch auf diese Höhe beschränkt bleibt. Dies wird durch 3330 RVG-VV ausdrückl wiederholt.

§ 45 Formelle Rechtskraft

[1]Die Rechtskraft eines Beschlusses tritt nicht ein, bevor die Frist für die Einlegung des zulässigen Rechtsmittels oder des zulässigen Einspruchs, des Widerspruchs oder der Erinnerung abgelaufen ist. [2]Der Eintritt der Rechtskraft wird dadurch gehemmt, dass das Rechtsmittel, der Einspruch, der Widerspruch oder die Erinnerung rechtzeitig eingelegt wird.

Lit: *Harders*, Der „unbekannte Beteiligte" – Ein Beitrag zum Eintritt der Rechtskraft bei Genehmigungsbeschlüssen, DNotZ 2009, 725; *Obermann*, Materielle Rechtskraft im FamFG – Gedanken zum Anwendungsbereich von § 48 FamFG, NZFam 2016, 961.

1 **I) Allgemeines und Anwendungsbereich.** Die Vorschrift ist anwendbar auf die **fG-Verfahren** (s vor § 23 Rn 1). In **Ehe- und FamStreitsachen** findet über § 113 I § 705 ZPO Anwendung; zum Eintritt der Rechtskraft in diesen Verf s § 116 Rn 3 ff. § 45 regelt in Anlehnung an § 705 ZPO die **formelle Rechtskraft** eines Beschlusses (zur materiellen Rechtskraft s Rn 11 f).

2 **II) Unanfechtbarkeit (§ 45 S 1). 1) Grundsätze.** Ein Beschluss ist formell rechtskräftig, wenn die **Frist** zur Einlegung eines ordentl Rechtsbehelfs (s Rn 3) abgelaufen ist (s Rn 5 ff). Eine fehlende oder falsche **Rechtsbehelfsbelehrung** hindert den Eintritt der Rechtskraft nicht (s § 39 Rn 17). Bereits **mit Wirksamwerden** tritt Rechtskraft ein, wenn ein ordentl Rechtsbehelf schon an sich nicht mehr statthaft ist (BGH FamRZ 90, 283 = MDR 90, 320; BGH FamRZ 2008, 2019 = MDR 2009, 405; je für § 705 ZPO). Daran fehlt es, wenn ein Rechtsmittel nicht generell unstatthaft ist, sondern unter bestimmten Voraussetzungen zulässig sein kann (GmS-OGB BGH NJW 84, 1027 = FamRZ 84, 975), zB bei Erreichen einer erforderl Beschwer (§ 61 I) sowie einer evtl Zulassung (§ 61 II Nr 1 für Beschwerde, § 70 I für Rechtsbeschwerde). Wenn ein Rechtsmittel der Zulassung bedarf, wird der Beschluss somit trotz **Nichtzulassung** erst dann rechtskräftig, wenn die Frist zur Einlegung des Rechtsmittels abgelaufen ist, ohne dass ein solches eingelegt wurde (BGH FamRZ 2008, 2019; BGH FamRZ 90, 283). Dies gilt auch, wenn die Nichtzulassung – wie nach dem FamFG – keiner Nachprüfung durch eine NZB unterliegt (BGH FamRZ 2008, 2019 für § 26 Nr 9 EGZPO; BGH FamRZ 90, 283 für Ehesache nach altem Recht; KG FamRZ 1993, 1221 = KGR Berlin 1993, 26; aA OLG Schleswig SchlHA 2009, 60; Griesche FamRB 2010, 340, 343).

3 **2) Ordentliche Rechtsbehelfe.** Das sind die **Rechtsmittel** (zum Begriff s vor § 511 ZPO Rn 4) der Beschwerde (§§ 58 ff), der Rechtsbeschwerde (§§ 70 ff) sowie der sof Beschwerde (entspr §§ 567 ff ZPO). Weiterer ordentl Rechtsbehelf ist die **Erinnerung** gegen Entscheidungen des Rpflegers (§ 11 II RPflG) sowie des beauftragten oder ersuchten Richters und des UdG (entspr § 573 ZPO). Die in § 45 weiterhin angeführten Rechtsbehelfe des Einspruchs und Widerspruchs sind in FamSachen nicht anwendbar. Der Einspruch ist statthaft gegen die Festsetzung von Zwangsgeld im Registerverf gem §§ 388 ff. Der Einspruch gegen einen Versäumnisbeschluss ist nur in Ehe- und FamStreitsachen mögl, auf die gem § 120 I § 705 ZPO Anwendung findet. Der Widerspruch ist mögl im Registerverf gem §§ 393 ff sowie im Dispacheverf gem §§ 406 f.

4 **3) Außerordentliche Rechtsbehelfe.** Diese hindern die formelle Rechtskraft nicht, sie können bei einem Erfolg nur die Rechtskraft nachträgl wieder beseitigen (s § 705 ZPO Rn 1). Außerordentl Rechtsbehelfe idS sind die Anträge auf **Wiedereinsetzung** in den vorigen Stand (§ 17) und **Wiederaufnahme** (§ 48 II), die **Rüge** der Verletzung rechtl Gehörs (§ 44), **Verfassungsbeschwerde** (§ 90 BVerfGG bzw entspr Vorschriften der Länder), **Individualbeschwerde** nach Art 34 EMRK. Der Antrag auf **Abänderung** (§ 48 I bzw Spezialvorschriften wie § 166) steht der formellen Rechtskraft nicht entgegen, sondern leitet ein neues Verf ein. Die **Gegenvorstellung**, die auf eine Überprüfung der getroffenen Entscheidung durch den Richter/Rpfleger/Spruchkörper gerichtet ist, der die Entscheidung erlassen hat, ist ein außerges Rechtsbehelf, der ebenfalls die Rechtskraft nicht hindert (näher s vor § 567 ZPO Rn 8 ff). Dies gilt auch für den Antrag auf **VKH** für ein Rechtsmittel, das noch nicht eingelegt, sondern erst beabsichtigt ist; die Rechtskraft wird in diesem Fall erst durch eine WE rückwirkend gehemmt (BGH NJW 87, 1766).

III) Eintritt der Rechtskraft ohne Rechtsmittel. Rechtskraft tritt mit **Rechtsmittelverzicht** aller Beteiligter (§ 67 für Beschwerde) ein (PH/Abramenko Rn 5); ein einseitiger Verzicht nur des Beschwerten reicht nicht aus (s § 705 ZPO Rn 9). Zum Eintritt der Rechtskraft in Scheidungssachen durch Rechtsmittelverzicht s § 116 Rn 4 ff. Sofern kein Rechtsbehelf eingelegt wird, werden Entscheidungen (zu Ehe- und FamStreitsachen, auf die gem § 113 I die Vorschriften der ZPO anzuwenden sind, s § 705 ZPO Rn 5 ff) **rechtskräftig:** 5

1) Familiengericht. Beschlüsse, die kraft Verweisung der sof Beschwerde entspr §§ 567 ff ZPO unterfallen, mit Ablauf der Beschwerdefrist von 2 Wochen (§ 569 I ZPO) bzw bei VKH von 1 Monat entspr § 127 II 3 ZPO (iVm § 76 II FamFG); einstw Anordnungen iSv § 57 S 2 und Beschlüsse über die Genehmigung eines Rechtsgeschäfts nach Ablauf der Beschwerdefrist von 2 Wochen (§ 63 II). Alle übrigen Endentscheidungen (s § 38 Rn 3 ff) nach Ablauf der Beschwerdefrist von 1 Monat (§ 63 I). Unerhebl ist, ob die Beschwerde zugelassen ist oder die Beschwer 600 Euro übersteigt (§ 61), da maßgebend allein die Statthaftigkeit ist (s Rn 2). Zwischen- und Nebenentscheidungen, gegen die kraft ges Anordnung ein Rechtsmittel nicht statthaft ist (zB Verweisungsbeschlüsse gem § 3 III 1, die WE gem § 19 I), sowie einstw Anordnungen (außer solche gem § 57 S 2) werden mit ihrem Wirksamwerden (§ 40 I) rechtskräftig; 6

2) OLG. Beschlüsse in Verf über die Anordnung, Abänderung oder Aufhebung einer einstw Anordnung mit Wirksamwerden, da in ihnen gem § 70 IV eine Rechtsbeschwerde nicht statthaft ist. Alle anderen Endentscheidungen nach Ablauf der Frist zur Einlegung der Rechtsbeschwerde, unabhängig davon, ob diese zugelassen ist oder nicht (s Rn 2, str). Alle übrigen Beschlüsse (Neben- und Zwischenentscheidungen), die nicht der Rechtsbeschwerde unterliegen, mit ihrem Wirksamwerden gem § 40; 7

3) BGH. Rechtskraft mit Wirksamwerden gem § 40. 8

IV) Hemmung durch Anfechtung (§ 45 S 2). Die *rechtzeitige* Einlegung eines ordentl Rechtsmittels/Rechtsbehelfs iSv § 45 (s Rn 3) hindert den Eintritt der Rechtskraft. Diese Wirkung hat auch ein rechtzeitig eingelegter, iÜ aber **unzulässiger** Rechtsbehelf, da die Prüfung der Zulässigkeit dem Rechtsmittelgericht obliegt (PH/Abramenko Rn 5). Ist er aber bereits nicht **statthaft**, steht seine Einlegung der Rechtskraft nicht entgegen (s Rn 2); zur Teilanfechtung s § 65 Rn 5. Die Hemmung der Rechtskraft **endet**, wenn der Rechtsbehelf zurückgenommen wird; sofern zu diesem Zeitpunkt die Rechtsmittelfrist noch nicht abgelaufen sein sollte, wird der Beschluss erst mit Ablauf dieser Frist rechtskräftig, anderenfalls mit Eingang der Rücknahmeerklärung (BGH MDR 2007, 1443). Sonst endet die Hemmung mit Rechtskraft der den Rechtsbehelf verwerfenden oder zurückweisenden **Entscheidung**. Die Wirkung tritt jew zum Wirksamkeitszeitpunkt („**ex nunc**"), also nicht rückwirkend ein (PH/Abramenko Rn 7). – Zur **Teilrechtskraft** bei nur teilw angefochtener Entscheidung s § 65 Rn 5. 9

V) Folge der formellen Rechtskraft. Mit ihrem Eintritt ist der Beschluss nicht mehr mit ordentl, sondern allenfalls mit außerordentl Rechtsbehelfen (s Rn 4) anfechtbar ist. Das Verf ist **abgeschlossen**, weitere verfahrensrechtl Erklärungen, zB die **Rücknahme** eines Antrags oder eines Rechtsmittels, sind nicht mehr mögl. Die Entscheidungen, die nicht schon mit ihrer Bekanntgabe gem § 40 I wirksam geworden sind, werden **wirksam**. Dies betrifft insb Entscheidungen gem § 40 II, III (s § 40 Rn 7 ff), § 184 I, § 198 I, II, § 209 II, § 216 I, § 224 I. Sofern es sich um eine zurückweisende Entscheidung in einem Antragsverf handelt, tritt eine **einstw Anordnung** mit diesem Verfahrensgegenstand außer Kraft, § 56 II Nr 2. 10

VI) Materielle Rechtskraft. Die materielle Rechtskraft steht nach formell rkr Abschluss eines Verf in bestimmten gegenständl, zeitl und sub Grenzen einer Zweitentscheidung entgegen; sie schließt ein weiteres Verf mit identischem Verfahrensgegenstand oder dessen kontradiktorisches Gegenteil aus (BGH 27.2.2025 – III ZB 33/24 Tz 15, ZNotP 2025, 136; s vor § 322 ZPO). Das Rechtsinstitut kann auch in fG-Verf Anwendung finden (BGH 27.2.2025 – III ZB 33/24 Tz 13, ZNotP 2025, 136; BGH FamRZ 2014, 1614; BGH FamRZ 2013, 1548), ihm kommt aber geringere Bedeutung als im Zivilprozess zu. In fG-Verf führt die formelle nicht notwendig zu einer materiellen Rechtskraft. Entscheidungen in **Rechtsfürsorgesachen** ergehen im Interesse Dritter oder der Allgemeinheit, nicht zur verbindl Klärung subj Rechte von Beteiligten. So besteht zB in **Kindschaftssachen** die Möglichkeit einer Änderung gem § 166 in weitem Umfang. Keine materielle Rechtskraft kommt daher Entscheidungen in Sorgerechtssachen (BGH 26.3.2025 – XII ZB 178/24, FamRZ 2025, 968), insb gem § 1666 BGB zu (BGH FamRZ 2016, 1146). Anwendung finden können die Grundsätze der materiellen Rechtskraft nur in Verf, in denen verbindl über subj private Rechte entschieden wird, also va in den sog **echten Streitsachen** der freiw Gerichtsbarkeit (s vor § 23 Rn 4). In diesen ergehende Beschlüsse sind der materiellen Rechtskraft fähig (BGH 27.2.2025 – III ZB 33/24 Tz 13, ZNotP 2025, 136; BGH FamRZ 2014, 1614; BGH FamRZ 2013, 1548). Das gilt insb für Ehewohnungs- und Haushaltssachen, Gewaltschutzsachen, Verf zum Zugewinnausgleich gem §§ 1382, 1383 BGB, VersAusglSachen (BGH FamRZ 2014, 1614; BGH FamRZ 2013, 1548), Abstammungssachen (BGH NJW 2003, 585 = FamRZ 2003, 155 zu § 640 ZPO aF, aber auf Verf gem § 169 übertragbar), Verf über die Vergütung von Verfahrensbeiständen und Pflegern (BayObLG FamRZ 1998, 1055). 11

Soweit eine Entscheidung der materiellen Rechtskraft fähig ist, entspricht deren **Umfang** der eines zivilprozessualen Urteils (eingeh dazu s vor § 322 ZPO Rn 20 ff). An Stelle des Streitgegenstands tritt der **Verfahrensgegenstand**. Dieser wird (wie im Zivilprozess, zB BGH NJW 2003, 585) durch den im Streitverf gestellten Antrag und den ihm zugrunde liegenden Lebenssachverhalt bestimmt (BGH ZNotP 2025, 136; PH/Abramenko Rn 10). Der Gegenstand der Rechtskraft beschränkt sich auf das Bestehen oder Nichtbestehen der geltend gemachten Rechts- 12 folge aufgrund des Tatsachenkomplexes des Verf (BGH ZNotP 2025, 136). Ihr Umfang ergibt sich aus dem **Tenor**, der ggf anhand der Gründe – insb bei abweisenden Entscheidungen – und im Einzelfall auch dem Vorbringen der Beteiligten auszulegen ist (BGH ZNotP 2025, 136; BayObLG ZMR 2005, 213). In Rechtskraft erwachsen die vom Gericht aus dem vorgetragenen bzw vAw ermittelten Sachverhalt gezogenen Schlüsse auf das Bestehen oder Nichtbestehen der beanspruchten Rechtsfolge, also außer dem Entscheidungssatz auch die ihn tragenden rechtl Erwägungen (BayObLG ZMR 2005, 213; BayObLG NJW-RR 94, 1425). Ein neuer Antrag kann entspr den zivilprozessualen Grundsätzen nur auf solche Tatsachen gestützt werden, die im Erstverf objektiv nicht vorgebracht werden konnten, weil sie erst nach Abschluss der letzten Tatsacheninstanz entstanden sind (BGH ZNotP 2025, 136). – Die materielle Rechtskraft erstreckt sich auf alle **Beteiligte** des Verf iSv § 7, unabhängig davon, ob sie sich an dem Verf tatsächl beteiligt haben (BayObLG WuM 89, 350; PH/Abramenko Rn 9). Zur Rechtskraft ggü **übergangenen Beteiligten** s § 63 Rn 6. Ein im Widerspruch zur materiellen Rechtskraft stehender Antrag ist als unzulässig zurückzuweisen (BayObLG FamRZ 98, 1055 = MDR 97, 1152). – Unter den für den Zivilprozess anerkannten engen Voraussetzungen (s vor § 322 ZPO Rn 72 ff) kann auch im fG-Verf der Einwand der arglistigen Erschleichung und missbräuchl Ausnutzung (**§ 826 BGB**) einer rechtskräftigen Entscheidung erhoben werden (BGH MDR 60, 575).

§ 46 Rechtskraftzeugnis

[1]Das Zeugnis über die Rechtskraft eines Beschlusses ist auf Grund der Verfahrensakten von der Geschäftsstelle des Gerichts des ersten Rechtszugs zu erteilen. [2]Solange das Verfahren in einem höheren Rechtszug anhängig ist, erteilt die Geschäftsstelle des Gerichts dieses Rechtszugs das Zeugnis. [3]In Ehe- und Abstammungssachen wird den Beteiligten von Amts wegen ein Rechtskraftzeugnis auf einer Ausfertigung ohne Begründung erteilt. [4]Die Entscheidung der Geschäftsstelle ist mit der Erinnerung in entsprechender Anwendung des § 573 der Zivilprozessordnung anfechtbar.

1 **I) Allgemein.** Die Vorschrift regelt in inhaltl Übereinstimmung mit **§ 706 I ZPO** die Voraussetzungen für die Erteilung eines Rechtskraftzeugnisses. S 1 und 2 entsprechen inhaltl § 706 I 1 ZPO, S 3 übernimmt die Regelung in § 706 I 2 aF und passt sie den Entscheidungsformalien des FamFG an. **Anwendbarkeit:** § 46 ist in vollem Umfang anwendbar auf die **fG-Verf** (s vor § 23 Rn 1). Die S 1 und 2 sind in **Ehe- und FamStreitsachen** gem § 113 I 1 nicht anzuwenden. S 3 ist somit in Ehe- und FamStreitsachen ebenso wie S 4 anzuwenden.

2 **II) Verfahren.** Allg zu Erteilung des Rechtskraftzeugnisses s § 706 ZPO Rn 1 ff. In **Ehesachen** (§ 121) und **Abstammungssachen** (§ 169) wird das Rechtskraftzeugnis gem **S 3** – anders als in sonstigen Verf (BGHZ 31, 388) – vAw auf einer weiteren Ausfertigung des Beschlusses erteilt, die keine Gründe enthält. In diesen Verf besteht auch ein öffentl Interesse, den Eintritt der Rechtskraft festzustellen: Die GeschSt ist verpflichtet, das Standesamt über den Eintritt der Rechtskraft zu benachrichtigen (vgl Nr VII/3; VIII 1 der Anordnung über Mitteilungen in Zivilsachen – MiZi). Die GeschSt muss deshalb auch von sich aus das Datum der Rechtskraft ermitteln. Um mehrfachen Aktenumlauf zu vermeiden, soll die GeschSt bereits zu diesem Zeitpunkt den Beteiligten auch ohne Antrag das Rechtskraftzeugnis erteilen (BTDrs 14/4722, 121). Für Ehe- und Abstammungssachen ist gem § 7 I der zwischen den Landesjustizverwaltungen abgestimmten AktO für die Gerichte der ordentl Gerichtsbarkeit der **Tag des Eintritts der Rechtskraft** zu vermerken („Rechtskräftig seit …"). Dies ist auch bei Entscheidungen über den VersAusgl üblich und kann ggf, wenn an den Eintritt der Rechtskraft materielle Folgen anknüpfen, erforderl sein (KG FamRZ 93, 1221: Ein Ehegatte bereits rentenberechtigt). Angesichts des eindeutigen Wortlauts ist ein Rechtskraftzeugnis in den genannten Verf auch dann vAw zu erteilen, wenn eine den verfahrenseinleitenden Antrag **zurückweisende Entscheidung** ergeht. – Hinsichtl der **Anfechtung** verweist S 4 auf die entspr Anwendung von § 573 ZPO. Dazu s § 706 ZPO Rn 16. Erinnerung und ggf Beschwerde können in Ehe- und Abstammungssachen auch darauf gestützt werden, dass das in dem Rechtskraftzeugnis ausgewiesene Datum unrichtig ist (KG FamRZ 93, 1221; OLG Stuttgart Justiz 79, 384). Eine positive Entscheidung über den Rechtsbehelf lautet im Tenor dahin, dass die GeschSt angewiesen wird, den unzutr Rechtskraftvermerk zu streichen und das zutr Datum zu vermerken (OLG Stuttgart Justiz 79, 384). – Die Entscheidung über die Erteilung eines **Notfristattests** nach § 706 II ZPO ist nicht isoliert anfechtbar (BGH FamRZ 2010, 284 = DNotZ 2011, 53 [Borth]). Eines solchen bedarf es grds auch nicht, da die Beschwerde beim FamG einzulegen ist (§ 64 I); die Möglichkeit der Sprungrechtsbeschwerde rechtfertigt nach Ansicht des BGH (FamRZ 2010, 284 = DNotZ 2011, 53 [Borth]) keine andere Beurteilung.

§ 47 Wirksam bleibende Rechtsgeschäfte

Ist ein Beschluss ungerechtfertigt, durch den jemand die Fähigkeit oder die Befugnis erlangt, ein Rechtsgeschäft vorzunehmen oder eine Willenserklärung entgegenzunehmen, hat die Aufhebung des Beschlusses auf die Wirksamkeit der inzwischen von ihm oder ihm gegenüber vorgenommenen Rechtsgeschäfte keinen Einfluss, soweit der Beschluss nicht von Anfang an unwirksam ist.

I) Allgemein. § 47 ist anwendbar auf Entscheidungen in fG-Verf. Die Vorschrift schützt das Vertrauen des Rechtsverkehrs auf den Bestand einer wirksam gewordenen Gerichtsentscheidung mit dem genannten Inhalt (BGH FamRZ 2015, 1702). Sie enthält daher keine verfahrensrechtl, sondern eine **materiell-rechtliche Bestimmung** (KG NJW 71, 53). Durch sie wird vermieden, dass ein Rechtsgeschäft nachträgl wegen fehlender Vertretungsberechtigung usw unwirksam wird. Auf einen **guten Glauben** des anderen Teils kommt es nicht an; er wird auch geschützt, wenn er die Mängel des Beschlusses kennt (OLG Frankfurt FamRZ 2022, 973; OLG Karlsruhe FamRZ 2017, 653; Fröschle FamRZ 2017, 655), in Betracht kommen allenfalls Schadensersatzansprüche bei kollusivem Zusammenwirken (OLG Karlsruhe FamRZ 2017, 653). Andererseits wird auch das Vertrauen in das Fortbestehen einer zwischenzeitl aufgehobenen oder in eine nichtige Entscheidung (s Rn 7) nicht geschützt (PH/Abramenko Rn 2). 1

II) Voraussetzungen. Es muss ein Beschluss mit dem in § 47 angeführten Regelungsgehalt ergangen sein. Die **Fähigkeit** zur Vornahme eines Rechtsgeschäfts oder Entgegennahme einer Willenserklärung erlangt derj, der im **eigenen Namen** handelt, dazu aber ohne gerichtl Entscheidung nicht in der Lage ist. In Betracht kommen vor allem Entscheidungen gem § 40 II, III (s § 40 Rn 8 ff). Die **Befugnis** zur Vornahme eines Rechtsgeschäfts oder Entgegennahme einer Willenserklärung erlangt derj, der als **Vertreter** für einen anderen handeln will, zB das Jugendamt mit der Bestellung als Pfleger oder Vormund für ein minderj Kind. 2

Die Anwendung von § 47 setzt folgende **zeitliche Reihenfolge** voraus: Beschluss iSv Rn 2, der bereits wirksam geworden ist (§ 40); Vornahme des Rechtsgeschäfts; Aufhebung des Beschlusses. Wenn das Rechtsgeschäft vorgenommen wurde, bevor der Beschluss (zB durch Eintritt der Rechtskraft gem § 40 II, III) wirksam geworden ist, wird der Rechtsverkehr nicht geschützt (OLG Düsseldorf FGPrax 2021, 163; Sternal/Jokisch Rn 8). Dies gilt auch dann, wenn der Beschluss entgegen § 40 II 2 nicht ausspricht, dass er erst mit Rechtskraft wirksam wird (s § 40 Rn 9). Setzt das Beschwerdegericht die Vollziehung des Beschlusses gem § 64 III aus, ist dieser nicht mehr wirksam (s § 40 Rn 12), so dass nach Wirksamwerden (§ 40 I) dieser Anordnung vorgenommene Rechtsgeschäfte nicht von § 47 erfasst werden. 3

Eine Anwendung auf Entscheidungen iSv **§ 40 II, III** kommt nur selten in Betracht. Die Aufhebung eines solchen Beschlusses nach seiner Wirksamkeit ist idR **nicht zu erwarten**, da die Entscheidungen erst mit Rechtskraft wirksam werden. **Ausnahmen:** Bei einer Entscheidung gem **§ 40 III** (**Ersetzung der Zustimmung** usw) kommt die Anordnung der sof Wirksamkeit (§ 40 III 2) in Betracht. Mögl ist bei einer Entscheidung gem § 40 III auch die nachträgl Aufhebung eines rechtskräftigen Beschlusses nach WE (§ 17), Anhörungsrüge (§ 44) oder Wiederaufnahme (§ 48 II) (aA PH/Abramenko Rn 3: Anwendung von § 48 III). Eine Abänderung setzt gem § 48 I eine nachträgl Änderung der Verhältnisse voraus und ist mangels Rückwirkung kein Anwendungsfall von § 47. Für einen Beschluss, der gem **§ 40 II** (**Genehmigung eines Rechtsgeschäfts**) ergangen ist, kann die sof Wirksamkeit nicht angeordnet werden (str, s § 40 Rn 9). Auch die vorgenannten Möglichkeiten der nachträgl Aufhebung einer rechtskräftigen Entscheidung bestehen in diesem Fall nicht, da sie gem § 48 III ausgeschlossen sind. 4

Hauptanwendungsfall von § 47 ist, dass eine **Befugnis** iSv Rn 2 erteilt worden ist, zB die Bestellung des Jugendamts zum Vormund. Diese Entscheidung wird gem § 40 I mit der Bekanntgabe (an das Jugendamt) wirksam (s § 40 Rn 3 ff). Wenn der Beschluss vom Beschwerdegericht aufgehoben wird, bleiben zwischenzeitl geschlossene Verträge usw wirksam. 5

Ungerechtfertigt ist ein Beschluss, der aus tatsächl oder rechtl Gründen unrichtig ist. Anlass für die Anwendung von § 47 besteht aber erst, wenn er auch aufgehoben worden ist. Für die **Aufhebung** ist unerhebl, ob diese durch das erstinstanzl Gericht (zB nach WE oder Gehörsrüge) oder vom Rechtsmittelgericht vorgenommen wurde. 6

III) Wirkung der Aufhebung. Diese tritt erst ab dem Zeitpunkt ein, zu dem die aufhebende Entscheidung wirksam wird. Die durch den ursprüngl Beschluss verliehenen Befugnisse erlöschen erst mit diesem Zeitpunkt (**Wirkung ex nunc**, BGH NJW 2020, 988 Tz 10). Zwischenzeitl vorgenommene Rechtshandlungen bleiben wirksam (OLG Düsseldorf FGPrax 2021, 163). 7

IV) Unwirksamkeit von Anfang an. Gemeint sind nichtige Entscheidungen; ein Vertrauen in ihren Bestand wird nicht gem § 47 geschützt. Die Aufhebung des Beschlusses wirkt daher auf den Zeitpunkt seines Erlasses zurück (**Wirkung ex tunc**), hat aber nur deklaratorische Wirkung. Hauptanwendungsfall ist die Nichtigkeit wegen funktioneller Unzuständigkeit infolge **Kompetenzüberschreitung** (Sternal/Jokisch Rn 9), wenn der Beschluss zB vom Rpfleger statt vom Richter (§ 8 IV RPflG) erlassen wurde (BGH MDR 2005, 1305; OLG Hamm FamRZ 2025, 69; OLG Frankfurt FamRZ 2014, 1127). Nicht erfasst ist eine örtl Unzuständigkeit, die gem § 2 III der Wirksamkeit nicht entgegen steht; s § 2 Rn 4. Weitere Anwendungsfälle sind die **sonstigen Nichtigkeitsgründe**, also zB „Scheinbeschlüsse", die weder bekannt gegeben noch unterschrieben bzw qualifiziert elektron signiert sind (BGH NJW 98, 609; s vor § 300 ZPO Rn 14 für Urteile), und Beschlüsse, die eine dem Recht unbekannte Rechtsfolge aussprechen (s vor § 300 ZPO Rn 19 für Urteile). Sofern ein Teilnehmer am Rechtsverkehr auf die Wirksamkeit eines nichtigen Beschlusses vertraut hat, kommt allein ein Amtshaftungsanspruch in Betracht. 8

§ 48 Abänderung und Wiederaufnahme

(1) [1]Das Gericht des ersten Rechtszugs kann eine rechtskräftige Endentscheidung mit Dauerwirkung aufheben oder ändern, wenn sich die zugrunde liegende Sach- oder Rechtslage nachträglich wesentlich geändert hat. [2]In Verfahren, die nur auf Antrag eingeleitet werden, erfolgt die Aufhebung oder Abänderung nur auf Antrag.

(2) Ein rechtskräftig beendetes Verfahren kann in entsprechender Anwendung der Vorschriften des Buches 4 der Zivilprozessordnung wieder aufgenommen werden.

(3) Gegen einen Beschluss, durch den die Genehmigung für ein Rechtsgeschäft erteilt oder verweigert wird, findet eine Wiedereinsetzung in den vorigen Stand, eine Rüge nach § 44, eine Abänderung oder eine Wiederaufnahme nicht statt, wenn die Genehmigung oder deren Verweigerung einem Dritten gegenüber wirksam geworden ist.

Lit: *Maurer*, Zur Anwendung von § 48 Abs 1 FamFG in FamSachen, FamRZ 2009, 1792.

1 **I) Allgemein.** Die Vorschrift ist anwendbar auf fG-Verf (s vor § 23 Rn 1). Auf Ehe- und FamStreitsachen sind gem § 113 I grds die Vorschriften der ZPO anzuwenden; zur Abänderung in Unterhaltssachen s §§ 238-240. § 48 ergänzt die Bestimmung über die Rechtskraft (§ 45). Er regelt in I die Abänderung rechtskräftiger Entscheidungen, II betrifft die Wiederaufnahme von Verf. III trifft Bestimmungen für Beschlüsse, die ein Rechtsgeschäft genehmigen oder dies ablehnen; diese Regelung geht über den übrigen Anwendungsbereich von § 48 hinaus.

2 **II) Abänderung (§ 48 I). 1) Grundsätze.** I ermöglicht eine Anpassung rechtskräftiger Endentscheidungen an geänderte Verhältnisse. Unerhebl ist, ob die Entscheidung vom Erst- oder vom Rechtsmittelgericht getroffen wurde. Ggü I vorrangig sind Sondervorschriften, wie sie für Entscheidungen in **Kindschaftssachen** (§ 166), **Abstammungssachen** (§ 184 I), hinsichtl der **Adoption** (§ 197 III) und der Befreiung vom **Eheverbot** (§ 198 III), in den Güterrechtssachen nach §§ 1382 f BGB (§ 264 I) und in **Versorgungsausgleichssachen** (§§ 225 ff) bestehen.

3 **2) Änderbare Entscheidungen. a) Endentscheidungen.** Endentscheidung ist gem § 38 I 1 ein Beschluss, der den Verfahrensgegenstand ganz oder teilw erledigt hat (s § 38 Rn 3 ff). Für Verf der **einstweiligen Anordnung** regelt § 54 eine Abänderung abw von § 48 I, mit geringeren Anforderungen (s § 54 Rn 2 ff). Die Entscheidung muss formell **rechtskräftig** (§ 45) sein, was vAw zu prüfen ist (BGH FamRZ 2025, 629). Vor Eintritt der **Rechtskraft** bedarf es eines Abänderungsverf nicht, da eine Änderung im Wege des Rechtsmittels erlangt werden kann. Ohne anderweitige Regelung (zB in § 166) ist analoge Anwendung auf **Vergleiche** gerechtfertigt (Maurer FamRZ 2009, 1792, 1795 f; Sternal/Jokisch § 36 Rn 57; aA PH/Abramenko § 36 Rn 22).

4 **b) Dauerwirkung.** Die Entscheidung darf sich nicht darauf beschränken, eine einmalige Rechtsfolge anzuordnen, wie zB die Zahlung eines einmaligen Betrags, die Herausgabe von Gegenständen (weiter wohl Maurer FamRZ 2009, 1792, 1793 ff). In Betracht kommen vor allem Duldungs-, Regelungs- und Unterlassungsanordnungen. Erforderl ist, dass ihre Regelung entweder **unbegrenzt** gilt oder sich (auch) auf künftige Zeiträume bezieht (BGH FamRZ 2025, 629; PH/Abramenko Rn 10). Entspr Entscheidungen sind in Kindschaftssachen häufig, für die aber § 166 vorgeht. In FamSachen kommen Dauerregelungen zB im Rahmen der Zuweisung der **Ehewohnung** (OLG Koblenz FamRZ 2024, 1613; OLG Stuttgart NJW-RR 2011, 507: auch Ablehnung der Zuweisung), der Benutzung von **Haushaltssachen** sowie Entscheidungen nach dem **GewSchG** in Betracht.

5 **c) Änderung.** Eine Änderung der **Sachlage** liegt immer dann vor, wenn sich die der Entscheidung zu Grunde liegenden Tatsachen ändern (Begr RegE BTDrs 16/6308, 198). Da es – anders als nach § 323 ZPO – nicht darauf ankommt, ob die Tatsachen „später entstanden" sind, kann darunter auch verstanden werden, dass ein Sachverhalt in das Erstverf mangels Kenntnis noch nicht eingeführt werden konnte (str s Obermann NZFam 2016, 61). Anders verhält es sich, wenn Beteiligte unter Verstoß gegen ihre Mitwirkungspflicht (§ 27) entscheidungserhebl Tatsachen nicht vorgebracht haben. Denn § 48 I soll eine Anpassung an geänderte Verhältnisse ermöglichen, nicht aber die Korrektur von Pflichtverletzungen im Erstverf (OLG Stuttgart FamRZ 2011, 976; ähnl PH/Abramenko Rn 6 f; aA Sternal/Jokisch Rn 15; für § 10 I FreihEntzG weiter gehend auch BGH NJW 2009, 299). Die Änderung muss zum Zeitpunkt des Abänderungsverf bereits eingetreten sein, die entspr Erwartung reicht nicht aus (BGH NJW 2007, 1961). – Eine Änderung der **Rechtslage** ist gegeben, wenn sich das maßgebl materielle Recht geändert hat. Dem gleichgestellt werden kann eine Änderung der höchstrichterl Rspr (BGH NJW 2007, 1961; BGH NJW 2003, 1796 = FamRZ 2003, 848; Begr RegE BTDrs 16/6308, 198). Nicht ausreichend ist, wenn das Gericht ohne entspr Änderung der Verhältnisse ledigl zu einer anderen Beurteilung der Sach- oder Rechtslage gelangt (OLG Stuttgart FamRZ 2011, 976; für § 323 ZPO ebenso: BGH NJW-RR 1992, 1092; BGH MDR 2001, 765; weiter gehend Sternal/Jokisch Rn 15).

6 **d) Nachträglich.** Die Änderung der Verhältnisse muss nach Abschluss des vorangegangenen Verf eingetreten sein. Unerhebl ist, ob sie bereits vorhersehbar war (SchBW/Oberheim Rn 15). Wenn ein Beschwerdeverf durchgeführt wurde, kommt es auf den Zeitpunkt an, in dem dieses abgeschlossen wurde (für § 323 ZPO s § 323 ZPO Rn 38); entscheidend ist der Erlass des Beschlusses iSv § 38 III 2. Eine Änderung der Verhältnisse rechtfertigt nur dann eine Abänderung der Entscheidung, wenn es sich um eine „**wesentliche**" handelt. Das ist nach der Vorstel-

lung des Gesetzgebers (Begr RegE BTDrs 16/6308, 198) der Fall, wenn es sich um eine „bedeutsame, bei der Entscheidungsfindung maßgebl Änderung der Verhältnisse" handelt. Als bedeutsam sind nur Änderungen anzusehen, die über eine Bagatellgrenze hinausgehen (OLG Düsseldorf FamRZ 2017, 105: bei VersA mehr als 10 %).

3) Verfahren. Ein **Antrag** auf Abänderung ist gem **I 2** erforderl, wenn das Verf, in dem die abzuändernde Entscheidung ergangen ist, nur auf Antrag eingeleitet wird. Dieser kann von jedem materiell Beteiligten (s § 7 Rn 1) des Ausgangsverf (BGH FamRZ 2017, 1619) gem § 25 schriftl oder zur Niederschrift der GeschSt gestellt werden. In Amtsverf kann das Gericht auch ein Abänderungsverf **von Amts wegen** einleiten. Die Befugnis zur Änderung ist in beiden Fällen unbefristet. 7

Zuständig für das Abänderungsverf ist das Gericht des 1. Rechtszugs, in FamSachen also das FamG, auch bei Abänderung einer Beschwerdeentscheidung (OLG Rostock FamRZ 2024, 129). Dies ist – wie für § 767 ZPO (BGH FamRZ 80, 47 = NJW 80, 188; iE s § 767 ZPO Rn 10), der eine entspr Bestimmung enthält – das Gericht 1. Instanz des Vorprozesses. Ob eine wesentl Änderung der Verhältnisse vorliegt, ist von ihm vAw (§ 26) **zu ermitteln**. Dabei kommt aber der Mitwirkungspflicht der Beteiligten gem § 27 erhebl Bedeutung zu, die auch die Ermittlungspflicht beeinflussen kann (s § 26 Rn 4). Die obj Feststellungslast (s § 37 Rn 9) trägt der Beteiligte, dem eine Änderung zugutekäme. Wenn die Voraussetzungen von I 1 nicht vorliegen, weist das Gericht den Änderungsantrag zurück bzw beendet ein Amtsverf. 8

In dem andernfalls weiter durchzuführenden Verf besteht **keine Bindung** an die tatsächl Feststellungen im Erstverf – anders als im Zivilprozess (zB BGH MDR 2001, 765; s § 323 ZPO Rn 44). Die Entscheidung ist nach dem Amtsermittlungsgrundsatz (§ 26) auf Grund der aktuellen Sach- und Rechtslage zu treffen (PH/Abramenko Rn 20; str s Obermann NZFam 2016, 61). Auf das Abänderungsverf finden die für das Erstverf geltenden Vorschriften Anwendung. Das Änderungsverf wird gem **Art 111 I 2 FGG-RG** nach dem FamFG geführt, auch wenn das Erstverf noch vor dessen Inkrafttreten abgeschlossen wurde. – Wenn die Voraussetzungen für eine Änderung vorliegen, hat das Gericht eine entspr Entscheidung zu treffen. Die Formulierung „**kann**" verdeutlicht nur die Ermächtigung zur Änderung, räumt aber kein – in der Sache nicht gerechtfertigtes – Ermessen ein (PH/Abramenko Rn 18). Der **Tenor** der Entscheidung lautet auf Änderung oder (völlige) Aufhebung der Erstentscheidung, um die Vollstreckungsmöglichkeit aus dieser in dem gebotenen Umfang auszuschließen. 9

III) Wiederaufnahme (§ 48 II). Das FamFG verzichtet auf eine eigenständige Regelung zur Wiederaufnahme rechtskräftig abgeschlossener Verf und verweist auf **§§ 578 ff ZPO**. Aus deren entspr Anwendung ergibt sich, dass die Wiederaufnahme nur **auf Antrag** erfolgt (Begr RegE BTDrs 16/6308, 198). Eine Ausnahme besteht auch für Amtsverf nicht. Vorrangige Spezialregelungen enthält das FamFG in § 185 für **Abstammungssachen**, § 197 III für die **Adoption**, § 198 III für die Befreiung vom **Eheverbot** nach § 1308 I BGB und in § 264 I 2 für Güterrechtssachen nach **§§ 1382 f BGB**. 10

IV) Genehmigungsbeschlüsse (§ 48 III). 1) Grundsätze. III bestimmt die Unabänderlichkeit von Entscheidungen, durch die die Genehmigung für ein Rechtsgeschäft erteilt oder verweigert wird, wenn sie einem Dritten ggü wirksam geworden ist. Diese Beschlüsse werden gem § 40 II erst mit ihrer Rechtskraft wirksam (s § 40 Rn 8). Damit ist sichergestellt, dass sie durch ein Rechtsmittel überprüft werden können. Nach Eintritt der Rechtskraft (§ 45) soll der am Rechtsgeschäft beteiligte Dritte darauf vertrauen dürfen, dass die Entscheidung dauerhaft Bestand hat. 11

2) Genehmigungen. Erfasst werden solche, die Voraussetzung für ein wirksames Handeln im **Außenverhältnis** sind (SchBW/Oberheim Rn 56 ff). Nur diese bedürfen der Unabänderlichkeit. Nicht erfasst sind daher ledigl im Innenverhältnis wirkende Genehmigungen, zB § 1645 BGB (neues Erwerbsgeschäft im Namen des Kindes). Einzelfälle der Genehmigungen s § 40 Rn 10. Von III erfasst sind sowohl die Genehmigung wie ihre **Versagung**. 12

3) Wirksamwerden. Voraussetzung für die Unabänderlichkeit ist, dass die Entscheidung einem **Dritten**, also dem Vertragspartner des Rechtsgeschäfts oder dem sonstigen Erklärungsempfänger (zB Grundbuchamt), ggü wirksam geworden ist. **Vor dem Rechtsgeschäft** erteilte Genehmigungen werden ggü dem Dritten mit Abgabe der einseitigen Erklärung oder Abschluss des Vertrages wirksam (BayObLG FamRZ 91, 1076; BayObLG FamRZ 89, 1113; OLG Celle FamRZ 97, 899). Wird die **Genehmigung nachträglich** erteilt oder verweigert, hängt die Wirksamkeit ggü dem Dritten davon ab, ob sie ihm von den Eltern bzw dem Vormund mitgeteilt wird, § 1644 III 1, § 1856 I 2 BGB. Dies kann durch einen Bevollmächtigten, ggf auch den Urkundsnotar, geschehen (BayObLG FamRZ 1989, 1113). Die Genehmigung kann **formlos**, ggf auch durch schlüssiges Verhalten mitgeteilt werden (BGHZ 15, 97; BayObLGZ 60, 276; OLG Celle MDR 65, 577). Eine Mitteilung durch das Gericht genügt nicht (BayObLG FGPrax 1995, 196). Ob die Genehmigung ggü dem Dritten wirksam geworden ist, ist vom Gericht **vAw zu ermitteln**, § 26. 13

4) Rechtsfolge. Ist die Genehmigung oder ihre Versagung einem Dritten ggü wirksam geworden, schließt III alle die **Rechtskraft durchbrechenden** Entscheidungen aus: WE in den vorigen Stand (§ 17), Anhörungsrüge (§ 44) sowie Abänderung und Wiederaufnahme (§ 48 I, II). Diese sind unstatthaft, evtl Anträge daher als **unzulässig** zurückzuweisen. Die Genehmigung ist trotz ihrer privatrechtl Wirkung ein Akt der staatl Gerichtsbarkeit, der auch der Anfechtung nach §§ 119, 123 BGB nicht unterliegt (SchBW/Oberheim Rn 70). 14

V) Gebühren. 1) Gericht: I: bes Verf (§ 31 II 1 FamGKG); Ausnahme: die Abänderung u Überprüfung in Sorgerechtsverf gem § 166 (§ 31 II 2 FamGKG). – II: Die Wiederaufnahme ist gebührenrechtl eine neue Instanz (s § 578 ZPO Rn 4). – **2) RA:** I u II: 3100, 3104 RVG-VV. – **3)** Zur Änderung einstw Anordnungen s § 54 Rn 13. 15

Abschnitt 4
Einstweilige Anordnung (§§ 49-57)

Vorbemerkungen zu §§ 49-57

Lit: *Dose/Kraft*, Einstw Rechtsschutz in FamSachen, 4. Aufl 2018; *Gießler/Soyka*, Vorläufiger Rechtsschutz in FamSachen, 6. Aufl 2015.

1 Der Erlass einer einstw Anordnung gem § 49 ist nicht davon abhängig, dass eine Hauptsache anhängig ist. Das Anordnungsverf ist ein selbständiges Verf, das unabhängig vom Hauptsacheverf geführt wird und in dem zB eine eigene Kostenentscheidung zu treffen ist. Die Bestimmungen der §§ 49 ff sind grds auf alle FamSachen anzuwenden, insb auch auf die Ehesachen und FamStreitsachen, wie sich aus § 113 I 1 und § 119 I 1 ergibt. Die einstw Anordnung tritt daher in diesen Verf an die Stelle der **einstweiligen Verfügung** nach §§ 935 ff ZPO, die nicht statthaft ist (OLG Stuttgart FamRZ 2012, 1410; OLG Karlsruhe FamRZ 2011, 234). Daneben sind in FamStreitsachen die Vorschriften über den zivilprozessualen **Arrest** entspr anwendbar, § 119 II. Für Unterhaltssachen enthalten §§ 246 ff **Spezialregelungen**. Weitere abw Regelungen für andere FamSachen sind in geringem Umfang im Rahmen der sie betr Vorschriften des 2. Buches getroffen. Für den Bereich der FamSachen sind das die § 214 (Gewaltschutzsachen), § 156 III 1, § 157 III (Kindschaftssachen).

2 Zum **Übergangsrecht** s 31. Aufl.

§ 49 Einstweilige Anordnung

(1) Das Gericht kann durch einstweilige Anordnung eine vorläufige Maßnahme treffen, soweit dies nach den für das Rechtsverhältnis maßgebenden Vorschriften gerechtfertigt ist und ein dringendes Bedürfnis für ein sofortiges Tätigwerden besteht.

(2) [1]Die Maßnahme kann einen bestehenden Zustand sichern oder vorläufig regeln. [2]Einem Beteiligten kann eine Handlung geboten oder verboten, insbesondere die Verfügung über einen Gegenstand untersagt werden. [3]Das Gericht kann mit der einstweiligen Anordnung auch die zu ihrer Durchführung erforderlichen Anordnungen treffen.

1 **I) Allgemein.** Die Vorschrift enthält den Grundtatbestand der einstw Anordnung.

2 **II) Anwendungsbereich.** Grds ist die Vorschrift auf **alle Familiensachen** anwendbar, gem § 113 I 1 und § 119 I 1 auch in Ehesachen und FamStreitsachen. Teilw abw Regelungen gelten für **Unterhaltssachen**: § 246 (Sonderregelung für Unterhalt und Verfahrenkostenvorschuss), § 247 (Unterhalt des Kindes für die ersten 3 Monate und für die Mutter gem § 1615l I BGB), § 248 (Kindesunterhalt, wenn die Vaterschaft noch nicht feststeht). Weitere modifizierende Regelungen enthalten § 214 (**Gewaltschutzsachen**), § 156 III 1, § 157 III (**Kindschaftssachen**).

3 **III) Einstweilige Anordnung und Hauptsache.** Die Anhängigkeit einer Hauptsache ist zur Durchführung eines Anordnungsverf nicht erforderl; eine Ausnahme enthält nur § 248 I (Anordnungsverf auf Unterhalt bei Vaterschaftsfeststellung). Es liegt in der Hand der Beteiligten, ob sie nach einer Entscheidung im Anordnungsverf die Durchführung eines Hauptsacheverf beantragen (§ 52). Die Zustellung des Antrags auf einstw Anordnung hemmt die **Verjährung** des geltend gemachten Anspruchs, § 204 I Nr 9 BGB.

4 Die Möglichkeit der Erwirkung einer einstw Anordnung lässt das **Rechtsschutzbedürfnis** für ein Verf in der **Hauptsache** nicht entfallen (OLG München FamRZ 2012, 392; OLG Frankfurt FamRZ 2011, 661; OLG Jena FamRZ 2011, 491; OLG Jena FamRZ 2010, 1830; OLG Nürnberg FamRZ 2010, 1679; zum früheren Recht BGH FamRZ 82, 788; BGH NJW 83, 1330). Insb entfällt das Rechtsschutzbedürfnis für das Verf in der Hauptsache nicht deshalb, weil der ASt sein Rechtsschutzziel durch eine einstw Anordnung auf einfacherem und billigerem Weg erreichen könnte. Beide Wege sind nicht vergleichbar, da dem einstw Anordnungsverf bereits durch die verfahrensrechtl Gestaltung (summarisches Verf, in dem Glaubhaftmachung ausreicht; grds Unanfechtbarkeit, § 57) eine deutl geringere Richtigkeitsgewähr als dem Hauptsacheverf zukommt. Nur in einem Hauptsacheverf kann auch eine rkr Entscheidung über den Verfahrensgegenstand herbeigeführt werden. Die einstw Anordnung trifft auf Grund einer summarischen Prüfung nur eine vorläufige Regelung, die jederzeit durch eine im Hauptsacheverf ergehende Endentscheidung abgelöst werden kann (§ 56 I 1; sa BGH FamRZ 91, 1175). Die Entscheidung über die einstw Anordnung kann zwar in formelle (§ 45), aber **nicht in materielle Rechtskraft** erwachsen (BGH FamRZ 83, 355; OLG Hamm FamRZ 2011, 1157; KG FamRZ 91, 1327; Götsche/Viefhues ZFE 2009, 124, 127). Da *sie rein prozessualer Natur ist, stellt sie* **keinen Rechtsgrund** zum Behaltendürfen dar und steht daher einem Anspruch aus ungerechtfertigter Bereicherung nicht entgegen, ohne dass es auf die förml Aufhebung der einstw Anordnung ankommt (BGH FamRZ 91, 1175; BGH NJW 84, 2095). – Zur Frage, ob die gleichzeitige

Einleitung eines Hauptsache- neben einem Anordnungsverf **mutwillig** iSv § 76 FamFG, § 114 ZPO ist s § 76 Rn 32 für Sorgerecht, § 76 Rn 34 für Umgang, § 76 Rn 43 für Gewaltschutzverf. Umgekehrt kann aber wegen des Beschleunigungsgebots (§ 155 I) und § 156 III in den dort genannten **Kindschaftssachen** das Erfordernis für einen mit dem Hauptantrag verbundenen Anordnungsantrag fehlen (s Rn 16 ff).

IV) Vorläufigkeit. Nach I zulässig sind „vorläufige Maßnahmen". Durch die einstw Anordnung darf also grds die **Hauptsache nicht vorweggenommen** werden (OLG Karlsruhe MDR 2016, 1152; OLG Hamm FamRZ 2012, 236; OLG Saarbrücken FamRZ 2011, 1087; OLG Saarbrücken FamRZ 2010, 1810). So kann, wenn bei einer Notlage des Berechtigten eine einstw Anordnung auf Zahlung einer schuldrechtl Ausgleichsrente (§§ 20-22 VersAusglG) erlassen wird, nicht der volle Betrag, sondern nur eine Notrente zugesprochen werden (BTDrs 16/10144, 92); eine Gewaltschutzanordnung ist grds zu befristen (OLG Saarbrücken FamRZ 2011, 1087; OLG Saarbrücken FamRZ 2010, 1810). Eine Vorwegnahme der Hauptsache ist aber **ausnahmsweise** insb möglich, wenn dies zum Schutz eines hohen Rechtsguts erforderl und eine entspr Regelung im Hauptsacheverf wahrscheinl ist (OLG Frankfurt FamRZ 2021, 1533: Impfung gegen COVID-19) oder vorläufig eine Veränderung der bestehenden Verhältnisse bis zu einer Entscheidung in der Hauptsache verhindert werden soll (OLG Zweibrücken FamRZ 2005, 745). In **Unterhaltssachen** gilt dieser Grundsatz gem § 246 I nicht; s § 246 Rn 10. 5

V) Keine Ermessensentscheidung. Mit der Formulierung „kann" wird dem Gericht kein Ermessen, sondern nur die Entscheidungskompetenz eingeräumt. Bei Vorliegen der Voraussetzungen des § 49 besteht daher eine Verpflichtung zu einer entspr Entscheidung (Sternal/Giers Rn 14; OLGR Stuttgart 2000, 72 zu § 644 ZPO aF). 6

VI) Voraussetzungen. 1) Anordnungsanspruch. Da die einstw Anordnung nach den für das Rechtsverhältnis maßgebenden Vorschriften gerechtfertigt sein muss, bedarf die zu treffende Regelung einer mat-rechtl Grundlage und darf keine darüber hinausgehenden Anordnungen treffen (OLG Brandenburg FamRZ 2015, 1515). Sofern diese Grundlagen bei Anwendung **ausländischen Sachrechts** in der Kürze der Zeit wegen des Eilbedürfnisses nicht ermittelt werden können, kann vorläufig das dt Sachrecht angewendet werden (OLG Karlsruhe IPRax 85, 106; KG IPrax 91, 60; s § 293 ZPO Rn 14). 7

2) Anordnungsgrund. Erforderl ist ein dringendes Bedürfnis für ein sof Einschreiten, das ein Abwarten bis zur endgültigen Entscheidung nicht gestattet (zB OLG Karlsruhe FamRZ 2022, 1857; OLG Frankfurt FamRZ 2021, 1533; OLG Nürnberg FamRZ 2014, 52). Ob ein **dringendes Bedürfnis** anzunehmen ist, ist eine Frage des Einzelfalls. Es besteht, wenn ein Zuwarten bis zur Entscheidung in einer etwaigen Hauptsache nicht mögl ist, weil diese zu spät käme, um die zu schützenden Interessen zu wahren (BVerfG FamRZ 2018, 1084; OLG Karlsruhe FamRZ 2025, 598; OLG Dresden FamRZ 2022, 528). Zweifel sind gerechtfertigt, wenn der ASt die Situation eine **zeitlang hingenommen** hat, ohne sein Recht geltend zu machen (OLG Köln FamRZ 2011, 118; sa § 940 ZPO Rn 4 für einstw Verfügung) oder lange Zeit bis zur Beschwerdebegründung verstreichen lässt (OLG Brandenburg FamFR 2010, 427; OLG Köln FamRZ 2010, 921: über 6 Wochen). Ein Eilbedürfnis fehlt idR auch, wenn die **Hauptsache entscheidungsreif** ist (OLG Brandenburg FamRZ 2014, 784). – IdR sind die Erfolgsaussichten summarisch und vorläufig zu betrachten und mit den drohenden Nachteilen für alle Beteiligten gegeneinander abzuwägen (zB OLG Karlsruhe FamRZ 2022, 1857). 8

In **Unterhaltssachen** ist nach § 246 I für den Erlass einer einstw Anordnung ein dringendes Bedürfnis für ein sof Tätigwerden nicht erforderl (s § 246 Rn 3). In **Gewaltschutzsachen** besteht gem § 214 I 2 unter den dort angeführten Voraussetzungen eine Vermutung für ein Regelungsbedürfnis. 9

VII) Regelungsgegenstände (§ 49 II). 1) § 49 II 1. Genannt sind in der 1. Alt die Sicherungsanordnung und in der 2. Alt die Regelungsanordnung, somit die beiden Grundformen, die aus dem Recht der einstw Verfügung bekannt sind. Mit der ggü den § 935 und § 940 ZPO knapperen Formulierung ist keine Begrenzung bei der Auswahl der in Betracht kommenden Maßnahmen verbunden (Begr RegE BTDrs 16/6308, 199). 10

2) § 49 II 2. In Anlehnung an § 938 II ZPO sind einige praktisch bedeutsame Fälle vorläufiger Maßnahmen angeführt, wie etwa Gebote oder Verbote und hierbei insb das Verfügungsverbot. Es handelt sich aber ledigl um Bsp (PH/Grohmann Rn 8). Je nach dem Regelungsbedürfnis des Einzelfalls kommen auch andere Maßnahmen oder eine Kombination von mehreren in Betracht. 11

VIII) Durchführungsanordnung (§ 49 II 3). Die Anordnungskompetenz des Gerichts umfasst auch Maßnahmen, die die Vollstreckung oder sonstige Durchführung der Anordnung ermöglichen oder erleichtern (sog **flankierende Maßnahmen**). Für Ehewohnungs- und Haushaltssachen enthält § 209 I eine vorrangige Spezialregelung, wonach in diesen Verf mit der Endentscheidung entspr Anordnungen getroffen werden „sollen". Solche sind in **Ehewohnungssachen** zB die Regelung der Nutzungszeiten gemeinschaftl genutzter Räume (OLG Brandenburg FamRZ 2004, 477), die Anordnung der Räumung der Wohnung (BGH FamRZ 94, 98; OLG München FamRZ 95, 1205) – die Wohnungszuweisung stellt selbst noch keinen Räumungstitel dar (OLG Zweibrücken FamRZ 2020, 832) –, die Anordnung der Herausgabe an den anderen Ehegatten, die Gewährung einer Räumungsfrist (OLGR Bamberg 2001, 30; OLG Oldenburg FamRZ 98, 571). In **Haushaltssachen** kann (neben der Zuweisung der Gegenstände) eine Herausgabeanordnung (Schürmann FamRB 2008, 375, 378) getroffen werden. In **Sorgerechtssachen** kann bei Erlass eines Ausreiseverbots zu dessen Durchsetzung die Hinterlegung von 12

Reisepässen (des Kindes oder des Elternteils) angeordnet oder die Ausschreibung zur Grenzfahndung veranlasst werden. Zur Erleichterung der Durchführung von **Umgang**sentscheidungen können Ge- und Verbote (zB dem Kind bestimmte Sachen mitzugeben, bestimmte Orte nicht aufzusuchen) ausgesprochen werden. – Die Anordnung ist isoliert **nicht anfechtbar** (OLG Bamberg FamRZ 2022, 805; OLG Koblenz FamRZ 2014, 496).

13 Ein diesbzgl **Antrag** ist mangels entspr Bestimmung und nach dem Willen des Gesetzgebers (Begr RegE BTDrs 16/6308, 199) nicht erforderl, und zwar auch dann nicht, wenn einstw Anordnungsverf selbst gem § 51 I ein Antragsverfahren ist. Das Gericht entscheidet daher nach seinem Ermessen, ob und ggf welche Maßnahmen es zur Durchführung der einstw Anordnung trifft.

14 **IX) Verfahrenskostenvorschuss.** Die Verpflichtung zur Zahlung eines Vorschusses für ein gerichtl Verf ist in § 246 I gesondert geregelt. S § 246 Rn 12, 17 ff. Wegen weiterer Einzelheiten zum Vorschussanspruch s § 115 ZPO Rn 59 ff.

15 Einstweilen frei.

16 Zu beachten ist, dass ggü dem Anordnungsverf das ggf gem § 52 einzuleitende **Hauptsacheverfahren** nicht das mithilfe des Vorschusses durchzuführende Verf, sondern ein Hauptsacheverf auf Zahlung eines Verfahrenskostenvorschusses (zu dessen Zulässigkeit BGH FamRZ 79, 472) ist. Denn dieser Anspruch soll durch die einstw Anordnung vorläufig geregelt werden.

17 **X) Einzelne Verfahren. 1) Elterliche Sorge.** In Kindschaftssachen, die den Aufenthalt des Kindes oder dessen Herausgabe betreffen, hat das Gericht gem § 156 III mit den Beteiligten und dem Jugendamt den Erlass einer einstw Anordnung zu erörtern, wenn eine einvernehml Regelung nicht erreicht werden kann. Daher kann es im Einzelfall (KG FamRZ 2013, 47 LS) an einem **Regelungsbedürfnis** für einen zeitgleich mit dem Hauptsacheantrag gestellten Anordnungsantrag fehlen (OLG Stuttgart FamRB 2011, 42; Rüntz/Viefhaus FamRZ 2010, 1285, 1290; sa Rn 4). Die Regelungsbefugnis entspricht grds der einer entspr Hauptsache. Wenn sich die Eltern **nach Trennung** über die Ausübung des Sorgerechts nicht einigen können (§ 1671 BGB), kann eine entspr einstw Anordnung ergehen, die sich regelmäßig aber auf die kurzfristig zu entscheidende (§ 156 III 1; OLG Köln FamRZ 2005, 1583) Frage des Aufenthaltsbestimmungsrechts beschränken sollte (OLG Brandenburg FamRZ 2012, 236 LS; OLG Hamm FamRZ 99, 393); der Übertragung der gesamten elterl Sorge auf einen Elternteil bedarf es im Regelfall im Wege der einstw Anordnung nicht (OLG Nürnberg NJW-RR 2011, 219; OLG München FamRZ 99, 111 = MDR 98, 1353; aA OLG Hamburg FamRZ 86, 481). Erforderl ist eine Gesamtabwägung unter Berücksichtigung des Umstands, dass eine einstw Anordnung die Endentscheidung präjudizieren kann (BVerfG FamRZ 2009, 189; BVerfG FamRZ 96, 343). Wegen dieser Gefahr müssen jedenfalls die im Eilverf zur Verfügung stehenden Aufklärungs- und Prüfungsmöglichkeiten möglichst ausgeschöpft werden (BVerfG FamRZ 2002, 1021). Die Änderung einer bereits **vollzogenen Anordnung** durch das Beschwerdegericht entspricht idR nicht dem Kindeswohl (OLG Saarbrücken FamRZ 2021, 598; OLG Brandenburg FamRZ 2004, 210; OLG Dresden FamRZ 2003, 1306; sa BVerfG FamRZ 2021, 595; BVerfG JAmt 2011, 107). Ggf kann derj, dem das Sorge- oder Aufenthaltsbestimmungsrecht übertragen ist, eine einstw Anordnung zur **Herausgabe des Kindes** gem § 1632 BGB (OLG Zweibrücken FamRZ 2005, 745) und ein Verbot, das Kind ins Ausland zu bringen (OLG Zweibrücken FamRZ 2005, 745), beantragen. Solange ein gemeinsames Sorgerecht besteht, kann bei Meinungsverschiedenheiten in Fragen von erhebl Bedeutung (**§ 1628 BGB**) – Schulwahl (OLG Rostock FamRZ 2007, 1835; OLG Nürnberg FamRZ 99, 673), Einwilligung in Operation, ggf **Impfung** (KG FamRZ 2006, 142; gegen COVID-19 zB: OLG München FamRZ 2022, 1200; OLG Rostock FamRZ 2022, 192; OLG Frankfurt FamRZ 2021, 1533), Beantragung eines Reisepasses (OLG Naumburg FamRZ 2010, 139; Köln FamRZ 2002, 404) – unter den Voraussetzungen von I eine einstw Anordnung erlassen werden. **Sorgevollmacht** steht grds Eilbedürfnis entgegen (OLG Frankfurt FamRZ 2018, 1679). Entscheidungen zur **Vermögenssorge** sind idR nicht so eilbedürftig, dass sie im Wege der einstw Anordnung geregelt werden müssten (OLG Karlsruhe FamRZ 98, 501). – Zur Abgrenzung der Verfahrensgegenstände Sorgerecht und Umgang s § 57 Rn 6.

18 **2) Sorgerechtseingriffe gem § 1666 BGB.** Diese, ggf auch gem § 1667 BGB (Vermögenssorge), sind wegen akuter Gefährdung des Kindeswohls häufig eilbedürftig und rechtfertigen daher den Erlass einer einstw Anordnung. Dem entspr besteht gem § 157 III für das Gericht die Verpflichtung, in Verf nach §§ 1666 und 1666a BGB unverzügl den Erlass einer einstw Anordnung zu prüfen. Ausreichend ist aber regelmäßig zunächst ein Entzug des Aufenthaltsbestimmungsrechts, ggf auch des Rechts auf Gesundheitsfürsorge. Erforderl ist, dass der Entzug auf der Grundlage der vorläufigen Ermittlungsergebnisse zum Wohl des Kindes unumgängl und die Sache derart eilbedürftig ist, dass sie bereits im Wege der einstw Anordnung getroffen werden muss (OLG Hamm FamRZ 2015, 1909; OLG Schleswig FamRZ 2014, 1383; OLG Jena FamRZ 2006, 280; zu den verfassungsrechtl Anforderungen zB BVerfG FamRZ 2023, 944; BVerfG FamRZ 2023, 525; BVerfG FamRZ 2018, 1084; BVerfG FamRZ 2014, 907, 909 [zutr krit Hammer FamRZ 2014, 1005]). Vergleichbares gilt für Einzelmaßnahmen, zB ein Ausreiseverbot (OLG Frankfurt FamRZ 2018, 1319). Ein SV-Gutachten muss bei **Streitigkeiten über den** *Umgang rechtfertigen einen Entzug* des Sorgerechts im Wege der einstw Anordnung grds nicht (KG FamRZ 2010, 1749; OLG Brandenburg FamRZ 2002, 1273; OLG Jena FamRZ 2006, 280), ggf aber Entscheidung gem § 1671 BGB (OLG Köln FamRZ 2018, 1515).

3) Umgangssachen. In diesen hat das Gericht gem § 156 III 1 mit den Beteiligten und dem Jugendamt den Erlass einer einstw Anordnung zu erörtern, wenn eine einvernehml Regelung nicht erreicht werden kann. Daher kann es an einem Regelungsbedürfnis für einen zeitgleich mit dem Hauptsacheantrag gestellten Anordnungsantrag fehlen (Rüntz/Viefhaus FamRZ 2010, 1285, 1290; Schmid FPR 2011, 5, 8; sa Rn 4). Sofern das Gericht die Teilnahme an einer Beratung anordnet oder ein schriftl SV-Gutachten in Auftrag gibt, soll es eine einstw Anordnung zum Umgang treffen, § 156 III 2, um einer Entfremdung entgegen zu wirken. Anordnungs- und Vollstreckungsverf (dazu s § 89 Rn 5) sind zügig durchzuführen, um einer irreversiblen Entfremdung des Kindes vom Umgangsberechtigten vorzubeugen (EGMR FamRZ 2008, 1059). Im Wege der einstw Anordnung geregelt werden kann wie im Hauptsacheverf der Umfang des Umgangsrechts (§ 1684 II BGB) sowie ggf dessen Ausschluss (§ 1684 IV BGB). Vor einem Ausschluss des Umgangs ist dessen Begleitung (§ 1684 IV 3 BGB) in Erwägung zu ziehen. Eines bestimmten Antrags bedarf es nicht (BGH FamRZ 94, 158). Zur Bestimmtheit der Regelung s § 86 Rn 5, 9. Die Anordnung der Modalitäten des Umgangs (Ort, Daten, Dauer usw) kann gem II 2 durch eine Anordnung zur Durchführung (s Rn 12) flankiert werden (Telefonkontakte des Kindes mit dem Sorgeberechtigten, Mitgabe bestimmter Gegenstände, Verbot des Aufsuchens bestimmter Orte, usw). Zur Abgrenzung der Verfahrensgegenstände Sorgerecht und Umgang s § 57 Rn 6. 19

4) Ehewohnungssachen. Für die Zeit des Getrenntlebens kann einem Ehegatten auf seinen Antrag (§ 203 I, § 51 I) die Ehewohnung oder ein Teil von ihr zur alleinigen Nutzung zugewiesen werden (§ 1361b BGB). Grds ist eine Aufteilung als das mildere Mittel vorrangig (OLG Köln NJW-RR 1994, 1160). Die Aufnahme Dritter, insb eines neuen Partners, kann nicht untersagt werden (OLG Köln FamRZ 1995, 1424). Ein freiw Auszug steht der Zuweisung nicht entgegen, wenn die Ehewohnung zeitw weiter mitbenutzt werden soll (OLG Brandenburg FamRZ 2008, 1930); die 6-Monatsfrist des § 1361b IV BGB ist aber zu beachten. Die Beteiligung Dritter (§ 204 I) ist in Anordnungsverf während der Trennungszeit nicht erforderl, weil in ihre Rechte durch eine vorläufige Benutzungsregelung nicht eingegriffen wird (OLG Hamm FamRZ 87, 1277; SchBW/Schwonberg Rn 71). Das Jugendamt ist gem § 204 II, § 51 II 1 am Anordnungsverf auf seinen Antrag zu beteiligen, wenn Kinder im Haushalt eines Ehegatten leben. Zur Räumungsanordnung s Rn 12. – Soweit eine Wiedereinräumung des Mitbesitzes gem § 1361b I BGB begehrt wird, kann die einstw Anordung im Rahmen einer Ehewohnungssache begehrt werden (OLG Celle FamRZ 2023, 39); sa Rn 26. 20

5) Haushaltssachen. Für die Zeit des Getrenntlebens kann ein Ehegatte beantragen anzuordnen (§ 203 I, § 51 I), dass ihm Haushaltsgegenstände zur Nutzung zugewiesen werden. Voraussetzung ist, dass er sie benötigt und die Überlassung der Billigkeit entspricht, § 1361a BGB. Eine Übereignung kann erst anlässl der Scheidung begehrt werden, § 1568b BGB, aber mangels Eilbedürfnis kaum im Wege einstw Anordnung. Zur Bindung an den Antrag s § 38 Rn 27. Haushaltsgegenstände sind nicht die zum persönl Gebrauch bestimmten Sachen. Zur vollstreckungsfähigen Bezeichnung der Gegenstände s § 86 Rn 8. 21

6) Unterhalt. Die einstw Anordnung in diesen Verf ist in § 246 geregelt. Wegen der Einzelheiten s dort. 22

7) Gewaltschutzsachen. § 214 enthält eine ggü § 49 vorrangige Sonderregelung, insb zum Regelungsbedürfnis. Ein nicht gem § 214a bestätigter Vergleich steht dem Rechtsschutzbedürfnis für eine einstw Anordnung wegen deren mögl Strafbewehrung (§ 4 GewSchG) nicht entgegen (OLG Schleswig FamRZ 2020, 1835). Zur vollstreckbaren Titulierung s § 86 Rn 7. Zum gleichzeitigen Hauptsache- und Anordnungsantrag s Rn 4 und § 76 Rn 43. 23

8) Herausgabe persönlicher Gegenstände. Die entspr Ansprüche des **Ehegatten** sind FamStreitsachen iSv § 266 I Nr 3, 4 (s § 266 Rn 15 ff). Eine darauf gerichtete einstw Anordnung ist gem § 119 I 1 zulässig, soweit ein entspr Anspruch besteht (idR aus § 985 BGB, zur Problematik Götz FamRZ 2016, 519). Der Anspruch auf Herausgabe von Kleidung, Schulsachen und Urkunden, insb des Reisepasses des **Kind**es besteht analog § 1632 I, § 1684 II BGB (BGH MDR 2019, 676); es handelt sich demnach um eine Kindschaftssache iSv § 151. 24

9) Versorgungsausgleichssachen. In ihnen kann bei einer Notlage des Berechtigten eine Ausgleichsrente gem §§ 20-22 VersAusglG im Wege der einstw Anordnung zuerkannt werden; zur Einschränkung wegen deren Vorläufigkeit s Rn 5. 25

10) Sonstige Familienstreitsachen gem § 266. In diesen können gem § 119 I einstw Anordnungen ergehen. Bsp: Herausgabe persönl Gegenstände der Ehegatten (s Rn 24); Einräumung des Mitbesitzes und der Anspruch wegen **Besitzentziehung** aus § 861 I BGB (OLG Celle FamRZ 2023, 39), insb hinsichtl der **Ehewohnung** (OLG Celle FamRZ 2023, 39; sa Rn 20). 26

XI) Gebühren. 1) Gericht: gebührenbegünstigte Sonderregelung in 1410-1412 FamGKG-KV für Kindschaftssachen; Gebührenermäßigung nur im Beschwerdeverf mögl (1412 FamGKG-KV). – Für FamStreitsachen (§ 112), fG-FamSachen gem Vorbem 1.3.2 FamGKG-KV, Arrest (§ 119 II 1): 1420 ff FamGKG-KV mit Ermäßigungstatbeständen in 1421, 1423, 1424 FamGKG-KV. – Nur einmaliger Gebührenanfall (Ausnahme zu § 31 II 1 FamGKG) für das Verf über den Erlass u die Aufhebung/Änderung nach § 54 (Vorbem 1.4 S 1 FamGKG-KV u für die Arrestverf in S 2). – **2) RA:** 3100, 3104 RVG-VV; jede einstw Anordnung ist ein selbständiges Verf iSd § 15 RVG. Verf über Erlass u über Abänderung oder Aufhebung (§ 54) sind gem § 16 Nr 5 RVG dieselbe Angelegenheit (OLG Brandenburg FamRZ 2024, 479; OLG Frankfurt NJW-RR 2015, 326). Anordnungs- u Hauptsacheverf sind verschiedene Angelegenheiten (§ 17 Nr 4b RVG). – Da mündl Verh nicht vorgeschrieben ist (§ 51 II 2), keine Terminsgeb gem 3104 I Nr 1 RVG-VV, wenn ohne mündl Verh entschieden wird (OLG Karlsruhe FamRZ 2024, 1570 m 27 ausführl Begr; OLG Köln FamRZ 2017, 1337; für Unterhaltssachen str, s § 246 Rn 36). – Zum **Wert** s Anh FamFG-Verfahrenswerte Rn 1.15.

§ 50 Zuständigkeit

(1) [1]Zuständig ist das Gericht, das für die Hauptsache im ersten Rechtszug zuständig wäre. [2]Ist eine Hauptsache anhängig, ist das Gericht des ersten Rechtszugs, während der Anhängigkeit beim Beschwerdegericht das Beschwerdegericht zuständig.

(2) [1]In besonders dringenden Fällen kann auch das Amtsgericht entscheiden, in dessen Bezirk das Bedürfnis für ein gerichtliches Tätigwerden bekannt wird oder sich die Person oder die Sache befindet, auf die sich die einstweilige Anordnung bezieht. [2]Es hat das Verfahren unverzüglich von Amts wegen an das nach Absatz 1 zuständige Gericht abzugeben.

1 **I) Allgemein.** Die Zuständigkeitsregelung entspricht in ihren Grundzügen denj Regelungen der einstw Verfügung (§§ 937, 942, 943 ZPO). – Die Zuständigkeit kann durch **rügelose Einlassung** nicht abw begründet werden (OLG Stuttgart FamRZ 2010, 1828).

2 **II) Regelzuständigkeit (§ 50 I). 1) Hauptsache noch nicht anhängig (§ 50 I 1).** In diesem Fall ist das Gericht zuständig, das zur Entscheidung in der Hauptsache berufen wäre, wenn eine solche anhängig wäre. Vorzunehmen ist daher nach den allg Vorschriften eine fiktive Zuständigkeitsprüfung für ein Hauptsacheverf. Bedeutung kommt insoweit der Konzentration der Verf bei dem Gericht der Ehesache (§ 232 I) zu, wenn eine solche anhängig ist. Anhängig ist ein Verf mit Eingang der Antragsschrift (§ 23) oder in amtswegigen Verf mit der einleitenden Verfügung des FamG. Auf eine Zustellung kommt es nicht an (PH/Grohmann Rn 6).

3 **2) Hauptsache anhängig (§ 50 I 2).** In diesem Fall ist für den Erlass der einstw Anordnungdas **Gericht der Hauptsache** zuständig, wenn eine solche anhängig ist; auf eine Zustellung kommt es nicht an (PH/Grohmann Rn 6). Unerhebl ist, ob dieses Gericht tatsächl in der Hauptsache zuständig ist; bis zu einer Verweisung oder Abgabe bleibt es für Anordnungsverf zuständig. Voraussetzung für die Zuständigkeit nach I 2 ist, dass der **Verfahrensgegenstand** von Anordnungsverf und Hauptsache **sich entsprechen** (OLG Koblenz FamRZ 2016, 1097; OLG Stuttgart FamRZ 2010, 1828; OLG Oldenburg FamRZ 2012, 390). – Eine vollständige Übereinstimmung der beiden Regelungsgegenstände ist nicht erforderl; es reicht aus, dass das Anordnungsverf nur einen Teil des Gegenstands des Hauptsacheverf betrifft (SchBW/Schwonberg Rn 2). Als Kriterium für eine Unterschiedlichkeit kann der Katalog des § 111 herangezogen werden (SchBW/Schwonberg Rn 3). In **Kindschaftssachen** bietet der Katalog des § 151 Anhaltspunkt: Die dort aufgeführten Verf haben unterschiedl Gegenstände. Wenn zB eine einstw Anordnung zum Umgang (§ 151 Nr 2) oder zur Kindesherausgabe (§ 151 Nr 3) begehrt wird, während gerichtl anhängig ein Sorgerechtsverf (§ 151 Nr 1) ist, handelt es sich jew um unterschiedl Verfahrensgegenstände (OLG Koblenz FamRZ 2016, 1097; OLG Stuttgart FamRZ 2010, 1828).

4 Solange das Verf der Hauptsache sich in 1. Instanz befindet, ist das **Familiengericht** zuständig. Während der Anhängigkeit beim **Beschwerdegericht (OLG)** ist dieses zuständig, sofern die Gegenstände sich entsprechen (OLG Karlsruhe FamRZ 2020, 265; OLG Frankfurt NJW 2014, 2052; s Rn 3). Daran fehlt es zwischen Unterhaltsverf und darauf bezogenem **Verfahrenskostenvorschuss**, so dass für diesen das AG zuständig ist (OLG Oldenburg FamRZ 2012, 390), und zwischen Zahlungs- und Auskunftsantrag im Stufenverf (OLG Frankfurt NJW 2014, 2052). Von einer **Anhängigkeit** ist auszugehen, sobald die Beschwerde gem § 68 I 1 dem OLG vorgelegt worden ist. Ein Antrag auf VKH für ein erst beabsichtigtes Rechtsmittel reicht nicht aus (Sternal/Giers Rn 7; aA SchBW/Schwonberg Rn 12). In der (kurzen) Zeit zwischen Eingang die Beschwerde beim FamG und dem Eingang beim OLG ist daher weiterhin das erstinstanzl Gericht für den Erlass einer einstw Anordnung zuständig. Dies ist auch bei einer Verbundentscheidung der Fall, wenn und solange nicht erkennbar ist, welcher Verfahrensgegenstand angegriffen wird (OLG Frankfurt FamRZ 92, 579). Ist ein Anordnungsverf beim FamG bereits eingeleitet worden, bleibt dieses nach dem Grundsatz der **perpetuatio fori** auch nach Einlegung eines Rechtsmittels in der Hauptsache weiterhin zuständig, insb auch für eine Änderung gem § 54 (OLG Brandenburg MDR 2013, 854; zum früheren Recht BGH FamRZ 80, 670). Mit **Abschluss des Beschwerdeverfahrens** in der Hauptsache endet auch die Zuständigkeit des Beschwerdegerichts für den Erlass einer einstw Anordnung, da es über den Verfahrensgegenstand nicht mehr befinden kann. Sofern eine **Rechtsbeschwerde** eingelegt wird, ist wiederum das erstinstanzl Gericht zuständig (BGH 28.7.2010 – XII ZB 253/10, juris); der BGH als Rechtsbeschwerdegericht soll mit dem Erlass einstw Anordnungen nicht befasst werden. Die Zuständigkeit des Gerichts 1. Instanz ist nach I 2 als generelle Zuständigkeit ausgestaltet, die nur für die Dauer der Anhängigkeit der Hauptsache beim Beschwerdegericht von dessen Zuständigkeit überlagert wird. Dies bedeutet auch, dass für *den Fall der **Zulassung** der Rechtsbeschwerde* bereits ab der dies aussprechenden Beschwerdeentscheidung die Zuständigkeit des FamG besteht (aA Sternal/Giers Rn 7: erst ab Anhängigkeit der Rechtsbeschwerde). Diese endet mit einer Beendigung des Rechtsbeschwerdeverf oder wenn die Frist zur Einlegung der Rechtsbeschwerde

fruchtlos abgelaufen ist. Für ein nach diesem Zeitpunkt eingeleitetes Anordnungsverf bestimmt sich die Zuständigkeit nach S 1 (Sternal/Giers Rn 10; aA Löhning/Heiß FamRZ 2009, 1101, 1102: zuständig das Gericht, bei dem Hauptsache anhängig war, aber: Gesetz enthält keine Bezugnahme auf frühere Zuständigkeit).

3) Zuständigkeit für Hauptsache nach Anordnungsverfahren. Das Gesetz ordnet zwar eine Abhängigkeit der Zuständigkeit für die einstw Anordnung von einem evtl Hauptsacheverf an, knüpft aber nicht umgekehrt die Zuständigkeit für das Hauptsacheverf an ein bereits anhängiges Anordnungsverf. Dies kann dazu führen, dass bei einer Änderung der örtl Zuständigkeit (zB durch Umzug) nach Einleitung des Anordnungsverf das Hauptsacheverf **vor einem anderen Gericht** geführt wird (Sternal/Giers Rn 9). Im Einzelfall kann dies in fG-Verf eine Abgabe nach § 4 rechtfertigen (Sternal/Giers Rn 9; Götsche/Viefhues ZFE 2009, 124, 125), der aber auf Ehe- und FamStreitsachen gem § 113 I nicht anwendbar ist. 5

III) Eilzuständigkeit (§ 50 II). 1) Dringlichkeit. Da einstw Anordnungen grds nur ergehen können, wenn ein dringendes Bedürfnis für ein sof Tätigwerden besteht (§ 49 I), und um die nach I maßgebl Zuständigkeitsregelung nicht zu unterlaufen, sind an die Fälle, für die die Eilzuständigkeit eröffnet wird, tatbestandl erhöhte Anforderungen zu stellen. Die Eilzuständigkeit ist daher nur in **besonders dringenden Fällen** gegeben. Da die Regelung in II an § 942 I ZPO angelehnt ist (Begr RegE BTDrs 16/6308, 200), können auch die für diese Vorschrift entwickelten Grundsätze zur Definition des „dringenden Falls" herangezogen werden. Danach liegt ein solcher vor, wenn der ASt durch die Anrufung des zuständigen Gerichts der Hauptsache einen **nicht hinnehmbaren Rechtsverlust** erleiden würde, der durch die dann eintretende zeitl Verzögerung entstehen würde (s § 942 ZPO Rn 1). Diese bes Umstände sind darzulegen und glaubhaft zu machen (§ 51 I 2). Erlässt das AG die einstw Anordnung, obwohl die bes Dringlichkeit fehlt, ist die Entscheidung dennoch wirksam (ebenso für einstw Verfügung s § 942 ZPO Rn 1). 6

2) Zuständigkeit. Örtl zuständig ist das **AG**, in dessen Bezirk das Bedürfnis für ein gerichtl Tätigwerden bekannt wird. Dieser Begriff ist weit auszulegen (Begr RegE BTDrs 16/6308, 200). IÜ wird in Anlehnung an § 942 I ZPO darauf abgestellt, wo sich die Person oder die Sache befindet, auf die sich die einstw Anordnung bezieht. Zuständig kann auch ein AG sein, das gem § 23d GVG **nicht Familiengericht** ist, da es für die Eilzuständigkeit – wie nach § 942 ZPO – auf eine funktionelle Zuständigkeit nicht ankommt. Das AG entscheidet durch **Beschluss**, der inhaltl dem zu entsprechen hat, den das zuständige FamG zu erlassen hätte (s § 51 Rn 10 ff). Einer mündl Verh steht grds das bes Eilbedürfnis entgegen. 7

3) Abgabe (§ 50 II 2). Durch die Verpflichtung zur **unverzüglichen Abgabe** des einstw Anordnungsverf an das nach I zuständige Gericht soll die Abweichung von den allg Zuständigkeitsregeln nach I nicht länger als unbedingt nötig aufrechterhalten bleiben (Begr RegE BTDrs 16/6308, 200). Diesem Zweck entspricht es, wenn das AG von zeitaufwendigen Ermittlungen absieht, ob eine Hauptsache anhängig ist. Wenn sich ein Gericht der Hauptsache aus dem Anordnungsantrag ergibt, ist an dieses abzugeben, andernfalls an das gem § 50 I 1 fiktiv zuständige FamG; dieses ist für weitere Maßnahmen immer noch sachnäher als das Gericht der Eilzuständigkeit, bei dem die Sache andernfalls bis zur **Klärung der Zuständigkeit** anhängig bliebe. 8

§ 51 Verfahren

(1) [1]Die einstweilige Anordnung wird nur auf Antrag erlassen, wenn ein entsprechendes Hauptsacheverfahren nur auf Antrag eingeleitet werden kann. [2]Der Antragsteller hat den Antrag zu begründen und die Voraussetzungen für die Anordnung glaubhaft zu machen.

(2) [1]Das Verfahren richtet sich nach den Vorschriften, die für eine entsprechende Hauptsache gelten, soweit sich nicht aus den Besonderheiten des einstweiligen Rechtsschutzes etwas anderes ergibt. [2]Das Gericht kann ohne mündliche Verhandlung entscheiden. [3]Eine Versäumnisentscheidung ist ausgeschlossen.

(3) [1]Das Verfahren der einstweiligen Anordnung ist ein selbständiges Verfahren, auch wenn eine Hauptsache anhängig ist. [2]Das Gericht kann von einzelnen Verfahrenshandlungen im Hauptsacheverfahren absehen, wenn diese bereits im Verfahren der einstweiligen Anordnung vorgenommen wurden und von einer erneuten Vornahme keine zusätzlichen Erkenntnisse zu erwarten sind.

(4) Für die Kosten des Verfahrens der einstweiligen Anordnung gelten die allgemeinen Vorschriften.

I) Allgemein. Die Vorschrift enthält die wesentl Bestimmungen für das Verf in einstw Anordnungssachen. 1

II) Einleitung des Anordnungsverfahrens (§ 51 I). 1) Antragsverfahren. Wenn es sich bei dem entspr Hauptsacheverf um ein Antragsverf handelt (s § 23 Rn 1), wird auch die einstw Anordnung nur auf Antrag erlassen. Bsp: Sorgerechtsentscheidung gem § 1671 BGB (OLG Frankfurt FamRZ 2023, 303), Ehewohnungs- und Haushaltssachen (§ 200), die FamStreitsachen gem § 112 (Güterrechtssachen, sonstige FamSachen iSv § 266 sowie die entspr Lebenspartnerschaftssachen). Für Unterhaltssachen s § 246 I, für Gewaltschutzsachen s § 214 I. 2

3 **2) Amtsverfahren.** Im Umkehrschluss ergibt sich aus I 1, dass in Verf, die vAw eingeleitet werden, auch für den Erlass einer einstw Anordnung kein Antrag erforderl ist. Von praktischer Bedeutung sind die Verf zur Entziehung des Sorgerechts nach § 1666 BGB sowie zur Regelung des Umgangs (§ 1684 BGB). Hinsichtl der Übertragung des **Sorgerechts** ist aber zu differenzieren: VAw werden nach §§ 1666 ff BGB nur die Verf zur Abwehr einer Gefährdung des Kindeswohls eingeleitet, während die teilw oder völlige Übertragung des Sorgerechts auf einen Elternteil nach der Trennung der Eltern gem § 1671 I BGB einen Antrag voraussetzt. Daher ist der Erlass einer einstw Anordnung in den letztgenannten Verf nur auf Antrag mögl (OLG Brandenburg FamRZ 2010, 662).

4 **3) Antragsinhalt (§ 51 I 2).** Die Anforderungen an den Antrag bestehen nur, wenn dieser erforderl ist (s Rn 2). In **Amtsverfahren** hat ein „Antrag" nur die Natur einer **Anregung** (§ 24), für die keine formellen Anforderungen gelten. Das FamG hat in diesen Verf die erforderl Ermittlungen, ob ein Regelungsbedürfnis iSv § 49 I besteht, vAw anzustellen. Sofern ein **Antrag** erforderl ist, ist er gem § 25 **schriftlich** oder zur Niederschrift der GeschSt, auch der eines anderen AG, zu stellen; RA-Zwang besteht auch in FamStreitsachen nicht (s Rn 9). Welche Anforderungen an die Begründung zu stellen sind, richtet sich nach dem jew Verfahrensgegenstand und dem Rechtsschutzbegehren (SchBW/Schwonberg Rn 24). Sofern es sich um ein **fG-Verfahren** (s vor § 23 Rn 1) handelt, obliegt den Beteiligten und damit auch dem ASt nur eine, durch § 51 I 2 konkretisierte Mitwirkungspflicht (§ 27). Auch in nur auf Antrag einzuleitenden Anordnungsverf trägt das Gericht gem § 26 die Verantwortung für die zu ermittelnden Tatsachen (SchBW/Schwonberg Rn 26; allg s § 26 Rn 2 ff). In **FamStreitsachen** (§ 112) gilt gem II 1 iVm § 113 I der Beibringungsgrundsatz, der auch den Umfang des Antrags auf Erlass einer einstw Anordnung bestimmt. Der ASt muss die seinen Anspruch rechtfertigenden Tatsachen daher schlüssig darlegen. Generell ist bei den Anforderungen an den Antrag aber zu berücksichtigen, dass es sich um ein summarisches Eilverf handelt, in dem nicht dieselben Anforderungen gestellt werden können wie zur Rechtfertigung einer Entscheidung in der Hauptsache (Begr RegE BTDrs 16/6308, 200).

5 Die Mittel der gem I 2 erforderl **Glaubhaftmachung** ergeben sich in fG-Verfahren aus § 31, in FamStreitsachen aus § 294 ZPO (iVm § 113 I). In Betracht kommen daher va Urkunden sowie eidesstattl Versicherungen der Beteiligten selbst sowie anderer Personen. Diese sind aber nur zur Glaubhaftmachung geeignet, soweit sie eigene Wahrnehmungen wiedergeben (BGH NJW 2004, 3491). Grds nicht ausreichend ist die **pauschale Bezugnahme** der eidesstattl Versicherung auf einen anwaltl Schriftsatz, vielmehr ist eine eigene Sachdarstellung erforderl (BGH NJW 1996, 1682; s § 294 ZPO Rn 4). Ausreichend ist eine **überwiegende Wahrscheinlichkeit** auf Grund freier Würdigung des gesamten Verfahrensstoffes (OLG Frankfurt FamRZ 2023, 276; OLG Hamm FamRZ 2013, 1818). Eine Glaubhaftmachung kann durch substanziierte Einwendungen und sofort verfügbare Beweismittel erschüttert werden (OLG Frankfurt FamRZ 2023, 276). Trotz des Amtsermittlungsgrundsatzes (§ 26) gelten bei Glaubhaftmachung und Gegenglaubhaftmachung die Grundsätze der **Feststellungslast** (OLG Frankfurt FamRZ 2023, 276). Stehen sich widersprechende eidesstattl Versicherungen ggü und sind keine genügenden Anhaltspunkte für eine größere Wahrscheinlichkeit einer Versicherung vorhanden, ist die Tatsache nicht glaubhaft gemacht (OLG Frankfurt FamRZ 2023, 276). Zur Glaubhaftmachung iE s Erläuterung zu § 294 ZPO.

6 **III) Verfahren (§ 51 II).** II 1 verweist für das einstw Anordnungsverf auf die Verfahrensvorschriften, die für eine **entsprechende Hauptsache** anwendbar sind, soweit dem nicht die **Besonderheiten des einstweiligen Rechtsschutzes** entgegenstehen. Dazu gehören insb die Eilbedürftigkeit des Verf und dessen summarischer Zuschnitt (OLG Jena FamRZ 2010, 1830). Dem entgegenstehende Verfahrenshandlungen kommen daher im Regelfall nicht in Betracht, etwa eine Aussetzung des Verf gem § 21 (KG FamRZ 2011, 920) oder die Einholung eines schriftl SV-Gutachtens (BVerfG FamRZ 2023, 944; BVerfG FamRZ 2018, 1084; OLG Jena FamRZ 2010, 1830; OLG Nürnberg NJW-RR 2011, 219). Ein Verfahrensbeistand ist aber idR zu bestellen (OLG Brandenburg FamRZ 2019, 906; OLG Saarbrücken NZFam 2018, 1041). Wenn die nach den auf die Hauptsache anzuwendenden Vorschriften vorzunehmenden **Anhörungen** wegen bes Eilbedürftigkeit zunächst nicht durchgeführt werden, müssen sie sobald wie mögl nachgeholt werden (allg OLG Naumburg FamRZ 2002, 615; ausdrückl: Kindschaftssachen § 159 III 2, § 160 IV, § 162 I 2; Ehewohnungssachen § 205 I 2; Gewaltschutzsachen § 213 I 2). Im Beschwerdeverf können sie aber gem § 68 III 2 entfallen (BVerfG FamRZ 2018, 1084 für Sorgerecht). Je nach dem Ergebnis der nachgeholten Anhörung kann die getroffene Entscheidung vom FamG vAw geändert werden, § 54 I 2 (s § 54 Rn 2).

7 Sofern es sich um eine Ehe- und **FamStreitsache** handelt, obliegen Darlegung und Glaubhaftmachung den Beteiligten. In den **fG-Verfahren** muss das Gericht die erforderl Ermittlungen vAw (§ 26) durchführen. Wegen des Eilbedürfnisses sind aber Ermittlungspflicht (s § 26 Rn 9) und Beweismaßstab (s Rn 13) reduziert. Bei der Entscheidung, auf welche **Ermittlungen** das FamG im Hinblick auf die Eilbedürftigkeit verzichtet, ist die **Bedeutung der Entscheidung** für die Beteiligten zu berücksichtigen. Bes im Bereich des **Sorgerechts** sind bereits vorläufige Maßnahmen idR mit einem erhebl Eingriff in das Grundrecht der Eltern (Art 6 II u III GG) verbunden. Sie können Tatsachen schaffen, die – insb bei einem Hauptsacheverf von längerer Dauer – später nicht oder nur schwer rückgängig zu machen sind (BVerfG FamRZ 2009, 189). Soweit der Erlass einer Eilentscheidung erforderl ist, müssen daher jedenfalls die im Eilverf zur Verfügung stehenden Aufklärungs- und Prüfungsmöglichkeiten ausgeschöpft werden; s § 49 Rn 17 f.

Im Interesse der Beschleunigung kann das FamG in Ausübung pflichtgemäßen Ermessens (OLG Karlsruhe FamRZ 2024, 1570; Begr RegE BTDrs 16/6308, 200) gem II 2 auch dann ohne **mündliche Verhandlung** entscheiden, wenn dies nach den Vorschriften für das Hauptsacheverf erforderl ist. Demnach kann auch in FamStreitsachen, in denen gem § 113 I FamFG iVm § 128 ZPO grds mündl zu verhandeln ist, eine einstw Anordnung im schriftl Verf ergehen. Für **Unterhaltssachen** gilt dies gem § 246 II nur eingeschränkt; s § 246 Rn 7. Ein **Erörterungstermin** nach § 155 II (Kindschaftssachen) oder § 207 (Ehewohnungs- und Haushaltssachen) ist vor Erlass einer einstw Anordnung nicht erforderl (Begr RegE BTDrs 16/6308, 200), möglicherw aber zur Aufklärung sachgerecht. Die mündl Verh/Erörterung ist auf Antrag nachzuholen, § 54 II. Wenn ein Termin durchgeführt wird, ist dieser grds nicht öffentl (s § 32 Rn 7), zwischen Ladung und Termin soll eine angemessene Frist liegen (§ 32 II, s § 32 Rn 6). 8

Anwaltszwang besteht in einstw Anordnungsverf unabhängig von ihrem Gegenstand gem § 114 IV Nr 1 **nicht**. Daher kann ein Hauptsacheverf dem Anwaltszwang unterliegen und das dens Gegenstand betreffende Anordnungsverf von dem Beteiligten selbst betrieben werden. **VKH** muss gesondert beantragt und bewilligt werden, da es sich um ein selbständiges Verf handelt, III 1. Vor einer stattgebenden Entscheidung ist dem Ag in geeigneter Form – wenn nicht in einem Termin, regelmäßig durch Übersendung des Antrags – **rechtliches Gehör** zu gewähren (§ 37 II); anders nur bei bes Eilbedürftigkeit (s Rn 6). 9

IV) Entscheidung. 1) Allgemeine Anforderungen. Über die gerichtl Entscheidung trifft § 51 nur Einzelregelungen hinsichtl der Säumnis (II 3, s Rn 14) und der Kosten (IV, s Rn 18). Auch der übrige Inhalt der Entscheidung wird dadurch geprägt, dass mit ihr ein selbständiges Verf (III 1) abgeschlossen wird. Es handelt sich um eine Endentscheidung iSv § 38 I (s § 38 Rn 6). Das FamG entscheidet daher gem § 38 I durch **Beschluss**, der den formellen Anforderungen von § 38 II-IV genügen muss. Bei der Abfassung der gem § 38 III 1 erforderl Begründung kann einem Eilbedürfnis Rechnung getragen und in geeigneten Fällen auf den Antrag (teilw) Bezug genommen werden. Zu den mögl **Maßnahmen** s § 49 Rn 11 ff. Die Regelungen können befristet werden, § 56 I 1. Das Gericht kann gem § 53 II die Anordnung treffen, dass die Vollstreckung bereits vor Zustellung zulässig ist. 10

Der Beschluss hat gem § 39 auch eine **Rechtsbehelfsbelehrung** zu enthalten, die über die Regelung des § 57 informiert. Ein vergleichbarer Rechtsbehelf, über den zu belehren ist, ist der Antrag auf mündl Verh nach **§ 54 II** (Schürmann FamRB 2008, 375, 379; Gießler/Soyka Rn 95; anders ohne Begr Stuttgart NJW 2009, 3733). Nach der Vorstellung des Gesetzgebers (Begr RegE BTDrs 16/6308, 200) soll sie auch über das Antragsrecht nach **§ 52** belehren. Dies wäre im Interesse der Beteiligten wünschenswert, wird aber von der Regelung in § 39 nicht gedeckt (aA PH/Grohmann Rn 16; Sternal/Giers Rn 24; Schürmann FamRB 2008, 375, 380). Danach ist über die dort genannten Rechtsbehelfe zu belehren, zu denen der Antrag nach § 52 nicht gehört. Auch eine entspr Anwendung ist nicht mögl. Die in § 39 genannten Rechtsbehelfe sind dadurch gekennzeichnet, dass mit ihnen eine anderweitige Entscheidung desselben Verf erstrebt wird, während mit dem Antrag nach § 52 ein neues Verf eingeleitet werden soll. Eine Gleichstellung dieses Antrags mit einem Rechtsbehelf würde der gewollten Trennung der Verf (§ 51 III 1) widersprechen. 11

2) Bindung an die Anträge. Eine Bindung besteht, soweit die Beteiligten über den Verfahrensgegenstand verfügen können. In **FamStreitsachen** darf das Gericht daher gem § 113 I FamFG iVm § 308 I ZPO über die gestellten Anträge nicht hinausgehen. Dasselbe gilt, soweit ein **Verfahrenkostenvorschuss** begehrt wird (§ 246 I). In den **fG-FamSachen** ist das FamG hingegen bei der zu treffenden Entscheidung freier, ihm ist regelmäßig ein Entscheidungsspielraum eingeräumt (s § 38 Rn 27). Es darf aber den anhängigen Verfahrensgegenstand nicht überschreiten, also nicht einem Beteiligten, der eine Sorgerechtsregelung begehrt, ein Umgangsrecht einräumen oder bei Antrag auf Übertragung des Aufenthaltsbestimmungsrechts nach § 1671 BGB auch die Gesundheitsfürsorge übertragen (OLG Brandenburg FamRZ 2010, 662). In den **echten Streitverfahren** der fG (s vor § 23 Rn 4) darf das Gericht nicht mehr zusprechen als begehrt (sa § 38 Rn 27). 12

3) Wahrscheinlichkeitsfeststellung. Zur Glaubhaftmachung (§ 31) genügt ein geringerer Grad der richterl Überzeugungsbildung. An die Stelle des Vollbeweises tritt eine Wahrscheinlichkeitsfeststellung, die ebenfalls dem Grundsatz der freien Würdigung des gesamten Sachverhalts unterliegt. Eine Tatsache ist glaubhaft gemacht, sofern eine überwiegende Wahrscheinlichkeit dafür besteht, dass sie zutrifft (stRspr des BGH, zB BGH MDR 2007, 669; für Gewaltschutzverf OLG Dresden FamRZ 2019, 533), wobei die Sicherheit der Feststellung von den Folgen der zu treffenden Entscheidung abhängig gemacht werden sollte (s § 294 ZPO Rn 6). Die Wahrscheinlichkeitsfeststellung muss sich auf alle Voraussetzungen für den Erlass der einstw Anordnung beziehen. Dazu gehören die Zuständigkeit, die tatbestandl Voraussetzungen der zu treffenden Anordnung und das Regelungsbedürfnis iSv § 49 I, soweit erforderl (s § 49 Rn 10). Zur Feststellungslast s § 37 Rn 8 f. 13

4) Versäumnisentscheidung (§ 51 II 3). In Verf der freiw Gerichtsbarkeit kommt bereits von vornherein eine Säumnisentscheidung nicht in Betracht. In Ehe- und FamStreitsachen sind gem § 113 I die §§ 330 ff ZPO entspr anwendbar. Der danach grds zulässige Versäumnisbeschluss darf gem II 3 auch bei Durchführung einer mündl Verh nicht ergehen. Sofern ein Beteiligter säumig ist, ist durch str Beschluss auf der Grundlage des dem Gericht unterbreiteten und ggf von ihm als glaubhaft gemacht erachteten Sachverhalts zu entscheiden (Gutsche/Viefhues ZFE 2009, 124, 127). Der Sachvortrag des ASt gilt **nicht als zugestanden**, da die Anwendung von § 331 I 1 ZPO ausgeschlossen ist. 14

15 **V) Selbständigkeit des Anordnungsverfahrens (§ 51 III 1).** Das Verf der einstw Anordnung ist in jedem Fall ein selbständiges Verf. Eine **Verbindung** mit dem Hauptsacheverf ist nicht zulässig (KG FamRZ 2023, 602), ebenso nicht ein Übergang vom Anordnungs- zum Hauptsacheverf (OLG Frankfurt FamRZ 2024, 449). Zum Verhältnis zwischen Hauptsache und Anordnungsverf iE s § 49 Rn 3 ff.

16 **VI) Verwertung von Verfahrensergebnissen (§ 51 III 2).** In einem **Hauptsacheverfahren** können die in dem Anordnungsverf gewonnenen Erkenntnisse verwertet werden. Voraussetzung ist, dass von der erneuten Vornahme der Verfahrenshandlung keine zusätzl Erkenntnisse zu erwarten sind und sie im Anordnungsverf ordnungsgemäß durchgeführt wurde (BGH FamRZ 2020, 1121). Auf ein solches Vorgehen sind die Beteiligten hinzuweisen, und sie müssen Gelegenheit zur Stellungnahme zu den zu verwertenden Erkenntnissen haben, § 37 II (SchBW/Schwonberg Rn 44). Obwohl es an einer entspr Regelung fehlt, können auch im **Anordnungsverfahren** Erkenntnisse aus einem parallel laufenden Hauptsacheverf verwertet werden (SchBW/Schwonberg Rn 45), sofern auch insoweit das rechtl Gehör gewährleistet ist. Den Ergebnissen eines Hauptsacheverf kommt idR eine größere Richtigkeitsgewähr zu als den auf eingeschränkter Grundlage gewonnenen Erkenntnissen eines Anordnungsverf. Sie sind zur Glaubhaftmachung idR daher ohne weiteres geeignet, sofern sie nicht auf Grund Zeitablaufs oder Änderung der Verhältnisse überholt sind.

17 Insb eine grds erforderl persönl **Anhörung** ist, wenn eine solche im Anordnungsverf bereits stattgefunden hat, im Hauptsacheverf nicht zu wiederholen, sofern davon keine neuen Erkenntnisse zu erwarten sind. Der Verzicht dient der Verfahrensökonomie, vermeidet aber auch die durch eine wiederholte Anhörung entstehende zusätzl Belastung insb der Kinder in Kindschaftssachen. Nicht abgesehen werden kann von der erneuten Durchführung eines Erörterungstermins oder einer **mündlichen Verhandlung** (PH/Grohmann Rn 21; SchBW/Schwonberg Rn 43). Zwar könnten diese bei weiter Auslegung unter den Begriff der „Verfahrenshandlung" subsumiert werden. Nach der Absicht des Gesetzgebers sollten sie davon aber nicht erfasst werden, wie sich aus dem Vergleich mit § 68 III 2, der die Termine neben den Verfahrenshandlungen anführt, und aus der Begr des RegE (BTDrs 16/6308, 200) ergibt. Da die Erörterungstermine regelmäßig auch der persönl Anhörung der Beteiligten dienen, dürfte sich in FamSachen in der Praxis der Anwendungsbereich von III 2 weitgehend auf den Verzicht einer erneuten Kindesanhörung beschränken. Denkbar ist auch der Verzicht auf die erneute Durchführung einer Beweisaufnahme, die aber im Anordnungsverf regelmäßig nicht durchgeführt wird, und auf einen **neuen Jugendamtsbericht**, wenn angesichts der zeitl Nähe zum Anordnungsverf keine neuen Erkenntnisse zu erwarten sind.

18 **VII) Kostenentscheidung (§ 51 IV).** IV bestätigt auch hinsichtl der Kostenentscheidung die Selbständigkeit des Anordnungsverf. Der dieses abschließende gerichtl Beschluss muss eine eigene Kostenentscheidung enthalten. Da auf die allg Vorschriften verwiesen wird, sind in **fG-FamSachen** die §§ 80 ff anzuwenden. Es gelten dieselben Grundsätze wie bei einer Entscheidung zur Hauptsache (vgl dazu §§ 81 ff). In **Ehe- und FamStreitsachen** (§§ 112, 121) sind gem § 113 I grds die Kostenvorschriften der ZPO entspr anwendbar, also die §§ 91 ff, § 269 III, § 516 III ZPO. In Unterhaltssachen ist über die Kosten aber nach der vorrangigen Spezialvorschrift des § 243 zu entscheiden. **Maßstab** der Kostenentscheidung ist in allen Fällen allein das Anordnungsverf, unabhängig von einem Ausgang der Hauptsache. Zur Kostenentscheidung bei einer Aufhebung der einstw Anordnung s § 52 Rn 7.

§ 52 Einleitung des Hauptsacheverfahrens

(1) [1]Ist eine einstweilige Anordnung erlassen, hat das Gericht auf Antrag eines Beteiligten das Hauptsacheverfahren einzuleiten. [2]Das Gericht kann mit Erlass der einstweiligen Anordnung eine Frist bestimmen, vor deren Ablauf der Antrag unzulässig ist. [3]Die Frist darf drei Monate nicht überschreiten.

(2) [1]In Verfahren, die nur auf Antrag eingeleitet werden, hat das Gericht auf Antrag anzuordnen, dass der Beteiligte, der die einstweilige Anordnung erwirkt hat, binnen einer zu bestimmenden Frist Antrag auf Einleitung des Hauptsacheverfahrens oder Antrag auf Bewilligung von Verfahrenskostenhilfe für das Hauptsacheverfahren stellt. [2]Die Frist darf drei Monate nicht überschreiten. [3]Wird dieser Anordnung nicht Folge geleistet, ist die einstweilige Anordnung aufzuheben.

1 **I) Allgemein.** Nach der Konzeption des FamFG folgt einem Anordnungsverf nicht notwendig ein Hauptsacheverf. Vielmehr soll den Beteiligten ermöglicht werden, es bei der **einstweiligen Regelung zu belassen** (Begr RegE BTDrs 16/6308, 201), sofern nicht das Gericht in Amtsverf ein Hauptsacheverf für erforderl hält. – Der Antrag nach § 52 steht unabhängig **neben den Rechtsbehelfen** gegen die einstw Anordnung selbst (Antrag auf mündl Verh, sof Beschwerde). Voraussetzung ist, dass sich die einstw Anordnung **noch nicht erledigt** hat (BGH FGPrax 2011, 143; OLG Karlsruhe FamRZ 2011, 571); § 62 ist nicht dahingehend analog anwendbar, dass im Hauptsacheverf die Rechtswidrigkeit einer einstw Anordnung festgestellt werden könnte (BGH FGPrax 2011, 143).

2 ***II) Amtsverfahren (§ 52 I).*** *In diesen Verf* (s § 51 Rn 3) kann das Gericht das Hauptsacheverf **von Amts wegen** einleiten, wenn es dafür ein Bedürfnis sieht. Es kann aber ggf auch zunächst die Wirkung der einstw Anordnung und insb die Reaktionen der Beteiligten abwarten (Götsche/Viefhues ZFE 2009, 124, 129). Bei Eingriffen

in das **Sorgerecht** ist idR kurzfristig ein Hauptsacheverf einzuleiten (Hammer FamRZ 2014, 1005; Socha FamRZ 2010, 947). I regelt für Amtsverf die Modalitäten zur Einleitung des Hauptsacheverf, wenn es vom Gericht nicht vAw eingeleitet wird. Dann ist es gem I 1 auf **Antrag** eines Beteiligten des einstw Anordnungsverf dazu verpflichtet, auch wenn es selbst keinen Bedarf dafür sieht (SchBW/Schwonberg Rn 7). Dieser Antrag ist nicht fristgebunden. Er kann gem § 25 I, II schriftl oder zur Niederschrift der GeschSt, auch eines anderen AG, gestellt werden. Es reicht aus, dass der Wille zur Durchführung eines Hauptsacheverf deutl erkennbar wird. Antragsberechtigt sind die Beteiligten iSv § 7, unabhängig davon, ob sie sich zuvor tatsächl am Verf beteiligt haben. Antragsberechtigt ist auch, wer gem § 7 II hinzuzuziehen gewesen wäre, auch wenn dies unterblieben ist (SchBW/Schwonberg Rn 6).

Das Gericht kann gem I 2 eine **Wartefrist** für den Einleitungsantrag bestimmen. Damit soll es vermeiden können, dass die Beteiligten vorschnell in das Hauptsacheverf drängen. Nach der Vorstellung des Gesetzgebers (Begr RegE BTDrs 16/6308, 201) hat die Fristsetzung zu unterbleiben, wenn das Gericht bei Erlass der einstw Anordnung bereits zur Einleitung des Hauptsacheverf entschlossen ist, was aber im Wortlaut des Gesetzes keinen Niederschlag gefunden hat. Dieser Gesichtspunkt ist im Rahmen des nach I 2 eingeräumten **Ermessens** zu berücksichtigen. Auch wenn das Gericht eine Anordnung erlassen hat, die erhebl in Rechte der Beteiligten eingreift (zB zum Sorgerecht), sollte das FamG von der Möglichkeit der Wartefrist nur zurückhaltend Gebrauch machen (PH/Grohmann Rn 3). Die Höchstfrist von 3 Monaten (I 3) dürfte in FamSachen im Regelfall zu lang sein. Da ein **vor Fristablauf** gestellter Antrag „unzulässig" ist, ist er durch Beschluss (§ 38) zurückzuweisen. Er wirkt nicht auf die Zeit nach Fristablauf fort, da dies dem Zweck der Vermeidung vorschneller Anträge entgegenwirken würde (Götsche/Viefhues ZFE 2009, 124, 129; SchBW/Schwonberg Rn 9; aA wohl Schürmann FamRB 2008, 375, 380). 3

Das **Hauptsacheverfahren** wird vAw durch eine entspr Verfügung des FamG eingeleitet. Zuständig ist das Gericht, das die einstw Anordnung erlassen hat, auch wenn sich die zuständigkeitsbegründenden Umstände geändert haben (OLG Frankfurt FamRZ 2017, 1146; OLG München FamRZ 2011, 1078), was aber einer *Abgabe* wegen Änderung der zuständigkeitsbegründenden Umstände nicht entgegensteht (OLG Frankfurt FamRZ 2017, 1146; OLG München FamRZ 2011, 1078). Da es sich um ein selbständiges Verf handelt (§ 51 III 1), wird es aus einer eigenen Akte und unter einem eigenen Geschäftszeichen geführt. Die Beteiligten sind von der Einleitung zu informieren, der zu Grunde liegende Antrag soll übermittelt werden, § 23 II. Die Entscheidung ist nicht anfechtbar, § 57 S 1. Das weitere Verf bestimmt sich nach den Grundsätzen eines Hauptsacheverf, wie es auch sonst zu führen wäre. Das Gericht hat ggf noch erforderl Ermittlungen (§ 26) anzustellen, Beweis zu erheben, Anhörungen durchzuführen usw. Von einzelnen Verfahrenshandlungen kann es aber gem § 51 III 2 absehen (s § 51 Rn 16 f). Es trifft auch eine Entscheidung allein in der Hauptsache. Die einstw Anordnung wird weder aufgehoben noch bestätigt, da es sich um eigenständige Verf handelt. Die Hauptsacheentscheidung wirkt nur mittelbar über § 56 auf die einstw Anordnung. 4

III) Antragsverfahren (§ 52 II). 1) Antrag und Fristsetzung. II bestimmt für Antragsverf (s § 51 Rn 2), in Anlehnung an § 926 ZPO, wie ein Hauptsacheverf herbeigeführt werden kann. Erforderl ist ein **Antrag**, der schriftl oder zur Niederschrift der GeschSt (§ 25) gestellt werden kann; Anwaltszwang besteht auch in FamStreitsachen nicht (§ 114 IV Nr 1). Antragsberechtigt ist ein Beteiligter, der durch die einstw Anordnung in seinen Rechten beeinträchtigt ist (Begr RegE BTDrs 16/6308, 201). Die **Anordnung**, binnen einer konkreten Frist die Einleitung des Hauptsacheverf zu beantragen, richtet sich gegen den Beteiligten, der die einstw Anordnung erwirkt hat. Mündl Verh ist nicht erforderl, § 51 II 2. Die zu setzende Frist hat sich an den Umständen des Einzelfalls zu orientieren, so dass die Höchstfrist von 3 Monaten (**II 2**) in FamSachen nur selten gerechtfertigt sein dürfte. Die Fristsetzung ist unzulässig, wenn das Hauptsacheverf bereits rechtshängig ist (BGH NJW-RR 87, 685 = MDR 87, 492 für § 926 ZPO). Ein Rechtsschutzbedürfnis für den Antrag fehlt, wenn der Berechtigte auf den Anspruch verzichtet hat (OLG Karlsruhe FamRZ 2011, 571) oder aus der einstw Anordnung gegen den ASt nicht mehr vollstreckt werden kann, zB weil die zeitl begrenzte Geltungsdauer abgelaufen ist. Die Ansicht von OLG Dresden (FamRZ 2016, 2141), dass das Gericht eine Anordnung ablehnen könne, wenn eine Aufhebung der einstw Anordnung dem Kindeswohl widersprechen würde, ist mit der gerade kein Ermessen einräumenden Regelung nicht zu vereinbaren. Zu weiteren Einzelfällen, auch zum Verf s § 926 ZPO Rn 12. – Ein **Rechtsmittel** gegen die Ablehnung der Fristsetzung ist nicht vorgesehen, daher gem § 57 S 1 ausgeschlossen (OLG Frankfurt FamRZ 2025, 453; OLG Dresden FamRZ 2016, 2141; OLG Frankfurt FamRZ 2018, 519; OLG Brandenburg FamRZ 2017, 1248; aA OLG Stuttgart FamRZ 2015, 2078; OLG Karlsruhe FamRZ 2011, 571 [abl van Els]: § 567 ZPO analog). Ebenso unzulässig ist ein Rechtsmittel gegen die Anordnung zur Einleitung des Hauptsacheverf (OLG Brandenburg FamRZ 2017, 1248). 5

2) Aufhebungsentscheidung. Die einstw Anordnung ist gem II 3 aufzuheben, wenn das Hauptsacheverf nicht **rechtzeitig eingeleitet** wurde. Dafür ist der fristgerechte Eingang des Hauptsache- oder VKH-Antrags bei dem zuständigen (§ 25 IV 2) Gericht maßgebend; auch in FamStreitsachen kommt es nicht auf eine Zustellung an (vgl zB Holznagel NZFam 2015, 494). Ein Auslagenvorschuss muss rechtzeitig – entspr § 167 ZPO (strenger AG Landau FamRZ 2022, 445: innerhalb der gesetzten Frist) – gezahlt werden (PH/Grohmann Rn 6), einem VKH-Antrag müssen die gem § 76 iVm § 117 II ZPO erforderl Unterlagen beigefügt sein. Eingehend zur 6

Rechtzeitigkeit und den zT differierenden Ansichten Brenner FamRZ 2022, 414. – Das Hauptsacheverf muss den **Verfahrensgegenstand** der einstw Anordnung betreffen, um eine Aufhebung zu verhindern. Entscheidend ist, ob das Verf zur Überprüfung der Rechtmäßigkeit der Anordnung führt (BGH NJW 2001, 157 für § 926 ZPO). Sein Gegenstand kann daher über den der einstw Anordnung hinausgehen. Bleibt er hingegen hinter dem Gegenstand der einstw Anordnung zurück, ist diese wegen des verbleibenden Teils aufzuheben (SchBW/Schwonberg Rn 19). – Ein nochmaliges **Antragserfordernis** für die Aufhebung bei Versäumnis der Frist sieht das Gesetz – anders als § 926 II ZPO – nicht vor (aA PH/Grohmann Rn 7; Sternal/Giers Rn 11; SchBW/Schwonberg Rn 16; wie hier ThP/Seiler Rn 8); vielmehr geht der Gesetzgeber (Begr RegE BTDrs 16/6308, 201) davon aus, dass die Versäumung der Frist „zwingend die Aufhebung der einstw Anordnung zur Folge“ hat. Sie ist durch gem § 57 S 1 nicht anfechtbaren (OLG Frankfurt FamRZ 2025, 453; OLG Zweibrücken MDR 2012, 1044 = FamRZ 2013, 238 [abl van Els]; OLG Hamburg FamRZ 2013; aA SchBW/Schwonberg Rn 16; Sternal/Giers Rn 11) Beschluss auszusprechen. Auch die Ablehnung einer Aufhebung ist gem § 57 S 1 nicht anfechtbar (OLG Frankfurt FamRZ 2025, 453; OLG Zweibrücken MDR 2012, 1044 = FamRZ 2013, 238).

7 Die Aufhebung wirkt **ex tunc**, so dass auch die Grundlage der bish VollstrMaßnahmen entfällt (Götsche/Viefhues ZFE 2009, 124, 129; Schürmann FamRB 2008, 375, 380). Über die **Kosten** des Anordnungs- und Aufhebungsverf ist in dem Aufhebungsbeschluss einheitl (entspr der Rechtslage bei § 926 ZPO, s § 926 ZPO Rn 26) zu entscheiden. Die Grundlage der Kostenentscheidung bestimmt sich entspr § 51 IV (s § 51 Rn 18; SchBW/Schwonberg Rn 20). In Ehe- und FamStreitsachen hat bei einer Aufhebung grds der ASt des Anordnungsverf gem § 113 I 1 FamFG iVm § 91 ZPO die Kosten zu tragen, unabhängig davon, ob die Anordnung von Anfang an begründet war oder nicht (insoweit vergleichbar § 926 ZPO Rn 26). In Unterhaltssachen ist gem § 243 und in fG-FamSachen gem § 81 zu entscheiden, wobei es regelmäßig billigem Ermessen entspricht, die Kosten dem Beteiligten aufzuerlegen, der die einstw Anordnung erwirkt hat (PH/Grohmann Rn 8).

§ 53 Vollstreckung

(1) Eine einstweilige Anordnung bedarf der Vollstreckungsklausel nur, wenn die Vollstreckung für oder gegen einen anderen als den in dem Beschluss bezeichneten Beteiligten erfolgen soll.

(2) [1]Das Gericht kann in Gewaltschutzsachen sowie in sonstigen Fällen, in denen hierfür ein besonderes Bedürfnis besteht, anordnen, dass die Vollstreckung der einstweiligen Anordnung vor Zustellung an den Verpflichteten zulässig ist. [2]In diesem Fall wird die einstweilige Anordnung mit Erlass wirksam.

1 **I) Allgemein.** Die Vorschrift enthält bes Vorschriften über die **Vollstreckung** einstw Anordnungen. Die allg Regelungen ergeben sich für fG-Verf aus §§ 86 ff, für Ehe- und FamStreitsachen aus § 120 sowie den dort in Bezug genommenen Vorschriften der ZPO über die ZwV. Die einstw Anordnung muss wie jeder Titel inhaltl bestimmt sein, um vollstreckt werden zu können (s § 86 Rn 5).

2 **II) Vollstreckungsklausel (§ 53 I).** Zur Beschleunigung des Vollstreckungsverf gilt für alle Fälle der einstw Anordnung eine § 929 I ZPO entspr Regelung. Sie bedarf einer Vollstreckungsklausel nur dann, wenn die Vollstreckung für oder gegen eine nicht in dem Beschluss bezeichnete Person erfolgen soll. Wenn eine Vollstreckungsklausel ohnehin nicht erforderl ist (zB bei der Vollstreckung durch das Gericht, das die Anordnung erlassen hat, § 86 III), verbleibt es dabei in jedem Fall. Da I in Anlehnung an § 929 I ZPO die Klauselpflicht nur einschränken, nicht aber erweitern will (Begr RegE BTDrs 16/6308, 201), ist in diesen Fällen auch dann eine Klausel entbehrl, wenn die Vollstreckung gegen eine in dem Beschluss nicht bezeichnete Person erfolgen soll (PH/Grohmann Rn 3).

3 **III) Vollstreckung vor Zustellung (§ 53 II).** Das Gericht kann gem II 1 **anordnen**, dass die Vollstreckung der einstw Anordnung – anders als idR nach § 87 II bzw § 120 I FamFG iVm § 750 I ZPO – bereits vor deren Zustellung an den Verpflichteten mögl ist, wenn ein entspr **Bedürfnis** besteht. In Betracht kommen neben den Gewaltschutzsachen etwa einstw Anordnungen auf Herausgabe eines Kindes. Ein Antrag ist nicht erforderl. **II 2** ordnet für den Fall der Anordnung nach II 1 eine Vorverlagerung des Zeitpunkts an, zu dem der Beschluss über die einstw Anordnung wirksam wird, da die Wirksamkeit Vollstreckungsvoraussetzung ist (§ 86 II). Wirksam wird die Anordnung in diesen Fällen statt durch Bekanntgabe (§ 40 I) mit dem **Erlass** der Entscheidung, gem § 38 III 3 also idR der Übergabe an die GeschSt; ein Erlass durch Verlesen der Beschlussformel dürfte in diesen Fällen regelmäßig nicht sachgerecht sein. Die Durchführung einer **mündlichen Verhandlung** steht aber – anders als früher nach § 64b III 4 FGG – einer Anordnung nach II 1 nicht entgegen.

§ 54 Aufhebung oder Änderung der Entscheidung

(1) [1]Das Gericht kann die Entscheidung in der einstweiligen Anordnungssache aufheben oder ändern. [2]Die Aufhebung oder Änderung erfolgt nur auf Antrag, wenn ein entsprechendes Hauptsacheverfahren nur auf Antrag eingeleitet werden kann. [3]Dies gilt nicht, wenn die Entscheidung ohne vorherige Durchführung einer nach dem Gesetz notwendigen Anhörung erlassen wurde.

(2) Ist die Entscheidung in einer Familiensache ohne mündliche Verhandlung ergangen, ist auf Antrag auf Grund mündlicher Verhandlung erneut zu entscheiden.

(3) [1]Zuständig ist das Gericht, das die einstweilige Anordnung erlassen hat. [2]Hat es die Sache an ein anderes Gericht abgegeben oder verwiesen, ist dieses zuständig.

(4) Während eine einstweilige Anordnungssache beim Beschwerdegericht anhängig ist, ist die Aufhebung oder Änderung der angefochtenen Entscheidung durch das erstinstanzliche Gericht unzulässig.

Lit: *Grohmann*, Der Anspruch auf Durchführung einer mündl Verhandlung und Neuentscheidung in FamSachen gem § 54 II und seine Grenzen, FamRZ 2023, 666.

I) Allgemein. Die Vorschrift behandelt die Überprüfung sowie Aufhebung und Abänderung von Entscheidungen im einstw Anordnungsverf. Die weitgehende Abänderungsmöglichkeit stellt einen Ausgleich für die regelmäßig nicht gegebene Anfechtbarkeit dar (OLG München NJW 2010, 2593). 1

II) Aufhebung/Änderung der Entscheidung (§ 54 I). 1) Einleitung des Änderungsverfahrens. Die einzelnen Regelungen in I sind zusammen zu lesen: In **Amtsverfahren** kann das Gericht die getroffene Entscheidung vAw ändern (**I 1**). Wenn es sich bei dem Hauptsacheverf – und damit gem § 51 I 1 auch bei dem Anordnungsverf – um ein **Antragsverfahren** (s § 23 Rn 1) handelt, bedarf es zur Aufhebung oder Änderung gem **I 2** eines Antrags. Gestellt werden kann dieser durch jeden Beteiligten, der durch den Beschluss in seinen Rechten beeinträchtigt ist (Götsche/Viefhues ZFE 2009, 124, 130; SchBW/Schwonberg Rn 9). Dies kann sowohl in der (teilw) Zurückweisung wie dem (teilw) Erlass der Anordnung liegen. Dieser Antrag ist **nicht fristgebunden** und unterliegt wie das gesamte Anordnungsverf (§§ 10, 114 IV Nr 1) nicht dem Anwaltszwang. Auch die **Umdeutung** eines Abänderungsantrags gem § 239 in einen Antrag gem § 54 ist mögl (BGH FamRZ 2018, 1343). Sofern die Entscheidung über die einstw Anordnung getroffen wurde, ohne dass eine erforderl **Anhörung** (zB eines Kindes) durchgeführt wurde, bedarf es gem **I 3** für eine Änderung oder Aufhebung auch dann keines Antrags, wenn es sich um ein Antragsverf handelt. Mit der Möglichkeit, in diesem Fall die Entscheidung ebenfalls vAw zu ändern, soll sichergestellt werden, dass das Ergebnis der nachgeholten Anhörung in jedem Fall, also auch ohne Antrag, umgesetzt werden kann (Begr RegE BTDrs 16/6308, 201). 2

2) Änderungsbefugnis. I 1 ermöglicht dem Gericht die Aufhebung oder Änderung der im einstw Anordnungsverf ergangenen Entscheidung, unabhängig davon, ob die einstw Anordnung **erlassen** oder (teilw) **abgelehnt** worden ist (OLG Karlsruhe FamRZ 2020, 265). In **Amtsverfahren** folgt aus der in diesen Verf bestehenden Pflicht zur Wahrung schutzwürdiger Interessen (insb des Kindeswohls), dass zur Änderung oder Aufhebung eine abw rechtl oder tatsächl Beurteilung durch das Gericht ausreicht, eine **Änderung der Sach- oder Rechtslage** ist nicht erforderl (BVerfG FamRZ 2014, 1772, 1774; aA – ohne darauf einzugehen – OLG Hamm FamRZ 2018, 830). Die Fürsorge ggü dem Minderj hat stets Vorrang vor der Endgültigkeit einer einmal getroffenen Entscheidung (BGH NJW-RR 86, 1130). 3

Ein Änderungsantrag in einem **Antragsverfahren** ist hingegen mangels Rechtsschutzbedürfnisses unzulässig, wenn der ASt sie nicht auf bei der Erstentscheidung noch nicht berücksichtigte Tatsachen (oder eine Änderung der Rechtslage) stützt (SchBW/Schwonberg Rn 6; PH/Grohmann Rn 4; Schürmann FamRB 2008, 375, 380; Götsche/Viefhues ZFE 2009, 124, 130; wohl auch OLG Jena FamRZ 2012, 54; zu § 620b ZPO aF OLG Karlsruhe FamRZ 89, 642). Dies ist notwendige Folge der formellen Rechtskraft (§ 45) der einmal getroffenen Entscheidung. Ein berechtigtes Interesse eines Beteiligten, bei gleicher Sach- und Rechtslage wiederholt eine Entscheidung des Gerichts über den Fortbestand der getroffenen Anordnung oder ihrer Ablehnung herbeiführen zu können, kann nicht anerkannt werden. 4

Nach dem Wortlaut kann allein ein Beschluss abgeändert werden. Die Regelung ist aber entspr auf die Abänderung eines im Anordnungsverf geschlossenen *vorläufigen* **Vergleichs** anzuwenden (BGH FamRZ 2018, 1343 Tz 16; OLG Jena FamRZ 2012, 54 ohne Begr). Die §§ 166, 239 gelten nach ihrer systematischen Stellung für die Änderung von Vergleichen in Hauptsacheverf. Ebenso sind sie anzuwenden, wenn der Vergleich, obwohl im Anordnungsverf geschlossen, als endgültige Regelung beabsichtigt war (BGH FamRZ 2018, 1343 Tz 16; OLG Brandenburg FamRZ 2000, 1377; Bömelburg FamRB 2018, 344). Trifft der Vergleich aber nur eine einstw Regelung, ist § 54 anwendbar; der ASt kann aber auch einen negativen Feststellungsantrag (dazu s § 56 Rn 4) stellen (BGH FamRZ 2018, 1343 Tz 16). 5

3) Verfahrensgrundsätze. Das Änderungsverf bildet mit dem Anordnungsverf **eine Einheit** (OLG Hamburg FamRZ 2022, 877; OLG Frankfurt NJW-RR 2015, 326), es gelten dieselben Grundsätze des Verf, Gebühren fallen nur einmal an (s Rn 13). Ein erforderl Antrag ist schriftl oder zur Niederschrift der GeschSt zu stellen, die 6

Gründe für die Änderung sind darzulegen und glaubhaft zu machen (§ 51 I 2). Das Gericht kann auch im Änderungsverf eine Entscheidung ohne (erneute) mündl **Verhandlung** treffen. In diesem Fall ist aber auch hinsichtl des Änderungsverf der Antrag nach II zulässig, auf Grund mündl Verh erneut zu entscheiden. Während der Dauer des Änderungsverf kann die **Vollstreckung** der einstw Anordnung gem § 55 I ausgesetzt werden. Zur Entscheidung s Rn 11.

7 **III) Antrag auf mündliche Verhandlung (§ 54 II).** Voraussetzung für den Antrag ist, dass über den Anordnungsantrag – positiv oder negativ – **ohne mündliche Verhandlung** entschieden worden ist; gleichzustellen ist fehlender mündl Erörterungstermin in fG-Verf (PH/Grohmann Rn 8; sa § 57 S 2). Eine mündl Verh hat (einseitig) stattgefunden, wenn das Gericht eine solche durchgeführt hat, ein Beteiligter aber trotz ordnungsgemäßer Ladung nicht erschienen ist (s § 57 Rn 4). Anders verhält es sich, wenn der Termin nicht ordnungsgemäß durchgeführt wurde, zB nicht rechtzeitig geladen worden war (§ 32 II). In diesem Fall kann (erneute) Durchführung eines ordnungsgemäßen Termins beantragt werden (OLG Köln FamRZ 2022, 368; OLG Koblenz FamRZ 2017, 726). Hat das FamG eine mündl Verh durchgeführt, danach aber weitere Ermittlungen angestellt und erst auf neuer Grundlage seine Entscheidung getroffen, hat es eine Entscheidung ohne mündl Verh iSv II getroffen (str, s § 57 Rn 4), der Antrag ist also zulässig. – Eine Begründung des Antrags ist nicht erforderl. Der ASt muss mit seinem Antrag aber die Beseitigung einer **Beschwer** verfolgen, da es sich um einen dem Widerspruch (§ 924 ZPO) entspr Rechtsbehelf handelt, der der Überprüfung der erlassenen Anordnung dient. Wenn der ASt nur sein Begehren erweitern will, kann er (nur) einen neuen Antrag stellen (SchBW/Schwonberg Rn 16). Auch nach **Erledigung** des Gegenstands des Anordnungsverf kann sich das für den Antrag erforderl Rechtsschutzinteresse – bei entspr Beschränkung – aus einer Änderung der Kostenentscheidung ergeben (OLG Brandenburg FamRZ 2020, 1922; OLG Karlsruhe FamRZ 2011, 571) oder wenn ein Begehren iSv § 62 verfolgt wird (OLG Koblenz FamRZ 2023, 70). – Die mündl Verh ist **zeitnah** anzuberaumen (OLG München NJW 2010, 2593).

8 **IV) Verhältnis von § 54 I und II.** Wenn ohne mündl Verh eine einstw Anordnung erlassen oder der Antrag zurückgewiesen worden ist, kann ein Beteiligter, der eine Änderung dieser Entscheidung begehrt, nur den Antrag auf mündl Verh, nicht aber den Änderungsantrag nach I stellen (OLG Celle FamRZ 2013, 569 LS; Götsche/Viefhues ZFE 2009, 124, 127; Schürmann FamRB 2008, 375, 379; aA PH/Grohmann Rn 10; Sternal/Giers Rn 14; SchBW/Schwonberg Rn 22; OLG Oldenburg FamRZ 2000, 759). Es besteht kein Bedürfnis, neben dem statthaften Antrag auf mündl Verh außerdem den Abänderungsantrag nach I zuzulassen; die Beteiligten benötigen effektiven, aber keinen doppelten Rechtsschutz. Solange ein Antrag auf erneute Entscheidung nach mündl Verh (II) noch anhängig ist, steht der Durchführung eines Änderungsverf nach I entgegen, dass das ursprüngl Anordnungsverf noch nicht abgeschlossen ist.

9 **V) Zuständigkeit (§ 54 III und IV). 1) Grundsatz (§ 54 III).** Gem **III 1** ist grds für Maßnahmen nach § 54 I und II das Gericht zuständig ist, das die abzuändernde Entscheidung erlassen hat. Das gilt grds auch dann, wenn sich seither die zuständigkeitsbegründenden Umstände geändert haben (Begr RegE BTDrs 16/6308, 201). **III 2** macht hiervon eine Ausnahme für den Fall, dass das einstw Anordnungsverf nach Erlass der Entscheidung, deren Abänderung beantragt ist oder in Betracht kommt, an ein anderes Gericht abgegeben oder **verwiesen** wurde. Dies betrifft etwa den Fall des § 50 II (Notzuständigkeit des AG). Hat das **Beschwerdegericht** die Anordnung gem § 50 I 2 erlassen, ist es – für die Dauer der Anhängigkeit der Hauptsache beim OLG – auch für die Entscheidungen nach I u II zuständig (OLG Karlsruhe FamRZ 2020, 265). Nach Abschluss des zweitinstanzl Hauptsacheverf ist das AG für den Abänderungsantrag zuständig, das die Entscheidung des OLG aufheben oder abändern kann (OLG Karlsruhe FamRZ 2020, 265; SchBW/Schwonberg Rn 26). Ein Antrag gem II ist nicht statthaft, wenn das OLG gem § 68 III 2 ohne mündl Verh entschieden hat (OLG Karlsruhe FamRZ 2020, 265). Das FamG bleibt für das Abänderungsverf auch dann zuständig, wenn zwischenzeitl in der Hauptsache Beschwerde eingelegt wurde (OLG Frankfurt FamRZ 2018, 1319; OLG Brandenburg MDR 2013, 854).

10 **2) Ausnahme Beschwerdeverfahren (§ 54 IV).** IV betrifft das Verhältnis zwischen dem Beschwerdeverf gegen die erlassene oder nicht erlassene **einstweilige Anordnung** und der Änderungsbefugnis des erstinstanzl Gerichts. Während der Anhängigkeit des Beschwerdeverf darf nur das Beschwerdegericht die angefochtene Entscheidung ändern oder aufheben, nicht das FamG. **„Anhängig"** iSv IV ist das Anordnungsverf beim OLG, wenn diesem die Beschwerde gem § 68 I 1 vorgelegt worden ist. Ein Antrag auf VKH steht dem nicht gleich, da sich in diesem Fall die Entscheidungsbefugnis (zunächst) auf die Gewährung der VKH beschränkt (sa § 50 Rn 4). Die Anhängigkeit endet mit Erlass der Beschwerdeentscheidung, so dass danach für eine Abänderung wieder das FamG zuständig ist (OLG Karlsruhe FamRZ 2020, 265). – IV betrifft nicht die Zuständigkeit für die Abänderung, wenn nicht die einstw Anordnung, sondern die **Hauptsacheentscheidung angefochten** ist. Zu dieser Frage kann es kommen, wenn die vom FamG erlassene einstw Anordnung nach der Entscheidung in der Hauptsache nicht gem § 56 außer Kraft getreten ist. Das FamG kann in diesem Fall unabhängig von dem Beschwerdeverf Entscheidungen gem § 54 treffen (OLG Brandenburg MDR 2013, 854; aA SchBW/Schwonberg Rn 27). Denn es bleibt auch bei einer Anfechtung der Hauptsacheentscheidung für das eigenständige Anordnungsverf zuständig (s § 50 Rn 4).

11 ***VI) Entscheidung.*** *In allen Fällen des § 54 hat das Gericht durch* **Beschluss** zu entscheiden, dessen Anforderungen denen der einstw Anordnung entsprechen (s § 51 Rn 10 f). Zur Bindung an die Anträge s § 51 Rn 12. Die **Tenorierung** ähnelt der einer Rechtsmittelentscheidung: Ein ggf gestellter Änderungsantrag kann zurückgewiesen werden, die ursprüngl getroffene Entscheidung kann aufgehoben oder geändert werden. Die Tenorierung hat Bedeutung für eine bereits eingeleitete Vollstreckung: Soweit die Anordnung bestätigt wird, bleiben VollstrMaßnahmen auch nach einer teilw Änderung wirksam (KG FamRZ 91, 1327). Eine **rückwirkende Änderung** kommt in Betracht, soweit auf die Anordnung noch nicht geleistet worden ist. So kann der Unterhaltspflichtige hinsichtl des noch nicht gezahlten rückständigen Unterhalts auch rückwirkend Abänderung verlangen (OLG Köln FamRZ 2004, 39). IÜ ist eine rückwirkende Änderung der Anordnung nicht mögl (SchBW/Schwonberg Rn 9 ff; aA Götsche/Viefhues ZFE 2009, 124, 127; weitergehend auch PH/Grohmann Rn 17), insb kann der Unterhaltsberechtigte idR keine rückwirkende Erhöhung des Unterhalts verlangen (OLG Stuttgart NJW 1981, 2476; Schwab/Ernst/Streicher, Hdb des Scheidungsrechts, § 1 Rn 260). Für einen Rückforderungsanspruch bedarf es keiner rückwirkenden Änderung der einstw Anordnung, da diese nur eine verfahrensrechtl Regelung trifft und keinen Rechtsgrund zum Behalten begründet (s § 49 Rn 4). Zu **Rückforderung** und Schadensersatz s § 56 Rn 8 f. – Eine für das Anordnungsverf bewilligte **VKH** wirkt fort, da es sich um ein einheitl Verf handelt (s Rn 6). – Die Ablehnung der Terminsanberaumung ist gem § 57 S 1 **unanfechtbar** (str, wie hier OLG Brandenburg FamRZ 2017, 1248; aA OLG Karlsruhe FamRZ 2014, 1317).

VII) Zeitliche Grenzen. Weder der Antrag nach I noch der nach II sind fristgebunden. Auch für die Befugnis zur Abänderung vAw sieht das Gesetz eine Befristung nicht vor. Eine Änderung ist zwar nicht mehr mögl, wenn die einstw Anordnung gem § 56 außer Kraft getreten ist. Wenn aber kein Hauptsacheverf eingeleitet wird, kann die Aufhebung oder Änderung der getroffenen Entscheidung grds zeitl unbefristet betrieben werden, die Befugnis unterliegt allein der Verwirkung entspr § 242 BGB (OLG Karlsruhe FamRZ 2014, 1317; PH/Grohmann Rn 16; für den vergleichbaren Fall des § 924 ZPO s § 924 ZPO Rn 10). Abänderungsanträge nach I können auch wiederholt gestellt werden. Antrag auf mündl Verh kann – anders als Antrag nach § 52 (s § 52 Rn 1) – auch nach Erledigung der einstw Anordnung gestellt werden (OLG Karlsruhe FamRZ 2011, 571). 12

VIII) Gebühren. Einheit der Angelegenheit mit § 49. Kein zusätzl Gebührenanfall bei Gericht oder für den RA: Vorbem 1.4 S 1 FamGKG-KV bzw § 16 Nr 5 RVG (dieselbe Angelegenheit). S § 49 Rn 27. 13

§ 55 Aussetzung der Vollstreckung

(1) [1]In den Fällen des § 54 kann das Gericht, im Fall des § 57 das Rechtsmittelgericht, die Vollstreckung einer einstweiligen Anordnung aussetzen oder beschränken. [2]Der Beschluss ist nicht anfechtbar.
(2) Wenn ein hierauf gerichteter Antrag gestellt wird, ist über diesen vorab zu entscheiden.

I) Allgemein. Die Vorschrift regelt die Aussetzung der Vollstreckung einer einstw Anordnung. 1

II) Voraussetzung. Die Vorschrift ist über den Wortlaut „Vollstreckung" hinaus auch auf Entscheidungen anzuwenden, die einer Vollstreckung nicht bedürfen, sondern deren rechtl Wirkung mit dem Wirksamwerden der Entscheidung eintreten, wie zB die Übertragung des Sorgerechts (OLG Koblenz FamRZ 2020, 2017). Bei diesen rechtsgestaltenden Entscheidungen kann die **Aussetzung der Wirksamkeit** angeordnet werden. 2

Die Vollstreckung einer einstw Anordnung kann ausgesetzt werden, wenn **a)** ein Aufhebungs- oder Änderungsantrag nach § 54 I gestellt worden ist oder das Gericht vAw eine Aufhebung oder Änderung beabsichtigt; – **b)** eine einstw Anordnung ohne mündl Verh ergangen und Antrag nach § 54 II gestellt ist; – **c)** eine Beschwerde nach § 57 eingelegt worden ist. 3

III) Verfahren. Zuständig ist das Rechtsmittelgericht, wenn gegen die einstw Anordnung Beschwerde eingelegt worden ist und solange das Beschwerdeverf bei ihm anhängig ist. IÜ ist das FamG zuständig. Für die Aussetzungsentscheidung selbst ist ein Antrag nicht erforderl, auch wenn das ihr zugrunde liegende Verf eines Antrags bedarf (Begr RegE BTDrs 16/6308, 202). Das Gericht entscheidet durch einen Beschluss, der **nicht anfechtbar** ist (I 2), unabhängig davon, ob er die Aussetzung anordnet oder ablehnt. Es kann die Vollstreckung ganz oder teilw aussetzen und sie von **Bedingungen oder Auflagen**, insb von einer Sicherheitsleistung abhängig machen (Begr RegE BTDrs 16/6308, 202). Es entscheidet nach pflichtgemäßem **Ermessen**. Zu berücksichtigen sind die Erfolgsaussichten – ohne solche kommt eine Einstellung nicht in Betracht (OLG Koblenz FamRZ 2020, 2017) –, das Interesse an einer Vollstreckung, die Interessen anderer Beteiligter sowie in Kindschaftssachen das Kindeswohl (PH/Grohmann Rn 2). Sobald die Entscheidung nach §§ 54, 57 ergangen ist, in deren Verf die Aussetzung angeordnet worden ist, tritt diese **außer Kraft**, ohne dass es einer Aufhebung bedarf. 4

IV) Vorabentscheidung (§ 55 II). Obwohl die Verf nach §§ 54, 57 als Eilverf regelmäßig bereits beschleunigt zu betreiben sind, stellt II klar, dass über einen Aussetzungsantrag vorab zu entscheiden ist. Dies ist aber dann nicht erforderl, wenn gleichzeitig mit der Aussetzungsentscheidung auch der Beschluss nach §§ 54, 57 entscheidungsreif ist. Dann kann dieser sofort ergehen, eine Entscheidung über den Aussetzungsantrag erübrigt sich. 5

V) Gebühren. 1) Gericht: Die Aussetzung ist gebührenfrei. – **2) RA:** Der Antrag auf Aussetzung oder Beschränkung der Vollstreckung gehört zum Verf gem § 54 u ist, wie dieses, nicht bes zu vergüten. 6

§ 56 Außerkrafttreten

(1) [1]Die einstweilige Anordnung tritt, sofern nicht das Gericht einen früheren Zeitpunkt bestimmt hat, bei Wirksamwerden einer anderweitigen Regelung außer Kraft. [2]Ist dies eine Endentscheidung in einer Familienstreitsache, ist deren Rechtskraft maßgebend, soweit nicht die Wirksamkeit zu einem späteren Zeitpunkt eintritt.

(2) Die einstweilige Anordnung tritt in Verfahren, die nur auf Antrag eingeleitet werden, auch dann außer Kraft, wenn

1. der Antrag in der Hauptsache zurückgenommen wird,

2. der Antrag in der Hauptsache rechtskräftig abgewiesen ist,

3. die Hauptsache übereinstimmend für erledigt erklärt wird oder

4. die Erledigung der Hauptsache anderweitig eingetreten ist.

(3) [1]Auf Antrag hat das Gericht, das in der einstweiligen Anordnungssache im ersten Rechtszug zuletzt entschieden hat, die in den Absätzen 1 und 2 genannte Wirkung durch Beschluss auszusprechen. [2]Gegen den Beschluss findet die Beschwerde statt.

1 **I) Allgemein.** Die Vorschrift behandelt den im einstw Rechtsschutz bedeutsamen Gesichtspunkt, wann die getroffene Anordnung außer Kraft tritt. Das Gericht kann sie zeitl begrenzen (§ 56 I 1), andernfalls gilt sie unbefristet. Die Wirkung tritt bei Vorliegen der Voraussetzungen **ipso iure** ein, der Beschluss nach III ermöglicht nur den Nachweis (zB nach § 775 Nr 1 ZPO).

2 **II) Wirksamwerden anderweitiger Regelung (§ 56 I). 1) Wirksamwerden. I 1** stellt für das Außerkrafttreten bei Fehlen einer ausdrückl abweichenden Anordnung grds auf das Wirksamwerden einer anderweitigen Regelung ab. **Wirksam** wird eine Entscheidung grds (zu Ausnahmen s § 40 Rn 7 ff) gem § 40 I, wenn sie dem Beteiligten, für den sie ihrem wesentl Inhalt nach bestimmt ist, bekannt gegeben worden ist (§ 41). In **FamStreitsachen** ist diese Vorschrift gem § 113 I nicht anwendbar, sondern die entspr Vorschriften der ZPO. In Anlehnung an eine entspr Entscheidung des BGH (BGH FamRZ 2000, 751 = MDR 2000, 336) stellt I 2 klar, dass in allen FamStreitsachen (§ 112) eine Endentscheidung erst mit ihrer Rechtskraft dazu führt, dass eine einstw Anordnung außer Kraft tritt. In dem 2. Teil des I 2 wird dies für den Fall eingeschränkt, dass die Wirksamkeit erst nach Rechtskraft eintritt; dies kann gem § 148 bei Folgesachen einer Ehesache der Fall sein. Die Bindung an die Rechtskraft hat zur Folge, dass dann, wenn das FamG die sof Wirksamkeit eines Unterhaltsbeschlusses anordnet (§ 116 III 2), bis zu dessen Rechtskraft daneben eine einstw Anordnung wirksam bleibt. Es existieren dann **2 Vollstreckungstitel nebeneinander** mit möglicherw unterschiedl Inhalt (PH/Grohmann Rn 3; Schürmann FamRB 2008, 375, 381). Wenn der Berechtigte aus der einstw Anordnung weiter vollstreckt, obwohl die Entscheidung in der Hauptsache ihm nur einen geringeren oder keinen Betrag zugesprochen hat, kann er Antrag auf Änderung der Anordnung gem § 54 I stellen (PH/Grohmann Rn 4). Da dies aber wiederum nur eine jederzeit abänderbare vorläufige Regelung ist, kann er gegen die einstw Anordnung VollstrAbwehrantrag gem § 95 I Nr 1 FamFG, § 767 ZPO stellen und in diesem Verf die Einstellung der Vollstreckung entspr § 769 ZPO beantragen (SchBW/Schwonberg Rn 15; OLG Köln FamRZ 2003, 320; OLG Zweibrücken FamRZ 2007, 1664 zu § 620 ZPO aF).

3 **2) Anderweitige Regelungen.** Das sind insb die **Endentscheidung** in der Hauptsache (§ 52; zB BVerfG FamRZ 2019, 534), sofern eine Entscheidung in der Sache ergeht und der Antrag nicht ledigl als unzulässig zurückgewiesen wird (OLG München FamRZ 87, 610). Ferner abändernde oder aufhebende Beschlüsse gem **§ 54** (s § 54 Rn 11) oder ein dens Verfahrensgegenstand betr **Vergleich** (Götsche/Viefhues ZFE 2009, 124, 132). Dieser muss aber eine abschließende, über das einstw Anordnungsverf hinausreichende Regelung zum Ziel haben. Ist im Anordnungsverf ein Vergleich geschlossen worden, wirkt dieser iZw (nur) ebenso lange wie die entspr einstw Anordnung und tritt daher selbst entspr § 56 außer Kraft (OLG Jena FamRZ 2012, 54; zu § 620 ZPO aF: BGH FamRZ 91, 1175; BGH FamRZ 83, 892). Anderweitige Regelung kann auch eine **Jugendamtsurkunde** nach § 60 SGB VIII sein (KG FamRZ 2011, 1612). Jede anderweitige Regelung muss den **Gegenstand der Anordnung** erfassen; ein Bezug zum Anordnungsverf ist aber nicht erforderl (OLG Frankfurt FamRZ 2024, 202). Wenn der Verfahrensgegenstand der Anordnung nur teilw erfasst und der Verfahrensgegenstand teilbar ist (zB Unterhalt nur hinsichtl einer bestimmten Zeit), bleibt die Anordnung iÜ wirksam. In diesem Fall sollte zur Klarstellung ein Beschluss nach III beantragt werden.

4 Eine anderweitige Regelung ist eine Entscheidung, nach der auf Grundlage der einstw Anordnung zu viel gezahlte Beträge, insb Unterhalt, zurückzuzahlen sind (**Rückzahlungsklage**, zum früheren Recht BGH FamRZ 84, 767). Fragl ist, ob – wie nach § 620f ZPO aF (BGH FamRZ 87, 682; BGH FamRZ 83, 355) – zur Herbeiführung einer anderweitigen Regelung ein **negativer Feststellungsantrag** erhoben werden kann, dass kein oder ein geringerer Unterhalt geschuldet werde, als in der einstw Anordnung festgesetzt. Denn mit der Regelung in § 52 II steht eine speziellere Rechtsschutzmöglichkeit zur Verfügung, die gerade zur Herbeiführung einer anderweitigen Regelung iSv § 56 dienen soll. Daher ist das erforderl Feststellungsinteresse iSv § 256 I ZPO nicht ersichtl

(s § 256 ZPO Rn 12). Ein solches fehlt, wenn ein Leistungsantrag mögl ist (BGH NJW 93, 2993); dem gleichzustellen ist, wenn der Verpflichtete die Durchführung eines entspr Hauptsacheverf erzwingen kann, wie nach § 52 II. Ein Feststellungsinteresse kann daher nur für den Fall anerkannt werden, dass die Fristsetzung nach § 52 II 2 oder die Aufhebung nach § 52 II 2 abgelehnt wird. Die ganz hM geht aber ohne weitere Problematisierung von einer Zulässigkeit aus (BGH FamRZ 2018, 1343 Tz 16; OLG Hamm FamRZ 2017, 724; OLG Stuttgart FamRZ 2016, 488; OLG Frankfurt NJW-RR 2015, 326; OLG Jena FamRZ 2012, 54; PH/Grohmann § 52 Rn 5; SchBW/Schwonberg Rn 9; Roßmann ZFE 2011, 57, 60; wie hier MK-FamFG/Soyka Rn 3; BeckOK-FamFG/Schlünder Rn 4b).

III) Antragsverfahren (§ 56 II). Auch in diesen Verf tritt eine einstw Anordnung bei einer anderweitigen Rege- 5
lung iSv I außer Kraft. Diese Regelung wird für Antragsverf durch **weitere Gründe** für ein Außerkrafttreten ergänzt: Rücknahme des Antrags in der Hauptsache (**II Nr 1**); die einstw Anordnung tritt von Amts wegen außer Kraft, eines entspr Bewusstseins des Rücknehmenden bedarf es nicht (OLG Frankfurt FamRZ 2024, 202); rechtskräftige Abweisung des Antrags (**II Nr 2**); Erledigung durch übereinstimmende Erklärung (**II Nr 3**) in Verf mit Dispositionsbefugnis; in anderen Verf gem **II Nr 4**. Einen weiteren Fall regelt § 248 V (einstw Anordnung auf Unterhalt bei Vaterschaftsfeststellung). Die einstw Anordnung tritt auch dann außer Kraft (PH/Grohmann Rn 8), wenn der **Anordnungsantrag zurückgenommen** oder das Anordnungsverf (II Nr 3 bezieht sich nur auf das Hauptsacheverf) in der Hauptsache für erledigt erklärt wird. – Ob diese Voraussetzungen (Erledigung, wirksame Rücknahme, Rechtskraft) vorliegen, bestimmt sich in Ehe- und FamStreitsachen gem § 113 I nach der ZPO, in den fG-FamSachen nach dem FamFG. Eine einstw Anordnung auf **Trennungsunterhalt** tritt nicht „automatisch" mit Rechtskraft der Scheidung außer Kraft, sondern ist gem § 54 I aufzuheben (AG Rosenheim NJW-RR 2012, 904; sa BGH FamRZ 2000, 751 zum früheren Recht; str, s Christl NJW 2012, 3334 zum Streitstand).

IV) Beschluss (§ 56 III). Das Gericht hat **auf Antrag** auszusprechen, ob und ggf ab welchem Zeitpunkt die 6
einstw Anordnung außer Kraft getreten ist. Antragsberechtigt ist, wer ein berechtigtes Interesse an der Feststellung hat. Dies ist idR der Verpflichtete, bei teilw Außerkrafttreten (s Rn 3) kann aber auch der Berechtigte ein Interesse an einer Klarstellung haben. **Zuständig** ist das Gericht, das in dem Anordnungsverf in 1. Instanz zuletzt entschieden hat; bei originär erstinstanzl Entscheidung durch OLG ist über § 50 I 2 dieses zuständig (OLG Frankfurt FamRZ 2024, 202). Dieses Verf verdrängt ein Vollstreckungsabwehrverf gegen die einstw Anordnung (OLG Köln FamRZ 99, 1000; OLG Düsseldorf FamRZ 91, 721; OLG Koblenz FamRZ 81, 1092 je für § 620f ZPO aF). Den Beteiligten ist rechtl Gehör zu gewähren, eine mündl Verh ist entspr § 51 II 2 nicht erforderl. Der **Beschluss** stellt fest, ob, wann (wegen VollstrMaßnahmen) und ggf in welchem Umfang die einstw Anordnung außer Kraft getreten ist. Er muss gem § 39 eine Rechtsbehelfsbelehrung enthalten. Die **Herausgabe des Titels** ist in gesondertem Verf zu betreiben (KG FamRZ 2011, 1612).

Auf die nach III 2 statthafte **Beschwerde** sind die §§ 58 ff anzuwenden (PH/Grohmann Rn 11; SchBW/Schwon- 7
berg Rn 31). Da es sich um eine Endentscheidung im Verf der einstw Anordnung iSv § 63 II Nr 1 handelt, beträgt die Beschwerdefrist 2 Wochen. – Von einer **Kostenentscheidung** kann in 1. Instanz idR abgesehen werden. Im einstw Anordnungsverf ist eine solche bereits getroffen worden, weitere Kosten entstehen nicht (s Rn 10). Mangels Ermächtigung in III besteht für eine abweichende Billigkeitsentscheidung keine Grundlage (PH/Grohmann Rn 12; aA PH/Bömelburg § 246 Rn 92). Im Beschwerdeverf ist wegen der dort entstehenden zusätzl Kosten (s Rn 10) auch über diese zu entscheiden. Es gelten die Grundsätze des § 51 IV (s § 51 Rn 18).

V) Ausgleichsansprüche. Wenn sich aus der Entscheidung des Hauptsacheverf ergibt, dass der Unterhalts- 8
schuldner auf Grund der einstw Anordnung höhere Zahlungen geleistet hat als es seiner Unterhaltspflicht entsprochen hätte, kann er diese gem § 812 I 1 BGB im Wege der **Leistungskondiktion** herausverlangen (BGH FamRZ 2000, 751 = NJW 2000, 740), da die einstw Anordnung kein Rechtsgrund iSv § 812 I 2 Alt 1 BGB ist (BGH FamRZ 91, 1175; sa § 49 Rn 4). Der Berechtigte kann sich aber häufig auf die Einrede der Entreicherung (§ 818 III BGB) berufen (dazu BGH FamRZ 2000, 751). Die verschärfte Haftung nach § 818 IV BGB tritt erst dann ein, wenn das **Rückzahlungsbegehren rechtshängig** wird (BGH FamRZ 2000, 751; BGH FamRZ 2008, 1911). Für ein Hauptsacheverf auf Abänderung bestimmt **§ 241**, dass die verschärfte Haftung bereits mit Rechtshängigkeit des Abänderungsantrags eintritt. Eine entspr Anwendung auf die einstw Anordnung ist nicht gerechtfertigt (OLG Karlsruhe FamRZ 2014, 1387; PH/Grohmann § 54 Rn 5; Dose/Kraft Rn 510; Sternal/Giers § 246 Rn 11; aA PH/Bömelburg § 241 Rn 19; SchBW/Schwonberg Rn 18), da eine Regelungslücke nicht erkennbar ist. Die § 241 zugrunde liegende Vorschrift des § 238 ist auf Entscheidungen im Anordnungsverf nicht anwendbar, da sie nur die Abänderung von „in der Hauptsache" ergangenen Endentscheidungen regelt (sa BTDrs 16/6308, 257). In § 246 sind zudem spezielle Regelungen für die einstw Anordnung in Unterhaltssachen aufgenommen, eine Bezugnahme auf § 241 fehlt. Außerdem ist die Interessenlage nicht vergleichbar, da über § 52 II zeitnah die Berechtigung der Anordnung in einem Hauptsacheverf überprüft werden kann.

Ein **Schadensersatzanspruch** besteht in Unterhaltssachen nur in dem Ausnahmefall des § 248 V 2 (einstw Anord- 9
nung auf Unterhalt vor Feststellung der Vaterschaft). IÜ besteht ein Schadensersatzanspruch, von dem praktisch kaum relevanten Fall eines deliktischen Anspruchs (§ 823 II BGB iVm § 263 StGB, § 826 BGB, BGH FamRZ 84, 767) abgesehen, in Unterhaltssachen nicht. Eine entspr Anwendung der § 717 II, § 945 ZPO hat BGH FamRZ 2000, 751 = NJW 2000, 740 mit der Begründung abgelehnt, dass die §§ 620 ff ZPO aF ein in sich geschlossenes

Regelungssystem darstellten. Diese Wertung ist auf §§ 49 ff übertragbar und vom Gesetzgeber gewollt (BTDrs 16/6308, 226). § 119 I bestimmt die entspr Anwendung von § 945 ZPO ausdrückl nicht für Unterhaltssachen.

10 **VI) Gebühren. 1) Gericht:** keine Geb für den Beschluss (III 1). – Erfolglose Beschwerde (III 2): 1912 FamGKG-KV (72 Euro bei vollständiger Zurückweisung/Verwerfung, bis 31.5.2025 66 Euro). – **2) RA:** Der Antrag (III 1) gehört zum Verf u löst keine bes Geb aus. Als Einzeltätigkeit: 3403 RVG-VV. Beschwerde: 3500 RVG-VV. – Außer Kraft treten (I 1) wegen Einigung in der Hauptsache: Die Einigungsgeb fällt nur im Hauptsacheverf an (OLG Koblenz FamRZ 2017, 392; OLG Hamm FamRZ 2009, 540; str).

§ 57 Rechtsmittel

[1]Entscheidungen im Verfahren der einstweiligen Anordnung in Familiensachen sind nicht anfechtbar. [2]Dies gilt nicht in Verfahren nach § 151 Nummer 6 und 7 und auch nicht, wenn das Gericht des ersten Rechtszugs auf Grund mündlicher Erörterung

1. **über die elterliche Sorge für ein Kind,**
2. **über die Herausgabe des Kindes an den anderen Elternteil,**
3. **über einen Antrag auf Verbleiben eines Kindes bei einer Pflege- oder Bezugsperson,**
4. **über einen Antrag nach den §§ 1 und 2 des Gewaltschutzgesetzes oder**
5. **in einer Ehewohnungssache über einen Antrag auf Zuweisung der Wohnung**

entschieden hat.

Lit: *Grohmann*, Anforderungen an die mündl Erörterung iSd § 57 S. 2 FamFG, FamRZ 2024, 251; *Schneider*, Rechtsmittel gegen einstw Anordnungen im gemischt mündlich-schriftlichen Verfahren, FamRB 2025, 173.

1 **I) Allgemein.** Die Vorschrift regelt die eingeschränkte Anfechtbarkeit von Entscheidungen zur einstw Anordnung in FamSachen. Maßgebend für ihre Anwendung ist trotz des missverständl Wortlauts nicht, in welchem Verf die Entscheidung ergangen ist, sondern ob **in der Sache eine einstweilige Anordnung** vorliegt (OLG Karlsruhe FamRZ 2024, 1560).

2 **II) Grundsatz der Unanfechtbarkeit (§ 57 S 1). 1) Erfasste Entscheidungen.** Der Grundsatz von S 1 gilt sowohl dann, wenn eine Anordnung **erlassen** wurde, als auch in dem Fall, dass der Erlass **abgelehnt** wurde (OLG Stuttgart NJW 2009, 3733), ebenso im Abänderungsverf gem § 54 I (OLG Hamburg FamRZ 2022, 877). Statt eines Rechtsmittels steht es den Beteiligten offen, unmittelbar oder über § 52 ein Hauptsacheverf einzuleiten und auf diese Weise die getroffene Entscheidung durch das Gericht und ggf auch durch das Rechtsmittelgericht überprüfen zu lassen. Sie können auch auf eine Abänderung hinwirken, die gem § 54 I in weitgehendem Umfang mögl ist. Etwaige Verletzungen des rechtl Gehörs können ggf mit der Anhörungsrüge (§ 44) geltend gemacht werden. Eine **außerordentliche Beschwerde** wegen greifbarer Gesetzwidrigkeit ist nicht statthaft (OLG Nürnberg FamRZ 2024, 58; allg s vor § 567 ZPO Rn 6). S 1 erstreckt sich auch auf auf die weiteren Entscheidungen gem **§§ 49-56**, für die eine Anfechtbarkeit nicht ausdrückl bestimmt ist. Nicht anfechtbar sind daher zB eine Entscheidung im Abänderungsverf gem § 54 (OLG Brandenburg FamRZ 2023, 1643), die Entscheidungen nach **§ 52** (str, s § 52 Rn 5 f) oder die Ablehnung einer mündl Verh gem **§ 54 II** (str, s § 54 Rn 11).

3 **2) Nebenentscheidungen.** Eine Beschwerde gegen die Entscheidung zur **VKH** ist in den Fällen des § 57 S 1 (zu denen von S 2 s Rn 5) ausgeschlossen, soweit es um die Erfolgsaussicht geht. § 127 II ZPO (ggf iVm § 76 II FamFG) ist insoweit entspr anwendbar (OLG Hamburg FamRZ 2021, 1218; OLG Hamm FamRZ 2017, 47; OLG Saarbrücken FamRZ 2010, 1829; zu § 620c ZPO aF: BGH FamRZ 2005, 790). Anfechtbar ist aber die Versagung der **Beiordnung eines RA** (BGH FamRZ 2011, 1138). Der Ausschluss der Beschwerde gem S 1 erfasst auch die Anfechtung eines Teils der Entscheidung, insb die Beschwerde gegen die **Kostenentscheidung** (BGH FamRZ 2013, 1878; OLG Frankfurt FamRZ 2024, 1313; OLG Hamburg FamRZ 2022, 877; OLG Karlsruhe FamRZ 2020, 945), auch nach Erledigung der Hauptsache (OLG Karlsruhe FamRZ 2020, 945; OLG Koblenz FamRZ 2018, 50; KG FamRZ 2014, 592 [Vergleich]). Kostenentscheidungen sind aber auch dann nicht anfechtbar, wenn sie in Verf nach S 2 Nr 1-5 ergehen, da es nicht auf den Verfahrensgegenstand, sondern die getroffene Entscheidung ankommt (OLG Nürnberg FamRZ 2024, 1559; OLG Karlsruhe FamRZ 2024, 1380; OLG Bamberg FamRZ 2019, 1943; OLG Koblenz FamRZ 2020, 1210; OLG Dresden FamRZ 2016, 319; KG FamRZ 2014, 1929 LS = AGS 2015, 146; aA OLG Frankfurt FamRZ 2024, 457; OLG Dresden FamRZ 2016, 318). – Unanfechtbar ist auch eine Entscheidung gem § 62 (BGH FamRZ 2013, 1878). **Im Übrigen** steht S 1 der grds eingeräumten Anfechtbarkeit von Neben- und Zwischenentscheidungen (zB § 6 II, § 21 II) nicht entgegen (str, s Nw aE). Dies ergibt sich aus der gesetzgeberischen Entscheidung in § 127 II 2 Hs 2 ZPO, der kraft ausdrückl Verweisung auch im fG-Verf anwendbar ist, § 76 II. Danach ist auch dann, wenn ein Rechtsmittel in der Hauptsache nicht zulässig ist, nicht von vornherein die Anfechtung einer Nebenentscheidung ausgeschlossen. Ein Bedürfnis dafür hat der Gesetzgeber nur gesehen, soweit eine Überprüfung der Sach- und Rechtslage erforderl ist (Erfolgsaussicht), nicht aber generell (persönl und wirtschaftl Verhältnisse). Für die Anfechtung von Entscheidungen außerhalb der PKH ist eine abw Beurteilung nicht gerechtfertigt; ein allg Grundsatz, dass jeder

Beschwerderechtszug nicht weitergehe als der Hauptrechtszug, besteht nicht (BGH FamRZ 2011, 1138; BGH MDR 99, 1521). Unabhängig vom Verfahrensgegenstand anfechtbar sind daher im einstw Anordnungsverf ergehende, mit eigenem Rechtsmittelzug ausgestattete Entscheidungen (BGH FamRZ 2015, 2147), insb der Kostenfestsetzung (BGH FamRZ 2017, 643), zum **Verfahrenswert** (OLG Koblenz FamRZ 2018, 50), zu **Verfahrensfragen** (OLG Frankfurt FamRZ 1985, 409 zur Aussetzung) oder zur **Vollstreckung** (BGH FamRZ 2015, 2147; SchBW/Schwonberg Rn 23; aA OLG Karlsruhe FamRZ 99, 242). Nicht erfasst ist auch die Beschleunigungsbeschwerde gem **§ 155c** in einem Anordnungsverf (vgl OLG Karlsruhe FamRZ 2018, 520).

III) Ausnahmsweise Anfechtbarkeit (§ 57 S 2). 1) Mündliche Erörterung. Eine Beschwerde ist in allen Fällen nur eröffnet, wenn das FamG auf Grund mündl Erörterung entschieden hat. Das ist ein gerichtl **Termin**, in dem die Sache in dem jew Verf (aA OLG Zweibrücken FamRZ 2011, 1243 LS: ausreichend Erörterung in Parallelverf), im Fall von § 156 III ggf auch im Hauptsacheverf (OLG Brandenburg FamRZ 2014, 784; OLG München FamRZ 2016, 2121; OLG Braunschweig FamRZ 2020, 1113), mit den Beteiligten erörtert wurde, nicht aber eine formlose, zB telefon Besprechung (OLG Braunschweig FamRZ 2020, 1113; aA Zimmermann, Das neue FamFG, Rn 143) oder die Anhörung nur einzelner Beteiligter (OLG Frankfurt FamRZ 2012, 571). Erscheint ein Beteiligter nicht, liegt dennoch eine Entscheidung auf Grund mündl Erörterung vor (KG FamRZ 2021, 533; OLG Frankfurt NJW 2014, 1393; OLG Frankfurt FamRZ 2013, 316), es sei denn, er ist nicht ordnungsgemäß geladen (OLG Rostock FamRZ 2025, 538; OLG Köln FamRZ 2022, 368; OLG Koblenz FamRZ 2017, 726) oder konnte entschuldigt zB wegen Krankheit **nicht erscheinen** (KG FamRZ 2021, 533; OLG Frankfurt FamRZ 2013, 1831). Hat das FamG **nach der mündlichen Erörterung weitere Ermittlungen** durchgeführt, ist die dann im schriftl Verf erlassene Entscheidung nicht mehr „auf Grund mündl Erörterung" ergangen (OLG Schleswig MDR 2025, 523; OLG Saarbrücken FamRZ 2023, 1645; OLG Brandenburg FamRZ 2020, 1664; OLG Braunschweig FamRZ 2020, 1113; aA OLG Düsseldorf FamRZ 2024, 795 = MDR 2024, 448; OLG Hamburg FamRZ 1986, 182). Denn die einstw Anordnung muss „auf Grund mündl Erörterung" ergangen, diese also Grundlage der Entscheidung sein. Sofern neue Erkenntnisse vorliegen, ist vor Einlegung der Beschwerde zunächst die nach der gesetzgeberischen Entscheidung (vgl § 54 II) vorrangige mündl Erörterung beim FamG zu beantragen ist. Die dadurch eintretende Verzögerung wird vom Gesetzgeber mit der in S 2 aufgenommenen Voraussetzung in Kauf genommen. – Eine danach unzulässige Beschwerde kann ggf in einen Antrag gem § 54 II **umgedeutet** werden (OLG Rostock FamRZ 2025, 538). 4

2) Beschwerdefähige Verfahrensgegenstände. a) Allgemein. Die Anfechtbarkeit ist unabhängig davon, ob die einstw Anordnung **erlassen oder abgelehnt** worden ist (OLG Stuttgart FamRB 2011, 42). Verfahrensgegenstände, die in dem Katalog nicht aufgeführt sind, sind nicht beschwerdefähig, insb **Unterhalt** (zB BGH FamRZ 2018, 1343 Tz 14; KG FamRZ 2014, 592), **Verfahrenskostenvorschuss** (OLG Hamburg FamRZ 2013, 48) oder Umgang (s Rn 5). Einstw Anordnungen über die **Unterbringung** Minderj sind gem S 2 ohne Erfordernis der mündl Erörterung und einer Beschränkung auf die Hauptsache iSv Rn 3 (OLG Frankfurt FamRZ 2023, 542) anfechtbar. In den Fällen des S 2 ist die auf Fehlen hinreichender Erfolgsaussicht gestützte **VKH**-Versagung (sonst: s Rn 3) anfechtbar, auch wenn eine mündl Verhandlung noch nicht stattgefunden hat (str, vgl Cirullies FamRZ 2021, 295; wie hier OLG Celle FamRZ 2024, 1629 = MDR 2024, 907; OLG Brandenburg FamRZ 2023, 71; OLG Hamburg FamRZ 2021, 296; OLG Frankfurt MDR 2019, 695; OLG Hamm MDR 2013, 469; aA OLG Zweibrücken FamRZ 2021, 294; OLG Hamm FamRZ 2011, 234 LS), erst recht nach einer solchen (OLG Nürnberg FamRZ 2013, 569). Besteht die Entscheidung aus **beschwerdefähigen und unanfechtbaren** Teilentscheidungen, so können nur erstere angefochten werden (OLG Nürnberg FamRZ 2022, 878 [Oeley, FamRZ 2023, 72]). 5

b) § 57 S 2 Nr 1. Entscheidungen über die **elterliche Sorge** sind sowohl Übertragungen auf einen Elternteil gem § 1671 BGB als auch die Entziehung der Sorge (§§ 1666 ff BGB), ebenso die Übertragung der Alleinentscheidungsbefugnis gem § 1628 BGB (OLG Karlsruhe FamRZ 2024, 1380). Unerhebl ist, ob das gesamte Sorgerecht oder nur ein Teilbereich betroffen ist, zB das Aufenthaltsbestimmungsrecht (OLG Karlsruhe FamRZ 2004, 656; OLG Dresden MDR 2003, 633), die Schulwahl (OLG Hamburg FamRZ 2022, 107) oder die Befugnis, einen Kinderausweis zu beantragen (OLG Naumburg FamRZ 2010, 139; OLG Köln FamRZ 2002, 404). Anfechtbar ist wegen des Sorgerechtseingriffs die Anordnung einer Ergänzungspflegschaft (OLG Hamburg FamRZ 2022, 1047; OLG Nürnberg FamRZ 2022, 878). – Nicht nach S 2 Nr 1 und daher überhaupt **nicht anfechtbar** ist eine Entscheidung zum **Umgang** (OLG Hamburg FamRZ 2022, 877; OLG Brandenburg FamRZ 2020, 1664; OLG München FamRZ 2011, 496), wozu auch die Billigung einer Vereinbarung gem § 156 II gehört (OLG Nürnberg FamRZ 2024, 58). Eine ursprüngl beabsichtigte Ausnahme für den **Ausschluss des Umgangsrechts** ist nicht umgesetzt worden (BTDrs 16/9733, 289). Nach einem Referentenentwurf des BMJ aus dem Jahr 2024 ist beabsichtigt, dies dahin zu ändern, dass künftig ein Umgangsausschluss anfechtbar ist. **Abzugrenzen** ist daher, ob eine Regelung zum Sorge- oder Umgangsrecht gehört. Das Verbot an den sorgeberechtigten Elternteil, das Kind ins Ausland zu bringen, ist eine Regelung des Sorgerechts. Die Entscheidung, ob ein Umgangsberechtigter mit dem Kind ins Ausland verreisen darf, ist eine unanfechtbare Umgangsregelung (KG FamRZ 2017, 1062; aA SchBW/Schwonberg Rn 12). Die einem sog **Wechselmodell** zugrunde liegende Entscheidung zum Aufenthaltsbestimmungsrecht ist anfechtbar (OLG Celle FamRZ 2008, 2053; sa OLG München FamRZ 2016, 2121), nicht aber eine faktisch ein Wechselmodell herbeiführende Umgangsregelung (BGH FamRZ 2017, 532, 535; OLG Brandenburg 28.3.2024 – 9 UF 144/24; OLG Frankfurt FamRZ 2021, 948; OLG Hamm FamRZ 2014, 1389; aA OLG Frankfurt 6

FamRZ 2020, 1181). Die Anordnung einer **Umgangspflegschaft** nach § 1684 III 3 BGB ist mangels Eingriffs in das Sorgerecht nicht anfechtbare Umgangsregelung (OLG Frankfurt FamRZ 2025, 377; OLG Brandenburg FamRZ 2020, 1664; OLG Hamm FamRZ 2017, 47; OLG Schleswig FamRZ 2016, 1785; OLG Celle FamRZ 2011, 574; aA OLG Schleswig FamRZ 2012, 151 inzident; MK-BGB/Hennemann § 1684 Rn 130; Sternal/Giers Rn 10). Nicht anfechtbar sind auch Maßnahmen nach **§ 1666 BGB**, die nicht auf (teilw) Sorgerechtsentzug gerichtet sind (OLG Bamberg FamRZ 2022, 965 LS; OLG Koblenz FamRZ 2022, 198; OLG Frankfurt FamRZ 2012, 1952).

7 **c) § 57 S 2 Nr 2.** Dies betrifft die **Herausgabe des Kindes** seitens des einen Elternteils an den anderen. Nicht erfasst ist nach dem eindeutigen Wortlaut die Anordnung der Herausgabe durch (OLG Bamberg FamRZ 2022, 805) oder an einen Dritten, insb Pflegeeltern (OLG Brandenburg FamRZ 2021, 1052) oder Jugendamt, auch als Ergänzungspfleger (OLG Nürnberg MDR 2022, 964; OLG Düsseldorf FamRZ 2020, 1180; OLG Oldenburg – 1. FamS – FamRZ 2014, 1929; OLG Saarbrücken FamRZ 2013, 1153; aA OLG Oldenburg – 4. FamS – FamRZ 2011, 745), und zur Durchführung des Umgangs (OLG Köln FamRZ 2020, 775 LS).

8 **d) § 57 S 2 Nr 3.** Geregelt ist eine **Verbleibensanordnung** nach § 1632 IV, § 1682 BGB, auch wenn sie ausnahmsweise vAw ergeht (OLG Frankfurt FamRZ 2016, 1801).

9 **e) § 57 S 2 Nr 4.** Dies betrifft Verf in **Gewaltschutzsachen** nach § 210 (zB OLG Schleswig NJW-RR 2004, 156); bei Verlängerung der Anordnung muss auch diese auf Grund mündl Erörterung ergangen sein (OLG Koblenz FamRZ 2016, 1795). Nach OLG Koblenz FamRZ 2020, 1648 entspr anzuwenden bei auf § 1666 BGB gestütztem Kontaktverbot mit Kind.

10 **f) § 57 S 2 Nr 5.** Erfasst ist nur ein Antrag auf **Zuweisung der Ehewohnung** als Ganzes, nicht aber anderweitige Entscheidungen in Verf nach § 200, zB die einstw Regelung einer Nutzungsentschädigung (OLG Brandenburg FamRZ 2003, 1305; OLGR Koblenz 1998, 262), die Wiedereinräumung des Mitbesitzes (OLG Bamberg FamRZ 2006, 873), die Entscheidung über eine Räumungsfrist (OLG Bamberg FamRZ 93, 1338; aA SchBW/Schwonberg Rn 19) oder die Aufteilung der Wohnung (OLG Nürnberg FamRZ 2010, 1463; OLG Naumburg FamRZ 2005, 2074; aA SchBW/Schwonberg Rn 19); ebenso nicht bei Entscheidung gem § 861 BGB, da dies keine Ehewohnungssache ist (OLG Celle NJW 2022, 2855). Zulässig ist die Beschwerde, wenn dem einen Ehegatten die Wohnräume, dem anderen nur ein Büro- und Kellerraum zugewiesen wird (OLG Brandenburg FamRZ 96, 743), weil die Ehewohnung einem Ehegatten ganz, näml zum alleinigen Wohnen, zugewiesen worden ist. Ferienwohnungen sind grds keine Wohnung iSv S 2 Nr 5 (KG FamRZ 86, 1010).

11 **IV) Beschwerdeverfahren.** Statthaftes Rechtsmittel ist die **Beschwerde** nach § 58 (zB OLG Karlsruhe FamRZ 2020, 265), da die Entscheidung über eine einstw Anordnung eine Endentscheidung ist (s § 51 Rn 10). Das Beschwerdeverf bestimmt sich nach den **§§ 58 ff.** Die Beschwerdefrist beträgt gem § 63 II Nr 1 2 Wochen (s § 63 Rn 3). Das FamG ist zur Abhilfe nicht befugt, § 68 I 2 (str, s § 68 Rn 2). **Anwaltszwang** besteht auch im Beschwerdeverf gem §§ 10, 114 IV Nr 1 nicht. Das Beschwerdegericht entscheidet in voller Besetzung (Übertragung auf Einzelrichter gem § 68 IV mögl) durch zu begründenden **Beschluss** (§ 69). Zur Bindung an die Anträge und den Verfahrensgegenstand s § 51 Rn 12. Eine Rechtsbeschwerde ist nicht eröffnet, § 70 IV.

12 **V) Gebühren.** Da einstw Anordnung Endentscheidung, entstehen bei Beschwerde die entspr Gebühren für Gericht u RA; s § 58 Rn 15.

Abschnitt 5
Rechtsmittel (§§ 58-75)

Vorbemerkungen zu §§ 58-75

1 §§ 58-75 regeln die Anfechtung von Endentscheidungen nach dem FamFG, soweit dieses keine bes Regelungen für einzelne Verfahrensgegenstände enthält. **Besondere Vorschriften** enthalten § 117 für Rechtsmittel in Ehesachen (§ 121) und FamStreitsachen (§ 112), §§ 143-147 für Scheidungs- und Folgesachen, § 197 III, § 198 III für Adoptionssachen und § 228 für VersAusglSachen.

2 Statthafte Rechtsmittel sind die (befristete) Beschwerde, Rechtsbeschwerde und sof Beschwerde (entspr §§ 567 ff ZPO). **Beschwerdeinstanz** in FamSachen ist das OLG, Rechtsbeschwerdegericht der BGH.

3 Die **Beschwerde** ist **einheitliches Rechtsmittel** gegen erstinstanzl Hauptsacheentscheidungen im FamFG, somit auch in FamSachen. Dies gilt unabhängig davon, ob es sich um ein fG-Verf oder eine Ehe- (§ 121) oder FamStreitSache (§ 112) handelt. Sie eröffnet eine grds vollwertige 2. Tatsacheninstanz.

4 Die **Rechtsbeschwerde** gem §§ 70 ff ist in allen FamSachen das Rechtsmittel zum BGH. Sie dient entspr der ZPO-Revision der Überprüfung der Entscheidung des OLG (im Ausnahmefall der Sprungrechtsbeschwerde des FamG) auf Rechtsverletzungen.

Zwischen- und Nebenentscheidungen sind selbständig nur anfechtbar, wenn dies **ausdrücklich angeordnet** ist (iE s § 58 Rn 9). Soweit das FamFG ihre isolierte Anfechtung eröffnet, verweist es weitgehend auf die Vorschriften der ZPO über die **sofortige Beschwerde**, also die §§ 567 ff ZPO (zB § 21, § 35 V, § 87 IV). – Eine **Untätigkeitsbeschwerde** ist nach Inkrafttreten des G gegen überlange Gerichtsverf nicht mehr eröffnet (BGH FamRZ 2014, 1285; BGH NJW 2013, 385; allg s vor § 567 ZPO Rn 7). Für Kindschaftssachen wurde angesichts einer Entscheidung des Europäischen Gerichtshofs für Menschenrechte (FamRZ 2015, 469) die **Beschleunigungsbeschwerde** gem § 155c eröffnet. 5

Entscheidungen nach dem **IntFamRVG** können gem § 40 II IntFamRVG mit der Beschwerde nach § 58 angefochten werden. Es gelten danach aber zT abw Regelungen: Beschwerde- und Begründungsfrist 2 Wochen, keine Anwendung von § 65 II, § 68 IV und § 69 I Hs 2, keine Rechtsbeschwerde statthaft. 6

Zum **Übergangsrecht** anlässl des **Inkrafttretens des FamFG** sowie dem ggf geltenden Grundsatz der „**Meistbegünstigung**" s 34. Aufl Rn 7. 7

Unterabschnitt 1
Beschwerde (§§ 58-69)

§ 58 Statthaftigkeit der Beschwerde

(1) Die Beschwerde findet gegen die im ersten Rechtszug ergangenen Endentscheidungen der Amtsgerichte und Landgerichte in Angelegenheiten nach diesem Gesetz statt, sofern durch Gesetz nichts anderes bestimmt ist.

(2) Der Beurteilung des Beschwerdegerichts unterliegen auch die nicht selbständig anfechtbaren Entscheidungen, die der Endentscheidung vorausgegangen sind.

I) Allgemein. § 58 bestimmt die Beschwerde als Einheitsrechtsmittel gegen **erstinstanzl Endentscheidungen**. Zur **Untätigkeitsbeschwerde** s vor § 58 Rn 5. 1

II) Anwendungsbereich. Die Vorschrift ist auf alle erstinstanzl Endentscheidungen anwendbar, die nach dem FamFG ergehen. Insb ist die Beschwerde gegen alle Endentscheidungen in FamSachen (§ 111), sowohl der Verf der **freiw Gerichtsbarkeit** als auch der **Ehesachen** (§ 121) und **FamStreitsachen** (§ 112). Zwar wird für letztere Verf in § 113 I weitgehend die ZPO für anwendbar erklärt; dies betrifft aber (ua) nicht die Vorschriften über die Beschwerde. Zu beachten sind in diesen Verf aber die teilw von §§ 58 ff **abweichende Regelungen** in § 117. 2

III) Anfechtung von Endentscheidungen (§ 58 I). 1) Allgemein. Endentscheidungen sind nach der Definition in § 38 I 1 solche Entscheidungen, durch die der Verfahrensgegenstand ganz oder teilw erledigt wird. Gemeint sind Beschlüsse, durch die die **Instanz** ganz oder (bei Teilentscheidung, BGH FamRZ 2011, 282) zumindest für einen Verfahrensgegenstand **abgeschlossen** wird (iE s § 38 Rn 3), die nach Zivilprozessrecht als Urteile oder urteilsersetzende Beschlüsse ergehen würden (BGH FamRZ 2015, 743 Tz 9). Der Anfechtbarkeit steht nicht entgegen, wenn eine Endentscheidung als „Verfügung" bezeichnet wird (OLG Frankfurt FamRZ 2024, 1039). **Nicht anfechtbar** ist ein Beschluss, die Akten wegen Nichtbetreibens wegzulegen (OLG Düsseldorf FamRZ 2018, 49) oder das Verf nicht zu beenden (OLG Hamm MDR 2018, 620). – Endentscheidungen sind auch Beschlüsse, durch die über den Erlass, die Ablehnung oder die Aufhebung einer **einstweiligen Anordnung** entschieden wird (OLG Stuttgart NJW 2009, 3733), da das Verf der einstw Anordnung ein selbständiges Verf ist (§ 51 III 1; sa vor § 49 Rn 1). Die Anfechtbarkeit ist aber gem § 57 eingeschränkt. – Gem § 58 anfechtbar ist auch die Zurückweisung eines **Arrestantrags** ohne mündl Verh, da es sich um eine Endentscheidung iSv § 38 I 1 handelt und – anders als zB § 99 II 1, § 91a II ZPO (s BGH FamRZ 2011, 1933) – die in § 119 II angeführten Vorschriften auf §§ 567 ff ZPO nicht verweisen (OLG Brandenburg FamRZ 2014, 1389; OLG Karlsruhe FamRZ 2011, 234; OLG München FamRZ 2011, 746; aA KG FamRZ 2014, 148; KG FamRZ 2013, 1673; OLG Celle MDR 2013, 661; OLG Oldenburg MDR 2012, 472; OLG Frankfurt FamRZ 2012, 1078); auch 1422 FamGKG-KV geht von Gleichstellung mit einstw Anordnung aus, also Beschwerde nach § 58. Unstr gem § 58 anfechtbar ist die Arrestentscheidung nach mündl Verh (OLG Nürnberg FamRZ 2018, 1102). Ebenso sind gem § 58 anfechtbar: ein Beschluss über die Billigung einer Umgangsvereinbarung gem **§ 156 II** (BGH FamRZ 2019, 1616) sowie die Entscheidung über die **Berufsmäßigkeit** einer Pflegschaft (BGH FamRZ 2014, 1283). Zur Anfechtung eines **Akteneinsichtsgesuchs** s § 13 Rn 10. Weitere **Einzelfälle** s § 38 Rn 6a; zur **Teilanfechtung** s § 65 Rn 5. 3

2) Isolierte Kostenentscheidung. Es ist zu differenzieren: **a)** Sofern das FamG in **fG-Verfahren** (s vor § 23 Rn 1) eine isolierte Kostenentscheidung gem §§ 83, 84 nach Erledigung der Hauptsache oder Rücknahme des Antrags trifft, ist sie gem § 58 anfechtbar, da es sich um eine Endentscheidung iSv § 38 I 1 handelt (s § 38 Rn 3). Zur Problematik der erforderl Beschwer s § 61 Rn 6. – **b)** In **Ehesachen** (§ 121) und **FamStreitsachen** (§ 112) 4 sind hinsichtl der Kostenentscheidung gem § 113 I die Vorschriften der ZPO anwendbar, was eine Anfechtung der Kostenentscheidung nach Anerkenntnis, Rücknahme und Hauptsachenerledigung gem §§ 567 ff ZPO einschließt (BGH FamRZ 2011, 1933).

5 **3) Isolierte Anfechtung der Kostenentscheidung.** Wird die in einer Hauptsacheentscheidung getroffene Kostenentscheidung angegriffen, ist ebenfalls zu differenzieren: **a)** In Verf der **freiwilligen Gerichtsbarkeit** (s vor § 23 Rn 1) kann diese Kostenentscheidung mit der Beschwerde gem § 58 – anders als nach § 99 I ZPO – auch dann angegriffen werden (s § 81 Rn 14), wenn gegen die Entscheidung in der Hauptsache keine Beschwerde eingelegt wird (BGH MDR 2012, 243; BGH FamRZ 2011, 1933 Tz 24). Auch insoweit muss aber die nach § 61 I ggf erforderl Beschwer erreicht sein (s § 61 Rn 6). – **b)** In **Ehesachen** (§ 121) und **FamStreitsachen** (§ 112) ist eine isolierte Anfechtung auf Grund der Verweisung von § 113 I auf § 99 I ZPO grds (Ausnahme: entspr § 99 II ZPO) nicht zulässig (BGH MDR 2018, 243 = FamRZ 2019, 551; BGH FamRZ 2011, 1933 Tz 24). Dies gilt auch, soweit die Kostenentscheidung gem § 243 auf Ermessenserwägungen beruht (BGH FamRZ 2011, 1933 Tz 24).

6 **4) Rechtspflegerentscheidungen.** Gegen diese ist gem § 11 I RPflG das nach dem FamFG vorgesehene Rechtsmittel (Beschwerde gem § 58 oder sof Beschwerde entspr §§ 567 ff ZPO) statthaft (KG FamRZ 2011, 494; OLG Düsseldorf FamRZ 2011, 485). Ist gegen die Entscheidung nach den allg verfahrensrechtl Vorschriften ein Rechtsmittel entweder nicht statthaft oder (zB wegen Nichterreichens des Beschwerdewerts, § 61 I) nicht zulässig, kann gegen sie gem § 11 II RPflG binnen der für die sof Beschwerde geltenden Frist Erinnerung eingelegt werden (BGH MDR 2012, 1242). Über diese entscheidet der Richter des AG.

7 **5) Ausschluss der Beschwerde.** Dieser ist angeordnet: weitgehend in Verf der **einstweiligen Anordnung** (§ 57); gegen Beschlüsse über eine **Annahme als Kind** (§ 197 III 1) und eine Befreiung vom **Eheverbot** nach § 1308 I BGB (§ 198 III).

8 **IV) Anfechtung von Zwischen- und Nebenentscheidungen. 1) Grundsatz der Unanfechtbarkeit.** Zwischen- und Nebenentscheidungen sind wie nach der ZPO **grds nicht selbständig anfechtbar** (BGH FamRZ 2012, 1204; OLG Köln FamRZ 2011, 397). Soweit eine Beschwerdemöglichkeit nicht ausdrückl eingeräumt ist, sind sie entweder überhaupt nicht oder aber nur zusammen mit der Hauptsacheentscheidung (s Rn 11) anfechtbar. Lässt das FamFG die selbständige Anfechtbarkeit von Zwischen- und Nebenentscheidungen zu, orientiert es sich an den Verhältnissen im Zivilprozess und sieht die **sofortige Beschwerde** in entspr Anwendung der §§ 567-572 ZPO vor.

9 **2) Anfechtung von Zwischenentscheidungen. a) Isolierte Anfechtbarkeit.** Sie ist nur eröffnet, wenn dies im Gesetz ausdrückl angeordnet wird (BGH FamRZ 2011, 282; OLG Koblenz FamRZ 2013, 798; OLG Brandenburg FamRZ 2010, 1464; PH/Abramenko Rn 17). **Einzelfälle** der Anfechtbarkeit: § 6 II (Zurückweisung eines Ablehnungsgesuchs), § 7 V 2 (Ablehnung der Hinzuziehung als Beteiligter), § 21 II (Aussetzung des Verf), § 33 V 5 (Ordnungsmittel gegen Beteiligten), § 35 V (Anordnung von Zwangsmaßnahmen), § 42 III 2 (Berichtigung des Beschlusses), § 76 II (Beschluss im VKH-Verf), § 87 IV (Beschluss im VollstrVerf). Nach OLG Stuttgart FamRZ 2014, 1930 auch Entscheidung über internationale Zuständigkeit. – Das Verf über die sof Beschwerde bestimmt sich in diesen Angelegenheiten nach den ausdrückl jew für anwendbar erklärten Vorschriften der §§ 567 ff ZPO. Mangels Verweises auf die Kostenvorschriften der ZPO ergeht eine Kostenentscheidung nach §§ 80 ff (zB s § 87 Rn 10). Die – ggf nach dem Beschwerdeverf – rechtskräftige Entscheidung ist **für das weitere Verfahren bindend**, wie sich aus II ergibt (PH/Abramenko Rn 19; Fröschle FamRZ 2011, 284; Begr RegE BTDrs 16/6308, 204).

10 **b) Unanfechtbarkeit angeordnet.** Dies ist zB der Fall: § 3 III (Verweisung bei Unzuständigkeit), § 5 III (Bestimmung der Zuständigkeit), § 10 III 1 (Zurückweisung eines Bevollmächtigten), § 12 S 3, § 10 III 1 (Zurückweisung eines Beistands), § 13 IV 3 (Überlassung der Akten zur Einsicht; s § 13 Rn 7), § 19 II (Gewährung der WE), § 93 I 3 (Einstellung der Vollstreckung in Umgangs- und Herausgabeverf), § 165 V 1 (Feststellung der Erfolglosigkeit eines Vermittlungsverf), § 242 (Einstellung der Vollstreckung in Unterhaltssachen bei Abänderungsantrag), § 250 II 3 (Zurückweisung des Antrags im vereinf Unterhaltsverf). – Die Unanfechtbarkeit hat zur Folge, dass sie auch der Entscheidung des Beschwerdegerichts zu Grunde zu legen sind (PH/Abramenko Rn 16; Fröschle FamRZ 2011, 284; Begr RegE BTDrs 16/6308, 204; aA wohl BGH für Akteneinsicht, s § 13 Rn 7).

11 **c) Nicht isoliert anfechtbare Entscheidungen (§ 58 II).** In FamSachen betrifft das zB folgende Entscheidungen: Anordnung zur Teilnahme an einem Informationsgespräch zur Mediation usw (§ 135 I 2, § 156 I 5), Abtrennung einer Folgesache aus dem Scheidungsverbund (§ 140 VI, OLG Bremen FamRZ 2011, 753), Entscheidungen hinsichtl der Verfahrensbeistandschaft (§ 158 III 4), Anordnungen zu Auskunftspflichten im Unterhaltsverf (§ 235 IV, § 236 V). Dies gilt auch für einen Abgabebeschluss nach § 4 S 1 (BGH FamRZ 2011, 282) sowie Verbindungs- und Trennungsbeschlüsse. Diese Entscheidungen sind gem II zusammen **mit der Endentscheidung** zu überprüfen (BGH FamRZ 2011, 282; OLG Bremen FamRZ 2011, 753). Zum Beweisbeschluss s Rn 13.

12 **d) Zwischenentscheidungen in Ehe- und FamStreitsachen.** Auch diese können nur bei entspr ges Bestimmung selbständig angefochten werden; anderenfalls können sie nur mit der Beschwerde gegen die Endentscheidung zur Überprüfung gestellt werden, sofern die Zwischenentscheidung nicht ausdrückl für unanfechtbar er-

klärt ist (BGH FamRZ 2015, 743; BGH FamRZ 2011, 282 Tz 12 f). Soweit diese Entscheidungen auf Grund der Verweisung in § 113 I nach den entspr Vorschriften der ZPO getroffen werden, bestimmt sich danach ihre Anfechtbarkeit. Anwendbar ist insoweit nicht nur § 567 I Nr 1 ZPO, sondern auch die Generalklausel in § 567 I Nr 2 ZPO (BGH FamRZ 2015, 743; PH/Helms § 113 Rn 18).

V) Verfahrensleitende Anordnungen. Sie sind – soweit nicht ges angeordnet (zB § 382 IV) – entspr den allg prozessualen Grundsätzen nicht anfechtbar (PH/Abramenko Rn 8). Das gilt zB für Terminsbestimmungen, rechtl Hinweise und Meinungsäußerungen (BGH NJW 80, 2521; BayObLG NJW-RR 99, 292), verfahrensleitende Anordnungen iSv § 35 (s § 35 Rn 2) oder die Beweisaufnahme vorbereitende Anordnungen (OLGR Düsseldorf 1993, 94). Dies gilt grds auch für einen **Beweisbeschluss** (§ 30 I FamFG iVm § 355 II ZPO; OLG Brandenburg FamRZ 2023, 462; OLG Frankfurt FamRZ 2018, 453; OLG Koblenz FamRZ 2013, 798), es sei denn, er hat bereits eine Verletzung von Grundrechten zur Folge, die sich im weiteren Verf nicht mehr (vollständig) beheben ließe (BGH FamRZ 2022, 1546; OLG Nürnberg FamRZ 2014, 677; OLG Frankfurt FamRZ 2016, 1799; OLG Jena FamRZ 2015, 1994 bei obj willkürl Entscheidung; sa BVerfG FamRZ 2019, 548; BVerfG FamRZ 2013, 1195). Letzteres ist bei Beweisbeschluss für ein psychologisches SV-Gutachten nicht der Fall (OLG Brandenburg FamRZ 2023, 462; OLG Frankfurt FamRZ 2018, 453). Nicht anfechtbar ist in FamSachen die **Ankündigung** einer Entscheidung (OLG Köln FGPrax 2011, 49). 13

VI) Beschwerdegericht. Zuständig für die Entscheidung über die Beschwerden „in den von den FamG entschiedenen Sachen" ist gem § 119 I Nr 1a, b GVG das OLG. Diese **formelle Anknüpfung** führt dazu, dass das OLG unabhängig davon zur Entscheidung berufen ist, ob das FamG tatsächl in einer FamSache iSv § 111 entschieden hat (BGH NJW 91, 231). Diese formelle Anknüpfung gilt auch für die Frage, ob beim OLG ein **Familiensenat** oder ein allg Zivilsenat zuständig ist (BGH FamRZ 2025, 42 auch zum anzuwendenden Verfahrensrecht; BGH FamRZ 2007, 124). Zu Einzelheiten s § 119 GVG Rn 5 f. Die Beschwerde kann auch in der Sache nicht darauf gestützt werden, dass das FamG seine Zuständigkeit zu Unrecht angenommen hat (§ 65 IV). 14

VII) Gebühren. 1) Gericht: Es fallen VerfGeb an (1120, 1211, 1222, 1314, 1322, 1411, 1422, 1720, 1910 ff FamGKG-KV), die sich bei streitfreier Erledigung ermäßigen. Die isolierte Kostenentscheidung ist auch dann noch streitfrei (u hindert die Ermäßigung nicht), wenn sie ledigl den mitgeteilten Willen der Beteiligten wiederholt. – **2) RA:** Vorbem 3.2.1 Nr 2b RVG-VV; 3200 ff RVG-VV. Keine Ermäßigung durch die Art der Erledigung, sondern nur bei vorzeitiger Beendigung des Auftrags (3201 RVG-VV). – Bei Beschwerden, die sich nicht gegen Endentscheidungen (§ 58 I, § 38 I 1) wegen des Hauptgegenstands richten, zB Kostenentscheidungen: 3500 RVG-VV. – **3)** Zum **Wert** s Anh FamFG-Verfahrenswerte Rn 1.38. 15

§ 59 Beschwerdeberechtigte

(1) Die Beschwerde steht demjenigen zu, der durch den Beschluss in seinen Rechten beeinträchtigt ist.

(2) Wenn ein Beschluss nur auf Antrag erlassen werden kann und der Antrag zurückgewiesen worden ist, steht die Beschwerde nur dem Antragsteller zu.

(3) Die Beschwerdeberechtigung von Behörden bestimmt sich nach den besonderen Vorschriften dieses oder eines anderen Gesetzes.

I) Allgemein. Die Vorschrift regelt mit § 60 die Beschwerdebefugnis. I und II differenzieren zwischen Amts- und Antragsverf. III trifft eine bes Regelung für Behörden. Der allg Bestimmung des § 59 gehen **Spezialvorschriften** in den weiteren Büchern des FamFG vor, in FamSachen von Bedeutung ist § 184 III für **Abstammungssachen** sowie § 335 in Verf zur **Unterbringung** Minderj (BGH FamRZ 2013, 115). 1

II) Beschwerdeberechtigung gem § 59 I. 1) Materielle Beschwer. Maßgebl Kriterium für die Beschwerdeberechtigung ist sowohl in **Amts- wie in Antragsverfahren** die Beeinträchtigung eigener Rechte durch den angefochtenen Beschluss (BGH FamRZ 2024, 1115). Eines darüber hinausgehenden Rechtsschutzbedürfnisses bedarf es idR nicht (BGH FamRZ 2009, 1130). In den sog **Amtsverfahren** (s § 24 Rn 1; insb Umgangs- und Sorgerechtsverf gem § 1666 BGB) kommt es allein auf die materielle Beeinträchtigung subj Rechte an (OLG Karlsruhe FamRZ 2024, 184; OLG Hamm FGPrax 2010, 143). Maßgebend ist der **Entscheidungssatz** des Beschlusses (BGH FamRZ 2024, 1115), eine als negativ empfundene Begründung genügt nicht; s Rn 8. Auf einen erstinstanzl gestellten „Antrag" kommt es in Amtsverf nicht an, da dieser nur die Bedeutung einer Anregung hat (vgl § 24). Zur Beschwerdeberechtigung in Antragsverf s Rn 9 ff. 2

2) Rechtsbeeinträchtigung. Eine Rechtsbeeinträchtigung iSv I erfordert einen **unmittelbaren Eingriff** in ein im Zeitpunkt der Entscheidung bestehendes **subjektives Recht** (BGH ZIP 2024, 1000; BGH MDR 2014, 1407; BGH FamRZ 2011, 465) des Beschwerdeführers, indem der Beschluss das Recht aufhebt, beschränkt, mindert oder gefährdet, die Ausübung des Rechts stört oder erschwert oder eine Verbesserung der Rechtsstellung vorenthält (BGH ZIP 2024, 1000; BGH MDR 2023, 1124; BGH FamRZ 2021, 1357; BGH MDR 2014, 1407). Gemeint ist damit eine direkte Auswirkung auf eigene materielle, nach öffentl oder privatem Recht geschützte **Rechtspositionen** (BGH FamRZ 2024, 1115; BGH FamRZ 2021, 1357 Tz 30; BGH FamRZ 2017, 623 Tz 25). Eine Beeinträchti- 3 gung allein wirtschaftl, ideeller oder sonstiger **Interessen** an der Änderung oder Beseitigung der Entscheidung genügt nicht (BGH FamRZ 2024, 1115; BGH FamRZ 2021, 1357 Tz 30; BGH FamRZ 2017, 863 Tz 13; BGH FamRZ 2017, 623 Tz 25), ebenso wenig mittelbare Auswirkungen, die nur tatsächl „präjudizielle" Wirkung auf andere, gleich gelagerte Fälle haben (BGH FamRZ 2017, 623 Tz 25), sowie die Möglichkeit künftiger Rechtsbeeinträchtigung (OLG Karlsruhe FamRZ 2024, 719). Der Begriff der Rechtsbeeinträchtigung iSv I ist inhaltsgleich mit dem Begriff der unmittelbaren Rechtsbetroffenheit in § 7 II Nr 1 (BGH FamRZ 2024, 1115). – Aus dem Elternrecht des **Art 6 GG** allein lässt sich eine Beschwerdebefugnis nicht ableiten (BGH FamRZ 2016, 1146 = MDR 2016, 725). Eine Verletzung allein von **Verfahrensvorschriften** (zB Anhörungspflichten) begründet für sich keine Beschwerdeberechtigung, sondern nur, wenn der Rechtsmittelführer durch die verfahrenswidrig ergangene Entscheidung gleichzeitig in materiellen Rechten betroffen ist und es bei einer korrekten Verfahrensgestaltung auch in mat-rechtl Hinsicht zu einer günstigeren Entscheidung hätte kommen können (BGH FamRZ 2024, 1647; BGH FamRZ 2019, 229; BGH FamRZ 2016, 1062; OLG Zweibrücken FamRZ 2021, 299 für gefährdete Anerkennung im Ausland). In der Verpflichtung zur Abgabe einer **Willenserklärung** liegt eine Beschwer (BGH FamRZ 2013, 1218), ebenso in einem vollstreckbaren **Ge- oder Verbot** (BVerfG 6.2.2025 – 1 BvR 2126/24, FamRZ 2025, 874). Mangels Beschwer kann eine Beschwerde nicht zur Einführung eines **neuen Verfahrensgegenstands** eingelegt werden (OLG Köln FamRZ 2023, 630; sa § 65 Rn 7). – In Verf zur Genehmigung der **Unterbringung** Minderj bestimmt sich die Beschwerdebefugnis gem § 335 (BGH FamRZ 2013, 115).

4 **3) Eigenes Recht. a) Grundsätze.** Beschwerdeberechtigt ist grds nur, wer die Verletzung **eigener Rechte** geltend macht. Bei (ges) Vertretung (s BayObLG FamRZ 2003, 1219) ist maßgebend die Verletzung der Rechte des **Vertretenen** als materiell Berechtigtem (PH/Abramenko Rn 12). Vgl aber auch § 60. Ein **Verfahrensbeistand** in Kindschafts-, Abstammungs- und Adoptionssachen kann im Interesse des Kindes Beschwerde einlegen (§ 158 IV 5, § 174 S 2, § 191 S 2). Er handelt dabei kraft seiner verfahrensrechtl Stellung im eigenen Namen, nicht in Vertretung des Kindes. Zur Beschwerdebefugnis von Behörden, insb **Jugendamt** s Rn 17 f.

5 **b) Einzelfälle fehlender Beschwerdeberechtigung. Pflegeeltern** hinsichtl einer Umgangsregelung (OLG Köln FamRZ 2011, 233; zum früheren Recht BGH FamRZ 2005, 975) oder der elterl Sorge (BGH FamRZ 2020, 498), insb der Auswahl eines Ergänzungspflegers (BGH FamRZ 2020, 498) oder Vormunds (OLG Nürnberg FamRZ 2014, 1473; OLG Nürnberg FamRZ 2014, 1864; Karlsruhe 2013, 1665, das in Sonderkonstellation Analogie zu § 303 II, § 335 I Nr 1 für geboten erachtet), bezügl Aufsichtsmaßnahme gegenüber Vormund bzw Ergänzungspfleger (OLG Koblenz FamRZ 2024, 1561); **der nicht sorgeberechtigte Elternteil** gegen eine Umgangsregelung zu Gunsten des anderen Elternteils bei Fremdunterbringung (OLG Bremen NJW-RR 2012, 1354), gegen eine Verbleibensanordnung (OLG Koblenz FamRZ 2014, 1393), gegen die Herausnahme des Kindes aus seinem Haushalt (KG FamRZ 2014, 1317), gegen die Ablehnung einer Sorgerechtsentscheidung gem § 1666 BGB ggü dem anderen Elternteil (OLG Hamburg FamRZ 2015, 599; OLG Brandenburg FamRZ 2014, 1649; OLG Celle FamRZ 2011, 121; zum früheren Recht: BGH FamRZ 2009, 220 = MDR 2009, 206; offen gelassen in BGH FamRZ 2010, 1242; aA OLG Hamm FamRZ 2013, 1989 unter Hinweis auf § 1680 III BGB; OLG Schleswig FamRZ 2012, 725 für § 7; sa Rn 5a) oder die Auswahl des Vormunds (OLG Stuttgart FamRZ 2024, 1547; OLG Brandenburg FamRZ 2012, 1578; aA für den Fall, dass die Bestellung eines nahen Verwandten begehrt wird, OLG Braunschweig FamRZ 2023, 1028; OLG Karlsruhe FamRZ 2023, 202) oder seiner Entlassung (OLG Bremen FamRZ 2024, 1891); der (mit-)**sorgeberechtigte Elternteil** gegen die Ablehnung einer Maßnahme gem § 1666 BGB ggü dem anderen Elternteil oder Dritten (OLG Frankfurt FamRZ 2025, 515); die **Großeltern**, auch wenn sie das Kind betreuen, hinsichtl der Sorgerechtsübertragung auf den Vater und einen Pfleger (BGH FamRZ 2011, 552 [Luthin]), der Versagung der Bestellung zum Vormund (BGH FamRZ 2013, 1380: aber Rechtspflegererinnerung; OLG Koblenz FamRZ 2021, 955; sa BVerfG FamRZ 2014, 1435) und der Ablehnung/Aufhebung einer Maßnahme gem § 1666 BGB gegen die Eltern (OLGR Brandenburg 2009, 466); die **Eltern** gegen die Ablehnung von Maßnahmen gem § 1666 BGB gegenüber Dritten (OLG Brandenburg FamRZ 2022, 1034 [Fischer]; OLG Bamberg NJW 2021, 2521; aA OLG Frankfurt FamRZ 2021, 1633; sa Rn 7) oder dem anderen Elternteil (OLG Braunschweig FamRZ 2024, 1025 = MDR 2024, 784; OLG Brandenburg FamRZ 2022, 1036); die Eltern, denen das gesamte Sorgerecht entzogen wurde, gegen die Genehmigung einer Maßnahme des Vormundes (OLG Hamm MDR 2011, 1479) oder die Auswahl von Vormund/Pfleger (OLG Celle FamRZ 2012, 1826; OLG Oldenburg FamRZ 2013, 235) oder Ergänzungspfleger (OLG München FamRZ 2016, 1288); das minderj **Kind** gegen die Ablehnung der Adoption (OLG Nürnberg FamRZ 2012, 804); der **Vertragspartner** bei Ablehnung der Genehmigung eines Rechtsgeschäfts (OLG Celle FamRZ 2012, 1066), es sei denn, er macht geltend, dass das Rechtsgeschäft ihm gegenüber wirksam und gem § 48 III unabänderl geworden sei (BGH MDR 2016, 229); der an der Übernahme der **Pflegschaft** interessierte Verwandte gegen die Ablehnung der Bestellung (OLG Frankfurt MDR 2012, 1466); ein an der Übernahme der **Vormundschaft** interessierter Verwandter (BGH FamRZ 2013, 1380; OLG Hamm FamRZ 2015, 522); der Vormund mit dem Ziel der Bestellung eines anderen (OLG Hamburg FamRZ 2014, 954); der **Insolvenzverwalter** über das Vermögen eines Ehegatten (OLG Brandenburg NJW-RR 2015, 386); der potentiell erbberechtigte Angehörige sowie ein Erbe/Nachlasspfleger hinsichtl der **Vaterschaftsfeststellung** (BGH FamRZ 2017, 623 Tz 25; BGH FamRZ 2018, 764); der biologische Vater im Anfechtungsverfahren (OLG Köln FamRZ 2019, 726). Zur Beschwerdebefugnis in **Adoptionssachen** s BGH FamRZ 2024, 1115.

c) Einzelfälle einer Beschwerdeberechtigung. Eltern bei Einschränkungen ihres Sorge- (BGH FamRZ 2020, 585) und Umgangsrechts, der Ablehnung eines Umgangs (OLG Frankfurt FamRZ 2021, 205; OLG Brandenburg FamRZ 2015, 1993), der Änderung des gemeinsamen Namens (BGH FamRZ 2020, 585), der Auswahl des Ergänzungspflegers (OLG Nürnberg FamRZ 2014, 1864), der Versagung einer familienrechtl Genehmigung (OLG Zweibrücken FamRZ 2012, 1961); der **Vater** gegen die Ablehnung einer Entscheidung nach § 1680 III BGB, auch wenn es nur um das Aufenthaltsbestimmungsrecht geht (BGH FamRZ 2010, 1242; OLG Nürnberg FamRZ 2010, 994); jeder **Elternteil** gegen die Ablehnung der Übertragung des Sorgerechts auf ihn (OLG Brandenburg NJW 2010, 3245; OLG Naumburg FamRZ 2010, 1918), auch bei Rückübertragung auf anderen Elternteil nach Sorgerechtsentzug gem § 1666 BGB (BGH FamRZ 2016, 1146 = MDR 2016, 725) und die Bestellung des Jugendamts zum Pfleger statt eines nahen Angehörigen (OLG Karlsruhe FamRZ 2023, 202; OLG Saarbrücken FamRZ 2014, 1866); der Adressat eines **Kontaktverbots** gem § 1632 II BGB (BGH FamRZ 2010, 1975); **Pflegeeltern** gegen die Ablehnung einer beantragten Verbleibensanordnung (OLG Karlsruhe FamRZ 2024, 184; OLG Frankfurt FamRZ 2022, 1119); der **Vormund/Pfleger** (auch das Jugendamt) gegen seine Entlassung (OLG Bremen FamRZ 2025, 608; OLG Frankfurt FamRZ 2022, 1119; OLG Brandenburg FamRZ 2020, 349), die Anordnung einer Ergänzungspflegschaft (OLG Celle Rpfleger 2013, 88) und die Feststellung der Beendigung der Vormundschaft (BGH FamRZ 2018, 601); das **Jugendamt** gegen seine Bestellung zum Pfleger (BGH FamRZ 2012, 292; OLG Brandenburg FamRZ 2022, 1946; KG FamRZ 2010, 1998), nicht aber gegen die Anordnung der Pflegschaft selbst oder deren Ablehnung (BGH FamRZ 2012, 292; OLG Brandenburg FamRZ 2022, 1946). Bei Entscheidungen zum Sorgerecht beschwerdeberechtigt ist neben den Eltern das **Kind**, wenn es 14 Jahre alt ist (§ 60). Dies gilt auch bei Ablehnung einer Entscheidungen gem § 1666 BGB, da der Sorgepflicht nach § 1626 BGB ein Recht des Kindes entspricht (OLG Bamberg NJW 2021, 2521; OLG Hamburg FamRZ 2018, 105; OLG Brandenburg FamRZ 2014, 1649; aA OLG Düsseldorf FamRZ 2011, 1081 [abl Stößer FamRB 2011, 172]; wie hier wohl auch BGH MDR 2011, 1293) sowie Anordnung einer Ergänzungspflegschaft (KG FamRZ 2018, 1673). 5a

d) Beschwerdeberechtigung in Versorgungsausgleichssachen. Beschwerdeberechtigt sind neben den Sozialversicherungsträgern und Trägern einer beamtenrechtl oder berufsständischen Versorgung auch die betriebl und privaten **Versorgungsträger** (BGH FamRZ 2013, 207 [Borth]) unabhängig von einer rechnerischen Schlechterstellung bereits dann, wenn sie – hinsichtl der bei ihnen bestehenden oder erst zu begründenden Anrechte (BGH FamRZ 2013, 610; OLG Bamberg FamRZ 2013, 1019) – eine Beschwer durch **gesetzwidrige Durchführung** des VersAusgl rügen, unabhängig davon, ob das Anrecht zu hoch oder zu niedrig bewertet worden sein soll (BGH FamRZ 2017, 435; BGH FamRZ 2015, 2125; BGH MDR 2012, 650). Dies gilt auch für den Versorgungsträger, dessen Anrecht übersehen wurde (OLG Nürnberg FamRZ 2014, 1703). Keine Beschwerdebefugnis des Versorgungsträgers besteht aber, wenn der Ausgleich nach § 3 III, § 27 VersAusglG oder auf Grund einer Vereinbarung der Eheleute **unterbleibt** (BGH FamRZ 2013, 612; OLG Schleswig FamRZ 2012, 378; OLG Bamberg FamRZ 2011, 1232), Ausgleichsansprüchen nach der Scheidung vorbehalten wird (BGH FamRZ 2013, 612) oder hinsichtl der Erledigung des Scheidungsverf (OLG Nürnberg FamRZ 2018, 241). Hingegen besteht die Beschwerdebefugnis des Versorgungsträgers bei einer Rüge, das Gericht habe die Voraussetzungen der Bagatellklausel (**§ 18 VersAusglG**) unrichtig beurteilt und daher den Ausgleich zu Unrecht durchgeführt oder davon abgesehen (BGH FamRZ 2013, 612; inzident BGH FamRZ 2015, 313 [Borth]; OLG Nürnberg FamRZ 2022, 521; OLG Düsseldorf FamRZ 2020, 750; aA OLG Nürnberg MDR 2016, 465; OLG Schleswig FamRZ 2012, 378), insb wenn bei miteinander verbundenen Anrechten (sog „Bausteine" einer Versorgung) eines nicht ausgeglichen wird (OLG Karlsruhe FamRZ 2013, 314; OLG Frankfurt FamRZ 2012, 1308). Keine Beschwerdebefugnis besteht aber, wenn sich die angefochtene Regelung nicht auf ein bei dem Beschwerdeführer bestehendes Anrecht auswirken kann (OLG Karlsruhe FamRZ 2024, 1365), insb die gerügte unzutreffende Anwendung von § 18 VersAusglG allein das bei einem *anderen* Versorgungsträger intern auszugleichende Anrecht betrifft (BGH FamRZ 2017, 435); wohl aber, wenn ein bei einem anderen Versorgungsträger bestehendes Anrecht gem § 18 VersAusglG ausgeschlossen wurde, das im Fall seiner Teilung gem § 10 II VersAusglG, § 120f SGB VI mit dem bei ihm bestehenden Anrecht verrechnet werden könnte (OLG Düsseldorf FamRZ 2011, 1404). Nach OLG Nürnberg (OLG Nürnberg MDR 2012, 717; aA OLG Köln FamRZ 2013, 1042) ist ein Versorgungsträger nicht beschwert, wenn das Anrecht dem schuldrechtl VersAusgl vorbehalten wird. – **Ehegatten** sind nur beschwerdeberechtigt, wenn sie eine Beeinträchtigung ihrer Rechte geltend machen (OLG Bremen FamRZ 2018, 1583). Der **InsVerwalter** über das Vermögen eines Ehegatten ist beschwerdeberechtigt, wenn ein Anrecht betroffen ist, das zur Insolvenzmasse gehören kann (BGH FamRZ 2021, 1357; OLG Frankfurt FamRZ 2022, 1360). 5b

4) Weitere Voraussetzungen. Die Rechtsbeeinträchtigung muss **zur Zeit** des Erlasses des angefochtenen Beschlusses (BGH FamRZ 1989, 369) und noch bei Beschwerdeeinlegung bestanden haben. Die Beschwerde wird unzulässig, wenn die Beeinträchtigung im Laufe des Beschwerdeverf fortfällt (KG FGPrax 1998, 191; für Berufung BGH FamRZ 2006, 402). Um eine Verwerfung der Beschwerde zu vermeiden, hat der Beschwerdeführer die Hauptsache für erledigt zu erklären und das Rechtsmittel auf die Kosten zu beschränken (OLG Brandenburg FamRZ 2017, 229; PH/Abramenko Rn 9). – Bei **mehreren selbständigen Verfahrensgegenständen** muss sich die Beschwerdebefugnis auf den konkreten Beschwerdegegenstand beziehen (BGH FamRZ 2012, 292). 6

7 Unerhebl ist, ob der Beschwerdeführer in 1. Instanz förml am Verf **beteiligt** worden ist oder nach § 7 II nur hätte beteiligt werden müssen (Begr RegE BTDrs 16/6308, 204; zur Beschwerdefrist s § 63 Rn 6). Beschwerdeberechtigt ist daher zB in Ehewohnungssachen auch der Vermieter, der in 1. Instanz entgegen § 204 nicht beteiligt worden ist. Umgekehrt begründet allein die Beteiligung am erstinstanzl Verf ohne Rechtsbeeinträchtigung keine Beschwerdebefugnis (OLG Frankfurt MDR 2012, 1466). Allein die **Anregung** eines Amtsverf (§ 24) begründet keine Beschwerdebefugnis für den Fall, dass das Gericht abl entscheidet (s § 24 Rn 2; OLG Frankfurt MDR 2012, 1466; OLG Hamm MDR 2011, 1479; OLG Celle FamRZ 2011, 121; OLG Düsseldorf FGPrax 2010, 105), es sei denn, dadurch wird in ein subjektives Recht eingegriffen (OLG Hamburg FamRZ 2023, 219; OLG Frankfurt FamRZ 2022, 545; OLG Brandenburg FamRZ 2015, 1993 je für Umgang; OLG Koblenz FamRZ 2017, 898). Für Nichteinleitung eines Verf gem § 1666 BGB wegen **Corona-Maßnahmen** ist dies str (für Anfechtbarkeit OLG Frankfurt FamRZ 2021, 1633; dagegen OLG Nürnberg FamRZ 2021, 1635; OLG Bamberg FamRZ 2021, 1385 LS).

8 **5) Feststellung des Beschwerderechts.** Ein Beschwerderecht kann grds nur aus dem Inhalt der **Entscheidungsformel** (BGH FamRZ 2024, 1115; BGH FamRZ 2004, 1024 = MDR 2004, 883), nicht aber allein aus der **Begründung** der angefochtenen Entscheidung hergeleitet werden (BayObLG MDR 2001, 94; OLG Köln Rpfleger 86, 184; KG FamRZ 77, 65). Die Beschwerdeberechtigung hängt nicht von entspr Darlegungen des Rechtsmittelführers ab, sondern ist – auch vom Rechtsbeschwerdegericht – **von Amts wegen** zu prüfen (BGH FamRZ 2024, 1647; PH/Abramenko Rz 13 f). Dies kann wie bei allen Verfahrensvoraussetzungen im Wege des Freibeweises (§ 29) geschehen (s § 29 Rn 4; BGH NJW-RR 2001, 280; PH/Abramenko Rz 14), wobei der Mitwirkung des Beschwerdeführers bes Bedeutung zukommt (s § 26 Rn 4). Er trägt die **Feststellungslast** für in seiner Sphäre liegende Tatsachen (BayObLG FamRZ 2004, 1818). Eine **Rechtsbeeinträchtigung** muss – die Unrichtigkeit der angefochtenen Entscheidung unterstellt – grds tatsächl vorliegen. Es reicht nicht aus, dass sie nur mögl ist (KG FGPrax 98, 191; BayObLG FamRZ 96, 1369). Für die Zulässigkeitsprüfung ist zu fragen, ob ein Recht des Beschwerdeführers beeinträchtigt wäre, wenn die angefochtene Entscheidung sich in seinem Sinne als ungerechtfertigt herausstellen sollte (BGH MDR 63, 39; BayObLG MDR 2001, 94). Ob die Rechtsstellung zu Recht oder zu Unrecht beeinträchtigt wurde, ist eine Frage der Begründetheit des Rechtsmittels. Für Tatsachen, von denen nicht nur die Rechtsbeeinträchtigung, sondern auch die Begründetheit der Beschwerde abhängt (sog **doppelrelevante Tatsachen**), genügt deren schlüssige Behauptung (BGH ZIP 2024, 1000; BGH MDR 2023, 1124; OLG Brandenburg FamRZ 2012, 461; KG NJW-RR 2011, 587).

9 **III) Antragsverfahren (§ 59 II). 1) Allgemein.** Antragsverf sind solche Verf, für deren Einleitung es eines Antrags iSv § 23 bedarf (s § 23 Rn 1). Für sie begründet II kein Beschwerderecht, sondern ggü I eine **Einschränkung** (BGH FamRZ 2018, 1184; BGH FamRZ 2015, 1787). Nicht anwendbar ist II, wenn in einem Amtsverf ein „Antrag" gestellt wurde, da diesem nur der Charakter einer Anregung (§ 24) zukommt (BGH FamRZ 2013, 1380).

10 **2) Zurückweisung des Antrags.** Wenn ein Beschluss nur auf Antrag erlassen werden kann (Bsp: Gewaltschutzverf OLG Brandenburg FamRZ 2019, 629), kann gem II nur der ASt gegen die – auch teilw (BGH NJW 93, 662) – Zurückweisung Beschwerde einlegen. Bei einer **Mehrheit** von mögl **Antragstellern** ist aus verfahrensökonomischen Gründen auch beschwerdeberechtigt, wer den Antrag zwar nicht gestellt hat, ihn aber hätte stellen können (BGHZ 30, 220, 224; BayObLG FamRZ 90, 1265; KG NJW-RR 90, 1292; PH/Abramenko Rn 20), und den Antrag im Zeitpunkt der Beschwerdeeinlegung noch wirksam stellen könnte (BGH NJW 93, 662). Ein anderer Beteiligter ist nicht beschwerdeberechtigt, selbst wenn er durch die Zurückweisung (auch) in seinen Rechten beeinträchtigt sein sollte (BGH ZIP 2020, 1658). – Für den ASt müssen daneben auch die Voraussetzungen von I (**materielle Beschwer**, s Rn 2 ff) erfüllt sein, die Antragszurückweisung allein eröffnet kein Beschwerderecht (BGH FamRZ 2018, 1184; BGH FamRZ 2015, 1787). Ausnahme: Der Antrag wird aus **verfahrensrechtlichen Gründen** zurückgewiesen; denn dies begründet die erforderl Beschwer (BGH FamRZ 2018, 1184; BGH FamRZ 2015, 1787).

11 **3) Stattgabe des Antrags.** Nicht geregelt ist der Fall, dass dem Antrag in vollem Umfang stattgegeben worden ist. In diesem Fall bestimmt sich die Beschwerdebefugnis allein nach I (OLG Koblenz FamRZ 2020, 119; OLG Köln GRUR-Prax 2010, 483; zurückhaltend PH/Abramenko Rn 22). Denkbar ist eine materielle Beschwer dann, wenn dem ASt durch die Stattgabe seines Antrags Rechtspflichten entstehen (Sternal/Jokisch Rn 44). Bes sorgfältiger Prüfung bedarf in diesem Fall aber die Frage, ob das neben einer Beschwerdebefugnis erforderl Rechtsschutzbedürfnis für eine Beschwerde besteht; dieses fehlt zB, wenn der Antrag wirksam (§ 22 I) zurückgenommen werden kann.

12 In den echten **Streitverfahren** der fG (s vor § 23 Rn 4) sowie den FamStreitsachen (s Rn 13) ist hingegen – wie nach der ZPO (s vor § 511 ZPO Rn 13) – grds eine formelle Beschwer erforderl (Sternal/Jokisch Rn 47), da in ihnen ein den Verfahrensgegenstand begrenzender Sachantrag erforderl ist und der Verfahrensgegenstand der Disposition der Beteiligten unterliegt. Sie fehlt idR bei einer vollständigen Stattgabe.

13 **IV) Ehe- und Familienstreitsachen.** Beschwerdeberechtigt ist der Beteiligte, der erstinstanzl mit seinem Begehren ganz oder teilw **erfolglos geblieben** ist. Angesichts der gem § 113 I anzuwendenden Grundsätze des Zivilprozesses ist es gerechtfertigt, die für die ZPO hinsichtl der **Beschwer** entwickelten Grundsätze (zu diesen s vor

§ 511 ZPO Rn 10 ff) entspr anzuwenden (BGH FamRZ 2012, 204; BGH FamRZ 2011, 1929). Die Beschwer ist vom Beschwerdeführer darzulegen und ggf glaubhaft zu machen (OLG Koblenz FamRZ 2019, 623 LS).

In **Ehesachen** ist derj beschwert, **gegen dessen Willen** die Ehe geschieden wird (BGH FamRZ 2024, 1647). IÜ gilt in Ehesachen eine **Besonderheit**: Einer formellen Beschwer bedarf es aber nicht, wenn der Beschwerdeführer sich gegen die Scheidung wendet und mit seinem Rechtsmittel die **Aufrechterhaltung der Ehe** anstrebt. Zwar fehlt es für die Verfolgung eines Rechtsmittels an einem Rechtsschutzbedürfnis, wenn der Rechtsmittelführer durch die anzufechtende Entscheidung nicht beschwert ist, weil seinem Rechtsbegehren insoweit in vollem Umfang stattgegeben worden ist. Die Rspr lässt aber eine Ausnahme von diesem Grundsatz im Interesse einer Aufrechterhaltung der Ehe zu, wenn das Rechtsmittel eingelegt wird, um von dem Scheidungsverlangen Abstand zu nehmen und den Fortbestand der Ehe zu erreichen (BGH FamRZ 2017, 1764; BGH FamRZ 2013, 1366). Der **Antragsteller**, auf dessen Antrag hin die Scheidung ausgesprochen wurde, kann daher mit seiner Beschwerde auf den Scheidungsantrag verzichten oder ihn zurücknehmen; Voraussetzung ist aber, dass er in der Beschwerdebegründung deutl erkennen lässt, dass die Ehe aufrechterhalten werden soll, und vorbehaltlos die Rücknahme seines Scheidungsantrags erklärt oder einen Verzicht (§ 113 I 1 FamFG, § 306 ZPO) ankündigt (BGH FamRZ 2017, 1764; BGH FamRZ 2013, 1666; OLG Frankfurt FamRZ 2019, 619; OLG Zweibrücken FamRZ 2013, 652). Der **Antragsgegner** kann mit seiner Beschwerde seine Zustimmung zur Scheidung, die grds seiner Beschwer entgegenstehen würde, gem § 134 II widerrufen und Abweisung des Scheidungsantrags begehren, sofern er die Aufrechterhaltung der Ehe eindeutig und vorbehaltlos verfolgt (BGH FamRZ 2021, 213; OLG Zweibrücken FamRZ 2013, 652). Letzteres ist aber nicht erforderl, wenn der Ag bereits vor dem FamG Abweisung des Scheidungsantrags begehrt hatte, und zwar auch dann, wenn er mangels anwalt Vertretung keinen wirksamen Abweisungsantrag stellen konnte (BGH FamRZ 2021, 213). – Allein die **unterbliebene Anhörung** gem § 128 I begründet als Verfahrensfehler (s Rn 3) für sich keine Beschwer (OLG Koblenz FamRZ 2023, 73; OLG Frankfurt NJW-RR 2022, 588). – Zur Beschwer in einem **Eheaufhebungsverfahren** s BGH FamRZ 2023, 1615. 14

Anfechtung der Vorabentscheidung über den Scheidungsantrag: Der Beschwerdeführer kann mit seiner Beschwerde – nicht aber erstmals mit der Rechtsbeschwerde (BGH FamRZ 2013, 1366) – geltend machen, dass über die Scheidung entgegen § 137 I nicht gemeinsam mit allen Folgesachen entschieden worden ist, also (mindestens) eine Folgesache zu Unrecht nach § 140 abgetrennt oder die Aufnahme in den Verbund nach § 137 abgelehnt (BGH FamRZ 2013, 1879 = MDR 2013, 1363; OLG Brandenburg FamRZ 2012, 892; OLG Bremen FamRZ 2011, 753) worden ist. § 140 VI schließt nur die isolierte Anfechtung, nicht aber die Überprüfung im Rahmen der Beschwerde gegen die Hauptsacheentscheidung aus, § 58 II (s § 58 Rn 11). Daher kann die Rüge, die Auflösung des Verbunds sei zu Unrecht erfolgt, im Wege der Anfechtung des Scheidungsausspruchs von **beiden Ehegatten** mit Rechtsmitteln gegen den Scheidungsausspruch gerügt werden (OLG Zweibrücken FamRZ 2012, 471; OLG Saarbrücken FamRZ 2011, 1890), unabhängig davon, ob sie sich in 1. Instanz mit einer Vorabentscheidung über die Scheidung einverstanden erklärt haben (BGH NJW 91, 1616). Es ist nicht erforderl, dass der Beschwerdeführer sich daneben auch gegen die Berechtigung der Scheidung selbst wendet (BGH FamRZ 2013, 1879 = MDR 2013, 1363; OLG Brandenburg NJW 2012, 241). Gegen die Abtrennung können sich nur die Ehegatten wenden, nicht aber ein weiterer am Verf beteiligter Dritter (OLG Nürnberg NJW-RR 2011, 1636; OLG Naumburg FamRZ 2001, 831). Da nach einer Vorabentscheidung über die Scheidung die noch anhängigen Folgesachen ihrerseits einen Verbund bilden (§ 137 V 1), kann mit der Beschwerde auch angegriffen werden, dass dieser (reduzierte) Verbund durch die isolierte Entscheidung über eine Folgesache erneut aufgelöst wird (OLG Zweibrücken FamRZ 97, 1231). 15

Wenn die Voraussetzungen für eine Abtrennung nicht erfüllt sind, hat das FamG zu Unrecht eine **Teilentscheidung** erlassen, da es nur über einen Teil (die Scheidung) der nach § 137 I einheitl zu treffenden Entscheidung entschieden hat. Dieser unzulässige Teilbeschluss ist daher gem § 117 II 1 FamFG, § 538 II 1 Nr 7 ZPO aufzuheben und zur **Wiederherstellung des Verbunds** mit den abgetrennten Folgesachen an das FamG zurückzuverweisen (OLG Brandenburg FamRZ 2012, 572; inzident BGH NJW 2012, 1734; zum früheren Recht: BGH FamRZ 96, 1070); des Antrags eines Beteiligten bedarf es dazu nicht, § 538 II 3 ZPO (OLG Saarbrücken FamRZ 2011, 1890; OLG Brandenburg FamRZ 2012, 572). Sofern die vom FamG abgetrennten Folgesachen zwischenzeitl entscheidungsreif sind, kann das OLG wie bei einem unzulässigen Teilurteil (BGH NJW 2001, 78; BGH MDR 94, 613; s § 538 ZPO Rn 55) von der Zurückverweisung absehen, diese Folgesachen an sich ziehen und über sie mit entscheiden. 16

V) Beschwerdeberechtigung von Behörden (§ 59 III). Behörden können unter den Voraussetzungen von I und II Beschwerde einlegen, also bei **Beeinträchtigung eigener Rechte**, Aufgaben und Befugnisse (BGH MDR 2014, 1407). Daneben räumt III Behörden ein von der formellen und materiellen Beschwer iSv I und II **unabhängiges Beschwerderecht** ein (OLG Karlsruhe FamRZ 2024, 1790). Diesem steht auch nicht entgegen, dass die Entscheidung dem erstinstanzl Antrag der Behörde entsprach (BGH FamRZ 2004, 449 = MDR 2004, 449). Voraussetzung ist, dass ihre Beschwerdebefugnis ausdrückl im FamFG oder einem anderen Gesetz angeordnet worden ist (BGH MDR 2014, 1407). Die Beschwerdebefugnis korreliert regelmäßig mit der Möglichkeit einer Beteiligung am erstinstanzl Verf. Die Beteiligtenstellung in 1. Instanz ist aber keine notwendige Voraussetzung für das Beschwerderecht. Dadurch soll vermieden werden, dass sich Behörden nur zur Wahrung ihrer Be- 17 schwerdeberechtigung stets am Verf 1. Instanz beteiligen (Begr RegE BTDrs 16/6308, 204). Die effektive Ausübung des Beschwerderechts wird dadurch gewährleistet, dass den Behörden die Endentscheidungen unabhängig von ihrer Beteiligtenstellung mitzuteilen sind.

18 Für den Bereich der FamSachen von bes Bedeutung ist die Beschwerdeberechtigung des zuständigen (BGH FamRZ 2022, 111; BGH FamRZ 2014, 375) **Jugendamts.** Diese besteht in Kindschaftssachen, also va für Verf der elterl Sorge, des Umgangsrechts und der Kindesherausgabe gem § 162 III 2, in Abstammungssachen gem § 176 II 2, in Adoptionssachen gem § 194 II 2, in Ehewohnungssachen gem § 205 II 2 und in Gewaltschutzsachen gem § 213 II 2, unabhängig von einer drohenden Gefährdung des Kindeswohls (OLG Karlsruhe FamRZ 2024, 1790; PH/Hammer § 162 Rn 28; aA OLG Koblenz FamRZ 2017, 1229). Zur Beschwerdebefugnis wegen Beeinträchtigung **eigener Rechte** s Rn 5a. Die **Staatsanwaltschaft** ist nicht gegen die Ablehnung einer Ergänzungspflegschaft beschwerdebefugt (BGH MDR 2014, 1407; OLG Hamm FamRZ 2016, 566). – Zu VersAusglSachen s Rn 5b.

§ 60 Beschwerderecht Minderjähriger

[1]Ein Kind, für das die elterliche Sorge besteht, oder ein unter Vormundschaft stehender Mündel kann in allen seine Person betreffenden Angelegenheiten ohne Mitwirkung seines gesetzlichen Vertreters das Beschwerderecht ausüben. [2]Das Gleiche gilt in sonstigen Angelegenheiten, in denen das Kind oder der Mündel vor einer Entscheidung des Gerichts gehört werden soll. [3]Dies gilt nicht für Personen, die geschäftsunfähig sind oder bei Erlass der Entscheidung das 14. Lebensjahr nicht vollendet haben.

1 **I) Allgemein.** Ein unter elterl Sorge stehendes Kind wird im gerichtl Verf gem § 9 II durch den Inhaber der elterl Sorge vertreten. Dieser kann für das Kind auch Rechtsmittel einlegen. Sofern ein **Verfahrensbeistand** bestellt ist, steht diesem diese Befugnis gem § 158 IV 5 ebenfalls zu, allerdings kraft Amtes im eigenen Namen, nicht in Vertretung des Kindes (s § 59 Rn 4). Daneben (BGH NZFam 2018, 334) eröffnet § 60 dem Kind (und dem Mündel), sofern es das 14. Lebensjahr vollendet hat, ein eigenes Beschwerderecht. Zur Bekanntgabe an das Kind s § 41 Rn 8, § 40 Rn 8.

2 **II) Sachlicher Anwendungsbereich.** § 60 eröffnet eine eigenständige Beschwerdebefugnis des Kindes, befreit aber nicht von den übrigen Zulässigkeitsvoraussetzungen für die Beschwerde. Insb bedarf es auch bei der Beschwerde eines Kindes der Beschwerdeberechtigung nach § 59, so dass auch das Kind nur die Beeinträchtigung **eigener Rechte** geltend machen kann (OLG Brandenburg FamRZ 2014, 1649; OLG Nürnberg FamRZ 2012, 804; OLG Düsseldorf FamRZ 2011, 1081); dazu s § 59 Rn 5a. Unmittelbar in § 60 geregelt ist nur das Recht zur Beschwerde gem § 58, somit gegen Entscheidungen in der Hauptsache. Die Regelung ist aber a maiore ad minus auch auf Erinnerungen, die sof Beschwerden gegen Neben- und **Zwischenentscheidungen** (OLG Karlsruhe FamRZ 2016, 567) sowie die Erhebung der Anhörungsrüge nach § 44 anwendbar (PH/Abramenko Rn 5), da es keinen sachl Grund gibt, dem Kind die Wahrnehmung dieser Rechtsbehelfe zu verwehren.

3 **III) Persönlicher Anwendungsbereich.** Er bezieht sich gem S 3 auf Kinder, die das 14. Lebensjahr bereits vollendet haben und nicht geschäftsunfähig sind. Die Berechnung erfolgt nach § 187 II 2 BGB (Jansen/Briesemeister § 59 FGG Rn 9). Nicht beschwerdeberechtigt sind Kinder, die zwar 14 Jahre alt sind, sich aber in einem nicht nur vorübergehenden, die freie Willensbestimmung ausschließenden Zustand krankhafter Störung der Geistestätigkeit befinden (§ 104 Nr 2 BGB). Das Alter muss bei **Erlass der angefochtenen Entscheidung** erreicht sein; nach dem eindeutigen Wortlaut reicht es nicht aus, wenn das Kind das 14. Lebensjahr zwischen Erlass (§ 38 III 2) des Beschlusses und Beschwerdeeinlegung vollendet (OLG München FamRZ 2019, 1706). – Für die Beschwerdeberechtigung ist nicht erforderl, dass das Kind im erstinstanzl Verf als **Beteiligter** hinzugezogen worden ist oder hätte hinzugezogen werden müssen. Auch eine Verfahrensfähigkeit gem § 9 I Nr 3 ist nicht erforderl (BGH FamRZ 2021, 1402 Rz 32; OLG Frankfurt FamRZ 2023, 1970)

4 **IV) Person des Kindes betreffende Angelegenheiten (§ 60 S 1).** Das sind Angelegenheiten, die die Lebensführung und Lebensstellung des Kindes mittelbar oder unmittelbar berühren (Sternal/Jokisch Rn 6). Das sind insb Personensorge (OLG Frankfurt FamRZ 2023, 1970) – einschl Einzelelementen wie Schulbesuch (BayObLG FamRZ 82, 634), Kindesherausgabe und Umgang – ferner Abstammungs- (§ 169) und Adoptionssachen. Erfasst wird neben der Beschwerde des Kindes auch die des **minderjährigen Elternteils** in entspr Angelegenheiten (OLG Frankfurt FamRZ 2023, 1970 für Sorgerecht; zust Hoffmann JAmt 2023, 416). – Nicht die Person betr Angelegenheiten sind solche, die allein das Vermögen des Kindes betreffen (BGH FamRZ 2012, 292 für Erbausschlagung; OLG Frankfurt FamRZ 2023, 1970; aA PH/Abramenko Rn 7) oder die Ehewohnung, auch wenn das Kind sie ebenfalls bewohnt (BayObLG FamRZ 77, 467 = MDR 77, 501).

5 **V) Verfahren mit Anhörungspflicht (§ 60 S 2).** Ein entspr Beschwerderecht des Kindes besteht über die von S 1 erfassten Verf hinaus in Angelegenheiten, in denen es zwar nicht um seine Person geht, in denen es aber gehört werden soll. Das betrifft insb Verf, die ausschließl (sonst Anwendung von S 1) das Vermögen betreffen, in denen das Kind gem § 159 I grds persönl angehört werden soll (OLG Karlsruhe FamRZ 2016, 567). Das kann

auch die Genehmigung eines Rechtsgeschäfts sein (BayObLG RPfleger 87, 149; SchBW/Unger/Roßmann Rn 15). Nicht erforderl ist, dass das Kind tatsächl angehört worden ist.

VI) Rechtsfolgen. Wenn die Voraussetzungen des § 60 erfüllt sind, ist das Kind nicht entspr dem Wortlaut der Vorschrift auf die Berechtigung zur Einlegung der Beschwerde beschränkt. Vielmehr ist der Minderj dann für das **gesamte Beschwerdeverfahren** verfahrensfähig. Er kann ohne Mitwirkung seiner ges Vertreter und ggf auch gegen deren ausdrückl Willen einen Bevollmächtigten bestellen (OLG Hamm FamRZ 2018, 1089; OLG Karlsruhe FamRZ 2016, 567) und alle Verfahrenshandlungen vornehmen (OLG Karlsruhe FamRZ 2016, 567; PH/Abramenko Rn 8). Es besteht in der Person des Kindes ein einheitl Beschwerderecht, das von **Kind und Sorgeberechtigten** unabhängig ausgeübt werden kann (Jansen/Briesemeister § 59 FGG Rn 16). Sofern sich die Verfahrenshandlungen widersprechen, kommt denen des Kindes **Vorrang** zu: Verzicht oder Rücknahme des Rechtsmittels durch den Sorgeberechtigten hindern die Beschwerde des Kindes nicht. Andererseits kann der ges Vertreter einen Rechtsmittelverzicht oder eine Rechtsmittelrücknahme nicht verhindern (PH/Abramenko Rn 8; Sternal/Jokisch Rn 16). Das vom **Verfahrensbeistand** gem § 158 IV 5 eingelegte Rechtsmittel bleibt durch Verfahrenshandlungen nicht nur der Eltern, sondern auch des Kindes unbeeinflusst, da er kraft seiner eigenen verfahrensrechtl Stellung (s § 59 Rn 4) tätig wird und keine Rechte des Kindes geltend macht; er handelt nicht namens, sondern „im Interesse des Kindes" (§ 158 IV 5). 6

§ 61 Beschwerdewert; Zulassungsbeschwerde

(1) In vermögensrechtlichen Angelegenheiten ist die Beschwerde nur zulässig, wenn der Wert des Beschwerdegegenstandes 600 Euro übersteigt.

(2) Übersteigt der Beschwerdegegenstand nicht den in Absatz 1 genannten Betrag, ist die Beschwerde zulässig, wenn das Gericht des ersten Rechtszugs die Beschwerde zugelassen hat.

(3) [1]Das Gericht des ersten Rechtszugs lässt die Beschwerde zu, wenn

1. die Rechtssache grundsätzliche Bedeutung hat oder die Fortbildung des Rechts oder die Sicherung einer einheitlichen Rechtsprechung eine Entscheidung des Beschwerdegerichts erfordert und

2. der Beteiligte durch den Beschluss mit nicht mehr als 600 Euro beschwert ist.

[2]Das Beschwerdegericht ist an die Zulassung gebunden.

Lit: *Baum*, Vermögensrechtl u nichtvermögensrechtl Streitigkeiten im Zivilprozess, Diss Bonn 2000.

I) Allgemein. Die Vorschrift ist auf alle FamSachen, mangels abw Regelung in § 117 auch auf Ehe- und FamStreitsachen, anwendbar. Der nach I erforderl Wert orientiert sich mit 600 Euro an § 511 II Nr 1 ZPO. II und III eröffnen für den Bereich der vermögensrechtl FamFG-Sachen eine Zulassungsbeschwerde. 1

II) Zulässigkeit ohne Zulassung (§ 61 I). 1) Grundsätze. Die Zulässigkeit der Beschwerde setzt in **vermögensrechtlichen** Angelegenheiten voraus, dass der Wert des Beschwerdegegenstandes 600 Euro übersteigt. Anders als nach § 511 II Nr 1 ZPO – aber ähnl wie nach § 511a ZPO aF – ist daher nur in vermögensrechtl Angelegenheiten ein Mindestwert des Beschwerdegegenstandes erforderl. In **nichtvermögensrechtlichen** Angelegenheiten ist eine Beschwerde unabhängig davon zulässig. Für die Abgrenzung kann auf die zu § 511a ZPO aF sowie § 48 II GKG, der dieselbe Differenzierung enthält, entwickelten Grundsätze zurückgegriffen werden. Eine Sonderregelung enthält § 228 für **VersAusglSachen** (s Rn 9). 2

2) Vermögensrechtliche Angelegenheiten. a) Abgrenzung. Nichtvermögensrechtl sind Ansprüche, mit denen ein nicht vermögenswertes Tun oder Unterlassen begehrt wird (Baum S 99). Vermögensrechtl sind auf Geld oder geldwerte Gegenstände gerichtete Ansprüche, aber auch solche – zB auf Auskunft gerichtete –, die einem Rechtsverhältnis entspringen, das auf Gewinn oder Erhaltung von Geld oder geldwerten Gegenständen gerichtet ist (BGH MDR 2024, 659; BGH NJW 82, 1525). Entscheidend ist, dass das Rechtsschutzbegehren in wesentl Weise auch der Wahrung wirtschaftl Belange dienen soll (BGH NJW 84, 1104; BGH NJW-RR 90, 1276; OLG Nürnberg FamRZ 2016, 563). Maßgebend ist das Vorbringen des ASt (BGH NJW 84, 1104). Vermögensrechtl Ansprüche können sich auch aus nichtvermögensrechtl Verhältnissen ergeben, sofern sie eine vermögenswerte Leistung zum Gegenstand haben oder im Wesentl der Wahrung wirtschaftl Belange dienen sollen (BGH FamRZ 82, 787 = NJW 82, 1651). So sind Unterhaltsansprüche unzweifelhaft vermögensrechtl, auch wenn sie ihre Grundlage in nichtvermögensrechtl Rechtsverhältnissen (Verwandtschaft, Ehe) haben. Außer Betracht bleiben aber vermögensrechtl Reflexwirkungen, die sich an ein Recht oder eine Rechtsverletzung knüpfen (BGH NJW-RR 90, 1276; BGH NJW 74, 1470). 3

b) Einzelfälle. Als **vermögensrechtlich** zu qualifizieren sind zB die Unterhaltssachen gem § 231, Güterrechtssachen gem § 261, VersAusglSachen gem § 217, grds die sonstigen FamSachen iSv § 266 sowie die entspr Lebenspartnerschaftssachen (§ 269 I). Dazu gehören auch die die entspr Ansprüche erst vorbereitenden Verf, wie zB Anträge auf **Auskunft** und Abgabe der eidesstattl Versicherung (BGH MDR 2024, 659; BGH NJW-RR 91, 956; 4

BGH FamRZ 91, 791 = MDR 91, 679). Vermögensrechtl ist auch der Anspruch auf Zustimmung zum begrenzten Realsplitting (BGH FamRZ 99, 648 = MDR 99, 295), eine **Genehmigung** mit Vermögensbezug (zB Erbausschlagung), ein Vergütungsverf (OLG Hamm FamRZ 2011, 307 für Umgangspfleger) und die Bestimmung des Kindergeldberechtigten gem **§ 64 II 3 EStG** (BGH FamRZ 2014, 646; OLG Celle FamRZ 2011, 1616).

5 **Nichtvermögensrechtliche Angelegenheiten** sind zB Ehesachen gem § 121 sowie die entspr Lebenspartnerschaftssachen gem § 269, Verf der Personensorge, des Umgangsrechts sowie der Kindesherausgabe, Einbenennung des Kindes gem § 1618 BGB (OLG Zweibrücken FamRZ 2004, 285), Abstammungssachen gem § 169, Adoptionssachen gem § 186 (vgl § 30 III 2 KostO aF), Gewaltschutzsachen gem § 210. Ebenso das Begehren des Kindes gegen die Mutter auf Mitteilung des **Namens des Vaters**, wenn nicht vermögensrechtl Ansprüche (Unterhalt, Erbanspruch) vorbereitet werden sollen (LG Münster FamRZ 90, 1031; AG Gemünden FamRZ 90, 200; AG Passau FamRZ 87, 1309; krit Hilger FamRZ 88, 764); Anspruch auf Herausgabe von **Urkunden ohne wirtschaftliche Bedeutung** wie Impfpass und Untersuchungsheft eines Kindes (OLG Nürnberg FamRZ 2016, 563).

6 **c) Anfechtung der Kostenentscheidung.** Hinsichtl der – auch isoliert zulässigen (s § 58 Rn 5) – Anfechtung der Kostenentscheidung in **fG-Verfahren** (s vor § 23 Rn 1) ist für die Beurteilung, ob eine „vermögensrechtl Angelegenheit" vorliegt, auf den **erstinstanzlichen Verfahrensgegenstand**, nicht auf den Beschwerdeangriff abzustellen (BGH FamRZ 2013, 1876; ferner BGH FamRZ 2014, 372). Dies gilt unabhängig davon, ob eine isolierte oder eine mit einer Hauptsacheentscheidung ergangene Kostenentscheidung angefochten wird. Wenn also ursprüngl Gegenstand des Verf eine nichtvermögensrechtl Angelegenheit, zB eine Umgangssache, war, ist die Kostenentscheidung unabhängig vom Erreichen einer Mindestbeschwer anfechtbar. Wenn hingegen das erstinstanzl Verf eine vermögensrechtl Angelegenheit betraf, ist eine Beschwerde gegen die Kostenentscheidung nur zulässig, wenn der **Wert** des Beschwerdegegenstands 600 Euro übersteigt. Dieser ist nach den erstinstanzl Kosten zu ermitteln, die der Beschwerdeführer nach der angegriffenen Entscheidung zu tragen hat.

7 Die Anfechtung einer isolierten Kostenentscheidung in **Ehe- und FamStreitsachen** bestimmt sich nach den gem § 113 I anwendbaren Vorschriften der ZPO (s § 58 Rn 4). Sie setzt daher voraus, dass – unabhängig von der Qualifizierung als vermögensrechtl – der Wert der Hauptsache 600 Euro (§ 99 II 2 ZPO) und die Kostenbelastung 200 Euro (§ 567 II ZPO) übersteigen.

8 **3) Wert des Beschwerdegegenstands.** Zum Begriff des Beschwerdegegenstands s § 511 ZPO Rn 12 f. Dieser muss für eine nicht zugelassene Beschwerde in vermögensrechtl Angelegenheiten den Betrag von 600 Euro übersteigen. Dies ist in **fG-Verfahren** gem § 26 vAw zu ermitteln (s § 26 Rn 6; PH/Abramenko Rn 4), wobei der Mitwirkungspflicht des § 27 erhebl Bedeutung zukommt (sa § 26 Rn 4 zu Grenzen der Amtsermittlung). Das Gericht kann sich dabei des Freibeweisverf (§ 29) bedienen (s § 30 Rn 4). Für die Ehesachen kommt es auf den Wert nicht an, da sie eine nichtvermögensrechtl Angelegenheit sind (s Rn 5). In **Familienstreitsachen** (§ 112) hat der Beschwerdeführer die wertbestimmenden Tatsachen darzulegen (BGH FamRZ 2016, 452) und ggf entspr § 511 III ZPO glaubhaft zu machen (BGH FamRZ 2019, 1078 Tz 13; BGH FamRZ 2014, 1696). Auch iÜ ist eine Anwendung der für die Berufung entwickelten Grundsätze (s § 511 ZPO Rn 13 ff) auf die Ehe- und FamStreitsachen nach dem Rechtsgedanken von § 117 I sachgerecht. – Unberücksichtigt bleibt ein erstmals **in 2. Instanz** gestellter Antrag (BGH MDR 2016, 346).

9 Für **VersAusglSachen** gilt § 228. Danach gilt die Mindestbeschwer I nur bei Anfechtung einer Kostenentscheidung (s Rn 6); maßgebend sind insoweit die erstinstanzl Kosten (aA Maurer FamRZ 2009, 465, 472: für Anfechtung der Kostenentscheidung eine Beschwer von über 600 Euro in der Hauptsache erforderl). Eine Beschwerde gegen die Hauptsacheentscheidung ist daher wertunabhängig zulässig (BGH FamRZ 2013, 1876).

10 **4) Bemessung des Beschwerdewerts. a) Ehe- und Familienstreitsachen.** Der Wert der Beschwer ist gem § 113 I 2 FamFG iVm §§ 3 ff ZPO zu bestimmen (zB BGH FamRZ 2021, 770; BGH FamRZ 2019, 1442; iE s § 3 ZPO Rn 16 ff). Maßgebend ist der mit der Beschwerde zur Überprüfung gestellte Betrag (OLG Karlsruhe FamRZ 2023, 1737). Für **Unterhaltsstreitsachen** bedeutet dies, dass sich der Wert entspr § 9 ZPO bestimmt. Maßgebl ist somit der in der Beschwerdeinstanz str Teil des Unterhalts für 42 Monate, sofern nicht eine kürzere Zeit im Streit ist, § 9 S 2 ZPO. Rückstände, die bis zur Antragseinreichung aufgelaufen sind, sind diesem Betrag hinzuzurechnen (BGH MDR 60, 663). Hingegen erhöhen Beträge, die zwischen Einreichung des Antrags und Einlegung der Beschwerde fällig geworden sind, die Beschwer nicht. – Zum Auskunftsantrag s § 3 ZPO Rn 16.28 und PH/Feskorn § 117 Rn 11 f.

11 **b) Übrige Familiensachen.** Mangels entspr Regelung ist der Wert nach **freiem Ermessen** festzusetzen (Sternal/Jokisch Rn 11; aA D/J/S/Müther Rn 6: analog §§ 3 ff ZPO). Der Beschwerdewert ist nicht gleichzusetzen mit dem Gebührenwert. Er ist nach der Beschwer des Rechtsmittelführers durch die angefochtene Entscheidung und seinem Interesse an der Abänderung zu bemessen (BGH NJW 92, 3305). Der Wert des Beschwerdegegenstandes kann zwar niedriger, keinesfalls aber höher sein als die Beschwer aus der angefochtenen Entscheidung (BGH NJW 92, 3305). Durch die Einführung eines in 1. Instanz nicht gestellten Antrags oder eine **Erweiterung** des Antrags kann der erforderl Beschwerdewert daher nicht erreicht werden (BayObLG ZMR 2001, 126). Unerhebl *für den Wert des Beschwerde*gegenstands ist, ob der geltend gemachte Anspruch auch besteht (BGH FamRZ 2011, 1929). Ein Rechtsmittelführer, dessen Interesse die Rechtsmittelsumme nicht erreicht, kann sich nicht auf

ein höheres Interesse des Rechtsmittelgegners berufen (BGH NJW 92, 3305). Die Belastung mit **Verfahrenskosten** hat, ebenso wie im Zivilprozess, außer Betracht zu bleiben (BayObLG ZMR 2003, 947). In Verf gem **§ 64 II 3 EStG** ist die Beschwerde idR unzulässig, da nur über die Empfangszuständigkeit entschieden wird, so dass es nicht auf den Betrag des Kindergeldes ankommt (BGH FamRZ 2014, 646; OLG Celle NJW-RR 2012, 1351; anders für Beschwerde des Jugendamts OLG München FamRZ 2024, 1537). Nach OLG Dresden (FamRZ 2014, 1055) soll bei mehreren Kindern für jedes Kind nach § 51 III 1 FamGKG 300 Euro angesetzt werden, aber: der Gebührenwert bestimmt nicht die Beschwer.

III) Beschwerde kraft Zulassung (§ 61 II). II ermöglicht die Zulassung der Beschwerde, wenn die Mindestbeschwer gem I nicht erreicht ist. Hinsichtl der Zulassungsentscheidung gelten dieselben Grundsätze wie zu § 511 II Nr 2 ZPO; s § 511 ZPO Rn 39 ff. Enthält der Beschluss **keinen entsprechenden Ausspruch**, der auch allein **in den Gründen** enthalten sein kann (BGH FamRZ 2025, 230; BGH MDR 2016, 476), ist die Beschwerde nicht zugelassen (BGH NJW-RR 2024, 610; BGH MDR 2012, 665), auch wenn er eine entspr Rechtsbehelfsbelehrung enthält (BGH FamRZ 2014, 1445). Eine **Nachholung** der Zulassung außerhalb einer Berichtigung (§ 42) ist nicht zulässig (BGH MDR 2012, 665). Hat das FamG keine Veranlassung zur Zulassung gesehen, weil es von einer Beschwer über 600 Euro ausgegangen ist, hat das **Beschwerdegericht** diese Entscheidung nachzuholen, wenn es eine geringere Beschwer annimmt (BGH FamRZ 2021, 117; BGH FamRZ 2014, 1445; BGH FamRZ 2012, 961). Anderenfalls kann der BGH dies bei einer Rechtsbeschwerde im Rahmen der Erheblichkeit dieses Verfahrensfehlers prüfen (BGH FamRZ 2021, 117; BGH FamRZ 2014, 1445; BGH FamRZ 2012, 961). Von der Wertfestsetzung für die Gerichtsgebühren kann aber nicht ohne Weiteres auf die vom FamG angenommene Beschwer geschlossen werden (BGH FamRZ 2014, 1445; BGH FamRZ 2012, 961 für Auskunft). Einer Begründung bedarf die Zulassung durch das Beschwerdegericht nicht (BGH FamRZ 2016, 815 für Berufung), sie ist unanfechtbar (BGH NJW-RR 2024, 610). 12

IV) Zulassungsgründe (§ 61 III). Die Zulassungsgründe entsprechen § 511 IV ZPO. S § 511 ZPO Rn 36 ff. 13

V) Bindung, Anfechtbarkeit. Die Nichtzulassung ist wie die Zulassung (**§ 61 III 2**) für das Beschwerdegericht und den BGH (BGH FamRZ 2012, 109) bindend, sie ist auch seitens der Beteiligten nicht anfechtbar. Dies gilt auch, wenn das Beschwerdegericht die Entscheidung über die Nichtzulassung nachgeholt (s Rn 12) hat (BGH FamRZ 2014, 1445; BGH FamRZ 2012, 961). Entscheidet der **Rpfleger** über die Nichtzulassung, ist gegen diese Entscheidung nach § 11 II RPflG die **Erinnerung** gegeben (BGH MDR 2017, 851). Über die Erinnerung, der der Rpfleger durch Zulassung abhelfen kann (BGH MDR 2017, 910 Tz 7), entscheidet der Richter des AG. Dieser kann im Fall der Annahme grundsätzlicher Bedeutung seinerseits die Beschwerde zulassen (BGH MDR 2017, 851), über die dann im übl Verf gem §§ 58 ff zu entscheiden ist. 14

§ 62 Statthaftigkeit der Beschwerde nach Erledigung der Hauptsache

(1) Hat sich die angefochtene Entscheidung in der Hauptsache erledigt, spricht das Beschwerdegericht auf Antrag aus, dass die Entscheidung des Gerichts des ersten Rechtszugs den Beschwerdeführer in seinen Rechten verletzt hat, wenn der Beschwerdeführer ein berechtigtes Interesse an der Feststellung hat.

(2) Ein berechtigtes Interesse liegt in der Regel vor, wenn

1. schwerwiegende Grundrechtseingriffe vorliegen oder

2. eine Wiederholung konkret zu erwarten ist.

(3) In Verfahren der Abschiebungs-, Zurückschiebungs- und Zurückweisungshaft liegt ein berechtigtes Interesse auch bei Vorliegen der Voraussetzungen des § 70 Absatz 2 Satz 1 vor.

(4) Hat der Verfahrensbeistand oder der Verfahrenspfleger die Beschwerde eingelegt, gelten die Absätze 1 und 2 entsprechend.

III eingefügt durch G zur Verbesserung der Rückführung (Art 5 Nr 1a) v 21.2.2024 (BGBl 2024 I Nr 54) mWv 27.2.2024; ursprüngl III wurde IV.

I) Allgemein. Die Vorschrift eröffnet eine Beschwerde auch für den Fall, dass sich der Verfahrensgegenstand nach Erlass der Entscheidung erledigt hat. Damit wurde die Rspr des BVerfG (zB BVerfGE 104, 220 = NJW 2002, 2456 in Abschiebehaftsache) aufgegriffen, nach der ein durch Art 19 IV GG geschütztes Rechtsschutzinteresse trotz Erledigung des ursprüngl Rechtsschutzziels fortbestehen kann, wenn das Interesse des Betroffenen an der Feststellung der Rechtslage in bes Weise schutzwürdig ist. – Daneben besteht kein Rechtsschutzbedürfnis für ein **isoliertes Verfahren** auf Feststellung der Rechtswidrigkeit (BGH FGPrax 2011, 143). 1

II) Anwendbarkeit. Sie beschränkt sich nach dem eindeutigen Wortlaut auf eine Entscheidung in der **Hauptsache**. Dazu gehört auch eine **einstweilige Anordnung** (BGH FGPrax 2011, 143; OLG Hamburg FamRZ 2021, 678). Nicht erfasst ist aber zB das Verf gem § 155c (OLG Karlsruhe FamRZ 2018, 520). Die Vorschrift gilt für die **Rechtsbeschwerde** analog (BGH FamRZ 2024, 1580; BGH FamRZ 2023, 638 Tz 4 mwN; BGH FamRZ 2013, 2

289). Zur Anwendung im Vollstreckungsverfahren s § 91 Rn 9. Angesichts des sich auf Eingriffe in Rechtspositionen beziehenden Regelungszwecks (Rn 1) ist die Anwendbarkeit nicht eröffnet, wenn ein Antrag auf **Verbesserung einer Rechtsstellung** zuückgewiesen wurde (OLG Hamm FGPrax 2010, 213).

3 **III) Hauptsachenerledigung.** In einem fG-Verf hat sich die Hauptsache erledigt, wenn nach seinem Beginn ein Umstand eingetreten ist, der den Verfahrensgegenstand hat wegfallen lassen, so dass die Weiterführung des Verf keinen Sinn mehr hätte, da eine Sachentscheidung nicht mehr ergehen kann (BGH NJW-RR 2024, 125; BGH FamRZ 2023, 159; BGH FamRZ 2019, 1615). Das ist insb der Fall, wenn die gerichtl Entscheidung auf Grund veränderter Umstände keine Wirkung mehr entfalten könnte (BGH FamRZ 2023, 159). Einzelfälle bei PH/Feskorn § 83 Rn 10. Anders als im Zivilprozess ist nicht erforderl, dass sich die Hauptsache erst nach Eintritt der Rechtshängigkeit erledigt hat und ein Antrag zuvor zulässig und begründet war (BayObLG WuM 93, 487; BayObLG ZMR 98, 506; Demharter ZMR 87, 201; aA Jennißen NZM 2002, 594). Keine Erledigung ist die Aufhebung einer einstw Anordnung (KG FamRZ 2016, 932) oder der Erlass einer solchen für das Hauptsacheverfahren (BGH FamRZ 2019, 736). **Erklären** in einem Antragsverf alle Beteiligten die Erledigung, ist dies für das Gericht gem § 22 III bindend; anderenfalls muss es prüfen, ob eine Erledigung eingetreten ist (BGH MDR 2018, 107).

4 Die Erledigung hat für ein **Beschwerdeverfahren** folgende Bedeutung: Tritt die Erledigung der Hauptsache nach der erstinstanzl Entscheidung, aber vor Einlegung der Beschwerde ein, ist eine dennoch eingelegte Beschwerde gegen die Hauptsacheentscheidung unzulässig (BGH MDR 2012, 243; OLG Karlsruhe FamRZ 2017, 2023); mögl ist allein eine isolierte Beschwerde gegen die Kostenentscheidung (BGH MDR 2012, 243). Wenn sich die Hauptsache nach zulässiger Einlegung eines Rechtsmittels erledigt, wird dieses mangels Rechtsschutzbedürfnisses grds unzulässig (BGH FamRZ 2025, 626; BGH FamRZ 2019, 1615; BGH MDR 2012, 860). Der Beschwerdeführer kann aber seinen Beschwerdeantrag auf die Kosten beschränken (BGH FamRZ 2019, 1816; BGH MDR 2012, 860) mit der Folge, dass die Kostenentscheidung der 1. Instanz alleiniger Gegenstand der Beschwerde wird. Auf das Erreichen des Beschwerdewerts von § 61 I kommt es nicht an, da das Rechtsmittel ursprüngl zulässig gewesen ist.

5 **IV) Zeitpunkt der Hauptsachenerledigung.** Die Feststellung kann begehrt werden, wenn die Erledigung während eines **laufenden Beschwerdeverfahren** eingetreten ist. Es reicht aber aus, dass bereits die **Beschwerde mit dem Ziel der Feststellung** der Rechtswidrigkeit eingelegt wird (BGH FamRZ 2012, 211; OLG Stuttgart FamRZ 2014, 234). Nach Ablauf der Beschwerdefrist ist aber auch ein Antrag nach I nicht mehr zulässig (BGH FamRZ 2012, 211). – Von § 62 nicht eröffnet ist ein **erstinstanzlicher Fortsetzungsfeststellungsantrag** (BGH NJW-RR 2012, 1350; KG FamRZ 2016, 932; aA inzident OLG München NJW 2010, 2593). Einzulegen ist vielmehr eine Beschwerde unmittelbar gegen die (zwischenzeitl erledigte) Entscheidung 1. Instanz. – Bei **freiheitsentziehenden Maßnahmen** kann die Feststellung in analoger Anwendung von I auch neben einer Entscheidung in der Hauptsache (Aufhebung der Maßnahme) verlangt werden (BGH FGPrax 2011, 39; Sternal/Göbel Rn 9 f).

6 **V) Berechtigtes Interesse (§ 62 II).** II nennt Regelbsp für das Vorliegen eines berechtigten Feststellungsinteresses, die sich an den Konstellationen orientieren, die in der Rspr für ein Feststellungsinteresse anerkannt worden sind (zB BVerfGE 104, 220 = NJW 2002, 2456). Die Regelung ist **nicht abschließend**, ein Feststellungsinteresse kann auch in anderen Konstellationen vorliegen, zB bei erhebl Verstoß gegen das Gebot rechtl Gehörs (BGH FamRZ 2023, 474; BGH FamRZ 2018, 1196; BGH MDR 2013, 1281). Erforderl ist ein schützenswertes Interesse daran, eine fortwirkende Beeinträchtigung durch einen an sich beendeten Eingriff zu beseitigen (BVerfGE 104, 220 = NJW 2002, 2456; PH/Abramenko Rn 9). Ein berechtigtes Interesse **besteht nicht**, wenn und soweit das Vorliegen des Rechtsfehlers noch vor Eintritt der Erledigung jedenfalls inzident festgestellt worden ist (BGH FamRZ 2024, 1580; BGH FamRZ 2015, 2050 Tz 13 f), zB, wenn das Beschwerdegericht einen Verfahrensfehler erkannt und **geheilt** hat (BGH FamRZ 2015, 2050). Die Kostenlast begründet kein berechtigtes Interesse (BGH MDR 2012, 243; OLG Koblenz FamRZ 2023, 70). Ein berechtigtes Interesse entfällt nicht dadurch, dass der Beschwerdeführer sich nach Erledigung (seinerseits) rechtswidrig verhält (BGH NVwZ-RR 2016, 635).

7 **1) § 62 II Nr 1.** Als **berechtigtes Interesse** wegen schwerwiegendem Grundrechtseingriff kommt in FamSachen insb in Betracht: Anordnung oder Genehmigung einer **freiheitsentziehenden Maßnahme** (BVerfG NJW 1998, 2432; BGH FamRZ 2024, 1580; BGH FamRZ 2021, 462 Tz 21 mwN; BGH FamRZ 2021, 145 Tz 20 mwN) oder einer **ärztlichen Zwangsmaßnahme** (BGH FamRZ 2024, 1582; BGH FamRZ 2021, 230; BGH FamRZ 2018, 1196), schwerwiegende Eingriffe in das Elternrecht aus **Art 6 II GG** (BVerfG FamRZ 2008, 2258 Umgang; OLG Karlsruhe FamRZ 2022, 1959 Trennung vom Kind), schwerwiegendem Eingriff in das Wohnungsgrundrecht gem **Art 13 GG** (BVerfG NJW 1997, 2163; OLG Düsseldorf FamRZ 2018, 1205, je Wohnungsdurchsuchung; OLG Karlsruhe FamRZ 2022, 1959 gewaltsame Öffnung und Durchsuchung; OLG München NJW 2010, 2593 Verweisung nach dem GewSchG). **Nicht ausreichend** sind: die Anordnung eines Kontaktverbots/Abstandsgebots nach dem GewSchG (OLG Karlsruhe FamRZ 2024, 1233; OLG Koblenz FamRZ 2023, 70; OLG Schleswig FamRZ 2020, 1835), der aus der Bestellung eines Ergänzungspflegers hergeleitete Sorgerechtseingriff (OLG Düsseldorf FamRZ 2011, 921) oder der Verstoß gegen Informationspflichten (OLG Stuttgart FamRZ 2014, 234). – Ausreichend ist die Verletzung eines **Verfahrensrechts**, wenn der Verfahrensfehler so gravierend ist, dass die Entscheidung den *Makel eines rechtswidrigen Eingriffs* in eine grundrechtlich geschützte Position hat, der durch Nachholung der Maßnahme rückwirkend nicht mehr zu tilgen ist (BGH FamRZ 2024, 1900; BGH FamRZ 2024, 1582).

2) **§ 62 II Nr 2.** Die Wiederholung muss konkret zu erwarten sein. In diesem Fall ist daneben ein schwerwiegender Grundrechtseingriff iSv II Nr 1 nicht erforderl. Die theoretische Möglichkeit, dass eine entspr Maßnahme noch einmal ergehen könnte, reicht für eine „konkrete" Wiederholungsgefahr nicht aus (OLG München GmbHR 2010, 873; für geringere Anforderungen PH/Abramenko Rn 8). Abzustellen ist auf eine Wiederholung gerade ggü dem Beschwerdeführer (OLG München GmbHR 2010, 873). 8

VI) Verfahren. Voraussetzung für die Feststellung ist ein **Antrag** (BGH FamRZ 2019, 1816; BGH MDR 2011, 935). **Antragsberechtigt** ist der Beschwerdeführer (BGH MDR 2012, 1464) bzw der Beschwerdeberechtigte (BGH FamRZ 2012, 211), sofern seine eigene Rechtssphäre betroffen ist (BGH FamRZ 2012, 619; BGH FamRZ 2014, 1916). Dies sind bei einer Unterbringung des mindj Kindes nicht dessen Eltern im eigenen Namen (BGH MDR 2014, 46). Nicht antragsberechtigt ist auch eine Behörde (BGH FamRZ 2019, 555). Seit Einfügung der Regelung von IV (vor dem 27.2.2024: III) ist auch der **Verfahrensbeistand** antragsberechtigt (aA zuvor BGH MDR 2017, 661), sofern dieser die Beschwerde eingelegt hatte. – Der Antrag muss nicht ausdrückl formuliert sein. Ausreichend, aber auch erforderl ist, dass **zum Ausdruck gebracht** wird, trotz Erledigung der Hauptsache deren Überprüfung weiter zu verlangen (BGH FamRZ 2019, 1816). Im Zweifelsfall hat das Gericht gem § 28 I, II auf die Möglichkeit eines entspr Antrags hinzuweisen. Es darf nicht so kurzfristig entscheiden, dass der Beschwerdeführer keine Möglichkeit hat, einen solchen Antrag zu stellen (SchBW/Roßmann Rn 20; BayObLG NJW-RR 2001, 724). Das Gericht hat gem § 26 hinsichtl sowohl der Rechtswidrigkeit als auch der Voraussetzungen für den Feststellungsantrag (s § 26 Rn 6) **vAw zu ermitteln**, die Anforderungen an die Ermittlungspflicht sind nicht reduziert (BGH 10.6.2010 – V ZB 205/09). Bei dem Antrag gem § 62 und dem auf Aufhebung der Entscheidung handelt es sich um denselben **Verfahrensgegenstand** (BGH 12.3.2025 – XII ZB 417/24, FamRZ 2025, 877). 9

VII) Entscheidung. Gegenstand der Feststellung ist nicht die Rechtswidrigkeit der erstinstanzl Entscheidung, sondern eine daraus folgende Verletzung des Beschwerdeführers **in seinen Rechten** (BGH FGPrax 2011, 148). Ist der Feststellungsantrag zulässig und begründet, stellt das Beschwerdegericht fest, dass die Entscheidung des FamG den Beschwerdeführer in seinen Rechten verletzt hat (I 1). Liegen die Voraussetzungen des Feststellungsantrags nicht vor, ist die Beschwerde als unzulässig zu verwerfen, wenn sich die Hauptsache während des Beschwerdeverf erledigt und der Beschwerdeführer seine Beschwerde nicht hilfsw (PH/Abramenko Rn 10a) auf die Kosten beschränkt hat (s Rn 4; OLG Düsseldorf FGPrax 2010, 116). Wurde die Beschwerde bereits mit dem Ziel der Feststellung der Rechtswidrigkeit eingelegt (s Rn 5), ist sie als unbegründet zurückzuweisen, wenn eine solche Entscheidung nicht ergehen kann. 10

§ 63 Beschwerdefrist

(1) Die Beschwerde ist, soweit gesetzlich keine andere Frist bestimmt ist, binnen einer Frist von einem Monat einzulegen.

(2) Die Beschwerde ist binnen einer Frist von zwei Wochen einzulegen, wenn sie sich gegen folgende Entscheidungen richtet:

1. Endentscheidungen im Verfahren der einstweiligen Anordnung oder

2. Entscheidungen über Anträge auf Genehmigung eines Rechtsgeschäfts.

(3) [1]Die Frist beginnt jeweils mit der schriftlichen Bekanntgabe des Beschlusses an die Beteiligten. [2]Kann die schriftliche Bekanntgabe an einen Beteiligten nicht bewirkt werden, beginnt die Frist spätestens mit Ablauf von fünf Monaten nach Erlass des Beschlusses.

Lit: *Stockmann*, Der vom FamG übergangene Beteiligte und sein Beschwerderecht, FamRB 2025, 119 (Teil 1); FamRB 2025, 169 (Teil 2).

I) Anwendungsbereich. Die Bestimmung regelt die Beschwerdefrist sowohl für die Verf der freiw Gerichtsbarkeit als auch für Ehe- und Familienstreitsachen (BGH FamRZ 2021, 1556). 1

II) Fristdauer (§ 63 I und II). Die regelmäßige Frist zur Einlegung der Beschwerde gegen eine erstinstanzl Endentscheidung iSv § 38 I beträgt gem I 1 Monat, soweit ges nichts anderes bestimmt ist. Abw Regelungen enthalten II, III 2 (abolute Frist), § 40 IntFamRVG. 2

§ 63 II Nr 1 betrifft (seit 1.1.2013) alle Entscheidungen in **Anordnungsverfahren**, unabhängig davon, ob die Anordnung erlassen oder abgelehnt wird. Die Frist gilt auch, wenn nur die Kostenentscheidung angefochten wird (OLG Hamburg FamRZ 2022, 877). 3

§ 63 II Nr 2 bezieht sich auf Beschlüsse in Verf zur **Genehmigung eines Rechtsgeschäfts** (Einzelfälle s § 40 Rn 10). Diese Entscheidungen werden gem § 40 II erst mit Rechtskraft wirksam. Dieser Zeitpunkt soll möglichst früh eintreten können, zumal die Anordnung einer sof Wirksamkeit nicht mögl ist (str, s § 40 Rn 9). Einer Rechtskraft binnen 2 Wochen steht nach der Neufassung von § 75 II nicht mehr die Möglichkeit einer 4

Sprungrechtsbeschwerde entgegen (s § 75 Rn 7). Erfasst werden sowohl stattgebende als auch ablehnende Entscheidungen (OLG Bamberg FamRZ 2023, 783; BTDrs 17/10490, 18).

5 **III) Fristbeginn (§ 63 III). 1) Regelmäßige Frist (§ 63 III 1).** Sie beginnt gem III 1 mit der **schriftlichen Bekanntgabe** des Beschlusses an die Beteiligten. Die Beschwerde kann aber bereits zuvor eingelegt und begründet werden, sobald die Entscheidung erlassen ist (BGH FamRZ 2024, 1037). Für den Beginn der Beschwerdefrist gem III 1 ist die schriftl Bekanntgabe an den Beschwerdeführer maßgebend (BGH FamRZ 2015, 839). Für jeden Beteiligten beginnt die Frist individuell („jew") nach der schriftl Bekanntgabe an ihn. Dies hat gem § 41 I 2 in str Verf grds durch förml Zustellung zu geschehen (iE s § 41 Rn 3 f). Unterbleibt eine gem § 41 I 2 erforderl Zustellung, ist die Bekanntgabe unwirksam, die Beschwerdefrist beginnt – außer bei einer Heilung des Mangels – nicht zu laufen (BGH 4.4.2023 – XIII ZB 75/20, juris; BGH FamRZ 2019, 477; BGH MDR 2017, 661; BGH FamRZ 2015, 1374). Erforderl ist die Bekanntgabe des Beschlusses in der vollständigen Form des § 38, also insb mit Begründung (OLG Frankfurt FamRZ 2022, 1689); unschädl ist, wenn beim Versorgungsträger nur eine statt zwei Versicherungsnummern benannt sind (OLG Frankfurt FamRZ 2021, 353). Maßgebend ist die **1. Bekanntgabe**, zB bei mehreren Verfahrensbevollmächtigten (OLG Karlsruhe FamRZ 2012, 468 für RA und Bundesamt für Justiz) oder bei Bestehen mehrerer Anrechte bei einem Versorgungsträger (OLG Karlsruhe FamRZ 2022, 1924; OLG Frankfurt FamRZ 2021, 353; OLG Bamberg FamRZ 2015, 275 LS) – In **Ehe- und Familienstreitsachen** (§§ 112, 121) bestimmt sich die Bekanntgabe gem § 113 I nach § 329 ZPO. Auch in diesen Verf kommt es gem III 1 nicht auf den Zeitpunkt einer evtl Verkündung (§ 329 I 1 ZPO), sondern auf den der Zustellung an, wobei (nur) eine von der Verkündung *wesentl* **abweichende Ausfertigung** eine Rechtsmittelfrist nicht in Gang setzt (BGH FamRZ 2024, 1037; BGH NJW-RR 2012, 179 Tz 10 mwN); maßgebend ist, ob der Umfang der Beschwer und die tragenden Entscheidungsgründe erkennbar sind (BGH MDR 2024, 1061). – Ein **unwirksamer Rechtsmittelverzicht** steht dem regulärem Ablauf der Beschwerdefrist nicht entgegen (BGH FGPrax 2012, 83).

6 **2) Absolute Frist (§ 63 III 2).** Der Anwendungsbereich dieser Regelung ist durch den BGH wie folgt geklärt: Die Frist von III 2 – ebenso wie die von I – gilt nicht für einen – beschwerdeberechtigten (s § 59 Rn 7) – **in 1. Instanz nicht hinzugezogenen Beteiligten**, dem der erstinstanzl Beschluss nicht bekanntgegeben worden ist (BGH MDR 2023, 800 = FamRZ 2023, 1048; BGH FamRZ 2021, 1357 Tz 33; BGH FamRZ 2017, 727 mN zum früheren Streitstand). Eine Beschwerdefrist beginnt für ihn aber, wenn ihm der Beschluss später bekannt gegeben wird oder ihm zumindest die Entscheidung auch ohne Veranlassung durch das Gericht vorliegt (BGH FamRZ 2021, 1357 Tz 36). Offen gelassen hat der BGH, ob nach Kenntnis die Monatsfrist von I, die Frist von III 2 oder eine Jahresfrist entspr § 18 IV läuft; nach OLG Bremen (OLG Bremen FamRZ 2024, 1814) läuft jedenfalls diese Jahresfrist. Ebenso läuft die Frist von III 2 nicht gegenüber einem Ag, dem schon der verfahrenseinleitende **Antrag nicht zugestellt** wurde und der sich auch nicht auf das Verf eingelassen hat; selbst wenn er auf anderem Weg von dem laufenden *Verfahren* Kenntnis erlangt hat (BGH FamRZ 2021, 1556). Mit Kenntnis von der *Entscheidung* dürfte aber entspr BGH FamRZ 2021, 1357 eine Frist laufen.

7 Für den **bereits förmlich beteiligten** (BGH FamRZ 2017, 727) Rechtsmittelführer ist für den Fristbeginn nach III 2 nur maßgebl, dass die schriftl Bekanntgabe des wirksam erlassenen Beschlusses an ihn unterblieben ist. Der Grund dafür ist unerhebl (BGH 4.4.2023 – XIII ZB 75/20, juris; BGH FamRZ 2021, 1556; BGH FamRZ 2020, 1392), das Scheitern einer versuchten Bekanntgabe ist daher nicht erforderl (BGH FamRZ 2015, 839; BGH FamRZ 2015, 1006). Bei fehlerhafter Zustellung beginnt die 5-Monatsfrist mit Erlass, der Zustelladressat ist ggf auf WE angewiesen (BGH FamRZ 2020, 1392: abweichende Ausfertigung zugestellt; BGH FamRZ 2013, 1566). **Erlass des Beschlusses** iSv III 2 bestimmt sich in fG-Verf (s vor § 23 Rn 1) gem § 38 III 2: durch Übergabe an die GeschSt (zB BGH 4.4.2023 – XIII ZB 75/20, juris) oder mündl Bekanntgabe (iE s § 38 Rn 16). – Die Frist von III 2 lehnt sich an § 517 ZPO an (Begr RegE BTDrs 16/6308, 206), dessen Grundsätze übertragbar sind (s § 517 ZPO Rn 17 f). Die Beschwerdefrist beträgt dann im Ergebnis 5 Monate zzgl 1 Monat. In bes gelagerten Einzelfällen kommt eine **Verwirkung** des Rechtsmittels in Betracht, der Ablauf einer langen Zeit reicht dafür aber nicht (BGH FamRZ 2011, 207). – In **Ehe- und FamStreitsachen** ist die Verkündung der Entscheidung maßgebend, § 113 I FamFG iVm § 329 I 1, §§ 310 f ZPO (BGH FamRZ 2021, 1556; BGH FamRZ 2020, 1392; BGH FamRZ 2015, 1006, auch zur Wirksamkeit der Verkündung), bei nicht verkündeten Beschlüssen der Erlass iSv § 38 III 2 (OLG Bamberg FamRZ 2018, 116).

8 **IV) Fristberechnung.** Es gilt gem § 16 II FamFG bzw in Ehe- und FamStreitsachen gem § 113 I FamFG **§ 222 ZPO**. – **WE** in die versäumte Beschwerdefrist ist in fG-Sachen gem § 17 zu gewähren. In Ehe- und FamStreitsachen gelten gem § 113 I §§ 233 ff ZPO; wegen dieser Verweisung sa § 71 Rn 3.

§ 64 Einlegung der Beschwerde

(1) [1]Die Beschwerde ist bei dem Gericht einzulegen, dessen Beschluss angefochten wird. [2]Anträge auf *Bewilligung von Verfahrenskostenhilfe* für eine beabsichtigte Beschwerde sind bei dem Gericht einzulegen, dessen Beschluss angefochten werden soll.

(2) [1]Die Beschwerde wird durch Einreichung einer von dem Beschwerdeführer oder seinem Bevollmächtigten unterzeichneten Beschwerdeschrift oder zur Niederschrift der Geschäftsstelle eingelegt. [2]Die Einlegung der Beschwerde zur Niederschrift der Geschäftsstelle ist in Ehesachen und in Familienstreitsachen ausgeschlossen. [3]Die Beschwerde muss die Bezeichnung des angefochtenen Beschlusses sowie die Erklärung enthalten, dass Beschwerde gegen diesen Beschluss eingelegt wird. [4]§ 25 Absatz 2 bis 4 gilt entsprechend.
(3) Das Beschwerdegericht kann vor der Entscheidung eine einstweilige Anordnung erlassen; es kann insbesondere anordnen, dass die Vollziehung des angefochtenen Beschlusses auszusetzen ist.

Durch G zur Förderung des Einsatzes von Videokonferenztechnik in der Zivilgerichtsbarkeit und den Fachgerichtsbarkeiten v 15.7.2024 (BGBl 2024 I Nr 237) wurde II mWv 19.7.2024 geändert.

Lit: *Müther*, Die Beschwerdeeinlegung beim unzuständigen Gericht nach dem FamFG, FamRZ 2010, 1952.

I) Allgemein. Die Vorschrift enthält in I und II Bestimmungen über die Einlegung der Beschwerde, in III – systematisch und angesichts der Überschrift nicht unbedingt zu erwarten – eine Ermächtigung zum Erlass einer einstw Anordnung. 1

II) Adressat der Beschwerde (§ 64 I). Dies ist nach dem eindeutigen Wortlaut allein das **Familiengericht**, auch bei Entscheidung durch den Rpfleger (BGH FamRZ 2023, 593). Dies gilt auch dann, wenn das Verf wegen eines VKH-Verf für eine beabsichtigte Beschwerde bereits **beim OLG anhängig** ist, während der WE-Antrag beim OLG einzureichen ist (BGH FamRZ 2013, 1385; OLG Bamberg FamRZ 2022, 1382). Ggf ist aber WE vAw zu gewähren (OLG Celle FamRZ 2014, 1046). Zum **Antrag auf VKH** für eine beabsichtigte Beschwerde s Rn 9. 2

Wird die Beschwerde bei einem **anderen Gericht**, insb trotz der im erstinstanzl Beschluss enthaltenen Rechtsmittelbelehrung (§ 39) beim Beschwerdegericht, eingelegt, wahrt dies die Frist nicht. Das unzuständige Gericht ist aber verpflichtet, die Beschwerdeschrift im normalen Geschäftsgang an das erstinstanzl Gericht weiterzuleiten (BGH FamRZ 2023, 593, auch zur Fristwahrung bei falscher Rechtsmittelbelehrung). Zur Weiterleitung bei Einreichung im **elektronischen Rechtsverkehr** s BGH MDR 2025, 56; OLG Karlsruhe FamRZ 2024, 1944. Sofern dies nicht geschieht, kommt grds WE gem § 17 bzw in Ehe- und FamStreitsachen gem § 113 I 1, § 233 ZPO in Betracht (s § 233 ZPO Rn 21). Sofern der angefochtene Beschluss aber eine zutr Rechtsbehelfsbelehrung enthält, ist die Fristversäumung idR nicht unverschuldet. Bei unzureichender Rechtsmittelbelehrung s § 39 Rn 17. 3

In **Unterbringungssachen**, auch Minderj, kann die Beschwerde gem § 167 I, § 336 auch bei dem AG eingelegt werden, in dessen Bezirk der Betroffene untergebracht ist. 4

III) Form der Beschwerdeeinlegung (§ 64 II). 1) Einreichung einer Beschwerdeschrift. Diese muss die nach II 3 erforderl Angaben enthalten und ist von dem Beschwerdeführer oder seinem Bevollmächtigten zu unterzeichnen, II 1. Unterzeichnung bedeutet grds, dass die Unterschrift die Schrift abschließt (OLG Braunschweig FamRZ 2022, 202 zur sog Rubrumsunterschrift). Ohne Unterschrift ist die Beschwerde grds unzulässig (BGH FamRZ 2019, 1636; BGH FamRZ 2015, 919). Dies gilt auch für Versorgungsträger (OLG Bremen FamRZ 2020, 531). Entspr den für den Zivilprozess entwickelten Grundsätzen (s § 519 ZPO Rn 27) reicht es aber aus (BGH FamRZ 2020, 770), wenn die nicht unterzeichnete Beschwerdeschrift zusammen mit einem unterzeichneten Anschreiben eingereicht wird, ein formgerechtes Schreiben auf sie Bezug nimmt oder beigefügte Abschriften einen Beglaubigungsvermerk mit **Unterschrift** tragen. Zur Einreichung der Beschwerde mittels Telefax, Computerfax und im elektron Rechtsverkehr s § 519 ZPO Rn 18 ff, zu Blankounterschrift BGH MDR 2012, 1363. Nicht ausreichend ist eingescannte Unterschrift auf eingereichtem Schriftsatz (OLG Celle MDR 2012, 1043), ein Name in Maschinenschrift (OLG Braunschweig FamRZ 2022, 202; Bamberg FamRZ 2013, 480) oder eine einfache e-mail (OLG Düsseldorf FamRZ 2014, 1315). Die Form wahrt aber ein eingescannter und vom Gericht ausgedruckter (BGH FamRZ 2020, 847) **Anhang zu einer E-Mail**, wenn das eingescannte Original unterschrieben ist, nicht aber, wenn die Unterschrift nur ihrerseits in das Dokument kopiert oder eingescannt wurde (BGH MDR 2015, 533). Die Zeichnung eines Behördenmitarbeiters „im Auftrag" reicht (OLG Schleswig FamRZ 2014, 789). – Die **Nutzungspflicht des elektronischen Rechtsverkehrs** gem § 14b erfasst auch die Einlegung der Beschwerde (BGH FamRZ 2023, 461 = MDR 2023, 316; BGH MDR 2022, 1426 = FamRZ 2022, 1957). Sie gilt auch für die DRV (OLG Frankfurt FamRZ 2024, 159; OLG Bamberg FamRZ 2022, 1049) und das Jugendamt (OLG Frankfurt FamRZ 2022, 802). Eine Beschwerde schriftl oder per Fax ist in diesen Fällen formunwirksam (BGH FamRZ 2023, 461); iE s § 14b Rn 1. – **Vertretung durch einen RA** ist mangels entspr Anordnung in § 10 in isolierten fG-Sachen nicht erforderl (OLG Brandenburg FamRZ 2014, 1933). Für Beschwerden in Ehesachen, Folgesachen und selbständigen FamStreitsachen ordnet dies § 114 an. Dieser RA-Zwang erstreckt sich nach Ansicht des BGH (MDR 2017, 781) – trotz der Regelung von II 1 iVm § 114 IV Nr 6 – auch auf die Einlegung der Beschwerde in fG-Folgesachen. 5

2) Niederschrift der Geschäftsstelle. Diese Möglichkeit besteht neben der Einreichung einer Beschwerdeschrift in allen Verf mit Ausnahme der Ehe- und FamStreitsachen (II 2, s Rn 5). Wie durch die Neufassung von S 1 durch G zur Förderung des Einsatzes von Videokonferenztechnik in der Zivilgerichtsbarkeit … v 15.7.2024 (BGBl 2024 I Nr 237) mWv 19.7.2024 klargestellt, ist das Unterschriftserfordernis auf die Einlegung der Beschwerde durch Niederschrift nicht anzuwenden (BTDrs 20/9354, 39). S 4 enthält seit 19.7.2024 die Regelung, dass § 25 II-IV entspr gilt. Damit ist klargestellt, dass die Beschwerde vom UdG auch mittels Bild- und Ton- 6 übertragung gem § 25 III nF aufgenommen werden kann. IE s § 25 Rn 4 ff. Die Neuregelungen gelten mangels anderweitiger Bestimmung (vgl Art 19 I des Gesetzes) auch für bereits anhängige Verf. – Formwahrend ist auch die Einlegung zu **richterlichem Sitzungsprotokoll** (BGH FamRZ 2019, 1951).

7 **3) Inhaltliche Anforderungen.** In der Beschwerdeschrift ist die **angegriffene Entscheidung** idR durch eine vollständige Bezeichnung der Beteiligten, des Gerichts, das den Beschluss erlassen hat, des Entscheidungsdatums und des Aktenzeichens zu bezeichnen (BGH FamRZ 2023, 1733; BGH FamRZ 2023, 719 Tz 7; BGH FGPrax 2015, 238 Tz 17 mwN). Ausreichend ist aber, wenn sich aus der Beschwerdeschrift und den sonstigen aus den Akten erkennbaren Umständen vor Ablauf der Beschwerdefrist für das Gericht eindeutig ergibt, welche Entscheidung angefochten wird (BGH FamRZ 2023, 1733: falsches Entscheidungsdatum; BGH FamRZ 2023, 719 Tz 7; BGH FamRZ 2017, 731: falsches Aktenzeichen; BGH FGPrax 2015, 238 Tz 18 mwN). – Sofern ein **teilbarer Beschluss** nicht hinsichtl aller Verfahrensgegenstände angefochten werden soll, ist dies eindeutig zu erklären. Allein aus dem Umstand, dass die Beschwerdebegründung nicht alle Teile der Entscheidung einzeln rügt, ergibt sich keine Beschränkung. IZw ist der erstinstanzl Beschluss in vollem Umfang angegriffen (BayObLG FamRZ 2001, 364). Zur **Teilanfechtung** s § 65 Rn 5.

8 Die gem II 3 erforderl **Erklärung**, dass gegen den Beschluss **„Beschwerde"** eingelegt werde, muss nicht wörtl abgegeben werden, da auch eine Rechtsmittelschrift auslegungsfähig ist. Es reicht aus, wenn die Absicht, die Entscheidung des FamG einer Nachprüfung durch das Beschwerdegericht zu unterstellen, der Erklärung deutl zu entnehmen ist (BGH NJW-RR 98, 507; BGH NJW 87, 1204). Es muss erkennbar sein, **wer Beschwerdeführer** ist (BGH FamRZ 2024, 640 = MDR 2024, 457; BGH FamRZ 2023, 1983; BGH FamRZ 2020, 778). Dies kann sich auch aus einer Auslegung der Beschwerdeschrift oder aus weiteren Unterlagen ergeben, die bis zum Ablauf der Beschwerdefrist eingegangen sind (BGH MDR 2024, 457; BGH FamRZ 2020, 778). Eine Änderung der Person des Beschwerdeführers durch Auslegung oder Umdeutung ist aber unzulässig (OLG Karlsruhe FamRZ 2024, 641 = MDR 2024, 254; sa BGH MDR 2024, 457). An die Bezeichnung des Rechtsmittelgegners sind weniger strenge Anforderungen zu stellen, iZw richtet sich die Beschwerde gegen alle Gegner (BGH FamRZ 2011, 281). Die **Anschrift** des Beschwerdeführers ist nur dann Zulässigkeitsvoraussetzung, wenn anderenfalls der geordnete Ablauf des Rechtsmittelverf gefährdet ist oder sich im Verschweigen ein Rechtsmissbrauch manifestiert (BGH NVwZ-RR 2016, 635; BGH FamRZ 2009, 1130). Der Umfang der beabsichtigten Anfechtung muss bei Einlegung der Beschwerde noch nicht feststehen. Ein bestimmter **Antrag** ist gem § 117 I 1 in Ehe- und Fam-Streitsachen erforderl, nicht aber in Verf der fG (s vor § 23 Rn 1). Zur Beschwerdebegründung s § 65 Rn 2, 10.

9 Die Beschwerde kann – wie jedes Rechtsmittel – grds nicht unter einer **Bedingung** eingelegt werden. Ausnahmsweise ist dies zulässig, wenn sich die Bedingung auf einen Vorgang innerhalb desselben Verf bezieht (sog innerprozessuale Bedingung), zB wenn der Beschwerdeführer eine Entscheidung über seine Beschwerde nur dann begehrt, wenn das Rechtsmittel eines anderen Beteiligten erfolglos bleibt (BayObLG NJW-RR 89, 1286). Nach hM unzulässig ist es aber, wenn Berichtigung begehrt und „hilfsweise" Beschwerde eingelegt wird (OLG Karlsruhe FamRZ 2025, 799; OLG Bremen FamRZ 2020, 531, OLG Nürnberg MDR 2014, 798). Hinsichtl der Verknüpfung von Beschwerde und **VKH-Antrag** stellen sich dieselben Fragen wie im Berufungsrecht (BGH FamRZ 2012, 962); dazu s § 519 ZPO Rn 1. **Einzureichen** ist der Antrag auf VKH für eine **beabsichtigte Beschwerde** gem I 2 beim FamG.

10 **IV) Einstweilige Anordnung (§ 64 III). 1) Vollstreckbarkeit der Ausgangsentscheidung.** Der erstinstanzl Beschluss ist in fG-Verf (s vor § 23 Rn 1) grds auch bei **einer Anfechtung** mit der Beschwerde vollstreckbar, da dies nicht seine Rechtskraft, sondern gem § 86 II nur die Wirksamkeit voraussetzt (s § 86 Rn 12). Diese tritt gem § 40 I grds bereits mit Bekanntgabe an denj ein, für den der Beschluss seinem wesentl Inhalt nach bestimmt ist (s § 40 Rn 2 ff). Hinsichtl einzelner Angelegenheiten bestimmt das FamFG, dass eine **Wirksamkeit erst mit Rechtskraft** des Beschlusses eintritt, insb gem § 116 II, III in **Ehe- und Familienstreitsachen** (außerdem zB § 40 II, III). Teilw kann in diesen Fällen die sof Wirksamkeit angeordnet werden (zB in FamStreitsachen gem § 116 III 2, 3).

11 Insb um va in Umgangs- und Sorgerechtsverf die Schaffung zumindest vorläufig vollendeter Tatsachen bis zu einer Entscheidung des Beschwerdegerichts zu verhindern, kann daher der Erlass einer **vorläufigen Regelung** erforderl sein. Diese kann zB zur Vermeidung möglicherw mehrfacher Aufenthaltswechsel des Kindes geboten sein (BVerfG JAmt 2011, 107; BVerfG FamRZ 2010, 353). – III ist im Verf der **Rechtsbeschwerde** entspr anwendbar (BGH FamRZ 2019, 115; BGH FGPrax 2010, 97).

12 **2) Grundsätze.** Die Entscheidung nach § 64 III ist – im Gegensatz zur einstw Anordnung gem § 49, § 51 III 1 – **Teil des Hauptsacheverfahrens** (BGH MDR 2010, 515); daher ist eine Anwendung der §§ 49 ff über § 68 III 1 nicht gerechtfertigt (so aber PH/Abramenko Rn 22). Im Verf der einstw Anordnung geht § 55 I vor (OLG Koblenz FamRZ 2020, 2017). Zum Verh zur Einstellung gem § 93 I 1 Nr 3 s Cirullies FamRZ 2023, 284. In **Familienstreitsachen** wird III durch **§ 120 II 3** verdrängt (KG FamRZ 2014, 1934).

13 **3) Eilbedürfnis.** Eine einstw Anordnung setzt nach stRspr (OLG Karlsruhe FamRZ 2024, 127; BayObLG *FamRZ 1994, 975*; OLG Düsseldorf FamRZ 1994, 1541) voraus, dass ein **dringendes Bedürfnis** für ein **sofortiges Einschreiten** besteht, das ein Abwarten bis zur endgültigen Entscheidung nicht gestattet.

4) Verfahren. Das Beschwerdegericht kann **von Amts wegen** eine einstw Anordnung erlassen, ein „Antrag" hat nur die Wirkung einer Anregung (Sternal/Sternal Rn 76; aA PH/Abramenko Rn 25: analoge Anwendung von § 51 I). Das für das isolierte Anordnungsverf gem § 51 I 1 geltende Antragserfordernis ist auf die Entscheidung nach § 64 III mangels entspr Regelung nicht anwendbar. Eine analoge Anwendung ist nicht gerechtfertigt, da der Gesetzgeber es trotz der differenzierten Neuregelung in §§ 49 ff für die Entscheidung des Beschwerdegerichts nach § 64 III bei der Übernahme der zuvor geltenden Regelung belassen hat; anderenfalls hätte eine Bezugnahme auf § 51 nahe gelegen. Praktisch wird das Beschwerdegericht aber das erforderl Eilbedürfnis nur selten annehmen, wenn der Beschwerdeführer seinerseits durch Passivität zum Ausdruck bringt, an einer einstw Anordnung kein Interesse zu haben. 14

Das Beschwerdegericht kann **ohne mündliche Verhandlung** entscheiden. Dies ergibt sich abgesehen von dem Charakter als Eilentscheidung daraus, dass das Gericht auch in der Hauptsache von der Durchführung eines Termins absehen kann (§ 68 III 2); dies gilt in der Beschwerdeinstanz auch in Ehe- und FamStreitsachen (vgl § 117 III). Wegen der Eilbedürftigkeit ist anerkannt, dass hinsichtl der die Anordnung rechtfertigenden Umstände eine **Glaubhaftmachung** ausreicht (BayObLG FamRZ 94, 975) und dass bei bes Eilbedürftigkeit von einer **Anhörung** der Gegenseite vor Erlass der Entscheidung abgesehen werden kann. Diese muss aber unverzügl nachgeholt und auf ihrer Grundlage die getroffene Entscheidung überprüft werden (OLG Naumburg FamRZ 2002, 615). Über die einstw Anordnung ist nach pflichtgemäßem **Ermessen** zu entscheiden, wobei die Erfolgsaussichten des Rechtsmittels und die drohenden Nachteile abzuwägen sind (BGH FamRZ 2019, 115; zu den Gesichtspunkten s § 49 Rn 17 ff). Evtl erforderl **Ermittlungen** nimmt das Beschwerdegericht gem § 26 vAw vor. Eine Pflicht zur Begründung eines gestellten Antrags gibt es nicht (aA OLG Köln OLGZ 90, 303), wohl aber eine Mitwirkungspflicht gem § 27. Ohne entspr Angaben besteht idR keine Veranlassung des Beschwerdegerichts zu Ermittlungen (sa § 26 Rn 4). Das **Wirksamwerden** der einstw Anordnung bestimmt sich in den fG-Verf nach § 40 I (PH/Abramenko Rn 32; Sternal/Sternal Rn 87). Sie kann jederzeit vAw **geändert** werden (PH/Abramenko Rn 28). Eine Kostenentscheidung ist grds nicht erforderl (BGH MDR 2010, 515; sa Rn 20). 15

5) Regelungskompetenz. Zeitlich ist dem Beschwerdegericht eine Anordnungsentscheidung zwischen Vorlage der Akten und dem Abschluss der Beschwerdeinstanz, regelmäßig also bis zum Erlass der Beschwerdeentscheidung, mögl (BGH MDR 2001, 951). Für die Zeit nach Erlass der eigenen Beschwerdeentscheidung kann das Beschwerdegericht eine einstw Regelung nicht treffen (PH/Abramenko Rn 29). Die Wirksamkeit der nach § 64 III getroffenen Anordnung **endet** mit Abschluss der Beschwerdeinstanz, ohne dass es einer entspr Entscheidung bedarf (BayObLGZ 163, 191; PH/Abramenko Rn 34). Unerhebl ist, ob das Ende des Beschwerdeverf durch Beschluss, Beschwerderücknahme, Vergleich oder Erledigungserklärung eintritt. Auch eine Aufhebung der Beschwerdeentscheidung durch das Rechtsbeschwerdegericht lässt die einstw Anordnung nicht wiederaufleben (BayObLGZ 163, 191; PH/Abramenko Rn 34). 16

Inhaltlich kann das Beschwerdegericht anordnen, dass die angefochtene Entscheidung **auszusetzen** ist. Damit wird der Zustand (vorläufig) wiederhergestellt, der vor Erlass des angefochtenen Beschlusses bestand. Keine Voraussetzung ist, dass der angefochtene Beschluss der Vollstreckung bedarf. Vielmehr kann – wie gem § 55 (s § 55 Rn 2) – zB auch die „Vollziehung" eines Beschlusses ausgesetzt werden, der **keiner Durchführung bedarf** (OLG Karlsruhe FamRZ 2024, 127; BayObLGZ 163, 191; aA Sternal/Sternal Rn 81), wie zB die Übertragung des Sorgerechts (OLG Karlsruhe FamRZ 2024, 127). Über die nur als – in der Praxis bes häufiges – Bsp angeführte Aussetzung der Vollziehung hinaus oder statt ihrer kann das Beschwerdegericht auch andere einstw Anordnungen treffen. Es kann zB die durch den angefochtenen Beschluss abgelehnte Herstellung eines Zustandes **vorläufig anordnen** oder die Anordnung der sof Wirksamkeit eines Beschlusses (zB gem § 40 III 2) außer Kraft setzen (BayObLG NJW-RR 1987, 1226). 17

Die **Grenzen** der einstw Anordnung ergeben sich aus den für das Rechtsverhältnis maßgebenden rechtl Vorschriften (vgl für isolierte einstw Anordnung § 49 I). Die Anordnung muss sich im Rahmen des **Gegenstands des Beschwerdeverfahrens** halten (OLG Hamm FamRZ 2012, 1312; zum früheren Recht: BGH MDR 2001, 951; BayObLG FamRZ 97, 572). Daher darf zB keine Umgangsregelung getroffen werden, wenn das Sorgerecht Gegenstand des Beschwerdeverf ist (BayObLG FamRZ 97, 572). Eine Aussetzung der Vollziehung setzt grds voraus, dass das Rechtsmittel **Aussicht auf Erfolg** hat oder die Aussichten zumindest zweifelhaft sind (BGH FamRZ 2019, 115 für Umgang; BGH FGPrax 2010, 97; BGH NVwZ 2011, 320; OLG Karlsruhe FamRZ 2024, 127: Erfolg wahrscheinl). Sie darf die Hauptsache grds nicht vorwegnehmen (OLG Köln OLGZ 190, 303; PH/Abramenko Rn 30; SchBW/Roßmann Rn 47; zur Vorwegnahme der Hauptsache sa § 49 Rn 5), zB nicht die begehrte Genehmigung erteilen. Bei offenen Erfolgsaussichten sind die **Folgen**, die eintreten würden, wenn die einstw Anordnung nicht erginge, die Beschwerde aber später Erfolg hätte, ggü den Nachteilen abzuwägen, die entstünden, wenn die einstw Anordnung erlassen würde, das Rechtsmittel aber keinen Erfolg hätte (zB BVerfG FamRZ 2010, 353; BGH FamRZ 2019, 115; OLG Karlsruhe FamRZ 2024, 127). 18

6) Unanfechtbarkeit. Die Entscheidung des Beschwerdegerichts über den Erlass der einstw Anordnung ist mangels entspr Regelung mit Rechtsmitteln **nicht anfechtbar**. Jeglicher Analogie steht die Wertung von § 70 IV entgegen, wonach selbst Hauptsacheentscheidungen des Beschwerdegerichts in einstw Anordnungsverf nicht der Anfechtung unterliegen. 19

20 **V) Gebühren. 1) Gericht:** Die einstw Anordnung (III) ist hier unselbständiger Teil des Beschwerdeverf; daher keine bes Geb nach Hauptabschnitt IV FamGKG-KV. – **2) RA:** Die Aussetzung der Vollziehung (Bsp in III) unterfällt § 19 I 2 Nr 12 RVG (BTDrs 16/6308, 340). Das Verf gehört zum Rechtszug. Das muss auch für sonstige Maßnahmen nach III gelten. – Geb nach 3328 RVG-VV nur bei abgesonderter Verh bzw 3328 RVG-VV analog auch ohne abgesonderte Verh, wenn der RA nur im Verf gem III beauftragt u tätig ist.

§ 65 Beschwerdebegründung

(1) Die Beschwerde soll begründet werden.

(2) Das Beschwerdegericht oder der Vorsitzende kann dem Beschwerdeführer eine Frist zur Begründung der Beschwerde einräumen.

(3) Die Beschwerde kann auf neue Tatsachen und Beweismittel gestützt werden.

(4) Die Beschwerde kann nicht darauf gestützt werden, dass das Gericht des ersten Rechtszugs seine Zuständigkeit zu Unrecht angenommen hat.

1 **I) Allgemein.** § 65 regelt die Anforderungen an die Beschwerdebegründung (I, II) sowie den Maßstab für die Beschwerdeentscheidung (III, IV). Er ist auf alle Verf nach dem FamFG anwendbar; für Ehe- und FamStreitsachen gelten aber teilw abw Bestimmungen (§§ 115, 117, s Rn 9 ff).

2 **II) Begründung (§ 65 I).** I bezeichnet keinen Adressaten für die Beschwerdebegründung. Sie kann daher in fG-Sachen (zu Ehe- und FamStreitsachen s Rn 10) sowohl beim FamG als auch beim Beschwerdegericht eingereicht werden. Eine fehlende Begründung führt aber **nicht zur Unzulässigkeit** der Beschwerde, wie sich aus der Ausgestaltung als Soll-Vorschrift ergibt (OLG Düsseldorf FGPrax 2014, 82; PH/Abramenko Rn 2). Eine Begründung ist dennoch sachgerecht, um das Beschwerdegericht auf – aus Sicht des Beschwerdeführers – problematische Gesichtspunkte hinzuweisen. Auch ohne Begründung hat das Beschwerdegericht aber vAw auf Grund des gesamten Akteninhalts zu prüfen, ob die Beschwerde begründet ist und ggf erforderl ergänzende Ermittlungen anzustellen (PH/Abramenko Rn 2). Ihre Zurückweisung allein mangels Begründung ist nicht gerechtfertigt (OLG Düsseldorf FGPrax 2014, 82). Ein Verstoß gegen die Begründungspflicht stellt aber idR zugleich einen Verstoß gegen die **Mitwirkungspflicht** (§ 27) dar, aus dem sich Folgen für die Amtsermittlungspflicht ergeben können (s § 26 Rn 4); auch kann eine unterbliebene Begründung ein fehlendes Eilbedürfnis iSv § 49 indizieren (OLG Brandenburg 22.7. 2010 – 9 WF 95/10; OLG Köln FamRZ 2010, 921). Das Beschwerdegericht hat die Entscheidung aber auch über geltend gemachte **Beschwerdegründe hinaus** zu überprüfen (BGH FamRZ 2011, 367; KG NJW-RR 2011, 587).

3 Ein bestimmter **Antrag** ist nicht erforderl. Dem Beschwerdevorbringen muss aber bei wohlwollender Auslegung (OLG Düsseldorf FGPrax 2014, 82; OLG Karlsruhe FGPrax 2003, 145) entnommen werden können, was mit der Beschwerde erstrebt wird. Insb sollte erkennbar werden, ob der Beschluss des FamG in vollem **Umfang** oder nur teilw (s Rn 5) angefochten wird. Bei Anfechtung eines Verbundbeschlusses muss zumindest erkennbar sein, welche Folgesache(n) angegriffen werden, da davon ggf das weitere Verf abhängt, insb die Anwendbarkeit von § 113 bei Ehe- und Familienstreitsache.

4 **III) Frist zur Begründung (§ 65 II).** Das Beschwerdegericht oder der Vors können eine Frist zur Beschwerdebegründung setzen. Macht das Gericht davon keinen Gebrauch, ist eine Begründung bis zum Zeitpunkt des Erlasses (§ 38 III 3) der Beschwerdeentscheidung zulässig (BGH FamRZ 2018, 1593; BGH FamRZ 2015, 1698; s § 37 Rn 5). **Ohne Fristsetzung** ist das Gericht verpflichtet, eine gewisse Zeit zuzuwarten, ob das Rechtsmittel noch begründet wird (BGH ZInsO 2017, 1181); idR angemessen sind 2-3 Wochen (OLG Frankfurt FamRZ 2024, 1937; PH/Abramenko Rn 5). Eine Fristsetzung ist auch ohne ausdrückl Regelung auch ggü **anderen Beteiligten** zulässig (PH/Abramenko Rn 7). Trotz Fristsetzung ist nicht fristgerechter Sachvortrag in fG-Sachen (s vor § 23 Rn 1) nicht präkludiert; eine Regelung wie in § 571 III 2 ZPO fehlt. Zu Ehe- und FamStreitsachen s Rn 9.

5 **IV) Teilanfechtung. 1) Grundsätze.** Entscheidungen in fG-Verf können hinsichtl eines Teils angefochten werden, wenn sie **mehrere Verfahrensgegenstände** oder einen **teilbaren Verfahrensgegenstand** betreffen (BGH FamRZ 2016, 121; BGH FamRZ 2011, 547), das Gericht also getrennt über die einzelnen Gegenstände hätte entscheiden können (BGH FamRZ 84, 1214 = MDR 85, 306; BGH FamRZ 89, 376). Nur bei einer solchen Teilbarkeit des Verfahrensgegenstandes liegt eine das Beschwerdegericht bindende Beschränkung vor (BGH FamRZ 84, 1214 = MDR 85, 306). Anderenfalls ist eine gleichwohl erklärte Rechtsmittelbeschränkung unzulässig, und das Beschwerdegericht hat die angefochtene Entscheidung in vollem Umfang zu überprüfen (BGH FamRZ 84, 1214 = MDR 85, 306 zum VersAusgl). – **Nicht angefochtene Verfahrensgegenstände** werden (nur) dann **rechtskräftig**, wenn der Beschwerdeantrag auf sie nicht mehr erweitert werden kann und sie auch nicht mehr mit einer Anschlussbeschwerde (§ 66) angegriffen werden können (BGH FamRZ 2023, 765 Tz 15). Daher tritt beim **Versorgungsausgleich** ungeachtet der Teilbarkeit und des eingeschränkten Prüfungsumfangs (s Rn 6) *keine Teilrechtskraft* einer von der Beschwerde (anders bei Rechtsbeschwerde wegen der dortigen Befristung der Anschließung, BGH FamRZ 2023, 765 Tz 17) nicht erfassten Teilungsanordnung ein (BGH FamRZ 2023,

765 Tz 15; BGH FamRZ 2016, 794); denn sie kann idR zumindest von einem Ehegatten mit der Anschlussbeschwerde unbefristet angegriffen werden (s § 66 Rn 3 f). Zu Verbundverf sa § 145.

6 **2) Einzelfälle der Teilbarkeit.** Diese besteht zwischen der Zuweisung der **Ehewohnung** und der Räumungsanordnung (OLG Hamm FamRZ 69, 428) sowie der Ausgleichszahlung (BayObLG FamRZ 77, 467). – In **Versorgungsausleichssachen** ist jede Teilungsanordnung nach dem VersAusglG ein eigener, teilbarer Verfahrensgegenstand, nicht aber dessen einzelne Elemente (BGH FamRZ 2018, 1745; OLG München FamRZ 2018, 994: Verzinsung). Ob nur eine einzelne Teilungsanordnung angegriffen wird, ist durch Auslegung zu ermitteln (BGH FamRZ 2016, 794; BGH FamRZ 2016, 1062; zu umfassendem Angriff OLG Stuttgart FamRZ 2012, 303). Bei dem Rechtsmittel eines Versorgungsträgers ist im Zweifel eine Beschränkung auf das ihn betr Anrecht anzunehmen (BGH FamRZ 2016, 794; BGH FamRZ 2016, 1062). Dann sowie bei einer entspr Beschränkung durch einen Ehegatten ist die **Prüfungskompetenz** des Beschwerdegerichts darauf begrenzt (BGH FamRZ 2023, 765 Tz 10; BGH FamRZ 2016, 794 Tz 28). Etwas anderes gilt, wenn die wechselseitige Abhängigkeit die Einbeziehung anderer Anrechte gebietet (BGH FamRZ 2023, 765; BGH FamRZ 2021, 211; BGH FamRZ 2016, 794). Dies kann im Rahmen der Bagatellprüfung gem § 18 I VersAusglG (nicht gem § 18 II VersAusglG, OLG Koblenz FamRZ 2020, 1820) der Fall sein (BGH FamRZ 2023, 765; BGH FamRZ 2016, 794; aA OLG Brandenburg FamRZ 2014, 129) und ist es idR bei einem § 27 VersAusglG (grobe Unbilligkeit) betreffenden Rechtsmittel (BGH FamRZ 2021, 211; BGH FamRZ 2016, 794 Tz 7). Grds sind die Ehegatten aber, wenn sie den Halbteilungsgrundsatz durch einen Erfolg der Beschwerde gefährdet sehen, auf eine Anschlussbeschwerde (§ 66) zu verweisen, da dies der verfahrensrechtl zulässige Weg ist, nicht vom Rechtsmittel erfasste Verfahrensgegenstände in das Beschwerdeverf einzubeziehen (BGH FamRZ 2016, 1062; Borth FamRZ 2013, 94). Stirbt ein Ehegatte nach Rechtskraft der Scheidung, aber während des Beschwerdeverf zum VersAusgl, besteht wegen der dann gem **§ 31 VersAusglG** vorzunehmenden Gesamtsaldierung keine Beschränkung auf einzelne Anrechte (mehr) (BGH FamRZ 2023, 765 Tz 12; BGH FamRZ 2016, 1062); dies gilt aber nicht bei einem Versterben während des Verf der Rechtsbeschwerde (BGH FamRZ 2023, 765 Tz 13 ff). – Das **Sorgerecht** ist nicht teilbar, so dass Verf gem § 1628 BGB und § 1671 I BGB nicht gesondert zu führen und isoliert zu entscheiden sind (OLG Frankfurt FamRZ 2024, 1273 LS). Teilbarkeit besteht, wenn in Kindschaftssachen **mehrere Kinder** betroffen sind. Die Frage stellt sich zB, wenn das FamG die elterl Sorge für mehrere Kinder einem Elternteil übertragen hat, der andere aber nur hinsichtl eines Kindes den Beschluss angefochten hat. In diesem Fall ist dem Beschwerdegericht nur eine Entscheidung hinsichtl dieses Kindes mögl (BGH NJW 1967, 2253 = FamRZ 1967, 606; BGH NJW 1979, 813 = FamRZ 1979, 225; OLG Frankfurt FamRZ 1981, 813; Sternal/Sternal § 64 Rn 50). Dadurch, dass die Geschwisterbindung insb in Sorgerechtssachen ein Entscheidungskriterium ist, wird aber das Sorgerecht nicht für alle Kinder zu einem einheitl zu entscheidenden Gegenstand (so aber OLG Schleswig SchlHA 1980, 188), vielmehr ist es individuell auf jedes einzelne Kind bezogen. Soweit es um das Sorgerecht nach Trennung der Eltern geht, können diese bei Verfahrenseinleitung eine Verfahrenstrennung herbeiführen, indem nur für ein Kind ein Antrag nach § 1671 BGB gestellt wird. Es ist keine Rechtfertigung dafür ersichtl, dass in der Beschwerdeinstanz diese Teilbarkeit nicht mehr besteht. – Das **Umgangsrecht** für mehrere Kinder ist ebenfalls teilbar, da es sich auf jedes einzelne Kind bezieht (BayObLG DAVorm 1983, 377). Nicht teilbar sind die Regelung des Umgangs und die Anordnung einer Umgangspflegschaft (OLG Karlsruhe FamRZ 2024, 1298 LS). – Bei Sorgerechtsentziehung kann die Beschwerde auf die **Auswahl des Vormunds**/Pflegers beschränkt werden (vgl BGH MDR 2016, 608; BGH MDR 2017, 720, auch zu erforderl eindeutigen Beschränkung), nicht aber umgekehrt auf die Anordnung ohne die Auswahl (BGH FamRZ 2016, 895).

7 **V) Neues Vorbringen (§ 65 III).** Die Beschwerdeinstanz ist eine volle **2. Tatsacheninstanz** (BGH FamRZ 2024, 512). Neues Vorbringen kann – außer in Ehe- und FamSachen gem § 115 – nicht zurückgewiesen werden, unabhängig davon, ob es vorwerfbar in 1. Instanz nicht in das Verf eingeführt worden ist. Das Beschwerdegericht hat seine Entscheidung auf der Grundlage des gesamten Sachverhalts zu treffen. Es hat den Sachstand so, wie er sich zur Zeit seiner Entscheidung darstellt, seiner Beurteilung zugrunde zu legen und ggf eigene Ermessenserwägungen anzustellen (BGH MDR 2017, 296). Sofern es ergänzende Ermittlungen, Anhörungen usw für erforderl hält, hat es sie grds selbst durchzuführen und auf ihrer Grundlage zu entscheiden (§ 69 I 1). Es hat dabei insb auch solche Tatsachen zu ermitteln und zu berücksichtigen, die erst nach der Entscheidung der 1. Instanz eingetreten sind (BGH MDR 2017, 296; KG FGPrax 97, 224). **Neue Anträge** sind in der Beschwerdeinstanz nicht zulässig, wenn sie die Angelegenheit zu einer anderen als der der erstinstanzl Entscheidung machen (BGH FamRZ 2011, 367; BGH FamRZ 2011, 1143; KG NJW-RR 2011, 438); Gegenstand des Beschwerdeverf kann nur der **Verfahrensgegenstand** sein, über den vom AG entschieden wurde (BGH FamRZ 2014, 1614). Im Rahmen des erstinstanzl Rechtsschutzbegehrens ist aber eine Antragsänderung zulässig (OLG Hamm FamRZ 2012, 321). Zulässig ist auch ein erstmaliger **Zwischenfeststellungsantrag** iSv § 113 I FamFG, § 256 II ZPO (BGH FamRZ 2024, 512).

8 **VI) Ausschluss der Zuständigkeitsrüge (§ 65 IV).** IV entspricht § 513 II ZPO. Wegen der Einzelheiten s § 513 ZPO Rn 6 ff. Er gilt auch im Verf der Vollstreckbarerklärung eines ausl Titels (BGH FamRZ 2022, 1218. Allein eine willkürl Annahme der Zuständigkeit ist anfechtbar (BGH 4.4.2023 – XIII ZB 3/21, juris; BGH FGPrax 2020, 242; BGH FGPrax 2011, 101). Die Regelung ist nicht anwendbar, wenn der Rpfleger statt des Richters entschieden hat (OLG Düsseldorf FGPrax 2011, 158) sowie hinsichtl der **internationalen Zuständigkeit** (BGH FamRZ 2015, 2147; OLG Frankfurt FamRZ 2020, 1119).

9 **VII) Besonderheiten in Ehe- und Familienstreitsachen. 1) Neuer Sachvortrag.** Auch für diese Verf ist das Beschwerdeverf als 2. Tatsacheninstanz ausgestaltet (BGH FamRZ 2024, 512). Eine **Zurückweisung von Angriffs- und Verteidigungsmitteln** ist nur gem § 115 zulässig (BGH FamRZ 2024, 512; OLG Celle FamRZ 2011, 1671). §§ 530, 531 I ZPO sind mangels Bezugnahme in § 117 nicht entspr anwendbar. Daher können Angriffs- und Verteidigungsmittel, auch wenn das FamG sie mit Recht zurückgewiesen hat, erneut in der Beschwerdeinstanz vorgebracht werden, soweit nicht § 115 eingreift.

10 **2) Antrag und Begründung.** Der Beschwerdeführer hat gem § 117 I 1 in Anlehnung an die Vorschriften über die Berufung einen bestimmten **Sachantrag** zu stellen und zu **begründen**. Die Frist dafür beträgt gem § 117 I 3 wie bei der Berufung 2 Monate. Zum Fristbeginn s § 117 Rn 1. Für die Fristen gelten die §§ 221 ff ZPO entspr (§ 113 I). Bei schuldloser Versäumung kann entspr §§ 233 ff ZPO WE gewährt werden. Die Frist zur Beschwerdebegründung kann wie eine Berufungsbegründungsfrist verlängert werden, § 117 I 4 FamFG iVm § 520 II 2, 3 ZPO. Die Begründung ist bei dem Beschwerdegericht einzureichen (§ 117 I 2). Ausreichend ist auch die Begründung bereits mit der beim FamG eingereichten Beschwerdeschrift; für die Fristwahrung kommt es aber auf den **Eingang** beim Beschwerdegericht nach Vorlage durch das FamG an (BGH FamRZ 2012, 1205, auch zur WE bei verzögerter Vorlage). Die **Anforderungen** an den Antrag entsprechen denen eines Berufungsantrags (BGH FamRZ 2024, 1943; BGH FamRZ 2024, 1647); s § 520 ZPO Rn 30 ff. Die Anforderungen an die Begründung entsprechen denen einer Berufungsbegründung (BGH FamRZ 2024, 1647; BGH FamRZ 2015, 1375); s § 520 ZPO Rn 35 ff. Insb muss sie sich bei mehreren Verfahrensgegenständen oder einem teilbaren Verfahrensgegenstand auf alle Teile der angefochtenen Entscheidung erstrecken (BGH MDR 2018, 170). Die Beschwerde ist nicht wegen Unbestimmtheit eines Teils des Beschwerdeangriffs insg unzulässig, wenn der Begründungsschrift eindeutig zu entnehmen ist, dass der Anspruch jedenfalls in einer bestimmten Höhe weiterverfolgt wird (BGH NJW 2015, 1606). Ein alleiniger Antrag auf „Korrektur" ist idR als hinreichend bestimmt dahin auszulegen, dass der erstinstanzl Antrag weiterverfolgt wird (BGH FamRZ 2023, 877). – Für Einlegung (vgl § 64 II 1) und Begründung der Beschwerde gilt gem § 114 I **Anwaltszwang.**

11 Wenn sich eine Beschwerde gegen mehrere Teile einer **Verbundentscheidung** richtet, ist sie für jeden einzelnen Verfahrensgegenstand zu begründen (BGH MDR 2006, 943; BGH NJW 2002, 682; je für Berufung; sa § 520 ZPO Rn 29). Dabei sind aber die unterschiedl Anforderungen zu beachten: In Ehe- und FamStreitsachen sind Beschwerdeantrag und -begründung Zulässigkeitsvoraussetzungen, während dies hinsichtl der fG-Verf nicht der Fall ist (s Rn 2). **Übergeht** das FamG in der Verbundentscheidung eine Folgesache, ist auf eine Ergänzung des Beschlusses (§ 113 I FamFG iVm § 321 ZPO) hinzuwirken, eine Beschwerde kann darauf nicht gestützt werden (OLG Zweibrücken FamRZ 94, 972).

12 **3) Erweiterung der Anträge.** Es gelten die ZPO-Grundsätze, s § 520 ZPO Rn 32; eine Beschränkung gem §§ 529, 531 ZPO besteht nicht (s Rn 9). Insb kann nach Ablauf der Begründungsfrist (§ 117 I 3) der Beschwerdeantrag nur erweitert werden, soweit sich dies auf **innerhalb der Begründungsfrist** vorgebrachte Gründe stützen kann (BGH MDR 2012, 932; OLG Karlsruhe FamRZ 2023, 1737). Diese Grundsätze gelten auch, wenn bei der Anfechtung von **Verbundentscheidungen** ein anderer Verfahrensgegenstand (Scheidungsausspruch oder Folgesache) erweiternd angegriffen werden soll (BGH FamRZ 82, 1196; BGH FamRZ 85, 267; BGH FamRZ 86, 805; näher PH/Feskorn § 117 Rn 27). Sa § 145 zur Befristung. In 2 Fallgestaltungen kann darüber hinaus noch **nach Ablauf der Begründungsfrist** der Antrag erweitert werden: – 1. Der Angriff auf die Unterhaltsregelung einer Verbundentscheidung kann auf die Sorgerechtsregelung erweitert werden, wenn Abänderungsgründe iSv § 1696 BGB neu entstanden sind und die Entscheidung über den Unterhalt von der Sorgerechtsregelung abhängt (BGH FamRZ 86, 895). – 2. Die Erweiterung der Beschwerde gegen Unterhaltsentscheidungen ist zulässig, wenn neue Umstände eingetreten sind, die einen Abänderungsantrag (§ 238 FamFG) rechtfertigen würden (BGH FamRZ 85, 691; BGH FamRZ 86, 895; OLG Koblenz FamRZ 88, 302). In diesem Fall ist die Anschlussbeschwerde gem § 117 II, § 524 II 3 ZPO unbefristet zulässig (s § 524 ZPO Rn 35). Der Grundsatz der prozessualen Waffengleichheit gebietet es, die nachträgl Berücksichtigung von Abänderungsgründen auch dem Beschwerdeführer zu ermöglichen.

§ 66 Anschlussbeschwerde

[1]Ein Beteiligter kann sich der Beschwerde anschließen, selbst wenn er auf die Beschwerde verzichtet hat oder die Beschwerdefrist verstrichen ist; die Anschließung erfolgt durch Einreichung der Beschwerdeanschlussschrift bei dem Beschwerdegericht. [2]Die Anschließung verliert ihre Wirkung, wenn die Beschwerde zurückgenommen oder als unzulässig verworfen wird.

Lit: *Borth*, Anschlussbeschwerde eines Ehegatten bei Rechtsmittel eines Versorgungsträgers gegen Entscheidung zum VersAusgl, FamRZ 2013, 94; *Feskorn*, Die Anschlussbeschwerde in FamSachen, Festgabe Greger, MDR 2016, 921.

1 ***1) Allgemein.*** Die Vorschrift ist auf alle Beschwerden in fG-Verf (s vor § 23 Rn 1) anwendbar. Für Ehe- und FamStreitsachen verweist § 117 II teilw auf Vorschriften der ZPO. Zur Funktion eines Anschlussrechtsmittels allg s § 524 ZPO Rn 1 ff, zur Anschlussbeschwerde instruktiv BGH FamRZ 2016, 794.

II) Voraussetzungen. Ein **anderer Beteiligter** muss wirksam ein Rechtsmittel eingelegt haben. Die Anschlussbeschwerde muss sich gegen **dieselbe Entscheidung** richten (BGH FamRZ 83, 683). Sie darf über deren Gegenstand grds nicht hinausgehen (BGH FamRZ 2016, 794), insb nicht den noch beim FamG anhängigen Teil des Verf betreffen (BGH FamRZ 83, 459). Mit ihr muss ein **anderes Ergebnis angestrebt** werden als mit dem Hauptrechtsmittel (BGH 25.4.2023 – XIII ZB 11/21, FamRZ 2023, 1222 LS; BGH FamRZ 2022, 945; BGH FamRZ 2018, 1741; BGH FamRZ 2016, 794 Tz 26), da andernfalls ein Rechtsschutzbedürfnis fehlt; denn die Anschlussbeschwerde soll eine weiter gehende Änderungsmöglichkeit zu Gunsten des Anschließenden eröffnen (BGH FamRZ 2016, 794). Ausnahme: Anschlussbeschwerde eines Versorgungsträgers wegen der dann weitergehenden (s § 59 Rn 5b, § 69 Rn 4) Abänderungsmöglichkeit (BGH FamRZ 2022, 945). Sie kann auch eingelegt werden, wenn die Beschwerdefrist verstrichen, der nach § 61 I für eine Beschwerde erforderl **Beschwerdewert** nicht erreicht ist (BGH NJW 78, 1977; PH/Abramenko Rn 7) oder der Beteiligte auf die Beschwerde verzichtet hat. Zum Verzicht auf die Anschlussbeschwerde vgl § 67 II; s § 67 Rn 6. 2

Die Anschlussbeschwerde kann nach dem Wortlaut **jeder Beteiligte** (§ 7) einlegen. Die ursprüngl Beschränkung auf einen Beschwerdeberechtigten wurde durch BRAOModG v 30.7.2009 (BGBl I 2009, 2449) geändert. Die Anschließung sollte auch ermöglicht werden, um Änderungen nach Erlass des angefochtenen Beschlusses auch dann noch zu berücksichtigen, wenn erstinstanzl dem Begehren des Beschwerdeführers entsprochen worden ist (BTDrs 16/12717, 59); zur Bedeutung dieser Regelung in Unterhaltssachen s Rn 10. Damit ist aber allein auf die formelle Beschwer abgestellt, also das Auseinanderfallen von Antrag und gerichtl Entscheidung. Keine Rechtfertigung besteht für den Verzicht auch auf eine materielle Beschwer, wie sie sich zB auch aus der nachteiligen späteren Entwicklung ergeben kann, da kein Popularrechtsmittel beabsichtigt gewesen sein kann (PH/Abramenko Rn 4). Die Regelung ist daher einschränkend dahingehend auszulegen, dass zwar keine formelle, wohl aber eine **materielle Beschwer** für die Einlegung einer Anschlussbeschwerde erforderlich ist (näher Feskorn MDR 2016, 921). Der sich Anschließende muss Beteiligter des Beschwerdeverf und durch das Hauptrechtsmittel in eigenen Rechtspositionen betroffen sein können (BGH FamRZ 2016, 794 Tz 23; OLG Karlsruhe FamRZ 2014, 496; näher Feskorn MDR 2016, 921; aA OLG Brandenburg FamRZ 2014, 1869). 3

Die Anschlussbeschwerde ist **in allen Verfahren** nach dem FamFG zulässig. Das **Rechtsschutzbedürfnis** fehlt aber, wenn dasselbe Ziel wie mit dem Hauptrechtsmittel verfolgt wird (s Rn 2) oder das Beschwerdegericht bereits unabhängig von einer Anschlussbeschwerde auch zu Lasten des Beschwerdeführers entscheiden kann, weil das Verschlechterungsverbot (s § 69 Rn 3 f) nicht gilt (BGH FamRZ 2016, 794 Tz 26; OLG Düsseldorf FamRZ 2018, 450 für Kostenentscheidung). Die Anschließung muss sich in fG Verf **nicht gegen den Hauptbeschwerdeführer** richten (KG NJW-RR 2011, 1372; OLG Celle 15.11.2010 – 10 UF 182/10; aA OLG Zweibrücken FamRZ 2011, 1226; PH/Abramenko Rn 3; von BGH FamRZ 2017, 1741, BGH FamRZ 2014, 827 offen gelassen). Diese § 524 ZPO entlehnte Voraussetzung ist auf das fG-Verf, das auch nicht die Interessen der Hauptbeteiligten wahrnehmende Beteiligte (zB Jugendamt, Versorgungsträger) kennt, nicht übertragbar; die früher erforderl Analogie zu § 524 ZPO ist durch die eigenständige Regelung in § 66 obsolet. – In **Versorgungsausgleichssachen** ist auf Grund des Ausgleichssystems nach dem VersAusglG eine Anschlussbeschwerde erforderl, wenn ein nicht von der Beschwerde erfasstes Anrecht zur Prüfung gestellt werden soll (s § 65 Rn 5; § 69 Rn 2; BGH FamRZ 2016, 794 Tz 28; KG NJW-RR 2011, 1372; OLG Stuttgart FamRZ 2014, 1047; Borth FamRZ 2013, 94). Anschließungsberechtigt sind immer die Ehegatten (BGH FamRZ 2016, 794 Tz 24; OLG Brandenburg FamRZ 2014, 1870) – mit der Einschränkung von Rn 2 und § 145 III –; ebenso ein Versorgungsträger, dessen Rechte durch die auf das Hauptrechtsmittel ergehende Entscheidung beeinträchtigt werden können (BGH FamRZ 2022, 945: dasselbe Anrecht; BGH FamRZ 2016, 794 Tz 25; OLG Karlsruhe FamRZ 2014, 496; sa Rn 3). 4

III) Erklärung der Anschließung. Die Anschließung ist **nicht befristet** (BGH FamRZ 2009, 579; zu Ehe- und FamStreitsachen s Rn 9) und kann daher bis zum Erlass der Beschwerdeentscheidung (oder sonstigen Erledigung) erklärt werden, also ggf auch noch nach einem Termin (BGH NJW 85, 2717 = MDR 85, 1017; BGH NJW 78, 1977; PH/Abramenko Rn 11). Sie ist auch hilfsw für den Fall mögl, dass die Beschwerde nicht zurückgewiesen wird oder sonst eine innerprozessuale Bedingung eintritt (BGH NJW 84, 1240 für Anschlussberufung; SchBW/Roßmann Rn 8). – Sie kann auch **konkludent** eingelegt werden (OLG Brandenburg FamRZ 2023, 1783: durch Einwendungen). Sofern ein während der Beschwerdefrist eingelegtes und auch sonst zulässiges Rechtsmittel als „Anschlussbeschwerde" bezeichnet wird, ist durch **Auslegung** zu ermitteln, ob möglicherw ein Hauptrechtsmittel gemeint ist. IZw ist davon auszugehen, um die Nachteile der Akzessorietät gem S 2 zu vermeiden (BGH MDR 2016, 666; BGH NJW 2011, 1455; BGH NJW 2003, 2388). 5

Die Anschließung ist durch Einreichung einer Anschlussschrift **bei dem Beschwerdegericht** zu erklären (§ 66 S 1 Hs 2). Nähere Bestimmungen zur **Form** enthält § 66 nicht. Da mit der Anschließung aber dasselbe Ziel wie mit einem Hauptrechtsmittel angestrebt wird, ist § 64 II entspr anzuwenden (OLG Karlsruhe FamRZ 2018, 196). Sie muss daher den angefochtenen Beschluss bezeichnen, die Erklärung enthalten, dass hiergegen Anschlussbeschwerde eingelegt wird und vom Anschlussbeschwerdeführer oder seinem Bevollmächtigten unterzeichnet/elektron signiert sein. Sie kann auch zu Protokoll der GeschSt erklärt werden (PH/Abramenko Rn 9; Sternal/Sternal Rn 24), da angesichts der Knappheit der Regelung in § 66 nicht davon ausgegangen werden 6 kann, dass eine von § 64 II 1 abw Bestimmung bewusst getroffen werden sollte. Vergleichbares gilt für die Begründung der Anschlussbeschwerde entspr § 65 (SchBW/Roßmann Rn 17).

7 **IV) Akzessorietät (§ 66 S 2).** Die Anschlussbeschwerde ist von dem Schicksal des Hauptrechtsmittels abhängig, eine selbständige Anschlussbeschwerde kennt das FamFG nicht. Sie verliert daher gem S 2 ihre Wirkung, wenn das Hauptrechtsmittel als unzulässig verworfen oder **zurückgenommen** wird. Die **Kosten** der Anschlussbeschwerde gehören zu den Rechtsmittelkosten, über die gem § 84 zu entscheiden ist. Es ist idR gerechtfertigt, in diesem Fall auch die Kosten der Anschlussbeschwerde dem Beschwerdeführer aufzuerlegen (OLG Karlsruhe FamRZ 2023, 1747; PH/Abramenko Rn 13). Wegen der unterschiedl Konstellationen hinsichtl der Kostenentscheidung s § 524 ZPO Rn 41 f.

8 Wenn über die Beschwerde eine **Sachentscheidung** ergeht, ist auch über die Anschlussbeschwerde zu entscheiden. Über die Kosten ist eine einheitl Entscheidung zu treffen, ggf als Mischentscheidung nach §§ 84, 81.

9 **V) Besonderheiten in Ehe- und Familienstreitsachen.** Die Anschließung kann grds nur bis zum Ablauf einer dem Beschwerdegegner entspr § 521 II ZPO gesetzten **Frist** zur Beschwerdeerwiderung erklärt werden, § 117 II, § 524 II 2 ZPO; anders bei wiederkehrenden Leistungen iSv § 524 II 3 ZPO. S Erl zu 524 ZPO, insb s § 524 ZPO Rn 35 bei wiederkehrenden Leistungen. IÜ verweist § 117 nicht auf § 524 ZPO, so dass § 66 anwendbar bleibt. Zweifelhaft, iErg aber zu verneinen ist daher die Frage, ob die Anschlussbeschwerde in der Anschlussschrift – wie die Beschwerde (§ 117 I 1) und entspr § 524 III 1 ZPO – einen bestimmten **Sachantrag** und eine **Begründung** enthalten muss (wie hier Maurer FamRZ 2009, 465, 468; SchBW/Roßmann Rn 17; aA Sternal/Weber § 117 Rz 48). Die ursprüngl naheliegende Annahme eines Redaktionsversehens ist nicht mehr gerechtfertigt, nachdem eine Änderung im Rahmen des G v 5.12.2012 (BGBl I 2012, 2418), das eine anderweitige Korrektur in § 117 vorweggenommen hat, unterblieben ist (näher Feskorn MDR 2016, 921, 923; PH/Feskorn § 117 Rn 37).

10 Die Unabhängigkeit von einer **Beschwerdeberechtigung** (s Rn 3) hat insb in **Unterhaltssachen** iSv § 231 I praktische Bedeutung. Wenn der Beschwerdeführer eine Endentscheidung anficht, die dem Antrag in 1. Instanz in vollem Umfang stattgibt, wäre der Beschwerdegegner mangels Beschwer nach § 59 I daran gehindert, seinen nach Erlass der angefochtenen Entscheidung erhöhten Unterhaltsbedarf im Wege der Anschlussbeschwerde geltend zu machen. Nach der Rspr des BGH FamRZ 2009, 579 ist die Anschlussberufung nach § 524 ZPO bei einer Verurteilung zu künftig fällig werdenden Leistungen unabhängig davon bis zum Schluss der letzten mündl Verh über das Rechtsmittel zulässig, ob die zu ihrer Begründung vorgetragenen Umstände erst nach der letzten mündl Verh in 1. Instanz entstanden sind. Diese sehr weitgehende prozessuale Möglichkeit der Anschließung sollte auch dem Beteiligten eröffnet werden, der mit seinem ursprüngl Antrag in vollem Umfang Erfolg hatte (Beschlussempfehlung des BT-Rechtsausschusses, BTDrs 16/12717, 59).

11 Soweit eine **Verbundentscheidung** angefochten ist, kann sich **jeder Ehegatte** der Beschwerde des anderen Ehegatten anschließen, indem er einen anderen Teil der Verbundentscheidung (Scheidungsausspruch und jede Entscheidung in einer Folgesache) angreift (BGH NJW 1998, 2679 = FamRZ 1998, 1024; BGH NJW 1983, 172 = FamRZ 1982, 1198). Da § 66 insoweit keine Einschränkung vorsieht, kann sich ein Ehegatte auch **der Beschwerde eines Dritten** (zB des Versorgungsträgers oder Jugendamtes) anschließen, um die Änderung einer durch das Hauptrechtsmittel nicht angegriffenen Folgesachenentscheidung zu erreichen (Sternal/Weber § 145 Rn 9; aA – keine Anwendung von § 66 in Verbundverf – OLG Stuttgart FamRZ 2011, 1086). Dann ist aber **§ 145** zu beachten. **Drittbeteiligte** können sich der Beschwerde eines anderen Beteiligten anschließen, aber nicht mit dem Ziel, den Scheidungsausspruch anzufechten (BGH FamRZ 1998, 1024).

12 Für die **Kostenentscheidung** gelten gem § 113 I die zivilprozessualen Grundsätze (zu diesen s § 524 ZPO Rn 41 f).

§ 67 Verzicht auf die Beschwerde; Rücknahme der Beschwerde

(1) Die Beschwerde ist unzulässig, wenn der Beschwerdeführer hierauf nach Bekanntgabe des Beschlusses durch Erklärung gegenüber dem Gericht verzichtet hat.

(2) Die Anschlussbeschwerde ist unzulässig, wenn der Anschlussbeschwerdeführer hierauf nach Einlegung des Hauptrechtsmittels durch Erklärung gegenüber dem Gericht verzichtet hat.

(3) Der gegenüber einem anderen Beteiligten erklärte Verzicht hat die Unzulässigkeit der Beschwerde nur dann zur Folge, wenn dieser sich darauf beruft.

(4) Der Beschwerdeführer kann die Beschwerde bis zum Erlass der Beschwerdeentscheidung durch Erklärung gegenüber dem Gericht zurücknehmen.

1 ***I) Anwendungsbereich.*** Die Vorschrift ist auf alle FamSachen, auch die Ehe- und FamStreitsachen (Ausnahme: Anschlussbeschwerde gegen Scheidungsausspruch, s Rn 6) **anwendbar**, da §§ 113, 117 keine abw Regelungen treffen.

II) Verzicht auf Beschwerde (§ 67 I und III). 1) Erklärung. Die Beteiligten können auf das Rechtsmittel der Beschwerde verzichten. Die Erklärung kann ggü dem **Gericht** (I) abgegeben werden und wird dies regelmäßig auch. Mangels anderweitiger Regelung sind dies – je nach Verfahrensstand – sowohl das FamG als auch das Beschwerdegericht (PH/Abramenko Rn 4; Sternal/Sternal Rn 10). Der Verzicht kann gem III auch ggü einem anderen **Beteiligten** erklärt werden; dies entspricht der zivilprozessualen Rechtslage (dazu BGH NJW-RR 1991, 1213). In beiden Fällen bedarf der Verzicht keiner bes **Form**. Ein ggü dem Gericht erklärter Verzicht muss in den Verf, die dem **Anwaltszwang** unterliegen (§ 10 IV, § 114 I), von einem RA erklärt werden (BGH juris), anderenfalls – Erklärung ggü anderem Beteiligten (BGH MDR 1986, 139 für Berufung; s § 515 ZPO Rn 4; aA Sternal/Sternal Rn 15) oder fehlender Anwaltszwang – ist dies nicht erforderl. Sofern er ggü dem Gericht erklärt wird, kann dies mündl in einem Termin geschehen. Die Erklärung ist als wesentl Vorgang in den gem § 28 IV anzufertigenden Vermerk bzw ein Protokoll aufzunehmen. Ein Verstoß dagegen führt aber nicht zur Unwirksamkeit (BGH FamRZ 2007, 1631 = MDR 2008, 100 für § 162 ZPO). Außerhalb eines Termins kann die Erklärung gem § 25 schriftl oder zur Niederschrift der GeschSt abgegeben werden (s § 25 Rn 2 ff). Zum Rechtsmittelverzicht in **Scheidungssachen** s § 116 Rn 5 f. 2

Der Verzicht ist – auch wenn er ggü einem anderen Beteiligten erklärt ist (BGH MDR 2002, 900 für Berufung) – eine **einseitige** Verfahrenshandlung, die auslegungsfähig ist. Die Erklärung ist obj, unabhängig von den inneren Vorstellungen der Beteiligten und des Richters auszulegen (BGH FamRZ 2007, 1631 = MDR 2008, 100; BGH NJW 81, 2816). Bei der **Auslegung** einer Erklärung als Rechtsmittelverzicht ist angesichts der Bedeutung der Erklärung Zurückhaltung geboten (BGH NVwZ 2019, 1694; BGH MDR 2007, 290 = FamRZ 2006, 1753). Zwar ist nicht erforderl, dass ausdrückl von einem „Verzicht" die Rede ist. Jedoch ist unabhängig von der Wortwahl ein Rechtsmittelverzicht nur dann anzunehmen, wenn in der Erklärung klar und eindeutig der Wille zum Ausdruck gebracht wird, die Entscheidung endgültig hinzunehmen und nicht anfechten zu wollen (BGH FGPrax 2012, 83 für § 67; allg: BGH FamRZ 2006, 1753; BGH MDR 2002, 900). Dies kann dann der Fall sein, wenn ein RA mitteilt, ein Rechtsmittel werde nicht eingelegt werden (BGH NJW-RR 91, 1213), oder nach Ablauf der Rechtsmittelfrist ggü dem Gegner erklärt, das Rechtsmittel sei zurückgenommen (BGH MDR 2002, 900). Ein Rechtsmittelverzicht gegen einen **Scheidungsbeschluss** erfasst im Zweifel auch die im Verbund mit entschiedenen Folgesachen (OLG Hamm FamRZ 2015, 773; OLG Naumburg FamRZ 2015, 774; aA MK-FamFG/Fischer Rn 9). Der Verzicht auf eine Begründung der Entscheidung kann auch dann nicht als Rechtsmittelverzicht angesehen werden, wenn dieser Voraussetzung dafür ist (vgl § 38 IV Nr 3), dass von einer Begründung abgesehen werden kann (BGH NJW 2006, 3498 = MDR 2007, 290). Soweit das mindj **Kind** Beschwerde einlegen kann (§ 60), kann es für sich auch darauf verzichten, auch durch Erklärung nach III (aA Sternal/Jokisch § 60 Rn 16; wie hier Kölmel NotBZ 2010, 2, 7), da es sich nicht um privat-rechtl Willenserklärung, sondern von durch § 60 gedeckte Verfahrenserklärung handelt. – Auch bei einem **unwirksamen Verzicht** muss die Beschwerdefrist gewahrt werden (BGH FGPrax 2012, 83). 3

2) Zeitpunkt des Verzichts. Der Verzicht ggü dem **Gericht** kann gem I erst erklärt werden, wenn der Beschluss dem Beteiligten bekannt gemacht (§ 41 bzw § 113 I FamFG iVm § 329 ZPO) worden ist. Der eindeutige Wortlaut lässt für die anderweitige Absicht des Gesetzgebers (Begr RegE BTDrs 16/6308, 207: Verzicht auch vor Erlass zulässig) keinen Raum (OLG Hamm FamRZ 2017, 367; PH/Abramenko Rn 2; Maurer FamRZ 2009, 465, 468). Hinsichtl des ggü einem **anderen Beteiligten** erklärten Verzichts enthält das Gesetz diese Einschränkung nicht. Die weite Gesetzesfassung ermöglicht es sogar, dass die Beteiligten schon bei Entstehen der Streitigkeit auf Rechtsmittel gegen die erstinstanzl Entscheidung verzichten, um schnell Rechtssicherheit zu erlangen (PH/Abramenko Rn 16; aA MK-FamFG/Fischer Rn 21). Auf das Rechtsmittel kann **unbefristet** verzichtet werden, ggf auch noch nach seiner Einlegung (BGH MDR 2002, 900). 4

3) Wirkung des Verzichts. Sofern der Verzicht auf die Beschwerde ggü dem **Gericht** erklärt worden ist, ist das Rechtsmittel unabhängig von einer Einrede unzulässig und daher zu verwerfen (BGH FamRZ 85, 801). Ist der Verzicht nur ggü einem anderen **Beteiligten** erklärt worden (III), hängt es von dessen Entscheidung ab, ob er sich auf die Unzulässigkeit der Beschwerde als Folge des Verzichts beruft. Der Verzicht gewährt dem Empfänger der Erklärung nur eine **prozessuale Einrede**. Auch wenn das Gericht Kenntnis von dem Verzicht erlangt, kann es die Beschwerde nur verwerfen, wenn der Adressat des Verzichts die Unzulässigkeit geltend macht. Der Verzicht ist unabhängig davon, wem ggü er erklärt wurde, **unwiderruflich** und nicht anfechtbar (BGH NJW 2006, 3498; BGH FamRZ 86, 1089). Wenn er ggü einem anderen Beteiligten erklärt wird, kann seine Wirkung nur durch eine diesem früher oder gleichzeitig zugehende Erklärung, dass ein Rechtsmittelverzicht nicht gewollt sei, verhindert werden (BGH NJW-RR 91, 1213). – Wenn alle Beteiligten (§ 7) auf ein Rechtsmittel verzichtet haben, nachdem der Beschluss in ihrer Gegenwart mündl bekannt gegeben worden ist, kann das Gericht gem § 38 IV Nr 3 von einer **Begründung des Beschlusses** absehen. 5

III) Verzicht auf Anschlussbeschwerde (§ 67 II). Dieser ist mögl, nachdem das Hauptrechtsmittel eingelegt wurde. Vor diesem Zeitpunkt ist ein Verzicht nicht zulässig. Eine Ausnahme gilt gem § 144 für den Verzicht auf Anschlussbeschwerde gegen den Scheidungsausspruch. Die Erklärung ist wie ein Verzicht auf das Hauptrechtsmittel **auslegungsfähig** (s Rn 2). Die Erklärung, auf „Rechtsmittel aller Art" zu verzichten, erfasst auch ein Anschlussrechtsmittel (OLG Koblenz FamRZ 85, 1266), dürfte aber idR vor der maßgebl Einlegung des 6

Hauptrechtsmittels abgegeben werden. Der Verzicht kann nach dem eindeutigen Wortlaut nur ggü dem Gericht erklärt werden (PH/Abramenko Rn 13; aA Sternal/Sternal Rn 20), in Verf mit Anwaltszwang (§ 114 I) nur durch einen RA.

7 **IV) Rücknahme der Beschwerde (§ 67 IV).** Der Beschwerdeführer kann sein Rechtsmittel zurücknehmen. Eine Unzulässigkeit steht dem nicht entgegen (s § 516 ZPO Rn 3). Die Erklärung ist ggü dem **Gericht** abzugeben. Das ist sachgerecht als das Gericht zu verstehen, bei dem die Sache gerade anhängig ist, idR also das Beschwerdegericht, sonst – entspr § 64 I – das Ausgangsgericht (PH/Abramenko Rn 33; Sternal/Sternal Rn 25). In Ehe- und FamStreitsachen muss die Rücknahme durch einen RA (§ 114 I) erklärt werden, anderenfalls auch gem § 25 schriftl oder zur Niederschrift der GeschSt des Beschwerdegerichts oder jedes AG oder zu richterl Protokoll (inzident BGH FamRZ 2019, 465). Ein Verzicht in einem Termin ist in den Vermerk gem § 28 IV (BGH NVwZ 2019, 1694) oder ein Protokoll aufzunehmen. Es handelt sich um eine einseitige Verfahrenserklärung, die der Zustimmung anderer Beteiligter nicht bedarf. Sie ist **auslegungsfähig**, aber nicht gegen ihren Wortlaut (BGH FamRZ 2008, 43 = MDR 2008, 98). Die Rücknahme muss zwar nicht ausdrückl erklärt werden, es muss aber eindeutig zum Ausdruck kommen, dass das Verf nicht mehr fortgesetzt und ohne Entscheidung des Beschwerdegerichts beendet werden soll (BGH NVwZ 2019, 1694); iZw ist die Erklärung in dem Sinne zu verstehen, der die geringeren verfahrensrechtl Folgen hat (BGH FamRZ 2019, 465). Für die Wirksamkeit der Rücknahme kommt es nicht auf die Motive an, aus denen heraus sie erklärt wurde (BGH MDR 2024, 731). Sie ist **bedingungsfeindlich**, auch hinsichtl einer innerprozessualen Bedingung (BGH FamRZ 2008, 43 = MDR 2008, 98).

8 Die Rücknahme kann **bis zum Erlass** der Beschwerdeentscheidung erklärt werden, also ggf auch noch nach einem im Beschwerdeverf durchgeführten Termin. Der Zeitpunkt des Erlasses ergibt sich aus der Legaldefinition in § 38 III (s § 38 Rn 16). Zum Schicksal einer trotz Rücknahme ergangenen Entscheidung s PH/Abramenko Rn 38. Über die **Kosten** des Beschwerdeverf ist in fG-Verf (s vor § 23 Rn 1) gem §§ 81, 84 zu entscheiden. Eine Verlustigerklärung entspr § 516 III ZPO ist nicht zu treffen. In Ehesachen (§ 121) und FamStreitsachen (§ 112) ergibt sich die Kostenfolge aus § 117 II 1 FamFG, § 516 III ZPO. Auf Grund dieser Verweisung ist auch der Verlust des Rechtsmittels auszusprechen. In Unterhaltssachen geht § 243 als spezielle Norm der Verweisung auf § 516 II ZPO vor.

9 **V) Gebühren. 1) Gericht:** Die Rücknahme (IV) ist Ermäßigungstatbestand (1121 f, 1212, 1223 f, 1315, 1323 f, 1412, 1423 f FamGKG-KV). – **2) RA:** Verzichtserklärung (I, II) u Rücknahme (IV) sind mit der allg VerfGeb abgegolten. Als Einzeltätigkeit 3403 RVG-VV.

§ 68 Gang des Beschwerdeverfahrens

(1) [1]Hält das Gericht, dessen Beschluss angefochten wird, die Beschwerde für begründet, hat es ihr abzuhelfen; anderenfalls ist die Beschwerde unverzüglich dem Beschwerdegericht vorzulegen. [2]Das Gericht ist zur Abhilfe nicht befugt, wenn die Beschwerde sich gegen eine Endentscheidung in einer Familiensache richtet.

(2) [1]Das Beschwerdegericht hat zu prüfen, ob die Beschwerde an sich statthaft und ob sie in der gesetzlichen Form und Frist eingelegt ist. [2]Mangelt es an einem dieser Erfordernisse, ist die Beschwerde als unzulässig zu verwerfen.

(3) [1]Das Beschwerdeverfahren bestimmt sich im Übrigen nach den Vorschriften über das Verfahren im ersten Rechtszug. [2]Das Beschwerdegericht kann von der Durchführung eines Termins, einer mündlichen Verhandlung oder einzelner Verfahrenshandlungen absehen, wenn diese bereits im ersten Rechtszug vorgenommen wurden und von einer erneuten Vornahme keine zusätzlichen Erkenntnisse zu erwarten sind.

(4) [1]Das Beschwerdegericht kann die Beschwerde durch Beschluss einem seiner Mitglieder zur Entscheidung als Einzelrichter übertragen; § 526 der Zivilprozessordnung gilt mit der Maßgabe entsprechend, dass eine Übertragung auf einen Richter auf Probe ausgeschlossen ist. [2]Zudem kann das Beschwerdegericht die persönliche Anhörung des Kindes durch Beschluss einem seiner Mitglieder als beauftragtem Richter übertragen, wenn es dies aus Gründen des Kindeswohls für sachgerecht hält oder das Kind offensichtlich nicht in der Lage ist, seine Neigungen und seinen Willen kundzutun. [3]Gleiches gilt für die Verschaffung eines persönlichen Eindrucks von dem Kind.

(5) Absatz 3 Satz 2 und Absatz 4 Satz 1 finden keine Anwendung, wenn die Beschwerde ein Hauptsacheverfahren betrifft, in dem eine der folgenden Entscheidungen in Betracht kommt:

1. **die teilweise oder vollständige Entziehung der Personensorge nach den §§ 1666 und 1666a des Bürgerlichen Gesetzbuchs,**
2. **der Ausschluss des Umgangsrechts nach § 1684 des Bürgerlichen Gesetzbuchs oder**
3. **eine Verbleibensanordnung nach § 1632 Absatz 4 oder § 1682 des Bürgerlichen Gesetzbuchs.**

I) Anwendungsbereich. Die Vorschrift ist grds auf alle FamSachen anwendbar; für Ehe- und FamStreitsachen (§§ 112, 121) bestehen aber teilw vorrangige Sonderregelungen (s Rn 13 ff). 1

II) Vorgehen des Familiengerichts. Die Beschwerde wird gem § 64 I beim FamG eingelegt. Die gem I grds vorgesehene **Abhilfemöglichkeit** besteht gem I 2 nicht, wenn eine Endentscheidung (§ 38 I 1) in FamSachen angefochten ist. Dies gilt auch für Erlass oder Ablehung einer einstw Anordnung, da es sich dabei um eine Endentscheidung handelt (s § 38 Rn 6; aA OLG Hamm FamRZ 2011, 234; wie hier PH/Grohmann § 57 Rn 16; Dose/Kraft, Einstw Rechtsschutz in FamSachen, Rn 397; Rackl S 205). Die Bezugnahme auf das frühere Recht durch die Gegenmeinung trägt angesichts der Neukonzeption des Anordnungsverf, insb seiner Selbständigkeit (§ 51 III 1), nicht. Das FamG hat die Beschwerde mit den Akten unverzügl dem OLG als Beschwerdegericht vorzulegen. 2

III) Zulässigkeitsprüfung (§ 68 II). Auch für die Prüfung der Zulässigkeit der Beschwerde gilt gem § 26 der **Amtsermittlungsgrundsatz** (PH/Abramenko Rn 15; Begr RegE BTDrs 16/6308, 207; sa § 26 Rn 6), wobei sich das Gericht des Freibeweisverf bedienen kann (s § 30 Rn 4; PH/Abramenko Rn 15). Die Zulässigkeitsprüfung hat sich über den Wortlaut von II 1 hinaus auch auf die weiteren Zulässigkeitsvoraussetzungen zu erstrecken (PH/Abramenko Rn 18), insb ob ein Rechtsschutzbedürfnis besteht, der Beschwerdeführer beschwerdeberechtigt (§§ 59, 60) und der Beschwerdewert (§ 61 I) erreicht ist. Wenn das FamG die Beschwerde zugelassen hat, ist das OLG daran gem § 61 III 2 gebunden. Zur Feststellung des Beschwerdewerts s § 61 Rn 8. 3

Eine unzulässige Beschwerde ist durch Beschluss zu **verwerfen**. Eines Termins bedarf es dazu nicht (sa Rn 9), auch nicht in den Verf gem V (BRDrs 634/20, 57). Auf Bedenken zur Zulässigkeit ist aber zur Vermeidung einer Überraschungsentscheidung **hinzuweisen** (BGH FamRZ 2010, 882; BGH MDR 2006, 44; je für Berufung). Für die Entscheidung gelten die Anforderungen des § 69 (s § 69 Rn 5). Zur Anfechtung der Verwerfungsentscheidung s § 70 Rn 15. 4

IV) Beschwerdeverfahren (§ 68 III 1). Dieses bestimmt sich gem III 1 nach den Vorschriften über das **erstinstanzliche Verfahren**, in den fG-Verf (s vor § 23 Rn 1), somit den §§ 23-37, §§ 111 ff. Zu den Ehe- und FamStreitsachen s Rn 14. Anträge und Erklärungen können daher schriftl oder zu Protokoll der GeschSt (§ 25) abgegeben werden, für die ergänzende Sammlung des Verfahrensstoffs gelten die §§ 26-35, ein Vergleich kann gem § 36 geschlossen werden. Die Grundlage der Beschwerdeentscheidung bestimmt sich nach § 37. Die Beschwerdeinstanz ist eine volle **2. Tatsacheninstanz**. Die Beschwerde kann gem § 65 III auf neue Tatsachen und Beweise gestützt werden; s § 65 Rn 7. Verspätungs- und Präklusionsbestimmungen sind dem vom Grundsatz der Amtsermittlung (§ 26) geprägten fG-Verf fremd, ebenso eine Säumnisentscheidung. Sofern das OLG einen **Termin** (§ 32) durchführt, ist über diesen in fG-Verf ein Vermerk gem § 28 IV anzufertigen. Der Termin ist gem § 170 I GVG grds **nichtöffentlich**; das Gericht kann die Öffentlichkeit zulassen, aber nicht gegen den Willen eines Beteiligten. IE s Erl zu § 170 GVG. 5

V) Absehen von Verfahrenshandlungen usw (§ 68 III 2). Lit: Ey, Die Bedeutung der mündl Verhandlung im Beschwerdeverf in Familiensachen, FS Brudermüller, 2014, S 161. 6

Dem Beschwerdegericht ist zur effizienten Nutzung gerichtl Ressourcen (BGH FamRZ 2011, 805) die Möglichkeit eingeräumt, auf einzelne Verfahrensschritte zu verzichten, die nach den erstinstanzl Vorschriften erforderl wären. Aufgrund des G zur Bekämpfung sexualisierter Gewalt gegen Kinder ist dies mWv 1.7.2021 in Verf iSv V eingeschränkt; s Rn 12.

1) Voraussetzungen. Auf die Wiederholung in der Beschwerdeinstanz kann nur verzichtet werden, wenn der entspr Verfahrensschritt in 1. Instanz **ohne Verfahrensfehler** durchgeführt worden ist (BGH FamRZ 2024, 1900; BGH FamRZ 2023, 1907; BGH FamRZ 2021, 144; stRspr); dazu gehört auch eine Dokumentation, die dem Beschwerdegericht die gewonnenen Erkenntnisse vermittelt (OLG Saarbrücken FamRZ 2010, 2085; BayObLG FamRZ 80, 1150 je für Anhörung; OLG Stuttgart FamRZ 93, 1365 für persönl Eindruck vom Beteiligten). Ein erstinstanzl Verzicht eines Beteiligten auf eine Anhörung usw wirkt für die 2. Instanz nicht fort (BGH FamRZ 2010, 1650). Kumulativ ist erforderl, dass nach der Prognose des Beschwerdegerichts von einer Wiederholung **keine zusätzlichen Erkenntnisse** iSe abweichenden Entscheidung zu erwarten wären. Die Prognose ist auf der Grundlage des vorhandenen Verfahrensstoffs, auch der Beschwerdebegründung (BGH FGPrax 2010, 152) und dem weiteren Beschwerdeverf, vorzunehmen. Eine Wiederholung kann geboten sein, wenn seit dem erstinstanzl Termin oder der Anhörung bereits längere Zeit vergangen ist (BayObLG NJW-RR 87, 1225), sich für die Entscheidung nicht offensichtl unerhebl (BGH FamRZ 2023, 881) Tatsachen geändert (BGH FamRZ 2019, 1736; BGH FamRZ 2013, 286; BGH FGPrax 2010, 261) oder neue rechtl Gesichtspunkte (OLG Stuttgart FamRZ 89, 1110) ergeben haben. Ein in **1. Instanz entbehrlicher** Verfahrensschritt braucht grds auch in der Beschwerdeinstanz nicht durchgeführt zu werden, wenn für ihn nicht ausnahmsw bes Gründe vorliegen (für persönl Anhörung BGH FamRZ 2023, 1907; für Termin: OLG Düsseldorf MDR 2011, 608; OLG Schleswig FamRZ 2010, 1178; KG ZEV 2010, 524). 7

2) Ermessensentscheidung. Ob das Gericht bei Vorliegen der Voraussetzungen von einer Wiederholung absieht, liegt in seinem pflichtgemäßen Ermessen (BGH FamRZ 2011, 805; BGH FamRZ 2017, 1668). Zu den Ermessensgrenzen s Rn 9 f. Die Entscheidung ist von dem zu ihr berufenen Spruchkörper, also dem Senat oder 8

Einzelrichter gem IV, zu treffen, nicht von dem Vors allein. Ein Absehen bedarf grds der nachprüfbaren Begründung in der Beschwerdeentscheidung zumindest, wenn die Rechtsbeschwerde statthaft ist (BGH FamRZ 2012, 968; BGH FamRZ 2011, 805). Ein vorheriger **Hinweis** ist nur in Ehe- und FamStreitsachen gem § 117 III erforderl (BGH FamRZ 2017, 1668 Tz 18). Selbstverständl darf aber auch in den fG-Verf den Beteiligten nicht die Möglichkeit zum Sachvortrag abgeschnitten werden.

9 **3) Verfahrensschritte.** Dies ist der Oberbegriff für die Maßnahmen, auf die verzichtet werden kann (vgl § 117 III). – **a) Termin** ist ein solcher gem § 32, also ein Erörterungstermin in fG-Verf. **Mündliche Verhandlung** ist der Begriff für einen Termin in Ehe- und FamStreitsachen. Auf beide kann das Beschwerdegericht verzichten, „wenn die Sache bereits in der 1. Instanz im erforderl Umfang mit dem Beteiligten erörtert wurde" (Begr RegE BTDrs 16/6308, 207; krit zum von ihm konstatierten häufigen Verzicht Kogel FamRB 2024, 385). Ob ein Verzicht sachgerechter Ermessensausübung entspricht, hängt vom Einzelfall ab. Er ist idR entbehrl, wenn es allein um die **Zulässigkeit** des Rechtsmittels (auch in den Verf gem V, BRDrs 634/20, 57) oder um **Rechtsfragen** geht. Wenn über **Tatsachen**fragen zu entscheiden ist, kann das Beschwerdegericht nach der Rspr des EGMR zu Art 6 EMRK von einer erneuten Verh absehen, wenn es ohne eigene Ermittlungen auf Grund der Aktenlage in der Sache entscheiden kann. Eine erneute mündl Verh ist dagegen erforderl, wenn der Fall schwierig ist, die tatsächl Fragen nicht einfach sind und erhebl Bedeutung haben (s HK-EMRK/Meyer-Ladewig/Harrendorf/König Art 6 Rn 89).

10 **b) Verfahrenshandlungen.** Erfasst werden in FamSachen va Anhörungen (zB BGH FamRZ 2011, 805; BGH FGPrax 2010, 154) und Beweisaufnahmen. Eine **Beweisaufnahme** ist zu wiederholen, wenn die erstinstanzl Ermittlungen unzureichend waren; ferner dann, wenn das Beschwerdegericht eine protokollierte Aussage anders als das FamG versteht oder die Glaubwürdigkeit eines Zeugen abw beurteilt (BGH MDR 91, 670; BGH MDR 2002, 1267). Wenn hingegen die Beweisaufnahme erschöpfend und die Beweiswürdigung überzeugend ist, ist eine Wiederholung nicht erforderl. – Eine erneute **Anhörung** der Ehegatten in **Ehesachen** gem § 128 kann entbehrl sein, wenn mit der Beschwerde allein die Wiederherstellung des Verbundes angestrebt wird (s § 59 Rn 15). Sofern das Scheitern der Ehe oder ein Härtegrund iSv § 1565 II, § 1568 BGB Angriffspunkt sind, kann ggf eine erneute Anhörung geboten sein. – In einer **Kindschaftssache** kann von einer erneuten Anhörung des Kindes abgesehen werden kann, wenn die erstinstanzl Anhörung nur kurze Zeit zurückliegt, sich nach dem Akteninhalt keine neuen entscheidungserhebl Tatsachen oder rechtl Gesichtspunkte ergeben, das OLG das in den Akten dokumentierte Ergebnis der erstinstanzl Anhörung nicht abweichend werten will und es auf den persönl Eindruck des Gerichts von dem Kind im konkreten Fall nicht ankommt (BVerfG FamRZ 2020, 1579 Tz 12; BGH FamRZ 2017, 1668 Tz 19, 23; BGH FamRZ 2014, 293 Tz 11; Hammer FamRZ 2022, 1581; sa EuGHMR FamRZ 2024, 43 für Umgangsausschluss statt unbegleitetem Umgang). Von Bedeutung kann auch eine Belastung des Kindes und ein entspr Antrag des Verfahrensbeistands sein (BGH FamRZ 2020, 252 Tz 28). Sa Rn 7. Zu beachten ist aber die Sonderbestimmung für Verf iSv V; s Rn 12. Ob eine erneute Anhörung durch den Spruchkörper oder ein einzelnes Mitglied erfolgt, hat das Gericht grds danach zu entscheiden, ob es auf einen eigenen Eindruck aller ankommt (BGH FamRZ 2018, 1594); in Kindschaftssachen ist außerdem IV 2 und 3 zu beachten; s Rn 11.

11 **VI) Einzelrichter (§ 68 IV).** Die Voraussetzungen für die Übertragung auf den ER bestimmen sich nach § 526 ZPO. In Verf nach dem IntFamVerfG ist gem § 40 II dieses G eine Übertragung auf den ER ausgeschlossen. Dasselbe gilt in Verf iSv V; s Rn 12. Durch G zur Bekämpfung sexualisierter Gewalt gegen Kinder v 16.6.2021 mWv 1.7.2021 ist dem OLG die Möglichkeit eingeräumt, im Interesse des Kindeswohls oder wenn das Kind offensichtl nicht in der Lage ist, seine Neigungen und seinen Willen kundzutun die persönl Anhörung eines Kindes sowie die Verschaffung eines persönl Eindrucks von ihm (§ 159 I) einem Mitglied des Senats zu übertragen. Abzuwägen ist der Erkenntnisgewinn bei einer Vornahme durch alle Senatsmitglieder gegen die Gefahr, dass sich das Kind in so einer Situation nicht hinreichend öffnen kann (BRDrs 634/20, 56).

12 **VII) Verfahren iSv § 68 V. Anwendungsbereich** der seit 1.7.2021 geltenden Regelung sind Hauptsacheverf – also nicht Verf der einstw Anordnung (BVerfG FamRZ 2023, 944; BVerfG FamRZ 2023, 781; OLG Koblenz FamRZ 2024, 1700) – mit den Gegenständen vollständige oder teilw Entziehung des Sorgerechts (§§ 1666, 1666a BGB), Umgangsausschluss (§ 1684 IV BGB) und Verbleibeanordnung (§ 1632 IV, § 1682 BGB); nicht aber kinderschutzrechtl Maßnahmen unterhalb dieser Schwelle (OLG Rostock FamRZ 2024, 1643 LS). Es genügt, dass entspr Maßnahmen **in Betracht kommen**; ob diese letztl getroffen werden, ist unerhebl (Hammer FamRZ 2024, 285 gegen OLG Koblenz FamRZ 2024, 282; wie hier zB OLG Rostock FamRZ 2024, 1643 LS). Sowohl nach Wortlaut als auch Zweck der Vorschrift nicht erfasst sind Abänderungsverf iSv § 1696 II BGB, die eine gem §§ 1666, 1666a BGB ergangene Maßnahme betreffen (ausführl Hammer FamRZ 2022, 1581; aA Strube NZFam 2021, 901; offen lassend BVerfG FamRZ 2022, 1616 Tz 17), es sei denn, es geht um die Erweiterung oder Verlängerung einer solchen Maßnahme (Hammer FamRZ 2022, 1581). – Gem V unzulässig ist eine Übertragung des Beschwerdeverf auf den **Einzelrichter** gem IV 1 – nicht aber eine Anhörung bzw Verschaffung eines persönl Eindrucks durch ein Senatsmitglied gem IV 2, 3. Außerdem darf von der Durchführung eines **Termins**, einer mündl Verh oder einzelnen **Verfahrenshandlungen** nicht gem III 2 abgesehen werden. Zu wiederholen sind *insb erforderl* ***Anhörungen***. Nach der Vorstellung des Gesetzgebers (BRDrs 634/20, 57), die im Wortlaut der Regelung keinen Niederschlag gefunden hat, soll III 2 aber auf die im Rahmen der allg Amtsermittlung durchgeführten Ermittlungen und Beweiserhebungen anwendbar bleiben, die zu einer ausreichenden und überzeu-

genden Tatsachenfeststellung geführt haben. Die Gesetzesbegründung legt die Annahme nahe, dass durch die Regelung allein ein schriftl Verf ohne Erörterungstermin und persönl Anhörung verhindert werden soll.

Persönl Anhörung oder Termin sind nicht erforderl, wenn **keine Sachentscheidung** ergeht (BRDrs 634/20, 57), so bei Verwerfung als unzulässig, Zurückverweisung des Verf an das AG (OLG Karlsruhe FamRZ 2023, 304 = MDR 2023, 108; OLG Brandenburg FamRZ 2022, 806), Wegfall der internationalen Zuständigkeit (OLG Karlsruhe FamRZ 2023, 1809). Daneben zeigt sich in der Praxis der OLG eine Tendenz, den Anwendungsbereich von V unter Bezugnahme auf **teleologisch**e Erwägungen **einzuschränken**. Nicht anwendbar soll er sein bei Anordnung des Verbleibs bei einer anderen Person als dem sorgerechtigten Elternteil (OLG Brandenburg FamRZ 2022, 603 [abl Witt FamRZ 2022, 605]) oder dem Entzug allein des Umgangsbestimmungsrechts (OLG Frankfurt FamRZ 2023, 541). – Einem Absehen von einer Anhörung aus schwerwiegenden Gründen gem § 159 II steht V nicht entgegen (BVerfG FamRZ 2023, 944; Witt FamRZ 2021, 1510, 1512). – Nach einem RefE des BMJ v 23.7.2024 soll die Regelung dahin geändert werden, dass die OLG von Anhörungen und Terminen bei offensichtl unbegründeten Beschwerden absehen können. 12a

VIII) Besonderheiten in Ehe- und Familienstreitsachen (§§ 112, 121). 1) Zulässigkeitsprüfung. Diese bestimmt sich gem § 117 I 4 nach § 522 I 1, 2, 4 ZPO, die somit an die Stelle von § 68 II treten (BGH FamRZ 2014, 27). Gem III 2 kann ohne mündl Verh entschieden werden. Zu der entspr § 522 I 4 ZPO eröffneten Rechtsbeschwerde s § 70 Rn 16. Eine Zurückweisung der Beschwerde durch einstimmigen Beschluss entspr **§ 522 II ZPO** ist nicht mögl (BGH FamRZ 2014, 1992). Stattdessen besteht die Möglichkeit, gem III 2 von einer erneuten mündl Verh abzusehen (s Rn 15). Damit ist dem Beschwerdegericht eine über § 522 II ZPO hinausgehende Möglichkeit eröffnet, da es ohne mündl Verh und ohne Einstimmigkeitsprinzip (aA OLG Karlsruhe NJW 2010, 3247) nicht nur die Beschwerde zurückweisen, sondern ihr auch – teilw oder in vollem Umfang – stattgeben kann (BGH FamRZ 2014, 1992; s Rn 6 ff). 13

2) Grundsätze des Verfahrens. Auch für Ehe- und FamStreitsachen ist das Beschwerdeverf als **volle 2. Tatsacheninstanz** ausgestaltet; iE s § 65 Rn 9. Das Verf bestimmt sich, soweit keine abw Bestimmung getroffen ist, gem III 1 nach den Vorschriften für das **erstinstanzliche Verfahren**. Das sind gem § 113 I die entspr Vorschriften der ZPO, modifiziert durch die Vorschriften des 2. Buchs des FamFG. Diese ergeben sich für Ehesachen insb aus § 113 IV, §§ 121 ff. In FamStreitsachen gilt auch im Beschwerdeverf der zivilprozessuale **Beibringungsgrundsatz** (s vor § 128 ZPO Rn 10), § 68 III 1, § 113 I. Das Gericht ist gem § 308 ZPO an die **Anträge** sowie gem § 528 ZPO iVm § 117 II 1 FamFG an die Beschwerdeanträge gebunden. Eine Antragsänderung ist in der Beschwerdeinstanz ohne die Beschränkungen des § 533 ZPO zulässig (Begr RegE BTDrs 16/6308, 224), da auf diese Vorschrift in § 117 nicht verwiesen wird. Sie bestimmt sich daher über die Verweisung in § 68 III 1, § 113 I 2 nach §§ 263, 264 ZPO. Auch ein Widerantrag kann in der Beschwerdeinstanz mangels Anwendbarkeit des § 533 ZPO ohne die dort angeordneten Einschränkungen erhoben werden. Ob der zur Rechtfertigung des geänderten Antrags oder des Widerantrags vorgetragene Sachverhalt als verspätet zurückzuweisen ist, bestimmt sich nach § 115 (s § 65 Rn 9). Eine **Aufrechnung**serklärung ist in der Beschwerdeinstanz ebenfalls ohne die Einschränkung des § 533 ZPO zulässig. 14

In Ehe- und FamStreitsachen gilt auch in der Beschwerdeinstanz der Grundsatz der **Mündlichkeit** der Verh, § 128 I ZPO (Maurer FamRZ 2009, 465, 476; SchBW/Roßmann § 117 Rn 19; für 1. Instanz: KG FamRZ 2011, 591; OLG Hamm AGS 2011, 172), über die ein Protokoll nach den §§ 160 ff ZPO aufzunehmen ist. Eine Beweisaufnahme ist nach den Vorschriften der ZPO durchzuführen. Das Beschwerdegericht kann von der Durchführung einzelner Verfahrensabschnitte gem III 2 absehen (s Rn 6 ff), hat darauf aber die Beteiligten zuvor hinzuweisen, § 117 III. In Betracht kommt vor allem der **Verzicht** auf eine erneute **Anhörung** der Eheleute in Ehesachen (§ 128, s Rn 10), auf eine erneute Beweisaufnahme sowie auf eine **mündliche Verhandlung** (s Rn 9). Der **Hinweis** gibt den Beteiligten die Möglichkeit, weiteren Sachvortrag zu unterbreiten oder Gesichtspunkte darzulegen, die eine erneute Durchführung der mündl Verh oder der nicht für erforderl erachteten Verfahrenshandlungen rechtfertigen (Begr RegE BTDrs 16/6308, 225). Die Einräumung einer Stellungnahmefrist ist nicht vorgeschrieben; der Zweck des Hinweises gebietet es aber, mit einer Entscheidung so lange zu warten, dass den Beteiligten eine Reaktion mögl ist. Zu einem **Hinweis, welche Entscheidung** das Gericht beabsichtigt, ist es – anders als nach § 522 II 2 ZPO – nicht verpflichtet, wenn es auf eine erneute mündl Verh verzichten will (BGH FamRZ 2014, 1992 Tz 13; aA ThP/Hüßtege § 117 Rn 24; für analoge Anwendung von § 522 II ZPO OLG Karlsruhe NJW 2010, 3247; aber s Rn 13). In diesem Fall kommt aber der Hinweispflicht gem § 139 ZPO iVm § 68 III 1, § 113 I FamFG bes Bedeutung zu (vertiefend PH/Feskorn § 117 Rn 52 f). Die Verwendung des Begriffs **„Gericht"** in § 117 III spricht dafür, dass der Hinweis in Beschlussform durch den gesamten Spruchkörper zu erteilen ist. Bei einer teleologischen Auslegung reicht aber auch die Mitteilung der vom Spruchkörper getroffenen Entscheidung durch den Vors aus, da damit der Funktion des Hinweises genügt wird und ein förmlicheres Verf als nach § 522 II ZPO nicht gerechtfertigt ist (aA Maurer FamRZ 2009, 465, 479; SchBW/Unger/Roßmann § 117 Rn 65). – Einer **Güteverhandlung** bedarf es nicht, § 117 II 2. – Zur **Verkündung** s § 38 Rn 16a. 15

3) Säumnisentscheidungen. In **FamStreitsachen** ist ein Versäumnisbeschluss gem § 117 II 1, § 539 I ZPO mögl, aber nicht, wenn gem III 2 von mündl Verhandlung abgesehen wird (BGH FamRZ 2014, 1992). Sofern sich die Beschwerde gegen eine **Verbundentscheidung** richtet, die auch fG-Verf umfasst, kann hinsichtl dieser eine Säum- 16 nisentscheidung nicht ergehen, da eine solche nach den §§ 58 ff nicht zulässig ist. Die frühere Rspr (OLG München FamRZ 95, 378), nach der auch in fG-Folgesachen ein VU ergehen konnte, ist überholt, da sie zur Grundlage hatte, dass über das Rechtsmittel gem § 629a II 2 ZPO aF einheitl als Berufung zu entscheiden war. Soweit eine Folgesache angefochten ist, bei der es sich um eine FamStreitsache handelt, ist ein Versäumnisbeschluss zulässig.

17 In **Ehesachen** ist zu differenzieren: Bei **Säumnis des Beschwerdeführers** ist die Beschwerde auf Antrag durch Versäumnisbeschluss gem § 117 II 1 FamFG, § 539 I ZPO zurückzuweisen. Dies gilt auch dann, wenn der Ag Beschwerdeführer ist. § 130 II steht dem nicht entgegen, da § 539 I ZPO eine vorrangige Sonderbestimmung für das Rechtsmittelverf ist (OLG München FamRZ 95, 378; OLG Schleswig FamRZ 92, 839). Bei **Säumnis des Beschwerdegegners**, der Ag der Ehesachen ist (der ASt verfolgt also den abgewiesenen Scheidungsantrag weiter), darf gem § 68 III 1, § 130 II eine Säumnisentscheidung nicht ergehen, da § 130 II eine Scheidung durch VU ausschließen will. Ist der säumige Beschwerdegegner ASt der Ehesache (greift also der Ag mit dem Rechtsmittel den Scheidungsausspruch an), steht § 130 II („gegen den Antragsgegner") einem Versäumnisbeschluss nicht entgegen. Es darf aber in der Sache nicht auf Grund der Säumnis entschieden werden, da das tatsächl Vorbringen des Beschwerdeführers gem § 113 IV Nr 1 nicht als zugestanden gilt. Der Erlass eines Versäumnisbeschlusses wird dadurch aber nicht ausgeschlossen, weil zwischen der Form, in der die Entscheidung ergeht, und deren Grundlage zu unterscheiden ist (ausführlicher PH/Feskorn § 117 Rn 57; aA OLG Schleswig SchlHA 91, 81; PH/Helms § 130 Rn 11; Prütting ZZP 91 [1978], 197, 207). Es ist zwar durch Versäumnisbeschluss, aber auf Grund einer vollen Sachprüfung zu entscheiden. Die Rechtslage ist vergleichbar der bei einer Säumnis des Revisionsbeklagten: In diesem Fall ist nach der stRspr des BGH (zB BGH WuM 2020, 493; BGH VersR 2020, 229) zwar durch VU zu entscheiden, das aber inhaltl dem Urteil entspricht, das auch ohne Säumnis ergangen wäre.

18 **4) Fortwirken des Verbunds.** Sofern Scheidung und Folgesachen oder mehrere Folgesachen einer Verbundentscheidung angefochten sind, ist auch in der Beschwerdeinstanz gem III 1 iVm § 137 I, V 1 über alle anhängigen Verfahrensgegenstände zu verhandeln (Ausnahme: III 2) und zu entscheiden. Der Verbund zwischen Folgesachen besteht auch nach Rechtskraft des Scheidungsausspruchs fort (OLG Zweibrücken FamRZ 97, 1231). Das Beschwerdegericht kann gem § 140 eine Folgesache **abtrennen** und über sie getrennt entscheiden; zwischen den übrigen Teilen der Verbundentscheidung besteht der Verbund dann fort. Ist von dem Beschwerdegericht nur über Folgesachen zu entscheiden, kann dies bei unterschiedl Entscheidungsreife aber unter (teilw) Auflösung des Verbundes geschehen, wenn zwischen den Folgesachen kein inhaltl Zusammenhang besteht (OLG Zweibrücken FamRZ 97, 1231), da es dann an einem sachl Grund für die Aufrechterhaltung des Verbundes fehlt; dies ist zB zwischen VersAusgl und elterl Sorge der Fall.

19 **IX) Gebühren. 1) Gericht:** Der Verwerfungsbeschluss (II 2) ist mit der VerfGeb abgegolten. – **2) RA:** Verwerfung vAw. Weist das Gericht auf Verspätung hin, ist für den RA des Beschwerdegegners idR die Einreichung eines Schriftsatzes nicht notw (BGH MDR 2010, 165); Reduzierung der VerfGeb gem 3201 Anm 1 RVG-VV. – Keine Terminsgeb, wenn Entscheidung ohne Termin (OLG Köln FamRZ 2021, 539; OLG Hamburg FamRZ 2021, 455; KG FamRZ 2012, 812; aA OLG Stuttgart FamRZ 2017, 1960 für Familienstreitsache), es sei denn durch eine Besprechung der RA ohne Beteiligung des Gerichts gem Vorbem 3 III 3 Nr 2 RVG-VV.

§ 69 Beschwerdeentscheidung

(1) [1]Das Beschwerdegericht hat in der Sache selbst zu entscheiden. [2]Es darf die Sache unter Aufhebung des angefochtenen Beschlusses und des Verfahrens nur dann an das Gericht des ersten Rechtszugs zurückverweisen, wenn dieses in der Sache noch nicht entschieden hat. [3]Das Gleiche gilt, soweit das Verfahren an einem wesentlichen Mangel leidet und zur Entscheidung eine umfangreiche oder aufwändige Beweiserhebung notwendig wäre und ein Beteiligter die Zurückverweisung beantragt. [4]Das Gericht des ersten Rechtszugs hat die rechtliche Beurteilung, die das Beschwerdegericht der Aufhebung zugrunde gelegt hat, auch seiner Entscheidung zugrunde zu legen.

(2) Der Beschluss des Beschwerdegerichts ist zu begründen.

(3) Für die Beschwerdeentscheidung gelten im Übrigen die Vorschriften über den Beschluss im ersten Rechtszug entsprechend.

Lit: *Oetter*, Die Zurückverweisung von Kindschaftsverf wegen Nichteinholung eines familienpsychologischen Gutachtens nach § 69 I 3 FamFG, FamRZ 2025, 650.

1 **I) Allgemein.** Die Vorschrift ist uneingeschränkt anwendbar auf die fG-Verf (s vor § 23 Rn 1). Für Ehe- und FamStreitsachen (§§ 112, 121) gelten zT abw Regelungen (s Rn 14 f). I ist an § 538 ZPO angelehnt. Die dafür entwickelten Grundsätze können daher entspr herangezogen werden, soweit nicht der Amtsermittlungsgrundsatz und die fehlende Dispositionsmöglichkeit dem entgegenstehen.

2 ***II) Eigene Sachentscheidung*** **(§ 69 I 1). 1) Inhaltliche Anforderungen.** Das Beschwerdegericht hat idR in der Sache selbst zu entscheiden, also die Beschwerde entweder zurückzuweisen oder in der Sache eine den Beschluss des FamG abändernde Entscheidung zu treffen; zur Verwerfung bei Unzulässigkeit s § 68 Rn 3 f. Eine bloße Auf-

hebung des angegriffenen Beschlusses ist nur zulässig, wenn durch sie abschließend über das Verf entschieden werden kann, etwa weil hierdurch dessen Anhängigkeit endet (BGH FamRZ 2017, 1866; OLG Karlsruhe FamRZ 2013, 562 für das vereinfachte Unterhaltsfestsetzungsverf gem §§ 249 ff). Die Beschwerdeinstanz ist eine volle 2. **Tatsacheninstanz** (sa § 65 Rn 7). Das OLG tritt – in den Grenzen der Beschwerde – an die Stelle des FamG und hat das gesamte Sach- und Rechtsverhältnis, wie es sich zur Zeit seiner Entscheidung darstellt (BGH FamRZ 2013, 211), unabhängig von den Beschwerdeangriffen seiner Beurteilung zu unterziehen (BGH FamRZ 2011, 367; BGH FamRZ 2011, 637) und ggf eine **Ermessens**entscheidung selbst zu treffen (BGH FamRZ 2017, 97). Zur Bindung an **Anträge** s § 38 Rn 27. Bei einer **Teilanfechtung** (s § 65 Rn 5 f) hat das Beschwerdegericht nur über den angegriffenen Teil zu entscheiden (zB BGH FamRZ 2016, 122). Zu beachten ist, dass bei einer Teilung nach **§ 10 VersAusglG** Gegenstand des Beschwerdeverf nur das betroffene Anrecht ist (BGH FamRZ 2016, 794, 797); zum Prüfungsumfang s § 65 Rn 6. Im Rahmen des Beschwerdegegenstands besteht aber keine Bindung an die Anträge, vielmehr ist eine umfassende Überprüfung vAw durchzuführen (BGH FamRZ 2011, 547; OLG Karlsruhe FamRZ 2013, 306). Zum Zeitpunkt, bis zu dem Schriftsätze zu berücksichtigen sind, s § 37 Rn 5.

2) Verbot der Schlechterstellung des Beschwerdeführers. Das sog Verbot der reformatio in peius (allg s § 528 ZPO Rn 24) besteht in fG-Sachen (zu Ehe- u FamStreitsachen s Rn 14) nicht allg. In Verf, die vAw im **öffentlichen Interesse** geführt werden und deshalb nicht der Disposition der Beteiligten unterliegen, ist auch eine Verschlechterung des Beschwerdeführers zulässig (BGH FamRZ 2016, 1752 Tz 52). Entscheidendes Kriterium ist, ob die zu treffende Entscheidung den Charakter einer Fürsorgemaßnahme hat oder ob sie hauptsächl dem Ausgleich gegensätzl privater Belange der Beteiligten dient (KG FamRZ 86, 1016). Wenn Letzteres der Fall ist, kann auch innerhalb eines Amtsverf das Verschlechterungsverbot bestehen, zB in Vergütungsangelegenheiten (KG FamRZ 86, 1016). Eine Änderung muss sich aber, wie jede Änderung, im Rahmen des Gegenstands des Beschwerdeverf halten. Daher darf bei einer wirksamen Teilanfechtung (s § 65 Rn 5 f) nur der angefochtene Teil geändert werden (BGH MDR 2015, 221). – Ein Verschlechterungsverbot besteht daher nicht in den **Kindschaftssachen** gem § 151 Nrn 1-3, also insb Verf nach § 1666 BGB (BGH FamRZ 2017, 212, 215 Tz 36; BGH FamRZ 2016, 1752 Tz 52) und Umgangsverf (OLG Saarbrücken FamRZ 2025, 526: Umgangsausschluss; OLG Rostock NJ 2024, 465; KG FamRZ 2018, 1329; KG FamRZ 2013, 308). In diesen ist auch in der Beschwerdeinstanz allein das Kindeswohl Maßstab der Entscheidung, so dass der Beschwerdeführer auch eine Entscheidung zu seinen Lasten hinnehmen muss. 3

In den sog **echten Streitverfahren** der fG (s vor § 23 Rn 4) besteht ein Verschlechterungsverbot entspr § 528 ZPO, da diese der Durchsetzung subj privater Rechte dienenden Verf den zivilprozessualen Streitigkeiten nahestehen (BGHZ 19, 196; BGH FamRZ 83, 44; KG FamRZ 1986, 1016; SchBW/Roßmann Rn 33). Es besteht daher in **Versorgungsausgleichssachen**, wenn ein Ehegatte Beschwerde einlegt (BGH FamRZ 2021, 211 Tz 13; BGH FamRZ 2013, 1283; OLG Frankfurt FamRZ 2020, 1637; aA OLG Bamberg FamRZ 2019, 109 LS), und zwar grds (anders in Fällen von § 27 VersAusglG) bezogen auf jedes Anrecht (OLG Brandenburg FamRZ 2015, 1033; anders OLG Brandenburg FamRZ 2020, 421; aA auch OLG Frankfurt FamRZ 2020, 1637). Wenn aber ein Versorgungsträger Rechtsmittelführer ist, geht es grds nicht um die Durchsetzung von Rechten, sondern um eine dem materiellen Recht entspr Entscheidung, so dass ein Verschlechterungsverbot nicht besteht (BGH FamRZ 2022, 945; BGH FamRZ 2021, 581; BGH FamRZ 2018, 1741). Anders nur dann, wenn sich die Abänderung des angefochtenen Beschlusses in jedem Fall zu Lasten des Versorgungsträgers auswirken würde (BGH FamRZ 85, 1240; BGH FamRZ 90, 1339). Entgegen OLG Koblenz (FamRZ 2013, 1901) gilt das Verschlechterungsverbot auch dann, wenn ein Versorgungsträger mit der Beschwerde höhere Teilungskosten geltend macht, da er insoweit eigene Rechte durchsetzen will. Sa Rn 2 zur Teilanfechtung. – In **Ehewohnungs- und Haushaltssachen** besteht ein Verschlechterungsverbot (BGH FamRZ 79, 230; BayObLG FamRZ 77, 467; OLG Hamm FamRZ 69, 428; aA OLG Zweibrücken FamRZ 93, 82 für Haushaltssachen, aber durch § 1568b BGB überholt). Auch in Letzteren ist das Gericht nunmehr an den nach § 1568b BGB gestellten Antrag gebunden (PH/Neumann § 203 Rn 2; MK-BGB/Wellenhofer § 1568b BGB Rn 23, 47), so dass ein Verschlechterungsverbot gerechtfertigt ist. In Ehewohnungssachen kann nicht bei Anfechtung der Ausgleichszahlung durch den ASt die Wohnungszuweisung geändert (BayObLG FamRZ 77, 467) oder bei Anfechtung der Zuweisungsentscheidung durch den Ag erstmals eine Räumung angeordnet werden (OLG Hamm FamRZ 69, 428). 4

Bei vAw zu beachtenden **Verfahrensmängeln** wird danach differenziert, ob diese behebbar sind – dann zu diesem Zweck Zurückverweisung – oder nicht heilbar – dann Abwägung, ob Verschlechterungsverbot oder dem Verfahrensverstoß, zB wegen absolutem Revisionsgrund, der Vorrang zukommt (BGH FamRZ 2018, 1184 Tz 24). Kein Verschlechterungsverbot gilt, soweit es um die Vollstreckungsfähigkeit des Tenors geht (BGH FamRZ 2007, 2055). Die **Kostenentscheidung** ist – wie im Zivilprozess (s § 528 ZPO Rn 35) – vom Verschlechterungsverbot nicht umfasst (PH/Abramenko § 65 Rn 18; SchBW/Unger/Roßmann Rn 36), auch wenn sie allein angefochten ist (str, s § 308 ZPO Rn 9; aA OLG Celle AGS 2014, 533). Ebenfalls nicht erfasst ist die Wertfestsetzung (BayObLG Rpfleger 79, 398). 4a

3) Entscheidung (§ 69 II, III). Das Beschwerdegericht entscheidet gem II durch begründeten **Beschluss**. Auf Form und Inhalt sind gem **III** die Vorschriften des erstinstanzl Beschlusses entspr anzuwenden. S die Erläuterungen zu § 38. Insb kann (nur) unter den Voraussetzungen des § 38 IV, V von einer **Begründung** abgesehen 5 werden (Rackl S 202; Maurer FamRZ 2009, 465, 481; D/J/S-Müther Rn 23; aA Sternal/Sternal Rn 60: Begr immer erforderl). Erleichterungen wie nach § 313a I, § 540 I 2 ZPO bestehen in fG-Verf nicht (s aber § 117 IV u s Rn 14). Beschlüsse, die der **Rechtsbeschwerde unterliegen**, müssen den maßgebl Sachverhalt wiedergeben und den Verfahrensgegenstand sowie die Anträge in beiden Instanzen erkennen lassen; andernfalls sind sie nicht mit den erforderl Gründen versehen und bereits deshalb aufzuheben, sofern sich der maßgebl Sachverhalt und das Rechtsschutzziel nicht mit hinreichender Deutlichkeit aus den Beschlussgründen ergeben (BGH WM 2025, 863). Einer vollständigen Wiedergabe des Sachverhalts bedarf es nicht, es genügt die Verweisung auf konkret bezeichnete Aktenbestandteile (PH/Abramenko Rn 26; Sternal/Sternal Rn 66), zB die Feststellungen in dem erstinstanzl Beschluss oder das Ergebnis einer Beweisaufnahme. Nicht ausreichend ist eine allg Bezugnahme auf den Akteninhalt (BayObLG FamRZ 1998, 1327).

6 Der Beschluss hat gem § 38 II ein volles Rubrum zu enthalten. In ihm ist – bei positiver Entscheidung sachgerecht im Tenor – über eine **Zulassung** der Rechtsbeschwerde gem § 70 II zu entscheiden; wegen der Einzelheiten s § 70 Rn 5 ff. Über die **Kosten** der Beschwerdeinstanz ist bei Erfolglosigkeit gem § 84, sonst und über die der 1. Instanz gem § 81 zu entscheiden. Sofern eine Rechtsbeschwerde statthaft ist, ist über sie und die Art ihrer Einlegung gem § 39 zu belehren; andernfalls bedarf es keines entspr Hinweises, wenn dieser auch nicht schädl ist (s § 39 Rn 9). Gem § 69 III, § 38 III 3 kann die Entscheidung sowohl durch Übergabe an die GeschSt als auch durch Verlesen der Beschlussformel erlassen werden (s § 38 Rn 16). Die Wirksamkeit tritt nach § 40 ein. Der Beschluss ist gem § 86 II mit Wirksamwerden vollstreckbar, die Vollstreckung kann in dem Beschluss gem § 95 III 1 ausgeschlossen werden (s § 95 Rn 12). Entspr § 541 II ZPO wird – bei Führung einer Papierakte – nur eine **beglaubigte Abschrift** zu den Verfahrensakten genommen, das Original zu den Sammelakten des OLG (BGH FamRZ 2016, 1668).

7 **III) Aufhebung und Zurückverweisung (§ 69 I 2, 3).** Eine Aufhebung des angefochtenen Beschlusses und ggf des erstinstanzl Verf (s § 538 ZPO Rn 57) ist nur unter den Voraussetzungen von I 2 und 3 mögl. Eine davon unabhängige Übertragung des weiteren Verf an das FamG (wie nach § 572 III ZPO) ist nicht zulässig; ihm kann nur eine Ausführungshandlung, zB die Bestellung eines Pflegers, überlassen werden (BGH FamRZ 2017, 1866). Das Beschwerdegericht entscheidet nach pflichtgemäßem **Ermessen**, ob es bei Vorliegen dieser Voraussetzungen die angefochtene Entscheidung aufhebt und zurückverweist oder in der Sache selbst entscheidet (s § 538 ZPO Rn 6 ff; PH/Abramenko Rn 8; SchBW/Roßmann Rn 10). Zur Zurückverweisung bei unzulässiger Vorabentscheidung über die Scheidung s § 59 Rn 15 f.

8 **1) Zurückverweisung gem § 69 I 2.** Voraussetzung ist, dass das FamG in der Sache noch nicht entschieden (I 2), es den Antrag also insb als **unzulässig** zurückgewiesen oder eine **gebotene Entscheidung in der Sache** nicht getroffen hat (OLG Rostock MDR 2024, 714 = FamRZ 2024, 1298 LS für unzulässige Erledigungserklärung eines Umgangsverf) hat. Dem steht eine **unterlassene notwendige Beteiligung** gem § 7 gleich (OLG Rostock FamRZ 2022, 279; OLG Düsseldorf FamRZ 2020, 531: Jugendamt), nach inzwischen wohl hM auch die unterlassene Bestellung eines **Verfahrensbeistand**s (so OLG Brandenburg FamRZ 2024, 544; OLG Bamberg FamRZ 2024, 61; OLG Frankfurt FamRZ 2021, 1817 [abl Menne FamRB 2022, 182]; OLG Koblenz FamRZ 2020, 1209; OLG Hamm FamRZ 2018, 456; zutr aA KG FamRZ 2014, 1790; OLG Schleswig FamRZ 2013, 571: nur Mangel iSv I 3). Dasselbe gitl für eine **unzulässige Teilentscheidung** (OLG Karlsruhe FamRZ 2023, 1876 für Umgang; OLG Nürnberg FamRZ 2023, 605 für Sorgerecht; OLG Frankfurt FamRZ 2023, 305 für Umgang), auch wenn rechtsirrig nur noch über die Kosten statt in der Sache (OLG Köln FamRZ 2022, 369) oder nicht im Scheidungsverbund (OLG Brandenburg FamRZ 2025, 460; OLG Stuttgart FamRZ 2024, 839; OLG Bamberg FamRZ 2022, 653) entschieden wurde; nach OLG Zweibrücken FamRZ 2011, 992 auch, wenn die Zustimmung nach § 1671 II Nr 1 BGB widerrufen wurde. Nach dem insoweit eindeutigen Wortlaut der Regelung ist ein **Zurückverweisungsantrag** eines Beteiligten nicht erforderl (OLG Rostock MDR 2025, 113; OLG Karlsruhe FamRZ 2024, 1298 LS; OLG Brandenburg FamRZ 2024, 544; OLG Zweibrücken FamRZ 2015, 1117; PH/Abramenko Rn 9; aA SchBW/Roßmann Rn 25: Redaktionsversehen).

9 **2) Zurückverweisung gem § 69 I 3.** Voraussetzungen sind **kumulativ: a) Wesentlicher Mangel des Verfahrens.** Neben den für den Zivilprozess anerkannten wesentl Verfahrensfehlern (s § 538 ZPO Rn 9 ff) kommen insb in Betracht: Verstöße gegen die Pflicht zur Amtsermittlung gem § 26 (OLG Karlsruhe FamRZ 2024, 1050; OLG Brandenburg FamRZ 2023, 42), insb Unterlassen der Einholung eines erforderl SV-Gutachtens (OLG Hamm FamRZ 2024, 204; OLG Frankfurt FamRZ 2022, 1119), zur Erteilung von Hinweisen gem § 27 oder zur Bestellung eines Verfahrensbeistands (OLG Karlsruhe FamRZ 2024, 1887; OLG Brandenburg FamRZ 2023, 533; sa Rn 8), fehlerhafte Anwendung des Freibeweisverf gem § 29, Unterlassen einer Anhörung (OLG Brandenburg FamRZ 2025, 454; OLG Karlsruhe FamRZ 2024, 1887; OLG Bamberg FamRZ 2022, 652) oder deren unzureichende Dokumentation (OLG Saarbrücken FamRZ 2010, 2085). Das OLG prüft ohne Bindung an bestimmte Rügen (OLG Brandenburg FamRZ 2019, 380), maßgebend ist die mat-rechtl Beurteilung des AG (OLG Stuttgart FamRZ 2019, 802).

10 **b) Umfangreiche oder aufwändige Beweiserhebung erforderlich.** Dies ist etwa bei der Vernehmung einer *Vielzahl von Zeugen oder einer Beweisaufnahme an einem weit entfernten Ort* der Fall (Begr RegE BTDrs 16/6308, 208), idR auch bei schriftl SV-Gutachten (OLG Frankfurt FamRZ 2022, 1119); zu Einzelheiten s § 538 ZPO Rn 31. Eine nachzuholende persönl **Anhörung** reicht angesichts des eindeutigen Wortlauts nicht aus

(OLG Schleswig FamRZ 2013, 571; PH/Abramenko Rn 11; aA OLG Frankfurt FamRZ 2022, 1800 für Kindesanhörung; OLG Brandenburg FamRZ 2022, 806; OLG Bamberg FamRZ 2022, 652), ebenso wenig die Einholung einer Auskunft zum VersAusgl (OLG Düsseldorf FamRZ 2011, 719). Eine aufwändige **formlose Ermittlung** iSv § 29 kann aber die Zurückverweisung rechtfertigen (OLG Karlsruhe FamRZ 2024, 1050; OLG Brandenburg FamRZ 2019, 906; OLG Bremen MDR 2015, 338), da I 3 nicht – wie § 538 II Nr 1 ZPO – den engeren Begriff der Beweisaufnahme verwendet und dem Grundsatz der Amtsermittlung (§ 26) unstr Tatsachen fremd sind (inzident OLG Naumburg FamRZ 2010, 1351; sa § 26 Rn 2): Beweise „erhoben“ werden auch nach § 29. Eine Kausalität zwischen Verfahrensfehler und Beweiserhebung ist nicht erforderl (PH/Abramenko Rn 11; Rackl S 193).

c) Zurückverweisungsantrag. Der Antrag muss nicht vom Beschwerdeführer oder einem sonst durch die angefochtene Entscheidung Beschwerten gestellt sein (OLG Koblenz FamRZ 2016, 467; PH/Abramenko Rn 14). Er ist bis zum Schluss einer mündl Verh mögl (OLG Saarbrücken NJW-RR 2003, 573 für § 538 ZPO; SchBW/Roßmann Rn 23), ohne solche bis zum Erlass (§ 38 III 3) der Beschwerdeentscheidung (SchBW/Roßmann Rn 23). Ein Hilfsantrag genügt (OLG Hamm FamRZ 2024, 204; OLG Karlsruhe FamRZ 2015, 1926; PH/Abramenko Rn 14). 11

3) Zurückverweisungsentscheidung. Da auch der Beschluss über eine Zurückverweisung eine Endentscheidung ist, ist ggf über die Zulassung der Rechtsbeschwerde gem § 70 zu entscheiden. Wegen der weiteren Anforderungen s Rn 5 ff. Eine Entscheidung über die **Kosten** (§§ 80 ff), auch des Rechtsmittelverf, ist grds nicht zu treffen (OLG Hamburg Der Konzern 2005, 758; OLG Zweibrücken FGPrax 2003, 220; OLG Hamm FamRZ 93, 823). Eine eigene Entscheidung ist aber dann mögl, wenn die Kostenfrage von dem Beschwerdegericht bereits abschließend geklärt werden, das weitere Verf also auf die Kostenentscheidung keinen Einfluss mehr haben kann (OLG Hamburg Der Konzern 2005, 758; BayObLG FamRZ 2000, 485). Das ist insb der Fall, wenn die Kosten der Beschwerdeinstanz nach dem Rechtsgedanken des § 97 II ZPO dem Beschwerdeführer aufzuerlegen sind (OLG Hamburg Der Konzern 2005, 758). 12

4) Bindung (§ 69 I 4). Gem I 4 ist das **Familiengericht** an die Entscheidung des Beschwerdegerichts gebunden (für ZPO s § 538 ZPO Rn 60). Die Bindung geht dahin, dass das AG den in der aufhebenden Entscheidung gezogenen Schluss auf die darin ausgesprochene Rechtsfolge dem weiteren Verf zugrunde legen muss. Der Umfang der Bindung ist ggf durch Auslegung der aufhebenden Entscheidung zu klären (BGH FamRZ 2020, 619; BGH FamRZ 2017, 623). Sie beschränkt sich auf die **tragenden Erwägungen**. Obiter dicta entfalten keine Bindungswirkung (PH/Abramenko Rn 15). Die Bindung bezieht sich nicht nur auf die abstrakte Auslegung einer Rechtsnorm, sondern auch auf die konkrete Subsumtion des Sachverhalts, sofern er unverändert bleibt (BayObLG Rpfleger 92, 432; PH/Abramenko Rn 16; Rackl S 196; Begr RegE BTDrs 16/6308, 208: Bindung an „Beurteilung der Rechts- und Sachlage“). Keine Bindung besteht bei einer Änderung der Tatsachengrundlage (BGH WM 2017, 1326 für Berufung). **Auch das Beschwerdegericht** und ggf das Rechtsbeschwerdegericht sind an die aufhebende Entscheidung gebunden, wenn gegen den dann ergehenden erstinstanzl Beschluss erneut Beschwerde eingelegt wird (BGH FamRZ 2020, 619; BGH FamRZ 2017, 623). 13

IV) Besonderheiten in Ehe- und Familienstreitsachen (§§ 112, 121). Aus der in § 117 II 1 angeordneten entspr Anwendung von § 528 ZPO ergibt sich das Verbot der Schlechterstellung des Beschwerdeführers (**reformatio in peius**, s § 528 ZPO Rn 24). Die Entscheidung ergeht gem § 116 I durch **Beschluss**. Die Verpflichtung gem I 1, grds in der Sache selbst zu entscheiden, gilt auch in diesen Verf. Eine Aufhebung und **Zurückverweisung** bestimmt sich aber gem § 117 II 1 nach § 538 II ZPO. Im Scheidungsverbundverf ist § 146 vorrangig. Zur Zurückverweisung bei unzulässiger Vorabentscheidung über die Scheidung s § 59 Rn 16. Bei einer Rücknahme der Beschwerde ist gem § 117 II 1 § 516 III ZPO anwendbar. Gem § 113 I 1 sind auch die übrigen **Kosten**vorschriften der ZPO anzuwenden, insb die §§ 91 ff ZPO. Zu vorrangigen Sondervorschriften des FamFG s § 38 Rn 10. Wenn die Endentscheidung in dem Termin verkündet wird, in dem die mündl Verh geschlossen wurde, kann die **Begründung** des Beschlusses auch in die **Sitzungsniederschrift** aufgenommen werden, § 117 IV. Diese Vorschrift ist an § 540 II 2 ZPO angelehnt (Begr RegE BTDrs 16/6308, 225), so dass die dazu entwickelten Grundsätze (s § 540 ZPO Rn 28) übertragbar sind. Ist der Beschluss unanfechtbar, kann entspr § 540 II, § 313a I ZPO von dem tatbestandl Teil abgesehen werden (näher PH/Feskorn § 117 Rn 66). Ein aufgrund mündl Verh ergangener Beschluss ist öffentl zu **verkünden** (BGH FamRZ 2012, 106). Wenn die Entscheidung ohne mündl Verh ergeht, bedarf es keines gesonderten Verkündungstermins (iE s § 38 Rn 16a). Die Wirksamkeit bestimmt sich nach § 116 II, III, die **Vollstreckbarkeit** nach § 120 II. Ein Ausspruch zur vorläufigen Vollstreckbarkeit ist daher nicht zu treffen, ggf aber zu Ausschluss oder Beschränkung der Vollstreckung gem § 120 II 2. 14

V) Gebühren. 1) Gericht: Bei Zurückverweisung bilden die Verf 1 Rechtszug (§ 31 I FamGKG) mit nur einmaliger Gebührenerhebung (§ 29 FamGKG). – **2) RA:** Nach Zurückverweisung an ein untergeordnetes Gericht ist das weitere Verf dort ein neuer Rechtszug (§ 21 I RVG). Anrechnung der VerfGeb nach Vorbem 3 VI RVG-VV. 15

Unterabschnitt 2
Rechtsbeschwerde (§§ 70-75)

§ 70 Statthaftigkeit der Rechtsbeschwerde

(1) Die Rechtsbeschwerde eines Beteiligten ist statthaft, wenn sie das Beschwerdegericht oder das Oberlandesgericht im ersten Rechtszug in dem Beschluss zugelassen hat.

(2) [1]Die Rechtsbeschwerde ist zuzulassen, wenn

1. die Rechtssache grundsätzliche Bedeutung hat oder

2. die Fortbildung des Rechts oder die Sicherung einer einheitlichen Rechtsprechung eine Entscheidung des Rechtsbeschwerdegerichts erfordert.

[2]Das Rechtsbeschwerdegericht ist an die Zulassung gebunden.

(3) [1]Die Rechtsbeschwerde gegen einen Beschluss des Beschwerdegerichts ist ohne Zulassung statthaft in

1. Betreuungssachen zur Bestellung eines Betreuers, zur Aufhebung einer Betreuung, zur Anordnung oder Aufhebung eines Einwilligungsvorbehalts,

2. Unterbringungssachen und Verfahren nach § 151 Nr. 6 und 7 sowie

3. Freiheitsentziehungssachen.

[2]In den Fällen des Satzes 1 Nr. 2 und 3 gilt dies nur, wenn sich die Rechtsbeschwerde gegen den Beschluss richtet, der die Unterbringungsmaßnahme oder die Freiheitsentziehung anordnet. [3]In den Fällen des Satzes 1 Nummer 3 ist die Rechtsbeschwerde abweichend von Satz 2 auch dann ohne Zulassung statthaft, wenn sie sich gegen den eine freiheitsentziehende Maßnahme ablehnenden oder zurückweisenden Beschluss in den in § 417 Absatz 2 Satz 2 Nummer 5 genannten Verfahren richtet.

(4) Gegen einen Beschluss im Verfahren über die Anordnung, Abänderung oder Aufhebung einer einstweiligen Anordnung oder eines Arrests findet die Rechtsbeschwerde nicht statt.

1 **I) Allgemein.** Die Rechtsbeschwerde bedarf grds der Zulassung und ist der Rechtsbeschwerde gem § 574 ZPO nachgebildet (Begr RegE BTDrs 16/6308, 209). In der Sache entspricht sie aber eher der Revision, da sie wie diese die Anfechtung von Hauptsacheentscheidungen betrifft. Sie dient ebenso der Klärung von Fragen grundsätzl Bedeutung, denen eine über den Einzelfall hinausreichende Wirkung zukommt. Die Rechtsbeschwerde ist wie die Revision auf eine reine Rechtskontrolle beschränkt. Für alle Rechtsbeschwerden **zuständig** ist der BGH (§ 133 GVG).

2 **II) Anwendungsbereich.** § 70 umfasst neben den fG-Verf (s vor § 23 Rn 1) die Ehesachen (§ 121) und FamStreitsachen (§ 112). Für Letztere enthält § 117 keine ggü § 70 abw Regelungen. Wegen der Anfechtung von die Beschwerde verwerfenden Beschlüssen in diesen Verf s Rn 16. Angesichts seiner systematischen Stellung bezieht sich § 70 nur auf die Anfechtung von Beschwerdeentscheidungen gem § 69, somit **von Endentscheidungen** iSv § 38 I (BGH FamRZ 2021, 372; BGH MDR 2012, 261). Das sind nicht nur Entscheidungen in der Hauptsache, sondern zB auch (weitere Bsp s § 38 Rn 6a) über die Vergütung von Verfahrensbeiständen (BGH FamRZ 2010, 1544). Soweit für die Anfechtung von **Zwischen- und Nebenentscheidungen** auf die entspr Anwendung der §§ 567-572 ZPO verwiesen ist, bestimmt sich die Rechtsbeschwerde nicht nach § 70, sondern nach §§ 574 ff ZPO (BGH MDR 2012, 261; BGHZ 184, 323 für VKH; BGH NJW-RR 2011, 217 = FGPrax 2011, 103; BGH FamRZ 2011, 966 für § 7 V). – In Verf nach dem **IntFamRVG** ist nach dessen § 28 die Rechtsbeschwerde gem § 574 ZPO eröffnet (BGH MDR 2012, 1114).

3 **III) Grundsätze der Statthaftigkeit (§ 70 I).** Gem I ist die Rechtsbeschwerde gegen Beschlüsse nur statthaft, wenn sie vom Beschwerdegericht, in FamSachen also das OLG, oder von dem OLG als Gericht des 1. Rechtszugs **zugelassen** wurde. Letzteres ist ua gem § 107 V, VI bei Verf über die Anerkennung einer ausl Entscheidung in Ehesachen mögl. Die Rechtsbeschwerde kann in den Fällen von I zugelassen werden, sofern sie nicht ausdrückl ausgeschlossen ist (s Rn 12 f).

4 Mögl ist die Zulassung der Rechtsbeschwerde gegen eine **Kostenentscheidung** in fG-Verf (BGH FamRZ 2021, 538; BGH MDR 2012, 243). In diesen ist eine isolierte Kostenentscheidung zB nach Hauptsachenerledigung oder die Kostenentscheidung einer Endentscheidung mit der Beschwerde gem § 58 anfechtbar (s § 58 Rn 4 f). Eine Rechtsbeschwerde kann gegen die Beschwerdeentscheidung des Beschwerdegerichts zugelassen werden sowie gegen eine Kostenentscheidung, die erstmals im Verf vor dem OLG getroffen wurde.

5 **IV) Zulassungsentscheidung.** Zuständig für eine Entscheidung über die Zulassung der Rechtsbeschwerde ist in *FamSachen das* **OLG**. *Eine* **Nichtzulassungsbeschwerde** ist nicht eröffnet (BGH MDR 2024, 1469; BGH FamRZ 2024, 1135; BGH FamRZ 2018, 1935). – In neueren Entscheidungen (BGH MDR 2024, 1469; BGH FamRZ 2024, 1135; BGH FamRZ 2018, 1853; BGH FamRZ 2018, 839) prüft der BGH im Rahmen einer einge-

legten NZB, ob es sich der Sache nach um eine allg Zivilsache oder FamSache handelt; im letzteren Fall wird eine NZB unabhängig davon als unzulässig angesehen, ob ein Zivil- oder FamSenat entschieden hat. Ausnahme: Ist das Zivilgericht durch eine rechtsfehlerhafte, aber bindende Verweisung (§ 17a II 3, VI GVG) zuständig geworden, ist eine NZB eröffnet (BGH FamRZ 2025, 42); im umgekehrten Fall einer fehlerhaften Verweisung an das FamG ist eine NZB hingegen unstatthaft (BGH FamRZ 2025, 42). In einer früheren (Leitsatz-)Entscheidung (BGH FamRZ 2009, 219 zu § 26 Nr 9 EGZPO aF) hatte der BGH sich hingegen an die Qualifikation als FamSache durch das OLG gebunden erachtet und eine NZB ohne Weiteres als unstatthaft angesehen. Entspr Abgrenzungsprobleme entstehen insb im Anwendungsbereich von § 266.

Die Rechtsbeschwerde kann durch den gem § 68 IV tätigen **Einzelrichter** zugelassen werden, wie dies für die Zulassung der Revision anerkannt ist, allerdings auch mit der Einschränkung bei Änderung der Sachlage nach Übertragung auf den ER; iE s § 543 ZPO Rn 21. Die für die Zulassung der Rechtsbeschwerde gem § 574 ZPO geltenden Grundsätze (s § 574 ZPO Rn 14) sind nicht übertragbar, da der ER durch den Übertragungsbeschluss zur Entscheidung über die Beschwerde befugt ist, auch wenn er die grundsätzl Bedeutung der Sache abw beurteilt. 6

Das Beschwerdegericht **entscheidet** über die Zulassung vAw, ein evtl gestellter „Antrag" stellt nur eine Anregung dar. Die Zulassung erfordert eine positive Entscheidung (s § 543 ZPO Rn 22), zweckmäßigerweise im Tenor; wirksam ist aber auch eine Zulassung in den Gründen des Beschlusses (BGH FamRZ 2023, 1646; BGH FamRZ 2019, 725). Fehlt es an jeder Äußerung in dem Beschluss, ist eine Rechtsbeschwerde nicht zugelassen (BGH FamRZ 2024, 684; BGH FamRZ 2023, 1646; BGH FamRZ 2011, 1728), selbst wenn das Beschwerdegericht irrtüml davon ausgegangen ist, dass ein Rechtsmittel bereits kraft Gesetzes statthaft ist (BGH FamRZ 2024, 1135 mwN). Sie kann durch einen Ergänzungsbeschluss gem § 43 I **nicht nachgeholt** werden (BGH FamRZ 2024, 684; BGH FamRZ 2023, 1646; sa § 543 ZPO Rn 22 f), ebensowenig auf eine Gegenvorstellung (BGH FamRZ 2024, 684). Eine Rechtsmittelbelehrung über die Einlegung einer Rechtsbeschwerde stellt keine Zulassung dar (BGH FamRZ 2019, 725; BGH FamRZ 2017, 1608; BGH MDR 2014, 976). Eine Zulassung auf **Anhörungsrüge** gem § 44 ist nur wirksam, wenn diese zulässig und begründet war (BGH FamRZ 2024, 684; BGH FamRZ 2024, 198 = MDR 2024, 56; BGH FamRZ 2023, 1646).– Eine **Teilzulassung** ist unter den Voraussetzungen mögl, die für die Revision gelten (BGH FamRZ 2019, 785; dazu s § 543 ZPO Rn 25 ff), insb eine entspr Teilentscheidung zulässig wäre (BGH FamRZ 2022, 686; BGH FamRZ 2019, 785); die Beschränkung kann sich auch aus den Gründen ergeben (BGH FamRZ 2024, 950; BGH FamRZ 2022, 686; BGH FamRZ 2021, 211; BGH FamRZ 2019, 785). Die Zulassung kann auch auf die Zulässigkeit des Antrags beschränkt werden, über die vorab durch Zwischenbeschluss entspr § 280 I ZPO entschieden werden kann, sowohl in FamStreitsachen als auch in kontradiktorisch geführten Streitsachen der fG (BGH FamRZ 2023, 117 Tz 12). Zum Unterhalt vgl zB BGH FamRZ 2004, 612 = MDR 2004, 689; BGH FamRZ 2003, 590, zum VersAusgl vgl BGH FamRZ 2021, 211. Generell zur Teilbarkeit in fG-Verf s § 65 Rn 6. Eine unwirksame Teilzulassung hat eine unbeschränkte Zulassung zur Folge (BGH FamRZ 2022, 1761 Tz 7; BGH FamRZ 2022, 686). 7

V) Zulassungsgründe (§ 70 II). II übernimmt die Zulassungsgründe der Revision gem § 543 II ZPO. Auf die entspr Erläuterungen s § 543 ZPO Rn 9 ff wird verwiesen. Zur grundsätzl Bedeutung sa BGH FamRZ 2024, 684. Die Anwendung ausl Rechts indiziert keine grundsätzliche Bedeutung (BGH FamRZ 2025, 536). 8

Der BGH ist an die Zulassung der Rechtsbeschwerde gem II 3 gebunden. Die Bindungswirkung betrifft nur das Vorliegen eines Zulassungsgrundes nach II, eröffnet aber nicht ein ges **nicht vorgesehenes Rechtsmittel** (BGH FamRZ 2020, 269; BGH FamRZ 2011, 282). Ist die Rechtsbeschwerde nicht statthaft, bleibt die angefochtene Entscheidung auch bei irriger Rechtsmittelzulassung unanfechtbar, eine dennoch eingelegte Rechtsbeschwerde ist als unzulässig zu verwerfen. 9

VI) Zulassungsfreie Rechtsbeschwerde (§ 70 III). III dient der Verbesserung des Rechtsschutzes in bestimmten Betreuungssachen sowie in Unterbringungs- und Freiheitsentziehungssachen. Wenn durch eine gerichtl Entscheidung in höchstpersönl Rechte der Beteiligten eingegriffen wird, indem eine Freiheitsentziehung oder ärztl Zwangsmaßnahme angeordnet werden, soll eine weitere Überprüfungsinstanz ohne weitere Zulassungsvoraussetzungen zur Verfügung stehen. 10

Gem III 1 Nr 2 gilt diese Regelung auch für die Anordnung und Genehmigung der freiheitsentziehenden **Unterbringung** eines Mindj sowie ihm ggü angeordnete ärztl Zwangsmaßnahmen gem § 151 Nrn 6, 7. Erfasst sind nur die Entscheidungen, mit denen die Freiheitsentziehung oder Unterbringung angeordnet werden (BGH 25.4. 2023 – XIII ZB 11/21, juris; BGH FamRZ 2019, 725); dem gleichzustellen ist die Genehmigung iSv § 151 Nr 6. Denn die Rechtsbeschwerde soll auf Entscheidungen mit unmittelbar freiheitsentziehender Wirkung beschränkt und Nebenentscheidungen wie zB die Verfahrenspflegervergütung ausgeschlossen werden (BTDrs 16/12717, 60). Dies gilt erst recht für Zwischenentscheidungen im Verf (BGH 25.4.2023 – XIII ZB 11/21, juris). Zulassungsfrei ist ein die Freiheitsentziehung usw betr **Feststellungsantrag entsprechend § 62** (BGH FamRZ 2024, 1582 mwN; BGH FamRZ 2016, 804; BGH FamRZ 2014, 649, std Rspr). Gem IV ausgeschlossen ist eine Rechtsbeschwerde gegen eine die Unterbringungsmaßnahme usw anordnende **einstweilige Anordnung** (BGH FGPrax 2011, 148). – Eine **grundsätzliche Bedeutung** der Sache ist nicht erforderl (PH/Abramenko Rn 16), da es an einer § 574 II ZPO entspr Regelung fehlt. – III 3 betrifft allein Abschiebungshaft- und vergleichbare Verf. 11

12 **VII) Ausschluss der Rechtsbeschwerde (§ 70 IV).** Gem IV ist die Rechtsbeschwerde gegen Beschlüsse in Verf über die Anordnung, Abänderung oder Aufhebung einer **einstweiligen Anordnung** oder eines **Arrests** nicht statthaft, was zur Folge hat, dass die Entscheidung der Vorinstanz bereits mit ihrem Wirksamwerden rechtskräftig wird (s § 45 Rn 2). Von der Regelung sind **alle Entscheidungen** in den genannten Verf erfasst, unabhängig davon ob eine positive Entscheidung getroffen, eine solche abgelehnt, eine Entscheidung gem § 62 (BGH FamRZ 2020, 1749) oder über die Kosten (KG FamRZ 2011, 576; BGH NJW-RR 2003, 1075 = MDR 2003, 1195 für einstw Verfügungsverf) ergangen ist (PH/Abramenko Rn 19). Der Ausschluss erfasst auch Verf, die einen nach III zulassungsfreien Verfahrensgegenstand betreffen (BGH FamRZ 2020, 1749; BGH FGPrax 2011, 148). Eine **Zulassung** ändert an der Unzulässigkeit nichts (BGH FamRZ 2020, 269; BGH FamRZ 2020, 370; BGH FamRZ 2018, 1343). Maßgebend ist die **tatsächlich getroffene** Entscheidung (BGH FamRZ 2020, 370), so dass fehlerhafte Bezeichnungen in der Ausfertigung (BGH FamRZ 2016, 1354: als einstw Anordnung; BGH MDR 2015, 1029: unterlassene Kennzeichnung als solche) unerhebl sind. Vom Ausschluss nicht erfasst sind Entscheidungen in selbständigen Nebenverfahren (BGH MDR 2021, 646; BGH FamRZ 2020, 1749), wie über die **VKH** (BGH FamRZ 2011, 1138), zur Zulässigkeit des Rechtswegs (BGH FamRZ 2020, 1749), im Kostenfestsetzungs- (BGH FamRZ 2017, 643), Vollstreckungs- (BGH FamRZ 2015, 2147) und Vergütungsverf (BGH MDR 2021, 646: Verfahrenspfleger).

13 Ein Ausschluss der Rechtsbeschwerde ist auch gem § 40 II 4 **IntFamRVG** angeordnet, der Beschluss über die **Annahme als Kind** unterliegt dem allg Rechtsmittelausschluss in § 197 III 1. Nach Ansicht des BGH (BGH FamRZ 2011, 282) ist eine Rechtsbeschwerde auch dann ausgeschlossen, wenn bereits die **Beschwerde nicht statthaft** war (aA Fröschle FamRZ 2011, 284; sa § 574 ZPO Rn 7).

14 **VIII) Beschwer.** Neben der in § 70 geregelten Statthaftigkeit bedarf es für die Zulässigkeit der Rechtsbeschwerde weiterer (individueller) **Zulässigkeitsvoraussetzungen.** Diese sind vor allem in § 71 geregelt. Daneben ist eine sich entspr § 59 bestimmende **Beschwer** des Beschwerdeführers erforderl, die er mit der Rechtsbeschwerde beseitigen will (BGH FamRZ 2023, 468; BGH ZIP 2020, 1658). Sie bestimmt sich nach der Beschwerdeentscheidung und liegt beim Beschwerdeführer vor, wenn seine Beschwerde zurückgewiesen oder verworfen wurde (BGH WM 2024, 1808; BGH ZIP 2020, 1658). Wenn ein Beteiligter die Entscheidung des FamG nicht angefochten hat, kann er eine Rechtsbeschwerde gegen die – auf das Rechtsmittel eines anderen Beteiligten ergangene – Beschwerdeentscheidung nur einlegen, wenn sie eine Abänderung der erstinstanzl Entscheidung zu seinen Ungunsten enthält (BGH ZIP 2020, 1658 mwN), also nicht allein mit der Rüge, die Beschwerde eines anderen Beteiligten hätte Erfolg haben müssen. Ein **Mindestbeschwerdewert** ist nicht erforderl (PH/Abramenko Rn 6). § 61 I kann nicht entspr angewendet werden, da die Funktion der Rechtsbeschwerde – die Klärung grundsätzl Fragen – von dem Erreichen einer Beschwerdesumme unabhängig ist (BGH NJW-RR 2005, 939 = MDR 2005, 237 für § 574 ZPO).

15 **IX) Zulassungsfreie Rechtsbeschwerde bei Verwerfung der Beschwerde? 1) fG-Verfahren.** Auch wenn das Beschwerdegericht die Beschwerde als unzulässig verwirft, ist in fG-Verf (s vor § 23 Rn 1) eine Rechtsbeschwerde nur eröffnet, wenn sie vom Beschwerdegericht **zugelassen** wird (BGH FamRZ 2014, 109; BGH FamRZ 2011, 282); dies gilt auch bei Anfechtung einer **fG-Folgesache** aus einer Verbundentscheidung (BGH FamRZ 2014, 109) sowie Versagung einer WE (BGH FamRZ 2014, 109). Der Gesetzgeber (BTDrs 16/6308, 372) hat nur in Ehe- und FamStreitsachen ein Bedürfnis für eine zulassungsfreie Anfechtung des Verwerfungsbeschlusses gesehen (s Rn 16).

16 **2) Ehe- und Familienstreitsachen.** In diesen Verf ist gegen einen Verwerfungsbeschluss die Rechtsbeschwerde entspr § 574 ZPO auch ohne Zulassung statthaft, wie sich aus der Verweisung in § 117 I auf § 522 I 4 ZPO ergibt (BGH FamRZ 2014, 27; BGH FamRZ 2012, 204; BGH FamRZ 2012, 961), auch wenn der Gesetzgeber den Unterschied zwischen den Rechtsbeschwerden nach § 70 FamFG und § 574 ZPO nicht erkannt hat (näher PH/Feskorn § 117 Rn 73). Folge der Anwendung von § 574 ZPO ist aber auch eine entspr Anwendung von **§ 574 II ZPO** (BGH FamRZ 2014, 27; BGH FamRZ 2012, 204). Diese Grundsätze gelten unabhängig davon, ob die Beschwerde ohne oder auf Grund **mündlicher Verhandlung** verworfen wurde (BGH FamRZ 2016, 452). Sie sind auch anwendbar in Verf der Vollstreckbarerklärung gem § 64 AUG (BGH FamRZ 2018, 1347) und im vereinf Unterhaltsverf gem §§ 249 ff (BGH FamRZ 2023, 212). Ist aber gegen eine Entscheidung in der Sache die Rechtsbeschwerde nicht statthaft, ist auch die Verwerfung nicht mit der Rechtsbeschwerde anfechtbar (BGH FamRZ 2013, 1878: Verf der einstw Anordnung).

17 **X) Gebühren. 1) Gericht:** Es fallen VerfGeb an (1130, 1213, 1225, 1316, 1325, 1720 FamGKG-KV), die sich bei streitfreier Erledigung ermäßigen. – **2) RA:** Vorbem 3.2.2 Nr 1a RVG-VV; 3206 ff RVG-VV. – Bei Rechtsbeschwerden, die sich nicht gegen Endentscheidungen (§ 38 I 1) wegen des Hauptgegenstands richten: 3502 RVG-VV. – **3)** Zum **Wert** s Anh FamFG-Verfahrenswerte Rn 1.38.

§ 71 Frist und Form der Rechtsbeschwerde

(1) [1]Die Rechtsbeschwerde ist binnen einer Frist von einem Monat nach der schriftlichen Bekanntgabe des Beschlusses durch Einreichen einer Beschwerdeschrift bei dem Rechtsbeschwerdegericht einzulegen. [2]Die Rechtsbeschwerdeschrift muss enthalten:

1. die Bezeichnung des Beschlusses, gegen den die Rechtsbeschwerde gerichtet wird, und

2. die Erklärung, dass gegen diesen Beschluss Rechtsbeschwerde eingelegt werde.

[3]Die Rechtsbeschwerdeschrift ist zu unterschreiben. [4]Mit der Rechtsbeschwerdeschrift soll eine Ausfertigung oder beglaubigte Abschrift des angefochtenen Beschlusses vorgelegt werden.

(2) [1]Die Rechtsbeschwerde ist, sofern die Beschwerdeschrift keine Begründung enthält, binnen einer Frist von einem Monat zu begründen. [2]Die Frist beginnt mit der schriftlichen Bekanntgabe des angefochtenen Beschlusses. [3]§ 551 Abs. 2 Satz 5 und 6 der Zivilprozessordnung gilt entsprechend.

(3) Die Begründung der Rechtsbeschwerde muss enthalten:

1. die Erklärung, inwieweit der Beschluss angefochten und dessen Aufhebung beantragt werde (Rechtsbeschwerdeanträge);

2. die Angabe der Rechtsbeschwerdegründe, und zwar

a) die bestimmte Bezeichnung der Umstände, aus denen sich die Rechtsverletzung ergibt;

b) soweit die Rechtsbeschwerde darauf gestützt wird, dass das Gesetz in Bezug auf das Verfahren verletzt sei, die Bezeichnung der Tatsachen, die den Mangel ergeben.

(4) Die Rechtsbeschwerde- und die Begründungsschrift sind den anderen Beteiligten bekannt zu geben.

I) Allgemein. Die Vorschrift regelt Frist, Form und Begründung der Rechtsbeschwerde. Zur Beschwer s § 70 Rn 14. 1

II) Einlegung (§ 71 I 1). Zur Einlegung der Rechtsbeschwerde besteht gem I 1 – wie gem § 548 ZPO für die Revision – eine **Frist** von 1 Monat. Sie beginnt mit der schriftl Bekanntgabe; auf die entspr Erläuterung zur Beschwerdefrist wird verwiesen (s § 63 Rn 5). Eine **absolute Frist** für den Fall einer unwirksamen oder fehlenden Bekanntgabe des anzufechtenden Beschlusses, wie sie § 63 III 2 vorsieht, besteht für die Rechtsbeschwerde nicht. Da auch für die ZPO-Rechtsbeschwerde eine solche Frist nicht bestimmt ist (s § 575 ZPO) und das FamFG eine einheitl Neukonzeption des Rechtsmittelrechts enthält, fehlt es an der für eine Analogie zu § 63 III 2 notwendigen Lücke (aA Maurer FamRZ 2009, 465, 473; wie hier PH/Abramenko Rn 6; Sternal/Göbel Rn 6; SchBW/Roßmann Rn 3; von BGH FamRZ 2012, 1049 offengelassen). Die Rechtsbeschwerdefrist beginnt daher nicht zu laufen, wenn der anzufechtende Beschluss nicht wirksam bekannt gegeben wurde (sa § 575 ZPO Rn 2). 2

Bei einer Versäumung der Frist kann in fG-Verf (s vor § 23 Rn 1) **Wiedereinsetzung** gem § 17 begehrt werden. In den Ehe- und FamStreitsachen (§§ 113, 121) bestimmt sich die WE gem § 113 I nach §§ 233 ff ZPO (Maurer FamRZ 2009, 465, 473). Zwar ist die Frist zur Einlegung der Rechtsbeschwerde in § 233 ZPO nicht genannt, es handelt sich bei der Frist nach I auch nicht um eine Notfrist; dieser Begriff ist dem FamFG fremd. Ursprüngl war daher in § 117 V auch für die Einlegung der Rechtsmittel auf die §§ 233, 234 I 2 ZPO verwiesen worden. Da dies zu einer Monatsfrist für die WE auch hinsichtl der Einlegung geführt hätte, ist die Verweisung bzgl der Einlegung in § 117 V gestrichen worden (BTDrs 16/12717, 61). Dass damit auch der Verweis auf die Anwendung von § 233 ZPO und die Frist des § 234 I 1 ZPO entfernt wurde, ist erkennbar ein Redaktionsversehen infolge der komplexen und vom Gesetzgeber nicht immer durchgehaltenen Verweisungstechnik. Derartige Fehler stehen einer sachgerechten Auslegung nicht entgegen (BGH MDR 2009, 230). – Mangels anderweitiger Regelung sind gem § 113 I auch die übrigen Verfahrensvorschriften der §§ 234 ff ZPO anwendbar, zB zur Antragsfrist und den Anforderungen an den WE-Antrag (Maurer FamRZ 2009, 465, 473). 3

Einzulegen ist die Rechtsbeschwerde beim Rechtsbeschwerdegericht, also dem **BGH** (§ 133 GVG). Dafür und für das gesamte Rechtsbeschwerdeverf muss der Beschwerdeführer sich – von den Ausnahmen nach § 10 IV 2, § 114 IV Nr 2 abgesehen – durch einen beim BGH zugelassenen **Rechtsanwalt** vertreten lassen, § 10 IV 1 bzw § 114 II, III. Gem § 114 IV Nr 2 bedarf ein Beteiligter dann nicht anwaltl Vertretung, wenn er durch das Jugendamt als Beistand, Vormund oder Ergänzungspfleger vertreten wird; die in § 114 III 2 geforderte zusätzl Qualifikation des auftretenden Beschäftigten gilt auch in diesem Fall (PH/Helms § 114 Rn 31). Die Beschwerdeschrift bedarf der Schriftform und der Unterschrift (**I 3**) bzw der elektron Form gem § 14b. Zur Einreichung der Rechtsbeschwerde mittels Telefax, Computerfax und im elektron Rechtsverkehr iSv § 14 II s § 519 ZPO Rn 18 ff. 4

III) Form und Inhalt der Rechtsbeschwerdeschrift (§ 71 I 2, 4). I 2 regelt den notwendigen Inhalt der Rechtsbeschwerdeschrift. Aus ihr muss ersichtl sein, welche Entscheidung angegriffen wird (I 2 Nr 1) sowie, dass gegen sie das Rechtsmittel der Rechtsbeschwerde eingelegt wird (I 2 Nr 2); auf die entspr Erläuterung zur Beschwerdeschrift wird verwiesen (s § 64 Rn 7 f). Wie für diese muss erkennbar sein, wer Rechtsbeschwerdeführer ist (BGH FamRZ 2023, 1983). Die gem I 4 angeordnete Einreichung einer **Abschrift** der angefochtenen Entscheidung ist eine reine Ordnungsvorschrift („soll"), deren Einhaltung keine Zulässigkeitsvoraussetzung ist. Eine Beifügung liegt dennoch im Interesse des Beschwerdeführers, da durch sie Mängel der Rechtsbeschwerde- 5 schrift ggf folgenlos bleiben können (BGH NJW-RR 89, 958). Die Rechtsbeschwerde kann – wie die Beschwerde (s § 65 Rn 5) – **beschränkt eingelegt** werden, wenn es sich um einen abtrennbaren Verfahrensgegenstand handelt (PH/Abramenko Rn 13).

6 **IV) Begründungsfrist (§ 71 II).** Die gem II erforderl Begründung kann entweder in der Rechtsbeschwerdeschrift oder einem gesonderten Schriftsatz enthalten sein. Die Begründungsfrist beträgt in allen Verf **1 Monat** (II 1) und **beginnt** gem II 2 ebenso wie die Frist zur Einlegung (I 1) mit der schriftl Bekanntgabe des angefochtenen Beschlusses. Einlegungs- und Beschwerdefrist laufen also grds gleichzeitig ab. Es sind aber getrennte Fristen, so dass zB ein WE-Antrag für die eine Frist nicht ohne weiteres auch die andere erfasst (PH/Abramenko Rn 16). Die ggü Berufung und Revision halbierte Begründungsfrist ist offenbar an die entspr Frist der Rechtsbeschwerde gem § 575 ZPO angelehnt, ohne zu berücksichtigen, dass die Rechtsbeschwerde gem § 70 eine Hauptsacheentscheidung betrifft (s § 70 Rn 2), eine Anlehnung an die Revisionsbegründungsfristen daher näher gelegen hätte. Dies führt zu dem wenig überzeugenden Ergebnis, dass in Ehe- und FamStreitsachen die Beschwerdebegründungsfrist (§ 117 II 3) doppelt so lang ist wie die Frist zur Begründung der Rechtsbeschwerde. Die Begründungsfrist kann aber gem II 2 iVm § 551 II 5 und 6 ZPO **verlängert** werden. – Eine **absolute Frist**, wie sie § 63 III 2 für die Einlegung der Beschwerde und § 551 II ZPO für die Revisionsbegründung vorsehen, besteht wie für die Einlegung (s Rn 2) auch für die Begründung der Rechtsbeschwerde nicht. – Auch nach Ablauf der Frist kann ein Antrag gem § 62 in einen Antrag auf Aufhebung der angefochtenen Entscheidung umgestellt werden (BGH FamRZ 2025, 877).

7 Gegen die Versäumung der Begründungsfrist kann in Ehe- und FamStreitsachen (§§ 113, 121) gem § 117 V FamFG iVm §§ 233, 234 I 2 ZPO **Wiedereinsetzung** binnen Monatsfrist beantragt werden. In den fG-Verf bestimmt sich die WE gem § 17. Die grds geltende (§ 18 I 1) 2-Wochenfrist ist auf die Begründung der Rechtsbeschwerde nicht anwendbar; gem § 18 I 2 beträgt die WE-Frist 1 Monat. Die Frist beginnt mit Bekanntgabe der VKH-Bewilligung und RA-Beiordnung, da damit die Bedürftigkeit als Hindernis entfällt (BGH FamRZ 2012, 99; BGHZ 184, 323; PH/Fritzsche § 18 Rn 4a).

8 **V) Inhalt der Begründung (§ 71 III).** Die Anforderungen an die Begründung der Rechtsbeschwerde entsprechen denen der Revisionsbegründung (BGH ZKJ 2010, 205). Der Wortlaut von § 551 III 1 ZPO ist mit Ausnahme der Anpassung an den Sprachgebrauch des FamFG wörtl übernommen worden. Auf die daher übertragbaren Erläuterungen s § 551 ZPO Rn 5 ff wird verwiesen.

9 **VI) Bekanntgabe (§ 71 IV).** Sowohl die Rechtsbeschwerde als auch die Begründungsschrift sind den anderen Beteiligten bekannt zu geben. Eine bes Form der Bekanntgabe ist nicht vorgeschrieben, so dass eine förml Zustellung nicht erforderl ist (§ 15 I, II, § 113 I FamFG iVm § 166 II ZPO). Da mit der Bekanntgabe der Begründungsschrift aber die Anschließungsfrist gem § 73 beginnt, empfiehlt sich aus Nachweisgründen eine Zustellung. Erforderl ist die Bekanntgabe an **alle Beteiligte**, damit diese sich an dem Rechtsbeschwerdeverf beteiligen können. Auch für sie besteht für das gesamte Rechtsbeschwerdeverf gem § 10 IV, § 114 II grds **Anwaltszwang** (s Rn 4).

§ 72 Gründe der Rechtsbeschwerde

(1) [1]Die Rechtsbeschwerde kann nur darauf gestützt werden, dass die angefochtene Entscheidung auf einer Verletzung des Rechts beruht. [2]Das Recht ist verletzt, wenn eine Rechtsnorm nicht oder nicht richtig angewendet worden ist.
(2) Die Rechtsbeschwerde kann nicht darauf gestützt werden, dass das Gericht des ersten Rechtszugs seine Zuständigkeit zu Unrecht angenommen hat.
(3) Die §§ 547, 556 und 560 der Zivilprozessordnung gelten entsprechend.

1 **I) Allgemein.** § 72 übernimmt entspr der Ausgestaltung der Rechtsbeschwerdeinstanz als reine Instanz der Rechtskontrolle als Gründe, auf die die Rechtsbeschwerde gestützt werden kann, die zivilprozessualen Revisionsgründe.

2 **II) Rechtsverletzung (§ 72 I).** I 1 entspricht § 545 I ZPO. I 2 enthält eine Legaldefinition des Begriffs der Gesetzesverletzung, die § 546 ZPO entspricht. Auf die Erläuterungen zu §§ 545, 546 ZPO wird verwiesen. Die Verletzung ausländischen Rechts kann nicht gerügt werden, nur dessen fehlerhafte Ermittlung (BGH FamRZ 2017, 1209; BGH MDR 2013, 1364).

3 Für die **fG-Familiensachen** gilt insb: Mit der Rechtsbeschwerde zu rügende **Verfahrensverstöße** sind zB: eine unzureichende Aufklärung des Sachverhalts vAw (BGH FamRZ 2018, 1594; BGH FamRZ 2013, 287; BGH MDR 2011, 164), das Unterlassen erforderl Anhörungen (BGH FamRZ 2012, 968; BGH FGPrax 2010, 290), zu *Unrecht zugelassene Öffentlichkeit* (BGH 23.3.2021 – XIII ZB 29/19), eine Verkennung des Beweismaßstabs (§ 37 I; BayObLG NJW-RR 99, 1309), die Verletzung rechtl Gehörs (BayObLG FamRZ 99, 1093). – Die Entscheidung des Beschwerdegerichts beruht auf einem bereits vom **Familiengericht begangenen Verfahrensver-**

stoß, wenn gem § 68 III 2 trotz der Verfahrenswidrigkeit von einer Wiederholung des Verfahrenschritts abgesehen wurde. Anderenfalls kann ein solcher Verfahrensverstoß im Beschwerdeverf geheilt werden (OLG Karlsruhe ZFE 2011, 199; BayObLG NJW-RR 99, 452; OLG Hamm FamRZ 96, 312; PH/Abramenko Rn 18).

III) Zuständigkeitsrüge (§ 72 II). Wenn das FamG seine Zuständigkeit angenommen hat, ist dies gem II in der Rechtsbeschwerdeinstanz nicht mehr zu prüfen, sofern dies nicht willkürl war (BGH 4.4.2023 – XIII ZB 3/21, juris). Diese Regelung entspricht hinsichtl der positiven Zuständigkeitsentscheidung § 545 II ZPO. Abw davon kann die Rechtsbeschwerde gem § 72 II aber darauf gestützt werden, dass das FamG seine Zuständigkeit zu Unrecht verneint hat (Sternal/Göbel Rn 48; SchBW/Roßmann Rn 24). Dies entspricht § 65 IV FamFG und § 513 II ZPO; s § 513 ZPO Rn 6 ff. Die internationale Zuständigkeit des angerufenen Gerichts ist aber auch vom BGH zu prüfen (BGH FamRZ 2015, 2147). 4

IV) § 72 III. Angeordnet wird die entspr Anwendung von § 547 (absolute Revisionsgründe), § 556 (Verlust des Rügerechts) und § 560 ZPO (nicht revisible Gesetze). **§ 556 ZPO** ist aber nur eingeschränkt anzuwenden; III ordnet keine deckungsgleiche, sondern nur eine entspr Anwendung an. Ein Verlust des Rügerechts entspr § 295 ZPO ist grds mit der fehlenden Dispositionsbefugnis der Beteiligten und dem Amtsermittlungsgrundsatz in fG-Verf nicht vereinbar (aA Sternal/Göbel Rn 51; SchBW/Roßmann Rn 32; Rackl S 282). Eine Anwendung von § 295 ZPO ist nur in den sog echten Streitsachen der freiw Gerichtsbarkeit (s vor § 23 Rn 4) wegen deren Nähe zu den zivilprozessualen Streitigkeiten gerechtfertigt (BGH NJW-RR 2000, 1664 = MDR 2000, 914). In Ehe- und Fam-Streitsachen (§§ 112, 121) ist § 295 ZPO über § 113 I 1 anzuwenden. – Ohne Rüge ist die fehlerhafte Entscheidung des Beschwerdegerichts durch Einzelrichter aufzuheben (BGH FamRZ 2016, 803; BGH MDR 2016, 413). 5

§ 73 Anschlussrechtsbeschwerde

[1]Ein Beteiligter kann sich bis zum Ablauf einer Frist von einem Monat nach der Bekanntgabe der Begründungsschrift der Rechtsbeschwerde durch Einreichen einer Anschlussschrift beim Rechtsbeschwerdegericht anschließen, auch wenn er auf die Rechtsbeschwerde verzichtet hat, die Rechtsbeschwerdefrist verstrichen oder die Rechtsbeschwerde nicht zugelassen worden ist. [2]Die Anschlussrechtsbeschwerde ist in der Anschlussschrift zu begründen und zu unterschreiben. [3]Die Anschließung verliert ihre Wirkung, wenn die Rechtsbeschwerde zurückgenommen, als unzulässig verworfen oder nach § 74a Abs. 1 zurückgewiesen wird.

I) Allgemein. Die Vorschrift regelt die Anschließung an die Rechtsbeschwerde eines anderen Beteiligten. Sie ist § 574 IV ZPO nachgebildet (Begr RegE BTDrs 16/6308, 210). Sachnäher ist aber § 554 ZPO, da es wie bei der Anschlussrevision um die Anfechtung einer Hauptsacheentscheidung geht (s § 70 Rn 2). 1

II) Voraussetzungen (§ 73 S 1). Wie für die Anschlussbeschwerde (s § 66 Rn 2) ist ein gegen dieselbe Beschwerdeentscheidung zulässig eingelegtes Hauptrechtsmittel erforderl. Eine Anschließung ist gem S 1 unabhängig davon zulässig, ob der Beschwerdeführer auf die Rechtsbeschwerde verzichtet hat oder die Rechtsbeschwerdefrist (§ 71 I) verstrichen ist. Es bedarf auch **keiner Zulassung** der Anschlussbeschwerde. Sie ist daher auch zulässig, wenn die Rechtsbeschwerde nur beschränkt zugelassen ist; es bedarf aber eines Zusammenhangs mit dem Verfahrensgegenstand des Hauptrechtsmittels (iE s § 554 ZPO Rn 4). 2

Zur Anschließung berechtigt ist ein **Beteiligter** iSv § 7. Er muss eine **Beschwer** durch die angefochtene Entscheidung geltend machen (BGH FamRZ 83, 683 = NJW 83, 1858; sa § 70 Rn 14). Anschließungsrecht, Anwendungsbereich und Rechtsschutzbedürfnis entsprechen dem der Anschlussbeschwerde (s § 66 Rn 4). Soweit sich aus den Besonderheiten des fG-Verf keine Abweichungen ergeben, sind die Grundsätze der Anschlussrevision (§ 554 ZPO) angesichts der vergleichbaren Regelung und der übereinstimmenden Funktion der Anschließung übertragbar. 3

III) Erklärung und Form der Anschließung (§ 73 S 2). Sie muss binnen 1 Monats nach der Bekanntgabe der Begründung der Rechtsbeschwerde (§ 71 IV) bei dem Rechtsbeschwerdegericht, also dem BGH, eingelegt werden. Sie ist in einer Anschlussschrift zu erklären und bedarf gem § 10 IV, § 114 II grds **anwaltlicher Vertretung** (Ausnahmen für Behörden und jur Personen des öffentl Rechts gem § 10 IV 2, § 114 III, IV Nr 2). Die Anschlussschrift ist zu unterzeichnen (S 2) bzw qualifiziert elektron zu signieren (§ 14b). Sie muss entspr § 71 I 2 den anzufechtenden Beschluss bezeichnen sowie die Erklärung enthalten, dass Anschlussrechtsbeschwerde eingelegt werde (PH/Abramenko Rn 12). 4

Die Anschlussrechtsbeschwerde muss in der Anschlussschrift **begründet** werden, so dass der Sache nach eine Begründungsfrist von 1 Monat ab Bekanntgabe der Rechtsbeschwerdebegründung besteht. Die Frist ist nicht verlängerbar (PH/Abramenko Rn 14). Angesichts des eindeutigen Wortlauts ist die Begründung bereits in der Anschlussschrift erforderl, auch wenn bei ihrer Einreichung die Monatsfrist noch nicht abgelaufen ist (PH/Abramenko Rn 15; SchBW/Roßmann Rn 4; Rackl S 264; sa § 574 ZPO Rn 18; aA Sternal/Göbel Rn 11). Für die 5

Begründung gelten die Anforderungen von § 71 III (PH/Abramenko Rn 17 ff; SchBW/Roßmann Rn 4; Sternal/Göbel Rn 12); geringere Anforderungen sind nicht gerechtfertigt, da mit der Anschließung ebenso wie mit der Rechtsbeschwerde eine Änderung des angefochtenen Beschlusses erstrebt wird. Die Gleichstellung beider Begründungen ergibt sich auch aus § 74 III 3. Erforderl ist daher zum einen ein **Rechtsbeschwerdeantrag** entspr § 71 III Nr 1, zum anderen eine Begründung entspr § 71 III Nr 2.

6 **IV) Akzessorietät (§ 73 S 3).** Die Anschlussrechtsbeschwerde ist von dem Schicksal des Hauptrechtsmittels abhängig. Sie verliert daher gem S 3 ihre Wirkung, wenn das Hauptrechtsmittel **zurückgenommen**, als unzulässig verworfen oder gem § 74a zurückgewiesen wird. Hinsichtl der **Kosten** der Anschlussrechtsbeschwerde gelten in Ehe- und FamStreitsachen die zivilprozessualen Grundsätze (s § 554 ZPO Rn 10). Diese können auch in fG-Verf im Rahmen des § 84 berücksichtigt werden (PH/Abramenko Rn 20).

§ 74 Entscheidung über die Rechtsbeschwerde

(1) [1]Das Rechtsbeschwerdegericht hat zu prüfen, ob die Rechtsbeschwerde an sich statthaft ist und ob sie in der gesetzlichen Form und Frist eingelegt und begründet ist. [2]Mangelt es an einem dieser Erfordernisse, ist die Rechtsbeschwerde als unzulässig zu verwerfen.

(2) Ergibt die Begründung des angefochtenen Beschlusses zwar eine Rechtsverletzung, stellt sich die Entscheidung aber aus anderen Gründen als richtig dar, ist die Rechtsbeschwerde zurückzuweisen.

(3) [1]Der Prüfung des Rechtsbeschwerdegerichts unterliegen nur die von den Beteiligten gestellten Anträge. [2]Das Rechtsbeschwerdegericht ist an die geltend gemachten Rechtsbeschwerdegründe nicht gebunden. [3]Auf Verfahrensmängel, die nicht von Amts wegen zu berücksichtigen sind, darf die angefochtene Entscheidung nur geprüft werden, wenn die Mängel nach § 71 Abs. 3 und § 73 Satz 2 gerügt worden sind. [4]Die §§ 559, 564 der Zivilprozessordnung gelten entsprechend.

(4) Auf das weitere Verfahren sind, soweit sich nicht Abweichungen aus den Vorschriften dieses Unterabschnitts ergeben, die im ersten Rechtszug geltenden Vorschriften entsprechend anzuwenden.

(5) Soweit die Rechtsbeschwerde begründet ist, ist der angefochtene Beschluss aufzuheben.

(6) [1]Das Rechtsbeschwerdegericht entscheidet in der Sache selbst, wenn diese zur Endentscheidung reif ist. [2]Andernfalls verweist es die Sache unter Aufhebung des angefochtenen Beschlusses und des Verfahrens zur anderweitigen Behandlung und Entscheidung an das Beschwerdegericht oder, wenn dies aus besonderen Gründen geboten erscheint, an das Gericht des ersten Rechtszugs zurück. [3]Die Zurückverweisung kann an einen anderen Spruchkörper des Gerichts erfolgen, das die angefochtene Entscheidung erlassen hat. [4]Das Gericht, an das die Sache zurückverwiesen ist, hat die rechtliche Beurteilung, die der Aufhebung zugrunde liegt, auch seiner Entscheidung zugrunde zu legen.

(7) Von einer Begründung der Entscheidung kann abgesehen werden, wenn sie nicht geeignet wäre, zur Klärung von Rechtsfragen grundsätzlicher Bedeutung, zur Fortbildung des Rechts oder zur Sicherung einer einheitlichen Rechtsprechung beizutragen.

1 **I) Allgemein.** Die Vorschrift regelt das Rechtsbeschwerdeverf und die Entscheidung über die Rechtsbeschwerde. Eine vorrangige **Sonderregelung** enthält § 147 für die Aufhebung und Zurückverweisung im Scheidungsverbundverf. Zuständig für die Entscheidung über die Rechtsbeschwerde ist der BGH, § 133 GVG.

2 **II) Zulässigkeitsprüfung (§ 74 I).** Die Regelung entspricht der in § 68 II für das Beschwerdeverf; auf § 68 Rn 3 f wird verwiesen. Die Prüfung vAw erstreckt sich auch auf die Beschwerdeberechtigung (BGH ZIP 2020, 1658).

3 **III) Grundlage der Entscheidung (§ 74 III).** Die **Rechtsbeschwerdeanträge** – und ggf Anschließungsanträge (§ 73) – begrenzen die Begründetheitsprüfung, III 1. Dies gilt mangels abw Regelung auch in denj fG-Verf (s § 38 Rn 25), in denen in den Vorinstanzen eine Bindung an Anträge nicht besteht. Folge der Bindung an die Anträge ist, dass das Verbot der **Schlechterstellung** ebenfalls in allen Verf gilt. Sofern der Verfahrensgegenstand entspr teilbar ist (s § 65 Rn 5), kann die Rechtsbeschwerde auf einen Teil der Beschwerdeentscheidung **beschränkt** werden (zB BGH FamRZ 2023, 765 für VersAusgl).

4 **III 2** stellt klar, dass der BGH, wie im Revisionsverfahren (§ 557 III 1 ZPO; s § 557 ZPO Rn 8), die Entscheidung innerhalb der Grenzen der Anträge (III 1) umfassend auf **sachliche Richtigkeit** zu überprüfen hat. Hinsichtl der **Verfahrensmängel** gilt dies gem **III 3** nur, soweit sie vAw zu berücksichtigen sind. Zu diesen absoluten Verfahrensmängeln s § 557 ZPO Rn 9 ff. Alle anderen Verfahrensfehler (zB eine unterbliebene Anhörung, BGH MDR 2015, 950) werden vom Rechtsbeschwerdegericht nur geprüft, wenn sie mit der Begründung von *Rechtsbeschwerde (§ 71 III) bzw Anschlussrechtsbeschwerde* (§ 73 S 2) rechtzeitig gerügt werden; s § 557 ZPO Rn 13. – Anzuwenden ist das zum **Zeitpunkt** der Rechtsbeschwerdeentscheidung **geltende Recht**, auch wenn die Vorinstanz dies noch nicht berücksichtigen konnte (BGH MDR 2024, 584; BGH ZIP 2021, 566 Tz 6 mwN).

Grundlage der Entscheidung sind gem **III 4** iVm **§ 559 ZPO** grds die vom Vordergericht **festgestellten Tatsachen** (BGH WM 2025, 863 mwN). Die zu § 559 ZPO entwickelten Grundsätze gelten entspr (vgl BGH WM 2025, 863). Insb können neue Tatsachen ausnahmsw berücksichtigt werden, wenn sie ohne großen Aufwand festzustellen sind und schutzwürdige Belange nicht verletzt werden (BGH FamRZ 2021, 1897; BGH FamRZ 2016, 1350, 1352). – Die Verweisung auf **§ 564 ZPO** (keine Begründung bei Verfahrensrügen erforderl) ergänzt die Erleichterung der Begründung nach VII (s Rn 12). Ein teilw Absehen („soweit") ist mögl. 5

IV) Verfahren. Es bestimmt sich, soweit in den §§ 70-75 nicht abw geregelt, nach den im **1. Rechtszug** geltenden Vorschriften. In den fG-Verf (s vor § 23 Rn 1) sind das die §§ 23-37. In den Ehe- und FamStreitsachen (§§ 112, 121) sind gem § 113 I die entspr Vorschriften der ZPO, modifiziert durch die Vorschriften des 2. Buchs des FamFG, anzuwenden. Auch wenn die Regelung über den Beschluss (§ 38) außerhalb des Abschnitts „Verf im 1. Rechtszug" steht, erscheint es gerechtfertigt, diese Vorschrift noch als von der Verweisung umfasst anzusehen (Rackl S 292). Zum einen schließt der Beschluss das Verf der 1. Instanz ab, zum anderen würde sonst eine Regelung über die Entscheidungsform des Rechtsbeschwerdegerichts fehlen. – Die Differenzierung nach den Verfahrensarten bedeutet insb, dass in fG-Verf nicht notwendig ein **Termin** anzuberaumen ist (§ 32 I). In Ehe- und FamStreitsachen ist dies gem § 113 I FamFG, § 128 I ZPO grds erforderl. Davon kann aber abgesehen werden, wenn auch nach der ZPO eine mündl Verh entbehrl ist, wie bei der Anfechtung von Verwerfungsbeschlüssen (§ 128 IV, § 577 VI ZPO). – Die Vorschriften über das **Beschwerdeverfahren** können bei Lücken entspr angewendet werden (BGH FGPrax 2010, 97; PH/Abramenko Rn 12). Dies betrifft etwa die Beschwer gem § 59 (BGH FamRZ 2016, 1062; FamRZ 2016, 120), den Erlass einer **einstweilige Anordnung** entspr § 64 III (BGH FamRZ 2019, 115; BGH FGPrax 2010, 97) und die Anwendung von **§ 62** (BGH FamRZ 2013, 289; BGH FamRZ 2012, 211; BGH MDR 2011, 935; BGH FGPrax 2010, 154). 6

V) Art der Entscheidung (§ 74 II, V, VI). 1) Unbegründete Rechtsbeschwerde. Diese ist zurückzuweisen. Sie ist gem **II** ebenfalls zurückzuweisen, wenn der angefochtene Beschluss zwar auf einer Rechtsverletzung beruht, die Entscheidung sich aber **aus anderen Gründen** als zutr erweist; diese Regelung entspricht § 561 ZPO, s Erl zu § 561 ZPO. 7

2) Begründete Rechtsbeschwerde. In diesem Fall ist der angefochtene Beschlusses gem V aufzuheben, also nicht etwa abzuändern; dies entspricht § 562 I ZPO. Diese Entscheidung ist unabhängig davon, ob des Weiteren eine Entscheidung in der Sache ergeht oder diese zurückverwiesen wird (PH/Abramenko Rn 16). Eine teilw Aufhebung ist mögl („soweit"), wenn der Verfahrensgegenstand teilbar ist (s § 65 Rn 5). Zu weiteren Einzelheiten s § 562 ZPO Rn 2. 8

§ 74 VI 1 bringt den allgem verfahrensrechtl Grundsatz (s § 563 ZPO Rn 9 f) zur Geltung, dass das Rechtsbeschwerdegericht idR in der Sache **selbst entscheiden** soll, soweit die Sache zur Entscheidung reif ist (BGH InfAuslR 2021, 122). Dies gilt ausnahmsweise auch bei einer Zurückweisung der Beschwerde als unzulässig, wenn die Tatsachenfeststellungen in der Beschwerdeentscheidung eine ausreichende Grundlage für eine Entscheidung in der Sache bieten und bei einer Zurückverweisung eine andere Entscheidung nicht mögl erscheint (BGH InfAuslR 2021, 122). – Das Rechtsbeschwerdegericht tritt vollständig an die Stelle des Beschwerdegerichts (BayObLG FamRZ 89, 1124; SchBW/Roßmann Rn 33), kann also die Tatsachen eigenständig bewerten (BayObLG FamRZ 89, 1124; OLGR Köln 2002, 437, je für FGG; BGH NJW 92, 437 für Revision), Willenserklärungen selbst auslegen (BGH NJW 92, 437; BGH NJW 98, 1219 für Revision) und ein Ermessen selbst ausüben (BGH NJW 92, 2235 für Revision). 9

Sofern noch keine Entscheidungsreife besteht, wenn also weitere Sachaufklärung erforderl ist, ist das Verf **zurückzuverweisen**. Soweit **§ 74 VI 2** die Aufhebung des angefochtenen Beschlusses verlangt, handelt es sich um eine doppelte Regelung, da die Aufhebung bereits in V geregelt ist. Eine Aufhebung des Verf ist entspr § 562 II ZPO nur gerechtfertigt, soweit ein Verfahrensmangel vorliegt (PH/Abramenko Rn 17; Rackl S 298; aA Sternal/Göbel Rn 94). Trotz der weiten Formulierung in VI 2 erscheint es nicht gerechtfertigt, das Verf insgesamt unabhängig von seiner Fehlerhaftigkeit aufzuheben. Wenn zB die Sache zur Nachholung einer unterbliebenen Anhörung zurückverwiesen wird, ist es nicht gerechtfertigt, eine ordnungsgemäß durchgeführte und gewürdigte Beweisaufnahme ebenfalls aufzuheben. 10

Die Sache ist grds **an das Beschwerdegericht** zurückzuverweisen, VI 2. **§ 74 VI 3** ermöglicht entspr § 563 I 2 ZPO die Zurückverweisung an einen anderen Senat des OLG. Wenn es aus bes Gründen geboten erscheint, ist dem BGH auch eine Zurückverweisung an das **Familiengericht** – unter Aufhebung der Entscheidungen beider Vorinstanzen – mögl. Diese Entscheidung steht im pflichtgemäßen Ermessen des Rechtsbeschwerdegerichts (BayObLG FamRZ 1993, 1356) und kommt etwa dann in Betracht, wenn das Beschwerdegericht bei zutr Rechtsanwendung die Sache an das FamG hätte zurückverweisen müssen (BGH FamRZ 2023, 108 Tz 15) oder wenn beide Entscheidungen auf dems Fehler beruhen (BGH FamRZ 2023, 108 Tz 15; BayObLG FGPrax 1999, 246; OLG Karlsruhe FamRZ 1995, 1012). – Die in **VI 4** angeordnete **Bindung** des Gerichts, an das die Sache zurückverwiesen wird, entspricht der Regelung in § 69 I 4 FamFG (s § 69 Rn 13) und § 563 II ZPO (s § 563 ZPO Rn 4 ff). Das Beschwerdegericht darf die Sache nach einer Zurückverweisung nicht seinerseits an das FamG zurückverweisen; es hat vielmehr in der Sache selbst zu entscheiden (BayObLG FamRZ 91, 724; BayObLG NJW-RR 99, 452). 11

12 **VI) Form und Inhalt der Entscheidung (§ 74 IV).** Sie bestimmen sich auf Grund der Verweisung in IV nach § 38 (s Rn 6), auch in Ehe- und FamStreitsachen (§ 113 I 1). Der BGH entscheidet daher durch grds zu begründenden **Beschluss.** Über die in III 4 iVm § 564 ZPO (s Rn 5) und § 38 IV geregelten Möglichkeiten hinaus kann unter den Voraussetzungen von **VII** auf eine **Begründung** verzichtet werden. Mangels Einschränkung kann der BGH bei **jeder** von ihm nach § 74 zu treffenden **Entscheidung** von einer Begründung absehen, also auch in den Fällen, in denen die Rechtsbeschwerde zwar wegen grundsätzl Bedeutung usw zugelassen wurde, der BGH eine solche aber verneint. Von einer Begründung abgesehen werden kann auch in Verwerfungsentscheidungen nach I und – zurückweisenden oder stattgebenden (PH/Abramenko Rn 29) – Sachentscheidungen. In den Fällen, in denen die Sache zurückverwiesen wird, ist ein Absehen von einer Begründung nicht sachgerecht, da in diesem Fall der Umfang der Bindung nach VI 4 nicht erkennbar wird.

13 Die **Voraussetzung**, unter der von einer **Begründung abgesehen** werden kann, ist an die Gründe für eine Zulassung der Rechtsbeschwerde (§ 70 II) angelehnt: keine Erforderlichkeit wegen grundsätzl Bedeutung, Fortbildung des Rechts, Sicherung einer einheitl Rspr. Eine Begründung ist entbehrl, wenn sie nach Einschätzung des BGH keine idS über den Einzelfall hinausgehende Bedeutung hat. Nach der Praxis des BGH ist es auch gerechtfertigt, unter den genannten Voraussetzungen nur teilw von einer Begründung abzusehen (zB BGH FamRZ 2016, 1352, 1353; ebenso Sternal/Göbel Rn 101; aA PH/Abramenko Rn 27; Rackl S 302), obwohl die Vorschrift dies nicht, zB durch die Verwendung des Wortes „soweit" oÄ, zum Ausdruck bringt.

14 **VII) Gebühren. 1) Gericht:** I 2: Der Verwerfungsbeschluss ist mit der VerfGeb abgegolten. – VI 2: bei Zurückverweisung 1 Rechtszug, § 31 I, § 29 FamGKG. – VII: Das Absehen von einer Begründung führt nicht zur Gebührenermäßigung. – **2) RA:** I 2: Verwerfung vAw. Weist das Gericht auf Verspätung hin, ist für den RA des Rechtsbeschwerdegegners idR die Einreichung eines Schriftsatzes nicht notw (BGH MDR 2010, 165); Reduzierung der VerfGeb in entspr Anwendung von 3201 Anm 1 RVG-VV (Verweisung hierauf in 3207, 3209 RVG-VV). Keine Terminsgeb. – VI 2: Nach Zurückverweisung neuer Rechtszug (§ 21 I RVG) mit Anrechnung der VerfGeb (Vorbem 3 VI RVG-VV). Ausnahme: die Fälle des § 146 (§ 21 II RVG).

§ 74a Zurückweisungsbeschluss

(1) Das Rechtsbeschwerdegericht weist die vom Beschwerdegericht zugelassene Rechtsbeschwerde durch einstimmigen Beschluss ohne mündliche Verhandlung oder Erörterung im Termin zurück, wenn es davon überzeugt ist, dass die Voraussetzungen für die Zulassung der Rechtsbeschwerde nicht vorliegen und die Rechtsbeschwerde keine Aussicht auf Erfolg hat.

(2) Das Rechtsbeschwerdegericht oder der Vorsitzende hat zuvor die Beteiligten auf die beabsichtigte Zurückweisung der Rechtsbeschwerde und die Gründe hierfür hinzuweisen und dem Rechtsbeschwerdeführer binnen einer zu bestimmenden Frist Gelegenheit zur Stellungnahme zu geben.

(3) Der Beschluss nach Absatz 1 ist zu begründen, soweit die Gründe für die Zurückweisung nicht bereits in dem Hinweis nach Absatz 2 enthalten sind.

1 **I) Allgemein.** Die Vorschrift soll, nachdem der BGH entgegen dem ursprüngl Entwurf an die Zulassung der Rechtsbeschwerde gebunden ist (§ 70 II 2), eine erleichterte Erledigung von Rechtsbeschwerden ermöglichen, die zu Unrecht zugelassen wurden und keine Aussicht auf Erfolg haben. Bedarf für die Regelung besteht insb in den Verf, in denen gem § 74 IV ansonsten mündl zu verhandeln wäre. In Verf, in denen ein Termin nicht durchzuführen ist, dürfte § 74 VII eine größere Entlastungswirkung haben.

2 **II) Voraussetzungen der Zurückweisung.** Sie entsprechen denen von § 552a ZPO; s Erl zu § 552a ZPO. Eine Zurückweisung ist auch mögl, wenn ein ursprüngl gegebener Zulassungsgrund – zB durch Entscheidung in anderer Sache – weggefallen ist (BGH FamRZ 2013, 121). Nach dem eindeutigen Wortlaut („zugelassene Rechtsbeschwerde") nicht erfasst sind gem § 70 III zulassungsfreie Rechtsbeschwerden (PH/Abramenko Rn 2; SchBW/Roßmann Rn 2). Hinsichtl dieser Rechtsbeschwerden ist aber idR ein Termin nicht erforderl (s § 74 Rn 6), ggf kann auf eine Begründung gem § 74 VII verzichtet werden.

3 **III) Verfahren.** Die Regelungen der Hinweispflicht in II und der Begründung in III entsprechen § 522 II 2 und 3 ZPO, die auch in § 552a ZPO für entspr anwendbar erklärt werden. Wegen der Einzelheiten s § 522 ZPO Rn 34 u 40.

4 **IV) Gebühren. 1) Gericht:** Der Zurückweisungsbeschluss (I) ist mit der VerfGeb abgegolten; diese ermäßigt sich nicht. – **2) RA:** volle VerfGeb (Vorbem 3.2.2 Nr 1a RVG-VV) für die sof Beteiligung am Hinweisverf (II). Keine Pflicht, durch Abwarten die Gebührenermäßigung in entspr Anwendung von 3201 Anm 1 RVG-VV herbeizuführen (BGH MDR 2004, 115 zur vergleichbaren Rechtslage bei § 522 II ZPO). Keine Terminsgeb, es sei denn durch eine Besprechung der RA ohne Beteiligung des Gerichts nach Vorbem 3 III 3 Nr 2 RVG-VV.

§ 75 Sprungrechtsbeschwerde

(1) [1]Gegen die im ersten Rechtszug erlassenen Beschlüsse, die ohne Zulassung der Beschwerde unterliegen, findet auf Antrag unter Übergehung der Beschwerdeinstanz unmittelbar die Rechtsbeschwerde (Sprungrechtsbeschwerde) statt, wenn

1. die Beteiligten in die Übergehung der Beschwerdeinstanz einwilligen und

2. das Rechtsbeschwerdegericht die Sprungrechtsbeschwerde zulässt.

[2]Der Antrag auf Zulassung der Sprungrechtsbeschwerde und die Erklärung der Einwilligung gelten als Verzicht auf das Rechtsmittel der Beschwerde.

(2) [1]Die Sprungrechtsbeschwerde ist in der in § 63 bestimmten Frist einzulegen. [2]Für das weitere Verfahren gilt § 566 Abs. 2 bis 8 der Zivilprozessordnung entsprechend.

I) Allgemein. Die Vorschrift übernimmt das Rechtsinstitut der Sprungrevision (§ 566 ZPO) in das FamFG. Zumindest für die FamSachen hat die Sprungrechtsbeschwerde angesichts des notwendigen Verlustes der Beschwerdeinstanz als 2. Tatsacheninstanz keine erhebl Bedeutung. 1

II) Zulässigkeit (§ 75 I). 1) Zulassungsfrei beschwerdefähiger Beschluss des FamG. Gem § 61 muss daher der Mindestbeschwerdewert von 600 Euro überschritten sein oder eine nichtvermögensrechtl Angelegenheit vorliegen. Eine Zulassung der Beschwerde durch das FamG eröffnet die Sprungsrechtsbeschwerde nicht. 2

2) Kein Ausschluss der Rechtsbeschwerde. In Betracht kommt insb der Ausschluss gem § 70 IV für einstw Anordnungs- und Arrestverf. 3

3) Einwilligung der Beteiligten. Diese müssen in die Übergehung der Beschwerdeinstanz einwilligen (I 1 Nr 1). Zustimmen müssen alle Beteiligten des erstinstanzl Verf (PH/Abramenko Rn 6), ein RA-Zwang gilt auch für die Einwilligung (Sternal/Göbel Rn 9). Sofern die Einwilligung nicht telegrafisch, per Telefax, Computerfax (zu diesen Ausnahmen vom Unterschriftserfordernis s § 130 ZPO Rn 16 f) oder elektron erklärt wird, muss die handschriftl unterzeichnete Einwilligungserklärung im Original eingereicht werden; eine vom RA des ASt gefertigte – auch begl – Fotokopie der Einwilligungserklärung genügt nicht (BGH NJW-RR 2007, 1075 = BGHR 2007, 627, auch zur WE; BGHZ 92, 76, je für § 566 ZPO; PH/Abramenko Rn 6). – Die Wirkung des **Verzichts auf die Beschwerde** gem I 2 entspricht § 566 I 2 ZPO (dazu s § 566 ZPO Rn 5). 4

4) Zulassung. Die Sprungrechtsbeschwerde wird auf Antrag (II iVm § 566 II ZPO) durch den BGH als Rechtsbeschwerdegericht (PH/Abramenko Rn 10; Sternal/Göbel Rn 15; sa § 566 ZPO Rn 2; aA Maurer FamRZ 2009, 465, 483) zugelassen (I 1 Nr 1), da I den § 70 I verdrängt. Die Zulassungsgründe entsprechen § 70 II (II iVm § 566 IV ZPO). 5

III) Frist (§ 75 II 1). Die Sprungrechtsbeschwerde ist – seit der Änderung durch G v 5.12.2012 (BGBl I 2012, 2418) – innerhalb der Beschwerdefrist (§ 63) einzulegen, also in Verf über eine Genehmigung iSv § 63 II Nr 2 binnen 2 Wochen. 6

IV) Weiteres Verfahren (§ 75 II 2). § 566 II-VIII ZPO ist gem II entspr anzuwenden. Diese entspr Anwendung hat die Besonderheiten des FamFG-Verf zu berücksichtigen. So beginnt die Frist für die Zulassungsschrift nicht mit der Zustellung (§ 566 II 2, § 548 ZPO), sondern entspr § 71 I 1 mit der schriftl Bekanntgabe des anzufechtenden Beschlusses (PH/Abramenko Rn 3; SchBW/Roßmann Rn 8). Die Zustellung des Beschlusses gem § 566 V ZPO wird durch die Bekantgabe gem § 15 ersetzt, die an alle Beteiligten vorzunehmen ist. Die Verweisung in § 566 VII, VIII ZPO ist nicht als auf das Revisions-, sondern das Rechtsbeschwerdeverf bezogen zu lesen (PH/Abramenko Rn 12; SchBW/Roßmann Rn 17 f). IÜ s die Erl zu § 566 ZPO. 7

V) Gebühren. 1) Gericht: Die Regelungen sind im FamGKG-KV bei den jew Beschwerden angesiedelt. Gemeinsam ist ihnen, dass die Geb nur entsteht, wenn der Antrag auf Zulassung (in vollem Umfang) abgelehnt wird: 1140, 1216, 1228, 1319, 1328, 1930 FamGKG-KV (hier Festgeb von 72 Euro seit 1.6.2025). – **2) RA:** Die Einwilligung zur Sprungrechtsbeschwerde ist mit der VerfGeb abgegolten. Das Zulassungsverf gehört zum Rechtszug (§ 17 Nr 1, § 16 Nr 11, § 19 I 2 Nr 9 RVG). – **3) Zum Wert** s Anh FamFG-Verfahrenswerte Rn 1.42 u 1.38. 8

Abschnitt 6
Verfahrenskostenhilfe (§§ 76-78)

§ 76 Voraussetzungen

(1) Auf die Bewilligung von Verfahrenskostenhilfe finden die Vorschriften der Zivilprozessordnung über die Prozesskostenhilfe entsprechende Anwendung, soweit nachfolgend nichts Abweichendes bestimmt ist.

(2) Ein Beschluss, der im Verfahrenskostenhilfeverfahren ergeht, ist mit der sofortigen Beschwerde in entsprechender Anwendung der §§ 567 bis 572, 127 Abs. 2 bis 4 der Zivilprozessordnung anfechtbar.

1 **I) Allgemeines. 1) Überblick.** Obwohl der Regelungsbereich der §§ 76 ff nur die fG-Verf betrifft (s Rn 2), hat sich auch für Ehe- und FamStreitsachen die Bezeichnung VKH durchgesetzt. Der Sache nach ist die VKH ebenso wie die PKH Sozialhilfe im Bereich der Rechtspflege (BVerfGE 35, 348, 355; BGH FamRZ 2007, 381, 383; Götsche FamRZ 2009, 383).

2 **2) Sachlicher Anwendungsbereich.** §§ 76 ff sind nur in den fG-Verf (s vor § 23 Rn 1) anzuwenden; für Ehe- (§ 121) und FamStreitsachen (§ 112) verweist § 113 I (unmittelbar) auf die §§ 114 ff ZPO. VKH kann in allen gerichtl FamFG-Verf gewährt werden, gleich ob Antrags- oder Amtsverf, einstw Anordnungs-, Rechtsmittel-, Vermittlungs- (§ 165) oder ZwV-Verf (vgl § 77 II). Sie erfasst ggf das Verf vor dem Güterichter gem § 113 iVm § 278 ZPO (OLG Bamberg FamRZ 2019, 47). Keine VKH kann jedoch für außergerichtl Mediationen, außergerichtl Vergleiche sowie für das VKH-Verf selbst bewilligt werden; es gelten die Beschränkungen der PKH entspr (zu diesen s § 114 ZPO Rn 2 ff). Ebenso wenig kann VKH für Justizverwaltungsverf wie nach § 107 I-IV gewährt werden (OLG Stuttgart FamRZ 2011, 384).

3 **3) Anwendbarkeit der §§ 114 ff ZPO (§ 76 I).** I verweist weitgehend auf die Regelungen der PKH: §§ 114-117, § 119 I, §§ 120, 124, 127 ZPO gelten uneingeschränkt für alle FamFG-Verf. § 121 ZPO wird durch § 78 ersetzt, ebenso § 118 I 1 und § 119 II ZPO durch § 77. Die Verweisung auf § 122 II, § 123, § 125 und § 126 ZPO setzt voraus, dass ein Ag vorhanden ist. – Die 4-Jahresfrist entspr **§ 120a I 4 ZPO** beginnt in einer Ehesache bei Abtrennung einer Folgesache gem § 140 II einheitl erst mit Rechtskraft der Entscheidung über die Folgesache (KG FamRZ 2007, 646; OLG Naumburg FamRZ 2011, 130), außer bei Aussetzung gem § 2 I 2 VAÜG (KG FamRZ 2007, 646).

4 **II) Antragsvoraussetzungen. 1) Antrag eines Beteiligten. a) Antrag.** Dieser ist – auch in Amtsverf – gem § 76 I iVm § 114 I ZPO erforderl (iE s § 114 ZPO Rn 14 f). Diesem Erfordernis kommt bes Bedeutung in Amtsverf zu, wenn das FamG den **Verfahrensgegenstand erweitert** oder ein solcher in einen Vergleich einbezogen wird. Auf diesen Verfahrensgegenstand kann VKH nur auf entspr Antrag erstreckt werden. Bsp: In einem Sorgerechtsverf wird eine Regelung zum Umgang getroffen; die zuvor gewährte VKH bezieht sich nicht „automatisch" auf den Umgang (zB OLG Koblenz FamRZ 2001, 1394 = MDR 2001, 838; OLG München FamRZ 2000, 1389 = MDR 99, 1327; aA OLG Stuttgart FamRZ 99, 389). – Es besteht **kein Anwaltszwang** (§ 114 IV Nr 5), auch wenn VKH für ein Rechtsmittelverf mit Anwaltszwang beantragt wird. Die Anforderungen von § 117 ZPO an den Antrag gelten gem § 76 I entspr.

5 **b) Beteiligter.** VKH kann (nur) einem Beteiligten gewährt werden. Wer dies ist, ergibt sich aus §§ 7 I-III, 8. Die Gewährung ist also nicht auf ASt und Ag beschränkt. Den weiteren Beteiligten kann VKH unabhängig davon gewährt werden, ob sie einen eigenen Antrag im Verf stellen (BGH FamRZ 2014, 551 = MDR 2014, 678). Mangels Beteiligtenstellung (§ 7 VI) kann keine VKH beantragen, wer lediglich **anzuhören** ist. Bsp: Minderj Kinder des Annehmenden im Adoptionsverf (OLG Düsseldorf FamRZ 2011, 925). Ein **Verfahrensbeistand** ist zwar gem § 158 III 2 Beteiligter. Ihm ist aber keine VKH zu gewähren, da ihm keine Kosten auferlegt werden können (§ 158 III) und er zur persönl Wahrnehmung der Kindesinteressen bestellt wird; Ausnahme: vor dem BGH wegen § 10 IV 1 (BGH ZKJ 2019, 265). Beteiligter kann auch eine **Partei kraft Amtes** iSv § 116 ZPO sein, insb ein InsVerwalter (PH/Grohmann Rn 65). In fG-Antragsverf ist VKH dem Ag oder einem weiteren Beteiligten unabhängig von einer **förmlichen Bekanntgabe des Antrags** gem § 23 zu gewähren (OLG Stuttgart FamRZ 2016, 1002), da dem fG-Verf eine Differenzierung zwischen Anhängigkeit und durch Zustellung bewirkte Rechtshängigkeit fremd ist (s § 23 Rn 6).

6 Voraussetzung für die Gewährung ist, dass der Beteiligte zur Wahrnehmung **eigener Rechte** handelt; für eine rein fremdnützige Verfahrensbeteiligung ist die Gewährung von VKH nicht mögl (BGH FamRZ 2015, 133 = MDR 2015, 175; BGH NJW 2017, 2622 = MDR 2017, 964). Aus demselben Gesichtspunkt kann einem Beteiligten VKH nicht gewährt werden, der einem Antrag entgegentritt, durch den sein Rechtskreis nicht betroffen ist (BGH FamRZ 2017, 1700 = MDR 2017, 1074). Unberührt bleibt aber in FamStreitsachen die Möglichkeit, für einen in **Prozessstandschaft** gestellten Antrag VKH zu beantragen (dazu s Rn 17 u s § 114 ZPO Rn 6 f).

7 **2) Bedürftigkeit.** Sie bestimmt sich gem § 76 I nach §§ 114, 115 ZPO; auf die dortigen Erläuterungen wird verwiesen. Insb gilt das Erfordernis zur Verwendung des Vordrucks gem § 117 IV ZPO, selbst wenn der Beteiligte sich im Ausland aufhält (BGH FGPrax 2011, 41). Zu beachten ist in FamSachen besonders der zum Vermögen zählende und daher vorrangig einzusetzende, ggf durch einstw Anordnung gem § 246 durchzusetzende Anspruch auf Verfahrenskostenvorschuss (dazu s § 115 ZPO Rn 67 ff).

8 **3) Hinreichende Erfolgsaussicht.** Diese Voraussetzung ergibt sich aus § 76 I iVm § 114 ZPO. Für ASt und Ag ist entspr den Grundsätzen im Zivilprozess die Erfolgsaussicht von Rechtsverfolgung bzw -verteidigung anhand ihrer Anträge zu beurteilen. In Verf, die auch ohne Antrag eines Beteiligten durchzuführen sind, ist die Erfolgsaussicht ebenfalls nach dem erkennbaren Verfahrensziel des Beteiligten zu beurteilen (BGH FamRZ 2014, 551

= MDR 2014, 678). Auch in Verf mit **Amtsermittlung** erfordert die Gewährung von VKH grds eine Substantiierung des Vortrags (OLG Brandenburg FamRZ 2020, 1745 LS). VKH kann auch gewährt werden, wenn der Beteiligte mit Erfolgsaussicht das von einem Dritten, zB einem Versorgungsträger, verfolgte Verfahrensziel, insb ein Rechtsmittel, **unterstützt** (BGH FamRZ 2014, 551 = MDR 2014, 678). Auch Beteiligten, die nicht ASt oder Ag sind, ist VKH nur bei hinreichender Erfolgsaussicht ihres Verfahrensziels zu gewähren, die sich aus ihrem Sachvortrag ergeben muss (BGH FamRZ 2014, 551 = MDR 2014, 678). – Wegen des generellen Maßstabs der Prüfung der Erfolgsaussichten s § 114 ZPO Rn 22 ff, 28. Zur Anwendung auf einzelne FamSachen s hier Rn 12 ff.

Entgegen dem ursprüngl vorgesehenen, nach fiskalischen Bedenken des BRats nicht Gesetz gewordenen Entwurf enthält das Gesetz für **Amtsverfahren mit Eingriffscharakter** keine großzügigere Regelung. Angesichts dieser gesetzgeberischen Entscheidung kann auf den nach der ursprüngl Gesetzesbegründung anzulegenden Maßstab (Beeinträchtigung von Rechten hinreichend wahrscheinl, Rechtsverteidigung nicht offensichtl ohne Aussicht auf Erfolg) nicht zurückgegriffen werden. Zu den Anforderungen insb in Verf gem § 1666 BGB s Rn 31. – Gilt für das Verf – wie gem § 48 FamGKG – ein **fester Gebührenwert**, kann VKH nicht nur für einen eingeschränkten Antrag bewilligt werden (OLG Brandenburg FamRZ 2018, 1098). 9

4) Fehlende Mutwilligkeit. Mutwillen idS liegt entspr § 114 II ZPO vor, wenn ein vernünftiger Beteiligter, der die Kosten des Verfahrens selbst zu tragen hätte, sein Recht nicht in gleicher Weise verfolgen würde (BGH FamRZ 2022, 601). Allein der Umstand, dass der ASt durch eine Straftat die Ursache für ein späteres gerichtl Verf gesetzt hat, lässt seine Rechtsverfolgung in diesem nicht als mutwillig erscheinen (BGH FamRZ 2016, 1058 für durch Strafhaft erforderl Umgangsverf). Unterbliebene außergerichtl Bemühungen gegenüber dem Ag lassen eine Rechsverfolgung nicht mutwillig erscheinen, wenn sich aus dessen Verhalten im Verf ergibt, dass sie keinen Erfolg gehabt hätten (OLG Brandenburg FamRZ 2020, 1567; OLG Brandenburg FamRZ 2018, 1339). Wegen des generellen Maßstabs der Mutwilligkeit s § 114 ZPO Rn 43 ff. Zur Anwendung auf einzelne FamSachen s hier Rn 12 ff. 10

III) Rechtsmittel (§ 76 II). 1) Beschwerde. Aufgrund der Verweisung in II gelten § 127 II-IV, § 567 ZPO entspr, einschließl der Beschränkung in § 127 II 2 ZPO. Zur eingeschränkten Anfechtbarkeit im Verf der einstw Anordnung s § 57 Rn 3. Da es sich weiterhin um FamFG-Verf handelt, gelten für WE §§ 17 ff, für Bekanntgabe § 15. In FamSachen entscheidet das OLG über die Beschwerde, § 119 I Nr 1a GVG. **2) Rechtsbeschwerde.** Sie bestimmt sich nach §§ 574 ff ZPO (zB BGH FGPrax 2010, 154; BGH FamRZ 2013, 1214 = MDR 2013, 1117; Fölsch FamRZ 2011, 260; die § 70 heranziehende Entscheidung BGH FamRZ 2010, 1425 dürfte auf einem Versehen beruhen), setzt also eine Zulassung voraus. Einzulegen ist sie durch einen beim BGH zugelassenen RA (BGH FamRZ 2013, 1214 = MDR 2013, 1117). 11

IV) Einzelne Verfahren. 1) Unterhalt. Wegen VKH für das vereinf Verf generell s § 250 Rn 1 und für die Erstreckung auf das str Verf s § 119 ZPO Rn 3.27. **a) Hinreichende Erfolgsaussicht.** Sie besteht (zunächst), wenn der Unterhaltsanspruch schlüssig dargelegt ist. Rechtshindernde Einwendungen sind vom Unterhaltspflichtigen geltend zu machen. Bsp: Einwand der mangelnden Leistungsfähigkeit (OLG Hamm FamRZ 98, 1602). Zu beachten ist, dass zweifelhafte Rechtsfragen und komplexe Bewertungen nicht im VKH-Verf zu klären, sondern dem Hauptsacheverf vorzubehalten sind (s § 114 ZPO Rn 21 ff). Bsp: Komplexe Abwägung betr den Einwand der Verwirkung gem § 1579 BGB (OLG Hamm FamRZ 2005, 212; OLG Karlsruhe FamRZ 96, 1288). 12

Bei einem **Übergang** des Unterhaltsanspruchs auf den Erbringer von Sozialleistungen (zB gem § 94 I 1 SGB XII, § 33 SGB II) vor Rechtshängigkeit (also Zustellung des Antrags, § 113 I FamFG, § 261 I, § 253 I ZPO) hat ein Unterhaltsantrag des Berechtigten (im Umfang des Übergangs) keine Aussicht auf Erfolg. Soweit Unterhaltsansprüche nach Rechtshängigkeit des Unterhaltsantrags auf den Leistungsträger übergehen, hat dies keinen Einfluss auf die Erfolgsaussicht des Antrags, wenn der ASt insoweit seinen Antrag auf Zahlung an den Sozialhilfeträger umstellt (OLG Stuttgart MDR 2000, 164; s § 265 ZPO Rn 6 f). – Zur (fehlenden) Bedürftigkeit nach Rückabtretung der Unterhaltsansprüche durch den Leistungsträger s § 114 ZPO Rn 10. 13

b) Mutwillige Rechtsverfolgung. Zur allg Definition s § 114 ZPO Rn 43 ff. In Unterhaltsverf kommen folgende Konstellationen in Betracht: **aa) Freiwillige Zahlung.** Zahlt der Schuldner den begehrten Unterhalt, ist ein dennoch eingeleitetes Unterhaltsverf grds mutwillig (zB OLG Hamm NJW 2007, 1758; OLG Köln FamRZ 2004, 1114; OLG Nürnberg NJW-RR 93, 327). Zwar hat der Unterhaltsberechtigte Anspruch auf Titulierung des Unterhalts, um bei Einstellung der Zahlung geschützt zu sein. Um dieses Interesse geltend zu machen, muss der Berechtigte den Verpflichteten aber zur außergerichtl Titulierung auffordern (BGH FamRZ 2010, 195 = MDR 2010, 213). Für die Frage der Mutwilligkeit sind insoweit die Grundsätze anzuwenden, die für ein sof Anerkenntnis in entspr Konstellationen entwickelt wurden; zu diesen Grundsätzen, auch bei Teilzahlungen, s § 243 Rn 5. Denn wer keine Veranlassung zur Einleitung des Verf hat und deshalb die Kosten gem § 93 ZPO bzw § 243 Nr 4 FamFG zu tragen hätte, handelt mutwillig (zB OLG Hamm NJW 2007, 1758). 14

bb) Verhältnis zu anderen Verfahren oder Titeln. Die Geltendmachung außerhalb des **Scheidungsverbundverfahren** ist grds nicht mutwillig (BGH FamRZ 2005, 786 = MDR 2005, 930, auch zur früher abw hM). Ist Unterhalt durch **einstweilige Anordnung** zugesprochen, ist ein Hauptsacheverf grds nicht mutwillig (OLG Hamm FamRZ 2011, 1157), da nur in diesem eine der materiellen Rechtskraft fähige Entscheidung ergehen kann, die 15 auch einen Rechtsgrund iSv § 812 BGB darstellt; iE s § 49 Rn 4. Keine Mutwilligkeit liegt vor, wenn bei Bestehen eines statischen ein **dynamischer Unterhaltstitel** beantragt wird (OLG Hamm FamRZ 2011, 1158). Ein regulärer Antrag auf Unterhalt eines minderj Kindes stellt sich nicht im Hinblick auf das **vereinfachte Verfahren** gem §§ 249 ff als mutwillig dar, da der Gesetzgeber dem Berechtigten die Wahl lassen wollte (BTDrs. 13/7338, 37) und das vereinfachte Verf zB im Mangelfall unpraktikabel sowie bei der Erhebung erhebl Einwendungen auch nicht schneller ist (OLG Bremen FamRZ 2018, 1589; OLG Naumburg FamRZ 99, 1670; OLGR Köln 2002, 58; aA OLG Hamm FamRZ 99, 995; OLG Zweibrücken JurBüro 2000, 655). Ein Auskunftsantrag (§ 1605 BGB) ist mutwillig, wenn ein **Auskunftstitel** zu Gunsten des Sozialhilfeträgers besteht, auf dessen Grundlage der Unterhaltsberechtigte seine eigenen Unterhaltsansprüche ermitteln kann (OLG Köln FamRZ 2001, 1713). Die Geltendmachung von Auskunft und danach Zahlung in **getrennten Verfahren** ist grds nicht mutwillig, sondern nur bei Vorliegen bes Umstände (BGH FamRZ 2023, 1218 für Trennungsunterhalt); es besteht grds auch keine Verpflichtung, den Antrag nach Erteilung der Auskunft zu einem Stufenantrag zu erweitern (BGH FamRZ 2023, 1218).

16 **cc) Abänderungsverfahren.** Dieses ist nicht mutwillig, wenn der Berechtigte nur erklärt, er werde den titulierten Unterhalt derzeit nicht geltend machen (OLG Frankfurt NJW-RR 86, 944). Anders aber, wenn ausdrückl erklärt wird, auf den titulierten Unterhalt (zT) zu verzichten (OLG Hamburg NJW 2013, 2042; OLG Nürnberg FamRZ 2001, 1084). Mutwillig ist ein Abänderungsverf, wenn der Berechtigte nicht zuvor zu einem (Teil-)Verzicht oder einer Änderung aufgefordert wurde (OLG München FamRZ 2011, 386 LS). **Abänderungsverfahren gemäß §§ 240, 253** ist mutwillig, wenn im vereinfachten Unterhaltsfestsetzungsverf der Ag ohne triftigen Grund entspr Einwendungen unterlassen hat (OLG Celle FamRZ 2013, 1592; aA OLG Düsseldorf FamRZ 2023, 733).

17 **dd) Prozessstandschaft.** Mutwillig ist ein Antrag in Prozessstandschaft (§ 1629 II 1 BGB) auf Kindesunterhalt, wenn der als Prozessstandschafter antragstellende Elternteil vertragl verpflichtet ist, den in Anspruch genommenen Elternteil von der Unterhaltspflicht freizustellen (AG Ludwigslust FamRZ 2005, 1915). Nicht mutwillig sind Antrag und Gegenantrag getrennt lebender Ehegatten gegeneinander, wenn jeder von ihnen als Prozessstandschafter eines bei ihm lebenden Kindes Unterhalt vom anderen Ehegatten verlangt, statt die Unterhaltsforderungen miteinander zu verrechnen (OLG Zweibrücken FamRZ 97, 178). Zu den maßgebl wirtschaftl Verhältnissen bei Prozessstandschaft s § 114 ZPO Rn 6.

18 **ee) Bezug von Sozialleistung.** Ein Unterhaltsberechtigter, der laufende **Sozialhilfe** in Höhe des begehrten Unterhalts bezieht, handelt nicht mutwillig, wenn er künftigen Unterhalt – nur für die Vergangenheit, also in Höhe bereits erbrachter Leistungen geht der Anspruch auf den Leistungsträger über (s Rn 13) – selbst geltend macht (str, wie hier OLG Stuttgart MDR 2000, 164; Seetzen NJW 94, 2506; aA OLG Köln FamRZ 94, 970 f = NJW-RR 94, 455 f; OLG Frankfurt NJW-RR 94, 1223; einzelfallbezogen OLG Koblenz FamRZ 2004, 1118). Denn Sozialhilfe ist eine subsidiäre Leistung (§ 2 I SGB XII) und der Hilfeempfänger darf nicht darauf verwiesen werden, sie künftig weiter zu beziehen (OLG Stuttgart MDR 2000, 164). Dasselbe hat beim Bezug von **Unterhaltsvorschuss** zu gelten (aA OLG Naumburg FamRZ 2001, 1081 m abl Anm). – Hatte das Sozialamt gem § 94 IV 1 SGB XII bereits den künftigen Unterhalt eingeklagt, fehlt einem Antrag des Unterhaltsberechtigten auf dens Unterhalt die Erfolgsaussicht; denn das 2. Verf ist wegen Rechtshängigkeit des Unterhaltsanspruchs unzulässig, § 112 Nr 1, § 113 I 2 iVm § 261 III Nr 1 ZPO (BGH FamRZ 92, 797, 799 = MDR 92, 970).

19 **ff) Weitere Einzelfälle.** Bei einem zum Zeitpunkt der Antragseinreichung aufgelaufenen – streitwerterhöhenden – **Unterhaltsrückstand** kommt es auf die jew Umstände des Einzelfalls an; Mutwilligkeit scheidet aus, wenn nachvollziehbare und billigenswerte Gründe für ein Zuwarten mit der gerichtl Geltendmachung des Anspruchs vorliegen (BGH FamRZ 2023, 1218; zu rechtfertigenden Gründen OLG Saarbrücken FamRZ 2014, 1475). Mutwilligkeit ist zB angenommen worden für die wiederholte Geltendmachung von Volljährigenunterhalt für jew abgegrenzte Zeiträume statt fortlaufend für die Zukunft (KG FamRZ 2014, 55 mwN). Vergleichbares hat zu gelten, wenn grundlos mit einem Antrag auf rückwirkende Abänderung eines Unterhaltstitels (§ 238) zugewartet wird, durch den gem § 51 II FamGKG erhebl Mehrkosten entstehen (OLG Celle MDR 2011, 170). – Ein Antrag auf Zahlung laufenden Unterhaltes ist nicht schon deshalb mutwillig, weil der Unterhaltsschuldner fehlende Leistungsfähigkeit einwendet und die Möglichkeit einer erfolgreichen **Zwangsvollstreckung zweifelhaft** ist (OLG Karlsruhe FamRZ 2005, 1099; OLG Hamm FamRZ 97, 619).

20 **2) Ehesachen, insbesondere Scheidungsverfahren. a) Hinreichende Erfolgsaussicht. aa) Antragsteller.** Der Scheidungsantrag muss den Anforderungen von § 133 I genügen, insb die Erklärung gem § 133 I Nr 2 enthalten (OLG Saarbrücken FamRZ 2014, 2021). Ferner muss er die Scheidungsvoraussetzungen so aussagekräftig dartun, dass dem FamG die entspr Prüfung mögl ist (KG FamRZ 2024, 1644). Daran fehlt es – auch bei einverständl Scheidung –, wenn das Trennungsjahr noch nicht abgelaufen ist und Härtegründe iSv § 1565 II BGB nicht dargetan sind (OLG Celle MDR 2014, 229; OLG Dresden FamRZ 2002, 890).

21 **bb) Antragsgegner.** Solange der Scheidungsantrag dem Ag noch nicht zugestellt worden ist, erhält dieser keine *VKH (OLG Zweibrücken FamRZ 85, 301).* Nach Zustellung ist ihm auch dann VKH zu gewähren, wenn er dem Scheidungsantrag zustimmt (OLG Brandenburg FamRZ 2019, 1631 LS; OLG Frankfurt FamRZ 2010, 1687), da die Scheidung – bei dt Scheidungsstatut – nicht der Parteidisposition unterliegt, ein gerichtl Verf also

zwingend notwendig ist, in dem ein bedürftiger Ag seine Rechte muss wahrnehmen können. Daher ist ihm auf seinen Antrag auch ein RA beizuordnen (OLG Frankfurt FamRZ 2010, 1687). Wie sich der Ag auf den Scheidungsantrag einlässt, ist für die VKH-Entscheidung bedeutungslos (BGH FamRZ 2014, 551 Tz 8). Auch wenn er einen unbegründeten Abweisungsantrag stellt, steht dies der VKH-Gewährung nicht entgegen (OLG Jena FamRZ 98, 1179; OLG Hamburg FamRZ 1985, 622; OLG Köln FamRZ 1982, 1224; aA OLG Zweibrücken FamRZ 79, 847), da dieser mangels Dispositionsmöglichkeit gegenüber einer Zustimmung keine weiteren Kosten auslöst. Anderes gilt für die **2. Instanz**. Begehrt der Ag des Scheidungsverf VKH für eine Beschwerde gegen den Scheidungsausspruch, ist diese nur bei hinreichender Erfolgsaussicht des Rechtsmittels zu bewilligen.

b) Mutwilligkeit. Ein **Gegenantrag** auf Scheidung ist nicht deshalb mutwillig, weil das angestrebte Verfahrensziel schon durch den Scheidungsantrag des ASt erreicht wird (OLG Jena FamRZ 96, 416; aA AG Syke NJW-RR 93, 1479); dieser könnte zB zurückgenommen werden. Da jeder Ehegatte ein Recht auf einen eigenen Scheidungsantrag hat, ist es auch nicht mutwillig, wenn der Scheidungsantrag von dem nicht vermögenden Beteiligten gestellt wird (OLG Hamm FamRZ 86, 1013). – Ein Trennungsverschulden begründet keine Mutwilligkeit des Scheidungsantrags (OLG Frankfurt FamRZ 97, 618). Wegen mutwilligen Prozessierens kann aber die VKH einer Partei verweigert werden, die die Scheidung begehrt, eine Scheidungsverbundentscheidung aber dadurch vereitelt, dass sie nachhaltig an dem Verf **nicht mitwirkt** (OLG Brandenburg MDR 2006, 1118 für fehlende Mitwirkung beim VersAusgl; OLG Karlsruhe FamRZ 2004, 549 für verweigerte Kontaktaufnahme zum Jugendamt). 22

Nimmt ein Ehegatte seinen **Scheidungsantrag zurück** und beantragt **später erneut die Scheidung**, so ist zu unterscheiden: Beruht die Rücknahme auf einer Versöhnung der Ehegatten, ist der erneute Scheidungsantrag auch dann nicht mutwillig, wenn die Versöhnung nur von kurzer Dauer ist (OLG Karlsruhe FamRZ 89, 1313). Wird der 1. Scheidungsantrag zurückgenommen, obwohl die Ehe weiterhin zerrüttet ist und ohne dass die Ehegatten sich versöhnt haben, dann ist das erneute Scheidungsbegehren idR mutwillig (OLG Karlsruhe FamRZ 98, 485; OLG Köln FamRZ 88, 92 = NJW-RR 88, 1477 für den Fall, dass nach 3-maliger Rücknahme der 4. Scheidungsantrag gestellt wird). Nicht mutwillig ist es, wenn der ASt einen nachvollziehbaren Grund für sein Verhalten hat, zB wenn er in einem erneuten Scheidungsverf einen erhebl höheren VersAusgl zu erwarten hat (OLG Karlsruhe FamRZ 99, 1669). – Ein 2. Scheidungsverf ist auch mutwillig, wenn das 1. (mit VKH durchgeführte) ergebnislos geblieben ist, weil die Beteiligten das Verf unter falschem Namen geführt haben (OLG Koblenz FamRZ 2008, 2286). 23

Demj, der für die Scheidung oder Aufhebung einer rechtsmissbräuchl, zB zur Verschaffung einer Aufenthaltserlaubnis für den anderen, eingegangenen Ehe – sog **Scheinehe** – VKH begehrt, kann diese nicht wegen Mutwillens versagt werden (BGH FamRZ 2011, 872 = MDR 2011, 621 gegen zT abw OLG-Rspr). Denn rechtsmissbräuchl ist nicht die Scheidung, sondern die Eingehung der Ehe, die nur durch das Scheidungs- bzw Aufhebungsverf aufgelöst werden kann. Ob Mutwillen anzunehmen ist, wenn die Eheleute schon bei der Heirat die Aufhebung oder Scheidung beabsichtigten und wussten, dass sie deren Kosten nicht bezahlen können, hat der BGH offen gelassen. Denj, der rechtsmissbräuchl eine Ehe geschlossen und hierfür ein **Entgelt** erhalten hat, trifft aber die Verpflichtung, hiervon **Rücklagen** zu bilden, um die Kosten eines – idR absehbaren – Eheaufhebungsverf finanzieren zu können (BGH FamRZ 2011, 872 = MDR 2011, 621; BGH FamRZ 2005, 1477 = MDR 2005, 1230). An die Glaubhaftmachung der Behauptung, das Entgelt nicht erhalten zu haben, sind angesichts des in der Vergangenheit begangenen Rechtsverstoßes hohe Anforderungen zu stellen (BGH FamRZ 2011, 872 = MDR 2011, 621). Dies hat auch für einen behaupteten Verbrauch bzw die Unfähigkeit zur Rücklagenbildung zu gelten. Ebenso ist es gerechtfertigt, erhöhte Anforderungen an die Bildung von Rücklagen für das absehbare Verf aus sonstigen Einkünften zu stellen (vgl OLG Koblenz FamRZ 2019, 813). 24

c) Scheidungssachen mit Auslandsbezug. Lit: Motzer FamRBint 2008, 16 ff. Ist für die Scheidung türkisches Sachrecht maßgebl, so hat die Rechtsverfolgung Aussicht auf Erfolg, wenn der ASt die Abweisung seines 1. Scheidungsantrags in Kauf nimmt, um 3 Jahre später ein weiteres Scheidungsbegehren durchsetzen zu können (OLG Düsseldorf FamRZ 2009, 135). Bei Anrufung eines ausl und eines dt Gerichts steht dies grds der Gewährung von VKH nicht entgegen, auch wenn das Verf zunächst auszusetzen ist, da auch ein bemittelter ASt sich zB die Möglichkeit der Wahrung der Stichtage für Zugewinnausgleich und VersAusgl erhalten würde (OLG Stuttgart FamRZ 2016, 1601; OLG Karlsruhe FamRZ 2011, 1528; aA OLG Zweibrücken FamRZ 2006, 1043; sa § 114 ZPO Rn 27). Für ein Rechtsmittelverf, mit dem die Anwendung des Rechts des Heimatstaats eines Beteiligten erreicht werden soll, darf VKH nicht mit der Begründung einer Erfolglosigkeit im Ergebnis versagt werden, wenn anderenfalls die Anerkennung der Entscheidung im Heimatstaat nicht gewährleistet ist (Motzer FamRBint 2008, 18). 25

Ein an ein dt Gericht gerichteter Scheidungsantrag ist nach hM mutwillig, wenn eine dt Scheidung im gemeinsamen Heimatstaat ausl Ehegatten **nicht anerkannt** wird und ein Interesse an einer nur in Deutschland wirkenden Scheidung nicht besteht (OLG Stuttgart FamRZ 2004, 1382; aber sa BGH FamRZ 2004, 1952 = MDR 2005, 1949). Haben beide Ehegatten aber ihren gewöhnl Aufenthalt in Deutschland, ist ein Scheidungsantrag in Deutschland ohne Rücksicht auf Anerkennung in dem Heimatstaat nicht mutwillig (OLG Hamm FamRZ 2010, 1563). Der Scheidungsantrag eines dt Staatsangehörigen ist auch nicht als mutwillig anzusehen, wenn das Verf im Ausland 26 kostengünstiger und effektiver wäre (OLG Karlsruhe FamRZ 2010, 2095), im Einzelfall aber uU bei mögl Anerkennung eines ausl Scheidungsurteils (OLG Köln FamRZ 2021, 613). Sa § 114 ZPO Rn 47.

27 **d) Folgesachen.** Zur Erstreckung der VKH für das Scheidungsverf auf Folgesachen s § 149. – Gem § 48 III RVG erstreckt sich die Beiordnung eines RA in einer Ehesache ohne ausdrückl Ausspruch auf den Abschluss eines **Scheidungsfolgenvergleichs**, der einen oder mehrere der folgenden Verfahrensgegenstände regelt: den Ehegatten- und Kindesunterhalt, die elterl Personensorge, Umgang, die Ehewohnung, die Haushaltsgegenstände, güterrechtl Ansprüche und (seit 1.1.2021) VersAusgl. Auf die Anhängigkeit entspr Folgesachen kommt es nicht an (OLG Brandenburg FamRZ 2005, 1264; OLG Zweibrücken JurBüro 81, 713 = Rpfleger 81, 247). Selbst wenn für Folgesachen, die dem Vergleichsgegenstand entsprechen, zuvor die VKH wegen Aussichtslosigkeit verweigert worden war, ist § 48 III RVG anzuwenden. – Im Übrigen hängt die Bewilligung von VKH für Folgesachen von der jeweils vorzunehmenden Prüfung auf hinreichende Erfolgsaussicht und Mutwilligkeit ab. Für die Amtsfolgesache VersAusgl ist aber auch dann VKH zu bewilligen, wenn der VersAusgl ausgeschlossen ist, da dies vom FamG zu prüfen und festzustellen ist (OLG Koblenz FamRZ 2018, 1580).

28 **3) Lebenspartnerschaftssachen.** Die Ausführungen Rn 20 ff gelten auf Grund der Verweisung in § 270 I 1 für die Lebenspartnerschaftssachen iSv § 269 entspr.

29 **4) Elterliche Sorge. a) Anwendungsbereich.** VKH kann nicht für das Überprüfungsverf gem § 166 II, III gewährt werden, da es sich um ein nicht förml Vorprüfungsverf handelt (OLG Brandenburg FamRZ 2018, 368; OLG Frankfurt FamRZ 2016, 926; PH/Grohmann Rn 61; aA OLG Naumburg FuR 2012, 206); die Rechte der Beteiligten werden in einem ggf einzuleitenden Abänderungsverf ausreichend gewahrt.

30 **b) Hinreichende Erfolgsaussicht.** Diese ist auch in Sorgerechtsverf gem **§§ 1671, 1626a BGB** erforderl (vgl zB OLG Karlsruhe FamRZ 2024, 1940; OLG Rostock FamRZ 2011, 1660 = MDR 2011, 860). Der Maßstab ist aber großzügiger als im ZP, da die Beteiligten nur eingeschränkt dispositionsbefugt sind und das Gericht nach Ermittlungen vAw (§ 26) die dem Kindeswohl am besten entspr Entscheidung – unter Berücksichtigung der Interessen der Eltern – zu treffen hat (zB OLG Karlsruhe FamRZ 2024, 1940; OLG Hamm FamRZ 2008, 420). Erfolgsaussicht besteht daher bereits dann, wenn das FamG aufgrund des eingeleiteten Verf den Sachverhalt zu ermitteln hat, ggf eine Regelung treffen muss und sich nicht darauf beschränken kann, den Antrag ohne weitere Ermittlungen zurückzuweisen (OLG Karlsruhe FamRZ 2024, 1940; OLG Hamm FamRZ 2016, 1948). Das gilt auch in Verf gem **§ 1674 BGB** (OLG Bremen FamRZ 2021, 965). Der **Antragsgegner** erhält – entspr den Grundsätzen in Ehesachen (s Rn 21) – VKH auch dann, wenn er dem Antrag zustimmt (OLG Rostock FamRZ 2005, 1913; OLG Karlsruhe FamRZ 2013, 895).

31 In Verf, in denen es um den (teilw) Entzug der elterl Sorge nach **§ 1666 BGB** geht, ist bei der Ablehnung der Erfolgsaussicht Zurückhaltung geboten (OLG Brandenburg FamRZ 2018, 1159; OLG Brandenburg FamRZ 2006, 1775), da die Klärung der hohen Eingriffsvoraussetzung grds dem Hauptsacheverf vorzubehalten ist und – wie in Ehesachen (s Rn 21) – über einen Eingriff in das Sorgerecht nicht disponiert werden kann (OLG Karlsruhe FamRZ 2004, 706). Dies gilt grds auch für ein entspr Abänderungsverf (OLG Frankfurt FamRZ 2025, 449; OLG Karlsruhe FamRZ 2025, 451). Auch dem verfahrensfähigen (§ 9 I Nr 3) mindj **Kind** kann im Einzelfall VKH gewährt werden (BGH FamRZ 2021, 1402), sofern es verfahrensfähig ist (s § 9 Rn 4), ggf auch zur Durchführung einer Beschwerde (§ 60). Mangels Beteiligtenstellung erhält hingegen ein Außenstehender keine VKH, der das Verf beim FamG angeregt hat (OLG Celle FamRZ 2004, 1879).

32 **c) Mutwilligkeit.** Die Geltendmachung außerhalb des Scheidungsverbundverf ist nicht mutwillig, da § 137 III insoweit ein Wahlrecht einräumt (s dazu PH/Grohmann Rn 51). Die **getrennte Einleitung** von Umgangs- und Sorgerechtsverf ist angesichts der unterschiedl Ausgestaltung und Eilbedürftigkeit der Verf allenfalls in Ausnahmefällen mutwillig (vgl OLG Brandenburg FamRZ 2017, 311; sa BVerfG FamRZ 2020, 1559 [abl Oeley FamRZ 2021, 279]; aA OLG Hamm MDR 2014, 286). Mutwilligkeit kann vorliegen, wenn der das Sorgerecht begehrende Elternteil wiederholt Termine mit dem Jugendamt nicht wahrnimmt (OLG Karlsruhe FamRZ 2004, 549; sa Rn 35 für Umgang). Mutwilligkeit kommt auch in Betracht, wenn die Möglichkeit der Beratung und Vermittlung durch das Jugendamt nicht in Anspruch genommen wird (OLG Hamm FamRZ 2016, 1375 = MDR 2016, 829), es sei denn, der andere Teil lehnt eine gütl Einigung ab (OLG Karlsruhe FamRZ 2016, 250). – Eine beantragte oder bereits erlassene **einstweilige Anordnung** begründet grds keine Mutwilligkeit des Hauptsacheverf (OLG Nürnberg NJW 2011, 319; aA OLG Saarbrücken FamRZ 2013, 564), da nur eine Entscheidung im Hauptsacheverf die (eingeschränkte) Bestandskraft von § 1696 I BGB herbeiführen kann.

33 **5) Umgang. a) Anwendungsbereich.** VKH kann auch für ein Vermittlungsverf gem § 165 bewilligt werden (OLG Frankfurt FamRZ 2009, 1079; PH/Grohmann Rn 60). **b) Hinreichende Erfolgsaussicht.** Der für Sorgerechtsverf bestehende großzügige Maßstab (s Rn 30) gilt grds auch für Umgangsverf (zB OLG Karlsruhe FamRZ 2024, 1884). Hinreichende Erfolgsaussicht besteht daher idR bereits dann, wenn das FamG nach entspr Ermittlungen im Kindeswohlinteresse eine Regelung treffen muss, der Antrag auf Regelung des Umgangs also *nicht von vorherein aussichtlos ist* (OLG Karlsruhe FamRZ 2024, 1884; OLG Brandenburg FamRZ 2020, 1567; OLG Schleswig FamRZ 2019, 48; OLG Nürnberg FamRZ 2016, 251). Auf die vollständige Erfolgsaussicht des formulierten Umgangsantrags kommt es nicht an, da es sich um keinen Sachantrag handelt. Verweigert der an-

dere Teil den Umgang, ist daher idR VKH zu bewilligen. Bei einem **Antrag auf Änderung** einer bestehenden Umgangsregelung kann aber – am Maßstab von § 1696 I BGB – eine intensivere Prüfung vorgenommen werden (MK-FamFG/Witt Rn 65). Wird ein **Umgangsausschluss** beantragt, ist angesichts der engen Voraussetzungen eine intensivere Prüfung der Erfolgsaussicht gerechtfertigt (aA MK-FamFG/Witt Rn 65). Hingegen ist bei in Rede stehendem Umgangsausschluss dem davon Betroffenen grds VKH zu gewähren (OLG Brandenburg FamRZ 2017, 310). Auch dem verfahrensfähigen (§ 9 I Nr 3; s § 9 Rn 4) **minderjährigen Kind** kann im Einzelfall VKH gewährt werden (BGH FamRZ 2021, 1402; OLG Hamburg FamRZ 2018, 843; s aber auch BGH FamRZ 2018, 1512), ggf auch zur Durchführung einer Beschwerde (§ 60).

c) Mutwilligkeit. Die Geltendmachung außerhalb des Scheidungsverbundverf ist nicht mutwillig, da § 137 III insoweit ein Wahlrecht einräumt (s dazu PH/Grohmann Rn 51). Zur getrennten Einleitung von Umgangs- und Sorgerechtsverf s Rn 32. Die Einleitung eines Verf der **einstweiligen Anordnung** lässt angesichts der in ihm üblicherweise nur getroffenen vorläufigen und das Begehren nicht völlig erledigenden Anordnungen ein zeitgleich eingeleitetes Hauptsacheverf idR nicht als mutwillig erscheinen (OLG Frankfurt FamRZ 2011, 661). Hingegen ist ein **Änderungsantrag** grds mutwillig, wenn eine Umgangsregelung noch nicht „gelebt" worden ist (OLG Brandenburg MDR 2016, 216). 34

Inwieweit es mutwillig ist, vor Einleitung des Verf nicht das **Jugendamt** oder vergleichbare Einrichtungen zur Vermittlung einer gütl Lösung anzurufen, ist str. ZT wird dies unter Hinweis auf eine Verzögerung des Beginns eines Umgangs sowie einer fehlenden Vollstreckbarkeit der Einigung vor dem Jugendamt generell abgelehnt (zB OLG München FamRZ 2008, 1089). Dies erscheint angesichts der Kosten eines gerichtl Verf, das außerdem idR mit höheren Belastungen für das Kind verbunden ist und nicht selten zu einer Verfestigung der gegenseitigen Positionen führt, nicht gerechtfertigt. Einem auf Kosten der Allgemeinheit das Verf Führenden kann im Normalfall eine gewisse Verzögerung zugemutet werden, zumal die im gerichtl Verf notwendige Stellungnahme des Jugendamtes bei bereits erfolgter Befassung erhebl schneller erfolgen wird. Der Rspr, die eine mutwillige Verfahrenseinleitung – außer in Fällen offenkundiger Aussichtlosigkeit – als Regelfall annimmt (zB OLG Rostock MDR 2011, 790; OLG Hamm NZFam 2015, 510; OLG Köln FamRZ 2013, 1241; OLG Brandenburg FamRZ 2003, 1760), steht aber die Vielgestaltigkeit der Einzelfälle sowie die zT erhebl Unterschiede in den Möglichkeiten der jew Jugendämter zu einer effektiven Hilfestellung entgegen (OLG Celle FamRZ 2013, 141; OLG Frankfurt FamRZ 2017, 1585). Es ist daher eine Einzelfallbetrachtung erforderl. 35

Gerechtfertigt ist danach die **Versagung** von VKH idR zB: wenn der andere Elternteil sich bereits an das Jugendamt gewandt und Vorschläge zum Umgang gemacht hat (OLG Celle FamRZ 2013, 141); wenn der ASt den Antrag stellt, ohne zuvor überhaupt die Vermittlung durch das Jugendamt versucht (OLG Brandenburg FamRZ 2022, 1545) oder Kontakt zum anderen Elternteil aufgenommen zu haben (OLG Karlsruhe MDR 2016, 162; OLG Brandenburg FamRZ 2015, 1040), es sei denn, dieser tritt im Verf dem Antrag entgegen (OLG Brandenburg FamRZ 2019, 1632); bei laufender Mediation (OLG Nürnberg FamRZ 2016, 251). Dem **Antragsgegner** kann VKH wegen Mutwilligkeit versagt werden, wenn er sich angebotenen Einigungsbemühungen, insb beim Jugendamt, verweigert hat (aA MK-FamFG/Witt Rn 128). – **Keine mutwillige** Rechtsverfolgung liegt zB vor, wenn die Gegenseite sich zu Gesprächen nicht bewegen lässt (OLG Karlsruhe FamRZ 2016, 250). 36

6) Abstammungssachen. a) Bedürftigkeit. Dem mindj Kind steht ein Anspruch auf **Verfahrenskostenvorschuss** (s § 115 ZPO Rn 59 ff) bei entspr Leistungsfähigkeit gegenüber seiner Mutter zu (OLG München FamRZ 87, 303; OLG Köln FamRZ 99, 792 mwN). Gegen den auf Feststellung als Vater in Anspruch genommenen Ag besteht ein Vorschussanspruch nicht, da die Wirkungen der Vaterschaft und damit die Unterhaltspflicht gem § 1600d V BGB erst ab Feststellung eintreten (OLG Karlsruhe FamRZ 2008, 2042 = MDR 2008, 940; OLG Koblenz FamRZ 98, 761; aA OLG Düsseldorf FamRZ 1995, 1426). Für eine Anfechtung der Vaterschaft steht dem Kind gegenüber dem Ag kein Anspruch zu, da dies gegen das Verbot widersprüchl Verhaltens (§ 242 BGB) verstoßen würde (str, wie hier OLG Hamburg FamRZ 96, 224 mwN; aA OLG Koblenz FamRZ 97, 679; KG FamRZ 87, 303). Ficht hingegen der Vater seine Vaterschaft an, kann das Kind ohne den Vorwurf widersprüchl Verhaltens einen Vorschussanspruch geltend machen (OLG Celle NJW-RR 95, 6; OLG Koblenz AnwBl 97, 232), da es die Vaterschaft nicht angreift. 37

b) Vaterschaftsfeststellung. aa) Hinreichende Erfolgsaussicht. Erforderl für den ASt ist die Darlegung eines Geschlechtsverkehrs in der Empfängniszeit. Auch auf Seiten des in Anspruch genommenen Mannes ist eine hinreichende Erfolgsaussicht erforderl, indem er ernsthafte Zweifel an seiner Vaterschaft darlegt (str, wie hier OLG Hamm FamRZ 2010, 1363; OLG Naumburg FamRZ 2006, 960; OLG Nürnberg FamRZ 2004, 547 = MDR 2004, 96; OLG Köln FamRZ 2003, 1018; OLG Hamburg FamRZ 2000, 1587; aA OLG Dresden FamRZ 2010, 2007 = MDR 2010, 1330; OLG Zweibrücken MDR 2006, 271). Sachgerecht sind die an den Gegenvortrag zu stellenden Anforderungen nach den Umständen des Einzelfalls zu bestimmen, wobei zB bei einer eheähnl Beziehung an die Behauptung eines Mehrverkehrs höhere Anforderungen als bei einer flüchtigen Bekanntschaft zu stellen sind (OLG Brandenburg FamRZ 2007, 151; OLG Stuttgart FamRZ 2005, 1266 = MDR 2005, 1114). 38

bb) Mutwilligkeit. Die Beteiligten können nicht auf die Einholung eines außergerichtl Gutachtens verwiesen werden (OLG Hamm FamRZ 2004, 549). Ebenso ist es nicht mutwillig, wenn die Mutter einem Vaterschaftsan- 39 erkenntnis wegen anderer potentieller Väter nicht zustimmt (OLG Hamburg FamRZ 2012, 1156) oder der Mann das gerichtl Verf auf Feststellung betreibt statt beim Jugendamt die Vaterschaft anzuerkennen, da er eine genetische Klärung will (OLG Hamburg NJW-RR 2011, 1227).

40 **c) Vaterschaftsanfechtung. aa) Hinreichende Erfolgsaussicht.** Für den ASt ist die schlüssige Darlegung der Anfechtungsvoraussetzungen (§ 171 II 2) erforderl und ausreichend, nicht hingegen zu Zustellmöglichkeiten an den Ag (OLG Saarbrücken FamRZ 2018, 1338 für öffentl Zustellung). Den weiteren Beteiligten (§ 172) ist auch dann VKH zu gewähren, wenn sie dem Antrag nicht entgegentreten, da sie sich dem Verf nicht entziehen können (OLG Hamm FamRZ 2007, 1753; OLG Koblenz FamRZ 2002, 1194 = MDR 2002, 35). Es handelt sich um dieselbe Wertung wie in Ehesachen (s Rn 21).

41 **bb) Mutwilligkeit.** Das bewusst **unwahre Anerkenntnis** der Vaterschaft und die Zustimmung dazu rechtfertigen nicht die Versagung der VKH; die Grundsätze zur Mutwilligkeit der Auflösung einer Scheinehe (s Rn 24) gelten entspr (OLG Düsseldorf FamRZ 2022, 1295; OLG Köln FamRZ 2006, 1280; OLG Naumburg FamRZ 2008, 2146 = MDR 2008, 1106). – Die Anfechtung der Vaterschaft eines nach Einleitung des Scheidungsverf geborenen Kindes durch den **Ehemann** der Mutter ist nicht angesichts der Möglichkeit eines Anerkenntnisses des tatsächl Vaters (§ 1599 II 1, § 1592 Nr 1 BGB) mutwillig, da ihm wegen der Anfechtungsfristen des § 1600b BGB nicht zugemutet werden kann abzuwarten, ob das Anerkenntnis rechtzeitig abgegeben wird (OLG Köln FamRZ 2005, 743; OLG Brandenburg FamRZ 2008, 68; aA OLG Naumburg FamRZ 2008, 432 angesichts der konkreten Umstände des Einzelfalls). Die Anfechtungsklage der **Mutter** eines in der Ehe geborenen, aber zuvor gezeugten Kindes ist nicht im Hinblick auf § 1592 Nr 1 BGB mutwillig, weil sie vor der Geburt geheiratet hat (OLG Köln FamRZ 2001, 244).

42 **d) Verfahren gem § 1598a BGB.** Beim ASt ist bei schlüssigem Antrag hinreichende Erfolgsaussicht gegeben. Angesichts der niedrigschwelligen Voraussetzungen des Anspruchs bietet die Verteidigung nur dann Aussicht auf Erfolg, wenn der Antrag rechtsmissbräuchl (zB OLG Stuttgart FamRZ 2010, 53) oder das Verf gem § 1598a III BGB auszusetzen ist (OLG Koblenz FamRZ 2014, 406 = MDR 2013, 980 mwN).

43 **7) Gewaltschutzverfahren.** Problematisch und in der Rspr str ist insb, ob sich ein Hauptsacheverf wegen einer (mögl) einstw Anordnung als **mutwillig** darstellt. Dies kann – trotz des neben einer einstw Anordnung grds bestehenden Rechtsschutzbedürfnisses für ein Hauptsacheverf (s § 49 Rn 4) – eher als in Unterhalts- und Kindschaftssachen (dazu s Rn 15, 32) angenommen werden. Denn anders als in diesen spielt eine Rechtskraftfähigkeit der Hauptsacheentscheidung angesichts der gem § 1 I 2, § 2 II 1 GewSchG auch dort meist anzuordnenden Befristung eine geringere Rolle, während eine kurzfristig erlassene einstw Anordnung einer Wiederholung in ähnl Weise wie eine Hauptsacheentscheidung entgegenwirken kann. Zu berücksichtigen ist aber, dass im Hauptsacheverf andere Erkenntnismittel als die im Verf der einstw Anordnung mögl und dominierende Glaubhaftmachung zur Verfügung stehen. Zu betrachten ist daher im jew Einzelfall, ob ein nicht auf VKH angewiesener Beteiligter tatsächl auch ein Hauptsacheverf betreiben würde.

44 Mit diesem Vorbehalt ist im Regelfall ein Hauptsacheverf mutwillig, wenn es **zeit- u inhaltsgleich** mit einem Antrag auf Erlass einer einstw Anordnung eingeleitet wird (OLG Hamm FamRZ 2014, 585; OLG Frankfurt FamRZ 2012, 144; OLG Zweibrücken FamRZ 2010, 666; OLG Celle FamRZ 2010, 1586 = MDR 2010, 1212; aA OLG Hamm FamRZ 2010, 825; OLG München FamRZ 2012, 1234). Dies gilt erst recht, wenn eine einstw Anordnung bereits erlassen ist und nicht dargetan wird, warum mit dieser dem Schutzbedürfnis des ASt nicht ausreichend Rechnung getragen wird (OLG Zweibrücken FamRZ 2010, 666; großzügiger OLG Stuttgart FamRZ 2019, 298). – Hingegen ist es **nicht mutwillig**, wenn der ASt der Vorläufigkeit der einstw Anordnung mit einer Beschränkung, zB einer kurzen Befristung, Rechnung trägt und im zeitgleich eingeleiteten Hauptsacheverf einen darüber hinausgehenden Anspruch geltend macht (OLG Hamm FamRZ 2010, 2093).

45 **8) Versorgungsausgleich.** Zur Erstreckung der VKH für das Scheidungsverf auf die Folgesache VersAusgl s Rn 27. In isolierten Verf hängt die Bewilligung vom VKH davon ab, ob das aus dem Vorbringen erkennbare Verfahrensziel Aussicht auf Erfolg bietet. Das betrifft zB Verf nach § 33 VersAusglG (OLG Hamm FamRZ 2013, 1595). Einem Ehegatten kann VKH auch für Beschwerdeverf nicht deshalb versagt werden, weil seine Interessen bereits durch den Versorgungsträger gewahrt werden (BGH FamRZ 2014, 551; aA ohne Hinweis auf BGH OLG Frankfurt FamRZ 2020, 1024 [abl Feskorn FamRZ 2020, 1570]). Eine mutwillige Rechtsverfolgung liegt wegen der sonst eintretenden Verzögerung der Scheidung nicht vor, wenn der Ausgleich ausl Versorgungsanwartschaften außerhalb des Verbundes betrieben wird (OLG Zweibrücken FamRZ 2015, 349).

46 **9) Zugewinn.** Die Geltendmachung außerhalb des **Scheidungsverbundverfahrens** ist grds nicht mutwillig (BGH FamRZ 2005, 786 = MDR 2005, 930, auch zur früher abw hM).

47 **10) Einstweilige Anordnungsverfahren.** Die VKH für ein Anordnungsverf erstreckt sich auf das – als einheitl *anzusehende (s § 54 Rn 6, 11)* – Änderungsverf gem § 54 (Langeheim FamRZ 2014, 1413, 1419).

48 **V) Gebühren.** Beschwerde (II). **1) Gericht:** 1912 FamGKG-KV (72 Euro seit 1.6.2025 bei vollständiger Zurückweisung/Verwerfung). – **2) RA:** 3500 RVG-VV.

§ 77 Bewilligung

(1) [1]Vor der Bewilligung der Verfahrenskostenhilfe kann das Gericht den übrigen Beteiligten Gelegenheit zur Stellungnahme geben. [2]In Antragsverfahren ist dem Antragsgegner Gelegenheit zur Stellungnahme zu geben, ob er die Voraussetzungen für die Bewilligung von Verfahrenskostenhilfe für gegeben hält, soweit dies aus besonderen Gründen nicht unzweckmäßig erscheint.

(2) Die Bewilligung von Verfahrenskostenhilfe für die Vollstreckung in das bewegliche Vermögen umfasst alle Vollstreckungshandlungen im Bezirk des Vollstreckungsgerichts einschließlich des Verfahrens auf Abgabe der Vermögensauskunft und der Versicherung an Eides statt.

I) Anwendungsbereich. Anzuwenden ist § 77 auf die fG-FamS (s vor § 23 Rn 1). In Ehe- und FamStreitsachen gilt gem § 113 I 2 für die Gelegenheit zur Stellungnahme § 118 ZPO, für die Erstreckung auf die ZwV § 119 II ZPO. 1

II) Verfahren (§ 77 I). Die Regelung trägt dem Umstand Rechnung, dass es – insb auch außerhalb der FamSachen – eine Reihe von Verf gibt, in denen es mehrere sich nicht kontradiktorisch gegenüber stehende Beteiligte gibt. In den Antragsverf (s § 23 Rn 1 f) ist der Gegenseite gem § 77 I 2 idR Gelegenheit zur Stellungnahme zu geben. In anderen Verf steht es im pflichtgemäßen Ermessen des Gerichts, ob und ggf welche Beteiligte es anhört. Sachgerechter Ermessensausübung entspricht es, in den Verf, in denen erkennbar die Interessen anderer Beteiligter berührt werden können – zB Umgangsverf –, diesen Gelegenheit zur Stellungnahme zu geben (BTDrs 16/6308, 213). Wird anderen Beteiligten rechtl Gehör gewährt, bestimmt sich das weitere Verf gem § 76 I nach § 118 I 2-IV ZPO. – Zu der in FamSachen in Betracht kommenden Übermittlung der Unterlagen über die persönl und wirtschaftl Verhältnisse an die Gegenseite gem § 117 II 2 ZPO iVm § 76 I s § 117 ZPO Rn 29 f. 2

III) Vollstreckung. § 77 II entspricht wörtl § 119 II ZPO; dazu s § 119 ZPO Rn 23 f. Zu beachten ist, dass von der pauschalen Bewilligung von VKH nicht die Beiordnung eines RA erfasst ist; über diese ist gem § 78 für jede Vollstreckungsmaßnahme gesondert zu entscheiden (BGH FamRZ 2010, 288 = MDR 2010, 286). Bes Bedeutung hat das für Vollstreckungsmaßnahmen gem §§ 89 ff. 3

§ 78 Beiordnung eines Rechtsanwalts

(1) Ist eine Vertretung durch einen Rechtsanwalt vorgeschrieben, wird dem Beteiligten ein zur Vertretung bereiter Rechtsanwalt seiner Wahl beigeordnet.

(2) Ist eine Vertretung durch einen Rechtsanwalt nicht vorgeschrieben, wird dem Beteiligten auf seinen Antrag ein zur Vertretung bereiter Rechtsanwalt seiner Wahl beigeordnet, wenn wegen der Schwierigkeit der Sach- und Rechtslage die Vertretung durch einen Rechtsanwalt erforderlich erscheint.

(3) Ein nicht in dem Bezirk des Verfahrensgerichts niedergelassener Rechtsanwalt kann nur beigeordnet werden, wenn hierdurch besondere Kosten nicht entstehen.

(4) Wenn besondere Umstände dies erfordern, kann dem Beteiligten auf seinen Antrag ein zur Vertretung bereiter Rechtsanwalt seiner Wahl zur Wahrnehmung eines Termins zur Beweisaufnahme vor dem ersuchten Richter oder zur Vermittlung des Verkehrs mit dem Verfahrensbevollmächtigten beigeordnet werden.

(5) Findet der Beteiligte keinen zur Vertretung bereiten Anwalt, ordnet der Vorsitzende ihm auf Antrag einen Rechtsanwalt bei.

I) Anwendungsbereich. Anwendbar ist § 78 in den fG-FamS (s vor § 23 Rn 1). In Ehesachen (§ 121) und FamStreitsachen (§ 112) gilt gem § 113 I 2 § 121 ZPO bzw § 138 FamFG. Da der Anwaltszwang alle Instanzen umfasst (§ 114 I, II), ist in diesen Verf die Beiordnung eines RA zwingend. Auch bei einverständl **Scheidung** ist dem Ag auf seinen Antrag ein RA beizuordnen (OLG Frankfurt FamRZ 2010, 1687). 1

II) Verfahren mit Anwaltszwang (§ 78 I). Angesichts der nicht erfassten Ehe- und FamStreitsachen (s Rn 1) betrifft die Regelung nur Rechtsbeschwerden vor dem BGH (§ 10 IV) sowie fG-Folgesachen (§ 114 I). 2

III) Verfahren ohne Anwaltszwang (§ 78 II). 1) Allgemein. Erfasst sind va die Verf in Kindschafts-, Abstammungs-, Adoptions-, Ehewohungs-, Haushalts-, Gewaltschutz- und VersAusglSachen. Ein **Antrag** auf Beiordnung ist erforderl; s § 121 ZPO Rn 10. 3

2) Erforderlichkeit der Vertretung. Nach inzwischen gefestigter Rspr (BGH FamRZ 2010, 1427 = MDR 2010, 1145; BGH FamRZ 2012, 1290 = MDR 2012, 915; BGH FamRZ 2016, 531 = MDR 2016, 343) ist von folgenden Grundsätzen auszugehen: Die Beiordnung ist erforderl bei einer **Schwierigkeit der Sach- und Rechtslage**, wobei bereits die Erfüllung einer von beiden ausreicht (BGH FamRZ 2010, 1427 = MDR 2010, 1145). Die Beiordnung können auch **subjektive Umstände** rechtfertigen, insb die Fähigkeit der Beteiligten, sich mündl oder 4 schriftl auszudrücken (BGH FamRZ 2010, 1427 = MDR 2010, 1145) oder mit dem Gericht zu kommunizieren (BGH FamRZ 2016, 1058 Tz 33 für in Haft befindl ASt). Dazu können auch das Alter des ASt (OLG Bremen FamRZ 2017, 1701), sowie – allerdings nicht notwendigerweise (OLG Celle FamRZ 2011, 1971 LS) – unzureichende dt Sprachkenntnisse (OLG Hamm FamRZ 2011, 1745 = MDR 2011, 1181; OLG Hamburg FamRZ 2011, 129) gehören.

5 Den Grundsatz der **„Waffengleichheit"** hat der Gesetzgeber hingegen bewusst nicht aus § 121 II ZPO übernommen, so dass allein der Umstand, dass andere Beteiligte anwaltl vertreten sind, für sich eine Beiordnung auch in kontradiktorisch geführten Verf nicht rechtfertigt; er kann aber im Rahmen der Gesamtbeurteilung berücksichtigt werden (BGH FamRZ 2010, 1427 = MDR 2010, 1145). Dies ist aber dann nicht gerechtfertigt, wenn die Beauftragung eines RA durch die Gegenseite ersichtl dadurch motiviert war, dass der ASt bereits durch einen RA vertreten war (OLG Celle MDR 2011, 1178). Auch die **Schwere des Eingriffs** in die Rechte eines Beteiligten rechtfertigt für sich – anders als nach der früheren Rspr – eine Beiordnung nicht (BGH FamRZ 2010, 1427 = MDR 2010, 1145). Maßgebend ist vielmehr, ob angesichts der konkreten Umstände des Einzelfalls in der Lage des Unbemittelten **ein Bemittelter vernünftigerweise einen Rechtsanwalt** mit der Wahrnehmung seiner Interessen beauftragt hätte (BGH FamRZ 2010, 1427 = MDR 2010, 1145).

6 **3) Einzelne Verfahren.** Die gebotene einzelfallbezogene Prüfung lässt eine Herausbildung von Regeln, nach denen einem mittellosen Beteiligten für bestimmte Verf immer, grds oder nie ein RA beizuordnen ist, nur in engen Grenzen zu (BGH FamRZ 2010, 1427 = MDR 2010, 1145). Es haben sich in der Rspr aber gewisse Leitlinien entwickelt, die im Folgenden dargestellt werden, deren Übertragung aber immer unter dem Vorbehalt der Einzelfallprüfung zu stehen hat.

7 **a) Sorgerecht.** In diesen Verf ist die Schwierigkeit der Sach- und Rechtslage bes eine Frage des Einzelfalls. Sie ist zB gegeben bei erhebl str geführtem (Anordnungs-)Verf (OLG Brandenburg FamRZ 2013, 1593) oder einem komplexen Abänderungsverf (KG NJW-RR 2012, 132). Hingegen ist bei einer einvernehml Sorgerechtsübertragung gem **§ 1671 II Nr 1 BGB** idR keine Beiordnung erforderl (OLG Hamm MDR 2012, 1045; OLG Celle MDR 2011, 1006). – Geht es um die Anordnung sorgerechtl Maßnahmen gem **§ 1666 BGB** ist idRl die Beiordnung eines RA geboten (zB OLG Bamberg FamRZ 2014, 1041; OLG Düsseldorf FamRZ 2013, 897; OLG Schleswig NJW 2012, 1014). Ders RA kann wegen § 43a IV BRAO (Verbot der Vertretung widerstreitender Interessen) nicht beiden Elternteilen beigeordnet werden, wenn diese nicht gleichlaufende Interessen verfolgen (OLG Hamm FamRZ 2013, 567; PH/Grohmann Rn 11). – In Verf zur **Unterbringung eines Kindes** gem § 1631b BGB ist den Eltern wegen rechtl und tatsächl Schwierigkeit idR ein RA beizuordnen (OLG Schleswig NJW 2016, 656). Im Rahmen bewilligter VKH kann auch dem **Kind**, sofern es **verfahrensfähig** ist, (BGH FamRZ 2021, 1402; s § 9 Rn 4) im Einzelfall ein RA beigeordnet werden (BGH FamRZ 2021, 1402), auch wenn ein Verfahrensbeistand bestellt ist (OLG Dresden FamRZ 2014, 1042 = MDR 2014, 477 für Genehmigung einer Unterbringung).

8 Für das **vereinfachte Sorgerechtsverfahren** gem § 155a fehlt es für den ASt idR an einer Schwierigkeit der Sach- und Rechtslage, solange keine dem Antrag entgegenstehenden Umstände dargetan oder ersichtl sind (OLG Karlsruhe FamRZ 2015, 948 = MDR 2015, 161). Für deren Vorbringen ist der Ag aber angesichts der daran zu stellenden Anforderungen grds ein RA beizuordnen (OLG Jena FamRZ 2016, 73; OLG Stuttgart FamRZ 2014, 1045). Nach Vorbringen erhebl Gründe ist dem ASt ein RA beizuordnen (OLG Frankfurt FamRZ 2021, 967). – Im Verf zur Feststellung des **Ruhens der elterlichen Sorge** (§ 1674 BGB) dürfte meist ein Bedürfnis zur Beiordnung fehlen (OLG Brandenburg FamRZ 2016, 1479 LS). – Ist in einer Kindschaftssache ein RA zum Ergänzungspfleger eines Mindj bestellt, bedarf es einer Beiordnung nicht (OLG Schleswig FamRZ 2012, 808).

9 **b) Verfahren auf familiengerichtliche Genehmigung.** Eine Beiordnung bedarf es für die Beantragung nicht, wenn der ASt, zB durch Nachlassgericht oder Grundbuchamt, auf das Erfordernis konkret hingewiesen wurde und die Voraussetzungen auf der Hand liegen (OLG Hamm FamRZ 2012, 1658 für Erbausschlagung bei evidenter Überschuldung). Bei tatsächl oder rechtl Schwierigkeiten, insb wenn das FamG Bedenken äußert, kann aber eine Beiordnung geboten sein.

10 **c) Umgang.** Weder generell noch idR kann davon ausgegangen werden, dass Umgangsstreitigkeiten besondere Schwierigkeiten tatsächl oder rechtl Art mit sich bringen und deshalb ausnahmslos oder doch idR die Beiordnung eines RA erfordern (BGH FamRZ 2010, 1427 = MDR 2010, 1145). Für eine Beiordnung kann ua sprechen: eine bes Eilbedürftigkeit (OLG Brandenburg AGS 2017, 481); drohende Entfremdung und behauptete Kindeswohlgefährdung im Haushalt des ASt (OLG Schleswig FamRZ 2011, 1241 = MDR 2011, 543). Keine Beiordnung ist grds für ein Verf erforderl, in dem nicht der Rahmen des Umgangs, sondern nur die Ausgestaltung im Einzelnen str ist (OLG Braunschweig FamRZ 2023, 144; OLG Celle MDR 2011, 1178; OLG Saarbrücken FamRZ 2010, 1690; OLG Brandenburg FamRZ 2010, 2009).

11 In **Vermittlungsverfahren** gem § 165 ist idR eine Beiordnung nicht erforderl (OLG Karlsruhe FamRZ 2025, 703; OLG Hamm FamRZ 2013, 565; OLG Frankfurt NJW-RR 2013, 962), allerdings bei bes Bedingungen des Einzelfalls *auch nicht ausgeschlossen (OLG Hamm* FamRZ 2020, 1745; OLG Bremen FamRZ 2017, 1144 = MDR 2017, 653). Im Rahmen bewilligter VKH (s § 76 Rn 33) kann auch einem verfahrensfähigen **Kind** ein RA beigeordnet werden (BGH FamRZ 2021, 1402; OLG Hamburg FamRZ 2018, 843; s aber auch BGH FamRZ 2018, 1512).

d) Abstammungssachen. In einem **Vaterschaftsanfechtungsverfahren** ist dem ASt ein RA beizuordnen, da die Rechtslage iSv § 78 II Schwierigkeiten aufweist; dies gilt auch dann, wenn dem Antrag nicht entgegengetreten wird (BGH FamRZ 2012, 1290 = MDR 2012, 915). Ebenso ist idR den weiteren Beteiligten ein RA beizuordnen (BGH FamRZ 2016, 531 = MDR 2016, 343 für die Mutter; OLG Bamberg FamRZ 2011, 1970). – Eine Beiordnung ist auch in einem str geführten **Vaterschaftsfeststellungsverfahren** idR gerechtfertigt (OLG Brandenburg NJW-RR 2012, 708; OLG Celle FamRZ 2012, 467; aA OLG Oldenburg FamRZ 2011, 914), nicht aber notwendig bei gleichgerichteten Interessen (OLG Koblenz FamRZ 2011, 914). In diesen Verf gilt das Beiordnungserfordernis auch für die Mutter (OLG Brandenburg FamRZ 2014, 586; OLG Celle FamRZ 2012, 467). Hingegen steht die Vertretung des Kindes durch das Jugendamt als Beistand, Pfleger oder Vormund angesichts von dessen Sachkunde idR dem Erfordernis einer Anwaltsbeiordnung für das Kind entgegen (OLG Brandenburg FamRZ 2011, 1311). 12

e) Versorgungsausgleich. Angesichts der für einen Laien nur schwer überschaubaren Sach- (Auskünfte der Versorgungsträger) und Rechtslage ist idR die Beiordnung geboten (BGH FamRZ 2014, 551 Tz 12; OLG Jena FamRZ 2013, 1594; OLG Brandenburg AGS 2014, 36). Dasselbe gilt in Verf gem § 33 VersAusglG (OLG Hamm FamRZ 2013, 1595). 13

f) Gewaltschutz. Gewaltschutzsachen sind, auch im Verf der einstw Anordnung, nicht generell als schwierig in tatsächl oder rechtl Hinsicht anzusehen (OLG Brandenburg MDR 2015, 298; OLG Karlsruhe NJW-RR 2015, 262). Bsp für eine Beiordnung: Der Ag hat in der Vergangenheit mehrfach und massiv entspr Anordnungen zuwidergehandelt (OLG Frankfurt FamRZ 2016, 394); die Aufnahme des Antrags durch die Rechtsantragstelle bedurfte mehrfacher Ergänzungen (OLG Brandenburg MDR 2014, 1468). 14

g) Unterhalt. Begehren Elternteil und Kind in einem Verf Unterhalt, ist ein Antrag auf Beiordnung unterschiedl RA mutwillig, wenn – wie idR – kein Interessenkonflikt besteht (OLG Hamburg AGS 2018, 575). Auch wenn das Kind in Unterhaltssachen gem § 114 IV Nr 2 der Vertretung durch einen RA nicht bedarf, wenn es durch das Jugendamt als Beistand vertreten wird, ist ihm ein RA beizuordnen, wenn der Gegner – wie idR – anwaltl vertreten ist (BGH FamRZ 2011, 1138). 15

h) Vereinfachtes Unterhaltsverfahren. IdR bedarf der **Antragsteller** der Beiordnung eines RA nicht, weil der Antrag nur mit Hilfe eines eingeführten Vordrucks gestellt werden kann und dieser übersichtl gestaltet ist (str, wie hier OLG München FamRZ 99, 301 = FamRZ 99, 1355; aA OLG Schleswig MDR 2000, 706). Dies schließt aber das Erfordernis einer Beiordnung im Einzelfall nicht aus, etwa bei fehlenden persönl Fähigkeiten, den Antrag auszufüllen (OLG Hamburg FamRZ 2019, 1879: Ausländer), oder Besonderheiten in der Sach- und Rechtslage, zB einer Schätzung der Einkünfte des Ag (OLG Hamm MDR 2013, 1355) oder einem Auslandsbezug (OLG Bamberg NJWE-FER 2000, 216). Nach dem Wegfall des Formularzwangs für Einwendungen zur Leistungsfähigkeit seit 1.1.2017 ist ein generelles Erfordernis der Beiordnung für den **Antragsgegner** abzulehnen (OLG Celle FamRZ 2020, 765; OLG Naumburg FamRZ 2018, 1852 LS; aA OLG Brandenburg FamRZ 2025, 189; OLG Hamburg FamRZ 2019, 1879). Das schließt es aber im Einzelfall nicht aus, zB bei Erteilung rechtl Hinweise durch AG (OLG Celle FamRZ 2020, 765). 16

i) Vollstreckung. Für den Antrag auf Vollstreckung gem §§ 88 ff dürfte idR ein RA nicht erforderl sein, da sich diese Möglichkeit aus dem in dem Titel gem § 89 II enthaltenen Hinweis ergibt. Sofern das Vollstreckungsverf sodann aber str geführt wird – oder dies von vornherein absehbar ist –, ist einem rechtl nicht erfahrenen Beteiligten idR ein RA beizuordnen. Für die Vollstreckung auf **Abgabe einer Willenserklärung** ist dies grds in jedem Fall gerechtfertigt (OLG München FamRZ 2014, 587). – Im Verf gem **§ 35** kann eine Beiordnung gerechtfertigt sein, wenn umfangreiche gerichtl Auflagen zur Auskunftserteilung ergehen und deren exakte Überprüfung erforderl ist (OLG Hamm FamRZ 2012, 1659). 17

IV) Mehrkostenverbot (§ 78 III). Dieses entspricht § 121 III ZPO; daher s § 121 ZPO Rn 23 ff. 18

V) Verkehrs- und Beweisaufnahmeanwalt (§ 78 IV). Dieses entspricht § 121 IV ZPO; daher s § 121 ZPO Rn 28 ff. Bei der Beiordnung eines Verkehrsanwalts besteht in FamSachen die Tendenz, das Erfordernis eines persönl Gesprächs mit dem RA großzügig anzunehmen. Bsp: einfach gelagertes Scheidungsverf (OLG Köln FamRZ 2008, 525); komplexes einstw Anordnungsverf zum Umgang (OLG Brandenburg NZFam 2017, 180). 19

VI) Beiordnungsverfahren und Entscheidung. Über die Verweisung in § 76 I gelten die PKH-Vorschriften entspr. Daher s § 121 ZPO Rn 9 f. 20

VII) Gebühren. Des beigeordneten RA: §§ 45 ff RVG. Zur Vergütung des RA, der in Scheidungs- u Lebenspartnerschaftssachen dem Ag beigeordnet ist (§ 39 RVG), s § 138 Rn 7. 21

§ 79 (weggefallen)

Abschnitt 7
Kosten (§§ 80-85)

§ 80 Umfang der Kostenpflicht

[1]Kosten sind die Gerichtskosten (Gebühren und Auslagen) und die zur Durchführung des Verfahrens notwendigen Aufwendungen der Beteiligten. [2]§ 91 Abs. 1 Satz 2 der Zivilprozessordnung gilt entsprechend.

1 **I) Anwendungsbereich.** Nur in den fG-FamSachen (Kindschafts- [§§ 151 ff], Abstammungs- [§§ 169 ff, beachte § 183 bei der Vaterschaftsanfechtung], Adoptions- [§§ 186 ff], Ehewohnungs- u Haushalts- [§§ 200 ff], Gewaltschutz- [§§ 210 ff], VersAusgl- [§§ 217 ff] und den vergleichbaren [§ 270] Lebenspartnerschaftssachen [§ 269]). – In den Ehe- u FamStreitsachen gelten vorrangig § 132 [Ehesache, Aufhebung der Ehe], § 150 [Verbund, Scheidungs- u Folgesachen], § 243 [Unterhalt]; iÜ über § 113 I 2 die §§ 91 ff, § 97 ZPO. – Entspr anwendbar sind die §§ 80-82, § 84 im VollstrVerf (§ 87 V, s § 87 Rn 10) und die §§ 80 ff in den einstw Anordnungsverf, die fG-FamSachen (§ 51 IV; s § 51 Rn 18).

2 **II) Gerichtskosten (§ 80 S 1).** Der Anfall dieser Kosten (Legaldefinition: Geb und Auslagen) ist im FamGKG geregelt. Ausnahmen: das Mahnverf, für das das GKG gilt (§ 1 S 3 FamGKG); ebenso werden für Handlungen durch das Vollstreckungs- und Arrestgericht Geb u Auslagen nach dem GKG erhoben (KV-FamGKG Vorbem 1.6 S 2; Vorbem 2 IV). – In einzelnen Verf besteht die Pflicht zum Vorschuss und zur Vorauszahlung (§§ 12-17 FamGKG) sowie die Kostenhaftung des ASt (§ 21 FamGKG), also eine Zahlungspflicht bereits ohne gerichtl Entscheidung. Die weiteren Kostenschuldner sind in § 24 FamGKG aufgeführt (Entscheidungs-, Übernahme-, Vollstreckungsschuldner sowie der kraft Gesetzes Haftende), die Rangfolge bestimmt § 26 FamGKG, Streitgenossen haften als Gesamtschuldner (§ 27 FamGKG). Zu den Einzelheiten s Feskorn in Rahm/Künkel, Hdb Familien- und Familienverfahrensrecht, Teil I 14 C.

3 **III) Notwendige Aufwendungen (§ 80 S 1).** Zur Durchführung des Verf sind Aufwendungen als notwendig anzuerkennen, wenn sie in dem Zeitpunkt, in dem sie getätigt wurden, obj aufzuwenden waren, also ein verständiger und wirtschaftl vernünftiger Beteiligter die Kosten auslösende Maßnahme damals **als sachdienlich ansehen** durfte (BGH FamRZ 2017, 643; BGH MDR 2003, 413). Auch in den fG-Verf gilt der allg Grundsatz (s § 91 ZPO Rn 12) der **Kosten sparenden Verfahrensführung** (BGH FamRZ 2025, 291; BGH FamRZ 2017, 643). Über die **Notwendigkeit** von Kosten wird im Kostenfestsetzungsverfahren entschieden, soweit nicht bereits in der Kostengrundentscheidung bindende Anordnungen getroffen worden sind (BGH FamRZ 2025, 291). Sa § 85 Rn 1.

4 **IV) Außergerichtliche Kosten eines Beteiligten (§ 80 S 2).** § 80 S 2 verweist auf § 91 I 2 ZPO; danach sind die Kosten, die durch **Zeitversäumnis** eines Beteiligten für notwendige Reisen und Terminswahrnehmungen entstanden sind, zu erstatten (Weiterverweisung in § 91 ZPO auf das JVEG). S 2 dient nur einer Klarstellung. Diese Kosten ließen sich auch unter die „notwendigen Aufwendungen" des S 1 subsumieren. Zu Einzelheiten s § 91 ZPO Rn 13.79 (Reisekosten), § 91 ZPO Rn 13.116 (Zeitversäumnis). – Mangels einer Verweisung auf § 91 II 1 ZPO sind **RA-Kosten** nicht in jedem Fall erstattungsfähig. Über die Notwendigkeit wird im Kostenfestsetzungsverfahren (§ 85) entschieden, soweit nicht bereits in der Kostengrundentscheidung bindende Anordnungen getroffen worden sind (BGH FamRZ 2025, 291). Es kommt darauf an, ob die Hinzuziehung eines RA zur Wahrung der Interessen des Beteiligten geboten war (BGH FamRZ 2025, 291; BGH FamRZ 2017, 643). Das ist der Fall, wenn der Erstattungsberechtigte das konkrete Verf nach seinen Kenntnissen und Fähigkeiten ohne die Gefahr eines Rechtsnachteils zum Zeitpunkt der Beauftragung nicht ohne anwaltl Hilfe führen konnte (BGH FamRZ 2025, 291). Ein **Indiz** dafür ist, wenn der Erstattungspflichtige seinerseits einen RA beauftragt hat (BGH FamRZ 2025, 291). Unerhebl ist, wenn sich erst nachträgl im Laufe des Verf, dh nach Beauftragung des RA, herausstellt, dass die Sache keine bes rechtl Schwierigkeiten aufweist (OLG Koblenz NJW-RR 96, 1256). Grds **nicht erforderlich** ist ein RA für die Einholung einer familiengerichtl Genehmigung (KG MDR 89, 744) oder die Bestellung eines Ergänzungspflegers (OLG München Rpfleger 92, 347). Grds nicht erforderl ist RA für **rechtskundige Behörden** usw iSv § 10 II Nr 1, also zB Jugendamt (OLG Frankfurt FamRZ 2021, 633), öff-rechtl Versorgungsträger oder den Beteilgten, der **selbst Rechtsanwalt** ist (OLG Frankfurt FamRZ 2018, 1106; KG FamRZ 2004, 1385).

§ 81 Grundsatz der Kostenpflicht

(1) [1]*Das Gericht kann die Kosten* des Verfahrens nach billigem Ermessen den Beteiligten ganz oder zum Teil auferlegen. [2]Es kann auch anordnen, dass von der Erhebung der Kosten abzusehen ist. [3]In Familiensachen ist stets über die Kosten zu entscheiden.

(2) Das Gericht soll die Kosten des Verfahrens ganz oder teilweise einem Beteiligten auferlegen, wenn

1. **der Beteiligte durch grobes Verschulden Anlass für das Verfahren gegeben hat;**
2. **der Antrag des Beteiligten von vornherein keine Aussicht auf Erfolg hatte und der Beteiligte dies erkennen musste;**
3. **der Beteiligte zu einer wesentlichen Tatsache schuldhaft unwahre Angaben gemacht hat;**
4. **der Beteiligte durch schuldhaftes Verletzen seiner Mitwirkungspflichten das Verfahren erheblich verzögert hat;**
5. **der Beteiligte einer richterlichen Anordnung zur Teilnahme an einem kostenfreien Informationsgespräch über Mediation oder über eine sonstige Möglichkeit der außergerichtlichen Konfliktbeilegung nach § 156 Absatz 1 Satz 3 oder einer richterlichen Anordnung zur Teilnahme an einer Beratung nach § 156 Absatz 1 Satz 4 nicht nachgekommen ist, sofern der Beteiligte dies nicht genügend entschuldigt hat.**

(3) Einem minderjährigen Beteiligten können Kosten in Kindschaftssachen, die seine Person betreffen, nicht auferlegt werden.

(4) Einem Dritten können Kosten des Verfahrens nur auferlegt werden, soweit die Tätigkeit des Gerichts durch ihn veranlasst wurde und ihn ein grobes Verschulden trifft.

(5) Bundesrechtliche Vorschriften, die die Kostenpflicht abweichend regeln, bleiben unberührt.

Lit: *Dürbeck*, Zur Pflicht des Jugendamtes, Gerichtskosten zu tragen, ZKJ 2017, 19.

I) Grundsätze. 1) Überblick. In FamSachen ist stets eine Entscheidung über die Kosten des Verf zu treffen (I 3); zu dem Fall, dass ein Verf auf eine Anregung nicht eingeleitet wird, s § 24 Rn 2. Bei der Kostenentscheidung ist dem Gericht Ermessen („kann", I 1) eingeräumt, das aber durch II („soll") reduziert wird. – Im Verbund (§ 137) verdrängt § 150 den § 81. – In Antragsverf haftet der ASt nach grds § 21 I 1 FamGKG (s dort auch die Ausnahmen) für die gerichtl Geb unabhängig von der Entscheidung nach I 3. 1

2) Kostenpflichtige und -berechtigte. Kostenpflichtig können nur die formell (BGH FamRZ 2017, 50) **Beteiligten** (§ 7 I-III; Abgrenzung in § 7 VI; auch eine Behörde: § 8 Nr 3) sein, also nicht Personen oder Behörden, die nur informieren oder angehört werden, ebenso wenig Vertreter (BGH FamRZ 2017, 50), solange sie nicht eigene (Vergütungs-)Ansprüche geltend machen, auch nicht die Staatskasse (OLG Düsseldorf FamRZ 2018, 450; OLG Nürnberg FamRZ 2013, 2006; OLG München FamRZ 2014, 236). Stellt die Behörde aber einen Antrag iSv § 23 oder legt **Beschwerde** ein, wird sie Beteiligter iSv § 81 (OLG Köln FamRZ 2022, 1463; OLG Celle FamRZ 2012, 1896; BGHZ 31, 92). Für das **Jugendamt** gilt insb: keine Kostenpflicht mögl bei Anhörung nach § 162 I. Ist es selbst Beteiligter, zB als Amtsvormund (BGH FamRZ 2017, 50) oder nach § 162 II (Katzenstein FPR 2011, 20, 22), wenn es gem § 162 I 2 (KG FamRZ 85, 526; BayObLG FamRZ 89, 652) oder im eigenen Namen (KG FamRZ 2010, 1998) Beschwerde einlegt, kommt Kostenauferlegung in Betracht, aber – auch angesichts der Wertung von § 64 III 2 SGB X – nur unter engen Voraussetzungen, insb den Fällen von II (BGH FamRZ 2017, 50; OLG Celle FamRZ 2012, 1896; weitergehend wohl KG FamRZ 2024, 1030, 1033). Sonderregelung für den Verfahrensbeistand in § 158 VIII, § 21 I 2 Nr 4 FamGKG; diese Privilegierung gilt nicht in Verf über seine Vergütung (OLG Brandenburg FamRZ 2018, 1855; OLG Celle FamRZ 2013, 573). – **Erstattungsgläubiger** kann nur sein, wer sich als materiell Beteiligter oder auf Grund sonstiger (Beschwerde-)Berechtigung rechtmäßig am Verf beteiligt hat (OLG Bremen FamRZ 2018, 296; BayObLG NJWE-FER 2000, 320). – Die Anordnung einer Erstattung der notwendigen Aufwendungen eines Beteiligten setzt voraus, dass mehrere Personen mit gegensätzl oder **unterschiedlichen Interessen** beteiligt sind (BGH FamRZ 2025, 622). Anders bei den Gerichtskosten; hier können Geb und Auslagen auch bei gleichen Interessen abw verteilt werden, wenn dies der Billigkeit entspricht. 2

3) Kostenpflicht Dritter (§ 81 IV). Sie kommt vor allem in Betracht, wenn ein Dritter im eigenen Interesse und in Kenntnis der tatsächl Lage das Gericht **zu unberechtigten Maßnahmen veranlasst** oder zu veranlassen versucht. Es reicht aus, wenn durch falsche Angaben ein Teil des gerichtl Verf beeinflusst, zB eine Beweisaufnahme erforderl wird (BTDrs 16/6308, 216), oder ein Verf **ohne rechtfertigenden Grund** veranlasst wird (OLG Stuttgart FamRZ 2024, 1971). Bsp: Kostenpflicht von Krankenhaus (AG Erfurt FamRZ 2021, 714) oder Bank (LG Hamburg FamRZ 2018, 773; LG Duisburg FamRZ 2020, 371) für Betreuungsverf nach offensichtl unberechtigter Zurückweisung einer Vorsorgevollmacht. Vor einer entspr Entscheidung ist **rechtliches Gehör** zu gewähren (BVerfG FamRZ 2022, 1954). Das Verschulden eines Bevollmächtigten ist zuzurechnen. Handelt es sich bei dem Dritten um eine **juristische Person**, sind die Kosten wegen des Charakters als verschuldensbezogene Sanktion der handelnden natürl Person aufzuerlegen (OLG Stuttgart FamRZ 2024, 1971). 2a

4) Kostenhaftung Minderjähriger (§ 81 III). Sie besteht gem III nicht in Kindschaftssachen (Definition in § 151), die ihre **Person betreffen.** Bsp: Entscheidungen zum Umgang (§ 1684 BGB), zur Personensorge (vor allem Aufenthaltsbestimmungsrecht, Gesundheitsfürsorge), Verbleibensanordnungen (§ 1632 IV BGB). Abstammungssachen gem § 169 sind davon nicht erfasst (OLG Brandenburg FamRZ 2023, 549), damit (BTDrs 17/10490, 19; OLG Hamburg FamRZ 2022, 888) in ihnen dem Kind Kosten, zB bei erfolglosem Feststellungsantrag, auferlegt werden können. – Zulässig ist die Auferlegung von Kosten in Verf, die allein das **Vermögen** des 2b

Kindes betreffen. Das sind vor allem Entscheidungen zur Vermögenssorge, auch nach § 1667 BGB, aber auch andere vermögensrechtl Angelegenheiten, zB Genehmigungen nach §§ 1821 f BGB. Wenn sowohl die Person als auch das Vermögen betroffen sind, kann das Kind nach dem Zweck der Regelung mit Kosten nicht belastet werden. – Die **Minderjährigkeit** bestimmt sich nach § 2 BGB (MK-FamFG/Schindler Rn 60). Bei Auslandsberührung ist das anzuwendende Sachrecht maßgebend, wobei entspr § 9 V FamFG, § 55 ZPO von einer Volljährigkeit auszugehen ist, wenn das in Deutschland lebende Kind 18 Jahre alt, nach dem anzuwendenden ausl Sachrecht aber noch mindj ist (MK-FamFG/Schindler Rn 61.

3 **5) Entscheidung.** Entschieden wird, wie in der ZPO, in einer einheitl Kostengrundentscheidung und zwar in der **Endentscheidung** (§ 38 I 1, § 82). Es ist für alle Kosten nach Bruchteilen oder Prozentwerten zu quoteln, sofern nicht ein Beteiligter alle Kosten tragen soll; Kopfteilhaftung entspr § 100 ZPO (OLG Düsseldorf ErbR 2019, 52) oder Gesamtschuld sind dabei anzuführen, da eine ges Regelung wie in § 100 ZPO fehlt. Ohne Ausspruch ist Kopfteilhaftung anzunehmen (BayObLGR 92, 28 LS). Unbenommen bleibt dem Gericht, einem Beteiligten und abw von einer Quote iÜ bestimmte Kostenpositionen alleine zuzuordnen (s § 92 ZPO Rn 2, 5, zB die Auslagen einer Beweisaufnahme, OLG München MDR 2012, 855) oder solche von der Erstattung auszunehmen. Zu unzulässigen Tenorierungen und Auslegungsfragen s § 92 ZPO Rn 5; § 104 ZPO Rn 21.16. – Über die **Notwendigkeit von Kosten** wird im Kostenfestsetzungsverfahren entschieden, soweit nicht bereits in der Kostengrundentscheidung bindende Anordnungen getroffen worden sind (BGH FamRZ 2025, 291).

4 **II) Kosten des Verfahrens.** Das sind die in § 80 genannten (s dort). Im Fall § 165 V 2 gehören die Kosten des Vermittlungsverf zu den Kosten des anschließenden Verf (§ 165 V 3), fallen also zusätzl in die Kostenpflicht. Gleiches gilt für die Kosten, die durch die Anrufung eines unzuständigen Gerichts entstanden sind (§ 3 IV). Sie sind Teil der Kosten, die beim Gericht, an das verwiesen wird, anfallen; Mehrkosten-Erhebung nach § 6 III 1 FamGKG mögl. Bei Abgabe in den Verbund (dann Kostenentscheidung nach § 150) wird die Regelung in § 281 III 1 ZPO übernommen (s zB § 268).

5 **III) Absehen von einer Kostenerhebung (§ 81 I 2).** Es kann von der Erhebung der Gerichtskosten der Instanz insgesamt (OLG Karlsruhe FamRZ 2024, 1365 für Beschwerdeinstanz) oder einzelner Kosten, insb Auslagen, (OLG Bremen FamRZ 2024, 1962 für Kosten Verfahrensbeistand) abgesehen werden, zB bei Entstehung durch unrichtige Sachbehandlung (BGH FamRZ 2015, 570; OLG Bremen FamRZ 2024, 1962). Ein Absehen hinsichtl aller Kosten kommt in zu Gunsten der Eltern entschiedenen Kindesschutzverf in Betracht (OLG Schleswig FamRZ 2023, 1053; OLG Celle FamRZ 2012, 1896).

6 **IV) Ermessen (§ 81 I).** Bei der Anordnung, dass **notwendige Aufwendungen** zu erstatten seien, ist Zurückhaltung geboten. Zwar ist § 81 kein Regel-Ausnahmeverhältnis für die Verteilung der Kosten zu entnehmen (BGH MDR 2016, 164; BGH FamRZ 2014, 744). In der Sache bleibt es aber trotz der teilw hervorgehobenen (BGH MDR 2016, 164; KG – 9. ZS – MDR 2015, 675; OLG Schleswig FamRZ 2013, 719) Abkehr von dem früher nach § 13a FGG geltenden Grundsatz, dass jeder Beteiligte seine Kosten selbst zu tragen hat, dabei, dass die Auferlegung von Kosten voraussetzt, dass dies der Billigkeit entspricht. Anderenfalls fehlt es an einer Rechtfertigung für die Auferlegung außergerichtl Kosten, diese hat also jeder Beteiligte selbst zu tragen (BGH FamRZ 2025, 622; OLG Bamberg FamRZ 2023, 1054; OLG Karlsruhe FamRZ 2023, 786; OLG Frankfurt FamRZ 2013, 1979; OLG Köln MDR 2012, 289; OLG Celle FamRZ 2010, 1840; eingehender PH/Feskorn Rn 9). Bei der Entscheidung über die Gerichtskosten und die außergerichtl Kosten sind sämtl relevanten Gesichtspunkte zu berücksichtigen (BGH FamRZ 2025, 622), zB die Verfahrensart, die Beteiligtenrolle, die jew wirtschaftl Verhältnisse (OLG Stuttgart FamRZ 2024, 1971; aA OLG Karlsruhe FamRZ 2024, 1966), die Bedeutung der Sachentscheidung für einen Beteiligten, das Verhalten im Verf und der Anlass für das Verf (BGH FamRZ 2014, 744; OLG Karlsruhe FamRZ 2024, 483; OLG Düsseldorf FamRZ 2014, 685). In **echten Streitverfahren** (s vor § 23 Rn 4) entspricht idR eine Orientierung am Erfolg der Beteiligten der Billigkeit (BGH FamRZ 2014, 744; KG MDR 2015, 675; OLG München MDR 2012, 855). In Verf gem **§§ 33, 34 VersAusglG** kann es aber der Billigkeit entsprechen, dass jeder Ehegatte seine außergerichtl Kosten und die Hälfte der Gerichtskosten trägt (OLG Bremen FamRZ 2020, 685). In **Amtsverfahren** ist mit der Auferlegung außergerichtl Kosten eher Zurückhaltung geboten (BayObLG FamRZ 2000, 971), ebenso zwischen **Familienangehörigen** (OLG Frankfurt FamRZ 2013, 1979; OLG Celle FamRZ 2010, 1840). In **Sorge- und Umgangssachen** entspricht es regelmäßig der Billigkeit, die Gerichtskosten – einschl evtl Auslagen zB für Gutachten – zwischen den Eltern (das Kind ist gem III nicht zu belasten) hälftig zu teilen und die Erstattung außergerichtl Kosten nicht anzuordnen (OLG Brandenburg FamRZ 2022, 1871; OLG Köln FamRZ 2022, 1552; OLG Düsseldorf FamRZ 2021, 876; OLG Bamberg FamRZ 2020, 1401; OLG Frankfurt FamRZ 2020, 1109; aA OLG Brandenburg FamRZ 2015, 1050 für auf Antrag oder Anregung eingeleitete Verf); entspr gilt bei Verf um Großelternumgang (OLG Frankfurt FamRZ 2021, 1142). Eine Kostenlast von **Pflegeeltern** ist idR (Bsp für eine Ausnahme OLG Hamm FamRZ 2015, 1226 im Fall einer Verbleibensanordnung gem § 1632 IV BGB) nicht gerechtfertigt (OLG Karlsruhe FamRZ 2024, 1142; OLG München FamRZ 2015, 1745 für Umgangsverf; OLG Stuttgart FamRZ 2012, 1401 für Verbleibensanordnung). Dasselbe gilt, wenn sonst in Verf **keine eigenen Interessen** verfolgt werden (OLG Bamberg FamRZ 2023, 599; OLG Frankfurt FamRZ 2023, 542; OLG Hamm FamRZ 2012, 810, je für Unterbringungsverf). Zur sehr einzelfallbezogenen Rspr in **Abstammungssachen** s PH/Feskorn Rn 14b. Berücksichtigt werden können auch die

wirtschaftlichen Verhältnisse der Beteiligten, wobei schlechten Verhältnissen primär durch die VKH Rechnung zu tragen ist, deren Regelung nicht unterlaufen werden darf (OLG Nürnberg FamRZ 2021, 52; KG MDR 2012, 473; OLG Celle FamRZ 2011, 1894 LS). Eine **Mehrkostenüberbürdung** wie in § 281 III 2 ZPO bei der Verweisung oder eine Kostentrennung wie in § 238 IV ZPO bei der WE ist nicht vorgesehen. Diese Gesichtspunkte können aber bei der Ermessensausübung eine Rolle spielen. Eine **Antragsrücknahme** allein rechtfertigt eine Kostenlast nicht (s § 83 Rn 6). Gleichzeitiges Betreiben von **Anordnungs- und Hauptsacheverfahren** rechtfertigt Kostenlast nicht (OLG Brandenburg FamRZ 2022, 890).

V) „Soll"-Entscheidungen (§ 81 II). Liegen die Voraussetzungen von II vor, ist im Regelfall eine Kostenlast auszusprechen (OLG Celle FamRZ 2011, 1894). II ist aber **keine abschließende** Aufzählung der die alleinige Kostenpflicht rechtfertigenden Gesichtspunkte (OLG Schleswig NJW-RR 2011, 576). Für alle Alternativen verzichtet das Gesetz bewusst darauf, das Gericht auf die Überbürdung **kausal** durch das Verhalten des Beteiligten entstandener Kosten zu beschränken (OLG Celle FamRZ 2020, 1765; KG FamRZ 2016, 485; OLG Schleswig FamRZ 2016, 1481), wobei bei II Nrn 3-5 eine Orientierung an diesen nahe liegt (näher PH/Feskorn Rn 20). Soweit auf ein **Verschulden** des Beteiligten abgestellt wird, ist ihm das seines Verfahrensbev zuzurechnen (OLG Brandenburg FamRZ 2008, 1267 zu § 13a FGG). Ein Verschulden ist vom Gericht **von Amts wegen** (§ 26) festzustellen. Im Rahmen seiner Mitwirkungspflicht (§ 27) obliegt es dem Beteiligten aber, ihn entlastende Gesichtspunkte vorzubringen, sofern Indizien für ein Verschulden sprechen (OLG Schleswig FamRZ 2016, 1481). Dies ist etwa die Nichtteilnahme an einer Beratung nach II Nr 5 oder eine ersichtl unwahre Angabe iSv II Nr 3. 7

1) § 81 II Nr 1. Grobes Verschulden als Verfahrensanlass. Grobes Verschulden verlangt Vorsatz oder eine Außerachtlassung der nach den Umständen erforderl Sorgfalt in ungewöhnl großem Maße unter Nichtbeachtung dessen, was jedem einleuchten muss (OLG Bremen FamRZ 2022, 1125; KG FamRZ 2021, 1143; OLG Frankfurt FamRZ 2013, 1979). In Betracht kommt auch eine Anwendung bei einer pflichtwidrigen Unterlassung, sofern eine Pflicht zum Handeln besteht (MK-FamFG/Schindler Rn 41). 8

2) § 81 II Nr 2. Erkennbar fehlende Erfolgsaussichten. Anzuwenden nur auf **Antragsverfahren** iSv § 23 (KG FamRZ 2021, 1143; OLG Frankfurt FamRZ 2022, 798: nicht Umgang; zu Antragsverf s § 23 Rn 1 f), in Amtsverf kommt nur eine Anwendung von II Nr 1 in Betracht (für entspr Anwendung von Nr 2: OLG Hamm FamRZ 2024, 721). Die Erfolgsaussicht fehlt von vornherein, wenn die (zurückweisende) Entscheidung sofort und ohne Anhörung eines weiteren Beteiligten mögl ist (OLG Karlsruhe FamRZ 2023, 786; OLG Brandenburg FamRZ 2022, 1871; OLG Hamm FamRZ 2014, 686). Die Erkennbarkeit wird – zumindest bei nicht anwaltl vertretenem Beteiligten – immer dann fehlen, wenn dafür (wie idR) Rechtskenntnisse erforderl sind und die Rechtslage nicht völlig eindeutig ist. Maßgebend ist die Beurteilung **bei Antragstellung**. Sofern der Beteiligte bereits zu diesem Zeitpunkt anwaltl vertreten war, ist es gerechtfertigt, hinsichtl der Erkennbarkeit der Erfolglosigkeit – wie beim Verschulden (s Rn 7) – auf die Kenntnis des RA abzustellen (vgl OLG Brandenburg FamRZ 2008, 1267). 9

3) § 81 II Nr 3. Schuldhaft unwahre Angaben zu einer wesentlichen Tatsache. „Unwahre Angaben" sind neben Falschangaben (zB OLG Hamburg FamRZ 2022, 1298 bzgl Drogenkonsum) auch das Verschweigen erforderl Angaben (vgl zB OLG Düsseldorf FamRZ 2021, 877; aA OLG Karlsruhe MDR 2024, 1590), zB eines Mehrverkehrs durch die Mutter im Abstammungsverfahren (OLG Brandenburg FamRZ 2018, 1018). Ein *grobes* Verschulden ist nicht notwendig (KG FamRZ 2021, 1143). Der Beteiligte hätte die Unwahrheit also zumindest iSe Fahrlässigkeitsvorwurfs bei sorgfältiger Vorgehensweise erkennen müssen (KG FamRZ 2021, 1143). Um eine „wesentl" Tatsache handelt es sich, wenn durch sie der **Verfahrensverlauf beeinflusst** wurde (OLG Jena FamRZ 2012, 1898; OLG Naumburg FamRZ 2014, 687), insb die Anberaumung eines Termins oder eine Beweisaufnahme erforderl geworden sind. Wenn dies bei rechtzeitig richtigem Sachvortrag entbehrl gewesen wäre, sollte der Beteiligte mit den dadurch entstandenen Mehrkosten belastet werden (idS OLG Hamburg ErbR 2020, 475). Mindestens sind ihm die durch das Aufdecken der unwahren Angaben veranlassten Kosten aufzuerlegen. 10

4) § 81 II Nr 4. Erhebliche Verzögerung durch schuldhaftes Verletzen von Mitwirkungspflichten. Durch diese Regelung soll ein Verstoß gegen die in § 27 normierte Mitwirkungspflicht kostenrechtl sanktioniert werden können. Bsp: verweigerte (KG FamRZ 2016, 485; OLG Schleswig FamRZ 2016, 1481) oder sehr verzögerl (OLG Celle FamRZ 2020, 1765) Mitwirkung bei SV-Gutachten. Keine Kostensanktion aber, wenn das Gericht durch eigenes Handeln die Verzögerung noch hätte verhindern können (KG FamRZ 2016, 485; sa § 296 ZPO Rn 14a). – Wann eine **Verzögerung erheblich** ist, hängt von dem Einzelfall ab. Die tatsächl, durch die Verzögerung eingetretene Verfahrensdauer ist in Relation zu setzen zu der bei einer rechtzeitigen Erfüllung der Mitwirkungspflicht. Ob die Verzögerung „erhebl" ist, ist neben der absoluten Zeitdauer nach dem Verhältnis zu der gesamten Verfahrensdauer und unter Berücksichtigung eines evtl **Eilbedürfnisses** zu beurteilen (OLG Celle AGS 2014, 533): Wenn eine kurzfristige Entscheidung erforderl ist, wirkt sich eine Verzögerung von zB 1 Monat deutl stärker aus als in Verf, in denen kein bes Eilbedürfnis besteht. – Die Pflicht zur Amtsermittlung (§ 26) erstreckt sich auch auf geltend gemachte **Entschuldigungsgründe**, wobei den Beteiligten eine Mitwirkungspflicht (§ 27, s § 27 Rn 2) durch nachvollziehbare Darlegung trifft (OLG Schleswig FamRZ 2016, 1481). – Die Kosten können „ganz oder teilweise" auferlegt werden. Eine **Quote** kann sich an der Dauer der Verzögerung orientieren. Hat sie aber nicht nur die Zeit gedehnt, sondern zusätzl Kosten verursacht, bietet sich an, diese Mehrkosten der Nr 4 zu unterwerfen (OLG Jena FamRZ 2012, 1898), auch wenn das Verursacherprinzip nach dem Willen des Gesetz- 11 gebers nicht zwingend ist (s Rn 7). Die überwiegende Rspr (vgl OLG Celle FamRZ 2020, 1765; KG FamRZ 2016, 485; OLG Schleswig FamRZ 2016, 1481) legt dem Beteiligten idR die gesamten Kosten auf.

12 **5) § 81 II Nr 5. Unentschuldigtes Versäumen einer angeordneten Teilnahme an einer Beratung.** Eine vergleichbare Regelung enthält § 150 IV für § 135 I. Sie knüpft an die Pflicht zur Teilnahme an einer Beratung usw in Kindschaftssachen an und flankiert damit das Ziel des Gesetzes, in diesen Verf vornehml auf eine Einigung hinzuwirken. Erfasst sind kostenfreie Informationsgespräche über Mediation sowie die von § 156 I 3 und 4 erfassten Möglichkeiten der gütl Streitbeilegungin **Kindschaftssachen**. In den übrigen Verf kann das Gericht gem § 36a eine Mediation usw nur vorschlagen, nicht aber eine Beratung darüber anordnen. – **Voraussetzung** für die Auferlegung von Kosten ist in allen Fällen, dass der Beteiligte an der Beratung bzw dem Informationsgespräch trotz Anordnung des FamG schuldhaft (s Rn 7) **nicht teilgenommen** hat. Nur diese Verweigerung der Teilnahme kann durch Auferlegung von Kosten sanktioniert werden, nicht aber das Verhalten in einem danach aufgenommenen Einigungsverf. Problematisch ist, in welchem **Umfang** demj, der an der Beratung unentschuldigt nicht teilnimmt, Kosten aufzuerlegen sind (sa Rn 7). In Betracht kommen vornehml die nach der nicht durchführbaren Beratung bzw dem nicht durchführbaren Informationsgespräch entstandenen Kosten.

13 **VI) Abweichende Regelungen (§ 81 V).** Solche enthalten die §§ 132, 150, 243 (s § 80 Rn 1) sowie § 183 für Abstammungssachen. – Zu weiteren bundesrechtl Vorschriften s PH/Feskorn Rn 31.

14 **VII) Rechtsmittel.** Ein Rechtsmittel gegen die Hauptsache erfasst die Kostenentscheidung. Die isolierte Anfechtung der Kostenentscheidung ist auch zulässig (s § 58 Rn 4 ff). Es gelten §§ 58 ff. Zum erforderl Wert des Beschwerdegegenstandes s § 61 Rn 6. Das Gericht kann (nur) im Kostenpunkt die Beschwerde zulassen (§ 61 II). In konsequenter Umsetzung einer Entscheidung des BGH zu § 93a ZPO aF (BGH FamRZ 2007, 893) ist die Ermessensentscheidung des FamG durch das OLG nur auf **Ermessensfehler** zu überprüfen (so zB OLG München FamRZ 2025, 63; OLG Düsseldorf FamRZ 2020, 1940; OLG Koblenz FamRZ 2020, 1906; OLG Celle FamRZ 2020, 1765; OLG Hamm MDR 2013, 469; OLG Frankfurt FamRZ 2013, 1979; eingehend s PH/Feskorn Rn 36). Es hat danach nur dann eine eigene Ermessensentscheidung zu treffen, wenn das FamG sein Ermessen nicht (OLG Koblenz FamRZ 2020, 1906; OLG Naumburg FamRZ 2015, 1225 LS) oder fehlerhaft (OLG Frankfurt FamRZ 2013, 1979) ausgeübt hat. Da diese beschränkte Überprüfung aber im Widerspruch dazu steht, dass das OLG in der Hauptsache ein Ermessen selbst auszuüben hat (BGH FamRZ 2017, 97), geht eine wohl im Vordringen befindl Ansicht von einer vollen Überprüfbarkeit aus (so zB OLG Karlsruhe FamRZ 2023, 786; OLG Nürnberg MDR 2023, 532; OLG Frankfurt FamRZ 2021, 1142; OLG Düsseldorf FamRZ 2021, 876; OLG Bamberg FamRZ 2020, 1401). – Gegen die Kostenentscheidung des OLG ist (nur) die **Rechtsbeschwerde** statthaft, die zugelassen sein muss (BGH FamRZ 2021, 538).

§ 82 Zeitpunkt der Kostenentscheidung

Ergeht eine Entscheidung über die Kosten, hat das Gericht hierüber in der Endentscheidung zu entscheiden.

Der RefE eines G zur Änderung des Zuständigkeitsstreitwerts der AG, zum Ausbau der Spezialisierung der Justiz in Zivilsachen sowie zur Änderung weiterer prozessualer Regelungen sieht als § 84a eine Regelung vor, dass bei einer nach Erlass der Entscheidung erfolgten Änderung des Gebührenwerts binnen 6 Monaten vAw auch die Kostenentscheidung geändert werden kann. Zeitnah zum Inkrafttreten des G finden Sie eine Kommentierung der Änderung in der Online-Version des Zöller (Ihre persönlichen Zugangsdaten s zu Beginn des Werkes).

1 Die in FamSachen gem § 81 I 3 notwendig zu treffende Kostenentscheidung hat (erst) in der **Endentscheidung** (Begriff: § 38 I 1) zu ergehen; dies gilt auch für das Verf der einstw Anordnung (§ 51 III 1, IV). Allein das interne Weglegen der Akte durch das Gericht rechtfertigt nicht den Erlass einer Kostenentscheidung (OLG Düsseldorf FamRZ 2018, 49; OLG Zweibrücken FamRZ 2011, 1750). – Ausnahmen: keine Kostenentscheidung bei der **Zurückverweisung** durch das Rechtsmittelgericht, es sei denn, die Kostenfrage kann von dem Rechtsmittelgericht bereits abschließend geklärt werden (s § 69 Rn 12). Zur Entscheidung durch die Vorinstanz s § 84 Rn 8. – Bei einer den Verfahrensgegenstand **teilweise erledigenden** Entscheidung kann – wie bei einem Teilurteil (s § 301 ZPO Rn 21) – keine Kostenentscheidung ergehen. Hiervon kann eine Ausnahme gemacht werden für die notw Aufwendungen eines Beteiligten, wenn dieser aus dem Verf ganz ausscheidet (MK-FamFG/Schindler Rn 3). – Keine Kostenentscheidung bei Verweisung (§ 3), bei Abgabe in den Verbund (§ 268), im Vermittlungsverf (§ 165 V 3), im vereinf Verf über den Unterhalt Mindj bei Einwendungen (§ 255 V).

2 Bei erkennbar versehentl nicht tenorierter Entscheidung ist **Berichtigung** gem § 42 eröffnet (s § 319 ZPO Rn 29), bei unterlassener Entscheidung **Ergänzung** des Beschlusses gem § 43. Zwar hat das Gericht in FamSachen vAw über die Kosten zu entscheiden (§ 81 I 3), dennoch muss die Ergänzung beantragt werden (s § 43 Rn 2). – Wird eine Entscheidung abgelehnt: Beschwerde, §§ 58 ff.

3 **Rechtsmittel** gegen die Kostenentscheidung s § 58 Rn 4 f; § 61 Rn 6.

§ 83 Kostenpflicht bei Vergleich, Erledigung und Rücknahme

(1) [1]Wird das Verfahren durch Vergleich erledigt und haben die Beteiligten keine Bestimmung über die Kosten getroffen, fallen die Gerichtskosten jedem Teil zu gleichen Teilen zur Last. [2]Die außergerichtlichen Kosten trägt jeder Beteiligte selbst.

(2) Ist das Verfahren auf sonstige Weise erledigt oder wird der Antrag zurückgenommen, gilt § 81 entsprechend.

I) Vergleich (§ 83 I). 1) Begriff. Für eine Kostenentscheidung gem § 83 I sind übereinstimmende, eindeutig auf einen Vergleich gerichtete Erklärungen der Beteiligten erforderl (OLG Zweibrücken MDR 2025, 254). 1

2) Gerichtlicher Vergleich. Enthält er eine Kostenregelung, ist diese maßgebend. Ohne Einigung über die Kosten haben nach I kraft Gesetzes alle Beteiligten die Gerichtskosten zu gleichen Teilen zu tragen, außergerichtl Kosten sind nicht zu erstatten. Zur sog „negativen" Kostenregelung s § 98 ZPO Rn 3 sowie PH/Feskorn Rn 3. 2

3) Außergerichtlicher Vergleich. Er beendet das Verf nicht selbst, dieses ist ggf für erledigt zu erklären. Daher ist grds (Ausnahme s § 98 ZPO Rn 5) I nicht anwendbar, vielmehr über II § 81 (OLG Bremen FamRZ 2013, 1926). 3

4) „Jeder Teil". Dies bedeutet „jeder Beteiligte". Der Kopfteil richtet sich nach der Zahl der insgesamt formell Beteiligten (dazu §§ 7, 8 Nr 3), ungeachtet wie viele bei widerstreitenden Interessen auf welcher Seite stehen. Ist ein Beteiligter kostenfrei (§ 2 FamGKG), erhöht dies nicht die Quote der Übrigen. 4

II) Erledigung (§ 83 II Alt 1). Zum Begriff s § 62 Rn 3. Nur ein Verf, das der Disposition der Beteiligten unterliegt, kann gem § 22 III, IV für erledigt erklärt werden (OLG Braunschweig 11.2.2025 – 10 W 2/25, FamRZ 2025, 954). Ansonsten erfolgt die Feststellung vAw (OLG Frankfurt FamRZ 2014, 53); näher PH/Fritzsche § 22 Rn 11 ff. Gem II bestimmt sich die Kostenentscheidung nach § 81 (s § 81 Rn 5 ff). Für die Kostenentscheidung ist **keine weitere Sachaufklärung** zu betreiben (OLG Koblenz FamRZ 2021, 1145; KG FGPrax 2003, 188). Eine Orientierung an der ohne Erledigung voraussichtl getroffenen Entscheidung liegt nahe (BGH NVwZ 2019, 424; OLG Schleswig FamRZ 2020, 1835; OLG Düsseldorf FamRZ 2018, 1816). Insoweit kann sich das Gericht aber auf eine summarische Prüfung beschränken und insb darauf verzichten, alle für den Ausgang des Verf bedeutsamen **Rechtsfragen** abschließend zu beantworten (OLG Koblenz FamRZ 2021, 1145; KG FGPrax 2003, 188). Lassen sich die Erfolgsaussichten bei der gebotenen summarischen Prüfung nicht verlässl beurteilen und rechtfertigen auch andere Billigkeitskriterien keine abw Entscheidung, entspricht es im Zweifelsfall billigem Ermessen, dass alle Beteiligten ihre notwendigen Aufwendungen selbst sowie die Gerichtskosten in Streitverf anteilig und in Amtsverf nach der ges Regelung in §§ 21 ff FamGKG tragen (OLG Koblenz FamRZ 2021, 1145). 5

III) Rücknahme (§ 83 II Alt 2). Anzuwenden nur auf einen das Verf einleitenden **Antrag** iSv § 23, da ein Amtsverf nicht allein durch die Rücknahme eines als Anregung zu qualifizierenden (vgl § 24 I) „Antrags" endet. Über die Verweisung in II Alt 2 gilt § 81 (s § 81 Rn 5 ff). Die Rücknahme rechtfertigt also nicht notwendig eine Kostenlast (OLG Karlsruhe FamRZ 2024, 1964; OLG Naumburg FamRZ 2014, 687; OLG Brandenburg FamRZ 2015, 523 LS; OLG Nürnberg AGS 2011, 242; aA für den Regelfall OLG Brandenburg FamRZ 2019, 2023, aber das widerspricht der Wertung von § 83 II, § 81). Bei der im Einzelfall zu treffenden **Billigkeitsentscheidung** kann das Gericht insb berücksichtigen, ob der Antrag erkennbar von vornherein keine Aussicht auf Erfolg hatte (OLG Schleswig NJW-RR 2011, 576) oder die Rücknahme eine für alle Beteiligten sachgerechte Beendigung des Verf darstellt (OLG Hamm NJW 2012, 790; OLG Saarbrücken FamRZ 2011, 1805), zB nach einer Änderung der Sachlage oder einer Einigung. Daneben können die im Rahmen der Entscheidung nach § 81 für und gegen eine Auferlegung von außergerichtl Kosten und Gerichtskosten sprechenden Gesichtspunkte (in Streitverf Orientierung eher am Verfahrenserfolg, tendenziell eher keine Kostenerstattung zwischen Familienangehörigen, s § 81 Rn 6) herangezogen werden (zB OLG Karlsruhe FamRZ 2024, 1964).. 6

IV) Rechtsmittel. Die in den Fällen des II ergehende Entscheidung über die Kosten kann als Endentscheidung nach § 58 angefochten werden (s § 58 Rn 4; § 61 Rn 6). 7

§ 84 Rechtsmittelkosten

Das Gericht soll die Kosten eines ohne Erfolg eingelegten Rechtsmittels dem Beteiligten auferlegen, der es eingelegt hat.

I) Anwendungsbereich. § 84 gilt nur für fG-FamSachen (s vor § 23 Rn 1). In den Ehe- u FamStreitsachen gilt gem § 113 I § 97 ZPO. Sonderregelungen in § 132 (Aufhebung der Ehe), § 150 (Verbund) und § 243 (Unterhalt). 1

II) Erfolgreiches Rechtsmittel. Für beide Instanzen gilt für die Kosten § 81. Sonderregelung in § 183 (Vaterschaftsanfechtung). Bei Erfolg auf Grund neuen Vorbringens kommt Kostenlast des Beschwerdeführers gem 2

§ 81 I 1 iVm dem Rechtsgedanken des nicht direkt anwendbaren § 97 II ZPO in Betracht (OLG Nürnberg FamRZ 2019, 872; OLG Düsseldorf FamRZ 2019, 917; OLG Brandenburg FamRZ 2017, 217), ggf auch nach § 81 II Nr 4. Davon kann aber abgesehen werden, wenn es sich nur um ein leichtes Versehen handelt und der Beschwerdeführer keine eigenen Interessen verfolgt (OLG Karlsruhe FamRZ 2024, 1365). – Ist das Rechtsmittel **teilweise begründet**, ist § 81 anzuwenden (BGH FamRZ 2018, 942; OLG Brandenburg FamRZ 2010, 662), wobei abhängig vom Umfang seines Unterliegens eine anteilige Kostenhaftung des Beschwerdeführers in Betracht kommt.

3 **III) Erfolgloses Rechtsmittel. 1) Voraussetzungen. „Ohne Erfolg"** ist ein Rechtsmittel eingelegt, wenn es zurückgenommen ((OLG Braunschweig 11.2.2025 – 10 W 2/25, FamRZ 2025, 954; OLG Frankfurt FamRZ 2014, 688; OLG Hamm ErbR 2016, 232 LS; aA MK-FamFG/Schindler Rn 21; DJSch/Bartels Rn 7), als unzulässig verworfen oder als unbegründet zurückgewiesen wird. Erfasst ist nur die volle Erfolglosigkeit.

4 Wenn **mehrere Beteiligte** mit ihren gegenläufigen Rechtsmitteln keinen Erfolg haben, ist nicht § 84, sondern § 81 anzuwenden. Es können nicht jedem Beteiligten die Kosten seines Rechtsmittels auferlegt werden, da dies mit der Einheitlichkeit der Kostenentscheidung unvereinbar wäre.

5 **2) Maßstab der Kostenentscheidung.** Es entspricht grds der Billigkeit, den Erfolglosen haften zu lassen. Mit der „Soll"-Regelung kann das Gericht in bes gelagerten Fällen abw entscheiden (OLG Brandenburg MDR 2023, 443; BTDrs 16/6308, 216). Bsp: Zurückweisung wegen Änderung der Verhältnisse (zB bei beachtl Änderung des Kindeswillens in Kindschaftssache) oder auf Grund vorwerfbar in 1. Instanz nicht gebrachten Vortrags (s § 97 ZPO Rn 14; Msk/Borth/Frank Rn 2); Beschwerde allein im Interesse des Kindes (OLG Bamberg FamRZ 2023, 599; sa § 81 Rn 6).

6 Auch einem **Minderjährigen** können die Kosten eines erfolglosen Rechtsmittels mangels einer § 81 III entspr Regelung oder eines Verweises darauf auferlegt werden (aA KG FamRZ 2016, 81). Für eine Analogie fehlt es an einer Rechtsähnlichkeit der Konstellationen. Wenn der Mindj ein Rechtsmittel einlegt, ergreift er selbst die Initiative, die ggf eine Kostenlast rechtfertigt. Sofern dies im Einzelfall nicht gerechtfertigt sein sollte, kann dem über die „Soll-Regelung" Rechnung getragen werden.

7 **Rücknahme des Rechtsmittels.** Zur Anwendung von § 84 s Rn 3. Bei ihr entspricht es idR der Billigkeit, dass der **Beschwerdeführer**, der das Rechtsmittelverf in Gang gebracht hat, die dadurch entstandenen Kosten zu tragen hat, sofern nicht bes Umstände für eine andere Beurteilung sprechen (OLG Frankfurt FamRZ 2014, 688; KG FamRZ 2011, 1750; zum früheren Recht: BGHZ 28, 117, 123). Dabei können im Einzelfall auch die **Erfolgsaussichten** des Rechtsmittels berücksichtigt werden (OLG Nürnberg FamRZ 2010, 1463) sowie die Frage, in welchem Maße die Einlegung des Rechtsmittels bei obj Betrachtungsweise veranlasst war (KG NJW-RR 93, 831; BayObLG JurBüro 1983, 748). Gegen eine Auferlegung außergerichtl Kosten kann sprechen, dass es sich um Verf zwischen **Familienangehörigen** handelt (s § 81 Rn 6). Daher ist in Verf zur Regelung der elterl Sorge und zum Umgang auch nach einer Rücknahme des Rechtsmittels bei der Auferlegung außergerichtl Kosten Zurückhaltung geboten (OLG Karlsruhe FamRZ 88, 1303; OLG Hamm FamRZ 83, 1264). **Gegen eine volle Kostenlast** des Rücknehmenden kann auch sprechen, dass die Rücknahme im Zuge einer Einigung (dann sollte grds jeder Beteiligte seine Kosten selbst tragen, BayObLGR 95, 23), zur Befriedung oder um – in Kindschaftssachen – eine weitere Belastung des Kindes zu vermeiden erfolgte. Dem Jugenamt als **Amtsvormund** sind idR keine Kosten aufzuerlegen (OLG Karlsruhe FamRZ 2024, 1973); sa § 81 Rn 2.

8 **IV) Zurückverweisung (§ 69 I 2, 3, § 74 VI 2).** Das Rechtsmittelgericht trifft grds keine Kostenentscheidung (s § 82 Rn 1, § 69 Rn 12). Von der Vorinstanz ist nach der Zurückverweisung mit der (erneuten) Endentscheidung über die Kosten des Rechtsmittelverf nach § 81 zu entscheiden. Eine Anwendung von § 84 scheidet aus, da das Rechtsmittel nicht erfolglos gewesen ist. Selbst wenn der Rechtsmittelführer nach der Zurückverweisung unterliegt, rechtfertigt dies allein nicht notwendig die Auferlegung der Kosten des Beschwerdeverf (PH/Abramenko § 74 Rn 32, § 69 Rn 20), da das fG-Verf – anders als der Zivilprozess – nicht vom Erfolgsprinzip beherrscht wird, sondern eine Billigkeitsentscheidung zu erfolgen hat.

§ 85 Kostenfestsetzung

Die §§ 103 bis 107 der Zivilprozessordnung über die Festsetzung des zu erstattenden Betrags sind entsprechend anzuwenden.

1 **I) 1. Instanz.** Die Festsetzung setzt einen **Titel** voraus (§ 103 I ZPO iVm § 86 I; näher s § 104 ZPO Rn 2), der die Pflicht zur Kostentragung enthält. Dieser muss gem § 86 II wirksam (s § 40) sein; vorher – und bei Aussetzung der Vollziehung (zB § 64 III) – liegt kein die Kostenfestsetzung rechtfertigender Titel vor. Die Kostengrundentscheidung ist ggf auszulegen, maßgebend ist deren Wortlaut unter Heranziehung der Entscheidungsgründe (BGH FamRZ 2025, 622). Das Kostenfestsetzungsverf entspricht der ZPO-Festsetzung; s daher die Anm

zu §§ 103-107 ZPO. Die Kosten anwaltl Vertretung gehören nicht ohne weiteres zu den zu erstattenden Kosten (s § 80 Rn 4). Werden in einer FamSache einem Beteiligten **„die Kosten des Verfahrens“** auferlegt, sind davon grds alle Kosten iSv § 80 S 1 umfasst (OLG Brandenburg MDR 2023, 443; OLG Hamm FamRZ 2020, 279; anders für Nachlassverf BGH FamRZ 2025, 622 = MDR 2025, 482 (krit Fölsch MDR 2025, 435]). Für den Fall einer solchen Entscheidung zu Lasten des Beschwerdeführers in einem für Erbscheinsverf hat dies auch der BGH entschieden (BGH FamRZ 2025, 291); auch für die 1. Instanz ist aber eine abw Wertung nicht gerechtfertigt. – Eine den §§ 80 ff fremde **„Kostenaufhebung“** ist entspr § 92 I ZPO auszulegen (OLG Schleswig FamRZ 2023, 1053).

II) Rechtsmittel. Statthaft ist die sof Beschwerde gem § 104 III, §§ 567 ff ZPO (BGH NJW-RR 2014, 186 = MDR 2014, 187). Der erforderl Beschwerdewert bestimmt sich nach § 567 II ZPO (mehr als 200 Euro; OLG Stuttgart ZEV 2014, 356); unterhalb dieses Wertes ist die sof Erinnerung (§ 11 II RpflG) gegeben, über die der Richter in der Instanz abschließend entscheidet. Ist die an sich zulässige Beschwerde verfristet, ist auch die Erinnerung unzulässig (s § 104 ZPO Rn 15 aE). Bei Zulassung ist die **Rechtsbeschwerde** zum BGH entsprechend §§ 574 ff ZPO eröffnet (BGH FamRZ 2025, 622; BGH NJW-RR 2014, 186 = MDR 2014, 187). 2

Die **Kostenentscheidung** im Beschwerdeverf ergeht nach der dies für die Praxis klärenden Entscheidung des BGH (BGH NJW-RR 2014, 186 = MDR 2014, 187) auch in den fG-Verf nach §§ 91 ff ZPO. 3

III) Gebühren. 1) Gericht: Festsetzung u Erinnerung sind gebührenfrei. Auslagen (2000 ff FamGKG-KV) sind zu erheben. – Sof Beschwerde: 1912 FamGKG-KV. 72 Euro seit 1.6.2025 bei vollständiger Zurückweisung/Verwerfung – Rechtsbeschwerde: 1923 FamGKG-KV. 144 Euro seit 1.6.2025 bei vollständiger Zurückweisung/Verwerfung, 72 Euro seit 1.6.2025 bei rechtzeitiger Rücknahme (1924 FamGKG-KV). – **2) RA:** wie § 104 ZPO Rn 22. 4

Abschnitt 8
Vollstreckung (§§ 86-96a)

Vorbemerkungen zu §§ 86-96a

I) Allgemein. Die Regelung in §§ 86 ff lehnt sich an die Vollstreckung nach der ZPO an, auf die in weiten Teilen verwiesen wird (§ 95 I). Gesonderte Regelungen enthält der Unterabschnitt 2 für die Vollstreckung von Entscheidungen über die Herausgabe von Personen und die Regelung des Umgangs. 1

II) Anwendbarkeit. Die §§ 86 ff gelten für die Vollstreckung instanzbeendender Entscheidungen in den **fG-Verfahren** (s vor § 23 Rn 1, zB Sorgeverf, Umgangssachen, Ehewohnungssachen, Haushaltssachen, Gewaltschutzsachen, VersAuslgSachen). In Ehesachen (§ 121) und **FamStreitsachen** (§ 112) sind über § 120 I die Vorschriften der ZPO über die ZwV anzuwenden. Die Vollstreckung **ausländische Entscheidungen** ist in § 110 geregelt, die Vollstreckung verfahrensleitender **Anordnungen** in § 35. 2

III) Systematik. Die §§ 86 und 87 enthalten allg Vorschriften der Vollstreckung, denen Spezialvorschriften in anderen Abschnitten vorgehen (zB § 53 für einstw Anordnung, § 209 III in Ehewohnungs- und Haushaltssachen, § 216 II in Gewaltschutzsachen). Die bes Vorschriften der Vollstreckung sind in den Unterabschnitten 2 (Entscheidungen über die Herausgabe von Personen und die Regelung des Umgangs) und 3 (übrige Vollstreckungstitel) geregelt. 3

Unterabschnitt 1
Allgemeine Vorschriften (§§ 86, 87)

§ 86 Vollstreckungstitel

(1) Die Vollstreckung findet statt aus

1. gerichtlichen Beschlüssen;

2. gerichtlich gebilligten Vergleichen (§ 156 Abs. 2);

3. weiteren Vollstreckungstiteln im Sinne des § 794 der Zivilprozessordnung, soweit die Beteiligten über den Gegenstand des Verfahrens verfügen können.

(2) Beschlüsse sind mit Wirksamwerden vollstreckbar.

(3) Vollstreckungstitel bedürfen der Vollstreckungsklausel nur, wenn die Vollstreckung nicht durch das Gericht erfolgt, das den Titel erlassen hat.

1 **I) Allgemein.** § 86 geregelt die Voraussetzungen der Vollstreckung von Endentscheidungen in fG-Verf (zum Anwendungsbereich s vor § 86 Rn 2): Titel (I), Vollstreckbarkeit (II) und Vollstreckungsklausel (III), ergänzt durch das Erfordernis der Zustellung in § 87 II.

2 **II) Vollstreckungstitel. 1) Beschlüsse (§ 86 I Nr 1).** Erfasst werden sowohl Endentscheidungen iSv § 38 als auch anderweitige Beschlüsse mit vollstreckbarem Inhalt, die verfahrensabschließende Entscheidungen enthalten, wie etwa Beschlüsse entspr §§ 887, 888, 890 ZPO, zur Festsetzung der Vergütung eines Pflegers (OLG Celle FamRZ 2023, 796) oder KFB gem § 85 FamFG, § 104 ZPO (Begr RegE BTDrs 16/6308, 216); Letztere wären auch von I Nr 3 iVm § 794 Nr 2 ZPO erfasst. Die Vollstreckung verfahrensleitender Anordnungen bestimmt sich nach der vorrangigen Spezialvorschrift des § 35.

3 **2) Gerichtlich gebilligte Vergleiche (§ 86 I Nr 2).** Gemeint sind solche, die die Beteiligten hinsichtl des Umgangs oder der Herausgabe eines Kindes treffen, § 156 II (zu anderen Vergleichen s Rn 4), auch im Vermittlungsverf nach § 165 IV (Schlünder FamRZ 2012, 9, 14). Vereinbarungen zum **Umgang** oder zur Herausgabe eines Kindes sind nur gem I Nr 2 vollstreckbar (KG FamRZ 2024, 45). Grundlage der Vollstreckung ist nicht die Einigung, sondern die gerichtl Billigung iSv § 156 II durch Beschluss (BGH FamRZ 2019, 1616; BGH FamRZ 2017, 532, 535). Entgegen OLG Brandenburg (FamRZ 2017, 391) rechtfertigt die fehlende Zustimmung eines Beteiligten allein eine Anfechtung des Billigungsbeschlusses (dazu BGH FamRZ 2019, 1616; s § 58 Rn 3), steht aber – wie auch sonst bei materieller Unrichtigkeit eines Titels – der Eignung als Vollstreckungstitel nicht entgegen. Dasselbe gilt für eine formnichtige Protokollierung (OLG Karlsruhe FamRZ 2019, 1451).

4 **3) Weitere Vollstreckungstitel i.S.v. § 794 ZPO (§ 86 I Nr 3).** Soweit die Titel iSv § 794 ZPO auf Vereinbarungen zwischen den Beteiligten beruhen, insb Vergleiche (§ 794 Nr 1 ZPO), sind diese nur VollstrTitel, soweit die Beteiligten über den Verfahrensgegenstand verfügen können (s § 36 Rn 2). In fG-FamSachen sind dies etwa Ehewohnungs- und Haushaltssachen sowie Gewaltschutzverf (OLG Hamburg FamRZ 2019, 1449).

5 **III) Inhaltliche Bestimmtheit.** Sie ist Voraussetzung der Vollstreckung aus jedem Titel. Dieser selbst muss Inhalt und Umfang der Verpflichtung vollstreckungsfähig bezeichnen (BGH FamRZ 2024, 950; BGH NJW 2006, 695). Es genügt nicht, wenn auf Urkunden Bezug genommen wird, die nicht Bestandteil des Titels sind, oder wenn sonst die Leistung nur aus dem Inhalt anderer Schriftstücke ermittelt werden kann (BGH FamRZ 2018, 1745; BGH FamRZ 2016, 2000; für ZPO s § 704 ZPO Rn 4). Dies gilt auch für einen Titel iSv I Nrn 2 u 3, insb einen Vergleich (BayObLG ZMR 2000, 624). Für FamSachen bedeutet dies insb:

6 Eine Verpflichtung zur **Auskunft** muss die zu erteilenden Informationen eindeutig erkennen lassen. **Belege**, die der Auskunftspflichtige vorlegen soll, müssen konkret, zumindest in den Gründen bezeichnet sein (BGH FamRZ 2016, 1448 Tz 17). Es reicht daher nicht aus, dass sich der Umfang der Belegpflicht erst aus der Auskunft ergibt (BGH FamRZ 2016, 1448: Vorlage „entsprechender" Bestätigungen) oder die Verpflichtung, eine Auskunft „in geeigneter Weise zu belegen" (OLGR Zweibrücken 2004, 324).

7 In **Gewaltschutzsachen** muss ein Verbot iSv § 1 GewSchG so konkret gefasst sein, dass es für den Fall der Vollstreckung nicht dem Vollstreckungsorgan (Gericht oder GV, § 95 I Nr 3 FamFG, § 890 ZPO bzw § 96 FamFG) überlassen bleibt, über die Reichweite des Verbotsausspruchs zu entscheiden (OLG Köln FamRZ 2015, 163; allg BGH NJW 94, 2820). Nach der zu § 890 ZPO entwickelten „Kerntheorie" muss aber nicht jede einzelne mögl Verletzungshandlung angeführt sein, da auch solche gleichwertigen Verletzungshandlungen vom Schutzumfang eines Unterlassungstitels erfasst werden, die den Kern der Verletzungshandlung unberührt lassen (s § 890 ZPO Rn 4; OLG Köln FamRZ 2015, 163). **Einzelfälle:** Verbot der telefon Kontaktaufnahme beinhaltet auch die Versendung von SMS (OLG Karlsruhe 7.6.2004 – 16 WF 220/03). Das allg Verbot, den anderen „zu belästigen", ist nicht ausreichend konkret (OLG Köln FamRZ 2015, 163) und erfasst Telefonanrufe nicht (OLG Karlsruhe NJW 2008, 450 = FamRZ 2008, 291); ebenso wenig das Gebot, sich respektvoll zu behandeln (OLG Hamburg FamRZ 2019, 1449). Ausreichend ist aber das Verbot, „körperl zu attackieren" (OLG Köln FamRZ 2015, 163) sowie „zu bedrohen oder körperlich zu misshandeln" (OLG Hamburg FamRZ 2019, 1449). Das Einstellen eines Posts in sozialen Medien (OLG Frankfurt FamRZ 2022, 958) verstößt nicht gegen Verbot der Kontaktaufnahme, wohl aber eine solche durch Gesten (OLG Zweibrücken FamRZ 2019, 1948). Das Beobachten mit Fernglas ist kein Verstoß gegen Näherungsverbot (OLG Koblenz FamRZ 2010, 1284),

8 In **Haushaltssachen** müssen die herauszugebenden Gegenstände so genau bezeichnet werden, dass der GV sie bei der Vollstreckung (§ 95 I Nr 2, § 883 ZPO) identifizieren und von anderen ähnl unterscheiden kann (OLG Brandenburg FamRZ 2000, 1102; OLG Zweibrücken NJW-RR 93, 649). CDs, Bücher usw müssen daher mit Titel bezeichnet, andere Haushaltsgegenstände möglichst genau nach Aussehen (Größe, Farbe, Form) beschrieben werden. Nicht ausreichend ist eine Bezeichnung der Gegenstände, die sich im Wesentl auf den – jederzeit veränderbaren – Aufstellungsort innerhalb der Ehewohnung beschränkt (OLG Brandenburg FamRZ 2003, 532). Ungenaue Sammelbezeichnungen wie „diverse Gläser" (OLG Zweibrücken NJW-RR 93, 649) sind nicht vollstreckungsfähig. – In **Ehewohnungssachen** bildet allein eine Nutzungsvereinbarung oder Zuweisung keinen Räumungstitel (OLG Zweibrücken FamRZ 2020, 832).

Umgangsregelungen müssen genaue Bestimmungen über Art, Ort und Zeit des Umgangs mit dem Kind enthalten (BGH FamRZ 2024, 950; BGH FamRZ 2016, 1763 Tz 12; BGH FamRZ 2012, 533; für begleiteten Umgang vgl OLG Hamm FamRZ 2014, 402 LS), auch bei Bestellung eines Umgangspflegers (KG FamRZ 2013, 308; OLG Hamm FamRZ 2014, 402 LS). Dies steht einer „flexiblen" Gestaltung entgegen (OLG Nürnberg FamRZ 2024, 704; OLG Braunschweig MDR 99, 102: „mit einer Anmeldungsfrist von 3 Tagen im Voraus zu vereinbaren"). Nicht ausreichend ist eine Bestimmung „alle 14 Tage" ohne Bestimmung eines kalendermäßig festliegenden Anfangstermins (OLG Saarbrücken MDR 2013, 855; OLG Bamberg FamRZ 98, 306). Bei Ferienregelungen ausreichend ist zB „die ersten 2 Wochen der Sommerferien am Wohnort des Kindes", nicht hingegen „14 Tage in den Ferien" oder „die Hälfte der jew Schulferien" (OLG Brandenburg FamRZ 2006, 1620), anders – da berechenbar – bei Festlegung von Tag und Uhrzeit des Umgangsbeginns bzw -endes (OLG Brandenburg FamRZ 2024, 475). Maßgebl ist, ob bei verständiger und obj Betrachtungsweise **hinreichend deutlich** ist, was mit der Regelung von dem Betroffenen verlangt wird (BGH FamRZ 2024, 950; KG FamRZ 2024, 45). Die Anforderungen dürfen aber zur Effektivität der Vollstreckung und wegen der elterl Wohlverhaltenspflicht gem § 1684 II BGB auch nicht überspannt werden (BGH FamRZ 2024, 950; KG FamRZ 2024, 45). Daher muss **nicht jede Einzelheit** der Pflichten eines Beteiligten umschrieben sein, etwa dass der Sorgeberechtigte das Kind zu den festgelegten Zeiten bereit zu halten und dem Umgangsberechtigten zu übergeben hat (BGH FamRZ 2016, 1763 Tz 12; BGH FamRZ 2012, 533). Aus einer Regelung des Umgangs, durch die dieser auf einen bestimmten Rhythmus festgelegt wird oder dem Umgangsberechtigten bestimmte Umgangszeiten zugewiesen werden, ergibt sich idR kein **Verbot zur Kontaktaufnahme** außerhalb dieser Zeiten; ein solches ist ggf ausdrückl zu bestimmen, da das Handlungsgebot dem Titel eindeutig zu entnehmen sein muss (BGH FamRZ 2024, 950 [Giers FamRZ 2024, 952] auch zur entspr Änderung bestehender Titel; zuvor str, s 35. Aufl; OLG Karlsruhe FamRZ 2024, 1636). Zur Durchsetzung der **Herausgabe eines Kindes** ist eine konkrete Herausgabeanordnung erforderl, eine bloße Sorgerechtsentscheidung genügt nicht (OLG Hamm FamRZ 2011, 234 LS). 9

Ein auf **Zahlung** gerichteter Titel ist nur dann vollstreckbar, wenn darin der geschuldete Geldbetrag bestimmt angegeben ist oder sich jedenfalls aus für die Vollstreckungsorgane allg zugängl Quellen bestimmen lässt (BGH FamRZ 2018, 1745; BGH FamRZ 2016, 2000). Eine Titulierung „unter Anrechnung bereits gezahlter Beträge" genügt dem nicht (BGH NJW 2006, 695). Zur Titulierung bei der externen Teilung im **Versorgungsausgleich** s BGH FamRZ 2018, 1745; BGH FamRZ 2016, 2000. 10

Welches Handlungsgebot oder -verbot durch den Titel begründet wird, ist im Einzelfall durch **Auslegung** zu ermitteln (BGH FamRZ 2024, 950 mwN). Diese hat das jew Vollstreckungsorgan vorzunehmen, wobei aber der Titel aus sich heraus für eine Auslegung genügend bestimmt sein oder jedenfalls sämtl Kriterien für seine Bestimmbarkeit eindeutig festlegen muss (BGH FamRZ 2018, 1745; BGH FamRZ 2016, 2000; zu den Grundsätzen der Auslegung s § 704 ZPO Rn 5). Wenn ein vollstreckungsfähiger Inhalt auch nach Auslegung nicht festgestellt werden kann, ist der Titel nicht vollstreckungsfähig; dies kann mit der Klauselerinnerung nach § 732 ZPO (OLG Zweibrücken FamRZ 2020, 832) oder in einem Verf entspr § 767 ZPO geltend gemacht werden (BGH NJW 2006, 695). 11

IV) Vollstreckbarkeit (§ 86 II). Beschlüsse sind mit ihrem Wirksamwerden vollstreckbar, also grds mit ihrer Bekanntgabe gem § 40 I. Daran ändert auch die Einlegung eines Rechtsmittels nichts (zB OLG Celle FamRZ 2023, 1224; OLG Saarbrücken FamRZ 2015, 162); in diesem Fall kommt nur eine Einstellung der Vollstreckung (§ 64 III, § 93 I) in Betracht. Ausnahmsw tritt Wirksamkeit erst mit Rechtskraft der Entscheidung ein: § 40 II, III (Genehmigung eines Rechtsgeschäfts, Ersetzung der Zustimmung oder Ermächtigung zu einem Rechtsgeschäft), § 184 I 1 (Abstammungssachen), § 198 (Adoptionssachen), § 209 II (Ehewohnungs- und Haushaltssachen), § 216 I 1 (Gewaltschutzsachen), § 224 I (VersAusgl), § 324 I (Unterbringungsmaßnahme). In diesen Fällen kann aber nach den entspr Vorschriften regelmäßig die sof Wirksamkeit angeordnet werden. Zu einstw Anordnungen s § 53 Rn 3. 12

V) Vollstreckungsklausel (§ 86 III). Sie bescheinigt die Vollstreckungsfähigkeit des Titels (s § 724 ZPO Rn 1 ff). Sie ist daher **entbehrlich**, wenn die Vollstreckung durch das Gericht erfolgt, das den Titel erlassen hat, da dies die Vollstreckungsvoraussetzungen aus der Akte prüfen kann. Da dies dem FamG auch bei einem im Beschwerdeverf erlassenen Titel mögl ist, bedarf es auch dann keiner Klausel (OLG Zweibrücken FamRZ 2020, 1672; OLG Brandenburg FamRZ 2019, 1946). **Erforderlich** ist die Klausel (auch für Vergleich, OLG Brandenburg FamRZ 2016, 1960) dagegen, wenn die Vollstreckung durch ein anderes FamG (OLG Oldenburg FamRZ 2017, 1333), wie etwa bei der Herausgabe von Personen nach Umzug des Kindes (§ 88 I), ein Vollstreckungsgericht bei der Pfändung einer Forderung zur Vollstreckung von Zahlungstiteln (§ 95 I Nr 1, §§ 828 ff ZPO), oder einen GV erfolgt, zB bei der Vollstreckung eines Zahlungstitels durch Sachpfändung oder bei der Anwendung unmittelbaren Zwangs (§§ 90, 96). Eine Ausnahmeregelung enthält § 53 I für die Vollstreckung einer **einstweiligen Anordnung** (s § 53 Rn 2). Mangels anderweitiger Regelung gelten für das **Verfahren** der Erteilung der Vollstreckungsklausel die §§ 724 ff ZPO entspr (OLG Zweibrücken FamRZ 2020, 832; PH/Hammer Rn 27). 13

§ 87 Verfahren; Beschwerde

(1) [1]Das Gericht wird in Verfahren, die von Amts wegen eingeleitet werden können, von Amts wegen tätig und bestimmt die im Fall der Zuwiderhandlung vorzunehmenden Vollstreckungsmaßnahmen. [2]Der Berechtigte kann die Vornahme von Vollstreckungshandlungen beantragen; entspricht das Gericht dem Antrag nicht, entscheidet es durch Beschluss.

(2) Die Vollstreckung darf nur beginnen, wenn der Beschluss bereits zugestellt ist oder gleichzeitig zugestellt wird.

(3) [1]Der Gerichtsvollzieher ist befugt, ein Auskunfts- und Unterstützungsersuchen nach § 757a der Zivilprozessordnung zu stellen. [2]§ 758 Abs. 1 und 2 sowie die §§ 759 bis 763 der Zivilprozessordnung gelten entsprechend.

(4) Ein Beschluss, der im Vollstreckungsverfahren ergeht, ist mit der sofortigen Beschwerde in entsprechender Anwendung der §§ 567 bis 572 der Zivilprozessordnung anfechtbar.

(5) Für die Kostenentscheidung gelten die §§ 80 bis 82 und 84 entsprechend.

1 **I) Allgemein.** § 87 enthält die allg Vorschriften über das Verf der Vollstreckung in fG-Verf. Diese sind nach ihrer systematischen Stellung sowohl auf die Vollstreckung der Titel nach dem Unterabschnitt 2 wie die nach dem Unterabschnitt 3 anzuwenden. Soweit keine abw Regelungen getroffen sind, gelten die allg Regeln des FamFG-Verf (§§ 23 ff).

2 **II) Verfahrenseinleitung (§ 87 I).** Aus I 1 ergibt sich, auch wenn es so ausdrückl nicht formuliert ist, dass für die Einleitung und Durchführung des VollstrVerf auf die Art des fG-Verf abzustellen ist (Begr RegE BTDrs 16/6308, 217): Findet das Erkenntnisverf allein auf **Antrag** statt (zB Gewaltschutz-, Ehewohnungs- und Haushaltssachen), so erfordert auch die Vollstreckung einen Antrag des Berechtigten, der aber ein bestimmtes Ordnungs- oder Zwangsmittel nicht bezeichnen muss (OLG Koblenz FamRZ 2016, 1104). Daraus folgt ebenfalls, dass der ASt über das Verf disponieren, es also durch Rücknahme des Antrags beenden kann. Kann das Gericht dagegen im Hauptsacheverf **von Amts wegen** tätig werden (zB Umgangsverf, Sorgerechtsverf nach § 1666 BGB), kann auch die Vollstreckung vAw betrieben werden. In diesem Fall liegt die Durchsetzung im pflichtgemäßen Ermessen des Gerichts (OLG Koblenz FamRZ 2016, 1104; PH/Hammer Rn 6).

3 **§ 87 I 2** räumt dem Berechtigten auch für Amtsverf ein ausdrückl **Antragsrecht** ein; in Antragsverf bedarf es eines solchen Antrags in jedem Fall (s Rn 2). Sofern das Gericht dem Antrag nicht entspricht, hat es ihn in Form eines – beschwerdefähigen (IV) – Beschlusses abzulehnen (I 2 Hs 2). Im Gesetz nicht definiert ist, wer „**Berechtigter**" iSv I 2 ist. Sachgerecht ist es, quasi in umgekehrter Anwendung der Grundsätze für die Bestimmung der Beschwer in Amtsverf (s § 59 Rn 3), auf die Wirkung der zu vollstreckenden Entscheidung abzustellen. Wenn diese die Rechtsposition eines Beteiligten verbessert, hat er ein Interesse an ihrer Durchsetzung, kann also für das VollstrVerf als „Berechtigter" angesehen werden (ebenso PH/Hammer Rn 5). Das trifft etwa auf den Elternteil zu, dessen Umgang durch die zu vollstreckende Entscheidung geregelt wird. Das Antragsrecht ändert nichts daran, dass die Durchsetzung im pflichtgemäßen **Ermessen** des Gerichts liegt (s Rn 2 aE), das berechtigte Interesse eines Beteiligten an der Durchsetzung schränkt diesen Ermessensspielraum aber erhebl ein.

4 **III) Zustellung des Titels (§ 87 II).** Sie ist Voraussetzung der Vollstreckung. Zuzustellen ist – vAw (KG FamRZ 2020, 852) – ein **Beschluss** iSv § 86 I Nr 1, ebenso der einen Vergleich gem **§ 156 II** billigende Beschluss (KG FamRZ 2020, 852; KG FamRZ 2017, 919; OLG Brandenburg MDR 2017, 405), da dieser Vollstreckungsgrundlage ist (s § 86 Rn 3). Hat die Billigung nur mit dem Vergleich einen vollstreckungsfähigen Inhalt, ist auch dieser zuzustellen (OLG Hamburg FamRZ 2024, 140; KG FamRZ 2020, 852). Entspr gilt das Zustellerfordernis angesichts seines Zwecks für die weiteren VollstrTitel gem § 86 I Nr 3 FamFG iVm § 794 ZPO (PH/Hammer Rn 9b), insb einen **Vergleich** (OLG Brandenburg FamRZ 2025, 462; OLG Hamm FamRZ 2024, 1316 = MDR 2024, 737; OLG Hamburg FamRZ 2019, 1449).

5 Es reicht aus, dass der Titel gleichzeitig mit der Vollstreckung zugestellt wird. Eine Vollstreckung bereits **vor Zustellung** kann bei Vollstreckung einer einstw Anordnung (§ 53 II), in Ehewohnungs- und Haushaltssachen (§ 209 III) und Gewaltschutzsachen (§ 216 II) angeordnet werden.

6 **IV) Befugnisse des Gerichtsvollziehers (§ 87 III).** Systematisch gehört diese Vorschrift zum **Unterabschnitt 2** (Vollstreckung von Entscheidungen über die Herausgabe von Personen und die Regelung des Umgangs), da für die Vollstreckung der in § 95 genannten übrigen Titel auf die Vorschriften der ZPO und somit auch auf §§ 758 ff ZPO verwiesen wird. Dasselbe gilt für die Vollstreckung nach § 96, der auch für diese Vollstreckung Verweisungen auf § 758 III, § 759 ZPO enthält.

7 **III 1** ermächtigt den GV, ein Auskunfts- und Unterstützungsersuchen nach § 757a ZPO an die Polizei zu richten (dazu s BayVGH FamRZ 2023, 224 [Hammer FamRZ 2023, 227]). Die Befugnis zur eigenen Ausübung unmittelbaren Zwangs ergibt sich aus § 90. **III 2** verweist auf § 758 I (Befugnis zur Durchsuchung bei Einwilligung, sonst bei Wohnung Durchsuchungsbeschluss erforderl), § 758 II (Öffnung von Türen und Behältnissen),

§§ 759-763 ZPO (Vollstreckungsverf). Auf § 758a ZPO (Durchsuchungsbeschluss; Vollstreckung zu ungewöhnl Zeiten) wird nicht verwiesen, da § 91 eine eigenständige Regelung enthält.

V) Rechtsmittel (§ 87 IV). Gegen Entscheidungen im Vollstreckungsverf ist die sof Beschwerde nach den Vorschriften der ZPO statthaft. Dies gilt auch für den Beschluss nach I 2 (Vollstreckungsantrag). **Beschwerdeberechtigt** ist, wer durch die Entscheidung beschwert ist (s § 567 ZPO Rn 9). Bei die Vollstreckung anordnenden Entscheidungen ist dies der Verpflichtete. Bei ablehnenden Beschlüssen ist in Antragsverf (s Rn 2) der ASt, in Amtsverf derj, der berechtigt (s Rn 3) einen Antrag nach I 2 gestellt hat, beschwerdeberechtigt. **Zuständig** ist in FamSachen das OLG (§ 119 I Nr 1a GVG). Die **Rechtsbeschwerde** zum BGH bestimmt sich nach §§ 574 ff ZPO (BGH FamRZ 2020. 272; BGH FamRZ 2012, 533; BGH FamRZ 2011, 1729). Soweit in Vollstreckungsverf nach der ZPO über § 95 das **Vollstreckungsgericht** nach § 828 ZPO (das auch in FamSachen zuständig ist, BGH NJW 79, 1048) entschieden hat (zB bei der Forderungspfändung, § 829 ZPO), bleibt es bei dem vollstreckungsrechtl Instanzenzug (Beschwerdeinstanz ist LG). 8

Die Beschwerde hat gem § 570 I ZPO **aufschiebende Wirkung**, wenn sie sich gegen die Festsetzung von **Zwangs- oder Ordnungsmitteln** richtet. Nach der Rspr des BGH NJW 2011, 3791 = MDR 2011, 1503 gilt dies auch für Beschlüsse nach §§ 888, 890 ZPO (s § 888 ZPO Rn 17). Angesichts der Verweisung in IV auf § 570 I ZPO und der Vergleichbarkeit der Konstellationen hat für die sof Beschwerde gegen **Ordnungsmittel gemäß § 89** Entsprechendes zu gelten (so auch PH/Hammer Rn 14). Hingegen kann einer Beschwerde gegen die Anordnung **unmittelbaren Zwangs** nach § 90 I Nr 3 wegen des immanenten Eilbedürfnisses der Vollstreckung keine aufschiebende Wirkung beigemessen werden (näher Feskorn FamRB 2012, 162). Das FamG oder das Beschwerdegericht können aber die Aussetzung der Vollziehung anordnen (§ 570 II, III ZPO). – Gegen die Art und Weise der Vollstreckung durch den GV ist mangels anderweitiger Regelung **Erinnerung** analog **§ 766 ZPO** eröffnet (Sternal/Giers Rn 16; PH/Hammer Rn 17), über die der Richter des nach § 88 I zuständigen FamG zu entscheiden hat. Dagegen ist Beschwerde nach IV eröffnet (PH/Hammer Rn 17). 9

VI) Kostenentscheidung (§ 87 V). Verwiesen wird für das VollstrVerf auf die Grundsätze, die auch im Hauptsacheverf Anwendung finden. Dies gilt auch für die Beschwerdeinstanz (Verweisung auf § 84). Die Verweisung nimmt § 83 aus. Dies ist für den Vergleich und die Erledigung gerechtfertigt, nicht aber für die Antragsrücknahme (§ 83 II). In Antragsverf kann der ASt seinen Vollstreckungsantrag zurücknehmen (s Rn 2), so dass für die entspr Regelung ein Anwendungsbereich bleibt. Es liegt nahe, ein Redaktionsversehen anzunehmen, das durch eine dann zulässige (BGH NJW 2009, 1001 = MDR 2009, 230) entspr Anwendung von § 83 II korrigiert werden kann. Sofern man dem nicht folgt, wäre die Rücknahme als Billigkeitskriterium iSv § 80 I zu berücksichtigen. – Die Kostenentscheidung ist entspr dem für fG-Verf geltenden Grundsatz (s § 58 Rn 5) **isoliert anfechtbar** (OLG Hamm FamRZ 2010, 1838). 10

VII) Gebühren. In Ehe- u FamStreitsachen (§ 120) sowie in fG-FamSachen, soweit in § 95 angeordnet, wird nach der ZPO vollstreckt. Für Handlungen des VollstrG werden Geb u Auslagen nach dem GKG erhoben (Vorbem 1.6 S 2 FamGKG-KV; Vorbem 2 IV FamGKG-KV; § 1 I 1 Nr 1 GKG); s die KostAnm bei den einschlägigen ZPO-Vorschriften. Soweit das FamG für die Vollstreckung zuständig ist u gem §§ 86 ff (zu § 35 s dort) vollstreckt wird, gilt: **1) Gericht:** 1600-1602 FamGKG-KV. Festgeb (je 24 Euro seit 1.6.2025), daher keine Wertfestsetzung (§ 55 FamGKG). – **2) RA:** Vorbem 3.3.3 Nr 2 RVG-VV; 3309, 3310 RVG-VV; § 18 I Nr 1, II Nr 2, § 19 II Nr 1 RVG zur Angelegenheit. Wert: § 25 RVG. Festsetzung: § 33 RVG. – **Sofortige Beschwerde** (IV): **3) Gericht:** § 1 2 FamGKG; 1912 FamGKG-KV. Festgeb iHv 72 Euro seit 1.6.2025 bei vollständiger Zurückweisung/Verwerfung. Reduzierung oder Wegfall schon bei Teilerfolg mögl. – **4) RA:** 3500 RVG-VV. 11

Unterabschnitt 2
Vollstreckung von Entscheidungen über die Herausgabe von Personen und die Regelung des Umgangs (§§ 88-94)

§ 88 Grundsätze

(1) Die Vollstreckung erfolgt durch das Gericht, in dessen Bezirk die Person zum Zeitpunkt der Einleitung der Vollstreckung ihren gewöhnlichen Aufenthalt hat.

(2) Das Jugendamt leistet dem Gericht in geeigneten Fällen Unterstützung.

(3) [1]Die Verfahren sind vorrangig und beschleunigt durchzuführen. [2]Die §§ 155b und 155c gelten entsprechend.

I) Anwendungsbereich. Die Vorschrift enthält Grundsätze des Verf zur Vollstreckung von Titeln, die die Herausgabe von Personen und die Regelung des Umgangs zum Gegenstand haben; andere Titel werden gem §§ 95-96a vollstreckt. 1

2 **II) Örtliche Zuständigkeit (§ 88 I).** I knüpft die Zuständigkeit für die Durchführung der Vollstreckung unabhängig vom Ausgangsverf (OLG Brandenburg FamRZ 2025, 463) an den bei Einleitung der Vollstreckung bestehenden gewöhnl **Aufenthalt** an, da vor der Anordnung von VollstrMaßnahmen ggf neue Ermittlungen durchgeführt werden müssen, die in Ortsnähe sachgerechter durchzuführen sind (OLG Brandenburg FamRZ 2025, 463; Begr RegE BTDrs 16/6308, 217). Mit **Person** ist – wie sich aus der Überschrift („Herausgabe von Personen") ergibt – die herauszugebende Person, in FamSachen also das Kind gemeint. – Nach OLG Bremen FamRZ 2015, 776 fehlt es an **inländischer Zuständigkeit**, wenn das Kind in einem Staat lebt, mit dem kein Vollstreckungsabkommen oÄ besteht.

3 **Gewöhnlicher Aufenthalt** ist der Ort, an dem sich die Person hauptsächl aufzuhalten pflegt, wo der Schwerpunkt ihrer Bindungen, ihr Daseinsmittelpunkt liegt (BGH FamRZ 2019, 892 mwN). Dieser ist aufgrund der jew tatsächl Umstände zu beurteilen und muss auf eine gewisse Dauer angelegt sein (BGH FamRZ 2019, 892 mwN). Diese Voraussetzungen erfüllt daher nicht der Ort, an dem nur vorübergehend gewohnt oder genächtigt wird (OLG Köln FamRZ 2012, 1406: probew Umzug; BayObLG NJW 90, 3099; KG FamRZ 87, 603). Bei mindj Kindern, insb bei Kleinkindern, ist vorwiegend auf deren Bezugsperson, die es betreut und versorgt, sowie deren soziales und familiäres Umfeld abzustellen (BGH FamRZ 2019, 892 mwN; OLG Hamm MDR 2016, 333; OLG Köln FamRZ 2012, 1406). Beim Aufenthalt handelt es sich um einen rein tatsächl Vorgang; eines rechtsgeschäftl Willens, wie er zur Wohnsitzbegründung erforderl ist, bedarf es zur Begründung des gewöhnl Aufenthalts nicht (BayObLG NJW 90, 3099). Sa § 122 Rn 12. Nach dem eindeutigen Wortlaut, der auf den **Zeitpunkt der Einleitung** der Vollstreckung abstellt, bleibt die zu diesem Zeitpunkt begründete Zuständigkeit nach dem Grundsatz der perpetuatio fori auch bei einem späteren Wechsel des Aufenthalts bestehen.

4 **III) Unterstützung durch Jugendamt (§ 88 II).** II normiert eine Unterstützungspflicht des Jugendamts ggü dem **Gericht** bei der Durchsetzung gerichtl Entscheidungen, die die Herausgabe von Personen und das Umgangsrecht zum Gegenstand haben. Die Hinzuziehung eines Mitarbeiters des Jugendamts soll, soweit der Fall hierfür geeignet ist, eine das Kindeswohl so wenig wie mögl beeinträchtigende Vollstreckung fördern. Ob das Gericht das Jugendamt um Unterstützung ersucht, hat es nach pflichtgemäßem **Ermessen** und den Umständen des Einzelfalls zu entscheiden. Die Unterstützungspflicht des Jugendamts umfasst hierbei auch die Tätigkeit des **Gerichtsvollziehers**, soweit dieser im Auftrag des Gerichts tätig wird (Begr RegE BTDrs 16/6308, 218). Nach § 156 V GVGA soll sich der GV vor Beginn der Vollstreckung einer Kindesherausgabe mit dem Herausgabeberechtigten und ggf mit dem Jugendamt und dem FamG besprechen, ob zur Vermeidung und notfalls Überwindung eines Widerstandes des Kindes von vornherein ein Vertreter des Jugendamtes hinzuzuziehen ist. – Eine Mitwirkung des Jugendamts kann seitens FamG/GV nicht durch Zwangsmittel **durchgesetzt** werden (aA MK-FamFG/Zimmermann Rn 10 unter Verweis auf nicht einschlägige Rspr).

5 **IV) Beschleunigungsgebot (§ 88 III).** In Umsetzung eines Urteils des EGMR FamRZ 2015, 469 wurden in §§ 155b, 155c eine Beschleunigungsrüge und -beschwerde aufgenommen, um einer überlangen Verfahrensdauer in Kindschaftssachen iSv § 155 I entgegen zu wirken (BTDrs 18/9092). Dies wurde mit **III** auf das Vollstreckungsverf übertragen, das zur effektiven Durchsetzung des Umgangs zügig durchzuführen ist (EGMR FamRZ 2008, 1059; sa § 89 Rn 6). Adressat der Regelung sind das vollstreckende Gericht und der GV in Fällen von § 90. Die Rüge kann sich aber nur auf das jew Vollstreckungsverf beziehen, das mit der Entscheidung über den Erlass von Ordnungsmitteln endet (OLG Köln FamRZ 2024, 474).

§ 89 Ordnungsmittel

(1) [1]Bei der Zuwiderhandlung gegen einen Vollstreckungstitel zur Herausgabe von Personen und zur Regelung des Umgangs kann das Gericht gegenüber dem Verpflichteten Ordnungsgeld und für den Fall, dass dieses nicht beigetrieben werden kann, Ordnungshaft anordnen. [2]Verspricht die Anordnung eines Ordnungsgelds keinen Erfolg, kann das Gericht Ordnungshaft anordnen. [3]Die Anordnungen ergehen durch Beschluss.

(2) Der Beschluss, der die Herausgabe der Person oder die Regelung des Umgangs anordnet, hat auf die Folgen einer Zuwiderhandlung gegen den Vollstreckungstitel hinzuweisen.

(3) [1]Das einzelne Ordnungsgeld darf den Betrag von 25.000 Euro nicht übersteigen. [2]Für den Vollzug der Haft gelten § 802g Abs. 1 Satz 2 und Abs. 2, die §§ 802h und 802j Abs. 1 der Zivilprozessordnung entsprechend.

(4) [1]Die Festsetzung eines Ordnungsmittels unterbleibt, wenn der Verpflichtete Gründe vorträgt, aus denen sich ergibt, dass er die Zuwiderhandlung nicht zu vertreten hat. [2]Werden Gründe, aus denen sich das fehlende Vertretenmüssen ergibt, nachträglich vorgetragen, wird die Festsetzung aufgehoben.

Lit: *Altrogge, Das Urteil des BVerfG* zur zwangsw Durchsetzung der Umgangspflicht und die Ordnungsmittel des FamFG, FPR 2009, 34; *Cirullies/Cirullies*, Verbot der Doppelbestrafung bei Ordnungsmitteln, FamRB 2023, 78; *Keuter*, Unwissenheit schützt vor Strafe nicht!? – Kritische Anmerkungen zur Rechtsprechung zu § 89 II FamFG, FamRZ 2016, 1732.

I) Allgemeines. Die Vorschrift betrifft die Vollstreckung von Entscheidungen über **die Herausgabe** von Personen und die Regelung des **Umgangs**; erfasst wird auch ein **Umgangsausschluss** (OLG Saarbrücken FamRZ 2017, 1673). Die Vollstreckung erfolgt nicht durch Zwangs-, sonderm durch Ordnungsmittel. Damit wird die Effektivität der Vollstreckung von Umgangs- und Herausgabeentscheidungen erhöht, da Ordnungsmittel auch dann noch festgesetzt und vollstreckt werden können, wenn die zu vollstreckende Handlung, Duldung oder Unterlassung wegen **Zeitablaufs** nicht mehr vorgenommen werden kann (BGH FamRZ 2017, 1329; BGH FamRZ 2016, 1763; BGH FamRZ 2011, 1729). 1

II) System der Ordnungsmittel (§ 89 I). Hinsichtl der Vollstreckung von Entscheidungen über die Herausgabe von Personen und die Regelung des Umgangs besteht ein **Stufensystem:** Primäres Vollstreckungsmittel ist die Festsetzung von **Ordnungsgeld** (**I 1**). Für den Fall, dass dieses nicht beigetrieben werden kann, kann das Gericht an seiner Stelle Ordnungshaft anordnen. Sofern dies zunächst unterblieben ist, kann das Gericht das Ordnungsgeld gem Art 8 I EGStGB nach erneuter Anhörung des Betroffenen nachträgl in Ordnungshaft umwandeln, wenn das Ordnungsgeld nicht beigetrieben werden kann. Wenn die Anordnung eines Ordnungsgeldes keinen Erfolg verspricht, kann das Gericht unmittelbar **Ordnungshaft** anordnen (**I 2**). Erfolglosigkeit kann angenommen werden, wenn Ordnungsgeld als Zwangsmittel angesichts der wirtschaftl Situation des Verpflichteten ohne entspr Wirkung bleiben wird (OLGR Stuttgart 2007, 15). Von Erfolglosigkeit kann auch ausgegangen werden, wenn Ordnungsgeld bereits beigetrieben worden ist, ohne dass dies zur Erfüllung der Verpflichtung geführt hat. Wenn sowohl Ordnungsgeld wie -haft erfolglos oder nicht Erfolg versprechend sind, kann das Gericht gem § 90 **unmittelbaren Zwang** anordnen. 2

III) Verfahren. Das gem § 88 I zuständige Gericht wird **von Amts wegen**, ggf auf Initiative eines Beteiligten, tätig (§ 87 I), da die nach diesem Abschnitt zu vollstreckenden Titel in Amtsverf ergehen. Es entscheidet nach Anhörung des Verpflichteten (§ 92 I) durch **Beschluss** (I 3). Es genügt die Wirksamkeit einer Entscheidung, **Rechtskraft** ist **nicht erforderlich** (OLG Celle FamRZ 2023, 1224; § 86 Rn 12). 3

IV) Entscheidung. Voraussetzung der Anordnung jedes Ordnungsmittels ist die schuldhafte (s Rn 13) **Zuwiderhandlung** gegen einen VollstrTitel iSv § 86 I. Nicht ausreichend ist die Erwartung oder Ankündigung entspr Verhaltens, da dies mit dem Sanktionscharakter (s Rn 13) nicht vereinbar wäre (OLG Nürnberg FamRZ 2018, 595). – Erforderl sind die **allgemeinen Voraussetzungen** der ZwV (§ 86); von bes Bedeutung bei der Durchsetzung von Titeln zur Regelung des Umgangs ist die **Bestimmtheit der Verpflichtung** (s § 86 Rn 5, 9). Verhängt werden kann das Ordnungsmittel gegen den aus dem Titel **Verpflichteten** (BGH FamRZ 2021, 1622). Bei Umgangstiteln ist das der Betreuende, ggf auch das **Jugendamt** als Amtsvormund oder Ergänzungspfleger (BGH FamRZ 2014, 732; OLG Schleswig FamRZ 2021, 1643). Keine Vollstreckung aber gegen das Jugendamt, das sich zur Begleitung oder Finanzierung des begleiteten Umgangs bereit erklärt hat (BGH FamRZ 2021, 1622; Finke FamFR 2013, 142; aA OLG Frankfurt FamRZ 2013, 809). 4

Das Gericht „kann" gem I Ordnungsmittel anordnen, so dass dies in sein **pflichtgemäßes Ermessen** gestellt wird (BVerfG FamRZ 2022, 794; BGH FamRZ 2011, 1729; OLG Oldenburg FamRZ 2017, 390). Damit soll – in Reaktion auf eine Entscheidung des BVerfG (BVerfG NJW 2008, 1287 = FamRZ 2008, 845) – berücksichtigt werden können, dass eine – grds zulässige (zB OLG Jena 17.2.2025 – 1 WF 306/24, FamRZ 2025, 965; OLG Frankfurt FamRZ 2022, 1961 mwN) – zwangsw Durchsetzung der **Umgangspflicht** eines umgangsverweigernden Elternteils zu unterbleiben hat, wenn nicht im konkreten Einzelfall hinreichende Anhaltspunkte dafür vorliegen, dass der erzwungene Umgang dem Kindeswohl dient (BVerfG FamRZ 2022, 794; OLG Hamm FamRZ 2018, 111; OLG Oldenburg FamRZ 2017, 390). Bei der Durchsetzung **gegenüber dem betreuenden Elternteil** ist das Entschließungsermessen aber grds zu einer Anordnungspflicht verdichtet (OLG Brandenburg FamRZ 2021, 217; OLG Schleswig FamRZ 2020, 1373; PH/Hammer Rn 23 mwN). Denn das Gericht hat vorrangig zu berücksichtigen, dass das VollstrVerf der effektiven Durchsetzung einer gerichtl Entscheidung dient, die im Erkenntnisverf unter umfassender Prüfung der Sach- und Rechtslage – und mithin auch des Kindeswohls – getroffen wurde. Eine erneute Prüfung der Rechtmäßigkeit dieser Entscheidung findet im VollstrVerf grds nicht statt, entspr **Einwände** sind unbeachtl (BGH FamRZ 2015, 2147; BGH FamRZ 2014, 732; BGH FamRZ 2012, 533; anders in Sonderfällen – unzureichendes rechtl Gehör – OLG Hamburg FamRZ 2021, 1406; OLG Karlsruhe FamRZ 2007, 1180). Dies gilt auch bei Vollstreckung einer einstw Anordnung (BGH FamRZ 2015, 2147). Neue Umstände können der Vollstreckung nur entgegenstehen, wenn sie mit einem zulässigen Antrag auf Abänderung des Titels und auf Einstellung der ZwV nach § 93 I 1 Nr 4 geltend gemacht werden (BGH FamRZ 2015, 2147; BGH FamRZ 2014, 732; BGH FamRZ 2012, 533; OLG Karlsruhe FamRZ 2014, 2012). Anders kann es sich verhalten, wenn der aus dem Titel Berechtigte (s § 87 Rn 3) auf eine Vollstreckung verzichtet und dies mit dem Kindeswohl vereinbart ist. Zur Ablehnung beantragter Ordnungsmittel s § 87 Rn 3. – Kein Ordnungsmittel ist idR gerechtfertigt, wenn die Handlungsweise auf einer zwischenzeitl getroffenen privaten **Vereinbarung der Eltern** beruht (OLG Karlsruhe FamRZ 2024, 1638; OLG Brandenburg FamRZ 2023, 1389; PH/Hammer Rn 24 mwN; aA OLG Brandenburg FamRZ 2018, 288). 5

Wahl und Bemessung der Ordnungsmittel bestimmt das Gericht nach seinem pflichtgemäßen **Ermessen** (BGH FamRZ 2015, 2147 Tz 31) unter Berücksichtigung des Zwecks des Ordnungsmittels (OLG Koblenz FamRZ 2016, 1104; für § 890 ZPO: BGH MDR 2017, 357; BGH NJW 2004, 506), das vom Beschwerdegericht nur eingeschränkt überprüfbar ist (OLG Frankfurt FamRZ 2013, 812 LS). Von Bedeutung sind ua Art, Umfang 6 und Dauer (OLG Nürnberg FamRZ 2021, 283) des Verstoßes und der Verschuldensgrad (OLG Koblenz FamRZ 2016, 1104; OLG Saarbrücken ZKJ 2011, 104 = FamRZ 2011, 589 LS; BGH MDR 2017, 357 für § 890 ZPO), ferner die wirtschaftl Verhältnisse des Verpflichteten (BGH MDR 2017, 357 für § 890 ZPO; OLG Brandenburg FamRZ 2020, 1673). Zu beachten ist auch das Gebot der effektiven Durchsetzung (BGH FamRZ 2012, 533), wozu auch eine zügige Durchführung des VollstrVerf gehört (EGMR FamRZ 2008, 1059). Wegen des Sanktionscharakters der Ordnungsmittel (s Rn 13) können diese auch noch angeordnet werden, wenn der Beteiligte zwischenzeitl seinen Verpflichtungen aus dem Titel nachkommt (BGH FamRZ 2015, 2147 Tz 32), also zB den Umgang wieder gewährt, oder eine Befristung ausgelaufen ist (BGH FamRZ 2017, 1329 für Gewaltschutzverf). Langes Zuwarten mit Antrag kann aber der Verhängung entgegenstehen (OLG Frankfurt FamRZ 2018, 110).

7 **V) Hinweispflicht (§ 89 II). 1) Anforderungen an Hinweis.** Der Hinweis ist – ohne Ermessen (BVerfG FamRZ 2022, 794; BGH FamRZ 2011, 1729) – in den **Beschluss** über die Hauptsache aufzunehmen (BGH FamRZ 2011, 1729; OLG Frankfurt FamRZ 2020, 2010; OLG Saarbrücken NJW-RR 2019, 327). Wird der Titel geändert oder ergänzt, bedarf es eines neuen Hinweises (BGH FamRZ 2016, 1763). Die Formulierung als „Androhung" genügt (BGH FamRZ 2012, 533), nicht aber die eines „Zwangsgeldes" (OLG Zweibrücken FamRZ 2024, 1650). Wird der Hinweis nicht – wie sachgerecht – in den **Tenor** aufgenommen, muss er zumindest drucktechnisch hervorgehoben werden (OLG Brandenburg FamRZ 2018, 1690; OLG Oldenburg FamRZ 2016, 845; aA Keuter FamRZ 2016, 1732). Sofern die Beteiligten eine **Einigung** über den Umgang nach § 156 II getroffen haben, ist der Hinweis in den Beschluss über die gerichtl Billigung (§ 156 II 2) aufzunehmen (OLG Nürnberg FamRZ 2021, 283; OLG Frankfurt FamRZ 2012, 573), der Grundlage der Vollstreckung ist (s § 86 Rn 3). Mit der Belehrung soll dem Verpflichteten deutl gemacht werden, dass der Verstoß gegen den erlassenen Titel die Festsetzung von Vollstr-Maßnahmen nach sich zieht (BGH FamRZ 2011, 1729). Daher sind die – beabsichtigten oder ges – **Obergrenzen der Ordnungsmittel** anzugeben (OLG Naumburg FamRZ 2022, 1803; OLG Frankfurt FamRZ 2021, 218; OLG Hamm FamRZ 2016, 1105; OLG Oldenburg FamRZ 2014, 145). Die Belehrung darf nicht abstrakt erfolgen (OLG Brandenburg FamRZ 2015, 693) und muss für den Laien verständl sein (OLG Hamm FamRZ 2016, 1105; OLG Schleswig FamRZ 2016, 845); eine Wiedergabe des Gesetzeswortlauts genügt aber (Keuter FamRZ 2016, 1732; aA OLG Brandenburg FamRZ 2015, 693). Nicht erforderl ist Belehrung über **Exculpation** gem § 89 IV (OLG Hamm FamRZ 2022, 812; OLG Naumburg FamRZ 2016, 1106 LS; OLG Hamm FamRZ 2016, 1105; anders aber der Tenor von BGH FamRZ 2011, 1729; dem folgend OLG Oldenburg FamRZ 2014, 145), da nur ein Warnhinweis, keine Rechtsbelehrung notwendig ist. Einer Androhung der ZV bedarf es nicht. Der Hinweis ist nicht **anfechtbar** (OLG Köln FamRZ 2011, 574; OLG Frankfurt FamRZ 2010, 917), wohl aber dessen Ablehnung, da ohne ihn eine Vollstreckung nicht mögl ist (BVerfG FamRZ 2011, 957 [Borth]; BGH FamRZ 2019, 1616 Tz 14).

8 **2) Unterbliebener Hinweis.** Ist auf die Ordnungsmittel nicht hingewiesen worden, dürfen sie nicht angeordnet werden (BGH FamRZ 2011, 1729; OLG Naumburg FamRZ 2022, 1803), wohl aber Ordnungsgeld, wenn auf Ordnungshaft nicht hingewiesen wurde (OLG Hamm FamRZ 2022, 812; aA OLG Naumburg NZFam 2015, 182). Der Hinweis kann durch gesonderten – verfahrens- und kostenrechtl noch dem ursprüngl Hauptsacheverf zuzuordnenden (OLG Zweibrücken MDR 2014, 110; OLG Naumburg FamRZ 2014, 145 LS) – Beschluss **nachgeholt** werden, auch in den Rechtsmittelinstanzen im Zusammenhang mit der (zurückweisenden) Entscheidung über die Beschwerde gegen das Ordnungsmittel (BGH FamRZ 2011, 1729; OLG Oldenburg FamRZ 2016, 845; OLG Schleswig FamRZ 2016, 845). Wegen des Sanktionscharakters der Ordnungsmittel (s Rn 13) können diese erst nach einem erneuten Verstoß gegen die titulierte Verpflichtung angeordnet werden (OLG Celle FamRZ 2024, 476; OLG Oldenburg FamRZ 2016, 845; OLG Hamm FamRZ 2010, 1838). Nicht erforderl ist, dass auch auf die Möglichkeit der Anwendung unmittelbaren Zwangs hingewiesen wird (PH/Hammer Rn 41), wenn dies auch sachgerecht erscheint. Die Regelung in II befindet sich in der Vorschrift über die Ordnungsmittel, ein Verweis auf die Anwendung unmittelbaren Zwangs fehlt. Dieser ist kein Ordnungs-, sondern ein Zwangsmittel.

9 **VI) Ordnungsgeld und Ordnungshaft (§ 89 III). 1) Ordnungsgeld.** Das Mindestmaß beträgt 5 Euro (Art 6 I EGStGB), das Höchstmaß 25.000 Euro (III 1). Das Gericht kann bei der Festsetzung eine Zahlungsfrist oder Teilzahlungen einräumen (Art 7 EGStGB). Dabei kann angeordnet werden, dass die Ratenzahlung entfällt, wenn der Betroffene einen Teilbetrag nicht rechtzeitig zahlt. Nach Festsetzung des Ordnungsgeldes entscheidet über die Bewilligung von Zahlungserleichterungen die Stelle, der die Vollstreckung des Ordnungsgeldes obliegt (Art 7 Abs 2 EGStGB, s § 890 ZPO Rn 23). Entspr **Zahlungserleichterungen** dürften aber regelmäßig nur in Betracht kommen, wenn der Sch zwischenzeitl seiner Verpflichtung aus dem zu Grunde liegenden Titel nachgekommen ist. Das Gericht kann von der Vollstreckung der bei Uneinbringlichkeit an die Stelle des Ordnungsgeldes tretenden Ordnungshaft (nicht bei der originären Ordnungshaft, LG München I MDR 2000, 354) absehen, wenn die Vollstreckung für den Betroffenen eine unbillige Härte darstellen würde (Art 8 II EGStGB). Die Verjährung bestimmt sich nach Art 9 EGStGB (iE BGH 17.12.2020 – I ZB 99/19 zu § 890 ZPO).

10 **2) Ordnungshaft.** Das Mindestmaß beträgt 1 Tag (Art 6 II EGStGB), da im FamFG keine abw Regelung getroffen ist. Das Höchstmaß beträgt 6 Monate (III 2 iVm § 802j I ZPO). Die Dauer der Haft ist nach Tagen zu bestimmen (Art 6 II EGStGB). Für den **Vollzug** der Haft wird auf die ZPO verwiesen: Das Gericht hat einen Haftbefehl entspr § 802g I ZPO zu erlassen, in dem die Beteiligten, insb der Verpflichtete, und der Grund der Verhaftung (Bezeichnung als Ordnungshaft, Angabe des Titels, s § 802g ZPO Rn 10) anzuführen sind. Die Verhaf-

tung erfolgt gem § 802g II ZPO durch den GV; dieser wird vom Gericht, nicht von einem Elternteil, beauftragt, da es sich um ein Amtsverf handelt, § 87 I.

Die Anwendung von primärer Ordnungshaft kommt in FamSachen nur im **Ausnahmefall** in Betracht, idR ist es verhältnismäßig, zunächst Ordnungsgeld festzusetzen (OLG Koblenz FamRZ 2016, 1104). Ein solcher Ausnahmefall ist die Kindesentziehung durch den nichtsorgeberechtigten Elternteil, wenn der Aufenthalt des Kindes verheimlicht wird (OLG Bremen 20.2.2025 – 5 UF 132/24, FamRZ 2025, 963: „Leben im Untergrund"; sa EGMR FamRZ 2008, 1317; OLG Hamm FamRZ 93, 1479). Ordnungshaft kommt je nach Einzelfall auch bei dauerhafter Umgangsverweigerung in Betracht (OLG Celle FamRZ 2023, 527: 30 Tage; OLG Saarbrücken FamRZ 2020, 701; OLG Schleswig FamRZ 2015, 1222; je 5 Tage). 11

3) Festsetzung. Ordnungsgeld ist der Höhe nach, Ordnungshaft (auch die ggf an die Stelle des Ordnungsgeldes tretende) ist der Dauer nach **konkret zu bestimmen** (OLG Naumburg FamRZ 2022, 1803). Ordnungsgeld und (primäre) Ordnungshaft können – wie bei § 890 ZPO (BGH NJW 2004, 506) – nicht gleichzeitig nebeneinander angeordnet werden. Der **mehrfache Verstoß** rechtfertigt idR eine Erhöhung (OLG Frankfurt FamRZ 2025, 287). Bei wiederholter Zuwiderhandlung kann das Ordnungsmittel mehrfach jew bis zum Höchstbetrag angeordnet werden (OLG Hamm FamRZ 2017, 1953). Zur natürlichen Handlungseinheit zwischen mehreren Verstößen s § 890 ZPO Rn 20 (sa Cirullies/Cirullies FamRB 2023, 78). Die Ordnungsmittel werden vAw vollstreckt; iE s § 890 ZPO Rn 23. 12

VII) Verschulden (§ 89 IV). Die Ordnungsmittel haben neben ihrer Funktion als zivilrechtl Beugemaßnahmen zur Vermeidung künftiger Zuwiderhandlungen auch einen repressiven, strafähnl **Sanktionscharakter** (BGH FamRZ 2014, 733; BGH FamRZ 2011, 1729; OLG Frankfurt FamRZ 2013, 475). Daher setzt die Festsetzung von Ordnungsmitteln ein Verschulden, also mind Fahrlässigkeit, voraus (BVerfG NJW-RR 2007, 860; BVerfG MDR 1981, 905). Dieses wird nach der Regelung in IV **vermutet**, so dass der Verpflichtete sich exculpieren muss (BGH FamRZ 2012, 533; KG FamRZ 2023, 64; OLG Naumburg FamRZ 2014, 145 LS). Dies ist gerechtfertigt, weil es sich regelmäßig um Umstände handelt, die in seiner Sphäre liegen (BGH FamRZ 2012, 533). Der Verpflichtete muss iE die Umstände darlegen, die den Grund für das Scheitern der Vollstreckung darstellen (BGH FamRZ 2012, 533; OLG Saarbrücken FamRZ 2015, 863). Bei einer falschen Rechtsauskunft kann ein unverschuldeter Verbotsirrtum vorliegen (KG FamRZ 2011, 588). Zur Sanktionierung von Umgangsabsagen während der **Corona-Pandemie** s OLG Nürnberg MDR 2021, 38; OLG Schleswig FamRZ 2020, 1373; OLG Frankfurt FamRZ 2021, 198; OLG Braunschweig FamRZ 2020, 1372; OLG Brandenburg MDR 2020, 864. 13

Beruft sich ein Elternteil (oder ein als Amtsvormund beteiligtes Jugendamt, BGH FamRZ 2014, 732) auf den entgegenstehenden **Willen des Kindes**, ist ein fehlendes Vertretenmüssen nur dann anzunehmen, wenn er iE darlegt, wie er (nicht nur ein Dritter, OLG Hamm FamRZ 2017, 1580) auf das Kind eingewirkt hat, um es zum Umgang zu bewegen, da auch eine unterlassene Motivierung des Kindes sanktioniert werden kann (BGH FamRZ 2012, 533; OLG Schleswig FamRZ 2012, 151; OLG Saarbrücken ZKJ 2012, 398). Dabei müssen aber auch die Grenzen **erzieherischer Einwirkung** insb auf ältere Kinder (OLG Frankfurt FamRZ 2013, 475: bedenkenlos mögl bei 4-Jährigen) berücksichtigt werden; die Grenze der Einflussmöglichkeit wird idR bei etwa 9-11 Jahren gezogen (Gottschalk FPR 2007, 308; OLG Hamm FamRZ 2008, 1371; OLG Karlsruhe FamRZ 2002, 624: nicht mehr bei 10-jährigem Kind; anders OLG Brandenburg FamRZ 96, 1092 bei knapp 10-jährigem; OLG Frankfurt FamRZ 93, 729 bei 11-jährigem). Behauptete **Erkrankung** erfordert idR aussagekräftiges ärztl Attest zu Diagnose, Dauer und Transportunfähigkeit (OLG Schleswig FamRZ 2018, 1946). Der Verpflichtete muss seine berufl und privaten Verhältnisse so einrichten, dass er die Umgangsregelung einhalten kann (OLG Köln MDR 2012, 1293). Das **Ausreiseverbot** eines ausl Gerichts kann für danach liegende Zeit einem Verschulden am Verstoß gegen Herausgabeanordnung entgegenstehen (OLG Nürnberg FamRBint 2011, 7), sofern es nicht vom Verpflichteten veranlasst wurde. 14

Sofern der Verpflichtete bereits vor Erlass der Anordnung des Ordnungsmittels zur Überzeugung des Gerichts dartut, dass er den Verstoß **nicht zu vertreten** hat, hat die Festsetzung zu unterbleiben (IV 1). Sofern dies erst nach der Festsetzung geschieht, hebt das Gericht diese wieder auf (IV 2). Entspr Gründe können auch noch im Beschwerdeverf (s Rn 16) geltend gemacht werden, da die Beschwerde auf neue Tatsachen gestützt werden kann, § 571 II 1 ZPO. 15

VIII) Rechtsbehelfe. Die Anordnung eines Ordnungsmittels ist ebenso wie die Ablehnung gem § 87 IV mit der sof Beschwerde entspr §§ 567 ff ZPO anfechtbar (iE s § 87 Rn 8 f). Dasselbe gilt für den Beschluss, der ein bereits festgesetztes Ordnungsmittel gem IV 2 wieder aufhebt. Beschwerdeberechtigt ist in diesem Fall derj, der einen Antrag nach § 87 I 2 gestellt hat (Begr RegE BTDrs 16/6308, 217). Der Berechtigte kann mit der Beschwerde auch eine Verschärfung des Ordnungsmittels verfolgen (zB OLG Celle FamRZ 2023, 527; sa § 890 ZPO Rn 27). 16

IX) Gebühren. 1) Gericht: 1602 FamGKG-KV. 24 Euro (seit 1.6.2025) Festgeb; die Geb kann mehrfach anfallen, 1602 Anm FamGKG-KV. – **2) RA:** Vorbem 3.3.3 Nr 2 RVG-VV; 3309, 3310 RVG-VV. Mehrere einzelne, zusammen zu sanktionierende Zuwiderhandlungen sind eine Angelegenheit (OLG Frankfurt FamRZ 2025, 287). Wert: § 25 I Nr 3 RVG, nicht Höhe des Ordnungsgeldes (OLG Frankfurt FamRZ 2025, 287, auch zum Streitstand und zur Bemessung des Interesses; OLG München FamRZ 2011, 1686). 17

§ 90 Anwendung unmittelbaren Zwanges

(1) Das Gericht kann durch ausdrücklichen Beschluss zur Vollstreckung unmittelbaren Zwang anordnen, wenn

1. die Festsetzung von Ordnungsmitteln erfolglos geblieben ist;

2. die Festsetzung von Ordnungsmitteln keinen Erfolg verspricht;

3. eine alsbaldige Vollstreckung der Entscheidung unbedingt geboten ist.

(2) [1]Anwendung unmittelbaren Zwanges gegen ein Kind darf nicht zugelassen werden, wenn das Kind herausgegeben werden soll, um das Umgangsrecht auszuüben. [2]Im Übrigen darf unmittelbarer Zwang gegen ein Kind nur zugelassen werden, wenn dies unter Berücksichtigung des Kindeswohls gerechtfertigt ist und eine Durchsetzung der Verpflichtung mit milderen Mitteln nicht möglich ist.

1 **I) Anwendungsbereich.** Die Vorschrift regelt die Anwendung unmittelbaren Zwangs bei Vollstreckungen des Unterabschnitts 2, also hinsichtl des Umgangs und der **Herausgabe von Personen**. Hinsichtl anderer Titel verbleibt es bei der Vollstreckung gem § 95, der auf die Vorschriften der ZPO zur ZwV verweist. Die Herausgabe von **persönlichen Sachen** des Kindes ist daher nicht nach § 90, sondern gem § 95 I Nr 2 (ggf auch § 95 IV) zu vollstrecken.

2 **II) Anordnung im Allgemeinen (§ 90 I). 1) Anordnung.** Gem **I 1** ist der Einsatz unmittelbaren Zwangs stets durch ausdrückl Beschluss (s § 92 Rn 3) anzuordnen, sachgerecht im Tenor. Dieser kann gleichzeitig **mit der Sachentscheidung**, zB der Herausgabeanordnung nach § 1632 BGB, ergehen (vgl zB OLG Celle FamRZ 2021, 427; OLG Braunschweig FamRZ 2019, 119; für Beschränkung auf Eilfälle PH/Hammer Rn 7), ggf aber auch durch isolierten Beschluss. Bei der Anordnung ist der Grundsatz der **Verhältnismäßigkeit** zu beachten. Die Anwendung unmittelbaren Zwangs kommt nur dann in Betracht, wenn mildere Mittel zur Vollstreckung der Entscheidung nicht zur Verfügung stehen, vorrangig ist die Festsetzung von Ordnungsmitteln (§ 89; sa EuGHMR FamRZ 2025, 510). Gerade bei der Vollstreckung der Herausgabe von Kindern ist ein behutsames Vorgehen erforderl, wenn nicht Gefahr im Verzug ist. Nach der Vorstellung des Gesetzgebers (BTDrs 16/6308, 218) soll grds zunächst das persönl Gespräch des FamG mit dem Berechtigten und dem Verpflichteten und ggf mit dem herauszugebenden Kind gesucht werden. Im Anschluss daran kann sich das FamG bei Bedarf zur Unterstützung an das Jugendamt wenden (§ 88 II).

3 Die einzelnen Tatbestände: **a) I Nr 1:** Ordnungsmittel haben keinen Erfolg gebracht haben. Nicht erforderl ist, dass ein Ordnungsgeld bereits versucht wurde zu vollstrecken (OLG Hamm FamRZ 2020, 1490; aA Sternal/Giers Rn 4) **b) I Nr 2:** Andere Maßnahmen versprechen bereits von vornherein keinen Erfolg, zB wenn Ordnungsgelder wegen Mittellosigkeit sinnlos ist und Ordnungshaft (wegen anderer zu betreuender Kinder) nicht in Betracht kommt. **c) I Nr 3:** Ein alsbaldiges Einschreiten ist unbedingt geboten, die Durchsetzung mit Hilfe von Ordnungsmitteln würde also zu einer nicht vertretbaren Verzögerung führen. Dies ist etwa bei einer unmittelbaren Gefährdung des Kindes der Fall.

4 Zulässig ist die Anwendung unmittelbaren Zwangs grds ggü **Dritten**, dem **Elternteil** wie ggü dem **Kind**, diesem ggü aber mit den Einschränkungen nach II. Ein Verschulden ist nicht erforderl (OLG Hamm FamRZ 2020, 1490). Außer bei dem Kind muss – und sollte im Interesse effektiver Vollstreckung – die Person, der ggü der Zwang ausgeübt werden darf, im Beschluss nicht bezeichnet werden (PH/Hammer Rn 7). Der Begriff des **unmittelbaren Zwangs** ist dem Polizeirecht entlehnt. Nach der Legaldefinition zB in § 2 UZwG Bund ist unmittelbarer Zwang „die Einwirkung auf Personen oder Sachen durch körperl Gewalt, ihre Hilfsmittel und durch Waffen"; „körperl Gewalt ist jede unmittelbare körperl Einwirkung auf Personen oder Sachen". Typische Zwangsmaßnahmen iSv § 90 sind das Festhalten, das Fernhalten, das zwangsweise Mitnehmen. Auch das Wegtragen oder Festhalten eines Kleinkindes sind als unmittelbarer Zwang unabhängig von einem bestimmten Alter des Kindes anzusehen, da sich der Entwicklungsstand eines Kindes während der Vollstreckung nicht zuverlässig feststellen lässt (Hammer FPR 2008, 413, 415).

5 **2) Verfahren.** Sofern die Anordnung über die Anwendung unmittelbaren Zwangs nicht zusammen mit der Hauptsacheentscheidung ergeht, handelt es sich um ein **eigenständiges** VollstrVerf, in dem der Verpflichtete gem § 92 I 2 vorher anzuhören ist, sofern dadurch die Vollstreckung nicht wesentl erschwert oder gar vereitelt würde. Diese Anhörungspflicht besteht nach der allg gehaltenen Regelung in § 92 I 2 auch dann, wenn die Anordnung zusammen mit der Hauptsacheentscheidung ergeht, ist dann aber formloser zB in einem Erörterungstermin (§ 32) mögl. Die Durchführung eines Vermittlungsverf ist weder Voraussetzung für die Anordnung nach § 90 noch steht sie diesem entgegen, § 92 III (s § 92 Rn 5).

6 **3) Durchführung.** Der **Vollstreckungsauftrag** wird, da es sich um Amtsverf handelt, gem § 87 I durch das *FamG erteilt, ggf auf Ersuchen des Herausgabeberechtigten.* Dieser ist zur Erteilung eines Vollstreckungsauftrags nicht berechtigt (OLG Hamburg FamRZ 94, 1128; KG DGVZ 92, 89; je zu § 33 FGG). Der Vollstreckungsauftrag selbst wird dem GV durch richterl Verfügung erteilt. Der unmittelbare Zwang wird durch den Ge-

richtsvollzieher durchgesetzt, der erforderlichenfalls auf Grund eigener Entscheidung (also ohne Anordnung des Gerichts) die Polizei um Unterstützung ersuchen kann, § 87 III. Falls sich das Kind in einer Wohnung befindet, bedarf es bei fehlendem Einverständnis des Verpflichteten grds eines **Durchsuchungsbeschlusses** nach § 91 (BVerfG NJW 2000, 943 = FamRZ 2000, 411). Der GV hat in den Fällen des § 759 ZPO Zeugen hinzuzuziehen, § 87 III 2. Gem § 156 IV GVGA hat er, bevor er den Termin zur Wegnahme des Kindes bestimmt, den Herausgabeberechtigten darauf hinzuweisen, dass die Vollstreckung nur durchgeführt werden kann, wenn der Berechtigte das Kind an Ort und Stelle übernimmt.

III) Anwendung gegenüber Kind (§ 90 II). II enthält **besondere Voraussetzungen** für die Anordnung unmittelbaren Zwangs ggü einem Kind. Auch in diesem Fall müssen die Voraussetzungen des I vorliegen, außerdem aber die Einschränkungen des II beachtet werden. 7

1) Umgang. Zu seiner Durchführung darf dem Kind ggü kein unmittelbarer Zwang ausgeübt werden, da dies unverhältnismäßig wäre (BTDrs 13/4899, 128). Dies schließt nicht aus, ggü dem betreuenden Sorgeberechtigten die Anwendung unmittelbaren Zwangs anzuordnen (OLG Frankfurt FamRZ 2002, 1585). 8

2) Übrige Anordnungen. Zu deren Durchsetzung, insb der **Kindesherausgabe** nach §§ 1632, 1666 BGB, darf auch ggü einem Kind unmittelbarer Zwang angeordnet und ausgeübt werden. Gem II 2 ist aber eine bes intensive Verhältnismäßigkeitsprüfung unter Berücksichtigung des Kindeswohls durchzuführen, wobei die Möglichkeit einer Durchsetzung mit milderen Mitteln grds bereits nach I der Anordnung unmittelbaren Zwangs entgegensteht. Für die Frage, ob diese Anordnung gegen ein sich **widersetzendes Kind** verhältnismäßig ist, kommt seinem Alter wesentl Bedeutung zu (Begr RegE BTDrs 16/6308, 218). Der BGH FamRZ 75, 273, 276 hat die gewaltsame Wegnahme gegen den Willen eines über 14 Jahre alten Kindes im Hinblick auf Art 2 GG für „verfassungsrechtl bedenkl“ gehalten (für 15-jährige ähnl BayObLG FamRZ 85, 737). Da die Fragen des Kindeswohls und der Bedeutung des Kindeswillens unter Berücksichtigung seines Alters aber bereits bei Erlass der Herausgabeanordnung zu prüfen sind, bedarf ein Absehen von der Vollstreckung nach § 90 II 2 einer bes Rechtfertigung (BGH FamRZ 2012, 533 für § 89; Sternal/Giers Rn 11; zu § 33 FGG OLGR Bamberg 2000, 96; OLG Hamburg FamRZ 96, 1093; OLG Düsseldorf FamRZ 93, 1349), zB wegen bes nachhaltiger Weigerung, erhebl Zeitablaufs, neuer Gesichtspunkte, Änderung der Verhältnisse, Gesundheitsgefahr (OLG Zweibrücken FamRZ 2001, 1536; BayObLG FamRZ 85, 737). Wenn eine konkrete Gefahr der Selbsttötung eines Jugendl besteht, kann die Anordnung unmittelbaren Zwangs nicht in der Weise zugelassen werden, dass er zuerst in ein Krankenhaus eingewiesen wird, um eine Selbsttötungsgefahr zu beseitigen (BayObLG FamRZ 85, 737). 9

IV) Einstellung der Vollstreckung. Sie kann (nur) durch das Gericht gem § 93 angeordnet werden. § 156 I 3 GVGA ermächtigt den GV entspr der Regelung in § 765a II ZPO (§ 65 GVGA), die Vollstreckung aufzuschieben. Für diese entspr Anwendung fehlt es an einer Regelungslücke, nachdem das FamFG in § 93 eine autonome Regelung für die Einstellung der Vollstreckung in diesen Verf getroffen hat (aA PH/Hammer Rn 8; Sternal/Giers Rn 9: § 765a II ZPO analog). Dem GV bleibt daher in solchen Fällen nur die Möglichkeit, kurzfristig eine Entscheidung des FamG (telefon) herbeizuführen, ggf durch einen dort erreichbaren Bereitschaftsrichter. 10

V) Rechtsbehelf. Die Anordnung unmittelbaren Zwanges ist ebenso wie ihre Ablehnung eines ggf gestellten Antrags (§ 87 I 2) gem § 87 IV mit der sof Beschwerde entspr §§ 567 ff ZPO anfechtbar (iE s § 87 Rn 8 f). 11

VI) Gebühren. 1) Gericht: 1602 FamGKG-KV. 24 Euro (seit 1.6.2025) Festgeb; die Geb kann mehrfach anfallen, 1602 Anm FamGKG-KV. – **2) RA:** Vorbem 3.3.3 Nr 2 RVG-VV; 3309, 3310 RVG-VV; § 19 II Nr 1 RVG. 12

§ 91 Richterlicher Durchsuchungsbeschluss

(1) [1]Die Wohnung des Verpflichteten darf ohne dessen Einwilligung nur auf Grund eines richterlichen Beschlusses durchsucht werden. [2]Dies gilt nicht, wenn der Erlass des Beschlusses den Erfolg der Durchsuchung gefährden würde.

(2) Auf die Vollstreckung eines Haftbefehls nach § 94 in Verbindung mit § 802g der Zivilprozessordnung ist Absatz 1 nicht anzuwenden.

(3) [1]Willigt der Verpflichtete in die Durchsuchung ein oder ist ein Beschluss gegen ihn nach Absatz 1 Satz 1 ergangen oder nach Absatz 1 Satz 2 entbehrlich, haben Personen, die Mitgewahrsam an der Wohnung des Verpflichteten haben, die Durchsuchung zu dulden. [2]Unbillige Härten gegenüber Mitgewahrsamsinhabern sind zu vermeiden.

(4) Der Beschluss nach Absatz 1 ist bei der Vollstreckung vorzulegen.

I) Allgemein. Die Vorschrift regelt die Wohnungsdurchsuchung im Rahmen der Vollstreckung von Entscheidungen über die Herausgabe von Personen und die Regelung des Umgangs im Hinblick auf das Grundrecht auf **Unverletzlichkeit der Wohnung** (Art 13 GG). Sie ist an § 758a ZPO angelehnt. Auf die Vollstreckung anderer Titel ist gem § 95 I die Regelung von § 758a ZPO unmittelbar anwendbar. 1

2 Durchsucht werden (zum Begriff s § 758 ZPO Rn 2) darf die Wohnung des Verpflichteten mit dessen Einwilligung (§ 91 I 1), auf Grund eines richterl Durchsuchungsbeschlusses (§ 91 I 2) oder bei Gefahr im Verzug (§ 91 I 2). **Verfassungsrechtliche Bedenken** (Hammer FPR 2008, 413, 417) gegen § 91 dürften iErg nicht durchgreifen. Die Einschränkung des Grundrechts auf Unverletzlichkeit der Wohnung (Art 13 GG) erfordert gem Art 19 I 2 GG grds die Nennung dieses Grundrechts (sog **Zitiergebot**; eingeh Singer DÖV 2007, 496). Dieses gilt nach der Rspr des BVerfG (BVerfGE 2, 121; BVerfGE 43, 48) nicht für vorkonstitutionelle Gesetze wie die ZPO, so dass § 758a ZPO dieses Zitiergebot nicht erfüllen muss. Dieses Gebot findet nach der Rspr des BVerfG (BVerfGE 5, 13; BVerfGE 61, 82, 113) aber auch auf solche, nach Inkrafttreten des GG erlassene Gesetze keine Anwendung, die ledigl bereits geltende Grundrechtsbeschränkungen unverändert oder mit geringen Abweichungen wiederholen. Dies ist in § 91 der Fall, der § 758a ZPO – bewusst (Begr RegE BTDrs 16/6308, 219) – seinem Regelungsgehalt nach und weitgehend wörtl übernimmt.

3 **II) Durchsuchungsbeschluss (§ 91 I).** I 1 entspricht nahezu wörtl § 758a I 1 ZPO. Abw geregelt ist nur die **Zuständigkeit** des zur Entscheidung berufenen Richters. Mangels anderweitiger Regelung bestimmt sich die Zuständigkeit nach § 88 I (Gericht des gewöhnl Aufenthalts des Kindes). IÜ gelten dieselben Grundsätze wie zu § 758a ZPO; zu diesen s § 758a ZPO Rn 4 ff. Erforderl ist gem § 39 eine Rechtsbehelfsbelehrung, der Beschluss ist nach § 41 bekanntzugeben.

4 I 2 regelt die in Art 13 II GG vorgesehene Ausnahme von dem Vorbehalt einer richterl Anordnung in wörtl Übereinstimmung mit § 758a I 2 ZPO. Der Tatbestand der **Gefährdung des Durchsuchungserfolgs** ist eng auszulegen und setzt voraus, dass die durch die vorh Einholung der richterl Entscheidung bedingte Verzögerung den Erfolg der Durchsuchung gefährden würde (BVerfG NJW 2001, 1121); wegen der Einzelheiten s § 758a ZPO Rn 32.

5 **III) Vollstreckung eines Haftbefehls (§ 91 II).** Ist ein Haftbefehl gem § 94 FamFG iVm § 802g I ZPO ergangen, weil der Verpflichtete im Termin zur Abgabe der eidesstattl Versicherung nicht erschienen ist oder diese ohne Grund verweigert hat, bedarf es zur Vollstreckung keines Durchsuchungsbeschlusses. Die Vorschrift geht davon aus, dass der Haftbefehl bereits die richterl Gestattung der Verhaftung auch in der Wohnung des Verpflichteten einschließt (s § 758a ZPO Rn 33).

6 **IV) Mitgewahrsamsinhaber (§ 91 III).** Die Duldungspflicht des Verpflichteten wird – wie § 758a III ZPO (dazu s § 758a ZPO Rn 34) – auf seine Mitbewohner erstreckt.

7 **V) Vorlagepflicht (§ 91 IV).** Die Regelung entspricht § 758a V ZPO. Vorzulegen ist der Beschluss nicht nur dem Verpflichteten, sondern, wenn dieser abwesend ist, auch den übrigen Personen, die die Durchsuchung dulden müssen (Begr RegE BTDrs 16/6308, 219). Die Durchsuchung ist vor förml Bekanntgabe (§ 41) zulässig (MK-FamFG/Zimmermann Rn 9; PH/Hammer Rn 8).

8 **VI) Vollstreckung zur Nachtzeit und an Sonn- und Feiertagen.** Die in § 758a IV ZPO vorgesehenen Einschränkungen hat § 91 nicht übernommen. Der GV kann daher nach pflichtgemäßem Ermessen eine Wohnungsdurchsuchung auch zu den vorgenannten Zeiten vornehmen. Der auch von ihm zu beachtende Grundsatz der Verhältnismäßigkeit erfordert aber, dass eine Vollstreckung zu diesen Zeiten zumindest eine größere Erfolgsaussicht bietet, zB weil die größere Wahrscheinlichkeit besteht, das herauszugebende Kind vorzufinden.

9 **VII) Rechtsbehelfe.** Derj, der den Erlass eines Durchsuchungsbeschlusses begehrt hat (§ 87 I 2), kann gem § 87 IV gegen dessen Ablehnung **sofortige Beschwerde** entspr §§ 567 ff ZPO einlegen. Der **Verpflichtete** kann gegen den Durchsuchungsbeschluss gem § 87 IV ebenfalls sof Beschwerde entspr §§ 567 ff ZPO einlegen. Mit dieser kann, wenn die **Durchsuchung** zwischenzeitl **durchgeführt** worden ist, wegen des Eingriffs in den Schutzbereich des Art 13 GG (Unverletzlichkeit der Wohnung) und des Gebots effektiven Rechtsschutzes (Art 19 IV GG) entspr **§ 62** die Feststellung einer Rechtswidrigkeit beantragt werden (OLG Karlsruhe FamRZ 2024, 1956; OLG Brandenburg FamRZ 2013, 802; PH/Hammer Rn 9; aA 35. Aufl).

10 **VIII) Gebühren. 1) Gericht:** keine Geb. – **2) RA:** Vorbem 3.3.3 Nr 2 RVG-VV; 3309, 3310 RVG-VV; § 19 II Nr 1 RVG.

§ 92 Vollstreckungsverfahren

(1) [1]Vor der Festsetzung von Ordnungsmitteln ist der Verpflichtete zu hören. [2]Dies gilt auch für die Anordnung von unmittelbarem Zwang, es sei denn, dass hierdurch die Vollstreckung vereitelt oder wesentlich erschwert würde.

(2) Dem Verpflichteten sind mit der Festsetzung von Ordnungsmitteln oder der Anordnung von unmittelbarem Zwang die Kosten des Verfahrens aufzuerlegen.

(3) [1]Die vorherige Durchführung eines Verfahrens nach § 165 ist nicht Voraussetzung für die Festsetzung von Ordnungsmitteln oder die Anordnung von unmittelbarem Zwang. [2]Die Durchführung eines solchen Verfahrens steht der Festsetzung von Ordnungsmitteln oder der Anordnung von unmittelbarem Zwang nicht entgegen.

I) Anwendungsbereich. Die Vorschrift regelt allg Grundsätze des Verf bei der Vollstreckung von Entscheidun- 1
gen über die **Herausgabe von Personen** und zur Regelung des **Umgangs**. Hinsichtl der Vollstreckung anderer Titel richtet sich das Verf nach den in § 95 in Bezug genommenen Vorschriften der ZPO zur ZwV.

II) Rechtliches Gehör (§ 92 I). Es ist dem Verpflichteten vor der Festsetzung eines Ordnungsmittels (§ 89) zu 2
gewähren. Dasselbe gilt grds auch für die Anordnung von unmittelbarem Zwang (§ 90), sofern dies ohne Gefährdung der Vollstreckung mögl ist. Zur Vermeidung einer Verzögerung des Verf ist eine Fristsetzung zur Stellungnahme sachgerecht. Der Verpflichtete kann sich schriftl oder zur Niederschrift der GeschSt (§ 25 I) äußern. Letztere Erklärung ist ggü der GeschSt eines jeden AG mögl; für eine Fristwahrung maßgebend ist aber der Eingang bei dem vollstreckenden Gericht (§ 25 II, IV). Eine **persönliche Anhörung** von Eltern und Kind entspr §§ 159, 160 ist nicht erforderl (OLG Nürnberg FamRZ 2018, 595; OLG Hamm FamRZ 2018, 1938; OLG Karlsruhe FamRZ 2015, 2000; PH/Hammer Rn 2; aA Sternal/Giers Rn 2), da I dies nicht anordnet („der Verpflichtete", „zu hören") und die Regelung sich an § 891 S 2 ZPO anlehnt (RegE BTDrs 16/6308, 219), nach dem schriftl Anhörung ausreicht (s § 891 ZPO Rn 1). Eine Anhörung des **Jugendamts** kann sachdienl und im Einzelfall nach § 26 geboten sein, ist aber ebenso nicht zwingend notw (OLG Nürnberg FamRZ 2018, 595; OLG Hamm FamRZ 2018, 1938; aA Sternal/Giers Rn 2).

III) Entscheidung (§ 92 II). Die Entscheidungen über Ordnungsmittel und die Anwendung unmittelbaren 3
Zwangs ergehen durch **Beschluss**, der eine Rechtsbehelfsbelehrung zu enthalten hat (§ 39). Mit der Festsetzung von Ordnungsmitteln oder der Anordnung unmittelbaren Zwangs sind dem Verpflichteten – abw von § 87 V – die gesamten **Kosten** aufzuerlegen; eine Differenzierung nach Obsiegen ist nicht eröffnet (OLG Hamm FamRZ 2017, 1580). Gem § 80 I sind dies neben den Gerichtskosten (Geb gem 1602 FamGKG-KV und Auslagen) die zur Durchführung des Verf notwendigen Aufwendungen der Beteiligten, also insb die Kosten eines RA, sofern die Beauftragung erforderl war; dazu s § 80 Rn 4. Für die Gerichtskosten der Vollstreckung haftet der Verpflichtete gem § 24 Nr 4 FamGKG bereits unabhängig von einer gerichtl Entscheidung.

Unterbleibt die Festsetzung von Ordnungsmitteln bzw die Anordnung unmittelbaren Zwangs, zB bei Zurück- 4
weisung eines Antrags nach § 87 I 2, verbleibt es bei der Anwendbarkeit der in § 87 V in Bezug genommenen allg Kostenvorschriften (s § 87 Rn 10). Allein das Unterliegen führt danach nicht notwendig zu einer Kostenlast (s § 81 Rn 6).

IV) Verhältnis zum Vermittlungsverfahren (§ 92 III). Mit der Regelung ist klargestellt, dass das Vermittlungs- 5
verf und das VollstrVerf 2 voneinander unabhängige Verf sind. Weder ist vor der Festsetzung von Ordnungsmitteln oder der Anordnung unmittelbaren Zwangs ein Vermittlungsverf nach § 165 durchzuführen, noch steht ein solches der Festsetzung von Ordnungsmitteln oder der Anordnung unmittelbaren Zwangs entgegen (**III 2**). Ein solches Nebeneinander dürfte in der Praxis aber eher selten sein, da VollstrMaßnahmen die Chancen eines Vermittlungsverf regelmäßig deutl reduzieren dürften (PH/Hammer Rn 9). Dementspr ermöglicht § 93 I 1 Nr 5 die Einstellung der Vollstreckung, wenn die Durchführung eines Vermittlungsverf beantragt wird.

§ 93 Einstellung der Vollstreckung

(1) [1]Das Gericht kann durch Beschluss die Vollstreckung einstweilen einstellen oder beschränken und Vollstreckungsmaßregeln aufheben, wenn

1. Wiedereinsetzung in den vorigen Stand beantragt wird;

2. Wiederaufnahme des Verfahrens beantragt wird;

3. gegen eine Entscheidung Beschwerde eingelegt wird;

4. die Abänderung einer Entscheidung beantragt wird;

5. die Durchführung eines Vermittlungsverfahrens (§ 165) beantragt wird.

[2]In der Beschwerdeinstanz ist über die einstweilige Einstellung der Vollstreckung vorab zu entscheiden. [3]Der Beschluss ist nicht anfechtbar.

(2) Für die Einstellung oder Beschränkung der Vollstreckung und die Aufhebung von Vollstreckungsmaßregeln gelten § 775 Nr. 1 und 2 und § 776 der Zivilprozessordnung entsprechend.

I) Allgemein. Die Vorschrift regelt wegen ihrer systematischen Stellung im Unterabschnitt 2 allein die Einstel- 1
lung der Vollstreckung von Entscheidungen über die **Herausgabe von Personen** und die Regelung des **Umgangs** (OLG Celle FamRZ 2023, 148). Die Vollstreckung wegen anderer Verpflichtungen bestimmt sich gem § 95 nach den Vorschriften der ZPO über die ZwV, womit auch auf die dortigen Einstellungsmöglichkeiten verwiesen wird (s § 95 Rn 10 ff). Auf **einstweilige Anordnungen** ist § 55 anwendbar.

II) Verfahrenshandlungen gem § 93 I 1. 1) § 93 I 1 Nr 1. Antrag auf WE in den vorigen Stand (§§ 17 ff) bei 2
Versäumung der Beschwerdefrist (PH/Hammer Rn 2), entspricht § 707 I 1 Alt 1 ZPO. **2) § 93 I 1 Nr 2.** Antrag

auf Wiederaufnahme des Verf (§ 48 II), entspricht § 707 I 1 Alt 2 ZPO. **3) § 93 I 1 Nr 3.** Einlegung einer Beschwerde gegen den Vollstreckungstitel gem § 58 (PH/Hammer Rn 2; Sternal/Giers Rn 4); entspricht § 719 I 1 ZPO (Begr RegE BTDrs 16/6308, 219). Antrag auf VKH für beabsichtigte Beschwerde genügt für eine Einstellung nicht (Sternal/Giers Rn 4). Zum Verh zur Einstellung gem § 64 III s Cirullies FamRZ 2023, 284. **4) § 93 I 1 Nr 4.** Antrag auf Abänderung des Vollstreckungstitels (§ 48 I, § 166 I), in Amtsverf auch bei Einleitung eines Abänderungsverf vAw (OLG Celle ZKJ 2011, 433 = FamRZ 2012, 798 LS). VKH-Antrag genügt nicht (Sternal/Giers Rn 5). **5) § 93 I 1 Nr 5.** Antrag auf Durchführung eines Vermittlungsverf (§ 165); Vermittlungs- und Vollstreckungsverf können gem § 92 III gleichzeitig geführt werden.

3 **III) Voraussetzungen.** Eine positive Entscheidung muss in den Verf nach I 1 Nrn 1-5 noch nicht ergangen sein, es genügt die **Anhängigkeit**. Die Erfolgsaussicht ist regelmäßig ein gewichtiges Kriterium für die Ermessensausübung (s Rn 5). Ein **Antrag** auf Einstellung der Vollstreckung ist nicht erforderl (OLG Celle ZKJ 2011, 433 = FamRZ 2012, 798 LS), wenn auch regelmäßig eine entspr Entscheidung durch den Verpflichteten begehrt wird. Über eine solche Anregung ist entspr § 87 I 2 durch Beschluss förml zu entscheiden.

4 **IV) Zuständigkeit.** Nicht geregelt ist die Frage, welches Gericht über die Einstellung entscheidet. Sachgerecht ist eine Zuständigkeit des Gerichts, bei dem das Verf nach I 1 Nrn 1-5 anhängig ist (ebenso PH/Hammer Rn 4; Sternal/Giers Rn 2 ff; MK-FamFG/Zimmermann Rn 11): Die Regelung lehnt sich ausdrückl an die §§ 707, 719 ZPO an (Begr RegE BTDrs 16/6308, 219); für diese Entscheidungen ist ausschließl das **Gericht der Hauptsache** zuständig (s § 707 ZPO Rn 6). Dieses ist auch sachnäher, es kann insb die für die Ermessensentscheidung notwendige Erfolgsprognose (s Rn 5) vornehmen. Auch I 2, nach dem in der Beschwerdeinstanz über einstw Einstellung der Vollstreckung vorab zu entscheiden ist, bezieht sich erkennbar auf die Entscheidung des Gerichts der Beschwerde nach § 58, da die Regelung nur sinnvoll ist, wenn über mehr als nur die Vollstreckung zu entscheiden ist.

5 **V) Entscheidung.** Das Gericht entscheidet durch **Beschluss** (§ 93 I 1). Gem § 93 I 2 ist in der Beschwerdeinstanz über die einstw Einstellung der Vollstreckung vorab zu entscheiden. Dem Gericht ist – wie nach § 707 ZPO (s § 707 ZPO Rn 7) – ein **Ermessen** eingeräumt („kann"). Abzuwägen ist das Vollstreckungsinteresse mit den Beeinträchtigungen und Belastungen für die Beteiligten aus der Vollstreckung unter bes Berücksichtigung des Kindeswohls (vgl zB BVerfG FamRZ 2010, 353). Daneben ist ein maßgebl Kriterium die **Erfolgsaussicht**. Wenn der Antrag oder die Beschwerde keine Aussicht auf Erfolg bieten, darf die Vollstreckung nicht eingestellt werden (BVerfG FamRZ 2010, 353; BGH FGPrax 2010, 97). Im Rahmen der Ermessensentscheidung kann auch berücksichtigt werden, wie wahrscheinl es ist, dass ggf noch anzustellende ergänzende Ermittlungen zu anderweitigen Erkenntnissen führen werden (ähnl der Beweisantizipation im Zivilprozess, s § 719 ZPO Rn 3). Eine Kostenentscheidung ist idR entbehrl, da keine gesonderten Kosten entstehen (s Rn 9). Ein Hinweis auf die Vorläufigkeit („bis zur Entscheidung über -") kann sachdienl sein, ist aber nicht notwendig, da die Wirkung einer Einstellung der Sache nach auf das laufende Verf beschränkt ist (MK-FamFG/Zimmermann Rn 13; Sternal/Giers Rn 9).

6 Das Gericht kann die Vollstreckung ganz oder teilw („beschränken") einstellen; auch VollstrMaßregeln (Pfändungen zur Durchsetzung des Ordnungsgeldes; Verhaftung) können aufgehoben werden.

7 **VI) Dauerhafte Einstellung; Rechtsfolgen vorläufiger Einstellung (§ 93 II).** Verwiesen wird auf § 775 Nr 1, § 776 ZPO. Wenn die Ausfertigung einer vollstreckbaren (§ 86 II) Entscheidung vorgelegt wird, aus der sich ergibt, dass die zu vollstreckende Entscheidung (im Rechtsmittel-, Änderungs- oder Wiederaufnahmeverf) aufgehoben oder die Einstellung der Vollstreckung angeordnet ist, ist die Vollstreckung einzustellen (§ 775 Nr 1 ZPO), bereits getroffene VollstrMaßregeln (zB Pfändungen zur Durchsetzung des Ordnungsgeldes) sind aufzuheben (§ 776 S 1 ZPO). Wenn nur die **einstweilige Einstellung** der Vollstreckung angeordnet ist (zB nach § 93 I), ist die Vollstreckung bei Vorlage der Ausfertigung einer entspr Entscheidung einzustellen (§ 775 Nr 2 ZPO), VollstrMaßnahmen bleiben aber grds bestehen. Das Gericht kann aber auch deren Aufhebung anordnen (§ 93 I 1), dann sind auch bereits getroffenen VollstrMaßregeln aufzuheben (§ 776 S 2 Hs 2 ZPO).

8 **VII) Rechtsbehelf.** Der Beschluss ist gem § 93 I 3 **nicht anfechtbar**, unabhängig davon, ob er die Vollstreckung einstellt oder dies ablehnt. Bei Änderung der Verhältnisse kann aber erneut Einstellung beantragt werden (MK-FamFG/Zimmermann Rn 15).

9 **VIII) Gebühren. 1) Gericht:** Verf u Entscheidung sind gebührenfrei (§ 1 1 FamGKG). – **2) RA:** Die Einstellung gehört zum Verf (§ 19 I 2 Nr 12 RVG). Findet ein bes gerichtl Termin hierüber statt: 3328, 3332 RVG-VV. – Vertritt der RA nur im Einstellungsverf: 3328 RVG-VV analog mit der Einschränkung, dass es dafür keines bes gerichtl Termins bedarf.

§ 94 Eidesstattliche Versicherung

[1]*Wird eine herauszugebende Person nicht* vorgefunden, kann das Gericht anordnen, dass der Verpflichtete eine eidesstattliche Versicherung über ihren Verbleib abzugeben hat. [2]§ 883 Abs. 2 und 3 der Zivilprozessordnung gilt entsprechend.

I) Allgemein. Die Vorschrift regelt im Rahmen der Vollstreckung einer Entscheidung über die **Herausgabe von Personen** die Anordnung der Abgabe einer eidesstattl Versicherung über ihren Verbleib. 1

II) Voraussetzung. Das Kind wurde nicht vorgefunden, die Vollstreckung durch unmittelbaren Zwang nach § 90 (Wegnahme) war also erfolglos. Die Anordnung, die im Ermessen des Gerichts steht, wird durch richterl Beschluss (mit Rechtsbehelfsbelehrung, § 39) getroffen (PH/Hammer Rn 2). Das weitere **Verfahren** bestimmt sich nach den in Bezug genommenen Vorschriften der ZPO: Das Verf beginnt gem § 883 II ZPO mit der Bestimmung eines **Termins** zur Abgabe der eidesstattl Versicherung und Ladung des Verpflichteten vAw; abw von den auf den Parteiprozess zugeschnittenen Regelungen der ZPO bedarf es im Rahmen der „entspr" Anwendung nach § 94 keines Antrags eines Beteiligten (aA MK-FamFG/Zimmermann § 94 Rn 11; wie hier zB PH/Hammer Rn 2). Entspr § 883 II ZPO hat der Verpflichtete an Eides statt **zu versichern**, dass sich das Kind nicht bei ihm aufhalte und er auch nicht wisse, wo es sich befinde. Erscheint der Verpflichtete in dem zur Abgabe der eidesstattl Versicherung bestimmten Termin nicht oder verweigert er deren Abgabe grundlos, kann das Gericht gem § 883 II, § 802g I ZPO einen **Haftbefehl** zur Erzwingung der Abgabe erlassen. Auf die Haft sind die weiteren Vorschriften der §§ 802g-802j ZPO entspr anzuwenden. 2

III) Zuständigkeit. Für die Abnahme der eidesstattl Versicherung ist entspr § 883 II, § 802e ZPO der **Gerichtsvollzieher** am Wohnsitz, hilfsw am Aufenthalt des Verpflichteten, zuständig. 3

IV) Gebühren. 1) Gericht: 1603 FamGKG-KV. Die Festgeb iHv 38 Euro (seit 1.6.2025) entsteht bereits mit der gerichtl Anordnung/mit dem Antragseingang. – **2) RA:** 3309, 3310 RVG-VV. Wert: § 25 I Nr 3 RVG (OLG München FamRZ 2011, 1686). Verf zur Abnahme ist bes Angelegenheit, § 18 I Nr 1, II RVG. 4

Unterabschnitt 3
Vollstreckung nach der Zivilprozessordnung (§§ 95-96a)

§ 95 Anwendung der Zivilprozessordnung

(1) Soweit in den vorstehenden Unterabschnitten nichts Abweichendes bestimmt ist, sind auf die Vollstreckung

1. wegen einer Geldforderung,

2. zur Herausgabe einer beweglichen oder unbeweglichen Sache,

3. zur Vornahme einer vertretbaren oder nicht vertretbaren Handlung,

4. zur Erzwingung von Duldungen und Unterlassungen oder

5. zur Abgabe einer Willenserklärung

die Vorschriften der Zivilprozessordnung über die Zwangsvollstreckung entsprechend anzuwenden.

(2) An die Stelle des Urteils tritt der Beschluss nach den Vorschriften dieses Gesetzes.

(3) [1]Macht der aus einem Titel wegen einer Geldforderung Verpflichtete glaubhaft, dass die Vollstreckung ihm einen nicht zu ersetzenden Nachteil bringen würde, hat das Gericht auf seinen Antrag die Vollstreckung vor Eintritt der Rechtskraft in der Entscheidung auszuschließen. [2]In den Fällen des § 707 Abs. 1 und des § 719 Abs. 1 der Zivilprozessordnung kann die Vollstreckung nur unter derselben Voraussetzung eingestellt werden.

(4) Ist die Verpflichtung zur Herausgabe oder Vorlage einer Sache oder zur Vornahme einer vertretbaren Handlung zu vollstrecken, so kann das Gericht durch Beschluss neben oder anstelle einer Maßnahme nach den §§ 883, 885 bis 887 der Zivilprozessordnung die in § 888 der Zivilprozessordnung vorgesehenen Maßnahmen anordnen, soweit ein Gesetz nicht etwas anderes bestimmt.

I) Anwendungsbereich. § 95 ordnet die Anwendung der Vorschriften der ZPO auf die Vollstreckung der in I angeführten Verpflichtungen in fG-FamSachen an. Entscheidungen über die **Herausgabe von Personen** und die Regelung des **Umgangs** werden gem §§ 88 ff vollstreckt. Die Vollstreckung in **Ehe- und FamStreitsachen** ist in § 120 ebenfalls mit einer Verweisung auf die Vorschriften der ZPO geregelt; § 95 ist auf diese Verf gem § 113 I nicht anwendbar. 1

II) Nach der ZPO zu vollstreckende Verpflichtungen (§ 95 I). Der Verweisung auf die Vorschriften der ZPO gehen die Regelungen der §§ 86, 87 vor. 2

1) § 95 I Nr 1. Zahlung einer **Geldforderung**. Bei den meisten zu vollstreckenden familienrechtl Geldforderungen (zB Unterhalt, Zugewinn, Gesamtschuldnerausgleich) handelt es sich um FamStreitsachen iSv § 112, auf die gem § 113 I 1 nicht § 95, sondern § 120 anwendbar ist, allerdings ebenfalls mit Verweisung auf die ZPO. Anwendbar ist I Nr 1 auf in fG-FamSachen titulierte Forderungen, zB nach § 1361a III 2, § 1568b III BGB, aus 3 schuldrechtl VersAusgl, aus Kostenfestsetzung in fG-Verf (Sternal/Giers Rn 4; MK-FamFG/Zimmermann Rn 4; aA Msk/Borth/Frank Rn 2). Vollstreckt wird gem §§ 803 ff ZPO, insb durch Sachpfändung (§ 803 ZPO), Forderungspfändung (§ 829 ZPO) und Vollstreckung in unbewegl Vermögen (§ 864 ZPO).

4 **2) § 95 I Nr 2. Herausgabe** einer bewegl oder unbewegl Sache. Die Bestimmung betrifft ua die Herausgabe der zum persönl Gebrauch des Kindes bestimmten Sachen, die Herausgabe von Haushaltsgegenständen, die Räumung der Ehewohnung. Die Vollstreckung wird durch **Wegnahme** der Sache (§ 883 ZPO) bzw **Räumung** der Räumlichkeiten (§ 885 ZPO) bewirkt. Die Verpflichtung zur Herausgabe einer Sache kann statt nach § 883 ZPO auch gem IV (s Rn 15) vollstreckt werden. Allein die Zuweisung der **Ehewohnung** bildet noch keinen Titel für die Räumungsvollstreckung (OLG Stuttgart FamRZ 2002, 559). Erforderl ist eine Verpflichtung zur Räumung, die das Gericht im Rahmen seiner Entscheidung nach § 209 I ebenfalls treffen kann. Entspr gilt für eine Entscheidung über die Zuweisung der Wohnung nach § 2 GewSchG; die Räumungsanordnung kann gem § 215 getroffen werden. Sa § 885 ZPO Rn 2. Über einen Vollstreckungsschutzantrag gem **§ 765a ZPO** hat das Vollstreckungsgericht, nicht das FamG zu entscheiden (OLG Frankfurt FamRZ 2013, 1760).

5 **3) § 95 I Nr 3.** Vornahme einer vertretbaren oder nicht vertretbaren **Handlung: Vertretbar** ist eine Handlung, die auch durch einen Dritten erfolgen kann. Die Vollstreckung erfolgt gem § 887 ZPO dadurch, dass der Gl ermächtigt wird, die Handlung auf Kosten des Sch vornehmen zu lassen (sog **Ersatzvornahme**). Zuständig ist das Gericht des 1. Rechtszugs (Richter), in FamSachen somit das FamG. Zum Verf iE s § 887 ZPO Rn 4 ff. Die Vollstreckung zur Erwirkung der Herausgabe oder einer Leistung, insb Zahlung, ist nach den entspr Spezialvorschriften (§§ 883, 885, 803 ff ZPO) vorzunehmen, da diese § 887 ZPO vorgehen, § 887 III ZPO (s § 887 ZPO Rn 2; OLG Frankfurt FamRZ 2013, 1760; Sternal/Giers Rn 9; aA Msk/Borth/Frank Rn 4: Vollstreckung einer Wohnungsräumung durch Ersatzvornahme). Neben oder an Stelle einer Vollstreckung nach § 887 ZPO ist eine Vollstreckung auch nach IV mögl (s Rn 15).

6 **Nicht vertretbar** ist eine Handlung, die durch einen Dritten nicht vorgenommen werden kann (zB Erteilung einer Auskunft). Bsp: § 1686 BGB (BGH FamRZ 2017, 918; OLG Saarbrücken FamRZ 2015, 162; aA OLG Brandenburg FamRZ 2016, 1945: § 89), familiengerichtl Weisung (KG FamRZ 2024, 1876; OLG Brandenburg FamRZ 2018, 829). Die Vollstreckung wird gem § 888 ZPO durch Festsetzung von Zwangsgeld oder Zwangshaft durchgeführt. Zuständig ist das Gericht des 1. Rechtszugs, in FamSachen somit das FamG. Zu den Einzelheiten s § 888 ZPO Rn 4 ff.

7 **4) § 95 I Nr 4. Duldungen und Unterlassungen:** Einen familienrechtl **Duldung**sanspruch enthält § 1598a BGB (Entnahme genetischer Probe). **Unterlassung** ist zB ein Näherungsverbot nach § 1 GewSchG (OLG Zweibrücken FamRZ 2010, 1369). In Umgangsverf gilt aber die Spezialregelung von § 89 I 1 (BGH FamRZ 2024, 950). – Die Vollstreckung erfolgt gem § 890 ZPO durch Ordnungsgeld oder -haft, die zuvor **angedroht** werden müssen (§ 890 II ZPO). Neben einem die originäre Ordnungshaft anordnenden Beschluss ist kein zusätzl Haftbefehl erforderl (OLG Celle FamRZ 2024, 289, str). Ein **Vergleich** kann eine wirksame Androhung von Ordnungsgeld nicht enthalten, weil sie wegen ihres öff-rechtl Charakters der Verfügung der Parteien entzogen ist (OLG Saarbrücken NJW 2013, 1612; s § 890 ZPO Rn 12); sie kann aber in einem die Einigung genehmigenden Beschluss enthalten sein (OLG Frankfurt NJW-RR 2006, 1441). Zuständig ist das Gericht des 1. Rechtszugs (Richter), in FamSachen somit das FamG. Zu den Einzelheiten s § 890 ZPO Rn 3 ff. Soweit es um Verstöße gegen Anordnungen nach dem **GewSchG** geht, ist daneben eine Vollstreckung nach § 96 mögl. Ordnungsmittel können auch noch nach Ablauf eines befristeten Gebots verhängt werden (BGH FamRZ 2017, 1329). Ein Verbot der telefon Kontaktaufnahme beinhaltet auch die Versendung von SMS (OLG Karlsruhe 7.6.2004 – 16 WF 220/03). Für eine Verbindungsaufnahme ist aktive Kontaktaufnahme erforderl (OLG Hamburg FamRZ 2025, 286). Ordnungsmittel setzen ein **Verschulden** voraus, so dass sie bei Schuldunfähigkeit nicht verhängt werden (OLG Koblenz FamRZ 2017, 1933: schuldunfähiger Stalker). Die materielle Feststellungslast für ein fehlendes Verschulden trägt der Verpflichtete (OLG Bremen FamRZ 2018, 289). Da in den fG-Verf aber auch in der Vollstreckung der Amtsermittlungsgrundsatz von § 26 gilt, trifft den Verpflichteten keine Beweisführungslast, aber eine Mitwirkungspflicht (§ 27), der bei dem Einwand fehlenden Verschuldens erhebl Bedeutung zukommt.

8 **5) § 95 I Nr 5. Abgabe einer Willenserklärung.** Diese gilt gem § 894 ZPO als abgegeben, sobald die Entscheidung, die zu ihrer Abgabe verurteilt, rechtskräftig (§ 45) geworden ist. Zu den Einzelheiten s § 894 ZPO Rn 2 ff.

9 **III) Vollstreckungsvoraussetzungen.** Abw von den Regelungen der ZPO gilt: Soweit die Vollstreckung durch den GV (§ 95 I Nrn 1, 2) oder durch ein anderes Gericht erfolgt als das, das den Titel erlassen hat, bedarf es einer **Vollstreckungsklausel** (§ 86 III). Grds keiner Klausel bedarf es hingegen, wenn es sich um eine einstw Anordnung handelt (§ 53 I). Die Vollstreckung wird in Amtsverf durch das Gericht vAw (§ 87 I) durchgeführt (PH/Hammer Rn 4; aA MK-FamFG/Zimmermann Rn 3), wobei der Berechtigte beim Gericht die Vornahme von VollstrHandlungen beantragen kann. Wenn Titel zu vollstrecken sind, die in einem Antragsverf erwirkt wurden (zB Gewaltschutz-, Ehewohnungs- und Haushaltssachen), wird auch die Vollstreckung nur auf Antrag des Berechtigten durchgeführt. IE s § 87 Rn 2.

10 **IV) Umfang der Verweisung.** Diese erfasst nicht nur die Vorschriften über die einzelnen Arten der Vollstreckung, sondern auch die **übrigen Vorschriften** der ZPO über das **Vollstreckungsverfahren** (OLG Frankfurt

FamRZ 2013, 1760). So kann der Sch sich gegen die titulierte Verpflichtung entspr **§ 767 ZPO** (Vollstreckungsabwehrantrag) wenden (Begr RegE BTDrs 16/6308, 220), die Einstellung der ZwV nach § 765a beim Vollstreckungsgericht (OLG Frankfurt FamRZ 2023, 548) oder § 769 ZPO beantragen, es kann Drittwiderspruchsantrag (**§ 771 ZPO**) gestellt werden usw. Die Entscheidung ergeht in diesen Verf gem II durch **Beschluss**, als Hauptsacheentscheidung gem § 38, die mit der Beschwerde gem § 58 anfechtbar ist (OLG Brandenburg FamRZ 2012, 1223). Die Kostenentscheidung bestimmt sich nach §§ 80 ff. – Für eine **Kostenentscheidung** der Beschlüsse im VollstrVerf, die keine Endentscheidungen iSv § 38 sind, gilt § 87 V (s § 87 Rn 10), der der Verweisung auf die ZPO vorgeht, § 95 I („soweit nichts Abweichendes bestimmt").

V) Abwehr der Vollstreckung vor Rechtskraft (§ 95 III). 1) Grundsätze. Beschlüsse nach dem FamFG sind gem § 86 mit Wirksamwerden **vollstreckbar**, ohne dass es einer Vollstreckbarerklärung bedarf. Die Vollstreckung kann gem I entspr **§§ 707, 719 ZPO** unter den dort genannten Voraussetzungen eingestellt werden, zB bei einem Antrag auf WE in den vorigen Stand, auf Wiederaufnahme des Verf oder bei Einlegung eines Rechtsmittels. Die Entscheidung ist unabhängig davon, ob sie die Einstellung anordnet oder ablehnt, **nicht anfechtbar**, § 707 II 2 ZPO. 11

2) Ausschluss gem § 95 III 1. Für den Fall, dass eine **Geldforderung** tituliert ist, enthält III eine vorrangige Regelung: Gem **III 1** ist bei solchen Titeln die Vollstreckung vor Eintritt der Rechtskraft (nur) dann **auszuschließen**, wenn der Verpflichtete glaubhaft macht, dass die Vollstreckung für ihn einen nicht zu ersetzenden **Nachteil** bringen würde. Es soll vermieden werden, dass durch die Vollstreckung des Zahlungstitels vor Rechtskraft ein Schaden entsteht, der auch bei einem Erfolg des Rechtsmittels usw nicht mehr rückgängig gemacht werden kann. Ein nicht zu ersetzender Nachteil droht grds bereits dann, wenn im Fall der Aufhebung oder Abänderung des Vollstreckungstitels der Berechtigte voraussichtl wegen Mittellosigkeit nicht in der Lage sein wird, den beigetriebenen Geldbetrag **zurückzuzahlen** (BGH MDR 2007, 737 = NJW-RR 2007, 1138; anders zT die Rspr für § 120 II wegen der Wertung von § 116 III: OLG Brandenburg FamRZ 2016, 1961; OLG Karlsruhe NJW 2018, 1409; aA insoweit OLG Bremen FamRZ 2011, 322; OLG Düsseldorf FamRZ 2014, 870). 12

Der Ausschluss ist in der **Hauptsacheentscheidung** auszusprechen. Er ist in den Tenor aufzunehmen und zu begründen. Erforderl ist ein **Antrag** des Verpflichteten (Formulierungsvorschlag bei Giers FamRB 2009, 87, 88) vor Erlass des instanzbeendenden Beschlusses (PH/Hammer Rn 34; aA Sternal/Giers Rn 25; MK-FamFG/Zimmermann Rn 18: bis zur Rechtskraft). Die Anordnung einer Sicherheitsleistung ist nicht vorgesehen. Eine isolierte Anfechtung ist nicht zulässig. 13

3) Einstellung gem § 95 III 2. Die Vollstreckung von **Geldforderungen** kann in den Fällen der § 707 I, § 719 I ZPO, also bei Antrag auf WE in den vorigen Stand, auf Wiederaufnahme des Verf, Erhebung der Anhörungsrüge, Einlegung der Beschwerde, ebenfalls nur unter den Voraussetzungen des § 95 III 1 eingestellt werden. Ist erstinstanzl ein Antrag nach III 1 nicht gestellt worden, bleibt nach Einlegung der Beschwerde der Antrag nach III 2 zulässig (OLG Bremen FamRZ 2011, 322 für § 120; für das entspr Verhältnis von § 719 zu § 712 ZPO: s § 719 ZPO Rn 3). In diesem Fall sind aber an die Glaubhaftmachung (§ 31) des nicht zu ersetzenden Nachteils idR erhöhte Anforderungen zu stellen, da das Unterlassen eines erstinstanzl Antrags zumindest bei anwaltl Vertretung gegen einen solchen Nachteil spricht. Die Modalitäten der Einstellung ergeben sich aus §§ 707, 719 ZPO, insb ist die Anordnung einer **Sicherheitsleistung** zulässig, da III 2 nur auf die Voraussetzungen, nicht aber auf die Rechtsfolgen des III 1 (der eine Sicherheitsleistung nicht vorsieht) verweist. 14

VI) Vollstreckung gem § 95 IV. Die Vollstreckung zur Vorlage oder **Herausgabe** von Sachen (die Herausgabe von Personen ist in §§ 88 ff geregelt) sowie einer **vertretbaren Handlung** kann durch Festsetzung von **Zwangsmitteln gem § 888 ZPO** statt durch die nach I durch Verweis auf die ZPO grds eröffneten anderen Vollstreckungsmöglichkeiten (§§ 883, 885, 886, 887 ZPO) erfolgen, um eine möglichst effektive Vollstreckung zu ermöglichen. Das Gericht entscheidet nach pflichtgemäßem Ermessen, welche Vollstreckungsart es durchführt, ggf auch beide nebeneinander (PH/Hammer Rn 36). 15

VII) Rechtsbehelfe. Beschlüsse im VollstrVerf sind mit der **sofortigen Beschwerde** entspr §§ 567 ff ZPO anfechtbar, § 87 IV (s § 87 Rn 8 f). Innerhalb der Vollstreckung ist auf Grund der Verweisung in I die Erinnerung nach § 766 ZPO eröffnet (Cirullies FamRZ 2016, 953, 955). 16

§ 96 Vollstreckung in Verfahren nach dem Gewaltschutzgesetz und in Ehewohnungssachen

(1) [1]Handelt der Verpflichtete einer Anordnung nach § 1 des Gewaltschutzgesetzes zuwider, eine Handlung zu unterlassen, kann der Berechtigte zur Beseitigung einer jeden andauernden Zuwiderhandlung einen Gerichtsvollzieher zuziehen. [2]Der Gerichtsvollzieher hat nach § 758 Abs. 3 und § 759 der Zivilprozessordnung zu verfahren; er kann ein Auskunfts- und Unterstützungsersuchen nach § 757a der Zivilprozessordnung stellen. [3]Die §§ 890 und 891 der Zivilprozessordnung bleiben daneben anwendbar.

(2) [1]Bei einer einstweiligen Anordnung in Gewaltschutzsachen, soweit Gegenstand des Verfahrens Regelungen aus dem Bereich der Ehewohnungssachen sind, und in Ehewohnungssachen ist die mehrfache Einweisung des Besitzes im Sinne des § 885 Abs. 1 der Zivilprozessordnung während der Geltungsdauer möglich. [2]Einer erneuten Zustellung an den Verpflichteten bedarf es nicht.

Lit: *Cirullies*, Der Gerichtsvollzieher im Gewaltschutzverfahren – Anwendung unmittelbaren Zwangs, DGVZ 2016, 17; *Cirullies*, Gewaltschutz und Versöhnung, FamRZ 2016, 953.

1 **I) Unmittelbarer Zwang in Verfahren nach dem GewaltschutzG (§ 96 I). 1) Anwendungsbereich.** I regelt die Vollstreckung von Anordnungen nach § 1 GewSchG (Betretungs- und Näherungsverbote). Bei Verstößen dagegen kann, da es sich um die Erzwingung von Unterlassungen handelt, durch Ordnungsmittel nach **§ 890 ZPO** (iVm § 95 I Nr 4) vollstreckt werden. „Daneben" (**§ 96 I 3**), dh sowohl **alternativ** als auch **zusätzlich** zu der Vollstreckung nach § 890 ZPO, kann der Berechtigte einen GV zur Beseitigung einer jeden andauernden Zuwiderhandlung hinzuziehen. Eine Anordnung auf Räumung der Wohnung nach § 2 GewSchG ist gem § 95 I Nr 2, § 885 ZPO zu vollstrecken.

2 **2) Formelle Voraussetzungen.** Erforderl ist ein vollstreckungsfähiger, insb hinreichend bestimmter (s § 86 Rn 5, 7) **Vollstreckungstitel** nach § 1 GewSchG. Es muss sich um eine (gerichtl) „Anordnung" handeln, ein Vergleich reicht daher – anders als nach § 95 Nr 4, § 86 I Nr 3, § 794 Nr 1 ZPO – nicht aus (SchBW/Magnus Rn 2; aA PH/Hammer Rn 3; Sternal/Giers Rn 2); dieser wird anders als früher in § 64b IV FGG nicht zusätzl erwähnt, auch das G v 1.3.2017 (BGBl I 2017, 386) (s § 36 Rn 6) hat dies nicht geändert. Eine **Vollstreckungsklausel** ist erforderl, da die Vollstreckung nicht durch das Gericht erfolgt (§ 86 III), sofern es sich nicht um eine einstw Anordnung handelt, § 53 I. Der gem § 87 II grds erforderl **Zustellung** bedarf es vor der Vollstreckung nicht, wenn das Gericht dies anordnet, § 216 II (Hauptsacheentscheidung) und § 53 II (einstw Anordnung). Ein Antrag auf Erlass der einstw Anordnung gilt außerdem im Fall des Erlasses ohne mündl Erörterung zugleich als Auftrag zur Zustellung durch den GV und als Auftrag zur Vollstreckung, § 214 II. Anderenfalls ist ein **Vollstreckungsauftrag** des Berechtigten gem § 87 I erforderl, da das Hauptsacheverf ein Antragsverf ist (§ 1 I 1 GewSchG).

3 **3) Materielle Voraussetzungen.** Die Handlung muss der gerichtl Anordnung zuwiderlaufen, wobei ihre wörtl Erfassung nicht erforderl ist. Entspr der zu § 890 ZPO entwickelten „Kerntheorie" (s § 890 ZPO Rn 3) reicht eine gleichwertige Verletzungshandlung aus, wenn der Kern der Verletzungshandlung unberührt bleibt (Harnacke DGVZ 2002, 65, 72). Die Zuwiderhandlung muss **andauernd** sein, also ein Verstoß vorliegen, der sich nicht nur in einer kurzen einmaligen Handlung erschöpft. Andauernd ist zB ein stundenlanger Aufenthalt an untersagten Orten, zB vor einer Wohnung (Sternal/Giers Rn 3). Eine Vollstreckung ist unzulässig, wenn der Verpflichtete erkennbar nicht **rechtswidrig**, zB im Rahmen einer Versöhnung mit Einverständnis des Berechtigten, gehandelt hat, wobei Zweifel zu Lasten des Verpflichteten gehen (Schumacher FamRZ 2002, 645, 659). Ein **Verschulden** muss vom GV nicht festgestellt werden (Schumacher FamRZ 2002, 645, 659; Harnacke DGVZ 2002, 65, 72).

4 **4) Vollstreckung (§ 96 I 2).** Der **Gerichtsvollzieher** ist zur Anwendung von Gewalt befugt und kann zu diesem Zweck die Polizei um Unterstützung ersuchen (§ 758 III ZPO), wobei er unter den Voraussetzungen des § 759 ZPO (Widerstand des Verpflichteten) Zeugen hinzuzuziehen hat. Er kann auch ein Auskunfts- und Unterstützungsersuchen gem § 757a ZPO an die Polizei richten. Der GV kann daher den Verpflichteten wegweisen und ggf gewaltsam entfernen, wobei er nach pflichtgemäßem Ermessen über die zu wählenden Mittel entscheidet (zur praktischen Durchsetzung Harnacke DGVZ 2002, 65, 70 ff). Sofern er dazu die Wohnung des Verpflichteten betreten muss, bedarf es einer richterl **Durchsuchungsanordnung** (Harnacke DGVZ 2002, 65, 71), da das Verbot nach § 1 GewSchG noch nicht die Möglichkeit zum Zutritt zur Wohnung beinhaltet (dazu BGH NJW 2006, 3352; s § 758a ZPO Rn 6).

5 **II) Erneute Besitzeinweisung (§ 96 II).** Der **Anwendungsbereich** erstreckt sich auf einstw Anordnungen in Gewaltschutzsachen, die die Wohnungszuweisung betreffen, sowie in Ehewohnungssachen (§ 200 I), nicht aber auf Endentscheidungen in diesen Verf (PH/Hammer Rn 8; Sternal/Giers Rn 5). Der Wortlaut „in Ehewohnungssachen" ist insoweit zwar nicht eindeutig, da er sich nicht notwendig auf die eingangs angeführte einstw Anordnung beziehen muss. Aus der Regelung in § 885 I 3 ZPO aF, die übernommen werden sollte (Begr RegE BTDrs 16/6308, 220), ergibt sich aber diese Beschränkung.

6 Zur erstmaligen Vollstreckung eines Räumungstitels s § 95 Rn 4. Einer erneuten Erwirkung eines Räumungstitels bedarf es nicht, wenn sich der Verpflichtete nach seiner Entfernung und der Besitzeinweisung des Berechtigten **erneut Zutritt** zu der Wohnung verschafft oder dieser ihm (zunächst) freiw gewährt wurde (Sternal/Giers Rn 6). Auch eine erneute Zustellung des nochmals zu vollstreckenden Titels ist nicht erforderl (**II 2**). Die Vollstreckung erfolgt (wiederum) durch den GV nach § 95 I Nr 2 FamFG iVm § 885 I 1 ZPO. – Mit einer **Versöhnung** und einvernehml Rückkehr des Verpflichteten in die Wohnung ist der Titel von dem Berechtigten herauszugeben (KG FamRZ 2006, 49 = KGR Berlin 2005, 706; Cirullies FamRZ 2016, 953, 955). Bei Weigerung kann der Verpflichtete gegen den Titel gem § 95 I Nr 2 FamFG iVm § 767 ZPO vorgehen, ggf eine einstw Anordnung entspr § 769 ZPO beantragen. Solange der Titel aber vollziehbar ist, kann aus ihm nach II weiter vollstreckt werden (PH/Hammer Rn 11; MK-FamFG/Zimmermann Rn 7; aA Msk/Borth/Frank Rn 5, aber: Sachl-

rechtl Einwände hindern nicht von selbst die Vollstreckung), wobei ggf ein Absehen von Ordnungsmitteln in Betracht kommt (OLG Koblenz FamRZ 2019, 629).

III) Rechtsbehelf. Gegen das Vorgehen oder Unterlassen des GV ist über die Verweisung in § 95 I die Erinnerung gem § 766 ZPO eröffnet, da Abweichendes im FamFG nicht geregelt ist. 7

IV Gebühren. S § 87 Rn 11; Zuziehung eines **GV** betr § 1 GewSchG 250 GvKostG-KV (62,40 Euro seit 1.6.2025), Wohnungseinweisung 240 GvKostG-KV (163,50 Euro seit 1.6.2025), ggf zzgl Zeitzuschlag (500 GvKostG-KV, 24 Euro/angefangene Stunde seit 1.6.2025). 8

§ 96a Vollstreckung in Abstammungssachen

(1) Die Vollstreckung eines durch rechtskräftigen Beschluss oder gerichtlichen Vergleich titulierten Anspruchs nach § 1598a des Bürgerlichen Gesetzbuchs auf Duldung einer nach den anerkannten Grundsätzen der Wissenschaft durchgeführten Probeentnahme, insbesondere die Entnahme einer Speichel- oder Blutprobe, ist ausgeschlossen, wenn die Art der Probeentnahme der zu untersuchenden Person nicht zugemutet werden kann.

(2) Bei wiederholter unberechtigter Verweigerung der Untersuchung kann auch unmittelbarer Zwang angewendet, insbesondere die zwangsweise Vorführung zur Untersuchung angeordnet werden.

I) Allgemein. Die Vorschrift enthält eine den anderen Vollstreckungsvorschriften **vorgehende Sonderregelung** für die Vollstreckung der Probeentnahme nach § 1598a BGB. Soweit die Einwilligung zur Abstammungsuntersuchung und Probeentnahme ersetzt wird (§ 1598 II BGB), bedarf es keiner Vollstreckung. Die Untersuchung im Abstammungsverf regelt § 178. 1

II) Vollstreckung des Duldungsanspruchs. Geeigneter Vollstreckungstitel ist ein gerichtl Vergleich oder – in Abweichung von § 86 II – ein **rechtskräftiger Beschluss**. Der Anspruch auf **Duldung** der genetischen Probe wird grds (Ausnahme: § 96 II) gem § 95 I Nr 4 FamFG iVm § 890 ZPO durch Festsetzung von Ordnungsgeld oder -haft vollstreckt. Da es sich bei der Hauptsache um ein Antragsverf handelt (§ 1598a II BGB), setzt die Vollstreckung ebenfalls einen Antrag voraus (§ 87 I). Sofern es keine Änderung der Zuständigkeit gegeben hat, bedarf es einer Vollstreckungsklausel nicht, § 86 III. Zustellung des Titels ist gem § 87 II erforderl. 2

III) Unzumutbarkeit (§ 96a I). Sie wird nur im Ausnahmefall vorliegen. Ob die Probeentnahme überhaupt gerechtfertigt ist, wird in dem Verf nach § 1598a II BGB festgestellt. Im VollstrVerf kann nur noch die Unzumutbarkeit der **Art der Probeentnahme** für den Verpflichteten geltend gemacht werden. Diese kann sich zB aus gesundheitl Risiken einer Blutentnahme ergeben (BTDrs 16/6561, 16). OLG Düsseldorf FamRZ 76, 51 lehnt Unzumutbarkeit der Blutentnahme bei Zeugen Jehovas ab; für behauptete Nadelphobie von OLG Brandenburg FamRZ 2007, 1755 (zu § 372a ZPO) aus formalen Gründen nicht entschieden. Eine Unzumutbarkeit muss nachvollziehbar dargetan werden, pauschaler Hinweis auf „Glaubensgründe" reicht nicht (OLG Brandenburg MDR 2010, 701 für § 372a ZPO). Der **Einwand** ist im VollstrVerf, ggf mit der sof Beschwerde (§ 87 IV) gegen das Ordnungsmittel bzw die Anordnung unmittelbaren Zwangs, geltend zu machen (PH/Hammer Rn 5; Sternal/Giers Rn 3; aA Msk/Borth/Frank Rn 2, gesonderte Feststellung, aber: § 56 IV 2 FGG wurde nicht übernommen). 3

IV) Unmittelbarer Zwang (§ 96a II). Er kann nach wiederholter unberechtigter Verweigerung angeordnet werden. Da eine § 90 I entspr Regelung nicht getroffen wurde, ist die vorh vergebl Festsetzung von **Ordnungsmitteln** nicht erforderl (aA PH/Hammer Rn 8). Einer **Ladung** des Verpflichteten zur Probeentnahme durch das Gericht bedarf es nicht, da es anders als nach § 372a ZPO (dazu OLG Brandenburg FamRZ 2001, 1010) nicht um eine gerichtl Beweisaufnahme, sondern um die Durchsetzung eines zivilrechtl Anspruchs geht. Die Verweigerung ggü dem vom Berechtigten beauftragten Arzt usw reicht daher für die Anwendung von II aus, wobei **unentschuldigtes Nichterscheinen** der Verweigerung gleichzustellen ist. 4

Die **Zuständigkeit** für die Anordnung ist nicht geregelt. Sachgerecht ist eine Annexzuständigkeit des **Gerichts des 1. Rechtszugs** entspr § 890 I 1 ZPO (ebenso PH/Hammer Rn 8), da dieses auch für die Festsetzung der sonst erforderl Ordnungsmittel zuständig wäre. Der unmittelbare Zwang kann insb in der zwangsw Vorführung und der Erzwingung der Duldung der Entnahme (durch Festhalten) bestehen. Er wird durch den **Gerichtsvollzieher** ausgeübt, der sich polizeil Hilfe bedienen kann, § 758 III ZPO. Da die Hauptsache ein Antragsverf ist (§ 1598a II BGB), setzt die Vollstreckung ebenfalls einen Antrag voraus (§ 87 I). Vollstreckungsklausel ist gem § 86 III erforderl. **Anfechtung** und **Kostenentscheidung** des Beschlusses bestimmen sich nach § 87 IV, V. 5

V) Gebühren. 1) Gericht: 1602 FamGKG-KV. Je Anordnung 24 Euro (seit 1.6.2025) Festgeb. – **2) GV:** Für die zwangsweise Vorführung 270 GvKostG-KV (36,80 Euro seit 1.6.2025) – **3) RA:** 3309 und 3310 RVG-VV. 6

§§ 97 bis 110 (betr Verfahren mit Auslandsbezug)

Buch 2
Verfahren in Familiensachen (§§ 111-270)

Abschnitt 1
Allgemeine Vorschriften (§§ 111-120)

§ 111 Familiensachen

Familiensachen sind

1. **Ehesachen,**
2. **Kindschaftssachen,**
3. **Abstammungssachen,**
4. **Adoptionssachen,**
5. **Ehewohnungs- und Haushaltssachen,**
6. **Gewaltschutzsachen,**
7. **Versorgungsausgleichssachen,**
8. **Unterhaltssachen,**
9. **Güterrechtssachen,**
10. **sonstige Familiensachen,**
11. **Lebenspartnerschaftssachen.**

1 Die Vorschrift zählt alle Arten von FamSachen vollständig auf. Definiert werden die einzelnen FamSachen jew in der 1. Vorschrift der folgenden Abschnitte. Auch soweit andere Gesetze, zB § 23a GVG für die Zuständigkeit der FamG, den Begriff FamSache verwenden, bestimmt sich dieser nach § 111.

2 **Kraft Sachzusammenhangs** sind über den Katalog von § 111 hinaus FamSachen: Ansprüche auf **Auskunft** usw zur Durchsetzung eines Anspruchs, der als FamSache zu qualifizieren ist, auch wenn sie keine spezifisch familienrechtl Grundlage haben (zB aus § 242 BGB; s PH/Helms Rn 15 mN aus der Rspr); Ansprüche auf **Rückgewähr** (BGH FamRZ 1978, 582 für Rückzahlung von Unterhalt), **Schadensersatz** (BGH FamRZ 2016, 972: vorsätzl Verletzung der Unterhaltspflicht) oder Freistellung, wenn der zugrunde liegende Anspruch familienrechtl Natur ist; **Vollstreckungsabwehrantrag** (§ 767 ZPO iVm § 113 I 1 FamFG), wenn der titulierte Anspruch familienrechtl Natur ist (BGH FamRZ 1992, 538; BGH FamRZ 1981, 19). – Zu Unterhaltssachen kraft Sachzusammenhangs s § 231 Rn 3 ff.

§ 112 Familienstreitsachen

Familienstreitsachen sind folgende Familiensachen:

1. **Unterhaltssachen nach § 231 Abs. 1 und Lebenspartnerschaftssachen nach § 269 Abs. 1 Nr. 8 und 9,**
2. **Güterrechtssachen nach § 261 Abs. 1 und Lebenspartnerschaftssachen nach § 269 Abs. 1 Nr. 10 sowie**
3. **sonstige Familiensachen nach § 266 Abs. 1 und Lebenspartnerschaftssachen nach § 269 Abs. 2.**

1 Die Vorschrift enthält die Definition des Begriffs FamStreitsachen. Ehesachen sind keine FamStreitsachen, sondern unterliegen eigenen Verfahrensregeln, die in Buch 2 im Abschnitt über Ehesachen enthalten sind.

§ 113 Anwendung von Vorschriften der Zivilprozessordnung

(1) [1]In Ehesachen und Familienstreitsachen sind die §§ 2 bis 22, 23 bis 37, 40 bis 45, 46 Satz 1 und 2 sowie die §§ 47 und 48 sowie 76 bis 96 nicht anzuwenden. [2]Es gelten die allgemeinen Vorschriften der Zivilprozessordnung und die Vorschriften der Zivilprozessordnung über das Verfahren vor den Landgerichten entsprechend.

(2) In Familienstreitsachen gelten die Vorschriften der Zivilprozessordnung über den Urkunden- und Wechselprozess und über das Mahnverfahren entsprechend.

(3) In Ehesachen und Familienstreitsachen ist § 227 Abs. 3 der Zivilprozessordnung nicht anzuwenden.

(4) In Ehesachen sind die Vorschriften der Zivilprozessordnung über
1. die Folgen der unterbliebenen oder verweigerten Erklärung über Tatsachen,
2. die Voraussetzungen einer Klageänderung,
3. die Bestimmung der Verfahrensweise, den frühen ersten Termin, das schriftliche Vorverfahren und die Klageerwiderung,
4. die Güteverhandlung,
5. die Wirkung des gerichtlichen Geständnisses,
6. das Anerkenntnis,
7. die Folgen der unterbliebenen oder verweigerten Erklärung über die Echtheit von Urkunden,
8. den Verzicht auf die Beeidigung des Gegners sowie von Zeugen und Sachverständigen nicht anzuwenden.

(5) Bei der Anwendung der Zivilprozessordnung tritt an die Stelle der Bezeichnung
1. Prozess oder Rechtsstreit die Bezeichnung Verfahren,
2. Klage die Bezeichnung Antrag,
3. Kläger die Bezeichnung Antragsteller,
4. Beklagter die Bezeichnung Antragsgegner,
5. Partei die Bezeichnung Beteiligter.

I) Überblick. Wegen der Nähe zum Zivilprozess gelten in Ehe- und FamStreitsachen in weitem Umfang statt der angeführten Regelungen des FamFG die allg Vorschriften der ZPO und derj für das Verf vor den LG entsprechend. 1

II) Zuständigkeit und Verfahren. Die **örtliche Zuständigkeit** regeln nicht die §§ 2-5, sondern in Ehesachen § 122, in Verf auf Aufhebung der Lebenspartnerschaft § 270 I iVm § 122, in Unterhaltssachen §§ 232, 260, 270 I, in Güterrechtssachen §§ 262, 270 I und in sonstigen FamSachen §§ 267, 270 I. – Die **Ausschließung und Ablehnung** von Gerichtspersonen regelt nicht § 6, sondern regeln die §§ 41-49 ZPO. – Statt des § 9, der die **Verfahrensfähigkeit** regelt, gilt die in § 51 ZPO enthaltene Bestimmung über die Prozessfähigkeit. – **Bevollmächtigte** und Beistände: An die Stelle der §§ 10-12 treten § 114 und die §§ 78-90 ZPO. – **Akteneinsicht:** Statt § 13 gilt § 299 ZPO. – **Elektronische** Aktenführung und Rechtsverkehr: Statt §§ 14 ff gelten §§ 130a ff, §§ 298a, 299 III ZPO. – Die Bekanntgabe oder formlose Mitteilung eines Schriftstückes regelt nicht § 15, sondern § 329 II ZPO. – Für **Fristen** gelten die §§ 221-226 ZPO, nicht § 16. – **Wiedereinsetzung in den vorigen Stand:** Statt der §§ 17-19 gelten die §§ 233-238 ZPO. – **Verbindung:** Verf werden nicht nach § 20, sondern nach § 126 und § 147 ZPO miteinander verbunden. 2

Für die **Aussetzung** der Verf gelten statt § 21 die §§ 148 f (s OLG Frankfurt FamRZ 2019, 625) und §§ 246 ff ZPO. – **Antrag:** Die Bestimmungen über verfahrenseinleitende Anträge (§§ 23-25) sind nicht anzuwenden. Stattdessen gilt in Ehesachen § 124, in FamStreitsachen § 113 I FamFG iVm § 253 ZPO (Verfahrensantrag) bzw § 33 ZPO (Widerantrag; s hierzu OLG Schleswig MDR 2015, 954 f). Es darf entspr **§ 308 I 1 ZPO** nicht mehr oder anderes als beantragt zugesprochen werden (BGH FamRZ 2025, 100). – **Antragsrücknahme:** nicht in § 22, sondern in § 269 ZPO geregelt. – **Beibringungsgrundsatz:** In FamStreitsachen gilt der Beibringungsgrundsatz. In Ehesachen gilt er, soweit es um ehefeindl Tatsachen geht; s § 115 Rn 1. – Statt der Mitwirkungspflicht aus § 27 gilt in Ehe- und FamStreitsachen die **Prozessförderungspflicht** (§ 282 ZPO). – **Verfahrensleitung:** Statt § 28 ist § 139 ZPO anzuwenden. – Die **Beweisaufnahme** bestimmt sich nicht nach §§ 29, 30, sondern nach §§ 355-484 ZPO. – Für die **Glaubhaftmachung** gilt statt § 31 der wortgleiche § 294 ZPO. – Hinsichtlich des **Termins** gelten statt § 32 die §§ 214-220 ZPO. 3

Persönliche Anhörung: Es gelten in Ehesachen § 128 und in FamStreitsachen § 141 ZPO statt §§ 33, 34. – Die Möglichkeit der Verweisung vor einen Güterichter regelt nicht § 36 V, sondern sie ergibt sich aus § 278 V ZPO. – Die **Tatsachenfeststellung** bestimmt sich nach § 286 ZPO. – **Entscheidung:** Nicht anzuwenden ist die Bestimmung über das Wirksamwerden von Beschlüssen (§ 40). Die Wirksamkeit von Endentscheidungen in Ehe- und FamStreitsachen bestimmt sich nach § 116; Sonderregelung für Folgesachen in § 148. – Entscheidungen sind gem § 113 I 2 FamFG iVm § 311 II 1, § 329 I 1 ZPO zu verkünden (BGH FamRZ 2012, 106, 107). – Für die Berichtigung und Ergänzung des Beschlusses gelten statt der §§ 42, 43 die §§ 319-321 ZPO. – Die Abhilfe bei Verletzung des Anspruchs auf rechtl Gehör bestimmt sich nach § 321a ZPO. – Die Rechtskraft des Beschlusses regeln nicht §§ 45, 46 S 1, 2, sondern §§ 705, 706 ZPO. – Für die Erteilung des Rechtskraftzeugnisses gilt § 706 ZPO. – Die §§ 47, 48 sind in Ehe- und FamStreitsachen nicht anzuwenden. Ihnen entspr Vorschriften enthält die ZPO nicht. – Die **VKH** richtet sich nicht nach den §§ 76-78; es gelten vielmehr die §§ 114-127 ZPO. 4

Die **Kostentragung** in Ehe- und FamStreitsachen regeln nicht die §§ 80-85. Anzuwenden sind § 150 für Scheidungsverf und § 132 für den Fall der Eheaufhebung. In Unterhaltssachen ist § 243 einschlägig. Außerhalb dieser 3 Sonderregelungen in Buch 2 gelten in den Ehe- und FamStreitsachen §§ 91 ff ZPO. 5

6 Die Bestimmungen über die **Vollstreckung** (§§ 86-96) sind in Ehe- und FamStreitsachen nicht anzuwenden. Über § 120 I gelten die Vorschriften der ZPO. Schuldnerschutz nach § 120 II 2.

7 **II** erklärt die §§ 592-605a, §§ 688-703d ZPO für anwendbar; diese Verf haben aber praktisch kaum eine Bedeutung. – Gem **III** gilt die privilegierte Terminsverlegung für die Zeit vom 1.7. bis 31.8. in Ehe- und FamStreitsachen nicht.

8 Für **Ehesachen** bestimmt **IV** die **Unanwendbarkeit einzelner Regelungen** der ZPO: **1)**: § 138 III ZPO, nach dem Tatsachen, die nicht ausdrückl bestritten werden, als zugestanden anzusehen sind; – **2)**: § 263 ZPO, nach dem nach Eintritt der Rechtshängigkeit eine Klageänderung nur zulässig ist, wenn der Bekl einwilligt oder das Gericht sie für sachdienl erachtet; – **3)**: verschiedene Mittel zur Verfahrensbeschleunigung, namentl die Vorbereitung eines Haupttermins (§ 272 ZPO), früher 1. Termin (§ 275 ZPO) schriftl Vorverf (§ 276 ZPO) und Setzung einer Klageerwiderungsfrist nach § 275 I ZPO; – **4)**: Die Vorschrift über die Güteverh (§ 278 ZPO); – **5), 6)**: Die Bestimmungen über die Wirksamkeit eines gerichtl Geständnisses (§ 288 ZPO) und über das Anerkenntnis (§ 307 ZPO); – **7)**: § 439 III ZPO; die Echtheit einer Urk gilt nicht mangels Erklärung als anerkannt. – **8)**: Die Beteiligten können auf die Beeidigung des Gegners, eines Zeugen oder SV (§ 452 III, § 391, § 492 ZPO) nicht verzichten.

9 **III) Terminologie. § 113 V** enthält quasi eine Übersetzung der zivilprozessualen Begriffe in die Diktion des FamFG (vgl ausf Schael FamRZ 2009, 7).

10 **IV) Gebühren. 1) Gericht:** Für das Mahnverf (II) gilt das GKG (§ 1 S 3 FamGKG; § 1 I 1 Nr 1 GKG). Daher s § 688 ZPO Rn 15. IÜ ist das FamGKG einschlägig mit Ausnahmen bei der Vollstreckung u bei dem Arrest (Vorbem 1.6 FamGKG-KV); iE s § 119 Rn 4. – **2) RA:** Die Vergütung des RA richtet sich nach dem RVG (Ausnahmen: § 1 II 1 RVG, zB als VerfBeistand). Da die mündl Verh obligatorisch ist (§ 128 I ZPO iVm § 113 I FamFG), kann in den erstinstanzl Verf die Terminsgeb auch gem 3104 I Nr 1 RVG-VV entstehen (KG FamRZ 2011, 591); anders im Beschwerdeverf (§ 68 III 2, KG FamRZ 2012, 812; OLG Celle FF 2013, 168; aA OLG Stuttgart FamRZ 2017, 1960). In Ehesachen entsteht keine Einigungsgeb (1000 V 1 RVG-VV), sondern ggf eine Aussöhnungsgeb (1001 RVG-VV).

§ 114 Vertretung durch einen Rechtsanwalt; Vollmacht

(1) Vor dem Familiengericht und dem Oberlandesgericht müssen sich die Ehegatten in Ehesachen und Folgesachen und die Beteiligten in selbständigen Familienstreitsachen durch einen Rechtsanwalt vertreten lassen.

(2) Vor dem Bundesgerichtshof müssen sich die Beteiligten durch einen beim Bundesgerichtshof zugelassenen Rechtsanwalt vertreten lassen.

(3) [1]Behörden und juristische Personen des öffentlichen Rechts einschließlich der von ihnen zur Erfüllung ihrer öffentlichen Aufgaben gebildeten Zusammenschlüsse können sich durch eigene Beschäftigte oder Beschäftigte anderer Behörden oder juristischer Personen des öffentlichen Rechts einschließlich der von ihnen zur Erfüllung ihrer öffentlichen Aufgaben gebildeten Zusammenschlüsse vertreten lassen. [2]Vor dem Bundesgerichtshof müssen die zur Vertretung berechtigten Personen die Befähigung zum Richteramt haben.

(4) Der Vertretung durch einen Rechtsanwalt bedarf es nicht

1. im Verfahren der einstweiligen Anordnung,
2. in Unterhaltssachen für Beteiligte, die durch das Jugendamt als Beistand, Vormund oder Ergänzungspfleger vertreten sind,
3. für die Zustimmung zur Scheidung und zur Rücknahme des Scheidungsantrags und für den Widerruf der Zustimmung zur Scheidung,
4. für einen Antrag auf Abtrennung einer Folgesache von der Scheidung,
5. im Verfahren über die Verfahrenskostenhilfe,
6. in den Fällen des § 78 Abs. 3 der Zivilprozessordnung sowie
7. für den Antrag auf Durchführung des Versorgungsausgleichs nach § 3 Abs. 3 des Versorgungsausgleichsgesetzes und die Erklärungen zum Wahlrecht nach § 15 Abs. 1 und 3 sowie nach § 19 Absatz 2 Nummer 5 des Versorgungsausgleichsgesetzes.

(5) [1]Der Bevollmächtigte in Ehesachen bedarf einer besonderen auf das Verfahren gerichteten Vollmacht. [2]Die Vollmacht für die Scheidungssache erstreckt sich auch auf die Folgesachen.

1 **I) Anwaltszwang (§ 114 I, II). 1) Allgemeines.** Für **Ehegatten** besteht in Ehe- und Folgesachen – anders als in *sonstigen FamSachen (§ 10) – bereits* vor dem FamG und dem OLG Anwaltszwang, sofern nicht eine Ausnahme gem IV vorliegt. Ehesachen sind in § 121 definiert, **Folgesachen** in § 137 II, III. Folgesachen sind FamSachen, in denen eine Entscheidung für den Fall der Scheidung zu treffen ist. In den Folgesachen von § 137 II

besteht auch nach Abtrennung Anwaltszwang (s § 137 Rn 32). Auch wenn eine Scheidungsverbundentscheidung nur isoliert hinsichtl des Ausspruchs in einer Folgesache der Freiwilligen Gerichtsbarkeit, zB in Bezug auf den VersAusgl, mit der Beschwerde angefochten wird, besteht hierfür Anwaltszwang (BGH FamRZ 2017, 1151, 1152 ff mwN [Fischer]). Diese Regelungen gelten sinngemäß für Verf auf **Aufhebung der Lebenspartnerschaft** und deren Folgesachen (§ 269 I Nr 1, § 270). In **FamStreitsachen** (§ 112) müssen sich die Beteiligten durch RA vertreten lassen. Ausnahme: Vertretung durch das Jugendamt (IV Nr 2). Der Anwaltszwang erfasst auch das Vollstreckungsverf, soweit das FamG vollstreckt (§§ 887 ff ZPO, OLG Bamberg FamRZ 2017, 1331). Ob dies auch für die Beschwerde gegen Zwangsmittel iSv § 35 gilt, ist str, s § 35 Rn 10. – Für die Vollmacht gelten gem § 113 I FamFG §§ 80 ff ZPO, soweit nicht V eingreift (s Rn 6 ff). – Die Unwirksamkeit einer Verfahrenshandlung kann durch RA **geheilt** werden, aber nicht rückwirkend (OLG Nürnberg FamRZ 2022, 521).

2) Antragsteller in Ehesache. Der Ehegatte, der die Scheidung verlangt, muss sich durch einen **Rechtsanwalt vertreten** lassen. Wenn er ohne Anwalt im Verhandlungstermin erscheint, ergeht gegen ihn auf Antrag des Gegners die Versäumnisentscheidung, dass sein Scheidungsantrag als zurückgenommen gilt (§ 130 I). Er selbst kann den Scheidungsantrag nicht wirksam zurücknehmen (OLG Nürnberg FamRZ 2022, 521). 2

3) Antragsgegner in Ehesache. Dem **Antragsgegner** in einer Scheidungssache, der keinen RA bestellt hat, kann vAw ein solcher beigeordnet werden, wenn dies zu seinem Schutz unabweisbar ist (§ 138 S 1). Wenn diese Voraussetzungen nicht erfüllt sind und er ohne RA erscheint, ist er nicht von jeder Mitwirkung am Verf ausgeschlossen. Bei seiner Anhörung durch das FamG kann er sich persönl äußern, auch zur elterl Sorge und zum Umgangsrecht (§ 128). Er kann, ohne sich durch einen RA vertreten zu lassen, der Scheidung zustimmen, eine bereits erteilte Zustimmung widerrufen (IV Nr 3), die Abtrennung einer Folgesache beantragen (IV Nr 4), Vorbringen des ASt bestreiten (BVerfG FamRZ 1992, 1151 f = NJW-RR 1993, 382), eheerhaltende Tatsachen vorbringen, Beweis hierfür antreten und sich auf die Härteklausel des § 1568 BGB berufen. 3

4) Weitere Beteiligte in Folgesachen. Dritte, die an den Folgesachen VersAusgl, Übertragung oder Entziehung der elterl Sorge, Ehewohnung, Umgangsrecht und Kindesherausgabe (§ 137 II, III) beteiligt sind, zB Rentenversicherungs- und andere Versorgungsträger, Jugendamt und Vermieter in einer Ehewohnungssache, müssen sich nicht durch Anwälte vertreten lassen (§ 10). Das gilt auch für die 2. Instanz. Bevollmächtigte, durch die Behörden sich vertreten lassen, müssen – außer vor dem BGH – nicht die Befähigung zum Richteramt haben (III 2). In unterhalts- und güterrechtl Folgesachen müssen sich Drittbeteiligte, zB NI, ebenso wie in selbständigen FamStreitsachen (I) durch Anwälte vertreten lassen. 4

5) Ausnahmen vom Anwaltszwang (§ 114 IV). Kein Anwaltszwang besteht: **Nr 1:** Im Verf der eA, insb auf Unterhalt; s § 246 Rn 5. **Nr 2:** Bei Vertretung durch Jugendamt als Beistand usw. Für dieses gilt III (s Rn 12). **Nr 3, 4:** s Rn 3; **Nr 5:** In Verf der VKH einschl Beschwerde und Antrag für Rechtsmittelverf (BGH FamRZ 2016, 209). Nicht aber für Rechtsbeschwerde in VKH-Sache zum BGH (BGH FamRZ 2013, 1214). **Nr 6:** Fälle des § 78 III ZPO. Dies sind insb Verfahrenshandlungen, die vor dem UrkB vorgenommen werden können, zB Ablehnungsgesuche, die Erledigterklärung eines Verf, die Stellungnahme des Gegners im Verf über die VKH, der Antrag auf Einleitung des sBV und Arrestgesuche (§ 44 I, § 91a I 1, § 118 I, § 486 I, § 920 III ZPO). Kein Anwaltszwang besteht auch für Verf vor dem Rpfleger (§ 13 RPflG). **Nr 7:** für die genannten Anträge und Erklärungen zum VersAusgl, nicht aber für das übrige Verf im Verbund einschl Beschwerde (s Rn 1). 5

II) Besondere Vollmacht (§ 114 V). 1) Anwendungsbereich. V gilt für alle Arten von Ehesachen (§ 121), auch Eheaufhebungs- und Ehefeststellungsverf. Die bes Vollmacht benötigen die Anwälte beider Ehegatten. Sie ist aber nicht erforderl, wenn der Ag einen RA nur für Folgesachen bevollmächtigt. Ein RA, der einem bedürftigen Ehegatten gem § 138 I beigeordnet worden ist, bedarf einer bes Vollmacht nur, wenn dieser ihn zum VerfBev bestellt (s § 138 Rn 6). 6

2) Inhalt. Eine allg Prozessvollmacht oder Generalvollmacht reicht nicht aus. Da die Bestimmung sicherstellen soll, dass eine Ehesache nur auf Grund einer persönl Entscheidung jedes Ehegatten über die Erhaltung oder Auflösung der Ehe betrieben werden soll, muss das Verfahrensziel (Auflösung oder Erhaltung der Ehe) hinreichend konkret angegeben werden (OLG Brandenburg FamRZ 2023, 1156; KG FamRZ 2014, 1482). Geht der Ag vom Abweisungsantrag zum Scheidungsantrag über, so muss die Vollmacht entspr geändert werden. Sie erstreckt sich auch auf die **Folgesachen** (V 2), nicht aber auf einstw Anordnungen; denn diese sind selbständige Verf (§ 51 III 1). 7

3) Prüfung. Die Vollmacht des RA hat das Gericht nur auf – jederzeit zulässige – Rüge zu prüfen (§ 113 I FamFG iVm § 88 ZPO). 8

4) Erteilung. Hat ein **Betreuer** die Vollmacht erteilt, ist seine Bestellung zur Vertretung im Scheidungsverf erforderl; die Bestimmung des Aufgabenkreises „Vertretung vor Behörden und Gerichten" reicht nicht aus (KG FamRZ 2014, 1482 LS). 9

5) Umfang. Der Umfang der Vollmacht richtet sich nach § 113 I FamFG iVm § 81 ZPO. Der RA kann Unterbev und Bevollmächtigte für die höhere Instanz bestellen, den Scheidungsantrag zurücknehmen, Vergleiche über Folgesachen schließen, die vom Gegner zu erstattenden Kosten in Empfang nehmen, die ZwV betreiben. Den Scheidungsantrag ändern und einen Widerantrag stellen darf er nur, wenn er dazu bes bevollmächtigt ist. 10

Die Vollmacht kann – aus Kostengründen – auf die Scheidungssache oder einzelne Folgesachen **beschränkt** werden (§ 113 I FamFG iVm § 83 ZPO), nicht aber auf einzelne Prozesshandlungen wie den Abschluss eines Scheidungsfolgenvergleichs oder den Verzicht auf Rechtsmittel gegen den Scheidungsausspruch.

11 Zum **Verzicht auf ein Rechtsmittel** gegen den Scheidungsbeschluss muss ein Ehegatte durch einen RA vertreten sein. Dieser Anwalt ist auch dann als VerfBev in das Rubrum des Scheidungsbeschlusses aufzunehmen und dieser ihm zuzustellen (§ 172 ZPO), wenn er zuvor den Ehegatten nicht vertreten hat. Zur Vermeidung unnötig hoher Anwaltskosten sollte die Vollmacht auf die Scheidungssache beschränkt werden, wenn ein RA nur mit dem Verzicht auf Rechtsmittel gegen den Scheidungsausspruch beauftragt wird. Eine solche Beschränkung wirkt dem Gericht und dem Gegner ggü nur, wenn sie ihnen ausdrückl mitgeteilt wird (BGHZ 16, 167, 170). Soll ein RA nur für den Abschluss eines **Scheidungsfolgenvergleich**s mandatiert werden, sollte seine Vollmacht im Kosteninteresse auf die Folgesachen beschränkt werden, die Gegenstand des Vergleichs sind. Wird diese Beschränkung dem Gericht und dem Gegner mitgeteilt, so entscheidet das FamG im Scheidungsbeschluss idR nur noch über Verfahrensgegenstände, auf die sich die Vollmacht des Anwalts nicht erstreckt. Dann gehört dieser nicht mehr in das Rubrum des Beschlusses, und dieser wird ihm nicht zugestellt.

12 **III) Behördenprivileg (§ 114 III).** Behörden und die genannten juristischen Personen können sich auch dann, wenn gem I, II grds Anwaltszwang besteht, durch eigene Mitarbeiter vertreten lassen. Praktisch relevant sind in FamSachen insb Jugendamt und VersTräger. Vor FamG und OLG kann dies jeder Mitarbeiter sein (III 1). **Vor dem BGH** ist ausnahmslos (BGH FamRZ 2010, 1544 für Bezirksrevisor) die Befähigung zum Richteramt (§§ 5 ff DRiG) erforderl (III 2). „Zur Vertretung berechtigte Person" ist der jew behördenintern beauftragte Mitarbeiter, eine Beschränkung auf die gesetzl Vertreter besteht nicht (BGH FamRZ 2013, 1962). – Das Behördenprivileg gilt auch, wenn Ansprüche aus übergegangenem Recht geltend gemacht werden. Macht das **Bundesamt für Justiz** aber keinen solchen, sondern als zentrale Behörde iSv § 5 V 3 AUG geltend, ist es nicht vom Anwaltszwang befreit (OLG München FamRZ 2015, 1520).

§ 115 Zurückweisung von Angriffs- und Verteidigungsmitteln

[1]Bei Ehesachen und Familienstreitsachen können Angriffs- und Verteidigungsmittel, die nicht rechtzeitig vorgebracht werden, zurückgewiesen werden, wenn ihre Zulassung nach der freien Überzeugung des Gerichts die Erledigung des Verfahrens verzögern würde und die Verspätung auf grober Nachlässigkeit beruht. [2]Im Übrigen sind die Angriffs- und Verteidigungsmittel abweichend von den allgemeinen Vorschriften zuzulassen.

1 **I) Anwendungsbereich.** Die Bestimmung entspricht § 296 II ZPO und gilt in Ehesachen (§ 121) und FamStreitsachen (§ 112). In den Kindschafts-, Abstammungs-, Adoptions-, VersAusgl-, Ehewohnungs- und Haushaltssachen gilt der Amtsermittlungsgrundsatz (§ 26). § 115 ist **Ausprägung des Beibringungsgrundsatzes**. Dieser gilt in FamStreitsachen uneingeschränkt. In Ehesachen gilt er nur, soweit es um ehefeindl Tatsachen geht (§ 127 II). Nur im Umfang des Beibringungsgrundsatzes ist § 115 anzuwenden (PH/Helms Rn 5). Soweit das Gericht in Ehesachen eheerhaltende Tatsachen vAw zu ermitteln hat (arg § 127 I), darf es hierauf abzielendes Vorbringen nicht als verspätet zurückweisen. Eine § 296 I ZPO entspr Regelung ist trotz der weitgehenden Anwendbarkeit der Grundsätze der ZPO in FamStreitsachen auch für diese nicht aufgenommen, da in FamSachen eine Beschleunigung des Verf hinter dem Ziel einer materiell „richtigen" Entscheidung zurücktreten soll. Wie sich aus S 2 ergibt, handelt es sich bei der Regelung von S 1 um eine **abschließende**, der Verweisung von § 113 I vorgehende Bestimmung.

2 § 115 gilt auch in der **Beschwerdeinstanz.** Eine § 531 ZPO entspr Bestimmung enthält des FamFG nicht, sodass neuer Sachvortrag nur unter den Voraussetzungen von § 115 zurückgewiesen werden kann (OLG Brandenburg FamRZ 2016, 1462; OLG Celle FamRZ 2011, 1671; OLG Köln NJW-RR 2011, 1447). Auch die Zulassung von erst nach Ablauf der Beschwerdebegründungsfrist vorgebrachten Beschwerdegründen ist allein an § 115 FamFG zu messen (BGH FamRZ 2015, 1791). Ebenso können Angriffs- und Verteidigungsmittel, die das FamG mit Recht zurückgewiesen hat, in 2. Instanz erneut vorgebracht werden, soweit dies nicht eine Anwendung von S 1 rechtfertigt (OLG Jena NJW-RR 2018, 260).

3 Im **Verbundverfahren** (§ 137 I) gilt § 115 nur für die Scheidungssache und die Folgesachen, die FamStreitsachen sind. In den Folgesachen elterl Sorge, Umgangsrecht, Herausgabe eines Kindes, VersAusgl, Ehewohnung, Haushaltssachen ist wegen des Grundsatzes der Amtsaufklärung (§ 26) eine Zurückweisung verspäteten Vorbringens nicht zulässig (s Rn 1).

4 ***II) Tatbestandliche Voraussetzungen.*** Zurückgewiesen werden können **Angriffs- und Verteidigungsmittel**. Der Begriff entspricht dem in §§ 282, 296 ZPO (OLG Köln NJW-RR 2011, 1447); daher s § 296 ZPO Rn 4, § 282 ZPO Rn 2 f.

Nicht rechtzeitig vorgebracht ist ein Angriffs- und Verteidigungsmittel, wenn es später vorgebracht wird, als es bei sorgfältiger und auf Förderung des Verf bedachter Verfahrensführung notwendig gewesen wäre (OLG Bremen FamRZ 2016, 828). Wie zeitig vorgetragen werden muss, ergibt sich aus § 113 I FamFG iVm § 282 ZPO (OLG Celle FamRZ 2011, 1671; OLG Köln NJW-RR 2011, 1447); s § 282 ZPO Rn 3. Bsp: Vorlage einer Urk erst nach 1 ½ Jahren (OLG Köln NJW-RR 2011, 1447). Soweit Fristsetzungen für Sachvortrag zulässig sind, also va in FamStreitSachen, ergibt sich die Rechtzeitigkeit auch aus diesen (PH/Helms Rn 9). – **Grob nachlässig** handelt, wer eine jedermann einleuchtende Maßnahme zur Förderung des Verfahrens unterlässt (OLG Nürnberg 3.11.2010 – 11 UF 806/10, juris). Bsp: Der Beteiligte unterlässt es, seinen VerfBev zu informieren, oder dieser unterlässt es, seinen Mandanten zu befragen (OLG Köln NJW-RR 2011, 1447). Verfahrenstaktische Gründe rechtfertigen ein spätes Vorbringen nicht (OLG Köln NJW-RR 2011, 1447). Eine erhebl Verspätung **indiziert ein Verschulden**, für dessen Entkräftung eine Glaubhaftmachung nicht ausreicht (OLG Köln NJW-RR 2011, 1447). Ein etwaiges **Verschulden des Verfahrensbevollmächtigten** ist dem Beteiligten zuzurechnen (OLG Hamm NJW 2014, 2966; OLG Celle FamRZ 2011, 1671). 5

Die Beurteilung, ob eine Zulassung zu einer **Verzögerung** des Verf führen würde und deshalb eine Zurückweisung gerechtfertigt ist, bestimmt sich nach den zu § 296 ZPO entwickelten Grundsätzen (vgl zB PH/Helms Rn 10); daher s § 296 ZPO Rn 22, 25. Das verspätete Vorbringen verzögert die Erledigung des Verf nicht, wenn das neue Vorbringen unstr ist (OLG Frankfurt FamRZ 2019, 1322; OLG Hamm NJW 2014, 2966) oder das Verf ohnehin noch nicht zur Endentscheidung reif ist und die Berücksichtigung des verspäteten Vorbringens keinen zusätzl Zeitaufwand erfordert. Dies kann insb in **Verbundverfahren** der Fall sein. Dieses wird nur verzögert, wenn sich seine Erledigung nicht nur in einem Teil, sondern insgesamt hinausschiebt (vgl zB PH/Helms Rn 10). Neuer mit der **Beschwerdebegründung** unterbreiteter Sachvortrag führt idR nicht zu einer Verzögerung (OLG Koblenz FamRZ 2021, 1371; OLG Brandenburg FamRZ 2016, 1462). 6

III) Ermessensentscheidung. Das verspätete Vorbringen kann zurückgewiesen werden, eine Zurückweisung steht im **Ermessen** des Gerichts (OLG Koblenz FamRZ 2021, 1371; OLG Bremen FamRZ 2016, 828). Dieses muss den Nachteil, den die Verzögerung des Verf für den Gegner des verspätet vortragenden Beteiligten mit sich bringt, abwägen mit dem Nachteil, der diesem Beteiligten durch die Zurückweisung seines Vorbringens droht (OLG Bremen FamRZ 2016, 828). Für eine Zurückweisung spricht zB, wenn anderenfalls die Titulierung eines **Mindestunterhalts** verzögert wird (OLG Nürnberg 3.11.2010 – 11 UF 806/10, juris). 7

§ 116 Entscheidung durch Beschluss; Wirksamkeit

(1) Das Gericht entscheidet in Familiensachen durch Beschluss.

(2) Endentscheidungen in Ehesachen werden mit Rechtskraft wirksam.

(3) [1]Endentscheidungen in Familienstreitsachen werden mit Rechtskraft wirksam. [2]Das Gericht kann die sofortige Wirksamkeit anordnen. [3]Soweit die Endentscheidung eine Verpflichtung zur Leistung von Unterhalt enthält, soll das Gericht die sofortige Wirksamkeit anordnen.

I) Entscheidungsform (§ 116 I). I wiederholt ohne tiefere Bedeutung die Regelung von § 38 I 1. Form und Inhalt des Beschlusses bestimmen sich nach § 38 II-VI; s § 38 Rn 7 ff. 1

II) Wirksamwerden von Ehesachen (§ 116 II). 1) Allgemein. Abweichend von § 40 I, der gem § 113 I nicht anwendbar ist, werden Endentscheidungen (§ 38 I 1) in Ehesachen gem II erst mit Rechtskraft wirksam, Folgesachen nicht vor Rechtskraft des Scheidungsausspruchs (§ 148). 2

2) Rechtskraft. a) Allgemein. In Ehesachen bestimmt sich die Rechtskraft nach § 113 I FamFG iVm § 705 ZPO; § 45 ist nicht anwendbar. Hat das Gericht eine Ehe geschieden und zugleich über die Folgesachen durch einheitl Beschluss entschieden (§ 142 I), wird bei Anfechtung einer Teilentscheidung der nicht angegriffene Teil – insb der Scheidungsausspruch – erst rechtskräftig, wenn die in § 145 genannten Fristen für die Rechtsmittelerweiterung und die Anschlussbeschwerde verstrichen sind, ohne dass ein solcher Rechtsbehelf eingelegt worden ist. 3

b) Durch Rechtsmittelverzicht. aa) Gegenstand des Verzichts: Rechtskraft tritt auch vor Ablauf einer Rechtsmittelfrist mit einem **allseitigen** (Verzicht nur eines Ehegatten reicht nicht, OLG Düsseldorf FamRZ 1985, 300) Rechtsmittelverzicht ein (BGH FamRZ 1994, 300 = NJW-RR 1994, 386). Um die Scheidung in einem Verbundbeschluss rkr werden zu lassen, genügt es nicht, dass die Ehegatten allein auf Rechtsmittel verzichten. Ein solcher Verzicht hindert sie nicht daran, sich einem eventuellen Rechtsmittel eines Drittbeteiligten in einer Folgesache anzuschließen (§ 66) und die Scheidung anzufechten (BGH FamRZ 1997, 804). Rechtskraft der Ehescheidung – und ggf von Folgesachen – tritt daher nur ein, wenn die Ehegatten insoweit **auf Beschwerde und Anschlussbeschwerde** verzichten (BGH FamRZ 1997, 804; BGH FamRZ 1994, 300 = NJW-RR 1994, 386). Eines Verzichts auf Anschlussrechtsmittel bedarf es mangels Anschließungsmöglichkeit aber nicht, wenn **keine Folgesachen anhängig** sind (BGH FamRZ 1994, 300 = NJW-RR 1994, 386). Grundsätzl ist ein Verzicht auf eine 4

Anschlussbeschwerde erst nach Einlegung einer Beschwerde zulässig (vgl § 67 II). Um eine schnelle Rechtskraft des Scheidungsausspruchs zu ermöglichen, eröffnet § 144 aber einen Verzicht auf die Anschließung bereits nach Erklärung des Verzichts auf die Beschwerde gegen die Scheidung.

5 Auf das **Antragsrecht nach § 147** müssen die Ehegatten *vor dem FamG* zur Herbeiführung der Rechtskraft nicht verzichten (OLG Hamm FamRZ 1995, 943 mwN). Bereits durch den Verzicht auf Rechtsmittel und Anschlussrechtsmittel gegen die Scheidung können die Voraussetzungen einer erweiterten Aufhebung nach § 147 nicht mehr eintreten, da die Scheidungssache nicht in die Beschwerdeinstanz gelangen kann. Ist aber die Scheidung Gegenstand der Verbundentscheidung der *2. Instanz*, in dem diese in einer Folgesache die Rechtsbeschwerde an den BGH zugelassen hat, besteht die erweiterte die Anfechtungsmöglichkeit gem § 147; für eine Rechtskraft ist daher ein Verzicht auch auf diese notwendig.

6 **bb) Form des Verzichts:** Unmittelbar rechtskräftig wird die Scheidung nur, wenn beide Ehegatten nach Bekanntgabe des Scheidungsbeschlusses den Verzicht auf Rechtsmittel und Anschlussrechtsmittel **dem Gericht gegenüber** erklären (§ 67 I). Dabei müssen sie sich durch **Anwälte** vertreten lassen (BGH FamRZ 1984, 372; BGH FamRZ 2007, 1631). Der RA ist kraft Verfahrensvollmacht zum Verzicht befugt (BGH FamRZ 1994, 300). Wird schlechthin auf Rechtsmittel verzichtet (zur Auslegung s OLG Naumburg FamRZ 2015, 774), so gilt der **Verzicht** idR auch für Folgesachen (BGH FamRZ 1986, 1089). Er **kann nicht widerrufen werden**, wenn er dem Gericht ggü erklärt worden ist (BGH FamRZ 1985, 801; BGH FamRZ 1994, 300 f). Ebenso wenig kann er wegen Willensmängeln angefochten werden, sofern nicht ein Restitutionsgrund iSv § 580 ZPO vorliegt (BGH FamRZ 1986, 1089; BGH FamRZ 1994, 300). Ein zwischen den Beteiligten vereinbarter Verzicht ist gem § 67 III zwar zulässig, aber nur auf Einrede zu berücksichtigen und daher nicht geeignet, unmittelbar Rechtskraft zu bewirken. Näher zum Rechtsmittelverzicht s § 67 Rn 2 ff.

7 Die Wirksamkeit eines Rechtsmittelverzichts, der in der mündl Verh im Anschluss an die Bekanntgabe des Scheidungsbeschlusses ausgesprochen wird, hängt nicht davon ab, dass er ordnungsgemäß **protokolliert** wird (BGH FamRZ 2007, 1631). Sind das Protokoll oder die vorläufigen Protokollaufzeichnungen unter Verstoß gegen § 113 I FamFG iVm § 162 I ZPO den Beteiligten nicht vorgelesen und von ihnen nicht genehmigt worden, so fehlt dem Protokoll insoweit nur die Beweiskraft einer öffentl Urkunde (BGH FamRZ 2007, 1631). Sofern der Rechtsmittelverzicht nicht unstr ist (BGH FamRZ 2007, 1631), kann er auf andere Weise bewiesen werden (BGH FamRZ 1986, 1089 mwN).

8 **c) Durch Ablauf der Rechtsmittel- und Anschließungsfristen.** Ist der Scheidungsausspruch nicht infolge Rechtsmittelverzichts im Scheidungstermin rechtskräftig geworden, tritt gem § 113 I 1 FamFG iVm § 705 S 1 ZPO Rechtskraft ein, wenn die Beschwerdefrist des § 63 und ggf die Anschließungsfristen des § 145 verstreichen, ohne dass einer der Ehegatten Beschwerde gegen die Scheidung eingelegt hat und ohne dass eine im Verbundbeschluss enthaltene Folgesachenentscheidung angefochten worden ist. Ist innerhalb der Beschwerdefrist des § 63 I nur eine Folgesachenentscheidung angefochten worden, so hängt die Rechtskraft der Scheidung davon ab, ob und wann die Fristen des **§ 145 für die Anschließung** verstrichen sind (s § 145 Rn 11 ff). Der Scheidungsausspruch kann auch dadurch rechtskräftig werden, dass seit Verkündung der Scheidungs- oder Verbundentscheidung 6 Monate verstreichen, ohne dass ein Rechtsmittel eingelegt wird (§ 63 III 2; s § 63 Rn 6).

9 Die Beschwerdefrist läuft grundsätzl ab der **Zustellung** der Verbundentscheidung (§ 63 III). Den **Ehegatten** ist sie ungekürzt zuzustellen, den übrigen Beteiligten nur, soweit es sie betrifft (§ 139 I 2). Folgesachenentscheidungen über die elterl Sorge, das Umgangsrecht und die Kindesherausgabe sind auch an das **Jugendamt** zuzustellen (§ 162 III 1) und an das **Kind**, das das 14. Lebensjahr vollendet hat (§ 164). Entscheidungen über den Wertausgleich von Versorgungsanwartschaften sind an die beteiligten **Versorgungsträger** zuzustellen. Verändert oder begründet das FamG anlässl der Ehescheidung ein Mietverhältnis an der bish Ehewohnung (§ 1568a BGB), so ist die Entscheidung auch dem beteiligten **Vermieter** zuzustellen (§ 204).

10 Zum **Lauf der Beschwerdefrist** von 1 Monat im Regelfall (§ 63 III 1), der 6-Monatsfrist (§ 63 III) sowie der sich ergebenden Probleme, wenn entgegen § 7 ein Beteiligter nicht am Verf beteiligt und ihm der Beschluss daher nicht zugestellt wird, s § 63 Rn 5 ff.

11 **d) Hemmung des Eintritts der Rechtskraft.** Die Rechtskraft wird durch die **rechtzeitige** Einlegung eines statthaften (s Rn 12) **Rechtsmittels** gehemmt, § 113 I 1 FamFG iVm § 705 S 2 ZPO. Ob es aus anderen Gründen unzulässig ist, ist für die Hemmung der Rechtskraft unerhebl, da diese Prüfung dem Rechtsmittelgericht obliegt. Rkr wird der Scheidungsausspruch in diesem Fall erst mit der Rechtskraft der Entscheidung, durch die das unzulässige Rechtsmittel verworfen wird (GmS-OGB NJW 1984, 1027 = FamRZ 1984, 975). Diese Grundsätze gelten auch für eine innerhalb der Frist des § 145 erklärte Anschließung an das Rechtsmittel eines anderen Beteiligten zum Zweck der Anfechtung des Scheidungsausspruchs (s § 145 Rn 2). Wenn gegen den Verbundbeschluss eines OLG Rechtsbeschwerde eingelegt wird, wird die Rechtskraft des Scheidungsausspruchs auch durch einen rechtzeitigen Antrag nach § 147 gehemmt. Zum Eintritt der Rechtskraft bei Rücknahme des Rechtsmittels s § 705 ZPO Rn 10 und s § 45 Rn 9.

12 **e) Rechtskraft nach OLG-Entscheidung.** Ist ein ordentl **Rechtsbehelf** schon an sich **nicht statthaft**, tritt Rechtskraft bereits mit Wirksamwerden des Beschlusses ein (BGH FamRZ 1990, 283 = MDR 1990, 320; BGH

FamRZ 2008, 2019 = MDR 2009, 405), in Ehesachen idR also mit Verkündung. Nicht statthaft ist ein Rechtsmittel nur, wenn eine Gerichtsentscheidung kraft Gesetzes unanfechtbar ist, ohne dass es eines richterl Rechtsfindungsaktes wie der Zulassung der Rechtsbeschwerde bedarf (BGH FamRZ 2008, 2019). Gegen Verbundentscheidungen findet an sich die Rechtsbeschwerde statt; deshalb hemmt die Rechtsbeschwerdefrist den Eintritt der Rechtskraft. Ob das OLG die Rechtsbeschwerde zugelassen hat, ist keine Frage der Statthaftigkeit, sondern eine solche der Zulässigkeit der Rechtsbeschwerde (BGH FamRZ 1984, 975). Dies gilt auch, wenn die Nichtzulassung – wie nach dem FamFG – keiner Nachprüfung durch eine NZB unterliegt (BGH FamRZ 2008, 2019 für § 26 Nr 9 EGZPO; BGH FamRZ 1990, 283 für Ehesache nach altem Recht; KG FamRZ 1993, 1221 = KGR Berlin 1993, 26; aA OLG Schleswig SchlHA 2009, 60; Griesche FamRB 2010, 340, 343). Wenn also das OLG als Beschwerdegericht eine Ehe scheidet oder eine Beschwerde gegen einen Verbundbeschluss zurückweist, wird der Beschluss erst rechtskräftig, wenn die **Frist für die Rechtsbeschwerde verstrichen** ist, ohne dass eine solche eingelegt worden ist, auch wenn sie nicht zugelassen wurde.

f) Wiedereinsetzung. Ein Antrag auf VKH für ein beabsichtigtes Rechtsmittel sowie ein Antrag auf WE in eine versäumte Rechtsmittelfrist hemmen den Eintritt der Rechtskraft nicht (BGH FamRZ 1987, 570 mwN). Erst wenn WE gewährt wird, wird die Rechtskraft rückwirkend gehemmt (BGH FamRZ 1987, 570). Schließt ein Ehegatte in der Zwischenzeit eine neue Ehe und wird dann WE in den vorigen Stand gewährt, entsteht jedenfalls vorübergehend eine Doppelehe. Mit den Mitteln des geltenden Rechts lässt sich dies – außer durch eine rechtl bedenkl Versagung eines Rechtskraftzeugnisses – nicht verhindern. 13

III) Wirksamwerden von Familienstreitsachen (§ 116 III). 1) Grundsatz (§ 116 III 1). Beschlüsse in FamStreitsachen werden nicht für vollstreckbar erklärt. Sie erhalten ihre **Vollstreckbarkeit** vielmehr dadurch, dass sie rechtskräftig oder für sofort wirksam erklärt werden, § 116 III 1, 2, § 120 II (BGH FamRZ 2013, 1731). Endentscheidungen (§ 38 I 1) werden gem III 1 grundsätzl erst **mit Rechtskraft** wirksam. Dies gilt für die gesamte Entscheidung, auch die Kostenentscheidung (OLG Bamberg FamRZ 2020, 1213). Ist eine FamStreitsache **Folgesache** in einem Verbundverf, gilt für ihre Wirksamkeit § 148. Daneben ist aber auch für sie Rechtskraft oder eine entspr Anordnung Voraussetzung ihrer Wirksamkeit (OLG Hamm FamRZ 2015, 1997; s § 148 Rn 4). Die Rechtskraft von Endentscheidungen (§ 38 I 1) bestimmt sich in FamStreitsachen nach § 113 I FamFG iVm § 105 ZPO; § 45 ist nicht anwendbar. Rkr ist eine Endentscheidung, wenn sie nicht mehr mit einem Rechtsmittel oder dem Einspruch angefochten werden kann, § 113 I FamFG iVm § 705 ZPO; zum Rechtsmittelverzicht s Rn 4 ff und s § 67 Rn 2. Wirksamkeit der Entscheidung ist gem § 120 II 1 Voraussetzung für ihre **Vollstreckbarkeit.** 14

2) Anordnung der sofortigen Wirksamkeit (§ 116 III 2, 3). Die sof Wirksamkeit kann gem **II 2** für **alle Endentscheidungen** in FamStreitsachen angeordnet werden, auch für Versäumnis- und Anerkenntnisbeschlüsse (PH/Helms Rn 26; BTDrs 16/6308, 224) und in Scheidungsfolgesachen (OLG Hamm FamRZ 2015, 1997). Für die Entscheidung ist dem Gericht ein **Ermessen** eingeräumt, wobei es die Interessen von Gl und Sch gegeneinander abzuwägen hat (BTDrs 16/6308, 412). Dem Zusammenspiel von III 2 mit der Schuldnerschutzklausel des § 120 II 2 kann man entnehmen, dass das Gericht iZw die sof Wirksamkeit anordnen soll, weil die Interessen des Schuldners durch die Möglichkeit zur Einstellung oder Beschränkung der Vollstreckung gem § 120 II 2 gewahrt werden, soweit der Eintritt eines nicht zu ersetzenden Nachteils glaubhaft gemacht wird (PH/Helms Rn 27). Die Entscheidung über die Anordnung der sof Wirksamkeit ist **im Tenor** der Endentscheidung zu treffen und erfasst idR nicht die Kostenentscheidung (OLG Frankfurt NJW 2017, 180). Die Anordnung ist **nicht anfechtbar** (OLG Koblenz FamRZ 2020, 1936; PH/Helms Rn 30). Wegen der Verweisung in § 120 II 3 allein auf § 707 I, 719 I ZPO kann das OLG die Anordnung auch nicht vorab aufheben, sondern nur die Vollstreckung einstellen oder beschränken (OLG Karlsruhe FamRZ 2014, 869; OLG München NJW-RR 2014, 194). 15

Für Entscheidungen zum Unterhalt bestimmt **III 3** die Anordnung der sof Wirksamkeit als Regelfall („soll"). Da damit der Lebensunterhalt gesichert werden soll (BTDrs 16/6308, 412), ist dies grundsätzl nur für den **laufenden Unterhalt** gerechtfertigt (BGH FamRZ 2013, 1731; OLG München FamRZ 2024, 460; OLG Karlsruhe FamRZ 2019, 909; PH/Helms Rn 28) oder für zeitl näherliegende Rückstände mit Bezug zur Sicherung des Lebensbedarfs (OLG Karlsruhe NJW-RR 2022, 1660). Entscheidungen über länger zurückliegende Unterhaltsrückstände sollen dagegen grds erst mit Rechtskraft wirksam werden und damit auch erst ab diesem Zeitpunkt vollstreckbar sein (BGH FamRZ 2013, 1731). Die grundsätzl Anordnung der sof Wirksamkeit gilt daher auch nicht bei auf die öffentl Hand **übergegangenen** Unterhaltsansprüchen (BTDrs 16/6308, 224; PH/Helms Rn 28). 16

Ist die Entscheidung nach § 116 III 3 **versehentlich unterblieben**, ist str, ob die Anordnung im Beschwerdeverf nachgeholt werden kann oder beim FamG gem § 120 I FamFG iVm §§ 716, 321 ZPO die Ergänzung der Entscheidung innerhalb der 2-Wochen-Frist des § 321 II ZPO beantragt werden muss (so OLG Schleswig FamRZ 2022, 1387; OLG Brandenburg FamRZ 2016, 161). Nach wohl hM kann das OLG gem § 120 I FamFG iVm § 718 I ZPO im Wege der Vorabentscheidung die sof Wirksamkeit anordnen (OLG München FamRZ 2024, 460; KG FamRZ 2014, 1934; PH/Helms Rn 30 mwN); zT wird dies aus § 64 III für gerechtfertigt erachtet (OLG Bamberg FamRZ 2013, 481). Schuldnerschutz hiergegen aus § 120 II 2. 17

IV) Gebühren. Gebühren des Gerichts. S § 38 Rn 28. 18

§ 117 Rechtsmittel in Ehe- und Familienstreitsachen

(1) [1]In Ehesachen und Familienstreitsachen hat der Beschwerdeführer zur Begründung der Beschwerde einen bestimmten Sachantrag zu stellen und diesen zu begründen. [2]Die Begründung ist beim Beschwerdegericht einzureichen. [3]Die Frist zur Begründung der Beschwerde beträgt zwei Monate und beginnt mit der schriftlichen Bekanntgabe des Beschlusses, spätestens mit Ablauf von fünf Monaten nach Erlass des Beschlusses. [4]§ 520 Abs. 2 Satz 2 und 3 sowie § 522 Abs. 1 Satz 1, 2 und 4 der Zivilprozessordnung gelten entsprechend.

(2) [1]Die §§ 514, 516 Abs. 3, § 521 Abs. 2, § 524 Abs. 2 Satz 2 und 3, die §§ 527, 528, 538 Abs. 2 und § 539 der Zivilprozessordnung gelten im Beschwerdeverfahren entsprechend. [2]Einer Güteverhandlung bedarf es im Beschwerde- und Rechtsbeschwerdeverfahren nicht.

(3) Beabsichtigt das Beschwerdegericht von einzelnen Verfahrensschritten nach § 68 Abs. 3 Satz 2 abzusehen, hat das Gericht die Beteiligten zuvor darauf hinzuweisen.

(4) Wird die Endentscheidung in dem Termin, in dem die mündliche Verhandlung geschlossen wurde, verkündet, kann die Begründung auch in die Niederschrift aufgenommen werden.

(5) Für die Wiedereinsetzung gegen die Versäumung der Fristen zur Begründung der Beschwerde und Rechtsbeschwerde gelten die §§ 233 und 234 Abs. 1 Satz 2 der Zivilprozessordnung entsprechend.

1 **I) Beschwerdeverfahren. 1) Allgemein.** Soweit § 117 keine Sonderregelung enthält, sind die §§ 58 ff auch auf die Beschwerde in Ehe- und FamStreitsachen anzuwenden. Das gilt insb für Beschwerdewert (§ 61), Frist (§ 63) und Einlegung (§ 64) der Beschwerde. Zur Beschwer in Ehe- und FamStreitsachen s § 59 Rn 14 f.

2 **2) Begründung (§ 117 I).** In Ehesachen und FamStreitSachen hat der Beschwerdeführer gem **I 1** einen bestimmten Sachantrag zu stellen und diesen zu begründen. Die **Anforderungen** an den Antrag entsprechen denen eines Berufungsantrags (BGH FamRZ 2024, 1943; BGH FamRZ 2024, 1647); s § 520 ZPO Rn 30 ff. Die Anforderungen an die Begr entsprechen denen einer Berufungsbegründung (BGH FamRZ 2024, 1647; BGH FamRZ 2015, 1375); s § 520 ZPO Rn 35 ff. Zum Antrag, seiner Erweiterung und Begr in Ehe- und FamStreitSachen s § 65 Rn 9 ff. Einzureichen ist die Begründung **beim OLG (I 2)**. Die **Frist** zur Antragstellung und Begr der Beschwerde beträgt 2 Monate (**I 3**) und beginnt mit der schriftl Bekanntgabe (s § 63 Rn 5) des Beschlusses (begl Abschrift reicht entspr § 317 I 1 ZPO, BGH FamRZ 2016, 624), spätestens mit dem Ablauf von 5 Monaten nach Erlass (s § 38 Rn 13) des Beschlusses. Auf den Lauf der Frist sind gem § 113 I FamFG die §§ 221 ff ZPO anzuwenden. Für eine Verlängerung dieser Frist gilt gem **I 4** § 520 II 2, 3 ZPO entspr; s § 520 ZPO Rn 13 ff. Seit 1.1.2022 ist die **Nutzungspflicht des elektronischen Rechtsverkehrs** gem § 113 I 2 FamFG iVm § 130d ZPO zu beachten (BGH FamRZ 2023, 461 = MDR 2023, 316; BGH MDR 2022, 1426 = FamRZ 2022, 1957); anderenfalls ist die Einreichung unwirksam (BGH FamRZ 2023, 461); iE s § 14b Rn 1.

3 Das Beschwerdegericht prüft gem I 4 iVm § 522 I 1 ZPO vAw, ob die Beschwerde an sich statthaft und ob sie in der ges Form und Frist eingelegt und begründet worden ist. Mangelt es an einem dieser Erfordernisse, ist die Beschwerde gem I 4 iVm § 522 I 2 ZPO als **unzulässig zu verwerfen**. Vor einer Verwerfung wegen Unzulässigkeit hat es aber auf diese hinzuweisen, um einen Antrag auf WE in den vorigen Stand zu ermöglichen (zB BGH FamRZ 2010, 882). Gegen die Verwerfung ist gem I 4 iVm § 522 I 4 ZPO die zulassungsfreie **Rechtsbeschwerde** eröffnet, sofern die Voraussetzungen des § 574 II ZPO vorliegen (s PH/Feskorn § 70 Rn 73). Dies gilt auch bei Verwerfung einer Beschwerde im vereinf Unterhaltsverf gem §§ 249 ff (BGH FamRZ 2023, 212).

4 **3) Entsprechende Anwendung von Vorschriften des Berufungsverfahrens (§ 117 II).** Gegen echte Versäumnisbeschlüsse des FamG, also Entscheidungen gegen den Säumigen, ist entspr **§ 514 I ZPO** grds (Ausnahme Fall des § 514 II ZPO) nur der Einspruch statthaft (BGH FamRZ 2023, 1142). Gegen unechte Versäumnisentscheidungen, die gegen den anwesenden Ast mangels Zulässigkeit oder Schlüssigkeit des Antrags ergehen, ist hingegen die Beschwerde nach den allgemeinen Vorschriften der §§ 58, 117 gegeben. – Im Fall einer Beschwerderücknahme gilt **§ 516 III** ZPO entspr. –Entspr **§ 521 II ZPO** kann eine Frist zur Stellungnahme auf die Beschwerdebegründung und zur Replik auf diese gesetzt werden. – Zur Anschlussbeschwerde und der entspr Anwendung von **§ 524 II 2, 3 ZPO** in Ehe- und FamStreitsachen s § 66 Rn 9 f. – Die Verweisung auf **§ 527 ZPO** ermöglicht die Bestellung eines vorbereitenden Einzelrichters. Die Übertragung auf den entscheidenden Einzelrichter bestimmt sich nach § 68 IV. – Entspr **§ 528 ZPO** unterliegen der Prüfung und Entscheidung des Beschwerdegerichts nur die Beschwerdeanträge. Der angefochtene Beschluss darf also nur insoweit geändert werden, als dies beantragt ist. Daraus ergibt sich das Verbot der Schlechterstellung des Beschwerdeführers (reformatio in peius, s § 528 ZPO Rn 24). – Eine Zurückverweisung an das FamG ist (nur) entspr **§ 538 II ZPO** zulässig. Diese Regelung tritt in Ehe- und FamStreitsachen an die Stelle des sonst anwendbaren § 69 I 2, 3. – Im Fall der Säumnis eines Beteiligten im Beschwerdetermin kann entspr **§ 539 ZPO** ein Versäumnisbeschluss ergehen. Bei Säumnis des Rechtsbeschwerdegegners und unbegründeter Rechtsbeschwerde entscheidet der BGH durch sog unechten Versäumnisbeschluss (zB BGH FamRZ 2025, 100).

5 **4) Hinweispflicht gem § 117 III.** Will das OLG von den Möglichkeiten des § 68 III 2 Gebrauch machen, hat es die Beteiligten vorher darauf hinzuweisen. Wegen der Einzelheiten s § 68 Rn 15.

5) Protokollurteil (§ 117 IV). Die Regelung entspricht § 540 I 2 ZPO. Wegen der Einzelheiten s § 69 Rn 14 und s § 540 ZPO Rn 28. 6

6) Wiedereinsetzung (§ 117 V). Die angeordnete Anwendung der §§ 233 und 234 I 2 ZPO ergibt sich bereits aus der Verweisung in § 113 I FamFG auf die §§ 233 ff. ZPO. 7

II) Gebühren. 1) Gericht: Beschwerde: In Ehesachen Geb iHv 3,0 (1120 FamGKG-KV), in FamStreitsachen (Ausnahme: s § 256 Rn 15) iHv 4,0 (1222 FamGKG-KV) mit Ermäßigung bei streitfreier Erledigung (1121, 1122, 1223, 1224 FamGKG-KV). Teilermäßigung (Berechnung nach § 44 FamGKG), wenn sich im Verbund die Ehesache oder eine der Folgesachen *insgesamt* erledigt. – Rechtsbeschwerde: In Ehesachen Geb iHv 4,0 (1130 FamGKG-KV), in FamStreitsachen (Ausnahme: s § 256 Rn 15) iHv 5,0 (1225 FamGKG-KV) mit Ermäßigung gem 1131, 1132, 1226, 1227 FamGKG-KV. In Verf über die Zulassung der Sprungrechtsbeschwerde: 1140, 1228, 1229 FamGKG-KV. – Dieselben Geb wie in Ehesachen fallen an, wenn sich die Beschwerde auf eine Folgesache beschränkt. – **2) RA:** Beschwerde: Vorbem 3.2.1 Nr 2b RVG-VV; 3200 ff RVG-VV. – Rechtsbeschwerde: Vorbem 3.2.2 Nr 1a RVG-VV; 3206 ff RVG-VV. – Das Zulassungsverf der Sprungrechtsbeschwerde gehört zum Rechtszug (§ 17 Nr 1, § 16 Nr 11, § 19 I 2 Nr 9 RVG). 8

§ 118 Wiederaufnahme

Für die Wiederaufnahme des Verfahrens in Ehesachen und Familienstreitsachen gelten die §§ 578 bis 591 der Zivilprozessordnung entsprechend.

Auf das Wiederaufnahmeverf sind ergänzend zu §§ 578 ff ZPO die dem Ursprungsverf (Ehesache oder FamStreitsache) entspr Vorschriften des FamFG anzuwenden (PH/Helms Rn 3; BGH FamRZ 1982, 789 zum früheren Recht). Insb ist der Gerichtsstand der Ehesache eröffnet (PH/Helms Rn 3; aA OLG Karlsruhe FamRZ 1996, 301 zum früheren Recht). Nach dem Tod eines Ehegatten ist die Wiederaufnahme des Scheidungsverf unzulässig (§ 131, BGHZ 43, 239; OLG Zweibrücken FamRZ 2005, 733). 1

Die Wiederaufnahme einer Scheidungssache erstreckt sich ohne Weiteres auf etwaige Folgesachen (arg § 137). Diese werden ggf gegenstandslos, wenn der Scheidungsantrag im Wege der Wiederaufnahme zurückgewiesen wird. Dagegen bleibt die Rechtskraft der Scheidung erhalten, wenn sich die Wiederaufnahme auf eine oder mehrere Folgesachen beschränkt (PH/Helms Rn 4 mwN). 2

Gebühren. Das Verf gilt als neues Verf; daher Geb wie im Ausgangsverf (s § 121 Rn 6 u bei den jew FamStreitsachen). 3

§ 119 Einstweilige Anordnung und Arrest

(1) [1]In Familienstreitsachen sind die Vorschriften dieses Gesetzes über die einstweilige Anordnung anzuwenden. [2]In Familienstreitsachen nach § 112 Nr. 2 und 3 gilt § 945 der Zivilprozessordnung entsprechend.
(2) [1]Das Gericht kann in Familienstreitsachen den Arrest anordnen. [2]Die §§ 916 bis 934 und die §§ 943 bis 945 der Zivilprozessordnung gelten entsprechend.

Lit: *Götsche*, Arrest bei Unterhaltsansprüchen, FamRB 2023, 74.

I) Einstweilige Anordnung (§ 119 I 1). In den FamStreitsachen iSv § 112 können einstw Anordnungen gem § 49 erlassen werden. IE s § 49 Rn 3 ff. Für Unterhaltssachen gelten aber vorrangig §§ 246 ff. Gem § 114 IV Nr 1 besteht kein Anwaltszwang. – Eine **einstweilige Verfügung** kommt im Anwendungsbereich des FamFG nicht in Betracht (s vor § 49 Rn 1). 1

II) Schadensersatz (§ 119 I 2). In **Güterrechtssachen** und sonstigen **Familienstreitsachen iSd § 266 I** gilt § 945 ZPO entspr. Hiernach ist der Beteiligte, der eine einstw Anordnung erwirkt hat, dem Gegner zum Schadensersatz verpflichtet, wenn sich die Anordnung als von Anfang an ungerechtfertigt erweist. Wegen der Einzelheiten s Erl zu § 945 ZPO. In **Unterhaltssachen** besteht ein solcher Schadensersatzanspruch nach der gesetzgeberischen Entscheidung nicht, so dass der Sch ggf auf den – wegen einer mögl Entreicherung (§ 818 III BGB) – schwachen Konditionsanspruch beschränkt ist (so bereits zum früheren Recht: BGH FamRZ 2000, 751). 2

III) Arrest (§ 119 II). Gem II kann das Gericht in FamStreitsachen den dingl und persönl Arrest in Anwendung der angeführten Vorschriften der ZPO anordnen. Für künftige Ansprüche ist dies wegen § 926 I ZPO erst dann mögl, wenn der zu sichernde Anspruch auch in der Hauptsache klagbar wäre (PH/Helms Rn 6), zB ein Anspruch auf künftigen Zugewinnausgleich nach Rechtshängigkeit des Scheidungsantrages (OLG Celle FamRZ 2015, 160); iE s § 916 ZPO Rn 8. – Die Kostenentscheidung richtet sich im Arrestverf gem § 113 I grds nach den §§ 91 ff ZPO (OLG Bremen FamRZ 2016, 129); zu Unterhaltssachen s § 243 Rn 1. – Zum Rechtsmittel gegen die – auch ablehnende – Arrestentscheidung s § 58 Rn 3. 3

4 **IV) Gebühren. 1) Gericht: a)** Einstw Anordnung (I 1): s § 49 Rn 27; – **b) Arrest** (II 1): Wird wie die einstw Anordnung behandelt (Hauptabschnitt 4 Abschnitt 2 1420 ff FamGKG-KV). Für Handlungen durch das Arrestgericht werden Kosten allerdings nach dem GKG erhoben (Vorbem 1.6 S 2 FamGKG-KV; Vorbem 2 IV FamGKG-KV). Seit 1.6.2025 (G v 7.4.2025, BGBl 2025 I Nr 109): Verf über Beschwerde gegen Zurückweisung eines Arrestantrags: Gem 1425 FamGKG-KV Geb von 1,5, mit der Möglichkeit der Reduzierung auf 0,5 bei Rücknahme (1426 FamGKG-KV). – **2) RA:** 3100, 3104 RVG-VV; verschiedene Angelegenheit ggü Hauptsache, Verf über Erlass und Aufhebung/Änderung aber eine Angelegenheit § 17 Nr 4b, § 16 Nr 5 RVG. – Die Arrestvollziehung ist eine bes Angelegenheit, § 18 I Nr 2, II Nr 1 RVG, 3309, 3310 RVG-VV, Vorbem 3.3.3 Nr 4 RVG-VV. – Zum **Wert** s FamFG Anh Rn 1.15 u 1.6.

§ 120 Vollstreckung

(1) Die Vollstreckung in Ehesachen und Familienstreitsachen erfolgt entsprechend den Vorschriften der Zivilprozessordnung über die Zwangsvollstreckung.

(2) [1]Endentscheidungen sind mit Wirksamwerden vollstreckbar. [2]Macht der Verpflichtete glaubhaft, dass die Vollstreckung ihm einen nicht zu ersetzenden Nachteil bringen würde, hat das Gericht auf seinen Antrag die Vollstreckung vor Eintritt der Rechtskraft in der Endentscheidung einzustellen oder zu beschränken. [3]In den Fällen des § 707 Abs. 1 und des § 719 Abs. 1 der Zivilprozessordnung kann die Vollstreckung nur unter denselben Voraussetzungen eingestellt oder beschränkt werden.

(3) Die Verpflichtung zur Eingehung einer Ehe und zur Herstellung des ehelichen Lebens unterliegt nicht der Vollstreckung.

1 **I) Vollstreckbarkeit (§ 120 I).** In **Ehesachen** ergeht in der Hauptsache keine vollstreckbare, sondern nur eine rechtsgestaltende oder feststellende Entscheidung. Vollstreckt werden kann nur aus dem KFB, der auf der Kostenentscheidung des Beschlusses beruht. In diesem eingeschränkten Umfang ist die Endentscheidung in einer Ehesache vollstreckbar, wenn sie wirksam geworden ist (**II 1**). Das ist gem § 116 II mit Rechtskraft der Fall. **Folgesachen** werden nicht vor Rechtkraft des Scheidungsausspruchs wirksam, § 148. Ihre Vollstreckung bestimmt sich nach den für die jew Folgesache maßgebenden Vorschriften. – Aus dem Verweis auf die ZPO ergibt sich die Zulässigkeit von Vollstreckungsabwehrverfahren entspr **§ 767 ZPO** (zB OLG Hamm FamRZ 2024, 273).

2 Endentscheidungen in **Familienstreitsachen** (§ 112) werden gem II 1 ebenfalls mit Wirksamwerden vollstreckbar; eines Ausspruchs der Vollstreckbarkeit bedarf es nicht. Gem § 116 III tritt Wirksamkeit grundsätzl erst mit Rechtskraft ein. Das Gericht kann aber die sof Wirksamkeit anordnen. Es soll dies tun, soweit es einen Beteiligten zur Zahlung von Unterhalt verpflichtet; s § 116 Rn 9 ff.

3 **II) Einstellung und Beschränkung der Vollstreckung (§ 120 II).** Macht der Verpflichtete glaubhaft, dass die Vollstreckung ihm einen nicht zu ersetzenden Nachteil bringen würde, entspricht es idR sachgerechter Ermessensausübung (s § 116 Rn 9), die sof Wirksamkeit nicht anzuordnen (PH/Helms Rn 6). Auf entspr Antrag und Glaubhaftmachung kann das Gericht aber gem **II 2** auch nach Anordnung der sof Wirksamkeit – ohne eine solche wäre der Beschluss nicht vollstreckbar (s Rn 2) – die Vollstreckung **einstellen oder beschränken**. Eine Beschränkung kann zB darin liegen, dass eine Vollstreckung nur in Höhe eines Teilbetrags zulässig ist oder eine Verwertung der gepfändeten Sache untersagt wird. Eine Einstellung oder Beschränkung gegen Sicherheitsleistung sieht das FamFG nicht vor (OLG Düsseldorf FamRZ 2014, 870; OLG Bremen FamRZ 2011, 322). Der Antrag muss entspr § 714 I ZPO **vor Schluss der mündlichen Verhandlung** gestellt werden, auf die der Beschluss ergeht (PH/Helms Rn 10). Eine Einstellung oder Beschränkung ist im Tenor des Beschlusses anzuordnen. – **In der Beschwerdeinstanz** ist ein Antrag auf Einstellung der Vollstreckung gem § 120 I, II 3 iVm § 719 I, § 707 I ZPO statthaft. Er setzt nach zutreffender hM nicht voraus, dass zuvor beim FamG ein Antrag gem § 120 II 2 FamFG gestellt wurde (OLG Karlsruhe FamRZ 2020, 1935; OLG Frankfurt NJW-RR 2015, 519 mwN; OLG Düsseldorf FamRZ 2014, 870 m ausf Begr; aA OLG Frankfurt FamRZ 2012, 576). Sein Erfolg setzt aber gem **II 3** ebenfalls die Glaubhaftmachung eines nicht zu ersetzenden Nachteils voraus. Dasselbe gilt in den weiteren Fällen von § 707 I und § 719 I ZPO. Da in II 3 auf II 1 verwiesen wird, kann auch das OLG eine Einstellung nicht gegen Sicherheitsleistung anordnen (OLG Brandenburg FamRZ 2015, 1741; OLG Düsseldorf FamRZ 2014, 870; aA OLG Frankfurt NJW-RR 2015, 519; OLG Rostock FamRZ 2011, 1679); für einen unterschiedl Entscheidungsmaßstab von FamG und OLG fehlt auch eine sachl Rechtfertigung.

4 Ein **nicht zu ersetzender Nachteil** kann zB darin liegen, dass der Verpflichtete durch Verwertung einer gepfändeten Sache diese uU endgültig verliert (vgl OLG Koblenz FamRZ 2020, 1936). In **Unterhaltssachen** kann ein nicht zu ersetzender Nachteil darin liegen, dass der Gl nach einer Änderung der Entscheidung wegen Mittellosigkeit den vollstreckten Betrag nicht zurückzahlen kann (OLG München FamRZ 2024, 1313). Für § 719 II ZPO ist dies nach der Rspr des BGH ein unersetzl Nachteil (BGH MDR 2007, 737). Für den **laufenden Unterhalt** rechtfertigt dies aber eine Einstellung der Vollstreckung nicht (str, wie hier zB OLG München FamRZ 2024, 1313; OLG Karlsruhe FamRZ 2020, 1935; OLG Koblenz FamRZ 2020, 1936; OLG Brandenburg FamRZ 2019, 1947; aA zB OLG Düsseldorf FamRZ 2014, 870; OLG Bremen FamRZ 2011, 322). Da Unterhalt nur bei Bedürf-

tigkeit zu zahlen ist, liegt die Gefahr einer nicht mögl Rückzahlung nahe. Dennoch hat der Gesetzgeber in § 116 III 3 für Titel über laufenden Unterhalt die sof Wirksamkeit zum Regelfall erklärt (s § 116 Rn 10) und damit den Interessen des Gl grds den Vorrang eingeräumt. Für **Unterhaltsrückstände** kann dieser Umstand aber eine Einstellung der Vollstreckung rechtfertigen (OLG Brandenburg FamRZ 2019, 1947). – Im Rahmen der nach II 3 gebotenen **Interessenabwägung** („kann") sind auch die **Erfolgsaussichten** des Rechtsbehelfs zu berücksichtigen (OLG München FamRZ 2024, 1313; OLG Karlsruhe FamRZ 2020, 1935; OLG Düsseldorf FamRZ 2014, 870).

5 **III) Ausschluss der Vollstreckung (§ 120 III).** III übernimmt zum einen die Regelung von § 1297 I BGB. Zum anderen untersagt er eine Vollstreckung der Verpflichtung zur Herstellung des ehel Lebens, die gerichtl geltend gemacht werden kann (vgl § 1353 BGB; s § 121 Rn 3).

6 **IV) Gebühren.** Einstellung/Beschränkung (II 2, 3). **1) Gericht:** gebührenfrei. – **2) RA:** Das Verf gehört zum Rechtszug, § 19 I 2 Nr 11 RVG.

Abschnitt 2
Verfahren in Ehesachen; Verfahren in Scheidungssachen und Folgesachen
(§§ 121-150)

Unterabschnitt 1
Verfahren in Ehesachen (§§ 121-132)

§ 121 Ehesachen

Ehesachen sind Verfahren
1. **auf Scheidung der Ehe (Scheidungssachen),**
2. **auf Aufhebung der Ehe und**
3. **auf Feststellung des Bestehens oder Nichtbestehens einer Ehe zwischen den Beteiligten.**

1 **1) Begriff der Ehesache.** Die Vorschrift definiert die Ehesachen iSv § 111 Nr 1: **Nr 1:** Verf auf Ehescheidung (§§ 1564-1568 BGB), auch nach kollisionsrechtl anwendbarem ausl Recht; **Nr 2:** Verf auf Eheaufhebung (§§ 1313-1318 BGB), auch nach kollisionsrechtl anwendbarem ausl Recht; **Nr 3:** Verf auf Feststellung des Bestehens oder Nichtbestehens einer Ehe, das bei entspr Zweifeln, insb bei Eheschließung oder -auflösung nach ausl Recht in Betracht kommt. Erforderl ist Feststellungsinteresse entspr § 256 ZPO (OLG Celle FamRZ 2024, 265; OLG München StAZ 2013, 143; PH/Helms Rn 9 f). Die Feststellung entfaltet nur zwischen den Ehegatten Wirkung (OLG Celle FamRZ 2024, 265). – Scheidungsfolgesachen sind keine Ehesachen iSv § 121 (BGH FamRZ 2017, 1948).

2 Die Vorschrift ist nach Ermöglichung **gleichgeschlechtlicher Ehen** durch G v 20.7.2017 (BGBl I 2017, 2787) auch auf diese anwendbar, ebenso gem § 270 I 1 entspr auf Lebenspartnerschaftssachen gem § 269 Abs. 1 Nr 1 und Nr 2. Entspr § 121 als Ehesachen sind Verf zu führen, mit denen Ehegatten eine **im ausländischen Recht** vorgesehene Gestaltung ihrer Ehe durchsetzen wollen, zB das Trennungsverf ital Rechts (vgl BGHZ 47, 324; BGH FamRZ 1987, 793).

3 Die praktisch bedeutungslosen Verf auf **Herstellung des ehelichen Lebens** (§ 1353 I 2 BGB) und auf Feststellung des Rechts zum Getrenntleben sind keine Ehesachen iSv § 121, können aber als sonstige FamSachen (§ 266 I Nr 2) und damit als FamStreitsachen (§ 112 Nr 3) geltend gemacht werden (BTDrs 16/6308, 226).

4 **2) Beteiligte.** An Scheidungssachen (Nr 1) können nur die Ehegatten beteiligt sein, an Verf gem Nr 2 und 3 ggf auch die zuständige Behörde (§ 1316 BGB, § 129 I, II 3), bei Doppelehe auch der Partner der früheren Ehe (§ 1316 I 1 BGB, § 129); zur Antragsberechtigung der 3. Person s § 129 Rn 1. In einer Ehesache kann nicht die Feststellung verlangt werden, dass zwischen dem Ag und einem **Dritten** oder zwischen 2 am Verf nicht beteiligten Personen eine Ehe besteht oder nicht besteht (OLG Hamm FamRZ 1980, 706).

5 **3) Wirkung der Entscheidung.** Rkr Beschlüsse, die die Scheidung oder Aufhebung einer Ehe zum Gegenstand haben, sind **Entscheidungen mit rechtsgestaltender Wirkung** (PH/Helms Rn 5, 8). Sie wirken für und gegen alle. Wird ein Scheidungs- oder Eheaufhebungsantrag abgewiesen, so wirkt die rkr Entscheidung nur zwischen den beteiligten Ehegatten, steht also zB einem eigenen Antrag der Verwaltungsbehörde nicht entgegen. Ist das Scheidungsbegehren rkr abgewiesen worden, hindert dies den ASt nicht daran, erneut die Scheidung zu verlangen und geltend zu machen, nach der letzten mündl Verh im Vorverf sei die Ehe gescheitert. Um dies zu begründen, kann sich der ASt – ergänzend, aber wegen der Rechtskraftwirkung nicht ausschließl – auch auf Tatsachen stützen, die bereits vor diesem Zeitpunkt entstanden waren (PH/Helms Rn 5 mwN).

6 **4) Gebühren. a) Gericht:** Geb iHv 2,0 (1110 FamGKG-KV) mit Ermäßigung gem 1111 FamGKG-KV. Beschwerde: 1120 FamGKG-KV; Rechtsbeschwerde: 1130 FamGKG-KV; Sprungrechtsbeschwerde: 1140 FamGKG-KV. Fälligkeit: § 9 I FamGKG. Vorauszahlung: § 14 I 1 FamGKG. – **b) RA:** 3100, 3104 RVG-VV; Beschwerde: Vorbem 3.2.1 Nr 2b RVG-VV, 3200 ff RVG-VV; Rechtsbeschwerde: Vorbem 3.2.2 Nr 1a RVG-VV, 3206 ff RVG-VV. Das Zulassungsverf der Sprungrechtsbeschwerde (§ 75) gehört zum Rechtszug (§ 17 Nr 1, § 16 Nr 11, § 19 I 2 Nr 9 RVG). Keine Einigungsgeb (1000 V 1 RVG-VV), ggf Aussöhnungsgeb (1001 RVG-VV). – Zum **Verbund** s § 137 Rn 34. – Zum **Wert** s FamFG Anh Rn 1.12 u 1.50.

§ 122 Örtliche Zuständigkeit

Ausschließlich zuständig ist in dieser Rangfolge:

1. **das Gericht, in dessen Bezirk einer der Ehegatten mit allen gemeinschaftlichen minderjährigen Kindern seinen gewöhnlichen Aufenthalt hat;**
2. **das Gericht, in dessen Bezirk einer der Ehegatten mit einem Teil der gemeinschaftlichen minderjährigen Kinder seinen gewöhnlichen Aufenthalt hat, sofern bei dem anderen Ehegatten keine gemeinschaftlichen minderjährigen Kinder ihren gewöhnlichen Aufenthalt haben;**
3. **das Gericht, in dessen Bezirk die Ehegatten ihren gemeinsamen gewöhnlichen Aufenthalt zuletzt gehabt haben, wenn einer der Ehegatten bei Eintritt der Rechtshängigkeit im Bezirk dieses Gerichts seinen gewöhnlichen Aufenthalt hat;**
4. **das Gericht, in dessen Bezirk der Antragsgegner seinen gewöhnlichen Aufenthalt hat;**
5. **das Gericht, in dessen Bezirk der Antragsteller seinen gewöhnlichen Aufenthalt hat;**
6. **in den Fällen des § 98 Absatz 2 das Gericht, in dessen Bezirk der Ehegatte, der im Zeitpunkt der Eheschließung das 16., aber nicht das 18. Lebensjahr vollendet hatte, seinen Aufenthalt hat;**
7. **das Amtsgericht Schöneberg in Berlin.**

1 **I) Zuständigkeit in Ehesachen. 1) Überblick. a)** Die **sachliche** Zuständigkeit des AG ist in § 23a I Nr 1 GVG geregelt, die **funktionale** Zuständigkeit des FamG in § 23b I GVG. – **b)** Die **internationale** Zuständigkeit regeln die sog Brüssel IIa- bzw EuEheVO und § 98. Ergibt sich hieraus, dass dt Gerichte zuständig sind, so richtet sich die ausschl örtl Zuständigkeit nach § 122. Die internat Zuständigkeit ist nicht ausschließl (§ 106). – **c)** Die Zuständigkeit hat das FamG **von Amts wegen** zu prüfen. Ist das angerufene Eingangsgericht sachl oder örtl unzuständig, so kann es das Verf auf Antrag des ASt durch unanfechtbaren Beschluss an das zuständige AG verweisen (§ 113 I FamFG iVm § 281 ZPO); wird ein Verweisungsantrag nicht gestellt, ist der Antrag als unzulässig abzuweisen. Mangels Verweisungskompetenz an ein ausl Gericht ist der Antrag bei fehlender internat Zuständigkeit als unzulässig abzuweisen. – **d)** Das **Beschwerdegericht** (OLG – § 119 I Nr 1a GVG) prüft nicht, ob das FamG seine gerichtsinterne, sachl und örtl Zuständigkeit zu Unrecht bejaht hat (§ 65 IV). Dasselbe gilt gem § 72 II für das Rechtsbeschwerdegericht (BGH – § 133 GVG). Die internat Zuständigkeit haben das Beschwerde- und das Rechtsbeschwerdegericht jedoch vAw zu prüfen (BGH FamRZ 2010, 720).

2 **2) Gewöhnlicher Aufenthalt.** Gemeinsames Tatbestandsmerkmal für die ersten 5 Gerichtsstände ist der gewöhnl Aufenthalt. Damit ist ein solcher im Inland gemeint; nur aus ihm kann sich die Zuständigkeit eines inländischen FamG ergeben. Auch in Verf, an denen **ausländische Staatsangehörige** beteiligt sind, bestimmt sich der gewöhnl Aufenthalt nach der lex fori, dem dt Recht (BGH FamRZ 2004, 1952; BGH FamRZ 1992, 794). Ist der gewöhnl **Aufenthalt des Antragsgegners unbekannt**, so wird dieser so behandelt, als habe er keinen gewöhnl Aufenthalt im Inland (BGH FamRZ 1982, 1199).

3 **a)** Den **Begriff** gewöhnl Aufenthalt verwenden zahlreiche Vorschriften, zB die §§ 112-117 und die Art 5 II u Art 14 I Nr 2 EGBGB, Art 5 Nr 2 Brüssel I-VO, Art 3 I (s hierzu OLG Köln FamRZ 2018, 991) u Art 8 I Brüssel IIa-VO, Art 1 MSA, Art 4 HKiEntÜ. Alle diese Bestimmungen gehen grds von dems Begriffsverständnis aus (PH/Helms Rn 4 mwN). Nach der Rspr des BGH ist der gewöhnl Aufenthalt der Schwerpunkt der sozialen und wirtschaftl Beziehungen und Bindungen der betroffenen Person, ihr **Daseinsmittelpunkt** (BGH FamRZ 2019, 892; BGH FamRZ 2002, 1182), insb in familiärer und berufl Hinsicht (BGH FamRZ 1993, 798). Dieser ist aufgrund der gegebenen tatsächl Umstände zu beurteilen und muss auf eine **gewisse Dauer** angelegt sein; ein bloß vorübergehender Aufenthalt genügt nicht (BGH FamRZ 2019, 892; BGH FamRZ 1995, 728: Aufenthalt von 3 Wochen im Frauenhaus). In der Rspr wird dies häufig ab 6 Monaten angenommen (zB BGH FamRZ 2002, 1182; OLG Hamburg FamRZ 2024, 207; OLG Karlsruhe NJW-RR 2015, 1415; KG FamRZ 2014, 1790; OLG Düsseldorf FamRZ 2010, 1178). Bei mehreren Aufenthaltsorten ist derj maßgebend, an dem regelmäßig übernachtet wird (PH/Helms Rn 6). Die **Anmeldung** eines Wohnsitzes beim Einwohnermeldeamt ist ein Indiz (BGH FamRZ 1993, 798), reicht aber für sich allein für die Annahme eines gewöhnl Aufenthalt nicht (BGH FamRZ 1995, 1135). Fehlt eine solche Anmeldung, so folgt hieraus nicht, dass kein gewöhnl Aufenthalt besteht (OLG Frankfurt FamRZ 2006, 883; KG FamRZ 1987, 603 = NJW 1988, 649). – Im Einzelfall kann ausnahmsweise auch **an 2 Orten** ein gewöhnl Aufenthalt bestehen (KG FamRZ 1987, 603 = NJW 1988, 649). Bsp: Der Professor, der sich

3 Tage im Hochschulort aufhält, den Rest der Woche bei seiner Familie (enger wohl PH/Helms Rn 12). Das Wochenende in der Ferienwohnung ändert aber nichts am gewöhnl Aufenthalt in der Stadt (OLG Karlsruhe FamRZ 1970, 410). – **Keinen gewöhnlichen Aufenthalt** hat ein Ehegatte, der sich getrennt hat und noch nicht weiß, wo er sich künftig ständig niederlassen soll (BGH FamRZ 1993, 798; OLG Stuttgart FamRZ 1982, 84).

b) Aufenthaltswille und -dauer. Um den gewöhnl Aufenthalt zu begründen, kommt es – anders als beim Wohnsitz – nicht auf einen hierauf gerichteten Willen (BGH FamRZ 1997, 1070) und nicht auf die Handlungs- und Willensfähigkeit an (BGH FamRZ 1981, 135). Obwohl der gewöhnl Aufenthalt ein überwiegend obj Begriff ist, ist auch der Aufenthaltswille beachtl. Er ist umso wichtiger, je kürzer der Aufenthalt bislang währt, und wird mit dessen zunehmender Fortdauer immer weniger bedeutsam. Daher wird bei einem **Wechsel des Aufenthaltsorts** ein neuer gewöhnl Aufenthalt grds schon dann begründet, wenn sich aus den Umständen ergibt, dass der Aufenthalt an diesem Ort auf eine längere Zeitdauer angelegt ist und künftig der neue anstelle des bisherigen Aufenthaltsorts Daseinsmittelpunkt sein soll (BGH FamRZ 1993, 798; OLG Brandenburg FamRZ 2021, 1982; OLG Köln FamRZ 2018, 129; OLG Karlsruhe FamRZ 2012, 1955 für mindj Flüchtling; OLG Saarbrücken FamRZ 2012, 654 für Umzug in Frauenhaus; OLG Frankfurt FamRZ 2006, 883 für Auswanderung). 4

c) Auf den Willen kommt es bei **zeitweiliger Abwesenheit** an. Trotz Abwesenheit von längerer Dauer bleibt der gewöhnl Aufenthalt erhalten, wenn der Abwesende seine Wohnung oder seine Berufsstellung behält oder wenn sonst ersichtl ist, dass sein wirtschaftl Daseinsmittelpunkt an seinem ursprüngl Aufenthaltsort verblieben ist und dass er dorthin zurückkehren will (BGH FamRZ 1993, 798 mwN). Die Dauer der Abwesenheit kann aber einen gewöhnl Aufenthalt am vorübergehenden Aufenthaltsort begründen. Wer zB als Angestellter 3 Jahre lang im ausl Zweigbetrieb seines dt Arbeitgebers arbeiten soll, hat bereits bei seiner Ankunft dort seinen gewöhnl Aufenthalt. Das Gleiche gilt für den Beamten, der auf unbestimmte Zeit an eine dt Auslandsvertretung abgeordnet worden ist. 5

d) Unfreiwilliger Aufenthaltswechsel, Anstaltsaufenthalt. Flucht, Vertreibung, Entführung begründen zunächst keinen gewöhnl Aufenthalt am neuen Aufenthaltsort (OLG Köln FamRZ 2003, 1124). Nach längerer Aufenthaltsdauer kann aber der gewöhnl Aufenthalt auch dort gegeben sein, wo jemand sich **wider Willen** aufhält, wenn er keinen anderen Daseinsmittelpunkt hat (OLG München FamRZ 2007, 83 f), zB in einer Strafanstalt (OLG Schleswig SchlHA 1980, 73) oder in einem psychiatrischen Krankenhaus (OLG Zweibrücken FamRZ 2007, 1833); ebenso bei langjährigem Aufenthalt in Senioren- und **Pflegeheim** (OLG Düsseldorf FGPrax 2016, 240), auch bei psychiatrischer Erkrankung (OLG München MDR 2023, 780). Dagegen begründen Untersuchungshaft (OLG München FamRZ 2007, 1913), ein längerer Klinikaufenthalt (BGH FamRZ 1984, 993) oder die Heimunterbringung im Rahmen der Fürsorgeerziehung (OLG Düsseldorf NJW-RR 1991, 1411) nicht notwendig einen gewöhnl Aufenthalt. Die Grenze ist schwer zu ziehen, sie mag bei etwa 2 Jahren liegen. Wer sich in einer Anstalt aufhält, hat dort seinen gewöhnl Aufenthalt, wenn er nicht an seinen vorherigen Aufenthaltsort zurückkehren kann (OLG München FamRZ 2007, 83) oder will. Kann oder will er zurückkehren, so hat er trotzdem seinen gewöhnl Aufenthalt in der Anstalt, wenn der Zeitpunkt seiner Entlassung unabsehbar ist oder wenn er sich für längere Zeit dort aufhält (OLG Köln FamRZ 2007, 1044). Zum Aufenthalt im Sterbehospiz s OLG Braunschweig FamRZ 2023, 732; KG FamRZ 2021, 244. 6

e) Ein **Soldat**, der neben seiner Stube in der Kaserne eine Privatwohnung hat, hat hier seinen gewöhnl Aufenthalt (OLG Stuttgart NJW 1969, 384); im Einsatz behält er seinen bish gewöhnl Aufenthalt. Ein **Student** hat seinen gewöhnl Aufenthalt am Studienort, wenn dieser sein Lebensmittelpunkt ist, ggf auch im Ausland (OLG Karlsruhe NJW-RR 2015, 1415). Ob er bei vorübergehendem auswärtigem Studium seinen gewöhnl Aufenthalt am Heimatort behält, hängt von den konkreten Umständen ab (OLG Karlsruhe NJW-RR 2015, 1415; OLG Hamm FamRZ 2002, 54). Ggf kann er auch an beiden Orten bestehen (KG FamRZ 1987, 603; PH/Helms Rn 14 aE mwN). Zum gewöhnl Aufenthalt eines **minderjährigen Kindes** s Rn 12. 7

f) **Ausländische Diplomaten** haben ihren gewöhnl Aufenthalt in Deutschland, ebenso hier dauernd stationierte ausl Soldaten (OLG Zweibrücken FamRZ 1999, 940), nicht aber Saisonarbeiter und Grenzgänger (OLG Hamm NJW 1990, 651). Kommen **ausländische Staatsangehörige** nach Deutschland, haben sie hier ihren gewöhnl Aufenthalt erst, wenn ihr Aufenthalt auf Dauer angelegt ist, wenn sie eine Arbeits- oder Aufenthaltserlaubnis haben und ihnen keine Abschiebung droht (OLG Koblenz FamRZ 1998, 756). Keinen gewöhnl Aufenthalt in Deutschland haben Asylbewerber vor Abschluss des Asylverf (OLG Karlsruhe FamRZ 1992, 316), es sei denn, sie leben schon mehrere Jahre hier, ohne dass mit einer Abschiebung zu rechnen ist (OLG Koblenz FamRZ 2016, 995). Nach Ablehnung ihres Asylantrages haben sie hier dagegen keinen gewöhnl Aufenthalt, wenn ihre Abschiebung droht (OLG Bremen FamRZ 1992, 962). Wird ihr Aufenthalt geduldet, so wird er nach etwa 6 Monaten zu einem gewöhnl Aufenthalt, es sei denn, die Abschiebung steht unmittelbar bevor (BVerwG FamRZ 2000, 286; sa OLG Frankfurt FamRZ 2019, 1532). 8

II) Rangfolge der Gerichtsstände. 1) Allgemein. Die vorgegebene Reihenfolge ist in der Weise **zwingend**, dass ein vorgenannter Gerichtsstand jeden nachgenannten – ohne Wahlrecht – ausschließt (OLG Saarbrücken FamRZ 2012, 654). Das FamG muss daher, wenn nicht mitgeteilt, erfragen, ob Kinder aus der Ehe hervorgegangen sind (OLG Hamm FamRZ 2024, 1806). 9

10 **2) Gerichtsstand gem § 122 Nr 1.** Der Wortlaut könnte dafür sprechen, dass es allein auf den gewöhnl Aufenthalt **des betreuenden Ehegatten** ankommt, während für die Kinder ein solcher nicht erforderl ist (OLG Hamm FamRZ 2012, 654; Sternal/Weber Rn 4; aA PH/Helms Rn 25 wegen der Gefahr einer Zuständigkeitserschleichung durch widerrechtl Mitnahme der Kinder). Die Regelung in Nr 2 spricht aber dagegen: Dort wird in Hs 2 auf den gewöhnl Aufenthalt der Kinder abgestellt, so dass es naheliegt, dies auch für die Voraussetzung in Hs 1 anzunehmen. Diese Regelung entspricht aber der in Nr 1. – Angesichts des Zwecks der Regelung – Ortsnähe des Gerichts (BGH FamRZ 1987, 1020) – genügt es, wenn im selben Gerichtsbezirk in unterschiedl Haushalten gelebt wird (OLG Hamm FamRZ 1989, 641). Gemeinsame Kinder sind auch **adoptierte** (PH/Helms Rn 24) und **scheineheliche Kinder**, auch wenn sie unstreitig nicht vom Ehemann abstammen. Ob die Ehelichkeit mit Erfolg angefochten werden kann, lässt sich nicht als Vorfrage für die Zuständigkeit klären. Geschieht dies nach Rechtshängigkeit der Ehesache, bleibt das Gericht zuständig, s Rn 17.

11 **3) Gerichtsstand gem § 122 Nr 2.** Dieser Gerichtsstand verlangt einen gemeinsamen Aufenthalt des einen Ehegatten und eines Teils der gemeinschaftl mindj Kinder – die Frage, ob es sich um einen gewöhnl Aufenthalt der Kinder handeln muss, stellt sich hier wie zu Nr 1 (s Rn 10) –, während bei dem anderen Ehegatten keine Kinder ihren gewöhnl Aufenthalt haben. Erfasst ist also der Fall, dass mindestens ein Kind **bei einem Dritten** lebt. Zum gewöhnl Aufenthalt s Rn 3 ff. Wie für Nr 1 (s Rn 10) genügt der gewöhnl Aufenthalt in demselben Gerichtsbezirk.

12 **a) Gewöhnlicher Aufenthalt eines Kindes** ist der Ort, an dem eine gewisse Integration des Kindes in ein soziales und familiäres Umfeld zu erkennen ist (EuGH FamRZ 2011, 617). Auch wenn der gewöhnl Aufenthalt eines Kindes nicht von dem seiner Eltern abgeleitet, sondern eigenständig zu bestimmen ist (BGH FamRZ 1997, 1070; OLG Karlsruhe NJW-RR 2015, 1415), ist bei mindj Kindern, insb bei Kleinkindern und Neugeborenen, vorwiegend auf die Bezugspersonen, die es betreuen und versorgen, sowie deren soziales und familiäres Umfeld abzustellen (BGH FamRZ 2019, 892; EuGH FamRZ 2011, 617; OLG Hamburg FamRZ 2024, 207; OLG Köln FamRZ 2012, 1406). Befindet sich das Kind bei seinen Eltern, teilt es idR deren gewöhnl Aufenthalt (BGH FamRZ 2019, 892). Bei älteren Kindern sind auch ihre sozialen Beziehungen zu Verwandten, Freunden, Kindergarten, Schule und ggf Lehrstelle zu berücksichtigen (OLG Hamburg FamRZ 2024, 207). Ob ein Aufenthalt gewöhnl oder vorübergehend ist, bestimmt sich nach der Sicht des Kindes. Je länger er dauert, desto eher wird er zum gewöhnl Aufenthalt, auch wenn die Eltern ihn ursprüngl nur als vorübergehend geplant hatten (OLG Hamm FamRZ 1999, 948). Zur Dauer des Aufenthalts s Rn 3. Ein Kind, das im **Internat** lebt, aber in den Ferien ständig bei einem Elternteil wohnt, hat seinen gewöhnl Aufenthalt bei diesem (BGH FamRZ 1975, 272). **Wochenendumgang** ändert am gewöhnl Aufenthalt beim anderen Elternteil nichts (OLG Bremen FamRZ 1992, 963). Bei einer weitgehend **paritätischen Betreuung** ist zu berücksichtigen, ob sich außerhalb der elterl Wohnungen ein Schwerpunkt zB durch Schule und Freizeitaktivitäten ergibt (PH/Hammer § 152 Rn 18). Bewohnt ein Elternteil noch die frühere gemeinsame Wohnung, kann idR wegen der stärkeren Verwurzelung des Kindes dort der gewöhnl Aufenthalt angenommen werden (PH/Hammer § 152 Rn 18; sa BVerwG FamRZ 2016, 44).

13 **b) Entführungsfälle.** Hat ein Ehegatte ein Kind ohne Zustimmung des anderen an sich genommen, so kann auch hierdurch ein gewöhnl Aufenthalt des Kindes begründet werden. Es kommt grds nicht auf die Rechtmäßigkeit des Aufenthaltswechsels an, sondern nur auf die dauernde soziale Eingliederung des Kindes (BGH FamRZ 1981, 135; OLG Bamberg FamRZ 1996, 1224). Der entgegenstehende Wille des anderen (sorgeberechtigten) Elternteils wirkt sich idR aber dahin aus, dass der neue Aufenthalt noch nicht von vornherein als auf Dauer angelegt angesehen werden kann, solange die Möglichkeit besteht, dass er die Rückkehr des Mindj durchsetzt, ehe es zu dessen sozialer Eingliederung gekommen ist (BGH FamRZ 1981, 135; OLG Zweibrücken FamRZ 2008, 1258). Der Wechsel des gewöhnl Aufenthalt tritt dann idR erst mit zeitl Abstand ein. Maßgebend ist die Sichtweise des Kindes (OLG Hamm FamRZ 1999, 948; s Rn 12), zu der auch sein Wille gehört, bei dem einen oder dem anderen Elternteil zu bleiben (OLG Hamm FamRZ 1991, 1466 f). Notwendig ist idR auch der Wille des Elternteils, dass das Kind dauernd bei ihm verbleibt.

14 **4) Gerichtsstand gem § 122 Nr 3.** Wenn sich die Zuständigkeit nicht nach gemeinsamen Kindern gem Nr 1, 2 richtet, bestimmt sie sich nach dem **letzten gemeinsamen gewöhnlichen Aufenthalt** der Ehegatten, sofern ein Ehegatte seinen gewöhnl Aufenthalt noch oder wieder (BayObLG NJW 1949, 223) im Bezirk dieses FamG hat. Maßgebend ist der Zeitpunkt der Rechtshängigkeit (§ 113 I FamFG, § 253 I, § 261 I ZPO). Der gemeinsame gewöhnl Aufenthalt der Ehegatten entspricht dem **Mittelpunkt des Ehelebens**, wo sich die persönl, familiären und hauswirtschaftl Beziehungen der Ehegatten vereinen. Eine gemeinsame ständige Wohnung ist nicht erforderl, wenn die Ehegatten ihre getrennten Wohnung teilw gemeinsam nutzen (OLG Hamm MDR 1957, 171). Ununterbrochene Anwesenheit der Eheleute am selben Ort ist nicht erforderl. Auch beiderseitige berufsbedingte Abwesenheit schließt einen gemeinsamen gewöhnl Aufenthalt nicht aus, wenn sie das Wochenende in der gemeinsamen Wohnung verbringen (OLG Schleswig SchlHA 1963, 125; OLG Frankfurt NJW 1961, 1586 für Soldaten). Ein gemeinsamer gewöhnl Aufenthalt besteht nicht an einem Ort, an dem die Ehegatten getrennt leben (OLG Stuttgart FamRZ 1982, 84).

15 **5) Gerichtsstände gem § 122 Nr 4 und 5.** In 4. Linie richtet sich der Gerichtsstand nach dem **gewöhnlichen Aufenthalt des Antragsgegners** im Inland (Nr 4). Besteht ein solcher nicht oder ist er nicht bekannt (BGH FamRZ 1982, 1199), ist der **gewöhnliche Aufenthalt des Antragstellers** (Nr 5) maßgebend. Da es insoweit da-

rauf ankommt, wer den Antrag stellt, kann es zu 2 Verf an unterschiedl Gerichten kommen; die Zusammenführung regelt § 123.

6) Gerichtsstände gem § 122 Nr 6 und 7. In den **Fällen des § 98 II** (sog Kinderehen) bestimmt sich die örtl dt Zuständigkeit – für die internationale gilt § 98 II – gem **Nr 6** nach dem schlichten Aufenthalt desjenigen, der bei Eheschließung das 16., nicht aber das 18. Lebensjahr vollendet hatte. – Wenn die Parteien im Inland niemals zusammengelebt haben und wenn auch jetzt keiner der Gatten im Inland lebt, besteht eine Auffangzuständigkeit des FamG beim **AG Schöneberg** in Berlin (**Nr 7**). Ist ungewiss, wo der Ag sich aufhält, steht dies dem Fehlen eines inländischen Aufenthalts gleich (BGH FamRZ 1982, 1199 mwN). 16

III) Veränderung von zuständigkeitsbegründenden Tatsachen. Für eine Sachentscheidung reicht es aus, dass das Gericht am **Schluss der mündlichen Verhandlung** nach § 122 örtl zuständig ist, auch wenn es bei Einleitung des Verf unzuständig war (OLG Hamburg ZfJ 1988, 94). Ändern sich die zuständigkeitsbegründenden Tatsachen nach Rechtshängigkeit der Ehesache (§ 113 I 2 FamFG iVm § 253 I, § 261 I ZPO), zB durch einen Umzug oder die Feststellung der Nichtehelichkeit eines Kindes (s Rn 10), bleibt die örtl Zuständigkeit nach dem Grundsatz der **perpetuatio fori** gem § 113 I FamFG iVm § 261 III Nr 2 ZPO erhalten (OLG Hamm FamRZ 2016, 1292). 17

Ändern sich – insb durch einen Wechsel des Aufenthalts – die die Zuständigkeit begründenden Umstände nach Anhängigkeit, aber **vor Rechtshängigkeit**, folgt die Zuständigkeit den Veränderungen (OLG Hamm FamRZ 2016, 1292; OLG Saarbrücken FamRZ 2012, 654). Dies kann va während der **Anhörung zum VKH-Antrag** des ASt geschehen. Mit der Anhörung – selbst wenn sie zugestellt (BGH FamRZ 1980, 131) – wird die Ehesache nicht rechtshängig. 18

§ 123 Abgabe bei Anhängigkeit mehrerer Ehesachen

[1]Sind Ehesachen, die dieselbe Ehe betreffen, bei verschiedenen Gerichten im ersten Rechtszug anhängig, sind, wenn nur eines der Verfahren eine Scheidungssache ist, die übrigen Ehesachen von Amts wegen an das Gericht der Scheidungssache abzugeben. [2]Ansonsten erfolgt die Abgabe an das Gericht der Ehesache, die zuerst rechtshängig geworden ist. [3]§ 281 Abs. 2 und 3 Satz 1 der Zivilprozessordnung gilt entsprechend.

Die Vorschrift bezweckt die Konzentration erstinstanzl anhängiger **Ehesachen**, die dieselbe Ehe betreffen, vAw, unabhängig davon, ob sie den gleichen Verfahrensgegenstand haben oder nicht. 1

Anwendungsbereich sind nur Ehesachen iSv § 121, die dieselbe Ehe betreffen und in 1. Instanz bei einem dt FamG anhängig sind. Eine Abgabe in der 2. Instanz ist unzulässig (BGH FamRZ 1985, 800 zu § 621 III 1 ZPO aF). Zur Anhängigkeit s § 124 Rn 1. Die Anhängigkeit endet, wenn der ASt seinen Antrag zurücknimmt, wenn das FamG über ihn entscheidet (BGH FamRZ 1985, 800) oder wenn beide Ehegatten das Verf in der Hauptsache für erledigt erklären. 2

S 1 behandelt den Fall, dass eine **Scheidungssache und zumindest eine andere Ehesache** bei dt Gerichten anhängig sind. In diesem Fall sind die anderen Sachen vAw an das Gericht der Scheidungssache abzugeben. Dieses hat im Hinblick auf den Verbund (§ 137) Vorrang. **S 2** betrifft den Fall, dass entweder 2 Scheidungssachen oder 2 andere Ehesachen anhängig sind. Für die Zuständigkeit kommt es hier auf die Rechtshängigkeit an. Diese tritt durch Zustellung der Antragsschrift an den Gegner ein (§ 113 I FamFG, § 253 I, § 261 I ZPO); ein vorhergehendes VKH-Verf begründet eine Zuständigkeit nicht. An das FamG, bei dem zuerst eine dieser Sachen rechtshängig geworden ist, sind die anderen Sachen vAw abzugeben. 3

Gem **S 3** ist § 281 II und III 1 ZPO entspr anwendbar: Danach können Anträge zur Zuständigkeit des Gerichts vor dem UdG abgegeben werden, unterliegen also – anders als die Ehesache selbst – nicht dem Anwaltszwang (§ 78 III ZPO). Die Abgabe erfolgt durch Beschluss, der unanfechtbar und für das andere Gericht grds (zu den Ausnahmen s § 281 ZPO Rn 17 ff) bindend ist. Das Verf bildet auch nach Abgabe eine Einheit, so dass zB **Verfahrenshandlungen fortwirken.** Die Kosten werden einheitl als Kosten des Gerichts behandelt, an das die Sache abgegeben worden ist. 4

Gebühren. 1) Gericht: § 6 I 2 FamGKG. Der Grundsatz der nur einmaligen Gebührenerhebung (§ 29 FamGKG) bleibt gewahrt. Bereits angefallene Geb fallen nicht weg/reduzieren sich nicht. Eine Mehrkostenentscheidung nach § 6 III FamGKG kommt nicht in Betracht, da das Gericht ja zunächst zuständig war. – **2) RA:** Die Verf vor dem abgebenden u dem übernehmenden Gericht sind 1 Rechtszug (§ 20 S 1, § 15 II 2 RVG). Bereits entstandene Geb bleiben erhalten. Zur Verbindung beim übernehmenden Gericht s § 126 Rn 4. 5

§ 124 Antrag

[1]Das Verfahren in Ehesachen wird durch Einreichung einer Antragsschrift anhängig. [2]Die Vorschriften der Zivilprozessordnung über die Klageschrift gelten entsprechend.

1 **I) Allgemeines.** Die Antragsschrift muss sich auf die **Ehesache selbst** beziehen. Ein isolierter Antrag auf Bewilligung von VKH genügt nicht (BGH FamRZ 2012, 783). Wird die Antragsschrift zusammen mit einem VKH-Antrag eingereicht, wird grds auch die Hauptsache anhängig, es sei denn der ASt stellt eindeutig klar, dass er den Antrag nur unter der Voraussetzung einer Bewilligung von VKH stellen will (BGH FamRZ 1996, 1142; OLG Schleswig FamRZ 2010, 1359 mwN). **Rechtsfolge:** Bereits aus der Anhängigkeit der Ehesache folgt die ausschließl Zuständigkeit für Kindschaftssachen, die ein gemeinsames Kind der Ehegatten betreffen (§ 152 I), für Ehewohnungs- und Haushaltssachen der Ehegatten (§ 201 I), für deren VersAusglSachen (§ 219 I), für Verf, die den Unterhalt für ein gemeinsames Kind oder die durch die Ehe begründete Unterhaltspflicht betreffen (§ 232 I), für Güterrechtssachen (§ 262) sowie für sonstige FamSachen (§ 267). Entspr gilt für Lebenspartnerschaftssachen (§ 270 I 2). – **Rechtshängigkeit** tritt mit Zustellung der Antragsschrift an den Gegner ein (§ 113 I FamFG, § 253 I, § 261 I ZPO).

2 **II) Inhalt der Antragsschrift.** Gem **S 2** iVm § 253 ZPO muss die Antragsschrift folgende **Angaben** enthalten: Namen und Anschriften der Ehegatten (zweckmäßigerweise Vornamen übereinstimmend mit der Heiratsurkunde), die Bezeichnung des Gerichts (§ 253 II Nr 1 ZPO) und den Antrag in der Ehesache, idR den Antrag, die Ehe zu scheiden (§ 253 II Nr 2 ZPO).

3 In **Scheidungssachen** sind außerdem die in § 133 angeführten weiteren Angaben, insb über gemeinsame mindj Kinder erforderl. Datum und Standesamt der Eheschließung sind anzugeben (PH/Helms Rn 11). Um den formalen Anforderungen von S 2 iVm § 253 ZPO zu genügen, braucht als Grund des erhobenen Anspruchs (§ 253 II Nr 2 ZPO) nur angegeben zu werden, dass die Ehe gescheitert ist (§ 1565 I BGB). Damit ist das Begehren hinreichend individualisiert, eine schlüssige Darlegung der dies rechtfertigenden Tatsachen ist nicht erforderl (s § 253 ZPO Rn 11). Zur **Schlüssigkeit** gehören aber Angaben zur Trennungszeit, ggf Härtegründe iSv § 1565 II BGB und die Annahme einer Zerrüttung der Ehe rechtfertigende Tatsachen (zB OLG Köln FamRZ 1995, 1503).

4 In der Antragsschrift braucht der **Verfahrenswert** nicht angegeben zu werden, da die Zuständigkeit des FamG von diesem nicht abhängt (§ 253 III Nr 2 ZPO); seine Angabe ist aber sinnvoll, damit der Gerichtskostenvorschuss ohne Nachfrage angefordert werden kann. Sie muss weiter den allg Vorschriften über vorbereitende Schriftsätze entsprechen (§ 253 IV iVm § 130 ZPO) und gem § 130d ZPO durch den VerfBev des ASt als **elektronisches Dokument** (§ 130a ZPO) eingereicht werden.

5 **III) Mangelhafte Antragsschrift.** Entspricht die Antragsschrift nicht den gesetzl Anforderungen, darf das FamG weder die Zustellung noch die Anberaumung eines Termins ablehnen; es hat vielmehr auf die Mängel gem § 113 I FamFG iVm § 139 ZPO hinzuweisen und den Antrag abzuweisen, wenn sie nicht behoben werden (OLG Zweibrücken FamRZ 1999, 941). Fehlt es aber an jeder Antragsschrift (nur mündl Antragstellung), haftet einem dennoch ergangenen Scheidungsbeschluss ein unheilbarer Mangel an (OLG Schleswig FamRZ 1988, 736). Heilbar ist allenfalls eine fehlerhafte Zustellung der Antragsschrift (vgl BGH FamRZ 1984, 368; PH/Helms Rn 6).

§ 125 Verfahrensfähigkeit

(1) In Ehesachen ist ein in der Geschäftsfähigkeit beschränkter Ehegatte verfahrensfähig.

(2) [1]Für einen geschäftsunfähigen Ehegatten wird das Verfahren durch den gesetzlichen Vertreter geführt. [2]Der gesetzliche Vertreter bedarf für den Antrag auf Scheidung oder Aufhebung der Ehe der Genehmigung des Familien- oder Betreuungsgerichts.

1 **I) Beschränkt Geschäftsfähige (§ 125 I).** Wegen der Höchstpersönlichkeit der Ehesachen bestimmt I eine Ausnahme von dem Grundsatz des § 52 ZPO iVm § 113 I 2 FamFG, dass ein iSv § 106 BGB beschränkt Geschäftsfähiger nicht prozess- bzw verfahrensfähig ist (s § 52 ZPO Rn 8).

2 Beschränkt geschäftsfähig ist gem § 106 ein Mindj, der das 7. Lebensjahr vollendet hat; praktisch anwendbar ab Vollendung des 16. Lebensjahres (§ 1303 II BGB). Für ausländ Ehegatten ist § 55 ZPO (iVm § 113 I FamFG) zu beachten. Die Verfahrensfähigkeit gem I bezieht sich auf alle Ehesachen ohne Rücksicht auf die Beteiligtenrolle. Nach dem eindeutigen Wortlaut und mangels Höchstpersönlichkeit gilt I nicht für **Scheidungsfolgesachen** einschl einstw Anordnungsverf (PH/Helms Rn 2 mwN), Arrest- und **Vollstreckungsverfahren**. Mangels Verfahrensfähigkeit müssen sich Mindj insoweit durch ihre Eltern vertreten lassen. – Die Verfahrensfähigkeit erfasst alle für das Verf erforderl **Verfahrenshandlungen** und Willenserklärungen, zB Verfahrensvollmacht erteilen und den Anwaltsvertrag schließen (OLG Nürnberg NJW 1971, 1274; BayObLGZ 63, 209), dem Scheidungsantrag gem 1566 I BGB zustimmen (PH/Helms Rn 2 mwN), einen Ablehnungsantrag anbringen (RGZ 68, 402).

II) Vertretung durch Betreuer. Für die Vertretung durch einen Betreuer gilt gem § 113 I 2 FamFG § 53 ZPO; s § 53 ZPO Rn 5 ff. Eine wirksame **Anordnung der Betreuung** in einer Scheidungssache erfordert die konkrete Bestimmung des Aufgabenkreises „Vertretung im Ehescheidungsverfahren"; „Vertretung vor Behörden und Gerichten" genügt nicht (KG FamRZ 2014, 1482 LS; OLG Brandenburg FamRZ 2012, 1166; OLG Zweibrücken FamFR 2011, 312; aA OLG Celle FamRZ 2014, 156: Aufgabenkreis „Rechtsangelegenheiten" genügt). 3

III) Geschäftsunfähigkeit (§ 125 II). 1) Feststellung. Das Gericht hat **von Amts wegen** Zweifeln an der Verfahrensfähigkeit nachzugehen (BGH FamRZ 1971, 243 in Ehesache). Es hat zu prüfen, ob der Ehegatte sich in einem die freie Willensbestimmung ausschließenden Zustand krankhafter Störung seiner Geistestätigkeit befindet, soweit Ehe und Scheidung in Frage stehen (BGH FamRZ 1971, 243; BGH FamRZ 1970, 545), und ob er deshalb ggf partiell geschäftsunfähig iSv **§ 104 Nr 2 BGB** ist, so dass II anzuwenden ist (BGH FamRZ 1972, 497). Während der Ermittlungen ist der Ehegatte als verfahrensfähig anzusehen (BGH FamRZ 2012, 631). Unaufklärbare Zweifel an der Verfahrensfähigkeit eines Beteiligten führen dazu, dass er als verfahrensunfähig zu behandeln ist (BGH NJW 1996, 1059 mwN). In solchen Fällen wendet sich das FamG an das Betreuungsgericht (§ 23c I GVG), damit dieses dem Beteiligten einen Betreuer bestellt (§ 1814 BGB nF). Die Voraussetzungen für die Bestellung eines bes Vertreters gem § 113 I FamFG iVm § 57 ZPO („Gefahr im Verzug") dürften in Ehesachen kaum vorliegen. Bei **unerkannter** Geschäftsunfähigkeit wird die Entscheidung rkr (BGH FamRZ 1988, 828; OLG Zweibrücken FamRZ 1999, 27: Ehezeitende mit Rechtskraft); dies ist aber Wiederaufnahmegrund gem § 579 I Nr 4 ZPO iVm § 118 FamFG. 4

2) Gesetzlicher Vertreter. Tritt Geschäftsunfähigkeit im Laufe des Verf ein, wird dieses **unterbrochen** (§ 113 I FamFG, § 241 ZPO), sofern nicht § 246 ZPO eingreift. Der Betreuer kann das Verf aufnehmen (§ 241 ZPO); frühere Verfahrensmängel werden damit geheilt (BGHZ 41, 104; OLG Hamm FamRZ 1990, 166; KG FamRZ 2006, 433). 5

Der ges Vertreter eines geschäftsunfähigen Ehegatten kann wegen des höchstpersönl Charakters der Ehe nicht ohne Weiteres die Scheidung oder Eheaufhebung beantragen. Ein Vormund oder Pfleger bedarf der **Genehmigung des Familiengerichts (II 2)**, ein Betreuer oder Verfahrenspfleger des **Betreuungsgerichts**. Nachträgl Genehmigung heilt den Mangel (OLG München FamRZ 2007, 568; OLG Hamm FamRZ 1990, 166). Die Genehmigung des FamG ist ferner nötig für einen Gegenantrag des geschäftsunfähigen Ehegatten auf Scheidung oder Aufhebung sowie entspr dem Regelungszweck auch für die Zustimmung zur Scheidung gem § 1566 I BGB (PH/Helms Rn 6). Keine Genehmigung ist zur Fortführung des Scheidungs- oder Aufhebungsverf erforderl, das der erst während des Verf geschäftsunfähig gewordene Ehegatte selbst eingeleitet hatte (OLG Hamm FamRZ 1990, 166) und zur Rechtsmitteleinlegung. 6

§ 126 Mehrere Ehesachen; Ehesachen und andere Verfahren

(1) Ehesachen, die dieselbe Ehe betreffen, können miteinander verbunden werden.

(2) [1]Eine Verbindung von Ehesachen mit anderen Verfahren ist unzulässig. [2]§ 137 bleibt unberührt.

(3) Wird in demselben Verfahren Aufhebung und Scheidung beantragt und sind beide Anträge begründet, so ist nur die Aufhebung der Ehe auszusprechen.

§ 126 schränkt für Ehesachen die Möglichkeit einer Antragshäufung (§ 260 ZPO), Verbindung von Verf (§ 147 ZPO) sowie eines Widerantrags ein (PH/Helms Rn 1). Gem **I** können nur Ehesachen iSv § 121, die **dieselbe Ehe** betreffen, miteinander verbunden werden; 2 Ehen dürften allerdings auch bei mehrmaliger Eheschließung durch dieselben Ehegatten nicht vorliegen (Dutta FamRZ 2024, 1139; aA OLG Bamberg FamRZ 2024, 1136). Zulässig sind daher auch gegenläufige Wideranträge und auf dasselbe Ziel (Scheidung) gerichtete Gegenanträge, für die auch ein Rechtsschutzbedürfnis besteht (PH/Helms Rn 9); ebenso entspr Hilfsanträge (OLG Brandenburg FamRZ 2008, 1534). Ein Ehegatte kann auch im Laufe des Verf den Antrag in eine andere Ehesache **ändern** (BGH FamRZ 1989, 153: von Aufhebung zu Scheidung; OLG Braunschweig FamRZ 2017, 910). – Außer im Scheidungsverbund (§ 137) ist die Verbindung mit anderen Verf aufgrund des **Verbindungsverbots** gem **II** unzulässig. Bsp: Nutzungsentschädigung für Ehewohnung gem § 745 BGB (OLG Brandenburg FamRZ 2014, 597). Erfasst werden auch Hilfsanträge (BGH FamRZ 2007, 368) und aus dem Verbund abgetrennte Folgesachen (OLG Bamberg FamRZ 2024, 64). 1

Bei **unzulässiger Antragshäufung** sind die Verf gem § 113 I FamFG iVm § 145 ZPO zu trennen. Das ist auch in den Rechtsmittelinstanzen mögl (BGH FamRZ 2007, 368 für jetzt Rechtsbeschwerde; OLG Brandenburg FamRZ 2014, 597 für Beschwerde). Handelt es sich bei dem unzulässig verbundenen um einen Hilfsantrag, ist er als unzulässig abzuweisen, da Hilfsanträge nicht Gegenstand eines selbständigen Verf sein können (BGH FamRZ 2007, 368). Eine solche Abweisung kann der ASt vermeiden, indem er seinen Antrag ändert und die Bedingung fallen lässt, dass der Antrag nur hilfsw gestellt wird. In der Rechtsbeschwerdeinstanz ist aber eine solche Antragsänderung nicht mehr statthaft (BGH FamRZ 2007, 368). 2

Gem I können Aufhebung und Scheidung in einem Verf verfolgt werden, entweder gegenläufig je von einem Ehegatten oder hilfsw (BGH FamRZ 1989, 153). Sind im erstgenannten Fall beide Anträge begründet, kommt 3 der Aufhebung gem **III** der **Vorrang** vor der Scheidung zu. Die Ehegatten können aber wählen, ob sie beide Anträge oder nur einen verfolgen, ggf welchen (OLG Braunschweig FamRZ 2017, 910). Bei einem Hilfsantrag ist nach der Staffelung des ASt zu entscheiden. Aus der Regelung in III ergibt sich, dass im Erfolgsfall nur die Aufhebung ausgesprochen wird, der Scheidungsantrag wird **gegenstandslos.** Zu einem Aufhebungsantrag nach rkr Scheidung s BGH FamRZ 1996, 1209.

4 **Gebühren. 1) Gericht:** Der Beschluss (I) ist gebührenfrei. Die bis dahin entstandenen Geb bleiben anzusetzen. – **2) RA:** Die einmal verdienten Geb bleiben erhalten (s § 147 ZPO Rn 10). Bei wirtschaftl Identität (wechselseitige Scheidungsanträge) keine Werteaddition der verbundenen Verf (Schneider/Kurpat/Schneider Rn 3.635). Für die weiter entstehenden Geb bleibt es beim einfachen Verfahrenswert. Keine Identität zwischen Scheidungs- und Eheaufhebungsanträgen (PH/Helms Rn 3).

§ 127 Eingeschränkte Amtsermittlung

(1) Das Gericht hat von Amts wegen die zur Feststellung der entscheidungserheblichen Tatsachen erforderlichen Ermittlungen durchzuführen.

(2) In Verfahren auf Scheidung oder Aufhebung der Ehe dürfen von den Beteiligten nicht vorgebrachte Tatsachen nur berücksichtigt werden, wenn sie geeignet sind, der Aufrechterhaltung der Ehe zu dienen oder wenn der Antragsteller einer Berücksichtigung nicht widerspricht.

(3) In Verfahren auf Scheidung kann das Gericht außergewöhnliche Umstände nach § 1568 des Bürgerlichen Gesetzbuchs nur berücksichtigen, wenn sie von dem Ehegatten, der die Scheidung ablehnt, vorgebracht worden sind.

1 **I) Anwendungsbereich.** Der Amtsermittlungsgrundsatz gilt ohne Einschränkung für Feststellungsklagen über den Bestand der Ehe (§ 121 Nr 3). Für Scheidungs- und Aufhebungsverf schränkt II seine Anwendung ein, soweit es um ehefeindl Tatsachen geht. Für Scheidungsverf schränkt III die Anwendung des Amtsaufklärungsgrundsatzes noch weiter ein. § 127 gilt für die 1. und 2. Instanz (§ 68 III 1) gleichermaßen.

2 **II) Erforderliche Ermittlungen (§ 127 I).** Gem **I** muss das Gericht vAw ermitteln, ob eine **Ehe besteht** (OLG Zweibrücken FamRZ 1998, 1115 für in Türkei geschlossene Ehe), insb ob sie wirksam geschlossen wurde (OLG Frankfurt FamRZ 2024, 1465 für Prüfung des Mindestalters). Daher wird regelmäßig die Vorlage einer Heiratsurkunde verlangt (sa § 133 II). Die Vorlage ist aber kein zwingendes Antragserfordernis für das Scheidungsverf; auch andere Beweismittel sind zulässig (OLG Zweibrücken FamRZ 1998, 1115; OLG Düsseldorf FamRZ 1992, 1078). In Fällen mit **Auslandsbezug** muss das Gericht bereits gem § 113 I 2 FamFG iVm § 293 ZPO das maßgebl Scheidungsrecht ermitteln (s § 293 ZPO Rn 10 ff). Außerdem ist zu ermitteln, ob die beteiligten Ehegatten **getrennt leben** und ob die Trennungsfristen der § 1565 I, § 1566 BGB verstrichen sind. Wenn die Ehegatten behaupten, in der Ehewohnung getrennt zu leben, hat der Richter aufzuklären, wie sie ihr Leben dort gestalten, und sich dann eine Meinung darüber zu bilden, ob sie im Rechtssinne getrennt leben (PH/Helms Rn 7). – Das Gericht muss dabei unter Ausschöpfung aller Beweismöglichkeiten ermitteln, bis es sich eine **ausreichende Überzeugung** gebildet hat oder weitere Ermittlungen nicht erfolgversprechend sind (OLG Frankfurt FamRZ 2024, 1465).

3 Zu den vAw zu ermittelnden **ehefreundlichen Tatsachen** gehören auch eine Wiederaufnahme der Lebensgemeinschaft sowie das Eingreifen der Kinderschutzklausel von § 1568 I Alt 1 BGB (PH/Helms Rn 7). Das Gericht hat nach ehefreundl Tatsachen bes zu forschen, wenn der Ag im Scheidungsverf säumig ist (OLG Frankfurt NJW 1969, 194). Zu den Grundsätzen der Amtsermittlung s § 26 Rn 2 ff. Es bleibt aber bei der materiellen **Beweislast** (OLG Frankfurt FamRZ 2024, 1465): Ist ein Scheitern der Ehe nicht festzustellen, ist der Scheidungsantrag abzuweisen (PH/Helms Rn 8). Auf vAw ermittelte Tatsachen, die das Gericht verwerten will, muss es die Beteiligten gem § 139 ZPO iVm § 113 I 2 FamFG **hinweisen.** In Aufhebungsverf kann eine **Bestätigung** der aufzuhebenden Ehe als ehefreundl Tatsache vAw verwertet werden.

4 **III) Behandlung ehefeindlicher Tatsachen (§ 127 II).** Die Regelung in II stellt eine Sondervorschrift für Scheidungs- und Aufhebungsverf dar; in Ehefeststellungsverf (§ 121 Nr 3) ist sie nicht anzuwenden. Wenn der die Auflösung der Ehe begehrende Ehegatte der Verwertung nicht vorgetragener Tatsachen widerspricht, die sein Begehren stützen könnten, darf das Gericht die Tatsachen nicht berücksichtigen. Praxisrelvanz dürfte das idR nur haben, wenn in der Regelung bereits eine Beschränkung der Pflicht zur Ermittlung ehefeindl Umstände gesehen wird (so PH/Helms Rn 4). Anwendbar ist sie aber auch auf nicht vom Gericht ermittelte, sondern **von der Gegenseite** vorgebrachte Umstände (vgl BGH NJW 1980, 1335 für Vaterschaftsfeststellung). Ehefeindl Tatsachen sind zB eine unzumutbare Härte iSv § 1565 II BGB oder ein früherer Trennungszeitpunkt als vorgetragen.

5 Der in II erwähnte **Widerspruch** kann auch konkludent erklärt werden (PH/Helms Rn 4). Behauptet der aus der Ehe hinausstrebende Ehegatte Tatsachen, die mit den vom Gericht eingeführten oder der Gegenseite vorgebrachten Tatsachen unvereinbar sind, liegt hierin ein Widerspruch (vgl BGH NJW 1980, 1335 für Vaterschaftsfeststellung). Er unterliegt nicht dem Anwaltszwang (PH/Helms Rn 4; zum gleichen Problem beim Vorbringen

außergewöhnl Umstände iSd § 1568 BGB s Rn 6). Mit dem Ziel des II, die Ehe aufrechtzuerhalten, wäre es nicht zu vereinbaren, wenn der Fortbestand oder die Scheidung einer Ehe davon abhinge, ob ein RA oder ein Ehegatte selbst Widerspruch erhebt. Über Tatsachen, die nach II nicht berücksichtigt werden dürfen, darf **kein Beweis erhoben** werden. Kommen sie bei einer Beweisaufnahme zufällig heraus, dürfen sie gegen den Widerspruch des hierzu berechtigten Ehegatten nicht verwertet werden.

IV) Härteklausel (§ 127 III). Gem § 1568 I BGB soll eine gescheiterte Ehe nicht geschieden werden, wenn und solange die Scheidung für den Ag auf Grund **außergewöhnliche Umstände** eine so **schwere Härte** darstellen würde, dass die Aufrechterhaltung der Ehe auch unter Berücksichtigung der Belange des ASt ausnahmsw geboten erscheint. Solche außergewöhnl Umstände sind nicht vAw zu ermitteln, sondern gem III von demj Ehegatten vorzutragen, der die Scheidung ablehnt; denn es soll ihm überlassen bleiben, ob er an der gescheiterten Ehe festhalten will. Erforderl ist konkreter, die Härteklausel rechtfertigender Sachvortrag (OLG Brandenburg FamRZ 2013, 301). Ist der die Scheidung ablehnende Ehegatte nicht anwaltl vertreten, ist er über die Möglichkeit, sich auf die Härteklausel des § 1568 I BGB zu berufen, zu belehren. Er kann sich hierauf berufen, ohne sich durch einen RA vertreten lassen zu müssen (PH/Helms Rn 5 mwN). III ist nicht anzuwenden, wenn eine gescheiterte Ehe im Interesse der aus ihr hervorgegangenen **minderjährige Kinder** aufrechtzuerhalten ist (§ 1568 I BGB), da das nach der Wortwahl von § 1568 I BGB nicht „außergewöhnl", sondern „besondere Gründe" sind (PH/Helms Rn 5) und das Kindeswohl nicht der Disposition der Ehegatten unterliegt. Insoweit bleibt es bei der Amtsermittlungspflicht gem I, da es sich um einen ehefreundl Umstand handelt. 6

§ 128 Persönliches Erscheinen der Ehegatten

(1) [1]Das Gericht soll das persönliche Erscheinen der Ehegatten anordnen und sie anhören. [2]Die Anhörung eines Ehegatten hat in Abwesenheit des anderen Ehegatten stattzufinden, falls dies zum Schutz des anzuhörenden Ehegatten oder aus anderen Gründen erforderlich ist. [3]Das Gericht kann von Amts wegen einen oder beide Ehegatten als Beteiligte vernehmen, auch wenn die Voraussetzungen des § 448 der Zivilprozessordnung nicht gegeben sind.

(2) Sind gemeinschaftliche minderjährige Kinder vorhanden, hat das Gericht die Ehegatten auch zur elterlichen Sorge und zum Umgangsrecht anzuhören und auf bestehende Möglichkeiten der Beratung hinzuweisen.

(3) Ist ein Ehegatte am Erscheinen verhindert oder hält er sich in so großer Entfernung vom Sitz des Gerichts auf, dass ihm das Erscheinen nicht zugemutet werden kann, kann die Anhörung oder Vernehmung durch einen ersuchten Richter erfolgen.

(4) Gegen einen nicht erschienenen Ehegatten ist wie gegen einen im Vernehmungstermin nicht erschienenen Zeugen zu verfahren; die Ordnungshaft ist ausgeschlossen.

I) Anwendungsbereich. § 128 ergänzt die Vorschriften über die Anhörung und Vernehmung der Beteiligten (§ 113 I 2 FamFG, §§ 141, 448 ZPO). Er ist in allen Ehesachen (§ 121) anzuwenden, nicht aber in Folgesachen gem § 137 II, III. Er gilt grundsätzl gem § 68 III 1 auch in der Beschwerdeinstanz, aber mit der Möglichkeit, unter den Voraussetzungen von § 68 III 2 davon abzusehen. 1

1) Anhörungsgegenstand. Für die **Ehesache** regelt § 127, zu welchen Themen das Gericht die Ehegatten anhören oder vernehmen darf und soll. In Scheidungs- und Eheaufhebungssachen darf beliebig nach ehefreundl Tatsachen gefragt werden, nach ehefeindl Tatsachen aber nur, soweit sie durch die Anwälte vorgetragen worden sind. 2

2) Anhörung zur elterlichen Sorge und zum Umgang. Zusammen mit der Scheidung werden Sorge und Umgang nur auf Antrag eines Ehegatten geregelt (§ 137 III). Hierüber sind die Ehegatten bei der Anhörung aufzuklären. Ihnen ist die rechtl Bedeutung der gemeinsamen **Sorge** zu erläutern, einschl der Entscheidungsbefugnis des betreuenden Elternteils gem § 1687 BGB in Angelegenheiten des tägl Lebens. Durch die Anhörung soll das FamG ggf auch Informationen darüber erhalten, ob das Kindeswohl gefährdet ist und ob es deshalb vAw eingreifen muss (OLG Düsseldorf FamRZ 2000, 1519). Außerdem sollen die Eltern zum **Umgang** angehört werden und ihnen dessen Bedeutung für das Kindeswohl vermittelt werden. Ggf hat das FamG ein Verf zur Regelung des Umgangs vAw (s § 23 Rn 1) einzuleiten (§ 1684 III BGB). Wenn eine Scheidungssache rechtshängig wird und die Ehegatten gemeinsame mindj Kinder haben, teilt das FamG dies und die Namen und Anschriften der Ehegatten dem Jugendamt mit (§ 117 III SGB VIII). Über die Möglichkeit einer Beratung dort und bei ggf anderen Beratungsstellen sind die Eltern in sachgerechter Weise aufzuklären. 3

II) Persönliche Anhörung. 1) Grundsätze. Es besteht **kein Ermessen**, ob das FamG die Ehegatten anhört; mit der „soll"-Regelung werden nur wenige Ausnahmefälle (s Rn 5) erfasst (OLG Hamm FamRZ 2013, 64; BGH FamRZ 1994, 434 zu § 613 ZPO aF). IdR ist eine Anhörung beider Ehegatten in einem **gemeinsamen Termin** erforderl. Das Gericht kann sie aber gem **I 2** auch **getrennt** anhören. Der Schutz des Anzuhörenden rechtfertigt 4 dies zB bei Bedrohungen und Einschüchterungen bei Zwangsverheiratung (BTDrs 16/6308, 373). Ein anderer Grund ist zB die schwere Traumatisierung nach Gewaltanwendung des anderen Ehegatten (vgl BVerfG FamRZ 2004, 354). Allein der Wunsch, wegen der Trennungsauseinandersetzungen den anderen nicht mehr sehen zu wollen, reicht aber nicht (PH/Helms Rn 11). Der Ausschluss von der Anhörung erfolgt nach rechtl Gehör durch Beschluss, der nicht selbständig anfechtbar ist (PH/Helms Rn 12). – **Zweck** der Anhörung ist die Aufklärung des Sachverhalts, die Möglichkeit für die Ehegatten, ihre persönl Sichtweise in ihren höchstpersönl Angelegenheiten zu äußern und dem Gericht ein persönl Eindruck von den Ehegatten zu vermitteln (BGH FamRZ 2016, 617; OLG Oldenburg NdsRpfl 2020, 426). In Scheidungssachen bietet die Anhörung ferner Gelegenheit, einen bish nicht anwaltl vertretenen Ag auf die schwerwiegenden Folgen der Scheidung und die Möglichkeit hinzuweisen, Folgesachen zusammen mit der Scheidungssache zu betreiben (§ 137). – Eine **verfahrensfehlerhaft unterbliebene Anhörung** begründet für sich allein keine Beschwerde iSv § 59 (OLG Frankfurt NJW-RR 2022, 588; sa § 59 Rn 3).

5 **2) Absehen von der Anhörung.** Ausnahmsweise keine Anhörungspflicht besteht: **a)** wenn ein Erscheinen wegen Aufenthalts im Ausland nicht zumutbar oder durchsetzbar ist und der ausl Staat **keine Rechtshilfe** leistet (OLG Hamm FamRZ 2013, 64; OLG Frankfurt FamRZ 2013, 1480 LS); – **b)** wenn der Ag **unbekannten Aufenthalts** ist (BGH FamRZ 1994, 434). – **c)** wenn ein Ehegatte **mehrfach unentschuldigt** dem Termin fernbleibt (OLG Hamm FamRZ 2013, 64 mwN) oder sonst zu erkennen gibt, dass er nicht erscheinen wird und an einem ordnungsgemäßen Verf nicht interessiert ist (OLG Hamm FamRZ 2019, 820; OLG Koblenz FamRZ 2001, 1159). – **d)** wenn sich das Gericht auch ohne persönl Anhörung eine sichere Grundlage für seine Entscheidung verschaffen kann, insb bei einer nachgewiesenen mehr als **3-jährigen Trennung** der Ehegatten (BGH FamRZ 2016, 617; OLG Oldenburg NdsRpfl 2020, 426), und die Anhörung nicht aus anderen Gründen (s Rn 4) geboten ist. – **Kein Absehen** von einer persönl Anhörung ist bei allein unzumutbar großer Entfernung – auch im Ausland (OLG Hamm FamRZ 2000, 898) – oder (nicht dauerhafter) Verhinderung zulässig, wie sich aus III ergibt (OLG Hamm FamRZ 2013, 64). Ebenso bei einmaligem Nichterscheinen, dann ist gem IV zu verfahren.

6 **III) Vernehmung der Beteiligten.** Das Gericht kann das Ergebnis der persönl Anhörung in freier Beweiswürdigung verwerten. Eine förml Vernehmung eines oder beider Ehegatten ist zur Beweiserhebung über str oder vAw aufzuklärende Tatsachen gem **I 2** zulässig, ohne dass die Voraussetzungen des § 448 ZPO erfüllt sein müssen. Ein sog Anfangs- bzw Anbeweis (s § 448 ZPO Rn 4) ist also nicht erforderl.

7 **IV) Verfahren. 1) Anordnung des persönlichen Erscheinens.** Das persönl Erscheinen der Ehegatten ist zweckmäßig **zum Verhandlungstermin** über die Ehesache anzuordnen. Sie sind – persönl (§ 141 II 2 ZPO) – unter Mitteilung dieser Anordnung und unter Hinweis auf die Folgen ihres Ausbleibens (Ordnungsgeld) zu laden (IV iVm § 141 III 3, § 377 II Nr 3, § 380 ZPO), nicht aber darauf, ob sie angehört oder vernommen werden sollen. Nur wenn abzusehen ist, dass ein Beteiligter voraussichtl durch einen ersuchten Richter angehört oder vernommen werden wird, sollte von der Anordnung ihres persönl Erscheinens abgesehen werden. Die RA sind von der Anordnung des persönl Erscheinens zu benachrichtigen (§ 113 I FamFG iVm § 273 IV ZPO).

8 **2) Durchführung der Anhörung.** Die Anhörung muss nicht durch bes Beschluss angeordnet werden (KG JurBüro 1986, 1530). Im Protokoll ist aber klarzustellen, ob die Ehegatten angehört oder vernommen werden (BGH FamRZ 1969, 82). Auch ein Ag **ohne Rechtsanwalt** kann angehört werden (KG FamRZ 1970, 88). Auch ein **verfahrensunfähiger** Ehegatte kann angehört oder vernommen werden (BGH MDR 1964, 126); zur Anhörung eines an Demenz erkrankten Ehegatten s OLG Hamm FamRZ 2013, 1889. – Die Grundsätze von § 141 ZPO zur Durchführung der Anhörung (s § 141 ZPO Rn 6 ff) gelten über § 113 I 2 entspr. Insb besteht im Rahmen der Anhörung **keine Erklärungspflicht** (s § 141 ZPO Rn 1a, 11 f; OLG Hamburg MDR 1997, 596); die VerfBev sind nicht berechtigt, Fragen an die Ehegatten zu stellen (gem §§ 451, 397 II ZPO nur bei Parteivernehmung); eine Protokollierung der Erklärungen kann zweckmäßig sein, ist aber verfahrensrechtl nicht notwendig (§ 141 ZPO Rn 10). – Anhörungen können in geeigneten Fällen gem § 113 I 2 FamFG iVm § 128a I ZPO auch durch **Videokonferenz** erfolgen, insb um Vorführungen aus einer JVA zu vermeiden (AG Darmstadt FamRZ 2015, 271 [Viefhues]; A. Lorenz MDR 2016, 956, 957 f; aA Greger FF 2020, 387, 389).

9 **3) Durchführung der Vernehmung.** Die **Vernehmung** eines Ehegatten wird durch **Beweisbeschluss** (§ 359 ZPO) angeordnet (§ 113 I FamFG iVm § 450 I 1 ZPO). **Gang der Vernehmung:** Zu Beginn wird der zu vernehmende Ehegatte auf seine Wahrheits- und Eidespflicht hingewiesen (§§ 451, 395 I ZPO) und nach seinen Personalien gefragt (§ 395 II 1 ZPO). Dann wird er zur Sache vernommen (§ 396 ZPO). Anders als bei der bloßen Anhörung der Ehegatten sind auch die Anwälte berechtigt, Fragen an den Vernommenen zu richten (§ 397 II ZPO). Dieser ist nicht zur Aussage verpflichtet (§ 446 ZPO). Die Aussage ist ins Protokoll aufzunehmen (§ 160 III Nr 4 ZPO); das Beschwerdegericht kann hiervon absehen, wenn es die Rechtsbeschwerde nicht zulässt (§ 161 I Nr 1 ZPO). Das FamG kann von der Protokollierung absehen, wenn die Beteiligten auf Rechtsmittel gegen den Scheidungsausspruch verzichten (§ 161 I Nr 1 ZPO).

10 **V) Anhörung/Vernehmung durch den ersuchten Richter (§ 128 III).** Eine solche ist nur aus den in III erwähnten Gründen zulässig. Angesichts der Bedeutung der Ehesachen wird es idR einem in Deutschland ansässigen Ehegatten zuzumuten sein, auch vor einem weit entfernten Gericht zu erscheinen (aA PH/Helms Rn 13). Sofern aber von einer Anhörung ganz abgesehen werden könnte (s Rn 5), insb bei einer 3-jährigen Trennung,

kann – a maiore ad minus – grundsätzl eine Anhörung auch im Wege der Rechtshilfe durchgeführt werden. **Hinderungsgrund** iSv III sind va Krankheit und Gebrechlichkeit, nicht aber Mittellosigkeit, da Reisekosten zum einen über VKH (s § 122 ZPO Rn 8) und zum anderen nach den bundeseinheitl Verwaltungsbestimmungen über die Bewilligung von Reisekosten für mittellose Personen erstattet werden können (PH/Helms Rn 13). – Im Rechtshilfeersuchen sind das Beweisthema bzw die Fragen anzugeben, zu denen der Ehegatte angehört werden soll (OLG Koblenz FamRZ 1976, 97).

VI) Ordnungsmittel (§ 128 IV). Für die Sanktionierung eines Ausbleibens verweist IV auf § 380 ZPO. Nicht erzwungen werden kann eine Äußerung. Daher darf ein Ehegatte nicht sanktioniert werden, der ausdrückl erklärt hat, nicht aussagen zu wollen (OLG Hamburg MDR 1997, 596 mwN). Ordnungsmittel sind nur bei **ordnungsgemäßer Ladung** anzuordnen, in der sie angedroht worden sind (IV iVm § 377 II Nr 3 ZPO). Förml Zustellung der Ladung ist nicht erforderl. Zwangsmaßnahmen sind auch gegen den ausgebliebenen Ag mögl, der sich auf das Eheverf nicht eingelassen hat (OLG Düsseldorf FamRZ 1981, 1096). Dem schuldhaft (§ 381 I 1 ZPO) nicht erschienenen Ehegatten sind die durch sein Ausbleiben verursachten **Kosten** und ein **Ordnungsgeld** von 5-1.000 Euro aufzuerlegen (§ 380 I ZPO, Art 6 I EGStGB); ein Ermessen des FamG besteht nicht (OLG Stuttgart FamRZ 2020, 1754; OLG Celle MDR 2016, 547). Aus der Verweisung auf § 380 ZPO ergibt sich, dass der Sanktion nicht entgegensteht, dass sowieso ein neuer Termin erforderl ist (OLG Stuttgart FamRZ 2020, 1754). Zur Bemessung der Höhe s OLG Stuttgart FamRZ 2020, 1754. Ordnungshaft kommt nicht in Betracht (IV letzter Hs). Bei wiederholtem Ausbleiben sind die Maßnahmen zu wiederholen; der Ausgebliebene kann zwangsw durch den GV **vorgeführt** werden (§ 380 II ZPO). Die Vorführung anzuordnen, steht im Ermessen des Gerichts. Die erforderl Maßnahmen kann gem § 400 ZPO auch der ersuchte Richter treffen. – Statthafter **Rechtsbehelf** ist gem IV iVm § 380 III ZPO die sof Beschwerde (KG NJ 2021, 76) bzw bei Entscheidungen des ersuchten Richters die Erinnerung nach § 573 ZPO. Werden dem ausgebliebenen Ehegatten nicht die auf seinem Fernbleiben beruhenden Kosten auferlegt, ist der andere Ehegatte beschwert (s § 380 ZPO Rn 9). 11

VII) Gebühren. 1) Gericht: keine Geb für Anordnung u Anhörung gem § 128; diese Tätigkeiten sind durch die allg VerfGeb abgegolten. Beschwerde gegen Ordnungsgeld (IV): 1912 FamGKG-KV. – **2) RA:** keine bes Geb für den VerfBev. – RA, der als Terminsvertreter in einem Termin gem III vertritt: Vorbem 3 III RVG-VV; 3401, 3402 RVG-VV. Beschwerde gegen Ordnungsgeld (IV): 3500 RVG-VV. 12

§ 129 Mitwirkung der Verwaltungsbehörde oder dritter Personen

(1) Beantragt die zuständige Verwaltungsbehörde oder bei Verstoß gegen § 1306 des Bürgerlichen Gesetzbuchs die dritte Person die Aufhebung der Ehe, ist der Antrag gegen beide Ehegatten zu richten.

(2) [1]Hat in den Fällen des § 1316 Abs. 1 Nr. 1 des Bürgerlichen Gesetzbuchs ein Ehegatte oder die dritte Person den Antrag gestellt, ist die zuständige Verwaltungsbehörde über den Antrag zu unterrichten. [2]Die zuständige Verwaltungsbehörde kann in diesen Fällen, auch wenn sie den Antrag nicht gestellt hat, das Verfahren betreiben, insbesondere selbständig Anträge stellen oder Rechtsmittel einlegen. [3]Im Fall eines Antrags auf Feststellung des Bestehens oder Nichtbestehens einer Ehe zwischen den Beteiligten gelten die Sätze 1 und 2 entsprechend.

I) Allgemein (§ 129 I). Die Antragsberechtigung der Verwaltungsbehörde, der Ehegatten und der 3. Person (iSv § 1306 BGB) ergibt sich aus § 1316 BGB. Jeder Antragsberechtigte kann sich dem Antrag eines anderen anschließen oder einen abweichenden Antrag stellen (MK-FamFG/Lugani Rn 11). Der **Antrag der Verwaltungsbehörde** ist gem I gegen beide Ehegatten zu richten. Diese sind gem § 113 I 2 FamFG, § 62 I Alt 2 ZPO notwendige Streitgenossen, da nur eine einheitl Entscheidung ergehen kann (BGH NJW 1976, 1590; OLG Brandenburg FamRZ 2011, 216). Ob die Verwaltungsbehörde einen Eheaufhebungsantrag stellt, liegt in ihrem pflichtgem Ermessen. Eine anwaltl Vertretung ist nicht erforderl (§ 114 III 1; BGH FamRZ 2017, 1151). Bei einem Eingreifen der in § 1316 III BGB geregelten Härteklausel hat das Gericht den Antrag der Behörde als unzulässig zurückzuweisen (BGH FamRZ 2012, 940 [Coester-Waltjen FamRZ 2012, 1185]). – Bei **Doppelehe** ist auch der 1. Ehepartner des doppelt verheirateten Gatten antragsberechtigt (§§ 1306, 1316 I Nr 1 BGB). Ist die frühere Ehe mittlerweile geschieden worden, kann er die Aufhebung der Doppelehe nur verlangen, wenn er hieran ein obj Interesse hat (BGH NJW 2002, 1268). Seine Aktivlegitimation erlischt, wenn die 2. Ehe geschieden oder aufgehoben wird oder durch Tod endet (§ 1317 III BGB, BGH NJW 2001, 2394). – Wer die Aufhebung einer Ehe betreibt, trägt die **Darlegungs- und Beweislast** für das Vorliegen eines Aufhebungsgrundes nach § 1314 BGB (OLG Nürnberg FamRZ 2011, 1508; zur Eheaufhebung wegen arglistiger Täuschung s OLG Koblenz FamRZ 2016, 1854 mwN). 1

II) Zuständige Verwaltungsbehörde. Die zuständige Verwaltungsbehörde wird durch RechtsVO der Landesregierung bestimmt (§ 1316 I Nr 1 BGB). **Zuständige Verwaltungsbehörden** sind in **Baden-Württemberg** das Regierungspräsidium Tübingen (VO v 16.1.2001, GBl 2001, 2); in **Bayern** die Regierung von Mittelfranken (ZustV v 16.6.2015 GVBl 2015, 184); in **Berlin** die Bezirksverwaltungen (§ 3 II, § 4 I 2 AZG idF v 22.7.1996, GVBl 1996, 2

302); in **Brandenburg** das Innenministerium (§ 18 Brbg AGBGB v 28.7.2000, GVBl 2000, 114); in **Bremen** die Standesämter (§ 1 VO v 7.8.2001, GBl 2001, 261); in **Hamburg** die Bezirksämter (AO v 23.6.1970, AA 1970, 1073, Abschn VII idF AO v 1.8.1998, AA 1998, 2450); in **Hessen** das Regierungspräsidium (VO v 22.12.1999, GVBl 2000, 26, ursprüngl Befristung aufgehoben durch Art 3 VO v 3.11.2014, GVBl 2014, 269); in **Mecklenburg-Vorpommern** die Landkreise und kreisfreien Städte (G v 10.12.1999, GVBl 1999, 632); in **Niedersachsen** die Landkreise, kreisfreien Städte und großen selbständigen Städte (§ 2 Nr 8 AllgZustVO-Kom v 14.12.2004, GVBl 2004, 589 idF v 15.6.2021, GVBl 2021, 376); in **Nordrhein-Westfalen** die Bezirksregierungen Köln und Arnsberg (VO v 26.5.1998, GVBl 1998, 391, Befristung aufgehoben durch VO v 27.6.2014, GV 2014, 376); in **Rheinland-Pfalz** die Aufsichts- und Dienstleistungsdirektion (VO v 3.7.1998, GVBl 1998, 197 idF v 12.10.1999, GVBl 1999, 325); im **Saarland** das Landesverwaltungsamt (§ 30a AGJusG idF des Art 5 LII VerwaltungsstrukturreformG v 21.11. 2007, ABl 2007, 2393, 2407); in **Sachsen** die Landesdirektion, bei einem Verstoß gegen § 1303 S 1 BGB sind auch die Jugendämter antragsberechtigt (§ 6 SächsPStVO v 7.1.2009, GVBl 2009, 3 idF der VO v 10.10.2018, GVBl 2018, 622); in **Sachsen-Anhalt** die Landkreise und kreisfreien Städte (§ 1 I Nr 14 VO v 7.5.1994 idF v 9.12.1998, GVBl 1994, 568; 1998, 476); in Schleswig-Holstein die Landrätinnen und Landräte der Kreise sowie die Bürgermeisterinnen und Bürgermeister der kreisfreien Städte (VO v 26.5.1998, GVOBl 1998, 199 idF der VO v 16.3.2015, GVOBl 2015, 96); in **Thüringen** das Landesverwaltungsamt (VO v 1.1.1999, GVBl 1999, 52).

3 **III) Mitwirkung der Verwaltungsbehörde (§ 129 II).** Hat in den Fällen von § 1306 I Nr 1 BGB (**II 1**) oder in einem Verf auf Feststellung des Bestehens oder Nichtbestehens einer Ehe (**II 3**) nicht die Verwaltungsbehörde den Antrag gestellt, ist sie durch das FamG zu benachrichtigen, um ihr die Mitwirkung zu ermöglichen. In diesen Fällen kann die Behörde nach ihrem Ermessen selbständig das Verf betreiben (**II 2**). Sie kann für und gegen den Bestand der Ehe tätig werden (so OLG Karlsruhe FamRZ 1991, 92 für den früher zuständigen StA). Sie kann Stellung nehmen, in der Verh Sachanträge stellen (§ 113 I FamFG iVm § 297 ZPO) und Rechtsmittel einlegen (II 2). Hatte sie sich bereits in der Vorinstanz beteiligt, so beginnt für sie die **Rechtsmittelfrist** mit der Zustellung des Beschlusses an sie zu laufen. Hatte sie sich in der Vorinstanz nicht beteiligt, so muss sie die für die Beteiligten laufenden Rechtsmittelfristen einhalten (BayObLG FamRZ 1966, 640 für den StA). Ein Rechtsmittelverzicht der Ehegatten wirkt dann auch zu Lasten der Behörde (BayObLG FamRZ 1966, 640).

§ 129a Vorrang- und Beschleunigungsgebot

[1]Das Vorrang- und Beschleunigungsgebot (§ 155 Absatz 1) gilt entsprechend für Verfahren auf Aufhebung einer Ehe wegen Eheunmündigkeit. Die Anhörung (§ 128) soll spätestens einen Monat nach Beginn des Verfahrens stattfinden; § 155 Absatz 2 Satz 4 und 5 gilt entsprechend. [2]Das Gericht hört in dem Termin das Jugendamt an, es sei denn, die Ehegatten sind zu diesem Zeitpunkt volljährig.

1 **Zweck.** Die in der Praxis kaum umsetzbare (Hüßtege FamRZ 2017, 1374, 1379) Vorschrift soll aus Gründen des Kindeswohls und des Minderjährigenschutzes eine Verkürzung der Verfahrensdauer in Ehesachen bewirken, die die Aufhebung einer Ehe wegen Eheunmündigkeit zum Gegenstand haben. Deshalb soll der Anhörungstermin gem § 128 spätestens 1 Monat nach Beginn des Verf, dh nach Eingang des Eheaufhebungsantrags stattfinden (**S 2 Hs 1**).

2 Eine **Verlegung des Termins** ist nur nach Maßgabe des § 155 II 4 u 5 zulässig, also nur „aus zwingenden Gründen", die glaubhaft zu machen sind.

3 Neben der persönl **Anhörung** der Ehegatten ist regelmäßig auch das Jugendamt im Termin anzuhören, es sei denn, beide Ehegatten sind zu diesem Zeitpunkt bereits volljährig.

§ 130 Säumnis der Beteiligten

(1) Die Versäumnisentscheidung gegen den Antragsteller ist dahin zu erlassen, dass der Antrag als zurückgenommen gilt.

(2) Eine Versäumnisentscheidung gegen den Antragsgegner sowie eine Entscheidung nach Aktenlage ist unzulässig.

1 **I) Anwendungsbereich.** § 130 gilt für **sämtliche Ehesachen** (s § 121), in Scheidungssachen jedoch **nicht für** die **Folgesachen**, deren Schicksal sich nach § 141, § 142 I 2, § 143 richtet (Sternal/Weber Rn 3). – Zur Säumnis im **Beschwerdeverfahren** s PH/Feskorn § 117 Rn 57).

2 **II) Säumnis des Antragstellers (§ 130 I).** Hier ergeht in der 1. Instanz gegen den ASt auf Antrag des Ag (§ 113 I FamFG iVm § 330 ZPO), der gem § 114 I dem Anwaltszwang unterliegt, ein Beschluss dahin, dass sein Antrag

(2) Absatz 1 ist nicht anzuwenden, wenn eine Ehe auf Antrag der zuständigen Verwaltungsbehörde oder bei Verstoß gegen § 1306 des Bürgerlichen Gesetzbuchs auf Antrag des Dritten aufgehoben wird.

(3) Einem minderjährigen Beteiligten können Kosten nicht auferlegt werden.

I) Anwendungsbereich. Anzuwenden ist die Vorschrift (nur) auf Verf der Eheaufhebung, also Ehesachen gem § 111 Nr 1, § 121 Nr 2. Die Vorschrift verdrängt in ihrem Regelungsumfang die grds gem § 113 I 2 anwendbaren Kostenvorschriften der ZPO. – In den Fällen des § 121 Nr 3 gilt nicht § 132, sondern § 91 ZPO. – Werden Aufhebung und Scheidung beantragt und sind beide Anträge begründet, verdrängt § 132 den § 150, denn die Scheidung wird gem § 126 III nicht ausgesprochen. 1

II) Regelfall (§ 132 I 1). Bei **erfolgreichem Antrag** sind gem I 1 die Kosten idR gegeneinander aufzuheben (s § 92 ZPO Rn 1). Da es auf ein Obsiegen insoweit nicht ankommt, ist § 96 ZPO nicht anzuwenden. Mangels anderweitiger Regelung gilt bei **Abweisung** des Antrags über § 113 I 2 FamFG § 91 ZPO, ggf auch § 96 ZPO; bei Abweisung von Antrag und Gegenantrag gilt § 92 I ZPO (PH/Helms Rn 2). 2

III) Billigkeitsentscheidung (§ 132 I 2). Kenntnis, Drohung oder Täuschung eröffnen nicht nur den Weg zum Abweichen von der Kostenaufhebung; auch die Abwägung selbst darf dann nur von diesen Kriterien bestimmt werden. IdR wird der Wissende, Täuschende, Drohende die Kosten alleine zu tragen haben. Unanwendbar ist I 2, wenn seine Kriterien auf beide Ehegatten zutreffen; es bleibt dann bei I 1. 3

IV) Antragsrücknahme. Mangels anderweitiger Regelung gilt über § 113 I 2 FamFG § 269 ZPO. Gegen die Entscheidung ist sof Beschwerde gem § 269 V ZPO, §§ 567 ff ZPO eröffnet (BGH FamRZ 2011, 1933). 4

V) Erledigung der Hauptsache. Mangels anderweitiger Regelung gilt über § 113 I 2 FamFG § 91a ZPO. Gegen die Entscheidung ist sof Beschwerde gem § 91a II ZPO, §§ 567 ff ZPO eröffnet (BGH FamRZ 2011, 1933). 5

VI) Rechtsmittelinstanz. Bei erfolglosem Rechtsmittel ist § 97 I ZPO anzuwenden (§ 113 I 2). Bei erfolgreichem, zur Aufhebung der Ehe führendem Rechtsmittel gilt § 132, bei Erfolg wegen neuen Vorbringens § 97 II ZPO (§ 113 I 2 FamFG). – Bei Rechtsmittelrücknahme gilt § 117 II FamFG iVm § 516 III ZPO. 6

VII) Antrag der Verwaltungsbehörde oder eines Dritten (§ 132 II). In den Fällen von § 129 I gelten mangels Anwendbarkeit (II) von I gem § 113 I 2 FamFG die allg Kostenvorschriften der ZPO (PH/Helms Rn 2). Wird die Ehe aufgehoben, haften die Eheleute nach Kopfteilen (§ 100 I ZPO; PH/Helms Rn 2), denn sie werden nicht gesamtschuldnerisch (§ 100 IV ZPO) verurteilt. Wird der Antrag zurückgewiesen, trägt der ASt die Kosten (§ 91 ZPO). Die Staatskasse ist zwar von Gerichtskosten befreit (§ 2 I FamGKG). Da dies aber erst im Verf des Kostenansatzes wirkt, ist eine Kostengrundentscheidung dahin zulässig, dass die Behörde „die Kosten des Verf" zu tragen hat (PH/Helms Rn 2; aA Sternal/Weber Rn 7). 7

VIII) Minderjährige Beteiligte (§ 132 III). Die Vorschrift entspricht § 81 III. Zur Frage der Minderjährigkeit s § 81 Rn 2b. 8

Unterabschnitt 2
Verfahren in Scheidungssachen und Folgesachen (§§ 133-150)

§ 133 Inhalt der Antragsschrift

(1) Die Antragsschrift muss enthalten:

1. **Namen und Geburtsdaten der gemeinschaftlichen minderjährigen Kinder sowie die Mitteilung ihres gewöhnlichen Aufenthalts,**
2. **die Erklärung, ob die Ehegatten eine Regelung über die elterliche Sorge, den Umgang und die Unterhaltspflicht gegenüber den gemeinschaftlichen minderjährigen Kindern sowie die durch die Ehe begründete gesetzliche Unterhaltspflicht, die Rechtsverhältnisse an der Ehewohnung und an den Haushaltsgegenständen getroffen haben, und**
3. **die Angabe, ob Familiensachen, an denen beide Ehegatten beteiligt sind, anderweitig anhängig sind.**

(2) Der Antragsschrift sollen die Heiratsurkunde und die Geburtsurkunden der gemeinschaftlichen minderjährigen Kinder beigefügt werden.

I) Angaben nach § 133 I. § 133 ergänzt für den Antrag in Scheidungssachen den allg in Ehesachen geltenden § 124 S 2; zu dessen Anforderungen s § 124 Rn 2 f. Die Anforderungen von § 133 sind **zwingende Zulässigkeitsvoraussetzungen** für das Ehescheidungsverf (OLG Stuttgart NJW-RR 2020, 260; OLG Brandenburg FamRZ 2014, 412; OLG Saarbrücken FamRZ 2014, 2021). Ihr Fehlen führt zur Unzulässigkeit des Scheidungs- 1 antrags, sofern die notwendigen Angaben nicht – auf entspr Hinweis (§ 113 I 2 FamFG iVm § 139 III ZPO) – bis zum Schluss der mündl Verh – nachgeholt werden (OLG Stuttgart NJW-RR 2020, 260), und steht der Gewährung von VKH entgegen (OLG Brandenburg FamRZ 2014, 412). Bei **Scheidungsantrag auch des Antragsgegners** genügt Bezugnahme auf die Angaben in der Antragsschrift des ASt.

2 **Nr 1:** Anzugeben sind Namen und Geburtsdaten der gemeinschaftl mindj Kinder (auch Adoptivkinder), weil das FamG das Jugendamt benachrichtigen (§ 17 III SGB VIII) und die Ehegatten zur elterl Sorge anhören muss (§ 128 II). Die Angabe des persönl Aufenthalts der Kinder ermöglicht insb auch eine Klärung der örtl Zuständigkeit (vgl § 122 Nr 1, 2). Falls die elterl Sorge entzogen oder eingeschränkt worden ist, ist es zweckmäßig, auch dies in der Antragsschrift mitzuteilen. Haben die Beteiligten keine gemeinsamen Kinder, so sollte auch dies vorgetragen werden, um Nachfragen zu vermeiden.

3 **Nr 2:** Erforderl sind Angaben zu allen Verfahrensgegenständen (OLG Brandenburg FamRZ 2014, 412) und die konkrete Angabe, über welche Gegenstände eine Einigung erzielt wurde und über welche nicht (OLG Hamm FamRZ 2010, 1581). Weder eine tatsächl Einigung (OLG Stuttgart FamRZ 2012, 480) noch die Vorlage eventueller Vereinbarungen wird verlangt. Nach OLG Stuttgart (NJW-RR 2020, 260) genügt die Erklärung, dass die Folgesachen von den Beteiligten außergerichtl einvernehml geklärt werden, da dies beinhalte, dass die Ehegatten bislang noch keine entspr Regelung getroffen hätten.

4 **Nr 3:** Die Angabe soll dem FamG die Prüfung einer Abgabe an oder durch das andere Gericht (s §§ 153, 202, 233, 263) ermöglichen, und für eine eventuelle gütl Einigung Informationen über bereits gerichtl anhängige Streitpunkte liefern.

5 **II) Anträge in Folgesachen.** Diese Anträge und deren Begründung sind nicht in die Antragsschrift aufzunehmen. Da jede Folgesache ein selbständiges Verf ist, sind für die Folgesachen bes Schriftsätze anzufertigen. Nur wenn dies geschieht, wird das Gericht in die Lage versetzt, Schriftsätze beteiligten Dritten nur dann zuzustellen, wenn diese betroffen sind (§ 139).

6 **III) Beizufügende Dokumente (§ 133 II). II** ist nur eine **Sollvorschrift**, die den über § 113 I FamFG geltende § 131 III ZPO einschränkt. Die entspr Urkunden (**Heiratsurkunde**, § 57 PStG; **Geburtsurkunde**, § 59 PStG) werden vom Standesamt ausgestellt (§ 59 PStG). Zur Heiratsurk sa § 127 Rn 2. – Haben die Beteiligten den **Versorgungsausgleich vertraglich ausgeschlossen** (§ 1408 II BGB; §§ 6, 8 VersAusglG), sollte auch dies in der Antragsschrift mitgeteilt werden.

§ 134 Zustimmung zur Scheidung und zur Rücknahme; Widerruf

(1) Die Zustimmung zur Scheidung und zur Rücknahme des Scheidungsantrags kann zur Niederschrift der Geschäftsstelle oder in der mündlichen Verhandlung zur Niederschrift des Gerichts erklärt werden.

(2) [1]Die Zustimmung zur Scheidung kann bis zum Schluss der mündlichen Verhandlung, auf die über die Scheidung der Ehe entschieden wird, widerrufen werden. [2]Der Widerruf kann zur Niederschrift der Geschäftsstelle oder in der mündlichen Verhandlung zur Niederschrift des Gerichts erklärt werden.

1 Die **Zustimmung zur Scheidung** (vgl § 1566 I BGB) ist dem FamG gegenüber zu erklärende Verfahrenshandlung (BGH FamRZ 1995, 229). Dies muss ausdrückl geschehen; die Ankündigung, sich der Scheidung nicht widersetzen zu wollen, reicht nicht aus (OLG Zweibrücken FamRZ 1990, 59). Die Zustimmung und ihr Widerruf können zu Protokoll der GeschSt eines jeden AG erklärt werden (§ 113 FamFG iVm § 129a I ZPO); es besteht also **kein Anwaltszwang** (§ 114 IV Nr 3; OLG Köln FamRZ 2013, 1762). Jedoch können auch die VerfBev die Erklärung abgeben (OLG Stuttgart Justiz 1993, 192). Dasselbe gilt für die **Zustimmung zur Rücknahme** des Scheidungsantrags (§ 113 FamFG iVm § 269 I ZPO); zu dieser s § 141 Rn 2. – Der Ag ist an seine Zustimmung zu Scheidung nicht gebunden, er kann sie bis zum Schluss der mündl Verh **widerrufen (II 1)**. Deshalb hat sich das Gericht bei der Anhörung der Eheleute (§ 128 I 1) zu vergewissern, ob der Ag weiterhin zustimmt. Auch an den Widerruf ist der Ag nicht gebunden, er kann erneut der Scheidung zustimmen. Der Widerruf ist auch in der **Beschwerde- und Rechtsbeschwerdeinstanz** zulässig. Zur Beschwerde mit dem Ziel des Widerrufs s § 59 Rn 14.

§ 135 Außergerichtliche Konfliktbeilegung über Folgesachen

[1]Das Gericht kann anordnen, dass die Ehegatten einzeln oder gemeinsam an einem kostenfreien Informationsgespräch über Mediation oder eine sonstige Möglichkeit der außergerichtlichen Konfliktbeilegung anhängiger Folgesachen bei einer von dem Gericht benannten Person oder Stelle teilnehmen und eine Bestätigung hierüber vorlegen. [2]Die Anordnung ist nicht selbständig anfechtbar und nicht mit Zwangsmitteln durchsetzbar.

§ 135 bezieht sich nur auf Folgesachen, nicht auf die Scheidung selbst. Er überträgt nach dem Vorbild des § 278 V 2 ZPO den Gedanken einer **Schlichtung** außerhalb des Streitgerichts in das Verf wegen der Folgesachen (§ 137), wobei freilich Kindschaftssachen wegen der Voraussetzungen des § 137 III in der familiengerichtl Praxis kaum noch als Folgesachen vorkommen, so dass sich der ges Bezug zur Mediation in diesem Bereich (s hierzu Greger FPR 2011, 115) regelmäßig allein über § 156 I 3, 4 herstellt (Grabow FPR 2011, 33, 34). Gem S 2 hat das Gericht nicht die Möglichkeit, die Beteiligten zur Durchführung einer Mediation zu zwingen (keine Anwendung des § 35). Die Ehegatten sind in der Entscheidung, ob sie einem derartigen Vorgehen nähertreten wollen oder nicht, vollständig frei. Diese Entscheidung sollen sie aber in Kenntnis der spezifischen Möglichkeiten eines außergerichtl Konfliktbeilegungsverf treffen. Ob das FamG eine entspr Auflage erteilt, liegt in seinem freien Ermessen. Voraussetzung ist, dass ein **kostenfreies** Angebot für Informationsgespräche/-veranstaltungen besteht (s etwa zum sog Koblenzer Modell Brandt/Rüll ZFE 2011, 217, 222). 1

Über § 150 IV 2 kann mittelbar Druck zur Teilnahme ausgeübt werden. Das erscheint aber kaum sinnvoll (s § 150 Rn 3; Caspary FPR 2009, 303, 304). 2

Zum **Güterichterverfahren** s § 278 ZPO Rn 25. 3

§ 136 Aussetzung des Verfahrens

(1) [1]Das Gericht soll das Verfahren von Amts wegen aussetzen, wenn nach seiner freien Überzeugung Aussicht auf Fortsetzung der Ehe besteht. [2]Leben die Ehegatten länger als ein Jahr getrennt, darf das Verfahren nicht gegen den Widerspruch beider Ehegatten ausgesetzt werden.

(2) Hat der Antragsteller die Aussetzung des Verfahrens beantragt, darf das Gericht die Scheidung der Ehe nicht aussprechen, bevor das Verfahren ausgesetzt war.

(3) [1]Die Aussetzung darf nur einmal wiederholt werden. [2]Sie darf insgesamt die Dauer von einem Jahr, bei einer mehr als dreijährigen Trennung die Dauer von sechs Monaten nicht überschreiten.

(4) Mit der Aussetzung soll das Gericht in der Regel den Ehegatten nahelegen, eine Eheberatung in Anspruch zu nehmen.

I) Anwendungsbereich. Die Bestimmung dient der Aussöhnung der Ehegatten. Sie gilt in allen Instanzen des **Scheidungsverfahrens**, nicht aber für Aufhebungs- und Ehefeststellungsverf. Die Bestimmung ist auch anwendbar, wenn Scheidung, hilfsw Aufhebung der Ehe begehrt wird, nicht aber im umgekehrten Fall der hilfsw beantragten Scheidung. – Daneben ist auch eine Aussetzung gem **§ 148 ZPO** (iVm § 113 I 2 FamFG) wegen Vorgreiflichkeit mögl (OLG Frankfurt FamRZ 2019, 625). 1

II) Aussetzung von Amts wegen (§ 136 I). Voraussetzung ist, dass **Aussicht auf Fortsetzung** der Ehe besteht (I 1). Es müssen konkrete (OLG Düsseldorf FamRZ 1978, 609) Anhaltspunkte dafür vorliegen, dass mind ein Ehegatte sich an die Ehe gebunden fühlt und die persönl Beziehungen noch nicht so zerstört sind, dass von vornehe-rein eine Versöhnung ausscheidet (OLG Saarbrücken FamRZ 2010, 394). Besteht eine solche Aussicht, steht dem FamG nach hM (zB PH/Helms Rn 8 mwN) kein **Ermessen** zu. Wie sich aber aus der Formulierung „soll" ergibt, kann es Ausnahmefälle geben, in denen das FamG nicht aussetzt (ebenso MK-FamFG/Heiter Rn 11). – Gegen den Widerspruch beider Ehegatten darf nicht ausgesetzt werden, wenn sie länger als 1 Jahr getrennt leben (**I 2**). Auch bei kürzerem Getrenntleben dürfte eine Aussetzung gegen den Widerspruch beider Ehegatten kaum in Betracht kommen, da dann keine Aussicht auf Fortsetzung der Ehe bestehen dürfte. Leben die Ehegatten seit 3 Jahren getrennt, wird das Scheitern ihrer Ehe unwiderlegbar vermutet (§ 1566 II BGB). Trotzdem kann das Scheidungsverf ausgesetzt werden, wenn Aussicht auf Fortsetzung der Ehe besteht (**III**). Konkrete Aussichten hierfür werden sich wohl nur feststellen lassen, wenn beide Ehegatten Anzeichen von Versöhnungsbereitschaft erkennen lassen. 2

III) Aussetzung auf Antrag (§ 136 II). Einem Aussetzungsantrag des Scheidungsantragstellers muss das Gericht entsprechen, bevor es die Ehe scheidet (**II**). Denn seine Fortsetzung kann eine Aussöhnung erschweren (BGH NJW 1977, 717). Ein abweisungsreifer Scheidungsantrag ist aber unmittelbar abzuweisen (OLG München NJW 1971, 711 mwN). 3

Beantragt der ASt die Aussetzung, ohne zur Fortsetzung der Ehe bereit zu sein, so ist sein Antrag wegen **Rechtsmissbrauchs** abzulehnen (OLG Schleswig SchlHA 1991, 81). Dies kann insb der Fall sein, um eine Abweisung des Scheidungsantrags vor Ablauf der Trennungsfrist (§ 1565 II BGB) zu verhindern (OLG Karlsruhe FamRZ 1998, 1606; OLG Bamberg FamRZ 1984, 897). Auf entspr Antrag des Ag ist dann der Scheidungsantrag abzuweisen. Will auch der Ag geschieden werden, so sollten die Eheleute das Verf bis zum Ablauf der Jahresfrist nicht betreiben oder das Ruhen des Verf beantragen. Für eine Aussetzung besteht kein Anlass. 4

IV) Verfahren. Zuständig ist das Gericht, bei dem das Scheidungsverf anhängig ist. Seine Befugnis, die Aussetzung anzuordnen, endet nicht schon mit dem Erlass der Endentscheidung, sondern erst mit Einlegung eines 5

Rechtsmittels (BGH NJW 1977, 717). Die Entscheidung ergeht durch **Beschluss**. Beschlüsse, durch die eine Aussetzung angeordnet oder abgelehnt wird, sind zuzustellen (§ 113 I FamFG iVm § 329 II 2, § 252 ZPO). Gem **IV** soll den Ehegatten nahegelegt werden, eine Eheberatungsstelle in Anspruch zu nehmen. Die **Dauer der Aussetzung** bestimmt das FamG nach seinem Ermessen. Sie beträgt höchstens 1 Jahr, bei mehr als 3-jähriger Trennung höchstens 6 Monate (**III**). Eine kürzere Aussetzung kann angeordnet werden. Die Aussetzung darf ein 2. Mal angeordnet oder – was der wiederholten Anordnung gleichsteht – verlängert werden, soweit die Höchstfristen noch nicht erschöpft sind. Hat das FamG sie voll ausgeschöpft, darf das Beschwerdegericht nicht noch einmal aussetzen.

6 **V) Umfang.** Von der Aussetzung erfasst werden die **Hauptsache** und alle **Folgesachen**, weil über diese nur bei Scheidung entschieden wird (§ 137 I; sa OLG Brandenburg FamRZ 2014, 860 [Heiter]). **Nicht** erfasst werden **einstweilige Anordnungen**, da dies selbständige Verf sind (§ 51 III 1); sie können auch während der Aussetzung erlassen werden.

7 **VI) Wirkungen.** Die Wirkung der Aussetzung auf **prozessuale Fristen** bestimmt sich gem § 249 I ZPO (§ 113 I 2 FamFG); s § 249 ZPO Rn 2. Das Gericht braucht nicht von sich aus zu **terminieren** (OLG Karlsruhe FamRZ 1998, 1606). Es widerspräche dem Sinn des § 136, die Beteiligten zur Fortsetzung des Verf anzuregen. – Die **Trennungsfrist** des § 1565 II BGB wird als mat-rechtl Frist durch die Aussetzung nicht unterbrochen (s § 249 ZPO Rn 2).

8 Die Wirkung der Aussetzung auf **Verfahrenshandlungen** bestimmt sich gem § 249 II ZPO (§ 113 I 2 FamFG); s § 249 ZPO Rn 3 ff.

9 **VII) Wiederaufnahme.** Das Verf wird (nur) auf Antrag des Ehegatten aufgenommen, der die Aussetzung begehrt hatte; denn damit entfällt die Anordnungsvoraussetzung (PH/Helms Rn 11). Die Aufnahme des vAw ausgesetzten Verf erfolgt auf Anregung der Ehegatten.

10 **VIII) Rechtsmittel.** Gegen die Aussetzung und deren Ablehnung findet die sof **Beschwerde** statt (§ 113 I 2 FamFG iVm § 252 ZPO). Stellt der Ag weder einen Scheidungs- noch einen Abweisungsantrag, ist er durch die Aussetzung nicht beschwert, und seine Beschwerde ist unzulässig (OLG Karlsruhe FamRZ 1998, 1606). Weist das FamG durch Beschluss den Aussetzungs- und den Scheidungsantrag des ASt zurück, kann dieser nur Beschwerde einlegen (OLG Köln FamRZ 1995, 888).

11 **IX) Gebühren. 1) Gericht:** Der Aussetzungsbeschluss ist gebührenfrei. Das Verf vor u nach der Aussetzung ist 1 Rechtszug (§ 29 FamGKG). – **2) RA:** § 15 II RVG; ein erneuter Gebührenanfall ist nur gem § 15 V 2 RVG denkbar, wenn der Auftrag seit mehr als 2 Kalenderjahren erledigt war. – Beschwerdeverf: 3500 RVG-VV.

§ 137 Verbund von Scheidungs- und Folgesachen

(1) Über Scheidung und Folgesachen ist zusammen zu verhandeln und zu entscheiden (Verbund).

(2) [1]Folgesachen sind

1. Versorgungsausgleichssachen,

2. Unterhaltssachen, sofern sie die Unterhaltspflicht gegenüber einem gemeinschaftlichen Kind oder die durch Ehe begründete gesetzliche Unterhaltspflicht betreffen mit Ausnahme des vereinfachten Verfahrens über den Unterhalt Minderjähriger,

3. Ehewohnungs- und Haushaltssachen und

4. Güterrechtssachen,

wenn eine Entscheidung für den Fall der Scheidung zu treffen ist und die Familiensache spätestens zwei Wochen vor der mündlichen Verhandlung im ersten Rechtszug in der Scheidungssache von einem Ehegatten anhängig gemacht wird. [2]Für den Versorgungsausgleich ist in den Fällen der §§ 6 bis 19 und 28 des Versorgungsausgleichsgesetzes kein Antrag notwendig.

(3) Folgesachen sind auch Kindschaftssachen, die die Übertragung oder Entziehung der elterlichen Sorge, das Umgangsrecht oder die Herausgabe eines gemeinschaftlichen Kindes der Ehegatten oder das Umgangsrecht eines Ehegatten mit dem Kind des anderen Ehegatten betreffen, wenn ein Ehegatte vor Schluss der mündlichen Verhandlung im ersten Rechtszug in der Scheidungssache die Einbeziehung in den Verbund beantragt, es sei denn, das Gericht hält die Einbeziehung aus Gründen des Kindeswohls nicht für sachgerecht.

(4) Im Fall der Verweisung oder Abgabe werden Verfahren, die die Voraussetzungen des Absatzes 2 oder des Absatzes 3 erfüllen, mit Anhängigkeit bei dem Gericht der Scheidungssache zu Folgesachen.

(5) [1]Abgetrennte Folgesachen nach Absatz 2 bleiben Folgesachen; sind mehrere Folgesachen abgetrennt, besteht der Verbund auch unter ihnen fort. [2]Folgesachen nach Absatz 3 werden nach der Abtrennung als selbständige Verfahren fortgeführt.

I) Zweck und Grundsätze des Verbundverfahrens. § 137 schafft den sog **Verhandlungs- und Entscheidungsverbund** zwischen Scheidungssachen und anderen FamSachen, in denen eine Entscheidung für den Scheidungsfall zu treffen ist (sog Folgesachen). Dadurch, dass zugleich mit der Scheidung die wichtigsten Scheidungsfolgen geregelt werden, wird den Ehegatten zum einen vor Augen geführt, welche Auswirkungen ihre Scheidung haben wird (BGH FamRZ 2021, 1521). Der Verbund dient zum anderen dem **Schutz des sozial schwächeren** Ehepartners (BGH FamRZ 2021, 1521). Er verhindert grds, dass die Ehe geschieden wird, ohne dass seine Rechte angemessen geregelt sind. 1

Der Verbund iSv I stellt keine Verfahrensverbindung dar. Trotz gemeinsamer Verh und Entscheidung bleiben die Verf selbständig (OLG Düsseldorf JurBüro 1986, 299). Für die einzelnen Gegenstände gelten die **Verfahrensvorschriften** wie außerhalb des Verbundes (OLG Brandenburg FamRZ 2014, 860), also für Ehesache und die Familienstreitsachen gem § 113 I 2 FamFG teilw die ZPO, ansonsten das FamFG. Ausnahme: Etwas anderes ist gesetzl geregelt oder ergibt sich aus dem Gebot der einheitl Verh und Entscheidung (OLG Brandenburg FamRZ 2014, 860). So erfasst die Aussetzung der Scheidungs- oder einer Folgesache das gesamte Verbundverf (OLG Brandenburg FamRZ 2014, 860). – Folgesachenanträge können nur eventualiter **für den Fall der Scheidung** gestellt werden (II 1). Unzulässig sind unbedingte Anträge oder solche für den Fall, dass der Scheidungsantrag abgewiesen wird und die Ehegatten weiter getrennt leben. Regelungen für die Zeit vor Rechtskraft der Scheidung können ebenfalls nicht mit dem Scheidungsausspruch verbunden werden (BGH FamRZ 1985, 578). Zur Anfechtung einer unzulässigen Ehescheidung ohne Entscheidung über die Folgesachen s § 59 Rn 15. Ob eine Entscheidung (nur) für den Fall der Scheidung begehrt wird, bedarf – insb für Folgesachen, deren Gegenstand keine typische Scheidungsfolge sind, wie der Kindesunterhalt – der **Auslegung** (BGH FamRZ 2023, 1222 Tz 17, auch zu den zu berücksichtigenden Gesichtspunkten). – Als Folgesache geltend gemachte Verfahrensgegenstände sind gem § 113 I 2 FamFG iVm § 145 ZPO **abzutrennen**, wenn sie als solche nicht zulässig sind oder d es im Laufe des Verf werden (BGH FamRZ 1997, 811; OLG Düsseldorf FamRZ 2022, 1915; PH/Helms Rn 25; sa Rn 18). – Bei Vorliegen der Voraussetzungen von II 1 tritt der aus Scheidungs- und Folgesache bestehende Verbund **kraft Gesetzes** ein, ohne dass die Ehegatten hierüber disponieren können. Diese Verf können während des laufenden Scheidungsverf außerhalb des Verbunds auch bei entspr Antrag der Ehegatten nicht geführt werden (BGH FamRZ 2023, 1222 Tz 16; BGH FamRZ 2021, 1521). 2

II) Anwendungsbereich. Folgesachen können nur in **Scheidungsverfahren** und in scheidungsähnl Verf nach **ausländischem Sachrecht** (Gottwald FamRZ 2007, 839; ausführl Rspr-Nw bei PH/Helms Rn 9 Fn 20) anhängig gemacht werden, wie der Ehetrennung nach spanischem (AG Rüsselsheim FamRZ 1986, 185) oder italienischem Recht (OLG Karlsruhe FamRZ 1999, 1680; OLG Frankfurt FamRZ 1994, 715; aA OLG Frankfurt FamRZ 1995, 375; OLG München FamRZ 1993, 459). Der Verbund gilt auch im **Rechtsmittelverfahren** zwischen den in diese Instanz gelangten Verfahrensgegenständen fort, auch allein zwischen Folgesachen (OLG Zweibrücken FamRZ 1997, 1231). Auch nach **Vorabentscheidung** über einen Teil der Verfahrensgegenstände, insb die Scheidungssache, besteht der Verbund zwischen den verbliebenen (Folge-)Sachen fort, V 1 Hs 2. 3

Auf **andere Ehesachen** als Scheidungssachen ist § 137 FamFG nicht anwendbar (OLG Bamberg FamRZ 2024, 1136 für Feststellungsantrag iSv § 121 Nr 3), insb **nicht** auf **Eheaufhebungsverfahren** (§ 1313 BGB; BGH FamRZ 1989, 153). Begehrt der ASt Scheidung, hilfsw Aufhebung der Ehe, ist über die Folgesachen gleichzeitig mit der Scheidungssache zu verhandeln. In allen anderen Fällen, in denen Scheidungsantrag und Aufhebungsantrag nebeneinander oder einander entgegengesetzt zusammentreffen, ist die Ehe gem § 126 III vorrangig aufzuheben und nur zu scheiden, falls das Aufhebungsbegehren unbegründet ist. Der Scheidungsantrag führt hier zwar zum Verhandlungsverbund; jedoch sollte über die Folgesachen erst verhandelt werden, wenn der Aufhebungsantrag abweisungsreif ist. Zum Entscheidungsverbund führt der Scheidungsantrag nur, falls die Ehe nicht aufgehoben, sondern geschieden wird. Wird sie aufgehoben, werden die Folgesachen (außer Kindschaftssachen) analog § 142 II 1 gegenstandslos. Auf Antrag eines Ehegatten ist ihm jedoch im Eheaufhebungsbeschluss vorzubehalten, eine Folgesache als selbständige FamSache fortzusetzen (§ 142 II 2). 4

III) Gegenstände von Folgesachen. 1) Versorgungsausgleich (§ 137 II 1 Nr 1). a) Der **Wertausgleich von Versorgungsanrechten bei der Scheidung** (§§ 6-19, 28 VersAusglG) wird vAw als Folgesache geregelt (II 1 Nr 1), es sei denn, die Ehegatten haben wirksam den VersAusgl ausgeschlossen. Zur Einleitung der Folgesache, auch im Fall des § 3 III VersAusglG, s Rn 25. – Der Antrag auf Aussetzung der Kürzung nach §§ 33, 34 VersAusglG (**„Unterhaltsprivileg“**) kann nicht im Verbund gestellt werden (OLG Koblenz FamRZ 2017, 964; OLG Hamm FamRZ 2017, 367; OLG Celle FamRZ 2013, 1313 mwN; Borth FamRZ 2021, 352; aA OLG Zweibrücken FamRZ 2012, 722; OLG Köln 13.6.2012 – 21 UF 15/12; sa OLG Stuttgart FamRZ 2021, 352 [abl Borth]). Denn er wird erst zulässig, wenn die VersAusgl-Entscheidung rechtskräftig geworden ist (Borth FamRZ 2021, 352; Erman/Norpoth/Sasse § 34 VersAusglG Rn 2a). 5

b) Über **Ausgleichsansprüche nach der Scheidung** entscheidet das Gericht nur auf Antrag eines Ehegatten (§ 223; §§ 20 ff VersAusglG). Hier kann der ausgleichspflichtige Ehegatte erst mit Eintritt des Versorgungsfalls zur Zahlung der Ausgleichsrente verpflichtet werden (zur Fälligkeit: § 20 II VersAusglG). Findet der Ausgleich – wie idR – erst viele Jahre nach Rechtskraft der Scheidung statt, kann der Anspruch auf Zahlung der Aus- 6 gleichsrente nicht Folgesache sein. Über ihn kann im Verbundverf dann auch nicht dem Grunde nach entschieden werden (BGH FamRZ 1984, 251). Eine solche Entscheidung setzt entspr § 113 I FamFG iVm § 304 ZPO einen fälligen Anspruch voraus, an dem es hier fehlt. Ist der Ausgleichsanspruch aber ausnahmsw bereits entscheidungsreif, kann er als Folgesache geltend gemacht werden (PH/Helms Rn 29).

7 c) In **Scheidungsverfahren mit Auslandsberührung** muss das FamG die Folgesache VersAusgl einleiten, wenn das Scheidungsstatut eine solche Regelung vorsieht und wenn das Recht eines der Staaten, denen die Ehegatten bei Zustellung des Scheidungsantrages angehören, den VersAusgl kennt (Art 17 IV 1 EGBGB). Findet hiernach ein VersAusgl nicht statt, so ist gleichwohl – allerdings nur auf Antrag eines Ehegatten (OLG Frankfurt FamRZ 2020, 665) – die Folgesache VersAusgl einzuleiten, wenn einer der Ehegatten in der Ehezeit ein Anrecht bei einem dt Versorgungsträger erworben hat (Art 17 IV 2 EGBGB).

8 **2) Unterhalt für gemeinschaftliches Kind (§ 137 II 1 Nr 2). a) Allgemeines.** Kindesunterhaltssachen, auch Abänderungsverf (BGH 3.5.2023 – XII ZB 152/22, juris Tz 16) können Folgesachen sein, wenn eine Entscheidung nur **für den Fall der Scheidung** zu treffen ist (BGH FamRZ 2023, 1222 Tz 16; s Rn 2), dh, wenn der Antrag – ggf hilfsw – für den Fall der Scheidung gestellt wird und eine durch die Scheidung bedingte Regelung begehrt wird (OLG Brandenburg FamRZ 2022, 1223, im konkreten Fall ines Abänderungsverf verneint). Ist ein **selbständiges Kindesunterhaltsverfahren** – auch durch einen Beistand – eher als die Scheidungssache rechtshängig geworden, hindert § 113 I FamFG iVm § 261 III Nr 1 ZPO die Ehegatten daran, den Kindesunterhalt als Folgesache geltend zu machen. Da Folgesache nur der Unterhalt ab Rechtskraft der Scheidung sein kann (s Rn 1), kann während des Scheidungsverf laufender (OLG Koblenz FamRZ 2002, 965) und **rückständiger Unterhalt** nicht im Verbund geltend gemacht werden.

9 **b)** Kindesunterhalt als Folgesache kann nur **derjenige Ehegatte** bzw Elternteil geltend machen, dem die elterl Sorge zur Geltendmachung von Kindesunterhalt allein zusteht (§ 1629 I 1 BGB) oder in dessen Obhut (zum Begriff BGH FamRZ 2014, 917 und s § 232 Rn 5) sich das gemeinschaftl Kind bei gemeinsamer elterl Sorge befindet (§ 1629 II 2 BGB). Die Kindesunterhaltsansprüche sind während der Anhängigkeit der Ehesache **im eigenen Namen** geltend zu machen. Eine in gesetzl Verfahrensstandschaft erwirkte gerichtl Entscheidung wirkt ebenso wie ein zwischen den Eltern geschlossener gerichtl Vergleich auch für und gegen das Kind (§ 1629 III 2 BGB).

10 **c)** Wird der **Scheidungsausspruch rechtskräftig**, bevor über die Folgesache Kindesunterhalt entschieden worden ist, so endet gem § 1629 III BGB die Verfahrensstandschaft des Elternteils, der den Folgesachenantrag rechtshängig gemacht hat (Gießler FamRZ 1994, 800). Entspr dem Rechtsgedanken von § 265 II 1 ZPO kann aber der Elternteil, der das Verf berechtigt eingeleitet hat, dieses bis zu einer Entscheidung – längstens bis zur Volljährigkeit, s Rn 11 – fortführen (BGH FamRZ 2014, 917; BGH FamRZ 1990, 283). Bei einer Änderung der gesetzl Vertretung bzw einem Obhutswechsel wird der Antrag des bish Verfahrensstandschafters unzulässig und ist in der Hauptsache für erledigt zu erklären, anderenfalls abzuweisen.

11 **d)** Unterhaltsanträge **volljähriger Kinder** gehören nicht in den Verbund. Wird ein Kind vollj, während sein Unterhaltsanspruch als Folgesache rechtshängig ist, erlischt die Verfahrensstandschaft des antragstellenden Elternteils auch hinsichtl des Unterhalts, der in der Vergangenheit fällig geworden ist (BGH FamRZ 2013, 1378). Das Kind kann im Wege des gewillkürten Beteiligtenwechsels in das Verf eintreten, ohne dass es einer Zustimmung der Gegenseite bedarf (BGH FamRZ 2013, 1378). Es ist dann Dritter iSd § 140 I, so dass die Folgesache Kindesunterhalt zwingend vom Verbundverf abzutrennen ist (s § 140 Rn 1; Maurer FamRZ 2018, 873, 881 mwN). Tritt das Kind nicht in das Verf ein, ist dieses in der Hauptsache erledigt (PH/Helms Rn 34).

12 **e)** Die vorstehenden Grundsätze gelten entspr, wenn die **elterliche Sorge** dem verfahrensführenden Elternteil rkr **entzogen** wird, bevor über die Folgesache Unterhalt entschieden ist. Erhält das Kind einen Vormund, tritt dieser in das Verf ein.

13 **f)** Als Antrag kann ein solcher auf **Zahlung** und ebenso auf **Feststellung**, dass kein oder nur ein begrenzter Unterhalt geschuldet wird, als Folgesache geltend gemacht werden. Unterhaltstitel zugunsten von Kindern werden durch die Scheidung nicht berührt, sondern überdauern deren Rechtskraft. Wenn die Voraussetzungen der §§ 238 f erfüllt sind, kann mit einem Folgesachenantrag **Abänderung eines bestehenden Unterhaltstitels** verlangt werden (BGH FamRZ 1996, 543; OLG Brandenburg FamRZ 2022, 1223). Der für die Kinder sorgende Ehegatte kann höheren Unterhalt für den Fall der Scheidung verlangen (§ 1629 III BGB). Der Unterhaltsschuldner kann Herabsetzung des Unterhalts verlangen. Für den Herabsetzungsantrag ist der andere Ehegatte nach § 1629 III BGB passivlegitimiert. Eine Anknüpfung solcher Anträge an die Rechtskraft der Scheidung dürfte aber kaum je sachgerecht sein.

14 **3) Unterhalt des geschiedenen Ehegatten (§ 137 II 1 Nr 2). a) Allgemeines.** Vor erfolgter Ehescheidung kann der **nacheheliche Unterhaltsanspruch** nur als Folgesache einer Scheidungssache geltend gemacht werden (BGH FamRZ 1981, 242). Im Verbundverf kann ein Ehegatte vom anderen nur Unterhalt **für die Zeit ab *Rechtskraft der Scheidung*** *verlangen*. Wann die Scheidung rkr werden wird, lässt sich am Tage der letzten mündl Verh vor dem FamG noch nicht übersehen. Um des Verbundgedankens willen kommt es für die Unterhaltsberechnung auf die Einkommensverhältnisse zum Zeitpunkt der letzten mündl Verh an (BGH FamRZ

1985, 471). Bei bis zur Rechtskraft der Scheidung eintretenden wesentl Einkommensänderungen steht dem Ehegatten, zu dessen Lasten sich diese auswirken, der Abänderungsantrag (§ 238) zu. Verzögert sich der Eintritt der Rechtskraft durch ein Rechtsmittel, so kann der Ehegatte, der durch eine inzwischen eingetretene Einkommensveränderung benachteiligt ist, auch durch ein eigenes Rechtsmittel oder eine Anschließung erreichen, dass der Unterhalt den veränderten Verhältnissen angepasst wird.

b) Solange der Scheidungsausspruch noch nicht rechtskräftig ist, kann der **Tenor** in der Folgesache Unterhalt 15
lauten: „Der Ehemann wird verpflichtet, an die Ehefrau ab Rechtskraft der Scheidung monatl im Voraus x Euro Unterhalt zu zahlen." Wenn die Scheidung vor der Entscheidung über die Folgesache Unterhalt rkr wird, ist in der nachfolgenden Unterhaltsentscheidung das Datum, von dem an Unterhalt zu zahlen ist, genau zu bezeichnen. Die eingangs erwähnte Entscheidungsformel, dass der Unterhalt ab Rechtskraft der Scheidung zu zahlen ist, ist dann nicht mehr bestimmt genug.

c) Der Anspruch auf **nachehelichen Unterhalt** und derj auf Trennungsunterhalt sind nicht identisch (BGH 16
FamRZ 1981, 242). Im Verbundverf kann ein Ehegatte Unterhalt nur für den Fall der Scheidung, dh nachehel Unterhalt beantragen, nicht aber Trennungsunterhalt (BGH FamRZ 1985, 578). Der andere Ehegatte kann **Feststellung** beantragen, dass er keinen oder nur geringeren nachehel Unterhalt schuldet, wenn sich der Gegner eines Anspruchs auf nachehel Unterhalt berühmt.

4. **Ehewohnungs- und Haushaltssachen (§ 137 II 1 Nr 3).** Folgesache können gem II 1 Nr 3 auch die **anläss-** 17
lich der Scheidung vorzunehmende Zuweisung der Ehewohnung gem § 1568a BGB (OLG Stuttgart FamRZ 2019, 1928) und die Regelung der Rechtsverhältnisse an den Haushaltsgegenständen gem § 1568b BGB sein. Keine Folgesache kann aber ein etwaiger Nutzungsentschädigungsanspruch aus § 745 II BGB sein (OLG Brandenburg FamRZ 2014, 597). Nach §§ 1361a, 1361b BGB kann die Benutzung der Haushaltsgegenstände und der Ehewohnung auch für die Dauer der Trennung von Ehegatten geregelt werden. Diese Verf können keine Folgesachen sein, weil sie die Zeit vor Rechtskraft der Scheidung betreffen. Verlangt ein Ehegatte für diese Zeit eine Regelung der Benutzung der Ehewohnung oder der Haushaltsgegenstände, hat er dies in einem ein selbständigen Hauptsacheverf zu beantragen. – Zur Beteiligung Dritter s § 139.

5. **Güterrechtssachen (§ 137 II 1 Nr 4). a)** Praktisch bedeutsamste güterrechtl Folgesache ist der Anspruch auf 18
Zugewinnausgleich (§ 1378 I BGB). Keine Folgesache ist mangels Abhängigkeit von der Scheidung der Anspruch auf **vorzeitigen** Zugewinnausgleich gem § 1385 BGB (BGH FamRZ 2024, 466 Tz 12; BGH FamRZ 2021, 1521; BGH FamRZ 2019, 1535 Tz 44; OLG Düsseldorf FamRZ 2022, 1915; PH/Helms Rn 37 mwN). Wird rechtskräftig (OLG Düsseldorf FamRZ 2022, 1919 [Obermann FamRZ 2022, 1918]) die Zugewinngemeinschaft vorzeitig aufgehoben (§ 1386 BGB), während eine Güterrechtsfolgesache rechtshängig ist, entfällt deren Eigenschaft als Folgesache, da die Gütertrennung nach Maßgabe des § 1388 BGB eintritt und deshalb keine Entscheidung mehr für den Fall der Scheidung zu treffen ist, wie II es voraussetzt (BGH FamRZ 2024, 466; BGH FamRZ 2019, 1045 Tz 9). Das Güterrechtsverf muss dann in der Hauptsache für erledigt erklärt (BGH FamRZ 2024, 466 Tz 14) oder der Antrag dahin geändert werden, dass nunmehr der vorzeitige Zugewinnausgleich geltend gemacht wird (BGH FamRZ 2024, 466 Tz 14; BGH FamRZ 2019, 1045 Tz 9). Dieser ist dann abzutrennen und isoliert fortzuführen (BGH FamRZ 2024, 466 Tz 14; BGH FamRZ 2019, 1045 Tz 9), nach zutr Ansicht gem § 113 I 2 FamFG iVm § 145 ZPO (OLG Düsseldorf FamRZ 2022, 1915; sa Rn 2; PH/Helms Rn 37; aA AG Koblenz FamRZ 2016, 1394 [abl Bergschneider]: § 141 analog; Sachs u Völlings FamRB 2015, 225, 226). Eine Erledigungserklärung liegt insb dann nahe, wenn der Anspruch auf vorzeitigen Zugewinnausgleich bereits in einem anderen Verf rechtshängig ist, da dann durch eine Antragsänderung eine gem § 113 I 2 FamFG, § 261 III 1 ZPO unzulässige doppelte Rechtshängigkeit begründet werden würde (BGH FamRZ 2024, 466).

Sofern der entspr Antrag für den Fall der Scheidung gestellt wird, insb weil die Ausgleichsforderung selbst im 19
Verbund anhängig ist, können Folgesachen auch die **Verfahren gem § 1382 und § 1383 BGB** sein, dh die Fälle, in denen ein Ehegatte die Übertragung von Vermögensgegenständen unter Anrechnung auf die Zugewinnausgleichsforderung begehrt oder die Stundung seiner Zugewinnausgleichsschuld verlangt (PH/Helms Rn 39). Als Folgesache ist der FamRichter funktionell zuständig, (s § 1382 V, § 1383 III BGB), nicht der für selbständige Verf über diese Gegenstände zuständige Rpfleger (§ 3 Nr 3g, § 25 Nr 3b RPflG).

b) Aus dem Recht der **Gütergemeinschaft** kommen insb folgende Folgesachen in Betracht: der Anspruch auf 20
Mitwirkung an der Verwaltung und Auseinandersetzung des Gesamtgutes (OLG Köln FamRZ 1993, 713 = NJW-RR 1993, 904); die Befugnis, in die Gütergemeinschaft eingebrachte Sachen zu übernehmen (§ 1477 II BGB; OLG Karlsruhe FamRZ 1982, 286); Anspruch auf Zustimmung zu einer bestimmten Art der Auseinandersetzung des Gesamtguts, obwohl die Gütergemeinschaft erst mit dem Eintritt der Rechtskraft der Scheidung endet (BGH FamRZ 1984, 254); dies gilt auch dann, wenn von dem Recht auf Ersatz des Wertes des Eingebrachten gem § 1478 I BGB Gebrauch gemacht wird (BGH FamRZ 1984, 254; BGH FamRZ 1982, 991).

Der **Überschuss**, der nach Berichtigung der Gesamtgutsverbindlichkeiten an die Ehegatten zu verteilen ist 21
(§ 1476 I BGB), lässt sich nur ausnahmsw bereits vor Rechtskraft des Scheidungsausspruchs feststellen. Ist dieser Überschuss Gegenstand einer Folgesache, ist im Regelfall die Ehe nach Abtrennung der Güterrechtsfolgesache gem § 140 II 2 Nr 1 vorab zu scheiden.

22 **6) Auskunfts- und Stufenanträge. Isolierte Auskunftsansprüche** können keine Folgesache sein, weil die Entscheidung nicht „für den Fall der Scheidung" zu treffen ist (BGH FamRZ 2021, 1521; BGH FamRZ 2012, 863). Ein Auskunftsanspruch, der den für den Fall der Scheidung begehrten Zahlungsantrag vorbereiten soll, kann aber im Wege des **Stufenantrags** als Folgesache geltend gemacht werden (BGH FamRZ 2021, 1521; BGH FamRZ 2012, 863, 866; BGH FamRZ 1997, 811). Über die Auskunftsstufe und ggf die eidesstattl Versicherung ist vorab durch Teilbeschluss zu entscheiden (BGH FamRZ 1997, 811). § 137 I verlangt nur, dass über die Folgesache selbst (die letzte Stufe des Stufenantrags) gleichzeitig mit der Scheidung entschieden wird (OLG Brandenburg FamRZ 2004, 384). – Gegenstand von entspr Stufenanträgen können insb Auskunftsbegehren zu Zugewinn (§ 1379 BGB, zB OLG Braunschweig FamRZ 2012, 892) und Unterhalt (§§ 1580, 1605 BGB) sein. Dasselbe gilt für Anträge auf Auskunft über Versorgungsanrechte gem **§ 4 VersAusglG** (OLG Hamm FamRZ 2013, 806), auch für den Anspruch gegen den Versorgungsträger gem § 4 II VersAusglG (PH/Helms Rn 41). – Bei mehrere Folgesachen betr Rechtsverhältnis kann unter den Voraussetzungen von § 113 I 2 FamFG iVm § 256 II ZPO auch ein **Zwischenfeststellungsbeschluss** ergehen (BGH FamRZ 2019, 953 für Nichtigkeit eines Ehevertrages).

23 **7) Kindschaftssachen (§ 137 III).** Folgesachen können – auf Antrag (s Rn 31) – gem III nur folgende Kindschaftssachen sein: Übertragung der **elterlichen Sorge** (§ 1671 I BGB) insgesamt oder hinsichtl einzelner Elemente des Sorgerechts, zB Aufenthaltsbestimmung, Gesundheitsfürsorge; **Umgang** eines Ehegatten mit einem gemeinschaftl Kind (§ 1684 BGB) oder mit einem Stiefkind (§ 1685 II BGB); die **Herausgabe** eines gemeinschaftl Kindes von einem Ehegatten an den anderen (§ 1632 I BGB). – Auch wenn anders als in den Fällen von II nach dem eindeutigen Wortlaut nicht erforderl ist, dass eine Entscheidung **für den Fall der Scheidung** zu treffen ist, muss sich aus dem Antrag aber ergeben, dass eine Entscheidung nur für den Fall der Scheidung *begehrt* wird (OLG Dresden FamRZ 2015, 74; OLG Brandenburg FamRZ 2012, 56; aA PH/Helms Rn 61). Andernfalls handelt es sich angesichts einer Wirksamkeit der Folgesache erst mit der Scheidung (§ 148) um einen selbständigen Antrag.

24 **8) Scheidungsfolgen nach ausländischem Sachrecht.** Das Verbundprinzip des dt Familienverfahrens gilt auch für Scheidungen, die ausl materiellen Recht unterstehen und in denen Folgeregelungen zu treffen sind, die den in § 137 angeführten entsprechen (OLG Hamm FamRZ 1989, 991; PH/Helms Rn 64). Das kann auch für solche Rechtsfolgen gelten, die dem dt Recht nicht bekannt sind (PH/Helms Rn 65). **Bsp:** bejaht für immateriellen Schadensersatzanspruch eines Ehegatten nach türkischem Recht (OLG Karlsruhe NJW-RR 2003, 725). Angesichts der Qualifizierung als allgemeine Ehewirkung iSv Art 14 EGBGB (BGH FamRZ 2010, 533) keine Folgesache ist die sog Morgengabe (mahr) nach iranischem Recht (OLG Frankfurt FamRZ 2020, 665; OLG Zweibrücken FamRZ 2007, 1555).

25 **IV) Einleitung von Folgesachen. 1) Versorgungsausgleich (§ 137 II 2).** Gem II 2 wird der VersAusgl in den Fällen der §§ 6-19, § 28 VersAusglG grds **von Amts wegen** eingeleitet. Der bei kurzer Ehezeit gem § 3 III VersAusglG erforderl Antrag ist kein den Entscheidungsverbund erst herstellender Verfahrensantrag, sondern ein Sachantrag innerhalb des bereits bestehenden Verbundes; die 2-Wochen-Frist von II 1 gilt daher für ihn nicht (OLG Brandenburg NJW-RR 2011, 802; OLG Dresden NJW-RR 2011, 154, 155 = FamRZ 2010, 467 [Schwamb]). Das Verf ist auch dann vAw einzuleiten, wenn gem § 224 III nur festzustellen ist, dass ein Ausgleich nicht stattfindet; denn das ist durch das FamG festzustellen (OLG Düsseldorf FamRZ 2010, 2102 für Fall des § 3 III VersAusglG). Dasselbe gilt, wenn die Eheleute den VersAusgl durch Vereinbarung ausgeschlossen haben, da deren Wirksamkeit zu prüfen ist (OLG München FamRZ 2011, 1813). Zur Wertfestsetzung in diesen Fällen s FamFG Anh Rn 1.56. Zur Einleitung in Verf mit Auslandsberührung s Rn 7.

26 **2) Verweisung und Abgabe (§ 137 IV).** Wird eine Ehesache rechtshängig, während eine Kindschaftssache iSd III, eine Ehewohnungszuweisungs- oder Haushaltssache, eine Kindesunterhaltssache gem § 231 Nr 1 oder eine Güterrechtssache bei einem anderen FamG anhängig ist, so sind diese Sachen vAw an das Gericht der Ehesache abzugeben (§§ 153, 202, 233, 263). Für Ehegattenunterhaltssachen gilt dies nicht, weil hier der Unterhalt für die Zeit des Getrenntlebens ein anderer Streitgegenstand als derj eines geschiedenen Ehegatten ist (BGH FamRZ 1982, 741). Die verwiesenen oder abgegebenen Sachen werden gem IV mit Anhängigkeit, also dem Akteneingang (OLG Stuttgart FamRZ 2001, 166), beim Gericht der Scheidungssache von selbst zu Folgesachen, wenn der ASt entweder von vornherein oder nach Abgabe/Verweisung eine Entscheidung für den Fall der Scheidung begehrt. Erklärt er, dass er eine Entscheidung nicht nur für diesen Fall begehrt, kann er das Verf vor dem Scheidungsgericht als selbständige FamSache fortführen.

27 **3) Einreichungsfrist. a)** Folgesachen iSv II 1 müssen **2 Wochen** vor der mündl Verh in der Scheidungssache **anhängig** gemacht werden. Die Frist ist vom Terminsantrag rückwärts entspr § 113 I 2 FamFG, § 222 ZPO und § 187 I, § 188 II BGB zu berechnen (BGH FamRZ 2013, 1300). Zwischen dem Eingangstag des Folgesachenantrags und dem Terminstag müssen somit 14 Tage liegen (BGH FamRZ 2013, 1300 mwN; OLG Dresden FamRZ 2013, 1329, 1330; aA Hoppenz FPR 2011, 24: 13 Tage). – Ein Stufenantrag (s Rn 6) genügt, nicht aber ein bloßer **Antrag auf** Bewilligung von **VKH**, um die Folgesache iSv II 1 anhängig zu machen (OLG Naumburg *FamRZ 2001, 168 LS; OLG Schleswig SchlHA* 1995, 158; AG Mühlheim FamRZ 2015, 1128; vgl auch BGH FamRZ 2012, 783; aA OLG Hamm FamRZ 2012, 655; OLG Oldenburg FamRZ 2012, 656; OLG Bamberg 26.10. 2010 – 2 UF 180/10; PH/Helms Rn 50).

b) Die 2-Wochenfrist gem II 1 bezieht sich nicht auf den „1." Termin zur mündl Verh. Vielmehr genügt es zur rechtzeitigen Geltendmachung, wenn die Folgesache innerhalb der Frist vor dem **Termin**, auch einem Fortsetzungstermin, anhängig gemacht wird, **auf den die Scheidung ausgesprochen** wird (BGH FamRZ 2012, 863 Tz 33). Die Frist will nur der Verfahrensverzögerung durch eine zu späte Anhängigmachung von Folgesachen, nicht einer solchen aus anderen Gründen entgegenwirken (Roßmann ZFE 2011, 208, 210). Auch nach **Aufhebung und Zurückverweisung** durch das Beschwerdegericht können daher vor dem neu anzuberaumenden Termin des FamG innerhalb der Frist des II (weitere) Folgesachen anhängig gemacht werden (BGH FamRZ 2012, 863 Tz 31). – Die 2-Wochenfrist berechnet sich auch bei mehrfacher **Terminsverlegung** nicht von dem zunächst anberaumten, sondern (nur) von dem tatsächl durchgeführten Verhandlungstermin aus (OLG Köln FamRZ 2020, 1586; aA OLG Stuttgart FamRZ 2021, 702); denn Terminsverlegung kann gerade wegen der nicht gewahrten Frist erforderl sein. 28

c) Von Seiten des Gerichts ist eine **angemessene Ladungsfrist** von iE 2 + 1 Wochen einzuhalten: Es muss den beteiligten Ehegatten nach Zugang der Ladung mögl sein, unter Einhaltung der 2-Wochenfrist des II 1 eine Folgesache anhängig zu machen. Zur Vorbereitung dieses Antrags muss den Ehegatten entspr der Ladungsfrist (§ 217 ZPO) **zusätzlich 1 Woche** zur Verfügung stehen (BGH FamRZ 2013, 1300; BGH FamRZ 2012, 863 Tz 25). Sie ist auch entspr § 217 ZPO zu berechnen: Zwischen der Zustellung der Ladung und dem Terminstag muss eine Frist von 1 Woche liegen. Dabei wird der Tag des die Frist auslösenden Ereignisses (§ 222 ZPO, § 187 Abs. 1 BGB) ebenso wie der Terminstag selbst nicht eingerechnet (BGH FamRZ 2013, 1300). Scheitert die rechtzeitige Anhängigmachung einer Folgesache an einer **zu kurzfristigen Ladung**, ist einem hierauf gestützten Terminsverlegungsantrag idR stattzugeben (BGH FamRZ 2012, 863 Tz 25; OLG Stuttgart NJW 2011, 1522, 1523). Eine trotz zu kurzer Frist anhängig gemachte Folgesache ist aber wirksam in den Verbund einbezogen (BGH FamRZ 2012, 863 Tz 25). Die Frist gilt auch für die Anberaumung von **Fortsetzungsterminen** (BGH FamRZ 2012, 863). – Für die zusätzl Frist von 1 Woche (zur Frist gem II s Rn 28) genügt es bei **Verlegung** des ursprüngl Termins, dass sie im Hinblick auf den tatsächl durchgeführten Termin gewahrt ist (OLG Hamm FamRZ 2013, 965; PH/Helms Rn 48; aA OLG Stuttgart FamRZ 2021, 702); denn Terminsverlegung kann gerade wegen der nicht gewahrten Frist erforderl sein. 29

d) Wird die **Frist versäumt**, ist die verspätet als Folgesache geltend gemachte FamSache als **selbständige Familiensache** zu behandeln (Sternal/Weber Rn 26; ThP/Hüßtege Rn 20g mwN). Der Antrag ist nicht etwa als unzulässig abzuweisen, sondern analog § 145 I ZPO abzutrennen (PH/Helms Rn 48 b). Die Entscheidung des Gerichts, den als Folgesache anhängig gemachten Antrag als gesondertes Verf zu führen, ist nur im Rahmen eines Rechtsmittels gegen den Scheidungsbeschluss überprüfbar (OLG Zweibrücken FamRZ 2012, 471; OLG Brandenburg FamRZ 2012, 56; OLG Bremen FamRZ 2011, 753; sa Reinecke FamFR 2012, 217, 220); denn geltend zu machen ist ein Verstoß gegen den Grundsatz der einheitl Entscheidung im Verbund (s § 59 Rn 15). 30

4) Kindschaftssachen gem § 137 III. Alle Kindschaftssachen, auch die Amtsverfahren (zB gem § 1666 BGB), werden nur dadurch zu Folgesachen, dass einer der Ehegatten vor Schluss der mündl Verh in der Scheidungssache einen entspr **Antrag** stellt (OLG Dresden FamRZ 2015, 74) und Gründe des Kindeswohls (s § 140 Rn 6) einer Einbeziehung nicht entgegenstehen. Der Antrag unterliegt als Verfahrensantrag gem § 114 I dem Anwaltszwang. Die 2-Wochenfrist von II gilt für ihn nicht (OLG Brandenburg FamRZ 2012, 56). 31

V) Abgetrennte Folgesachen (§ 137 V). Folgesachen wegen **Versorgungsausgleich**, Kindes- und nachehel **Unterhalt, Ehewohnungs- und Haushaltssachen** sowie **Güterrecht** bleiben gem **V 1** auch nach einer Abtrennung weiterhin Folgesachen. Daher kann weiterhin eine Entscheidung für den Fall der Scheidung begehrt werden (PH/Helms Rn 69); der Antrag kann aber auch im Wege der Antragsänderung (§ 113 I 2 FamFG iVm § 263 ZPO) unbedingt und damit nicht mehr als Folgesache weiter verfolgt werden (OLG Düsseldorf FamRZ 2002, 1572; PH/Helms Rn 69). Aus der fortbestehenden Eigenschaft als Folgesache ergibt sich, dass der **Anwaltszwang** fortbesteht (BGH FamRZ 1998, 1505; OLG Köln FamRZ 2013, 1604) und bewilligte **VKH** fortgilt (OLG Dresden FamRZ 2002, 1237). Zur Kostenentscheidung s § 150 Rn 6 f. Bestehen bleibt auch der **Verbund** unter mehreren in II erwähnten Folgesachen. Eine isolierte Entscheidung über eine dieser Folgesachen ist unzulässig, es sei denn, sie wird ihrerseits entsprechend § 140 I, II 2 Nr 1-4 vom Restverband abgetrennt (AG Koblenz FamRZ 2016, 1396). 32

Abgetrennte **Kindschaftsfolgesachen** werden gem **V 2** stets als selbständige FamSachen weitergeführt, also ohne die Beschränkung auf den Fall der rechtskräftigen Ehescheidung. Es besteht fortan kein Anwaltszwang. VKH aus dem Verbundverf wirkt nicht fort (OLG Hamm FamRZ 2011, 662). 33

VI) Gebühren. 1) Gericht: 2,0 VerfGeb (1110 FamGKG-KV) aus dem gem § 44 FamGKG zu ermittelnden Wert mit Ermäßigung der Geb nach 1111 FamGKG-KV. Teilerledigungen sind nicht gebührenbegünstigt; anders, wenn im Verbund die Ehesache oder eine Folgesache *insges*, nicht aber der gesamte Verbund erledigt ist. Berechnung der Ermäßigung gem § 44 FamGKG (1111 Anm 1 FamGKG-KV). – Verweisung und Abgabe an das Gericht der Scheidungssache (IV) führen nicht zum erneuten Gebührenanfall (§ 6 I FamGKG). – Abtrennung: im Fall des V 1 einheitl Abrechnung; im Fall des V 2 Abrechnung, als sei diese Folgesache nie im Verbund gewesen (§ 6 II FamGKG). – **2) RA:** 3100, 3104 RVG-VV; Scheidungs- u Folgesachen sind dieselbe Angelegenheit (§ 16 Nr 4 RVG), auch nach Abtrennung gem V 1 (OLG Stuttgart FamRZ 2018, 1256). Wertaddition nach § 44 FamGKG (für die RA-Geb verbindl: § 22 I RVG). – Fortführung einer abgetrennten Folgesache als selbständige FamSache (V 2): § 21 III RVG (wie § 6 II FamGKG). – Sa § 142 Rn 7. 34

§ 138 Beiordnung eines Rechtsanwalts

(1) [1]Ist in einer Scheidungssache der Antragsgegner nicht anwaltlich vertreten, hat das Gericht ihm für die Scheidungssache und eine Kindschaftssache als Folgesache von Amts wegen zur Wahrnehmung seiner Rechte im ersten Rechtszug einen Rechtsanwalt beizuordnen, wenn diese Maßnahme nach der freien Überzeugung des Gerichts zum Schutz des Beteiligten unabweisbar erscheint; § 78c Abs. 1 und 3 der Zivilprozessordnung gilt entsprechend. [2]Vor einer Beiordnung soll der Beteiligte persönlich angehört und dabei auch darauf hingewiesen werden, dass und unter welchen Voraussetzungen Familiensachen gleichzeitig mit der Scheidungssache verhandelt und entschieden werden können.

(2) Der beigeordnete Rechtsanwalt hat die Stellung eines Beistands.

1 **I) Voraussetzungen (§ 138 I 1).** Anwendungsbereich sind allein **Scheidungsverfahren** (§ 121 Nr 1) sowie Lebenspartnerschaftssachen iSv § 269 I Nr 1 (§ 270 I). Die Beiordnung muss zum Schutz des Ag **unabweisbar** erscheinen. Dies ist der Fall, wenn der Ag aus Unkenntnis, mangelnder Übersicht über seine Lage und die Konsequenzen der Scheidung oder infolge einer Beeinflussung durch Dritte seine Rechte in unvertretbarer Weise nicht hinreichend wahrnimmt (OLG Hamm FamRZ 1998, 1123). Ob der Ag sich aus Uneinsichtigkeit oder Gleichgültigkeit so verhält, ist unerhebl. Vom Schutzbereich der Vorschrift sind nur die Scheidung und die Kindschaftssachen erfasst, so dass nur dem Ag insoweit drohende Gefahren für die Beurteilung relevant sind (PH/Helms Rn 4). Kommt das Gericht zu der Überzeugung, dass der Ag auf eine anwaltl Vertretung **bewusst verzichtet**, obwohl ihm die Umstände und die sich aus der Scheidung ergebenden Konsequenzen bekannt sind, hat eine Beiordnung gem § 138 zu unterbleiben (OLG Frankfurt juris; H. Schneider FamRB 2010, 384 mwN). Gleiches gilt, wenn das Scheidungsbegehren nicht schlüssig ist und der Ag aus diesem Grund nicht des Schutzes bedarf (OLG Hamm FamRZ 1982, 86). Für die Beiordnung gem § 138 spielen die wirtschaftl Verhältnisse des Ag grds keine Rolle (ThP/Hüßtege Rn 4).

2 **II) Verfahren (§ 138 I 2). 1) Hinweis und Anhörung.** Mit der Zustellung der Scheidungsantragsschrift ist der Ag **aufzufordern**, einen RA zu bestellen, wenn er beabsichtigt, sich gegen den Scheidungsantrag zu verteidigen (§ 113 I FamFG iVm § 271 II ZPO). Bestellt er keinen RA, ist er durch das FamG (Richter, OLG Hamm FamRZ 1986, 1122) zur Prüfung der Voraussetzungen einer Beiordnung (s Rn 1) **persönlich zu hören** (nicht schriftl; OLG Hamm FamRZ 1986, 1122; OLG Oldenburg FamRZ 1980, 179) und auf die Möglichkeit hinzuweisen, dass Folgesachen anhängig gemacht werden können (I 2). Die Anhörung kann in einem gesonderten Termin oder in der mündl Verh durchgeführt werden. Bleibt der Ag aus, kann gem § 128 IV verfahren werden.

3 **2) Beiordnung. a) Entscheidung.** Ergibt die Anhörung, dass die Voraussetzungen von I 1 (s Rn 1) vorliegen und erklärt der Ag sich trotz Hinweises nicht bereit, einen RA zu bestellen, ordnet das FamG ihm zu seinem Schutz einen RA bei, den er aus dem Kreis der im Bezirk des FamG niedergelassenen Anwälte **auswählt** (I iVm § 78c I ZPO). Die Beiordnungsverfügung (§ 78c III 1 ZPO) bzw der auch mögl Beschluss sind zu **begründen** (OLG Hamm FamRZ 1986, 1122; H. Schneider FamRB 2010, 384, 385). Der ausgewählte Anwalt muss die Beistandschaft übernehmen (§ 48 I Nr 3 BRAO). Die Beiordnung erfolgt nur hinsichtl des Scheidungsantrages und der Kindschaftssachen (I 1; Verf der einstw Anordnung werden nicht erfasst (PH/Helms Rn 11 mwN), da sie selbständig (§ 51 III 1) und keine Folgesache sind. Hinsichtl der vermögensrechtl Folgesachen sieht das Gesetz keine Beiordnung vor.

4 **b) Rechtsbehelfe.** Der **beigeordnete Rechtsanwalt** kann gegen seine Beiordnung sof Beschwerde (§§ 567 ff ZPO) einlegen (I iVm § 78c III ZPO) und diese etwa damit begründen, dass ein wichtiger Grund iSd § 48 II BRAO vorliege, nicht ihn, sondern einen anderen RA beizuordnen. Sa § 78c ZPO Rn 9. – Auch der **Antragsgegner** kann mit der sof Beschwerde (§§ 567 ff ZPO) die Beiordnung anfechten (I 1 Hs 2 iVm § 78c III 1 ZPO; OLG Hamm FamRZ 1986, 1122). Die Beschwer ergibt sich für ihn daraus, dass gem § 39 S 1 RVG die Beiordnung unmittelbar Vergütungsansprüche des beigeordneten RA (s hierzu H. Schneider FamRB 2010, 384, 387) auslöst (PH/Helms Rn 10). Er kann mit der sof Beschwerde auch verlangen, dass ihm ein anderer RA beigeordnet wird, wenn ein wichtiger Grund dafür besteht. – Der **Antragsteller** kann mangels Beschwer keine Beschwerde dagegen einlegen, dass dem Ag ein RA beigeordnet wird (OLG Hamm FamRZ 1982, 86).

5 Die **Ablehnung der Beiordnung** ist nicht anfechtbar, da hierdurch kein Verfahrensbeteiligter beschwert ist. Der Ag kann entweder selbst einen RA beauftragen oder ggf VKH beantragen, wenn er nunmehr selbst die Beiordnung eines RA begehrt.

6 **III) Stellung des beigeordneten RA (§ 138 II).** Der RA wird für die 1. Instanz beigeordnet. Solange der Ag ihm keine Verfahrensvollmacht erteilt, ist er nur Beistand (II, § 113 I FamFG iVm § 90 ZPO). Er hat den Ag zu beraten, namentl auch darüber, dass ihm – solange keine vermögensrechtl Folgesachen anhängig sind – keine zusätzl Anwaltskosten entstehen, wenn er ihm Verfahrensvollmacht erteilt (s Rn 7). Was der Beistand schriftl oder mündl vorträgt, gilt als von dem Ag vorgebracht, soweit dieser es nicht sofort widerruft oder berichtigt (§ 90 II ZPO; BGH FamRZ 1995, 416). Der beigeordnete RA kann aber keine Verfahrenshandlungen im Namen des Ag vornehmen (BGH FamRZ 1995, 416). Zustellungen erfolgen an den Ag selbst, solange er dem Beistand keine Verfahrensvollmacht erteilt (BGH FamRZ 1995, 416). Es empfiehlt sich aber, dem Beistand Abschriften der zuzustellenden Schriftsätze zuzusenden, damit er den Ag sachgerecht beraten kann.

IV) **Gebühren. 1) Gericht:** keine Geb für die Beiordnung. – Beschwerdeverf (§ 78c III ZPO): 1912 FamGKG-KV. – Rechtsbeschwerde: 1923 FamGKG-KV, alles Festgeb. – **2) RA:** Als Beistand (II) in Scheidungssachen (auch iVm § 270) kann der RA die Geb wie ein VerfBev verlangen (§ 39 RVG). Umfang der Beiordnung: § 48 III RVG. Bei Verzug des Mandanten steht ihm eine Vergütung aus der Landeskasse zu (§ 45 II RVG). Vorschuss: § 47 I 2 RVG. Anspruchsübergang: § 59 I 1 RVG. – Beschwerdeverf: 3500 RVG-VV. Rechtsbeschwerde: 3502 RVG-VV. 7

§ 139 Einbeziehung weiterer Beteiligter und dritter Personen

(1) [1]Sind außer den Ehegatten weitere Beteiligte vorhanden, werden vorbereitende Schriftsätze, Ausfertigungen oder Abschriften diesen nur insoweit mitgeteilt oder zugestellt, als der Inhalt des Schriftstücks sie betrifft. [2]Dasselbe gilt für die Zustellung von Entscheidungen an dritte Personen, die zur Einlegung von Rechtsmitteln berechtigt sind.

(2) Die weiteren Beteiligten können von der Teilnahme an der mündlichen Verhandlung insoweit ausgeschlossen werden, als die Familiensache, an der sie beteiligt sind, nicht Gegenstand der Verhandlung ist.

I) **Zweck.** Die Vorschrift soll die Eheleute davor schützen, dass Dritte mehr als nötig über das Scheidungsverfahren erfahren (BGH FamRZ 1998, 1024). 1

II) **Weitere Beteiligte und dritte Personen.** Beteiligt sind in **Kindschaftssachen:** das gemeinsame Kind, weil dessen Recht durch das Verf unmittelbar betroffen wird (§ 7 II); der Verfahrensbeistand (§ 158 III 2); das Jugendamt auf seinen Antrag (§ 162 II). In **Ehewohnungssachen** sind die in § 204 I Genannten Beteiligte, insb der Vermieter, sowie das Jugendamt auf seinen Antrag (§ 204 II). In **Versorgungsausgleichssachen** sind die in § 219 Genannten Beteiligte, insb die Versorgungsträger. – **Dritte Person** iSv I 2 ist, wer beschwerdeberechtigt ist, ohne Beteiligter zu sein. Dies ist das Jugendamt gem § 162 III 2 in Kindschaftssachen und gem § 205 II in Ehewohnungssachen. 2

III) **Beschränkte Mitteilung bzw Zustellung. 1) Schriftsätze.** Sie sind einem beteiligten Dritten nur mitzuteilen, soweit sie die Folgesache betreffen, an der er beteiligt ist (**I 1**). Daher empfiehlt es sich, für die Folgesachen, an denen Dritte beteiligt sind, bes Schriftsätze anzufertigen. Ist dies nicht geschehen, muss die GeschSt nach dem eindeutigen Wortlaut diej Teile – soweit wie mögl – unkenntl machen, die sich nicht auf diese Folgesache beziehen, bevor sie den Schriftsatz herausgibt (aA MK-FamFG/Heiter Rn 8; wie hier PH/Helms Rn 4). 3

2) Entscheidungen. Beschlüsse, nicht nur Endentscheidungen, sind allen Beschwerdeberechtigten (Beteiligten und Dritten iSv I 2) zuzustellen. Der **Verbundbeschluss** ist mit dem sowieso öffentl zu verkündenden Tenor (PH/Helms Rn 4a) sowie nur mit den Gründen zuzustellen, die die Folgesache betrifft, an der der Zustellempfänger beteiligt ist (**I 2**). Die **Gründe** des Verbundbeschlusses sind deshalb so zu schreiben, dass diej Teile, die nur auszugsweise zuzustellen sind, auch ohne Kenntnis des restl Beschlusses als solche verständl sind. – Bei einer Vorabentscheidung über die Scheidung (§ 140 II) ist der Scheidungsbeschluss nicht an solche Dritte zuzustellen, die nur an der abgetrennten Folgesache beteiligt sind. Diese sind gegen eine ggf verfahrenswidrige Vorabentscheidung nicht beschwerdeberechtigt (s § 59 Rn 15). 4

3) Rechtsmittelverfahren. Beschwerde und -begründung sind an alle erstinstanzl Beteiligten zuzustellen, um ihnen die Anschließung gem § 145 zu ermöglichen (PH/Helms Rn 4a; MK-FamFG/Heiter Rn 10). IÜ sind Schriftstücke und Entscheidungen nur denj Personen zu übermitteln, die Beteiligte des in der Beschwerdeinstanz anhängigen Verf sind. Wird ein Verbundbeschluss nur hinsichtl des Scheidungsausspruchs oder einzelner Folgesachen angefochten, ist die Entscheidung des Rechtsmittelgerichts nicht an solche Dritte zuzustellen, die nur an den unangefochtenen Folgesachen beteiligt waren. 5

IV) **Ausschluss von der mündlichen Verhandlung.** Es steht im Ermessen des Gerichts, Dritte von der Teilnahme an der mündl Verh auszuschließen, soweit die Folgesache, an der sie beteiligt sind, nicht Gegenstand der Verh ist. Vor einer Entscheidung, die entspr §§ 174, 177 GVG durch Beschluss ergeht (MK-FamFG/Heiter Rn 21), sollte das Gericht die Ehegatten anhören, da die Regelung ihrem Schutz dient (s Rn 1). 6

§ 140 Abtrennung

(1) Wird in einer Unterhaltsfolgesache oder Güterrechtsfolgesache außer den Ehegatten eine weitere Person Beteiligter des Verfahrens, ist die Folgesache abzutrennen.

(2) [1]Das Gericht kann eine Folgesache vom Verbund abtrennen. [2]Dies ist nur zulässig, wenn

1. in einer Versorgungsausgleichsfolgesache oder Güterrechtsfolgesache vor der Auflösung der Ehe eine Entscheidung nicht möglich ist,

2. in einer Versorgungsausgleichsfolgesache das Verfahren ausgesetzt ist, weil ein Rechtsstreit über den Bestand oder die Höhe eines Anrechts vor einem anderen Gericht anhängig ist,

3. in einer Kindschaftsfolgesache das Gericht dies aus Gründen des Kindeswohls für sachgerecht hält oder das Verfahren ausgesetzt ist,

4. seit der Rechtshängigkeit des Scheidungsantrags ein Zeitraum von drei Monaten verstrichen ist, beide Ehegatten die erforderlichen Mitwirkungshandlungen in der Versorgungsausgleichsfolgesache vorgenommen haben und beide übereinstimmend deren Abtrennung beantragen oder

5. wenn sich der Scheidungsausspruch so außergewöhnlich verzögern würde, dass ein weiterer Aufschub unter Berücksichtigung der Bedeutung der Folgesache eine unzumutbare Härte darstellen würde, und ein Ehegatte die Abtrennung beantragt.

(3) Im Fall des Absatzes 2 Nr. 3 kann das Gericht auf Antrag eines Ehegatten auch eine Unterhaltsfolgesache abtrennen, wenn dies wegen des Zusammenhangs mit der Kindschaftsfolgesache geboten erscheint.

(4) [1]In den Fällen des Absatzes 2 Nr. 4 und 5 bleibt der vor Ablauf des ersten Jahres seit Eintritt des Getrenntlebens liegende Zeitraum außer Betracht. [2]Dies gilt nicht, sofern die Voraussetzungen des § 1565 Abs. 2 des Bürgerlichen Gesetzbuchs vorliegen.

(5) Der Antrag auf Abtrennung kann zur Niederschrift der Geschäftsstelle oder in der mündlichen Verhandlung zur Niederschrift des Gerichts gestellt werden.

(6) Die Entscheidung erfolgt durch gesonderten Beschluss; sie ist nicht selbständig anfechtbar.

1 **I) Abtrennung bei Drittbeteiligung (§ 140 I).** Ohne Ermessen ist eine **unterhalts- und güterrechtliche Folgesache** aus dem Verbund abzutrennen, wenn ein Dritter als Hauptpartei oder NI (s dazu OLG Braunschweig FamRZ 2005, 725) Verfahrensbeteiligter wird. Dies ist insb der Fall, wenn ein Ehegatte im Verbund gem § 1629 III BGB Kindesunterhalt geltend macht und das Kind vollj wird. Dann erlischt die Verfahrensstandschaft des ASt und das Kind tritt an seiner Statt in das Verf ein (s § 137 Rn 11). Da das Kind Dritter iSv I ist, ist die Folgesache Kindesunterhalt abzutrennen. Zur fortbestehenden Eigenschaft als Folgesache s § 137 Rn 32. – In anderen Folgesachen steht eine Drittbeteiligung dem Verbund iSv § 137 nicht notwendig entgegen.

2 **II) Ermessensabtrennungen (§ 140 II). 1) Fehlende Entscheidungsreife (§ 140 II Nr 1).** Anwendungsbereich sind nur VersAusgl- oder Güterrechtsfolgesachen. Ob eine Entscheidung vor Auflösung der Ehe nicht mögl ist, ist eine **Frage des Einzelfalls** (BGH FamRZ 1984, 254). Dies kommt in Betracht, wenn über die Folgesache erst entschieden werden kann, wenn der Tag feststeht, an dem der Scheidungsausspruch rkr wird (OLG Düsseldorf FamRZ 2002, 1572). Das kann zB die Auseinandersetzung einer **Gütergemeinschaft** betreffen (BGH FamRZ 1984, 254; PH/Helms Rn 12).

3 Eine Folgesache **Versorgungsausgleich** kann abgetrennt werden, wenn ein Anrecht erst nach Rechtskraft der Scheidung bewertet werden kann (PH/Helms Rn 13). Steht einer Durchführung des VersAusgl entgegen, dass entscheidungserhebl **Vorschriften nicht anwendbar** sind (zB Problem der sog Startgutschriften der VBL, BGH FamRZ 2016, 903), ist die Folgesache grds auszusetzen (BGH FamRZ 2013, 1888; OLG Düsseldorf FamRZ 2011, 719). In einem solche Fall ist eine zumindest analoge Anwendung von II Nr 1 gerechtfertigt (OLG Düsseldorf FamRZ 2011, 719; aA PH/Helms Rn 15: Nr 2 analog).

4 Nicht unter § 140 fallen Ausgleichsansprüche nach der Scheidung (früher: schuldrechtl VersAusgl), wenn die Ehegatten sich – wie häufig – noch (lange) nicht im Rentenalter befinden. Hier kann der Ausgleichspflichtige erst mit Eintritt des Versorgungsfalls zur Zahlung der Ausgleichsrente verpflichtet werden (§ 20 II VersAusglG). In diesem Fall kann die Durchführung des VersAusgl bereits nicht Folgesache sein (s § 137 Rn 6).

5 **2) Vorgreiflicher Rechtsstreit (§ 140 II Nr 2).** Die Regelung nimmt Bezug auf die Aussetzung der Folgesache VersAusgl gem § 221 II. Voraussetzung ist die Anhängigkeit vor dem anderen Gericht. Für die Erhebung der Klage kann gem § 221 III eine Frist gesetzt werden. Gesetzgeberischer Grund für die Vorschrift ist, dass ein Abwarten des Rechtsstreits den Ehegatten grds nicht zumutbar ist; Ausnahmekonstellationen kann über die zu treffende Ermessensentscheidung (s Rn 11) Rechnung getragen werden (PH/Helms Rn 14). – Teilw wird eine analoge Anwendung von Nr 2 bei einer Aussetzung des Verf wegen nicht anwendbarer Vorschriften befürwortet (s Rn 3).

6 **3) Kindschaftssache (§ 140 II Nr 3, § 140 III).** Ist eine Kindschaftssache auf Antrag gem § 137 III in den Verbund einbezogen, kann das FamG sie – vAw – wieder abtrennen, wenn das Verf (zB wegen einer Mediation oÄ) ausgesetzt oder eine Abtrennung aus Gründen des Kindeswohls geboten ist. In diesem Fall kann die Abtrennung der Beschleunigung der Kindschaftssache insb bei nicht absehbarer Dauer des Scheidungsverf dienen (vgl OLG Brandenburg FamRZ 2018, 128). Zweck kann aber auch eine Herauslösung aus dem Konfliktfeld des Scheidungsverf sein (vgl OLG Celle NJW-RR 2012, 133). Die entspr Ermessensentscheidung unterliegt nach OLG Celle (OLG Celle NJW-RR 2012, 133) im Beschwerdeverf nur eingeschränkter Überprüfung. – Wird die Kindschaftssache *abgetrennt*, kann das Gericht gem III auf Antrag eines Ehegatten auch eine **Unterhaltsfolgesache** abtrennen, wenn dies wegen des Zusammenhangs mit der Kindschaftsfolgesache geboten erscheint. Dieser Antrag kann auch gestellt werden, nachdem die Kindschaftssache bereits abgetrennt worden ist, jedoch nicht mehr

dann, wenn über sie bereits entschieden ist (OLG Düsseldorf FamRZ 2000, 842). Der erforderl Zusammenhang besteht für den Kindesunterhalt, wenn die Frage des Barunterhalts eines Ehegatten von der Übertragung der elterl Sorge abhängt (§ 1606 III 2 BGB), und für den Ehegattenunterhalt, wenn Betreuungsunterhalt (§ 1569 BGB) gefordert wird (BGH FamRZ 2008, 2268). Eine Abtrennung ist grds nur dann *geboten*, wenn anderenfalls über den Unterhalt vor der Kindschaftssache zu entscheiden wäre, nicht umgekehrt, da nichts dagegen spricht, über den Unterhalt erst mit der Scheidung nach einer Klärung zB des Sorgerechts zu entscheiden (PH/Helms Rn 32).

4) **Versorgungsausgleich (§ 140 II Nr 4).** Eine Abtrennung der Folgesache VersAusgl gem II 2 Nr 4 setzt zu- 7
nächst die Vornahme aller Mitwirkungshandlungen iSv § 220 durch die Ehegatten voraus. Außerdem müssen beide Ehegatten übereinstimmend die Abtrennung der Folgesache VersAusgl beantragt haben und seit Rechtshängigkeit des Scheidungsantrags **3 Monate** verstrichen sein. Ist der Scheidungsantrag **vor Ablauf des Trennungsjahrs** eingereicht worden, müssen seit dessen Ablauf idR die 3 Monate verstrichen sein (**IV 1**). Dies gilt aber nicht, wenn die Fortsetzung der Ehe für den ASt aus Gründen, die in der Person des anderen Ehegatten liegen, eine unzumutbare Härte (§ 1565 II BGB) darstellen würde (**IV 2**). – Dass etwa die Mitwirkungshandlungen erst kurz vor Ablauf der 3 Monate vorgenommen worden sind, steht einer Abtrennung gem II 2 Nr 4 nicht entgegen.

5) **Außergewöhnliche Verzögerung (§ 140 II Nr 5).** II 2 Nr 5 gilt für alle Folgesachen. Die Bestimmung setzt 8
neben dem Antrag eines Ehegatten (s Rn 10) die Feststellung voraus, dass die gleichzeitige Entscheidung der Folgesache, um deren Abtrennung es geht, den Scheidungsausspruch außergewöhnl verzögern würde. Dies ist grds (Ausnahme zB bei Auslandsberührung, OLG Hamm FamRZ 1997, 1228) bei einer Dauer von **mehr als 2 Jahren** ab Rechtshängigkeit der Fall (BGH FamRZ 1991, 687 = NJW 1991, 1616; OLG München NJW-RR 2023, 439; OLG Saarbrücken FamRZ 2022, 443; OLG Köln FamRZ 2020, 693). Diese Frist beginnt nach Maßgabe des **IV 1** nach Ablauf des Trennungsjahres, sofern kein Härtefall iSv § 1565 II BGB vorliegt (**IV 2**). Unerhebl ist, ob die Verfahrensdauer auf das Verhalten der Parteien oder des Gerichts zurückzuführen ist (BGH FamRZ 1986, 898), so dass auch dessen Überlastung (OLG Brandenburg FamRZ 2020, 1586) oder die erforderl Einholung von SV-Gutachten relevant sind. Anzustellen ist eine **Prognose** („verzögern würde") über die zu erwartende Dauer des Verf (BGH FamRZ 1986, 898; OLG Köln FamRZ 2020, 693; OLG Brandenburg FamRZ 2020, 1586), nach BGH auch unter Berücksichtigung eines mögl Rechtsmittels gegen den Scheidungsausspruch (BGH FamRZ 1986, 898). Für Abtrennung in der Beschwerdeinstanz ist die gesamte Verfahrensdauer maßgebend (BGH FamRZ 1991, 1043).

Mit einem evtl weiteren Aufschub des Scheidungsausspruchs muss für den Abtrennungswilligen neben der au- 9
ßergewöhnl Verzögerung eine **unzumutbare Härte** einhergehen. Das bedeutet, dass sein Interesse an einer früheren Scheidung deutlich schwerer wiegt als das Interesse des Antragsgegners an einer gleichzeitigen Regelung der abzutrennenden Folgesachen (OLG Stuttgart FF 2017, 78; OLG Hamm FamRZ 2013, 2002; OLG Köln FamRZ 2010, 659). Die außergewöhnl lange Verfahrensdauer für sich genommen begründet – von extremen Ausnahmefällen abgesehen (nach OLG Brandenburg FamRZ 2014, 232 bei 5 Jahren; Nachweise aus der stark differierenden Rspr bei PH/Helms Rn 24) – nicht schon eine unzumutbare Härte, da es sich dabei gem Nr 5 um ein eigenständiges Kriterium handelt (OLG München NJW-RR 2023, 439; OLG Stuttgart FF 2017, 78; OLG Karlsruhe NJW 2016, 652; aA PH/Helms Rn 24), sie kann aber mit zunehmender Dauer die grds hohen Anforderungen reduzieren (OLG München NJW-RR 2023, 439; OLG Brandenburg FamRZ 2020, 1854; OLG Karlsruhe NJW 2016, 652). Vorzunehmen ist eine **Gesamtabwägung** (BGH FamRZ 1986, 898; OLG Brandenburg FamRZ 2020, 1575), in die **für eine Abtrennung** einfließen können: Deutlich höherer Trennungs- als nachehel Unterhalt bei Verzögerung des Verf durch Berechtigten (BGH FamRZ 1991, 1043; OLG Brandenburg FamRZ 2014, 232), nicht aber ohne solche (OLG Saarbrücken FamRZ 2022, 443); Absicht der Wiederheirat wegen bevorstehender Geburt eines Kindes, das ehel zur Welt kommen soll (BGH FamRZ 1986, 898 = NJW 1987, 1772; aA OLG München NJW-RR 2023, 439 selbst für Geburt in Marokko) oder Legitimierung eines in die neue Partnerschaft geborenen Kindes (OLG Hamm NJW 2014, 1746), nicht aber allein der Wunsch, wieder zu heiraten (OLG Brandenburg FamRZ 2020, 1575; OLG Saarbrücken FamRZ 2011, 1890; OLG Karlsruhe FamRZ 2005, 1195; großzügiger OLG Hamm FamRZ 2013, 2002); beabsichtigte baldige Heirat wegen hohem Alter oder schlechtem Gesundheitszustand (OLG Brandenburg FamRZ 2014, 232; OLG Saarbrücken FamRZ 2011, 1890; OLG Hamm NJW-RR 2007, 586); Härtegründe iSv § 1565 II BGB (OLG Brandenburg FamRZ 2020, 1586: gefährl Körperverletzung; OLG Stuttgart FF 2017, 78); von der Gegenseite zu vertretende Verzögerung des Verf (OLG Brandenburg FamRZ 2020, 1575; OLG Hamm FamRZ 2013, 2002: „obstruktive Verfahrensverzögerung"). Ferner zu berücksichtigen ist die *Bedeutung* der aus dem Verbund ausscheidenden Folgesache (OLG München NJW-RR 2023, 439; OLG Köln FamRZ 2010, 659): Dem Güterrecht kommt idR weniger Gewicht zu als Ansprüchen auf Unterhalt (BGH FamRZ 1991, 1043). Eine Zustimmung zur Abtrennung kann zum Ausdruck bringen, dass die Gegenseite der Entscheidung im Verbund keine große Bedeutung beimisst (BGH FamRZ 1991, 1043), macht allein die Feststellung der unzumutbaren Härte aber nicht entbehrl (BGH FamRZ 1991, 687). – Andererseits sprechen **gegen eine Abtrennung:** eine wirtschaftl schwache Stellung bei anhängiger Folgesache Unterhalt und ggf auch Güterrecht (OLG Stuttgart FF 2017, 78; OLG Karlsruhe NJW 2016, 652: auch des die Abtrennung Begehrenden; OLG Saarbrücken FamRZ 2011, 1890); Verstoß gegen die verfahrensrechtl Förderungspflicht (OLG München NJW-RR 2023, 439).

10 **6) Antragstellung (§ 140 V).** Der **Antrag auf Abtrennung** kann zur Niederschrift der GeschSt oder in der mündl Verh zur Niederschrift des Gerichts gestellt werden. Es besteht **kein Anwaltszwang** (§ 114 IV Nr 4).

11 **III) Entscheidung (§ 140 VI).** Die – positive und negative – Entscheidung über eine Abtrennung ergeht in einem **gesonderten Beschluss**. Da die Abtrennung gem II im **Ermessen** („kann") des FamG steht (zB OLG Celle NJW-RR 2012, 133 für Nr 3), sind die maßgebenden Erwägungen anzuführen. In aller Regel wird aber bei Vorliegen der entspr Voraussetzungen die Folgesache abzutrennen sein (PH/Helms Rn 11). Bewertungsspielraum besteht eher bei Anwendung der unbestimmten Rechtsbegriffe. Der Beschluss ist nicht selbständig anfechtbar. Zur **Anfechtung** der Vorabentscheidung über die Scheidung s § 59 Rn 15. Wegen der **Rechtsfolgen** der Abtrennung s § 137 Rn 32, 33.

12 **IV) Gebühren.** Der Antrag auf Abtrennung (V) u die Entscheidung (VI) lösen keine Geb aus. IÜ s § 137 Rn 34; § 142 Rn 7.

§ 141 Rücknahme des Scheidungsantrags

[1]Wird ein Scheidungsantrag zurückgenommen, erstrecken sich die Wirkungen der Rücknahme auch auf die Folgesachen. [2]Dies gilt nicht für Folgesachen, die die Übertragung der elterlichen Sorge oder eines Teils der elterlichen Sorge wegen Gefährdung des Kindeswohls auf einen Elternteil, einen Vormund oder Pfleger betreffen, sowie für Folgesachen, hinsichtlich derer ein Beteiligter vor Wirksamwerden der Rücknahme ausdrücklich erklärt hat, sie fortführen zu wollen. [3]Diese werden als selbständige Familiensachen fortgeführt.

1 **I) Rücknahme. 1) Erklärung des Antragstellers.** Ein **Scheidungsantrag** kann in der mündl Verh oder durch Einreichung eines Schriftsatzes zurückgenommen werden (§ 113 I FamFG iVm § 269 II 2 ZPO), jedoch nur durch den RA (§ 114 I). Eine Rücknahme ist bis zur Rechtskraft des Scheidungsbeschlusses zulässig (BGH FamRZ 2004, 1364). Auch eine „isolierte" Rücknahme der (antragsabhängigen) **Folgesachen** ist nach allgemeinen Regeln mögl (§ 113 I 2 FamFG iVm § 269 ZPO bzw § 22 FamFG; PH/Helms Rn 3).

2 **2) Einwilligung.** Die Rücknahme ist nur mit Einwilligung des Ag wirksam, wenn dieser zur Hauptsache verhandelt hat (§ 113 I FamFG iVm § 269 I ZPO). Ein **Verhandeln zur Hauptsache** liegt vor, wenn der RA des Ag (§ 114 I) dessen Standpunkt zum Scheidungsbegehren zu erkennen gegeben hat. Ein Sachantrag ist nicht erforderl (BGH FamRZ 2004, 1364). Bsp: Zustimmung zur Scheidung (OLG München NJW-RR 1994, 201); Erklärung, der Ag trete dem Scheidungsantrag nicht entgegen (BGH FamRZ 2004, 1365). Nicht ausreichend ist eine Stellungnahme nur zur Zulässigkeit des Antrags (BGH FamRZ 1987, 800). Erforderl ist ein Verh durch einen RA; allein die persönl Anhörung gem § 128 I 1 genügt nicht (BGH FamRZ 2004, 1364; OLG Oldenburg MDR 2014, 478; OLG Köln NJW-RR 2011, 509). – Die **Einwilligung** ist ggü dem Gericht zu erklären (§ 113 I FamFG iVm § 269 II 1 ZPO); es besteht kein Anwaltszwang (§ 114 IV Nr 3). Sie gilt gem § 113 I FamFG iVm § 269 II 4 ZPO als erteilt, wenn der Ag nicht binnen einer Notfrist von 2 Wochen nach Zustellung der Antragsrücknahme dieser widerspricht, sofern er zuvor auf diese Folge hingewiesen worden ist (OLG Naumburg FamRZ 2003, 545). Diese Fiktion greift aber nicht, wenn der Ag bereits zuvor der Rücknahme widersprochen hat (BGH FamRZ 2004, 1365). Die Einwilligung in die Antragsrücknahme kann nicht widerrufen werden; Gleiches gilt bei deren Verweigerung (OLG Celle FamRZ 2012, 1071).

3 **II) Wirkungen der Rücknahme.** Wird der Scheidungsantrag zurückgenommen, ist das Scheidungsverf als nicht anhängig geworden anzusehen, eine bereits ergangene Entscheidung wird ohne Weiteres **wirkungslos**, § 113 I FamFG iVm § 269 III 1 ZPO. Auf Antrag eines (jeden) Ehegatten ist die Wirkungslosigkeit entspr § 269 IV ZPO auszusprechen (OLG Köln NJW-RR 2011, 509). Dies gilt gem **S 1** auch für die **Folgesachen** – insb eine Entscheidung zum VersAusgl –, auch für die vom Ag anhängig gemachten. Wirkungslos werden auch Entscheidungen über abgetrennte Folgesachen iSv § 137 V 1. Dies gilt sogar, wenn solche Beschlüsse bereits rkr, aber mangels Rechtskraft des Scheidungsausspruchs noch nicht wirksam sind (§ 148). **Ausnahmen: a)** Ein Ehegatte erklärt gem **S 2 Alt 2**, dass die Folgesache fortgeführt werden soll (s Rn 5 f). **b)** Folgesachen, die die Übertragung der elterl Sorge wegen **Gefährdung des Kindeswohls** auf einen Elternteil, einen Vormund oder Pfleger betreffen. Diese werden als selbständige FamSache fortgeführt (**S 2, 3**). Denn es kann nicht ohne Weiteres davon ausgegangen werden, dass ein solches Regelungsbedürfnis mit Rücknahme des Scheidungsantrags entfällt.

4 **Kostenentscheidung:** Die Kostenentscheidung ergeht nicht entspr § 269 III ZPO, sondern gem § 150 II 1: Grundsätzl Kostenlast des ASt einschl der durch die Folgesachen entstandenen; unabhängig davon, welcher Ehegatte die Folgesache anhängig gemacht hat. Abweichende Entscheidung aus Billigkeitsgründen ist gem § 150 IV zulässig. Nehmen beide Ehegatten ihre Scheidungsanträge zurück, sind gem § 150 II 2 die Kosten *gegeneinander aufzuheben*. – *Bei einer* Rücknahme vor Zustellung des Scheidungsantrags ist kein Verfahrensrechtsverhältnis zwischen den Beteiligten entstanden, so dass eine Kostenentscheidung nicht ergehen kann (OLG Celle FamRZ 2020, 1764).

III) Fortführung von Folgesachen. 1) Voraussetzungen. Sofern dies von einem Ehegatten vor Wirksamwerden der Rücknahme, die mit einer erforderl Zustimmung (s Rn 2) eintritt, erklärt wird (**S 2**), wird eine Folgesache trotz Rücknahme des Scheidungsantrags fortgeführt. Das Begehren muss nicht von dem ASt der Folgesache ausgehen (OLG Stuttgart FamRZ 2006, 714). Fortgeführt wird sie gem **S 3** als selbständige FamSache. Einer Entscheidung des Gerichts bedarf es insoweit nicht (BTDrs 16/6308, 232), es kann eine Fortführung auch nicht ablehnen (OLG Hamm FamRZ 2005, 1496; PH/Helms Rn 7). Erforderl ist eine Umstellung des Antrags dahingehend, dass nunmehr keine Entscheidung für den Fall der Scheidung mehr begehrt wird (PH/Helms Rn 7). Die Zuständigkeit für die fortzuführende Sache bleibt gem § 113 I FamFG iVm § 261 III 2 ZPO erhalten (OLG Hamm FamRZ 2005, 1496). Beweisergebnisse können verwertet werden. Über die Kosten ist gem § 150 V 2 nach allgemeinen Regeln zu entscheiden, so als ob nie ein Verbundverfahren bestanden hätte (PH/Helms Rn 9). – Die Regelung ist auf die Fortführung durch die Erben nach Tod eines Ehegatten entspr anzuwenden (s § 131 Rn 9). 5

2) Fortführungsgeeignete Folgesachen. Daraus, dass eine Entscheidung nicht mehr für den Fall der Scheidung begehrt werden kann, ergibt sich: **Kindschaftsfolgesachen** können fortgeführt werden, wenn die Ehegatten nach Rücknahme des Scheidungsantrages weiter getrennt leben (§ 1671, § 1684 I, § 1632 I BGB). Die Folgesache **Kindesunterhalt** kann der Ehegatte, in dessen Obhut sich das Kind befindet, fortführen, wenn die Eltern weiterhin getrennt leben. § 1629 III BGB erhält ihm seine Verfahrensführungsbefugnis. – **Ehegattenunterhaltssachen** können fortgeführt werden, indem nunmehr Trennungsunterhalt (§§ 1360 ff BGB) gefordert wird. – Eine **Versorgungsausgleichssache** kann grds nicht fortgeführt werden, da der VersAusgl wegen der Ehescheidung durchzuführen ist. Wird jedoch der Scheidungsantrag zurückgenommen, weil die Ehe bereits zuvor im Ausland geschieden worden ist und das ausl Urteil auch im Inland anerkannt wird, kann auch eine VersAusgl-Sache fortgeführt werden (OLG Hamm NJW-RR 2005, 1023). – Eine **Haushaltssache** kann im Fall des Getrenntlebens fortgeführt werden (§ 1361a BGB), jedoch bleiben – anders als im Scheidungsfall – die Eigentumsverhältnisse unberührt (§ 1361a IV BGB). – **Ehewohnungssachen** können ebenfalls fortgeführt werden (§ 1361b BGB). Es kann jedoch nur die Benutzung, nicht auch – wie bei der Scheidung – das Mietverhältnis an der Ehewohnung geregelt werden. – Eine **Zugewinnausgleichssache** lässt sich zur Durchführung des vorzeitigen Zugewinns (§ 1385 BGB) fortführen (OLG Koblenz FamRZ 2017, 240; OLG Stuttgart FamRZ 2006, 714). 6

IV) Gebühren. 1) Gericht: Gebührenermäßigung gem 1111 Nr 1 FamGKG-KV von 2,0 auf 0,5. Fortgeführte FamSache (S 3): § 6 II FamGKG. – **2) RA:** Eine Ermäßigung der VerfGeb (3100 RVG-VV) kommt nur bei vorzeitiger Beendigung des Auftrags in Betracht (3101 Nr 1 RVG-VV), hier etwa für den RA des Ag, wenn er noch keinen Schriftsatz eingereicht hat. – Fortgeführte Folgesache (S 3): § 21 III RVG. – Sa § 142 Rn 7. 7

§ 142 Einheitliche Endentscheidung; Abweisung des Scheidungsantrags

(1) [1]Im Fall der Scheidung ist über sämtliche im Verbund stehenden Familiensachen durch einheitlichen Beschluss zu entscheiden. [2]Dies gilt auch, soweit eine Versäumnisentscheidung zu treffen ist.

(2) [1]Wird der Scheidungsantrag abgewiesen, werden die Folgesachen gegenstandslos. [2]Dies gilt nicht für Folgesachen nach § 137 Abs. 3 sowie für Folgesachen, hinsichtlich derer ein Beteiligter vor der Entscheidung ausdrücklich erklärt hat, sie fortführen zu wollen. [3]Diese werden als selbständige Familiensachen fortgeführt.

(3) Enthält der Beschluss nach Absatz 1 eine Entscheidung über den Versorgungsausgleich, so kann insoweit bei der Verkündung auf die Beschlussformel Bezug genommen werden.

I) Einheitlicher Beschluss (§ 142 I 1). 1) Entscheidungsgegenstände. In Umsetzung des **Verbundprinzips** (§ 137 I) ist im Scheidungsbeschluss mit der Scheidung auch über die Folgesachen zu entscheiden (I 1), soweit diese nicht gem § 140 abgetrennt worden sind. Ohne solche Abtrennung sind **Teilentscheidungen** im Verbundverf nicht zulässig (OLG Stuttgart FamRZ 2024, 839; OLG Stuttgart FamRZ 2016, 1393 mwN). Eine Ausnahme vom Gebot der einheitl Entscheidung gilt nur bei Stufenanträgen hinsichtl der vorbereitenden Stufen Auskunft und eidesstattl Versicherung (s § 137 Rn 22; PH/Helms Rn 3a). Wird eine Folgesache im Beschluss versehentl übergangen, ist dieser auf Antrag durch nachträgl Entscheidung zu ergänzen (§ 113 I FamFG iVm § 321 ZPO). Ansonsten liegt eine unzulässige Teilentscheidung vor, die gem § 69 I 2 die Aufhebung und Zurückverweisung rechtfertigt (OLG Stuttgart FamRZ 2024, 839). – Der Grundsatz einheitl Entscheidung gilt auch für das **Beschwerdeverfahren** (OLG Stuttgart FamRZ 2024, 839; OLG Frankfurt FamRZ 2019, 619; OLG Brandenburg FamRZ 2013, 303). Ist die Entscheidung über die Folgesache aufzuheben und zurückzuverweisen, ist dies – soweit nicht eine Abtrennung gem § 140 II erfolgt – zur Aufrechterhaltung des Verbundes grds auch auf die Scheidungssache – unabhängig von der Begründetheit des gegen sie gerichteten Angriffs – zu erstrecken (OLG Brandenburg FamRZ 2013, 301; PH/Helms Rn 3). Das Verbot einer Teilentscheidung gilt aber im Beschwerdeverf dann nicht, wenn es bereits aus verfahrensrechtl Gründen zu keiner gemeinsamen Sachentscheidung über die Scheidung der Ehe und die angefochtene Folgesache kommen kann, insb wenn das Rechtsmittel gegen die Scheidung unzulässig ist (OLG Frankfurt FamRZ 2019, 619; für § 143 ebenso BGH FamRZ 2015, 1277). 1

2 **2) Form und Aufbau.** Es gelten die allg Grundsätze für einen Beschluss (§§ 38 ff). Im **Rubrum** sind gem § 38 II Nr 1 die geschiedenen Eheleute, ihre VerfBev und die Beteiligten in den Folgesachen zu bezeichnen. Der Beschluss enthält die Beschlussformel für Scheidungs- und Folgesache(n) und ist für alle Teilentscheidungen zu begründen (§ 38 II Nr 3, III). Es empfiehlt sich, den Beschluss so zu gliedern, als ergingen in den Folgesachen, an denen Dritte beteiligt sind, völlig selbständige Entscheidungen. Dabei sollten die **Gründe** so aufgebaut werden, dass diej Teile, die an andere Beteiligte oder einen Dritten zuzustellen sind (§ 139 I), auch ohne Kenntnis von dem Rest des Beschlusses aus sich heraus verständl sind.

3 **II) Versäumnisentscheidung (§ 142 I 2).** Ein **Scheidungsantrag** kann durch Versäumnisentscheidung abgewiesen werden, wobei der Tenor dahin geht, dass der Antrag als zurückgenommen gilt (§ 130 I), eine Scheidung durch Säumnisentscheidung ist unzulässig (§ 130 II). – Über **unterhalts- und güterrechtliche Folgesachen** (FamStreitsachen) ergeht im Fall der Säumnis auch gegen den Ag gem § 113 I FamFG iVm §§ 330, 331 I 1 ZPO eine Versäumnisentscheidung (OLG Brandenburg FamRZ 2006, 1772; OLG Hamm FamRZ 1999, 520). Diese ist aber gem I 2 (erst) im Rahmen der einheitl **Verbundentscheidung** zu treffen (BGH FamRZ 2015, 1277). Ob sie ausdrückl als Versäumnisentscheidung bezeichnet ist oder ob sich aus den Gründen ergibt, dass sie wegen Säumnis ergangen ist, ist bedeutungslos (BGH FamRZ 1994, 1521). Gegen den Teil des Verbundbeschlusses, der als Säumnisentscheidung ergangen ist, steht dem Säumigen nur der Einspruch zu, gegen die anderen Teile ist die Beschwerde statthaft (BGH FamRZ 2015, 1277). Zum Zusammentreffen s § 143. – In Folgesachen, die FamStreitsachen sind (nicht aber zur Scheidung, § 130 II), kann bei Säumnis gem § 113 I FamFG iVm § 331a S 2 ZPO auch eine Entscheidung **nach Aktenlage** ergehen (OLG Hamm FamRZ 1999, 520). – In den Folgesachen, die **keine Familienstreitsachen** sind, wie Kindschafts-, VersAusgl-, Ehewohnungs- und Haushaltssachen, dürfen keine Versäumnisentscheidungen ergehen, da dies dem fg-Verf fremd ist. Über sie ist auch bei Säumnis im Verbundbeschluss nach Sachprüfung zu entscheiden.

4 Kann bei Säumnis des Ag in einer Folgesache, die FamStreitsache ist, **keine Versäumnisentscheidung** oder Entscheidung nach Aktenlage ergehen, so darf das FamG die Ehe wegen des Gebots der einheitl Entscheidung nicht scheiden (OLG Hamm FamRZ 1999, 520), sofern nicht ausnahmsw eine Abtrennung gem § 140 mögl ist. Die Sache ist – nach entspr Hinweis – gem § 113 I FamFG iVm § 227 ZPO zu vertagen oder das Ruhen des Verf anzuordnen (§ 113 I FamFG iVm § 251a III ZPO).

5 **III) Abweisung des Scheidungsantrags (§ 142 II).** Wird der Scheidungsantrag abgewiesen, werden die Folgesachen kraft Gesetzes (BGH FamRZ 1994, 827: kein Antrag auf entspr Feststellung erforderl) **gegenstandslos (II 1)**, auch wenn über sie nach Abtrennung bereits formell rkr entschieden wurde (PH/Helms Rn 13). Dies ist Folge der Abhängigkeit vom Scheidungssausspruch (§ 148). Die Regelung ist auch anwendbar, wenn der Scheidungsantrag wegen bereits erfolgter (anzuerkennender ausl) Scheidung abgewiesen wird (BGH FamRZ 1984, 254). – Dies gilt gem **II 2** nicht für die **Kindschaftsfolgesachen** iSv § 137 III sowie **sonstige Folgesachen**, hinsichtl derer ein Beteiligter vor der Entscheidung ausdrückl erklärt hat, sie fortführen zu wollen. Diese Erklärung unterliegt dem Anwaltszwang. Die Folgesachen werden als selbständige FamSachen **fortgeführt (II 3)**. Wie im Fall des § 141 S 2 ist erforderl, dass eine Entscheidung unabhängig von der Scheidung begehrt wird; s § 141 Rn 5 f. Die Zuständigkeit für die fortzuführende Sache bleibt gem § 113 I FamFG iVm § 261 III 2 ZPO erhalten. Beweisergebnisse können verwertet werden. Über die Kosten ist gem § 150 V 2 nach allg Regeln zu entscheiden, so als ob nie ein Verbundverfahren bestanden hätte (PH/Helms Rn 15).

6 **IV) Bezugnahmeverkündung beim Versorgungsausgleich (§ 142 III).** Die Bezugnahme soll die Verkündung der vielfach umfangreichen Entscheidung in der Folgesache VersAusgl vereinfachen (BTDrs 16/10144, 94 zu Nr 4).

7 **V) Gebühren. 1) Gericht:** II 3: § 6 II FamGKG. Die im Verbund entstandene Geb ist auf die Geb der neuen, jetzt selbständigen u fortgeführten FamSachen anzurechnen. Die für den Verbund aus dem Wert des § 44 FamGKG erhobene Geb ist dabei im Verhältnis der Einzelwerte aufzuteilen. Der jew Anteil ist der Geb für die entspr Folgesache zuzuordnen. – **2) RA:** I 2: Soweit nur Antrag auf Säumnisentscheidung gestellt wird: 3105 RVG-VV aus diesem Teilwert. IÜ Terminsgeb 3104 RVG-VV. Obergrenze: § 15 III RVG. – II 3: Bei den zunächst im Verbund u dann (nach Trennung, § 137 V 2; Rücknahme, § 141 S 3; Abweisung des Scheidungsantrags, § 142 II 3) in den selbständigen FamSachen (ehemals Folgesachen) erneut entstandenen Geb hat der RA ein Wahlrecht, ob er nach dem Wert des gesamten Verbundes abrechnen will oder nach den Werten des (Rest-)Verbunds einerseits, der nun selbständigen FamSachen andererseits. Letzteres ist ihm regelmäßig günstiger, weil die RVG-Geb degressiv steigen u Geb aus Teilwerten in der Summe höher sind als die Geb aus dem addierten Wert.

§ 143 Einspruch

Wird im Fall des § 142 Abs. 1 Satz 2 gegen die Versäumnisentscheidung Einspruch und gegen den Beschluss im Übrigen ein Rechtsmittel eingelegt, ist zunächst über den Einspruch und die Versäumnisentscheidung zu verhandeln und zu entscheiden.

1 Enthält ein Verbundbeschluss eine (Teil-)Versäumnisentscheidung (§ 142 I 2), steht dem säumigen Ehegatten gegen den Teil, der als Säumnisentscheidung ergangen ist, nur der Einspruch zu, gegen die anderen Teile ist die

Beschwerde statthaft (BGH FamRZ 2015, 1277). Dies gilt auch dann, wenn die Versäumnisentscheidung nicht hätte ergehen dürfen (BGH FamRZ 2015, 1277). Ob die Entscheidung ausdrückl als Versäumnisentscheidung bezeichnet ist oder ob sich aus den Gründen ergibt, dass sie wegen Säumnis ergangen ist, ist unerhebl (BGH FamRZ 1994, 1521).

Bei einem Zusammentreffen von Rechtsmittel und Einspruch ist gem § 143 **zunächst über den Einspruch** zu entscheiden. Erst danach darf das Rechtsmittelverf betrieben werden, sofern dessen Verfahrensgegenstand nicht gem § 140 abgetrennt wird (BGH FamRZ 2015, 1277). Der Einspruch hemmt aber nicht den Eintritt der Rechtskraft der Teile des Verbundbeschlusses, die nicht Versäumnisentscheidungen sind (BGH FamRZ 1986, 897); über ihre Anfechtung müssen sich daher die Ehegatten schlüssig werden, bevor sie wissen, wie über den Einspruch entschieden wird. – Die Regelung soll die Möglichkeit offenhalten, auch in der Rechtsmittelinstanz im Verbund zu verhandeln und zu entscheiden (BGH FamRZ 1986, 897). Wird auch gegen die auf den Einspruch ergangene Entscheidung Beschwerde eingelegt, wird in der Beschwerdeinstanz der Verbund wiederhergestellt. Anderenfalls wird das Beschwerdeverf nach Rechtskraft der Entscheidung über den Einspruch isoliert fortgeführt. – Die Sperrwirkung von § 143 tritt aber nur ein, wenn die Beschwerde gegen die nicht von der Säumnisentscheidung erfassten Teile des Verbundbeschlusses zulässig ist. Anderenfalls kann von vornherein eine gemeinsame Sachentscheidung nicht ergehen, einer **Verwerfung der Beschwerde** steht § 143 nicht entgegen (BGH FamRZ 2015, 1277). 2

Gebühren. 1) Gericht: Verf vor u nach Einspruch sind 1 Instanz mit nur einmaliger Gebührenerhebung (§ 29 FamGKG). – **2) RA:** Hat der RA erst die Geb 3105 RVG-VV (0,5) verdient, kann sie sich auf 1,2 erhöhen (3104 RVG-VV). 3

§ 144 Verzicht auf Anschlussrechtsmittel

Haben die Ehegatten auf Rechtsmittel gegen den Scheidungsausspruch verzichtet, können sie auf dessen Anfechtung im Wege der Anschließung an ein Rechtsmittel in einer Folgesache verzichten, bevor ein solches Rechtsmittel eingelegt ist.

Um den Scheidungsausspruch in einer Verbundentscheidung rkr werden zu lassen, ist neben dem Verzicht auf ein Rechtsmittel auch der Verzicht auf Anschlussrechtsmittel in Folgesachen erforderl, da ein Ehegatte sich sonst dem Rechtsmittel eines Drittbeteiligten in einer Folgesache mit dem Ziel anschließen könnte, den Scheidungsausspruch anzufechten, s § 116 Rn 4. Dieser Verzicht auf eine Anschließung ist in Abweichnung von § 67 II gem § 144 bereits vor Einlegung einer Beschwerde zulässig, um eine vorzeitige Rechtskraft der Scheidung zu ermöglichen. Voraussetzung für den **vorzeitigen Verzicht** auf die Anschließung ist, dass ein die Scheidung betreffender Rechtsmittelverzicht erklärt wurde. Dieser ist gem § 67 I erst nach Bekanntgabe des Scheidungsbeschlusses zulässig (s § 67 Rn 4). Anwendbar ist die Vorschrift nach ihrem eindeutigen Wortlaut nur auf den **Scheidungsausspruch**, nicht auf Folgesachen. 1

Zur Erklärung des Verzichts, seiner Form und der Wirkung s § 116 Rn 6 f. 2

Gebühren des RA: 1) Auftrag nur für die Verzichtserklärung: 3403 RVG-VV; – 2) Auftrag für das Verf: Die Erklärung ist mit den Geb für das Verf abgegolten (3100, 3104 RVG-VV). Der schriftl Verzicht ist weder Sachantrag noch Sachvortrag iSd 3101 Nr 1 RVG-VV (GS/Müller-Rabe VV 3403 Rn 26). 3

§ 145 Befristung und Einschränkung von Rechtsmittelerweiterung und Anschlussrechtsmittel

(1) [1]Ist eine nach § 142 einheitlich ergangene Entscheidung teilweise durch Beschwerde oder Rechtsbeschwerde angefochten worden, können Teile der einheitlichen Entscheidung, die eine andere Familiensache betreffen, durch Erweiterung des Rechtsmittels oder im Wege der Anschließung an das Rechtsmittel nur noch bis zum Ablauf eines Monats nach Bekanntgabe der Rechtsmittelbegründung angefochten werden; bei mehreren Bekanntgaben ist die letzte maßgeblich. [2]Ist eine Begründung des Rechtsmittels gesetzlich nicht vorgeschrieben, so tritt an die Stelle der Bekanntgabe der Rechtsmittelbegründung die Bekanntgabe des Schriftsatzes, mit dem das Rechtsmittel eingelegt wurde.

(2) [1]Erfolgt innerhalb dieser Frist eine solche Erweiterung des Rechtsmittels oder Anschließung an das Rechtsmittel, so verlängert sich die Frist um einen weiteren Monat. [2]Im Fall einer erneuten Erweiterung des Rechtsmittels oder Anschließung an das Rechtsmittel innerhalb der verlängerten Frist gilt Satz 1 entsprechend.

(3) Durch die Anschließung an die Beschwerde eines Versorgungsträgers kann der Scheidungsausspruch nicht angefochten werden.

1 **I) Allgemeines. 1) Praktische Bedeutung.** Wird ein Teil einer Verbundentscheidung angefochten, kann sich ein anderer Beteiligter dem anschließen, indem er einen (oder mehrere) bisher nicht angegriffenen Teile seinerseits angreift (vgl zB OLG Stuttgart FamRZ 2014, 1047). Ebenso kann der Rechtsmittelführer – in Grenzen, s Rn 8 – sein Rechtsmittel auf andere Teile der Verbundentscheidung erweitern. Auch wenn beide Konstellationen in der Praxis nicht häufig vorkommen, kommt der Regelung im Rahmen der Ermittlung der Rechtskraft des Scheidungsausspruchs praktische Bedeutung zu. Zum Risiko einer unzutreffenden Beurteilung der Rechtskraft s Burghart FamRZ 2015, 12.

2 **2) Zweck und Anwendungsbereich.** Für den Fall, dass ein Rechtsmittel gegen einen Verbundbeschluss eingelegt worden ist, befristet § 145 Rechtsmittelerweiterung und Anschlussrechtsmittel nach dem Vorbild des § 554 II 2 ZPO. Damit soll eine **vorzeitige (Teil-)Rechtskraft** einzelner Entscheidungen einer Verbundentscheidung, insb des Scheidungsausspruchs, unabhängig von dem weiteren Schicksal der (sonstigen) FamSachen ermöglicht werden (BGH FamRZ 2011, 31). Der Scheidungsausspruch wird somit spätestens mit Ablauf der Frist des § 145 rkr, wenn er nicht zuvor angefochten wird (BGH FamRZ 2011, 31). Die Fristen für ordentl Rechtsmittel gegen Verbundentscheidungen bleiben unberührt. – Die Regelung gilt sowohl für Beschwerde- als auch Rechtsbeschwerdeverf.

3 **3) Teil der Verbundentscheidung.** Verbundentscheidung ist ein Beschluss, in dem entweder über Scheidung und Folgesache(n) (§ 137 I) oder über mehrere Folgesachen (§ 137 V) zugleich entschieden wird.

4 **4) Andere Familiensache. a)** § 145 betrifft nur die nachträgl Anfechtung von Teilen des Verbundbeschlusses, die sich auf andere FamSachen als diej bezieht, die bereits mit einem Hauptrechtsmittel angefochten worden sind (I). Eine nur den **Gegenstand des Hauptrechtsmittels betreffende** Anschlussbeschwerde oder Erweiterung bestimmt sich allein nach dem allg Rechtsmittelrecht (KG NJW-RR 2011, 1372), namentl den §§ 66, 73, 117 II 1 FamFG iVm § 524 II 2, 3 ZPO.

5 **b)** Hauptrechtsmittel und Anschließung betreffen **verschiedene Gegenstände** zB in folgenden Fällen: Ansprüche auf Ehegatten- und Kindesunterhalt; Unterhaltsansprüche mehrerer Kinder; die Zuweisung der Ehewohnung und die Teilung der Haushaltsgegenstände. Dies gilt trotz der mat-rechtl zu berücksichtigenden Geschwisterbindung auch für die Regelung von Umgang bzw Sorgerecht für mehrere Kinder (BGH NJW 1979, 813; BGH FamRZ 1967, 606; s § 65 Rn 6; aA OLG Schleswig SchlHA 1980, 188; PH/Helms Rn 10). **Einheitliche Gegenstände** sind zB: Anspruch auf Elementar- und Vorsorgeunterhalt (§ 1578 II, III BGB); dasselbe Anrecht im Rahmen des VersAusgl; der Zugewinnausgleich und die Anträge auf dessen Stundung bzw auf Übernahme von Gegenständen unter Anrechnung auf den Ausgleich (PH/Helms Rn 10 mwN).

6 **II) Anschließung. 1) Voraussetzung und Erklärung.** § 145 regelt nicht die Möglichkeit einer auf andere Teile der Verbundentscheidung übergreifenden Anschließung, sondern setzt sie voraus (OLG Stuttgart FamRZ 2014, 1047). Zu den – von § 145 unabhängigen – Voraussetzungen einer Anschließung s § 66 Rn 2 ff, zu ihrer Erklärung s § 66 Rn 5 f, zu den Besonderheiten in Ehe- und FamStreitsachen s § 66 Rn 9 ff, insb im Scheidungsverbund s § 66 Rn 11. – Mögl ist auch eine **Gegenanschließung** an die Anschlussbeschwerde eines anderen Beteiligten (OLG Frankfurt FamRZ 1987, 959; PH/Helms Rn 9 mwN).

7 **2) Rücknahme und Verwerfung des Hauptrechtsmittels.** Die Anschließung verliert ihre Wirkung, wenn das Hauptrechtsmittel zurückgenommen oder als unzulässig verworfen wird (§ 66 S 2). Solange es noch nicht verworfen worden ist, ist die Anschließung zunächst einmal wirksam; denn dass das Hauptrechtsmittel zulässig ist, ist nicht Zulässigkeitsvoraussetzung für die Anschließung (s § 554 ZPO Rn 9). Rechtskraft der Scheidung tritt mit dem Ablauf des Tages ein, an dem die Rücknahme wirksam oder der Beschluss über die Verwerfung des Hauptrechtsmittels in Rechtskraft erwachsen ist. Wird eine **Anschließung zurückgenommen** oder verworfen, so verlieren später eingelegte weitere Anschlussrechtsmittel ihre Wirkung, soweit hierdurch die Fristenkette des § 145 abreißt (vgl BGH FamRZ 1998, 1024).

8 **III) Rechtsmittelerweiterung.** Soweit es allein um die Erweiterung des Rechtsmittels durch den Rechtsmittelführer geht, die keinen anderen Verfahrensgegenstand betrifft, ist § 145 nicht maßgebend (s Rn 4). Zur Erweiterung des Beschwerdeantrags in Ehe- und FamStreitsachen, auch soweit durch sie ein anderer Teil der Verbundentscheidung angegriffen wird, s § 65 Rn 12. Insb kann **nach Ablauf der Begründungsfrist** der Beschwerdeantrag nur erweitert werden, soweit dies auf innerhalb der Frist vorgebrachte Gründe gestützt wird (BGH MDR 2012, 932; BGH FamRZ 1986, 895; BGH FamRZ 1982, 1196). Dieser Grundsatz gilt auch dann, wenn ein zunächst nur teilw angegriffenes Verbundurteil später auch wegen der Entscheidung über eine andere Folgesache angefochten wird (BGH FamRZ 1986, 895).

9 **IV) Frist. 1) Beginn und Dauer.** Die Frist zur Anschließung und Erweiterung beträgt 1 Monat und beginnt gem **I 1** mit Bekanntgabe der **Begründung des Hauptrechtsmittels**, also dessen Zustellung (PH/Helms Rn 11), wenn es einer Begründung bedarf, also bei Anfechtung der Entscheidung zur Scheidung oder in einer Folgesache, *die FamStreitsache ist (§ 117 I 1)*. In **fg-Folgesachen**, in denen es einer Begründung nicht notwendig bedarf (s § 65 Rn 2), ist maßgebend der Schriftsatz, mit dem das Rechtsmittel eingelegt wurde (**I 2**). Erfolgen **mehrere Bekanntgaben**, beginnt die Frist nicht individuell, sondern erst mit der letzten (I 1), zB wenn in Fol-

gesachen die Beschwerdebegründung mehreren Beteiligten zugestellt wird, wenn mehrere Hauptrechtsmittel eingelegt werden (OLG Frankfurt FamRZ 1987, 959) oder wenn der Rechtsmittelführer innerhalb der Begründungsfrist eine weitere Rechtsmittelbegründung einreicht und diese zugestellt wird (s § 554 ZPO Rn 4). Auf Antrag bescheinigt die GeschSt des OLG bzw des BGH den Tag der Zustellung (§ 169 I ZPO). Solange auch nur einem Beteiligten ggü die Bekanntgabe noch nicht erfolgt ist, läuft die Frist nicht und es kann nicht zur vorzeitigen Teilrechtskraft kommen (BGH FamRZ 1998, 1024). – Bei unverschuldeter Fristversäumung kann entspr § 233 ZPO (iVm § 113 I FamFG) **Wiedereinsetzung** gewährt werden (OLG Zweibrücken FamRZ 2003, 1850).

2) Antrag auf VKH. Wird innerhalb der Rechtsmittelfrist **VKH für eine beabsichtigte Beschwerde** beantragt, beginnt die Anschließungsfrist erst mit der Zustellung der Rechtsmittelbegründung (I 1) bzw der Rechtsmittelschrift (I 2). Sie wird weder mit der Zusendung des Gesuchs um VKH noch durch Bewilligung der VKH in Lauf gesetzt. 10

3) Fristen für weitere Anschließungen (§ 145 II). Wird fristgerecht ein **Anschlussrechtsmittel** eingelegt, das einen **anderen Verfahrensgegenstand** betrifft als das Hauptrechtsmittel, so verlängert sich die Frist für weitere Anschließungen gem II. Betrifft das Anschlussrechtsmittel aber **denselben Gegenstand** wie das Hauptrechtsmittel, verlängert sich hierdurch nicht die Frist für weitere Anschließungen, die andere Gegenstände betreffen (Bergerfurth FamRZ 1986, 941). Denn eine „solche" Erweiterung oder Anschießung iSv II ist nur eine sich auf andere Gegenstände beziehende (s Rn 4). Nur in diesem Fall sollen die Beteiligten, auch derj, der die 1. nachträgl Anfechtung erklärt hat (PH/Helms Rn 15), auf die geänderte Sachlage (erneut) ihrerseits durch Erweiterung oder Anfechtung reagieren können. 11

Die **Frist für die 2. Anschließung**/Erweiterung läuft 1 Monat nach der Frist für die 1. Anschließung ab, unabhängig vom Datum der Bekanntgabe der 1. Anschließung (OLG Karlsruhe FamRZ 1988, 412; PH/Helms Rn 15). Die Frist für eine **3. Anschließung**/Erweiterung endet 1 Monat nach der Frist für die 2. Anschließung. Da es sich um jeweils eigenständige Fristen handelt, ist bei Feiertagen usw § 222 II ZPO (iVm § 113 I 2 FamFG) zu beachten (PH/Helms Rn 15). Kann der Beteiligte wegen zu später Zustellung der vorherigen Anschließung/Erweiterung seine Anfechtungsmöglichkeit nicht wahrnehmen, ist ihm **Wiedereinsetzung** zu gewähren (PH/Helms Rn 15; sa Rn 9 aE). 12

V) Beschränkung hinsichtlich des Scheidungsausspruchs (§ 145 III). In der Praxis kommt es nicht selten vor, dass die Beteiligung eines betroffenen Versorgungsträgers übersehen bzw ihm die Verbundentscheidung nicht bekannt gegeben wird mit der Folge, dass für ihn die Beschwerdefrist nicht in Gang gesetzt wird (s § 63 Rn 6). Die in III geregelte Beschränkung des Anschlussbeschwerderechts der Ehegatten verfolgt den **Zweck**, trotz eines solchen Fehlers den Eintritt der Rechtskraft des Scheidungsausspruchs zu ermöglichen und so der Gefahr zu begegnen, dass es infolge eines andernfalls fehlerhaften Rechtskraftzeugnisses ungewollt zu einer Doppelehe mit uU schwerwiegenden Problemen im Abstammungs- und Erbrecht kommt (BRDrs 438/15, 13; Borth FamRZ 2016, 2065; Stockmann FamRB 2016, 442, 445). 13

Soweit die Ansicht vertreten wird, dass III teleologisch auf die Fälle zu reduzieren sei, in denen das Anschlussrechtsmittel nach Ablauf der Beschwerdefrist eingelegt werde (Borth FamRZ 2016, 2065, 2066), dürfte dem der eindeutige Wortlaut der Vorschrift entgegenstehen (PH/Helms Rn 16; ThP/Hüßtege Rn 24). 14

Der Ausschluss bezieht sich allein auf die Anschließung an die Beschwerde eines Versorgungsträgers zur Anfechtung des Scheidungsausspruchs. **Nicht ausgeschlossen** durch III ist der Anschluss an die Beschwerde eines Versorgungsträgers aber dann, wenn er **andere Teile** der Verbundentscheidung betrifft (s hierzu ausf Borth FamRZ 2016, 2065). Ebenso nicht ausgeschlossen ist die Anschließung an die Beschwerde eines **anderen Drittbeteiligten** (zB Vermieter) oder an die Beschwerde des anderen Ehegatten zum VersAusgl zur Anfechtung des Scheidungsausspruchs. – Hat sich ein Ehegatte der Beschwerde des Versorgungsträgers in Bezug auf den VersAusgl oder eine andere Folgesache angeschlossen, kann sich der andere Ehegatte nach dem Zweck von III nicht hinsichtl des Scheidungsausspruchs an diese Anschließung anschließen (PH/Helms Rn 17; ThP/Hüßtege Rn 25). 15

§ 146 Zurückverweisung

(1) [1]Wird eine Entscheidung aufgehoben, durch die der Scheidungsantrag abgewiesen wurde, soll das Rechtsmittelgericht die Sache an das Gericht zurückverweisen, das die Abweisung ausgesprochen hat, wenn dort eine Folgesache zur Entscheidung ansteht. [2]Das Gericht hat die rechtliche Beurteilung, die der Aufhebung zugrunde gelegt wurde, auch seiner Entscheidung zugrunde zu legen.

(2) Das Gericht, an das die Sache zurückverwiesen wurde, kann, wenn gegen die Aufhebungsentscheidung Rechtsbeschwerde eingelegt wird, auf Antrag anordnen, dass über die Folgesachen verhandelt wird.

I) Grundlagen. Wird der Scheidungsantrag abgewiesen, werden die Folgesachen gegenstandslos (§ 142 II 1). Wird gegen den abweisenden Beschluss Beschwerde eingelegt, so gelangen die Folgesachen nicht in die nächsthöhere Instanz, weil über sie in der unteren nicht entschieden worden ist (OLG Düsseldorf FamRZ 2011, 298; 1

OLG Nürnberg FamRZ 2005, 1497). Um den **Entscheidungsverbund wiederherzustellen**, ordnet **I** an, dass in einem solchen Fall die höhere Instanz die Ehe nicht scheiden soll, sondern den angefochtenen Beschluss aufheben und die Scheidungssache zurückverweisen soll. Über die **Kosten des Rechtsmittelverfahrens** nach Aufhebung und Zurückverweisung hat idR das Gericht zu entscheiden, an das zurückverwiesen wird. Eine Ausnahme gilt aber, wenn das Rechtsmittelgericht bereits abschließend über sie entscheiden kann, zB entspr § 97 II ZPO, weil das Trennungsjahr erst in der 2. Instanz abgelaufen ist (BGH FamRZ 1997, 347; OLG Karlsruhe FamRZ 2024, 481; OLG Brandenburg FamRZ 2016, 1869; OLG Köln FamRZ 2015, 1128).

2 **II) Aufhebung und Zurückverweisung. Anwendungsbereich** von I ist zum einen, wenn das **OLG** einen den Scheidungsantrag abweisenden Beschluss des FamG aufhebt, und zum anderen, wenn der BGH auf eine Rechtsbeschwerde hin einen abweisenden Beschluss des OLG aufhebt. Hebt der **BGH** einen Beschluss der 2. Instanz auf, durch den eine Beschwerde gegen einen abweisenden Beschluss des FamG zurückgewiesen worden ist, ist zu unterscheiden: Gelangt der BGH zu der Auffassung, dass die Ehe zu scheiden ist, kann er in der Sache entscheiden (§ 74 VI 1), dass der Beschluss des FamG aufgehoben und die Sache an dieses zurückverwiesen wird. Ist die Frage, ob die Ehe zu scheiden ist, nach Auffassung des BGH noch nicht entscheidungsreif, ist nur der Beschluss des OLG aufzuheben und die Sache an dieses zurückzuverweisen. Das OLG kann dann nach weiterer Sachaufklärung entweder die Beschwerde erneut zurückweisen oder den Beschluss des FamG aufheben und die Sache an dieses zurückzuverweisen, damit dort im Verbund auch über die Folgesachen entschieden wird. – Eine Zurückverweisung „**soll**" bei Vorliegen der Voraussetzungen erfolgen, also **im Regelfall** (OLG Karlsruhe FamRZ 2024, 481). Von ihr kann aber abgesehen werden, wenn die Ehegatten mit einer Entscheidung des Beschwerdegerichts über die Folgesachen einverstanden und diese zur Endentscheidung reif sind (OLG Hamm FamRZ 2014, 208; OLG Düsseldorf FamRZ 2011, 298). – Eine **analoge Anwendung** von § 146 bei verfrüht ausgesprochener Scheidung kommt nicht in Betracht (KG FamRZ 2018, 125).

3 **III) „Anstehen" einer Folgesache zur Entscheidung. 1) „Anstehen".** Zurückzuverweisen ist die Scheidungssache nur, wenn bei dem Gericht, das den Scheidungsantrag abgewiesen hat, eine Folgesache zur Entscheidung ansteht. Dies ist der Fall, wenn eine Folgesache auf Antrag oder vAw eingeleitet, also anhängig ist. Der Ausdruck „ansteht" geht aber darüber hinaus (OLG Brandenburg FamRZ 2013, 317). Er erfasst auch vAw gem § 142 I 1 mit der Scheidung zu entscheidende Folgesachen, insb den **Versorgungsausgleich**. Dieser „steht an", auch wenn das FamG insoweit kein Verf eingeleitet, sondern den Scheidungsantrag von vornherein abgewiesen hat (OLG Dresden FamRZ 2003, 1193). Eine Folgesache steht zur Entscheidung iSv I 1 auch an, wenn sie erst **im Laufe des Beschwerdeverfahrens** anhängig gemacht worden ist (KG FamRZ 2018, 125; OLG Köln FamRZ 2015, 1128) oder ein erforderl Antrag erst während des Beschwerdeverf gestellt wurde (OLG Brandenburg FamRZ 2013, 317 für § 3 III VersAusglG). Auf die Frist von § 137 II kommt es nicht an, da sie nach einer Zurückverweisung neu läuft (BGH FamRZ 2012, 863 Tz 31).

4 **2) Nicht „anstehende" Folgesachen.** Nicht zur Entscheidung anstehende Folgesachen sind solche, die **bereits aus dem Verbund ausgeschieden** sind. Ausgeschieden sind Folgesachen, die gem § 140 aus dem Verbund abgetrennt worden sind, nicht aber solche, die gem § 142 II 3 als selbständige FamSachen fortgeführt werden; denn diese werden erst selbständig, wenn der den Scheidungsantrag abweisende Beschluss rkr wird (PH/Helms Rn 4). Ausgeschieden sind aber Folgesachen, in denen der Antrag zurückgenommen worden ist oder die sich durch Vergleich oder auf andere Weise erledigt haben, zB dadurch, dass in Sorgerechtsstreitigkeiten die Kinder vollj geworden sind.

5 **3) In 2. Instanz anstehende Folgesachen.** Hatte das OLG den Scheidungsantrag abgewiesen, nachdem das FamG die Scheidung ausgesprochen und – insoweit unangegriffen – über Folgesachen entschieden, kann der BGH, wenn er die Ehe für scheidungsreif hält, selbst die Scheidung aussprechen und von einer Zurückverweisung absehen. Denn in diesem Fall stehen bei dem OLG, an das die Scheidungssache zurückverwiesen werden könnte, keine Folgesachen zur Entscheidung an. – Sind jedoch **auch die Folgesachenentscheidungen des Familiengerichts angefochten** worden, so stehen sie bei dem OLG, das infolge der Abweisung des Scheidungsantrages nicht über sie entscheiden durfte, noch zur Entscheidung an. Hält der BGH hier die Ehe für scheidungsreif, muss er die Scheidungssache an das OLG zurückverweisen.

6 **IV) Bindung an rechtliche Beurteilung des Rechtsmittelgerichts (§ 146 I 2).** Die Vorinstanz, an die die Scheidungssache zurückverwiesen worden ist, ist wie im Falle der § 69 I 4, § 74 VI 4 FamFG an die rechtl Beurteilung des zurückweisenden Rechtsmittelgerichts gebunden, soweit die Aufhebung auf ihr beruht (OLG Düsseldorf FamRZ 1081, 808). Mangels inhaltl Befassung mit Folgesachen bezieht sich diese Bindung nur auf die **Scheidungssache** (BGH FamRZ 1997, 347). Diese Bindung schließt jedoch nicht aus, dass die Vorinstanz zu anderen *tatsächl* Feststellungen kommt und diese selbständig würdigt (OLG Düsseldorf FamRZ 1981, 808).

7 **V) Verhandeln über Folgesachen gem § 146 II. 1) Allgemeines.** Hat das OLG die Scheidungssache an das FamG zurückverwiesen und wird gegen diesen Beschluss Rechtsbeschwerde eingelegt, hemmt diese die Wirkung des *zweitinstanzl Beschlusses, und* das FamG könnte an sich über die zurückverwiesene Scheidungssache und die Folgesachen nicht entscheiden. Hiervon macht II zur Beschleunigung des Verf eine Ausnahme. Das FamG darf über die Folgesachen verhandeln, bis sie entscheidungsreif sind; entscheiden darf es hierüber erst,

wenn es nach Rechtskraft eines zurückverweisenden zweitinstanzl Beschlusses und erneuter Verh dem Scheidungsbegehren stattgibt.

2) **Voraussetzungen.** Die Anordnung, dass über Folgesachen verhandelt wird, ergeht nur auf **Antrag** eines Ehegatten oder sonstigen Beteiligten (II). Ob die Verh angeordnet wird, steht im **Ermessen** des FamG. Bei der Ausübung des Ermessens ist zu berücksichtigen, ob die Verh voraussichtl zu einer Verfahrensbeschleunigung führen wird. Dies ist zB nicht der Fall, wenn im Verf über den VersAusgl alles darauf hindeutet, dass wahrscheinl ein Verhandlungstermin zusammen mit der Scheidungssache genügen wird. Hier kann eine vorherige Verh der Folgesache abgelehnt werden. 8

3) **Rechtsmittel.** Die Ablehnung des Antrags iSv II stellt eine Zwischenentscheidung dar, die als solche (s § 58 Rn 12) unanfechtbar ist (PH/Helms Rn 9; ThP/Hüßtege Rn 7). 9

VII) Gebühren. 1) Gericht: § 31 I, § 29 FamGKG: 1 Rechtszug. – 2) RA: § 21 II RVG: 1 Rechtszug. 10

§ 147 Erweiterte Aufhebung

[1]Wird eine Entscheidung auf Rechtsbeschwerde teilweise aufgehoben, kann das Rechtsbeschwerdegericht auf Antrag eines Beteiligten die Entscheidung auch insoweit aufheben und die Sache zur anderweitigen Verhandlung und Entscheidung an das Beschwerdegericht zurückverweisen, als dies wegen des Zusammenhangs mit der aufgehobenen Entscheidung geboten erscheint. [2]Eine Aufhebung des Scheidungsausspruchs kann nur innerhalb eines Monats nach Zustellung der Rechtsmittelbegründung oder des Beschlusses über die Zulassung der Rechtsbeschwerde, bei mehreren Zustellungen bis zum Ablauf eines Monats nach der letzten Zustellung, beantragt werden.

I) **Grundzüge.** § 147 ergänzt die Vorschriften für das Verbundverf und hilft, Folgesachenentscheidungen aufeinander abzustimmen. In der 1. Instanz dienen die § 137 und § 142 I diesem Zweck. In der 2. Instanz können die Ehegatten Anschlussrechtsmittel einlegen, um zu erreichen, dass diese Entscheidungen zueinander passen (§ 145 I). Anders in der 3. Instanz: Ist die Rechtsbeschwerde nur für die Scheidungs- oder eine bestimmte Folgesache zugelassen worden, so können die übrigen Gegenstände des Verbundverf weder durch Haupt- noch durch Anschlussrechtsmittel angefochten werden. Anfechtbare und unanfechtbare Verfahrensgegenstände hängen aber oft zusammen. Um alle Folgesachenentscheidungen aufeinander abzustimmen, bietet § 147 den Ehegatten die Möglichkeit, Teile der zweitinstanzl Verbundentscheidung, die mit einer vom BGH aufgehobenen Folgesachenentscheidung zusammenhängen, erneut gerichtl überprüfen zu lassen. Diese Überprüfung weist das Gesetz der 2. Instanz zu, um den BGH von Entscheidungen zu entlasten, die keine grundsätzl Bedeutung haben. Zu einer eigenen Sachentscheidung ist der BGH insoweit nicht befugt (BGH FamRZ 1986, 895). 1

II) **Gegenstand der erweiterten Aufhebung.** Der BGH darf gem S 1 nur nicht angefochtene **Teile der zweitinstanzlichen Entscheidung** aufheben. Teile des erstinstanzl Verbundbeschlusses, die nicht in die 2. Instanz gelangt sind, darf der BGH nicht aufheben; denn insoweit ist der Beschluss des FamG rkr geworden. 2

III) **Anwendungsbereich.** § 147 ist **nicht anwendbar**, wenn der BGH **a)** ein Rechtsmittel zurückweist oder verwirft; **b)** eine Verbundentscheidung des OLG in vollem Umfang aufhebt oder ändert; **c)** einen Scheidungsausspruch aufhebt und den Scheidungsantrag abweist; denn hier werden die Folgesachen gegenstandslos (§ 142 II 1); **d)** einen den Scheidungsantrag abweisenden Beschluss aufhebt; denn mit Zurückweisung des Scheidungsantrags war über Folgesachen nicht zu entscheiden (§ 142 II 1), so dass diese noch anhängig sind; **e)** nach seinem Zweck – Ersatz für ein nicht zugelassenes Rechtsmittel (s Rn 1) – in dem Umfang, in dem das OLG die Rechtsbeschwerde zugelassen hat (PH/Helms Rn 3 mwN); andernfalls wären die Fristen von § 145 in der 3. Instanz weitgehend bedeutungslos. 3

Anzuwenden ist S 1, wenn der BGH einen Scheidungsausspruch aufhebt und die Scheidungssache an das OLG zurückverweist. Hier werden die Folgesachenentscheidungen des OLG rkr, wenn sie nicht durch Rechtsmittel zum BGH angefochten worden sind, was wegen einer beschränkten Zulassung der Rechtsbeschwerde (§ 70 I) oft nicht mögl ist. Nur durch einen Antrag gem § 147 S 1 kann der Eintritt der Rechtskraft verhindert werden. 4

IV) **Voraussetzungen der erweiterten Aufhebung. 1) Zusammenhang mit aufgehobener Entscheidung.** Die Vorschrift setzt zunächst einen **Zusammenhang** zwischen dem Teil der OLG-Entscheidung, der auf die Rechtsbeschwerde hin aufgehoben wird, und dem anderen Teil, der nach § 147 aufzuheben ist, voraus. Ein Zusammenhang besteht, wenn beide Entscheidungen im Interesse einer widerspruchsfreien Rechtsfindung aufeinander abgestimmt werden müssen (BGH FamRZ 1986, 895; PH/Helms Rn 4). 5

a) Vor allem die Entscheidung über die **elterliche Sorge** hängt häufig mit anderen Folgesachen zusammen. Da der Inhaber der Sorge seinen Beitrag zum Unterhalt des Kindes idR durch die Pflege und Erziehung des Kindes leistet (§ 1606 III 2 BGB), hat der andere Elternteil für den Geldbedarf des Kindes aufzukommen. Insofern hän- 6 gen elterl Sorge und **Kindesunterhalt** zusammen. Von der Sorgeregelung hängt häufig auch die Entscheidung darüber ab, welchem Ehegatten die bisherige **Ehewohnung** (§ 1568a BGB) zugeteilt wird und wie die Haushaltsgegenstände verteilt werden (§ 1568b BGB). Ein indirekter Zusammenhang besteht auch zwischen dem Anspruch eines Ehegatten auf **Betreuungsunterhalt** (§ 1570 BGB) und der Sorgerechtsregelung (BGH FamRZ 1986, 895); denn der für die Kinder sorgende Elternteil ist häufig außerstande, seinen vollen Unterhalt selbst zu verdienen. Wenn es darum geht, ob eine Lebensversicherung im **Versorgungsausgleich oder Zugewinnausgleich** zu berücksichtigen ist, kann auch die VersAusglEntscheidung gem § 147 aufgehoben werden, wenn die Zugewinnausgleichsentscheidung auf eine Rechtsbeschwerde hin aufgehoben wird.

7 **b)** Auch ein zweitinstanzl **Scheidungsausspruch** kann bei Rechtsbeschwerde gegen eine Folgesacheentscheidung auf Antrag eines Ehegatten erweiternd aufgehoben werden (PH/Helms Rn 4).

8 **c)** Zwar verliert eine Entscheidung über den **Umgang** und die **Herausgabe des Kindes** an den anderen Elternteil ihre Grundlage, wenn die Entscheidung über die elterl Sorge bzw das **Aufenthaltsbestimmungsrecht** aufgehoben wird. Dennoch ist eine erweiterte Aufhebung gem § 147 sachgerecht, damit über beide Verfahrensgegenstände zusammen und unter Verwertung des bisherigen Verfahrensstoffs entschieden werden kann (vgl BGH FamRZ 1994, 827, 829 aE; PH/Helms Rn 4).

9 **2) Antrag.** Gem **S 1** ist der Antrag eines Beteiligten des Rechtsbeschwerdeverf auf Aufhebung und Zurückverweisung erforderl, welcher zumeist den Ehegatten vorbehalten bleibt. Die an einer Folgesache beteiligten Dritten können den Antrag idR nicht stellen, weil sie regelmäßig nur an einer, nicht an mehreren zusammenhängenden Folgesachen beteiligt sind (Sternal/Weber Rn 6). Sofern dies aber der Fall ist, zB hinsichtl des Jugendamts für Sorgerecht und Umgang, besteht angesichts der in der Vorschrift fehlenden Beschränkung des Antragsrechts auf die Ehegatten keine Veranlassung, dieses Recht anderen Beteiligten iSv § 7 zu versagen (aA PH/Helms Rn 5). – Der Antrag auf Aufhebung des **Scheidungsausspruchs** kann nach **S 2** nur innerhalb 1 Monats nach Zustellung der Rechtsmittelbegründung, bei mehreren der letzten, gestellt werden. Der Antrag auf Aufhebung einer Folgesachenentscheidung muss bis zum Schluss einer mündl Verh gestellt werden (Deneke FamRZ 1987, 1220 mwN); findet eine solche nicht statt, bis zum Erlass (§ 38 III 3) der Entscheidung des BGH. – Den Antrag kann nur ein beim BGH zugelassener **Anwalt** stellen (§ 114 II). Der BGH hat auf die Möglichkeit eines solchen Antrags **hinzuweisen**, wenn eine Aufhebungsentscheidung beabsichtigt ist.

10 **V) Wirkungen des Antrags.** Solange ein Antrag gem § 147 gestellt werden kann, werden auch diej Teile einer zweitinstanzl **Verbundentscheidung nicht rechtskräftig**, für die das OLG ein Rechtsmittel an den BGH nicht zugelassen hat (Sternal/Weber Rn 8). Hierfür spricht namentl S 2, der geschaffen worden ist, um die Rechtskraft des Scheidungsausspruchs herbeizuführen (BTDrs 10/2888, 46 zum damaligen inhaltsgleichen § 629c S 2 ZPO). Um den Scheidungsausspruch rkr werden zu lassen, können die Ehegatten auf den **Antrag**, ihn aufzuheben, entspr § 67 II **verzichten**. Der Verzicht kann entspr § 144 bereits nach Erlass der Entscheidung des OLG erklärt werden (BGH FamRZ 1984, 467; PH/Helms Rn 6).

11 **VI) Entscheidung.** Liegen die Voraussetzungen des § 147 vor, kann der BGH zugleich mit der Aufhebung des angefochtenen Teils der Verbundentscheidung die Entscheidung über hiermit zusammenhängende andere Entscheidungsteile **aufheben** und die Sache auch wegen dieser Teile an das OLG **zurückverweisen**. Er kann auch eine Sachentscheidung über den bei ihm angefallenen Teil der Verbundentscheidung treffen und diese wegen des zusammenhängenden, bei ihm nicht angefallenen Entscheidungsteiles aufheben und das Verf nur insoweit zurückverweisen. Eine Sachentscheidung über diesen Entscheidungsteil darf er jedoch nicht treffen (BGH FamRZ 1986, 895).

12 Fehlen die Voraussetzungen des § 147, weist der BGH den Antrag auf Aufhebung und Zurückverweisung zurück.

§ 148 Wirksamwerden von Entscheidungen in Folgesachen

Vor Rechtskraft des Scheidungsausspruchs werden die Entscheidungen in Folgesachen nicht wirksam.

1 **I) Allgemeines.** Da über Folgesachen nur für den Scheidungsfall entschieden wird (§ 142 I 1) und diese Entscheidungen gegenstandslos werden, wenn die Ehe nicht geschieden wird (§ 142 II 1), werden Folgesacheentscheidungen – unabhängig davon, ob sie selbst schon vorher unanfechtbar geworden sind – erst mit Rechtskraft der Scheidung wirksam. Zu diesem Zeitpunkt werden die Folgesachen Unterhalt, Güterrecht, elterl Sorge, Umgangsrecht und Herausgabe eines Kindes wirksam. Für folgende Folgesachen ist kraft ausdrückl Anordnung daneben noch die Rechtskraft der in ihnen ergangenen Entscheidung erforderl: Die Entscheidungen über die Ehewohnung und die Haushaltsgegenstände, diej betr den VersAusgl sowie Entscheidungen über die Stundung des Zugewinnausgleichs bzw die Übertragung von Vermögensgegenständen unter Anrechnung auf die Ausgleichsforderung (§ 209 II, § 224 I, § 264 I).

2 **II) Folgesachen.** Sie sind nicht nur die Angelegenheiten, über die gleichzeitig mit dem Scheidungsausspruch entschieden wird, sondern auch nach § 137 V **abgetrennte** Folgesachen wegen VersAusgl, Unterhalts, Güter-

rechts, Wohnungszuweisung und der Haushaltsgegenstände (§ 137 V 1). Werden kindschaftsrechtl Folgesachen iSv § 137 III abgetrennt, dann sind sie keine Folgesachen mehr, sondern werden als selbständige Verf fortgeführt (§ 137 V 2).

III) Rechtskraft des Scheidungsausspruchs. Da von der Rechtskraft des Scheidungsausspruchs die Wirksamkeit der Folgesachenentscheidungen abhängt, ist das Datum des Eintritts der Rechtskraft auf dem gem § 113 I 1 FamFG iVm § 706 ZPO zu erteilenden **Rechtskraftzeugnis** nach der Aktenordnung (zB § 7 I 2 AktO Nds, NdsRpfl 2020, 50) zu bescheinigen. Rechtskraft tritt ein durch **Verzicht** auf Rechtsmittel und Anschlussrechtsmittel oder **Ablauf** der Rechtsmittel- und Anschließungsfristen. Wegen der Einzelheiten s § 116 Rn 3 ff. 3

IV) Wirksamwerden. Der Scheidungsausspruch selbst wird erst mit Rechtskraft wirksam (§ 116 II). Für die Folgesachen (§ 137) schafft § 148 keine alleinige, sondern nur eine weitere Voraussetzung für das Wirksamwerden (OLG Hamm FamRZ 2015, 1997), das sich iÜ nach den allg Vorschriften richtet. Das sind: In FamStreitsachen: § 116 III; in fG-FamSachen: § 40 (allg), § 209 II (Ehewohnungs- u Haushaltssachen), § 224 I (VersAusgl), § 264 I für die genannten güterrechtl Entscheidungen. Hinsichtl der Rechtskraft einer Folgesachenentscheidung ist bei Anfechtung einer Verbundentscheidung auch die erweiternde Anfechtungsmöglichkeit (s § 145 Rn 1) zu beachten; Rechtskraft tritt dann erst mit Ablauf der Fristen von § 145 I ein. – Bei abgetrennten Folgesachen (§ 140) ist ein Hinweis auf die Regelung von § 148 in der Beschlussformel zweckmäßig (OLG Bamberg FamRZ 1990, 184). – Folge des Wirksamwerdens ist die Vollstreckbarkeit: § 120 II 1 für FamStreitsachen, § 86 II für fG-FamSachen. 4

§ 149 Erstreckung der Bewilligung von Verfahrenskostenhilfe

Die Bewilligung der Verfahrenskostenhilfe für die Scheidungssache erstreckt sich auf eine Versorgungsausgleichsfolgesache, sofern nicht eine Erstreckung ausdrücklich ausgeschlossen wird.

Zur Bewilligung von VKH in Scheidungs- und Folgesachen s § 76 Rn 20 ff. Die Bewilligung von VKH einschließl der Beiordnung eines RA (OLG Köln FamRZ 2008, 707) erstreckt sich nach dem eindeutigen Wortlaut nicht nur auf die vAw einzuleitenden (so aber BTDrs 10/2888, 28), sondern auf **alle Folgesachen Versorgungsausgleich** (PH/Helms Rn 3). Erfasst sind daher auch zB: der bei Scheidung nach ausl Recht auf Antrag durchzuführende VersAusgl (Art 17 III Nr 2 EGBGB); Auskunftsansprüche gem § 4 VersAusglG im Rahmen einer Folgesache (OLG Frankfurt FamRZ 2000, 99); Ausgleichsansprüche nach der Scheidung iSd §§ 20 ff VersAusglG, soweit sie ausnahmsw Folgesache sind (s § 137 Rn 6). – Für Folgesachen mit **anderem Verfahrensgegenstand** ist VKH jeweils zu beantragen und nach allg Grundsätzen (s § 76 Rn 3 ff) zu bewilligen. 1

Ein **Ausschluss der Erstreckung** ist nur im Ausnahmefall gerechtfertigt (BGH FamRZ 2014, 551). Dafür nicht ausreichend ist, wenn der Beteiligte der Scheidung zustimmt oder zum VersAusgl keinen eigenen Antrag stellt (BGH FamRZ 2014, 551). Er dürfte in amtswegigen Verf grds überhaupt nicht in Betracht kommen, sondern nur in auf Antrag eingeleiteten Verf, wenn der Antrag keine hinreichende Erfolgsaussicht hat (PH/Helms Rn 4). 2

Gebühren des beigeordneten RA wie ein VerfBev, § 45 I RVG; Auslagen: § 46 RVG; Vorschuss: § 47 I 1 RVG. Die Folgesache VersAusgl ist in § 48 III RVG nicht aufgeführt. § 149 erstreckt die Bewilligung hierauf, was den Vergütungsanspruch wertentspr (§ 50 FamGKG) erhöht (§ 44 II 2 FamGKG). 3

§ 150 Kosten in Scheidungssachen und Folgesachen

(1) Wird die Scheidung der Ehe ausgesprochen, sind die Kosten der Scheidungssache und der Folgesachen gegeneinander aufzuheben.

(2) [1]Wird der Scheidungsantrag abgewiesen oder zurückgenommen, trägt der Antragsteller die Kosten der Scheidungssache und der Folgesachen. [2]Werden Scheidungsanträge beider Ehegatten zurückgenommen oder abgewiesen oder ist das Verfahren in der Hauptsache erledigt, sind die Kosten der Scheidungssache und der Folgesachen gegeneinander aufzuheben.

(3) Sind in einer Folgesache, die nicht nach § 140 Abs. 1 abzutrennen ist, außer den Ehegatten weitere Beteiligte vorhanden, tragen diese ihre außergerichtlichen Kosten selbst.

(4) [1]Erscheint in den Fällen der Absätze 1 bis 3 die Kostenverteilung insbesondere im Hinblick auf eine Versöhnung der Ehegatten oder auf das Ergebnis einer als Folgesache geführten Unterhaltssache oder Güterrechtssache als unbillig, kann das Gericht die Kosten nach billigem Ermessen anderweit verteilen. [2]Es kann dabei auch berücksichtigen, ob ein Beteiligter einer richterlichen Anordnung zur Teilnahme an einem Informationsgespräch nach § 135 nicht nachgekommen ist, sofern der Beteiligte dies nicht genügend entschuldigt hat. [3]Haben die Beteiligten eine Vereinbarung über die Kosten getroffen, soll das Gericht sie ganz oder teilweise der Entscheidung zugrunde legen.

(5) [1]Die Vorschriften der Absätze 1 bis 4 gelten auch hinsichtlich der Folgesachen, über die infolge einer Abtrennung gesondert zu entscheiden ist. [2]Werden Folgesachen als selbständige Familiensachen fortgeführt, sind die hierfür jeweils geltenden Kostenvorschriften anzuwenden.

1 **I) Überblick.** § 150 gilt (nur) in Scheidungsverf iSv § 121 Nr 1 und Folgesachen, er verdrängt auch für diese in seinem Anwendungsbereich die allg kostenrechtl Bestimmungen (BTDrs 16/6308, 233). Regelfall ist die Kostenaufhebung, von der aus Billigkeitsgründen abgesehen werden kann. Nur bei Rücknahme oder Antragsabweisung wird für die Kostenlast auf fehlenden Erfolg abgestellt. – Die Kostenentscheidung erfasst auch die vor den abgebenden Gerichten entstandenen Kosten (§§ 153, 233, 263, 268 FamFG; § 281 III 1 ZPO).

2 **II) Kostenverteilung (Regelfälle, § 150 I, II). 1) Scheidung** (I): Kostenaufhebung gegeneinander (s § 92 ZPO Rn 1). – **2) Abweisung** des Antrags (II 1 Alt 1): Der ASt trägt die Kosten, auch die der Folgesachen. – **3) Rücknahme** des Antrags (II 1 Alt 2, der § 269 ZPO verdrängt, OLG Celle FamRZ 2020, 1764): Kostenlast des ASt, auch hinsichtl der Folgesachen. Bei Rücknahme vor Rechtshängigkeit ergeht mangels Prozessrechtsverhältnis keine Kostenentscheidung (OLG Celle FamRZ 2020, 1764; aA ThP/Hüßtege Rn 13). Wird der begründete Scheidungsantrag nur im Hinblick auf § 126 III zurückgenommen, geht § 132 vor. – **4)** Rücknahme/Abweisung der **Anträge beider Ehegatten**, **Erledigung** in der Hauptsache (zB § 131, Tod eines Ehegatten): Gem II 2 Kostenaufhebung.

3 **III) Kostenverteilung nach Billigkeit (§ 150 IV 1, 2).** Erscheint die in I-III getroffene gesetzgeberische Wertung unbillig, kann das Gericht die Kosten nach billigem **Ermessen** anderweitig verteilen. Dieses Ermessen ist nach einer zu § 93a ZPO aF ergangenen Entscheidung des BGH (FamRZ 2007, 893; für § 150 ebenso: OLG Nürnberg FamRZ 2013, 1919; sa § 81 Rn 14) nur auf Ermessensfehler überprüfbar. – Gem IV 1 Alt 1 kann insoweit eine **Versöhnung** berücksichtigt werden. Eine solche kann bei Rücknahme des Scheidungsantrags eine Kostenaufhebung rechtfertigen (PH/Helms Rn 9; aA OLG Stuttgart FamRZ 2014, 965 bei Streit darüber, ob das Trennungsjahr abgelaufen war). – Das Ergebnis einer **Folgesache Unterhalt oder Güterrecht** (IV 1 Alt 2) kann die Kostenverteilung beeinflussen, weil hier dem Umfang von Obsiegen/Unterliegen größere Bedeutung zukommen kann (OLG Saarbrücken FamRZ 2008, 698; KG FamRZ 2007, 1758; Löhnig FamRZ 2009, 714; sa AG Oranienburg FamRZ 2013, 1158 zur eher untergeordneten Bedeutung der Auskunftsstufe). Für eine Unbilligkeit erforderl ist aber ein *erheblich* ungleichgewichtiges Obsiegen und Unterliegen (OLG Brandenburg FamRZ 2020, 1763). Auch ein solches kann aber einer Unbilligkeit entgegenstehen, wenn für die Ermittlung des Betrages eine sachverständige Bewertung erforderl ist (OLG Brandenburg FamRZ 2020, 1763). Über den Wortlaut hinaus ist es auch gerechtfertigt, ggf das Verhalten im Verf zu berücksichtigen (PH/Helms Rn 10), zB sof Anerkenntnis, Veranlassung zur Einleitung der Folgesache. Bei Rücknahme des Antrags kann der Rechtsgedanke von § 269 III 2 ZPO entspr angewandt werden (OLG Nürnberg FamRZ 2013, 1919). – Die Berücksichtigung der unterlassenen **Teilnahme an einem Informationsgespräch** (IV 2; § 135 I) enthält eine § 81 II Nr 5 vergleichbare Regelung; dazu s § 81 Rn 12. Von der kostenrechtl Sanktionierung sollte nur zurückhaltend Gebrauch gemacht werden, um die gesetzgeberische Wertung, dass eine Teilnahme an dem Gespräch nicht erzwungen werden kann (§ 135 I 2), nicht zu unterlaufen. Ebenfalls zu berücksichtigen ist, dass eine Mediation usw Freiwilligkeit voraussetzt (Caspary FPR 2009, 304), allerdings primär bei der Anordnung gem § 135. Hat das FamG diese Entscheidung mit Augenmaß und in realistischer Prognose einer Erfolgsaussicht getroffen, ist im Einzelfall eine Berücksichtigung im Rahmen der Kostenentscheidung mögl. – Neben den ausdrückl angeführten („insbesondere“) kann sich eine Unbilligkeit aus **weiteren Gesichtspunkten** ergeben: Bsp: der Rechtsgedanke des **§ 96 ZPO** (PH/Helms Rn 11 mwN); eine analoge Anwendung des **§ 97 II ZPO** bei Beschwerde gegen einen „verfrühten“ Scheidungsbeschluss (BGH FamRZ 1997, 347; OLG Karlsruhe FamRZ 2024, 481; KG FamRZ 2018, 125; OLG Brandenburg FamRZ 2016, 1869; PH/Helms Rn 23 mwN). In Ausnahmefällen kann auch die maßgebl **Verursachung des Scheiterns** der Ehe berücksichtigt werden (so OLG Bamberg FamRZ 2022, 1841). – Nach OLG Brandenburg (FamRZ 2016, 490) nicht ausreichen soll, dass der Scheidungsantrag auf Bitte des gemeinsamen Kindes zurückgenommen wird.

4 **IV) Weitere Beteiligte in nicht abzutrennenden Folgesachen (§ 150 III).** Diese tragen ihre außergerichtl Kosten idR gem III selbst. IV ermöglicht, aus Billigkeitsgründen davon abzuweichen, zB wenn der Dritte erfolgreich Rechtsmittel einlegt (s Rn 10). Im Rahmen einer Billigkeitsentscheidung gem IV können im Einzelfall einem Dritten auch die Kosten eines Rechtsmittels entspr § 97 II ZPO auferlegt werden (OLG Karlsruhe FamRZ 2023, 1866).

5 **V) Vereinbarung über die Kosten (§ 150 IV 3).** Das Gericht „soll“ eine Vereinbarung der Beteiligten ganz oder teilw übernehmen, also nach dem übl juristischen Sprachgebrauch im Regelfall. Es dürfte kaum Anlass geben, von einer solchen abzuweichen (PH/Helms Rn 13; Löhnig FamRZ 2009, 741; beiläufig OLGR Frankfurt 2002, 243 im Rahmen eines Berichtigungsverf).

6 ***VI) Abgetrennte Folgesachen* (§ 150 V). 1) Gesondert zu entscheidende Folgesachen:** Folgesachen gem **§ 137 II** bleiben nach Abtrennung (§ 140) Folgesachen (§ 137 V 1, s § 137 Rn 32). In dem verbliebenen Scheidungsverbundverf ist eine (Teil-)Kostenentscheidung und im abgetrennten Folgesacheverf eine eigenständige Kosten-

entscheidung, ebenfalls nach I-IV, zu treffen OLG (OLG Frankfurt NZFam 2016, 428; PH/Helms Rn 3). Bei unterschiedl Kostenentscheidungen betrifft diej in der Folgesache nur die durch diese verursachten Mehrkosten („Differenzmethode"; OLGR Schleswig 2001, 171; OLG Düsseldorf JurBüro 2000, 413; OLG München MDR 1999, 101; OLGR Frankfurt 1997, 168; OLG Köln MDR 1997, 789; PH/Helms Rn 16; Löhnig FamRZ 2009, 741). – **2) Selbständig fortgeführte Folgesachen:** Das sind gem § 137 V 2 abgetrennte Kindschaftsfolgesachen gem **§ 137 III**, außerdem bei Abweisung des Scheidungsantrags gem § 142 II 2, 3 (s § 142 Rn 5) und bei Rücknahme des Scheidungsantrags gem § 141 S 2, 3 (s § 141 Rn 5) selbständig fortgeführte Folgesachen. Über die Kosten ist gem V 2 nach allg Regeln zu entscheiden, so als ob nie ein Verbundverf bestanden hätte. Anzuwenden sind daher in fG-FamSachen §§ 80 ff, in FamStreitsachen die Kostenvorschriften der ZPO bzw in Unterhaltssachen § 243.

VII) Entscheidung. Grds ergeht über die Scheidung und über die im Verbund stehenden Folgesachen eine **einheitliche Kostenentscheidung** in der Verbundentscheidung iSv § 142 I 2; eine Trennung zwischen den einzelnen Verfahrensgegenständen ist grds nicht zulässig (OLG Nürnberg FamRZ 2013, 1919); zur Einheitlichkeit der Kostenentscheidung s § 81 Rn 3, § 92 ZPO Rn 5. Dies gilt auch, wenn eine Folgesache zurückgenommen, die Scheidung aber weiter betrieben wird (Msk/Borth Rn 7); die Rücknahme ist ggf über IV zu berücksichtigen. – Mehrere Kostenentscheidungen sind notwendig, wenn eine abgetrennte Folgesache Folgesache bleibt und später beschieden wird (s Rn 6). 7

VIII) Anfechtbarkeit. 1) Kostenentscheidung mit der Hauptsacheentscheidung. Wird die Scheidung ausgesprochen oder der Antrag zurückgewiesen, ist die Kostenentscheidung immer **mit der Hauptsache** gem § 58 anfechtbar. Eine **isolierte Anfechtung** der Kostenentscheidung ist für die Scheidungs- und FamStreitsachen im Verbund gem § 113 I 2 FamFG iVm § 99 I ZPO unzulässig (BGH FamRZ 2011, 1933; s § 58 Rn 5). In den Folgesachen, die fG-FamSachen sind, richtet sich die Anfechtbarkeit dagegen allein nach dem FamFG, das eine isolierte Anfechtung der Kostenentscheidung zulässt; s § 58 Rn 5. 8

2) Isolierte Kostenentscheidung. Gegen die Kostenentscheidung nach Rücknahme und Hauptsachenerledigung (s Rn 2) kann sof Beschwerde gem § 113 I 2 FamFG, §§ 567 ff ZPO eingelegt werden, da dies nach ZPO-Grundsätzen zulässig ist (OLG Hamm FamRZ 2012, 811; s § 58 Rn 4). 9

IX) Rechtsmittelinstanz. § 150 ist auch im Rechtsmittelverf anzuwenden und verdrängt (s Rn 1) in seinem Anwendungsbereich grds die allg Kostenregelungen (KG FamRZ 2018, 125), die aber über IV berücksichtigt werden können. Mangels Regelung in § 150 betrifft dies aber nicht erfolglose Rechtsmittel (aA OLG Karlsruhe FamRZ 2015, 754). – Bei **erfolgreichem Rechtsmittel** eines Ehegatten gilt § 150 (OLG Brandenburg FamRZ 2012, 306; OLG München FamRZ 2011, 1062). Der Rechtsgedanke von § 97 II ZPO ist über IV (nach zT vertretener Ansicht gem § 113 I 2) anzuwenden, wenn das Rechtsmittel nur wegen neuen Vorbringens (KG FamRZ 2018, 125) oder wegen Ablauf des Trennungsjahres erst in 2. Instanz erfolgreich ist (s Rn 3). Bei **erfolglosem Rechtsmittel** eines Ehegatten gilt § 113 I 1 FamFG iVm § 97 I ZPO (OLG Nürnberg NJW-Spezial 2011, 485; aA OLG Karlsruhe FamRZ 2015, 754: § 150); denn diesen Fall regelt § 150 nicht. – Dies gilt auch, wenn das Rechtsmittel nur hinsichtl einer **Folgesache**, die FamStreitsache ist, eingelegt wird. Wird allein die Entscheidung in einer fG-Folgesache angegriffen, ist § 84 bei Erfolglosigkeit (aA OLG Karlsruhe FamRZ 2015, 754: § 150), § 150 bei Erfolg anzuwenden. Bei von Drittem erfolgreich eingelegtem Rechtsmittel: in Anwendung von IV 1 haben die Eheleute idR ihre eigenen Kosten selbst (OLG Karlsruhe FamRZ 2024, 1365) und die übrigen Kosten, insb Gerichtskosten, je zu ½ zu tragen (§ 100 I; PH/Helms Rn 24). – Bei einer **Rechtsmittelrücknahme** gilt: Wird die Scheidungs- oder eine Folgesache, die FamStreitsachen sind, zurückgenommen, trägt der Beschwerdeführer gem § 117 II 1 FamFG iVm § 516 III ZPO die Kosten. In fG-Folgesachen ist § 84 anzuwenden, der nach zutr Ansicht auch eine Beschwerderücknahme erfasst (s § 84 Rn 3). 10

X) Einstweilige Anordnungen. Diese sind, auch soweit sie Gegenstände von Folgesachen betreffen, eigenständige Verf (§ 51 III 1). In ihnen ist die Kostenentscheidung nicht gem § 150, sondern den allg Vorschriften zu treffen (§ 51 IV; s § 51 Rn 18). 11

§§ 151 bis 230 (betr Verfahren in Kindschafts-, Abstammungs-, Adoptions-, Ehewohnungs- und Haushalts-, Gewaltschutz- und Versorgungsausgleichssachen)

Abschnitt 9
Verfahren in Unterhaltssachen (§§ 231-260)

Unterabschnitt 1
Besondere Verfahrensvorschriften (§§ 231-245)

§ 231 Unterhaltssachen

(1) Unterhaltssachen sind Verfahren, die
1. die durch Verwandtschaft begründete gesetzliche Unterhaltspflicht,
2. die durch Ehe begründete gesetzliche Unterhaltspflicht,
3. die Ansprüche nach § 1615l oder § 1615 m des Bürgerlichen Gesetzbuchs
betreffen.

(2) [1]Unterhaltssachen sind auch Verfahren nach § 3 Abs. 2 Satz 3 des Bundeskindergeldgesetzes und § 64 Abs. 2 Satz 3 des Einkommensteuergesetzes. [2]Die §§ 235 bis 245 sind nicht anzuwenden.

1 **I) „Unterhaltssachen" als Gesetzesbegriff.** Die in I aufgeführten „klassischen" Unterhaltsverf sind FamStreitsachen (§ 112 Nr 1), in denen gem § 113 I 2 weitgehend die ZPO anzuwenden ist (s Rn 16 ff). – Auch die den Unterhalt betr Verf von Lebenspartnern und ihren Kindern sind zwar FamStreitsachen (§ 112 Nr 1 iVm § 269 I Nr 8, 9), aber das Gesetz bezeichnet sie nicht als Unterhaltssachen. Die Vorschriften über Unterhaltssachen sind aber entspr anzuwenden, § 279 I 2. – Demggü sind gem § 231 II 1 die nach § 3 II 3 BKGG und § 64 II 3 EStG vorgesehenen Verf zur Bestimmung der für das Kindergeld bezugsberechtigten Person Unterhaltssachen. Hierbei handelt es sich um Verf der freiw Gerichtsbarkeit; s Rn 26.

2 **II) Unterhaltssachen als Familienstreitsachen (§ 231 I). 1) Unmittelbarer Anwendungsbereich.** Der Katalog in I **erfasst enumerativ:** In **Nr 1** ges **Unterhaltsansprüche von in gerader Linie Verwandten untereinander** (§§ 1601 ff BGB); in **Nr 2** die **durch Ehe begründete gesetzliche Unterhaltspflicht**, also Ansprüche der Ehegatten untereinander auf Familienunterhalt und Taschengeld (§ 1360 BGB), Unterhaltsansprüche während der Trennung (§ 1361 BGB) und nach der Scheidung (§§ 1569 ff BGB); in **Nr 3** die **Ansprüche nach § 1615l BGB** (Ansprüche zwischen nicht verheirateten Eltern aus Anlass der Geburt) und **§ 1615m BGB** (Beerdigungskosten der nicht verheirateten Mutter).

3 **2) Unterhaltssachen kraft Sachzusammenhangs – Übersicht.** Zu den Unterhaltssachen iSd I zählen auch alle Verf, die mit den in I genannten Unterhaltsansprüchen in Sachzusammenhang stehen (BGH FamRZ 1978, 582, 584 = NJW 1978, 1533; OLG Hamm FamRZ 2013, 67), insb **Neben-, Schadensersatz- und Ausgleichsansprüche** (s Rn 8, 10, 11), **vertragliche Ausgestaltungen des gesetzlichen Unterhalts** (s Rn 9), ebenso kraft Gesetzes **übergegangene** (§ 1607 II 2, III 1, 2; § 1608 BGB; § 33 II SGB II [s Rn 6]; § 94 I SGB XII) oder durch eine Behörde (zB gem § 95 SGB VIII) **übergeleitete Ansprüche** (s Rn 6). Bei der Auslegung der Bestimmung kommt es einerseits darauf an, sachl Zusammenhängendes nicht auseinanderzureißen. Andererseits soll Sachfremdes von den FamG ferngehalten werden (OLG Hamm NJW-RR 1991, 1349). Dabei ist zu beachten, dass mit der Einführung der „sonstigen FamSachen" iSd § 266 die Zuständigkeit der FamG auf verschiedene Verf erstreckt worden ist, die früher vor den Zivilgerichten zu führen waren.

4 **3) Einzelheiten zu Zuständigkeiten kraft Sachzusammenhangs. a)** Auf Antrag des Kindes kann das FamG die Bestimmung der Eltern über die **Art der Unterhaltsgewährung** ändern (§ 1612 II 2 BGB). Für eine solche isolierte Entscheidung ist der Rpfleger zuständig (§ 3 Nr 2a RPflG; OLG Köln FamRZ 2002, 111). Wenn der Einwand des Naturalunterhalts aber in einem Unterhaltsverf des Kindes geltend gemacht wird, ist in diesem incidenter zu entscheiden, ob Barunterhalt geschuldet wird (str, wie hier KG FamRZ 2003, 619 mwN zur Gegenansicht; OLG Schleswig FamRZ 2003, 48 mwN; OLG Köln FamRZ 2005, 117; OLG Köln FamRZ 2006, 867).

5 **b)** Der **Ausgleichsanspruch** des einen Elternteils gegen den anderen, der **Kindergeld** bezieht, betrifft die Unterhaltspflicht (OLG Brandenburg 1.9.2016 – 13 UF 59/16 mwN). Zur Bestimmung der kindergeldberechtigten Person s Rn 26.

6 **c)** Beteiligte einer Unterhaltssache können auch **Rechtsnachfolger** der ursprüngl Unterhaltsberechtigten bzw -verpflichteten sein: **aa) Antragsteller** können die Erben des Berechtigten sein, soweit Unterhaltsansprüche vererbl sind (§ 1361 IV 4, § 1360a III, § 1615 I, § 1586 II BGB), oder seine Einzelrechtsnachfolger, auf die die Ansprüche gem § 1584 S 3, § 1607 II 2, III 1 u 2 BGB (s Rn 3), § 37 BAföG, § 33 I SGB II, § 72 II SGB III, § 94 I *SGB XII, § 7 UntVorschG* **übergegangen** sind oder gem § 95 SGB VIII übergeleitet worden sind. Die Rechtsnatur als Unterhaltssache ändert sich auch durch eine Überleitung des Anspruchs nicht (BGH FamRZ 1981, 758; BGH VersR 1979, 375). Auch das Verf, mit dem der ASt eine gepfändete und ihm zur Einziehung überwiesene

Unterhaltsforderung seiner Schuldnerin gegen deren Ehemann geltend macht, ist Unterhaltssache (OLG Hamm FamRZ 1985, 407; OLG Hamm FamRZ 1978, 602). – Zur Rechtslage im Falle des **Todes eines Prozessstandschafters** eines Sozialhilfeträgers s BGH FamRZ 2012, 1793. – **bb) Antragsgegner** in Unterhaltsverf vor dem FamG können auch **Erben von Unterhaltsverpflichteten** sein, soweit sie für Unterhaltsschulden aufzukommen haben (§ 1361 IV 4, § 1360a III, § 1586b, § 1615 I BGB).

d) Unterhaltssache ist der Anspruch auf Ersatz von Nachteilen aus der Durchführung des **begrenzten Realsplittings** (BGH FamRZ 2020, 1394; BGH FamRZ 2008, 40). Dasselbe gilt für ein Verf auf **Abänderung** eines Unterhaltstitels (BGH FamRZ 1996, 543). 7

e) Nebenansprüche von Unterhaltssachen sind: Ansprüche auf **Verfahrenskostenvorschuss** (OLG Zweibrücken FamRZ 1980, 1041; OLG Koblenz FamRZ 1982, 402) und auf dessen Rückzahlung (OLG München FamRZ 1978, 601; OLG Stuttgart FamRZ 1981, 36), auf **Verzugs- und Prozesszinsen**, auf Einwilligung in die Auszahlung von Geld, das der Drittschuldner nach der Pfändung aus einem Unterhaltstitel **hinterlegt** hat (OLG Düsseldorf FamRZ 1988, 298), auf **Sicherheitsleistung für Unterhalt** (§ 1585a BGB), auf **Kapitalabfindung für Unterhalt** (§ 1585 II BGB); ferner Ansprüche auf **Auskunft** über Einkünfte und Vermögen (§ 1361 IV 4, § 1580, § 1605 BGB; OLG Koblenz FamRZ 1981, 992; OLG Zweibrücken FamRZ 1996, 1288; OLG Zweibrücken 1998, 490; s hierzu Bömelburg FF 2012, 240). Dies gilt auch für Auskunftsansprüche aus § 242 BGB, wenn die Auskunft zur Durchsetzung von Unterhalt dient (vgl OLG Hamm FamRZ 2005, 1844; OLG Hamm NJW-RR 1991, 1349). Dient die Auskunft zur Durchsetzung anderer Ansprüche, handelt es sich auch bei einem Verf zwischen (geschiedenen) Ehegatten um keine Unterhaltssache und gehört nicht vor das FamG (BGH FamRZ 1984, 465 = NJW 1984, 2040 = MDR 1984, 655; aA OLG Karlsruhe FamRZ 1982, 1028; BayObLG FamRZ 1985, 945). 8

f) Unterhaltssachen betreffen weiter Ansprüche aus **Verträgen**, insb Scheidungsfolgenvergleichen, durch die die ges **Unterhaltspflicht gestaltet und modifiziert** wird (BGH NJW 1991, 2709 = FamRZ 1990, 867; BGH FamRZ 1990, 867; OLG Zweibrücken FamRZ 2000, 497 = NJW-RR 2000, 150); die die **Freistellung** von Unterhaltsansprüchen (OLG Zweibrücken FamRZ 2000, 497) oder deren **Sicherung** regeln, zB durch eine Lebensversicherung (BayObLG FamRZ 1983, 1246 = MDR 1983, 583). 9

g) Sachzusammenhang mit Unterhaltssachen besteht ferner mit **Schadensersatzansprüchen** wegen Nicht- oder Schlechterfüllung der ges Unterhaltspflicht (§ 1585b II, § 1613 I BGB (BGH FamRZ 1994, 626 = NJW 1994, 1416; OLG Dresden FamRZ 2006, 1128 = MDR 2007, 95) und der in Rn 9 erwähnten Verträge (OLG Zweibrücken NJW-RR 2000, 150; aA OLG Schleswig SchlHA 1982, 76); Regressansprüche gem § 1607 III BGB gegen die Eltern eines Kindes (OLG Hamm FamRZ 2005, 1844); wegen Verzugs mit der Erfüllung in § 231 I genannter Verpflichtungen (so zu § 621 I ZPO aF; OLG München FamRZ 2006, 721; OLG Köln FamRZ 1996, 50); wegen Betrugs oder sittenwidriger vorsätzl Schädigung beim Geltendmachen von Unterhaltsansprüchen (OLG Hamm NJW-RR 1991, 1349; OLG Karlsruhe FamRZ 1982, 400); Ansprüche aus § 717 ZPO nach Aufhebung einer vorläufig vollstreckbaren Unterhaltsentscheidung; die Feststellung einer **vorsätzlich unerlaubten Handlung** iSv § 302 Nr 1 InsO, wenn es sich bei dieser um eine Unterhaltspflichtverletzung gem § 170 StGB handelt (KG FamRZ 2012, 138; OLG Rostock FamRZ 2016, 1385 mwN; OLG Celle FamRZ 2012, 1838; sa OLG Hamm FamRZ 2012, 1741 = NJW-RR 2012, 967 jedenfalls sonstige FamSache iSv § 266). 10

h) Unterhaltssachen kraft Sachzusammenhangs sind auch Ansprüche auf **Erstattung** und **Freistellung** (BGH FamRZ 1994, 626 = NJW 1994, 1416; BGHZ 106, 303 = NJW 1989, 1356); **Ansprüche auf Rückgewähr** von grundlos gezahltem Unterhalt (BGH FamRZ 1994, 626 = NJW 1994, 1416; BGHZ 71, 264 = FamRZ 1978, 582; OLG Hamm FamRZ 2013, 67) und familienrechtl Ausgleichsansprüche (OLG Brandenburg FamRZ 2016, 1462; OLG Köln FamRZ 2012, 574). Hat ein Vater seinem Sohn unterhaltshalber Wohnraum überlassen und verlangt er dessen Rückgabe, nachdem der Sohn sich selbst unterhalten kann, so dürfte auch dieser Streit eine Unterhaltssache sein (aA OLG Frankfurt FamRZ 1983, 200); zu Ansprüchen des Scheinvaters s Rn 3 und 15. 11

i) Soweit für die Bestimmung des geschuldeten Unterhalts rein **zivilrechtliche Vorfragen** zu klären sind, zB in wessen Eigentum ein für den Unterhaltsbedarf erhebl Gegenstand steht, obliegt dies dem FamG (OLG Düsseldorf FamRZ 97, 500). 12

Einstweilen frei. 13

4) Nicht von § 231 I erfasste Unterhaltsansprüche. a) Vereinbarungen über **rein vertragliche Unterhaltsansprüche**, die vom ges Unterhaltsrecht vollständig losgelöst sind, betreffen keine ges Unterhaltsansprüche iSv I Nr 1, 2 (BGH FamRZ 2007, 368 f = NJW 2007, 909 = MDR 2007, 466). Dass die Parteien eine solche Loslösung wollten, kann aber nur angenommen werden, wenn bes Umstände hierfür sprechen (BGH FamRZ 85, 367; BGH FamRZ 1984, 874 mwN; OLG Bamberg FamRZ 1999, 1278). Bsp für rein vertragl Ansprüche: Unterhaltsansprüche zwischen in der Seitenlinie Verwandten; Unterhaltszusage an einen vor 1977 schuldig geschiedenen Ehegatten (BGH FamRZ 1978, 674 = NJW 1978, 1924 = MDR 1978, 912); Unterhaltsversprechen des Ehemannes der Mutter an ein Kind, das durch Fremdinsemination gezeugt und für nichtehelich erklärt worden ist (OLG Düsseldorf FamRZ 1987, 166). 14

15 **b)** Verlangt ein **Scheinvater** vom leibl Vater Erstattung der Kosten des Vaterschaftsanfechtungsverf, so handelt es sich nicht um eine Familiensache (OLG Jena FamRZ 2003, 1125 mwN; sa OLG Jena NJW-RR 2005, 1571 mwN; OLG Jena FamRZ 2006, 1148 mwN), und zwar auch nicht um eine solche nach § 266 I Nr 4. Denn ein etwaiger Anspruch hätte jedenfalls nicht, wie § 266 I Nr 4 es voraussetzt (BTDrs 16/6308, 263), im Eltern-Kind-Verhältnis selbst seine Grundlage; ein bloßer Zusammenhang genügt nicht (s § 266 Rn 19).

16 **5) Anzuwendende Verfahrensvorschriften. a) Systematik.** § 113 I ordnet für Ehesachen und FamStreitsachen, also auch für Unterhaltssachen iSd § 231 I die entspr Anwendung der allg Vorschriften der **ZPO** (§§ 1-252 ZPO) und der Vorschriften der ZPO über das Verf vor den LG (§§ 253-494a ZPO) an. Die §§ 2-37, 40-45, 46 S 1 u 2, §§ 47 u 48 sowie §§ 76-96 FamFG sind nicht anzuwenden. – Weiterhin gelten gem § 113 II auch in FamStreitsachen über den Unterhalt die Vorschriften der ZPO über den Urkunden- und Wechselprozess (§§ 592 ff ZPO) und über das Mahnverf (§§ 688 ff ZPO) entspr. § 227 III ZPO, die Sondervorschrift für Verlegungen von Terminen in der Zeit zwischen dem 1.7. und dem 31.8. eines jeden Jahres, gilt dagegen nicht, § 113 III.

17 Vor der Anwendung der Vorschriften der ZPO ist stets zu prüfen, ob sich nicht eine **speziellere Norm** zu der jew Materie in Abschnitt 9 bzw den §§ 232 ff findet. Wenn Unterhalt gem § 137 II Nr 2 im Scheidungsverbund geltend gemacht wird, sind die Vorschriften über Verf in Ehesachen bzw Verf in Scheidungssachen und Folgesachen, die in Abschnitt 2 (§§ 121-150) enthalten sind, zusätzl zu beachten. ZB ist dann die Kostenregelung des § 150 als Spezialregelung zu §§ 91 ff ZPO und § 243 einschlägig.

18 Schließl ist zu beachten, dass gem § 113 V bei Anwendung der ZPO an die Stelle der Bezeichnung „Prozess" oder „Rechtsstreit" die Bezeichnung „Verfahren", „Klage" die Bezeichnung „Antrag", „Kläger" die Bezeichnung „Antragsteller", „Beklagter" die Bezeichnung „Antragsgegner" und „Partei" die Bezeichnung „Beteiligter" tritt.

19 **b) Einzelheiten zum Verfahren. aa)** Auch in selbständigen Unterhaltssachen besteht grds bereits im 1. Rechtszug **Anwaltszwang** (s § 114 Rn 1). Etwas anderes gilt im Verf der einstw Anordnung sowie dann, wenn ein Beteiligter durch das Jugendamt als Beistand vertreten ist, ferner im VKH-Prüfungsverf und wenn die Voraussetzungen des § 78 III ZPO vorliegen (§ 114 IV). Behörden sind privilegiert (§ 114 III). Wird ein Kind durch das Jugendamt als Beistand vertreten, ist eine Vertretung durch den sorgeberechtigten Elternteil ausgeschlossen (§ 234).

20 **bb)** Die **VKH** (nicht „PKH", s Rn 18) richtet sich in Unterhaltssachen gem § 113 I nach den §§ 114 ff ZPO und nicht nach §§ 76 ff. – Von praktischer Bedeutung ist § 117 II 2 ZPO, der dem Gericht im VKH-Prüfungsverf die Möglichkeit gibt, die Erklärung des ASt über seine persönl und wirtschaftl Verhältnisse sowie entspr Belege dem Ag zugängl zu machen, sofern dieser einen Anspruch auf Auskunft über seine Einkünfte und Vermögen gegen den ASt hat. Hiermit sind insb Auskunftsansprüche aus § 1361 IV 4 iVm § 1605 BGB, aus § 1605 BGB und aus § 1580 BGB gemeint. Der Auskunftsanspruch muss weder konkret fällig noch Gegenstand des zugrunde liegenden Verf sein (OLG Koblenz FamRZ 2011, 389 mwN). Die Regelung soll sicherstellen, dass etwaige Unrichtigkeiten in der Erklärung so früh wie mögl korrigiert werden (BTDrs 16/6308, 325).

21 **cc)** In Unterhaltssachen gibt es folgende **Arten von Anträgen:** den **Auskunftsantrag** (§ 253 ZPO iVm § 113 I 2 FamFG; Formulierungsvorschlag: Vorwerk/Schausten, PFB, M 120.3), den **Stufenantrag** (§ 254 ZPO iVm § 113 I 2 FamFG; Formulierungsvorschlag: Vorwerk/Schausten, PFB, M 120.4), den **Leistungsantrag** (§§ 253, 258 ZPO iVm § 113 I 2 FamFG), ggf in Form eines Zusatz- bzw Nachforderungsantrags (Formulierungsvorschlag: Vorwerk/Schausten, PFB, M 120.5) oder eines Teilantrags (Formulierungsvorschlag: Vorwerk/Schausten, PFB, M 120.12), den **Abänderungsantrag** (§§ 238 ff FamFG; Formulierungsvorschlag: Vorwerk/Schausten, PFB, M 120.6), den **Vollstreckungsabwehrantrag** (§ 767 ZPO iVm § 113 I 2 FamFG; Formulierungsvorschlag: Vorwerk/Schausten, PFB, M 120.7) und den **negativen Feststellungsantrag** (§ 256 ZPO iVm § 113 I 2 FamFG, s OLG Karlsruhe FamRZ 2020, 522; Formulierungsvorschlag: Vorwerk/Schausten, PFB, M 120.8). Beim Minderjährigenunterhalt gibt es ein **vereinfachtes Verfahren**, bei dem der Unterhalt durch den Rpfleger festgesetzt wird (§§ 249 f).

22 **dd)** Der **vorläufige Rechtsschutz** in Unterhaltssachen erfolgt im Wege des Arrests (§ 119 II) und durch einstw AO (§§ 49 ff, § 246 I, § 247 f).

23 **ee)** Gem § 116 I hat das Gericht in FamSachen stets durch **Beschluss** zu entscheiden, der grds zu begründen ist. Form und Inhalt bestimmen sich gem § 38. Ein sog **horizontaler Teilbeschluss**, mit dem der Höhe nach nur über einen Teil des Unterhalts von einem bestimmten Zeitpunkt an entschieden und der restl Unterhalt offengelassen wird, ist wegen der Gefahr widersprechender Entscheidungen idR unzulässig. Gleiches gilt bei einer **vertikalen Teilentscheidung**, also einer Entscheidung über einen Teil des streitgegenständl Gesamtzeitraums, wenn für beide Zeiträume dies Vorfragen (zB Einkommensermittlung) erhebl sind. IE s § 301 ZPO Rn 13. – Gem § 39 ist dem Beschluss eine **Rechtsmittelbelehrung** beizufügen. Wirksamkeit tritt gem § 116 III 1 mit Rechtskraft ein. Soweit die Endentscheidung eine Verpflichtung zur Leistung von Unterhalt enthält, soll das Gericht gem § 116 III 3 die **sofortige Wirksamkeit** anordnen. Gem § 120 II 1 sind Beschlüsse mit Wirksamwerden bereits kraft Gesetzes vollstreckbar, ohne dass es einer Vollstreckbarerklärung des Gerichts bedarf.

24 ***ff)*** *Die* ***Vollstreckung*** *des Beschlusses* erfolgt gem § 120 I entspr den ZwV-Vorschriften der ZPO. Auf Antrag des Verpflichteten ist die Vollstreckung nach Maßgabe des § 120 II 2, 3 einzustellen oder zu beschränken (s § 120 Rn 4 u 5).

gg) Gegen die Endentscheidungen – Beschlüsse – des FamG ist das **Rechtsmittel der Beschwerde** statthaft, § 58. Aus § 117 ergeben sich Besonderheiten, die sich an die Vorschriften für die Berufung des allg Zivilprozessrechts anlehnen. Die Beschwerdefrist beträgt, wie bei der Berufung, 1 Monat. Die Beschwerde kann nach § 64 I nur bei dem Gericht eingelegt werden, dessen Beschluss angefochten wird, also dem FamG. Die Einlegung der Beschwerde beim OLG oder einem anderen Gericht wahrt die Beschwerdefrist nur, wenn die Beschwerdeschrift innerhalb der Beschwerdefrist beim zuständigen Gericht eingeht (s § 64 Rn 3). Das andere Gericht ist zwar zur Weiterleitung (§ 25 II 1), nicht aber zu deren bes Beschleunigung verpflichtet (s § 64 Rn 3). – Das weitere Rechtsmittel der **Rechtsbeschwerde** ist in den §§ 70 ff geregelt. Über ihre – in Unterhaltssachen erforderl – Zulassung hat das Beschwerdegericht vAw zu entscheiden. 25

III) Nicht zu den Familienstreitsachen gehörende Unterhaltssachen. Dazu erklärt **II** das Verf gem § 3 II 3 BKGG und § 64 II 3 EStG (s hierzu OLG Celle FamRZ 2014, 415) zur Bestimmung der **für das Kindergeld bezugsberechtigten Person**. Sachl zuständig ist das FamG. Das Bestimmungsverf steht in engem Zusammenhang mit dem Verf betr den Kindesunterhalt. Gem § 1612b BGB hängt die Höhe des Kindesunterhalts davon ab, welcher Elternteil das Kindergeld bezieht und wie hoch es ist. Das Bestimmungsverf ist allerdings keine FamStreitsache iSd § 112, sondern ein **Verfahren der fG**. Deshalb gelten hierfür nur die nachfolgenden §§ 232-234 (örtl Zuständigkeit, Abgabe an das Gericht der Ehesache, Vertretung eines Kindes durch den Beistand), nicht aber die auf das streitige Unterhaltsverf zugeschnittenen §§ 235-245. 26

IV) Gebühren. 1) Gericht: a) FamStreitsachen: 1210, 1220 FamGKG-KV. Die Geb KV 1100 GKG-KV aus einem Mahnverf (nach GKG!) wird wertentspr angerechnet (1220 Anm FamGKG-KV). Ermäßigung gem 1221 FamGKG-KV, nicht durch Versäumnisbeschluss (KG FamRZ 2012, 1165). Beschwerden: 1222 ff FamGKG-KV. Fälligkeit: § 9 I FamGKG. Vorauszahlung: § 14 I 1 FamGKG. – **b)** fG-FamSachen: Vorbem 1.3.2 Nr 6 FamGKG-KV, 1320 ff FamGKG-KV. Beschwerden: 1322-1328 FamGKG-KV. – **2) RA:** 3100, 3104 RVG-VV. – Anrechnung der für ein vereinf Verf über den Unterhalt Mindj entstandenen VerfGeb (3100 Anm 1 RVG-VV). – Versäumnisentscheidung: 3105 RVG-VV. – Anrechnung einer vor dem Verf entstandenen Geschäftsgeb (2300 RVG-VV): § 15a RVG. – Beschwerde: Vorbem 3.2.1 Nr 2b RVG-VV; Rechtsbeschwerde: Vorbem 3.2.2 Nr 1a RVG-VV. Das Zulassungsverf der Sprungrechtsbeschwerde gehört zum Rechtszug (§ 17 Nr 1, § 16 Nr 11, § 19 I 2 Nr 9 RVG). – Zum **Wert** s FamFG Anh Rn 1.9 (Auskunft), 1.33 (Mahnverfahren), 1.39 (Rückstände), 1.44 (Stufenantrag), 1.45 (Titulierungsinteresse), 1.46 (Unterhalt), 1.47 (Unterhaltsverzicht). 27

§ 232 Örtliche Zuständigkeit

(1) Ausschließlich zuständig ist

1. für Unterhaltssachen, die die Unterhaltspflicht für ein gemeinschaftliches Kind der Ehegatten betreffen, mit Ausnahme des vereinfachten Verfahrens über den Unterhalt Minderjähriger, oder die die durch die Ehe begründete Unterhaltspflicht betreffen, während der Anhängigkeit einer Ehesache das Gericht, bei dem die Ehesache im ersten Rechtszug anhängig ist oder war;

2. für Unterhaltssachen, die die Unterhaltspflicht für ein minderjähriges Kind oder ein nach § 1603 Abs. 2 Satz 2 des Bürgerlichen Gesetzbuchs gleichgestelltes Kind betreffen, das Gericht, in dessen Bezirk das Kind oder der Elternteil, der auf Seiten des minderjährigen Kindes zu handeln befugt ist, seinen gewöhnlichen Aufenthalt hat; dies gilt nicht, wenn das Kind oder ein Elternteil seinen gewöhnlichen Aufenthalt im Ausland hat.

(2) Eine Zuständigkeit nach Absatz 1 geht der ausschließlichen Zuständigkeit eines anderen Gerichts vor.

(3) [1]Sofern eine Zuständigkeit nach Absatz 1 nicht besteht, bestimmt sich die Zuständigkeit nach den Vorschriften der Zivilprozessordnung mit der Maßgabe, dass in den Vorschriften über den allgemeinen Gerichtsstand an die Stelle des Wohnsitzes der gewöhnliche Aufenthalt tritt. [2]Nach Wahl des Antragstellers ist auch zuständig

1. für den Antrag eines Elternteils gegen den anderen Elternteil wegen eines Anspruchs, der die durch Ehe begründete gesetzliche Unterhaltspflicht betrifft, oder wegen eines Anspruchs nach § 1615l des Bürgerlichen Gesetzbuchs das Gericht, bei dem ein Verfahren über den Unterhalt des Kindes im ersten Rechtszug anhängig ist;

2. für den Antrag eines Kindes, durch den beide Eltern auf Erfüllung der Unterhaltspflicht in Anspruch genommen werden, das Gericht, das für den Antrag gegen einen Elternteil zuständig ist;

3. das Gericht, bei dem der Antragsteller seinen gewöhnlichen Aufenthalt hat, wenn der Antragsgegner im Inland keinen Gerichtsstand hat.

Lit: *Götsche*, Arrest bei Unterhaltsansprüchen, FamRB 2023, 74.

I) Ausschließliche Zuständigkeit. I regelt die vorrangige (III) örtl Zuständigkeit für bestimmte Unterhaltssachen. Sie gilt gem § 50 I auch für Verf der einstw Anordnung. Zur sachl Zuständigkeit des AG und der FamG s §§ 23a-23c GVG. 1

2 **1) § 232 I Nr 1.** Ausschließl örtl und sachl zuständig ist das **Gericht der Ehesache** (zum Begriff § 121, zur örtl Zuständigkeit in Ehesachen § 122): **a)** für Unterhaltssachen, die die **Unterhaltspflicht für ein gemeinschaftliches Kind** der Ehegatten betreffen, gleich ob das Kind ehel oder nicht ehel, leibl oder adoptiert, mindj oder vollj ist. Zur Zuständigkeit für das vereinf Verf über den Unterhalt Mindj s Rn 3; Erfasst sind auch die damit in Sachzusammenhang stehenden Neben-, Schadensersatz- und Ausgleichsansprüche sowie Ansprüche bei Rechtsnachfolge (s § 231 Rn 2-13). – **b)** für Unterhaltssachen, die die **durch die Ehe begründete Unterhaltspflicht** betreffen: Wie in § 231 I Nr 2 sind damit in 1. Linie die ges Unterhaltsansprüche, daneben Ansprüche aus Verträgen gemeint, durch die die ges Unterhaltspflicht gestaltet bzw modifiziert wird. Erfasst sind auch die damit in Sachzusammenhang stehenden Neben-, Schadensersatz- und Ausgleichsansprüche sowie Ansprüche bei Rechtsnachfolge (s § 231 Rn 2-13). – Das Gericht der Ehesache ist auch zuständig, wenn diese inzwischen auf Rechtsmittel **beim OLG** anhängig ist („anhängig war", PH/Bömelburg Rn 6). Aus dem Zweck, den Verbund herzustellen, ergibt sich, dass die Regelung nach endgültigem Abschluss der Ehesache nicht mehr eingreift.

3 **c)** Mit I Nr 1 ist klargestellt, dass **für das vereinfachte Verfahren** über den Unterhalt Mindj (§§ 249 ff) das Aufenthaltsgericht (I Nr 2) zuständig ist, auch bei Anhängigkeit einer Ehesache. Dies ändert sich aber, sobald das vereinf Verf, für das zunächst der Rpfleger funktionell zuständig ist (§ 20 I Nr 10a RPflG), auf Antrag eines Beteiligten gem § 255 als streitiges Verf vor dem Richter fortzuführen ist. Wenn eine Ehesache in diesem Zeitpunkt anhängig ist oder später anhängig wird, hat der Richter des Aufenthaltsgerichts die Unterhaltssache an das vorrangig ausschließl zuständige Gericht der Ehesache abzugeben (§ 233).

4 **2) § 232 I Nr 2. a)** Ohne Anhängigkeit einer Ehesache ist für Verf, die den Unterhalt für ein gemeinschaftl Kind (s Rn 6) betreffen, das Gericht ausschließl zuständig, in dessen Bezirk das Kind oder der für das Kind „handlungsbefugte" Elternteil (s Rn 5) seinen **gewöhnlichen Aufenthalt** hat. Fallen ihre jew Aufenthaltsorte auseinander, hat der antragstellende Beteiligte die Wahl zwischen beiden Gerichtsständen (OLG Hamm FamRZ 2018, 1685 mwN). Gewöhnl Aufenthalt ist der, an dem sich jemand tatsächl längere Zeit aufhält. Es ist der Schwerpunkt der sozialen und wirtschaftl Beziehungen, der Daseinsmittelpunkt namentl in familiärer und berufl Hinsicht; iE s § 122 Rn 3 ff; § 122 Rn 12 f.

5 **b)** Für das (mindj) Kind **handlungsbefugt** ist der Elternteil, der das Kind ges vertritt oder, wenn beide Eltern sorgeberechtigt sind, der, der ausnahmsw gem § 1629 II 2 BGB aufgrund Obhut für das Kind als alleiniger Vertreter oder gem § 1629 III 1 BGB im Wege der Verfahrensstandschaft für das Kind handeln kann. **Obhut** besteht bei dem Elternteil, bei dem das Schwergewicht der tatsächl Betreuung liegt (BGH FamRZ 2006, 1015; OLG Hamm FamRZ 2018, 1685). Es kommt allein auf die **tatsächlichen Verhältnisse**, dh darauf an, unter wessen Aufsicht und Sorge ein Kind tatsächl lebt, auch dann, wenn die Obhut widerrechtl ist (OLG Nürnberg FamRZ 2019, 295). Auch wenn ein Elternteil das Kind **bei einem Dritten**, zB in einem Internat oder bei Verwandten, unterbringt und auf diese Weise seinen Unterhalt sicherstellt, kann er die Obhut innehaben, insb bei regelmäßigem Umgang mit dem Kind (OLG Hamm FamRZ 2018, 1685). Allerdings erlischt seine Vertretungsmacht idR bei Fremdunterbringung, insb in einer Jugendhilfeeinrichtung (OLG Karlsruhe FamRZ 2021, 360 mwN). **Wechselt** ein Kind während des laufenden Unterhaltsverf seinen ständigen Aufenthalt vom bislang handlungsbefugten Elternteil zu dem, der auf Zahlung von Kindesunterhalt in Anspruch genommen wird, wird der Zahlungsantrag rückwirkend unzulässig (OLG Koblenz FamRZ 2018, 918; OLG Bamberg FamRZ 2014, 2014 mwN). Zum Zusammenspiel bish/neuer Obhutsinhaber s Wohlgemuth FamRZ 2009, 1873, 1877 f.

6 **c)** Die Zuständigkeit des Aufenthaltsgerichts gilt für **minderjährige** und iSv § 1603 II BGB **„privilegierte" volljährige** (zu den erforderl Darlegungen s KG FamRZ 2014, 1645) Kinder. Eine nach Rechtshängigkeit, aber nicht während der reinen Anhängigkeit eintretende Veränderung dieser Voraussetzungen ändert an der Zuständigkeit gem § 113 I 1 FamFG iVm § 261 III Nr. 2 ZPO nichts (OLG Hamm FamRZ 2018, 613). – Die Zuständigkeit besteht auch bei **Übergang des Anspruchs** des Kindes auf einen Leistungsträger (OLG Brandenburg FamRZ 2014, 1731; OLG Naumburg 25.1.2011 – 8 AR 4/11 (Zust), juris). – Erfasst werden **alle Unterhaltsanträge** iSv § 231; s § 231 Rn 3 ff. Also zB auch ein familienrechtl Ausgleichsanspruch über Kindesunterhalt (OLG Köln FamRZ 2012, 574), auf Auskunft (OLG Naumburg 25.1.2011 – 8 AR 4/11 (Zust), juris) und die Feststellung, dass die Forderung auf einer vorsätzl unerlaubten Handlung beruht (AG Pankow FamRZ 2014, 1481). Es besteht keine Rechtfertigung, Ansprüche aufgrund einer Ersatzhaftung gem § 1607 I BGB davon auszunehmen (OLG Hamm FamRZ 2013, 899; PH/Bömelburg Rn 11b).

7 **d)** Bei Anträgen gegen mehrere Kinder, die **unterschiedliche Gerichtsstände** haben, wird das zuständige Gericht entspr § 36 I Nr 3 ZPO bestimmt (OLG Rostock FamRZ 2010, 1264).

7a **e)** In Fällen mit **Auslandsberührung**, dh dann, wenn das Kind oder ein Elternteil – dies kann auch der Ag sein – seinen gewöhnl Aufenthalt im Ausland hat, begründet § 232 I Nr 2 keine ausschl Zuständigkeit, § 232 I Nr 2 letzter Hs (OLG Frankfurt NJW 2012, 2363).

8 **II) Zuständigkeitskollision.** Gem II ist die ausschließl Zuständigkeit gem I **vorrangig** vor anderen ausschließl *Gerichtsständen. Die Kollision mehrerer* ausschließl Gerichtsstände hat in Unterhaltssachen im Fall des Vollstreckungsabwehrantrags Bedeutung, für den gem § 767 I, § 802 ZPO das Gericht des 1. Rechtszugs ausschließl zuständig ist. Dem geht die Zuständigkeit gem I vor.

III) Fehlende ausschließliche Zuständigkeit. 1) § 232 III 1. In den Fällen, in denen eine Zuständigkeit gem I nicht gegeben ist (Bsp: Elternunterhalt, Antrag gegen Rechtsnachfolger/Erben, rein vertragl Unterhaltsansprüche [s § 231 Rn 14], kein Elternteil ist ges Vertreter), gelten gem III 1 die **Vorschriften der ZPO** über den allg Gerichtsstand (§§ 13 ff ZPO); zur Verfahrensvereinheitlichung bei den FamSachen tritt allerdings in diesen Vorschriften an die Stelle des Wohnsitzes der gewöhnl Aufenthalt; zu diesem s § 122 Rn 3 ff; § 122 Rn 12 f. 9

2) § 232 III 2. Hier wird ein **Wahlgerichtsstand** für sachl zusammenhängende Unterhaltsansprüche von Kindern und Eltern (III 2 Nr 1, 2) sowie bei fehlendem Inlandsgerichtsstand des Ag (Nr 3) eröffnet. – **a)** III 2 **Nr 1.** Mit dieser Regelung soll eine einheitl Zuständigkeit ermöglicht werden, um sich widersprechende Entscheidungen unterschiedl Gerichte zu vermeiden. Deshalb ist das FamG, bei dem ein den Kindesunterhalt betr Verf anhängig ist, auch für Anträge zuständig, die die durch Ehe begründete Unterhaltspflicht betreffen (§ 231 I 2, s § 231 Rn 2 ff), weiter für Unterhaltsansprüche der ne Mutter gegen den Vater aus § 1615l BGB. Der Normzweck gebietet es, III 2 Nr 1 analog anzuwenden, wenn neben mindj Kindern auch ihnen gleichgestellte vollj Geschwister unter 21 Jahren (§ 1603 II 2 BGB) auf Unterhalt klagen (OLG Stuttgart FamRZ 2002, 1044; OLG Hamm FamRZ 2003, 1126; OLG Oldenburg FamRZ 2005, 1846). Eine entspr Anwendung zugunsten eines nicht privilegierten vollj Kindes kommt dagegen nicht in Betracht (vgl OLG Hamm FamRZ 2003, 1126; BTDrs 16/6308, 418). Der Regelung unterfallen **alle** den Kindesunterhalt betr **Anträge**, insb auch auf Feststellung, Abänderung, Auskunft, einstw Anordnung und Vollstreckungsabwehr (PH/Bömelburg Rn 16). Dazu gehört auch ein auf einen Leistungsträger übergegangener Anspruch und ein vereinf Verf iSd §§ 249 ff (PH/Bömelburg Rn 16); letzeres gilt auch, wenn es bei einem FamG anhängig ist, dem gem § 260 die vereinf Verf für die Bezirke mehrerer AG zugewiesen sind. 10

Um den Wahlgerichtsstand gem III 2 Nr 1 zu begründen, genügt **Anhängigkeit** des Kindesunterhaltsverf, also Einreichung einer Antragsschrift. Ein isoliertes VKH-Gesuch mit einem bedingt für den Fall der VKH-Bewilligung gestellten Unterhaltsantrag führt noch nicht zur Anhängigkeit (str, wie hier PH/Bömelburg Rn 18). Rechtshängigkeit iSv § 261 ZPO, die durch Zustellung der Antragsschrift begründet wird, ist nicht erforderl. Bei einem Antrag, der die durch Ehe begründete Unterhaltspflicht betrifft, kann der ASt zwischen dem Gerichtsstand gem III (gewöhnl Aufenthalt des Kindes) und den Gerichtsständen nach den §§ 12 ff ZPO (gewöhnl Aufenthalt des Ag) wählen, sofern keine ausschließl Zuständigkeit gem I besteht. Das für den Ag zuständige Gericht kann das Verf auf Antrag gem § 233 an das Gericht des Kindesunterhaltsverf abgeben. Soweit ein Antrag auf ehel oder nachehel Unterhalt bei dem Gericht erhoben wird, bei dem der Antrag auf Kindesunterhalt anhängig ist, schafft III die Möglichkeit der Verfahrensverbindung (§ 113 I 2 FamFG iVm § 147 ZPO), die sinnvoll ist, wenn die Höhe des einen Unterhaltsanspruchs von derj des anderen abhängt. Die Anhängigkeit endet mit der Verkündung einer (Schluss-)Entscheidung des FamG („im ersten Rechtszug"), dem Abschluss eines gerichtl Vergleichs, einer beiderseitigen Erledigungserklärung oder dem Wirksamwerden einer Antragsrücknahme (§ 269 I, II ZPO). 11

b) III 2 **Nr 2.** Das Kind kann den **Antrag auf Unterhalt gegen beide Eltern**, nicht notwendig gleichzeitig (PH/Bömelburg Rn 22), vor dem Gericht erheben, bei dem der Vater *oder* die Mutter einen Gerichtsstand hat. Bei Minderjährigkeit darf kein Elternteil allein ges Vertreter des Kindes sein (sonst gilt I Nr 2). Die Regelung hat Bedeutung für die Unterhaltsanträge mindj und der ihnen gem § 1603 II 2 BGB gleichgestellten vollj Kinder, deren einer Elternteil sich gewöhnl im Ausland aufhält, ferner für die mindj Kinder, die in Obhut eines Dritten leben und von ihren an getrennten Orten lebenden Eltern Barunterhalt begehren; außerdem für Unterhaltsanträge vollj Kinder, die nicht gem § 1603 II 2 BGB den mindj Kindern gleichgestellt sind. Die Eltern als Unterhaltsschuldner vollj Kinder sind keine Gesamt-, sondern Teilschuldner und daher keine Streitgenossen iSd § 36 I Nr 3 ZPO; der Wahlgerichtsstand ermöglicht eine einheitl Bestimmung ihres Haftungsumfangs (§ 1606 III 1 BGB). Ob sie (noch) verheiratet sind oder waren, spielt keine Rolle. 12

c) III 2 **Nr 3.** Für Anträge in Unterhaltssachen gegen eine Person, die **im Inland keinen Gerichtsstand** (auch nicht den des Vermögens, § 23 ZPO) hat, kann das Gericht angerufen werden, bei dem der ASt im Inland seinen allg Gerichtsstand (gewöhnl Aufenthalt) hat. Dieser **Hilfsgerichtsstand** bezweckt nicht nur den verfahrensrechtl Minderjährigenschutz, sondern dient allg zur Erleichterung der Geltendmachung und Durchsetzung von Ansprüchen in Unterhaltssachen (BGH NJW 1989, 1356). **Keine Anwendung** findet III 2 Nr 3 im Geltungsbereich der **EuUntVO** (OLG Karlsruhe FamRZ 2018, 200; OLG Brandenburg FamRZ 2017, 135, 136; PH/Bömelburg Rn 23; s hierzu auch Andrae NJW 2011, 2545, 2546). Zu beachten sind auch die § 26 u § 28 AUG (s Andrae NJW 2011, 2545, 2546; zu § 28 AUG s EuGH FamRZ 2015, 639; OLG Brandenburg FamRZ 2017, 135, OLG Stuttgart FamRZ 2019, 1941; DJSch/Heiderhoff § 28 AUG Rn 2 mwN). 13

IV) Zwangsvollstreckung und Wahlgerichtsstand. Für **Vollstreckungsabwehranträge** ist gem § 767 I, § 802 ZPO das Gericht des 1. Rechtszuges ausschließl zuständig; diesem Gerichtsstand geht gem II nur der des Gerichts der Ehesache bzw des Aufenthalts iSv I Nr 2, nicht aber der Wahlgerichtsstand des III vor. Auch für den **Arrest** tritt der Wahlgerichtsstand zurück. Vorrangig sind das Gericht der belegenen Sache (§ 942 ZPO), das Gericht der Hauptsache (§ 943 ZPO) oder das Gericht zuständig, in dessen Bezirk sich der mit Arrest zu belegende Gegenstand oder die in ihrer Freiheit zu beschränkende Person befindet (§ 919 ZPO). Dies folgt aus dem Zweck der ZwV, dem Gl dort schnellen Zugriff zu verschaffen, wo sich der Sch oder dessen Vermögen befindet. 14

15 **V) Zuständigkeit und Verfahrensbeteiligte.** § 232 I und III 2 Nr 1, 2 setzen nicht voraus, dass das Kind und der unterhaltspflichtige Elternteil selbst Beteiligte sind; beide Regelungen gelten auch dann, wenn ein Elternteil in **Verfahrensstandschaft** für das Kind (§ 1629 III BGB) Unterhalt beantragt (s Rn 5), wenn **Rechtsnachfolger** des unterhaltsberechtigten Kindes oder des ursprüngl unterhaltspflichtigen Elternteils (s § 231 Rn 6) beteiligt sind oder es um Ansprüche aus Unterhaltsverträgen (s § 231 Rn 9) oder auf Ausgleich oder Erstattung von Unterhalt (s § 231 Rn 11) geht. Auch in diesen Fällen ist das Gericht zuständig, bei dem das Kind oder der für das Kind handlungsbefugte Elternteil seinen gewöhnl Aufenthalt hat.

16 **VI) Anspruchshäufung und Widerantrag.** Diese sind auch bei Unterhaltssachen iSv § 232 grds zulässig. Eine Verbindung von **Familienstreitsachen mit Sachen der freiwilligen Gerichtsbarkeit** ist grds nicht zulässig (OLG Celle FamRZ 2023, 37). Eine Ausnahme gilt nur beim Verbund von Scheidungs- und Folgesachen (§ 137), bei Verbindung einer güterrechtl Ausgleichsforderung mit einem Antrag nach § 1382 V oder § 1383 III BGB (§ 265) oder bei Verbindung einer Kindesunterhaltssache mit dem Verf auf gerichtl Änderung der Unterhaltsbestimmung gem § 1612 II 1 BGB (s § 231 Rn 4). Zur Zulässigkeit eines **isolierten Drittwiderantrags** s BGH FamRZ 2018, 681.

17 Es ist nicht zulässig, **Familiensachen und Nichtfamiliensachen** durch Antragshäufung oder Widerklage bzw -antrag miteinander zu verbinden (BGH FamRZ 1981, 1047; BGH FamRZ 1979, 215; BayObLG FamRZ 2003, 1569). Die NichtFamSachen sind abzutrennen und an die allg Prozessabteilung des AG abzugeben (OLG Frankfurt FamRZ 1988, 735) oder bei fehlender örtl Zuständigkeit an das örtl zuständige Prozessgericht zu verweisen (§ 17a VI iVm II GVG). Wird allerdings ein nicht familienrechtl Widerantrag erst in der Beschwerdeinstanz erhoben, so ist er als unzulässig abzuweisen (OLG Düsseldorf FamRZ 1982, 511). Wird eine NichtFamSache als Hauptanspruch und eine FamSache als **Hilfsanspruch** geltend gemacht oder umgekehrt, ist zunächst das Gericht zuständig, das über den Hauptanspruch zu entscheiden hat. Eine Verweisung (Abgabe) wegen des Hilfsanspruchs, über den dieses Gericht nicht entscheiden darf, ist in diesem Stadium nicht mögl; sie kann erst nach rechtskräftiger Abweisung des Hauptanspruchs erfolgen (BGH FamRZ 1980, 554; BGH FamRZ 1981, 1047; sa § 17a GVG Rn 13a).

18 **Anspruchskonkurrenz.** Zu unterscheiden von der Anspruchshäufung ist der seltene Fall, dass ein einheitl prozessualer Anspruch sowohl auf eine **familienrechtliche** als auch auf eine **nichtfamilienrechtliche Anspruchsgrundlage** gestützt wird. **Bsp:** Antrag auf Unterhalt, der auch auf ein abstraktes Schuldverhältnis gestützt wird (BGH FamRZ 1986, 48); Haftung aus Bürgschaft und § 1480 BGB. In diesen Fällen hat das FamG über beide Anspruchsgrundlagen zu entscheiden (BGH FamRZ 1986, 48; BGH FamRZ 1983, 155; OLG Zweibrücken FamRZ 2002, 1043; OLG Koblenz FamRZ 1990, 644; Walter FamRZ 1983, 363 f; Waldner MDR 1984, 190). Ausnahmsw ist das allg Zivilgericht für zuständig zu erklären, wenn das Gericht, das einen negativen Kompetenzkonflikt zwischen FamG und allg Zivilgericht gem § 36 entscheidet, erkennen kann, dass die familienrechtl Anspruchsgrundlage nicht besteht und dass die übrigen Anspruchsgrundlagen den Schwerpunkt des weiteren Verf bilden werden (BGH FamRZ 1983, 155; OLG Bamberg NJW-RR 1989, 518).

19 **VII) Änderung der örtlichen Zuständigkeit.** Gem § 113 I 2 FamFG iVm § 261 III Nr 2 ZPO besteht eine einmal begründete örtl Zuständigkeit grds fort, jedoch erst ab Rechtshängigkeit (OLG Hamm FamRZ 2018, 613). Wird eine Ehesache rechtshängig, ist eine Unterhaltssache gem I Nr 1 an das Gericht der Ehesache abzugeben, § 233.

§ 233 Abgabe an das Gericht der Ehesache

[1]Wird eine Ehesache rechtshängig, während eine Unterhaltssache nach § 232 Abs. 1 Nr. 1 bei einem anderen Gericht im ersten Rechtszug anhängig ist, ist diese von Amts wegen an das Gericht der Ehesache abzugeben. [2]§ 281 Abs. 2 und 3 Satz 1 der Zivilprozessordnung gilt entsprechend.

1 **I) Allgemeines.** In FamSachen gilt als Form der Überleitung von Verf statt der „Verweisung" die Abgabe, und zwar auch in FamStreitsachen. Führendes Gericht in FamSachen ist grds das Gericht der Ehesache, an das andere FamSachen abzugeben sind, vgl auch §§ 123, 153, 202, 263, 268. Eine Abgabe gem § 233 findet statt, wenn eine Ehesache bei einem dt Gericht rechtshängig wird, während eine Unterhaltssache gem § 232 I Nr 1 bei einem anderen dt Gericht im 1. Rechtszug anhängig ist. Zwischen ausl und dt Gerichten findet keine Abgabe statt.

2 **II) Voraussetzungen. 1) Rechtshängige Ehesache.** Die **Ehesache** iSv § 121 muss **rechtshängig** werden. Die Antragsschrift muss zugestellt worden sein (§ 113 I 2 iVm § 261 I, § 253 I ZPO). Wird im VKH-Verf der Entwurf einer Antragsschrift dem Gegner zur Stellungnahme übersandt, so wird der Antrag dadurch nicht rechtshängig (BGHZ 7, 268). Wird *während* der Rechtshängigkeit der Ehesache eine Unterhaltssache bei einem anderen Gericht anhängig gemacht, gilt § 233 nicht etwa entspr (so aber Sternal/Weber Rn 5 aE). Denn dieses Gericht ist gem § 232 I unzuständig, der Antrag also als unzulässig abzuweisen, wenn der ASt nicht Abgabe beantragt. Die hierdurch entstehenden Mehrkosten hat der ASt zu tragen (§ 281 III 2 ZPO).

2) Abzugebende Sache. a) Die abzugebende Sache muss eine **Unterhaltssache i.S.v. § 232 I Nr 1** sein, also die Unterhaltspflicht für ein gemeinschaftl Kind der Ehegatten oder die durch die Ehe begründete Unterhaltspflicht betreffen. Hierzu gehört auch das vereinf Verf über den Unterhalt Mindj, sobald es gem § 255 in das streitige Verf vor den Richter gelangt ist (s § 232 Rn 3). Auch **Zwangsvollstreckungssachen** sind abzugeben, soweit sie eine Unterhaltssache iSv § 231 I Nr 2 betreffen. Die Zuständigkeit des Ehegerichts (§ 232 II) gilt vorrangig auch ggü der ausschließl Zuständigkeit des Gerichts des 1. Rechtszugs für Vollstreckungsabwehranträge (§§ 887 ff, § 767 I, § 802 ZPO), § 232 II (s § 232 Rn 8). 3

b) Die abzugebende Sache braucht nur **anhängig**, nicht rechtshängig zu sein. Die Anhängigkeit beginnt mit dem Eingang einer Antragsschrift bei Gericht, nicht schon bei Einreichung des VKH-Gesuchs. Eine Sache ist **solange im 1. Rechtszug** anhängig, als dort noch keine abschließende Entscheidung ergangen ist. Ist eine solche ergangen, ist für eine Abgabe gem § 233 kein Raum mehr; denn der Zweck des § 233, alle Entscheidungen beim Gericht der Ehesache zu konzentrieren, kann nicht mehr erreicht werden (BGH FamRZ 2001, 618; BGH FamRZ 1985, 800 mwN, je zu § 621 II ZPO aF). Geht in einer Unterhaltssache, die beim FamG X anhängig ist, eine Beschwerde gegen eine Nebenentscheidung (insb VKH) ein und wird beim FamG Y eine Ehesache ders Parteien rechtshängig, geht die Zuständigkeit für das Rechtsmittel auf das dem FamG Y übergeordnete OLG über. An dieses FamG ist daher die Sache – zum Zwecke zunächst einer Abhilfeprüfung – abzugeben (BGH FamRZ 2001, 618 zu § 621 III ZPO aF; PH/Bömelburg Rn 9). 4

c) Nicht abzugeben sind in der **Rechtsmittelinstanz** anhängige Unterhaltssachen (BGH FamRZ 1985, 800 mwN zu § 621 III ZPO aF). Der fortgeschrittene Verfahrensstand verbietet einen Zuständigkeitswechsel. Verweist aber die Rechtsmittelinstanz die Sache nach Aufhebung der erstinstanzl Entscheidung an das FamG zurück, so hat sie sie zugleich an das Gericht der Ehesache abzugeben (vgl BGH FamRZ 1980, 444; OLG Hamburg NJW-RR 1993, 1286). 5

III) Verfahren und Wirkung. Über die Abgabe braucht nicht mündl verhandelt zu werden, § 128 IV ZPO. Vor der Abgabe ist den Beteiligten aber rechtl Gehör in schriftl Form zu gewähren. Der Abgabebeschluss ist **unanfechtbar** und für das Gericht der Ehesache **bindend** (S 2 iVm § 281 II 2 ZPO). Für die an das Gericht der Ehesache bindend abgegebene Unterhaltssache bleibt dieses Gericht zuständig, auch wenn der Antrag in der Ehesache nicht weiterverfolgt, ruhen gelassen, zurückgenommen oder abgewiesen wird (Grundsatz der perpetuatio fori). Eine Weiterabgabe der abgegebenen Sache ist aber bei Verweisung der Ehesache gem § 281 I ZPO erforderl, ebenso wenn ein Scheidungsantrag abgewiesen und später bei einem anderen Gericht erneut die Scheidung beantragt wird. Eine Abgabe in der **irrtümlichen Annahme**, eine Ehesache sei rechtshängig, ist nicht bindend (BGH NJW-RR 1996, 897). 6

Dem sich aus § 233 ergebenden unbedingten Vorrang der Zuständigkeit des Gerichts der Ehesache entnimmt die Rspr, dass eine Abgabe an dieses auch dann zulässig ist, wenn es zuvor rechtswidrig, aber gem § 281 II ZPO grds bindend, die Unterhaltssache an das abgebende Gericht verwiesen hatte (OLG Hamm FamRZ 2000, 841; OLG Frankfurt FamRZ 1988, 184 = NJW-RR 1988, 1350; ThP/Hüßtege Rn 4). Wurde eine Unterhaltssache zunächst bindend verwiesen und erst dann eine Ehesache bei dem verweisenden Gericht rechtshängig, ist die verwiesene Sache aber gestützt auf § 233 auf jeden Fall zurückzugeben. 7

Die abgegebene Unterhaltssache wird gem § 137 II 1 Nr 2, IV von selbst, ohne Dispositionsmöglichkeit (s § 137 Rn 2) zu einer **Folgesache im Verbund**, wenn die Voraussetzungen des § 137 II gegeben sind. Hierzu muss der ASt der übergeleiteten Unterhaltssache erklären, dass er eine Entscheidung für den Fall der Scheidung begehrt (s § 137 Rn 2). Handelt es sich bei der rechtshängigen Ehesache nicht um ein Scheidungsverf (s § 121 Nr 2 u 3), kommt nur eine Verbindung, dagegen kein Verbund iSd § 137 I in Betracht. 8

IV) Beim Abgabegericht entstandene Kosten. Die bis zur Überleitung entstandenen Kosten werden als Teil der Kosten beim Gericht der Ehesache behandelt (§ 233 S 2, § 281 III 1 ZPO). Auf § 281 III 2 ZPO wird nicht verwiesen. Dies ist auch nicht gerechtfertigt, da das Gericht ursprüngl nicht unzuständig war. Anders bei Antrag nach Rechtshängigkeit der Ehesache, s Rn 2. 9

V) Gebühren. Wie § 268 Rn 2. 10

§ 234 Vertretung eines Kindes durch einen Beistand

Wird das Kind durch das Jugendamt als Beistand vertreten, ist die Vertretung durch den sorgeberechtigten Elternteil ausgeschlossen.

I) Allgemeines. Die freiw Beistandschaft des Jugendamts für (ehel und nichtehel) Kinder ist in den §§ 1712-1717 BGB geregelt. § 234 verdrängt als verfahrensrechtl Sondervorschrift (wie § 173) die mat-rechtl Regelung der ges Vertretung des Kindes zu dem **Zweck**, eine widerspruchsfreie Verfahrensführung zu gewährleisten (vgl BTDrs 13/892, 47). Oft hat der sorgeberechtigte Elternteil Hemmungen, den anderen Elternteil auf den vollen geschuldeten Kindesunterhalt in Anspruch zu nehmen, zB weil es zuvor zu Gewalttätigkeiten oder Drohungen gekommen ist. 1

2 **II) Rechtsstellung der Beteiligten. 1) Jugendamt.** Das Jugendamt als Beistand (vgl § 1712 BGB) hat *verfahrensrechtl* die Stellung eines **alleinigen** (s Rn 4) **gesetzlichen Vertreters** des Kindes (§ 1716 S 2, § 1813 I BGB nF, § 1789 I, II BGB nF), ggf bereits vor der Geburt (§ 1714 S 2 BGB, dazu OLG Schleswig MDR 2000, 397). Dass die Beistandschaft nicht kraft Gesetzes eintritt, sondern von der Antragstellung des sorgeberechtigten Elternteils abhängt (vgl § 1714 BGB), steht „ges" Vertretung nicht entgegen. Der **Aufgabenbereich** der Beistandschaft umfasst die Feststellung der Vaterschaft und die Geltendmachung von Unterhaltsansprüchen (§ 1712 BGB); § 234 gilt (in freiem Verständnis des Wortlauts von § 1712 I Nr 2 BGB) auch für Passivverf, insb also für die Abwehr eines Herabsetzungsantrags des Unterhaltspflichtigen.

3 **2) Kind.** Das verfahrensunfähige (§ 52 ZPO) Kind ist **Beteiligter** in dem Unterhaltsverf. In Unterhaltssachen iSv § 112 Nr 1 bedarf es gem § 114 IV Nr 2 der Vertretung durch einen RA nicht, wenn es durch das Jugendamt als Beistand vertreten ist. Dies steht aber der Beiordnung eines RA im Rahmen der VKH nicht entgegen, wenn der Gegner anwaltl vertreten ist (s § 78 Rn 15).

4 **3) Sorgeberechtigter Elternteil.** Der sorgeberechtigte Elternteil ist im Verf **Dritter**. Durch die Beistandschaft wird die elterl Sorge – und damit die ges Vertretung (vgl § 1629 I 1 BGB) – *mat-rechtl* auch während des Verf nicht eingeschränkt (§ 1716 S 1 BGB), so dass das Kind im Aufgabenbereich der Beistandschaft (§ 1712 BGB) über 2 ges Vertreter verfügt. § 234 gilt nur im Verf. Außergerichtl kann der Sorgeberechtigte das Kind weiter vertreten (OLG Brandenburg JAmt 2017, 447; OLG Jena FamRZ 2014, 965). Nicht gewünschter Führung des Verf kann der antragstellende Elternteil als ges Vertreter durch Beendigung der Beistandschaft entgegen wirken. Dies ist durch einfache schriftl Erklärung des antragstellenden Elternteils ggü dem Jugendamt mögl (§ 1715 I BGB). Mit Beendigung der Beistandschaft endet das Vertretungsrecht des Jugendamts.

5 **4) Verfahrensstandschaft.** Obwohl bei verheirateten Eltern ein Elternteil gegen den anderen Unterhaltsansprüche des Kindes im Falle des Getrenntlebens bzw bei anhängiger Ehesache in Verfahrensstandschaft, **§ 1629 III BGB** (s § 137 Rn 9) geltend zu machen hat (zwingend: „kann … nur"), steht dies einer Unterhaltsdurchsetzung durch das Jugendamt als Beistand bzw ges Vertreter des Kindes nicht entgegen (BGH FamRZ 2015, 130). Weder der Wortlaut des § 1629 III 1 BGB noch sein Zweck, wonach das Kind aus dem Streit der Eltern herausgehalten werden soll, rechtfertigen dies. Wird die Beistandschaft während eines laufenden Unterhaltsverf beendet, muss der Antrag des Kindes im Wege eines Beteiligtenwechsels in einen solchen des betreuenden Elternteils umgestellt werden. Im Rahmen eines Scheidungsverbundverf kann iÜ ohnehin nur dieser den Kindesunterhalt als Folgesache anhängig machen (§ 137 II 1 Nr 2).

6 **III) Rechtsfolgen. 1) Legitimationsprüfung.** Dem Gericht obliegt die Amtsprüfung der ges Vertretung (§ 113 I 2 FamFG iVm § 56 ZPO). Eine Bescheinigung des Eintritts der Beistandschaft durch das FamG ist aber nicht vorgesehen (keine Anwendbarkeit von § 168b FamFG nF, vgl § 1716 S 2 Hs 2 BGB nF). Es genügt, dass das Jugendamt selbst eine Bestätigung über den gestellten Antrag des sorgeberechtigten Elternteils und die damit verbundenen Rechtsfolgen ausstellt (BR-Stellungnahme in BTDrs 13/892, 50).

7 **2) Verfahrensführung.** Reicht das Jugendamt für das Kind die Antragsschrift ein, ist es im Verf von Anfang an alleiniger ges Vertreter; alle Zustellungen sind an das Jugendamt zu richten. Ist das Verf von einem Elternteil als ges Vertreter eingeleitet worden und tritt das Jugendamt später in das Verf ein, kommt es zu einem **Wechsel in der Person des gesetzlichen Vertreters.** Der Eintritt erfolgt durch zuzustellenden Schriftsatz gem § 113 I 2 FamFG iVm § 250 ZPO. Mit dem Eintritt ist keine Unterbrechung des Verf (§ 241 ZPO) verbunden, da durch den gleichen Rechtsakt die ges Vertretung des bish Vertreters endet und die des neuen (Jugendamt als Beistand) begründet wird. Bei alleiniger elterl Sorge des früheren Obhutselternteils – nicht aber bei gemeinsamer Sorge – bleibt eine von diesem beantragte Beistandschaft auch dann bestehen, wenn das Kind in die Obhut des anderen, nicht mitsorgeberechtigten Elternteils wechselt (OLG Koblenz FamRZ 2018, 918). Endet die Beistandschaft (und damit die ges Vertretung des Jugendamts) durch außergerichtl Erklärung des Elternteils ggü dem Jugendamt (s Rn 4), entfällt die Beschränkung des § 234, der sorgeberechtigte Elternteil ist (wieder) alleiniger ges Vertreter; die Aufnahme des unterbrochenen Verf (§ 241 ZPO) erfolgt nach den allg Vorschriften. – Erlangt der sorgeberechtigte Elternteil die ges Vertretung des Kindes zurück, kann er Verfahrenshandlungen, bei denen es nicht wirksam ges vertreten war, rückwirkend genehmigen (BGH FamRZ 2021, 447 für Beschwerdeeinlegung durch Elternteil). – Mit **Volljährigkeit** oder Tod des Kindes ist die Beistandschaft des Jugendamtes beendet, § 56 ZPO (OLG Celle FamRZ 2014, 134; OLG Karlsruhe JAmt 2001, 302). Die Beistandschaft zur Geltendmachung des Unterhalts gem § 1712 I Nr 2 BGB ist eine Daueraufgabe, die idR bis zur Beendigung der elterl Sorge für das Kind wahrzunehmen ist (OLG Hamm JAmt 2004, 144; inzident OLG Celle FamRZ 2013, 1829; PH/Bömelburg Rn 7; Knittel FamRZ 2013, 800; aA OLG Hamm FamRZ 2013, 799: bis zum Abschluss des jew Unterhaltsverf).

§ 235 Verfahrensrechtliche Auskunftspflicht der Beteiligten

(1) [1]Das Gericht kann *anordnen*, dass der Antragsteller und der Antragsgegner Auskunft über ihre Einkünfte, ihr Vermögen und ihre persönlichen und wirtschaftlichen Verhältnisse erteilen sowie bestimmte Belege vorlegen, soweit dies für die Bemessung des Unterhalts von Bedeutung ist. [2]Das Gericht kann an-

ordnen, dass der Antragsteller und der Antragsgegner schriftlich versichern, dass die Auskunft wahrheitsgemäß und vollständig ist; die Versicherung kann nicht durch einen Vertreter erfolgen. [3]Mit der Anordnung nach Satz 1 oder Satz 2 soll das Gericht eine angemessene Frist setzen. [4]Zugleich hat es auf die Verpflichtung nach Absatz 3 und auf die nach den §§ 236 und 243 Satz 2 Nr. 3 möglichen Folgen hinzuweisen.

(2) Das Gericht hat nach Absatz 1 vorzugehen, wenn ein Beteiligter dies beantragt und der andere Beteiligte vor Beginn des Verfahrens einer nach den Vorschriften des bürgerlichen Rechts bestehenden Auskunftspflicht entgegen einer Aufforderung innerhalb angemessener Frist nicht nachgekommen ist.

(3) Antragsteller und Antragsgegner sind verpflichtet, dem Gericht ohne Aufforderung mitzuteilen, wenn sich während des Verfahrens Umstände, die Gegenstand der Anordnung nach Absatz 1 waren, wesentlich verändert haben.

(4) Die Anordnungen des Gerichts nach dieser Vorschrift sind nicht selbständig anfechtbar und nicht mit Zwangsmitteln durchsetzbar.

Lit: *Born*, Eine Vorschrift im Dornröschenschlaf – die Auskunftsbeschaffung über das gericht nach § 235 FamFG, FF 2020, 147.

I) Allgemeines. 1) Anwendungsbereich. Auskünfte können in jedem Verf eingeholt werden, das die **gesetzliche Unterhaltspflicht** iSv § 231 I betrifft, auch im Verbundverf gem § 137 und bei Stufenanträgen; ferner bei Anträgen, die auf Ersatz entgangenen Unterhalts bzw auf Rückzahlung von zuviel gezahltem Unterhalt gerichtet sind; schließl auch bei Abänderungsanträgen und Anträgen aus übergeleitetem und übergegangenem Recht (Viefhues FPR 2010, 162). Auskünfte dürfen dagegen nicht eingeholt werden in **vereinfachten Verfahren** über den Unterhalt Mindj (§§ 249-260). Denn das vereinf Verf enthält Spezialregelungen hinsichtl der Auskunftsverpflichtung des Unterhaltspflichtigen (vgl § 252 IV). Zudem wäre es mit der Zielsetzung einer schnellen Titelschaffung nicht vereinbar, zunächst Auskünfte einzuholen (PH/Bömelburg Rn 7). Gleiches gilt im Verf der **einstweiligen Anordnung** nach den §§ 246-248 (Sternal/Weber Rn 3; Viefhues FPR 2010, 162 mwN; aA PH/Bömelburg Rn 6; Fest NJW 2012, 428, 430 f; Born FF 2020, 147, 153). 1

2) Zweck und Grenzen. Mit der Regelung soll eine sachl richtige Entscheidung sichergestellt und die zeitintensiven **Stufenanträge** in möglichst weitgehendem Umfang **entbehrlich** werden (OLG Oldenburg FamRZ 2020, 697; BTDrs 16/6308, 255 f). Sie führt aber nicht zu einer Durchbrechnung der Dispositionsmaxime und zu **keiner Veränderung der Darlegungs- und Beweislast** (OLG Oldenburg FamRZ 2020, 697; KG NJW-RR 2019, 1281; krit Born FF 2020, 147). Daher kann nicht etwa ein Zahlungsantrag mit der Begründung gestellt werden, das FamG möge die für die Begründetheit des Antrags erforderl Daten und Belege anfordern (OLG Oldenburg FamRZ 2020, 697; KG NJW-RR 2019, 1281). 2

II) Umfang der verfahrensrechtlichen Auskunftspflicht. Auskunft über die Einkünfte, das Vermögen und die persönl und wirtschaftl Verhältnisse kann das Gericht nur insoweit verlangen, als dies für die Bemessung des Unterhalts von Bedeutung ist. Dies entspricht der mat-rechtl Auskunftspflicht: Gem § 1361 IV, § 1580, § 1605 I 1 BGB können (getrenntlebende wie geschiedene) Ehegatten und Verwandte voneinander nur Auskunft verlangen, soweit diese zur Feststellung eines Unterhaltsanspruchs oder einer Unterhaltsverpflichtung *erforderl* ist. In diesem Sinn nicht erforderl sind die Auskünfte (nur), wenn feststeht, dass sie den Unterhaltsanspruch oder die Unterhaltsverpflichtung unter keinem Gesichtspunkt beeinflussen können (BGHZ 227, 41 = FamRZ 2021, 28; BGHZ 217, 24 = FamRZ 2018, 260 mwN). In einem solchen Fall kann auch das Gericht keine Auskunft verlangen. Nicht erforderl ist aber, dass die Voraussetzungen des § 1605 BGB (insb die Frist des § 1605 II BGB) vorliegen. 3

Beispiele: Auskunft ist **unerheblich: a)** Auskunft über das Vermögen, wenn dieses für den zu leistenden Unterhalt unerhebl ist. Das ist zB gem § 1602 II BGB hinsichtl des Vermögens eines mindj Kindes der Fall. – **b)** Die Beteiligten streiten nur über eine vollständige Verwirkung oder einen Verzicht des Unterhaltsanspruchs. – **c)** Verpflichtung des Vaters gem § 1615 m BGB, die Kosten der Beerdigung zu tragen. Denn es fehlt eine dem § 1615l III 1 entspr Verweisung auf § 1603 I BGB. – **Nicht unerheblich** ist die Auskunft, wenn der Unterhaltsverpflichtete erklärt, „unbeschränkt leistungsfähig" zu sein (BGHZ 227, 41 = FamRZ 2021, 28 für Kindesunterhalt; BGHZ 217, 24 = FamRZ 2018, 260 für Ehegattenunterhalt). 4

III) Auskunft und Belege. 1) Hinreichend konkrete Auskunft. Wenn das Gericht **Auskunft** über die Einkünfte verlangt, muss es den Inhalt seines Verlangens **möglichst konkret** bezeichnen. Es hat zB keinen Sinn, nur nach dem Einkommen aus Vermietung zu fragen und dann die vielleicht zutr Antwort zu erhalten, dass hier im Jahr x ein Verlust von 10.000 Euro entstanden ist. Nur wenn detailliert nach den Mieteinnahmen, den Instandhaltungsaufwendungen, den Zinsaufwendungen und den Abschreibungen auf das Mietobjekt gefragt wird, kann das Gericht aus der Auskunft ersehen, in welchem Maße der Auskunft gebende Beteiligte für seinen eigenen Unterhalt oder denj des Gegners aufkommen kann. 5

ASt und Ag schulden in Bezug auf alle Einkommensquellen und sämtl Vermögen eine **systematische, in sich geschlossene Zusammenstellung** der erforderl Angaben (BGH FamRZ 2015, 127), wobei auch Auskunft zu geben ist über sonstige unterhaltsrelevante Umstände wie Familienstand, Bestehen einer ne Partnerschaft, Selbstnutzung einer mietfreien Wohnung oder eines Eigenheims etc (PH/Bömelburg Rn 11a; Grüneberg/v. Pückler 6

§ 1605 BGB Rn 8 ff). Die zu erteilende Auskunft erfordert eine eigene und schriftl verkörperte Erklärung des Sch, die jedoch nicht die ges Schriftform iSd § 126 BGB erfüllen muss und auch durch einen Boten – zB einen RA – übermittelt werden darf (vgl BGH NJW 2008, 917).

7 **2) Vorlage von Belegen.** Wenn das Gericht gem I verlangt, dass zusammen mit der Auskunft entspr Belege vorgelegt werden, muss es die vorzulegenden **Belege genau bezeichnen**, zB Bilanzen, Gewinn- und Verlustrechnungen, Einnahmen-Überschussrechnungen, ESt-Erklärungen, Steuerbescheide für bestimmte Jahre, Lohn-, Verdienst- bzw Gehaltsbescheinigungen für bestimmte Zeiträume (mit Angabe der Brutto- und Nettobeträge incl aller Zuschläge) etc. Das Gericht darf nur vorhandene Belege anfordern, nicht aber die Herstellung von Belegen, zB einer noch nicht abgegebenen ESt-Erklärung, verlangen (vgl zB Staudinger/Klinkhammer § 1605 BGB Rn 43). Da § 235 keine § 1605 I 2 BGB entsprechende Einschränkung enthält, besteht keine Veranlassung, die Belegpflicht auf **Einkünfte** zu beschränken (aA 34. Aufl/Lorenz).

8 **3) Muster einer gerichtlichen Aufforderung.** Die keiner speziellen Form unterliegende gerichtl Aufforderung kann als verfahrensleitende Verfügung oder in Beschlussform erfolgen und sich an folgendem, auf den konkreten Einzelfall anzupassenden Muster (von PH/Bömelburg Rn 18) orientieren:

„In der Familiensache – A gegen B
hat die 3. Abteilung des Amtsgerichts – FamG – XY
am … beschlossen:
I. Dem Beteiligten A wird gem § 235 I FamFG aufgegeben,
1. Auskunft zu geben über die Höhe seiner **Einkünfte aus nichtselbständiger Arbeit**
für die Zeit vom … bis …
durch Vorlage einer systematischen Aufstellung
und die erteilte Auskunft zu belegen durch

- sämtliche Lohn- bzw Gehaltsabrechnungen für die Monate … bis …, aus denen sich das Brutto- und Nettoeinkommen einschließlich aller Ab- und Zuschläge wie 13. und 14. Gehalt, Urlaubsgeld, Weihnachtsgeld, Arbeitnehmersparzulage, vermögenswirksame Leistungen, Gratifikationen, Provisionen, Spesen, Fahrtkostenerstattungen, sonstige geldwerte Leistungen des Arbeitgebers, Sachbezüge (zB Kost, freie Logis, Firmenfahrzeug, Energiedeputate) usw ergeben,
- die Lohnsteuerbescheinigung(en) für das Jahr …/die Jahre …,
- sämtliche Steuerbescheide, die in den Jahren … bis … ergangen sind,
- sämtliche Bescheide über öffentliche Leistungen wie Arbeitslosengeld, Krankengeld, Sozialhilfe, Elterngeld, Leistungen nach den Aus- und Fortbildungsfördergesetzen, Rentenbescheide, Rentenanpassungsbescheide oÄ,

2. Auskunft zu geben über **Kapitaleinkünfte**
für die Zeit vom … bis …
durch Vorlage eines spezifizierten und nach Jahren systematisch geordneten Verzeichnisses
und die erteilte Auskunft zu belegen durch

- Jahresbescheinigungen über Kapitalerträge und Veräußerungsgewinne (zB aus Sparguthaben, Pfandbriefen, Bundeschatzbriefen, Festgeldguthaben),
- Bescheinigungen über sonstige Kapitaleinkünfte (zB aus Beteiligungen an Gesellschaften) und Einkommensteuererklärungen,

3. Auskunft zu geben über **Einkünfte aus Vermietung und Verpachtung**
für die Zeit vom … bis …
durch Vorlage eines spezifizierten und nach Jahren und einzelnen Mietobjekten systematisch geordneten Verzeichnisses
und die erteilte Auskunft zu belegen durch

- Bescheinigungen oder Journale über Einnahmen und Ausgaben,
- Anlagen V und evtl Erläuterungen zu den ESt-Erklärungen,

4. Auskunft zu geben über **das Einkommen aus selbständiger Arbeit, Gewerbe und/oder Land- und Forstwirtschaft**
für die Zeit vom … bis …
durch Vorlage eines spezifizierten und nach Jahren systematisch geordneten Verzeichnisses
und die erteilte Auskunft zu belegen durch

- vollständige Bilanzen, Gewinn- und Verlustrechnungen für die Jahre …,
- Einnahmen-Überschussrechnungen für die Jahre …,
- Betriebswirtschaftliche Auswertungen für die Jahre …,
- Bestandsverzeichnisse über das betriebliche Anlagevermögen und dessen steuerliche Abschreibung,
- sämtliche Steuerbescheide, die in den Jahren … bis … ergangen sind (sofern noch nicht vorliegend: Steueranmeldungen oder Steuervorauszahlungsbescheide),

5. Auskunft zu geben über **sein Vermögen**
für die Zeit vom … bis …
durch Vorlage eines spezifizierten Verzeichnisses

und die erteilte Auskunft zu belegen durch
- Bestandsverzeichnisse über alle aktiven und passiven Vermögenswerte im In- und Ausland, soweit nicht durch Nr 4 erfasst,

6. Auskunft zu geben über **seine persönlichen und wirtschaftlichen Verhältnisse**, insb
- Familienstand,
- das Bestehen einer nichtehelichen Partnerschaft,
- die Selbstnutzung einer mietfreien Wohnung oder eines Eigenheims,
- sonstige unterhaltsrelevante Umstände

für die Zeit vom … bis …

II. Frist: 3 Wochen nach Zugang dieses Beschlusses.

III. Sofern der Antragsgegner dieser Aufforderung nicht fristgemäß nachkommen sollte, wird das FamG die erforderlichen Auskünfte über die Höhe der Einkünfte bei den in § 236 FamFG genannten Stellen einholen. Der Antragsgegner wird darauf hingewiesen, dass eine nicht oder nicht vollständige Befolgung dieser Aufforderung bei der nach Abschluss des Verfahrens zu treffenden **Kostenentscheidung** gemäß § 243 S 2 Nr 3 FamFG **zu seinem Nachteil berücksichtigt** werden kann."

IV) Auskunftsanordnung von Amts wegen (§ 235 I). 1) Überblick. Im Rahmen von I kann das Gericht (auch das Beschwerdegericht) vAw bei den Beteiligten die Auskünfte und Belege einholen, die zur Ermittlung des Unterhalts benötigt werden. Eine Änderung der Darlegungs- und Beweislast ergibt sich daraus aber nicht (s Rn 2). Ohne **konkrete Anhaltspunkte** besteht daher für das Gericht kein Anlass, Ermittlungen anzustellen (vgl zB OLG Karlsruhe FamRZ 2020, 93). Ob und in welchem Umfang das Gericht hiervon Gebrauch macht, steht in seinem pflichtgemäßen **Ermessen**. Gem II ist das Gericht jedoch unter bestimmten Voraussetzungen zu einem Vorgehen nach I verpflichtet (s Rn 13). Die Beteiligten können nicht gezwungen werden, Auskunft zu erteilen und Belege vorzulegen, IV. Die Nichterfüllung der gerichtl Anordnungen nach I hat uU die Einholung der Auskünfte bei Dritten (§ 236) und Nachteile bei der Kostenentscheidung (§ 243 S 2 Nr 3) zur Folge. Außerdem kann das Gericht das Verhalten des Auskunftsverweigerers im Rahmen der freien Beweiswürdigung gem § 286 ZPO berücksichtigen (Viefhues FPR 2010, 162, 166 mwN). 9

2) Schriftliche Versicherung (§ 235 I 2). I 2 ermöglicht es dem Gericht, von dem Beteiligten eine schriftl Versicherung anzufordern, dass er die Auskunft wahrheitsgemäß und vollständig erteilt hat. Die auf die gerichtl Anordnung hin abgegebene Versicherung soll – wenigstens zT – die 2. Stufe eines Stufenantrags, dh eine eidesstattl Versicherung iSd I 2 überflüssig machen (BTDrs 16/6308, 255). Wie diese muss die Versicherung von dem Verpflichteten höchstpersönl abgegeben werden. Bei einem mindj Kind erfolgt die Abgabe durch dessen ges Vertreter im Rahmen seines Sorgerechts (ThP/Seiler Rn 7). Für die zT vertretene Ansicht, das Gericht könne unter den Voraussetzungen des § 259 BGB auch die Abgabe einer eidesstattl Versicherung verlangen (PH/Bömelburg Rn 13), fehlt es an einer entsprechenden Regelung in § 235. 10

3) Frist (§ 235 I 3). Zugleich mit der Auskunfts- bzw der Versicherungsanordnung hat das Gericht idR („soll") gem **I 3** eine **angemessene Frist** zu setzen. Die Frist ist insb für den Fall der Nichterfüllung der Auflagen (vgl § 236 I) von Bedeutung. Angemessen ist eine Frist, die den Zeitaufwand zur Erstellung der Auskunft und Sammlung der Belege einerseits und andererseits die Bedeutung der Auskunft für das Verf berücksichtigt. Im Regelfall dürfte eine Frist von unter 3 Wochen nicht sachgerecht sein (aA ThP/Seiler Rn 9: idR 2 Wochen). 11

4) Hinweispflichten (§ 235 I 4). Mit der Anordnung zu verbinden ist der Hinweis auf die Pflicht zur **ungefragten Information** gem III (s Rn 17) sowie auf die mögl **Folgen einer Nichterfüllung** der gerichtl Auflagen (§ 236 u § 243 S 2 Nr 3). Insb durch den Hinweis auf § 236 soll die Mitwirkungsbereitschaft derj erhöht werden, die eine gerichtl Anfrage – insb bei ihrem Arbeitgeber – vermeiden wollen. 12

V) Auskunftsanordnung auf Antrag (§ 235 II). II begründet eine **Pflicht des Gerichts** zum Auskunftsverlangen, wenn ein Beteiligter einen entspr Antrag stellt und dabei darlegt und ggf nachweist, dass der andere Beteiligte seiner nach den Vorschriften des bürgerl Rechts bestehenden Auskunftspflicht trotz einer vor Beginn des Verf getätigten Aufforderung nicht innerhalb angemessener Frist nachgekommen ist. Der Antrag ist Verfahrens-, nicht Sachantrag (KG FamRZ 2014, 1031 LS). Hat der ASt innerhalb eines Stufenantragsverf bereits einen vollstreckbaren Auskunftstitel erlangt, besteht für einen Antrag gem § 235 II idR kein **Rechtsschutzbedürfnis** (AG Ludwigshafen FamRZ 2015, 279). 13

Im **vorgerichtlichen Auskunftsverlangen** müssen der jew *Unterhaltsberechtigte*, der *Unterhaltsanspruch*, für den die Auskunft verlangt wird, und der *Unterhaltszeitraum* genau bezeichnet werden. Eine vorgerichtl Aufforderung zur Vorlage von Belegen verlangt das Gesetz nicht. Ebenso wenig ist erforderl, dass sich der Zeitraum, für den gem I Auskünfte verlangt werden sollen, mit demj der vorprozessualen Aufforderung deckt. 14

II soll einen **substanziiert dargelegten** Unterhaltsanspruch der materiellen Richtigkeit zuführen, ändert aber die Darlegungs- und Beweislast nicht und begründet **keine Amtsermittlungspflicht**; es genügt daher nicht, wenn ein Unterhaltsantrag gestellt und das Gericht aufgefordert wird, gem II die erforderl Auskünfte einzuholen (OLG Brandenburg FamRZ 2024, 1206; OLG Oldenburg FamRZ 2020, 697; PH/Bömelburg Rn 5). Ohne 15

Kenntnis der näheren Verhältnisse, auch über Dritte, über die gem § 236 die Auskunft ggf beschafft werden kann, sollte daher eher ein vollstreckungsfähiger eigenständiger Auskunftsantrag verfolgt werden.

16 **VI) Verfahren (§ 235 IV).** Dem Auskunftspflichtigen ist auf den Antrag iSv II **rechtliches Gehör** zu gewähren. Anordnung, Fristsetzung und Hinweise sind dem Beteiligten, an den die Aufforderung gerichtet ist, **zuzustellen** (§ 329 II 2 ZPO iVm § 113 I). Eine **Beschwerde** ist gegen die Aufforderung als Zwischenentscheidung gem IV nicht statthaft. Dasselbe gilt für die Ablehnung einer Anordnung (s § 58 Rn 12). Eine Überprüfung findet nur im Rahmen einer Beschwerde gegen die Endentscheidung gem § 58 II statt.

17 **VII) Informationspflicht über wesentliche Veränderungen (§ 235 III). III** regelt die Verpflichtung des Beteiligten, der eine Anordnung erhalten hat, das Gericht über wesentl Veränderungen derj Umstände, die Gegenstand der Anordnung gem I waren, zu informieren. Die Verpflichtung gilt **während des Verfahrens** und im Rahmen der konkreten Anordnung des Gerichts (BTDrs 16/6308, 256). Es müssen also nicht pauschal ungefragt Informationen über Änderungen von Einkommens- und Vermögensverhältnissen mitgeteilt werden, sondern nur die Veränderungen, die sich **konkret auf die gerichtliche Anordnung beziehen.** – Die im Einzelfall bestehende mat-rechtl bestehende Mitteilungspflicht über Veränderungen (vgl zB BGH FamRZ 2008, 1325) besteht neben und unabhängig von der Pflicht gem III (PH/Bömelburg Rn 24).

§ 236 Verfahrensrechtliche Auskunftspflicht Dritter

(1) Kommt ein Beteiligter innerhalb der hierfür gesetzten Frist einer Verpflichtung nach § 235 Abs. 1 nicht oder nicht vollständig nach, kann das Gericht, soweit dies für die Bemessung des Unterhalts von Bedeutung ist, über die Höhe der Einkünfte Auskunft und bestimmte Belege anfordern bei

1. **Arbeitgebern,**
2. **Sozialleistungsträgern sowie der Künstlersozialkasse,**
3. **sonstigen Personen oder Stellen, die Leistungen zur Versorgung im Alter und bei verminderter Erwerbsfähigkeit sowie Leistungen zur Entschädigung und zum Nachteilsausgleich zahlen,**
4. **Versicherungsunternehmen oder**
5. **Finanzämtern.**

(2) Das Gericht hat nach Absatz 1 vorzugehen, wenn dessen Voraussetzungen vorliegen und der andere Beteiligte dies beantragt.

(3) Die Anordnung nach Absatz 1 ist den Beteiligten mitzuteilen.

(4) [1]Die in Absatz 1 bezeichneten Personen und Stellen sind verpflichtet, der gerichtlichen Anordnung Folge zu leisten. [2]§ 390 der Zivilprozessordnung gilt entsprechend, wenn nicht eine Behörde betroffen ist.

(5) Die Anordnungen des Gerichts nach dieser Vorschrift sind für die Beteiligten nicht selbständig anfechtbar.

1 **I) Allgemeines.** Kommt ein Beteiligter einer Anordnung des Gerichts iSv § 235 I, gerichtet auf Erteilung einer Auskunft bzw Vorlage von Belegen, nicht (vollständig) nach, so kann das Gericht gem § 236 die benötigte Auskunft nebst Belegen selbst bei bestimmten Dritten anfordern. Die Vorschrift soll über die mit § 235 verfolgten Zwecke (s § 235 Rn 2) hinaus in möglichst vielen Fällen eine sonst erforderl Beweiserhebung durch Zeugeneinvernahme entbehrl machen und so Gerichte und zeugnispflichtige Personen wie etwa die sachkundigen Beschäftigten der Arbeitgeber oder Versorgungsträger entlasten (BTDrs 13/7338, 35 zu § 643 ZPO).

2 **II) Umfang der Auskunfts- und Belegvorlagepflicht Dritter. 1) Gegenstand.** Diese Pflicht wird durch **I** auf die **Höhe der Einkünfte** des entspr Beteiligten beschränkt. Nicht umfasst sind dessen Vermögen und seine (sonstigen) persönl und wirtschaftl Verhältnisse. Dadurch soll – dies erscheint im Hinblick auf die Gesetzesbegr zu § 235 I (s § 235 Rn 2) wenig überzeugend – „eine Ausforschung verhindert und der Umfang der Inanspruchnahme der an dem Verf nicht beteiligten Dritten begrenzt werden".

3 **2) Auskunftspflichtige Dritte.** Der in I Nr 1-5 aufgeführte Kreis der verfahrensrechtl auskunftspflichtigen Dritten ist vollzählig und **abschließend** (PH/Bömelburg Rn 7 mwN).

4 **Dritte sind** demnach gem **I Nr 1:** Arbeitgeber im funktionalen Sinne, dh **Arbeitgeber** gem § 2 ArbGG und öffrechtl **Dienstherren;**

5 **I Nr 2:** die **Sozialleistungsträger iSv § 12 SGB I** und die **Künstlersozialkasse,** §§ 37 ff KSVG. Das Auskunftsersuchen kann sich dabei *sowohl* auf die Sozialleistung als auch auf einzelne Berechnungselemente der (künftigen) Sozialleistung oder ihr zugrunde liegende tatsächl Verhältnisse (vornehml Arbeitsentgelt oder -einkommen) beziehen, soweit diese für die Bemessung eines Unterhaltsanspruchs von Bedeutung sind;

I Nr 3: **sonstige Personen oder Stellen**, die die in Abhängigkeit von der Funktion beschriebenen Leistungen erbringen. Im Wesentl handelt es sich dabei um die in § 69 II Nrn 1, 2 SGB X genannten Einrichtungen. Erfasst werden unabhängig von der Organisationsform auch private, betriebl oder berufsständische Träger der Alters- und Erwerbsminderungsversorgung (BTDrs 13/7338, 35 f zu § 643 ZPO aF), also etwa die Versorgungseinrichtungen der Selbständigen (RA, Steuerberater, Wirtschaftsprüfer, Architekten, Ärzte etc), die Träger der betriebl Altersversorgung nach dem BetrAVG, zB die Träger der Zusatzversorgung des öffentl Dienstes und sonstige Unterstützungskassen (PH/Bömelburg Rn 10a). Gleiches gilt für die Träger einer privaten Rentenversicherungsleistung aus einer Lebensversicherung (PH/Bömelburg Rn 10a); 6

I Nr 4: Versicherungsunternehmen. Hierbei geht es um solche, die unterhaltsrechtl beachtl Leistungen gewähren, die keine Versorgung iSv I Nr 3 darstellen, also zB um eine Kapitalleistung aus einer Kapitallebensversicherung (vgl BTDrs 13/7338, 36 zu § 643 ZPO aF); 7

I Nr 5: Finanzämter. Der Auskunftspflicht, die eine Ausnahme von dem Steuergeheimnis (§ 30 I AO) darstellt, kommt insb hinsichtl der Einkünfte Selbständiger Bedeutung zu. Verlangt werden können zB neben den Einkommensteuererklärungen und -bescheiden Einnahme-/Überschussrechnungen und Bilanzen. 8

III) Auskunftsanordnung von Amts wegen. Die Einholung der Auskünfte steht im **pflichtgemäßen Ermessen** des Gerichts und erfolgt wie bei § 273 II ZPO durch **verfahrensleitende Verfügung**; ein förml Beweisbeschluss ist nicht veranlasst. Der Inhalt des an den jew Dritten gerichteten Auskunftsverlangens ist von Seiten des Gerichts nicht minder konkret als im Rahmen von § 235 I (Muster s § 235 Rn 8) zu formulieren. Der Dritte hat seinerseits die geforderte Auskunft entspr **den Vorgaben des Gerichts** in Form einer **systematischen Aufstellung** nebst den angeforderten Belegen zu erteilen. Eine Fristsetzung dürfte ebenso zweckmäßig sein wie die Zustellung der Anforderung (s § 235 Rn 16). 9

IV) Auskunftsanordnung auf Antrag (§ 236 II). Gem II ist das Gericht **verpflichtet**, die in I aufgeführten Auskünfte bei Dritten anzufordern, sofern die Voraussetzungen des I erfüllt sind und der andere Beteiligte des Unterhaltsverf dies beantragt. Es handelt sich um eine Parallelregelung zu § 235 II. Soweit es auf die nicht oder nicht vollständig erfolgte Erfüllung einer Verpflichtung nach § 235 I ankommt, wird auf die dortigen Erläuterungen (s § 235 Rn 1-6) verwiesen. 10

V) Mitteilungspflicht (§ 236 III). Diese dient wie die in § 273 IV ZPO geregelte Benachrichtigungspflicht (BVerfG NJW 94, 1210 f) der Wahrung rechtl Gehörs. Die Beteiligten sollen möglichst gleichzeitig (BTDrs 16/6308, 256) mit einer Anordnung nach I von dieser in Kenntnis gesetzt werden, sachgerecht durch Übersendung einer Abschrift der Auskunftsanforderung. 11

VI) Auskunftspflicht der Dritten (§ 236 IV). Gem IV 1 sind die in I bezeichneten Personen und Stellen verpflichtet, der gerichtl Anforderung Folge zu leisten. Aussage- und Zeugnisverweigerungsrechte können einer Auskunftserteilung ebenso wenig entgegengehalten werden (BTDrs 16/6308) wie etwa eine vertragl vereinbarte Verschwiegenheitspflicht (BGH NJW 2005, 3349), das Steuergeheimnis oder Gründe des Datenschutzes (PH/Bömelburg Rn 14; Viefhues FPR 2010, 162, 167 mwN zum Streitstand). Dem Unterhaltsinteresse gebührt ggü dem jew Geheimhaltungsinteresse der Vorrang (BGH FamRZ 2014, 1542 Tz 13; BGH NJW 2005, 3349). 12

Die **Sanktionen des § 390 I, II ZPO**, näml Auferlegung von Kosten, Festsetzung von Ordnungsgeld, ersatzw Ordnungshaft, bei wiederholter Weigerung Anordnung von Beugehaft, gelten gem § 236 IV 2 für den auskunftspflichtigen Dritten entspr, es sei denn, es handelt hierbei um eine Behörde. Dann kommt nur eine an die übergeordnete Stelle gerichtete Dienstaufsichtsbeschwerde in Betracht. 13

Wird gegen einen auskunftspflichtigen Dritten entspr § 390 I, II ZPO ein Ordnungsgeld oder eine andere Sanktion verhängt, kann er sich gegen den betr Beschluss mit dem Rechtsmittel der **sofortigen Beschwerde** zur Wehr setzen, § 236 IV 2 FamFG iVm § 390 III ZPO. Zum Prüfungsumfang s Rn 17. 14

VII) Rechtsmittelausschluss (§ 236 V). 1) Verfahrensbeteiligte. Ein Rechtsmittel gegen die Auskunftsanordnung iSv I als solche steht den Verfahrensbeteiligten nicht zu. Sie haben nur die Möglichkeit, deren Rechtmäßigkeit inzident im Rechtsmittelzug, dh zusammen mit der Endentscheidung überprüfen zu lassen (§ 58 II). Dies folgt aus dem Charakter der Auskunftsanordnung als Zwischenentscheidung (vgl § 58 I, s § 58 Rn 12) und ist in V zur Klarstellung ausdrückl bestimmt. 15

2) Dritter. Der Ausschluss der Anfechtbarkeit soll nach der Gesetzesbegr (BTDrs 16/6308, 257) für die nicht am Verf beteiligten Dritten iSv I ausdrückl nicht gelten. Dies kommt auch in der sprachl Abweichung des V zur Formulierung in § 235 IV Hs 1 zum Ausdruck. Andererseits sind nach der Systematik des FamFG Zwischen- und Nebenentscheidungen grds nicht selbständig anfechtbar (§ 58 II; s § 58 Rn 12; sa BTDrs 16/6308, 203). Sie sind entweder überhaupt nicht oder nur zusammen mit der Hauptsacheentscheidung anfechtbar. Soweit das Gesetz abw davon die selbständige Anfechtbarkeit von Zwischen- und Nebenentscheidungen zulässt, orientiert es sich an den Verhältnissen im Zivilprozess. Das Gesetz sieht demgem an verschiedenen Stellen (zB § 7 V, § 21 II, § 76 II) die sof Beschwerde in entspr Anwendung der §§ 567-572 ZPO vor. Bei § 236 ist dies in Bezug auf die Auskunftsanordnung als solche nicht der Fall. 16

17 Es wird daher die Ansicht vertreten, die vermeintl Gesetzeslücke sei durch eine **analoge Anwendung des § 390 III ZPO** zu schließen (PH/Bömelburg Rn 21). Ob die hierzu erforderl „planwidrige Unvollständigkeit" des Gesetzes vorliegt, erscheint indes zweifelhaft. Ist ein Dritter iSv I nicht bereit, der gerichtl Aufforderung zur Auskunftserteilung Folge zu leisten, so hat das Gericht nach fruchtlosem Fristablauf per Beschluss ein Ordnungsgeld oder eine andere Sanktion entspr § 390 I bzw II zu verhängen, gegen das bzw die sich der Dritte mit dem Rechtsmittel der sof Beschwerde zur Wehr setzen kann (s Rn 14). Der Beurteilung des Beschwerdegerichts unterliegt sodann inzidenter auch die Rechtmäßigkeit der dem angefochtenen Beschluss vorausgegangenen Auskunftsanordnung. Jedenfalls steht die Systematik der ges Bestimmungen einer derartigen Handhabung nicht entgegen. Warum vor diesem Hintergrund einem Dritten iSv § 236 I entgegen der in § 355 II ZPO zum Ausdruck kommenden Wertung das Recht eingeräumt werden sollte, bereits die Auskunftsanordnung als solche anzufechten, ist nicht ersichtl.

§ 237 Unterhalt bei Feststellung der Vaterschaft

(1) Ein Antrag, durch den ein Mann auf Zahlung von Unterhalt für ein Kind in Anspruch genommen wird, ist, wenn die Vaterschaft des Mannes nach § 1592 Nr. 1 und 2 oder § 1593 des Bürgerlichen Gesetzbuchs nicht besteht, nur zulässig, wenn das Kind minderjährig und ein Verfahren auf Feststellung der Vaterschaft nach § 1600d des Bürgerlichen Gesetzbuchs anhängig ist.

(2) Ausschließlich zuständig ist das Gericht, bei dem das Verfahren auf Feststellung der Vaterschaft im ersten Rechtszug anhängig ist.

(3) [1]Im Fall des Absatzes 1 kann Unterhalt lediglich in Höhe des Mindestunterhalts und gemäß den Altersstufen nach § 1612a Abs. 1 Satz 3 des Bürgerlichen Gesetzbuchs und unter Berücksichtigung der Leistungen nach § 1612b oder § 1612c des Bürgerlichen Gesetzbuchs beantragt werden. [2]Das Kind kann einen geringeren Unterhalt verlangen. [3]Im Übrigen kann in diesem Verfahren eine Herabsetzung oder Erhöhung des Unterhalts nicht verlangt werden.

(4) Vor Rechtskraft des Beschlusses, der die Vaterschaft feststellt, oder vor Wirksamwerden der Anerkennung der Vaterschaft durch den Mann wird der Ausspruch, der die Verpflichtung zur Leistung des Unterhalts betrifft, nicht wirksam.

1 **I) Allgemeines.** Gem § 237 kann ein mutmaßl Vater abw von § 1600d IV BGB schon vor rkr Feststellung seiner Vaterschaft auf Kindesunterhalt in Anspruch genommen werden. Bei § 237 handelt es sich um ein vom Abstammungsverf **unabhängiges Hauptsacheverfahren**. Auch nach einer – zulässigen – Verbindung beider Verf gem § 179 I 2 bleibt das Verf gem § 237 eine Unterhaltssache, auf die die hierfür geltenden Verfahrensvorschriften anzuwenden sind und nicht etwa diej des Abstammungsverf (BTDrs 16/6308, 257). Während dort das Aufklärungsprinzip gilt, weil an der Feststellung der biologischen Vaterschaft ein öffentl Interesse besteht, können die Beteiligten über den Unterhalt disponieren, dh eine Anerkenntnis- oder Versäumnisentscheidung ist insoweit ebenso mögl wie der Abschluss eines Vergleichs.

2 **II) Zulässigkeit des Antrags (§ 237 I).** Sie ist in **I** geregelt und setzt voraus, dass **keine Vaterschaft** des Ag gem § 1592 Nr 1, Nr 2 oder § 1503 BGB besteht (OLG Nürnberg MDR 2023, 304 = FamRZ 2023, 790; aA zT die Lit: überhaupt keine rechtl Vaterschaft, vgl Bömelburg FamRB 2023, 142), dass ein Verf auf **Feststellung der Vaterschaft** nach § 1600d BGB anhängig und dass das **Kind minderjährig** ist. Ein isolierter VKH-Antrag für ein Feststellungsverf reicht nicht. Zulässig soll der Antrag sein, wenn ein Vaterschaftsfeststellungsverf mit einem **Vaterschaftsanfechtungsverfahren** verbunden ist (OLG Nürnberg MDR 2023, 304 = FamRZ 2023, 790).

2a Für die Beurteilung der Zulässigkeit kommt es auf den **Schluss der mündlichen Verhandlung** an (OLG Nürnberg FamRZ 2017, 542). Liegt zu diesem Zeitpunkt ein wirksames Vaterschaftsanerkenntnis vor oder ist die **Vaterschaft** des Ag bereits **rechtskräftig festgestellt**, ist der Antrag nach § 237 unzulässig mit der Folge, dass er zurückzunehmen bzw für erledigt zu erklären oder in einen solchen nach § 231 I Nr 1 zu ändern ist. Eine Fortführung des Unterhaltsverf kommt dann nur noch „nach den allg Regeln" (zutr OLG Hamm FamRZ 2012, 146 LS) und nicht etwa unter weiterer Anwendung des Einwendungsausschlusses gem III (so aber OLG Hamm [12. FamS] FamRZ 2016, 1000; OLG München FamRZ 2019, 796; PH/Bömelburg Rn 8c) in Betracht. Denn es besteht dann keine Rechtfertigung mehr, den Vater unabhängig von seiner Leistungsfähigkeit oder einer Aktivlegitimation des Kindes (s Rn 6) zur Zahlung zu verpflichten, um ein ggf verbundenes Abstammungsverf von komplexen unterhaltsrechtl Fragen freizuhalten.

3 **III) Ausschließliche Zuständigkeit (§ 237 II).** Sie liegt gem **II** bei dem Gericht, bei dem das Verf auf Feststellung der Vaterschaft (§ 1600d BGB) im 1. Rechtszug anhängig ist. Die örtl Zuständigkeit in Abstammungssachen bestimmt sich gem § 170. Auf diese Weise soll die Verbindung (§ 179 I 2) beider Verf ermöglicht werden (BTDrs 16/6308, 257).

IV) Festsetzung des Unterhalts (§ 237 III). Um das Verf nicht mit Einzelfallberechnungen zu belasten, wird die festzusetzende Unterhaltshöhe pauschal bestimmt, mit der für beide Beteiligten bestehenden Möglichkeit einer Korrektur in einem Abänderungsverf, § 240. Für das mindj Kind kann gem III 1 Unterhalt **maximal in Höhe des Mindestunterhalts** entspr den Altersstufen gem § 1612a I 3 BGB festgesetzt werden, wobei Kindergeld bzw Kindergeldsurrogate nach Maßgabe der §§ 1612b, 1612c BGB anzurechnen sind. Das Kind kann keine bezifferte Unterhaltsrente verlangen (PH/Bömelburg Rn 6a mwN). Im Verf gem § 237 ist weder zu prüfen, ob der (vermeintl) Vater mat-rechtl einen höheren Unterhalt schuldet, noch, ob er „an sich" weniger als den Mindestunterhalt zu zahlen hat. 4

Das Kind kann den Unterhalt **rückwirkend ab Geburt** und ohne Limit für die Zukunft geltend machen. Gem III 2 kann es – allerdings nicht beziffert (s Rn 4) – auch einen **geringeren Unterhalt** als den jew Mindestunterhaltsbetrag verlangen. Hierdurch soll vermieden werden, dass das Kind im Falle einer späteren Abänderung mit vermeidbaren Verfahrenskosten belastet wird (BTDrs 13/7338, 42 zu § 653 ZPO aF). 5

Gem **III 3** kann iÜ ein höherer oder geringerer Unterhalt nicht verlangt werden. Insb sind **Einwendungen des potentiellen Vaters**, wie mangelnde oder eingeschränkte Leistungsfähigkeit (BGH NJW-RR 2003, 433; OLG Hamm FamRZ 2016, 1000), Erfüllung (BGH FamRZ 2003, 1095), Verwirkung oder auch Verjährung im Rahmen eines Verf nach § 237 unbeachtl (OLG Dresden FamRZ 2003, 161; OLG Brandenburg FamRZ 2005, 1843). Nach wohl hM gilt dies auch für den Einwand der fehlenden Aktivlegitimation infolge Forderungsübergangs, zB gem § 33 II SGB II, § 94 I SGB XII, § 7 I UVG (so OLG Hamm FamRZ 2016, 1000; OLG Nürnberg FamRZ 2015, 277; PH/Bömelburg Rn 8a mwN; aA ThP/Seiler Rn 8). Dies ist nur gerechtfertigt, wenn auch ein Abänderungsantrag gem § 240 darauf gestützt werden kann (dies bejahend OLG Naumburg FamRZ 2006, 1395). 6

Teilw wird die Ansicht vertreten, bei bestehender bzw unstreitiger Erfüllung oder Leistungsunfähigkeit sei zu prüfen, ob dem Antrag des Kindes nach § 237 wegen **missbräuchlicher Ausnutzung des Einwendungsausschlusses** das Rechtsschutzbedürfnis fehle (PH/Bömelburg Rn 8b). Dem ist entgegenzuhalten, dass kein praktisches Bedürfnis dafür besteht, in Ausnahmefällen den Einwand mangelnder Leistungsfähigkeit etc zuzulassen. Wer als Unterhaltsgläubiger den besagten Einwand selbst nicht infrage stellt, wird in aller Regel den Zahlungsantrag zurücknehmen bzw für erledigt erklären oder, wenn er bereits einen Zahlungstitel erwirkt hat, auf die Rechte hieraus verzichten (zutr OLG Dresden FamRZ 2003, 161). Denn andernfalls muss er damit rechnen, alsbald mit einem Abänderungsantrag nach § 240 überzogen zu werden, in diesem Verf zu unterliegen und die Kosten tragen zu müssen. Der Sch hat überdies nach § 242 die Möglichkeit, kurzfristig eine einstw Einstellung der ZwV zu erreichen. Die Nachteile, die der Unterhaltsschuldner ggf hinnehmen muss, rechtfertigen es nicht, Ausnahmen von der klaren Regelung des III 3 zu konstruieren. – Zur Rechtslage bei wirks Vaterschaftsanerkennung während laufendem Verf gem § 237 s Rn 2a. 7

V) Entscheidung (§ 237 IV). 1) Tenor. Der Tenor eines Beschlusses nach § 237 kann wie folgt lauten: „Der Antragsgegner wird verpflichtet, an den Antragsteller/die Antragstellerin zu Händen der Kindesmutter monatl im Voraus Mindestunterhalt entspr der jew Altersgruppe für zB ein 1. Kind zu zahlen, und zwar vermindert um das nach § 1612b BGB anzurechnende hälftige Kindergeld." 8

2) Wirksamkeit. Die Wirksamkeit des Beschlusses tritt frühestens mit Rechtskraft des Beschlusses, der die Vaterschaft feststellt, bzw mit Wirksamwerden der Vaterschaftsanerkennung ein, **IV**. Die Anordnung der sof Wirksamkeit des Beschlusses entspr § 116 III 2, 3 scheidet im Rahmen von § 237 angesichts der eigenständigen Regelung in IV aus (aA PH/Bömelburg Rn 12; Sternal/Weber Rn 9), dh die Wirksamkeit des Beschlusses über den Mindestunterhalt richtet sich iÜ nach § 116 III 1, wonach Endentscheidungen in FamStreitsachen (also auch in Unterhaltssachen iSv § 231 I Nr 1, § 237 I) mit Rechtskraft wirksam werden. 9

3) Vollstreckbarkeit. Vollstreckbarkeit des Beschlusses ist **mit Wirksamwerden** (s Rn 9) gegeben, § 120 II 1. Das Kind kann eine – vollstreckungsfähige – vorläufige Regelung des Unterhalts im Wege der einstw Anordnung nach § 248 erreichen. 10

4) Abänderung. Die Abänderung einer rkr Entscheidung nach § 237 richtet sich für die Beteiligten nach § 240. Eine Beschreitung des Beschwerdewegs ist wegen der fortgeltenden (PH/Bömelburg Rn 14) inhaltl Beschränkungen (s Rn 6) idR nicht zielführend. 11

VI) Gebühren. Die Geb errechnen sich ab Verbindung (§ 179 I 2) nur aus einem Wert, näml dem des höheren Anspruchs (§ 33 I 2 FamGKG; § 23 I 1 RVG). 12

§ 238 Abänderung gerichtlicher Entscheidungen

(1) [1]Enthält eine in der Hauptsache ergangene Endentscheidung des Gerichts eine Verpflichtung zu künftig fällig werdenden wiederkehrenden Leistungen, kann jeder Teil die Abänderung beantragen. [2]Der Antrag ist zulässig, sofern der Antragsteller Tatsachen vorträgt, aus denen sich eine wesentliche Veränderung der der Entscheidung zugrunde liegenden tatsächlichen oder rechtlichen Verhältnisse ergibt.

(2) Der Antrag kann nur auf Gründe gestützt werden, die nach Schluss der Tatsachenverhandlung des vorausgegangenen Verfahrens entstanden sind und deren Geltendmachung durch Einspruch nicht möglich ist oder war.

(3) [1]Die Abänderung ist zulässig für die Zeit ab Rechtshängigkeit des Antrags. [2]Ist der Antrag auf Erhöhung des Unterhalts gerichtet, ist er auch zulässig für die Zeit, für die nach den Vorschriften des bürgerlichen Rechts Unterhalt für die Vergangenheit verlangt werden kann. [3]Ist der Antrag auf Herabsetzung des Unterhalts gerichtet, ist er auch zulässig für die Zeit ab dem Ersten des auf ein entsprechendes Auskunfts- oder Verzichtsverlangen des Antragstellers folgenden Monats. [4]Für eine mehr als ein Jahr vor Rechtshängigkeit liegende Zeit kann eine Herabsetzung nicht verlangt werden.

(4) Liegt eine wesentliche Veränderung der tatsächlichen oder rechtlichen Verhältnisse vor, ist die Entscheidung unter Wahrung ihrer Grundlagen anzupassen.

1 **I) Überblick.** § 238 regelt die Abänderung gerichtl Endentscheidungen über Unterhalt (Gegenstand des 9. Abschnitts), die zu künftig fällig werdenden wiederkehrenden Leistungen verpflichten (**I 1**). Darunter fallen praktisch nur *Unterhaltsleistungen* gem § 231 I (zu § 231 II 1 s Rn 5). Die Vorschrift unterscheidet sich von § 323 ZPO – neben der abw Terminologie (§ 113 II, V, § 116 I) – nur durch die Möglichkeit einer rückwirkenden Abänderung des Unterhaltstitels gem III 2-4.

2 **II) Allgemeines. 1) Abänderungsantrag.** Der Abänderung unterliegen Endentscheidungen über künftig fällig werdende wiederkehrende Unterhaltsleistungen gem § 231 I, auch Anerkenntnis- (BGH NJW 2007, 2921) und Versäumnisbeschlüsse (BGH FamRZ 2010, 1150; OLG Dresden FamRZ 2017, 465) sowie Abänderungsbeschlüsse gem §§ 238, 239. Der Abänderungsantrag ist ein **Gestaltungsantrag**, der den Unterhaltstitel selbst – unter Durchbrechung seiner materiellen Rechtskraft – an die stets wandelbaren wirtschaftl Verh anpassen soll (BGH FamRZ 2005, 1479). – Ein gestellter Antrag kann im Einzelfall **umgedeutet** werden, so ein Abänderungs- in einen Leistungsantrag (BGH FamRZ 1986, 661), ein Leistungs- in einen Abänderungsantrag (OLG Hamm FamRZ 2000, 544) oder ein Vollstreckungsabwehrantrag in einen Abänderungsantrag (OLG Brandenburg FamRZ 2002, 1193).

3 **2) Abgrenzung zum Leistungsantrag. a)** Ist ein auf Zahlung von Unterhalt gerichteter **Leistungsantrag** wegen fehlender Bedürftigkeit oder mangels Leistungsfähigkeit **abgewiesen** worden und treten die fehlenden Anspruchsvoraussetzungen später ein, so ist idR ein neuer Leistungsantrag zu stellen. Für eine Abänderung der früheren (abweisenden) Entscheidung nach § 238 fehlt es bereits am Ausspruch einer „Verpflichtung zu künftig wiederkehrenden Leistungen". Der Entscheidung kommt auch keine in die Zukunft reichende Rechtskraftwirkung zu (BGH FamRZ 2005, 101).

4 **b)** Etwas anderes gilt nur dann, wenn durch die abzuändernde Entscheidung eine **frühere** (stattgebende) **Entscheidung auf künftige Unterhaltszahlungen abgeändert** wurde, also eine neue an die Stelle der früheren Prognose für die Zukunft getreten und damit eine der Rechtskraft fähige Entscheidung für die Zukunft getroffen worden ist (BGH FamRZ 2005, 101).

5 **c)** Ist der **Unterhalt antragsgemäß zuerkannt** worden und ist der Antrag hinter dem materiell-rechtlich geschuldeten Unterhalt zurückgeblieben, kann der Unterhaltsgläubiger den restl Unterhalt nur dann im Wege eines – weiteren – Leistungs- bzw **Zusatz- oder Nachforderungsantrags** verlangen, wenn er im vorausgegangenen Verf ausdrücklich einen Teilantrag gestellt oder sich wenigstens den Umständen nach eindeutig erkennbar eine Nachforderung vorbehalten hatte. Da im Zweifel davon auszugehen ist, dass Unterhalt in voller Höhe geltend gemacht wird, spricht eine Vermutung gegen das Vorliegen eines Teilantrags (BGH FamRZ 2015, 309, 310 mwN zur Nachforderung vergessenen Altersvorsorgeunterhalts).

6 **d)** Hat sich der Antrag auf den Unterhalt beschränkt, der **über einen freiwillig gezahlten Betrag hinausgeht**, so ist von einem Teilantrag auszugehen. Der zusprechende oder abweisende Beschluss hat dann nämlich im Umfang der freiwilligen Bezahlung nicht das Bestehen des Unterhaltsanspruchs zum Gegenstand und entfaltet insoweit auch keine Rechtskraft. Deshalb kann in diesem Fall eine Mehrforderung durch Leistungsantrag geltend gemacht werden, ohne dass sich der Unterhaltsgläubiger die Nachforderung von Unterhalt vorbehalten haben muss (BGH FamRZ 1991, 320 mwN).

7 **3) Abgewiesener negativer Feststellungsantrag.** Entsprechend anzuwenden ist § 238 auf einen Beschluss, durch den ein negativer Feststellungsantrag abgewiesen worden ist, mit dem sich der ASt gegen seine durch einstw AO (§§ 49, 246) erkannte, nicht anfechtbare (§ 57 S 1) Verpflichtung zu laufenden Unterhaltsleistungen zur Wehr gesetzt hat (dazu s § 56 Rn 4). Da dem Beschluss eine Prognose für die Zukunft zugrunde liegt, steht er hinsichtlich seiner Rechtskraftwirkung einem positiven Leistungsbeschluss iSv § 238 gleich (OLG Hamm FamRZ 2000, 544).

8 **4) Ausländische Entscheidungen.** Auch ggü im Inland anzuerkennenden ausl Entscheidungen (§§ 108, 109) ist das Ab*änderungsverf zumindest dann* zulässig, wenn das ausl Recht – wie im Rechtsraum der EU – eine Abänderung zulässt (BGH FamRZ 2015, 479 Tz 12 ff). Die internationale Zuständigkeit ergibt sich nach den allg Grundsätzen (s § 232 Rn 13). Zur Abänderung eines poln Unterhaltstitels s OLG Bremen FamRZ 2017, 614 ff;

zur gerichtl Zuständigkeit in Unterhalts(abänderungs)verf gegen einen nicht im EU-Ausland ansässigen Unterhaltsberechtigten s OLG Koblenz FamRZ 2015, 268.

5) Nicht von § 238 erfasste Entscheidungen. Keine Anwendung findet § 238 bei: **a) einstweiligen Anordnungen**; dort gilt freie Abänderbarkeit gem § 54 I (BTDrs 16/6308, 257); – **b)** Beschlüssen im vereinfachten Verfahren gem **§§ 249, 253**; diese werden im Verf gem § 240 abgeändert (s Rn 12); – **c) Urteilen** über künftig fällig werdende wiederkehrende Ansprüche, die nicht unter das FamFG fallen; für diese gilt § 323 ZPO (s § 323 ZPO Rn 1, 9); – **d)** Entscheidungen zur **Kindergeldberechtigung** gem § 231 II 1 (iVm 2); – **e) Vollstreckungsbescheiden** (vgl § 249 Rn 1). 9

Die Abänderung von **Vergleichen** (§ 794 I Nr 1 ZPO), **vollstreckbaren Urkunden** (§ 794 I Nr 5 ZPO) und für vollstreckbar erklärten **Anwaltsvergleichen** (§§ 796a-796c ZPO) über Unterhaltsleistungen iSv Rn 1 bestimmt sich nach **§ 239** (vgl BGH FamRZ 2013, 1215 Rn 15 zu § 238 II). 10

III) Abgrenzung zu anderen Rechtsbehelfen. Bei rechtskräftigen Unterhaltsfestsetzungen im **vereinfachten Verfahren** gem §§ 249, 253 und bei anhängigem **Vaterschaftsfeststellungsverfahren** gem § 237 geht das str Verf gem § 255 bzw das Abänderungsverf gem § 240 vor; anders als bei § 238 kommt es dort auf eine wesentl Veränderung der Verhältnisse (I 2) nicht an. 11

Der Abänderungsantrag gem § 238 und der **Vollstreckungsabwehrantrag** gem § 767 ZPO iVm § 120 I FamFG schließen sich gegenseitig aus. Es besteht keine Wahlmöglichkeit (BGH FamRZ 2005, 1479). Allerdings ist im Einzelfall eine Umdeutung möglich (OLG Brandenburg FamRZ 2002, 1193 mwN). Der **Abänderungsantrag** ist ein Gestaltungsantrag, der sowohl vom Unterhaltsschuldner als auch vom Unterhaltsgläubiger verfolgt werden kann und den Unterhaltstitel selbst – unter Durchbrechung seiner materiellen Rechtskraft – an die stets wandelbaren wirtschaftl Verhältnisse anpassen soll (BGH FamRZ 2005, 1479). Demgegenüber beschränkt sich der Streitgegenstand eines **Vollstreckungsabwehrverfahrens** auf die Beseitigung der Vollstreckbarkeit eines früheren Titels, weil die Zwangsvollstreckung aus dem Titel wegen materiell-rechtlicher Einwendungen unzulässig (geworden) ist (BGH FamRZ 2005, 1479). Er dient der Durchsetzung rechtsvernichtender, -hemmender und -beschränkender Einwendungen (KG FamRZ 2016, 379) wie zB Erfüllung, Aufrechnung, Verzicht, Verwirkung (BGH FamRZ 1991, 1175). – Ist der Tenor – wegen mangelnder Bestimmtheit – **nicht vollstreckungsfähig**, ist nicht die Abänderung, sondern ein Vollstreckungsabwehrantrag eröffnet (BGH FamRZ 2006, 261). 12

IV) Zulässigkeit des Abänderungsantrags. 1) Wesentliche Veränderung. a) Veränderung. Eine wesentl Änderung liegt vor, wenn sie nach Maßgabe des materiellen Rechts zu einer anderen Beurteilung des Bestehens, der Höhe oder der Dauer des Anspruchs führt, und zwar in einer nicht unerhebl Weise (BGH FamRZ 1984, 353). Zur **Zulässigkeit** des Änderungsantrags ist der Vortrag von Tatsachen erforderl, aus denen sich – ihr Vorliegen unterstellt – eine wesentl Veränderung derjenigen Verhältnisse ergibt, die für die **Höhe oder Dauer** der titulierten Unterhaltsleistung maßgebend waren (BGH NJW 2007, 2921). Es ist eine **umfassende Differenzbetrachtung** anzustellen, eine auf einzelne für die Unterhaltsbemessung relevante Faktoren beschränkte Betrachtung reicht nicht (zB OLG Hamm FamRZ 2024, 1197). Ob sich diese Behauptung als richtig darstellt, ist eine Frage der Begründetheit. Die Änderung der Verhältnisse muss **bereits eingetreten** sein; es reicht nicht, dass die frühere Prognose der künftigen Verhältnisse aus nachträgl Sicht anders zu treffen wäre (BGH FamRZ 2000, 1499). In Betracht kommt zB: 13

aa) Änderung der tatsächlichen Verhältnisse durch: 14

- Wegfall oder Herabsetzung der **Bedürftigkeit** des Unterhaltsberechtigten durch mögl gewordene eigene Erwerbstätigkeit (BGH FamRZ 2010, 538) oder tatsächl erzielte (höhere) eigene Einkünfte, Eintritt in den Rentenbezug (BGH NJW 2011, 3645);
- **Erhöhung des Bedarfs** durch Vorrücken des Kindes in die nächsthöhere Altersstufe der Düsseldorfer Tabelle (BGH FamRZ 2005, 608; OLG Jena NJW 2009, 2832) oder im Mindestunterhalt gem § 1612a BGB (zum vereinfachten Verf s aber Rn 11), Veränderungen im Wohnbedarf (OLG Hamm FamRZ 2004, 1656: Wegfall mietfreien Wohnens); Neufestsetzung der Unterhaltsbeträge nach der **Düsseldorfer Tabelle**, da damit eine entspr Veränderung der Einkommen und/oder der Lebenshaltungskosten geltend gemacht wird (BGH FamRZ 2005, 608; OLG Hamm FamRZ 2004, 1885); Verringerung der Einkünfte des Berechtigten (BGH FamRZ 2021, 1114: Erwerbsminderungsrente statt Erwerbseinkommen)
- Reduzierung oder Wegfall der **Leistungsfähigkeit** des Pflichtigen durch Änderungen in seinen Einkommensverhältnissen aus gesundheitl (OLG Hamm NJW-RR 2012, 1028: gesundheitsbedingte Reduzierung der Erwerbstätigkeit; OLG Zweibrücken FamRZ 1993, 440; OLG Koblenz FamRZ 1991, 574: je Erwerbsunfähigkeit) oder berufl Gründen (KG NJW 85, 869: nachhaltige Arbeitslosigkeit), Änderung der Steuerklasse nach Scheidung (BGH FamRZ 2002, 879), Entstehen neuer Unterhaltspflichten, zB durch Geburt eines Kindes, Wiederheirat; Änderung der **fiktiven Leistungsfähigkeit:** Prognose des weiterhin zugerechneten Verdienst erweist sich wegen anderer Entwicklung als nicht zutreffend (BGH FamRZ 2008, 872).
- **Erhöhung der Leistungsfähigkeit** oder des – beim Quoten- oder Kindesunterhalt – bedarfsbestimmenden Einkommens durch höheres Einkommen oder Wegfall früherer Unterhaltspflichten (OLG Nürnberg FamRZ 96, 1090);

- sonstige unterhaltsrelevante Umstände wie die Möglichkeit der Inanspruchnahme eines **vorrangig Unterhaltspflichtigen** (Hahne FamRZ 83, 1191; Hoppenz FamRZ 87, 1097), bestimmungswidrige Verwendung des zugesprochenen Unterhalts (BGH FamRZ 87, 684; aA OLG Hamm FamRZ 91, 1056 [Fall von § 767 ZPO]); Verfestigung einer auf Dauer angelegten außerehel Beziehung zu **eheähnlicher Lebensgemeinschaft** (BGH FamRZ 97, 671; OLG Karlsruhe FamRZ 2003, 51); Gründe für **Herabsetzung und zeitliche Befristung des Unterhalts** gem § 1578b BGB (s hierzu Rn 21 u § 239 Rn 4); Zurechnung fiktiver Einkünfte.
- Änderung des **Unterhaltsstatuts** (BGH FamRZ 2009, 1402; OLG Celle FamRZ 2024, 1482; offen gelassen von BGH FamRZ 2015, 479).

15 **bb) Änderung der rechtlichen Verhältnisse** durch eine Änderung der ges Regelungen (zB UnterhRÄndG mWv 1.1.2008, § 36 EGZPO; s Rn 21). Dem steht die einer Änderung der Gesetzeslage gleichkommende verfassungskonformen Auslegung einer Norm durch das BVerfG und die Änderung einer gefestigten höchstrichterl **Rechtsprechung** gleich (BGH FamRZ 2007, 793). Letzterem kam insb bei der Neubestimmung der Anrechnungsmethoden für den nachehel Unterhalt (BGH FamRZ 2003, 848; BGH FamRZ 2007, 793; BGH FamRZ 2001, 986) und der zeitl Begrenzung des Aufstockungsunterhalts bei Fehlen ehebedingter Nachteile (BGH FamRZ 2006, 1006 zu § 1573 V BGB aF) Bedeutung zu. Eine Änderung ist aber erst **ab Verkündung** des die Rechtsprechungsänderung einleitenden Urteils zulässig (BGH FamRZ 2007, 793). Für die Zulässigkeit des Abänderungsantrags reicht es aus, dass sich der ASt auf eine nach Schluss der mündl Verh des Vorprozesses eingetretene Rechtsänderung beruft; ob die vorgebrachten Umstände eine Abänderung des Ausgangstitels im Ergebnis rechtfertigen, ist eine Frage der Begründetheit (BGH NJW 2010, 3582 Tz 12).

16 **b) Wesentlichkeit der Veränderung.** Eine wesentl Änderung liegt vor, wenn sie zu einer anderen Beurteilung des Bestehens, der Höhe oder der Dauer des Anspruchs führt, und zwar in einer nicht unerhebl Weise (BGH FamRZ 1984, 353). Diese Erheblichkeitsgrenze ist idR erreicht, wenn sich der zu zahlende Unterhalt – nicht die in die Berechnung einzustellenden Ausgangsbeträge, insb die Einkommen der Beteiligten (zB OLG Düsseldorf FamRZ 1993, 1103) – um mindestens **10 %** verändert (zB OLGR Köln 2001, 237; OLG Düsseldorf FamRZ 1993, 1103: „idR"; PH/Bömelburg Rn 80). Zu beachten ist, dass scheinbar abweichende Entscheidungen zur Anpassung von Vergleichen und Verträgen (zB BGH FamRZ 1992, 539; BGH FamRZ 1986, 790; BGH NJW 92, 1622) nicht ohne Weiteres übertragen werden können, da diese anderen Grundsätzen (s § 239 Rn 6) folgen. Für den Fall, dass beengte wirtschaftl Verhältnisse vorliegen, weil das Kind weniger als das **Existenzminimum** verlangen kann, wird in der Rspr zT eine Veränderung des Unterhalts auch bei geringeren Beträgen als „wesentlich" angesehen (OLG Hamm FamRZ 2012, 53: 6,6 %; OLG Naumburg juris: 7 %; OLG Hamm NJW 2007, 1217: 7,5 %; OLG Düsseldorf FamRZ 1993, 1103: 7,35 %). – Eine danach erhebl Veränderung ist (bereits) für die Zulässigkeit des Antrags **schlüssig darzulegen** (OLG Brandenburg FamRZ 2005, 815).

17 **2) Identität der Verfahrensgegenstände und der Beteiligten.** Eine Abänderung des bestehenden Unterhaltstitels setzt Identität der **Verfahrensgegenstände** voraus, anderenfalls ist ein neuer Titel erforderl. Unterschiedl Verfahrensgegenstände sind der Trennungsunterhalt (§ 1361 BGB) und der **nacheheliche Unterhalt** (§§ 1569 ff BGB); nach Scheidung bedarf es daher eines neuen Titels (vgl BGHZ 78, 130 = NJW 80, 2811 = MDR 81, 125; BGHZ 93, 335 = NJW 85, 1340, stRspr). Identität besteht hingegen zwischen dem Unterhaltsanspruch des **minderjährigen Kindes** mit dem nach Eintritt der Volljährigkeit (BGH FamRZ 2006, 99; OLG Bamberg FamRZ 2019, 30; OLG Celle FamRZ 2017, 2020) bzw (wegen § 1603 II 2 BGB) nach Vollendung des 21. Lebensjahrs, auch wenn sich zwischenzeitl der Leistungsinhalt (Bar- statt Naturalunterhalt) geändert hat (OLG Karlsruhe FamRZ 95, 938). – **Beteiligte** des Abänderungsverf können grds nur diej sein, zwischen denen die abzuändernde Entscheidung ergangen ist oder auf die sich die Rechtskraft der Entscheidung erstreckt (BGH FamRZ 2015, 698 Tz 17 für ausl Titel), ggf auch der Rechtsnachfolger, zB auch nach einem ges Forderungsübergang (dazu s PH/Bömelburg Rn 72). Hat ein Elternteil den Kindesunterhaltstitel im Wege der ges Verfahrensstandschaft gem **§ 1629 III 2 BGB** im eigenen Namen erwirkt, ist er, solange die Voraussetzungen des § 1629 III 2 BGB vorliegen, auch für das Abänderungsverf aktiv oder passiv (OLG Brandenburg MDR 2015, 1427) legitimiert. Die Verfahrensstandschaft gem § 1629 III BGB endet mit Eintritt der Volljährigkeit des Kindes. Ab diesem Zeitpunkt muss das Kind das Abänderungsverf selbst als Beteiligter führen (s hierzu im Einzelnen § 137 Rn 10-12).

18 **3) Präklusion von Abänderungsgründen (§ 238 II).** Die Regelung von II bezweckt die Absicherung der Rechtskraft der Vorentscheidung. Das Abänderungsverf dient nur dazu, unvorhersehbare Veränderungen der maßgebenden Verhältnisse nachträgl zu berücksichtigen (BGH FamRZ 2001, 1364 mwN), nicht aber der Korrektur von Fehlern der Vorentscheidung (BGH FamRZ 2018, 914). Die Präklusion geht **nicht weiter als die Rechtskraft** der Vorentscheidung (BGH NJW 2018, 2638). Wird eine Frage also bewusst nicht entschieden, sondern einem Abänderungsverf vorbehalten, ist in diesem auch die Berücksichtigung schon im Erstverf mögl Einwendungen zulässig (BGH NJW 2018, 2638; BGH FamRZ 2011, 454, je für die Anwendung von § 1578b BGB). Dies gilt selbst dann, wenn über die Frage richtigerweise bereits im Ausgangsverf hätte entschieden werden müssen (BGH FamRZ 2011, 454). Vergleichbares gilt, wenn das Gericht im Vorverf seine Entscheidung erkennbar nicht auf die nunmehr geltend gemachte Tatsache gestützt hat (BGH FamRZ 2012, 288 Tz 23). – Die Präklusion gilt **nicht für den Antragsgegner** des Abänderungsverf (BGH FamRZ 2000, 1499).

Gem II präkludiert sind Tatsachen, die der ASt des Abänderungsverf noch in der letzten Tatsachenverhandlung des vorausgegangenen Verf hätte geltend machen können, aber nicht vorgetragen wurden, obwohl sie **entscheidungserheblich** waren (BGH FamRZ 2018, 914; BGH FamRZ 2015, 1694). Auf die **Beteiligtenstellung** (ASt oder Ag) im Vorprozess kommt es insoweit nicht an (BGH FamRZ 2000, 1499). Eine Verh vor dem **Beschwerdegericht** ist nur dann maßgebl, wenn dieses in der Sache entschieden hat, nicht aber, wenn die Beschwerde – vor oder nach mündl Verh – zurückgenommen wird (BGH FamRZ 2012, 288 Tz 21). Bei mehreren vorausgegangenen (Abänderungs-)Entscheidungen ist auf das **letzte Abänderungsverfahren** abzustellen (BGH FamRZ 2018, 914), und zwar auch dann, wenn die letzte Abänderung in einer Herabsetzung des titulierten Unterhalts bestand (BGH FamRZ 2015, 1694 Tz 15). Um die Tatsache noch vorzubringen, muss ggf Einspruch gegen eine Versäumnisentscheidung eingelegt werden. Ein Abänderungswiderantrag (BGH FamRZ 2018, 914 unter Aufgabe der früheren Rspr) ist aber ebenso wenig wie die Einlegung einer **Beschwerde** notwendig; der ASt hat also die Wahl zwischen Beschwerde und Abänderungsverf. – Entscheidend ist die **Entstehung** der „Abänderungstatsachen", nicht der Zeitpunkt der Kenntniserlangung (OLG Köln FamRZ 87, 846). Nach der Rspr des BGH genügt es, dass die spätere Entwicklung bereits **zuverlässig vorauszusehen** gewesen ist und deswegen hätte berücksichtigt werden können (zB BGH FamRZ 2010, 1238 Tz 25; nicht bei absehbarem Eintritt in den Ruhestand, aber unbekanntem Ruhegehalt: BGH FamRZ 2015, 1694 Tz 18). 19

Ist die Vorentscheidung eine **Versäumnisentscheidung**, kommt es statt auf die mündl Verh auf den Ablauf der Einspruchsfrist an, auch wenn die Entscheidung nach mündl Verh ergangen ist (BGH FamRZ 2010, 1150). Grundlage für die spätere Änderung sind nicht die durch die Säumnis als zugestanden fingierten, sondern die damals tatsächl Verhältnisse (BGH FamRZ 2010, 1318; BGHZ 185, 322 = FamRZ 2010, 1150). – Wird die Abänderung eines **Anerkenntnisbeschlusses** begehrt, kommt es für eine wesentl Veränderung der Verhältnisse auf die ihm zugrunde liegenden tatsächl Umstände an (BGH FamRZ 2007, 1459). Lassen sich diese nicht mehr ermitteln oder die Berechnung des Unterhalts nicht nachvollziehen, ist dieser nach den ges Vorschriften neu zu berechnen (BGH FamRZ 2007, 1459). 20

Die Präklusion gilt nicht für Umstände, die *erstmals* durch **Gesetz zur Änderung des Unterhaltsrechts** v 21.12. 2007 (BGBl I 2007, 3189) Bedeutung erlangt haben (§ 36 Nr 2 EGZPO). War eine zeitl Begrenzung des Aufstockungsunterhalts gem § 1575 V BGB aF wegen fehlender ehebedingter Nachteile des Unterhaltsgläubigers durch die Änderung der BGH-Rspr (BGH FamRZ 2006, 1006) schon früher mögl, greift § 36 Nr 2 EGZPO nicht ein (BGH FamRZ 2012, 1284; BGH FamRZ 2010, 1884 mwN). In Bezug auf eine im Rahmen von § 1578b I, II BGB vorzunehmende umfassende Billigkeitserwägung kann das Hinzutreten neuer Gesichtspunkte genügen, um in einer Gesamtschau zu einer Neubewertung auch der unverändert gebliebenen Umstände zu gelangen (BGH FamRZ 2015, 1694). 21

V) Verfahren. Es finden die allg Vorschriften des Unterhaltsverf gem §§ 231 ff Anwendung. – **Zuständig** ist das FamG gem §§ 232, 233. Bei „gegenläufigen" Abänderungsanträgen ist (mangels gemeinsamer Zuständigkeit) wegen § 261 III Nr 1 ZPO (iVm § 113 I 2 FamFG) das *zuerst* angegangene Gericht zuständig (BGH FamRZ 97, 488); internationale Zuständigkeit: s § 232 Rn 13. **Darlegungs- und Beweispflichtig** für die wesentl Veränderung ist der ASt. 22

Das FamG kann ab Anhängigkeit des Abänderungsantrags oder ab Eingang eines entspr VKH-Antrags die einstw **Einstellung der Zwangsvollstreckung** anordnen (§ 242 S 1). Die sof Beschwerde ist ausgeschlossen (§ 242 S 2); die Anhörungsrüge nach § 321a ZPO (iVm § 113 I FamFG) ist anwendbar. Ist ein vollstreckbarer (§ 116 III, § 120 II 1) ermäßigender Abänderungsbeschluss ergangen, so ist ohne Weiteres eine ZwV aus dem abgeänderten Titel in einem weiter gehenden Umfang unzulässig, § 775 Nr 1 ZPO (iVm § 120 I FamFG, OLG Zweibrücken FamRZ 86, 376). 23

VI) Entscheidung und Entscheidungsgrundlagen. 1) Begründetheit des Abänderungsantrags. Der Abänderungsantrag ist begründet, wenn sich das schlüssige Vorbringen des ASt zum Abänderungsgrund und seiner Wesentlichkeit als zutreffend erweist (BGH FamRZ 2007, 1459 Tz 13). Erforderl ist, dass die Änderung der Verhältnisse bereits eingetreten und nicht nur voraussehbar ist (BGH FamRZ 1992, 162). Zur Abänderung einer Säumnisentscheidung s OLG Bamberg FamRZ 2024, 212). 24

2) Beschluss. Die Entscheidung ergeht durch Beschluss, § 116 I. Die Kostenentscheidung erfolgt gem § 243. Der Beschluss soll für sof wirksam erklärt werden (§ 116 III 2) und ist damit vollstreckbar (§ 120 I, II; § 775 ZPO). Über gegenläufige Abänderungsverlangen darf nur einheitl entschieden werden; zur Zuständigkeit s Rn 22. 25

3) Umfang der Abänderung (§ 238 IV). Gem IV sind die **Entscheidungsgrundlagen** zu wahren. Die Abänderung einer gerichtl Entscheidung darf nicht weiter gehen, als es aus Gründen der Anpassung an die veränderten Verh notwendig ist. Weder ist eine Möglichkeit zur neuerlichen Bewertung des alten Sachverhalts noch ein Weg eröffnet, diesen bei Gelegenheit einer – berechtigterweise erfolgenden – Abänderung abweichend zu beurteilen (BGH FamRZ 2021, 1114 Tz 25 mwN). Unberücksichtigt bleibt, was von den Beteiligten im Vorverf an entscheidungserhebl Umständen nicht vorgetragen oder vom Gericht übersehen wurde (BGH FamRZ 2021, 1114 Tz 19 mwN; BGH FamRZ 2015, 1694 Tz 15). Denn eine Korrektur von Fehlern der rechtskräftigen Entscheidung ist im Abänderungsverf nicht zulässig (BGH FamRZ 2021, 1114 Tz 19 mwN). Soweit die **Entschei-** 26

dungsgrundlagen des Vorverfahrens von einer Änderung nicht betroffen sind, sind sie aufgrund ihrer Rechtskraft für das Gericht des Abänderungsverf **bindend**. Bei einer bereits im Vorverf vorgenommen Gesamtbewertung – zB der Nichtigkeit eines Ehevertrags – ist aber unter Berücksichtigen nachträgl Umstände ggf eine Neubewertung vorzunehmen (BGH FamRZ 2021, 1114 Tz 29).

27 **Bsp für eine Bindung:** das unterhaltsrelevante Einkommen mit seinen Elementen wie fiktiven Einkünften (BGH FamRZ 1994, 1100), berufsbedingte Aufwendungen (BGH FamRZ 2007, 882), Vorwegabzug des Kindesunterhalts (BGH FamRZ 2007, 882), Vaterschaft und Unterhaltsverpflichtung zu Kind (BGH FamRZ 2001, 1364); (Nicht-)Berücksichtigung bestimmter Einkommensarten (BGH FamRZ 1994, 1100) wie Wohnwert (BGH FamRZ 2007, 793; nicht aber für die Berechnung iE: BGH FamRZ 1994, 1100) oder Nebeneinkünften, konkrete Bedarfsbemessung des Ehegattenunterhalts (BGH FamRZ 1990, 280). – **Keine Bindung** besteht an die Verwendung bestimmter Unterhaltsrichtlinien, Tabellen, Verteilungsschlüssel oder sonstige Berechnungsmethoden (BGH FamRZ 1994, 1100). Dasselbe gilt für die Anwendung bestimmter Unterhaltsquoten (BGH FamRZ 1994, 1100).

28 **Rechenbeispiel** (sa OLG Jena NJW 2009, 2832): In der Erstentscheidung wurde der unterhaltspflichtige Ehemann zur Zahlung einer monatl Unterhaltsrente von 1.200 Euro (= ⅖ seines Einkommens) verpflichtet; das Gericht hat dabei das Einkommen des Mannes mit 3.000 Euro angesetzt, obwohl es seinerzeit bereits 4.000 Euro betragen hat. Hat sich jetzt das Einkommen des Mannes um 400 Euro auf 4.400 Euro erhöht, so ist die Unterhaltsrente allerdings nicht – in „freier Neufestsetzung" – auf 1.760 Euro (Berechnung: ⅖ von 4.400 Euro) festzusetzen, sondern nur – unter Wahrung der Grundlagen der Erstentscheidung – auf 1.360 Euro. Berechnung: ⅖ aus 3.400 Euro (3.000 Euro + 400 Euro). Hat sich umgekehrt das Einkommen des Mannes um 400 Euro auf 3.600 Euro ermäßigt, ist auf dem Abänderungsantrag der neue Unterhaltsbetrag in entspr Abänderung auf 1.040 Euro (Berechnung: ⅖ aus 2.600 Euro) anzupassen.

29 **4) Zeitpunkt der Abänderung (§ 238 III). a) Grundsatz (§ 238 III 1).** Die Abänderung ist grds für die Zeit **ab Rechtshängigkeit**, also mit dem Tag der Zustellung an den Ag (§ 113 I 2 FamFG iVm § 253 I, § 261 I ZPO) zulässig. Ein VKH-Antrag steht dem nicht gleich.

30 **b) Rückwirkende Erhöhung (§ 238 III 2).** Die rückwirkende Erhöhung des Unterhalts richtet sich nach den Vorschriften des **materiellen Unterhaltsrechts**. Maßgebl ist vor allem § 1613 I BGB, ggf iVm § 1360a III u § 1361 IV 4 BGB.

31 **c) Rückwirkende Herabsetzung (§ 238 III 3, 4). aa)** Gem **III 3** kann der Unterhalt **rückwirkend** für die Zeit ab dem 1. des auf ein entspr Auskunfts- oder Herabsetzungsverlangen des ASt (Unterhaltsschuldners) folgenden Monats **herabgesetzt** werden. Das Auskunftsverlangen entspricht § 1613 I 1 Fall 1 BGB (OLG Brandenburg FamRZ 2014, 1216, 1217). Das Herabsetzungsverlangen an den Unterhaltsgläubiger, ganz oder teilw auf den titulierten Unterhalt zu verzichten, unterliegt spiegelbildl den Voraussetzungen der Mahnung in § 1613 I 1 Fall 2 BGB; erforderl ist eine sog negative Mahnung, also die Aufforderung an den Unterhaltsgläubiger, teilw oder vollständig auf den titulierten Unterhalt zu verzichten (OLG Brandenburg FamRZ 2014, 1216 mwN; OLG Hamburg NJW 2013, 2042). Die Vorlage entspr Belege ist nicht erforderl (OLG Hamburg NJW 2013, 2042). Die bloße Bitte um Neuberechnung des Unterhalts durch das Jugendamt reicht nicht aus (OLG Koblenz NZFam 2015, 377).

32 **bb)** Aus Gründen der Rechtssicherheit (BTDrs 16/6308, 258) sieht **III 4** vor, dass die rückwirkende Herabsetzung des Unterhalts **höchstens bis zu 1 Jahr vor Rechtshängigkeit** des Abänderungsantrags (s Rn 29) zulässig ist.

33 **VII) Gebühren.** Wie im Ausgangsverf; die Abänderung ist eine neue Angelegenheit/Gebühreninstanz (§ 31 II 1 FamGKG; § 15 II RVG). – Zum Wert s FamFG Anh Rn 1.1.

§ 239 Abänderung von Vergleichen und Urkunden

(1) [1]Enthält ein Vergleich nach § 794 Abs. 1 Nr. 1 der Zivilprozessordnung oder eine vollstreckbare Urkunde eine Verpflichtung zu künftig fällig werdenden wiederkehrenden Leistungen, kann jeder Teil die Abänderung beantragen. [2]Der Antrag ist zulässig, sofern der Antragsteller Tatsachen vorträgt, die die Abänderung rechtfertigen.

(2) Die weiteren Voraussetzungen und der Umfang der Abänderung richten sich nach den Vorschriften des bürgerlichen Rechts.

1 **I) Überblick.** § 239 regelt die Abänderung gerichtl Vergleiche gem § 794 I Nr 1 ZPO und vollstreckbarer Urkunden, die zu künftig fällig werdenden wiederkehrenden Unterhaltszahlungen iSv § 231 I (s § 238 Rn 1) verpflichten.

2 **II) Anwendungsbereich. 1) Vergleiche.** Erfasst werden wirksame **Verfahrensvergleiche**, unabhängig davon, ob gem § 113 I 2 FamFG *iVm §§ 160 ff* ZPO protokolliert oder durch Beschluss gem § 113 I 2 FamFG iVm § 278 VI 2 ZPO festgestellt. Wurde der Vergleich im **einstweiligen Anordnungsverfahren** geschlossen, ist § 239 nur einschlägig, wenn der Vergleich als endgültige Regelung gedacht war (BGH FamRZ 2018, 1343; OLG

Jena NJW-RR 2012, 134), also eine Hauptsacheentscheidung ersetzt. Andernfalls kann eine Abänderung nur über die Möglichkeiten des Anordnungsverf, insb § 54 I 2, erreicht werden (BGH FamRZ 2018, 1343; OLG Köln FamRZ 2015, 598). Ein zunächst gem § 239 gestellter Abänderungsantrag ist ggf analog § 140 BGB in einen solchen gem § 54 FamFG umzudeuten (BGH FamRZ 2018, 1343). Auf einen Beschluss iSv § 794 I Nr 4b ZPO, durch den ein **Anwaltsvergleich** iSv § 796a I ZPO für vorläufig vollstreckbar erklärt worden ist, ist § 239 entspr anzuwenden (vgl BGH FamRZ 2006, 261).

2) Urkunden. Vollstreckbare Urkunden iSv § 239 sind insb **gerichtliche oder notarielle** Urkunden iSv § 794 I Nr 5 ZPO und Urkunden des **Jugendamts** gem §§ 59, 60 SGB VIII (BGH FamRZ 2017, 370, 372). 3

Auch wenn bereits ein Titel – sei es gerichtl Beschluss, sei es Vergleich oder Urkunde – existiert, steht es einem Unterhaltspflichtigen frei, eine (neue) Urkunde und damit einen weiteren Vollstreckungstitel im gleichen Unterhaltsverhältnis unter Erhöhung oder Herabsetzung der Unterhaltsverpflichtung zu errichten; der Unterhaltsberechtigte seinerseits kann auf seine Rechte aus dem ursprüngl Unterhaltstitel ganz oder teilw verzichten (BGH FamRZ 2017, 370). Einvernehmlich können die Beteiligten daher einen bestehenden (gerichtl oder urkundl) Unterhaltstitel durch einen **neuen Unterhaltstitel ersetzen**. Dem Unterhaltsberechtigten darf aber eine vom Unterhaltspflichtigen einseitig erstellte (ersetzende) Jugendamtsurkunde nicht aufgedrängt werden, so dass an die Feststellungen zum Vorliegen eines Einvernehmens der Beteiligten über die Ersetzung des bisherigen Titels jedenfalls dann strenge Anforderungen zu stellen sind, wenn die Unterhaltsverpflichtung in der neuen Jugendamtsurkunde herabgesetzt worden ist (BGH FamRZ 2017, 370). – Wenn der Unterhaltsschuldner mit der Urkunde einseitig nur einen **Sockelbetrag als Teilunterhalt** anerkannt hat, ist der restl Unterhalt nicht durch Abänderungsantrag, sondern mit einem Leistungsantrag geltend zu machen (BGH FamRZ 2010, 195 Tz 19; aA zT die OLG-Rspr, die ein Wahlrecht einräumen will, zB OLG Zweibrücken FamRZ 2011, 1529 mwN.) 4

III) Zulässigkeit des Abänderungsantrags. Wie bei § 238 (s § 238 Rn 17, Rn 22) ist für die Zulässigkeit grds eine Identität der Beteiligten und die **Darlegung** der eine Abänderung rechtfertigenden Gründe erforderl. Dazu gehört sowohl das, was sich geändert hat, als auch, was die ursprüngl Grundlagen des Titels waren (BGH FamRZ 2020, 577; OLG Brandenburg FamRZ 2024, 1208; OLG Koblenz FamRZ 2023, 127). Es genügt daher nicht, wenn nur einzelne Umstände vorgetragen werden, die sich geändert haben, sondern **alle für die Unterhaltsbemessung maßgeblichen Umstände** müssen dargelegt werden (OLG Koblenz FamRZ 2023, 127). – Die **Präklusionsvorschrift des § 238 II** findet keine (analoge) Anwendung (BGH FamRZ 2020, 577; BGH FamRZ 2013, 1215). Bei einer **einvernehmlichen Grundlage** des Titels bestimmt sich eine Abänderung gem II nach den Regelungen des materiellen Rechts, insb den Grundsätzen über die Störung der Geschäftsgrundlage. Eine solche einvernehml Grundlage besteht nicht nur in dem Regelfall eines Vergleichs, sondern kann auch bei einseitig errichteter Urkunde zugrunde liegen (BGH FamRZ 2017, 370 Tz 24). Fehlt es hingegen an einem solchen Einvernehmen der Beteiligten, dass sich der gesamte Unterhaltsanspruch in dem **einseitig titulierten Betrag** konkretisiert hat, kommt eine mat-rechtl Bindung an eine Geschäftsgrundlage nicht in Betracht. Der Unterhaltsberechtigte kann daher ohne Bindung an die Urkunde im Wege des Abänderungsantrags eine Erhöhung verlangen (BGH FamRZ 2017, 370 Tz 25). Will aber der Unterhaltspflichtige eine Herabsetzung erreichen, ist die Wirkung des mit der einseitigen Erstellung der Jugendamtsurkunde grds verbundenen Schuldanerkenntnisses zu beachten. Von diesem kann er sich im Rahmen eines Abänderungsverf nur dann lösen, wenn sich die maßgebenden rechtl und tatsächl Verhältnisse so verändert haben, dass ihm die Zahlung des titulierten Unterhalts ganz oder zumindest teilw nicht mehr zuzumuten ist (BGH FamRZ 2017, 370 Tz 25). – War über eine Abänderung des Vergleichs bereits **in der Vergangenheit entschieden** worden, ist die Darlegung von danach eingetretenen Änderungen erforderl (OLG Oldenburg FamRZ 2023, 1791). 5

Die Rechtsprechung lässt auch ohne Änderung der Verhältnisse die Abänderung einer einseitig nur über bezifferten Unterhalt errichteten Urkunde **in einen dynamischen Titel** zu (OLG Celle FamRZ 2017, 2020; OLG Dresden FamRZ 2011, 1407). Ebenso kann auch Abänderung dahingehend verlangt werden, dass eine **bis zur Volljährigkeit befristete** Verpflichtung in eine unbefristete Verpflichtung geändert wird (OLG Bamberg FamRZ 2019, 30; OLG Celle FamRZ 2017, 2020). 6

IV) Abänderungsentscheidung. Anders als gem § 238 bestimmt sich die Erheblichkeit der Veränderung nicht nach einer (abstrakten) Wesentlichkeitsschwelle, sondern allein nach dem materiellen Recht (**II**). Dabei ist – vorrangig gegenüber einer Störung der Geschäftsgrundlage – durch **Auslegung** zu ermitteln, ob und mit welchem Inhalt die Parteien eine insoweit bindende Regelung getroffen haben (BGH FamRZ 2013, 274). Führt dies dazu, dass keine Bindung für die Zukunft beabsichtigt war, ist der Vergleich frei abänderbar (BGH FamRZ 2013, 274 Tz 15). Außerdem kann die Auslegung ergeben, dass die Regelung oder bestimmte Aspekte für die Zukunft bindend sein sollten (BGH FamRZ 2010, 192). Anderenfalls bestimmt sich die Frage einer Abänderbarkeit nach den Grundsätzen über die **Störung der Geschäftsgrundlage** iSv § 313 BGB (stRspr, zB BGH FamRZ 2017, 370 Tz 24 mwN). 7

Die Abänderung eines Vollstreckungstitels iSv § 239 I unterliegt mangels Rechtskraft **keiner Präklusion** oder verfahrensrechtl zeitl Beschränkung (BGH FamRZ 2017, 611 Tz 20; KG FamRZ 2024, 771). Daher können grds auch Tatsachen geltend gemacht werden, die schon im Zeitpunkt der Errichtung des Titels bestanden haben. 8

Keine verfahrensrechtl Einschränkung besteht auch hinsichtlich des **Zeitpunktes**, ab dem eine Abänderung begehrt werden kann (BGH FamRZ 2017, 611 Tz 20). Solche kann sich aber ggf aus dem materiellen Recht ergeben, insb aus § 1613 BGB.

9 Liegt eine Störung der Geschäftsgrundlage gem § 313 I BGB vor, führt dies unter den weiteren ges Voraussetzungen, insb der Unzumutbarkeit des Festhaltens an der Vereinbarung, zu einer entspr Anpassung des Vertrags an die veränderten Vertragsgrundlagen. Diese besteht in einer unter **Wahrung der unveränderten Grundlagen** des Vergleichs gebotenen Neubeurteilung des Unterhaltsanspruchs (BGH FamRZ 2020, 577 Tz 21). Dabei sind die Strukturen der ursprüngl Vereinbarung fortzuschreiben (KG FamRZ 2005, 621). – Ist die Abänderung eröffnet, ist die Berücksichtigung (auch) eines nicht zur Grundlage des Vergleichs gewordenen Umstands nicht ausgeschlossen (BGH FamRZ 2020, 577).

10 Eine **Neuberechnung ohne Bindung an die Vergleichsgrundlagen** hat zu erfolgen, wenn die Beteiligten dies vereinbart haben (BGH NJW 2012, 3434; OLG Zweibrücken FamRZ 2004, 1884). Gleiches gilt, wenn sich die Grundlagen und/oder die Berechnung des titulierten Unterhalts nicht nachvollziehen lassen (BGH FamRZ 2010, 192 Tz 19; BGH FamRZ 2001, 1140; aA PH/Bömelburg Rn 37); ferner wenn sich die Grundlagen so tiefgreifend geändert haben, dass sich dem Willen der Beteiligten keine hinreichenden Anhaltspunkte für die vorzunehmende Abänderung entnehmen lassen (BGH FamRZ 1994, 696).

11 **V) Gebühren.** Wie § 238 Rn 33.

§ 240 Abänderung von Entscheidungen nach den §§ 237 und 253

(1) Enthält eine rechtskräftige Endentscheidung nach § 237 oder § 253 eine Verpflichtung zu künftig fällig werdenden wiederkehrenden Leistungen, kann jeder Teil die Abänderung beantragen, sofern nicht bereits ein Antrag auf Durchführung des streitigen Verfahrens nach § 255 gestellt worden ist.

(2) [1]Wird ein Antrag auf Herabsetzung des Unterhalts nicht innerhalb eines Monats nach Rechtskraft gestellt, so ist die Abänderung nur zulässig für die Zeit ab Rechtshängigkeit des Antrags. [2]Ist innerhalb der Monatsfrist ein Antrag des anderen Beteiligten auf Erhöhung des Unterhalts anhängig geworden, läuft die Frist nicht vor Beendigung dieses Verfahrens ab. [3]Der nach Ablauf der Frist gestellte Antrag auf Herabsetzung ist auch zulässig für die Zeit ab dem Ersten des auf ein entsprechendes Auskunfts- oder Verzichtsverlangen des Antragstellers folgenden Monats. [4]§ 238 Abs. 3 Satz 4 gilt entsprechend.

1 **I) Grundsätze des Abänderungsverfahrens.** Da Beschlüsse nach § 237 ebenso wie solche nach § 253 den Unterhalt des Kindes nur pauschal regeln, ermöglicht § 240 den Beteiligten solcher Verf, in einem **Korrekturverfahren** eine Anpassung des Pauschalunterhalts an die konkreten Gegebenheiten des Einzelfalls zu erreichen. Es geht insb darum, die bei der Festsetzung des Pauschalunterhalts gem § 237 III 3 bzw nach Maßgabe der §§ 252 ff **unberücksichtigt gebliebenen Einwendungen** geltend machen zu können (BGH FamRZ 2003, 304). – Das Verf ist in der Sache weniger ein Abänderungs- als ein **Erstverfahren** auf Festsetzung des Unterhalts. Eine Abänderung gem § 240 unterliegt weder den Beschränkungen des § 238 II (vgl OLG Naumburg FamRZ 2006, 1395), noch müssen sich die tatsächl oder rechtl Verhältnisse iSv § 238 I 2 wesentl verändert haben (BGH FamRZ 2003, 304; OLG Hamm FamRZ 2004, 1588; PH/Bömelburg Rn 26 mwN). – Die **Darlegungs- und Beweislast** entspricht ebenfalls derj eines normalen Unterhaltsverf (OLG Karlsruhe FamRZ 2003, 1672). So muss zB das Kind seine Bedürftigkeit darlegen und beweisen, der Unterhaltspflichtige ggf seine mangelnde Leistungsfähigkeit. Verlangt das Kind mehr als den Mindestunterhalt iSv § 1612a I BGB, so ist es auch für die Spanne zum 1,2-fachen des Mindestunterhalts (vgl § 249 I) darlegungs- und beweispflichtig, wenn ein Beschluss gem § 253 abzuändern ist.

2 **II) Allgemeines. 1) Überblick. Ziel** eines solchen Antrags kann sowohl die Herabsetzung des Unterhalts als auch seine Heraufsetzung sein. Das **Kind** hat dabei die Wahl, ob es den Unterhalt als Prozentsatz des Mindestunterhalts (§ 1612a I BGB) verlangt oder eine bezifferte Unterhaltsrente fordert. Das Letztere empfiehlt sich nicht, weil sich der vollstreckbare Unterhaltstitel des Kindes dann nicht automatisch erhöht, wenn der Mindestunterhalt iSv § 1612a I 2 BGB heraufgesetzt wird. – Ist der **Vater** gem § 237 oder § 253 zum Unterhalt in Höhe des Mindestunterhalts verpflichtet worden, kann er nur die Herabsetzung des Unterhalts auf einen geringeren Prozentsatz verlangen. Er kann keine Herabsetzung auf einen bezifferten Betrag beantragen. Denn andernfalls würde die dem Kind zustehende Wahl zwischen einem vom jew Mindestunterhalt abhängigen Unterhaltstitel und einem bezifferten Unterhaltstitel vereitelt.

3 **2) Zulässigkeitsvoraussetzungen. a)** Ist in einem vereinf Verf über den Unterhalt Mindj iSv § 253 ein **Antrag gem § 255** gestellt worden, *sind etwaige* Abänderungsgründe in diesem Verf abzuhandeln, da ein streitiges Verf gem § 255 einem Antrag nach § 240 „vorgeht“ (BTDrs 16/6308, 258). Der Antrag gem § 240 ist dann nicht statthaft, idR aber bereits deshalb, weil ein „rechtskräftiger Beschluss“ gem § 253 nicht vorliegen dürfte.

b) Gegenstand der Abänderung gem § 240 ist eine **rechtskräftige Endentscheidung** iSv § 237 oder § 253, die eine Verpflichtung zu künftig fällig werdenden wiederkehrenden Leistungen enthält. Haben die Beteiligten in einem der genannten Verf einen **Vergleich** über den Unterhalt geschlossen, kann eine Abänderung nicht über § 240, sondern nur gem § 239 erreicht werden, denn im Vergleich konnten die individuellen Verhältnisse der Beteiligten berücksichtigt werden (OLG Naumburg FamRZ 2006, 211). Ebenso nicht über § 240 abänderbar ist eine **vollstreckbare Urkunde** (insb im Zusammenhang mit einem Vaterschaftsanerkenntnis), unabhängig davon, ob sie einseitig errichtet wurde. Mangels „Endentscheidung" ist eine Abänderung nicht über § 240, sondern über § 239 oder über einen Antrag des Kindes auf darüberhinausgehenden Unterhalt (dazu OLG Zweibrücken FamRZ 1992, 840) zu bewirken. 4

c) Die **örtliche Zuständigkeit** für einen Antrag gem § 240 richtet sich nach dens Regelungen, die schon für die örtl Zuständigkeit in den jew Ausgangsverf bestimmend waren (PH/Bömelburg Rn 23; s § 237 Rn 3). 5

§ 257 ist aber nicht einschlägig, dh Anträge und Erklärungen im Verf gem § 240 können **nicht vor** dem **Urkundsbeamten** der GeschSt abgegeben werden (PH/Bömelburg Rn 25). Es besteht grds Anwaltszwang (s § 231 Rn 19). 6

III) Antrag auf Erhöhung des Unterhalts. Für eine rückwirkende Heraufsetzung kommt es allein auf die matrechtl Rechtslage, insb die Voraussetzungen des § 1613 BGB (Auskunftsverlangen, Verzug etc) an. – Gegenstand des Abänderungsbegehrens kann auch der **Wegfall einer aufschiebenden Bedingung** sein (OLG Düsseldorf FamRZ 2015, 276). 7

IV) Antrag auf Herabsetzung des Unterhalts. 1) § 240 II 1. Für die Zeit vor Rechtshängigkeit dieses Antrags ist eine Abänderung gem II 1 grds nur dann zulässig, wenn der Antrag innerhalb 1 Monats nach Rechtskraft der abzuändernden Entscheidung „gestellt" worden ist. Wie sich aus der Bezugnahme auf die „Rechtshängigkeit" ergibt, ist maßgebend nicht allein die Einreichung, sondern die Zustellung des Antrags (PH/Bömelburg Rn 12; ThP/Seiler Rn 4). Dies entspricht auch dem Willen des Gesetzgebers (BTDrs 16/6308, 259), der insoweit keine Änderung gegenüber § 654 II 1 ZPO aF („Erhebung" der Klage, also Rechtshängigkeit) vornehmen wollte. Verzögerungen in der Zustellung wirken nicht zu Lasten des ASt, da gem § 113 I 2 FamFG § 167 ZPO auf die Wahrung der Monatsfrist anzuwenden ist (OLG Karlsruhe FamRZ 2016, 924; OLG Brandenburg FamRZ 2007, 2085; PH/Bömelburg Rn 12). – Die bloße Einreichung eines VKH-Gesuchs reicht zur Fristwahrung nicht aus (OLG Zweibrücken FamRZ 2008, 799; PH/Bömelburg Rn 13 mwN). 8

2) § 240 II 2. Die Monatsfrist des § 240 II 1 gilt für rückwirkende Herabsetzungsanträge **ausnahmsweise** dann nicht, wenn innerhalb der Monatsfrist ein Antrag des Kindes auf Unterhaltserhöhung anhängig geworden ist. Dann läuft die Frist für den rückwirkenden Herabsetzungsantrag gem II 2 **nicht vor Beendigung des auf Heraufsetzung gerichteten Verfahrens** ab und zwar auch dann, wenn die Beendigung durch Antragsrücknahme eintritt. Die Ausnahmeregelung soll den Unterhaltspflichtigen schützen, der im Interesse des Rechtsfriedens zunächst davon abgesehen hat, seinerseits Rechte mit einem Abänderungsantrag geltend zu machen (vgl BTDrs 13/7338, 43 f zu § 654 II 2 ZPO aF). 9

3) § 240 II 3. Für die Zeit ab dem 1. des auf ein entspr **Auskunfts- oder Verzichtsverlangen** des ASt **folgenden Monats** ist ein Herabsetzungsantrag gem § 240 II 3 auch nach Fristablauf, also stets zulässig. Durch diese Regelung soll die Gleichbehandlung von Gl und Sch erreicht werden. Das Auskunftsverlangen entspricht demj iSv § 1613 I 1 Alt 1 BGB; erforderl ist also die Aufforderung, über Einkünfte und Vermögen Auskunft zu erteilen, um ein Herabsetzungsbegehren bezügl titulierten Unterhalts zu ermöglichen (OLG Brandenburg FamRZ 2014, 1216). Das Verzichtsverlangen unterliegt spiegelbildl den Voraussetzungen der Mahnung in § 1613 I 1 Alt 2 BGB; erforderl ist eine sog negative Mahnung, also die Aufforderung an den Unterhaltgläubiger, teilw oder vollständig auf den titulierten Unterhalt zu verzichten (OLG Brandenburg FamRZ 2014, 1216; OLG Hamburg NJW 2013, 2042). Die Vorlage entspr Belege ist nicht erforderl (OLG Hamburg NJW 2013, 2042). Die bloße Bitte um Neuberechnung des Unterhalts durch das Jugendamt reicht nicht aus (OLG Koblenz NZFam 2015, 377). 10

4) Begrenzung des Rückwirkungszeitraums (§ 240 II 4). Gem II 4 iVm § 238 III 4 kann für eine mehr als 1 Jahr vor Rechtshängigkeit liegende Zeit eine Herabsetzung des Unterhalts nicht verlangt werden. Diese **absolute Zeitgrenze** wird – angesichts der Regelung in einem eigenständigen Satz nicht fernliegend – zT so verstanden, dass sie sich auch auf Anträge innerhalb der Monatsfrist von I bezieht (zB Sternal/Weber Rn 11). Dem kann nicht gefolgt werden. Dem Unterhaltsschuldner sind in dem vorausgegangenen Verf wesentl Einwendungen abgeschnitten, insb zu seiner fehlenden Leistungsfähigkeit. Das soll gerade durch § 240 korrigiert werden können (s Rn 1). Sofern der Schuldner den ihm vom Gesetz dafür vorgegebenen Weg mit einem binnen Monatsfrist gestellten Antrag geht, wäre es rechtsstaatswidrig (zurückhaltender PH/Bömelburg Rn 19: „rechtsstaatl Bedenekn"), ihm diese Korrekturmöglichkeit nur für ein Jahr rückwirkend zu ermöglichen. Denn auf die Dauer des Vorverfahrens hat er nur sehr begrenzt Einfluss, gerade Abstammungsverf können sich wegen der meist erforderl Einholung von SV-Gutachten deutl über ein Jahr hinziehen (so die anschaul Konstellation in KG juris). Und sowohl in Verf gem § 237 als auch in solchen gem §§ 249 ff bestimmt der dortige ASt, wann er den Antrag mit welcher Rückwirkung in die Vergangenheit stellt, könnte daher die Abänderungsmöglichkeit der Gegenseite – bewusst oder unbewusst – bestimmen. Da dem Gesetzgeber eine solche rechtsstaatswidrige Regelung nicht unterstellt werden kann, ist II 4 generell so zu verstehen, dass er sich auf **innerhalb der Monatsfrist ge-** 11

stellte Anträge nicht bezieht (tendenziell ebenso OLG Nürnberg NJW-RR 2012, 1027; KG 25.3.2010 – 17 WF 66/10, juris; PH/Bömelburg Rn 19 f).

12 **V) Gebühren. 1) Gericht:** § 31 II 1 FamGKG; 1220 ff FamGKG-KV. – **2) RA:** 3100 ff RVG-VV. Keine Anrechnung der VerfGeb für das vereinf Verf über den Unterhalt Mindj.

§ 241 Verschärfte Haftung

Die Rechtshängigkeit eines auf Herabsetzung gerichteten Abänderungsantrags steht bei der Anwendung des § 818 Abs. 4 des Bürgerlichen Gesetzbuchs der Rechtshängigkeit einer Klage auf Rückzahlung der geleisteten Beträge gleich.

1 **I) Regelungszweck.** Zweck der in § 241 enthaltenen, § 323b ZPO entsprechenden mat-rechtl Regelung ist es, den Anwendungsbereich von § 818 IV BGB von dem Rückforderungsantrag auf das Abänderungsverf vorzuziehen. Für den Fall einer Herabsetzung des Unterhalts soll der Bereicherungsschuldner (bzw Unterhaltsgläubiger) nicht nur dann iSv § 818 IV BGB verschärft haften, sich also idR nicht mehr auf den Entreicherungseinwand des § 818 III BGB berufen können, wenn ein Leistungsantrag auf Rückzahlung überzahlten Unterhalts rechtshängig wird, sondern schon, wenn ein auf Herabsetzung gerichteter Abänderungsantrag rechtshängig wird.

2 **II) Voraussetzungen.** Erforderl ist ein auf Herabsetzung einer titulierten Unterhaltsverpflichtung gerichteter **Abänderungsantrag** und dessen **Rechtshängigkeit**. Bloße Anhängigkeit genügt ebenso wenig wie die Einreichung eines diesbzgl VKH-Gesuchs. Anwendungsbereich sind die der Regelung vorangehenden Abänderungsverf gem §§ 238-240. Auf die Änderung bzw Aufhebung einer einstw Anordnung iSd §§ 246 ff ist die Vorschrift nicht anzuwenden (str); iE s § 56 Rn 8.

3 **III) Folgen.** Mit Zustellung (= Rechtshängigkeit) des auf Herabsetzung gerichteten Abänderungsantrags haftet der Unterhaltsgläubiger bzw -empfänger gem § 818 IV BGB „nach den allg Vorschriften". Das sind insb die § 291 (Prozesszinsen) und § 292 BGB (Haftung bei Herausgabepflicht). Ferner kann sich der Bereicherungsschuldner im Allg nicht mehr auf den Wegfall oder die Minderung der Bereicherung berufen (BGH NJW 1998, 2433, 2434). Zahlt der Unterhaltspflichtige trotz des Abänderungsverf den titulierten Unterhalt in der bish Höhe weiter, muss sich der Titelgläubiger selbst dann auf ein später aussichtsreiches Rückzahlungsverlangen des Unterhaltsschuldners einrichten, wenn er den gezahlten Unterhalt vollständig verbraucht, weil er andernfalls (mit fragl Ausgang [Rasch FPR 2006, 426, 429]) Sozialhilfe beantragen müsste.

§ 242 Einstweilige Einstellung der Vollstreckung

[1]Ist ein Abänderungsantrag auf Herabsetzung anhängig oder hierfür ein Antrag auf Bewilligung von Verfahrenskostenhilfe eingereicht, gilt § 769 der Zivilprozessordnung entsprechend. [2]Der Beschluss ist nicht anfechtbar.

1 **I) Anwendungsbereich.** Die Regelung ist auf Abänderungsverf gem den **§§ 238-240** anzuwenden.

2 **II) Voraussetzungen.** § 769 ZPO ist anzuwenden, wenn ein Abänderungsantrag auf Herabsetzung iSd §§ 238-240 anhängig (nicht notwendig rechtshängig) oder ein diesbezügl Antrag auf VKH eingereicht ist.

3 **III) Zuständigkeit.** Zuständig ist das Gericht, bei dem der betr Abänderungsantrag anhängig bzw der VKH-Antrag eingereicht worden ist. Befindet sich das Verf in der Beschwerde, ist das **OLG** zuständig. Es bleibt aber bei der Zuständigkeit des FamG, wenn sich die Sache wegen einer VKH-Beschwerde beim OLG befindet (OLG Hamm FamRZ 2011, 1170). – In dringenden Fällen kann auch das **Vollstreckungsgericht** die einstw Einstellung der ZwV anordnen, § 242 S 1 FamFG iVm § 769 II ZPO (s § 769 ZPO Rn 12).

4 **IV) Verfahren.** Die den Antrag begründenden Behauptungen sind **glaubhaft** (§ 294 ZPO) zu machen, § 242 S 1 FamFG iVm § 769 I 2 ZPO. Dem Gegner ist **rechtliches Gehör** zu gewähren. Es handelt sich nicht um ein eigenständiges Verf, sondern ist Teil des Abänderungsverf (OLG Nürnberg MDR 2014, 36).

5 **V) Entscheidung.** Sie ergeht durch **Beschluss.** Dieser sollte begründet werden. Die Entscheidung ist in das **pflichtgemäße Ermessen** des Gerichts gestellt. Dabei sind zwar die Erfolgsaussichten des Abänderungsantrags zu berücksichtigen. Die Einstellung ist aber nur dann von vornherein ausgeschlossen, wenn die Erfolgsaussichten fehlen. Ansonsten sind die Schutzbedürfnisse von Gl und Sch gegeneinander abzuwägen (OLG Zweibrücken FamRZ 2002, 556 mwN). *Das Gericht* kann die ZwV gegen oder ohne Sicherheitsleistung einstellen, ihre Fortsetzung von einer Sicherheitsleistung abhängig machen oder die Aufhebung der ZwV gegen Sicherheit anordnen. Die Einstellungsentscheidung darf nicht weitergehen als die Entscheidung in der Hauptsache (PH/

Bömelburg Rn 14). – Die Anordnung wirkt, sofern sie nicht befristet worden ist, **bis zum Erlass** der die Instanz des Abänderungsverf abschließenden Entscheidung (OLG Schleswig FamRZ 2021, 769; PH/Bömelburg Rn 17). Eine *Aufhebung oder Abänderung* der Anordnung ist jederzeit mögl (s § 769 ZPO Rn 10).

VI) **Rechtsmittel.** Gem S 2 ist der Beschluss des Verfahrensgerichts **unanfechtbar**, und zwar auch bei einer abl 6
Entscheidung. Auch eine außerordentl Beschwerde wegen greifbarer Gesetzeswidrigkeit ist nicht statthaft (BGH NJW-RR 2005, 1009; BGH NJW 2004, 2224).

VII) **Kosten.** Eine Kostenentscheidung ist nicht veranlasst. Die Kosten sind regelmäßig solche des anhängigen 7
Verf. Hat ausnahmsw das Vollstreckungsgericht entschieden (s Rn 3) und findet anschließend ein Abänderungsverf iSd §§ 238-240 nicht statt, handelt es sich um Kosten der ZwV (PH/Bömelburg Rn 22).

VIII) **Gebühren. 1) Gericht:** Verf u Entscheidung sind gebührenfrei (§ 1 S 1 FamGKG). – **2) RA**, der den Beteiligten vertritt: 8
keine Geb, § 19 I 2 Nr 11 RVG (OLG Karlsruhe FamRZ 2013, 325). Bei abgesonderter Verh: 3328, 3332 RVG-VV. – Vertritt der RA nur im Einstellungsverf: 3328 RVG-VV analog ohne die Einschränkung, es bedürfe einer abgesonderten Verh.

§ 243 Kostenentscheidung

[1]Abweichend von den Vorschriften der Zivilprozessordnung über die Kostenverteilung entscheidet das Gericht in Unterhaltssachen nach billigem Ermessen über die Verteilung der Kosten des Verfahrens auf die Beteiligten. [2]Es hat hierbei insbesondere zu berücksichtigen:

1. **das Verhältnis von Obsiegen und Unterliegen der Beteiligten, einschließlich der Dauer der Unterhaltsverpflichtung,**
2. **den Umstand, dass ein Beteiligter vor Beginn des Verfahrens einer Aufforderung des Gegners zur Erteilung der Auskunft und Vorlage von Belegen über das Einkommen nicht oder nicht vollständig nachgekommen ist, es sei denn, dass eine Verpflichtung hierzu nicht bestand,**
3. **den Umstand, dass ein Beteiligter einer Aufforderung des Gerichts nach § 235 Abs. 1 innerhalb der gesetzten Frist nicht oder nicht vollständig nachgekommen ist, sowie**
4. **ein sofortiges Anerkenntnis nach § 93 der Zivilprozessordnung.**

I) **Anwendungsbereich.** Die Vorschrift ist anzuwenden auf die Unterhaltssachen iSv § 231 I – also die FamStreit- 1
sachen – einschl des vereinf Verf (BGH FamRZ 2017, 816 Tz 24), auch in der Rechtsmittelinstanz (s Rn 11). Insoweit werden die sonst anwendbaren **Vorschriften der ZPO** über die Verteilung der Kosten **verdrängt** („abweichend …"; BGH FamRZ 2011, 1933). Dies gilt auch in den Unterhalt betr **Arrestverfahren**; für eine Ausnahme besteht weder inhaltl noch systematisch eine Rechtfertigung (PH/Bömelburg Rn 6a; aA OLG Stuttgart FamRZ 2012, 324). In den übrigen Unterhalts-FamSachen (§ 231 II) sind §§ 80 ff einschlägig, die auch nicht von § 243 verdrängt werden (§ 231 II 2). – Im **Verbund** (§ 137) verdrängt § 150 (Regelfall: Kostenaufhebung) den § 243. Die Kriterien von § 243 S 2 Nr 1-4 können aber in die Entscheidung gem § 150 einfließen (§ 150 IV 1).

II) Entscheidungskriterien (§ 243 S 2). 1) Allgemein. Die Regelung soll eine flexible und weniger formale 1a
Kostenentscheidung ermöglichen (BTDrs 16/6308, 259; ausf Bömelburg FPR 2010, 153). Dafür ist dem Gericht ein **Ermessen** eingeräumt, das anhand aller kostenrechtl relevanten Umstände durchzuführen und nachvollziehbar auszuüben ist (BGH FamRZ 2017, 816 Tz 24; BGH FamRZ 2011, 1933). Die **Aufzählung** der Kriterien in S 2 Nrn 1-4 ist **nicht abschließend** (BGH FamRZ 2017, 816 Tz 24; BGH FamRZ 2011, 1933). Einem Kriterium kann im Einzelfall ein solches Gewicht zukommen, dass ein anderes im Rahmen der Kostenentscheidung dahinter zurückbleibt (BGH FamRZ 2017, 816 Tz 26; BGH FamRZ 2011, 1933). Berücksichtigt werden können auch die Rechtsgedanken der verdrängten ZPO-Regelungen (BGH FamRZ 2011, 1933); zu § 97 II ZPO s Rn 11. Daneben sind in der Rspr herangezogen worden: Mat-rechtl Kostenerstattungsansprüche und die **Vermögensverhältnisse** der Beteiligten (OLG Frankfurt NZFam 2019, 627); Abhängigkeit des Ausgangs von nicht vorhersehbarem Ergebnis eines **SV-Gutachtens** (OLG Brandenburg FamRZ 2020, 1264).

2) Obsiegen/Unterliegen (§ 243 S 2 Nr 1). Das ist das nächstliegende Kriterium für die Kostenentscheidung. 2
Die Entscheidung nach billigem Ermessen unter Berücksichtigung auch der **Dauer** ermöglicht es, von einer reinen Entscheidung nach dem am Verfahrenswert orientierten Verhältnis von Obsiegen und Unterliegen abzuweichen, um dem Dauercharakter der Unterhaltsverpflichtung Rechnung tragen zu können (BGH FamRZ 2017, 816 Tz 24). Denn das wirtschaftl Gewicht des laufenden und künftigen Unterhalts wird in dem 12-fachen Monatsbetrag (§ 51 FamGKG) im Gegensatz zum Rückstand, der den Streitwert in voller Höhe bestimmt, oft nicht angemessen abgebildet. Dem kann zB durch eine Berücksichtigung des laufenden Unterhalts entspr **§ 9 ZPO** Rechnung getragen werden (OLG Brandenburg FamRZ 2007, 67; OLG Nürnberg FamRZ 2000, 687). Wird der Unterhalt voraussichtl für Jahre gezahlt werden müssen und beträgt der Rückstand nur wenige Monate, liegt es nahe, diesen als geringfügig anzusehen und unberücksichtigt zu lassen (Rechtsgedanke aus § 92 II ZPO). – Dem Gesichtspunkt „Dauer" kann auch Rechnung getragen werden, wenn es um eine **Befristung** des

Unterhalts geht. Wird ein unbefristet beantragter nachehel Unterhalt nur für wenige Jahre zugesprochen, kann dem durch eine sachgerechte Quotierung – unabhängig von dem auf den Jahresbetrag (§ 51 FamGKG) begrenzten Verfahrenswert – angemessen Rechnung getragen werden (OLG Köln FF 2021, 326; OLG Stuttgart FamRZ 2013, 2007; OLG Schleswig NJW 2012, 3655). – Ein nur **geringfügiges Unterliegen** kann es nach dem Rechtsgedanken von § 92 II Nr 1 ZPO rechtfertigen, von einer Quotierung abzusehen (OLG Dresden FamRZ 2022, 31).

3 **3) Auskunftsmangel (§ 243 S 2 Nr 2).** Der Gesetzeszweck indiziert, dass ein Auskunftspflichtiger regelmäßig die Kosten zu tragen hat, wenn er trotz **materiell-rechtlicher Verpflichtung** (dazu PH/Bömelburg Rn 19) und ordnungsgemäßer (OLG Hamm FamRZ 2024, 1317: konkretes Begehren) **Aufforderung** (OLG Schleswig FamRZ 2014, 963) vorgerichtl keine oder eine ungenügende Auskunft erteilt und/oder keine Belege vorgelegt hat. Dies gilt insb auch dann, wenn wegen der nachträgl Auskunft mangels Unterhaltspflicht der **Antrag zurückgenommen** oder für **erledigt** erklärt wird (OLG Celle FamRZ 2012; 1744 zur Antragsrücknahme; OLG Nürnberg JurBüro 2001, 265; OLG Brandenburg NJW-RR 2003, 795; OLG Naumburg FamRZ 2008, 1201, je zur Erledigung). Eine davon abweichende Kostenentscheidung ist idR nur gerechtfertigt, wenn der Auskunftsschuldner seine Unterlassung hinreichend (und nachgewiesen) entschuldigen kann (OLG Naumburg FamRZ 2003, 239), wenn der Auskunftsberechtigte vorgerichtl zum Ausdruck gebracht hat, dass er die Auskunft nicht mehr benötigt (OLG Dresden FamRZ 2017, 1955), wenn das Verf wegen Zweifel an der Richtigkeit der Auskunft geführt wird (OLG Köln FamRZ 2010, 752) oder wenn die vorgerichtl Auskunftspflichtverletzung nicht **ursächlich** für den Ausgang des nachfolgenden Unterhaltsverf war (OLG Koblenz FamRZ 2016, 1873 LS). – Keine analoge Anwendung auf Güterrechtssache (OLG Bamberg FamRZ 2013, 1061).

4 **4) Gerichtliche Aufforderung i.S.v. § 235 (§ 243 S 2 Nr 3).** Das unterbliebene oder nicht vollständige Befolgen einer gerichtl Anordnung gem § 235 ist selbst nicht sanktionierbar (§ 235 IV), so dass als verfahrensrechtl Reaktion nur die Berücksichtigung bei der Kostenentscheidung verbleibt, auf die gem § 235 I 4 mit der Anordnung hinzuweisen ist. Voraussetzung ist eine ordnungsgemäße Anordnung. Auferlegt werden können zB Kosten einer dann gem § 236 eingeholten Auskunft. Soweit keine konkreten Mehrkosten feststellbar sind, kommt eine nach billigem Ermessen zu bestimmende Quote in Betracht.

5 **5) Sofortiges Anerkenntnis (§ 243 S 2 Nr 4).** Zum sof Anerkenntnis allg, insb zu Zeitpunkt, Erklärung usw s § 93 ZPO Rn 4. Zum Anerkenntnis im **VKH**-Verf s § 93 ZPO Rn 6.35 u § 114 ZPO Rn 16. – Zur **Veranlassung** allg s § 93 ZPO Rn 3. Solche besteht, wenn der verlangte Unterhalt **nicht gezahlt** oder die begehrte Auskunft nicht erteilt wird. Erforderl ist aber eine nachvollziehbare Darlegung des Anspruchs (OLG Hamm NJW-RR 2011, 1090 betr Abänderungsantrag) und die Vorlage ggf erforderl Belege (OLG Karlsruhe FamRZ 2004, 1660: Schulbescheinigung). – Der Unterhaltsberechtigte hat aber auch bei freiw Leistungen ein Rechtsschutzinteresse an einem **vollstreckbaren Titel** (BGH FamRZ 2010, 195; OLG Jena FamRZ 2011, 491). Der Unterhaltsschuldner ist daher nach Aufforderung (BGH FamRZ 2010, 195; OLG Oldenburg NJW-RR 2011, 661) verpflichtet, an der Schaffung eines Titels mitzuwirken (§ 794 I Nr 5), anderenfalls gibt er Anlass für das Verf. Die Verpflichtung besteht beim Kindesunterhalt (unter 21) und bei Ansprüchen gem § 1615 l BGB uneingeschränkt, da diese Titulierung gem § 59 I Nr 3, 4 SGB VIII beim Jugendamt kostenfrei mögl ist (OLG Hamm FamRZ 2016, 1483; KG FamRZ 2011, 1319). Mangels einer solchen Möglichkeit beim Ehegattenunterhalt muss sich der Gl bei diesem mit der Aufforderung zur Titulierung bereit erklären, deren Kosten zu tragen (KG FamRZ 2011, 1319; OLG Stuttgart FamRZ 2001, 1381). – Erbringt der Sch nur **Teilleistungen**, gibt er Veranlassung zum Verfahrensantrag über den vollen Unterhaltsbetrag (BGH FamRZ 2010, 195; OLG Düsseldorf FamRZ 2023, 1227). Erst recht gibt der Sch Veranlassung für einen Antrag auf höheren Unterhalt, wenn er den bereits titulierten nicht zahlt (OLG Brandenburg FamRZ 2003, 1577). – Ein Unterhaltsberechtigter, der weiß, dass er **nicht mehr unterhaltsbedürftig** ist, gibt Veranlassung zum Abänderungsantrag, wenn er gleichwohl vollstreckt (OLG Frankfurt FamRZ 2001, 502). Die **Erklärung des Gläubigers**, aus einem abzuändernden Titel nur noch in eingeschränkter Höhe zu vollstrecken, beseitigt nicht die Veranlassung eines Abänderungsverf (OLG Karlsruhe FamRZ 2006, 630), jedoch muss der Sch vor Anrufung des Gerichts den Gl auffordern, an einer außergerichtl Titelanpassung mitzuwirken (OLG Oldenburg NJW-RR 2011, 661). – § 243 S 2 Nr 4 verlangt zwar zusätzl eine **Billigkeitskontrolle**. Es ist aber kaum ein Fall denkbar, in dem jemand, der keine Veranlassung zum Verf gegeben hat und sofort anerkennt, dennoch die Verfahrenskosten tragen soll. – Die **Beweislast** für fehlende Veranlassung des Verf trägt der Ag (s § 93 ZPO Rn 6.11; OLG Koblenz FamRZ 2016, 1871, auch zur sekundären Darlegungslast).

6 **III) Vergleich.** Maßgebend ist die vereinbarte Kostenregelung. Zur Rechtslage, wenn eine solche fehlt, s § 98 ZPO Rn 3. Maßstab für die vom Gericht dann idR zu treffende Kostengrundentscheidung ist **§ 243**; in dessen Rahmen kann als ein, idR aber nicht ausschlaggebendes Kriterium neben den in § 243 genannten auch der Rechtsgedanke von § 98 ZPO berücksichtigt werden (BGH NJW 2011, 3654 Tz 30; OLG Frankfurt FamRZ 2021, 543; OLG Stuttgart FamRZ 2013, 2007; OLG Saarbrücken FamRZ 2013, 1419). Zum **außergerichtlichen** Vergleich s § 98 ZPO Rn 4 und 5.

7 **IV) Rücknahme.** Da § 243 sämtl Vorschriften der ZPO über die Verteilung der Kosten verdrängt (BGH FamRZ 2011, 1933), gilt er auch bei Rück*nahme des* Antrags (OLG Brandenburg JurBüro 2020, 250; OLG Hamm *FamRZ 2013, 1060; OLG* Köln FamRZ 2012, 1164; aA ThP/Seiler Rn 4b). Im Regelfall entspricht es billigem Ermessen, dass – entspr dem Rechtsgedanken des § 269 II ZPO – der den Antrag zurücknehmende Beteiligte die

Kosten zu tragen hat. Eine andere Beurteilung ist insb im Anwendungsbereich von I 2 Nr 2 (s Rn 3) gerechtfertigt. Dasselbe gilt, wenn den Ag sonst ein vorwerfbares, das Verf veranlassendes Verhalten trifft (OLG Köln FamRZ 2012, 1164: verschwiegener Titel). Zur Kostenquotelung bei Rücknahme des Leistungsantrags nach zuvor erfolgreichem Auskunftsbegehren s OLG Frankfurt FamRZ 2018, 1929; OLG Köln NJW-RR 2012, 640.

V) Übereinstimmende Erledigung. Die Entscheidung bestimmt sich gem **§ 243** (BGH FamRZ 2021, 970 Tz 13); der Maßstab von § 91a ZPO wird wie alle Vorschriften der ZPO über die Verteilung der Kosten verdrängt (BGH FamRZ 2011, 1933). Dies hindert aber nicht, im Einzelfall Wertungen des § 91a ZPO neben den Kriterien von § 243 zu berücksichtigen (BGH FamRZ 2021, 970 Tz 13; OLG Hamm FamRZ 2024, 1317; OLG Düsseldorf FamRZ 2023, 1227; OLG Stuttgart FamRZ 2016, 488). Das ist insb für die Grundsätze gerechtfertigt, dass nach übereinstimmender Erledigungserklärung grds keine weitere Sachaufklärung zu betreiben ist und schwierige Rechtsfragen nicht mehr zu entscheiden sind (s § 91a ZPO Rn 26 f). Nicht verdrängt wird § 91a ZPO hinsichtl der Frage, „ob“ überhaupt eine Kostenentscheidung ergehen kann (BGH FamRZ 2011, 1933 Tz 23). Daher bleiben die Grundsätze über die übereinstimmende Erledigungserklärung (s § 91a ZPO Rn 9 ff) anwendbar. 8

VI) Rechtsmittel. 1) Anfechtbarkeit der Kostenentscheidung. § 243 verdrängt nur die sonst anwendbaren Vorschriften der ZPO über die Verteilung der Kosten (s Rn 1), nicht aber auch die verfahrensrechtl, insb die Rechtsmittelvorschriften (BGH FamRZ 2011, 1933 Tz 23). Daher sind isolierte Kostenentscheidungen in Unterhaltssachen, die nach streitloser Hauptsacheregelung erfolgen, mit der sof Beschwerde gem **§§ 567 ff ZPO** anfechtbar (BGH FamRZ 2019, 551; BGH FamRZ 2011, 1933). Das sind Entscheidungen nach Hauptsacheerledigung (entspr § 91a II 1 ZPO), Rücknahme (entspr § 269 V ZPO) und im Anerkenntnisbeschluss (entspr § 99 II ZPO). Ausgeschlossen ist entspr § 99 I ZPO die isolierte Anfechtung der **in einer Hauptsacheentscheidung** ergangenen Kostenentscheidung (BGH FamRZ 2019, 551). – Die für § 99 ZPO anerkannten Grundsätze der Anfechtung einer **Kostenmischentscheidung** (s § 99 ZPO Rn 7 ff), insb nach teilw sof Anerkenntnis, gelten entspr (OLG Saarbrücken NJW-RR 2011, 369 [N. Schneider FamFR 2010, 570]); die Beschlussgründe sollten die Einzelentscheidungen deshalb identifizierbar machen. 9

In konsequenter Umsetzung einer Entscheidung des BGH zu § 93a ZPO aF (BGH FamRZ 2007, 893) ist die Ermessensentscheidung des FamG durch das OLG nur auf **Ermessensfehler**, also insb Ermessensfehlgebrauch und Ermessensausfall zu überprüfen (zB OLG Hamm FamRZ 2024, 1317; OLG Koblenz FamRZ 2022, 44; OLG Schleswig FamRZ 2014, 963; OLG Hamm FamRZ 2013, 1060). Das kann insb dann der Fall sein, wenn es für die Ermessensentscheidung maßgebl Tatsachen nicht ermittelt oder sonst unberücksichtigt gelassen hat (OLG Hamm FamRZ 2024, 1317; OLG Koblenz FamRZ 2022, 44). Bei Ermessensfehlern ist dann eine eigene Ermessensausübung des OLG zulässig und erforderl (OLG Koblenz FamRZ 2022, 44; OLG Hamm FamRZ 2013, 1060). Da diese beschränkte Überprüfung aber im Widerspruch dazu steht, dass das OLG in der Hauptsache ein Ermessen selbst auszuüben hat (BGH FamRZ 2017, 97), geht eine wohl im Vordringen befindl Ansicht von einer vollen Überprüfbarkeit aus (so zB OLG Hamm NZFam 2021, 1070; OLG Frankfurt JurBüro 2021, 472). 10

2) Kostenentscheidung in der Rechtsmittelinstanz. Auch in dieser bestimmt sich die Kostenverteilung nach **§ 243** (KG FamRZ 2011, 497 LS; Bömelburg FPR 2010, 153, 159). Dabei kann auch der Rechtsgedanke von **§ 97 II ZPO** Anwendung finden (OLG Frankfurt FamRZ 2021, 531; OLG Celle NJW-RR 2018, 965; OLG Frankfurt FamRZ 2019, 293 für vereinf Unterhaltsverf). Eine unzulässige Beschwerde rechtfertigt idR die alleinige Kostenlast des Beschwerdeführers (OLG Karlsruhe FamRZ 2021, 618). 11

Da § 243 alle abweichenden Vorschriften der ZPO über die Verteilung der Kosten verdrängt (BGH FamRZ 2011, 1933 Tz 23), bestimmt sich nach ihm auch die Kostenfolge einer **Rücknahme** der Beschwerde. In aller Regel wird eine Kostenlast des Beschwerdeführers der Billigkeit entsprechen. – Über § 117 II FamFG ist § 516 III ZPO aber insoweit anzuwenden, als der Verlust des Rechtsmittels auszusprechen ist. 12

VII) Gebühren. Gericht: Nach OLG Bamberg (FamRZ 2021, 54) Gebührenermäßigung gem 1221 FamGKG-KV nach Antragsrücknahme trotz Kostenentscheidung; zweifelhaft, da § 243 auch bei Rücknahme eine Ermessensentscheidung eröffnet. 13

§ 244 Unzulässiger Einwand der Volljährigkeit

Wenn der Verpflichtete dem Kind nach Vollendung des 18. Lebensjahres Unterhalt zu gewähren hat, kann gegen die Vollstreckung eines in einem Beschluss oder in einem sonstigen Titel nach § 794 der Zivilprozessordnung festgestellten Anspruchs auf Unterhalt nach Maßgabe des § 1612a des Bürgerlichen Gesetzbuchs nicht eingewandt werden, dass die Minderjährigkeit nicht mehr besteht.

I) Allgemeines. 1) Überblick. Zwischen dem Unterhaltsanspruch volljähriger Kinder und dem Minderjährigenunterhalt besteht Identität (BGH FamRZ 2006, 99). Es bedarf daher keiner neuen Titulierung des Unterhalts mit Eintritt der Volljährigkeit (s § 238 Rn 17). Für mindj (OLG Stuttgart FamRZ 2023, 301) Kinder besteht die Möglichkeit, einen **dynamischen Unterhalt** nach Maßgabe des § 1612a BGB festsetzen zu lassen. § 1612a III 1 enthält hinsichtl der 3. Altersstufe keine Begrenzung bis zur Volljährigkeit des Kindes (OLG Bamberg FamRZ 2019, 30; OLG Celle FamRZ 2017, 2020; OLG Hamm FamRZ 2012, 993). Damit soll das mindj Kind in die Lage versetzt werden, den Unterhalt gem § 1612a BGB auch über den Zeitpunkt der Vollendung des 18. Lebensjahres hinaus geltend zu machen und einen unbefristet tenorierten Titel zu erlangen (OLG Koblenz FamRZ 2020, 111). Es soll nicht gezwungen sein, sich nach Eintritt der Volljährigkeit einen neuen Titel beschaffen zu müssen (BTDrs 13/7338, 23). Zum Unterhalt für die Zeit ab Volljährigkeit s § 249 Rn 6.

2 **2) Regelungszweck.** Zweck der Vorschrift ist es, die ZwV aus einem Titel über Unterhalt iSd § 1612a BGB, der über das 18. Lebensjahr fortwirkt, zu erleichtern (BGH FamRZ 2005, 2066; OLG Saarbrücken FamRZ 2007, 1829). Der Sch soll eine weitere Vollstreckung auf Grund eines solchen Titels nicht erfolgreich nur mit dem Einwand des Eintritts der Volljährigkeit des Kindes bekämpfen können (OLG Saarbrücken FamRZ 2007, 1829).

3 **II) Anwendungsbereich.** Von § 244 erfasst werden Unterhaltsbeschlüsse, auch gem § 253, und VollstrTitel iSd § 794 ZPO, insb Vergleiche (§ 794 I Nr 1 ZPO) und vollstreckbare Urkunden (§ 794 I Nr 5 ZPO), zB notarielle Urkunden und Jugendamtsurkunden, in denen der Unterhalt nach Maßgabe des § 1612a BGB **dynamisch** festgesetzt worden ist.

4 Angesichts der eindeutigen Bezugnahme auf § 1612a BGB werden nicht dynamisierte **(statische) Unterhaltstitel** nicht erfasst (str; wie hier OLG Saarbrücken FamRZ 2007, 1829; aA PH/Bömelburg Rn 5 mN zum Streitstand). Für eine entspr Anwendung fehlt es an einem Bedürfnis, da diese Titel ohnehin über den Zeitpunkt der Volljährigkeit hinaus fortgelten (s Rn 1).

5 **III) Rechtsfolgen.** Der Unterhaltsschuldner kann nach Eintritt der Volljährigkeit des Kindes gegen die Vollstreckung eines dynamisierten Unterhaltstitels iSv § 1612a BGB nicht mit einem allein hierauf gerichteten Vollstreckungsabwehrantrag erfolgreich vorgehen (OLG Brandenburg NZFam 2022, 174). Die Möglichkeit einer Abänderung des Titels gem §§ 238-240 wird durch § 244 nicht beschränkt.

§ 245 (betr Verfahren mit Auslandsbezug)

Unterabschnitt 2
Einstweilige Anordnung (§§ 246-248)

§ 246 Besondere Vorschriften für die einstweilige Anordnung

(1) Das Gericht kann durch einstweilige Anordnung abweichend von § 49 auf Antrag die Verpflichtung zur Zahlung von Unterhalt oder zur Zahlung eines Kostenvorschusses für ein gerichtliches Verfahren regeln.

(2) Die Entscheidung ergeht auf Grund mündlicher Verhandlung, wenn dies zur Aufklärung des Sachverhalts oder für eine gütliche Beilegung des Verfahrens geboten erscheint.

1 **I) Überblick.** Gem § 119 I gelten in FamStreitsachen und damit in den Unterhaltssachen iSv § 231 I – statt der im FamFG nicht vorgesehenen einstw Verfügung – die Vorschriften über die einstw Anordnung, also grds die §§ 49-57. – In Unterhaltssachen sind zusätzl die **Sondervorschriften** der §§ 246-248 zu beachten. Deren Regelungsgehalt betrifft einstw Anordnungen in Unterhaltssachen iSv § 231 I (PH/Bömelburg Rn 2). Das Verf der einstw Anordnung ist ein hauptsacheunabhängiges **selbständiges Verfahren**, § 51 III 1. Die einstw Anordnung hat eine rein **verfahrensrechtliche Natur**. Der Antrag auf ihren Erlass führt nicht zur Rechtshängigkeit des mat-rechtl Unterhaltsanspruchs. Die einstw Anordnung schafft nur einen **Vollstreckungstitel**, ohne das diesem zugrunde liegende Rechtsverhältnis zwischen den Beteiligten verbindl zu gestalten. Deshalb vermag die getroffene Regelung auch **keine materielle Rechtskraft** zu erlangen. Näher s § 49 Rn 4.

2 **II) Örtliche und sachliche Zuständigkeit.** Sie bestimmt sich gem § 50 idR (Ausnahme: Eilzuständigkeit gem § 50 II) nach der Zuständigkeit für die Hauptsache. Das für die (fiktive) Hauptsache zuständige Gericht ist in Unterhaltssachen nach den §§ 232, 233 zu bestimmen. Ist die Hauptsache beim Beschwerdegericht anhängig, ist Letzteres auch für das einstw Anordnungsverf zuständig, sofern sich die Gegenstände entsprechen (s § 50 Rn 4). Während der Anhängigkeit der Hauptsache beim Rechtsbeschwerdegericht ist das FamG für das einstw Anordnungsverf zuständig (s § 50 Rn 4).

3 ***III) Voraussetzungen. 1) Regelungsbedürfnis.*** „Abw von § 49" ist im Rahmen von § 246 **kein dringendes Bedürfnis** für ein sof Tätigwerden (vgl § 49 I) erforderl (OLG Zweibrücken FamRZ 2022, 546; OLG Branden-

burg FamRZ 2020, 183). Die Eilbedürftigkeit für einen Unterhaltsanspruch ergibt sich bereits daraus, dass idR der laufende Lebensunterhalt gesichert werden soll (BVerfG FamRZ 2016, 30). Erforderl ist aber ein über das bloße Titulierungsinteresse hinausgehendes bes Rechtsschutzbedürfnis iSe **Regelungsbedürfnisses** für eine rasche gerichtl Entscheidung (OLG Zweibrücken FamRZ 2022, 546), das regelmäßig bereits dann gegeben ist, wenn zwischen den Beteiligten des Unterhaltsverhältnisses Streit über die Höhe des Unterhaltsanspruches besteht und der Unterhaltsanspruch des Berechtigten nicht erfüllt wird (OLG Zweibrücken FamRZ 2022, 546). Das Regelungsbedürfnis fehlt, wenn der Schuldner freiwillig zahlt und von der Fortsetzung der Zahlungen auszugehen ist (OLG Zweibrücken FamRZ 2022, 546; Schürmann FamRB 2008, 375, 377; Götsche/Viefhues ZFE 2009, 124, 126) oder nicht vorgerichtl zur Zahlung aufgefordert wurde. Es fehlt auch, wenn es um Unterhalt für die Vergangenheit geht, da der **laufende Bedarf** sichergestellt werden soll (OLG Jena FamRZ 2011, 491; OLG Frankfurt FamRZ 87, 174; PH/Bömelburg Rn 42). Daneben soll ein Regelungsbedürfnis auch fehlen, wenn der Lebensunterhalt des Berechtigten durch ein gutes Einkommen gesichert ist (AG Heidelberg FamRZ 2016, 2141 LS) – angesichts der gesetzgeberischen Wertung zweifelhaft (vgl BVerfG FamRZ 2016, 30). Nicht gerechtfertigt ist es, das Regelungsbedürnis mit der Begründung abzulehnen, für die nähere Zukunft seien Vollstreckungsmöglichkeiten nicht zu erkennen (so OLG Hamm FamRZ 1986, 919; zweifelnd PH/Bömelburg Rn 46). Ebenso wenig fehlt es daran bei **Bezug von Sozialleistungen** (vgl BVerfG FamRZ 2016, 30); denn der Unterhaltsgläubiger hat ein berechtigtes Interesse daran, künftig auf diese subsidiäre Leistung nicht angewiesen zu sein (PH/Bömelburg Rn 43). Der Unterhaltsberechtigte muss sich auch nicht darauf verweisen lassen, dass der Schuldner den verlangten Unterhalt ihm bis zur Klärung des Anspruchs in einem Hauptsacheverf darlehensw gewährt (OLG Frankfurt MDR 2014, 230 bzgl Verfahrenskostenvorschusspflicht; aA Bömelburg FF 2011, 355, 359).

Die Anhängigkeit eines **vereinfachten Verfahrens gem §§ 249 ff** steht einem Regelungsbedürfnis nicht per se entgegen. Im Hinblick auf § 251 I Nr 3 lässt sich das vereinf Verf nicht so beschleunigen, dass eine einstw Regelung überflüssig wird. – Besteht bereits ein **Unterhaltstitel in der Hauptsache** iSd § 238 I 1, § 239 I 1, steht einer Erweiterung des titulierten Unterhalts im Wege einer isolierten einstw Anordnung oftmals die materielle Rechtskraft des Titels entgegen. Ein Regelungsbedürfnis besteht in einem solchen Fall allenfalls dann, wenn der ASt Tatsachen vorträgt und glaubhaft macht, auf Grund derer die Abänderung des Titels in der Hauptsache gerechtfertigt wäre. Wird die einstw Anordnung daraufhin erlassen, kann der Ag über § 52 II die Durchführung eines Abänderungsverf iSd §§ 238, 239 in der Hauptsache erzwingen oder – nach mündl Verh – die Aufhebung bzw Änderung der Entscheidung nach § 54 beantragen (s Rn 22 f). Begehrt der ASt die Herabsetzung des geschuldeten Unterhalts, kommt nur eine einstw Einstellung der ZwV gem § 242 in Betracht. 4

2) Antrag und Verfahren. Für den erforderl **Antrag** besteht **kein Anwaltszwang**, § 114 IV Nr 1, auch nicht vor dem Beschwerdegericht (PH/Grohmann § 51 Rn 3). Ein Antrag auf Erlass einer einstw Anordnung kann daher auch gem § 113 I 2 FamFG iVm § 129 II ZPO zu Protokoll der GeschSt erklärt werden. Zum Schutz eines anwaltl nicht vertretenen Beteiligten sollte in geeigneten Fällen ein Antrag auf Bewilligung von VKH angeregt und ein RA für das einstw Anordnungsverf beigeordnet werden (Vorwerk FPR 2009, 1, 9). 5

Der Antrag ist zu begründen, die Anordnungs- bzw Anspruchsvoraussetzungen sind glaubhaft zu machen, § 51 I 2. In Unterhaltssachen richtet sich die **Glaubhaftmachung** nach § 113 I FamFG iVm § 294 ZPO. Welche Anforderungen an die **Begründung** eines Antrags genau zu stellen sind, kann nur im Einzelfall bestimmt werden. Auch bei der Glaubhaftmachung gibt es kein festes „Beweismaß“. Zu fordern ist ein den konkreten Umständen angepasstes Maß an Glaubhaftigkeit (s § 294 ZPO Rn 6). Wenn Glaubhaftmachung ausreicht, gilt das auch für deren Widerlegung und den Nachweis von Einwendungen des Gegners (s § 294 ZPO Rn 2). Diesem ist **rechtliches Gehör** zu gewähren durch Einräumung einer angemessenen Frist zur Stellungnahme; eine Frist von 3 Tagen (von OLG Brandenburg FamRZ 2020, 183 als „im Rahmen des Üblichen“ bezeichnet) dürfte nur in einfach gelagerten Fällen genügen. Die **Beweiserhebung** ist auf präsente Beweismittel beschränkt, § 113 FamFG, § 294 II ZPO. Die Anordnung des Ruhens des Verf kommt idR ebenso wenig in Betracht wie die Einholung eines schriftl SV-Gutachtens (PH/Bömelburg Rn 53). 6

IV) Mündliche Verhandlung. Abweichend von § 51 II 2 soll gem II unter den genannten Voraussetzungen über den Antrag mündl verhandelt werden. Die mündl Verh ermöglicht es in den Unterhalt betr Anordnungsverf, offengebliebene Gesichtspunkte zu klären und Rechts- und Einschätzungsfragen (Erwerbsobliegenheiten, Chancen auf dem Arbeitsmarkt, Betreuungsbedürftigkeit von Kindern etc) zu erörtern. Außerdem erleichtert eine mündl Verh das Zustandekommen einer gütl Vereinbarung. Daher sollte die Entscheidung allenfalls in einfach gelagerten oder bes eilbedürftigen Fällen ohne mündl Verh erfolgen, zumal auf Antrag sowieso gem § 54 II mündl zu verhandeln ist. – In Anordnungsverf auf Zahlung eines **Verfahrenskostenvorschusses** kann es häufiger vorkommen, dass von einer mündl Verh abgesehen wird. 7

Erfolgt eine mündl Verh, ist diese gem § 170 GVG **nichtöffentlich**. Schließen die Beteiligten einen **Vergleich**, sollte klargestellt werden, ob damit der Anspruch insgesamt geregelt oder nur eine das Anordnungsverf erledigende vorläufige Regelung getroffen wird. Denn hiervon hängt ab, ob später eine Abänderung ggf gem § 54 oder § 239 in Betracht kommt; s § 239 Rn 2. 8

9 **V) Entscheidung. 1) Umfang. a) Überblick.** I enthält die Befugnis des Gerichts, durch einstw Anordnung die Verpflichtung zur Zahlung von Unterhalt oder zur Zahlung eines Kostenvorschusses für ein gerichtl Verf zu regeln.

10 **b) Unterhalt (I Alt 1).** Das Gericht kann den **vollen**, nach mat-rechtl Vorschriften geschuldeten **laufenden Unterhalt** ab Antragseingang (hierzu s Rn 3) **ohne zeitliche Begrenzung** zuerkennen (OLG Jena FamRZ 2011, 491; BTDrs 16/6308, 259). Anders als § 49 I enthält § 246 keine Beschränkung auf vorl Maßnahmen. Das Gericht kann eine den Besonderheiten des jew Einzelfalles gerecht werdende Bestimmung treffen. Es kann etwa zunächst durch **Teilentscheidung** eine Minimallösung aussprechen, zB einen Mindestunterhalt festsetzen, und diese Minimallösung zu einem späteren Zeitpunkt (wie zuvor vorbehalten) durch **Schlussentscheidung** ergänzen (van Els FamRZ 2011, 492, 493; PH/Bömelburg Rn 59). Gem § 56 I 1 kann auch eine **Befristung** erfolgen (OLG Jena FamRZ 2011, 491, 492; Götsche/Viefhues ZFE 2009, 124, 126). Fehlt eine solche Befristung, so wirkt etwa eine einstw Anordnung über den **Ehegattenunterhalt** wegen ihrer prozessualen Natur (s Rn 1) über den Zeitpunkt der Rechtskraft der Scheidung hinaus (s Rn 32). – Das Gericht ist gem § 112 Nr 1, § 113 I 2 FamFG iVm §§ 307, 308 ZPO an die **Sachanträge** der Beteiligten **gebunden** (OLG Brandenburg FamRZ 2023, 1643). Es darf nicht mehr an Unterhalt zuerkennen, als gefordert, und nicht weniger, als anerkannt wurde. Erhält der ASt **Sozialleistungen** mit der Folge eines ges Forderungsübergangs (§ 33 I SGB II, § 94 I 1 SGB VII, § 7 I UVG), muss er insoweit die Zahlung des Unterhalts in Höhe der bereits empfangenen Leistungen an den Sozialleistungsträger, die Zahlung des künftigen Unterhalts an sich selbst beantragen (BGH FamRZ 2008, 1159 = NJW 2008, 1950).

11 Besteht bereits ein **rechtskräftiger Unterhaltstitel in der Hauptsache**, kommt die Anordnung einer weiter gehenden Unterhaltszahlung durch einstw Anordnung nur dann in Betracht, wenn Tatsachen vorliegen bzw glaubhaft gemacht sind, die die Abänderung des Unterhaltstitels in der Hauptsache rechtfertigen würden (s Rn 4). Andernfalls steht dessen materielle Rechtskraft der beantragten einstw Anordnung entgegen.

12 **c) Kostenvorschuss für ein gerichtliches Verfahren (I Alt 2).** Gegenstand einer einstw Anordnung kann auch ein Verfahrenskostenvorschussanspruch sein. Dieser ist Vermögen iSd VKH, ein Anspruch steht also der Gewährung von VKH entgegen (s § 115 ZPO Rn 59). S Rn 17 f.

13 **2) Inhalt. a) Unterhalt.** Durch einstw Anordnung kann der (ggf vertragl gestaltete bzw modifizierte [s § 231 Rn 9]) ges Unterhalt für Ehegatten, geschiedene Ehegatten, Lebenspartner, Kinder, Verwandte und die ne Mutter geregelt werden. Die Anordnung bedarf einer **materiell-rechtliche Anspruchsgrundlage**, zB §§ 1360, 1361, 1570 ff, §§ 1601, 1615l BGB etc, wobei eine summarische Prüfung der Anspruchsvoraussetzungen durch das Gericht genügt. Rechtsgrundlage kann auch ausl UnterhaltsR sein, das nach den Regeln des IPR zu bestimmen ist.

14 Macht ein Elternteil, in dessen Obhut sich das Kind befindet (§ 1629 II 2 BGB), während bestehender Ehe gem **§ 1629 III 1 BGB** Unterhaltsansprüche des Kindes im Rahmen eines einstw Anordnungsverf im eigenen Namen geltend, so wirkt die hierauf ergehende Entscheidung gem § 1629 III 2 BGB auch für und gegen das Kind.

15 Von § 246 erfasst werden nur Anträge, die auf „Zahlung von Unterhalt“, dh **Barunterhalt** gerichtet sind; dies aber unabhängig von der rechtl Qualifikation, also zB auch auf Sonder- oder Vorsorgebedarf (Bömelburg FF 2011, 355, 356) oder auf Taschengeld und Wirtschaftsgeld. – Andere, **nicht auf Zahlung gerichtete** unterhaltsrechtl Ansprüche sind gem § 49, also unter den schärferen Voraussetzungen eines „dringendes Bedürfnis für ein sofortiges Tätigwerden“ durchgesetzt werden. Das gilt auch für einen Antrag auf **Auskunft** zur Vorbereitung eines Unterhaltsantrags.

16 Nicht von I Alt 2 erfasst werden alle sonstigen **Neben-, Schadensersatz- und Ausgleichsansprüche**, die den Unterhalt ledigl „betreffen“ (s § 231 Rn 8, 10 u 11). Für sie bleibt – sofern es nicht um Vorschuss gem § 246 I Alt 2 geht – allenfalls die Möglichkeit einer einstw Anordnung gem § 49.

17 **b) Kostenvorschuss für ein gerichtliches Verfahren.** Ein solcher Anspruch kommt in Betracht zwischen **Ehegatten** (§ 1360a IV BGB), auch bei Getrenntleben (§ 1361 IV 4 BGB). Nach hM besteht aber beim **Quotenunterhalt** zwischen Ehegatten kein Anspruch auf Verfahrenskostenvorschuss, da dies den Halbteilungsgrundsatz verletze und daher unbillig iSv § 1360a IV 1 BGB sei, wenn der Pflichtige nicht über weitere, nicht prägende Einkünfte oder Vermögen verfügt (zB OLG Düsseldorf FamRZ 2019, 992 mwN; OLG Karlsruhe FamRZ 2016, 1279; OLG München FamRZ 2006, 791; aA OLG Bremen FamRZ 2022, 1362; Schürmann, FamRZ 2020, 1233, 1243). Mit der **Scheidung** erlischt die Vorschusspflicht zwischen Ehegatten. **Eltern** sind ihren *mindj Kindern* ggü ebenfalls vorschusspflichtig. Wegen der Einzelheiten des Anspruchs auf Kostenvorschuss § 115 ZPO Rn 59 ff.

18 Die **Höhe des Vorschusses** richtet sich nach den Gerichts- und Anwaltskosten, die dem Vorschussberechtigten voraussichtl in dem Verf entstehen, das mit Hilfe des Vorschusses durchgeführt werden soll. Die Anwaltskosten entsprechen dem Vorschuss, der dem RA gem § 9 RVG zusteht (OLG München FamRZ 87, 303) Das sind 2,5 Anwaltsgebühren (3100, 3104 RVG-VV). Hinzuzurechnen sind die Auslagenpauschale von 20 % der Geb, höchstens 20 Euro, und die USt von 19 % der Vergütung (7002, 7008 RVG-VV). Hinzu kommen die Gerichts*kosten, die sich in 1. Instanz* nach der gem § 14 FamGKG vorschussweise zu leistenden Gebühr für das Verf im Allg bestimmen.

3) Form. a) Das Gericht entscheidet durch **Beschluss**, § 51 II 1, § 38 I 1, der, wenn er auf Grund einer mündl Verh ergeht, zu verkünden ist, § 113 I FamFG iVm § 329 I 1 ZPO. Der Beschluss ist grds zu begründen, § 38 III 1. Eine Versäumnisentscheidung ist ausgeschlossen, § 51 II 3. Erscheint der Ag zum gerichtl anberaumten Verhandlungstermin nicht, hat das Gericht auf der Basis der ihm zur Verfügung stehenden Erkenntnisse bzw Unterlagen zu entscheiden und kann seine Entscheidung nicht allein auf die Säumnis des Ag stützen (Götsche/Viefhues ZFE 2009, 124, 127; Bömelburg FF 2011, 355, 358). 19

b) Der Beschluss muss – auch bei Entscheidung ohne mündl Verh –, da es sich um ein eigenständiges Verf handelt (§ 51 III 1), eine **Kostenentscheidung** enthalten, § 51 IV. Diese richtet sich nach § 243. 20

c) Einer **Vollstreckbarkeitserklärung** bzw der Anordnung der vorläufigen Vollstreckbarkeit bedarf es **nicht**. Die Vollstreckung im einstw Anordnungsverf richtet sich nach § 119 I 1, § 120 I, § 53, § 55. – Die Entscheidung erwächst in **formelle**, nicht aber in materielle **Rechtskraft**; s § 49 Rn 4. – Zur Frage der Erforderlichkeit einer **Rechtsbehelfsbelehrung** (§ 39) s § 39 Rn 9 u § 51 Rn 11. 21

VI) Rechtsbehelfe. 1) Einstweilige Anordnung ohne mündliche Verhandlung. Bei im schriftl Verf, dh ohne mündl Verh erlassener einstw Anordnung kommen 2 Rechtsbehelfe iwS in Betracht, näml ein **Antrag auf mündliche Verhandlung**, § 54 II oder ein Antrag auf **Einleitung des Verfahrens zur Hauptsache** gem § 52 II. Es besteht insoweit kein Anwaltszwang, § 114 IV Nr 1. – Beide Rechtsbehelfe stehen gleichrangig nebeneinander zur Verfügung. Ein Antrag auf Aufhebung bzw Abänderung gem **§ 54 I** ist neben einem Antrag gem § 54 II mangels Rechtsschutzbedürfnisses unzulässig (str, s § 54 Rn 8 mwN). 22

Da es sich gem § 246 um ein Antragsverf handelt, bestimmt sich die **Einleitung eines Hauptsacheverfahrens** nach § 52 II; s § 52 Rn 5. Auf Antrag eines Beteiligten, der durch die einstw Anordnung in seinen Rechten beeinträchtigt ist, hat das Gericht ggü demj, der die einstw Anordnung erwirkt hat, anzuordnen, dass er die Einleitung des Hauptsacheverf oder die Gewährung von VKH hierfür beantragt. Das Gericht hat hierzu eine Frist zu bestimmen, die sich an den Umständen des Einzelfalls zu orientieren hat und höchstens 3 Monate betragen darf. Wegen der Einzelheiten s § 52 Rn 5 ff. Die Aufhebung der einstw Anordnung hat zur Folge, dass die Grundlage für alle beigetriebenen Zahlungen rückwirkend entfällt (Schürmann FamRB 2008, 375, 380; Götsche/Viefhues ZFE 2009, 124, 129 f). 23

2) Einstweilige Anordnung nach mündlicher Verhandlung. Hat eine mündl Verh stattgefunden, stehen folgende Rechtsbehelfe iwS zur Verfügung: ein Antrag auf Einleitung des Verf zur Hauptsache entspr **§ 52 II** (s Rn 23) oder ein Antrag auf Aufhebung bzw Abänderung, **§ 54 I.** Zum Verhältnis dieser Anträge s § 54 Rn 8. Zur Frage, ob daneben ein Rechtsschutzbedürfnis für einen negativen Feststellungsantrag gem § 256 ZPO besteht, s § 56 Rn 4. 24

Für einen **Antrag nach § 54 I** sind **neue Tatsachen** vorzubringen. Andernfalls ist der Antrag mangels Rechtsschutzbedürfnisses unzulässig; iE s § 54 Rn 4. Solche Tatsachen können zB die für die Unterhaltsbemessung maßgebl Umstände (zB Hinzutreten weiterer Berechtigter, vermindertes Einkommen) oder die Zahlung sein (Schürmann FamRB 2008, 375, 380). 25

Für das **Verfahren** gelten dieselben Regeln wie für den erstmaligen Erlass einer einstw Anordnung. Ist die mündl Verh unterblieben, ist sie gem § 54 II auf Antrag nachzuholen. **Zuständig** für die Aufhebung/Abänderung ist das erlassende Gericht, es sei denn, die Sache wurde an ein anderes Gericht abgegeben oder verwiesen; dann ist dieses Gericht zuständig, § 54 III. 26

Haben die Beteiligten im einstw Anordnungsverf einen **Vergleich** abgeschlossen, der nur eine vorläufige Regelung enthält, bestimmt sich eine Abänderung nicht nach § 239, sondern nach den Regelungen des Verf der einstw Anordnung, insb § 54 (BGH FamRZ 2018, 1343). Ein zunächst nach § 239 gestellter Abänderungsantrag ist ggf analog § 140 BGB in einen solchen nach § 54 FamFG umzudeuten (BGH FamRZ 2018, 1343). 27

Ist ein Aufhebungs- bzw Abänderungsantrag anhängig, kann das Gericht die **Vollstreckung aussetzen**, § 55 I. Die Aussetzung oder Beschränkung kann auch unter Bedingungen und Auflagen erfolgen, insb auch von einer Sicherheitsleistung anhängig gemacht werden. Für diese Entscheidung bedarf es keines Antrags. Wird er gestellt, ist über ihn vorab zu entscheiden, § 55 II. Das Gericht hat nach pflichtgemäßem Ermessen zu entscheiden. Seine Entscheidung ist nicht anfechtbar, § 55 I 2. 28

3) Rechtsmittel. Eine Beschwerde gegen die – positive oder negative – Entscheidung des FamG ist gem § 57 S 1 **ausgeschlossen.** Weder Unterhalt noch Verfahrenskostenvorschuss unterfallen einer der Ausnahmen von § 57 S 2; s § 57 Rn 5. 29

VII) Außerkrafttreten der einstweiligen Anordnung. Das Außerkrafttreten auch einer auf § 246 gestützten einstw Anordnung bestimmt sich nach § 56. Gem § 56 I 1 tritt die einstw Anordnung mit Wirksamwerden einer anderweitigen Regelung oder – sofern früher – mit Ablauf einer vom Gericht bestimmten Geltungsdauer außer Kraft. Als **anderweitige Regelungen** kommen insb ein Beschluss gem § 54 I oder II oder eine Vereinbarung der Beteiligten über dens Verfahrensgegenstand in Betracht (PH/Grohmann § 56 Rn 2), egal ob diese gerichtl oder außergerichtl zustande kommt. Näher s § 56 Rn 3. Auch eine andere (End-)Entscheidung in einem 30 inhaltsgleichen Hauptsacheverf stellt eine anderweitige Regelung dar. In diesem Fall tritt die einstw Anordnung gem § 56 I 2 erst mit Rechtskraft der Endentscheidung außer Kraft, da es sich um eine Unterhaltssache und damit eine FamStreitsache handelt, § 56 I 2. Zu dem sich darauf ergebenden Problem, dass zwischenzeitl 2 Titel bestehen können, s § 56 Rn 2. – Zur Frage, ob für einen negativen Feststellungsantrag ein Rechtsschutzbedürfnis als „anderweitige Regelung" besteht, s § 56 Rn 4.

31 Eine einstw Anordnung gem § 246 tritt, da es sich um ein Antragsverf handelt, auch in den Fällen des § 56 II außer Kraft, dh **bei Rücknahme, Abweisung**, übereinstimmender Erledigungserklärung oder anderweitiger **Erledigung der Hauptsache**, sowie dann, wenn der Antrag auf Erlass einer einstw Anordnung **zurückgenommen** wird.

32 Eine einstw Anordnung über den **Trennungsunterhalt** wirkt, sofern sie nicht befristet worden ist und keine anderweitige Regelung wirksam wird, über den Zeitpunkt der Rechtskraft der Ehesache hinaus; str, s § 56 Rn 5. Der Unterhaltspflichtige kann gem § 54 I Aufhebung der einstw Anordnung beantragen.

33 Das Außerkrafttreten ist auf Antrag **durch Beschluss auszusprechen**, § 56 III 1. Im Hinblick auf mögl VollstrMaßnahmen sollte der genaue Zeitpunkt angegeben werden, zu dem die einstw Anordnung wirkungslos geworden ist (PH/Bömelburg Rn 90).

34 Zur – idR entbehrl – Kostenentscheidung s § 56 Rn 7.

35 **VIII) Schadensersatz.** Eine entspr Anwendung des § 945 ZPO ordnet § 119 I 2 für die in § 112 Nr 1 genannten Unterhaltssachen – in Übernahme höchstrichterl Rspr (BGH NJW 2000, 742) – ausdrückl nicht an; s § 56 Rn 9; Eine Schadensersatzpflicht sieht nur § 248 V 2 vor. Zur Rückforderung nach Bereicherungsrecht s § 56 Rn 8.

36 **IX) Gebühren.** Ausf s § 49 Rn 27. Da II die mündl Verh nicht vorschreibt, sondern in das pflichtgemäße Ermessen stellt, keine Terminsgeb gem 3104 I Nr 1 RVG-VV, wenn ohne mündl Verh entschieden wird (aA OLG Brandenburg AGS 2017, 214; wie hier OLG Köln AGS 2012, 519; GS/Müller-Rabe Nr 3104 VV Rn 47; sa BGH MDR 2020, 954 für einstw Verfügung). – Zum **Wert** s FamFG Anh Rn 1.15.

§ 247 Einstweilige Anordnung vor Geburt des Kindes

(1) Im Wege der einstweiligen Anordnung kann bereits vor der Geburt des Kindes die Verpflichtung zur Zahlung des für die ersten drei Monate dem Kind zu gewährenden Unterhalts sowie des der Mutter nach § 1615l Abs. 1 des Bürgerlichen Gesetzbuchs zustehenden Betrags geregelt werden.

(2) [1]Hinsichtlich des Unterhalts für das Kind kann der Antrag auch durch die Mutter gestellt werden. [2]§ 1600d Abs. 2 und 3 des Bürgerlichen Gesetzbuchs gilt entsprechend. [3]In den Fällen des Absatzes 1 kann auch angeordnet werden, dass der Betrag zu einem bestimmten Zeitpunkt vor der Geburt des Kindes zu hinterlegen ist.

1 **I) Allgemeines.** § 247 verfolgt den **Zweck**, im Interesse der Mutter und des Kindes die Zahlung des Unterhalts in der bes Situation kurz vor und nach der Geburt in einem beschleunigten und möglichst einfach zu betreibenden Verf zunächst einmal sicherzustellen. § 247 durchbricht wie § 248 die Sperrwirkung des § 1600d IV BGB, wonach die Rechtswirkungen der Vaterschaft grds erst vom Zeitpunkt der rechtskräftigen Feststellung an geltend gemacht werden können. – § 247 ist **Spezialvorschrift** zu § 246, so dass zunächst dieser und subsidär §§ 49 ff gelten.

2 **II) Verfahren.** Die **örtliche Zuständigkeit** richtet sich mangels anderweitiger (§ 248 II entspr) Regelung nach § 232 (Sternal/Giers Rn 7; aA PH/Bömelburg Rn 12: § 248 II, § 170). Ein **dringendes Bedürfnis** für ein sof Tätigwerden des Gerichts ist wie gem § 246 **nicht erforderlich**. In Bezug auf die später entstehenden Folgekosten der Entbindung, § 1615l I 2 BGB, gilt keine zeitl Grenze. Ab Anhängigkeit eines Verf auf Feststellung der Vaterschaft gem § 1600d BGB kommt nur noch eine einstw Anordnung gem § 248 in Betracht.

3 Für das Verf gilt § 51 (s Rn 1). Für den erforderl **Antrag** besteht **kein Anwaltszwang**, § 114 IV Nr 1 (sa § 246 Rn 5). Die Mutter kann auch den Kindesunterhalt im eigenen Namen in Verfahrensstandschaft geltend machen. **II 1** erweitert deren Handlungsbefugnis auf den Zeitraum **vor der Geburt** des Kindes. Da die elterl Sorge erst mit der Geburt beginnt, müsste ohne die Sonderregelung ein Pfleger (§ 1810 BGB nF) bestellt werden (BTDrs 16/6308, 260). Der Mutter steht es gleichwohl frei, auf eine Pflegschaft für das ungeborene Kind hinzuwirken oder bzgl des Kindes die Beistandschaft des Jugendamtes zu beantragen (§ 1712 I Nr 2, § 1713 II 1, § 1714 S 2 BGB). – Für eine mündl Verh gilt § 246 II entspr (s Rn 1); s § 246 Rn 7 f.

4 Die antragstellende Mutter hat die Anordnungsvoraussetzungen, insb die Voraussetzungen des jew Unterhaltsanspruchs – § 1601 BGB bzw § 1615l I BGB – **glaubhaft** zu machen, § 51 I 2 (s § 246 Rn 6). Sozialhilfe und Leistungen nach dem UntVorschG *gelten unterhaltsrechtl* als subsidiäre staatl Leistung, nicht als *bedarfsdeckendes Einkommen* (BGH FamRZ 84, 364), lassen also die erforderl Bedürftigkeit nicht entfallen; s § 246 Rn 3. Hat der Ag die **Vaterschaft** nicht bereits vor der Geburt anerkannt, § 1592 Nr 2, § 1594 IV BGB, wird

seine Vaterschaft gem § 247 II 2 FamFG iVm § 1600d II 1 BGB vermutet, wenn die Mutter vorträgt und ggf glaubhaft macht, dass er ihr während der Empfängniszeit (§ 1600d III BGB) beigewohnt hat. Dies gilt dann nicht, wenn der Ag seinerseits Umstände darlegt und ggf glaubhaft macht, aus denen sich schwerwiegende Zweifel an der Vaterschaft ergeben, § 1600d II 2 BGB. Macht der Ag Mehrverkehr glaubhaft, so erwachsen hieraus idR schwerwiegende Zweifel an seiner Vaterschaft (OLG Karlsruhe FamRZ 2001, 931). Es ist dann Sache der Mutter, diese zu entkräften. Angesichts des Regelungszwecks kann der Ag nicht einwenden, das unterhaltsberechtigte Kind sei noch nicht geboren (BTDrs 16/6308, 260). Beruft er sich auf fehlende oder verminderte Leistungsfähigkeit, muss er diese ggf glaubhaft machen.

III) Entscheidungsgegenstand. 1) Kindesunterhalt. Hinsichtl des Kindesunterhalts wird der Antrag regelmäßig auf den **Mindestunterhalt** der 1. Altersstufe gem § 1612a I 3 Nr 1 BGB gerichtet sein. Ist dies der Fall, so bedarf es zur Höhe des Unterhaltsbedarfs keiner Glaubhaftmachung. Erforderl ist sie aber dann, wenn – was zulässig ist (PH/Bömelburg Rn 4) – ein **höherer Betrag** geltend gemacht wird oder der Antrag – was ebenfalls mögl ist (PH/Bömelburg Rn 4 mwN) – auch einen voraussichtl entstehenden Mehr- oder Sonderbedarf (§ 1613 II BGB) wie zB eine Säuglingserstausstattung oder notwendige Aufwendungen bei einem bereits festgestellten Embryonalschaden umfasst. 5

2) Unterhalt der Mutter. Die Mutter kann gem § 1615l I 1 BGB für die Dauer von **6 Wochen vor und 8 Wochen nach der Geburt** Unterhalt beanspruchen, dessen Maß sich gem § 1615l III 1 iVm § 1610 I BGB nach ihrer **Lebensstellung** richtet. Dabei ist danach zu differenzieren, ob sie vor der Geburt über eigenes Einkommen verfügt, Unterhalt bezogen oder staatl Hilfen – etwa in Form von Sozialleistungen – in Anspruch genommen hat (BGH NJW 2008, 3125, 3126). Auch ein nachhaltiges Unterhalten durch den (späteren) Kindesvater kann bedarfsprägend sein (OLG Bremen NJW 2008, 1745). Teil des Anspruchs aus § 1615b I 1 BGB sind auch die innerhalb des 14-Wochenzeitraums anfallenden Schwangerschafts- und Entbindungskosten. Außerhalb dieses Zeitraums folgt die Verpflichtung zu deren Übernahme aus § 1615l I 2 BGB. 6

IV) Hinterlegung. Gem **II 3** kann das Gericht bei Antragstellung vor der Geburt eine Hinterlegung anordnen. Angesichts des Regelungszwecks (s Rn 1) sollte die Hinterlegung die Ausnahme und die Anordnung der Zahlung der Regelfall sein (BTDrs 16/6308, 260). 7

V) Sonstiges. Zur Entscheidungsform (Beschluss), zur Kostentragung, zu den Rechtsbehelfen, zum Außerkrafttreten der einstw Anordnung und zu einer mögl Schadensersatzpflicht s § 246 Rn 22 ff. 8

VI) Gebühren. S § 49 Rn 27. 9

§ 248 Einstweilige Anordnung bei Feststellung der Vaterschaft

(1) Ein Antrag auf Erlass einer einstweiligen Anordnung, durch den ein Mann auf Zahlung von Unterhalt für ein Kind oder dessen Mutter in Anspruch genommen wird, ist, wenn die Vaterschaft des Mannes nach § 1592 Nr. 1 und 2 oder § 1593 des Bürgerlichen Gesetzbuchs nicht besteht, nur zulässig, wenn ein Verfahren auf Feststellung der Vaterschaft nach § 1600d des Bürgerlichen Gesetzbuchs anhängig ist.

(2) Im Fall des Absatzes 1 ist das Gericht zuständig, bei dem das Verfahren auf Feststellung der Vaterschaft im ersten Rechtszug anhängig ist; während der Anhängigkeit beim Beschwerdegericht ist dieses zuständig.

(3) § 1600d Abs. 2 und 3 des Bürgerlichen Gesetzbuchs gilt entsprechend.

(4) Das Gericht kann auch anordnen, dass der Mann für den Unterhalt Sicherheit in bestimmter Höhe zu leisten hat.

(5) [1]Die einstweilige Anordnung tritt auch außer Kraft, wenn der Antrag auf Feststellung der Vaterschaft zurückgenommen oder rechtskräftig zurückgewiesen worden ist. [2]In diesem Fall hat derjenige, der die einstweilige Anordnung erwirkt hat, dem Mann den Schaden zu ersetzen, der ihm aus der Vollziehung der einstweiligen Anordnung entstanden ist.

I) Allgemeines. § 248 ist **Spezialvorschrift** zu § 246, so dass zunächst dieser und subsidär §§ 49 ff gelten. Er durchbricht die Sperrwirkung des § 1600d IV BGB, wonach die Rechtswirkungen der Vaterschaft grds erst vom Zeitpunkt ihrer rechtskräftigen Feststellung an geltend gemacht werden können (BTDrs 16/6308, 260). § 248 verfolgt den **Zweck**, im Interesse von Mutter und Kind deren laufenden Unterhalt in einem beschleunigten und vergleichsw einfach zu betreibenden Verf sicherzustellen, wenn ein Verf auf Feststellung der Vaterschaft nach § 1600d BGB anhängig ist. Das einstw Anordnungsverf ist aber gem § 51 III 1 **selbständig**, nicht Teil des Verf auf Feststellung der Vaterschaft. 1

II) Verfahren. 1) Vaterschaftsfeststellungsverfahren als Zulässigkeitsvoraussetzung (§ 248 I). Ein dringendes Bedürfnis für ein sof Tätigwerden des Gerichts iSv § 49 ist wie bei § 246 nicht Voraussetzung; s Rn 1 und 2

§ 246 Rn 3. Zulässigkeitsvoraussetzung ist gem I aber die Anhängigkeit eines **Verfahrens auf Feststellung der Vaterschaft** gem § 1600d BGB. Hierfür genügt auch ein Gegenantrag (des Kindes), der auf (positive) Vaterschaftsfeststellung gerichtet ist (PH/Bömelburg Rn 6). – **Nicht anwendbar** ist § 248 dagegen bei einem negativen Feststellungsgegenantrag, einer Anfechtung der Vaterschaft und einem Antrag auf Feststellung der Unwirksamkeit eines Vaterschaftsanerkenntnisses (PH/Bömelburg Rn 6). Zum einen stellt § 248 eine abschließende Sonderregelung dar; zum anderen besteht für eine analoge Anwendung des § 248 in diesen Fällen auch kein Bedürfnis. – Auch die Einreichung eines **VKH-Antrags** steht der Anhängigkeit eines (positiven) Vaterschaftsfeststellungsantrags – wie bei § 237 – nicht gleich (BHS/Schwamb Rn 2; aA Sternal/Giers Rn 3; PH/Bömelburg Rn 5).

3 **2) Zuständigkeit (§ 248 II). Sachlich und örtlich zuständig** für das einstw Anordnungsverf ist aus verfahrensökonomischen Gründen (BTDrs 16/6308, 260) gem **II** das Gericht, bei dem das Verf auf Feststellung der Vaterschaft anhängig ist. Während der Anhängigkeit beim Beschwerdegericht ist dieses zuständig. Die Zuständigkeit in Abstammungssachen bestimmt sich nach § 170. Wird gegen eine Entscheidung in der Abstammungssache Beschwerde eingelegt, bevor über einen dort bereits anhängigen Anordnungsantrag entschieden worden ist, bleibt dieses Gericht für den Antrag auf einstw Anordnung zuständig; der Grundsatz der perpetuatio fori gilt sinngemäß (BGH FamRZ 80, 670 f).

4 **3) Antrag.** Der erforderl Antrag kann sowohl von der Mutter als auch von dem Kind, vertreten durch die Mutter (§ 1626a II BGB) gestellt werden (PH/Bömelburg Rn 7). Die Mutter kann auch für die Geltendmachung der Unterhaltsansprüche des Kindes die Beistandschaft des Jugendamtes beantragen (§ 1712 I Nr 2 BGB). Anwaltszwang besteht nicht, § 114 IV Nr 1 (sa § 246 Rn 5). Der ASt im einstw Anordnungsverf muss nicht zugleich ASt im Verf auf Feststellung der Vaterschaft sein (PH/Bömelburg Rn 7). Er sollte klarstellen, ob sein Antrag auf eine Zahlung oder eine Sicherheitsleistung gerichtet ist.

5 Die Anordnungsvoraussetzungen, insb die Voraussetzungen des jew Unterhaltsanspruchs – § 1601 BGB bzw § 1615l BGB – sind darzulegen und **glaubhaft zu machen**, § 51 I 2 (s § 246 Rn 6, § 247 Rn 5 f). Die Vaterschaft des Ag wird gem § 248 III FamFG iVm **§ 1600d II 1 BGB** vermutet, wenn die Antragstellerseite vorträgt und ggf glaubhaft macht, dass der Ag der Mutter während der Empfängniszeit (§ 1600d III BGB) beigewohnt hat. Bestehen Zweifel an der Vaterschaft (s § 247 Rn 4) und ist im Vaterschaftsfeststellungsverf bereits eine Beweiserhebung, zB Einholung eines SV-Gutachtens, angeordnet, kann sich im Einzelfall, insb bei entspr Einvernehmen der Beteiligten, anbieten, deren Ausgang abzuwarten und das Ergebnis bei der Entscheidung über den Antrag auf einstw Anordnung zu berücksichtigen (PH/Bömelburg Rn 9).

6 **4) Anordnung einer Sicherheitsleistung (§ 248 IV).** Die einstw Anordnung einer Sicherheitsleistung (IV) verfolgt nicht den **Zweck**, den akuten (zukünftigen) Unterhaltsbedarf des Kindes und/oder seiner Mutter zu decken; sie dient vielmehr dazu, den Vollstreckungszugriff für den Zeitpunkt zu sichern, in dem der Sch des während des Abstammungsverf ständig anwachsenden Unterhaltsanspruchs feststeht und neben dem laufenden Bedarf auch die gesamten Rückstände zu entrichten hat (OLG Düsseldorf NJW-RR 1993, 1289). In Betracht kommt die Anordnung einer Sicherheitsleistung anstatt einer Zahlung insb dann, wenn der akute, laufende Unterhaltsbedarf durch staatl Leistungen oder durch Leistungen von Verwandten gedeckt wird. Der regelmäßig hiermit einhergehende Übergang des Unterhaltsanspruchs (s § 94 I SGB XII, § 7 I UntVorschG, § 1607 III BGB) steht dem nicht entgegen (OLG Düsseldorf FamRZ 1994, 111; aA OLG Karlsruhe FamRZ 90, 422). Denn wenn und soweit eine **Sicherheitsleistung für zukünftigen Unterhalt** angeordnet wird, verwirklicht sich ein mögl Rechtsübergang infolge Leistung eines Dritten erst später; Gl des Unterhaltsanspruchs ist also bei der Sicherungsanordnung noch das Kind bzw die Mutter. Dass die Sicherheitsleistungen dann auch dem zahlenden Verwandten und einem sonstigen zahlenden Dritten zugutekommen, auf den der Unterhaltsanspruch kraft Gesetzes übergegangen ist, steht mit dem Gesetzeszweck im Einklang (ausf OLG Düsseldorf FamRZ 1994, 111). Bei der Anordnung, an wen das Guthaben nach rechtskräftiger Feststellung der Vaterschaft auszuzahlen ist, mus ein Forderungsübergang aber berücksichtigt werden (OLG Düsseldorf FamRZ 1994, 840).

7 Die **Art der Sicherheitsleistung** bestimmt das Gericht (§ 108 ZPO iVm § 113 I 2 FamFG). Dem Ag steht kein Wahlrecht nach den §§ 232 ff BGB zu. Um den bei einer Hinterlegung eintretenden Zinsverlust zu vermeiden, sollte – wie dies auch regelmäßig geschieht (OLG Düsseldorf NJW-RR 93, 1289, 1290) – die Einzahlung auf ein Sperrkonto des Jugendamtes oder des Kindes angeordnet werden. In Betracht kommt auch eine Bankbürgschaft (PH/Bömelburg Rn 17 mwN).

8 **5) Entscheidungsform und Kostentragung.** S dazu § 246 Rn 19-21.

9 **III) Mögliche Rechtsbehelfe.** S hierzu § 246 Rn 22-29.

10 **IV) Außerkrafttreten der einstweiligen Anordnung (§ 248 V). V 1** ergänzt § 56 (s § 246 Rn 30-33) und enthält 2 zusätzl Fälle des Außerkrafttretens der einstw Anordnung, näml die **Rücknahme** des Antrags auf Feststellung der Vaterschaft und seine **rechtskräftige Zurückweisung.**

11 Da die auf I, III gestützte einstw Anordnung erst bei Rechtskraft der Abweisung des Antrags auf Vaterschafts*feststellung* außer Kraft tritt, läuft der in der Abstammungssache obsiegende Ag Gefahr, aus der einstw Anordnung vorläufig noch weiter in Anspruch genommen zu werden. Hiergegen kann er sich idR mit einem **Aufhe-**

bungsantrag gem § 54 I zur Wehr setzen (s § 246 Rn 31 f). Die Frage, ob das Bestehen der Vaterschaft auch nach Erlass der abweisenden Entscheidung in der Abstammungssache noch als hinreichend wahrscheinl angesehen werden kann (s § 247 Rn 4), ist im einstw Anordnungsverf zwar eigenständig auf der Grundlage des dort maßgebl Verfahrensstoffs zu beurteilen; die abweisende Entscheidung im Vaterschaftsfeststellungsverf wird aber vielfach auf einem – dem Gericht bekannten – SV-Gutachten beruhen. Vor diesem Hintergrund dürfte ein Aufhebungsantrag nach § 54 I in diesen Fällen wegen (glaubhafter) „schwerwiegender Zweifel an der Vaterschaft" iSv § 1600d II 2 BGB in aller Regel erfolgreich sein.

Tod eines der Beteiligten im Vaterschaftsfeststellungsverfahren vor Rechtskraft der Endentscheidung. 12
Zwar gilt das Vaterschaftsfeststellungsverf auch in diesem Fall gem § 181 S 2 als in der Hauptsache erledigt, wenn keiner der übrigen Beteiligten binnen Monatsfrist seine Fortsetzung verlangt. Die einstw Anordnung tritt jedoch nicht analog V 1 außer Kraft (aA PH/Bömelburg Rn 21). Denn die für eine analoge Anwendung des V 1 erforderl „planwidrige Unvollständigkeit" des Gesetzes lässt sich nicht feststellen. Schon zum aufgehobenen § 641f ZPO aF wurde die Ansicht vertreten, die Regelung sei analog anzuwenden, wenn durch den Tod einer Partei im Abstammungsrechtsstreit gem § 640 I, § 619 ZPO aF dessen Erledigung eintrete und der zukünftige Unterhaltsanspruch des Kindes gem § 1615 BGB entfalle (27. Aufl/Philippi, § 641f ZPO Rn 1 aE). Dies hat den FamFG-Gesetzgeber indes nicht veranlasst, den nunmehr in § 181 geregelten Erledigungstatbestand des Versterbens den beiden in V 1 aufgeführten Tatbeständen gleichzustellen. Demggü ist in § 56 II, der von V 1 gerade ergänzt wird, die „anderweitige Erledigung der Hauptsache" (Nr 4) ausdrückl neben der Rücknahme des Hauptsacheantrags (Nr 1) und seiner rechtskräftigen Abweisung (Nr 2) als eigener Tatbestand des Außerkrafttretens bei Antragsverf aufgeführt. Dass das Fehlen einer entspr Regelung in V 1 „planwidrig" sein soll, erscheint vor diesem Hintergrund eher fernliegend. Erforderl ist daher in einem solchen Fall die Aufhebung der einstw Anordnung gem § 54 I.

V) Schadensersatz. Während § 945 ZPO auf Unterhaltssachen keine Anwendung findet (s § 246 Rn 35), ist 13
gem **V 2** derj, der eine einstw Anordnung gem § 248 erwirkt hat, dem Mann ggü schadensersatzpflichtig, wenn der Vaterschaftsfeststellungsantrag zurückgenommen oder – ggf nach Fortsetzung (§ 181) – rechtskräftig abgewiesen worden ist. Es handelt sich um eine **Ausnahmeregelung**. Zu ersetzen ist der aus der Vollziehung der einstw Anordnung entstandene **Schaden**. Ob dieser auf Zahlung oder Sicherheitsleistung (PH/Bömelburg Rn 22) beruht, spielt keine Rolle. Zwar kann der Mann gem § 1607 III 2 iVm § 1601 BGB das, was auf Grund einstw Anordnung an Kindesunterhalt gezahlt oder beigetrieben wurde, vom wirkl Vater ersetzt verlangen, sobald dieser (ggf inzident im Regressprozess [vgl BGH FamRZ 2017, 900; BGH FamRZ 2008, 1424]) festgestellt ist (§ 1600 IV BGB). Dies steht indes einer früheren Inanspruchnahme des **Kindes** nicht entgegen; denn dieses **haftet nicht nur subsidiär**. Soweit der Mann vom wirkl Vater Ersatz für geleistete Unterhaltszahlungen erhält, verringert sich aber sein Schaden und damit auch die Höhe der Schadensersatzpflicht des Kindes. Das Kind kann, wenn es Schadensersatz leistet, von dem Mann Vorteilsausgleich in der Weise verlangen, dass der Mann ihm den nach § 1607 III 2 BGB übergegangenen Unterhaltsanspruch (des Kindes gegen den wirkl Vater aus § 1601 BGB) zurückzediert. – Eine entspr Anwendung auf einen im einstw Anordnungsverf geschlossenen **Vergleich** ist – wie nach zutr Ansicht gem § 945, s § 945 ZPO Rn 4 – nicht gerechtfertigt, da dieser auf einer freiwilligen Disposition der Beteilgten beruht (str, s PH/Bömelburg Rn 22a mwN).

VI) Gebühren. S § 49 Rn 27. 14

Unterabschnitt 3
Vereinfachtes Verfahren über den Unterhalt Minderjähriger (§§ 249-260)

§ 249 Statthaftigkeit des vereinfachten Verfahrens

(1) Auf Antrag wird der Unterhalt eines minderjährigen Kindes, das mit dem in Anspruch genommenen Elternteil nicht in einem Haushalt lebt, im vereinfachten Verfahren festgesetzt, soweit der Unterhalt vor Berücksichtigung der Leistungen nach § 1612b oder § 1612c des Bürgerlichen Gesetzbuchs das 1,2fache des Mindestunterhalts nach § 1612a Abs. 1 des Bürgerlichen Gesetzbuchs nicht übersteigt.

(2) Das vereinfachte Verfahren ist nicht statthaft, wenn zum Zeitpunkt, in dem der Antrag oder eine Mitteilung über seinen Inhalt dem Antragsgegner zugestellt wird, über den Unterhaltsanspruch des Kindes entweder ein Gericht entschieden hat, ein gerichtliches Verfahren anhängig ist oder ein zur Zwangsvollstreckung geeigneter Schuldtitel errichtet worden ist.

I) Allgemeines. Die Regelungen des vereinf Verf – §§ 249-260 – wurden durch das Gesetz zur Änderung des 1
Unterhaltsrechts und des Unterhaltsverfahrensrechts sowie zur Änderung der ZPO und kostenrechtl Vorschriften v 20.11.2015 (BGBl I 2015, 2018; s Bömelburg FamRB 2016, 27; Borth FamRZ 2015, 2013) mWv 1.1.2017

reformiert. – Als einfaches Verf steht neben dem gem §§ 249 ff für rückständigen Unterhalt das **Mahnverfahren** (§ 113 II) zur Verfügung, das zwar noch einfacher als das vereinf Verf ist, jedoch nicht zu einer Vollstreckungsprivilegierung gem § 850d I 1 ZPO führt (BGH NJW 2016, 1663). Künftiger Unterhalt kann dagegen nicht Gegenstand eines Mahnverf sein, da dieses nur fällige Forderungen erfasst (s vor § 688 ZPO Rn 3). Für laufenden Unterhalt stehen somit nur das vereinf und das streitige *Verf* zur Verfügung. Bis zum 1,2fachen des Mindestunterhalts gem § 1612a I BGB besteht ein **Wahlrecht** (Begr RegE des KindUG BTDrs 13/7338, 37; OLG Naumburg FamRZ 2001, 924; OLG Rostock FamRZ 2006, 1394). Ein Rechtsschutzbedürfnis besteht auch für das unmittelbar str Verf. Denn das vereinf Verf führt nicht mit Sicherheit zu einem Unterhaltstitel, sondern kann in einem str Verf enden (§ 255).

2 **II) Zuständigkeit. 1)** sachl: § 23a I Nr 1 GVG (FamG); – **2)** funktionell: § 25 Nr 2c RPflG (Rpfleger); – **3)** örtl: § 232 I Nr 2 (gewöhnl Aufenthalt des Kindes bzw des Elternteils, der auf Seiten des mindj Kindes vertretungsbefugt ist) oder zentrales AG gem § 260; – **4)** zum vereinf Unterhaltsverf mit Auslandsbezug s OLG Jena FamRZ 2021, 623 mwN.

3 **III) Antrag und Beteiligte (§ 249 I). 1) Antragsteller.** Das vereinf Verf zur Unterhaltsfestsetzung wird auf Antrag eingeleitet. Wenn die Eltern des mindj Kindes miteinander verheiratet sind, aber getrennt leben oder eine Ehesache zwischen ihnen anhängig ist, kann der Elternteil, in dessen **Obhut** das mindj Kind lebt, den Antrag nur im eigenen Namen als Verfahrensstandschafter des Kindes stellen (§ 1629 III 1 BGB). Findet während des Verf ein Obhutswechsel statt, so wird das vereinf Verf unzulässig, wenn und soweit damit auf Seiten des ASt ein Verlust der Verfahrensführungsbefugnis einhergeht. Dies ist nicht der Fall, wenn der ASt Inhaber der alleinigen Sorge ist oder wenn ein Dritter, zB die Unterhaltsvorschusskasse (§ 7 I 1 UVG), die Unterhaltsansprüche aus übergegangenem Recht geltend macht (BGH FamRZ 2017, 816 mwN). Ggf kann der ASt das Verf für erledigt erklären. – Sind die Eltern nicht miteinander verheiratet, aber trotzdem durch Sorgeerklärungen *gemeinsam sorgeberechtigt* (§ 1626a I Nr 1 BGB), dann muss der Elternteil, in dessen Obhut das Kind lebt, den Antrag im Namen des Kindes als dessen ges Vertreter stellen (§ 1629 II 2 BGB). Ebenso muss ein *allein sorgeberechtigter* Elternteil handeln. Wird das Kind während des Verf **volljährig**, erlischt die Verfahrensstandschaft bzw die Vertretungsmacht des Elternteils, der das Verf begonnen hat. Gleiches gilt für die Vertretungsbefugnis des Jugendamts als Beistand (OLG Frankfurt FamRZ 2020, 1665). Das Verf wird nicht unzulässig (BGH FamRZ 2017, 816 Tz 19; BGH FamRZ 2006, 402), das vollj Kind vertritt sich dann selbst (OLG Celle MDR 2023, 1530; Büte ZFE 2011, 204); zur Frage des dann geltend zu machenden Anspruchs s Rn 6. – Wie § 250 I Nr 11, 12 zeigen, sind auch **Dritte** antragsberechtigt, auf die der Unterhaltsanspruch des Kindes übergegangen ist, zB Verwandte, die das Kind unterhalten haben (§ 1607 III BGB), oder ein Land, das einem Kind Unterhaltsvorschuss oder Sozialhilfe gewährt hat und auf das der Unterhaltsanspruch übergegangen ist (§ 94 I 1 SGB XII, § 7 UntVorschG; BGH NJW-RR 2006, 582, 584). Sa § 231 Rn 6. Zur Möglichkeit der Antragstellung durch Kind und Unterhaltsvorschusskasse in Streitgenossenschaft s Limbach/Diehl ZKJ 2022, 214.

4 **2) Antragsgegner.** Gerichtet werden kann der Antrag gegen den Elternteil, der **nicht** mit dem Kind **in einem Haushalt** lebt. Lebt ein Kind im Haushalt eines Elternteils, so erfüllt dieser seine Unterhaltspflicht idR durch die Pflege und Erziehung des Kindes (§ 1606 III 2 BGB) und schuldet keine Unterhaltsrente. Auch ein eventuell geschuldeter ergänzender Barunterhalt kann nicht im vereinf Unterhaltsverf geltend gemacht werden (OLG Brandenburg FamRZ 2023, 1806). Praktizieren die Eltern des mindj Kindes ein paritätisches **Wechselmodell**, ist das vereinf Unterhaltsverf unzulässig, weil das Kind dann im Haushalt beider Elternteile lebt (OLG Brandenburg FamRZ 2021, 615; OLG Frankfurt FamRZ 2020, 838; OLG Dresden FamRZ 2020, 112); ein nicht paritätisches Wechselmodell hindert die Festsetzung aber nicht (OLG Frankfurt FamRZ 2020, 838; OLG Dresden FamRZ 2020, 112). Ziehen das Kind und der Ag während des vereinf Verf in denselben Haushalt, so wird das vereinfachte Verf mit Wirkung ab Einzug unzulässig (BGH FamRZ 2017, 816 mwN zum Streitstand). Unzulässig ist das vereinf Verf zur Unterhaltsfestsetzung auch dann, wenn das Kind weder vom gegnerischen Elternteil noch vom antragstellenden Elternteil tatsächlich betreut wird und daher grds **beide Elternteile barunterhaltspflichtig** sind (OLG Stuttgart FamRZ 2014, 1473). – Ist über das Vermögen des Ag das **Insolvenzverfahren** eröffnet, ist er für bis zu diesem Monat aufgelaufene Rückstände nicht mehr passiv legitimiert, der Antrag unzulässig (OLG Frankfurt FamRZ 2024, 1628).

5 **IV) Antragsgegenstand.** Der verlangte Unterhalt darf vor dem Vorwegabzug des Kindergeldes entspr § 1612b BGB bzw nach § 1612c BGB zu berücksichtigender Leistungen das **1,2fache des Mindestunterhalts** gem § 1612a BGB nicht übersteigen (**I**). Er kann aber geringer als dieser Betrag sein (OLG Hamm FamRZ 2004, 1587 mwN). Auf die sich ergebenden Beträge sind die nach § 1612b und § 1612c BGB zu berücksichtigenden Leistungen, namentl das **Kindergeld**, anzurechnen (bzw im Fall des § 1612b II BGB werden sie hinzugerechnet, was im Folgenden unberücksichtigt bleibt).

6 Der Antrag kann auf einen bezifferten Geldbetrag lauten (s hierzu OLG Dresden FamRZ 2015, 951) oder auf das 1,2fache des Mindestunterhalts, und zwar jeweils vor Anrechnung des Kindergeldes oder vergleichbarer anzurechnender Leistungen (OLG Dresden FamRZ 2015, 951). Zwischen dieser Titulierung des zukünftigen Unterhalts in **Prozentsätzen oder Festbeträgen** steht dem ASt ein **Wahlrecht** zu. Dies gilt auch für die Unterhaltsvorschusskasse bzw das Land (OLG Hamm FamRZ 2011, 409 mwN zum Streitstand). – Geltend gemacht werden

kann nur der Unterhalt **bis zur Volljährigkeit**; das gilt auch, wenn das Kind während des Verf vollj wird (str, wie hier OLG Stuttgart FamRZ 2023, 301 mN zum Streitstand; aA OLG Celle FamRZ 2024, 444 = MDR 2023, 1530).

Wenn der Kindesunterhalt das 1,2fache des Mindestunterhalts vor Anrechnung des Kindergeldes oder vergleichbarer Leistungen (§§ 1612b, 1612c BGB) übersteigt, kann das unterhaltsberechtigte Kind seinen Unterhalt zunächst **teilweise im vereinfachten Verfahren festsetzen** lassen (und zwar soweit er das 1,2fache nicht übersteigt) und danach Abänderung dieses Teitels gem § 240 im str Verf begehren. Übersteigt der Kindesunterhalt das 1,2fache nicht, kann der ASt nach seiner Wahl einen Antrag im vereinf oder im streitigen (Unterhalts-)Verf stellen (s Rn 1). 7

V) Verfahrenshindernisse (§ 249 II). II dient dazu, parallel laufende Hauptsacheverf und die Abänderung eines Hauptsachetitels im vereinf Verf zu verhindern (Gießler FamRZ 2001, 1270 mwN). Das vereinf Verf ist nur für die **Erstfestsetzung** von Unterhalt gedacht (OLG Stuttgart FamRZ 2021, 1137). Es ist nicht für die Prüfung geeignet, ob sich die für die Unterhaltsbemessung maßgebl Verhältnisse in einer Weise geändert haben, die zu einer Erhöhung oder Verringerung der Unterhaltsrente führt (OLG Karlsruhe FamRZ 2000, 1159). Dies kann nur mit einem Abänderungsantrag gem §§ 239, 240 geltend gemacht werden. Das vereinf Verf **findet nicht statt:** (1) wenn zuvor ein Unterhaltsantrag **als unbegründet abgewiesen** worden ist (OLGR Stuttgart 2000, 142; PH/Bömelburg Rn 30 mwN); – (2) wenn zuvor eine **stattgebende Entscheidung** ergangen ist (OLG Bamberg FamRZ 2023, 534), auch wenn die Beteiligten danach auf die Rechte aus dieser Entscheidung verzichtet haben (OLG München FamRZ 1999, 450) oder diese – mangels Bestimmtheit – nicht vollstreckbar ist (aA OLG Naumburg FamRZ 2002, 329; aber: zur Prüfung der Vollstreckbarkeit des Alttitels ist das vereinf Verf nicht geeignet). – (3) wenn zum Zeitpunkt der Zustellung des Antrags ein **anderes gerichtliches Verfahren**, insb auch ein Stufen- (OLG Frankfurt FamRZ 2023, 141; OLG Oldenburg FamRZ 2020, 1644) oder Mahnverf (OLG Brandenburg FamRZ 2021, 616; OLG Dresden FamRZ 2019, 545) über den Unterhaltsanspruch des Kindes **anhängig** (nicht notwendig rechtshängig, OLG Frankfurt FamRZ 2021, 531) ist, auch wenn es nicht betrieben wird (OLG Frankfurt FamRZ 2021, 531). Auf die zeitl und betragsmäßige Identität der in den verschiedenen Verf geltend gemachten Ansprüche kommt es nicht an (OLG Brandenburg FamRZ 2021, 616; OLG Oldenburg FamRZ 2020, 1644, 1645; OLG Dresden FamRZ 2019, 545; aA wohl PH/Bömelburg Rn 36 zur Teiltitulierung; differenzierend AG Erfurt zwischen Teiltitulierung [FamRZ 2020, 1019, 1020] und Titulierung betreffend früheren Zeitraum [FamRZ 2020, 763, 765]). Von der Unterhaltsvorschusskasse oder einem anderen Leistungsträger geltend gemachte (übergegangene) Ansprüche sind Unterhaltsansprüche des Kindes iSv II (OLG Bamberg FamRZ 2023, 534; OLG Stuttgart FamRZ 2021, 1137; OLG Oldenburg FamRZ 2020, 1644; aA OLG Stuttgart FamRZ 2013, 646). 8

Keine Hindernisse für das vereinf Verf sind: **(1)** ein vorangegangenes oder noch anhängiges Verf der **einstweiligen Anordnung** zur vorläufigen Regelung des Unterhalts; denn vorläufige und endgültige Regelung sind unterschiedl Verfahrensgegenstände (OLG München FamRZ 2000, 1580; Gießler FamRZ 2001, 1270; zum Streitstand s PH/Bömelburg Rn 33); – **(2)** ein vorangegangenes oder noch anhängiges isoliertes (zum Stufenantrag s Rn 8) **Auskunftsverfahren** (OLG Oldenburg FamRZ 2020, 1644; OLG Frankfurt FamRZ 2021, 531; PH/Bömelburg Rn 29); – **(3)** ein als **unzulässig abgewiesenes** Unterhaltsbegehren; denn hier ist eine Sachentscheidung über den Kindesunterhalt noch nicht ergangen; – **(4)** ein Antrag im vereinf Verf, der nach § 250 II als **unzulässig zurückgewiesen** worden ist; ein solcher Antrag kann nachgebessert und wiederholt werden; – **(5)** ein anderweit anhängiger oder titulierter Anspruch, der sich **gegen eine andere Person** als den Elternteil richtet, der im vereinf Verf in Anspruch genommen wird (Rühl/Greßmann KindUG Rn 221). 9

Nach dem eindeutigen Wortlaut stellt ein **nach Einleitung** des vereinf Verf geschaffener Titel (zB eine Jugendamtsurkunde – § 59 I Nr 3 SGB VIII) kein Verfahrenshindernis dar (OLG Karlsruhe FamRZ 2023, 215). IdR fehlt dann aber das Rechtsschutzbedürfnis für ein vereinf Verf, so dass dieses für erledigt zu erklären ist (OLG Karlsruhe FamRZ 2023, 215). 10

VI) Gebühren. 1) Gericht: 1210 FamGKG-KV. Die Geb fällt nur für Entscheidung, nicht für Verf an. Daher Fälligkeit mit der Entscheidung, § 9 II FamGKG. Gebührenfrei ist Beschluss gem § 254 S 2. – **2) RA:** 3100, 3104 RVG-VV mit Anrechnung im nachfolgenden str Verf (§ 255; 3100 I, 3104 IV RVG-VV), das eine eigene Angelegenheit ist (§ 17 Nr 3 RVG). Keine Terminsgeb gem Vorbem 3 III RVG-VV, 3104 I Nr 1 RVG-VV bei Entscheidung im schriftl Verf (OLG Brandenburg MDR 2009, 835 = FamRZ 2009, 1089). 11

§ 250 Antrag

(1) Der Antrag muss enthalten:

1. **die Bezeichnung der Beteiligten, ihrer gesetzlichen Vertreter und der Verfahrensbevollmächtigten;**
2. **die Bezeichnung des Gerichts, bei dem der Antrag gestellt wird;**
3. **die Angabe des Geburtsdatums des Kindes;**
4. **die Angabe, ab welchem Zeitpunkt Unterhalt verlangt wird;**

5. **für den Fall, dass Unterhalt für die Vergangenheit verlangt wird, die Angabe, wann die Voraussetzungen des § 1613 Abs. 1 oder Abs. 2 Nr. 2 des Bürgerlichen Gesetzbuchs eingetreten sind;**
6. **die Angabe der Höhe des verlangten Unterhalts;**
7. **die Angaben über Kindergeld und andere zu berücksichtigende Leistungen (§ 1612b oder § 1612c des Bürgerlichen Gesetzbuchs);**
8. **die Erklärung, dass zwischen dem Kind und dem Antragsgegner ein Eltern-Kind-Verhältnis nach den §§ 1591 bis 1593 des Bürgerlichen Gesetzbuchs besteht;**
9. **die Erklärung, dass das Kind nicht mit dem Antragsgegner in einem Haushalt lebt;**
10. **die Angabe der Höhe des Kindeseinkommens;**
11. **eine Erklärung darüber, ob der Anspruch aus eigenem, aus übergegangenem oder rückabgetretenem Recht geltend gemacht wird;**
12. **die Erklärung, dass Unterhalt nicht für Zeiträume verlangt wird, für die das Kind Hilfe nach dem Zwölften Buch Sozialgesetzbuch, Bürgergeld nach § 19 Absatz 1 Satz 2 des Zweiten Buches Sozialgesetzbuch, Hilfe zur Erziehung oder Eingliederungshilfe nach dem Achten Buch Sozialgesetzbuch, Leistungen nach dem Unterhaltsvorschussgesetz oder Unterhalt nach § 1607 Abs. 2 oder Abs. 3 des Bürgerlichen Gesetzbuchs erhalten hat, oder, soweit Unterhalt aus übergegangenem Recht oder nach § 94 Abs. 4 Satz 2 des Zwölften Buches Sozialgesetzbuch, § 33 Abs. 2 Satz 4 des Zweiten Buches Sozialgesetzbuch oder § 7 Abs. 4 Satz 1 des Unterhaltsvorschussgesetzes verlangt wird, die Erklärung, dass der beantragte Unterhalt die Leistung an oder für das Kind nicht übersteigt;**
13. **die Erklärung, dass die Festsetzung im vereinfachten Verfahren nicht nach § 249 Abs. 2 ausgeschlossen ist.**

(2) [1]Entspricht der Antrag nicht den in Absatz 1 und den in § 249 bezeichneten Voraussetzungen, ist er zurückzuweisen. [2]Vor der Zurückweisung ist der Antragsteller zu hören. [3]Die Zurückweisung ist nicht anfechtbar.

(3) Sind vereinfachte Verfahren anderer Kinder des Antragsgegners bei dem Gericht anhängig, hat es die Verfahren zum Zweck gleichzeitiger Entscheidung zu verbinden.

1 **I) Allgemeines.** Das vereinf Verf wird nur auf Antrag eingeleitet (§ 249 I). Da dieser ein bestimmender Schriftsatz ist, ist er zu unterschreiben (§ 113 I 1 FamFG iVm § 130 Nr 6 ZPO; OLG Frankfurt FamRZ 2019, 293, 294). Es besteht **kein Anwaltszwang** (§ 114 IV Nr 6, § 257 FamFG iVm § 78 III ZPO). Bei Antragstellung durch RA oder Jugendamt (OLG Frankfurt FamRZ 2022, 802) ist die Nutzungspflicht des **elektronischen Rechtsverkehrs** gem § 14b zu beachten. **Antragsberechtigt** (s § 249 Rn 3) ist das mindj Kind (durch seinen Vertreter, § 113 I FamFG; § 52 ZPO; § 1629 II 2 BGB) oder der Elternteil, in dessen Obhut das Kind lebt, als dessen Verfahrensstandschafter, evtl auch das Land (s Rn 7; Giers FamRB 2009, 247). **Antragsgegner** ist der unterhaltspflichtige Elternteil, der nicht mit dem Kind in einem Haushalt lebt (s § 249 Rn 4). **Antragsform:** Für den Antrag ist ein Vordruck zu benutzen (§ 259 II). Der Antrag kann ohne Zustimmung des Ag **zurückgenommen** werden, solange der Festsetzungsbeschluss noch nicht ergangen ist (Analogie zu § 696 IV ZPO). Zur Zuständigkeit s § 249 Rn 2. **VKH** kann gem § 113 I iVm §§ 114 ff ZPO bewilligt werden. Zur Beiordnung eines RA s § 78 Rn 16.

2 **II) Antragsinhalt (§ 250 I). 1) § 250 I Nr 1-3.** ASt und Ag sind so genau zu bezeichnen, dass sie bei der Zustellung und Vollstreckung genau zu identifizieren sind (Name, Vorname, Anschrift). Verstöße führen aber nicht zur Unzulässigkeit des Antrags (OLG Frankfurt FamRZ 2023, 1804). Wenn das Kind selbst ASt ist, sind auch Name und Anschrift des ges Vertreters anzugeben. Zur Antragstellung durch Unterhaltsvorschusskasse s OLG Frankfurt FamRZ 2019, 293. Bedient sich der ASt eines VerfBev, ist dieser zu bezeichnen. Seine Vollmacht wird nur vAw geprüft, wenn er nicht RA ist (§ 113 I FamFG iVm § 88 II ZPO). Weiter ist das AG zu bezeichnen, bei dem der Antrag gestellt werden soll. Zur Zuständigkeit s § 249 Rn 2. Da das Verf den Unterhalt Mindj zum Gegenstand hat und der Unterhalt nach den Altersstufen des § 1612a III BGB gestaffelt wird, muss das Geburtsdatum des unterhaltsberechtigten Kindes angegeben werden (I Nr 3).

3 **2) § 250 I Nr 4 und 5.** Der ASt muss angeben, von **welchem Tag an** er Unterhalt verlangt. Fehlt diese Angabe, ist davon auszugehen, dass sich der ASt darauf beschränkt, Unterhalt für die Zukunft zu verlangen (OLG Brandenburg FamRZ 2002, 1263). Unterhalt für die **Vergangenheit** kann nur unter den Voraussetzungen von § 1613 BGB verlangt werden, gem § 1613 I 2 BGB ab dem jew 1. des Monats. Verlangt der ASt Unterhalt für die Vergangenheit, muss er gem I Nr 5 angeben, wann diese Voraussetzungen eingetreten, also die Aufforderung oder Mahnung zugegangen sind. Hierdurch wird dem Ag und dem Gericht die Prüfung ermöglicht, ob der Unterhalt mit Recht auch für die Vergangenheit gefordert wird. Mangels entspr Beschränkung in der Norm kann der ASt im vereinf Verf auch **allein rückständigen** Unterhalt geltend machen (OLG Dresden FamRZ 2017, 1244). – Begehrt der ASt Unterhalt **nur für die Zukunft**, genügt es, wenn er beantragt, ihm Unterhalt *vom 1. des Monats* an zuzusprechen, in dem der eingereichte Antrag dem Ag zugestellt wird. Ein Datum braucht er dann nicht anzugeben (OLG Brandenburg FamRZ 2002, 1263). **Verzugszinsen** können ab dem Zeit-

punkt der Zustellung des Festsetzungsantrags auf den zu dieser Zeit rückständigen Unterhalt festgesetzt werden (BGH NJW 2008, 2710 = FamRZ 2008, 1428). Eine Festsetzung künftiger Verzugszinsen ist dagegen ausgeschlossen (BGH NJW 2008, 2710). Das Formular trägt dem Rechnung.

3) § 250 I Nr 6 und 7. Angaben über die Höhe des verlangten Unterhalts. Das unterhaltsberechtigte Kind kann den Unterhalt entweder als **Geldrente** (§ 1612 I 1 BGB) **oder** nach einem **Prozentsatz** des jew nach Altersstufen gestaffelten Betrages nach § 1612a I 3 BGB. Diese Wahlmöglichkeit hat auch der ASt im vereinf Verf; s § 249 Rn 6. Dem Interesse des Kindes entspricht idR ein – wie in den §§ 1612a-1612c BGB vorgesehen – dynamischer Unterhalt als Prozentsatz des jew Mindestunterhalts, gestaffelt nach Altersstufen. Der Antrag muss dann nur die Angabe enthalten, welcher Prozentsatz des jew Mindestunterhalts verlangt wird und welche regelmäßig wiederkehrenden kindbezogenen Leistungen die Eltern erhalten. Der ASt kann im vereinf Verf höchstens das 1,2fache des Mindestunterhalts nach 1612a I BGB verlangen (§ 249 I). Die **Darlegungslast** für die Unterhaltshöhe ist im vereinf Verf auf den Ag verlagert, der den Einwand mangelnder Leistungsfähigkeit erheben kann (§ 252 IV iVm II). Dies gilt auch insoweit, als der geforderte Unterhalt über dem Mindestunterhalt liegt. – Handelt es sich bei den gem § 1612f, § 1612c BGB **zu berücksichtigenden Leistungen** nicht um Kindergeld, sind diese nach Grund und Höhe anzugeben. Beim Kindergeld genügt neben der Bezugsberechtigung die Angabe, es handele sich um ein solches für ein 1., 2., etc Kind (PH/Bömelburg Rn 11 mwN; sa Tenor des BGH 28.5. 2008 – XII ZB 34/05, in FamRZ 2008, 1428 ohne Tenor). 4

4) § 250 I Nr 8 und 9. Der Antrag muss die Erklärung enthalten, dass zwischen dem Kind und dem Ag ein **Eltern-Kind-Verhältnis** besteht. Ein solches besteht immer zwischen Mutter (§ 1591 BGB) und Kind. Zwischen Vater und Kind besteht es, wenn der Vater bei der Geburt des Kindes mit der Mutter verheiratet war, die Vaterschaft anerkannt hat oder wenn diese gerichtl festgestellt ist (§ 1592 BGB). Auch durch Adoption entsteht ein Eltern-Kind-Verhältnis (§ 1745 I BGB). Solche Tatsachen sind im Antrag darzulegen. Wenn der nichtehel Vater die Vaterschaft nicht anerkannt hat und diese auch noch nicht gerichtl festgestellt ist, können die Rechtswirkungen der Vaterschaft noch nicht geltend gemacht werden (§ 1600d IV BGB), und das vereinf Verf ist noch nicht statthaft. – Weiter muss der Antrag die Erklärung enthalten, dass das Kind **nicht in einem Haushalt** mit dem Ag lebt. Dazu s § 249 Rn 4. 5

5) § 250 I Nr 10. Der Antrag muss die **Höhe des Einkommens** des Kindes, dh sein Bruttoeinkommen (BTDrs 14/7349, 25), enthalten. Bei der Unterhaltsfestsetzung berücksichtigt der Rpfleger das Kindeseinkommen nicht (§ 251 I 2 Nr 2). Die Angabe des Kindeseinkommens soll dem ASt nur die Relevanz dieses Einkommens für den Unterhaltsbedarf bewusst machen (BTDrs 14/7349, 25) und dem Ag die Entscheidung erleichtern, ob er gem § 252 II Einwendungen gegen die Höhe des verlangten Unterhalts erheben soll. 6

6) § 250 I Nr 11. Der ASt muss erklären, ob er den Unterhaltsanspruch **aus eigenem, übergegangenem oder rückabgetretenem Recht** geltend macht. Gem § 7 I 1 UntVorschG, § 94 V SGB XII und § 94 III 2 SGB VIII geht die Unterhaltsforderung auf die entspr Leistungsträger über, soweit sie dem Kind Leistungen gewähren. Die Träger können die Forderung im vereinf Verf geltend machen (s § 249 Rn 3 aE). Sie können aus übergegangenem Recht auch Unterhalt für die Zukunft verlangen. Das ergibt die Verweisung auf § 7 IV 1 UntVorschG in I Nr 12 (OLG Zweibrücken FamRZ 2004, 1796). Sie können den Unterhaltsanspruch an das Kind zurückabtreten, damit dieses ihn geltend macht (§ 7 IV 2 UntVorschG, § 94 V SGB XII, § 94 IV 1 SGB VIII). Sa § 231 Rn 6. Durch die Regelung des I Nr 11 soll Klarheit über die Aktivlegitimation des ASt geschaffen werden (BTDrs 14/7349, 25). Ob die Leistungsträger zu Recht Sozialleistungen erbracht haben, ist im vereinf Verf nicht zu prüfen (OLG Köln FamRZ 2006, 431). 7

7) § 250 I Nr 12. a) Es soll sichergestellt werden, dass das Kind in Höhe des gewährten – und insoweit auf den Leistungsträger übergegangenen – Unterhaltsbetrages keinen Unterhaltsanspruch geltend macht (vgl BTDrs 13/7338 und 14/7349). Soweit der Unterhaltsanspruch aber nicht übergegangen ist, steht dem insoweit unterhaltsbedürftigen Kind das vereinf Verf zur Verfügung (OLG Dresden FamRZ 2023, 1139). 8

b) Macht ein Leistungsträger im vereinf Verf einen auf ihn übergegangenen Unterhaltsanspruch geltend (s Rn 7) und hat er mehrere Monate lang Leistungen in unterschiedl Höhe gewährt, so muss er Monat für Monat prüfen, ob der Unterhalt seine Leistungen nicht übersteigt. Es genügt nicht, dass die Summe der Leistungen den Gesamtbetrag des Unterhalts nicht übersteigt. – Wenn ein Kind voraussichtl für längere Zeit Sozialhilfe oder Bürgergeld erhalten wird, kann der Leistungsträger bis zur Höhe der bish monatl Aufwendungen Kindesunterhalt für die Zukunft verlangen (§ 94 IV 2 SGB XII, § 33 III 2 SGB II). Macht er diesen Anspruch geltend, so muss er erklären, dass der beantragte Unterhalt die Leistung an oder für das Kind nicht übersteigt. Die **Festsetzung des laufenden Unterhalts** erfolgt dann zB unter der Bedingung, dass der ASt Unterhaltsvorschussleistungen für das Kind erbringt. Der Nachweis von deren Zahlung kann dann durch einfache Bestätigung der öffentl Kasse erfolgen (Tenor der Entscheidung BGH in FamRZ 2008, 1428 ohne Tenor). – Hat der Leistungsträger, auf den der Unterhaltsanspruch des Kindes gem § 94 I 1 SGB XII, § 33 I 1 SGB II, § 7 UntVorschG übergegangen ist, den Anspruch an das Kind rückabgetreten, kann dieses ihn im vereinf Verf geltend machen, muss dann aber gem I Nr 10 erklären, dass der beantragte Unterhalt die Sozialhilfe, das Bürgergeld bzw den Unterhaltsvorschuss nicht übersteigt, die es erhalten hat. 9

10 **8) § 250 I Nr 13.** Der Antrag muss die Erklärung enthalten, dass über den Unterhaltsanspruch des Kindes noch kein Gericht entschieden hat, noch kein zur ZwV geeigneter Unterhaltstitel errichtet worden und kein Gerichtsverf über den Unterhalt anhängig ist. Zur entspr Zulässigkeitsvoraussetzung s § 249 Rn 8 f.

11 **III) Zurückweisung des Antrags (§ 250 II 1, 2).** Schon vor Anhörung des Ag hat der Rpfleger (§ 25 Nr 2c RPflG) zu prüfen, ob das vereinf Verf zulässig ist. Ist das nicht der Fall, ist der Antrag zurückzuweisen (**II 1**). Bei behebbaren Mängeln geschieht dies erst, wenn diese trotz **Hinweises** durch den Rpfleger nicht behoben wurden (**II 2**).

12 Zurückzuweisen ist der Antrag, wenn **Verfahrensvoraussetzungen** fehlen; s insb § 249 Rn 3 ff. Wenn das angerufene Gericht örtl unzuständig ist, hat der Rechtspfleger darauf hinzuweisen. Der Antrag ist erst zurückzuweisen, wenn der ASt nicht gem § 113 I 1 FamFG iVm § 281 ZPO **Verweisung** an das zuständige Gericht beantragt. VAw ist das Verf nicht zu verweisen. Vor der Verweisung ist der Ag zu hören (s § 281 ZPO Rn 11).

13 Der Antrag ist ferner zurückzuweisen, wenn der ASt die in I vorgeschriebenen **Angaben und Erklärungen** trotz Hinweises (II 2) nicht vollständig beibringt.

14 Der **zurückweisende Beschluss** gem II ergeht ohne vorh Anhörung des Gegners und ohne mündl Verh. Eine Begründung ist erforderl, da es sich um eine anfechtbare (s Rn 15) Entscheidung handelt. Der Beschluss enthält keine Kostenentscheidung, weil kein Gegner vorhanden ist, der Kostenerstattung fordern könnte. Im Hinblick auf die befristete Anfechtungsmöglichkeit (s Rn 15) ist der Beschluss dem ASt förml zuzustellen (§ 329 II 2 ZPO). Dem Ag wird er nicht mitgeteilt.

15 **IV) Rechtsbehelf (§ 250 II 3).** Gem II 3 ist eine (vollständige, BGH FamRZ 2008, 1428) Zurückweisung des Antrags unanfechtbar. Damit ist aber, da der Rpfleger entschieden hat, gem § 11 II 1 RPflG die **befristete Erinnerung** an den Richter eröffnet (OLG Zweibrücken FamRZ 2004, 1796). Die Frist zur Einlegung beträgt 2 Wochen (§ 11 II 1 RPflG idF des G zur Einführung einer Rechtsbehelfsbelehrung im ZP). Der Rpfleger darf ihr abhelfen (§ 11 II 2 RPflG). Die Entscheidung des Richters ist gem II 3 unanfechtbar. Eine Zurückweisung steht einem nachgebesserten Antrag (s § 249 Rn 9) oder der Einleitung eines str Verf nicht entgegen. – Ist der Antrag nur teilw als unzulässig zurückgewiesen und ihm iÜ stattgegeben worden, kann – bei Vorliegen der Voraussetzungen des § 256 – auch von dem ASt Beschwerde eingelegt werden, um ein Auseinanderfallen der Entscheidungszuständigkeit zu vermeiden (BGH FamRZ 2008, 1428); s § 256 Rn 5.

16 **V) Verbindung bei mehreren Kindern (§ 250 III).** Voraussetzung der Verbindenung sind mehrere vereinf Verf von Kindern desselben Ag. Diese müssen bei demselben Gericht anhängig sind. Dann ist die Verbindung zwingend. Dies gilt auch dann, wenn die Unterhaltsvorschusskasse übergegangene Unterhaltsansprüche mehrerer Geschwister gegenüber dems Elternteil verfolgt (OLG Celle JurBüro 2011, 431). Ist die gem III gebotene Verbindung unterblieben, ist gem § 20 I 1 FamGKG die Nichterhebung der durch die getrennte Verfahrensführung bedingten Mehrkosten anzuordnen (OLG Celle JurBüro 2011, 431).

17 **VI) Gebühren.** Im Fall der Erinnerung (§ 11 II RPflG) gegen die grds nicht anfechtbare Zurückweisung (II 1, 3): **1) Gericht:** keine. – **2) RA:** 3500 RVG-VV.

§ 251 Maßnahmen des Gerichts

(1) [1]Erscheint nach dem Vorbringen des Antragstellers das vereinfachte Verfahren zulässig, verfügt das Gericht die Zustellung des Antrags oder einer Mitteilung über seinen Inhalt an den Antragsgegner. [2]Zugleich weist es ihn darauf hin,

1. ab welchem Zeitpunkt und in welcher Höhe der Unterhalt festgesetzt werden kann; hierbei sind zu bezeichnen:
   a) die Zeiträume nach dem Alter des Kindes, für das die Festsetzung des Unterhalts nach dem Mindestunterhalt der ersten, zweiten und dritten Altersstufe in Betracht kommt;
   b) im Fall des § 1612a des Bürgerlichen Gesetzbuchs auch der Prozentsatz des jeweiligen Mindestunterhalts;
   c) die nach § 1612b oder § 1612c des Bürgerlichen Gesetzbuchs zu berücksichtigenden Leistungen;

2. dass das Gericht nicht geprüft hat, ob der verlangte Unterhalt das im Antrag angegebene Kindeseinkommen berücksichtigt;

3. dass über den Unterhalt ein Festsetzungsbeschluss ergehen kann, aus dem der Antragsteller die Zwangsvollstreckung betreiben kann, wenn er nicht innerhalb eines Monats Einwendungen erhebt;

4. welche Einwendungen nach § 252 erhoben werden können, insbesondere, dass der Einwand eingeschränkter oder fehlender Leistungsfähigkeit nur erhoben werden kann, wenn die Auskunft nach § 252 Absatz 4 erteilt wird und Belege über die Einkünfte beigefügt werden.

[3]*Ist der Antrag im Ausland* zuzustellen, bestimmt das Gericht die Frist nach Satz 2 Nummer 3.

(2) § 167 der Zivilprozessordnung gilt entsprechend.

I) Mitteilung des Antrags. Wenn der Antrag im vereinf Verf nicht von vornherein als unzulässig zurückgewiesen wird (§ 250 II 1), ist er dem Ag zuzustellen. Ist der Antrag berichtigt oder ergänzt worden, so empfiehlt es sich, eine Mitteilung über den Antragsinhalt zuzustellen (I 1). Eine öffentl Zustellung (§ 186 I iVm § 185 ZPO) ist mögl; § 688 II Nr 3 ZPO ist nicht analog anzuwenden (ThP/Seiler Rn 2). 1

II) Hinweise des Gerichts (§ 251 I 2). 1) Inhalt. Das Gericht, und zwar der Rpfleger (§ 25 Nr 2c RPflG), hat den Ag zu unterrichten, **ab wann und in welcher Höhe** die Unterhaltsrente festgesetzt werden kann. Auf beabsichtigte Abweichungen vom Antrag muss der Rpfleger den ASt hinweisen (§ 250 II 2). Der Rpfleger muss mit der Zustellung die **Hinweise** gem I 2 Nr 1-4 erteilen. **Nr 1:** Ab wann und in welcher Höhe der Unterhalt festgesetzt werden kann. Bei einem dynamisch beantragten Titel kann die Höhe auch in einem entspr Prozentsatz des jew nach Altersstufen gestaffelten Betrages gem § 1612a I 3 BGB geschehen. Auch der Abzug des Kindergeldes usw kann abstrakt angeführt werden; s § 250 Rn 4. **Nr 2:** Es wird klargestellt, dass eine Berücksichtigung des im Antrag gem § 250 I Nr 10 angegebenen Einkommens des Kindes nicht geprüft wurde. **Nr 3:** Hinweis auf die Folgen einer Versäumung der Monatsfrist (s Rn 3). **Nr 4:** Hinzuweisen ist auf die gem § 252 zulässigen Einwendungen und dass für den Einwand unzureichender/fehlender Leistungsfähigkeit Auskunft und Belege erforderl sind. 2

2) Folgen. Die **Monatsfrist**, innerhalb derer der Ag **Einwendungen** erheben kann (I 2 Nr 3), läuft von der Zustellung des vorstehenden Hinweises an. Es handelt sich nicht um eine Ausschlussfrist (OLG Karlsruhe FamRZ 2000, 1159). Einwendungen muss der Rpfleger gem § 252 V so lange berücksichtigen, wie der Festsetzungsbeschluss noch nicht erlassen ist (s § 252 Rn 11). Bei einer Auslandszustellung ist die Frist bes zu bestimmen; s Rn 4. – Eine WE in die versäumte Frist ist nicht mögl (OLG Frankfurt FamRZ 2018, 115; OLG Bremen FamRZ 2013, 560). 3

III) Zustellung. Gem § 113 I 1 FamFG iVm § 329 II 2 ZPO ist der Antrag zuzustellen; denn seine Mitteilung setzt die Einwendungsfrist des I 2 Nr 3 in Lauf. Bei fehlender Zustellung und unterlassenem Hinweis auf die Monatsfrist zur Erhebung von Einwendungen liegt ein erhebl Verfahrensfehler vor, der auf Beschwerde des Ag zur Aufhebung des Festsetzungsbeschlusses führt (OLG Bamberg FamRZ 2017, 818). – Wohnt der Ag im **Ausland**, erfolgt die Zustellung gem § 113 I FamFG iVm § 183 ZPO. Die in I 2 Nr 3 vorgesehene Monatsfrist, innerhalb deren Einwendungen vorgebracht werden können, ist für einen im Ausland wohnenden Ag zu knapp. Deshalb soll gem I 3 das Gericht (der Rpfleger; § 25 Nr 2c RPflG) eine längere Frist setzen. Mit der Zustellung kann der Rpfleger ferner anordnen, dass der Ag innerhalb der ihm gesetzten Äußerungsfrist einen ZustBev zu benennen hat. Wenn er keinen solchen benennt, können die weiteren Zustellungen durch **Aufgabe zur Post** bewirkt werden (§ 184 I ZPO). 4

IV) Rückwirkung der Zustellung (§ 251 II). Gem § 113 I FamFG iVm § 167 ZPO wird die Verjährung des Unterhaltsanspruchs bereits durch Einreichung des Festsetzungsantrags gehemmt oder neu in Lauf gesetzt, wenn dieser „demnächst" zugestellt wird (sa § 167 ZPO Rn 10). Damit wird dem ASt das Risiko vermeidbarer Verzögerungen im Geschäftsablauf des Gerichts abgenommen. Ist dagegen der Festsetzungsantrag unvollständig und erhält der ASt gem § 250 II 2 Gelegenheit, seinen Antrag zu vervollständigen, so geschieht die Zustellung des nachgebesserten Antrags an den Gegner nicht mehr demnächst. Unnötige Rückfragen sind dem ASt aber nicht anzulasten. 5

§ 252 Einwendungen des Antragsgegners

(1) [1]Der Antragsgegner kann Einwendungen gegen die Zulässigkeit des vereinfachten Verfahrens geltend machen. [2]Bei begründeten Einwendungen weist das Gericht den Antrag zurück. [3]Unbegründete Einwendungen weist das Gericht mit dem Festsetzungsbeschluss nach § 253 zurück.

(2) Andere als die in Absatz 1 Satz 1 genannten Einwendungen, insbesondere Einwendungen nach den Absätzen 3 und 4, sind nur zulässig, wenn der Antragsgegner zugleich erklärt, inwieweit er zur Unterhaltsleistung bereit ist und dass er sich insoweit zur Erfüllung des Unterhaltsanspruchs verpflichtet.

(3) Der Einwand der Erfüllung ist nur zulässig, wenn der Antragsgegner zugleich erklärt, inwieweit er Unterhalt geleistet hat und entsprechende Belege vorlegt.

(4) [1]Der Einwand eingeschränkter oder fehlender Leistungsfähigkeit ist nur zulässig, wenn der Antragsgegner zugleich Auskunft über seine Einkünfte und sein Vermögen erteilt und für die letzten zwölf Monate seine Einkünfte belegt. [2]Ein Antragsgegner, der Leistungen zur Sicherung des Lebensunterhalts nach dem Zweiten Buch Sozialgesetzbuch oder dem Zwölften Buch Sozialgesetzbuch bezieht, muss den aktuellen Bewilligungsbescheid darüber vorlegen. [3]Bei Einkünften aus selbständiger Arbeit, Gewerbebetrieb sowie Land- und Forstwirtschaft sind als Belege der letzte Einkommensteuerbescheid und für das letzte Wirtschaftsjahr die Gewinn-und-Verlust-Rechnung oder die Einnahmenüberschussrechnung vorzulegen.

(5) Die Einwendungen sind nur zu berücksichtigen, solange der Festsetzungsbeschluss nicht erlassen ist.

1 **I) Allgemeines.** Im Interesse eines zügigen Verf und zeitnaher Titulierung des Unterhaltsanspruchs sind im vereinf Verf Einwendungen des Ag **nur eingeschränkt** und auf besondere Weise mögl. Im Zuge der Reform des vereinfachten Verf über den Unterhalt Minderjähriger (s § 249 Rn 1) wurde § 252 mWv 1.1.2017 grundlegend umgestaltet. Während der Ag zuvor materielle („andere") Einwendungen iSd II nur unter Verwendung des vorgeschriebenen Vordrucks erheben konnte, werden nun für bestimmte Einwendungen weitere Angaben und Belege verlangt. Eine fehlende **Unterschrift** ist unschädl, wenn anderweitig feststellbar ist, wer Urheber der Erklärung ist, und diese als rechtserhebl gemeint ist (KG FF 2023, 260 LS).

2 Der Ag wird häufig überfordert sein, Hinweise des Rpflegers (§ 251 I 2) zu verstehen und seine **Einwendungen** zu formulieren. Er kann diese daher **zu Protokoll** der GeschSt jedes AG (s § 257 Rn 2) oder Jugendamts erklären (§ 113 I FamFG iVm § 129a ZPO, § 59 I 1 Nr 9 SGB VIII). Darüber hinaus sollen dem Ag ein Merkblatt und ein fakultativer Fragebogen zur Verfügung gestellt werden, in welchem die wesentl Angaben zu § 252 abgefragt werden (s BTDrs 18/6287, 3). Dem Ag kann gem § 113 I iVm §§ 114 ff ZPO **VKH** bewilligt werden; zur Beiordnung eines RA s § 78 Rn 16.

3 **II) Einwendungen des Antragsgegners. 1) Überblick.** Hat das Gericht gem § 251 I 1 dem Ag den Antrag auf Unterhaltsfestsetzung im vereinf Verf bzw eine Mitteilung über seinen Inhalt zugestellt, kann sich der Ag zum einen gegen die Zulässigkeit des Antrags wenden und zum anderen mat-rechtl („andere") Einwendungen wie den Einwand der Erfüllung oder den Einwand mangelnder Leistungsfähigkeit geltend machen, wobei Letztere nur unter bestimmten Voraussetzungen zulässig sind.

4 **2) Einwendungen gegen die Zulässigkeit (§ 252 I).** Einwendungen iSd I 1 können das Fehlen allg Verfahrensvoraussetzungen (zB dt Gerichtsbarkeit, örtl Zuständigkeit, ordnungsgemäße Vertretung des Kindes etc) wie auch einer bes Voraussetzung des vereinf Verf gem §§ 249, 250 betreffen. Sie müssen nicht bereits in 1. Instanz erhoben worden sein (OLG Bamberg FamRZ 2023, 534).

5 Zwar muss der Rpfleger schon bei Eingang des Antrags dessen Zulässigkeit prüfen; zuweilen kann er die Unzulässigkeit des Antrags aber nicht erkennen, zB wenn der ASt nicht mitgeteilt hat, dass das Kind Sozialhilfe bezogen hat oder bereits ein Unterhaltstitel existiert (s § 250 I Nr 12, § 249 II). Dies kann dann der anzuhörende Ag geltend machen. **Beispiel** für zulässige Einwendungen: Keine ordnungsgemäße Vertretung des Kindes (OLG Frankfurt FamRZ 2020, 1665; OLG Celle FamRZ 2020, 424); anderweitiger Titel (OLG Bamberg FamRZ 2023, 534); fehlende Zustellung von Antrag und Hinweisen gem § 251 I (OLG Hamburg FamRZ 2021, 1138); gemeinsamer Haushalt des Ag mit dem Kind (OLG Frankfurt FamRZ 2022, 876; OLG Nürnberg FamRZ 2018, 697); Bezug von Leistungen iSv § 250 I Nr 12 (OLG Jena FamRZ 2013, 1412 LS); Eröffnung des Insolvenzverf für bis dahin aufgelaufene Rückstände (OLG Frankfurt FamRZ 2024, 1628).

6 **Begründet** iSv I 2 ist eine Einwendung des Ag gegen die Zulässigkeit des Antrags idR schon dann, wenn sein Tatsachenvortrag **schlüssig** und damit erheblich ist. Eine umfassende **Prüfungspflicht** des Rpflegers einschl einer Beweisaufnahme besteht nicht (OLG Nürnberg FamRZ 2018, 697; KG FuR 2006, 132; PH/Bömelburg Rn 28; ThP/Seiler Rn 2; aA Grün NZFam 2018, 184). Für eine solche Sachaufklärung ist das vereinf Verf weder bestimmt noch geeignet. In Betracht kommt daher neben der Berücksichtigung zugestandener Tatsachen allenfalls die Verwertung präsenter Urkunden (Büte ZFE 2011, 204, 206; sa Lucht FuR 2010, 197, 201). – Erweist sich danach die Einwendung als gerechtfertigt, ist der Antrag durch zu begründenden **Beschluss zurückzuweisen**, § 250 II 1. Zur Anfechtbarkeit s § 250 Rn 15.

7 **3) Materielle („andere") Einwendungen iSv § 252 II.** Das sind alle Einwendungen, die nicht die Zulässigkeit des vereinf Verf betreffen (BTDrs 18/5918, 20), sondern **den Unterhaltsanspruch** selbst. Über sie wird im vereinf Verf nicht selbst entschieden, sondern nur, ob sie zulässig erhoben wurden und daher einer Festsetzung entgegenstehen; s Rn 10. **Bsp:** Erfüllung (III), eingeschränkte oder fehlende Leistungsfähigkeit (IV); mangelnde Bedürftigkeit des Kindes; Behauptung, nicht Vater des betroffenen Kindes zu sein (OLG Hamm FamRZ 2021, 616, 617 mwN); ein anderer Verwandter des Kindes sei vorrangig unterhaltspflichtig; Verwirkung des Unterhaltsanspruchs (OLG Karlsruhe FamRZ 2021, 1987). – Die Zulässigkeit dieser materiellen Einwendungen setzt gem **II** voraus, dass der Ag erklärt, **inwieweit** er zur Unterhaltsleistung bereit ist und dass er sich insoweit zur Erfüllung des Unterhaltsanspruchs verpflichtet. Wenn der Ag seine Unterhaltsverpflichtung in vollem Umfang bestreitet, reicht die Erklärung aus, keinen Unterhalt zu schulden (OLG Karlsruhe FamRZ 2021, 1987; OLG Bamberg FamRZ 2017, 1414; OLG Celle FamRZ 2012, 1820). Dasselbe gilt, wenn der Ag über seine Einkommens- und Vermögensverhältnisse vollständig Auskunft erteilt und darlegt, dass er den verlangten Unterhalt nicht zahlen könne (OLG Brandenburg FamRZ 2023, 535; OLG Brandenburg FamRZ 2022, 543). Die Zusage der Zahlung eines **Teilbetrag**s ist zulässig (OLG Brandenburg FamRZ 2007, 837; OLG Naumburg FamRZ 2007, 1027). Die Erklärung des Ag, er zahle seit einem bestimmten Zeitpunkt einen bestimmten Betrag, ist idR so zu verstehen, er werde das auch weiter tun; anderenfalls ist nachzufragen (OLG Naumburg FamRZ 2007, 1027).

8 **4) Erfüllung (§ 252 III).** Da es sich bei der Erfüllung um einen Einwand iSv II handelt, muss der Ag für seine Zulässigkeit erklären, inwieweit er künftig zur Unterhaltsleistung bereit ist, und muss sich insoweit zur Erfüllung des Unterhaltsanspruchs **verpflichten**. Dies muss in verbindlicher Form geschehen; eine Zusage sich zu „bemühen" oÄ reicht nicht. Ferner muss er gem III erklären, „inwieweit" er Unterhalt **geleistet** hat, und zwar

spezifiziert nach jeweiligem Monat und – bei mehreren Kindern – nach jeweiligem Unterhaltsgläubiger (ThP/SeiLer Rn 9). Entsprechende Belege sind vorzulegen.

5) Eingeschränkte oder fehlende Leistungsfähigkeit (§ 252 IV). Da es sich bei der eingeschränkten bzw fehlenden Leistungsfähigkeit iSv § 1603 BGB um einen Einwand iSv II handelt, muss der Ag für seine Zulässigkeit erklären, inwieweit er künftig zur Unterhaltsleistung bereit ist, und muss sich insoweit zur Erfüllung des Unterhaltsanspruchs verpflichten. Allerdings ergibt die Erklärung gem II nur bei teilw Leistungsfähigkeit Sinn; wenn der Ag die Einwendung der vollen Leistungsunfähigkeit erhebt, kann das Fehlen der Erklärung gem II keinen Einwendungsausschluss begründen (s Rn 7 aE). – Ferner muss der Ag gem IV die angeführten **Auskunfts- und Belegpflichten** erfüllen. Auch wenn der Ag nur geringe laufende Einkünfte aus abhängiger Beschäftigung hat, muss er sowohl zu den anderen Einkunftsarten (OLG Dresden FamRZ 2022, 542) und zum **Vermögen** (OLG Dresden FamRZ 2022, 542; OLG Hamburg FamRZ 2020, 1094, KG FamRZ 2019, 1797) Angaben machen; ein Beleg zum Vermögen ist aber mangels entspr Anordnung nicht erforderl (OLG Brandenburg FamRZ 2023, 1301: Kontoauszüge). Die kommentarlose Einreichung allein eines Bescheids über den Bezug von Sozialhilfe reicht nicht (KG FamRZ 2019, 1797), ebensowenig die Mitteilung, dass über sein Vermögen das InsVerf eröffnet worden sei (OLG Koblenz FamRZ 2005, 915). Die Vorlage des Leistungsbescheids gem IV 2 entbindet nicht von der Angabe des (Schon-)Vermögens (OLG Hamburg FamRZ 2020, 1094, KG FamRZ 2019, 1797). Angesichts des Zwecks von IV ist eine erneute Auskunftserteilung und Belegvorlage ausnahmsw entbehrl, wenn ersichtl dem Unterhaltsberechtigten die geschuldete **Auskunft bereits erteilt** worden ist, die Belege bereits vorgelegt worden sind und keine Anhaltspunkte für eine zwischenzeitliche Änderung der Verhältnisse erkennbar sind (OLG Frankfurt FamRZ 2022, 1713 = FamRB 2022, 296 [Bömelburg]). Zu **Erwerbsbemühungen** muss ein arbeitsloser Ag nicht vortragen, da die Zurechnung fiktiver Einkünfte im vereinfachten Verf nicht stattfindet (OLG Frankfurt FamRZ 2022, 1713 = FamRB 2022, 296 [Bömelburg]). – **Belege** in fremder Sprache reichen aus (OLG München FamRZ 2005, 381); das Gericht kann jedoch verlangen, dass der Ag eine Übersetzung vorlegt (s § 184 GVG Rn 4). Fordert das Gericht ESt-Bescheide an, die noch nicht ergangen sind, so muss der Ag dies mitteilen; anderenfalls ist der Einwand der mangelnden Leistungsfähigkeit unzulässig (OLG München FamRZ 2005, 381). Den Anforderungen an den Beleg der Einkünfte für die **letzten zwölf Monate** kann genügt sein, wenn zwar nicht sämtliche Lohnabrechnungen des letzten Jahres vorgelegt werden, aber aus den übersandten Belegen sich der Jahresnettoverdienst ergibt (OLG Karlsruhe FamRZ 2022, 1379), zB aus der Dezemberabrechnung (OLG Bamberg FamRZ 2023, 302). 9

6) Behandlung der Einwendungen. Der Rpfleger hat nur zu prüfen, ob der Einwand **in zulässiger Form erhoben** worden ist, nicht, ob er zutrifft. Er hat sich darauf zu beschränken, dem ASt mitzuteilen, dass Einwendungen erhoben worden sind, die nach § 252 II zulässig sind (§ 254). Außerdem weist er darauf hin, dass auf Antrag eines Beteiligten das str Verf durchgeführt wird (§ 255 I 2). Hat der Ag sich zur teilw Zahlung des verlangten Unterhalts verpflichtet, erfolgt darüber hinaus die Festsetzung in entsprechender Höhe (§ 253 S 2). – Sind die Erklärungen, die der Ag zu den **Einwendungen** iSd II abgibt, **unvollständig** oder gibt er weder eine Verpflichtungserklärung noch die Erklärung ab, keinen Unterhalt zu zahlen, bleiben seine Einwendungen unberücksichtigt (OLG Brandenburg FamRZ 2004, 1587), und der Unterhalt wird antragsgemäß festgesetzt (§ 253 I 1). Dem Ag steht es jedoch frei, die nicht berücksichtigte Einwendung im Abänderungsverf gem § 240 erneut geltend zu machen. 10

7) Verspätete Einwendungen (§ 252 V). Obwohl gem § 251 I 2 Nr 3 dem Ag eine Frist von 1 Monat gesetzt wird, innerhalb deren er Einwendungen erheben kann, sind auch **nach Fristablauf vorgebrachte Einwendungen** zu berücksichtigen, solange der Festsetzungsbeschluss noch nicht erlassen ist (§ 252 V). Gem § 38 III 3 wird ein nicht verkündeter Beschluss durch Übergabe an die GeschSt erlassen (BGH FamRZ 2023, 212). Zweifel an einem iSv V rechtzeitigen Eingang seiner Einwendung gehen zulasten des Ag (KG FamRZ 2023, 1302). Eine WE ist nicht möglich (§ 251 Rn 3). 11

§ 253 Festsetzungsbeschluss

(1) [1]Ist der Antrag zulässig und werden keine oder keine nach § 252 Absatz 2 bis 4 zulässigen Einwendungen erhoben, wird der Unterhalt nach Ablauf der in § 251 Abs. 1 Satz 2 Nr. 3 bezeichneten Frist durch Beschluss festgesetzt. [2]Die Festsetzung durch Beschluss erfolgt auch, soweit sich der Antragsgegner nach § 252 Absatz 2 zur Zahlung von Unterhalt verpflichtet hat. [3]In dem Beschluss ist auszusprechen, dass der Antragsgegner den festgesetzten Unterhalt an den Unterhaltsberechtigten zu zahlen hat. [4]In dem Beschluss sind auch die bis dahin entstandenen erstattungsfähigen Kosten des Verfahrens festzusetzen, soweit sie ohne weiteres ermittelt werden können; es genügt, wenn der Antragsteller die zu ihrer Berechnung notwendigen Angaben dem Gericht mitteilt.

(2) In dem Beschluss ist darauf hinzuweisen, welche Einwendungen mit der Beschwerde geltend gemacht werden können und unter welchen Voraussetzungen eine Abänderung verlangt werden kann.

1 **I) Verfahren.** Wenn der Rpfleger gem § 251 I 1 verfügt, dass der Antrag oder eine Mitteilung über den Antragsinhalt dem Ag zuzustellen ist, legt er die Akte bis zu dem Tag auf Frist, an dem voraussichtl 1 Monat seit Zustellung verstrichen sein wird. Erhebt der Ag vor Fristablauf **Einwendungen, die** gem § 252 I 3 **zurückzuweisen oder** gem § 252 II-IV **unzulässig sind**, wartet der Rpfleger das Ende der gesetzten Frist ab (§ 253 I 1); denn es ist ja nicht ausgeschlossen, dass der Ag fristgerecht weitere erhebl Einwendungen nachschiebt. Geschieht dies nicht, setzt er den Unterhalt durch Beschluss fest. Erhebt der Ag fristgerecht Einwendungen, die gem § 252 I 3 nicht zurückzuweisen oder die gem § 252 II-IV zulässig sind, dann regelt § 254 das weitere Verf.

2 **II) Mündliche Verhandlung.** Der Rpfleger kann den Unterhalt gem § 113 I FamFG iVm § 128 IV ZPO ohne mündl Verh festsetzen (BGH FamRZ 2023, 212 Tz 20), was die Regel ist. Eine solche kann aber in Einzelfällen sachgerecht sein, etwa wenn zu erwarten ist, dass auf einen zunächst erhebl Einwand hin der ASt seinen Antrag berichtigt und der Einwand dann unerhebl wird (RegE des KindUG BTDrs 13/7338, 41). – Eine mündl Verh ist gem § 170 I 1 GVG grds nicht öffentl. In ihr kann der Rpfleger auch einen **Vergleich** protokollieren. Dieser kann auch über einen höheren Betrag als das 1,2fache des Mindestunterhalts geschlossen werden. Der Ag, der ein zusätzl (str) Unterhaltsverf fürchtet, kann auch einen solchen höheren Betrag anerkennen. Dann ergeht ein entspr Anerkenntnisbeschluss.

3 **III) Festsetzungsbeschluss. 1) Form.** Der Beschluss ergeht in der Form von **§ 38**. Er muss ua die Bezeichnung der Beteiligten, ihrer ges Vertreter und der VerfBev enthalten. Weiter ist das Gericht zu bezeichnen, das den Beschluss erlassen hat. Der Name des beschließenden Rpflegers ist anzugeben. Der Beschluss ist zu datieren und vom Rpfleger zu unterschreiben, wenn er nicht maschinell hergestellt wird (§ 258 II). Es empfiehlt sich, immer auch das Geburtsdatum des unterhaltsberechtigten Kindes anzugeben. Wurde nicht mündl verhandelt, muss der Beschluss **nicht verkündet** werden (BGH FamRZ 2023, 212).

4 **2) Inhalt. a)** Soweit eine **beziffert**e Unterhaltsrente zugesprochen wird, ist diese entspr § 1612a II 2 BGB auf volle Euro aufzurunden (BGH NJW 1990, 503). Soweit der Ag verpflichtet wird, einen **Prozentsatz des Mindestunterhalts** der jew Altersstufe zu zahlen, ist dieser Prozentsatz auf eine Dezimalstelle zu begrenzen; jede weitere sich ergebende Dezimalstelle wird nicht berücksichtigt (§ 1612a II 1 BGB); Aufrundung gem § 1612a II 2 BGB. Der Betrag des anzurechnenden **Kindergeldes** oder der vergleichbaren kindbezogenen Leistungen (§ 1612c BGB) kann beziffert werden (BTDrs 13/7338, 43). Vorzuziehen ist **eine dynamische Tenorierung** dahingehend, dass der Ag x % des Mindestunterhalts der 1. (2. oder 3.) Altersstufe abzgl der Hälfte des Kindergelds für ein 1. (2. usw) Kind in der jew ges Höhe zu zahlen hat; s § 250 Rn 4. Auch im Mangelfall kann das Kind verlangen, dass sein Unterhalt gem § 1612a I BGB auf einen Prozentsatz des Mindestunterhalts der jew Altersstufe festgesetzt wird (OLG Hamm FamRZ 2004, 1587; PH/Bömelburg Rn 7).

5 **b)** Im Festsetzungsbeschluss ist anzugeben, **ab wann** der Unterhalt zu zahlen ist. Wenn der ASt keinen Unterhalt für die Vergangenheit verlangt, ist dieser ihm vom 1. des Monats an zuzusprechen, an dem der eingereichte Antrag dem Ag zugestellt worden ist (s § 250 Rn 3). Zu Unterhalt für die Vergangenheit s § 250 Rn 3. Wenn der Ag einen höheren Unterhalt als das 1,2fache des Mindestunterhalts anerkennt und der ASt darauf eine entspr Unterhaltsfestsetzung verlangt, ist der anerkannte Unterhalt zuzusprechen (s Rn 2). Andererseits darf über den Antrag nicht hinausgegangen werden, wenn der ASt sein Begehren auf einen geringeren Unterhalt als den 1,2fachen Mindestunterhalt beschränkt hatte (§ 113 I FamFG iVm § 308 I ZPO). Sofern sich der Ag gem § 252 II-IV zur Zahlung von Unterhalt verpflichtet hat, ist gem I 2 ein **Teilfestsetzungsbeschluss** zu erlassen. Ein diesbezügl Antrag des ASt ist mangels entspr Regelung nicht erforderl (Bömelburg FamRB 2016, 27, 30; aA OLG Brandenburg FamRZ 2023, 1301). Im Beschluss ist auszusprechen, dass der Ag den Unterhalt **an das unterhaltsberechtigte Kind** zu zahlen hat (I 3). Das gilt auch, wenn ein Elternteil das vereinf Verf als Verfahrensstandschafter seines Kindes betreibt. Auch dann wirkt der Festsetzungsbeschluss für und gegen das Kind (§ 1629 III 2 BGB). Dem kann durch die Formulierung „an das Kind zu Händen von …" Rechnung getragen werden.

6 Wird der Unterhalt in beantragter Höhe festgesetzt, so ist gem § 113 I FamFG iVm § 308 II ZPO im Beschluss auch über die Kosten zu entscheiden. Maßstab der **Kostengrundentscheidung** ist § 243 (BGH FamRZ 2017, 816 Tz 24; OLG Köln FamRZ 2012, 1164 mwN). Danach sind die Kosten grds dem Ag aufzuerlegen (§ 243 S 2 Nr 1). Gem § 243 S 2 Nr 4 treffen sie den ASt, wenn sich der Ag nach Zustellung des Festsetzungsantrags (§ 251 I 1) sofort zur Erfüllung des Unterhaltsanspruchs verpflichtet hat und zur Einleitung des vereinf Verf keinen Anlass gegeben hatte. Dies ist anzunehmen, wenn der ASt zuvor keinen Versuch unternommen hatte, den Ag zu bewegen, freiw einen Unterhaltstitel zu schaffen. IE s § 243 Rn 5. – Ist lediglich ein **Teilfestsetzungsbeschluss** zu erlassen, erfolgt keine Kostenentscheidung. Über die Kostentragung ist wegen des Gebots der Einheitlichkeit der Kostenentscheidung dann im str Verf zu entscheiden (s aber auch § 254 Rn 4).

7 **IV) Kostenfestsetzung (§ 253 I 4).** Wenn sich die zu erstattenden Kosten (Gerichtsgeb, Anwaltsgeb, Auslagen) ohne weiteres ermitteln lassen, sind sie gem I 4 im Beschluss festzusetzen. Die für die Berechnung notwendigen Angaben des ASt bedürfen keiner Glaubhaftmachung, wenn der Ag sie nicht bestreitet (§ 253 I 4 Hs 2). Wenn Ermittlungen über die Höhe der erstattungsfähigen Kosten notwendig werden, ergeht zunächst ein Beschluss *über die Unterhaltsfestsetzung* mit Kostengrundentscheidung (s Rn 6) und nachträgl ein bes KFB gem § 113 I FamFG iVm §§ 103 ff ZPO.

V) Rechtsbehelfsbelehrung (§ 253 II). Über den Rechtsbehelf als solchen (Beschwerde gem § 256) ist gem § 39 zu belehren. Daneben sind die in II vorgeschriebenen Hinweise erforderl, wenn Unterhalt festgesetzt worden ist. Die Abänderung eines Unterhaltsfestsetzungsbeschlusses gem § 253 erfolgt im Verf gem § 240. 8

VI) Zustellung und Vollstreckung. Der Festsetzungsbeschluss ist beiden Beteiligten zuzustellen (§ 113 I FamFG iVm § 329 III ZPO). Er wird vollstreckbar mit Wirksamwerden, also mit Rechtskraft (§ 120 II 1, § 116 III 1), aber die Anordnung der sof Wirksamkeit ist gem § 116 III 3 mögl. Vollstreckungsschutz kann gem § 120 II 2 gewährt werden. 9

§ 254 Mitteilungen über Einwendungen

Hat der Antragsgegner zulässige Einwendungen (§ 252 Absatz 2 bis 4) erhoben, teilt das Gericht dem Antragsteller dies mit und weist darauf hin, dass das streitige Verfahren auf Antrag eines Beteiligten durchgeführt wird.

I) Allgemeines. Ein Festsetzungsbeschluss iSd § 253 ergeht, wenn der Ag keine Einwendungen oder nur solche erhebt, die gem § 252 I 3 zurückzuweisen oder die gem § 252 II-IV unzulässig sind, sowie insoweit, als sich der Ag gem § 252 II zur Zahlung von Unterhalt verpflichtet hat. Erhebt er beachtl Einwendungen und ergeht deshalb kein oder nur ein Teilfestsetzungsbeschluss, richtet sich das weitere Verf nach § 254. 1

II) Mitteilungen an Antragsteller. Wenn der Ag Einwendungen erhebt, die gem § 252 II zulässig (s dazu § 252 Rn 7-9) sind, hat der Rpfleger diese dem ASt mitzuteilen und darauf hinzuweisen, dass diese Einwendungen einer antragsgemäßen Festsetzung des Unterhalts entgegenstehen. Ferner weist er darauf hin, dass auf Antrag eines Beteiligten das str Verf durchgeführt wird. Das FamG darf nicht etwa den Festsetzungsantrag zurückweisen (OLG Nürnberg FamRZ 2015, 952). Die Mitteilung setzt die verfahrensrechtl Frist von § 255 VI in Lauf. Daher ist sie gem § 113 I 1 FamFG iVm § 329 II 2 ZPO zuzustellen (ThP/Seiler Rn 2). Wenn der Antrag auf Durchführung des str Verf vor Ablauf von 6 Monaten nach Zugang dieser Mitteilung gestellt wird, gilt der Rechtsstreit als mit der Zustellung des Festsetzungsantrags rechtshängig geworden (§ 255 III). Beantragt kein Beteiligter die Durchführung des str Verf, legt der Rpfleger die Akte nach 6 Monaten (§ 7 AktO) formlos weg (OLG Naumburg FamRZ 2000, 431; OLG Brandenburg FamRZ 2001, 766). 2

III) Nachgebesserter Antrag. § 254 ist nicht anzuwenden, wenn der Ag zunächst eine beachtl Einwendung erhoben hatte und der ASt daraufhin seinen Antrag so nachgebessert hat, dass die Einwendung nicht mehr begründet ist. Hier ist der Unterhalt gem § 253 in dem nunmehr beantragten Umfang – mit Kostenentscheidung – festzusetzen, nachdem der Ag zuvor von der Nachbesserung Kenntnis erhalten hatte. 3

IV) Teilweise Antragsrücknahme. Wenn ein str Verf unterbleibt, weil der ASt seinen über die Teilfestsetzung (s § 253 Rn 5) hinausgehenden Antrag zurücknimmt, trifft der Rpfleger auf Antrag eines Beteiligten die Kostenschlussentscheidung auf der Grundlage von § 243 (zur Anwendbarkeit BGH FamRZ 2017, 816 Tz 24). 4

V) Gebühren. S § 249 Rn 11. 5

§ 255 Streitiges Verfahren

(1) Im Fall des § 254 wird auf Antrag eines Beteiligten das streitige Verfahren durchgeführt.

(2) [1]Beantragt ein Beteiligter die Durchführung des streitigen Verfahrens, ist wie nach Eingang eines Antrags in einer Unterhaltssache weiter zu verfahren. [2]Einwendungen nach § 252 gelten als Erwiderung.

(3) Das Verfahren gilt als mit der Zustellung des Festsetzungsantrags (§ 251 Abs. 1 Satz 1) rechtshängig geworden.

(4) Ist ein Festsetzungsbeschluss nach § 253 Absatz 1 Satz 2 vorausgegangen, soll für zukünftige wiederkehrende Leistungen der Unterhalt in einem Gesamtbetrag bestimmt und der Festsetzungsbeschluss insoweit aufgehoben werden.

(5) Die Kosten des vereinfachten Verfahrens werden als Teil der Kosten des streitigen Verfahrens behandelt.

(6) Wird der Antrag auf Durchführung des streitigen Verfahrens nicht vor Ablauf von sechs Monaten nach Zugang der Mitteilung nach § 254 gestellt, so gilt der Festsetzungsantrag, der über den Festsetzungsbeschluss nach § 253 Absatz 1 Satz 2 hinausgeht, oder der Festsetzungsantrag, der über die Verpflichtungserklärung des Antragsgegners nach § 252 Absatz 2 hinausgeht, als zurückgenommen.

1 **I) Antrag eines Beteiligten (§ 255 I).** Zum str Verf wird das vereinf Verf erst auf Antrag eines Beteiligten. Der Antrag iSv I kann schriftl oder zu Protokoll der GeschSt (§ 257) gestellt werden; daher besteht gem § 114 IV Nr 6 FamFG iVm § 78 III ZPO **kein Anwaltszwang.** Dieser besteht aber gem § 114 I für das weitere str Verf. I knüpft an den Tatbestand des § 254 an, dass der Ag Einwendungen erhoben hat, die gem § 252 II-IV zulässig sind. Erst wenn diese Voraussetzungen erfüllt sind, kann jeder Beteiligte beantragen, dass das str Verf durchgeführt wird (I). Vorher kann der Antrag nicht gestellt werden. Insb kann der Ag das vereinf Verf nicht dadurch blockieren, dass er die Durchführung des str Verf beantragt statt Einwendungen iSd § 252 II-IV zu erheben (BTDrs 14/7349, 26; ThP/Seiler Rn 4). In einem solchen Fall setzt der Rpfleger den beantragten Unterhalt fest (Schulz FuR 98, 388).

2 **II) Durchführung des streitigen Verfahrens (§ 255 II, III).** Wenn ein Beteiligter die Durchführung des str Verf beantragt, ist gem **II** wie nach Eingang eines Antrags in einer regulären Unterhaltssache weiter zu verfahren. Die **Zuständigkeit** für das str Verf bestimmt sich gem § 232. Zuständig ist der Richter. Eine Zustellung des Streitantrag ist entbehrl, da das Verf bereits mit Zustellung des Festsetzungantrags im vereinf Verf rechtshängig geworden ist (**III**); er ist **formlos mitzuteilen.** Das Verf wird so fortgeführt, als wäre es durch einen „regulären" Unterhaltsantrag eingeleitet worden. Anzuwenden sind daher die **§§ 231 ff** sowie die durch diese nicht verdrängten Vorschriften der ZPO, § 113 I 2. Die vom Ag erhobenen Einwendungen gelten als **Antragserwiderung, II 2.** Ein schriftl Vorverf findet nicht statt (Sternal/Giers Rn 5 mwN). Wenn das str Unterhaltsverf durch den Antrag auf Festsetzung des Kindesunterhalts und die vom Ag erhobenen Einwendungen soweit vorbereitet ist, dass es in einem Termin erledigt werden kann, bestimmt der FamRichter sogleich einen Termin (§ 113 FamFG iVm § 272 II ZPO). Andernfalls trifft er vorbereitende verfahrensleitende Maßnahmen (§§ 235, 113 I FamFG iVm §§ 139, 273 ZPO). Adressaten sind die Beteiligten. Wenn sich bereits zuvor RAe für die Beteiligten bestellt haben, sind Anordnungen an sie zu adressieren. – Der Antrag auf Durchführung des str Verf kann mangels § 696 IV 1 ZPO entspr Regelung nicht **zurückgenommen** werden, sondern nur der die Rechtshängigkeit gem III (ursprüngl) begründende und den Gegenstand des Verf bestimmende Festsetzungsantrag (OLG Bamberg FamRZ 2024, 1788; ThP/Seiler Rn 4; aA PH/Bömelburg Rn 6).

3 **III) 6-Monats-Frist (§ 255 VI).** Teilt das Gericht dem ASt gem § 254 mit, dass der Ag Einwendungen erhoben hat, die gem § 252 II-IV zulässig sind, so läuft ab Zugang dieser Mitteilung eine Frist von 6 Monaten, innerhalb derer beide Beteiligten die Durchführung des str Verf beantragen können (**VI**). Sie gibt den Beteiligten Gelegenheit, sich außergerichtl zu einigen, ohne dass der ASt gedrängt wird, ins str Verf überzugehen. Wird der Streitantrag nicht innerhalb der Frist gestellt, gilt nach VI der Antrag auf Festsetzung des Unterhalts im vereinf Verf **als zurückgenommen**, soweit der ASt mehr Unterhalt verlangt hatte als vom Ag entsprechend § 252 II anerkannt bzw vom Rpfleger gem § 253 I 2 festgesetzt. Zur – notwendig zu treffenden (OLG Oldenburg FamRZ 2013, 563) – Kostenentscheidung in diesem Fall s § 254 Rn 4.

4 **IV) Einheitlicher Titel (§ 255 IV). IV** sieht zur Erleichterung der Vollstreckung vor, dass für künftigen Unterhalt ein **einheitlicher Titel** geschaffen wird, wenn ein Festsetzungsbeschluss über einen Teil des Unterhalts (§ 253 I 2) vorausgegangen ist. Ein einheitl Titel braucht nicht geschaffen zu werden, soweit der vorangegangene (Teil-)Festsetzungsbeschluss einen anderen Zeitabschnitt als der Unterhaltsbeschluss betrifft (ThP/Seiler Rn 9), zB nur rückständigen Unterhalt erfasst (BTDrs 13/7338, 42).

5 **V) Kosten (§ 255 V).** Die Kostengrundentscheidung ergeht gem § 243. Die Regelung in V entspricht den § 281 III 1, § 696 I 5 ZPO. Die Kosten des vereinf Verf gelten als Teil der Kosten des str Verf. IdR entstehen nicht mehr Kosten als im „normalen" Unterhaltsverf, wenn zunächst ein vereinf Verf stattfindet und dieses ins str Verf übergeleitet wird. Ist im vereinf Verf kein Unterhalt festgesetzt worden oder ein Teil des Unterhalts vom Ag anerkannt (§ 252 II) und festgesetzt worden (§ 253 I 2), dann entstehen keine Gerichtsgeb für das vereinf Verf (1210 FamGKG-KV). Die im vereinf Verf entstandenen Verfahrens- und Terminsgeb des RA werden auf die entspr Geb angerechnet, die er für das nachfolgende Unterhaltsverf erhält (3100 I, 3104 IV RVG-VV).

6 **VI) Gebühren. 1) Gericht:** 1220 FamGKG-KV mit Ermäßigungen gem 1221 FamGKG-KV. – **2) RA:** 3100, 3104 RVG-VV mit Anrechnung der VerfGeb gem 3100 I RVG-VV, der Terminsgeb gem 3104 IV RVG-VV.

§ 256 Beschwerde

[1]Mit der Beschwerde können nur Einwendungen gegen die Zulässigkeit oder die Unzulässigkeit des vereinfachten Verfahrens, die Zulässigkeit von Einwendungen nach § 252 Absatz 2 bis 4 sowie die Unrichtigkeit der Kostenentscheidung oder Kostenfestsetzung, sofern sie nach allgemeinen Grundsätzen anfechtbar sind, geltend gemacht werden. [2]Die Beschwerde ist unzulässig, wenn sie sich auf Einwendungen nach § 252 Absatz 2 bis 4 stützt, die nicht erhoben waren, bevor der Festsetzungsbeschluss erlassen war.

1 ***I) Überblick.*** Gegen den Festsetzungsbeschluss gem § 253 einschließl der Teilfestsetzung gem § 253 S 2 ist als Endentscheidung die Beschwerde gem § 58 eröffnet. Gegen den Beschluss, durch den der Festsetzungsantrag

zurückgewiesen worden ist, kann Erinnerung eingelegt werden (s § 250 Rn 15). Die Beschwerde ist bem FamG einzulegen (§ 64 I), und zwar schriftl oder zu Protokoll der GeschSt (§ 64 II). Für die Beschwerde besteht gem § 114 IV Nr 6 FamFG, § 78 III Hs 2 ZPO, § 257 FamFG **kein Anwaltszwang** (OLG Jena FamRZ 2015, 1513; OLG Bamberg FamRZ 2017, 1414). Abhilfe durch den Rpfleger ist nicht zulässig (§ 68 I 2). Das Beschwerdegericht (OLG; § 119 I Nr 1a GVG) kann auf Antrag die **Einstellung der Vollstreckung** gem § 120 I, II 3 FamFG iVm § 719 I, § 707 I ZPO anordnen; s § 120 Rn 3.

II) Beschwerdefrist. Die Beschwerde ist binnen einer Frist von 1 Monat seit der Zustellung (§ 113 I 1 FamFG iVm § 329 II 2 ZPO) des Festsetzungsbeschlusses einzulegen (§ 63 I, III). War der Beschwerdeführer ohne sein Verschulden verhindert, die Beschwerdefrist einzuhalten, so ist ihm auf Antrag WE in den vorigen Stand zu gewähren (§ 117 V FamFG iVm § 233 ZPO). Enthält der Festsetzungsbeschluss keine oder eine fehlerhafte Rechtsbehelfsbelehrung nach § 253 II, so kann der Beschwerdeführer gem § 233 S 2 ZPO iVm § 117 V FamFG WE in den vorigen Stand beantragen, wenn er die Beschwerdefrist versäumt hat. 2

III) Begründung der Beschwerde. Diese richtet sich in Frist und Form nach **§ 117** (OLG Stuttgart FamRZ 2025, 455; OLG Brandenburg FamRZ 2025, 457; OLG Jena FamRZ 2015, 1513; aA OLG Frankfurt FamRZ 2025, 201; OLG Brandenburg FamRZ 2025, 378), da es sich um eine FamStreitsache iSv § 112 Nr 1 handelt und § 256 eine abw Regelung nicht enthält. Sie muss daher diesen Anforderungen genügend (s § 117 Rn 2) begründet werden. Die Beschwerde ist nur zulässig, wenn der Beschwerdeführer mit ihr eine **Beschwer** bekämpft (s § 59 I). Verlangt der ASt künftigen Unterhalt und obsiegt damit in 1. Instanz, kann er daher nicht Beschwerde einlegen, um seinen Antrag auf Unterhalt für die Vergangenheit zu erweitern (OLG Brandenburg FamRZ 2002, 1263). – Die Beschwerde kann nur auf die in § 256 S 1 genannten **Beschwerdegründe** gestützt werden (OLG Dresden FamRZ 2017, 1244 Tz 5 mwN; OLG Jena FamRZ 2015, 1513) sowie darauf, dass die Hinweise gem § 251 I 2 unterblieben sind (OLG Oldenburg FamRZ 2001, 1078). § 256 zieht die Konsequenz daraus, dass in der 1. Instanz des vereinf Verf nur in beschränktem Umfang Tatsachen und Einwendungen vorgebracht werden können (§§ 250, 252), und ordnet auch für die Beschwerdeinstanz entspr Beschränkungen an. Der **Prüfungsmaßstab** des Beschwerdegerichts deckt sich mit demj des in der 1. Instanz tätigen Rpflegers (OLG Hamburg FamRZ 2019, 1152). Werden mit der Beschwerde ausschließl andere Beschwerdegründe geltend gemacht, ist das Rechtsmittel unzulässig (zB OLG Jena FamRZ 2015, 1513; OLG Karlsruhe FamRZ 2013, 562 mwN; OLG Frankfurt FamRZ 2012, 465). Zulässig, aber unbegründet ist die Beschwerde, wenn der Beschwerdeführer nur die Grenzen der §§ 256, 252 verkannt hat, zB geltend macht, das vereinf Verf sei unzulässig geworden, weil das Kind im Laufe des Verf vollj geworden sei (s § 249 Rn 3). 3

IV) Neue Tatsachen. Da die Beschwerde auf neue Tatsachen gestützt werden kann (§ 65 III), kann der Beschwerdeführer die **mangelnde Zulässigkeit** des vereinf Verf (§ 252 I) auch dann rügen, wenn er im Anhörungsverf keine entspr Einwendungen gem § 252 I erhoben hatte. § 256 S 1 enthält diesbzgl keine Sonderregelung, die den § 65 III verdrängt. Sa Rn 6. – Eine Ausnahme von § 65 III enthält jedoch S 2. Danach kann der Beschwerdeführer seine Beschwerde nicht auf **Einwendungen iSv § 252 II-IV** (s Rn 7 ff und s § 252 Rn 7 ff) stützen, die er nicht erhoben hatte, bevor der Festsetzungsbeschluss erlassen (s § 252 Rn 11) war (BGH FamRZ 2008, 1433 zum früheren Recht; OLG Karlsruhe FamRZ 2021, 618; OLG Hamburg FamRZ 2020, 1094; OLG Frankfurt FamRZ 2018, 119). Er kann also in der Beschwerdeinstanz insb **nicht erstmalig** geltend machen, dass er nicht oder nur beschränkt leistungsfähig ist oder er einen Teil des Unterhalts bereits bezahlt hat. 4

V) Beschwerdeberechtigung. Nicht nur der Ag, sondern **auch der Antragsteller** kann Beschwerde einlegen, da § 256 eine Einschränkung nicht enthält (ThP/Seiler Rn 8). Wie nach früherem Recht (BGH FamRZ 2008, 1433) steht die Beschwerde daher beiden Beteiligten zu. Der ASt kann zB geltend machen, der Unterhalt sei zu niedrig festgesetzt (BGH NJW 2008, 2708; OLG Frankfurt FamRZ 2022, 1689) oder eine Einwendung des Ag, zB Erfüllung oder eingeschränkte Leistungsfähigkeit (OLG Frankfurt FamRZ 2012, 1821), zu Unrecht als zulässig angesehen worden. Auch für den ASt gilt aber die Beschränkung der Anfechtungsgründe gem § 256 (BGH FamRZ 2008, 1433). 5

VI) Anfechtungsgründe bzw -gegenstände. 1) Unzulässigkeit des vereinfachten Verfahrens. Einwendungen gegen die Zulässigkeit bzw die Unzulässigkeit des vereinf Verf (s § 252 Rn 4 f) müssen nicht erstinstanzl erhoben worden sein (OLG Karlsruhe FamRZ 2023, 215; OLG Frankfurt FamRZ 2022, 876). Bsp: Zusammenleben des Ag mit dem Kind (OLG Brandenburg FamRZ 2023, 1806; OLG Frankfurt FamRZ 2022, 876); Insolvenzverf des Ag (OLG Frankfurt FamRZ 2024, 1628). Ist der Antrag auf Unterhaltsfestsetzung mangels Zulässigkeit zurückgewiesen worden, ist der ASt gem § 250 II 3 nicht zur Beschwerde berechtigt (s § 250 Rn 15). 6

2) Einwendungen gem § 252 II-IV. a) Allgemeines. Soweit mit der Beschwerde die Zulässigkeit von Einwendungen gem § 252 II-IV geltend gemacht wird, kann das Rechtsmittel nur damit begründet werden, dass der Rpfleger eine solche Einwendung **zu Unrecht als unzulässig** behandelt habe (OLG Bamberg FamRZ 2017, 1414; OLG München FamRZ 2005, 381) oder dass er Einwendungen nicht berücksichtigt habe, die vor dem Erlass des Festsetzungsbeschlusses in zulässiger Weise vorgebracht worden seien (OLG Köln FamRZ 2001, 1464). Auf Einwendungen iSv § 252 II-IV, die nicht in der erforderl Weise erhoben waren, bevor der Feststellungsbeschluss – gem § 38 III 3 durch Übergabe an die GeschSt (BGH FamRZ 2023, 212) – erlassen war, kann die Be- 7 schwerde gem § 256 S 2 nicht gestützt werden (BGH FamRZ 2023, 212). Eine solche Beschwerde ist gem § 117 I 4 FamFG iVm § 522 I 1 und 2 ZPO als **unzulässig zu verwerfen** (BGH FamRZ 2023, 212), sofern nicht daneben eine Einwendung zur Zulässigkeit (Rn 6) erhoben wird (OLG Stuttgart FamRZ 2023, 301). Dabei ist es grds unerhebl, warum der Ag seine Einwendung erstinstanzl nicht vorgetragen hat, soweit er dazu objektiv die Gelegenheit hatte (OLG Frankfurt FamRZ 2018, 115); WE kann ihm insoweit nicht gewährt werden, s § 251 Rn 3. Gegen die Verwerfung ist gem § 117 I 4 FamFG iVm § 522 I 4 ZPO die zulassungsfreie Rechtsbeschwerde eröffnet (BGH FamRZ 2023, 212).

8 **b) Fehlende oder beschränkte Leistungsfähigkeit.** Wenn der Ag mit der Beschwerde geltend macht, dass der Unterhalt angesichts seiner fehlenden oder beschränkten Leistungsfähigkeit zu hoch festgesetzt worden sei, kann er gem § 256 S 2, § 252 II, IV diesen Einwand nur erheben, wenn er schon in 1. Instanz die erforderl Angaben gemacht, insb erklärt hatte, inwieweit er zur Unterhaltszahlung bereit ist (s § 252 Rn 7-9), und Auskunft über seine Einkünfte und sein Vermögen erteilt sowie über seine Einkünfte Belege vorgelegt hatte (OLG Brandenburg FamRZ 2024, 445; OLG Frankfurt FamRZ 2018, 115). Hatte der Rpfleger auf einen solchen Einwand des Ag hin nur den anerkannten Teil des Unterhalts festgesetzt (§ 253 I 2), so kann der ASt gegen die Teilfestsetzung Beschwerde einlegen (s Rn 5) und rügen, dass der Unterhalt in voller Höhe, wie beantragt, hätte festgesetzt werden müssen, weil der Ag zB keine Belege über sein Einkommen vorgelegt habe oder keine Auskunft über seine Einkünfte bzw sein Vermögen erteilt habe. Zum Einwand der völligen Leistungsunfähigkeit und der Erklärung des Sch, keinen Unterhalt zu schulden, s § 252 Rn 7.

9 **c) Erfüllungseinwand.** Diesen kann der Ag mit der Beschwerde nur erheben, wenn er in 1. Instanz erklärt hatte, wie weit er künftig zur Unterhaltsleistung bereit ist, und wenn er sich insoweit zur Erfüllung des Unterhaltsanspruchs verpflichtet hatte (s § 252 Rn 8). Weiter muss er erklärt haben, wieweit er gezahlt hat, und sich zugleich verpflichtet haben, einen darüber hinausgehenden Unterhaltsrückstand zu begleichen (§ 256 S 2 iVm § 252 II) – Der ASt kann mit der Beschwerde (s Rn 5) rügen, ein in nicht zulässiger Weise erhobener Erfüllungseinwand sei zu Unrecht beachtet worden (OLG Frankfurt FamRZ 2012, 1821).

10 **3) Kostenentscheidung.** Sofern sich die Beschwerde nur gegen die **Kostengrundentscheidung** richtet, ist sie grds unzulässig, s § 243 Rn 9. Soweit die in dem Festsetzungsbeschluss enthaltene **Kostenfestsetzung** (s § 253 Rn 7) angegriffen wird, ist die sof Beschwerde gem § 104 III 1, §§ 567 ff ZPO eröffnet.

11 **VII) Mindestbeschwer.** Soweit sich die Beschwerde gegen die Unterhaltsfestsetzung richtet, ist sie nur zulässig, wenn der Wert des Beschwerdegegenstandes **600 Euro übersteigt** (§ 61 I). Wenn sich die Beschwerde nur gegen den Zeitpunkt richtet, von dem an Unterhalt gezahlt werden soll, wird der Mindestbeschwerdewert zuweilen nicht erreicht. Wenn die Beschwerde sich gegen die Unterhaltshöhe wendet, richtet sich die Bewertung gem § 113 I FamFG iVm § 9 S 1 ZPO. Hiernach kommt es auf den str Unterhalt für 3 1/2 Jahre = 42 Monate an. Nur wenn mit der Beschwerde eine Änderung des Unterhalts um rund 15 Euro monatl verlangt wird, ist sie also zulässig.

12 Gem § 11 II RPflG ist statt der Beschwerde **Rechtspflegererinnerung** einzulegen, wenn der in Rn 11 genannte Mindestbeschwerdewert nicht erreicht wird. Für die Erinnerung gilt die gleiche Frist von 1 Monat wie für die Beschwerde (§ 11 II 1 RPflG). Der Rpfleger darf ihr abhelfen (§ 11 II 2 RPflG). Anderenfalls entscheidet der FamRichter als letzte Instanz. Auf die Erinnerung hin kann der FamRichter die Vollstreckung der angefochtenen Entscheidung einstw aussetzen (§ 11 II 4 RPflG).

13 **VIII) Entscheidung.** Beschwerdegericht ist das OLG (§ 119 I Nr 1a GVG). Die Beschwerde wird als unzulässig **verworfen**, wenn sie nicht fristgerecht eingelegt und begründet (s Rn 3) worden ist oder ausschließl auf Gesichtspunkte gestützt wird, die gem § 256 S 2 keine zulässigen Beschwerdegründe (s Rn 6 ff) sind; s Rn 7. Die Sache ist nicht etwa zum Zweck der Durchführung eines Erinnerungsverf nach § 11 II RPflG an den Rechtspfleger des AG zurückzuverweisen (BGH FamRZ 2023, 212 Tz 22 ff m ausf Begr; OLG Frankfurt FamRZ 2018, 115 mwN; OLG Brandenburg FamRZ 2014, 681, 682; aA OLG Frankfurt FamRZ 2015, 1993). Gegen die Verwerfung ist gem § 117 I 4 FamFG iVm § 522 I 4 ZPO die zulassungsfreie Rechtsbeschwerde eröffnet (BGH FamRZ 2023, 212). – Enthält die Beschwerde **unzulässige und zulässige Beschwerdegründe**, so ergeht über diese eine Sachentscheidung und hinsichtl jener wird in den Gründen der Beschwerdeentscheidung ausgesprochen, dass sie gem § 256 S 2 nicht vorgebracht werden können; einer ausdrückl Verwerfung der Beschwerde bedarf es insoweit nicht (OLG Karlsruhe FamRZ 2021, 1987). Eine unbegründete Beschwerde ist zurückzuweisen. Auf eine **begründete** Beschwerde hin kann das OLG den Festsetzungsbeschluss aufheben und und das Verf an den Rpfleger zurückverweisen, wenn dieser in der Sache noch nicht entschieden hat (§ 69 I 2). Anderenfalls entscheidet das OLG gem § 69 I 1 in der Sache selbst (OLG Dresden FamRZ 2023, 1139), sofern nicht die Voraussetzungen von § 69 I 3 vorliegen (zB OLG Oldenburg MDR 2012, 1418). Es hebt den Festsetzungsbeschluss ersatzlos auf, wenn das vereinf Verf nicht zulässig ist (OLG Brandenburg FamRZ 2023, 1806). Kommt es zu dem Ergebnis, dass **Einwendungen** iSv § 252 II-IV **zulässig** sind, ändert es den Festsetzungsbeschluss in eine Teilfestsetzung, soweit sich der Ag zur Unterhaltszahlung verpflichtet hat. Fehlt es an einer teilw Verpflichtung des Ag, ist der Festsetzungsbeschluss ersatzlos aufzuheben (OLG Frankfurt FamRZ 2023, 1041; OLG Brandenburg FamRZ 2022, 543; OLG Karlsruhe FamRZ 2013, 562). Eine inhaltl Überprüfung der Einwendungen findet auch im Beschwerdeverf nicht statt; s Rn 3. Diese ist dem str Verf gem § 255 oder einem Abänderungsverf gem § 240 vorbehalten.

Nach Eingang der Akten beim FamG ist dort gem §§ 254, 255 I 2 FamFG zu verfahren (OLG Frankfurt FamRZ 2023, 1041; OLG Brandenburg FamRZ 2022, 543; OLG Karlsruhe FamRZ 2013, 562). Auch das OLG kann den Hinweis gem § 254 im Rahmen seiner Entscheidung geben (OLG Hamburg FamRZ 2019, 1152).

Die **Kosten des Beschwerdeverfahrens** können dem Beschwerdeführer nach dem Rechtsgedanken des **§ 97 II** ZPO auch bei einem Erfolg der Beschwerde auferlegt werden, wenn die Einwendung von ihm bereits erstinstanzl hätte vorgebracht werden können; s § 243 Rn 11 (OLG Frankfurt FamRZ 2019, 293). Nicht gerechtfertigt ist dies aber, wenn der Erfolg des Rechtsmittels allein auf einem Wechsel des Kindes in den Haushalt des ASt beruht (PH/Bömelburg Rn 33; aA OLG Koblenz FamRZ 2015, 1514). Bei **Erfolglosigkeit** der Beschwerde hat idR der Beschwerdeführer gem § 243 die Kosten zu tragen. Bei **erfolgreicher** Beschwerde des Ag ist – vom Ausnahmefall des Rechtsgedankens von § 97 II abgesehen – eine Kostenentscheidung des OLG idR nicht veranlasst, da die Kosten des vereinf Verf gem § 255 V Teil der Kosten des str Verf sind (OLG Hamburg FamRZ 2019, 1152). – Gegen den Beschluss des OLG findet die **Rechtsbeschwerde** statt, wenn das OLG sie wegen grundsätzl Bedeutung der Rechtssache, zur Rechtsfortbildung oder zur Sicherung einer einheitl Rspr zugelassen hat (§ 70). 14

IX) Gebühren. 1) Gericht: Beschwerde: Geb iHv 1,0 (1211 FamGKG-KV), Ermäßigung gem 1212 FamGKG-KV. – Rechtsbeschwerde: Geb iHv 1,5 (1213 FamGKG-KV), Ermäßigung gem 1214 f FamGKG-KV. Sprungrechtsbeschwerde: 1216. – **2) RA:** Beschwerde: Vorbem 3.2.1 Nr 2b RVG-VV, 3200, 3202 RVG-VV. – Rechtsbeschwerde: Vorbem 3.2.2 Nr 1a RVG-VV, 3208, 3210 RVG-VV. Das Zulassungsverf der Sprungrechtsbeschwerde gehört zum Rechtszug (§ 17 Nr 1, § 16 Nr 11, § 19 I 2 Nr 9 RVG). – Ist der Beschwerdewert (§ 61) nicht erreicht: befristete Erinnerung (§ 11 II RPflG). Keine Geb für das Gericht; 3500 RVG-VV für den RA. 15

§ 257 Besondere Verfahrensvorschriften

[1]In vereinfachten Verfahren können die Anträge und Erklärungen vor dem Urkundsbeamten der Geschäftsstelle abgegeben werden. [2]Soweit Formulare eingeführt sind, werden diese ausgefüllt; der Urkundsbeamte vermerkt unter Angabe des Gerichts und des Datums, dass er den Antrag oder die Erklärung aufgenommen hat.

I) Allgemeines. § 257 betrifft alle **Anträge und Erklärungen**, die im vereinf Verf abgegeben werden können. Auch im Beschwerdeverf gilt nicht § 64 II 2, sondern als lex specialis § 257 S 1 (OLG Brandenburg FamRZ 2020, 934 mwN). Von **S 1** wird auch der Antrag auf Durchführung des str Verf gem § 255 I erfasst, dagegen nicht das str Verf selbst und ein Abänderungsverf gem § 240. 1

II) Antragsaufnahme. Die Anträge bzw Erklärungen können gem § 113 I 2 FamFG iVm § 129a ZPO **vor der Geschäftsstelle eines jeden AG** zu Protokoll abgegeben werden. § 25 findet gem § 113 I 2 keine Anwendung. Der UrkB ist aber nicht nur mit der Entgegennahme und einfachen Niederschrift der Angaben der Beteiligten betraut. Vielmehr hat er diese sogleich in die amtl Formulare einzutragen und unter Angabe des Gerichts und des Datums zu vermerken, dass er den Antrag oder die Erklärung aufgenommen hat. Dieser Pflicht genügt der UrkB nur, wenn er aufgrund der Angaben des Beteiligten so vollständig aufnimmt, dass diese nicht aus formalen Gründen unberücksichtigt bleiben (OLG Oldenburg MDR 2012, 1418). Zur Übermittlung s § 129a ZPO Rn 4. Anträge können auch **Notare** (§ 62 I Nr 2 BeurkG) und **Urkundspersonen des Jugendamts** (§ 59 I Nr 9 SGB VIII) aufnehmen. 2

III) Formulare. Solche gibt es in Verf, die ab dem 1.1.2017 eingeleitet sind, nur noch für den „Antrag auf Festsetzung von Unterhalt" (§ 1 KindUFV); es ist im Servicebereich unter www.bmj.de zu finden. Zuvor bestand Formularzwang auch für „Einwendungen gegen den Antrag auf Feststellung von Unterhalt". Mit dem in **S 2** vorgesehenen **Vermerk des Urkundsbeamten** bzw der jew Urkundsperson (s Rn 2) ersetzt das ausgefüllte und vom ASt unterschriebene Formular das herkömml Protokoll und beweist, dass die jew Erklärung vor ihm abgegeben wurde (s § 415 ZPO Rn 5). 3

§ 258 Sonderregelungen für maschinelle Bearbeitung

(1) [1]In vereinfachten Verfahren ist eine maschinelle Bearbeitung zulässig. [2]§ 702 Absatz 2 Satz 1, 3 und 4 der Zivilprozessordnung gilt entsprechend.

(2) Bei maschineller Bearbeitung werden Beschlüsse, Verfügungen und Ausfertigungen mit dem Gerichtssiegel versehen; einer Unterschrift bedarf es nicht.

Ist das maschinelle Verf eingeführt, kann der Antrag in einer nur maschinell lesbaren Form übermittelt werden, wenn dies dem Gericht für seine maschinelle Bearbeitung geeignet erscheint. Anträge und Erklärungen können 1 unter Nutzung des elektron Identitätsnachweises nach § 18 PAuswG, § 12 des eID-Karte-Gesetzes oder § 78 V AufenthG gestellt werden. Der handschriftl Unterzeichnung – dasselbe hat für eine qualifizierte elektron Signatur (§ 14 III FamFG iVm § 130b ZPO) zu gelten – bedarf es in diesem Fall nicht, wenn in anderer Weise gewährleistet ist, dass der Antrag nicht ohne den Willen des ASt oder Erklärenden übermittelt wird (I 2 iVm § 702 II 1, 3 und 4 ZPO). Näheres s § 702 ZPO Rn 5.

§ 259 Formulare

(1) [1]Das Bundesministerium der Justiz und für Verbraucherschutz wird ermächtigt, zur Vereinfachung und Vereinheitlichung der Verfahren durch Rechtsverordnung mit Zustimmung des Bundesrates Formulare für das vereinfachte Verfahren einzuführen. [2]Für Gerichte, die die Verfahren maschinell bearbeiten, und für Gerichte, die die Verfahren nicht maschinell bearbeiten, können unterschiedliche Formulare eingeführt werden.

(2) Soweit nach Absatz 1 Formulare für Anträge und Erklärungen der Beteiligten eingeführt sind, müssen sich die Beteiligten ihrer bedienen.

1 Einheitl **Formulare** sind sowohl bei einer maschinellen Bearbeitung als auch bei herkömml Bearbeitungsweise geeignet, das Verf zu vereinfachen. Das Formular gem § 1 I KindUFV ist im Servicebereich unter www.bmj.de zu finden (s § 257 Rn 3; Bömelburg FamRB 2016, 27, 31). Es muss nicht benutzt werden, wenn ein Sozialhilfeträger, ein Land, das Unterhaltsvorschuss gewährt, oder ein sonstiger Dritter, auf den ein Anspruch übergegangen ist, das vereinf Verf betreibt (§ 1 II KindUFV).

2 **Formularzwang (II).** Der ohne Formular eingereichte Antrag auf Unterhaltsfestsetzung ist als unzulässig zurückzuweisen, wenn trotz Beanstandung durch den Rpfleger (§ 250 II 2) kein Formular verwandt wird (Giers FamRB 2009, 247, 248). Dies gilt auch dann, wenn der UrkB gem § 257 den Antrag entgegennimmt. – Die **Benutzungspflicht des elektronischen Rechtsverkehrs** gem § 113 I 2, § 130d S 1 ZPO, die auch für Jobcenter (OLG Rostock FamRZ 2024, 1808 = MDR 2024, 1522) und Jugendämter (OLG Frankfurt FamRZ 2022, 802) gilt, ist zu beachten; sa § 14b Rn 1, § 130d ZPO Rn 2 f.

§ 260 Bestimmung des Amtsgerichts

(1) [1]Die Landesregierungen werden ermächtigt, die vereinfachten Verfahren über den Unterhalt Minderjähriger durch Rechtsverordnung einem Amtsgericht für die Bezirke mehrerer Amtsgerichte zuzuweisen, wenn dies ihrer schnelleren und kostengünstigeren Erledigung dient. [2]Die Landesregierungen können die Ermächtigung durch Rechtsverordnung auf die Landesjustizverwaltungen übertragen.

(2) Bei dem Amtsgericht, das zuständig wäre, wenn die Landesregierung oder die Landesjustizverwaltung das Verfahren nach Absatz 1 nicht einem anderen Amtsgericht zugewiesen hätte, kann das Kind Anträge und Erklärungen mit der gleichen Wirkung einreichen oder anbringen wie bei dem anderen Amtsgericht.

1 Wegen der Einrichtungen, die eine maschinelle Bearbeitung des vereinf Verf erfordert, besteht die Möglichkeit, die **örtliche Zuständigkeit** bei wenigen AG zu **konzentrieren.** Art 101 II GG erfordert eine ges Grundlage für eine solche Maßnahme. Da § 23c GVG es nicht gestattet, bestimmte Arten von FamSachen bei einem Gericht zu konzentrieren, reicht er als Grundlage nicht aus. Deshalb wurde I geschaffen. Im Fall des § 255 I richtet sich die Zuständigkeit nach § 232.

2 **II** enthält eine Ausnahme von der Regelung des gem § 113 I 2 an sich einschlägigen § 129a III 2 ZPO (s § 257 Rn 2), wonach die Wirkung einer Prozesshandlung, die zu Protokoll der GeschSt eines unzuständigen AG erklärt worden ist, frühestens eintritt, wenn das Protokoll beim zuständigen Gericht eingeht. Die Ausnahmeregelung in II hat den Sinn, dass es dem Kind im vereinf Verf nicht zum Nachteil gereichen soll, dass die Zuständigkeit auf ein weit entferntes Gericht verlagert wurde. Nicht zu verstehen ist, weshalb nur das Kind an der Vergünstigung des II teilhaben soll. Es liegt nahe, II analog zugunsten des Elternteils anzuwenden, der in Verfahrensstandschaft für das Kind handelt (s § 249 Rn 3), und um der verfahrensrechtl Chancengleichheit willen auch zugunsten des jew Ag.

Abschnitt 10
Verfahren in Güterrechtssachen (§§ 261-265)

§ 261 Güterrechtssachen

(1) Güterrechtssachen sind Verfahren, die Ansprüche aus dem ehelichen Güterrecht betreffen, auch wenn Dritte an dem Verfahren beteiligt sind.

(2) Güterrechtssachen sind auch Verfahren nach § 1365 Absatz 2, § 1369 Absatz 2, den §§ 1382, 1383, 1426, 1430 und 1452 des Bürgerlichen Gesetzbuchs sowie nach § 1519 des Bürgerlichen Gesetzbuchs in Verbindung mit Artikel 5 Absatz 2, Artikel 12 Absatz 2 Satz 2 und Artikel 17 des Abkommens vom 4. Februar 2010 zwischen der Bundesrepublik Deutschland und der Französischen Republik über den Güterstand der Wahl-Zugewinngemeinschaft.

I) Überblick. Die Güterrechtssachen iSv **I** gehören zu den **Familienstreitsachen** (§ 112 Nr 2), bei denen sich das Verf weitgehend nach den Vorschriften der ZPO richtet (s § 113 I). – Bei den in **II** aufgeführten Verf gem § 1365 II, § 1369 II, § 1382, § 1383, § 1426, § 1430, § 1452 BGB handelt es sich um Verf der **freiwilligen Gerichtsbarkeit**. – Das Verfahren gem § 1519 BGB ist Teil der innerstaatl Umsetzung des dt-franz Abk v 4.2.2010 über den Güterstand der Wahl-Zugewinngemeinschaft (WahlZugAbk; s hierzu Jünemann ZEV 2013, 353; Klippstein FPR 2010, 510). Das WahlZugAbk ist nach seinem Art 20 II am 1.5.2013 in Kraft getreten (s Bek v 22.4.2013, BGBl II 2013, 431). Entspr gilt gem Art 6 I WahlZugAbkG für § 261 II. 1

II) Güterrechtssachen gem § 261. 1) Abgrenzungsfragen. a) Ob eine Güterrechtssache iSd I vorliegt, bestimmt sich idR nach dem Tatsachenvortrag des ASt, wenn die zuständigkeitsbegründenden Tatsachen zugleich notwendige Tatbestandsmerkmale des geltend gemachten Anspruchs sind, sog. doppelrelevante Tatsachen (PH/Heiter Rn 13). Anderenfalls ist auch der Sachvortrag des Ag zu berücksichtigen (BGH FamRZ 2013, 281 ff). 2

Die Verfahrensbeteiligung eines **Dritten** steht der Einordnung als Güterrechtssache nach I nicht entgegen. Der – an sich überflüssige – klarstellende Zusatz „auch wenn Dritte an dem Verf beteiligt sind" wurde beibehalten, um nicht zu dem Rückschluss Anlass zu geben, man habe ggü § 621 I Nr 8 ZPO aF den Kreis der von § 265 I erfassten Verf ändern wollen (PH/Heiter Rn 7). 3

b) Kommt **neben einer Güterrechtssache** auch die Annahme einer **Nichtfamiliensache** in Betracht, ist das Verf iZw als Güterrechtssache zu behandeln (PH/Heiter Rn 14; sa BGH NJW 83, 1913). Eine **Verbindung** von güterrechtl FamStreitsachen mit FamSachen der fG ist nicht zulässig; bei einheitl Antrag sind sie gem § 113 I 1, § 145 I ZPO zu trennen (OLG Celle FamRZ 2023, 37). Dasselbe gilt für FamSache und NichtFamSache in einem Verf (BGH NJW 1981, 2417; BayObLG FamRZ 2003, 1569), auch im Fall eines entspr **Widerantrags** (BGH NJW 1979, 426; PH/Heiter Rn 16; zum hilfsw gestellten Antrag s BGH NJW 1981, 2417; PH/Heiter Rn 17). Ist Gegenstand des Verf eine Vereinbarung (s Rn 10) zur Auseinandersetzung sowohl der güterrechtl als auch der allg vermögensrechtl Beziehungen der Ehegatten (s § 266 Rn 18) und lassen sich die Regelungen nicht trennen, so ist die „gemischte" Vereinbarung insgesamt als Güterrechtssache zu behandeln (PH/Heiter Rn 28). 4

Werden güterrechtl und nichtfamilienrechtl Anspruchsgrundlagen auf einen **einheitlichen Sachverhalt** gestützt und ist für die eine Anspruchsgrundlage das FamG zuständig, hat es wegen des Sachzusammenhangs auch über die andere nichtfamilienrechtl Anspruchsgrundlage zu entscheiden (BGH NJW 1983, 1913, 1914). Die in einem familiengericht Verf (zB iSd § 261 I) erklärte **Aufrechnung** mit einer nichtfamilienrechtl Gegenforderung ist zulässig. Das FamG kann über die Aufrechnung selbst entscheiden oder gem § 145 III, § 148 ZPO iVm § 113 I 2 FamFG vorgehen (PH/Heiter Rn 15). 5

c) Kommt die **Einordnung** sowohl **als Güterrechtssache** iSd § 261 I **als auch** als **sonstige Familiensache** iSv § 266 I in Frage, ist iZw von einer Güterrechtssache auszugehen (PH/Heiter Rn 14). Dies folgt aus der Subsidiarität der sonstigen FamSachen (s § 266 Rn 26). Allerdings ist § 621 I Nr 8 ZPO aF, der § 261 I entspricht, mitunter sehr extensiv ausgelegt worden, um zu der für sachgerecht gehaltenen Zuständigkeit des FamG zu gelangen. Da § 266 I Nr 3 ua das sog Nebengüterrecht, dh die vermögensrechtl Auseinandersetzung zwischen Ehegatten außerhalb des „eigentl" Güterrechts erfasst und wie § 261 I zum Katalog der FamStreitsachen gehört (§ 112 Nr 3 Alt 1), entscheidet die Einordnung der betr Sache als Güterrechtssache im Wesentl nur noch darüber, ob sie in den Verbund mit einer Scheidungssache einbezogen werden kann oder nicht. In § 137 II sind nur die Güterrechtssachen, nicht aber die sonstigen FamSachen als mögl Folgesachen aufgeführt. – Zum Schicksal einer Güterrechtsfolgesache bei vorzeitiger Aufhebung der Zugewinngemeinschaft s § 137 Rn 18. 6

2) Ansprüche aus dem ehelichen Güterrecht (§ 261 I). a) Überblick. Das ehel Güterrecht ist in den §§ 1363-1519 BGB geregelt und besteht aus dem ges (§§ 1363-1390 BGB) sowie dem vertragl Güterrecht (§§ 1408-1519 BGB). Zur Anwendung von altem oder neuem Recht in **Übergangsfällen** s Braeuer NJW 2010, 351 u Brudermüller NJW 2010, 401, 406 f sowie BGH FamRZ 2017, 1039 zu § 1379 I 1 Nr 1 BGB. – Art 229 § 20 II EGBGB 7 ist verfassungskonform dahingehend auszulegen, dass bei vor dem 1.9.2009 eingetretener Rechtskraft der Ehescheidung das alte Zugewinnausgleichsrecht Anwendung findet (OLG Bamberg FamRZ 2013, 1129).

8 Einstweilen frei.

9 **b) Ansprüche aus dem gesetzlichen Güterrecht.** Unter dem ges Güterrecht versteht das BGB die Ordnung der güterrechtl Verhältnisse unter den Ehegatten, die mangels einer anderweitigen ehevertragl Vereinbarung kraft Gesetzes eintritt. Gem § 1363 I BGB leben die Ehegatten im Güterstand der Zugewinngemeinschaft, wenn sie nicht durch Ehevertrag etwas anderes vereinbaren. IE kommen folgende Ansprüche aus dem ges Güterrecht als Ansprüche iSv § 261 I in Betracht: Anspruch auf Unterlassung einer **Verfügung über das Vermögen im Ganzen** (§ 1365 BGB; s OLG Stuttgart FamRZ 2012, 1073; PH/Heiter Rn 24 mwN); Anspruch auf Feststellung der Unwirksamkeit einer entspr Verfügung (BGH FamRZ 81, 1045; OLG Hamm MDR 2001, 219; LG Stuttgart FamRZ 2012, 569); Anspruch auf Herausgabe eines auf Grund einer unwirksamen Verfügung erlangten Gegenstands durch Dritte (§ 1368 BGB; s BGH FamRZ 81, 1045); Anspruch auf **Zugewinnausgleich**, unter Lebenden gem § 1378 und im Todesfall gem § 1371 II, III BGB (OLG Celle FamRZ 2021, 1324; BayObLG FamRZ 2003, 1569; zur Zulässigkeit eines Teilantrags s BGH FamRZ 2016, 1044, 1045; zur Substantiierung des Sachvortrags für Schenkungen gem § 1374 II BGB s M.J. Schmid FamRZ 2012, 17; zur Bewertung von Vermögensgegenständen s BGH NJW 2012, 2657 [Aktien]; BGH NJW 2011, 601 [Versorgungsanrecht, Kommanditanteil, Immobilie]; BGH FamRZ 2018, 93 [Borth FamRZ 2018, 173]; BGH FamRZ 2018, 174; BGH FamRZ 2019, 429 [Siede], [jew freiberufl Praxis]; BGH FamRZ 2016, 1044, 1047 [landwirtschaftl Betrieb]; zur Darlegungs- und Beweislast bei schlüssig behaupteter illoyaler Vermögenminderung iSv § 1375 II 1 Nr 1-3 BGB s BGH FamRZ 2015, 232, 233; sa Rn 15); Anspruch auf **Auskunft** über das Endvermögen, über das Anfangsvermögen und über das Vermögen zum Zeitpunkt der Trennung aus § 1379 I 1, II BGB (s BGH NJW 2012, 3635 mwN); hierbei handelt es sich nicht um einen einheitl Anspruch; vielmehr ist jeder einzelne Informationsanspruch selbständig geltend zu machen (OLG Koblenz FamRZ 2018, 1573); bei verfrüht rechtshängig gemachtem Scheidungsantrag kommt eine Modifizierung der ges Stichtage nur in bes Ausnahmefällen gem § 242 BGB in Betracht (BGH FamRZ 2018, 831); zur Problematik des taggenau zu benennenden Trennungszeitpunkts s KG FamRZ 2019, 524 [Kogel]; zur Frage der Notwendigkeit bzw Statthaftigkeit einer Zwischenfeststellung zum Trennungszeitpunkt s OLG Celle FamRZ 2014, 326, 327 f [abl Braeuer FamRZ 2014, 1459]; OLG Brandenburg NZFam 2014, 86); zur fehlenden Anwendbarkeit des § 1379 I 1 Nr 1 BGB, wenn die Ehe vor dem 1.9.2009 rkr geschieden worden ist, s BGH FamRZ 2017, 1039; wenn es in Bezug auf den Zugewinnausgleich nichts (mehr) zu berechnen gibt, ist der Auskunftsanspruch zu versagen (s BGH FamRZ 2018, 581 Tz 10; Koch FamRZ 2018, 1469, 1471); Anspruch auf Auskunft über illoyale Vermögensminderungen iSd § 1375 II BGB (s BGH FamRZ 2012, 1785; Brudermüller NJW 2010, 401); Anspruch auf Vorlage von **Belegen** (§ 1379 I 2 BGB; s BGH FamRZ 2021, 770; Braeuer FamRZ 2010, 773, 776 ff); Anspruch auf **Wertermittlung** (PH/Heiter Rn 24; sa Koch FamRZ 2010, 1205, 1206 f); Anspruch auf **vorzeitigen Zugewinnausgleich** (§ 1385 BGB; s Fischinger FamRZ 2009, 1718 u 2060; Bergschneider FamRZ 2009, 1713; Büte FuR 2012, 516; sa Rn 13); Anspruch auf vorzeitige Aufhebung der Zugewinngemeinschaft (§ 1386 BGB; s OLG München NJW 2012, 1373; Gomille NJW 2012, 1545); Anspruch gegen Dritten auf Ersatz des Wertes einer unentgeltl Zuwendung des ausgleichspflichtigen Ehegatten (§ 1390 BGB); Ansprüche im Zusammenhang mit der **Beendigung einer Eigentums- und Vermögensgemeinschaft** gem §§ 39-41 FGB-DDR (s Rn 17).

10 **c) Ansprüche aus dem vertraglichen Güterrecht.** Gem § 1408 I BGB können die Ehegatten ihre güterrechtl Verhältnisse durch Vertrag (Ehevertrag) regeln, insb auch nach der Eingehung der Ehe den Güterstand aufheben oder ändern. Ansprüche aus dem ehel Güterrecht iSd § 261 I sind daher auch solche, die ihre Grundlage in **Vereinbarungen** haben, durch die güterrechtl Verhältnisse geregelt, modifiziert oder durch die güterrechtl Beziehungen auseinandergesetzt werden (PH/Heiter Rn 27). Hierzu zählen vor allem Vereinbarungen über die **Auseinandersetzung der güterrechtlichen Verhältnisse** bei Auflösung der Ehe (BGH FamRZ 84, 35 mwN), zB ein Vertrag, durch den der Ausgleichsberechtigte anstelle des Zugewinnausgleichs ein Grundstück (BGH NJW 80, 193; BGH FamRZ 80, 1106 = MDR 81, 127) oder einen anderen Gegenstand (BGH NJW 83, 929; BGH NJW 82, 941, 942; PH/Heiter Rn 27a) erhält. Die Leistung kann auch einem Dritten (zB dem gemeinsamen Kind) versprochen werden (BGH NJW 83, 928). Der Streit über die Auslegung, die Wirksamkeit (BGH NJW 80, 193; BGH FamRZ 1980, 989; s hierzu auch BGH FamRZ 2013, 269) oder die Erfüllung einer Vereinbarung der genannten Art ist eine Güterrechtssache iSd § 261 I (PH/Heiter Rn 27a).

11 Haben die Ehegatten gem § 1415 BGB durch Ehevertrag **Gütergemeinschaft** vereinbart, so ist an folgende güterrechtl Ansprüche iSv § 261 I zu denken: Inanspruchnahme eines Ehegatten durch den Gl des anderen Ehegatten gem §§ 1437, 1480 BGB (BGH FamRZ 80, 551); Anspruch auf Nutzungsentschädigung für eine in das Gesamtgut eingebrachte Wohnung (OLG Köln FamRZ 93, 713); Anspruch auf Mitwirkung an der Verwaltung; Anspruch auf Auseinandersetzung des Gesamtguts; Anspruch auf Übernahme von in das Gesamtgut eingebrachten Gegenständen (§ 1477 II BGB); Anspruch auf Erhaltung des Werts dieser Gegenstände (§ 1478 BGB); Ansprüche im Rahmen der Auseinandersetzung der nach dem Tod eines Ehegatten mit den Erben des verstorbenen Ehegatten bestehenden Liquidationsgemeinschaft (BGH FamRZ 99, 501 = NJW-RR 98, 1219 f).

12 **d) Güterrechtssachen kraft Sachzusammenhangs. aa) Materiell-rechtlicher Zusammenhang.** Auch sog Sekundäransprüche, etwa Ansprüche, die auf **Schadensersatz** wegen Verletzung einer güterrechtl einzuordnenden

Verpflichtung oder auf **Rückgewähr** einer auf einen güterrechtl Anspruch erbrachten Leistung (OLG Hamm FamRZ 79, 1036) gerichtet sind, können Gegenstand eines Verf iSd § 261 I sein (PH/Heiter Rn 18). Gleiches gilt für die selbständige Geltendmachung von Anwaltsgebühren als Verzugsschadensersatz, soweit sie bei der Durchsetzung eines als Güterrechtssache iSd § 261 I zu qualifizierenden Anspruchs angefallen sind (OLG Dresden FamRZ 2006, 1128; OLG München FamRZ 2006, 721). Dies gilt aber nicht für die Honorarforderung eines RA in einer Güterrechtssache. Denn dessen Anspruch resultiert allein aus dem Anwaltsvertrag iSv §§ 675, 611 BGB und stellt keinen Annex zum güterrechtl Verf dar (BGH FamRZ 86, 347; PH/Helms § 111 Rn 17 mwN).

bb) Verfahrensrechtlicher Zusammenhang. Zu den Güterrechtssachen iSd § 261 I zählen nicht nur Hauptsacheverf, sondern auch hierauf gerichtete Verf auf Bewillung von **VKH** (§ 113 I FamFG iVm §§ 114 ff ZPO). In Betracht kommen auch Verf des **einstweiligen Rechtsschutzes**. Zu denken ist hierbei insb an die Sicherung zukünftiger Zugewinnausgleichsansprüche im Wege des Arrests (§ 119 II FamFG iVm § 916 ZPO). Dies ist ab Klagbarkeit des Anspruchs (etwa im Verbund) mögl (PH/Helms § 119 Rn 7 mwN). Zur Sicherung des Anspruchs auf vorzeitigen Zugewinnausgleich, §§ 1385 ff BGB, durch Arrest sa BTDrs 16/10798, 28; Fischinger FamRZ 2009, 1718, 1719; Fischinger FamRZ 2009, 2060 sowie Kogel FPR 2009, 279, 282. 13

Vollstreckungsabwehranträge gem § 113 I 2 FamFG iVm § 767 ZPO sind ebenfalls Güterrechtssachen, wenn der VollstrTitel aus einer Güterrechtssache stammt (BGH NJW 81, 346 mwN). Gleiches gilt, wenn der gegen einen solchen Titel gerichtete Antrag auf **§ 826 BGB** gestützt wird (OLG Karlsruhe FamRZ 82, 400). Dagegen kommt es bei einem **Drittwiderspruchsantrag** gem § 113 I 2 FamFG iVm § 771 ZPO, zB Berufung auf § 1365 BGB im Teilungsversteigerungsverf (s Brudermüller NJW 2008, 3191), darauf an, ob das die Veräußerung hindernde Recht güterrechtl Natur ist (BGH FamRZ 85, 903, 904 zum Übernahmerecht nach § 1477 II BGB; sa PH/Helms § 111 Rn 28 mwN). 14

e) Keine Güterrechtssachen gem I sind: Ansprüche, die ihre Grundlage im Recht der allg Ehewirkungen (§§ 1353-1362 BGB) haben (s § 266 Rn 14); Ansprüche zwischen Ehegatten, die im Güterstand der **Gütertrennung** leben; Ansprüche auf **erhöhten Erbteil gem § 1371 I 1 Hs 1 BGB** (PH/Heiter Rn 30); Streit um Zuwendung mit Anrechnungsbestimmung iSv § 1380 I 1 BGB (BayObLG FamRZ 83, 198, 200); Streit um Forderung, die zum Anfangs- oder Endvermögen eines Ehegatten gehört und sich auf den Zugewinnausgleich auswirkt (PH/Heiter Rn 31 mwN); schuldrechtl, sachenrechtl oder erbrechtl Ansprüche, die den Güterstand unberührt lassen (BGH NJW 78, 1923; PH/Heiter Rn 34), zB Darlehensforderung eines Ehegatten gegen den anderen (PH/Heiter Rn 34; zur darlehensw Überlassung des Zugewinnausgleichs s aber BGH NJW 79, 426, 427) oder Auseinandersetzung einer Gesellschaft (OLG Stuttgart FamRZ 85, 83), einer Miteigentumsgemeinschaft (OLGR Stuttgart 2003, 409) oder einer sonstigen beiderseitigen Beteiligung der Ehegatten an einzelnen Vermögensgegenständen (PH/Heiter Rn 34); Honorarforderung eines RA in einer Güterrechtssache (s Rn 12). Zur Vermögensauseinandersetzung der Ehegatten außerhalb des Güterrechts sa Wever FamRZ 2010, 237; Wever FamRZ 2012, 416. 15

f) Bei der güterrechtl Einordnung von Ansprüchen, die **ausländischem Sachrecht** unterliegen, ist sachgerecht darauf abzustellen, ob sie eine den entspr inländischen Normen vergleichbare Funktion haben (vgl BGH FamRZ 2020, 1073 für kollisonrechtl Qualifikation eines Brautgabeversprechens; Sternal/Giers Rn 7; PH/Heiter Rn 39 f mwN; sa BGH FamRZ 2019, 1345 Tz 6). In der Vergangenheit ist teilw ein Anspruch auf Rückgängigmachung von Zuwendungen oder Herausgabe einzelner Gegenstände nach *türkischem* Recht als güterrechtl angesehen (OLG Hamm FamRZ 1994, 1259; OLG Hamm FamRZ 1992, 963), überwiegend aber verneint worden (OLG Stuttgart FamRZ 1997, 1085: Hochzeitsgeschenke, Hausrat, Kleidung, Schmuck; OLG Hamm FamRZ 1993, 211: Hochzeitsgeschenke und Hausrat; OLG Köln FamRZ 1995, 236: Schmuckgeschenke; OLG Köln FamRZ 1994, 1476: Aussteuer). Als güterrechtl qualifiziert worden ist der Anspruch auf Rückgewähr einer Mitgift nach *griechischem* Recht (OLG Karlsruhe IPRax 1988, 294). Soweit entspr Streitigkeiten nicht als güterrechtl zu qualifizieren sind, dürfte es sich idR um sonstige FamStreitsachen iSv § 266 I Nr 2 (oder ggf Nr 1) handeln; zuständig ist dann ebenfalls das FamG, sie können aber nicht Folgesache sein (s § 266 Rn 26). – Ein **Brautgabeversprechen** kann als ehevertragl Regelung über die güterrechtl Verhältnisse zu behandeln sein, wenn diese Vereinbarung insb dahin ausgelegt werden kann, dass die Brautgabe an die Stelle des Anspruchs auf Zugewinnausgleich tritt; also nicht nur die Verpflichtung des Mannes zur Leistung der Brautgabe begründet, sondern darüber hinaus die Regelung aller auf der Ehe beruhenden Rechtsbeziehungen an den Vorstellungen einer islamisch geprägten Rechtsordnung ausgerichtet werden sollte (BGH FamRZ 2020, 1073 Tz 23 mwN; BGH FamRZ 1987, 463). Konsequent ist dann die Qualifikation als Güterrechtssache iSv I. Wenn aber die Ehefrau nur die dt Staatsangehörigkeit besitzt und die Ehe in Deutschland geschlossen und gelebt wurde, liegt es fern, dass das Brautgabeversprechen durch die übereinstimmende Vorstellung von der (vermeintl) Anwendbarkeit eines ausl Rechts geprägt worden sein könnte (BGH FamRZ 2020, 1073 Tz 24). In diesem (Regel-)Fall ist das Brautgabeversprechen nicht als güterrechtl, sondern familienrechtl **Vertrag sui generis** anzusehen (BGH FamRZ 2020, 1073 Tz 30; OLG Celle FamRZ 2023, 679). Dann ist die Annahme einer sonstigen Familienstreitsache iSv § 266 I Nr 2 konsequent. 16

g) Dagegen sind Ansprüche im Zusammenhang mit der Beendigung einer Eigentums- und Vermögensgemeinschaft gem **§§ 39-41 FGB-DDR** dem „ehel Güterrecht" iSv § 261 I zuzuordnen (sa BGH FamRZ 91, 794; BGH FamRZ 91, 1174; KG FamRZ 92, 566). Wie insb Art 234 § 4 II EGBGB zeigt, steht die Eigentums- und Vermögensgemeinschaft als ges Güterstand in dieser Hinsicht der Zugewinngemeinschaft (§ 1363 BGB) gleich. 17

18 **3) Güterrechtssachen gem § 261 II. a) Allgemeines.** II bezieht weitere Verfahrensgegenstände in den Begriff der Güterrechtssachen ein. Güterrechtssachen gem II sind jedoch im Gegensatz zu den von I erfassten Verf keine FamStreitsachen (s § 112 Nr 2), sondern Verf der **freiwilligen Gerichtsbarkeit**. Das Verf richtet sich bei ihnen allein nach dem FamFG, § 1. Güterrechtssachen gem II können aber wie die von I erfassten Verf gem § 137 II Nr 4 Folgesachen sein und in den Verbund einbezogen werden. Dies wird aber allenfalls einmal in Verf gem §§ 1382, 1383 BGB vorkommen. Zum (nur) dann bestehenden Anwaltszwang s § 114 I.

19 **b)** Bei **§ 1365 II BGB** geht es um die Ersetzung der Zustimmung des anderen Ehegatten bei einer *Verfügung über das Vermögen im Ganzen* oder einer entspr Verpflichtung. Funktionell zuständig ist der **Richter**. Entspr gilt für Verf gem **§ 1369 II BGB** betr *Haushaltsgegenstände*. Zur Wirksamkeit eines Beschlusses bei § 1365 II, § 1369 II BGB s § 40 III FamFG.

20 **c)** Für die Entscheidung über die *Stundung* einer Ausgleichsforderung (**§ 1382 BGB**) und die *Übertragung von Vermögensgegenständen* (**§ 1383 BGB**; jew auch iVm § 6 S 2 LPartG) ist gem § 3 Nr 3g, § 25 Nr 3b RPflG der **Rpfleger** funktionell zuständig, es sei denn, über die Ausgleichsforderung ist ein Rechtsstreit anhängig (s § 1382 V, § 1383 III BGB). In diesem Fall (jew auch iVm § 6 S 2 LPartG) hat der **Richter** zu entscheiden, und zwar gem § 265 durch einheitl Beschluss.

21 **d)** Gegenstand der **§§ 1426, 1430, 1452 BGB** ist jew die Ersetzung der für bestimmte Rechtsgeschäfte erforderl Zustimmung des anderen Ehegatten bei bestehender Gütergemeinschaft. Während im Fall des **§ 1452 BGB** der **Rechtspfleger** gem §§ 3g, 25 Nr 3a RPflG funktionell zuständig ist, ist es in den anderen Fällen der **Richter**. Zur Wirksamkeit eines Beschlusses bei § 1426, § 1430 und § 1452 BGB s § 40 III.

22 **e) Keine** Güterrechtssachen iSd § 261 II sind insb Verf nach den § 1411, § 1491 III, § 1492 III, § 1493 II BGB, da in diesen Fällen das Wohl des Mindj bzw Betreuten im Vordergrund steht. In der Sache geht es um die Reichweite der Befugnisse des Sorgeberechtigten, Vormunds oder Betreuers, so dass diese Angelegenheiten als Kindschafts- bzw Betreuungssachen zu definieren sind (BTDrs 16/6308, 261).

23 **III) Gebühren. 1) Gericht: a)** FamStreitsachen (I): 1220 FamGKG-KV. Die Geb 1100 GKG-KV aus einem Mahnverf (nach GKG!) wird wertentspr angerechnet (1220 Anm FamGKG-KV). Ermäßigung gem 1221 FamGKG-KV, nicht durch Versäumnisbeschluss (KG FamRZ 2012, 1165). Beschwerden: 1222 ff FamGKG-KV. Fälligkeit: § 9 I FamGKG. Vorauszahlung: § 14 I 1 FamGKG. – **b)** fG-FamSachen (II): Vorbem 1.3.2 Nr 6 FamGKG-KV, 1320 ff FamGKG-KV; Beschwerden: 1322-1328 FamGKG-KV. – **2) RA:** 3100, 3104 RVG-VV. Zur Anrechnung einer Geschäftsgeb (2300 RVG-VV): § 15a RVG. – Beschwerde: Vorbem 3.2.1 Nr 2b RVG-VV; Rechtsbeschwerde: Vorbem 3.2.2 Nr 1b RVG-VV. Das Zulassungsverf der Sprungrechtsbeschwerde gehört zum Rechtszug (§ 17 Nr 1, § 16 Nr 11, § 19 I 2 Nr 9 RVG). – Zum **Wert** s FamFG Anh Rn 1.25 u 1.24.

§ 262 Örtliche Zuständigkeit

(1) [1]Während der Anhängigkeit einer Ehesache ist das Gericht ausschließlich zuständig, bei dem die Ehesache im ersten Rechtszug anhängig ist oder war. [2]Diese Zuständigkeit geht der ausschließlichen Zuständigkeit eines anderen Gerichts vor.

(2) Im Übrigen bestimmt sich die Zuständigkeit nach der Zivilprozessordnung mit der Maßgabe, dass in den Vorschriften über den allgemeinen Gerichtsstand an die Stelle des Wohnsitzes der gewöhnliche Aufenthalt tritt.

1 **I) Allgemeines.** § 262 regelt die örtl Zuständigkeit **für alle Güterrechtssachen** gem § 261 I und II.

1a **II) Zuständigkeit bei Anhängigkeit einer Ehesache (§ 262 I). 1) Anhängigkeit einer Ehesache (§ 262 I 1). I 1** enthält eine Zuständigkeitskonzentration beim **Gericht der Ehesache**, wie sie auch in anderen FamSachen besteht. Während der Anhängigkeit einer Ehesache ist für eine Güterrechtssache dasj Gericht ausschließl zuständig, bei dem die Ehesache im 1. Rechtszug anhängig ist oder war. Der Begriff der Ehesachen wird in § 121 definiert. Es handelt sich um Verf auf Scheidung der Ehe (Scheidungssachen), auf Aufhebung der Ehe und solche auf Feststellung des Bestehens oder Nichtbestehens einer Ehe zwischen den Beteiligten. Bei mehreren Ehesachen ist § 123 zu beachten. Die **Anhängigkeit** einer Ehesache beginnt mit der Einreichung der entspr Antragsschrift beim FamG, § 124 S 1. Die Einreichung eines bloßen Antrags auf VKH reicht nicht aus (sa § 117 ZPO Rn 11 mwN). Die Anhängigkeit endet nicht durch bloßes Nichtbetreiben der Ehesache oder durch Weglegen der Akte gem § 7 AktO (BGH NJW-RR 93, 898). Sie endet durch Rücknahme des Antrags iSd § 121, durch übereinstimmende Erledigungserklärung beider Ehegatten, mit dem Tod eines Ehegatten (§ 131) oder mit Rechtskraft der Endentscheidung in der Ehesache. Ist die Ehesache in einer höheren Instanz anhängig, ist dasj FamG zuständig, bei dem die Ehesache in 1. Instanz anhängig war. Ob dieses Gericht seinerzeit zuständig war, *spielt keine Rolle (PH/Heiter Rn 7)*. Wird – etwa nach Abtrennung (§ 140) – der Scheidungsausspruch rkr, bevor über eine Folgesache entschieden wird, so begründet die alleinige Anhängigkeit der Folgesache nicht mehr den Gerichtsstand nach § 262 I 1 (BGH FamRZ 1982, 43).

2) Ausschließlichkeit der Zuständigkeit (§ 262 I 2). Die – vAw festzustellende – Zuständigkeit gem I 1 ist als eine ausschließl ausgestaltet, dh die Begründung einer Zuständigkeit kraft Vereinbarung (§ 38 ZPO) oder rügelose Einlassung ist ausgeschlossen, § 40 II ZPO. Gem **I 2** geht die Zuständigkeit des Gerichts der Ehesache auch der ausschließl Zuständigkeit eines anderen Gerichts vor. Dadurch wird die Zuständigkeitskonzentration beim Gericht der Ehesache noch verstärkt (PH/Heiter Rn 2). 2

3) Maßgeblicher Zeitpunkt. Im Ausgangspunkt ist für die örtl Zuständigkeit zunächst derj Zeitpunkt maßgebl, in dem das Gericht mit der Güterrechtssache befasst wird. Ist **bei ihrem Eingang** bei einem anderen Gericht schon eine Ehesache anhängig, die dieselbe Ehe betrifft, auf die sich die Güterrechtssache bezieht, so ist die Güterrechtssache dorthin formlos abzugeben. 3

Gleiches gilt, wenn **zwischen Anhängigkeit und Rechtshängigkeit** der Güterrechtssache bei einem anderen Gericht eine Ehesache anhängig wird. Ist zum Zeitpunkt der Feststellung dieses Umstands die Zustellung der Güterrechtssache bereits erfolgt und damit ihre Rechtshängigkeit eingetreten, ist die Sache an das Gericht der Ehesache gem § 281 ZPO (iVm § 262 II) zu verweisen. 4

Tritt die Anhängigkeit der Ehesache erst **nach Rechtshängigkeit der Güterrechtssache** ein, so bleibt das Gericht der Güterrechtssache gem § 261 III Nr 2 ZPO iVm § 262 II zunächst örtl zuständig. Wird die Ehesache danach auch rechtshängig, ist die Güterrechtssache nach § 263 S 1 an das Gericht der Ehesache abzugeben. 5

Endet die Anhängigkeit der Ehesache vor Rechtshängigkeit und Abgabe der Güterrechtssache, so kommt eine Abgabe bzw Verweisung der Güterrechtssache zum ehemaligen Gericht der Ehesache nicht mehr in Betracht. Dessen Zuständigkeit ist vielmehr entfallen (BGH NJW 81, 126 = FamRZ 81, 23). Gleiches gilt, wenn die Anhängigkeit der Ehesache nach Rechtshängigkeit und vor Verweisung der Güterrechtssache endet. Das ursprüngl unzuständige Gericht der Güterrechtssache wird dann ggf nach Maßgabe des § 262 II zuständig. § 261 III Nr 2 ZPO steht dem nicht entgegen (s § 261 ZPO Rn 12). 6

III) Zuständigkeit ohne Ehesache (§ 262 II). Gem II bestimmt sich die örtl Zuständigkeit „iÜ", dh wenn eine Ehesache nicht anhängig ist, in allen Güterrechtssachen (§ 261 I und II) nach den **Vorschriften der ZPO.** Damit sind nicht nur die in der ZPO geregelten Gerichtsstände – zu denen auch der des Widerantrags iSv § 33 ZPO gehört (OLG Schleswig FamRZ 2015, 1519) – gemeint, sondern auch etwa die dortigen Vorschriften über Wahl, gerichtl Bestimmung, Vereinbarung und Fortdauer der Zuständigkeit (§§ 36-40, § 261 II ZPO) und über die Verweisung (§ 281 ZPO). Auch in Verf gem § 261 II sind damit – systemwidrig – die § 2 und § 3 zur örtl Zuständigkeit bzw Verweisung nicht anwendbar (PH/Heiter Rn 10). 7

Bei den Vorschriften der ZPO über den **allgemeinen Gerichtsstand** – § 13, § 15 I und § 16 ZPO – tritt an die Stelle des Wohnsitzes der gewöhnl Aufenthalt. Gewöhnl Aufenthalt ist der, an dem sich jemand tatsächl längere Zeit aufhält, gleichgültig, ob er vorübergehend abwesend ist. iE s § 122 Rn 3 ff. 8

II ist **keine abschließende Regelung.** Sind im konkreten Fall Vorschriften außerhalb der ZPO inhaltl einschlägig, können sie zur Anwendung kommen (PH/Heiter Rn 11). 9

§ 263 Abgabe an das Gericht der Ehesache

[1]Wird eine Ehesache rechtshängig, während eine Güterrechtssache bei einem anderen Gericht im ersten Rechtszug anhängig ist, ist diese von Amts wegen an das Gericht der Ehesache abzugeben. [2]§ 281 Abs. 2 und 3 Satz 1 der Zivilprozessordnung gilt entsprechend.

I) Allgemeines. In FamSachen gilt als Form der Überleitung von Verf einheitl die Abgabe, und zwar auch im Unterhalts- und Güterrecht. Führendes Gericht in FamSachen ist grds das Gericht der Ehesache, an das andere FamSachen abzugeben sind, sa §§ 123, 153, 202, 233, 268. Eine Abgabe gem § 263 findet statt, wenn eine Ehesache bei einem dt Gericht rechtshängig wird, während eine Güterrechtssache gem § 261 bei einem anderen dt Gericht im 1. Rechtszug anhängig ist. Zwischen ausl und dt Gerichten findet keine Abgabe statt. 1

II) Voraussetzungen. 1) Rechtshängigkeit einer Ehesache. Eine Ehesache muss rechtshängig werden. Dazu muss die Antragsschrift **zugestellt** werden (§ 113 I 2 FamFG iVm § 261 I, § 253 I ZPO). Wird im **VKH**-Verf der Entwurf einer Antragsschrift dem Gegner zur Stellungnahme übersandt, so wird der Antrag dadurch nicht rechtshängig (BGHZ 7, 268; sa § 117 ZPO Rn 11 mwN). Wird *während* der Rechtshängigkeit der Ehesache eine Güterrechtssache bei einem gem § 262 unzuständigen Gericht anhängig gemacht, gilt § 263 nicht etwa analog. Vielmehr ist der Antrag als unzulässig abzuweisen, wenn der ASt nicht Verweisung an das zuständige Gericht beantragt (keine Verweisung vAw). Die hierdurch entstehenden Mehrkosten hat der ASt zu tragen (§ 281 III 2 ZPO). 2

2) Anhängige Güterrechtssache. a) Die **abzugebende Sache** muss eine Güterrechtssache iSd § 261 I oder II sein. Auch ZwV-Sachen sind abzugeben, soweit sie eine Güterrechtssache betreffen. Die Zuständigkeit des Ehe- 3 gerichts (§ 262 I) ist vorrangig auch ggü der ausschließl Zuständigkeit des Gerichts des 1. Rechtszugs für Vollstreckungsabwehranträge (§§ 887 ff, § 767 I, § 802 ZPO), § 262 I 2 (s § 262 Rn 2).

4 **b)** Die abzugebende Sache braucht nur **anhängig**, noch nicht rechtshängig zu sein. Die Anhängigkeit beginnt mit dem Eingang einer Antragsschrift bei Gericht, nicht schon bei Einreichung eines isolierten VKH-Gesuchs. Eine Sache ist solange **im 1. Rechtszug** anhängig, wie dort noch keine abschließende Entscheidung ergangen ist. Ist eine solche ergangen, ist für eine Abgabe gem § 233 kein Raum mehr; denn der Zweck des § 263, alle Entscheidungen beim Gericht der Ehesache zu konzentrieren, kann nicht mehr erreicht werden (so für die frühere Rechtslage gem § 621 II ZPO aF BGH FamRZ 2001, 618; BGH FamRZ 85, 800 mwN). Geht in einer Güterrechtssache, die beim FamG X anhängig ist, eine Beschwerde gegen eine Nebenentscheidung (insb VKH) ein und wird beim FamG Y eine Ehesache ders Beteiligten rechtshängig, geht die Zuständigkeit für das Rechtsmittel auf das dem FamG Y übergeordnete OLG über. An dieses FamG ist daher die Sache – zum Zwecke zunächst einer Abhilfeprüfung – abzugeben (BGH FamRZ 2001, 618 zu § 621 III ZPO aF).

5 **c)** Nicht abzugeben sind in der **Rechtsmittelinstanz** anhängige Güterrechtssachen (BGH FamRZ 85, 800 mwN zu § 621 III ZPO aF). Der fortgeschrittene Verfahrensstand verbietet einen Zuständigkeitswechsel. Verweist aber die Rechtsmittelinstanz die Sache nach Aufhebung der erstinstanzl Entscheidung an das FamG zurück, so hat sie sie zugleich an das Gericht der Ehesache abzugeben (vgl BGH FamRZ 80, 444 = NJW 80, 1392 = MDR 80, 565; OLG Hamburg NJW-RR 93, 1286).

6 **III) Verfahren und Wirkung. 1) Überblick.** Über die Abgabe braucht nicht mündl verhandelt zu werden, § 113 I 2 FamFG iVm § 128 IV ZPO, es ist aber den Beteiligten rechtl Gehör zu gewähren. Der Abgabebeschluss ist **unanfechtbar** und für das Gericht der Ehesache **bindend** (§ 263 S 2; § 281 II 2 ZPO). Für die an das Gericht der Ehesache bindend abgegebene Güterrechtssache bleibt dieses Gericht zuständig, auch wenn der Antrag in der Ehesache nicht weiterverfolgt, ruhen gelassen, zurückgenommen oder abgewiesen wird (perpetuatio fori); das Gericht der (früher bei ihm rechtshängig gewesenen) Ehesache darf die Sache nun nicht wieder zurück(ab) geben. Eine Weiterabgabe der abgegebenen Sache ist aber bei Verweisung der Ehesache gem § 281 I ZPO erforderl, ebenso wenn ein Scheidungsantrag abgewiesen und später bei einem anderen Gericht erneut die Scheidung beantragt wird.

7 **2) Bindung und fehlerhafte Abgabe.** Dem sich aus § 263 ergebenden unbedingten Vorrang der Zuständigkeit des Gerichts der Ehesache entnimmt die Rechtsprechung, dass eine Abgabe an dieses auch dann zulässig ist, wenn dieses zuvor rechtswidrig, aber gem S 2 iVm § 281 II ZPO grds bindend, die Güterrechtssache an das abgebende Gericht verwiesen hatte (OLG Hamm FamRZ 2000, 841; OLG Frankfurt FamRZ 88, 184 = NJW-RR 88, 1350; PH/Heiter Rn 6). Wurde eine Unterhaltssache zunächst bindend verwiesen und erst dann eine Ehesache bei dem verweisenden Gericht rechtshängig, ist die verwiesene Sache aber gestützt auf § 263 auf jeden Fall zurückzugeben. Für die an das Gericht der Ehesache bindend abgegebene Güterrechtssache bleibt dieses Gericht zuständig, auch wenn der Antrag in der Ehesache nicht weiterverfolgt, ruhen gelassen, zurückgenommen oder abgewiesen wird (perpetuatio fori). Eine Weiterabgabe der abgegebenen Sache ist aber bei Verweisung der Ehesache gem § 281 I ZPO erforderl, ebenso wenn ein Scheidungsantrag abgewiesen und später bei einem anderen Gericht erneut die Scheidung beantragt wird. Eine Abgabe in der **irrtümlichen Annahme**, eine Ehesache sei rechtshängig, ist nicht bindend (BGH NJW-RR 96, 897).

8 **3) Rechtsfolge der Abgabe.** Die abgegebene Güterrechtssache wird gem § 137 II 1 Nr 2, IV von selbst ohne Dispositionsmöglichkeit (s § 137 Rn 2) zu einer **Folgesache im Verbund**, wenn die Voraussetzungen des § 137 II gegeben sind. Hierzu muss der ASt der übergeleiteten Güterrechtssache erklären, dass er eine Entscheidung für den Fall der Scheidung begehrt (s § 137 Rn 2). Handelt es sich bei der rechtshängigen Ehesache nicht um ein Scheidungsverf (s § 121 Nr 2, 3), so kommt nur eine Verbindung, dagegen kein Verbund iSd § 137 I in Betracht.

9 **IV) Beim Abgabegericht entstandene Kosten.** Die bis zur Überleitung entstandenen Kosten werden als Teil der Kosten beim Gericht der Ehesache behandelt (§ 263 S 2; § 281 III 1 ZPO). Nicht anwendbar ist § 281 III 2 ZPO, denn kein Beteiligter hat zunächst ein unzuständiges Gericht angerufen und verdient es deshalb, mit den hierdurch entstandenen Kosten allein belastet zu werden (sa Rn 2).

10 **V) Gebühren.** Wie § 268 Rn 2.

§ 264 Verfahren auf Stundung und auf Übertragung von Vermögensgegenständen

(1) [1]In den Verfahren nach den §§ 1382 und 1383 des Bürgerlichen Gesetzbuchs sowie nach § 1519 des Bürgerlichen Gesetzbuchs in Verbindung mit Artikel 12 Absatz 2 Satz 2 und Artikel 17 des Abkommens *vom 4. Februar 2010* zwischen der Bundesrepublik Deutschland und der Französischen Republik über den Güterstand der Wahl-Zugewinngemeinschaft wird die Entscheidung des Gerichts erst mit Rechtskraft wirksam. [2]Eine Abänderung oder Wiederaufnahme ist ausgeschlossen.

(2) In dem Beschluss, in dem über den Antrag auf Stundung der Ausgleichsforderung entschieden wird, kann das Gericht auf Antrag des Gläubigers auch die Verpflichtung des Schuldners zur Zahlung der Ausgleichsforderung aussprechen.

I) Allgemeines. Bei den Verf gem § 1382 und § 1383 BGB handelt es sich um Güterrechtssachen iSv § 261 II, dh um Verf der freiw Gerichtsbarkeit (s § 261 Rn 18, 20). Anträge gem § 1382 und § 1383 BGB sind auch nebeneinander mögl; die diesbzgl Verf können **verbunden** werden (PH/Heiter Rn 15). – Das zusätzl aufgeführte Verf gem § 1519 BGB ist Teil der innerstaatl Umsetzung des dt-franz Abk v 4.2.2010 über den Güterstand der Wahl-Zugewinngemeinschaft, das am 1.5.2013 in Kraft getreten ist (s § 261 Rn 1). 1

II) Verfahren gem § 1382 BGB. 1) Zweck. Die alsbaldige Erfüllung einer Ausgleichsforderung stößt beim Sch häufig auf erhebl Schwierigkeiten. Nicht selten hat er die zur Tilgung der Schuld erforderl liquiden Mittel nicht zur Verfügung. Dann muss er ggf Vermögenswerte veräußern oder einen Kredit aufnehmen. In dieser Situation hat der Sch gem § 1382 BGB die Möglichkeit, die der Höhe nach feststehende Ausgleichsforderung stunden zu lassen. Stundung bedeutet das **Hinausschieben der Fälligkeit** einer Forderung bei Bestehenbleiben der Erfüllbarkeit (BGH NJW 2000, 2580, 2582). Wird das FamG in dieser Hinsicht *rechtsgestaltend* tätig, hat es zugleich nach billigem Ermessen über Höhe und Fälligkeit der **Verzinsung** (§ 1382 II, IV BGB) zu entscheiden. Darüber hinaus kommt auf Antrag die Anordnung einer **Sicherheitsleistung** in Betracht (§ 1382 III, IV BGB). 2

2) Voraussetzungen. a) Um der Stundung zu unterliegen, muss die **Ausgleichsforderung bereits entstanden** sein (Staudinger/Thiele § 1382 BGB Rn 5). Gem § 1378 III 1 BGB entsteht die Ausgleichsforderung mit der Beendigung des (ges) Güterstands, dh mit rkr Scheidung (§§ 1564 ff BGB) bzw Eheaufhebung (§ 1313 BGB), mit rkr Urteil auf vorzeitigen Zugewinnausgleich (§§ 1385 ff BGB) oder mit Wirksamkeit einer entspr ehevertragl Regelung (Grüneberg/Siede § 1372 BGB Rn 13). 3

Die §§ 1373-1388, § 1390 BGB finden auch Anwendung, wenn der Güterstand durch **Tod eines Ehegatten** beendet und der überlebende Ehegatte nicht Erbe wird – zB wegen Enterbung, Erbunwürdigkeit, im Falle des § 1933 BGB – und ihm auch kein Vermächtnis zusteht. Dann kann der überlebende Ehegatte den Zugewinnausgleich verlangen (§ 1371 II BGB). Andernfalls ist § 1382 nicht anwendbar (Staudinger/Thiele § 1382 BGB Rn 6). 4

b) Antrag. aa) Das FamG stundet eine Ausgleichsforderung nicht vAw, sondern nur auf Antrag des Sch. Sind **Miterben** Sch, kann jeder einzelne von ihnen gem § 2038 I 2 BGB den Antrag stellen, wenn die Mitwirkung oder Zustimmung der anderen nicht rechtzeitig zu erreichen ist (Staudinger/Thiele § 1382 BGB Rn 7 mwN). 5

bb) Zwar reicht ein **Verfahrensantrag** iSv § 23 aus. Es empfiehlt sich aber, einen *bestimmten* Sachantrag zu stellen und insb die *begehrte Stundungsfrist* anzugeben. Der Antrag kann auf einen Teil der Ausgleichsforderung beschränkt werden (PH/Heiter Rn 15), insb wenn nur diese unstreitig (s Rn 7) ist. 6

cc) Außerhalb eines anhängigen Verfahrens über die Ausgleichsforderung (§ 1382 V BGB) ist ein Stundungsantrag nur zulässig, wenn die Forderung unbestritten ist (§ 1382 I BGB). Dem gleichzustellen ist ein rkr Titel über sie (PH/Heiter Rn 7 mwN), sofern die eine Stundung rechtfertigenden Gründe erst nachträgl entstanden sind (OLG Stuttgart FamRB 2013, 310; OLG Naumburg FamRZ 2003, 375). Bestreitet der Sch nach Einleitung des Stundungsverf das Bestehen oder die Höhe der Ausgleichsforderung, kommt eine (positive) Stundungsentscheidung im isolierten Verf nicht mehr in Betracht. 7

dd) Ist (oder wird) ein **Verfahren über die Ausgleichsforderung** beim Gericht X anhängig, ist über die Stundung nicht (mehr) durch das Gericht Y zu entscheiden. Ein dort anhängiges (isoliertes) Stundungsverf ist (nunmehr) unzulässig und auf Antrag an das Gericht X abzugeben (PH/Heiter Rn 11, 14). Das Gericht X hat dann über die Ausgleichsforderung als solche und über deren Stundung entspr § 265 durch einheitl Beschluss zu entscheiden. 8

ee) Die Verf über die Ausgleichsforderung und den Stundungsantrag können entweder **getrennt** von einer Scheidungssache oder nach Maßgabe des § 137 als **Folgesache** im Verbund geführt werden. **Funktionell zuständig** ist in beiden Fällen der Richter (PH/Heiter Rn 8, 10). Zur funktionellen Zuständigkeit des Rpflegers iÜ s § 261 Rn 20. 9

ff) Im Verf gem § 1382 BGB besteht weder vor dem FamG noch vor dem OLG **Anwaltszwang**, es sei denn, das Verf wird als Folgesache geführt, § 114 I, und es liegt keiner der in § 114 IV aufgeführten Ausnahmefälle vor. 10

gg) Der Stundungsantrag ist an **keine Frist** gebunden. Ist ein Verf über die Ausgleichsforderung anhängig (s Rn 8), muss er spätestens in der letzten mündl Verh der Tatsacheninstanz, auch erstmals vor dem OLG, gestellt werden (Staudinger/Thiele § 1382 BGB Rn 8; PH/Heiter Rn 15 aE). 11

hh) Der Antrag kann gem § 22 I bis zur Rechtskraft der Endentscheidung **zurückgenommen** werden. 12

c) Sofortige Zahlung zur Unzeit. aa) Etwaige Stundungsgründe iSd § 1382 **I 1** BGB müssen auf der *gegenwärtigen* **Lage des Schuldners** beruhen. Eine Verbesserung seiner Lage muss zu erwarten sein (OLG Köln FamRZ 2009, 1070). Dem Sch ist es grds durchaus zuzumuten, die Vermögenssubstanz anzugreifen. Übermäßig und damit „zur Unzeit“ kann es ihn aber treffen, wenn er gezwungen wäre, bestimmte Gegenstände zu veräußern, 13 die seine Lebens- oder Existenzgrundlage bilden, etwa ein Unternehmen oder eine Gesellschaftsbeteiligung, oder eine im Fälligkeitszeitpunkt völlig unökonomische Verwertung vorzunehmen (OLG Hamm FamRZ 2015, 580). Neben solchen wirtschaftl Gesichtspunkten können auch solche aus dem persönl Bereich, etwa die *Dauer* der *Ehe* oder das *Verhalten* der Eheleute sowohl im wirtschaftl als auch im persönl Bereich für die Beurteilung der Frage relevant sein, ob eine Leistungspflicht zur Unzeit vorliegt.

14 Im Rahmen von **§ 1382 I 1 BGB** sind die **Interessen des Gläubigers** zu berücksichtigen. Ist ihm eine Stundung nicht oder nicht über einen gewissen Zeitraum hinaus zuzumuten, darf sie nicht oder nicht für eine längere Zeit angeordnet werden, zB dann, wenn für den Gl von der Zahlung der *Aufbau einer wirtschaftl Existenz* abhängt (Grüneberg/Siede § 1382 BGB Rn 2). Dagegen ist ihm eine Stundung regelmäßig zuzumuten, wenn er durch sie keine wesentl wirtschaftl Nachteile erleidet. Daneben können bei der **Interessenabwägung** auch persönl Daten, insb ein *schuldhaftes Verhalten eines der Ehegatten* während der Ehe zu berücksichtigen sein (Staudinger/Thiele § 1382 BGB Rn 20).

15 **bb)** Im Fall des **§ 1382 I 2 BGB** kommt es auf die Verschlechterung der **Lebensverhältnisse gemeinsamer Kinder** an. Zu denken ist insb an die drohende Veräußerung des Familienheims, ohne dass Wohnverhältnisse annähernd vergleichbarer Art an dessen Stelle träten. Auch das Erfordernis eines Schulwechsels oder eine unzureichende Versorgung kranker oder behinderter Kinder infolge fehlender Einrichtungen können relevant sein (Staudinger/Thiele § 1382 BGB Rn 12). Die Regelung gilt auch für vollj wirtschaftl noch unselbständige Kinder im Haushalt des Sch (Grüneberg/Siede § 1382 BGB Rn 3). Eine Abwägung mit den **Interessen des Gläubigers** findet im Rahmen von § 1382 I 2 BGB grds **nicht** statt.

16 **cc)** Die **Interessen sonstiger Dritter** (zB Erhalt von Arbeitsplätzen) sind bei der Stundungsentscheidung nicht von Belang (Staudinger/Thiele § 1382 BGB Rn 20 aE mwN).

17 **dd)** In den Verf gem §§ 1382, 1383 BGB gilt der **Amtsermittlungsgrundsatz**, dh das Gericht hat die zur Feststellung der entscheidungserhebl Tatsachen erforderl Ermittlungen gem § 26 vAw durchzuführen. Die Beteiligten (s § 7) sind zur Mitwirkung verpflichtet, § 27.

18 **3) Entscheidung. a) Inhalt.** Das Gericht kann die beantragte **Stundung** insgesamt ablehnen, ledigl hinsichtl eines Teilbetrags aussprechen, bestimmte Zahlungstermine festsetzen und eine sog Verfallklausel aufnehmen (PH/Heiter Rn 18). Zudem entscheidet es nach billigem Ermessen über Höhe und Fälligkeit der gem § 1382 II BGB geschuldeten **Zinsen** und über Art und Umfang einer seitens des Gl beantragten **Sicherheitsleistung**, § 1382 IV BGB.

19 Auf Antrag des Gl kann das Gericht gem **II** mit der Entscheidung über den Stundungsantrag auch die Verpflichtung des Sch zur **Zahlung der Ausgleichsforderung** aussprechen, es sei denn, der Stundungsantrag ist bereits als unzulässig abzuweisen (PH/Heiter Rn 19). Der Ausspruch der Verpflichtung stellt einen VollstrTitel dar (PH/Heiter Rn 19).

20 **b) Form.** Die Endentscheidung ergeht durch **Beschluss**. Dieser ist zu **begründen** und mit einer **Rechtsmittelbelehrung** zu versehen, §§ 38, 39. – Mit der Endentscheidung über den Stundungsantrag ist auch über die Kosten zu entscheiden. Die **Kostenentscheidung** richtet sich in isolierten Verf (s Rn 7) nach den §§ 80 ff, im Verbund (s Rn 9) gilt § 150.

21 **c) Wirksamkeit.** Die Stundungsentscheidung wird gem **I 1** erst **mit Rechtskraft** wirksam. Bei Folgesachen ist § 148 zu beachten. Die Anordnung der sof Wirksamkeit ist anders als etwa in § 216 I 2 in Verf gem § 1382 BGB nicht vorgesehen.

22 **4) Rechtsmittel.** Gegen Endentscheidungen in Verf gem § 1382 BGB findet gem §§ 58 ff die Beschwerde statt. Das Gericht, das den angefochtenen Beschluss erlassen hat, ist gem § 68 I 2 zur Abhilfe nicht befugt. Die Statthaftigkeit einer Rechtsbeschwerde zum BGH richtet sich nach den §§ 70 ff.

23 **5) Keine Abänderung oder Wiederaufnahme.** Eine Abänderung oder Wiederaufnahme ist gem **I 2** ausgeschlossen. Wie sich aus der Gesetzesbegr ergibt (s BTDrs 16/6308, 262), soll insoweit allein die **spezielle Regelung des § 1382 VI BGB** gelten, wonach das FamG eine rkr (Stundungs-)Entscheidung auf Antrag aufheben oder ändern kann, wenn sich die Verhältnisse nach der Entscheidung wesentl geändert haben. Soweit Heiter die Ansicht vertritt, es erscheine trotz des scheinbar eindeutigen Wortlauts vertretbar, die Wiederaufnahme gem § 48 II zuzulassen (PH/Heiter Rn 25), vermag sein Hinweis auf ein mögl Redaktionsversehen nicht zu überzeugen.

24 **III) Verfahren gem § 1383 BGB. 1) Zweck.** Während die §§ 1381, 1382 BGB der Beseitigung oder Milderung von Härten dienen, die bei der Durchführung des Zugewinnausgleichs auf Seiten des Sch auftreten können, geht es bei § 1383 BGB um eine **Billigkeitskorrektur** allein **zugunsten des Gläubigers**. Dieser kann im Einzelfall ein berechtigtes Interesse daran haben, dass ihm bestimmte Gegenstände unter Anrechnung auf die Ausgleichsforderung übertragen werden.

25 **2) Voraussetzungen. a) Antrag.** Der Gl muss in dem gem § 1383 I BGB erforderl Antrag gem § 1383 II BGB diej **Gegenstände**, deren Übertragung er begehrt, bezeichnen. Insofern handelt es sich um einen Verf- und Sachantrag (Grüneberg/Siede § 1383 BGB Rn 7).

Außerdem muss die **Ausgleichsforderung** jedenfalls in der Höhe feststehen, die dem für den zu übertragenden Gegenstand anzurechnenden Betrag entspricht; andernfalls ist der Übertragungsantrag unbegründet (PH/Heiter Rn 12). Ob die Ausgleichsforderung iÜ unbestritten ist oder nicht, spielt keine Rolle (PH/Heiter Rn 12). 26

Ist ein Verf über die Ausgleichsforderung anhängig, so kann der Antrag auf Übertragung nur in diesem Verf gestellt werden (§ 1383 III iVm § 1382 V BGB). 27

Zur **funktionellen Zuständigkeit** s Rn 9. 28

b) Eine **grobe Unbilligkeit** für den Gl iSv § 1383 I BGB liegt vor, wenn nach den Umständen des einzelnen Falles das Gerechtigkeitsempfinden in unerträgl Weise verletzt wäre, wenn der Gl durch Geldleistung befriedigt bzw wenn ihm die Zuweisung bestimmter Gegenstände versagt würde (Staudinger/Thiele § 1383 BGB Rn 3). Dies ist eher selten der Fall, etwa wenn es in Zeiten „galoppierender Inflation" mit sehr rapidem Geldwertverfall an (relativ) wertbeständigen Anlagemöglichkeiten fehlt (Staudinger/Thiele § 1383 BGB Rn 4) oder wenn der Gl zu einzelnen Gegenständen in einer bes engen Beziehung steht (Grüneberg/Siede § 1383 BGB Rn 4 mwN). Die Zahlungsunwilligkeit des Sch als solche reicht idR nicht aus, im Einzelfall aber ungewöhnl Schwierigkeiten bei der Durchsetzung der Geldforderung (Staudinger/Thiele § 1383 BGB Rn 6). 29

3) **Entscheidung.** Ist der Antrag gem § 1383 BGB begründet, so wird der Sch durch das Gericht verpflichtet, **bestimmte Gegenstände** (Sachen, Rechte) auf den Gl **zu übertragen**. Das Gericht ist dabei an die im Antrag bezeichneten Gegenstände gebunden und darf nicht etwa die Übertragung anderer Sachen anordnen (PH/Heiter Rn 20). Dagegen kann es den auf die Ausgleichsforderung **anzurechnenden Betrag** abw von insoweit etwa gestellten Anträgen festsetzen (PH/Heiter Rn 20). Mangels Regelung in II kann die Ausgleichsforderung selbst nicht tituliert werden. 30

4) **Rechtsmittel.** Insoweit wird auf die Erläuterung oben (s Rn 22) verwiesen. 31

5) **Keine Abänderung oder Wiederaufnahme.** Eine Abänderung oder Wiederaufnahme von Verf gem § 1383 BGB ist gem I 2 ausgeschlossen. Auch eine dem § 1382 VI BGB entspr Regelung (s Rn 23) fehlt. 32

§ 265 Einheitliche Entscheidung

Wird in einem Verfahren über eine güterrechtliche Ausgleichsforderung ein Antrag nach § 1382 Abs. 5 oder § 1383 Abs. 3 des Bürgerlichen Gesetzbuchs gestellt, ergeht die Entscheidung durch einheitlichen Beschluss.

Während das „Verf über eine güterrechtl Ausgleichsforderung" zu den FamStreitsachen gehört (§ 112 Nr 2), sind die Anträge gem § 1382 V bzw § 1383 III BGB FamSachen der fG (s § 264 Rn 1). Daran ändert die Entscheidung durch einheitl Beschluss iSv § 265 nichts. Soweit für die **verschiedenen Teile** des einheitl Beschlusses infolgedessen **unterschiedliche Vorschriften** gelten (s § 113 I), die sich nicht auf einen Teil des Beschlusses beschränken lassen, ist diej Regelung anzuwenden, die die weiter gehenden formalen Anforderungen enthält (PH/Heiter Rn 3). Das führt idR zur Anwendung der für FamStreitsachen geltenden Regelungen. 1

Abschnitt 11
Verfahren in sonstigen Familiensachen (§§ 266-268)

§ 266 Sonstige Familiensachen

(1) Sonstige Familiensachen sind Verfahren, die

1. **Ansprüche zwischen miteinander verlobten oder ehemals verlobten Personen im Zusammenhang mit der Beendigung des Verlöbnisses sowie in den Fällen der §§ 1298 und 1299 des Bürgerlichen Gesetzbuchs zwischen einer solchen und einer dritten Person,**
2. **aus der Ehe herrührende Ansprüche,**
3. **Ansprüche zwischen miteinander verheirateten oder ehemals miteinander verheirateten Personen oder zwischen einer solchen und einem Elternteil im Zusammenhang mit Trennung oder Scheidung oder Aufhebung der Ehe,**
4. **aus dem Eltern-Kind-Verhältnis herrührende Ansprüche oder**
5. **aus dem Umgangsrecht herrührende Ansprüche**

betreffen, sofern nicht die Zuständigkeit der Arbeitsgerichte gegeben ist oder das Verfahren eines der in § 348 Abs. 1 Satz 2 Nr. 2 Buchstabe a bis k der Zivilprozessordnung genannten Sachgebiete, das Wohnungseigentumsrecht oder das Erbrecht betrifft und sofern es sich nicht bereits nach anderen Vorschriften um eine Familiensache handelt.
(2) Sonstige Familiensachen sind auch Verfahren über einen Antrag nach § 1357 Abs. 2 Satz 1 des Bürgerlichen Gesetzbuchs.

1 **I) Überblick.** Mit § 266 hat der Gesetzgeber des FamFG den Zuständigkeitsbereich der FamG deutl erweitert (**„Großes Familiengericht"**). Damit sollen bestimmte Zivilrechtsstreitigkeiten, die eine besondere Nähe zu familienrechtl geregelten Rechtsverhältnissen aufweisen oder die in engem Zusammenhang mit der Auflösung eines solchen Rechtsverhältnisses stehen, ebenfalls FamSachen sein (BGH FamRZ 2018, 1853). Als sonstige FamSachen iSv § 266 I kommen neben Hauptsacheverf auch Verf des **einstweiligen Rechtsschutzes** in Betracht. Sonstige FamSachen sind **keine Folgesachen** iSv § 137 II.

2 I umfasst zum einen Ansprüche, die ihren Grund in einem **familienrechtlichen Verhältnis** wie der Ehe, der Eltern-Kind-Beziehung und der gemeinsamen Elternschaft (Umgangsrecht) haben (I Nr 2, 4, 5); zum anderen solche, die sich aus der Beendigung von Verlöbnis oder Ehe bzw ehel Zusammenleben ergeben (I Nr 1, 3), wobei Ansprüche zwischen einem Ehegatten und dem Elternteil eines Ehegatten einbezogen werden. **Nicht** in die familiengerichtl Zuständigkeit fallen dagegen nach wie vor Vermögensstreitigkeiten nach gescheiterter **nichtehelicher Lebensgemeinschaft** (s Rn 12).

3 Gem **II** gehören auch Anträge gem § 1357 II 1 BGB zu den „sonstigen FamSachen".

4 **II) Sonstige Familiensachen gem § 266 I. 1) Der Anspruchsbegriff des § 266 I. a)** Sonstige FamSachen iSv I sind Verf, die einen der in den Nr 1-5 aufgeführten Ansprüche betreffen und nicht von der sich anschließenden Ausschlussklausel („sofern nicht …") erfasst werden (s hierzu Giers NZFam 2018, 794). Der Begriff „Anspruch" ist bei § 266 I weit auszulegen und umfasst **jede materiell-rechtliche Rechtsposition**. So können neben Ansprüchen iSv § 194 BGB auch dingl oder sonstige absolute Rechte sowie Gestaltungsrechte „Ansprüche" iSd § 266 I sein (PH/Heiter Rn 30).

5 **b)** Nicht entscheidend ist, ob die Streitigkeit **vermögensrechtlicher oder nichtvermögensrechtlicher** Art ist. Auch nichtvermögensrechtl Auseinandersetzungen, wie etwa Streitigkeiten wegen privater Beleidigungen zwischen Ehegatten oder Verf wegen Herausgabe von privatem Bildmaterial oder eines Tagebuchs, können Gegenstand einer sonstigen FamSache gem I sein (BTDrs 16/6308, 262).

6 **c)** Es kommt auch nicht darauf an, wer die Beteiligten des konkreten Streitverf sind; entscheidend ist die **Rechtsnatur des Anspruchs bei seiner Entstehung**. Soweit er nachträgl auf Aktiv- oder Passivseite auf einen Dritten übergegangen ist bzw von einem Dritten geltend gemacht wird, ändert das nichts an der Einordnung eines Verf als sonstige FamSache (BTDrs 16/6308, 262).

7 **2) Die 5 Fallgruppen des § 266 I. a) Allgemeines. aa)** Bei der **Prüfung der Zuständigkeit** bedürfen die zuständigkeitsbegründenden Tatsachen dann keines Beweises, wenn sie gleichzeitig notwendige Tatbestandsmerkmale des Anspruchs selbst, sog **doppelrelevante Tatsachen**, sind (generell BGH NJW 2010, 873). Dann ist für die Zuständigkeitsfrage die Richtigkeit des Vorbringens des ASt zu unterstellen (BGH NJW 2010, 873), auf das es allein ankommt (PH/Helms Rn 17). Sind die zuständigkeitsbegründenden Tatsachen nicht zugleich notwendige Tatbestandsmerkmale des geltend gemachten Anspruchs, kann die Zuständigkeit nur aufgrund unbestrittener oder ggf bewiesener Tatsachen – für die der ASt die Beweislast trägt – festgestellt werden (BGH FamRZ 2013, 281; BGH NJW 2010, 873; PH/Helms Rn 17 mit Bsp). Bei dieser Zuständigkeitsprüfung ist zumindest für die Zuständigkeit gem I Nr 3 im Rahmen einer **Gesamtbetrachtung** auch das Verteidigungsvorbringen der Gegenseite zu berücksichtigten (BGH FamRZ 2024, 1706; BGH FamRZ 2018, 839; BGH FamRZ 2017, 1599).

8 **bb)** Bei der **Abgrenzung zu einer Nichtfamiliensache** sind die Tatbestandsmerkmale von § 266 im Hinblick auf die gewünschte möglichst umfassende Zuständigkeit der FamG **großzügig** auszulegen (BGH FamRZ 2024, 1381; BGH FamRZ 2024, 1135; BGH FamRZ 2018, 1853 Tz 13). Eine FamSache und eine **Nichtfamiliensache** können auch bei inhalt Zusammenhang **nicht in einem Verfahren** zur Entscheidung gestellt werden. In einem solchen Fall ist die NichtFamSache abzutrennen und an das zuständige Gericht zu verweisen oder abzugeben (BGH NJW 1981, 2417; BayObLG FamRZ 2003, 1569). Gleiches gilt für einen Widerantrag, der auf einen nichtfamilienrechtl Anspruch gestützt wird (BGH NJW 1979, 426; PH/Heiter Rn 19; zum hilfsw gestellten Antrag s BGH NJW 1981, 2417; PH/Heiter Rn 20). Werden dagegen familienrechtl und nichtfamilienrechtl Anspruchsgrundlagen auf einen **einheitlichen Sachverhalt** gestützt und ist für eine Anspruchsgrundlage das FamG zuständig, hat es wegen des Sachzusammenhangs auch über die andere nichtfamilienrechtl Anspruchsgrundlage zu entscheiden (BGH FamRZ 1983, 155). Die in einem familiengerichtl Verf (zB iSd § 266 *I) erklärte* ***Aufrechnung*** mit einer nicht familienrechtl Gegenforderung ist zulässig. Das FamG kann über die Aufrechnung selbst entscheiden oder iVm § 113 I 2 entspr den § 145 III, § 148 ZPO vorgehen (PH/Heiter Rn 21).

cc) Zum **Verhältnis** der sonstigen FamSachen **zu den anderen Familiensachen** iSv § 111 Nr 1-9, 11 s Rn 26. In einer FamStreitsache, somit auch einem Verf gem § 266, ist die **Aufrechnung** mit einer Forderung, die im Verf der fG durchzusetzen wäre, wegen der unterschiedl Verfahrensgrundsätze unzulässig (OLG Brandenburg NZFam 2016, 1004 für Nutzungsentschädigung gem § 1361b III BGB in Verf über Gesamtschuldnerausgleich). Dasselbe gilt umgekehrt für die Aufrechnung mit einer Forderung, die als FamStreitsache oder im Zivilprozess durchzusetzen wäre (OLG Frankfurt FamRZ 2016, 57 Anspruch aus Gesamtschuldnerausgleich in VersAusg-Verf; OLG Brandenburg FamRZ 2013, 1980 LS). 9

b) **Nr 1:** Erfasst werden die Ansprüche zwischen miteinander verlobten oder ehemals verlobten Personen „im Zusammenhang" (s Rn 17) mit der **Beendigung des Verlöbnisses**. In den Fällen der §§ 1298, 1299 BGB sind auch Streitigkeiten mit einer 3. Person erfasst. Das können, neben Eltern auch Stiefeltern, Pflegeeltern, Großeltern, Geschwister oder Paten sein (OLG Schleswig FamRZ 2022, 547 Tz 22). Das mat-rechtl Rechtsverhältnis muss zwischen den genannten Personen zum Zeitpunkt seiner Entstehung bestanden haben. Darauf, wer auf Aktiv- bzw Passivseite am gerichtl Verf beteiligt ist, kommt es nicht an (s Rn 6). Notwendig ist zumindest der **schlüssige Vortrag** eines Verlöbnisses (OLG Frankfurt FamRZ 2020, 436). Nicht erforderl ist die Einhaltung von Förmlichkeiten wie den Austausch von Ringen oÄ, maßgebend sind allein die wechselseitigen Willenserklärungen, zukünftig die Ehe eingehen zu wollen (LG Marburg FamRZ 2020, 1903). 10

Die ausdrückl angeführten Ansprüche gem **§§ 1298, 1299 BGB** betreffen Schadensersatzansprüche nach Rücktritt vom Verlöbnis. Erfasst werden darüberhinaus zB: Anderweitige **Schadensersatzansprüche** auf Grund von unerlaubten Handlungen anlässl der Beendigung des Verlöbnisses; Ansprüche auf **Rückgewähr** von Geschenken oder sonstigen Zuwendungen (s BTDrs 16/6308, 262); Ansprüche auf Auflösung bereits bestehender **gemeinsamer Berechtigungen oder Verpflichtungen** (zB Konten), Ansprüche auf **Herausgabe** von persönl Gegenständen, auch iSv Rn 5 (PH/Heiter Rn 37); Streit über die **dingliche Berechtigung**, insb Eigentum, an einem Gegenstand (LG Mainz FamRZ 2013, 68 für während der Verlobung angeschafften Pkw). In den Anwendungsbereich fallen auch Verf, in denen es um das **Verlöbnis selbst** geht, insb die Feststellung des Bestehens bzw Nichtbestehens eines Verlöbnisses oder seine – wirksame – Beendigung (PH/Heiter Rn 38). 11

Nicht von Nr 1 erfasst werden Ansprüche, die im Zusammenhang mit der Beendigung einer **nichtehelichen Lebensgemeinschaft** (ohne Verlöbnis) geltend gemacht werden (vgl OLG Frankfurt FamRZ 2020, 436). Es kommt mangels planwidriger Unvollständigkeit des Gesetzes insoweit auch keine analoge Anwendung von Nr 1 in Betracht (PH/Heiter Rn 10b, c). Zuständig ist vielmehr das allg Zivilgericht. 12

c) **Nr 2:** Erfasst werden aus der Ehe herrührende Ansprüche, wobei es nicht darauf ankommt, gegen wen sie sich richten (BTDrs 16/6308, 262). Mit „**Herrühren**" ist gemeint, dass der Anspruch in der Ehe selbst seine Grundlage haben muss. Ein bloßer Zusammenhang hierzu genügt nicht (BGH FamRZ 2014, 746 mwN). 13

In Betracht kommen insb aus **§ 1353 BGB** herzuleitende Ansprüche vermögensrechtl und persönl Art zwischen den Ehegatten (BGH FamRZ 2014, 746). Das sind zB: **Mitwirkungsansprüche**, zB ein Anspruch auf Mitwirkung ggü der Versicherung wegen der Übertragung eines Schadensfreiheitsrabatts (AG Olpe FamRZ 2010, 919; PH/Heiter Rn 42 mwN); Anspruch auf Wertersatz für während der Ehezeit in Bezug auf einen Vermögensgegenstand **erbrachte Arbeitsleistungen** (OLG Hamm MDR 2016, 177); Anordnung eines **Veräußerungsverbots** der Ehewohnung nach türkischem Recht (OLG Karlsruhe FamRZ 2015, 1610); der Anspruch auf Mitwirkung bei der **gemeinsamen steuerlichen Veranlagung** (BTDrs 16/6308, 262; Langheim FamRZ 2021, 157, 164; s aber Rn 14a) und der Schadensersatzanspruch bei Verletzung dieser Pflicht (PH/Heiter Rn 42); Ansprüche, die das absolute Recht (§ 823 I BGB) zur ehel Lebensgemeinschaft verwirklichen, wie etwa Abwehr- und Unterlassungsansprüche gegen **Störungen des räumlich-gegenständlichen Bereichs der Ehe** ggü dem anderen Ehegatten wie auch ggü einem Dritten (BGH FamRZ 2014, 746; aber sa Rn 14a); **ehebezogene Schadenersatzansprüche**, zB als Folge häusl Gewalt (OLG Frankfurt FamRZ 2014, 1481); der auf § 1353 BGB zu stützende Anspruch auf **Herstellung des ehelichen Lebens** bzw den damit korrespondierenden Antrag auf Feststellung des **Rechts zum Getrenntleben** (BTDrs 16/6308, 226; Stein FPR 2011, 85, 86 ff; PH/Heiter Rn 45). Eine Zuständigkeit kann sich auch für Ansprüche nach **ausländischem Sachrecht**, zB einem Brautgabeversprechen ergeben, soweit sie nicht als Unterhalts- oder Gütersache zu qualifizieren sind (s § 261 Rn 16). 14

Nicht erfasst werden zB: ein Anspruch auf Unterlassung einer von einem Dritten getätigten **Äußerung**, die geeignet ist, die persönl Beziehung zwischen Ehegatten zu beeinträchtigen und die Ehe zu gefährden (BGH FamRZ 2014, 746); der Anspruch des Unterhaltsberechtigten gegen den Unterhaltspflichtigen auf Erstattung der steuerl Mehrbelastung aus dem sog begrenzten **Realsplitting** gem § 10 I Nr 1 EStG (BGH FamRZ 2020, 1394: Unterhaltssache); angesichts der Herleitung des Anspruchs auf Zustimmung zum begrenzten Realsplitting aus dem Unterhaltsrechtsverhältnis (BGH FamRZ 1997, 544) ist seine entspr Qualifkation konsequent. 14a

d) Nr 3: aa) Allgemein: I Nr 3 ist die praktisch bedeutsamste Fallgruppe der sonstigen FamSachen. Sie weist die vermögensrechtl Auseinandersetzung zwischen den Ehegatten außerhalb des Güterrechts (sog **Nebengüterrecht**) den FamG zu (BGH FamRZ 2017, 1602 Tz 1 mwN). 15

bb) Personelle Voraussetzungen: Erfasst werden nicht nur Ansprüche zwischen (früheren) **Ehegatten**, sondern auch Abwicklungsstreitigkeiten zwischen einem (früheren) Ehegatten einerseits und seinen **Eltern** oder 16 seinen **Schwiegereltern** (BGH FamRZ 2017, 1599; OLG Koblenz FamRZ 2019, 1161; OLG Frankfurt FamRZ 2011, 1421) andererseits. Elternteile sind nur solche Personen, die rechtl die Stellung als Mutter oder Vater (§§ 1591, 1592 BGB) eines der (früheren) Ehegatten haben (OLG Schleswig FamRZ 2022, 547). Der Anspruch bzw das mat-rechtl Rechtsverhältnis muss zwischen den in Nr 3 genannten Personen zum Zeitpunkt seiner Entstehung bestanden haben. Darauf, wer an dem gerichtl Verf beteiligt ist, kommt es nicht an (s Rn 6). Es muss sich aber um einen Anspruch zwischen den genannten natürl Personen handeln; eine analoge Anwendung auf andere, zB eine Einmann-GmbH, deren Alleingesellschafter und -geschäftsführer der eine Ehegatte ist, ist nicht mögl (OLG Karlsruhe FamRZ 2014, 790; aA KG FamRZ 2024, 882 [abl Hoffmann FamRZ 2024, 884]; LG Köln 23.12.2020 – 13 I 139/20 – nv – für den Fall einer GbR, an der natürl Personen iSv § 266 I Nr 3 beteiligt sind). – Anfechtungsrechtl Streitigkeiten nach §§ 129 ff InsO werden von § 266 nicht erfasst, da der **Insolvenzverwalter** keine Person iSv Nr 3 ist (BGH FamRZ 2025, 46; LG Heilbronn ZInsO 2019, 686; Huber NZI 2013, 680; ausführl PH/Heiter Rn 55; aA LG Kleve FamRZ 2014, 417 = NZI 2013, 700; Heitmann FamRB 2025, 23). Rückgewähransprüche nach dem **AnfG** können aber darunter fallen, wenn die Beteiligten zum Personenkreis von Nr 3 gehören (BGH FamRZ 2025, 46).

17 **cc) Zusammenhang** mit Trennung, Scheidung oder Aufhebung der Ehe: Nicht erforderl ist, dass der Zusammenhang mit der Scheidung der Ehe durch ein dt (oder ausländisches) Gericht besteht (BGH FamRZ 2024, 1381 für einvernehml Scheidung nach chinesischem Recht). Das Tatbestandsmerkmal ist **weit auszulegen** (BGH FamRZ 2024, 1381; BGH FamRZ 2024, 1135; BGH FamRZ 2018, 1853 Tz 13; BGH FamRZ 2017, 1599 Tz 12). Ein inhaltl Zusammenhang ist insb dann gegeben, wenn das Verf die **wirtschaftliche Entflechtung** der (vormaligen) Ehegatten, Dispositionen im Hinblick auf die Verbindung oder Vorgänge anlässl ihrer Beendigung betrifft (BGH FamRZ 2025, 46; BGH FamRZ 2024, 1381; BGH FamRZ 2024, 1135). Bei dieser Prüfung sind nicht nur die tatsächl und rechtl Verbindungen, sondern ist auch der **zeitliche Ablauf** zu berücksichtigen (BGH FamRZ 2025, 46; BGH FamRZ 2024, 1381; BGH FamRZ 2024, 1135). Dabei handelt es sich aber nicht um eine selbständig zu prüfende Voraussetzung, sondern ein im Rahmen der **Gesamtwürdigung** mit zu berücksichtigendes Merkmal (BGH FamRZ 2017, 1602 Tz 18). Es gibt **keine feste zeitliche Grenze**, ab der der erforderl Zusammenhang notwendig zu verneinen ist (BGH FamRZ 2024, 1706 mwN); ein enger Zusammenhang ist nicht erforderl (BGH FamRZ 2017, 1602 Tz 18). Auch ein Abstand von 12 Jahren lässt den Zusammenhang nicht notwendig entfallen (BGH FamRZ 2017, 1602 Tz 20; OLG Celle FamRZ 2025, 54 für „mehr als 10 Jahre"). Der zeitl Abstand gewinnt aber zunehmende Bedeutung, je länger die Scheidung zurückliegt und je weniger die str Ansprüche noch unmittelbar familienrechtl Bezüge aufweisen. Entscheidend ist, ob angesichts des Zeitabstands zwischen der Ehescheidung bzw Trennung und der Entstehung des Streits der familienrechtl Bezug bei der erforderl Gesamtwürdigung völlig untergeordnet ist, sodass eine Entscheidung durch das FamG sachfremd erscheint. Dies ist etwa der Fall, wenn zwar das zugrunde liegende Rechtsverhältnis noch einen kausalen Bezug zur Ehescheidung aufweist, die geltend gemachten Ansprüche jedoch als nur noch rein zufällig mit der Ehescheidung verknüpft erscheinen (BGH FamRZ 2017, 1602 Tz 19). Hingegen wird der zeitl Abstand zur Ehescheidung regelmäßig nur eine untergeordnete Bedeutung haben, solange noch weitere gerichtl Verf zwischen den Ehegatten in Bezug auf Scheidungsfolgen anhängig sind (BGH FamRZ 2017, 1602 Tz 19). – An dem erforderl **Zusammenhang fehlt** es: wenn ein Darlehen durch Schwiegereltern allein wegen nicht gezahlter Raten gekündigt wird (OLG Koblenz FamRZ 2019, 1161); bei einem Antrag eines Ehegatten gegen den anderen mehrere Jahre nach der Scheidung, mit dem die Unterlassung von nicht Trennung und Scheidung betr Äußerungen begehrt wird (OLG Karlsruhe MDR 2023, 916 = FamRZ 2024, 462 [abl Heinemann FamRB 2023, 196]).

18 **dd) Einzelfälle** einer Zuständigkeit: Anspruch auf Zustimmung zu einer bestimmten (Neu-)Regelung der Verwaltung und Benutzung eines **im Miteigentum** der Ehegatten stehenden Gegenstandes, insb einer **Immobilie**, zB Nutzungsrecht gem § 745 II BGB (OLG Nürnberg FamRZ 2013, 1506); Anspruch auf Nutzungsentschädigung gem § 745 II BGB (OLG Hamm NJW-RR 2014, 523; OLG Frankfurt FamRZ 2013, 1681) – nicht aber als Ehewohnungssachen zu qualifizierende Ansprüche gem § 1361b III 2 BGB (OLG Frankfurt FamRZ 2022, 1274) –, Zutritt (OLG Bremen FamRZ 2018, 249), Durchführung von Sanierungsmaßnahmen (LG Stralsund FamRZ 2011, 1673), Mitwirkung an einem Mieterhöhungsverlangen (OLG Hamm FamRZ 2013, 1739); Drittwiderspruchsklage gegen Teilungsversteigerung (OLG Stuttgart FamRZ 2021, 663); Anspruch auf Herausgabe einer im **Alleineigentum** stehenden Wohnung aus § 985 BGB, sofern nicht § 1361b BGB oder § 1568a I BGB eingreifen (BGH FamRZ 2021, 834; OLG Celle NJW 2022, 2203); Anspruch auf **Auflösung von Miteigentum** der Ehegatten durch Teilung oder durch Zustimmung zur Auszahlung des hinterlegten Erlöses aus der Versteigerung einer gemeinsamen Immobilie; behauptete Beteiligung am **Verkaufserlös** des früher gemeinschaftl Grundstücks (BGH FamRZ 2024, 1706); Anspruch auf Zustimmung zur Entlassung aus dem **gemeinsamen Mietverhältnis** während der Trennungszeit (OLG Hamburg FamRZ 2011, 481) bzw zur Kündigung des gemeinsam geschlossenen Mietvertrags (OLG Bremen FamRZ 2021, 374); Anspruch auf Mitwirkung an der Mitteilung iSv § 1568a III Nr 1 BGB (OLG Hamm FamRZ 2015, 667; OLG Frankfurt ZMR 2018, 389); Streitigkeiten aus **Mietverträgen** (einschließl Gewerbemietverträgen), die die Eheleute untereinander geschlossen haben *(BGH FamRZ 2013, 281); Streitigkeiten aus Mietvertrag* mit Schwiegereltern (BGH FamRZ 2017, 1599); Auseinandersetzung um den **Mitbesitz an der Ehewohnung** gem §§ 1353, 861 BGB (OLG Celle FamRZ 2023, 39); Ansprüche wegen Auseinandersetzung von **Gesamtschulden** der Ehegatten gem § 426 BGB (OLG Jena NJW

2012, 1235; OLG Braunschweig FamRZ 2010, 1101) oder auf Freistellung (OLG Celle FamRZ 2014, 1728 LS); Ansprüche auf Rückgewähr oder Ausgleich **ehebedingter Zuwendungen** (OLG Dresden NZFam 2014, 90; OLG Nürnberg NJW-RR 2012, 559); Anspruch auf **Darlehensrückzahlung** (OLG Naumburg FamRZ 2016, 1099; OLG München FamRZ 2015, 277; OLG Brandenburg FamRZ 2018, 839 vor Eheschließung gewährt; LG Mannheim FamRZ 2023, 1650: Schwiegerelterndarlehen; LG Karlsruhe FamRZ 2016, 324 LS: Schwiegerelterndarlehen); Anspruch auf Rückzahlung von Unterstützungleistungen durch Schwiegereltern (OLG Koblenz FamRZ 2019, 1161); Ansprüche zwischen den Ehegatten wegen Auflösung einer zwischen ihnen bestehenden **Gesellschaft bürgerlichen Rechts** (OLG Stuttgart FamRZ 2011, 1420 f; LG Paderborn FamRZ 2015, 2190), nicht aber im Fall einer Handelsgesellschaft (s Rn 23); Ansprüche aus einer **Ehegatteninnengesellschaft**, insb auch im Zusammenhang mit deren Auflösung; Anspruch auf **Gesamtgläubigerausgleich** (OLG Celle FamRZ 2014, 66); Auflösung einer **Mitgläubigerschaft** (BGH FamRZ 2018, 1853 für gemeinsam gewährtes Darlehen); Aufteilung von **Steuerguthaben** (BTDrs 16/6308, 263); Ansprüche auf Ausgleich oder Schadensersatz wegen unerlaubter **Kontoverfügungen** oder Versicherungsbeträgen (OLG Celle FamRZ 2014, 66; KG FamRZ 2013, 68); Ansprüche wegen der Aufteilung von Guthaben auf **gemeinsamen Konten** oder Depots (OLG Celle FamRZ 2025, 54; OLG München FamRZ 2012, 1643; bei der Anführung von § 266 I Nr 2 dürfte es sich um ein Versehen handeln); mit den vorgenannten Fällen vergleichbare Ansprüche nach ausl Recht, zB solche auf Rückgewähr einer sog **Morgengabe** islam Rechts (OLG Frankfurt FamRZ 2017, 357; sa § 261 Rn 16). – Zum anfechtungsrechtl Rückgewähranspruch s Rn 16 aE. Str ist die Qualifikation des Bereicherungsanspruchs gem § 30 III VersAusglG; vgl OLG Frankfurt FamRZ 2021, 1292 mit Darstellung des Streitstands.

e) Nr 4: Erfasst werden **aus dem Eltern-Kind-Verhältnis** herrührende Ansprüche. Der Anspruch muss im Eltern-Kind-Verhältnis selbst seine Grundlage haben, ein bloßer Zusammenhang – wie für Nr 3 – genügt nicht (OLG Celle FamRZ 2021, 448; OLG Hamm FamRZ 2013, 574; OLG Zweibrücken NJW-RR 2011, 584; sa Rn 13 für Nr 2). Eine Minderjährigkeit des Kindes ist nicht erforderl (OLG Zweibrücken NJW-RR 2011, 584; OLG Dresden FamRZ 2011, 146), ebenso wenig seine Ehelichkeit (Burger FamRZ 2009, 1017, 1020). Der geltend gemachte Anspruch muss nicht mit der Auflösung einer Ehe zusammenhängen (inzident BGHZ 232, 236 = FamRZ 2022, 633; aA Kemper FamRZ 2009, 53, 56). 19

Erfasst werden zB: Streitigkeiten wegen der Verwaltung des **Kindesvermögens**, zB Ansprüche auf Herausgabe des Kindesvermögens und Rechnungslegung gem § 1698 BGB (OLG Dresden FamRZ 2012, 146), auf Auskunft gem § 1640 BGB (OLG Koblenz MittBayNot 2015, 54); aus Pflichtverletzungen bei Ausübung der elterl Sorge (Abgrenzung s Rn 19b) hergeleitete **Schadensersatzansprüche** (OLG Karlsruhe FamRZ 2015, 860: Beschneidung); Anspruch des Kindes gegen seine Mutter auf **Auskunft über seinen Vater** (BGHZ 232, 236 = FamRZ 2022, 633); Streitigkeiten um die „Ausstattung" (s §§ 1664, 1624 f BGB) des Kindes (Burger FamRZ 2009, 1017, 1020); der Anspruch auf Durchsetzung eines **Kontaktverbotes** gegen Dritte, die keine sozial-familiäre Beziehung zum Kind haben (OLG Brandenburg NJW-RR 2015, 581). 19a

Nicht unter I Nr 4 fallen: **Schadensersatzansprüche** ohne Zusammenhang mit der elterl Sorge (OLG Saarbrücken NZFam 2017, 578, im konkreten Fall – sexueller Missbrauch – zweifelhaft); Ansprüche auf Rückgabe einer **Schenkung**, auch gem § 528 BGB (AG Kehl juris; PH/Heiter Rn 57b); Anspruch auf Rückgewähr eines auf Grund **Vereinbarung** überlassenen Vermögenswertes (OLG Hamm FamRZ 2013, 574); der Aufwendungsersatzanspruch des **Stiefvaters** gegen den leibl Vater (sa § 231 Rn 15); der Auskunftsanspruch eines Kindes zur Vorbereitung einer Schadensersatzklage gegen das Jugendamt wegen **Schlechterfüllung einer Beistandschaft** zur Geltendmachung von Unterhaltsansprüchen (vgl OLG Stuttgart FamRZ 2015, 73); der Anspruch gegen den Vater auf Auskunft über die Verwendung des Erlöses eines dem volljährigen Kind gehörenden Grundstücks (OLG Koblenz MittBayNot 2015, 54); der Anspruch des Kindes gegen seinen (früheren) **Vormund oder Betreuer** (OLG Nürnberg FamRZ 2022, 651), auch wenn dieser Elternteil ist (OLG Frankfurt juris; PH/Heiter Rn 57b; aA LG Berlin FamRZ 2017, 1257; LG Koblenz FamRZ 2011, 1090); Herausgabeansprüche hinsichtl **persönlicher Sachen und Urkunden** des Kindes, soweit der jeweils berechtigte Elternteil auf sie für die Ausübung der Personensorge oder des Umgangsrechts angewiesen ist (BGH FamRZ 2019, 1056: Reisepass, entspr Anwendung von § 1632 I, § 1684 II BGB; Rake FamRZ 2019, 1058); Ansprüche auf Unterlassung der **Veröffentlichung von Bildern** des Kindes in sozialen Medien (OLG Karlsruhe FamRZ 2016, 2138). 19b

f) Nr 5: Die Regelung betrifft **aus dem Umgangsrecht** herrührende Ansprüche. Verf zur Regelung des Umgangsrechts selbst sind Kindschaftssachen iSv § 151 Nr 2. Erforderl ist, dass die Ansprüche „ihren Grund unmittelbar" im Umgangsrecht als Rechtsverhältnis haben (BTDrs 16/6308, 262; PH/Heiter Rn 58). Erfasst werden zB: Anpruch auf Zahlung (eines Teils) der **Kosten des Umgangs** (OLG Frankfurt FamRZ 2022, 977; OLG Bremen FamRZ 2017, 297); **Schadensersatzansprüche** wegen verfehlter Aufwendungen oder Aufwendungen infolge nicht ordnungsgemäßer Gewährung oder Ausübung des Umgangs (vgl OLG Bremen FamRZ 2018, 273: Kosten für Durchsetzung der Passherausgabe; BTDrs 16/6308, 263; Burger FamRZ 2009, 1017, 1020; Steinberger/Lecking MDR 2009, 960). 20

3. Die Ausschlussklausel des § 266 I. a) Überblick. Mit der Ausschlussklausel wird wegen der idR erforderl Spezialkenntnisse dem Gesichtspunkt der Spezialität Vorrang eingeräumt (BTDrs 16/6308, 263). Dies gilt auch dann, wenn im Einzelfall für die Bearbeitung des Falles spezielle Kenntnisse in den genannten Rechtsbereichen 21 nicht erforderl sind (PH/Heiter Rn 32). Die Regelung ist als Ausnahme grds als **abschließend** anzusehen und **eng auszulegen** (BGH FamRZ 2025, 46).

22 **b)** Im Fall der **Zuständigkeit der Arbeitsgerichte** (§§ 2, 48 ArbGG) ist bereits der Rechtsweg zu den ordentl Gerichten nicht gegeben, so dass von vornherein keine FamSache vorliegen kann (PH/Heiter Rn 31). Im Einzelfall ist auf die „Natur des Rechtsverhältnisses" abzustellen (BGH NJW 98, 909). Eine Zuständigkeit der Arbeitsgerichte dürfte etwa gegeben sein, wenn aus Anlass der Beendigung der Ehe um ein **zwischen den Ehegatten bestehendes Arbeitsverhältnis** gestritten wird (Burger FamRZ 2009, 1017, 1021; Kemper FamRB 2009, 53, 55).

23 **c)** Der in **§ 348 I 2 Nr 2 ZPO** enthaltene Katalog von bes Sachgebieten (s § 348 ZPO Rn 9-19) ist in den von § 266 I erfassten Fällen nur selten tangiert. Berührungen kommen fast ausschließl bei den Ansprüchen nach Beendigung der Ehe gem § 266 I Nr 3 in Frage. Der Bezug zu einem der in § 384 I Nr 2 ZPO genannten bes Sachgebiete darf nicht ganz untergeordnet sein. § 348 I 2 Nr 2a ZPO kommt zB bei der Veröffentlichung von Kinderbildern in sozialen Medien in Betracht (OLG Karlsruhe FamRZ 2016, 2138 [krit Burger FamRZ 2016, 2140]). Der Anspruch eines getrennt lebenden Ehegatten gegen den anderen auf Mitwirkung an der Kündigung eines von beiden Ehegatten einem Dritten gewährten Darlehens ist keine Streitigkeit aus Bank- und Finanzgeschäften iSv **Nr 2b** (BGH FamRZ 2018, 1853). Soweit Bau- und Architektenleistungen – s **Nr 2c** – oder Verrichtungen aus den unter **Nr 2d** oder auch **Nr 2j** genannten Berufen bzw Bereichen im Rahmen des **Ausgleichs ehebedingter Zuwendungen** eine Rolle spielen (s BGH NJW 2002, 949), kommt eine anderweitige Zuständigkeit nur dann in Betracht, wenn eine entspr vertragl Grundlage geltend gemacht wird; dann dürfte nach dem Schwerpunkt der Streitigkeit zu entscheiden sein (Burger FamRZ 2009, 1017, 1021). Dass unter § 348 I 2 **Nr 2f** ZPO iVm § 95 I Nr 4a GVG zu subsumierende Fälle (s § 95 GVG Rn 8) keine sonstigen FamSachen iSd § 266 I sind, hat zur Folge, dass zwar die Auseinandersetzung einer BGB-Gesellschaft (s Rn 18), nicht aber die einer **Handelsgesellschaft** in die Zuständigkeit des FamG fällt (Wever FF 2008, 399, 402).

23a Die Ausschlussklausel bezieht sich nach ihrem eindeutigen Wortlaut nur auf den Katalog der a-k in § 348 I Nr 2 ZPO, **nicht auf** nach Hs 1 in Bezug genommenen Sachgebiete von **§ 72a I, II GVG** (von BGH FamRZ 2025, 46 offen gelassen).

24 **d)** Ein das **Wohnungseigentumsrecht** betr Verf liegt nicht schon vor, wenn wenn sich in einer Rechtsstreitigkeit Eheleute als Wohnungseigentümer gegenüberstehen. Vielmehr muss es sich um eine Streitigkeit gem § 43 WEG handeln oder eine bedeutsame Vorfrage aus dem Bereich des Wohnungseigentumsrechts streitentscheidend sein (BGH FamRZ 2015, 2153 [Heiter FamRZ 2015, 2155]; krit Roth NJW 2017, 689).

25 **e)** Das **Erbrecht** betreffen Streitigkeiten, die den **Zugewinnausgleich im Todesfall** gem § 1371 BGB sowie die Auseinandersetzung einer zwischen Eheleuten bestehenden Erbengemeinschaft zum Gegenstand haben.

26 **f) Nach anderen Vorschriften Familiensachen** und damit keine „sonstigen" FamSachen iSv I sind Streitigkeiten, die die Voraussetzungen einer FamSache iSd § 111 Nr 1-9, 11 erfüllen. Diese **Subsidiaritätsklausel** gilt auch dann, wenn es sich dabei um eine FamSache kraft Sachzusammenhangs (zB s § 231 Rn 3 ff) handelt (PH/Heiter Rn 33; Kemper FamRB 2009, 53, 55). Die nachrangige Einordnung als sonstige FamSache kann zum einen ausschlaggebend für die anzuwendenden Verfahrensvorschriften sein (s § 113). Während etwa sonstige FamSachen iSv I zu den FamStreitsachen gehören (§ 112 Nr 3 Alt 1), ist dies bei einigen der anderen FamSachen, zB den Ehewohnungs- und Haushaltssachen (§ 111 Nr 5, § 200) sowie den Gewaltschutzsachen (§ 111 Nr 6, § 200), nicht der Fall. Zum anderen kommt der Einordnung auch Bedeutung für die Frage zu, ob eine FamSache als Folgesache in Betracht kommt. So sind die sonstigen FamSachen in § 137 II nicht aufgeführt und können daher von vornherein nicht Folgesache sein, also nicht in den Verbund mit einer Scheidungssache einbezogen werden.

27 **III) Sonstige Familiensachen gem § 266 II.** Bei der Berechtigung, Geschäfte zur angemessenen Deckung des Lebensbedarfs der Familie mit Wirkung auch für den anderen Ehegatten zu besorgen **(§ 1357 BGB)**, handelt es sich um eine allg und güterstandsunabhängige Ehewirkung. Deshalb scheidet eine Zuordnung dieser Verf zu den Güterrechtssachen iSv § 261 aus (BTDrs 16/6308, 263).

28 Sonstige FamSachen gem II sind Verf der fG und gehören im Gegensatz zu denj nach I nicht zu den FamStreitsachen (s § 112 Nr 3). Sie fallen jedoch wie diese in die **Zuständigkeit des Richters**. Eine Zuständigkeit des Rpflegers ist hier wie dort nicht vorgesehen (s § 3 Nr 2, Nr 3g, § 25 RPflG; dazu BTDrs 16/6308, 321).

29 Die Regelung des II ist vom Gesetzgeber offenbar als nicht abschließend gewollt (s BTDrs 16/6308, 170: „bspw Verf nach § 1357 II BGB …"). Dies hat aber im Gesetz keinen Niederschlag gefunden, so dass eine Einbeziehung weiterer Verfahrensgegenstände allenfalls im Wege der **Analogie** in Betracht kommen dürfte (PH/Heiter Rn 62).

30 **IV) Gebühren. 1) Gericht: a)** FamStreitsachen (I): 1220 FamGKG-KV. Die Geb 1100 GKG-KV aus einem Mahnverf (nach GKG!) wird wertentspr angerechnet (1220 Anm FamGKG-KV). Ermäßigung gem 1221 FamGKG-KV, nicht durch Versäumnisbeschluss (KG FamRZ 2012, 1165). Beschwerden: 1222 ff FamGKG-KV. Fälligkeit: § 9 I FamGKG. Vorauszahlung: § 14 I 1 FamGKG. – **b)** fG-FamSachen (II): Vorbem 1.3.2 Nr 6 FamGKG-KV, 1320 ff FamGKG-KV; Beschwerden: 1322-1328 FamGKG-KV. – ***2) RA:*** *3100, 3104 RVG-VV. Zur Anrechnung einer Geschäftsgeb (2300 RVG-VV):* § 15a RVG. – Beschwerde: Vorbem 3.2.1 Nr 2b RVG-VV; Rechtsbeschwerde: Vorbem 3.2.2 Nr 1a RVG-VV. Das Zulassungsverf der Sprungrechtsbeschwerde gehört zum Rechtszug (§ 17 Nr 1, § 16 Nr 11, § 19 I 2 Nr 9 RVG).

§ 267 Örtliche Zuständigkeit

(1) [1]Während der Anhängigkeit einer Ehesache ist das Gericht ausschließlich zuständig, bei dem die Ehesache im ersten Rechtszug anhängig ist oder war. [2]Diese Zuständigkeit geht der ausschließlichen Zuständigkeit eines anderen Gerichts vor.

(2) Im Übrigen bestimmt sich die Zuständigkeit nach der Zivilprozessordnung mit der Maßgabe, dass in den Vorschriften über den allgemeinen Gerichtsstand an die Stelle des Wohnsitzes der gewöhnliche Aufenthalt tritt.

§ 267 regelt die örtl Zuständigkeit **für alle sonstigen Familiensachen** gem § 266 I und II. Da die Norm der für Güterrechtssachen geltenden Regelung des § 262 entspricht, kann zur Erläuterung auf die dortige Kommentierung verwiesen werden. 1

§ 268 Abgabe an das Gericht der Ehesache

[1]Wird eine Ehesache rechtshängig, während eine sonstige Familiensache bei einem anderen Gericht im ersten Rechtszug anhängig ist, ist diese von Amts wegen an das Gericht der Ehesache abzugeben. [2]§ 281 Abs. 2 und 3 Satz 1 der Zivilprozessordnung gilt entsprechend.

I) Allgemeines. In FamSachen gilt als Form der Überleitung von Verf einheitl die Abgabe, und zwar auch in FamStreitsachen. Führendes Gericht ist grds das Gericht der Ehesache, an das andere FamSachen abzugeben sind, vgl auch §§ 123, 153, 202, 233, 263. Eine Abgabe gem § 268 findet statt, wenn eine **Ehesache** bei einem dt Gericht **rechtshängig wird**, während eine sonstige FamSache gem § 266 bei einem anderen dt Gericht im 1. Rechtszug anhängig ist. Zwischen ausl und dt Gerichten findet keine Abgabe statt. Da § 268 der für Güterrechtssachen geltenden Regelung des § 263 entspricht, kann auf die dortige Kommentierung zur Erläuterung verwiesen werden. Trotz Abgabe an das Gericht der Ehesache wird die sonstige FamSache aber **keine Scheidungsfolgesache**, da sie in § 137 II nicht angeführt wird. 1

II) Gebühren. 1) Gericht: § 6 I 2 FamGKG. Der Grundsatz der nur einmaligen Gebührenerhebung (§ 29 FamGKG) bleibt gewahrt. Bereits angefallene Geb fallen nicht weg/reduzieren sich nicht. Eine Mehrkostenentscheidung gem § 6 III FamGKG kommt nicht in Betracht, da das Gericht ja zunächst zuständig war. – **2) RA:** Die Verf vor dem abgebenden u dem sie übernehmenden Gericht sind ein Rechtszug (§ 20 S 1, § 15 II 2 RVG). Bereits entstandene Geb bleiben erhalten. Bei der Abrechnung hat der RA ein Wahlrecht. Er kann (nur) den Verbund abrechnen u zwar nach dessen Wert (§ 44 FamGKG) oder das isolierte Verf gem seines Wertes u den Verbund, diesen aber dann ohne den Wert des isolierten Verf (N. Schneider AGS 2006, 4; OLG Zweibrücken JurBüro 2006, 425). 2

Abschnitt 12
Verfahren in Lebenspartnerschaftssachen (§§ 269-270)

§ 269 Lebenspartnerschaftssachen

(1) Lebenspartnerschaftssachen sind Verfahren, welche zum Gegenstand haben:

1. **die Aufhebung der Lebenspartnerschaft auf Grund des Lebenspartnerschaftsgesetzes,**
2. **die Feststellung des Bestehens oder Nichtbestehens einer Lebenspartnerschaft,**
3. **die elterliche Sorge, das Umgangsrecht oder die Herausgabe in Bezug auf ein gemeinschaftliches Kind,**
4. **die Annahme als Kind und die Ersetzung der Einwilligung zur Annahme als Kind,**
5. **Wohnungszuweisungssachen nach § 14 oder § 17 des Lebenspartnerschaftsgesetzes,**
6. **Haushaltssachen nach § 13 oder § 17 des Lebenspartnerschaftsgesetzes,**
7. **den Versorgungsausgleich der Lebenspartner,**
8. **die gesetzliche Unterhaltspflicht für ein gemeinschaftliches minderjähriges Kind der Lebenspartner,**
9. **die durch die Lebenspartnerschaft begründete gesetzliche Unterhaltspflicht,**
10. **Ansprüche aus dem lebenspartnerschaftlichen Güterrecht, auch wenn Dritte an dem Verfahren beteiligt sind,**
11. **Entscheidungen nach § 6 des Lebenspartnerschaftsgesetzes in Verbindung mit § 1365 Abs. 2, § 1369 Abs. 2 und den §§ 1382 und 1383 des Bürgerlichen Gesetzbuchs,**

12. **Entscheidungen nach § 7 des Lebenspartnerschaftsgesetzes in Verbindung mit den §§ 1426, 1430, 1452 des Bürgerlichen Gesetzbuchs oder mit § 1519 des Bürgerlichen Gesetzbuchs und Artikel 5 Absatz 2, Artikel 12 Absatz 2 Satz 2 oder Artikel 17 des Abkommens vom 4. Februar 2010 zwischen der Bundesrepublik Deutschland und der Französischen Republik über den Güterstand der Wahl-Zugewinngemeinschaft.**

(2) Sonstige Lebenspartnerschaftssachen sind Verfahren, welche zum Gegenstand haben:

1. **Ansprüche nach § 1 Abs. 4 Satz 2 des Lebenspartnerschaftsgesetzes in der bis einschließlich 21. Dezember 2018 geltenden Fassung in Verbindung mit den §§ 1298 bis 1301 des Bürgerlichen Gesetzbuchs,**
2. **Ansprüche aus der Lebenspartnerschaft,**
3. **Ansprüche zwischen Personen, die miteinander eine Lebenspartnerschaft führen oder geführt haben, oder zwischen einer solchen Person und einem Elternteil im Zusammenhang mit der Trennung oder Aufhebung der Lebenspartnerschaft,**

sofern nicht die Zuständigkeit der Arbeitsgerichte gegeben ist oder das Verfahren eines der in § 348 Abs. 1 Satz 2 Nr. 2 Buchstabe a bis k der Zivilprozessordnung genannten Sachgebiete, das Wohnungseigentumsrecht oder das Erbrecht betrifft und sofern es sich nicht bereits nach anderen Vorschriften um eine Lebenspartnerschaftssache handelt.

(3) Sonstige Lebenspartnerschaftssachen sind auch Verfahren über einen Antrag nach § 8 Abs. 2 des Lebenspartnerschaftsgesetzes in Verbindung mit § 1357 Abs. 2 Satz 1 des Bürgerlichen Gesetzbuchs.

1 **I) Überblick.** Bei der sog eingetragenen Lebenspartnerschaft handelt es sich um ein **eigenes familienrechtliches Institut**, welches *mat-rechtl* der Ehe in weiten Teilen angeglichen ist (s Bömelburg NJW 2012, 2753). Seit Inkrafttreten des G zur Einführung des Rechts auf **Eheschließung für Personen gleichen Geschlechts** am 1.10. 2017 können Lebenspartnerschaften nicht mehr begründet werden (Art III). Wie die Ehe, so wird auch die Lebenspartnerschaft in einem Personenstandsregister dokumentiert. Ihre rückwirkende Umwandlung in eine Ehe ist gem § 20a LPartG möglich.

2 Die § 269 und § 270 regeln das *Verfahrensrecht* der Lebenspartnerschaft in weitgehendem Gleichlauf mit den für die Ehe geltenden Bestimmungen. § 269 enthält einen – abschließenden (Heiter FamRB 2010, 22, 23) – Katalog von verschiedenen Lebenspartnerschaftssachen, für die § 270 ZPO jew die *entspr* Anwendung derj Verfahrensvorschriften anordnet, die für die korrespondierenden FamSachen gelten. Die **Verbindung** einer Lebenspartnerschaftssache mit einer in diesem Sinne korrespondierenden FamSache ist ebenso mögl wie die Geltendmachung der Lebenspartnerschaftssache im Wege des **Widerantrags** in einem solchen gleichförmigen Familienverf (Heiter FamRB 2010, 22, 23).

3 Eine unmittelbare Anwendung der betr Verfahrensvorschriften kommt nicht in Betracht, weil die Lebenspartnerschaftssachen mit den übrigen FamSachen des § 111 auf ders Stufe stehen und sich die Begriffe gegenseitig ausschließen (PH/Heiter Rn 5; Heiter FamRB 2010, 22, 23). Deshalb ist zB ein Verf, welches die durch die Lebenspartnerschaft begründete ges Unterhaltspflicht zum Gegenstand hat, auch keine FamSache iSd § 111 Nr 8 („Unterhaltssachen"); als Lebenspartnerschaftssache iSd § 269 I Nr 9 folgt seine Zugehörigkeit zu den FamSachen vielmehr allein aus § 111 Nr 11.

4 **II) Die einzelnen Lebenspartnerschaftssachen. 1) Lebenspartnerschaftssachen gem § 269 I. a)** Die in **I Nr 1** aufgeführte **Aufhebung der Lebenspartnerschaft** ist in § 15 LPartG geregelt. Soweit sie gem § 15 II 1 LPartG an das Getrenntleben der Lebenspartner anknüpft, stellt die Aufhebung ein *Pendant zur Ehescheidung* dar; wird sie dagegen gem § 15 II 2 LPartG auf Willensmängel bei Begründung der Lebenspartnerschaft gestützt, entspricht die Aufhebung der Lebenspartnerschaft einer Eheaufhebung (s § 20a I 2 LPartG). Obwohl sein Wortlaut unmittelbar nur die Aufhebung einer Lebenspartnerschaft „auf Grund des Lebenspartnerschaftsgesetzes" erfasst, ist I Nr 1 auch einschlägig, wenn ein Verf die *Auflösung eines vergleichbaren Rechtsinstituts* nach ausl Recht zum Gegenstand hat (PH/Heiter Rn 8; Heiter FamRB 2010, 22, 24). Dabei gilt es zu beachten, dass seit Inkrafttreten des EheöffnungsG zum 1.10.2017 eine im Ausland begründete gleichgeschlechtl Ehe auch im Inland als solche zu qualifizieren ist und nicht etwa wie zuvor (s 32. Aufl) als eingetragene Lebenspartnerschaft (s Kaiser FamRZ 2019, 845, 852).

5 **b)** Das Verf auf **Feststellung des Bestehens oder Nichtbestehens** einer Lebenspartnerschaft **(I Nr 2)** ermöglicht eine Klärung des Status zweier gleichgeschlechtl Personen, wobei § 269 I Nr 2 anders als § 121 Nr 3 seinem Wortlaut nach nicht voraussetzt, dass das Feststellungsverf eine Lebenspartnerschaft „zwischen den Beteiligten" betrifft. Das Bestehen bzw Nichtbestehen einer Lebenspartnerschaft kann als *Vorfrage* auch in einem anderen Verf inzident geklärt werden (PH/Heiter Rn 9). § 107 gilt für Statusentscheidungen hinsichtl Lebenspartnerschaften nicht, und zwar weder direkt noch über § 270 I 1 (s PH/Hau § 107 Rn 21).

6 **c)** Gem **I Nr 3** können Gegenstand einer Lebenspartnerschaftssache auch die **elterliche Sorge, das Umgangs*recht oder die Herausgabe*** *in* Bezug auf ein gemeinschaftl Kind sein. Um ein **„gemeinschaftliches" Kind** der Lebenspartner handelt es sich dann, wenn ein Lebenspartner das leibl oder adoptierte Kind des anderen adoptiert hat (sog Stiefkind- bzw Sukzessivadoption), § 9 VII LPartG. – Was die Begriffe „elterl Sorge", „Umgangs-

recht", und „Kindesherausgabe" betrifft, wird auf die Erläuterung zu § 151 Nr 1-3 Bezug genommen. Unter I Nr 3 fallen auch Verf, die die Feststellung des Bestehens bzw Nichtbestehens der (gemeinsamen oder alleinigen) elterl Sorge zum Gegenstand haben (s Stuttgart FamRZ 2008, 539), sofern ein gemeinschaftl Kind der Lebenspartner betroffen ist (PH/Heiter Rn 11; Heiter FamRB 2010, 22, 25).

Dagegen sind Verf, die die weiteren in § 151 Nr 4-8 aufgeführten Regelungsgegenstände (**Vormundschaft, Pflegschaft, Unterbringung** etc) betreffen, selbst dann **keine Lebenspartnerschaftssachen**, wenn hierbei das gemeinschaftl Kind zweier Lebenspartner betroffen ist. Ebenso wenig von I Nr 3 erfasst werden Verf über die elterl Sorge, das Umgangsrecht oder die Kindesherausgabe, die ein **nicht-gemeinschaftliches Kind** betreffen. Hier wie dort handelt es sich um Kindschaftssachen iSv § 151 (Heiter FamRB 2010, 22, 25). 7

d) Mit der in **I Nr 4** aufgeführten **Annahme als Kind und** der **Ersetzung der Einwilligung** sind nur die Fälle des § 9 VI und VII LPartG gemeint (PH/Heiter Rn 14). Verf, an denen kein Lebenspartner beteiligt ist, sind Adoptionssachen gem § 186 Nr 1, 2. Da die in § 186 Nr 3 und 4 genannten Gegenstände „Aufhebung des Annahmeverhältnisses" und „Befreiung vom Eheverbot des § 1308 I BGB" in § 269 nicht erwähnt werden, handelt es sich insoweit auch in den Fällen des § 9 VI und VII LPartG stets um Adoptionssachen (PH/Heiter Rn 15). 8

e) In **I Nr 5** sind die **Wohnungszuweisungssachen** nach § 14 und § 17 LPartG, in **I Nr 6** die **Haushaltssachen** gem §§ 13 oder 17 LPartG als Lebenspartnerschaftssachen aufgeführt. § 14 LPartG ist dem § 1361b BGB, § 13 LPartG dem § 1361a BGB nachgebildet. 9

Ansprüche aus dem **Bereich des Gewaltschutzes** werden in § 269 nicht erwähnt und sind keine Lebenspartnerschaftssachen. 10

f) Verf, die den **Versorgungsausgleich** der Lebenspartner zum Gegenstand haben, sind gem **I Nr 7** Lebenspartnerschaftssachen. Gem § 20 I LPartG findet in entspr Anwendung des VersAusglG ein Ausgleich von im In- oder Ausland bestehenden Anrechten statt, soweit sie in der Lebenspartnerschaftszeit begründet oder aufrechterhalten worden sind. 11

g) Gem **I Nr 8** gehören auch Verf, die die **gesetzliche Unterhaltspflicht** aus §§ 1601 ff BGB **für ein gemeinschaftliches** (s Rn 6) **minderjähriges Kind** der Lebenspartner zum Gegenstand haben, zu den Lebenspartnerschaftssachen. 12

Betrifft das Verf deren Unterhaltspflicht für ein **gemeinschaftliches volljähriges Kind**, so handelt es sich nicht um eine Lebenspartnerschaftssache, sondern um eine Unterhaltssache. Ob etwas anderes gilt, wenn ein Verf iSv I Nr 3 bei Eintritt der Volljährigkeit bereits anhängig ist (PH/Heiter Rn 20), kann dahingestellt bleiben. Denn das Verf bliebe auch dann eine FamStreitsache (s § 112 Nr 1), wenn es fortan als Unterhaltssache zu bezeichnen wäre. 13

Nicht von I Nr 8 erfasst werden Verf über die Bestimmung des Berechtigten, an den das **Kindergeld** für ein gemeinschaftl mindj Kind der Lebenspartner auszuzahlen ist (§ 3 II 3 BKGG, § 64 II 3 EStG). Dabei handelt es sich nicht um die „ges Unterhaltspflicht" für ein Kind; ausf PH/Heiter Rn 21. 14

h) Lebenspartnerschaftssachen sind gem **I Nr 9** Verf, die die durch die Lebenspartnerschaft begründete **gesetzliche Unterhaltspflicht** zum Gegenstand haben, dh die Verpflichtung der Lebenspartner zum Lebenspartnerschafts-, zum Trennungs- und zum nachpartnerschaftl Unterhalt gem § 5, § 12, § 16 LPartG. 15

i) Gem **I Nr 10** gehören zu den Lebenspartnerschaftssachen auch diej Verf, die Ansprüche aus dem lebenspartnerschaftl **Güterrecht** zum Gegenstand haben. I Nr 10 korrespondiert mit § 261 I, auf dessen Kommentierung daher zur weiteren Erläuterung verwiesen werden kann. Beide Verfahrensarten gehören gem § 112 Nr 2 gleichermaßen zu den FamStreitsachen mit der sich aus § 113 ergebenden weitgehenden Anwendung von Vorschriften der ZPO. 16

j) I Nr 11 und 12 handeln ua von Verf, die Entscheidungen gem **§ 6 LPartG** iVm § 1365 II, § 1369 II und iVm § 1382 und § 1383 BGB sowie Entscheidungen gem **§ 7 LPartG** iVm § 1426, § 1430 und § 1452 BGB zum Gegenstand haben; diese gehören ebenfalls zu den Lebenspartnerschaftssachen und sind das Gegenstück zu den enstpr Verf in § 261 II. Es handelt sich bei diesen Regelungsgegenständen um FamSachen der fG. Auf die Kommentierung des § 261 II kann insoweit zur weiteren Erläuterung Bezug genommen werden. – Das Verf gem § 1519 BGB ist Teil der innerstaatl Umsetzung des dt-franz Abk v 4.2.2010 über den Güterstand der Wahl-Zugewinngemeinschaft, welches am 1.5.2013 in Kraft getreten ist. S hierzu § 261 Rn 1. 17

2) (Streitige) sonstige Lebenspartnerschaftssachen gem § 269 II. a) Allgemeines. In II und III wird die Schaffung des Großen FamG auch für den Bereich der Rechtsverhältnisse, die die Lebenspartnerschaft betreffen nachvollzogen (BTDrs 16/6308, 263). Sonstige Lebenspartnerschaftssachen iSd II sind Verf, die einen der in den Nr 1-3 aufgeführten Ansprüche zum Gegenstand haben, und nicht von der sich ausschließenden Ausschlussklausel („sofern nicht …") erfasst werden. Die sonstigen Lebenspartnerschaftssachen iSd II gehören wie die in § 266 I normierten sonstigen FamSachen zu den **Familienstreitsachen**. II ist den Regelungen des § 266 I Nr 1-3 nachgebildet, wenn auch gewisse Unterschiede im Wortlaut bestehen. 18

Lediglich die **Nr 4** („aus dem Eltern-Kind-Verhältnis herrührende Ansprüche") **und 5** („aus dem Umgangsrecht herrührende Ansprüche") **des § 266 I**, die Fragen der Elternschaft betreffen, finden in II Hs 1 **keine Entspre-** 19

chung. Streiten Lebenspartner um entspr Ansprüche, so handelt es sich mithin selbst dann um sonstige FamSachen iSv § 266 I Nr 4, 5 und nicht um Lebenspartnerschaftssachen iSd II, wenn sich das betr Verf auf ein gemeinschaftl Kind (s Rn 6) der Lebenspartner bezieht (PH/Heiter Rn 26).

20 **b)** Gem **II Nr 1** gehören zu den str sonstigen Lebenspartnerschaftssachen zunächst die Ansprüche nach Rücktritt von dem „Versprechen, eine Lebenspartnerschaft zu begründen", das in § 1 IV 2 LPartG in der bis einschließlich 21.12.2018 geltenden Fassung (s Rn 1) durch Verweisung auf die Bestimmungen der § 1297 II, §§ 1298-1302 BGB zum Verlöbnis geregelt war. In „nicht unmittelbar einleuchtender" (Burger FamRZ 2009, 1017, 1021) Abweichung vom Wortlaut des korrespondierenden § 266 I Nr 1 wurde der Anwendungsbereich hier allerdings unmittelbar auf die Ansprüche gem §§ 1298-1301 BGB iVm § 1 IV 2 LPartG aF konzentriert. Zu Unterschieden in der Auslegung sollte dies indes nicht führen (Burger FamRZ 2009, 1017, 1021).

21 Nicht von II Nr 1 erfasst werden Ansprüche, die im Zusammenhang mit der **Beendigung einer informellen gleichgeschlechtlichen Lebenspartnerschaft** (ohne Versprechen iSv § 1 IV 1 LPartG aF) geltend gemacht werden. Die Rechtslage entspricht insoweit derj, die für ne Lebensgemeinschaften gilt (s § 266 Rn 12).

22 **c) II Nr 2** betrifft die **Ansprüche aus der Lebenspartnerschaft** gem § 2 LPartG und korrespondiert mit § 266 I Nr 2.

23 **d) II Nr 3** betrifft Verf, die die **Ansprüche bei Trennung** der Lebenspartner **bzw Aufhebung der Lebensgemeinschaft** zum Gegenstand haben. Die Vorschrift entspricht § 266 I Nr 3, auf dessen Erläuterung (s § 266 Rn 15 ff) daher verwiesen werden kann.

24 **e)** Die in II Hs 2 enthaltene **Ausschlussklausel** („sofern nicht …") stimmt mit derj in § 266 I Hs 2 hinsichtl der ersten 4 Ausschlussgründe überein; auf die entspr Kommentierung wird verweisen (s § 266 Rn 21-25). Der 5. Ausschlussgrund besagt (nur), dass die sonstigen Lebenspartnerschaftssachen gem II ggü den anderen Lebenspartnerschaftssachen subsidiär sind.

25 **3) (Nichtstreitige) sonstige Lebenspartnerschaftssachen gem § 269 III.** III ergänzt die sonstigen Lebenspartnerschaftssachen um das Verf nach § 8 II LPartG iVm § 1357 II 1 BGB, welches die Aufhebung einer vom anderen Lebenspartner verfügten Beschränkung oder Ausschließung der sog **Schlüsselgewalt** betrifft (sa § 266 Rn 27 f). Es handelt sich um ein **fG-Verfahren** und gehört im Gegensatz zu denj nach I Nr 8-10, II nicht zur Kategorie der FamStreitsachen (s § 112 Nrn 1-3).

§ 270 Anwendbare Vorschriften

(1) [1]In Lebenspartnerschaftssachen nach § 269 Abs. 1 Nr. 1 sind die für Verfahren auf Scheidung geltenden Vorschriften, in Lebenspartnerschaftssachen nach § 269 Abs. 1 Nr. 2 die für Verfahren auf Feststellung des Bestehens oder Nichtbestehens einer Ehe zwischen den Beteiligten geltenden Vorschriften entsprechend anzuwenden. [2]In den Lebenspartnerschaftssachen nach § 269 Abs. 1 Nr. 3 bis 12 sind die in Familiensachen nach § 111 Nr. 2, 4, 5 und 7 bis 9 jeweils geltenden Vorschriften entsprechend anzuwenden.
(2) In sonstigen Lebenspartnerschaftssachen nach § 269 Abs. 2 und 3 sind die in sonstigen Familiensachen nach § 111 Nr. 10 geltenden Vorschriften entsprechend anzuwenden.

1 **I) Überblick.** § 270 bestimmt, welchen verfahrensrechtl Vorschriften die verschiedenen Lebenspartnerschaftssachen unterliegen. Dabei ordnet die Vorschrift die **entsprechende Anwendung** der in den jew **vergleichbaren Familiensachen** geltenden Vorschriften an. Die Verweisungen des § 270 beziehen sich grds auf sämtl in den betr FamSachen anwendbaren Vorschriften, auch auf solche aus dem Allg Teil des FamFG (Buch 1) und aus anderen Gesetzen, also insb der ZPO (BTDrs 16/6308, 264; Burger FamRZ 2009, 1017, 1021).

2 Dass die Lebenspartnerschaftssachen verfahrensrechtl wie die ihnen jew entspr FamSachen im Fall der Ehe behandelt werden (BTDrs 16/6308, 264), bedeutet nicht, dass sich die entspr Anwendung der betr Regelungen darauf beschränken könnte, die bes Rechtsinstitute und Begriffe des Eherechts gegen die korrespondierenden Rechtsinstitute und Begriffe des Lebenspartnerschaftsrechts auszutauschen, wie dies etwa § 113 V für bestimmte Bezeichnungen vorschreibt. In einem 2. Schritt ist vielmehr der **Inhalt der Norm in dem konkreten, neuen Regelungszusammenhang** nach allg Auslegungsgrundsätzen **neu zu ermitteln**, wobei die rechtl und tatsächl Besonderheiten einer Lebenspartnerschaft zu berücksichtigen sind. Insofern ist bei der „entspr Anwendung" iSv § 270 von einem weiten Spielraum auszugehen (PH/Heiter Rn 5 ff).

3 Neben § 270 ist insb § 112 zu beachten. Danach handelt es sich bei den in § 269 I Nr 8-10 bzw II aufgeführten Lebenspartnerschaftssachen um **Familienstreitsachen** mit der Folge, dass nach Maßgabe des § 113 die Allg *Vorschriften der* ZPO Anwendung finden.

4 **II) Aufhebung einer Lebenspartnerschaft.** Gem **I Alt 1** sind in Lebenspartnerschaftssachen gem § 269 I Nr 1 (Aufhebung der Lebenspartnerschaft) die für Verf auf Scheidung geltenden Vorschriften (§§ 133 ff und – weit-

gehend – §§ 121 ff) entspr anzuwenden. Dazu gehört auch § 137. Über die Aufhebung der Lebenspartnerschaft und die Folgesachen ist demnach entspr § 137 I zusammen zu verhandeln und zu entscheiden. Mögl Folgesachen sind entspr § 137 II die in § 269 I Nr 5-10 aufgeführten Lebenspartnerschaftssachen. Nicht erfasst von der in § 270 I Alt 1 enthaltenen Verweisung sind die speziellen Vorschriften zur Eheaufhebung, zB §§ 129, 130.

5 Soweit § 15 II 2 LPartG die Aufhebung der Lebenspartnerschaft auch in Fällen ermöglicht, die zu einer Eheaufhebung führen können, erscheint es – jedenfalls im Einzelfall – angezeigt, von einer entspr Anwendung bestimmter Verfahrensvorschriften in Scheidungssachen, zB § 136, abzusehen (PH/Heiter Rn 9).

6 **III) Feststellung des Bestehens oder Nichtbestehens einer Lebenspartnerschaft.** Gem **I 1 Alt 2** sind in Verf gem § 269 I Nr 2 (auf Feststellung des Bestehens oder Nichtbestehens einer Lebenspartnerschaft) die für Verf gem § 121 Nr 3 geltenden Vorschriften entspr anzuwenden, dh insb die für Ehesachen allg geltenden Bestimmungen (§§ 121 ff). § 129 II 3 ist nicht anzuwenden, da gem § 15 I LPartG nur die Lebenspartner, nicht aber die Verwaltungsbehörde oder eine 3. Person einen Antrag auf Aufhebung der Lebenspartnerschaft stellen können (PH/Heiter Rn 10).

7 **IV) Verfahren gem § 269 I Nr 3-7.** Hierfür gelten die allg Vorschriften des FamFG uneingeschränkt sowie die Regelungen der jew korrespondierenden FamSache entspr, also in Verf gem Nr 3 die §§ 152 ff, in Verf gem Nr 4 die §§ 187 ff, in Verf gem Nr 5 bzw Nr 6 die §§ 201 ff und in Verf gem Nr 7 die §§ 218 ff.

8 **V) Verfahren gem § 269 I Nr 8-10.** In diesen Verf richtet sich die Anwendung von Vorschriften der ZPO nach § 113. Denn es handelt sich gem § 112 Nr 1 bzw 2 um FamStreitsachen. Darüber hinaus sind in Verf gem Nr 8, 9 die §§ 232 ff sowie in Verf gem Nr 10 die §§ 262 ff entspr anzuwenden.

9 **VI) Verfahren gem § 269 II.** Gem § 112 Nr 3, § 113 sind hierbei ebenfalls die allg Vorschriften der ZPO weitgehend anwendbar sowie darüber hinaus die § 267 und § 268 entspr.

10 **VII) Verfahren gem § 269 III.** Es gelten die allg Vorschriften des FamFG sowie in entspr Anwendung die § 267 und § 268.

11 **VIII) Gebühren.** § 5 FamGKG ordnet den kostenrechtl Gleichlauf mit ehebezogenen FamSachen an. – Im RVG wird die Lebenspartnerschaft entweder neben der ehebezogenen FamSache gleichwertig aufgeführt (zB § 16 Nr 4 RVG), oder der Gleichlauf wird durch die Formulierung „auch iVm § 270" (zB § 21 II RVG) hergestellt.

§§ 271 bis 493 (betr Buch 3 bis Buch 9)

Anhang FamFG-Verfahrenswerte

ABC-Schlüssel zu den Verfahrenswerten des FamGKG

1 Die Rspr zum Verfahrenswert ist oft vom **Einzelfall** und auch der **Spruchpraxis** der einzelnen OLG geprägt. Im Folgenden wird versucht, für die FamSachen einen Überblick nach Stichworten zu geben. Soweit ältere Rspr zitiert wird, wurden die seinerzeit geltenden Paragraphen durch die des FamFG und des FamGKG ersetzt.

1.1 • **Abänderung.** Für FamStreitsachen, die solche wiederkehrende Leistungen betreffen (seien es ges oder vertragl **Unterhaltsansprüche**), gilt § 51 FamGKG. – Verfahrenswert, falls nicht der Gesamtbetrag geringer ist, ist der Unterschiedsbetrag zwischen bish und künftig verlangtem Jahresbetrag, wobei § 51 FamGKG auf die ersten 12 Monate nach Einreichung des Antrags abstellt (§ 51 I 1 FamGKG). Bei Umstellung auf dynamischen Titel ist aber das Umstellungsinteresse maßgebend (OLG Hamm FamRZ 2015, 954). – Bei Einreichung bereits fällige Beträge werden im Umfang der begehrten Abänderung addiert (§ 51 II 1 FamGKG). Einreichung eines VKH-Antrags steht unter den Voraussetzungen des § 51 II 2 FamGKG (alsbaldige Antragseinreichung) gleich. – Abänderung für die Zeit vor Rechtshängigkeit: Diese Beträge sind dem Jahreswert hinzuzurechnen; auch unzulässige Anträge auf Abänderung für die Vergangenheit (Zeit vor Rechtshängigkeit) sind zu bescheiden und erhöhen den Wert. – Erhöhungsantrag und Widerantrag auf Herabsetzung des titulierten Betrages betreffen verschiedene Streitgegenstände. Die beiden Werte sind daher zu addieren (Madert AGS 2004, 30). – Die bei Einreichung des Antrags fälligen und geltend gemachten Beträge werden voll, nicht nur mit einem Bruchteil angesetzt (aA OLG Koblenz JurBüro 1986, 415). – Abänderung und Rückzahlung in den Abänderungszeitraum fallender Beträge: keine Wertaddition, da wirtschaftl dasselbe Interesse verfolgt wird (KG FamRZ 2011, 754; OLG Köln FamRZ 2011, 756 LS). – Abänderung von Entscheidungen und Vereinbarungen zum **Versorgungsausgleich:** § 50 FamGKG. § 50 I 1 Alt 2 für Änderung schuldrechtl Ausgleich, Alt 1 für übrige Anrechte (OLG Oldenburg FamRZ 2023, 153; KG FamRZ 2020, 708; aA OLG Schleswig FamRZ 2014, 237: Immer Alt 2).

1.2 • **Abfindungsvergleich.** S Vergleich Rn 1.53.

1.3 • **Abstammungssachen.** Wert: § 47 FamGKG. – Feststellung des Bestehens oder Nichtbestehens eines Eltern-Kind-Verhältnisses und Verf auf Anfechtung der Vaterschaft (§ 169 Nrn 1 u 4 FamFG): 3.000 Euro (bis 31.5. 2025 2.000 Euro). – In den Fällen des § 169 Nrn 2 u 3 FamFG: 1.000 Euro. Nach OLG Naumburg (FamRZ 2019, 914) einheitl 1.000 Euro für Verf auf Ersetzung der Einwilligung in Abstammungsuntersuchung und Anordnung der Duldung einer Probeentnahme. – Ggf Abweichung nach Billigkeitsregel in § 47 II FamGKG (s „Billigkeit"). – Werden Abstammungssachen verbunden (§ 179 I 1 FamFG), ist zu addieren (§ 33 I 1 FamGKG); ebenso, wenn Antrag sich gegen 2 Personen richtet (OLG Naumburg FamRZ 2019, 914). – Wird das Verf auf Feststellung der Vaterschaft (§ 169 Nr 1 FamFG; § 1600d BGB) verbunden (§ 179 I 2 FamFG) mit einer Unterhaltssache (§ 237 FamFG), dann ist nur der höhere Anspruch maßgebend (§ 33 I 2 FamGKG; OLG Köln FamRZ 2001, 779 zu § 48 IV GKG aF); idR ist dies der Unterhaltsanspruch (OLG Köln FamRZ 2001, 779; Vogel FPR 2010, 313, 315). – Zu vergleichen sind aber nur die Werte des Feststellungsverf (§ 169 Nr 1 FamFG) und des Unterhaltsverf; nur in diesem Verhältnis tritt der Anspruch mit dem niedrigeren Wert zurück. Sind außerdem noch Verf nach § 169 Nrn 2 u 3 FamFG anhängig, bleibt es insoweit bei der Wertaddition (§ 33 I 1 FamGKG).

1.4 • **Adoptionssachen.** Mangels spezieller Regelung gilt § 42 II FamGKG (OLG Karlsruhe FamRZ 2024, 385; OLG Braunschweig FamRZ 2021, 1223; OLG Hamm FamRZ 2019, 304). Bei Adoption eines Vollj kommt den wirtschaftl Verhältnissen von Annehmenden und Anzunehmenden erhebl Gewicht zu (OLG Bamberg FamRZ 2024, 1564: 30 % des Vermögens des Annehmenden; OLG Karlsruhe FamRZ 2024, 385: 5 % des Vermögens des Annehmenden; OLG Braunschweig FamRZ 2021, 1223; aA OLG Karlsruhe MDR 2022, 439). Orientierung kann der Wert der notariellen Urkunde über den Adoptionsantrag bieten (OLG Celle FamRZ 2013, 2008; OLG Düsseldorf AGS 2019, 27; OLG Düsseldorf FamRZ 2010, 1937). Für Verf gem § 1748 BGB ist idR geringerer Wert angemessen (OLG Hamburg FamRZ 2020, 625: entspr § 45 I FamGKG; aA Krause FamRB 2020, 190).

1.5 • **Altenteil.** § 51 FamGKG, soweit sich das Altenteil im Rahmen der ges Unterhaltspflicht (§ 111 Nr 8, § 231 FamFG) hält oder der Anspruch von § 266 FamFG erfasst ist.

1.6 • **Arrest.** Im FamGKG fehlt eine ausdrückl Wertvorschrift, § 41 FamGKG regelt nur den Wert einstw Anordnungen, kann auch nicht analog angewandt werden (so aber HK-FamGKG/Fölsch § 41 Rn 7). Einschlägig ist § 42 I (OLG Frankfurt MDR 2018, 560; OLG Brandenburg FamRZ 2011, 758; OLG München FamRZ 2011, 746; alle: idR ⅓ der zu sichernden Forderung).

1.7 • **Auffangwert.** § 42 FamGKG (ausf Thiel FPR 2010, 319). Fehlt jeder Anhalt: 5.000 Euro (§ 42 III FamGKG). Dieser Wert ist dann nicht mehr zu verändern (aA SchBW/Keske § 42 FamGKG Rn 3: nur Ausgangswert), schon weil III ja voraussetzt, dass keine genügenden Anhaltspunkte für eine andere Wertfestsetzung bestehen (Thiel FPR 2010, 319 IV 4). Bei einstw Anordnungen ist dieser Wert aber noch zu halbieren (§ 41 S 2 FamGKG). – Bei vermögensrechtl Ansprüchen kommt es auf das wirtschaftl Interesse im Einzelfall an. – In nichtvermögensrechtl Angelegenheiten nennt das Ges Kriterien: Umfang und Bedeutung der Sache, Vermögens- und Einkommensverhältnisse (vergleichbar § 43 I FamGKG) und bestimmt eine Obergrenze: 500.000 Euro. Die „Berücksichtigung aller Umstände des Einzelfalls" in II ermöglicht auch die Berücksichtigung subj Kriterien (Thiel FPR 2010, 319 IV 3 m Bsp).

1.8 • **Aufrechnung.** § 39 FamGKG entspricht § 45 GKG. S daher § 3 ZPO Rn 16.26.

• **Auskunft.** Wert des Auskunftsanspruchs wegen **Unterhalts:** Erstinstanzl: Bruchteil – idR ¼ oder ⅕ (BGH FamRZ 97, 546; BGH FamRZ 93, 1189; OLG Hamm FamRZ 2007, 163: 20 %) – des Jahresbetrages (§ 51 FamGKG). IÜ s § 3 ZPO Rn 16.28. **Beschwer** des unterlegenen ASt: Bruchteil des Unterhalts für 42 Monate entspr § 9 ZPO (BGH MDR 97, 504; KG FamRZ 2024, 1932: 1/5). – Beschwer des unterlegenen Ag: Aufwand an Zeit u Kosten für die Auskunft, s § 3 ZPO Rn 16.28. – Auskunftsantrag nach **§ 1379 BGB:** a) Wert u Beschwer ASt: Bruchteil von ¹⁄₁₀ bis ¼ des Leistungsanspruchs (BGH MDR 2011, 1438); b) Beschwer des unterlegenen Ag: Wie bei Unterhalt Höhe des Aufwands an Zeit und Kosten, jedoch grds ohne Kosten eines Steuerberaters (BGH FamRZ 2003, 597 = 856 [LS-Korrektur]; aA OLG Zweibrücken JurBüro 2000, 251: Höhe des Zugewinnausgleichs) oder eines SV (BGH FamRZ 2007, 711 [Schröder]), wenn keine Wertermittlung geschuldet. – Bei Fehlen jeglicher Anhaltspunkte: Auffangwert von § 42 III FamGKG (5.000 Euro, BGH FamRZ 2021, 770 Tz 18); dieser ggf auch bei anders nicht zu bewertendem Auskunftsantrag gem § 1379 I Nr 1 BGB (KG FamRZ 2019, 524). – **Versorgungsausgleich:** 500 Euro (§ 50 II FamGKG). – Auskunftsantrag nach **§ 1686 BGB:** § 45 FamGKG (OLG Hamm MDR 2013, 1285). 1.9

• **Beschleunigungsrüge/-beschwerde.** Gem § 42 II FamGKG nach dem Interesse an einer beschleunigten Bearbeitung, sachgerecht ein Bruchteil des Wertes der Kindschaftssache (Schneider FamRB 2016, 479, 482), nach OLG Karlsruhe (FamRZ 2018, 520) ½ des Werts im Bezugsverf. 1.10

• **Beschwer.** S § 61 Rn 10 f. 1.11

• **Ehesachen.** § 121 Nrn 1-3 FamFG. Wert: § 43 FamGKG, Bemessung nach **allen Umständen** des Einzelfalls (anschaul OLG Dresden FamRZ 2003, 1679; KG FamRZ 2010, 829), insb Umfang und Bedeutung der Sache sowie Einkommens- u Vermögensverhältnisse der Ehegatten. – **Einkommen:** 3-fache monatl Nettoeinkommen der Eheleute (§ 43 II FamGKG). Für die Wertermittlung ist der Zeitpunkt der Einreichung des Scheidungsantrages maßgebend (§ 34 S 1 FamGKG; OLGR Nürnberg 2009, 301; OLG Koblenz FamRZ 2003, 1681). Bei Einreichung schon erkennbare Einkommensverschlechterung, etwa wegen schon ausgesprochener Kündigung, ist zu berücksichtigen (OLG Düsseldorf KoRsp GKG § 12 Nrn 108 = AnwBl 1986, 159; OLG Düsseldorf JurBüro 1985, 419); vor Einreichung erzieltes Einkommen ist unerhebl (OLGR München 1993, 199). Festsetzung, ohne Einkommen u Vermögen zu berücksichtigen, ist willkürl (BVerfG FamRZ 2009, 491). – **Arbeitslosengeld I** zählt zum Einkommen (OLG Düsseldorf FamRZ 2006, 807; OLG Hamm FamRZ 2006, 632); ebenso **Unterhaltsgeld** nach § 153 SGB III aF (OLG Karlsruhe FamRZ 99, 1678) u **Wohngeld** (OLG Hamm FamRZ 2006, 718; OLG Karlsruhe FamRZ 2007, 751; OLG Düsseldorf FamRZ 2009, 453); **Sozialhilfe u Grundsicherung** nach dem SGB II nicht (OLG Stuttgart FamRZ 2025, 134 = MDR 2024, 1479 m ausf Begr; OLG Celle FamRZ 2016, 1301; OLG Naumburg FamRZ 2009, 639; OLG Karlsruhe FamRZ 2002, 1135; KGR Berlin 2000, 8; aA OLG Bamberg FamRZ 2024, 292; OLG Brandenburg FamRZ 2016, 1295). Das **Arbeitslosengeld II** ist entspr Sozialhilfe kein Einkommen (BVerfG NJW 2006, 1581: keine verfassungsrechtl Bedenken; OLG Düsseldorf FamRZ 2020, 2028; OLG Celle FamRZ 2016, 1301; OLG Bremen FamRZ 2012, 239; OLG Stuttgart FamRZ 2011, 1810; OLG Rostock NJW-RR 2007, 1152; OLG Dresden FamRZ 2010, 1939; OLG Jena FamRZ 2010, 1934; OLG Schleswig FamRZ 2010, 1939; OLG Köln FamRZ 2009, 1703; KG FamRZ 2009, 1854; OLG Hamm – 2. FamS – NJW 2011, 1235; aA, wie Einkommen zu behandeln: OLG Hamm – 13. FamS – FamRZ 2016, 656; OLG Brandenburg FamRZ 2016, 1295; OLG Celle NJW 2010, 3587; OLG Düsseldorf FamRZ 2009, 638; OLGR Schleswig 2008, 608). Teilw wird vertreten, alle die wirtschaftl Lage der Partei beeinflussenden Einkünfte gleich zu behandeln, also alle Sozialleistungen zu berücksichtigen (so OLG Zweibrücken NJW 2011, 1234). Nicht zu berücksichtigen ist der von einem Ehepartner an den anderen gezahlte **Unterhalt**, da er aus dem Einkommen aufzubringen ist, das bereits in die Wertbemessung einfließt. **Kindergeld** ist konsequenterw als Einkommen anzusehen, wenn der Kindesunterhalt (s nachfolgend) berücksichtigt wird (OLG Brandenburg AGS 2016, 228; OLG Hamm FamRZ 2016, 656; OLG Zweibrücken FamRZ 2008, 2052; OLG Karlsruhe FamRZ 2008, 2050; OLG Jena FamRZ 2010, 1934; aA OLG Düsseldorf MDR 2019, 677; OLG Celle FamRZ 2014, 1802; OLG Dresden FamRZ 2010, 1939). **Nettoeinkommen:** Abgezogen werden neben Betriebsausgaben oder Werbungskosten, auch sonstige die Leistungsfähigkeit mindernde Beträge. Dazu gehören insb Unterhaltsleistungen an **Kinder**, die mit dem tatsächl Unterhaltsbetrag (OLG Hamburg FamRZ 2003, 1681) oder bei dessen Unkenntnis mit 300 Euro (OLG Brandenburg FamRZ 2025, 470; KG FamRZ 2022, 1554; OLG Hamm FamRZ 2006, 718) bzw 400 Euro (OLG Frankfurt FamRZ 2025, 468) monatl je Kind oder dem Betrag nach der Düsseldorfer Tabelle (OLG Celle NdsRpfl 98, 175; OLG Brandenburg FamRZ 2003, 1676) angesetzt werden. Diese nach altem Recht anerkannte Praxis ist auch auf § 43 FamGKG zu übertragen (OLG Stuttgart FamRZ 2010, 1940; aA OLG Köln FamRZ 2017, 647: kein Abzug), wobei der (nominellen) Steigerung des Unterhaltsbedarfs Rechnung zu tragen ist. Darüber hinaus sind Unterhaltszahlungen an Dritte, zB Eltern oder frühere Ehegatten sowie Tilgungsraten auf Kredite (OLG Karlsruhe FamRZ 2002, 1135; Köln FamRZ 2005, 1765; aA OLG Karlsruhe FamRZ 92, 707; OLG Dresden JurBüro 97, 479: nur bei nachhaltiger Beeinträchtigung der Lebensverhältnisse; OLG Hamm MDR 2018, 216: generell unberücksichtigt) abzusetzen. – **Vermögen** ist nach seinem Ertrag zu berücksichtigen. Meist wird Vermögen mit 5 % (zB OLG Frankfurt FamRZ 2025, 468; OLG Braunschweig FamRZ 2024, 68; KG FamRZ 2022, 1554) den Verfahrenswert erhöhend berücksichtigt, wobei Freibeträge für Eltern und Kinder (ausf OLG Dresden FamRZ 2006, 1053; aA OLG Jena FamRZ 2018, 1174; KG FamRZ 2022, 1554: nicht für Kin- 1.12

der) zugebilligt werden, die sich an § 6 VStG aF orientierten (OLGR München 1998, 169; OLG Koblenz FamRZ 2003, 168); diese Beträge können – zeitgemäß angepasst (OLG Brandenburg FamRZ 2025, 470: 60.000 Euro pro Ehegatte, 10.000 Euro pro Kind; OLG Frankfurt FamRZ 2025, 468: 25.000 Euro pro Ehegatte, 10.000 Euro pro Kind; OLG Braunschweig FamRZ 2024, 68; OLG Stuttgart FamRZ 2016, 164: 60.000 Euro für jeden Ehegatten; KG FamRZ 2022, 1554; OLG Schleswig FamRZ 2018, 1175; OLG Frankfurt FamRZ 2009, 74; OLG Frankfurt FamRZ 2018, 1258: 25.000 Euro; OLG Karlsruhe FamRZ 2022, 1872: 15.000 je Ehegatte, 7.500 Euro je Kind) – weiter in Ansatz gebracht werden, weil es hier unerhebl ist, dass VSt nicht mehr erhoben wird. Bei **Grundeigentum** sehr unterschiedl Ansätze: Für **Familieneigenheim** nach einigen Entscheidungen ersparte Kaltmiete von 3 Monaten (KG FamRZ 2010, 829; OLG Köln FamRZ 2008, 2051; OLGR Schleswig 2003, 14; OLG Dresden MDR 2003, 535). Näher liegt der Verkehrswert, davon 5-10 % (KG FamRZ 2022, 1554; OLG Brandenburg FamRZ 2016, 1298), ggf nach Abzug eines Freibetrags (KG FuR 2017, 457; OLG Hamm FamRZ 2006, 353). Anderer Ansatz von OLG Köln (FamRZ 2016, 1298): Keine Berücksichtigung von Vermögenswerten, die unter § 115 III ZPO, § 90 SGB XII fallen (abl OLG Düsseldorf FamRZ 2024, 1565; OLG Brandenburg FamRZ 2016, 1298) – **Mindestwert** immer 3.000 Euro (§ 43 I 2 FamGKG). Beiderseitige Bewilligung von ratenfreier **VKH** rechtfertigt nicht alleine schon den Mindestwert (BVerfG MDR 2005, 1373 [Hartung] = NJW 2005, 2980; OLG Nürnberg JurBüro 2006, 258; OLG Hamm FamRZ 2006, 806); sie darf nicht einmal mitursächl für die Festsetzung werden (BVerfG MDR 2006, 480). Ist sie es doch, kann auch die Festsetzung auf 3.000 Euro unzulässig sein (BVerfG FamRZ 2007, 1080). Dies gilt auch, wenn VKH nur mit Ratenzahlung bewilligt wurde (BVerfG NJW 2007, 1445). – **Alle Bemessungsfaktoren** sind rechtl gleichrangig. **Bedeutung** der Sache grds für alle Eheleute gleich und deshalb zieml belanglos; kein „Prominentenstreitwert". – **Umfang der Sache:** Da es um die Festsetzung des gerichtl Verfahrenswerts geht, kommt es auf das Ausmaß des gerichtl Verf an. Der Aufwand der Beteiligten oder der RA ist ohne Belang (KG FamRZ 2010, 829; OLG Dresden FamRZ 2003, 1677; OLG Koblenz JurBüro 1999, 475; aA Schneider/Kurpat/Schneider Rn 3.792 ff). Maßgebend daher va der Umfang der Akten, die Anzahl der Termine (OLG Koblenz JurBüro 1999, 475), der Umfang von Beweisaufnahmen sowie der eingereichten Schriftsätze (OLGR Frankfurt 1999, 164; KG JurBüro 2007, 315). Dieses Kriterium kann für verschiedene Instanzen zu unterschiedl Wertfestsetzungen führen. Reduzierend ist zB frühzeitige Rechtsmittelrücknahme (OLG Dresden FamRZ 2002, 1640). Hier lässt sich – entgegen § 34 FamGKG – nicht auf den Umfang im Zeitpunkt der Instanzeinleitung abstellen, sondern nur auf den bei Ende der Instanz (Schneider/Kurpat/Schneider Rn 3.628), denn sonst bliebe dieses Wertkriterium – entgegen § 43 I 1 FamGKG – immer ohne Einfluss. Vor dem Verf aufgewandte Arbeitszeit des RA ist belanglos (OLG Dresden FamRZ 2003, 1677; aA Schneider/Kurpat/Schneider Rn 3.792 ff). Anwendung **ausländischen Rechts** kann einen Schwierigkeitszuschlag rechtfertigen (OLG Zweibrücken JurBüro 1984, 899: 20 % bei ital Recht; sa OLG Karlsruhe FamRZ 99, 605: Art 151 Ital Cc; OLG Karlsruhe MDR 2007, 620: Angola); anders, wenn die Anwendung ausl Rechts keinen bes Aufwand erfordert (OLG Stuttgart FamRZ 99, 604: verneint für Art 1439 griech ZGB); auch eine Wertreduzierung kommt in Frage (OLG Stuttgart FamRZ 2005, 1697 für Art 164 türk Recht). Bei einer **einvernehmlichen Ehescheidung** (§ 1566 I BGB) ist ein Abschlag auf den Verfahrenswert nach hM nicht deswegen gerechtfertigt, weil der Umfang der Scheidungssache auf Grund des Einvernehmens gering ist (OLG Dresden FamRZ 2003, 1677 mwN; OLG Karlsruhe FamRZ 2002, 1135; OLG Hamm FamRZ 2001, 238; OLG Brandenburg FamRZ 97, 34; aA OLG Koblenz JurBüro 99, 475; OLGR Dresden 1996, 240). **Folgesachen** (§ 137 II, III FamFG): Ihr Verfahrenswert wird mit dem der Scheidungssache addiert, auch wenn ein Verfahrensgegenstand unzutr im Verbund geltend gemacht wird (OLG Stuttgart FamRZ 2012, 393). Besonderheiten für Kindschaftssachen (§ 44 FamGKG; s näher Rn 1.50). Art, Anzahl und Umfang beeinflussen den Wert der Ehesache daher nicht zusätzl (OLG Dresden FamRZ 2003, 1677; OLG Brandenburg FamRZ 97, 34; aA OLG Düsseldorf JurBüro 1995, 252). **Vergleich in Ehesachen** kann nicht über die Scheidung der Ehe abgeschlossen werden, wohl aber über Folgesachen. Maßgebend ist, über welchen Verfahrensgegenstand die Ehegatten sich vergleichen, nicht, welche Leistungen letztendl vereinbart werden (OLG Jena FamRZ 99, 1680).

1.13 • **Ehewohnung.** § 200 FamFG. Wert: § 48 FamGKG:

a) Verf nach § 1361b BGB (bei Getrenntleben): 4.000 Euro (bis 31.5.2025 3.000 Euro).

b) Verf nach § 1568a BGB (anlässl der Scheidung): 5.000 Euro (bis 31.5.2025 4.000 Euro).

Billigkeitskontrolle nach § 48 III FamGKG. Ein bes **hoher (Nutzungs-)Wert** der Immobilie kann eine Heraufsetzung rechtfertigen (OLG Brandenburg AGS 2015, 183; OLG Köln AGS 2014, 130: Erhöhung um 50 %). Im Interesse der Rechtssicherheit und des Zwecks der Pauschalwerte sollte von ihnen aber nur in deutlichen Ausnahmefällen abgewichen werden. – Antrag auf **Nutzungsentschädigung** des vom anderen genutzten gemeinsamen Wohneigentums **bis zur Scheidung:** Es bleibt bei einer Bewertung nach § 48 FamGKG (OLG Koblenz FamRZ 2014, 692; OLG Brandenburg FamRZ 2018, 1176 LS; OLG Bamberg FamRZ 2011, 1424; aA Thiel AGS 2011, 197). **Zustimmung zur Kündigung** der Wohnung: Gem § 42 I FamGKG entspr § 42 I GKG nach der Jahresnettomiete/-nutzungsentschädigung (OLG Bremen FamRZ 2021, 374). – **Nach der Scheidung** gilt nach hM (aA OLG Hamm FamRZ 2013, 1421) § 42 I FamGKG (billiges Ermessen), wobei § 9 ZPO (OLG Frankfurt FamRZ 2014, 1732) *oder § 51 FamGKG* (OLG Karlsruhe FamRZ 2025, 132; OLG Braunschweig FamRZ 2017, 1767) entspr angewendet wird. Für **Herausgabeantrag** ist entspr § 42 I GKG die Orientierung am Jahreswert der früher gezahlten Nutzungsentschädigung sachgerecht (OLG Braunschweig FamRZ 2024, 291)

• **Eidesstattliche Versicherung.** Wert erstinstanzl entspr eines Bruchteils (maximal ¼) des Mehrbetrags, den der ASt durch sie zu erlangen hofft (OLG Rostock FamRZ 2013, 1676; aA OLG Köln Rpfleger 77, 115: wie Auskunftsanspruch, nur geringerer Bruchteil). – Beschwer des unterlegenen ASt: wie erstinstanzl Wert. – Beschwer des unterlegenen Ag: Aufwand an Zeit u Kosten, der grundsätzl dem der Auskunft entspricht (BGH MDR 2018, 48; BGH NJW-RR 2014, 1210; BGH FamRZ 2013, 105). 1.14

• **Einstweilige Anordnung.** Gem § 41 FamGKG ist an den (fiktiven) Wert des entspr Hauptsacheverf anzuknüpfen, der für das Anordnungsverf idR zu ermäßigen ist. Zunächst ist daher der Wert der Hauptsache einschl einer etwaigen Abweichung vom Regelwert zu ermitteln. Bei einstw Anordnungen im Verbund ist der jew Folgesachenwert (§ 44 II FamGKG) der entspr Hauptsachewert (Bsp bei Volpert RVGreport 2010, 92 ff). Für das Anordnungsverf ist von der Hälfte dieses Wertes auszugehen. Im Einzelfall kann das Gericht diesen Wert aber unter- oder **überschreiten**, etwa wenn das Anordnungsverf faktisch die **Hauptsache vorwegnimmt** (OLG Jena MDR 2011, 1423; Volpert RVGreport 2010, 92). Dies kann zB angenommen werden bei einer einstw Anordnung auf Zahlung eines **Kostenvorschusses** gem § 246 I FamFG (unten s „e"). Wenn im Anordnungsverf ein **Vergleich** geschlossen wird, der ein Hauptsacheverf überflüssig macht, verbleibt es bei dem reduzierten Verfahrenswert und nur der Vergleichswert wird nach dem vollen Wert der Hauptsache bestimmt (OLG Saarbrücken MDR 2012, 919 [Haushaltssache]; OLG Jena FamRZ 2012, 737 [Ehewohnung]; OLG Nürnberg FamRZ 2011, 756 [Umgang]; OLG Schleswig FamRZ 2011, 1424 [Gewaltschutz]). Bei einem Anordnungsantrag auf Zahlung des **vollen Unterhalts** gem § 246 FamFG wird zwar teilw ebenfalls vertreten, dass damit die Hauptsache vorweggenommen werde, so dass deren Wert anzusetzen sei (OLG Düsseldorf NJW 2010, 1385). Dies ist aber nicht gerechtfertigt (OLG Oldenburg FamRZ 2023, 74 m ausführl Begr; OLG Hamm FamRZ 2022, 134; OLG Frankfurt FamRZ 2014, 1801; OLG Celle FamRZ 2014, 690; OLG Celle FamRZ 2012, 737; OLG Bamberg FamRZ 2012, 739; OLG Stuttgart FamRZ 2011, 757; OLG Köln FamRZ 2016, 655; OLG Köln FamRZ 2011, 758), da die Wirkung der einstw Anordnung zum Unterhalt deutl geringer als eine entspr Hauptsacheentscheidung ist. Die einstw Anordnung kann zwar in formelle (§ 45 FamFG), nicht aber in materielle Rechtskraft erwachsen (BGH NJW 83, 1330; KG FamRZ 91, 1327). Da sie rein prozessualer Natur ist, stellt sie keinen Rechtsgrund zum Behaltendürfen dar und steht daher einem Anspruch aus ungerechtfertigter Bereicherung nicht entgegen, ohne dass es auf ihre förml Aufhebung ankommt (BGH FamRZ 91, 1175; BGH FamRZ 84, 767). – Eine Überschreitung des Werts der Hauptsache ist nicht mögl. Ein **Unterschreiten** der Hälfte des Hauptsachewertes kommt in bes einfach gelagerten Fällen in Betracht (OLG Brandenburg FamRZ 2010, 1937), zB wenn ohne Anhörung des Gegners und ohne Termin entschieden wird (OLG Saarbrücken FamRZ 2010, 1936). 1.15

§ 41 FamGKG gilt auch für Verf auf **Abänderung** oder Aufhebung einer einstw Anordnung (§ 54 FamFG). Nur einmaliger Gebührenanfall: Vorbem 1.4. FamGKG-KV; § 16 Nr 5 RVG.

Einzelne einstw Anordnungen:

a) § 156 III FamFG (**Umgang**). Bruchteil des Wertes aus § 45 I Nr 2 FamGKG, da die Maßnahme nur vorläufig ist.

b) § 200 FamFG. **Haushalt:** hälftiger Wert für das Verf auch bei endgültiger Einigung; Einigungswert kann aber erhöht werden (OLG Saarbrücken MDR 2012, 919). **Ehewohnung:** wie vorstehend bei Haushaltssache (OLG Jena MDR 2011, 1423).

c) § 214 FamFG (**Gewaltschutz**). IdR keine Erhöhung auf vollen Hauptsachewert (OLG Schleswig FamRZ 2011, 1424; OLGR Saarbrücken 2008, 172). Allein die Eilbedürftigkeit (so OLG Düsseldorf FamRZ 2008, 1096; OLG Düsseldorf FamRZ 2010, 1936) rechtfertigt dies nicht, da sie allen einstw Anordnungsverf immanent ist. Der retrospektiven Betrachtung, ob Hauptsacheverf durchgeführt wird, steht § 34 FamGKG entgegen. Wenn aber eine endgültige Einigung im Anordnungsverf getroffen wird, kann ihr Wert bis zu dem der Hauptsache erhöht werden (OLG Schleswig FamRZ 2011, 1424). – Bei mehreren Anordnungen nach §§ 1, 2 GewSchG sind die Einzelwerte zu addieren (§ 33 I 1 FamGKG; OLG Nürnberg MDR 2008, 773; OLG Dresden FamRZ 2006, 803).

d) § 246 FamFG (**Unterhalt**). Der Betrag des Unterhalts, berechnet nach § 51 FamGKG. Hiervon dann 50 % (§ 41 S 2 FamGKG). Erhöhung wegen Vorwegnahme der Hauptsache idR nicht gerechtfertigt (s oben). Bei Antragseinreichung fällige Beträge (§ 51 II FamGKG) werden auch mit 50 % berücksichtigt (OLG München AGS 2011, 306).

e) § 246 FamFG (**Kostenvorschuss**). Der Betrag des Vorschusses; keine Reduzierung, da Hauptsache faktisch vorweggenommen (OLG Frankfurt FamRZ 2015, 527; OLG Düsseldorf AGS 2014, 237; OLG Bamberg AGS 2011, 454; aA OLG Koblenz 20.3.2017 – 7 WF 83/17; OLG Zweibrücken FamRZ 2017, 54; OLG Frankfurt FamRZ 2016, 163; OLG Celle FamRZ 2016, 164).

f) § 247 FamFG (**3-Monats-Bedarf** [Kind], § 1615l I BGB [Mutter]). Die Hälfte des Bedarfs. Zur Erhöhung wegen Vorwegnahme der Hauptsache s oben.

g) § 248 FamFG (Unterhalt bei Feststellung der Vaterschaft, § 1600d BGB): Unterhalt, berechnet nach § 51 FamGKG u hiervon 50 % (wie unter c).

• **Ersetzung einer Erklärung.** § 36 FamGKG. S Rn 1.21. 1.16

• **Familienstreitsachen.** § 112 FamFG. Die Wertvorschriften im FamGKG gehen für den Gebührenwert den §§ 2-9 ZPO vor; diese gelten aber für die Ermittlung der Beschwer (s § 61 Rn 10). 1.17

1.18 • **Festsetzungsverfahren.** §§ 53-56 FamGKG entsprechen §§ 61-64 GKG mit der Ausnahme, dass es natürl keinen Wert „für die Zuständigkeit des Prozessgerichts" (§ 62 GKG) gibt.

1.19 • **Folgesachen.** Definition in § 137 FamFG. Wert: § 44 FamGKG. S Rn 1.50.

1.20 • **Geldforderung.** § 35 FamGKG. Der geforderte Betrag ist maßgebend, sofern nicht bes Wertvorschriften gelten.

1.21 • **Genehmigung.** Oder deren **Ersetzung.** Maßgebend ist der Wert des zugrunde liegenden Geschäfts, § 36 FamGKG, die Bewertung bestimmt sich nach dem GNotKG (§ 36 I 2 FamGKG). Obergrenze ist gem § 36 III FamGKG 1 Million Euro. Für Erbausschlagung s OLG Zweibrücken FamRZ 2019, 1084. Zur Genehmigung mehrerer Erklärungen über dens Gegenstand s OLG Braunschweig FamRZ 2025, 540. Ist das Kind an dem Vermögenswert nur anteilig beteiligt, bestimmt sich der Wert nach diesem Miteigentumsanteil (OLG Karlsruhe MDR 2018, 958; OLG Stuttgart MDR 2017, 548). – Wird in einer nichtvermögensrechtl Angelegenheit eine Genehmigung erteilt, ist der Auffangwert (§ 42 II FamGKG) maßgebend, mit einem Höchstwert von 500.000 Euro.

1.22 • **Getrenntleben.** Der sog negative Herstellungsantrag auf Feststellung des Rechts zum Getrenntleben ist gem § 121 FamFG keine Ehesache, kann aber als FamStreitsache gem § 266 I Nr 2 FamFG geltend gemacht werden (§ 111 Nr 10, § 112 Nr 3, § 266 I Nr 2 FamFG). Bewertung aber entspr einer Ehesache: § 43 FamGKG.

1.23 • **Gewaltschutz.** § 111 Nr 6, § 210 FamFG; §§ 1, 2 GewSchG. – Wert: § 49 FamGKG:

a) In den Fällen des § 1 GewSchG (Maßnahmen zum Schutz vor Gewalt und Nachstellungen): 3.000 Euro (bis 31.5.2025 2.000 Euro).

b) In den Fällen des § 2 GewSchG (Überlassung einer gemeinsam genutzten Wohnung): 4.000 Euro (bis 31.5.2025 3.000 Euro). Allein das Verbot, sich der von des ASt genutzten Wohnung zu nähern oder diese zu betreten, genügt nicht (KG FamRZ 2023, 554).

Bei mehreren Anträgen (OLG Dresden FamRZ 2006, 803; OLG Nürnberg MDR 2008, 887) und mehreren Ag (OLG Karlsruhe FamRZ 2025, 132 LS) sind die Werte zu addieren. – Es kann ein höherer oder niedrigerer Wert festgesetzt werden, wenn die Pauschale nach den bes Umständen des Einzelfalls unbillig ist. Dabei sind Dauer und Intensität der Beeinträchtigung, die Wiederholungsgefahr, der Umfang der notwendigen Maßnahmen sowie der Zeitraum der Anordnung (Befristung) zu berücksichtigen (s „Billigkeit"). – Für die Wertfestsetzung ist unerhebl, ob und ggf in welchem Umfang das Gericht zusätzl gem § 215 FamFG eine **Anordnung zur Durchführung** der von ihm getroffenen Entscheidung trifft. – Die Anordnung u ihre **Verlängerung** sind 2 Angelegenheiten (OLG Zweibrücken MDR 2012, 1438 = FamRZ 2013, 324; AG Bad Kreuznach AGS 2009, 64); es bedarf also jew gesonderter Wertfestsetzungen, die sich nicht decken müssen. Zur Bewertung der einstw Anordnung s Rn 1.15.

1.24 • **Gütergemeinschaft.** §§ 1415 ff BGB. Die **Auseinandersetzung** einer Gütergemeinschaft (§§ 1471 ff BGB) richtet sich nach dem Wert des begehrten Anteils (§§ 35, 42 I FamGKG; OLG Düsseldorf FamRZ 2007, 572), auch wenn die Beteiligten sich vergleichen und im Vergleich die Auflassung von Grundstücken erklären (OLG Frankfurt KoRsp ZPO § 3 Nr 445) oder nur um die Art der Teilung streiten (OLG Schleswig SchlHA 79, 57). – Der Aufhebungsantrag (§§ 1447, 1469 BGB) wird nach dem Interesse des ASt bewertet (BGH NJW 73, 50; OLG Koblenz KoRsp ZPO § 3 Nr 327; aA GS/Müller-Rabe Anh VI Rn 263: immer die Hälfte des Antragstelleranteils am Gesamtgut).

1.25 • **Güterrechtssachen.** Mangels Sonderregelung bestimmt sich der Wert eines Anspruchs auf Zahlung gem § 35 FamGKG nach dem begehrten Betrag. Anträge nach §§ 1382, 1383 BGB (Stundung, Leistungsverweigerung) sind nach der Auffangvorschrift v § 42 I, III FamGKG zu bewerten. Werden in einer FamStreitsache (§ 261 I, § 112 Nr 2) neben dem Ausgleichsantrag die Anträge auf Stundung und/oder Übertragung von Vermögensgegenständen gestellt *und beschieden* (Abweichung von § 33 FamGKG), sind alle Verfahrensgegenstände eigenständig zu bewerten und zu addieren (§ 52 FamGKG). Sa Rn 1.64. – Die Zustimmungsverf in fG-Güterrechtssachen (vgl §§ 1365, 1369, 1426, 1430, 1452 BGB) werden gem § 36 I FamGKG nach dem Wert des zugrunde liegenden Geschäfts bewertet; sa Rn 1.21.

1.26 • **Haushaltssachen.** § 200 FamFG. – Wert: § 48 FamGKG:

a) Verf nach § 1361a BGB: 2.000 Euro.

b) Verf nach § 1568b BGB: 3.000 Euro.

Von dem Pauschalbetrag kann aus Billigkeitsgründen abgewichen werden, wenn Umfang, Schwierigkeit und/oder Bedeutung für die Beteiligten erhebl vom Durchschnitt abweichen (OLG Hamburg FamRZ 2020, 438), zB Erhöhung bei bes guten wirtschaftl Verhältnissen (OLG Celle MDR 2014, 784). Auf die Höhe einer Ausgleichszahlung kommt es nicht an, sie ist allenfalls ein Gesichtspunkt im Rahmen der Gesamtbewertung (OLG Celle MDR 2014, 784). Der geringe Wert der Gegenstände rechtfertigt eine Reduzierung dann nicht, wenn über eine Vielzahl umfangreich gestritten wird (OLG Hamburg FamRZ 2020, 438). Von der Änderungsmöglichkeit ist aber wegen der gewollten Pauschalierung zurückhaltend Gebrauch zu machen.

1.27 • ***Herausgabeantrag.*** *Bei vermögensrechtl* Angelegenheiten: Auffangwert nach § 42 I FamGKG (s Rn 1.7), soweit keine speziellen Regelungen vorgehen. Das billige Ermessen muss sich am Verkehrswert orientieren, vergleichbar den Geldforderungen (§ 35 FamGKG). – **Haustiere:** § 42 II FamGKG, wenn das Affektionsinteresse deutl im Vordergrund steht; bei wertvollen Tieren uU auch vermögensrechtl Angelegenheit iSv § 42 I FamGKG (so OLG Köln AGS 2011, 251 auch für 2 nicht wertvolle Katzen). Wenn als Haushaltssache (§ 200) anzusehen: § 48 II, III FamGKG. – **Vollstreckungstitel:** Betrag der Forderung, wenn keine Entscheidung nach § 767 ZPO vorliegt (BGH FamRZ 2014, 1996). – Zur Herausgabe der **Ehewohnung** s Rn 1.13.

• **Hilfsanspruch.** § 39 FamGKG. Entspricht inhaltl § 45 GKG. Daher s § 3 ZPO Rn 16.73. 1.28

• **Kindergeldbezugsberechtigung.** Gem § 51 III 1 FamGKG 500 Euro je Kind (OLG Zweibrücken FamRZ 2021, 54 LS; OLG Dresden FamRZ 2014, 1055). 1.29

• **Kindesherausgabe.** Ist Kindschaftssache (§ 111 Nr 2, § 151 Nr 3). Wert: 5.000 Euro (§ 45 I Nr 3 FamGKG, bis 31.5.2025 4.000 Euro). Bei mehreren Kindern erhöht sich der Wert nicht (§ 45 II FamGKG). Billigkeitsregel in III. – Ist die Herausgabe Folgesache (§ 137 III), Bewertung nach § 44 FamGKG (s Rn 1.50). 1.30

• **Kindschaftssachen.** § 111 Nr 2, § 151 FamFG. – Gem § 45 FamGKG in Verf der Übertragung der Sorge, des Umgangsrechts, einschließl der Umgangspflegschaft, und der Kindesherausgabe 5.000 (bis 31.5.2025 4.000) Euro. Erhöhung oder Herabsetzung gem § 45 III FamGKG nach Billigkeit; etwa nach Umfang und Schwierigkeit des Verf (OLG Frankfurt JurBüro 2020, 530). Beurteilung für jede Instanz gesondert (OLG Dresden MDR 2016, 915), daher bei neuen Kriterien entspr § 40 II 2 FamGKG in Beschwerdeinstanz Erhöhung mögl (OLG Naumburg FamRZ 2018, 1172 LS). Allein die Einholung eines SV-Gutachtens rechtfertigt noch keine Erhöhung (OLG Frankfurt FamRZ 2021, 136; aA OLG Celle FamRZ 2011, 993 LS); erforderl ist eine **Gesamtschau** sämtl Umstände (OLG Brandenburg FamRZ 2017, 55 LS; OLG Düsseldorf RVGreport 2011, 347). Erforderl ist deutliches Überschreiten des durchschnittl Aufwandes des Gerichts, nicht der RA (OLG Karlsruhe MDR 2023, 502; OLG Brandenburg FamRZ 2021, 53; KG FamRZ 2015, 432), für das Verf, nicht die Entscheidung (OLG Frankfurt JurBüro 2020, 530). Erhöhung mögl bei SV-Gutachten und mehreren Terminen (OLG Celle NJW 2011, 1373: 5.000 Euro; OLG Hamm FamFR 2011, 574: 5.000 Euro; aA OLG Hamm FamRZ 2012, 1971, wenn keine Kindesanhörung und Akten nicht umfangreich). IdR Heraufsetzung um höchstens 2.000 Euro (KG FamRZ 2015, 432). Für die Wertbemessung ist es grds unerhebl, ob das Verf ein Kind oder **mehrere Kinder** betrifft, § 45 II FamGKG. Wenn aber die Zahl der Kinder den Aufwand und den Umfang der Sache maßgebl beeinflusst, ist eine Erhöhung mögl (OLG Düsseldorf RVGreport 2011, 347: Gutachten von 100 Seiten und mehrere Kinder: 4.000 statt 3.000 Euro). Sind **mehrere Teilbereiche** der elterl Sorge in Streit, Bewertung grds nach § 45 I Nr 1 FamGKG, ggf Erhöhung nach § 45 III FamGKG (OLG Hamm FamRZ 2014, 690; OLG Celle FamRZ 2012, 1746). **Reduzierung** wurde angenommen bei: Einigkeit der Eltern und Entscheidung ohne Anhörungstermin (OLG Schleswig SchlHA 2012, 147 = FamRZ 2012, 241 LS: Halbierung); Streit nur um Übernachtung, einfacher Sachverhalt, beengte wirtschaftl Verhältnisse (KG FamRZ 2011, 825: 2.000 satt 3.000 Euro), Streit nur um einen Teilbereich der Sorge (OLG Brandenburg FamRZ 2013, 724; OLG Hamm FamRZ 2018, 1669: Kindergartenwahl 1.000 Euro; aA OLG Karlsruhe MDR 2023, 502 für Entscheidung über Impfung; OLG Brandenburg FamRZ 2019, 2025). Gegenläufige Anträge erhöhen den Wert nicht (OLG Koblenz FamRZ 2020, 2024; OLG Brandenburg FamRZ 2020, 2025 LS), auch nicht, wenn sie unterschiedl Kinder betreffen (OLG Koblenz FamRZ 2017, 55). – Für die **übrigen Kindschaftssachen** iSv § 46 FamGKG gilt in vermögensrechtl Streitigkeiten § 46 I FamGKG, der für die Bewertung auf das GNotKG verweist, in nichtvermögensrechtl Angelegenheiten § 42 II FamGKG (Auffangwert: 5.000 Euro), soweit Wertgeb überhaupt erhoben werden. Sonderregelung für Pflegschaften: § 46 II FamGKG. – Als **Folgesache** (§ 137 III FamFG) im Verbund (s Rn 1.50) gilt § 44 FamGKG, im einstw Anordnungsverf (s dort) § 41 FamGKG. – Die § 151 Nr 1 FamFG unterfallende Feststellung des Bestehens/Nichtbestehens der elterl Sorge ist mangels Erwähnung in §§ 45, 46 FamGKG gem § 42 II, III FamGKG zu bewerten (Volpert RVGreport 2010, 14; HK-FamGKG/N. Schneider § 42 Rn 122). **Vermittlungsverfahren** (§ 165 FamFG): Regelwert des § 45 I FamGKG, ggf Herabsetzung nach § 45 III FamGKG (OLG Düsseldorf MDR 2021, 391; OLG Karlsruhe FamRZ 2013, 722). 1.31

• **Lebenspartnerschaften.** § 269 FamFG. Die in § 270 FamFG für dieses Ges angeordnete entspr Anwendung der Vorschriften wird in § 5 FamGKG auf das FamGKG und dessen Kostenverzeichnis übertragen. 1.32

• **Mahnverfahren.** Für die Kosten des Mahnverf gilt das GKG (§ 1 S 3 FamGKG). Der Wert der im Mahnverf geltend gemachten Ansprüche wird aber aus dem FamGKG ermittelt (§§ 35, 37 FamGKG), jedoch, da Geldforderungen, kein Unterschied zum GKG (§§ 48, 43 GKG; § 3 ZPO). 1.33

• **Mindestunterhalt minderjähriger Kinder.** S Rn 1.51. 1.34

• **Nebenforderungen.** § 37 FamGKG. Nebenforderungen sind Früchte, Nutzungen, Zinsen, Kosten (vorgerichtl) sowie die Kosten des Verf (§ 37 III FamGKG). Die Regelung entspricht inhaltl § 43 GKG. S § 4 ZPO Rn 8 ff. 1.35

• **Nichtvermögensrechtliche Ansprüche.** Vorrangig sind die speziellen Regelungen (zB § 47 FamGKG); gibt es keine, ist der Wert nach § 42 II FamGKG zu bestimmen. Fehlen hierzu alle Anhaltspunkte: 5.000 Euro (§ 42 III FamGKG). 1.36

• **Realsplitting.** S Rn 1.65. 1.37

• **Rechtsmittelverfahren.** § 40 FamGKG. Entspricht § 47 GKG; daher s § 3 ZPO Rn 16.39, 16.135. – Wechselseitig eingelegte Rechtsmittel: Werte werden addiert, sofern sie unterschiedl Gegenstände betreffen, § 39 II FamGKG. Wirtschaftl Identität bejaht bei Angriff gegen Unterhaltsbefristung u Anschlussbeschwerde zwecks 1.38

Verlängerung oder Wegfall der Befristung (OLG Stuttgart FamRZ 2008, 1205; OLG Oldenburg FamRZ 2009, 73 [krit Born FPR 2009, 136]).

1.39 • **Rückstände.** Sie sind die bei Einreichung des Antrags fälligen Beträge (vgl § 51 II 1 FamGKG); VKH-Antrag kann gleichstehen (§ 51 II 2 FamGKG). – Der Einreichungsmonat zählt in Unterhaltssachen zu den Rückständen (OLG München AGS 2011, 306). – Auch bei dem Unterhalts-**Stufenantrag** sind die Rückstände nach dem Zeitpunkt der Einreichung der Antragsschrift zu berechnen, nicht nach dem Eingang des den Zahlungsanspruch beziffernden Schriftsatzes (OLG Brandenburg AGS 2022, 40; OLG Bremen AGS 2013, 583; OLG Celle FamRZ 2011, 1809); die Bezifferung wirkt also auf den Zeitpunkt der Einreichung des Antrags zurück. – Bei **Antragserweiterung** mit Rückwirkung auf den Zeitpunkt der Einreichung des Antrags ist die Zeit zwischen Einreichungs- und Erweiterungsmonat kein den Verfahrenswert erhöhender Rückstand; mit Antragseinreichung stehen die Rückstandsmonate und der Jahreszeitraum fest (OLG Nürnberg JurBüro 2008, 33; OLGR Schleswig 2000, 477; OLGR München 2000, 73; OLG Saarbrücken JurBüro 1990, 98; OLGR Saarbrücken 2005, 924; aA OLG Brandenburg FamRZ 2015, 431; OLG Köln FamRZ 2004, 1226; Schneider MDR 91, 195, 198). Neue Rückstände (§ 51 II 1 FamGKG) können nur entstehen, wenn Unterhalt für die Zeit vor der 1. Antragseinreichung neu begehrt wird. – Zu den Rückständen bei **negativem Feststellungsklageantrag** s Schneider MDR 89, 301; sie wirken werterhöhend (OLG Köln FamRZ 2001, 1385; aA OLG Hamm JurBüro 88, 778).

1.40 • **Schätzung des Wertes.** § 56 FamGKG ermöglicht die praktisch kaum vorkommende Schätzung durch SV. Mit Wertfestsetzung Entscheidung über die Kosten der Abschätzung; sie sind also nicht Kosten des Verf. Auferlegung nach Veranlassungsverantwortung.

1.41 • **Selbständiges Beweisverfahren.** §§ 485 ff ZPO gelten auch in FamStreitsachen (§ 113 I 2 FamFG). Wert wie § 3 ZPO Rn 16.151. Beim Zugewinnausgleich ist die Differenz der Ausgleichsforderung maßgebend, die sich aufgrund der unterschiedl Vorstellungen über die Höhe des Wertes des Gegenstands ergibt, auf den sich das selbständige Beweisverfahren bezieht (KG FamRZ 2022, 1642; OLG Hamm FamRZ 2014, 1811). Macht dieser (im Wesentl) den begehrten Zugewinn aus, kann auf den in der Hauptsache geltend gemachten Zugewinn abgestellt werden (OLG Frankfurt FamRZ 2023, 1393).

1.42 • **Sprungrechtsbeschwerde.** Das Verf über den Antrag auf Zulassung der Sprungrechtsbeschwerde (§ 75 FamFG) hat dens Wert wie das beabsichtigte Rechtsmittelverf (§ 40 III FamGKG).

1.43 • **Stalking.** S Rn 1.12 (Gewaltschutz) und s § 3 ZPO Rn 16.156.

1.44 • **Stufenantrag.** § 38 FamGKG. Entspricht inhaltl § 44 GKG. Beim unbezifferten Leistungsantrag ist das Interesse nach § 42 FamGKG zu schätzen (OLG Hamm FamRZ 2011, 582); maßgebend ist, was der ASt sich auf der Leistungsstufe erhofft (BGH FamRZ 2022, 649 Tz 19; BGH FamRZ 2019, 1442 Tz 17; OLG Frankfurt FamRZ 2018, 1258). Da mit der Erhebung des Stufenantrags alle Ansprüche rechtshängig werden, ist der höhere Wert jedenfalls für die **Gerichtsgebühren** des gesamten Verf und die **anwaltliche Verfahrensgebühr** maßgebl (OLG Jena FamRZ 2013, 489; OLG Schleswig JurBüro 2002, 80). Die anwaltl Terminsgeb entsteht hingegen nur nach der Stufe, über die verhandelt wurde (OLG Frankfurt FamRZ 2013, 488; OLG Jena FamRZ 2013, 489). Sa § 3 ZPO Rn 16.28 (Auskunft), § 3 ZPO Rn 16.58 (eidesstattliche Versicherung), § 3 ZPO Rn 16.160 (Stufenklage). – Bei der Berechnung in Unterhaltssachen sind die bei Einreichung des Antrags fälligen Beträge hinzuzurechnen (§ 51 II 1 FamGKG). Abzustellen ist dabei auf den Eingang des Stufenantrags (OLG Karlsruhe FamRZ 2023, 75), nicht auf den Zeitpunkt der Bezifferung des Leistungsanspruchs (s „Rückstände"), auch wenn sich der Antrag nach Auskunftserteilung erledigt (OLG Celle FamRZ 2008, 2137; OLG Stuttgart FamRZ 2012, 393). Sa § 3 ZPO Rn 16.160. Kommt es zu keiner Bezifferung mehr, bestimmt sich der Wert nach der Erwartung des ASt (OLG Schleswig MDR 2020, 1214; OLG Frankfurt FamRZ 2016, 2149; OLG Schleswig FamRZ 2014, 689), die sich auch aus Verf auf einstw Anordnung ergeben kann (OLG Celle FamRZ 2016, 654) und beim **Fehlen jeglicher Anhaltspunkte** nach dem Auffangwert von § 42 III FamGKG (5.000 Euro) zu bemessen ist (BGH FamRZ 2022, 649 Tz 19; OLG Frankfurt FamRZ 2016, 2149).

1.45 • **Titulierungsinteresse.** Werden in den Unterhaltsantrag freiw gezahlte Leistungen einbezogen, ist gem § 35 FamGKG nach dem bezifferten Antrag zu bewerten (OLG Hamburg FamRZ 2013, 2010; OLG Celle FamRZ 2003, 1683; OLG München FamRZ 90, 778; OLG Karlsruhe FamRZ 91, 468; OLG Braunschweig NJW-RR 96, 256), sofern in diesen die freiw Leistungen nicht ledigl klarstellend aus sprachl Gründen einbezogen sind (OLG Frankfurt AnwBl 82, 198; OLG Bamberg JurBüro 88, 1385; OLG Bamberg JurBüro 1993, 110; OLG Brandenburg JurBüro 1996, 589). Voller Betrag ist auch dann anzusetzen, wenn nach rechtskräftiger Entscheidung bekannt wird, dass ein Teil des Anspruchs bereits tituliert war (OLG Düsseldorf JurBüro 1981, 1048; OLG Brandenburg JurBüro 1997, 196). Werden unstr Unterhaltsleistungen in einen Verfahrensvergleich einbezogen, dann ist nicht der volle unstr Anspruchsteil hinzuzurechnen, sondern der Verfahrenswert um einen nach § 42 I FamGKG zu schätzenden Anteil zu erhöhen, der das Interesse des Berechtigten an der Titulierung ausdrückt (OLG Hamburg DAVorm 88, 313; OLG Frankfurt JurBüro 1985, 424). Dabei kann von 25 % ausgegangen werden (*Toussaint/Zivier KostG § 51 FamGKG Rn 9 m Kasuistik*). Dieser Wert ist dann zu reduzieren oder zu erhöhen, wobei Maßstab sein sollte, wie zuverlässig oder nicht in der Vergangenheit der unstr Teil gezahlt wurde, weil damit das Interesse an der Titulierung unmittelbar korrespondiert.

• **Unterhalt.** § 231 I (FamStreitsachen), II (FGG-FamSachen) FamFG. Wert: § 51 FamGKG für FamStreitsachen. Die Regelung erfasst auch FamStreitsachen über vertragl Unterhaltsansprüche (§ 112 Nr 3, § 266 I FamFG), sofern sie wiederkehrende Leistungen betreffen (BTDrs 16/6308, 307); dies wurde durch die mit dem 2. KostRMoG vorgenommene Änderung von § 51 I 1 FamGKG klargestellt (BTDrs 17/11471, 251). Für *Leibrentenanspruch* gilt aber § 9 ZPO entspr (OLG München FamRZ 2017, 1766). Maßgebend ist der für die **ersten 12 Monate** nach Einreichung des Antrags geforderte Betrag (OLG Brandenburg MDR 2003, 335), höchstens jedoch der Gesamtbetrag der geforderten Leistung (§ 51 I FamGKG), zzgl der bei Einreichung des Antrags oder VKH-Antrags **fälligen Beträge** (§ 51 II FamGKG); die nachträgl Bezifferung fällig gewordener Beträge ist kein Rückstand idS und erhöht daher den Wert nicht (OLG Stuttgart FamRZ 2017, 547). Die ersten 12 noch im Streit befindl Monate sind auch wertbestimmend, wenn es nur noch um die **Befristung** geht (OLG Bamberg FamRZ 2019, 30; OLG Stuttgart FamRZ 2008, 1205; OLG Köln FamRZ 2010, 1933). Dementspr hat die Einigung über eine Befristung keinen zu berücksichtigenden Mehrwert (OLG Köln FamRZ 2010, 754 [N. Schneider FamFR 2010, 91]). – Abzustellen ist auf den Zeitpunkt der **Einreichung** des Antrags (§ 51 I, § 34 FamGKG), so dass unerhebl ist, wenn letztendl, aber nicht vorhersehbar, Unterhalt dann doch für weniger als 1 Jahr geschuldet wird (KG FamRZ 2011, 755; OLG Frankfurt FamRZ 2007, 749; OLG München FamRZ 98, 573; OLG Köln JurBüro 93, 164; OLG Hamm FamRZ 96, 502 für Trennungsunterhalt; aA OLGR Bremen 2000, 151; OLGR Hamburg 2002, 27; OLG Schleswig FamRZ 2006, 1560). Geringerer Wert aber ggf gerechtfertigt, wenn eine überwiegende Wahrscheinlichkeit für unterj Dauer spricht (OLG Hamm FamRZ 2005, 1766; OLG Bamberg FamRZ 96, 502). Wird Unterhalt für die Zeit nach Antragseinreichung begehrt, kommt es auf die ersten 12 Monate an, für die Unterhalt gezahlt werden soll; höhere Forderungen für spätere Zeiträume sind – auch bei Erweiterung des Antrags – unerhebl (OLG Koblenz FamRZ 2019, 915; OLG Schleswig FamRZ 2016, 2149; OLG Nürnberg JurBüro 2008, 33; OLG Celle FamRZ 2003, 1683; aA OLG Karlsruhe FamRZ 2017, 57). Bei Erweiterung des Antrags auf Zahlung laufenden Unterhalts erhöht sich der Wert gem § 34 FamGKG um den Mehrbetrag, der auf die 12 Monate nach Anhängigkeit dieses Antrags entfällt (OLG Celle FamRZ 2023, 1745). 1.46

Entgegen OLG Hamburg FamRZ 2003, 1198 können unterhaltsfreie Monate nicht durch nachfolgende ersetzt werden, dies widerspricht § 51 I 1 FamGKG. **Freiwillige Leistungen**, die mit geltend gemacht werden, sind mitzurechnen, s Rn 1.45. Werden Trennungs- und nachehel Unterhalt geltend gemacht, sind gem § 51 I FamGKG Einzelstreitwerte zu bilden und sodann zusammenzurechnen (OLG Bamberg JurBüro 2011, 418). Der **Rückzahlungs**antrag wird bewertet wie der Unterhaltsantrag (OLG Hamburg MDR 98, 125). Wird vom Gegner in dems Verf die Rückzahlung des zugesprochenen und bezahlten Unterhalts verlangt, erhöht sich der Verfahrenswert wegen Identität des Verfahrensgegenstands nicht (BGHZ 38, 237; KG FamRZ 2011, 754; OLG Karlsruhe FamRZ 99, 609). Zur Zahlung eines Einmalbetrages s Rn 1.2. – Gebührenwert in der **Rechtsmittelinstanz:** Die ersten 12 noch str Monate, begrenzt durch den Wert 1. Instanz, wenn der Antrag nicht erweitert wird (BGH FamRZ 2003, 1274 = NJW-RR 2003, 1657; OLG Karlsruhe MDR 2023, 940; OLG Stuttgart FamRZ 2008, 1205). Die Antragserweiterung im Rechtsmittelverf wirkt streitwerterhöhend (OLG Celle FamRZ 2009, 74). Wert von Beschwerde und Anschlussbeschwerde sind idR zu addieren (OLG Karlsruhe FamRZ 2023, 1747). – In Unterhaltssachen, die **nicht FamStreitsachen** sind, beträgt der Wert grds 500 Euro (§ 51 III 1 FamGKG); das sind die in § 231 II 1 FamFG genannten Fälle. Der Wert kann erhöht, nicht ermäßigt werden (§ 51 III 2 FamGKG). – § 51 I 1 FamGKG gilt auch in der **Zwangsvollstreckung** (vgl § 25 I Nr 1 RVG).

• **Unterhaltsverzicht.** Wechselseitiger Verzicht ohne erkennbaren Gegenanspruch wird zum Ausgleich des Währungsverfalls von Zeit zu Zeit höher bewertet; früher meist 3.600 DM, also jetzt wohl 1.800 Euro (OLG Köln FamRZ 98, 310; OLG Naumburg FamRZ 2001, 433; aA OLG Dresden MDR 99, 1201: Einzelfallumstände; OLG Jena FamRZ 99, 1681: 1.200 Euro in „Ostdeutschland", alle zu DM-Beträgen). Kein Wert für einen rein deklaratorischen Verzicht (OLG Düsseldorf FamRZ 2009, 1620). Verzicht führt zu keiner Erhöhung des Wertes, wenn dieser sich bereits gem § 51 FamGKG nach dem Jahresbetrag bestimmt (OLG Stuttgart FamRZ 2014, 1810; OLG Stuttgart FamRZ 2013, 1104). 1.47

• **Vaterschaftsfeststellung.** Feststellungen zum Bestehen oder Nichtbestehen eines Eltern-Kind-Verhältnisses, zur Wirksamkeit oder Unwirksamkeit einer Anerkennung der Vaterschaft nach § 169 Nr 1 FamFG sind Abstammungssachen, für die § 47 FamGKG gilt: 3.000 Euro (bis 31.5.2025 2.000 Euro), ggf Abweichung bei Unbilligkeit (s Rn 1.3). 1.48

• **Vaterschaftsanfechtung.** § 169 Nr 4 FamFG. Wert: 3.000 Euro (§ 47 FamGKG, bis 31.5.2025 2.000 Euro), ggf Abweichung bei Unbilligkeit. S Rn 1.3. 1.49

• **Verbund.** § 137 FamFG. Wert: § 44 FamGKG. 1.50

Die Werte von Scheidungssache und den Folgesachen werden addiert. Das gilt für die Folgesachen nach § 137 II FamFG auch, wenn sie abgetrennt werden, denn die Verfahrenseinheit (§ 44 I FamGKG) bleibt erhalten (§ 137 V 1 FamFG). Anders bei den Folgesachen nach § 137 V 2, III FamFG, die nach der Abtrennung als selbständige Verf fortgeführt werden (§ 6 II FamGKG). Sie werden auch wertmäßig als von Anfang an selbständig angesehen. Die Werteinheit bleibt grds erhalten bei Rücknahme des Scheidungsantrags und bei seiner Abweisung (§ 141 S 1, § 142 II 1 FamFG). Anders aber, wenn Folgesachen als selbständige FamSachen fortgeführt werden (§ 141 S 2, 3, § 142 II 2, 3 FamFG). Diese werden wieder gesondert und einzeln bewertet, jew nach den für sie geltenden Wertvorschriften. – Der Wert im Verbund setzt sich zusammen:

a) aus dem Wert der Ehesache (§ 43 FamGKG; s Rn 1.12);

b) dem Wert von Kindschaftssachen nach § 137 III FamFG. Einschlägig ist die Sondervorschrift in § 44 II 1 FamGKG – auch für die Beschwerdeinstanz (OLG Frankfurt FamRZ 2015, 953): 20 % des Wertes der Ehesache für jede Kindschaftssache, höchstens 5.000 (bis 31.5.2025 4.000) Euro. Bei mehreren Kindschaftssachen (zB Umgang und Sorgerecht) sind jew die 20 % anzusetzen, jeweils begrenzt durch die 5.000 Euro. Betrifft dieselbe Kindschaftssache mehrere Kinder erhöht sich der Wert hingegen nicht (§ 44 II 1 FamGKG);

c) dem Wert der übrigen Folgesachen, wie er sich für sie aus den für sie einschlägigen Wertvorschriften ergibt. – Nichtvermögensrechtl und vermögensrechtl Ansprüche werden in Abweichung vom § 33 I 2 FamGKG addiert (§ 44 II 2 FamGKG).

§ 44 III FamGKG eröffnet für die hinsichtl der Kindschaftssachen vorzunehmende Erhöhung eine Billigkeitskontrolle, die auch ein Überschreiten der 5.000 Euro ermöglicht. Hinsichtl der „übrigen Folgesachen" hat diese Kontrolle ggf schon bei der Ermittlung ihres Wertes stattgefunden. Diese Prüfung ist dann nicht zu wiederholen.

1.51 • **Vereinfachte Verfahren über den Unterhalt Minderjähriger.** Wert: § 51 I 2, II 3 FamGKG, also der 12-fache Monatsbetrag des Mindestunterhalts nach der Altersstufe (s § 1612a I 2, 3 BGB) bei Einreichung des Antrags. – Die Höchstgrenze in § 51 I 1 aE FamGKG (Gesamtbetrag der geforderten Leistung) ist zu beachten. – Kindergeld ist abzusetzen (OLG Köln FamRZ 2008, 1645; OLG Köln FamRZ 2002, 684; OLG München FamRZ 2005, 1766). – § 51 II 1 u 2 FamGKG (Erhöhung um die bei Antragseinreichung fälligen Beträge) sind entspr anwendbar (§ 51 II 3 FamGKG).

1.52 • **Verfahrenswertbeschwerde.** § 59 FamGKG. Zulässig, wenn sie zugelassen wird oder der Wert des Beschwerdegegenstandes (zur Ermittlung § 3 ZPO Rn 9 aE) 200 Euro übersteigt. Entspricht weitgehend § 68 GKG (s § 3 ZPO Rn 9). Das OLG entscheidet endgültig, ein weiteres Rechtsmittel (zum BGH) gibt es nicht (§ 57 VII, § 59 I 5 FamGKG).

1.53 • **Vergleich.** Gebührenwert ist Wert der Ansprüche, die erledigt werden (s § 3 ZPO Rn 16.179), also der verglichene Gegenstand (OLG Frankfurt FamRZ 2022, 48 LS; OLGR Koblenz 2009, 885), nicht das Ergebnis der Einigung (= Abfindungsbetrag). Beim Unterhalt also nach § 51 FamGKG (OLG Frankfurt FamRZ 2022, 48 LS; OLG Jena FamRZ 99, 1680). Wenn im Hauptsacheverf eine endgültige Einigung erfolgt, erledigt sich ein entspr einstw Anordnungsverf, daher fällt wegen § 56 I 1 FamFG grds nur im Hauptsacheverf eine Einigungsgeb nach dessen Wert an (OLG Hamm FamRZ 2009, 540). Wird im Anordnungsverf eine das Hauptsacheverf entbehrl machende Einigung getroffen, bestimmt sich der Vergleichswert nach der Hauptsache (OLG Celle FamRZ 2020, 2026). Rein deklaratorische Erklärungen im Vergleich bleiben unbewertet (OLG Zweibrücken JurBüro 81, 737).

1.54 • **Vermögensrechtliche Ansprüche.** Vorrangig sind die speziellen Regelungen (zB §§ 50, 51 FamGKG); gibt es keine, gilt § 35 FamGKG (der bezifferte Betrag). Ohne Bezifferung ist der Wert nach § 42 I FamGKG („nach billigem Ermessen") zu bestimmen. Fehlen hierzu alle Anhaltspunkte: 5.000 Euro (§ 42 III FamGKG).

1.55 • **Verschlechterungsverbot.** Dies besteht im Beschwerdeverfahren zum Wert wegen der amtswegigen Möglichkeit abzuändern (§ 55 III 1 FamGKG) nicht.

1.56 • **Versorgungsausgleich.** § 217 FamFG. **1)** Wert: § 50 FamGKG (keine verfassungsrechtl Bedenken: OLG Zweibrücken FamRZ 2011, 993); sa Rn 1.1. Der Wert orientiert sich am Einkommen der Ehegatten (10 % des in 3 Monaten erzielten Nettoeinkommens für jedes Anrecht, bei Ausgleichsansprüchen nach der Scheidung 20 % für jedes Anrecht). Abweichung nach Billigkeit wird eröffnet. Der Mindestwert beträgt 1.000 Euro.

2) Die Tatbestandsmerkmale in § 50 I, III:

„Versorgungsausgleichssachen" sind die in §§ 9-19 VersAusglG geregelten Verf, „Ausgleichsansprüche nach der Scheidung" die schuldrechtl Ausgleichszahlungen in §§ 20 ff VersAusglG (Rente, Abfindung, Teilhabe). – Ein **Anrecht** ist nicht zu berücksichtigen, wenn der Versorgungsträger nur mitgeteilt hat, dass kein ehezeitl Anrecht besteht (OLG Bamberg FamRZ 2016, 657; OLG Frankfurt AGS 2017, 228; aA KG FamRZ 2018, 1856), aber ansonsten unabhängig davon, ob es ausgeglichen wird (OLG Karlsruhe FamRZ 2022, 1872; OLG Jena FamRZ 2010, 2099). Es ist daher auch **wertbestimmend**, wenn der Ausgleich durch eine Vereinbarung der Beteiligten **ausgeschlossen** wurde (OLG Frankfurt FamRZ 2022, 1129; OLG Stuttgart FamRZ 2019, 2025; OLG Brandenburg FamRZ 2018, 1176; aA OLG Celle FamRZ 2020, 364, wenn keine Auskünfte eingeholt wurden) oder wegen Geringfügigkeit nach **§ 18 I VersAusglG** (OLG München FamRZ 2012, 1973; OLG Zweibrücken FamRZ 2012, 242; OLG Nürnberg NJW 2011, 620) oder gem **§ 3 III VersAusglG** (kurze Ehe, OLG Nürnberg FamRZ 2024, 547; OLG Köln FamRZ 2013, 1160; OLG Jena FamRZ 2012, 128) nicht durchgeführt wird. Auch in diesen Fällen ist der Wert grds nach § 50 I 1 FamGKG zu bestimmen (OLG Celle FamRZ 2014, 1807; OLG Düsseldorf FamRZ 2010, 2102), kann aber bei eindeutiger, keine nähere Prüfung erfordernder Sachlage gem *§ 50 III FamGKG auf den Mindestwert* (OLG Köln FamRZ 2013, 1160; OLG Karlsruhe FamRZ 2011, 668) oder auch darunter (AG Schöneberg JurBüro 2011, 90: 500 Euro) herabgesetzt werden. Keine Berücksichtigung von Anrechten, über die noch **keine Entscheidung** getroffen wird, der Ausgleich vielmehr später nach §§ 20 ff Vers-

AusglG erfolgt (OLG Brandenburg FamRZ 2012, 310; OLG Saarbrücken FamRZ 2013, 41 LS); in diesem Verf wird der Wert berücksichtigt. Wertrelevant ist aber ein Anrecht, für das eine Billigkeitsprüfung nach § 19 III VersAusglG erfolgt (OLG Stuttgart FamRZ 2012, 1647). Angleichungs- und nicht **angleichungsdynamische** Anrechte sind separate Anrechte iSv § 50 I 1 FamGKG (OLG Brandenburg FamRZ 2016, 1295; OLG Dresden FamRZ 2014, 1808; OLG Celle FamRZ 2012, 1311; OLG Nürnberg NJW 2011, 620; OLG Stuttgart FamRZ 2010, 2098; OLG Jena FamRZ 2010, 2099; aA OLG Brandenburg FamRZ 2012, 715), ebenso als Zuschläge für langjährige Versicherung gewährten, gesondert auszuweisenden Entgeltpunkte (OLG Celle FamRZ 2022, 1355). – **Ausländische Versorgungsanwartschaften**, bei denen ein Ausgleich bei der Scheidung von vornherein ausscheidet, bleiben bei der Wertbestimmung grds außer Betracht (OLG Saarbrücken FamRZ 2013, 41 LS).

Bemessung mit 10 % auch dann, wenn **nach Aussetzung** des VersAusgl erstmals eine Entscheidung ergeht, also immer bei einer Entscheidung nach den §§ 9-19 VersAusglG (OLG Jena FamRZ 2010, 2099; OLG Nürnberg FamRZ 2011, 132). Nur die Fälle nach §§ 20-27 VersAusglG, also die der schuldrechtl Ausgleichszahlung und Abfindung, führen zu einer Bemessung mit 20 % je Anrecht (BGH FamRZ 2022, 1761 Tz 36 ff; OLG Schleswig NJW-RR 2012, 327; OLG Nürnberg FamRZ 2011, 132; OLG Bremen FamRZ 2013, 724); § 28 VersAusglG fällt nicht darunter (BGH FamRZ 2022, 1761 Tz 36). – „In 3 Monaten" wird berechnet vom Tag der **Einreichung des Scheidungsantrags**, auch bei nach Aussetzung wieder aufgenommenen Verf (OLG Dresden FamRZ 2015, 326; OLG Brandenburg FamRZ 2011, 1812; OLG Jena FamRZ 2010, 2099; aA für aufgenommene Verf OLG Naumburg FamRZ 2014, 238 LS), in isolierten Verf gem §§ 20-27 VersAusglG ab dem Antrag (Lambert FamRB 2011, 355).

Das „**Nettoeinkommen** der Ehegatten" ist ohne Abzüge für Schulden und Kinder – anders als für Ehesachen – zu ermitteln (OLG Frankfurt FamRZ 2025, 468; OLG Celle FamRZ 2014, 1802; OLG Nürnberg MDR 2012, 588; OLG Rostock FamRZ 2012, 241; OLG Koblenz JurBüro 2011, 305; aA OLG Nürnberg FamRZ 2010, 2101); das VersAusglverf bezieht sich im Wesentl auf Versorgungsanrechte, die gerade aus dem Einkommen stammen, ohne dass dabei anderweitige Belastungen wie Verbindlichkeiten oder Unterhaltslasten Berücksichtigung finden (OLG Stuttgart NJW 2010, 2221). Bemessung in Abänderungsverf nach § 51 VersAusglG mit 10 % (OLG Hamm FamRZ 2014, 1806; aA OLG Schleswig FamRZ 2014, 237).

Der **Mindestwert** des Verf (nicht des Anrechts) beträgt 1.000 Euro. Auch wenn der Wortlaut des § 50 III FamGKG es erlaubt, diesen Wert zu unterschreiten (III erfasst I ohne Einschränkung; ebenso SchBW/Keske § 50 FamGKG Rn 5; aA Thiel/N. Schneider FamFR 2010, 409: Festwert), wird das kaum jemals der Billigkeit entsprechen.

Ein Höchstwert ist (außer nach § 33 II FamGKG: 30 Mio Euro) nicht vorgesehen.

Ist der bestimmte Wert „**unbillig**", kann, aber nur in Ausnahmefällen (BGH FamRZ 2022, 1761 Tz 40; OLG Brandenburg FamRZ 2018, 1177; OLG Naumburg FamRZ 2014, 1809), nach oben und unten abgewichen werden (§ 50 III FamGKG). Kriterien dafür sind die Bedeutung der Sache, ihr Umfang und die Schwierigkeiten (OLG Stuttgart FamRZ 2011, 134; OLG Hamburg FamRZ 2011, 1813). Einkommen und/oder Vermögen spielen keine Rolle. Herabsetzung mögl bei relativ vielen Anrechten mit geringem Wert (OLG Hamburg FamRZ 2011, 1813; OLG Hamm FamRZ 2012, 1751).

Nach § 50 FamGKG ist der Wert auch im Verf gem **§§ 33, 34 VersAusglG** (Anpassung wegen Unterhalt) zu bemessen (BGH FamRZ 2020, 833; KG FamRZ 2020, 708; OLG Nürnberg FamRZ 2016, 559; OLG Zweibrücken FamRZ 2014, 775; OLG Schleswig NJW-RR 2012, 327; OLG Stuttgart FamRZ 2012, 1972; OLG Celle FamRZ 2012, 1812). Die Gegenansicht, nach der die Grundsätze einer Unterhaltssache (12-fache des monatl Anpassungsbetrages) anzuwenden seien (OLG Karlsruhe FamRZ 2014, 1805; Schwamb NJW 2011, 1648, 1651), ist nicht systemgerecht. § 50 FamGKG enthält eine Spezialregelung für den Wert in VersAusglSachen, zu denen auch Verf nach § 33 VersAusglG gehören. Das FamGKG differenziert nicht nach der Art der zu treffenden Entscheidung, sondern nach dem zugrunde liegenden Verfahrensgegenstand. Anzusetzen sind 10 % (BGH FamRZ 2020, 833; KG FamRZ 2020, 708; OLG Nürnberg FamRZ 2016, 559), da „Ausgleichsansprüche nach der Scheidung" nur solche iSd §§ 20-26 VersAusglG sind (BGH FamRZ 2020, 833).

3) Festwert von 500 Euro für **Auskunftsverfahren** (§ 4 VersAusglG) und solche über eine **Abtretung** (§ 21 VersAusglG). Wird der Auskunftsantrag mit einem noch nicht bezifferten Ausgleichsanspruch verbunden, gelten die Grundsätze des Stufenantrags (OLG Hamm FamRZ 2013, 806); es zählt nur der höchste Anspruch; Entsprechendes gilt wegen wirtschaftl Identität bei der Abtretung (SchBW/Keske FamGKG § 50 Rn 15).

4) Beschwerdewert: § 40 I 1 FamGKG; nur der Wert der betroffenen Anrechte (OLG Köln AGS 2017, 48).

• **Verzögerungsgebühr.** § 32 FamGKG. – Geregelt ist nur der Gebührensatz (0,3-1,0). Der Wert bestimmt sich danach, wie sich das verzögernde Verhalten auswirkt. Also voller Hauptsachewert, wenn sich das Verf insgesamt verzögert, Teilwerte, wenn nur diese oder von mehreren Beteiligten nicht alle betroffen sind. Beschwerde: § 50 FamGKG; Wert des Beschwerdegegenstandes von mehr als 200 Euro erforderl. 1.57

• **Vollstreckbarerklärung eines ausländischen Schuldtitels.** Bei Unterhaltstitel ist § 51 FamGKG anwendbar, wobei Rückstände aus der Zeit nach Erlass des ausl Titels dem Verfahrenswert nicht hinzugerechnet werden (BGH FamRZ 2009, 222 = MDR 2009, 173). 1.58

• **Vollstreckung.** §§ 86 ff FamFG. Gericht: Festgeb (1600-1603 FamGKG-KV); es ist kein Wert festzusetzen. – RA: § 25 RVG. Wert: Vollstreckungsinteresse, idR Bruchteil des Hauptsachewerts (KG FamRZ 2022, 48). – Soweit das FamFG auf die Vollstreckung nach der ZPO verweist (§§ 95, 120 FamFG), s § 3 ZPO Rn 16.220. 1.59

1.60 • **Vollstreckungsabwehrantrag.** Wert: § 42 I FamGKG („billiges Ermessen"). Bei Unterhaltssachen nach § 112 Nr 1 FamFG ist § 51 FamGKG zu berücksichtigen. Da der Umfang der beantragten Ausschließung der ZwV bestimmend ist, ist Wert der Jahresbetrag der wiederkehrenden Leistungen zzgl der entstandenen, vollstreckbaren Rückstände im Zeitpunkt der Antragseinreichung (OLG Frankfurt JurBüro 2005, 97) ohne Zinsen und ohne Kosten des Vorverf (BGH MDR 2006, 1064). Der Umfang der vom Gl noch beabsichtigten Vollstreckung ist für den Wert unerhebl, wenn der Antrag unbeschränkt gestellt wird (KG FamRZ 2011, 668).

1.61 • **Vorläufige Festsetzung.** Notwendig, wenn Wertgeb bei Verfahrensbeginn fällig sind und der Gegenstand des Verf nicht eine bestimmte Geldsumme in Euro ist oder für den Regelfall kein fester Wert bestimmt ist: § 55 I 1 FamGKG. Sie ist nicht selbständig anfechtbar (§ 55 I 2 FamGKG), sondern nur mit der Beschwerde gegen die Anordnung der Vorauszahlung der Gerichtskosten gem § 58 FamGKG.

1.62 • **Widerantrag.** § 39 FamGKG. Entspr § 45 GKG, daher s § 3 ZPO Rn 16.208.

1.63 • **Willenserklärung.** Vorrangig sind ges Reglungen (zB § 36 FamGKG, Genehmigung oder Ersetzung einer Erklärung); fehlen sie, gilt der Auffangwert (§ 42 FamGKG). Entscheidend ist, was mit der Erklärung bezweckt wird, zB der Steuervorteil, wenn Zustimmung zum begrenzten Realsplitting verlangt wird (s Rn 1.65). Bei Antrag auf Zustimmung zur Veräußerung einer Immobilie: Wert des Miteigentumsanteils des Ag (OLG Frankfurt FamRZ 2018, 1174).

1.64 • **Zugewinnausgleich.** § 1378 BGB; § 261 FamFG.

1) Auskunft (§ 1379 BGB). S Rn 1.12. Die Belegpflicht dient der Überprüfung der Auskunft u hat deshalb einen eigenen Wert; er ist ebenfalls mit einem Bruchteil des Leistungsbegehrens anzusetzen. Addition nach § 33 I 1 FamGKG.

2) Zahlungsantrag: der geforderte Betrag (§ 35 FamGKG).

3) Wechselseitiges Zugewinnverlangen: Die Werte werden addiert (OLG Hamm FamRZ 2017, 549; OLG Köln FamRZ 2014, 1800; OLG Celle FamRZ 2011, 134).

4) Stufenantrag: § 38 FamGKG; Rechtslage wie bei § 44 GKG; s daher § 3 ZPO Rn 16.160. Fehlen genügend Anhaltspunkte für den nicht mehr bezifferten Leistungsantrag, ist § 42 I, III FamGKG (Auffangwert) einschlägig: 5.000 Euro.

5) Vorzeitige Aufhebung (§ 1386 BGB): Bruchteilsbewertung, idR ¼ des zu erwartenden Zugewinnausgleichs (BGH MDR 1973, 393; OLG Frankfurt MDR 2024, 399; OLG Schleswig SchlHA 2023, 39), aber geringer, wenn zu erwarten ist, dass die Ehe ohnehin demnächst geschieden wird (BGH MDR 1973, 393; OLG Nürnberg FamRZ 2025, 133: 10 %). Die Ansicht des OLG Stuttgart FamRZ 2009, 1621, dass der Wert über eine Zinsberechnung, Zinsschaden im Fall des Abwartens, erfolgen soll, hat sich nicht durchgesetzt. Fehlen konkrete Anhaltspunkte, ist der Auffangwert von § 42 III FamGKG (5.000 Euro) anzuwenden (OLG Köln FamRZ 2015, 528; OLG Schleswig FamRZ 2012, 897). – Wird der Aufhebungsantrag (§ 1386 BGB) mit dem Leistungsantrag auf Zahlung des Zugewinnausgleichs verbunden, liegen verschiedene Gegenstände (Leistung und Rechtsgestaltung) vor; daher Wertaddition (§ 33 I 1 FamGKG).

6) Auskunftswiderantrag hat gegen Zahlungsantrag keinen eigenen Wert (OLG Zweibrücken JurBüro 1985, 1360 = KoRsp GKG aF § 19 Nr 104 [zust E. Schneider u abl Lappe]).

7) Sicherung: Sicherheit im Rahmen der Stundung (§ 1382 III BGB): § 42 I FamGKG. Die Höhe sollte sich an der Frage der – verzögerten – Realisierbarkeit der Forderung orientieren, also ob Forderungsausfall droht oder nicht.

8) Stundung (§ 1382 BGB): § 42 I FamGKG („billiges Ermessen"); OLG Köln AGS 2003, 362 stellt auf den Wert der Finanzierung der Forderung für die Zeit der Stundung ab. – Werteaddition: § 52 S 2 FamGKG bei Bescheidung, nicht schon mit Antragstellung.

9) Übertragung von Vermögensgegenständen (§ 1383 BGB): § 42 I FamGKG („billiges Ermessen"). Zutr ist nicht auf den Sachwert des Gegenstands, weil dieser auf die Ausgleichsforderung anzurechnen ist, sondern auf das (ideelle) Interesse an dem Gegenstand (Sache statt Geld) abzustellen (KG NZFam 2020, 1027; aA OLG Frankfurt MDR 90, 58). Bei Fehlen anderer Schätzungsgrundlagen kann auf den Auffangwert von § 42 III FamGKG (5.000 Euro) zurückgegriffen werden (KG NZFam 2020, 1027; aA HK-FamGKG/N. Schneider § 52 Rn 58: Bruchteil des Sachwertes). – Werteaddition mit dem Zahlungsantrag nur bei Bescheidung: § 52 S 2 FamGKG. – Die Übertragung von Vermögenswerten, die Gegenstand der Ermittlung des Zugewinns waren, erhöht einen **Vergleichswert** nicht (OLG Koblenz FamRZ 2020, 364 LS).

1.65 • **Zustimmung zum Realsplitting.** Wert entspricht dem Steuervorteil nach Abzug der dem anderen Ehegatten zu ersetzenden Nachteile (OLG Karlsruhe FamRZ 2024, 1388; OLG Brandenburg FamRZ 2017, 2044; OLG Frankfurt AGS 2018, 513 = FamRZ 2019, 631 LS); bei Fehlen jeglicher Anhaltspunkte der Regelwert von § 42 III FamGKG (5.000 Euro).

1.66 • ***Zwangsmittel.*** *§ 35 FamFG. Gericht:* Festgeb (Fam-KV 1502); es wird daher kein Wert festgesetzt. – RA: § 25 I Nr 3 RVG (OLG Bremen FamRZ 2021, 1651), aber nur analog, da keine VollstrMaßnahme, sondern Verfahrensleitung. Wert nach Erfüllungsinteresse (OLG Bremen FamRZ 2021, 1651).

Gerichtsverfassungsgesetz

vom 27. Januar 1877

In der Fassung vom 9. Mai 1975 (BGBl I 1975, 1077),
zuletzt geändert durch Gesetz vom 27. Dezember 2024 (BGBl 2024 I Nr 438).

Einleitung

I) Die rechtsprechende Gewalt. 1) Gewaltenteilung. Die von den Gerichten ausgeübte rechtsprechende Ge- 1
walt (Art 92 GG) steht iSd Gewaltenteilung als 3. Hauptfunktion des Staates neben Gesetzgebung und Verwal-
tung (Art 20 II, III GG).

2) Gerichtszweige. Neben der Verfassungsgerichtsbarkeit des Bundes und der Länder bestehen 5 Gerichtszwei- 2
ge: Ordentl Gerichte, Verwaltungs-, Finanz-, Arbeits- und Sozialgerichte (Art 95 I GG). Dabei stehen die ArbG,
soweit sie in bürgerl Rechtsstreitigkeiten entscheiden (§ 2 ArbGG), zu den ordentl Gerichten, die Finanz- und
Sozialgerichte zu den allg Verwaltungsgerichten im Verhältnis besonderer zu allg Gerichten. – Art 96 I GG er-
möglicht einen Sondergerichtszweig der ordentl Gerichtsbarkeit: Das Patentgericht wurde 1961 als Bundesge-
richt eingerichtet (§§ 65 ff PatG). Weitere Sondergerichtszweige sieht das GG für die Wehrstrafgerichtsbarkeit
(Art 96 II GG) und die Disziplinargerichtsbarkeit (Art 96 IV GG) vor.

Für jeden der in Art 95 I GG genannten Gerichtszweige besteht ein **oberster Gerichtshof** des Bundes. Zur 3
Wahrung der Einheit des Bundesrechts besteht ein Gemeinsamer Senat der obersten Gerichtshöfe (Art 95 III
GG u G zur Wahrung der Einheitlichkeit der Rspr der obersten Gerichtshöfe des Bundes v 19.6.1968, BGBl I
1968, 661, zuletzt geändert durch Art 144 VO v 31.8.2015, BGBl I 2015, 1474).

3) Staatliches Monopol. Die Gerichtsbarkeit ist Ausübung **staatl Gewalt** (Art 92 GG). 4

a) Keine Privatgerichtsbarkeit. Private Gerichtsbarkeit jeder Art (Patrimonial-, Zunftgerichtsbarkeit) ist abge- 5
schafft. Die Schiedsgerichtsbarkeit (§§ 1025 ff ZPO) bildet nur eine scheinbare Ausnahme, da sie sich aus der
Vertragsfreiheit (Art 2 I GG), nicht aber aus originärer, nichtstaatl Gerichtsgewalt ableitet. Dies gilt ebenso für
die Schlichtung durch Schlichtungsstellen und für sonstige Formen der außergerichtl und gerichtl nichtstreiti-
gen Konfliktbeilegung wie bspw der Mediation (s § 278 V, § 278a ZPO, Erl dort und Einl ZPO Rn 6). Abzu-
grenzen ist diese Alternative zum streitigen gerichtl Verf von illegitimen und zT illegalen (§ 240 ua StGB) Er-
scheinungsformen einer sog „Paralleljustiz", die unter Einsatz von Zwang die Inanspruchnahme der staatl Justiz
verhindern und/oder unter Verstoß gegen den ordre public zu sittenwidrigen Ergebnissen kommen.

b) Föderalismus. Die Gerichte der ordentl Gerichtsbarkeit sind – mit Ausnahme des BGH und des BPatG – 6
Einrichtungen der Länder (Art 30, 92 ff GG). Die Bundesrepublik Deutschland ist jedoch ein einheitl Rechts-
pflegegebiet; dies kommt zB in den Verweisungsvorschriften (zB § 17a) und in §§ 160, 166 zum Ausdruck.

II) Gericht, Richter, Justizverwaltung. 1) Gericht. Der Begriff Gericht hat eine doppelte Bedeutung. **Organi-** 7
satorisch ist darunter die behördl Einrichtung zu verstehen, die nach außen für einen bestimmten Bezirk zur
Wahrnehmung der Aufgaben der Rechtspflege (einschließl der Justizverwaltung) bestellt ist. Demggü ist Gericht
(**erkennendes Gericht**) im prozessualen Sinn der Spruchkörper, der im Einzelfall rechtsprechend tätig wird. Dieser
kann Einzelrichter oder Kollegialgericht sein. Nur Gerichte in diesem Sinn zählen zur rechtsprechenden Gewalt
(Art 92 GG).

Das GVG gebraucht den Begriff Gericht in beiden der geschilderten Bedeutungen. ISd Gerichtsanstalt ist er 8
insb in den Vorschriften zu verstehen, die die äußere Gerichtsorganisation betreffen (zB §§ 12, 22, 22a, 59, 115,
123, 124, 130, 153, 154). Das Gericht als Spruchkörper ist, soweit nicht ohnehin vom „erkennenden" Gericht
die Rede ist (zB § 169), idR, insb in den Vorschriften über die sachl und funktionelle Zuständigkeit sowie in
den Vorschriften, die richterl Handlungen betreffen, gemeint: zB §§ 13, 13a, 16, 17 ff, §§ 23 ff, §§ 71 ff, §§ 119 ff,
§§ 133, 156, 172.

2) Richter. Der Begriff des Richters (Rechtsstellung geregelt im DRiG; sa bei § 1) steht in unmittelbarem Zusam- 9
menhang mit dem der rechtsprechenden Gewalt (Art 92 GG) und ist daher wie dieser nach materiellen Kriterien
zu bestimmen, die in Art 97 GG umrissen sind. Richter ist daher nicht schon kraft seines Amtes derj, der inner-
halb eines Gerichts im organisatorischen Sinn Aufgaben der Rechtspflege wahrnimmt. Nötig ist vielmehr, dass er
für diese Aufgaben mit den Garantien des Art 97 GG ausgestattet ist. Zu den Richtern zählen also nicht die Rpfle-
ger, aber neben den Berufsrichtern auch die ehrenamtl Richter, § 1 DRiG. – Der Sprachgebrauch des GVG ist
vielfach ungenau; so meint § 1 GVG mit „Gericht" in Wahrheit Richter (genauer daher Art 92 Hs 1, Art 97 GG).

3) Justizverwaltung. Von der Rspr-Tätigkeit der Gerichte ist die materiell zur Exekutive zählende Justizverwal- 10
tung (über die Organisation der Justiz vgl Kissel/Mayer § 12 Rn 84 ff) zu unterscheiden, obgleich diese teilw

auch Gerichten und sonstigen Rechtspflegeorganen (Gerichtspräsidenten oder -vorstände, StA) übertragen ist. Die Justizverwaltung ist insgesamt „Gerichtsverwaltung“ iSd § 4 II Nr 1 DRiG:

11 **a)** Die Justizverwaltung ist, soweit sich aus dem GG nichts anderes ergibt (zB: für die Bundesgerichte, Art 92 ff GG, u das Begnadigungsrecht des Bundes, Art 60 II, III GG), **Sache der Länder** (Art 92, 83 GG); es besteht auch keine Gesetzgebungskompetenz des Bundes zur Regelung der Justizverwaltung in den Ländern. Die **VO zur einheitl Regelung der Gerichtsverfassung v 20.3.1935, RGBl I 1935, 403 (BGBl III 300-5)** wurde durch Art 21, 210 II Nr 1 des 1. G über die Bereinigung von Bundesrecht im Zuständigkeitsbereich des BMJ v 19.4. 2006 (BGBl I 2006, 866) mWv 24.4.2008 **aufgehoben**. Die Aufhebung betrifft nur die Geltung der VO als Bundesrecht; soweit sie Landesrecht ist, insb soweit ein Landesgesetzgeber im Rahmen seiner Kompetenz Vorschriften der VO durch landesgesetzgeberischen Akt in seinen Willen aufgenommen und dadurch originäres Landesrecht geschaffen hat (Hessen), bleibt sie von der Aufhebung unberührt (RegE BTDrs 16/47, 52). IÜ s AGGVG Baden-Württemberg, Bayern, Berlin, Bremen, Hamburg, Saarland, Sachsen-Anhalt und Thüringen, LandesjustizG in Schleswig-Holstein, JustizG in Niedersachsen, NRW und Sachsen, GerOrgG in Brandenburg und Rhld-Pf sowie G zur Ausführung des GerichtsstrukturG in Meckl-Vorp.

12 Einstweilen frei.

13 **b)** Zu den **Aufgaben** der Justizverwaltung gehört primär die Schaffung der äußeren Voraussetzungen für die Ausübung der Rechtspflege in sachl Bereitstellung der Gebäude, der IT und des sonstigen Sachbedarfs sowie in persönl Hinsicht (Ausbildungs- u Prüfungswesen, Anstellung der Richter u der sonstigen Dienstkräfte, Besoldung), ferner: Bestellung der Notare (§ 12 BNotO), Dienstaufsicht (§ 26 DRiG, § 92 BNotO), Justizbeitreibung (JBeitrG), Strafvollzug (§§ 139 ff StVollzG), Führung des Strafregisters (BZRG) und Gnadenwesen, Sicherstellung der Veröffentlichung wichtiger Entscheidungen (s § 169 Rn 9).

14 **c)** Dagegen gehört die **gerichtl Selbstverwaltung** (insb Geschäftsverteilung, vgl §§ 21e-21g) nicht zur Justizverwaltung. Es besteht daher – im Gegensatz zu dieser – bei jener kein Weisungsrecht der vorgesetzten Behörde.

15 **d)** Die **Anfechtung** von Akten der Justizverwaltung erfolgt nach §§ 23 ff EGGVG und, soweit deren Voraussetzungen nicht vorliegen, im Verwaltungsrechtsweg (§ 40 VwGO).

16 **III) Das GVG. 1) Historischer Kontext.** Das GVG v 27.1.1877 trat als eines der sog Reichsjustizgesetze zusammen mit ZPO, StPO, KO und RAO am 1.10.1879 in Kraft. Zur Entstehungsgeschichte: Schubert, Die Dt Gerichtsverfassung (1869-1877), 1981; Kissel/Mayer Einl Rn 50 ff.

17 **2) Ordentliche Gerichtsbarkeit.** Das GVG regelt die Gerichtsverfassung der ordentl Gerichte. Es gilt für die in § 12 genannten Gerichte. Auf Grund §§ 12, 13 GVG, § 2 EGGVG gilt das GVG auch unmittelbar für die freiw Gerichtsbarkeit; die Angelegenheiten der freiw Gerichtsbarkeit zählen neben den bürgerl Rechtsstreitigkeiten und den FamSachen zu den Zivilsachen, die neben den Strafsachen der ordentl Gerichtsbarkeit zugewiesen sind (§ 13 Hs 1). Für die anderen Gerichtsbarkeiten und das BVerfG gilt das GVG teilw kraft Bezugnahme in den jew Verfahrensgesetzen.

18 **3) Keine abschließende Regelung.** Das GVG regelt die Gerichtsverfassung der ordentl Gerichte nicht abschließend. Von unmittelbarer Bedeutung für die ursprüngl im GVG geregelte Materie sind insb: GG (Art 30, 35, 73 ff, 92-104 GG sowie die Rechtswegbestimmungen der Art 14 III 4, 15 S 2, 19 IV, 34 S 3 GG); **DRiG**, durch das die ursprüngl im 1. Titel des GVG enthaltene Regelung des Richteramtes ersetzt wurde; die Ausführungsgesetze der Länder zum GVG und DRiG und das RichterwahlG. Ergänzend neben dem GVG bestehen die verschiedensten ges Bestimmungen, die für die Rechtspflege innerhalb der ordentl Gerichtsbarkeit von Bedeutung sind, so insb: **RPflG**, BRAO, BNotO.

19 **4) Reformen und Reformdiskussion.** Das GVG ist Gegenstand fortwährender Reformdiskussion. Die nach den Verheerungen der NS-Diktatur im Zuge des Wiederaufbaus von Demokratie und Rechtsstaat notwendige Aufwertung der dritten Gewalt hat – vielleicht unvermeidl – auch zu Überbetonungen ihrer Aufgaben und Möglichkeiten (iÜ auch zu der perfektionistischen und wohl weltweit „führenden“ Ausprägung des Grundsatzes des gesetzlichen Richters, Götz v. Olenhusen DRiZ 2017, 393; sa Interview Nöhre AnwBl 2023, 538) geführt. Ein Grundproblem besteht in der Diskrepanz zwischen Aufgaben und Ressourcen der Justiz. Diese **Diskrepanz** wird dadurch geprägt und verstärkt, dass der **Bundesgesetzgeber die Aufgaben bestimmt**, aber die **Landesgesetzgeber die Ressourcen bereitstellen müssen.** Dass sich daran etwas durch den im Koalitionsvertrag für die 21. Wahlperiode (Zeilen 2017-2022) angekündigten „neuen Pakt für den Rechtsstaat“ mit einer versprochenen „verbesserten Digitalisierung“ und einer „personellen Stärkung“ etwas ändert, bleibt abzuwarten und würde wohl eine GG-Änderung voraussetzen. – Die **Diskussion**, ob **ZPO und GVG noch zeitgemäß** sind, wird intensiv geführt seit dem 70. DJT 2014 (Beschlüsse unter www.djt.de; s auch exemplarisch zu den Schwächen und Verbesserungsmöglichkeiten des Zivilprozesses – auch rechtsvergleichend – Greger NZV 2016, 1; Götz v. Olenhusen Beil zu NJW 2017 Heft 40; Poseck DRiZ 2015, 303). Aufbauend auf die Diskussion des 70. DJT haben *die Präsidenten der OLGe* und des KG 2015 ua folgende Maßnahmen für diskussionswürdig erklärt: Erweiterung der Spezialisierung bei den Land- und Oberlandesgerichten auch gerichts- und länderübergreifend; Verkürzung des Instanzenzuges auf übereinstimmenden Antrag der Parteien; Einschränkung der Öffentlichkeit auf

übereinstimmenden Antrag der Parteien, insb zum Schutz von Geschäftsgeheimnissen und Persönlichkeitsrechten; Flexibilisierung in der Geschäftsverteilung; Einsatz von Richtern als wissenschaftl Mitarbeiter bei den Land- und Oberlandesgerichten in besonders umfangreichen und schwierigen Verf; Stärkung der Verfahrensleitung durch das Gericht; Einführung eines vereinfachten Verf (Fast Track), insb im VerbraucherR (s, auch zum Ziel, die Verlagerung ganzer Verfahrensbereiche in private Streiterledigungsformen zu verhindern, https://olg-frankfurt-justiz.hessen.de. PM v 24.6.2015). Konkretes ist zunächst in Sachen **Spezialisierung** geschehen durch die Erleichterung von gerichtsbezirks- und länderübergreifenden **Zuständigkeitskonzentrationen** durch die Neufassung von **§ 13a GVG** und durch die **obligatorische Bildung von Spezialkammern und Spezialsenaten** an LG und OLG gem **§§ 72a, 119a GVG** (s Schultzky, Die „kleine" ZPO-Reform 2020, MDR 2020, 1). Wirklichen flächendeckenden Erfolg wird diese **Modernisierungsmaßnahme** aber nur haben, wenn die Landesgesetzgeber den Mut zur gerichtsübergreifenden Konzentration in Spezialzuständigkeiten finden (s § 13a; § 13a Rn 1 aE zu einer beispielhaften Konzentration in Kompetenzzentren in NRW; Otte/Richter MDR 2025, 553 Rn 31). Außerdem empfiehlt sich, auf eine fundierte Expertise der Richter in den Spezialspruchkörpern hinzuwirken. Neben gezielter Fortbildung und einer Vermeidung zu häufiger Personalwechsel (vgl Meller-Hannich MDR 2023, 737 Rn 24, 33; Otte/Richter MDR 2025, 553 Rn 26: „Spezialisierung über die Person, nicht nur über den Spruchkörper") sollte eine gezielte Personalauswahl erfolgen, auch mit einer bisher nicht erfolgenden funktionsbezogenen Stellenausschreibung im Einvernehmen mit den jeweiligen Präsidien (zB: „Das Präsidium erwägt, dem zu ernennenden Bewerber den Vorsitz in der … Kammer – Spezialkammer für … – zu übertragen."). In dieser unverbindlichen Form dürften solche Ausschreibungen de lege lata zulässig sein; darüber hinaus könnte sich eine allg Öffnung des Beamten- und Richterrechts für funktionsbezogene Stellenausschreibungen empfehlen. – Dringend ist eine **Modernisierung der Gerichte durch echte Digitalisierung einschließlich unterstützender Nutzung Künstlicher Intelligenz** schon wegen des zunehmenden Aufkommens von **Massenverfahren**, die auf anwaltlicher Seite mit entsprechenden Technologien generiert werden; zur Auswirkung dieser Verfahren auf Erledigungsart und -dauer s Greger, Die Krise der Ziviljustiz im Spiegel der Statistik, MDR 2022, R299. Die aktuellen Massenverfahren können iÜ nicht das **Phänomen des langfristigen Rückgangs der Klagen in der Ziviljustiz** überdecken, das Anlass für einen Forschungsauftrag des BMJV war mit dem Abschlussbericht: Ekert/Meller-Hannich/Nöhre/Höland/Gelbrich/Poel/Hundertmark/Moser, Erforschung der Ursachen des Rückgangs der Eingangszahlen bei den Zivilgerichten, Berlin 2023, abrufbar unter www.bmjv.bund.de. Zum GVG werden eine **weitergehende Spezialisierung** sowie eine erhöhte **Flexibilisierung des Gerichtsverfassungsrechts in der Geschäftsverteilung und flexible Reaktionsmöglichkeiten bei ungleichmäßigem Geschäftsanfall auch innerhalb des Jahres empfohlen** (Abschlussbericht S. 335 f; s auch Meller-Hannich, Der Rückgang der Klagen in der Ziviljustiz, MDR 2023, 737). Im **Koalitionsvertrag für die 21. Wahlperiode** (abrufbar unter https://www.koalitionsvertrag2025.de, Rz 2017-2057) wird eine umfassende **Modernisierung** unter den Überschriften Digitalisierung der Justiz, Zugang zum Recht und Reformen des Verfahrensrechts angekündigt. Impulse der 2023 von den Justizministern des Bundes und der Länder eingesetzten Reformkommission „Zivilprozess der Zukunft" sollen aufgegriffen werden; der Abschlussbericht der Reformkommission vom 31.1.2025 ist abrufbar unter: https://www.bmjv.de/SharedDocs/Downloads/DE/Themen/Nav_Themen/250131_Abschlussbericht_Zivilprozess_Zukunft.html?nn=110490). Zusammenfassender Bericht zu Arbeit und Ergebnissen der Reformkommission: Otte/Richter MDR 2025, 553. Parallel zu der Kommissionsarbeit haben die Präsidentinnen und Präsidenten der OLG, des KG, des BayObLG und des BGH im Mai 2024 „Münchener Thesen zum Zivilprozess der Zukunft" verabschiedet, abrufbar unter: https://www.justiz.bayern.de/media/images/behoerden-und-gerichte/oberlandesgerichte/muenchen/presse2024/münchener_thesen_langfassung.pdf. Zum **Gerichtsverfassungsrecht** liegt sowohl im Kommissionsbericht als auch in den Chefpräsidenten-Thesen ein Schwerpunkt auf der **Spezialisierung in der Ziviljustiz** entsprechend der Entwicklung in der Anwaltschaft, und zwar **in struktureller und personeller Hinsicht** (Otte/Richter MDR 2025, 553, auch zum Vorschlag der Ausweitung des Spezialkammerprinzips entsprechend der Fachanwaltsordnung, zur Wichtigkeit der bezirksübergreifenden Zuständigkeitskonzentration nach § 13a sowie zum Leitbild einer „Spezialisierung über die Person, nicht nur über den Spruchkörper" – s dazu oben in dieser Rn zur Problematik häufiger Personalwechsel – und zur **Verknüpfung von Spezialisierung und Kammerprinzip**; sa Limperg/Rensen DRiZ 2025, 22). Die Umsetzung dieser Ankündigungen und ihr Tempo bleiben abzuwarten. Bei Drucklegung liegt ein RefE des BMJV für ein G zur Änderung des Zuständigkeitsstreitwerts der Amtsgerichte, zum Ausbau der Spezialisierung der Justiz in Zivilsachen sowie zur Änderung weiterer prozessualer Regelungen vor, der neben der Verdoppelung der Streitwertgrenze für die Zuständigkeit des AG auf 10.000 Euro ua die ausschließliche, streitwertunabhängige Zuständigkeit des AG für nachbarschaftsrechtliche Streitigkeiten und des LG für Veröffentlichungsstreitigkeiten, Vergabesachen und für Streitigkeiten aus Heilbehandlungen sowie die Einrichtung von LG- und OLG-Spezialspruchkörpern für Vergabesachen vorsieht. Zeitnah zum Inkrafttreten des G finden Sie eine Kommentierung der Änderung in der Online-Version des Zöller, Ihre persönlichen Zugangsdaten s zu Beginn des Werkes. – Eine verbesserte **„Konkurrenzfähigkeit" der deutschen Ziviljustiz** auch gegenüber der Schiedsgerichtsbarkeit erhofft sich der Gesetzgeber durch das nach 15jähriger Diskussion am 1.4.2025 in Kraft getretene **G zur Stärkung des Justizstandortes Deutschland durch Einführung von Commercial Courts und der Gerichtssprache Englisch in der Zivilgerichtsbarkeit (Justizstandort-Stärkungsgesetz)** v 7.10.2024, BGBl 2024 I Nr 302, s Kommentierung zu §§ 119b, 184a, 184b GVG und zu §§ 606 bis 614 ZPO. **§ 119b** ist im Kontext mit **§ 614**

ZPO die **wichtigste Regelung des Justizstandort-StärkungsG**. Die Vorschriften ermöglichen einen **neuen fakultativen, eigenständigen Rechtszug** für **Wirtschaftszivilsachen** mit **Streitwert ab 500.000 Euro** mit nur einer Tatsacheninstanz (Zuständigkeit bestimmter Senate einzelner OLGe bzw des BayObLG als „Commercial Court") und im Gegenzug dazu mit einer zulassungsfreien Revision. Daneben und unabhängig hiervon schafft das Justizstandort-StärkungsG die Ermächtigung, Verf in Wirtschaftszivilsachen vor bestimmten Spruchkörpern in den Tatsacheninstanzen sowie vor dem BGH für die **Gerichtssprache Englisch** zu öffnen (§ 184a, § 184b, s dort). Als dritte bedeutende Neuregelung schafft das Justizstandort-StärkungsG die allg Möglichkeit in der Ziviljustiz, bei Verh über **Geschäftsgeheimnisse** die **Öffentlichkeit auszuschließen und Gegner zur vertraul Behandlung der Geheimnisse zu verpflichten** (§ 273a ZPO). – Die Diskussion um eine **„Selbstverwaltung der Justiz"** wird vor allem aus den Berufsverbänden betrieben. Wissenschaftl grundl: Wittreck, Die Verwaltung der Dritten Gewalt, Habil Würzburg 2005. Die Verfechter einer solchen Reform führen die in den meisten EU-Mitgliedstaaten in verschiedensten Formen bestehenden Modelle der Selbstverwaltung der Justiz ins Feld. Skeptiker bezweifeln – auch auf Grund einer rechtshistorischen und rechtsvergl Analyse – mit beachtl Erwägungen, dass im Vergleich zur bestehenden Justizverwaltung durch die Exekutive eine Selbstverwaltung der Dritten Gewalt deren demokratische Legitimation und ihre Unabhängigkeit stärken, ihre Personalauswahl besser legitimieren und ihre Durchsetzungsfähigkeit im Verteilungskampf um die knappen Haushaltsmittel steigern könnte (vgl Wittreck, Die Verwaltung der Dritten Gewalt, Habil Würzburg 2005; Wittreck, Gutachten G zum 73. Deutschen Juristentag Hamburg 2020/Bonn 2022; Poseck NJW 2022, 1734 mwN; Stürner JZ 2022, 840; Rennert NJW-aktuell 48/2021, 12). – Weiter erwähnenswert ist die Diskussion um eine **Bereinigung des Systems der Rechtswegzuweisungen**, die insb die Zuständigkeit der ordentl Gerichte für Entschädigungs- und Amtshaftungsansprüche nach Art 14 III 4 GG in Frage stellt. Gegenwärtig ist eine Bereitschaft zur GG-Änderung in der Politik nicht erkennbar.

20 5) **Justizgewährungsanspruch und Budgetrecht.** Die Justiz ist wie die gesamte Staatsverwaltung durch die Haushaltslage der Länder betroffen. Zum Spannungsverhältnis zwischen dem **Haushaltsbewilligungsrecht** des Parlaments (zu dem auch das Ermessen darüber zählt, die Personalkosten des öffentl Dienstes – und damit auch der Justiz – zu begrenzen), der aus dem Rechtsstaatsprinzip abzuleitenden **Justizgewährungspflicht** sowie dem Grundsatz des **ges Richters**, vgl – sehr eingeh – BayVerfGH NJW 86, 1326 (zu den konkreten Folgerungen s § 21e Rn 12, 39e). Die dort aufgezeigte Abgrenzung verdient Zustimmung. Insb gilt dies für den grundsätzl Vorrang des Budgetrechts als der fundamentalen Gestaltungsbefugnis der gesetzgebenden Gewalt vor den Notwendigkeiten der Ausstattung der Gerichte, wie sie die dritte Gewalt selbst – durch ihre Rspr – als geboten feststellt.

Erster Titel
Gerichtsbarkeit (§§ 1-21)

§ 1 (Unabhängigkeit der Gerichte)

Die richterliche Gewalt wird durch unabhängige, nur dem Gesetz unterworfene Gerichte ausgeübt.

1 I) **Allgemeines. 1) Träger der Unabhängigkeit.** Vgl Art 97 I GG und § 25 DRiG sowie Länderverfassungen. Im Gegensatz zu diesen Bestimmungen spricht § 1 GVG von **„Gerichten"**. Dies bedeutet aber weder eine sachl Erweiterung noch eine Einengung der Unabhängigkeit auf den sachl Bereich. Ihrem Wesen nach kann nur einer Person Unabhängigkeit zukommen, nicht einer Behörde oder einem Spruchkörper. § 1 meint daher nichts anderes als die richterl Unabhängigkeit iSd GG.

2 2) **Reichweite der Unabhängigkeit.** § 1 gilt nur für die **rechtsprechende Tätigkeit**. Hierzu zählt nicht die Justizverwaltung, wohl aber die gerichtl Selbstverwaltung (s Einl GVG Rn 14). – Nach § 9 RPflG ist der Rpfleger sachl unabhängig, soweit er Aufgaben der Rechtspflege wahrnimmt; ihm fehlt die Garantie der persönl Unabhängigkeit gem Art 97 II GG.

3 3) **Gerichtsmonopol.** § 1 besagt ferner, dass die **richterl Gewalt** den Gerichten vorbehalten ist. Auch insoweit ist die Terminologie des GVG ungenau, vgl Art 92 GG.

4 II) **Richterliche Unabhängigkeit.** Die richterl Unabhängigkeit ist eines der Fundamentalprinzipien des Rechtsstaats (BVerfGE 2, 320). Es ist zwischen sachl und persönl Unabhängigkeit zu unterscheiden. Die Unabhängigkeit ist weder Grundrecht noch Standesprivileg der Richter (BVerfGE 27, 211; BGHZ 67, 184); sie dient vielmehr als Organisationsprinzip der Gerichtsverfassung des gewaltenteilenden Rechtsstaats der Erfüllung der Justizgewährungspflicht (BGH NJW 91, 421).

5 1) **Sachliche Unabhängigkeit (Art 97 I GG). a)** Freiheit von Weisungen für den Einzelfall (Weisungsfreiheit; *vgl BGHZ 57, 348). Dies bedeutet vor allem eine* **Einschränkung** der **Dienstaufsicht**, vgl § 26 DRiG. Zu den Grenzen, aber auch den nach § 26 II DRiG zulässigen Maßnahmen der Dienstaufsicht insb bei verzögerl Sachbehandlung, bei offensichtl, jedem Zweifel entrückten Fehlgriffen und bei Fragen der äußeren Form der Erledi-

gung der Dienstgeschäfte s BGH NJW 2012, 939; BGHZ 181, 268 = NJW 2010, 302 m zahlr wN; zum Vorhalt und Ermahnung einer quantitativ ungenügenden Arbeitsleistung bei unzureichenden Erledigungszahlen s BVerfG NJW 2021, 3717; BGH NJW 2020, 3320; BGH NJW 2018, 158. Beispiele für zulässigen beanstandenden Vorhalt verbaler Exzesse in Entscheidungsgründen: BGH JZ 2021, 681. Die **Dienstaufsicht** gehört ebenso wie die richterl Unabhängigkeit zur Erfüllung der Justizgewährungspflicht; zu ihr gehört insb die Beobachtung des Geschäftsablaufs. Geschäftsprüfungen (auch Sonderprüfungen, BGH MDR 2023, 870 – auch zum Nebeneinander von Disziplinarrecht und Dienstaufsichtsrecht –, BGH 7.9.2017 – RiZ (R) 3/15) sind ebenso zulässig wie die Verpflichtung, über nicht erledigte Verf zu berichten (BGHZ 112, 189), und die Einsichtnahme eines Gerichtspräsidenten in Akten einschl der dienstlichen Erklärungen von Richtern zu Befangenheitsanträgen (BGH NJW-RR 2013, 1215). Eine (für Richter der Länder landesgesetzlich geregelte) **Fortbildungspflicht** (zB: Art 6 S 1 BayRiStAG) ist ebenfalls mit der richterlichen Unabhängigkeit vereinbar; eine Gesetzgebungskompetenz des Bundes besteht insoweit aber nicht (s BTDrs 19/16307 v 3.1.2020, 3). Zur **Pflicht**, während gerichtsüblicher Zeiten **erreichbar und herbeirufbar** zu sein, s BVerwG BVerwGE 172, 187 Tz 55 ff. Dem Richter, der sich durch dienstaufsichtl Maßnahmen in seiner Unabhängigkeit betroffen fühlt, ist nach § 26 III DRiG das Prüfungsverf als bes Schutzverf zu den Dienstgerichten eröffnet. Zum Anspruch des Richters auf Bereitstellung sachl und persönl Mittel (hier: Zugang zum Gerichtsgebäude am Wochenende): BGH NJW 2003, 282; zu den Voraussetzungen der Unbedenklichkeit moderner IT-Infrastruktur BGH MDR 2011, 1508 (Köbler DRiZ 2012, 162), bestätigt durch BVerfG NJW 2013, 2102; von Notz JZ 2017, 607.

b) Keine zivil-, straf- oder dienststrafrechtl Verantwortlichkeit des Richters für die getroffene Entscheidung (**Verantwortungsfreiheit**) außer bei Rechtsbeugung, sa Richteranklagen Art 98 II GG u die Beschränkung der Amtshaftung nach § 839 II 1 BGB. 6

c) Der Schutzzweck der dem Richter gewährten sachl Unabhängigkeit richtet sich gegen Eingriffe seitens der nichtrichterl Staatsgewalten. IdR wird es sich um Eingriffe der Exekutive handeln; denkbar aber auch solche von legislativen Organen, etwa Eingriffe des Petitionsausschusses oder eines Untersuchungsausschusses des Parlaments in gerichtl Verf (BayVerfGH BayVBl 2015, 154 mwN). Durch Verfahrensvorschriften oder durch die Bindung an Entscheidungen eines anderen Gerichts – § 17a GVG, § 281 II 4, § 563 II ZPO – ist die richterl Unabhängigkeit nicht beeinträchtigt. 7

2) Persönliche Unabhängigkeit. Unabsetzbarkeit, Unversetzbarkeit, vgl Art 97 II GG, soll die sachl Unabhängigkeit gewährleisten (BVerfGE 4, 345). Sie setzt nicht Ernennung auf Lebenszeit voraus, sondern knüpft an die hauptamtl und planmäßige Anstellung an (BVerfGE 4, 345), vgl aber §§ 28, 29 DRiG. So ist auch die Ernennung von **Richtern auf Zeit** gem §§ 8, 11 DRiG, §§ 17, 18 VwGO grds zulässig (BVerfG NJW 2018, 1935). – Über die Ausgestaltung der persönl Unabhängigkeit iE vgl Art 97 II GG, §§ 30 ff DRiG. 8

3) Pflicht zur Wahrung der richterlichen Unabhängigkeit. Wahrung seiner Unabhängigkeit ist Amtspflicht jedes Richters. Dies gilt zum einen für die dem richterl Berufsethos immanente innere Unabhängigkeit, der nach außen die **Objektivität** jeden richterl Handelns entspricht. Zu ihr gehört insb die Forderung an den Richter, die Pflicht zur Objektivität als Verpflichtung an sich selbst ernst zu nehmen (BVerfGE 56, 164; BVerfG BVerfGE 148, 69 Tz 60). Von Richtern ist die **innere Unabhängigkeit** zu verlangen und zu erwarten, sich durch Unterstellung unter die Dienstaufsicht und Überlegungen zu Karrierechancen nicht in ihrer Entscheidungspraxis beeinflussen zu lassen (BGH MDR 2020, 1535). – Unabhängigkeit bedeutet gerade nicht, dass subj Wertungen und Vorstellungen unbesehen in die richterl Entscheidungsfindung eingehen dürfen; Unabhängigkeit ist daher Verpflichtung, nicht subj Privileg des Richters; dies zeigen die Regelungen über die Befangenheit und Ablehnung von Richtern. Die Pflicht des Richters zur Wahrung der Unabhängigkeit ist ferner als **Gebot zur Zurückhaltung** (§ 39 DRiG) „auch bei politischer Betätigung" ges fixiert. Die herausragende Bedeutung, die der richterl Unabhängigkeit im Gefüge des demokratischen Rechtsstaats des GG zukommt, gebietet, die Grenzlinie zur Meinungsfreiheit (Art 5 GG) eng zu ziehen (BVerfG NJW 83, 2691; BVerfG NJW 89, 93). Zu dem bei Beamten im Vordergrund stehenden Gesichtspunkt der Loyalität ggü dem Staat kommt bei Richtern hinzu, dass Objektivität und Neutralität der rechtsprechenden Gewalt die Basis des Rechtsstaats schlechthin sind. Im demokratischen Staat muss diese auf dem Vertrauen des Bürgers begründet sein; § 39 DRiG spricht daher richtig davon, dass der Richter „das Vertrauen in seine Unabhängigkeit" nicht gefährden darf; dies erfordert mehr als nur die Wahrung der eigenen Unabhängigkeit nach innen. Die Grenze partei-, aber auch tagespolitischen Engagements eines Richters ist daher dann überschritten, wenn nach außen der Eindruck der Voreingenommenheit, insb der Unsachlichkeit entsteht. Sache des Richters ist es, im Rahmen eines geordneten Verf Rechtsfragen – für die Betroffenen verbindl – zu entscheiden; damit lässt es sich nicht vereinbaren, dass Richter ihre subj Meinungen zu kontroversen tagespolitischen Fragen unter Hinweis auf ihr Richteramt in die politische Auseinandersetzung tragen (BVerfG NJW 83, 2691; BVerfG NJW 89, 93; Quart, Diss Bonn 1988). Zur Anwendbarkeit des § 31 DRiG, wenn Richter nicht mehr die **Gewähr** dafür bietet, jederzeit **für die freiheitliche demokratische Grundordnung einzutreten**, s BGHZ 238, 364 = MDR 2023, 1551. Die **institutionelle Neutralität der Justiz** bedeutet, dass die richterliche Tätigkeit von neutralen und objektiven Amtsträgern ausgeübt wird, deren Person bei der Ausübung der ihnen übertragenen Funktion hinter ihrem Amt zurücktritt; deshalb sind gesetzl Regelungen verfassungsrechtlich zulässig, die Amtsträgern das **Tragen religiös oder weltanschau-** 9

lich geprägter Symbole oder Kleidungsstücke bei Amtshandlungen mit Außenkontakt verbieten (so BayVerfGH NJW 2019, 2151 zu Art 11 II BayRiStAG; s auch BVerfGE 153, 1 = NJW 2020, 1049 Tz 90 ff).

10 **III) Bindung des Richters an das Gesetz. 1) Gesetzesbegriff.** Das Gegenstück zur sachl Unabhängigkeit ist die Bindung des Richters an das Gesetz, nach Art 20 III GG an „Gesetz und Recht" (hierzu Kissel/Mayer Rn 110 ff). Gesetz ist jede Rechtsnorm (vgl § 12 EGZPO, Art 2 EGBGB). Dazu gehört auch Gewohnheitsrecht (dazu BGH NJW 58, 709) und Verordnungsrecht der Exekutive.

11 **2) Unabhängigkeit von Präjudizien.** Die **Rspr** der Obergerichte, auch sog „stRspr", bindet den Richter grds nicht. Eine Ausnahme gilt für die Entscheidungen des BVerfG, die, auch soweit sie nicht mit Gesetzeskraft ausgestattet sind (vgl § 31 II BVerfGG), alle Gerichte binden, **§ 31 I BVerfGG.** IÜ besteht eine Bindung an gerichtl Entscheidungen kraft bes gesetzl Vorschrift nur in bes Fällen, insb bei Verweisungen (vgl § 17a GVG, § 48 ArbGG, § 281 ZPO) und im Instanzenzug (vgl § 563 II ZPO).

12 **3) Bindung an Gesetz.** Richter hat das Gesetz, soweit er es nicht für ungültig hält (s Rn 13 ff), anzuwenden. Durch die Bindung an das Gesetz ist die Rechtsfortbildung durch richterl Rechtsfindung in vom Gesetzgeber nicht geregelten Fällen nicht ausgeschlossen (BVerfGE 71, 354 = NJW 86, 2242).

13 **IV) Richterliche Prüfungszuständigkeit.** Die Bindung besteht nur ggü geltendem Recht. Der Richter ist daher berechtigt und verpflichtet, die Gültigkeit der anzuwendenden Norm nachzuprüfen; dies gilt sogar ggü Verfassungsnormen (BVerfGE 3, 225). Es handelt sich hierbei aber immer um eine **Inzidentkontrolle**. Fälle abstrakter Normenkontrolle (vgl Art 93 I Nr 2 GG, § 47 VwGO) sind den ordentl Gerichten nicht zugewiesen.

14 **1) Prüfungskompetenz.** Dieses Prüfungsrecht besteht uneingeschränkt; es bezieht sich sowohl auf die formelle (ordnungsgemäße Verkündung, Inkrafttreten, Vorliegen etwa nötiger ges Ermächtigung bei Verordnungsrecht) wie auf die materielle Wirksamkeit.

15 **2) Verwerfungskompetenz.** Das Recht der Gerichte, eine danach als unwirksam erkannte Norm **nicht** anzuwenden, ist jedoch zugunsten der Verfassungsgerichte **eingeschränkt**, sog negatives Entscheidungsmonopol (vgl § 31 BVerfGG).

16 **a)** Entscheidungsmonopole: Nur das **BVerfG** kann Grundgesetzwidrigkeit von nachkonstitutionellen (BVerfGE 2, 124) förmlichen **Gesetzen**, auch Landesgesetzen, und Unvereinbarkeit von Landes- mit Bundesgesetzen bejahen (Art 100 I GG). Nach Art 100 II GG entscheidet das BVerfG darüber, ob Regeln des Völkerrechts Bestandteil des Bundesrechts sind und die Wirkungen des Art 25 GG entfalten. Gem Art 126 GG ist dem BVerfG ferner die Entscheidung darüber vorbehalten, ob fortgeltendes Recht Bundes- oder Landesrecht ist (BVerfGE 33, 206). Verwerfungskompetenz für untergesetzliche Normen (Verordnungen, Satzungen) verbleibt jedoch bei den Fachgerichten.

17 **b)** Den **Verfassungsgerichten der Länder** (ersatzw dem BVerfG, Art 99 GG) ist nach Art 100 I GG die Verwerfungskompetenz vorbehalten, wenn die Landesverfassung der Gültigkeit eines Landesgesetzes entgegensteht.

18 **c)** Für **EU-Recht** schränkt **Art 267 AEUV** das Auslegungs- und Prüfungsrecht des Gerichts zum Unionsrecht ein. Art 267 AEUV verpflichtet das letztinstanzl zuständige Gericht und berechtigt die Instanzgerichte zur Aussetzung des Verf und Vorlage an den EuGH (Vorabentscheidung), wenn entscheidungserhebl Zweifel an der Auslegung der EU-Verträge oder an der Gültigkeit oder Auslegung sekundären Unionsrechts bestehen.

§§ 2 bis 9 (weggefallen – § 85 DRiG)

§ 10 (Referendare)

[1]Unter Aufsicht des Richters können Referendare Rechtshilfeersuchen erledigen und außer in Strafsachen Verfahrensbeteiligte anhören, Beweise erheben und die mündliche Verhandlung leiten. [2]Referendare sind nicht befugt, eine Beeidigung anzuordnen oder einen Eid abzunehmen.

1 **1) Wahrnehmung richterlicher Geschäfte.** § 10 gestattet ein möglichst selbständiges Tätigwerden der Referendare im richterl Aufgabenbereich zum Zwecke der Intensivierung des Vorbereitungsdienstes (vgl § 5b DRiG). Insb ist Referendaren die **Möglichkeit** zur Leitung der Beweisaufnahme und der mündl Verh in Zivilsachen eröffnet. **Ob** der Ausbildungsrichter von der Übertragungsmöglichkeit Gebrauch macht, ist seine in richterl Unabhängigkeit zu treffende Entscheidung.

2 **2) Referendare.** Personen, die den jur Vorbereitungsdienst iSd § 5b DRiG als **Rechtsreferendare** ableisten. In Hessen, Mecklenburg-Vorpommern, Sachsen und Thüringen werden Rechtsreferendare auch (Hessen: grds nur) im Beamtenverhältnis auf Widerruf ausgebildet, iÜ erfolgt die Ausbildung in einem öffentl-rechtlichen *Ausbildungsverhältnis eigener Art.* Auch im letztgenannten Fall müssen Bewerber **Mindestanforderungen an eine Verfassungstreuepflicht** erfüllen; daran fehlt es, wenn sie sich aktiv gegen die freiheitlich demokratische Grundordnung betätigen (BVerwG NJW 2025, 1068). Der Gesetzgeber – nicht die Exekutive (BVerwG BayVBl

2021, 315) – kann ihnen im Hinblick auf die Verpflichtung des Staates zur Neutralität und auf die Funktionsfähigkeit der Rechtspflege die Pflicht auferlegen, bei Tätigkeiten, bei denen sie als Repräsentanten des Staates wahrzunehmen sind, ihre Zugehörigkeit zu einer Religionsgemeinschaft nicht durch das Befolgen religiös begründeter Bekleidungsregeln sichtbar werden zu lassen (BVerfGE 153, 1 = NJW 2020, 1049).

3) Übertragbarkeit richterlicher Aufgaben. – Erledigung von Rechtshilfeersuchen. Der Begriff **„Rechtshilfe“** 3
ist umfassend gemeint (s § 156 Rn 2), schließt also auch Amtshilfe im technischen Sinn ein (OLG Celle NJW 67, 993). – **Anhörung von Beteiligten** im Rahmen eines gerichtl Verf. – **Beweiserhebung**. Dies umfasst die Durchführung der Beweisaufnahme (§§ 355 ff ZPO), nicht jedoch die Beweisanordnung, soweit ein formeller Beschluss erforderl ist (§§ 284, 358, 450 I 1 ZPO). – **Leitung der mündlichen Verhandlung**. Zum Begriff der Verhandlungsleitung vgl § 136 ZPO. Dem Referendar kann die Prozessleitung in formeller wie sachl Hinsicht anvertraut werden, nicht übertragbar sind jedoch die über prozessleitende Anordnungen hinausgehenden, dem Gericht vorbehaltenen Entscheidungsbefugnisse, auch nicht, soweit diese in oder im unmittelbaren Anschluss an die mündl Verh ausgeübt werden (zB Erlass eines Beweisbeschlusses); auch die Verkündung der Entscheidungen kann nicht überlassen werden, da sie nicht mehr zur mündl Verh gehört (vgl § 136 IV ZPO).

Beeidigung. Von der Übertragung immer ausgeschlossen ist die Anordnung der **Beeidigung** und die Abnahme 4
des Eides; für Versicherung an Eides statt kann nichts Anderes gelten (Kissel/Mayer Rn 10).

4) Anordnung. Die Übertragung muss vom zuständigen Richter angeordnet werden. Sie ist jederzeit widerrufl. 5
Der Richter kann jederzeit in die Verhandlungsführung eingreifen, ohne deren Übertragung zu widerrufen. Das folgt aus seiner **Aufsichtspflicht**. Diese ist im Hinblick auf Art 92 GG weit auszulegen. Die vom Referendar vorgenommenen richterl Handlungen sind als Handlungen des beaufsichtigenden Richters anzusehen. Er muss daher ständig anwesend sein und dem Verf folgen (vgl KG NJW 74, 2094; Kissel/Mayer Rn 12; MK/Zimmermann Rn 12; aA Hahn NJW 73, 1782).

5) Übertragung sonstiger (nichtrichterlicher) Aufgaben. Innerhalb der Rechtspflege auf Referendare über- 6
tragbar: staatsanwaltschaftl Aufgaben (§ 142 III), Bestellung zum UrkB (s § 153 Rn 4; OLG Dresden StV 2004, 368), Beauftragung mit den Geschäften des Rpflegers (§ 2 V RPflG) und Bestellung zum allg Vertreter eines RA (§ 53 II 2 BRAO). Auch zur Nachwuchswerbung für die Justiz können Referendare in Nebentätigkeit als wissenschaftl Mitarbeiter bei Gerichten und Staatsanwaltschaften beschäftigt werden („Justizassistenz“, NJW-aktuell Heft 27/2020, 17; NJW-aktuell Heft 36/2023, 19).

§ 11 (weggefallen – § 85 DRiG)

§ 12 (Gliederung der Gerichte)

Die ordentliche Gerichtsbarkeit wird durch Amtsgerichte, Landgerichte, Oberlandesgerichte und durch den Bundesgerichtshof (den obersten Gerichtshof des Bundes für das Gebiet der ordentlichen Gerichtsbarkeit) ausgeübt.

Zum Begriff der **ordentl Gerichtsbarkeit** s § 13 Hs 1. 1

AG: §§ 22 ff; **LG:** §§ 59 ff; **OLG:** §§ 115 ff; in Bayern auch **BayObLG:** §§ 8-10 EGGVG, G zur Errichtung des 2
Bayerischen Obersten Landesgerichts v 12.7.2018, BayGVBl 2018, 545. – Errichtung, Aufhebung u Sitzverlegung sowie Änderungen von Gerichtsbezirken durch Landesgesetz (Gerichtsorganisationsgesetze). Gemeinsame Gerichte mit länderübergreifender Zuständigkeit sind zulässig, s § 13a Rn 2. **BGH:** §§ 123 ff.

§ 13 (Zuständigkeit der ordentlichen Gerichte)

Vor die ordentlichen Gerichte gehören die bürgerlichen Rechtsstreitigkeiten, die Familiensachen und die Angelegenheiten der freiwilligen Gerichtsbarkeit (Zivilsachen) sowie die Strafsachen, für die nicht entweder die Zuständigkeit von Verwaltungsbehörden oder Verwaltungsgerichten begründet ist oder auf Grund von Vorschriften des Bundesrechts besondere Gerichte bestellt oder zugelassen sind.

1 **I) Allgemeines. 1) Bedeutung.** Entgegen seinem ursprüngl Normzweck regelt § 13 nicht mehr die Frage, ob Zugang zum Rechtsschutz durch unabh Gerichte besteht (zur geschichtl Entwicklung Kissel/Mayer Rn 1 ff). Die Bedeutung der Norm liegt heute in der Regelung der **Rechtswegzuständigkeit: § 13 mit § 40 VwGO, § 51 SGG, § 33 FGO und § 2 ArbGG** bilden das **System der Abgrenzungsnormen** zwischen der ordentl Gerichtsbarkeit und den übrigen selbständigen und gleichwertigen Gerichtszweigen. Die Wahl eines falschen Rechtsweges führt zwar nicht zur Klageabweisung, kann aber eine Verzögerung und Kostennachteile zur Folge haben (§§ 17a, 17b).

2 **2) Zwingendes Recht.** § 13 enthält zwingendes Recht. **a)** Wenn der Zivilrechtsweg nicht gegeben ist, kann er auch durch **Parteivereinbarung nicht zulässig** werden. – **b) Vertragl Ausschluss der Klagbarkeit** ist soweit anzuerkennen, als die Parteien über den materiellen Anspruch verfügen können; es handelt sich aber nur um eine vertragl Abschwächung des materiellen Anspruchs (ähnl den kraft Gesetzes unklagbaren Ansprüchen aus Spiel, Wette usw), so dass bei gleichwohl erhobener Klage nicht der Rechtsweg unzulässig ist (vgl BGH MDR 2016, 480 = NJW-RR 2016, 703 mwN; Kern/Diehm/Eymelt-Niemann ZPO 2. Aufl, § 13 GVG Rn 8). Keinen vertragl Ausschluss des Rechtswegs enthält die **Schiedsklausel** (vgl §§ 1029 ff ZPO, §§ 101 ff ArbGG), sie enthält lediglich eine – nur auf Einrede zu beachtende – bes negative Prozessvoraussetzung (§ 1032 ZPO).

3 **3) Freiwillige Gerichtsbarkeit.** Gem §§ 12, 13 GVG, § 2 EGGVG ist die freiw Gerichtsbarkeit Bestandteil der ordentl Gerichtsbarkeit. Gem § 13 Hs 1 umfasst die ordentl Gerichtsbarkeit die Strafsachen und die Zivilsachen; der Gesetzesbegriff der Zivilsachen umfasst die in § 111 FamFG definierten FamSachen, die in Buch 3 bis Buch 8 des FamFG geregelten Angelegenheiten der freiw Gerichtsbarkeit sowie die weiterhin nicht ges definierten bürgerl Rechtsstreitigkeiten (s Rn 4 ff).

4 **II) Bürgerliche Rechtsstreitigkeiten. 1) Begriff.** Der Begriff ist nicht definiert, sondern wurde schon vom Gesetzgeber der Reichsjustizgesetze als gegeben vorausgesetzt (Kissel/Mayer Rn 13). Heute bildet er ein **Gegensatzpaar mit den öff-rechtl Streitigkeiten gem § 40 I VwGO**. Aus § 13 iVm § 40 VwGO ergibt sich der **Grundsatz**, dass neben den Strafsachen die bürgerl Rechtsstreitigkeiten vor die ordentl Gerichte, die öffentl Rechtsstreitigkeiten vor die VG gehören. Verschiedentl sind den ordentl Gerichten auch materiell nicht zu den Zivilsachen zählende Rechtsstreitigkeiten zugewiesen, und auch die Ersatzzuweisung des Art 19 IV 2 GG beschränkt sich nicht auf Zivilsachen im materiellen Sinn (s Rn 42 ff), wie andererseits § 13 die Zuweisung materieller Zivilsachen an andere Gerichtszweige offen hält (s Rn 39 ff). Nach der **Rspr** richtet sich die **Abgrenzung nach der Natur des Rechtsverhältnisses, aus dem der Klageanspruch hergeleitet wird**. Es ist zunächst zu fragen, **durch welche Rechtssätze der Sachverhalt entscheidend geprägt wird und welche Rechtssätze für die Beurteilung des Klagebegehrens in Anspruch genommen werden können** (BGHZ 228, 378 = MDR 2021, 664 Tz 17; BGHZ 204, 378 Tz 12; GmS-OGB BGHZ 97, 312 = NJW 86, 2359 = MDR 86, 822; BVerwGE 129, 9 = NJW 2007, 2275). Richtet sich das der Klage zugrunde liegende Rechtsverhältnis nach dem BGB oder anderen zivilrechtl Gesetzen, spricht dies prima facie für eine bürgerl Rechtsstreitigkeit (MK/Pabst Rn 7); richtet es sich nach Vorschriften des öffentl Rechts, liegt grds eine öff-rechtl Streitigkeit vor. Zu beachten ist aber, dass auf einem öff-rechtl Rechtsverhältnis beruhende Ansprüche auch dann nicht vor die Zivilgerichte gehören, wenn sie auf privatrechtl Anspruchsgrundlagen gestützt werden, die auch im öffentl Recht Anwendung finden (ungerechtfertigte Bereicherung nach §§ 812 ff BGB: BVerwGE 36, 108; BVerwG NJW 80, 2538; öff-rechtl GoA: BVerwG NJW 89, 922; Abgrenzung zu privatrechtl GoA s BGH MDR 2016, 201). Wird der Klageanspruch auf *eine ausländische Rechtsnorm gestützt*, erfolgt die Einordnung als zivilrechtl (so hier betr ungarische Straßenmaut) oder öff-rechtl Streitigkeit nach deutschem Rechtsverständnis, lex fori (BGH NJW 2022, 3644 = MDR 2023, 89 [Goebel/Wiepen NJW 2022, 3611]; OLG Düsseldorf NZG 2025, 234, betr Brüssel-Ia-VO).

2) Beteiligte des Rechtsstreits. Indiziell für die Zuordnung des Rechtsverhältnisses sind auch die Beteiligten: 5
a) Sind **nur Privatrechtssubjekte** beteiligt, liegt grds bürgerl Rechtsstreitigkeit vor; Zuordnung zum öffentl Recht kommt nur in Betracht, wenn eine Partei durch oder auf Grund Gesetz mit öff-rechtl Handlungsbefugnissen ausgestattet und entspr (zB als beliehener Unternehmer) aufgetreten ist (BVerwG NVwZ-RR 2019, 1029 – Zivilrechtsweg gegen Planungsarbeiten der DB Netz (jetzt InfraGO) AG, die keine Ausübung staatl Hoheitsgewalt sind; BGHR 2003, 147; BGH NJW 2000, 1042 = MDR 2000, 347).

b) Ist am Rechtsstreit ein Träger öffentl Gewalt beteiligt, kommt es zunächst darauf an, ob die Parteien zueinander in einem hoheitl Verhältnis der Über- und Unterordnung stehen und der Träger hoheitl Gewalt sich im konkreten Rechtsverhältnis der bes, ihm zugeordneten Rechtssätze des öffentl Rechts bedient (**Subordinations-** oder **Subjektionstheorie**, vgl RGZ 166, 226; BGHZ 102, 280 = NJW 1988, 2295 = MDR 1988, 554) oder ob er sich den für jedermann geltenden zivilrechtl Regelungen unterstellt. Im 1. Fall liegt eine **öff-rechtl Streitigkeit** vor (BVerwGE 129, 9 = NJW 2007, 2275 = MDR 2007, 1148 LS); der Umkehrschluss gilt nicht (MK/Pabst Rn 9). Auf das dem Rechtsstreit zugrunde liegende konkrete Rechtsverhältnis kommt es an, weil aus einem **öff-rechtl Grundverhältnis dem Privatrecht zuzurechnende Rechtsbeziehungen** folgen können, zB im Bereich des Schadensersatzes, der Teilnahme oder Beeinflussung des allg Wettbewerbs, des Ehrenschutzes oder des – durch Gleichordnung gekennzeichneten – **Prozessrechtsverhältnisses** (nach BGH NJW 81, 349 ordentl Rechtsweg für Schadensersatzklagen nach § 945 ZPO auch dann gegeben, wenn es um eine einstw Anordnung des VerwG nach § 123 VwGO geht). Andererseits können sich auch **im Rahmen des öffentl Rechts** verschiedene Rechtsträger **auf der Ebene der Gleichordnung bewegen**. Insb ist das Institut des öff-rechtl Vertrages (s Rn 27) allg anerkannt, bei dem sich die Parteien gleichberechtigt und gleichgeordnet gegenüberstehen. Allg sind **Gleichordnungsverhältnisse öff-rechtl**, wenn die das Rechtsverhältnis beherrschenden Normen nicht für jedermann gelten, sondern sich als Sonderrecht zumindest auf einer Seite nur an Hoheitsträger wenden (BVerwGE 129, 9 = NJW 2007, 2275 = MDR 2007, 1148 LS). 6

3) Kriterium der Sachnähe. In Zweifelsfällen ist mit der Rspr (GmS-OGB NJW 74, 2087; BGHZ 102, 343; BSG NJW 90, 342; BAG NJW 90, 663) auch der Gesichtspunkt der Sachnähe heranzuziehen. Es sollen möglichst die Gerichte entscheiden, die für die betr Rechtsmaterie bes Sachkunde besitzen. 7

Das **Kriterium der Sachnähe** wird insb in den Fällen bedeutsam, in denen **öff-rechtl und bürgerl-rechtl Rechtsverhältnisse ineinander verzahnt sind** (zB BGH NJW 85, 2756: interner Ausgleich unter mehreren Sozialversicherungsträgern zu einem zivilrechtl Schadensersatzanspruch). Hier ist entspr dem Grundsatz in Rn 4 entscheidend, welches Rechtsverhältnis für die Entscheidung des Rechtsstreits im Mittelpunkt steht (im obigen Fall: der zivilrechtl Schadensersatzanspruch, BGH NJW 85, 2756). Entspr wurde der **Zivilrechtsweg** für die Inanspruchnahme eines **Bürgen** für eine an sich öff-rechtl Forderung (BGHZ 90, 187; BFHE 203, 544) unabhängig von der Bezeichnung der Bürgschaft („Haftungserklärung“: BVerwGE 161, 255 = NVwZ 2018, 993; BGHR 2009, 87 = MDR 2008, 1413; Mietschuldenübernahme des SozHilfeträgers ggü Vermieter zur Abwendung von Obdachlosigkeit: BSG NJW 2018, 2664 LS; BVerwG MDR 94, 304; KG MDR 2019, 1374; **Schuldbeitritt** des Sozialhilfeträgers teilt Rechtsnatur der Forderung, zu der er erklärt wird: BVerwGE 161, 255 = NVwZ 2018, 993; BGHZ 205, 260 = NJW 2015, 3782 = MDR 2015, 754) und für **Bereicherungsansprüche** gegen den Steuerfiskus bei Bezahlung von Steuerschulden durch einen Dritten – Dreiecksverhältnis – bejaht (BGH NJW 84, 982); ebenso für Rückforderung aus Vertrag über Hermes-Bürgschaft, BGH NJW 97, 328 = MDR 97, 290). Entspr dem Grundsatz der Sachnähe hat der **Pfändungsgläubiger** seine Leistungsklage gegen den Träger öffentl Gewalt als **Drittschuldner** (zB Finanzamt bei Pfändung eines Steuerguthabens) auf dem Rechtsweg zu verfolgen, der für den gepfändeten Anspruch eröffnet ist (BFH NJW 88, 1407; BSG NJW 99, 895 = MDR 98, 1304 – auch bei Klageänderung; VGH Kassel NJW 92, 1253; OLGR Stuttgart 1999, 242). Folgerichtig **Sozialrechtsweg** für Ansprüche aus „Kostenübernahmeschein“ eines öffentlichen Leistungsträgers (ohne Vertragsgrundlage) für Beherbungen in Obdachlosenunterkünften (BGH MDR 2024, 924 = NJW-RR 2204, 1059). 8

Dem entspricht auch, dass Ansprüche auf **Rückgewähr** von Leistungen, die das Gegenstück des Leistungsanspruchs darstellen, in demselben Rechtsweg wie der Leistungsanspruch selbst geltend zu machen sind (vgl BVerwG NJW 95, 1104; BGHZ 103, 255 = NJW 88, 1731; BGH MDR 94, 719: selbst dann, wenn die Rückzahlungspflicht in notarieller Urkunde anerkannt wurde, aus der vollstreckt wird; OLG Naumburg NVwZ 2001, 354 [Leinenbach LKV 2001, 450], für Rückforderung von Subvention; Kern/Diehm/Eymelt-Niemann ZPO, 2 Aufl, § 13 GVG Rn 60). Anders dagegen bei bereicherungsrechtl Rückabwicklung im Dreiecksverhältnis. Hier bejaht der BGH zu Recht den Zivilrechtsweg für den auf **§ 816 II BGB** gestützten Anspruch auf Rückzahlung. Ebenso bei Rückzahlungsanspruch eines Hoheitsträgers, der an Nichtberechtigten irrig Leistungen erbracht hatte. Da es hier nur um die ungerechtfertigte Bereicherung als solche geht und in Wahrheit gar kein öff-rechtl Leistungsverhältnis besteht, ist der Zivilrechtsweg richtig (s OLG Koblenz NVwZ 89, 93). Entspr schlägt nach der gefestigten Rspr (BGHZ 71, 180; BGHZ 73, 202; BSG NVwZ 88, 95), an der auch unter § 50 II SGB X festgehalten wird (BSG NVwZ 88, 95), das öff-rechtl Rechtsverhältnis zwischen Rententräger und Rentenberechtigtem in ein **bürgerl-rechtl** nach § 812 BGB um, wenn die **Rente nach dem Tod des Berechtigten in Unkenntnis dieses Umstandes weiterbezahlt wird** oder sonst irrig an einen Dritten geleistet wird. Für diesen Rückforderungsanspruch sind die Zivilgerichte zuständig, da es nicht um Rückgewähr als Umkehrung des 9

Leistungsanspruchs, sondern um die Rückforderung nicht gewollter Leistung geht. Zu Rückgewähransprüchen auf Grund **insolvenzrechtl Anfechtung** s Rn 32.

10-13 Einstweilen frei.

14 Da auf die Natur des der Klage zugrunde liegenden Anspruchs abzustellen ist, beeinflusst **Wechsel des Verpflichteten**, der sich – anders als bei dem Rentenfall s Rn 9 aE – auf den Charakter des Rechtsverhältnisses nicht auswirkt, den Rechtsweg nicht (Kern/Diehm/Eymelt-Niemann ZPO, 2. Aufl, § 13 GVG Rn 47). So Verwaltungsrechtsweg auch, wenn an sich öff-rechtl Anspruch wegen Erbfalls gegen Erben geltend gemacht wird. Ebenso keine Auswirkung auf den Rechtsweg hat **Abtretung**, weil sie den Charakter des zugrunde liegenden Rechtsverhältnisses nicht ändert (BGH MDR 2025, 675 = NJW-RR 2025, 121; BGHZ 198, 105 = MDR 2013, 1481; BSGE 61, 274 = MDR 87, 1053).

15 **Übergang von Unterhaltsansprüchen auf Sozialhilfeträger:** ges Forderungsübergang gem § 94 SGB XII. Rechtsstreitigkeiten sind in § 94 V 3 SGB XII ausdrückl dem Zivilrechtsweg zugewiesen; dies betrifft auch die sozialhilferechtl Einschränkungen des Anspruchsübergangs (§ 94 I-IV SGB XII). Durch den ges Forderungsübergang entfällt der VA der Überleitungsanzeige und damit die Doppelgleisigkeit des Rechtswegs. § 93 SGB XII – und damit die Rechtswegspaltung – gilt jedoch unverändert für die Überleitung anderer als Unterhaltsansprüche, etwa für Lohnansprüche. Im Sozialrechtsweg ist darüber zu entscheiden, ob die Voraussetzungen für Stundung, Niederschlagung oder Erlass (nach § 76 SGB IV) vorliegen (BSG NJW 90, 342; BGH NJW 84, 241), da diese Frage selbständig nach sozialrechtl Gesichtspunkten zu entscheiden ist.

16 **4) Fallgruppen.** IE ist die **Abgrenzung** vielfach schwierig und umstritten. Insb die Judikatur zu den Einzelfragen ist nahezu unübersehbar (Nw s Rn 55.1 ff). Jedoch ergeben sich ähnl Fallgruppen, zu denen sich bestimmte Grundsätze herausgebildet haben.

17 **a) Keine Überprüfung der Tätigkeit der Verwaltung.** Als allg Regel gilt, dass die Zivilgerichte nicht die Tätigkeit der Verwaltung unmittelbar zu überprüfen haben. Auf Vornahme, Aufhebung oder Unterlassung von VA kann eine Klage vor den ordentl Gerichten nicht gerichtet sein; dies gilt auch für Feststellungsklagen, die Hoheitsmaßnahmen betreffen, auch soweit die Nichtigkeit (zB eines VA) festgestellt werden soll (sa § 43 VwGO). Somit **keine Rechtswegzuständigkeit** der ordentl Gerichtsbarkeit für Überprüfung von pandemiebedingten Maßnahmen der öffentl Verwaltung in Schulen, auch nicht auf Grund § 1666 BGB (BVerfG FamRZ 2022, 528; BGH MDR 2022, 53 = NJW 2021, 3470 = FamRZ 2021, 1884; BVerwG FamRZ 2021, 1382), s zur unterbleibenden Rechtswegverweisung § 17a Rn 21.

18 **b) Teilnahme am allgemeinen Wettbewerb; Vergaberechtsschutz.** Den Grundsatz der Nichtüberprüfung der Verwaltung durch Zivilgerichte (Rn 17) schränkt die Rspr des BGH (BGHZ 225, 59 = NJW 2020, 3386 = MDR 2020, 1263 und seit BGHZ 37, 292) und des GmS-OGB (BGHZ 97, 312) ein, wenn Träger öffentl Verwaltung am **allg Wettbewerb** teilnehmen. Dies wird damit begründet, dass der Hoheitsträger und seine Mitbewerber sich in einem Konkurrenzverhältnis gegenüberstehen, das durch die Normen des Wettbewerbsrechts (§ 1 UWG, §§ 33, 87 ff GWB, § 826 BGB) privatrechtl gestaltet ist, oder dass der Hoheitsträger bei der Beschaffung von Leistungen nach den Marktgrundsätzen des Privatrechts verfährt, mögen damit letztl auch hoheitl Zwecke verfolgt werden. Der Streitgegenstand ist also bestimmt von den auf der Ebene der Gleichordnung geregelten Verhältnissen des Wettbewerbs.

19 Zum **Vergaberechtsschutz** folgt aus Rn 18: Wenn die Behörde bei Vergabe von Aufträgen am privaten Rechtsverkehr durch Abschluss zivilrechtl Verträge teilnimmt, auch wenn sie bei diesem fiskalischen Handeln allg öff-rechtl Grundsätze zu beachten haben mag, ist unterhalb der Schwellenwerte des § 106 GWB nur der Zivilrechtsweg eröffnet (BVerwGE 129, 9 = NJW 2007, 2275 = MDR 2007, 1148 LS; die Zweistufentheorie, s Rn 20, kommt mangels mehrphasiger Entscheidung nicht zur Anwendung. Ab den Schwellenwerten gilt das auf EU-RL beruhende Vergabeverf gem §§ 155 ff GWB mit dem Vorrang des Nachprüfungsverf gem § 156 II GWB; gegen Entscheidung der Vergabekammer, die kein Gericht, sondern eine Verwaltungsbehörde ist (OLG Düsseldorf 5.9.2018 – Verg 14/18), sof Beschwerde zum OLG (Vergabesenat), §§ 171 ff GWB, in Bayern zum BayObLG (§ 171 IV GWB iVm § 33 III BayGZVJu).

20 **c) Privatrechtsgestaltender Verwaltungsakt; Überleitung von Ansprüchen.** Eine Spaltung des Rechtswegs ergibt sich beim privatrechtsgestaltenden VA, durch den ein zivilrechtl Rechtsverhältnis begründet oder beeinflusst wird: Überleitung zivilrechtl Ansprüche zB nach § 93 SGB XII (s aber § 94 SGB XII, s Rn 15), Eigentumsübertragung durch Hoheitsakt, Begründung oder Gestaltung von Mietverhältnissen im Wege öff-rechtl Wohnraumbewirtschaftung oder -förderung. Die Kontrolle des Hoheitsakts selbst liegt ausschließl bei den VerwG (§ 40 VwGO). Betreffen Streitigkeiten aber die Abwicklung des durch VA gestalteten privatrechtl Rechtsverhältnisses – bei dem die Wirksamkeit des vorangegangenen VA nur Vorfrage ist, s Rn 31 ff –, sind die ZivilG zuständig (BGHZ 5, 69; BVerwGE 34, 219). **Bei Subventionen und sonstigen staatl Förderungsmaßnahmen** *durch Zuschüsse, Vergünstigungen* uÄ bedient sich die öffentl Hand meist privatrechtl Gestaltungsformen zur Verwirklichung hoheitl Ziele. Da es sich um einen mehrphasigen Vorgang handelt, ist allg anerkannt, dass der Streit um das „Ob“ der Gewährung der Subvention – entspr dem mit ihr verfolgten Zweck und den ihr zu-

grunde liegenden Normen – öff-rechtl Natur ist und daher der Kontrolle der VG unterliegt, auch wenn die Subvention im Wege privatrechtl Institute (Darlehen, Bürgschaft, niedriger Zins) umgesetzt wird (BGH WM 99, 150; BVerwGE 1, 308; BVerwGE 129, 9 = NJW 2007, 2275 = MDR 2007, 1148 LS). Dies gilt auch dann, wenn die Subvention ohne bes ges Grundlage – etwa nur auf Grund eines Haushaltstitels – gewährt wird (BVerwGE 41, 127). Grds umstritten und in den Einzelheiten oft zweifelhaft ist, in welchen Rechtsweg Streitigkeiten im Vollzug der Subventionsentscheidung fallen. Nach der insb in der Rspr angewendeten **Zweistufentheorie** (Ipsen, Öffentl Subventionierung Privater, 1956; BVerwGE 129, 9 = NJW 2007, 2275 = MDR 2007, 1148 LS; BGH NJW 2000, 1042 = MDR 2000, 347 = WM 2000, 185) kommt insoweit der Zivilrechtsweg in Betracht, soweit der Vollzug nicht auch durch VA oder öff-rechtl Vertrag geschieht (BGH MDR 2012, 204 = WM 2012, 70; BVerwG NJW 2006, 2568: Zivilrechtsweg auch, wenn Geld im sog Bankenverf durch Sparkasse ausgezahlt wurde). Zivilrw also auch insges, wenn Bank Subvention (Investitionszuschuss) in eigenem Namen auf fremde Rechnung (Land) zusagt, OLG Naumburg WM 2010, 1022.

Zur Rspr, wonach die **Rückgewähr** grds als Kehrseite der Leistung deren Rechtsweg teilt, s Rn 9. 21

d) Unterlassungsklagen nachbarrechtlicher Art (Immissionsschutz). Bei Klagen, die sich gegen im öffentl Interesse bestehende Nutzung richten, teilt der Abwehranspruch die Rechtsnatur des Verwaltungshandelns, das die Immission verursacht. Er ist somit im Verwaltungsrechtsweg geltend zu machen, wenn es sich gegen eine öffentl Aufgaben dienende Nutzung richtet, es sei denn, diese ist privatrechtl gestaltet (darum gegen **Deutsche Bahn AG** immer **Zivilrechtsweg**). Wenn sich der Abwehranspruch gegen hoheitl betriebene Anlagen oder gegen solche der öffentl Daseinsvorsorge richtet, ist der Verwaltungsrechtsweg zutr. Einzelnw zur Rspr s Rn 55.9 – Immissionen. 22

Ein Sonderfall sind Unterlassungsklagen gegen **kirchl Glockengeläute** (dazu Kaup BayVBl 92, 161), da hier der an sich privatrechtl Streit um den Immissionsschutz durch den liturgischen Charakter des Handelns der unter der Rechtsgarantie der Verfassung (Art 140 GG) stehenden kirchl Körperschaften überlagert wird. Wegen der Auswirkung auf Dritte (Nichtkirchenmitglieder) hat das BVerwG NJW 84, 989 nicht nur den Weg zu den staatl Gerichten, sondern auch den Verwaltungsrechtsweg zu Recht bejaht. Gegen **Zeitschlagen** von Kirchenglocken ist jedoch ohne Besonderheit der Zivilrechtsweg eröffnet (BVerwG NJW 94, 956; LG Aschaffenburg NVwZ 2000, 965 [Schwerdtfeger ZevKR 46 (2001), 319]). 23

e) Folgenbeseitigungsanspruch. Zur Zuständigkeit der VG gehört nicht nur die Beseitigung rechtswidriger VA, sondern auch die Beseitigung der Folgen eines solchen, sog Folgenbeseitigungsanspruch s § 113 I 2, 3 VwGO. Der auf Naturalrestitution (im Gegensatz zu Schadensersatz, BVerwGE 40, 322) gerichtete Anspruch gilt allg für alle Arten öff-rechtl Handelns, insb auch der Leistungsverwaltung. 24

f) Privatrechtlich gestaltete Daseinsvorsorge der öffentlichen Verwaltung. Auch wenn ein öff-rechtl Rechtsträger eine öffentl Aufgabe (insb Daseinsvorsorge) wahrnimmt, kann er sich ausdrückl privatrechtl Mittel bedienen. Dann sind für Rechtsstreitigkeiten die Zivilgerichte zuständig. 25

Andererseits sind – entspr dem in der neueren Rspr vertretenen allg Abgrenzungsprinzip (s Rn 7) – auch im Bereich der Daseinsvorsorge, die mit rein privatrechtl Mitteln betrieben wird, Streitfälle mögl, in denen das Klagebegehren im Schwerpunkt nur durch öff-rechtl Normen bestimmt wird, so insb bei **Zugangsklagen zu gemeindl Einrichtungen**, die in privatrechtl Form (zB GmbH) betrieben werden. Das BVerwG NJW 90, 134 hat deshalb zutr den Verwaltungsrechtsweg für eröffnet angesehen, wenn eine politische Partei auf Grund der öff-rechtl Gleichbehandlungspflicht **gegen die Gemeinde** auf Zugang zu Kongressräumen klagt, die im Auftrag der Gemeinde von einer privatrechtl Betriebsgesellschaft verwaltet werden, ebenso für Klage zB einer politischen Partei gegen **Sparkasse** auf Kontoeröffnung OVG Münster NVwZ-RR 2004, 795; OVG Lüneburg WM 2022, 2172. Anders dagegen bei Klage unmittelbar **gegen die jur Person des Privatrechts:** Zivilrechtsweg (BVerwG NVwZ 91, 59; OVG Lüneburg NdsRpfl 2008, 24). Zivilrechtsweg auch für Streitigkeiten über Ausgestaltung der privatrechtl vereinbarten Benutzung (Zweistufentheorie, vgl Rn 20), VGH München 30.9.2020 – 4 B 20.1116; VGH München NVwZ-RR 2002, 465 = BayVBl 2002, 565. Zivilrechtsweg auch, wenn Anspr auf Vertragsschluss aus dem GWB hergeleitet wird (OLG München DÖV 2006, 82). 26

g) Öffentlich-rechtlicher Vertrag. Auch eine auf der Ebene der Gleichordnung getroffene vertragl Regelung kann öff-rechtl Natur sein (öff-rechtl Vertrag: § 54 VwVfG; § 53 SGB X). Die Abgrenzung, ob ein Vertrag dem Zivilrecht oder dem öffentl Recht zuzurechnen ist (mit der Folge, dass einenfalls der Zivilrechtsweg, andernfalls der Verwaltungsrechtsweg gegeben ist), ist nach dem Gegenstand der vertragl Regelung vorzunehmen, wobei von der Art der gesetzl Regelung des betroffenen Sachverhalts auszugehen ist (GmS-OGB BGHZ 97, 312 = NJW 86, 2359 = MDR 86, 822; vgl Renck JuS 2000, 1001). Hier stellt der BGH für „gemischte Verträge" entscheidend auf den Gesamtcharakter (Schwerpunkt der Vereinbarung, „Gepräge", GmS-OGB BGHZ 97, 312 = NJW 86, 2359; BGHZ 76, 16 = MDR 80, 289; BGH NJW 92, 1238; BGHZ 102, 280 = NJW 88, 2295) der Vereinbarung ab (ebenso BVerwGE 92, 56 = NJW 93, 2695; VGH München BayVBl 2022, 416); offen gelassen mwN BGHR 2004, 50 = NJW-RR 2004, 142. Für öff-rechtl Vertrag ist typisch, aber nicht zwingend, dass er an die Stelle einer sonst mögl Regelung durch VA tritt (BGH MDR 2009, 1185). Die Verfolgung öff-rechtl Zwecke macht eine vertragl Vereinbarung nicht automatisch öff-rechtl; sie bleibt insb dann privatrechtl, wenn es sich 27 nur um eine **Nebenabrede** innerhalb eines sonst typisch privatrechtl Vertrags handelt (vgl BGH NJW 85, 1892: Grundstückskaufvertrag mit Gemeinde, in dem die Beachtung bestimmter Absichten der Bauleitplanung zugesagt wurde). Öff-rechtl sind insb Verträge, die sich auf öff-rechtl Lasten und Pflichten beziehen, diese abw von einer ges Regelung verteilen oder mit im öffentl Recht beruhenden (wirkl oder vermeintl) sonstigen rechtl Möglichkeiten oder Aufgaben in unmittelbarem Zusammenhang stehen (BGHZ 56, 365 = NJW 71, 1842; BGH MDR 72, 503; eingeh BGHZ 116, 339 = NJW 92, 1238; BGHZ 94, 3027: **Leistungs- und Vergütungsvereinbarung** nach § 75 SGB XII). – Zur **ZwV** gem § 794 I Nr 5 ZPO aus öff-rechtl Vertrag (Zivilrechtsweg) BGHR 2006, 260 = NJW-RR 2006, 645.

28 **h) Verletzungen des Persönlichkeitsrechts durch Rundfunk- und Fernsehsendungen** des öff-rechtl Rundfunks sind nach BGHZ 66, 182 = NJW 76, 1198 (Eschenlohr) (Kritik Bettermann NJW 77, 513 u Lerche FS Löffler, 1980, S 217) u entgegen VGH München BayVBl 94, 345; BVerwG NJW 94, 2500 = JZ 95, 401 (Hoffmann-Riem) = BayVBl 95, 216 (krit Schwabe) im Zivilrechtsweg zu verfolgen. Dass Aufgaben und Tätigkeit der Rundfunkanstalten öff-rechtl ausgestaltet sind (vgl BVerfGE 31, 314; BVerfG DÖV 94, 429), steht nicht entgegen, da das Spannungsverhältnis zwischen Ehrenschutz und vom Bürger hinzunehmender öffentl Kritik durch das Privatrecht bestimmt ist.

29 Dagegen ist der Zivilrechtsweg nicht eröffnet für **Klagen gegen Träger der Hoheitsverwaltung, soweit der Widerruf dienstl Äußerungen ehrkränkenden Inhalts** verlangt wird (vgl BGHZ 14, 223; BVerwG NJW 88, 2399; OLG Karlsruhe 15.4.2019 – 10 W 2/19; OLG Koblenz OLGZ 88, 370; OLG Dresden OLG-Report NL 1997, 353). Hier liegt in der Sache ein dem Folgenbeseitigungsanspruch (s Rn 24) gleich gelagertes Begehren vor. Zu Äußerungen der Justizbehörden sa § 23 EGGVG Rn 25. Streit über öffentl Äußerungen einer Gemeinderatsfraktion: Verwaltungsrechtsweg, VGH München NVwZ 2025, 523, aber Zivilrechtsweg bei Streit unter Gemeinderatsmitgliedern wegen Widerrufs von Äußerungen: OLGR Frankfurt 1999, 37. Ebenso Verwaltungsrechtsweg für Abwehransprüche gegen **kirchl Äußerungen** (hier: eines Sektenbeauftragten), soweit sie dem Kernbereich kirchl Wirkens zuzuordnen und damit öff-rechtl Handeln sind: BGHZ 148, 307 = NJW 2001, 3537, entgegen OLG Bremen NVwZ 2001, 957 (Muckel JZ 2002, 192, Tilmanns DVBl 2002, 336); aA auch Lorenz NJW 96, 1855; Verwaltungsrechtsweg bejaht auch VGH München NVwZ 94, 787; Gegenbeispiel (Zugang zu im Auftrag der Kirche betriebener Facebook-Seite: Zivilrechtsweg, BVerwG NVwZ 2020, 487). Zivilrechtsweg für **Amtshaftungsanspruch** (s Rn 43) gegen Kirche (BGHZ 154, 54 = NJW 2003, 1308 [Wilms NJW 2003, 2070]).

30 Einstweilen frei.

31 **5) Vorfragen. a)** Liegt nach dem Vorausgegangenen ein privatrechtl Streitgegenstand vor, so wird er nicht dadurch zu einem öff-rechtl, dass das befasste Gericht auch über **öff-rechtl Vorfragen** entscheiden muss. An der Zulässigkeit des Zivilrechtswegs ändert sich also nichts. Die Zivilgerichte müssen nach **§ 17 II** öff-rechtl Vorfragen, die VG zivilrechtl Vorfragen **selbständig beantworten.** Dies folgt schon daraus, dass die Natur eines Rechtsverhältnisses nur einheitl bestimmt werden kann. Da die Entscheidung über die Vorfrage nicht an der Rechtskraft teilnimmt, ergibt sich aus dieser „Vorfragenkompetenz" der Zivilgerichte keine Überprüfung der Verwaltung iSd Rn 17. Ist dagegen über die Vorfrage ein Verf vor dem hierfür zuständigen Gericht anhängig oder ein Rechtsbehelf eingelegt, über den noch nicht entschieden ist, so hat das Gericht **nach § 148 ZPO auszusetzen** und die Entscheidung abzuwarten (BGH NJW-RR 88, 339). Dies folgt aus dem Grundsatz der Einheitlichkeit der Rechtsordnung und dem allg Grundsatz, dass sich widersprechende Entscheidungen zu vermeiden sind.

32 Umgekehrt begründen **zivilrechtl Vorfragen** einer öff-rechtl Forderung den Zivilrechtsweg nicht (BGH NJW 73, 468). Ist **dagegen** die Frage der **InsBefangenheit** (§ 35 InsO) einer öff-rechtl Forderung, zB Sozialversicherungsrente, unmittelbar Gegenstand des Rechtsstreits, ist das Zivilgericht zuständig, denn die Streitfrage ist Hauptfrage, nicht Vorfrage (BGH NJW 85, 976; BGHZ 114, 315 = NJW 91, 2147). – Die **Zivilgerichte** sind deshalb auch zuständig für den **insolvenzrechtl Anfechtungsanspruch nach §§ 129 ff InsO**, der durch öff-rechtl Rechtshandlung bei einer öff-rechtl Forderung besteht (BGHZ 114, 315 = NJW 91, 2147 zu § 30 KO aF; OLG Frankfurt ZInsO 2024, 2235; OLG Hamm MDR 2003, 1437; ebenso für Ansprüche des InsVerwalters gegen Steuerbehörden aus ungerechtfertigter Bereicherung, BAG MDR 2015, 405 = NZI 2014, 1013; OLG Frankfurt ZIP 2004, 589), für Schadensersatzansprüche eines Sozialversicherungsträgers gegen InsVerwalter wegen fehlerhafter Behandlung der Beitragsforderung im InsVerf (OLGR Frankfurt 2007, 637), für insolvenzrechtl Anfechtungsklage gegen Sozialversicherungsträger (BGH NJW 2011, 1365 = MDR 2011, 631) und für Streit um rechtl Einordnung einer angemeldeten Forderung als Forderung aus vorsätzl unerl Handlung (BSG NZI 2014, 872). Eine **Ausnahme** gilt nach der Entscheidung des GmS-OGB v 27.9.2010 (BGHZ 187, 205 = NJW 2011, 1211 = MDR 2011, 197, mit guten Gründen krit ua Kreft ZIP 2013, 241) für Ansprüche des InsVerwalters gegen ArbN auf Rückgewähr von (auch zwangsw beigetriebenem, BGH ZInsO 2011, 1368) Arbeitsentgelt: Hier ist der **Arbeitsrechtsweg** eröffnet. Der GemS gibt deutl zu erkennen, dass er diese Entscheidung des Zuständigkeitsstreits zwischen BGH und BAG letztl getroffen hat, um dem ArbN bei der Verteidigung verdienter Vergütung die Vorteile des Arbeitsrechtswegs zu erhalten. Diese Argumente sind auf die Sozialgerichtsbarkeit und allg auf die Verwaltungsgerichtsbarkeit nicht zu übertragen, so dass es hier bei der Rechtswegbestimmung zugunsten der Zivilgerichtsbarkeit durch den insolvenzrechtl Rückgewähranspruch bleibt (BGH NJW 2011, 1365 = MDR 2011, 631).

b) Bindung an Gericht des anderen Rechtszugs besteht aber, wenn dieses über den jetzt als Vorfrage zu beurteilenden Streitpunkt bereits als Hauptfrage entschieden hatte. Dies folgt aus der **Rechtskraftwirkung**, die auch über die einzelnen Gerichtszweige hinaus wirkt (Kissel/Mayer Rn 24). Daraus folgt aber auch, dass die Bindung grds nur soweit besteht, als dieselben Parteien streiten. 33

c) Häufig tritt die Vorfrage auf, ob und in welcher Weise die Rechtsbeziehungen zwischen den Parteien durch einen **vorausgegangenen VA** beeinflusst worden sind. Auch über solche Vorfragen können die Zivilgerichte urteilen, wenn der Streitgegenstand selbst privat-rechtl oder den Zivilgerichten zugewiesen ist. Für die vom Zivilgericht zu treffende Sachentscheidung tritt dann aber die Frage der **Bindung an rechtsgestaltende VA** auf. Außer im Fall der Nichtigkeit können VA, solange sie nicht aufgehoben sind, Geltung grds auch dann beanspruchen, wenn sie **fehlerhaft** (anfechtbar) sind (Bestandskraft des VA; BGHZ 122, 1 = MDR 1993, 540 = NJW 1993, 1580; BGH MDR 2022, 889 = NJW 2022, 2400; KG FamRZ 2023, 1795; MskV/Wittschier Rn 9). 34

An **nichtige VA** ist das Zivilgericht dagegen nicht gebunden (s BGHZ 1, 146; BGH MDR 2014, 794); es muss und darf ihnen die von der Verwaltungsbehörde gewollten Rechtswirkungen nicht beilegen, auch wenn sie nicht förml aufgehoben oder die Nichtigkeit nicht verwaltungsgerichtl festgestellt ist. 35

Zu beachten ist aber, dass auch bei der Überprüfung der Nichtigkeit eines VA durch die Zivilgerichte der Grundsatz der Rechtskraft (s Rn 33) vorgeht. Ist eine verwaltungsgerichtl Anfechtungsklage als unbegründet abgewiesen, so kann das Zivilgericht den VA im Rahmen der Vorfragenprüfung nicht mehr als nichtig behandeln. 36

d) Die Frage der Rechtmäßigkeit eines ergangenen VA (oder der Rechtmäßigkeit des Unterbleibens eines solchen) stellt sich vor dem Zivilgericht aber dann, wenn die begehrte Rechtsfolge, über die das Zivilgericht zur Entscheidung berufen ist, ausnahmsw nicht von der Gültigkeit oder Ungültigkeit, sondern gerade **von der Rechtmäßigkeit oder Unrechtmäßigkeit abhängt**, wie bei Schadensersatz- und Entschädigungsansprüchen aus **Amtshaftung** (eingeh BGH NJW 91, 701; BGH NJW 91, 1168, dazu Nierhaus JZ 92, 209 mwN) und unrechtmäßigen enteignungsgleichen Eingriffen. Dann ist das Zivilgericht auch zur Prüfung der Rechtmäßigkeit berufen und kann daraus Folgerungen ziehen (wegen der Frage der Bindung an bereits ergangene verwaltungsgerichtl Entscheidungen gilt aber das zu Rn 36 Ausgeführte entspr: Die Rechtskraftwirkung geht vor, BGH NJW 92, 1386; vgl zum Ganzen auch Menzel DRiZ 90, 375). 37

Einstweilen frei. 38

III) Zuständigkeit anderer Gerichte oder von Verwaltungsbehörden für Zivilsachen. Gem § 13 haben die ordentl Gerichte über Zivilsachen nicht zu entscheiden, soweit bes ges Zuweisungen bestehen. Dabei handelt es sich um eine Frage des Rechtswegs. 39

1) Zuweisung an besondere Zivilgerichte. Wichtigste Fallgruppe ist die Zuweisung bürgerl Rechtsstreitigkeiten an die **Gerichte für Arbeitssachen** in **§ 2 ArbGG**). Die ArbG sind ein gleichwertiger Gerichtszweig iSd Art 95 I GG. Weiter: PatG sowie die in § 14 genannten Gerichte. 39a

2) Zuweisung an allgemeine und besondere Verwaltungsgerichte. ZB Zuweisung der Streitigkeiten aus der privaten Pflegeversicherung nach SGB XI an die SozG gem § 51 SGG (s Rn 55.17). Aufdrängende Sonderzuweisung für alle Ansprüche auf Entschädigung für Maßnahmen nach dem IfSG in § 68 I 2 IfSG (OLG Celle NJW-RR 2023, 1039); Zuweisung von Ansprüchen von Beamten gegen den Dienstherrn und umgekehrt an VG (zB § 54 BeamtStG), umfasst auch deliktsrechtl Anspruchsgrundlagen (BGH MDR 2009, 804; Schlick NJW 2009, 3487, 3494). Zuweisung auch durch Landesrecht mögl, soweit nicht Bundesrecht entgegensteht, BGHZ 21, 217; MskV/Wittschier Rn 14 (Einschränkung: § 4 EGZPO). Nur vereinzelt der Fall (zB für wasserrechtl Streitigkeiten). 40

3) Zuweisung an Verwaltungsbehörden. Seiner ursprüngl Bedeutung nach, dass näml an Stelle der Zivilgerichte Verwaltungsbehörden entscheiden, wäre dieser Zuweisungsvorbehalt des § 13 verfassungswidrig wegen Verstoßes gegen Art 92 GG und zudem sinnlos, da nach Art 19 IV GG gegen die Entscheidung der Verwaltungsbehörde der Rechtsweg offen stehen muss. Die Zuweisung an Verwaltungsbehörden ist daher nur noch dahin mögl, dass vor Anrufung der ordentl Gerichte ein **Vorverf** durchzuführen ist. Insoweit handelt es sich aber nicht mehr um eine Frage der Zulässigkeit des Rechtswegs, sondern eine bes negative Prozessvoraussetzung (ähnl §§ 68 ff VwGO) bzw um ein bes Einlassungsverweigerungsrecht für eine Partei. 41

IV) Zivilprozessachen kraft Zuweisung. Da die Rechtswegregelungen, auch soweit sie Generalklauseln enthalten (§ 13 GVG, § 40 I VwGO), durch einfaches Gesetz erfolgt sind, können durch Spezialgesetz Sonderzuweisungen erfolgen, die die allg Regel durchbrechen (BVerfG NJW 56, 625). Die Zuweisung muss aber durch Gesetz erfolgen (auch Landesgesetze, vgl § 40 I 2 VwGO); VO genügen nicht. Für den einfachen Gesetzgeber unantastbar sind nur die Zuweisungsregelungen des GG; deshalb bleiben **Art 14 III 4 und Art 34 S 3 GG durch die umfassende Prüfungskompetenz der Fachgerichte unberührt, § 17 II 2.** 42

1) Zuweisungen auf Grund des GG. a) Zu den Zuweisungssachen gehören: **Nach Art 34 GG die Schadensersatzansprüche aus Amtspflichtverletzung** nach § 839 BGB (einschließl der Rückgriffsansprüche gegen den Beamten; gilt auch für Anspruch des Dienstherrn auf Kostenerstattung im Rückgriffsweg, BayObLG MDR 84, 586, für Ansprüche aus Vergleichsvertrag über Amtshaftungsanspruch, VGH Mannheim NJW 2005, 2636, und 43 für Ausgleichsansprüche von Dienstherren untereinander, OLGR München 2002, 245; s aber zur Abgrenzung von Ansprüchen des Dienstherren gegen den Amtsträger wegen anderer Schäden, auch wenn diese auf eine Amtspflichtverletzung zurückzuführen sind, BGH MDR 2023, 658 = NJW-RR 2023, 499; OLG Brandenburg NJ 2024, 165; Itzel MDR 2024, 207; Itzel MDR 2025, 2120).

44 Einstweilen frei.

45 **b) Anspruch auf Enteignungsentschädigung nach Art 14 III 4 GG.** Die Zivilgerichte entscheiden über die Höhe der Entschädigung. Weiter gehören hierher Ansprüche aus unrechtmäßigen **enteignungsgleichen Eingriffen** (stRspr, BGHZ 6, 270; BGH NJW 78, 1051 – auch nach BVerfGE 58, 300 = NJW 82, 745 – s BGH NJW 84, 1876, 1878; BGHZ 128, 204 = NJW 95, 964), für die ebenfalls „angemessene" Entschädigung zu leisten ist (BGHZ 13, 398; BGHZ 23, 171). – Eine Abgrenzung der Ansprüche aus enteignungsgleichem Eingriff zum **Aufopferungsanspruch** muss nicht getroffen werden, da dieser nach § 40 II VwGO ebenfalls der Entscheidung der ordentl Gerichte unterliegt. – Ob zu den nach § 40 II 1 VwGO dem Zivilrechtsweg zugewiesenen Aufopferungsansprüchen auch **Ausgleichsansprüche im Rahmen der Inhaltsbestimmung des Eigentums** nach Art 14 I 2 GG, zB Ansprüche aus **sog salvatorischen Entschädigungsklauseln** des Natur-, Landschafts- und Denkmalschutzrechts (zB: Art 36 I BayNatSchG, § 7 S 1 NWLandschaftsG, § 31 RhPfDenkmSchPflG) zählen, ist **zwischen BGH und BVerwG** umstritten (bej BGHZ 128, 204 = NJW 95, 964 = JZ 95, 788 [Schoch JZ 95, 768]; verneinend BVerwGE 94, 1 = NJW 93, 2949; Lege NJW 95, 2745; Schenke NJW 95, 3145). De lege lata verdient die Auffassung des BGH den Vorzug, weil sie dem in Art 14 III 4 GG und § 40 II 1 VwGO zum Ausdruck kommenden Willen des Gesetzgebers besser entspricht und sie – ein wichtiger praktischer Gesichtspunkt – eine Rechtswegspaltung vermeidet, wenn ein Klagebegehren zugleich auf Amtshaftung gestützt wird (Schenke NJW 95, 3152), worüber die VG auf Grund Art 34 S 3 GG jedenfalls nicht entscheiden können (§ 17 II 2).

46 **c) Ersatzzuweisung des Art 19 IV 2 GG.** Hierdurch soll gewährleistet werden, dass gegen Rechtsverletzungen durch die öffentl Gewalt stets ein Rechtsweg beschritten werden kann. Art 19 IV GG soll Schutz durch den Richter, nicht gegen ihn gewähren. Die Rspr ist daher nicht öffentl Gewalt iSd Art 19 IV GG (BVerfGE 15, 280). Bei einem nur einstufigen Rechtsweg eröffnet Art 19 IV GG also nicht die weitere Anrufung der Zivilgerichte (vgl BVerwG JZ 56, 343; BVerfGE 11, 233). – Anwendungsfälle des Art 19 IV 2 GG werden äußerst selten sein, da die Generalklausel des § 40 I VwGO besteht.

47 **2) Sonstige Zuweisungen.** Die Zuweisungen von Rechtsstreitigkeiten in einfachen Gesetzen sind der verschiedensten Art. Dabei ergeben sich als Hauptgruppen: **a) Ausgleichsansprüche**, die teils Enteignungsentschädigungen, teils sonstige öff-rechtl Entschädigung für die Beeinträchtigung von Rechten Dritter durch staatl Maßnahmen enthalten (zB: § 58 II, § 81 II BLG, §§ 30, 59 LBG, § 18 I 5 AtomG, § 39 WaStrG etc), einschließl der Aufopferungsfälle (§ 40 II VwGO). In bes Fällen auch Ausgleichsansprüche für Nichtvermögensschäden (§ 7 III, § 13 StrEG).

48 Hierzu gehört ferner der **Schadensersatzanspruch** aus Verletzung öff-rechtl Pflichten **nach § 40 II VwGO**. Die Klage muss unmittelbar auf Schadensersatz gerichtet sein (BGH NJW 72, 2300; BVerwGE 27, 132; BVerwG NVwZ 2003, 1383 = NJW 2004, 1680 LS) – im Gegensatz dazu steht der Folgenbeseitigungsanspruch bei rechtswidrigem VA, für den der Verwaltungsrechtsweg offen ist (s Rn 24). Durch § 40 II 1 VwGO sind auch Schadensersatzansprüche wegen Verletzung eines öff-rechtl Vertrages wiederum ausgenommen und den VG zugewiesen, s Rn 42.

49 **b)** Ansprüche aus **öff-rechtl Verwahrung** (§ 40 II VwGO; auch auf Rückgabe, Schadensersatz und Aufwendungsersatz, KG 6.1.2015 – 4 VAs 51/14; OVG Lüneburg 17.6.2015 – 11 OB 133/15).

50 **c)** Ges Zuweisung der Anfechtung einzelner VA in den ordentl Rechtsweg auf Grund Sachnähe: §§ 23 ff EGGVG, § 111 BNotO, § 57 III, §§ 74a, 112a, 112f BRAO, § 184 PatAnwO, § 217 BauGB, §§ 62, 78 DRiG, §§ 13-28 EU-VerbraucherschutzdurchführungsG (EU-VSchDG), landesrechtl Zuweisung bestimmter Streitigkeiten der länderpolizeil Gefahrenabwehr (Anordnung der Geltung des FamFG umfasst hier auch entspr Anwendung der den Instanzenzug betreffenden Regeln des GVG, BGH 20.12.2011 – StB 16/11).

51 **V) Prozessuale Behandlung der Frage der Zulässigkeit des Rechtsweges. 1) Prozessvoraussetzung.** Die Zulässigkeit des Rechtswegs ist Prozessvoraussetzung. – **a)** Sie ist vom Gericht des **1. Rechtszuges vAw** zu prüfen, § 17a. Rechtsmittelgerichte prüfen dagegen die Zulässigkeit des Rechtsweges grds nicht mehr; s § 17a V (s § 17a Rn 17, 18).

52 **b)** Soweit nicht ein Prozesshindernis der Immunität oder der anderweitigen Rechtshängigkeit besteht (s § 17 Rn 3, vor § 18 Rn 3), ist die Zulässigkeit des Rechtswegs am Anfang der Prozessvoraussetzungen zu prüfen. Dies folgt aus § 17a, weil im Falle der Unzulässigkeit des Rechtswegs die Klage nicht – auch nicht aus anderen Gründen – abgewiesen werden kann, sondern vAw an das zuständige Gericht des zulässigen Rechtsweges zu verweisen ist (§ 17a II). Das Gericht kann – und muss auf Antrag einer Partei – auch im Falle der Zulässigkeit des Rechtswegs über diese Frage vorab entscheiden (§ 17a III).

53 **c)** Wenn die Zulässigkeit des Rechtswegs bei Eintritt der Rechtshängigkeit vorliegt, gilt gem § 17 I der Grundsatz der perpetuatio fori für die Zulässigkeit des Rechtswegs (s § 17 Rn 1, 2).

2) Sachvortrag des Klägers. Grundlage der Entscheidung über die Zulässigkeit des Rechtswegs ist der **Sachvortrag des Kl, da nur er den Streitgegenstand bestimmt** (BGHZ 17, 320; BGH NJW 85, 2820; OLG Brandenburg MDR 2024, 835 = NJW-RR 2024, 951; KG 4.5.2021 – 7 W 10/21; BayObLG MDR 2022, 1159; OLG Frankfurt NJW 2018, 3789; zum Sonderfall der negativen Feststellungsklage – behauptete Anspruchsbegründung des Bekl ist maßgebl – s GmS-OGB NJW 88, 2296 u OLG Hamm NJW-RR 93, 64). Es kommt darauf an, ob die tatsächl Behauptungen des Kl (im Falle der negativen Feststellungsklage des Bekl), ihre Richtigkeit unterstellt, Rechtsbeziehungen oder Rechtsfolgen ergeben, für die die Zuständigkeit der Zivilgerichte besteht (GmS-OGB BGHZ 97, 312; BGHZ 102, 280; BGHZ 108, 284; BGH NJW 88, 2297; OLGR Schleswig 2009, 618; OLGR Dresden 2005, 50; BayObLG 64, 190; 65, 131; ähnl für den Arbeitsgerichtsweg schon BAG NJW 58, 686 u für Verwaltungsrechtsweg BVerwGE 7, 257; BVerwGE 20, 199). Dies gilt auch, wenn der Klagevortrag nicht schlüssig ist. Auf die vom Kl vorgetragene rechtl Beurteilung der von ihm behaupteten Tatsachen kommt es dagegen nicht an (BGHZ 24, 305; BAG NJW 95, 675; OLG Frankfurt NJW 2018, 3789); allein durch Anführung von vor die ordentl Gerichte gehörenden Klagegründen (zB § 812 BGB) kann der Zivilrechtsweg nicht eröffnet werden (BGHZ 14, 297). Maßgebl (auch für die Entscheidung, ob eine bürgerl-rechtl Streitigkeit oder eine Familiensache vorliegt) ist die **wirkliche**, vom Richter – auch unter Berücksichtigung des Beklagtenvorbringens (BGH NJW 2018, 3189 = MDR 2018, 1394 = FamRZ 2018, 1853, [Haberland jurisPR-BGHZivilR 19/2018 Anm 3]; BGH NJW 2017, 2619 [Erbarth] = MDR 2017, 1229; BGH NJW 2013, 616 = MDR 2013, 109; OLG München MDR 2014, 724 = FamRZ 2015, 277; BAG NZA 2020, 1729) – festzustellende **Natur des behaupteten Anspruchs**, nicht seine vom Kl behauptete Rechtsnatur (BGH stRspr, BGHZ 183, 49 = NJW 2010, 873; BGHZ 133, 240 = NJW 96, 3012 = MDR 96, 1287; BayKKGH BayObLG 66, 461; BayVGH NVwZ-RR 95, 121; MK/Pabst Rn 13, 15; MskV/Wittschier Rn 6). IErg läuft dies auf eine **begrenzte Schlüssigkeitsprüfung** hinaus. Problematisch ist aber, wie das Erschleichen des Rechtswegs durch **unzutreffenden Vortrag rechtswegeröffnender Tatsachen** verhindert werden kann. Konsequent wäre bei Bestreiten dieses Klägervortrags durch den anzuhörenden (§ 17a II 1) Bekl eine Beweisaufnahme zur Frage der Rechtswegzuständigkeit (so BGH NJW 2013, 616 = MDR 2013, 109; BGHZ 183, 49 = NJW 2010, 873 [zust Walker ZZP 123 (2010), 185, Pohlmann EWiR 2010, 569, Hoffmann JR 2011, 24]; BAG NJW 2021, 802 [m Recht krit Spielberger]; BAG NZA 2020, 1729; KG 4.5.2021 – 7 W 10/21; OLG Stuttgart GmbHR 2025, 318; Kissel/Mayer § 17 Rn 20, 25 mwN; ThP/Hüßtege § 17a Rn 8a; aA OLGR Schleswig 2009, 618). Eine ggf aufwendige und nach einer Verweisung uU – wenn Beweismittel sowohl für zuständigkeits- als auch für anspruchsbegründende Tatsachen erhebl sind – zu wiederholende Beweisaufnahme allein zur Klärung der Rechtswegzuständigkeit widerspräche jedoch den Zielen der Regelung der §§ 17-17b (gegen Beweisaufnahme auch MskV/Wittschier § 17a Rn 13; Horcher NZA 2020, 1433). So vermeiden für den Fall der sowohl für die Zulässigkeit als auch für die Begründetheit entscheidenden **„doppelrelevanten" Tatsachen** (sog „Sic-non-Fälle") BGH und BAG eine insb dem Ziel der §§ 17-17b widersprechende Vorwegnahme der Sachprüfung (BGHZ 183, 49 = NJW 2010, 873; BGH MDR 2010, 943 = NJW-RR 2010, 1554; BAG NJW 96, 2948 = MDR 96, 1042 [Lüke JuS 97, 215]; BAG NJW 97, 1722 = MDR 97, 578; BAG NJW 2007, 1227 = MDR 2007, 471). Danach soll bloße **Rechtsbehauptung**, ArbN zu sein, in diesen Fällen für die Zulässigkeit des Rechtswegs ausreichen, wenn Klage nur bei Vorliegen eines Arbeitsverhältnisses nach nationalem Rechtsverständnis begründet sein kann. Jedoch auch nach BAG keine Erweiterung dieser Regel auf Zusammenhangsklage nach § 2 III ArbGG (BAGE 181, 359 = MDR 2024, 241 = NJW 2024, 170; BAG NJW 2003, 3365). **Insgesamt** – unabhängig von der Frage einer Doppelrelevanz rechtswegbegründender Tatsachen – überzeugender erscheint es, **nur offensichtl nicht gegebene Anspruchsgrundlagen** für die Rechtswegzuständigkeit **außer Betracht** zu lassen (BGHZ 128, 204 = NJW 95, 964; BGH NVwZ 90, 1104; BSG 25.3.2021 – B 1 SF 1/20 R; BVerwG MDR 93, 800 = NVwZ 93, 358; OLG Hamm 8.10.2009 – 18 W 57/08; OLGR Bremen 2008, 834; OLGR Dresden 2005, 50; BayVGH NVwZ-RR 95, 121; KG NJW-RR 95, 1386; OLGR Köln 2005, 685; OLG Köln NJW 97, 470) und iÜ im Hinblick auf § 17 II 1 die Bestimmung des Rechtswegs durch den Klägervortrag hinzunehmen, solange die Begrenzung des Streitgegenstandes nicht iSe Anspruchshäufung überschritten wird. 54

VI) Einzelfälle (alphabetisch). Fundstellenhinweise (Zrw = Zivilrechtsweg; Arbrw = Arbeitsrechtsweg; Vrw = Verwaltungsrechtsweg; Srw = Sozialrechtsweg) 55

• **Arbeitnehmer.** Definition: § 5 ArbGG; maßgeblich ist **nationaler**, nicht unionsrechtlicher **Arbeitnehmerbegriff** (BAGE 181, 359 = MDR 2024, 241 = NJW 2024, 170; BAG NJW 2022, 1189). **Arbeitsvertrag:** § 611a BGB. Bei unerl Hdl Arbrw nach § 2 I Nr 9 ArbGG auch, wenn Parteien für verschiedene Arbeitgeber arbeiten: OLG Karlsruhe NJW-RR 95, 64; endet Arbeitsverhältnis, bleibt Arbrw für zuvor begangene unerl Hdl eröffnet: OLGR Düsseldorf 2002, 434; OLG München NZA-RR 2004, 266; bei innerem Zusammenhang mit Arbeitsverhältnis auch für nach Beendigung begangene unerlaubte Handlung: LAG Hannover NZA-RR 2020, 272; Arbrw auch für Klage eines Arbeitnehmers gegen Geschäftsführer des Arbeitgebers wg unerlaubter Handlung, BAG NJW 96, 2886; zum für Arbrw erforderl inneren Zusammenhang der unerlaubten Handlung zum Arbeitsverhältnis OLG Hamm MDR 2001, 288; Arbrw für Klage aus arbeitsrechtl Wettbewerbsverbot und wegen Verletzung nachwirkender arbeitsrechtl Treuepflichten: BAG NJW 98, 1091; OLG Brandenburg MDR 2008, 1417; Klage gegen Vertreter ohne Vertretungsmacht wegen arbeitsrechtl Forderung: Arbrw, BAG NJW 2003, 2554; Arbrw in Ausbildungs-/Umschulungsverhältnissen BAG NJW 98, 402; OLG Jena OLGR-NL 2002, 68; Arbrw für Klage des Arbeitnehmers gegen Versorgungskasse: BGH MDR 2011, 1063; OLG Karlsruhe MDR 2019, 373; 55.1

KG DB 2018, 2123; Arbrw für Klage des ArbN gegen Gesellschafter der Arbeitgeber-GmbH (Durchgriffshaftung): BAG NJW 98, 261; Arbrw bei Scheinselbständigkeit: BAG NJW 98, 701 mwN; Arbrw bei – Wahlfeststellung – ArbN oder arbeitnehmerähnl Franchisenehmer („Eismann"): BGHZ 140, 11 = NJW 99, 218 = MDR 99, 244 [Imping] = WM 99, 146; ebenso für in Kanzleiorganisation eingebundenen und insoweit weisungsgebundenen RA: OLG Brandenburg NJW 2002, 1659; allg zur Abgrenzung bei Franchisenehmer: BGHZ 152, 213 = MDR 2003, 285; Anspruch auf Vermittlungsprovision bzgl Berufsfußballspieler: Zrw auch bei Verdacht eines verkappten Arbeitslohns, OLGR Köln 2005, 685; **Abgrenzung ArbN-Handelsvertreter:** BGH MDR 2016, 38 = NJW 2016, 316; BGH MDR 2011, 1063 = NJW-RR 2011, 1255; BAG NJW 2009, 3803; OLG München MDR 2014, 730 = NJW-RR 2014, 887; OLGR Schleswig 2009, 618; OLG Saarbrücken VersR 2005, 1388; BAG NJW 2005, 1146; zum Arbrw für „Einfirmenvertreter" BGH MDR 2014, 1454 = NJW-RR 2015, 289; BGH MDR 2013, 1413; Streitigkeiten Leiharbeitnehmer – Entleiher: Arbrw BAG NZA 2011, 653; Arbrw für eng in DHL-Organisation eingebundenen (Unter-)Frachtführer: LAG Rostock NZA-RR 2015, 605; Callcenteragentin als arbeitnehmerähnl Person: LAG Berlin LAGE § 2 ArbGG 1979 Nr 42; Arbrw bei Umgehung arbeitsrechtl Schutzbestimmungen durch Benutzung religiöser oder weltanschaul Lehren als Vorwand für rein wirtschaftl Betätigung (Scientology-„Kirche"): BAG NJW 96, 143; aber Arbeitnehmereigenschaft verneint für führendes hauptamtl Scientology-Mitglied: BAG NJW 2003, 161; Zrw für Entschädigungsansprüche ehemaliger Zwangsarbeiter: BAG NJW 2000, 1438 = MDR 2000, 719; „sic-non-Fälle": s Rn 54.

55.2 • **Aufrechnung.** Mit einer einem anderen Rechtsweg unterliegenden Gegenforderung. S § 17 Rn 10.

55.3 • **Bereicherungsansprüche.** Rückforderung wegen ungerechtfertigter Bereicherung, §§ 812 ff BGB: s Rn 8, 9.

55.4 • **Besitzschutzklage.** Gegen Störung durch Ausübung staatl Hoheitsgewalt und bei Überlagerung des Besitzrechtsverhältnisses durch ein öffentl-rechtl Rechtsverhältnis (hier: Vorzeitige Besitzeinweisung nach § 116 BauGB): Vrw, BGH MDR 2020, 501.

55.5 • **Bürgschaft für öffentlich-rechtliche Forderung.** BVerwGE 161, 255 = NVwZ 2018, 993; BGHR 2009, 87 = MDR 2008, 1413; BGH NJW 84, 1622; BFHE 203, 544 = BB 2004, 92; BFH ZfZ 2000, 344 (Zrw), sa Rn 8.

55.6 • **Gesamtschuldnerausgleich unter Beamten.** Bei Inanspruchnahme auf Schadensersatz nach § 48 BeamtStG: Zrw, BGHZ 228, 105 = MDR 2021, 417 (Itzel MDR 2021, 543).

55.7 • **Geschäftsführer.** § 5 I 3 ArbGG. Anstellungsvertrag (Zrw) schließt nicht immer Arbeitsvertrag iSd § 611a BGB (Arbrw) aus: BAG NJW 2015, 3469; BAG NJW 2015, 570 [Lunk NJW 2015, 528]; BAG NJW 2015, 718 [Spielberger] (Arbrw bei Kündigung des Arbeitsvertrags nach Abberufung oder Amtsniederlegung des Geschäftsführers); BAG NJW 95, 675; BAG NJW 96, 1076; vgl aber BAG NJW 2022, 1189; BAG NJW 2019, 1627 = MDR 2019, 615; BAG NJW 2003, 3290 (nicht ArbN); BAG NZA 2013, 397 (Zrw auch bei Insolvenz der GmbH); OLG Hamm OLG-Report 95, 33; BAG NJW 99, 3069; OLGR München 2003, 371; BAG MDR 2011, 1481 = DB 2011, 2386; eingeh – auch zum ruhenden Arbeitsverhältnis eines GmbH-Gf: Holthausen/Steinkraus NZA-RR 2002, 281.

55.8 • **Hausrecht.** Maßgeblich ist Zweck der Maßnahme der Ausübung des Hausrechts: wenn ungestörter Dienstbetrieb, Vrw, OVG Münster NJW 2022, 3096; Sparkasse: Zrw: OVG Münster NJW 95, 1573; Jobcenter ggü Antragsteller nach SGB II: Srw, BSG NZS 2014, 918 (krit Nolte); aA – Vrw – OVG Hamburg NJW 2014, 1196.

55.9 • **Immissionen.** S Rn 22 f; Geräuschbelästigung durch öffentl Spielplatz: BGH NJW 76, 570; – Durchsetzung von in der Baugenehmigung enthaltenen Auflagen im Wege der quasinegatorischen Unterlassungsklage: BGH NJW 93, 1580; – Abwehranspruch gegen Geruchsbelästigung, die von Müllablagerungsplatz ausgeht: BVerwG NJW 67, 2128; Lärmimmissionen eines Bauhofes (Abgrenzung nachbarrechtl Abwehranspruch nach Zivilrecht und öffentl Recht): OVG Münster NJW 84, 1982; Lärm einer Eisenbahnstrecke der DB AG: Zrw, BGH NJW 97, 744 = MDR 97, 391; – öff-rechtl Unterlassungsanspruch gegen Sportanlage: BVerwG NJW 89, 1291; VGH München NVwZ 93, 1006; OLG Köln NJW 89, 1287 bei Nutzung außerhalb des eigentl Widmungszwecks – Lärmimmissionen eines Biergartens: Vrw gegen Erlaubnis VGH München NVwZ 95, 1021; – Einwirkungen einer JVA: OVG Münster NJW 85, 2350; – Discomusik aus gemeindl Mehrzweckhalle: VGH Mannheim NJW 85, 2354; – Beeinträchtigung durch Straßenbeleuchtung: OVG Koblenz NJW 86, 953; VGH Kassel NJW 89, 1500; BayVGH BayVBl 92, 498; – Abwehrklage gegen Beeinträchtigung durch Niederschlagswasser, das von einer öffentl Straße auf anliegendes Grundstück abläuft: BGH MDR 72, 225; – s aber auch BGH NJW 84, 1242: Verlegung einer Haltestelle eines privaten Omnibusunternehmens (beh Genehmigung macht Nutzung noch nicht öff-rechtl); – Feuerwehrsirene: BVerwG NJW 88, 2396; BayVGH BayVBl 92, 496; – gemeindl Bolzplatz: VGH Münster NVwZ 87, 986; Kirchenglocken s Kirchliche Anlagen, Rn 55.14.

55.10 • **Insolvenz.** S Rn 32; Schadensersatzklage eines ArbN gegen InsVerwalter wegen Begr nicht erfüllter arbeitsrechtl Masseverbindlichkeit: Arbrw, BGHR 2007, 275 = MDR 2007, 296 LS; Anfechtungsklage des InsVerwalters gegen privatrechtl organisierte Zusatzversorgungskasse wegen Zahlungen des ArbG: Zrw, da die für GmS-*OGB BGHZ 187, 205 (s Rn 32) für* den Arbrw maßgebl Gründe des Arbeitnehmerschutzes hier nicht einschlägig sind, OLG Frankfurt ZInsO 2012, 1734; zur Anfechtung der Lohnzahlung eines Dritten (Alleingesellschafterin des ArbG) anstelle des ArbG BGH MDR 2012, 1123 = WM 2012, 1642: abw von GmS-OGB BGHZ 187, 205 u von BAG NJW 98, 261 zur Durchgriffshaftung Zrw, zweifelhaft: Gesichtspunkt des Arbeitnehmerschutzes ist hier ebenso einschlägig wie bei Anfechtung der Lohnzahlung des ArbG.

• **Internet-Provider.** Antrag des Rechteinhabers auf Untersagung der Löschung von Verbindungsdaten: BGH MDR 2018, 46 (Zrw). 55.11

• **Jugendamt.** Klage aus Vertrag über Unterbringung eines Minderj in einer Pflegestelle (Zrw), KG MDR 78, 413; OVG Münster NJW-RR 86, 1012. 55.12

• **Katasterbehörden.** Vertrag über Vertrieb topographischer Karten, BGH NJW 88, 337; Wettbewerb mit öffentl bestelltem Vermessungsingenieur: Zrw, BGH NJW 93, 1659; Vertrag Bauherr – öffentl bestellter Vermessungsingenieur: Zrw KG BauR 2001, 441 = KGR 2001, 231. 55.13

• **Kirchliche Anlagen.** Klage auf Unterlassung des Glockengeläutes. S Rn 23. 55.14

• **Krankenversicherung.** Zuweisung an Srw: § 51 I Nr 2, II SGG; zu Vergaberechtsstreitigkeiten s Rn 19. – Klage auf Zahlung des Arbeitgeberzuschusses: Srw BAG NZA 99, 1174 = DB 99, 2120; Klage auf Anmeldung: Srw BAG NJW 2006, 171; Schadensersatzklage gegen Leistungserbringer: Srw, OLG Hamm 26.6.2020 – 11 W 29/20; OLG Düsseldorf VersR 2002, 591; Klage gegen Krankenkasse wegen Vergütungspauschale für Überweisung an Facharzt: Srw, OLGR München 2008, 386; Krankenkasse gegen kassenärztl Vereinigung wegen ehrverletzender Äußerung: Zrw, BGH NJW 2003, 1192 = MDR 2003, 407 (entgegen KG NJW 2002, 1504). 55.15

• **Notarkammern.** Klage gegen – auf Schadensregulierung durch die Vertrauensschadensversicherung (§ 67 III Nr 3 BNotO). BGHZ 115, 275 = NJW 92, 2423 (Zrw, nicht § 111 BNotO); Ansprüche des Notarverwalters (auch gegen frühere oder spätere Amtsinhaber): Zrw, BGH NJW 2000, 2428. 55.16

• **Pflegeversicherung.** Srw für Angelegenheiten nach dem SGB XI (s § 51 I Nr 2, II SGG; Rn 40): BSG NZS 2000, 523; Srw auch für Beitrags(erhöhungs)streitigkeit: OLG Celle 3.7.2018 – 8 W 24/18; dagegen grds Zrw bei Streitigkeiten aus privater **Pflegezusatzversicherung:** OLG Dresden RuS 2022, 643, auch zur Ausnahme – Srw –, wenn Streitgegenstand vollständig durch öffentl-rechtl Vorschriften des Sozialrechtes geprägt ist; ebenso LSG Stuttgart 22.9.2021 – L 4 P 1402/21 B; Anfechtung etc eines Pflegeversicherungsvertrags: OLG Dresden MDR 2018, 360 = NJW-RR 2018, 221 (Srw); Srw: Streit über Kündigung, OLG Stuttgart NJW 2016, 3601 = MDR 2016, 1336; Rückforderung einer privaten Pflegeversicherung gegen Heimbetreiber nach §§ 823, 826 BGB: Zrw, BSG NZS 2007, 34. 55.17

• **Rettungsdienstliche Notfallversorgung.** Wenn sie im Land (hier: Hessen, ebenso Bayern) öff-rechtl organisiert ist, auch bei Beauftragung privater Organisation, Vrw: BGH MDR 2010, 278 = VersR 2011, 90. 55.18

• **Rückgewähr.** S Rn 9. 55.19

• **Schule.** Streit um Aufnahme in Privatschule: Zrw, OVG Münster 11.11.2024 – 19 E 581/24 55.19a

• **Schwarzarbeit.** Srw für Regressanspruch nach § 110 Ia SGB VII: BGHZ 204, 378 = NJW 2015, 3718. 55.20

• **Sozialhilfe.** Mietgarantie durch Träger der Sozialhilfe ggü Vermieter: Zrw BVerwG NJW 94, 1169 oder Srw BGHZ 228, 373 = MDR 2021, 664; BVerwG NJW 94, 2968 je nach Art der abgegebenen Erklärung; – Pflegesatzvereinbarung nach § 75 SGB XII: s Rn 27; Rahmenvereinbarung des Sozialhilfeträgers über Belieferung von Patienten mit Arzneimitteln: Zrw BGHZ 142, 338 = NJW 2000, 872 = MDR 99, 1458 = WM 99, 2518 (keine analoge Anwendung des § 51 II SGG); Überleitung von Ansprüchen: s Rn 15. 55.21

• **Sozialversicherung.** Beitragsstreitigkeit zwischen ArbN und ArbG, GemSOGB NJW 74, 2087; – Anspruch auf Arbeitgeberzuschuss: Srw, BAG NJW 2000, 1811; – Rückgriffsansprüche nach §§ 110 ff SGB VII: BGH NJW 68, 251/991; BGH NJW 68, 1429; BAG NJW 68, 908; BayObLGZ 69, 40; – Verzicht: BGH NJW 72, 107; – Durchgriffshaftung eines Alleingesellschafters einer GmbH für Sozialversicherungsbeiträge, die die GmbH schuldet: BGH NJW 72, 1237 = MDR 72, 850; – Schadensausgleich durch Sozialversicherungsträger bei zivilrechtl Ersatzanspruch, der nach § 116 SGB X übergegangen ist: BGH NJW 85, 2756 (Zrw); Zrw auch für Regressansprüche nach § 116 VII SGB X (Kissel/Mayer Rn 132; aA OLG Frankfurt OLGR 1996, 142), schon um Rechtswegspaltung hinsichtl der Gesamtschuldner nach § 116 VII 2 SGB X zu vermeiden; – Bürgenhaftung für Sozialversicherungsbeiträge: BGH NJW 84, 1622 (Zrw); – Vollstreckung durch GV auf Grund Ausstandsverzeichnisses einer Berufsgenossenschaft: OLG München OLGZ 68, 175; – Rückgewähransprüche: s Rn 9. 55.22

• **TiergesundheitsG.** Vrw für Entschädigungsansprüche gem § 22 V. 55.23

• **Volkshochschule.** Lehrauftragsvergütung. BGH NJW 80, 1045 (Zrw). 55.24

• **Vollstreckung.** Zuständigkeit folgt aus VollstrTitel und bleibt von ges Rechtswegänderung unberührt, BVerwG NVwZ 2007, 845. 55.25

• **Werkwohnung.** Werk*dienst*wohnung Arbrw, Werk*miet*wohnung Zrw, BAG MDR 2000, 600; BAG NJW 2008, 1020 = MDR 2008, 464. 55.26

• **Wettbewerb der öffentlichen Hand.** Unterlassungsklage eines privaten Wettbewerbers gegen öffentl Hand (s Rn 18). OLG Frankfurt NJW 97, 2391 (Zrw gegen gemeindl Zuschüsse für Käufe bei ortsansässigem Händ- 55.27

ler); BGHZ 67, 81 = NJW 76, 1941 (Klage gegen wettbewerbsrechtl relevantes Rundschreiben einer Landesärztekammer); dazu Bettermann DVBl 77, 180; Kraft GRUR 76, 660; Menger VerwArch 68, 293; Püttner DÖV 76, 635; Scholz NJW 78, 16; OLG München WRP 80, 171 (Unterlassungsklage gegen Apothekerkammer); BGH MDR 87, 470 (Handwerkskammer); OLG Köln CR 2000, 731 (Zrw: Intranet-Betreiber gegen kassenärztl Bundesvereinigung und Bundesärztekammer wegen konkurrierenden Kommunikationssystems); Zrw gegen Universität als marktbeherrschende Vermieterin von Veranstaltungsräumen: OLG München NZM 2006, 79; Wettbewerbsklage gegen kirchl betriebenes Unternehmen („Ecclesia-Versicherungsdienst"): BGH NJW 81, 2811 = MDR 82, 203 (Zrw); – Wettbewerb zwischen öffentl bestelltem Vermessungsingenieur und staatl Vermessungsamt: Zrw, BGHZ 121, 126 = NJW 93, 1659.

55.28 • **Zinsen.** Anspruch auf Verzugszinsen aus öff-rechtl Verhältnissen: BGH NJW 72, 212; BVerwG MDR 62, 600; BSG NJW 65, 1198; Götz DVBl 61, 433; Eckert DVBl 62, 11; – Streit über Verzinsung zurückzuerstattender Anliegerbeiträge: OVG Münster MDR 64, 955; – Verzinsung von Erschließungsbeiträgen: BVerwG NJW 71, 1184.

55.29 • **Zusatzversorgung für Arbeitnehmer des öffentlichen Dienstes.** Zrw, eingeh mNw Stürmer NJW 2004, 2480; BGH VersR 2006, 534.

§ 13a (Konzentrationsermächtigung; auswärtige Spruchkörper)

(1) [1]Die Landesregierungen werden ermächtigt, durch Rechtsverordnung einem Gericht für die Bezirke mehrerer Gerichte Sachen aller Art ganz oder teilweise zuzuweisen sowie auswärtige Spruchkörper von Gerichten einzurichten, sofern dies für die sachdienliche Förderung oder schnellere Erledigung von Verfahren zweckmäßig ist. [2]Die Landesregierungen können die Ermächtigung auf die Landesjustizverwaltungen übertragen. [3]Besondere Ermächtigungen der Landesregierungen zum Erlass von Rechtsverordnungen gehen vor.

(2) Mehrere Länder können die Errichtung eines gemeinsamen Gerichts oder gemeinsamer Spruchkörper eines Gerichts oder die Ausdehnung von Gerichtsbezirken über die Landesgrenzen hinaus, auch für einzelne Sachgebiete, vereinbaren.

1 **1) Öffnungsklausel für den Landesgesetzgeber.** Die Konzentrationsermächtigung gilt für alle Geschäfte der ordentl Gerichtsbarkeit. Das Landesrecht ist bis zur Grenze der Wahrung des Rechts auf den ges Richter und der Beachtung der aus dem Rechtsstaatsprinzip folgenden Pflicht zur Justizgewährung (BayVerfGHE 58, 212 = NJW 2005, 3699) frei bei der Ausgestaltung der Zuständigkeitskonzentrationen. Durch die **Verordnungsermächtigung** erübrigt sich ein schwerfälliges Gesetzgebungsverfahren für Zuständigkeitskonzentrationen. Die Voraussetzung der Zweckmäßigkeit für die sachdienliche Förderung oder schnellere Erledigung von Verfahren hat zunächst keine eigenständige Bedeutung, weil sie durch die Möglichkeit der Spezialisierung der Richter bei Konzentrationen bzw durch die größere Ortsnähe bei der Bildung auswärtiger Spruchkörper grundsätzlich als gegeben anzusehen sein wird. Die **Erleichterung gerichtsbezirksübergreifender Zuständigkeitskonzentrationen** auch über Ländergrenzen hinweg ist im **Kontext mit der erweiterten obligatorischen Errichtung von Spezialspruchkörpern an den Land- und Oberlandesgerichten gem § 72a I, § 119a I** zu sehen: Wenn zB an kleinen Landgerichten die sieben vorgeschriebenen Spezialzuständigkeiten auf nur zwei bestehende Zivilkammern verteilt werden, die zudem noch die verbleibenden allgemeinen Sachen bearbeiten müssen, kann von einer wirklichen Spezialisierung der Richter nicht mehr die Rede sein. Allerdings darf die Zuständigkeitskonzentration nicht zu einem Rückzug der Ziviljustiz aus der Fläche und zu einem Ausbluten der kleineren Land- und Oberlandesgerichte führen; dann wäre die vom Gesetz verlangte Zweckmäßigkeit nicht mehr gegeben. Es empfiehlt sich eine von benachbarten Gerichten einvernehmlich vorgeschlagene wechselseitige Konzentration, von der jeweils alle beteiligten Gerichtsstandorte profitieren (sa Otte/Richter MDR 2025, 553). Spezielle Konzentrationsermächtigungen (s § 22c, § 27 Rn 1, § 71 Rn 8, § 119 Rn 14; § 89 GWB) bleiben gem I 3 unberührt und gehen § 13a vor, dh für Konzentrationsregelungen nach diesen Vorschriften muss nicht auf § 13a zurückgegriffen werden (RegE, BTDrs 16/47, 49). Der offene Wortlaut des § 13a I 1 ermöglicht es einem Land mit mehreren OLGen auch, über die bisherigen Einzelermächtigungen hinaus dem Obersten Landesgericht konzentriert Sachen aus der originären OLG-Zuständigkeit zuzuweisen (BTDrs 20/6878, 11 – Gegenäußerung BReg; s § 8 EGGVG Rn 3).

2 **2) Länderübergreifende Zuständigkeiten.** Landesrecht kann auch **Vereinbarungen mehrerer Länder** umfassen (klargestellt durch **II**, RegE BTDrs 19/13828, 21). Die **Bildung länderübergreifender Zuständigkeiten** ist kraft der Organisationsgewalt der Länder ebenso **zulässig** wie die **Bildung gemeinsamer (Ober-)Gerichte** (so zB in den Fachgerichtsbarkeiten durch Berlin und Brandenburg, BVerfG NJW 2007, 1869 LS; gemeinsames Mahngericht für Sachsen, Sachsen-Anhalt und Thüringen: AG Aschersleben; für Berlin und Brandenburg: AG Wedding; für Hamburg und Mecklenburg-Vorpommern: AG Hamburg-Altona; für Rheinland-Pfalz und Saarland: AG Mayen. Übersicht der Mahngerichte: www.mahngerichte.de). Bundesweite Zuständigkeit für Europ Zahlungsbefehle: AG Wedding, § 1087 ZPO. – Zur **Auswirkung neuer Zuständigkeitskonzentrationen auf anhängige Verfahren** s § 17c.

3) Praktische Konsequenz. Da jedem RA die Vorschrift bekannt sein muss, ist bei der Beurteilung der örtl Zuständigkeit vor Klageerhebung und Rechtsmitteleinlegung immer die Möglichkeit einer Zuständigkeitskonzentration in Betracht zu ziehen und insoweit das **Landesrecht** auszuwerten (vgl zB zu Veröffentlichungsstreitigkeiten OLG Köln 5.9.2022 – 15 U 162/22; OLG Zweibrücken NJW 2005, 1439); Fristversäumnis durch Anrufung eines unzuständigen Gerichts wegen Nichtbeachtung einer Konzentration ist grds nicht unverschuldet, also erfolgt idR auch keine WE (BGH NJW 2014, 2503; BGH MDR 2010, 887 = NJW-RR 2010, 1096; Schultzky MDR 2020, 1). Zu beachten ist auch Möglichkeit der **Dekonzentration** in § 2 InsO. 3

4) Einrichtung auswärtiger Spruchkörper von Gerichten. Die Ermächtigung nach I 1 zur Einrichtung auswärtiger Spruchkörper gilt für alle Gerichte; die fortbestehenden vorrangigen Spezialvorschriften für auswärtige Strafkammern (§ 78) und auswärtige KfH (§ 93 I 2) der LG sowie auswärtige Senate der OLG (§ 116 II) bleiben unberührt. Landesrecht kann Justizverwaltung jedenfalls zur Regelung der Zahl auswärtiger Spruchkörper ermächtigen (BVerfG 20.11.2014 – 1 BvL 4/13; BayVerfGH BayVBl 2023, 627). Auch die auswärtigen Spruchkörper sind Teile des Stammgerichts, so dass der Posteingang bei dem auswärtigen Spruchkörper fristwahrend für Verf am Ort des Stammgerichts ist und umgekehrt (s § 116 Rn 2). 4

5) Gerichtsübergreifende Güterichterzuständigkeit. Für die Funktion des **Güterichters** nach § 278 V ZPO kann eine gerichts- und sogar gerichtsbarkeitsübergreifende **Zuständigkeitskonzentration** (s Bericht des BT-Rechtsausschusses BTDrs 17/8058, 21) oder auch eine **Kooperation** (zB wechselseitige Übertragung der Güterichteraufgaben zwischen zwei kleineren Gerichten) in den **Geschäftsverteilungsplänen** der beteiligten Gerichte geregelt werden; einer schwerfälligen landesrechtl Regelung bedarf es nicht, weil der Güterichter keine Entscheidungsbefugnis hat und deshalb die Anforderungen an den gesetzl Richter für ihn nicht gelten (Löer MDR 2018, 839; Greger MDR 2017, 1107; Greger/Weber MDR 2019, S1 Rn 30; aA Hartmann MDR 2012, 941). 5

§ 14 (Besondere Gerichte)

Als besondere Gerichte werden Gerichte der Schifffahrt für die in den Staatsverträgen bezeichneten Angelegenheiten zugelassen.

Staatsvertragliche Schifffahrtsgerichte. Heute nur noch die **Rheinschifffahrtsgerichte** und **Moselschifffahrtsgerichte**. Es gilt das G über die gerichtl Verf in Binnenschifffahrtssachen v 27.9.1952 (BGBl I 1952, 641), zuletzt geändert durch G v 20.4.2013 (BGBl I 2013, 831). 1

Keine Gerichte sind die in ihrem gesetzlichen Untersuchungsauftrag weisungsfreien Bundesstellen für Flugunfalluntersuchung, Seeunfalluntersuchung und Eisenbahnunterfalluntersuchung sowie die für die Entscheidung über den Patententzug zuständigen Seeämter (eigens einberufene Sachverständigenausschüsse). 2

§ 15 (weggefallen)

§ 16 (Ausnahmegerichte)

[1]Ausnahmegerichte sind unstatthaft. [2]Niemand darf seinem gesetzlichen Richter entzogen werden.

1) Ausnahmegerichte. Vgl Art 101 I GG. Gerichte, die in Abweichung von der ges Zuständigkeit gebildet u z Entscheidung einzelner konkreter oder individuell bestimmter Fälle berufen werden (BVerfGE 8, 182; BVerfGE 10, 212), sind verboten, gleichviel ob Errichtung durch Gesetz oder VA erfolgt ist. Vorsorglich gebildete Spruchkörper für bestimmte Rechtsgebiete (Aufgabenverteilung nach Sachgebieten, s § 21e Rn 13) bei erwartetem Massenanfall entsprechender Verfahren sind aber keine unzulässigen Ausnahmegerichte (OLG Braunschweig ZIP 2020, 2420 [LS]). 1

2) Gesetzlicher Richter. Art 101 I 2 GG. S Einl ZPO Rn 15. S auch Art 47 II EuGRC (EuGH NJW 2022, 1299). Ges Richter ist nicht nur der Spruchkörper, der nach allg Zuständigkeitsregeln zu bestimmen ist, sondern auch der im Einzelfall nach dem GVP (s § 21e Rn 33) und ggf der spruchkörperinternen Geschäftsverteilung (§ 21g) berufene Richter, der so eindeutig und genau wie mögl bestimmt sein muss (BVerfGE 95, 322 = NJW 97, 1497). Begrenzter **Spielraum** bei der Bestimmung des zuständigen Richters wie in § 36 Nr 3 ZPO (vgl auch §§ 7, 8, 210 III StPO, § 24 I Nr 3 GVG) ist verfassungsrechtl hinnehmbar (BVerfG NJW 2009, 907; BGH MDR 2020, 619). Durch § 16 S 2 soll in erster Linie verhindert werden, dass die Exekutive u auch die Gesetzgebung auf die Besetzung des im Einzelfall entscheidenden Gerichts Einfluss nehmen. Aber auch objektiv willkürl Maßnahmen u Entscheidungen von Rspr-Organen können den ges Richter entziehen, so etwa **willkürl unrichtige Handhabung des GVP** oder zB **Entscheidung durch Einzelrichter statt Spruchkörper** bei Annahme grds Bedeutung der Sache (BGHZ 235, 163 = NJW 2023, 925 = MDR 2023, 118 = EWiR 2023, 62 [Toussant]; BGHZ 235, 93 = NJW 2023, 922 [Tolani] = MDR 2023, 317; BGH MDR 2019, 240 [Conrad MDR 2019, 594] = NJW-RR 2019, 2

446) oder in einer vom Gesetz dem Kollegium zugewiesenen Sache (BGH NJW 2021, 1247 = MDR 2021, 703; BGH MDR 2016, 607 = FamRZ 2016, 803), aber **auch umgekehrt** Entscheidung durch Senat oder Kammer statt durch den gesetzlich zuständigen Einzelrichter (BVerfG NJW 2023, 2336; BayVerfGH 23.10.2018 – Vf. 65-VI-17; BGH MDR 2024, 857 [Schwenker jurisPR-BGHZivilr 22/2024 Anm 6]). Zur **Fehlerheilung durch die Rechtsmittelinstanz** s BGH NJW 2024, 1348 = MDR 2024, 662 oder im Abhilfeverf OLG Dresden MDR 2023, 1613. Eine Entziehung des gesetzl Richters kann auch in einer willkürl oder offens unhaltbaren **Verneinung der Besorgnis der Befangenheit** eines Richters liegen (BVerfG 3.3.2025 – 1 BvR 750/23, 1 BvR 763/23). **Verfahrensirrtümer** reichen für die Annahme der Entziehung **nicht** aus (§ 513 II, § 545 II, § 571 II 2 ZPO; BVerfG NJW 2022, 3413; BVerfG 18.2.2020 – 1 BvR 1750/19: „Durch einen schlichten error in procedendo wird niemand seinem gesetzlichen Richter entzogen …"; BGHSt 11, 106; BayVerfGH NJW 90, 504; es sei denn, die richterl Entscheidung ist willkürl (BVerfGE 13, 144) oder offensichtl unhaltbar oder sie verkennt Bedeutung und Tragweite der Verfassungsgarantie des Art 101 I 2 GG grundlegend (BVerfG NJW 2025, 888). **Willkür** setzt offenbare Unhaltbarkeit (Unverständlichkeit) voraus (BVerfG NJW 2014, 3147; BGHZ 85, 116 = MDR 1983, 312 = NJW 1983, 671; BayVerfGH NJW 84, 2813); dabei kommt es allerdings nicht auf die vom Richter angeführten Gründe, sondern darauf an, ob sich die Auffassung bei obj Betrachtung als offenbar unhaltbar erweist (BGHZ 85, 116 = MDR 1983, 312 = NJW 1983, 671; Hk-ZPO/Rathmann Rn 3). Keine Entziehung des ges Richters durch Bindungswirkung von Verweisungsbeschlüssen etwa nach § 17a II 3 GVG, § 281 II 4 ZPO (ges Richter ist eben der des von der Bindung betroffenen Gerichts). – Die Vorschriften über den ges Richter sind auf den **Güterichter** nicht anzuwenden, weil der Güterichter keine Entscheidungsbefugnis hat (Greger/Weber MDR 2019, S1 Rn 30; aA Hartmann MDR 2012, 941) und auch auf **Rpfleger** weder unmittelbar noch entspr anzuwenden, weil Rpfleger **nicht Richter** iSd Verfassungsrechts und des Gerichtsverfassungsrechts sind und auch keine rechtsprechende Gewalt iSd Art 92 GG ausüben (BVerfGE 56, 110; eingeh auch zu der vor allem von Rpflegern vertretenen Gegenauffassung BGH MDR 2010, 341 = NJW-RR 2010, 1366 [krit Assmann ZZP 123 (2010), 367]).

3 Auch das willkürl Nichtbeachten ges bestimmter **Vorlagepflichten**, vgl Art 100 GG, § 132 GVG, § 348 III ZPO kann den Verstoß gegen den ges Richter begründen (BVerfGE 67, 95; BVerfG NJW 88, 1015; BVerfG NJW 99, 1020; BVerfG NVwZ 2015, 510; BGHZ 154, 200 = NJW 2003, 701; zur Vorlagepflicht an den **GmS-OGB:** BFH NJW 2018, 1710); zu **Art 267 III AEUV** s BVerfG NStZ-RR 2022, 222; BVerfGE 147, 364 = NJW 2018, 686 = JZ 2018, 309 (Edenharter); BVerfGE 129, 78 = NJW 2011, 3428; Verstoß durch fehlende Auseinandersetzung mit nahe liegender Vorlagepflicht: BVerfG NJW 2011, 288; noch höhere Prüfungsdichte des BVerfG ist im Hinblick auf seinen Prüfungsmaßstab (in erster Linie Vertretbarkeit der Handhabung der Vorlagepflicht; hierzu ausführl Michael JZ 2012, 870; Britz NJW 2021, 1489; Britz NJW 2012, 1313) entgegen Bäcker NJW 2011, 270 abzulehnen, sa Danwitz ZRP 2010, 143; Calliess NJW 2013, 1905. Auch willkürl prozessordnungswidrige oder nicht nachvollziehbar begründete **Nichtzulassung von Rechtsmitteln** kann Recht auf gesetzl Richter verletzen (BVerfG NJW 2023, 593; BayVerfGH NJW 2020, 3510).

4 Auch die **willkürl Nichtannahme von Befangenheit** kann eine **Entziehung des gesetzlichen Richters** iSv Art 101 I 2 GG darstellen (BVerfG NJW 2021, 2955; BGH NStZ 2017, 720).

5 **3) Verstoß.** Der **Verstoß** iSv Rn 2 gegen den Grundsatz des ges Richters führt zur nicht ordnungsgemäßen Besetzung des Gerichts, die mit den allg Rechtsbehelfen (sa § 547 Nr 1 ZPO), ggf mit der Nichtigkeitsklage (§ 579 I Nr 1 ZPO) geltend gemacht werden kann, nicht jedoch zur Nichtigkeit der Entscheidung unmittelbar. Ferner rechtfertigt der Mangel, da er gegen Art 101 I 2 GG verstößt, die Verfassungsbeschwerde (Art 93 I Nr 4a GG, §§ 90 ff BVerfGG). – Sa § 21e Rn 48 ff.

6 **Maßgeblich** für Beurteilung der vorschriftsmäßigen Besetzung des Gerichts ist die **letzte mündliche Verhandlung**, auf die das Urteil ergeht; Besetzung in früheren Verhandlungen, Beweisaufnahme und Urteilsverkündung ist im Zivilprozess unerheblich (BGH MDR 2017, 51 mwN [Stockmann FamRB 2017, 58]).

Vorbemerkungen zu §§ 17-17c

1 **I) Regelungsgegenstand.** Die 1990 geschaffenen **Vorschriften über die Rechtswegverweisung** (§§ 17-17b) regeln einheitl für alle Gerichtsbarkeiten, wie bei Zweifel oder Streit über die Frage des Rechtswegs zu verfahren ist. Der 2017 (BGBl I 2017, 2208, 2225) angefügte § 17c erlaubt dem Landesgesetzgeber bei gerichtsorganisatorischen Veränderungen eine Durchbrechung des Grundsatzes der perpetuatio fori.

2 **II) Ziele der Regelung.** Sie ist einerseits ein Schritt zur Vereinheitlichung der Verfahrensordnungen. Die GVG-Regelungen gelten einheitl für **alle Gerichtszweige** (§ 173 VwGO, § 155 FGO, § 202 SGG u § 48 ArbGG). In erster Linie aber soll der für die Parteien meist ebenso unergiebige wie lange Streit über den richtigen Rechtsweg vereinfacht und verkürzt werden. Die amtl Begr (BTDrs 11/7030, 36) hebt in diesem Zusammenhang die *Gleichwertigkeit der Rechtswege* hervor. Gleichzeitig bezeichnet sie es als das Ziel der Reform zu verhindern, dass ein Prozess – womögl noch in mehreren Rechtswegen – über die Instanzen geführt wird, ehe die Unzulässigkeit des Rechtswegs verbindl feststeht.

1) Besonderes Vorwegverfahren. Dieses Verfahren nach § 17a II-IV koppelt die Rechtswegfrage von der Sachentscheidung über die Zulässigkeit iÜ und insb über die Begründetheit ab. 3

2) Verweisung statt Klageabweisung. Es gibt **keine Klageabweisung** wegen Unzulässigkeit des Rechtsweges. Das Fehlen der Prozessvoraussetzung des richtigen Rechtswegs führt vielmehr zur **Verweisung** (§ 17a II 1). Der Verweisungsbeschluss ist für das aufnehmende Gericht bindend, und zwar sowohl in der Form der „aufdrängenden Verweisung" wie in der der „abdrängenden" Verweisung, s § 17a Rn 12. Das verweisende Gericht entscheidet also auch bindend über den Rechtsweg der aufnehmenden Gerichtsbarkeit. 4

3) Rechtsmittel. Die Vorabentscheidung kann nur in einem vorgeschalteten **Beschwerdeverf** angefochten werden, § 17a IV 3. 5

III) Prozessvoraussetzung. Die Zulässigkeit des Rechtswegs ist als Prozessvoraussetzung vAw zu prüfen – so ausdrückl § 17a II 1; zum Verhältnis zu den anderen Verfahrens- und Prozessvoraussetzungen s § 17a Rn 1a. 6

1) Nur erstinstanzliche Prüfung. Die Prüfungspflicht und das Prüfungsrecht ist jedoch **auf das Verf 1. Instanz beschränkt**, § 17a V. Hat keine Partei die Zulässigkeit des Rechtswegs gerügt (§ 17a III 2) und das Gericht 1. Instanz die Zulässigkeit des Rechtswegs – und sei es auch nur stillschweigend – bejaht, so ist der Rechtsweg unangreifbar festgeschrieben. Dies ist die notwendige Folge des mit der Reform bezweckten Ziels, den Streit über den Rechtsweg abzukürzen. 7

2) Entscheidungsgrundlage. Grundlage der Entscheidung über die Prozessvoraussetzung der Zulässigkeit des Rechtswegs ist der **auf Schlüssigkeit zu überprüfende Tatsachenvortrag des Kl** (s § 13 Rn 54, dort auch zum Problem der „Rechtswegerschleichung" und zur Frage der Notwendigkeit einer Beweisaufnahme). 8

IV) Kompetenzkonflikt. Nach § 17a I iVm § 17 I 2 ist ein positiver Kompetenzkonflikt, durch das Verweisungsgebot und die Bindung hieran (§ 17a II 1 u 3) auch der negative Kompetenzkonflikt ges ausgeschlossen, so dass für eine Anwendung des § 36 I Nr 6 ZPO grds kein Raum ist. Sollte es dennoch zu einem – zB wegen Verweigerung der Sachbearbeitung durch das (ggf durch Verweisung) zuständige Gericht – anders nicht lösbaren Kompetenzkonflikt kommen, so entscheidet im Interesse einer funktionierenden Rechtspflege und der Rechtssicherheit ausnahmsw in analoger Anwendung des § 36 I Nr 6 ZPO endgültig das zuerst angerufene oberste Bundesgericht eines beschrittenen Rechtswegs (s § 17a Rn 13; BGH 20.4.2021 – X ARZ 562/20; BGHR 2009, 1169 = MDR 2009, 1295 = NJW-RR 2010, 209; BVerwG NVwZ 2022, 1062; BVerwG NJW 93, 3087; BAG NJW 2003, 1068; ThP/Hüßtege § 17a Rn 3a). 9

V) Allgemeiner Rechtsgrundsatz. §§ 17-17b gelten als allg Rechtsgrundsatz entspr für die Abgrenzung zwischen ordentl streitiger (oder Strafgerichtsbarkeit: OLG Frankfurt NJW-RR 94, 447) und **freiw Gerichtsbarkeit** (BGH MDR 2005, 644 = NJW-RR 2005, 721; MK/Pabst § 17 Rn 7; MskV/Wittschier § 17 Rn 2), auch bei Verweisung aus der freiw Gerichtsbarkeit in eine bes Gerichtsbarkeit (Anwaltsgerichtshof Stuttgart BRAK-Mitt 2008, 75; OLG Hamm NJW 92, 2643), s **§ 17a VI.** Jedoch gelten nicht nur § 17a I-V, sondern auch §§ 17 und 17b (mit der Besonderheit des III) entspr für die Spruchkörper in den verschiedenen Zivilsachen (§ 13 Hs 1) untereinander. Die entspr Anwendung gilt auch für das Verhältnis Familiengericht – allgemeine Zivilabteilung (OLG Frankfurt FamRZ 2014, 1481 = NJW-RR 2014, 776), Strafjustiz/Bußgeldverf – Zivilgericht (BGHR GVG § 17a Rechtswegstreitigkeit 1), Strafvollstreckungskammer – Zivilgericht oder VG (OLG Karlsruhe NStZ 2002, 531 = ZfStrVO 2002, 189; OLG Saarbrücken NJW 94, 1423), OLG/BayObLG im Verf nach § 23 EGGVG – Zivilgericht (BayObLG ZInsO 2023, 2691; KG NJW 2015, 2437) und LG als FGG-Beschwerdegericht (BayObLG FamRZ 2020, 942 = NJW-RR 2020, 771), ordentl streitige Gerichtsbarkeit – Landwirtschaftsgericht in nichtstreitigen Landwirtschaftssachen (BGH MDR 2002, 1265 = NJW-RR 2002, 1651; BGH MDR 96, 1290; OLGR Brandenburg 2003, 163; vgl OLGR Koblenz 2006, 255), Anwaltsgerichtshof – ordentl streitige Gerichtsbarkeit (AGH Sachsen-Anhalt NJW-RR 95, 1206), Verwaltungsgerichtsbarkeit (AGH Baden-Württemberg MDR 2008, 1188 = NJW 2008, 1967; OVG Weimar NJW 2003, 1339) und Anwaltsgericht (BGH NJW 2011, 2303), Vergabesenat – Zivilgericht (OLG Rostock NZBau 2024, 181). Jedoch keine Verweisung von (Verw-)Gericht an Vergabekammer eines Landes, OVG Weimar NVwZ 2005, 235, weil diese kein Gericht ist (OLG Düsseldorf 5.9.2018 – Verg 14/18). 10

VI) Anwendbarkeit im Verfahren des vorläufigen Rechtsschutzes, im Vollstreckungsverfahren und im isolierten PKH/VKH-Verfahren. Die Vorschriften der Rechtswegentscheidung sind auch im Verf des **vorläufigen Rechtsschutzes** (§§ 916 ff ZPO) anzuwenden (Kissel/Mayer § 17 Rn 7; BGH MDR 2022, 591 [M. Vollkommer WRP 2022, 1199]; BGH NJW-RR 2005, 142; BFH NJW 2001, 2573; VGH München BayVBl 2023, 94; OVG Lüneburg NVwZ-RR 2006, 843 = VergabeR 2006, 768; OVG Koblenz DVBl 2005, 988). Im verwaltungsgerichtl Eilrechtsschutz-Verfahren Anwendbarkeit des Beschwerdeverf nach § 17 IV offen gelassen, aber jedenfalls weitere Beschwerde zum BVerwG grds ausgeschlossen (krit M. Vollkommer WRP 2022, 1199): BVerwG DVBl 2006, 1249 = NVwZ 2006, 1291; aber auch weitere Beschwerde jdfs statthaft im Konkurrentenstreitverf wegen Vergabe öffentl Ämter (und iÜ offen gelassen) nach BVerwG BayVBl 2021, 494; ebenso wegen des erforderlichen Gleichlaufs der Zuständigkeit für Eil- und Hauptsacheverfahren, wenn auch in diesem weitere Beschwerde zugelassen ist oder wird (BVerwG DVBl 2022, 1383). Zum Sonderfall des Verf nach § 15 BNotO s BGH NJW 2001, 2181 = MDR 2001, 951; OLG Hamm DNotZ 91, 689 [Gummer]; zum Sonderfall des Wegfalls der Vorab- 11 entscheidung wegen bes Eilbedürftigkeit OVG Münster NJW 2022, 3096; OVG Greifswald NVwZ 2001, 446). Dies gilt auch bei Anhängigkeit der Hauptsache (BAG NJW 2000, 2524 mwN). BSG 6.3.2019 – B 3 SF 1/18 schließt im einstweiligen Rechtsschutzverf der Sozialgerichtsbarkeit die weitere Beschwerde nach IV 4-6 aus (krit M. Vollkommer WRP 2022, 1199). – Anwendbar sind die Vorschriften auch auf das **Vollstreckungsverfahren** (BGH MDR 2017, 1385 = NJW-RR 2017, 1215) und – ohne Bindung für das anschließende Hauptverfahren – das **Verfahren zur Bestellung eines Prozesspflegers nach § 57 ZPO** (BAG NJW 2022, 1189).

12 Dagegen sind §§ 17a, 17b für das **Verf der PKH nicht – auch nicht entsprechend – anzuwenden** (so ausdrücklich für das Beschwerdeverfahren und iÜ offen lassend, aber mit der Feststellung, dass die Verweisung nach § 17a II 1 ein rechtshängiges Verfahren voraussetze, woran es beim bloßen PKH-Antrag fehle, BGH IX. Senat NJW 2016, 1520 = MDR 2016, 478; wie hier auch BGH 7.7.2021 – AnwZ 1/21; BGH ZInsO 2019, 1260; KG 21.5. 2024 – 9 W 13/24; KG MDR 2022, 855; OLG München 26.11.2010 – 1 W 2523/10; LAG Köln NZI 2018, 544; OVG Magdeburg 19.8.2020 – 3 O 141/20; VGH München NVwZ-RR 2014, 940; OVG Münster 16.8.2022 – 15 E 534/22; Kissel/Mayer § 17 Rn 7; MskV/Wittschier § 17 Rn 3; Hk-ZPO/Rathmann § 17 Rn 3; offen gelassen BGH NJW 2001, 3633 = MDR 2002, 352; BAG NJW 93, 751; **aA** OLG Karlsruhe FamRZ 2020, 1752; OLG Dresden FamRZ 2016, 1949 = MDR 2016, 1113 [krit Vossler MDR 2016, 1074]; OLG Hamburg ZInsO 2015, 1698; BSG NZS 2025, 147; OVG Berlin 16.1.2023 – 1 M 2/23; VGH Mannheim NVwZ-RR 2024, 1033; OVG Bautzen NJW 99, 517 LS = VIZ 98, 702; Gsell/Mehring NJW 2002, 1991; **aA für den Fall der eindeutigen Unzulässigkeit** des beschrittenen Rechtswegs BGH XII. Senat MDR 2021, 51 = FamRZ 2021, 113 [krit Hüßtege; sa Stockmann FamRB 2021, 108]; aA auch schon in einem obiter dictum und ohne Erwähnung der og Entscheidung des IX. Senats BGH X. Senat MDR 2017, 1385 = NJW-RR 2017, 1215 [Beck EWiR 2018, 415]). Werden Klage und PKH-Antrag **zusammen** eingereicht, muss Gericht vor der Entscheidung über die PKH vAw über die Zulässigkeit des beschrittenen Rechtswegs befinden und ggf den Rechtsstreit an das zuständige Gericht des zulässigen Rechtswegs verweisen. Allein dieses Gericht, das auch eine Entscheidung in der Hauptsache selbst zu treffen hat, ist berufen, die erforderl Erfolgsaussichten des Klagebegehrens und die wirtschaftl Voraussetzungen für die Gewährung von PKH zu prüfen und einer Entscheidung zuzuführen (OLG Stuttgart MDR 2011, 1200 = NJW-RR 2011, 1502; LArbG Hamburg NZA-RR 2016, 437; VGH Mannheim 28.6.2019 – 1 S 1915/18). Der Anwendung der §§ 17a, 17b innerhalb des **isolierten** PKH/VKH-Verf steht entgegen, dass es sich um keinen Rechtsstreit, sondern um ein nicht streitiges der staatl Daseinsfürsorge zuzurechnendes Antragsverf handelt; sie wäre zudem in der Sache wertlos: Im Hauptsacheverf bestünde keine Bindung an die Rechtswegentscheidung im PKH-Verf (BGH NJW 2016, 1520 = MDR 2016, 478 mwN; ebenso mit auch iÜ überzeugenden Argumenten KG 21.5.2024 – 9 W 13/24; KG MDR 2022, 855). Dies bedeutete einen Wertungswiderspruch zur Absicht des Gesetzgebers, die Gerichtsverf zu vereinfachen und zu beschleunigen (BTDrs 11/7030). – Ergeht entgegen Vorstehendem Verweisungsbeschluss im PKH-Verf, soll er für *dieses* Verf zur Vermeidung langwieriger Zuständigkeitsstreitigkeiten bindend sein, da die Anwendung der §§ 17-17b im PKH-Verf nicht unvertretbar ist; das gilt auch, wenn Verweisung erst im Abhilfeverfahren bzgl eines abgelehnten PKH-Antrags erfolgt (BVerwG NVwZ 2022, 1062 [Schübel-Pfister juris-PR-BVerwG 12/2022 Anm 2]), jedoch keine Bindung für nachfolgendes Hauptsacheverf (BGH 11.3.2025 – X ARZ 559/24; BGH ZInsO 2019, 1260; BGH MDR 2009, 1295 = NJW-RR 2010, 209; BAG NJW 1993, 751, insoweit beide Entscheidungen unzutr zit in OLG Celle MDR 2011, 1318 = FamRZ 2012, 446).

§ 17 (Zulässigkeit des Rechtswegs)

(1) [1]Die Zulässigkeit des beschrittenen Rechtsweges wird durch eine nach Rechtshängigkeit eintretende Veränderung der sie begründenden Umstände nicht berührt. [2]Während der Rechtshängigkeit kann die Sache von keiner Partei anderweitig anhängig gemacht werden.

(2) [1]Das Gericht des zulässigen Rechtsweges entscheidet den Rechtsstreit unter allen in Betracht kommenden rechtlichen Gesichtspunkten. [2]Artikel 14 Abs. 3 Satz 4 und Artikel 34 Satz 3 des Grundgesetzes bleiben unberührt.

1 **1) Perpetuatio fori.** Der Grundsatz der Fortdauer der Zulässigkeit des Rechtswegs, sog perpetuatio fori, entspricht § 261 III Nr 2 ZPO (s § 261 ZPO Rn 12). Ist die Zulässigkeit des Rechtswegs einmal eingetreten, sind nachträgl Veränderungen ohne Bedeutung. Dies gilt sowohl für Umstände tatsächl Art wie für Rechtsänderungen (BGH NJW 2002, 1351; BAG NZA 2007, 110; VGH München BayVBl 2005, 370). Voraussetzung ist jedoch die Identität des Streitgegenstands; wird dieser verändert, kann auch nachträgl der Rechtsweg unzulässig werden (BAG NZA 2007, 110).

2 **2) Prozessökonomie.** Der Grundsatz, dass nachträgl Veränderungen ohne Bedeutung sind, **gilt nur rechtswegerhaltend** (Kissel NJW 91, 948), weil er der Prozessökonomie dient. Treten, bevor es zu einer Verweisungsentscheidung kam, Umstände ein, die die Zulässigkeit des Rechtswegs erst begründen, so sind diese zu berücksichtigen (BGHZ 118, 34 = NJW 92, 1757). Dies gilt auch, wenn diese Umstände erst im Beschwerdeverf nach § 17a IV 3 eintreten und in dieses Verf zulässigerw eingeführt werden können (BGHZ 130, 13 = NJW 95, 2295; BAG NJW 2015, 570 [Lunk NJW 2015, 528]; BAG NJW 2015, 718 [Spielberger]); Beschwerde kann dann für er-

ledigt erklärt werden (BGH MDR 2001, 647). Dies entspricht der Prozessökonomie, da die Verweisung in einem solchen Fall noch nicht vollzogen ist (s § 17 I 1).

3 **3) Prozesshindernis anderweitiger Rechtshängigkeit.** I 2 stellt klar, dass § 261 III Nr 1 ZPO über den jew Rechtsweg hinaus wirkt. Die Frage der Zulässigkeit des Rechtswegs ist daher im Rechtsweg des zuerst angegangenen Gerichts zu entscheiden, dessen Entscheidung dann verbindl ist (§ 17a I u II 3). – Das Prozesshindernis anderweitiger Rechtshängigkeit, das zur Klageabweisung als unzulässig führt, geht daher der Prüfung der Zulässigkeit des Rechtswegs vor, da nur so abw Entscheidungen vermieden und der vorgenannte Grundsatz der Priorität des zuerst befassten Gerichtes gesichert werden können (BGH NJW 98, 231 = MDR 97, 1053; VGH Mannheim NJW 96, 1298). Zum Entfallen der Sperrwirkung, wenn im älteren Verf nur noch Feststellung der Erledigung beantragt wird, VGH München NJW 2005, 1450 entgegen BVerwG NVwZ 1999, 404.

4 **4) Umfassende Entscheidungskompetenz.** II räumt dem Gericht des zulässig eröffneten Rechtswegs die umfassende Entscheidungskompetenz ein (Ausnahme S 2, s Rn 9), sa § 17b Rn 2. Sie umfasst auch **rechtswegfremde Vorfragen** (sa § 13 Rn 31 ff; zur Ausnahme des § 87 S 2 iVm § 88 GWB: BAGE 159, 316 = NJW 2018, 184). Zur **örtl Zuständigkeit** kraft Sachzusammenhangs s § 12 ZPO Rn 20 f; zur umfassenden Entscheidungskompetenz des nach § 32 ZPO zuständigen Gerichts s § 32 ZPO Rn 21.

5 § 17 II eröffnet auch die **rechtswegüberschreitende Sachkompetenz**. Danach entscheidet das Gericht des zulässigen Rechtswegs den Rechtsstreit unter allen in Betracht kommenden rechtl Gesichtspunkten, sofern der zu ihm beschrittene Rechtsweg für *einen* Klagegrund zulässig ist (BTDrs 11/7030, 37; Bsp: OLG Hamm 29.8.2023 – 11 W 59/23; OLGR Rostock 2005, 720; BayObLGZ 2003, 325; OLGR Köln 1994, 152; OLG Düsseldorf NVwZ 2001, 594; BVerwG ZBR 2005, 392; LAG Stuttgart ZD 2024, 774). Das Problem der Teilverweisungen stellt sich nicht mehr; unzulässig ist insoweit auch ein klageabweisendes Teilurteil (OLGR Zweibrücken 2001, 258).

6 Dies gilt allerdings nur für einen einheitl Streitgegenstand iS eines **einheitl prozessualen Anspruchs**. Werden im Wege der Klagehäufung (§ 260 ZPO) mehrere prozessuale Ansprüche geltend gemacht, so muss die Voraussetzung der Zulässigkeit des Rechtswegs für jeden Anspruch getrennt geprüft werden und ggf eine Prozesstrennung gem § 145 ZPO mit anschl Teilverweisung erfolgen; anderenfalls wäre dem Missbrauch Tür und Tor geöffnet (BGH 9.1.2023 – VI ZB 82/20; BGHZ 225, 59 = NJW 2020, 3386 = MDR 2020, 1263; BGHZ 199, 159 = MDR 2014, 294; OLG Koblenz VersR 2025, 153). Wegen unterschiedl Streitgegenstände auch keine Konzentration nach § 17 II für Rechtsschutz gegen Maßnahmen der Dienstaufsicht nach § 26 III DRiG und sonstige Streitigkeiten aus dem Richterdienstverhältnis (BGH NJW 2002, 359; BGH NJW 2003, 282). Ebenso bei Ansprüchen aus eigenem und aus abgetretenem Recht (BAG NJW 2003, 1068 = MDR 2003, 409; ebenso zum Verhältnis von Schuldbeitritt und Bürgschaft BVerwGE 161, 255 = NVwZ 2018, 993). Bei mehreren Bekl kann sonst nicht gegebener Rechtsweg auch nicht über § 36 I Nr 3 ZPO eröffnet werden (BGH NJW 94, 2032 = MDR 95, 524; OLG Frankfurt NJW-RR 95, 319). Die Erweiterung der Prüfungskompetenzen nach § 17 II gilt daher nur für die Fälle, bei denen ein einheitl Klageanspruch auf mehrere, verschiedenen Rechtswegen zugeordnete Grundlagen gestützt wird. Dabei kann es keine Rolle spielen, in welcher Reihenfolge der Kl die Begründung bringt. Zum Verf bei **Haupt- und Hilfsanspruch** s § 17a Rn 13a.

7 Bei **Haupt- und Hilfsbegründung** ist der Rechtsweg der Hauptbegründung zu beschreiten; dort kann dann ggf die Hilfsbegründung mitgeprüft werden, wenn es auf sie ankommt (so auch AG/Vogt-Beheim Rn 12; Kissel/Mayer Rn 55; Hk-ZPO/Rathmann Rn 7; BGH MDR 2015, 909 = NJW-RR 2015, 957; OLGR Rostock 2005, 720; OLG Brandenburg VIZ 2000, 180).

8 Voraussetzung für die Eröffnung der Prüfungskompetenz ist allerdings, dass mindestens einer der Klagegründe in den Rechtsweg fällt. Dabei haben **offensichtl nicht gegebene** Anspruchsgrundlagen außer Betracht zu bleiben, s § 13 Rn 54.

9 **5) Amtspflichtverletzung, Enteignung. II 2** schränkt die Prüfungskompetenz im Hinblick auf verfassungsrechtl Grundlagen ein. Da von Verfassungs wegen auf Enteignung oder Amtspflichtverletzung gestützte Ansprüche den ordentl Gerichten vorbehalten sind, kann insoweit durch einfach-ges Regelung nicht die Zuständigkeit der Sondergerichtsbarkeiten begründet werden. Die Ausnahme des II 2 gilt daher **nur zugunsten** der ordentl Gerichtsbarkeit (s OLG Hamm 21.12.2022 – 11 W 62/22). Wird bei einheitlichem Streitgegenstand (also Prozesstrennung nach § 145 ZPO nicht möglich) vor Fachgerichtsbarkeit ein Anspruch nicht nur auf dorthin gehörende Anspruchsgrundlagen, sondern auch auf Enteignung oder Amtspflichtverletzung gestützt und erweist sich die Klage hinsichtl erstgenannter als unbegründet, ist die Klage hinsichtlich der letztgenannten Ansprüche durch Zwischenurteil (zB nach § 109 VwGO) als unzulässig abzuweisen (sa § 17a Rn 13) oder die teilweise Unzulässigkeit zumindest in den Gründen auszusprechen, damit die Rechtskraft der Klageabweisung als unbegründet für den Zivilrechtsweg keine Wirkung entfaltet (OVG Bautzen 13.1.2023 – 3 A 455/21; s Kissel/Mayer Rn 54). Die aA (BVerwG 23.4.2021 – 8 AV 1/21, Tz 10; krit Itzel MDR 2022, 279 Rn 39; sa § 17a Rn 13), wonach § 17 II 2 hinter § 17a II 3 zurücktreten soll, überzeugt wegen des Vorrangs des GG nicht.

10 **6) Aufrechnung.** Die **Ausweitung des Prüfungsumfangs durch II 1** erstreckt sich schließl **nicht** auf Fälle der **Aufrechnung** mit einer bestrittenen und noch nicht rechtskräftig festgestellten Gegenforderung (sehr str). In-

soweit handelt es sich nicht um einen „rechtl Gesichtspunkt" iSd II 1, sondern um ein selbständiges Gegenrecht, das dem durch die Klage bestimmten Streitgegenstand einen weiteren selbständigen Gegenstand hinzufügt (Leipold ZZP 107 [1994], 211, 219; Kern/Diehm/Eymelt-Niemann ZPO 2. Aufl, § 13 GVG Rn 48 und § 17 GVG Rn 7 f). Die sich auf den Wortlaut des II 1 und die darin zum Ausdruck gebrachte Gleichwertigkeit der Rechtswege berufende Gegenmeinung (Kissel/Mayer Rn 58; Kopp/Schenke/Ruthig 28. Aufl 2022, § 40 VwGO Rn 45; Vollkommer FS Kissel, S 1183; Schenke/Ruthig NJW 92, 2505; Drygala NZA 92, 294; Hoffmann ZZP 107 [1994], 3, 26; Gaa NJW 97, 3343; VGH Kassel NJW 95, 1107) verkennt die in der anders als zB bei § 281 II 2 ZPO eröffneten Beschwerdemöglichkeit zum Ausdruck kommende bes Bedeutung, die der Gesetzgeber der Rechtswegzuständigkeit beimisst, und die Konsequenzen hieraus auch in verfahrensrechtl Hinsicht. Die innere Rechtfertigung der Durchbrechung der Rechtswegabgrenzung in § 17 II 1 besteht in dem obj Sachzusammenhang in den Fällen, in denen derselbe prozessuale Anspruch auf mehreren, eigentl verschiedenen Rechtswegen zugewiesenen Anspruchsgrundlagen beruht. Demggü stellt die insoweit der Widerklage ähnl Prozessaufrechnung (BGH WM 93, 1755) mit einer bestrittenen, noch nicht rechtskräftig festgestellten Forderung einen verfahrensrechtl Zusammenhang erst durch eine Parteihandlung her. Dieser kann auch im Zusammenspiel mit dem Ziel der Verfahrensbeschleunigung nicht ausreichen, die auf dem Gedanken der Sachnähe beruhende Kompetenz der Fachgerichtsbarkeiten zur rechtskräftigen Entscheidung (§ 322 II ZPO) zu überspielen (ebenso BGHZ 16, 124; BVerwG NJW 99, 160; BAG NJW 2008, 1020 = MDR 2008, 464 [krit Wieser MDR 2008, 785]; BGH NJW 2002, 317 [zust Greger EWiR 2002, 19]; BAG NZA 2001, 1158; BFH stRspr seit BFHE 198, 55 = NJW 2002, 3126; VGH München 17.8.2015 – 10 C 15.996; OVG Lüneburg NVwZ 2004, 1513 = NJW 2005, 1004 LS; VGH Kassel NJW 94, 1488; OLG Frankfurt NJW 2015, 2672 = FamRZ 2016, 57; OLG Nürnberg MDR 2015, 1202; OLGR Jena 2009, 493; OLG Dresden VIZ 2001, 54; MK/Pabst Rn 17; MskV/Wittschier Rn 10; StJ/Leipold § 145 ZPO Rn 35; ThP/Hüßtege Rn 9; Zimmermann § 145 ZPO Rn 8, 9; PG/Zirzlaff Rn 15; Rupp NJW 92, 3274; offen gelassen in BVerwG NJW 93, 2255; BVerwG NJW 94, 2968; BGH NJW 2000, 2428 = MDR 2000, 1099). § 148 I ZPO ist weiter anzuwenden.

§ 17a (Rechtswegentscheidung)

(1) Hat ein Gericht den zu ihm beschrittenen Rechtsweg rechtskräftig für zulässig erklärt, sind andere Gerichte an diese Entscheidung gebunden.

(2) [1]Ist der beschrittene Rechtsweg unzulässig, spricht das Gericht dies nach Anhörung der Parteien von Amts wegen aus und verweist den Rechtsstreit zugleich an das zuständige Gericht des zulässigen Rechtsweges. [2]Sind mehrere Gerichte zuständig, wird an das vom Kläger oder Antragsteller auszuwählende Gericht verwiesen oder, wenn die Wahl unterbleibt, an das vom Gericht bestimmte. [3]Der Beschluss ist für das Gericht, an das der Rechtsstreit verwiesen worden ist, hinsichtlich des Rechtsweges bindend.

(3) [1]Ist der beschrittene Rechtsweg zulässig, kann das Gericht dies vorab aussprechen. [2]Es hat vorab zu entscheiden, wenn eine Partei die Zulässigkeit des Rechtsweges rügt.

(4) [1]Der Beschluss nach den Absätzen 2 und 3 kann ohne mündliche Verhandlung ergehen. [2]Er ist zu begründen. [3]Gegen den Beschluss ist die sofortige Beschwerde nach den Vorschriften der jeweils anzuwendenden Verfahrensordnung gegeben. [4]Den Beteiligten steht die Beschwerde gegen einen Beschluss des oberen Landesgerichts an den obersten Gerichtshof des Bundes nur zu, wenn sie in dem Beschluss zugelassen worden ist. [5]Die Beschwerde ist zuzulassen, wenn die Rechtsfrage grundsätzliche Bedeutung hat oder wenn das Gericht von der Entscheidung eines obersten Gerichtshofes des Bundes oder des Gemeinsamen Senats der obersten Gerichtshöfe des Bundes abweicht. [6]Der oberste Gerichtshof des Bundes ist an die Zulassung der Beschwerde gebunden.

(5) Das Gericht, das über ein Rechtsmittel gegen eine Entscheidung in der Hauptsache entscheidet, prüft nicht, ob der beschrittene Rechtsweg zulässig ist.

(6) Die Absätze 1 bis 5 gelten für die in bürgerlichen Rechtsstreitigkeiten, Familiensachen und Angelegenheiten der freiwilligen Gerichtsbarkeit zuständigen Spruchkörper in ihrem Verhältnis zueinander entsprechend.

1 **I) Allgemeines.** § 17a regelt das Verf, nach dem die vAw zu prüfende Prozessvoraussetzung der Zulässigkeit des Rechtswegs zu prüfen und ggf zu entscheiden ist. Aus der Regelung ergibt sich insb, dass eine Klageabweisung wegen Fehlens der Prozessvoraussetzung der Zulässigkeit des Rechtswegs nicht mehr in Betracht kommt und dass der Streit über die Prozessvoraussetzungen auf das Verf 1. Instanz und das bes Rechtsmittelverf des IV beschränkt ist. Zur Frage der Anwendbarkeit auf Verf des vorl Rechtsschutzes, Vollstreckungsverf und PKH-Anträge s vor § 17 Rn 11, 12.

1a **Verhältnis zu den anderen Prozessvoraussetzungen.** Soweit nicht ein Prozesshindernis der Immunität (s vor *§ 18 Rn 3; VGH Kassel NJW 2010, 2680*) oder der anderweitigen Rechtshängigkeit (s § 17 Rn 3) besteht, ist die Zulässigkeit des Rechtswegs am Anfang der Prozessvoraussetzungen zu prüfen. Dies folgt aus § 17a II, weil im Fall der Unzulässigkeit des Rechtswegs die Klage nicht abgewiesen werden kann, sondern der Rechtsstreit vAw an das zuständige Gericht des zulässigen Rechtswegs zu verweisen ist (BVerwG NJW 2001, 1513; KGR Berlin 2007, 927; Kissel/Mayer § 17 Rn 8), und aus § 17a III („vorab"). Rechtswegprüfung muss **auch nach Abgabe aus Mahnverfahren** erfolgen, weil die Abgabe des Mahngerichts an das im Mahnantrag bezeichnete Streitgericht nicht bindend ist und dieses nicht von der Prüfung seiner Zuständigkeit nach allg Grds entbindet (OLG München MDR 2017, 899). Rechtsmissbräuchl Klageerhebung zum unzuständigen Gericht steht Verweisung nicht entgegen (BVerwG NJW 2001, 2513 = NVwZ 2001, 673 = WM 2001, 1392 [Grothe IPRax 2004, 83]; LSG Schleswig FamRZ 2003, 46). Jedoch geht entgegenstehende Rechtskraft vor, also Klageabweisung statt Verweisung.

II) Bindungswirkung positiver Rechtswegentscheidungen. I stellt ausdrückl klar, dass die rechtskräftige Bejahung der Zulässigkeit des Rechtswegs über den Rechtsweg hinaus bindet. Ein Gericht der anderen Rechtswege darf sich mit der Sache nicht weiter befassen. Die bejahende Entscheidung kann eine Vorabentscheidung nach III oder eine in der Hauptsache ergehende Endentscheidung sein. Die Bindungswirkung tritt mit der formellen Unanfechtbarkeit dieser Entscheidung ein. 2

Zusammen mit § 17 I 2 soll die Regelung nach dem **Grundsatz der Priorität** verhindern, dass widersprechende Rechtswegentscheidungen ergehen. Der Grundsatz des § 17a I geht aber dem Prozesshindernis des § 17 I 2 vor, dh ist in dem späteren Verf die anderweitige Rechtshängigkeit übersehen worden und eine den Rechtsweg bejahende rechtskräftige Entscheidung ergangen, so sperrt diese den Fortgang des an sich zulässigen (weil früheren) anderen Verf (vgl MK/Pabst Rn 4). 3

Für den **umgekehrten Fall (Rechtsweg wird für unzulässig erklärt)** bedarf es einer entspr Regelung nicht, da Feststellung der Unzulässigkeit notwendigerw mit Verweisung des Rechtsstreits nach § 17a II und damit Fortsetzung des Verf im anderen Rechtsweg verbunden ist. 4

III) Verfahren bei Bejahung der Zulässigkeit des Rechtswegs. 1) Endentscheidung. Ist die Zulässigkeit des Rechtswegs **weder von einer Partei gerügt noch** nach Auffassung des Gerichts **zweifelhaft**, ergeht Endentscheidung, in der das Gericht entweder ausdrückl oder konkludent (durch Entscheidung iÜ; BGH NJW 94, 387; OLGR Düsseldorf 2002, 415 = FamRZ 2002, 1580; verkannt von OLG Rostock NJW 2006, 2563) die Zulässigkeit des Rechtswegs bejaht. Hier gilt als Besonderheit ledigl, dass die Bejahung der Zulässigkeit des Rechtswegs verbindl festgeschrieben und einem weiteren Streit entzogen ist (V; sa Rn 17 f). 5

2) Vorabentscheidung nach § 17a III. Rügt eine Partei die Zulässigkeit des Rechtswegs und bejaht das Gericht diese, so ist vorab zu entscheiden. Als Rüge reicht ein auch konkludentes Vorbringen aus, das die Zulässigkeit des Rechtswegs eindeutig bestreitet; bloße Zweifelsäußerungen genügen insoweit allerdings nicht (BGH MDR 2024, 924 = NJW-RR 2204, 1059 mwN). Die Rüge ist Prozesshandlung (Anwaltszwang); § 282 III ZPO gilt (s Erl zu § 282 ZPO; hM, BGH NJW 1999, 651 = MDR 1999, 373). Vorabentscheidung bedeutet, dass **isoliert** von den Fragen der Zulässigkeit iÜ und den Fragen der Begründetheit **und vor der Entscheidung in der Hauptsache** entschieden wird. Der Beginn der Verh zur Hauptsache sperrt die Vorabentscheidung nicht (Kissel NJW 91, 948). Umgekehrt bedeutet „vorab" nicht notwendig eine Entscheidung vor Beginn der Verhandlung zur Hauptsache (Kissel/Mayer § 17 Rn 27); Zuständigkeit kann gerade Gegenstand der mündlichen Verhandlung sein (§ 139 III ZPO). Bekl kann also mit überhaupt nicht oder unzweifelhaft unzutreffend begründeter Rechtswegrüge nicht ein Versäumnisurteil oder die Präklusionswirkungen des § 296 ZPO verhindern, wenn Gericht am Vorliegen der Rechtswegzuständigkeit (s § 331 ZPO Rn 1) keine Zweifel hat (entgegen LG Köln MDR 2017, 236 = NJW-RR 2017, 767). Vorabentscheidung muss in der Form klar als rechtsmittelfähige Entscheidung erkennbar sein; Hinweis reicht nicht aus (OLG Frankfurt MDR 2009, 1243). 6

Ebenso kann das Gericht **ohne Rüge** die Zulässigkeit des Rechtswegs durch Vorabbeschluss aussprechen. Dies hat zweckmäßigerw dann zu geschehen, wenn Zweifel an der Zulässigkeit des Rechtswegs bestehen, da diese im allg Rechtsmittelverf nicht geklärt werden können (V). Durch die vAw ergehende Vorwegentscheidung wird den Parteien das bes Rechtsmittelverf nach IV eröffnet. 7

3) Abwarten der Unanfechtbarkeit der Vorabentscheidung. Entspr dem Sinn der Vorabentscheidung, Zweifel über die Zulässigkeit des Rechtswegs vor der Hauptsacheentscheidung zu klären, muss das Gericht 1. Instanz mit der Hauptsacheentscheidung die Unanfechtbarkeit der zuzustellenden (§ 329 III ZPO) Vorabentscheidung abwarten (sa § 17b I 1) – die förml Aussetzung nach § 148 ZPO ist dazu nicht Voraussetzung. 8

IV) Feststellung der Unzulässigkeit des Rechtswegs. Verweisung. Hält das Gericht den beschrittenen Rechtsweg nicht für eröffnet, so fehlt es an einer vAw zu prüfenden Prozessvoraussetzung; gleichwohl keine Abweisung der Klage als unzulässig, vielmehr ist an das zuständige Gericht des zulässigen Rechtswegs zu verweisen (II 1). 9

1) Rechtliches Gehör. Ausdrückliche Verpflichtung in II 1. Da mündl Verh freigestellt ist (IV 1), genügt schriftl Anhörung. Für den Fall, dass im aufnehmenden Rechtsweg mehrere Gerichte zuständig sind, ist auf die Wahlmöglichkeit nach II 2 ausdrückl hinzuweisen. Von Anhörung kann ausnahmsweise abgesehen werden, wenn Sachentscheidung ohne Anhörung ergehen kann und deren Zweck sonst vereitelt zu werden droht (BGH MDR 2017, 1385 = NJW-RR 2017, 1215). Da Verweisung vAw erfolgt, hindert weder übereinstimmende gegenteilige Auffassung der Parteien noch ein zuvor ergangenes Teil-AU an der Verweisung des noch anhängigen Rechtsstreits (OLG Nürnberg MDR 2007, 676). 10

11 **2) Verweisungsbeschluss.** Er besteht aus der Feststellung der Unzulässigkeit des Rechtswegs und der Verweisung (Fassung: „1. Der Rechtsweg zu den ordentl Gerichten wird für unzulässig erklärt. 2. Der Rechtsstreit wird an das … verwiesen"). Eine Teilverweisung kommt nur bei Klagehäufung oder Widerklage in Betracht. Insoweit sind die Verf vorher gem § 145 ZPO zu trennen (s § 17 Rn 6).

12 **3) Bindungswirkung des Verweisungsbeschlusses.** Nach II 3 ist der Verweisungsbeschluss für das jeweilige Verf „hinsichtlich des Rechtsweges" bindend. Die Bindung hat nicht nur abdrängende, sondern aufdrängende Wirkung, dh die Bindung umfasst auch die Bejahung des Rechtswegs, in den verwiesen wird; das aufnehmende Gericht kann nicht in einen 3. Rechtsweg weiterverweisen. Die aufdrängende Wirkung beschränkt sich aber auf die Rechtswegfrage; innerhalb des Rechtswegs kann – etwa aus Gründen der örtl, sachl oder funktionellen Zuständigkeit oder der zulässigen Verfahrensart (BGHZ 40, 6; BGH 28.7.2015 – X ARZ 201/15; BAG MDR 96, 742) – weiterverwiesen werden. II 3 ist Konsequenz des Regelungskonzepts, dass **§§ 17-17b nur für Rechtswegzuständigkeit**, aber **nicht** für **örtl oder sachl Zuständigkeit** gelten (AG/Vogt-Beheim Rn 26; BVerwG NVwZ 2025, 433; OLG Frankfurt FamRZ 2002, 112). Umgekehrt kann nach Verweisung gem § 281 II ZPO wegen örtl oder sachl Unzuständigkeit aufnehmendes Gericht nach § 17a in anderen Rechtsweg verweisen (s § 281 ZPO Rn 16a; OLG Karlsruhe VersR 2004, 885; vgl OLGR Köln 2003, 332). Zum weiteren **Verfahren des aufnehmenden Gerichts** s § 17b Rn 2.

13 Auch eine **unrichtige** Verweisung ist bindend (BGHZ 144, 21 = NJW 2000, 1343 = MDR 2000, 598; BGH MDR 2015, 909 = NJW-RR 2015, 957; OLG Naumburg NJW 2011, 473: Bindung auch bei fehlender Begründung; aA nicht nachvollziehbar – Kl hatte Verweisung beantragt, Bekl war einverstanden – BAG NJW 2015, 2523); Rückverweisung ist deshalb unzulässig (BGH WM 2002, 406 = NJW-RR 2002, 713). Dies ergibt sich aus dem Zweck der Neuregelung, insb aus § 17a V: Wenn eine fehlerhafte Rechtswegentscheidung im ordentl Rechtsmittelweg überhaupt nicht überprüfbar ist, muss dies (für das aufnehmende Gericht, das durch Art 101 I 2 GG nicht geschützt ist, BGH 20.4.2021 – X ARZ 562/20) erst recht bei einer ausdrückl Verweisung gelten, für die § 17a IV eine bes Anfechtungsmöglichkeit ja zur Verfügung stellt. Anderes mag anzunehmen sein, wenn die Verweisung bei der Auslegung und Anwendung der Zuständigkeitsnormen sich so weit von dem diese beherrschenden verfassungsrechtl Grundsatz des ges Richters entfernt hat, dass sie wegen krasser Rechtsverletzung offensichtlich unhaltbar ist und nicht mehr verständlich erscheint (BVerfG NJW 92, 361 mwN; BGH 2. Strafsenat NJW 2017, 1689; BVerwG 2.2.2023 – 6 AV 1/22; BGH NZA-RR 2015, 552; OLG Nürnberg FamRZ 2022, 651; von den Zivilsenaten des BGH bislang ausdrücklich offen gelassen: BGH 11.3.2025 – X ARZ 559/24; BGH MDR 2024, 1066 = NJW-RR 2024, 994 [Thode jurisPR-BGHZivilR 20/2024 Anm 3]; BGH MDR 2011, 1134 = NJW-RR 2011, 497: „Durchbrechung der … Bindungswirkung … allenfalls bei ‚extremen Verstößen' denkbar"; KGR Berlin 2003, 323; BAG NJW 2018, 3801; BVerwG 12.11.2021 – 5 AV 1/21 und BVerwG NJW 2021, 2600: ähnlich unter Hinweis auf **Beschwerdemöglichkeit nach § 17a IV 3** BGH 18.2.2025 – X ARZ 546/24, MDR 2025, R 82 LS; BVerwG NVwZ 2025, 433; BFHE 204, 413; BSG 23.4.2018 – B 11 SF 4/18 S). Dass Verweisung obj oder auch verfahrensrechtl **willkürl** zustande gekommen ist (krit gegen diesen Terminus Endell DRiZ 2003, 133), lässt Bindungswirkung noch nicht ohne Weiteres entfallen (BGH NJW 2014, 2125; BGH NJW-RR 2015, 957; OLG Bremen FamRZ 2024, 1048 [Stockmann jurisPR-FamR 10/2024 Anm 2]). Jedenfalls muss die vom Gesetzgeber nicht gewollte Infragestellung einer Verweisung auf extreme Ausnahmen obj willkürl, schlechthin nicht mehr zu rechtfertigender Entscheidungen beschränkt werden. Nicht vertretbar ist es, inhaltl schlicht „falsche" Verweisungen als „offensichtl gesetzwidrig" und damit willkürl umzudeuten, um der Bindungswirkung zu entgehen (so etwa BAG NJW 2018, 3197). Wird jedoch eine gesetzwidrige Rückverweisung rechtskräftig, bindet sie ihrerseits gem § 17a II 3 (BGHZ 144, 21 = NJW 2000, 1343 = MDR 2000, 598 [Schneider]; BGH MDR 2011, 253 [krit Jacobs/Frieling ZZP 124 (2011), 241]; BSG 21.12.2015 – B 4 SF 1/15 R). – Gegen **§ 17 II 2** verstoßende Verweisung begründet wegen Vorrangs des GG keine Entscheidungskompetenz anderer als der ordentl Gerichtsbarkeit zu Amtshaftungsanspruch und Entschädigungshöhe bei Enteignung (BGH NJW 2000, 1343 = MDR 2000, 598; MskV/Wittschier § 17 Rn 11; aA BVerwG 23.4.2021 – 8 AV 1/21 [Itzel MDR 2023, 261]; BAG NZA 99, 390; BSG NZS 2004, 447); kons besteht dann keine Bindungswirkung (Kissel/Mayer § 17 Rn 45); wer Bindungswirkung bejaht, kommt zu Klageabweisung als unzulässig, so dass Kl neu klagen müsste (so ThP/Hüßtege § 17 Rn 11), s § 17 Rn 9. – Das aufnehmende Gericht kann bei Annahme des bes Ausnahmefalls fehlender Bindungswirkung zur Wahrung einer funktionierenden Rechtspflege und der Rechtssicherheit **entspr § 36 I Nr 6 ZPO** das oberste Bundesgericht seiner Gerichtsbarkeit bzw das im Rechtszug gemeinsam nächsthöhere Gericht anrufen (s vor § 17 Rn 9; BGH 11.3.2025 – X ARZ 559/24; BGH NJW 2017, 1689; BVerwG 2.2.2023 – 6 AV 1/22; BVerwG NJW 2019, 2112; BAG NJW 2003, 1068; BFHE 204, 417 = BB 2004, 874 LS; OLG Nürnberg 15.12.2021 – 7 AR 1163/21; Hk-ZPO/Rathmann Rn 11).

13a Bei **Haupt- und Hilfsanspruch** ist zwar der gesamte Rechtsstreit zu verweisen. Die Bindungswirkung erfasst aber nur den Hauptanspruch, zu dem verwiesen wurde. Ist über diesen entschieden, so kann wegen des Hilfsanspruchs allein erneut (auch zurück-)verwiesen werden (BGH NJW 2020, 3386 = MDR 2020, 1263; OLG Rostock NZBau 2024, 181; OLG München 21.12.2020 – 7 W 1355/20; BAG NJW 2015, 718; OVG Münster NVwZ 94, 735/797; ThP/Seiler § 260 ZPO Rn 17).

14 ***V) Beschlussverfahren.*** *Sowohl die* Vorabentscheidung nach III wie die Verweisung nach II ergeht nach freigestellter mündl Verh im Beschlussweg (IV 1). Die Entscheidung ist nach IV 2 zu begründen und gem § 329 III ZPO zuzustellen.

VI) Rechtsmittel. Entscheidungen nach II u III unterliegen nach IV 3 (BGH MDR 2016, 412 = NJW-RR 2016, 373: nur; OLG Frankfurt NJW 2018, 3789) der sof Beschwerde nach der jew Verfahrensordnung, also im Zivilprozess nach § 567 ZPO (zum Verf s Erl zu § 567 ZPO; Frist u Form: § 569 ZPO; ggf Anwaltszwang: s § 569 ZPO Rn 10 ff). §§ 567 ff ZPO gelten (ggf iVm § 17a VI GVG) entspr auch im FamFG-Verf. Zwar fehlt sowohl hier in VI als auch im FamFG für die Rechtswegbeschwerde eine ausdrückl Verweisung auf §§ 567 ff ZPO; insoweit dürfte jedoch eine planwidrige Regelungslücke vorliegen, weil der Gesetzgeber ausdrückl §§ 567-572 ZPO als geeignete Verfahrensregeln für die Anfechtung von Zwischen- und Nebenentscheidungen im FamFG-Verf ansieht (RegE zu § 58 FamFG, BTDrs 16/6308, 203) und das Gesetz für andere Fallkonstellationen auch auf diese Vorschriften verweist, zB in § 87 IV FamFG (s vor § 58 FamFG Rn 5; wie hier OLG Karlsruhe MDR 2023, 916 = FamRZ 2024, 462; OLG Saarbrücken MDR 2022, 504 = FamRZ 2022, 201). Wendet erstinstanzl Gericht im PKH-Verf § 17a II an (s vor § 17 Rn 12), ist sof Beschwerde nur für den ASt statthaft (s BGH MDR 2016, 478; OLG Karlsruhe MDR 2007, 1390). Zur beschränkten Wirkung erfolgreicher Beschwerde eines **Streitgenossen** s BGH MDR 2006, 530. 15

IV 4-6 treffen eine bes Regelung für die **an den obersten Gerichtshof des Bundes des jew Rechtsweges gerichtete Beschwerde** gegen die nach IV 3 ergangene Beschwerdeentscheidung. Die Regelung hat eigenständige Bedeutung und enthält **Sonderregelungen**, die – ggf abw von den nach IV 3 grds geltenden Vorschriften der jew Verfahrensordnung – für alle Rechtswegbestimmungsverf gelten. IV 4 normiert die **Statthaftigkeit** dieser Beschwerde auch in den Fällen, in denen die jew Verfahrensordnung eine Beschwerde an das Bundesgericht eigentl nicht vorsieht. Auch ist die Beschwerde zum obersten Bundesgericht unabhängig davon statthaft, ob die Hauptsache zu diesem Gericht gelangen könnte (BGH MDR 2020, 501; BGH NJW 99, 3785 = MDR 99, 1521; BAG NZA 2022, 1220). § 17a IV 4-6 sind auch anwendbar, wenn – zB wegen Nichtbeachtung des § 17a in 1. Instanz – das Berufungsgericht erstmals über Zulässigkeit des Rechtswegs entschieden hat (BGHZ 131, 169 = NJW 96, 591 = MDR 96, 129; BGH NJW 2003, 433 = MDR 2003, 228). Im Verf nach § 17a IV ist gem IV 4 in allen Rechtswegen die **Zulassung** nach IV 5 erforderl; eine **NZB** zum obersten Bundesgericht ist **unstatthaft** (vgl BAG NJW 2003, 1069; BAG NJW 94, 2110; BVerwG NVwZ 2005, 1201; Kissel/Mayer § 17 Rn 30). IV 5 regelt die Zulassungsgründe, IV 6 die Bindung des obersten Gerichtshofes (BGH, BAG, BVerwG usw) an die Zulassung. Es gibt keine „außerordentl Beschwerde" zum obersten Bundesgericht (BAG NJW 2005, 3231 = MDR 2006, 225). Eine Zulassung wegen grundsätzl Bedeutung durch ER statt OLG-Senat ist ein Verstoß gegen das Gebot des ges Richters (s § 16 Rn 2 m zahlr Nw). 16

Für den **Zivilprozess** und den Arbeitsgerichtsprozess gilt Folgendes: Seit der Neuregelung des Beschwerderechts im ZPO-RG ist die Beschwerde nach IV 4 iVm IV 3 als **Rechtsbeschwerde** nach §§ 574 ff ZPO (**Frist, Form und Begründungserfordernisse: § 575 ZPO**, s Erl zu § 575 ZPO) ausgestaltet (BGH MDR 2022, 747 [M. Vollkommer WRP 2022, 1199]; BGHZ 152, 213 = MDR 2003, 285 = NJW-RR 2003, 277; BAG NJW 2002, 3725). Ggü § 574 ZPO enthält § 17a IV 4 eine **Beschränkung:** Da der Beschluss eines oberen Landesgerichts angefochten sein muss, findet bei der Entscheidung über den Rechtsweg **keine Rechtsbeschwerde gegen Beschwerdeentscheidungen des LG** statt, **aA BGH seit BGHZ 155, 365** = NJW 2003, 2917 = MDR 2003, 1307; BGH MDR 2017, 1229 = NJW 2017, 2619; MK/Pabst Rn 39; MskV/Wittschier Rn 16; ThP/Hüßtege Rn 20; AG/Vogt-Beheim Rn 36; zweifelnd Kissel/Mayer § 17 Rn 29. Obwohl der Gesetzgeber bei der Einführung der Rechtsbeschwerde zum BGH gegen Beschwerdeentscheidungen des LG (§ 574 I Nr 2 ZPO, §§ 72, 133 GVG) das Verf nach § 17a IV im Blick hatte (RegE BTDrs 14/4722, 116), wurde diese Bestimmung nicht geändert. Daraus muss geschlossen werden, dass der Gesetzgeber für die Entscheidung über den Rechtsweg nach § 17a die Rechtsbeschwerde gegen LG-Entscheidungen weiterhin nicht vorsehen wollte. Die im Wege der „Rechtsfortbildung" erzielte gegenteilige Auslegung des BGH übergeht den insoweit eindeutigen Gesetzeswortlaut. Die **Zulassungsgründe** des § 17a IV 5 ähneln denen des § 574 II ZPO; zwar wird die Fortbildung des Rechts in § 17a IV 5 nicht genannt, jedoch liegt hier stets auch eine grundsätzl Bedeutung der Rechtsfrage vor. Zur Begründetheit der Rechtsbeschwerde gilt § 576 II ZPO nicht, da die Rechtswegzuständigkeit gerade Gegenstand des Verf ist (BGH NJW 2003, 1192 = MDR 2003, 407). 16a

Voraussetzung für die Anwendung des IV – und des damit zusammenhängenden Ausschlusses der Rechtswegfrage im Hauptsacherechtsmittel, V – ist, **dass in 1. Instanz § 17a beachtet wurde**, was immer noch **erstaunl oft unterbleibt**. Wird eine Klage entgegen II als unzulässig abgewiesen oder trotz Rüge (III 2) die Zulässigkeit des Rechtswegs erst im Urteil bejaht, ist dieses ohne die Beschränkung des V mit dem allg Rechtsmittel auch in der Rechtswegfrage anfechtbar (vgl BGH NJW 2022, 3644 = MDR 2023, 89; BGHZ 121, 367 = NJW 93, 1799 = MDR 94, 206; BGHZ 119, 246 = NJW 93, 470 = MDR 93, 802; BAG AP 7 zu § 48 ArbGG 1979 [Vollkommer]; BVerwG NJW 94, 956), so dass das Berufungsgericht durch **Beschluss** das erstinstanzl Urteil aufhebt und die Sache an das erstinstanzl (Vermeidung eines Instanzverlusts; aA AG/Vogt-Beheim Rn 43) zuständige Gericht des zul Rechtswegs verweist (BGH NJW 99, 651 = MDR 99, 373; BGH WM 98, 1255; OLG Köln NJW-RR 2024, 914; OLG Dresden MDR 2019, 1530 = FamRZ 2020, 120; OLG Rostock NJW 2006, 2563; Bindungswirkung jedoch, wenn Rechtswegrüge in der Rechtsmittelinstanz nicht mehr aufrechterhalten wird: OLGR Hamm 2008, 103; OLGR München 2007, 864; MskV/Wittschier Rn 19). Entgegen BAG NJW 95, 2310; OLG Hamburg VersR 96, 393; OLG Saarbrücken NJW 95, 1562; OVG Koblenz NVwZ-RR 93, 668 kann ein solches 17 fehlerhaftes erstinstanzl Urteil jedoch nicht im Wege der Meistbegünstigung auch mit sof Beschwerde angefochten werden. Die Vorinstanz hat sich näml in diesem Fall nicht in der Art seiner Entscheidung „vergriffen", sondern verfahrensrechtl falsch entschieden; für die Anwendung der Theorie von der Meistbegünstigung ist daher kein Raum (so auch BGH NJW 93, 332 = MDR 93, 177; OLG Frankfurt NJW 2008, 3796).

18 **VII) Grundsatz des § 17a V. Rechtswegentscheidung in erster Instanz.** Nach V kann die Frage der Zulässigkeit des Rechtswegs von dem über das Rechtsmittel in der Hauptsache entscheidenden Gericht (das ist nicht der iudex a quo in einem etwaigen Abhilfeverf, vgl die hierfür genannten Gründe bei Schübel-Pfister juris-PR-BVerwG 12/2022 Anm 2, zu BVerwG NVwZ 2022, 1062) nicht mehr überprüft werden (OLG Frankfurt 23.6. 2023 – 26 U 69/22). Die Beschränkung gilt innerhalb der staatl Gerichtsbarkeit (Vergabekammer ist kein Gericht (OLG Düsseldorf 5.9.2018 – Verg 14/18); darum ist Vergabesenat kein Rechtsmittel-, sondern erstinstanzl Gericht, BGH 10.12.2019 – XIII ZB 119/19) für jedes Rechtsmittelverf gegen eine Hauptsacheentscheidung. Es handelt sich insoweit um ein Kernstück der Reform der Rechtswegvorschriften (s vor § 17 Rn 5). Durch die bes Anfechtbarkeit des Verweisungsbeschlusses und der Vorabentscheidung, die jede Partei durch Erhebung der Rüge erzwingen kann, sind letztl weder die Anfechtungsmöglichkeiten für die Parteien noch die Überprüfungsmöglichkeiten für die höheren Gerichte entscheidend beschränkt. Sinn des V iVm den vorgenannten Vorschriften ist es jedoch, die Frage der Zulässigkeit des Rechtswegs vor dem Ergehen einer erstinstanzl Hauptsacheentscheidung zu klären. Hauptsacheentscheidung ist auch die Abweisung der Klage als unzulässig wegen Fehlens einer anderen Prozessvoraussetzung (BGH 7.3.2024 – AnwZ (Brfg) 42/23; BGHZ 119, 246 = NJW 93, 470 = MDR 93, 802) sowie das Urteil im einstweiligen Verfügungsverf (OLG Rostock DVBl 2022, 866). V ist auch anwendbar, wenn weder Gericht noch Parteien vor der Hauptsacheentscheidung Rechtswegproblem erkannt und erörtert haben (BGH NJW 2008, 3572 = MDR 2008, 1412; OLG Düsseldorf MDR 2019, 184 = FamRZ 2019, 379; OLG Rostock NJW 2006, 2563; AG/Vogt-Beheim Rn 41). – Die Anwendung des Grundsatzes des V setzt jedoch voraus, dass die vorgenannten Verfahrensgrundsätze eingehalten werden. Hauptsacheentscheidung iSd V ist also nicht die – regelwidrige – Entscheidung über die Zulässigkeit des Rechtswegs durch Urteil trotz Rüge (BGH MDR 2024, 924 = NJW-RR 2024, 1059; BGHZ 121, 367 = NJW 93, 1799 = MDR 94, 206 in Abgrenzung von BGHZ 120, 204 = NJW 93, 389 = MDR 93, 140; BGH NJW 98, 231 = MDR 97, 1053; BGHZ 119, 246 = NJW 93, 470; BVerwG NJW 94, 956; Hk-ZPO/Rathmann Rn 17); s Rn 17. Gleiches gilt, wenn eine Partei in 1. Instanz formell nicht beteiligt war und deshalb Rechtsweg nicht rügen konnte; zB bei einstw Verfügung im Beschlussweg (OLG Dresden 16.2.2024 – 9 W 34/24; OLG Nürnberg FamRZ 2012, 896 = NJW-RR 2012, 559; OLG Frankfurt NZA 2007, 710; Conrad GRUR 2014, 1172). Wird das OLG wegen Versäumens des Vorabverf in der 1. Instanz mit der Rechtswegfrage befasst, muss es ggf selbst in das Vorabverf nach § 17a eintreten; das erübrigt sich nur, wenn OLG Zulässigkeit des Rechtswegs bejaht und keinen Anlass für Zulassung der Rechtsbeschwerde gem § 17a IV 4 sieht (BGH MDR 2021, 813 = FamRZ 2021, 1185; BGHZ 132, 245 = NJW 96, 1890; BGHZ 131, 169 = NJW 96, 591); in diesem Fall ist BGH der Prüfung des Rechtswegs gem § 17a V enthoben (BGH MDR 2021, 813 = FamRZ 2021, 1185; BGH 14.10.2020 – AnwZ (Brfg) 24/20; BGH NJW 2016, 403 = MDR 2016, 357; MskV/Wittschier Rn 12). Entscheidet OLG anstelle des Erstgerichts erstmalig vorab über Zulässigkeit des Rechtswegs und lässt es die Beschwerde zu, ist der BGH wie im eigentl Fall des § 17a IV 6 hieran gebunden (s Rn 16). Prüfung der Rechtswegzuständigkeit ist bei Nichtbeachtung des § 17a durch die Vorinstanzen ggf auch noch vom Revisions- oder Rechtsbeschwerdegericht nachzuholen; § 545 II ZPO steht nicht entgegen (BGH MDR 2024, 924 = NJW-RR 2204, 1059; BGH MDR 2018, 46; BGHZ 130, 159 = NJW 95, 2851; BayObLG NJW-RR 2000, 1540; BSG NVwZ-RR 2000, 648).

19 **VIII) Erledigung bei Rechtsänderung. Die Beschwerde** kann für **erledigt** erklärt werden, wenn Rechtswegzuständigkeit zB durch Gesetzesänderung wechselt (BGH MDR 2001, 647).

20 **IX) Gegenstandswert der Beschwerde gegen Vorabentscheidung.** Dieser ist nach freiem Ermessen unter Berücksichtigung des Interesses des Beschwerdeführers festzusetzen (§§ 1, 3 I, § 48 I GKG, § 3 ZPO). Bei Beschwerde gegen Zuständigkeit des ArbG liegen Kostengründe nahe; im Hinblick auf fehlenden Kostenerstattungsanspruch (§ 12a I ArbGG) Beschwerdewert also geschätzte erstinstanzl Anwaltskosten (OLG München 9.12.2019 – 7 W 1470/19; OLG Karlsruhe MDR 94, 415; OLG Bamberg 28.2.1996 – 5 W 103/95). IÜ allenfalls Bruchteil (etwa ⅓), nie voller Hauptsachewert, da Klageabweisung als unzulässig nicht mehr drohen kann (BGH NJW 98, 909 = MDR 97, 386; OLGR Rostock 2005, 720; OLGR München 1993, 87; OLGR Frankfurt 1994, 119; OLGR Köln 1993, 140; OLG Köln NJW-RR 1993, 639).

21 **X) Anwendbarkeit auf Abgrenzung zwischen streitiger und freiwilliger Gerichtsbarkeit; Ausnahme für Amtsverfahren. VI** dient ledigl der Klarstellung (RegE BTDrs 16/6308, 318; s vor § 17 Rn 10). Allerdings ist die Klarstellung unvollständig: Weil § 17a für sich allein sinnlos wäre, gelten nicht nur § 17a I-V, sondern auch §§ 17 und 17b (mit der Besonderheit des III) entspr für die Spruchkörper in den verschiedenen Zivilsachen (§ 13 Hs 1) untereinander. Die Regelung gilt für Streitverf der freiw Gerichtsbarkeit und Antragsverf (auch nach BNotO, BGH NJW 2001, 2181 = MDR 2001, 951 = WM 2001, 1045; Kissel/Mayer § 17 Rn 61 f), ebenso für Verhältnis *zw dem für bürgerl Rechtsstreitigkeiten* und dem für Justizverwaltungs-Sachen nach § 23 EGGVG zuständigen Gericht (BayObLG ZInsO 2023, 2691). Dagegen kommt bei **Amtsverfahren** (zB nach § 1666 BGB) Verweisung – auch in den Verwaltungsrechtsweg – aus der Natur der Sache heraus nicht in Betracht (RegE

BTDrs 16/6308, 318, s § 13 Rn 17 mwN; OLG Frankfurt FamRZ 2021, 1383; OLG Karlsruhe NJW 2021, 2054; OLG Nürnberg MDR 2021, 834 = FamRZ 2021, 935; OLG Brandenburg 27.7.2021 – 13 UF 80/21; OLG Zweibrücken NJW-RR 99, 1682; Kissel/Mayer § 17 Rn 62; ebenso für Spezialverf der Notarkostenbeschwerde OLGR Frankfurt 2005, 280; gleichwohl ausgesprochene Verweisung ist nicht bindend: BVerwG NJW 2021, 2600).

XI) Gebühren. 1) Gericht: Für den Verweisungsbeschluss nach II 1 entstehen keine zusätzl Gerichtsgebühren. IÜ ist zu unterscheiden: – **a)** Verbleibt die Sache bei einer **Verweisung** (Abgabe) **innerhalb des** Geltungsbereichs des **GKG** (s § 1 I, II GKG), so wird der Rechtsstreit gebührenrechtl so behandelt, als wenn er von Anfang an bei dem übernehmenden Gericht anhängig gewesen wäre (§ 4 I GKG): Die Verfahrensabschnitte vor und nach der Verweisung bilden eine kostenrechtl Einheit. Die gebührenrechtl Behandlung richtet sich nach den für das übernehmende Gericht geltenden Kostenbestimmungen, die auch dafür maßgebend sind, ob und welche Gebührentatbestände bereits im Verfahrensabschnitt vor dem verweisenden Gericht eingetreten sind. Ist vor der Verweisung eine Geb zwar entstanden, aber noch nicht fällig oder nur in geringerer Höhe ausgelöst worden, so tritt mit der Verweisung die Fälligkeit ein oder ihre entspr Erhöhung. So zB bei der Verweisung vom ArbG, bei dem Geb vor der Beendigung des Rechtszugs oder vor einer 6-monatigen Verfahrensruhe usw nicht fällig u Prozesskostenvorschüsse nicht erhoben werden (§ 6 III, §§ 9, 11 GKG), an das ordentl Streitgericht. Verfahrenstrennung bei subj Klagenhäufung und Verweisung eines der getrennten Verf löst beim Gericht, an das verwiesen wird, erneuten Gebührenanfall aus (OLG München MDR 1996, 642; ebenso bei Trennung von Klage u Widerklage u Verweisung der Widerklage (LG Dessau-Roßlau 15.12.2011 – 1 T 286/11). S iÜ § 281 ZPO Rn 22. – **b)** Bei einer **Verweisung aus dem** Geltungsbereich des **GKG** (zB ins FamGKG) gilt der Verfahrensabschnitt vor dem verweisenden Gericht als Teil des Verf vor dem übernehmenden Gericht. Dies bedeutet, dass etwa nach dem GKG angefallene Geb nicht erhoben werden; vielmehr entscheidet allein das Kostenrecht des übernehmenden Gerichts, ob überhaupt Geb u welche anzusetzen sind. Allerdings sind Gebührentatbestände des Verfahrensabschnittes vor dem verweisenden Gericht auch beim übernehmenden Gericht zu berücksichtigen. – **c)** Bei einer **Verweisung in** den Geltungsbereich des **GKG** werden für das gesamte Verf die Geb nach dem GKG berechnet, wobei die vor dem verweisenden Gericht entstandenen Kosten auf die vom übernehmenden Gericht entstehenden Kosten anzurechnen sind. – Entstehen durch die Anrufung eines Gerichts, zu dem der Rechtsweg nicht gegeben ist, sog **Mehrkosten**, so sind diese grds nicht zu erheben, wenn die Anrufung auf unverschuldeter Unkenntnis der tatsächl oder rechtl Verhältnisse beruht (§ 4 II GKG). Diese Voraussetzung wird stets gegeben sein, wenn erst das OLG die Unzulässigkeit des ordentl Rechtswegs erkannt hat. Sie wird regelmäßig nicht gegeben sein, wenn der Kl zB bereits vor dem LG auf die Unzulässigkeit des Rechtswegs hingewiesen worden ist, er aber dennoch keinen Verweisungsantrag stellt. – **2) RA:** s § 281 ZPO Rn 22. 22

§ 17b (Wirkungen der Verweisung)

(1) [1]Nach Eintritt der Rechtskraft des Verweisungsbeschlusses wird der Rechtsstreit mit Eingang der Akten bei dem im Beschluss bezeichneten Gericht anhängig. [2]Die Wirkungen der Rechtshängigkeit bleiben bestehen.

(2) [1]Wird ein Rechtsstreit an ein anderes Gericht verwiesen, so werden die Kosten im Verfahren vor dem angegangenen Gericht als Teil der Kosten behandelt, die bei dem Gericht erwachsen, an das der Rechtsstreit verwiesen wurde. [2]Dem Kläger sind die entstandenen Mehrkosten auch dann aufzuerlegen, wenn er in der Hauptsache obsiegt.

(3) Absatz 2 Satz 2 gilt nicht in Familiensachen und in Angelegenheiten der freiwilligen Gerichtsbarkeit.

1) Anhängigkeit nach Verweisung (§ 17b I). Anhängigkeit bedeutet nicht neue (da fortgeltende, I 2) Rechtshängigkeit, sondern nur die formelle prozessuale Zuordnung des Rechtsstreits. Sie setzt den Eingang der Akten bei dem Gericht, an das verwiesen wurde, voraus. Die Aktenversendung darf erst nach Eintritt der formellen Rechtskraft des Verweisungsbeschlusses erfolgen (vgl § 17a Rn 8; BAGE 70, 374 = MDR 93, 57). 1

2) Volle Rechtsschutzfunktion. Im weiteren **Verf bei dem aufnehmenden Gericht** hat dieses infolge der Bindungswirkung des Verweisungsbeschlusses (§ 17a II 3) und der erweiterten, auch den Rechtsweg überschreitenden Prüfungskompetenz (sa § 17 Rn 4 ff) die **volle Rechtsschutzfunktion** wahrzunehmen. Dies hat Bedeutung insb bei fehlerhafter, aber bindender Verweisung. Demgemäß sind **innerhalb der Verfahrensvorschriften des** bindend eröffneten **Rechtswegs** (BayObLG MDR 2024, 523 = FamRZ 2024, 1306 mwN) die zu wählen, die dieser Rechtsschutzfunktion und dem Wesen des Verf am ehesten entsprechen (BGH MDR 2024, 1535 = FamRZ 2025, 42). In den Fällen inhaltl fehlerhafter (aber bindender) Verweisung kann es darüber hinaus sogar notwendig werden, die Grenze der eigenen Verfahrensordnung zu überschreiten und Verfahrensvorschriften des anderen (von der Sache her an sich zuständigen, aber wegen der Verweisung nunmehr ausgeschlossenen) Rechtswegs analog heranzuziehen (angesprochen, aber fallbedingt offen gelassen in BGH MDR 2024, 1535 = FamRZ 2025, 42; Beispielsfall: BGH DNotZ 91, 683 [Gummer];). Fehlerhafte Verweisung kann aber jdfs nicht zu einer Erweiterung des gesetzl Rechtsmittelzuges führen (BGH MDR 2024, 1469 = FamRZ 2024, 1706). 2

3) Wirkungen der Rechtshängigkeit. Nach I 2 bleiben die prozessualen (§ 261 III ZPO) und mat-rechtl (§ 262 ZPO) Wirkungen der Rechtshängigkeit erhalten. Soweit durch die Klageerhebung eine Frist gewahrt wird, gilt die Wirkung der Rechtshängigkeit fort, auch soweit sie auf § 167 ZPO beruht. Dies gilt auch, soweit das materielle Recht (zB § 204 BGB) an die Rechtshängigkeit anknüpft. 3

4) Kosten (§ 17b II, III). Es gilt der Grundsatz der Kosteneinheit, vgl § 281 III ZPO. Demgemäß enthält der Verweisungsbeschluss weder Kostenentscheidung noch Streitwertfestsetzung (OVG Koblenz NJW 2002, 3724; 4

VGH Mannheim NVwZ-RR 92, 165). Wird der Verweisungsbeschluss jedoch im Beschwerdeweg (§ 17a IV) angefochten, so ist über die Kosten des eigenständigen Rechtsmittels nach den allg für die Beschwerde geltenden Grundsätzen zu entscheiden; BGH MDR 2023, 259 = NJW 2023, 694; BGH WM 93, 1554; OLG Hamm 21.12. 2022 – 11 W 62/22; BVerwGE 161, 255 = NVwZ 2018, 993; BSG 12.5.2021 – B 10 SF 3/20. – Beschwerdewert: s § 17a Rn 20. – Die Regelung des II 2 entspricht § 281 III 2 ZPO (s § 281 ZPO Rn 21). Zur Anwendung bei Verweisung zum ArbG BAG NJW 2005, 1301 = MDR 2005, 598. Nach III gilt statt der starren Kostentragungsregel des II 2 Ermessensfreiheit des Gerichts bei der Auferlegung von durch die Verweisung entstandenen Mehrkosten, wenn verweisender oder aufnehmender Spruchkörper ein FamG oder eine Abteilung für Angelegenheiten der freiw Gerichtsbarkeit ist (RegE BTDrs 16/6308, 318). – In diesen Fällen gelten § 6 III FamGKG, § 5 II GnotKG: Mehrkosten, die durch Anrufung des Gerichts eines nicht gegebenen Rechtswegs entstehen, werden nur erhoben, wenn die Anrufung auf verschuldeter Unkenntnis tatsächl oder rechtl Verhältnisse beruht (Kern/Diehm/Eymelt-Niemann ZPO, 2. Aufl, § 17b GVG Rn 4). Hierüber entscheidet das Gericht, an das verwiesen worden ist.

§ 17c (Durchbrechung des Grundsatzes der perpetuatio fori)

(1) Werden Zuständigkeitskonzentrationen oder Änderungen der Gerichtsbezirksgrenzen aufgrund dieses Gesetzes, aufgrund anderer bundesgesetzlicher Regelungen oder aufgrund Landesrechts vorgenommen, stehen in diesen Fällen bundesrechtliche Bestimmungen, die die gerichtliche Zuständigkeit in anhängigen und rechtshängigen Verfahren unberührt lassen, einer landesrechtlichen Zuweisung dieser Verfahren an das neu zuständige Gericht nicht entgegen.

(2) [1]Ist im Zeitpunkt der Zuweisung die Hauptverhandlung in einer Straf- oder Bußgeldsache begonnen, aber noch nicht beendet, so kann sie vor dem nach dem Inkrafttreten der Zuständigkeitsänderung zuständigen Gericht nur fortgesetzt werden, wenn die zur Urteilsfindung berufenen Personen personenidentisch mit denen zu Beginn der Hauptverhandlung sind. [2]Soweit keine Personenidentität gegeben ist, bleibt das Gericht zuständig, das die Hauptverhandlung begonnen hat.

1 Die Regelung stellt in **I** klar, dass bei gerichtsorganisatorischen Änderungen eine **Durchbrechung des Grundsatzes der perpetuatio fori** (§ 17 I 1 GVG, § 261 III Nr 2 ZPO, § 2 II FamFG) zulässig ist. Insbesondere bei neuen gerichtsbezirksübergreifenden Zuständigkeitskonzentrationen (§§ 13a, 22c, s § 27 Rn 1, § 71 Rn 8, § 119 Rn 14), aber auch bei der Änderung von Gerichtsbezirksgrenzen würde der Zweck oft weitgehend verfehlt oder gar konterkariert, wenn rechts- bzw anhängige Altverfahren bis zur Erledigung beim Ausgangsgericht verbleiben müssten. Deshalb können die rechts- bzw anhängigen Verfahren dem neu zuständigen Gericht zugewiesen werden. Bei der Auflösung eines Gerichts versteht sich von selbst, dass der für die Gerichtsorganisation zuständige Landesgesetzgeber (durch Gesetz oder – nach entsprechender Ermächtigung durch das Landesgesetz – durch ZuständigkeitsVO, s § 13a Rn 1) eine Regelung über die rechtshängigen/anhängigen Verf trifft. Gleiches dürfte aus der Natur der Sache für die in I genannten Änderungen gelten, so dass es der klarstellenden (so ausdrückl BTDrs 18/12203, 91) Regelung nicht zwingend bedurft hätte. Der Spielraum des Landesrechts wird wohl im Gegenteil beschränkt: Aus der detaillierten Regelung für laufende Straf- und Bußgeldverfahren in II wird man im Umkehrschluss folgern müssen, dass für **Zivil- und FamFG-Verfahren** ein „Alles-oder-nichts-Prinzip" gilt: Hier kann für die Frage des Übergangs auf das neu zuständige Gericht nicht nach dem Stand des Verfahrens (mündliche Verhandlung oder Beweisaufnahme durchgeführt etc) differenziert werden.

2 **II** betrifft Strafverf, ist hier aber wegen Bedeutung für die Auslegung des I 1 abgedruckt.

Vorbemerkungen zu §§ 18-20

1 **I) Allgemeines.** §§ 18, 19, 20 verweisen auf die Wiener Übk über diplomatische Beziehungen (**WÜD** v 18.4. 1961) und über konsularische Beziehungen (**WÜK** v 24.4.1963) (§§ 18, 19) sowie auf die allg Regeln des Völkerrechts (§ 20) und bes völkerrechtl Vereinbarungen oder Rechtsvorschriften (§ 19 II, § 20). Die Regeln der WÜD und WÜK gelten unabhängig davon, ob der Entsenderstaat den Übk beigetreten ist (§ 18 S 2, § 19 I 2), allerdings mit dem Vorbehalt, die Befreiungen durch Rechtsverordnung einzuschränken oder zu erweitern.

2 **II) Befreiung von der deutschen Gerichtsbarkeit. 1) Begriff.** Der in §§ 18-20 benutzte Terminus der Befreiung von der deutschen Gerichtsbarkeit ist gleichbedeutend mit „Immunität" iSd völkerrechtl Übk; im Rahmen der Befreiung nach § 18 auch „Exterritorialität" genannt.

3 **2) Bedeutung.** Befreiung von der dt Gerichtsbarkeit ist ein selbständiges Hindernis prozessualer Art (hM, BGHSt 14, 137; BGH NJW 84, 2084; BayObLG NJW 92, 641; Geimer IZPR[9] Rn 525), das weder die Zuständigkeit des Gerichts noch die Zulässigkeit des Rechtswegs betrifft (RGZ 157, 394; BGHZ 10, 354). Es steht dem **gerichtl Tätigwerden entgegen**. *Hieraus folgt*, dass gegen Befreiten schon die Terminsbestimmung unzulässig ist (OLG München NJW 75, 2144; Kissel/Mayer § 18 Rn 3); dies kann aber soweit nicht gelten, als über Streit über Befreiung zu entscheiden ist, was im Streitfall nur durch Zustellung der Klage und Terminsanberaumung ge-

schehen kann (sa BGH MDR 2003, 1135 = NJW-RR 2003, 1218) – anders in eindeutigen Fällen. Somit ist die Frage der Befreiung (Immunität) **vorrangig** vor anderen Prozessvoraussetzungen, insb der des Rechtswegs und der Zuständigkeit, und in jeder Lage des Verf vAw zu prüfen (BGH MDR 2016, 903) und im Streitfall durch Urteil zu entscheiden (Prozessurteil), bei Verneinung ist Zwischenurteil nach § 280 II ZPO zulässig (vgl BGHZ 182, 10 = NJW 2009, 3164 = MDR 2009, 1239; RGZ 157, 394). Nach hM (RSchwab/Gottwald § 19 Rn 15; RGZ 157, 393; OLG München FamRZ 72, 210; s aber Geimer IZPR[9] Rn 528 ff; Schlosser ZZP 79 [1966], 164) sind Urteile und ihnen gleichstehende Entscheidungen (MB, VB) gegen einen der Gerichtsbarkeit nicht Unterworfenen **nichtig**; dies kann jedoch auch der Befreite im Rechtsmittelweg geltend machen (BGHZ 182, 10 = NJW 2009, 3164 = MDR 2009, 1239). Die Befreiung verwehrt dem Gegner des Befreiten den Zugang zum dt Rechtsweg und bedeutet damit eine **Einschränkung des aus dem Rechtsstaatsprinzip abzuleitenden Justizgewährungsanspruchs**. Zur verfassungsrechtl Zulässigkeit am Bsp der Immunität der NATO s Bender IPRax 98, 1.

3) Umfang. a) Befreiung bedeutet zunächst, dass **gegen den Befreiten** gerichtl Maßnahmen (Ladung, Sachverhandlung, Entscheidung, Vollstreckung, BGH MDR 2003, 1135 = NJW-RR 2003, 1218; Streitverkündung) unzulässig sind. Nach § 18 sind Diplomaten auch von der **Zeugen**pflicht befreit (Art 31 II WÜD; BVerwG NJW 89, 679; im konsularischen Bereich nur beschränktes Aussageverweigerungsrecht, vgl Art 44 WÜK). Schon die Ladung kann unzulässig sein (BVerwG NJW 89, 678, dazu Mann NJW 90, 618). – Zur ZwV gegen fremde Staaten s § 20 Rn 4. Für **Zustellungen** s §§ 183, 185 Nr 3 ZPO, §§ 20, 54 ZRHO. – Private Selbsthilfe nach §§ 227 ff BGB wird grds durch Immunität nicht ausgeschlossen (MK/Pabst vor § 18 Rn 10; Kissel/Mayer § 18 Rn 8; OLG Köln NJW 96, 472). 4

b) Ausnahmen von der Befreiung. Im Gegensatz zur vollen strafrechtl Immunität (s aber § 20 II 2) ist diese im zivilrechtl Bereich eingeschränkt, soweit es um **privates unbewegl Vermögen, private Nachlasssachen** und um Klagen aus privater **gewerbl oder freiberufl** Tätigkeit des Befreiten geht (vgl Art 31 WÜD). – Ferner ist **Verzicht** mögl, der jedoch nur vom Entsenderstaat selbst durch entspr Bevollmächtigten erfolgen kann und ausdrückl und schriftl sein muss (vgl Art 32 WÜD, Art 45 WÜK). 5

c) Der Befreite kann jedoch aktiv als **Kläger** deutsche Gerichte in Anspruch nehmen (MK/Pabst vor § 18 Rn 15; BGH MDR 2011, 604; KG FamRZ 2010, 1589; BVerwG NJW 96, 2744 – Klage auf Gewährung von Sozialhilfe; zum ausl Staat als Kl s Vischer IPRax 91, 209; van Hecke IPRax 92, 205). In diesem Fall besteht keine Beschränkung der Entscheidungsmöglichkeit auch zuungunsten des Befreiten, jedoch liegt hierin keine Unterwerfung für die ZwV, etwa wegen der Kosten (KG HRR 33, 1522, hM). Im Rahmen einer Klage des Befreiten ist dem Bekl jede sonst zulässige Verteidigung erlaubt, auch in der ZwV, selbst wenn er dort betreibender Teil wird (zB nach §§ 767, 768 auch § 771 ZPO, vgl RSchwab/Gottwald § 19 Rn 24); die **Widerklage** ist zulässig, soweit sie mit dem Klageanspruch unmittelbar zusammenhängt (Art 32 III WÜD). 6

4) Hinweise. Zusammenfassung zu §§ 18-20 im Rundschr des Auswärtigen Amts v 15.9.2015 „Zur Behandlung von Diplomaten und anderen bevorrechtigten Personen in der Bundesrepublik Deutschland", GMBl 2015, 1206. 7

§ 18 (Befreiung für Mitglieder diplomatischer Missionen)

[1]Die Mitglieder der im Geltungsbereich dieses Gesetzes errichteten diplomatischen Missionen, ihre Familienmitglieder und ihre privaten Hausangestellten sind nach Maßgabe des Wiener Übereinkommens über diplomatische Beziehungen vom 18. April 1961 (Bundesgesetzbl. 1964 II S. 957 ff.) von der deutschen Gerichtsbarkeit befreit. [2]Dies gilt auch, wenn ihr Entsendestaat nicht Vertragspartei dieses Übereinkommens ist; in diesem Falle findet Artikel 2 des Gesetzes vom 6. August 1964 zu dem Wiener Übereinkommen vom 18. April 1961 über diplomatische Beziehungen (Bundesgesetzbl. 1964 II S. 957) entsprechende Anwendung.

1) Befreite Personen. Als Mitglieder diplomatischer Missionen einschließl ihres Gefolges sind **nach § 18 befreit** (Art 31 I u 37 WÜD): **a)** der Missionschef und das in diplomatischem Rang stehende Personal (Diplomaten): Gesandte, Räte, Sekretäre, Attachés, Gesandtschaftsseelsorger und -ärzte, – **b)** deren Familienangehörige, wenn sie in deren Haushalt leben und nicht Deutsche sind, – **c)** Mitglieder des Verwaltungs- und technischen Personals der Mission (zB Kanzleibeamte, Übersetzer, Schreibkräfte) einschließl der ständig in ihrem Haushalt lebenden Familienangehörigen, soweit sie weder Deutsche (s aber Art 38 I WÜD) noch ständig in der Bundesrepublik ansässig sind, was jedenfalls bei einem Aufenthalt von mehr als 10 Jahren anzunehmen ist (Nachweis bei VG Berlin 21.10.2019 – 4 L 277.19), – **d)** Mitglieder des dienstl Personals der Mission (zB Kraftfahrer, Baumpfleger), soweit weder Deutsche noch hier ständig ansässig, – **e)** Gesandtschaftskuriere und Diplomaten auf der Durchreise, um ihr Amt anzutreten oder an ihr Amt oder in ihr Heimatland zurückzukehren (Art 40 WÜD, also nicht zB im Drittland bei Reise zu touristischen Zwecken – BGH NStZ-RR 2018, 386). – **f)** Wegen Sonderbotschafter (Ad-hoc-Diplomaten) s § 20 Rn 3. 1

Nicht befreit sind demnach private Hausangestellte der Mitglieder der Missionen und die Angehörigen der unter d) genannten Personen. Die weitere Einschränkung bei b)-d) für Deutsche und hier ständig Ansässige folgt 2 daraus, dass die Befreiung nur von der Gerichtsbarkeit des Aufnahmestaats, nicht aber von der des Heimatstaats gilt.

3 **2) Umfang.** Für die unter 1a) u b) Genannten gilt die volle Befreiung mit den in vor § 18 Rn 5 bezeichneten Ausnahmen. Für die unter 1c) Bezeichneten gilt als weitere Einschränkung, dass sie hinsichtl ihrer nicht in Ausübung der dienstl Tätigkeit vorgenommenen Handlungen der Zivil- und der Verwaltungsgerichtsbarkeit unterliegen. Für die Personengruppe 1d) gilt die Befreiung nur, soweit die Tätigkeit in engem sachl Zusammenhang mit der Ausübung dienstl Aufgaben steht. Nach Beendigung der dienstl Tätigkeit endet die Befreiung mit der Ausreise (Art 39 II WÜD, BAG NZA 2013, 343; PG/Zirzlaff Rn 9).

4 **3) Geschützte Räumlichkeiten.** Über die von § 18 erfassten persönl Befreiungen hinaus sind nach Art 22 WÜD die **Räumlichkeiten** der diplomatischen Missionen und die Privatwohnung des Missionschefs **unverletzl.** Amtshandlungen (zB Zeugenvernehmung) dürfen nur mit Zustimmung des Leiters der Mission oder seines Vertreters vorgenommen werden. Zu Zustellungen s § 185 Nr 4 ZPO (s § 185 ZPO Rn 8).

§ 19 (Befreiung für Mitglieder konsularischer Vertretungen)

(1) [1]Die Mitglieder der im Geltungsbereich dieses Gesetzes errichteten konsularischen Vertretungen einschließlich der Wahlkonsularbeamten sind nach Maßgabe des Wiener Übereinkommens über konsularische Beziehungen vom 24. April 1963 (Bundesgesetzbl. 1969 II S. 1585 ff.) von der deutschen Gerichtsbarkeit befreit. [2]Dies gilt auch, wenn ihr Entsendestaat nicht Vertragspartei dieses Übereinkommens ist; in diesem Falle findet Artikel 2 des Gesetzes vom 26. August 1969 zu dem Wiener Übereinkommen vom 24. April 1963 über konsularische Beziehungen (Bundesgesetzbl. 1969 II S. 1585) entsprechende Anwendung.

(2) Besondere völkerrechtliche Vereinbarungen über die Befreiung der in Absatz 1 genannten Personen von der deutschen Gerichtsbarkeit bleiben unberührt.

1 **1) Personenkreis.** Befreiungen gelten nur für Konsularbeamte und Bedienstete des Verwaltungs- und des technischen Personals (Art 43 WÜK), also nicht für dienstl Personal (s § 18 Rn 1) und nicht für Angehörige der Konsularbeamten.

2 **2) Umfang.** Die Befreiung gilt nur für (auch rechtswidrige, BGH NStZ 2013, 600) Handlungen, die in Wahrnehmung konsularischer Aufgaben vorgenommen wurden oder mit diesen in engem sachl Zusammenhang stehen (für Fahrten mit Kfz vgl OLG Karlsruhe NJW 2004, 3273; BayObLG NJW 74, 431; BayObLG NJW 92, 641; OLG Hamburg NJW 88, 2191). Zu Art 54 I WÜK (Beschränkung geschützter Reisen) s BGH NStZ-RR 2021, 259. Bei Schadensersatzklagen wegen Verkehrsunfällen und Klagen aus Verträgen der befreiten Personen vgl weiter Einschränkung gem Art 43 II u 71 WÜK. – Eine generelle Befreiung von der Zeugenpflicht besteht nicht, Konsularbeamte können jedoch das Zeugnis verweigern, soweit sich die Aussage auf Angelegenheiten bezieht, die mit der Wahrnehmung konsularischer Aufgaben zusammenhängen (Art 44 I, III WÜK).

3 **3) Honorarkonsuln (Wahlkonsuln).** Diese besitzen Immunität nur für Amtshandlungen in Wahrnehmung ihrer konsularischen Aufgaben, soweit sie – wie idR – Deutsche oder hier ständig ansässig sind (Art 58 II, Art 71 I WÜK), also zB nicht bei „Dienstfahrten", auch wenn sie in engem funktionalem Zusammenhang mit Amtshandlungen stehen (BayObLG 1.7.2024 – 201 ObOWi 405/24, VerkMitt 2025 Nr 2; OLG Zweibrücken NStZ 2013, 601).

4 **4) Unverletzlichkeit der Räumlichkeiten.** Diese (s § 18 Rn 4) gilt für Diensträume, nicht für Privatwohnung des Leiters der Vertretung (Art 31, 55 III, Art 59 WÜK).

5 **5) Besondere Vereinbarungen.** Vereinbarungen **iSd II** können insb in Konsular- und Niederlassungsverträgen enthalten sein; idR gehen sie nicht über das WÜK hinaus.

§ 20 (Weitere Befreiungen)

(1) Die deutsche Gerichtsbarkeit erstreckt sich auch nicht auf Repräsentanten anderer Staaten und deren Begleitung, die sich auf amtliche Einladung der Bundesrepublik Deutschland im Geltungsbereich dieses Gesetzes aufhalten.

(2) [1]Im Übrigen erstreckt sich die deutsche Gerichtsbarkeit auch nicht auf andere als die in Absatz 1 und in den §§ 18 und 19 genannten Personen, soweit sie nach den allgemeinen Regeln des Völkerrechts, auf Grund völkerrechtlicher Vereinbarungen oder sonstiger Rechtsvorschriften von ihr befreit sind. [2]Funktionelle Immunität hindert nicht die Erstreckung deutscher Gerichtsbarkeit auf die Verfolgung von Verbrechen nach dem Völkerstrafgesetzbuch.

II 2 angefügt durch G zur Fortentwicklung des Völkerstrafrechts v 30.7.2024 (BGBl 2024 I Nr 255) mWv 3.8.2024.

1) Befreiung für Staatsgäste (§ 20 I). Repräsentanten sind Personen, die kraft ihrer verfassungsrechtl Stellung den anderen Staat vertreten (Mitglieder der Regierung, grds jedoch nicht Mitglieder des Parlaments, MK/Pabst Rn 2). Besuch muss nicht notwendig in „amtl Mission“ erfolgen, sofern er nur auf amtl Einladung beruht (zB Besuch einer Messe, nicht dagegen bei „genehmigten“ Privatreisen). **Begleitung** (Berater, Presseberichterstatter, auch persönl Begleitung wie Sicherheitsbeamte und Fahrer) ergibt sich regelmäßig aus der Delegationsliste, die dem Einladenden vorgelegt wird. Erforderl ist eine amtl Einladung der Bundesrepublik, also durch eine staatl Stelle, die den Bund zu vertreten befugt ist. Einladung einer Landesbehörde genügt nicht. 1

Die Befreiung knüpft nicht an die Eigenschaft als Ausländer an. Sie gilt auch für dt Staatsangehörige. 2

Fremde Staatsoberhäupter, bei Besuchen auch die sie begleitenden Angehörigen sowie ihr sonstiges Gefolge; **Regierungsmitglieder** fremder Staaten bei Aufenthalten in amtl Eigenschaft sowie die sie begleitenden Angehörigen und ihr sonstiges Gefolge; **offizielle Vertreter** fremder Staaten bei staatl oder zwischenstaatl Veranstaltungen (internationale Konferenzen). **Sonderbotschafter** (sog Ad-hoc-Diplomaten) auf Grund Anerkennung dieses Status durch das besuchte Land (vgl OLG Düsseldorf MDR 83, 512; OLG Düsseldorf NJW 86, 2204 u BGH NJW 84, 2048). 3

2) Staatsimmunität. § 20 regelt die Frage der **Befreiung in personeller Sicht**. Daneben kann aber Ausschluss der Gerichtsbarkeit wegen **sachbezogener Staatsimmunität** in Betracht kommen, die unmittelbar als allg Regel des Völkerrechts nach **Art 25 GG** Geltung hat (BVerfGE 117, 141 = NJW 2007, 2605; BGH NJW 79, 1101 jew mwN). Immunität gilt insb für hoheitl Handlungen eines fremden Staats, die diesem selbst, nicht dem für ihn handelnden Amtsträger zuzurechnen sind – acta iure imperii –, vgl BGH NJW 79, 1101; BVerfG NJW 2006, 2542; BGHZ 155, 279 = NJW 2003, 3488; EGMR NVwZ 2004, 967 LS (betr Übergriffe dt Streitkräfte im 2. Weltkrieg in Griechenland; auf Klage Deutschlands gegen Italien hat der IGH mit Urt v 3.2.2012 den Grds der Staatenimmunität als völkerrechtl GewohnheitsR bekräftigt, I.C.J. Rep. 2012, 99 = http://www.icj-cij.org/docket/files/143/16883.pdf; Bespr Payandeh, Staatenimmunität und MenschenR, JZ 2012, 949; Hess IPRax 2012, 201; Kloth/Brunner, Staatenimmunität im Zivilprozess bei gravierenden Menschenrechtsverletzungen, Archiv des VölkerR Bd 50 (2012), 218; Wagner RIW 2013, 851). Das **Immunitätsrecht ist dem internat Zuständigkeitsrecht vorgelagert**; letzteres findet also keine Anwendung, wenn dt Gerichtsbarkeit nach §§ 18-20 nicht gegeben ist (BGH 25.11.2015 – III ZR 26/15). Immunität gilt aber nicht bei nichthoheitl privatrechtl Betätigung (acta iure gestionis), insb wenn sich Staat wie Privater am Wirtschaftsleben beteiligt (BVerfG NJW 2014, 1723; BGH NJW 2013, 3184); die Abgrenzung ist nach der **Natur der staatl Handlung grds unter Zugrundelegung dt Rechts** vorzunehmen (BGHZ 209, 191 = NJW 2016, 1659; BGH NJW 2017, 827; BGH MDR 2016, 903 [Genius jurisPR-BGHZivilR 11/2016]; BGH NJW 79, 1101; zur Ausnahme im Kernbereich völkerrechtlich anerkannter Staatsgewalt BVerfG NJW 2014, 1723). Immunität sonach zB hinsichtl arbeitsrechtl Bestandsschutzstreit zw ausl Staat und Konsulatsangestellten mit (auch) hoheitl Aufgaben, BAG MDR 2018, 683; BAG MDR 2017, 1371 (Mankowski RdA 2018, 181), nicht mit sonstigen Arbeitnehmern, BAG NJW 2025, 2054; BAGE 159, 69 = MDR 2017, 1309 – Lehrkraft; BAG MDR 2005, 1235. Zweifelhaft ist, ob Staatenimmunität der Insolvenzanfechtungsklage wegen Zahlung auf ausländische Steuerschuld entgegensteht (so OLG Karlsruhe MDR 2024, 802 – nrkr: BGH WM 2025, 263 hat in dieser Sache dem EuGH die Frage vorgelegt, ob Art 6 I iVm Art 2 Nr 12 EuInsVO insoweit einen konkludenten Verzicht auf Staatenimmunität enthält; hierfür spricht das Erfordernis eines effektiven Rechtsschutzsystems, weil Insolvenzanfechtungsklagen ansonsten in beiden in Betracht kommenden Staaten unzulässig wären). Zur – nicht anzuerkennenden – Einrede eines Staatsnotstands (Argentinien) BVerfGE 118, 124 = NJW 2007, 2610 (abw Lübbe-Wolff). Auch „Staatsinsolvenzrecht“ besteht nicht (BVerfG NJW 2019, 2761). Werden hoheitl Zwecke verfolgt, können unter § 20 auch ausl Staatsunternehmen wie Notenbanken fallen (BGH MDR 2013, 1122 = NJW-RR 2013, 1532; Umtausch griechischer Staatsanleihen: BVerfG NJW 2020, 3647; BGHZ 217, 153 = NJW 2018, 854 [Müller] = MDR 2018, 692; BGHZ 209, 191 = NJW 2016, 1659 [Müller]; aA MK/Pabst Rn 10). Nicht hoheitl: Eingriff in Persönlichkeitsrechte durch Bildberichterstattung einer öffentl-rechtl Rundfunkanstalt (Schweiz – BGH NJW 2017, 827); Nutzungsuntersagung und Geltendmachung von Gebühren bzw Konzessionsabgaben bei Nutzung eines gemeinfreien Kunstwerkes außerhalb des Staatsgebiets (Italien – OLG Stuttgart 11.6.2025 – 4 U 136/24). – Die Frage der **ZwV gegen einen fremden Staat** beurteilt sich ausschließl nach Völkerrecht; danach ist die ZwV unzulässig in Vermögensgegenstände, die zwar im Gerichtsstaat gelegen sind, aber hoheitl Zwecken des fremden Staates, insb seiner diplomatischen Mission zur Wahrung ihrer amtl Aufgaben dienen (BGH MDR 2006, 414; BGH MDR 2003, 1135 = NJW-RR 2003, 1218; Genius jurisPR-BGHZivilR 11/2016), zB laufendes allg Bankkonto der Botschaft, durch hoheitl Handeln präsentierte Kulturgüter (KG 5.3.2010 – 18 W 2/10); auch bei Mischnutzung (BVerfG NJW 2012, 293); zu an der Staatenimmunität teilhabenden kulturellen Einrichtungen BGH MDR 2014, 1108 = NJW-RR 2014, 1188: Auslandsschule; BGH NJW 2010, 769 = MDR 2010, 109; zu den Anforderungen an Verzicht auf Immunität – pauschaler Verzicht auf Staatenimmunität reicht nicht aus BVerfGE 117, 141 = NJW 2007, 2605 (Kleinlein NJW 2007, 2591) und BGH NJW 2013, 3184; BGH MDR 2007, 1282 = WM 2007, 1562: Botschaftskontenpfändung Argentinien; zur Unzulässigkeit weiterer Zwangsvollstreckungsmaßnahmen bei hoheitl Zweckbestimmung eines Grdst während laufenden Verfahrens BGH MDR 2017, 361; ein generelles Verbot der ZwV in Vermögensgegenstände fremder Staaten besteht aber nicht (BVerfG NJW 78, 485; BGH WM 2008, 2302). Bankkonten wirtschaftl Unter- 4 nehmen eines ausl Staates unterliegen der Pfändung (OLG Frankfurt VersR 82, 447). Zur Frage der Immunität eines Staates gegen Schadensersatzansprüche wegen in Deutschland begangenen Delikts s KGR Berlin 2002, 356.

5 **3) Völkerrechtliche Vereinbarungen oder sonstige Rechtsvorschriften (§ 20 II).** Solche bestehen: – **a)** für **zwischenstaatl Organisationen** und deren Mitglieder, wie UN, NATO, EG/EU, Europarat, intern Atomenergiekommission (s BayObLG 71, 303), Europ Schulen (EuGH NZA 2015, 567; BAGE 152, 194 = NZA-RR 2016, 325; BVerwGE 91, 126 = NJW 93, 1409; BGHZ 182, 10 = NJW 2009, 3164 = MDR 2009, 1239), EUMETSAT (VGH Kassel NJW 2010, 2680), Europ Patentorganisation (LAG München 30.6.2016 – 2 Sa 167/15), Europ Laboratorium für Molekularbiologie (LAG Stuttgart 23.1.2018 – 19 Sa 11/17) ua, s dazu Bender IPRax 98, 1; MK/Pabst Rn 18; zur Erstreckung auch auf nicht hoheitl Rechtshandlungen s Kunz-Hallstein NJW 92, 3069. Die Immunität für zwischenstaatl Organisationen verstößt jedenfalls dann nicht gegen das durch **Art 6 I EMRK** gewährte Recht auf Anrufung eines Gerichts, wenn andere angemessene Möglichkeiten des Rechtsschutzes (zB eine Beschwerdeinstanz der Organisation) zur Verfügung stehen (BVerfG NJW 2018, 3374; EGMR NJW 99, 1173; OLG Köln 8.2.2019 – 5 U 47/18). – **b)** Für **Angehörige ausl Streitkräfte** nach dem **NATO-Truppenstatut** v 19.6.1951 (BGBl II 1961, 1190), Zusatzabk v 3.8.1959 (BGBl II 1959, 1218); geändert durch Abk v 18.3. 1993 (BGBl II 1994, 2594, 2598) u StreitkräfteaufenthaltsG v 20.7.1995 (BGBl II 1995, 554), zuletzt geändert d Art 191 VO v 19.6.2020, BGBl I 2020, 1328. – **c)** Bzgl Beschränkungen für **Staatsschiffe** vgl RGBl II 27, 484 u II 36, 303; sa RGZ 157, 389. Die Regelung gilt entspr für Staatsluftfahrzeuge. – **d)** Zur **Staatenimmunität** Europ Übk zur Staatenimmunität v 16.5.1972 (BGBl II 1990, 34, 35) sowie VN-Übk über die Immunität der Staaten und ihres Vermögens von der Gerichtsbarkeit v 2.12.2004 (ILM 44 – 2005 –, 801), das zwar noch nicht in Kraft getreten ist, aber auf die Handhabung des Völkergewohnheitsrechts ausstrahlt (sa Geimer IZPR[9] Rn 571, 666). – **e) Keine allgemeine funktionelle Immunität nachrangiger Hoheitsträger** gegen nationale Strafverfolgung wegen Straftaten nach dem Völkerstrafrecht nach II 2 (betr Strafrecht, sa BGH NJW 2024, 3003).

§ 21 (betr Strafsachen)

Zweiter Titel
Allgemeine Vorschriften über das Präsidium und die Geschäftsverteilung (§§ 21a-21j)

Vorbemerkungen zu §§ 21a-21j

1 Der 2. Titel wurde durch das **G zur Änderung der Bezeichnung der Richter und ehrenamtl Richter und der Präsidialverfassung der Gerichte** v 26.5.1972 (BGBl I 1972, 841) eingeführt. Die allg Grundsätze gelten für alle Gerichte der ordentl Gerichtsbarkeit, nicht für die Sondergerichte (vgl jedoch § 68 PatG); sie gelten entspr für die übrigen Gerichtszweige (§ 4 VwGO, § 4 FGO, § 6a ArbGG, § 6 SGG). Die **Bedeutung** der Regelung: Die Aufgaben der **gerichtl Selbstverwaltung** (s § 21a Rn 1) sind zusammengefasst und – insb ggü der Justizverwaltung – abgegrenzt. Für sie ist in den Präsidien ein einheitl Organ geschaffen (keine Mitbestimmung der Richterräte hierbei: BVerwG NJW 87, 1215). Gleichzeitig ist die gerichtl Selbstverwaltung unmittelbar (§ 21a II Nr 5) oder mittelbar (§ 21b) allen Richtern in gleicher Verantwortung übertragen.

2 Die Vorschriften der §§ 21a-j dienen der Verwirklichung der **Garantie des gesetzlichen Richters** (Art 101 I 2 GG, § 16 S 2 GVG). Die Regelungsdichte und vor allem die Rspr hierzu (s § 21e Rn 52 mit praxisnahem Vorschlag) haben jedoch ein Ausmaß an **Perfektionismus** erreicht, das weltweit einmalig sein dürfte und weit über das im Wortlaut des Art 101 I 2 GG („*Niemand darf seinem gesetzlichen Richter* ***entzogen*** *werden.*“; *Hervorhebung d Verf*) und in seiner Historie angelegte Ziel der **Willkürverhinderung** hinausschießt.

§ 21a (Präsidium)

(1) Bei jedem Gericht wird ein Präsidium gebildet.

(2) Das Präsidium besteht aus dem Präsidenten oder aufsichtführenden Richter als Vorsitzenden und

1. bei Gerichten mit mindestens achtzig Richterplanstellen aus zehn gewählten Richtern,

2. bei Gerichten mit mindestens vierzig Richterplanstellen aus acht gewählten Richtern,

3. bei Gerichten mit mindestens zwanzig Richterplanstellen aus sechs gewählten Richtern,

4. bei Gerichten mit mindestens acht Richterplanstellen aus vier gewählten Richtern,

5. bei den anderen Gerichten aus den nach § 21b Abs. 1 wählbaren Richtern.

I) Präsidium. 1) Abgrenzung Selbstverwaltung – Justizverwaltung. Präsidium ist ausschließl Organ der **gerichtl Selbstverwaltung**; seine Tätigkeit ist daher nicht Justizverwaltung, sondern der richterl Tätigkeit gleichgestellt, insb vom Grundsatz der richterl Unabhängigkeit (Art 97 GG, § 25 DRiG, § 1 GVG) erfasst (BGHZ 46, 147 = MDR 67, 211; BGHZ 112, 197 = NJW 91, 423 = MDR 91, 151); dies gilt auch für die Tätigkeit des Präsidenten im Präsidium (BGH MDR 2020, 1535; keine Maßnahme der Dienstaufsicht: BGH 1.3.2022 – RiZ 2/16 Tz 84). 1

Weisungen übergeordneter Stellen (auch des Präsidiums des übergeordneten Gerichts) sind ausgeschlossen (zur Zulässigkeit von Hinweisen der Justizverwaltung auf Mängel der Geschäftsverteilung vgl BGHZ 46, 147 = MDR 67, 211; BGH MDR 82, 227), ebenso eine dienstaufsichtl Überprüfung von Entscheidungen eines Präsidiums über die engen Grenzen des § 26 DRiG hinaus (BGHZ 112, 197 = NJW 91, 423; BGH NJW 95, 2494; sa § 21e Rn 59). Daraus folgt andererseits, dass Äußerungen oder Maßnahmen des Präsidenten oder des aufsichtführenden Richters im Rahmen seiner Aufgaben im Präsidium nicht Maßnahmen der Dienstaufsicht darstellen, die der Prüfung des Dienstgerichts nach § 26 III DRiG unterliegen (BayRiDG DRiZ 68, 310); auch der Präsident ist als Mitglied und Teil des Präsidiums unabhängiger Richter (Poseck, Besetzung von Richterpositionen – status quo besser als sein Ruf, NJW 2022, 2734). Zum unzulässigen Eingriff in Geschäftsverteilungskompetenz durch (Landes-)VO: OVG Greifswald 2.6.2015 – 2 K 13/15. 2

Diese **Trennung der gerichtl Selbstverwaltung und der Justizverwaltung** schließt ein Zusammenwirken der jew berufenen Organe zum Zwecke der sachgerechten Aufgabenbewältigung nicht aus, für das das Gesetz an mehreren Stellen ausdrückl Regelungen vorsieht (§ 21e VI, § 70 I). Einwirkungen (Hinweise, Absprachen, „Anregungen", „Prüfungswünsche") der Dienstaufsicht führenden Stelle sind nicht schlechthin, aber dann unzulässig, wenn sie Weisungen sind oder – nach Form oder Inhalt – als solche verstanden werden können (BGHZ 112, 197 = NJW 91, 423 = MDR 91, 151; BGHZ 82, 227). 3

2) Abgrenzung Präsidium zu anderen Wahlgremien. Das Präsidium ist andererseits **nicht Organ der Interessenvertretung der Richter** des Gerichts, wenngleich es im Regelfall aus Wahlen hervorgeht. Seine Funktion unterscheidet sich daher grundlegend von der des Präsidialrats (vgl §§ 49, 54 ff, §§ 74, 75 DRiG) und der des Richterrats (vgl §§ 49 ff, §§ 72, 73 DRiG). Es hat unmittelbar der Rspr dienende Aufgaben wahrzunehmen, so dass die für diese geltenden Grundsätze der Bindung an Gesetz und Recht, der Unparteilichkeit ua auch hier gelten. Es besteht keine Inkompabilität zwischen Mitgliedschaften in den genannten Gremien. Insb ist das Präsidium **nicht (Dienst-)Vorgesetzter** der Richter, auch wenn es mit der Geschäftsverteilung eine Aufgabe hat, die bei Beamten dem Dienstvorgesetzten obliegt (vgl BVerfG NJW 2008, 909). 4

II) Grundsatz. Nach I ist bei jedem Gericht ein Präsidium zu bilden, bei Neuerrichtung binnen 3 Monaten (§ 21j II). 5

III) Zusammensetzung des Präsidiums. Sie bestimmt sich für alle Gerichte nach der Zahl der dem Gericht zugewiesenen **Richterplanstellen** (die Zuweisung ist Sache der Justizverwaltung) an dem in § 21d I bezeichneten Zeitpunkt; auch nicht besetzte Planstellen zählen mit (Stanicki DRiZ 72, 414; OLG Koblenz DRiZ 96, 329; OVG Berlin DRiZ 2016, 312), ebenso solche, die nach dem Haushaltsrecht künftig wegfallen, aber am nach § 21d I maßgeblichen Stichtag noch besetzt sind (OVG Berlin DRiZ 2016, 312). 6

1) Vorsitzender. Dieser ist immer geborenes Mitglied des Präsidiums, wird also nicht gewählt. Vors ist der Präsident oder der aufsichtführende Richter des Gerichts, wenn es mindestens 8 Richterplanstellen (den aufsichtführenden Richter mitgezählt) hat; ist dies bei AG nicht der Fall, fällt der Vorsitz an den Präsidenten des übergeordneten LG oder den die Dienstaufsicht führenden Präsidenten eines anderen AG (§ 22a); 7

2) Weitere Mitglieder. Diese werden bei Gerichten mit mindestens 8 Richterplanstellen gewählt (II Nrn 1-4). Bei kleineren Gerichten (II Nr 5) sind alle wählbaren Richter (s § 21b I 2 u 3) kraft Gesetzes weitere Mitglieder des Präsidiums (auch der aufsichtführende Richter, s Rn 7). 8

3) Verlust der Mitgliedschaft. S § 21c Rn 6. 9

§ 21b (Wahl des Präsidiums)

(1) [1]Wahlberechtigt sind die Richter auf Lebenszeit und die Richter auf Zeit, denen bei dem Gericht ein Richteramt übertragen ist, sowie die bei dem Gericht tätigen Richter auf Probe, die Richter kraft Auftrags und die für eine Dauer von mindestens drei Monaten abgeordneten Richter, die Aufgaben der Rechtsprechung wahrnehmen. [2]Wählbar sind die Richter auf Lebenszeit und die Richter auf Zeit, denen bei dem Gericht ein Richteramt übertragen ist. [3]Nicht wahlberechtigt und nicht wählbar sind Richter, die für mehr als drei Monate an ein anderes Gericht abgeordnet, für mehr als drei Monate beurlaubt oder an eine Verwaltungsbehörde abgeordnet sind.

(2) Jeder Wahlberechtigte wählt höchstens die vorgeschriebene Zahl von Richtern.

(3) [1]Die Wahl ist unmittelbar und geheim. [2]Gewählt ist, wer die meisten Stimmen auf sich vereint. [3]Durch Landesgesetz können andere Wahlverfahren für die Wahl zum Präsidium bestimmt werden; in

diesem Fall erlässt die Landesregierung durch Rechtsverordnung die erforderlichen Wahlordnungsvorschriften; sie kann die Ermächtigung hierzu auf die Landesjustizverwaltung übertragen. [4]Bei Stimmengleichheit entscheidet das Los.

(4) [1]Die Mitglieder werden für vier Jahre gewählt. [2]Alle zwei Jahre scheidet die Hälfte aus. [3]Die zum ersten Mal ausscheidenden Mitglieder werden durch das Los bestimmt.

(5) Das Wahlverfahren wird durch eine Rechtsverordnung geregelt, die von der Bundesregierung mit Zustimmung des Bundesrates erlassen wird.

(6) [1]Ist bei der Wahl ein Gesetz verletzt worden, so kann die Wahl von den in Absatz 1 Satz 1 bezeichneten Richtern angefochten werden. [2]Über die Wahlanfechtung entscheidet ein Senat des zuständigen Oberlandesgerichts, bei dem Bundesgerichtshof ein Senat dieses Gerichts. [3]Wird die Anfechtung für begründet erklärt, so kann ein Rechtsmittel gegen eine gerichtliche Entscheidung nicht darauf gestützt werden, das Präsidium sei deswegen nicht ordnungsgemäß zusammengesetzt gewesen. [4]Im Übrigen sind auf das Verfahren die Vorschriften des Gesetzes über das Verfahren in Familiensachen und in den Angelegenheiten der freiwilligen Gerichtsbarkeit entsprechend anzuwenden.

1 **I) Allgemeines.** § 21b regelt die Grundlagen für die Wahl der Mitglieder des Präsidiums, soweit diese nach § 21a II erforderl ist. Das Verf iE bestimmt sich nach der auf Grund V erlassenen WahlO, s Rn 24.

2 **II) Wahlgrundsätze.** Es besteht für die wahlberechtigten Richter **Wahlpflicht** (vgl BVerwG DRiZ 75, 375; Kissel/Mayer Rn 16; MK/Pabst Rn 20), wie in II durch die Worte „**Jeder** Wahlberechtigte **wählt**" klargestellt wird. Die Wahlpflicht umfasst nach II nicht nur das Ausüben des Wahlrechts, sondern auch die ordnungsgemäße Vornahme der Wahlhandlung.

3 Gem II hat zwar jeder Wahlberechtigte so viele Stimmen, wie Mitglieder zu wählen sind; er muss diese jedoch nicht ausschöpfen. Die Möglichkeit, nur einen oder wenige Richter zu wählen, **begünstigt Fraktionsbildung und Minderheiten**, die durch gezielte Absprachen „ihren Kandidaten" durchbringen können. Das Leitbild politischer Wahlen liegt auch der **Öffnungsklausel** zugunsten abw **landesrechtl Regelungen** des Wahlverf (III 2) zugrunde: In der Begr des GesEntw (BTDrs 14/979) ist hierzu die Einführung des Verhältniswahlrechts genannt. Die Zulassung anderer Wahlverf beschränkt sich jedoch auf eine Abweichung von III 2. Nicht zur Disposition des Landesgesetzgebers stehen die **Grundsätze der unmittelbaren** (II) **und geheimen Wahl** (III 1). Auch angesichts der Wahlrechtsregelungen ist das **Präsidium kein justiz- oder standespolitisches Organ**, sondern ein **Selbstverwaltungsorgan der Rechtspflege** (s § 21a Rn 1). Deshalb wird sich, jedenfalls solange nicht durch Landesrecht das Verhältniswahlrecht eingeführt ist, bei **Wahlvorschlägen** Zurückhaltung empfehlen. Vorschläge Außenstehender, auch von Berufsverbänden, sind als Einmischung in interne Angelegenheiten des Gerichts zurückzuweisen. Unsachliche „Wahlwerbung" durch Richter kann als Dienstpflichtverletzung geahndet werden.

4 Einstweilen frei.

5 **III) Aktives Wahlrecht.** Dieses steht nach I 1 grds den Richtern zu, die ein Richteramt bei dem Gericht innehaben oder dort tätig sind. IE ist zu unterscheiden:

6 **1) Wahlberechtigte. Richter auf Lebenszeit oder Zeit, denen bei dem Gericht ein Richteramt übertragen ist** (vgl § 27 DRiG), sind wahlberechtigt. Zu ihnen gehören auch der Präsident bzw der aufsichtführende Richter; dass er dem Präsidium kraft Gesetzes angehört (§ 21a II), steht der Wahlberechtigung weder nach dem Wortlaut des Gesetzes noch aus sachl Gründen entgegen. In Fällen der Übertragung eines **weiteren Richteramtes** an einem anderen Gericht (vgl § 22 II, § 59 II GVG u § 27 II DRiG) ist der Richter an beiden Gerichten wahlberechtigt.

7 **a)** Nach I 3 entfällt die Wahlberechtigung jedoch trotz Bestehenbleibens der Richteramtsübertragung bei **Beurlaubung** (auch **beschäftigungslose Elternzeit**, Buck DRiZ 2013, 258) für mehr als 3 Monate, bei **Abordnung des Richters** an eine Verwaltungsbehörde (unabhängig von der Abordnungsdauer) oder an ein anderes Gericht für länger als 3 Monate (zum Erwerb des Wahlrechts an diesem Gericht s Rn 12). Der Verlust der Wahlberechtigung im erst- und letztgenannten Fall tritt bereits mit dem Zeitpunkt des Wirksamwerdens der Beurlaubung oder Abordnung ein, falls sie für mehr als 3 Monate angeordnet ist; wird eine kürzer als 3 Monate bemessene Beurlaubung oder Abordnung verlängert, so tritt der Verlust des Wahlrechts in dem Zeitpunkt ein, in dem die Gesamtdauer der angeordneten Beurlaubung oder Abordnung 3 Monate übersteigt. Die Wahlberechtigung bleibt jedoch bestehen, falls es sich nur um eine Teilabordnung (unter Aufrechterhaltung der Verwendung am Gericht, an dem Richteramt übertragen ist) handelt (s Rn 12). Die **Freistellungsphase einer Altersteilzeit** entspricht einer Beurlaubung, so dass Richter in dieser Phase weder wahlberechtigt noch wählbar sind.

8 **b)** Dagegen schließt eine **sonstige Verhinderung** des Richters, sein Richteramt auszuüben, die nicht auf einer zeitl fixierten Anordnung der Dienstbehörden beruht (zB Krankheit, Mutterschutz), die Wahlberechtigung nicht aus, auch nicht, wenn sie länger als 3 Monate dauert.

9 **c) Nicht wahlberechtigt** sind ehrenamtl Richter und Berufsrichter anderer Gerichtsbarkeiten, die in bes Spruchkörpern mitwirken, ohne dass ihnen ein Richteramt an diesem Gericht (§ 27 DRiG, vgl auch § 42 DRiG)

übertragen ist, zB Richter der Verwaltungsgerichtsbarkeit in Kammern und Senaten für Baulandsachen (BGH MDR 77, 916; MK/Pabst Rn 6; aA Kissel/Mayer Rn 6).

d) Nicht entscheidend ist dagegen der Umfang des übertragenen Richteramtes. Richter, die **teilzeitbeschäftigt** sind, haben daher volles Stimmrecht. Ebenso Professoren, denen – wenn auch nur zu einem Bruchteil ihrer Arbeitskraft – ein Richteramt als weiteres Hauptamt übertragen ist (vgl Art 14 BayRiStAG). 10

e) Aus § 21b I 1 (für abgeordnete Richter) und 3 (Anknüpfung an Abordnung an Verwaltungsbehörde, nicht an Verwaltungstätigkeit) folgt ferner, dass die Wahlberechtigung der Richter mit übertragenem Richteramt **nicht von der Wahrnehmung von Rspr-Aufgaben abhängt** (ebenso Stanicki DRiZ 72, 416). Wahlberechtigt sind demnach auch die Richter, die an dem Gericht, an dem ihnen nach § 27 DRiG ein Richteramt übertragen ist, ausschließl Aufgaben der Justizverwaltung oder Ausbildungsaufgaben (zB Arbeitsgemeinschaftsleiter) wahrnehmen. 11

2) Weitere Wahlberechtigte. Wahlberechtigt sind ferner die **Richter auf Probe und kraft Auftrags** an dem Gericht, dem sie zugewiesen und bei dem sie tätig sind. Eine Mindestdauer für die Tätigkeit besteht nicht. – **Abgeordnete Richter** sind am Gericht, zu dem sie abgeordnet sind, wahlberechtigt, wenn die vorgesehene Dauer der Abordnung 3 Monate oder mehr beträgt und sie Aufgaben der Rspr wahrnehmen (I 1 Alt 2). Entscheidend ist auch hier nur die vorgesehene Dauer der Abordnung, so dass abgeordnete Richter entweder an ihrem Stammgericht (s Rn 7) oder am Gericht der Abordnung wahlberechtigt sind, es sei denn, sie üben im letzteren Fall keine Rspr-Aufgaben aus. Ein Wahlrecht am Stammgericht und am Gericht der Abordnung entsteht bei **Teilabordnung:** Am Stammgericht tritt ein Verlust des Wahlrechts nicht ein, da I 3 voraussetzt, dass der Richter infolge der Abordnung sein nach § 27 DRiG übertragenes Richteramt nicht mehr ausübt; der Erwerb des Wahlrechts am Gericht der Abordnung setzt nach I 1 nicht voraus, dass der Richter ausschließl an diesem Gericht tätig ist. 12

3) Stichtag. Maßgebl für die Entscheidung über die **Wahlberechtigung** nach I ist der Wahltag, nicht der in § 21d I bestimmte Zeitpunkt oder die – zum Zeitpunkt der Wahl nur beschränkt vorhersehbare – Situation zu Beginn der Amtsperiode, bei 2 Wahltagen der Tag, an dem das Wahlrecht ausgeübt wird. – Zweifelsfälle entscheidet der **Wahlvorstand**. 13

4) Eintragung in das Wahlverzeichnis. Eintragung (§ 2 I WahlO, s Rn 24) ist für die Wahlberechtigung ohne Einfluss, insb begründet die unrichtige Eintragung die Berechtigung nicht. Sie ist jedoch formelle Voraussetzung der Ausübung des Wahlrechts (vgl § 6 IV 2 u § 7 IV 1 WahlO). 14

IV) Wählbarkeit. Wählbar sind nach I 2 die Richter auf Lebenszeit und auf Zeit, denen ein Richteramt (ggf auch ohne Rspr-Aufgaben, s Rn 11) an dem Gericht übertragen ist (vgl § 27 DRiG; also nicht Richter auf Probe, kraft Auftrags und von einem anderen Gericht abgeordnete Richter); sie sind jedoch nicht wählbar (I 2 u 3), soweit sie nicht wahlberechtigt sind (s Rn 5 ff). – Nicht wählbar sind ferner die Richter, die dem Präsidium bereits angehören, unabhängig ob die Mitgliedschaft kraft Gesetzes (Präsident oder Aufsicht führender Richter, § 21a II) besteht oder auf früherer Wahl (bei noch nicht abgelaufener Wahlperiode, vgl dazu § 2 II WahlO) beruht. Der Vizepräsident (Vertreter des aufsichtführenden Richters) ist wählbar, wie sich aus § 21c I 2 ergibt. 15

Für die Feststellung der **Wählbarkeit** und das **Verf** gelten die gleichen Grundsätze wie für die Wahlberechtigung (s Rn 13 u 14). 16

V) Amtspflicht. Gem III 2 („gewählt ist") besteht **Pflicht zur Ausübung des Amts** ohne bes Annahme der Wahl; Ausschlagung oder Niederlegung des Amts ist ebenfalls nicht mögl (BVerwG DRiZ 75, 375; Kissel/Mayer Rn 16; sa Rn 2). 17

VI) Wahlverfahren. Die auf Grund der Ermächtigung **in V erlassene WahlO** (s Rn 24) regelt die Einzelheiten. § 5 II statuiert ein Listenverbot; dies dient der Manipulationsverhinderung und ist als Verfahrensvorschrift von § 21b V iVm II 1 gedeckt. Die WahlO steht jedoch **unter dem Vorbehalt anderweitiger landesrechtl Regelungen** (III 3, s Rn 3, 24). 18

VII) Amtsdauer. Nach IV 1 beträgt die **Amtsdauer** der gewählten Mitglieder 4 Jahre; nach der 1. Wahl eines Präsidiums jedoch für die Hälfte der Mitglieder (die durch Los bestimmt werden) nur 2 Jahre (IV 2 u 3). Durch diese Regelung, die alle 2 Jahre das Ausscheiden der Hälfte der gewählten Mitglieder und damit das Notwendigwerden einer Neuwahl bewirkt, soll die Kontinuität der Tätigkeit des Präsidiums sichergestellt werden. Die Erstwahlregelung der S 2, 3 ist auch anzuwenden, wenn aus sonstigen Gründen (zB: Durchführung einer vorhergehenden Wahl wurde vergessen, OLGR Frankfurt 2007, 954) im Amt verbleibende Präsidiumsmitglieder fehlen. – Weitere Verkürzungen der Amtsperioden können sich bei Veränderungen der Zahl der Richterplanstellen ergeben (s § 21d u Anm dort). – Die Wahlperiode beginnt mit dem Beginn des Geschäftsjahrs, zu dem die Wahl erfolgt. – Da § 21d I und die WahlO auf das Geschäftsjahr abstellen, sind auch für die Berechnung der Amtsdauer die Geschäftsjahre maßgebl. Der Unterschied ist idR bedeutungslos, da sich Geschäftsjahr und Kalenderjahr decken. Tritt hier jedoch eine Verschiebung ein (s § 21d Rn 1), ist diese auch für die Berechnung der Amtsperiode zu berücksichtigen, damit der Anknüpfungszeitpunkt erhalten bleibt. Für neue Gerichte s § 21j. 19

VIII) Wahlanfechtung. 1) Anfechtungsberechtigung. Die Wahl anfechten kann jeder dem Gericht zugehörende Richter iSd I 1, und zwar auch dann, wenn er nach I 3 nicht wahlberechtigt ist; dies ergibt sich aus der 20

Verweisung nur auf I 1 und rechtfertigt sich daraus, dass auch der nicht wahlberechtigte Richter durch die Tätigkeit des Präsidiums zB bei der Geschäftsverteilung betroffen werden kann (so auch Kissel/Mayer Rn 18). Maßgebend sind Verhältnisse am Wahltag (MK/Pabst Rn 23), weil VI die Anfechtungsbefugnis ausdrückl den in I 1 bezeichneten Richtern gibt und für I 1 Wahltag entscheidend ist (s Rn 13; aA Kissel/Mayer Rn 18). Dagegen ist nicht anfechtungsberechtigt ein dem Gericht nicht angehörender Richter, der durch Entscheidungen des Präsidiums unmittelbar betroffen ist (Richter am AG, der vom Präsidium des LG zum Mitglied einer Kammer des LG bestellt wird, § 78 II, § 78b II, § 106), s OLG Bamberg NStZ 84, 471, ebenso nicht der Präsident des LG für Wahl am nachgeordneten AG (OLG Koblenz DRiZ 96, 329). Zur Folge des Ausscheidens nach Erhebung der Anfechtungsklage: OVG Münster NJW 88, 72. Zulässig, nur einen Teil des Wahlergebnisses anzufechten (OVG Münster NJW 88, 72). Es besteht keine Anfechtungsfrist (MK/Pabst Rn 24; mit Recht krit zu dieser Regelungslücke Kissel/Mayer Rn 19).

20a Das Verf nach VI ist analog anzuwenden bei **sonstigen (gerichtsinternen) Streitigkeiten** über die Zusammensetzung des Präsidiums, etwa Feststellung des Nachrückers (s § 21c Rn 8) oder Feststellungsantrag eines Richters, dass er (nicht) Mitglied des Präsidiums ist (OLG Frankfurt DRiZ 84, 196), ferner, wenn eine vorgeschriebene Wahl unterlassen wird (OLG Koblenz DRiZ 96, 329).

20b Dagegen ist VI im Vorfeld einer Wahl auch nicht entspr heranzuziehen; soweit vorläufiger Rechtsschutz überhaupt in Betracht kommt (der Gesetzgeber hat wohl bewusst Rechtsschutz durch nachträgl Anfechtung für ausreichend erachtet), richtet er sich nach den allg Vorschriften der VwGO (vgl VGH Kassel NJW 87, 1219, dazu Stanicki DRiZ 89, 58).

21 **2) Zulässigkeitsvoraussetzungen.** Die Anfechtung ist nur zulässig, wenn die **Verletzung einer das Wahlverf betr Rechtsnorm** behauptet wird; hierunter fallen insb die Vorschriften dieses Titels wie die der auf Grund des § 21b V erlassenen WahlO. Es muss aber nicht die Verletzung eigener Rechte des Anfechtenden behauptet werden (BVerwG DRiZ 75, 375). Zur Wahl gehört auch die Voraussetzung für eine Wahl nach § 21a II, so dass auch geltend gemacht werden kann, dass eine Wahl entgegen § 21a II Nr 5 durchgeführt oder entgegen § 21a II Nrn 1-4 unterlassen wurde. – Die Anfechtung ist begründet, wenn der behauptete Verstoß vorliegt; zusätzl ist zu fordern, dass der Verstoß das Wahlergebnis beeinflusst haben kann (**Kausalität**).

22 **3) Zuständigkeit und Verfahren.** Der nach VI 2 zuständige Senat muss im GVP bestimmt werden. – **Verf** nach FamFG, wobei die Vorschriften des Beschwerdeverf (§§ 58 ff) und über die Rechtsbeschwerde (§§ 70 ff) in Betracht kommen. Da alle Beteiligte Organe der Rechtspflege sind, ist von einer Kostenauferlegung nach der Ermessensvorschrift des § 81 I 1 FamFG abzusehen.

23 **4) Anfechtungswirkung.** Die der Anfechtung stattgebende Entscheidung beseitigt das Wahlergebnis mit **Wirkung ex nunc** (VI 3); die zwischenzeitl getroffenen Maßnahmen des Präsidiums sind wirksam; dies wird über den Wortlaut des S 3 hinaus auch ggü den betroffenen Richtern gelten müssen. Dies gilt auch über den Zeitpunkt der Auflösung hinaus (Kissel/Mayer Rn 21); diese hat nur zur Folge, dass das aufgelöste Präsidium nicht weiter tätig werden kann. Bis zum Zeitpunkt der Entscheidungsfähigkeit des neu zu wählenden Präsidiums kann der Präsident oder der aufsichtführende Richter nach § 21i II die erforderl Maßnahmen treffen.

24 **IX) Wahlordnung.** Die Wahlordnung für die Präsidien der Gerichte v 19.9.1972, BGBl I 1972, 1821, zuletzt geändert durch G v 19.4.2006, BGBl I 2006, 866, gilt vorbehaltl anderweitiger landesrechtl Regelungen (§ 21b III 3, s Rn 3, 18), die bislang nicht ergangen sind.

§ 21c (Vertretung der Mitglieder des Präsidiums)

(1) [1]Bei einer Verhinderung des Präsidenten oder aufsichtführenden Richters tritt sein Vertreter (§ 21h) an seine Stelle. [2]Ist der Präsident oder aufsichtführende Richter anwesend, so kann sein Vertreter, wenn er nicht selbst gewählt ist, an den Sitzungen des Präsidiums mit beratender Stimme teilnehmen. [3]Die gewählten Mitglieder des Präsidiums werden nicht vertreten.

(2) Scheidet ein gewähltes Mitglied des Präsidiums aus dem Gericht aus, wird es für mehr als drei Monate an ein anderes Gericht abgeordnet oder für mehr als drei Monate beurlaubt, wird es an eine Verwaltungsbehörde abgeordnet oder wird es kraft Gesetzes Mitglied des Präsidiums, so tritt an seine Stelle der durch die letzte Wahl Nächstberufene.

1 **1) Vertretung.** § 21c I 1 betrifft nur die **Vertretung des Vors** des Präsidiums. Dies folgt aus dem Zusammenhang der Vorschrift, die sicherstellen soll, dass der Vors des Präsidiums immer aktionsfähig (vgl § 21i II) ist. Sie gilt daher auch für die Vertretung des nach § 22a bestimmten Vors, dagegen nicht für die Vertretung des aufsichtführenden Richters, der nach § 21a II Nr 5 nur weiteres Mitglied ist (s § 21a Rn 7, 8).

2 Vertretung des Vors tritt in allen Fällen der **Verhinderung** ein; diese liegt vor bei Abwesenheit zB infolge Urlaub, Dienstreise, Erkrankung, bei Anwesenheit gilt grds (s § 21i Rn 3) der Vorrang der Aufgaben im Präsidium vor anderen Dienstaufgaben (ebenso Kissel/Mayer Rn 1). Verhinderung hat der Vors, im Falle seiner Abwesen-

hat der berufene Vertreter festzustellen. Als Verhinderung muss auch das vorübergehende **Fehlen eines Vors** (bei Ausscheiden eines Präsidenten bis zur Berufung des Nachfolgers) angesehen werden. Ebenso Verhinderung wegen Befangenheit s § 21e Rn 27.

Die **Person des Vertreters** bestimmt sich nach § 21h. Bei Verhinderung des zunächst berufenen Vertreters tritt der nächstfolgende an seine Stelle (§ 21h S 2). Ist der Vertreter seinerseits Mitglied des Präsidiums nach § 21a II, so ist er für die Dauer der Vertretung des Vors an der Ausübung des Amtes des Mitglieds des Präsidiums verhindert (kein doppeltes Stimmrecht); daraus folgt, dass er seinerseits nicht vertreten wird (I 3), insb ist die Vertretung des Vors kein Fall der Mitgliedschaft kraft Gesetzes iSd II. 3

Die **übrigen Mitglieder** werden bei Verhinderung nicht vertreten. Für die gewählten gilt dies nach I 3, für die Mitglieder iSd § 21a II Nr 5 folgt dies aus dem Fehlen eines Vertreters, der nicht seinerseits bereits Mitglied des Präsidiums wäre. 4

2) Stellung des Vertreters des Vorsitzenden gem § 21c I 2. Das Recht der beratenden Teilnahme des Vertreters des Vorsitzenden dient der umfassenden Meinungsbildung des Präsidiums und soll dem Vertreter ermöglichen, ohne weitere Vorbereitung und Information jederzeit die Vertretung übernehmen zu können. Es gilt daher auch für den Vertreter des nach § 22a berufenen Vors. Andererseits wird es auf den nach § 21h an 1. Stelle berufenen Vertreter zu beschränken sein, da anderenfalls alle nichtgewählten Richter teilnehmen könnten (vgl § 21h S 2). Hierfür spricht auch der Wortlaut des I 2 („sein Vertreter" im Singular), woraus auch folgt, dass bei Verhinderung des an 1. Stelle berufenen Vertreters die weitere Vertretungsregel des § 21h S 2 nicht eingreift (dieser in seiner beratenden Funktion also nicht vertreten wird). 5

3) Wechsel der Mitgliedschaft (§ 21c II). Aus II folgt mittelbar, wann **ein Verlust der Mitgliedschaft** im Präsidium eintritt; dies ist in allen Fällen des **Verlustes der Wählbarkeit** für das konkrete Gericht (vgl § 21b I 2 u 3) der Fall. Er ergibt sich für die kraft Gesetzes berufenen Mitglieder (Vors, Mitglieder nach § 21a II Nr 5) unmittelbar aus § 21a II, für gewählte Mitglieder folgt dies aus § 21c II. Letztere verlieren die Mitgliedschaft ferner bei **Ablauf der Wahlzeit bzw Auslosung** (§ 21b IV, § 21d II u III) oder bei Erwerb der Mitgliedschaft im Präsidium kraft Gesetzes (hier kommt nur die **Ernennung zum Präsidenten oder zum aufsichtführenden Richter**, falls das Gericht mindestens 8 Planstellen hat, in Betracht). – **Sonstige Gründe** (etwa länger dauernde Krankheit) führen nicht zum Erlöschen der Mitgliedschaft im Präsidium; dies gilt auch dann, wenn bereits feststeht, dass das Mitglied bis zu einem bereits absehbaren Ausscheiden (zB durch Erreichung der Altersgrenze) das Amt nicht mehr ausüben kann (vgl § 21b Rn 8). Die Mitgliedschaft kann auch nicht niedergelegt werden (s § 21b Rn 17). – Die einmal verlorene Mitgliedschaft **lebt nicht wieder auf**, wenn der den Verlust begründende Umstand (zB vorübergehende Abordnung) wegfällt, vielmehr verbleibt die Mitgliedschaft bei dem einmal eingetretenen Nachfolger (Kissel/Mayer Rn 6). 6

4) Nachfolger. An die Stelle eines ausgeschiedenen **Mitglieds kraft Gesetzes** tritt sein Nachfolger im Richteramt; dies gilt für den nach § 21a II oder § 22a berufenen Vors und die Mitglieder nach § 21a II Nr 5. – Anstelle eines ausgeschiedenen **gewählten Mitglieds** tritt der bei der letzten Wahl Nächstberufene (II). Er muss mindestens 1 Stimme erhalten haben und im Zeitpunkt des Eintritts noch wählbar sein. Ist ein Nächstberufener idS nicht vorhanden, ist eine Nachwahl durchzuführen (§ 14 WahlO). Der Nachfolger tritt, auch wenn er durch Nachwahl berufen wird, in die laufende Amtszeit seines Vorgängers ein. Sind gleichzeitig Mitglieder mit verschiedenen Amtszeiten zu ersetzen, entscheidet das Los, wer von den Nächstberufenen für das eine und wer für das andere Mitglied nachrückt (BGH NJW 91, 1183). – Maßgebl ist die **Ersatzliste der letzten vorangegangenen Wahl** für die laufende Wahlperiode, auch wenn der Ausgeschiedene in früherer Wahl gewählt wurde. 7

Die **Feststellung über den Nachfolger** trifft das **Präsidium** im Rahmen seiner Selbstverwaltung, nicht der Wahlvorstand der letzten Wahl, dessen Aufgabe beendet ist und der idR nicht mehr besteht (Kissel/Mayer Rn 9; BGH MDR 91, 230). 8

§ 21d (Größe des Präsidiums)

(1) Für die Größe des Präsidiums ist die Zahl der Richterplanstellen am Ablauf des Tages maßgebend, der dem Tage, an dem das Geschäftsjahr beginnt, um sechs Monate vorhergeht.

(2) [1]Ist die Zahl der Richterplanstellen bei einem Gericht mit einem Präsidium nach § 21a Abs. 2 Nr. 1 bis 3 unter die jeweils genannte Mindestzahl gefallen, so ist bei der nächsten Wahl, die nach § 21b Abs. 4 stattfindet, die folgende Zahl von Richtern zu wählen:

1. bei einem Gericht mit einem Präsidium nach § 21a Abs. 2 Nr. 1 vier Richter,

2. bei einem Gericht mit einem Präsidium nach § 21a Abs. 2 Nr. 2 drei Richter,

3. bei einem Gericht mit einem Präsidium nach § 21a Abs. 2 Nr. 3 zwei Richter.

[2]Neben den nach § 21b Abs. 4 ausscheidenden Mitgliedern scheidet jeweils ein weiteres Mitglied, das durch das Los bestimmt wird, aus.

(3) [1]Ist die Zahl der Richterplanstellen bei einem Gericht mit einem Präsidium nach § 21a Abs. 2 Nr. 2 bis 4 über die für die bisherige Größe des Präsidiums maßgebende Höchstzahl gestiegen, so ist bei der nächsten Wahl, die nach § 21b Abs. 4 stattfindet, die folgende Zahl von Richtern zu wählen:

1. bei einem Gericht mit einem Präsidium nach § 21a Abs. 2 Nr. 2 sechs Richter,

2. bei einem Gericht mit einem Präsidium nach § 21a Abs. 2 Nr. 3 fünf Richter,

3. bei einem Gericht mit einem Präsidium nach § 21a Abs. 2 Nr. 4 vier Richter.

[2]Hiervon scheidet jeweils ein Mitglied, das durch das Los bestimmt wird, nach zwei Jahren aus.

1 **1) Stichtag. I** bestimmt den für die Größe des Präsidiums iSd § 21a II **maßgebl Zeitpunkt. Geschäftsjahr** ist, entweder landesrechtl (Bay: Art 6 AGGVG) bestimmt oder mittlerweile gewohnheitsrechtl, das **Kalenderjahr** (Kissel/Mayer Rn 9; iErg ebenso MK/Pabst Rn 3), so dass der Stand zum Ablauf des **30.6. des Vorjahres** maßgebl ist. Tag der Neuerrichtung eines Gerichts ist maßgebl gem § 21j III.

2 **2) Folgen der Veränderung der Planstellenzahl.** In II u III ist unmittelbar nur die Folge einer **Veränderung im Abgrenzungsbereich zwischen § 21a II Nrn 1-4** (79/80, 39/40, 19/20) geregelt. Diese wirkt sich danach erst für die nächste turnusmäßige Wahl (vgl § 21b IV 2) aus und nur dann, wenn die Veränderung vor dem in I bestimmten Zeitpunkt wirksam wurde.

3 Nicht ausdrückl geregelt ist die Folge des **Ansteigens der Planstellenzahl auf 8 oder ihr Absinken unter diese Grenze.** Man wird dann den Grundsatz des § 21d I ebenfalls anwenden müssen, obwohl es sich in 1. Linie um die Frage der Berufung der Mitglieder des Präsidiums auf Grund einer Wahl oder kraft Gesetzes und somit nur mittelbar um eine Frage der „Größe des Präsidiums" handelt. Hieraus folgt:

4 Steigt die Zahl der Planstellen **auf 8**, so bleibt das nach § 21a II Nr 5 zusammengesetzte Präsidium zunächst im Amt. Die Wahl der Mitglieder nach § 21a II Nr 4 – mit Wirkung zum Beginn des nächsten Geschäftsjahres – ist spätestens 2 Wochen vor dem Ende des laufenden Geschäftsjahres vorzunehmen (§ 3 WahlO), wenn die 8. Planstelle vor dem nach § 21d I maßgebl Zeitpunkt hinzukam, anderenfalls erst zum Ablauf des nächstfolgenden Geschäftsjahrs.

5 Fällt die Zahl der Richterplanstellen **unter 8**, so müssen folgerichtig diese Grundsätze entspr angewendet werden: Das gewählte Präsidium bleibt – je nachdem, ob die Veränderung vor oder nach dem 30.6. des laufenden Geschäftsjahrs eintrat – bis zum Ablauf dieses oder des nächstfolgenden Geschäftsjahrs im Amt; in letzterem Fall kann sogar noch eine Wahl nach § 21b IV 2 notwendig werden, falls eine Wahlperiode mit dem laufenden Geschäftsjahr abläuft (aA Kissel/Mayer Rn 7).

§ 21e (Aufgaben und Befugnisse des Präsidiums; Geschäftsverteilung)

(1) [1]Das Präsidium bestimmt die Besetzung der Spruchkörper, bestellt die Ermittlungsrichter, regelt die Vertretung und verteilt die Geschäfte. [2]Es trifft diese Anordnungen vor dem Beginn des Geschäftsjahres für dessen Dauer. [3]Der Präsident bestimmt, welche richterlichen Aufgaben er wahrnimmt. [4]Jeder Richter kann mehreren Spruchkörpern angehören.

(2) Vor der Geschäftsverteilung ist den Richtern, die nicht Mitglied des Präsidiums sind, Gelegenheit zur Äußerung zu geben.

(3) [1]Die Anordnungen nach Absatz 1 dürfen im Laufe des Geschäftsjahres nur geändert werden, wenn dies wegen Überlastung oder ungenügender Auslastung eines Richters oder Spruchkörpers oder infolge Wechsels oder dauernder Verhinderung einzelner Richter nötig wird. [2]Vor der Änderung ist den Vorsitzenden Richtern, deren Spruchkörper von der Änderung der Geschäftsverteilung berührt wird, Gelegenheit zu einer Äußerung zu geben.

(4) Das Präsidium kann anordnen, dass ein Richter oder Spruchkörper, der in einer Sache tätig geworden ist, für diese nach einer Änderung der Geschäftsverteilung zuständig bleibt.

(5) Soll ein Richter einem anderen Spruchkörper zugeteilt oder soll sein Zuständigkeitsbereich geändert werden, so ist ihm, außer in Eilfällen, vorher Gelegenheit zu einer Äußerung zu geben.

(6) Soll ein Richter für Aufgaben der Justizverwaltung ganz oder teilweise freigestellt werden, so ist das Präsidium vorher zu hören.

(7) [1]Das Präsidium entscheidet mit Stimmenmehrheit. [2]§ 21i Abs. 2 gilt entsprechend.

(8) [1]Das Präsidium kann beschließen, dass Richter des Gerichts bei den Beratungen und Abstimmungen des Präsidiums für die gesamte Dauer oder zeitweise zugegen sein können. [2]§ 171b gilt entsprechend.

(9) Der Geschäftsverteilungsplan des Gerichts ist in der von dem Präsidenten oder aufsichtführenden Richter bestimmten Geschäftsstelle des Gerichts zur Einsichtnahme aufzulegen; einer Veröffentlichung bedarf es nicht.

Lit: *Remus* (vormals PräsLG Stendal), Präsidialverfassung und ges Richter, Diss 2008; *Schorn/Stanicki*, Die Präsidialverfassung der Gerichte aller Rechtswege, 2. Aufl 1975; *Sowada*, Der ges Richter im Strafverf, Habil Berlin 2002.

I) Aufgaben des Präsidiums. Die Aufgaben und Befugnisse des Präsidiums ergeben sich aus I, IV u VI; weitere Aufgaben bestehen nur, soweit gesetzlich übertragen (vgl § 22b I, II, § 70 I, § 132 VI; auch durch Landesrecht mögl, vgl § 18 GerOrgG Rh-Pf: Beteiligung des Präsidiums bei der Festsetzung der Zahl der Kammern der LG; Bayern: Beteiligung bei der Gewährung von Zulagen in der Verw- und Finanzgerichtsbarkeit, s Rn 23); oder soweit es sich um ergänzende Maßnahmen handelt (zB Auslegung des GVP aus Anlass von Kompetenzstreitigkeit; s Rn 38). Eine „Allzuständigkeit" des Präsidiums (Schorn/Stanicki S 72) gibt es nicht (Kissel/Mayer Rn 12). – Die Aufgaben sind **nicht delegierbar**, auch nicht auf den Präsidenten (vgl auch § 21i II). – Zur Stellung des Präsidiums im Allg, insb zum Verhältnis zur Justizverwaltung s § 21a Rn 1. – Im Einzelnen: 1

1) Besetzung der Spruchkörper. Spruchkörper idS sind alle Spruchorgane, die mit mehr als einem Richter entscheiden, also auch die KfH; Besetzung daher nicht nötig bei AG (§ 22 I), dort nur Verteilung der Geschäfte auf die Einzelrichter (s Rn 11 ff). – Die Zahl der Spruchkörper wird von der Justizverwaltung bestimmt (s § 60 Rn 1) und unterliegt nicht der Entscheidung des Präsidiums (Ausnahme: Bildung von Hilfskammern und Hilfssenaten, dazu s Rn 19 u § 21f Rn 2). – Die Regelung gilt auch für die Besetzung mit ehrenamtl Handelsrichtern (§ 105); zu Ergänzungsrichtern s Rn 21. 2

a) Jeder Richter ist **mindestens einem Spruchkörper** zuzuteilen. Das Präsidium darf einen Richter nicht durch Maßnahmen der Geschäftsverteilung von seiner richterl Tätigkeit praktisch ausschließen (BVerfG NJW 64, 1019; OVG Münster 6.8.2021 – 1 B 1106/21), außer wenn und solange ein Richter etwa wegen (absehbar längerer) Krankheit oder Altersteilzeit in der Freistellungsphase ohnehin nicht mitwirken kann; ebenso kann von der Zuweisung an einen Spruchkörper abgesehen werden, wenn der Richter (zB durch Betrauung mit Aufgaben der Justizverwaltung) dauernd oder (bei Abordnung) für bestimmte oder bestimmbare Zeit verhindert ist. 3

Jedem Spruchkörper ist ein Vors (vgl § 21f) und mindestens die ges Zahl von Beisitzern zuzuteilen; vorab bestimmt der **Präsident** des Gerichts nach I 3 den Spruchkörper, dessen Vorsitz er übernimmt; das Präsidium hat die Zuständigkeit dieses Spruchkörpers so zu bemessen, dass der Präsident trotz seiner Verwaltungsaufgaben die Aufgaben des Vorsitzenden zu mindestens 75 % selbst erfüllen kann (s § 21f Rn 3). Die Besetzung mit „NN" ist unzulässig (unvollständige Geschäftsverteilung, BGH NJW 79, 1052; BFH 12.3.2014 – X B 126/13), es sei denn, eine zugeteilte Planstelle ist vorübergehend nicht oder noch nicht besetzt (BGH NJW 88, 1397; s Rn 39d, 39e). 4

Jeder Richter kann jedoch **mehreren Spruchkörpern** zugeteilt werden (I 4, s § 21f Rn 10). In diesem Fall ist durch das Präsidium festzulegen, welcher Geschäftsaufgabe bei gleichzeitiger Inanspruchnahme in den verschiedenen Spruchkörpern Vorrang zukommt (BGH NJW 73, 1291). Entsprechendes gilt, wenn dem Richter ein Richteramt an einem weiteren Gericht übertragen ist (§ 27 II DRiG); zum Fall eines „Doppelpräsidenten" des FG und OVG: BFHE 263, 317 = NJW 2019, 1326. 5

b) Soweit nicht ges Sonderregelungen (zB über die Besetzung mit ehrenamtl Richtern, vgl etwa § 105 I, oder mit Beisitzern aus einem anderen Gerichtszweig, §§ 220, 229 BauGB) bestehen, hat das Präsidium **nach pflichtgemäßem Ermessen** (BVerfG NJW 2008, 909 = DRiZ 2008, 122; BVerwG NJW 87, 1215 – Mitwirkung des Richterrats ausgeschlossen) über die Zuteilung der Richter an die Spruchkörper zu entscheiden. Dabei hat es die bes Anforderungen der dem jew Spruchkörper obliegenden Rspr-Aufgaben, die bes Fähigkeiten und Kenntnisse des jew Richters, seine Interessen und Äußerungen (II, V) angemessen zu berücksichtigen. Jedoch gelten die Grundsätze des Art 33 II GG nicht für die Auswahl von Richtern für bestimmte Geschäftsaufgaben (BVerfG NJW 2008, 909; VGH Mannheim NJW 2006, 2424 = DRiZ 2006, 221). Maßstab für die Ermessensausübung ist die Sicherung einer **funktionstüchtigen Rechtspflege**; hierzu gehört auch der Gesichtspunkt der umfassenden Verwendbarkeit der Richter, die durch Aufgabenwechsel nach angemessener Zeit gesichert werden soll (OVG Münster 6.8.2021 – 1 B 1106/21; BayVGH 19.3.1986 – Nr 3 B 85 A 2623). Aufgabenwechsel zur Vermeidung naheliegender Befangenheitsanträge ist zulässig, zB bei bekanntem Liebesverhältnis zw Vors und beisitzendem Richter. Ein Richter muss grundsätzlich für jede Tätigkeit im Rahmen der gerichtlichen Zuständigkeit einsetzbar und einsatz- 6 bereit sein (BVerfG NVwZ 2017, 51 = DRiZ 2017, 64). So hat der einzelne Richter grds **keinen Anspruch, eine bestimmte Geschäftsaufgabe** zugeteilt zu erhalten oder von ihr nicht abgelöst zu werden (BVerfG NJW 2008, 909; BGH DVBl 2023, 1212; OVG Münster 6.8.2021 – 1 B 1106/21; VGH Mannheim DRiZ 2011, 141; VGH Mannheim NJW 2006, 2424). Prestigegesichtspunkte, wie sie etwa in der Wertung bestimmter richterl Aufgaben nach Anciennität zum Ausdruck kommen und von den Präsidien oft zu rücksichtsvoll auch beachtet werden, können nicht entscheidend sein (VGH Kassel DRiZ 84, 62). Andererseits hat Richter subj Recht auf fehlerfreien Ermessensgebrauch des Präsidiums, also ist willkürl oder als verdeckte Disziplinarmaßnahme gegen das Prinzip der richterl Unabhängigkeit verstoßende Neuverteilung der Geschäfte unzulässig (BGH 1.3.2022 – RiZ 2/16 Tz 72, 76; OVG Münster 6.8.2021 – 1 B 1106/21; OVG Hamburg NVwZ-RR 2018, 793; VGH Mannheim DRiZ 2011, 141 [Jahn]); jedoch dürfen zB obj bestehende Spannungen unter Richtern bei der neuen Geschäftsverteilung berücksichtigt werden (BVerfG NVwZ 2017, 51 = DRiZ 2017, 64; BGH 1.3.2022 – RiZ 2/16).

7 **c)** Unzulässig ist in jedem Fall eine Zuteilung nur für **bestimmte** Sitzungstage oder **Verf** (Art 101 I 2 GG, aber s Rn 14, 46).

8 **d)** Die Zuweisung kann sich **auf bestimmte Rspr-Aufgaben des Spruchkörpers** beschränken, die dann allerdings im GVP selbst ausgewiesen sein müssen; eine solche auf bestimmte Aufgaben beschränkte Zuweisung kann insb geboten sein, wenn dem Spruchkörper Aufgaben zugewiesen sind, die in unterschiedl Besetzung wahrzunehmen sind (vgl etwa § 122). Es ist zulässig, Richter nur für die unter die erweiterte Richterbank fallenden Aufgaben zuzuweisen (Katholnigg § 21e Rn 4 u NJW 92, 2259; Kissel/Mayer Rn 132; sa BVerwG NJW 67, 642; BVerwG NJW 68, 811). – Auch ist die **Zuweisung** eines Richters **nur mit einem im GVP kenntlich zu machenden** (BFH NJW 2019, 1326) **Teil** seiner Arbeitskraft mögl. Sie kann sich aus Umständen ergeben, auf die das Präsidium keinen Einfluss hat, so wenn dem Richter ein weiteres Richteramt bei einem anderen Gericht übertragen ist (§ 27 II DRiG); ebenso, wenn er ein weiteres Hauptamt (zB als Hochschullehrer) ausübt (BGH NJW 74, 109) oder teilw Aufgaben der Justizverwaltung wahrnimmt (s VI u Rn 23). Die Zuweisung mit einem Teil der Arbeitskraft kann aber auch Folge der Zuweisung zu mehreren Spruchkörpern durch das Präsidium sein (s Rn 5).

9 **e) Überbesetzung von Spruchkörpern.** Den früheren verfassungsrechtl Ausgangspunkt, dem Gebot des ges Richters bei der spruchkörperinternen Aufgabenverteilung durch Beschränkung der Überbesetzung zu genügen, hat das BVerfG (Plenarbeschluss BVerfGE 95, 322 = NJW 97, 1497) aufgegeben (sa § 21g Rn 3). Damit ist die Frage der Überbesetzung **ohne aus Art 101 I 2 GG hergeleitete Schranken** zu entscheiden. Wie hier BVerfG WM 2020, 1912 = DRiZ 2020, 406; ThP/Hüßtege Rn 18; BGH 12.5.2016 – IX ZR 151/15; BGH NJW 2004, 1118; für Höchstgrenze unter dem Doppelten der ges Mitgliederzahl Kissel/Mayer Rn 130; OLG Celle NStZ 2013, 184. In der Tat hat es auf der Hand liegende Vorteile, Verhinderungen aller Art durch Vertretung innerhalb des Spruchkörpers aufzufangen. Die restriktive Behandlung der Frage der Überbesetzung eines Spruchkörpers wird auch dem Umstand nicht gerecht, dass im richterl Dienst **zunehmend mehr Teilzeitbeschäftigungen** übl sind (zum Sonderfall für Hochschullehrer im Richterdienst vgl schon BGH NJW 66, 1458). Schließl lassen neuere ges Regelungen über die Besetzung der Spruchkörper die Grundlage für die Begrenzung der Überbesetzung fragl erscheinen (§ 348 ZPO: Originärer ER der Zivilkammer; § 76 II GVG: Große StrafK mit zwei Berufsrichtern, hierzu BGH NJW 2004, 1118; § 80a OWiG, der die originäre Besetzung des „Bußgeldsenats" mit einem Richter vorsieht). Grenzen der Überbesetzung setzt jedoch die Arbeitskraft des Vors für seine bes Aufgaben (s § 21f Rn 1, 3). Dieser Gesichtspunkt mag die tragfähige Grundlage sein für die Annahme, dass einem Spruchkörper nur weniger als das Doppelte seiner gesetzlichen Mitgliederzahl angehören dürfen (s Kissel/Mayer Rn 130), aber berechnet nach **Arbeitskraftanteilen** und nicht nach Köpfen.

9a Rn 9 gilt nicht für **ehrenamtl Richter** (vgl auch BGH NJW 94, 2751); sie sind dem jew Spruchkörper (zB KfH) in der Zahl zuzuweisen, die unter Berücksichtigung des Ehrenamts erforderl ist, die Rspr-Aufgaben des Spruchkörpers sachgerecht wahrzunehmen.

10 **f)** Zur Zuweisung von **Hilfsrichtern** vgl § 22 V u § 59 III, s § 117 Rn 2.

11 **2) Verteilung der Rechtsprechungsaufgaben.** Um die konkrete Zuständigkeit des Richters iSd Art 101 I 2 GG festzulegen, müssen die bei dem Gericht anfallenden Rspr-Aufgaben auf die Spruchkörper (beim AG auf die Einzelrichter) verteilt werden.

12 **a)** Das Präsidium hat **alle Aufgaben** zu verteilen, auch dann, wenn es eine Überlastung des Gerichts für gegeben hält (vgl dazu BGH NJW 79, 1052; Kissel/Mayer Rn 6, 79, 92; MK/Pabst Rn 29). Es kann insb nicht von der Verteilung einzelner Rspr-Aufgaben mit der Begründung absehen, mangels ausreichender Richterzuteilung sei die Wahrnehmung aller Aufgaben nicht mögl. Die Zulassung einer unvollständigen Geschäftsverteilung wegen (vermeintlich) unzureichender Personalausstattung liefe auf eine Ermächtigung zum „Streik" (Kissel/Mayer Rn 6) hinaus. Das Präsidium hat durch den GVP die Voraussetzung für die Rechtsgewährung im Einzelfall – im Rahmen der zur Verfügung gestellten Personalmittel – zu treffen, nicht diese zu behindern. Ohne rechtl Bedeutung sind iÜ sog „Pensenschlüssel" (auch die nach dem System „PEBB§Y"); sie enthalten keine verbindl Aussage über das normale Arbeitspensum eines Richters, sondern dienen als verwaltungsinterne Instrumente nur der möglichst gleichmäßigen Zuteilung der zur Verfügung stehenden Planstellen für Richter auf die Gerichte nach der jew Geschäftsbelastung und iÜ als Argumente für Haushaltsverhandlungen (OVG Münster

NJW 2002, 1592; OVG Münster 14.11.2005 – 1 A 494/04). Zur Frage, ob (wie) das Präsidium im Streit zur vollständigen Verteilung angehalten werden könnte, s Rn 59.

Es ist auch **nicht** Aufgabe des Präsidiums, die **Reihenfolge der Erledigung** einzelner Aufgaben festzulegen; dies ist vielmehr Sache des befassten Richters. 12a

b) Die Aufgabenverteilung muss wegen Art 101 I 2 GG nach **abstrakten Merkmalen** vorgenommen werden (BVerfGE 95, 322, 327 = NJW 97, 1497), zB nach **Anfangsbuchstaben** einer Partei (im Zivilprozess idR auf den Bekl; bei Abstellen auf Kl hätte dieser – etwa durch Abtretung – die Möglichkeit, sich einen bestimmten Richter auszusuchen), nach **Sachgebieten** (Auslegungsbedürftigkeit macht Regelung nicht fehlerhaft, s Rn 37, 38; VerfGH Berlin 16.12.2020 – 179 A/20), nach örtl Einteilung (zB Wohn- oder Unterbringungsort in Betreuungssachen), nach der **Reihenfolge des Eingangs** (BVerfG NJW 2005, 2540), in Rechtsmittelverf evtl nach dem **Gericht der Vorinstanz**. Verteilung nach zeitl Eingang oder Az (**Turnussystem**) nur, wenn durch geeignete Verwaltungsanordnungen Manipulationen der GeschSt möglichst ausgeschlossen sind (BGH NStZ 2021, 762; BGHZ 40, 91; BGHSt 15, 116); die lediglich abstrakte Möglichkeit des Missbrauchs macht die Regelung nicht fehlerhaft (BVerfGE 18, 426), jedoch muss sie so eindeutig wie mögl sein (BVerfGE 17, 294). Dies erfordert zB, dass bei der Aufgabenverteilung nach Anfangsbuchstaben einer Partei allg Regelungen aufgestellt werden, welcher Name bei mehreren Beteiligten maßgebl ist oder wie bei Abkürzungen oder Zusätzen, bei Bezeichnungen jur Personen oder bei Adelsbezeichnungen uÄ zu verfahren ist. Zu den Erfordernissen, wenn die Zuteilung von der Reihenfolge des zeitl Eingangs abhängt, s BVerwG NJW 83, 2154; BGH bei Holtz MDR 90, 297; OVG Berlin NJW 99, 594. Zur beschränkten Auswirkung von Fehlern der Zuteilung im Turnussystem s Stollenwerk/Plüger DRiZ 2023, 182; beachtlich insb die **Empfehlung einer salvatorischen Klausel im GVP** (Stollenwerk/Plüger DRiZ 2023, 182, 185, Fn 13). Im Hinblick auf das Erfordernis der vollständigen Verteilung ist es idR erforderl, aber auch ausreichend, wenn alle im GVP nicht ausdrückl genannten Sachen pauschal einem Spruchkörper zugewiesen werden. – **Gesetzliche Vorgaben** sind bei der Geschäftsverteilung zu beachten, so zB die obligatorische Bildung von Spezialkammern und -senaten gem §§ 72a, 119a. 13

c) Zur Ausnahme nach **IV für die Beibehaltung der Zuständigkeit für anhängige Verf** s Rn 46. Abstraktionsprinzip gilt auch bei **Umverteilung** anhängiger Verf im neuen GVP (BVerwG NVwZ 2019, 82 = DRiZ 2018, 250; BGH StV 2020, 821). 14

3) Jährlichkeitsprinzip (§ 21e I 2). Der GVP ist jew für die gesamte Dauer eines Geschäftsjahrs (s § 21d Rn 1) **im Voraus** aufzustellen. Hieraus leitet sich der **Grundsatz der Stetigkeit** ab, der die gerichtl Geschäftsverteilung beherrscht und auf den bei jeder Änderung (s Rn 42 ff) und (nach Ablauf des Geschäftsjahrs) Fortschreibung des GVP zu achten ist; jede Änderung der Zuständigkeit bedeutet zusätzl Aufwand für die neu mit der Sache befassten Richter. Das Jährlichkeitsprinzip gilt nicht nur für die **Aufgabenabgrenzung**, sondern auch die **Richterzuteilung**. Für diese kann jedoch dann eine (kalendermäßig bestimmte) kürzere Dauer der Zuweisung vorgesehen werden, wenn feststeht, dass zu einem bestimmten Zeitpunkt eine nicht nur vorübergehende Verhinderung des Richters eintreten wird (Ruhestandseintritt; Freistellungsphase der Altersteilzeit; schon verfügte Versetzung). In diesem Fall handelt es sich nur um die Vorwegnahme der später ohnehin erforderl Änderung nach III. 14a

Aus dem Jährlichkeitsprinzip folgt, dass der für das Geschäftsjahr beschlossene GVP an dessen Ende ohne weiteres **außer Kraft tritt** (BGH 20.4.2021 – StB 13-15/21; BGH NJW 99, 796; BVerwG NJW 91, 1370). Für das neue Geschäftsjahr gilt ausschließl der neue GVP, der deshalb auch mit konstitutiver Wirkung alle – auch die anhängigen – Geschäfte verteilt. Zur Aufrechterhaltung der bestehenden Zuständigkeit s IV (s Rn 46), der nicht nur für die Änderung nach III, sondern auch für die neue Geschäftsverteilung zu Beginn eines neuen Geschäftsjahrs gilt. Hieraus folgt, dass eine fehlerhaft im Laufe des Geschäftsjahrs vorgenommene Änderung zu dessen Ende ihre Bedeutung verliert; wird die geänderte Regelung zum neuen Geschäftsjahr „fortgeschrieben“, so wirkt der Fehler nicht mehr fort, da jetzt die Voraussetzungen des III nicht mehr vorliegen müssen (vgl BGH 20.4.2021 – StB 13-15/21; BVerwG NJW 85, 822). Dem Jährlichkeitsprinzip widerspricht nicht, dass **Listen** des Vorjahres **fortgeführt** werden können, also nicht zum Jahresbeginn auf „Null“ gestellt werden müssen (BVerwG NVwZ 2022, 646 Tz 13). 14b

4) Vertretungsregelung. Das Präsidium hat im Rahmen des GVP ferner die Vertretung zu regeln. **a) Umfang.** Die Vertretungsregelung muss sowohl die Vertretung der Vors (s § 21f) wie die der weiteren Mitglieder, beim AG die Vertretung der Einzelrichter, umfassen. Nicht durch das Präsidium zu regeln ist jedoch die Vertretung der Beisitzer innerhalb eines überbesetzten Spruchkörpers, da dies eine Frage der spruchkörperinternen Geschäftsverteilung (§ 21g) ist; für diese Spruchkörper ist die Vertretung im GVP für den Fall zu regeln, dass eine Vertretung innerhalb des Spruchkörpers wegen weiterer Verhinderung nicht mögl ist. 15

b) Die Vertretungsregelung muss **vollständig** sein; für jeden Richter muss nicht nur ein regelmäßiger Vertreter bestimmt werden, sondern auch die weitere Vertretung bei Ausfall des regelmäßigen Vertreters (BGH NJW 1988, 1921 = MDR 1988, 68). Dies geschieht idR durch eine Bestimmung, wonach alle Richter des Gerichts in bestimmter Reihenfolge als weitere Vertreter berufen sind (sog Ringvertretung, s BGH NStZ 2015, 716). 16

c) Für von Anfang an absehbare außergewöhnl Vertretungsfälle, insb **Bereitschaftsdienst** an dienstfreien Tagen (die Anordnung der Einrichtung eines Bereitschaftsdienstes ist eine Organisationsmaßnahme der Justizverwal- 17 tung, s § 22c; die Bestellung der ihn wahrnehmenden Richter ist ausschließl Sache der Geschäftsverteilung: BGH NJW 87, 1198), kann eine bes Vertretungsregelung vorgesehen werden (zB Bestimmung eines Richters zum Vertreter aller anderen; zur Heranziehung der Richter anderer Gerichte s §§ 22b, 22c); auch diese ist für das Geschäftsjahr im Voraus festzulegen. Ebenso ist es zulässig, für Fälle **außergewöhnl hohen und sofort zu erledigenden Geschäftsanfalls** (Haftrichter) von vornherein eine Regelung zu treffen, wann der weitere Vertretungsfall eintritt (zB: „Der jew nächste Vertreter tritt ein, sobald an einem Tag auf den vor ihm zuständigen Richter 10 Vorführungen entfallen sind").

18 **d)** Die im Voraus festgelegte Vertretungsregelung ist nicht in dem Maß abschließend, dass die Bestellung eines **zeitweiligen Vertreters** während des Geschäftsjahrs aus bes Anlass ausgeschlossen wäre, wie insb § 22b II zeigt (BGHSt 27, 209 = NJW 77, 1696 = MDR 77, 858; zur Abgrenzung s BGH NStZ 2015, 716 – unzureichende Vertretungsregelung; BGH NJW 1988, 1921 = MDR 1988, 68).

19 **e)** Ein Sonderfall der Vertretungsregelung ist die Einrichtung einer **Hilfskammer** bzw eines **Hilfssenats** bei vorübergehender Überlastung eines ordentl Spruchkörpers (s § 21f Rn 2).

20 **f)** Zur Frage der Verhinderung als Voraussetzung des Eingreifens der Vertretungsregelung und ihrer Feststellung s Rn 39 ff.

21 **5) Sonstige Regelungen.** Auf Grund verschiedener prozessrechtl Vorschriften und wegen gerichtsorganisatorischer Besonderheiten ist es vielfach nötig, im GVP weitere Regelungen zu treffen, da der GVP den ges Richter für alle in Betracht kommenden Fälle im Voraus bestimmen soll. Hierher gehört zB die Bestimmung der **Ergänzungsrichter** (§ 192 II), die nicht schon auf Grund der Vertretungsregelung feststehen (vgl BGH NJW 76, 1547), die Zuweisung der von den Rechtsmittelgerichten an einen anderen Spruchkörper zurückverwiesenen Verf (s Rn 22) oder die Aufgabenabgrenzung zwischen Hauptgericht und bestehenden **Zweigstellen oder auswärtigen Spruchkörpern** (zB § 93 II, § 116 II), soweit diese nicht schon aus dem Organisationsakt folgt, vgl § 116 II.

22 **6) Bildung von Auffangspruchkörpern.** Diese ist nötig für die von den Rechtsmittelgerichten an einen anderen Spruchkörper desselben Gerichts zurückverwiesenen Verf, vgl § 563 I 2 ZPO. Bestimmung ist grds Aufgabe der Geschäftsverteilung des Präsidiums (Rieß JR 79, 302; Kissel/Mayer § 60 Rn 16). Entgegen Kissel/Mayer (§ 60 Rn 16) gilt dies auch, wenn bei dem Gericht nur ein Spruchkörper der in Frage kommenden Art besteht (zB das LG hat nur eine Jugendkammer); zwar ist richtig, dass es hier – formal – nicht um die Verteilung der Aufgaben auf (mehrere) Spruchkörper, sondern eigentl um die Einrichtung eines neuen Spruchkörpers der betreffenden Art geht, wofür grds die Justizverwaltung, nicht das Präsidium zuständig ist (s § 60 Rn 1). Diese Auffassung führt aber zu dem sachfremden Ergebnis, dass wegen der abstrakten Möglichkeit der Zurückverweisung immer mindestens zwei Spruchkörper für jeden Aufgabenbereich ständig eingerichtet werden müssten, obwohl der Geschäftsanfall nur eine Kammer auslastet. Gerade im Hinblick auf den Zweck der Bildung von Spezialspruchkörpern muss aber eine unnötige Zuständigkeitszersplitterung vermieden werden (vgl etwa § 23b II 1 u s § 23b Rn 9), die obige Auffassung zur Folge hätte. Richtig kann daher das Präsidium im Wege der Geschäftsverteilung den erforderl Auffangspruchkörper bestimmen. Erforderlichenfalls kann Bildung eines (weiteren) Auffangspruchkörpers durch Änderung des GVP nach III nachgeholt werden (s Rn 42, OLG Stuttgart 5.10.2020 – 1 Ws 105/20).

23 **7) Anhörungsrecht nach § 21e VI.** Die zur Entscheidung zuständige Behörde der Justizverwaltung hat dem Präsidium vor der Entscheidung über die **Freistellung** eines Richters für Aufgaben der Justizverwaltung Gelegenheit zur Äußerung zu geben; ein Zustimmungserfordernis begründet VI nicht. Bei der Bemessung der Rspr-Aufgaben des Richters durch das Präsidium (und ggf durch die Berufsrichter des Spruchkörpers nach § 21g) muss die sonstige Aufgabenzuteilung berücksichtigt werden (s Rn 8), auch wenn das Präsidium mit der „Freistellung" nicht einverstanden war. – Seit 2011 können die Präsidenten der FG, VG und des VGH in Bayern im Benehmen mit Präsidium und Richterrat jew für die Dauer eines Geschäftsjahres eine Zulage an Richter der BesGr R 1 und R 2 gewähren, die mit herausgehobenen Verwaltungsaufgaben von erhebl Umfang zur Unterstützung der Geschäftsleitung betraut sind (Art 56 II BayBesG, Art 7 III BayAGVwGO, Art 6 BayAGFGO). Die ungewöhnl Regelung beruht auf dem Recht des Präsidenten als Behördenleiter, Verwaltungsaufgaben unter Beachtung des § 21e VI GVG an seine Behördenangehörigen zu übertragen. Die jew auf ein Jahr beschränkte Aufgabenzuweisung und Zulagengewährung ähnelt jedoch einer durch den unmittelbaren Dienstvorgesetzten gewährten Leistungszulage (krit im Hinblick auf die richterl Unabhängigkeit Teetzmann DRiZ 2011, 41). – Wird ein Richter an eine andere Stelle **abgeordnet**, so liegt kein Fall der „Freistellung" vor. Ebenso ist VI nicht anwendbar, wenn Aufgaben der Justizverwaltung (zB im Rahmen der Ausbildung) von einem Richter im **Nebenamt** ausgeübt werden und dessen Einsatz für Aufgaben der Rspr nicht beeinträchtigt wird (keine „Freistellung").

24 **II) Verfahren. 1) Anhörungspflichten.** Diese sind zu beachten bei Aufstellung oder Änderung der Geschäftsverteilung: Vor der Aufstellung des GVP ist zunächst allen Richtern, die dem Präsidium nicht angehören, Gelegenheit zur Äußerung zu geben (II). Hierbei müssen Überlegungen des Präsidiums zur Gestaltung des GVP nicht offengelegt werden, da die allg Anhörung gerade der Meinungsbildung des Präsidiums dient. Darüber hinaus müssen – ggf im weiteren Verf – zu konkret beabsichtigten Änderungen angehört werden die VorsRichter, deren Spruchkörper berührt sind (arg III 2), und die Richter, deren Geschäftsaufgaben betroffen sind (V); diese konkretisierten Anhörungen sind auch vor Änderungen des GVP im Laufe des Geschäftsjahres erforderl

(III 2, V). Die vorherige Anhörung nach V (idR nicht nach II u III 2) kann in Eilfällen entfallen. – Eine weitere Anhörungspflicht besteht bei Schwerbehinderten nach § 95 IV 4 SGB IX.

Das Verf, in dem die Gelegenheit zur Äußerung zu geben ist, ist nicht geregelt. Das Präsidium kann den Richter unmittelbar anhören oder den Präsidenten mit der Anhörung beauftragen. Es ist auch die Aufforderung zur schriftl Stellungnahme binnen angemessener Frist zulässig. Zu Verfahrensfehlern s Rn 51. 25

2) Verfahrensgrundsätze; Geschäftsordnung. In der **Verfahrensgestaltung** selbst sind die Präsidien frei (BVerwG NJW 84, 575; Dötsch MDR 2024, 11). § 197 ist nicht unmittelbar anwendbar (BGH NJW 95, 2494). Meinungsverschiedenheiten sind durch Geschäftsordnungsbeschluss vom Präsidium selbst zu entscheiden. Zu Sitzungen im Wege der Bild- und Tonübertragung **(Videokonferenz)** und zum **Umlaufverfahren** ggf per E-Mail s § 21i Rn 3. 26

a) Zusammenfassende Protokollierung – zum Umfang bei Änderungen des GVP s Rn 42 – ist zu empfehlen, schon um Auslegungszweifeln zu begegnen und bei Änderungen während des Geschäftsjahrs die Beschlussformel von den Einzelheiten der Änderungsgründe zu entlasten. Beim Beschluss des Jahres-GVP reicht **Ergebnisprotokoll** aus (BGH 1.3.2022 – RiZ 2/16 Tz 76, 78). Es besteht kein Einsichtsrecht von nicht dem Präsidium angehörenden Richtern oder gar von Dritten in die Protokolle (OLG Frankfurt 20.10.2019 – 3 VAs 14/19; Ausnahme ggf bei Änderung des GVP, s Rn 42). Unterzeichnung des Beschl durch alle Mitwirkenden ist üblich, aber nicht erforderl (BFH 13.1.2016 – IX B 94/15; BVerwG NJW 84, 575). Der GVP selbst bedarf bei Aktenführung in Papierform der **Schriftform** (BVerfGE 95, 322 Tz 28 = NJW 1997, 1497). Bei zulässiger (Rn 26) **elektronischer Aktenführung** des Präsidiums wird jedenfalls die entsprechende Anwendung des § 130b ZPO ausreichen, vgl Dötsch MDR 2024, 11; vgl OVG Münster 4.8.2023 – 4 E 399/23. 26a

b) Befangenheit eines Präsidiumsmitglieds (dazu Wömpner DRiZ 82, 404): Es entscheidet das Präsidium, ob Befangenheit vorliegt, kein Ausschluss kraft Gesetzes, insb auch nicht wegen Selbstbetroffenheit, die ja beim Beschluss des Jahres-GVP ohnehin unvermeidbar ist (BGH 1.3.2022 – RiZ 2/16). 27

c) Durch VIII ist die sog **„Richteröffentlichkeit“** der Präsidiumssitzungen geregelt. Danach sind Präsidiumssitzungen grds nicht öffentl. Die Richteröffentlichkeit bedarf als Ausnahme bes Zulassung; aus den die Verschwiegenheitspflichten von Richtern regelnden Vorschriften § 193 GVG, § 43 DRiG ergibt sich, dass die Meinungsbildung in Gremien, welche unter dem Schutz der richterl Unabhängigkeit handeln, grds nicht öffentl ist, was entspr für die Aufgabenwahrnehmung des Präsidiums gilt (so zutr BVerfG NJW 2008, 909 = DRiZ 2008, 122). Das Präsidium kann jedoch in pflichtgemäßem Ermessen beschließen, Richter des Gerichts als Zuhörer – ggf auch nur zu Abschnitten der Sitzung – zuzulassen. Die **Ermessensfreiheit** des Präsidiums wird **begrenzt** durch das Erfordernis, dem Präsidium eine Meinungsbildung in unbefangener Rede und Gegenrede unabhängig von informellen Vorgesprächen zu ermöglichen; dem kann durch die Anwesenheit eines Kreises von Zuhörern der Boden entzogen werden; zudem darf jeder Richter erwarten, dass **seine Person betr Umstände und Erwägungen nur dem amtl damit befassten Personenkreis zugängl** gemacht werden (BGH NJW 95, 2494). Diese Grundsätze gelten auch für die Ermessensentscheidung nach VIII. Einer zusätzl **Absicherung des Persönlichkeitsrechts** der betroffenen Richter dient die entspr Anwendung des § 171b gem VIII 2. Danach muss die Richteröffentlichkeit ausgeschlossen werden, wenn ein betroffener Richter dies verlangt (§ 171b II). Umgekehrt bleibt der Ermessensspielraum des Präsidiums aber auch dann eröffnet, wenn betroffene Richter dem Ausschluss der Richteröffentlichkeit widersprechen (§ 171b I 2), weil die Ermessensvorschrift des VIII nicht nur dem Schutz der betroffenen Richter gilt, sondern vorrangig einer sachgerechten Willensbildung des Präsidiums (BGH NJW 95, 2494). Der Ermessensspielraum gestattet auch Beschlussfassung in einer Videokonferenz-Sitzung oder bei Teilnahme aller Mitglieder im Umlaufverf (s § 21i Rn 3), bei dem Richteröffentlichkeit naturgem ausgeschlossen ist. Die Entscheidung über die Richteröffentlichkeit ist nicht isoliert anfechtbar, § 44a VwGO (VGH Mannheim NJW 2006, 2424 = DRiZ 2006, 221). 28

d) Das Gebot der Wahrung des **Beratungs- und Abstimmungsgeheimnisses** nach § 43 DRiG gilt nicht (s BGH NJW 95, 2494), allerdings wird nach außen Verschwiegenheit im Rahmen der allg dienstrechtl Grenzen zu wahren sein, da es sich um eine dem dienstl Bereich zuzurechnende Tätigkeit handelt; dies gilt auch im Fall der Richteröffentlichkeit (insoweit aA Kissel/Mayer Rn 22, s aber auch dort Rn 23). 29

e) Das Präsidium kann durch eine **Geschäftsordnung**, die allerdings nur interne Wirkung haben kann, sein Verf regeln (vgl Stanicki DRiZ 72, 52; VGH Mannheim DÖV 80, 573). In Befugnisse des Vors darf durch die Geschäftsordnung jedoch nicht eingegriffen werden. 30

3) Entscheidung. Nach **VII** entscheidet das Präsidium mit einfacher Mehrheit der abstimmenden Mitglieder. Stimmenthaltung ist unzulässig (Kissel/Mayer Rn 72; MK/Pabst Rn 84). Bei Stimmengleichheit entscheidet nach VII 2 iVm § 21i II der Präsident. Da seine Regelung nur durch eine Mehrheitsentscheidung des Präsidiums geändert werden kann (§ 21i II 4), gibt der Präsident faktisch den Ausschlag bei Stimmengleichheit im Präsidium. Zur Beschlussfähigkeit § 21i I, zur Frage der Entscheidung in einer Videokonferenz-Sitzung oder im Umlaufverf s § 21i Rn 3. Die personenbezogenen Entscheidungen des Präsidiums bedürfen keiner Begründung (VGH Mannheim NJW 2006, 2424 = DRiZ 2006, 221). 31

32 4) **Aufgaben des Vorsitzenden.** Der Vors hat die Entscheidungen des Präsidiums vorzubereiten (Einberufung der Mitglieder; Leitung der Sitzung; Beschaffung notwendiger Unterlagen), für die Einhaltung der Verfahrensvorschriften (s Rn 24) zu sorgen, ggf die Anhörungen durchzuführen und die zur Ausführung der Beschlüsse notwendigen Maßnahmen (Auflegen zur Einsicht gem IX, Unterrichtung der Richter; Abgabe der Stellungnahme gem VI ggü der zuständigen Justizverwaltungsbehörde) zu ergreifen. Ferner obliegt ihm der Vollzug des GVP bei Vertretungsfällen durch Feststellung der Verhinderung (s Rn 41). Über Streitigkeiten zwischen Vors und Mitgliedern s Rn 58.

33 **III) Der Geschäftsverteilungsplan (GVP). 1) Funktion, Rechtsnatur, Einsichtnahme, Veröffentlichung.** a) Der GVP hat die **Funktion**, den ges Richter (Art 101 I 2 GG, § 16 GVG) für jeden Einzelfall, in dem der Richter nach den Zuständigkeitsregeln der Prozessordnung tätig zu werden hat, festzulegen. Danach ist erforderl, dass die Person des für die Entscheidung zuständigen Richters und sein Aufgabenbereich im Voraus und nach allg Gesichtspunkten (also nicht ad hoc) bestimmt sind (zB BVerfGE 17, 294; BVerfG NJW 86, 1324). Demgemäß sind im GVP die anfallenden richterl Geschäfte auf die Spruchkörper zu verteilen und deren personelle Zusammensetzung (einschließl Vertretung) zu regeln. Beide Gesichtspunkte fallen unter Art 101 I 2 GG (BVerfGE 17, 294). Über die rein organisatorische Bedeutung (vergleichbar der der Geschäftsverteilungsregelung einer Behörde oder des Organisationsplans eines Unternehmens) hinaus gewinnt der gerichtl GVP auf Grund des Verfassungsgebots des ges Richters zusätzl Bedeutung und Qualität. Diese betrifft den Rechtsuchenden, dem allein der unverzichtbare (BGH MDR 2009, 823 = FamRZ 2009, 1044) Anspruch auf den ges Richter kraft Verfassungsrechts eingeräumt ist. Für den einzelnen Richter selbst hat der GVP dagegen nur die Funktion der konkreten Aufgabenzuweisung im Rahmen seines Dienstverhältnisses. Allerdings wird die rein innerorganisatorische Bedeutung des GVP in Bezug auf den einzelnen Richter überlagert durch die Frage, ob sich die bes Rechtsstellung des Richters, insb seine verfassungsrechtl garantierte Unabhängigkeit, ebenfalls auf das Wesen des GVP auswirkt (iE s Rn 34). – **Nicht** erfasst werden die nicht richterl Rechtspflegeaufgaben (Rpfleger) und die Justizverwaltungsaufgaben des Gerichts; sie werden vom zuständigen Justizverwaltungsorgan verteilt.

34 b) Die **Rechtsnatur des GVP** ist umstritten (s zB LR-Breidling Rn 7). Die Frage hat insb im Zusammenhang mit dem Problem der Anfechtbarkeit des GVP Bedeutung (s Rn 48 ff). Der Gesetzgeber hat beide Fragen offengelassen. Auch die Rspr hat hierzu nur zurückhaltend Stellung genommen, insb hat das BVerfG (BVerfGE 17, 256; BVerfGE 31, 47; BVerfG NJW 76, 325) bish die Frage der Rechtsnatur offengelassen. Übereinstimmung besteht darüber, dass der GVP kein Akt der Rspr und kein Justiz-VA ist (BVerwGE 50, 14; BayVerfGH NJW 86, 1673; VGH Mannheim DRiZ 73, 320; Kissel/Mayer Rn 104) – das Präsidium besitzt zwar richterl Unabhängigkeit, ist aber kein Gericht und keine Verwaltungsbehörde. Weitgehende Übereinstimmung besteht auch darin, dass wegen der unterschiedl Bedeutung des GVP – einmal in Bezug auf die rechtsuchende Allgemeinheit (Bestimmung des ges Richters), einmal in Bezug auf den einzelnen betroffenen Richter – zwischen der generellen Wirkung für die unbestimmte Vielzahl künftiger gerichtl Verf und der Wirkung im Einzelfall für den Richter, dem eine bestimmte Geschäftsaufgabe zugewiesen wird, zu unterscheiden ist („Doppelnatur", vgl BayVerfGH NJW 78, 1515; Schorn/Stanicki S 199; Wolf DRiZ 76, 364; Marquardt, Die Rechtsnatur präsidialer GVP gem § 21e GVG u der Rechtsschutz des Richters, Diss 1998, S 63 ff). Soweit es das Letztere anbelangt, hat das BVerwG sich unter Verneinung des VA-Charakters des GVP für die Einstufung als Organisationsakt ausgesprochen (BVerwGE 50, 14). – Richtigerw wird man den GVP als ein **Rechtsinstitut bes Art** anerkennen müssen: Er dient in der durch Art 101 I 2 GG gebotenen generalisierenden Weise der Verwirklichung des Gebots des ges Richters und hat insoweit wesentl Merkmale einer Rechtsnorm (BVerfGE 95, 322, 328 f = NJW 97, 1497), ohne aber eine solche zu sein (so auch mit eingeh Begr BayVerfGH NJW 86, 1673). Zugleich hat er ggü den betroffenen Richtern organisationsrechtl Wirkungen, die wegen der bes Rechtsstellung des Richters mehr als nur innerorganisatorische (und daher unanfechtbare) Bedeutung haben. Ebenso wie das Entscheidungsgremium, das Präsidium, weder Gericht noch Organ der Justizverwaltung oder gar selbständige Behörde, sondern ein vom Gesetzgeber für eine spezielle Aufgabe geschaffenes Selbstverwaltungsorgan bes Art ist, ist der GVP ein **Akt gerichtl Selbstverwaltung sui generis** (iErg ebenso Kissel/Mayer Rn 105; MK/Pabst Rn 9). Zur Frage der Anfechtbarkeit des GVP wird von den Besonderheiten des GVP, die sich der starren Einordnung in die Begriffe Rechtsnorm, VA, Organisationsakt entziehen, auszugehen und die Lösung insb unter Berücksichtigung des Art 19 IV GG zu finden sein (s Rn 48 ff).

35 c) Nach **IX** muss der GVP schriftl fixiert und in der dort vorgeschriebenen Weise offen gelegt werden; jedermann ist auch ohne Angabe einer Begründung (BGH NJW 2019, 3307 [Leitmeier] = MDR 2020, 54) auf der Geschäftsstelle des betreffenden Gerichts in eine Abschrift des GVP des laufenden Jahres (Einschränkung beruht auf dem Jährlichkeitsprinzip des I 2; Einsicht in GVP abgeschlossener Geschäftsjahre muss nur bei Darlegung berechtigten Interesses gewährt werden, OLG Zweibrücken FamRZ 2021, 1552; BayObLG 24.11.2020 – 204 VAs 398/20; OLG Düsseldorf MDR 2019, 502; OLG Stuttgart 25.3.2019 – 14 VA 9/19; OLG Hamm 21.8. 2018 – 15 VA 30/18; BVerwG 20.3.2023 – 10 PKH 1/22; OVG Münster NJW 2023, 93, Einsichtsgewährung in Abschrift reicht aus; kein Anspruch auf Einsicht in Urschrift: OVG Münster 4.8.2023 – 4 E 400/23) **Einsicht** zu gewähren (ggf erzwingbar nach § 23 EGGVG, s § 23 EGGVG Rn 7); darüber hinaus **keine Mitteilungs-, Übersendungs- oder Auskunftspflicht** abgesehen von der Sonderbestimmung des § 222a StPO (OLG Jena NStZ-RR

2015, 23; BayObLG MDR 1978, 232), sondern nur Anspruch auf Entscheidung nach pflichtgemäßem Ermessen (BGH NJW 2019, 3307 [Leitmeier] = MDR 2020, 54; BayObLG 24.11.2020 – 204 VAs 398/20; OLG Hamburg FamRZ 2020, 525). Wenngleich die (kostenpflichtige) Übersendung von Abdrucken des GVP an den Antragsteller bürgerfreundlich und ökonomisch ist, besteht hierauf grds kein Anspruch (BGH NJW 2019, 3307 [Leitmeier] = MDR 2020, 54); BGH 25.9.2019 – IV AR (VZ) 4/19; BayObLG 24.11.2020 – 204 VAs 398/20; OLG Koblenz MDR 2019, 1213; OLG Zweibrücken 16.7.2019 – 6 VA 1/19; OLG Oldenburg 18.3.2019 – 4 VA 4/19; OLG Hamm 21.8.2018 – 15 VA 30/18), jdfs wenn dem ASt die Einsichtnahme im Gericht nicht unmöglich oder unzumutbar ist (OLG Brandenburg 28.2.2019 – 2 VAs 2/19) oder wenn GVP im Internet veröffentlicht ist (OLG Stuttgart 25.3.2019 – 14 VA 9/19); die Gegenansicht (OLG Düsseldorf MDR 2019, 502) überzeugt nicht, weil die dort in Anspruch genommenen Parallelnormen § 299 I ZPO, § 13 III FamFG eben gerade anders formuliert sind als § 21e IX GVG (BGH 25.9.2019 – IV AR (VZ) 4/19). § 21e IX und § 21g VII sind **abschließende bereichsspezifische Sonderregelungen**, so dass Anspruch nicht auf Bestimmungen von Landes-Informationsfreiheitsgesetzen gestützt werden kann (BGH NJW 2019, 3307 [Leitmeier] = MDR 2020, 54; OVG Münster NJW 2023, 93). – Es gibt auch keine Pflicht zur Mitteilung von Telefon-Durchwahlnummern von Richtern (OVG Münster 6.5.2015 – 8 A 1943/13). Veröffentlichung des GVP ist zulässig (Kissel/Mayer Rn 77), aber nicht geboten. Gegen Veröffentlichung im Internet können Sicherheitsaspekte und datenschutzrechtl Erwägungen sprechen (zB Recherchemöglichkeiten über berufl Werdegang; insb bei Sondervertretungsregelung Rückschlüsse auf persönl Verhältnisse wie Elternzeit oder Krankheit; Risiko eines „Internet-Prangers"). Jedenfalls sollten Vornamen von Richtern nicht im Internet veröffentlicht werden, schon um sie vor Belästigung mit E-Mails zu schützen. IX gilt auch für Änderungen des GVP, auch solche, die nach § 21i II erlassen werden. – Das aus IX herzuleitende Recht jedes Verfahrensbeteiligten, sich über die Besetzung der Richterbank informieren zu können, gilt auch bzgl der ehrenamtl Richter (für Handelsrichter vgl BayObLG MDR 78, 232; vgl iÜ für Strafverf § 222a StPO); einschr für Listen der ehrenamtl Richter der ArbG BAG AP Nr 5 zu § 21e GVG = DB 2002, 384. Durch Einsichtnahme kann auch Person des ER festgestellt werden, der also ggf im Übertragungsbeschluss nicht namentl genannt werden muss (BayObLG FamRZ 2004, 1136). Zur **Ablehnung rechtsmissbräuchlicher Einsichtsgesuche** BGH 8.1.2020 – IV ZA 14/19; OLG Zweibrücken 16.7.2019 – 6 VA 1/19; OLG Hamm 8.5.2018 – 15 VA 12/18; vgl insoweit ausführlich und instruktiv (bezogen auf Ansprüche nach dem IFG, aber auch hier heranzuziehen) OVG Münster NJW 2023, 93.

2) Inhalt. Der Inhalt des GVP ist in § 21e I 1 festgelegt (s Rn 2-22). 36

3) Anwendung und Auslegung. Die Anwendung des GVP ist Sache des Gerichts und unterliegt weder der Disposition der Parteien, noch ist sie einer Vereinbarung zwischen den Parteien und dem Gericht zugängl. Im jew Einzelfall hat der befasste Richter über die Einhaltung der geschäftsplanmäßigen Zuständigkeit zu wachen. Verneint es diese, hat das Gericht die Sache – Antrag der Partei weder nötig noch von Bedeutung – an den zuständigen Spruchkörper weiterzuleiten. Dabei hat es – mit deklaratorischer Bedeutung – den Grund für die Abgabe festzustellen (BGH NJW 77, 1070); die Sache wird bei dem Spruchkörper, an den abgegeben wurde, anhängig, ohne dass es einer „Übernahme" oder entspr Beschl bedarf (BGH NJW 77, 1070); eine Anfechtung der Abgabe durch die Parteien ist nicht statthaft (BGH MDR 2004, 698). 37

Entstehen über die Frage der Zuständigkeit nach dem GVP **Meinungsverschiedenheiten**, die unter den befassten Spruchkörpern nicht geklärt werden können, hat das Präsidium (unter den Voraussetzungen des § 21i II der Präsident oder der aufsichtführende Richter) zu entscheiden (BGH MDR 2022, 1432 = NJW 2022, 2936 [Vossler NJW 2022, 2940] = JR 2023, 232 [Richter JR 2023, 236]; BFHE 281, 500 = DB 2023, 2923; Kissel/Mayer Rn 117 ff); § 36 I Nr 6 ZPO ist grds – Ausnahme s unten – nicht einschlägig (BayObLG 18.4.2002 – 1 Z AR 27/02). Dies gilt dann, wenn der Streit die Auslegung des GVP betrifft (hierzu ist das Präsidium berufen, vgl BGH NJW 65, 875), oder wenn der GVP eine Lücke enthält, die nicht durch Auslegung zu schließen ist. Da auch hier der Grundsatz der abstrakten Bestimmung der Geschäftsverteilung zu beachten ist, muss in letzterem Fall das Präsidium den GVP ergänzen (s Rn 47). Die Entscheidung des Präsidiums ist für den Spruchkörper verbindl (s iÜ Rn 55). Voraussetzung für die Entscheidung des Zuständigkeitsstreits durch das Präsidium ist jedoch, dass er den GVP selbst betrifft; in den Fällen, in denen die gerichtsinterne Zuständigkeit gesetzl geregelt ist (zB §§ 23b, 72a, 93 ff, § 119a), der Zuständigkeitsstreit also die Auslegung des Gesetzes betrifft, kann das Präsidium nicht eingreifen; entsteht aus einem solchen Grund ein negativer Kompetenzkonflikt zwischen den Spruchkörpern eines Gerichts, kann die Zuständigkeitsbestimmung nur in analoger Anwendung der § 36 I Nr 6, § 37 ZPO erfolgen (§ 36 ZPO Rn 39 und Rn 34, 35 zum Verf; BGH MDR 2022, 1432 = NJW 2022, 2936 [Vossler NJW 2022, 2940] = JR 2023, 232 [Richter JR 2023, 236]; BGHZ 71, 264 = NJW 78, 1531; KG MDR 2023, 1600; Schultzky MDR 2020, 1; Klose MDR 2017, 793). 38

4) Anwendung der Vertretungsregelung. a) Der Eintritt des im GVP bestimmten Vertreters setzt die **Verhinderung** des Berufenen voraus. Diese kann auf tatsächl Gründen (Urlaub – auch wenn er erst nach Terminierung des Sitzungstages gewährt wurde, BGH NStZ 2020, 757 –, Dienstbefreiung, Krankheit, Kur, Freistellung vom Sitzungsdienst aus gesundheitlichen Gründen, auch Nichterscheinen zum Dienst oder Nichterreichbarkeit) oder auf Rechtsgründen (Ausschluss, Ablehnung wegen Befangenheit) beruhen, nicht jedoch auf nur subj-persönl Gründen (OVG Hamburg NJW 87, 1215: Zusammenarbeit in der Kammer gestört). Sie kann aber auch 39 ihren Grund in der Inanspruchnahme durch andere dienstl Tätigkeiten haben (BGHSt 18, 162; BGH MDR 86, 600; BayObLG MDR 80, 426), selbst wenn diese mit den richterl Aufgaben im selben Spruchkörper (zB Vorbereitung auf umfangreiches Verf, vgl BGHSt 21, 175) zusammenhängen. Eine für die Anwendung der Vertretungsregelung erforderl **Mindestdauer** der Verhinderung kann nicht allg festgelegt werden (vgl MK/Pabst Rn 62). Eine Verhinderung, die die Anwendung der Vertretungsregelung zulässt, liegt immer dann vor, wenn ein Zuwarten auf den zuständigen Richter zu einer Verzögerung des üblichen, ordnungsgemäßen Geschäftsgangs des Gerichts führen würde, zB zur Verlegung von Sitzungs- oder Beratungsterminen. Zur Abwägung des Vors bei der Terminierung, bei tageweiser Verhinderung eines Richters einen Vertretungsfall anzunehmen oder andere Sitzungstage zu bestimmen, s BGH NStZ 2022, 315 [zutr Arnoldi/Neumann]. – Die Verhinderung muss ihrem **Wesen nach vorübergehend** sein. Dies ist in den vorgenannten Fällen immer der Fall. Liegt dagegen eine **dauernde Verhinderung** vor, muss, um eine ordnungsgemäße Besetzung des Spruchkörpers sicherzustellen, unverzügl der **GVP nach III geändert** werden. Dies hat wegen § 21f bes Bedeutung für die Vors.

39a **Dauernde Verhinderung** liegt ihrem Wesen nach vor, wenn Wiederaufnahme der Tätigkeit – generell oder jedenfalls in absehbarer Zeit – nicht mehr in Betracht kommt (dauernde Dienstunfähigkeit, Versetzung, Ruhestandseintritt, Freistellungsphase der Altersteilzeit, Tod). Diese Abgrenzung allein genügt jedoch nicht. Dies folgt schon aus dem Bezug zum Grundsatz des ges Richters und wird im Grundsatz auch von der Rspr anerkannt, die aber im Einzelfall zu sehr unterschiedl Ergebnissen kommt. Folgende Gruppen sind zu unterscheiden:

39b **aa) Erkrankung** ist – auch bei längerer Dauer – generell ein Fall vorübergehender Verhinderung, da das Ende vorausschauend meist nicht feststellbar ist (BGH NJW 89, 843). Erst wenn – ggf auf Grund der Dauer der Erkrankung, auf die nach den beamtenrechtl Vorschriften über die Versetzung in den Ruhestand auch abgestellt werden kann – feststeht, dass dauernde Dienstunfähigkeit vorliegt (ist im Streitfall den Dienstgerichten vorbehalten, §§ 62, 78 DRiG), ist auch iSd Vertretungsregelung von dauernder Verhinderung auszugehen. Maßgebl ist Würdigung der tatsächl Umstände des Einzelfalls (so auch schon bei mehrmonatiger Abwesenheit Hk-ZPO/Rathmann Rn 22). Dauernde Verhinderung ist bei Aufstellung eines GVP jedenfalls dann anzunehmen, wenn Richter im gesamten vorangehenden Jahr dienstunfähig erkrankt war und kein konkreter Anhalt für die baldige Wiederherstellung seiner Dienstfähigkeit besteht (BGHZ 164, 87 = NJW 2006, 154 = MDR 2006, 288).

39c **bb) Die Abordnung** ist an sich vorübergehender Natur, da sie immer auf bestimmte Zeit auszusprechen ist (§ 37 II DRiG). In Anlehnung an die Grenze, die für die Wiederbesetzung einer Stelle allg zugrunde zu legen ist (s Rn 39d), ist jedoch eine Abordnung von mehr als 6 Monaten als Fall dauernder Verhinderung anzusehen. Gilt entspr bei **Elternzeit** (hier: eines VRiOLG, BGH NJW 2015, 1685 = MDR 2015, 534).

39d cc) Wird die **Stelle eines Richters** (durch Ruhestand, Versetzung, Tod) **endgültig frei**, so ergibt sich aus der Natur der Sache und aus dem bei der **Wiederbesetzung** zu beachtenden Verf (Notwendigkeit einer Stellenausschreibung; notwendige Beteiligung des Präsidialrats, ggf Richterwahlverf), dass die Vertretung zunächst nach den Grundsätzen der vorübergehenden Verhinderung (des Nachfolgers) zu lösen ist. Dies ist auch von der Rspr anerkannt, sofern „mit einer baldigen Wiederbesetzung der Stelle" gerechnet werden kann (BVerfG NJW 83, 1541; BGHZ 16, 254; BGH NJW 85, 2337; BGH NJW 88, 1397; BSG NJW 2007, 2717; BFHE 190, 47 = BB 2000, 86 LS). Für Wiederbesetzung ist im Hinblick auf die möglicherw bes Umstände des Einzelfalls keine feste Frist sinnvoll. Eine Übergangsfrist von mehreren Monaten muss in Kauf genommen werden (BGH NJW 86, 2115; BVerwG Buchholz 300 § 21f GVG Nr 7). Die Annahme einer vorübergehenden Verhinderung ist nicht mehr gerechtfertigt, wenn die Ernennung des Nachfolgers – ohne dass bes Umstände hierzu zwingen – über das allg noch vertretbare Maß (Grenze idR 6 Monate) hinausgeschoben wird (BGH NJW 2015, 1685 = MDR 2015, 534; BSG NJW 2007, 2717 [Werner NJW 2007, 2671]; BFH 12.3.2014 – X B 126/13). Die **Verzögerung** der Wiederbesetzung der Stelle eines **Vors Richters** infolge einer **Konkurrentenklage**, deren Dauer bei Freiwerden der Stelle unvorhersehbar (zB bei der Nachfolge des 2006 zum Justizminister ernannten Präsidenten des OLG Koblenz 5½ Jahre) und dem Dienstherrn nicht zuzurechnen ist, entspricht in verschärfter Form der Problematik der Erkrankung von ungewisser Dauer (s Rn 39b). Eine längere Anwendung der Vertretungsregelung des § 21f II 1 ist in diesem Fall hinnehmbar (BGH 10.11.2015 – 5 StR 420/15; BGH NStZ-RR 2013, 259). Gleichwohl ist bei zunehmender Dauer der Vakanz der Lösung, dem Vors eines anderen Senats bzw einer anderen Kammer im GVP zusätzl den vakanten Vorsitz in einem weiteren Spruchkörper zu übertragen, erforderlichenfalls verbunden mit einer Entlastung mind eines der beiden betroffenen Spruchkörper (so BGH, GVP 2012 für den Vorsitz des 2. Strafsenats; s § 21f Rn 4), der Vorzug zu geben ggü der einzig praktikablen Alternative, dem nach § 21f II bestimmten Vertreter auf unbestimmte Dauer den Vorsitz zu übertragen (Lösung des BGH-Präsidiums im Hinblick auf Art 101 I 2 GG gebilligt durch BVerfG NJW 2012, 2334; eine dienstl Überlastung des Doppel-Vors zwinge diesen nicht zu einem überobligatorischen Arbeitspensum). Zwar kann die schon von BVerwG NJW 86, 1366 ins Auge gefasste Lösung der zusätzl Betrauung des Vors einer anderen Kammer im Einzelfall als Formalismus angesehen werden, wenn dieser vorübergehende Vors, der den Vorsitz nach kurzer Zeit wieder abgibt, faktisch nicht willens oder in der Lage ist, richtungweisenden Einfluss – s § 21f Rn 1 – auszuüben, wovon aber im Regelfall keineswegs auszugehen ist. Andererseits behält § 21f I den Vorsitz in den BGH-, OLG- und LG-Spruchkörpern den Präsidenten und Vors, also – idR dienstälteren – Richtern in einem höheren Statusamt, vor, weil der Vors auf Grund seiner Sachkunde, Erfahrung und Menschenkenntnis in der Lage sein soll, den richtunggebenden Einfluss im Spruchkörper durch geistige Überzeugungskraft auszuüben (BVerfG aaO mwN). Dieser gesetzl Wertung entspräche eine – ggf unabsehbar – langfristige Vertretung durch einen diese Voraussetzung nicht erfüllenden Richter in jedem Falle nicht, so dass sich der Doppelvorsitz in zwei Spruchkörpern als das geringere Übel darstellt (s zum Streitstand einerseits – wie hier – BGH 4. Strafsenat 11.1.2012, StV 2012, 209; 2. Strafsenat 11.1.2012, StV 2012, 272; andererseits – Präferenz für Vertretung nach § 21f II – BGH 2. Strafsenat (andere Sitzgruppe) 11.1.2012, NStZ 2012, 406 = StV 2012, 204; 5. Strafsenat 10.11.2015 – 5 StR 420/15; Schünemann ZIS 2012, 1; Schünemann StV 2012 Heft 3 S I; Bernsmann StV 2012, 274; krit zu beiden Lösungen Sowada NStZ 2012, 353).

dd) Die Frage, ob in Folge des Eingreifens **haushaltsrechtl Besetzungssperren** schon allein deshalb eine die Vertretung ausschließende, dauernde Verhinderung anzunehmen ist, hat der BGH (BGH NJW 85, 2337; BGH NJW 86, 1349) – iErg zutr – bei einer Besetzungssperre von 12 Monaten bejaht. In einem solchen Fall liegt es in der Tat nahe, die (für 1 Jahr) gesperrte Stelle einer nicht vorhandenen Stelle gleichzusetzen. Mit der durch die vom Haushaltsgesetzgeber verfügte Besetzungssperre aufgeworfenen verfassungsrechtl Problematik, die der BGH übergeht, hat sich eingeh der BayVerfGH (NJW 86, 1326) auseinandergesetzt. Er kommt zutr zu dem Ergebnis, dass bei einer Sperre von 6 Monaten – also einer Vakanz, die auch allg bei der Wiederbesetzung einer unvorhersehbar frei gewordenen Stelle hinzunehmen ist – der Bejahung einer (noch) vorübergehenden Verhinderung nichts entgegensteht. 39e

ee) Die **teilw Verhinderung** ist bei **Beisitzer**, auch wenn sie dauernd ist, ohne Bedeutung, da sie im Rahmen der Verteilung nach § 21g II ausgeglichen werden kann, es also einer Vertretung nicht bedarf. Für den Vors s § 21f Rn 3. 40

b) Der bes **Feststellung der Verhinderung** bedarf es nur, wenn diese nicht offenkundig ist (BGH DRiZ 83, 234; BGH NJW 88, 1922; BVerwG NJW 79, 1374). Offenkundigkeit liegt bei Verhinderung durch Krankheit, Urlaub, vorübergehendes Unbesetztsein einer Stelle, Unerreichbarkeit oder Dienstbefreiung (dieser steht eine genehmigte, zeitl gebundene Nebentätigkeit – zB Abhalten einer Lehrveranstaltung, BGH DRiZ 83, 234 – gleich), insgesamt grds in allen Fällen der Abwesenheit vom Dienstgebäude (Kissel/Mayer Rn 144) vor. Ist die Verhinderung nicht offenkundig, liegt insb eine Verhinderung wegen Inanspruchnahme durch andere Dienstgeschäfte vor, so ist die Feststellung der Verhinderung nötig; bes Form ist nicht vorgeschrieben (BGH DRiZ 83, 234), sie kann rechtl ausreichend auch schlüssig geschehen (BGH NJW 89, 1681), jedoch ist schriftl Vermerk im Hinblick auf eine Revision ratsam; die Feststellung kann jedoch formfrei getroffen werden (BGH MDR 2017, 51; BGH DRiZ 83, 234). Die Feststellung soll vor Tätigwerden des Vertreters erfolgen (BGH MDR 67, 317), kann jedoch auch nachgeholt werden, insb auch im Falle der Rüge nach § 222b StPO (BGH MDR 82, 337). Die Feststellung kann der verhinderte Richter selbst treffen, wenn er durch Rspr-Aufgaben desselben Zuständigkeitsbereichs oder als Präsidiumsmitglied (geht grds vor, s § 21c Rn 2, § 21i Rn 3) verhindert ist, sonst hat sie grds der Präsident oder aufsichtführende Richter (Vertretung nach § 21h) zu treffen (BGHSt 30, 268 = MDR 1982, 337 = NJW 1982, 1404; Kissel/Mayer Rn 148; Münn DRiZ 73, 233; aA – das Präsidium –: Müller NJW 74, 1665; Stanicki DRiZ 73, 357). Ist der Richter Mitglied in verschiedenen Spruchkörpern, hat das Präsidium allg festzulegen, welche Mitgliedschaft vorgeht; der Richter kann nicht selbst die Priorität festlegen – es gibt auch keinen Grundsatz, dass die Tätigkeit in der „eigenen" Kammer Vorrang hat. Der Präsident stellt seine Verhinderung immer selbst fest (BGHSt 21, 174). Im Rahmen des § 21g (s § 21g Rn 8) kann die Feststellung der Verhinderung ohne Einschaltung des Präsidenten vom Vors getroffen werden, soweit die Vertretung durch Richter des Spruchkörpers selbst erfolgt, also kein Vertreter aus einem anderen Spruchkörper benötigt wird (BGH DRiZ 80, 147; BGH DRiZ 83, 234). – Ebenso stellt der Vors allein die Verhinderung ehrenamtl Richter fest (BGH NJW 89, 1681). – Die Grundsätze für die Feststellung der Verhinderung gelten entspr für den Wiedereintritt nach Wegfall der Verhinderung (BGH NJW 88, 1922). 41

5) Änderung. Vor Beginn des Geschäftsjahrs ohne Beschränkung zulässig (I 2). **Im Laufe des Geschäftsjahres** als **Abweichung vom Jährlichkeitsprinzip** grds unzulässig; III regelt **Ausnahmen**. III ist nicht abschließend; die Änderung ist vielmehr auch nötig, wenn im Laufe des Geschäftsjahrs Rspr-Aufgaben neu anfallen oder wegfallen (zB Streitwertgrenzenänderung) oder aus zwingenden Gründen im Laufe des Geschäftsjahrs ein neuer Spruchkörper eingerichtet wird (BFH NJW 2021, 2232; BGH NJW 75, 60: Einrichtung einer neuen Kammer wegen dauernder Überlastung; Bildung eines – weiteren – Auffangspruchkörpers, s Rn 22, OLG Stuttgart 5.10.2020 – 1 Ws 105/20; Gleiches muss gelten, wenn aus haushaltsrechtl Gründen ein neuer Spruchkörper erst im Laufe des Geschäftsjahrs errichtet werden kann; sa OVG Hamburg NJW 87, 1217). Ebenso bei erforderl **Berichtigung** eines fehlerh GVP (LG Potsdam NStZ-RR 2015, 19). IÜ sa Rn 47. **Voraussetzungen und Gründe der Änderung** einschl ihrer Eignung zur Abhilfe sind **im Präsidiumsbeschluss** (ggf ergänzend im dazugehörigen Sitzungsprotokoll; dann insoweit auch Einsichtsrecht nach IX, vgl OLG Frankfurt 20.10.2019 – 3 VAs 14/19) so **umfassend und nachvollziehbar zu dokumentieren**, dass die Überprüfung der Rechtmäßigkeit (s Rn 52) möglich ist (BVerfG NJW 2005, 2689; BGHSt 53, 268 = NJW 2010, 625; BGH NStZ 2016, 562; BGH NStZ 2014, 226; BGH NJW 2015, 2597). Zur Zulässigkeit der nachträglichen **Ergänzung der Dokumentation** s BGH NStZ 2023, 122 [Schuster]; BGH NStZ 2016, 562. – **a) Überlastung** eines Richters (zB auch durch umfangreiches Verf – vgl BGH bei Holtz MDR 79, 638) setzt nicht ungenügende Auslastung der anderen voraus; umgekehrt gilt das entspr für **ungenügende Auslastung**. Nicht nötig ist ferner der Nachweis der unabweisbaren Notwen- 42 digkeit der Maßnahme, sie steht im pflichtgemäßen Ermessen des Präsidiums (BVerwG NJW 82, 2774 u 2394). Eine nachträgliche Änderung der Geschäftsverteilung kann sogar **geboten** sein, wenn nur auf diese Weise Strafsachen beschleunigt behandelt werden können (BVerfG StraFo 2017, 64; BVerfG NJW 2009, 1734; BGH NStZ 2023, 122 [Schuster]; BGH NStZ 2015, 658; BGH NStZ 2014, 287). In Fällen der Überlastung ist neben Änderung der Verteilung der Geschäfte auf die einzelnen Spruchkörper oder der personellen Besetzung des Spruchkörpers auch Bildung von Hilfskammern zulässig (s § 21f Rn 2). Ein Fall der Überlastung liegt auch vor, wenn ein Verf, das längere zusammenhängende Verh erfordert, auf einen Richter fällt, dessen Dienst ermäßigt ist und der deshalb das Verf nicht sachgerecht führen kann. – **Richterwechsel** ist auch das Ausscheiden (Hinzukommen) eines Richters, ferner die Ernennung eines Richters zum VorsRichter an demselben Gericht. – Zur **dauernden Verhinderung** s Rn 39 ff. Eine ihrem Wesen nach vorübergehende Verhinderung (zB durch Krankheit, Vorbereitung einer anderen umfangreichen Sache) ist über die Vertretung zu regeln; sie rechtfertigt die Änderung des GVP nicht, nötigenfalls ist die Vertretungsregelung zu ergänzen (BGH MDR 86, 600). Bei einem **Turnussystem** ist jedoch Regelung zulässig, dass erkrankte Richter nach bestimmter Zeit bei der Verteilung neu eingehender Verfahren nicht mehr berücksichtigt werden; dies ist eine besondere Form der Vertretungsregelung und keine Änderung der Geschäftsverteilung iSd III.

43 **b)** Da III eine Ausnahme vom Jährlichkeitsprinzip des I 2 (s Rn 14a) darstellt, ist er **eng auszulegen**. Andere als in ihm genannte Zweckmäßigkeitsgründe rechtfertigen die Änderung des GVP nicht (BGH NJW 76, 2029: Änderung während des Geschäftsjahres unzulässig, allein um im Interesse der Ausbildung einem Richter auf Probe den Wechsel von Straf- in Zivilsachen zu ermöglichen). Ist aber eine Änderung während des Jahres notwendig, ist das **Ermessen** des Präsidiums über den **Umfang** der Änderung nicht mehr begrenzt (BGH 27.9. 2018 – 4 StR 267/18 zur Parallelregelung in § 21g II Hs 2; OVG Münster 6.8.2021 – 1 B 1106/21; OLGR Frankfurt 2005, 797); es können aus Anlass einer zulässigen Änderung des GVP zB auch Umsetzung eines Richters auf Probe, die an sich nur aus Ausbildungsgründen angezeigt ist, oder sonstige Änderungen aus mannigfachen Gründen miterfolgen (BGH NJW 78, 1444; BVerwG NJW 85, 2491; OVG Münster 6.8.2021 – 1 B 1106/21). Voraussetzungen des III gelten auch für die Änderungen von **Vertretungsregeln** (BGH NStZ 2016, 562).

44 **c)** Die Änderung während des Geschäftsjahrs ist nicht notwendig auf künftig eingehende Verf beschränkt, sondern kann **auch bereits anhängige Verf** einschließen, also in eine bestehende Zuständigkeit eingreifen. Dies ist für die Jahresgeschäftsverteilung unstreitig; für die Änderung nach III kann jedoch nach dem Wortlaut und dem Zweck der Vorschrift (Begegnung auf Überlastung oder ungenügende Auslastung) nichts anderes gelten (BVerfGE 95, 322 = NJW 97, 1497; BFHE 180, 396 = NJW 96, 3367; BGH 25.3.2021 – 3 StR 10/20; BGHSt 30, 371 = NJW 82, 1470). Dies folgt auch aus IV, der eine Befugnis einräumt, die anderenfalls keinen Sinn ergäbe (zu weitgehend daher Feiber MDR 84, 676). Es ist jedoch das **Abstraktionsprinzip** (s Rn 13) zu beachten, dem nach seinem Zweck bei Eingriffen in den konkret schon bestimmten ges Richter bes Bedeutung zukommt (BVerfG StraFo 2017, 64). Bei Änderung der Geschäftsverteilung wegen Überlastung oder ungenügender Auslastung wird es idR ausreichen, die Änderung auf künftige Eingänge zu beschränken. Es ist jedoch zulässig (zB bei Umverteilung nach Buchstabengruppen, s Rn 13), auch alle anhängigen Verf mitzuübertragen (BVerwG NJW 91, 1370), wenn die Neuregelung generell gilt, also außer anhängigen Verf auch eine unbestimmte Vielzahl künftiger gleichartiger Fälle umfasst und nicht sachwidrig ist (BVerfG NJW 2003, 345); weitere Differenzierungen (zB nur ab bestimmtem Eingangsstichtag oder bei bestimmtem Verfahrensstand) – mit Ausnahme des Vorbehalts nach IV – sind bedenkl in Hinblick auf das Abstraktionsprinzip und unzulässig, wenn Regelung im Einzelfall die konkrete Zuständigkeit von noch zu ergehenden Beschlüssen oder Maßnahmen einzelner Spruchkörper abhängig macht (BVerfG NJW 2018, 1155; BVerfG NJW 2017, 1233; BGH StV 2020, 821; OLG Köln StraFo 2020, 154). Wenn sachgerechte Entlastung anders nicht erreicht werden kann, ist ausnahmsw mit **umfassend dokumentierten Gründen** Änderung zul, die sich nur auf anhängige Verf auswirkt (BVerfG NJW 2009, 1734; BVerwG NVwZ 2019, 82 = DRiZ 2018, 260), jedoch **unzulässig spezielle Zuweisung einzelner** Verf (BGH NStZ 2014, 668; BGHSt 53, 268 = NJW 2010, 625; BGH NStZ 2011, 157; BGH MDR 2009, 823 = FamRZ 2009, 1044; BGH WM 2009, 1413; BGH NJW 2009, 1351 = MDR 2009, 404; BFH/NV 2012, 431). Jede **Erstreckung einer GVP-Änderung auf anhängige Verf („Überleitung")** – auch bei Bildung einer Hilfskammer – erfordert **besonderen Dokumentations- und Begründungsaufwand** zur Darstellung ihrer Notwendigkeit und Eignung sowie der Wahrung des Abstraktionsgrundsatzes (BGH 25.3.2021 – 3 StR 10/20; BGH NJW 2015, 2597; BGH NStZ 2014, 287; BGH NStZ 2014, 226; BGHSt 53, 268 = NJW 2010, 625). Indiz für unzulässige Einzelzuweisung wird regelm die Angabe von Az im Änderungsbeschluss sein (vgl BVerwG NJW 2020, 3333; BGH NStZ 2014, 668; BGH MDR 2009, 1054 = NJW-RR 2009, 1264 = FamRZ 2009, 1481). Zu weitgehend BGH NJW 99, 154, wonach auch eine Änderung des GVP zulässig sein soll, die sich **nur** auf **ein dem Präsidium bekanntes Verf** auswirkt; offen gelassen – aber im konkreten Fall als ungeeignet abgelehnt – BGH NJW 2015, 2597. Der Dokumentations- und Begründungsaufwand und vor allem die volle Überprüfung auf jede Rechtswidrigkeit von Geschäftsverteilungsänderungen durch die Revisionsgerichte seit 2009 (BGHSt 53, 268; Nachweise der Entwicklung der Rspr: BGH 25.3.2021 – 3 StR 10/20, s aber jetzt in Strafverfahren das Vorabentscheidungsverf nach § 222b StPO) veranlasst mitunter Präsidien, von sachlich gebotenen unterjährigen Änderungen der Geschäftsverteilung abzusehen. Nunmehr neigt jedenfalls der 3. Strafsenat (BGH 25.3.2021 – 3 StR 10/20 und zutreffend vertiefend BGH StV 2022, 799; s auch Anm Schuster zu BGH NStZ 2023, 122, 126; aA ohne inhaltliche Begr 2. Strafsenat

BGHSt 67, 234 = NJW 2023, 2501) unter eingehender Analyse der BVerfG-Rspr und Berücksichtigung der Rspr des BVerwG NVwZ 2019, 82 dazu, die umfassende revisionsrechtliche Überprüfung im Sinne einer **Willkürkontrolle** auf die Frage, ob die Regelung überhaupt als generell-abstrakt anzusehen ist, und **auf eine Plausibilitätskontrolle zu begrenzen**; dem ist uneingeschränkt zuzustimmen (s Rn 52).

d) Die Änderung gilt grds für die ganze restl Dauer des Geschäftsjahrs. Ist jedoch bei Vornahme bereits absehbar, dass der Anlass der Änderung nur vorübergehender Natur ist, kann bestimmt werden, dass die ursprüngl Regelung mit Wegfall des sie veranlassenden Grundes wieder in Kraft tritt (BGH NJW 67, 1622), falls der Zeitpunkt des Wegfalls obj bestimmbar ist. 45

e) Der Ausnahmevorbehalt des IV, der eine entspr Anordnung des Präsidiums voraussetzt, gilt nur für Sachen, die von einer Änderung der Geschäftsverteilung konkret betroffen sind (BGHSt 30, 371 = NJW 82, 1470). Das Präsidium kann daher auch bestimmen, dass ab einem bestimmten Stichtag eingehende Sachen nach bestimmten – neu festgelegten – Gesichtspunkten verteilt werden, es für alle anhängigen Verf aber bei der bish Zuständigkeit verbleibt. Da dann für die anhängigen Verf eine „Änderung" der Geschäftsverteilung nicht vorliegt, vielmehr handelt es sich nur um eine abw neue Geschäftsverteilung für die Zukunft, ist der Vorbehalt des IV nicht einschlägig und insb für die Fortdauer der Zuständigkeit ein bish Tätigwerden nicht nötig; auch noch unbearbeitete Verf bleiben in der Zuständigkeit des schon bish zuständigen Spruchkörpers (BGHSt 30, 371 = NJW 82, 1470). Diese Vorgehensweise empfiehlt sich regelmäßig aus dem Grundsatz der Stetigkeit der Geschäftsverteilung, wenn der Spruchkörper in seiner Besetzung unverändert bestehen bleibt. – Die Fortdauer der Zuständigkeit aufgrund einer Anordnung nach IV setzt voraus, dass der Richter **„tätig geworden ist"**. Hierfür genügt jede richterl Handlung (zB Verfügung der Zustellung), Eingang bei Gericht allein genügt jedoch nicht. Präsidium kann Ableitung oder Verbleib der Sache auch von bestimmtem objektiv feststellbaren Verfahrensstand (zB bereits erfolgte Terminierung) abhängig machen; der Eintritt dieses Umstands darf aber nach dem Präsidiumsbeschluss nicht mehr beeinflussbar sein (BGH StV 2020, 821; BVerwG NJW 2020, 3333). – Eine **Entscheidung**, die auf einer nach der bish Zuständigkeitsregelung durchgeführten mündl Verh beruht, ist auch ohne Anordnung nach IV vom bish zuständigen Spruchkörper in seiner bish Besetzung zu erlassen. 46

f) Von der Änderung ist die **Ergänzung** des GVP zu unterscheiden. Sie liegt vor, wenn nach der Regelung des GVP der zuständige Richter nicht mehr bestimmbar ist (etwa wegen Lücke im GVP oder Verhinderung des im GVP bestimmten Vertreters). Bsp: Bestellung weiterer Vertreter und Ergänzungsrichter, BGH NJW-RR 2019, 123; BGH NStZ-RR 2010, 184; BGH NStZ 2011, 294. Auch in diesen Fällen ist eine auf Dauer angelegte Regelung zu treffen; Einzelfallzuweisungen sind unzulässig (BGH NJW 88, 1921). 47

6) Anfechtung; Verstöße gegen die Geschäftsverteilung. Die Frage, wer und ggf mit welcher Rüge den GVP anfechten bzw Verstöße gegen diesen geltend machen kann, ist vom Gesetzgeber offengelassen worden. Sie steht auch in Zusammenhang mit dem Problem der Rechtsnatur des GVP (s Rn 34), zu dem sich das Gesetz ebenfalls nicht festlegt. Sachgerechte Lösungen sind nur mögl, wenn die nach der Person des Betroffenen je verschiedenen Fälle auseinander gehalten werden; angesichts des Schweigens des Gesetzgebers ist bei der Lösung der Fragen der Garantie des Art 19 IV GG bes Bedeutung beizumessen. 48

a) Rüge fehlerhafter Geschäftsverteilung durch eine Partei. Die Partei kann Mängel der Geschäftsverteilung (maßgebl ist der GVP im Zeitpunkt der Sachentscheidung, BVerwG NJW 85, 822) einschließl etwaiger Fehler bei Anwendung des GVP mit der Rüge der nicht ordnungsgemäßen Besetzung des Gerichts mit den allg Rechtsmitteln geltend machen (§ 547 Nr 1, § 579 I Nr 1 ZPO). Ferner kommt die Verfassungsbeschwerde (Art 93 I Nr 4a GG) wegen Verstoßes gegen das Gebot des ges Richters (Art 101 I GG) in Betracht. Dagegen ist der GVP keine der Normenkontrolle zugängl Rechtsvorschrift (BayVerfGH NJW 86, 1673). So ist auch § 47 VwGO unanwendbar (s dazu Schorn/Stanicki S 204; Pentz DRiZ 77, 180; OVG Lüneburg NJW 84, 627). Auch aus Art 19 IV GG ergibt sich nicht, dass dem Rechtsuchenden losgelöst vom konkreten Verf die Möglichkeit eröffnet werden muss, den GVP einer selbständigen gerichtl Nachprüfung unterziehen zu können, da seinen Belangen durch die Rügerechte innerhalb der allg Rechtsmittel Genüge getan ist (ebenso Kissel/Mayer Rn 120, vgl auch BVerwG NJW 82, 900: keine verwaltungsrechtl Feststellungsklage nach § 40 VwGO). Anders wäre es nur dann, wenn ein GVP unvollständig ist (s Rn 12) und deshalb für eine konkrete Klage der ges Richter nicht bestimmt ist; im Zivilprozess reicht hierfür jedoch der Rechtsschutz über §§ 36, 37 ZPO aus. 49

Hinsichtl der **Rüge der nicht ordnungsgemäßen Besetzung des Gerichts** ist zu beachten: **aa)** Die Rüge kann nicht damit begründet werden, dass die **Wahl des Präsidiums** fehlerhaft sei (vgl § 21b VI 3, aus dem sich ergibt, dass Fehler bei der Wahl generell nie auf die Maßnahmen des Präsidiums durchschlagen). 50

bb) Verfahrensverstöße bei der Aufstellung des GVP können nicht gerügt werden, soweit die Verfahrensvorschriften nur der Vorbereitung der Willensbildung des Präsidiums dienen (insb Anhörungspflichten nach § 21e II, III 2 u V). Verstöße bei der Willensbildung selbst (zB § 21e VII) führen zu fehlerhafter Besetzung, wenn sie auf Willkür beruhen. 51

cc) Inhaltl Mängel des GVP haben nach bisheriger Rspr grds unmittelbar eine fehlerhafte Besetzung zur Folge, so dass es hier auf den Gesichtspunkt der Willkürlichkeit nicht ankommen soll (seit BVerfG NJW 2005, 2689 Tz 22, wo sich allerdings keine inhaltl Begr findet; auf diese Entscheidung aufbauend hat der BGH seit 2009 ein 52 umfassendes Konzept der Kontrolle der Gesetzmäßigkeit vor allem der unterjährigen Änderungen des GVP einschl der Dokumentation aller maßgebl Umstände entwickelt, BGHSt 53, 268 = NJW 2010, 625; BGH NStZ 2016, 562; BGH NStZ 2014, 226; BGH NJW 2015, 2597). Demgegenüber hatte das BVerwG die Kontrolle von GVP außer bei Verstößen gegen das Abstraktionsprinzip (hierzu s BVerfG NJW 2018, 1155; StraFo 2017, 64) auf den Willkürmaßstab beschränkt (BVerwG NJW 1987, 2031; BVerwG NJW 1984, 2961; ebenso OVG Münster 28.3.2023 – 2 B 139/23). Dies überzeugt. So im Wesentlichen jetzt auch der 3. Strafsenat des BGH (BGH 25.3.2021 – 3 StR 10/20, und zutr vertiefend BGH StV 2022, 799, s Rn 44; aA insoweit ohne inhaltliche Begr 2. Strafsenat BGHSt 67, 234 = NJW 2023, 2501). Eine – ggf durch Übernahme der jüngsten Rspr des 3. Strafsenats, Entscheidung nach § 132 GVG oder gesetzgeberische Klarstellung veranlasste – **Rückkehr zum Willkürmaßstab** würde die Präsidien zur flexibleren Reaktion auf Belastungsschwankungen ermutigen und so der Effektivitätssteigerung der Justiz dienen; für so eingeschränkten Kontrollmaßstab jetzt auch deutlich BVerfG 2. Senat 3. Kammer 29.4.2025 – 2 BvR 1440/23 Tz 40.

53 **dd) Fehler bei der Anwendung des GVP** bedeuten grds nur einen Eingriff in den ges Richter, wenn sie auf objektiver **Willkür** beruhen (BVerfG WM 2020, 1912 = DRiZ 2020, 406; BVerfG 18.2.2020 – 1 BvR 1750/19: „Durch einen schlichten error in procedendo wird niemand seinem gesetzlichen Richter entzogen"; BVerfGE 13, 144; BVerfG NJW 2018, 1156; BayVerfGH FamRZ 2007, 1261; BVerwG NVwZ 2015, 1695; BGH – Vereinigte Große Senate – BGHZ 126, 63, 70 f; BGH v 18.5.2017 – III ZR 46/16; BGHSt 50, 132; BFH 5.3.2018 – X B 44/17; BAG MDR 2024, 785 = NJW 2024, 850; § 547 ZPO Rn 4). IÜ s § 16 Rn 2 und **§ 513 II, § 545 II, § 571 II 2 ZPO**. Danach kann ein Rechtsmittel nicht auf die Unzuständigkeit des Gerichts des 1. Rechtszuges gestützt werden. **Maßgeblich** für Beurteilung der vorschriftsmäßigen Besetzung des Gerichts ist die **letzte mündliche Verhandlung**, auf die das Urteil ergeht; Besetzung in früheren Verhandlungen, Beweisaufnahme und Urteilsverkündung ist im Zivilprozess unerheblich (BGH MDR 2017, 51 mwN = NJW-RR 2017, 635 [Stockmann FamRB 2017, 58]).

54 **b) Anfechtung durch den betroffenen Richter.** Es besteht Übereinstimmung, dass dem einzelnen Richter gegen ihn betr Anordnungen des Präsidiums Rechtsschutz zu gewähren ist (vgl BVerfGE 17, 252; BVerfGE 76, 325). Das BVerwG (BVerwGE 50, 11 = NJW 76, 1224) hat hierfür den **Verwaltungsrechtsweg** eröffnet und für die Klageart § 43 VwGO herangezogen (seither stRspr der VG: BVerwGE 67, 222 = NJW 83, 2589). Zwar spräche der Gesichtspunkt der Sachnähe wohl für den Weg zu den Richterdienstgerichten, der aber durch das Enumerationsprinzip (vgl §§ 62, 78 DRiG) sowie dadurch verbaut ist, dass die Präsidien als Organe richterl Selbstverwaltung nicht der Dienstaufsicht (§ 26, § 62 I Nr 4e, § 78 Nr 4e DRiG) zuzurechnen sind (BGHZ 46, 147; BGH DRiZ 83, 146, 147; BGH NJW 91, 425 = MDR 90, 718). Auch bei Behauptung willkürl Zuteilung durch GVP ist eine analoge Anwendung des § 26 III DRiG im Hinblick auf den eröffneten Verwaltungsrechtsweg nicht geboten (offengelassen: BGH 1.3.2022 – RiZ 2/16; BGHZ 93, 100 = MDR 1985, 319 = NJW 1985, 1084).

55 Der Richter kann die Klage gegen den GVP **nur darauf stützen**, dass die konkrete ihn betr Aufgabenzuweisung aus bes Gründen, die sich auf seine Person beziehen, rechtswidrig ist. In Betracht kommen Verstöße gegen die richterl Unabhängigkeit und das Willkürverbot. Die Verletzung von Anforderungen an den GVP und an dessen Änderungen, die im Hinblick auf Art 101 I GG bestehen, kann dagegen die Anfechtung des GVP durch den Richter nicht begründen (vgl Pentz DRiZ 77, 179; OVG Münster 6.8.2021 – 1 B 1106/21; OVG Koblenz NJW-RR 2008, 579); diese bestehen zugunsten der Parteien, geben also dem Richter keinen klagbaren Anspruch. Aus dem gleichen Grund kann der Richter die Wahrnehmung der ihm durch den GVP übertragenen Aufgaben nicht mit der Begründung verweigern, der GVP sei fehlerhaft und er daher nicht der ges Richter (BVerwGE 50, 11 = NJW 76, 1224; BGH DRiZ 78, 249; BGH DRiZ 83, 147). Soweit es die innergerichtl Wirkung der Aufgabenzuweisung anbelangt, ist der betroffene Richter an den GVP gebunden und kann insb nicht selbst – und damit in eigener Sache – über die Wirksamkeit der Anordnung befinden; diese entfällt ihm ggü erst mit der rechtskräftigen Feststellung der Rechtswidrigkeit der Anordnung. Der Richter handelt pflichtwidrig, wenn er sich weigert, eine Sache zu bearbeiten, die von ihm nach dem GVP zu bearbeiten ist; dies gilt auch im Fall negativen Kompetenzstreits, den das Präsidium (s Rn 38) entschieden hat. In einem solchen Fall sind Maßnahmen der Dienstaufsicht durch § 26 DRiG nicht ausgeschlossen (BGH DRiZ 78, 249) bis hin zur Entfernung aus dem Richterverhältnis (BGH DVBl 2023, 1212).

56 Die Klage hat – da keine Anfechtungsklage – **keine aufschiebende Wirkung** nach § 80 VwGO. Vorläufiger Rechtsschutz ist jedoch gem § 123 VwGO mögl (VGH Mannheim NJW 2006, 2424 = DRiZ 2006, 221; VGH Kassel DRiZ 84, 62; OVG Hamburg NVwZ-RR 2018, 793).

57 Die Klage ist – entgegen § 78 I Nr 1 VwGO – **gegen das Präsidium** des Gerichts zu richten, da seine in richterl Unabhängigkeit gefasste Entscheidung sachgemäß nur durch dieses vor Gericht vertreten werden kann (VGH Kassel DRiZ 84, 62; aA OVG Berlin 24.7.2024 – OVG 4 S 18.24; VGH Mannheim DRiZ 73, 320; OVG Hamburg NJW 87, 1215).

58 ***c) Selbstverwaltungsstreitigkeiten* der Mitglieder des Präsidiums.** Nach VGH Mannheim DÖV 80, 573 und OVG Weimar DVBl 2005, 524 LS = ThürVBl 2005, 110 soll nach § 40 I VwGO der Rechtsweg zu den VG auch für Streitigkeiten von Mitgliedern des Präsidiums untereinander, insb zwischen Vors und weiteren Mitgliedern (hier: über Zulässigkeit einer Geschäftsordnung) eröffnet sein (ähnl VG Schleswig DRiZ 68, 144). Die Erforderlichkeit solchen Rechtsschutzes muss bezweifelt werden, da das Präsidium Streitigkeiten im Rahmen seiner „Autonomie" selbst – und in (und mit) richterl Unabhängigkeit – entscheiden kann (vgl auch Kissel/Mayer Rn 25).

c) Ungeklärt ist, ob die **Justizverwaltung** gegen eine fehlerhafte Geschäftsverteilung vorgehen kann, was sicher nicht bei Unzweckmäßigkeit oder (bloßer) Unrichtigkeit, möglicherw aber bei (bewusst) unvollständiger Geschäftsverteilung und damit verbundener Verweigerung der Justizgewährung (s Rn 12) in Betracht kommen könnte. Sicher ist, dass die Justizverwaltung in einem solchen Fall nicht im Weg der „Ersatzvornahme" selbst in die GV eingreifen kann. Mögl erscheint jedoch in entspr Anwendung der Grundsätze des § 26 DRiG der dienstaufsichtl Vorhalt wegen offensichtl Fehlers (so auch Papier NJW 90, 14). Hiervon dürfte auch der BGH (Dienstgericht des Bundes, BGHZ 46, 147) ausgegangen sein, vgl auch BGH MDR 82, 227, der generell Anregungen, Prüfungswünsche uÄ – unterhalb der Schwelle der Weisung (sa § 21a Rn 2) – der Dienstaufsicht führenden Stellen an das Präsidium für zulässig hält, und BGH NJW 95, 2494. Hiernach besteht aber kein Bedürfnis mehr für die Eröffnung eines Rechtswegs; es kann wohl selbstverständl davon ausgegangen werden, dass das Präsidium in einem derartigen Fall nach § 26 DRiG vorgeht, wenn es „Hinweise" der Justizverwaltung für unzutreffend hält und sich deshalb nicht an sie halten will. Die **Klagebefugnis des Präsidiums** ggü „Maßnahmen" der Justizverwaltung, die Rechte des Präsidiums verletzen (können), im Rechtsweg zu den Dienstgerichten ist anzuerkennen (vgl auch Buschmann DRiZ 1983, 473 zu DienstGH beim OLG Koblenz 17.3.1983 – DGH 2/82. 59

§ 21f (Vorsitz in den Spruchkörpern)

(1) Den Vorsitz in den Spruchkörpern bei den Landgerichten, bei den Oberlandesgerichten sowie bei dem Bundesgerichtshof führen der Präsident und die Vorsitzenden Richter.

(2) [1]Bei Verhinderung des Vorsitzenden führt den Vorsitz das vom Präsidium bestimmte Mitglied des Spruchkörpers. [2]Ist auch dieser Vertreter verhindert, führt das dienstälteste, bei gleichem Dienstalter das lebensälteste Mitglied des Spruchkörpers den Vorsitz.

I) Vorsitz. 1) Grundsatz. Der Vors hat die Aufgabe, die Qualität und insb die Einheitlichkeit der Rspr des Spruchkörpers in bes Maß zu gewährleisten (vgl BGHZ 37, 210 und BGHZ 49, 64; BGH NJW-RR 2017, 635 Tz 13). Dem trägt das Gesetz in I dadurch Rechnung, dass der Vorsitz in den Spruchkörpern des LG, OLG und BGH dem Präsidenten und den VorsRichtern (auch Vizepräsident) vorbehalten ist (s § 21e Rn 39d). Der Grundsatz gilt für alle ordentl Spruchkörper. Jedoch enthält § 106 eine fortgeltende Sonderregelung. 1

2) Hilfskammern. Ferner kann in Ausnahmefällen auch weiterhin der Vorsitz in vorübergehend gebildeten **Hilfskammern** und Hilfssenaten (s § 21e Rn 19) auch Richtern, die nicht zum VorsRichter ernannt sind, übertragen werden (BGHSt 33, 303 = NJW 86, 144; LR/Breidling § 21f Rn 12 f; ThP/Hüßtege Rn 2; aA Kissel/Mayer Rn 7). Beispiel: Errichtung des VIa. Zivilsenats des BGH zum 1.8.2021 unter Vorsitz einer Richterin am BGH (vom BVerfG deutlich gebilligt in Verwerfung einer unzul Vb BVerfG 29.4.2025 – 2 BvR 1440/23). Eine Hilfskammer kann nur zur vorübergehenden Entlastung (BGH NJW 2000, 1580) einer durch unvorhergesehene bes Arbeitsbelastung überlasteten ordentl Kammer gebildet werden. Sie stellt der Sache nach nichts anderes dar als eine – zulässige – außerordentliche Vertretungsregelung auf Kammerebene für den Sonderfall besonderer Verhinderung (BGHSt 31, 389 = NJW 1983, 2952 = MDR 1983, 861; BGH NStZ-RR 2022, 20); Besetzung des Vorsitzes mit einem „weiteren" Richter ist daher analog der allg Vertretungsregelung zulässig (vgl insb BGHZ 12, 107). Zu den Anforderungen an die Begründung des Präsidiumsbeschlusses BGH NStZ 2015, 658; BGHSt 53, 268 = NJW 2010, 625. In Hinblick auf II kann der Vorsitz in einer Hilfskammer auch weiterhin in Abweichung von I besetzt werden. Dies ist auch sachl gerechtfertigt, da der richtungweisende Einfluss des Vors iSe einheitl Rspr auf Grund der nur vorübergehenden Existenz der Hilfskammer ohnehin kaum zum Tragen kommen kann und die Notwendigkeit der Besetzung mit einem VorsRichter den bezweckten Entlastungseffekt weitgehend zunichtemachen würde (BGHSt 31, 389 = NJW 1983, 2952 = MDR 1983, 861). 2

3) Anforderungen an Vorsitzende Richter. Der Vors muss auch tatsächl **in der Lage sein**, auf die Rspr seiner Kammer **richtungweisenden Einfluss auszuüben** (s Rn 1). Dies ist nicht der Fall, wenn schon im Zeitpunkt der Besetzung absehbar ist, dass er in Folge sonstiger dienstl Belastung in mehr als 25 % der Aufgaben vertreten werden muss (BGHZ GS 37, 210 = NJW 62, 1570); dies gilt auch für den **Präsidenten** (BGH MDR 2017, 51 = NJW-RR 2017, 635 [Stockmann FamRB 2017, 58]; BGHZ GS 49, 64 = NJW 68, 501). In der Praxis sind Präsidenten aber zu (teilweise weit) mehr als 50 % ihrer Arbeitskraft mit Verwaltungsaufgaben befasst. Dieses Problem ist so zu lösen: Der Präsident stellt entsprechend § 21e VI fest, mit welchem Arbeitskraftanteil er Verwaltungsaufgaben zu bearbeiten hat. Das Präsidium ist sodann verpflichtet, die Zuständigkeit des Spruchkörpers, dessen Vorsitz der Präsident gem § 21e I 3 übernommen hat, so gering zu bemessen, dass der Präsident die Aufgaben des Vors mit seinem für die Rspr verbleibenden AKA regelmäßig zu mindestens 75 % selbst erledigen kann (vgl BGH 23.8.2016 – X ARZ 292/16; Kissel/Mayer Rn 4; gilt auch für „Doppelpräsident" von FG und OVG, BFH 8.9.2020 – I B 53/19). Die Stellung des Vors entbindet ihn nicht von der Pflicht (§ 42 DRiG), Aufgaben der Justizverwaltung wie zB Referendarausbildung zu übernehmen (BGH NJW 91, 426). 3

4 **4) Zuteilung der Vorsitzenden.** Die Besetzung des Vorsitzes in den einzelnen Spruchkörpern ist Aufgabe des Präsidiums (§ 21e I 1); der Präsident entscheidet über den von ihm zu übernehmenden Vorsitz selbst (§ 21e I 3). Einem VorsRichter kann der Vorsitz in mehreren Spruchkörpern übertragen werden, soweit er richtungweisenden Einfluss iSd Rn 3 in allen ausüben kann (§ 21e I 4; s § 21e Rn 39d).

5 **II) Vertretung bei Verhinderung.** Für die **Vertretung** des Vors stellt II in Ergänzung der Zuständigkeitsregelung des § 21e I 1 zusätzliche bzw die Regelung des Präsidiums einengende Regeln auf.

5a **1) Vorübergehende Verhinderung.** Die Vertretung nach II setzt zunächst voraus, dass ein Fall vorübergehender Verhinderung vorliegt (iE s § 21e Rn 39-39e, also nicht bei dauernder oder auf unabsehbare Zeit andauernder Verhinderung, BGHZ 164, 87 = NJW 2006, 154 = MDR 2006, 288, und nicht bei von vornherein absehbarer Überlastung, s Rn 3, OLG Hamburg, StV 2003, 11). Bei dauernder Verhinderung muss ein (neuer) ständiger Vors bestellt werden, der den statusmäßigen Anforderungen des I entsprechen muss (s § 21e Rn 39a-e).

6 **2) Regelmäßiger Vertreter.** Nach II 1 muss ein regelmäßiger Vertreter aus den Mitgliedern des Spruchkörpers bestellt werden, er muss also ständiges Mitglied der Kammer (des Senats) sein; RiAG kann also nicht ständiger Vertreter eines Vors einer LG-Kammer sein (OLG Hamm NStZ-RR 2004, 146). Er muss ferner Richter auf Lebenszeit sein (§ 28 II DRiG). – Obwohl II nur 1 Vertreter vorsieht, kann das Präsidium für den Fall der Verhinderung auch des regelmäßigen Vertreters einen weiteren Vertreter, für den die vorgenannten Voraussetzungen zutreffen müssen, bestimmen; dies folgt aus § 21e I 1 (s § 21e Rn 16); II 2 steht nicht entgegen, da er nur eine Hilfsregelung darstellt (aA Schorn/Stanicki, Die Präsidialverfassung der Gerichte aller Rechtswege, 2. Aufl 1975, S 80). Die **Vertretungsreihenfolge** muss jedenfalls durch GVP geregelt sein (OLG Hamm NStZ-RR 2004, 146). Das Präsidium ist bei der **Auswahl** frei, insb – entgegen verbreiteter Praxis – nicht an das Dienstalter gebunden.

7 **3) Weitere Vertretung.** Die Regelung stellt sicher, dass bei Verhinderung des (der) aus den ordentl Kammermitgliedern bestellten Vertreter(s) zunächst die weiteren Kammermitglieder in der in II 2 bestimmten Reihenfolge zur Vertretung berufen sind. Sie gilt nur für Richter auf Lebenszeit (§ 28 II DRiG). Ist auch danach ein Vertreter nicht vorhanden, weil alle ordentl Kammermitglieder, die den Vorsitz führen könnten, verhindert sind (insb etwa in Fällen der Ablehnung), so greift die **allg** Vertretungsregelung ein (§ 21e I 1, s § 21e Rn 15, 16), aus der die Kammerbesetzung wieder „aufgefüllt" wird. Einer Regelung der weiteren Vertretung des Vors durch das Präsidium bedarf es nicht, da sich aus II 2 immer ergibt, wer den Vorsitz führt; dies gilt auch dann, wenn über die allg Vertretungsregelung ein oder auch mehrere VorsRichter nachgerückt sind (der nach dem Dienstalter älteste VorsRichter führt den Vorsitz).

8 **4) Ein-Richter-Spruchkörper.** Die Grundsätze des II gelten **nicht** für die nur mit einem berufsmäßigen Richter besetzten Spruchkörper der LG; hier ist nur nach den allg Grundsätzen (§ 21e I 1) zu verfahren. Zur Verwendung eines Richters im Eingangsamt im vertretungsweisen Vorsitz einer Kleinen Strafkammer zu Erprobungszwecken: KG NStZ 2018, 491 = StraFo 2018, 72 [krit Sowada]; entsprechende Verwendung eines Proberichters ist zulässig, § 28 II 2 DRiG und § 29 I 2 GVG stehen nicht entgegen (OLG Rostock NStZ 2020, 242 [Loose, Scheuring]).

9 **5) Feststellung der Verhinderung des Vorsitzenden.** Hierfür gelten die allg Grundsätze (s § 21e Rn 41), zuständig für die Feststellung der Verhinderung (soweit nötig) ist der Vors, soweit die Vertretung innerhalb des Spruchkörpers bleibt; der Vors kann dann auch seine eigene Verhinderung feststellen (BGH DRiZ 83, 234), ebenso aber auch der als Vertreter nachrückende „Vors".

10 **III) Spruchkörpervorsitz und weitere Aufgaben.** Aus § 21f folgt, dass **jedem VorsRichter (auch Präsidenten und Vizepräsidenten) der Vorsitz in einem Spruchkörper übertragen werden muss.** VorsRichter können jedoch daneben auch zu **weiteren Mitgliedern** eines anderen Spruchkörpers oder Vertretern weiterer Mitglieder bestellt werden (BGH NJW 84, 129 = DRiZ 83, 320; sa § 21e I 4); auch der Einsatz als ständiger Beisitzer stellt für den VorsRichter keine zu seinem Status unterwertige Funktion dar (BGH NJW 84, 129). Dem VorsRichter am LG kann daher nach § 59 II auch ein weiteres Richteramt an einem AG übertragen werden. Teil-Rückabordnung eines zum VRiOLG ernannten VRiLG an das LG zul: § 29 II DRiG.

§ 21g (Geschäftsverteilung innerhalb der Spruchkörper)

(1) [1]Innerhalb des mit mehreren Richtern besetzten Spruchkörpers werden die Geschäfte durch Beschluss aller dem Spruchkörper angehörenden Berufsrichter auf die Mitglieder verteilt. [2]Bei Stimmengleichheit entscheidet das Präsidium.

(2) Der Beschluss bestimmt vor Beginn des Geschäftsjahres für dessen Dauer, nach welchen Grundsätzen die Mitglieder an den Verfahren mitwirken; er kann nur geändert werden, wenn es wegen Überlastung, ungenügender Auslastung, Wechsels oder dauernder Verhinderung einzelner Mitglieder des Spruchkörpers nötig wird.

(3) Absatz 2 gilt entsprechend, soweit nach den Vorschriften der Prozessordnungen die Verfahren durch den Spruchkörper einem seiner Mitglieder zur Entscheidung als Einzelrichter übertragen werden können.

(4) Ist ein Berufsrichter an der Beschlussfassung verhindert, tritt der durch den Geschäftsverteilungsplan bestimmte Vertreter an seine Stelle.

(5) § 21i Abs. 2 findet mit der Maßgabe entsprechende Anwendung, dass die Bestimmung durch den Vorsitzenden getroffen wird.

(6) Vor der Beschlussfassung ist den Berufsrichtern, die von dem Beschluss betroffen werden, Gelegenheit zur Äußerung zu geben.

(7) § 21e Abs. 9 findet entsprechende Anwendung.

I) Spruchkörperinterne Geschäftsverteilung. Die Regelung v 22.12.1999 (BGBl I 1999, 2598) erwuchs aus dem Plenarbeschl BVerfGE 95, 322 = NJW 97, 1497, der die Anforderungen an die Geschäftsverteilung innerhalb des überbesetzten Spruchkörpers verschärfte. Danach ist es geboten, für mit Berufsrichtern überbesetzte Spruchkörper im Voraus nach abstrakten Merkmalen die Mitwirkung so zu bestimmen, dass schon aus dieser Regelung für den Regelfall die Besetzung des zuständigen Spruchkörpers in dem einzelnen Verf unmittelbar abgeleitet werden kann. Die abstrakt-generelle Vorausbestimmung der zur Mitwirkung berufenen Richter muss sich bis auf die letzte Regelungsstufe erstrecken, auf der es um die Person der konkret entscheidenden Richter geht; anderenfalls ist das Gericht nicht vorschriftsmäßig besetzt (ebenso BVerfGE 97, 1 = NJW 98, 743; BGH MDR 2009, 1054 = NJW-RR 2009, 1264; BGH MDR 2009, 823 = FamRZ 2009, 1044; BVerwG Buchholz 310 § 138 Ziff 1 VwGO Nr 39). 1

II) Bedeutung und Inhalt. Die Vorschrift ergänzt § 21e hinsichtl der spruchkörperinternen **Verteilung der Geschäfte**. Bedeutsam wird die spruchkörperinterne Geschäftsverteilung insb im überbesetzten Spruchkörper; dies gilt auch für die Vertretungsregelung und für die spruchkörperinterne Bestimmung eines Ergänzungsrichters (BGH NStZ-RR 2003, 14). – Erhebl ist die Regelung ferner, wenn ein kollegial besetzter Spruchkörper nach den Vorschriften der Prozessordnung durch Einzelrichter entscheidet (vgl III). 2

1) Reduktion der Richterbank bei überbesetzten Spruchkörpern. Nach BVerfG (s Rn 1) sind im Grundsatz die Anforderungen des Art 101 I 2 GG uneingeschränkt zu beachten. Durch Beschluss zu Beginn des Geschäftsjahres, der nur eingeschränkt geändert werden kann (II), muss die Person jedes konkret mitwirkenden Richters für jedes einzelne Verf bei seinem Eingang nach abstrakten Merkmalen ableitbar sein (iE s § 21e Rn 13). Diese Voraussetzung ist insb nicht erfüllt, wenn im Mitwirkungsplan zunächst nur geregelt wird, welche Richter an welchen Sitzungstagen mitwirken, und erst die Terminierung der einzelnen Sache durch den Vors zu einer Zuordnung zu einer konkreten Sitzgruppe führt. Auch wäre es gänzl **unzweckmäßig**, die Reduktion der Richterbank **an die Person des Berichterstatters zu knüpfen**, weil der Vors sich dann jegl Handlungsspielraums bei der Berichterstatterbestimmung (s Rn 4) begäbe. 3

2) Berichterstatter. Die Aufgaben des Berichterstatters innerhalb des konkret entscheidenden Spruchkörpers sind **nur** für die **interne Arbeitsverteilung** von Bedeutung. Auch der nicht als Berichterstatter mitwirkende Richter hat, was die Entscheidung und das Verf anbelangt, die gleichen Rechte und Einwirkungsmöglichkeiten wie der Berichterstatter (§§ 192 ff). Die Verfahrensordnungen unterscheiden nur zwischen den Aufgaben des Vors und denen der weiteren Richter. Unter dem Gesichtspunkt des ges Richters gelten daher bes Anforderungen für die Bestellung des Berichterstatters nicht (BVerfG WM 2020, 1912 = DRiZ 2020, 406; BVerfGE 95, 322, 331 = NJW 97, 1497; BGH NStZ-RR 2023, 327; BSG 16.7.2019 – B 12 KR 5/18 R; Kissel/Mayer Rn 41 u DRiZ 95, 125; teilw abw Katholnigg Rn 1 u NJW 92, 2258; Schneider ZZP 77 [1964], 348; Berichterstatterbestimmung und Sitzgruppenbesetzung unzutr vermengt: BVerwG NJW 2020, 3333). Es kann aber gleichwohl nicht bezweifelt werden, dass die Bestellung des Berichterstatters Teil der Geschäftsverteilung innerhalb des mit mehreren Richtern besetzten Spruchkörpers ist. Sie fällt daher unter I 1, also in die Kompetenz des Gesamtspruchkörpers (aA, aber nur auf die verfassungsrechtl Vorgaben eingeh Kissel/Mayer Rn 41; MK/Pabst Rn 7). Bei der Definition der „Grundsätze" kann jedoch großzügiger verfahren werden, weil die aus Art 101 I 2 GG abgeleiteten Voraussetzungen für die Berichterstatterbestellung nicht gelten. Auch kann der **Vors** im Einzelfall ohne Verstoß gegen das Recht auf den ges Richter von den spruchkörperinternen Grundsätzen zur Berichterstatterbestellung abweichen, etwa um bei eilbedürftigen Verf eine sof Sachbearbeitung sicherzustellen oder einen Beisitzer zu entlasten (Kissel/Mayer Rn 41). 4

Einstweilen frei. 5

3) „Grundsätze". Der Begriff ist normativ offen. Auch BVerfGE 95, 322 = NJW 97, 1497 erkennt ausweisl einschränkender Formulierungen („möglichst eindeutig", „keinen vermeidbaren Spielraum", „keine unnötige Unbestimmtheit hinsichtl des ges Richters") an, dass eine für alle denkbaren Fälle sichere Vorausbestimmbarkeit des zuständigen Richters iSe mathematischen Gleichung durch die Mitwirkungsgrundsätze nicht erreicht werden kann. Ausdrückl gebilligt wird auch die Verwendung unbestimmter und sonst auslegungsbedürftiger Rechtsbegriffe wie zB **„Sachzusammenhang" oder „Schwerpunkt des Falles"** im Mitwirkungsplan (BVerfGE 95, 322, 330 ff). Ein perfektionistisches Regelwerk ist nicht erforderl. Anders wäre der Auftrag des I nicht zu erfüllen, die Rspr-Tätigkeit des Spruchkörpers reibungslos und effektiv zu gestalten (OLGR Rostock 2006, 633). Als sonstige Merkmale kommen insb die Art der Verf (Sachgebiete), Az-Endziffern (bei entspr Verhinderung von Manipulationen zB durch GeschSt, s § 21e Rn 13) oder regionale Kriterien in Betracht. 6

7 **4) Ehrenamtliche Richter.** Deren Einsatz ist durch das G v 22.12.1999 (s Rn 1) nicht betroffen. Dies ergibt sich schon aus dem Gesetzeswortlaut selbst, der in I 1 von den „dem Spruchkörper angehörenden Berufsrichtern" spricht; auf diese beziehen sich jew die Worte „die Mitglieder" des I 1 und des II. Ehrenamtl Richter können also weiterhin nach **Sitzungstagen** eingeteilt werden; die entspr Vorschriften (§§ 45, 77) sind verfassungsgemäß, vgl auch BAG NZA 2009, 510 = NJW 2009, 1771 LS; BVerwG NVwZ-RR 2000, 474. Das Ehrenamt, das ohnehin erhebl zeitl Belastungen – ggf neben einem Beruf – mit sich bringt, ist nur zumutbar, wenn wenigstens der Beginn des jew Einsatzes rechtzeitig eingeplant werden kann. Andererseits können auch keine abstrakten Grundsätze für die Terminierung von Verh aufgestellt werden, weil der Zeitbedarf für künftig eingehende Sachen ungewiss ist und zB auch auf die Terminslage bei RA Rücksicht genommen werden darf. Somit ist es mangels anderer praktikabler Möglichkeiten zulässig, dass der Vors durch die Terminierung indirekt faktisch die ehrenamtl Richter für die Verf einteilt; die verfassungsrechtl Grenze liegt im **Willkürverbot** (s BGH NStZ 2018, 616; BGH NStZ-RR 2018, 257 LS; OLG Brandenburg 27.11.2018 – 1 W 39/18).

8 **5) Vertretungsregelung.** Im Rahmen der Geschäftsverteilung nach II muss auch eine Vertretungsregelung getroffen werden, und zwar für jedes Mitglied des Spruchkörpers (nicht für den Vors, insoweit § 21f). Diese spruchkörperinterne Vertretungsregelung geht der Vertretungsregelung im GVP des Präsidiums nach § 21e I vor (BGH GRUR 2025, 686), da eine Verhinderung, für die die Vertretungsregelung des allg GVP eingreift, nur vorliegt, wenn der Spruchkörper aus der Zahl seiner ordentl Mitglieder nicht mehr ordnungsgemäß besetzt werden kann.

9 **III) Bestimmung des Einzelrichters.** III legt fest, dass durch abstrakte Regelung nach II auch der ER festzulegen ist. Die Vorschrift bezieht sich nach ihrem Wortlaut nur auf den entscheidenden ER iSd §§ 348, 348a, 526, 568 ZPO, nicht auf den vorbereitenden ER gem § 527 ZPO. Gem III muss auch der nicht überbesetzte Spruchkörper für die Festlegung des ER Grundsätze aufstellen, die den Anforderungen des Art 101 I 2 GG genügen, s Rn 1. Das Grundrecht auf den ges Richter ist auch im Hinblick auf die Bestimmung des ER unverzichtbar (BGHR 2009, 808 = MDR 2009, 823 = FamRZ 2009, 1044). Da der zuständige ER nach diesen Grundsätzen feststeht und von den Verfahrensbeteiligten nach VII, § 21e IX in Erfahrung gebracht werden kann, muss und sollte er im jew Übertragungsbeschl im Verf nicht namentl benannt werden (BayObLGZ 2004, 29 = FamRZ 2004, 1136). Bei überbesetztem Spruchkörper kann nur zum **beauftragten Richter** bestimmt werden, wer der in der Sache zuständigen Sitzgruppe angehört (BGH NJW 2018, 1261).

10 Dem Vors dürfen ER-Aufgaben nur in angemessenem Umfang zugewiesen werden, also unter Berücksichtigung seiner bes Aufgaben als Vors. Wie weit der Umfang im Einzelfall sein kann, hängt davon ab, in welchem Umfang nach der Praxis der Kammer Verf vor der vollbesetzten Kammer bleiben. Hinsichtl des ER ist auch eine Vertretungsregelung vorzusehen, die der allg Vertretungsregelung vorgeht, auch der nach § 21f I, soweit der Vors ER-Aufgaben wahrnimmt.

11 **IV) Verfahren.** Die nach I-III erforderl Festlegung der Geschäftsverteilung innerhalb des Spruchkörpers geschieht ausnahmslos **durch Beschluss**, der, wie sich aus **VII** ergibt, vollständig **schriftl** abgefasst (zur elektronischen Aktenführung s § 21e Rn 26) und den Parteien **zugängl** sein muss.

12 **1) Jährlichkeitsprinzip.** Die Regelung ist **vor Beginn jedes Geschäftsjahres** für dessen Dauer zu treffen; mit Ablauf des Jahres tritt sie ohne Weiteres außer Kraft; ein mündl Beschl oder gar nur eine Verfügung des Vors zur Übernahme der Vorjahresregelung reichen deshalb nicht aus (BGHSt 49, 130 = NJW 2004, 2992; BGH NStZ 2017, 429 [Tully]). Eine Änderung ist nach II Hs 2 nur unter den auch für das Präsidium geltenden Voraussetzungen mögl (s § 21e Rn 42 ff). Dem Jährlichkeitsprinzip widerspricht nicht, dass an das Vorjahr angeknüpft und **Listen** des Vorjahres **fortgeführt** werden können, also nicht zum Jahresbeginn auf „Null" gestellt werden müssen; dies gilt sowohl für die Mitwirkung der Kammer-/Senatsmitglieder als auch für die Heranziehung ehrenamtlicher Richter (BVerwG NVwZ 2022, 646 Tz 13).

13 **2) Beschlussfassung.** Die Festlegung erfolgt jew durch Beschl **aller dem Spruchkörper angehörenden Berufsrichter.** Nach dem Wortlaut des Gesetzes stimmen alle Berufsrichter bei allen Regelungen mit, dh Richter, die durch den GVP nur für bestimmte Aufgaben dem Spruchkörper zugewiesen sind, stimmen auch für alle anderen Aufgaben mit. Durch die gesonderte **Vertretungsregelung in IV** ist ferner festgelegt, dass für abwesende oder verhinderte berufsrichterl Mitglieder der Vertreter nach dem GVP eintritt, da eine spruchkörperinterne Vertretung nicht möglich ist und durch IV sichergestellt werden soll, dass Beschlüsse nur in der zahlenmäßig vollen Besetzung des Gesamtspruchkörpers getroffen werden.

14 Ergibt sich **Stimmengleichheit**, entscheidet nicht die Stimme des Vors; vielmehr ist die Angelegenheit **dem Präsidium** zur Entscheidung **vorzulegen (I 2)**. Nach dem Sinn der Regelung geht Gesamtkompetenz für den zu treffenden Beschluss auf das Präsidium über. Dieses ist nicht etwa in seiner Kompetenz auf einen streitig gebliebenen Einzelpunkt beschränkt.

15 **V) Notzuständigkeit des Vorsitzenden (§ 21g V).** In Eilfällen, zu denen es idR wohl nur bei kurzfristig erforderl Änderungen (etwa wegen Ausfall eines Richters) oder bei einem Patt, das aus Zeitgründen vom Präsidium (I 2) nicht mehr aufgelöst werden kann, kommen kann, erlässt der Vors die erforderl Regelung. Er muss diese

und die Gründe schriftl niederlegen. Die Anordnung ist dem Gesamtspruchkörper unverzügl zur Genehmigung vorzulegen, bleibt aber in Kraft, bis dieser anderweitig beschließt (iE s § 21i Rn 4 ff). Die Ersatzzuständigkeit des Präsidiums nach I 2 greift daher nicht ein, es sei denn, Anlass für die Notanordnung war eine Stimmengleichheit im Spruchkörper. In diesem Fall bleibt es auch bei der weiteren Zuständigkeit des Präsidiums.

VI) Anhörungspflicht nach § 21g VI. Die dem Spruchkörper angehörenden Richter wirken am Beschl ohnehin mit. Anhörungspflicht gilt aber für die Ausnahme der Verhinderung des Betroffenen gem IV und für Fälle, in denen die nach II im Voraus zu treffende Geschäftsverteilung wegen des Jährlichkeitsprinzips Berufsrichter des Gerichts betrifft, die im Zeitpunkt der Beschlussfassung dem Spruchkörper noch nicht angehören. Wird ein Berufsrichter unter Wechsel der Zuständigkeit durch das Präsidium einem anderen Spruchkörper zugewiesen, so entscheidet dieser in seiner bish Besetzung (also ohne den neu Zugewiesenen) über die künftigen Aufgaben. In diesem Fall ist der nicht mitwirkende Betroffene nach VI vorher anzuhören. Allerdings gilt die Anhörungspflicht wohl vernünftigerw nicht, wenn die Beschlussfassung eine Person betrifft, die dem Gericht als Richter erst zugewiesen werden soll (und zwar unabhängig davon, ob der Betreffende schon Richter ist oder nicht). Der Anzuhörende muss Mitglied des Gerichts sein. 16

VII) Meinungsverschiedenheiten. Über Meinungsverschiedenheiten bei Anwendung und Auslegung der Geschäftsverteilung entscheidet das nach I berufene Gesamtkollegium entspr dem Grundsatz, dass die Auslegungskompetenz der Aufstellungskompetenz folgt. Das Präsidium ist zur Entscheidung nur unter der Voraussetzung berufen, dass innerhalb des Spruchkörpers Stimmengleichheit besteht. 17

VIII) Anfechtungsmöglichkeit. Dem betroffenen Richter steht notfalls der Verwaltungsrechtsweg entspr den für die Anfechtung von GVP geltenden Grundsätzen offen (s § 21e Rn 54 ff). 18

IX) Einsichtnahme. Nach VII gilt für Einsichtnahme in spruchkörperinterne Geschäftsverteilung § 21e IX entsprechend (s § 21e Rn 35). Anspruch auf Veröffentlichung oder Übersendung des spruchkörperinternen GVP besteht auch dann nicht, wenn GVP des Gerichts veröffentlicht ist (BGH 25.9.2019 – IV AR (VZ) 4/19; OLG Koblenz MDR 2019, 1213; aA OLG Stuttgart 25.3.2019 – 14 VA 2/19). 19

§ 21h (Vertretung des Präsidenten und des aufsichtführenden Richters)

[1]Der Präsident oder aufsichtführende Richter wird in seinen durch dieses Gesetz bestimmten Geschäften, die nicht durch das Präsidium zu verteilen sind, durch seinen ständigen Vertreter, bei mehreren ständigen Vertretern durch den dienstältesten, bei gleichem Dienstalter durch den lebensältesten von ihnen vertreten. [2]Ist ein ständiger Vertreter nicht bestellt oder ist er verhindert, wird der Präsident oder aufsichtführende Richter durch den dienstältesten, bei gleichem Dienstalter durch den lebensältesten Richter vertreten.

1) Aufgaben. Die Vertretungsregelung betrifft lediglich Aufgaben des Präsidenten oder aufsichtführenden Richters im Rahmen **der gerichtl Selbstverwaltung** durch die Präsidien (BGH NJW 74, 509; Kissel/Mayer Rn 1, 3). 1

In Betracht kommen die Aufgaben als Vors des Präsidiums (§ 21c I 1), und zwar im Falle des § 21a II und des § 22a, die dem Präsidenten oder aufsichtführenden Richter nach § 21i II übertragenen Aufgaben und die Entscheidung nach § 21e I 3 (nur bei Präsidenten). Hierunter fällt insb die Feststellung der Verhinderung (s § 21e Rn 41). 2

Die Regelung gilt **nicht für die Rspr-Tätigkeit** der genannten Richter. Die Vertretung regelt sich hier nach § 21f II, bei AG nach § 21e I 1. Sie gilt ferner nicht für die Vertretung bei **Aufgaben der Justizverwaltung** (entgegen der amtl Begr, vgl BTDrs VI/577; sa BGH NJW 74, 509), da diese nicht durch das GVG übertragen sind; dies ist insb bei der Verhinderung des ständigen Vertreters von Bedeutung, da die weitere Vertretung hier durch die Justizverwaltung (s Einl GVG Rn 11, 13) uU abw von § 21h S 2 geregelt ist. 3

2) Vertreter. Berufen ist zunächst der ständige Vertreter; sind mehrere ständige Vertreter bestellt (zulässig bei Aufteilung nach Sachgebieten, BGH NJW 58, 1503), so bestimmt sich die Reihenfolge nach Dienst- bzw hilfsw Lebensalter. VorsRichter haben dabei – nach Dienstalter – den Vorrang (hM, vgl Kissel/Mayer Rn 6 mwN). 4

3) Vorsitz des Präsidiums. Zur Vertretung im Vorsitz des Präsidiums s ferner § 21c Rn 1-3. 5

§ 21i (Beschlussfähigkeit des Präsidiums)

(1) Das Präsidium ist beschlussfähig, wenn mindestens die Hälfte seiner gewählten Mitglieder anwesend ist.

(2) [1]Sofern eine Entscheidung des Präsidiums nicht rechtzeitig ergehen kann, werden die in § 21e bezeichneten Anordnungen von dem Präsidenten oder aufsichtführenden Richter getroffen. [2]Die Gründe für die getroffene Anordnung sind schriftlich niederzulegen. [3]Die Anordnung ist dem Präsidium unverzüglich zur Genehmigung vorzulegen. [4]Sie bleibt in Kraft, solange das Präsidium nicht anderweit beschließt.

1 **I) Beschlussfähigkeit (§ 21i I).** I regelt die Frage der Beschlussfähigkeit, allerdings nur unvollständig. – Voraussetzung ist zunächst die **Anwesenheit des Vors** des Präsidiums; diese ist durch § 21c I 1, § 21h so geregelt, dass in allen Fällen der Verhinderung ein Vors zur Verfügung steht.

2 Ferner müssen nach I mindestens die Hälfte der **gewählten Mitglieder** anwesend sein. Nicht geregelt ist die Beschlussfähigkeit im Falle der Zusammensetzung des Präsidiums nach § 21a II Nr 5; es ist jedoch kein Grund ersichtl, die Frage der Beschlussfähigkeit in diesem Fall anders als in den Fällen des § 21a II Nrn 1-4 zu entscheiden; die Regel des I ist daher entspr anzuwenden (Kissel/Mayer Rn 4; MK/Pabst Rn 3).

3 I regelt die Beschlussfähigkeit nur für die Entscheidung in Sitzungen. Auch wenn die Präsenzsitzung die für Kollegialorgane geeignetste Entscheidungsform ist (sehr plastisch: Dötsch MDR 2024, 11 Rn 15), kann das Präsidium beschließen, Sitzungen im Wege der Bild- und Tonübertragung (vgl § 128a ZPO), also als **Videokonferenz**, durchzuführen (vgl BFH 10.2.2021 – IV R 35/19), auch als Mischform mit Zuschaltung einzelner Präsidiumsmitglieder per Bild- und Tonübertragung in die Sitzung. Aus I kann jedoch nicht geschlossen werden, dass Präsidiumsbeschlüsse in Sitzungen gefasst werden müssen. Die Gesetzesmaterialien (vgl BTDrs VI/557, 18 u VI/2905, 5) ergeben nicht, dass das **Umlaufverf** (vgl BGHSt 12, 404; BGH LM Nr 13 zu § 63 GVG; Stanicki DRiZ 72, 53) ausgeschlossen werden sollte. Das **Umlaufverfahren** (auch per E-Mail oder sonst in elektronischem Verf, Dötsch MDR 2024, 11) ist auf Grund der Verfahrensautonomie des Präsidiums (BVerwG NJW 84, 575) zulässig (BGH NJW 99, 154; BVerwG NJW 92, 254; OLG Köln StraFo 2020, 154), wenn alle Präsidiumsmitglieder mitwirken und hierdurch – stillschweigend – ihr Einverständnis mit diesem Verf erklären (Hk-ZPO/Rathmann § 21e Rn 11; Dötsch MDR 2024, 11; differenzierend ThP/Hüßtege Rn 1 und § 21e Rn 6; Kissel/Mayer § 21e Rn 37 ff). Verlangt ein Mitglied die Entscheidung in einer Sitzung, muss regelmäßig (Ausnahme bei Missbrauch, vgl BVerwG NJW 92, 254) eine Sitzung einberufen werden (Schmidt DRiZ 73, 163). **Teilnahme an Sitzung** ist **Dienstpflicht** der Präsidiumsmitglieder (s § 21b Rn 17) und hat wegen der Bedeutung der Präsidiumsentscheidungen für das gesamte Gericht **Vorrang** vor anderen Aufgaben mit Ausnahme der Teilnahme an Sitzungen, die bei Ladung des Präsidiums bereits terminiert waren. – Zum **Verfahren** des Präsidiums und zur **Protokollierung** der Präsidialbeschlüsse s § 21e Rn 26 ff.

4 **II) Notzuständigkeit des Präsidenten oder aufsichtführenden Richters (§ 21i II).** Ist eine erforderl Entscheidung des Präsidiums etwa wegen bes Eilbedürftigkeit oder mangels Beschlussfähigkeit (I) nicht rechtzeitig zu erreichen oder ergibt sich im Präsidium Stimmengleichheit (§ 21e VII 2, s § 21e Rn 31), so geht die Entscheidungsbefugnis nach II auf den Präsidenten oder aufsichtführenden Richter über. Die Notzuständigkeit wegen Eilbedürftigkeit greift auch ein, wenn GVP unvollständig oder unklar ist und eine umgehende Vervollständigung aus Sachgründen nötig wird.

5 **1) Zuständigkeit.** Nach II 1 ist zuständig der Präsident des Gerichts oder der aufsichtführende Richter, der Vors des Präsidiums ist; in den Fällen des § 22a entscheidet daher der Präsident (Kissel/Mayer Rn 8; MK/Pabst Rn 7); Eilzuständigkeit eines Gremiums kommt am sachgerechtesten seinem Vors zu. Im Falle einer Verhinderung tritt der nach § 21h bestimmte Vertreter ein. – Für das **Verf** sind zunächst die für das Präsidium bestehenden Vorschriften (insb § 21e II, III 2, V) sowie die Besonderheiten nach II 2 und 3 zu beachten. Verstöße führen, soweit sie nicht nachträgl behoben werden können (wie etwa die schriftl Begr), zur Mangelhaftigkeit der Maßnahme (Folge s § 21e Rn 51 ff).

6 **2) Inhalt der Maßnahmen.** Es können alle dem Präsidium zustehenden Befugnisse (aber auch nur diese) ausgeübt werden. Der zur Entscheidung berufene Präsident (Direktor) hat nach seinem eigenen Ermessen zu entscheiden, ohne Bindung daran, wie Präsidium – vermutl – entschieden hätte. Hauptanwendungsbereich des § 21i II sind Maßnahmen nach § 21e III, insb bei kurzfristigem Ausscheiden oder Hinzukommen von Richtern oder in Fällen außergewöhnl Arbeitsanfalls, der zu Überlastung führt (zB Haftentscheidungen). – Auch eine ad hoc erforderl **Vertretungsregelung** (s § 21e Rn 18) ist eine Entscheidung iSd § 21i II.

7 **3) Wirkung der Maßnahmen.** Die Notmaßnahmen des Präsidenten (Direktors) haben grds die gleiche Wirkung wie entspr Maßnahmen des Präsidiums; insb sind sie in ihrer zeitl Wirkung nicht begrenzt. Sie sind nach II 3 dem Präsidium unverzügl vorzulegen, wobei die Worte „zur Genehmigung" irreführend sind, wie sich aus II 4 ergibt. Sie bleiben näml unabhängig von der Genehmigung oder ihrer Versagung in Kraft, bis sie vom Präsidium (unter den Voraussetzungen des II 1 sogar auch vom Präsidenten) abgeändert oder aufgehoben werden; dies kann nur mit Wirkung für die Zukunft, nicht aber rückwirkend geschehen. II 3 begründet somit keinen Genehmigungsvorbehalt, sondern nur eine Informationspflicht; II 4 eröffnet dem Präsidium aber die Möglichkeit, Entscheidungen, die nach II 1 getroffen wurden, im Laufe des Geschäftsjahrs abzuändern, ohne dass die Voraussetzungen des § 21e III 1 vorliegen müssen: II 4 enthält eine Spezialregelung, die dem Grundsatz des § 21e III 1 vorgeht.

§ 21j (Neuerrichtetes Gericht)

(1) [1]Wird ein Gericht errichtet und ist das Präsidium nach § 21a Abs. 2 Nr. 1 bis 4 zu bilden, so werden die in § 21e bezeichneten Anordnungen bis zur Bildung des Präsidiums von dem Präsidenten oder aufsichtführenden Richter getroffen. [2]§ 21i Abs. 2 Satz 2 bis 4 gilt entsprechend.

(2) [1]Ein Präsidium nach § 21a Abs. 2 Nr. 1 bis 4 ist innerhalb von drei Monaten nach der Errichtung des Gerichts zu bilden. [2]Die in § 21b Abs. 4 Satz 1 bestimmte Frist beginnt mit dem auf die Bildung des Präsidiums folgenden Geschäftsjahr, wenn das Präsidium nicht zu Beginn eines Geschäftsjahres gebildet wird.

(3) An die Stelle des in § 21d Abs. 1 bezeichneten Zeitpunkts tritt der Tag der Errichtung des Gerichts.

(4) [1]Die Aufgaben nach § 1 Abs. 2 Satz 2 und 3 und Abs. 3 der Wahlordnung für die Präsidien der Gerichte vom 19. September 1972 (BGBl. I S. 1821) nimmt bei der erstmaligen Bestellung des Wahlvorstandes der Präsident oder aufsichtführende Richter wahr. [2]Als Ablauf des Geschäftsjahres in § 1 Abs. 2 Satz 2 und § 3 Satz 1 der Wahlordnung für die Präsidien der Gerichte gilt der Ablauf der in Absatz 2 Satz 1 genannten Frist.

Die Vorschrift ist auch bei einer förmlichen **Zusammenlegung von Gerichten** entspr anzuwenden (Kissel/Mayer Rn 2), nicht jedoch bei bloßer Aufgabenübertragung eines aufzulösenden Gerichts auf ein bereits bestehendes mit vorhandenem Präsidium. 1

Die Vorschrift ist erforderl, weil bei der Neuerrichtung von Gerichten sofort eine Geschäftsverteilung zur Bestimmung des ges Richters vorhanden sein muss, ohne die Präsidiumswahl abwarten zu können. Die gesetzgeberische Lösung besteht darin, einerseits entspr § 21i II dem Präsidenten bzw aufsichtführenden Richter die Notzuständigkeit zum Erlass der erforderl Anordnungen zu geben und andererseits die Übergangsfrist bis zur Bildung des Präsidiums auf 3 Monate zu begrenzen. Wird die Frist überschritten, ist ggf dienstaufsichtl einzugreifen; jedoch besteht zur Gewährleistung der Funktionsfähigkeit des Gerichts die Notkompetenz des Präsidenten bzw aufsichtführenden Richters entspr § 21i II nach dem Wortlaut von § 21j I 1 bis zur Bildung des Präsidiums fort. Die Anordnungen des Präsidenten bzw aufsichtführenden Richters bleiben in Kraft, solange das neu gebildete Präsidium nichts anderes beschließt (I 2 iVm § 21i II, s § 21i Rn 7). 2

Dritter Titel
Amtsgerichte (§§ 22-27)

§ 22 (Richter)

(1) Den Amtsgerichten stehen Einzelrichter vor.

(2) Einem Richter beim Amtsgericht kann zugleich ein weiteres Richteramt bei einem anderen Amtsgericht oder bei einem Landgericht übertragen werden.

(3) [1]Die allgemeine Dienstaufsicht kann von der Landesjustizverwaltung dem Präsidenten des übergeordneten Landgerichts übertragen werden. [2]Geschieht dies nicht, so ist, wenn das Amtsgericht mit mehreren Richtern besetzt ist, einem von ihnen von der Landesjustizverwaltung die allgemeine Dienstaufsicht zu übertragen.

(4) Jeder Richter beim Amtsgericht erledigt die ihm obliegenden Geschäfte, soweit dieses Gesetz nichts anderes bestimmt, als Einzelrichter.

(5) [1]Es können Richter kraft Auftrags verwendet werden. [2]Richter auf Probe können verwendet werden, soweit sich aus Absatz 6, § 23b Absatz 3 Satz 2 bis 5, § 23c Abs. 2 oder § 29 Abs. 1 Satz 2 nichts anderes ergibt.

(6) [1]Ein Richter auf Probe darf im ersten Jahr nach seiner Ernennung Geschäfte in Insolvenz- und Restrukturierungssachen nicht wahrnehmen. [2]Richter in Insolvenz- und Restrukturierungssachen sollen, soweit dies zur Erfüllung der jeweiligen Richtergeschäftsaufgabe erforderlich ist, über belegbare Kenntnisse auf den Gebieten des Insolvenzrechts, des Restrukturierungsrechts, des Handels- und Gesellschaftsrechts sowie über Grundkenntnisse der für das Insolvenz- und Restrukturierungsverfahren notwendigen Teile des Arbeits-, Sozial- und Steuerrechts und des Rechnungswesens verfügen. [3]Einem Richter, dessen Kenntnisse auf diesen Gebieten nicht belegt sind, dürfen die Aufgaben eines Insolvenz- oder Restrukturierungsrichters nur zugewiesen werden, wenn der Erwerb der Kenntnisse alsbald zu erwarten ist.

Einstweilen frei. 1

1) Einzelrichter. I u IV als Gegensatz zum Kammer-(Senats-)Prinzip der §§ 60, 116, 130. Durchbrechung in Strafsachen (*Schöffengericht*) und durch spezielle Gesetze (zB § 2 II LwVfG), im landesrechtl Aufgabenkreis (§ 3 EGGVG) auch durch Landesrecht mögl. 2

2) Übertragung eines weiteren Richteramts (§ 22 II). S § 27 II DRiG. II betrifft sowohl die horizontale (bei anderem AG) wie die vertikale Ämterhäufung. Am Zweitgericht erhält der Richter ein weiteres konkretes Richteramt, sein abstraktes Richteramt – und damit auch seine Amtsbezeichnung (RiAG, DirAG) – richtet sich jedoch ausschließl nach dem Erstamt. Das weitere Richteramt gibt jedoch die vollen Rechte, die mit ihm allg verbunden sind (zB Wahlrecht nach § 21b I 1), es liegt insb kein Fall der (Teil-)Abordnung vor; der Richter ist nicht Hilfsrichter, 3 sondern ordentl Mitglied des Gerichts, an dem ihm ein weiteres Richteramt übertragen ist (BayObLGZ 71, 382). Einem Richter am AG kann jedoch nicht als weiteres Richteramt das eines VorsRichters am LG übertragen werden, auch nicht, wenn dies besoldungsrechtl mögl wäre (bei DirAG oder weiterem aufsichtführendem Richter der BesGr R 2); dies folgt aus § 21f I, der den ordentl Vorsitz auf die zu VorsRichtern Ernannten (also auf die Übertragung eines entspr abstrakten Richteramts) beschränkt (für die Sonderregelung des § 106 s Erl zu § 106). Dagegen ist es mögl, dem DirAG als weiteres Richteramt das des Direktors eines anderen AG zu übertragen.

4 Bei Übertragung des weiteren Richteramts kann der **Anteil der Zuweisung** durch die für die Übertragung zuständige Stelle festgelegt werden; hiervon haben dann die Präsidien bei der Bemessung der Geschäftsaufgabe auszugehen (s § 21e Rn 8). Ist eine solche Bestimmung nicht geschehen, haben die beiden betroffenen Präsidien untereinander Einvernehmen herbeizuführen. Nicht zulässig ist, den Richter bei einem Gericht von richterl Tätigkeit ganz auszuschließen (vgl BVerfGE 17, 252) – die Übertragung von Aufgaben im Rahmen der Vertretungsregelung genügt jedoch; gerade hierin wird oft das Bedürfnis für die Übertragung des weiteren Richteramts liegen. Besteht für das weitere Richteramt kein Bedürfnis mehr, ist die Bestellung aufzuheben, wozu allerdings das Einverständnis des Richters erforderl ist (BGHSt 24, 284).

5 **3) Amtsgerichtliche Zweigstellen.** Unselbständige Dienststellen des AG außerhalb des Sitzes des Hauptgerichts sind auf Grund der Organisationsgewalt zulässig (Landesrecht; VGH München NJW 2005, 3737 auch zum weiten Organisationsermessen der Justizverwaltung). Gerichtsverfassungsrechtl sind die Zweigstellen Teil des AG (vgl auch BayVerfGHE 30, 189 = NJW 78, 1515; BGH DRiZ 85, 102), es besteht keine bes örtl Zuständigkeit iSd Prozessordnungen.

6 Für die **richterl Aufgabenverteilung** bedeutet dies, dass diese ausschließl nach § 21e vorzunehmen ist. Die Zuweisung einer an der Zweigstelle wahrzunehmenden Geschäftsaufgabe ist für den betroffenen Richter eine Maßnahme der Geschäftsverteilung des Präsidiums. Sein Richteramt (§ 27 I DRiG), das an einem bestimmten Gericht, nicht aber an einem bestimmten Ort besteht, wird durch einen Aufgabenwechsel vom Hauptgericht zur Zweigstelle oder umgekehrt nicht betroffen; die Regeln über die Versetzung (§§ 31, 32 DRiG) oder über die Abordnung (§ 37 DRiG) sind weder unmittelbar noch entspr anwendbar (BGH DRiZ 85, 102; Domcke FS Bengl, 1983, S 11). Bei der Aufhebung einer Zweigstelle ist daher auch § 32 DRiG nicht anwendbar.

7 Im Hinblick auf diese Zuordnung ist es zulässig, das Präsidium zu ermächtigen, im Wege der Geschäftsverteilung iE den Umfang der an der Zweigstelle wahrzunehmenden Aufgaben zu bestimmen (BayVerfGHE 30, 189 = NJW 78, 1515); allerdings darf das Präsidium hierbei den durch Rechtsnorm vorgegebenen Bestand der Zweigstelle nicht im Kernbestand antasten. Zum unzulässigen Eingriff in Geschäftsverteilungskompetenz des Präsidiums durch (Landes-)VO: OVG Greifswald 2.6.2015 – 2 K 13/15.

8 **4) Allgemeine Dienstaufsicht (§ 22 III).** Übertragung nach III 2 umfasst nicht die Dienstaufsicht über Richter; diese steht dem LGPräs zu, es sei denn, das AG ist mit einem Präs besetzt (Landesrecht; Bay: Art 20 II 2 AGGVG). Die Regelung der Dienstaufsicht (= Justizverwaltung) ist Ländersache (s Einl GVG Rn 11) und hat grds durch Rechtsnorm zu geschehen, da sie die Zuständigkeit mit Außenwirkung regelt. III gibt – hilfsw – die Grundlage dafür, die Dienstaufsicht im Einzelfall durch Organisationsanordnung der Justizverwaltung zu regeln.

9 **5) Richter auf Probe oder kraft Auftrags.** Dies sind nicht planmäßig bei einem Gericht angestellte Richter (§§ 12, 14 DRiG), deren Tätigwerden als Richter ausdrückl bundesges Bestimmung bedarf (§ 28 I DRiG); § 22 V (sa § 59 III) ist eine solche Vorschrift. Da die persönl Unabhängigkeit der Richter auf Probe und kraft Auftrags nur beschränkt geschützt ist, dürfen sie im Hinblick auf Art 97 II GG (s § 1 Rn 8) nur im Rahmen des aus Sachgründen gebotenen Maßes (zB Notwendigkeit der Erprobung des Richternachwuchses) verwendet werden (BVerfGE 4, 331; BVerfG NJW 98, 1053; BVerwGE 97, 674; BGH NJW 95, 2791). Einschränkungen für die Verwendung der Richter auf Probe enthalten VI 1, § 23b III 2-5, § 23c II u § 29 I 2 GVG, § 28 II 2, § 29 DRiG, § 348 I 2 Nr 1 ZPO.

10 **6) Fachliche Anforderungen an Insolvenzrichter und Restrukturierungsrichter (§ 22 VI).** Besondere Anforderungen enthalten VI 1-3. In der Sache handelt es sich um eine **gesetzl Fortbildungsverpflichtung** (so die Stellungnahme des BR zum RegE BTDrs 17/5712, 61), aber keineswegs um zwingende Anforderungen an die Auswahl des gesetzl Richters iSd Art 101 I 2 GG. Letzteres ergibt sich schon aus der Unbestimmtheit der Anforderungen an die „belegbaren Kenntnisse“ (der Gesetzgeber erwartet „mehr als rudimentäre Grundkenntnisse“, verzichtet aber ausdrückl auf einen „Nachweis“ durch eine Prüfung, RegE BRDrs 127/11, 64 f), aus der Soll-Fassung des VI 2, aus dem aus VI 3 folgenden Prognosespielraum für das die Geschäftsverteilung regelnde Präsidium und insb auch aus der umfassenden Befähigung zum Richteramt nach dem Modell des Einheitsjuristen gem § 5 I DRiG; diese Regelung bleibt unberührt. Die Gesetzgebungskompetenz des Bundes für die Regelung erscheint entgegen RegE BRDrs 127/11, 28 zweifelhaft, weil die Statuierung von Ausbildungsvoraussetzungen für einzelne richterl Dienstaufgaben und von Fortbildungsverpflichtungen wohl weder unter die Gerichtsverfassung (Art 74 I Nr 1 GG) noch unter die Statusrechte und -pflichten der Richter in den Ländern (Art 74 I Nr 27 GG) zu subsumieren sein dürfte, was iÜ hinsichtl der Fort- und Weiterbildungsverpflichtung in anderem *Zusammenhang selbst* die Bundesregierung so sieht (BTDrs 19/16307, 3, BTDrs 16/6815, 10); eine verfassungsgerichtl Klärung der Frage der Gültigkeit der Regelung sollte herbeigeführt werden. VI 2 u 3 gelten jedenfalls nur für die nach dem GVP regelmäßig mit Insolvenzsachen und ggf Restrukturierungssachen befassten **Richter**

am AG, nicht für die (Einzel-)Richter an dem für die sof Beschwerde zuständigen LG (§§ 4, 6 I InsO, § 72 I GVG, § 568 ZPO) und nicht für die für Rechtsbeschwerden zuständigen Richter am BGH. Dies folgt schon formal aus der Einordnung der Regelung im (nur) für AG geltenden § 22, aber auch aus den in VI 2 u 3 im Unterschied zu VI 1 gebrauchten Begriffen „Richter in Insolvenzsachen und Restrukturierungssachen“ und „Insolvenz- oder Restrukturierungsrichter“, bei denen – auch im Hinblick auf den Aufwand der einschlägigen Fortbildung – die Insolvenz- oder ggf Restrukturierungssachen einen Schwerpunkt ihrer Zuständigkeit bilden müssen. Aus letztem Argument folgt auch, dass für ledigl vertretungsw mit Geschäften in Insolvenz- oder Restrukturierungssachen befasste Richter die Anforderungen in VI 2 u 3 nicht gelten. Die in VI 2 eingefügte Beschränkung, nach der die besonderen Kenntnisanforderungen nur gelten, soweit dies zur Erfüllung der jeweiligen Richtergeschäftsaufgabe erforderlich ist, beruht lediglich auf der Zuständigkeitskonzentration für Restrukturierungsgerichte auf maximal ein AG je OLG-Bezirk (§ 34 StaRUG; RegE BRDrs 619/20, 219) und auf der Soll-Vorschrift einer entsprechenden Konzentration für Insolvenzgerichte, an denen ein Gruppengerichtsstand nach § 3a InsO begründet werden kann (§ 2 III InsO). Aus der Begr des RegE BRDrs 127/11, 64 und aus VI 3 ergibt sich, dass entgegen der redaktionell missglückten Fassung des VI 2 nicht nur die **Kenntnisse** auf den dort genannten Gebieten, sondern auch die in VI 2 genannten weiteren **Grundkenntnisse belegbar** sein sollen. Soweit sich diese Belege nicht bereits aus dem Ausbildungsgang des Richters ergeben, genügen qualifizierte Fortbildungsbescheinigungen, die die Gegenstände der Fortbildungsveranstaltung iE aufführen. Leistungsfeststellungen sind demggü im Hinblick auf den ausdrückl Verzicht des Gesetzgebers auf Prüfungen (s BRDrs 127/11, 64) nicht erforderl. Der Gesetzgeber akzeptiert auch, dass bei seit längerem in dieser Geschäftsaufgabe tätigen Insolvenzrichtern vom Erwerb der einschlägigen Kenntnisse durch ihre Tätigkeit ausgegangen werden kann (BRDrs 127/11, 65). Die Zubilligung der in VI 2 genannten Kenntnisse ist Gegenstand einer wertenden Entscheidung des Präsidiums (BRDrs 127/11, 65). Bei fehlenden Kenntnissen darf eine Neuübertragung der Geschäftsaufgabe des Insolvenzrichters oder Restrukturierungsrichters nur bei einer positiven Prognose gem VI 3 erfolgen. Der flexible Begriff „alsbald“ erlaubt auch die Berücksichtigung der dienstl Rahmenbedingungen (zB erforderl Vertretung während der Fortbildung) und der Auslastung der vorhandenen Fortbildungsangebote (s BRDrs 127/11, 65). Als grobe Faustregel wird vertretbar angenommen werden können, dass der Beginn der Fortbildung spätestens innerhalb des 1. Jahres der Tätigkeit erfolgen sollte.

Dem VI vergleichbare Anforderungen an **Familienrichter** und Richter der OLG-Familiensenate sowie **Jugendrichter** ergeben sich aus § 23b III 3, § 119 II GVG (s jew dort), § 37 JGG. 11

§ 22a (Vorsitzender des Präsidiums)

Bei Amtsgerichten mit einem aus allen wählbaren Richtern bestehenden Präsidium (§ 21a Abs. 2 Nr. 5) gehört der Präsident des übergeordneten Landgerichts oder, wenn der Präsident eines anderen Amtsgerichts die Dienstaufsicht ausübt, dieser Präsident dem Präsidium als Vorsitzender an.

Den Vorsitz im Präsidium eines AG mit bis zu 7 Richterplanstellen führt der Präsident des LG oder, soweit mit der Dienstaufsicht betraut, eines anderen AG. Der DirAG ist in diesen Fällen weiteres Mitglied nach § 21a II Nr 5. Sa § 21a Rn 7, 8. 1

Für die Vertretung des Präsidenten gilt § 21c I 1 und § 21h (keine Vertretung durch den DirAG). 2

§ 22b (Vertretung der Richter)

(1) Ist ein Amtsgericht nur mit einem Richter besetzt, so beauftragt das Präsidium des Landgerichts einen Richter seines Bezirks mit der ständigen Vertretung dieses Richters.

(2) Wird an einem Amtsgericht die vorübergehende Vertretung durch einen Richter eines anderen Gerichts nötig, so beauftragt das Präsidium des Landgerichts einen Richter seines Bezirks längstens für zwei Monate mit der Vertretung.

(3) [1]In Eilfällen kann der Präsident des Landgerichts einen zeitweiligen Vertreter bestellen. [2]Die Gründe für die getroffene Anordnung sind schriftlich niederzulegen.

(4) Bei Amtsgerichten, über die der Präsident eines anderen Amtsgerichts die Dienstaufsicht ausübt, ist in den Fällen der Absätze 1 und 2 das Präsidium des anderen Amtsgerichts und im Falle des Absatzes 3 dessen Präsident zuständig.

1) **Vertretung beim 1-Richter-AG (§ 22b I).** Gerichtsinterne Vertretung hier nicht mögl; Regelung durch Präsidium des übergeordneten LG oder AG, dessen Präsident die Dienstaufsicht führt (IV). 1

2) **Vorübergehende Vertretung beim AG (§ 22b II).** Grds gilt für Vertretung beim AG der Grundsatz der gerichtsinternen Vertretung, die durch Präsidium zu regeln ist. Ist eine gerichtsinterne Vertretung jedoch nicht mögl, weil alle in Betracht kommenden Richter des AG ihrerseits verhindert sind, gilt II (für den entspr Fall bei 2

LG s § 70 I). Die 2-Monatsfrist ist eine Höchstfrist für den jew Vertretungsfall; besteht das Vertretungsbedürfnis nach Ablauf der Frist weiter, so muss die Justizverwaltung eingreifen; analog § 70 I wird das Präsidium des LG einen entspr Antrag zu stellen haben.

3 II verbietet nicht eine Vertretungsregelung für das ganze Geschäftsjahr durch einen anderen Richter des Bezirks, wenn die Regelung mehrere Vertretungsfälle von jew nicht mehr als 2 Monaten umfasst. Für Bereitschaftsdienst gilt Spezialregelung des § 22c.

4 **3) Bestellung eines zeitweiligen Vertreters (§ 22b III).** Wird eine Vertretung iSd I oder II notwendig und ist eine Entscheidung des zuständigen Präsidiums nicht rechtzeitig zu erlangen, so kann der Präsident des LG (oder AG, IV) an Stelle des Präsidiums handeln. Im Gegensatz zu § 21i II muss die Entscheidung nicht dem Präsidium vorgelegt werden (aA Kissel/Mayer Rn 7, der ein Redaktionsversehen annimmt; hierzu besteht jedoch im Hinblick auf die nur befristete Bestellung kein Anlass); sie kann von diesem auch nur unter den Voraussetzungen des § 21e III, die in der Regel nicht vorliegen werden, abgeändert werden. Die 2-Monatsfrist ist für den zeitw Vertreter analog anzuwenden.

§ 22c (Bereitschaftsdienst)

(1) [1]Die Landesregierungen werden ermächtigt, durch Rechtsverordnung zu bestimmen, dass für mehrere Amtsgerichte im Bezirk eines Landgerichts oder mehrerer Landgerichte im Bezirk eines Oberlandesgerichts ein gemeinsamer Bereitschaftsdienstplan aufgestellt wird oder ein Amtsgericht Geschäfte des Bereitschaftsdienstes ganz oder teilweise wahrnimmt, wenn dies zur Sicherstellung einer gleichmäßigeren Belastung der Richter mit Bereitschaftsdiensten angezeigt ist. [2]Zu dem Bereitschaftsdienst sind die Richter der in Satz 1 bezeichneten Amtsgerichte heranzuziehen. [3]In der Verordnung nach Satz 1 kann bestimmt werden, dass auch die Richter der Landgerichte heranzuziehen sind. [4]Über die Verteilung der Geschäfte des Bereitschaftsdienstes beschließen nach Maßgabe des § 21e im Einvernehmen die Präsidien der Landgerichte sowie im Einvernehmen mit den Präsidien der betroffenen Amtsgerichte. [5]Kommt eine Einigung nicht zustande, obliegt die Beschlussfassung dem Präsidium des Oberlandesgerichts, zu dessen Bezirk die Landgerichte gehören.

(2) Die Landesregierungen können die Ermächtigung nach Absatz 1 auf die Landesjustizverwaltungen übertragen.

1 **1) Allgemeines.** Die Vorschrift trägt den Anforderungen an einen richterl Bereitschaftsdienst ua auf Grund der Rspr des BVerfG Rechnung (BVerfGE 103, 142 = NJW 2001, 1121). Nach BVerfGE 105, 239 = NJW 2002, 3161 ergibt sich die aus Art 104 II GG abgeleitete **Anforderung**, jedenfalls **zur Tageszeit von 6 bis 21 Uhr** (BVerfGE 151, 67 = NJW 2019, 1428; BVerfGE 149, 293 = NJW 2018, 2619) die **Erreichbarkeit eines zuständigen Richters zu ermöglichen**; zur Nachtzeit besteht Notwendigkeit eines richterl Bereitschaftsdienstes jdfs bei praktischem, über den Ausnahmefall hinausgehenden Bedarf (BVerfG NJW 2005, 1637; BVerfG NJW 2004, 1442; Bsp für Nachtzeit-Bedarf: BVerfG NVwZ 2006, 579; für 24-Stunden-Bereitschaftsdienst Fickenscher/Dingelstadt NJW 2009, 3473); ob ein solcher Bedarf für einen nächtlichen richterlichen Bereitschaftsdienst besteht, fällt in den **Beurteilungs- und Prognosespielraum der Präsidien**, die ihrer Entscheidung statistische Erhebungen oder hinreichend plausible Erfahrungswerte zugrunde legen müssen (BVerfGE 151, 67 = NJW 2019, 1428). Diese verfassungsrechtlichen Anforderungen führen zwangsläufig zur Einrichtung eines tägl richterl Bereitschaftsdienstes. Auch ein vom Präsidium auf Grund seiner Bedarfseinschätzung eingerichteter 24-Stunden-Bereitschaftsdienst, der auch in Form der für StA seit langem üblichen 7-Tage-Bereitschaft eingerichtet werden könnte, wäre angesichts der vom BVerfG festgelegten Erfordernisse kein unverhältnismäßiger Eingriff in die richterl Unabhängigkeit.

2 **2) Bereitschaftsdienstkonzeptionen. I 1-3** ermächtigt zur Regelung einer **praktischen** Bedürfnissen entspr **Form des Bereitschaftsdienstes** der Amtsgerichte und stellt dem Landesverordnungsgeber **zwei Konzeptionen** zur Wahl: zum einen die Bereitschaftsdienstkonzentration im Wege der **Zentralisierung bei einem AG** für den Bezirk eines LG oder für die Bezirke mehrerer LGe innerhalb eines OLG-Bezirks, zum anderen die Bereitschaftsdienstkonzentration in Form einer **Pool-Lösung**, in der durch die (Landes-)Rechtsverordnung bestimmt wird, dass ein **gemeinsamer Bereitschaftsdienstplan für mehrere AG** für den Bezirk eines LG oder für die Bezirke mehrerer LGe innerhalb eines OLG-Bezirks aufgestellt wird, der nicht nur Namen und Bereitschaftsdienstzeit der am Bereitschaftsdienst teilnehmenden Richter, sondern auch das jew zuständige **Bereitschaftsdienstgericht** bestimmt; dieses Gericht sollte zweckmäßigerw dasj AG sein, dem der jew Bereitschaftsdienst leistende Richter angehört (BTDrs 14/9266, 38), während der Bereitschaft von Richtern eines LG das AG am Sitz des jeweiligen LG. In beiden Varianten sind die Richter aller betroffenen AG heranzuziehen (I 2) und ist die **Einbeziehung der Richter des bzw der LGe** mögl. Die Entscheidung obliegt dem Landesverordnungsgeber. *Ist eine solche VO erlassen, sind* grds sämtl Richter der einbezogenen Gerichte, also auch die VorsRichter am LG, zur Teilnahme am amtsgerichtl Bereitschaftsdienst verpflichtet (BTDrs 14/9266, 39). Die Regelung, in welchem Umfang die Heranziehung konkret erfolgt und welche Ausnahmen zuzulassen sind, erfolgt durch das

nach S 4, 5 zuständige Präsidium im GVP (BTDrs aaO); das Präsidium ist zur Heranziehung aller Richter ermächtigt, aber nicht verpflichtet. So ist eine Ausnahme für Richter auf Probe im 1. Jahr nach ihrer Ernennung schon im Hinblick auf § 23b III 2 und § 23c II 2 geboten. Weitere Ausnahmen können angebracht sein zB für schwerbehinderte Richter, denen die Art ihrer Behinderung den Bereitschaftsdienst bes erschweren würde, und für stillende Mütter. Es besteht kein Anspruch auf ermäßigte Heranziehung zum Bereitschaftsdienst bei Teilzeitbeschäftigung (VG Hannover 28.2.2007 – 13 A 3683/05). Problematisch erscheint die Fallgruppe der weit vom Dienstsitz entfernt wohnenden Richter. Die freiw Entscheidung für einen entfernten Wohnsitz darf dem Richter keine Entlastung auf Kosten seiner Kollegen einbringen. Praxisgerecht könnte es sein, diese Richter zwar auf Antrag vom Bereitschaftsdienst auszunehmen, sie dafür aber durch die Geschäftsverteilung in ihrer regulären Geschäftsaufgabe stärker zu belasten. Die Präsidenten der LGe können sich nach § 21e I 3 dem Bereitschaftsdienst entziehen. Präsidium kann gem § 21e zB auch einen **zentralisierten und spezialisierten Bereitschaftsdienst** aus ausgewählten – tunlichst freiwillig zur Übernahme bereiten – Richtern bilden, um **Professionalisierung** des Bereitschaftsdienstes zu erreichen (so bereits in etlichen LG-Bez); hierfür sprechen auch die zunehmenden inhaltl Anforderungen an den Bereitschaftsdienst (vgl BVerfGE 149, 293 = NJW 2018, 2619).

I 1-3 regeln eine **ges Übertragung eines weiteren Richteramtes gem § 27 II DRiG** an dem/den Bereitschaftsdienstgericht/en auf alle Richter der beteiligten Gerichte **unmittelbar durch die KonzentrationsVO**; es bedarf weder einer weiteren Einzelentscheidung noch der Zustimmung der betroffenen Richter (BTDrs 14/9266, 39 m Lit-Nw). Da auch die Richter der LGe im Bereitschaftsdienst der Sache nach und formell als Amtsrichter tätig werden, ist auch auf ihre Entscheidungen **§ 22d anwendbar** (BTDrs 14/9266, 39). Die Regelungskonzeption beeinträchtigt weder die persönl Unabhängigkeit der Richter noch den Grundsatz des ges Richters; dass Richter nicht an Dienststunden gebunden sind, gilt nur, soweit nicht bestimmte Tätigkeiten – also auch die Eildienstbereitschaft – ihre Präsenz erfordern (BTDrs 14/9266, 39; BVerwGE 78, 211 = NJW 1988, 1159). 3

Sachl ist die **Zuständigkeitskonzentration beschränkt** auf die Wahrnehmung der Aufgaben des Bereitschaftsdienstes des AG, dh auf **unaufschiebbare richterl Geschäfte**, also insb Haft-, Unterbringungs- und Durchsuchungsentscheidungen, aber auch sonstige Eilentscheidungen wie zB zur Telekommunikationsüberwachung oder unaufschiebbare einstw Verfügungen. Die örtl Zuständigkeit der AG für das weitere Verf bleibt jew unberührt. Ob im Einzelfall ein unaufschiebbares Geschäft vorliegt und eine Sofortentscheidung inhaltl vertretbar ist, hat der befasste „Bereitschaftsrichter" in richterl Unabhängigkeit zu entscheiden (Herrmann DRiZ 2004, 316), wobei für die Auslegung des Begriffs der unaufschiebbaren Geschäfte auf die Praxis der bewährten Wochenendbereitschaftsdienste zurückgegriffen werden kann. Für die Wahrnehmung im Bereitschaftsdienst anfallender unaufschiebbarer **familiengerichtlicher und jugendgerichtlicher Aufgaben** gelten die besonderen fachlichen Anforderungen an Familien- und Jugendrichter nicht, wenn anderenfalls ein ordnungsgemäßer und den Richtern zumutbarer Bereitschaftsdienst nicht gewährleistet wäre (§ 23b III 5 GVG, § 37 II JGG), was – allenfalls abgesehen von wenigen Ballungsraumamtsgerichten mit großen Familien- bzw. Jugendabteilungen – immer der Fall sein dürfte. 4

3) Ausgestaltung durch Geschäftsverteilungsplan. Die auf der Grundlage der Landes-RechtsVO zu treffende **konkrete Ausgestaltung des konzentrierten Bereitschaftsdienstes** in sachl (I 4: „Verteilung der Geschäfte"), örtl, zeitl und personeller Hinsicht ist Sache des nach **I 4-5** zuständigen Präsidiums des LG im Rahmen der **Geschäftsverteilung**. Diese Regelung des Bereitschaftsdienstes bedarf nach I 4 des Einvernehmens mit den Präsidien aller beteiligten AG und ggf LGe; mit dieser verwaltungsaufwändigen Regelung will der Gesetzgeber die Akzeptanz der zu treffenden Regelungen erhöhen (BTDrs 14/9266, 39). Kommt jedoch mit nur einem AG-Präsidium (oder bei LG-Bezirke übergreifendem Bereitschaftsdienst auch mit nur einem LG-Präsidium) in nur einem Punkt ein Einvernehmen nicht zustande, geht nach I 5 die gesamte Regelungskompetenz für den Bereitschaftsdienst im ganzen LG-Bezirk bzw in allen betroffenen LG-Bezirken auf das autonom entscheidende Präsidium des übergeordneten OLG über. Aus dieser Regelung ergibt sich, dass eine über den OLG-Bezirk hinausgehende Bereitschaftsdienstkonzentration unzulässig ist. Da der Bereitschaftsdienst-GVP nur einen geringen Teil der Tätigkeit des einzelnen Richters betrifft, bestehen gegen die Zuständigkeit des LG- und des OLG-Präsidiums keine Bedenken unter dem Gesichtspunkt, dass die betroffenen Richter überwiegend kein Wahlrecht zu diesen Präsidien haben (Herrmann DRiZ 2004, 321). Der **GVP** muss wegen des **Grundsatzes des ges Richters** eine sorgfältige Abgrenzung der Zuständigkeit des Bereitschaftsrichters enthalten; diese kann auch anhand der – dokumentierten – Nichterreichbarkeit des eigentl zuständigen Richters nach bestimmten Kriterien erfolgen. Bsp für 24-Stunden-Bereitschaft: „Der Bereitschaftsdienstrichter ist als Vertreter des nach der regulären Geschäftsverteilung zuständigen Richters für unaufschiebbare Eilentscheidungen bei Anfall der Sache in der Zeit werktags außer samstags von 17 bis 7 Uhr sowie samstags, sonntags und feiertags ganztägig zuständig; bei Anfall der Sache werktags außer samstags von 7 bis 17 Uhr nur dann, wenn weder der nach der regulären Geschäftsverteilung zuständige Richter noch sein erster Vertreter innerhalb einer Stunde erreicht werden konnten und dies dokumentiert ist. In Fällen mit sofortigem Entscheidungsbedarf entfällt die Stundenfrist." Für Bereitschaftsdienst nur zur Tageszeit wären die Uhrzeiten entspr anzupassen. Im Hinblick auf die Erfordernisse des Grundsatzes des ges Richters muss GVP auch eine Vertretungsregelung für den Bereitschaftsdienstrichter enthalten; ein freizügiger informeller „Tausch" ist unzulässig (hierzu u insgesamt zum Spannungsfeld von Bereitschaftsdienst u ges Richter eingeh Falk DRiZ 2007, 151; praktikabler und – nur – für **Tausch vor Absehbarkeit** 5

konkret anfallender Aufgaben vertretbarer Vorschlag: Ehrich DRiZ 2021, 102). Geschäftsplanmäßige Zuständigkeitsabgrenzung ist ggf auch zwischen mehreren Bereitschaftsrichtern im Bezirk zu treffen (OLG Jena 14.10. 1998 – 6 W 243/98).

6 Welche Informationen er auf welchem Weg – Spektrum reicht von fernmdl Unterrichtung über E-Mail, whatsapp etc, (Funk-)Fax bis zur vollständigen Akte – benötigt, entscheidet Bereitschaftsdienstrichter in eigener Verantwortung (vgl BVerfG NVwZ 2006, 579; Wiesneth DRiZ 2010, 46). Die **Justizverwaltung** hat für die **technischen Voraussetzungen** eines effektiven Bereitschaftsdienstes zu sorgen: Dienst-Smartphone, Funk-Faxgerät, Notebook mit Internet- und Justiznetzzugang und Bereitschaftsdienstmappe mit den wesentl Angaben für Kommunikationsverbindungen, Formularen, Leitfäden, Hinweisen usw (DRB DRiZ 2002, 450), Zugang des diensthabenden Richters zum Justizgebäude einschl Bibliothek. Nur wenn diese Voraussetzungen erfüllt sind, ist die Bereitstellung nichtrichterl Unterstützungspersonals nicht erforderl iSv BVerfGE 151, 67 = NJW 2019, 1428 (aA – immer erforderl – Gusy NStZ 2010, 353 Fn 33); dem Bereitschaftsdienstrichter kann zugemutet werden, etwaige Entscheidungen selbst niederzuschreiben, soweit nicht ohnehin als Eilmaßnahme mündl oder sogar fernmündl Anordnungen ausreichen, die ggf vom Gesprächspartner (zB Polizeibeamten) dokumentiert werden können (BGH NJW 2005, 1060). Richter können ggf dienstaufsichtl angehalten werden, sich üblicher IT und Kommunikationsmittel zu bedienen; dies gehört zum äußeren Ordnungsbereich richterl Tätigkeit, der dem Kernbereich der eigentl Rspr so weit entrückt ist, dass insoweit die Garantie des Art 97 I GG nicht in Anspruch genommen werden kann (s § 1 Rn 4; vgl zu § 26 DRiG BGH MDR 2011, 140 = DRiZ 2011, 66 [zust Haberland DRiZ 2011, 102; Hullen CR 2011, 91]).

7 **4) Subdelegation. II** ermächtigt die Landesregierungen zur Subdelegation der Regelungsbefugnis auf die Landesjustizministerien durch VO.

§ 22d (Handlungen eines unzuständigen Richters)

Die Gültigkeit der Handlung eines Richters beim Amtsgericht wird nicht dadurch berührt, dass die Handlung nach der Geschäftsverteilung von einem anderen Richter wahrzunehmen gewesen wäre.

1 Die in ihrem Wortlaut mehrdeutige und iÜ auch unvollständige Vorschrift (Kissel/Mayer Rn 1) ist im Rahmen des Art 101 GG und der allg Vorschriften über die Geschäftsverteilung (§§ 21e ff) auszulegen. Sie besagt generell, dass richterl Handlungen wegen Verstoßes gegen die Geschäftsverteilung nicht nichtig sind; dies gilt allg, nicht nur für das AG.

§ 23 (Sachliche Zuständigkeit in bürgerlichen Rechtsstreitigkeiten)

Die Zuständigkeit der Amtsgerichte umfasst in bürgerlichen Rechtsstreitigkeiten, soweit sie nicht ohne Rücksicht auf den Wert des Streitgegenstandes den Landgerichten zugewiesen sind:

1. Streitigkeiten über Ansprüche, deren Gegenstand an Geld oder Geldeswert die Summe von fünftausend Euro nicht übersteigt;

2. ohne Rücksicht auf den Wert des Streitgegenstandes:

a) Streitigkeiten über Ansprüche aus einem Mietverhältnis über Wohnraum oder über den Bestand eines solchen Mietverhältnisses; diese Zuständigkeit ist ausschließlich;

b) Streitigkeiten zwischen Reisenden und Wirten, Fuhrleuten, Schiffern oder Auswanderungsexpedienten in den Einschiffungshäfen, die über Wirtszechen, Fuhrlohn, Überfahrtsgelder, Beförderung der Reisenden und ihrer Habe und über Verlust und Beschädigung der letzteren, sowie Streitigkeiten zwischen Reisenden und Handwerkern, die aus Anlass der Reise entstanden sind;

c) Streitigkeiten nach § 43 Absatz 2 des Wohnungseigentumsgesetzes; diese Zuständigkeit ist ausschließlich;

d) Streitigkeiten wegen Wildschadens;

e) (weggefallen);

f) (weggefallen);

g) Ansprüche aus einem mit der Überlassung eines Grundstücks in Verbindung stehenden Leibgedings-, Leibzuchts-, Altenteils- oder Auszugsvertrag.

Der RefE des BMJV für ein G zur Änderung des Zuständigkeitsstreitwerts der Amtsgerichte, zum Ausbau der Spezialisierung der Justiz in Zivilsachen sowie zur Änderung weiterer prozessualer Regelungen sieht vor, dass neben der Verdoppelung der Streitwertgrenze für die Zuständigkeit des AG auf 10.000 Euro (§ 23 Nr 1) die ausschließliche, streitwertunabhängige *Zuständigkeit des AG für nachbarschaftsrechtliche* Streitigkeiten und des LG für Veröffentlichungsstreitigkeiten, Vergabesachen und für Streitigkeiten aus Heilbehandlungen geschaffen wird. Zeitnah zum Inkrafttreten des G finden Sie eine Kommentierung der Änderung in der Online-Version des Zöller (Ihre persönlichen Zugangsdaten s zu Beginn des Werkes).

I) Sachliche Zuständigkeit. § 23 betrifft die sachl Zuständigkeit (zur örtl Zuständigkeit: §§ 12 ff ZPO). Er grenzt iVm § 71 für bürgerl Rechtsstreitigkeiten die Eingangszuständigkeit zwischen AG und LG ab. §§ 23 und 23a regeln gemeinsam die sachl Zuständigkeit des AG in Zivilsachen gem § 13 Hs 1, s aber auch § 27. 1

II) Regelmäßige Änderungen, Reformvorschlag. Die Vorschrift war **Gegenstand vieler Eingriffe des Gesetzgebers**, der insb die Streitwertgrenze in Nr 1 wiederholt verschoben hat (so von 3.000 DM bis Ende 1982 auf 10.000 DM seit 1.3.1993; Umstellung auf Euro zum 1.1.2002). Ein Gesetzentwurf der Bundesregierung (BTDrs 20/13251) mit dem **Vorschlag der Anhebung der Streitwertgrenze auf 8.000 Euro** und der Begründung weiterer streitwertunabhängiger Zuständigkeiten für AG (Nachbarrecht) und LG (Vergabesachen, Streitigkeiten aus Heilbehandlungen und Veröffentlichungsstreitigkeiten) ist mit dem vorzeitigen Ende der 20. Legislaturperiode des Bundestages der Diskontinuität anheimgefallen. Ein RefE des BMJV sieht nunmehr ua die Verdoppelung der Streitwertgrenze auf **10.000 Euro** vor (s Hinweis oben im Anschluss an den Gesetzestext). 2

III) Streitwertgrenze von 5.000 Euro. Sie gilt unabhängig davon, ob der geltend gemachte **Anspruch vermögensrechtl oder nichtvermögensrechtl Art** ist. Die aus früherer Fassung übernommenen Worte „an Geld oder Geldeswert" meinen den „Wert" iSd § 3 ZPO (s Erl zu § 3 ZPO). 3

IV) Streitwertberechnung. S dazu §§ 3 ff ZPO. 4

V) Streitwertunabhängige AG-Zuständigkeit (§ 23 Nr 2). Sie ist nur in Buchst a und c ausschließl; in den übrigen Fällen kann die Zuständigkeit des LG vereinbart werden, auch nach § 39 ZPO. 5

VI) Nr 2a. Wohnraummiete: 6

1) Sachliche Zuständigkeit. Diese ist in § 23 geregelt; § 29a ZPO (s § 29a ZPO Rn 1 ff) regelt den Gerichtsstand. 7

2) Regelungsgegenstand. Der Umfang der Regelung ist enger als in § 29a I ZPO. § 23 Nr 2a erfasst nur die **Wohnraummiete** als materiell selbständig geregeltes Rechtsgebiet (§§ 549 ff BGB). Erfasst sind auch Streitigkeiten wegen Verletzung von vertraglichen **Verkehrssicherungspflichten**, auch wenn neben vertraglichen deliktische Ansprüche in Betracht kommen (BayObLG MDR 2024, 1042 = NJW-RR 2024, 996). 8

Nicht erfasst sind Pachtverträge (s § 581 BGB) sowie Mietverhältnisse über Räume zur gewerbl Nutzung (sog **Gewerbemiete**); für diese gilt die Streitwertgrenze nach Nr 1, ebenso nicht **Heimverträge** mit Schwerpunkt auf dienstvertraglichem Charakter (LG Kleve ZMR 2016, 959). Bei **Mischmietverhältnissen** (Räume werden sowohl als Wohnung als auch zB gewerbl genutzt) ist überwiegende Nutzungsart maßgebl (BGH NJW 2014, 2864 = MDR 2014, 1017; AG/Nordmeyer Rn 13). Zu differenzieren ist bei Streitigkeiten aus Miete von **Werkwohnungen** (§§ 576 ff BGB), für die die ArbG bei unmittelbarem Zusammenhang von Wohnraumüberlassung und vereinbarter Arbeitsleistung zuständig sind (s § 13 Rn 55.26; BAGE 64, 75; Kissel/Mayer Rn 16; AG/Nordmeyer Rn 16). 9

3) Ausschließliche Zuständigkeit. Die Zuständigkeit für die Ansprüche aus Wohnraummiete ist **ausschließl.** 10

Einstweilen frei. 11-12

VII) Nr 2b. Reisestreitigkeiten, die wegen deren Eilbedürftigkeit den AG zugewiesen sind: Zechschulden, aber auch Übernachtungskosten, Fuhrlohn uÄ. Nr 2b ist nicht nur solange anwendbar, wie die Reise andauert. Die aA (Kissel/Mayer Rn 30) findet weder im Wortlaut noch iSd Vorschrift eine Stütze. Streitigkeiten mit Reiseveranstaltern und Reisevermittlern als solche (§§ 651a-y BGB) unterfallen nicht Nr 2b. 13

VIII) Nr 2c. Regelung gilt für die ausschließl sachl Zuständigkeit für die in § 43 II WEG aufgeführten sog **Binnenstreitigkeiten**. Örtl Zuständigkeit: gem § 43 I WEG Gericht, in dessen Bezirk Grundstück liegt. Besondere **Zuständigkeitskonzentration für Berufungen und Beschwerden:** s § 72 II. 14

IX) Nr 2d. §§ 29 ff **BJagdG** sowie Jagdgesetze der Länder; gilt nur für „Wildschäden", nicht auch für „Jagdschaden" (§ 33 BJagdG). 15

X) Nr 2g. S Art 96 EGBGB. 16

XI) Weitere Zuständigkeiten der Amtsgerichte. S bei § 27. 17

§ 23a (Zuständigkeit für Familiensachen und Angelegenheiten der freiwilligen Gerichtsbarkeit)

(1) [1]Die Amtsgerichte sind ferner zuständig für

1. Familiensachen;

2. Angelegenheiten der freiwilligen Gerichtsbarkeit, soweit nicht durch gesetzliche Vorschriften eine anderweitige Zuständigkeit begründet ist.

[2]Die Zuständigkeit nach Satz 1 Nummer 1 ist eine ausschließliche.

(2) Angelegenheiten der freiwilligen Gerichtsbarkeit sind

1. **Betreuungssachen, Unterbringungssachen sowie betreuungsgerichtliche Zuweisungssachen,**
2. **Nachlass- und Teilungssachen,**
3. **Registersachen,**
4. **unternehmensrechtliche Verfahren nach § 375 des Gesetzes über das Verfahren in Familiensachen und in den Angelegenheiten der freiwilligen Gerichtsbarkeit,**
5. **die weiteren Angelegenheiten der freiwilligen Gerichtsbarkeit nach § 410 des Gesetzes über das Verfahren in Familiensachen und in den Angelegenheiten der freiwilligen Gerichtsbarkeit,**
6. **Verfahren in Freiheitsentziehungssachen nach § 415 des Gesetzes über das Verfahren in Familiensachen und in den Angelegenheiten der freiwilligen Gerichtsbarkeit,**
7. **Aufgebotsverfahren,**
8. **Grundbuchsachen,**
9. **Verfahren nach § 1 Nr. 1 und 2 bis 6 des Gesetzes über das gerichtliche Verfahren in Landwirtschaftssachen,**
10. **Schiffsregistersachen sowie**
11. **sonstige Angelegenheiten der freiwilligen Gerichtsbarkeit, soweit sie durch Bundesgesetz den Gerichten zugewiesen sind.**

(3) Abweichend von Absatz 1 Satz 1 Nummer 2 sind für die den Amtsgerichten obliegenden Verrichtungen in Teilungssachen im Sinne von § 342 Absatz 2 Nummer 1 des Gesetzes über das Verfahren in Familiensachen und in den Angelegenheiten der freiwilligen Gerichtsbarkeit anstelle der Amtsgerichte die Notare zuständig.

1 **1) Weitere sachliche Zuständigkeit.** Die Vorschrift regelt gemeinsam mit § 23 umfassend die **sachl Zuständigkeit des AG in Zivilsachen** gem § 13 Hs 1, s aber auch § 27.

2 **2) Ausschließliche sachliche Zuständigkeit für Familiensachen. I 1 Nr 1** bestimmt die ausschließl (I 2) sachl Zuständigkeit für **FamSachen** gem der **Legaldefinition in § 111 FamFG**, sa §§ 10-12, 47 IntFamRVG. Bloße **Folgeklagen**, denen ledigl ein familienrechtl Verf vorausgegangen ist, die selbst aber nicht familienrechtl Natur sind, sind nicht FamSachen. Für **Honorarklage** eines RA für eine Tätigkeit in einer FamSache ist daher das ProzGericht, nicht das FamG zuständig (BGH NJW 86, 1178). Ebenso ist für **Streitigkeiten über den Vollzug einer familiengerichtlichen Entscheidung** über den Versorgungsausgleich nicht das FamG zuständig, sondern die für die Rechtsbeziehung zwischen Versorgungsträger und Ausgleichsberechtigtem oder -verpflichtetem maßgebliche Gerichtsbarkeit (BGH NJW-RR 2020, 826 = FamRZ 2020, 985).

3 **I 1 Nr 2** enthält den Grundsatz der Zuständigkeit des AG für Angelegenheiten der freiw Gerichtsbarkeit. Anderweitige Zuständigkeitsregeln finden sich zB in § 71 II Nr 4 GVG und § 15 II 2 BNotO für das LG.

4 **3) Legaldefinition der Angelegenheiten der freiwilligen Gerichtsbarkeit. II** enthält eine Legaldefinition der in die Zuständigkeit des AG fallenden Angelegenheiten der freiw Gerichtsbarkeit (RegE BTDrs 16/6308, 319).

5 **II Nr 1: Betreuungssachen:** § 271 FamFG; **Unterbringungssachen:** § 312 FamFG; sog **betreuungsrechtl Zuweisungssachen:** § 340 FamFG.

6 **II Nr 2: § 342 FamFG.**

7 **II Nr 3: § 374 FamFG.**

8 **II Nr 4: § 375 Nr 1-17 FamFG** enthält die Einzelaufzählung der einschlägigen Verf.

9 **II Nr 5: § 410 FamFG** enthält Aufzählung von Einzelzuständigkeiten außerhalb der Sachgebiete nach Nrn 1-4 und 6-10.

10 **II Nr 6: § 415 FamFG,** betr insb Abschiebungshaft, Zurückweisungs-, Zurückschiebungs-, Vorbereitungs- und Sicherungshaft gegen Ausländer, Ausreisegewahrsam, Mitwirkungshaft nach § 62 Abs. 6 AufenthG, ergänzende Vorbereitungshaft nach § 62c AufenthG, Freiheitsentziehungen nach dem Bundespolizeigesetz, dem BKA-Gesetz und dem ZollfahndungsdienstG und die zwangsweise Unterbringung nach § 30 IfSG.

11 **II Nr 7: § 433 FamFG.**

12 **II Nr 8:** Entscheidungen des Grundbuchamts nach der **GBO** und der Grundbuchverfügung.

13 **II Nr 9:** Verf nach dem LwVG mit **Ausnahme** der sonstigen Landpachtsachen nach **§ 1 Nr 1a LwVG.**

14 **II Nr 10:** Seeschiffsregister, Binnenschiffsregister und Schiffsbauregister nach der **Schiffsregisterordnung.**

15 **II Nr 11:** sonstige Angelegenheiten: ZB Personenstandssachen (§§ 50, 51 PStG), §§ 13, 14 VerschG. Öffnungsklausel für sonstige Zuweisungen durch Bundesgesetz (nicht durch Landesgesetz).

4) **Notarielle Zuständigkeit für Teilungssachen.** III regelt als **Ausnahme von I 1 Nr 2** die Übertragung der **Zuständigkeit für Teilungssachen**, die die **Auseinandersetzung eines Nachlasses** oder des **Gemeinguts** zum Gegenstand haben (§ 342 II Nr 1 FamFG), gem G zur Übertragung von Aufgaben im Bereich der freiwilligen Gerichtsbarkeit auf **Notare**; der Notar tritt hier vollständig an die Stelle des Nachlassgerichts (BTDrs 17/1469, 17). In der Zuständigkeit des AG verbleiben Verf betr Erteilung, Einziehung und Kraftloserklärung von Zeugnissen gem § 342 II Nr 2 FamFG (PH/Zorn § 342 FamFG Rn 38) und insb Geschäfte in Betreuungssachen, die bei der Nachlassauseinandersetzung anfallen (BTDrs 17/1469, 17). 16

§ 23b (Familiengerichte)

(1) Bei den Amtsgerichten werden Abteilungen für Familiensachen (Familiengerichte) gebildet.

(2) [1]Werden mehrere Abteilungen für Familiensachen gebildet, so sollen alle Familiensachen, die denselben Personenkreis betreffen, derselben Abteilung zugewiesen werden. [2]Wird eine Ehesache rechtshängig, während eine andere Familiensache, die denselben Personenkreis oder ein gemeinschaftliches Kind der Ehegatten betrifft, bei einer anderen Abteilung im ersten Rechtszug anhängig ist, ist diese von Amts wegen an die Abteilung der Ehesache abzugeben. [3]Wird bei einer Abteilung ein Antrag in einem Verfahren nach den §§ 10 bis 12 des Internationalen Familienrechtsverfahrensgesetzes vom 26. Januar 2005 (BGBl. I S. 162) anhängig, während eine Familiensache, die dasselbe Kind betrifft, bei einer anderen Abteilung im ersten Rechtszug anhängig ist, ist diese von Amts wegen an die erstgenannte Abteilung abzugeben; dies gilt nicht, wenn der Antrag offensichtlich unzulässig ist. [4]Auf übereinstimmenden Antrag beider Elternteile sind die Regelungen des Satzes 3 auch auf andere Familiensachen anzuwenden, an denen diese beteiligt sind.

(3) [1]Die Abteilungen für Familiensachen werden mit Familienrichtern besetzt. [2]Ein Richter auf Probe darf im ersten Jahr nach seiner Ernennung Geschäfte des Familienrichters nicht wahrnehmen. [3]Richter in Familiensachen sollen über belegbare Kenntnisse auf den Gebieten des Familienrechts, insbesondere des Kindschaftsrechts, des Familienverfahrensrechts und der für das Verfahren in Familiensachen notwendigen Teile des Kinder- und Jugendhilferechts sowie über belegbare Grundkenntnisse der Psychologie, insbesondere der Entwicklungspsychologie des Kindes, und der Kommunikation mit Kindern verfügen. [4]Einem Richter, dessen Kenntnisse auf diesen Gebieten nicht belegt sind, dürfen die Aufgaben eines Familienrichters nur zugewiesen werden, wenn der Erwerb der Kenntnisse alsbald zu erwarten ist. [5]Von den Anforderungen nach den Sätzen 3 und 4 kann bei Richtern, die nur im Rahmen eines Bereitschaftsdiensts mit der Wahrnehmung familiengerichtlicher Aufgaben befasst sind, abgewichen werden, wenn andernfalls ein ordnungsgemäßer und den betroffenen Richtern zumutbarer Betrieb des Bereitschaftsdiensts nicht gewährleistet wäre.

I) **Allgemeines.** § 23b enthält die gerichtsverfassungsrechtl Regelung für die FamG, deren Zuständigkeit in § 23a I Nr 1 iVm §§ 111 ff FamFG und §§ 10-12, § 47 IntFamRVG geregelt ist. § 23b ist darüber hinaus die notwendige Ergänzung zu der verfahrensrechtl Regelung des Entscheidungsverbundes nach § 137 FamFG. 1

II) **Familiengericht. 1) Abteilungen des AG.** § 23b regelt die interne Bildung und Zuständigkeit des FamG **innerhalb** des AG. Die sachl Zuständigkeit des AG für die dem FamG zugewiesenen Aufgaben ergibt sich aus § 23a GVG iVm § 111 FamFG. Die örtl Zuständigkeit ist in §§ 2, 122, 152, 170, 187, 201, 211, 218, 232, 262, 267 FamFG, §§ 10-12, § 47 II IntFamRVG geregelt. Zur **Zuständigkeitskonzentration** (örtl u innerhalb des Gerichts) s Rn 9. 2

2) **Kraft Gesetzes.** Das FamG besteht als Abteilung des AG kraft Gesetzes. Es ist kein bes Gericht – weder im organisatorischen noch im funktionellen Sinn –, vielmehr beinhaltet I nur eine **ges Sonderregelung für die Geschäftsverteilung** iSd § 21e I 1. Es ist den sonstigen, nur durch den GVP gebildeten „Abteilungen“ (Spruchkörpern) des AG gleichrangig, unterscheidet sich von ihnen jedoch dadurch, dass seine Rspr-Aufgaben kraft Gesetzes feststehen, nicht durch Präsidiumsbeschluss übertragen werden. Hieraus folgt: 3

a) **Das Präsidium** hat nur noch die personelle Besetzung zu regeln, die Aufgabenabgrenzung nur, soweit es die Verteilung der das FamG treffenden Aufgaben unter mehreren FamRichtern des Gerichts betrifft (s dazu ferner II). 4

b) **Für Zuständigkeitsverstöße** gelten die allg Regeln, s § 21e Rn 49-53. Besonderheiten entstehen jedoch durch den unterschiedl Rechtsmittelzug; zur Anfechtung der unter Zuständigkeitsverstoß zustande gekommenen Entscheidungen s § 119 Rn 5 f. 5

c) **Zuständigkeitsstreitigkeiten.** Das **Präsidium** kann Zuständigkeitsstreit **nur** entscheiden, wenn es darum geht, wer unter den FamRichtern des Gerichts nach der Geschäftsverteilung zuständig ist; dagegen scheidet die Klärung durch Präsidiumsentscheidung aus, soweit das Ob einer FamSache streitig ist, denn insoweit geht es um die **gesetzlich geregelte** Geschäftsverteilung, die der Disposition des Präsidiums nicht unterliegt (s § 21e Rn 38). Dieser Zuständigkeitsstreit ist **analog § 5 I Nr 5 FamFG, § 36 I Nr 6, § 37 ZPO** zu klären (s § 21e Rn 38). 6

7 Dagegen ist **nach § 281 ZPO** zu verfahren, wenn bei Verneinung der Zuständigkeit des angegangenen FamG nicht die Zuständigkeit einer anderen Abteilung desselben AG, sondern diej eines anderen Gerichts (zB Zivilkammer des LG) in Betracht kommt und der Kl Verweisungsantrag nach § 281 I 1 ZPO stellt. Weitere Fälle der (bindenden) Abgabe an das FamG enthalten § 3 III 2, §§ 123, 153, 202, 233, 263 FamFG, § 13 III IntFamRVG (Verf bei grenzüberschreitender Abgabe: § 13a IntFamRVG). Zu Ausnahmen von der Bindungswirkung s § 281 ZPO Rn 17, 17a, 17b.

8 **3) Aufgabenverteilung unter den Abteilungen für Familiensachen.** Unter mehreren Abteilungen für FamSachen kann die Aufgabenverteilung grds nicht nach Sachgebieten vorgenommen werden (**II 1; Ausnahmen** ergeben sich aus II 3, 4, **Zuständigkeitskonzentration**, s Rn 9, und sind iÜ – wie aus der Gesetzesfassung „sollen" folgt – nur aus wichtigem Grund mögl, der sich aus dem GVP ergeben muss), da sonst der Verbund nach § 137 FamFG erschwert wäre. Demgemäß bestimmt II 2 ferner, dass dem für die Ehesache (§ 121 FamFG) zuständigen Richter alle Folgesachen vAw abzugeben sind; der Verstoß hiergegen ist Verstoß gegen den Grundsatz des ges Richters. – Aus II kann nicht gefolgert werden, dass FamRichtern andere als FamSachen nicht übertragen werden können. Die dem FamG zugeteilten Richter fungieren, soweit ihnen vom Präsidium **sonstige Rspr-Aufgaben** zugeteilt sind, wie jeder sonstige amtsgerichtl Spruchkörper, dessen Zuständigkeit – nur – durch den GVP festgelegt ist (iÜ gilt auch für den FamRichter § 22d); insoweit ist jedoch darauf zu achten, dass zur Vermeidung einer wegen der formellen Anknüpfung sachlich falschen Rechtsmittelzuständigkeit (§ 119 I Nr 1a) **nicht die Bezeichnung „Familiengericht" verwendet wird.**

9 **4) Zuständigkeitskonzentrationen.** Das Gesetz sieht korrespondierend zur **örtl Zuständigkeitskonzentration in §§ 12, 13, 47 IntFamRVG** in **§ 23b II 3, 4** eine **gerichtsinterne Zuständigkeitskonzentration** auf dem Gebiet des **internationalen Familienrechts** vor, damit insb die betroffenen FamRichter sich mit der Spezialmaterie vertraut machen und Erfahrungen mit der Bearbeitung dieser Fälle sammeln können (BTDrs 14/4591, 2). Eine **örtl** Zuständigkeitskonzentration auf das FamG des für den **Sitz des betr OLG** zuständigen AG (in Berlin: auf das AG Pankow) besteht gem §§ 11, 12 IntFamRVG für Verf nach dem Haager Übk v 25.10.1980 über die zivilrechtl Aspekte internationaler Kindesentführung (BGBl II 1990, 206, 207), gem §§ 10, 12 IntFamRVG für Verf nach dem Europ Sorgerechtsübk, nach Art 24 und 26 Haager KSÜ und für Verf sowie die ZwV nach Art 30 III, Art 43, 54 der **sog Brüssel-IIb-VO** (VO [EU] 2019/1111 v 20.6.2019, ABl EU Nr L 178 S 1 und gem §§ 47, 12 IntFamRVG für die Genehmigung für die grenzüberschreitende Unterbringung eines Kindes nach Art 82 Brüssel-IIb-VO. Ebenso in §§ 6, 7 ErwachsenenschutzÜbk-AusfG, BGBl I 2007, 314, im **Europäischen Gewaltschutzverfahren** (§ 5 EuGewSchVG) und im **Internat Güterrechtsverfahren** (§§ 3, 4 IntGüRVG) sowie nach § 28 AUG (zur Frage der Europarechtskonformität dieser Konzentration EuGH NJW 2015, 683 = FamRZ 2015, 639). Die Länder können die Konzentrationszuständigkeit über mehrere OLG-Bereiche hinweg einem AG zuweisen und auch einem anderen AG als dem für den Sitz des OLG zuständigen (§ 12 III IntFamRVG); jedoch darf je OLG-Bezirk nur ein AG zuständig sein. Ergänzende, weiter gehende Zuständigkeit des Konzentrationsgerichts s § 13 IntFamRVG auch für andere sorgerechtl Verf über ein Kind, das von einer Sache nach §§ 10-12 IntFamRVG betroffen ist, sowie nicht ausschließl Zuständigkeit für Sorgerechtsstreitigkeiten von vornherein beim Konzentrationsgericht, um eine spätere Abgabe an dieses gem § 13 III IntFamRVG zu vermeiden. Die **Zuständigkeitskonzentration** hat **Vorrang vor dem Entscheidungsverbund mit einer Ehesache**. Dies gilt gem § 23b II 2, 3 **auch innerhalb eines FamG**; aus II 3 folgt, dass der Gesetzgeber von einer solchen Konzentration durch **GVP** ausgeht. Die Parteien können gem **II 4** durch einen übereinstimmenden Antrag den **Entscheidungsverbund** mit einer Ehesache wiederherstellen, indem auch diese vor das Konzentrationsgericht gebracht werden kann, das für die internationale Sorgerechtsstreitigkeit zuständig ist. **Weitere Zuständigkeitskonzentrationen:** § 6 I, II AdWirkG. **§ 260 FamFG:** Konzentrationsermächtigung für vereinf Verf über den Unterhalt Minderj, §§ 249 ff FamFG.

10 **5) Vertretung.** Für die Vertretung muss aus dem Konzentrationsgrundsatz, der die Regelung über die FamG beherrscht, geschlossen werden, dass sich grds die FamRichter untereinander zu vertreten haben, wenn mehrere Abteilungen für FamSachen bestehen (vgl auch Kissel/Mayer Rn 11). IÜ ist III 2 zu beachten.

11 **III) Familienrichter (§ 23b III).** Das Gesetz hebt die Richter, die – durch das Präsidium – den Abteilungen für FamSachen zugewiesen sind, durch die Funktionsbezeichnung „Familienrichter" heraus. Weitere, insb statusrechtl Konsequenzen hat dies nicht. Das Präsidium ist bei der Auswahl, die es nach § 21e I trifft, frei, soll aber nach dem Willen des Gesetzgebers auf die Eignung des Richters für die bes Aufgaben des FamG achten. Richter auf Probe können im 1. Jahr nach der Ernennung als FamRichter nicht eingesetzt werden, auch nicht als Vertreter; Regelung ist verfassungsgem (BVerfGE 53, 257 = NJW 80, 692 = MDR 1980, 468). **Besondere fachliche Anforderungen** an Familienrichter ergeben sich aus III 3 und 4. In der Sache handelt es sich um eine **gesetzl Fortbildungsverpflichtung**, aber nicht etwa um zwingende Anforderungen an die Auswahl des gesetzl Richters iSd Art 101 I 2 GG (s iE – auch zur Kritik und zur Frage der Gesetzgebungskompetenz – die Kommentierung zur vergleichbaren Regelung in § 22 VI 2, 3, § 22 Rn 10 sowie Stockmann FamRB 2016, 413; Heilmann ZKJ 2016, *174; Rörig DRiZ 2018, 84; Heilmann*, Stellungnahme der Kinderrechtekommission des Deutschen Familiengerichtstages e.V., FamRZ 2018, 666). Die Qualifikationsanforderungen, die durch § 119 II auch auf die Richter in den FamSenaten der OLG erstreckt werden, sollen sicherstellen, dass FamRichter von Anfang an bestmöglich

für ihre Aufgabe gerüstet sind. Da die Verf häufig von hoher Emotionalität und Belastung der Beteiligten sowie von Hochstrittigkeit geprägt sind und persönliche Anhörungen gerade von Kindern und Jugendlichen eines bes Einfühlungsvermögens und bes Anhörungstechniken bedürfen und um der in solchen Verf besonderen Verletzlichkeit und Schutzbedürftigkeit der beteiligten Kinder und Jugendlichen gerecht zu werden, sieht es der Gesetzgeber als unverzichtbar an, dass FamRichter über spezialisierte Rechtskenntnisse und insb auch über Grundkenntnisse in der Psychologie und über spezielle Gesprächskompetenzen verfügen, wobei es sich nicht nur um rudimentäre Grundkenntnisse handeln darf (BTDrs 19/23707, 47 f). Wann die Kenntnisse konkret vorliegen, ist Gegenstand einer wertenden Entscheidung des Präsidiums. Möglich ist es, dass die einschlägigen Kenntnisse bereits im Studium oder Referendariat erworben wurden oder im Rahmen einer einschlägigen Fortbildung (BTDrs aaO). Wie es der Gesetzgeber für InsRichter akzeptiert (BRDrs 127/11, 65, s § 22 Rn 10), ist auch bei FamRichtern davon auszugehen, dass bei seit längerem in dieser Geschäftsaufgabe tätigen FamRichtern vom Erwerb der einschlägigen Kenntnisse durch ihre Tätigkeit ausgegangen werden kann. Zur Auslegung des III 4 s § 22 Rn 10 zur entsprechenden Regelung des § 22 VI 3. Mit III 5 wird der bes Situation der richterl **Bereitschaftsdienste** Rechnung getragen (BTDrs 19/23707, 48; s § 22c Rn 4). Für die Wahrnehmung im Bereitschaftsdienst anfallender unaufschiebbarer famgerichtl Aufgaben gelten die bes fachlichen Anforderungen an FamRichter nicht, wenn anderenfalls ein ordnungsgemäßer und den Richtern zumutbarer Bereitschaftsdienst nicht gewährleistet wäre (III 5), was – allenfalls abgesehen von wenigen Ballungsraum-AG mit großen Familien- bzw. Jugendabteilungen – immer der Fall sein dürfte. Der Verzicht auf diese bes Anforderungen ist auch in der Sache vertretbar, da FamVerf im Bereitschaftsdienst nicht häufig sind und vielfach – etwa, weil ein Kind zur Abwendung einer dringenden Gefahr bereits vom Jugendamt in Obhut genommen wurde – famgerichtl Entscheidungen nicht so eilbedürftig sind, dass hierüber im Bereitschaftsdienst entschieden werden müsste (BTDrs aaO).

§ 23c (Betreuungsgerichte)

(1) Bei den Amtsgerichten werden Abteilungen für Betreuungssachen, Unterbringungssachen und betreuungsgerichtliche Zuweisungssachen (Betreuungsgerichte) gebildet.

(2) [1]Die Betreuungsgerichte werden mit Betreuungsrichtern besetzt. [2]Ein Richter auf Probe darf im ersten Jahr nach seiner Ernennung Geschäfte des Betreuungsrichters nicht wahrnehmen.

Die Vorschrift bestimmt, dass bei den AG **Abteilungen für die Sachen nach §§ 271-341 FamFG** gebildet werden. Das Betreuungsgericht ist wie das FamG eine kraft Gesetzes bestehende Abteilung des AG. 1

Die Bestimmung ist den Regelungen des § 23b I u III 1, 2 zum FamG nachgebildet. Zur entspr Erläuterung wird auf § 23b Rn 3-7 u 11 Bezug genommen. 2

Die dem Betreuungsgericht zugeteilten Richter fungieren, soweit ihnen vom Präsidium **sonstige Rspr-Aufgaben** (zB oft Personenstandssachen) zugeteilt sind, wie jeder sonstige amtsgerichtl Spruchkörper, dessen Zuständigkeit – nur – durch den GVP festgelegt ist (iÜ gilt auch für den Betreuungsrichter § 22d); insoweit ist jedoch darauf zu achten, dass zur Vermeidung einer wegen der formellen Anknüpfung sachlich falschen Rechtsmittelzuständigkeit (s § 119 I Nr 1b) **nicht die Bezeichnung „Betreuungsgericht" verwendet** wird (eine in IT-Systemen ggf vorliegende falsche Vorbelegung muss manuell korrigiert werden). 3

§ 23d (Gemeinsames Amtsgericht in Familien- und Handelssachen sowie Angelegenheiten der freiwilligen Gerichtsbarkeit)

[1]Die Landesregierungen werden ermächtigt, durch Rechtsverordnung einem Amtsgericht für die Bezirke mehrerer Amtsgerichte die Familiensachen sowie ganz oder teilweise die Handelssachen, die Angelegenheiten der freiwilligen Gerichtsbarkeit und Entscheidungen über Maßnahmen, die nach den Vollzugsgesetzen der vorherigen gerichtlichen Anordnung oder gerichtlichen Genehmigung bedürfen, zuzuweisen, sofern die Zusammenfassung der sachlichen Förderung der Verfahren dient oder zur Sicherung einer einheitlichen Rechtsprechung geboten erscheint. [2]Die Landesregierungen können die Ermächtigungen auf die Landesjustizverwaltungen übertragen.

1) **Konzentrationsermächtigung.** Die Verteilung der genannten Sachen auf mehr Richter als durch den Arbeitsumfang geboten soll auch bei kleinen AG vermieden werden. Die Konzentrationsermächtigung bei **Handelssachen** soll im Interesse schnellerer und effizienterer Rechtsgewährung durch Spezialisierung die bei Großstadtgerichten bewährte Bildung von Abteilungen für Handelssachen auch in ländl und strukturschwachen Regionen ermöglichen (RegE BTDrs 15/4231, 14). Entsprechendes gilt zur Konzentrationsermächtigung für die Angelegenheiten der freiwilligen Gerichtsbarkeit und Entscheidungen über Maßnahmen wie **Fixierungen**, die nach den Vollzugsgesetzen der vorherigen gerichtlichen Anordnung oder gerichtlichen Genehmigung bedürfen: Die Konzentration auf – das wird der Regelfall sein – ein Amtsgericht je Landgerichtsbezirk oder zB für 1

Vollzugsmaßnahmen auf das für eine JVA oder Maßregelvollzugseinrichtung örtl zuständige AG führt zur Spezialisierung der zuständigen Richter und ist schon deshalb als der sachlichen Förderung der Verf dienlich anzusehen. Konzentration nach § 23d soll nur innerhalb eines Landgerichtsbezirks möglich sein (Ausschussbericht BTDrs 19/10243, 23, zw). IÜ gilt die allg Konzentrationsermächtigung des § 13a, s Erl zu § 13a.

2 **2) Ausnahme.** Entspr dem Sinn der Rechtshilfe umfasst die Konzentration **nicht Rechtshilfeersuchen,** s § 157 Rn 2. Sie sind auch in FamSachen an das AG mögl, das über kein FamG bzw Betreuungsgericht verfügt (BayObLG MDR 82, 763; OLG Stuttgart FamRZ 84, 716). Folgerichtig ist es auch nicht nötig, dass der Rechtshilferichter die Anforderungen des § 23b III 2 und 3 bzw § 23c II 2 erfüllt (aA OLG Stuttgart FamRZ 84, 716).

§§ 24 bis 26 (betr Strafsachen)

§ 27 (Sonstige Zuständigkeit)

Im Übrigen wird die Zuständigkeit und der Geschäftskreis der Amtsgerichte durch die Vorschriften dieses Gesetzes und der Prozessordnungen bestimmt.

1 S **GVG** § 157 (Rechtshilfe); **ZPO:** § 486 III (Notzuständigkeit im sBV); § 689 (Mahnverf; zentrale Mahngerichte auf Grund Landesrechts gem Ermächtigung durch § 689 III, auch länderübergreifend, s www.mahngerichte.de/mahngerichte); § 764 (VollstrGericht); § 797 III (Einwendungen gegen vollstreckb Urk); § 802e (Vermögensauskunft und eidesstattl Versicherung); § 802k u § 882h (Zentrales Vollstreckungsgericht); §§ 919, 942 (Arrest u einstw Verfügungen); § 1069 I Nr 2, II (dt Übermittlungs- und Empfangsstelle für Zustellungen nach der VO (EU) 2020/1784); § 1074 (Beweisaufnahme nach der VO [EU] 2020/1783); § 1077 (Entgegennahme und Übermittlung ausgehender Anträge auf grenzüberschreitende PKH); § 1084 I (ZwV aus EuVollstrTiteln); § 1087 (Europ Zahlungsbefehl, Zuständigkeitskonzentration: AG Wedding in Berlin); § 2 InsO (Insolvenzgericht); § 1 I ZVG; § 50 PersStG (mit Zuständigkeitskonzentration); § 14 VerschG; § 112 GenG; § 67 BeurkG (Beurkundungszuständigkeiten); § 55 SchuldRAnpG (ausschließl Zuständigkeit); §§ 7, 21, 26 ff, §§ 31, 35 AUG (teilw mit Zuständigkeitskonzentration entspr §§ 12, 13 IntFamRVG, s § 23b Rn 9); § 4 G z Ausf des Haager Übk ü den Zivilprozess (Vollstreckbarerklärung von Kostenentscheidungen); §§ 1, 3 BinSchGerG; § 2 I 1 LwVfG; §§ 29, 37 II, § 132 II, § 176 II, § 1141 II BGB; § 22 I JVKostG (Einwendungen gegen Kostenansatz und zusammenhängende Maßnahmen in Justizverwaltungsangelegenheiten gem § 1 JVKostG). Weitere Zuständigkeiten des AG können auf Landesrecht beruhen (§ 3 EGGVG, § 68 BeurkG, Hinterlegungsgesetze der Länder, zB Art 2 BayHintG). Landesrecht kann auch die **Zuständigkeit** bei einem AG für mehrere AG-Bezirke **konzentrieren,** zB **§ 2 II, III InsO**; allg Regelung: § 13a.

Vierter Titel
Schöffengerichte (§§ 28-58)

§§ 28 bis 58 (betr Strafsachen)

Fünfter Titel
Landgerichte (§§ 59-78)

§ 59 (Besetzung der Landgerichte)

(1) Die Landgerichte werden mit einem Präsidenten sowie mit Vorsitzenden Richtern und weiteren Richtern besetzt.

(2) Den Richtern kann gleichzeitig ein weiteres Richteramt bei einem Amtsgericht übertragen werden.

(3) Es können Richter auf Probe und Richter kraft Auftrags verwendet werden.

1 **I) Personalausstattung. Besetzung mit Richtern** (auch Bestimmung der Zahl der Richter = Zuweisung der Planstellen) ist Aufgabe der Justizverwaltung (s Einl GVG Rn 20, § 21e Rn 2, 12, 39e). Sie hat die Gerichte so *mit Richtern auszustatten, dass die* Zusammensetzung der Kammern (zu deren Zahl s § 60) und die gegenseitige Vertretung der Richter (vgl § 21e I 1) in einer Weise geordnet werden können, dass die anfallenden Rechtsprechungsaufgaben in angemessener Qualität und Zeit erledigt werden können.

1) Präsident. § 59 benennt den Präsidenten als Richter. Er ist daneben Organ der Justizverwaltung – s Einl GVG Rn 10 ff; in dieser Eigenschaft führt er die Dienstaufsicht (vgl § 26 DRiG). Er ist ferner im Rahmen der gerichtl Selbstverwaltung mit bes Rechten (vgl § 21a II, § 21e I 3) und Pflichten (§ 21i II) ausgestattet. 2

2) Vorsitzende Richter und Richter. Gemeint sind Richter auf Lebenszeit, denen ein konkretes Richteramt bei dem LG übertragen ist (§ 27 DRiG). Hierzu gehören auch Richter am AG, denen nach § 22 GVG, § 27 II DRiG ein weiteres Richteramt beim LG übertragen ist. Zu den Vors Richtern s § 21f. – Für die Übertragung eines Richteramts an **Hochschullehrer** (ob beim LG zulässig, bestimmt sich nach Landesrecht, zB Art 14 BayRiStAG) und deren Mitwirkung s § 115 Rn 3. – Verwendung **von Richtern auf Probe** und **kraft Auftrags** mögl (s § 22 Rn 9 u § 70 Rn 2; für deren Mitwirkung im Spruchkörper vgl § 29 DRiG). Richter auf Probe im 1. Jahr als Zivilrichter können **nicht originäre Einzelrichter** (§ 348 I 2 Nr 1 ZPO) sein. Zulässig ferner die Verwendung abgeordneter Richter (s § 37 DRiG). 3

II) Weiteres Richteramt. Zu der Übertragung eines weiteren Richteramts (II) s § 22 Rn 3. Ämterhäufung (vgl § 27 DRiG) ist nur in vertikaler Form (also zugleich beim AG, das nicht notwendig zum LG-Bezirk gehören muss), nicht bei weiterem LG mögl. Auch einem VorsRichter kann ein weiteres Richteramt am AG übertragen werden (s § 21f Rn 10). 4

§ 60 (Zivil- und Strafkammern)

(1) Bei jedem Landgericht werden, soweit nichts anders bestimmt ist, sowohl Zivil- als auch Strafkammern gebildet.

(2) [1]Die Landesregierungen werden ermächtigt, durch Rechtsverordnung bei einem Landgericht mit mindestens 100 Richterstellen ausschließlich Zivil- oder Strafkammern zu bilden und diesem für die Bezirke mehrerer Landgerichte die Zivil- oder Strafsachen zuzuweisen. [2]Die Landesregierungen können die Ermächtigung nach Satz 1 auf die Landesjustizverwaltungen übertragen.

1) Zahl der Kammern. Bestimmung der Zahl der Kammern gehört nicht zur gerichtl Selbstverwaltung, sondern ist Aufgabe der **Justizverwaltung** (BGHSt 20, 132; sa § 21e Rn 2). Zuständigkeit regelt Landesrecht (Bay: Art 4 AGGVG; Rhl-Pf: § 18 GerOrgG, das durch landesrechtl Sonderregelung dem Präsidium ein Mitwirkungsrecht bei der Festsetzung durch den Minister der Justiz einräumt). Durch I will der Gesetzgeber klarstellen, dass grundsätzlich an Landgerichten sowohl Zivil- als auch Strafkammern einzurichten sind (RegE BTDrs 19/13828, 21). Die Gesetzesbegründung sieht jeweils eine Zivil- und Strafkammer für ausreichend an; zur Bildung von Auffangspruchkörpern s § 21e Rn 22. – Änderung der Kammerzahl wegen Wegfalls von VorsRichtern auch während des Geschäftsjahres zulässig (BGHSt 20, 132), ebenso Bildung neuer Kammern wegen Bereitstellung neuer Planstellen durch den Haushaltsgesetzgeber (s § 21e Rn 42). Bildung von **Hilfskammern** nicht nach § 60, sondern durch Präsidium (s § 21f Rn 2). 1

2) Landgerichte nur mit Zivil- oder nur mit Strafkammern. II ermöglicht den Ländern, aus justizorganisatorischen Gründen große Landgerichte ausschließlich jeweils für Zivil- und Strafsachen zu bilden. Unter der Mindestzahl von 100 Richterstellen für ein solches Gericht ist die **Planstellenzahl** (hierzu s § 21a Rn 6) zu verstehen. Durch diese Mindestgröße soll die Konzentration auf Ballungsgebiete beschränkt und so der Justizgewährungsanspruch durch eine Eingrenzung der räumlichen Entfernung zu den Gerichten gewährleistet werden, die den Zugang zum Gericht nicht unzumutbar erschwert. Das Land Berlin hat von der Ermächtigung Gebrauch gemacht: Das bisherige LG Berlin ist seit 1.1.2024 als LG Berlin I für Strafsachen zuständig, das neu gebildete LG Berlin II für Zivilsachen (Gesetz über die Neuordnung der Berliner Landgerichtsstruktur v 9.2.2023, GVBl Berlin 2023, 38). 1a

3) Zivilkammern. Dies sind gem § 72 I 1 auch KfH, §§ 93 ff, und die Spezialkammern nach § 72a (BTDrs 18/11437, 50). 2

4) Weitere Spruchkörper. Daneben ist in einer Reihe von Bundes- wie Landesgesetzen die Bildung **bes benannter Spruchkörper** vorgesehen. Teils haben sie nur eine spezielle – ausschließl – Zuständigkeit (Patentkammern nach § 143 PatG; Kammern für die Verf zur Sachenrechtsbereinigung nach § 103 SachenRBerG), teils bestehen auch hinsichtl Besetzung und Verf Besonderheiten (Kammern für Baulandsachen nach § 220 BauGB und insb die bes Berufsgerichte etwa für Steuerberater, Patentanwälte oder Wirtschaftsprüfer). 3

5) Auswärtige Zivilkammern. S § 13a, für KfH s § 93. 4

§§ 61 bis 69 (aufgehoben – vgl jetzt §§ 21a-21i GVG)

§ 70 (Vertreterbestellung und Hilfsrichter)

(1) Soweit die Vertretung eines Mitgliedes nicht durch ein Mitglied desselben Gerichts möglich ist, wird sie auf den Antrag des Präsidiums durch die Landesjustizverwaltung geordnet.

(2) Die Beiordnung eines Richters auf Probe oder eines Richters kraft Auftrags ist auf eine bestimmte Zeit auszusprechen und darf vor Ablauf dieser Zeit nicht widerrufen werden.

(3) Unberührt bleiben die landesgesetzlichen Vorschriften, nach denen richterliche Geschäfte nur von auf Lebenszeit ernannten Richtern wahrgenommen werden können, sowie die, welche die Vertretung durch auf Lebenszeit ernannte Richter regeln.

1 **I) Notvertretung (§ 70 I).** Voraussetzung ist, dass die Möglichkeiten der Vertretung innerhalb des Gerichts ausgeschöpft sind (zu lückenhaftem GVP s § 21e Rn 47). Dabei sind bei der internen Vertretung auch die bereits zugewiesenen Hilfsrichter zu berücksichtigen. Unmöglichkeit weiterer Vertretung kann sich zB aus § 29 S 1 DRiG oder aus Überlastung wegen zahlreicher Verhinderungen ergeben. Die Justizverwaltung kann durch Maßnahmen iSd II oder durch Abordnung nach § 37 DRiG (sa § 29 II DRiG: Teil-Rückabordnung eines beförderten oder versetzten Richters bis zum Abschluss eines laufenden Verf) abhelfen. Da es sich um eine Vertretungsregelung handelt, ist Voraussetzung, dass eine **vorübergehende** Verhinderung vorliegt (s § 21e Rn 39-39e; BGH NJW 85, 2337). Bei dauernder Überlastung hilft allenfalls Zuteilung und Besetzung einer Planstelle; dies ist keine Maßnahme nach I, da die Aufgabenbestimmung für den neuen Richter (Spruchkörper) nach den allg Grundsätzen der ordentl Geschäftsverteilung – ggf nach § 21e III – erfolgt.

2 **II) Beiordnung von Hilfsrichtern (§ 70 II). 1) Richter auf Probe und Richter kraft Auftrags.** §§ 12, 14 DRiG; die Verwendung von nicht auf Lebenszeit angestellten Hilfsrichtern verstößt nicht gegen das GG. Sie ist jedoch, da der Hilfsrichter in seiner persönl Unabhängigkeit nicht gesichert ist, auf zwingende Gründe zu beschränken (BVerfGE 14, 163; BGHZ 95, 22 = NJW 85, 2336 = MDR 85, 930; BGHZ 130, 304 = NJW 95, 2791 = MDR 95, 1112). Beim LG dauernd vorhandene richterl Aufgaben müssen grds durch fest angestellte Richter wahrgenommen werden (BVerfGE 14, 156; BGHSt 8, 159; BGHSt 9, 107). Heranziehung von Hilfsrichtern aber im Rahmen des Ausbildungszwecks sowie zur Vertretung und bei Überlastung für einen vorübergehenden Zeitraum. Dauernde Geschäftsbelastung oder haushaltsrechtl Stellensperren rechtfertigen die Verwendung von Hilfsrichtern nicht (s § 21e Rn 39e); jedoch können die im Rahmen der erforderl Erprobung des Richternachwuchses (vgl §§ 10, 12 DRiG) ständig zuzuweisenden Proberichter einberechnet werden (vgl auch BVerfG DRiZ 71, 27).

3 **2) Zuweisungsgrund.** Bei der Zuweisung von Richtern kraft Auftrags ist der Grund anzugeben (vgl BGHZ 34, 260; BGH NJW 62, 1153); bei Richtern auf Probe ergibt sich der Grund ohne weiteres aus § 10 I DRiG. Bei der Entscheidung darf nur ein Hilfsrichter (unter Einschluss abgeordneter Richter mit Ausnahme teilrückabgeordneter Richter) mitwirken (§ 29 DRiG). Vom Vorsitz einer Kammer sind Hilfsrichter ausgeschlossen (§§ 2, 28 II 2 DRiG); Bestellung zum Einzelrichter jedoch zulässig; Einschränkungen für Proberichter: § 348 I 2 Nr 1 ZPO, § 23b III 2, § 23c II 2.

4 **3) Beiordnungsdauer.** Die Beiordnung ist **auf bestimmte Zeit** auszusprechen. Diese kann kalendermäßig oder nach anderen obj Kriterien (zB Besetzung einer freien Planstelle, Dauer einer Erkrankung oder anderen Verhinderung) festgelegt werden. Die Beiordnung kann nicht vorzeitig widerrufen werden; dies steht jedoch einer Entlassung nach §§ 22, 23 DRiG vor Ablauf der Zeit der Beiordnung nicht entgegen. Ebenso kann die Beiordnung eines Richters auf Probe etwa wegen Ernennung zum Richter auf Lebenszeit an einem anderen Gericht, Anstellung, Versetzung zur StA im Rahmen eines üblichen Laufbahnwechsels (vgl § 13 DRiG) vorzeitig enden (insoweit wird die Zulässigkeit statusrechtl Akte nicht eingeschränkt). Mit Zustimmung des Richters kann die Beiordnung jederzeit aufgehoben werden (ebenso MK/Pabst Rn 10; aA für andere Fälle als Statusänderung des Richters wie zB Berufung zum Richter auf Lebenszeit Kissel/Mayer Rn 12 f; offen gelassen PG/Kopp Rn 5), da der Schutz des Proberichters keinesfalls weiter geht als der der Richter auf Lebenszeit (für diese vgl §§ 30, 37 I DRiG) und da Versetzungen und Abordnungen auch von Richtern auf Lebenszeit mit ihrer Zustimmung jederzeit mögl sind, ohne dass dem das Jährlichkeitsprinzip der Geschäftsverteilung nach § 21e I 1 entgegenstünde, wie sich aus § 21e III (Richterwechsel als Änderungsgrund für GVP) ergibt.

5 **III) § 70 III.** Die Regelung hat ihre praktische Bedeutung verloren.

§ 71 (Sachliche Zuständigkeit der Zivilkammern in 1. Instanz)

(1) Vor die Zivilkammern, einschließlich der Kammern für Handelssachen, gehören alle bürgerlichen Rechtsstreitigkeiten, die nicht den Amtsgerichten zugewiesen sind.

(2) Die Landgerichte sind ohne Rücksicht auf den Wert des Streitgegenstandes ausschließlich zuständig

1. für die Ansprüche, die auf Grund der Beamtengesetze gegen den Fiskus erhoben werden;

2. für die Ansprüche gegen Richter und Beamte wegen Überschreitung ihrer amtlichen Befugnisse oder wegen pflichtwidriger Unterlassung von Amtshandlungen;

3. für die in § 1 Absatz 1 des Kapitalanleger-Musterverfahrensgesetzes genannten Ansprüche;
4. für Verfahren nach
a) (aufgehoben)
b) den §§ 98, 99, 132, 142, 145, 258, 260, 293c und 315 des Aktiengesetzes,
c) § 26 des SE-Ausführungsgesetzes,
d) § 10 des Umwandlungsgesetzes,
e) dem Spruchverfahrensgesetz,
f) den §§ 39a und 39b des Wertpapiererwerbs- und Übernahmegesetzes;
5. in Streitigkeiten
a) über das Anordnungsrecht des Bestellers gemäß § 650b des Bürgerlichen Gesetzbuchs,
b) über die Höhe des Vergütungsanspruchs infolge einer Anordnung des Bestellers (§ 650c des Bürgerlichen Gesetzbuchs);
6. für Ansprüche aus dem Unternehmensstabilisierungs- und -restrukturierungsgesetz.

(3) Der Landesgesetzgebung bleibt überlassen, Ansprüche gegen den Staat oder eine Körperschaft des öffentlichen Rechts wegen Verfügungen der Verwaltungsbehörden sowie Ansprüche wegen öffentlicher Abgaben ohne Rücksicht auf den Wert des Streitgegenstandes den Landgerichten ausschließlich zuzuweisen.

(4) [1]Die Landesregierungen werden ermächtigt, durch Rechtsverordnung die Entscheidungen in Verfahren nach Absatz 2 Nummer 4 Buchstabe a bis e und Nummer 5 einem Landgericht für die Bezirke mehrerer Landgerichte zu übertragen. [2]In Verfahren nach Absatz 2 Nummer 4 Buchstabe a bis e darf die Übertragung nur erfolgen, wenn dies der Sicherung einer einheitlichen Rechtsprechung dient. [3]Die Landesregierungen können die Ermächtigung auf die Landesjustizverwaltungen übertragen.

II Nr 3 geändert durch Zweites G zur Reform des Kapitalanleger-Musterverfahrensgesetzes v 16.7.2024 (BGBl 2024 I Nr 240) mWv 20.7.2024.

Der RefE des BMJV für ein G zur Änderung des Zuständigkeitsstreitwerts der Amtsgerichte, zum Ausbau der Spezialisierung der Justiz in Zivilsachen sowie zur Änderung weiterer prozessualer Regelungen sieht ua vor, dass neben der Verdoppelung der Streitwertgrenze für die Zuständigkeit des AG auf 10.000 Euro (§ 23 Nr 1) die ausschließliche, streitwertunabhängige Zuständigkeit des AG für nachbarschaftsrechtliche Streitigkeiten und des LG für Veröffentlichungsstreitigkeiten, Vergabesachen und für Streitigkeiten aus Heilbehandlungen geschaffen wird. Zeitnah zum Inkrafttreten des G finden Sie eine Kommentierung der Änderung in der Online-Version des Zöller (Ihre persönlichen Zugangsdaten s zu Beginn des Werkes).

1) Sachliche Zuständigkeit. § 71 grenzt die **sachl Zuständigkeit** zwischen AG u LG ab. Den AG zugewiesen: §§ 23, 23a, 27 (s Erl dort u zur ZPO sowie zum FamFG). 1

2) Streitwert. Für **die Zuständigkeit des LG** nach I gilt die **Streitwertgrenze** gem § 23 Nr 1, die für die Zuständigkeit des LG überschritten werden muss, iHv **5.000 Euro**. Zur ausstehenden Reform s § 23 Rn 2 und Hinweis oben nach dem Gesetzestext. 2

3) Ausschließliche Zuständigkeit gem § 71 II. Für die einzelnen Regelungen gilt: 3

II Nr 1: gegenstandslos wegen Verwaltungsrechtsweg. 4

II Nr 2: Klagen aus **Amtspflichtverletzung** von Amtsträgern, auch wenn sie nicht gegen diese selbst, sondern gegen den haftenden Dienstherrn gerichtet werden (Art 34 GG), u Rückgriffsanspruch des Dienstherrn. Voraussetzung ist **hoheitl Handeln** des Amtsträgers im Rahmen einer öff-rechtl Pflicht (vgl zB Grüneberg/Sprau § 839 BGB Rn 17-24 mwN). 5

II Nr 3: Ansprüche gem **§ 1 I KapMuG**. Durch die **dynamische Verweisung** (RegE BTDrs 20/10942, 46) für die Begründung der streitwertunabhängigen LG-Zuständigkeit iVm dem ausschließl Gerichtsstand des § 32b ZPO soll eine **Bündelung aller Ausgangsverf**, in denen **potenziell gleichgerichtete Musterverfahrensanträge** gestellt werden können, bei einem Eingangsgericht erreicht werden. Für Erfüllungsansprüche gem § 1 I Nr 3 KapMuG ergibt sich die streitwertunabhängige LG-Zuständigkeit ergänzend auch aus § 66 I 1 WpÜG. 5a

II Nr 4: Angelegenheiten der freiw Gerichtsbarkeit. Es handelt sich um eine anderweitige Zuständigkeitsregelung gem § 23a I Nr 2. Die Verf sind **Handelssachen,** s § 95. 5b

II Nr 5: Streitigkeiten aus den Regelungen über das **Anordnungsrecht des Bestellers auf Änderung eines Bauvertrags** und die daraus folgende **Vergütungsanpassung** nach §§ 650b, c BGB. Die Regelung umfasst auch Ansprüche aus einer erzielten Einigung nach § 650b I BGB und Streitigkeiten über Vorfragen, zB ob eine Vertragsänderung vorliegt (BTDrs 18/11437, 50, zur Begr s Rn 8). 5c

II Nr 6: (Haftungs-)Ansprüche, die aufgrund des Unternehmensstabilisierungs- und -restrukturierungsgesetzes (StaRUG; Art 1 SanInsFoG) in einer Restrukturierungssache gegen den Schuldner, die Mitglieder der Geschäftsleitung des Schuldners, die Organe des Schuldners oder gegen den Restrukturierungsbeauftragten erhoben werden (RegE BTDrs 19/24181, 189), s § 43 I 2, §§ 57, 75 IV 3 StaRUG; s § 19b ZPO Rn 2, 4; Jungmann NZI 2023, 737. 5d

6 **4) Landesrecht (§ 71 III).** Bei entspr **landesrechtl Regelung** (Bay: Art 9 AGGVG; zu Art 20 Hess AGGVG BGHZ 15, 221; zu § 16 SächsJG LG Dresden MDR 2012, 678) u unter der Voraussetzung der Zulässigkeit des Zivilrechtswegs (s § 13): Entschädigungsanspruch (s RGZ 139, 282) wegen Verfügungen der VerwBehörden, zB bei Enteignung, unrechtmäßigem enteignungsgleichem Eingriff, auf VA beruhender Aufopferung.

7 **5) Weitere ausschließliche Zuständigkeiten.** Teilweise als Handelssachen, s § 95. Bestimmte gesellschaftsrechtl Angelegenheiten (§§ 148, 246, 249, 250, 251, 254, 255, 257, 275 AktG, § 51 III 3, § 96 GenG, § 61 III, § 75 GmbHG); § 140b IX 2, 3, § 143 PatG; § 335a II HGB; § 101 IX UrhG; § 19 IX, § 122 I, § 140 I, II MarkenG; § 46 IX, § 52 DesignG, § 24b IX GebrMG, § 37b IX SortSchG, § 9 I OlympSchG, § 14 UWG; Geschäftsgeheimnisstreitsachen: § 15 GeschGehG; § 19 III, §§ 42, 62, 78o II 3 BNotO; § 102 EnWG (gilt nicht für (Rück-)Zahlungsansprüche, die sich allein aus Vertrag mit Energieversorgungsunternehmen ergeben, OLG Oldenburg MDR 2011, 505; OLGR München 2009, 757; vgl Salje NJW 2010, 2762); § 13 I 3 StrEG; § 217 I 4 BauGB; § 208 BEG; § 25 III SchutzbereichG; § 58 II BLG; § 59 III LBG; § 87 GWB für bürgerl Rechtsstreitigkeiten, die sich aus dem GWB oder aus Kartellverträgen oder Kartellbeschlüssen ergeben; § 13 IV EU-VSchDG; § 14 I VerkFlBerG; § 1115 I, II ZPO (Versagung der Anerkennung oder der Vollstreckung EU-ausländischer Titel).

8 **6) Zuständigkeitskonzentration.** Eine solche ist bei einem LG für mehrere LG-Bezirke mögl (Regelung der Zuständigkeitskonzentration durch landesrechtl ZuständigkeitsVO; zB Bayern: GZVJu): IV bestimmt dies ausdrückl für die Angelegenheiten nach II Nr 4a-e für den – regelmäßig zu bejahenden – Fall des Nutzens der Zuständigkeitskonzentration für eine einheitliche Rspr; für die Verf nach II Nr 4f ist die ausschl Zuständigkeit des LG Frankfurt/M in § 39a V WpÜG geregelt. Maßgebl Anliegen der Konzentrationsermächtigung für die Streitigkeiten nach II Nr 5 (und der streitwertunabhängigen landgerichtlichen Zuständigkeit hierfür) ist die beschleunigte Bearbeitung durch spezialisierte Gerichte ua zur Vermeidung von Baustillständen (BTDrs 18/11437, 50). Unabhängig von IV und von weiteren speziellen Konzentrationsermächtigungen, wie zB § 14 III UWG, § 89 GWB, § 103 EnWG, § 32b II ZPO, zahlreiche Einzelnormen des AktG, § 2 IV SpruchG, § 66 III WpÜG, § 143 II PatG, § 27 II GebrMG, § 11 II HalblSchG, § 52 II DesignG, § 38 II SortSchG, § 122 III, § 140 II MarkenG, § 9 II OlympSchG, § 105 I, III UrhG (gilt auch für Anträge nach § 101 IX UrhG), § 15 III GeschGehG, § 219 II BauGB, § 208 II BEG gilt die **allg Kompetenz des Landesrechts nach § 13a**, s § 13a.

§ 72 (Berufungs- und Beschwerdegerichte)

(1) [1]Die Zivilkammern, einschließlich der Kammern für Handelssachen und der in § 72a genannten Kammern, sind die Berufungs- und Beschwerdegerichte in den vor den Amtsgerichten verhandelten bürgerlichen Rechtsstreitigkeiten, soweit nicht die Zuständigkeit der Oberlandesgerichte begründet ist. [2]Die Landgerichte sind ferner die Beschwerdegerichte in Freiheitsentziehungssachen und in den von den Betreuungsgerichten entschiedenen Sachen.

(2) [1]In Streitigkeiten nach § 43 Absatz 2 des Wohnungseigentumsgesetzes ist das für den Sitz des Oberlandesgerichts zuständige Landgericht gemeinsames Berufungs- und Beschwerdegericht für den Bezirk des Oberlandesgerichts, in dem das Amtsgericht seinen Sitz hat. [2]Die Landesregierungen werden ermächtigt, durch Rechtsverordnung anstelle dieses Gerichts ein anderes Landgericht im Bezirk des Oberlandesgerichts zu bestimmen. [3]Sie können die Ermächtigung auf die Landesjustizverwaltungen übertragen.

1 **1) Berufung und Beschwerde. I 1: Berufung:** §§ 511 ff ZPO. **Beschwerde: sof Beschwerde gem** §§ 567 ff **ZPO** sowie zahlreiche Nebengesetze, zB § 17a IV 3 GVG, §§ 66-69 GKG, § 33 III, § 56 II RVG, § 4 III, IV JVEG (s § 119 Rn 8), §§ 81 ff GNotKG, § 5 GvKostG. Für Beschwerden gegen Ordnungsmittel als sitzungspol Maßnahmen enthält § 181 III eine Sonderregelung zugunsten des OLG, s auch OLG-Zuständigkeit gem § 33 IV 2 Alt 2 RVG, § 81 III 2 Alt 2 GNotKG, s § 119 Rn 8).

2 **I 2** ergänzt die Ausnahmeregelung in § 119 I Nr 1b: Rechtsmittelgericht (Beschwerdegericht) gegen die Entscheidungen der AG im Verf nach dem FamFG ist gem § 119 I Nr 1 grds das OLG. Wegen der in den meisten Fällen geringeren räuml Entfernung zum Aufenthaltsort betreuter und untergebrachter Beteiligter ist jedoch für Beschwerden in Freiheitsentziehungssachen (§§ 415 ff, § 429 FamFG; s § 23a Rn 10) und für Beschwerden gegen Entscheidungen der Betreuungsgerichte (§ 23c) das LG zuständig; im letztgenannten Fall gilt wegen des Abstellens auf den entscheidenden Spruchkörper eine **formelle Anknüpfung** für die Beschwerdezuständigkeit, s § 119 Rn 5, § 23c Rn 3.

3 **2) Zuständigkeitskonzentration für WEG-Binnenstreitigkeiten. II:** Besondere Zuständigkeitskonzentration für Berufungen und Beschwerden in den in § 43 II WEG aufgeführten sog **Binnenstreitigkeiten** nach dem WEG, s § 23 Rn 14. Konzentration auf ein LG je OLG-Bezirk soll einer „Qualitätssteigerung der Berufungsentscheidungen und der Herausbildung einer gleichmäßigen Revisionszulassungspraxis" dienen (vgl BTDrs 16/887, 48, 55; BTDrs 16/3843, 29). Ob Zuständigkeitskonzentration gilt, richtet sich allein danach, ob og Binnenstreitigkeit vorliegt; Entscheidung in 1. Instanz durch für diese Streitigkeiten nach dem GVP unzuständigen Amtsrichter ist unerheblich (**keine formelle Anknüpfung**, BGH MDR 2016, 205 = NJW-RR 2016, 255).

II ist gefährl Haftungsfalle: RA muss bei Berufungseinlegung nicht nur die differenzierte Regelung als solche beachten, sondern bedenken, dass Landesgesetzgeber Zuständigkeit bei einem anderen als dem für den OLG-Sitz zuständigen LG konzentrieren kann, so bislang: LG Frankfurt/Oder für OLG-Bezirk Brandenburg, Dessau-Roßlau für Naumburg, Aurich für Oldenburg, Itzehoe für Schleswig, Landau für Zweibrücken. Praktische Übersicht der zuständigen Gerichte nach § 72 II: NJW 2008, 1790; sa Hogenschurz NJW 2015, 1990. Zur bei unzuständigem Berufungsgericht eingelegten Berufung s § 519 ZPO Rn 14. – Praktische Bedeutung des § 72 II ist besonders groß, weil Zuständigkeitszuweisung in § 43 WEG weit auszulegen ist; sie erfasst zB auch Vollstreckungsabwehrklagen gegen KFB im WEG-Verf (BGH NJW 2009, 1282 = MDR 2009, 707), VollstrVerfahren, soweit Prozessgericht Vollstreckungsorgan ist (OLGR Karlsruhe 2009, 190 = NJW-RR 2009, 596; OLG Oldenburg NJW 2009, 859 = MDR 2008, 1422) und Streitwertfestsetzung (LG Frankfurt aM ZMR 2020, 327). Ebenso gilt § 72 II für Berufung eines **Streitgenossen**, für den – anders als für weiteren Streitgenossen – Rechtsstreit keine WEG-Sache darstellt (BGH MDR 2014, 1287 = NJW-RR 2014, 1107; sa Hogenschurz WuM 2017, 81). Gleiches gilt für **objektive Klagehäufung**, bei der nur ein Teil der erstinstanzlichen Entscheidung WEG-Sache betrifft; in beiden Fallkonstellationen soll eine Aufspaltung der Berufungszuständigkeit mit der Folge der Prozesstrennung vermieden werden (BGH NJW 2020, 1525 = MDR 2020, 595). – Streit aus Vertrag über den Erwerb von Wohnungseigentum ist keine Wohnungseigentumssache, auch wenn beide Parteien der WEG angehören (BGH MDR 2020, 1369 = NJW-RR 2020, 1339). 4

§ 72a (Spezialkammern)

(1) Bei den Landgerichten werden eine oder mehrere Zivilkammern für folgende Sachgebiete gebildet:

1. Streitigkeiten aus Bank- und Finanzgeschäften,

2. Streitigkeiten aus Bau- und Architektenverträgen sowie aus Ingenieurverträgen, soweit sie im Zusammenhang mit Bauleistungen stehen,

3. Streitigkeiten aus Heilbehandlungen,

4. Streitigkeiten aus Versicherungsvertragsverhältnissen,

5. Streitigkeiten über Ansprüche aus Veröffentlichungen durch Druckerzeugnisse, Bild- und Tonträger jeder Art, insbesondere in Presse, Rundfunk, Film und Fernsehen,

6. erbrechtliche Streitigkeiten und

7. insolvenzrechtliche Streitigkeiten und Beschwerden, Anfechtungssachen nach dem Anfechtungsgesetz sowie Streitigkeiten und Beschwerden aus dem Unternehmensstabilisierungs- und -restrukturierungsgesetz.

(2) [1]Die Landesregierungen werden ermächtigt, durch Rechtsverordnung bei den Landgerichten eine oder mehrere Zivilkammern für weitere Sachgebiete einzurichten. [2]Die Landesregierungen können die Ermächtigung auf die Landesjustizverwaltungen übertragen.

(3) Den Zivilkammern nach den Absätzen 1 und 2 können auch Streitigkeiten nach den §§ 71 und 72 zugewiesen werden.

Der RefE des BMJV für ein G zur Änderung des Zuständigkeitsstreitwerts der Amtsgerichte, zum Ausbau der Spezialisierung der Justiz in Zivilsachen sowie zur Änderung weiterer prozessualer Regelungen sieht ua vor, dass am LG Spezialkammern für Vergabesachen gebildet werden. Außerdem ist die Klarstellung vorgesehen, dass die Zuständigkeit der Spezialkammern für Veröffentlichungsstreitigkeiten (§ 72a I Nr 5) auch Veröffentlichungen im Internet umfasst (s Rn 8). Zeitnah zum Inkrafttreten des G finden Sie eine Kommentierung der Änderung in der Online-Version des Zöller (Ihre persönlichen Zugangsdaten s zu Beginn des Werkes).

1) Allgemeines. Die **obligatorische** Einrichtung von **spezialisierten Kammern** und Senaten (§ 119a) an Land- und Oberlandesgerichten für **ausgewählte Rechtsgebiete**, in denen regelmäßig **besonders komplexe Rechtsfragen oder Sachverhalte** zu behandeln sind, ist ein wichtiger Beitrag zur **Modernisierung der deutschen (Zivil-)Justiz** und schreibt eine bewährte Praxis vieler Präsidien fort. Die Einrichtung von Spezialspruchkörpern ist auch eine **Reaktion auf die zunehmende Spezialisierung in der Anwaltschaft** und soll als **Maßnahme der Qualitätssicherung und -steigerung** der Rspr zur **Attraktivität des Justizstandorts Deutschland**, auch im Wettbewerb mit außergerichtlichen Streitbeilegungsmechanismen gerade bei hohen und damit auch für den Staatshaushalt attraktiven Streitwerten, beitragen. Voraussetzung für einen Erfolg der Regelung in diesem Sinne ist eine **Mitwirkung der Justizverwaltung** durch **gezielte Fortbildung** und gesteigerte **Kontinuität der Personalverwendung** der Mitglieder der Spezialspruchkörper durch entsprechende Würdigung der Tätigkeit bei der weiteren Personalentwicklung sowie ggf durch **gerichtsbezirksübergreifende Zuständigkeitskonzentrationen gem § 13a**, s § 13a Rn 1. – **Lit:** Calliess, Gutachten A zum 70. Deutschen Juristentag Hannover 2014: Der Richter im Zivilprozess – Sind ZPO und GVG noch zeitgemäß?; Kilian ZRP 2017, 21; Küspert, Spezialisierung – Perspektive der Justiz, in Althammer/Weller, Europäische Mindeststandards für Spruchkörper, 2017, S 55; Nöhre/Meller-Hannich NJW 2023, 2701; Limperg DRiZ 2015, 382, 384; Roth ZZP 129 (2016), 3; Schobel MDR 2014, 1003; Wollweber AnwBl 2016, 564. 1

2 **2) Gesetzliche Zuständigkeit.** Die Spezialkammern sind **Zivilkammern iSd § 60**, ausdrückl festgestellt in § 72 I 1, aber ihre erst- und zweitinstanzliche (Argument aus III) Zuständigkeit für die in I Nr 1-7 aufgeführten Streitigkeiten und für ggf nach Landesrecht gem II geregelte weitere Sachgebiete ist eine **gesetzlich geregelte funktionelle Zuständigkeit.** Parteien können Zuständigkeit weder begründen noch ausschließen (MK/Pabst Rn 1). **Spezialisierung** ist nach ihrem Sinn und Zweck (Rn 1) grds **weit auszulegen** und umfasst zB im Anwendungsbereich der jeweiligen Vorschriften auch Rechtsmittel in Zwangsvollstreckungsverfahren und Nebenverfahren wie zB Streitwertbeschwerden (OLG Köln 21.5.2024 – 15 W 40/24). Bei Annahme der funktionellen Unzuständigkeit einer Kammer gem § 72a I oder II erfolgt formlose **Abgabe** (offen gelassen KG MDR 2018, 820 = NJW-RR 2018, 639); Verweisungsvorschriften wie in §§ 97 ff bestehen nicht. Abgabe oder Verweisungsbeschl sind – anders als bei § 281 ZPO, § 17a II, § 102 GVG – nicht bindend (OLG Köln 15.11.2021 – 8 AR 50/21; KG NJW-RR 2021, 644; KG MDR 2019, 634 [Schultzky MDR 2019, 1176]; OLG München 7.2.2019 – 34 AR 114/18; OLG Hamburg MDR 2018, 1327); aA BGH MDR 2022, 1432 = NJW 2022, 2936 (Vossler NJW 2022, 2940) = JR 2023, 232 (Richter JR 2023, 236), der eine Bindungswirkung eines Verweisungsbeschlusses entspr § 281 II 4 ZPO auf Grund der Annahme einer planwidrigen Regelungslücke im Gesetz bejaht. Dies überzeugt weder in dogmatischer noch in teleologischer Hinsicht und wird dazu führen, dass zahlreiche Verfahren mit bindender Wirkung an Spezialspruchkörper abgegeben werden, die dort fehl am Platze sind (so zutreffend Vossler NJW 2022, 2940, ähnlich Richter JR 2023, 236). Eine gesetzliche Regelung ist wünschenswert (Vollkommer WuB 2022, 481 mit dem praxisgerechten Vorschlag einer Entscheidungskompetenz des Präsidiums). Jedenfalls kann letztlich ein negativer **Kompetenzkonflikt** zur Frage der gesetzlichen Spezialzuständigkeit nur in analoger Anwendung von § 36 I Nr 6, § 37 ZPO entschieden werden (§ 21e Rn 38; § 36 ZPO Rn 39 und 35 zum Verf; BayObLG 15.9.2020 – 101 AR 99/20; OLG Frankfurt 20.4.2023 – 11 UH 15/23; KG MDR 2023, 252; KG MDR 2019, 634 [Schultzky MDR 2019, 1176]; KG MDR 2018, 820 [Schultzky MDR 2018, 1046]; OLG Nürnberg MDR 2018, 1015; OLG Bamberg NJW-RR 2018, 1386 [Rohde jurisPR-BKR 1/2019 Anm 3]; Schultzky MDR 2020, 1; Klose MDR 2017, 793). In diesem Verf kann auch dritter, am Zuständigkeitsstreit nicht beteiligter Spruchkörper als zuständig bestimmt werden (OLG München NJW-RR 2020, 967); nur über durch GVP begründete Zuständigkeit (s III, Rn 13) kann Präsidium entscheiden (s § 21e Rn 38; KG MDR 2023, 252). – Zur Zuständigkeit der Spezialkammern bei Streitgenossenschaft und bei Geltendmachung mehrerer Ansprüche: KG ZIP 2024, 1855 = NZI 2024, 556; OLG Hamm 4.4.2023 – 11 U 27/23; BayObLG 15.9.2020 – 101 AR 99/20; OLG München 16.9.2020 – 34 AR 128/20. Zur entsprechenden Anwendbarkeit des § 506 ZPO auf die Zuständigkeit der Spezialkammern bei Klageerweiterung oder Widerklage: KG MDR 2023, 596; KG MDR 2020, 1464 = NJW-RR 2021, 62. Dagegen begründet eine den Streitgegenstand nicht ändernde Aufrechnung die Spezialzuständigkeit nicht (OLG Frankfurt 20.4.2023 – 11 UH 15/23; OLG Schleswig MDR 2021, 1388 = NJW 2022, 82). – Auf eine fehlerhafte Beurteilung der Frage der Spezialzuständigkeit in erster Instanz kann ein **Rechtsmittel nicht gestützt** werden (§ 513 II ZPO, s § 513 ZPO Rn 6 f; Klose MDR 2017, 793), zum Fehler in der Berufungsinstanz s § 119a Rn 3.

3 **3) Sachgebiete.** Die Bestimmungen der Sachgebiete **gem I Nr 1-5** entsprechen wörtlich den Regelungen über die Ausnahmen vom Prinzip des originären Einzelrichters in **§ 348 I 2 Nr 2b, 2c, 2e, 2h und 2a ZPO**, s dort. Soweit im Folgenden auf den Willen des Gesetzgebers zurückgegriffen wird, ergibt sich dieser aus der Ausschussbegründung BTDrs 18/11437, 44 ff (zu Nr 1-4) bzw aus dem RegE BTDrs 19/13828, 14, 22 f, 30 und 32 iVm dem Ausschussbericht BTDrs 19/15167, 13, 30.

4 **I Nr 1:** Laut Gesetzgeber sind hiervon umfasst Streitigkeiten, an denen eine **Bank**, eine **Sparkasse**, ein **Kredit- oder „Finanzinstitut" beteiligt** ist, sofern **Ansprüche aus den in § 1 I 2 und Ia 2 KWG genannten Geschäften** betroffen sind (ua Einlagen-, Kredit-, Diskont-, Depotgeschäft, Anlageberatung und -vermittlung, Finanzierungsleasing). Gemeint sind wohl die in § 1 KWG normierten Begriffe der Kredit- und Finanz*dienstleistungs*institute sowie der Finanz*dienstleistungen.* Zum Bankgeschäft werden nach dem Wortlaut des Gesetzes, der weiter ist als in Nr 2, auch Ansprüche der Bank gegen Bürgen und Sicherungsgeber zu zählen sein (OLG Schleswig 13.8.2019 – 2 AR 20/19; OLG Braunschweig 8.2.2019 – 1 W 1/19). Dagegen fallen Darlehens-, Bürgschaftsforderungen uÄ unter Privaten nicht unter I Nr 1, ebenso nicht (SchE-)Klagen gegen (ehemalige) Geschäftsführer, Vorstände etc der og Institute (OLG Bamberg NJW-RR 2018, 1386 [Rohde jurisPR-BKR 1/2019 Anm 3]). Abtretung der Forderung mit der Folge, dass Bank etc am Rechtsstreit formal nicht mehr beteiligt ist, lässt Qualifizierung als Bank- oder Finanzgeschäft unberührt (OLG Frankfurt 14.8.2019 – 11 SV 28/19). – Nach dem Wortlaut der Ausschussbegründung BTDrs 18/11437, 45 sind Geschäfte der Finanzunternehmen gem **§ 1 III KWG nicht** von § 72a I Nr 1 **erfasst** (so am Wortlaut orientiert auch OLG Hamburg MDR 2018, 1327); dagegen soll nach KG MDR 2020, 679 = NJW-RR 2020, 696 mwN insoweit ein Redaktionsversehen des Rechtsausschusses vorliegen, zw: § 1 III 1 KWG listet eine – offene, s § 1 III 2 KWG – Vielzahl von Geschäftsfeldern auf, die das Gebiet der „Finanzgeschäfte" teilweise eindeutig verlassen (so zB der Erwerb und das Halten von Beteiligungen sowie die Unternehmensberatung, § 1 III 1 Nr 1 und 7 KWG); ein Grund dafür, dass sich die Zuständigkeit der „Bankenkammern und -senate" auch auf aus diesen Geschäften folgende Streitigkeiten erstrecken sollte, ist nicht ersichtlich.

5 **I Nr 2:** Laut Gesetzgeber sollen alle Streitigkeiten über Ansprüche aus Rechtsverhältnissen erfasst werden, in denen eine Partei eine Verpflichtung zur **Planung, Durchführung oder Überwachung von Bauarbeiten** über-

nommen hat unabhängig von der Qualifikation des Vertrags etwa als Dienst-, Werk-, Werklieferungs- oder entgeltlicher Geschäftsbesorgungsvertrag, wenn zumindest auf einer Seite ein **Architekt, Bauunternehmer** oder eine andere **berufsmäßig mit** der Planung oder Ausführung von **Bauarbeiten befasste Person in dieser Eigenschaft** (zu diesem Erfordernis krit OLG Rostock 19.10.2023 – 3 U 113/21 [zust Biller-Bomhardt juris-PR-PrivBauR 5/2024 Anm 5]) beteiligt war. Das sind insbesondere Bauverträge (§ 650a BGB), Verbraucherbauverträge (§ 650i BGB), Architekten- und Ingenieurverträge (§ 650p BGB) und Bauträgerverträge (§ 650u BGB), aber auch Baubetreuungsverträge und verwandte Rechtsgeschäfte sowie Kaufanwärterverträge, in denen eine Partei die Verpflichtung zur Planung, Durchführung oder Überwachung von Bauarbeiten übernommen hat. Bejaht auch für abstrakte und deklaratorische Schuldanerkenntnisse, sofern sie im Rahmen eines unter § 72a I Nr 2 fallenden Rechtsverhältnisses abgegeben wurden: KG MDR 2021, 557. Dagegen fallen deliktische Ansprüche zwischen Parteien ohne vertragl Beziehungen nicht unter I Nr 2 (KG MDR 2018, 1401 [Fölsch MDR 2018, 1481] = NJW-RR 2018, 1405); ebenso nicht Streitigkeiten aus Bürgschaft (KG MDR 2019, 311; OLG Hamburg 3.12.2018 – 11 AR 21/18) oder aus Wettbewerbsklauseln (OLG Rostock 17.5.2021 – 2 UH 1/21).

I Nr 3: Sowohl **vertragliche** als auch **gesetzliche Ansprüche** gegen Ärzte, Zahnärzte, Heilpraktiker, Psychologen, Psychotherapeuten, Physiotherapeuten uÄ, auch der Krankenhausträger etc, aus der Behandlung einschl Ansprüche auf Einsicht in die Behandlungsunterlagen sowie wegen der Sachnähe die **Vergütungsansprüche aus diesen Bereichen** (BTDrs 18/11437, 51; nicht berücksichtigt in OLG Frankfurt 20.4.2023 – 11 UH 15/23). Umfasst sind **nicht** Behandlungen im Bereich der **Tiermedizin** (OLG Frankfurt 23.4.2018 – 13 SV 6/18), ebenso nicht Schadensersatzansprüche gegen Impfstoffhersteller (OLG München 10.4.2025 – 1 U 180/24). Auf Behandlungsfehler gestützte Amtshaftungsansprüche sind nicht umfasst, jedoch empfiehlt sich deren ergänzende Zuweisung an den Spezialspruchkörper durch das Präsidium gem III. 6

I Nr 4: Laut Gesetzgeber Ansprüche aus Versicherungsverhältnissen zwischen **Versicherungsnehmer, Versichertem oder Bezugsberechtigtem und Versicherer**, wegen der Sachnähe auch Streitigkeiten aus **Versicherungsvermittlung und -beratung** iSd § 59 VVG (MskV/Wittschier § 348 ZPO Rn 14; aA Kissel/Mayer Rn 8; KG MDR 2019, 1276), auch aus außervertraglichen Schadensersatzansprüchen. Gleiches muss für Streitigkeiten mit **Versicherungsmaklern** iSd § 59 III VVG gelten. Nicht umfasst sind jedoch Direktansprüche von Geschädigten gegen Versicherer (§ 348 ZPO Rn 16) und gesetzliche Ausgleichs- und Rückgriffsansprüche des Versicherers (KG NJW 2025, 1666; BayObLG MDR 2022, 1159 [Hofmann RuS 2023, 141]; KG MDR 2019, 958), auch nicht Agenturvertrag (OLG München 7.2.2019 – 34 AR 114/18). 7

I Nr 5: Betrifft laut Gesetzgeber (RegE BTDrs 19/13828, 22 sowie BTDrs 14/4722, 88) wie § 348 I 2 Nr 2 Buchst a ZPO insb Streitigkeiten wegen Verletzungen des allgemeinen Persönlichkeitsrechts oder des Gewerbebetriebs, wenn diese als Folge von Veröffentlichungen durch Presse, Film, Rundfunk oder andere – auch digitale – Medien (also auch im Internet; BGH MDR 2023, 1335 = NJW-RR 2023, 1357; OLG Hamm 4.4.2023 – 11 U 27/23; OLG Düsseldorf 29.9.2022 – 16 U 155/22; OLG Nürnberg MDR 2021, 704 [Pfrang MDR 2021, 797] = NJW-RR 2021, 571: Veröffentlichung auf öffentlicher Facebook-Seite; Abgrenzung: Klage auf Auslistung von Suchergebnissen gegen Suchmaschinenbetreiber ist keine Veröffentlichungsstreitsache: OLG Düsseldorf MDR 2023, 1520 = NJW-RR 2024, 395; eine gesetzl Klarstellung ist vorgesehen, s Hinweis oben nach dem Gesetzestext) geltend gemacht werden einschließlich presserechtlicher Gegendarstellungsansprüche (nach herkömmlichem Begriff sog Pressesachen, im Hinblick auf Einbeziehung der Veröffentlichungen im Internet besser als **Veröffentlichungsstreitigkeiten** zu bezeichnen, Fölsch NJW 2020, 801 mwN), aber auch Ansprüche aus Vereinbarungen im presserechtlichen Kontext wie zB **Honoraransprüche**. 8

I Nr 6: Umfasst laut Gesetzgeber (RegE BTDrs 19/13828, 22) die in die Zuständigkeit der Landgerichte fallenden Streitigkeiten nach der ZPO über erbrechtliche Angelegenheiten des 5. Buchs des BGB, also nach **§§ 1922-2385 BGB.** Der bisher in der Rechtsordnung nicht eingeführte Begriff der erbrechtlichen Streitigkeit lässt **Abgrenzungsschwierigkeiten** erwarten, die zu Streitigkeiten (s Rn 2) über die gerichtsinterne Zuständigkeit führen (Schultzky, Gutachterliche Stellungnahme zur Anhörung im Rechtsausschuss des Bundestages am 4.11.2019, S 7, abrufbar unter https://www.bundestag.de/resource/blob/665626/ef2ca6dae036c332387324ab2dcb855c/schultzky-data.pdf). Es empfiehlt sich zur Definition der erbrechtlichen Streitigkeit der **Rückgriff auf § 27 I ZPO** (Schultzky aaO und MDR 2020, 1; offen – „jedenfalls“ – OLG Brandenburg ErbR 2023, 372; aA OLG Saarbrücken FamRZ 2023, 367; KG MDR 2021, 1398). Ansonsten könnte zB unklar sein, ob die Zuständigkeit auch bei Ansprüchen gilt, die den Erben als Nachlassverbindlichkeit treffen (insoweit mit Recht abl KG MDR 2021, 1398), oder was bei Verfügungen unter Lebenden auf den Todesfall gelten soll (Schultzky aaO und MDR 2020, 1). In beiden Fällen dürfte die Spezialzuständigkeit zu verneinen sein, weil für die Entscheidung keine besonderen erbrechtlichen Kenntnisse und Erfahrungen erforderlich sind. 9

I Nr 7: Umfasst laut Gesetzgeber (RegE BTDrs 19/13828, 22 f) Streitigkeiten, die im internationalen Insolvenzrecht von **Art 6 I VO (EU) 2015/848 über Insolvenzverfahren** (ABl L 141 v 5.6.2015, 19; L 349 v 21.12.2016, 6), zuletzt geändert durch VO (EU) 2021/2260 (ABl L 455 v 20.12.2021, 4), erfasst werden, also insb: Streitigkeiten über Insolvenzanfechtungen nach §§ 129 ff InsO und über die Unwirksamkeit von Rechtshandlungen nach § 88 InsO, insolvenzrechtliche Beschwerdesachen, Haftungsklagen gegen Insolvenzverwalter wegen Verletzung ihrer insolvenzrechtlichen Pflichten nach §§ 60, 61 InsO, Haftungsklagen gegen Geschäftsleiter wegen Zahlun- 10 gen bei materieller Insolvenz nach § 15b InsO sowie Klagen, mit denen nach § 823 II BGB iVm § 15a InsO Haftungsansprüche wegen Insolvenzverschleppung geltend gemacht werden. Wegen der systematischen Bezüge zum Insolvenzanfechtungsrecht sollen von dem Sachgebiet auch **Anfechtungssachen nach dem AnfechtungsG** erfasst werden. – Unter die Streitigkeiten nach dem Unternehmenssanierungs- und -restrukturierungsgesetz (StaRUG) fallen alle Haftungs- und Schadensersatzansprüche, die auf Grund des Unternehmensstabilisierungs- und -restrukturierungsgesetzes in einer Restrukturierungssache gegen den Schuldner, die Mitglieder der Geschäftsleitung des Schuldners, die Organe des Schuldners oder gegen den Restrukturierungsbeauftragten erhoben werden können (RegE BTDrs 19/24181, 189), s § 43 I 2, §§ 57, 75 IV 3 StaRUG. – Sofortige Beschwerden: S §§ 40, 66, 82 III StaRUG. – **Nicht** von I Nr 7 sollen erfasst werden Feststellungsklagen nach §§ 180 ff InsO (RegE BTDrs 19/13828, 23; Schultzky MDR 2020, 1; s LG Frankfurt/M MDR 2022, 125).

11 **4) Gestaltungsfreiheit des Landesrechts.** Problematisch ist die Bildung der Spezialkammern bei **kleinen Landgerichten**. Besteht nur eine Zivilkammer, geht § 72a ohnehin ins Leere. Aber auch bei zwei Zivilkammern müsste zB jede Kammer drei oder vier Spezialgebiete abdecken – neben ihren allg Zuständigkeiten. Bei kleineren Landgerichten wird eine effektive Spezialisierung so kaum zu erreichen sein. Die vom Bundesgesetzgeber mit § 72a erstrebte Qualitätssteigerung und -sicherung in Regionen mit kleineren Landgerichten wird nur **durch (wechselseitige) landgerichtsbezirksübergreifende Konzentrationen von Spezialsachgebieten gem § 13a** zu erreichen sein, s § 13a Rn 1. Im Interesse vergleichbarer Qualitätsstandards der Rspr in ländlichen wie in Ballungsräumen ist jede Konzentration zu begrüßen.

12 **II** ermöglicht dem Landesverordnungsgeber die Anordnung der Einrichtung von obligatorischen **Spezialkammern für weitere Sachgebiete**. Damit soll landesspezifischen Besonderheiten, aber auch dem jeweiligen **regionalen Fallaufkommen** Rechnung getragen werden (RegE BTDrs 19/13828, 23). Aus letztgenanntem Ziel ergibt sich, dass sich die Anordnung nicht auf das gesamte Land beziehen muss, sondern sich auf einzelne Gerichtsbezirke beschränken kann.

13 **5) Gestaltungsfreiheit der Präsidien. III** sieht vor, dass den nach I und II spezialisierten Spruchkörpern auch andere bürgerlich-rechtliche Streitigkeiten in ihrer Funktion als erstinstanzliche Kammer (§ 71) oder Berufungskammer (§ 72) zugewiesen werden können. Die ausdrückliche Hervorhebung dieser Selbstverständlichkeit, die zB in § 23b nicht geregelt ist (s § 23b Rn 8), ist wohl im Sinne einer Betonung der Gestaltungsfreiheit der Präsidien zu verstehen. Auch um eine Akzeptanz der Spezialzuständigkeit bei den Richtern zu erreichen (s hierzu Wesche DRiZ 2016, 102, 105), ist – abweichend von der Rspr zu Schwurgerichtskammern und Wirtschaftsstrafkammern zum sog „Konzentrationsgrundsatz", s Kissel/Mayer § 74 Rn 12, § 74c Rn 8 – die Bildung einer weiteren Kammer für eines der in I genannten Sachgebiete nicht erst dann als zulässig anzusehen, wenn eine Kammer mit diesem einen Sachgebiet voll ausgelastet ist, sondern schon dann, wenn zu erwarten ist, dass das Spezialgebiet Schwerpunkt der Aufgaben beider (bzw bei besonders großen LGen aller betroffenen) Kammern sein wird. ISd vom Gesetzgeber gewollten Gestaltungsfreiheit der Präsidien ist davon auszugehen, dass den Spezialkammern zusätzlich auch sonstige landgerichtl Zuständigkeiten konzentriert zugewiesen werden können. Selbstverständlich kann der GVP auch außerhalb der gesetzlich vorgesehenen Spezialkammern eine Geschäftsverteilung nach Sachgebieten vorsehen.

§§ 73 bis 74f (betr Strafsachen)

§ 75 (Besetzung der Zivilkammern)

Die Zivilkammern sind, soweit nicht nach den Vorschriften der Prozessgesetze an Stelle der Kammer der Einzelrichter zu entscheiden hat, mit drei Mitgliedern einschließlich des Vorsitzenden besetzt.

1 Bezieht sich nur auf die Besetzung bei der Entscheidung, nicht im Rahmen der Geschäftsverteilung (vgl § 21e Rn 9).

§§ 76 bis 78b (betr Strafsachen)

Sechster Titel
(§§ 79-92)

§§ 79 bis 92 (weggefallen)

Siebenter Titel
Kammern für Handelssachen (§§ 93-114)

Vorbemerkungen zu §§ 93-114

1) Reformbedarf. Die Kammern für Handelssachen stehen in gegensätzlicher rechtspolitischer Diskussion: Einerseits sind ihre Fallzahlen in Deutschland von 2005 bis 2021 um 58 % zurückgegangen (Greger MDR 2022, R299; kritische Analyse der Ursachen und aktuellen Gesetzgebungsvorhaben: Riehm/Thomas NJW 2022, 1725 mwN); andererseits werden Hoffnungen geschürt, deutsche Gerichte könnten zumindest teilweise den Gerichtsstandort London für internat wirtschaftsrechtliche Streitigkeiten ablösen, beispielhaft: Stürner, Deutsche Commercial Courts?, JZ 2019, 1122; Pfeiffer, Zur internationalen Aufstellung der deutschen Justiz nach dem Brexit, DRiZ 2021, 46; Podszun/Rohner, Staatliche Gerichte für wirtschaftsrechtliche Streitigkeiten stärken – Ein „Düsseldorf Commercial Court" als Antwort auf den Brexit, abrufbar unter www.jura.hhu.de. Das diesbezügliche **G zur Stärkung des Justizstandortes Deutschland durch Einführung von Commercial Courts und der Gerichtssprache Englisch in der Zivilgerichtsbarkeit (Justizstandort-Stärkungsgesetz)** v 7.10.2024 (BGBl 2024 I Nr 302) ist in Kraft getreten mWv 1.4.2025, Kommentierung (auch zur Umsetzung in den Ländern) s § 119b GVG und § 184a GVG. Danach können bei ausgewählten Landgerichten sowohl allgemeine Zivilkammern als auch Kammern für Handelssachen als „Commercial Chambers" eingerichtet werden, bei denen die Verf in englischer Sprache geführt werden können. – Zu einem beispielhaften Ansatz der Qualitäts- und Attraktivitätssteigerung der Ziviljustiz (nicht nur) für Handelssachen s die OLG-Grenzen überschreitenden **Zuständigkeitskonzentrationen** für die Bereiche Unternehmenskäufe und -transaktionen (LG/OLG Düsseldorf), Informationstechnologie und Medientechnik (LG/OLG Köln) sowie Erneuerbare Energien (LG Bielefeld, LG Essen/OLG Hamm) in Nordrhein-Westfalen (GV NRW 2021, 1340), hierzu Biesenbach/Baack, Neue Wege in der Ziviljustiz: „QualityLaw.NRW", ZIP 2022, 501. 1

2) Verhältnis KfH zur ZivK. KfH ist bes besetzte Spezial-Zivilkammer (s § 72 I 1) des LG. Die Abgrenzung ist keine Frage der sachl Zuständigkeit, sondern **gesetzl geregelte Geschäftsverteilung** (Kissel/Mayer § 94 Rn 2; RSchwab/Gottwald § 33 Rn 5), die durch §§ 96 ff aus der Zuständigkeit des Präsidiums (§ 21e) herausgenommen ist. Hieraus folgt: 1a

Zuständigkeit der KfH setzt **sachl Zuständigkeit** des LG nach §§ 71, 72 voraus. 2

KfH ist der ZivK (auch der Spezialkammer nach § 72a, KG 16.4.2025 – 2 UH 12/25) grds **gleichwertig**, allerdings mit der sich aus der allgemeineren Zuständigkeit der ZivK ergebenden Prävalenz. Die „Unzuständigkeit" der KfH kann daher mit **Rechtsmitteln** nur nach den für die Verletzung der Geschäftsverteilung geltenden Regeln gerügt werden (s § 16 Rn 2, § 21e Rn 48 ff), iErg also nur bei willkürl Handhabung, nicht bei irriger Gesetzesauslegung; s § 513 II, § 545 II ZPO (s § 102 Rn 4; Kissel/Mayer § 94 Rn 5). 3

Eine **Zuständigkeitsvereinbarung** ist unwirksam (§ 98 IV, s § 95 Rn 1), da die Geschäftsverteilung nicht der Disposition der Parteien unterliegt (die in §§ 96-101 vorgesehenen Antragsmöglichkeiten sind nur scheinbare Ausnahme, da der Antrag erst die Zuständigkeit der KfH begründet, also Zuständigkeitsvoraussetzung ist). 4

Zum **negativen Kompetenzkonflikt** zwischen KfH und ZivK s § 102 Rn 3. 5

3) Zuständigkeitsprüfung. Frage der Zuständigkeit KfH/ZivK ist ges geregelte Geschäftsverteilung. Fehlende Zuständigkeit kann mithin nie zur Klageabweisung als unzulässig führen (so ausdrücklich auch OLG Stuttgart 8.1.2024 – 2 W 31/23). Daraus folgt auch, dass Zuständigkeit nach §§ 94 ff **vorweg zu prüfen** ist (vgl auch § 101 II), dh der Prüfung der Zulässigkeit der Klage vorangehen muss (über diese darf nur die nach §§ 94 ff zuständige Kammer befinden); eine Ausnahme gilt, soweit eine Klageabweisung wegen fehlender sachl Zuständigkeit des LG oder eine Verweisung wegen Unzulässigkeit des Rechtswegs (§§ 17a, 17b GVG) in Betracht kommt und diese Frage gleichzeitig für die Beurteilung nach § 95 von entscheidender Bedeutung ist; bei Verneinung der sachl Zuständigkeit würde es dann näml sowohl an der Zuständigkeit der ZivK wie der KfH fehlen (s Rn 2), die angegangene Kammer muss also über beide Fragen zugleich entscheiden können. 6

Die Prüfung hat **vAw** zu erfolgen (Frage der geschäftsplanmäßigen Zuständigkeit); soweit die Bindung an Anträge besteht (§§ 96, 97 II 2, § 98 III), sind diese entweder zuständigkeitsbegründend oder schränken die Verweisungsmöglichkeit, nicht aber die Amtsprüfung ein. 7

Für die Zuständigkeits**bestimmung** sind die einzelnen in §§ 96-100, § 104 geregelten Fälle zu unterscheiden. Wegen der Bindungswirkung nach § 102 (s Erl zu § 102) ist jedoch, wenn die Bindung eingreift, für die Sachprüfung nach §§ 96 ff kein Raum mehr. 8

§ 93 (Bildung und Sitz)

(1) [1]Die Landesregierungen werden ermächtigt, durch Rechtsverordnung bei den Landgerichten für deren Bezirke oder für örtlich abgegrenzte Teile davon Kammern für Handelssachen zu bilden. [2]Solche Kammern können ihren Sitz innerhalb des Landgerichtsbezirks auch an Orten haben, an denen das Landgericht seinen Sitz nicht hat.

(2) Die Landesregierungen können die Ermächtigung nach Absatz 1 auf die Landesjustizverwaltungen übertragen.

1 Bildung der KfH steht im Ermessen der Landesregierung bzw faktisch (die Ermächtigungsübertragung nach II ist der Regelfall) der LJV, die auch den örtl Zuständigkeitsbereich bestimmt. Gem § 13a (s Erl zu § 13a), der als allg Regelung gerichtsbezirksübergreifende Zuständigkeitskonzentrationen in der gesamten ordentl Gerichtsbarkeit ermöglicht, kann durch Landes-Rechtsverordnung eine **gemeinsame KfH für mehrere LG-Bezirke** gebildet werden. Besteht **keine KfH**, verbleibt es bei der umfassenden Zuständigkeit der ZivK; Anträge nach §§ 96 ff sind gegenstandslos, sofern es nicht zur Verweisung nach § 281 ZPO an ein LG mit KfH kommt.

2 Nach I kann eine **auswärtige KfH** für einen örtl abgegrenzten Teil des LG-Bezirks oder als einzige KfH auch für den gesamten LG-Bezirk errichtet werden. Die Regelung hat Bedeutung für die bes Besetzungsregel des § 106.

§ 94 (Zuständigkeit)

Ist bei einem Landgericht eine Kammer für Handelssachen gebildet, so tritt für Handelssachen diese Kammer an die Stelle der Zivilkammern nach Maßgabe der folgenden Vorschriften.

1 § 94 umschreibt das **Verhältnis ZivK/KfH** (s vor § 93 Rn 1a) nur ungenau: KfH „tritt" nicht automatisch an Stelle der ZivK, vielmehr wird KfH nur durch Antrag einer der Parteien (vgl §§ 96, 98 I, § 100) zuständig (Ausnahme bei Beschwerdeverf, § 104). Andererseits ist die Zuständigkeit der KfH nicht notwendig auf Handelssachen (Begriff: § 95) beschränkt, wie aus § 97 I, § 99 I, § 102 folgt.

2 Zuständigkeit der KfH umfasst neben den Klageverf des 1. Rechtszugs auch Berufungsverf (§ 100) und Beschwerdeverf (§ 104). Für **Arreste und einstw Verf** ist die KfH zuständig, wenn sie schon mit der Hauptsache befasst ist, vor deren Anhängigkeit, wenn in der Antragsschrift (§ 96 I) ein entspr Antrag gestellt wird (bzgl Verweisung sind dann §§ 97 ff im selbständigen Arrest- oder Verfügungsverf entspr anzuwenden).

§ 95 (Begriff der Handelssachen)

(1) Handelssachen im Sinne dieses Gesetzes sind die bürgerlichen Rechtsstreitigkeiten, in denen durch die Klage ein Anspruch geltend gemacht wird:

1. gegen einen Kaufmann im Sinne des Handelsgesetzbuches, sofern er in das Handelsregister oder Genossenschaftsregister eingetragen ist oder auf Grund einer gesetzlichen Sonderregelung für juristische Personen des öffentlichen Rechts nicht eingetragen zu werden braucht, aus Geschäften, die für beide Teile Handelsgeschäfte sind;

2. aus einem Wechsel im Sinne des Wechselgesetzes oder aus einer der im § 363 des Handelsgesetzbuchs bezeichneten Urkunden;

3. auf Grund des Scheckgesetzes;

4. aus einem der nachstehend bezeichneten Rechtsverhältnisse:

a) aus dem Rechtsverhältnis zwischen den Mitgliedern einer Handelsgesellschaft oder Genossenschaft oder zwischen dieser und ihren Mitgliedern oder zwischen dem stillen Gesellschafter und dem Inhaber des Handelsgeschäfts, sowohl während des Bestehens als auch nach Auflösung des Gesellschaftsverhältnisses, und aus dem Rechtsverhältnis zwischen den Vorstehern oder den Liquidatoren einer Handelsgesellschaft oder Genossenschaft und der Gesellschaft oder deren Mitgliedern;

b) aus dem Rechtsverhältnis, welches das Recht zum Gebrauch der Handelsfirma betrifft;

c) aus den Rechtsverhältnissen, die sich auf den Schutz der Marken und sonstigen Kennzeichen sowie der eingetragenen Designs beziehen;

d) aus dem Rechtsverhältnis, das durch den Erwerb eines bestehenden Handelsgeschäfts unter Lebenden zwischen dem bisherigen Inhaber und dem Erwerber entsteht;

e) aus dem Rechtsverhältnis zwischen einem Dritten und dem, der wegen mangelnden Nachweises der Prokura oder Handlungsvollmacht haftet;

f) aus den Rechtsverhältnissen des Seerechts, insbesondere aus denen, die sich auf die Reederei, auf die Rechte und Pflichten des Reeders oder Schiffseigners, des Korrespondentreeders und der

Schiffsbesatzung, auf die Haverei, auf den Schadensersatz im Falle des Zusammenstoßes von Schiffen, auf die Bergung und auf die Ansprüche der Schiffsgläubiger beziehen;

5. auf Grund des Gesetzes gegen den unlauteren Wettbewerb;

6. aus den §§ 9, 10, 11, 14 und 15 des Wertpapierprospektgesetzes oder den §§ 20 bis 22 des Vermögensanlagengesetzes.

(2) Handelssachen im Sinne dieses Gesetzes sind ferner

1. die Rechtsstreitigkeiten, in denen sich die Zuständigkeit des Landgerichts nach § 246 Absatz 3 Satz 1, § 396 Absatz 1 Satz 2 des Aktiengesetzes, § 51 Absatz 3 Satz 3 oder § 81 Absatz 1 Satz 2 des Genossenschaftsgesetzes oder nach § 87 des Gesetzes gegen Wettbewerbsbeschränkungen, es sei denn, es handelt sich um kartellrechtliche Auskunfts- oder Schadensersatzansprüche oder um Auskunfts- und Schadensersatzansprüche wegen eines Verstoßes gegen die Artikel 5, 6 oder 7 der Verordnung (EU) 2022/1925 des Europäischen Parlaments und des Rates vom 14. September 2022 über bestreitbare und faire Märkte im digitalen Sektor und zur Änderung der Richtlinien (EU) 2019/1937 und (EU) 2020/1828 (Gesetz über digitale Märkte) (ABl. L 265 vom 12.10.2022, S. 1), und § 13 Absatz 4 des EU-Verbraucherschutzdurchführungsgesetzes richtet,

2. die in § 71 Absatz 2 Nummer 4 Buchstabe b bis f genannten Verfahren.

II Nr 1 und 2 neugefasst durch G zur Änderung des Gesetzes gegen Wettbewerbsbeschränkungen und anderer Gesetze (11. GWB-Novelle) v 25.10.2023 (BGBl 2023 I Nr 294) mWv 7.11.2023. Zur inhaltlichen Änderung s Rn 16; iÜ wurden in II Nr 1 und 2 nur redaktionelle Änderungen durch Auflösung von Abkürzungen vorgenommen.

I) Allgemeines. Durch **Vereinbarung (§ 38 ZPO)** kann die KfH in Nichthandelssachen nicht zuständig gemacht werden (s vor § 93 Rn 4; vgl aber Ausnahme des § 97 II 2: keine Verweisung vAw, wenn beklagter Nichtkaufmann keinen Verweisungsantrag an ZivK stellt); dagegen können die Parteien durch ihr Einverständnis erreichen, dass Handelssachen von der ZivK erledigt werden (Kl stellt keinen Antrag nach § 96, Bekl keinen Verweisungsantrag nach § 98). 1

Die Zuständigkeit der KfH muss für den **ganzen Streitgegenstand** gegeben sein. Ist dies nicht der Fall, ist der gesamte Rechtsstreit vor der ZivK wegen deren umfassender Zuständigkeit zu führen. Zuständigkeit der KfH „kraft Sachzusammenhangs" kommt nicht in Betracht (Gaul JZ 84, 57, 59). Dies hat insb Bedeutung bei **Klagehäufung:** Die Voraussetzungen des § 95 müssen für alle Ansprüche vorliegen, bei subj Klagehäufung muss die Kaufmannseigenschaft nach I Nr 1 bei allen Bekl gegeben sein (stRspr, OLGR Köln 2008, 572 mwN). Fehlt es hieran, gehört der gesamte Rechtsstreit vor die ZivK. Abtrennung nach § 145 ZPO und Teilverweisung ist zwar grds mögl; sie muss sich jedoch mit den Grundsätzen der § 96 I, § 97 II, § 98 II u § 99 vereinbaren; daher ist icR durch Abtrennung nur die Verweisung von der KfH zur ZivK, nicht aber umgekehrt mögl (iE s Gaul JZ 84, 57, 59). Zu den Folgerungen hieraus für Zuständigkeitsbestimmung nach § 36 I Nr 3 ZPO s OLG Hamm 26.4. 2019 – 32 SA 20/19; OLGR Köln 2008, 572; OLG Frankfurt NJW 92, 2900. 2

II) Handelssachen nach § 95 I. I Nr 1: Die Klage muss sich **gegen einen eingetragenen Kaufmann** richten. Für die Zuständigkeit der KfH ist die Eintragung als Kaufmann entscheidend; es genügt nicht, dass der Bekl materiell die Voraussetzungen des § 1 II HGB erfüllt (KG NJW-RR 2008, 1023). Diese formelle Anknüpfung soll Beweiserhebungen über das Vorliegen der Kaufmannseigenschaft vermeiden (sa § 98 I 2 für den Verweisungsantrag des Bekl). Das Eintragungserfordernis entfällt nur in den Fällen, in denen jur Personen des öffentl Rechts kraft bes ges Bestimmung (auch landesrechtl) von der Eintragung ins Handelsregister generell ausgenommen sind (Sparkassen, Verkehrsbetriebe uÄ). Der allg Grundsatz, dass es auf die Eintragung ankommt, gilt auch für Handelsgesellschaften (§ 6 HGB, sa I Nr 4a) und Genossenschaften (§ 17 GenG). – **Maßgebl Zeitpunkt** ist die Klageerhebung bzw Antragstellung, soweit diese nachträgl (s § 96 II) noch mögl ist. – Bei Klage gegen InsVerwalter ist die Eintragung des Sch als Kaufmann maßgebl, wenn er das Geschäft geschlossen hat (OLG München MDR 2020, 1340 = NZI 2020, 912), anders bei eigenem Verwertungsgeschäft des InsVerwalters (LG Hamburg MDR 73, 507). 3

Für die Beurteilung der Kaufmannseigenschaft einer **ausländischen Partei** ist das Recht des Landes maßgebl, in dem die Partei ihren Geschäftssitz hat (OLG München MDR 2012, 1153); insb gelten auch die Wirkungen einer Eintragung in ein dem Handelsregister entspr Register. 4

Gegenstand des Rechtsstreits muss für Vertragschließende **beiderseitiges Handelsgeschäft** sein (§§ 343, 344 HGB). Insoweit ist – im Gegensatz zur Voraussetzung der Kaufmannseigenschaft – auf den Vertragsschluss abzustellen. Handelsgeschäft auf Seiten einer GbR, die aus eingetragenen Kaufleuten besteht (Bau-ARGE): OLGR Frankfurt 2005, 257; Kunze BauR 2005, 473. – Für **Insolvenzanfechtung** eines beiderseitigen Handelsgeschäfts soll nach LG München I EWiR 1999, 845 (abl Schmitz); LG Köln DB 2001, 1714; LG Duisburg NZI 2016, 423 (unter Berufung auf die Bejahung des Arbeitsrechtswegs in GemSenOBG BGHZ 187, 105 = NJW 2011, 1211 = MDR 2011, 197); LG Dortmund NZI 2015, 894; LG Osnabrück ZInsO 2014, 1963; Kissel/Mayer Rn 3 KfH zuständig sein; aA OLG Hamburg ZInsO 2018, 1472; LG Leipzig NZI 2020, 647; LG Berlin ZInsO 2018, 675; LG Wuppertal ZInsO 2016, 1392 LS; Froehner NZI 2016, 1; Uhlenbruck/Borries/Hirte 15. Aufl § 143 InsO Rn 132 5 ua. Die ablehnende Auffassung verdient im Hinblick auf das eigenständig geregelte gesetzliche Schuldverhältnis des Insolvenzanfechtungsanspruchs, zu dessen Beurteilung die bes Sachkenntnis der Handelsrichter idR wenig beitragen dürfte, und auf den aus nicht übertragbaren Arbeitnehmerschutzerwägungen erkennbaren Ausnahmecharakter der Entscheidung des Gemeinsamen Senats der Obersten Bundesgerichte (s § 13 Rn 32) den Vorzug.

6 **I Nr 2:** Klage aus **Wechsel:** Alle im WG geregelten Ansprüche sind erfasst, auch die bereicherungsrechtl Art. Auch im Ausland in fremder Sprache ausgestellte Wechsel gehören hierher (vgl RGZ 64, 164). – **Urkunden nach § 363 HGB:** kaufmänn Anweisung u Verpflichtungsschein, Konnossement, Ladeschein, Lagerschein, Transportversicherungsschein.

7 **I Nr 3: Scheck:** Auch hier Kaufmannseigenschaft unerheblich.

8 **I Nr 4a: Handelsgesellschaften.** Der Gesellschaftsvertrag muss nicht unmittelbare Anspruchsgrundlage sein, es genügt, dass der Anspruch gesellschaftsspezifische Rechte u Pflichten unmittelbar berührt. „Vorsteher" ist ges Vertreter, auch Mitglied eines mehrköpfigen Vertretungsorgans (KGR Berlin 2008, 951). Begriff umfasst auch Aufsichtsrat (OLG München MDR 2010, 103 = NZG 2010, 668). Zur Klage gegen InsVerwalter einer KG s LG Köln DB 2001, 1714; Kl einer Handelsgesellschaft bzw ihres InsVerwalters gegen faktischen Geschäftsführer: OLGR Stuttgart 2005, 171 = MDR 2005, 289; Kl des InsVerwalters einer KG gegen Kommanditisten aus § 171 II HGB ist keine Handelssache (OLG Frankfurt ZInsO 2018, 2376). **Genossenschaft** ist der Handelsgesellschaft für die hier erfassten Klagen gleichgestellt (KG MDR 2017, 1130 = NJW-RR 2017, 1189). Die **stille Gesellschaft** (§§ 230 ff HGB) ist keine Handelsgesellschaft, hier aber ausdrückl einbezogen.

9 **I Nr 4b:** §§ 17 ff HGB; vertragl u ges Ansprüche.

10 **I Nr 4c:** § 52 DesignG, §§ 122, 140 MarkenG. Streitigkeiten nach dem GebrMG gehören vor die ZivK (§ 27 GebrMG). Ebenso Patentstreitigkeiten (Patentkammern s § 143 II PatG).

11 **I Nr 4d:** §§ 22, 25 HGB.

12 **I Nr 4e:** §§ 48 ff HGB.

13 **I Nr 4f:** §§ 476-619 HGB. Nicht Binnenschifffahrtssachen.

14 **I Nr 5:** Erfasst alle bürgerl-rechtl Streitigkeiten, die auf Anspruchsgrundlagen nach dem UWG gestützt werden.

15 **I Nr 6:** Ansprüche wegen unrichtiger oder unvollständiger Angaben beim öffentl Angebot von Vermögensanlagen oder wegen fehlerhafter oder fehlender Wertpapierprospekte; s §§ 20 ff VermAnlG, §§ 9 ff WpPG.

16 **III) Weitere Handelssachen. Zu II Nr 1:** Die Bestimmung ergänzt I Nr 4a für Klagen anderer als der dort genannten Parteien und um die allg Nichtigkeitsfeststellungsklage des § 249 AktG (Kießling NZG 2003, 209). § 246 AktG (**ausschließl Zuständigkeit** der KfH: § 246 III 2 AktG; Konzentrationsmöglichkeit: § 246 III 3 iVm § 148 II 3, 4 AktG): Anfechtungsklage gegen Hauptversammlungsbeschlüsse, entspr anwendbar auf die Fälle der §§ 249, 254, 255, 257, 275 AktG. Nach § 278 AktG gilt Entspr für die KGaA. Ebenso ist § 246 AktG entspr anwendbar auf die Anfechtung und Anträge auf Nichtigkeitsfeststellung von Gesellschafterbeschlüssen einer GmbH (KG MDR 2023, 1600 = GmbHR 2023, 1323 = NJW-RR 2023, 1465 m zahlr wN). § 396 AktG, § 81 GenG: gerichtl Auflösung der AG und KGaA bzw der Genossenschaft auf Antrag der obersten Landesbehörde. § 51 III 3 GenG: Anfechtung von Beschl der Generalvers. § 87 GWB: Bürgerl Rechtsstreitigkeiten, die sich aus dem GWB oder aus Kartellverträgen oder Kartellbeschlüssen ergeben. Von der Zuständigkeit der KfH ausgenommen sind jedoch kartellrechtl Auskunfts- oder Schadensersatzansprüche zB nach §§ 33a, 33g GWB, die der Gesetzgeber wegen ihrer Komplexität den Kollegialspruchkörpern der allg Zivilkammern zugewiesen wissen will (BTDrs 17/9852, 38). Gleiches gilt durch die 11. GWB-Novelle v 25.10.2023 (BGBl 2023 I Nr 294) für Verfahren zu Auskunfts- und Schadensersatzansprüchen wegen Verstoßes gegen Art 5, 6 und 7 der VO (EU) 2022/1925 (Gesetz über digitale Märkte): Um Expertise zu Kartellschadensersatzfällen auch für entsprechende Verfahren wegen eines Verstoßes gegen die Art 5, 6 oder 7 der VO (EU) 2022/1925 des Europäischen Parlaments und des Rates v 14.9.2022 über bestreitbare und faire Märkte im digitalen Sektor und zur Änderung der RL (EU) 2019/1937 und (EU) 2020/1828 nutzbar zu machen, wurde im GVG Parallelität mit Kartellzivilverfahren hergestellt und die Zuständigkeit ebenfalls einem Kollegialspruchkörper der allgemeinen Zivilkammern zugewiesen, weil nach Auffassung des Gesetzgebers diese die mit den Schadensersatzansprüchen regelmäßig verbundenen komplexen sachlichen, ökonomischen und rechtlichen Fragen besser bewältigen können als die meist mit nur einem Berufsrichter besetzten Kammern für Handelssachen (BTDrs 20/6824, 46). Die Art 5-7 VO (EU) 2022/1925 betreffen Verpflichtungen von „Torwächtern"; das sind Unternehmen, die zentrale Plattformdienste iSd Art 1 Nr 2 der VO (also zB Betriebssysteme, Webbrowser oder Online-Suchmaschinen) bereitstellen und die von der Kommission nach Art 3 der VO als Torwächter benannt sind. – § 13 IV EU-VerbraucherschutzdurchführungsG (EU-VSchDG): Beschwerde gegen bestimmte Entscheidungen der nach § 2 des G zuständigen Verbraucherschutzbehörden zur Durchführung der VO (EU) 2017/2394 über die Zusammenarbeit *zwischen den für die Durchsetzung* der VerbraucherschutzG zuständigen nationalen Behörden; §§ 13-28 EU-VSchDG enthalten eigenständige Verfahrensordnung. **Zu II Nr 2:** Angelegenheiten der freiw Gerichtsbarkeit, s § 71 Rn 5b; ausschließliche funktionelle Zuständigkeit der KfH gem § 2 III SpruchG (ggf Abgabe an KfH

vAw; § 98 III soll keine Anwendung finden, RegE BRDrs 371/22, 148), ebenso für Vors der KfH § 10 II 2 UmwG, § 293c I 4 AktG.

IV) Weitere Zuständigkeiten. KfH ist ferner zuständig für **Vollstreckungsgegenklagen** nach § 767 ZPO, wenn der titulierte Anspruch aus einem Verf vor der KfH herrührt (vgl BGH LM 42 zu § 767 ZPO; Kissel/Mayer Rn 25; ThP/Hüßtege Rn 9; MskV/Wittschier Rn 3; str), ebenso für **Schadensersatzklagen nach § 945 ZPO**, wenn Arrest oder einstw Vfg durch KfH erlassen war (LG Oldenburg NJW-RR 2002, 1724). – KfH **nicht** zuständig für **Honorarklage eines RA nach § 34 ZPO**, da dort Gerichtsstand, nicht ges Geschäftsverteilung geregelt; bes Sachkunde der KfH ist für Honorarklage nicht erforderl (OLG München WM 2020, 1798; MskV/Wittschier Rn 3; PG/Kopp Rn 3; str, s BGH NJW 86, 1178). 17

§ 96 (Antrag des Klägers)

(1) Der Rechtsstreit wird vor der Kammer für Handelssachen verhandelt, wenn der Kläger dies in der Klageschrift beantragt hat.

(2) Ist ein Rechtsstreit nach den Vorschriften der §§ 281, 506 der Zivilprozessordnung vom Amtsgericht an das Landgericht zu verweisen, so hat der Kläger den Antrag auf Verhandlung vor der Kammer für Handelssachen vor dem Amtsgericht zu stellen.

1) Antrag. Der Antrag nach I (liegt auch in Adressierung an KfH, Brandenburg MDR 2000, 1029 = NJW-RR 2001, 429; Kissel/Mayer Rn 2; Luckey ProzRB 2003, 55 m prakt Hw) ist Prozessantrag; kann nicht zurückgenommen werden (KG 16.4.2025 – 2 UH 12/25; Kissel/Mayer Rn 7). Wahlrecht des Kl. Der Antrag ist nach Eingang der Klageschrift bei Gericht nicht nachholbar (Grund s Rn 2); wurde Klage jedoch bei einem LG eingereicht, bei dem keine KfH besteht, und wird sie nach § 281 ZPO verwiesen, so ist Antrag in entspr Anwendung des II vor der Verweisung nachholbar. Hat Kl eine Handelssache durch Unterlassung des Antrags nach I vor ZivK gebracht, kann nur noch Bekl gem §§ 98, 101 Verweisung an KfH beantragen. VAw kann die ZivK nicht an die KfH verweisen (§ 98 III). Hat Kl durch seinen Antrag eine Nichthandelssache bei der KfH anhängig gemacht: § 97. 1

2) Antrag bei Verweisung vom AG (§ 96 II). Der Antrag muss noch vor dem AG, aber nicht zwingend in mündl Verh, § 281 II 1 ZPO, gestellt werden, da die geschäftsplanmäßige Zuständigkeit (s vor § 93 Rn 1a) nach Anhängigwerden bei dem LG vom Kl nicht mehr verändert werden kann. 2

Im **Mahnverf** kann der Antrag bereits im Mahnantrag (§ 690 I Nr 5 ZPO) gestellt werden. Nicht geregelt ist, wann der Kl bei Übergang ins streitige Verf spätestens den Antrag stellen muss (für Bekl gelten §§ 98, 101 I): Er kann jedenfalls mit dem Antrag auf streitiges Verf nach § 696 I 1 verbunden werden und nach dem Sinn der Regelung des § 96 II bis zum Eingang der Akten beim LG (§ 696 I 4 ZPO) nachgeholt werden. Im Hinblick darauf, dass die Einleitung des streitigen Verf auch durch den Bekl beantragt werden kann, sowie wegen der Regelung des § 697 I ZPO (nachgereichte „Klageschrift“) muss es dem Kl aber auch gestattet werden, den Antrag noch in der Klagebegründung bzw Anspruchsbegründung gem § 697 III 2 ZPO nachzuholen (§ 96 I; § 96 II steht nicht entgegen, da das AG den Rechtsstreit nicht nach §§ 281, 506 ZPO verweist, sondern nach § 696 ZPO abgibt, bevor es überhaupt zum Streitverf kommt; vgl auch LG Offenburg Justiz 95, 224); die Frist nach § 697 I ZPO gilt insoweit nicht (OLGR Frankfurt 2001, 242; KGR Berlin 1999, 278; OLGR München 1998, 161). 3

§ 97 (Verweisung an die Zivilkammer wegen ursprünglicher Unzuständigkeit)

(1) Wird vor der Kammer für Handelssachen eine nicht vor sie gehörige Klage zur Verhandlung gebracht, so ist der Rechtsstreit auf Antrag des Beklagten an die Zivilkammer zu verweisen.

(2) [1]Gehört die Klage oder die im Falle des § 506 der Zivilprozessordnung erhobene Widerklage als Klage nicht vor die Kammer für Handelssachen, so ist diese auch von Amts wegen befugt, den Rechtsstreit an die Zivilkammer zu verweisen, solange nicht eine Verhandlung zur Hauptsache erfolgt und darauf ein Beschluss verkündet ist. [2]Die Verweisung von Amts wegen kann nicht aus dem Grund erfolgen, dass der Beklagte nicht Kaufmann ist.

I) Verweisungsmöglichkeit von KfH an Zivilkammer. Die gesetzestechnisch wenig durchsichtige Regelung schränkt die Verweisungsmöglichkeit von KfH an ZivK (umgekehrt s § 98) für unrichtig anhängig gewordene Verf ein. Die Verweisung kommt nur unter folgenden Voraussetzungen in Betracht: 1

1) Antrag. Verf muss durch Antrag des Kl nach § 96 oder § 100 an KfH gelangt sein; bei Antrag des Bekl (§ 98) ist Rückverweisung ausgeschlossen (§ 102 S 2). Gehört eine Sache mangels Antrags des Kl (§§ 96, 100) nicht vor die KfH, so gilt § 97 (insb die Einschränkung der Verweisung nach dieser Vorschrift) nicht, da die Klage in Wahrheit gar nicht vor die KfH „gebracht ist“; es gilt die allg Regelung des GVP über Abgaben innerhalb des Gerichts. 2

2) Inhaltliche Voraussetzung. Es liegt keine Handelssache iSd § 95 vor. 3

3a **II) Verweisung von Amts wegen oder auf Antrag des Beklagten.** Liegen die vorgenannten Voraussetzungen vor, ist zu unterscheiden:

4 **1) Verweisung von Amts wegen (§ 97 II).** Diese erfolgt, wenn **a)** die Unzuständigkeit mangels Handelssache iSd § 95 I Nr 1 **nicht** daraus folgt, dass Bekl die Kaufmannseigenschaft fehlt; in den anderen Fällen des § 95 insoweit keine Einschränkung (nach KGR Berlin 2009, 100 = NJW-RR 2009, 469; OLG Nürnberg MDR 99, 1219 = NJW-RR 2000, 568 soll Verweisung vAw wegen fehlender Eintragung des Bekl im Handelsregister zulässig sein; das ist abzulehnen, OLG Düsseldorf NJW-RR 2001, 1220, weil Eintragung in § 95 I Nr 1 nicht als weiteres Tatbestandsmerkmal neben der Kaufmannseigenschaft steht, sondern zur Beweiserleichterung als Merkmal des für die Zuständigkeit der KfH maßgebl Kaufmannsbegriffs vom Gesetzgeber gewollt war, **formelle Anknüpfung**, s § 95 Rn 3), und – **b)** noch nicht zur Hauptsache verhandelt wurde und auf Grund einer Verh noch kein das Verf betr Beschluss (zB Vertagung, Beweisbeschluss, Termin zur Verk einer Entsch; nicht: Streitwertfestsetzung, PKH oder Beschlüsse nach § 273 II ZPO, letztere da nicht auf Grund der Verh) erlassen wurde.

5 Die KfH ist zur Verweisung unter diesen Voraussetzungen verpflichtet (G spricht von „Befugnis"), da sie nicht ges Richter ist.

6 **2) Verweisung auf Antrag des Beklagten.** Diese erfolgt, falls die unter I) genannten Voraussetzungen gegeben und Antrag rechtzeitig (§ 101 I, s § 101 Rn 1) gestellt.

7 **3) Keine Verweisung auf Antrag des Klägers.** Er ist an seinen nach § 96 gestellten Antrag für das gesamte Verf gebunden, auch wenn der Antrag sachl unrichtig ist.

8 **III) Umfang der Verweisung.** Die Verweisung nach § 97 ist einheitl für das ganze Verf mögl; dies gilt insb, wenn bei Anspruchshäufung (s § 95 Rn 2) oder Widerklage (im Fall des § 96 II) nur ein Teil des Streitgegenstandes nicht die Voraussetzungen des § 95 erfüllt, gleichgültig ob es sich um ursprüngl (dann § 97 unmittelbar) oder nachträgl (§ 99, s dort) Unzuständigkeit handelt. Es kann jedoch auch ledigl der nicht die Voraussetzungen des § 95 erfüllende Teil nach § 145 ZPO abgetrennt und nur dieser Teil verwiesen werden.

9 **IV) Bindungswirkung.** Der Verweisungsbeschluss ist für ZivK bindend: § 102 (s § 102 Rn 5 f).

§ 98 (Verweisung an die Kammer für Handelssachen)

(1) [1]Wird vor der Zivilkammer eine vor die Kammer für Handelssachen gehörige Klage zur Verhandlung gebracht, so ist der Rechtsstreit auf Antrag des Beklagten an die Kammer für Handelssachen zu verweisen. [2]Ein Beklagter, der nicht in das Handelsregister oder Genossenschaftsregister eingetragen ist, kann den Antrag nicht darauf stützen, dass er Kaufmann ist.

(2) Der Antrag ist zurückzuweisen, wenn die im Falle des § 506 der Zivilprozessordnung erhobene Widerklage als Klage vor die Kammer für Handelssachen nicht gehören würde.

(3) Zu einer Verweisung von Amts wegen ist die Zivilkammer nicht befugt.

(4) Die Zivilkammer ist zur Verwerfung des Antrags auch dann befugt, wenn der Kläger ihm zugestimmt hat.

1 **1) Regelungsgegenstand.** § 98 betrifft die **nachträgl Verweisung** von Verf von der ZivK an KfH, die vom Kl hätte vor die KfH gebracht werden können. Infolge der generellen Zuständigkeit der ZivK für Handelssachen betrifft die Regelung nicht (wie § 97) die Korrektur einer nichtbestehenden Zuständigkeit. Hieraus folgt, dass eine Verweisung vAw ausscheidet **(III)**. § 98 ergänzt vielmehr § 96, indem er dem Bekl seinerseits ermöglicht, die KfH statt der ZivK zuständig zu machen. **Ausnahme:** Eine Verweisung von einer Zivilkammer als **Commercial Chamber** an die KfH findet nicht statt (§ 184a I 4, § 184a Rn 4).

2 **2) Verweisungsvoraussetzungen.** Nötig ist ein – rechtzeitiger (§ 101 I) – **Antrag des Bekl**. In der Rüge der Zuständigkeit der ZivK allein liegt ein solcher Antrag noch nicht (OLG Dresden BB 2016, 2704; Gaul JZ 84, 57, 60; aA Kern/Diehm/Eymelt-Niemann ZPO, 2. Aufl, § 98 GVG Rn 4). Es reicht aus, mit dieser Rüge einen Hinweis auf die Zuständigkeit der KfH zu verbinden (van den Hövel NJW 2001, 345). Antrag des Kl ist im hier gegebenen Stadium verspätet (s § 96 Rn 1) und unbeachtl; auch seine Zustimmung ist unbeachtl (IV). Zu **Ausnahmen von III** (Abgabe vAw) s § 95 Rn 16. – Es muss sich um eine **Handelssache** iSd § 95 handeln; I 2 hat keine eigenständige Bedeutung, da die Eintragung des Bekl generelle Voraussetzung für die Zuständigkeit der KfH ist (formelle Anknüpfung, s § 95 Rn 3). Die dort für jur Personen des öffentl Rechts, die von der Eintragungspflicht befreit sind, vorgesehene Ausnahme wird für den Antrag nach § 98 entspr anzuwenden sein, da ein Grund für eine abw Behandlung nicht erkennbar ist.

3 **3) Antragszurückweisung.** Nach **II** ist der Antrag – trotz Vorliegen der in Rn 2 genannten Voraussetzungen – zurückzuweisen, wenn das Verf vom AG nach § 506 ZPO an das LG verwiesen wurde und die Widerklage nicht *die Voraussetzungen des § 95 erfüllt*. Wird Antrag auf Verweisung der Klage gestellt, so kann diese jedoch an KfH verwiesen werden, wenn die Widerklage vorher gem § 145 ZPO abgetrennt wurde (Kern/Diehm/Eymelt-Niemann ZPO, 2. Aufl, § 98 GVG Rn 7 mwN).

4) Bindungswirkung. Der **Verweisungsbeschluss** – auch der zu Unrecht ergangene – ist für KfH bindend: § 102, s § 102 Rn 5 f. 4

§ 99 (Verweisung an die Zivilkammer bei nachträglicher Unzuständigkeit)

(1) Wird in einem bei der Kammer für Handelssachen anhängigen Rechtsstreit die Klage nach § 256 Abs. 2 der Zivilprozessordnung durch den Antrag auf Feststellung eines Rechtsverhältnisses erweitert oder eine Widerklage erhoben und gehört die erweiterte Klage oder die Widerklage als Klage nicht vor die Kammer für Handelssachen, so ist der Rechtsstreit auf Antrag des Gegners an die Zivilkammer zu verweisen.

(2) [1]Unter der Beschränkung des § 97 Abs. 2 ist die Kammer zu der Verweisung auch von Amts wegen befugt. [2]Diese Befugnis tritt auch dann ein, wenn durch eine Klageänderung ein Anspruch geltend gemacht wird, der nicht vor die Kammer für Handelssachen gehört.

Die Regelung des § 97 über die Verweisung von der KfH an ZivK (nicht umgekehrt; vgl Gaul JZ 84, 57, 61) gilt nach § 99 entspr bei **nachträgl Unzuständigwerden** der KfH durch Klageänderung (§ 263 ZPO), Erhebung einer Zwischenfeststellungsklage (§ 256 II ZPO) oder Widerklage, die nicht die Voraussetzungen des § 95 erfüllt. Verweisung auf Antrag (I) ist auch bei Klageänderung nach § 263 ZPO mögl, obwohl dieser Fall nur in § 99 II 2 (für Verweisung vAw) angesprochen ist, da für eine Differenzierung kein Grund ersichtl ist (vgl Kissel/Mayer Rn 4; AG/Nordmeyer Rn 2). 1

Für Verweisung auf Antrag gilt § 97 I, s Erl zu § 97. Der **Antrag** muss von der Partei gestellt werden, die hinsichtl des die Unzuständigkeit auslösenden Streitgegenstandes in der Beklagtenrolle steht (die Partei, die Unzuständigkeit veranlasst, ist nicht antragsberechtigt). Zu II s § 97 Rn 4. 2

Der **gesamte Rechtsstreit** ist zu verweisen; die KfH kann jedoch auch den die Unzuständigkeit veranlassenden Teil abtrennen (§ 145 ZPO) und nur diesen verweisen (sa § 95 Rn 2). Von dieser Möglichkeit wird jedenfalls dann Gebrauch zu machen sein, wenn der ursprüngl Klageteil entscheidungsreif ist. – Der Verweisungsbeschluss fällt unter § 102 S 2. 3

§ 100 (Zuständigkeit im zweiten Rechtszug)

Die §§ 96 bis 99 sind auf das Verfahren im zweiten Rechtszuge vor den Kammern für Handelssachen entsprechend anzuwenden.

Berufungszuständigkeit des LG s § 72. Die Berufung gegen ein amtsgerichtl Urteil kommt vor die KfH, wenn dahin gehender **Antrag in der Berufungsschrift** (nicht erst in der Berufungsbegr, OLG Brandenburg MDR 2005, 231; Kissel/Mayer Rn 4, mwN), enthalten ist (§ 96 I). Hat Berufungsführer diesen Antrag zu Unrecht gestellt, so ist die Berufung nicht als unzulässig zu verwerfen; vielmehr auf rechtzeitigen (§ 101 auch hier anwendbar) Antrag des Berufungsbekl (die Parteistellung in 1. Instanz entscheidet nicht) Verweisung an ZivK (§ 97 I), auch vAw unter den Voraussetzungen des § 97 II. Hat Berufungskl keinen (rechtzeitigen) Antrag gestellt, Verweisung an KfH nur noch auf Antrag des Berufungsbekl entspr § 98, nicht aber vAw. Über Verweisung entscheidet ggf der vorbereitende Einzelrichter (§ 527 III Nr 1 ZPO). 1

Allg **entspricht dem Kl hier der Berufungskl**, dem Bekl der Berufungsbekl. Für § 95 I Nr 1 (Kaufmann) ist jedoch auf die ursprüngl Parteistellung (Bekl) abzustellen; das Gleiche gilt für § 97 II 2 und § 98 I 2. 2

Wird von einer Partei Berufung zur ZivK, von der anderen zur KfH eingelegt, ist für beide Berufungen die KfH zuständig (MskV/Wittschier Rn 6; aA – die zuerst angegangene Kammer – AG/Nordmeyer Rn 3; MK/Pabst Rn 3). Dies folgt daraus, dass nach der Systematik der §§ 96 ff generell der Antrag einer Partei genügt, die Zuständigkeit der KfH für den ganzen Rechtsstreit zu begründen (vgl § 96 I, § 98 I); iÜ könnte die Partei, deren Antrag als Berufungskl nach der hM nicht zum Zuge käme, weil die gegnerische Berufung bei der ZivK zuerst eingegangen ist, gerade in diesem Verf als Berufungsbekl nach §§ 100, 98 I durch nachträgl Antragstellung die Verweisung des ganzen Rechtsstreits an die KfH ohnehin erreichen. 3

§ 101 (Antrag auf Verweisung)

(1) [1]Der Antrag auf Verweisung des Rechtsstreits an eine andere Kammer ist nur vor der Verhandlung des Antragstellers zur Sache zulässig. [2]Ist dem Antragsteller vor der mündlichen Verhandlung eine Frist zur Klageerwiderung oder Berufungserwiderung gesetzt, so hat er den Antrag innerhalb der Frist zu stellen. [3]§ 296 Abs. 3 der Zivilprozessordnung gilt entsprechend; der Entschuldigungsgrund ist auf Verlangen des Gerichts glaubhaft zu machen.

(2) [1]Über den Antrag ist vorab zu entscheiden. [2]Die Entscheidung kann ohne mündliche Verhandlung ergehen.

1 **1) Antragsfrist (§ 101 I).** Gilt für Anträge nach §§ 97-100, nicht für § 96. Der Begriff des **Verhandelns zur Sache** beschränkt sich nicht auf Verhandeln zur Hauptsache. Sinn der Vorschrift ist es, die Frage der Zuständigkeit ZivK/KfH früh zu klären (Kissel/Mayer Rn 4). Entspr der Zuordnung der Frage zur geschäftsplanmäßigen Zuständigkeit liegt Verhandeln zur „Sache" schon vor bei Fragen der Zulässigkeit der Klage oder der Berufung; ebenso bei Verhandeln zur Richterablehnung, da diese die Zuständigkeit des Richters notwendig voraussetzt (MskV/Wittschier Rn 2; MK/Pabst Rn 3; Kern/Diehm/Eymelt-Niemann ZPO, 2. Aufl, Rn 3; aA AG/Nordmeyer Rn 2; Kissel/Mayer Rn 5). Vertagungsantrag ist noch kein Verhandeln zur Sache (Kissel/Mayer Rn 5). Durch I 2 ist klargestellt, dass Antrag, wenn Frist zur Klageerwiderung oder Berufungserwiderung gesetzt ist, innerhalb dieser 1., ggf verlängerten Erwiderungsfrist (OLGR München 2009, 636 = MDR 2009, 946; LG Bonn MDR 2000, 724 [Schneider]; im Hinblick auf die aA LG München I MDR 2009, 647; LG Heilbronn MDR 2003, 231 [Willmerdinger] ist jedoch aus Vorsichtsgründen Antragstellung vor Ablauf der ursprünglichen 1. Erwiderungsfrist zu empfehlen) gestellt werden muss; Heilung nur bei (auf Verlangen des Gerichts glaubhaft zu machender) Entschuldigung entspr § 296 III ZPO (s dort).

2 **2) Entscheidung.** Die Entscheidung über Anträge nach I hat vor jeder anderen Prüfung (etwa Zulässigkeit der Berufung, auch der Klageänderung im Fall des § 99) zu erfolgen (sa vor § 93 Rn 6) und kann zur Verfahrensbeschleunigung ohne mündl Verh ergehen. Entscheidung s § 102. Bindungswirkung grds auch bei Verweisung auf verspäteten Antrag (OLG Brandenburg NJW-RR 2001, 63; aA OLG Stuttgart NJW-RR 2019, 699; OLGR KG 2008, 963; OLGR Frankfurt 2001, 242; zust Fischer MDR 2002, 1401, 1404; OLG Nürnberg NJW 93, 3208).

§ 102 (Unanfechtbarkeit der Verweisung)

[1]Die Entscheidung über Verweisung eines Rechtsstreits an die Zivilkammer oder an die Kammer für Handelssachen ist nicht anfechtbar. [2]Erfolgt die Verweisung an eine andere Kammer, so ist diese Entscheidung für die Kammer, an die der Rechtsstreit verwiesen wird, bindend. [3]Der Termin zur weiteren mündlichen Verhandlung wird von Amts wegen bestimmt und den Parteien bekannt gemacht.

1 **1) Entscheidung.** § 102 gilt für alle **Verweisungen** nach §§ 97-100, § 104, aber nur im Verhältnis ZivK/KfH, nicht bei Verweisung an KfH durch AG nach §§ 281, 506 ZPO, auch nicht im Verhältnis mehrerer KfH zueinander. Verweisung immer durch **Beschluss** (formlose Abgabe ist keine Verweisung, vgl Frankfurt Rpfleger 80, 231); mündl Verh nicht nötig (§ 101 II 2); jedoch ist das **rechtl Gehör** des Gegners zu wahren – im Falle des Antrags nach § 96 I ist dem allerdings durch die Möglichkeit des Verweisungsantrags nach § 97 I genügt.

2 **2) Unanfechtbarkeit.** Gilt für alle Verweisungsbeschlüsse dieses Titels einschließl der Zurückweisung eines Verweisungsantrags (RG JW 1886, 225; OLG Hamburg MDR 70, 1019), auch willk Verweisung (s Rn 4, 6) eröffnet Beschwerdeweg nicht (OLGR Koblenz 2009, 967).

3 Auch eine gegen die Bindungswirkung verstoßende Rückverweisung ist nicht selbständig anfechtbar. Kommt es jedoch trotz Bindungswirkung der Verweisung zum **negativen Kompetenzkonflikt**, ist, da ein Fall ges geregelter Geschäftsverteilung vorliegt, Entscheidung des Konflikts durch Präsidium nicht mögl (vgl BGH NJW 75, 2304); es bleibt nur die analoge Anwendung des § 36 I Nr 6 ZPO (OLG Bremen ZInsO 2015, 2196; KGR Berlin 2008, 951; OLG München MDR 2012, 1153; OLGR München 2008, 695; OLGR Frankfurt 2005, 257; OLGR Celle 2004, 370; OLGR Stuttgart 2002, 455; OLG Brandenburg 11.4.2017 – 1 AR 6/17; OLG Brandenburg MDR 2000, 1029 = NJW-RR 2001, 429; OLG Düsseldorf NJW-RR 2001, 1220; OLG Braunschweig NJW 79, 223; Gaul JZ 84, 57, 65; sa BGH NJW 2000, 80 = MDR 2000, 536; s § 21e Rn 38).

4 Die fehlerhafte Bejahung der Zuständigkeit durch die KfH (ZivK) begründet grds auch nicht ein **allg Rechtsmittel**, sa vor § 93 Rn 3. Anderes muss jedoch nach Art 101 I 2 GG gelten, wenn durch willkürl Annahme der Zuständigkeit der ges Richter ausgeschaltet wurde.

5 **3) Bindung.** Verweisungen im Verhältnis ZivK/KfH sind für diese nach S 2 bindend, die Rückverweisung ist ausgeschlossen (Ausnahme: § 99). Zweck: Vermeiden von Zuständigkeitsstreit, Verfahrensbeschleunigung. Verweisung gilt für das ganze Verf, unabhängig davon, in welchem Verfahrensstadium sie beschlossen wurde (OLG Hamburg MDR 67, 409: Verweisung im PKH-Verf) und auch hinsichtl der örtl Zuständigkeit (BayObLG NJW-RR 2003, 356; OLGR Düsseldorf 2000, 203). Die Bindungswirkung des 1. Verweisungsbeschlusses ist auch bei einer **Entscheidung** in entsprechender Anwendung des **§ 36 I Nr 6 ZPO** (s Rn 3) zu berücksichtigen (KG 16.4.2025 – 2 UH 12/25; KG MDR 2023, 1600 = GmbHR 2023, 1323 = NJW-RR 2023, 1465; OLG Frankfurt ZInsO 2018, 1807; BayObLG NJW-RR 2003, 356; OLG Nürnberg NJW 75, 2345).

6 ***Bindung entfällt**, wenn gegen den* Grundsatz des rechtl Gehörs (s Rn 1) verstoßen ist (ebenso Kissel/Mayer Rn 5; OLG Hamburg ZInsO 2018, 1472), da nur so das rechtl Gehör – und zwar schon bei der Kammer, an die verwiesen ist (also ohne weitere Verzögerung) – nachgeholt werden kann; dem verfahrensrechtl Schutz des Be-

teiligten (Art 103 I GG) muss der Vorrang vor § 102 S 2 eingeräumt werden. Darüber hinaus muss die Bindung im Hinblick auf Art 101 I 2 GG dann zurücktreten, wenn sie zu einer **willkürl** Ausschaltung des ges Richters führen würde, die auf Rechtsmittel zur Aufhebung der Entscheidung führen müsste (s Rn 4; sa die entsprechend anzuwendende Rspr zu § 281 II 4 ZPO und § 17 II 3 GVG – s dort – sowie KG 16.4.2025 – 2 UH 12/25; OLG Frankfurt NJW-RR 2023, 1531; OLG München MDR 2012, 1153; OLGR Stuttgart 2002, 455; OLG Köln NJW-RR 2002, 426; OLG Braunschweig NJW-RR 95, 1535; zu weitgehend – Willkür schon bei Verweisung auf verspäteten Antrag – OLG Stuttgart NJW-RR 2019, 699; KGR Berlin 2008, 963; OLGR Frankfurt 2001, 242; zust Fischer MDR 2002, 1401, 1404; OLG Nürnberg NJW 93, 3208; wie hier OLG Brandenburg NJW-RR 2001, 6; zutr eng zur Annahme von Willkür OLG Brandenburg NJW-RR 2018, 23; OLG Brandenburg 25.5.2011 – 1 AR 25/11; Abweichung von höchst- und obergerichtlicher Rspr allein reicht zur Annahme von Willkür nicht aus, so zutr OLG Bremen ZInsO 2015, 2196); dies gilt auch, wenn Verweisung durch ZivK anstelle des zuständigen originären Einzelrichters erfolgte (OLGR Celle 2004, 370).

4) Wirkung. Verweisung bedeutet Übergang des Rechtsstreits im jew Stadium. Bish Prozesshandlungen bleiben wirksam; Fristen, auch richterl, laufen weiter (OLG Frankfurt NJW-RR 93, 1084), Terminierungsantrag ist nicht erforderl (S 3). 7

§ 103 (Hauptintervention)

Bei der Kammer für Handelssachen kann ein Anspruch nach § 64 der Zivilprozessordnung nur dann geltend gemacht werden, wenn der Rechtsstreit nach den Vorschriften der §§ 94, 95 vor die Kammer für Handelssachen gehört.

Die Vorschrift dehnt die für die örtl u sachl Zuständigkeit in § 64 ZPO enthaltene Regelung auf das Verhältnis ZivK/KfH aus: Die Zuständigkeit der KfH setzt voraus, dass für die Hauptintervention selbst die Voraussetzungen des § 95 erfüllt sind *und* der Hauptprozess vor der KfH anhängig ist. Schwebt der Hauptprozess vor der ZivK, ist diese für die Hauptintervention auch dann zuständig, wenn der mit der Einmischungsklage verfolgte Anspruch – etwa wegen der Kaufmannseigenschaft des Hauptintervenienten – Handelssache wäre. 1

§ 104 (Verweisung in Beschwerdesachen)

(1) [1]Wird die Kammer für Handelssachen als Beschwerdegericht mit einer vor sie nicht gehörenden Beschwerde befasst, so ist die Beschwerde von Amts wegen an die Zivilkammer zu verweisen. [2]Ebenso hat die Zivilkammer, wenn sie als Beschwerdegericht in einer Handelssache mit einer Beschwerde befasst wird, diese von Amts wegen an die Kammer für Handelssachen zu verweisen. [3]Die Vorschriften des § 102 Satz 1, 2 sind entsprechend anzuwenden.

(2) Eine Beschwerde kann nicht an eine andere Kammer verwiesen werden, wenn bei der Kammer, die mit der Beschwerde befasst wird, die Hauptsache anhängig ist oder diese Kammer bereits eine Entscheidung in der Hauptsache erlassen hat.

§ 104 I. Zuständigkeit hier vAw zu prüfen, Parteianträge sind bedeutungslos. Keine Verwerfung als unzulässig, sondern Verweisung, wenn die als Beschwerdegericht angegangene Kammer ihre Unzuständigkeit annimmt. Verweisung durch Beschluss bindend u unanfechtbar (I 3, s § 102 Rn 4 ff). 1

§ 104 II. Für Beschwerdesachen, die nicht Handelssachen sind, ist die KfH dann zuständig, wenn die Hauptsache bei ihr anhängig ist oder wenn sie schon eine Entscheidung in der Hauptsache erlassen hat. – Ob die zu Recht mit der Beschwerde angegangene Kammer an die andere verweisen muss, wenn bei Letzterer die Hauptsache anhängig ist, ist str, aber zu bejahen (aA Kissel/Mayer Rn 5). 2

§ 105 (Besetzung)

(1) Die Kammern für Handelssachen entscheiden in der Besetzung mit einem Mitglied des Landgerichts als Vorsitzenden und zwei ehrenamtlichen Richtern, soweit nicht nach den Vorschriften der Prozessgesetze an Stelle der Kammer der Vorsitzende zu entscheiden hat.

(2) Sämtliche Mitglieder der Kammer für Handelssachen haben gleiches Stimmrecht.

1) Vorsitzender. Bestellung des Vors ist Sache des Präsidiums (§ 21e I); er ist aus dem in § 21f I genannten Kreis auszuwählen, muss also VorsRichter sein (Ausnahme für auswärtige KfH: § 106). 1

2) Handelsrichter. Ernennung der **ehrenamtl Richter** (sie führen nach § 45a DRiG die Bezeichnung „Handelsrichter"): § 108. Über deren Zuteilung an mehrere KfH desselben LG und die gegenseitige Vertretung hat das Präsidium (§ 21e I), über die Reihenfolge der Heranziehung der Vors allein (§ 21g sieht nur Beschlussfassung 2 durch **Berufs**richter vor) zu entscheiden. Letzteres hat nach § 21g II zu geschehen, wobei hier die Anknüpfung an einen Sitzungsturnus zulässig ist (s § 21g Rn 7, Kissel/Mayer § 94 Rn 13 f). Beschränkungen für die **Überbesetzung** eines Spruchkörpers mit Handelsrichtern bestehen nicht. Dies folgt aus der Natur der Sache, insb aus der neben- und ehrenamtl Ausübung dieses Amtes durch Kaufleute. Mit der hauptberufl Kaufmannstätigkeit ist es offensichtl nicht vereinbar, wenn ein Handelsrichter in dem Umfang an der Rspr einer Kammer teilnehmen müsste, wie sie für berufsrichterl Beisitzer gefordert wird (vgl Kissel/Mayer § 94 Rn 12; Berger-Delhey DRiZ 89, 248). Die Bestellung von je etwa 10 Handelsrichtern je KfH ist daher nicht zu beanstanden, da nur so die Belastung des Einzelnen in zumutbaren Grenzen gehalten werden kann. Aus den gleichen Gründen ist – wegen der naheliegend häufigen Verhinderung eines Handelsrichters – bei der Anwendung der **Vertreterregelung** großzügig zu verfahren. Ein Besetzungsverstoß kann nur bei willkürl Handhabung, die mit der gebotenen Rücksichtnahme auf die hauptberufl Tätigkeit der Handelsrichter in keinem Zusammenhang steht, angenommen werden (OLG Brandenburg 27.11.2018 – 1 W 39/18).

3 **3) Einzelrichter.** Als Einzelrichter kann nur der Vors tätig werden; seine Befugnisse bestimmen sich nach § 349 ZPO (s § 349 ZPO Rn 2-18). – Die ehrenamtl Richter wirken auch außerhalb der mündl Verh mit, soweit der Vors nicht allein entscheiden kann, also etwa auch bei Arresten u einstw Verfügungen ohne mündl Verh (soweit nicht § 944 ZPO). Sie haben gleiches Stimmrecht wie der Vors (II) und unterzeichnen die Entscheidungen mit (BGHZ 42, 75). Sie können auch zu beauftragten Richtern bestellt werden.

4 **4) Keine institutionell begründete Befangenheit.** Die Mitgliedschaft eines Handelsrichters bei der **IHK**, die nach § 108 vorschlagsberechtigt ist, begründet idR auch dann nicht die Besorgnis der Befangenheit, wenn diese – zB gem § 380 FamFG – an dem Verf beteiligt ist (BayObLG 1.8.1980 – 1 Z 55/80; sa BVerfG NJW 81, 912 zum ähnl Fall der Mitglieder der Landwirtschaftsgerichte).

§ 106 (Auswärtige Kammer für Handelssachen)

Im Falle des § 93 Abs. 1 Satz 2 kann ein Richter beim Amtsgericht Vorsitzender der Kammer für Handelssachen sein.

1 Der Amtsrichter, der dem LG zur Dienstleistung zugeteilt ist (§ 27 II DRiG; § 22 II GVG), wird durch das Präsidium des LG zum Vors bestellt. Er muss Richter auf Lebenszeit sein (§ 28 II DRiG); Bestellung ändert nichts an seinem Statusamt als Richter am AG. Die Vorschrift gilt als Sonderregelung abw von § 21f I fort; sie ergänzt in organisatorischer Hinsicht die Bestimmung des § 93 I 2, der gerade auf die Einrichtung einer KfH am Ort eines AG abzielt (eingehend Kern/Diehm/Eymelt-Niemann ZPO, 2. Aufl, Rn 5 mwN).

§ 107 (Vergütung)

(1) Die ehrenamtlichen Richter, die weder ihren Wohnsitz noch ihre gewerbliche Niederlassung am Sitz der Kammer für Handelssachen haben, erhalten Tage- und Übernachtungsgelder nach den für Richter am Landgericht geltenden Vorschriften.

(2) Den ehrenamtlichen Richtern werden die Fahrtkosten in entsprechender Anwendung des § 5 des Justizvergütungs- und -entschädigungsgesetzes ersetzt.

1 Die ehrenamtl Richter erhalten weder Dienstbezüge noch Sitzungsgeld. Für ihre Auslagen gilt: **Tage- und Übernachtungsgeld** (I) erhalten sie nur, wenn sie am Sitz der Kammer weder ihren Wohnsitz noch den Sitz der Niederlassung haben. **Fahrtkostenersatz** (gem § 1 I Nr 2, § 5 I, II 1 Nr 2 JVEG Pkw 0,42 Euro je gefahrenen km und Parkgebühren; Bahn 1. Kl.) erhält dagegen jeder ehrenamtl Richter (II).

§ 108 (Ernennung zum ehrenamtlichen Richter)

Die ehrenamtlichen Richter werden auf gutachtlichen Vorschlag der Industrie- und Handelskammern für die Dauer von fünf Jahren ernannt; eine wiederholte Ernennung ist nicht ausgeschlossen.

1 Ernennung durch Justizverwaltung nach Landesrecht. Eidl Verpflichtung: § 45 II-VIII DRiG.

2 Der **Vorschlag der IHK** ist Voraussetzung für die Ernennung; der gutachtl Vorschlag kann jedoch die Ernennungsbehörde nicht binden, auch nicht hinsichtl der Reihenfolge.

3 Da eine Pflicht, als Handelsrichter tätig zu sein, nicht besteht, setzt die Ernennung das **Einverständnis des Vorgeschlagenen** voraus.

§ 109 (Voraussetzungen der Ernennung)

(1) Zum ehrenamtlichen Richter kann ernannt werden, wer

1. Deutscher ist,

2. das dreißigste Lebensjahr vollendet hat und

3. als Kaufmann, Vorstandsmitglied oder Geschäftsführer einer juristischen Person oder als Prokurist in das Handelsregister oder das Genossenschaftsregister eingetragen ist oder eingetragen war oder als Vorstandsmitglied einer juristischen Person des öffentlichen Rechts auf Grund einer gesetzlichen Sonderregelung für diese juristische Person nicht eingetragen zu werden braucht.

(2) [1]Wer diese Voraussetzungen erfüllt, soll nur ernannt werden, wenn er

1. in dem Bezirk der Kammer für Handelssachen wohnt oder

2. in diesem Bezirk eine Handelsniederlassung hat oder

3. einem Unternehmen angehört, das in diesem Bezirk seinen Sitz oder seine Niederlassung hat.

[2]Darüber hinaus soll nur ernannt werden

1. ein Prokurist, wenn er im Unternehmen eine der eigenverantwortlichen Tätigkeit des Unternehmers vergleichbare selbständige Stellung einnimmt,

2. ein Vorstandsmitglied einer Genossenschaft, wenn es hauptberuflich in einer Genossenschaft tätig ist, die in ähnlicher Weise wie eine Handelsgesellschaft am Handelsverkehr teilnimmt.

(3) [1]Zum ehrenamtlichen Richter kann nicht ernannt werden, wer zu dem Amt eines Schöffen unfähig ist oder nach § 33 Nr. 4 zu dem Amt eines Schöffen nicht berufen werden soll. [2]Zum ehrenamtlichen Richter soll nicht ernannt werden, wer nach § 33 Nr. 6 zu dem Amt eines Schöffen nicht berufen werden soll.

1) **Ernennungsvoraussetzungen.** I u III 1 zwingender, II u III 2 nicht zwingender Natur, vgl zur Stellung ehrenamtl Richter iÜ §§ 44 ff DRiG. Bei nachträgl Wegfall der Voraussetzungen für die Ernennung s § 113. 1

2) **Personenkreis.** Die Einbeziehung geeigneter (II 2 Nr 1) Prokuristen in den für das Amt eines Handelsrichters geeigneten Personenkreis soll vor allem die Ernennung der Zweigstellenleiter von Großbetrieben zu Handelsrichtern ermöglichen. I Nr 3 letzte Alt betrifft Vorstandsmitglieder und Geschäftsführer von Unternehmen öffentl Körperschaften (zB Sparkassen, Energieversorgungsunternehmen, Verkehrsbetriebe). Klargestellt wird, dass auch hauptberufl Vorstandsmitglieder eingetragener, mit Handelsgesellschaften vergleichbarer Genossenschaften (I Nr 3, II 2 Nr 2) Handelsrichter sein können. **Stellvertretende Vorstandsmitglieder** einer AG erfüllen die Voraussetzungen des I, da diese in § 94 AktG iErg gleichgestellt sind (vgl schon KGJ 1924 A 194, 197; Berger-Delhey DRiZ 89, 248). 2

3) **Ernennungshindernisse.** I und II sind **nicht** iSe **abschließenden Aufzählung** der Ernennungsvoraussetzungen zu verstehen. Durch die Verweisung auf die Vorschriften über die Unfähigkeit zum Schöffenamt (§ 32) wird ua klargestellt, dass die Fähigkeit zur Bekleidung öffentl Ämter Voraussetzung für die Ernennung zum ehrenamtl Richter ist. Fehlende gesundheitl Eignung ist im Unterschied zum Schöffenamt (§ 33 Nr 4) zwingender Hinderungsgrund für die Ernennung; damit gem § 113 I Nr 1 Amtsenthebung bei Wegfall dieser Voraussetzung mögl. Ebenso mangelnde Beherrschung der dt Sprache (vgl OVG Hamburg NVwZ-RR 2024, 274), schon weil Dolmetscher nicht an Beratung teilnehmen dürfte, sowie Sprach- oder Hörbehinderung, die unmittelbare mündl Kommunikation der Richter unmögl machen (BGH StV 2011, 526; s § 33 GVG). Ehrenamtl Richter unterliegen auch außerdienstl der **Pflicht zur Verfassungstreue** (BVerfG NJW 2008, 2568; KG NStZ-RR 2016, 252). Die geplante Regelung einer expliziten gesetzlichen Verankerung der Pflicht ehrenamtlicher Richter zur Verfassungstreue durch Änderung der §§ 44a, 44b DRiG (RegE v 18.8.2023, BRDrs 371/23) ist durch das Ende der 20. Legislaturperiode der Diskontinuität anheimgefallen. Auch für Handelsrichter gilt **§ 44a DRiG:** Danach soll zum ehrenamtl Richter nicht berufen werden, wer gegen die Grundsätze der Menschlichkeit oder der Rechtsstaatlichkeit verstoßen hat (diese **allg Klausel** erfasst auch **Fälle rechtsstaatl Untragbarkeit** als Richter, die nicht mit dem Regime der ehemaligen DDR in Zusammenhang stehen) oder wegen einer Tätigkeit als hauptamtl oder inoffizieller **Mitarbeiter des DDR-Staatssicherheitsdienstes** oder als diesen Mitarbeitern nach § 6 V Stasi-Unterlagen-G gleichgestellte Person für das Amt eines ehrenamtl Richters nicht geeignet ist. Mindestanforderungen an Rechtstreue und charakterl Eignung eines ehrenamtl Richters mit Recht verneint bei offenem Bekenntnis zu Methoden der Selbstjustiz BGH NJW 2010, 2226; ebenso bei Nähe zur sog „Reichsbürger"-Ideologie OLG Hamm NStZ-RR 2017, 354; OLG Dresden NStZ-RR 2015, 121; bei Mitgliedschaft in Organisation oder Partei, die verfassungsfeindliche Ziele verfolgt (NPD: OLG Hamm NStZ 2020, 104); bei Neutralitätspflichtverstoß durch **Ankündigung des Kopftuchtragens** in der Sitzung (BVerfGE 153, 1 = NJW 2020, 1049; OLG Hamm 11.4.2024 – III-5 Ws 64/24; OVG Münster 15.4.2025 – 16 F 10/25; VGH München BayVBl 2021, 202). – Eine **Altersgrenze** besteht nicht; auf § 33 Nr 2 wird nicht verwiesen. Wer in Vermögensverfall geraten ist (§ 33 Nr 6), soll nicht zum Handelsrichter ernannt werden, Amtsenthebung s § 113 II. 3

§ 110 (Ehrenamtliche Richter an Seeplätzen)

An Seeplätzen können ehrenamtliche Richter auch aus dem Kreis der Schifffahrtskundigen ernannt werden.

§ 111 (aufgehoben – vgl jetzt § 45 DRiG)

§ 112 (Rechte und Pflichten)

Die ehrenamtlichen Richter haben während der Dauer ihres Amts in Beziehung auf dasselbe alle Rechte und Pflichten eines Richters.

1 Richterl Unabhängigkeit der Handelsrichter: § 45 I 1 DRiG. Zur Sicherung ihrer persönl Unabhängigkeit können sie vor Ablauf ihrer Amtszeit nur unter den ges Voraussetzungen und gegen ihren Willen nur durch Richterspruch amtsenthoben werden (§ 44 II DRiG). Dazu § 113.

§ 113 (Amtsenthebung)

(1) Ein ehrenamtlicher Richter ist seines Amtes zu entheben, wenn er

1. eine der für seine Ernennung erforderlichen Eigenschaften verliert oder Umstände eintreten oder nachträglich bekannt werden, die einer Ernennung nach § 109 entgegenstehen, oder

2. seine Amtspflichten gröblich verletzt hat.

(2) Ein ehrenamtlicher Richter soll seines Amtes enthoben werden, wenn Umstände eintreten oder bekannt werden, bei deren Vorhandensein eine Ernennung nach § 109 Abs. 3 Satz 2 nicht erfolgen soll.

(3) [1]Die Entscheidung trifft der erste Zivilsenat des Oberlandesgerichts durch Beschluss nach Anhörung des Beteiligten. [2]Sie ist unanfechtbar.

(4) Beantragt der ehrenamtliche Richter selbst die Entbindung von seinem Amt, so trifft die Entscheidung die Landesjustizverwaltung.

1 **1) Amtsenthebung.** Erforderl Eigenschaften: § 109 I u III 1; Handelsrichter in Vermögensverfall soll des Amtes enthoben werden (II iVm § 109 III 2, § 33 Nr 6); Enthebung bei Wegfall der Voraussetzungen des § 109 II nicht mögl. Jedoch kommt das Verf auch in Betracht, wenn ein von § 109 nicht erfasster Mangel vorliegt, der bei weiterem Amtieren zu einer nicht ordnungsgemäßen Besetzung des Gerichts führen würde (vgl BSG DRiZ 86, 94; zu mangelnder charakterl Eignung und Rechtstreue s § 109 Rn 3). – Eine Abberufung eines Handelsrichters ist auch bei gröbl Verletzung der Amtspflichten (zB Verletzungen des Beratungsgeheimnisses; wiederholtes unentschuldigtes Fernbleiben von Sitzungen; keine Erreichbarkeit, OLGR Frankfurt 2007, 179) mögl.

2 **2) Verfahren.** Das Verf nach III ist nicht an bestimmte Formen gebunden. Für die Einl des Verf (Antragstellung) ist die Ernennungsbehörde (s § 108 Rn 1) zuständig. § 113 ist auch anwendbar, wenn sich nach Ernennung ergibt, dass zwingende Voraussetzung von Anfang an fehlte.

3 **3) Konstitutive Wirkung.** Die unanfechtbare (III 2) Entscheidung des OLG hat konstitutive Wirkung (Kissel/Mayer Rn 9). Das OLG, dessen Verf iE nicht festgelegt ist, wird allerdings im Interesse der Wahrung des Ansehens der Rechtspflege in gravierenden Fällen den Handelsrichter durch einstw Anordnung auch vorläufig entheben können (vgl § 51 III für Schöffen).

4 **4) Entbindung auf Antrag (§ 113 IV).** Ohne gerichtl Verf kann Handelsrichter auf eigenen Antrag von der Ernennungsbehörde entbunden werden (vgl § 44 II DRiG), wenn ein Grund hierfür (zB dauernde Erkrankung, Strafverf) oder Fall des I, II vorliegt.

5 **5) Besonderer Abberufungsgrund.** Einen bes Abberufungsgrund enthält **§ 44b DRiG**; danach ist ein Handelsrichter abzuberufen, wenn nachträgl in § 44a I DRiG bezeichnete Umstände (s § 109 Rn 3) bekannt werden. Hier ist eine **einstw Anordnung** (s Rn 3) ausdrückl vorgesehen (§ 44b III DRiG). Auch die Abberufung nach § 44b DRiG, deren Verf sich gem § 44b II DRiG nach § 113 III richtet, ist unanfechtbar (§ 44b IV 1 DRiG); jedoch sieht § 44b IV 2-5 DRiG zur Rehabilitierung des Betroffenen einen Feststellungsantrag vor, über den ein anderer Senat des OLG zu entscheiden hat.

§ 114 (Entscheidung auf Grund eigener Sachkunde)

Über Gegenstände, zu deren Beurteilung eine kaufmännische Begutachtung genügt, sowie über das Bestehen von Handelsgebräuchen kann die Kammer für Handelssachen auf Grund eigener Sachkunde und Wissenschaft entscheiden.

1) Anwendungsbereich. Gegenstand auch in weiterem Sinn, etwa Inhalt eines Vertrags, Üblichkeit einer Handlung. **Kaufmännische Begutachtung** genügt, wenn es sich um einen im Handelsverkehr vorkommenden Vorgang handelt, der bes wissenschaftl Sachkunde nicht erfordert. Nicht nötig ist, dass der Handelsrichter in der Branche tätig ist oder war, aus der sich die Frage stellt (AG/Nordmeyer Rn 2; Kissel/Mayer Rn 4). Zum **Handelsbrauch** s § 346 HGB. Nur das Bestehen eines Handelsbrauchs ist nach § 114 zu beurteilen, nicht die Rechtsfrage nach dem Umfang seiner Verbindlichkeit (Kissel/Mayer Rn 5). 1

2) Voraussetzungen. Es genügt, wenn ein Mitglied der Kammer die erforderl Sachkunde besitzt und den übrigen Richtern vermitteln kann (vgl BGHSt 12, 18). Dann Entscheidung ohne SV mögl. Ob ausreichende eigene „Sachkunde" vorliegt, entscheidet die KfH (alle Mitglieder, § 196) selbst. Nach § 139 ZPO ist die Partei darauf hinzuweisen, dass die KfH eine strittige Frage nach § 114 selbst entscheiden wird, wenn SV-Beweis angeboten ist. OLG als Berufungsgericht ist an die Entscheidung der KfH nicht gebunden (RGZ 44, 34), kann sich aber auf die Beurteilung der KfH stützen (RGZ 90, 104; 110, 49; sa iE Kern/Diehm/Eymelt-Niemann ZPO, 2. Aufl, Rn 19 mwN). 2

Achter Titel
Oberlandesgerichte (§§ 115-122)

§ 115 (Besetzung)

Die Oberlandesgerichte werden mit einem Präsidenten sowie mit Vorsitzenden Richtern und weiteren Richtern besetzt.

Errichtung eines gemeinsamen OLG für mehrere Länder ist zulässig (s § 13a Rn 1). Für **Präsidenten** (und Vizepräsidenten) sowie **VorsRichter** s § 21f u Erl dort. Der Präsident ist zugleich Organ der Justizverwaltung, insb übt er die Dienstaufsicht über die Richter und Beschäftigten des Bezirks aus (s Einl GVG Rn 11, 13). 1

Die **Richter** müssen auf Lebenszeit ernannt sein (§ 28 I DRiG); soweit **„Hilfsrichter"** herangezogen werden (s § 117 Rn 2), ist dies nur im Wege der Abordnung – nicht aber als Richter auf Probe oder kraft Auftrags – mögl (§ 37 DRiG). Zulässig – und jedenfalls für tatsachl und rechtl bes anspruchsvolle Verf angemessen – ist jedoch die Zuweisung von **wissenschaftlichen Mitarbeitern**, wie sie bei den obersten Bundesgerichten ständige Übung ist. 2

Hochschullehrer, denen zugleich ein Richteramt übertragen ist – vgl etwa Art 14 BayRiStAG –, sind hauptamtl Richter. Der Umfang ihrer Richteraufgabe muss so bemessen sein, dass eine sachgerechte Mitwirkung an der Rspr des Senats mögl ist (idR ¼, wenigstens ⅙ – die Begrenzung etwa auf ⅒ oder noch weniger einer Richtergeschäftsaufgabe wird der Stellung eines hauptamtl Richters nicht gerecht und ist daher höchst bedenkl). 3

§ 116 (Zivil- und Strafsenate)

(1) [1]Bei den Oberlandesgerichten werden Zivil- und Strafsenate gebildet. [2]Bei den nach § 120 zuständigen Oberlandesgerichten werden Ermittlungsrichter bestellt; zum Ermittlungsrichter kann auch jedes Mitglied eines anderen Oberlandesgerichts, das in dem in § 120 bezeichneten Gebiet seinen Sitz hat, bestellt werden.

(2) [1]Die Landesregierungen werden ermächtigt, durch Rechtsverordnung außerhalb des Sitzes des Oberlandesgerichts für den Bezirk eines oder mehrerer Landgerichte Zivil- oder Strafsenate zu bilden und ihnen für diesen Bezirk die gesamte Tätigkeit des Zivil- oder Strafsenats des Oberlandesgerichts oder einen Teil dieser Tätigkeit zuzuweisen. [2]Ein auswärtiger Senat für Familiensachen kann für die Bezirke mehrerer Familiengerichte gebildet werden.

(3) Die Landesregierungen können die Ermächtigung nach Absatz 2 auf die Landesjustizverwaltungen übertragen.

§ 116 I. Bestimmung der Anzahl der Senate ist Verwaltungsaufgabe (Bayern: Art 4 AGGVG). – Neben den generell vorgesehenen Zivil- und Strafsenaten bestehen kraft sonderges Regelung zahlreiche **Spezialsenate**, zB Senat für FamSachen (§ 119 II), für Baulandsachen (§ 229 BauGB), für Entschädigungssachen (§ 208 BEG), für Landwirtschaftssachen (§ 2 LwVfG), Kartellsenat (§ 91 GWB), Vergabesenat (§ 171 III, IV GWB) sowie Fidei- 1 kommisssenat (G v 26.6.1935, RGBl 1935, 785 iVm § 2 G zur Aufhebung von Fideikommiss-Auflösungsrecht v 23.11.2007, BGBl I 2007, 2614, 2622) und zahlreiche Spruchkörper in berufsgerichtl und ehrengerichtl Verf (Dienstgericht für Richter, § 77 DRiG, sowie § 100 BRAO, § 101 BNotO, § 96 StBerG ua).

2 **§ 116 II, III.** Errichtung auswärtiger Senate durch RechtsVO, die auch den Geschäftskreis zu bestimmen hat (keine Zuweisung der Geschäftsaufgabe durch GVP, vgl BGH NJW 67, 107). Der Vors und die Mitglieder werden durch das Präsidium bestimmt (§ 21e I GVG). Auch der auswärtige Senat ist Teil des Stammgerichts; Rechtsmittel, die zur Zuständigkeit des auswärtigen Senats gehören, können fristwahrend auch beim Stammgericht eingelegt werden, und umgekehrt (BGH NJW 67, 107; BayObLG NZI 2020, 44). **Auswärtige Senate** des OLG Frankfurt in Kassel u Darmstadt, des OLG München in Augsburg, des OLG Karlsruhe in Freiburg, des BayObLG in Bamberg und Nürnberg.

§ 117 (Vertretung)

Die Vorschrift des § 70 Abs. 1 ist entsprechend anzuwenden.

1 **Abordnung** von Richtern – nicht nur solchen eines anderen OLG, sondern auch von Richtern am LG oder AG – (s § 70 Rn 1) ist grds möglich. Es muss sich immer um Richter auf Lebenszeit handeln (§ 28 I DRiG; zur Teil-Rückabordnung eines zum VRiOLG oder RiOLG ernannten Richter an sein bisheriges Gericht bis zum Abschluss eines laufenden Verf s § 29 II DRiG). Abordnung von Richtern kann auch an das BayObLG erfolgen (§ 10 EGGVG).

2 Nach stRspr des BVerfG (BVerfG BVerfGE 148, 69 mwN) ist das Recht auf den gesetzl Richter gem Art 101 I 2 GG verletzt, wenn bei einer Entscheidung ohne zwingende Gründe Richter mitwirken, die nicht hauptamtlich und planmäßig endgültig angestellt sind. Das **BVerfG** stellt mit **Beschluss vom 10.11.2022** (BVerfG NJW 2023, 1282 [LS] = DRiZ 2023, 114 = NVwZ 2023, 418 [Rechenbach]) klar, inwieweit diese Grundsätze auch auf die **Abordnung von auf Lebenszeit ernannten Richtern** anzuwenden sind, wobei das BVerfG feststellt, dass die abgeordneten Richter – anders als Richter auf Probe – bezogen auf ihre Stammdienststelle über persönliche Unabhängigkeit iSd Art 97 II GG verfügen, aber insoweit nicht geschützt sind, als das Abordnungsverhältnis betroffen ist; insoweit hält es das BVerfG für erforderlich, einer Gefahr des „Belohnens" oder „Abstrafens" für ein bestimmtes Entscheidungsverhalten zu begegnen. Hinzu komme, dass die richterliche Unabhängigkeit auch durch die **amtsangemessene Besoldung** zu gewährleisten sei, was mit der Wahrnehmung der Tätigkeit eines statushöheren Amts auf Grundlage einer **Abordnung auf Dauer** in Konflikt geriete. Vom BVerfG (BVerfG DRiZ 2023, 114 = NVwZ 2023, 418 Tz 12 mwN) **anerkannter Abordnungsgrund** für Lebenszeitrichter ist insb die **Eignungserprobung** zB für das Amt des Richters am OLG (sa BVerfG 22.6.2006 – 2 BvR 957/05; BGH NJW 2005, 3289 [LS] = NVwZ 2005, 1223). Hierunter ist nicht nur die in einigen Bundesländern übliche und ggf durch Verwaltungsvorschrift (hierzu sa OVG Berlin NVwZ 2022, 740) vorgesehene routinemäßige Erprobung unmittelbar vor der anstehenden Beförderung zu verstehen, sondern **auch individuelle Personalentwicklungsmaßnahmen** zur Förderung besonders befähigter Nachwuchskräfte **im Einzelfall** (s auch ausdrücklich „Notwendigkeit, Nachwuchs heranzubilden oder Beurteilungsgrundlagen für ein richterliches Beförderungsamt zu schaffen" als Abordnungsgründe: BVerfG 22.6.2006 – 2 BvR 957/05 Tz 7). Eine solche Personalentwicklungsmaßnahme kann neben dem allgemeinen Ziel, besonders qualifizierte jüngere Kräfte möglichst frühzeitig an Beförderungsämter heranzuführen, auch dem Ausgleich von Ausfallzeiten dienen, also besonders als Maßnahme zur Förderung der Gleichstellung von Frauen im Richteramt. Da die Probezeit für Richter auf Probe, die nicht die persönliche Unabhängigkeit nach Art 97 II GG genießen und von denen gleichwohl innere Unabhängigkeit verlangt wird (s § 1 Rn 5), bis zu fünf Jahre dauern kann (§ 12 II 1 DRiG), beträgt die zulässige höchste Gesamtdauer der Erprobungsabordnung von Lebenszeitrichtern jedenfalls auch mindestens fünf Jahre (sa Schmidt-Räntsch, 6. Aufl 2009, § 37 DRiG Rn 10 aE); sie ist theoretisch eher länger anzusetzen im Hinblick auf die fortbestehende persönliche Unabhängigkeit im Ausgangsamt, wenngleich fünf Jahre für eine Personalentwicklungsmaßnahme im Regelfall ausreichen dürften.

3 **Weiterer Abordnungsgrund** ist ein **zeitweiliger außergewöhnlicher Arbeitsanfall** in Abgrenzung zu einer unzureichenden Ausstattung des Gerichts mit planmäßigen Richtern (BVerfG DRiZ 2023, 114 = NVwZ 2023, 418 Tz 15). Das BVerfG erklärt seine diesbezüglichen Maßgaben ausdrücklich als **bindend für den Haushaltsgesetzgeber.** Allerdings wird man diesem einen Reaktionszeitraum für etwaige mit Einschnitten an anderer Stelle verbundene Umschichtungen im Staatshaushalt zubilligen müssen, etwa bis zum übernächsten Haushaltsbeschluss nach Eintritt der Mangellage.

§ 118 (Erstinstanzliche Zuständigkeit)

Die Oberlandesgerichte sind in bürgerlichen Rechtsstreitigkeiten im ersten Rechtszug zuständig für die Verhandlung und Entscheidung über Musterverfahren nach dem Kapitalanleger-Musterverfahrensgesetz.

Die Vorschrift regelt die **Zuständigkeit** für das **Musterverf** gem §§ 2 ff **KapMuG** und betrifft eine **kollektive Rechtsschutzform** zur Bündelung gleichgerichteter Interessen und Ansprüche von Kapitalmarktanlegern. Zu den Möglichkeiten der **Zuständigkeitskonzentration** s § 7 VI, VII KapMuG; in Bayern: Zuständigkeit des BayObLG (§ 8 BayGZVJu). 1

Weitere OLG-Zuständigkeiten in 1. Instanz: Commercial Court gem §§ 119b, 184a; Verbandsklagen (Abhilfeklagen und Musterfeststellungsklagen) gem §§ 1, 3 I, III, § 13 I 2 VDuG; Unterlassungsklagen gem § 6 UKlaG; Freigabeverf gem § 246a AktG; § 129 VerwertungsgesellschaftenG. 2

§ 119 (Zuständigkeit in Zivilsachen)

(1) Die Oberlandesgerichte sind in Zivilsachen zuständig für die Verhandlung und Entscheidung über die Rechtsmittel:

1. der Beschwerde gegen Entscheidungen der Amtsgerichte

a) in den von den Familiengerichten entschiedenen Sachen;

b) in den Angelegenheiten der freiwilligen Gerichtsbarkeit mit Ausnahme der Freiheitsentziehungssachen und der von den Betreuungsgerichten entschiedenen Sachen;

2. der Berufung und der Beschwerde gegen Entscheidungen der Landgerichte.

(2) § 23b Absatz 1, 2 und 3 Satz 3 und 4 gilt entsprechend.

1) **Gerichtsaufbau.** Zum Scheitern eines ursprüngl geplanten Kernstücks der ZPO-Reform, das die einheitl OLG-Zuständigkeit für Berufungen und Beschwerden gegen amts- und landgerichtl Entscheidungen im Zivilprozess vorgesehen hatte (vgl RegE BTDrs 14/4722), s 32. Aufl Rn 1: Die Abschaffung der landgerichtl Berufungskammern wäre faktisch ein entscheidender Schritt zur Einführung eines 3-stufigen Gerichtsaufbaus (Eingangsgericht statt AG/LG – Mittelgericht statt LG/OLG – BGH) gewesen. Eine derartige Strukturreform war bereits anlässl der dt Wiedervereinigung diskutiert und verworfen worden; es wurde nicht der 3-stufige Gerichtsaufbau der DDR übernommen. 1

2) **Funktionelle Zuständigkeit. I** regelt die funktionelle Zuständigkeit des **OLG als Rechtsmittelgericht in Zivilsachen**, also in bürgerl Rechtsstreitigkeiten, FamSachen u Angelegenheiten der freiw Gerichtsbarkeit, § 13. 2

I Nr 1 regelt, in welchen Fällen abw vom Grundsatz des § 72 die **OLG zuständig** sind für Beschwerden gegen Entscheidungen der **AG**. 3

I Nr 1a: Der **Rechtsmittelzug AG (FamG) – OLG (- BGH, § 70 FamFG, § 133 GVG)** beruht darauf, dass der Gesetzgeber die erstinstanzl Zuständigkeit in Kindschaftssachen und sonstigen FamSachen 1969 bzw 1976 vom LG auf AG übertragen, aber im Interesse einer einheitl Rspr die Rechtsmittelzuständigkeit beim OLG belassen hatte. OLG ist auch zuständig für Beschwerden nach §§ 24, 40 IntFamRVG. 4

Der Beschluss nach § 38 FamFG hat stets eine Rechtsbehelfsbelehrung zu enthalten (§ 39 FamFG). Dies dürfte Zweifelsfälle, ob Beschwerde beim Ausgangsgericht (§ 64 I FamFG) oder Berufung beim LG (§ 519 I ZPO) einzulegen ist, weitgehend ausschließen. Für die gleichwohl denkbaren Ausnahmefälle – FamG entscheidet unter dieser Bezeichnung über NichtfamSache oder AG, allg Prozessabteilung, urteilt über FamSache – gilt die **formelle Anknüpfung**. Somit bestimmen sich die Rechtsmittelzuständigkeit und das Rechtsmittelverf ausschließl danach, welcher Spruchkörper (FamG oder allg ProzessG) entschieden hat. Entspr dem Sinn der formellen Anknüpfung kommt es darauf an, unter welcher Bezeichnung das **Gericht nach außen aufgetreten ist** („AG-FamG"), Irrtümer hierbei können nicht nach § 319 ZPO „berichtigt" werden (BGH MDR 93, 382; BGH FamRZ 94, 1520). Ergeben sich – etwa auf Grund unterschiedl Kennzeichnung von Gericht und Verfahrensgegenstand, auch durch Az – Zweifel, ob AG als FamG oder allg ProzessG entschieden hat, kann Partei nach dann geltendem **Meistbegünstigungsgrundsatz** Berufung beim LG oder Beschwerde einlegen, die dann ggf entspr § 281 ZPO an das zuständige Gericht zu verweisen ist (BGH MDR 2011, 683; BGHZ 72, 182; BGH FamRZ 95, 219 = MDR 95, 823; BGH FamRZ 95, 351 = MDR 95, 521). Meistbegünstigungsgrds bewirkt jedoch keine Erweiterung des ges Rechtsmittelzugs (keine NZB in falsch als Zivilsache behandelter FamS, BGH MDR 2018, 615 = FamRZ 2018, 839 [Stockmann jurisPR-FamR 12/2018 Anm 6]). – Ob das FamG seine Zuständigkeit zu Recht oder zu Unrecht angenommen hat, ist für die Zuständigkeit des Beschwerdegerichts ohne Belang (BGH NJW 91, 231; ebenso eine irrtüml angenommene Zuständigkeit des Beschwerdegerichts im weiteren Instanzenzug; BGH NStZ-RR 2022, 23; BayObLG MDR 2000, 1252). Gegen alle von den FamG der AG erlassenen Entscheidungen – und nur gegen sie – ist der Rechtsmittelzug nach Nr 1a gegeben. 5

Die formelle Anknüpfung gilt auch für die Frage, ob innerhalb des zuständigen OLG mit dem Rechtsmittel ein allg Prozesssenat oder ein FamSenat (II) zu befassen ist, dh der FamSenat ist zuständig, wenn die angefochtene Entscheidung vom FamG stammt (BGH MDR 2024, 1535 = FamRZ 2025, 42). Dies hat erhebl praktische Bedeutung, weil nach § 513 II ZPO, § 65 IV FamFG die Frage der materiell richtigen Anknüpfung im Rechtsmittelverf nicht mehr zu prüfen ist. Da ein wesentl Verfahrensmangel allein nicht zur Zurückverweisung berechtigt 6

(§ 538 ZPO, § 69 I 3 FamFG), kann somit ein materiell unzuständiger Spruchkörper auf Grund der formellen Anknüpfung zu einer Sachentscheidung gezwungen sein; zu dessen anzuwendender Verfahrensordnung s differenzierend BGH MDR 2024, 1535 = FamRZ 2025, 42. Im Hinblick auf Art 101 I 2 GG wird man bei willkürl Bejahung der Zuständigkeit durch das Erstgericht jedoch eine Zurückverweisung an das materiell zuständige erstinstanzl Gericht gem § 538 II Nr 1 ZPO, § 69 I 3 FamFG auch dann zulassen müssen, wenn für die Sachentscheidung eine umfangreiche oder aufwendige Beweisaufnahme nicht erforderl wäre.

7 **I Nr 1b:** Das OLG ist grds auch **Beschwerdegericht** gegen die Entscheidungen des AG in den **Angelegenheiten der freiw Gerichtsbarkeit** gem § 23a I Nr 2, II, insb: Beschwerden in Nachlass-, Grundbuch- und Registersachen. OLG-Zuständigkeit auch bei landesrechtl Verweis auf das FamFG-Verf (BGH wistra 2012, 198; OLG Düsseldorf 4.11.2020 – 5 Sa 41/20; OLG Zweibrücken NJW 2011, 3527). Als **Ausnahmeregelung** bleibt die **Zuständigkeit des LG** bestehen für Beschwerden gegen **Entscheidungen der Betreuungsgerichte** (§§ 23c, 23a II Nr 1 GVG iVm §§ 271-341 FamFG; auch insoweit gilt **formelle Anknüpfung**, s Rn 5, 6) und gegen **Entscheidungen in Freiheitsentziehungssachen** (§§ 415 ff, § 429 FamFG; s § 23a Rn 10 und § 72 Rn 2).

8 **I Nr 1a und b** gelten auch für **Nebenentscheidungen** (OLG Karlsruhe MDR 2018, 886 = FamRZ 2018, 1256), insb für Beschwerden (auch nach § 11 I RPflG) gegen **Kostenentscheidungen** und Streitwertfestsetzungen (zB § 57 III FamGKG, § 33 IV 2 RVG). Ebenso ist der FamSenat zuständig für Entscheidungen über Kompetenzkonflikte nach § 36 ZPO in FamSachen (OLGR Brandenburg 2009, 334 = FamRZ 2009, 798; OLG Düsseldorf FamRZ 77, 725). Bei **Richterablehnung** gegen FamRichter Ausnahmezuständigkeit des OLG nur noch gem § 45 III ZPO. Für die Festsetzung der Vergütung bei **Beratungshilfe** ist der Beschwerdeweg zum LG nach § 72 gegeben, da diese außerhalb eines Verf geleistet wird, die Frage, ob nach dem Gegenstand eine FamSache vorliegt, sich also nicht stellt (BGH NJW 85, 2537; OLG Naumburg NJW-RR 2013, 1340; OLG Frankfurt NJW-RR 2012, 1024; OLG Koblenz NJW 2012, 944 = FamRZ 2012, 652; OLG Hamm 5.5.2015 – 32 SA 16/15; OLG Köln MDR 2011, 258; OLG Celle NdsRpfl 2011, 263; anders jedoch wegen formeller Anknüpfung, s Rn 5, wenn über Erinnerung fälschl FamG entschieden hat, OLGR Düsseldorf 2009, 188 = FamRZ 2009, 713; OLGR Nürnberg 2004, 322 = MDR 2004, 1186). Für Beschwerden gegen FamG-Entscheidungen über Zeugen- oder SV-Entschädigung ist gem § 4 IV 2 JVEG LG als „nächsthöheres" Gericht zuständig; eine Sonderregelung, wie in § 57 III FamGKG, § 33 IV 2 RVG, hat der Gesetzgeber bewusst nicht getroffen (RegE BRDrs 830/03, 220; OLG Brandenburg JurBüro 2024, 152; OLG Frankfurt 28.3.2023 – 6 WF 47/23; OLG Köln MDR 2019, 1474 = FamRZ 2020, 706; OLG Nürnberg FamRZ 2017, 470; OLG Celle MDR 2013, 981 = FamRZ 2013, 1512; OLG München MDR 2010, 1484 = FamRZ 2011, 844; KG FamRZ 2008, 1101 [Stockmann jurisPR-FamR 11/2008 Anm 6]; OLG Brandenburg MDR 2006, 227 = FamRZ 2006, 141; Kissel/Mayer Rn 7; MskV/Wittschier Rn 7; aA OLG Koblenz MDR 2014, 476).

9 **I Nr 2:** Auch hier gilt die **formelle Anknüpfung** (s Rn 5 f), auch für die Frage, ob der allg Zivilsenat oder der Senat für **Landwirtschaftssachen** zu entscheiden hat (§ 2 LwVfG; BGH NJW-RR 92, 1152; OLGR Köln 2002, 395). **Berufung:** Auch in Baulandsachen (§ 229 BauGB), Entschädigungssachen (§ 208 BEG), §§ 11, 14, 18 BinSchGerG. **Beschwerde:** gilt für alle Verf, für die die ZPO anzuwenden ist.

10 **3) Familiensenate. Nach II** sind bei den OLG **FamSenate** einzurichten; die Grundsätze des § 23b II gelten entspr (s § 23b Rn 8 ff). Es ist mindestens 1 FamSenat zu bilden. Sind mehrere Senate gebildet, so gilt auch § 23b II 2-4 entspr. Der FamSenat kann zugleich Zivilsenat sein, jedoch ist das Konzentrationsprinzip auch beim OLG zu beachten. Da § 23b II 1 Ausnahmen zulässt („soll"), kann aus bes Sachgründen eine Sonderaufteilung vorgenommen werden: zB ist es zulässig, über § 266 I Nr 3 FamFG hinaus alle Streitigkeiten zwischen (ehemaligen) Ehegatten dem FamSenat und andererseits Kostensachen in FamStreitigkeiten (s Rn 8) einem bestehenden speziellen „Kostensenat" zuzuweisen, der dann insoweit auch als FamSenat ausgewiesen werden muss. Auch die Kindesrückgabeverf sollten einem spezialisierten Senat zugewiesen werden (s § 23b Rn 9). Für **Richter der Familiensenate** gelten die besonderen fachlichen (Fortbildungs-) Anforderungen an Familienrichter (II iVm § 23b III 3, 4, s § 23b Rn 11, § 22 Rn 10, 11).

11 Auswärtige FamSenate: § 116 II 2.

12 Für **Zuständigkeitsstreit** zwischen FamSenat und Zivilsenat gilt § 36 I Nr 6 ZPO entspr (s § 21e Rn 38). Zur **Behandlung von beim** (zB wegen Zuständigkeitskonzentration) **unzuständigen Gericht eingelegten Berufungen und Beschwerden** s § 519 ZPO Rn 14.

13 **4) Weitere Zuständigkeit des OLG. GVG** § 21b VI 2 (Wahlanfechtung), § 113 III (Amtsenthebung eines Handelsrichters), §§ 119b, 184a (das G zur Stärkung des Justizstandortes Deutschland durch Einführung von Commercial Courts und der Gerichtssprache Englisch in der Zivilgerichtsbarkeit [Justizstandort-Stärkungsgesetz] v 7.10.2024, BGBl 2024 I Nr 302, mit der Möglichkeit, Senate eines OLG oder ObLG als Commercial Courts mit erstinstanzlicher Zuständigkeit und Gerichtssprache Deutsch oder Englisch einzurichten, ist in Kraft getreten mWv 1.4.2025, Kommentierung s § 119b und § 184a), § 159 (Verweigerung der Rechtshilfe), § 181 III (Sitzungspolizei, Ungebührstrafen); **EGGVG** § 23 (Anfechtung von Justiz-VA); **FamFG** § 5 (Bestimmung des zuständigen Gerichts); § 107 (Anerkennung ausl Entscheidungen in Ehesachen); **IntFamRVG** § 8 (Verf zur Überprüfung von Entscheidungen des GBA als zentrale Behörde iSd Art 53 VO (EG) 2201/2003, Art 6 Haager Übk,

Art 2 Europ Sorgerechtsübk); § 44 II (Vollstreckung); **AUG** § 43 (Beschwerde); **ZPO** § 36 (Bestimmung des zuständ Gerichts), § 1062 (Entscheidungen im Schiedsverf); **VDuG** § 3 (Verbandsklagen, s § 118 Rn 2); **UKlaG** § 5 (Unterlassungsklagen, s § 118 Rn 2); **SpruchG** § 12 (sof Beschwerde gegen LG-Entscheidungen nach §§ 2, 11 SpruchG; **GWB** § 91 (Kartellsachen), § 171 III, IV (sof Beschwerde im Nachprüfungsverf bei Vergabe öffentl Aufträge); **AktG** §§ 246a, 319 VI 7 (Freigabeverf); **WpÜG** § 48 IV: OLG Frankfurt/M, Beschwerdegericht gegen Entscheidungen des Bundesaufsichtsamts für den Wertpapierhandel; **LwVfG** § 7 II (Amtsenthebung landwirtschaftl Beisitzer); **PAO** § 94a (öff-rechtl Streitigkeiten in Patentanwaltssachen). Auch das Landesrecht kann dem OLG weitere Zuständigkeiten zuweisen (§ 3 EGGVG), zB Fideikommisssachen.

5) Zuständigkeitskonzentration. Für gewisse Verf kann die Zuständigkeit mehrerer OLG bei einem OLG 14
(oder – in Bayern – bei dem ObLG) zusammengefasst werden (zB § 25 II, § 30a III EGGVG, § 3 III VDUG, § 208 II BEG, § 4 I BinSchGerG, § 1062 V ZPO, §§ 92, 93, 171 IV GWB, § 12 II SpruchG, diverse Vorschriften des AktG, § 51b GmbHG, § 10 V UmwG, § 229 II BauGB; daneben **allg Konzentrationsermächtigung gem § 13a**. Umsetzung der Ermächtigungen zB in Bayern: AGGVG und Gerichtl ZuständigkeitsVO Justiz. Zur Rechtsmitteleinlegung s Rn 12.

§ 119a (Spezialsenate)

(1) Bei den Oberlandesgerichten werden ein oder mehrere Zivilsenate für folgende Sachgebiete gebildet:

1. Streitigkeiten aus Bank- und Finanzgeschäften,

2. Streitigkeiten aus Bau- und Architektenverträgen sowie aus Ingenieurverträgen, soweit sie im Zusammenhang mit Bauleistungen stehen,

3. Streitigkeiten aus Heilbehandlungen,

4. Streitigkeiten aus Versicherungsvertragsverhältnissen,

5. Streitigkeiten über Ansprüche aus Veröffentlichungen durch Druckerzeugnisse, Bild- und Tonträger jeder Art, insbesondere in Presse, Rundfunk, Film und Fernsehen,

6. erbrechtliche Streitigkeiten und

7. insolvenzrechtliche Streitigkeiten, Anfechtungssachen nach dem Anfechtungsgesetz sowie Streitigkeiten aus dem Unternehmensstabilisierungs- und -restrukturierungsgesetz.

(2) [1]Die Landesregierungen werden ermächtigt, durch Rechtsverordnung bei den Oberlandesgerichten einen oder mehrere Zivilsenate für weitere Sachgebiete einzurichten. [2]Die Landesregierungen können die Ermächtigung auf die Landesjustizverwaltungen übertragen.

(3) Den Zivilsenaten nach den Absätzen 1 und 2 können auch Streitigkeiten nach § 119 Absatz 1 zugewiesen werden.

Der RefE des BMJV für ein G zur Änderung des Zuständigkeitsstreitwerts der Amtsgerichte, zum Ausbau der Spezialisierung der Justiz in Zivilsachen sowie zur Änderung weiterer prozessualer Regelungen sieht ua vor, dass am OLG Spezialsenate für Vergabesachen gebildet werden. Außerdem ist die Klarstellung vorgesehen, dass die Zuständigkeit der Spezialsenate für Veröffentlichungsstreitigkeiten (§ 119a I Nr 5) auch Veröffentlichungen im Internet umfasst. Zeitnah zum Inkrafttreten des G finden Sie eine Kommentierung der Änderung in der Online-Version des Zöller (Ihre persönlichen Zugangsdaten s zu Beginn des Werkes).

1) Allgemeines, Bezugnahme auf § 72a. Zu den allgemeinen Erwägungen, den Folgen der **gesetzlich geregelten Zuständigkeit**, den **Bestimmungen der Sachgebiete in I Nr 1-7**, und zur **Gestaltungsfreiheit des Landesrechts und der Präsidien** wird Bezug auf § 72a Rn 1-13 genommen. 1

2) Anknüpfung. Anders als in § 119 I Nr 1 hat der Gesetzgeber in § 119a **keine formelle Anknüpfung** an eine 2
erstinstanzliche Entscheidung der Spezialkammern nach § 72a geschaffen, so dass sich die **Zuständigkeit der Spezialsenate materiell** danach richtet, ob eine Streitigkeit aus den Sachgebieten des I Nr 1-7 vorliegt (OLG Braunschweig 8.2.2019 – 1 W 1/19). Für den Fall des Kompetenzkonflikts ist für die entsprechende Anwendung des § 36 I Nr 6 ZPO (s § 72a Rn 2) infolge der ausscheidenden BGH-Zuständigkeit (§ 36 II ZPO) in der OLG-Geschäftsverteilung Sorge zu tragen, dass die Entscheidung in jedem Fall durch einen nicht beteiligten Senat erfolgen kann (in Bayern Zuständigkeit des BayObLG gem § 9 EGZPO).

3) Fehler. Nur **Willkür** bei der Anwendung der Geschäftsverteilung begründet die Revision gem § 547 Nr 1 3
ZPO, nicht schon Irrtum (§ 21e Rn 53, § 547 ZPO Rn 2 ff jew mwN).

§ 119b (Commercial Court)

(1) [1]Die Landesregierungen werden ermächtigt, jeweils durch Rechtsverordnung einen oder mehrere Senate bei einem Oberlandesgericht oder einem Obersten Landesgericht als Commercial Court einzurichten, der im ersten Rechtszug zuständig ist für folgende Streitigkeiten mit einem Streitwert ab 500 000 Euro:

1. Bürgerliche Rechtsstreitigkeiten zwischen Unternehmern (§ 14 des Bürgerlichen Gesetzbuchs) mit Ausnahme von solchen auf dem Gebiet des gewerblichen Rechtsschutzes, des Urheberrechts sowie über Ansprüche nach dem Gesetz gegen den unlauteren Wettbewerb,

2. Streitigkeiten aus oder im Zusammenhang mit dem Erwerb eines Unternehmens oder von Anteilen an einem Unternehmen,

3. Streitigkeiten zwischen Gesellschaft und Mitgliedern des Leitungsorgans oder Aufsichtsrats.

[2]Die Zuständigkeit des Commercial Courts nach Satz 1 kann auf bestimmte Sachgebiete beschränkt werden. [3]Die Zuständigkeit nach Satz 1 kann auch auf Sachgebiete erstreckt werden, in denen die ausschließliche Zuständigkeit des Landgerichts oder ein sonstiger ausschließlicher Gerichtsstand vorgesehen ist. [4]Die Zuständigkeit des Commercial Courts nach Satz 1 kann nicht vorgesehen werden für Streitigkeiten über die Wirksamkeit oder Rechtmäßigkeit von Beschlüssen von Gesellschaftern oder Gesellschaftsorganen, Verfahren nach § 71 Absatz 2 Nummer 4 des Gerichtsverfassungsgesetzes oder nach § 375 des Gesetzes über Verfahren in Familiensachen und in den Angelegenheiten der freiwilligen Gerichtsbarkeit.

(2) [1]Der Commercial Court wird durch ausdrückliche oder stillschweigende Vereinbarung der Parteien zuständig, sofern die Voraussetzungen des Absatzes 1 vorliegen. [2]Die vereinbarte Zuständigkeit ist ausschließlich, sofern die Parteien nichts anderes ausdrücklich vereinbart haben. [3]Unter den Voraussetzungen des Absatzes 1 wird der Commercial Court auch zuständig, wenn der Kläger dies in der Klageschrift beantragt hat und der Beklagte sich in der Klageerwiderung rügelos darauf einlässt.

(3) Sind in einem Land mehrere Oberlandesgerichte errichtet, so kann die Landesregierung die Zuständigkeit des Commercial Courts durch Rechtsverordnung über das Gebiet des Oberlandesgerichts hinaus bestimmen.

(4) Die Landesregierungen werden ermächtigt, durch Rechtsverordnung abweichend von § 119 Absatz 1 Nummer 2 dem Commercial Court die Verhandlung und Entscheidung über die Rechtsmittel der Berufung und der Beschwerde gegen solche Entscheidungen der Landgerichte zuzuweisen, denen eine Streitigkeit zugrunde liegt, die die Sachgebiete des Commercial Courts betrifft.

(5) Die Landesregierungen können die in den Absätzen 1, 3 und 4 genannten Ermächtigungen durch Rechtsverordnung auf die Landesjustizverwaltungen übertragen.

(6) [1]Mehrere Länder können vereinbaren, einen gemeinsamen Commercial Court an einem Oberlandesgericht oder an einem Obersten Landesgericht einzurichten. [2]Die Zuständigkeit eines gemeinsamen Commercial Courts nach Satz 1 kann über Ländergrenzen hinaus vereinbart werden.

(7) [1]Regelungen in völkerrechtlichen Vereinbarungen gehen, soweit sie unmittelbar anwendbares innerstaatliches Recht geworden sind, dieser Vorschrift vor. [2]Regelungen in Rechtsakten der Europäischen Union bleiben unberührt. [3]Die zur Aus- und Durchführung von Vereinbarungen und Rechtsakten im Sinne der Sätze 1 und 2 erlassenen Bestimmungen bleiben unberührt. [4]Soweit eine Gerichtsstandsvereinbarung zur internationalen und gegebenenfalls örtlichen Zuständigkeit nach vorrangig anzuwendendem internationalen Recht unter geringeren Voraussetzungen wirksam wäre, gilt dies im Rahmen des Anwendungsbereiches dieses Rechts in gleicher Weise für die Vereinbarung nach Absatz 2 Satz 1.

Eingefügt durch Justizstandort-Stärkungsgesetz v 7.10.2024 (BGBl 2024 I Nr 302) mWv 1.4.2025. Wesentl Gesetzesmaterialien: RegE BTDrs 20/8649; Beschlussempfehlung u Bericht BT-Rechtsausschuss BTDrs 20/11466.

1 **I) Allgemeines, Konzept des Justizstandort-Stärkungsgesetzes.** Der Gesetzgeber will der Entwicklung entgegentreten, dass große Wirtschaftsstreitigkeiten vermehrt in anderen Rechtsordnungen oder in der privaten Schiedsgerichtsbarkeit geführt werden, und den Justiz- u Wirtschaftsstandort Deutschland stärken (Einl GVG Rn 19, RegE BTDrs 20/8649, 1; Koch MDR 2024, 1015; Deuring ZIP 2025, 69; Klink IPrax 2025, 127; Wolff NJW 2025, 1081 jew mwN). **§ 119b** ist im Kontext mit **§ 614 ZPO** und ergänzenden Verfahrensvorschriften in §§ 610-613 ZPO die **wichtigste Regelung des Justizstandort-StärkungsG**. Die Vorschriften ermöglichen einen **neuen fakultativen, eigenständigen Rechtszug** für **Wirtschaftszivilsachen** mit **Streitwert ab 500.000 Euro** mit nur einer Tatsacheninstanz (Zuständigkeit bestimmter Senate einzelner OLGe bzw des BayObLG als „Commercial Court") und im Gegenzug dazu mit einer zulassungsfreien Revision (krit hierzu Nöhre Stellungnahme BT-Rechtsausschuss 82. Sitzung 13.12.2023). Daneben schafft das Justizstandort-StärkungsG die Ermächtigung, Verf in Wirtschaftszivilsachen vor bestimmten Spruchkörpern in den Tatsacheninstanzen sowie vor dem BGH für die **Gerichtssprache Englisch** zu öffnen (§ 184a, § 184b, s dort); jedoch sind weder die Verwendung der Gerichtssprache Englisch noch ein grenzüberschreitender Bezug des Verf Voraussetzung für die Zuständigkeit der Commercial Courts (RegE BTDrs 20/8649, 2, 17; Klink IPRax 2024, 349, 351). Als dritte bedeutende Neuregelung schafft das Justizstandort-StärkungsG die allg Möglichkeit in der Ziviljustiz, bei Verh über **Geschäftsgeheimnisse die Öffentlichkeit auszuschließen und Gegner zur vertraul Behandlung der Geheimnisse zu verpflichten** (§ 273a ZPO, s dort u § 172 Rn 1, 8; Leuering/Rosa-Schneiders NJW 2024, 3177).

2 **II) Errichtung und erstinstanzliche Zuständigkeit von Commercial Courts. 1) Errichtung. I 1** iVm V ermächtigt die Landesregierungen und nach zu erwartender Delegation die Landesjustizverwaltungen, durch

Rechtsverordnung jeweils an höchstens einem OLG oder am BayObLG (s § 8 EGGVG Rn 1) einen Senat oder mehrere Senate als Commercial Court einzurichten, die aufgrund Parteivereinbarung (II) **in erster Instanz** zuständig sind für bestimmte Wirtschaftszivilsachen mit **Streitwert ab 500.000 Euro**. Sie sollen für diese Verf, auch für internat Verf, spezialisiert sein, hocheffizient arbeiten (s §§ 612, 613 ZPO; Gärtner/Golland DB 2024, 2745) und nach Vorstellung des Gesetzgebers (RegE BTDrs 20/8649, 17) mit Richterinnen u Richtern besetzt sein, die über größere Erfahrungen und Spezialkenntnisse verfügen, sich verstärkt auf einzelne Verf konzentrieren können und einer geringeren Personalfluktuation unterliegen; hier wird viel von der Geschäftsverteilungspraxis der Präsidien und der Beförderungspraxis in den Ländern abhängen. Die **Beschränkung** auf maximal einen Commercial Court je Land (III) und die ausdrückl deklaratorische Hervorhebung (VI) der kraft Organisationsgewalt der Länder und des § 13a II (s § 13a Rn 2) ohnehin gegebenen **Zulässigkeit** der Errichtung eines gemeinsamen Commercial Courts an einem OLG/ObLG mit **länderübergreifender Zuständigkeit** sollen ein inflationäres Entstehen von Commercial Courts mit einer zersplitterten Struktur in Deutschland vermeiden und im Gegenteil perspektivisch die „**Architektur einiger weniger, aber herausragender Kompetenzzentren in Deutschland**" ermöglichen, die „im Rahmen einer Gesamtbetrachtung das komplette Spektrum bedeutender Wirtschaftsstreitigkeiten abdecken" (RegE BTDrs 20/8649, 21, 26, 27; Gärtner/Golland DB 2024, 2745; Nöhre Stellungnahme BT-Rechtsausschuss 82. Sitzung 13.12.2023). Entgegen den Vorstellungen des Bundesgesetzgebers erfolgen Errichtungen von Commercial Courts mit unübersichtlichen differenzierten Zuständigkeiten bei OLGen ohne erkennbare Abstimmung oder gar länderübergreifende Zuständigkeit: KG (§ 1 Commercial Court Verordnung – CCVO Berlin mWv 1.4.2025); OLG Düsseldorf (§ 1 Commercial-Court- und Commercial-Chambers-VO NW mWv 3.4.2025); OLG Stuttgart (§ 7 ZuVOJu Baden-Württemberg mWv 4.4.2025); OLG Bremen (§ 1 Bremische Commercial Court VO mWv 4.4.2025); OLG Hamburg (§ 1 Commercial-Court-VO Hamburg mWv 15.4.2025); OLG München (§ 1a GZVJu Bayern mWv 1.6.2025); OLG Frankfurt (VO zur Einführung eines Commercial Court und von Commercial Chambers Hessen mWv 1.7.2025). Die Einrichtung von weiteren Commercial Courts noch im Jahr 2025 ist in Sachsen (OLG Dresden) und Niedersachsen (OLG Celle) geplant. Eine Übersicht zu den Commercial Courts und Commercial Chambers mit ihren jew Zuständigkeiten findet sich auf der Homepage der RA-Kanzlei Gleiss Lutz: https://www.gleisslutz.com/sites/default/files/static/2025-06/justizstandort-staerkungsgesetz_tabelle_updated_16_juni_2025.pdf und auf der Homepage des BMJV: https://www.bmjv.de/DE/themen/wege_zum_recht/commercial_courts/commercial_courts_node.html.

2) **Mögliche Zuständigkeitszuweisungen an Commercial Courts. a) Streitwert.** Nach **I 1** darf die Landes-RechtsVO die Zuständigkeit des Commercial Courts nur begründen für Streitigkeiten mit einem **Zuständigkeitsstreitwert** (§ 3 ZPO) iHv **mind 500.000 Euro**; das Erreichen dieser Streitwertgrenze ist also die erste **unabdingbare Voraussetzung** für die erstinstanzliche Zuständigkeit des Commercial Courts. Die VO darf keine niedrigere, aber auch keine höhere Streitwertgrenze festsetzen; I 2 ermöglicht nur die Beschränkung auf bestimmte Sachgebiete, also nicht auf bestimmte Streitwerte. Wird der Zuständigkeitsstreitwert für den Commercial Court erst durch Klageerweiterung oder Widerklage erreicht, gilt § 611 II ZPO. Im umgekehrten Fall des Absinkens des Streitwerts unter die Grenze gilt der Grds der perpetuatio fori (§ 261 III Nr 2 ZPO; RegE BTDrs 20/8649, 37). **b) Sachgebiete nach I 1 Nr 1-3: Nr 1** umfasst alle bürgerl Rechtsstreitigkeiten iSd **§ 13 GVG** (§ 13 Rn 4-37, 55) zwischen Unternehmern (§ 14 BGB), also aufgrund von sog „B2B-Geschäften", allerdings mit wichtigen **Ausnahmen: Ausgenommen sind Streitigkeiten auf den Gebieten des gewerbl Rechtsschutzes u des UrheberR**. Diese Begriffe sind Art 73 I Nr 9 GG entlehnt und umfassen insb Streitigkeiten nach folgenden Vorschriften: § 143 I PatG, § 27 I GebrMG, § 11 II HalbleiterschutzG iVm § 27 I GebrMG, § 39 I G über Arbeitnehmererfindungen iVm § 143 PatG, § 122 I u § 140 I MarkenG, § 52 I u § 63 I DesignG sowie Urheberrechtsstreitigkeiten iSd § 104 UrhG einschl der das VerwertungsgesellschaftsG u das VerlagsG betreffenden Streitverf; **weiter ausgenommen** sind die Streitigkeiten nach § 8 I u § 9 I UWG (RegE BTDrs 20/8649, 24, 25). Grund für diese im Gesetzgebungsverf umstrittenen (dagegen ua Stellungnahme BR BTDrs 20/8649, 46) Ausnahmen ist, dass es in den genannten Bereichen zu keiner signifikanten Abwanderung von Verf ins Ausland oder in die Schiedsgerichtsbarkeit gekommen sei und eine auch internat anerkannte Rechtsprechungsexpertise bei den LG vorhanden sei (RegE BTDrs 20/8649, 25). **Nr 2** ist neben Nr 1 gesondert in den Zuständigkeitskatalog aufgenommen, weil beim Kauf oder Verkauf von Unternehmen(santeilen) (sog „M&A-Fälle") oft Privatpersonen im Wege der Vermögensverwaltung, also rechtl gesehen als Verbraucher, tätig werden, faktisch aber Unternehmern gleichzusetzen sind (RegE BTDrs 20/8649, 25). **Nr 3** ist im Gesetzgebungsverf eingefügt worden. Der BR hatte wie die Sachverständigen Allgayer, Klink (für den DRB, Richter am OLG Stuttgart, „Commercial Court" iRd bish Rechts), Kondring, Riehm u Rühl vorgeschlagen (s jew Anl zum Prot BT-Rechtsausschuss 82. Sitzung 13.12.2023), grds „gesellschaftsrechtl Streitigkeiten" in den Zuständigkeitsbereich des Commercial Courts einzubeziehen. Auf Vorschlag des BT-RA (BTDrs 20/11466, 25) wurde stattdessen nur Nr 3 eingefügt, um zB **Organhaftungsklagen** einer Gesellschaft gegen einen Geschäftsführer, der selbst Verbraucher ist, bei Erreichen des Mindeststreitwerts zu erfassen (s hierzu auch Koch MDR 2024, 1015); eine weitergehende Erweiterung der Zuständigkeit der Commercial Courts soll iR der Evaluierung des G geprüft werden. **c) Erstreckung der Zuständigkeit auf weitere Sachgebiete gem I 3:** Die RechtsVO nach I 1 kann die Zuständigkeit des Commercial Courts grds auf Sachgebiete erstrecken, in denen ein anderer ausschließlicher Gerichtsstand vorgesehen ist. Im Fall dieser Zuständigkeitserstreckung findet § 40 II ZPO keine Anwendung. Die Gesetzesbegr nennt als 3

wichtige Bsp §§ 24, 29a ZPO (s RegE BTDrs 20/8649, 25, 26). **dd) Unzulässige Zuständigkeitserstreckung gem I 4:** Die Regelung über den Ausschluss der Zuständigkeit des Commercial Courts für Streitigkeiten über Beschlüsse von Gesellschaftern oder Gesellschaftsorganen sowie für Verf nach § 71 II 4 GVG u nach § 375 FamFG wurde im Gesetzgebungsverf eingefügt; sie betrifft insb gesellschaftsrechtl Verf mit Erga-omnes-Wirkung und dient vor allem dem Schutz von Minderheitsgesellschaftern (Stellungnahme des BR BTDrs 20/8649, 46, BT-Rechtsausschuss BTDrs 20/11466, 5, 26).

4 **3) Mögliche Zuständigkeitsbeschränkungen eines Commercial Courts.** Nach **I 2** kann die Zuständigkeit des Commercial Courts auf einzelne Sachgebiete beschränkt werden; gemeint sind die in I 1 Nr 1-3 genannten Sachgebiete, wobei auch Differenzierungen innerhalb der Sachgebiete zulässig sind. So kann zB die Zuständigkeit eines als Commercial Court eingesetzten Senats auf die Handelssachen iSd § 95 GVG innerhalb der in I 1 genannten Sachgebiete beschränkt werden (s RegE BTDrs 20/8649, 25 mw Bsp mögl Beschränkungen). **I 2 iVm VI** gibt dem VO-Geber somit große **Flexibilität** bei der Ermöglichung der Spezialisierung, und zwar sowohl innerhalb eines Commercial Courts als auch länderübergreifend zw den deutschen Commercial Courts. Wenn **an einem OLG** oder dem BayObLG **mehrere Senate** als Commercial Court eingerichtet werden, hat der **Verordnungsgeber** die Wahl: Er kann iS größtmöglicher Spezialisierung die Zuständigkeit jedes dieser Senate selbst bestimmen. Dies ergibt sich aus dem Wortlaut des I 1; Folge ist eine materiell-gesetzl geregelte funktionelle Zuständigkeit der einzelnen Senate, die nicht der Geschäftsverteilung des Präsidiums obliegt, vgl für die Spezialkammern u -senate nach §§ 72a, 119a GVG, § 72a Rn 2. Unterbleibt eine solche Differenzierung durch den Verordnungsgeber, obliegt die Verteilung der Geschäfte nach I unter den Commercial Court-Senaten dem Präsidium nach den allg Regeln des § 21e GVG. Eine Beschränkung der Zuständigkeit nach I 2 wird sich jedenfalls im Wege der **Vereinbarung nach VI** empfehlen, s Rn 9.

5 **4) Zuständigkeit im Einzelfall durch Vereinbarung.** Neben der Zuständigkeit nach I ist Voraussetzung für die Zuständigkeit des Commercial Courts im Einzelfall gem **II 1** eine ausdrückl oder stillschweigende **Parteivereinbarung** entspr § 38 I ZPO (Gerichtsstandsvereinbarung), die vorbehaltl einer anderweitigen Vereinbarung die ausschließl Zuständigkeit begründet (II 2), oder gem II 3 die **rügelose Einlassung** des Bekl entspr § 39 S 1 ZPO (RegE BTDrs 20/8649, 26).

6 **5) Landesweite Zuständigkeit.** Da nur an einem OLG eines Landes ein Commercial Court eingerichtet werden darf (I 1), regelt für den Fall des Bestehens mehrerer OLGe im Land **III** deklaratorisch (s die allg Regel des § 13a I 1 u 2) die logische Folge, dass die Zuständigkeit des Commercial Courts im Land über das Gebiet des eigenen OLG hinaus erstreckt werden kann. Wichtiger ist die länderübergreifende Konzentration gem VI (Rn 9).

7 **III) Commercial Court als Rechtsmittelinstanz. IV** ermöglicht iVm § 184a eine Konzentrationszuständigkeit der Commercial Courts beim OLG für Rechtsmittel gegen Entscheidungen des LG zu Streitigkeiten, die Sachgebiete des Commercial Courts betreffen; die Vorschrift ist aber unglücklich formuliert: Unzutreffend ist schon, dass die Vorschrift zu einer „von § 119 I Nr 2 abweichende(n)" Zuständigkeitsbegründung ermächtigt: Es bleibt dabei, dass für Berufungen u Beschwerden gegen Entscheidungen des LG das OLG zuständig ist (§ 119 I Nr 2); es wird nur zu einer Zuständigkeitskonzentration bei bestimmten Senaten (Commercial Courts) von bestimmten OLG (I 1) ermächtigt. Andererseits würde nach dem Wortlaut der Norm ein Gebrauchmachen von der Ermächtigung dazu führen, den Commercial Courts die Rechtsmittelzuständigkeit für alle ihren Sachgebieten unterfallenden Entscheidungen aller LG ihres OLG-Bezirks zu übertragen unabhängig davon, ob sie von den „ausgewählten LG" iSd § 184a I 1 Nr 1 erlassen wurden. Zur Vermeidung der Überflutung der Commercial Courts mit Berufungsverf empfiehlt es sich, den Commercial Courts in ihrem örtl Zuständigkeitsbereich **nur** die Verh u Entscheidung über die **Rechtsmittel gegen Entscheidungen der Commercial Chambers** zu übertragen, also von der Ermächtigung des IV nur teilw Gebrauch zu machen. Dies ist auch verfassungsrechtl unbedenkl (vgl Remmert in Dürig/Herzog/Scholz, GG, Stand 105. EL 8.2024, Art 80 GG Rn 119, 123; Brenner in Huber/Voßkuhle, GG, 8. Aufl, Art 80 GG Rn 72 f; Uhle in BeckOK.GG, 59. Ed, Stand 15.9.2024, Art 80 GG Rn 29, 29a). Auch ist in der Gesetzesbegr das Motiv, verhindern zu können, „dass die englischsprachigen Entscheidungen der LG unverändert auf die bislang zuständigen OLG-Senate zulaufen" (RegE BTDrs 20/8649, 26), zu eng formuliert: Gem § 184a I 2 können Verf bei den bei ausgewählten LG zu errichtenden Commercial Chambers bei entspr Regelung in der Rechtsverordnung auch in deutscher Sprache geführt werden; und sie können auch in der Rechtsmittelinstanz in deutscher Sprache fortgeführt werden (s §§ 184, 184a III). Allerdings ist richtig, dass die Länder, die von der Möglichkeit der Bildung von Commercial Chambers Gebrauch machen, zwingend auch die Möglichkeit der Verh in englischer Sprache vor dem OLG als Rechtsmittelinstanz schaffen müssen, sei es vor dem Commercial Court oder einem allg Zivilsenat (s § 184a I 1 Nr 1 Hs 2; § 184a Rn 5): Aus § 184a I 1 ergibt sich wohl (s § 184a Rn 6), dass es keine rein deutschsprachigen Commercial Chambers gibt und dass für die englischsprachigen Verf dieser Kammern auch eine englischsprachige Rechtsmittelinstanz zur Verfügung stehen muss. Umfasst die örtl Zuständigkeit der Rechtsmittelinstanz gem VI mehrere Länder, ist die RechtsVO des Sitzlandes durch einen entspr Staatsvertrag zu ergänzen. Die **Streitwertgrenze** des I 1 **gilt nicht** für den zweiten Rechtszug (Wortlaut des I 1 „im ersten Rechtszug", RegE BTDrs 20/8649, 26; Klink IPRax 2024, 349, 352).

8 **IV) Delegationsermächtigung. V** enthält die übliche (vgl zB § 13a I 2) Ermächtigung der Landesregierungen, die Ermächtigungen nach I, III und IV auf die Landesjustizverwaltungen zu übertragen.

V) **Länderübergreifende Zuständigkeit.** VI regelt deklaratorisch (s die allg Regel des § 13a II, s § 13a Rn 2) die Zulässigkeit länderübergreifender Kooperationen durch Einrichtung gemeinsamer Commercial Courts „an einem Oberlandesgericht oder an einem Obersten Landesgericht", also die Einrichtung von Senaten iSd I 1 mit landesübergreifender Zuständigkeit bei einem bestehenden Gericht, aber nicht etwa die Errichtung neuer gemeinschaftl Behörden etwa nach dem Vorbild der gemeinsamen Fachgerichte von Berlin u Brandenburg. Das heißt: Das OLG des Landes A mit einem Senat als Commercial Court, der vereinbarungsgemäß für die Länder A,B,C … zuständig ist, bleibt ein Gericht des Landes A mit allen gerichtsorganisatorischen, gerichtsverfassungsrechtlichen, richterrechtlichen, personalvertretungsrechtlichen etc Folgen. VI 2 regelt den (selbstverständl) Inhalt einer solchen Vereinbarung, die als Staatsvertrag zu treffen ist, um eine gesetzl Grundlage für die umfassende örtl Zuständigkeit zu bilden. Zum Ziel der Schaffung länderübergreifender Zuständigkeiten s Rn 2. 9

VI) **Internationale und ggf örtliche, sachliche und funktionelle Zuständigkeit.** VII stellt klar, dass insoweit bei grenzüberschreitenden Streitigkeiten ggf die Erfüllung geringerer Anforderungen nach europ u internat Recht ggü II für die Zuständigkeit des Commercial Courts ausreicht. Der GesetzE nennt als Bsp die Brüssel-Ia-VO, das Lugano-Übk und das Haager Übk über Gerichtsstandsvereinbarungen (RegE BTDrs 20/8649, 27). 10

§§ 120 bis 121 (betr Strafsachen)

§ 122 (Besetzung)

(1) Die Senate der Oberlandesgerichte entscheiden, soweit nicht nach den Vorschriften der Prozessgesetze an Stelle des Senats der Einzelrichter zu entscheiden hat, in der Besetzung von drei Mitgliedern mit Einschluss des Vorsitzenden.
(2) (betrifft Strafsachen)

Dass eine Sache grundsätzl Bedeutung hat und deshalb die Rechtsbeschwerde zuzulassen ist, kann nicht der Einzelrichter entscheiden (s § 574 ZPO Rn 14). 1

Neunter Titel
Bundesgerichtshof (§§ 123-140)

§ 123 (Sitz)

Sitz des Bundesgerichtshofes ist Karlsruhe.

BGH: Oberstes Bundesgericht für den Bereich der ordentl Gerichtsbarkeit (Art 95 GG). Zu den auswärtigen (Straf-) Senaten in Leipzig s § 130 Rn 2. 1

§ 124 (Besetzung)

Der Bundesgerichtshof wird mit einem Präsidenten sowie mit Vorsitzenden Richtern und weiteren Richtern besetzt.

Für Präsidenten gilt § 21e I 3, für VorsRichter § 21f I. Hilfsrichter sind nicht zugelassen, selbstverständlich aber wissenschaftliche Mitarbeiter, deren Einsatz sich seit Jahrzehnten so gut bewährt, dass er bei Bedarf auf OLGe und (für komplexe Umfangsverf) LGe auszuweiten ist. 1

§ 125 (Berufung der Richter)

(1) Die Mitglieder des Bundesgerichtshofes werden durch den Bundesminister der Justiz und für Verbraucherschutz gemeinsam mit dem Richterwahlausschuss gemäß dem Richterwahlgesetz berufen und vom Bundespräsidenten ernannt.
(2) Zum Mitglied des Bundesgerichtshofes kann nur berufen werden, wer das fünfunddreißigste Lebensjahr vollendet hat.

RichterwahlG v 25.8.1950, BGBl I 1950, 368, zuletzt geändert durch Art 133 VO v 31.8.2015, BGBl I 2015, 1474. Zur Anwendbarkeit des Art 33 II GG auf die Richterwahl zutr OVG Schleswig NJW 2001, 3495; zu Modifika- 1 tionen auf Grund des durch Art 95 II GG vorgeschriebenen Wahlverfahrens BVerfGE 143, 22 = NJW 2016, 3425-3429.

2 § 125 (und § 130) regeln indirekt zugleich, dass der BMJV die **Dienstaufsicht** über den BGH führt.

§§ 126 bis 129 (weggefallen)

§ 130 (Zivil- und Strafsenate)

(1) [1]Bei dem Bundesgerichtshof werden Zivil- und Strafsenate gebildet und Ermittlungsrichter bestellt. [2]Ihre Zahl bestimmt der Bundesminister der Justiz und für Verbraucherschutz.

(2) Der Bundesminister der Justiz und für Verbraucherschutz wird ermächtigt, Zivil- und Strafsenate auch außerhalb des Sitzes des Bundesgerichtshofes zu bilden und die Dienstsitze für Ermittlungsrichter des Bundesgerichtshofes zu bestimmen.

1 **Anzahl** der Senate seit 1.9.2019 13 (bis dahin 12) Zivilsenate, seit 15.2.2020 6 (bis dahin 5) Strafsenate, 8 Senate mit bes Aufgaben (s § 132 Rn 9), dazu die Großen Senate nach § 132, außerdem seit 1.8.2021 VIa. Zivilsenat als **Hilfssenat** (s § 21f Rn 2), zuständig für Schadensersatzansprüche aus unerlaubten Handlungen in „Dieselsachen“. In FamS entscheidet Zivilsenat; spezielle FamSenate (s § 119 II für OLG) sind beim BGH nicht vorgeschrieben, jedoch durch Geschäftsverteilung gebildet.

2 **5. und 6. Strafsenat** haben als auswärtige Senate ihren Sitz in **Leipzig** (s § 123 Rn 1). Der Dt Bundestag hat am 26.6.1992 **Vorschläge der Unabhängigen Föderalismuskommission** von Bundestag und Bundesrat für eine ausgeglichene Verteilung von Bundesbehörden unter besonderer Berücksichtigung der neuen Länder zur Kenntnis genommen und beschlossen, die Kommission solle die Umsetzung der Beschlüsse begleiten, bis eine annähernd ausgewogene Verteilung von Bundeseinrichtungen und -institutionen über alle Länder erreicht sei; danach sollten neue Zivilsenate des BGH nur in Karlsruhe gebildet werden, dafür aber jeweils ein bestehender Strafsenat von Karlsruhe nach Leipzig verlegt werden, sog „Rutschklausel“ (BTDrs 12/2853 – Anlage, BT-Plenarprotokoll 12/100.S 8501 C – 8521 A). Mit der Bildung der neuen Senate (XIII. Zivilsenat in Karlsruhe und 6. Strafsenat in Leipzig) wurde dem immerhin teilw Rechnung getragen (Mosbacher NStZ 2019 Heft 2 S V; krit Tombrink DRiZ 2018, 408).

§§ 131, 131a (weggefallen)

§ 132 (Große Senate; Vereinigte Große Senate)

(1) [1]Beim Bundesgerichtshof werden ein Großer Senat für Zivilsachen und ein Großer Senat für Strafsachen gebildet. [2]Die Großen Senate bilden die Vereinigten Großen Senate.

(2) Will ein Senat in einer Rechtsfrage von der Entscheidung eines anderen Senats abweichen, so entscheiden der Große Senat für Zivilsachen, wenn ein Zivilsenat von einem anderen Zivilsenat oder von dem Großen Zivilsenat, der Große Senat für Strafsachen, wenn ein Strafsenat von einem anderen Strafsenat oder von dem Großen Senat für Strafsachen, die Vereinigten Großen Senate, wenn ein Zivilsenat von einem Strafsenat oder von dem Großen Senat für Strafsachen oder ein Strafsenat von einem Zivilsenat oder von dem Großen Senat für Zivilsachen oder ein Senat von den Vereinigten Großen Senaten abweichen will.

(3) [1]Eine Vorlage an den Großen Senat oder die Vereinigten Großen Senate ist nur zulässig, wenn der Senat, von dessen Entscheidung abgewichen werden soll, auf Anfrage des erkennenden Senats erklärt hat, dass er an seiner Rechtsauffassung festhält. [2]Kann der Senat, von dessen Entscheidung abgewichen werden soll, wegen einer Änderung des Geschäftsverteilungsplanes mit der Rechtsfrage nicht mehr befasst werden, tritt der Senat an seine Stelle, der nach dem Geschäftsverteilungsplan für den Fall, in dem abweichend entschieden wurde, zuständig wäre. [3]Über die Anfrage und die Antwort entscheidet der jeweilige Senat durch Beschluss in der für Urteile erforderlichen Besetzung; § 97 Abs. 2 Satz 1 des Steuerberatungsgesetzes und § 74 Abs. 2 Satz 1 der Wirtschaftsprüferordnung bleiben unberührt.

(4) Der erkennende Senat kann eine Frage von grundsätzlicher Bedeutung dem Großen Senat zur Entscheidung vorlegen, wenn das nach seiner Auffassung zur Fortbildung des Rechts oder zur Sicherung einer einheitlichen Rechtsprechung erforderlich ist.

(5) [1]Der Große Senat für Zivilsachen besteht aus dem Präsidenten und je einem Mitglied der Zivilsenate, der Große Senat für Strafsachen aus dem Präsidenten und je zwei Mitgliedern der Strafsenate. [2]Legt

ein anderer Senat vor oder soll von dessen Entscheidung abgewichen werden, ist auch ein Mitglied dieses Senats im Großen Senat vertreten. [3]Die Vereinigten Großen Senate bestehen aus dem Präsidenten und den Mitgliedern der Großen Senate.

(6) [1]Die Mitglieder und die Vertreter werden durch das Präsidium für ein Geschäftsjahr bestellt. [2]Dies gilt auch für das Mitglied eines anderen Senats nach Absatz 5 Satz 2 und für seinen Vertreter. [3]Den Vorsitz in den Großen Senaten und den Vereinigten Großen Senaten führt der Präsident, bei Verhinderung das dienstälteste Mitglied. [4]Bei Stimmengleichheit gibt die Stimme des Vorsitzenden den Ausschlag.

1) Parallelnormen. Der Bestimmung über die Bildung und Zuständigkeit der Großen Senate sind entspr Bestimmungen für die Fachgerichtsbarkeiten angepasst (§ 45 ArbGG, § 41 SGG, § 11 VwGO, § 11 FGO). 1

2) Große Senate. Sie bestehen in Zivil- und Strafsachen. Sie haben die Aufgabe, bei unterschiedl Auffassungen zwischen den Spruchkörpern des BGH die Rechtsfrage verbindl zu entscheiden (II, III) oder Fragen von grundsätzl Bedeutung zu klären (IV). Die Großen Senate bilden einen gemeinsamen Spruchkörper (die „Vereinigten Großen Senate"), wenn eine streitige Rechtsfrage zwischen Zivil- und Strafsenat zu entscheiden ist oder wenn ein Senat von einer früheren Entscheidung der Vereinigten Großen Senate abweichen will (II). 2

3) Abweichungsfälle (§ 132 II, III). Das Verf soll der **Vereinheitlichung der Rspr** dienen, die – als Korrelat zur Unabhängigkeit des Richters – auch an anderen Stellen vom Gesetzgeber angestrebt wird (vgl § 121 II GVG, § 543 II 1 Nr 2 ZPO). **Verstoß gegen Vorlagepflicht** kann **Art 101 I 2 GG** verletzen, so dass sie der Willkürkontrolle des BVerfG unterliegt (BVerfG „als Garant der Großen Senate"); BVerfG NJW 2014, 532; BVerfG NStZ 2008, 39; BVerfGE 19, 38; krit zu einer vermeintlich zu restriktiven Vorlagepraxis Kramer MDR 2023, 333. 3

4) Abweichung. Begriff bedeutet unterschiedl Rechtsauslegung; liegt auch vor, wenn ders Rechtssatz, der in verschiedenen Gesetzesbestimmungen enthalten ist, unterschiedl ausgelegt u gehandhabt wird (BGH NJW 2021, 1532 = MDR 2021, 547; BGHZ 9, 179). Vorlegungspflicht auch bei Abweichung von der Entscheidung eines Senats, der seinerseits ohne Vorlage von einer früheren Entscheidung abgewichen war: BGHSt 10, 94. Vorlegungspflicht auch bei Abweichung von noch nicht als überholt anzusehender Entscheidung, die vor Inkrafttreten des G zur Wahrung der Einheitlichkeit der Rspr der obersten Gerichtshöfe des Bundes v 19.6.1968 ergangen ist (BGH MDR 2016, 697). Keine Vorlegungspflicht, wenn die frühere Entscheidung nicht auf der dort geäußerten Rechtsansicht beruhte (BGHSt 9, 29; entspr zu § 16 BVerfGG BVerfG NJW 98, 519); das Gleiche wird für die Entscheidung des abweichenden Senats anzuerkennen sein (BGH NJW 2000, 1185 = MDR 2000, 530 = WM 2000, 470): Vorgelegte Rechtsfrage muss **entscheidungserheblich** sein (BGHSt 67, 295 = NJW 2024, 1202). Vorlegung ist unzulässig bei Fragen, deren Antwort nur Begründung, aber nicht Ergebnis einer Entscheidung betreffen (BGHZ 154, 205 = NJW 2003, 1588 = MDR 2003, 691). Vorlegungspflicht entfällt – unter dem Gesichtspunkt der Vereinheitlichung der Rspr – auch, wenn der nunmehr entscheidende Senat für das Rechtsgebiet allein zuständig geworden ist (BGH NJW 2011, 240; BGHZ 28, 16). Keine Vorlagepflicht besteht ferner, wenn die abweichende frühere Entscheidung in Folge verbindl Klärung durch das **BVerfG** (§ 31 I BVerfGG; BGH NJW 98, 908/909), durch eine Entscheidung des **GemSenats** (G zur Wahrung der Einheitlichkeit der Rspr der obersten Gerichtshöfe des Bundes v 19.6.1968, BGBl I 1968, 661) oder in Fragen des Gemeinschaftsrechts durch den **EuGH** (vgl BSG NJW 74, 1063) überholt ist. Für EGMR-Entscheidung kann dies wegen fehlender unmittelbarer Bindungswirkung wohl nicht gelten (aA BGH NJW 2016, 91 [Eisenberg]). **Erneute Vorlage** einer vom Großen Senat entschiedenen Rechtsfrage muss – wegen der von § 132 II ausgehenden mittelbaren Bindungswirkung (keine Abweichung ohne Vorlage) einerseits und des Grundsatzes freier richterl Entscheidung andererseits – ohne Einschränkung mögl sein (MK/Pabst Rn 11; aA Kissel/Mayer Rn 15; BFH BB 71, 337). – Verf: § 138. 4

5) Anfrageverfahren (§ 132 III). Es ist bei drohender **Divergenz** durchzuführen. Die Anfrage ist an jeden Senat zu richten, der über die entscheidungserhebl Frage abweichend entschieden hat. Wenn der Senat, von dessen Rechtsansicht abgewichen werden soll, nicht mehr besteht oder für die Rechtsfrage nicht mehr zuständig ist, gilt III 2. Die Anfrage verpflichtet die Senate, an die sie ergeht, nicht zur Aussetzung der dort anhängigen Verf, in denen entspr der bish Rspr entschieden werden soll (BGH NStZ 2010, 227; auch anfragender Senat – hier: andere Sitzgruppe – kann während des Anfrageverf weiter auf Grdl der bisherigen Rspr entscheiden: BGHSt 61, 253 = NJW 2017, 1559). Vorsorgl kann die Anfrage zur Sicherung einer einheitl Rspr auch an andere Senate gerichtet werden, die mit der Rechtsfrage befasst werden können (BGH NJW 2011, 240; BGH NStZ 2010, 509). 5

6) Fragen grundsätzlicher Bedeutung. Nach IV Anrufung des Großen Senats auch **bei** Fragen **grundsätzl Bedeutung** mögl, wenn noch keine Rspr-Divergenz (II, III) eingetreten. Zweck: Verhinderung des Entstehens von Divergenz bei Fortbildung des Rechts durch die Richter und Sicherung einheitl Rspr im Voraus in grundsätzl Fragen, mit denen voraussichtl mehrere Senate befasst sein werden. Anhaltspunkte für unterschiedl Auffassungen unter BGH-Senaten müssen jedoch vorliegen, weil es anderenfalls für Rechtsfortbildung der Entscheidung eines Großen Senats nicht bedarf (BGH NJW 2000, 1185 = MDR 2000, 530). Eine Rechtsfrage ist von **grundsätzlicher Bedeutung**, wenn sie sich über den vorgelegten Einzelfall hinaus jederzeit wieder stellen kann und ihre Beantwortung deshalb für die Rechtsanwendung richtungsweisend ist (BGH StV 2020, 730; BGHSt 62, 247, 253). Die Entscheidung des Großen Senats lässt keinen allg verbindl Rechtssatz entstehen (Bindungswirkung s § 138 I 3; s BVerfG NJW 67, 2052). 6

7 **7) Verhältnis von Grundsatz- und Divergenzvorlage.** Ob die **Voraussetzungen** des IV vorliegen, hat zunächst der erkennende (= vorlegende) Senat zu entscheiden, da Gesetz auf „seine Auffassung" abstellt (stRspr; BGH NJW 86, 1765). Die Vorlage nach IV erfordert kein Anfrageverf nach III; aber Divergenzvorlage hat Vorrang, damit Anfrageverf nicht umgangen wird (BGHZ 128, 85 = NJW 1995, 664; BGH NJW 2000, 1185 = MDR 2000, 530; Kissel/Mayer Rn 30; aA – Grundsatzvorlage ohne Anfrageverf könne auch bei Divergenz erfolgen: BGH GSSt 1/16 BGHSt 61, 221 = NJW 2017, 94; BGHSt 40, 360 = NJW 1995, 407 = MDR 1995, 184). – Ob die Voraussetzungen der Vorlage zu Recht angenommen wurden, hat der Große Senat zu prüfen; er ist nicht zur Beantwortung jeder vorgelegten Rechtsfrage verpflichtet, sondern kann im vollen Umfang nachprüfen, ob es sich um eine Frage von grundsätzl Bedeutung handelt.

8 **8) Beschränkte Bindungswirkung.** Der Kompetenzzuteilung entspricht **keine** hervorgehobene **Rechts- oder Gesetzeskraft** (vgl etwa § 31 BVerfGG). Bindung (§ 138 I 3) nur im Ausgangsverf und mittelbar über § 132 II, 121 II (s § 138 Rn 1). Zur grundsätzl Befugnis der Gerichte zur Änderung ihrer eigenen Rspr und zur Frage der Bindung höchster Gerichte an ihre Rspr s BGH NJW 2021, 1532 = MDR 2021, 547; Klein JZ 2018, 64.

9 **9) Besetzung der Senate (§ 132 V, VI).** Vorsitz: Präsident des BGH, der bei Verhinderung nicht durch Vizepräsidenten ersetzt, sondern im Vorsitz durch das als BGH-Richter dienstälteste Mitglied des Großen Senats vertreten wird (VI 3). V berücksichtigt bei der Regelung der Zusammensetzung der Großen Senate die unterschiedl Zahl von Zivil- (13) und Strafsenaten (6) des BGH. Andere Senate iSd V 2 sind der Kartellsenat, das Dienstgericht des Bundes, die Senate für Notarsachen, Anwaltssachen, Patentanwaltssachen, Landwirtschaftssachen, Wirtschaftsprüfersachen sowie Steuerberater- und Steuerbevollmächtigtensachen.

10 **10) Gemeinsamer Senat der obersten Gerichtshöfe.** Gebildet nach Art 95 III GG (statt eines Obersten Bundesgerichts) auf Grund des G zur Wahrung der Einheitlichkeit der Rspr der obersten Gerichtshöfe des Bundes. Er ist zur Entscheidung berufen, wenn ein oberster Gerichtshof von der Entscheidung eines anderen obersten Bundesgerichts abweichen will (Vorlagepflicht §§ 2, 11 des genannten G).

§ 133 (Zuständigkeit in Zivilsachen)

In Zivilsachen ist der Bundesgerichtshof zuständig für die Verhandlung und Entscheidung über die Rechtsmittel der Revision, der Sprungrevision, der Rechtsbeschwerde und der Sprungrechtsbeschwerde.

1 **BGH-Zuständigkeit** in Zivilsachen (Definition: § 13) für **Revision** nach §§ 542 ff ZPO einschließl Nichtzulassungsbeschwerde (NZB) nach § 544 ZPO, Sprungrevision nach § 566 ZPO. BGH-Zuständigkeit für **Rechtsbeschwerde** nach §§ 574 ff ZPO im Zivilprozess und nach §§ 70 ff FamFG im FamFG-Verf, hier auch **Sprungrechtsbeschwerde** nach § 75 FamFG.

2 **Weitere Zuständigkeiten** des BGH ergeben sich aus § 230 BauGB, § 208 BEG. Ferner § 159 I 3 GVG; § 36 III ZPO; § 29 I EGGVG; § 28 IntFamRVG, § 36 UntersuchungsausschussG – PUAG; Zuständigkeiten nach LwVfG, GBO, PatG, PAO, GWB, DRiG, BRAO, BNotO, PatentanwaltO, WirtschaftsprüferO, SteuerberatungsG. Erstinstanzl BGH-Zuständigkeit nach § 30 S 3 StabilisierungsfondsG – StFG.

§§ 134, 134a (weggefallen)

§ 135 (betr Strafsachen)

§§ 136, 137 (weggefallen)

§ 138 (Verfahren vor den Großen Senaten)

(1) [1]Die Großen Senate und die Vereinigten Großen Senate entscheiden nur über die Rechtsfrage. [2]Sie können ohne mündliche Verhandlung entscheiden. [3]Die Entscheidung ist in der vorliegenden Sache für den erkennenden Senat bindend.

(2) [1]Vor der Entscheidung des Großen Senats für Strafsachen oder der Vereinigten Großen Senate und in Rechtsstreitigkeiten, welche die Anfechtung einer Todeserklärung zum Gegenstand haben, ist der Generalbundesanwalt zu hören. [2]Der Generalbundesanwalt kann auch in der Sitzung seine Auffassung darlegen.

(3) Erfordert die Entscheidung der Sache eine erneute mündliche Verhandlung vor dem erkennenden Senat, so sind die Beteiligten unter Mitteilung der ergangenen Entscheidung der Rechtsfrage zu der Verhandlung zu laden.

Entscheidung über die **Rechtsfrage** durch Beschluss. Mündl Verh ist mögl, nicht nötig. **Wirkung, I 3:** Durch die Entscheidung des Großen Senats ist die Rechtsfrage für die betr Sache bindend entschieden. In anderen Sachen (des vorlegenden Senats u der übrigen Senate) mittelbare Bindung insofern, als dort die Rechtsfrage nicht ohne neuerl Vorlegung (§ 132) anders beantwortet werden kann. Für die Rspr der OLG tritt die gleiche Wirkung ein, wenn sie nach den jew maßgebl Verfahrensvorschriften (zB § 121 II) von den Entscheidungen des BGH nicht ohne Vorlegung abweichen dürfen. 1

Anhörung des GBA (II), im Verf nach §§ 13 ff VerschG über die Anfechtung einer Todeserklärung. 2

III betrifft das weitere Verf vor dem erkennenden Senat, sobald die Vorlegungsfrage beantwortet ist. Erneutes Gehör für die Beteiligten auch erforderl, wenn keine mündl Verh mehr nötig ist. 3

§ 139 (Besetzung der Senate)

(1) Die Senate des Bundesgerichtshofes entscheiden in der Besetzung von fünf Mitgliedern einschließlich des Vorsitzenden.

(2) (betrifft Strafsachen)

Die Zivilsenate des BGH entscheiden in der in I genannten Besetzung; das GVG sieht eine Einzelrichter-Entscheidung beim BGH nicht vor. Gleichwohl entscheidet abweichend von I der **Einzelrichter** gem § 66 VI 1 GKG und § 57 V 1 FamGKG über **Erinnerungen** gegen Rechtspflegerentscheidungen über den Kostenansatz sowie gem § 56 iVm § 33 VIII RVG über Erinnerungen gegen Entscheidungen über Vergütungen und Vorschüsse, weil § 1 V GKG, § 1 II FamGKG und § 1 III RVG bestimmen, dass die Vorschriften der jeweiligen Gesetze über die Erinnerung und die Beschwerde den Regelungen der für das zugrunde liegende Verfahren geltenden Verfahrensvorschriften vorgehen. Gleiches gilt für den **Antrag auf Wertfestsetzung** für die RA-Gebühren nach § 33 RVG gem Beschluss des Großen Senats für Zivilsachen (BGH NJW 2021, 3191). 1

§ 140 (Geschäftsordnung)

Der Geschäftsgang wird durch eine Geschäftsordnung geregelt, die das Plenum beschließt.

Geschäftsordnung v 3.3.1952 (BAnz Nr 83) m Änd v 15.4.1970 (BAnz Nr 74) u v 21.6.1971 (BAnz Nr 114); Lit: Mosbacher NJW 2022, 1660. 1

9a. Titel
(betr Strafsachen) (§ 140a)

§ 140a (betr Strafsachen)

Zehnter Titel
Staatsanwaltschaft (§§ 141-152)

§ 141 (Errichtung)

Bei jedem Gericht soll eine Staatsanwaltschaft bestehen.

Betrifft praktisch nur noch Strafsachen. Mitwirkung der StA ansonsten nur im Verf zur Todeserklärung nach §§ 13 ff, § 30 VerschG; s § 138 Rn 2. 1

§§ 142 bis 152 (betr Strafsachen)

Elfter Titel
Geschäftsstelle (§ 153)

§ 153 (Geschäftsstelle)

(1) Bei jedem Gericht und jeder Staatsanwaltschaft wird eine Geschäftsstelle eingerichtet, die mit der erforderlichen Zahl von Urkundsbeamten besetzt wird.

(2) [1]Mit den Aufgaben eines Urkundsbeamten der Geschäftsstelle kann betraut werden, wer einen Vorbereitungsdienst von zwei Jahren abgeleistet und die Prüfung für den mittleren Justizdienst oder für den mittleren Dienst bei der Arbeitsgerichtsbarkeit bestanden hat. [2]Sechs Monate des Vorbereitungsdienstes sollen auf einen Fachlehrgang entfallen.

(3) Mit den Aufgaben eines Urkundsbeamten der Geschäftsstelle kann auch betraut werden,

1. **wer die Rechtspflegerprüfung oder die Prüfung für den gehobenen Dienst bei der Arbeitsgerichtsbarkeit bestanden hat,**
2. **wer nach den Vorschriften über den Laufbahnwechsel die Befähigung für die Laufbahn des mittleren Justizdienstes erhalten hat,**
3. **wer als anderer Bewerber nach den landesrechtlichen Vorschriften in die Laufbahn des mittleren Justizdienstes übernommen worden ist.**

(4) [1]Die näheren Vorschriften zur Ausführung der Absätze 1 bis 3 erlassen der Bund und die Länder für ihren Bereich. [2]Sie können auch bestimmen, ob und inwieweit Zeiten einer dem Ausbildungsziel förderlichen sonstigen Ausbildung oder Tätigkeit auf den Vorbereitungsdienst angerechnet werden können.

(5) [1]Der Bund und die Länder können ferner bestimmen, dass mit Aufgaben eines Urkundsbeamten der Geschäftsstelle auch betraut werden kann, wer auf dem Sachgebiet, das ihm übertragen werden soll, einen Wissens- und Leistungsstand aufweist, der dem durch die Ausbildung nach Absatz 2 vermittelten Stand gleichwertig ist. [2]In den Ländern Brandenburg, Mecklenburg-Vorpommern, Sachsen, Sachsen-Anhalt und Thüringen dürfen solche Personen weiterhin mit den Aufgaben eines Urkundsbeamten der Geschäftsstelle betraut werden, die bis zum 25. April 2006 gemäß Anlage I Kapitel III Sachgebiet A Abschnitt III Nr. 1 Buchstabe q Abs. 1 zum Einigungsvertrag vom 31. August 1990 (BGBl. 1990 II S. 889, 922) mit diesen Aufgaben betraut worden sind.

1 **1) Geschäftsstelle.** Die Vorschrift regelt das Erfordernis der **Urkundsbeamten der Geschäftsstelle (UdG)** und bestimmt, wer mit den Aufgaben des **UdG** betraut werden kann. Das Gesetz überträgt die UdG-Tätigkeiten in erster Linie den Beamten des mittleren Justizdienstes und stellt insoweit Qualifikationsanforderungen auf.

2 Neben den Beamten des mittleren Dienstes können jedoch weiterhin Beamte des gehobenen Dienstes mit UdG-Aufgaben betraut werden (III Nr 1).

3 § 153 GVG setzt nur **Rahmenrecht.** Die näheren Ausführungen bleiben dem Bund und den Ländern jew für ihren Geschäftsbereich überlassen (IV 1). Die Länder können das Beamtenrecht auch abw von den hergebrachten Laufbahnbegriffen regeln (zB in Bayern einheitl Leistungslaufbahn mit Einstieg in verschiedenen Qualifikationsebenen – hier: 2. Qualifikationsebene Justizfachwirte, Art 7, 8 BayLlbG).

4 Nach **V 1** kann mit Aufgaben eines UdG auch betraut werden, wer einen der Ausbildung des mittleren Justizdienstes gleichwertigen Wissens- und Leistungsstand aufweist, zB **Rechtsreferendare** (vgl BGH NJW 85, 3033; OLG Dresden StV 2004, 368) und vor allem **Justizangestellte (Tarifbeschäftigte)**. Praktische Bedeutung hat diese Vorschrift insb für die Justizangestellten und die in Ausbildung stehenden Beamtenanwärter. In der Praxis wird vom Haushaltsgesetzgeber oft nicht beachtet, dass das GVG vom mittleren Beamten als Regelfall ausgeht (sa Art 33 IV GG), von dem nur bei einem dienstl Bedürfnis (zB Bildung von Serviceeinheiten aus Beamten und Angestellten zur effektiven Organisation der GeschSt) abzuweichen ist, und dass nur **gleichwertig qualifizierten** Justizangestellten Aufgaben des UdG übertragen werden sollen. Auch **vorübergehende Bestellung** zu UdG ist zulässig (BGH NStZ-RR 2014, 378).

5 **2) Selbständige Stellung.** Der UrkB ist ein in eigener Zuständigkeit und Verantwortung handelndes Organ der Rechtspflege: BGH MDR 2022, 1497 = WM 2022, 1906 = NJW-RR 2022, 1581; RGZ 110, 315; kein Weisungsrecht des Richters. Gleichwohl kann Handlungen, die die ZPO unmittelbar den UrkB übertragen hat, der Richter wirksam wahrnehmen (für Beschwerdeeinlegung zu Protokoll des Richters statt der UrkB s § 569 ZPO Rn 11).

6 **3) Neue Bundesländer.** V 2 ist durch Zeitablauf erledigt.

Zwölfter Titel
Zustellungs- und Vollstreckungsbeamte (§§ 154-155)

§ 154 (Gerichtsvollzieher)

Die Dienst- und Geschäftsverhältnisse der mit den Zustellungen, Ladungen und Vollstreckungen zu betrauenden Beamten (Gerichtsvollzieher) werden bei dem Bundesgerichtshof durch den Bundesminister der Justiz und für Verbraucherschutz, bei den Landesgerichten durch die Landesjustizverwaltung bestimmt.

1) Allgemeines. § 154 stellt klar, dass der Gerichtsvollzieher grds Beamter sein muss (sa Art 33 IV GG), enthält aber selbst eine nähere Regelung weder bzgl der Dienstverhältnisse noch für den Dienstbetrieb. 1

2) Dienst- und Geschäftsverhältnisse. Damit ist die Regelung des Dienstbetriebs gemeint; § 154 stellt klar, dass diese durch die Justizverwaltung zu erfolgen hat, und zwar im Wege der Verwaltungsvorschrift. Hierzu sind die im wesentl bundeseinheitl erlassenen Gerichtsvollzieherordnung (GVO) und Geschäftsanweisung für Gerichtsvollzieher (GVGA) ergangen (veröffentlicht in den JMBl). Danach sind die GV den AG zugeordnet und haben einen eigenen örtl Zuständigkeitsbereich. 2

3) Status. Nach den landesrechtl Laufbahnvorschriften sind Gerichtsvollzieher idR Beamte des mittleren Justizdienstes (s Rn 1), die zusätzl eine bes Ausbildung erhalten und dann die GV-Prüfung abzulegen haben. 3

§ 155 (Ausschließung des Gerichtsvollziehers)

Der Gerichtsvollzieher ist von der Ausübung seines Amts kraft Gesetzes ausgeschlossen:

I. in bürgerlichen Rechtsstreitigkeiten:

1 wenn er selbst Partei oder gesetzlicher Vertreter einer Partei ist oder zu einer Partei in dem Verhältnis eines Mitberechtigten, Mitverpflichteten oder Schadensersatzpflichtigen steht;

2. wenn sein Ehegatte oder Lebenspartner Partei ist, auch wenn die Ehe oder Lebenspartnerschaft nicht mehr besteht;

3. wenn eine Person Partei ist, mit der er in gerader Linie verwandt oder verschwägert, in der Seitenlinie bis zum dritten Grad verwandt oder bis zum zweiten Grad verschwägert ist oder war;

II. (betrifft Strafsachen)

§ 155 ist dem § 41 ZPO nachgebildet. Eine „Ablehnung" des GV kennt das Gesetz nicht (BVerfG NJW-RR 2005, 365; BGH MDR 2005, 169 = FamRZ 2004, 1960 = NJW-RR 2005, 149 mwN). Nichtbeachtung des § 155 bewirkt uU Unwirksamkeit der Amtshandlung u ist Amtspflichtverletzung. Über die Ausschließung in anderen als den oben bezeichneten Sachen bestimmt das LandesR (vgl für Bay: Art 18 AGGVG). – Sa §§ 450 f BGB (Ausschluss des Gerichtsvollziehers als Ersteigerer oder Käufer). 1

Dreizehnter Titel
Rechtshilfe (§§ 156-168)

§ 156 (Rechtshilfe)

Die Gerichte haben sich in Zivilsachen und in Strafsachen Rechtshilfe zu leisten.

1) Grundsatz. Nach Art 35 GG haben sich die Behörden des Bundes u der Länder gegenseitig Rechts- u Amtshilfe zu leisten. 1

1) Rechtshilfe. Als solche wird der Beistand bezeichnet, den sich die Gerichte untereinander durch solche gerichtl Handlungen (des Richters, auch des Rpflegers, wenn er anstelle des Richters tätig werden darf, vgl insb § 20 RPflG, s aber auch § 4 II RPflG, des Gerichtsvollziehers u des UrkB innerhalb seiner Zuständigkeit) leisten, zu deren Vornahme sie selbst befähigt wären und die der Rspr im verfassungsrechtl Sinne zuzuordnen sind. Gegenstand sind Amtshandlungen, die das ersuchende Gericht ihrer Art nach selbst vornehmen könnte, die es aber aus Zweckmäßigkeitsgründen oder um nicht außerhalb seines Bezirks tätig werden zu müssen, einem anderen Gericht überträgt. Als richterl Rechtshilfehandlungen kommen in Betracht Beweisaufnahmen, Entgegennahme von Parteierklärungen aus Anlass des persönl Erscheinens (OLGR Frankfurt 2006, 746: nicht verboten gem § 158 II 1; aber untunl wegen § 141 I 3 ZPO, weiter gehend § 141 ZPO Rn 6), Sühneversuch. Auch Rpfle- 2 ger kann um Rechtshilfe ersucht werden; umgekehrt kann auch er im Rahmen seiner Zuständigkeit um Rechtshilfe ersuchen; das ergibt sich aus § 4 I RPflG; Rechtshilfe des GV kommt insb in Betracht bei Abnahme der Vermögensauskunft und eidesstattlichen Versicherung, § 802f ZPO Rn 37.

3 **2) Amtshilfe.** Dagegen liegt Amtshilfe vor, wenn der ersuchenden Behörde die Befugnis zur Vornahme der Amtshandlung fehlt, um die nachgesucht wird, oder wenn andere als die den Gerichten vorbehaltenen Handlungen (zB Auskunftserteilung) in Frage stehen. Unterschied zw Rechts- u Amtshilfe insb bei § 159 und für funktionelle Zuständigkeit von Bedeutung: Die Länder können gem § 24b RPflG Geschäfte der Amtshilfe, aber nicht der Rechtshilfe (BTDrs 15/1508, 33), ganz oder teilw dem Rpfleger übertragen.

4 **II) Rechtsgrundlagen der Rechtshilfe.** § 156 regelt die Rechtshilfe innerhalb der **ordentl Gerichtsbarkeit** (vgl § 2 EGGVG). Ferner ist Rechtshilfe auch **anderen Gerichten** zu leisten, insb Verfassungsgerichten des Bundes u der Länder (§ 27 BVerfGG, zB Art 18 BayVfGHG), Gerichten u Schiedsgerichten in Arbeitssachen (§ 13 ArbGG), VG (§ 14 VwGO), SozG (§ 5 SGG), FG (§ 13 FGO), Patentgericht (§ 128 PatG), Anwaltsgerichten (§§ 99, 137 BRAO); für Schiedsgerichte s § 1050 ZPO, § 106 II ArbGG.

5 **III) Rechtshilfe im Verhältnis zu ausländischen Gerichten.** Regelung im Wesentl im Haager Übk über die Zustellung gerichtl und außergerichtl Schriftstücke im Ausland in Zivil- oder Handelssachen v 15.11.1965 (BGBl II 1977, 1453) und über die Beweisaufnahme im Ausland in Zivil- oder Handelssachen v 18.3.1970 (BGBl II 1977, 1472) bzw in der EU §§ 1067 ff ZPO iVm der EuZustVO (EU) 2020/1784 und (außer Dänemark) der EuBewVO (EU) 2020/1783; zur Auslagenerstattung s EuGH NJW 2011, 2493 und nach bilateralen Vereinbarungen (s Geimer/Schütze, Internat Rechtsverkehr in Zivil- u Handelssachen, Nr 405 ff; s dazu Geimer IZPR[9] Rn 3630 ff). Ergänzend gilt die RechtshilfeO für Zivilsachen – ZRHO – als bundeseinheitl Verwaltungsvorschrift der Länder; aktueller Stand s Geimer/Schütze aaO Nr 900 und jew abrufbar unter der vom Justizministerium NRW betreuten Internet-Adresse www.ir-online.nrw.de. Zur Zusammenarbeit mit ausl Insolvenzgerichten s § 348 II InsO. Rechtshilfe für den Gerichtshof der **Europ Gemeinschaften:** Art 29 EuGH-Satzung.

6 Rechtshilfe im Verhältnis zu den Behörden der **Stationierungsstreitkräfte** s Art VII Abs 5, 6 Nato-Truppenstatut (BGBl II 1961, 1190), Art 24, 32, 34 ff Zusatzabk zum Truppenstatut (BGBl II 1961, 1218 idF d Abk v 18.3. 1993, BGBl II 1994, 2594, 2598).

§ 157 (Rechtshilfegericht)

(1) Das Ersuchen um Rechtshilfe ist an das Amtsgericht zu richten, in dessen Bezirk die Amtshandlung vorgenommen werden soll.

(2) [1]Die Landesregierungen werden ermächtigt, durch Rechtsverordnung die Erledigung von Rechtshilfeersuchen für die Bezirke mehrerer Amtsgerichte einem von ihnen ganz oder teilweise zuzuweisen, sofern dadurch der Rechtshilfeverkehr erleichtert oder beschleunigt wird. [2]Die Landesregierungen können diese Ermächtigung durch Rechtsverordnung auf die Landesjustizverwaltungen übertragen.

1 **1) Amtshandlung.** S § 156 Rn 2.

2 **2) Zuständiges Rechtshilfegericht.** I, auch das AG, in dessen Bezirk der zu Vernehmende beschäftigt ist oder bei dem sich ein sonst nur schwer Erreichbarer einfinden wird (zB Durchreisender; Auslandsbewohner, der sich bei grenznahem AG vernehmen lässt). Die **funktionelle Zuständigkeit** des ersuchten Gerichts für die dem Ersuchen zugrunde liegende Verfahrensart braucht nicht zu bestehen; so kann in FamSachen und Betreuungssachen auch ein AG um Rechtshilfe ersucht werden, das auf Grund einer Regelung nach § 23d nicht FamG oder Betreuungsgericht ist (BayObLG MDR 82, 763; OLG Stuttgart FamRZ 84, 716); entspr in Insolvenzsachen (OLGR Köln 2000, 18 = ZIP 1999, 1604; LG Dortmund NZI 2002, 556; LG Hamburg NZI 2006, 410; aA für Rechtshilfeersuchen eines Insolvenzgerichts an anderes AG innerhalb seines Zuständigkeitsbereichs OLGR Brandenburg 2002, 211). Für Rechtshilfeersuchen von Gerichten anderer Gerichtszweige ist das AG zum Teil nur aushilfsw zuständig (wenn sich am Ort kein Gericht des anderen Gerichtszweigs befindet, § 13 I ArbGG, § 5 II SGG). Unter mehreren zuständigen Gerichten hat das ersuchende die Wahl. Zuständigkeit des AG für die Erledigung ausl Zustellungs- u Rechtshilfeersuchen: § 2 AusfG zum Haager ZivilprozessAbk; § 1069 II, § 1074 I, II ZPO. **Konzentration nach II** darf Rechtshilfe nicht erschweren, daher faktisch nur in Stadtstaaten und ähnl Ballungszentren zulässig.

§ 158 (Ablehnung eines Ersuchens)

(1) Das Ersuchen darf nicht abgelehnt werden.

(2) [1]Das Ersuchen eines nicht im Rechtszuge vorgesetzten Gerichts ist jedoch abzulehnen, wenn die vorzunehmende Handlung nach dem Recht des ersuchten Gerichts verboten ist. [2]Ist das ersuchte Gericht örtlich nicht zuständig, so gibt es das Ersuchen an das zuständige Gericht ab.

I) Allgemeines. Das Ersuchen soll grds von dem ersuchten Gericht ausgeführt werden. Da die Verantwortung für die Maßnahme, um die ersucht wurde, das ersuchende Gericht trägt, findet grds auch keine Überprüfung durch das ersuchte Gericht statt. Voraussetzung ist jedoch, dass ein **Rechtshilfeersuchen** (s § 156 Rn 2) **vorliegt und tatsächl ausführbar ist**. Diese Voraussetzungen hat das ersuchte Gericht – ohne die Einschränkungen des II – stets zu prüfen. Hiernach abzulehnen das Ersuchen um Vernehmung eines Zeugen oder einer Partei ohne hinreichende **Angabe des Beweisthemas** (vgl RG JW 1899, 826; OLGR Koblenz 2007, 592). Diese Frage ist nicht unter dem Gesichtspunkt des „Verbots" iSd II 1 zu prüfen, da die Ordnungsmäßigkeit des Verf – hierzu zählen die Voraussetzungen des §§ 359, 450 ZPO, § 127 FamFG – das ersuchte Gericht gerade nicht zu prüfen hat; der Verstoß gegen diese führt nicht zu einem Vernehmungsverbot. Vielmehr geht es hier um die (zumutbare) Durchführbarkeit des Ersuchens, nicht um die Zulässigkeit der ersuchten Maßnahme (anders bei unzulässigem Vernehmungsthema, vgl OLG Koblenz FamRZ 76, 97). – Das Ersuchen ist von dem nach dem GVP zuständigen Richter auszuführen. Fällt die Maßnahme in den Aufgabenbereich des **Rpflegers, Gerichtsvollziehers oder UdG**, so durch diesen. 1

II) Ablehnung nach § 158 II 1. 1) Ausnahme. Nicht ggü einem im Instanzenzug **übergeordneten Gericht**; es muss sich um ein konkret vorgeordnetes Gericht handeln (LG also nur für die AG seines Bezirks). Zulässig ist hier jedoch die Gegenvorstellung des ersuchten Gerichts bei Bedenken gegen Zulässigkeit oder Zweckmäßigkeit des Ersuchens. 2

2) Ablehnung wegen Unzulässigkeit. Das Ersuchen muss seinem Inhalt nach schlechthin unzulässig und nicht nur im konkreten Einzelfall verboten sein (vgl BGH LM Nr 2 zu § 158 GVG; OLG Hamm FamRZ 2018, 1523; OLG Düsseldorf MDR 96, 843). II 1 ist als Ausnahmevorschrift zu I eng auszulegen (BVerfG NJW 2013, 990 = WM 2013, 288; BVerfG JZ 2007, 1046 = WM 2007, 374: kein Verstoß gegen Art 2 I GG iVm Rechtsstaatsprinzip durch Zustellung einer US-amerik Strafschadensersatzklage). 3

a) Ein Ersuchen darf **nicht deshalb abgelehnt werden**, weil gegen die Richtigkeit der Tatsachen, die zu dem Ersuchen Anlass gegeben haben, Bedenken bestehen oder weil die Zulässigkeit rechtl zweifelhaft ist. Über **die Ordnungsmäßigkeit des Verf** des ersuchenden Gerichts hat der ersuchte Richter als der „verlängerte Arm" des ersteren nicht zu wachen. Noch weniger kann Rechtshilferichter sein **Ermessen** an die Stelle des Ermessens des ersuchenden Gerichts setzen. Sonach keine Ablehnung wegen Unzweckmäßigkeit oder Unangemessenheit (BGH NJW 90, 2936; KG DGVZ 2024, 20; OLG Brandenburg NZV 2023, 566 [LS]: persönliche Anhörung einer Partei gem § 141 I 1 ZPO, s § 156 Rn 2; OLG Bremen FamRZ 2023, 1740 = NJW-RR 2023, 1106 [Stockmann FamRB 2024, 24]: Anhörung einer Jugendlichen im familien-gerichtl Verf durch erkennendes Gericht grds geboten, aber Delegation nicht schlechthin verboten; OLG Jena 28.9.2020 – 1 Ws 290/20; OLG Hamm FamRZ 2018, 1523; OLG Brandenburg FamRZ 2014, 1137; OLGR Frankfurt 2006, 746; OLG Frankfurt FamRZ 2004, 137; OLGR Köln 2000, 18); allenfalls Gegenvorstellungen; zu den nicht nachprüfbaren Fragen der Zweckmäßigkeit gehört auch der Grundsatz der Prozessökonomie und der Kostenersparnis. Schon gar nicht ist Ersuchen mit der Begründung ablehnbar, das ersuchende Gericht könne es selbst durch einen beauftragten Richter durchführen (OLG Hamm MDR 71, 69); somit auch keine Ablehnung einer Augenscheinseinnahme (OLG Naumburg NJW-RR 94, 1551). Die **Beweiserheblichkeit** aufzuklärender Fragen hat das ersuchte Gericht ebenfalls nicht zu prüfen: dies ist ausschließl Sache des erkennenden Gerichts. 4

b) Ablehnbar. Das Ersuchen um Vernehmung eines Zeugen, der bereits zulässigerw das Zeugnis verweigert hat und davon nicht Abstand nimmt, kann abgelehnt werden (OLG Marienwerder HRR 39, 575), Ersuchen um wiederholte Vernehmung, wenn offensichtl Missbrauch des Zeugenzwangs (RGZ 114, 2); Aufnahme einer Erbausschlagungserklärung, wenn bereits wirksame Erklärung vorliegt (OLGR Saarbrücken 2005, 321). Ablehnung ferner, wenn die vorzunehmende **Handlung** nach dem für das ersuchte Gericht geltenden Recht (oder für beide Gerichte gemeinsamen Recht, falls über Auslegung u Handhabung Meinungsverschiedenheit besteht) **verboten** ist (zB Beeidigung eines Eidesunfähigen, Vernehmung des ges Vertreters der Partei als Zeuge, sofern darin nicht Ersuchen um Parteivernehmung zu sehen ist). Ebenso wenn Vernehmungsthema unzulässig (OLG Koblenz FamRZ 76, 97). Für Ablehnung bei offensichtl Ermessensfehlgebrauch oder offensichtl Rechtsmissbrauch (Willkür): OLG Koblenz MDR 2008, 819; OLG Köln FamRZ 2004, 818; OLG Frankfurt FamRZ 2004, 137; OLG Schleswig MDR 95, 607; zu weitgehend (Ablehnung wegen zu erwartender widersprüchl Zeugenaussagen) OLG Jena MDR 2000, 1095; offen gelassen BayObLG OLGR München 2004, 255). – Zur Frage des ungenügenden Beweisbeschlusses s Rn 1. 5

c) Ergeben sich bei der Vernehmung Bedenken gegen die Zulässigkeit der nachgesuchten Vereidigung, wird zweckmäßig die **nochmalige Entschließung des Prozessgerichts** eingeholt. 6

III) Örtliche Unzuständigkeit (§ 158 II 2). Nur Ablehnungsgrund, wenn das zuständige Gericht nicht zu bestimmen ist. Ist es bestimmbar (vom angegangenen Rechtshilfegericht), so unmittelbare Weitergabe an das zuständige Gericht. Zur Zuständigkeit s § 157 Rn 2. 7

§ 159 (Entscheidung bei Ablehnung von Rechtshilfe)

(1) [1]Wird das Ersuchen abgelehnt oder wird der Vorschrift des § 158 Abs. 2 zuwider dem Ersuchen stattgegeben, so entscheidet das Oberlandesgericht, zu dessen Bezirk das ersuchte Gericht gehört. [2]Die Entscheidung ist nur anfechtbar, wenn sie die Rechtshilfe für unzulässig erklärt und das ersuchende und das ersuchte Gericht den Bezirken verschiedener Oberlandesgerichte angehören. [3]Über die Beschwerde entscheidet der Bundesgerichtshof.

(2) Die Entscheidungen ergehen auf Antrag der Beteiligten oder des ersuchenden Gerichts ohne mündliche Verhandlung.

1 1) **Geltungsbereich.** § 159 bezieht sich nur auf **Rechtshilfeersuchen** und greift bei Ablehnung von **Amtshilfeersuchen** nicht ein, sofern nicht der 13. Titel ausdrückl oder sinngemäß (vgl RGZ 64, 179) für anwendbar erklärt ist; auch nicht bei Ablehnung der Gesuche von Schiedsgerichten; einschlägig hier allein § 567 I ZPO (BGH MDR 2020, 878 [Hangebrauck EWiR 2020, 671]). Im Fall der Ablehnung des Ersuchens eines vorgesetzten Gerichts (vgl § 158 II 1) muss § 159 zumindest analog angewendet werden, da ein anderer Rechtsbehelf nicht gegeben wäre (dienstaufsichtl Maßnahmen sind nach § 26 DRiG regelmäßig ausgeschlossen). § 159 ist ferner analog anzuwenden bei Ablehnung eines gerichtsinternen Rechtshilfeersuchens, KG OLGZ 69, 134. – Anrufung des dem ersuchten Gericht übergeordneten OLG sowohl bei Ablehnung als auch bei unzulässiger Stattgabe.

2 2) **Antragsbefugnis.** Zur Anrufung **berechtigt** nach II je nach Beschwer ersuchendes Gericht, Parteien (KG DGVZ 2024, 20), zu vernehmende Personen. Die Anrufung ist zwar nicht als Beschwerde iSd ZPO bezeichnet; sie ist jedoch ein Rechtsbehelf und damit als Beschwerde im weiteren Sinn anzusehen; sie ist weder form- noch fristgebunden (Stockmann FamRB 2024, 24). Einlegung schriftl oder zu Protokoll des AG oder OLG. AG darf abhelfen. Rechtsschutzbedürfnis des ersuchenden Gerichts entfällt, wenn sich Rechtshilfeersuchen zB durch Wegzug des zu Vernehmenden aus Bezirk des ersuchten Gerichts erledigt (BayObLG FamRZ 2005, 640).

3 3) **Anfechtung des Beschlusses des OLG (§ 159 I 2 u 3, II).** Beschwerde gegen Entscheidung (Beschluss) des OLG nicht mögl, wenn es den abl Beschl des AG aufhebt u dem Ersuchen stattgibt oder wenn ersuchendes u ersuchtes Gericht unter dem gleichen OLG stehen. Sonst Beschwerde (der Sache nach eine in der ZPO nicht mehr vorgesehene weitere Beschwerde, keine Rechtsbeschwerde iSd §§ 574 ff ZPO) zum BGH mögl, die nicht form- oder fristgebunden ist und beim OLG eingelegt werden kann. OLG kann abhelfen. Entscheidung des BGH durch Beschluss (II).

§ 160 (Vollstreckungen, Ladungen und Zustellungen)

Vollstreckungen, Ladungen und Zustellungen werden nach Vorschrift der Prozessordnungen bewirkt ohne Rücksicht darauf, ob sie in dem Land, dem das Prozessgericht angehört, oder in einem anderen deutschen Land vorzunehmen sind.

1 Deutschland ist ein einheitl Rechtspflegegebiet. Ladungen u Zustellungen an Personen im Gebiet eines anderen dt Landes bedürfen keiner Vermittlung durch ein Gericht des letzteren, sondern können vom Prozessgericht oder den Beteiligten unmittelbar veranlasst werden.

§ 161 (Mitwirkung der Geschäftsstelle des AG)

[1]Gerichte, Staatsanwaltschaften und Geschäftsstellen der Gerichte können wegen Erteilung eines Auftrags an einen Gerichtsvollzieher die Mitwirkung der Geschäftsstelle des Amtsgerichts in Anspruch nehmen, in dessen Bezirk der Auftrag ausgeführt werden soll. [2]Der von der Geschäftsstelle beauftragte Gerichtsvollzieher gilt als unmittelbar beauftragt.

1 Mitwirkung des GV bei Zustellungen vAw: § 168 II ZPO; iÜ hat § 161 prakt Bedeutung für Vollstreckungsaufträge des Gerichts, soweit nicht das Verwaltungszwangsverf nach dem JBeitrG Platz greift, u der StA, soweit sie sich des GV bedient. Außerdem können auch Zustellungs- und Vollstreckungsaufträge anderer Behörden in Betracht kommen.

§ 162 (Strafvollstreckung und Rechtshilfe)

Hält sich ein zu einer Freiheitsstrafe Verurteilter außerhalb des Bezirks der Strafvollstreckungsbehörde auf, so kann diese Behörde die Staatsanwaltschaft des Landgerichts, in dessen Bezirk sich der Verurteilte befindet, um die Vollstreckung der Strafe ersuchen.

1 §§ 162, 163 haben in Zivilsachen für Ordnungs- u Erzwingungsstrafen (§§ 380, 390, 890 ZPO, § 178 GVG) Bedeutung. Vollstreckungsbehörde ist insoweit das Gericht (der Vors des Gerichts), das die Haft verhängt hat (vgl § 179).

§ 163 (Strafvollstreckung außerhalb des Bezirkes)

Soll eine Freiheitsstrafe in dem Bezirk eines anderen Gerichts vollstreckt oder ein in dem Bezirk eines anderen Gerichts befindlicher Verurteilter zum Zwecke der Strafverbüßung ergriffen und abgeliefert werden, so ist die Staatsanwaltschaft bei dem Landgericht des Bezirks um die Ausführung zu ersuchen.

§ 164 (Kostenfreiheit)

(1) Kosten und Auslagen der Rechtshilfe werden von der ersuchenden Behörde nicht erstattet.

(2) Gebühren oder andere öffentliche Abgaben, denen die von der ersuchenden Behörde übersendeten Schriftstücke (Urkunden, Protokolle) nach dem Recht der ersuchten Behörde unterliegen, bleiben außer Ansatz.

Im Verkehr unter den ordentl dt Gerichten gilt: Für die Erledigung der Ersuchen um Rechtshilfe werden Geb 1
nicht erhoben. Auch die durch die Erledigung beim ersuchten Gericht erwachsenen Auslagen werden nicht erstattet. Der Betrag dieser Auslagen wird der ersuchenden Behörde mitgeteilt, welche sie von dem Kostenschuldner einzuziehen hat.

§ 165 (weggefallen)

§ 166 (Amtshandlungen außerhalb des Gerichtsbezirks)

Ein Gericht darf Amtshandlungen im Geltungsbereich dieses Gesetzes auch außerhalb seines Bezirks vornehmen.

Keine Zustimmung des örtl Gerichts erforderl, da Deutschland einheitl Rechtspflegegebiet ist. Auch Verhand- 1
lungen dürfen zB aus Sicherheitsgründen außerhalb des eigenen Bezirks durchgeführt werden (BGH StV 2020, 810).

§ 167 (betrifft nicht das Zivilprozessrecht)

§ 168 (Mitteilung von Akten einer Behörde an ein Gericht)

Die in einem deutschen Land bestehenden Vorschriften über die Mitteilung von Akten einer öffentlichen Behörde an ein Gericht dieses Landes sind auch dann anzuwenden, wenn das ersuchende Gericht einem anderen deutschen Land angehört.

Ob eine **Verpflichtung zur Aktenübermittlung** im Wege der **Amtshilfe** besteht, bestimmt sich nach dem ein- 1
schlägigen Recht (vgl § 432 ZPO, § 156 Rn 3). Wenn die angegangene Behörde danach verpflichtet wäre, ihre Akten dem Gericht ihres eigenen Landes zu überlassen, gilt dies nach § 168 auch ggü dem Gericht eines anderen Landes (u Bundesgericht; sa Art 35 GG).

Versendung von Gerichtsakten **in das Ausland** bedarf, soweit nicht staatsvertragl etwas anderes bestimmt ist, 2
der Genehmigung der LJV u ist regelmäßig ausgeschlossen.

Vierzehnter Titel
Öffentlichkeit und Sitzungspolizei (§§ 169-183)

§ 169 (Öffentlichkeit der Verhandlung)

(1) [1]Die Verhandlung vor dem erkennenden Gericht einschließlich der Verkündung der Urteile und Beschlüsse ist öffentlich. [2]Ton- und Fernseh-Rundfunkaufnahmen sowie Ton- und Filmaufnahmen zum Zwecke der öffentlichen Vorführung oder Veröffentlichung ihres Inhalts sind unzulässig. [3]Die Tonübertragung in einen Arbeitsraum für Personen, die für Presse, Hörfunk, Fernsehen oder für andere Medien berichten, kann von dem Gericht zugelassen werden. [4]Die Tonübertragung kann zur Wahrung schutzwürdiger Interessen der Beteiligten oder Dritter oder zur Wahrung eines ordnungsgemäßen Ab-

laufs des Verfahrens teilweise untersagt werden. [5]Im Übrigen gilt für den in den Arbeitsraum übertragenen Ton Satz 2 entsprechend.

(2) [1]Tonaufnahmen oder Ton- und Filmaufnahmen der Verhandlung einschließlich der Verkündung der Urteile und Beschlüsse können zu wissenschaftlichen und historischen Zwecken von dem Gericht zugelassen werden, wenn es sich um ein Verfahren von herausragender zeitgeschichtlicher Bedeutung handelt. [2]Zur Wahrung schutzwürdiger Interessen der Beteiligten oder Dritter oder zur Wahrung eines ordnungsgemäßen Ablaufs des Verfahrens können die Aufnahmen teilweise untersagt werden. [3]Die Aufnahmen sind nicht zu den Akten zu nehmen und dürfen weder herausgegeben noch für Zwecke des aufgenommenen oder eines anderen Verfahrens genutzt oder verwertet werden. [4]Sie sind vom Gericht nach Abschluss des Verfahrens demjenigen zuständigen Bundes- oder Landesarchiv zur Übernahme anzubieten, das nach dem Bundesarchivgesetz oder einem Landesarchivgesetz festzustellen hat, ob den Aufnahmen ein bleibender Wert zukommt. [5]Nimmt das Bundesarchiv oder das jeweilige Landesarchiv die Aufnahmen nicht an, sind die Aufnahmen durch das Gericht zu löschen.

(3) [1]Abweichend von Absatz 1 Satz 2 kann das Gericht für die Verkündung von Entscheidungen des Bundesgerichtshofs in besonderen Fällen Ton- und Fernseh-Rundfunkaufnahmen sowie Ton- und Filmaufnahmen zum Zwecke der öffentlichen Vorführung oder der Veröffentlichung ihres Inhalts zulassen. [2]Zur Wahrung schutzwürdiger Interessen der Beteiligten oder Dritter sowie eines ordnungsgemäßen Ablaufs des Verfahrens können die Aufnahmen oder deren Übertragung teilweise untersagt oder von der Einhaltung von Auflagen abhängig gemacht werden.

(4) Die Beschlüsse des Gerichts nach den Absätzen 1 bis 3 sind unanfechtbar.

II 1 geändert durch G zur Fortentwicklung des Völkerstrafrechts v 30.7.2024 (BGBl 2024 I Nr 255) mWv 3.8.2024.

1 **1) Grundsatz der Öffentlichkeit.** Der Öffentlichkeitsgrundsatz bei mündlichen Verhandlungen ist ein Prinzip demokratischer Rechtspflege. Ihm kommt in Strafsachen besondere Bedeutung zu; er gilt aber in gleicher Weise für die streitige Zivilgerichtsbarkeit (vgl § 2 EGGVG). Seine öff-rechtl Wurzel wird ergänzt durch Art 6 I EMRK, der einen subj Anspruch des Rechtsuchenden gewährt, sa Art 47 EuGRC. Einer unbegrenzten Öffentlichkeit von Gerichtsverhandlungen können aber gewichtige Interessen gegenüberstehen, so das allgemeine Persönlichkeitsrecht der Verfahrensbeteiligten, das Recht auf ein faires Verfahren und die Funktionstüchtigkeit der Rechtspflege; s hierzu §§ 170 ff. Prozesse finden nach stRspr des BVerfG „zwar in, aber nicht für die Öffentlichkeit" statt (BVerfG MDR 2023, 1605 = NJW 2024, 205 mwN). – In FamSachen und Angelegenheiten der freiw Gerichtsbarkeit gilt § 169 grds nicht, s § 170 u Erl dort.

2 **2) Saalöffentlichkeit. Öffentlichkeit der Verhandlung** bedeutet öffentliche Zugangsmöglichkeit am Verhandlungsort und **erfordert**, dass jedermann nach Maßgabe des tatsächl verfügbaren Raums **Zutritt zur Verh** ermöglicht wird. Dabei ist gleichgültig, ob die Verh, Beweisaufnahme, Entscheidung im Gerichtsgebäude, in sonstigen Räumen oder im Freien (zB Ortstermin, RGZ 157, 344) stattfindet. Bei **Videokonferenz** (§ 128a ZPO) gilt Öffentlichkeitsgrundsatz im Sitzungszimmer (nach hM ausreichend ist Zugänglichkeit der Tonübertragung, Kissel/Mayer Rn 97, Windau NJW 2020, 2753, Schultzky NJW 2003, 313 mwN; aber bei den heutigen technischen Gegebenheiten ist diese Beschränkung nicht mehr erforderlich), aber nicht im Aufzeichnungsraum (Schultzky NJW 2003, 313) und selbstverständlich nicht in den Räumen eines von außen zugeschalteten Teilnehmers (BFH NJW 2025, 245 = FamRZ 2025, 304; Greger MDR 2020, 509, 513). Zum Ermessen bei Augenschein an beengter Örtlichkeit BGH NJW 2006, 1220. Bei Ortstermin, der nicht allg zugängl ist, darf Verh dort über die im Ortstermin selbst zu treffenden Feststellungen hinaus nicht fortgeführt werden, OLG Köln NJW 76, 637 – Urteilsverkündung auf Randstreifen der Autobahn. Das gilt auch, wenn Öffentlichkeit bei einer Augenscheinseinnahme auf Grund des vorrangigen Hausrechts (BGH NJW 94, 2773; BGH NStZ-RR 2000, 366) nicht gewährleistet ist. Für Öffentlichkeit genügt, wenn auf Klopfen oder Läuten Zutritt gewährt wird (BGH NJW 2011, 3800; OLG Hamm VRS 83, 451; OLG Köln NStZ-RR 99, 335 für Verh in einer Wohnung; BVerwGE 111, 61 = NVwZ 2000, 1298; BVerwG NJW 90, 1249; BVerwG DVBl 99, 95 für Gerichtsgebäude).

3 **Das Publikum muss Kenntnis von der** Durchführung der **Verh erlangen können** (BVerfG NJW 2002, 814; OLG Koblenz NZV 2011, 266). Üblich ist **Terminszettel** oder **Anzeigetafel** am Sitzungssaal, evtl im Eingangsbereich (KG NStZ 2023, 704). Veröffentl im **Internet** ist **grds unzulässig**, weil für Zweck des § 169 nicht erforderl und vor allem wegen de facto dauerhafter Bekanntgabe personenbezogener Daten; Fehler bei gleichwohl als zusätzlicher Service zum örtlichen Aushang im Internet veröffentlichten – gebotenerweise rudimentären – Angaben begründen keinen Verstoß gegen § 169 (BGH 24.8.2021 – 3 StR 193/21). Unzureichend bei einer Verh im Dienstzimmer des Richters einmaliger mündl Aufruf, wenn auch unter Hinweis auf die Öffentlichkeit, wenn kein entspr Anschlag am Sitzungssaal oder im Eingangsbereich angebracht ist (BAG NJW 2016, 3611; vgl aber auch BVerwG JR 72, 521). Wechsel des Verhandlungsraums: Hinweis auf dem am urspünglichen Sitzungssaal ausgehängten Terminszettel oder im Eingangsbereich genügt, auch wenn am neuen Sitzungssaal Aushang fehlt (KG NStZ 2023, 704; VGH München BayVBl 2003, 151 = NVwZ-RR 2002, 799). Es besteht kein Vertrauensschutz für Terminsankündigungen (BGH NStZ-RR 2002, 261; BAG MDR 2023, 802). Mitteilung von Zeit und Ort der Fortsetzung in der Verh reicht aus (OLG Hamm NStZ 2013, 64).

Bei **Verh außerhalb des Gerichtsgebäudes** genügt die Bekanntgabe des Ortes in der letzten Sitzung nicht (BGH NStZ 81, 311; BayObLG MDR 80, 780); erforderl ist – aber auch ausreichend – ein schriftl Hinweis am Sitzungstag im Gerichtsgebäude auf den Ort der Verh (vgl BayObLG NStZ-RR 2001, 49; auch bei Verlegung eines Augenscheinsortes: BGH NStZ 2002, 46). 4

Der Grundsatz der Öffentlichkeit ist **nicht verletzt**, wenn aus zwingenden Gründen **Beschränkungen** bestehen oder angeordnet werden müssen. Hierzu gehört insb gegebene **Raumbeschränkung**; es besteht kein Anspruch der Öffentlichkeit auf so viele Plätze, wie Interessenten kommen (BGHSt 21, 73; BGH DRiZ 71, 206); ein einziger Platz ist jedoch zu wenig (BayObLG MDR 82, 395). Entscheidend für die Zulassung ist die Reihenfolge der Ankunft; bei zu erwartendem Andrang kann Zutritt gegen ausgegebene Eintrittskarten gewährt werden (RGSt 54, 225), die jedoch für jedermann erhältl sein müssen. **Beschränkungen** sind sowohl durch den **Hausrechtsinhaber** (BVerfG NJW-RR 2007, 1053; BVerwG NJW 2011, 2530; Roth FS Schilken, 2015, S 415) als auch durch Anordnungen des Vors zum Schutz der Verh (**sitzungspolizeiliche Sicherungsanordnungen, s § 176**) zulässig, insb Ausweiskontrollen (BGH NStZ 2010, 533; BGH NJW 81, 61), auch Ausweishinterlegung (OLG Karlsruhe NJW 75, 2080), Ansprechen von Besuchern durch Justizwachtmeister beim Betreten des Gebäudes (BVerwGE 111, 61 = NVwZ 2000, 1298); aber berechtigte Bedenken gegen Zutritt zum Saal nur während Verhandlungspause: BGH NStZ 2004, 510. Vom **Hausrecht** gedeckt sind auch **Sicherheitsmaßnahmen** wie Eingangskontrollen mit **Metalldetektoren** (OVG Berlin NJW 2010, 1620) einschl der Durchsuchung der mitgeführten Sachen, Verbot des Mitführens von Waffen und potentiell gefährdenden Gegenständen und des Tragens bestimmter Furcht erregender Kleidung (BVerfG NJW 2012, 1863), **Kontaktdatenerfassung** als Voraussetzung des Betretens von Gerichtsgebäuden zur Pandemiebekämpfung (OVG Lüneburg NJW 2021, 650; OVG Schleswig NJW 2020, 3127; OVG Berlin 27.5.2020 – 11 S 43/20), Zurückweisung von Personen bei begründetem Infektionsverdacht zB nach (Fern-)Fiebermessung (vgl Greger MDR 2020, 509, 511; Metz DRiZ 2020, 256), **Videoüberwachung** des Gerichtsgebäudes (Dickert/Hagspiel BayVBl 2013, 102; Klotz NJW 2011, 1186; LG Itzehoe NJW 2010, 3525 = MDR 2010, 1285; aA VG Wiesbaden NJW 2010, 1220 = MDR 2010, 770). Wer den Weisungen des Hausrechtsinhabers oder seiner Beauftragten zur Eingangskontrolle nicht folgt und deshalb das Gerichtsgebäude nicht betreten darf, hat sein Nichterscheinen verschuldet und die entsprechenden Konsequenzen zu tragen. Hier gilt nichts anderes als zB beim Erscheinen eines Verfahrensbeteiligten in betrunkenem Zustand. Da die Sitzungspolizei des Vors gem § 176 räuml nur den Bereich des Sitzungssaals umfasst (s § 176 Rn 4), kann Vors nicht anordnen, dass einzelne Personen ohne die vom Hausrechtsinhaber angeordneten Zugangskontrollen eingelassen werden. Zur Zulässigkeit von Sicherheitsmaßnahmen des Hausrechtsinhabers auch unter dem Gesichtspunkt des Öffentlichkeitsgrundsatzes s BVerfG NJW 2012, 1863; BVerwG NJW 2011, 2530 jew mwN. Hausrecht umfasst auch Regelung der Zulässigkeit von **Ton-, Film- und Bildaufnahmen** im Gerichtsgebäude (BVerfG NJW-RR 2007, 1053). **Allgemeines Fotografierverbot** mit Ausnahmen für Medienvertreter (s Rn 9 f, 17 ff) ist also zulässig und zum Schutz der Persönlichkeitsrechte von Verfahrensbeteiligten und Justizbediensteten in Zeiten grenzenloser Verbreitung von Bildaufnahmen über das Internet in der Regel **geboten:** Ausübung des Hausrechts steht im pflichtgem Ermessen. Bei Abwägung dürften Persönlichkeitsrechte der ggf aufzunehmenden Personen der allg Handlungsfreiheit (Art 2 I GG) Neugieriger regelmäßig vorgehen. Fall eines zulässigen **Hausverbots** für einzelnen Pressevertreter zum Schutz des allg Persönlichkeitsrechts Dritter: VGH Mannheim NJW 2017, 3543. 5

Einstweilen frei. 6-7

3) Abgrenzungsfragen. Die Öffentlichkeit ist vor dem **erkennenden Gericht** zu wahren, nicht vor dem beauftragten oder ersuchten Richter (BVerwG NVwZ-RR 89, 167); nicht im Beschlussverf. Ebenfalls ist gerichtl Mediation durch ersuchten Güterichter nicht öffentl (s § 278 ZPO Rn 25, 30); zul auch informelle nichtöffentl Erörterung mit Parteien mit dem Ziel gütlicher Einigung (Greger NJW 2014, 2554). Zur Zulässigkeit des Verhandelns in engl Sprache s §§ 184a, 184b, § 185 Rn 4. – In Zivilsachen gehört zur Verh auch die Beweisaufnahme (BGH NJW 2000, 2508 = MDR 2000, 968; RGZ 157, 343; OLG Düsseldorf OLGZ 71, 185; Kissel/Mayer Rn 9 f; MK/Pabst Rn 13). 8

4) Veröffentlichung von Entscheidungen, Medienöffentlichkeit. Von herausragender Bedeutung für die **Wahrnehmung der Justiz** ist die **Medienöffentlichkeit**. Zugleich gewährleistet die in Art 5 I 2 GG verbürgte **Pressefreiheit** das Recht, sich im Rahmen der ges Vorschriften über Öffentlichkeit und Sitzungspolizei über Vorgänge in öffentlichen Gerichtsverhandlungen zu informieren und hierüber zu berichten (BVerfGE 50, 234 = MDR 1979, 467 = NJW 1979, 1400; BGH MDR 2022, 1218 = NJW-RR 2022, 1559). Ausfluss des Öffentlichkeitsgrundsatzes im weiteren Sinne sind auch die **Verpflichtung zur Veröffentlichung** (idR anonymisierter) wichtiger Entscheidungen und die nach § 23 EGGVG (§ 23 EGGVG Rn 5) erzwingbare Herausgabe von Entscheidungen zu Veröffentlichungszwecken (BGH MDR 2021, 837 = WM 2021, 1093 = NJW-RR 2021, 1212; BGH NJW 2017, 1819; OLG Karlsruhe 22.12.2020 – 6 VA 24/20, JZ 2021, 687 [Heese JZ 2020, 665] jew mwN; VerfGH Saarland 13.3.2024 – Lv 17/23): Aus dem Rechtsstaatsgebot einschließlich der Justizgewährungspflicht, dem Demokratiegebot und dem Grundsatz der Gewaltenteilung folgt grundsätzlich eine Rechtspflicht der Gerichtsverwaltung zur Publikation veröffentlichungswürdiger Gerichtsentscheidungen; dies gilt unabhängig davon, ob die Verhandlung öffentlich war. Mit Hilfe einer automatisierten, KI-gestützten Anonymisierung wird die Veröffentlichung auch bei Instanzgerichten zunehmend umsetzbar sein (eingehend Heese, Veröffentlichung 9 gerichtlicher Entscheidungen im Zeitalter der Digitalisierung, in FS Herbert Roth, 2021, S 283 ff). Ein Ermessen kommt der Gerichtsverwaltung insoweit zu, als berechtigte Belange und Rechte der Parteien oder der Beteiligten des Verfahrens durch die Weitergabe einer Abschrift trotz Anonymisierung verletzt sein können und es darum geht, die Rechte und Belange der Beteiligten mit der Verpflichtung in Einklang zu bringen, Gerichtsentscheidungen zu veröffentlichen. Insoweit muss die Gerichtsverwaltung eine Abwägungsentscheidung treffen. Das Ermessen betrifft in erster Linie die Frage, ob und in welchem Umfang Schwärzungen vorzunehmen sind. Es erstreckt sich auch darauf, ob im Einzelfall die überwiegenden Rechte der Beteiligten eine Veröffentlichung insgesamt ausschließen (BGH MDR 2021, 837 = WM 2021, 1093 = NJW-RR 2021, 1212). Bei der Ausübung des Ermessens hat die Gerichtsverwaltung den Besonderheiten der jeweiligen Verfahrensart Rechnung zu tragen (OLG Karlsruhe FamRZ 2022, 209). Die **Befugnis** zur Weitergabe von Urteilen und Beschlüssen beschränkt sich darüber hinaus nicht auf Entscheidungen, die nach Ansicht des betreffenden Gerichts veröffentlichungswürdig sind, zumal entsprechende Anfragen aus der Öffentlichkeit regelmäßig ein öffentliches Interesse belegen (OLG Karlsruhe FamRZ 2022, 209). **Pressefreiheit** gibt grds Anspruch auf Auskunft und erlaubt Veröffentlichung der **Namen** der in öffentlicher Gerichtsverhandlung tätigen Richter, Staatsanwälte und Rechtsanwälte, soweit nicht ausnahmsw zB aufgrund einer Sicherheitsgefährdung im Einzelfall ein Vorrang der Persönlichkeitsrechte anzunehmen ist (BVerwG NJW 2015, 807; OLG Frankfurt 8.5.2025 – 16 U 11/23).

9a Praktisch relevant sind besonders die Fragen des **Zugangs** bei besonderem Andrang, der Zulässigkeit von **Fotoaufnahmen** und der Zulässigkeit von **Film- und Tonaufnahmen**. Auch wenn bei besonderem Interesse an einem Verf die Platzkapazität des üblichen Sitzungssaals des Gerichts nicht ausreicht, steht eine **Verlegung in einen größeren Saal** im Ermessen des Gerichts, das eher zurückhaltend ausgeübt werden sollte (eingeh mit guten Gründen Kissel/Mayer Rn 26); dies gilt auch für zulässige Anmietung externer Sitzungssäle (s Poseck DRiZ 2020, 288). Eine **Videoübertragung in andere Räume** ist als **unzulässiger Verstoß gegen § 169 I 2 Alt 2** (Aufnahme zum Zweck der öffentl Vorführung) anzusehen (Kissel/Mayer Rn 27; MK/Pabst Rn 34). S BVerfGE 87, 331, 333; BVerfGE 103, 44, 65 f: „Der Grundsatz der Öffentlichkeit ist im Gerichtsverfassungsgesetz nur als Öffentlichkeit im Rahmen der Gerichtsverhandlung vorgesehen. … Gerichtliche Verfahrensabläufe sind nicht an den Interessen der Medien orientiert." Für Presse darf Teil der Zuhörerplätze freigehalten werden (BGH NJW 2006, 1220). **Prioritätsprinzip** (Alternative: Losverfahren, beide Verf auch kombiniert mit Bildung von Kontingenten für bestimmte Mediengruppen, eingehend Bock JM 2014, 123; EGMR NJW 2013, 521) darf bei die Chancengleichheit wahrender Ausgestaltung auch ggü **Journalisten** angewendet werden; kein Freihalten eines verlassenen Platzes. Für **Foto- und Fernsehaufnahmen** kann Problem der Raumbeschränkung durch **Pool-Bildung** gelöst werden. Praktische Hinweise: Müller-Horn DRiZ 2012, 81; BVerfG NJW 2013, 1293; BVerfG NJW 2003, 500. Zum Eingriff in Pressefreiheit durch Verpflichtung der Poolführer zur Anonymisierung ihrer Aufnahmen vor Weitergabe: BVerfG NJW 2020, 38. Für **Fotoaufnahmen** und **Ton- und Fernseh-/Filmaufnahmen** gilt Folgendes: **Fotos** („stehende Bilder") fallen von vornherein nicht unter das Verbot des I 2, ebenso nicht Ton- und Fernseh-/Filmaufnahmen **vor Beginn und nach Ende der Verh** sowie in **Verhandlungspausen** (BGH NJW 70, 63). Hier entscheidet der Vors als Inhaber der sitzungspolizeil Gewalt (§ 176, s § 176 Rn 5), iÜ die Justizverwaltung als Trägerin des Hausrechts. Umfassendes Abwägungs- und **Begründungsgebot:** BVerfG NJW 2020, 38 (für sitzungspolizeiliche Anordnung der „Verpixelung" von Aufnahmen durch Poolführer); BVerfG NJW 2014, 3013 (Schäfer JR 2014, 494). Ermöglichung der Bildberichterstattung „aus dem Sitzungssaal" in Verf gegen Personen der Zeitgeschichte verlangt: BVerfGE 87, 334 = NJW 92, 3288 u BVerfGE 91, 125 = NJW 95, 184 – Honecker-Verf – und Anspruch auf Fernsehaufnahmen selbst vom „einziehenden" Gericht in allen Verh von öffentl Interesse: BVerfG NJW 2008, 977; für „Bewegtbilder" wegen des Informationsinteresses der Öffentlichkeit auch an den Mitwirkenden der Hauptverh BVerfG NJW 2012, 2178; einstw Anordnung abgelehnt für Bildberichterstatter bzw Fernsehsender, die Angekl nicht anonymisiert zeigen wollten: BVerfG wistra 2012, 145; Anordnung der „Verpixelung" gebilligt in EGMR NJW 2018, 3461; aber unzulässig, jedes Filmen von Verfahrensbeteiligten gegen deren Willen durch sitzungspolizeil Maßnahmen zu vereiteln: BVerfG NJW 2017, 798 (Bernzen und Huff DRiZ 2016, 384); BVerfG NJW 2009, 2117; andererseits sind Verf-Beteiligte nicht verpflichtet, vor Aufruf der Sache zur Ermöglichung von Foto-/Filmaufnahmen zu erscheinen: VerfGH Berlin NJW 2018, 846; KG 29.3.2021 – 5 Ws 230/19, 161 AR 289/19. Jdfs bleibt es Aufgabe des Vors, das Verf so zu gestalten, dass Parteien bzw Angekl, aber auch insb (Opfer-)Zeugen bestmögl vor Einflussnahmen und in ihrem informationellen Selbstbestimmungsrecht geschützt werden, zB durch getrennte Zuführung zum Sitzungssaal, Interviewverbote auf Justizgelände usw, sa § 176 Rn 5.

10 **§ 169 I 2** regelt einen Teilaspekt der sog mittelbaren Öffentlichkeit (Möglichkeit, die Allgemeinheit über die Vorgänge in der gerichtl Verh zu unterrichten), die in § 169 I 1 nicht gemeint ist (BGHSt 16, 113), durch das **Verbot der Rundfunk- oder Fernsehübertragung der Verh** und von **Ton- und Filmaufnahmen zum Zwecke öffentl Vorführung.** Unzulässig ist nicht nur die Direktübertragung, sondern auch die speichernde Aufnahme für spätere Veröffentlichung, auch im **Internet**. Verbot gilt auch für Verh im Wege der Bild- und Tonübertragung gem § 128a ZPO (iVm § 128a VI ZPO, s Köbler NJW 2021, 1072). § 169 I 2 ist verfassungsgemäß (BVerfGE 103, 44 = NJW 2001, 1633), *s aber auch* Sondervotum von 3 Richtern, aaO, u die zahlr Bespr der Entscheidung; ua Stürner JZ 2001, 699; Huff NJW 2001, 1622; Zuck NJW 2001, 1623; Dieckmann NJW 2001, 2451; Kaulbach JR 2011, 51; das Verbot ist im Hinblick auf das Persönlichkeitsrecht der Verfahrensbeteiligten gerade

in der Ausnahmesituation einer Gerichtsverh und im Interesse eines von äußeren Einflüssen möglichst unbeeinträchtigten Verhandlungsablaufs sachl gerechtfertigt (s hierzu differenziert auch auf ausländische Regelungen und Erfahrungen eingehend und mit guten Gründen Feser, Gerichts-TV – Ein Beitrag für mehr Gerechtigkeit?, NJ 2023, 45). – Nicht unter I 2 fallen Ton- u Filmaufnahmen für Zwecke des Gerichts (dazu BGH NStZ 2012, 404; BGHSt 19, 193). Auch hierfür gilt heute noch – und verstärkt im Hinblick auf die Folgen dauerhafter Publikation im Internet – die Erwägung, dass insb weniger gewandte und technikaffine Verfahrensbeteiligte durch die Konfrontation mit Kamera und Mikrofon gehemmt und in ihrer Unbefangenheit beeinträchtigt werden können (vgl BTDrs IV/178, 45; Feser aaO). Das umstrittene Gesetzesvorhaben zur digitalen Dokumentation der strafgerichtlichen Hauptverhandlung, RegE BTDrs 20/8096, ist im Vermittlungsausschuss mit dem Ende der 20. BT-Legislaturperiode der Diskontinuität anheimgefallen. – Ungebühr (§ 178) einer Prozesspartei durch heiml Tonaufnahme des Sitzungsverlaufs: OLG Schleswig SchlHA 62, 84. Wegen **Gefahr verbotener Film- und Tonaufnahmen**, die unter heutigen Bedingungen faktisch unauslöschlich im Internet verbreitet werden, kann Vors sitzungspolizeilich **allen Zuhörern das Mitführen und die Benutzung jeglicher elektronischer, insb internetfähiger, Geräte** in der Verh **verbieten** und durch entsprechende Zugangskontrollen verhindern (zur Benutzung von **Notebooks** BVerfG NJW 2014, 3013; BVerfG NJW 2009, 352; s aber zum Sonderfall eines Zugangs zu Übersetzungsmitteln BVerfG, Einstw Anordn, NJW 2020, 3166 [Bock/Wagner NJW 2020, 3146]). Im Hinblick auf Bedeutung der Medienöffentlichkeit (s Rn 9) sollte Vors Arbeitserleichterungen für akkreditierte Journalisten erwägen. – **Lit:** Altenhain, Öffentlichkeit im Strafverfahren – Transparenz und Schutz der Verfahrensbeteiligten, Gutachten C zum 71. DJT Essen 2016; Altenhain DRiZ 2016, 304; Bernzen, Gerichtssaalberichterstattung, Diss Osnabrück 2020; Bernzen jM 2022, 270; v. Coelln, Zur Medienöffentlichkeit der Dritten Gewalt, Habil Passau 2005; v. Coelln AfP 2016, 491 und AfP 2014, 193; Limperg/Gerhardt, Gründe gegen Fernsehübertragungen aus dem Gerichtssaal, ZRP 2016, 124; Mosbacher DRiZ 2016, 299.

Das G über die Erweiterung der Medienöffentlichkeit in Gerichtsverfahren (EMöGG) v 8.10.2017 (BGBl I 2017, 3546) iVm dem G zur Fortentwicklung des Völkerstrafrechts v 30.7.2024 (BGBl 2024 I Nr 255) hat **drei Lockerungen** des Verbots der Medienübertragung aus Gerichtsverhandlungen gebracht: Eine **Tonübertragung** in einen **Arbeitsraum für Medienvertreter** kann gem I 3-5 im Einzelfall zugelassen werden (hierzu s Rn 17). Gem II kann das Gericht **Ton- und Filmaufnahmen in Verfahren von herausragender zeitgeschichtlicher Bedeutung ausschließlich zu wissenschaftlichen und historischen Zwecken** veranlassen (hierzu s Rn 18). Schließlich lässt III die Gestattung von **Ton- und Filmaufnahmen der Verkündung von Entscheidungen oberster Bundesgerichte** zu (hierzu s Rn 19). 11

5) Verstoß gegen den Öffentlichkeitsgrundsatz. Absoluter Revisionsgrund (§ 547 Nr 5 ZPO), aber nicht Nichtigkeitsgrund (§ 579 I ZPO), s zu Verstoß bei Verkündung BGH MDR 2018, 159 = FamRZ 2018, 367 = NJW-RR 2018, 127. Im Einzelfall kann Nichtzulassung der Revision trotz Verstoßes gegen den Öffentlichkeitsgrundsatz verfassungsrechtlich vertretbar sein (BVerfG 13.1.2023 – 1 BvR 1700/20). Im Zivilprozess wird dies idR dann gelten, wenn alle Parteien auf ein Verlangen der Wiederholung des betroffenen Verfahrensteils verzichtet haben, weil Parteien sogar ganz auf mündliche Verhandlung verzichten können (§ 128 II ZPO; § 295 ZPO Rn 5; vgl für den Verwaltungsprozess BVerwG 10.6.2024 – 1 B 48/23). – Wird Berufung eingelegt, ist betroffener Verfahrensabschnitt zu wiederholen (§ 538 I ZPO; BGH NJW 2000, 1289 = MDR 2000, 968; OLG Düsseldorf TranspR 2019, 73); Zurückverweisung nach § 538 II Nr 1 ZPO ist ggf mögl. S aber auch § 171b Rn 8. 12

Eine Verletzung des § 169 liegt jedoch nur vor, wenn Beschränkung oder Ausschluss der Öffentlichkeit vom Gericht zu vertreten ist (BGH NStZ 2023, 703; BGH NStZ-RR 2023, 152), also idR mit Wissen des Vors oder Gerichts erfolgt (BGH NJW 2020, 2741; BGH NJW 70, 1846; bei Holtz MDR 90, 1070; Hk-ZPO/Rathmann Rn 1; zur Zurechnung des Wissens eines Berufsrichters BFH NJW 92, 3256), nicht bei Versehen des UrkB oder Justizwachtmeisters (BGH NStZ-RR 2016, 245: unzutreffende Bezeichnung des Sitzungssaals bei überschaubaren örtl Verhältnissen; BGH NJW 69, 756; OLG Karlsruhe NJW 2004, 1887); nicht, wenn der UrkB infolge versehentl Betätigung des falschen Knopfs an der Tür des Sitzungssaals die Leuchtschrift „Nichtöffentl Sitzung" erscheinen lässt, wenn der Justizwachtmeister einen Zuhörer nicht einlässt, den er irrig für einen in der gleichen Verh noch zu vernehmenden Zeugen hält; zurechenbar aber, wenn der gesetzwidrige Zustand dem Gericht infolge verschuldeter Unkenntnis verborgen blieb (BGH NStZ 2023, 703; BVerwG NJW 85, 448) oder Gericht trotz Kenntnis des Fehlers nicht für Abhilfe sorgt (OLG Celle StraFo 2012, 270). Verstoß zB gegeben bei Hinweisschild „Das AG ist freitags ab 13.00 Uhr geschlossen" (OLG Zweibrücken NJW 95, 3333). 13

Ist dem Gericht bekannt, dass von dritter Seite (etwa **Polizei**) Maßnahmen (Sperren im Umfeld des Gerichtsgebäudes ua) durchgeführt werden, die faktisch zu einer Einschränkung der Öffentlichkeit führen können, so hat es zu prüfen, ob Abhilfe nötig, und ggf dafür zu sorgen, notfalls durch Ablehnung der Durchführung der Verh (vgl BGH NJW 80, 249). **Nicht von der Justiz verantwortete** Bewegungs- und Reiseverbote zur **Gefahrenabwehr** (zB nach §§ 28, 28a IfSG) führen ebenso wenig zu einer rechtswidrigen Verletzung des Öffentlichkeitsgrundsatzes wie **höhere Gewalt** zB in Form eines Verkehrszusammenbruchs aus Witterungsgründen (vgl Arnoldi NStZ 2020, 313). 14

Verzicht der Parteien entbindet nicht von der Beachtung (**§ 295 II ZPO**, RGZ 157, 347; BAG MDR 2022, 648 = NJW 2022, 2949; VGH München NVwZ-RR 2002, 799 = BayVBl 2003, 151); es kommt auch nicht darauf an, 15 ob tatsächl Zuhörer Einlass verlangen (RGSt 23, 219); s aber BGH WM 2021, 198: Ein im ausdrücklichen Einverständnis beider anwaltlich vertretener Parteien erfolgter Verstoß soll nicht in jedem Fall die Revisionszulassung begründen. Heilung ordnungswidrigen Verf durch Nachholung des vom Verstoß betroffenen Verhandlungsteils in Öffentlichkeit mögl. – Das Ersuchen des Vors an Zuhörer, der als Zeuge in Betracht komme, ohne dass die Voraussetzungen der § 394 ZPO, § 58 I StPO (zum Beurteilungsspielraum des Gerichts hierzu BGH NStZ 2004, 453; BGH NStZ 2001, 163 [krit Reichert StV 2002, 6]) vorliegen, im Interesse unbefangener Zeugenaussage den Sitzungssaal vorübergehend zu verlassen, kann Verletzung der Öffentlichkeit bedeuten; anders, wenn sich der Zuhörer freiw entfernt, wenngleich im Bewusstsein, dass dies dem Vors erwünscht ist (BGH WM 2018, 2028; BGH MDR 88, 791; krit BGH NStZ 99, 426). Öffentlichkeitsgrundsatz dient dem Zugang von am Verf Unbeteiligten; Streitgenossen einer Partei können sich deshalb nicht auf § 169 berufen (VGH Mannheim NVwZ 99, Beil 8, 87), ebenso nicht Beistand eines noch zu vernehmenden Zeugen (Wagner NStZ 2004, 101; aA LG Heilbronn NStZ 2004, 100).

16 **Feststellung im Protokoll.** § 160 I Nr 5 ZPO (BAG NJW 2008, 1021), sa § 164 ZPO.

17 **6) Tonübertragung.** I 3-5 erlaubt dem Gericht die **Tonübertragung der Verhandlung in einen Medienarbeitsraum**. Die Entscheidung ist eine **unanfechtbare (IV)** und damit auch nicht revisible **Ermessensentscheidung**; ein Anspruch auf Zulassung der Tonübertragung besteht nicht. Grds kommt diese Tonübertragung **nur bei nicht ausreichender Platzkapazität im Sitzungssaal in Betracht**. Diese Voraussetzung ergibt sich zwar nicht aus dem Gesetzeswortlaut, aber als **Wille des Gesetzgebers** mehrfach aus der **Gesetzesbegründung** (RegE BTDrs 18/10144, 3, 13, 19, 24, 26 – der Gesetzgeber geht von deutschlandweit jährlich nur ca 30 Verfahren aus). Allerdings wurde der Vorschlag des Bundesrats, diese Voraussetzung ausdrücklich in das Gesetz aufzunehmen (BTDrs 18/10144, 35), von der Bundesregierung mit der Begründung abgelehnt, eine Einschränkung im Gesetzeswortlaut würde die Anordnungsbefugnis des Gerichts unangemessen beschränken (BTDrs 18/10144, 40). So kann das Gericht insbesondere die Tonübertragung in einen einmal eingerichteten Medienarbeitsraum fortsetzen, wenn das Interesse des Publikums – wie üblich – im Laufe einer lang dauernden Verhandlung so nachlässt, dass alle interessierten Journalisten im Saal Platz finden könnten. IÜ sind bei der Ermessensentscheidung das Informationsbedürfnis der Öffentlichkeit, der Schutz der allgemeinen Persönlichkeitsrechte der Verfahrensbeteiligten, deren Anspruch auf ein faires Verfahren sowie die Funktionstüchtigkeit der Rechtspflege, insb die Sicherstellung eines ordnungsgemäßen Verfahrensablaufs, zu berücksichtigen; ua drohende Verfahrensverzögerungen und Raumnot im Gerichtsgebäude können gegen eine Übertragung sprechen (BTDrs 18/10144, 19, 24, 26). Die Beschränkung auf eine reine Tonübertragung ohne Bildübertragung und ohne Aufzeichnung oder Speicherung des Tonmaterials soll den Eingriff in die Persönlichkeitsrechte der Verfahrensbeteiligten und das Risiko, dass diese sich in ihrem Verhalten durch die Übertragung beeinflussen lassen, verringern (s dazu aber I 4). Die Tonübertragung stellt **keine Erweiterung der Saalöffentlichkeit** dar (BTDrs 18/10144, 18, 27). **Daraus folgt:** Die Aufrechterhaltung der Ordnung im Arbeitsraum unterfällt nicht der Sitzungspolizei des Vorsitzenden, sondern dem **Hausrecht des Gerichtspräsidenten**, der Hilfspersonal beauftragen kann. – Die Tonübertragung ist **nichtöffentlich gesprochenes Wort iSd § 201 I Nr 1 StGB**, so dass das Mitschneiden über I 5 hinaus nicht nur zum Zweck der Veröffentlichung, sondern generell unzulässig, möglichst zu verhindern und **strafbar** ist. – Der Präsident bzw seine Beauftragten und nicht der Gerichtsvorsitzende entscheidet über den **Zugang zum Medienarbeitsraum**. Der Präsident kann hierfür ein **Akkreditierungsverfahren** durchführen (BTDrs 18/10144, 27). Zwar sind die Begriffe des Journalisten oder des Medienvertreters nicht gesetzlich definiert; jedoch ergibt sich aus dem Gesetzeswortlaut („Personen, die **für … berichten**"), aus dem Schutzbereich der Pressefreiheit des Art 5 GG und aus Formulierungen der Gesetzesbegründung („Fachpublikum", „Medienvertreter", BTDrs 18/10144, 27), dass nur **beruflich** (auch neben- und freiberuflich) **tätige Berichterstatter** zuzulassen sind. Das Betreiben eines Internetblogs als Privatperson oder als Interessenvertreter reicht hierfür jedenfalls nicht aus. – Eine individuelle Zulassungsentscheidung über den Zugang zum Medienraum kann niemals die Revision begründen (kein Verstoß des Gerichts gegen § 169), ebenso nicht ein Technikausfall bei der Übertragung (v. Coelln AfP 2016, 491, 493). – Eine Übertragung in den Medienarbeitsraum ist **unzulässig, soweit die Öffentlichkeit im Sitzungssaal ausgeschlossen** ist (BTDrs 18/10144, 20). Darüber hinaus kann das Gericht unter den Voraussetzungen des **I 4 einzelne Verhandlungsabschnitte** von der Übertragung ausnehmen. Dies kommt auch in Betracht, wenn das Gericht den Eindruck gewinnt, dass Verfahrensbeteiligte im Hinblick auf die Übertragung ernsthaft gehemmt oder verängstigt sind.

18 **7) Ton- und Filmaufnahmen bei historischer Bedeutung. II erlaubt** (nicht anfechtbare und damit nicht revisible Ermessensentscheidung durch Beschluss, IV) dem Gericht in **Verfahren von herausragender zeitgeschichtlicher Bedeutung (Tonaufnahmen und Ton- und Filmaufnahmen für wissenschaftliche Zwecke**. Die Variante „für historische Zwecke" hat keine erkennbare eigenständige Bedeutung und soll wohl nur das Erfordernis zeitgeschichtlicher Bedeutung betonen; die Gesetzesbegründung spricht selbst von einer Aufzeichnung „ausschließlich für wissenschaftliche Zwecke", BTDrs 18/10144, 19. Durch G zur Fortentwicklung des Völkerstrafrechts v 30.7.2024 (BGBl 2024 I Nr 255) wurde II 1 in zweifacher Hinsicht geändert: Zum einen wird das *Ermessen des* Gerichts dahin erweitert, statt bloßer Tonaufnahmen Ton- und Filmaufnahmen für wissenschaftliche Zwecke anzufertigen. Für die Ermessensentscheidung kann einerseits maßgeblich sein, welche Aufnahme-

art für die Information der Nachwelt über das Verfahren besser geeignet ist, zB bei einer Vielzahl von Verfahrensbeteiligten (RegE BTDrs 20/9471, 42), und andererseits, ob zB Aspekte des Zeugenschutzes und der ordnungsgemäßen Durchführung des Verfahrens für eine Beschränkung auf Tonaufnahmen sprechen (BT-Rechtsausschuss, BTDrs 20/11661, 19), wozu auch die Förderung der Aussagebereitschaft zB von Zeugen gehört. Zum anderen wurde bei dem Erfordernis der herausragenden zeitgeschichtlichen Bedeutung des Verfahrens die Angabe „für die Bundesrepublik Deutschland" gestrichen. Damit ist nicht etwa gewollt, dass entgegen der Ursprungsfassung und RegE BTDrs 18/10144, 27 künftig Aufnahmen auch in Verfahren von nur regionaler Bedeutung zulässig sein sollen, sondern im Gegenteil sollte klargestellt werden, dass Aufnahmen auch in Verfahren von herausragender Bedeutung zulässig sind, die aufgrund des Weltrechtsprinzips auch ohne räumlichen Bezug zu Deutschland vor deutschen Gerichten verhandelt werden (RegE BTDrs 20/9471, 42). Dass auch weiterhin Aufnahmen in Verfahren von nur regionaler Bedeutung unzulässig sind, ergibt sich nicht nur aus dieser Gesetzesbegründung, sondern hinreichend deutlich auch aus dem unverändert weiterhin geltenden Erfordernis der „herausragenden zeitgeschichtlichen Bedeutung" des Verfahrens. Der Gesetzgeber geht von einem Anfall eines Verfahrens alle fünf Jahre aus (RegE BTDrs 18/10144, 3) und nennt als Beispiele lediglich Strafverfahren. Danach dürfte die Vorschrift für Zivilprozesse kaum Bedeutung erlangen; gleichwohl ist auf Folgendes hinzuweisen: Mit der Gesetzesbegründung (BTDrs 18/10144, 28), aber entgegen dem insoweit ungenauen Gesetzeswortlaut müssen die Aufzeichnungen **durch das Gericht**, dh in dessen Auftrag und Verantwortung, angefertigt und nicht nur passiv „zugelassen" werden; nur so ist die Einhaltung von II 3-5 zu gewährleisten und das Vertrauen der Verfahrensbeteiligten in die Einhaltung dieser Regeln zu stärken. Bei Anwendung des II ist ggf besonders darauf zu achten, dass Verfahrungsbeteiligte nicht aus Angst vor dem Eingehen in die Geschichte im Originalton oder gar in Ton und Bild von authentischen Äußerungen in der mündlichen Verhandlung abgehalten werden; ebenso sollte das Gericht über II 2 selbstdarstellerische verbrecherische Propagandaaufnahmen verhindern. Prämisse für die Ton- und Filmdokumentation von Gerichtsverfahren ist die **„stählerne" Ausgestaltung** der Schutzregeln in **II 3-5**. Das **Verbot der Nutzung zu Verfahrenszwecken** nach II 3 umfasst nicht nur das Ursprungsverfahren in allen Instanzen einschl eines Wiederaufnahmeverfahrens, sondern **alle Gerichts- und Verwaltungsverfahren** unabhängig vom Verfahrensgegenstand. Als Beweismittel sind die Aufnahmen unverwertbar, auch wenn sie rechtswidrig in den Besitz Dritter gelangt sein sollten, weil sonst die Schutzregeln umgangen würden (vgl Beschlussempfehlung und Bericht des 6. Ausschusses: BTDrs 18/12591, StN Mosbacher im BT-Rechtsausschuss am 29.3.2017, https://www.bundestag.de/ausschuesse18/a06/anhoerungen/stellungnahmen/499854); **Beweisanträge** auf Verwertung der Aufzeichnung sind nach allen Prozessordnungen auf Grund der eindeutigen gesetzgeberischen Entscheidung **unzulässig**.

8) **Aufnahme von Urteilsverkündungen oberster Bundesgerichte. III** erlaubt dem Bundesgerichtshof und 19
den anderen obersten Bundesgerichten (§ 55 VwGO, § 52 FGO, § 61 SGG und § 72 ArbGG), für die Verkündung von Entscheidungen im besonderen Einzelfall Ton- und Fernsehrundfunkaufnahmen und Filmaufnahmen zum Zweck der Veröffentlichung oder der öffentlichen Vorführung zuzulassen. Entsprechende Beschlüsse sind unanfechtbare (IV) Ermessensentscheidungen; sowohl bei der Zulassung der Aufnahmen als auch bei evtl Einschränkungen nach III 2 hat eine Abwägung der Interessen von am Verfahren Beteiligten, Dritten und der Öffentlichkeit zu erfolgen (BTDrs 18/10144, 17). III ist nach dem ausdrücklichen Willen des Gesetzgebers eine **Ausnahmeregelung**, die weder auf andere Teile der Verhandlung noch auf andere Gerichte entsprechend angewendet werden kann (BTDrs 18/10144, 18). Dabei muss es auch bleiben: Stehen bei den Bundesgerichten Rechtsfragen im Mittelpunkt, deren grundsätzliche Bedeutung im Einzelfall die Veröffentlichung einer Entscheidungsverkündung in Bild und Ton rechtfertigen kann, stehen bei den Instanzgerichten die Lebenssachverhalte und damit schützenswerte Belange der Verfahrensbeteiligten im Mittelpunkt, die ein Recht darauf haben, dass die Entscheidung „ihres" Prozesses nicht lebenslang im Internet betrachtet werden kann.

§ 170 (Nichtöffentliche Familiensachen und Angelegenheiten der freiwilligen Gerichtsbarkeit)

(1) [1]Verhandlungen, Erörterungen und Anhörungen in Familiensachen sowie in Angelegenheiten der freiwilligen Gerichtsbarkeit sind nicht öffentlich. [2]Das Gericht kann die Öffentlichkeit zulassen, jedoch nicht gegen den Willen eines Beteiligten. [3]In Betreuungs- und Unterbringungssachen ist auf Verlangen des Betroffenen einer Person seines Vertrauens die Anwesenheit zu gestatten.

(2) Das Rechtsbeschwerdegericht kann die Öffentlichkeit zulassen, soweit nicht das Interesse eines Beteiligten an der nicht öffentlichen Erörterung überwiegt.

Nach **I 1** gilt der Öffentlichkeitsgrundsatz des § 169 weder in Angelegenheiten der freiw Gerichtsbarkeit (§ 23a 1
II) noch in FamSachen (§ 111 FamFG), und zwar auch nicht in FamStreitverf (§ 112 FamFG) und in Streitverf der freiw Gerichtsbarkeit. Grund ist der Schutz der Privatsphäre der Beteiligten (RegE BTDrs 16/6308, 320, sa § 171b). Im Einzelfall, zB bei rein vermögensrechtl Streitigkeiten ohne Bezug auf die schützenswerte Privatsphäre, kann das Gericht nach der Ermessensvorschrift des **I 2** zur Verh iSd § 169 (für diese allg Beschränkung

des Grundsatzes der Öffentlichkeit, die auch für § 170 I 2 gelten muss, s § 169 Rn 8) die Öffentlichkeit zulassen; dies gilt nach dem Gesetzeswortlaut jedoch nicht, wenn nur ein Beteiligter (§ 7 FamFG) widerspricht. In dieser Form entspr das Gesetz weder seiner Begr (RegE BTDrs 16/6308, spricht von einer Beschränkung des Ermessens, soweit ein Beteiligter der Zulassung der Öffentlichkeit widerspricht; tatsächl wird es jedoch in diesem Fall ausgeschlossen) noch Art 6 I EMRK. Nach dieser Bestimmung hat jede Person ein Recht darauf, dass über Streitigkeiten in Bezug auf ihre zivilrechtl Ansprüche und Verpflichtungen öffentl verhandelt wird, wenn nicht – ua – der Schutz des Privatlebens der Prozessparteien den Ausschluss der Öffentlichkeit verlangt. Art 6 I EMRK ist auf Familienstreitsachen und Streitverf der freiw Gerichtsbarkeit anwendbar (BGHZ 124, 204 für streitige Landwirtschaftssachen; nicht Verf nach § 15 BNotO, OLG München MDR 2007, 1108). Da die EMRK im Rang einfachen Gesetzesrechts steht, geht ihr jedoch § 170 I 2 als lex posterior vor und muss vom Gericht wortlautgemäß angewendet werden (OLG Schleswig RdL 2023, 262). Zur öffentl Verkündung verfahrensbeendender Beschlüsse s § 173 I.

2 **I 3** gewährt unabhängig vom Öffentlichkeitsgrds bes schutzwürdigen Beteiligten einen zusätzl verfahrensrechtl Anspruch zum Schutz ihrer Interessen und gilt deshalb bei allen Verfahrenshandlungen iSd I 1.

3 Nach **II** hat der **BGH** einen **Ermessensspielraum** für die Zulassung der Öffentlichkeit auch gegen den Willen eines Beteiligten wegen des großen Interesses der Öffentlichkeit an der Rechtsprechung des BGH (BTDrs 16/9733, 300).

4 Ausschluss der Öffentlichkeit nach § 170 erfolgt kraft Gesetzes (Protokollvermerk nach § 160 I Nr 5 ZPO nötig). Verstoß ist absoluter Rechtsbeschwerdegrund nach § 72 III FamFG iVm § 547 Nr 5 ZPO (s BGH 23.3. 2021 – XIII ZB 29/19 mwN). Zur **Entscheidungsveröffentlichung** s § 169 Rn 9.

§ 171 (weggefallen)

§ 171a (betr Strafsachen)

§ 171b (Ausschließung der Öffentlichkeit zum Schutz des persönlichen Lebensbereichs)

(1) [1]Die Öffentlichkeit kann ausgeschlossen werden, soweit Umstände aus dem persönlichen Lebensbereich eines Prozessbeteiligten, eines Zeugen oder eines durch eine rechtswidrige Tat (§ 11 Absatz 1 Nummer 5 des Strafgesetzbuchs) Verletzten zur Sprache kommen, deren öffentliche Erörterung schutzwürdige Interessen verletzen würde. [2]Das gilt nicht, soweit das Interesse an der öffentlichen Erörterung dieser Umstände überwiegt. [3]Die besonderen Belastungen, die für Kinder und Jugendliche mit einer öffentlichen Hauptverhandlung verbunden sein können, sind dabei zu berücksichtigen. [4]Entsprechendes gilt bei volljährigen Personen, die als Kinder oder Jugendliche durch die Straftat verletzt worden sind.

(2) [1]Die Öffentlichkeit soll ausgeschlossen werden, soweit in Verfahren wegen Straftaten gegen die sexuelle Selbstbestimmung (§§ 174 bis 184k des Strafgesetzbuchs) oder gegen das Leben (§§ 211 bis 222 des Strafgesetzbuchs), wegen Misshandlung von Schutzbefohlenen (§ 225 des Strafgesetzbuchs) oder wegen Straftaten gegen die persönliche Freiheit nach den §§ 232 bis 233a des Strafgesetzbuchs ein Zeuge unter 18 Jahren vernommen wird. [2]Absatz 1 Satz 4 gilt entsprechend.

(3) [1]Die Öffentlichkeit ist auszuschließen, wenn die Voraussetzungen der Absätze 1 oder 2 vorliegen und der Ausschluss von der Person, deren Lebensbereich betroffen ist, beantragt wird. [2]Für die Schlussanträge in Verfahren wegen der in Absatz 2 genannten Straftaten ist die Öffentlichkeit auszuschließen, ohne dass es eines hierauf gerichteten Antrags bedarf, wenn die Verhandlung unter den Voraussetzungen der Absätze 1 oder 2 oder des § 172 Nummer 4 ganz oder zum Teil unter Ausschluss der Öffentlichkeit stattgefunden hat.

(4) Abweichend von den Absätzen 1 und 2 darf die Öffentlichkeit nicht ausgeschlossen werden, soweit die Personen, deren Lebensbereiche betroffen sind, dem Ausschluss der Öffentlichkeit widersprechen.

(5) Die Entscheidungen nach den Absätzen 1 bis 4 sind unanfechtbar.

1 **1) Zweck.** Die Regelung räumt dem Schutz des Intimbereichs des Einzelnen grds den Vorrang vor dem Öffentlichkeitsgrundsatz ein (BTDrs 10/5305, 22). Sie gibt dem Betroffenen unmittelbare Einflussmöglichkeiten darauf, ob seine Privatsphäre betr Umstände in öffentl Verh erörtert werden.

2 **2) Geltungsbereich.** Wesentl praktische Bedeutung hat die Vorschrift für das Strafverf. I 3, 4 und II gelten ihrem Wortlaut nach für Strafverf; I 3, 4 wird jedoch für andere öffentl Verh entspr anzuwenden sein. IÜ gilt *§ 171b uneingeschränkt* auch im **Zivilprozess** sowie für die Verf der anderen Gerichtsbarkeiten (s § 173 VwGO, § 52 S 2 ArbGG, § 61 I SGG, § 52 I FGO).

3) Umstände aus dem persönlichen Lebensbereich (Intimsphäre; Privatbereich). Schutz der Privatsphäre (auf strafrechtl Gebiet vgl § 203 StGB), der ggü auch der Grundsatz der Öffentlichkeit Einschränkungen hinnehmen muss (vgl auch Art 6 I 2 EMRK). Die Privatinteressen müssen „schutzwürdig" sein. Hohe Anforderungen sind hier aber nicht zu stellen, da der vom Gesetzgeber gewollte Schutz der Individualinteressen – gerade unter den tatsächl Gegebenheiten der Reichweite und Geschwindigkeit von Publikationen im Internet – für sich hohen Rang hat (vgl auch Böttcher DRiZ 84, 17). Umstände iSd I sind vor allem solche gesundheitl (einschr: BSG NZS 2007, 670), familiärer oder sexueller Art. Hierfür reicht es zwar noch nicht, dass die Umstände in irgendeiner Beziehung zum persönl Lebensbereich stehen, vielmehr muss sich ihr Schwerpunkt dort befinden. Maßgebl sind die Anschauungen der Rechtsgemeinschaft, derj des Betroffenen kommt – nach I 2 u IV – Bedeutung erst nach Bejahung der Tatbestandsvoraussetzungen des I 1 zu. 3

4) Interessenabwägung. Die **Abwägungsklausel** in I räumt – im Gegensatz zu § 172 Nr 2 – den Interessen des Einzelnen den Vorrang vor dem Interesse an öffentl Erörterung ein, allerdings mit zwei Einschränkungen: Das Individualinteresse muss schutzwürdig sein; auch das schutzwürdige Individualinteresse hat bei überwiegendem – aber nicht schon bei gleichrangigem – öffentl Interesse zurückzutreten (BVerfG MDR 2023, 1605 = NJW 2024, 205 mwN). Beide Einschränkungen, die in Wechselwirkung stehen, erfordern vom Richter eine Abwägung aller konkret erhebl Umstände zur Ausfüllung der unbestimmten Rechtsbegriffe „Schutzwürdigkeit" und „überwiegendes öffentl Interesse". Diese obliegt – wie V zeigt – der abschließenden Beurteilung des Tatrichters. Den möglicherw schwierigen Abgrenzungsproblemen kann das Gericht aber auch nach der Einschränkung des I 1 (**„soweit"**) Rechnung tragen. Sie ermöglicht beim Ausschluss der Öffentlichkeit gerade in Zivilprozessen, in denen Fragen des persönl Lebensbereichs oft berührt sein können, ohne den Kern des Verf auszumachen, eine entspr differenzierte Handhabung (Ausschluss nur für konkret abgegrenzte Teile der Verh). 4

5) Betroffener Personenkreis. Die persönl Umstände müssen einen **Prozessbeteiligten**, einen **Zeugen** oder den **Verletzten** einer Straftat (der am Verf nicht beteiligt zu sein braucht) betreffen. Zeuge ist auch, wer als solcher in Betracht kommt (BGH bei Holtz MDR 83, 92). Zu den Rechten kindl Zeugen sa Laubenthal/Nevermann-Jaskolla JA 2005, 294. 5

6) Kein Ermessen. Der Ausschluss der Öffentlichkeit ist zwingend, wenn der Betroffene sie bei Vorliegen der Voraussetzungen beantragt (III). Der Antrag bedarf keiner Form. Das Gericht muss aber in der Beschlussbegründung (§ 174 I 3) angeben, dass u ggf auf Grund welcher Erklärung III bejaht wird (BGH NStZ 94, 591). – Die Ausschließung hat **zu unterbleiben**, wenn ihr der Betroffene widerspricht (IV). Sind mehrere betroffen, so gilt das Verbot nur, wenn alle widersprechen. – Hieraus folgt auch, dass bei mehreren Betroffenen bereits der Antrag eines von ihnen die Wirkung des III auslöst. 6

7) Begrenzung des Ausschlusses. Der Ausschluss ist auf den jew betroffenen **Verfahrensteil** („für die Dauer der Vernehmung des Zeugen X") zu beschränken. Dies ist in dem Beschluss (§ 174 I) anzuführen; ist jedoch absehbar, dass die gesamte Beweisaufnahme (oder Verh) den Ausschluss rechtfertigende persönl Umstände berührt, so ist es zulässig, den Ausschluss entspr unbegrenzt anzuordnen (BGH NStZ 89, 483; bei Holtz MDR 92, 634). Die **Wiederherstellung der Öffentlichkeit** nach dem betroffenen Verfahrensteil ist im **Protokoll** zu vermerken (§ 160 I Nr 5, § 165 ZPO; Kissel/Mayer § 172 Rn 6; BGH StV 2018, 205). 7

8) Unanfechtbarkeit. Die **Entscheidung** über Ausschluss oder Nichtausschluss der Öffentlichkeit ist für den Betroffenen und die übrigen Verfahrensbeteiligten **nicht anfechtbar (V)**; dies entspricht der hM schon zu § 172 (s § 172 Rn 14). Die **Revision** kann also auf Fehlen der Voraussetzungen des § 171b generell nicht gestützt werden; für Strafverf ergibt sich dies aus § 336 S 2 StPO (BGH 4.7.2024 – 4 StR 130/24; BGH 28.11.2023 – 1 StR 292/23; BGHSt 51, 180 = NJW 2007, 709; BGH NJW 2012, 3113; BGH 17.11.2020 – 4 StR 223/20). Nach dem erkennbaren Willen des Gesetzgebers hat Gleiches für den Zivilprozess zu gelten; §§ 512, 557 II ZPO sind über ihren Wortlaut („dieses Gesetzes") hinaus auf unanfechtbare Entscheidungen nach § 171b entspr anzuwenden (vgl BSG 2007, 670; MK/Pabst Rn 23). **Unterlässt** das Gericht eine gebotene Entscheidung, tendiert die Rspr jedoch zur Annahme der Revisibilität (BGH NStZ 2021, 760; BGH NStZ 2015, 181). 8

§ 172 (Ausschließung der Öffentlichkeit aus sonstigen Gründen)

Das Gericht kann für die Verhandlung oder für einen Teil davon die Öffentlichkeit ausschließen, wenn

1. eine Gefährdung der Staatssicherheit, der öffentlichen Ordnung oder der Sittlichkeit zu besorgen ist,

1a. eine Gefährdung des Lebens, des Leibes oder der Freiheit eines Zeugen oder einer anderen Person zu besorgen ist,

2. ein wichtiges Geschäfts-, Betriebs-, Erfindungs- oder Steuergeheimnis zur Sprache kommt, durch dessen öffentliche Erörterung überwiegende schutzwürdige Interessen verletzt würden,

3. ein privates Geheimnis erörtert wird, dessen unbefugte Offenbarung mit Strafe bedroht ist,

4. eine Person unter 18 Jahren vernommen wird.

1 **I) Regelungsgegenstand; Kontext mit § 273a ZPO.** § 172 regelt unabhängig von § 171b weitere **Gründe für den Ausschluss der Öffentlichkeit** in der mündlichen Verhandlung. Für den praktisch wichtigen Bereich des **Schutzes von Geschäftsgeheimnissen (§ 172 Nr 2)** hat das **Justizstandort-Stärkungsgesetz** v 7.10.2024, BGBl 2024 I Nr 302, mWv 1.4.2025 mit dem neuen **§ 273a ZPO** (s dort) eine Neuregelung geschaffen, die die bisherigen rudimentären **Regelungen zur Wahrung der Vertraulichkeit von Geschäftsgeheimnissen** im Zivilprozess im Kontext mit § 172 GVG erheblich erweitert, indem die allg Möglichkeit im Zivilprozess geschaffen wurde, **streitgegenständliche Informationen als geheimhaltungsbedürftig einzustufen und alle Verfahrensbeteiligten zur vertraulichen Behandlung dieser Informationen zu verpflichten** unter entsprechender **Anwendung der §§ 16-20 GeschGehG einschließlich der Sanktionen** auch in allen anderen als Geschäftsgeheimnisstreitsachen. Die beschränkten Möglichkeiten der Begrenzung der Öffentlichkeit des Zivilverfahrens werden bislang oft als Grund für das Ausweichen von Unternehmen in andere Konfliktlösungsmechanismen angesehen; dem will die Neuregelung entgegenwirken.

2 **II) Ausschließung von Amts wegen.** Gericht (nicht Vors allein) entscheidet nach pflichtgem Ermessen (Antrag ist nicht bindend, BGH MDR 2021, 52 = NJW-RR 2020, 1386; BGH NJW 86, 200). Die Anträge der Verfahrensbeteiligten sind hier (im Gegensatz zu § 171b, dessen Ausschließungsgründe selbständig neben § 172 stehen, also keine vorrangige Spezialnorm darstellen, BGH NJW 92, 2436) nicht maßgebend. Verh über Frage der Ausschließung: § 174 I 1. Entscheidung durch Beschluss, der grds öffentl zu verkünden ist (§ 174 I 2). **Umfang** der Ausschließung: ist auf das gebotene Maß zu beschränken; ggf ist Ausschließung wieder aufzuheben (Gerichtsbeschluss nötig). Wurde „für die Verhandlung" oder „deren weitere Dauer" (BGH NJW 86, 200) ausgeschlossen, so endet Ausschluss vor Urteilsverkündung (§ 173 I), ohne dass es eines Wiederherstellungsbeschlusses bedarf, jedoch muss Öffentlichkeit tatsächl – etwa durch Justizwachtmeister – wiederhergestellt werden. Wurde für einen (konkret zu bezeichnenden) Teil der Verh ausgeschlossen (zB: „für Dauer der Vernehmung des Zeugen X"), so genügt ebenfalls die tatsächl Wiederherstellung der Öffentlichkeit nach Ablauf des Verhandlungsteils. Mögl auch Ausschluss „bis auf Weiteres", wenn noch nicht abzusehen ist, wann die Gefahr wegfällt (RG JW 28, 1940). Zutritt einzelner Personen trotz Ausschlusses der Öffentlichkeit: § 175 II, III. Der Ausschluss einzelner Zuhörer ist nicht auf § 172 zu gründen. Mangels anderer ausdrückl Regelung wird Ausschlussbeschl mit Verkündung wirksam. Verh über Gegenvorstellung kann also unter Ausschluss der Öffentlichkeit stattfinden (BGH NStZ 2015, 230).

3 **III) Ausschlussgründe. 1) Gefährdung der Staatssicherheit (§ 172 Nr 1).** Es muss die konkrete Gefahr bestehen, dass durch den Inhalt der Verh die Allgemeinheit Kenntnis von Informationen erhält, deren Bekanntwerden die innere oder äußere Sicherheit der Bundesrepublik gefährden würde; es muss sich nicht notwendig um Amtsgeheimnisse handeln. Nach Art 38 Zusatzabk zum Truppenstatut (BGBl II 1961, 1218) gilt Nr 1 auch, wenn Amtsgeheimnisse des Entsende- oder Aufnahmestaats oder für deren Sicherheit wichtige Informationen zur Sprache kommen.

4 **2) Gefährdung der öffentlichen Ordnung (§ 172 Nr 1).** Gemeint sind die Gefahr von erheblichen Störungen im Verhandlungssaal und seiner unmittelbaren Umgebung und störende Wirkungen aus der Verhandlung nach außen (KK-StPO/Diemer, § 172 GVG Rn 5). ZB auch bei fortwährender Störung der Verh (RGSt 30, 105), soweit wegen der unbestimmten Vielzahl von Störern Maßnahmen nach §§ 176, 177 nicht ausreichen. Zur öffentl Ordnung gehört auch die Möglichkeit der Wahrheitserforschung, die Gewährleistung rechtl Gehörs und die Wirksamkeit der Kriminalitätsbekämpfung (Kissel/Mayer Rn 25 ff).

5 **3) Gefährdung der Sittlichkeit (§ 172 Nr 1).** Wegen der allg Öffentlichkeit ist auf das sittl Empfinden eines aufgeschlossenen Durchschnittsbürgers abzustellen. Gesichtspunkten des Jugendschutzes kann auch durch Ausschließung unerwachsener Personen nach § 175 I Rechnung getragen werden.

5a **4) Konkrete Gefahr für eine einzelne Person (§ 172 Nr 1a).** Der Ausschluss der Öffentlichkeit aus Gründen des Schutzes von Leben, Leib oder Freiheit einer Einzelperson ist auch im Zivilprozess mögl. Der Gefährdete muss nicht als Zeuge – oder in sonstiger Weise – beteiligt sein; es genügt, wenn durch die Aussage eines nicht gefährdeten Zeugen (zB V-Mann) ein Dritter gefährdet wird. Bei Widerstreit zw Öffentlichkeits- u Wahrheitserforschungsgrundsatz ist der Ausschluss der Öffentlichkeit nicht schon mit der Begr zulässig, dass ein Zeuge, dem ein Auskunftsverweigerungsrecht zusteht, erklärt, er werde aussagen, wenn die Öffentlichkeit ausgeschlossen sei (BGH NJW 81, 2825).

6 **5) Schutz überwiegender Individualinteressen, insb Geschäftsgeheimnisschutz (§ 172 Nr 2).** Die **Abwägung** hat das Gericht nach obj Beurteilungsmaßstäben vorzunehmen, wobei ihm jedoch ein freies Ermessen eingeräumt ist; Ermessenskriterien sind insb die Art des zu erörternden Vorgangs und sein Gewicht für den Betroffenen. Sind im Zivilprozess beide Parteien mit Öffentlichkeitsausschluss einverstanden, kann dies wichtiges Anzeichen für Schutzwürdigkeit der Individualinteressen sein. Zur Abwägungsentscheidung kann das Gericht Erklärungen einholen, erforderlichenfalls Beweise erheben; hierüber wird idR nach § 174 I nichtöffentl zu verhandeln sein. Gericht muss bei Abwägung zwischen den verf-rechtl Geboten der Gewährung effektiven Rechtsschutzes und des Geheimnisschutzes die Anwendung des § 172 in Betracht ziehen, BGHZ 178, 362 = NJW *2009, 502. Ggf ist Geheimnisschutz durch Auflagebeschluss gem* **§ 174 III** zu ergänzen (zur Reichweite dieses Beschlusses s § 174 Rn 5). Zum Geschäftsgeheimnisschutz s Rn 1, 8.

Umstände aus dem persönl Lebensbereich (Familienleben, Intimsphäre) sind in § 171b gesondert geregelt, s Erl zu § 171b und oben Rn 1, 2. 7

Geschäfts- und Betriebsgeheimnisse: Auf ein Unternehmen bezogene Tatsachen, Umstände und Vorgänge, die nicht offenkundig, sondern nur einem begrenzten Personenkreis zugänglich sind und an deren Nichtverbreitung der Rechtsträger ein berechtigtes Interesse hat, s Rn 1, **§ 273a ZPO, § 2 Nr 1 GeschGehG**; Geschäftsgeheimnisse betreffen vornehmlich kaufmännisches Wissen, Betriebsgeheimnisse technisches Wissen im weitesten Sinne (OLG München 18.12.2023 – 25 W 1456/23 mwN und Details). Interesse, diese Geheimnisse nicht preiszugeben, ist durch Art 12 GG geschützt (BVerfGE 115, 205 = WM 2006, 880). Den Geheimnisträger trifft jedoch die Obliegenheit, das Vorliegen eines geschützten Geheimnisses substantiiert darzulegen (OLG Düsseldorf 11.9.2013 – VI-U (Kart) 27/12). Der Annahme eines Geheimnisses steht nicht entgegen, dass es bereits einem beschränkten Personenkreis – auch unerlaubt – bekannt geworden ist, solange es nicht offenkundig ist (OLG Dresden MDR 2024, 445 = NJW-RR 2204, 520; OLG Karlsruhe VersR 2020, 1439). 8

Erfindergeheimnis, Erfindung ist ein noch nicht als Patent oder Gebrauchsmuster geschütztes technisches Verf, das auf einer persönl Leistung des Erfinders beruht. 9

Steuergeheimnis vgl § 30 AO. 10

Es ist **unerhebl**, ob bei der nicht öffentl Vernehmung tatsächl Umstände iSd Nr 2 zur Sprache kommen. Entscheidend ist, dass im Zeitpunkt der Beschlussfassung mit der Erörterung solcher Umstände zu rechnen ist (BGH MDR 2016, 228 = NJW-RR 2016, 606; KG VersR 2018, 344). Es ist daher auch nicht erforderl, die Vernehmung in öffentl Sitzung zu wiederholen, wenn entgegen der begründeten Erwartung bei der Vernehmung entspr persönl Umstände doch nicht zur Sprache gekommen sind (BGH NJW 82, 59). 11

6) Mittelbarer Schutz von Privatgeheimnissen (§ 172 Nr 3). Während Nr 2 auf den unmittelbaren Schutz einschlägiger Geheimnisse abstellt, ergänzt Nr 3 den strafrechtl Schutz des Privatgeheimnisses (vgl § 203 StGB) vor Offenbarung durch Dritte, denen ein Geheimnis als Geheimnisträger iSd § 203 StGB bekannt geworden ist. Zweck ist, die gerichtl Ermittlung der Wahrheit auch in Fällen des Geheimnisschutzes nach § 203 StGB zu ermöglichen. Die Regelung soll zwar auch dem Schutzberechtigten eine Schweigepflichtentbindung erleichtern; der Ausschluss der Öffentlichkeit nach § 172 Nr 3 soll aber unabhängig davon sein, ob die Preisgabe des Geheimnisses befugt oder unbefugt erfolgt oder ob sich der Offenbarende ohne Schweigepflichtentbindung tatsächlich strafbar machen würde; deshalb ist der Anwendungsbereich der Nr 3 nicht auf Aussagen von Zeugen oder Sachverständigen beschränkt, sondern gilt zB auch für befugte Äußerungen von Rechtsanwälten oder Ärzten als Partei im Honorar- oder Haftungsprozess oder von Angeklagten im Strafverf (BTDrs 19/27670, 308 f). Ergänzung des Ausschlusses der Öffentlichkeit durch Auflagebeschluss gem **§ 174 III** dürfte regelmäßig geboten sein (zur Reichweite s § 174 Rn 5). 12

7) Vernehmung einer Person unter 18 Jahren. Die Art der Beteiligung (Zeuge, Partei) ist ohne Bedeutung. Gericht kann der bes psychologischen Situation des Jugendl Rechnung tragen (Zweck: Schutz des Jugendl und größere Gewähr für richtige Aussage). 13

IV) Rechtsmittel. Kein Beschwerderecht einer Partei (OLG Karlsruhe 31.8.2023 – 12 W 17/23; OLG München 2.7.2010 – 21 W 1347/10) oder ausgeschlossener Zuhörer (OLG Nürnberg MDR 61, 508; OLG Frankfurt FamRZ 94, 1400); auch nicht der an Geheimhaltung (zB eines Geschäftsgeheimnisses) persönl Interessierten gegen Ablehnung des Ausschlusses (BGH NJW 69, 2707; MK/Pabst Rn 15; Kissel/Mayer Rn 13, 19). Auch aus Art 6 I EMRK folgt kein Anspruch des Verfahrensbeteiligten auf Ausschluss der Öffentlichkeit zum Schutz der Privatsphäre (BGH NJW 69, 2707). 14

Bei der Beurteilung der Voraussetzungen des § 172 hat der Richter ein weites Ermessen, das im Rechtsmittelweg (**Revision:** § 547 Nr 5 ZPO) nur eingeschränkt (Unvertretbarkeit des Ergebnisses wegen Verkennung der Rechtsbegriffe des § 172, Ermessensmissbrauch, Ermessensausfall, vgl MK/Pabst Rn 16; Kissel/Mayer Rn 14 ff) nachzuprüfen ist. – Dass die Öffentlichkeit trotz Vorliegens eines Grunds nach § 172 nicht ausgeschlossen wurde, kann im Rechtsmittelverf regelmäßig nicht beanstandet werden (BGH NJW 70, 523), jedoch ist die Rüge unvollständiger Sachverhaltsaufklärung mögl, wenn durch Maßnahmen nach § 172 (insb Nr 3) weitere Aufklärung mögl gewesen wäre. 15

§ 173 (Urteilsverkündung)

(1) Die Verkündung des Urteils sowie der Endentscheidung in Ehesachen und Familienstreitsachen erfolgt in jedem Falle öffentlich.

(2) Durch einen besonderen Beschluss des Gerichts kann unter den Voraussetzungen der §§ 171b und 172 auch für die Verkündung der Entscheidungsgründe oder eines Teiles davon die Öffentlichkeit ausgeschlossen werden.

Dazu Art 6 I 2 EMRK. **Vor Urteilsverkündung** ist Öffentlichkeit wiederherzustellen; entspr Feststellung im Protokoll nötig; genügend, dass ohne Beschluss dem Publikum wieder Zutritt gewährt wird. Für öffentl Verkündung 1 von Urteilen und Endentscheidungen nach nichtöffentl Verhandlung ist gesonderte Ankündigung durch Aushang – gar mit Namen der Verfahrensbeteiligten – nicht geboten. Für Verkündung der Urteilsformel kann Öffentlichkeit niemals ausgeschlossen werden, für Verkündung der Gründe (bedeutsam für Strafsachen) nur ausnahmsw (II). Letzterenfalls ist über die Ausschließung zunächst nochmals zu verhandeln (§ 174 I). – Die Vorschrift gilt auch für die Verkündung der urteilsgleichen Beschlüsse in Ehe- und echten FamStreitsachen, auf die § 41 FamFG ausdrückl nicht anzuwenden ist (§ 113 I 1 FamFG; § 329 I 1 ZPO; entspricht auch Art 6 EMRK).

2 **Verstoß** ist nach Wortlaut des § 547 Nr 5 ZPO kein absoluter Revisions- bzw Rechtsbeschwerdegrund (OLG Celle NJW 2014, 3458 = MDR 2014, 1325; BFHE 241, 1; BVerwG NJW 1990, 1249; AG/Becker Rn 3; aA für den Strafprozess BGH NStZ 2024, 448; seit BGHSt 4, 279) und macht **Verkündung** auch **nicht unwirksam** (BGH MDR 2018, 159 = FamRZ 2018, 367 = NJW-RR 2018, 127; BGH FamRZ 2015, 1006). Unzulässige nichtöffentl Verkündung kann nach Wiederherstellung der Öffentlichkeit wiederholt werden (MK/Pabst Rn 9).

§ 174 (Verhandlung und Beschluss über Ausschließung der Öffentlichkeit)

(1) [1]Über die Ausschließung der Öffentlichkeit ist in nicht öffentlicher Sitzung zu verhandeln, wenn ein Beteiligter es beantragt oder das Gericht es für angemessen erachtet. [2]Der Beschluss, der die Öffentlichkeit ausschließt, muss öffentlich verkündet werden; er kann in nicht öffentlicher Sitzung verkündet werden, wenn zu befürchten ist, dass seine öffentliche Verkündung eine erhebliche Störung der Ordnung in der Sitzung zur Folge haben würde. [3]Bei der Verkündung ist in den Fällen der §§ 171b, 172 und 173 anzugeben, aus welchem Grund die Öffentlichkeit ausgeschlossen worden ist.

(2) Soweit die Öffentlichkeit wegen Gefährdung der Staatssicherheit ausgeschlossen wird, dürfen Presse, Rundfunk und Fernsehen keine Berichte über die Verhandlung und den Inhalt eines die Sache betreffenden amtlichen Schriftstücks veröffentlichen.

(3) [1]Ist die Öffentlichkeit wegen Gefährdung der Staatssicherheit oder aus den in §§ 171b und 172 Nr. 2 und 3 bezeichneten Gründen ausgeschlossen, so kann das Gericht den anwesenden Personen die Geheimhaltung von Tatsachen, die durch die Verhandlung oder durch ein die Sache betreffendes amtliches Schriftstück zu ihrer Kenntnis gelangen, zur Pflicht machen. [2]Der Beschluss ist in das Sitzungsprotokoll aufzunehmen. [3]Er ist anfechtbar. [4]Die Beschwerde hat keine aufschiebende Wirkung.

1 **1) Verhandlung über die Ausschließung (§ 174 I).** Die Parteien müssen Gelegenheit zur Äußerung haben (BGH MDR 2016, 228 = NJW-RR 2016, 606). Diese Verh kann (I 1) nichtöffentl stattfinden; § 175 II ist anwendbar. Da **insoweit** auf Antrag eines Beteiligten (ggf auch Zeuge, BGHSt 60, 58 = NJW 2015, 1464 [Heine NStZ 2015, 480 und Rosenstock StV 2015, 477]; MK/Pabst Rn 5; aA Kissel/Mayer Rn 7) Ausschluss der Öffentlichkeit zwingend ist, soll Anordnung des Vors ausreichen und Entscheidung des Gerichts entbehrl sein (BGH NStZ 99, 372). **Für Ausschließung selbst immer Gerichtsbeschluss** erforderl (BGH NStZ 2021, 760; BGH NStZ 99, 371).

2 **Beschluss ist zu begründen** (I 3) und öffentl zu verkünden (Ausnahme I 2 Hs 2); die Begründung muss in das **Protokoll** aufgenommen werden (§ 160 I Nr 5, III Nr 7, § 165 ZPO). Unterlassung schafft Voraussetzung des absoluten Revisionsgrunds nach § 547 Nr 5 ZPO (RGZ 128, 218; BGHSt 2, 56; BVerwG NJW 83, 2155; Strafsenate des BGH sehen Revisionsgrund nicht mehr als gegeben an, wenn Begründung für Ausschluss der Öffentlichkeit zwar im Beschluss fehlt, aber für Verfahrensbeteiligte und Zuhörer offenkundig ist, BGH 22.7.2021 – 4 StR 200/20; BGHSt 45, 117 = NJW 99, 3060). Umfang der Begründung: Der konkrete Ausschlussgrund muss unmissverständl ersichtl sein – bei § 172 Nr 1a genügt Angabe der Gesetzesbestimmung (BGH NJW 95, 3195); bei § 171b I 1, § 172 Nrn 1 u 2 muss die Alternative angegeben werden, es genügt jedoch die Wiedergabe des Gesetzeswortlauts (vgl BGH NJW 77, 964; BGH NStZ 89, 442), nicht erforderl ist, dass die tatsächl Umstände angeführt werden, aus denen sich der Ausschlussgrund ergibt (BGHSt 30, 212, 213 = NJW 82, 59; BGH NJW 86, 200). – Beschl ist nicht gesondert anfechtbar (OLG München 2.7.2010 – 21 W 1347/10).

3 **Bsp für Protokollfassung:** „Der Vertreter des Kl beantragt, für die Dauer der Verh und Beweisaufnahme die Öffentlichkeit wegen Gefährdung der Sittlichkeit auszuschließen und über den Antrag nichtöffentl zu verhandeln. Es wurde Beschluss verkündet: Über den Antrag auf Ausschließung der Öffentlichkeit ist in nichtöffentl Sitzung zu verhandeln. Der Beschluss wurde ausgeführt und über den Antrag des Kl verhandelt. Nach Wiederherstellung der Öffentlichkeit wurde folgender Beschluss verkündet: Die Öffentlichkeit wird wegen Gefährdung der Sittlichkeit bis zur Urteilsverkündung ausgeschlossen, § 172 Nr 1 GVG."

4 **2) Medienberichterstattung (§ 174 II).** II schafft **Berichtsverbot** für die Massenmedien, das nicht erst einer gerichtl Anordnung bedarf. Verstoß strafbar nach § 353d Nr 1 StGB.

5 **3) Geheimhaltungsverpflichtung (§ 174 III).** *Gebot richtet sich an alle oder einzelne* (BGH MDR 2020, 1459 = *NJW-RR 2020, 1389* mwN auch zur aA; OLG Dresden MDR 2025 818; OLG Köln 29.1.2024 – 18 W 62/23) in der nichtöffentl Verhandlung **anwesende** Personen durch verkündeten u ins Protokoll aufzunehmenden (III 2)

Gerichtsbeschl (nicht zulässig bei Ausschluss der Öffentlichkeit nach § 172 Nr 1 Alt 2 u 3, Nr 1a u Nr 4). Zur Zulässigkeit des Ausschlusses der Öffentlichkeit und der Geheimhaltungsverpflichtung nach III im praktisch besonders häufigen Fall des gerichtlichen Verfahrens über eine Prämienanpassung in der privaten Krankenversicherung s BGH MDR 2016, 228 = VersR 2016, 177. Zur Interessenabwägung auch mit der Pressefreiheit s BVerfG MDR 2023, 1605 = NJW 2024, 205 mwN. Diese Geheimhaltungsanordnung erstreckt sich zwar nicht auf die im Verhandlungstermin nicht anwesende Partei; dem im Verhandlungstermin anwesenden Prozessbevollmächtigten ist es jedoch auf Grund der Geheimhaltungsanordnung untersagt, seinen Mandanten über den Inhalt der geheim zu haltenden Tatsachen und Schriftstücke zu informieren (OLG Karlsruhe NJW-RR 2020, 446 = VersR 2020, 410; OLG Dresden 3.2.2021 – 4 W 935/20). Lässt sich hauptbevollmächtigter RA zur Vermeidung einer zu erwartenden ihn treffenden Geheimhaltungsanordnung in der mündl Verh nur durch einen Unterbevollmächtigten vertreten, kann dies als **Beweisvereitelung** gewertet werden (OLG Karlsruhe 18.3.2025 – 12 U 190/23; OLG Hamm MDR 2025, 193; OLG Bremen 6.9.2024 – 3 U 42/23; KG VersR 2025, 428; OLG Köln MDR 2024, 644 = NJW-RR 2024, 900; OLG Frankfurt 14.2.2024 – 3 U 45/23; OLG Dresden MDR 2024, 445 = NJW-RR 2024, 520). Auch der beauftragte oder ersuchte Richter kann bei seiner (ohnedies nicht öffentl) Beweisaufnahme aus den Gründen zu III Schweigegebot erlassen (OLG Rostock JW 28, 1527). Geheimhaltungsanordnung muss die geheim zu haltenden Tatsachen und Schriftstücke hinreichend genau bezeichnen (OLG Karlsruhe NJW-RR 2020, 446 = VersR 2020, 410). **Gegen Schweigegebot** durch OLG oder BGH kein Rechtsmittel, sonst **sof Beschwerde** (§ 567 ZPO; sa BGH MDR 2022, 713 mwN; MK/Pabst Rn 16; Kissel/Mayer Rn 30), aber ohne aufschiebende Wirkung (III 3, 4). **Gegen** die Anordnung der Geheimhaltung **ablehnenden Beschluss** ist **kein Rechtsmittel** eröffnet (BGH MDR 2021, 52 = NJW-RR 2020, 1386; OLG Karlsruhe 31.8. 2023 – 12 W 17/23; Kissel/Mayer Rn 30; aA OLG Hamm 2.4.2024 – 20 W 3/24). – **Übertretung des Schweigegebots strafbar** nach § 353d Nr 2 StGB.

§ 175 (Versagung und Gestattung des Zutritts)

(1) Der Zutritt zu öffentlichen Verhandlungen kann unerwachsenen und solchen Personen versagt werden, die in einer der Würde des Gerichts nicht entsprechenden Weise erscheinen.

(2) [1]Zu nicht öffentlichen Verhandlungen kann der Zutritt einzelnen Personen vom Gericht gestattet werden. In Strafsachen soll dem Verletzten der Zutritt gestattet werden. [2]Einer Anhörung der Beteiligten bedarf es nicht.

(3) Die Ausschließung der Öffentlichkeit steht der Anwesenheit der die Dienstaufsicht führenden Beamten der Justizverwaltung bei den Verhandlungen vor dem erkennenden Gericht nicht entgegen.

§ 175 I. Gilt nicht für Verfahrensbeteiligte, auch wenn die Gründe des I bei ihnen gegeben wären; sie können 1
gg ihren Willen nur unter den Voraussetzungen der §§ 177, 178 entfernt werden. – **Entscheidung trifft der Vors**; das Gericht kann gegen ihn nicht angerufen werden (s § 177 S 2). –Verletzung der Würde des Gerichts zB bei Erscheinen in betrunkenem Zustand, in anstößiger Kleidung. Es kann gleichzeitig Ungebühr (§ 178) vorliegen. Gegen die Anordnung keine Beschwerde. – Bei Nichtbefolgung des Entfernungsgebots: § 177.

§ 175 II. Gestattung durch Gericht, nicht den Vors allein; auch stillschweigend mögl zB für SV, wartende RA, 2
auch Presseberichterstatter (BGH NJW 64, 1485 u s § 176 Rn 5). Gericht hat weites Ermessen; auch innerdienstliche Gründe können Zutrittserlaubnis rechtfertigen (zB Ausbildungszwecke, Supervision, Intervision, Zutritt für Mitglieder eines Richterwahlausschusses). Im Hinblick auf **Art 5 e, i Wiener Übereinkommen über konsularische Beziehungen** (BGBl II 1969, 1585) sollte auf Wunsch eines ausländischen Verf-Beteiligten Vertreter der Botschaft oder des Konsulats seines Heimatstaats Zutritt gestattet werden. Bei Verh gegen Mitglieder der Stationierungsstreitkräfte ist auch deren Beauftragten Zutritt zu gestatten (Art 25 Zusatzabk zum Nato-Truppenstatut).

Ein **Anspruch** auf ausnahmsw Zutritt besteht nur für den Verletzten nach II 2 im Strafverf; das Gericht kann jedoch auch hier aus bes Gründen – über die nach pflichtgemäßem Ermessen zu entscheiden ist und die nicht offen gelegt werden müssen – den Zutritt versagen.

§ 175 III. Dienstaufsicht: s Einl GVG Rn 13. 3

§ 176 (Sitzungspolizei)

(1) Die Aufrechterhaltung der Ordnung in der Sitzung obliegt dem Vorsitzenden.

(2) [1]An der Verhandlung beteiligte Personen dürfen ihr Gesicht während der Sitzung weder ganz noch teilweise verhüllen. [2]Der Vorsitzende kann Ausnahmen gestatten, wenn und soweit die Kenntlichmachung des Gesichts weder zur Identitätsfeststellung noch zur Beweiswürdigung notwendig ist.

I) Allgemeines. Die **Sitzungspolizei** ist Bestandteil der unabhängigen richterl Gewalt. Sie gehört daher zur 1
Rspr, was insb für die Frage der Anfechtbarkeit (Art 19 IV GG) von Bedeutung ist (s Rn 9). Befugnisse des

Vors (auch des Einzelrichters, nach § 180 auch des beauftragten oder ersuchten Richters; schließl des Rpflegers, soweit er im Rahmen der ihm übertragenen Aufgaben mündl Verh abhalten kann, vgl § 4 I RPflG) ggü allen Anwesenden, auch Gerichtspersonen (Kissel/Mayer Rn 44 ff; MK/Pabst Rn 5; Milger NStZ 2006, 121).

2 Die dem Vors eingeräumten Befugnisse sind **nicht** vom **Hausrecht** der Justizverwaltung abgeleitet, sie gehen diesem vor: BGH NJW 72, 1144; BGH MDR 82, 332; OLG Celle DRiZ 79, 376, jedoch zu weitgehend: Nur im Sitzungssaal selbst ist Hausrecht ganz ausgeschlossen, nicht jedoch im Gerichtsgebäude; so gilt etwa ein erteiltes Hausverbot der Justizverwaltung (OVG Schleswig NJW 94, 340), auch wenn der Betroffene dadurch faktisch vom Besuch einer Verh ausgeschlossen wird. Zum Vorrang des Hausrechts außerhalb des Sitzungssaals und seines Umfelds s § 169 Rn 5. Zum gebotenen **Zusammenspiel zwischen Hausrecht und Sitzungspolizei** bei der Organisation großer Prozesse s Küspert FS Breidling, 2017, S 177; Roth FS Schilken, 2015, S 415; Unger-Gugel, Sicherheit und Ordnung in Gerichtsgebäuden, Diss Tübingen 2018; Unger-Gugel DRiZ 2019, 138.

3 **Die Grenzen** der Sitzungspolizei liegen deren Wesen als Ausübung richterl Gewalt gem in den gleichrangigen oder vorrangigen Verfahrensgrundsätzen – insb Öffentlichkeit (§ 169), rechtl Gehör (Art 103 I GG) und Pflicht zur Ermittlung der Wahrheit (BGHSt 17, 201). Dabei ist jedoch grds davon auszugehen, dass dem störungsfreien Ablauf der Verh der gleiche Stellenwert zukommt wie dem Grundsatz der Öffentlichkeit selbst (BGH MDR 81, 770; Molketin MDR 84, 21).

4 **II) Sitzung.** Verh des Gerichts im Rahmen eines förml Verf, daher nicht bei Bürotätigkeit des Richters, auch soweit Kontakt mit Rechtsuchenden besteht (hier Hausrecht). Sitzung jedoch auch die Augenscheinseinnahme außerhalb der Gerichtsstelle. **Räumlich** erfasst ist der Ort der Sitzung einschließl dazugehörender Räume (zB Beratungszimmer; auch Aufzeichnungsräume bei Videoübertragung nach § 128a ZPO, Schultzky NJW 2003, 313). Störungen von außerhalb des Sitzungssaals können unterbunden werden, wenn enge räuml Beziehung besteht (Gang vor dem Saal, Fenster) und die Störung unmittelbar auf die Verh einwirkt, OLG Stuttgart Justiz 93, 146; OLG Celle NStZ 2012, 592. Nicht andere Gänge des Justizgebäudes und Zugang zum Gebäude (Hausrecht der Justizverw, s § 169 Rn 5). **Zeitlich** erfasst sind auch die der Sitzung unmittelbar vorausgehenden und nachfolgenden Zeiten (Einfinden der Beteiligten, deren Weggang), vgl OLGR Rostock 2006, 149, sowie Unterbrechungen, wenn mit einer unmittelbar anschließenden Fortsetzung der Sitzung zu rechnen ist (BGHSt 44, 23 = NJW 98, 1420). Außerhalb der Sitzung s § 180.

5 **III) Umfang der Ordnungsgewalt des Vorsitzenden. 1) Ziel, Aufgabe und Maßnahmen.** § 176 bezweckt die Aufrechterhaltung der äußeren Ordnung des Verfahrensablaufs und den Schutz der Verfahrensbeteiligten. Vors hat **Pflicht** zur **Aufrechterhaltung der Ordnung („obliegt")**; er hat nicht nur Verantwortung für den Schutz der Verfahrensbeteiligten, sondern auch für die Wahrung der **Würde des Gerichts** und des **Ansehens der Justiz** als Dritte Staatsgewalt. Wenn **schwierige Verfahrensbeteiligte oder Zuhörer** zu erwarten sind, sollte der Vorsitzende die Verhandlung durch eine **sitzungspolizeiliche Sicherungsanordnung** vorbereiten, die tunlichst **mit** dem Gerichtsvorstand als **Hausrechtsinhaber abgestimmt** werden sollte (s § 169 Rn 5). **Mögl** zB Verbot von **Lichtbildaufnahmen** (unter Beachtung der Pressefreiheit und des Rechts zur Veröffentlichung von Bildnissen aus dem Bereich der Zeitgeschichte nach § 23 I Nr 1, II KUG, s § 169 Rn 5, 9, 10; ggf auch Sicherstellung des Films, BGHSt 44, 23 = NJW 98, 1420, also heute des Speichermediums), Untersagung des Tragens angsteinflößender Kleidung wie Insignien von Motorrad-Gangs (BVerfG NJW 2012, 1863; OVG Berlin NJW 2011, 1093) oder Springerstiefeln, Anweisung von Plätzen, Anordnungen über Betreten und Verlassen des Sitzungssaales während der Verh zur Vermeidung von Störungen (RG HRR 30, 465; BGH MDR 52, 410), aber auch vorbeugende Maßnahmen wie Ausweiskontrolle (BGH NJW 77, 157; OLG Karlsruhe NJW 75, 2080), durch **Durchsuchung** durchzusetzendes **Verbot des Mitführens** von gefährlichen oder zur Störung geeigneten Sachen, von Mobiltelefonen (OLG Stuttgart NJW 2011, 2899 [Michalke] = StV 2011, 718 [Kühne]) und anderen elektronischen Geräten und Gegenständen, bei denen erfahrungsgemäß mit der Gefahr des Missbrauchs zB für heimliche Aufnahmen gerechnet werden muss. Ob das Erstellen handschriftl Aufzeichnungen durch Zuhörer in Einzelfällen verboten werden kann, ist umstritten (zum Mitschreiben im Rahmen einer Prozessbeobachtung s Kehrer NStZ 2023, 139 mwN); Mitschreibeverbot mit Ausnahmevorbehalt in einem Staatsschutzverfahren jedenfalls nicht von vornherein missbilligt in BVerfG 26.1.2022 – 2 BvR 75/22; für Einzelfallzulässigkeit des Verbots von Schreibgeräten als spitze gefährliche Gegenstände OLG Celle NStZ-RR 2016, 26), Durchsuchung auf Waffen, in Gefahrenlagen auch bei RA (BVerfG NJW 2006, 1500), Staatsanwälten, Protokollführern usw (BVerfG NJW 98, 296; BGH NJW 79, 2622; BGH NJW 81, 61). Wegen der Gefahr unerlaubter Ton-/Filmaufnahmen darf Zuhörern **Benutzung** von Notebooks, Mobiltelefonen etc verboten werden (BVerfG NJW 2014, 3013; BVerfG NJW 2009, 352; zum zulässigen Verbot des Twitterns und sonstiger Live-Kommunikation aus dem Gerichtssaal hinaus instruktiv Krieg K&R 2009, 673). Zur **Einlassregelung bei Platzmangel** s § 169 Rn 5. Zu den Befugnissen des Vors gehören Regelung (BGH NStZ-RR 2018, 357) und Durchsetzung der Sitzordnung (auch im Einzelfall Änderung der Sitzordnung [BGH NStZ 2021, 761]), **Wortentziehung**, Verwarnung bei allen Handlungen, die Ungebühr iSd § 178 darstellen, Untersagung störender Verrichtungen, erforderlichenfalls Fesselungsanordnung (OLG Hamm 23.3.2021 – 3 Ws 71/21; OLG Hamm NStZ-RR 2014, 114 LS), Identitätsfeststellung; uU Aufhebung der Sitzung (RGZ 32, 390). Der Vors darf auch die dem Gericht vorbehaltenen Maßnahmen nach §§ 177, 178 androhen. Unter bes Umständen, insb bei groben Ausschreitungen, kann der Vors

befehlen, dass einzelne Personen den Sitzungssaal verlassen sollen (BGH NJW 72, 1144), zur zwangsw Ausführung dieser Anordnung s Rn 6. Zur äußeren Ordnung gehört das Unterbinden der Einflussnahme vom Zuhörerraum auf Zeugen oder Parteien durch Zurufe oder Zeichen; dies gilt auch für die Einflussnahme auf vor dem Sitzungssaal wartende Zeugen (zB Mitteilung von Aussagen im Sitzungssaal, vgl BGH bei Holtz MDR 82, 812; RGSt 64, 385); erforderlichenfalls auch die Anordnung, Gespräche zwischen Zeugen und Prozessparteien einzustellen (KGR Berlin 2001, 236) oder Ausschluss einzelner Zuhörer zur Unterbindung von Druck auf Zeugen: BGH NStZ 2004, 220. Zu den Aufgaben der Sitzungspolizei gehört auch die **Beachtung von Sicherheitsbelangen** in der Sitzung, zB Durchsetzung der räuml Trennung zwischen Inhaftierten und Dritten und Zutrittsverweigerung bzw Verweisung aus dem Saal bei ansteckungsverdächtigen Personen (Metz DRiZ 2020, 256 mwN), soweit diesen nicht bereits vom Hausrechtsinhaber der Zutritt zum Gebäude verweigert wurde (s § 169 Rn 5).

Sitzungspolizei des Vors erstreckt sich auch auf **beisitzende Richter** (Kissel/Mayer Rn 45). So kann Vors Sitzung unterbrechen und ehrenamtl Richter von dieser ausschließen, der sich weigert, Zweifel an seiner Unabhängigkeit und Neutralität hervorrufende Kleidungsstücke oder Symbole abzulegen, s auch Rn 12, § 109 Rn 3; Verbot des Tragens religiös oder weltanschaulich geprägter Symbole für Richter und Staatsanwälte in Bayern: Art 11 II BayRistAG, BayVerfGH NJW 2019, 2151. 5a

2) Durchsetzung der Anordnung. Vorbehalt zugunsten des Gerichts in §§ 177, 178. Insb ist zwangsw Entfernung eines Störers nur unter den Voraussetzungen des § 177 zulässig, da Eingriff in den Grundsatz der Öffentlichkeit (BGH NJW 72, 1144, dazu Willms JZ 72, 653). Soweit diese Vorbehalte nicht in Betracht kommen, kann der Vors seine Anordnungen durch unmittelbaren Zwang durchsetzen lassen (zB bei Nichtbeachtung eines Fotografierverbots Wegnahme des Aufnahmegeräts). Zwangsanwendung durch Justizwachtmeister; ggf Amtshilfe der Polizei. 6

3) Protokollierung. Sie ist für sitzungspolizeil Maßnahmen gegen Unbeteiligte nicht vorgeschrieben (§ 182; BGHSt 17, 204). 7

4) Strafrechtliche Ahndung. Hausfriedensbruch (§ 123 StGB) kann vorliegen bei Personen, die entgegen sitzungspolizeil Anordnung in den Verhandlungssaal eindringen (BGH NJW 82, 947) oder in ihm verbleiben, und zwar auch, wenn an sich eine öffentl Verh vorliegt. Sa § 183. 8

IV) Rechtsmittel. Jedenfalls im Zivilprozess grds keine Beschwerde: § 181 ist nicht einschlägig; auch sof Beschw nach § 567 ZPO ist nicht statthaft (OLG Jena 26.10.2020 – 1 Ws 313/20, 1 Ws 321/20 mwN); iErg ebenso für den Verwaltungsprozess OVG Lüneburg DÖV 2024, 500 LS; VGH Mannheim NJW 2022, 2865 mwN; im Strafprozess ist Rspr im Hinblick auf § 304 StPO uneinh (BVerfG NJW 2020, 38: im Eilverf offen gelassen; BVerfG NJW 2015, 2175 mwN [krit Huff DRiZ 2015, 213; Bspr Barczak NJ 2015, 360]; offen gelassen BGH NJW 2015, 3671; nach OLG Stuttgart NStZ-RR 2016, 383; OLG Stuttgart NJW 2011, 2899 [insoweit zust Michalke] Beschwerde ausnahmsw statthaft bei Geltendmachung einer Rechtsbeeinträchtigung über die Verhandlung hinaus; ähnlich OLG Karlsruhe AfP 2020, 226; OLG Hamm AfP 2018, 61; OLG Celle NStZ-RR 2016, 26; OLG Bremen StV 2016, 549; MK/Pabst Rn 22; Kissel/Mayer Rn 48), auch Gerichtsbeschluss kann gg Maßnahmen des Vors nicht herbeigeführt werden (kein Fall des § 140 ZPO). Bedenken gegen Unanfechtbarkeit sind unbegründet, weil Maßnahme nach § 176 Rspr ist und deshalb nicht von Verfassungs wegen zusätzl gerichtl Überprüfung bedarf. 9

Mit der **Revision** können – ggf nach erfolgloser Beanstandung gem § 238 II StPO, BGH NStZ 2008, 582 – sitzungspolizeil Maßnahmen beanstandet werden, wenn durch sie die Öffentlichkeit verletzt, die Wahrheitsermittlung beeinträchtigt, die Rechte der Verfahrensbeteiligten verkürzt wurden (BGHSt 17, 202; BGHSt 18, 179; BGH NJW 72, 1144). Unterbleiben sitzungspolizeil Maßnahmen, die zum Schutz der Beteiligten geboten gewesen wären, kann sich als Behinderung der Wahrheitsermittlung (vgl BGHSt 16, 111) oder Verkürzung des rechtl Gehörs auswirken, im Strafverf als Beschränkung der Verteidigung (BGH NJW 64, 1485). 10

V) Sitzungspolizei gegenüber Rechtsanwalt. Die Pflicht der **RA, vor Gerichten in Amtstracht** aufzutreten, ist geregelt in § 59a II Nr 6c BRAO iVm § 20 BORA. Durch Amtstracht werden RA wie Richter gleichermaßen als Organe der Rechtspflege kenntlich gemacht; es wird signalisiert, dass Person hinter dem Dienst an Recht und Gesetz (Art 20 III GG) zurücktritt. Damit sind **Werbeaufdrucke** auf der Robe unvereinbar und somit unzulässig (BGH MDR 2017, 58 = NJW 2017, 407). RA, die Robenpflicht nicht Rechnung tragen, können zurückgewiesen werden und sind dann iSd § 177 nicht beteiligt (iErg wegen jedenfalls fehlenden bes Gewichts einer Grundrechtsverletzung gebilligt durch BVerfG NJW 2012, 2570 – Strafverteidiger ohne Krawatte; BVerfGE 28, 21; BayVerfGH BayVBl 72, 337; AG/Becker Rn 9; Schmitt/Köhler/Schmitt StPO, 68. Aufl, § 176 GVG Rn 11; aA Kissel/Mayer Rn 20; MK/Prütting § 333 ZPO Rn 6). Eingeh zur Reaktion auf **anwaltl Fehlverhalten** Kramer, Die Zurückweisung von RA u deren zwangsw Entfernung aus dem Sitzungssaal, Diss 2000; Milger NStZ 2006, 121; § 177 Rn 2; OLG Brandenburg 2.9.2024 – 9 WF 149/24. 11

VI) Verbot der Gesichtsverhüllung. Das **Verbot** nach **II 1** (mit Erlaubnisvorbehalt nach II 2, hierzu Claus NStZ 2020, 57, 62) dient der aus dem Rechtsstaatsprinzip (Art 20 III GG) abgeleiteten **Wahrung der Funktionsfähigkeit der Rechtspflege** (BTDrs 19/14747, 43), namentlich der Identitätsfeststellung und Beweiswürdi- 12 gung (s II 2), aber darüber hinaus der unbeeinträchtigten offenen, auch nonverbalen **Kommunikation** unter den Verfahrensbeteiligten, s BRDrs 408/18 (Beschluss) Anl S 4. **Adressaten** des Verbots sind alle an der Verhandlung beteiligten Personen, Richter, Staatsanwälte, Protokollführer, auch Rechtsreferendare, soweit sie nicht nur als Zuhörer anwesend sind, Parteien, Angeklagte, Nebenkläger, Rechtsanwälte, Dolmetscher, Sachverständige und Zeugen (Aufzählung im GesE ist unvollständig), aber nicht Zuhörer und Justizwachtmeister oder zur Sicherung eingesetzte Polizeibeamte (BTDrs 19/14747, 43). Ausgenommen vom Verbot sind Personen in Zeugenschutzmaßnahmen (§ 10 I 3 Zeugenschutz-HarmonisierungsG). Weitere Ausnahme gilt für Zeugen, denen Verweigerung von Angaben zur Person gestattet wurde, § 68 III 3 StPO, und über II 2 für verdeckte Ermittler, Claus NStZ 2020, 57, 62. Verboten ist die Verwendung von Textilien und anderen Gegenständen, die dazu dienen, das Gesicht oder Teile desselben zu verdecken. Erfasst sind mithin etwa Verhüllungen des Gesichts durch Maske, Burka, Sonnenbrille, Sturmhaube, Motorradhelm oder auch einen Verband. Nicht erfasst sind dagegen die natürliche Gesichtsbehaarung, kleinere Pflaster, Brillen mit durchsichtigem Glas oder Bedeckungen nur des Haares oder nur des Halsbereichs, die den Bereich des Gesichts, also die Fläche zwischen Stirn und Kinn, freilassen (so BTDrs 19/14747, 43). Gesetzgeber hält mit Recht die durch das Verbot bewirkten Grundrechtseingriffe (insb allgemeine Handlungsfreiheit, Art 2 I GG, und Freiheit der Religionsausübung, Art 4 GG) für gerechtfertigt durch Rang der Funktionsfähigkeit der Rechtspflege (BTDrs 19/14747, 44). Die Grundrechtsbeeinträchtigung ist jedoch maßgeblicher Gesichtspunkt bei der pflichtgemäßen **Ermessensentscheidung des Vorsitzenden über Ausnahmen nach II 2**; bei grassierenden durch die Luft übertragbaren ansteckenden Krankheiten ist Gestattung einer Mund-Nasen-Bedeckung im Rahmen des II 2 angebracht.

13 **Umgekehrt** ist **sitzungspolizeiliche Anordnung des Tragens einer Mund-Nase-Bedeckung** in der mündlichen Verhandlung **aus Infektionsschutzgründen zulässig** (BVerfG MDR 2020, 1523; BayObLG 9.8.2021 – 202 ObOWi 860/21; OLG München 17.5.2022 – 4d Ws 166/22; OLG Frankfurt MDR 2023, 186 = FamRZ 2023, 210 = NJW-RR 2022, 1726; LAG Hamm 4.11.2022 – 19 Sa 565/22; OVG Bautzen 9.9.2022 – 3 A 293/22; VGH Mannheim NJW 2022, 2865; BSG 1.6.2022 – B 8 SO 67/21 B). **RA**, der Befolgung der Anordnung verweigert, muss ggf **Kosten** tragen, die aus dem Abbruch der Verhandlung (hier: Aussetzung des Strafverf) entstehen (OLG Celle StraFo 2021, 242); Verzögerungsgebühr: OLG Frankfurt MDR 2023, 186 = FamRZ 2023, 210 = NJW-RR 2022, 1726; verschuldete Säumnis: LAG Hamm 4.11.2022 – 19 Sa 565/22; gegen RA als Betroffenen im Bußgeldverfahren Ordnungsmaßnahmen nach § 177 zulässig (OLG Oldenburg MDR 2022, 272 = NStZ-RR 2022, 232).

§ 177 (Maßnahmen bei Ungehorsam)

[1]Parteien, Beschuldigte, Zeugen, Sachverständige oder bei der Verhandlung nicht beteiligte Personen, die den zur Aufrechterhaltung der Ordnung getroffenen Anordnungen nicht Folge leisten, können aus dem Sitzungszimmer entfernt sowie zur Ordnungshaft abgeführt und während einer zu bestimmenden Zeit, die vierundzwanzig Stunden nicht übersteigen darf, festgehalten werden. [2]Über Maßnahmen nach Satz 1 entscheidet gegenüber Personen, die bei der Verhandlung nicht beteiligt sind, der Vorsitzende, in den übrigen Fällen das Gericht.

1 **1) Befugnisse.** § 177 regelt **Befugnisse** zur **zwangsweisen Durchsetzung** von sitzungspolizeil Anordnungen, soweit sie die **Entfernung von Personen** aus dem Sitzungssaal erfordern. Voraussetzung ist, dass zunächst Anordnung des Vors nach § 176 ergangen ist, und dass diese nicht befolgt wurde. Hierdurch muss es zu einer fortdauernden Störung der Verh kommen. Verschulden des Störers ist nicht nötig, da es sich – im Gegensatz zu § 178 – nicht um Ahndung, sondern um Maßnahmen zur Aufrechterhaltung der Ordnung handelt.

2 **2) Betroffener Personenkreis.** Zuhörer ohne Einschränkungen (auch auf Aufruf wartender RA, VGH München NVwZ 2003, 883). Verfahrensbeteiligte als Parteien (einschließl ges Vertreter, Beistände, auch sich selbst verteidigender Rechtsanwalt, OLG Oldenburg MDR 2022, 272 = NStZ-RR 2022, 232), Zeugen und SV; nicht jedoch soweit die Prozessordnung selbst die Beteiligung weiterer Personen vorsieht, also **nicht** Gerichtspersonen (einschl Protokollführer), StA und als ProzBev oder Verteidiger beteiligte RA und Rechtsreferendare (vgl BGHZ 67, 184 = DRiZ 77, 56; OLG Düsseldorf MDR 94, 297; in letzteren Fällen hat Gericht die Möglichkeit der Unterbrechung der Sitzung, bei Fortsetzung der Störung wird – entspr der Rspr bei Ablehnung des Tragens der Amtstracht (s § 176 Rn 11) – äußerstenfalls die Zurückweisung eines Anwalts als Bevollmächtigter in Betracht kommen (offen gelassen: OLG Oldenburg NStZ 2023, 384), wobei der Partei Gelegenheit gegeben werden muss, einen anderen Bevollmächtigten zu bestellen. Nach Zurückweisung ist RA nicht beteiligte Person (s § 176 Rn 11, dort: Diss Kramer). Generell wird bei offensichtl Missbrauch die etwa dem RA in § 177 eingeräumte Sonderstellung unbeachtl sein, wenn ohne Entfernung des Störers die Verh nicht fortgeführt werden kann (BGHZ 67, 184; OLG Brandenburg 2.9.2024 – 9 WF 149/24; OLG Hamm JMBlNRW 80, 215; instruktiver Beispielsfall: Eckel DRiZ 2020, 394); zutr auf hohe tatbestandsmäßige Voraussetzungen hinweisend MK/Pabst Rn 3; Hk-ZPO/Rathmann Rn 1; aA – Maßnahmen gegen RA nie zul – OLG Hamm JZ 2004, 205 [Jahn] = StV *2004, 69 [Leuze StV 2004, 101]*; AG/Becker Rn 3; eingeh Kissel/Mayer § 176 Rn 40 ff; Kirch-Heim NStZ 2014, 431; Milger NStZ 2006, 121, 122). Das Gericht kann auch de lege lata nicht gezwungen sein, sich einer Sabotage

des Verf zu beugen. – §§ 177, 178 aber anwendbar gegen RA als Angeklagten (BerlVerfGH NJW-RR 2000, 1512) oder Betroffenen im Bußgeldverf (OLG Oldenburg 3.1.2022 – 2 Ss (Owi) 240/21) und Zeugen; auch gegen RA, der vom Zeugen als Beistand mitgebracht wird, da dieser am Verf unmittelbar nicht beteiligt ist (aA Milger NStZ 2006, 121, 124).

3) Maßnahmen. Zwangsw Entfernung aus dem Saal; Ordnungshaft bis zu 24 Stunden: Dauer muss im Beschluss nach § 177 festgesetzt werden, im Hinblick auf den repressiven Charakter Ausschöpfen der Frist nicht zulässig, wenn vorheriges Ende der Sitzung feststeht. **Vollständige Räumung** der Zuhörerbank nach § 177 mögl, wenn Feststellung der Störer nicht mögl; die Öffentlichkeit muss jedoch wieder eingelassen werden, falls Gericht nicht nach § 172 Nr 1 (Gefährdung der öffentl Sicherheit) vorgeht. 3

4) Verfahren. Zuständigkeit. Nach S 2 Anordnung des Vors, wenn sich die Maßnahme gegen einen am Verf nicht Beteiligten richtet; gegen Verfahrensbeteiligte Gerichtsbeschluss nötig, zumindest als Bestätigung einer vom Vors schon angeordneten Maßnahme (BGH NStZ 88, 85); auch solcher des Einzelrichters; Rpfleger als Verhandlungsleiter kann Entfernung verfügen, nicht aber Ordnungshaft androhen oder verhängen (§ 4 II Nr 2 RPflG). 4

Anhörung des Betroffenen vor Entscheidung geboten. Wurde Maßnahme vorher dem Betroffenen ggü erfolglos angedroht, so ist weitere Anhörung entbehrl; ebenso bei nicht identifizierbarer Mehrheit von Störern (dann aber nur Entfernung). 5

Anordnung bzw Beschluss ist **zu verkünden** und nach § 182 ins **Protokoll** aufzunehmen (Ausnahme: Entfernung einer am Verf nicht beteiligten Person). – **Vollziehung** ordnet Vors an (§ 179). 6

Fortsetzung der Verh nach Entfernung beteiligter Personen: § 158 ZPO, § 231b StPO. 7

5) Keine eigenständigen Rechtsbehelfe. Verf-Beteiligte haben nur die allg Rechtsmittel: Gegen Anordnungen des Vors ist Anrufung des Gerichts nicht mögl, da nicht Prozessleitung (s § 176 Rn 9). Beschwerde ist ausgeschlossen (vgl § 181; str; wN s § 176 Rn 9, 10). 8

6) Angehörige der unter das Truppenstatut fallenden Streitkräfte. Gegen diese Personen keine Haft, vgl Art 34 II des Zusatzabk. 9

§ 178 (Ungebühr)

(1) [1]Gegen Parteien, Beschuldigte, Zeugen, Sachverständige oder bei der Verhandlung nicht beteiligte Personen, die sich in der Sitzung einer Ungebühr schuldig machen, kann vorbehaltlich der strafgerichtlichen Verfolgung ein Ordnungsgeld bis zu eintausend Euro oder Ordnungshaft bis zu einer Woche festgesetzt und sofort vollstreckt werden. [2]Bei der Festsetzung von Ordnungsgeld ist zugleich für den Fall, dass dieses nicht beigetrieben werden kann, zu bestimmen, in welchem Maße Ordnungshaft an seine Stelle tritt.

(2) Über die Festsetzung von Ordnungsmitteln entscheidet gegenüber Personen, die bei der Verhandlung nicht beteiligt sind, der Vorsitzende, in den übrigen Fällen das Gericht.

(3) Wird wegen derselben Tat später auf Strafe erkannt, so sind das Ordnungsgeld oder die Ordnungshaft auf die Strafe anzurechnen.

1) Allgemeines. Ordnungsmittel nach § 178 neben Maßnahmen nach §§ 176, 177 mögl; ggf ist Strafverfolgung einzuleiten (vgl auch § 183). Der Kreis der unter § 178 fallenden **Personen** ist derselbe wie bei § 177 (s § 177 Rn 2). – Die **Sitzung** beginnt mit dem Erscheinen des Gerichts zur Verh und dauert, bis Gericht den Saal verlässt, einschließl Unterbrechungen (BGHSt 44, 23 = NJW 98, 1420). Außerhalb der „Sitzung“: § 180. 1

2) Ungebühr. Der Begriff kann nur aus der Rechtspflegeaufgabe des Gerichts bestimmt werden (OLG Düsseldorf NJW 86, 1505; vgl auch Scheuerle FS Baur, 1981, S 595). Obj ist Voraussetzung ein Verhalten, das geeignet ist, die Rechtspflegeaufgabe des Gerichts zu beeinträchtigen und die Ordnung der Gerichtsverh zu stören (BayObLGSt 30, 52; OLG Schleswig SchlHA 2002, 148; OLG Hamm NStZ-RR 2001, 116); Verletzung der Würde des Gerichts wird damit oft einhergehen (OLG Hamm NStZ-RR 2001, 116). Ungebühr ist daher Missachtung der Aufgaben des Gerichts in einer nach allg Empfinden grob unangemessenen Weise. Hieraus folgt, dass der Wandel allg Verhaltensformen Bedeutung hat. Da Ungebühr Missachtung darstellt, setzt sie **Verschulden** voraus (BVerfG DRiZ 66, 356; OLG Düsseldorf NJW 86, 1505). 2

Bsp aus der Rspr für Ungebühr: Beifalls- oder Missfallensbezeugungen (KG 11.6.2001 – 1 AR 673/01), Bezeichnung „Fratzen“, „Strolch“ oÄ für Prozessgegner (OLG Karlsruhe MDR 2016, 1287; OLG Köln NJW 86, 2515), Erscheinen in betrunkenem Zustand (OLG Schleswig SchlHA 2007, 280; OLG Düsseldorf NJW 89, 241), Entgegennahme und Führen eines Telefongesprächs auf einem ungehörigerw eingeschalteten Mobiltelefon (OLG Hamburg NJW 97, 3452 = MDR 97, 973), Äußerung, „man kommt sich vor wie vor dem Volksgerichtshof“ (OLG Koblenz VRS 87, 189), Erscheinen in provozierend unangemessener Kleidung (BVerfG DRiZ 66, 356; OLG Düsseldorf NJW 86, 1505; verneint OLG Brandenburg 29.11.2016 – 10 WF 145/16 – Arbeitskleidung und OLG Koblenz NJW 95, 977 – kurze Hose und T-Shirt), mehrmals verspätetes Erscheinen (OLG Karlsruhe 15.5. 3

2017 – 3 Ws 790/16), Nichtabnehmen einer Kopfbedeckung (OLG Stuttgart Justiz 2007, 281; wegen Art 4 GG nicht bei Tragen einer Kopfbedeckung aus religiösen Gründen: BVerfG NJW 2007, 56 = FamRZ 2006, 1358), wiederholtes Unterbrechen oder Stören des Gerichts durch Dazwischenreden; Schimpfen trotz Verwarnung, grobe Beleidigung, Drohungen oder gar Tätlichkeiten (OLG Brandenburg 20.11.2024 – 13 WF 173/24; OLG Hamm NStZ 2025, 181; OLG Hamm 16.9.2021 – 4 Ws 138/21; OLG Köln 17.7.2024 – 2 Ws 379/24, ZAP 2024, 803 LS; OLG Köln 8.2.2008 – 2 Ws 645/07: RA), auch Zwischenrufe eines Betroffenen bei der Entscheidungsverkündung (OLG Koblenz VRS 61, 356; KG 23.5.2001 – 1 AR 524/01), lautes Zuschlagen der Saaltür (OLGR Rostock 2006, 149; OLG Zweibrücken NJW 2005, 611 = MDR 2005, 531), heiml Bild- oder Tonaufnahme des Sitzungsverlaufs (OLG Schleswig SchlHA 62, 84), Sitzenbleiben bei Eintritt des Gerichts zu Sitzungsbeginn, während der Urteilsverkündung oder Beeidigung (Nr 124 II 2 RiStBV; OLG Hamm NStZ 2025, 181; OLG Zweibrücken 14.5.2018 – 1 Ws 88/18; OLG Karlsruhe 15.5.2017 – 3 Ws 790/16 [auch bei Behauptung religiöser Begr – VB nicht angenommen: BVerfG 8.11.2017 – 2 BvR 1366/17]; OLG Brandenburg wistra 2014, 79; OLG Celle NStZ-RR 2012, 119; nicht nach Sitzungsunterbrechung, OLG Köln NStZ 2016, 440; OLG Karlsruhe NStZ 2015, 300), Zuwendung der Kehrseite (OLG Köln NJW 85, 446), provokatorische Anrede der Richter (OLG Köln NJW 2008, 2865 – wütende Rechtspflegerin). Hochgradige Erregung ist bei ehrkränkenden Äußerungen zu berücksichtigen (KG StraFo 2008, 33; OLG Hamm NStZ-RR 2001, 116; OLG Bremen NJW 59, 952). Der Zweck, berechtigte Interessen wahrzunehmen, schränkt nach der Rspr des BVerfG Ehrenschutz des Gerichts ein, vgl zur Reichweite der Meinungsfreiheit „im Kampf um das Recht" BVerfG NJW 2007, 2839 = FamRZ 2007, 1961 mwN).

4 **3) Ordnungsmittel.** Ordnungsgeld von 5 (Art 6 I EGStGB) bis 1.000 Euro, Ordnungshaft von 1 Tag bis 1 Woche. Ordnungshaft für den Fall der Uneinbringlichkeit, vgl I 2 u Art 6 II, 8 EGStGB. Bei wiederholter Ungebühr kann Ordnungsstrafe im Höchstmaß in der gleichen Sitzung wiederholt verhängt werden (OLG Koblenz Rpfleger 2013, 565). Der Rpfleger kann nur Geld-, nicht auch Haftstrafe verhängen (§ 4 II Nr 2 RPflG; Art 104 II GG).

5 **4) Sachverhaltsfeststellung, rechtliches Gehör. Sachverhalt ist konkret (Äußerungen möglichst wörtlich) zu protokollieren, § 182**. Vor Verhängung der Ordnungsmittel ist **rechtl Gehör** zu gewähren (BayObLGSt 25, 207; OLG Nürnberg NStZ 2025, 447; OLG Köln NJW 2008, 2865; OLG Hamm NStZ-RR 2001, 116). In geeigneten Fällen (zB Entschuldigung) dann auch Verfahrenseinstellung wegen Geringfügigkeit mögl (OLG Zweibrücken MDR 90, 79). Auch Gehörsgewährung ist zu **protokollieren.** Gehör muss aber entbehrl sein, wenn Ungebühr trotz Androhung sitzungspolizeil Maßnahmen fortgesetzt wurde (OLG Köln 17.7.2024 – 2 Ws 379/24, ZAP 2024, 803 [LS]) oder bei Gehör erneute Ungebühr zu erwarten ist (OLG Nürnberg NStZ 2025, 447; OLG Hamm NStZ 2025, 181; OLG Brandenburg wistra 2014, 79; RA: OLG Köln 8.2.2008 – 2 Ws 645/07; OLG Koblenz MDR 87, 433); ferner in Fällen gröbster Art, die einer sachl Stellungnahme nicht zugängl sind (BGH NStZ 88, 238; OLGR Koblenz 2007, 682; OLG Düsseldorf NJW 89, 241). Macht Betroffener Gewährung des Gehörs selbst unmögl – etwa indem er sich aus dem Sitzungssaal entfernt –, braucht das Gericht weitere Gelegenheit zur Stellungnahme nicht zu geben (OLG Brandenburg 20.11.2024 – 13 WF 173/24; OLGR Rostock 2006, 149; OLG Hamm MDR 78, 780).

6 **5) Entscheidung.** Vors entscheidet gegen am Verf nicht Beteiligten, sonst Gericht durch Beschluss in der Sitzung (s § 176 Rn 4, nicht nachher, OLG Nürnberg NStZ-RR 2006, 308; BayObLGSt 25, 207; Köln MDR 93, 906), allerdings bei Fortsetzung der Verh auch in der nächsten Sitzung, wenn sof Entscheidung vordringl Angelegenheiten entgegenstehen (so richtig OLG Schleswig MDR 80, 76 gegen OLG Stuttgart NJW 69, 627). Wird Richter abgelehnt, bevor er die Entscheidung nach §§ 178, 179 erlässt, kann er idR gem § 47 I ZPO dennoch entscheiden; würde Sitzung unterbrochen, um Entscheidung über Ablehnung herbeizuführen, wäre meist Ziel der Störung erreicht. Allg gilt: Die Aufgabe der Aufrechterhaltung der Ordnung (Sitzungspolizei, § 176) sowie die Integrität und Autorität der Justiz erfordern zwingend die **Möglichkeit einer sof und nachhaltigen Reaktion** des betroffenen Gerichts selbst auf die Ungebühr. Die Ordnungsmaßnahmen nach § 178 gehören zur Sitzungspolizei und sind keine Strafen (Kissel NJW 2007, 1109); die Bestrafung von Straftaten in der Verh durch ein anderes Gericht bleibt unberührt, s III. Deshalb ist § 178 unbedenkl auch unter dem Gesichtspunkt des Anspruchs auf ein unparteiisches Gericht (Art 6 I EMRK, vgl aber EGMR NJW 2006, 2901 [krit Kissel]; sa Kissel/Mayer Rn 41). – Beschluss nach § 178 ist **mit Begründung** (OLG Hamburg StraFo 2020, 113) zu **verkünden** und im **Protokoll** aufzunehmen (§ 182). Bloße Wiedergabe des Gesetzestextes reicht als Begründung nicht aus. Bezugnahme auf Sitzungsniederschrift (vgl § 182) genügt bzgl Darstellung des Sachverhalts, der zu der Maßnahme Anlass gab, jedenfalls in eindeutigen Fällen (OLG Hamburg StraFo 2020, 113; OLG Celle NStZ-RR 2012, 119; OLG Hamm MDR 78, 780; BGH NStZ 88, 238). **Rechtsmittelbelehrung** (Beschwerde gem § 181) erforderl gem § 232 ZPO.

7 **6) Beschwerde und Vollstreckung.** §§ 181, 179.

§ 179 (Vollstreckung)

Die Vollstreckung der vorstehend bezeichneten Ordnungsmittel hat der Vorsitzende unmittelbar zu veranlassen.

1 Die sof Vollstreckung veranlasst der Vors. Der Vollzug selbst ist dem Rpfleger übertragen (§ 31 III RPflG).

§ 180 (Aufrechterhaltung der Ordnung außerhalb der Sitzung)

Die in den §§ 176 bis 179 bezeichneten Befugnisse stehen auch einem einzelnen Richter bei der Vornahme von Amtshandlungen außerhalb der Sitzung zu.

Amtshandlungen außerhalb der Sitzung: zB des beauftragten und ersuchten Richters, des Vollstreckungsrichters. Ob Amtshandlungen im Sitzungssaal oder anderswo vorgenommen werden, ist gleichgültig. 1

§ 181 (Beschwerde gegen Ordnungsmittel)

(1) Ist in den Fällen der §§ 178, 180 ein Ordnungsmittel festgesetzt, so kann gegen die Entscheidung binnen der Frist von einer Woche nach ihrer Bekanntmachung Beschwerde eingelegt werden, sofern sie nicht von dem Bundesgerichtshof oder einem Oberlandesgericht getroffen ist.

(2) Die Beschwerde hat in dem Falle des § 178 keine aufschiebende Wirkung, in dem Falle des § 180 aufschiebende Wirkung.

(3) Über die Beschwerde entscheidet das Oberlandesgericht.

1) Beschwerde. Grds kein Beschwerderecht in den Fällen der §§ 176, 177 (s § 176 Rn 9, § 177 Rn 8), jedoch entspr anwendbar, wenn ein nicht zulässiges Ahndungsmittel ergriffen wurde. – **Beschwerdeberechtigt** ist der, gegen den das Ordnungsmittel verhängt wurde. Gegen Ordnungsbeschlüsse des BGH, OLG (gilt entspr für BayObLG) keine Beschwerde. 1

Beginn der **Beschwerdefrist** mit der Verkündung; wenn sich der Betroffene vor der Verkündung entfernt hatte, mit der Zustellung an ihn. Die Frist ist einer Notfrist gleich zu behandeln (§ 569 ZPO analog, da es sich dem Wesen nach hier um eine Art sof Beschwerde handelt, OLG Hamm 23.7.2024 – 3 Ws 257/24; OLG München NJW 68, 308). Bei Versäumung der Beschwerdefrist wird, obwohl die Prozessordnungen nicht unmittelbar angewandt werden können, ggf **WE** zuzulassen sein (OLG Köln 17.7.2024 – 2 Ws 379/24, ZAP 2024, 803 [LS]; OLG Stuttgart Justiz 79, 140; Kissel/Mayer Rn 5). Beschwerde auch nach Vollziehung noch zulässig (BayObLGSt 23, 15; OLG Nürnberg NStZ 2025, 447; OLG Koblenz MDR 85, 431). **Abhilfe** durch Erstgericht zulässig (§ 572 I ZPO analog; OLG Düsseldorf MDR 77, 413). 2

Nach II **keine aufschiebende Wirkung** der Beschw außer im Fall des § 180 (letzterenfalls Aufschub oder Unterbrechung der Vollziehung nötig); Beschwerdegericht kann Vollziehung aussetzen (OLG Karlsruhe NJW 76, 2274; OLG Frankfurt NJW 76, 303). Einlegung der Beschw beim Erstgericht oder OLG, schriftl oder zu Protokoll der GeschSt. 3

2) Beschwerdegericht. Zuständig ist OLG, auch wenn Amtsrichter, beauftr oder ersuchter Richter Ordnungsmittel verhängt hatte. § 573 ZPO nicht anwendbar. Bei Ordnungsmaßnahme des ersuchten Richters ist das diesem, nicht das dem ersuchenden Gericht übergeordnete OLG zuständig (OLG Schleswig SchlHA 62, 84). 4

Keine eigene Tatsachenfeststellung des Beschwerdegerichts, da das Protokoll die alleinige Grundlage bildet (s § 178 Rn 5, 6, § 182 Rn 2). Das Beschwerdegericht hat das Ermessen der Vorinstanz (OLG Karlsruhe MDR 2016, 1287), kann die Ordnungsstrafe also ermäßigen oder analog § 153 StPO von Bestrafung absehen; keine Verschärfung durch das Beschwerdegericht. 5

3) Kosten des Beschwerdeverfahrens. Maßgeblich sind Kostenvorschriften des jew Verf (OLG Zweibrücken NJW 2005, 611 = MDR 2005, 531; MK/Pabst Rn 14), da Ordnungsmittelverhängung zum Prozess gehört. Deshalb Gegenmeinung (Kostenfreiheit, da GVG in § 1 GKG nicht erwähnt, so Kissel/Mayer Rn 19, Katholnigg Rn 7, AG/Becker Rn 6; OLG Karlsruhe MDR 2016, 1287 mwN) wenig überzeugend. 6

§ 182 (Protokollierung)

Ist ein Ordnungsmittel wegen Ungebühr festgesetzt oder eine Person zur Ordnungshaft abgeführt oder eine bei der Verhandlung beteiligte Person entfernt worden, so ist der Beschluss des Gerichts und dessen Veranlassung in das Protokoll aufzunehmen.

1) Allgemeines. § 182 bezieht sich auf die Fälle der § 177 (außer bei Entfernung unbeteiligter Person ohne Abführen zur Haft), § 178 u § 180. Zum Protokoll s §§ 159, 160 ZPO. 1

2) Veranlassung. Der **tatsächl Ablauf – Äußerungen möglichst wörtlich** – des als Ungehorsam oder Ungebühr angesehenen Vorgangs ist **gesondert von der Beschlussbegründung** im Protokoll festzuhalten (OLG Köln 17.7.2024 – 2 Ws 379/24; OLG Karlsruhe MDR 97, 687 = NJW-RR 98, 144 mwN; OLG Düsseldorf StraFo 2000, 412). Dies dient dem Zweck, das auslösende Geschehen urkundl (§ 415 ZPO) festzuhalten, so dass im Falle der Anfechtung das Beschwerdegericht auf dieser Grundlage entscheiden kann, ohne Beweis erheben zu müssen (KG MDR 82, 329 unter zutr Hinw auf den Beschleunigungszweck der Regelung). Begründung des Be- 2 schlusses kann nicht als Ersatz für unterbliebene oder unzureichende Feststellung des Anlasses im Protokoll herangezogen werden, da die Beweiskraft des Protokolls, das nur die Beschlussbegründung enthält, nur umfasst, dass diese Begründung gegeben wurde, nicht aber, dass diese zutrifft (§ 415 ZPO). Anderes muss jedoch gelten, wenn weder Richter noch Protokollführer die Ungebühr bemerkt haben und diese erst durch Beweisaufnahme festgestellt wurde (OLG Stuttgart Justiz 93, 146). Zur Aufhebung der Entscheidung führt die fehlende Protokollierung nur, wenn der Betroffene die Richtigkeit der im Beschluss angegebenen „Veranlassung" bestreitet, da nur dann die unterlassene Protokollierung erhebl ist (OLG Köln 17.7.2024 – 2 Ws 379/24, ZAP 2024, 803; OLG Rostock 16.10.2018 – 20 Ws 174/18; iErg ebenso KG MDR 82, 329). Nachträgl dienstl Äußerungen oder Aktenvermerke des Richters können die Feststellung des Anlasses im Protokoll nicht ersetzen (BayObLGSt 25, 208; OLG Nürnberg NStZ 2025, 447). – Im Protokoll ist auch festzustellen, ob **rechtl Gehör** gewährt wurde oder aus welchen Gründen nicht (BayObLGSt 15, 129).

3 **3) Protokollinhalt. Wortlaut des Gerichtsbeschlusses samt Begründung** ist ins Protokoll aufzunehmen (OLG Köln MDR 93, 906). Fehlt die Begründung, so kann – im Gegensatz zum umgekehrten Fall (s Rn 2) – auf die Protokollierung des Vorfalls zurückgegriffen werden (s § 178 Rn 6; OLG Hamburg StraFo 2020, 113; OLG Koblenz VRS 87, 189; OLG Düsseldorf NStZ 88, 238); auch Bezugnahme auf Protokollvermerk in Beschlussbegr ist zulässig (OLG Hamm 16.9.2021 – 4 Ws 138/21).

4 **4) Protokollberichtigung.** Sie muss auch nach eingelegter Beschwerde entspr der BGH-Rspr zur Revision („Rügeverkümmerung" durch Protokollberichtigung, BGHSt 51, 291 = NJW 2007, 2419, gebilligt durch BVerfGE 122, 248 = NJW 2009, 1469) zulässig sein.

§ 183 (Straftat in der Sitzung)

[1]Wird eine Straftat in der Sitzung begangen, so hat das Gericht den Tatbestand festzustellen und der zuständigen Behörde das darüber aufgenommene Protokoll mitzuteilen. [2]In geeigneten Fällen ist die vorläufige Festnahme des Täters zu verfügen.

1 Bei begründetem Verdacht einer **Straftat in der Sitzung** ist das Gericht zum Vorgehen nach § 183 **verpflichtet** (Kissel/Mayer Rn 1). Ahndung der Straftat (zB Beleidigung) bereits als Ungebühr (§ 178) schließt die strafrechtl Verfolgung nicht aus (vgl § 178 III).

2 Bei **außerhalb der Sitzung** begangenen Straftaten, die einem Gericht bekannt werden, liegt **Mitteilung an die Staatsanwaltschaft** grds in dessen pflichtgemäßem Ermessen (§ 13 I Nr 1, § 17 Nr 1 EGGVG), aber **Anzeigepflicht** möglicher **Steuerstraftaten: § 116 AO.**

Fünfzehnter Titel
Gerichtssprache (§§ 184-191a)

§ 184 (Gerichtssprache)

[1]Die Gerichtssprache ist deutsch. [2]Das Recht der Sorben, in den Heimatkreisen der sorbischen Bevölkerung vor Gericht sorbisch zu sprechen, ist gewährleistet.

1 **1) Gerichtssprache Deutsch.** Dt Mundarten genügen in mündlicher Verhandlung (OLG Oldenburg HRR 28, 392), solange Verständlichkeit bei zumutbarer Anstrengung für die Beteiligten – Unverständlichkeit für Zuhörer ist kein Verstoß gegen § 169, s § 185 Rn 4 – gegeben ist (vgl Laschewski/Arnold, NJW 2024, 3569). § 184 gilt für Erklärungen des Gerichts (zur insoweit geltenden **Maßgeblichkeit der Vorschläge des Rats für deutsche Rechtschreibung** s Rosenau in Satzger/Schluckebier/Widmaier, StPO, 5. Aufl, § 184 GVG Rn 3; Allgayer, Der rechtliche Rahmen des Genderns, NJW 2022, 452) und ggü dem Gericht, nicht jedoch für Beweismittel (fremdsprachl Urkunden: s § 142 III ZPO; OLG Hamburg 10.6.2021 – 5 U 83/18, juris Tz 69; OLG Celle MDR 2020, 560 = NJW-RR 2020, 407; OLG Köln VersR 2019, 373; OLG Saarbrücken NJW-RR 2019, 484; OLG Koblenz 2.10.2014 – 6 U 1127/13; BVerwG NJW 96, 1553; BGH NJW 89, 1433); in der mündl Verh ist dem Grundsatz durch Übersetzung fremdsprachl Erklärungen genügt (auch des Richters, der etwa mit fremdsprachiger Partei in dessen Sprache spricht), s § 185. Zur Durchbrechung des Grundsatzes des § 184 GVG durch spezielle Regelungen im Patentrecht s § 126 PatG und BGH GRUR 2004, 407 mwN. Gericht kann Fremdsprache auch im Tenor verwenden, wenn es gerade um Abgabe oder Verbot einer bestimmten fremdsprachl Erklärung geht (OLG Düsseldorf WRP 2020, 88). Zu **englischsprachigen Verfahren der Commercial Courts und der Commercial Chambers sowie des BGH** s § 119a, § 184a und § 184b; zu weiteren Modellversuchen betr Verhandl in englischer und französischer Sprache s § 185 Rn 4.

2) Grenzen und Konsequenzen des Grundsatzes. Im Hinblick auf den Verfassungsgrundsatz des rechtl Gehörs (Art 103 I GG – „jedermann“) sind bei der Auslegung des § 184 jedoch **Einschränkungen** geboten. Zur richtlinienkonformen Auslegung des **§ 1078 I 2 ZPO** bei grenzüberschreitender PKH innerhalb der EU: BGH MDR 2018, 1521. – § 184 gilt nicht für Schiedsverfahren, s § 1045 ZPO (BGH MDR 2020, 1396). 2

In Übereinstimmung mit der Rspr des BVerfG (BVerfGE 40, 95; BVerfGE 42, 123) ist im Geltungsbereich des § 184 daran festzuhalten, dass fremdsprachl Schriftsätze (und Bezugnahmen auf fremdsprachl Anlagen, KG NJ 2024, 79; OLG Celle 24.11.2016 – 13 U 91/16; OLGR Hamburg 2008, 293; OLG Stuttgart Justiz 2007, 260 = NStZ 2007, 664 LS) **unmittelbare rechtserhebl Wirkung nicht haben** (BGH NJW 82, 532; OLG Schleswig NJW-RR 2015, 1224 = FamRZ 2015, 1328; OLG Köln NJW-RR 2014, 1037 = FamRZ 2014, 1576; BayObLG MDR 87, 416; entgegen FG Hamburg EFG 2017, 935, FG Saarland NJW 89, 3112 gilt dies auch für EG-Sprachen und auch dann, wenn alsbald Übersetzung nachgereicht wird) – auch dann nicht, wenn der Richter (zB durch Unterstreichung maßgebl Stelle) zum Ausdruck bringt, dass er den Inhalt zur Kenntnis genommen hat (zutr daher auch OLG Hamburg MDR 89, 90). Daraus folgt, dass ein solches Schriftstück, dem keine Übersetzung beiliegt, nicht Frist wahrend ist. Es ist jedoch **WE** zu gewähren, wenn unverschuldete Sprachschwierigkeiten zur Fristversäumung geführt haben (BVerfGE 42, 126; BVerfGE 40, 95; BGH NStZ-RR 2018, 57; BGH NJW 82, 532). 3

Das Gericht kann jedoch fremdsprachl Schriftsätze nicht ignorieren – außer im Fall vorsätzl Missbrauchs –, sondern ist grds (Ausnahme: zur Glaubhaftmachung vorgelegte Beweismittel, OLG Celle 9.10.2023 – 20 U 6/23) verpflichtet, dem Einreicher (zweckmäßig unter Fristsetzung) die **Vorlage einer Übersetzung aufzugeben.** Bsp: KG NJ 2024, 79. Kommt er dem nicht nach, hat das Schriftstück unbeachtet zu bleiben. Eine Verpflichtung des Gerichts, selbst die Übersetzung zu veranlassen, besteht nicht (OLG Frankfurt NJW 80, 1173; Schneider MDR 79, 534). Erst ab Eingang der Übersetzung liegt eine Frist wahrende Erklärung vor. **Urkundenvorlegung:** s § 142 III ZPO. 4

Die **Unterschrift** ist Identifizierungsmerkmal, nicht sprachl Text; sie kann daher in fremdsprachl Schriftzeichen geschehen (BayVGH NJW 78, 510). 5

3) Gerichtliche Entscheidungen. Entscheidungssprache ist deutsch; eine Übersetzung ist vAw auch dann nicht beizufügen, wenn der Betroffene die dt Sprache nicht versteht (OLG Brandenburg FamRZ 2006, 1860; BayObLG NJW 77, 1596; BVerfG MDR 83, 813; OLG Stuttgart MDR 83, 256: auch wenn Rechtsmittel gegen das Urteil eingelegt wird), auch im Strafverf (dort: Art 6 IIIa MRK u Nr 181 II RiStBV) genügt es, wenn Urteilsformel und -gründe mündl verkündet und dem anwesenden angeklagten Ausländer durch Dolmetscher (§ 185) vermittelt werden (sa EuGH NJW 78, 477; BVerfG MDR 83, 813). 6

4) Sorbische Sprache. S 2 übernimmt eine Maßgabe des EinigungsV als Dauerregelung in das GVG: Das traditionelle Recht der **Sorben** zum Gebrauch ihrer Sprache in ihrem Heimatgebiet (Lausitz in den Ländern Brandenburg und Sachsen) ist aufrechterhalten und gilt für jedermann unabh vom Wohnsitz (EuGH EuGRZ 2014, 318). Folge: Schriftsätze in sorbischer Sprache sind in diesem Gebiet Frist wahrend und vAw zu übersetzen; in der Verh ist Dolmetscher zuzuziehen. Vorschrift enthält jedoch keine Bestandsgarantie für Gerichte in der Lausitz (Aufhebung des LG Bautzen: BVerfG 20.11.2014 – 1 BvL 4/13). 7

§ 184a (Commercial Chamber; Gerichtssprache Englisch)

(1) [1]Die Landesregierungen werden ermächtigt, jeweils durch Rechtsverordnung zu bestimmen, dass Verfahren, die ausgewählte Sachgebiete der in § 119b Absatz 1 Satz 1 genannten Streitigkeiten betreffen, vollständig in englischer Sprache geführt werden

1. bei ausgewählten Landgerichten auch für den Bezirk mehrerer Landgerichte durch hierfür bestimmte Zivilkammern und Kammern für Handelssachen (Commercial Chambers) sowie bei den für Berufungen und Beschwerden zuständigen Senaten der Oberlandesgerichte über Entscheidungen der Commercial Chambers und

2. bei dem Commercial Court.

[2]In der Rechtsverordnung nach Satz 1 können die Landesregierungen den Commercial Chambers auch für den Bezirk mehrerer Landgerichte im Rahmen ihrer Zuständigkeit auch in deutscher Sprache zu führende Streitigkeiten übertragen, die ausgewählte Sachgebiete der in § 119b Absatz 1 Satz 1 genannten Streitigkeiten betreffen. [3]In der Rechtsverordnung nach Satz 1 kann die Bestimmung zu den Commercial Chambers auf Zivilkammern oder auf Kammern für Handelssachen beschränkt werden. [4]Werden Zivilkammern als Commercial Chambers bestimmt, findet § 98 keine Anwendung.

(2) [1]Die Landesregierungen können die in Absatz 1 genannte Ermächtigung durch Rechtsverordnung auf die Landesjustizverwaltungen übertragen. [2]Mehrere Länder können die Einrichtung einer oder mehrerer gemeinsamer Commercial Chambers über Ländergrenzen hinaus vereinbaren.

(3) [1]Ist aufgrund einer Rechtsverordnung nach Absatz 1 als Gerichtssprache die englische Sprache bestimmt und haben die Parteien diese ausdrücklich oder stillschweigend vereinbart oder lässt sich der

Beklagte in seiner Klageerwiderung rügelos in dieser Sprache darauf ein, so ist das gesamte Verfahren abweichend von § 184 mit folgenden Maßgaben in englischer Sprache zu führen:

1. **ein Dolmetscher oder Übersetzer kann in jedem Stadium des Verfahrens hinzugezogen werden, sofern dies im Einzelfall erforderlich ist;**
2. **§ 142 Absatz 3 der Zivilprozessordnung ist auf englischsprachige Urkunden nicht anzuwenden;**
3. **für deutschsprachige Urkunden gilt § 142 Absatz 3 der Zivilprozessordnung mit der Maßgabe, dass das Gericht auf Antrag die Beibringung einer Übersetzung in die englische Sprache von der die Urkunde einführenden Partei anordnen kann.**

[2]Ist die Gerichtssprache Deutsch oder nach Satz 1 Englisch, so bleibt es den Parteien unbenommen, vor den in Absatz 1 Satz 1 genannten Spruchkörpern auch in der jeweils anderen Sprache vorzutragen, sofern sie dies ausdrücklich oder stillschweigend vereinbart haben oder keine der Parteien unverzüglich widerspricht.

(4) [1]Wird ein Dritter in ein Verfahren, das nach Absatz 3 vollständig in englischer Sprache zu führen ist, als Nebenintervenient oder im Wege der Streitverkündung einbezogen oder soll das Urteil Rechtskraft für und gegen einen Dritten entfalten, so ist auf Antrag des Dritten ein Dolmetscher hinzuzuziehen. [2]§ 185 dieses Gesetzes und § 142 Absatz 3 der Zivilprozessordnung sind anzuwenden.

(5) Wird ein zunächst in englischer Sprache geführtes Verfahren in deutscher Sprache fortgeführt, so wird das Verfahren auch in dem sich anschließenden Instanzenzug in deutscher Sprache geführt.

Eingefügt durch Justizstandort-Stärkungsgesetz v 7.10.2024 (BGBl 2024 I Nr 302) mWv 1.4.2025. Wesentl Gesetzesmaterialien: RegE BTDrs 20/8649; Beschlussempfehlung u Bericht BT-Rechtsausschuss BTDrs 20/11466.

1 **I) Allgemeines, Regelungsgegenstand. § 184a** schafft im Kontext mit **§ 119b** u **§ 184b** die Ermächtigung, Verf in Wirtschaftszivilsachen vor bestimmten Spruchkörpern in den Tatsacheninstanzen sowie vor dem BGH für die **Gerichtssprache Englisch** zu öffnen. Er begründet eingewoben in diese Regelung als Vorinstanz zum Commercial Court (s § 119b IV) den neuen Spruchkörpertyp der **Commercial Chamber** beim LG als Zivilkammer oder Kammer für Handelssachen mit der Besonderheit, dass bei diesen Kammern Verf (auch) vollständig in englischer Sprache geführt werden; jedoch sind weder die Verwendung der Gerichtssprache Englisch noch ein grenzüberschreitender Bezug des Verf Voraussetzung für die Zuständigkeit der Commercial Courts (RegE BTDrs 20/8649, 2, 17; Klink IPRax 2024, 349, 351) u der Commercial Chambers (s I 2). Ein wichtiger Unterschied besteht jedoch **entgegen der Gesetzesbegründung** (RegE BTDrs 20/8649, 28): Die Länder können rein deutschsprachige Commercial Courts bilden, weil es ihnen freisteht, nur von der Ermächtigung des § 119b I Gebrauch zu machen, nicht jedoch von den Ermächtigungen nach § 119b IV u § 184a I. Demgegenüber kann es wohl keine nur deutschsprachigen Commercial Chambers ergeben (s Rn 6).

2 **II) Ermächtigung bezüglich vollständig in englischer Sprache zu führender Verfahren. 1)** Die **Öffnungsklausel** des **I 1 Nr 1** ermächtigt die Landesregierungen, durch RechtsVO Zivilkammern und KfH als **Commercial Chambers** für eine vollständige Verfahrensführung in englischer Sprache vorzusehen bei ausgewählten **Landgerichten**, deren Zuständigkeit jeweils mehrere Landgerichtsbezirke erfassen und auch über Ländergrenzen hinaus erstreckt werden kann (II 2). Weiter ermächtigt die Klausel zur **Auswahl des Sachgebiets oder der Sachgebiete** aus dem Katalog des § 119b I 1 Nr 1-3, für die die Commercial Chambers zuständig sein sollen. Es empfehlen sich die **übereinstimmende Auswahl der Zuständigkeitssachgebiete von Commercial Chamber u übergeordnetem Commercial Court** und abgestimmte länderübergreifende Zuständigkeitsverteilungen (s Rn 7, § 119b Rn 2, 7). Die Streitwertgrenze des § 119b I 1 von 500.000 Euro gilt nicht, sondern die allg Streitwertgrenze für die Zuständigkeit des LG gem § 23 Nr 1 GVG von (derzeit noch) 5.000 Euro (Wortlaut des I 1 „im ersten Rechtszug", RegE BTDrs 20/8649, 26; Klink IPRax 2024, 349, 352). Schließl ermächtigt § 184a I 1 Nr 1 iVm **I 3** zu der Entscheidung, ob nur **Zivilkammern**, nur **KfH** oder **beide** Arten von Kammern zu Commercial Chambers bestimmt werden.

3 **2) I 1 Nr 2** ermächtigt die Landesregierungen, durch RechtsVO eine vollständige Verfahrensführung **in erster Instanz** (zum Rechtsmittelverf s Rn 5) in englischer Sprache bei dem **Commercial Court** (§ 119b) zu ermöglichen. Wird von dieser Ermächtigung kein Gebrauch gemacht, bleibt es in erster Instanz bei der ausschließl Gerichtssprache Deutsch (§ 184) vor dem Commercial Court (RegE BTDrs 20/8649, 28; § 119b Rn 1).

4 **3)** Zum **Verhältnis von ZivK und KfH** bestimmt **I 4**, dass eine Verweisung auf Antrag des Bekl gem § 98 GVG von der ZivK als Commercial Chamber an die KfH nicht stattfindet. Weil zwischen den Worten „Werden" und „Zivilkammern" das Wort „nur" fehlt, gilt dieses Verweisungsverbot nach dem Gesetzeswortlaut auch dann, wenn an einem LG sowohl eine ZivK als auch eine KfH als Commercial Chambers bestimmt sind; damit schießt der Gesetzgeber über das Ziel der Regelung hinaus, dem Beklagten die Möglichkeit zu verweigern, die vereinbarte Verhandlungsführung in englischer Sprache durch den Antrag auf Verweisung an eine KfH zu unterlaufen, „soweit diese nicht ihrerseits als Commercial Chamber bestimmt ist" (RegE BTDrs 20/8649, 28).

5 ***III) Rechtsmittelverfahren in englischer Sprache.*** I 1 Nr 1 Hs 2 bestimmt, dass für jede Zuständigkeit einer Commercial Chamber ein **OLG-Senat als Rechtsmittelinstanz mit korrespondierender Zuständigkeit** für

eine Verfahrensführung in englischer Sprache zur Verfügung stehen muss, um einen erzwungenen „Sprachenbruch" innerhalb des (Tatsachen-)Instanzenzuges zu verhindern (RegE BTDrs 20/8649, 27). Der Gesetzgeber will sicherstellen, dass Commercial Chambers nur im **„Tandem"** mit entspr englischsprachigen Berufungs- u Beschwerdesenaten des OLG errichtet werden (RegE BTDrs 20/8649, 28); hierfür empfiehlt sich ebenfalls die Zuständigkeit des **Commercial Courts** (§ 119b IV; s § 119b Rn 7).

IV) Ermächtigung bezüglich vollständig in deutscher Sprache zu führender Verfahren der Commercial Chamber. I 2 ermächtigt die Landesregierungen, die Zuständigkeit der Commercial Chamber auf ausschließl in deutscher Sprache zu führende Verf aus ausgewählten Sachgebieten des § 119b I 1 zu erstrecken. Jedoch erscheint es anders als beim Commercial Court (Rn 3) nach Wortlaut und Systematik des Gesetzes entgegen seiner Begründung unzulässig, einer Commercial Chamber von vornherein nur Verf in deutscher Sprache zuzuweisen: Im Kontext mit I 1 Nr 1, der die Verhandlungsführung in englischer Sprache regelt, ergibt sich dies aus der Formulierung des I 2 „**auch** in deutscher Sprache …", *Hervorhebung d Verf.* Weiter zeigt die Gesetzessystematik eine **klare Differenzierung zwischen Commercial Court u Commercial Chamber**: Die Bildung der Commercial Courts ist im 8. Titel des GVG, der die Oberlandesgerichte regelt, bestimmt; die Vorschrift des § 119b folgt unmittelbar auf die Regelung der obligatorischen Einrichtung spezialisierter Senate. Folgerichtig ist beim Commercial Court ebenso wie beim OLG iÜ die Gerichtssprache Deutsch, wenn nicht nach § 184a eine Ausnahme gilt. In diese Systematik hätte eine Vorschrift über die Bildung der Commercial Chamber zB als § 72b im Titel über die LGe gepasst; der Gesetzgeber hat sie jedoch als Unterpunkt in der Verordnungsermächtigung für die Verfahrensführung in englischer Sprache verortet (I 1 Nr 1); danach ist die Gerichtssprache Englisch der Regelfall (Klink IPRax 2024, 349) und die Ausnahme einer ausschließl deutschen Gerichtssprache bedürfte der Regelung. Hierzu erweist sich die nicht näher auf den Gesetzestext gestützte Aussage der Begründung, durch die Regelung werde ein Gleichlauf zu den Commercial Courts erreicht, bei denen die Landesregierungen die Verfahrensführung auch nur in der deutschen Sprache vorsehen dürfen (RegE BTDrs 20/8649, 28), als zu wenig tragfähig. 6

V) Funktionelle Zuständigkeit der Commercial Chamber. Die Kammern sind „normale" (RegE BTDrs 20/8649, 27) ZivK u KfH beim LG. Soll das Verf in englischer Sprache geführt werden, ergibt sich die Zuständigkeit der Commercial Chamber aus einer Klageschrift in englischer Sprache gem § 606 ZPO. Ausreichend muss auch der Vortrag einer Vereinbarung sein, nach der die Parteien sich gem III 2 vorbehalten haben, auch in englischer Sprache vorzutragen. Um sicherzustellen, dass auch alle geeigneten nur in deutscher Sprache zu verhandelnden Verf vor die dafür vorgesehene Commercial Chamber gelangen, sollten die **Präsidien** der nach I 1 Nr 1 ausgewählten LGe alle den ausgewählten Sachgebieten nach I 1 unterfallenden Streitigkeiten in der **Geschäftsverteilung** ausschließl den zur Commercial Chamber bestimmten ZivK oder KfH zuweisen; denn entgegen der Annahme des GesetzE (RegE BTDrs 20/8649, 30) ist es nicht möglich, die Commercial Chamber zuständigkeitsbegründend gezielt „anzurufen", da weder eine Klage zu einer ausgewählten Kammer erhoben noch deren Zuständigkeit vereinbart werden kann (§ 38 ZPO Rn 3). 7

VI) Delegationsermächtigung, länderübergreifende Zuständigkeit. II 1 enthält die übliche (vgl zB § 13a I 2) Ermächtigung der Landesregierungen, die Ermächtigungen nach I auf die Landesjustizverwaltungen zu übertragen. **II 2** regelt deklaratorisch (s die allg Regel des § 13a II, s § 13a Rn 2) die Zulässigkeit länderübergreifender Kooperationen durch Einrichtung gemeinsamer Commercial Chambers, vgl iE § 119b Rn 9. 8

VII) Regularien für englischsprachige Verfahren. 1) Vereinbarung. Neben der Einrichtung und der Zuständigkeit des englischsprachigen Spruchkörpers (Commercial Court oder Commercial Chamber) ist gem **III 1** eine ausdrückl oder stillschweigende Vereinbarung der Parteien über die Verwendung der englischen Sprache als Gerichtssprache im jeweiligen Verf oder wenigstens die rügelose Einlassung des Bekl in Form einer englischsprachigen Klageerwiderung **Voraussetzung** für die Verfahrensführung in englischer Sprache. Eine getroffene Vereinbarung ist in der Klageschrift darzulegen (§ 606 S 2 ZPO). Bis dem Gericht ein Nachweis vorliegt, dass eine Vereinbarung vorliegt, oder der Beklagte sich rügelos auf das Verf in englischer Sprache einlässt, ist das Verf vom Gericht, insb in der einleitenden Verfügung, gem § 184 in deutscher Sprache zu führen; hierbei ist die Besonderheit zu beachten, dass eine kommentarlose deutschsprachige Klageerwiderung auf eine englischsprachige Klage alleine nicht als rügelose Einlassung anzusehen ist (III 1: „in dieser Sprache"; RegE BTDrs 20/8649, 29). 9

2) Umfang; Maßgaben. Liegen alle Voraussetzungen für die Verwendung der englischen Sprache als Gerichtssprache vor, ist grds das **gesamte Verf** in englischer Sprache zu führen; dies umfasst alle gerichtl Verfügungen u verfahrensleitenden Anordnungen, die Schriftsätze der Parteien, einzureichende Urkunden u sonstige Unterlagen mit der einschränkenden Maßgabe des III 1 Nr 2 und 3 (Verzicht auf Übersetzung englisch- u deutschsprachiger Urkunden), die mündl Verh, die Beweisaufnahme, das Protokoll sowie die das Verf abschließende gerichtl Entscheidung (RegE BTDrs 20/8649, 28). Den Parteien bleibt jedoch vorbehalten, einvernehml auch im englischsprachigen Verf in deutscher Sprache vorzutragen (III 2). Entgegen der Gesetzesbegründung (RegE BTDrs 20/8649, 30) gibt es keinen gesetzl Anhaltspunkt für eine Beschränkung dieser Ausnahme auf den freien Vortrag in mündl Verh gem § 137 II ZPO; die Vorschrift ermöglicht insgesamt eine flexible Handhabung der Sprachwahl (Koch MDR 2024, 1015) und gilt auch für schriftsätzl Vortrag. III 1 Nr 1 eröffnet als lex specialis zu § 185 I 1 dem Gericht in jedem Verfahrensstadium ein freies Ermessen für die Hinzuziehung von Dolmetschern oder Übersetzern zB für spezielle Fachmaterien; § 185 Ia ist anwendbar (RegE BTDrs 20/8649, 29, 30). 10

11 **3) Englischsprachiger Vortrag in deutschsprachigen Verfahren.** **III 2** (s Rn 10) gilt auch für englischsprachigen Vortrag im deutschsprachigen Verf, aber nur vor in I 1 genannten Spruchkörpern, die grds für Verh in englischer Sprache geöffnet sind.

12 **VIII) Einbeziehung Dritter in englischsprachige Verfahren.** **IV** betrifft neben den Fällen der Nebenintervention (§§ 66 ff ZPO) und der Streitverkündung (§§ 72 ff ZPO) insb die Fälle der subjektiven Klageänderung (Parteiwechsel oder Parteierweiterung, § 263 ZPO Rn 3) einschl der Drittwiderklage (RegE BTDrs 20/8649, 30, sa Flockermann/von Möllendorff GmbHR 2025, 1). Der in den Streit einbezogenen Person darf die fremde Gerichtssprache nicht aufgezwungen werden. Deshalb sind nach § 185 erforderlichenfalls Dolmetscher hinzuziehen sowie gem § 142 III ZPO englischsprachige Urkunden übersetzen zu lassen; zur weiteren zivilprozessualen Regelung s § 607 ZPO. Wie sich aus der Gesetzesbegr zu V (RegE BTDrs 20/8649, 30) ergibt, soll im Fall des IV auch eine Umstellung des Verf auf die deutsche Sprache denkbar sein.

13 **IX) Kein wiederholter Sprachwechsel.** **V** will ein „Ping-Pong" in der Gerichtssprache vermeiden. Zu Recht ist der umgekehrte Fall eines Rückwechsels in die deutsche Sprache nicht angesprochen, weil dieser unvermeidbar sein kann, zB bei einem Richterwechsel insb in einem unvorhergesehenen Vertretungsfall, in dem ein Richter in das Verf eintritt, der der englischen Sprache nicht hinreichend mächtig ist.

§ 184b (Gerichtssprache Englisch beim BGH)

(1) [1]Die Zivilsenate des Bundesgerichtshofs führen das Verfahren in englischer Sprache, wenn

1. zuvor ein Berufungs- oder Beschwerdeverfahren nach Maßgabe des § 184a Absatz 1 Satz 1 Nummer 1 oder ein Verfahren nach Maßgabe des § 184a Absatz 1 Satz 1 Nummer 2 geführt worden ist,

2. dies in der Rechtsmittelschrift beantragt wird und

3. der Zivilsenat dem Antrag stattgibt.

[2]Stimmt der Zivilsenat der Verfahrensführung in englischer Sprache zu, so gilt § 184a Absatz 3 und 4 mit der Maßgabe, dass § 142 Absatz 3 der Zivilprozessordnung anwendbar bleibt.

(2) [1]Der Zivilsenat kann zu jedem Zeitpunkt des Verfahrens anordnen, dass das Verfahren in deutscher Sprache fortgeführt wird. [2]Der Zivilsenat kann zudem jederzeit anordnen, dass Teile der Verfahrensakte in die deutsche Sprache übersetzt werden.

Eingefügt durch Justizstandort-Stärkungsgesetz v 7.10.2024 (BGBl 2024 I Nr 302) mWv 1.4.2025.

1 **1) Gerichtssprache Englisch beim BGH (§ 184b I 1).** In **Revisions- u Rechtsbeschwerdeverfahren**, denen ein englischsprachiges Berufungs- oder Beschwerdeverf eines OLG gegen die Entscheidung einer Commercial Chamber (§ 184a I 1 Nr 1 Alt 2) oder ein erstinstanzl Verf eines Commercial Courts (§ 184a I 1 Nr 2) zugrunde liegt (I 1 Nr 1) und in denen der Rechtsmittelführer den Antrag auf Verfahrensführung in englischer Sprache in der Rechtsmittelschrift gestellt hat (I 1 Nr 2), können die Zivilsenate über eine Verfahrensführung in englischer Sprache entscheiden. Die nach § 184a III für das gesamte Verf getroffene Parteivereinbarung wirkt fort.

2 **2) Freies Ermessen des Senats (§ 184b I 1 Nr 3, I 2, II).** Die Entscheidung über die Verfahrensführung in englischer Sprache steht **im freien Ermessen (I 1 Nr 3)** des Zivilsenats ebenso wie eine Rückkehr zur deutschen Verfahrenssprache in jedem Verfahrensstadium und die Anordnung von (für die Parteien kostenfreien, Anm zu Nr 9005 KV zum GKG Abs 7) Übersetzungen frei zu bestimmender Teile der Verfahrensakten und englischsprachiger Urkunden gem 142 III ZPO; iÜ s zu dem in Bezug genommenen § 184a III, IV § 184a Rn 9, 11. Dieses freie Ermessen in Ob und Wie der englischsprachigen Verhandlungsführung beruht darauf, dass nach der auf Sachgebieten beruhenden Geschäftsverteilung des BGH Spezialsenate für Verf in englischer Sprache nicht gebildet werden können und eine verhandlungssichere Beherrschung der englischen (Rechts-)Sprache bei allen Richtern nicht vorausgesetzt werden kann (vgl RegE BTDrs 20/8649, 31).

§ 185 (Dolmetscherzuziehung)

(1) [1]Wird unter Beteiligung von Personen verhandelt, die der deutschen Sprache nicht mächtig sind, so ist ein Dolmetscher zuzuziehen. [2]Ein Nebenprotokoll in der fremden Sprache wird nicht geführt; jedoch sollen Aussagen und Erklärungen in fremder Sprache, wenn und soweit der Richter dies mit Rücksicht auf die Wichtigkeit der Sache für erforderlich erachtet, auch in der fremden Sprache in das Protokoll oder in eine Anlage niedergeschrieben werden. [3]In den dazu geeigneten Fällen soll dem Protokoll eine durch den Dolmetscher zu beglaubigende Übersetzung beigefügt werden.

(1a) [1]Der Vorsitzende kann gestatten oder anordnen, dass der Dolmetscher per Bild- und Tonübertragung an der Verhandlung, Anhörung oder Vernehmung teilnimmt. [2]Der Vorsitzende kann zusätzlich anordnen, dass sich der Dolmetscher an demselben Ort aufhält wie die Person, die der deutschen Sprache nicht mächtig ist.

(2) Die Zuziehung eines Dolmetschers kann unterbleiben, wenn die beteiligten Personen sämtlich der fremden Sprache mächtig sind.

(3) In Familiensachen und in Angelegenheiten der freiwilligen Gerichtsbarkeit bedarf es der Zuziehung eines Dolmetschers nicht, wenn der Richter der Sprache, in der sich die beteiligten Personen erklären, mächtig ist.

(4) [1]Personen, die für Presse, Hörfunk, Fernsehen oder für andere Medien berichten und der deutschen Sprache nicht mächtig sind, dürfen sich in Gerichtsverhandlungen Verdolmetschungen bedienen. [2]Das Gericht kann die Nutzung gerichtlich bereitgestellter Verdolmetschungen zulassen. [3]§ 176 Absatz 1 bleibt unberührt.

Ia neugefasst durch G zur Förderung des Einsatzes von Videokonferenztechnik in der Zivilgerichtsbarkeit und den Fachgerichtsbarkeiten v 15.7.2024 (BGBl 2024 I Nr 237) mWv 19.7.2024. IV angefügt durch G zur Fortentwicklung des Völkerstrafrechts v 30.7.2024 (BGBl 2024 I Nr 255) mWv 3.8.2024.

1) Gebot der Zuziehung eines Dolmetschers. Dieses Gebot ist eine Ausprägung des Verfassungsgrundsatzes (Art 2 I, 20 III GG) des „fair trial", BVerfG NJW 83, 2762. Außer Parteien sind Beistände u gesetzl Vertreter, auch Zeugen, SV und Nebenkläger (BGH NStZ 2003, 218) **beteiligt**; sie müssen der Verh folgen können, soweit ihre Beteiligung reicht. Ggf ist Dolmetscher beizuziehen, gleichgültig ob ein Beteiligter der dt Sprache nicht hinreichend mächtig ist oder ob ein Beteiligter fremdsprachl Erklärungen (zB eines Zeugen) nicht versteht. Mächtig auch der Beteiligte, der zwar Deutsch nicht beherrscht, aber soweit versteht und spricht, dass die Verständigung mit ihm mögl ist (OLG Koblenz MDR 2014, 1225; BVerwG NJW 90, 3102). In diesen Grenzfällen steht Mitwirkung des bestellten Dolmetschers im pflichtgemäßen Ermessen des Vors (BGH NStZ 2002, 275; OLG Koblenz MDR 2014, 1225). Der Dolmetscher muss nicht in die Muttersprache des fremdsprachigen Beteiligten übersetzen, es genügt auch eine andere Sprache, deren der Beteiligte mächtig ist (BGH NStZ 2021, 576). Anspruch auf Zuziehung eines Dolmetschers: auch Art 5 II, 6 IIIa u e EMRK, VII Abs 9 f NATO-Truppenstatut. Protokoll – außer im englischsprachigen Verf nach §§ 184a, 184b, s § 184a Rn 10 – immer in Deutsch (I 2), auch wenn nach II in fremder Sprache verhandelt wird. 1

Das Gebot der Zuziehung des Dolmetschers richtet sich an das Gericht. Bei Erscheinen einer des Deutschen nicht mächtigen **Partei im Zivilprozess** ist zu beachten: Ist die Vertretung durch Anwalt nicht geboten, kann bei Erscheinen der Partei ohne Dolmetscher nicht verhandelt werden. Die erschienene Partei ist aber auch nicht säumig, so dass auch VU nicht ergehen darf (LG Berlin MDR 87, 151). Erscheint dagegen in einem Anwaltsprozess auch die Partei selbst, ist es grds ihre Sache, für die Übersetzung des Gesprochenen selbst zu sorgen (offen gelassen BGH MDR 2018, 689 = FamRZ 2018, 939 = NJW-RR 2018, 506; aA MK/Pabst Rn 3; AG/Becker Rn 6). Das Gericht hat jdfs dann die Pflicht zur Zuziehung eines Dolmetschers, wenn es das persönl Erscheinen angeordnet hat oder die Partei selbst das Wort begehrt (§ 137 IV ZPO; BGH MDR 2018, 689 = FamRZ 2018, 939 = NJW-RR 2018, 506). 1a

2) Gehilfe des Richters. Dolmetscher ist Gehilfe des Richters, nicht SV (kein Beweismittel), wird aber teilw wie SV behandelt (§ 191 GVG, JVEG). Im Gegensatz zu dem in der Verh tätigen Dolmetscher ist der **Übersetzer**, der schriftl Text übersetzt, SV (vgl iE Jessnitzer, Dolmetscher, 1982, S 2 ff). Bestellung u allg Beeidigung nach § 189 und GerichtsdolmetscherG. Auswahl im Einzelfall durch Gericht. UrkB als Dolmetscher: § 190. Im Protokoll sind Heranziehung des Dolmetschers und Umfang seiner Tätigkeit sowie ggf Grund für Nichtheranziehung aufzunehmen. – **Kosten:** Dolmetscherkosten sind Auslagen des Gerichts gem 9005 GKG-KV (Ausnahmen in Straf- u Bußgeldsachen sowie Arbeitsgerichtsverf: 9005 Abs 4, 5 GKG-KV), die der Kostenschuldner zu tragen hat (MK/Pabst Rn 21; AG/Becker Rn 12; einschränkend [möglichst gering gehaltene Kosten] Kissel/Mayer Rn 23). 2

3) Entscheidung. Über Zuziehung eines Dolmetschers entscheidet das Gericht nach pflichtgemäßem Ermessen (BGH 12.5.2011 – V ZB 309/10; BGH NStZ 84, 328; BayObLG BayVBl 81, 187; LAG Köln MDR 2000, 1337) vAw, dies gilt auch für die Auswahl. **Unterlassung gebotener Zuziehung** kann als Verfahrensverstoß mit den allg Rechtsmitteln gerügt werden (nicht Beschwerde). Das Revisionsgericht kann nachprüfen, ob Begriff der Sprachkundigkeit verkannt ist (BGHSt 3, 285) oder sonst Ermessensfehler vorliegen (OLG Celle NStZ 2015, 720), jedoch nicht die tatsächl Feststellungen des Tatrichters über die Verständigungsfähigkeit (OLG Stuttgart NJW 2006, 3796). Der Unterlassung der Zuziehung steht gleich, wenn die Übersetzung des Dolmetschers an erhebl Mängeln leidet (BGH NJW 2017, 3797; BVerwG NVwZ 83, 668). – Verzicht der Partei auf Einhaltung des § 185 mit der Folge des § 295 ZPO ist mögl (OLG Karlsruhe ZInsO 2018, 2138; BVerwG NJW 88, 723), muss aber eindeutig erklärt sein. 3

4) Videokonferenz. Ia lässt den **Einsatz von Dolmetschern** im Wege der Bild- und Tonübertragung (Videokonferenztechnik) in gerichtl Verf als generelle, übergreifende Regelung für sämtl Verfahrensordnungen zu und stellt in **Ia 1** für den Zivilprozess hinsichtl des Einsatzes von Dolmetschern den Gleichlauf mit § 128a II 1 ZPO her (RegE BTDrs 20/8095, 39); s Erl zu § 128a ZPO. Die Regelung soll zur Verfahrensbeschleunigung beitragen, insb wenn Dolmetschern für seltene Sprachen eine Anreise mit entspr schwieriger Terminierung erspart werden kann (BTDrs 20/8095, 39). Aus der ausdrückl Beschränkung der Gesetzesbegründung auf den Gleich- 3a lauf mit § 128a II I ZPO und aus dem Fehlen einer dem § 128a II 2 ZPO entspr Regelung in § 185 Ia GVG ist zu schließen, dass dem Dolmetscher ein Einspruch gegen die Anordnung des Vors nicht zusteht. Dies ist sachgerecht, weil der Dolmetscher nicht Verfahrensbeteiligter iSd § 128a ZPO ist (§ 128a I 3 ZPO), sondern Gehilfe des Richters (s Rn 2). Dementsprechend hat der Dolmetscher auch kein Antragsrecht auf einen Einsatz im Wege der Videokonferenz (vgl § 128a III ZPO); jedoch steht ihm eine entspr Anregung selbstverständl frei. Entscheidungen über die Anwendung oder Nichtanwendung der Videokonferenztechnik beim Einsatz von Dolmetschern sind jdfs unanfechtbar, weil selbst für Antrags- und Einspruchsberechtigte Entscheidungen über den Einsatz von Videokonferenztechnik unanfechtbar sind (§ 128a VII 1 ZPO). **Ia 2** (fakultative Anordnung des Aufenthalts des Dolmetschers und der der deutschen Sprache nicht mächtigen Person an demselben Ort, dh in demselben Raum, BTDrs 20/8095, 40) trägt den Möglichkeiten einer besseren Verständigung zw Dolmetscher u fremdsprachiger Person bei gemeinsamer räuml Anwesenheit Rechnung. Auch diese Anordnung oder ihr Unterlassen ist unanfechtbar.

4 **5) Fremdsprachige Verhandlung. II** ist Rechtsgrundlage für **Modellversuche, Verh** im Einvernehmen der Beteiligten zB **in englischer oder französischer Sprache** (über die Regelungen in §§ 184a, 184b GVG hinaus, s dort) durchzuführen (zB Internationale Kammern beim LG Berlin II). In diesen in §§ 184a, 184b GVG nicht geregelten Verf sind Schriftsätze, Protokoll und Entscheidungen in dt Sprache abzufassen. Verh in fremder Sprache verstoßen nicht gegen den Grundsatz der Öffentlichkeit der Verh gem § 169 und Art 6 I EMRK (Ewer NJW 2010, 1323; Müller-Piepenkötter DRiZ 2010, 2; Calliess/Hoffmann BRAK-Mitt 2010, 247; aA Handschell DRiZ 2010, 395; zweifelnd Kissel/Mayer Rn 9; zu § 185 Armbrüster NJW 2011, 812): Der Grundsatz verlangt Gewährung von Zugang zur Verh, aber nicht deren allg verständl Gestaltung. So besteht in Zivilsachen mündl Verh oft nur aus Bezugnahme auf Schriftsätze, die Zuhörern nicht bekannt sind.

5 **6) FamFG-Verfahren (§ 185 III).** Im FamFG-Verf erweiterter Ermessensspielraum: Zuziehung eines Dolmetschers kann auch unterbleiben, wenn einzelne Beteiligte anders als der Richter nicht sprachkundig sind. In streitigen Verf müssen aber wegen des rechtl Gehörs alle Streitbeteiligten sprachkundig sein, sonst ist Dolmetscher erforderl.

6 **7) Verhandlung des Urkundsbeamten der Geschäftsstelle.** Wenn der UdG mit Personen verhandeln muss, die der dt Sprache nicht mächtig sind, insb wenn Fremdsprachler Anträge zu Protokoll geben will, ist § 185 entspr anzuwenden, also ggf ein Dolmetscher vAw zuzuziehen (vgl BayObLG Rpfleger 77, 133).

7 **8) Mündliche Verhandlung.** § 185 gilt nur für mündl Verh; für schriftl Erklärungen u gerichtl Entscheidungen s § 184 Rn 2, 4.

8 **9) Verdolmetschungen für Medienvertreter (§ 185 IV).** IV ist zwar angefügt durch das G zur Fortentwicklung des Völkerstrafrechts, gilt aber für den gesamten Anwendungsbereich des GVG, also auch für den Zivilprozess, wenngleich ein entsprechender Bedarf hier eher selten zu erwarten ist. Der Begriff der Personen, die für Presse, Hörfunk, Fernsehen oder für andere Medien berichten, entspricht der Regelung in § 169 I 3 GVG (RegE BTDrs 20/9471, 43; s § 169 Rn 17). Einerseits soll die Regelung auch dem Anspruch der Presse auf Zugang für eine freie Berichterstattung und der Gleichbehandlung im Wettbewerb dienen (Art 3 I GG iVm Art 5 I 2 GG); andererseits stellt der Gesetzgeber aber klar, dass es auch künftig keinen Anspruch auf gerichtliche Bereitstellung einer Verdolmetschung gibt und dass die Regelung (nur) der Festschreibung der Praxis dient, dass Medienvertreter auf eigene Kosten sogenannte Flüsterdolmetscher einsetzen dürfen (RegE BTDrs 20/9471, 43). Inhaltlich neu ist, dass nach IV 2 das Gericht die Nutzung gerichtlich bereitgestellter Verdolmetschungen durch Medienvertreter zulassen kann (Ermessensentscheidung, die nicht überprüfbar ist, RegE BTDrs 20/9471, 43). Gemeint ist vor allem der Zugang zu einer Simultanverdolmetschung, die ohnehin für Verfahrensbeteiligte stattfindet. Maßgeblich für die gerichtliche Entscheidung wird neben den Kosten (eine Kostenbelastung der Medienvertreter ist gesetzlich nicht vorgesehen) der personelle und technische Aufwand sein, um allen Medienvertretern (Gleichbehandlung) den Zugang zur Simultanübersetzung zu ermöglichen. IV 3 stellt klar, dass die Sitzungspolizei unberührt bleibt; so kann der Vorsitzende eine störende Geräuschkulisse durch Verdolmetschungen unterbinden (RegE BTDrs 20/9471, 43).

§ 186 (Hör- oder Sprachbehinderte)

(1) [1]Die Verständigung mit einer hör- oder sprachbehinderten Person erfolgt nach ihrer Wahl mündlich, schriftlich oder mit Hilfe einer die Verständigung ermöglichenden Person, die vom Gericht hinzuzuziehen ist. [2]Für die mündliche und schriftliche Verständigung hat das Gericht die geeigneten technischen Hilfsmittel bereitzustellen. [3]Die hör- oder sprachbehinderte Person ist auf ihr Wahlrecht hinzuweisen.

(2) Das Gericht kann eine schriftliche Verständigung verlangen oder die Hinzuziehung einer Person als *Dolmetscher* anordnen, wenn die hör- oder sprachbehinderte Person von ihrem Wahlrecht nach Absatz 1 keinen Gebrauch gemacht hat oder eine ausreichende Verständigung in der nach Absatz 1 gewählten Form nicht oder nur mit unverhältnismäßigem Aufwand möglich ist.

(3) Das Bundesministerium der Justiz und für Verbraucherschutz bestimmt durch Rechtsverordnung, die der Zustimmung des Bundesrates bedarf,

1. **den Umfang des Anspruchs auf Bereitstellung von geeigneten Kommunikationsmitteln gemäß den Absätzen 1 und 2,**
2. **die Grundsätze einer angemessenen Vergütung für den Einsatz von Kommunikationshilfen gemäß den Absätzen 1 und 2,**
3. **die geeigneten Kommunikationshilfen, mit Hilfe derer die in den Absätzen 1 und 2 genannte Verständigung zu gewährleisten ist, und**
4. **ob und wie die Person mit Hör- oder Sprachbehinderung mitzuwirken hat.**

1) Allgemeines, Regelungsgehalt. Der Gesetzgeber (BTDrs 14/9266, 38 ff) wollte die Gerichte verpflichten, die geeigneten personellen und technischen **Hilfsmittel für die Kommunikation mit hör-, sprach- und sehbehinderten Verfahrensbeteiligten nach deren Wahl** zur Verfügung zu stellen, wobei die dadurch entstehenden gerichtl **Auslagen von der Staatskasse zu tragen** sind (BTDrs 14/9266, 2). Unter Berücksichtigung der Gebote des fairen und rechtsstaatl Verf (Art 2 I, 20 III GG), der Gewährung rechtl Gehörs (Art 103 I GG), des Anspruchs auf effektiven Rechtsschutz (Art 19 IV GG) und des Rechts von Menschen mit Behinderungen auf gleichberechtigten und wirksamen Zugang zur Justiz gem Art 13 I UN-Behindertenrechtskonvention (BGBl II 2008, 1419, 1420) soll die Regelung (zusammen mit § 191a für Blinde und Sehbehinderte) sowohl den Interessen der Rechtspflege als auch der Integration von Behinderten dienen. 1

Die Norm erfasst nicht nur vollständig gehör- oder sprachlose, sondern auch **hör- oder sprachbehinderte** Personen. Demggü gilt die Bestimmung **nicht für geistig Behinderte**. Insoweit reichen nach Auffassung des Gesetzgebers die allg Verfahrensgrundsätze aus, nach denen ein Gericht ohnehin die effektive Verständigung mit Verfahrensbeteiligten sicherzustellen hat, BTDrs 14/9266, 40 unter Hinweis auf BGH NJW 97, 2335 (= BGHSt 43, 63). Das gilt allerdings ohne weiteres auch für Hör- oder Sprachbehinderte. Als eigenständiger Regelungsgehalt des § 186 bleibt so neben der Kostenfreiheit vor allem der in **I 1** geregelte **Grundsatz der Wahlfreiheit** des Behinderten für die Form seiner Verständigung mit dem Gericht und den anderen Verfahrensbeteiligten im gesamten Verfahren; auf dieses Wahlrecht ist der Behinderte nach **I 3** in für ihn verständl Form hinzuweisen. Wird dem Gericht die Behinderung erst in der Verh bekannt und kann also erst jetzt der Hinweis erfolgen, hat der Vors die Verh erforderlichenfalls auf Antrag des Behinderten zur Vorbereitung der Kommunikationsmöglichkeit zu unterbrechen (§ 136 III ZPO). Als **Sprachmittler** kommen nicht nur ausgebildete (Gebärden-, Schrift- oder Oral-)Dolmetscher in Betracht, sondern auch sonstige dem Behinderten vertraute Personen. Allerdings wird sich das Gericht zu vergewissern haben, dass die Verständigung hinreichend **zuverlässig** erfolgt; ist dies nicht der Fall, ist nach II zu verfahren. Wie sich im Umkehrschluss aus I 2 ergibt, ist es Sache des Behinderten, einen Sprachmittler bereitzustellen. Dessen Vereidigung ist nicht nach § 189 geboten, sondern steht im Ermessen des Gerichts (BGHSt 43, 63 = NJW 1997, 2335; MK/Pabst Rn 4). Wählt der Behinderte **technische Hilfsmittel**, ist nach **I 2** die Beschaffung – in den Grenzen des II und der nach III zu erlassenden VO – Sache des Gerichts. 2

2) Gerichtliche Entscheidung. II regelt die Verfahrensweise, wenn der Behinderte keine Wahl nach I trifft oder diese nicht verbindl ist, weil die gewählte Kommunikationsform nicht zuverlässig oder zu teuer ist. Wann das Gericht einen Aufwand als unverhältnismäßig ansieht, wird sich in erster Linie aus der nach III zu erlassenden VO ergeben und steht iÜ in seinem pflichtgemäßen Ermessen; das Verhältnis zum Streitwert wird hier ein wichtiges Kriterium sein, aber auch der Grundsatz der Verfahrensbeschleunigung (Kissel/Mayer Rn 14). 3

Entscheidung im Zivilprozess durch Vors, § 136 ZPO, mit Möglichkeit der Anrufung des Gerichts, § 140 ZPO. **Kosten:** Für die nach I 2 vom Gericht zu beschaffenden technischen Hilfsmittel sind Auslagen nicht zu erheben, weil sie im Teil 9 GKG-KV nicht aufgeführt sind. Auslagen für Gebärdendolmetscher werden im Zivilprozess gem 9005 III GKG-KV nicht erhoben; Entspr muss für andere Sprachmittler gelten. 4

3) Verordnung. III ermächtigt und beauftragt das BMJV, mit Zustimmung des Bundesrats eine **Kommunikationshilfenverordnung** zu erlassen, die den KommunikationshilfenVO des Bundes (BGBl I 2002, 2650 idF v 21.12.2020, BGBl I 2020, 3229) und der Länder für Verwaltungsverfahren entspricht; die Ermächtigung stellt einen Gleichlauf mit der Ermächtigung des § 9 II Behindertengleichstellungsgesetz (BGG) her. Der Erlass der VO steht bei Drucklegung auch infolge der Neubildung der Bundesregierung noch aus, ist aber dem Vernehmen nach alsbald zu erwarten. Zeitnah zum Inkrafttreten der VO finden Sie eine aktualisierte Kommentierung zu § 186 III GVG in der Online-Version des Zöller (Ihre persönlichen Zugangsdaten s zu Beginn des Werkes). 5

§ 187 (betr Strafverfahren)

§ 188 (Eid Fremdsprachiger)

Personen, die der deutschen Sprache nicht mächtig sind, leisten Eide in der ihnen geläufigen Sprache.

1 Vorsprechen des Eideswortlauts in der fremden Sprache durch den Dolmetscher. – Eidesleistung durch Sprach- oder Hörbehinderte: § 483 ZPO.

§ 189 (Dolmetscher)

(1) [1]Der Dolmetscher hat einen Eid dahin zu leisten:

dass er treu und gewissenhaft übertragen werde.

[2]Gibt der Dolmetscher an, dass er aus Glaubens- oder Gewissensgründen keinen Eid leisten wolle, so hat er eine Bekräftigung abzugeben. [3]Diese Bekräftigung steht dem Eid gleich; hierauf ist der Dolmetscher hinzuweisen.

(2) Ist der Dolmetscher für Übertragungen der betreffenden Art nach dem Gerichtsdolmetschergesetz *oder in einem Land nach den landesrechtlichen Vorschriften* allgemein beeidigt, so genügt vor allen Gerichten des Bundes und der Länder die Berufung auf diesen Eid.

(3) In Familiensachen und in Angelegenheiten der freiwilligen Gerichtsbarkeit ist die Beeidigung des Dolmetschers nicht erforderlich, wenn die beteiligten Personen darauf verzichten.

(4) [1]Der Dolmetscher oder Übersetzer soll über Umstände, die ihm bei seiner Tätigkeit zur Kenntnis gelangen, Verschwiegenheit wahren. [2]Hierauf weist ihn das Gericht hin.

Durch G zur Modernisierung des Strafverfahrens (Art 4 StrVfModG) v 10.12.2019 (BGBl I 2019, 2121) iVm Art 8 Nr 2 G v 7.11.2022 (BGBl I 2022, 1982) werden die im Gesetzestext kursiv gedruckten Wörter „oder in einem Land nach den landesrechtlichen Vorschriften“ mWv 1.1.2027 gestrichen, Folgeänderung zum Gerichtsdolmetschergesetz (GDolmG) (Art 6, 10 S 2 StrVfModG).

1 **1) Grundsatz Pflichtbeeidigung. Beeidigung des Dolmetschers** ist grds nötig, Ausnahme § 190 S 2; Verzicht auf Beeidigung ist anders als im FamFG-Verf (III, BGH 8.4.2025 – XIII ZB 21/24) im Zivilprozess bedeutungslos (BGH NJW 87, 260 = MDR 87, 225); keine Heilung durch Rügeverzicht. Schweigen des Protokolls belegt unterbliebene Vereidigung (BGH NJW 2012, 1015, auch zu zulässiger Protokollberichtigung). Eid erfolgt als Voreid vor jew Tätigkeit (Kissel/Mayer Rn 3). Fehler bei Beeidigung können im Rechtsmittelweg geltend gemacht werden; ob Urteil auf dem Fehler beruht, ist im **Einzelfall** festzustellen (nach der Rspr idR nicht auszuschließen: BGH NStZ-RR 2022, 124; BGH NStZ 2020, 103; s aber Beruhen im Einzelfall zutr verneint BGH NStZ-RR 2022, 124, erloschene allg Beeidigung; BGH NStZ 2022, 126; zu fehlender Auswirkung erloschener allg Vereidigung auf FamFG-Verf BGH 6.4.2017 – V ZB 59/16). Bei erneuter Dolmetschertätigkeit in der gleichen Sache, wenn auch in verschiedenen Terminen, genügt wie beim Zeugen Berufung auf einmal geleisteten Eid (BayObLG MDR 79, 696), erforderl ist jedoch eine entspr eigene Erklärung des Dolmetschers, die Feststellung des Vors, dass Eid bereits geleistet wurde, zu Protokoll genügt nicht (BayObLG MDR 79, 696). Bei mehrmaliger Dolmetschertätigkeit in der gleichen Sitzung, aber verschiedenen Sachen, muss jedes Mal beeidigt werden.

2 **2) Allgemeine Beeidigung (§ 189 II).** Regelung seit 1.7.2021 (Art 10 S 3 StrVfModG) im Gerichtsdolmetschergesetz (GDolmG) als Bundesgesetz, übergangsweise bis 31.12.2026 können Dolmetscher sich auch noch bundesweit auf ihre frühere nach Landesrecht (Dolmetschergesetze, sa § 142 III ZPO) erfolgte allgemeine Beeidigung berufen. Erfolglose (unzulässige) Verfassungsbeschwerde gegen Neuregelung: BVerfG NJW 2025, 641. Es besteht eine von der LJV Hessen verwaltete **länderübergreifende Dolmetscher- und Übersetzerdatenbank (www.gerichtsdolmetscherverzeichnis.de)**. Ist der Dolmetscher allg beeidigt, so genügt die **Berufung** hierauf. Dies muss durch den **Dolmetscher selbst** in einer irgendwie gefassten eigenen Erklärung geschehen (RGSt 75, 332; BGH NJW 82, 2739), die Feststellung des Vors, der Dolmetscher sei allg beeidigt, genügt nicht (BGH GA 80, 184); ausreichend ist jedoch, dass sich der Dolmetscher bei seiner Personalienangabe als „allg beeidigt“ bezeichnet (BGH bei Dallinger MDR 75, 199, Jessnitzer, Dolmetscher, 1982, S 101); ist diese Berufung unterblieben, liegt relativer Revisionsgrund (§ 545 I ZPO, § 337 StPO) vor.

3 **3) Meineid.** Bewusst unrichtige Übersetzung ist Meineid (BGHSt 4, 154; OLG Koblenz 22.3.2017 – 1 OLG 4 Ss 201/16).

4 **4) Verschwiegenheitspflicht. IV** dient der Umsetzung des Art 5 III der RL 2010/64/EU. Eine entspr Regelung ist ohnehin in § 5 III GDolmG enthalten. IV ist eine reine **Ordnungsvorschrift**, die weder eine Rechtsstellung als Berufsgeheimnisträger noch ein Zeugnisverweigerungsrecht einräumt und die auch nicht auf eine förml Verpflichtung nach dem VerpflichtungsG abzielt (BTDrs 17/12578).

§ 190 (Urkundsbeamter als Dolmetscher)

[1]Der Dienst des Dolmetschers kann von dem Urkundsbeamten der Geschäftsstelle wahrgenommen werden. [2]Einer besonderen Beeidigung bedarf es nicht.

Gemeint ist der UrkB, der in der betreffenden Sitzung als Protokollführer tätig ist, sonst § 189 (RGSt 2, 373). 1

§ 191 (Ausschließung und Ablehnung von Dolmetschern)

[1]Auf den Dolmetscher sind die Vorschriften über Ausschließung und Ablehnung der Sachverständigen entsprechend anzuwenden. [2]Es entscheidet das Gericht oder der Richter, von dem der Dolmetscher zugezogen ist.

1) Ablehnungsgründe. S §§ 406, 41, 42 ZPO. „Ausschließung" bedeutet ebenfalls Ablehnungsgrund; Verwandtschaft daher nur Ablehnungsgrund, der geltend gemacht werden muss, also Bestellung nicht ausschließt (BVerwG NJW 84, 2055). § 41 Nr 5 ZPO gilt nicht (s § 406 ZPO Rn 5). Für den Übersetzer (s § 185 Rn 2) gilt idR § 406 ZPO unmittelbar (SV). 1

2) Verfahren. Richtet sich nach § 406 ZPO; s Erl zu § 406 ZPO. 2

3) Wirkung erfolgreicher Ablehnung. Der Dolmetscher darf nicht weiter tätig bleiben. Dagegen ist eine (rückwirkende) Unverwertbarkeit der bish Übersetzungsleistung – mit der Folge, dass das Verf wiederholt werden müsste – idR nicht anzunehmen. Ist der Ablehnungsgrund erst nachträgl entstanden, scheidet eine rückwirkende Unverwertbarkeit ohnehin aus. Lag der die Ablehnung rechtfertigende Grund von Anfang an vor, ist (entgegen Jessnitzer, Dolmetscher, 1982, S 92; Kissel/Mayer Rn 2) die Unterlassung der Wiederholung der unter seiner Mitwirkung durchgeführten Verfahrensteile nur dann ein relevanter (und ggf revisibler) Verfahrensmangel, wenn Anlass besteht anzunehmen, dass in Folge des Ablehnungsgrunds die Übersetzungsleistung mangelhaft oder wesentl beeinträchtigt war (so auch BVerwG NJW 85, 757 m Hinweis auf beschränkte Aufgabe des Dolmetschers als Gehilfe des Gerichts ohne eigene Wertungsaufgabe). 3

§ 191a (Blinde oder sehbehinderte Personen)

(1) [1]Eine blinde oder sehbehinderte Person kann Schriftsätze und andere Dokumente in einer für sie wahrnehmbaren Form bei Gericht einreichen. [2]Sie kann nach Maßgabe der Rechtsverordnung nach Absatz 2 verlangen, dass ihr Schriftsätze und andere Dokumente eines gerichtlichen Verfahrens barrierefrei zugänglich gemacht werden. [3]Ist der blinden oder sehbehinderten Person Akteneinsicht zu gewähren, kann sie verlangen, dass ihr die Akteneinsicht nach Maßgabe der Rechtsverordnung nach Absatz 2 barrierefrei gewährt wird. [4]Ein Anspruch im Sinne der Sätze 1 bis 3 steht auch einer blinden oder sehbehinderten Person zu, die von einer anderen Person mit der Wahrnehmung ihrer Rechte beauftragt oder hierfür bestellt worden ist. [5]Auslagen für die barrierefreie Zugänglichmachung nach diesen Vorschriften werden nicht erhoben.

(2) Das Bundesministerium der Justiz und für Verbraucherschutz bestimmt durch Rechtsverordnung, die der Zustimmung des Bundesrates bedarf, unter welchen Voraussetzungen und in welcher Weise die in Absatz 1 genannten Dokumente und Dokumente, die von den Parteien zur Akte gereicht werden, einer blinden oder sehbehinderten Person zugänglich gemacht werden, sowie ob und wie diese Person bei der Wahrnehmung ihrer Rechte mitzuwirken hat.

(3) [1]Elektronische Dokumente sind für blinde oder sehbehinderte Personen barrierefrei zu gestalten, soweit sie in Schriftzeichen wiedergegeben werden. [2]Erfolgt die Übermittlung eines elektronischen Dokuments auf einem sicheren Übermittlungsweg, ist dieser barrierefrei auszugestalten. [3]Sind elektronische Formulare eingeführt (§ 130c der Zivilprozessordnung, § 32c der Strafprozessordnung, § 14a des Gesetzes über das Verfahren in Familiensachen und in den Angelegenheiten der freiwilligen Gerichtsbarkeit, § 46f des Arbeitsgerichtsgesetzes, § 65c des Sozialgerichtsgesetzes, § 55c der Verwaltungsgerichtsordnung, § 52c der Finanzgerichtsordnung, § 110b des Gesetzes über Ordnungswidrigkeiten), sind diese blinden oder sehbehinderten Personen barrierefrei zugänglich zu machen. [4]Dabei sind die Standards von § 3 der Barrierefreie-Informationstechnik-Verordnung vom 12. September 2011 (BGBl. I S. 1843) in der jeweils geltenden Fassung maßgebend.

(4) [1]In gerichtlichen Verfahren eingesetzte Videokonferenztechnik ist für die Verständigung mit einer blinden oder sehbehinderten Person auf deren Verlangen barrierefrei zugänglich zu machen. [2]Absatz 3 Satz 4 gilt entsprechend.

III 3 geändert durch G zur weiteren Digitalisierung der Justiz v 12.7.2024 (BGBl 2024 I Nr 234) mWv 17.7.2024. IV angefügt durch G zur Förderung des Einsatzes von Videokonferenztechnik in der Zivilgerichtsbarkeit und den Fachgerichtsbarkeiten v 15.7.2024 (BGBl 2024 I Nr 237) mWv 19.7.2024.

1 **1) Ziel.** Zum gesetzgeberischen Konzept s § 186 Rn 1. § 191a gilt auch für Verf, deren Prozess- oder Verfahrensordnungen auf eine entspr Geltung der Vorschriften des GVG über die Gerichtssprache verweisen, zB § 55 VwGO (BTDrs 15/3482, 25).

2 **2) Anwendungsbereich.** Die Vorschrift ist nicht nur auf vom Gericht erstellte Schriftstücke und elektron Dokumente, also zB Entscheidungen und Verfügungen, anzuwenden, sondern gibt iS einer umfassenden **Anpassung an die Erfordernisse und die Begrifflichkeiten der UN-Behindertenrechtskonvention** (BTDrs 17/12634, 40) **blinden und sehbehinderten Personen** das Recht auf eine aktive barrierefreie Vornahme von Verfahrenshandlungen ggü dem Gericht. Blind und sehbehindert idS ist eine Person, deren Sehvermögen ausgeschlossen oder so weit eingeschränkt ist, dass sie das in herkömmlicher Weise geschriebene Wort auch bei Benutzung gängiger Hilfsmittel (Brille, Kontaktlinsen, Lupe) nicht mehr zuverlässig wahrnehmen kann (BFH 6.9.2023 – VIII B 63/22 mwN). Insb können diese Personen Klageschriften und weitere bestimmende Schriftsätze in einer für sie wahrnehmbaren Form einreichen (BTDrs 17/12634, 40). I 2 und 3 erweitern den Anspruch auf Zugänglichmachung, dh rein faktische Vermittlung, von Dokumenten in wahrnehmbarer Form über die vom Gericht erstellten Dokumente hinaus auf alle für das laufende Verfahren relevanten Unterlagen, also insb auch auf alle Schriftsätze des Gegners, und im Fall der Akteneinsicht auf den gesamten Akteninhalt. Nach I 4 stehen die Rechte aus I 1-3 auch blinden und sehbehinderten Bev zu, also insb RA, Rechtsbeiständen und anderen Dienstleistungserbringern nach dem RDG (BTDrs 17/12634, 40). Umgekehrt hat jedoch ein nicht sehbehinderter Bev einen Anspruch auf Kommunikation nach Maßgabe von I 1-3 nicht schon deshalb, weil der von ihm vertretene Verfahrensbeteiligte blind oder sehbehindert ist, soweit der anwaltliche Vertreter der berechtigten Person die in den Dokumenten enthaltenen Informationen zB mündlich so vermitteln kann, dass eine zusätzliche Übermittlung der Dokumente durch das Gericht in einer für die berechtigte Person wahrnehmbaren Form zur Wahrnehmung ihrer Rechte im Verfahren nicht erforderlich ist (vgl BTDrs 14/9266, 41; BVerfG NJW 2014, 3568; BGH NJW 2013, 1011 = MDR 2013, 483 mwN).

3 **3) Keine Auswirkungen auf Fristen und Ähnliches.** Die Vorschriften der Prozessordnungen über Formen, Fristen und Zustellungen werden durch den Anspruch nach § 191a nicht berührt (BTDrs 17/12639, 40).

4 **4) Kostenfreiheit.** Nach I 5 ist die zusätzl, möglicherw aufwendige (Übertragung in Brailleschrift) Übermittlung nicht nur für den betroffenen Beteiligten, sondern auch für die Kostenschuldner des Verf kostenfrei; die Auslagen trägt die Staatskasse (vgl 9000 III 2, 9005 III GKG-KV).

5 **5) Zugänglichmachungsverordnung.** Gem II richten sich die Voraussetzungen und die Art und Weise der Zugänglichmachung nach der **ZugänglichmachungsVO – ZMV**. Nach **§ 6 ZMV** besteht zwar Wahlrecht der Berechtigten zwischen den Übermittlungsformen des § 3 ZMV; dieses Wahlrecht wird jedoch eingeschränkt durch die **Pflicht zur Mitwirkung der Berechtigten im Rahmen ihrer Fähigkeiten und Möglichkeiten gem § 5 ZMV** (BGH NJW 2013, 1011 = MDR 2013, 483). Nach dieser Bestimmung kann sich Bedarf für besondere Zugänglichmachung erübrigen (BGH NJW 2014, 1455); auch ist der Rechtsgedanke des § 186 II hier insoweit anwendbar, als der Berechtigte bei unverhältnismäßigem Mehraufwand (s § 186 Rn 3) auf eine andere für ihn ebenfalls geeignete Form des § 3 ZMV verwiesen werden kann. **§ 8 ZMV** ist auch datenschutzrechtl Grundlage für Übermittlung der Dokumente zB an Blindenbund oder andere mit der Übertragung zu beauftragende Stellen oder natürl Personen.

6 **6) Barrierefreie elektronische Kommunikation.** III dient der Gewährleistung der Barrierefreiheit bei der elektron Kommunikation mit dem Gericht und bestimmt, dass **elektron Formulare** Blinden und Sehbehinderten nach aktuellem techn Standard barrierefrei zugängl zu machen sind.

7 **7) Barrierefreie Videokonferenztechnik.** IV enthält eine verfahrensordnungsübergreifende Regelung zur Barrierefreiheit beim Einsatz von Videokonferenztechnik in gerichtl Verf (BTDrs 20/8095, 40). Mit der Verweisung in IV 2 iVm III 4 wird auch hinsichtl der Videokonferenztechnik der jew aktuelle technische Standard nach § 3 der Barrierefreie-Informationstechnik-VO zum Maßstab gemacht (s, auch zur Umsetzung, Frank FamRZ 2024, 1593). Auch iÜ gelten Rn 3-5 entsprechend.

Sechzehnter Titel
Beratung und Abstimmung (§§ 192-197)

§ 192 (Mitwirkende Richter)

(1) Bei Entscheidungen dürfen Richter nur in der gesetzlich bestimmten Anzahl mitwirken.

(2) Bei Verhandlungen von längerer Dauer kann der Vorsitzende die Zuziehung von Ergänzungsrichtern anordnen, die der Verhandlung beizuwohnen und im Falle der Verhinderung eines Richters für ihn einzutreten haben.

(3) Diese Vorschriften sind auch auf Schöffen anzuwenden.

1) Grundsatz. I ist Regelung der ordnungsgemäßen Besetzung des Gerichts. Der Verstoß kann gem § 547 Nr 1, § 579 Nr 1 ZPO geltend gemacht werden. Mitwirken bedeutet Teilnahme an der Willensbildung, bloße Anwesenheit in der Beratung ist noch keine Mitwirkung (vgl aber § 193). Für nachträgl Entscheidungen (zB über Wiedereröffnung der mündl Verh nach Abstimmung, aber vor Verkündung eines Urteils) gilt § 320 III 2, 3 ZPO entspr (BGH NJW-RR 2014, 243 = FamRZ 2014, 477; BGH NJW 2002, 1426 = MDR 2002, 658; OLGR Rostock 2004, 118). 1

2) Ergänzungsrichter. Zuziehung von Ergänzungsrichtern kommt nur bei Kollegialgerichten in Betracht. Die Zuziehung und die Zahl der zuzuziehenden Ergänzungsrichter (relevant für außergew große Strafverf) ordnet der Vors an, der Verantwortung für die Durchführung der Verh trägt und Anordnung an Veränderungen der tatsächl Verh anpassen kann (BGH NStZ 2011, 294; Breidling DRiZ 2012, 142). Der Vors hat auch den Verhinderungsfall festzustellen, der zum Eintritt des Ergänzungsrichters führt (s § 21e Rn 41; zu den Voraussetzungen und zum Ermessensspielraum des Vors BGH NStZ 2023, 509; BGHSt 61, 160 = NJW 2016, 2197; BGH StV 2021, 807; BGH JR 2019, 167 [Schäfer]: Revision beschränkt auf Willkürkontrolle). Die Bestellung der Ergänzungsrichter ist Sache des Präsidiums (§ 21e I 1, s § 21e Rn 21); wenn sie aus dem Spruchkörper heraus erfolgen kann, Sache der spruchkörperinternen Geschäftsverteilung nach § 21g (BGH NStZ-RR 2003, 14). Bestellung kann generell für alle Spruchkörper des Gerichts getroffen werden (Foth DRiZ 74, 87). Die Ergänzungsrichter müssen an der ganzen Verh teilnehmen (BGH NJW 2001, 3062) und können ihrerseits Fragen stellen; an Beratungen dürfen sie vor ihrem Eintritt in die Verh nicht teilnehmen (BGHSt 18, 331). Auch bei Ausfall des Vors kann die Verh unter Eintritt des Ergänzungsrichters Fortgang nehmen (BGHSt 21, 108), wobei jedoch § 21f II beachtet werden muss (die Nichtteilnahme des berufenen Vertreters kann jedoch ihrerseits ein Verhinderungsgrund für diesen iSd § 21f II sein). Ist Vors ausgeschieden und eintretender Ergänzungsrichter ein VorsRichter, übernimmt er den Vorsitz des Spruchkörpers (BGH NJW 2009, 931). Nach Eintritt des Ergänzungsrichters oder -schöffen (s III) sind Besetzungsmängel in der Person des ausgeschiedenen Richters unerhebl (BGHSt 47, 220 = NJW 2002, 1508). 2

§ 193 (Beratung und Abstimmung; Anwesenheit Dritter)

(1) [1]Die Beratung und die Abstimmung können mit Einverständnis aller zur Entscheidung berufenen Richter ganz oder teilweise per Bild- und Tonübertragung durchgeführt werden. [2]In diesem Fall ist durch organisatorische und technische Maßnahmen die Wahrung des Beratungsgeheimnisses sicherzustellen.

(2) Bei der Beratung und Abstimmung dürfen außer den zur Entscheidung berufenen Richtern nur die bei demselben Gericht zu ihrer juristischen Ausbildung beschäftigten Personen und die dort beschäftigten wissenschaftlichen Hilfskräfte zugegen sein, soweit der Vorsitzende deren Anwesenheit gestattet.

(3) [1]Ausländische Berufsrichter, Staatsanwälte und Anwälte, die einem Gericht zur Ableistung eines Studienaufenthaltes zugewiesen worden sind, können bei demselben Gericht bei der Beratung und Abstimmung zugegen sein, soweit der Vorsitzende deren Anwesenheit gestattet und sie gemäß den Absätzen 4 und 5 verpflichtet sind. [2]Satz 1 gilt entsprechend für ausländische Juristen, die im Entsendestaat in einem Ausbildungsverhältnis stehen.

(4) [1]Die in Absatz 3 genannten Personen sind auf ihren Antrag zur Geheimhaltung besonders zu verpflichten. [2]§ 1 Absatz 2 und 3 des Verpflichtungsgesetzes vom 2. März 1974 (BGBl. I S. 469, 547), das durch § 1 Nummer 4 des Gesetzes vom 15. August 1974 (BGBl. I S. 1942) geändert worden ist, gilt entsprechend. [3]Personen, die nach Satz 1 besonders verpflichtet worden sind, stehen für die Anwendung der Vorschriften des Strafgesetzbuches über die Verletzung von Privatgeheimnissen (§ 203 Absatz 2 Satz 1 Nummer 2, Satz 2, Absatz 5 und 6, § 205), Verwertung fremder Geheimnisse (§§ 204, 205), Verletzung des Dienstgeheimnisses (§ 353b Abs. 1 Satz 1 Nr. 2, Satz 2, Abs. 3 und 4) sowie Verletzung des Steuergeheimnisses (§ 355) den für den öffentlichen Dienst besonders Verpflichteten gleich.

(5) [1]Die Verpflichtung wird vom Präsidenten oder vom aufsichtsführenden Richter des Gerichts vorgenommen. [2]Er kann diese Befugnis auf den Vorsitzenden des Spruchkörpers oder auf den Richter übertragen, dem die in Absatz 3 genannten Personen zugewiesen sind. [3]Einer erneuten Verpflichtung bedarf es während der Dauer des Studienaufenthaltes nicht. [4]In den Fällen des § 355 des Strafgesetzbuches ist der Richter, der die Verpflichtung vorgenommen hat, neben dem Verletzten antragsberechtigt.

Neuer I vorangestellt und redaktionelle (Folge-)Änderungen durch G zur Förderung des Einsatzes von Videokonferenztechnik in der Zivilgerichtsbarkeit und den Fachgerichtsbarkeiten v 15.7.2024 (BGBl 2024 I Nr 237) mWv 19.7.2024.

1) Grundsatz der geheimen Beratung und Abstimmung. Beratung und Abstimmung unterliegen der **Geheimhaltungspflicht**, §§ 43, 45 I 2 DRiG. Leise Beratung im Sitzungssaal ist statthaft (BGHSt 19, 156; BGHSt 24, 171), wenn sof Konsens hergestellt werden kann; s aber zur Abgrenzung von Gesprächen und Beratung BVerfG NJW 2021, 1156. Geheimhaltungspflicht gilt jedoch nicht absolut; der Gesetzgeber (BTDrs 3/516, 47) hat Durchbrechung ua im Strafverf wegen Rechtsbeugung für mögl gehalten, ohne diese Frage jedoch ausdrückl 1 zu regeln; Verletzung des Beratungsgeheimnisses ist bei entspr Ergebnis einer Rechtsgüterabwägung zulässig, so bei dringendem Verdacht einer Rechtsbeugung (OLG Naumburg NJW 2008, 3585; Schmidt-Räntsch § 43 DRiG Rn 10 ff; Einsiedler NJ 2014, 6; für Anheimgabe der Entscheidung an den als Zeugen zu vernehmenden Richter Kissel/Mayer Rn 15, jew mN zum Streitstand). Jedenfalls besteht auch bei diesem Abwägungsergebnis keine Pflicht zur Durchbrechung des Beratungsgeheimnisses, weil dies über zulässige Auslegung des Gesetzes hinaus und iÜ regelmäßig auch ins Leere ginge, da den Beteiligten idR ohnehin ein Auskunftsverweigerungsrecht nach § 55 StPO zustünde.

2 **2) Beratung und Abstimmung grundsätzlich in Präsenz oder im Wege der Videokonferenztechnik.** Die **mündliche Beratung in Präsenzsitzung** ist der gesetzl Regelfall, wie sich daraus ergibt, dass Ausnahmen nur mit Zustimmung aller beteiligten (Berufs- u Laien-) Richter zulässig sind, und die für Kollegialorgane geeignetste Entscheidungsform. Nach **I** kann der Vors **im Einvernehmen mit allen beteiligten Richtern** bestimmen, die Beratung im Wege der Bild- u Tonübertragung, also als **Videokonferenz**, durchzuführen, auch als Mischform mit Zuschaltung einzelner Gerichtsmitglieder per Bild- u Tonübertragung. Das Einverständnis kann auch stillschweigend erteilt werden, insb durch faktische Teilnahme an einem eingespielten Beratungsmodus. **Schriftliche Beratung** (zB durch Umlauf eines Entscheidungsvorschlags) ist möglich (BVerwG NJW 92, 257; KG 30.9.2020 – 4 Ws 46/20; zur Pflicht der Dokumentation der Zustimmung s BGH NStZ-RR 2023, 253; BGH NJW-RR 2012, 879), wenn kein Beteiligter widerspricht (Kissel/Mayer § 193 Rn 3). Ebenso E-Mail-Austausch, wenn jede Mail an alle Beteiligten der Beratung versandt wird. **Telefonische Beratung** sollte nach BGH MDR 2009, 279 = NJW-RR 2009, 286 unzulässig sein (eingeschränkt für Telefonkonferenz Kissel/Mayer § 193 Rn 3); dass Telefonkonferenz ausreicht, bestätigt BGH NJW-RR 2014, 243 = FamRZ 2014, 477 jdfs für Nachberatung (insoweit ebenso BVerwG NVwZ 2018, 176; BAG NJW 2015, 3738; BAG MDR 2015, 1376; AG/Becker Rn 4), ist aber jdfs für kurze Beratungen in einer Telefonkonferenz allg zu bejahen: Entscheidend ist, dass alle Beteiligten alle relevanten Äußerungen zur Kenntnis erhalten und darauf eingehen können. Deshalb ist telefon Einzelumfrage durch Vors nur erlaubt, solange alle Spruchkörpermitglieder einem Vorschlag des Vors ohne weitere Beiträge lediglich zustimmen (aA BVerwG NVwZ 2018, 176). Jedenfalls ist dem Gesetz nunmehr im Umkehrschluss zu § 193 I klar zu entnehmen, dass **auf Verlangen eines Richters mündlich in Präsenzform** beraten werden muss.

3 **3) Maßnahmen zur Wahrung des Beratungsgeheimnisses.** Nach **I 2** ist bei einer Beratung u Abstimmung per Bild- u Tonübertragung durch **organisatorische u technische Maßnahmen** die **Wahrung des Beratungsgeheimnisses sicherzustellen**. Mit dieser starken Formulierung versucht der Gesetzgeber, die offensichtl Schwäche der Gerichtsberatung aus dem Homeoffice zu übertünchen: Dass bei einer Beratung aus dem häusl Umfeld hinaus wirklich niemand auch nur bruchstückhaft mithören kann, kann weder durch Maßnahmen der Justizverwaltung noch durch den Vorsitzenden „sichergestellt" werden, sondern nur durch entspr umsichtiges Verhalten (zu dem auch der Verzicht auf eine Videokonferenzteilnahme bei Anwesenheit anderer Personen in einer Wohnung ohne schallisoliertes Arbeitszimmer gehören muss) jedes Richters selbst, dem bewusst sein muss, dass eine Verletzung der Pflicht zur Wahrung des Beratungsgeheimnisses nach § 43 DRiG ein erhebl Dienstvergehen darstellt und sogar nach § 353b StGB strafbar sein kann. Die Verpflichtung zu techn Maßnahmen richtet sich an die Justizverwaltung und betrifft das jew verwendete Videokonferenzsystem, etwa durch Verschlüsselung der Datenübertragung (RegE BTDrs 20/8095, 41). Hieraus ist zu folgern, dass die Technik – sichere Geräte, Software u Verbindungen – dienstl bereitgestellt werden muss; schon deshalb (und auch wegen der fehlenden dienstrechtl Sanktionsmöglichkeiten) ist eine Beratung per Videokonferenz wohl kaum für **Laienrichter** geeignet. Als organisatorische Maßnahme zur Sicherstellung des Beratungsgeheimnisses erwähnt der RegE nur das selbstverständl Bsp, dass die beteiligten Richter sich bei der Beratung nicht an einem öffentl Ort aufhalten dürfen. Darüber hinaus wird man wohl von den Vors im Rahmen ihrer Verantwortung nach § 194 verlangen müssen, dass sie sich jdfs vor der ersten Beratung per Videokonferenz durch Befragung der Mitglieder ihres Spruchkörpers über das Vorliegen der Voraussetzungen für die Wahrung des Beratungsgeheimnisses vergewissern.

4 **4) Rechtsreferendare, wissenschaftliche Mitarbeiter.** § 193 verbietet die Anwesenheit jedes an der Entscheidungsfindung Unbeteiligten, zB auch des Protokollführers. Eine Ausnahme gilt für **Rechtsreferendare**, die in dem Gericht ausgebildet werden (nicht erforderl ist, dass sie einem Richter des Spruchkörpers zugeteilt sind), und für **wissenschaftl Mitarbeiter** des Gerichts, nicht jedoch für Rechtsstudenten (auch nicht während eines Gerichtspraktikums, BVerfG NJW 2021, 1156; BGH NJW 95, 2645; aA Seifert MDR 96, 125), die nicht „beschäftigt" sind.

5 **5) Hospitanten. III ermöglicht** – veranlasst insb durch eine entspr Regelung Frankreichs – die **Anwesenheit ausl Richter, Staatsanwälte, RA und Juristen in einem Ausbildungsverhältnis** (etwa die franz auditeurs de justice – nicht jedoch Studenten ausl Universität), soweit sie am Gericht mit Billigung der Justizverwaltung („zugewiesen") hospitieren. Gleiches gilt im Erstrecht-Schluss für Hospitanten aus dem Inland, zB Richter auf Probe, die dem Gericht zur Einarbeitung ohne richterl Funktionen zugewiesen sind (BAG NJW 67, 1581 ist überholt). Noch nicht eingetretene Ergänzungsrichter dürfen dagegen an Beratung nicht teilnehmen (BGHSt 18, 331).

6 Im Hinblick auf den Schutzzweck des § 193 – Absicherung des Grundsatzes des ges Richters und der richterl *Unabhängigkeit – ist die Anwesenheit* **in jedem Einzelfall** von einer nach pflichtgemäßem Ermessen zu erteilenden Erlaubnis des Vors abhängig, der die Erlaubnis auch auf eine passive Teilnahme beschränken kann; ansonsten darf sich Hospitant im Rahmen der Beratung auch äußern.

Die Hospitanten haben das **Beratungsgeheimnis** zu wahren. Um dies zu gewährleisten, sind sie auf Antrag zur Geheimhaltung entspr § 43 DRiG **förml zu verpflichten.** IV u V regeln Verpflichtung und strafrechtl Folgen eines Verstoßes, auf die bei der Verpflichtung bes hinzuweisen ist. 7

6) Rechtsmittel. § 193 ist nicht nur Ordnungsvorschrift, Verstoß kann vielmehr mit Rechtsmittel geltend gemacht werden. Die Frage, ob das Urteil auf einer Verletzung des § 193 beruht, ist idR zu bejahen, weil die Möglichkeit besteht, dass einzelne Richter durch die Anwesenheit Dritter beeinflusst wurden (OLG Koblenz StraFo 2005, 79); aber kein absoluter Revisionsgrund (BAG NJW 67, 1581; BGHSt 18, 332). 8

§ 194 (Beratung und Abstimmung)

(1) Der Vorsitzende leitet die Beratung, stellt die Fragen und sammelt die Stimmen.

(2) Meinungsverschiedenheiten über den Gegenstand, die Fassung und die Reihenfolge der Fragen oder über das Ergebnis der Abstimmung entscheidet das Gericht.

Die **Leitung der Beratung** und der Abstimmung obliegt dem Vors; dazu gehören auch die Bestimmung ihrer (zeitl, räuml) Umstände, s hierzu § 193 Rn 2 u 3, und die Beachtung der Regeln über die Abstimmung in II u §§ 196, 197. 1

§ 195 (Überstimmte)

Kein Richter oder Schöffe darf die Abstimmung über eine Frage verweigern, weil er bei der Abstimmung über eine vorhergegangene Frage in der Minderheit geblieben ist.

Der überstimmte Richter (Berufs- wie ehrenamtl Richter) ist über die weitere Abstimmung hinaus zur Mitwirkung bis zum Abschluss des Verf verpflichtet. Der überstimmte Berichterstatter hat die Entscheidungsgründe entspr der Mehrheitsmeinung zu entwerfen; ebenso ist der überstimmte Richter zur **Unterschrift** verpflichtet: durch sie wird nur bestätigt, dass die Urteilsgründe mit dem Ergebnis der Beratung übereinstimmen (vgl BGH NJW 75, 1177); über Meinungsverschiedenheiten insoweit ist ebenfalls durch Abstimmung mehrheitl zu entscheiden, notfalls unter Hinzuziehung ehrenamtl Richter, die selbst das Urteil nicht zu unterschreiben haben (BVerwG NJW 97, 1086). Einseitige Zusätze sind unzulässig und bedeutungslos (BGH NJW 75, 1177), ebenso unzulässig unterschiedl Urteilsfassungen der streitenden Richter (BVerwG NJW 97, 1086). Abw Begründung (Sondervotum) ist nur für BVerfG vorgesehen (§ 30 II BVerfGG). 1

Verstoß gegen § 195 führt zu fehlerhafter Besetzung des Gerichts bei der Entscheidung (§ 547 Nr 1, § 579 I Nr 1 ZPO). 2

§ 196 (Mehrheitsbildung)

(1) Das Gericht entscheidet, soweit das Gesetz nicht ein anderes bestimmt, mit der absoluten Mehrheit der Stimmen.

(2) Bilden sich in Beziehung auf Summen, über die zu entscheiden ist, mehr als zwei Meinungen, deren keine die Mehrheit für sich hat, so werden die für die größte Summe abgegebenen Stimmen den für die zunächst geringere abgegebenen so lange hinzugerechnet, bis sich eine Mehrheit ergibt.

(3) [1]Bilden sich in einer Strafsache, von der Schuldfrage abgesehen, mehr als zwei Meinungen, deren keine die erforderliche Mehrheit für sich hat, so werden die dem Beschuldigten nachteiligsten Stimmen den zunächst minder nachteiligen so lange hinzugerechnet, bis sich die erforderliche Mehrheit ergibt. [2]Bilden sich in der Straffrage zwei Meinungen, ohne dass eine die erforderliche Mehrheit für sich hat, so gilt die mildere Meinung.

(4) Ergibt sich in dem mit zwei Richtern und zwei Schöffen besetzten Gericht in einer Frage, über die mit einfacher Mehrheit zu entscheiden ist, Stimmengleichheit, so gibt die Stimme des Vorsitzenden den Ausschlag.

Im Zivilprozess Abstimmung bei Bedarf nach den Elementen der Entscheidung; ggf Abstimmung auch über Abstimmungsplan (s Ernst JZ 2012, 637); II gilt im Straf- wie im Zivilprozess. 1

§ 197 (Reihenfolge der Abstimmung)

[1]Die Richter stimmen nach dem Dienstalter, bei gleichem Dienstalter nach dem Lebensalter, ehrenamtliche Richter und Schöffen nach dem Lebensalter; der jüngere stimmt vor dem älteren. [2]Die Schöffen stimmen vor den Richtern. [3]Wenn ein Berichterstatter ernannt ist, so stimmt er zuerst. [4]Zuletzt stimmt der Vorsitzende.

1 Das Dienstalter bestimmt sich nach § 20 DRiG. Richter auf Probe und kraft Auftrags stimmen – ggf nach dem Berichterstatter – als erste Berufsrichter, da sie mangels Übertragung eines Richteramtes iSd § 20 DRiG kein Dienstalter in diesem Sinn haben. Der Vors stimmt nach S 4 auch dann zuletzt, wenn er Berichterstatter ist (BVerwG BayVerwBl 80, 305).

Siebzehnter Titel
Rechtsschutz bei überlangen Gerichtsverfahren und strafrechtlichen Ermittlungsverfahren (§§ 198-201)

Vorbemerkungen zu §§ 198-201

1 Der 17. Titel des GVG wurde eingefügt durch **G über den Rechtsschutz bei überlangen Gerichtsverf und strafrechtl Ermittlungsverf (GRÜG)** v 24.11.2011 (BGBl I 2011, 2302). Der Regelungsbedarf zum Rechtsschutz bei überlangen Gerichtsverf in Zivilsachen sowie in Verwaltungsstreitsachen und verfassungsgerichtl Verf, denen Ansprüche zivilrechtl Art zugrunde liegen, war dringend, weil der **Europ Gerichtshof für Menschenrechte** (EGMR) mit Urteil v 2.9.2010 – Rs 46344/06 (Rumpf/Deutschland), NJW 2010, 3355 die Bundesrepublik Deutschland verpflichtet hatte, innerhalb eines Jahres einen wirksamen innerstaatl Rechtsbehelf einzuführen, mit dem eine angemessene und hinreichende Wiedergutmachung für überlange Verf im Einklang mit den Grundsätzen der Konvention, wie sie in der Rspr des EGMR niedergelegt sind, gewährleistet werden kann. Diese Grundsätze sind zusammengefasst in der Entscheidung der Großen Kammer des EGMR v 8.6. 2006 – Rs 75529/01 (Sürmeli/Deutschland), NJW 2006, 2389. Danach verstößt eine überlange Verfahrensdauer gegen den Grundsatz des fairen Verf nach Art 6 I EMRK, wogegen Art 13 EMRK einen Rechtsbehelf garantiert. Zugleich wollte der Gesetzgeber eine den Anforderungen des GG (Anspruch auf Rechtsschutz in angemessener Zeit aus Art 19 IV und aus dem Justizgewähranspruch gem Art 20 III GG) widersprechende Rechtsschutzlücke schließen (s BVerfGE 35, 382, 405 = NJW 1974, 227; BVerfGE 60, 253, 269 = NJW 1982, 2425; BVerfGE 122, 190, 202 = NJW 2009, 829 = MDR 2009, 295; BVerfG NJW-RR 2010, 207).

2 Neben der GVG-Änderung erfolgte eine **Ergänzung der Befangenheitsregelung des § 41 ZPO:** Nach § 41 Nr 7 ZPO ist ein Richter in Sachen wegen überlanger Gerichtsverf ausgeschlossen, wenn er in dem beanstandeten Verf in einem Rechtszug tatsächlich (BSG NJW 2018, 1122) mitgewirkt hat (auch als Güterichter, vgl OLG München MDR 2020, 366) oder jdfs hätte mitwirken müssen, auf dessen Dauer der Entschädigungsanspruch gestützt wird.

3 Mit G v 11.10.2016 (BGBl I 2016, 2222) wurden in **§§ 155b, 155c FamFG** für **Kindschaftssachen**, die dem besonderen Beschleunigungsgebot des § 155 FamFG unterliegen (Aufenthalt, Umgangsrecht, Herausgabe des Kindes, Kindeswohlgefährdung), die **Rechtsbehelfe** der **Beschleunigungsrüge**, die zugleich als Verzögerungsrüge iSd § 198 III gilt, und der **Beschleunigungsbeschwerde** eingeführt: Stellt das Beschwerdegericht einen Verstoß gegen das Vorrang- und Beschleunigungsgebot des § 155 FamFG fest, ist das Verf durch das Ausgangsgericht unter Beachtung der Beurteilung des Beschwerdegerichts unverzüglich vorrangig und beschleunigt durchzuführen. Der Gesetzgeber war hierzu gezwungen, weil der EGMR mit Urteil v 15.1.2015 (NJW 2015, 1433 = FamRZ 2015, 469) entschieden hatte, dass der Rechtsbehelf von Verzögerungsrüge und Entschädigungsklage den Anforderungen an einen effektiven Rechtsbehelf für den Bereich eiliger Kindschaftssachen gem Art 13 iVm Art 8 EMRK nicht genüge. Da der EGMR in der Entscheidung (Tz 137) aber ausdrücklich bestätigt, dass außerhalb des durch Art 8 EMRK besonders geschützten Bereichs ein kompensatorischer Rechtsbehelf ausreicht, ist eine weitergehende Rechtsänderung nicht geboten.

4 Die Entschädigungsregelung für überlange Verf gilt auch in der Verfassungs- und Fachgerichtsbarkeit sowie in Disziplinarverf nach der BNotO, in verwaltungsrechtl Notarsachen und in anwaltsgerichtl Verf: Entsprechende Regelungen enthalten das BVerfGG (§§ 97a-97e) sowie im Wege der (Weiter-)Verweisung auf das GVG folgende Gesetze: § 96 V, § 111h BNotO, §§ 112g, 116 BRAO, § 9 I, II ArbGG, §§ 31, 33, 183, 197a, 202 SGG, § 173 VwGO, § 155 FGO, § 22 EU-VSchDG, § 128b PatG, § 21 GebrMG, § 96a MarkenG, §§ 94 f, 98 PAO, § 11 HalblSchG, § 23 IV DesignG, § 23a II 2 Wehrbeschwerdeordnung, § 94 I 3 Wehrdisziplinarordnung und §§ 85, 87 EnWG. Für **Strafverf** gilt § 198 nur nach Maßgabe des § 199.

5 Wesentl **Gesetzesmaterialien:** RegE mit Stellungnahme des BR und Gegenäußerung des BR: BTDrs 17/3802, Beschlussempfehlung und Bericht des BT-RA: BTDrs 17/7217.

§ 198 (Entschädigung, Verzögerungsrüge)

(1) [1]Wer infolge unangemessener Dauer eines Gerichtsverfahrens als Verfahrensbeteiligter einen Nachteil erleidet, wird angemessen entschädigt. [2]Die Angemessenheit der Verfahrensdauer richtet sich nach den Umständen des Einzelfalles, insbesondere nach der Schwierigkeit und Bedeutung des Verfahrens und nach dem Verhalten der Verfahrensbeteiligten und Dritter.

(2) [1]Ein Nachteil, der nicht Vermögensnachteil ist, wird vermutet, wenn ein Gerichtsverfahren unangemessen lange gedauert hat. [2]Hierfür kann Entschädigung nur beansprucht werden, soweit nicht nach den Umständen des Einzelfalles Wiedergutmachung auf andere Weise gemäß Absatz 4 ausreichend ist. [3]Die Entschädigung gemäß Satz 2 beträgt 1.200 Euro für jedes Jahr der Verzögerung. [4]Ist der Betrag gemäß Satz 3 nach den Umständen des Einzelfalles unbillig, kann das Gericht einen höheren oder niedrigeren Betrag festsetzen.

(3) [1]Entschädigung erhält ein Verfahrensbeteiligter nur, wenn er bei dem mit der Sache befassten Gericht die Dauer des Verfahrens gerügt hat (Verzögerungsrüge). [2]Die Verzögerungsrüge kann erst erhoben werden, wenn Anlass zur Besorgnis besteht, dass das Verfahren nicht in einer angemessenen Zeit abgeschlossen wird; eine Wiederholung der Verzögerungsrüge ist frühestens nach sechs Monaten möglich, außer wenn ausnahmsweise eine kürzere Frist geboten ist. [3]Kommt es für die Verfahrensförderung auf Umstände an, die noch nicht in das Verfahren eingeführt worden sind, muss die Rüge hierauf hinweisen. [4]Anderenfalls werden sie von dem Gericht, das über die Entschädigung zu entscheiden hat (Entschädigungsgericht), bei der Bestimmung der angemessenen Verfahrensdauer nicht berücksichtigt. [5]Verzögert sich das Verfahren bei einem anderen Gericht weiter, bedarf es einer erneuten Verzögerungsrüge.

(4) [1]Wiedergutmachung auf andere Weise ist insbesondere möglich durch die Feststellung des Entschädigungsgerichts, dass die Verfahrensdauer unangemessen war. [2]Die Feststellung setzt keinen Antrag voraus. [3]Sie kann in schwerwiegenden Fällen neben der Entschädigung ausgesprochen werden; ebenso kann sie ausgesprochen werden, wenn eine oder mehrere Voraussetzungen des Absatzes 3 nicht erfüllt sind.

(5) [1]Eine Klage zur Durchsetzung eines Anspruchs nach Absatz 1 kann frühestens sechs Monate nach Erhebung der Verzögerungsrüge erhoben werden. [2]Die Klage muss spätestens sechs Monate nach Eintritt der Rechtskraft der Entscheidung, die das Verfahren beendet, oder einer anderen Erledigung des Verfahrens erhoben werden. [3]Bis zur rechtskräftigen Entscheidung über die Klage ist der Anspruch nicht übertragbar.

(6) Im Sinne dieser Vorschrift ist

1. **ein Gerichtsverfahren jedes Verfahren von der Einleitung bis zum rechtskräftigen Abschluss einschließlich eines Verfahrens auf Gewährung vorläufigen Rechtsschutzes und zur Bewilligung von Prozess- oder Verfahrenskostenhilfe; ausgenommen ist das Insolvenzverfahren nach dessen Eröffnung; im eröffneten Insolvenzverfahren gilt die Herbeiführung einer Entscheidung als Gerichtsverfahren;**
2. **ein Verfahrensbeteiligter jede Partei und jeder Beteiligte eines Gerichtsverfahrens mit Ausnahme der Verfassungsorgane, der Träger öffentlicher Verwaltung und sonstiger öffentlicher Stellen, soweit diese nicht in Wahrnehmung eines Selbstverwaltungsrechts an einem Verfahren beteiligt sind.**

I. **Allgemeines.** Die Klage nach § 198 ist **auf Zahlung gerichtete Leistungsklage**; es gilt der **Beibringungsgrds** (BGHZ 200, 20 = NJW 2014, 939 = MDR 2014, 341; OLG Celle MDR 2018, 1524 = NJW-RR 2018, 1462). Der in § 198 normierte **Entschädigungsanspruch** ist ein **staatshaftungsrechtl Anspruch sui generis** auf Ausgleich für Nachteile infolge rechtswidrigen hoheitl Verhaltens, der jedoch – anders als § 839 BGB iVm Art 34 GG – **verschuldensunabhängig** ist (RegE BTDrs 17/3802, 19; BGHZ 224, 20 = NJW 2020, 1364 = MDR 2020, 96; krit Heiter NJW 2015, 2554). Verf mit überlanger Dauer iSd EGMR-Rspr sind in Deutschland keineswegs an der Tagesordnung, nehmen aber stetig zu (krit – auch zum Verzicht auf eine Untätigkeitsbeschwerde in der geltenden Regelung – Greger 10 Jahre Schutz vor überlangen Gerichtsverfahren: Kein Grund zum Feiern, AnwBl 2022, 96; sa Statistisches Bundesamt, Fachserie 10, Reihe 2.1.; Greger MDR 2024, R 221). Selbst die Dauer der meisten überlangen Verfahren in Deutschland ist aber noch weit kürzer als die Dauer in den „Ausreißer"-Fällen, die vom EGMR beanstandet wurden. So dauerte das verwaltungsgerichtl Verf in der og (s vor § 198 Rn 1) Es Rumpf nahezu 11 Jahre. In der Sache Sürmeli währte der Zivilrechtsstreit bis zur EGMR-Entscheidung bereits 17 Jahre. Erhellend für die vom EGMR angelegten Maßstäbe ist die Verfahrensdauer vor dem EGMR selbst, die im Fall Sürmeli 6½ Jahre und im Fall Rumpf nahezu 4 Jahre betrug. – **Andere Verf; Anspruchskonkurrenz:** Eine außerordentl Untätigkeitsbeschwerde ist mangels Rechtsschutzbedürfnis unstatthaft, weil der Gesetzgeber das Rechtsschutzproblem bei überlanger Verfahrensdauer mit der Kombination von Verzögerungsrüge bei dem mit der Sache befassten Gericht und ggf einer nachfolgenden Entschädigungsklage abschließend gelöst hat und deshalb eine planwidrige Regelungslücke nicht besteht; auch ein Nebeneinander von Verzögerungsrüge und Untätigkeitsbeschwerde, das das Verf nur mit Zweifelsfragen belasten und den zügigen Abschluss weiter erschweren würde, ist vom Gesetzgeber nicht gewollt (RegE BTDrs 17/3802, 15 f; BGH 9.1.2020 – III ZB 54/19; BGH NJW 2013, 385; BVerwG 16.2.2021 – 2 B 61/20; Althammer/Schäuble NJW 2012, 1, 5; 1

Schlick NJW 2020, 2690; Itzel MDR 2012, 564, 567; Kissel/Mayer Rn 45; AG/Becker Rn 2; Steinbeiß-Winkelmann/Ott, Gesetz über den Rechtsschutz bei überlangen Gerichtsverfahren, 2013, Einf Rn 377; Ossenbühl DVBl 2012, 857). **Anspruchskonkurrenz** besteht grds zwischen dem Entschädigungsanspruch nach § 198 und dem **Amtshaftungsanspruch** nach § 839 BGB iVm Art 34 GG. Letzterer gewährt zwar vollen Ersatz für – nur – den materiellen Schaden gem §§ 249 ff BGB, wird jedoch im Hinblick auf das Erfordernis des Verschuldens und die Anwendung des Spruchrichterprivilegs des § 839 II 1 BGB auf weite Bereiche der Verfahrensgestaltung durch die Rspr (BGHZ 187, 286 = NJW 2011, 1072 = MDR 2011, 32 mwN; Althammer/Schäuble NJW 2012, 1, 5; Remus NJW 2012, 1403, 1408) auch unter Berücksichtigung des § 839 II 2 BGB nur sehr selten erfüllt sein (eingeh Steinbeiß-Winkelmann/Ott, aaO, Einf Rn 56 f; Schlick FS Tolksdorf, S 550 f; Zuck NVwZ 2012, 265). Wegen der **unterschiedl ausschließl Gerichtsstände** (Amtshaftungsklage: LG, § 71 II Nr 2, Art 34 S 3 GG; Entschädigungsklage: im Regelfall OLG, § 201, bzw zweitinstanzl Fachgericht) und der unterschiedl Streitgegenstände (BGH MDR 2018, 1267 = NJW-RR 2018, 961) müssen beide Ansprüche in getrennten Prozessen verfolgt werden, s § 17 Rn 6, 9; BGH 28.7.2016 – III ZR 166/15; Althammer/Schäuble NJW 2012, 1, 6; Steinbeiß-Winkelmann/Ott, aaO, § 201 Rn 7 ff. **Sicherer Weg** ist im Hinblick auf die **Ausschlussfrist des V 2**, zuerst die Entschädigungsklage zum OLG zu erheben, dies ist auch ratsam wegen der leichter zu erfüllenden Anspruchsvoraussetzungen und der günstigeren Kostenregelung in § 201 IV. Ist über die Entschädigungsklage bis zum drohenden Eintritt der Verjährung des Amtshaftungsanspruchs noch nicht entschieden, sollte die Schadensersatzklage parallel erhoben werden; auf die Erstreckung der Verjährungshemmung gem § 204 I Nr 1, § 213 BGB auch auf den anderen Anspruch zu setzen (hierzu Althammer/Schäuble NJW 2012, 1, 6), erscheint im Hinblick auf die unterschiedl Streitgegenstände trotz der entspr Rspr des zuständigen III. BGH-Zivilsenats (BGH NJW 1985, 2324 = MDR 1985, 915; Schlick FS Tolksdorf, S 559 f) riskant. Ggf wird der 2. Prozess gem § 148 ZPO auszusetzen sein (Zimmermann FamRZ 2011, 1905). Eine Überkompensation ist ggf im Wege der Anrechnung nach den Grundsätzen der Vorteilsausgleichung im 2. Prozess zu vermeiden (Steinbeiß-Winkelmann/Ott, aaO, Einf Rn 386; Guckelberger DÖV 2012, 289). Die Durchführung der Entschädigungsklage ist auch Voraussetzung für die **Rechtswegerschöpfung** vor der Verfassungsbeschwerde (§ 90 II 1 BVerfGG, BVerfG, Nichtannahmebeschl 30.5.2012 – 1 BvR 2292/11; vgl BVerfG EuGRZ 2012, 666 = JZ 2013, 145 [krit Huerkamp/Huerkamp]). Unberührt von § 198 bleibt die Möglichkeit der **Dienstaufsichtsbeschwerde** mit ihren geringen Erfolgsaussichten (§ 26 I, II DRiG).

2 **II) Zentrale Anspruchsgrundlage. I** ist die zentrale Anspruchsgrundlage des G über den Rechtsschutz bei überlangen Gerichtsverf und strafrechtl Ermittlungsverf. Die Vorschrift besteht in beiden wesentlichen Punkten aus **generalklauselartigen unbestimmten Rechtsbegriffen**. Der **Begriff der „unangemessenen Dauer eines Gerichtsverf“** kann das Missverständnis fördern, jede Überschreitung der durchschnittl oder gar der optimalen Verfahrensdauer böte schon eine Anspruchsgrundlage für eine Entschädigung. Demgegenüber liegt es in der Natur der Sache, dass es in einem Rahmen vertretbarer Verfahrensgestaltungen neben ideal und durchschnittl gestalteten Verfahren auch unterdurchschnittl geförderte, aber deshalb noch längst nicht menschenrechts- oder grundrechtswidrige Verf gibt. Das Gemeinte wird nur in der Überschrift des neuen 17. Titels des GVG mit den Worten **„Rechtsschutz bei überlangen Gerichtsverfahren“** angesprochen. Ausgehend vom **Ziel des Gesetzgebers**, eine den Anforderungen der EMRK und des GG widersprechende Rechtsschutzlücke zu schließen (RegE BTDrs 17/3802, 1), ist der **Begriff der unangemessenen Dauer restriktiv auszulegen** iS einer **überlangen Verfahrensdauer nach der EGMR-Rspr** (s Roller DRiZ Beilage Juni 2012 S 2; Althammer/Schäuble NJW 2012, 1, 2) und der **BVerfG-Rspr** (s Steinbeiß-Winkelmann/Ott, aaO, Einf Rn 21). IErg ebenso **BGHZ 199, 87** = NJW 2014, 220 = MDR 2014, 276. Die Regelung hat folgerichtig nur für die nach EGMR-Maßstäben als menschenrechtswidrig und nach den Maßstäben des Art 19 IV, Art 20 III GG grundgesetzwidrig zu beanstandenden „Ausreißer“ unter der Vielzahl von Verf zu gelten (s Rn 1); die Belastung für den Kläger muss schwerwiegend sein. An diesen Maßstäben sind die nach I 2 entscheidenden Umstände des Einzelfalls zu messen.

3 **1) Unangemessene Verfahrensdauer.** Nach **I 2** sind die **Umstände des Einzelfalls** maßgebl; die hervorgehobenen Aspekte der Schwierigkeit und der Bedeutung des Verf sowie des Verhaltens der Verfahrensbeteiligten und Dritter sind keine abschließende Aufzählung („insb“); so sind auch die Auswirkungen der Verfahrensdauer auf die Beteiligten zu berücksichtigen, und bei zunehmender Verfahrensdauer haben sich die Gerichte nachhaltig um eine Beschleunigung zu bemühen (BVerfG NJW 1997, 2811 = FamRZ 1997, 871; BVerfG NJW 2001, 214; BVerfG NJW-RR 2010, 207 = VersR 2010, 1516; BGH NJW 2011, 1072 = MDR 2011, 32). Aus I 2 folgt, dass es **keine festen Fristen** oder Grenzwerte gibt, bei deren Überschreiten ohne weiteres von einem überlangen Verf ausgegangen werden könnte (RegE BTDrs 17/3802, 18; BGH NJW 2014, 220 = MDR 2014, 276; BVerfGE 55, 349 = NJW 1981, 1499; BVerfG NJW 1997, 2811 = FamRZ 1997, 871; BVerfG NJW-RR 2010, 207 = VersR 2010, 1516; BVerfG NZS 2011, 384 = BayVBl 2011, 208; BVerwGE 147, 146 = NJW 2014, 96; Steinbeiß-Winkelmann ZRP 2010, 205, 207; Althammer/Schäuble NJW 2012, 1, 2; aA mit unklarer Begr Link/van Dorp, Rechtsschutz bei überlangen Gerichtsverf, 2012, Rn 98-101); Unangemessenheit der Verfahrensdauer kann also nicht anhand statistischer Durchschnittswerte ermittelt werden. Umgekehrt wird man angesichts des og gesetzgeberischen Ziels aber annehmen können, dass die Annahme einer überlangen Verfahrensdauer regelmäßig fernliegt, solange die Zeit von 2 Jahren pro Instanz nicht überschritten ist (vgl Remus NJW 2012, 1403, 1404; Meyer-Ladewig 4. Aufl 2017 Art 6 EMRK Rn 199; OVG Magdeburg NVwZ 2012, 1637: 1 Jahr pro Instanz; ebenso Böcker

DStR 2011, 2173; Marx/Roderfeld § 198 Rn 25), wenn nicht die Bedeutung des Verf etwa wegen des Verfahrensgegenstands (zB Eilverf, PKH-Antrag, Kindschaftssachen mit besonderem Vorrang- und Beschleunigungsgebot gem § 155 FamFG, Arbeitsrechtssachen, ggf auch Verf wegen Prüfungsentscheidungen, vgl BFH 23.3.2022 – X K 2/20, sowie allg bei existenzieller Bedeutung) eine besondere Beschleunigung verlangt (s RegE, Althammer/Schäuble, jew aaO; Steinbeiß-Winkelmann/Ott, aaO, Rn 111). Sofern sich eine die Beschleunigung des Verf gebietende **Bedeutung** nicht bereits aus der Sache selbst ergibt, sollte der betroffene Verfahrensbeteiligte das Gericht hierauf frühzeitig und ausdrückl hinweisen (vgl auch III 3). Auch die Bedeutung eines Verf für die Allgemeinheit (zB Musterprozess) soll nach der Gesetzesbegr relevant sein können (RegE BTDrs 17/3802, 18). Andererseits relativiert fehlende Erfolgsaussicht nicht den Anspruch auf Rechtsschutz in angemessener Zeit (BGH NJW 2017, 2478 [Hinne] = MDR 2017, 702). Für die **Schwierigkeit** des Verf sind tatsächl und rechtl Umstände maßgebend. Das **Verhalten** des Anspruchstellers als Verfahrensbeteiligter im Ausgangsverf (zB Nichtbetreiben) ist unter dem Gesichtspunkt der Mitverursachung nicht nur für das Maß der zu gewährenden Entschädigung bedeutsam, sondern auch bereits für die Beurteilung einer Verfahrensdauer als unangemessen. Verzögerungen infolge Wahrnehmung prozessualer Rechte wie zB Fristverlängerungsanträge und Richterablehnung können zwar dem Anspruchsteller nicht vorgeworfen werden, sind aber auch nicht dem Staat zuzurechnen (Althammer/Schäuble aaO), so dass sie iE doch zu Lasten des Anspruchstellers gehen können (EGMR FamRZ 2017, 895 LS; BGH NJW 2014, 1183 = MDR 2014, 526; OLG Schleswig SchlHA 2013, 248; Heine MDR 2012, 327). Auch bei der Berücksichtigung des Verhaltens anderer Verfahrensbeteiligter iSd VI und Dritter ist maßgebl auf die **Beeinflussbarkeit durch das Gericht** abzustellen (RegE BTDrs 17/3802, 18). In der Praxis ergibt sich eine überlange Verfahrensdauer oft durch die **verspätete Erstattung von SV-Gutachten.** Diese kann dem Gericht schon dann zuzurechnen sein, wenn es – wie häufig – bei der Auftragserteilung entgegen § 411 ZPO dem SV keine Frist setzt oder nicht für deren Einhaltung sorgt (vgl Keders/Walter NJW 2013, 1697, 1700 ff). Nicht dem staatlichen Verantwortungsbereich zuzurechnen sind durch höhere Gewalt, zB durch Krieg, innere Unruhen, Katastrophen, Epidemien uÄ bedingte Verzögerungen (s BFH BFHE 274, 485 = NJW 2022, 1701).

2) **Bewertung des Ausgangsverfahrens.** Auch das Verhalten des Gerichts kann für die Bewertung der Angemessenheit der Dauer eines Verf herangezogen werden. Bei dessen Beurteilung darf der verfassungsrechtl Grundsatz richterl Unabhängigkeit jedoch nicht unberücksichtigt bleiben. Dem Gericht muss in jedem Fall eine angemessene Vorbereitungs- und Bearbeitungszeit zur Verfügung stehen, also ein Gestaltungsspielraum, der es ihm ermöglicht, dem Umfang und der Schwierigkeit der einzelnen Rechtssachen ausgewogen Rechnung zu tragen und darüber zu entscheiden, wann es welches Verfahren mit welchem Aufwand sinnvollerweise fördern kann und welche Verfahrenshandlungen dazu erforderlich sind (BGH NJW 2014, 220 = MDR 2014, 276). Im Hinblick auf das Spannungsverh zwischen richterl Unabhängigkeit und dem Gebot effektiven Rechtsschutzes ist es sachgerecht, die im Amtshaftungsprozess außerhalb des Anwendungsbereichs des § 839 II 1 BGB entwickelten Grundsätze zu den Grenzen der Überprüfbarkeit der richterlichen Verfahrensführung auch auf das Entschädigungsverfahren nach §§ 198 ff zu übertragen. Im Entschädigungsprozess kann deshalb die Verfahrensführung des Richters nicht auf ihre Richtigkeit, sondern nur auf ihre **Vertretbarkeit** überprüft werden (BGH MDR 2023, 249 = NJW 2023, 1578 [Würdinger/Maus NJW 2023, 1586; G. Vollkommer WuB 2023, 89; Jacobs/Messner JZ 2023, 459; Itzel jurisPR-BGHZivilR 4/2023 Anm 2]; BGH NJW 2014, 789 = MDR 2014, 274). Somit führt eine gewisse Untätigkeit des Gerichts regelmäßig dann nicht zu einer rechtsstaatswidrigen Verfahrensverzögerung, wenn die angemessene Frist insges nicht überschritten wird (BGH StV 2012, 154; BGH NStZ-RR 2007, 150 mwN). Insb eine schlichte Nichtbearbeitung eines Verf über viele Monate hinweg – sei es auf Grund obj bestehender Überlastung oder aus in der Person des Richters liegenden Gründen – wird jedoch eher zur Beurteilung einer Verfahrensdauer als unangemessen führen als eine nur ungeschickte Verfahrensführung (vgl BGHSt 57, 56 = NJW 2012, 1463; BVerfG JZ 2013, 145; OVG Magdeburg NVwZ 2012, 1637). Anders als der Amtshaftungsanspruch nach § 839 BGB iVm Art 34 GG ist der Entschädigungsanspruch nach § 198 verschuldensunabhängig. Es kommt somit für die Frage der angemessenen Verfahrensdauer nicht darauf an, ob sich der zuständige Spruchkörper pflichtwidrig verhalten hat; folgerichtig kann sich der beklagte **Staat** zur **Rechtfertigung** der überlangen Dauer eines Verf **nicht auf Umstände berufen, die innerhalb des staatlichen Verantwortungsbereichs liegen, wie etwa die chronische Überlastung** eines Gerichts oder eine allg **angespannte Personalsituation** (RegE BTDrs 17/3802, 19; BVerfG NJW 2023, 1564; BVerfG NZS 2011, 384 = BayVBl 2011, 208; OLG Schleswig SchlHA 2013, 248), ebenso nicht auf Richterwechsel während des Verf oder Verhinderung eines Richters wegen längerfristiger Erkrankung; der **Justizgewährleistungsanspruch** verlangt eine Personalausstattung, die eine wirksame Vertretung ermöglicht (BVerfG NVwZ 2023, 991; BSG NJW 2023, 243 [Wagner NZS 2022, 905]): Es obliegt dem Staat – also letztlich dem Haushaltsgesetzgeber –, geeignete Maßnahmen zu ergreifen, um Verzögerungen durch krankheitsbedingte Ausfälle auf ein Maß zu reduzieren, das dem Anspruch auf Rechtsschutz in angemessener Zeit Rechnung trägt (BVerfG NJW 2023, 1564). 4

3) **Maßgebliche Gesamtverfahrensdauer, Beispielsfälle.** Bezugspunkt für die Beurteilung der angemessenen Verfahrensdauer ist grds das gerichtl **Gesamtverf** (s VI, Rn 12) im Verantwortungsbereich des in Anspruch genommenen Rechtsträgers (RegE BTDrs 17/3802, 18). Untätigkeit während eines Verfahrensabschnitts führt also dann nicht zu einer rechtsstaatswidrigen Verfahrensverzögerung, wenn zB durch **Kompensation** in anderen Verfahrensabschnitten eine überlange Verfahrensdauer insges nicht erreicht wird (vgl BGH NJW 2014, 220 5

= MDR 2014, 276; BGH StV 2012, 154; Kissel/Mayer Rn 13; Steinbeiß-Winkelmann/Ott, aaO, Rn 101; Heine MDR 2012, 327). Im **Ergebnis** ist nach zutreffender **gefestigter Rspr** eine unangemessene Verfahrensdauer iSd I 1 erst bei **„deutlicher Überschreitung der äußersten Grenze des Angemessenen"** anzunehmen (BSGE 113, 75 = NJW 2014, 248; BGH NJW 2014, 939 = MDR 2014, 341; BGH NJW 2014, 789 = MDR 2014, 276; BGH NJW 2014, 220 = MDR 2014, 276; BGH NJW 2014, 1816 = MDR 2014, 535; BFH DB 2013, 2906).

Beispiele für bejahte unangemessene Verfahrensdauer: Verfahrensdauer AG – FamG wg Schadensersatz und Nutzungsentschädigung über 4 Jahre, wovon Verf über 3 Jahre nicht bearbeitet wurde: OLG Bamberg 1.7.2015 – 8 EK 2/14; Umgangsrechtsverf in 1. Instanz 2 Jahre 8 Monate auch angesichts mehrerer verfahrensverlängernder Anträge etc: BGH NJW 2014, 1816 = MDR 2014, 198; überlange Gesamtverfahrensdauer im Sorgerechts- und Umgangsverf wegen Zurückweisung einer Anhörungsrüge erst nach mehr als 9 Monaten: BGH NJW 2014, 2443 = MDR 2014, 894; Sorgerechtsverfahren in 2 Instanzen über 6 Jahre: BerlVerfGH NZFam 2015, 427; Güterrechtsverf 12½ Jahre, Überschreitung der angem Verfahrensdauer um 6 Jahre 7 Monate: OLG Karlsruhe FamRZ 2014, 1051; 6 ½ Jahre Hauptsacheverf wegen Kindesunterhalt nach über 2 Jahren VKH-Verf: OLG Dresden MDR 2019, 804 [Stockmann FamRB 2019, 351]; Anwaltsgerichtsverf wegen Rüge über 4 Jahre: OLG Köln NJW-RR 2014, 636; 7 Jahre Nichtbearbeitung einer Mietzahlungs- und Räumungsklage: OLG Celle NJW-RR 2014, 889; 21 Monate zw Eingang des Kostenvorschusses und erstem Termin in einer durchschnittlichen Verkehrsunfallsache des AG: KG 28.10.2016 – 7 EK 8/16; in Verstoß geratene Strafakte erst nach 1¼ Jahren rekonstruiert: BGH wistra 2015, 241; elfmonatiger Aktenkontrollverlust in der Revisionsinstanz: BGH NStZ-RR 2017, 53 LS; 34-monatige Untätigkeit des FG im Verf durchschnittlicher Schwierigkeit und Bedeutung: BFH NJW 2014, 3600 LS; ähnlich BFHE 259, 499; Nichtbearbeitung eines Vergütungsfestsetzungsantrags über insgesamt mehr als 8 Monate: OLG Zweibrücken NJW 2017, 1328 [Toussaint]; routinemäßiges Nichtbearbeiten eines Kostenfestsetzungsverf bis zur Rückkehr der Akten aus der Berufungsinstanz: OLG Hamm JurBüro 2022, 44; OLG Karlsruhe MDR 2019, 99; OLG München BRAK-Mitt 2017, 260 LS; 7 Monate Nichtbearbeitung eines Kostenfestsetzungsantrags: OLG Oldenburg MDR 2020, 1250; Strafakte beim AG in „Abraum" und dann 2 Jahre beim LG wegen vorrangiger Haftsachen nicht bearbeitet: BGH StV 2015, 563; Strafverf nach Zurückverweisung durch BGH über 2 ½ Jahre nicht ausr gefördert: BGH 24.6.2020 – 2 StR 443/19; Nichtbearbeitung eines Strafverf über 2 Jahre: OLG Köln NStZ-RR 2021, 185; 5½ jähriges Verfassungsbeschwerdeverf: BVerfG NJW 2015, 3361; 3 Jahre verwaltungsgerichtliches Berufungszulassungsverf: VGH München 13.6.2019 – 24 A 18.2049; in erstinstanzl VG-Verfahren (Asyl) mit 37 Monaten Dauer 15 Monate Verzögerung sachl nicht mehr zu rechtfertigen: OVG Lüneburg 14.4.2021 – 13 FEK 306/20; ebenso 66 Monate erstinstanzl Verf wegen Nichtbestehens einer Prüfung mit 38 Monaten Verzögerung: OVG Lüneburg NJW 2021, 2525; über pauschale 12 Monate Bearbeitungs- und Bedenkzeit hinausgehende 16 Monate gerichtl Inaktivität im sozialgerichtl Berufungsverfahren: LSG Schleswig 19.3.2021 – L 12 SF 75/18 EK; über 6 Monate Untätigkeit im finanzgerichtl PKH-Verf: BFHE 263, 498.

Beispiele für verneinte unangemessene Verfahrensdauer: Bauprozess LG über 5 Jahre mit zwei Sachverständigenerkrankungen bei vertretb Verfahrensgestaltung durch LG: BGH NJW 2014, 789 = MDR 2014, 274; Nichtbetrieb, um ausgewählte **„Musterverf"** vorrangig zu betreiben: Verzögerungen in zurückgestellten Verf sind ggf (bei Parteiidentität) grds bei der Entschädigungshöhe für die Verzögerung des Musterverf zu berücksichtigen, BGHZ 236, 246 = NJW 2023, 2347 [Schlick NJW 2023, 2695] = MDR 2023, 588 (Elzer MDR 2023, 754; Prütting EWiR 2023, 319; Itzel jurisPR-BGHZivilR 10/2023 Anm 3); BGHZ 204, 184 = NJW 2017, 2478 (Hinne) = MDR 2017, 702; ähnlich BFH 27.6.2018 – X K 3-6/17; BVerwG NVwZ 2023, 1508; BVerwG 12.3. 2018 – 5 B 26/17 D; Billigung der Entscheidung des BVerfG, einem „Musterverf" Vorrang einzuräumen, durch den EGMR: NJW 2015, 3359; 4 Jahre und 8 Monate dauerndes Verfassungsbeschwerdeverf unter Berücksichtigung der besonderen Stellung und Aufgaben des BVerfG gerechtfertigt: BVerfG NJW 2016, 2021; 4 ½ Monate wegen einstweiliger Anordnung im Umgangsverf: BVerfG FamRZ 2019, 1929; unangem Verfahrensdauer noch nicht feststellbar bei noch laufendem, seit 5 Jahren anhängigen komplexen Architekten- und Bauprozess: BGH NJW 2014, 939 = MDR 2014, 341; ähnlich bei 5 ½ Jahren komplexem Bauprozess EGMR NJW 2020, 601; 1½jähriges Revisionsverf: BAG NJW 2018, 724. Im **sozialgerichtl** Klageverf ist nach stRspr des BSG den Gerichten grds eine Vorbereitungs- und Bedenkzeit ohne konkrete Verfahrensförderungsschritte von 12 Monaten je Instanz zuzubilligen (BSG NJW 2023, 243 [Wagner NZS 2022, 905]; BSGE 131, 153 jew mwN). Bei **finanzgerichtl** Klageverf ohne wesentliche Besonderheit soll Vermutung für angemessene Verfahrensdauer sprechen, wenn Gericht „gut zwei Jahre" nach Klageeingang mit Maßnahmen beginnt, die das Verf einer Entscheidung zuführen sollen (stRspr, seit BFHE 243, 126 = DB 2013, 2906 mit ausf Begr im Hinblick auf die Besonderheiten der Materie; fortgeführt ua in BFHE 255, 407; BFH ZInsO 2023, 1062) im isolierten PKH-Verf der FGe soll die entsprechende Frist „gut acht Monate" betragen (BFHE 263, 498). Kritisch zu den unterschiedlichen Bewertungen in den Fachgerichtsbarkeiten, insb zu den in der Finanz- und Sozialgerichtsbarkeit gebilligten „Liegezeiten", Itzel MDR 2023, 1488, 1493.

6 4) **Aktivlegitimation.** Aktivlegitimiert kann gem I 1 nur ein Verfahrensbeteiligter iSd VI Nr 2 sein, s Rn 12, zur Passivlegitimation s § 200.

7 5) **Nachteil, Entschädigungsbegriff.** Anspruchsvoraussetzung ist, dass der Kl infolge der unangemessenen Verfahrensdauer einen **materiellen oder immateriellen** (hierzu II) **Nachteil** erlitten hat. Als materielle Nach-

teile kommen insb Wertminderungen und Rechtsverluste wegen des Zeitablaufs, Kostenerhöhungen im Ausgangsverf auf Grund der Verzögerung und notwendige RA-Kosten für die vorprozessuale Verfolgung des Entschädigungsanspruchs in Betracht (Steinbeiß-Winkelmann/Ott, aaO, Rn 146; Schenke NVwZ 2012, 257; Heine MDR 2012, 327). Im Hinblick auf die Verschuldensunabhängigkeit des Anspruchs gewährt § 198 **keinen vollen Schadensersatzanspruch**, sondern nur eine **angemessene Entschädigung**. Mit dieser Beschränkung des Ausgleichsanspruchs für materielle Nachteile soll insb der Ersatz entgangenen Gewinns ausgeschlossen werden (Beschlussempfehlung und Bericht des BT-Rechtsauss, BTDrs 17/7217, 1 f, 28; Steinbeiß-Winkelmann/Ott, aaO, Rn 2 f, 219 ff; Althammer/Schäuble NJW 2012, 1, 3) und iÜ – ähnl wie in den Fällen der Enteignung, des enteignungsgleichen Eingriffs und der Aufopferung in Anlehnung an § 906 II 2 BGB – neben der Höhe des entstandenen Schadens auch berücksichtigt werden, wie schwerwiegend die Verzögerung war und ob die Schäden unmittelbar oder ledigl mittelbar durch die Verzögerung verursacht worden sind (BR-Stellungnahme BTDrs 17/3802, 34). Für den materiellen Nachteil und die adäquate Kausalität gilt uneingeschränkt die **Darlegungs- und Beweislast des Kl** (RegE BTDrs 17/3802, 19).

III) Vermutung immaterieller Nachteile. II 1 normiert entspr der EGMR-Rspr (NJW 2007, 1259) eine widerlegbare Vermutung, dass eine überlange Verfahrensdauer bei Verfahrensbeteiligten immaterielle Nachteile bewirkt, zB eine über die bei einem anhängigen Prozess übliche Ungewissheit hinausgehende psychische Belastung oder eine Rufschädigung. Gleichwohl kann hierfür nach **II 2** keine Entschädigung beansprucht werden, wenn eine Wiedergutmachung auf andere Weise nach IV ausreicht. Bsp: Kl hat durch überlange Dauer des Ausgangsverf finanzielle Vorteile erlangt (BVerwG NJW 2019, 320); geringfügige Beeinträchtigung eines RA durch überlanges Beschwerdeverf wegen Akteneinsicht: OLG Celle NJW-RR 2018, 634. Dass Wiedergutmachung nach IV ausreicht, muss als Ausnahme ebenso wie das Nichtvorliegen eines immateriellen Nachteils vom Bekl dargelegt werden (RegE BTDrs 17/3802, 20; Kissel/Mayer Rn 29), was aber im Gesetzeswortlaut nur unzureichend zum Ausdruck kommt („nur …, soweit nicht“ statt richtig „nicht …, soweit“). Deshalb sollte der **Kl vorsichtshalber stets vortragen**, warum die immaterielle Wiedergutmachung nach IV nicht ausreicht. **II 3 und 4** regeln eine **Pauschalierung** der Entschädigung für immaterielle Nachteile in Anlehnung an die EGMR-Rspr. Aus dem Entschädigungsbetrag von 1.200 Euro für jedes Jahr kann zwar nicht der Schluss gezogen werden, für eine Verzögerung von weniger als 1 Jahr sei eine Entschädigung von vorneherein ausgeschlossen, da nach der Gesetzesbegr (RegE BTDrs 17/3802, 20) für Zeiträume unter 1 Jahr eine zeitanteilige Berechnung erfolgen soll. Eine Bemessung der Entschädigung „in kleiner Münze“ ist jedoch idR nicht angebracht, da sich auch eine angemessene Verfahrensdauer nicht in Monatsspannen feststellen lässt (s Rn 3; Steinbeiß-Winkelmann ZRP 2010, 205, 207). Auch für den Klageanspruch auf immaterielle Entschädigung gilt **§ 308 I 1 ZPO:** Kl muss sich auf Dauer der Verzögerung, für die er Entschädigung begehrt, festlegen; beantragt er einen bestimmten Entschädigungsbetrag je Monat/Jahr Verzögerung, darf Gericht nach BGH MDR 2023, 249 = NJW 2023, 1578 (Schlick NJW 2023, 2695, 2698; Würdinger/Maus NJW 2023, 1586; G. Vollkommer WuB 2023, 89; Jacobs/Messner JZ 2023, 459) darüber trotz II 4 nicht hinausgehen. Deshalb sollte der Kl einen bestimmten **Mindestbetrag** verlangen und die Gründe darlegen, wenn er mehr als die Pauschale erzielen will. Beschränkt Kl sich auf **unbezifferten Klageantrag**, muss er tats Grdl für Ermessensausübung des Gerichts und **Größenordnung** seines Anspruchs angeben (BVerwG NVwZ-RR 2015, 641). So kann das Gericht nach **II 4** in **Ausnahmefällen** (RegE BTDrs 17/3802, 20) nach oben von der Pauschale abweichen. Voraussetzungen für **Abweichung nach oben:** BGH MDR 2023, 249 = NJW 2023, 1578 (Würdinger/Maus NJW 2023, 1586; G. Vollkommer WuB 2023, 89; Jacobs/Messner JZ 2023, 459): evtl bei Verzögerungen in Pilotverfahren mit Auswirkung auf die zurückgestellten Verf; BGHZ 230, 14 = MDR 2021, 878 (Dörr MDR 2021, 1051) = NJW 2021, 3194 = FamRZ 2021, 1302: bejaht bei 37 Monaten Verzögerung im Sorgerechts- und Umgangsverf. Eine **Abweichung nach unten** kommt etwa in Betracht, wenn das überlange Verf nur einen geringen Streitwert hat oder sonst von geringerer Bedeutung ist (zB Kostenfestsetzung, s Althammer/Schäuble NJW 2012, 1, 4; OLG Zweibrücken NJW 2017, 1328 [krit Toussaint]); dann liegt aber auch die Beschränkung auf IV nahe. Bekl kommen für **Widerlegung** der Vermutung immaterieller Nachteile im Wege des **Negativbeweises** Grds der sekundären Behauptungslast zugute (BGH NJW 2015, 1312 = MDR 2015, 767: instruktives Bsp für Fehlen immaterieller Nachteile bei **Massenverf** gegen mittellosen Bekl; BGHZ 236, 246 = NJW 2023, 2347 [Schlick NJW 2023, 2695] = MDR 2023, 588 [Elzer MDR 2023, 754] (evtl aber Erhöhung des Regelsatzes der Entschädigung bezüglich des Pilotverfahrens); BGHZ 204, 184 = NJW 2017, 2478 [Hinne] = MDR 2017, 702). Widerlegung der Vermutung immaterieller Nachteile kann zB naheliegen, wenn Verfahrensdauer sich nicht nachteilig oder sogar vorteilhaft ausgewirkt hat (vgl BVerwG 5.6.2020 – 5 C 3.19 D). 8

IV) Verzögerungsrüge. III regelt eine **haftungsbegründende Obliegenheit** (BTDrs 17/3802, 20). Danach ist eine wirksame **Verzögerungsrüge** keine Zulässigkeitsvoraussetzung für Entschädigungsklage, sondern **materielle Entschädigungsvoraussetzung** (BGH NJW 2014, 939 = MDR 2014, 341; BGH NJW 2014, 2588 = MDR 2014, 1200; Schlick NJW 2014, 2686, 2688). Diese „Rüge“ ist in einem **bestimmenden Schriftsatz** (s § 129 ZPO Rn 3; zum Schriftformerfordernis Schlick FS Vorwerk, 2019, S 304) zu erheben, beim AG auch zu Protokoll der GeschSt (§ 496 ZPO). Im Hinblick auf die gebotene Deutlichkeit (Wortlaut „Verzögerungsrüge“ ist zwar nach allg Auslegungsgrds nicht erforderlich, BVerfG NJW 2016, 2018; BGH NJW 2021, 859 = MDR 2021, 235, aber dringend zu empfehlen; ausreichend ist die deutliche Beanstandung der Verfahrensdauer, Schlick FS Vorwerk, 9

2019, S 304, Itzel MDR 2022, 279) und auf die Bedeutung der Rüge als Entschädigungsvoraussetzung sollte sie stets in einem **gesonderten Schriftsatz** erhoben werden. Eine etwa am Ende eines langen Schriftsatzes „versteckte" Rüge wird sich jedenfalls auf die Ermessensentscheidungen nach I u II auswirken, wenn sie überhaupt geeignet ist, ihre Funktion zu erfüllen. Obwohl die Rüge eine „Warnfunktion" für das Gericht haben soll (RegE BTDrs 17/3802, 20), muss sie nach dem Gesetzeswortlaut nicht begründet werden. Nur der allg Hinweis einer Partei, dass ihr das Verf zu lange dauere, kann jedoch schwerlich Anlass für das Gericht sein, in eine sinnvolle Überprüfung seines Verfahrensgangs einzutreten. Jedenfalls im Anwaltsprozess wird man daher die **Angabe von Gründen** für die Besorgnis, dass das Verf nicht in angemessener Zeit abgeschlossen wird, erwarten können. Dies ist schon deshalb erforderl, um im Entschädigungsverf die Prüfung zu ermöglichen, ob die Verzögerungsrüge entspr dem Erfordernis des **III 2** erst erhoben wurde, als Anlass zu der genannten Besorgnis bestand (s Greger AnwBl 2015, 536, 540; Heine MDR 2012, 327); eine demggü **verfrühte Rüge** ist näml **unwirksam**, weil sie zur Auslösung des Entschädigungsanspruchs nicht geeignet ist (III 1, RegE BTDrs 17/3802, 20), und **bleibt unwirksam**, auch wenn später eine Verfahrensverzögerung eintritt (BFHE 255, 407; OVG Berlin 20.9. 2018 – 3 A 3/18). Anlass zur Besorgnis können zB ungewöhnl lange Nichtförderung des Verf, unzureichende Beantwortung von Sachstandsanfragen und mangelnde Leitung der Tätigkeit des SV geben (Steinbeiß-Winkelmann/Ott, aaO, Rn 190; OLG Hamm FamRZ 2023, 974) oder sonstige objektive Umstände, die bei vernünftiger Betrachtungsweise geeignet sind, zu einer unangemessenen Verfahrensdauer zu führen (vgl BVerwG NJW 2019, 320), ohne dass dabei ein strenger Maßstab gilt; im Kern geht es bei III 2 um Missbrauchsverhinderung (BGHZ 227, 377 = NJW 2021, 859 = MDR 2021, 235 mwN; Schlick NJW 2021, 2702; Bsp für verfrühte Rügen 3 bzw 5 Wochen nach Antrag auf einstw Anordnung im Umgangsverf: BVerfG FamRZ 2019, 1929). Eine **Begründungsobliegenheit** ergibt sich in den Fällen des **III 3**, s III 4. Während die Folge einer verfrühten Verzögerungsrüge eindeutig ist, sagt das G nichts über eine **verspätete Rüge**; die Gesetzesbegr hierzu ist widersprüchl: Einerseits soll eine verspätete Rüge vAw zu berücksichtigen sein (RegE BTDrs 17/3802, 20); andererseits soll die Einlegung der Rüge nach dem in III 2 bestimmten Zeitpunkt grds unschädl sein, weil Geduld eines Verfahrensbeteiligten nicht „bestraft" werden soll, solange das Verhalten des Betroffenen sich nicht als ein „dulde und liquidiere" darstellt (RegE BTDrs 17/3802, 21). BFH begrenzt „Rückwirkung" der Verzögerungsrüge im Regelfall auf 6 Monate (BFHE 253, 205 = NJW 2016, 2365; hierzu mit Recht krit Schlick FS Vorwerk, 2019, S 303 ff); BGH geht demgegenüber davon aus, dass im laufenden Ausgangsverf mit der Verzögerungsrüge bis zur Grenze des Rechtsmissbrauchs (§ 242 BGB) zugewartet werden kann; diese Grenze sei erreicht, wenn nach den Gesamtumständen ein unzulässiges „Dulden und Liquidieren" vorliegt, was insb dann anzunehmen sei, wenn eine Reaktion des Richters auf die (zB unmittelbar vor Urteilsverkündung erhobene) Rüge nicht mehr möglich ist (BGH NJW 2021, 859 [Dettmers] = MDR 2021, 235 mwN; Schlick NJW 2021, 2702). Jedenfalls bis zu einer durch den GemSenat der Obersten Gerichtshöfe des Bundes erfolgenden Klärung ist es vorsichtig, vom Zeitpunkt einer erstmals auf tatsächl Feststellungen zu stützenden Besorgnis der Verfahrensverzögerung an Verzögerungsrügen in 6-Monats-Abständen (III 2 Hs 2) zu erheben, um das Risiko, dass die 1. Rüge nach Auffassung des Entschädigungsgerichts verfrüht gewesen sein könnte, zu vermeiden (so Empfehlung von Zimmermann FamRZ 2011, 1905); allerdings dürfte diese Vorgehensweise gerade bei einem überlasteten Spruchkörper zu einer weiteren Überfrachtung und Verlängerung des Verf führen. Eine Wiederholung der Rüge bereits vor Ablauf von 6 Monaten (zulässig ist Wiederholung der Rüge schon **6 Monate nach Absendung der vorhergehenden Rüge**, weil deren Eingangszeitpunkt bei Gericht der Partei nicht ohne weiteres bekannt ist) kann als Ausnahme nach III 2 aE nur bei gravierenden neuen Gesichtspunkten geboten sein, etwa wenn das Gericht eine Verfügung trifft, die auf eine erhebl weitere Verzögerung schließen lässt (zB „WV auf Abruf", überlange Fristsetzung für ein SV-Gutachten oÄ). Eine **Verzögerungsrüge gilt nur für die jew Instanz** (III 5). Nach im PKH-Verf erhobener Rüge soll nach OLG Celle MDR 2017, 233 = NJW-RR 2017, 765 nach PKH-Bewilligung keine weitere Rüge in dieser Instanz erforderlich sein, zw: Zwar ist in der Tat kein anderes Gericht tätig, aber „Warnfunktion" dürfte sich mit der PKH-Bewilligung erledigt haben. Das Gericht ist zu einer inhaltl Reaktion auf die Rüge nicht verpflichtet (RegE BTDrs 17/3802, 16; Kissel/Mayer Rn 16), insb nicht zu einem Abhilfe- oder Nichtabhilfebeschluss. Ergeht ein solcher gleichwohl, ist eine Beschwerde hiergegen unstatthaft, da die Rüge kein Gesuch iSd § 567 I Nr 2 ZPO darstellt (RegE BTDrs 17/3802, 16; OLG Rostock NJW-Spezial 2012, 601). – Für etwaigen Amtshaftungsanspruch ist Verzögerungsrüge als Rechtsmittel iSd § 839 III BGB anzusehen (Schlick FS Vorwerk, 2019, S 305).

10 **V) Wiedergutmachung durch bloße Feststellung. IV** regelt in Ergänzung zu II **gleichsam eine immaterielle Wiedergutmachung für einen immateriellen Schaden**, s Rn 8, nämlich eine im Ermessen des Gerichts liegende, antragsunabhängige Wiedergutmachung durch (bloße) Feststellung einer unangemessenen Verfahrensdauer, wenn Geldentschädigung nicht geboten ist (II 2, s Rn 8). Sie kommt zB in Betracht, wenn Kl selbst erhebl zur Verzögerung beigetragen hat, Länge des Verf selbst einzigen Nachteil darstellt (BGH NJW 2014, 939 = MDR 2014, 341), äußerst geringe Bedeutung des Anlassverf für den Kl (OVG Münster 19.3.2025 – 22 D 71/23.EK) oder Verzögerungsrüge nach III nicht wirksam erhoben wurde und somit eine materielle Entschädigungsvoraussetzung fehlt (IV 3 Hs 2: BFH ZInsO 2023, 1062; OLG Köln NJW-RR 2014, 636) oder wenn Kl verzögerungsbedingte wirtschaftliche Vorteile erlangt hat (BVerwG NJW 2019, 320; OLG Oldenburg 14.2.2023 – 15 EK 1/21; OLG Oldenburg MDR 2020, 1250 – Verzinsung eines nicht bearbeiteten Kostenerstattungsan-

spruchs). Klage unmittelbar auf Feststellung unangem Dauer soll mangels subj Rechts auf diese Feststellung, die lediglich in Ermessen des Gerichts gestellt ist, unzulässig sein (BGH NJW 2014, 789 = MDR 2014, 274; BGH NJW 2014, 939 = MDR 2014, 341; aA BVerwGE 147, 146 = NJW 2014, 96; BSG 15.12.2015 – B 10 ÜG 1/15 R); dies überzeugt im Hinblick auf § 198 IV 2 und 3 Hs 2 nicht, weil dann Kl zur Erhebung einer mit Sicherheit unbegründeten Klage gezwungen wäre, um die begehrte Feststellung zu erreichen (Schenke NJW 2015, 433); zur Kostenentscheidung s § 201 IV, § 201 Rn 3.

VI) Zeitpunkt der Klageerhebung. V 1 u 2 regelt die früheste und die späteste Möglichkeit der Erhebung einer zulässigen Entschädigungsklage. **Wartefrist** soll einerseits Gericht des Ausgangsverf ermöglichen, Verfahren zu beschleunigen und so (weiteren) Schaden zu vermeiden (BGH NJW 2014, 2443 = MDR 2014, 894) und andererseits OLG vor verfrühten Entschädigungsklagen schützen. Klage vor Ablauf der 6monatigen Wartefrist nach Erhebung der Verzögerungsrüge ist grds **unzulässig**; eine vor Fristablauf erhobene Klage wird auch nach Ablauf der Frist nicht zulässig; Mangel ist unheilbar (BGH NJW 2014, 2588 = MDR 2014, 1200; BFH 9.6.2015 – X K 11/14). Aus Sinn der Wartefrist folgt jedoch, dass sie nach letztinstanzl Beendigung des Ausgangsverf nicht mehr gilt (teleologische Einschränkung des V 1, BGH NJW 2014, 2588 = MDR 2014, 1200; BFH 9.6.2015 – X K 11/14). Gem **V** ist der Abschluss des Ausgangsverf keine Zulässigkeitsvoraussetzung für die Erhebung der Entschädigungsklage. Die Regelung begegnet Bedenken. Zwar erscheint die Besorgnis der weiteren Verfahrensverzögerung durch die Entschädigungsklage allein schon durch die Aktenanforderung (so der BR BTDrs 17/3802, 25) weniger gewichtig, weil diese Verzögerung ggf zu Lasten des Kl selbst geht (s Rn 3) und seit der Einführung der elektron Akte nicht mehr ins Gewicht fallen dürfte. Eine Klage noch während des Laufs des Ausgangsverf würde jedoch oftmals entgegen der Gesetzesbegr (RegE BTDrs 17/3802, 22) zwingend zu einem unzulässigen Eingriff in die sachl Unabhängigkeit der im Ausgangsverf tätigen Richter führen. Der Bekl müsste nämlich zur Entschädigungsklage Stellung nehmen. Bekl ist der Dienstherr des Richters des Ausgangsverf. Bei einer begründeten Entschädigungsklage ist die einzige sachgerechte prozessuale Erklärung ein **Anerkenntnis**. Das Anerkenntnis eines Dienstherrn, dass ein Richter **in einem noch laufenden Verf** eine entschädigungspflichtige Verzögerung herbeigeführt habe, wäre wohl ein **Eingriff in die Unabhängigkeit dieses Richters** bei seiner weiteren Gestaltung des Ausgangsverf (zur aA des Gesetzgebers ohne inhaltl Begr Steinbeiß-Winkelmann/Ott, aaO, Rn 253; Zulässigkeit des Anerkenntnisses bejaht ohne Weiteres auch BVerwG NVwZ 2018, 909). Jedenf müssen auch bei Klageerhebung während andauernden Ausgangsverf **Voraussetzungen des Entschädigungsanspruchs vollständig** vorliegen; sonst ist Klage derzeit unbegründet, so zB, wenn eingetretene Verzögerungen noch kompensiert werden können, so dass gem VI Nr 1 maßgebliche überlange **Gesamtverfahrensdauer** noch nicht feststeht (s Rn 5; BGH NJW 2014, 939 = MDR 2014, 341). – Die Klagefrist nach **V 2** ist wie in § 12 StrEG eine absolute **Ausschlussfrist**, nach deren Ablauf **Verwirkung** des Anspruchs eintritt (RegE BTDrs 17/3802, 22; OLG Hamm FamRZ 2023, 974; OLG Karlsruhe 1.10.2013 – 23 SchH 13/12 EntV; aA Heine MDR 2012, 327: Zulässigkeitsvoraussetzung; unklar Steinbeiß-Winkelmann/Ott, aaO, Rn 255: Verwirkung; Rn 256: „ebenfalls" bes Zulässigkeitsvss). §§ 253, 167 ZPO gelten; **WE** ist **nicht mögl** (OLG Bremen NJW 2013, 3109 = MDR 2013, 1033). 11

VII) Übertragung, Pfändung, Aufrechnung, Anrechnung. Der **Ausschluss der Übertragbarkeit** (und damit der Pfändbarkeit, § 851 I ZPO) des Entschädigungsanspruchs **bis zur rechtskräftigen Entscheidung** über die Entschädigungsklage gem **V 3** soll entspr der Regel des § 13 II StrEG einen der Rechtspflege abträgl Handel mit dem Anspruch verhindern (BR-Stellungnahme, BTDrs 17/3802, 36). Der Anspruch ist aber **vererblich** (Steinbeiß-Winkelmann/Ott, aaO, Rn 267). Zur Frage, ob Entschädigungsklageverfahren bei Eröffnung des Insolvenzverfahrens über Vermögen des Kl gem § 240 ZPO unterbrochen wird, s BFH ZInsO 2023, 1062 mit guten Gründen für Unterbrechungswirkung. – Entschädigung ist kein anzurechnendes Einkommen iSd SGB II (BSGE 133, 149 = NJW 2022, 1124 [Kellner]). – **Ab Rechtskraft** der Entscheidung über den Entschädigungsanspruch kann die Staatskasse wegen ihrer Ansprüche – zB Kostenerstattung auch aus anderen Verfahren – **aufrechnen** (BGHZ 224, 20 = NJW 2020, 1364 = MDR 2020, 96; Schlick NJW 2020, 2690; Itzel MDR 2021, 274; Itzel MDR 2020, 198). 11a

VIII) Legaldefinitionen. VI enthält Definitionen der Begriffe des Gerichtsverf und der Verfahrensbeteiligten. Das **Gerichtsverf iSd VI Nr 1** ist das **gesamte** gerichtl Verf über die Instanzen hinweg (s Rn 5), ggf einschl Gehörsrügeverf und Behandlung von Gegenvorstellungen (BGH MDR 2017, 702; BGH NJW 2014, 2443 = MDR 2014, 894), nicht jeder einzelne Antrag oder jedes Gesuch zum verfolgten Rechtsschutzbegehren (BGH NJW 2014, 1816 = MDR 2014, 534). Ledigl für das **InsVerf** mit seiner nach der Eröffnung von den Gl abhängigen oft jahrelangen Dauer gilt die Herbeiführung jeder Entscheidung als Verf (Bsp f Verzögerung: OLG Koblenz MDR 2016, 1474). **Verf auf vorl Rechtsschutz** ist eigenständiges Verf; auch **selbständiges Beweisverf** nach § 485 II ZPO und nachf Hauptsacheprozess sind jew eigenständige Verf (BGH NJW 2014, 789 = MDR 2014, 274 = JR 2015, 325 [Riebau]), ebenso **Vollstreckungsverf** (BGH MDR 2017, 702), **Kostenfestsetzungsverf** (OLG Oldenburg MDR 2020, 1250; BSG 10.7.2014 – B 10 ÜG 8/13 R), **Erinnerungsverf** nach § 766 ZPO (KG DGVZ 2021, 261). Dem Hauptverf **vorgelagertes PKH/VKH-Verf** ist eigenständiges Verf iSd VI (Kissel/Mayer Rn 7), weil verspätete PKH-Gewährung den Anspruch auf effektiven Rechtsschutz verletzen kann (BTDrs 17/3802, 23, OLG Braunschweig 17.1.2022 – 4 EK 12/21; aA OLG Celle MDR 2017, 233 = NJW-RR 2017, 765, offen gelassen OLG Dresden MDR 2019, 804 [Stockmann FamRB 2019, 351]); werden im Hauptsacheverf dieses und paralle- 12 ler PKH-Antrag verzögert bearbeitet, darf jedoch keine Doppelentschädigung erfolgen (BSG 7.9.2017 – B 10 ÜG 3/16 R; Schlick WM 2016, 485, 489). Im Gegensatz zum PKH/VKH-Verf ist **Beratungshilfeverf kein Gerichtsverf iSd VI Nr 1**, sondern eher ein sozialhilferechtliches Verwaltungsverf (KG 2.9.2022 – 7 EK 4/22). Hierfür spricht schon der Wortlaut § 5 S 2 BerHG; danach ist die entsprechende Geltung der § 185 III und § 189 III, aber nicht der §§ 198 ff angeordnet, obwohl das BerHG seit Inkrafttreten der §§ 198-201 mehrfach geändert wurde. Weitere überzeugende Argumente gegen die Einordnung des Beratungshilfeverf als gerichtl Verf iSd VI Nr 1: KG 2.9.2022 – 7 EK 4/22; OLG Nürnberg 29.8.2015 – 4 EK 1305/15; aA Marx/Roderfeld Rechtsschutz bei überlangen Gerichtsverfahren und strafrechtlichen Ermittlungsverfahren, § 198 GVG Rn 186. **VI Nr 2** definiert den Begriff der **Verfahrensbeteiligten** iSd I 1. Verfahrensbeteiligter ist, wer kraft eigenen Rechts gestaltend auf den Verfahrensgegenstand einwirken kann und desh durch Verzögerung des Verf beeinträchtigt werden kann (Kissel/Mayer Rn 10), also nicht Zeugen, SV, ProzBev, soweit es im Verf nicht um deren Rechte geht (Kissel/Mayer Rn 11). Unter den Begriff der „Beteiligten“, mit dem der Gesetzgeber das FamFG-Verf im Blick hatte, kann angesichts seiner Rechtsstellung gem §§ 66-68 ZPO zwanglos auch der vom Gesetzgeber wohl übersehene Nebenintervenient subsumiert werden (Kissel/Mayer Rn 10; Heine MDR 2012, 327; aA Althammer/Schäuble NJW 2012, 1; Steinbeiß-Winkelmann/Ott, aaO, Rn 229). Die **Ausnahmeregelung** in VI Nr 2 beruht auf der Erwägung, dass dem Staat kein Entschädigungsanspruch gegen sich selbst zustehen solle (RegE BTDrs 17/3802, 23); zur Auslegung der Rückausnahme der Wahrnehmung eines Selbstverwaltungsrechts s BVerwG 26.2.2021 – 5 C 16/19 D.

13 Den Begriff der Einleitung eines Gerichtsverfahrens iSd VI hat der BGH in MDR 2019, 499 eingeschränkt (Schlick NJW 2019, 2671, 2674); die Entscheidung hat weit über § 198 GVG hinaus Bedeutung für die **Behandlung unsinniger Eingaben** zB von hartnäckigen **Querulanten:** Danach kann es an der Einleitung eines Gerichtsverf fehlen, wenn der „Klage“ kein sinnhaftes und ernst zu nehmendes Rechtsschutzbegehren zugrunde liegt; dies soll insb bei absurden Klagebegehren ohne jeden Rückhalt im Gesetz oder – sehr weitgehend – bei offensichtlich unschlüssigem Vorbringen anzunehmen sein, etwa wenn kein konkreter Streitgegenstand erkennbar ist, der Kl nur allg Ausführungen macht oder sein Vorbringen bereits mehrmals Gegenstand gerichtl Entscheidungen war oder wenn ein Rechtsschutzersuchen ausschließl verfahrensfremden Zwecken dient. Derartige Ersuchen seien von vornherein unbeachtlich und müssten nicht nach der jew Prozessordnung bearbeitet werden; Gerichte müssten es nicht hinnehmen, dass ihre Arbeitskapazität durch substanzlose und offensichtlich aussichtslose Anträge oder Eingaben rechtsmissbräuchlich in Anspruch genommen wird und sie so bei der Erfüllung ihrer Aufgaben unverhältnismäßig behindert werden (BVerfG 23.11.2020 – 1 BvR 2518/20; BGH 18.2.2021 – III ZB 100/20 mwN; BGH MDR 2019, 499 unter Berufung auf BGH 23.2.2017 – III ZB 46/16; BGH 1.6.2017 – III ZA 6/17; BGH 26.1.2017 – 5 ARs 54/16; VGH München NJW 1990, 2403; VGH Mannheim NVwZ-RR 2017, 4; BSG 12.2.2015 – B 10 ÜG 8/14 B); dem ist zuzustimmen.

§ 199 (Strafverfahren)

(1) Für das Strafverfahren einschließlich des Verfahrens auf Vorbereitung der öffentlichen Klage ist § 198 nach Maßgabe der Absätze 2 bis 4 anzuwenden.

(2) Während des Verfahrens auf Vorbereitung der öffentlichen Klage tritt die Staatsanwaltschaft und in Fällen des § 386 Absatz 2 der Abgabenordnung die Finanzbehörde an die Stelle des Gerichts; für das Verfahren nach Erhebung der öffentlichen Klage gilt § 198 Absatz 3 Satz 5 entsprechend.

(3) [1]Hat ein Strafgericht oder die Staatsanwaltschaft die unangemessene Dauer des Verfahrens zugunsten des Beschuldigten berücksichtigt, ist dies eine ausreichende Wiedergutmachung auf andere Weise gemäß § 198 Absatz 2 Satz 2; insoweit findet § 198 Absatz 4 keine Anwendung. [2]Begehrt der Beschuldigte eines Strafverfahrens Entschädigung wegen überlanger Verfahrensdauer, ist das Entschädigungsgericht hinsichtlich der Beurteilung der Angemessenheit der Verfahrensdauer an eine Entscheidung des Strafgerichts gebunden.

(4) Ein Privatkläger ist nicht Verfahrensbeteiligter im Sinne von § 198 Absatz 6 Nummer 2.

1 **1) Sonderregelung für Strafverfahren.** § 199 trifft für überlange Strafverfahren (einschließlich Ermittlungsverfahren, I) **Sonderregelungen in III**, die dazu führen, dass trotz der grundsätzlichen Verweisung des I auf § 198 die **Entschädigungsklage nach § 201 iVm § 198 nur in Ausnahmefällen** Anwendung findet: Wird bei der Verfahrenseinstellung durch die StA oder der Endentscheidung des Gerichts die überlange Verfahrensdauer berücksichtigt, schließt dies sowohl als gesetzlich fingierte ausreichende Wiedergutmachung die finanzielle Entschädigung für immaterielle Schäden aus (§ 198 II 2) als auch die Wiedergutmachung durch Feststellung der unangemessenen Verfahrensdauer gem § 198 IV (III 1).

2 **2) Ausnahme Entschädigungsklage.** Verbleibender **Anwendungsbereich** für die **Entschädigungsklage nach § 201 iVm § 198** *sind also im Wesentlichen* für Angeklagte bzw Beschuldigte der Anspruch auf Entschädigung für materielle Nachteile (s § 198 Rn 7) und Verfahren, die mit Freispruch oder Einstellung ausschließlich aus anderen als Verzögerungsgründen enden, sowie Entschädigungsansprüche von Nebenklägern, Adhäsionsklägern

oder Einziehungsbeteiligten; in diesen Fällen gelten die Anspruchsvoraussetzungen des § 198 einschl der ordnungsgem Verzögerungsrüge (BGH NStZ-RR 2024, 88). **Keine Entschädigung** gibt es für **Privatkläger** (IV).

§ 200 (Haftende Körperschaft)

[1]Für Nachteile, die auf Grund von Verzögerungen bei Gerichten eines Landes eingetreten sind, haftet das Land. [2]Für Nachteile, die auf Grund von Verzögerungen bei Gerichten des Bundes eingetreten sind, haftet der Bund. [3]Für Staatsanwaltschaften und Finanzbehörden in Fällen des § 386 Absatz 2 der Abgabenordnung gelten die Sätze 1 und 2 entsprechend.

S 1 bestimmt die **Passivlegitimation** für die Entschädigungsklage. Es haftet der **Dienstherr** der Richter des Gerichts, für dessen Verfahrensdauer Entschädigung verlangt wird. Für gemeinsame Fachobergerichte der Länder sollen Länder nicht als Gesamtschuldner haften, sondern das Land, aus dem Ausgangsverfahren stammt, zw (BFH BB 2013, 1505; LSG Potsdam 11.6.2014 – L 38 SF 180/13 EK AS). Aufgeteilte Inanspruchnahme bei überlangem Verf vor Gerichten verschiedener Rechtsträger: BVerwG AnwBl 2017, 1119; BVerwGE 147, 146 = NJW 2014, 96 Rz 61; OLG Hamm 26.4.2013 – I 11 EK 12/13; aA – gesamtschuldnerische Haftung – Kissel/Mayer Rn 4). 1

§ 201 (Zuständigkeit, Verfahren)

(1) [1]Zuständig für die Klage auf Entschädigung gegen ein Land ist das Oberlandesgericht, in dessen Bezirk das streitgegenständliche Verfahren durchgeführt wurde. [2]Zuständig für die Klage auf Entschädigung gegen den Bund ist der Bundesgerichtshof. [3]Diese Zuständigkeiten sind ausschließliche.

(2) [1]Die Vorschriften der Zivilprozessordnung über das Verfahren vor den Landgerichten im ersten Rechtszug sind entsprechend anzuwenden. [2]Eine Entscheidung durch den Einzelrichter ist ausgeschlossen. [3]Gegen die Entscheidung des Oberlandesgerichts findet die Revision nach Maßgabe des § 543 der Zivilprozessordnung statt; § 544 der Zivilprozessordnung ist entsprechend anzuwenden.

(3) [1]Das Entschädigungsgericht kann das Verfahren aussetzen, wenn das Gerichtsverfahren, von dessen Dauer ein Anspruch nach § 198 abhängt, noch andauert. [2]In Strafverfahren, einschließlich des Verfahrens auf Vorbereitung der öffentlichen Klage, hat das Entschädigungsgericht das Verfahren auszusetzen, solange das Strafverfahren noch nicht abgeschlossen ist.

(4) Besteht ein Entschädigungsanspruch nicht oder nicht in der geltend gemachten Höhe, wird aber eine unangemessene Verfahrensdauer festgestellt, entscheidet das Gericht über die Kosten nach billigem Ermessen.

I regelt die ausschließl (§ 40 II ZPO) sachl und örtl Zuständigkeit für Entschädigungsklagen wegen der Dauer von Verf der ordentl Gerichtsbarkeit nach § 13. In den Fachgerichtsbarkeiten sind jew statt OLG und BGH zuständig: LAG und BAG gem § 9 II ArbGG, LSG und BSG gem § 202 SGG, OVG (VGH) und BVerwG gem § 173 S 2 VwGO, BFH gem § 155 FGO. Nach Verweisung eines Rechtsstreits mit einheitlichem Streitgegenstand in einen anderen Rechtsweg hat auch das Entschädigungsverf wegen überlangen Verfahrens einen einheitlichen Streitgegenstand. Das nach der Verweisung zuständige Entschädigungsgericht hat somit – ohne Verfahrenstrennung – über den Entschädigungsanspruch bzgl des gesamten Verf einheitlich zu entscheiden, soweit es sich gegen einen Beklagten richtet (BVerwGE 174, 234 = NVwZ 2022, 412); zur Passivlegitimation verschiedener Rechtsträger s § 200 Rn 1. 1

II u III regeln das Verf für die Entschädigungsklage und die Statthaftigkeit der (Zulassungs-)Revision. Es gelten für die ordentl Gerichtsbarkeit die §§ 253 ff ZPO, aber auch die allg Vorschriften des 1. Buchs der ZPO einschl zB der Regeln für die PKH (OLG Hamm FamRZ 2023, 974; zur Darlegungslast OLG Frankfurt NJW 2013, 1249; Rechtsbeschwerde gegen PKH-Antrag zurückweisenden Beschluss nur statthaft bei Zulassung durch OLG in dem angefochtenen Beschl; NZB nicht statthaft: BGH 7.6.2018 – III ZB 23/18); in den Fachgerichtsbarkeiten gelten gem den in Rn 1 genannten Bestimmungen die jew Prozessordnungen. **Während der Dauer des Ausgangsverf sollte** (in Strafverf: muss, III 2) das **Entschädigungsgericht** auf Grund der in § 198 Rn 11 genannten Bedenken **tunlichst das Verf nach III 1 aussetzen**; sof Beschwerde gegen Anordnung oder Ablehnung der Aussetzung ist nicht statthaft (BGH MDR 2019, 180 = NJW 2019, 376; Schlick NJW 2019, 2671, 2674). Für die Beschwerde gegen die Nichtzulassung der Revision gilt § 544 II Nr 1 ZPO; § 544 II Nr 2 ZPO ist mangels Berufungsrechtszug ohne Bedeutung (BGH MDR 2015, 230 = NJW-RR 2015, 256). Revision gegen 2. VU ohne Zulassung und ohne Rücksicht auf Mindestbeschwer nach BGH MDR 2016, 350 = NJW 2015, 3661 statthaft. 2

IV enthält schließl eine Ermessensvorschrift hinsichtl der Kostentragung, von der zugunsten des Kl vor allem dann Gebrauch zu machen ist, wenn er idS (nur) Feststellung angestrebt hatte, darauf nach der Rspr des BGH aber nicht klagen konnte (s § 198 Rn 10). 3

oder Einziehungsbeteiligten; in diesen Fällen gelten die Anspruchsvoraussetzungen des § 198 einschl der ordnungsgem Verzögerungsrüge (BGH NStZ-RR 2024, 88). Keine Entschädigung gibt es für **Privatkläger** (IV).

§ 200 (Haftende Körperschaft)

¹Für Nachteile, die auf Grund von Verzögerungen bei Gerichten eines Landes eingetreten sind, haftet das Land. ²Für Nachteile, die auf Grund von Verzögerungen bei Gerichten des Bundes eingetreten sind, haftet der Bund. ³Für Staatsanwaltschaften und Finanzbehörden in Fällen des § 386 Absatz 2 der Abgabenordnung gelten die Sätze 1 und 2 entsprechend.

S 1 bestimmt die **Passivlegitimation** für die Entschädigungsklage. Es haftet der Dienstherr der Richter des Gerichts, für dessen Verfahrensdauer Entschädigung verlangt wird. Für gemeinsame Fachobergerichte der Länder sollen Länder nicht als Gesamtschuldner haften, sondern das Land, aus dem Ausgangsverfahren stammt, zw (BFH BB 2013, 1505; LSG Potsdam 11.6.2014 – L 38 SF 180/13 EK AS). Aufgeteilte Inanspruchnahme bei überlangem Verf von Gerichten verschiedener Rechtsträger: BVerwG AnwBl 2017, 1119; BVerwGE 147, 146 = NJW 2014, 96 Rz 61; OLG Hamm 26.4.2013 – I-11 EK 12/13 aA – gesamtschuldnerische Haftung – Kissel/Mayer Rn 4). 1

§ 201 (Zuständigkeit, Verfahren)

(1) ¹Zuständig für die Klage auf Entschädigung gegen ein Land ist das Oberlandesgericht, in dessen Bezirk das streitgegenständliche Verfahren durchgeführt wurde. ²Zuständig für die Klage auf Entschädigung gegen den Bund ist der Bundesgerichtshof. ³Diese Zuständigkeiten sind ausschließliche.

(2) ¹Die Vorschriften der Zivilprozessordnung über das Verfahren vor den Landgerichten im ersten Rechtszug sind entsprechend anzuwenden. ²Eine Entscheidung durch den Einzelrichter ist ausgeschlossen. ³Gegen die Entscheidung des Oberlandesgerichts findet die Revision nach Maßgabe des § 543 der Zivilprozessordnung statt; § 544 der Zivilprozessordnung ist entsprechend anzuwenden.

(3) ¹Das Entschädigungsgericht kann das Verfahren aussetzen, wenn das Gerichtsverfahren, von dessen Dauer ein Anspruch nach § 198 abhängt, noch andauert. ²In Strafverfahren, einschließlich des Verfahrens auf Vorbereitung der öffentlichen Klage, hat das Entschädigungsgericht das Verfahren auszusetzen, solange das Strafverfahren noch nicht abgeschlossen ist.

(4) Besteht ein Entschädigungsanspruch nicht oder nicht in der geltend gemachten Höhe, wird aber eine unangemessene Verfahrensdauer festgestellt, entscheidet das Gericht über die Kosten nach billigem Ermessen.

I regelt die ausschließl (§ 40 II ZPO) sachl und örtl Zuständigkeit für Entschädigungsklagen wegen der Dauer von Verf der ordentl Gerichtsbarkeit nach § 13. In den Fachgerichtsbarkeiten sind jew statt OLG und BGH zuständig: LAG und BAG gem § 9 II ArbGG, LSG und BSG gem § 202 SGG, OVG (VGH) und BVerwG gem § 173 S 2 VwGO, BFH gem § 155 FGO. Nach Verweisung eines Rechtsstreits mit einheitlichem Streitgegenstand in einen anderen Rechtsweg hat auch das Entschädigungsverf wegen überlangen Verfahrens einen einheitlichen Streitgegenstand. Das nach der Verweisung zuständige Entschädigungsgericht hat somit – ohne Verfahrenstrennung – über den Entschädigungsanspruch bzgl des gesamten Verf einheitlich zu entscheiden, soweit es sich gegen einen Beklagten richtet (BVerwGE 174, 234 = NVwZ 2022, 412); zur Passivlegitimation verschiedener Rechtsträger s § 200 Rn 1. 1

II u III regeln das Verf für die Entschädigungsklage und die Statthaftigkeit der (Zulassungs-)Revision. Es gelten für die ordentl Gerichtsbarkeit die §§ 253 ff ZPO, aber auch die allg Vorschriften des 1. Buchs der ZPO einschl zB der Regeln für die PKH (OLG Hamm FamRZ 2023, 974; zur Darlegungslast OLG Frankfurt NJW 2013, 2249. Rechtsbeschwerde gegen PKH-Antrag zurückweisenden Beschluss nur statthaft bei Zulassung durch OLG in dem angefochtenen Beschl; NZB nicht statthaft: BGH 7.6.2018 – III ZB 23/18). In den Fachgerichtsbarkeiten gelten gem den in Rn 1 genannten Bestimmungen die jew Prozessordnungen. Während der Dauer des Ausgangsverf sollte (in Strafverf: muss, III 2) das Entschädigungsgericht auf Grund der in § 198 Rn 11 genannten Bedenken tunlichst das Verf nach III 1 aussetzen; sof Beschwerde gegen Anordnung oder Ablehnung der Aussetzung ist nicht statthaft (BGH MDR 2019, 184 = NJW 2019, 376; Schlick NJW 2019, 2671, 2671). Für die Beschwerde gegen die Nichtzulassung der Revision gilt § 544 II Nr 1 ZPO; § 544 II Nr 2 ZPO ist mangels Berufungsrechtszug ohne Bedeutung (BGH MDR 2015, 230 = NJW-RR 2015, 256). Revision gegen Z VU ohne Zulassung und ohne Rücksicht auf Mindestbeschwer nach BGH MDR 2016, 350 = NJW 2016, 3061 statthaft. 2

IV sieht schließl eine Ermessensvorschrift hinsicht der Kostentragung vor, der zugunsten des Kl vor allem dann Gebrauch zu machen ist, wenn er idS (nur) Feststellung angestrebt hatte, darauf nach der Rspr des BGH aber nicht klagen konnte (s § 198 Rn 10). 3

Einführungsgesetz zum Gerichtsverfassungsgesetz

vom 27. Januar 1877 (RGBl 1877, 77),
zuletzt geändert durch Gesetz vom 25. Oktober 2024 (BGBl 2024 I Nr 332).

Erster Abschnitt
Allgemeine Vorschriften (§§ 1-11)

§ 1 (weggefallen)

§ 2

Die Vorschriften des Gerichtsverfassungsgesetzes finden auf die ordentliche Gerichtsbarkeit und deren Ausübung Anwendung.

Zum Geltungsbereich des GVG s § 13 GVG. 1

Anwendung von GVG- und EGGVG-Vorschriften in Fachgerichtsbarkeiten: § 9 II, § 13 II ArbGG, § 55 VwGO, § 52 FGO, § 61 SGG. 2

§ 3

(1) [1]Die Gerichtsbarkeit in bürgerlichen Rechtsstreitigkeiten und Strafsachen, für welche besondere Gerichte zugelassen sind, kann den ordentlichen Landesgerichten durch die Landesgesetzgebung übertragen werden. [2]Die Übertragung darf nach anderen als den durch das Gerichtsverfassungsgesetz vorgeschriebenen Zuständigkeitsnormen erfolgen.

(2) (aufgehoben)

(3) Insoweit für bürgerliche Rechtsstreitigkeiten ein von den Vorschriften der Zivilprozessordnung abweichendes Verfahren gestattet ist, kann die Zuständigkeit der ordentlichen Landesgerichte durch die Landesgesetzgebung nach anderen als den durch das Gerichtsverfassungsgesetz vorgeschriebenen Normen bestimmt werden.

S §§ 13a, 14 GVG, § 3 II EGZPO. Zu III: von ZPO abw Verf: §§ 14, 15, 15a EGZPO. 1

§ 4 (aufgehoben)

§ 4a (betr Strafsachen)

§ 5 (gegenstandslos)

§ 6

(1) Vorschriften über die Wahl oder Ernennung ehrenamtlicher Richter in der ordentlichen Gerichtsbarkeit einschließlich ihrer Vorbereitung, über die Voraussetzung hierfür, die Zuständigkeit und das dabei einzuschlagende Verfahren sowie über die allgemeinen Regeln über Auswahl und Zuziehung dieser ehrenamtlichen Richter zu den einzelnen Sitzungen sind erstmals auf die erste Amtsperiode der ehrenamtlichen Richter anzuwenden, die nicht früher als am ersten Tag des auf ihr Inkrafttreten folgenden zwölften Kalendermonats beginnt.

(2) Vorschriften über die Dauer der Amtsperiode ehrenamtlicher Richter in der ordentlichen Gerichtsbarkeit sind erstmals auf die erste nach ihrem Inkrafttreten beginnende Amtsperiode anzuwenden.

Die Vorschrift enthält eine **allg Übergangsregelung** für ehrenamtl Richter betr verfahrensrechtl Änderungen. 1

§ 7 (gegenstandslos)

§ 8

(1) Durch die Gesetzgebung eines Landes, in dem mehrere Oberlandesgerichte errichtet werden, kann die Verhandlung und Entscheidung der zur Zuständigkeit des Bundesgerichtshofes gehörenden Revisionen und Rechtsbeschwerden in bürgerlichen Rechtsstreitigkeiten einem obersten Landesgericht zugewiesen werden.

(2) Diese Vorschrift findet jedoch auf bürgerliche Rechtsstreitigkeiten, in denen für die Entscheidung Bundesrecht in Betracht kommt, keine Anwendung, es sei denn, dass es sich im Wesentlichen um Rechtsnormen handelt, die in den Landesgesetzen enthalten sind.

1 Ein **Oberstes Landesgericht** bestand und besteht nur in **Bayern** (BayObLG). Seine bis zum Jahr 1625 (Gründungsdekret des Kurfürsten Maximilian I v 18.4.1625) zurückreichende Tradition war in der Zeit der NS-Diktatur unterbrochen (Aufhebung: VO v 19.3.1935 RGBl I 1935, 383; Wiedererrichtung: Ges Nr 124 v 11.5.1948 BayGVBl 1948, 83; zur Geschichte des Gerichts s Herbst [Hrsg], Das Bayerische Oberste Landesgericht, Geschichte und Gegenwart, München 1993; NJW-Sonderheft BayObLG, 2005, und Sonderbeilage „400 Jahre Bayerisches Oberstes Landesgericht" zu NJW Heft 18/2025). Trotz seiner Geschichte und seines herausragenden Rufs wurde das **BayObLG** 2006 **aufgelöst** (BayObLGAuflG v 25.10.2004, BayGVBl 2004, 400). Ebenso überraschend, wie es aufgelöst wurde, wurde das **BayObLG mWv 15.9.2018 wieder errichtet** (G zur Errichtung des Bayerischen Obersten Landesgerichts v 12.7.2018 BayGVBl 2018, 545; Begr: GesE der Staatsregierung BayLTDrs 17/22094 v 15.5.2018).

2 In **bürgerl Rechtsstreitigkeiten** tritt das BayObLG in dem durch § 8 II abgesteckten – sehr engen – Rahmen als Revisions- und Rechtsbeschwerdegericht (einschl Zuständigkeit für Nichtzulassungsbeschwerden) **an die Stelle des BGH gem Art 11 I BayAGGVG**. Danach kommt Zuständigkeit des ObLG insb in Betracht, wenn nach den Feststellungen des Berufungsurteils Gegenstand des Verf (maßgebl ist der Schwerpunkt des Rechtsstreits, BGH MDR 2023, 934 = NJW-RR 2023, 842) der bay Landesgesetzgebung vorbehaltene Materien des Zivilrechts sind wie Nachbarrecht (Art 43 ff BayAGBGB), Fischereirecht (BGH aaO), Forstrecht, sowie für Amtshaftungsansprüche iVm landesrechtl Organisationsnormen, Ansprüche nach § 823 II BGB iVm landesrechtl SchutzG oder entspr Verkehrssicherungspflichten und Ansprüche aus Enteignung nach dem BayEG. Das **Verf für die Zuständigkeitsbestimmung** ist in **§ 7 EGZPO** (s dort) geregelt.

3 Faktisch wichtiger als die Zuständigkeiten an Stelle des BGH sind die **Konzentrationszuständigkeiten des BayObLG an Stelle der drei bayer OLGe**, insb Revisionen und Rechtsbeschwerden in Straf- und Bußgeldsachen (§ 9 EGGVG, § 121 I Nr 1, III 1 GVG, Art 12 Nr 1, 2 BayAGGVG), Rechtsbeschwerden gegen Entscheidungen der Strafvollstreckungskammern (§ 121 I Nr. 3, III 1 GVG, § 54a BayGZVJu), Entscheidungen über die Anfechtung von Justizverwaltungsakten (§ 25 II EGGVG, Art 12 Nr 3 BayAGGVG), gerichtl Bestimmung der Zuständigkeit (§ 36 ZPO, § 9 EGZPO), Musterverf (§§ 7 ff KapMuG, § 8 BayGZVJu); Verbandsklagen (§ 3 III VDuG, § 8a BayGZVJu); Verf nach diversen aktienrechtl Vorschriften, Beschw in gesellschaftsrechtl Spruchverf und in Umwandlungsprüfungssachen (§§ 14-31 BayGZVJu), Vergabe- und Kartellsachen (§ 33 III GZVJu), Steuerberater- und Steuerbevollmächtigtensachen (§ 96 StBerG, § 59 BayGZVJu) sowie gerichtl Entscheidungen in schiedsrichterlichen Angelegenheiten nach § 1062 ZPO (§ 7 BayGzVJu). Daneben gilt die **allgemeine Konzentrationsmöglichkeit des § 13a I 1 GVG:** Der offene Wortlaut dieser Vorschrift ermöglicht es einem Land mit mehreren OLGen auch, dem Obersten Landesgericht konzentriert Sachen aus der originären OLG-Zuständigkeit zuzuweisen (BTDrs 20/6878, 11 – Gegenäußerung BReg zu Nr 16 der Stellungnahme des BR zum Entwurf des VRUG, BTDrs 20/6520). Eine den über Bayern hinausreichenden Ruf des „alten" BayObLG entscheidend begründende Zuständigkeit konnte allerdings dem wieder errichteten Gericht nicht mehr zurück übertragen werden: Die weiteren Beschwerden in Familien- und Erbrechtssachen nach § 199 FGG aF sind ersetzt durch die Rechtsbeschwerde nach §§ 70 ff FamFG, für die der BGH zuständig ist.

§ 9 (betr Strafsachen)

§ 10

(1) Die allgemeinen sowie die in § 116 Abs. 1 Satz 2, §§ 117, 124, 130 Abs. 1 und § 181 Abs. 1 enthaltenen besonderen Vorschriften des Gerichtsverfassungsgesetzes finden auf die obersten Landesgerichte der ordentlichen Gerichtsbarkeit entsprechende Anwendung; ferner sind die Vorschriften der §§ 132, 138 des Gerichtsverfassungsgesetzes mit der Maßgabe entsprechend anzuwenden, dass durch Landesgesetz die Zahl der Mitglieder der Großen Senate anderweitig geregelt oder die Bildung eines einzigen

Großen Senats angeordnet werden kann, der aus dem Präsidenten und mindestens acht Mitgliedern zu bestehen hat und an die Stelle der Großen Senate für Zivilsachen und für Strafsachen sowie der Vereinigten Großen Senate tritt.

(2) Die Besetzung der Senate bestimmt sich in Strafsachen, in Grundbuchsachen und in Angelegenheiten der freiwilligen Gerichtsbarkeit nach den Vorschriften über die Oberlandesgerichte, im Übrigen nach den Vorschriften über den Bundesgerichtshof.

In I Hs 1 Angabe „117" eingefügt durch G zur weiteren Digitalisierung der Justiz v 12.7.2024 (BGBl 2024 I Nr 234) mWv 17.7.2024.

Die Verweisung in I Hs 1 betrifft die Besetzung mit Vors und Richtern, die Abordnung von Richtern (Klarstellung durch G zur weiteren Digitalisierung der Justiz; zur Begr s Beschlussempfehlung des Rechtsausschusses, BTDrs 20/11788, 56), die Bildung der Senate, die Präsidialverfassung, und die Regelung über die Unanfechtbarkeit von Ordnungsstrafbeschlüssen. I Hs 2: Gem Art 11 II BayAGGVG bestehen beim BayObLG der Große Senat für Zivilsachen aus dem Präsidenten und je zwei Mitgliedern der Zivilsenate und der Große Senat für Strafsachen aus dem Präsidenten und je einem Mitglied der Strafsenate. II: Die Besetzung der Senate des ObLG entspricht der Aufgabenübertragung: Soweit das ObLG an die Stelle des BGH tritt, gilt dessen Senatsbesetzung mit 5 Richtern, ansonsten die OLG-Besetzung. 1

§ 11 (weggefallen)

Zweiter Abschnitt
Verfahrensübergreifende Mitteilungen von Amts wegen (§§ 12-22)

Vorbemerkungen zu §§ 12-22

Es gilt folgende **Regelungssystematik:** Erhebung und Nutzung personenbezogener Daten im Rahmen eines Verf richten sich nach dem jew Verfahrensrecht. Gleiches gilt für die verfahrensübergreifende Datenübermittlung auf Ersuchen (Akteneinsicht, Auskunft, vgl § 299 ZPO); §§ 12-22 sind nicht unmittelbar einschlägig, können aber bei der Auslegung **maßgebl bereichsspezifischer Datenschutzvorschriften** wie der Feststellung des rechtl Interesses gem **§ 299 II ZPO** im Wege eines **Erst-Recht-Schlusses** herangezogen werden: Wenn Datenübermittlung von Amts wegen zulässig ist, wird sie es im Zweifel auch auf Ersuchen des zuständigen Empfängers sein. Die Mitteilung personenbezogener Daten **vAw für andere Zwecke** als die des Verf, für die die Daten erhoben worden sind, **durch Gerichte (auch ArbG**, § 13 II ArbGG) und **StA** ist **vorrangig in bereichsspezifischen Vorschriften** geregelt (s § 13 I Nr 1). **Subsidiär** werden zunächst in § 13 I Nrn 2-5 und hierzu weiter subsidiär (§ 13 II) in §§ 14-17 Mitteilungs**ermächtigungen** geschaffen, jedoch **keine** Mitteilungs**pflichten** begründet. Soweit Letztere nicht in bereichsspezifischen Vorschriften normiert sind, können sie im Rahmen bestehender Ermächtigungen in Verwaltungsvorschriften festgelegt werden. Soweit in §§ 12-22 die Begriffe „Verarbeitung" oder „verarbeiten" verwendet werden, ist damit entgegen der Terminologie der DSGVO nicht die Erhebung von Daten gemeint, weil sich dieser Abschnitt des EGGVG nur auf die Übermittlung bereits erhobener Daten bezieht (BTDrs 19/4671, 72). 1

§ 12

(1) [1]Die Vorschriften dieses Abschnitts gelten für die Übermittlung personenbezogener Daten von Amts wegen durch Gerichte der ordentlichen Gerichtsbarkeit und Staatsanwaltschaften an öffentliche Stellen des Bundes oder eines Landes für andere Zwecke als die des Verfahrens, für die die Daten erhoben worden sind. [2]Besondere Rechtsvorschriften des Bundes oder, wenn die Daten aus einem landesrechtlich geregelten Verfahren übermittelt werden, eines Landes, die von den §§ 18 bis 22 abweichen, gehen diesen Vorschriften vor.

(2) Absatz 1 gilt entsprechend für die Übermittlung personenbezogener Daten an Stellen der öffentlich-rechtlichen Religionsgesellschaften, sofern sichergestellt ist, dass bei dem Empfänger ausreichende Datenschutzmaßnahmen getroffen werden.

(3) Eine Übermittlung unterbleibt, wenn ihr eine besondere bundes- oder entsprechende landesgesetzliche Verwendungsregelung entgegensteht.

(4) Die Verantwortung für die Zulässigkeit der Übermittlung trägt die übermittelnde Stelle.

(5) [1]Das Bundesministerium der Justiz und für Verbraucherschutz kann mit Zustimmung des Bundesrates allgemeine Verwaltungsvorschriften zu den nach diesem Abschnitt zulässigen Mitteilungen erlassen. [2]Ermächtigungen zum Erlass von Verwaltungsvorschriften über Mitteilungen in besonderen Rechtsvorschriften bleiben unberührt.

1 **1) Geltungsbereich. I u II** regeln den **Geltungsbereich** des 2. Abschnitts EGGVG. Hierzu s vor § 12 Rn 1. Die Bestimmungen gelten **nicht** im Bereich der (allg und bes) **Verwaltungsgerichtsbarkeit, jedoch** entspr für die **ArbG** (§ 13 II ArbGG), zur abw Rechtsmittelzuständigkeit des LAG s § 22 Rn 7. Der Geltungsbereich umfasst Datenübermittlungen durch **Gerichte und Staatsanwaltschaften**, aber **nicht** durch die **Polizei** ohne entsprechenden Auftrag eines Gerichts oder einer StA; insoweit ist der Verwaltungsrechtsweg eröffnet (BayObLG 14.3.2024 – 102 VA 226/23 [Lubini jurisPR-Strafr 22/2024 Anm 1]). **Nicht** betroffen sind alle Datenübermittlungen an im Verf mitwirkende Stellen einschließl über- und untergeordnete Instanzgerichte (MK/Pabst Rn 8). Auch Datenübermittlungen an Private sind hier nicht erfasst (MK/Pabst Rn 5). Die Regelungen gelten weiter **nicht** für Datenübermittlungen im Rahmen von Aufsichts-, Kontroll- und Weisungsbefugnissen, zur Rechnungsprüfung, Durchführung von Organisationsuntersuchungen sowie Ausbildungs- und Prüfungszwecken (allg Rechtsgrundsatz des § 23 I Nr 6 BDSG). Nicht betroffen sind zB auch behördeninterne Entscheidungssammlungen oder die Erörterung von Fallproblemen im kollegialen Gespräch, weil hierbei die Daten die Behörde im funktionalen Sinn nicht verlassen. Im Geltungsbereich des 2. Abschnitts EGGVG keine Anwendbarkeit des BDSG, § 1 II BDSG. Zur Anwendung der DSGVO ist zu differenzieren: Für den weiten Bereich der Strafverfolgung und Strafvollstreckung sowie des Schutzes und der Gefahrenabwehr im Bereich der öffentlichen Sicherheit ist die DSGVO ohnehin nicht unmittelbar anwendbar (Art 2 II d und Erwägungsgrund 19 DSGVO). IÜ gilt § 21a. Zu den Übermittlungsregelungen in §§ 13-19 ist mit dem Gesetzgeber (RegE BTDrs 19/4671, 52) davon auszugehen, dass bei diesen verfahrensübergreifenden Mitteilungen der auf die bloße zweckändernde Datenübermittlung an eine öffentliche Stelle beschränkte Charakter der Datenverarbeitung eine Einschränkung der Rechte und Pflichten aus der DSGVO rechtfertigt (s auch Art 23 DSGVO). IErg bleibt es bei der umfassenden Anwendbarkeit der §§ 12-20, § 22 EGGVG.

2 **Personenbezogene Daten** sind Einzelangaben über persönl oder sachl Verhältnisse einer bestimmten oder bestimmbaren natürl Person (Betroffener), Art 4 Nr 1 DSGVO. Zum Begriff der **öffentl Stellen** des Bundes und der Länder s § 2 BDSG.

3 **I 2** bestimmt, dass die Verfahrensvorschriften der §§ 18-22 grds auch auf Datenübermittlungen anzuwenden sind, deren Rechtsgrundlagen bereichsspezifisch sind. Jedoch gehen abw Regelungen vor, so zB §§ 308-311, § 338 FamFG für Betreuungs- und Unterbringungssachen, und die abschließende datenschutzrechtl Regelung des § 30 AO.

4 Zu den Voraussetzungen der Datenübermittlung an öff-rechtl **Religionsgesellschaften (§ 12 II)** umfassend BayObLG 15.1.2024 – 204 VAs 177/23.

5 **2) Geheimnisschutz.** Bes einer Übermittlung entgegenstehende Verwendungsregelungen iSd **III** bestehen insb zum Schutz bes Amts- und Berufsgeheimnisse sowie des Steuer- und Sozialgeheimnisses (§ 30 AO, § 35 SGB I, §§ 67 ff SGB X). Zu beachten sind auch landesrechtl festgelegte Geheimhaltungspflichten zB in Kommunalabgabegesetzen.

6 **3) Verantwortung der übermittelnden Stelle. IV** entspricht der allg datenschutzrechtl Regelung der Verantwortung für die Zulässigkeit der Datenübermittlung ohne Ersuchen des Empfängers (vgl Art 5 II DSGVO). Die Bestimmung hat keinen eigenen, etwa die Voraussetzungen einer Datenübermittlung einengenden Regelungsgehalt, sondern spricht nur eine Selbstverständlichkeit aus (sa OLG Hamm 15.10.2021 – 15 VA 8/19; vgl Plath, DSGVO/BDSG/TTDSG, 4. Aufl 2023, Art 5 DSGVO Rn 26; MK/Pabst Rn 16).

7 **4) Verwaltungsvorschriften. V:** Die Ermächtigung des **BMJV** zum Erlass von Verwaltungsvorschriften ist ohne praktische Bedeutung: Die **Länder** haben **bundeseinheitl Verwaltungsvorschriften** vereinbart, und zwar für den Bereich der Zivilgerichtsbarkeit die **Anordnung über Mitteilungen in Zivilsachen (MiZi**, Neufassung v 18.11.2024 mWv 1.1.2025, BAnz AT 23.12.2024 B4). §§ 11-22 und die MiZi bilden ein **2-stufiges Regelungssystem**, das den verfassungsrechtl Anforderungen an die Normenklarheit und Verhältnismäßigkeit genügt: Die ges Mitteilungsermächtigungen werden durch die MiZi teilweise zu **Mitteilungspflichten** konkretisiert. Die bundeseinheitl MiZi stellen jedoch keine abschließende Regelung dar. Sie werden zum einen ergänzt durch „Länderteile". Ergänzende Mitteilungsregelungen können aber auch außerhalb der MiZi getroffen werden.

§ 13

(1) Gerichte und Staatsanwaltschaften dürfen personenbezogene Daten zur Erfüllung der in der Zuständigkeit des Empfängers liegenden Aufgaben übermitteln, wenn

1. eine besondere Rechtsvorschrift dies vorsieht oder zwingend voraussetzt,

2. die betroffene Person eingewilligt hat,

3. offensichtlich ist, dass die Übermittlung im Interesse der betroffenen Person liegt, und kein Grund zu der Annahme besteht, dass sie in Kenntnis dieses Zwecks ihre Einwilligung verweigern würde,

4. die Daten auf Grund einer Rechtsvorschrift von Amts wegen öffentlich bekannt zu machen sind oder in ein von einem Gericht geführtes für jedermann unbeschränkt einsehbares öffentliches Register einzutragen sind oder es sich um die Abweisung des Antrags auf Eröffnung des Insolvenzverfahrens mangels Masse handelt oder

5. auf Grund einer Entscheidung

a) bestimmte Rechtsfolgen eingetreten sind, insbesondere der Verlust der Rechtsstellung aus einem öffentlich-rechtlichen Amts- oder Dienstverhältnis, der Ausschluss vom Wehr- oder Zivildienst, der Verlust des Wahlrechts oder der Wählbarkeit oder der Wegfall von Leistungen aus öffentlichen Kassen, und

b) die Kenntnis der Daten aus der Sicht der übermittelnden Stelle für die Verwirklichung der Rechtsfolgen erforderlich ist;

dies gilt auch, wenn auf Grund der Entscheidung der Erlass eines Verwaltungsaktes vorgeschrieben ist, ein Verwaltungsakt nicht erlassen werden darf oder wenn die betroffene Person ihr durch Verwaltungsakt gewährte Rechte auch nur vorläufig nicht wahrnehmen darf.

(2) [1]In anderen als den in Absatz 1 genannten Fällen dürfen Gerichte und Staatsanwaltschaften personenbezogene Daten zur Erfüllung der in der Zuständigkeit des Empfängers liegenden Aufgaben einschließlich der Wahrnehmung personalrechtlicher Befugnisse übermitteln, wenn eine Übermittlung nach den §§ 14 bis 17 zulässig ist und soweit nicht für die übermittelnde Stelle offensichtlich ist, dass schutzwürdige Interessen der betroffenen Person an dem Ausschluss der Übermittlung überwiegen. [2]Übermittelte Daten dürfen auch für die Wahrnehmung der Aufgaben nach dem Sicherheitsüberprüfungsgesetz oder einem entsprechenden Landesgesetz verarbeitet werden.

1) **Regelungssystematik für verfahrensübergreifende Datenübermittlungen.** Die Bestimmung regelt grdl die **Zulässigkeit verfahrensübergreifender Datenübermittlungen vAw** in einem **abgestuften System**. Zunächst stellt **I Nr 1** klar, dass **vorrangige bereichsspezifische** – auch landesrechtl – **Übermittlungsregelungen** durch das EGGVG nicht eingeschränkt werden. **I Nrn 2-5** statuiert weitere Fälle, in denen eine Datenübermittlung zur Erfüllung von in der Zuständigkeit des Empfängers liegenden Aufgaben ohne weiteres zulässig ist. Liegen diese Voraussetzungen nicht vor, regelt **II als Auffangvorschrift** die Fälle der **§§ 14-17**, in denen eine **Abwägung** zwischen einem schutzwürdigen Interesse der betroffenen Person an dem Ausschluss der Datenübermittlung und dem öffentl Interesse an der Übermittlung vorzunehmen ist; zudem ist in §§ 14, 15 und 17 anders als in § 13 I klargestellt, dass eine Datenübermittlung nur erfolgt, wenn die Kenntnis der Daten aus Sicht der übermittelnden Stelle für die aufgeführten Aufgaben des Empfängers **erforderl** ist. 1

Die praktische Bedeutung der Differenzierung zwischen I u II ist jedoch gering. Die **Erforderlichkeit** der Datenübermittlung ist einerseits auf Grund des Verhältnismäßigkeitsgrundsatzes als mit den Worten „zur Erfüllung der … Aufgaben" angedeutetes Tatbestandsmerkmal auch in den Fällen des I anzusehen (vgl BVerfGE 65, 1, 44, 46); andererseits dürfen jedoch insoweit weder zu I noch zu II überzogene Anforderungen gestellt werden: Zunächst gilt, dass die Kenntnis der Daten für den Empfänger nicht nur dann erforderl ist, wenn sicher ist, dass er auf ihrer Grundlage tatsächl tätig werden wird; es genügt, wenn die Daten Anlass bieten zu prüfen, ob Maßnahmen zu ergreifen sind. Weiter ist bedeutsam, dass es für die Erforderlichkeit einer amtswegigen Datenübermittlung auf die **Sicht der übermittelnden Stelle** ankommt, was in §§ 14, 15 und 17 auch ausdrückl klargestellt wird. Die übermittelnde Stelle ist jedoch weder berechtigt noch verpflichtet, im Zuständigkeitsbereich der Empfängerstelle Ermittlungen anzustellen. Auch kann von ihr keine Detailkenntnis der für die Empfängerstelle relevanten Rechts- und Verwaltungsvorschriften und ihrer Anwendungspraxis erwartet werden. Somit bleibt ledigl eine **eingeschränkte Schlüssigkeitsprüfung** (MK/Pabst Rn 12). Diese weite Auslegung des Merkmals der Erforderlichkeit aus der Sicht der übermittelnden Stelle ist auch im Blick auf den Schutz der betroffenen Person vertretbar, weil der Persönlichkeitsschutz zusätzl durch § 19 II 2 gewährleistet ist, wenn sich aus Sicht des Empfängers herausstellt, dass die Daten für den der Übermittlung zugrunde liegenden Zweck im Einzelfall nicht erforderl sind. Auch die in II vorgesehene **Interessenabwägung** wird nur in bes gelagerten Fällen zu einem Absehen von der Datenübermittlung führen. „Offensichtl" bedeutet, dass auch hier die übermittelnde Stelle ohne weitere Ermittlungen von ihrem Kenntnisstand auszugehen hat und dass in Zweifelsfällen dem öffentl Interesse an einer Datenübermittlung der Vorrang einzuräumen ist, zumal der Gesetzgeber sich in §§ 14-17 von vornherein auf einen Katalog bes wichtiger Zwecke, die eine Datenübermittlung rechtfertigen, beschränkt hat. Für die in der Praxis am häufigsten vorkommenden Fälle ist zudem die Interessenabwägung in **Verwaltungsvorschriften** (zB MiZi) vorweggenommen. Das Abwägungsgebot wird insb praktische Bedeutung erlangen, wenn eine Datenübermittlung nach der Auffangbestimmung des § 17 in Betracht kommt. 2

2) Einzelne Übermittlungsfälle. I Nr 1: Die meisten Fälle von Datenübermittlungen aus zivilgerichtl Verf für verfahrensfremde Zwecke sind bereits **bereichsspezifisch** geregelt. Eine Übersicht über wichtige Mitteilungsregelungen mit Angabe der bereichsspezifischen Rechtsgrundlagen bieten die **MiZi** (s § 12 Rn 7). 3

4 **I Nr 2:** Die **Einwilligung** zur verfahrensübergreifenden Datenübermittlung durch die betroffene Person spielt in der gerichtl Praxis kaum eine Rolle.

5 **I Nr 3:** Datenübermittlungen im offensichtl Interesse des Betroffenen (§ 23 I Nr 1 BDSG) erfolgen zB im Interesse der Verwirklichung letztwilliger Verfügungen (MiZi 2. Teil III/5).

6 **I Nr 4** gibt die Rechtsgrundlage für Mitteilungen in Handels-, Partnerschafts-, Genossenschafts-, Vereinsregister- und Schiffsregistersachen (MiZi 2. Teil XXI und XXII), in InsVerf (MiZi 2. Teil X) und für die Mitteilung der Terminsbestimmung nach § 39 ZVG (MiZi 2. Teil VIII/1).

7 **I Nr 5** fasst die Fälle zusammen, in denen eine Rechtsvorschrift – auch Landesrecht oder Satzungsrecht einer Selbstverwaltungskörperschaft – an eine Entscheidung bestimmte Rechtsfolgen knüpft und die Mitteilung erforderl ist, um deren Beachtung und Umsetzung zu gewährleisten (BTDrs 13/4709, 21).

8 **3) Auffangvorschrift § 13 II.** Zu II s zunächst Rn 1 u 2. Aus der Struktur des § 13 folgt, dass II iVm §§ 14-17 **subsidiäre Auffangvorschriften** sind und deshalb nicht als entgegenstehende Verwendungsregelungen zu den vorrangigen Übermittlungsbefugnissen nach I herangezogen werden können.

§ 14 (betr Strafsachen)

§ 15

In Zivilsachen einschließlich der Angelegenheiten der freiwilligen Gerichtsbarkeit ist die Übermittlung personenbezogener Daten zulässig, wenn die Kenntnis der Daten aus der Sicht der übermittelnden Stelle erforderlich ist

1. **zur Berichtigung oder Ergänzung des Grundbuchs oder eines von einem Gericht geführten Registers oder Verzeichnisses, dessen Führung durch eine Rechtsvorschrift angeordnet ist, und wenn die Daten Gegenstand des Verfahrens sind, oder**
2. **zur Führung des in § 2 Abs. 2 der Grundbuchordnung bezeichneten amtlichen Verzeichnisses und wenn Grenzstreitigkeiten Gegenstand eines Urteils, eines Vergleichs oder eines dem Gericht mitgeteilten außergerichtlichen Vergleichs sind.**

1 Die Vorschrift iVm § 13 II lässt die Übermittlung von Daten aus zivilgerichtl Verf ergänzend zu den vorrangigen Übermittlungsregelungen des § 13 I zu (s § 13 Rn 1, 2).

2 **Nr 1** ergänzt § 13 I Nr 4 u § 13 I Nr 1 iVm § 83 GBO, § 379 I FamFG. Zulässiger Übermittlungszweck ist das Erreichen eines richtigen und vollständigen Grundbuchs, Registers oder Verzeichnisses. Die Vorschrift hat ggü § 13 I Nr 4 vor allem durch die Einbeziehung des Grundbuchs und des SchVerz (Datenübermittlung durch GV nach § 882c ZPO) eigenständige Bedeutung. Außerdem gestattet die Norm über § 13 I Nr 4 hinaus die Übermittlung von Daten, die zwar nicht selbst in das Register einzutragen sind, die aber ein registergerichtl Verf (zB mit dem Ziel der Amtslöschung oder der Erzwingung einer Anmeldung) auszulösen geeignet sind.

3 **Nr 2** erlaubt Mitteilungen mit dem Ziel der Übereinstimmung von Grundbuch und Liegenschaftskataster und ergänzt die bereichsspezifische Regelung des § 55 III GBO iVm § 13 I Nr 1 EGGVG.

§ 16

Werden personenbezogene Daten an ausländische öffentliche Stellen oder an über- oder zwischenstaatliche Stellen nach den hierfür geltenden Rechtsvorschriften übermittelt, so ist eine Übermittlung dieser Daten auch zulässig

1. **an das Bundesministerium der Justiz und für Verbraucherschutz und das Auswärtige Amt,**
2. **(betrifft Strafsachen)**

1 Die Vorschrift ergänzt die Regelungen zu Datenübermittlungen in völkerrecht Verträgen iVm den jew Ratifizierungsgesetzen um eine Grundlage für die praktische innerstaatl Durchführung der Übermittlung.

§ 16a

(1) Das Bundesamt für Justiz nach Maßgabe des Absatzes 2 und die von den Landesregierungen durch Rechtsverordnung bestimmten weiteren Stellen nehmen die Aufgaben der Kontaktstellen im Sinne des Artikels 2 der Entscheidung 2001/470/EG des Rates vom 28. Mai 2001 über die Einrichtung eines Euro-

päischen Justiziellen Netzes für Zivil- und Handelssachen (ABl. EG Nr L 174 S. 25), die durch die Entscheidung 568/2009/EG (ABl. L 168 vom 30.6.2009, S. 35) geändert worden ist, wahr.

(2) Das Bundesamt für Justiz stellt die Koordinierung zwischen den Kontaktstellen sicher.

(3) [1]Die Landesregierungen werden ermächtigt, durch Rechtsverordnung die Aufgaben der Kontaktstelle einer Landesbehörde zuzuweisen. [2]Sie können die Befugnis zum Erlass einer Rechtsverordnung nach Absatz 1 einer obersten Landesbehörde übertragen.

Die Vorschrift dient der Umsetzung der in I genannten Entscheidung des (Justiz- und Innenminister-)Rates über die **Einrichtung eines Europ Justiziellen Netzes für Zivil- und Handelssachen.** 1

§ 17

Die Übermittlung personenbezogener Daten ist ferner zulässig, wenn die Kenntnis der Daten aus der Sicht der übermittelnden Stelle

1. zur Verfolgung von Straftaten oder Ordnungswidrigkeiten,

2. für ein Verfahren der internationalen Rechtshilfe,

3. zur Abwehr erheblicher Nachteile für das Gemeinwohl oder einer Gefahr für die öffentliche Sicherheit,

4. zur Abwehr einer schwerwiegenden Beeinträchtigung der Rechte einer anderen Person oder

5. zur Prüfung gewichtiger Anhaltspunkte für die Gefährdung des Wohls eines Kindes oder Jugendlichen

erforderlich ist.

Die Vorschrift enthält als **Auffangregelung** zu § 13 I und zu § 13 II iVm §§ 14-16 weitere Tatbestände, die eine Datenübermittlung im Wege von Spontanmitteilungen aus allen Verf und unabhängig davon zulassen, ob die Mitteilung Beschuldigte, Parteien oder Beteiligte betrifft (vgl MiZi 1. Teil Nr 1 Abs 3). 1

Zum Begriff der **Erforderlichkeit aus der Sicht der übermittelnden Stelle** und zur Notwendigkeit der **Interessenabwägung** gem § 13 II 1 s § 13 Rn 2. 2

Nr 1 entspricht § 23 I Nr 4 Alt 1 BDSG und ergänzt bereichsspezifische Regelungen für Mitteilungen zur Strafverfolgung zB in § 183 GVG, **§ 116 AO** und § 6 SubvG **(gesetzl Mitteilungsverpflichtungen!)**, §§ 311, 338 FamFG, s MiZi 2. Teil I/4, 5, 6, 7, II/6, XV/5, XVII/7. 3

Nr 2 ermöglicht Mitteilungen für Zwecke der **Rechtshilfe** auch ohne entspr bereichsspezifische Regelungen. 4

Nr 3 ergänzt bereichsspezifische Mitteilungsregelungen (zB § 308 FamFG) im Interesse des Gemeinwohls und der öffentl Sicherheit. Die Norm ist § 23 I Nr 3 BDSG nachgebildet. Die Vorschrift ist eine **Rechtsgrundlage für eigeninitiative Gefahrenmitteilungen** zB an **Gerichtsvollzieher, Polizei und Verwaltungsbehörden.** Zu den schützenswerten Belangen des Gemeinwohls als Gesamtinteresse der staatlichen Gemeinschaft zählt auch die Aufrechterhaltung einer funktionierenden Rechtspflege; deshalb Mitteilung von gegen die gesundheitl Eignung eines RA sprechenden Bedenken, deren Grundlagen RA selbst vorgetragen hat, an RAK zulässig nach OLG Hamm 15.10.2021 – 15 VA 8/19. 5

Nr 4 entspricht § 23 I Nr 5 BDSG, sa Nr 3 (Rn 5). 6

Nr 5 hebt die Bedeutung des Jugendschutzes hervor. Neben der bereichsspezifischen Regelung des § 22a FamFG und der Befugnis zur Datenübermittlung zur Strafverfolgung (Nr 1) trägt die umfassende Mitteilungsbefugnis, die eine Mitteilung nicht nur an die Jugendhilfe, sondern an die jeweils zuständige Stelle erlaubt, dem Umstand Rechnung, dass kinderschutzrelevante Informationen aus vielen Quellen stammen und gerade auch außerhalb eines familiengerichtlichen oder strafgerichtlichen Verfahrens den ordentlichen Gerichten bekannt werden können (BTDrs 19/28870, 113). 7

§ 18

(1) [1]Sind mit personenbezogenen Daten, die nach diesem Abschnitt übermittelt werden dürfen, weitere personenbezogene Daten der betroffenen Person oder eines Dritten so verbunden, dass eine Trennung nicht oder nur mit unvertretbarem Aufwand möglich ist, so ist die Übermittlung auch dieser Daten zulässig, soweit nicht berechtigte Interessen der betroffenen Person oder eines Dritten an deren Geheimhaltung offensichtlich überwiegen. [2]Eine Verwendung der Daten durch den Empfänger ist unzulässig; für Daten der betroffenen Person gilt § 19 Abs. 1 Satz 2 entsprechend.

(2) [1]Die übermittelnde Stelle bestimmt die Form der Übermittlung nach pflichtgemäßem Ermessen. [2]Soweit dies nach der Art der zu übermittelnden Daten und der Organisation des Empfängers geboten ist, trifft sie angemessene Vorkehrungen, um sicherzustellen, dass die Daten unmittelbar den beim Empfänger funktionell zuständigen Bediensteten erreichen.

1 **1) Vorkehrungen gegen Persönlichkeitsrechtsverletzungen.** § 18 trifft **Verfahrensregelungen** und trägt im **Kontext mit §§ 19-22** der Vorgabe des BVerfG Rechnung, dass der Gesetzgeber für die Datenverarbeitung auch organisatorische und verfahrensrechtl Vorkehrungen zu treffen habe, die der Gefahr einer Verletzung des Persönlichkeitsrechts entgegenwirken (BVerfGE 65, 1, 14).

2 **2) Umfang der Datenübermittlung. I 1** betrifft den Umfang zu übermittelnder Daten. Der Erforderlichkeitsgrundsatz, der eine sorgfältige Auswahl und das Herausfiltern der zu übermittelnden Daten aus gerichtl Akten oder auch aus Entscheidungsgründen nahelegt, kollidiert mit der Realität einer hoch belasteten Justiz mit beschränkten personellen und sachl Ressourcen. Da das Grundrecht auf effektiven Rechtsschutz binnen angemessener Frist (Art 19 IV GG) mindestens ebenso gewichtig ist wie das datenschutzrechtl Interesse an einer möglichst reduzierten Datenübermittlung innerhalb der öffentl Stellen, ist ein Kompromiss zwischen den widerstreitenden Rechtsgütern im Wege der praktischen Konkordanz zu suchen. Dem dient § 18. Eine **inhaltl Bearbeitung von Akten zum Zweck der Datenübermittlung dürfte regelmäßig einen unvertretbaren Aufwand erfordern**. Das gilt insb für das Redigieren von Entscheidungsgründen. Regelmäßig wird sich somit nur die Frage stellen, ob nur der Tenor einer gerichtl Entscheidung, eine Entscheidung mit Gründen (oder zB ein Schriftsatz) oder die gesamten Akten zu übermitteln sind. Zu beachten ist der Mitteilungszweck: Die empfangende Stelle wird sich idR auf Grund des ihr mitgeteilten Sachverhalts zu einem Verwaltungshandeln veranlasst sehen. Zwar mag in seltenen Fällen hierzu die Kenntnis eines Entscheidungstenors ausreichen; dieser ist jedoch oft wenig aussagekräftig oder gar nichtssagend (Klageabweisung). Auch würde eine zu knappe Mitteilung Akteneinsichtsgesuche des Empfängers provozieren, die letztl zu einer noch umfassenderen Preisgabe von Daten Betroffener führen als eine von vornherein angemessene Mitteilung (MK/Pabst Rn 3). Daher wird in den meisten Mitteilungsfällen die Übermittlung einer vollständigen Entscheidung angemessen sein. Dies entspricht auch dem Wesen richterl Entscheidungen, die idR nur anhand der schriftl niedergelegten Gründe zutreffend erfasst werden können. Die Übersendung vollständiger Akten wird demggü nur selten in Betracht kommen, am ehesten wohl zur Verfolgung von Straftaten. Bsp für bejahte erforderliche Übermittlung der vollständigen Akten: OLG Hamm 15.10.2021 – 15 VA 8/19 (Bedenken gegen gesundheitl Eignung eines RA).

3 Die Persönlichkeitsrechte der Betroffenen werden bei der praktisch unvermeidbaren Übermittlung „überschießender" Daten (s Rn 2) zudem durch die **Verwendungssperre** (über das Erfassen und Speichern der Daten hinaus, BTDrs 19/4671, 72) in I 2 geschützt.

4 **Offensichtl überwiegende Geheimhaltungsinteressen** im Einzelfall sind zu beachten, I 1 am Ende. Wenn diese bei vernünftiger Würdigung ohne Zweifel klar auf der Hand liegend das öffentl Übermittlungsinteresse überwiegen, wird sich eine redigierende Bearbeitung der Daten trotz der in Rn 2 dargelegten Problematik nicht vermeiden lassen, zB wenn eine Entscheidung Gesundheits- oder Intimdaten enthält, die mit dem Übermittlungszweck nicht in Zusammenhang stehen und für das Verständnis der Entscheidung nicht notwendig sind.

5 **3) Übermittlungsform. II** regelt die Form der Übermittlung. Schon der Zweckbindungsgrundsatz des § 19 erfordert die **Angabe des Übermittlungszwecks** durch die übermittelnde Stelle. Diese kann aber jedenfalls in alltägl Fällen sehr knapp gehalten sein und sich auf die **Angabe der einschlägigen Regelung der MiZi** beschränken. Sofern kein automatisiertes Verf angewandt wird, ist die Übermittlung im **verschlossenen Umschlag** selbstverständl. Eine **persönl Adressierung** – auch zB an den Behördenleiter „o. V. i. A." – wird sich vor allem in **Personalangelegenheiten** empfehlen (II 2).

6 **4) Funktionelle Zuständigkeit.** § 18 bestimmt für die Anordnung der Datenübermittlung **keinen Zuständigkeitsvorbehalt für Richter, StA oder Rpfleger.**

7 **5) Verwaltungsvorschrift.** Vgl iÜ zum **Mitteilungsverf** 1. Teil Nr 3-7 MiZi (s § 12 Rn 7).

§ 19

(1) ¹Die übermittelten Daten dürfen nur zu dem Zweck verarbeitet werden, zu dessen Erfüllung sie übermittelt worden sind. ²Eine Verarbeitung für andere Zwecke ist zulässig, soweit die Daten auch dafür hätten übermittelt werden dürfen.

(2) ¹Der Empfänger prüft, ob die übermittelten Daten für die in Absatz 1 genannten Zwecke erforderlich sind. ²Sind die Daten hierfür nicht erforderlich, so schickt er die Unterlagen an die übermittelnde Stelle zurück. 3Ist der Empfänger nicht zuständig und ist ihm die für die Verarbeitung der Daten zuständige Stelle bekannt, so leitet er die übermittelten Unterlagen dorthin weiter und benachrichtigt hiervon die übermittelnde Stelle.

1 **1) Zweckbindungsgrundsatz. I** entspricht dem datenschutzrechtl Zweckbindungsgrundsatz. Eine Verarbeitung für andere Zwecke nach **I 2** hat der Empfänger zu verantworten; die Feststellung der Zulässigkeit ist aktenkundig zu machen (MK/Pabst Rn 3). Keine Verarbeitung für andere Zwecke liegt in den Fällen des § 23 I Nr 6 BDSG vor (s § 12 Rn 1).

2. **Pflichten des Empfängers.** II trägt der eingeschränkten Erforderlichkeitsprüfung durch die mitteilende Stelle (s § 13 Rn 2, auch zum Begriff der Erforderlichkeit) Rechnung. 2

Die **Rücksendungs- bzw. Benachrichtigungspflicht** nach **II 2, 3** dient vor allem dem Zweck, künftige nicht erforderl Datenübermittlungen bzw -fehlleitungen zu vermeiden. Sind die Daten auf elektron Wege übermittelt worden, entspricht der Rücksendung die **Löschung beim Empfänger** mit **Benachrichtigung** der mitteilenden Stelle. 3

§ 20

(1) [1]Betreffen Daten, die vor Beendigung eines Verfahrens übermittelt worden sind, den Gegenstand dieses Verfahrens, so ist der Empfänger vom Ausgang des Verfahrens zu unterrichten; das Gleiche gilt, wenn eine übermittelte Entscheidung abgeändert oder aufgehoben wird, das Verfahren, außer in den Fällen des § 153a der Strafprozessordnung, auch nur vorläufig eingestellt worden ist oder nach den Umständen angenommen werden kann, dass das Verfahren auch nur vorläufig nicht weiter betrieben wird. [2]Der Empfänger ist über neue Erkenntnisse unverzüglich zu unterrichten, wenn dies erforderlich erscheint, um bis zu einer Unterrichtung nach Satz 1 drohende Nachteile für die betroffene Person zu vermeiden.

(2) [1]Erweist sich, dass unrichtige Daten übermittelt worden sind, so ist der Empfänger unverzüglich zu unterrichten. [2]Der Empfänger berichtigt die Daten oder vermerkt ihre Unrichtigkeit in den Akten.

(3) Die Unterrichtung nach Absatz 1 oder 2 Satz 1 kann unterbleiben, wenn sie erkennbar weder zur Wahrung der schutzwürdigen Interessen der betroffenen Person noch zur Erfüllung der Aufgaben des Empfängers erforderlich ist.

Die **Nachberichts- und Unterrichtungspflicht** des § 20 soll der Nutzung **überholter oder unrichtiger Daten** entgegenwirken. III will hierbei überflüssige Benachrichtigungen, die aus rein formalen Gründen erfolgen, vermeiden; idR wird jedoch der Nachbericht in den in I und II genannten Fällen unentbehrl sein, wenn die ursprüngl Mitteilungen erforderl waren. 1

Aus I folgt, dass **Datenübermittlungen vor Verfahrensabschluss** grds zulässig sind. Dies wird vor allem für Zwecke der Gefahrenabwehr gelten. 2

§ 21

(1) [1]Der betroffenen Person ist auf Antrag Auskunft über die übermittelten Daten und deren Empfänger zu erteilen. [2]Der Antrag ist schriftlich zu stellen. [3]Die Auskunft wird nur erteilt, soweit die betroffene Person Angaben macht, die das Auffinden der Daten ermöglichen, und der für die Erteilung der Auskunft erforderliche Aufwand nicht außer Verhältnis zu dem geltend gemachten Informationsinteresse steht. [4]Die übermittelnde Stelle bestimmt das Verfahren, insbesondere die Form der Auskunftserteilung, nach pflichtgemäßem Ermessen.

(2) [1]Die betroffene Person ist gleichzeitig mit der Übermittlung personenbezogener Daten über den Inhalt und den Empfänger zu unterrichten. [2]Die Unterrichtung des gesetzlichen Vertreters eines Minderjährigen, des Bevollmächtigten oder Verteidigers reicht aus. [3]Die übermittelnde Stelle bestimmt die Form der Unterrichtung nach pflichtgemäßem Ermessen. [4]Eine Pflicht zur Unterrichtung besteht nicht, wenn die Anschrift des zu Unterrichtenden nur mit unvertretbarem Aufwand festgestellt werden kann.

(3) Bezieht sich die Auskunftserteilung oder die Unterrichtung auf die Übermittlung personenbezogener Daten an Verfassungsschutzbehörden, den Bundesnachrichtendienst, den Militärischen Abschirmdienst oder, soweit die Sicherheit des Bundes berührt wird, andere Behörden des Bundesministers der Verteidigung, ist sie nur mit Zustimmung dieser Stellen zulässig.

(4) [1]Die Auskunftserteilung und die Unterrichtung unterbleiben, soweit

1. **sie die ordnungsgemäße Erfüllung der Aufgaben der übermittelnden Stelle oder des Empfängers gefährden würden,**
2. **sie die öffentliche Sicherheit oder Ordnung gefährden oder sonst dem Wohle des Bundes oder eines Landes Nachteile bereiten würden oder**
3. **die Daten oder die Tatsache ihrer Übermittlung nach einer Rechtsvorschrift oder ihrem Wesen nach, insbesondere wegen der überwiegenden berechtigten Interessen eines Dritten, geheim gehalten werden müssen**

und deswegen das Interesse der betroffenen Person an der Auskunftserteilung oder Unterrichtung zurücktreten muss. [2]Die Unterrichtung der betroffenen Person unterbleibt ferner, wenn erhebliche Nachteile für seine Gesundheit zu befürchten sind.

(5) Die Ablehnung der Auskunftserteilung bedarf keiner Begründung, soweit durch die Mitteilung der tatsächlichen und rechtlichen Gründe, auf die die Entscheidung gestützt wird, der mit der Auskunftsverweigerung verfolgte Zweck gefährdet würde.

(6) Die Absätze 1 bis 5 gelten nicht im Anwendungsbereich der Verordnung (EU) 2016/679 des Europäischen Parlaments und des Rates vom 27. April 2016 zum Schutz natürlicher Personen bei der Verarbeitung personenbezogener Daten, zum freien Datenverkehr und zur Aufhebung der Richtlinie 95/46/EG (Datenschutz-Grundverordnung) (ABl. L 119 vom 4.5.2016, S. 1; L 314 vom 22.11.2016, S. 72; L 127 vom 23.5.2018, S. 2).

1 **1) Regelungsgegenstand.** § 21 sieht sowohl einen **Auskunftsanspruch** von Prozessbeteiligten über die sie betr Datenübermittlungen vor als auch eine entsprechende **Unterrichtung von Amts wegen.**

2 Einstweilen frei.

3 **2) Auskunftsanspruch.** I räumt den Betroffenen grds einen **Auskunftsanspruch** gegen die übermittelnde Stelle über durchgeführte Datenübermittlungen ein. Zu den vom Betroffenen nach I 3 zu verlangenden Angaben zählen das Az und der konkrete Gegenstand einer möglicherweise erfolgten Mitteilung (zB „Urteil v …"). Liegen diese Angaben vor, wird der Aufwand für die Auskunftserteilung regelmäßig nicht unverhältnismäßig sein; als Form der Auskunftserteilung bietet sich die Übersendung einer Kopie der Mitteilung an, wobei Schriftstücke, die dem Betroffenen bereits bekannt sind (zB Urteile), nicht beigefügt werden müssen (I 3, 4).

4 Der Auskunftsanspruch kann mit dem **Antrag auf gerichtl Entscheidung** nach **§§ 23 ff** in den Fällen verfolgt werden, in denen die erteilte Mitteilung gem § 22 (s Erl zu § 22) nach diesen Bestimmungen angegriffen werden kann (vgl § 23 II iVm dem Rechtsschutz gegen sonstige Maßnahmen nach § 23 I 1, Art 19 IV GG, s § 23 Rn 6).

5 **3) Übermittlungspflicht. II** sieht eine grundsätzliche **(Ausnahmen: III und IV)** Pflicht zur **Unterrichtung vAw** unabhängig von der Geltendmachung eines Auskunftsanspruchs vor. Zum Adressaten und zur Form der Unterrichtung s II 2, 3 u Rn 3.

6 **4) Ausnahmen von Auskunftsanspruch und Übermittlungspflicht. III-V** enthalten **Ausnahmeregelungen zum Schutz höherrangiger Rechtsgüter**. IV 2 sieht zum Schutz der Gesundheit der Betroffenen eine weitere Ausnahme vor, die sich im Gegensatz zum Wortlaut der Vorschrift nicht nur auf die Unterrichtung nach II, sondern auch auf die Auskunftserteilung nach I beziehen muss (RegE BTDrs 13/4709, 27).

7 **5) Beschränkung des Anwendungsbereichs gem § 21 VI.** Da die DSGVO in ihrem Anwendungsbereich vorrangige Regelungen für den Auskunftsanspruch Betroffener und die Informationspflicht der übermittelnden Stelle enthält, ist für eine Anwendung des § 21 I-V insoweit kein Raum (BTDrs 19/4671, 73); zur entsprechenden Anwendbarkeit der Beschränkungen nach III-V s aber § 21a.

§ 21a

[1]Bei verfahrensübergreifenden Mitteilungen von Amts wegen im Sinne dieses Abschnitts gelten für Rechte und Pflichten nach den Artikeln 12 bis 15 und 19 Satz 2 der Verordnung (EU) 2016/679 die Bestimmungen des § 21 Absatz 3 bis 5 entsprechend. [2]Rechte nach den Artikeln 18 und 21 der Verordnung (EU) 2016/679 bestehen bei verfahrensübergreifenden Mitteilungen von Amts wegen im Sinne dieses Abschnitts nicht. [3]Die Sätze 1 und 2 gelten entsprechend für Bestimmungen des Artikels 5 der Verordnung (EU) 2016/679, soweit sie den Rechten und Pflichten nach den in den Sätzen 1 und 2 genannten Artikeln der Verordnung (EU) 2016/679 entsprechen.

1 Mit der in § 21a angeordneten entsprechenden Geltung des § 21 III-V wird von der Möglichkeit Gebrauch gemacht, im Anwendungsbereich der DSGVO bestimmte Rechte und Pflichten zur Sicherstellung der Schutzzwecke nach Art 23 I Buchst a-j DSGVO zu beschränken (BTDrs 19/4671, 73).

§ 22

(1) [1]Ist die Rechtsgrundlage für die Übermittlung personenbezogener Daten nicht in den Vorschriften enthalten, die das Verfahren der übermittelnden Stelle regeln, sind für die Überprüfung der Rechtmäßigkeit der Übermittlung die §§ 23 bis 30 nach Maßgabe der Absätze 2 und 3 anzuwenden. [2]Hat der Empfänger auf Grund der übermittelten Daten eine Entscheidung oder andere Maßnahme getroffen und dies der betroffenen Person bekannt gegeben, bevor ein Antrag auf gerichtliche Entscheidung gestellt worden ist, so wird die Rechtmäßigkeit der Übermittlung ausschließlich von dem Gericht, das gegen die Entscheidung oder Maßnahme des Empfängers angerufen werden kann, in der dafür vorgesehenen Verfahrensart überprüft.

(2) [1]Wird ein Antrag auf gerichtliche Entscheidung gestellt, ist der Empfänger zu unterrichten. [2]Dieser teilt dem nach § 25 zuständigen Gericht mit, ob die Voraussetzungen des Absatzes 1 Satz 2 vorliegen.
(3) [1]War die Übermittlung rechtswidrig, so spricht das Gericht dies aus. [2]Die Entscheidung ist auch für den Empfänger bindend und ist ihm bekannt zu machen. [3]Die Verarbeitung der übermittelten Daten ist unzulässig, wenn die Rechtswidrigkeit der Übermittlung festgestellt worden ist.

1) Rechtsschutz. § 22 regelt den Rechtsschutz für die von der Datenübermittlung gem § 12 Betroffenen (Art 19 IV GG). I 1 erklärt §§ 23-30 für anwendbar; die Datenübermittlung ist also als sonstige Maßnahme iSd § 23 I 1 anzusehen. Zugleich wird durch zwei einschränkende Regelungen eine **Doppelgleisigkeit des Rechtsschutzes vermieden:** 1

§§ 23 ff sind **nicht anwendbar** bei Datenübermittlungen, die ihre Rechtsgrundlage im **Verfahrensrecht** der übermittelnden Stelle haben, weil insoweit die Rechtsschutzmöglichkeiten des jew Verfahrensrechts zur Verfügung stehen, s vor § 12 Rn 1. 2

Gem § 22 I 2, II besteht Rechtsschutz nach §§ 23 ff nur, solange der Mitteilungsempfänger bzw die wiederum von ihm unterrichtete VerwBehörde (OLG Stuttgart NJW 2005, 3226; OVG Bautzen NJW 2007, 169) ggü dem Betroffenen keine anfechtbare (OLG Jena VRS 111, 277) Entscheidung oder sonstige Maßnahme getroffen hat. Ab diesem Zeitpunkt Antrag nach § 23 unzulässig; keine Verweisung nach § 17a II 1 GVG (OLG Stuttgart NJW 2005, 3226). Da hinsichtl rechtswidrig übermittelter Daten ein **Verwertungsverbot** besteht (vgl III 3), kann die Rechtmäßigkeit der Datenübermittlung inzidenter in dem Verf über die Maßnahme des Mitteilungsempfängers geprüft werden, so dass in diesen Fällen kein Bedarf für einen Rechtsschutz nach §§ 23 ff besteht. Außerdem soll die Gefahr widersprechender Entscheidungen des OLG nach §§ 23 ff und des gegen die Maßnahme des Empfängers anzurufenden Gerichts ausgeschlossen werden (MK/Pabst Rn 5). 3

Nicht ausdrückl geregelt ist der Fall, dass die Empfängerbehörde auf Grund der übermittelten Daten eine **Maßnahme während des anhängigen Verf nach §§ 23 ff** trifft und der betroffenen Person bekannt gibt. Unter Berücksichtigung des Regelungskonzepts für § 22 (s Rn 3) und der Subsidiarität des Verf nach §§ 23 ff (§ 23 III) ist davon auszugehen, dass in diesem Fall der Antrag nach § 23 **wegen prozessualer Überholung unzulässig** wird (s § 567 ZPO Rn 7; aA MK/Pabst Rn 8; offen gelassen OLG Hamm 15.10.2021 – 15 VA 8/19). Dann hat die betroffene Person auch **kein berechtigtes Interesse** an einer Feststellung nach § 28 I 4, weil ihr der sof Zugang zum Rechtsweg gegen die getroffene Maßnahme offensteht (s § 28 Rn 8). 4

2) Beteiligung des Empfängers. II trifft die verfahrensmäßige Vorkehrung für die Umsetzung des Rechtsschutzkonzepts nach I. Dem **Empfänger** ist jedoch vom OLG über den Wortlaut des II 2 hinaus **Gelegenheit zur inhaltl Stellungnahme** zu geben; er ist Beteiligter iSd entspr anzuwendenden § 7 II Nr 1 FamFG. Dies ergibt sich aus der auch für öffentl Stellen geltenden Garantie des rechtl Gehörs, da die **Feststellung der Rechtswidrigkeit** der Datenübermittlung durch das OLG ein für **den Empfänger bindendes Verwertungsverbot** auslöst. 5

3) Gerichtliche Entscheidung. III 1 regelt den Tenor im Falle eines begründeten Antrags abw von § 28 I 1, weil die Mitteilung kein VA ist und als solche auch nicht rückgängig gemacht werden kann; dem effektiven Rechtsschutz der betroffenen Person dient jedoch das **Verwertungsverbot** des S 3. 6

4) Zuständigkeit. OLG (§ 25 I 1 Alt 1), in Bayern BayObLG (Art 12 Nr 3 BayAGGVG). Für die Anfechtung verfahrensübergreifender Datenübermittlungen durch die **ArbG** ist jedoch infolge der entspr Anwendung des § 22 und damit der §§ 23 ff gem § 13 II ArbGG das **LAG** zuständig (so auch Begr RegE BTDrs 13/4709, 31). 7

Dritter Abschnitt
Anfechtung von Justizverwaltungsakten (§§ 23-30a)

§ 23

(1) [1]Über die Rechtmäßigkeit der Anordnungen, Verfügungen oder sonstigen Maßnahmen, die von den Justizbehörden zur Regelung einzelner Angelegenheiten auf den Gebieten des bürgerlichen Rechts einschließlich des Handelsrechts, des Zivilprozesses, der freiwilligen Gerichtsbarkeit und der Strafrechtspflege getroffen werden, entscheiden auf Antrag die ordentlichen Gerichte. [2]Das Gleiche gilt für Anordnungen, Verfügungen oder sonstige Maßnahmen der Vollzugsbehörden im Vollzug der Untersuchungshaft sowie derjenigen Freiheitsstrafen und Maßregeln der Besserung und Sicherung, die außerhalb des Justizvollzuges vollzogen werden.
(2) Mit dem Antrag auf gerichtliche Entscheidung kann auch die Verpflichtung der Justiz- oder Vollzugsbehörde zum Erlass eines abgelehnten oder unterlassenen Verwaltungsaktes begehrt werden.
(3) Soweit die ordentlichen Gerichte bereits auf Grund anderer Vorschriften angerufen werden können, behält es hierbei sein Bewenden.

1 **I) Regelungsgegenstand des § 23: Justizverwaltungsakte. Justizverwaltungsakte, Abgrenzung.** § 23 nimmt aus § 40 VwGO bestimmte Verwaltungssachen heraus und überträgt sie der Sachnähe wegen den OLG bzw dem BayObLG. Anordnungen, Verfügungen oder sonstige Maßnahmen iSd I 1 sind **JustizVA**, die den Justizbehörden – im Gegensatz zu den Gerichten als Rechtsprechungsorganen – übertragen sind. Der Begriff der Justizbehörde ist im funktionellen Sinn zu verstehen (BGH ZInsO 2007, 711; BVerwG NJW 75, 893; OVG Koblenz NJW 94, 2108; Kissel/Mayer Rn 14 ff). – Zum Begriff des VA (II) vgl § 35 VwVfG, § 42 VwGO. – Unter § 23 fallen jedoch – wie sich aus Wortlaut („sonstige Maßnahmen") und Sinn (Übertragung auf die sachnähere Gerichtsbarkeit) ergibt – hoheitl Handlungen (insb „schlichte Hoheitsverwaltung") auch dann, wenn ihnen nicht VA-Qualität zukommt (hM, BGH NJW 2022, 1461 = MDR 2022, 461; BVerwG NJW 89, 413; KG NJW 87, 197; OLG Dresden NJW 2000, 1503; OLG Naumburg JMBl Sachsen-Anhalt 2003, 78; Kissel/Mayer Rn 23). **Nicht** erfasst sind jedoch **Akte ohne Außenwirkung**, wie interne Verwaltungsanweisungen einer Justizbehörde an eine nachgeordnete.

2 Die in § 23 angesprochenen JustizVA müssen auf dem Gebiet des bürgerl Rechts einschl des Handelsrechts, des Zivilprozesses, der freiw Gerichtsbarkeit oder der Strafrechtspflege getroffen worden sein. JustizVA von Organen der **Arbeitsgerichtsbarkeit** gehören nach Gesetzeszweck (Sachnähe, die für Zuordnung zum OLG maßgebl) und Wortlaut (arbeitsgerichtl Verf ist nicht Zivilprozess) nicht hierher (BGH NJW 2003, 2989 = MDR 2003, 1433 LS – entgegen OLG Schleswig NJW 89, 110) – denkbar wäre allenfalls eine analoge Anwendung (Folge: Zuständigkeit des LAG; so bzgl Überprüfung verfahrensübergreifender Mitteilungen gem § 22, s § 22 Rn 7, iVm § 13 II ArbGG), richtig aber Anwendung des § 40 VwGO (LAG Hamm 19.7.2010 – 1 Ta 174/10). – § 23 ist als **Ausnahmenorm zu § 40 VwGO** zwar an sich eng auszulegen (Kissel/Mayer Rn 6; BGH NVwZ-RR 2012, 784); Vorrang hat jedoch der in der Vorschrift niedergelegte Zweck, dass auf den bezeichneten Gebieten das OLG als Gericht der sachnäheren Gerichtsbarkeit entscheiden soll (BVerwG NJW 1989, 412).

3 **II) Nach § 23 anfechtbare Maßnahmen, Beispiele.** Nach § 23 anfechtbare Anordnungen, Verfügungen oder sonstige Maßnahmen sind ua:

4 **1) Akteneinsicht und Auskunftserteilung durch Justizverwaltung.** JustizVA ist grds – soweit nicht speziell geregelt – **Akteneinsicht (AE)**, soweit von einem Organ der Justizverwaltung – auch bei Delegation durch den Präsidenten auf den für das Verf zuständigen Richter (BayObLG FamRZ 2020, 1942) – über diese entschieden wurde, insb über **Akteneinsicht für Dritte** nach **§ 299 II ZPO** (BGH NJW 2015, 1827; BayObLG 29.6.2022 – 102 VA 14/22; OLG Schleswig NZI 2023, 666; OLG Köln 5.1.2022 – 7 VA 19/21; OLG Brandenburg ZInsO 2021, 2437; OLG Düsseldorf VersR 2021, 1395 [LS]; OLG Frankfurt 16.2.2021 – 20 VA 59/19 [Rechtsschutzversicherer]; OLG Oldenburg NJW 2015, 1255 = MDR 2015, 644; OLG Naumburg NZI 2010, 766; KG NJW 2008, 1748; *KG 25.2.2025 – 22 W 66/24 [Einsicht in Vereinsregisterakten]*; OLGR Hamm 2004, 196; Kissel/Mayer § 12 GVG Rn 108 ff). Ebenso **Akteneinsicht für Gerichte und Behörden** im Wege der Amtshilfe auf einfachgesetzl (zB Art 5 BayDSG) Grundlage (BVerfGE 138, 33 = MDR 2015, 171 = NJW 2015, 610; BayObLG FamRZ

2022, 1732; OLG Zweibrücken FamRZ 2023, 555; OLG Bamberg FamRZ 2018, 846 [Auskunft aus Betreuungsakte an Gerichtsvollzieher]; OLG Naumburg FamRZ 2018, 846) und **Erteilung ggf anonymisierter Entscheidungsabschriften** außer in Strafsachen (su) an Dritte (BGH NJW 2017, 1819). Akteneinsicht in abgeschlossenen PKH/VKH-Verf in Prozess- (Verfahrens-)kostenhilfeunterlagen des Gegners (BGH JurBüro 2021, 374; vgl BayObLG MDR 2024, 523 = FamRZ 2024, 1306; OLG Hamburg 5.5.2020 – 2 VA 2/20; OLG Schleswig FamRZ 2016, 2022; OLG Frankfurt FamRZ 2016, 843 LS). Auch **Einsichtsgesuche Verfahrensbeteiligter in Akten bereits abgeschlossener Verfahren** unterfallen **§ 299 II ZPO** und damit der Anfechtung nach § 23 (BGH NJW 2015, 1827; BayObLG 8.9.2023 – 101 VA 117/23, jew mwN auch zur aA). Ebenso Akteneinsicht in Testaments-Verwahrungsakte (OLG Schleswig ZEV 2019, 218). Anfechtbar nach § 23 auch Akteneinsichts-Gewährung durch Richter im laufenden Verf an Dritte unter Nichtbeachtung der Zuständigkeit der Justizverwaltung nach § 299 II ZPO (Bsp: BVerfGE 138, 33 = NJW 2015, 171 = MDR 2015, 171 [Stockmann FamRB 2015, 135]), **nicht** jedoch soweit Vors oder Gericht nach **§ 299 I ZPO** entscheidet oder angerufen werden kann (BGH ZInsO 2020, 85; BGH NStZ 93, 351 [Otto]; OLG Celle MDR 2012, 184 = FamRZ 2012, 728; OLGR Hamm 2004, 196; OLG Saarbrücken NJW 95, 1440; BVerfG NJW 94, 3219), da hier eine Prozesshandlung (kein JustizVA) vorliegt; gegen diese kann ggf im Beschwerdeweg vorgegangen werden. – Daraus folgt gem § 4 InsO für **Akteneinsichts- und Auskunftsersuchen von Gl zu InsVerf:** § 23 einschlägig für Auskunft, ob Verf anhängig ist (OLG Brandenburg NJW 2002, 451 LS = NJW-RR 2001, 1630), und für Einsicht in Akten eines nicht eröffneten, eingestellten oder sonst erledigten Verf (OLG Schleswig MDR 2008, 1243; OLGR Celle 2006, 725; OLG Celle NJW 2004, 863) sowie für Gesuche von Gl, die ihre Forderung nicht angemeldet haben, also nicht am Verf beteiligt und somit Dritte iSd § 299 II ZPO sind (BayObLG ZInsO 2020, 1010; OLG Köln ZInsO 2017, 2438; KG MDR 2016, 673; OLG Frankfurt ZVI 2006, 30; OLGR Celle 2004, 191), und sonstige Dritte (zB Aussonderungsberechtigte und Massegläubiger: BayObLG MDR 2024, 1612; BayObLG ZIP 2023, 1091; BayObLG NZI 2021, 1078); ebenso für Gesuche von Schuldnern (BayObLG ZInsO 2024, 1534; BayObLG ZIP 2021, 2496). Dagegen nicht § 23, sondern sof Beschwerde nach § 4 InsO iVm § 567 ZPO für Einsicht eines am Verf beteiligten Gl in Akten eines laufenden, eröffneten InsVerf (OLG Celle ZVI 2004, 114). – Anfechtbar nach § 23: Entscheidungen über laufenden Bezug von Abdrucken aus SchVerz (OLG Frankfurt ZVI 2007, 416; OLG Brandenburg Rpfleger 2003, 201); ebenso über AE in Schuldnerverzeichnis nach § 882f ZPO (BayObLG DGVZ 2021, 45). – Für Akteneinsicht in **Strafsachen** ist **§ 23** wegen vorrangiger Spezialregelungen (§ 147 V, § 406e IV, § 478 III StPO) **nicht anwendbar** (BGHSt 63, 156 = NJW 2018, 3123; OLG Frankfurt NStZ-RR 2005, 376; OLG Hamm NJW 2003, 768).

Umstritten ist die Anfechtbarkeit der Entscheidung des Gerichts oder des Vors gem **§ 13 VII FamFG**, s § 13 FamFG Rn 9, 10. Nach hiesiger Auffassung ist nicht § 23, sondern **§ 58 FamFG** einschlägig: § 13 VII FamFG differenziert anders als § 299 ZPO nicht zwischen Anträgen von VerfBeteiligten und privaten Dritten und nicht zwischen anhängigen und abgeschlossenen Verf, BayObLG MDR 2023, 442 = NJW-RR 2023, 503; OLG Karlsruhe MDR 2022, 1437 = FamRZ 2022, 1867 = NJW-RR 2022, 1446; OLG Koblenz FamRZ 2020, 270; OLG Brandenburg 28.11.2019 – 3 W 126/19; OLG Hamm FamRZ 2013, 1152; OLG Saarbrücken FamRZ 2012, 1589; OLG Celle MDR 2012, 184 = FamRZ 2012, 727; OLG Jena NJW-RR 2012, 139; KG FamRZ 2011, 1415 = NJW-RR 2011, 1025; OLG Frankfurt FGPrax 2011, 260, jew mwN; Müller FamRZ 2021, 480; aA OLG Düsseldorf FamRZ 2021, 1748; OLG Frankfurt FamRZ 2020, 1581; OLG Hamm MDR 2012, 52 = FamRZ 2012, 51 mwN, die dort herangezogene unklare Aussage der Gesetzesbegr (RegE BTDrs 16/6308, 182) kann jedoch wohl insb wegen des eindeutigen Begriffs „Kollegialgerichten" in § 13 VII FamFG nicht die Annahme eines JustizVA rechtfertigen. **Entgegen** der **hier vertretenen Auffassung** hat der **BGH** (BGH MDR 2024, 237 = FamRZ 2024, 453 [Goldkamp jurisPR-FamR 9/2024 Anm. 1]; sa § 13 FamFG Rn 10; dem BGH folgend OLG Brandenburg 30.12.2024 – 11 VA 3/24; BayObLG MDR 2024, 1134 = FamRZ 2024, 1561; OLG Köln 29.1.2024 – 7 VA 8/23) entschieden, dass die **Entscheidung über die Akteneinsicht** nach § 13 VII FamFG jedenfalls **in abgeschlossenen fG-Verfahren** als **Justizverwaltungsakt** anzusehen ist, gegen den der Rechtsbehelf des Antrags auf gerichtliche Entscheidung nach §§ 23 ff statthaft ist, weil eine spruchrichterliche Tätigkeit dann nicht mehr stattfinde: Die Aufbewahrung und Verwaltung von Gerichtsakten abgeschlossener Verfahren sei grundsätzlich nicht Aufgabe des mit der Sache befassten Spruchkörpers, sondern der Gerichtsverwaltung. Der Wortlaut des § 13 VII FamFG stehe dieser Auslegung nicht entgegen, weil die Begründung der Zuständigkeit des Spruchkörpers keine Aussage über die Form der zu treffenden Entscheidung enthalte. Auch wenn es fernliegend erscheint, in einer gesetzlichen Aufgabe für Kollegialgerichte eine Justizverwaltungssache zu sehen, ist der anwaltlichen **Praxis** zu **empfehlen**, angesichts der Eindeutigkeit der BGH-Entscheidung **in einschlägigen Fällen abgeschlossener Verfahren** den **Antrag auf gerichtliche Entscheidung nach § 23** zu stellen. Für **Akteneinsichtsgesuche in anhängigen Verfahren** besteht kein Anlass zur Abkehr von der Annahme der Statthaftigkeit der Anfechtung nach § 58 FamFG. 4a

2) Verpflichtung zur Herausgabe von Entscheidungen zur Veröffentlichung. S § 169 GVG Rn 9; § 299 ZPO Rn 13; BGH MDR 2021, 837; BGH NJW 2017, 1819 mwN (Hinausgabe anonymisierter Entscheidungsabschriften an Dritte für Veröffentlichungszwecke ist kein Fall der Akteneinsicht, sondern Justizverwaltungsakt in Wahrnehmung der öffentlichen Aufgabe der Gerichte, Entscheidungen zu veröffentlichen); OLGR Saarbrücken 2003, 54; OLG Köln NJW-RR 2003, 429; ebenso unter Betonung der Sachnähe der Gerichte zur Entscheidung über die Veröffentlichung ihrer Entscheidungen zur Einstellung in allg zugängliche Datenbank: BayObLG 29.8. 5

2023 – 101 VA 39/23; aA OLG Hamm NVwZ-RR 2022, 329 wegen Zugehörigkeit zur allg Presse- und Öffentlichkeitsarbeit, s Rn 25. **Unterlassung der Veröffentlichung** einer Entscheidung wegen unzureichender Anonymisierung: OLG Karlsruhe JZ 2021, 687 (Heese JZ 2021, 665); OLG Frankfurt MDR 2020, 235; VGH Mannheim 10.7.2020 – 2 S 623/20. – S aber zu Pressemitteilungen Rn 25.

6 **3) Datenverarbeitung.** Übermittlung personenbezogener Daten nach § 22; Auskunftsverweigerung nach § 21 iVm § 22, s § 21 Rn 4; ebenso Ablehnung eines Antrags auf Datenlöschung (BayObLG 30.7.2024 – 204 VAs 36/24; OLG Hamm 26.2.2021 – 1 VAs 77/20).

7 **4) Auskunft über die Geschäftsverteilung.** Anwendung von § 21e IX, § 21g VII GVG (s § 21e GVG Rn 35); dies sind **abschließende bereichsspezifische Sonderregelungen**, so dass Anspruch nicht auf Bestimmungen von Landes-Informationsfreiheitsgesetzen gestützt werden kann (BGH NJW 2019, 3307 [Leitmeier] = MDR 2020, 54; sa BayObLG 24.11.2020 – 204 VAs 398/20; OLG Düsseldorf AnwBl 2020, 367; OLG Koblenz MDR 2019, 1213); damit Verw-Rechtsweg nicht eröffnet (OVG Münster 31.3.2023 – 4 E 231/23). Soweit die Prozessbeteiligten darüber hinaus kraft bes ges Regelung (vgl § 222a StPO) über die Gerichtsbesetzung zu unterrichten sind, liegt eine gerichtl Aufgabe vor, nicht eine der Justizverwaltung.

8 **5) Eingangsstempel.** Streit über Anbringung bzw Berichtigung, BGH NJW-RR 2016, 445 = WM 2016, 1661; OLG Naumburg 9.4.2020 – 2 VA 1/20; OLG Celle NJW 2013, 1971.

9 Einstweilen frei.

10 **6) Eintragungen im Bundeszentralregister.** Zu Eintragungen im Rahmen internationaler Zusammenarbeit: BVerfG NJW 2017, 1731; KG 10.8.2015 – 4 VAs 14/15.

11 **7) Rechtshilfeverkehr mit dem Ausland.** Vgl ZRHO. Entscheidungen der Justizverwaltung, Rechtshilfeersuchen zu genehmigen oder Genehmigung zu versagen, können von jedem Betroffenen des Ausgangsverf (das kann auch ein Zeuge, evtl auch ein Dritter sein, der durch das genehmigte Ersuchen in seinen Rechten verletzt wird – zB Verletzung des eingerichteten Gewerbebetriebs durch Beweisaufnahme über geheime Produktionsverf –, vgl OLG München 22.11.1980 – 9 VA 4/80) angefochten werden (BayObLG IWRZ 2021, 93; KG 13.8.2015 – 1 VA 8/15; OLG Stuttgart FamRZ 2004, 492; Durchführung eines ausl Zustellungsersuchens: s § 158 GVG Rn 3; BVerfGE 108, 238 = NJW 2003, 2598 [Zekoll NJW 2003, 2885]; BGH EWiR 2007, 511; OLG Köln 29.11.2017 – 7 VA 16/17; KGR Berlin 2008, 258; OLGR Düsseldorf 2007, 393; OLGR München 2006, 801; OLG Frankfurt NZG 2010, 1314). Gleiches gilt für ministerielle Entscheidung für ausgehende Rechtshilfeersuchen (OLG Stuttgart FamRZ 2004, 894). – Auch die Entscheidung der Justizverwaltung über (Nicht-)Weiterleitung eines Rechtshilfeersuchens ist anfechtbar (OLG Karlsruhe 13.12.2017 – 6 VA 12/17; OLG Düsseldorf 28.12.2011 – 3 VA 2/11; OLG Hamm MDR 82, 602). Ebenso Ablehnung der Erstellung einer **Apostille** BayObLG NStZ-RR 2023, 388 = NJW 2024, 163 (LS).

12 **8) Erklärung gem § 1059a I Nr 2 S 2, § 1092 II BGB.** S OLG Hamm 11.9.2017 – 5 U 61/15.

13 **9) Hinterlegung.** Nach Landesrecht Entscheidungen der **Hinterlegungsstellen**, zB Art 8 III BayHintG (BayObLG NJW-RR 2021, 1431; BayObLG FamRZ 2020, 1962), Antrag statthaft auch nach Vollzug der Herausgabeanordnung (BayObLG 7.1.2025 – 101 VA 153/24), § 6 HintG NRW (OLG Düsseldorf 16.5.2022 – 3 VA 11/21), auch bei fehlender landesrechtl Regelung (OLG Frankfurt ZMR 2018, 927; OLG Brandenburg 30.1.2015 – 11 VA 8/14; OLG Braunschweig 1.4.2011 – 2 VA 2/11).

14 **10) Ablehnung der Befreiung vom Erfordernis der Beibringung des Ehefähigkeitszeugnisses.** Entscheidung des PräsOLG nach § 1309 II BGB (BGHZ 41, 136; OLG Brandenburg StAZ 2022, 299).

15 **11) Stiftungsaufsichtssachen des bürgerlichen Rechts.** Fälle, in denen Aufsicht einer Justizverwaltungsbehörde obliegt; vgl KG OLGZ 65, 336.

16 **12) Gerichtsvollzieher.** Ablehnung des Tätigwerdens, weil beantragte Handlung (Zustellung) **außerhalb** eines **Vollstreckungsverf** nicht zu seinen Aufgaben gehöre (OLG Koblenz MDR 2021, 122; OLG Karlsruhe DGVZ 2016, 227; OLG Hamm FamRZ 2004, 1593).

17 **13) Schiedsmannssachen; Schiedsstelle nach dem VGG.** Entscheidungen der Justizverwaltungsbehörden (Ablehnung wegen Befangenheit: OLG Oldenburg NJW-RR 2016, 1408). Die beim Deutschen Patent- und Markenamt nach dem VGG gebildete Schiedsstelle trifft als Justizverwaltungsorgan Entscheidungen auf dem Gebiet des bürgerlichen Rechts (BayObLG MMR 2024, 950).

18 **14) Ablehnung der Behandlung von Anträgen durch von der Justizverwaltung eingerichtete Schlichtungs- und Gütestellen.** OLG Hamburg MDR 88, 506. Dagegen ist das Verf selbst, insb das Ergebnis (s § 794 I Nr 1 ZPO), nicht nach § 23 überprüfbar.

19 **15) Justizbehördliche Verwaltungs-Entscheidungen außerhalb eines gerichtlichen Verfahrens mit Auswirkungen auf eine Mehrzahl gerichtlicher Verfahren.** OLGR Frankfurt 2006, 411 = NJW-RR 2006, 68. – Ablehnung bzw Widerruf der Genehmigung zur Einrichtung eines automatisierten Abrufverfahrens gem § 133 II 1

GBO (OLG Stuttgart DNotZ 2023, 224; BayObLG 1.12.2021 – 101 VA 109/21; OLG Hamm DNotZ 2018, 446; KG NJW 2016, 411). – Verfahren der Vergütungstabelleneinstufung nach § 8 III VBVG für Berufsbetreuer (OLG Brandenburg 26.2.2025 – 11 VA 8/24; OLG Frankfurt 23.1.2025 – 20 VA 2/24; BayObLG Rpfleger 2025, 27; KG FamRZ 2025, 547; OLG Hamburg 8.8.2023 – 2 VA 2/23).

16) Insolvenzverwalterbestellung und Ähnliches. Ob und wie (Nicht-)Bestellung als **InsVerwalter** anfechtbar ist, ist heftig (wirtschaftl Bedeutung, Auswirkung auf berufl Existenz) umstritten. Die **Vorauswahl von InsVerwalterkandidaten** durch Aufnahme in eine **Liste des Insolvenzgerichts** gehört nach BVerfG – Kammerentscheidung – NJW 2004, 2725 = MDR 2004, 1446 (Runkel/Wältermann ZIP 2005, 1347) nicht zur spruchrichterl Tätigkeit und ist entspr §§ 23 ff zu überprüfen (BGH NJW-RR 2016, 1447 = WM 2016, 2080), ebenso für weitere Entscheidungen im Rahmen der Vorauswahl OLG Düsseldorf NJW-RR 2007, 630, zB Streichung von der Liste (OLG Brandenburg NZI 2020, 488 = ZInsO 2020, 1014; OLG Köln ZInsO 2015, 798; OLG Hamburg NZI 2012, 193 = ZInsO 2012, 175). Für die entscheidend vom vorläufigen Gläubigerausschuss zu beeinflussende (§ 56a InsO) **InsVerwalterbestellung** selbst im Ausgangspunkt ebenso BVerfG NJW 2006, 2613 = MDR 2007, 183: Auch diese Entscheidung sei **nicht Rspr im materiellen Sinne**, erfolge also nicht in Ausübung rechtsprechender Gewalt (ebenso OLG Stuttgart ZVI 2006, 64; OLGR Koblenz 2005, 725 entgegen OLG Celle NJW 2005, 2405 = MDR 2005, 1192; OLG Hamm NJW 2005, 834; Höfling NJW 2005, 2341; Laws MDR 2005, 541). Gleichwohl ist nach BVerfG NJW 2006, 2613 = MDR 2007, 183 eine Einschränkung des Rechtsschutzes für die Prätendenten um das Amt des InsVerwalters im vorrangigen Interesse der Gl an einem zügigen Fortgang des InsVerf geboten; die Bewerber sind unter **Ausschluss der Drittanfechtung der Bestellung und des vorläufigen Rechtsschutzes** auf den Antrag auf **nachträgl Feststellung** der Rechtswidrigkeit der Bestellung entspr § 28 I 4 und auf die **Amtshaftungsklage** beschränkt (sa Frind ZInsO 2010, 986). – Die dem Antrag auf Eintragung in die Vorauswahlliste entgegentretenden Insolvenzrichter eines Insolvenzgerichts sind nicht Beteiligte des Verf nach § 23 (BGH WM 2017, 488; OLG Düsseldorf NJW-RR 10, 256). – Nichtaufnahme in eine **Liste** künftig zu bestellender **Berufsbetreuer** wie bei InsVerwalterliste anfechtbar, OLG Frankfurt Rpfleger 2008, 570; OLGR Saarbrücken 2005, 251. Für **Auswahl von Zwangsverwaltern** kann angesichts der BVerfG-Rspr (BVerfG NJW 2010, 1804) nichts anderes gelten, BGH NZI 2012, 768 = ZInsO 2012, 1892; Kissel/Mayer Rn 176; aA OLG Koblenz Rpfleger 2005, 618; offen gelassen OLGR Frankfurt 2009, 38. 20

III) Nicht nach § 23 anfechtbare Maßnahmen. Nicht nach § 23 anfechtbare Anordnungen, Verfügungen oder sonstige Maßnahmen sind ua: 21

1) Ausnahmen zugunsten des FamFG-Verfahrens. Einige begriffl an sich unter § 23 fallende JustizVA sind dem Verfahren nach dem FamFG zugewiesen: § 186 Nr 4 FamFG: Befreiung vom Ehehindernis nach § 1308 I BGB. Vor allem aber ist durch §§ 107-110 FamFG ein Sonderverf für die **Anerkennung ausl Entscheidungen in Ehesachen** geschaffen worden (Anrufung des OLG gegen Entscheidungen der Landesjustizverwaltungsbehörde). S auch zu §§ 58, 13 VII FamFG oben Rn 4, insb zur Rspr-Entwicklung. 22

2) Rechtsprechungs-Akte. Nicht nur Urteile u Beschlüsse, sondern auch die der Entscheidung vorausgehenden gerichtl Maßnahmen. Ebenso Anordnung der Bekanntmachung von Daten im Klageregister gem § 11 II 1 KapMuG (BayObLG MDR 2024, 1540 = NJW-RR 2024, 1315 entgegen OLG Celle NJW-RR 2017, 1450). Insb eröffnet § 23 nicht einen zusätzl Rechtsweg gegen gerichtl Entscheidungen, die unanfechtbar sind. 23

3) Gerichtsorganisation als Rechtsprechungs-Verwaltung. Nicht nach § 23 anfechtbar Einrichtung u Besetzung der Spruchkörper, Geschäftsverteilung, §§ 21e ff GVG (vgl § 21e GVG Rn 48 ff), für Auskünfte über Besetzung s Rn 7. – Zur Gerichtsverwaltung gehören VA, die den Gerichtsbetrieb mittelbar erst ermöglichen, vor allem also die zur Deckung des Personal- und Sachbedarfs nötigen Maßnahmen; also nicht nach § 23 anfechtbar Wahl eines Post-Dienstleistungsunternehmens, OLGR Frankfurt 2002, 167; die Zuweisung eines bestimmten Sitzungssaales kann daher nicht nach § 23 angefochten werden (aA OLG Hamburg NJW 79, 279); ebenso nicht die Zugangsverweigerung zur Gerichtsbibliothek (KG MDR 2020, 817 = NJW-RR 2020, 880). Nicht unter § 23 fallen Entscheidungen des PräsLG oder des OLG über die **allg Beeidigung von Dolmetschern** und die **Streichung aus der Dolmetscherliste** (Streitfrage geklärt durch BGH NJW 2007, 3070; vgl BVerwG NJW 2007, 1478; MK/Pabst Rn 36; aA Kissel/Mayer Rn 117). 24

4) Presse- und Öffentlichkeitsarbeit. Für **Presseauskünfte** bzw deren Ablehnung durch Justizpressestellen und für **Pressemitteilungen** auf den Gebieten des I 1 hat das BVerwG NJW 89, 412 (abl Wasmuth NStZ 90, 138) zu Recht festgestellt, dass hier **nicht** eine funktional den genannten Rechtsgebieten zugeordnete Aufgabe vorliegt, sondern der Zweck der Erklärungen – oder ihrer Unterlassung – die dem allg öffentl Recht zuzuordnende Öffentlichkeitsarbeit ist (funktionale Abgrenzung, s Rn 1), so dass der allg Verwaltungsrechtsweg nach § 40 VwGO gegeben ist (ebenso BGH StV 2018, 208; OLG Hamm 27.2.2018 – 15 VA 1/18; VGH München NJW 2014, 2057; für vorbeugenden Unterlassungsanspruch OLG Hamm NStZ 2017, 663; offen gelassen – entgegen der Zitierung in OLG Düsseldorf NJW 2005, 1791, 1793 – in BGH NJW 94, 1950 = MDR 94, 773; Lütke/Gramlich BayVBl 2024, 833, 838; aA Kissel/Mayer Rn 36; OLG Düsseldorf NJW 2005, 1791, 1793; OLG Hamm NStZ 95, 412; OLGR Karlsruhe 2008, 759 = VersR 2008, 1693; OLG Stuttgart NJW 2001, 3797 zu gemeinsamer Presseerklärung von StA und Polizei; Müller GA 2016, 702, 710 f). 25

26 **5) Grundbuchauskünfte.** Entscheidung des Urkundsbeamten der Geschäftsstelle des Grundbuchamts über Einsicht in das bzw Auskünfte aus dem Grundbuch, s § 12c IV, §§ 71 ff GBO.

27 **6) Dienstaufsichtliche Maßnahmen.** Bescheide auf Dienstaufsichtsbeschwerden sind nicht nach § 23 anfechtbar (BGHZ 105, 395 = NJW 89, 587 = MDR 89, 338; BVerwG NJW 77, 118; OVG Bautzen 27.11.2020 – 5 D 59/20); soweit eine Anfechtung durch den Betroffenen in Betracht kommt, gelten die jew für das Dienstverhältnis anzuwendenden allg Vorschriften (etwa § 26 III, § 62 I Nr 4e DRiG). – Da die Dienstaufsicht nicht unter §§ 23 ff fällt, kann auch deren Unterlassung von einem Dritten nicht in diesem Verf angefochten werden (OLG Köln OLGZ 70, 119); ebenso nicht Verweigerung der Akteneinsicht in Dienstaufsichtsvorgang (OLGR Köln 2001, 197).

28 **7) Festsetzung der PKH-Vergütung.** Anfechtung nicht nach § 23 EGGVG, sondern § 56 RVG (§ 55 RVG), OLG Köln NJW-RR 2003, 575; OLG Naumburg NJW 2003, 2921.

29 **8) Verpflichtung zur Aufnahme von Anträgen gem § 129a ZPO.** Betrifft nicht JustizVA (KG NJW-RR 95, 637).

30 **IV) Verfahren. 1) FamFG.** Für das Verf gelten neben §§ 24 ff ergänzend Regelungen des FamFG (s § 29 III; BGH WM 2016, 837 = NJW 2016, 2042 LS = MDR 2016, 732 LS; OLG Frankfurt 24.9.2020 – 20 VA 9/19; Kissel/Mayer § 29 EGGVG Rn 2; Dauster/Lutz FS von Heintschel-Heinegg, 2015, S 93); das Gericht ist also auch Tatsacheninstanz (BayObLG 24.2.2021 – 101 VA 151/20). Endentscheidungen erwachsen in materielle Rechtskraft (OLG Frankfurt 7.2.2022 – 20 VA 6/20).

31 **2) Antragstellung, Antragsgegner, Verweisung.** Die Gliederung der Anträge der I u II entspricht der in § 42 VwGO in Anfechtungsklage u Verpflichtungsklage. **Richtiger Antragsgegner** ist jedenfalls die **Ausgangsbehörde**, der gem **§ 8 Nr 3 FamFG** die Fähigkeit zukommt, am Verf beteiligt zu sein (BGH WM 2016, 837 = NJW 2016, 2042 LS = MDR 2016, 732 LS; BGH NJW 2016, 2037; OLG Köln 5.1.2022 – 7 VA 19/21; OLG Karlsruhe JZ 2021, 687; OLG Brandenburg ZInsO 2020, 1014 = NZI 2020, 488; richtigerweise wird aber nach dem Rechtsträgerprinzip der Antrag auch gegen das Land gerichtet werden können, sa BayObLG 1.12.2021 – 101 VA 109/21 Tz 42; OLG Frankfurt 16.2.2021 – 20 VA 59/19). Behörde ist jedenfalls **nicht der Richter** (auch nicht in einer Funktion als Abteilungsleiter), dessen Entscheidung angegriffen wird (BGH NJW 2016, 2037; BGH NJW 2017, 1110; BGH WM 2016, 837; OLG Düsseldorf 31.8.2016 – 3 VA 1/15) und auch **nicht die Abteilung des Gerichts**, der der Richter angehört (so aber bei angefochtener richterl Entscheidung iSd Rn 20 OLG Celle NZI 2015, 678). – **Verweisungen** in entspr Anwendung der §§ 17 ff GVG (s dort) sind mögl (BGH WM 2016, 837; KG 6.1.2015 – 4 VAs 51/14; OLGR Düsseldorf 2006, 407; OLG Koblenz MDR 84, 1039; OLG Karlsruhe NJW 88, 85).

32 **3) Anfechtungsantrag.** Ziel ist die Aufhebung des angefochtenen JustizVA durch (gestaltende) richterl Entscheidung.

33 **4) Verpflichtungsantrag.** Ziel ist der Ausspruch einer Leistungspflicht der Justizverwaltungsbehörde und deren Erzwingung. Die begehrte Leistung: Erlass des versagten bzw unter den Voraussetzungen des § 27 des unterlassenen VA. – Bei Verpflichtungsanträgen ist zu unterscheiden: (a) **Vornahmeantrag:** Die Voraussetzungen für die Amtshandlung liegen gesetzl fest, das Gericht kann der JustizVerwBehörde die Vornahme der Amtshandlung auferlegen; (b) **Bescheidungsantrag:** Hier kann der JustizVerwBehörde nur auferlegt werden, den ASt erstmals oder erneut zu verbescheiden, wenn der begehrte Akt auch im Ermessen der Behörde liegt.

34 **V) Subsidiarität (§ 23 III).** Das Verf nach §§ 23 ff ist subsidiär. Bsp: § 111 BNotO (hierzu s zB KG MDR 2023, 464); §§ 107 ff FamFG; §§ 66 ff GKG; § 766 ZPO (hierzu BayObLG MDR 2024, 869). Ist ein anderer Rechtsbehelf – etwa durch Zeitablauf – unzulässig geworden, kann nicht auf § 23 zurückgegriffen werden (vgl OLG Karlsruhe MDR 80, 76; OLG Frankfurt MDR 89, 934).

35 **VI) Eilrechtsschutz. Vorläufiger Rechtsschutz** ist in §§ 23 ff nicht geregelt, aber wegen Art 19 IV GG ist Antrag auf einstweilige Anordnung in Ausnahmefällen, in denen sonst ein effektiver Rechtsschutz nicht mehr mögl wäre, zuzulassen (BGH NStZ-RR 2024, 58; vgl Kissel/Mayer § 28 Rn 25), allerdings nur im Zusammenhang mit einem Hauptsacheverf (keine isolierte einstw Anordnung; insb nicht als Ersatz der vom Gesetz nicht vorgesehenen vorbeugenden Unterlassungsklage, OLG Hamm JR 96, 257; offen gelassen OLG Karlsruhe JZ 2021, 687 [Heese JZ 2021, 665]; aA im Hinblick auf § 52 II FamFG Lütke/Gramlich BayVBl 2024, 833, 843). Dass auch die Regelungen über die einstweiligen Anordnungen (§§ 49-57 FamFG) auf das Verf nach §§ 24 ff angewendet werden sollen, kann jedoch dem Gesetz nicht entnommen werden, da es keine **umfassende** Geltung der FamFG-Vorschriften anordnet, vgl § 29 III, s aber zB auch die ausdrücklich abweichende Anordnung der Geltung der ZPO-Regeln für die PKH (§ 29 IV). Auch wenn in der nur noch lückenhaften Bezugnahme auf das FamFG-Verf ein Versehen des Gesetzgebers zu sehen sein mag (so BayObLG 22.3.2024 – 102 VA 255/23), sollte die Einführung eines selbständigen einstweiligen Anordnungsverf in das hiesige Verf entgegen der bish Handhabung einer ausdrückl gesetzl Regelung vorbehalten bleiben. **Keine Beschwerde** gegen Ablehnung einstweiligen Rechtsschutzes; Art 19 IV GG und Rechtsstaatsprinzip gewährleisten keinen Instanzenzug (BGH NStZ-RR 2024, 58).

36 ***VII) Anwaltszwang.*** *Kein Anwaltszwang für Antrag.*

37 **VIII) Kosten.** S § 30 Rn 1 ff.

§ 24

(1) Der Antrag auf gerichtliche Entscheidung ist nur zulässig, wenn der Antragsteller geltend macht, durch die Maßnahme oder ihre Ablehnung oder Unterlassung in seinen Rechten verletzt zu sein.
(2) Soweit Maßnahmen der Justiz- oder Vollzugsbehörden der Beschwerde oder einem anderen förmlichen Rechtsbehelf im Verwaltungsverfahren unterliegen, kann der Antrag auf gerichtliche Entscheidung erst nach vorausgegangenem Beschwerdeverfahren gestellt werden.

1) Antragsbefugnis (§ 24 I). Vgl § 42 II VwGO u § 59 I FamFG. – § 24 I regelt entspr § 42 II VwGO die **Antragsbefugnis**. Die schlüssige Behauptung einer Rechtsverletzung, also eines die Beeinträchtigung einer benannten Rechtsstellung ergebenden Sachverhalts, gibt die Antragsbefugnis (OLG Hamburg FamRZ 2020, 525; vgl BayObLG 18.11.2020 – 101 VA 136/20; OLG Bremen MDR 2021, 509 jew m zahlr wNw). Rechtsstellung: Hierunter fallen nicht nur die subj öffentl Rechte des ASt (nicht seine Interessen schlechthin, wie etwa ideelle oder wirtschaftl), sondern seine rechtl geschützten Interessen oder zB das Recht am Gewerbebetrieb. Nur mittelbare Auswirkungen genügen nicht (OLG Hamm Rpfleger 2015, 292). Die Behauptung der Verletzung muss hinreichend konkretisiert sein (zu Anforderungen an die Begr BVerfG NStZ-RR 2013, 187; OLG Düsseldorf MDR 2019, 502). Die behauptete Verletzung muss **unmittelbar** sein (OLG Frankfurt ZMR 2018, 927). Vorbeugender Unterlassungsantrag ist also unzulässig (OLG Bamberg 23.2.2009 – VAs 1/09; offen gelassen OLG Karlsruhe JZ 2021, 687). Obwohl Justizverwaltungsakte grds keine Drittwirkung entfalten, kann Antragsbefugnis ausnahmsweise auch einem **Dritten** zustehen, wenn er Verletzung einer ihn als Dritten schützenden Norm behauptet (OLG Saarbrücken ZInsO 2022, 1742), zB Antragsbefugnis des Verlobten gegen Entscheidungen auf Befreiung nach § 1309 II BGB. Die Rechtsverletzung muss von der angefochtenen Maßnahme ausgehen. Hieran fehlt es in den Fällen wiederholender Verfügung, wenn etwa auf Gegenvorstellung eine frühere Entscheidung ledigl bestätigt wird (KGR Berlin 2008, 583). 1

Darüber hinaus ist ein **Rechtsschutzbedürfnis** des ASt erforderl, das allerdings idR aus der Antragsbefugnis folgt. Es kann jedoch fehlen bei Missbrauch, zB ledigl zum Zweck der Verunglimpfung, oder in Fällen sachl Überholung der angefochtenen Maßnahme (zB Zwischenverfügung sa § 28 I 4, § 22 Rn 4). 2

2) Vorschaltverfahren (§ 24 II). Solange nicht ein statthaftes Beschwerdeverf oder andere eröffnete förml Rechtsbehelfe erschöpft sind, ist der Antrag unzulässig. 3

3) Keine aufschiebende Wirkung. Der Antrag hat keine aufschiebende Wirkung, § 80 VwGO gilt nicht (Kissel/Mayer Rn 10). Wegen einstw Regelung s § 23 Rn 35. 4

§ 25

(1) [1]Über den Antrag entscheidet ein Zivilsenat oder, wenn der Antrag eine Angelegenheit der Strafrechtspflege oder des Vollzugs betrifft, ein Strafsenat des Oberlandesgerichts, in dessen Bezirk die Justiz- oder Vollzugsbehörde ihren Sitz hat. [2]Ist ein Beschwerdeverfahren (§ 24 Abs. 2) vorausgegangen, so ist das Oberlandesgericht zuständig, in dessen Bezirk die Beschwerdebehörde ihren Sitz hat.
(2) Ein Land, in dem mehrere Oberlandesgerichte errichtet sind, kann durch Gesetz die nach Absatz 1 zur Zuständigkeit des Zivilsenats oder des Strafsenats gehörenden Entscheidungen ausschließlich einem der Oberlandesgerichte oder dem Obersten Landesgericht zuweisen.

1) Zuständigkeit. § 25 regelt die Zuständigkeit umfassend: Sachl ist das OLG, funktionell je nach Verfahrensgegenstand der Zivil- oder der Strafsenat, örtl das OLG zuständig, in dessen Bezirk die Justiz- oder Verwaltungsbehörde ihren Sitz hat, oder, wenn ein Beschwerdeverf vorausgegangen war, das OLG, in dessen Bezirk die Beschwerdebehörde ihren Sitz hat. Im Fall des § 27 entscheidet der Sitz der untätigen Behörde. 1

2) Konzentrationsermächtigung. Das OLG übt auf Grund ges Zuweisung materiell Verwaltungsgerichtsbarkeit aus. Konzentrationsermächtigung des II steht neben der allg Ermächtigung nach § 13a GVG. In **Bayern** ist das **BayObLG** zuständig (II iVm Art 12 Nr 3 BayAGGVG). 2

§ 26

(1) Der Antrag auf gerichtliche Entscheidung muss innerhalb eines Monats nach Zustellung oder schriftlicher Bekanntgabe des Bescheides oder, soweit ein Beschwerdeverfahren (§ 24 Abs. 2) vorausgegangen ist, nach Zustellung des Beschwerdebescheides schriftlich oder zur Niederschrift der Geschäftsstelle des Oberlandesgerichts oder eines Amtsgerichts gestellt werden.
(2) [1]War der Antragsteller ohne Verschulden verhindert, die Frist einzuhalten, so ist ihm auf Antrag Wiedereinsetzung in den vorigen Stand zu gewähren. [2]Ein Fehlen des Verschuldens wird vermutet, wenn in dem Bescheid oder, soweit ein Beschwerdeverfahren (§ 24 Absatz 2) vorausgegangen ist, in

dem Beschwerdebescheid eine Belehrung über die Zulässigkeit des Antrags auf gerichtliche Entscheidung sowie über das Gericht, bei dem er zu stellen ist, dessen Sitz und die einzuhaltende Form und Frist unterblieben oder unrichtig erteilt ist.

(3) [1]Der Antrag auf Wiedereinsetzung ist binnen zwei Wochen nach Wegfall des Hindernisses zu stellen. [2]Die Tatsachen zur Begründung des Antrags sind bei der Antragstellung oder im Verfahren über den Antrag glaubhaft zu machen. [3]Innerhalb der Antragsfrist ist die versäumte Rechtshandlung nachzuholen. [4]Ist dies geschehen, so kann die Wiedereinsetzung auch ohne Antrag gewährt werden.

(4) Nach einem Jahr seit dem Ende der versäumten Frist ist der Antrag auf Wiedereinsetzung unzulässig, außer wenn der Antrag vor Ablauf der Jahresfrist infolge höherer Gewalt unmöglich war.

1 **1) Form.** Einfache Schriftform – kein Anwaltszwang – beim zuständigen OLG (Bayern: BayObLG) oder Antrag zu Niederschrift der GeschSt des zust OLG oder irgendeines AG; schriftl Antrag an AG wirkt nicht fristwahrend (BayObLG NJW-RR 2021, 1431; OLG Hamburg 5.5.2020 – 2 VA 2/20; OLG Bamberg 14.11.2017 – 6 VA 4/17; Kissel/Mayer Rn 21; MK/Pabst Rn 9).

2 **2) Inhalt.** Der Antrag muss zumindest erkennen lassen, dass ein konkreter JustizVA und welcher angegriffen werden soll. Der Ag muss bezeichnet sein. Die Rechtsverletzung (§ 24 I) muss schlüssig behauptet werden (s § 24 Rn 1).

3 **3) Frist.** Die Monatsfrist als gesetzl Ausschlussfrist ist nach § 16 FamFG, §§ 187, 188 BGB zu berechnen. Sie beginnt mit Zustellung oder schriftl Bekanntgabe des Bescheides oder – im Fall des § 24 II – des Beschwerdebescheides. Die fehlende oder fehlerhafte Rechtsbehelfsbelehrung steht dem Lauf der Frist nicht entgegen (BGH MDR 2004, 348 = WM 2003, 2478 = NJW-RR 2004, 408; Kissel/Mayer Rn 8; hM), da eine Pflicht hierzu für Akte, die § 23 unterliegen, generell nicht besteht (insb ist § 58 VwGO nicht einschlägig). Jedoch schließt unterbliebene oder fehlerhafte (BayObLG NJW-RR 2021, 1431) Rechtsbehelfsbelehrung Verschulden an Fristversäumung aus und rechtfertigt Antrag auf WE, vgl § 17 II FamFG; BVerfG NJW 2013, 39, s II 2, Rn 4. Zur Pflicht der Weiterleitung eines innerhalb der Frist bei unzuständigem Gericht oder unzuständiger Behörde eingegangenen Antrags und ggf zur WE bei unterlassener Weiterleitung s BayObLG ZAP 2024, 921 LS 2.

4 **4) Wiedereinsetzung (§ 26 II-IV).** Die Regelung entspricht im Wesentl § 18 FamFG; vgl auch § 60 VwGO. **II 2** entspricht § 17 II FamFG und § 233 S 2 ZPO (s Erl jeweils dort). Der Gesetzgeber hat zwar bewusst weiterhin **keine Pflicht zur Rechtsbehelfsbelehrung** bei allen Justizverwaltungsakten iSd § 23 geschaffen, jedoch an das Fehlen einer zutr Belehrung Folgen für die WE geknüpft (RegE BTDrs 17/10490, 15; s Rn 3). Ges Vermutung des § 26 II 2 EGGVG gilt jedoch nicht bei fehlendem ursächlichen Zusammenhang zwischen Belehrungsmangel und Fristversäumnis, zu Vertrauenstatbestand für RA als rechtskundige Person s einerseits BayObLG NJW-RR 2021, 1431, andererseits BayObLG 12.5.2021 – 101 VA 44/21.

5 Als **Ursache** der Fristversäumung wird mangelndes Verschulden verlangt. In entspr Anwendung des § 85 II ZPO iVm § 11 S 5 FamFG ist Verschulden des Vertreters gleich zu werten.

6 **5) Antrag auf Wiedereinsetzung. Form:** Es gilt § 26 I sinngemäß; der Antrag ist bei den in § 26 I genannten Gerichten zu stellen, s § 18 II FamFG. – **Inhalt:** § 26 III 2. Gem III 3 ist die versäumte Verfahrenshandlung innerhalb der Frist nachzuholen. Zur Glaubhaftmachung vgl § 294 ZPO; es genügt, dass sie noch während des Verf, also auch nach Fristablauf erfolgt. – **Frist:** binnen 2 Wochen nach Wegfall des Hindernisses; s § 18 I FamFG.

7 **6) Ausschlussfrist (§ 26 IV).** Sie beginnt mit dem Ende der versäumten Frist nach III.

8 **7) Unanfechtbarkeit.** Die WE ist unanfechtbar, entspr § 19 II FamFG. Gegen die **Ablehnung** der WE kommt zwar grds entspr § 19 III FamFG die zulassungsbedürftige Rechtsbeschwerde, § 29 I, in Betracht; jedoch dürfte eine Zulassung mangels Zulassungsvoraussetzung gem § 29 II selten erfolgen; eine NZB ist nicht statthaft.

§ 27

(1) [1]Ein Antrag auf gerichtliche Entscheidung kann auch gestellt werden, wenn über einen Antrag, eine Maßnahme zu treffen, oder über eine Beschwerde oder einen anderen förmlichen Rechtsbehelf ohne zureichenden Grund nicht innerhalb von drei Monaten entschieden ist. [2]Das Gericht kann vor Ablauf dieser Frist angerufen werden, wenn dies wegen besonderer Umstände des Falles geboten ist.

(2) [1]Liegt ein zureichender Grund dafür vor, dass über die Beschwerde oder den förmlichen Rechtsbehelf noch nicht entschieden oder die beantragte Maßnahme noch nicht erlassen ist, so setzt das Gericht das Verfahren bis zum Ablauf einer von ihm bestimmten Frist, die verlängert werden kann, aus. [2]Wird der Beschwerde innerhalb der vom Gericht gesetzten Frist stattgegeben oder der Verwaltungsakt innerhalb dieser Frist erlassen, so ist die Hauptsache für erledigt zu erklären.

(3) Der Antrag nach Absatz 1 ist nur bis zum Ablauf eines Jahres seit der Einlegung der Beschwerde oder seit der Stellung des Antrags auf Vornahme der Maßnahme zulässig, außer wenn die Antragstel-

lung vor Ablauf der Jahresfrist infolge höherer Gewalt unmöglich war oder unter den besonderen Verhältnissen des Einzelfalles unterblieben ist.

I und II sind § 75 VwGO nachgebildet; auf die Erläuterungswerke zur VwGO wird verwiesen. Zu III s BayObLG 9.12.2024 – 102 VA 138/24 Tz 20, 21. 1

§ 28

(1) [1]Soweit die Maßnahme rechtswidrig und der Antragsteller dadurch in seinen Rechten verletzt ist, hebt das Gericht die Maßnahme und, soweit ein Beschwerdeverfahren (§ 24 Abs. 2) vorausgegangen ist, den Beschwerdebescheid auf. [2]Ist die Maßnahme schon vollzogen, so kann das Gericht auf Antrag auch aussprechen, dass und wie die Justiz- oder Vollzugsbehörde die Vollziehung rückgängig zu machen hat. [3]Dieser Ausspruch ist nur zulässig, wenn die Behörde dazu in der Lage und diese Frage spruchreif ist. [4]Hat sich die Maßnahme vorher durch Zurücknahme oder anders erledigt, so spricht das Gericht auf Antrag aus, dass die Maßnahme rechtswidrig gewesen ist, wenn der Antragsteller ein berechtigtes Interesse an dieser Feststellung hat.

(2) [1]Soweit die Ablehnung oder Unterlassung der Maßnahme rechtswidrig und der Antragsteller dadurch in seinen Rechten verletzt ist, spricht das Gericht die Verpflichtung der Justiz- oder Vollzugsbehörde aus, die beantragte Amtshandlung vorzunehmen, wenn die Sache spruchreif ist. [2]Andernfalls spricht es die Verpflichtung aus, den Antragsteller unter Beachtung der Rechtsauffassung des Gerichts zu bescheiden.

(3) Soweit die Justiz- oder Vollzugsbehörde ermächtigt ist, nach ihrem Ermessen zu handeln, prüft das Gericht auch, ob die Maßnahme oder ihre Ablehnung oder Unterlassung rechtswidrig ist, weil die gesetzlichen Grenzen des Ermessens überschritten sind oder von dem Ermessen in einer dem Zweck der Ermächtigung nicht entsprechenden Weise Gebrauch gemacht ist.

(4) Hat das Gericht die Rechtsbeschwerde gegen seine Entscheidung zugelassen (§ 29), ist dem Beschluss eine Belehrung über das Rechtsmittel sowie über das Gericht, bei dem es einzulegen ist, dessen Sitz und über die einzuhaltende Form und Frist beizufügen.

I) Regelungskonzept. § 28 entspricht inhaltl § 114 S 1, § 113 I, V VwGO; vgl die einschlägigen Kommentare zur VwGO. 1

II) Entscheidung über Anfechtungsantrag (§ 28 I 1). 1) Sachentscheidung. Das OLG hebt den **angegriffenen JustizVA** und, soweit ein Beschwerdeverf vorausgegangen war, den **Beschwerdebescheid** auf, soweit die Maßnahme rechtswidrig **und** der ASt dadurch in seinen Rechten verletzt ist. 2

2) Maßgeblicher Zeitpunkt. Ziel des Anfechtungsantrags ist die Nachprüfung des VA auf seine Rechtmäßigkeit oder Rechtswidrigkeit; es entscheidet daher der Zeitpunkt seines Erlasses, bei Verpflichtungsanträgen die Sach- und Rechtslage im Zeitpunkt der Entscheidung. 3

3) Berücksichtigung nachgeschobener Gründe. Tragen die dem VA ursprüngl beigegebenen Gründe seine Rechtmäßigkeit nicht, wird die Justizverwaltungsbehörde häufig andere Tatsachen oder rechtl Gründe **nachschieben**, die auch bei Erlass des VA schon gegeben waren, aber nicht ausgesprochen wurden. Dies ist insoweit zulässig, als dadurch der angegriffene JustizVA in seinem Wesen nicht verändert wird (Kissel/Mayer Rn 8; sa BayObLG 20.12.2021 – 203 VAs 389/21). Sa den entspr anwendbaren § 114 S 2 VwGO. 4

4) „Soweit". Ist der VA nur teilw rechtswidrig, beschränkt sich die Entscheidung auf diesen Teil. Der Rechtsgedanke des § 139 BGB ist umgekehrt anwendbar. 5

III) Folgenbeseitigung (§ 28 I 2 und 3). Entspricht § 113 I 2 u 3 VwGO. War der JustizVA schon vollzogen, so ist die Behörde nach Aufhebung durch das OLG verpflichtet, den früheren Zustand wieder herzustellen, soweit dies mögl ist (BayObLG 1.12.2021 – 101 VA 109/21 Tz 67). **Auf Antrag** – nicht vAw – kann schon das OLG anordnen, dass und wie dies zu geschehen habe. 6

IV) Feststellungsantrag (§ 28 I 4). Der Kl hat hier die Möglichkeit, von dem gestellten Anfechtungs- oder Verpflichtungsantrag zum Feststellungsantrag überzugehen. Dies gilt auch, wenn die Erledigung nicht erst während des Verf, sondern schon vor Antragstellung eingetreten ist (insb bei Vollzug nicht rückgängig zu machender Akte), KG NJW-RR 91, 1085; KG NJW 72, 169. Voraussetzung ist, dass die Maßnahme, sofern die Erledigung nicht eingetreten wäre, nach § 23 anfechtbar war; § 28 I 4 ermöglicht nicht die erweiterte Anfechtung erledigter Maßnahmen, für die wegen Erledigung der an sich gegebene spezielle Rechtsbehelf nicht mehr zulässig ist (KG MDR 82, 155 für Maßnahmen des GV, § 766 ZPO). 7

Zulässigkeitsvoraussetzung Fortsetzungsfeststellungsinteresse. Erforderlich ist ein berechtigtes Interesse des ASt an der begehrten Feststellung. Im Gegensatz zum „rechtl Interesse" der Feststellungsklage gem § 256 ZPO ist der Begriff des berechtigten Interesses weiter, er umfasst auch ein wirtschaftl oder ideelles Interesse. Vorbe- 8 reitung eines Amtshaftungsprozesses genügt nicht, da für diesen der sof Zugang zum selben Rechtsweg offensteht (OLG Dresden NJW-RR 2002, 718; KG NStZ 97, 563; OLG Hamm MDR 87, 519); schlüssiger Vortrag einer vergangenen Grundrechtsbeeinträchtigung allein ebenfalls nicht ausreichend (BGH NJW 90, 2758). Wegen des Gebots effektiven Rechtsschutzes Zulässigkeit aber auch in Fällen schwerwiegender Grundrechtseingriffe (s § 62 II Nr 1 FamFG, § 62 FamFG Rn 7) gegeben, in denen die direkte Belastung durch den angegriffenen Hoheitsakt sich nach dem typischen Verfahrensablauf auf eine Zeitspanne beschränkt, in welcher gerichtliche Entscheidung in der von der Prozessordnung gegebenen Instanz kaum erlangt werden kann (BVerfG NJW 2017, 1939 mwN; BayObLG 5.3.2020 – 1 VA 63/19).

9 **V) Verpflichtungsantrag (§ 28 II).** Er behandelt die Entscheidung des Gerichts, wenn die **Ablehnung oder Unterlassung einer Maßnahme** rechtswidrig und der ASt dadurch in seinen Rechten verletzt ist. Hier ist wieder zu unterscheiden, ob die abgelehnte oder unterlassene Maßnahme gesetzesgebunden oder frei, dh in das Ermessen der JustizVerwBehörde gestellt war.

10 **1) Entscheidung des Gerichts bei gebundenen Verwaltungsentscheidungen.** Hatte die Behörde kein Ermessen, lautet die Entscheidung auf Verpflichtung der Behörde, die unterlassene oder abgelehnte Maßnahme vorzunehmen, oder auf Abweisung des Antrags; den (alten) ablehnenden Bescheid aufzuheben, ist zulässig, aber grds unnötig.

11 Ist die Sache noch aufklärungsbedürftig, also in diesem Sinne **nicht „spruchreif"**, so muss das Gericht sie entscheidungsreif machen (Amtsermittlung entspr § 26 FamFG).

12 **2) Entscheidung des Gerichts bei Ermessensentscheidungen der Verwaltung.** War die **Maßnahme in das Ermessen der Behörde gestellt**, so ist die Sache „spruchreif", wenn dieses Ermessen nur in einer einzigen Richtung ausgeübt werden konnte und bereits ausgeübt worden ist; Gleiches gilt bei (noch) nicht ausgeübtem Ermessen im Ausnahmefall der „Ermessensreduzierung auf Null" (BayObLG 8.9.2023 – 101 VA 117/23). Sonst aber, wenn also die JustizVerwBehörde ihr Ermessen überhaupt noch nicht ausgeübt hatte oder wenn das Ermessen mit verschiedenen Ergebnissen ausgeübt werden konnte, ist zu unterscheiden:

13 **a) Bei Ablehnung eines Antrags.** Zu beachten ist, dass das Gericht nicht sein Ermessen an die Stelle des behördl Ermessens setzen darf (s zB BGH 8.5.2024 – IV AR (VZ) 3/24; BayObLG FamRZ 2025, 458). Soweit also die auf der Ermessensfreiheit beruhende Entscheidungsfreiheit der Behörde reicht, ist dem Gericht die Entscheidung entzogen: Insoweit hat es nur die Verpflichtung der Behörde auszusprechen, den ASt unter Beachtung der Rechtsauffassung des Gerichts zu bescheiden (II 2). Dagegen muss das Gericht prüfen, ob der begehrten Vornahmehandlung irgendwelche rechtl Hindernisse entgegenstanden; wenn ja, ist der Antrag zurückzuweisen.

14 **b)** Die Behörde hat die begehrte Ermessensmaßnahme unterlassen, sie ist **untätig** geblieben. Hier hat das Gericht zu prüfen, ob die Nichtverbescheidung rechtswidrig war, was der Fall ist, wenn die Behörde den ASt verbescheiden musste. Dies hängt insb davon ab, ob dem ASt ein echtes Antragsrecht zusteht oder eine vAw zu treffende Amtshandlung vom Gesetz zu seinen Gunsten zu treffen war.

15 **c) Entscheidungssatz** folgt dem Wortlaut des Gesetzes in II 2. Wird der Behörde die Neubescheidung (im Gegensatz zur Erstbescheidung) aufgegeben, ist der Ablehnungsbescheid zweckmäßig ausdrückl aufzuheben.

16 **VI) Prüfungsmaßstab (§ 28 III).** Diese Bestimmung entspricht § 114 S 1 VwGO (s Rspr und Lit dort). Das Gericht prüft, ob Ausübung des Ermessens rechtswidrig war, also eine **Ermessensverletzung** (Ermessensüberschreitung, Ermessensunterschreitung einschl Ermessensnichtgebrauch, Ermessensmissbrauch) vorliegt.

17 **VII) Rechtsbehelfsbelehrung (§ 28 IV).** IV regelt im Falle der Zulassung der Rechtsbeschwerde (§ 29) die Pflicht zur Rechtsbehelfsbelehrung entspr § 39 FamFG und § 232 ZPO.

§ 29

(1) Gegen einen Beschluss des Oberlandesgerichts ist die Rechtsbeschwerde statthaft, wenn sie das Oberlandesgericht im ersten Rechtszug in dem Beschluss zugelassen hat.

(2) [1]Die Rechtsbeschwerde ist zuzulassen, wenn

1. die Rechtssache grundsätzliche Bedeutung hat oder

2. die Fortbildung des Rechts oder die Sicherung einer einheitlichen Rechtsprechung eine Entscheidung des Rechtsbeschwerdegerichts erfordert.

[2]Das Rechtsbeschwerdegericht ist an die Zulassung gebunden.

(3) Auf das weitere Verfahren sind § 17 sowie die §§ 71 bis 74a des Gesetzes über das Verfahren in Familiensachen und in den Angelegenheiten der freiwilligen Gerichtsbarkeit entsprechend anzuwenden.

(4) Auf die Bewilligung der Prozesskostenhilfe sind die Vorschriften der Zivilprozessordnung entsprechend anzuwenden.

I–III übernehmen für das Verf nach § 23 die den §§ 574 ff ZPO nachgebildete Zulassungsrechtsbeschwerde gem § 70 I, II, §§ 71–74a (auch § 17 zur WE, s § 28 Rn 17) FamFG; auf die Erl zu den genannten Vorschriften wird verwiesen. Es ist **keine Nichtzulassungsbeschwerde** eröffnet (§ 70 FamFG Rn 5 mwN; BGH 26.11.2019 – 5 AR (Vs) 70/19); Schweigen des OLG zur Zulassung bedeutet Nichtzulassung (BGH 19.7.2022 – 5 ARs 19/22). 1

Zur Frage des **vorläufigen Rechtsschutzes** s § 23 Rn 35. 2

IV betrifft das gesamte Verf nach §§ 23 ff, nicht nur die Rechtsbeschwerde (Kissel/Mayer Rn 1). **PKH:** vgl §§ 114 ff ZPO u die Erläuterungen dazu. 3

§ 30

[1]Das Oberlandesgericht kann nach billigem Ermessen bestimmen, dass die außergerichtlichen Kosten des Antragstellers, die zur zweckentsprechenden Rechtsverfolgung notwendig waren, ganz oder teilweise aus der Staatskasse zu erstatten sind. [2]Die Vorschriften des § 91 Abs. 1 Satz 2 und der §§ 103 bis 107 der Zivilprozessordnung gelten entsprechend. [3]Die Entscheidung des Oberlandesgerichts kann nicht angefochten werden.

1) Kostenentscheidung. Hat der Antrag Erfolg, entstehen keine Gerichtsgeb; dies gilt auch bei einem nur teilweise erfolgreichen Antrag (BayObLG 5.1.2022 – 101 VA 140/21; BayObLG DGVZ 2021, 45). Eine Kostenentscheidung ist also insoweit nicht erforderlich. Wird der Antrag zurückgenommen/vollständig zurückgewiesen, entstehen Gerichtsgeb (s Rn 3); hier greift bereits die gesetzl Veranlasserhaftung (§ 22 I GNotKG; OLG Bremen JurBüro 2024, 37). Daher ist es nur im Hinblick auf die außergerichtl Kosten notwendig, darüber zu entscheiden. 1

2) Kostenerstattung. Erstattung kann nur für Kosten des ASt angeordnet werden (S 1), für Erstattung von Kosten des AG gibt es keine Rechtsgrundlage (KG FamRZ 2025, 547). Überbürdung auf die Staatskasse setzt mehr als den Erfolg des Antrags voraus (BayObLG MDR 2024, 869; KG MDR 2014, 983), wird dementsprechend als Ausnahme angesehen, zB bei offensichtlicher oder grober Fehlerhaftigkeit des angegriffenen Verwaltungshandelns (allgM; BGH 30.1.2008 – IV AR (VZ) 3/05; OLG Frankfurt WuW 2020, 45). – Andererseits ist der Erfolg des Antrags aber nicht zwingende Voraussetzung, eine Kostenerstattung auszusprechen. Auch bei Verfahrensbeendigungen ohne Sachentscheidung kann das Gericht im Einzelfall S 1 anwenden, wenn Erfolgsaussichten bestanden (KG JurBüro 2015, 537), jedoch nicht bei einem Unterliegen (OLG Karlsruhe NJW-RR 2020, 1180). – Vorverfahren (§ 24 II) werden von der Entscheidung nach S 1 nicht erfasst (OLG Jena RVGreport 2017, 23 [zust Burhoff]). 2

3) Gebühren. a) Gericht: Gebühren bei Rücknahme und Zurückverweisung (sa Rn 1): § 1 II Nr 19 GNotKG; 15300, 15301 GNotKG-KV. Geschäftswert: § 36 GNotKG. Berechnung aus dem Teilwert, wenn bei Antragsmehrheit nur teilweise zurückgenommen/zurückgewiesen wird (OLG Braunschweig 9.3.2015 – 2 VA 3/14 Tz 18). – § 29 (Rechtsbeschwerde): 19128, 19129 GNotKG-KV. – **b) RA:** § 2 II 1 RVG; Teil 3 RVG-VV; 3100 RVG-VV (OLG Jena RVGreport 2017, 23). 3

§ 30a

(1) [1]Verwaltungsakte, die im Bereich der Justizverwaltung beim Vollzug des Gerichtskostengesetzes, des Gesetzes über Kosten in Familiensachen, des Gerichts- und Notarkostengesetzes, des Gerichtsvollzieherkostengesetzes, des Justizvergütungs- und -entschädigungsgesetzes oder sonstiger für gerichtliche Verfahren oder Verfahren der Justizverwaltung geltender Kostenvorschriften, insbesondere hinsichtlich der Einforderung oder Zurückzahlung ergehen, können durch einen Antrag auf gerichtliche Entscheidung auch dann angefochten werden, wenn es nicht ausdrücklich bestimmt ist. [2]Der Antrag kann nur darauf gestützt werden, dass der Verwaltungsakt den Antragsteller in seinen Rechten beeinträchtige, weil er rechtswidrig sei. [3]Soweit die Verwaltungsbehörde ermächtigt ist, nach ihrem Ermessen zu befinden, kann der Antrag nur darauf gestützt werden, dass die gesetzlichen Grenzen des Ermessens überschritten seien, oder dass von dem Ermessen in einer dem Zweck der Ermächtigung nicht entsprechenden Weise Gebrauch gemacht worden sei.

(2) [1]Über den Antrag entscheidet das Amtsgericht, in dessen Bezirk die für die Einziehung oder Befriedigung des Anspruchs zuständige Kasse ihren Sitz hat. [2]In dem Verfahren ist die Staatskasse zu hören. [3]Die §§ 7a, 81 Absatz 2 bis 8 und § 84 des Gerichts- und Notarkostengesetzes gelten entsprechend.

(3) [1]Durch die Gesetzgebung eines Landes, in dem mehrere Oberlandesgerichte errichtet sind, kann die Entscheidung über das Rechtsmittel der weiteren Beschwerde nach Absatz 1 und 2 sowie nach § 81 des Gerichts- und Notarkostengesetzes, über den Antrag nach § 127 des Gerichts- und Notarkostengesetzes, über das Rechtsmittel der Beschwerde nach § 66 des Gerichtskostengesetzes, nach § 57 des Gesetzes über Kosten in Familiensachen, nach § 81 des Gerichts- und Notarkostengesetzes und nach § 4 des Justizvergütungs- und -entschädigungsgesetzes einem der mehreren Oberlandesgerichte oder anstelle eines solchen Oberlandesgerichts einem obersten Landesgericht zugewiesen werden. [2]Dies gilt auch für die

Entscheidung über das Rechtsmittel der weiteren Beschwerde nach § 33 des Rechtsanwaltsvergütungsgesetzes, soweit nach dieser Vorschrift das Oberlandesgericht zuständig ist.
(4) (gegenstandslose Übergangsvorschrift)

1 **I und II** enthalten eine **Auffang-Generalklausel** für die **Anfechtung von VA** auf dem Gebiet des **Kostenrechts,** für die das **AG** zuständig (II 1). Die Bedeutung der Vorschrift ist gering, weil für die praktisch wichtigen Fälle der Anfechtung kostenrechtl VA **vorrangige** (I 1 aE) **Spezialvorschriften** gelten (Erinnerung nach § 66 GKG, § 81 GNotKG, § 56 RVG, Beschwerde nach § 4 III JVEG, gerichtl Entscheidung nach § 57 RVG). Hauptanwendungsgebiet des § 30a sind Bescheide über die Einforderung, Rückzahlung, Erlass (OLG Karlsruhe NJW-RR 2019, 125; OLG Karlsruhe NStZ-RR 2016, 328), Niederschlagung und Stundung (OVG Münster 7.6.2021 – 2 E 13/21; VGH Mannheim 20.5.2020 – 2 S 60/29), anwendbar auch für Bescheide über Reisekostenentschädigungen, soweit sie nicht durch Rspr-Akt ergehen (Hartmann, Kostengesetze online, § 30a EGGVG Rn 7). Justizverwaltung iSd I 1 ist **nur** Verwaltung in der **ordentl Gerichtsbarkeit** (s § 23 Rn 2). § 30a gilt also nicht für Kosten der VerwG (OVG Münster 7.6.2021 – 2 E 13/21; OVG Schleswig 17.4.2019 – 2 LA 409/18; OVG Berlin NVwZ-RR 2011, 342 LS), ArbG (s § 23 Rn 2), SozG und FG. **I 2** entspricht § 24 I, s dort. **I 3** betrifft **Überprüfung von Ermessensentscheidungen:** Gericht prüft nur, ob die Ausübung des Ermessens rechtswidrig war; dazu zählt auch der Nichtgebrauch (s § 28 Rn 16; vgl Kommentare zu § 114 VwGO). **II 1** regelt neben der sachl die **örtl Zuständigkeit** des für die jew Kasse zuständigen AG; das Landesrecht kann nach der allg Regel des § 13a GVG eine weiter gehende Zuständigkeitskonzentration vorsehen. **II 3** erklärt für das **Verf** die einschlägigen Vorschriften des GNotKG für entsprechend anwendbar.

2 **III** ermächtigt den Landesgesetzgeber in Ländern mit mehreren OLG zu einer **Zuständigkeitskonzentration** auf OLG-Ebene auf dem **Gebiet des Kostenrechts** über den Anwendungsbereich von I und II hinaus; daneben gilt jedoch die Möglichkeit auch landesübergreifender Zuständigkeitskonzentration nach § 13a GVG (s § 13a GVG Rn 1).

Vierter Abschnitt
Kontaktsperre (§§ 31-38a)

§§ 31 bis 38a (betr Strafsachen)

Fünfter Abschnitt
Insolvenzstatistik (§ 39)

§ 39 (aufgehoben, s jetzt Insolvenzstatistikgesetz)

Sechster Abschnitt
Übergangsvorschriften (§§ 40-43)

§ 40 (gegenstandslose Übergangsvorschrift)

§ 40a (gegenstandslose Übergangsvorschrift)

§ 41 (betr Strafsachen)

§ 42 (gegenstandslose Übergangsvorschrift)

§ 43 (gegenstandslose Übergangsvorschrift)

EU-Verordnungen

Brüssel Ia-VO

Verordnung (EU) Nr. 1215/2012 des Europäischen Parlaments und des Rates vom 12. Dezember 2012 über die gerichtliche Zuständigkeit und die Anerkennung und Vollstreckung von Entscheidungen in Zivil- und Handelssachen (Neufassung)

ABl EU 2012 L 351/1, geändert durch VO (EU) Nr. 542/2014 vom 15. Mai 2014, ABl EU 2014 L 163/1, und durch DelVO (EU) 2015/281 vom 26. November 2014, ABl EU 2015 L 54/1.

Kapitel I – Anwendungsbereich und Begriffsbestimmungen (Art 1-3)

Artikel 1 (Artikel 1 LugÜ)

(1) [1]Diese Verordnung ist in Zivil- und Handelssachen anzuwenden, ohne dass es auf die Art der Gerichtsbarkeit ankommt. [2]Sie gilt insbesondere nicht für Steuer- und Zollsachen sowie verwaltungsrechtliche Angelegenheiten oder die Haftung des Staates für Handlungen oder Unterlassungen im Rahmen der Ausübung hoheitlicher Rechte (acta iure imperii).

(2) Sie ist nicht anzuwenden auf:

a) den Personenstand, die Rechts- und Handlungsfähigkeit sowie die gesetzliche Vertretung von natürlichen Personen, die ehelichen Güterstände oder Güterstände aufgrund von Verhältnissen, die nach dem auf diese Verhältnisse anzuwendenden Recht mit der Ehe vergleichbare Wirkungen entfalten,

b) Konkurse, Vergleiche und ähnliche Verfahren,

c) die soziale Sicherheit,

d) die Schiedsgerichtsbarkeit,

e) Unterhaltspflichten, die auf einem Familien-, Verwandtschafts- oder eherechtlichen Verhältnis oder auf Schwägerschaft beruhen,

f) das Gebiet des Testaments- und Erbrechts, einschließlich Unterhaltspflichten, die mit dem Tod entstehen.

Lit: Allgemein zur Brüssel Ia-VO: *Alio*, Die Neufassung der Brüssel I-Verordnung, NJW 2014, 2395; *Berg*, Systembildung im Europäischen Zivilprozess, 2024; *Domej*, Die Neufassung der EuGVVO, RabelsZ 78 (2014), 508; *Grohmann*, Die Reform der EuGVVO, ZIP 2015, 16; *von Hein*, Die Neufassung der Europäischen Gerichtsstands- und Vollstreckungsverordnung, RIW 2013, 97; *Hess*, Die Zukunft des Systems der Brüssel I-Verordnung, GS Mankowski, 2024, S 485; *Kalusa*, Grundsätze im methodischen Umgang mit der Dynamik des Europäischen Prozessualen Sekundärrechts, 2021; *Klöpfer*, Missbrauch im Europäischen Zivilverfahrensrecht, 2016; *Markus*, Die revidierte europäische Gerichtsstandsverordnung, AJP 2014, 800; *Nitsche*, Grundfälle zum Internationalen Zivilverfahrensrecht (Brüssel Ia-VO), JuS 2021, 727; *Paulus/Peiffer/Peiffer*, EuGVO, 2017; *Pohl*, Die Neufassung der EuGVVO, IPRax 2013, 109; *Schmidt*, Rechtssicherheit im europäischen Zivilverfahrensrecht, 2015; *Wagner*, Die Brüssel Ia-Verordnung: Praktisch bedeutsame Unterschiede zur Vorfassung, TranspR 2015, 45; *Wagner*, Grundzüge der EuGVVO – unter besonderer Berücksichtigung der EuGH-Rechtsprechung, Jura 2021, 1409, 2022, 1 und 140; *Wißling*, Internationale Zuständigkeit und Effizienz: Eine Ökonomische Analyse der Brüssel Ia-Verordnung, 2021; *Würdinger*, Das Ziel der Rechtssicherheit im Zuständigkeitssystem der Brüssel Ia-Verordnung, FS Schack, 2022, S 912.

Aktuelle Übersichten: *Budzikiewicz/Mansel/Thorn/Wagner* IPRax 2025, 93; *Fervers* ZIP 2025, 676; *Schnichels/Stein/Lenzing* EuZW 2024, 1085; *Sujecki* EWS 2024, 250; *Wagner* NJW 2025, 1793.

Parallelübereinkommen von Lugano: *Dasser/Oberhammer*, LugÜ[3], 2021; *Mankowski*, Ist die Auslegung der Brüssel Ia-VO und mittelbar anderer EU-Rechtsakte Orientierungsmarke für die Auslegung des LugÜ?, FS Kren Kostkiewicz, 2018, S 203; *Markus/Huber-Lehmann*, Rechtsprechung zum Lugano-Übereinkommen, SRIEL 35 (2025), 109; *Rechberger*, LGVÜ 2007 und Brüssel Ia-VO, FS Isaak Meier, 2015, S 545; *Ries*, Die Auslegung des Luganer Parallelübereinkommens nach der EuGVVO-Novelle, RIW 2019, 32; *Schlosser*, Brüche im EuGVVO-LugÜ-Gefüge?, FS Isaak Meier, 2015, S 587; *Schnyder/Sogo*, LugÜ[2], 2023; *Trüten*, Die neue Brüssel I-Verordnung und die Schweiz, EuZ 2013, 60.

Anwendungsbereich der Brüssel Ia-VO: *Arnold/Garber*, Zur Trennung privater und hoheitlicher Tätigkeit im Internationalen Zivilverfahrensrecht, ZZPInt 20 (2015), 171; *Bachmann*, Universalisierung des Europäischen Zivilverfahrensrechts: Die unilaterale Erstreckung des Europäischen Zivilverfahrensrechts auf Drittstaatensachverhalte, 2020; *Baumann*, Schiedsgerichtsbarkeit und EuGVVO, FS Ahrens, 2016, S 467; *Breder*, Die Verzahnung der Brüssel Ia-VO mit der Schiedsgerichtsbarkeit bei Parallelverfahren, 2020; *Czempiel*, Die Zivilsache im Europäischen Zivilverfahrensrecht, 2021; *Dickler*, Schiedsgerichtsbarkeit und Reform der EuGVVO, 2015; *Domej*, Alles klar? – Bemerkungen zum Verhältnis zwischen staatlichen Gerichten und Schiedsgerichten unter der neugefassten EuGVVO, FS Gottwald, 2014, S 97; *Geimer*, Die Reichweite der Bereichsausnahme zu Gunsten der Schiedsgerichtsbarkeit in Art. 1 Abs. 2 lit. d EuGVVO n.F., FS Ahrens, 2016, S 501; *Grimm*, Der Auslandsbezug im Internationalen Privat- und Zivilverfahrensrecht, 2021; *Hau*, Europäisches Internationales Zivilverfahrensrecht und alternative Streitbeilegung, ZZPInt 21 (2016), 157; *Hau*, Die zivilrechtliche justizielle Zusammenarbeit mit dem Vereinigten Königreich seit dem Brexit, MDR 2021, 521; *Hau*, Einstweiliger Rechtsschutz gegen öffentliche Auftraggeber: Einordnung als Zivilsache, Koordination paralleler Verfahren und mitgliedstaatliche Verfahrensautonomie, IPRax 2022, 232; *Hau*, Drittstaaten und die Revision der EuGVVO, IPRax 2025, 1; *Hess*, Abgrenzung der acta iure gestionis und acta iure imperii, IPRax 2018, 351; *Horn*, Abwehr der Haftung für internationale Staatsanleihen durch gesetzgeberische Selbstbedienung?, FS Kronke, 2020, S 191; *Kastanidis*, Das fragile Gleichgewicht zwischen der Schiedsgerichtsbarkeit und der Verordnung (EU) Nr. 1215/2012, ZZPInt 27 (2022), 347; *Kindler*, Russische Staatsanleihen vor deutschen Gerichten, BKR 2022, 407; *Mankowski*, Die Schiedsausnahme des Art. 1 Abs. 2 lit. d Brüssel Ia-VO, IHR 2015, 189; *Mayr*, Der Streit um den grenzüberschreitenden Bezug im Europäischen Zivilverfahrensrecht, FS Neumayr, 2023, S 1291; *Meller-Hannich*, Grenzüberschreitende Verbandsklagen und internationale Zuständigkeit, FS Konecny, 2022, S 341; *Sandrock*, Schuldenschnitte fremder Staaten vor deutschen Gerichten, RIW 2016, 549; *Steinbrück/Lieberknecht*, Grenzüberschreitende Zivilverfahren nach dem Brexit, EuZW 2021, 517; *Wagner*, Staatenimmunität und internationale Zuständigkeit nach der EuGVVO, RIW 2014, 260; *Wagner*, Zuständigkeit nach der EuGVVO für Klagen nach der Richtlinie über Verbandsklagen, RIW 2024, 8; *Wagner*, Auslandsbezug nach der Brüssel Ia-VO, GS Mankowski, 2024, S 531; *Wagner*, Der Begriff des „Auslandsbezugs“ als Anwendungsvoraussetzung der Zuständigkeitsvorschriften der EuGVVO, RIW 2025, 5; *Wagner*, Zum „Auslandsbezug“ in der EuGH-Rechtsprechung zur EuGVVO, EuZW 2025, 65; *Weller*, Kollektiver Rechtsschutz in Europa: Grenzüberschreitende Aspekte, in Hess/Hau, Kollektiver Rechtsschutz in Europa, 2025, S 17; *Zwirlein-Forschner*, Mautgebühren im IPR und IZVR, IPRax 2021, 221.

1 **I) Überblick zur Brüssel Ia-VO.** Das Herzstück der sekundärrechtlichen Vorschriften über grenzüberschreitende Zivilverfahren (Überblick: EuIZPR Rn 11 ff) bildet heute die auf Art 81 AEUV gestützte VO 1215/2012 v 12.12.2012 über die gerichtliche Zuständigkeit und die Anerkennung und Vollstreckung von Entscheidungen in Zivil- und Handelssachen (**Brüssel Ia-VO**, ABl EU 2012 L 351/1; weitere gängige Abkürzung: EuGVVO [2012]). Sie wurde durch VO 542/2014 v 15.5.2014 (ABl EU 2014 L 163/1) ergänzt um Vorschriften zum Einheitlichen Patentgericht und zum Benelux-Gerichtshof.

2 Die Brüssel Ia-VO hat nach Maßgabe von Art 66, 80 ihre direkte Vorgängerin, die **Brüssel I-VO** 44/2001 v 22.12.2000 (ABl EG 2001 L 12/1), abgelöst, diese wiederum das Brüsseler EWG-Übereinkommen v 27.9.1968 über die gerichtliche Zuständigkeit und die Vollstreckung gerichtlicher Entscheidungen in Zivil- und Handelssachen (**EuGVÜ**, ABl EU 1972 L 299/32; konsolidierte Fassung: ABl EU 1998 C 27/1). Der augenfälligste Unterschied zwischen der Brüssel Ia-VO und ihren Vorgängerrechtsakten besteht in der Abschaffung der Vollstreckbarerklärung als Voraussetzung der Vollstreckung von Titeln aus anderen Mitgliedstaaten (vgl Art 39). Erkenntnisse des EuGH zum EuGVÜ lassen sich grds auf die Brüssel I-VO übertragen (vgl ErwGr Nr 19 zur Brüssel I-VO sowie EuGH NJW 2009, 1937), deren Auslegung ihrerseits für die Handhabung der Brüssel Ia-VO relevant bleibt (vgl ErwGr Nr 34 zur Brüssel Ia-VO; klarstellend aus neuerer Zeit etwa EuGH IPRax 2025, 289 Tz 49; EuGH 30.4.2025 – C-536/23, Tz 24).

3 Der Bericht, den die Kommission gem Art 79 bis Januar 2022 über die Anwendung der Brüssel Ia-VO und etwaigen **weiteren Reformbedarf** vorzulegen hatte, wurde erst im Juni 2025 publiziert (COM(2025) 268 v 2.6. 2025, vgl zudem das Arbeitspapier SWD(2025) 135 v 2.6.2025 und zuvor schon die Study to support the preparation of a report on the application of Regulation [EU] No 1215/2012 on jurisdiction and the recognition and enforcement of judgments in civil and commercial matters [Brussels Ia Regulation] – Final Report, Januar 2023). Die Kommission beschreibt in ihrem Bericht die praktische Anwendung der Brüssel I-VO in den Mitgliedstaaten als im Wesentlichen problemlos, identifiziert aber verschiedene reformbedürftige Aspekte (zu Vorüberlegungen vgl Budzikiewicz/Mansel/Thorn/Wagner IPRax 2025, 93, 95; Hau IPRax 2025, 1; Hess GS Mankowski, 2024, S 458). Es ist noch nicht absehbar, wann mit einem Entwurf für eine **„Brüssel Ib-VO“** zu rechnen sein wird.

4 Als Sekundärrechtsakt hat die Brüssel Ia-VO gem Art 288 II AEUV allgemeine Geltung: Sie ist in allen ihren Teilen verbindlich und gilt unmittelbar in jedem Mitgliedstaat, und zwar mit **Vorrang vor mitgliedstaatlichem Recht**. Zum Verhältnis der Brüssel Ia-VO zu **sonstigen Verordnungen** sowie zu **bi- und multilateralen Verträgen** s Art 67 ff.

5 Geboten ist eine möglichst **einheitliche Anwendung der Brüssel Ia-VO** in den Mitgliedstaaten, und dem dient insb das Vorabentscheidungsverfahren gem Art 267 AEUV. Der EuGH als somit oberste Auslegungsinstanz bevorzugt eine **verordnungsautonome Auslegung**, die der Zielsetzung und Systematik des Rechtsakts Rechnung trägt, aber auch die allgemeinen Rechtsgrundsätze berücksichtigt, die sich aus der Gesamtheit der innerstaatlichen Rechtsordnungen der Mitgliedstaaten ergeben (vgl etwa EuGH NJW 2014, 841; aus neuerer Zeit etwa EuGH EuZW 2025, 396 Tz 30). So verweist der EuGH auf die Grundsätze „des freien Verkehrs der Entscheidungen in Zivil- und Handelssachen, der Vorhersehbarkeit der zuständigen Gerichte und somit der Rechtssicherheit für die Bürger, der geordneten Rechtspflege, der möglichst weitgehenden Vermeidung der Gefahr von Parallelverfahren und des gegenseitigen Vertrauens in die Justiz im Rahmen der Union“ (EuGH NJW 2010, 1736, 1738). Solche Ziele würden gefährdet, wollte man als Auslegungsmaßstab die lex fori des jeweils angerufenen Gerichts oder die lex causae zulassen; insoweit bestätigen punktuelle Ausnahmevorschriften wie Art 24 Nr 2 S 2 und Art 62 die verordnungsautonome Auslegung als Regel. Die **grammatikalische Auslegung** hat im Grunde sämtliche Amtssprachen zu berücksichtigen, was freilich selbst die Generalanwälte und der EuGH

kaum jemals erreichen (eher selten werden so viele Sprachfassungen herangezogen wie in EuGH NJW-RR 2022, 1140 Tz 35). Im Rahmen der **historischen Auslegung** können neben den erläuternden Berichten zum EuGVÜ (Bericht Jenard: ABl EG 1979 C 59/1) und zu dessen Erweiterungsverträgen (Bericht Schlosser: ABl EG 1979 C 59/1; Bericht Almeida Cruz/Desantes Real/Jenard: ABl EG 1990 C 189/35) und zum LugÜ 1988/2007 (s Rn 8) auch die Vorschläge der Kommission aufschlussreich sein (vgl zur Brüssel Ia-Reform insb KOM[2010] 748).

Die **deutschen Durchführungsvorschriften** zur Brüssel Ia-VO sind enthalten in Buch 11 Abschnitt 7 der ZPO (§§ 1110-1117 ZPO), eingefügt mWv 10.1.2015 durch Art 1 Nr 14 G v 8.7.2014 (BGBl I 2014, 890; dazu BTDrs 18/823). Soweit nach Maßgabe von Art 66 II, 81 II Brüssel Ia-VO für Alttitel die Brüssel I-VO fortgilt, müssen auch die dazu im AVAG enthaltenen deutschen Durchführungsregeln anwendbar bleiben, obwohl sie durch Art 5 G v 8.7.2014 (BGBl I 2014, 890) mWv 10.1.2015 aufgehoben wurden (klarstellend etwa BGH NJW-RR 2017, 1342; BGH IPRax 2021, 583 Tz 3). 6

Im **Europäischen Justizportal** sind Informationen zur Brüssel Ia-VO sowie die **Formblätter** online zugänglich: https://e-justice.europa.eu/topics/taking-legal-action/european-judicial-atlas-civil-matters/brussels-i-regulation-recast_de. 7

II) **Parallelübereinkommen von Lugano.** Die Attraktivität des EuGVÜ, aber auch seine negativen Konsequenzen für drittstaatenansässige Parteien (s Art 6 Rn 4), führten zu Verhandlungen mit den EFTA-Staaten und am 16.9.1988 zum Abschluss des sog Parallelübereinkommens von Lugano (**LugÜ 1988**; BGBl 1994 II, 2660; erläuternder Bericht Jenard/Möller: ABl EG 1990 C 189/57). Diese erste Fassung trat am 1.3.1995 für zunächst 13 Vertragsstaaten in Kraft und stimmte inhaltlich im Wesentlichen mit dem EuGVÜ in seiner damaligen Fassung von 1989 überein. Am 30.10.2007 wurde eine revidierte Fassung unterzeichnet (**LugÜ 2007**; ABl EU 2007 L 339/3, 2009 L 147/5; erläuternder Bericht Pocar: ABl EU 2009 C 319/1; einführend etwa Wagner/Janzen IPRax 2010, 298), um die Neuerungen der Brüssel I-VO v 2001 aufzugreifen. Vertragspartei waren hierbei nicht mehr die einzelnen EU-Mitgliedstaaten, sondern die EU; das LugÜ 2007 gilt inzwischen für die EU-Mitgliedstaaten im Verhältnis zu **Island, Norwegen und der Schweiz** (zum Inkrafttreten s ABl EU 2010 L 140/1, 2011 L 138/1). Eine **weitere Anpassung** an die Brüssel Ia-VO v 2012 wurde diskutiert, ist aber nicht erfolgt. 8

Zum 2007 gibt es **drei Protokolle** (vgl Art 75 LugÜ) zu bestimmten Zuständigkeits-, Verfahrens- und Vollstreckungsfragen (Nr 1), zur Sicherstellung der einheitlichen Auslegung (Nr 2) sowie zur Anwendung von Art 67, der das Verhältnis zu anderen Übereinkünften regelt (Nr 3). Angestrebt wird eine möglichst gleichförmige Auslegung von LugÜ und Brüssel I-VO (vgl etwa BGH NJW 2024, 2680 Tz 23). Aus dem Abschluss des LugÜ 2007 ergibt sich auf EU-Seite die Möglichkeit von **Vorabentscheidungen** durch den EuGH. Zur Vorlage berechtigt und gegebenenfalls verpflichtet sind freilich nur die Gerichte der EU-Mitgliedstaaten (vgl Art 1 II Protokoll Nr 2), wobei die „Nur-LugÜ-Staaten" immerhin zur Einreichung von Schriftsätzen sowie zur Abgabe schriftlicher Erklärungen berechtigt sind. 9

III) **Anwendungsbereich der Brüssel Ia-VO. 1) Räumlich.** Die Brüssel Ia-VO gilt für die **Mitgliedstaaten** der EU, nicht jedoch für die gem Art 355 AEUV vom Sekundärrecht ausgenommenen **überseeischen Gebiete** (beachte hierzu aber Art 68 I; s Art 68 Rn 1). 10

Eine Sonderrolle im Bereich der justiziellen Zusammenarbeit auf EU-Ebene beansprucht **Dänemark** (vgl den Hinweis in ErwGr Nr 41 auf das Protokoll Nr 22 zum EUV und AEUV, konsolidierte Fassung in ABl EU 2016 C 202/298). Immerhin hatten die EG und Dänemark in einem Abkommen v 19.10.2005 die Anwendung der Brüssel I-VO vereinbart (ABl EU 2005 L 299/16; vgl BGH NJW 2019, 1300 Tz 18), und dies bezieht sich nunmehr auch auf die Brüssel Ia-VO (vgl ABl EU 2013 L 79/4, ABl EU 2014 L 240/1). Die Brüssel Ia-VO galt für das **Vereinigte Königreich** nach dessen Austritt aus der EU (**Brexit**) noch bis zum Ende des Übergangszeitraums am 31.12.2020 (Art 126, Art 167 I AustrittsAbk v 24.1.2020, ABl EU 2020 L 29/7) und bleibt im Verhältnis zum Vereinigten Königreich anwendbar auf Altverfahren (auch Verfahrenskonkurrenzen; dazu BGH NJW-RR 2021, 1207 Tz 40 ff) und Alttitel nach Maßgabe von Art 67 I lit a, II lit a AustrittsAbk (näher etwa Hau MDR 2021, 521; Steinbrück/Lieberknecht EuZW 2021, 517). Zu Gerichtsstandsvereinbarungen s Art 25 Rn 17. 11

Gem Art 81 I AEUV umfasst die Rechtssetzungskompetenz der EU im Bereich der justiziellen Zusammenarbeit **Zivilsachen mit grenzüberschreitendem Bezug**, und das Erfordernis eines Auslandsbezugs klingt auch in ErwGr Nr 3 zur Brüssel Ia-VO an. Allerdings fehlt in der Brüssel Ia-VO hierzu eine ausdrückliche Regelung, wie sie sich etwa in Art 3 EuMahnVO/EuBagatellVO findet. Solche Spezialregeln lassen sich auch nicht etwa unbesehen auf die Brüssel Ia-VO übertragen (zutreffend EuGH NJW 2024, 2823 Tz 35 ff; anders noch, deutlich zu pauschal, wenngleich im konkreten Ausgangsfall jeweils unschädlich: EuGH RIW 2021, 430 Tz 31; EuGH NJW-RR 2024, 664 Tz 20; krit zu solchen Anleihen etwa Wagner NJW 2022, 1861, 1864; Hau IPRax 2024, 272, 275). Die Frage, was als grenzüberschreitender Bezug hinreicht, stellt sich in der Brüssel Ia-VO vor allem hinsichtlich der Vorschriften zur internationalen Entscheidungszuständigkeit (ausführlich zu den einzelnen Gerichtsständen Wagner RIW 2025, 5); denn bei den sonstigen Regelungen, insbesondere zur Beachtlichkeit ausländischer Rechtshängigkeit (Art 29 ff) sowie zur Anerkennung und Vollstreckung ausländischer Entscheidungen (Art 36 ff), sind von vornherein mindestens zwei verschiedene Staaten beteiligt. 12

13 Der EuGH hatte schon zum EuGVÜ betont, dass dessen Zuständigkeitsregeln nicht zur Anwendung kommen, wenn der Sachverhalt keinerlei Auslandsbezug aufweist (EuGH EuZW 2005, 345). Dies hat der EuGH sodann auf die Brüssel I-VO übertragen und bekräftigt, dass die vereinheitlichten Zuständigkeitsregeln keine **rein innerstaatlichen Sachverhalte** betreffen; dabei hat er aber seine Bereitschaft gezeigt, der Verordnung auch in Konstellationen mit allenfalls geringen internationalen Bezügen einen weiten Anwendungsbereich einzuräumen (vgl EuGH NJW 2012, 1199, 1200; EuGH NJW 2014, 530 f). Daher ist selbst in Konstellationen, in denen beide Parteien im Gerichtsstaat ansässig sind, ein hinreichend grenzüberschreitender Bezug keineswegs zwingend ausgeschlossen (vgl EuGH EuZW 2005, 345; EuGH NJW 2014, 530; EuGH NJW-RR 2024, 664 EuGH NJW 2024, 2823; vgl auch das Kommissions-Arbeitspapier v 2.6.2025, SWD(2025) 135, 1 f); hierfür sprechen auch Art 15 Nr 3, 19 Nr 3. Im Übrigen muss der Auslandsbezug bei vertraglichen Auseinandersetzungen nicht bereits bei Vertragsschluss bestehen, sondern kann sich erst nachträglich ergeben, so vor allem dadurch, dass ein Vertragspartner seinen Wohnsitz im Zeitpunkt der Klageerhebung in einen anderen Staat verlegt hat (vgl zum LugÜ, aber übertragbar auf die Brüssel Ia-VO: EuGH NJW 2022, 1159).

14 Vom Erfordernis (irgend-)eines Auslandsbezugs zu unterscheiden ist die weitere Frage, ob der grenzüberschreitende **Bezug zu mindestens einem anderen Mitgliedstaat** bestehen muss. Hierzu dürfte als geklärt gelten, dass Art 4 ff keineswegs nur solche Sachverhalte erfassen, die einen „EU-Bezug" aufweisen; vielmehr kann es genügen, dass der Sachverhalt nur einen Bezug zu mindestens einem Drittstaat hat (grundlegend EuGH EuZW 2005, 345; vgl zudem etwa BGH GRUR-RR 2013, 228; vgl aus dem Schrifttum, statt vieler, etwa Wagner RIW 2025, 5, 6). Daraus folgt insb, dass die Brüssel Ia-VO auch dann im EU-Wohnsitzstaat des Beklagten (Art 4) zur Anwendung kommt, wenn der Kläger in einem Drittstaat ansässig ist und der Fall keinen weiteren EU-Staat berührt (zutreffend etwa OLG Düsseldorf NZG 2025, 234 Tz 17; verkannt bei OLG Karlsruhe IPRax 2014, 534, krit dazu Roth IPRax 2014, 499, 500).

15 **2) Persönlich.** In persönlicher Hinsicht gelten die Zuständigkeitsregeln der Brüssel Ia-VO grds dann, wenn der Beklagte seinen **Wohnsitz** im Hoheitsgebiet eines Mitgliedstaats hat (Art 4), anderenfalls nach Maßgabe der in Art 6 genannten Vorschriften; näher dazu Art 4 Rn 2 ff, Art 6 Rn 1 ff. Demgegenüber kommt es für die Anwendbarkeit der Brüssel Ia-Regeln über die Behandlung paralleler Verfahren (Art 29 ff) und über die Anerkennung und Vollstreckbarkeit (Art 36 ff) nicht darauf an, ob wenigstens einer der Parteien ihren Wohnsitz in einem Mitgliedstaat hat. Keine Rolle spielt im Übrigen die **Staatsangehörigkeit** der Parteien (klarstellend zum Zuständigkeitsrecht, aber verallgemeinerungsfähig Art 4 I, II).

16 **3) Sachlich: Zivil- und Handelssachen (Art 1 I 1).** Der Schlüsselbegriff der Zivil- und (bzw oder) Handelssache findet sich außer in der Brüssel Ia-VO auch in weiteren EU- und konventionsrechtlichen IZVR-Rechtsakten, so in der EuMahnVO, EuBagatellVO, EuKoPfVO, EuZustVO, EuBewVO und PKH-RL, zudem im LugÜ, HGÜ, HAVÜ, HZÜ und HBÜ. Er ist nach stRspr **verordnungsautonom und weit** zu fassen (vgl aus neuerer Zeit etwa EuGH IPRax 2021, 465; EuGH ZIP 2024, 2830 Tz 33). Zur Klärung, ob eine Zivil- oder Handelssache vorliegt, ist auf die Natur der zwischen den Parteien bestehenden Rechtsbeziehungen und auf den Gegenstand des Rechtsstreits abzustellen (etwa EuGH EuZW 2015, 76; vgl auch BGH NJW 2020, 536, 537 f). Bei der gebotenen autonomen Interpretation kann die konkrete Ausgestaltung der Rechtsbeziehung durch das nationale Recht eine wesentliche Rolle spielen (deutlich etwa EuGH NJW 2020, 449 f).

17 Aus der Klarstellung in Art 1 I 1, dass es nicht auf die **Art der Gerichtsbarkeit** ankomme, ergibt sich insb, dass auch eine Verurteilung zur Zahlung von Schadensersatz in einem **Adhäsionsverfahren** (in Deutschland: §§ 403 ff StPO; zur Zuständigkeit vgl Art 7 Nr 3) zivilrechtlich einzuordnen ist (dazu BGH IPRax 2023, 75). Nicht um eine Zivilsache geht es hingegen bei einem Verfahren über die Aufhebung der Verwahrung einer von einer Strafverfolgungsbehörde beschlagnahmten Sache, und das gilt dann auch für eine inzidente Streitigkeit zwischen zwei privaten Eigentumsprätendenten (EuGH 4.10.2024 – C-494/23; dazu Budzikiewicz/Mansel/Thorn/Wagner IPRax 2025, 93, 104 f). Unerheblich ist im Übrigen die mitgliedstaatliche Gerichtsorganisation und die Einrichtung verschiedener Rechtswege, sodass insb die **Arbeitsgerichtsbarkeit** in den Anwendungsbereich der Brüssel Ia-VO fällt (vgl die diesbezüglichen Zuständigkeitsregeln in Art 20-23).

18 Der sachliche Anwendungsbereich der Brüssel Ia-VO erfasst grds auch **Verfahren des kollektiven Rechtsschutzes**, so aus deutscher Sicht insb Abhilfe- und Musterfeststellungsklagen gem VDuG (näher Meller-Hannich FS Konecny, S 341; Wagner RIW 2024, 8, 10 f; Weller in Hess/Hau, Kollektiver Rechtsschutz in Europa, S 17, 22 ff; auf Diskussionsbedarf hinsichtlich der Abstimmung zwischen der Brüssel Ia-VO und der Verbandsklagen-RL 2020/1828 verweist zutreffend der Kommissionsbericht v 2.6.2025, COM(2025) 268, 16 f).

19 Ob es sich bei einer **einstweiligen Maßnahme** um eine Zivil- und Handelssache handelt, richtet sich nicht nach ihrer eigenen Rechtsnatur, sondern nach der Rechtsnatur des gesicherten Anspruchs (EuGH RIW 2020, 688; EuGH IPRax 2022, 275; BGH NJW 2020, 536, 537 f; Hau IPRax 2022, 232).

20 **4) Sachlich: Ausgeschlossene Rechtsgebiete (Art 1 I 2, II). a) Überblick.** Art 1 I 2 stellt klar, dass die Brüsse-*l Ia-VO öffentlich-rechtliche Angelegenheiten* nicht erfasst, Art 1 II enthält einen Katalog weiterer **ausgeklammerter Rechtsgebiete**. Während es unschädlich ist, wenn einem dieser Ausnahmebereiche nur eine für die Sachentscheidung bedeutsame **Vorfrage** zugehört, ist die Brüssel Ia-VO unanwendbar, wenn eine Angelegen-

heit iSv Art 1 I 2, II den Verfahrensgegenstand bildet. Auch dann, wenn die Brüssel Ia-VO gem Art 1 I 2, II sachlich unanwendbar ist, darf nicht ohne Weiteres auf das nationale Zuständigkeitsrecht zurückgegriffen werden; vielmehr bleibt zunächst zu klären, ob ein **anderer Sekundärrechtsakt** oder ein völkerrechtlicher Vertrag einschlägig sein kann (vgl EuIZPR Rn 28 f).

b) Öffentlich-rechtliche Angelegenheiten (Art 1 I 2, II lit c). Ausgeklammert sind gem Art 1 I 2 Steuer- und Zollsachen, zudem verwaltungsrechtliche Angelegenheiten sowie die Haftung des Staates für Handlungen oder Unterlassungen im Rahmen der Ausübung hoheitlicher Rechte (acta iure imperii). In etlichen Fällen, in denen ein **Hoheitsträger gegen einen Privaten klagt**, handelt es sich indes um eine Zivil- oder Handelssache iSv Art 1 I 1. 21

Kasuistik: Um eine Zivilsache geht es, wenn eine Behörde einem Bürger irrtümlich einen höheren Betrag ausgezahlt hat, als diesem aufgrund einer öffentlich-rechtlichen Anspruchsgrundlage zustand, und die Zuvielleistung sodann gestützt auf allgemeines Bereicherungsrecht zurückfordert (EuGH NJW 2013, 1661 f; damit nur schwer in Einklang zu bringen ist allerdings EuGH EuZW 2016, 782). – Hat sich eine Bank zugunsten eines Hoheitsträgers verbürgt, so kann dessen Zahlungsklage gegen die Bürgin auch dann eine Zivil- bzw Handelssache sein, wenn die gesicherte Hauptforderung eine Zollschuld ist und deren Prüfung aufgrund des Verteidigungsvorbringens der Bürgin erforderlich wird (EuGH IPRax 2003, 528). – Vom Anwendungsbereich der Brüssel Ia-VO erfasst ist auch der Fall, dass eine im Eigentum einer Kommune stehende Gesellschaft gegen eine natürliche Person eine nicht beglichene Gebühr für die Nutzung eines öffentlichen Parkplatzes beitreibt, sofern die Gebühr keinen Strafcharakter aufweist, sondern lediglich das Entgelt für die erbrachte Leistung darstellt (EuGH EuZW 2017, 686; EuGH NVwZ 2021, 1283); dasselbe gilt für die gerichtliche Beitreibung einer im EU-Ausland erhobenen Straßenmautgebühr (EuGH 21.9.2021 – C-30/21; beachte auch BGH EuZW 2023, 240). – Einbezogen ist die Klage eines Mitgliedstaats, der als Dienstherr das Entgelt eines bei einem Verkehrsunfall verletzten Beamten während dessen Dienstunfähigkeit fortgezahlt hat und in dessen Rechte eingetreten ist, gegen den Haftpflichtversicherer des Schädigers (EuGH 30.4.2025 – C-536/23, Tz 41). – Eine Zivil- bzw Handelssache ist die Klage einer Behörde gegen in einem anderen Mitgliedstaat ansässige Gewerbetreibende auf Feststellung vermeintlich widerrechtlicher unlauterer Geschäftspraktiken (EuGH IPRax 2021, 465), sofern die Behörde keine Klage- oder Ermittlungsbefugnisse ausübt, die von den im Verhältnis zwischen Privatpersonen geltenden allgemeinen Regeln abweichen (so aber im Fall EuGH IPRax 2023, 547; dazu Thole IPRax 2023, 524), ferner nach Ansicht des EuGH sogar eine Schadensersatzklage des Fiskus gegen Private wegen eines sog „Mehrwertsteuerkarussells" (EuGH EuZW 2013, 828 f; berechtigte Kritik übt Kohler IPRax 2015, 52; vgl auch OLG Düsseldorf NZG 2025, 234, dort zur Anwendbarkeit der Brüssel Ia-VO auf eine Entschädigungsklage des privatrechtlich organisierten Treuhänders des britischen Pension Fund). 22

Abgrenzungsschwierigkeiten bereiten häufiger **Klagen gegen Hoheitsträger**, insb **staatshaftungsrechtliche Fälle**. Der Verordnungsgeber hat in Art 1 I 2 die diesbezügliche EuGH-Judikatur aufgegriffen und dort klargestellt, dass die Brüssel Ia-VO nur dann nicht gilt, wenn es um die Haftung des Staats für Handlungen oder Unterlassungen im Rahmen der Ausübung hoheitlicher Rechte geht (***acta iure imperii***); zur damit einhergehenden Frage nach den Grenzen der Gerichtsbarkeit s EuIZPR Rn 35. 23

Kasuistik: Eine diplomatische Vertretung (Botschaft, Generalkonsulat) kann bei der Wahrnehmung ihrer Aufgaben *iure gestionis* handeln, so insb, wenn sie Arbeitsverträge mit Personen schließt, die keine hoheitlichen Aufgaben verrichten (EuGH RIW 2021, 430 Tz 27 f). – Gegen Deutschland erhobene Schadensersatzklagen wegen Gräueltaten deutscher Streitkräfte während des Zweiten Weltkriegs gegen die ausländische Zivilbevölkerung sind keine Zivilsachen iSv Art 1 I 1 (EuGH NJW 2007, 246). – Auch der Rechtsstreit zwischen einem ehemaligen Strafgefangenen und einer Behörde um die Nachforderung von Arbeitsentgelt für seine Tätigkeit im Strafvollzug soll nicht erfasst sein (KG IPRspr 2015, 636, dort zu Art 1 EuZustVO). – Zu Klagen von Anlegern, die durch den vom griechischen Gesetzgeber angeordneten Zwangsumtausch ihrer Staatsanleihen geschädigt wurden, war der EuGH für die Zwecke von Art 1 EuZustVO von einer Zivil- und Handelssache ausgegangen (EuGHEuZW 2015, 633), hat dann aber vertreten, dass es bei solchen Klagen nicht um Zivil- und Handelssachen iSv Art 1 I 1 Brüssel Ia-VO gehe und folglich die Zuständigkeitsregeln nicht anwendbar seien (EuGH EuZW 2019, 88; dazu Arnold/Garber IPRax 2019, 385; Kerber WM 2019, 1333; Mankowski ZIP 2019, 193). – Der im italienischen Adhäsionsprozess verfolgte Schadensersatzanspruch gegen einen deutschen Studienrat, durch dessen Verschulden ein Schüler während eines Ausflugs nach Italien getötet wurde, wurde unbeschadet der deutschen Einordnung als Amtshaftung (§ 839 BGB, Art 34 GG) als normale Zivilsache qualifiziert (EuGH NJW 1993, 2091). – Ferner erfasst die Brüssel Ia-VO die auf angebliche Verstöße gegen das EU-Wettbewerbsrecht gestützte Schadensersatzklage, die eine Fluggesellschaft gegen eine Flughafenbetreibergesellschaft erhebt, die sich im Alleineigentum eines Mitgliedstaats befindet (EuGH EuZW 2015, 76), Schadensersatzklagen von Opfern eines Schiffsunglücks gegen eine juristische Person des Privatrechts, die das Schiff für Rechnung und im Auftrag eines Drittstaats zertifiziert hatte (EuGH EuZW 2020, 898) sowie Gestattungsverfahren zur Bestandsdatenauskunft durch Anbieter von Telemedien (BGH NJW 2024, 514 Tz 12). 24

Unterliegt die beklagte Partei kraft Völkerrechts **nicht der deutschen Gerichtsbarkeit** (s EuIZPR Rn 33 ff) so darf ein Verfahren gegen sie im Inland auch dann nicht geführt werden, wenn sich dafür aus der Brüssel Ia-VO 25 ein Gerichtsstand ergäbe (vgl BAG NZA 2025, 777 Tz 25, dort zu Art 20 ff im Falle der Kündigungsschutzklage der Mitarbeiterin eines ausländischen Konsulats).

26 Art 1 II lit c stellt klar, dass die Brüssel Ia-VO nicht für Verfahren zur **sozialen Sicherheit** gilt. Die Einordnung als solche wurde verneint für die Klage eines Sozialversicherungsträgers gegen einen Arbeitgeber auf Zuschläge für das Urlaubsentgelt entsendeter Arbeitnehmer (EuGH RIW 2019, 213) und für eine Klage wegen betrieblicher Altersversorgung (BGH NJW-RR 2017, 229).

27 **c) Familien- und erbrechtliche Angelegenheiten (Art 1 II lit a, e, f).** Wegen des Bezugs zur **Handlungsfähigkeit** einer natürlichen Person iSv II lit a gilt die Brüssel Ia-VO nicht für ein Verfahren der freiwilligen Gerichtsbarkeit, in dem es darum geht, ob ein Grundstücksgeschäft eines Betreuten gerichtlich zu genehmigen ist (EuGH FamRZ 2013, 1873). Hingegen erfasst die Brüssel I-VO eine Klage auf Aufhebung eines Schenkungsvertrags über ein Grundstück, bei dem sich die Geschäftsunfähigkeit des Schenkenden nur als Vorfrage stellt (EuGH NJW 2017, 315, 316). Ungeklärt ist, ob II lit a Angelegenheiten **faktischer Lebensgemeinschaften** ausklammert (offenlassend EuGH FamRZ 2019, 1557, 1559 f).

28 Zu beachten sind die **familien- und erbrechtlichen Spezialverordnungen**, namentlich die Brüssel IIb-VO 2019/1111 v 25.6.2019, EuUntVO 4/2009 v 18.12.2008, EuEheGüVO 2016/1103 v 24.6.2016, EuPartGüVO 2016/1104 v 24.6.2016, EuSchutzMVO 606/2013 v 12.6.2013 und EuErbVO 650/2012 v 4.7.2012. Abgrenzungsprobleme stellen sich zB zwischen der Brüssel Ia-VO und der EuUntVO im Hinblick auf Auseinandersetzungen über vertraglich begründete Unterhaltsansprüche (Fälle der freiwilligen Stiefkind- oder Geschwisterversorgung) oder nach Vergleichen über gesetzliche Unterhaltsansprüche (näher etwa PH/Hau Anh § 110: EuUntVO Rn 7). Zur Abgrenzung von Brüssel Ia-VO und EuEheGüVO vgl OLG Stuttgart FamRZ 2025, 165 Tz 4 f [krit Mayer].

29 **d) Insolvenzrechtliche Angelegenheiten (Art 1 II lit b).** Zwischen der Brüssel Ia-VO und der **EuInsVO 848/2015 v 20.5.2015** ergeben sich häufig Abgrenzungsprobleme (dazu etwa Guski ZIP 2018, 2395; vgl auch das Kommissions-Arbeitspapier v 2.6.2025, SWD(2025) 135, 2 f), wobei es gilt, sowohl Regelungslücken als auch Überschneidungen zu vermeiden (das betonen etwa EuGH ZIP 2024, 2830 Tz 32; BGH NJW-RR 2021, 1207 Tz 21). Die Bereichsausnahme des Art 1 II lit b meint „nur Klagen, die unmittelbar aus einem Insolvenzverfahren hervorgehen und in engem Zusammenhang damit stehen“ (EuGH ZIP 2024, 2830 Tz 34). In diesem Sinne eindeutig dem Insolvenzrecht zuzurechnen sind Klagen auf Feststellung des Bestehens einer Forderung zwecks Anmeldung im Insolvenzverfahren (EuGH ZIP 2019, 1872; EuGH ZIP 2024, 2830 Tz 41).

30 Eine gewöhnliche **Leistungsklage** wird, auch wenn sie der Insolvenzverwalter erhebt, als allg Zivil- bzw Handelssachen von der Brüssel Ia-VO erfasst, wenn sie auch schon der Schuldner hätte erheben können (EuGH RIW 2014, 673, 674 f; EuGH NJW 2019, 1791; BGH ZIP 2015, 2192; BGH NJW-RR 2021, 1207 Tz 20 ff). Gegenbeispiel: Unanwendbarkeit der Brüssel Ia-VO auf eine deliktische Schadensersatzklage gegen Mitglieder eines Gläubigerausschusses wegen ihres Verhaltens bei einer Abstimmung über einen insolvenzrechtlichen Sanierungsplan (EuGH EuZW 2018, 94). Auch **Klagen einzelner Gläubiger** werden als normale Zivil- und Handelssachen eingeordnet (EuGH EuZW 2013, 703, 704; EuGH ZIP 2024, 2830 Tz 38, 42 ff; vgl auch EuGH ZIP 2017, 2275).

31 Nach der inzwischen durch Art 6 I EuInsVO bestätigten EuGH-Judikatur unterfallen **Insolvenzanfechtungsklagen** der EuInsVO (EuGH NJW 2009, 2189; BGH NJW 2009, 2215; vgl für Klagen gegen drittstaatenansässige Beklagte: EuGH NJW 2014, 610; EuGH EuZW 2015, 141). Entsprechendes soll gelten für Klagen gem § 15b IV InsO (vgl EuGH EuZW 2015, 141, dort noch zu § 64 GmbHG) und auf Feststellung der Unwirksamkeit des Verkaufs einer Immobilie (EuGH NZI 2020, 123 995). Beachte aber Art 6 II, III EuInsVO, wonach der Verwalter die Klage auch im Wohnsitzstaat des Beklagten erheben kann, wenn sie in einem engen Zusammenhang mit einer anderen zivil- oder handelsrechtlichen Klage gegen denselben Beklagten steht, für die gem Art 4 Brüssel Ia-VO die Gerichte im Wohnsitzstaat zuständig sind (vgl dazu ErwGr Nr 35 zur EuInsVO).

32 **Verfahren des kollektiven Rechtsschutzes** sind weder in direkter noch in analoger Anwendung von Art 1 II lit d aus dem Anwendungsbereich ausgeschlossen (zutr etwa Weller in Hess/Hau, Kollektiver Rechtsschutz in Europa, S 17, 24; aA Woopen IWRZ 2018, 160, 163).

33 **e) Schiedsgerichtsbarkeit (Art 1 II lit d).** Ebenso wie schon das EuGVÜ und die Brüssel I-VO klammert die Brüssel Ia-VO die Schiedsgerichtsbarkeit aus ihrem Anwendungsbereich aus. Der Vorschlag der Kommission, wenigstens die Koordinierung von Parallelverfahren vor staatlichen und Schiedsgerichten zu regeln (KOM (2010), 748, dort Art 29), wurde mit der Brüssel Ia-VO nicht aufgegriffen. Weil sich der Verordnungsgeber letztlich nur dazu entschließen konnte, in **ErwGr Nr 12** einige (eher verwirrende) Leitlinien dazu zu skizzieren, wie er sich das Verhältnis vorstellt, ergibt sich nach wie vor eine Reihe schwieriger Abgrenzungs- und Koordinierungsprobleme. Näher etwa Baumann FS Ahrens, S 467; Domej FS Gottwald, S 97; Geimer FS Ahrens, S 501; Kastanidis ZZPInt 27 (2022), 347; Mankowski IHR 2015, 189; monographisch Breder, Verzahnung, 2020; Dickler, Schiedsgerichtsbarkeit, 2015. Auf fortbestehenden Reformbedarf verweist der Kommissionsbericht v 2.6.2025 (COM(2025) 268, 3).

34 Die Bereichsausnahme des Art 1 II lit d meint grds die Schiedsgerichtsbarkeit als Gesamtbereich, einschließlich der **bei staatlichen Gerichten eingeleiteten schiedsbezogenen Verfahren**, insb also einschließlich der Verfah-

ren auf Anerkennung, Vollstreckbarerklärung und Aufhebung von Schiedssprüchen (vgl EuGH IPRax 2023, 280 Tz 44 ff). Auch gerichtliche Verfahren, die darauf abzielen, einer Schiedspartei die Durchsetzung eines Schiedsspruches zu untersagen, fallen nicht in den Anwendungsbereich der Brüssel Ia-VO (LG Essen IPRax 2025, 270; dazu Hess IPRax 2025, 242, 243 ff, dort auch zu weiteren ausgeklammerten Verfahren, insbesondere über Anträge auf Erlass eines Verbots, ein Schiedsverfahren einzuleiten oder fortzuführen [sog **anti-arbitration injunction**]). Zu **Konflikten** iSv Art 45 I lit c zwischen Schiedssprüchen und Gerichtsentscheidungen vgl EuGH IPRax 2023, 280 Tz 48 ff (dazu Art 45 Rn 22).

5. **Zeitlich.** Zum zeitlichen Anwendungsbereich der Brüssel Ia-VO und zum Restanwendungsbereich der Brüs- 35
sel I-VO s Art 66.

Artikel 2

Für die Zwecke dieser Verordnung bezeichnet der Ausdruck

a) „Entscheidung" jede von einem Gericht eines Mitgliedstaats erlassene Entscheidung ohne Rücksicht auf ihre Bezeichnung wie Urteil, Beschluss, Zahlungsbefehl oder Vollstreckungsbescheid, einschließlich des Kostenfestsetzungsbeschlusses eines Gerichtsbediensteten.

Für die Zwecke von Kapitel III umfasst der Ausdruck „Entscheidung" auch einstweilige Maßnahmen einschließlich Sicherungsmaßnahmen, die von einem nach dieser Verordnung in der Hauptsache zuständigen Gericht angeordnet wurden. Hierzu gehören keine einstweiligen Maßnahmen einschließlich Sicherungsmaßnahmen, die von einem solchen Gericht angeordnet wurden, ohne dass der Beklagte vorgeladen wurde, es sei denn, die Entscheidung, welche die Maßnahme enthält, wird ihm vor der Vollstreckung zugestellt;

b) „gerichtlicher Vergleich" einen Vergleich, der von einem Gericht eines Mitgliedstaats gebilligt oder vor einem Gericht eines Mitgliedstaats im Laufe eines Verfahrens geschlossen worden ist;

c) „öffentliche Urkunde" ein Schriftstück, das als öffentliche Urkunde im Ursprungsmitgliedstaat förmlich errichtet oder eingetragen worden ist und dessen Beweiskraft

i) sich auf die Unterschrift und den Inhalt der öffentlichen Urkunde bezieht und

ii) durch eine Behörde oder eine andere hierzu ermächtigte Stelle festgestellt worden ist;

d) „Ursprungsmitgliedstaat" den Mitgliedstaat, in dem die Entscheidung ergangen, der gerichtliche Vergleich gebilligt oder geschlossen oder die öffentliche Urkunde förmlich errichtet oder eingetragen worden ist;

e) „ersuchter Mitgliedstaat" den Mitgliedstaat, in dem die Anerkennung der Entscheidung geltend gemacht oder die Vollstreckung der Entscheidung, des gerichtlichen Vergleichs oder der öffentlichen Urkunde beantragt wird;

f) „Ursprungsgericht" das Gericht, das die Entscheidung erlassen hat, deren Anerkennung geltend gemacht oder deren Vollstreckung beantragt wird.

Zum Begriff der **Entscheidung** iSv lit a UAbs 1, der verordnungsautonom und tendenziell weit zu interpretie- 1
ren ist, s Art 36 Rn 2 f. Bemerkenswert ist die durch ErwGr Nr 25 und 33 ergänzte Einschränkung des Entscheidungsbegriffs in lit a UAbs 2 für **Maßnahmen des einstweiligen Rechtsschutzes**; dazu Art 35 Rn 11. Zum **gerichtlichen Vergleich** (lit b) s Art 59 Rn 1, zur **öffentlichen Urkunde** (lit c) s Art 58 Rn 1. Die übrigen Legaldefinitionen in Art 2 sind selbsterklärend.

Artikel 3

Für die Zwecke dieser Verordnung umfasst der Begriff „Gericht" die folgenden Behörden, soweit und sofern sie für eine in den Anwendungsbereich dieser Verordnung fallende Angelegenheit zuständig sind:

a) in Ungarn, bei summarischen Mahnverfahren (fizetési meghagyásos eljárás), den Notar (közjegyző),

b) in Schweden, bei summarischen Mahnverfahren (betalningsföreläggande) und Beistandsverfahren (handräckning), das Amt für Beitreibung (Kronofogdemyndigheten).

Die Brüssel Ia-VO enthält keine allgemeine – und weite – Definition zum **Begriff des Gerichts**, wie sie in ande- 1
ren Verordnungen vorgesehen ist (vgl insb Art 2 II Nr 1 Brüssel IIb-VO, Art 2 II EuUntVO, Art 3 II EuErbVO), vielmehr nur eine punktuelle Sonderregelung für Ungarn und Schweden. Eine entsprechende Anwendung auf funktionsähnliche Einrichtungen anderer Mitgliedstaaten ist ausgeschlossen (EuGH EuZW 2017, 686 Tz 40 ff, dort zu kroatischen Notaren; auf Reformbedarf verweist der Kommissionsbericht v 2.6.2025 (COM (2025) 268, 4). Aus deutscher Sicht folgt daraus insb, dass eine Verfahrensaussetzung gem Art 29 ff, abgesehen von Art 3, nur bei einem vorrangigen Parallelverfahren vor einem „echten" Gericht in Betracht kommt.

Kapitel II – Zuständigkeit (Art 4-35)

Abschnitt 1 – Allgemeine Bestimmungen (Art 4-6)

Artikel 4 (Artikel 2 LugÜ)

(1) Vorbehaltlich der Vorschriften dieser Verordnung sind Personen, die ihren Wohnsitz im Hoheitsgebiet eines Mitgliedstaats haben, ohne Rücksicht auf ihre Staatsangehörigkeit vor den Gerichten dieses Mitgliedstaats zu verklagen.

(2) Auf Personen, die nicht dem Mitgliedstaat, in dem sie ihren Wohnsitz haben, angehören, sind die für Staatsangehörige dieses Mitgliedstaats maßgebenden Zuständigkeitsvorschriften anzuwenden.

Lit zu Art 4-6: *Ahrens*, Die Prüfung der internationalen Zuständigkeit: Verschiebung von der Zulässigkeit zur Begründetheit?, FS von Bar, 2022, S 1; *Bidell*, Die Erstreckung der Zuständigkeiten der EuGVO auf Drittstaatensachverhalte, 2014; *Coester-Waltjen*, Klägergerichtsstände im europäischen Zivilverfahrensrecht, FS Klamaris, 2016, S 173; *Dostal*, Forum Shopping im internationalen Kaufrecht, ZVertriebsR 2019, 207; *Dutta*, Die perpetuatio fori im europäischen Zuständigkeitsrecht: Grundsatz oder Ausnahme?, FS Schack, 2022, S 574; *Geimer*, Neues und Altes im Kompetenzsystem der reformierten Brüssel I-Verordnung, FS Gottwald, 2014, S 175; *Hau*, Zur Prüfung der internationalen Zuständigkeit, FS Geimer, 2017, S 189; *Hau*, Der Drittstaatsansässige als „Fremder" im Rahmen der europäischen justiziellen Zusammenarbeit in Zivilsachen, FS Kronke, 2020, S 139; *Hoffmann*, Die internationale Zuständigkeit für Verbandsklagen gegen drittstaatliche Unternehmen, IPRax 2024, 7; *Kübler-Wachendorff*, Das forum necessitatis im europäischen Zuständigkeitsrecht, 2021; *Leipold*, Neues zum Verhältnis zwischen dem Europäischen Zivilprozessrecht und dem einzelstaatlichen Recht: die Bestimmungen der EuGVVO 2012 zur Zuständigkeit für Klagen gegen Parteien mit Wohnsitz in Drittstaaten und zur Beachtung der Rechtshängigkeit in Drittstaaten, FS Schilken, 2015, S 353; *Lukas*, Die Person mit unbekanntem Aufenthalt im zivilrechtlichen Erkenntnisverfahren, 2018; *Lüttringhaus*, Der Missbrauch des Gerichtsstandes im Zivilprozess, ZZP 127 (2014), 29; *Lutzi/Wilke*, Brüssel Ia extendenda est? – Zur Zukunft der internationalen Zuständigkeit deutscher Gerichte in Zivil- und Handelssachen nach Ausweitung der EuGVVO, RabelsZ 86 (2022), 841; *Michaels/Sommerfeld*, EU-Lieferketten-Richtlinie und internationale Zuständigkeit, GS Mankowski, 2024, S 775; *Müller*, Die Notzuständigkeit im europäischen und deutschen Internationalen Zivilverfahrensrecht, 2023; *Schwemmer*, Internationale Zuständigkeit für Cum-Ex-Haftungsklagen gegen Drittstaatsgesellschaften, IPRax 2024, 130; *Staudinger/Steinrötter*, Das neue Zuständigkeitsregime bei zivilrechtlichen Auslandssachverhalten, JuS 2015, 1; *Uhlmann*, Der unauffindbare Beklagte im Internationalen Zivilverfahrensrecht, IPRax 2025, 253; *Wagner*, Durchsetzung zivilrechtlicher Ansprüche gegen Schuldner mit Wohnsitz im EU-Ausland, EWS 2016, 79; *Wagner*, Internationale und örtliche Zuständigkeit nach der EuGVVO, EuZW 2021, 572; *Wagner*, Klageerhebung nach der EuGVVO im Wohnsitzstaat des Klägers, RIW 2025, 169. – Sa Art 1 vor Rn 1.

1 **I) Überblick.** Art 4 regelt im Zusammenspiel mit Art 5 und 6 den **räumlich-persönlichen Anwendungsbereich** der Brüssel Ia-Zuständigkeitsregeln und damit zugleich den Restanwendungsbereich der mitgliedstaatlichen Zuständigkeitsvorschriften (Rn 2 ff; zum LugÜ s Rn 7). Zugleich statuiert Art 4 den **allgemeinen Gerichtsstand** (Rn 8 ff), allerdings beschränkt auf die internationale Zuständigkeit (Rn 11). Zu denkbaren Fällen einer ungeschriebenen Notzuständigkeit s Rn 12. Verordnungsautonome Vorgaben zur **Prüfung der internationalen Zuständigkeit** durch das angerufene Gericht ergeben sich aus Art 27 f; beachte aber auch Art 7 Rn 4 zu **doppelrelevanten Tatsachen** sowie die weiteren Hinweise zur Zuständigkeitsprüfung, zur Entscheidung darüber und zum fehlenden Zuständigkeitsermessen in EuIZPR Rn 57 ff. Zum **maßgeblichen Zeitpunkt**, insb zum auch in der Brüssel Ia-VO anwendbaren Grundsatz der perpetuatio fori, s EuIZPR Rn 56. Auf der Anerkennungsebene ist die Wahrung der Brüssel Ia-Zuständigkeitsregeln nur ausnahmsweise zu prüfen VO (näher zur sog **Anerkennungszuständigkeit** Art 45 Rn 24 ff).

2 **II) Räumlich-persönlicher Anwendungsbereich der Brüssel Ia-Zuständigkeitsregeln.** Zu den Mitgliedstaaten der Brüssel Ia-VO und zum Erfordernis eines hinreichenden Auslandsbezugs s Art 1 Rn 10 ff. Wenn der sachliche und zeitliche Anwendungsbereich der Brüssel Ia-VO eröffnet ist (s Art 1 Rn 16 ff), stellt sich die Frage nach dem räumlich-persönlichen Anwendungsbereich ihrer Gerichtsstände und damit nach dem verbleibenden Restanwendungsbereich der mitgliedstaatlichen Zuständigkeitsregeln. Dabei sind die folgenden vier Konstellationen zu unterscheiden.

3 **1) Beklagtenwohnsitz in der EU.** Aus dem Zusammenspiel von Art 4-6 lässt sich das Prinzip ableiten, dass Beklagte mit Wohnsitz in einem Mitgliedstaat stets nach den Zuständigkeitsregeln der Brüssel Ia-VO verklagt werden können, und zwar nur nach diesen: Denn zugunsten solcher Beklagter schließt Art 5 den Rückgriff auf nationales Recht aus (deutlich etwa EuGH EuZW 2014, 181 f). Im **Grundsatz** wird der räumlich-persönliche Anwendungsbereich der Brüssel Ia-Gerichtsstände also durch den **Wohnsitz des Beklagten** definiert (zur Bestimmung des Wohnsitzes bzw Sitzes s Art 62, 63; beachte aber auch Art 11 II, 17 II, 20 II, die in Versicherungs-, Verbraucher und Arbeitssachen anknüpfend an eine Niederlassung in einem Mitgliedstaat einen Sitz fingieren). Der Wohnsitz des Klägers sowie die Staatsangehörigkeit der Parteien sind hingegen unerheblich (vgl Art 4 I, II).

4 ***2) Beklagtenwohnsitz in einem Drittstaat.*** Im Grundsatz sind die Brüssel Ia-Gerichtsstände dann nicht anwendbar, wenn sich der Beklagtenwohnsitz in einem Drittstaat befindet (zu abweichenden früheren Reformvorschlägen der Kommission sowie zur anhaltenden Diskussion über einen Ausbau des Brüssel Ia-Zuständig-

keitssystems vgl Hau IPRax 2025, 1; Lutzi/Wilke RabelsZ 86 [2022], 841; ausf Bachmann, Universalisierung, 2020; fortbestehenden Reformbedarf sieht auch der Kommissionsbericht v 2.6.2025, COM(2025) 268, 4 ff). Nach geltendem Recht verweist Art 6 I im Fall eines drittstaatenansässigen Beklagten grds auf die Gerichtsstände des mitgliedstaatlichen Prozessrechts. Zugleich nennt Art 6 I aber **punktuelle Ausnahmen**, in denen es auch bei Klagen gegen Drittstaatenansässige bei der Anwendbarkeit bestimmter Brüssel Ia-Zuständigkeitsregeln bleibt (s Rn 6).

3) Unbekannter Beklagtenwohnsitz. Weil für die Abgrenzung der Brüssel Ia-Zuständigkeitsregeln von den nationalen Regeln grds auf den Beklagtenwohnsitz abzustellen ist, bereitet es Probleme, wenn dieser unbekannt ist (beachte Domej FS Prütting, S 261, 262 ff; zu Möglichkeiten der Aufenthaltsermittlung vgl Eichel ZVglRWiss 119 [2020], 220, 224 f). Für den Fall, dass sich nicht klären lässt, ob der Beklagte seinen gegenwärtigen Wohnsitz in der EU oder in einem Drittstaat hat, sind laut EuGH die Brüssel Ia-VO-Zuständigkeitsregeln schon dann maßgeblich, wenn das angerufene Gericht nicht über beweiskräftige Indizien verfügt, die den Schluss zulassen, dass der Beklagte seinen Wohnsitz tatsächlich außerhalb des Gebiets der EU hat; folglich hält der EuGH die Anwendung des Deliktsgerichtsstands gem Art 7 Nr 2 für möglich (EuGH EuZW 2012, 381, 382). In einem Fall, in dem der aktuelle Wohnsitz des beklagten Verbrauchers (eines deutschen Staatsangehörigen, der bei Vertragsschluss in Tschechien ansässig war) unbekannt blieb, hat der EuGH, abstellend auf den letzten bekannten Beklagtenwohnsitz, Art 16 Brüssel I-VO (nunmehr: Art 18 II Brüssel Ia-VO) herangezogen, nachdem er ausdrücklich die Anwendbarkeit der Verordnung in räumlich-persönlicher Hinsicht bejaht hatte (EuGH NJW 2012, 1199, 1200; vgl auch BayObLG IWRZ 2020, 41). Entsprechendes soll aber auch dann gelten, wenn der beklagte Verbraucher einem Drittstaat angehört (EuGH IPRax 2025, 286; dazu Uhlmann IPRax 2025, 253). 5

4) Irrelevanz des Beklagtenwohnsitzes. Wie Art 6 I klarstellt, sind einige Brüssel Ia-Zuständigkeitsregeln unabhängig vom Wohnsitz des Beklagten anzuwenden. So eröffnet Art 18 I Alt 2 den **Heimatgerichtsstand für Verbraucher** ausdrücklich „ohne Rücksicht auf den Wohnsitz des anderen Vertragspartners" (vgl etwa OLG Köln MDR 2024, 253, und OLG Köln AG 2025, 202, dort jeweils speziell zu Post-Brexit-Klagen gegen Unternehmen aus dem Vereinigten Königreich; s Art 18 Rn 6). Im Falle einer **Gerichtsstandsvereinbarung** kommt es laut Art 25 I 1 nicht darauf an, ob eine der Parteien ihren Wohnsitz in einem Mitgliedstaat hat (s Art 25 Rn 8). Entsprechendes gilt für die gesetzlich **ausschließlichen Gerichtsstände** gem Art 24: Wird zB in Deutschland auf Feststellung des Eigentums an einem hier belegenen Grundstück geklagt, so sind deutsche Gerichte gem Art 24 Nr 1 international zuständig (also nicht etwa in doppelfunktionaler Anwendung von § 24 ZPO), und zwar unabhängig davon, ob der Beklagte seinen Wohnsitz in einem anderen Mitgliedstaat oder in einem Drittstaat hat (s Art 24 Rn 3). 6

III) Räumlich-persönlicher Anwendungsbereich der LugÜ-Zuständigkeitsregeln. Aus Sicht eines EU-Mitgliedstaats wie Deutschland kommen die Zuständigkeitsregeln des LugÜ (s Art 1 Rn 8) räumlich-persönlich grds dann zur Anwendung, wenn der Beklagte seinen Wohnsitz in einem Nur-LugÜ-Vertragsstaat hat (also **Island, Norwegen oder Schweiz**); vgl im Einzelnen Art 64 II lit a LugÜ (hierzu Art 73 Rn 1; s zB BGH NJW 2024, 2680 Tz 21 ff). Art 3 LugÜ schützt solche Beklagte vor einem Rückgriff auf das deutsche Zuständigkeitsrecht (insb also den Vermögensgerichtsstand gem § 23 S 1 Alt 1 ZPO). Wird in Deutschland eine auf Vertragserfüllung gerichtete Klage gegen einen Beklagten mit Wohnsitz in der Schweiz erhoben, so ist für die Frage, ob in Deutschland der Vertragsgerichtsstand eröffnet ist, weder Art 7 Nr 1 noch das autonome deutsche Recht (§ 29 ZPO in doppelfunktionaler Anwendung) maßgeblich, sondern Art 5 I LugÜ, und zwar unabhängig davon, ob der Kläger seinen Wohnsitz in einem EU-, einem LugÜ- oder einem Drittstaat hat. 7

IV) Allgemeiner Gerichtsstand (Art 4). Den traditionellen zuständigkeitsrechtlichen Grundsatz, dass sich der Kläger an die Gerichte am Sitz des Beklagten wenden soll (**actor sequitur forum rei**), legt auch die Brüssel Ia-VO zugrunde: Sie eröffnet mit Art 4 einen allgemeinen Gerichtsstand des Beklagten. Das dient dem Beklagtenschutz (sog favor defensoris) und der im Interesse beider Parteien gebotenen Zuständigkeitsklarheit, erweist sich aber auch als prozessökonomisch: Wegen der grds **umfassenden Kognitionsbefugnis** im allgemeinen Gerichtsstand kann das Gericht die Auseinandersetzung unter jedem in Betracht kommenden Gesichtspunkt beurteilen (s demgegenüber zu besonderen Gerichtsständen Art 7 Rn 21 f). Art 4 gilt unabhängig von der konkreten **Rechtsschutzform**, sodass auch im Falle einer negativen Feststellungsklage für den allgemeinen Gerichtsstand auf den Sitz des Beklagten abzustellen ist (BGH GRUR 2011, 554; Gottwald MDR 2016, 936, 939). 8

Maßgeblich ist für Art 4 bei natürlichen Personen der **Wohnsitz des Beklagten** (Art 62), bei Gesellschaften und juristischen Personen wahlweise der Satzungssitz, die Hauptverwaltung oder die Hauptniederlassung der Beklagten (Art 63; beachte aber auch Art 11 II, 17 II, 20 II, wonach in Versicherungs-, Verbraucher- und Arbeitssachen mit Drittstaatenbezug eine Zweigniederlassung, Agentur oder sonstige Niederlassung einem Sitz gleichzusetzen ist). Hat der Beklagte einen (Wohn-)Sitz im Gerichtsstaat, so ist dort der allgemeine Gerichtsstand auch dann ohne Weiteres eröffnet, wenn er womöglich einen **weiteren (Wohn-)Sitz** in einem anderen Mitgliedstaat hat (klarstellend etwa OLG München FamRZ 2022, 40, 41). Anders als andere Verordnungen (vgl Art 3 lit a [iii] Brüssel IIb-VO, Art 3 lit a EuUntVO, Art 79 II 2 DSGVO) knüpft die Brüssel Ia-VO nicht – bzw nur beiläufig (vgl Art 15 Nr 2, 19 Nr 2) – an den **gewöhnlichen Aufenthalt** des Beklagten an (klarstellend 9

EuGH IPRax 2025, 286 Tz 34 ff). Die Brüssel Ia-VO sieht auch keine Hilfsanknüpfungen vor, wie sie § 16 ZPO für Wohnsitzlose und § 20 ZPO für Personen wie Saisonarbeiter oder Studierende kennt.

10 Aus der Eingangsformel in Art 4 („Vorbehaltlich der Vorschriften dieser Verordnung") ergibt sich, dass **ausschließliche Gerichtsstände** kraft Gesetzes (Art 24) oder Parteivereinbarung (Art 25) dem allgemeinen Gerichtsstand vorgehen (vgl EuGH GRUR 2025, 568 Tz 30, dort zu Art 24 Nr 4). Demgegenüber kann der Kläger, wenn neben Art 4 weitere **konkurrierende Zuständigkeiten** gem Art 7 ff in anderen Mitgliedstaaten eröffnet sind, wählen, wo er seine Ansprüche geltend machen will (zum damit zusammenhängenden, im Grundsatz nicht zu beanstandenden Forum shopping s EuIZPR Rn 45). Allerdings geht der EuGH in ständiger Rechtsprechung von einem **Regel-Ausnahme-Verhältnis** aus, das zu einer restriktiven Auslegung der besonderen Gerichtsstände anhalte (so schon EuGH NJW 1988, 3088, 3089; gebetsmühlenhaft aus neuerer Zeit etwa EuGH NJW 2025, 1253 Tz 21; EuGH EuZW 2025, 396 Tz 34; EuGH 30.4.2025 – C-536/23, Tz 29; vgl zudem etwa BGH NJW 2024, 514 Tz 15). Der Argwohn des EuGH rührt ersichtlich daher, dass besondere Gerichtsstände nicht selten auf einen **Klägergerichtsstand** hinauslaufen. Ein solcher ist freilich nicht etwa um jeden Preis zu vermeiden, sondern grds unbedenklich, sofern er der sachnahen Verortung der Auseinandersetzung oder legitimen Zuständigkeitsinteressen des Klägers dient (zutr etwa Coester-Waltjen FS Kaissis, S 91, 95; beachte zu Klägergerichtsständen im Brüssel Ia-System auch Wagner RIW 2025, 169). Ganz in diesem Sinne erhebt auch der EuGH, wenn ihm dies im Interesse einer geordneten Rechtspflege angemessen erscheint, keine Einwände dagegen, dass sich der Kläger an die Gerichte des Mitgliedstaats wenden kann, in dem sich der Mittelpunkt seiner Interessen befindet (vgl etwa EuGH EuZW 2021, 890 Tz 31 f, dort zum Deliktsgerichtsstand bei Internetdelikten). Und überzeugend erscheint auch das Anliegen des EuGH, die besonderen Zuständigkeitsregeln so auszulegen, dass ein informierter, verständiger Beklagter vorhersehen kann, vor welchem Gericht er außerhalb seines Wohnsitzstaats verklagt werden könnte (darauf verweist etwa EuGH ZIP 2024, 3037 Tz 15; EuGH NJW 2025, 1253 Tz 34).

11 **V) Internationale und örtliche Zuständigkeit.** Ausweislich seines Wortlauts („vor den Gerichten dieses Mitgliedstaats") regelt Art 4 I **nur die internationale Zuständigkeit**, während in Art 7 ff, sofern dort vom „Gericht des Ortes" die Rede ist, zugleich die örtliche Zuständigkeit geregelt wird (vgl zur Bedeutung der Bezugnahme auf einen „Ort" in der Brüssel Ia-VO etwa EuGH NJW-RR 2022, 1140 Tz 37 ff; Wagner EuZW 2021, 572). Ergänzend zu Art 4 I sind zur Ermittlung der **örtlichen Zuständigkeit** die mitgliedstaatlichen Regeln anzuwenden (in Deutschland: §§ 12 f, § 17 ZPO).

12 **VI) Notzuständigkeit.** Im Zuständigkeitssystem der Brüssel Ia-VO kommt es nur selten zu **negativen Kompetenzkonflikten**, sie sind aber nicht völlig ausgeschlossen; vgl Art 45 Rn 33, Art 62 Rn 2. Ein ausdrücklich geregeltes forum necessitatis (vgl Art 7 EuUntVO, Art 11 EuEheGüVO/EuPartGüVO, Art 11 EuErbVO) ist in der Brüssel Ia-VO nicht vorgesehen. Vielmehr muss erforderlichenfalls eine **internationale Notzuständigkeit** auf Art 6 EMRK bzw Art 47 II EuGRC gestützt werden, wenn im Einzelfall ein hinreichendes Rechtsschutzbedürfnis im Inland besteht und sonstigen Beteiligten keine unzumutbaren Nachteile erwachsen (s EuIZPR Rn 51; ausf Kübler-Wachendorff Forum necessitatis, 2021; Müller Notzuständigkeit, 2023).

Artikel 5 (Artikel 3 LugÜ)

(1) Personen, die ihren Wohnsitz im Hoheitsgebiet eines Mitgliedstaats haben, können vor den Gerichten eines anderen Mitgliedstaats nur gemäß den Vorschriften der Abschnitte 2 bis 7 dieses Kapitels verklagt werden.

(2) Gegen die in Absatz 1 genannten Personen können insbesondere nicht die innerstaatlichen Zuständigkeitsvorschriften, welche die Mitgliedstaaten der Kommission gemäß Artikel 76 Absatz 1 Buchstabe a notifizieren, geltend gemacht werden.

1 Zugunsten von Beklagten, die ihren Wohnsitz iSv Art 62, 63 in einem Mitgliedstaat haben (oder gem Art 11 II, 17 II, 20 II so zu behandeln sind), unterbindet Art 5 I, dass mitgliedstaatliche Gerichte auf ihre jeweiligen nationalen Zuständigkeitsregeln zurückgreifen; vielmehr sollen Art 7-26 grds abschließend sein. Diese **Rückgriffssperre** wird durch Art 5 II zusätzlich bekräftigt, der insb die Anwendung der sog **exorbitanten Gerichtsstände** des mitgliedstaatlichen Rechts ausschließt, die in der gem Art 76 von der Kommission veröffentlichten Liste verzeichnet sind (s ABl EU 2015 C 4/2, dort Liste 1). Gesperrt ist in Deutschland der Vermögensgerichtsstand gem § 23 S 1 Alt 1 ZPO (s EuIZPR Rn 50), der folglich nur dann angewendet werden darf, wenn der Beklagte seinen Wohnsitz in einem Drittstaat hat (s Art 6 Rn 3). Andererseits ergibt sich aus Art 6 II sogar eine gewisse Erweiterung der exorbitanten Gerichtsstände (s Art 6 Rn 4).

2 Zu beachten ist, dass die in Art 35 vorgesehene Öffnungsklausel für **Maßnahmen des einstweiligen Rechtsschutzes** auch den Rückgriff auf die exorbitanten mitgliedstaatlichen Zuständigkeitsregeln iSv Art 5 II erlaubt (s Art 35 Rn 4).

Artikel 6 (Artikel 4 LugÜ)

(1) Hat der Beklagte keinen Wohnsitz im Hoheitsgebiet eines Mitgliedstaats, so bestimmt sich vorbehaltlich des Artikels 18 Absatz 1, des Artikels 21 Absatz 2 und der Artikel 24 und 25 die Zuständigkeit der Gerichte eines jeden Mitgliedstaats nach dessen eigenem Recht.
(2) Gegenüber einem Beklagten, der keinen Wohnsitz im Hoheitsgebiet eines Mitgliedstaats hat, kann sich unabhängig von ihrer Staatsangehörigkeit jede Person, die ihren Wohnsitz im Hoheitsgebiet eines Mitgliedstaats hat, in diesem Mitgliedstaat auf die dort geltenden Zuständigkeitsvorschriften, insbesondere auf diejenigen, welche die Mitgliedstaaten der Kommission gemäß Artikel 76 Absatz 1 Buchstabe a notifizieren, wie ein Staatsangehöriger dieses Mitgliedstaats berufen.

Hat der Beklagte seinen Wohnsitz (iSv Art 62, 63) in einem Drittstaat, so gelten gem Art 6 I grds die mitgliedstaatlichen Zuständigkeitsvorschriften. Ist dieser sog **Restanwendungsbereich des nationalen Recht** eröffnet, sind in Deutschland die ZPO-Gerichtsstände in doppelfunktionaler Anwendung maßgeblich (s EuIZPR Rn 50; speziell zur internationalen Zuständigkeit für Verbandsklagen gegen drittstaatenansässige Unternehmen vgl Hoffmann IPRax 2024, 7). Wenn es um die Durchsetzung von EU-Recht geht, kann es freilich geboten sein, das nationale Zuständigkeitsrecht mit Rücksicht auf den europarechtlichen Effektivitätsgrundsatz (s EuIZPR Rn 5) zu interpretieren (vgl BGH NJW-RR 2019, 432, 433, dort zur doppelfunktionalen Anwendung von § 29 ZPO bei einer Klage gem der Fluggastrecht-VO Nr 261/2004 gegen eine drittstaatenansässige Fluggesellschaft). 1

Art 6 I ist keine reine Öffnungsklausel zugunsten des mitgliedstaatlichen Rechts, sondern benennt zugleich einige **Ausnahmen** („vorbehaltlich …"): Aufgezählt werden solche Brüssel Ia-Zuständigkeitsvorschriften, die auch dann anzuwenden sind, wenn sich der Wohnsitz des Beklagten in einem Drittstaat befindet (so Art 21 II), bzw unabhängig davon gelten, ob der Beklagte seinen Wohnsitz in einem Mitglied- oder einem Drittstaat hat (vgl Art 18 I: „ohne Rücksicht auf den Wohnsitz des anderen Vertragspartners"; Art 24: „Ohne Rücksicht auf den Wohnsitz der Parteien"; Art 25 I 1: „unabhängig von ihrem Wohnsitz"). Beachte hierzu Art 4 Rn 6. 2

Soweit Art 6 I den Restanwendungsbereich des mitgliedstaatlichen Rechts eröffnet, darf zur Begründung der internationalen Zuständigkeit auch auf die **exorbitanten Gerichtsstände** zurückgegriffen werden, deren Anwendung gegen Beklagte mit Wohnsitz in einem Mitgliedstaat gem Art 5 I, II ausgeschlossen ist. In Deutschland kann also insb der **Vermögensgerichtsstand** gem § 23 S 1 Alt 1 ZPO (s EuIZPR Rn 50) herangezogen werden. 3

Bemerkenswert ist, dass **Art 6 II** sogar den Kreis derjenigen Personen erweitert, die sich auf exorbitante mitgliedstaatliche Gerichtsstände berufen können. Relevant wird dies insb im Hinblick auf Art 14 franz Code civil, der einem Franzosen für eine Klage gegen einen Ausländer einen Gerichtsstand in Frankreich eröffnet: Darauf kann sich gem Art 6 II Brüssel Ia-VO gleichermaßen ein Deutscher mit Wohnsitz in Frankreich berufen und dort gegen einen drittstaatenansässigen Beklagten klagen (und zwar unabhängig davon, ob dieser Angehöriger eines Dritt- oder eines Mitgliedstaats ist). Somit trägt Art 6 II zwar dem **Diskriminierungsverbot** des Art 18 AEUV Rechnung; in Kauf genommen wird dabei aber eine rechtspolitisch verfehlte zuständigkeitsrechtliche Diskriminierung drittstaatenansässiger Beklagte (zur Diskussion über die Abschaffung von Art 6 II vgl Hau IPRax 2025, 1, 6 f). 4

Unberührt lässt Art 6 den **Vorrang des LugÜ**, sofern der Beklagte seinen Wohnsitz in Island, Norwegen oder der Schweiz hat (s Art 4 Rn 7). 5

Abschnitt 2 – Besondere Zuständigkeiten (Art 7-9)

Artikel 7 (Artikel 5 LugÜ)

Eine Person, die ihren Wohnsitz im Hoheitsgebiet eines Mitgliedstaats hat, kann in einem anderen Mitgliedstaat verklagt werden:

1. a) wenn ein Vertrag oder Ansprüche aus einem Vertrag den Gegenstand des Verfahrens bilden, vor dem Gericht des Ortes, an dem die Verpflichtung erfüllt worden ist oder zu erfüllen wäre;
b) im Sinne dieser Vorschrift – und sofern nichts anderes vereinbart worden ist – ist der Erfüllungsort der Verpflichtung
– für den Verkauf beweglicher Sachen der Ort in einem Mitgliedstaat, an dem sie nach dem Vertrag geliefert worden sind oder hätten geliefert werden müssen;
– für die Erbringung von Dienstleistungen der Ort in einem Mitgliedstaat, an dem sie nach dem Vertrag erbracht worden sind oder hätten erbracht werden müssen;
c) ist Buchstabe b) nicht anwendbar, so gilt Buchstabe a);

2. wenn eine unerlaubte Handlung oder eine Handlung, die einer unerlaubten Handlung gleichgestellt ist, oder wenn Ansprüche aus einer solchen Handlung den Gegenstand des Verfahrens bilden, vor dem Gericht des Ortes, an dem das schädigende Ereignis eingetreten ist oder einzutreten droht;

3. **wenn es sich um eine Klage auf Schadensersatz oder auf Wiederherstellung des früheren Zustands handelt, die auf eine mit Strafe bedrohte Handlung gestützt wird, vor dem Strafgericht, bei dem die öffentliche Klage erhoben ist, soweit dieses Gericht nach seinem Recht über zivilrechtliche Ansprüche erkennen kann;**
4. **wenn es sich um einen auf Eigentum gestützten zivilrechtlichen Anspruch zur Wiedererlangung eines Kulturguts im Sinne des Artikels 1 Nummer 1 der Richtlinie 93/7/EWG handelt, der von der Person geltend gemacht wurde, die das Recht auf Wiedererlangung eines solchen Gutes für sich in Anspruch nimmt, vor dem Gericht des Ortes, an dem sich das Kulturgut zum Zeitpunkt der Anrufung des Gerichts befindet;**
5. **wenn es sich um Streitigkeiten aus dem Betrieb einer Zweigniederlassung, einer Agentur oder einer sonstigen Niederlassung handelt, vor dem Gericht des Ortes, an dem sich diese befindet;**
6. **wenn es sich um eine Klage gegen einen Begründer, Trustee oder Begünstigten eines Trust handelt, der aufgrund eines Gesetzes oder durch schriftlich vorgenommenes oder schriftlich bestätigtes Rechtsgeschäft errichtet worden ist, vor den Gerichten des Mitgliedstaats, in dessen Hoheitsgebiet der Trust seinen Sitz hat;**
7. **wenn es sich um eine Streitigkeit wegen der Zahlung von Berge- und Hilfslohn handelt, der für Bergungs- oder Hilfeleistungsarbeiten gefordert wird, die zugunsten einer Ladung oder einer Frachtforderung erbracht worden sind, vor dem Gericht, in dessen Zuständigkeitsbereich diese Ladung oder die entsprechende Frachtforderung**
   a) mit Arrest belegt worden ist, um die Zahlung zu gewährleisten, oder
   b) mit Arrest hätte belegt werden können, jedoch dafür eine Bürgschaft oder eine andere Sicherheit geleistet worden ist;

   diese Vorschrift ist nur anzuwenden, wenn behauptet wird, dass der Beklagte Rechte an der Ladung oder an der Frachtforderung hat oder zur Zeit der Bergungs- oder Hilfeleistungsarbeit hatte.

Lit: Vertragsgerichtsstand: *Busse*, Die Modernisierung des Vertragsgerichtsstandes in der ZPO, 2025; *Deuring/Spickhoff*, Vertrag und Delikt im europäischen Zuständigkeitsrecht, FS Becker-Eberhard, 2022, S 107; *Dostal*, Zur internationalen Zuständigkeit für Klagen aus grenzüberschreitenden Vertriebsverträgen, EuZW 2018, 944 und 983; *Einsele*, Der Erfüllungsort von Geschäften in Finanzinstrumenten, FS Kronke, 2020, S 61; *Hopperdietzel*, Internationale und nationale Gerichtsstände bei Klagen gegen Luftfahrtunternehmen oder Reiseveranstalter, RRa 2022, 117; *Horn*, Vis attractiva contractus: Ausstrahlungswirkung von Verträgen im Internationalen Privat- und Zivilverfahrensrecht, 2023; *Januszkiewicz*, Vertrag und Delikt in der europäischen Zuständigkeitsordnung, 2025; *Junker*, Zwei Schritte vor, einer zurück: Die Abgrenzung von Vertrags- und Deliktsgerichtsstand in der Rechtsprechung des Europäischen Gerichtshofs, FS Schack, 2022, S 653; *Kadner Graziano*, Der Gerichtsstand des Erfüllungsortes in Art. 7 Nr. 1 EuGVVO n.F., RIW 2016, 14; *Kubis*, Qualifikation oder „Pleading the Law"? – Zur Konkurrenz von Vertrag und Delikt im europäischen Zuständigkeitsrecht, FS Schack, 2022, S 697; *Mann*, Der Erfüllungsgerichtsstand bei Zahlungsklagen in grenzüberschreitenden Lieferbeziehungen, ZVertriebsR 2018, 12; *Müller-Berg*, Der Erfüllungsort im Internationalen Zivilverfahrens- und Internationalen Privatrecht, GS Mankowski, 2024, S 581; *Rieländer*, Zur Qualifikation außervertraglicher Ansprüche zwischen Vertragsparteien im europäischen IZVR und IPR, RIW 2021, 103; *Roth*, Konkurrierende vertragliche und deliktische Ansprüche im europäischen Zuständigkeitsrecht, FS Neumayr, 2023, S 1359; *Scraback*, Konfliktkonzentration in der Brüssel Ia-VO: Begrenzte Klägerwahlrechte für Verträge und Delikte mit mehrfachem Ortsbezug, 2023; *Spickhoff*, Gerichtsstände und grenzüberschreitender Autokauf im Internet, FS Kronke, 2020, S 547.

Deliktsgerichtsstand: *Bachmeier/Freytag*, Neues zum europäischen Deliktsgerichtsstand bei reinen Vermögensschäden im internationalen Warenverkehr, RIW 2020, 337; *Bernheim*, Bestimmung und Reichweite des Handlungsortes im europäischen Zivilverfahrens- und Kollisionsrecht unter Einbeziehung ausgewählter nationaler Rechtsordnungen, 2021; *Fuchs*, Internationale Zuständigkeit bei Persönlichkeitsrechtsverletzungen, FS Neumayr, 2023, S 1211; *Haidmayer*, Einheitlicher Erfolgsort bei Persönlichkeitsverletzungen im Internet, ZZPInt 27 (2022), 85; *Hau*, Klagemöglichkeiten juristischer Personen nach Persönlichkeitsrechtsverletzungen im Internet, GRUR 2018, 163; *Heinze*, Der Deliktsgerichtsstand als Klägergerichtsstand?, FS Ahrens, 2016, S 521; *Kindler*, Der europäische Deliktsgerichtsstand und die gewerblichen Schutzrechte, GRUR 2018, 1107; *Lohn/Sondermann/Vesper*, Forum Shopping unter der EuGVVO: Internationale Zuständigkeit bei Klimaklagen, EuZW 2024, 405; *Mankowski*, Der Deliktsgerichtsstand am Handlungsort, FS Geimer, 2017, S 429; *Menden*, Der Anwendungsbereich des deliktischen Gerichtsstands gemäß Art. 7 Nr. 2 EuGVVO, 2020; *Oster*, Internationale Zuständigkeit und anwendbares Recht im Datenschutz, ZEuP 2021, 275; *Papadopoulos*, Das Internationale Zuständigkeitsrecht bei Persönlichkeitsrechtsverletzungen im Internet unter dem Einfluss von Geoblocking, 2021; *Rieländer*, Der „Vertragsabschlussschaden" im europäischen Deliktskollisions- und Zuständigkeitsrecht, RabelsZ 85 (2021), 579; *Rieländer*, Neues zum „Dieselskandal" – (k)ein Klägergerichtsstand für geschädigte Fahrzeugkäufer gegen die Hersteller!?, EuZW 2024, 461; *Roth*, Der Gerichtsstand der unerlaubten Handlung nach Art. 7 Nr. 2 EuGVVO und die Bedeutung des Erfolgsorts für den Ersatz reiner Vermögensschäden, FS Kronke, 2020, S 471; *Roth*, Zum Verhältnis von deliktischem Opferschutz und prozessualer Beweisnähe im Falle der negativen Feststellungsklage des angeblichen Schädigers nach Art. 7 Nr. 2 Brüssel Ia-VO, FS von Bar, 2022, S 319; *Roth*, Internationale Zuständigkeit bei Verletzungen des Persönlichkeitsrechts, FS Schack, 2022, S 827; *Spickhoff*, Kein Tatortgerichtsstand bei Betrug in Europa?, NJW 2020, 3759; *Stadler*, Der deliktische Erfolgsort als internationaler Gerichtsstand bei reinen Vermögensdelikten, FS Geimer, 2017, S 715; *Stammwitz*, Internationale Zuständigkeit bei grenzüberschreitenden Kartelldelikten, 2018; *Thomale*, Herstellerhaftungsklagen, *ZVglRWiss 119 (2020), 59; Thomale*, Internationale Kapitalmarktinformationshaftung, ZGR 2020, 332; *Wais*, Grenzüberschreitender Schutz der digitalen Meinungsäußerung durch negative Feststellungsklagen, ZfDR 2021, 359; *Weller/Grifo*, Schadensersatz nach Cyberangriffen, WM 2020, 1513.

Sonstige Gerichtsstände und Übergreifendes: *Baumgartner/Kistler*, Die Rechtsprechung des EuGH zu den doppelrelevanten Tatsachen beim Vertrags- und Deliktsgerichtsstand, FS Neumayr, 2023, S 1075; *Bach/Tippner*, Internationale Zuständigkeit am Gerichtsstand der virtuellen Zweigniederlassung, EuZW 2020, 481; *Ersoy*, Die culpa in contrahendo im europäischen Internationalen Privat- und Verfahrensrecht, 2019; *Gröning*, Gesellschafter- und Geschäftsleiterhaftung im internationalen Zivilverfahrensrecht, 2019; *von Hein*, Der Kulturgütergerichtsstand in Art. 7 Nr. 4 der neugefassten EuGVO, FS Lindacher, 2017, S 151; *Labner*, Dismantling the Blackbox: Verteidigungsvorbringen als Determinante der Zuständigkeitsallokation nach der EuGVVO, GVRZ 2022, 12; *Lubrich*, Der Gesamtschuldnerrückgriff im Zuständigkeitssystem der EuGVVO, 2018; *Mandl*, Scheinbare und virtuelle Niederlassungen im Spiegel der Art. 7 Nr. 5 EuGVVO und Art. 19 Abs. 2 Rom I-VO, IPRax 2023, 440; *Mankowski*, Ungerechtfertigte Bereicherung und die EuGVVO, RIW 2017, 322; *Weller*, Kollektiver Rechtsschutz in Europa: Grenzüberschreitende Aspekte, in Hess/Hau, Kollektiver Rechtsschutz in Europa, 2025, S 17; *Wertenbruch*, Sitz, Gesellschaftsstatut und nationale sowie internationale Gerichtsstände der Personengesellschaft nach MoPeG, NZG 2023, 1343; *Wiepen*, Digitalisierung und Lokalisierung im internationalen Gesellschaftsrecht, 2024; *Windau*, Doppelrelevante Tatsachen im Europäischen Zuständigkeitsrecht, 2021.

I) Grundlagen. Vorausgesetzt, dass der **Anwendungsbereich der Brüssel Ia-VO** eröffnet ist (s Art 1 Rn 10 ff), regeln Art 7-9 die **internationale und örtliche Zuständigkeit** (Ausnahme: Art 7 Nr 6). Dabei kommt es in **räumlich-persönlicher** Hinsicht darauf an, dass der Beklagte seinen Wohnsitz iSv Art 62 f in einem Mitgliedstaat hat; das ergibt sich sowohl aus Art 6 I als auch den Einleitungssätzen von Art 7 und 8 (zur Frage, ob dies auch für den Widerbeklagten gem Art 8 Nr 1 gilt, s Art 8 Rn 6). 1

Die **besonderen Gerichtsstände** gem Art 7-9 können miteinander und mit dem allgemeinen Gerichtsstand iSv Art 4 I konkurrieren. Dann hat der Kläger die Wahl, wo er seine Ansprüche geltend machen will (zum damit zusammenhängenden, grds nicht zu beanstandenden **Forum shopping** s EuIZPR Rn 45). Allerdings sind Art 7-9 nicht anwendbar, wenn ein **ausschließlicher Gerichtsstand** kraft Gesetzes (Art 24) oder Parteivereinbarung (vgl Art 25 I 2) vorgesehen ist, und nur nach Maßgabe von Art 10, 17 I, 20 I („unbeschadet") anwendbar, wenn es sich um eine Versicherungs-, Verbraucher- oder Arbeitssache handelt. 2

Der Einleitungssatz zu Art 7 stellt klar, dass es auf die dort geregelten Gerichtsstände nur dann ankommt, wenn der Beklagte nicht ohnehin seinen allgemeinen Gerichtsstand im Mitgliedstaat des angerufenen Gerichts hat („in einem anderen Mitgliedstaat"). Zur fragwürdigen und keineswegs konsequent durchgehaltenen Ansicht des EuGH, dass die besonderen Gerichtsstände als Ausnahmen zu Art 4 I **eng auszulegen** und insb Klagemöglichkeiten des Klägers in seinem eigenen Wohnsitzstaat zu vermeiden seien, s Art 4 Rn 10. Überzeugend erscheint hingegen das Anliegen, auch und gerade die besonderen Zuständigkeitsregeln im Interesse der **Zuständigkeitsklarheit** so auszulegen, dass ein informierter, verständiger Beklagter vorhersehen kann, vor welchem Gericht er außerhalb seines Wohnsitzstaats verklagt werden kann (darauf verweist etwa EuGH ZIP 2024, 3037 Tz 15; EuGH NJW 2025, 1253 Tz 34). 3

Zum maßgeblichen Zeitpunkt und zur **Zuständigkeitsprüfung** s EuIZPR Rn 56 ff. Bei besonderen Gerichtsständen kann sich die Frage stellen, ob sog **doppelrelevante Tatsachen** im Rahmen der Zulässigkeit oder erst der Begründetheit zu prüfen sind. Laut EuGH bestimmt sich dies nicht verordnungsautonom nach der Brüssel Ia-VO, sondern als Aspekt der Kontrollpflichten der nationalen Gerichte grds nach dem jeweiligen innerstaatlichen Verfahrensrecht, sofern dessen Anwendung nicht die praktische Wirksamkeit der Verordnung beeinträchtigt (EuGH NJW 2025, 1253 Tz 42). In diesem Zusammenhang verweist der EuGH auf das Ziel der Rechtssicherheit: Das angerufene nationale Gericht müsse in der Lage sein, über seine Zuständigkeit ohne Schwierigkeiten und somit ohne in eine Sachprüfung einzutreten zu entscheiden; denn die Verpflichtung, bereits in diesem Verfahrensstadium ein womöglich umfangreiches Beweisverfahren zu den sowohl für die Zuständigkeit als auch für die Entscheidung in der Sache relevanten Tatsachen durchzuführen, berge die Gefahr, der Begründetheitsprüfung vorzugreifen (EuGH NJW 2015, 1581, 1584 f; EuGH NJW 2025, 1253 Tz 42). Ausgehend davon liegt es nahe, auf der Zulässigkeitsebene grds die **schlüssige Behauptung des Klägers** ausreichen zu lassen, wobei zu den Informationen, die das Gericht bei der Prüfung seiner internationalen Zuständigkeit einzubeziehen hat, allerdings auch **Einwände des Beklagten** gehören können (vgl EuGH NJW 2016, 2167 Tz 44 f; EuGH EuZW 2023, 420 Tz 43 ff; EuGH NJW 2025, 1253 Tz 44 f; Labner GVRZ 2022, 12). Gerade wenn man dies berücksichtigt, erscheint es kaum mit Art 28 I vereinbar, im **Säumnisfall** im Rahmen der Zuständigkeitsprüfung ohne Weiteres den Klägervortrag als wahr zu unterstellen (s Linke/Hau IZVR Rn 4.72; Schack IZVR Rn 489; ausf Windau Doppelrelevante Tatsachen, S 203 ff). 4

II) Vertragsgerichtsstand (Art 7 Nr 1). 1) Überblick. Hat der Beklagte seinen Wohnsitz iSv Art 62 f in einem Mitgliedstaat, kann in einem anderen Mitgliedstaat der **Vertragsgerichtsstand gem Art 7 Nr 1** eröffnet sein. Die heutige Fassung entspricht Art 5 Nr 1 Brüssel I-VO, der in verschiedener Hinsicht von seinem Vorgänger im EuGVÜ und der diesbezüglichen älteren EuGH-Judikatur abrückte (s Rn 17; näher etwa Hau IPRax 2000, 354). 5

Vorrang vor Art 7 Nr 1 haben Art 24 (ausschließliche Gerichtsstände) und Art 25 (Gerichtsstandsvereinbarung), zudem die Vorschriften zu Versicherungs-, Verbraucher- und Arbeitssachen (Art 10 ff, Art 17 ff, Art 20 ff). Im Transportrecht sind Art 31 I 1 lit b CMR und Art 33 MÜ zu berücksichtigen (s Art 71 Rn 1). Befindet sich der Beklagtenwohnsitz in Island, Norwegen oder der Schweiz, geht der im wesentlichen übereinstimmende **Art 5 I LugÜ** vor (s Art 4 Rn 7); befindet er sich in einem Drittstaat, gilt mitgliedstaatliches Zustän- 6 digkeitsrecht, sodass in Deutschland eine doppelfunktionale Anwendung von **§ 29 ZPO** in Betracht kommt (ausf Busse, Modernisierung des Vertragsgerichtsstandes, S 57 ff).

7 **2) Sachlicher Anwendungsbereich.** Der Vertragsgerichtsstand dient in erster Linie der Titulierung **vertraglicher Leistungsansprüche**, ist aber auch dann anwendbar, wenn bereits das Zustandekommen des Vertrags zwischen den Parteien streitig ist (EuGH TranspR 2014, 38). Er sollte mithin für negative **Feststellungsklagen** zur Verfügung stehen, zudem für Klagen auf Nichtigerklärung von Verträgen und auf Bereicherungsausgleich im Falle unwirksamer Verträge (EuGH EuZW 2016, 419, 425 f; EuGH NJW 2022, 380 Tz 43 ff; BGH NJW 2019, 2780, 2783 [anders aber bei gesetzlichen Rückgriffsansprüchen aus verbundenen Geschäften]; Mankowski RIW 2017, 322, 324 ff).

8 Die Ausgangsfrage, ob überhaupt ein **Vertrag bzw vertraglicher Anspruch** iSv Art 7 Nr 1 in Rede steht, wird verordnungsautonom beurteilt (vgl aus neuerer Zeit EuGH IPRax 2024, 319 Tz 25 ff; BGH NJW 2019, 2780, 2783; beachte zur Anspruchsgrundlagenkonkurrenz noch Rn 21 f; auf Diskussionsbedarf zum weiten Vertragskonzept verweist der Kommissionsbericht v 2.6.2025, COM(2025) 268, 6 f). Im Kern verlangt der EuGH eine von einer Person gegenüber einer anderen freiwillig bzw aus freiem Willen eingegangene rechtliche Verpflichtung (EuGH NJW 2015, 1581, 1583; EuGH EuZW 2016, 547, 549; EuGH RIW 2017, 504, 506; EuGH NJW 2019, 2991, 2992 f). Davon soll auch dann auszugehen sein, wenn die Parteien gemeinsam einen Kredit aufgenommen haben und nun der eine Kreditnehmer den anderen als Gesamtschuldner in Regress nimmt (EuGH RIW 2017, 504, 506 f). Auch Schadensersatzansprüche wegen des Abbruchs einer langjährigen Geschäftsbeziehung schlägt der EuGH nicht dem Delikts-, sondern dem Vertragsgerichtsstand zu, wenn sich die Geschäftsbeziehung derart verdichtet hat, dass von einer stillschweigend eingegangen vertraglichen Beziehung auszugehen ist (EuGH EuZW 2016, 747, 748 f). Hingegen hat er aus seiner Formel gefolgert, dass Art 7 Nr 1 nicht der Streit über Pflichtbeiträge zu einer Rechtsanwaltskammer unterfällt; anders verhält es sich, wenn über Wahlleistungen, zB zusätzlichen Versicherungsschutz, gestritten wird (EuGH NJW 2020, 449, 450).

9 Die **vorvertragliche Haftung** (bzw culpa in contrahendo) ist laut EuGH deliktisch zu qualifizieren (EuGH NJW 2002, 3159). Die Eröffnung des Vertragsgerichtsstands bietet sich aber dann an, wenn letztlich ein Vertrag zustande gekommen ist und es im Prozess um Ansprüche wegen der Verletzung vorvertraglicher Aufklärungspflichten geht (BGH NJW 2016, 409, 410). Ein Fluggast soll sich auch dann auf Art 7 Nr 1 stützen können (nicht aber auf Art 17 ff), wenn er einen Anspruch aus der Fluggastrecht-VO Nr. 261/2004 gegen einen Teilstreckenbeförderer einklagen will, der nicht sein Vertragspartner ist (EuGH NJW 2018, 2105, 2107 f; EuGH NJW-RR 2020, 552, 554 f). Äußerst fragwürdig erscheint die These des EuGH, dass eine außerhalb eines Insolvenzverfahrens erhobene **Anfechtungsklage** wegen Gläubigerbenachteiligung (sog actio pauliana, was in Deutschland einer Klage gem AnfG entspricht) in den Vertragsgerichtsstand falle, wenn sie der Durchsetzung eines vertraglichen Anspruchs des Gläubigers dient (EuGH RIW 2018, 760; EuGH EuZW 2019, 738, 741; krit Kern/Uhlmann IPRax 2019, 488; Lutzi RIW 2019, 252; zweifelnd offenbar auch der Kommissionsbericht v 2.6.2025, COM(2025) 268, 7).

10 **3) Maßgebliche Verpflichtung und Ermittlung des Erfüllungsorts. a) Ausgangspunkt.** Die mit der Brüssel Ia-VO umgesetzte und in Art 7 Nr 1 Brüssel Ia-VO übernommene Reform (s Rn 5) betrifft zum einen die Bestimmung der für den Vertragsgerichtsstand maßgeblichen Verpflichtung und zum anderen die Ermittlung des diesbezüglichen Erfüllungsorts. Die Neuregelung ist allerdings beschränkt auf Kaufverträge über bewegliche Sachen und Dienstleistungsverträge iSv lit b und gilt auch in solchen Fällen nur dann, wenn der Liefer- bzw Dienstleistungsort in einem Mitgliedstaat liegt. Soweit die Sonderregel in lit b entweder sachlich oder räumlich nicht eingreift, soll es hingegen bei der früheren, dem EuGVÜ entsprechenden Rechtslage bleiben (s Rn 17 f).

11 **b) Kaufverträge über bewegliche Sachen und Dienstleistungsverträge (Art 7 Nr 1 lit b).** Für **Warenkaufverträge** und **Dienstleistungsverträge** iSv Art 7 Nr 1 lit b soll es (abweichend von § 29 ZPO) nicht auf die konkret streitige Verpflichtung ankommen, sondern ein einheitlicher Gerichtsstand für sämtliche Verpflichtungen aus dem Vertrag eröffnet werden (vgl etwa BGH NJW 2010, 3452, 3453; BGH NJW 2024, 514 Tz 24). Der Verordnungsgeber hat dieses sog **Konzentrationsmodell** dadurch umgesetzt, dass er die jeweils vertragscharakteristische Lieferpflicht des Verkäufers bzw Dienstleistungspflicht des Dienstleisters für maßgeblich erklärt. Das beruht auf der Überlegung, dass auch bei einem Streit über ausbleibende Zahlungen regelmäßig die Frage nach der vertragsgerechten Erbringung der Sachleistung im Mittelpunkt steht; daher kann die mit dem Vertragsgerichtsstand bezweckte **Sach- und Beweisnähe** häufig unabhängig davon erzielt werden, ob der Käufer Erfüllung, Nacherfüllung oder Rückzahlung (nach Rücktritt oder Minderung) oder der Verkäufer Zahlung der Gegenleistung fordert.

12 Gem lit b soll, sofern nichts anderes vereinbart worden ist (dazu Rn 19 f), der Ort in einem Mitgliedstaat maßgeblich sein, an dem die Waren „nach dem Vertrag geliefert worden sind oder hätten geliefert werden müssen" bzw die Dienstleistungen „nach dem Vertrag erbracht worden sind oder hätten erbracht werden müssen". Es kommt also (abweichend von der kollisionsrechtlichen Parallelregelung in Art 4 I lit a bzw b Rom I-VO) nicht darauf an, wo sich der Verkäufer oder Dienstleister gewöhnlich aufhält, sondern darauf, wo der **Liefer- bzw Dienstleistungsort** liegt.

Allerdings lassen sich schlicht mit dem Wortlaut von lit b noch längst nicht alle Fragen klären, die der Vertragsgerichtsstand aufwirft (vgl auch den Kommissionsbericht v 2.6.2025, COM(2025) 268, 7). Dies zeigt sich schon beim praxisrelevanten **grenzüberschreitenden Warenkauf**, denn der Begriff der Lieferung iSv lit b lässt sich nicht auf eine abstrakte Formel bringen. Vielmehr ist zunächst danach zu differenzieren, wozu sich der Verkäufer „nach dem Vertrag" überhaupt verpflichtet hat: zu bloßer Bereitstellung, zum Transport oder zur Versendung der Ware? Bei der **Holschuld** eröffnet lit b zugunsten des Verkäufers einen Klägergerichtsstand, wenn die Ware in seinem Sitzstaat bereitzustellen ist; dabei soll unerheblich sein, ob der Käufer die Ware persönlich, durch eigene Leute oder durch einen von ihm beauftragten Transporteur abholt bzw abholen lässt. Ist der Verkäufer laut Vertrag verpflichtet, die Ware – persönlich oder durch Hilfspersonen – in den Käufersitzstaat zu transportieren (**Bringschuld**), so erfolgt die Lieferung iSv lit b erst am Zielort; liegt dieser im Sitzstaat des Käufers, so steht diesem ein Klägergerichtsstand zur Verfügung. 13

Probleme bereitet die **Schickschuld**, die sich materiell-rechtlich dadurch von der Bringschuld unterscheidet, dass die Verkäuferpflicht bereits mit der Übergabe erfüllungstauglicher Ware an eine geeignete Transportperson endet (vgl für Deutschland § 447 BGB). Auf Vorlage des BGH hat sich der EuGH im Ergebnis der vorzugswürdigen Ansicht angeschlossen, dass es für den Vertragsgerichtsstand bei der Schickschuld nicht schon auf den Absendeort ankommt, sondern erst auf den **Bestimmungsort der Ware** (EuGH NJW 2010, 1059, 1061; BGH NJW 2010, 3452). Dafür spricht die Sach- und Beweisnähe, zudem aber auch, dass man die Zuständigkeitsprüfung nicht unnötig mit der materiell-rechtlichen Abgrenzung von Bring- und Schickschuld belasten sollte, die sich häufig um einiges schwieriger gestaltet als die Frage, ob der Käufer die Ware abholt oder ob sie ihm – von wem auch immer – gebracht werden soll. Ausgehend davon wird der Vertragsgerichtsstand nur dann relevant, wenn der Zielort der Ware nicht dem allgemeinen Gerichtsstand des Beklagten iSv Art 4 I entspricht. Will sich der Verkäufer einen Gerichtsstand an seinem Sitz sichern, muss er dies gem Art 25 mit seinem Vertragspartner vereinbaren. Zu Erfüllungsortvereinbarungen s Rn 19 f. 14

Zu **Dienstleistungsverträgen** iSv lit b kann schon fraglich sein, was darunter zu verstehen ist (vgl etwa Einsele FS Kronke, S 61, 62 ff, dort zu Finanzdienstleistungen). Nach Inkrafttreten der Reform hatte der EuGH den Begriff zunächst eng auslegt und für einen Lizenzvertrag verneint (EuGH NJW 2009, 1865; dazu McGuire GPR 2010, 97, 100); hierzu blieb es also, der Rechtssicherheit wenig förderlich, bei der alten Regelung (lit a; s Rn 17). In weiteren Entscheidungen hat der EuGH seine Zurückhaltung aber abgelegt. Demnach erfasst lit b namentlich: die Vergabe von Krediten (EuGH RIW 2017, 504, 507, dort sodann auch zur Maßgeblichkeit des Ortes, an dem das Kreditinstitut seinen Sitz hat), Vertriebsverträge (Handelsvertreter: EuGH NJW 2010, 1189; Vertragshändler: EuGH EuZW 2014, 181, 183; EuGH RIW 2018, 206, 208; zur Abgrenzung von Warenkauf und Dienstleistung in Vertriebskonstellationen vgl EuGH EuZW 2016, 747, 749 f; vgl auch BGH NJW 2024, 514 Tz 23, dort zum Vertrag über die Nutzung einer Internet-Verkaufsplattform [Amazon Marketplace] zwischen ihrem Betreiber und einem Einzelhändler), Verträge über die Entwicklung und den anschließenden Betrieb einer Software, die auf die Bedürfnisse eines Bestellers ausgerichtet ist (EuGH ZIP 2024, 3037 Tz 17), über das Einlagern von Waren (EuGH TranspR 2014, 38) oder über das Überlassen einer Parkfläche (EuGH NVwZ 2021, 1283). Kein Anwendungsfall von lit b ist aber zB eine Klage auf Zahlung einer Vertragsstrafe (zu einer im Vorvertrag festgelegten Vertragsstrafe vgl EuGH IPRax 2024, 319; zu einer nach Abmahnung vereinbarten Vertragsstrafe vgl KG IPRax 2015, 90; weitere Beispiele bei Kadner Graziano RIW 2016, 14, 16). Kaum haltbar dürfte es sein, lit b auf einen Vertrag anzuwenden, mit dem sich eine Partei verpflichtet, ein Grundstück zu übereignen, zu bebauen und zu vermieten (so aber OLG Düsseldorf IPRax 2014, 535; krit Kern IPRax 2014, 503). Nach hM erfasst lit b **nur entgeltliche Dienstleistungsverträge** (vgl EuGH IPRax 2024, 319 Tz 34, 744: „eine bestimmte Tätigkeit gegen Entgelt", und zwar iSv „Vorteilen, die einen wirtschaftlichen Wert darstellen"; OLG München FamRZ 2022, 40, 41), was aber keineswegs zwingend erscheint. 15

Zur Bestimmung des **Dienstleistungsortes** stellt der EuGH bei grenzüberschreitenden Transporten nach Wahl des Klägers sowohl auf den Start- als auch auf den Zielort ab (Personentransport: EuGH NJW 2009, 2801; EuGH NJW-RR 2020, 118, 120; Gütertransport: EuGH RIW 2018, 600 f; zu Verträgen, bei denen der Abflugort auf dem Hinflug nicht dem Zielort auf dem Rückflug entspricht, vgl BGH MDR 2020, 1048; zur Besonderheit von Teilflügen vgl EuGH NJW-RR 2022, 486; BGH NJW-RR 2022, 1279). Erfüllungsort eines Vertrags über die Entwicklung und den anschließenden Betrieb einer Software, die auf die Bedürfnisse eines Bestellers ausgerichtet ist, ist der Ort, an dem die Software den Besteller erreicht, also abgerufen und eingesetzt wird (EuGH ZIP 2024, 3037 Tz 18 ff). Ist die **Dienstleistung in mehreren Staaten** zu erbringen, kann lit b gleichwohl einschlägig sein, wobei auf den Schwerpunkt abzustellen ist (EuGH NJW 2010, 1189 ff; EuGH ZIP 2024, 3037 Tz 20; BGH NJW 2024, 514 Tz 24; zum Erfüllungsort bei mehreren Lieferorten innerhalb desselben Mitgliedstaats vgl EuGH NJW 2007, 1799). So ist zB bei einem Handelsvertretervertrag der Ort der hauptsächlichen Leistungserbringung durch den Handelsvertreter maßgeblich, wie er sich aus den Bestimmungen des Vertrags oder, mangels solcher Bestimmungen, aus dessen tatsächlicher Erfüllung ergibt; kann der fragliche Ort auf dieser Grundlage nicht ermittelt werden, ist auf den Wohnsitz des Handelsvertreters abzustellen (EuGH NJW 2010, 1189; für Vertragshändler: EuGH RIW 2018, 206, 209). 16

c) Auffangregel (Art 7 Nr 1 lit c, a). Der merkwürdige Verweis in lit c soll zum Ausdruck bringen, dass es dann, wenn die Sonderregel in lit b entweder sachlich oder räumlich nicht eingreift, bei der Grundregel in lit a 17 bleibt, und zwar in der Lesart, wie sie der EuGH zu Art 5 Nr 1 Hs 1 EuGVÜ entwickelt hatte (zu dieser Kontinuität etwa EuGH NJW 2009, 1865; krit etwa Kadner Graziano RIW 2016, 14, 16 ff; Linke/Hau IZVR Rn 5.21, 5.29; auf fortbestehenden Diskussionsbedarf verweist der Kommissionsbericht v 2.6.2025, COM(2025) 268, 7 f). Übertragen auf Art 7 Nr 1 lit a lässt sich diese **ältere Judikatur** (grundlegend EuGH NJW 1977, 490; EuGH NJW 1977, 491; EuGH IPRax 1987, 366; näher dazu und zur weiteren Entwicklung Hau IPRax 2000, 354) folgendermaßen rekapitulieren: Zunächst wird die Frage, welche Verpflichtung für den Vertragsgerichtsstand maßgeblich ist, autonom beantwortet, wobei nicht die vertragscharakteristische, sondern diejenige Verpflichtung den Ausschlag gibt, die „konkret den Gegenstand der Klage" bildet bzw „dem vertraglichen Anspruch entspricht, auf den der Kläger seine Klage stützt" (vgl EuGH IPRax 1995, 31). Wiederum aus autonomer Begriffsbildung folgen dabei zwei Konkretisierungen: Zum einen ist der Erfüllungsort der Primär- bzw Hauptleistungspflicht zu ermitteln, selbst wenn an deren Stelle nunmehr eine Sekundärpflicht getreten ist (zB gerichtet auf Schadensersatz statt der Leistung); zum anderen folgt Nebensächliches der Hauptsache, soweit die Klage auf mehrere Verpflichtungen gestützt wird. Ob zwischen mehreren Ansprüchen ein derartiges Rangverhältnis besteht oder ob von Gleichrangigkeit auszugehen ist, soll allerdings der **lex causae** entnommen werden. In welchem Mitgliedstaat sich der Erfüllungsort der maßgeblichen Verpflichtung befindet, wird sodann lege causae ermittelt, und zwar auch dann, wenn in der Sache internationales Einheitsrecht anzuwenden ist (zB beim internationalen Handelskauf das CISG, BGBl II 1989, 588). Die lex causae regelt zudem die Möglichkeit von Erfüllungsortvereinbarungen (EuGH IPRax 1981, 89), wobei der EuGH aber eine autonome Einschränkung für die Beachtlichkeit „abstrakter" bzw „fiktiver" Erfüllungsortvereinbarungen entwickelt hat (EuGH IPRax 1999, 31; s Rn 20).

18 Der vom EuGH im Restanwendungsbereich von lit a befürwortete Rückgriff auf die lex causae schafft deutlich mehr Komplexität und Ungewissheit als die verordnungsautonome Lösung in lit b. Besonders misslich erscheint, dass es auch dann bei den überkommenen Grundsätzen bleiben soll, wenn es zwar um einen Kauf- oder Dienstleistungsvertrag geht, lit b aber deshalb nicht zur Anwendung gelangt, weil der **Liefer- oder Dienstleistungsort in einem Drittstaat** liegt (vgl BGH NJW 2009, 2606, 2608). Damit wird dem Verkäufer, der sich gegenüber einem Käufer mit Wohnsitz in einem anderen Mitgliedstaat zur Lieferung von Waren in einen Drittstaat verpflichtet, wegen der vom EuGH befürworteten Maßgeblichkeit der lex causae mittels Art 57 I lit a CISG regelmäßig ein Heimatgerichtsstand für seine Kaufpreisklage eröffnet – was im Vergleich zu innereuropäischen Lieferungen nicht ein leuchtet (s Rn 14; näher Kadner Graziano RIW 2016, 14, 30 f; Linke/Hau IZVR Rn 5.29).

19 **4) Erfüllungsortvereinbarungen.** Im Anschluss an die frühere EuGH-Rechtsprechung hebt der Wortlaut von Art 7 Nr 1 durch den Einschub in lit b („und sofern nichts anderes vereinbart worden ist") die grds Beachtlichkeit von Erfüllungsortvereinbarungen hervor. Bezweckt ist damit nicht etwa die Klarstellung der Selbstverständlichkeit, dass der Liefer- bzw Dienstleistungsort iSv lit b in erster Linie nach Maßgabe des Vertrags zu bestimmen ist (vgl Rn 13 f; beachte zur Relevanz von Incoterms in diesem Zusammenhang BGH NJW 2009, 2606 [FOB-Klausel]; Hau JZ 2008, 974, 978 f; Kadner Graziano RIW 2016, 14, 27 f), was im Übrigen auch im Anwendungsbereich von lit a gelten sollte.

20 Vielmehr geht es darum, Erfüllungsortvereinbarungen eigenständige **zuständigkeitsbegründende Wirkung** beizumessen. Dies erweist sich indes wegen der Möglichkeit einer Gerichtsstandsvereinbarung iSv Art 25 als überflüssig, zudem als ein der Zuständigkeitsklarheit abträglicher Unsicherheitsfaktor. Daher hatte der EuGH schon zu Art 5 Nr 1 EuGVÜ entschieden, dass sog **fiktive Erfüllungsortvereinbarungen** unbeachtlich seien (EuGH IPRax 1999, 31, dort zu einer mündlichen Vereinbarung zugunsten von Würzburg hinsichtlich eines Schiffstransports auf dem Rhein). Allerdings ist unklar, wo die Abgrenzung zwischen „fiktiven" und beachtlichen Abreden verlaufen soll (krit auch Schack IZVR Rn 333 f; ausf Klemm, Erfüllungsortvereinbarungen im Europäischen Zivilverfahrensrecht, 2005). Zudem hat der EuGH in späteren Fällen überhaupt nicht erwogen, ob es sich womöglich um eine rein fiktive und somit unbeachtliche Vereinbarung handeln könnte (vgl EuGH NJW 2011, 3018, dort zur Incoterm-Klausel „EXW" [ab Werk]; krit etwa Kadner Graziano RIW 2016, 14, 24 ff; problembewusst, ebenfalls zu „EXW", hingegen OLG Stuttgart ZVertriebsR 2018, 131). Der Zuständigkeitsklarheit wäre es dienlicher, Erfüllungsortvereinbarungen de lege ferenda keine kompetenzrechtliche Relevanz zuzusprechen, sofern sie nicht den Anforderungen an Gerichtsstandsvereinbarungen genügen (s Art 25 Rn 18 ff) bzw nach übereinstimmendem Parteiwillen ohnehin als solche zu verstehen sind (falsa demonstratio non nocet).

21 **5) Kognitionsbefugnis.** Die Reichweite der gerichtlichen Kognitionsbefugnis bereitet insb dann Probleme, wenn **vertragliche und deliktische Anspruchsgrundlagen** in Betracht kommen: Während das Gericht am allgemeinen Gerichtsstand iSv Art 4 I grds zu einer umfassenden Prüfung unter sämtlichen Gesichtspunkten berufen ist, wird intensiv diskutiert, ob im Vertragsgerichtsstand auch deliktische Anspruchsgrundlagen (und umgekehrt) geltend gemacht werden können (vgl aus neuerer Zeit etwa Deuring/Spickhoff FS Becker-Eberhard, S 107; Junker FS Schack, S 653; Kubis FS Schack, S 697; Rieländer RIW 2021, 103; Roth FS Neumayr, S 1359; monographisch Horn, Vis attractiva contractus, 2023; Januszkiewicz, Vertrag und Delikt, 2025). Die Brüssel Ia-VO enthält keine § 17 II GVG (dort zur Rechtswegzuständigkeit) entsprechende Regelung, wonach das angerufene Gericht den Rechtsstreit „unter allen in Betracht kommenden rechtlichen Gesichtspunkten" entscheiden kann (zur Übertragbarkeit dieses Rechtsgedankens auf die örtliche Zuständigkeit vgl BGH NJW 2003, 828,

829 f; § 12 ZPO Rn 20). Hinsichtlich der **internationalen Zuständigkeit** ist zu bedenken, dass der Schutz des Beklagten vor einer zu weitreichenden Gerichtspflichtigkeit im grenzüberschreitenden Rechtsverkehr noch weitaus bedeutsamer erscheint als im rein innerstaatlichen Bereich (vgl BGH NJW 2003, 828, 830). Besondere Gerichtsstände bringen dabei eine Kompromisslösung zum Ausdruck: Der Kläger darf sich die besondere Sach- und Beweisnähe des Forums hinsichtlich der mit dem Gerichtsstand korrespondierenden Anspruchsgrundlagen zunutze machen, wobei ihm mittels Art 7 Nr 1 oder 2 nicht selten ein Heimatgerichtsstand zugutekommt (zB unter dem Gesichtspunkt des Dienstleistungs- oder Erfolgsorts). Wenn er hingegen eine Beurteilung der Auseinandersetzung unter allen denkbaren rechtlichen Gesichtspunkten erreichen will und nicht damit rechnen kann, dass sich der Gegner auf das Verfahren in dem besonderen Gerichtsstand einlassen wird, muss der Rechtsschutzsuchende gem Art 4 I in Übereinstimmung mit dem Prinzip *actor sequitur forum rei* im allgemeinen Gerichtsstand des Beklagten vorgehen (vgl in diesem Sinne zum EuGVÜ-Deliktsgerichtsstand bereits EuGH NJW 1988, 3088).

Allerdings hat der EuGH in seiner viel beachtetet Brogsitter-Entscheidung betont, dass Schadensersatzklagen, die nach nationalem Recht deliktischer Natur sind, gleichwohl an einen „Vertrag oder Ansprüche aus einem Vertrag" iS des **Vertragsgerichtsstands** gem Art 7 Nr 1 anknüpfen, wenn das vorgeworfene Verhalten als Verstoß gegen eine vertragliche Verpflichtung angesehen werden kann, die sich anhand des Vertragsgegenstands ermitteln lässt (EuGH NJW 2014, 1648, 1649; ähnlich BGH NJW 2014, 2798, 2801). Demnach gilt Art 7 Nr 1 bei gewissermaßen **vertragsnahem Deliktsrecht**, also in Fällen, in denen eine Auslegung des Vertrags unerlässlich erscheint, um zu klären, ob das streitgegenständliche Verhalten rechtmäßig ist oder nicht. Ersichtlich meint der EuGH, dass in einer solchen Konstellation neben dem allgemeinen nur der Vertragsgerichtsstand mit breiter Kognitionsbefugnis eröffnet sein soll, nicht zusätzlich auch noch der Deliktsgerichtsstand. Problematisch erscheint dann aber, in welchen Fallgruppen sich deliktische Ansprüche als derart vertragsnah erweisen, dass sie zuständigkeitsrechtlich gewissermaßen ihre Selbständigkeit verlieren. So meint der EuGH, dass für Ansprüche einer Gesellschaft gegen ihren Geschäftsführer wegen einer diesem vorgeworfenen Pflichtverletzung zwar der Vertragsgerichtsstand eröffnet sei, dass aber auch Art 7 Nr 2 in Betracht komme, wenn es um ein Verhalten geht, das nicht als Verletzung gesellschaftsrechtlicher Verpflichtungen einzuordnen ist (EuGH EuZW 2015, 922, 925 f). Diskutiert wurde insb die **Abgrenzung von Vertrags- und Kartelldeliktsrecht**. Hierzu hat der EuGH, auf Vorlage des BGH (Vorabentscheidungsersuchen: BGH RIW 2019, 227; Schlussentscheidung: BGH RIW 2021, 453), im Fall *Wikingerhof* entschieden, dass der Deliktsgerichtsstand für eine Klage eröffnet ist, die auf die Unterlassung bestimmter Verhaltensweisen im Rahmen einer Vertragsbeziehung zwischen dem Kläger und dem Beklagten gerichtet ist und darauf gestützt wird, dass der Beklagte seine marktbeherrschende Stellung wettbewerbsrechtswidrig missbräuchlich ausnutze (EuGH NJW 2021, 144; dazu Kern/Uhlmann GPR 2021, 50; Wurmnest IPRax 2021, 340). Dieses Grundsatzurteil dürfte, über das Kartellrecht hinaus, im Vergleich zu Brogsitter wieder zu einer Stärkung des Deliktsgerichtsstands führen. In diesem Sinne hat der BGH alsbald klarstellt, dass es dem Opfer eines **Eingehungsbetrugs** (in casu: im grenzüberschreitenden Fahrzeughandel) freigestellt bleiben soll, gestützt auf deliktische Ansprüche im Deliktsgerichtsstand vorzugehen (BGH NJW 2021, 2977; dazu Spickhoff IPRax 2022, 476). 22

III) Deliktsgerichtsstand (Art 7 Nr 2). 1) Überblick. Hat der Beklagte seinen Wohnsitz iSv Art 62 f in einem Mitgliedstaat, kann in einem anderen Mitgliedstaat der **Deliktsgerichtsstand gem Art 7 Nr 2** eröffnet sein. Das Forum delicti beruht auf dem Gesichtspunkt der **Sach- und Beweisnähe**, weil deliktsrechtliche Auseinandersetzungen in vielen Fällen ortsgebundene Tatsachenermittlungen erfordern (vgl aus neuerer Zeit etwa EuGH NJW 2022, 2739 Tz 29 f; EuGH NJW 2024, 1247 Tz 24 f; BGH NJW 2024, 514 Tz 17). Durchaus erwünscht erscheint auch die zuständigkeitsrechtliche Begünstigung des klägerischen Geschädigten (favor laesi), der nicht auf die Rechtsverfolgung im Wohnsitzstaat des (angeblichen) Schädigers angewiesen sein soll (vgl etwa Heinze FS Ahrens, S 521). Soweit möglich, sollte versucht werden, Art 7 Nr 2 und die kollisionsrechtliche Anknüpfung gem der Rom II-VO aufeinander abzustimmen, was aber nicht immer gelingt (s Rn 33). 23

Befindet sich der Beklagtenwohnsitz in Island, Norwegen oder der Schweiz, geht der übereinstimmende **Art 5 III LugÜ** vor (s Art 4 Rn 7); befindet er sich in einem Drittstaat, gilt mitgliedstaatliches Zuständigkeitsrecht, sodass in Deutschland eine doppelfunktionale Anwendung von **§ 32 ZPO** in Betracht kommt. Für **datenschutzrechtliche Klagen** gegen Verantwortliche oder Auftragsverarbeiter gilt Art 79 II DSGVO, der konkurrierende Zuständigkeiten im Niederlassungsmitgliedstaat des Beklagten und im gewöhnlichen Aufenthaltsstaat der betroffenen Person eröffnet und von der Brüssel Ia-VO unberührt bleibt (ErwGr Nr 147 zur DSGVO; dazu etwa Lüttringhaus ZVglRWiss 117 [2018], 50, 66 ff). 24

2) Sachlicher Anwendungsbereich. Wenngleich im Deliktsgerichtsstand regelmäßig auf Schadensersatz geklagt wird, können dort auch positive Feststellungsklagen erhoben werden (EuGH NJW 2022, 2739 Tz 39). Weniger selbstverständlich erscheint dies für **negative Feststellungsklagen**, wenn man den Gesichtspunkt des Opferschutzes betont. Demgegenüber meint der EuGH, dass Art 7 Nr 2 auch für negative Feststellungsklagen gelte, denn hier gehe es, anders als bei Art 10 ff, nicht etwa um die Begünstigung einer vermeintlich schwächeren Partei, sondern um Zuständigkeitsklarheit, die nicht von der Verteilung der Parteirollen abhängen könne (EuGH NJW 2013, 287, 288 f; EuGH NJW 2014, 1166, 1167). 25

26 Der für Art 7 Nr 2 maßgebliche Begriff der **unerlaubten (bzw dem gleichgestellten) Handlung** ist verordnungsautonom und zudem eng auszulegen (vgl etwa EuGH NJW 2021, 144 Tz 26; EuGH NZG 2021, 842 Tz 24; EuGH EuZW 2021, 890 Tz 26; EuGH NJW 2022, 2739 Tz 28); Letzteres ist zumindest der vom EuGH in stRspr betonte Grundsatz, den er freilich bisweilen außer Betracht lässt, ohne dies näher zu begründen (so fehlt der Hinweis auf die angeblich gebotene „enge" Auslegung etwa bei EuGH NJW 2022, 765 Tz 23, wo Art 7 Nr 2 eher klägerfreundlich weit interpretiert wurde). Im Deliktsgerichtsstand können jedenfalls solche Klagen verhandelt werden, mit denen eine Schadenshaftung geltend gemacht wird, die nicht an einen Vertrag iSv Art 7 Nr 1 anknüpft (vgl etwa EuGH NJW 2014, 1648, 1649; BGH NJW 2006, 689, dort zur unberechtigten Eigentumsberühmung); s Rn 7 ff sowie Rn 21 f zur Anspruchsgrundlagenkonkurrenz. Hierzu soll auch die Durchgriffshaftung im Gesellschaftsrecht zählen (EuGH EuZW 2013, 703, 704 f; EuGH NJW 2022, 2739 Tz 31 ff, dort zur Inanspruchnahme der „Großmuttergesellschaft"; BGH WM 2014, 1614, 1616 f).

27 Neben der klassischen **Verschuldenshaftung** wird auch die **Gefährdungshaftung** erfasst. Die Formulierung „einzutreten droht" stellt klar, dass es nicht auf den Eintritt eines Schadens ankommt und damit **vorbeugende Unterlassungsklagen** einbezogen sind (vgl etwa BGH NJW 2012, 2197 f; BGH NJW 2017, 827, 828). Zur Einbeziehung von Abhilfeklagen nach dem VDuG s Weller in Hess/Hau, Kollektiver Rechtsschutz in Europa, S 17, 30 ff. Fraglich ist die Anwendbarkeit von Art 7 Nr 2 auf die Eingriffskondiktion (näher Mankowski RIW 2017, 322, 326 ff); der EuGH sieht den Deliktsgerichtsstand jedenfalls dann nicht eröffnet, wenn es um die Rückabwicklung von Zwangsvollstreckungsmaßnahmen geht (EuGH NJW 2022, 380 Tz 52 ff). Im Deliktsgerichtsstand können ferner **Nebenansprüche** auf Auskunftserteilung geltend gemacht werden (BGH RIW 2015, 451). Nicht erfasst sind hingegen Gestattungsverfahren zur Bestandsdatenauskunft durch Anbieter von Telemedien (BGH NJW 2024, 514 Tz 18 ff).

28 **3) Tatort. a) Platzdelikte.** Art 7 Nr 2 stellt auf den Ort ab, an dem das „schädigende Ereignis eingetreten ist", was den Unrechtserfolg betont (während der Wortlaut von § 32 ZPO den Akzent auf die Unrechtshandlung legt). Keine Probleme bereiten in dieser Hinsicht sog **Platzdelikte**, bei denen Handlungs- und Erfolgsort zusammentreffen, also zB gewöhnliche Sach- oder Körperverletzungen im Rahmen eines Verkehrsunfalls (vgl zu Zuständigkeitsfragen bei Auslandsunfällen etwa BGH NJW 2015, 2429, 2430; zum Direktanspruch gegen den Haftpflichtversicherer s Art 13 Rn 2).

29 **b) Distanzdelikte.** Bei sog **Distanzdelikte** fallen Handlungs- und Erfolgsort auseinander. Lehrbuchbeispiel ist der Schuss über einen Grenzfluss; zu denken ist aber vor allem an grenzüberschreitende Produkthaftungsfälle, Umweltschäden, Wirtschafts- und Betrugsdelikte (Bsp: OLG Saarbrücken NJW 2019, 1468), Presse- und sonstige Äußerungsdelikte, ferner an Unterlassungsklagen wegen der Verwendung missbräuchlicher AGB (Bsp: BGH NJW 2009, 3371).

30 In solchen Konstellationen gelten für Art 7 Nr 2 (ebenso wie für § 32 ZPO; s BGH NJW 2018, 2324, 2325 f) im Grundsatz zum einen die **Tatortregel**, wonach sowohl der Handlungs- als auch der Erfolgsort zuständigkeitsrelevant sind, und zum anderen der **Ubiquitätsgrundsatz**, wonach es dem Geschädigten freisteht, ob er am einen oder am anderen Ort vorgehen möchte (grundlegend schon zu Art 5 Nr 3 EuGVÜ: EuGH NJW 1977, 493 [elsässische Kaliminen leiten Salze in den Rhein, die sodann niederländische Landwirte schädigen]; vgl aus neuerer Zeit etwa EuGH NJW 2022, 765 Tz 27; EuGH EuZW 2024, 931 Tz 26; EuGH NJW 2024, 1247 Tz 26).

31 Der **Handlungsort** ist überall dort gegeben, wo der Täter eine auf die Tatbestandsverwirklichung gerichtete Tätigkeit vorgenommen hat, nicht hingegen dort, wo er nur Vorbereitungen hierfür getroffen hat (weitgehender Mankowski FS Geimer, S 429, 439 ff); der **Erfolgsort** liegt dort, wo die in Rede stehende Rechtsgutsverletzung tatbestandsmäßig eingetreten ist, nicht hingegen dort, wo sich nur ein weiterer Schaden verwirklicht hat (vgl aus neuerer Zeit etwa EuGH NJW 2024, 1247 Tz 28 f).

32 **Kasuistik:** Behandelt ein Arzt in einem österreichischen Krankenhaus einen Patienten und verschreibt diesem ein Medikament, das am deutschen Wohnort des Patienten zu Nebenwirkungen führt, so ist für eine Deliktsklage gegen den Arzt (der nicht selbst Vertragspartner des Patienten ist) ein Gerichtsstand sowohl am österreichischen Handlungsort als auch am deutschen Erfolgsort eröffnet (BGH NJW 2008, 2344). – Ein Mandant, der einen Anwaltsvertrag mit einer Anwaltsgesellschaft geschlossen hat, nimmt einen angestellten Anwalt auf Ersatz seines Vermögensschadens in Anspruch, der dadurch entstanden ist, dass der Anwalt zum Abschluss eines ungünstigen Verpflichtungsgeschäfts geraten hat: Dann liegt der Handlungsort dort, wo die Beratung stattgefunden hat, und der Erfolgsort dort, wo es zu der ungünstigen Verpflichtung gekommen ist; ohne Belang ist hingegen der Ort, an dem der Mandant das Bankkonto unterhält, mit dem er die Verpflichtung sodann erfüllt hat (EuGH NJW 2017, 2167).

33 Zur **Produkthaftung** stellt der EuGH für den Handlungsort auf den Ort der Herstellung ab, nicht etwa darauf, wo das Produkt in den Verkehr gelangt bzw vom Geschädigten erworben wurde (EuGH NJW 2014, 1166, 1167). Er verweist dabei auf Rechtssicherheit sowie Sach- und Beweisnähe, vernachlässigt aber den an sich wünschenswerten Gleichlauf mit dem Deliktsstatut (vgl Art 5 Rom II-VO, wonach der Produktionsort nicht maßgeblich ist). Hingegen liegt der *Erfolgsort* dort, wo der ursprüngliche Schaden beim gewöhnlichen Gebrauch des Erzeugnisses für seinen bestimmungsgemäßen Zweck eingetreten ist (EuGH NJW 2009, 3501), was häufig auf einen Klägergerichtsstand hinausläuft.

Nicht um Produkthaftung im klassischen Sinne geht es bei der Frage der Gerichtspflichtigkeit von Kfz-Herstellern im **Dieselabgas-Skandal**: Die Besonderheit besteht darin, dass ein Schaden nicht erst infolge einer Fehlfunktion an sonstigen Rechtsgütern der Erwerber entsteht, sondern im Erwerb des minderwertigen Produkts liegt; dies ähnelt eher dem Vermögensschaden eines Anlegers bei einem Kapitalmarktdelikt (vgl Thomale ZVglRWiss 119 [2020], 59: „Herstellerhaftungsklagen"). Laut EuGH können Kunden mit Wohnsitz in Österreich, die dort Volkswagen-Fahrzeuge mit in Deutschland manipulierter Abgasreinigungsanlage gekauft haben, zuhause gegen Volkswagen klagen, weil als Erfolgsort der **Mitgliedstaat des Erwerbs** anzusehen sei (EuGH NJW 2020, 2869). Somit wird ein Klägergerichtsstand eröffnet, und zwar theoretisch in jedem beliebigen EU-Staat – was dem EuGH offenbar hinnehmbar erscheint, weil hier Vorsatztaten in Rede stehen. In einem weiteren Fall wurde gegen einen italienischen Produzenten geklagt, und zwar von einem Kläger mit Wohnsitz in Österreich, der das Fahrzeug in Deutschland gekauft hatte, das sodann in Österreich ausgeliefert wurde. In dieser Konstellation sieht der EuGH den Erwerbs- und damit Erfolgsort nicht dort, wo der Kaufvertrag geschlossen wurde, sondern dort, wo das Fahrzeug übergeben wurde; irrelevant sei hingegen, wo das Fahrzeug gebraucht werde (EuGH NJW 2024, 1247 Tz 34 ff, 42; krit Budzikiewicz/Mansel/Thorn/Wagner IPRax 2025, 93, 106 f; Rieländer EuZW 2024, 461). 34

c) **Streudelikte.** Besonderheiten gelten für sog Streudelikte, namentlich für **Persönlichkeitsverletzungen durch Medien**. Schon zu Art 5 Nr 3 EuGVÜ hatte der EuGH die sog **Mosaikbetrachtung** angewendet: Danach ist Handlungsort die Niederlassung des Herausgebers als Ort des ursächlichen Geschehens, Erfolgsort hingegen jeder Mitgliedstaat, in dem die Publikation verbreitet und das Ansehen des Betroffenen nach dessen Vortrag beeinträchtigt wurde; allerdings soll am Erfolgsort, der tendenziell dem Geschädigten günstiger ist, nur der auf den jeweiligen Staat entfallende Teil des Gesamtschadens eingeklagt werden können (grundlegend EuGH NJW 1995, 1881). Diese Beschneidung der Kognitionsbefugnis am Erfolgsort erhöht die Bedeutung des Handlungsorts, der im Regelfall aber ohnehin mit dem allgemeinen Gerichtsstand des verklagten Schädigers übereinstimmt, dem Geschädigten also keinen über Art 4 I hinausgehenden Vorteil verschafft. 35

Schwierigkeiten bereitet die internationale Zuständigkeit für Rechtsschutz gegen Persönlichkeitsrechtsverletzungen durch **Internetveröffentlichungen**: Hierzu ist fraglich, ob Art 7 Nr 2 so auszulegen ist, dass der Betroffene unabhängig davon, wo der Beklagte sitzt, vor den Gerichten jedes Mitgliedstaats klagen darf, in dem die Website abgerufen werden kann, oder ob ein über die bloße Abrufbarkeit hinausgehender besonderer Bezug der angegriffenen Inhalte oder der Website zum Forum bestehen muss. Der damit befasste EuGH hat sich auf seine Judikatur zu Ehrverletzungen durch Printmedien bezogen, diese aber weiterentwickelt, um den Besonderheiten des Internets Rechnung zu tragen (EuGH NJW 2012, 137; EuGH EuZW 2021, 890; EuGH NJW 2022, 765): Abzustellen sei auf den **Mittelpunkt der Interessen der betroffenen Person**, der im Allgemeinen, wenn auch nicht zwingend, ihrem gewöhnlichen Aufenthalt entspricht (vgl EuGH NJW 2012, 137 Tz 49; BGH NJW 2012, 2197, 2198; die Bezugnahme auf den gewöhnlichen Aufenthalt statt auf den Wohnsitz erscheint in der Brüssel Ia-VO nicht systemgerecht, aber kaum entscheidungserheblich). Am Mittelpunkt seiner Interessen darf der Betroffene laut EuGH seinen **gesamten erlittenen Schaden** geltend machen; die Kognitionsbefugnis der Gerichte in diesem Mitgliedstaat ist also nicht im Sinne der Mosaikbetrachtung limitiert. Anders sei es, wenn der Betroffene – was ihm freistehe – in einem anderen Mitgliedstaat klagt, in dem der fragliche Internetinhalt zugänglich war (nicht erforderlich ist ein Ausrichten der Inhalte auf einen weiteren Mitgliedstaat iSv Art 17 I lit c; s EuGH NJW 2022, 765 Tz 41 f): Dann sei die Kognitionsbefugnis auf den Schaden begrenzt, der auf diesen Mitgliedstaat entfällt. Die Möglichkeit, die **Richtigstellung bzw Entfernung veröffentlichter Inhalte** zu verlangen, soll dem Betroffenen nicht in einem solchen „Mosaik-Mitgliedstaat" eröffnet sein, wohl aber, nach seiner Wahl, entweder am Handlungsort oder am Interessenmittelpunkt-Erfolgsort (EuGH NJW 2022, 765 Tz 32 f). 36

Insgesamt wird die EuGH-Judikatur nur bedingt ErwGr Nr 16 zur Brüssel Ia-VO gerecht, der speziell in Fällen von Persönlichkeitsrechtsverletzungen die Bedeutung der **Zuständigkeitsklarheit** betont. Letztlich erweist sich das Eröffnen weiterer Erfolgsortzuständigkeiten zusätzlich zum allgemeinen Gerichtsstand (der typischerweise zugleich Handlungsort ist) und zum Deliktsgerichtsstand am Interessenmittelpunkt als verfehlt; die dahingehende Judikatur des EuGH sollte bei nächster Gelegenheit von diesem, anderenfalls vom Verordnungsgeber aufgegeben werden (näher etwa Fuchs FS Neumayr, S 1211; Haidmayer ZZPInt 27 [2022], 85; Hau IPRax 2022, 30, 33; Kohler IPRax 2023, 14; ausf Wißling, Internationale Zuständigkeit und Effizienz, S 459 ff; auch der Kommissionsbericht v 2.6.2025 bestätigt den Reformbedarf, COM(2025) 268, 9 f). Im Ansatz sinnvoll ist hingegen der Versuch des EuGH, verordnungseigene Mindestanforderungen dafür zu entwickeln, wer **Betroffener** einer nach mitgliedstaatlichem Recht unerlaubten Handlung und somit als Kläger zum Rückgriff auf Art 7 Nr 2 berechtigt ist (EuGH EuZW 2021, 890 Tz 36 ff; dazu Hau IPRax 2022, 30, 32 f; Rieländer EuZW 2021, 884). 37

Fraglich erscheint, ob sich die vom EuGH zu Persönlichkeitsrechtsverletzungen entwickelte Formel vom **Mittelpunkt der Interessen** der betroffenen Person auf **sonstige Streudelikte im Internet** übertragen lässt. Dies hat der EuGH für Markenrechtsverletzungen im Internet verneint (EuGH EuZW 2012, 513, 514; zur Zuständigkeit bei Verletzung einer Unionsmarke durch Online-Werbung vgl EuGH GRUR 2019, 1047; EuGH GRUR 2023, 805). Demgegenüber hat er seine Formel für die Schadensersatzklage einer juristischen Person wegen persönlichkeitsrechtswidriger Internetveröffentlichungen herangezogen (EuGH NJW 2017, 3433, 3434 f; dazu Ah- 38 rens WRP 2018, 17, 18 ff; Bach EuZW 2018, 68; Hau GRUR 2018, 163; Kohler IPRax 2021, 428; Kontogeorgou GPR 2018, 23; BGH NJW 2020, 1587). Zugleich betont der EuGH aber, dass eine Klage auf Richtigstellung und Entfernung nicht vor den Gerichten jedes Mitgliedstaats erhoben werden kann, in dessen Hoheitsgebiet die fraglichen Informationen zugänglich sind oder waren (EuGH NJW 2017, 3433, 3435 f). Auch die zu Persönlichkeitsrechtsverletzungen entwickelte **Mosaikbetrachtung** hält der EuGH für übertragbar auf wirtschaftsrechtliche Streudelikte im Internet, namentlich auf Schadensersatzklagen wegen Verletzung von Urhebervermögensrechten (EuGH NJW 2013, 3627; EuGH GRUR 2015, 296, 298) oder wegen Verstoßes gegen ein Verbot des Wiederverkaufs außerhalb eines selektiven Vertriebsnetzes (EuGH EuZW 2017, 99).

39 **d) Vermögensschäden.** Wie der Kommissionsbericht v 2.6.2025 (COM(2025) 268, 8 f) bestätigt, bereitet die Anwendung des Deliktsgerichtsstands insb im Falle reiner Vermögensschäden in der Praxis erhebliche Probleme.

40 Für private **Kartellschadensersatzklagen** hatte der EuGH zunächst eine Erfolgsortszuständigkeit am Sitz des Geschädigten (mithin einen Klägergerichtsstand) befürwortet, und zwar bezogen auf dessen gesamten Schaden, also nicht etwa begrenzt durch eine Mosaikbetrachtung (EuGH EuZW 2015, 584, 589 f). In neueren Entscheidungen stellt der EuGH für den Erfolgsort aber auf den Marktort ab, wobei er zusätzlich fordert, dass gerade dort der vom Kartellopfer geltend gemachte Schaden eingetreten ist (EuGH NZKart 2018, 357; EuGH EuZW 2019, 792; EuGH EuZW 2021, 810 Tz 30 ff, dort auch näher zur örtlichen Zuständigkeit; EuGH NJW 2021, 144 Tz 37; EuGH EuZW 2024, 931 Tz 37 ff; krit Mäsch IPRax 2020, 305, 307 f, der uneingeschränkt für ein Abstellen auf den Marktort plädiert und sich überzeugend gegen die weitere These des EuGH wendet, dass der Handlungsort dort liege, wo das Kartell vereinbart wurde).

41 In **Kapitalanlegerfällen** ist fraglich, ob Art 7 Nr 2 ein Forum im Wohnsitzstaat des (angeblichen) Opfers eröffnen kann (näher Roth FS Kronke, S 471, 481 ff). Dazu hat sich der EuGH in der Rechtssache *Kronhofer* sehr zurückhaltend geäußert, indem er stark mit den Besonderheiten des Ausgangsfalls argumentiert und sich ersichtlich bemüht hat, eine abschließende Verneinung der Frage zu vermeiden (EuGH NJW 2004, 2441; vgl auch BGH WM 2010, 1590, Tz 20 ff). In der Rechtssache *Kolassa* meinte der EuGH sodann, wiederum deutlich einzelfallbezogen, dass der Erfolgsort dort verortet werden könne, wo das unmittelbar geschädigte Bankkonto des privaten Anlegers geführt wird (EuGH NJW 2015, 1581, 1582 f; zur Bestimmung des Handlungsorts BGH IPRax 2017, 480). Die Entscheidung des EuGH in der Rechtssache *Löber* läuft, erneut unter eingehender Berücksichtigung sämtlicher Umstände (insb: Ort der Verbreitung des Prospekts und Sitz der eingeschalteten Banken), ebenfalls auf die Maßgeblichkeit des Bankkontos und damit auf einen Heimatgerichtsstand des privaten Anlegers hinaus (EuGH EuZW 2018, 998); außer Betracht sollen dabei allerdings Anlegerkonten in solchen Mitgliedstaaten bleiben, in denen das beklagte Unternehmen keinen gesetzlichen Offenlegungspflichten unterliegt.

42 **e) Zurechnungsfragen.** Wenn an der unerlaubten Handlung **mehrere Personen beteiligt** sind, kommt nach der hM zu § 32 ZPO eine subjektive Erstreckung des Deliktsgerichtsstands in Betracht, sodass der Geschädigte auch gegen diejenigen Beteiligten vorgehen, die nicht selbst im Gerichtsstaat gehandelt haben darf (BGH WM 2010, 749, 750; BGH WM 2011, 1028; § 32 ZPO Rn 17). Der Überlegung des BGH, dies auf Klagen gegen EU-ansässige Beklagte, also den Anwendungsbereich von Art 7 Nr 2 zu übertragen (BGH ZIP 2010, 1998, 2000 f; BGH WM 2010, 2214, 2216), ist der EuGH entgegengetreten: Er lehnt eine **Handlungsortzurechnung** ab, wobei er geltend macht, dass es mit dem Beklagtenschutz und der einheitlichen Auslegung des europäischen Zuständigkeitsrechts unvereinbar wäre, letztlich dem nationalen Deliktsrecht die Antwort auf die Frage zu überlassen, welche Beteiligungsformen geeignet sein sollen, eine Zurechnung zu tragen (EuGH NJW 2013, 2099, 2101; EuGH NJW 2014, 1793, 1795; EuGH EuZW 2014, 664, 666; ebenso sodann BGH IPRax 2017, 480). Denkbar bleibt bei Distanzdelikten aber immerhin eine Gerichtspflichtigkeit aller Beteiligten am Erfolgsort (klarstellend EuGH NJW 2014, 1793, 1795, dazu BGH NJW 2015, 1690, 1691; EuGH EuZW 2014, 664, 666). Im Übrigen kann es sich anbieten, sämtliche Beteiligten gem Art 8 Nr 1 am allgemeinen Gerichtsstand eines Beklagten in Anspruch zu nehmen (s EuGH NJW 2013, 2099, 2101).

43 Eine zuständigkeitsrechtliche Zurechnung lehnt der EuGH auch **auf Seiten der Kläger bzw Geschädigten** ab: Demnach kann eine Muttergesellschaft selbst dann nicht in ihrem Sitzmitgliedstaat auf Ersatz der Schäden klagen, die ihre in anderen Mitgliedstaaten ansässigen Tochtergesellschaften erlitten haben, wenn sie geltend macht, dass sie und ihre Tochtergesellschaften derselben wirtschaftlichen Einheit angehören (EuGH EuZW 2024, 931 Tz 32, dort hinsichtlich des Lkw-Kartells zur Schadensersatzklage einer Muttergesellschaft, die selbst keine überteuerten Fahrzeuge erworben hatte).

44 **IV) Adhäsionsverfahren (Art 7 Nr 3).** Ein im Rahmen eines Strafverfahrens geltend gemachter Anspruch auf Schadensersatz oder Wiederherstellung fällt gem Art 1 I in den sachlichen Anwendungsbereich der Brüssel Ia-VO (vgl BGH IPRax 2023, 75 Tz 9). Für solche Adhäsionsverfahren (in Deutschland: §§ 403 ff StPO) sieht Art 7 Nr 3 eine internationale und örtliche Annexzuständigkeit vor. Art 64 regelt hierzu Vorgaben zum Recht auf Verteidigung und schafft einen besonderen Anerkennungsversagungsgrund (s Art 64 Rn 1).

45 **V) Restitution von Kulturgut (Art 7 Nr 4).** *Anders als das deutsche Recht* (§ 23 ZPO) kennt die Brüssel Ia-VO keinen Belegenheitsgerichtsstand für Mobilien. Eine punktuelle Ausnahme macht Art 7 Nr 4 für auf Eigentum gestützte Klagen auf Wiedererlangung eines Kulturguts. Vgl dazu ErwGr Nr 17 sowie von Hein FS Lindacher, S 151.

VI) Niederlassungsgerichtsstand (Art 7 Nr 5). Die Anforderungen an eine **Zweigniederlassung, Agentur oder sonstige Niederlassung** iSv Art 7 Nr 5 sind geringer als an den Sitz des Beklagten; denn für diesen stellt Art 63 I lit c auf die „Hauptniederlassung“ ab. Die Tatbestandsvoraussetzungen v Art 7 Nr 5 sind autonom zu interpretieren. Der EuGH verlangt einen „Mittelpunkt geschäftlicher Tätigkeit […], der auf Dauer als Außenstelle eines Stammhauses hervortritt“, wobei dieser Mittelpunkt eine Geschäftsführung haben und sachlich so ausgestattet sein müsse, dass er in der Weise Geschäfte mit Dritten betreiben kann, dass diese sich nicht unmittelbar an das Stammhaus zu wenden brauchen (EuGH NJW-RR 2019, 684, 685; EuGH NJW 2021, 1152 Tz 44 ff). Unzureichend ist hingegen eine unselbständige Betriebstätte, die in jeder Hinsicht vom Hauptsitz abhängig ist (BGH NJW-RR 2021, 777 Tz 22; dazu Mandl IPRax 2023, 440). Mit diesen Vorgaben wäre es de lege lata kaum vereinbar, Websites mit einer Countrycode-Toplevel-Domain als (virtuelle) Niederlassung einzustufen (dafür Bach/Tippner EuZW 2020, 481). 46

Die systematische Nähe des Niederlassungsgerichtsstands zum allgemeinen Beklagtengerichtsstand iSv Art 4 I zeigt sich daran, dass Art 7 Nr 5 **nur für Klagen gegen den Inhaber** der Niederlassung zur Verfügung steht, also nicht für die Rechtsverfolgung durch den Inhaber. Dies folgt zwar nicht aus dem Wortlaut, wohl aber aus dem Normzweck (vgl etwa Geimer/Schütze Art 7 Rn 359; WSch/Thole Art 7 Rn 121). Die Nähe zu den sachbezogenen besonderen Gerichtsständen ergibt sich hingegen daraus, dass die Gerichtspflichtigkeit nicht schon an das Vorhandensein einer Niederlassung in einem Mitgliedstaat anknüpft, sondern dass es gerade um eine **Streitigkeit aus ihrem Betrieb** gehen muss: Erforderlich ist also, dass der Rechtsstreit entweder Handlungen betrifft, die sich auf den Betrieb der fraglichen Niederlassung beziehen (vgl EuGH NZKart 2018, 357, 359 f, dort zur erforderlichen Mitwirkung der Niederlassung an einem kartellrechtswidrigen Verhalten; EuGH NJW 2021, 1863, dort zur Einordnung einer Schadensregulierungsgesellschaft als Zweigniederlassung eines ausländischen Versicherers), oder Verpflichtungen, die die Niederlassung im Namen des Stammhauses eingegangen ist und die im Niederlassungsstaat zu erfüllen sind (EuGH NJW-RR 2019, 684, 685). In Betracht kommt Art 7 Nr 5 vor allem in Flugreisefällen (dazu insb EuGH NJW-RR 2019, 684, 685; BGH MDR 2020, 1048; BGH NJW-RR 2021, 777; Hopperdietzel RRa 2022, 117). 47

Art 79 II 1 DSGVO sieht für **datenschutzrechtliche Klagen** gegen Verantwortliche oder Auftragsverarbeiter eine konkurrierende Zuständigkeit im Niederlassungsmitgliedstaat des Beklagten vor (vgl ErwGr Nr 147 zur DSGVO). Gem Art 10, 17 I, 20 I („unbeschadet“) gilt Art 7 Nr 5 auch in **Versicherungs-, Verbraucher- oder Arbeitssachen**. Dabei sind Art 11 II, 17 II, 20 II zu beachten, wonach ein Versicherer, Vertragspartner bzw Arbeitgeber, der keinen Wohnsitz in einem Mitgliedstaat, in einem solchen aber eine Zweigniederlassung, Agentur oder sonstige Niederlassung hat, für Streitigkeiten aus ihrem Betrieb so behandelt wird, als hätte er seinen Wohnsitz in diesem Mitgliedstaat. Von diesen Sonderregeln abgesehen, bleibt es aber grds dabei, dass Art 7 Nr 5 in **räumlich-persönlicher** Hinsicht nur für Beklagte mit Wohnsitz iSv Art 62 f in einem Mitgliedstaat gilt (vgl Art 6 I sowie den Einleitungssatz zu Art 7). Gegen drittstaatenansässige Beklagte mit inländischer Niederlassung kommt in Deutschland eine internationale Zuständigkeit in doppelfunktionaler Anwendung von § 21 ZPO in Betracht. 48

VII) Trusts (Art 7 Nr 6). Der besondere internationale (nicht: örtliche) Gerichtsstand für Klagen gegen einen Begründer, Trustee oder Begünstigten eines Trusts setzt voraus, dass dieser seinen Sitz im Mitgliedstaat des angerufenen Gerichts hat. Dies bestimmt sich nicht nach Art 63 I, sondern nach dem IPR der lex fori (Art 63 III). Zu beachten ist, dass die **EuErbVO** zwar nicht für Verfahren betreffend die Errichtung, Funktionsweise und Auflösung eines Trusts gilt (Art 1 II lit j EuErbVO), wohl aber für Verfahren betreffend den Übergang der Vermögenswerte und die Bestimmung der Berechtigten, wenn der Trust testamentarisch oder kraft Gesetzes im Rahmen der gesetzlichen Erbfolge errichtet ist (ErwGr Nr 13 zur EuErbVO). In solchen Fällen ist die Brüssel Ia-VO gem Art 1 II lit f unanwendbar. 49

VIII) Seerechtlicher Berge- und Hilfslohn (Art 7 Nr 7). Die Vorschrift regelt die Zuständigkeit für einen speziellen seerechtlichen Fall, der vom Konventionsrecht ausgespart geblieben ist (näher Schlosser/Hess Art 8 Rn 23 f). Gem Art 7 Nr 7 folgt die Zuständigkeit für die Klage auf Zahlung von Berge- und Hilfslohn der Zuständigkeit für den Arrest; s dazu das Internationale Übereinkommen zur Vereinheitlichung von Regeln über den Arrest in Seeschiffe v 10.5.1952 (BGBl II 1972, 655, II 1973, 172). 50

Artikel 8 (Artikel 6 LugÜ)

Eine Person, die ihren Wohnsitz im Hoheitsgebiet eines Mitgliedstaats hat, kann auch verklagt werden:

1. **wenn mehrere Personen zusammen verklagt werden, vor dem Gericht des Ortes, an dem einer der Beklagten seinen Wohnsitz hat, sofern zwischen den Klagen eine so enge Beziehung gegeben ist, dass eine gemeinsame Verhandlung und Entscheidung geboten erscheint, um zu vermeiden, dass in getrennten Verfahren widersprechende Entscheidungen ergehen könnten;**
2. **wenn es sich um eine Klage auf Gewährleistung oder um eine Interventionsklage handelt, vor dem Gericht des Hauptprozesses, es sei denn, dass die Klage nur erhoben worden ist, um diese Person dem für sie zuständigen Gericht zu entziehen;**

3. **wenn es sich um eine Widerklage handelt, die auf denselben Vertrag oder Sachverhalt wie die Klage selbst gestützt wird, vor dem Gericht, bei dem die Klage selbst anhängig ist;**
4. **wenn ein Vertrag oder Ansprüche aus einem Vertrag den Gegenstand des Verfahrens bilden und die Klage mit einer Klage wegen dinglicher Rechte an unbeweglichen Sachen gegen denselben Beklagten verbunden werden kann, vor dem Gericht des Mitgliedstaats, in dessen Hoheitsgebiet die unbewegliche Sache belegen ist.**

Lit: *Arnold*, Der internationale Gerichtsstand bei Drittwiderklagen im europäischen und internationalen Zivilverfahrensrecht, FS Schütze, 2015, S 17; *Brinkmann*, Zum Zusammenhang zwischen Klage und Widerklage im europäischen Zivilprozessrecht, IPRax 2019, 501; *Fuchs*, Grenzüberschreitende Streitverkündung und Gewährleistungsklage am Beispiel des deutsch-portugiesischen Rechtsverkehrs, IPRax 2019, 568; *Geimer*, Das Forum interventionis und der natürliche Richter: Einige Bemerkungen zu Art. 8 Nr. 2 EuGVVO, MDR 2016, 928; *Geroldinger*, Zur Missbrauchskontrolle im Rahmen des Art. 8 Nr. 1 Brüssel Ia-VO, FS Rauscher, 2025, S 169; *Junge*, Die Kognitionsbefugnis über Zurückbehaltungsrechte im internationalen Zivilverfahrensrecht, 2018; *Kirschstein/Dornbusch*, Gerichtsstand der Streitgenossenschaft, RIW 2015, 193; *Lieder*, Die Aufrechnung im Internationalen Privat- und Verfahrensrecht, RabelsZ 78 (2014), 809; *Lund*, Der Gerichtsstand der Streitgenossenschaft im europäischen Zivilprozessrecht, 2014; *Mann*, Zum Verhältnis von Zuständigkeitsbestimmungsverfahren und gemeinsamem Beklagtengerichtsstand nach Art. 6 Nr. 1 EuGVVO, ZZP 127 (2014), 229; *Okońska*, Die Widerklage im Zivilprozessrecht der Europäischen Union und ihrer Mitgliedstaaten, 2015; *Schlosser*, „Interventionsklagen" in Deutschland?, FS Coester-Waltjen, 2015, S 733.

1 **I) Vorbemerkung.** Beachte die **Vorbemerkungen zu besonderen Gerichtsständen** in Art 7 Rn 1 ff. Laut dem Kommissionsbericht v 2.6.2025 (COM(2025) 268, 6) wird Art 8 in der Praxis deutlich seltener relevant als Art 7.

2 **II) Passive Streitgenossenschaft (Art 8 Nr 1).** Anders als die ZPO sieht die Brüssel Ia-VO in Art 8 Nr 1 eine (konkurrierende) **internationale Zuständigkeit kraft passiver Streitgenossenschaft** vor. Damit wird bezweckt, eine geordnete Rechtspflege zu fördern, Parallelverfahren so weit wie möglich zu unterbinden und zu vermeiden, dass in verschiedenen Mitgliedstaaten widersprechende Entscheidungen ergehen; gleichwohl soll Art 8 Nr 1 als Abweichung vom allgemeinen Gerichtsstand iSv Art 4 I eng auszulegen sein (EuGH NJW 2025, 1253 Tz 20 f; s Art 4 Rn 10). Zur Anwendbarkeit von Art 8 Nr 1 in **Verbrauchersachen** s Art 18 Rn 3, in **Arbeitssachen** s Art 21 Rn 3.

3 Der Streitgenossengerichtsstand setzt voraus, dass von den zusammen verklagten Beklagten wenigstens einer (der sog Ankerbeklagte) **im Forumsmitgliedstaat seinen allgemeinen Gerichtsstand** iSv Art 4 (iVm Art 62 f) hat; ein sonstiger Gerichtsstand genügt nicht (klarstellend etwa BGH NJW 2015, 2429, 2430; OLG Brandenburg NJW-RR 2016, 1038, 1039 f). Art 8 Nr 1 regelt die **internationale und örtliche Zuständigkeit**; Letztere richtet sich hingegen nach nationalem Recht, wenn es auf Art 8 Nr 1 deshalb nicht ankommt, weil sämtliche Beklagte ihren allgemeinen Gerichtsstand im Forum haben (BayObLG VersR 2024, 1234 Tz 52 ff).

4 Zudem verlangt Art 8 Nr 1 eine **enge Beziehung** zwischen den einzelnen Klagen: Eine gemeinsame Verhandlung und Entscheidung muss geboten erscheinen, um zu vermeiden, dass in getrennten Verfahren widersprechende Entscheidungen ergehen könnten (näher zu diesem Konnexitätserfordernis EuGH EuZW 2012, 182, 184 f; EuGH NJW 2013, 1661, 1662 f; EuGH RIW 2023, 731 Tz 27 ff; vgl auch das Kommissions-Arbeitspapier v 2.6.2025, SWD(2025) 135, 3 ff). Ein typischer Anwendungsfall sind private **Kartellschadensersatzklagen**, die gegen Kartellanten aus verschiedenen Mitgliedstaaten dort erhoben werden können, wo wenigstens einer von ihnen seinen allgemeinen Gerichtsstand hat – was den Geschädigten erheblichen Spielraum für Forum shopping bietet (vgl EuGH EuZW 2015, 584, 585 ff). Die **erforderliche Konnexität** fehlt nach Ansicht des EuGH nicht bereits deshalb, weil die Klagen auf unterschiedlichen Rechtsgrundlagen (zB einerseits Vertrag, andererseits Delikt) beruhen (EuGH NJW 2007, 3702; anders noch BGH NJW-RR 2002, 1149, 1150, dort zu Art 6 Nr 1 LugÜ 1988/EuGVÜ unter Berufung auf EuGH EuZW 1999, 59, 62) oder verschiedenen Sachrechten unterliegen (EuGH EuZW 2012, 182, 184 f). Geht es bei den Klagen um Wettbewerbsrechtsverstöße durch eine Mutter- und eine Tochtergesellschaft, steht der Umstand, dass deren gesamtschuldnerische Haftung nicht in einem bestandskräftigen Beschluss der Kommission festgestellt wurde, der Anwendung von Art 8 Nr 1 nicht entgegen (EuGH NJW 2025, 1253 Tz 27 ff). Werden gegen zwei Beklagte Klagen erhoben, deren Gegenstand und Grundlage sich unterscheiden und die nicht voneinander abhängig oder miteinander unvereinbar sind, so genügt für Art 8 Nr 1 allerdings nicht schon der Umstand, dass sich die Begründetheit der einen Klage auf den Umfang des Schadens auswirken könnte, der mit der anderen geltend gemacht wird (EuGH EuZW 2016, 419). Davon ausgehend, werden die Fälle der einfachen Streitgenossenschaft iSv §§ 59 ff ZPO zumindest nicht zwingend und ohne Weiteres von Art 8 Nr 1 erfasst.

5 Das weitere Tatbestandserfordernis, dass die Beklagten **zusammen verklagt** werden, kann auch dann erfüllt sein, wenn die Streitgenossenschaft erst durch nachträgliche Klageerweiterung entsteht (vgl BGH NJW-RR 2010, 644, dort zu Art 6 Nr 1 LugÜ 1988: zunächst Klage gegen den Täter, dann Klageerweiterung gegen Gehilfen). Unerheblich ist für die Anwendbarkeit von Art 8 Nr 1, ob die erhobenen Klagen im Übrigen zulässig sowie begründet sind (klarstellend EuGH NJW 2025, 1253 Tz 41 ff). Nach Ansicht des EuGH muss auch nicht untersucht werden, ob die Klagen nur deshalb zusammen erhoben worden sind, um einen Streitgenossen der Zuständigkeit seines *Wohnsitzstaats* zu entziehen (s EuGH NJW 2007, 3702, dort unter Berufung darauf, dass der Wortlaut von Art 8 Nr 1, anders als Nr 2, kein allgemeines Missbrauchsverbot enthält). Allerdings betont der EuGH, dass Art 8 Nr 1

nicht in einer Weise ausgelegt werden dürfe, die es erlauben würde, eine Klage gegen mehrere Beklagte allein zu dem Zweck zu erheben, einen dieser Beklagten den Gerichten seines Wohnsitzstaats zu entziehen (EuGH EuZW 2012, 837, 838; EuGH NJW 2025, 1253 Tz 23 f). Nimmt der Kläger seine Klage gegen den einzigen im Gerichtsstaat ansässigen Ankerbeklagten zurück, so bleibt es grds bei der Zuständigkeit für die Klagen gegen weitere Mitbeklagte; das soll allerdings dann nicht gelten, wenn nachgewiesen werden kann, dass der Kläger und der Ankerbeklagte kollusiv zusammengewirkt haben, um die Anwendungsvoraussetzungen von Art 8 Nr 1 im Zeitpunkt der Klageerhebung künstlich herbeizuführen oder aufrechtzuerhalten (EuGH EuZW 2015, 584, 587).

Umstritten ist, ob Art 8 Nr 1 analog herangezogen werden kann, wenn zusätzlich zu dem forumsansässigen Ankerbeklagten auch eine **drittstaatenansässige Person** verklagt werden soll (bejahend etwa Schack IZVR Rn 443). Die einleitende Formulierung von Art 8 spricht dagegen („Person, die ihren Wohnsitz im Hoheitsgebiet eines Mitgliedstaats hat"), woraus der EuGH ableitet, dass die Vorschrift nicht auf Mitbeklagte mit Wohnsitz in Drittstaaten zu beziehen sei (EuGH NJW 2013, 1661, 1663). Das versteht sich rechtspolitisch nicht von selbst, denn es erscheint nicht einsichtig, warum solche Mitbeklagte zuständigkeitsrechtlich besser gestellt sein sollten als solche, die innerhalb der EU wohnen und deshalb Art 8 Nr 1 unterliegen. Nach der Lösung des EuGH bestimmt sich die Gerichtspflichtigkeit des drittstaatsansässigen Mitbeklagten nach nationalem Zuständigkeitsrecht, was aus Sicht von Mitgliedstaaten wie Deutschland misslich erscheint, die keine internationale Zuständigkeit kraft passiver Streitgenossenschaft kennen. Zur Reformdiskussion vgl Hau IPRax 2025, 1, 6. 6

III) Gewährleistungs- oder Interventionsklage (Art 8 Nr 2). Art 8 Nr 2 regelt (wie Art 13 I) die Zuständigkeit für sog Gewährleistungs- oder Interventionsklagen. Diese Vorschrift kommt gem Art 65 I 1 ua in Deutschland nicht zur Anwendung (s Art 65 Rn 1 ff, dort auch zur Streitverkündung als Funktionsäquivalent). Der EuGH hat zu Art 8 Nr 2 klargestellt, dass die Zuständigkeit **akzessorisch** ist, also nicht fortbesteht, wenn die Zuständigkeit für die Hauptsache entfällt bzw vom angerufenen Gericht verneint wird (EuGH NJW 2022, 2739 Tz 44 ff). Der in Art 8 Nr 2 aE vorgesehene **Missbrauchsvorbehalt** darf nicht vorschnell auf andere Gerichtsstände übertragen werden (vgl schon EuGH NJW 2007, 3702, 3705). 7

IV) Widerklage und Prozessaufrechnung. 1) Widerklage (Art 8 Nr 3). Der **Begriff der Widerklage** ist verordnungsautonom zu verstehen, laut EuGH als Antrag auf gesonderte Verurteilung zulasten des Klägers, mit dem auch ein höherer als der vom Kläger geforderte Betrag verlangt und selbst dann weiterverlangt werden kann, wenn die Hauptklage abgewiesen wird (EuGH EuZW 2016, 914 Tz 32). 8

Der in Art 8 Nr 3 geregelte Widerklagegerichtsstand ist enger gefasst als § 33 ZPO: Denn nach seinem Wortlaut muss die Widerklage auf **denselben Vertrag oder Sachverhalt** gestützt werden, der der Klage zugrunde liegt. Während daraus abgeleitet wurde, dass die Vorschrift restriktiv zu handhaben sei (so AG Trier NJW-RR 2005, 1013), tendiert der EuGH zu einem großzügigen Verständnis, indem er auf eine „gemeinsame Grundlage" von Klage und Widerklage abstellt (EuGH NJW-RR 2022, 1703 Tz 847; so auch Schack IZVR Rn 431; Stürner IPRax 2007, 23, 25). Demnach kann der Beklagte im Forum einer Klage, die auf eine Verletzung von Persönlichkeitsrechten durch Bildaufnahmen gestützt wird, widerklagend einen Anspruch auf Schadensersatz wegen Verletzung seines Urheberrechts an den Aufnahmen geltend machen (EuGH RIW 2018, 438). Auch Ansprüche, die aus verschiedenen Verträgen abgeleitet werden, können laut EuGH auf demselben Sachverhalt beruhen, und zwar unter Umständen sogar dann, wenn der Widerkläger einen Anspruch geltend macht, der ihm von einem Dritten abgetreten worden ist (EuGH NJW 2018, 2383, dort zur Widerklage einer Arbeitgebergesellschaft, die sie auf einen von ihrer Muttergesellschaft abgetretenen Anspruch gegen einen von dieser entsendeten Arbeitnehmer [den Kläger] stützt; dazu Brinkmann IPRax 2019, 501). Nicht erforderlich ist, dass die klage- und widerklageweise vorgebrachten Anspruchsgrundlagen derselben Kategorie entstammen; vielmehr kann einem vertraglichen Erfüllungsanspruch zB ein Anspruch auf Leistungskondiktion entgegengehalten werden (EuGH EuZW 2016, 914; Mankowski RIW 2017, 322, 330). 9

Nach hM setzt die Anwendung von Art 8 Nr 3 voraus, dass das angerufene Gericht gerade nach Maßgabe der Brüssel Ia-VO für die Hauptklage zuständig ist (so etwa MK/Gottwald Art 8 Rn 25; Hess EuZPR Rn 6.100; aA Rauscher/Leible Art 8 Rn 38). Allerdings sollte es ungeachtet des Einleitungssatzes von Art 8 nicht darauf ankommen, dass der Widerbeklagte seinen Wohnsitz in einem Mitgliedstaat hat (MK/Gottwald Art 8 Rn 26). Ein der **ausschließlichen Zuständigkeit** gem Art 24 unterfallender Anspruch darf auch nicht widerklageweise in einem anderen Mitgliedstaat geltend gemacht werden; widerklagefreundlicher sind die nur halbseitig ausschließlichen Gerichtsstände in Versicherungs-, Verbraucher- und Arbeitssachen (vgl Art 14 II, 18 III, 22 II). Kann ein Anspruch wegen einer **Gerichtsstandsvereinbarung** nicht klageweise in einem bestimmten Forum verfolgt werden, so dürfte dort im Zweifel auch die Rechtsverfolgung mittels Widerklage ausgeschlossen sein (Geimer IZPR Rn 1776; Rauscher/Mankowski Art 25 Rn 376). Die Zuständigkeit für die Widerklage bleibt erhalten, wenn die Hauptklage zurückgenommen wird (EuGH NJW-RR 2022, 1703 Tz 847 f, dort in einem markenrechtlichen Kontext, aber auf die Brüssel Ia-VO übertragbar). 10

Der **Widerklagegerichtsstand** gem Art 8 Nr 3 ist nicht ausschließlich, sondern **konkurrierend ausgestaltet**, lässt also die Möglichkeit unberührt, dass der Beklagte seinen Gegenanspruch in einem anderen eröffneten Gerichtsstand verfolgt (vgl EuGH RIW 2018, 438 Tz 26 f). 11

12 Weil es dem Beklagten gem Art 8 Nr 3 freisteht, eine **Zwischenfeststellungswiderklage** zu erheben und auf diese Weise präjudizielle Rechtsfragen einer rechtskraftfähigen Entscheidung zuzuführen, sollte man umgekehrt auch dem Kläger die Möglichkeit von Zwischenfeststellungsanträgen (§ 256 II) eröffnen, ohne dafür einen besonderen Zuständigkeitsgrund zu fordern (Schack IZVR Rn 430). Art 8 Nr 3 bietet keine Grundlage für eine Zuständigkeitskonzentration mittels **parteierweiternder Widerklage**, also durch Einbeziehung eines am Rechtsstreit Unbeteiligten (näher Arnold FS Schütze, S 17, 22 ff; Okońska, Widerklage, S 402 ff; zweifelnd Schack IZVR Rn 447; Brinkmann IPRax 2019, 501, 504 ff; zur Einordnung der Drittwiderklage als Interventionsklage iSv Art 8 Nr 2 vgl Schlosser FS Coester-Waltjen, S 733).

13 **2) Prozessaufrechnung.** In der Brüssel Ia-VO findet sich keine Regelung zur Prozessaufrechnung. Daher ist streitig, ob ihre Zulässigkeit davon abhängt, dass für die Gegenforderung die **internationale Zuständigkeit** eigenständig begründet werden kann (dazu Lieder RabelsZ 78 [2014], 809, 832 ff; näher dazu sowie zur Parallelproblematik hinsichtl sonstiger Einreden Junge, Die Kognitionsbefugnis über Zurückbehaltungsrechte, S 32 ff). Angesichts der Möglichkeit einer Widerklage reduziert sich das Problem im Regelfall auf **inkonnexe Gegenforderungen**, denen der gem Art 8 Nr 3 geforderte Zusammenhang mit der Klageforderung fehlt.

14 Zu Art 6 Nr 3 EuGVÜ hatte der EuGH darauf hingewiesen, dass dessen Anwendungsbereich auf Widerklagen begrenzt sei, während die Zulässigkeitsvoraussetzungen der Prozessaufrechnung den nationalen Rechtsordnungen unterlägen (EuGH NJW 1996, 42, 43; BGH NJW 2010, 3452, 3453). Unklar ist allerdings, was der Hinweis auf das **nationale Prozessrecht** bedeutet: Während manche den EuGH so verstehen, dass es den nationalen Rechten unbenommen bleibe, auf dem Erfordernis einer internationalen Zuständigkeit für die Aufrechnung zu bestehen, meinen andere, der EuGH habe ein solches Erfordernis gerade ausgeschlossen und der Verweis beziehe sich nur auf sonstige Voraussetzungen der (Prozess-)Aufrechnung (vgl zum Streitstand BGH NJW 2002, 2182, 2183 f; im Fall BGH NJW 2010, 3452 war eine Zuständigkeit hinsichtlich der Gegenforderung gegeben; für das autonome Recht fordert BGH NJW 2015, 1118, 1119, internationale Zuständigkeit hinsichtlich der Gegenforderung; dagegen etwa Lieder RabelsZ 78 [2014], 809, 832 ff). Allemal kann die Zuständigkeit, wenn man sie für erforderlich hält, auch durch rügeloses Verhandeln des Klägers begründet werden, was dann auch eine abweichende Gerichtsstandsvereinbarung zu überwinden vermag (vgl EuGH IPRax 1986, 27).

15 Zur Zuständigkeit für eine **Vollstreckungsabwehrklage**, mit der das Erlöschen der titulierten Forderung gestützt auf eine Aufrechnung geltend gemacht wird, s Art 24 Rn 17. Zur Derogation der Aufrechnungsbefugnis mittels **Gerichtsstandsvereinbarung** s Art 25 Rn 14; zur Frage der **Rechtshängigkeitssperre** im Falle der Prozessaufrechnung s Art 29 Rn 12.

16 **V) Immobilienbezogene Vertragsklage (Art 8 Nr 4).** Die Vorschrift schafft eine den ausschließlichen Immobiliargerichtsstand gem Art 24 Nr 1 ergänzende – allerdings nur konkurrierende – internationale Zuständigkeit für vertragliche Klagen (iSv Art 7 Nr 1). Für einschlägig hat der EuGH diesen Gerichtsstand im Fall einer Klage auf Aufhebung einer Grundstücksschenkung erachtet (EuGH NJW 2017, 315 Tz 42), wobei nicht ganz klar wird, ob das Erfordernis, dass dingliche und persönliche Klage verbunden werden können, verordnungsautonom (so Klöpfer NJW 2017, 39, 40) oder anhand der lex fori zu beurteilen ist (so Schlosser/Hess Art 8 Rn 13). Aus deutscher Recht wäre die Verbindung jedenfalls nach Maßgabe von §§ 25 f ZPO möglich.

Artikel 9 (Artikel 7 LugÜ)

Ist ein Gericht eines Mitgliedstaats nach dieser Verordnung zur Entscheidung in Verfahren wegen einer Haftpflicht auf Grund der Verwendung oder des Betriebs eines Schiffes zuständig, so entscheidet dieses oder ein anderes an seiner Stelle durch das Recht dieses Mitgliedstaats bestimmtes Gericht auch über Klagen auf Beschränkung dieser Haftung.

Lit: *Egler*, Seeprivatrechtliche Streitigkeiten unter der EuGVVO, 2011.

1 Die praktisch offenbar bedeutungslose Vorschrift (vgl den Kommissionsbericht v 2.6.2025, COM(2025) 268, 6) betrifft die Zuständigkeit für **Klagen auf Feststellung einer see- oder binnenschifffahrtsrechtlichen Haftungsbeschränkung** (vgl im Anwendungsbereich des deutschen Rechts: §§ 611 ff HGB; §§ 4 ff BinSchG), nicht hingegen für eine Klage auf Errichtung eines Haftungsbegrenzungsfonds (zur Konkurrenz zwischen einer dahingehenden Klage und der Leistungsklage eines Geschädigten vgl BGH NJW 2022, 2928). Im Sinne eines **konkurrierenden Gerichtsstands** kraft Sachzusammenhangs ordnet Art 9 an, dass die Zuständigkeit für die Feststellungsklage derjenigen folgt, die gem Art 4 ff für eine Haftpflichtklage gilt.

Abschnitt 3 – Zuständigkeit für Versicherungssachen (Art 10-16)

Artikel 10 (Artikel 8 LugÜ)

***Für Klagen* in Versicherungssachen bestimmt sich die Zuständigkeit unbeschadet des Artikels 6 und des Artikels 7 Nummer 5 nach diesem Abschnitt.**

Lit zu Art 10-16: *Frensing-Deutschmann*, Die Wirksamkeit von Gerichtsstandsvereinbarungen nach der Brüssel Ia-VO und die Absicherung von Derogationsverboten auf der Zuständigkeits- und Anerkennungsebene, 2022; *Fuchs*, Zum Klägergerichtsstand bei Auslandsunfällen, FS Kronke, 2020, S 109; *Gruber*, Gerichtsstandsvereinbarungen in Versicherungssachen nach der Brüssel Ia-VO, FS Neumayr, 2023, S 1239; *Kalusa*, Grundsätze im methodischen Umgang mit der Dynamik des Europäischen Prozessualen Sekundärrechts: Untersucht am Beispiel des Wohnsitzgerichtsstands des Geschädigten nach Art. 13 Abs. 2 i.V.m. Art. 11 Abs. 1 lit. b EuGVO, 2021; *Koch*, Reichweite von Gerichtsstandsvereinbarungen in Versicherungsvereinbarungen über Großrisiken im Anwendungsbereich der EuGVVO, GS Mankowski, 2024, S 553; *Mankowski*, Bestätigung und Fortentwicklung im europäischen Internationalen Versicherungsprozessrecht, VersR 2022, 349; *Wagner*, Zuständigkeit nach der EuGVVO für abgetretene Forderungen in Versicherungs-, Verbraucher- und Arbeitssachen, RIW 2023, 245.

Laut EuGH sind Art 10 ff als Ausnahmen zu Art 4 I eng auszulegen (vgl etwa EuGH 30.4.2025 – C-536/23, Tz 29; s auch Art 4 Rn 10). Gleichwohl ist der **Begriff der Versicherungssache** verordnungsautonom und grds weit zu verstehen (vgl auch das Kommissions-Arbeitspapier v 2.6.2025, SWD(2025) 135, 5 f): Erfasst werden alle Streitigkeiten, die sich auf den Abschluss, die Auslegung, die Durchführung und Beendigung des Versicherungsvertrags beziehen (vgl etwa BGH NJW 2012, 2113 Tz 27); zur Direktklage des Geschädigten gegen den Haftpflichtversicherer s Art 13 Rn 2. Ausgeklammert bleiben sozialversicherungsrechtliche Verfahren (Art 1 II lit c). Nicht in den **subjektiven Anwendungsbereich** von Art 10 ff fallen Versicherer, die Ausgleichsansprüche gegen andere Versicherer geltend machen (BayObLG VersR 2024, 1234 Tz 48 ff). 1

Ausweislich ErwGr Nr 18 sollen Versicherungsnehmer, Versicherte und Begünstigte **besonderen zuständigkeitsrechtlichen Schutz** genießen. Bewerkstelligt wird dies vor allem mit einem konkurrierenden Heimatgerichtsstand für Aktivprozesse (Art 11 I lit b) und einem im Regelfall ausschließlichen Heimatgerichtsstand für Passivprozesse (Art 14 I). Zugute kommen den begünstigten Parteien zudem eine Erweiterung des räumlich-persönlichen Anwendungsbereichs der Brüssel Ia-VO durch eine Sitzfiktion (Art 11 II), weitere konkurrierende Zuständigkeiten für Aktivprozesse (Art 12 f) sowie eine Begrenzung nachteiliger Gerichtsstandsvereinbarungen (Art 15 f, 25 IV, 31 IV). Auf der **Anerkennungsebene** wird die Einhaltung dieser Zuständigkeitsvorschriften durch den besonderen Versagungsgrund in Art 45 I lit e (i) abgesichert (s Art 45 Rn 29). Laut Art 10 gelten Art 11 ff unbeschadet Art 6 (s Art 11 Rn 4) und Art 7 Nr 5 (s Art 14 Rn 1). Zur Möglichkeit einer Widerklage s Art 14 Rn 3. 2

Für **datenschutzrechtliche Klagen** gegen Verantwortliche oder Auftragsverarbeiter gilt Art 79 II DSGVO, der konkurrierende Zuständigkeiten im Niederlassungsmitgliedstaat des Beklagten und im gewöhnlichen Aufenthaltsstaat der betroffenen Person eröffnet und von der Brüssel Ia-VO unberührt bleibt (ErwGr Nr 147 zur DSGVO). 3

Artikel 11 (Artikel 9 LugÜ)

(1) Ein Versicherer, der seinen Wohnsitz im Hoheitsgebiet eines Mitgliedstaats hat, kann verklagt werden:

a) vor den Gerichten des Mitgliedstaats, in dem er seinen Wohnsitz hat,

b) in einem anderen Mitgliedstaat bei Klagen des Versicherungsnehmers, des Versicherten oder des Begünstigten vor dem Gericht des Ortes, an dem der Kläger seinen Wohnsitz hat, oder

c) falls es sich um einen Mitversicherer handelt, vor dem Gericht eines Mitgliedstaats, bei dem der federführende Versicherer verklagt wird.

(2) Hat der Versicherer im Hoheitsgebiet eines Mitgliedstaats keinen Wohnsitz, besitzt er aber in einem Mitgliedstaat eine Zweigniederlassung, Agentur oder sonstige Niederlassung, so wird er für Streitigkeiten aus ihrem Betrieb so behandelt, wie wenn er seinen Wohnsitz im Hoheitsgebiet dieses Mitgliedstaats hätte.

I) Klage gegen EU-ansässigen Versicherer. Art 11 I regelt Gerichtsstände für Klagen gegen den Versicherer. Dabei ist **lit a** deckungsgleich mit dessen allgemeinem Gerichtsstand iSv Art 4 I (iVm Art 62 f). Ebenso wie Art 4 I adressiert Art 11 I lit a nur die internationale Zuständigkeit; die örtliche Zuständigkeit bestimmt sich nach nationalem Recht (in Deutschland: § 215 VVG). 1

Eine Begünstigung für Versicherungsnehmer, Versicherte oder Begünstigte ergibt sich aus dem **Heimatgerichtsstand gem lit b**, der sowohl die internationale als auch die örtliche Zuständigkeit betrifft (s EuGH NJW-RR 2022, 1140). Der Wohnsitz bestimmt sich nach Art 62 f, wobei der Zeitpunkt der Klage, nicht etwa des Versicherungsvertragsschlusses maßgeblich ist. Bedeutsam ist die in Art 13 II vorgesehene Erweiterung von Art 11 I lit b für die **Direktklage eines Geschädigtes** (s Art 13 Rn 2). Dies kommt auch einem **Arbeitgeber** zugute, der das Entgelt seines infolge eines Verkehrsunfalls arbeitsunfähigen Arbeitnehmers fortgezahlt hat und in die Rechte eingetreten ist, die diesem gegenüber dem Haftpflichtversicherer des Schädigers zustehen (EuGH VersR 2017, 1481; dazu Dörner IPRax 2018, 158). Ein Mitgliedstaat, der als Dienstherr das Entgelt eines bei einem Verkehrsunfall verletzten Beamten während dessen Dienstunfähigkeit fortgezahlt hat und in dessen Rechte eingetreten ist, kann den Haftpflichtversicherer des Schädigers zwar nicht dort verklagen, wo der Beamte seinen Wohnsitz hat, wohl aber an dem Ort, an dem die Verwaltung, die den Beamten beschäftigt, ihren Sitz hat (EuGH 30.4.2025 – C-536/23, dort auf Vorlage des LG München I zur Regulierung eines Unfalls einer dt Bundesbeamtin). Nicht auf Art 13 II, Art 11 I lit b berufen dürfen sich hingegen **Sozialversicherungsträger** (EuGH 30.4.2025 – C-536/23, Tz 35), 2 zudem **Privatpersonen**, die gewerblich Schadensersatzforderungen gegen Versicherer geltend machen (EuGH VersR 2018, 1020) oder sich abtreten lassen (EuGH VersR 2021, 1122; vgl auch EuGH IPRax 2023, 69).

3 **Lit c** schafft eine (internationale und örtliche) Gerichtspflichtigkeit dort, wo der federführende **Mitversicherer** verklagt wird (sei es an dessen allgemeinem oder einem sonstigen eröffneten Gerichtsstand).

4 **II) Klage gegen Nicht-EU-ansässigen Versicherer.** Für Klagen gegen Versicherer mit Sitz in einem Nur-LugÜ-Vertragsstaat gilt **Art 9 LugÜ**. Anders als in Verbrauchersachen (Art 18 I) und Arbeitsrechtssachen (Art 21 II) ist nicht vorgesehen, dass der Heimatgerichtsstand gem Art 11 I lit b auch für **drittstaatenansässige Versicherer** gelten soll; insoweit bleibt es also gem Art 6 I grds bei der Maßgeblichkeit des nationalen Zuständigkeitsrechts (vgl Art 10: „unbeschadet des Artikels 6“). Eine Erweiterung des räumlich-persönlichen Anwendungsbereichs der Brüssel Ia-VO und sodann des Gerichtsstands gem Art 11 I lit a ergibt sich aber aus der **Sitzfiktion** gem Art 11 II.

Artikel 12 (Artikel 10 LugÜ)

[1]Bei der Haftpflichtversicherung oder bei der Versicherung von unbeweglichen Sachen kann der Versicherer außerdem vor dem Gericht des Ortes, an dem das schädigende Ereignis eingetreten ist, verklagt werden. [2]Das Gleiche gilt, wenn sowohl bewegliche als auch unbewegliche Sachen in ein und demselben Versicherungsvertrag versichert und von demselben Schadensfall betroffen sind.

1 Die Vorschrift schafft einen **konkurrierenden Gerichtsstand** für Klagen gegen den Haftpflichtversicherer bzw Versicherer von unbeweglichen Sachen (gem S 2 erweitert auf Mobilien). Die internationale und örtliche Zuständigkeit hierfür besteht, wie gegen den Schädiger, dort, wo das schädigende Ereignis eingetreten ist (vgl Art 7 Nr 2). Dies soll gewährleisten, „dass die schwächere Partei, die die stärkere verklagen möchte, dies vor dem Gericht eines für sie leicht erreichbaren Mitgliedstaats tun kann“ (EuGH VersR 2020, 708 Tz 28).

Artikel 13 (Artikel 11 LugÜ)

(1) Bei der Haftpflichtversicherung kann der Versicherer auch vor das Gericht, bei dem die Klage des Geschädigten gegen den Versicherten anhängig ist, geladen werden, sofern dies nach dem Recht des angerufenen Gerichts zulässig ist.

(2) Auf eine Klage, die der Geschädigte unmittelbar gegen den Versicherer erhebt, sind die Artikel 10, 11 und 12 anzuwenden, sofern eine solche unmittelbare Klage zulässig ist.

(3) Sieht das für die unmittelbare Klage maßgebliche Recht die Streitverkündung gegen den Versicherungsnehmer oder den Versicherten vor, so ist dasselbe Gericht auch für diese Personen zuständig.

1 **I) Interventionsklage (Art 13 I).** Art 13 I regelt die Zuständigkeit für eine sog Interventionsklage (wie in Art 8 Nr 2) gegen den Haftpflichtversicherer im Forum des Prozesses zwischen Geschädigtem und Versicherten. Diese Regelung ist in Deutschland wegen Art 65 I nicht anzuwenden; vielmehr bleibt es hier bei der Möglichkeit, dem Haftpflichtversicherer den Streit zu verkünden (s Art 65 Rn 1 f).

2 **II) Direktklage (Art 13 II).** Art 13 II erweitert die Zuständigkeitsvorschriften, die in Art 10 ff zugunsten von Versicherungsnehmern, Versicherten und Begünstigten vorgesehen sind, auf den Geschädigten, sofern ihm nach der lex causae (vgl Art 18 Rom II-VO: Deliktsstatut oder Versicherungsvertragsstatut) ein sog Direktanspruch zusteht. Eröffnet ist somit auch der **Heimatgerichtsstand** iSv Art 11 I lit b (EuGH NJW 2008, 819; BGH NJW 2008, 2343; BGH NJW 2015, 2429). Dieser ist gegeben, wenn ein Direktanspruch nach dem maßgeblichen nationalen Recht im Grundsatz besteht und dessen Voraussetzungen vom Kläger schlüssig behauptet sind (BayObLG VersR 2025, 188 Tz 11, dort zum LugÜ). Art 13 II gilt allerdings grds nur für Versicherer mit Wohnsitz im Hoheitsgebiet eines anderen Mitgliedstaats (vgl BGH NJW 2015, 2429 Tz 12; s Art 11 Rn 4). Zum Begriff des **Geschädigten** s Art 11 Rn 2.

3 **III) Streitverkündung (Art 13 III).** Art 13 III setzt eine Klage gegen den Haftpflichtversicherer voraus, schafft also keine Zuständigkeit für die vom Geschädigten gegen den Versicherungsnehmer oder Versicherten erhobene Schadensersatzklage (EuGH 9.12.2021 – C-708/20).

Artikel 14 (Artikel 12 LugÜ)

(1) Vorbehaltlich der Bestimmungen des Artikels 13 Absatz 3 kann der Versicherer nur vor den Gerichten des Mitgliedstaats klagen, in dessen Hoheitsgebiet der Beklagte seinen Wohnsitz hat, ohne Rücksicht darauf, ob dieser Versicherungsnehmer, Versicherter oder Begünstigter ist.

(2) Die Vorschriften dieses Abschnitts lassen das Recht unberührt, eine Widerklage vor dem Gericht zu erheben, bei dem die Klage selbst gemäß den Bestimmungen dieses Abschnitts anhängig ist.

I) **Aktivklage des Versicherers.** Die Möglichkeit einer Aktivklage des Versicherers wird durch Art 14 I im Wohnsitzmitgliedstaat (iSv Art 62 f) des Versicherungsnehmers, Versicherten oder Begünstigten konzentriert („nur"). Im Ergebnis wird somit dessen allgemeiner Gerichtsstand (Art 4) **halbseitig ausschließlich** ausgestaltet. Unberührt bleiben allerdings die Möglichkeit einer nachträglichen Gerichtsstandsvereinbarung gem Art 15 Nr 1 oder einer zuständigkeitsbegründenden rügelosen Einlassung (s Art 26 Rn 8), zudem laut Art 10 die Zuständigkeit gem Art 7 Nr 5 für eine Klage gegen den Versicherungsnehmer, Versicherten oder Begünstigten in dessen Niederlassungsstaat. Da Art 14 I nur die internationale Zuständigkeit regelt, richtet sich die **örtliche** nach der lex fori (in Deutschland: § 215 VVG). 1

Befindet sich der allgemeine Gerichtsstand in einem Nur-LugÜ-Vertragsstaat, gilt **Art 12 I LugÜ**. Für Klagen gegen **drittstaatenansässige** Versicherungsnehmer, Versicherte oder Begünstigte bleibt es bei der Maßgeblichkeit des nationalen Zuständigkeitsrechts (vgl Art 10: „unbeschadet des Artikels 6"). 2

II) **Widerklage.** Gem Art 14 II lässt I, anders als im Fall einer gesetzlich beidseitig ausschließlichen Zuständigkeit iSv Art 24, die Möglichkeit einer Widerklage unberührt. Ungeachtet der systematischen Stellung von Art 14 II ergibt sich aus dem Wortlaut („gemäß den Bestimmungen dieses Abschnitts"), dass Art 8 Nr 3 nicht nur für eine Widerklage gegen den Versicherer, sondern auch durch einen Versicherer gilt. 3

Artikel 15 (Artikel 13 LugÜ)

Von den Vorschriften dieses Abschnitts kann im Wege der Vereinbarung nur abgewichen werden:

1. **wenn die Vereinbarung nach der Entstehung der Streitigkeit getroffen wird,**
2. **wenn sie dem Versicherungsnehmer, Versicherten oder Begünstigten die Befugnis einräumt, andere als die in diesem Abschnitt angeführten Gerichte anzurufen,**
3. **wenn sie zwischen einem Versicherungsnehmer und einem Versicherer, die zum Zeitpunkt des Vertragsabschlusses ihren Wohnsitz oder gewöhnlichen Aufenthalt in demselben Mitgliedstaat haben, getroffen ist, um die Zuständigkeit der Gerichte dieses Mitgliedstaats auch für den Fall zu begründen, dass das schädigende Ereignis im Ausland eintritt, es sei denn, dass eine solche Vereinbarung nach dem Recht dieses Staates nicht zulässig ist,**
4. **wenn sie von einem Versicherungsnehmer geschlossen ist, der seinen Wohnsitz nicht in einem Mitgliedstaat hat, ausgenommen soweit sie eine Versicherung, zu deren Abschluss eine gesetzliche Verpflichtung besteht, oder die Versicherung von unbeweglichen Sachen in einem Mitgliedstaat betrifft, oder**
5. **wenn sie einen Versicherungsvertrag betrifft, soweit dieser eines oder mehrere der in Artikel 16 aufgeführten Risiken deckt.**

Die Vorschrift beschränkt für Versicherungssachen (s Art 10 Rn 1) die Zulässigkeit von Gerichtsstandsvereinbarungen (vgl ErwGr Nr 19). Eine nicht von Art 15 gedeckte Gerichtsstandsvereinbarung ist gem Art 25 IV unwirksam, wenn sie sich zulasten des Versicherungsnehmers, Versicherten oder Begünstigten auswirkt (vgl EuGH EuZW 2025, 396 Tz 48). Ein Verfahren in einem unzulässig prorogierten Mitgliedstaat zwingt die Gerichte in anderen Mitgliedstaaten nicht zur Aussetzung gem Art 31 II (s Art 31 IV). Sofern die Gerichtsstandsvereinbarung nicht bereits an Art 25 IV scheitert, sind Art 25 I, II, V anzuwenden. An eine Gerichtsstandsvereinbarung zwischen Versicherer und Versicherungsnehmer (Schädiger) ist der Geschädigte nicht gebunden (EuGH NJW 2017, 2813; zu Besonderheiten hinsichtlich der Bindung des Versicherten bei einer Großrisikoversicherung vgl EuGH VersR 2020, 708; dazu Schlosser IPRax 2020, 519). 1

Art 15 Nr 5 betrifft bestimmte **See- und Luftfahrtversicherungen** (Art 16 Nr 1-4) sowie **Großrisikoversicherungen** (Art 16 Nr 5). Vgl EuGH VersR 2024, 260 (Art 15 Nr 5 gilt nicht für einen Schiffskaskoversicherungsvertrag über ein Sportboot, das nicht zu gewerblichen Zwecken verwendet wird). 2

Für eine Gerichtsstandsvereinbarung zugunsten eines Nur-LugÜ-Vertragsstaats gelten **Art 13 f LugÜ**. Gem Art 21 HGÜ hat die EU eine Erklärung abgegeben, wonach sie das **HGÜ** nur in bestimmten Fällen auf Versicherungsverträge anwendet (s Anhang I zu Ratsbeschluss 2014/887/EU v 4.12.2014, ABl EU 2014 L 353/5). 3

Artikel 16 (Artikel 14 LugÜ)

Die in Artikel 15 Nummer 5 erwähnten Risiken sind die folgenden:

1. **sämtliche Schäden**
   a) **an Seeschiffen, Anlagen vor der Küste und auf hoher See oder Luftfahrzeugen aus Gefahren, die mit ihrer Verwendung zu gewerblichen Zwecken verbunden sind,**
   b) **an Transportgütern, ausgenommen Reisegepäck der Passagiere, wenn diese Güter ausschließlich oder zum Teil mit diesen Schiffen oder Luftfahrzeugen befördert werden;**

2. Haftpflicht aller Art, mit Ausnahme der Haftung für Personenschäden an Passagieren oder Schäden an deren Reisegepäck,

a) aus der Verwendung oder dem Betrieb von Seeschiffen, Anlagen oder Luftfahrzeugen gemäß Nummer 1 Buchstabe a), es sei denn, dass – was die letztgenannten betrifft – nach den Rechtsvorschriften des Mitgliedstaats, in dem das Luftfahrzeug eingetragen ist, Gerichtsstandsvereinbarungen für die Versicherung solcher Risiken untersagt sind,

b) für Schäden, die durch Transportgüter während einer Beförderung im Sinne von Nummer 1 Buchstabe b) verursacht werden;

3. finanzielle Verluste im Zusammenhang mit der Verwendung oder dem Betrieb von Seeschiffen, Anlagen oder Luftfahrzeugen gemäß Nummer 1 Buchstabe a), insbesondere Fracht- oder Charterverlust;

4. irgendein zusätzliches Risiko, das mit einem der unter den Nummern 1 bis 3 genannten Risiken in Zusammenhang steht;

5. unbeschadet der Nummern 1 bis 4 alle „Großrisiken" entsprechend der Begriffsbestimmung in der RL 2009/138/EG des Europäischen Parlaments und des Rates vom 25. November 2009 betreffend die Aufnahme und Ausübung der Versicherungs- und der Rückversicherungstätigkeit (Solvabilität II)[1].

[1] ABl L 335 v 17.12.2009, S 1.

1 S Art 15 Rn 2.

Abschnitt 4 – Zuständigkeit bei Verbrauchersachen (Art 17-19)

Artikel 17 (Artikel 15 LugÜ)

(1) Bilden ein Vertrag oder Ansprüche aus einem Vertrag, den eine Person, der Verbraucher, zu einem Zweck geschlossen hat, der nicht der beruflichen oder gewerblichen Tätigkeit dieser Person zugerechnet werden kann, den Gegenstand des Verfahrens, so bestimmt sich die Zuständigkeit unbeschadet des Artikels 6 und des Artikels 7 Nummer 5 nach diesem Abschnitt,

a) wenn es sich um den Kauf beweglicher Sachen auf Teilzahlung handelt,

b) wenn es sich um ein in Raten zurückzuzahlendes Darlehen oder ein anderes Kreditgeschäft handelt, das zur Finanzierung eines Kaufs derartiger Sachen bestimmt ist, oder

c) in allen anderen Fällen, wenn der andere Vertragspartner in dem Mitgliedstaat, in dessen Hoheitsgebiet der Verbraucher seinen Wohnsitz hat, eine berufliche oder gewerbliche Tätigkeit ausübt oder eine solche auf irgendeinem Wege auf diesen Mitgliedstaat oder auf mehrere Staaten, einschließlich dieses Mitgliedstaats, ausrichtet und der Vertrag in den Bereich dieser Tätigkeit fällt.

(2) Hat der Vertragspartner des Verbrauchers im Hoheitsgebiet eines Mitgliedstaats keinen Wohnsitz, besitzt er aber in einem Mitgliedstaat eine Zweigniederlassung, Agentur oder sonstige Niederlassung, so wird er für Streitigkeiten aus ihrem Betrieb so behandelt, wie wenn er seinen Wohnsitz im Hoheitsgebiet dieses Mitgliedstaats hätte.

(3) Dieser Abschnitt ist nicht auf Beförderungsverträge mit Ausnahme von Reiseverträgen, die für einen Pauschalpreis kombinierte Beförderungs- und Unterbringungsleistungen vorsehen, anzuwenden.

Lit zu Art 17-19: *Dietrich*, Die situative Anwendung von Art. 17 Brüssel Ia-VO und Art. 6 Rom I-VO, 2020; *Frensing-Deutschmann*, Die Wirksamkeit von Gerichtsstandsvereinbarungen nach der Brüssel Ia-VO und die Absicherung von Derogationsverboten auf der Zuständigkeits- und Anerkennungsebene, 2022; *Gramlich*, Gerichtsstände der EuGVVO in Verbrauchersachen – Probleme bei Umzug einer Partei, EuZW 2017, 213; *Gsell*, Die Zulässigkeit von Gerichtsstandvereinbarungen mit Verbraucherbeteiligung und Drittstaatenbezug unter der neuen EuGVO, FS Coester-Waltjen, 2015, S 403; *Gsell*, Entwicklungen im Europäischen Verbraucherzuständigkeitsrecht, ZZP 127 (2015), 431; *Hoffmann*, Die internationale Zuständigkeit für Verbandsklagen gegen drittstaatliche Unternehmen, IPRax 2024, 7; *Hübner*, Forumwechsel durch Wohnsitzverlegung des Verbrauchers gemäß Art. 17 ff. Brüssel Ia-VO, ZVglRWiss 120 (2021), 222; *Mankowski*, Änderungen im Internationalen Verbraucherprozessrecht durch die Neufassung der EuGVVO, RIW 2014, 625; *Meller-Hannich*, Grenzüberschreitende Verbandsklagen und internationale Zuständigkeit, FS Konecny, 2022, S 341; *Rühl*, Grenzüberschreitender Verbraucherschutz, FS Coester-Waltjen, 2015, S 697; *Schütze*, Die Zweiklassengesellschaft im Internationalen Zivilprozessrecht und die Gefährdung prozessualer Gerechtigkeit durch Privilegien, GS Mankowski, 2024, S 545; *Scraback*, Ökonomische Analyse des Verbraucherschutzes im Internationalen Privat- und Zivilverfahrensrecht, GPR 2017, 234; *Thönissen*, Zuständigkeit und Sperrwirkung bei Verbandsabhilfeklagen, EuZW 2023, 637; *Tintemann/Ali*, Klage am Verbrauchergerichtsstand in Deutschland nach Brexit möglich?, VuR 2022, 336; *Wagner*, Zuständigkeit nach der EuGVVO für abgetretene Forderungen in Versicherungs-, Verbraucher- und Arbeitssachen, RIW 2023, 245; *Wagner*, Zuständigkeit nach der EuGVVO für Klagen nach der Richtlinie über Verbandsklagen, RIW 2024, 8; *Wißling*, Internationale Zuständigkeit und Effizienz, 2021; *Würdinger*, Europäisches Verbraucherprozessrecht im Visier der Juristischen Methodenlehre, FS Gottwald, 2014, S 693.

1 **I) Grundlagen.** *Ausweislich* ErwGr Nr 18 sollen Verbraucher **besonderen zuständigkeitsrechtlichen Schutz** genießen. Bewerkstelligt wird dies vor allem mit einem Heimatgerichtsstand für Aktivprozesse (Art 18 I) und

einem im Regelfall ausschließlichen Heimatgerichtsstand für Passivprozesse (Art 18 II). Zugute kommen dem Verbraucher zudem Erweiterungen des räumlich-persönlichen Anwendungsbereichs der Brüssel Ia-VO (Art 17 II, 18 I; s Art 18 Rn 5 f) sowie eine Begrenzung nachteiliger Gerichtsstandsvereinbarungen (Art 19, 25 IV, 31 IV). Auf der Anerkennungsebene wird die Einhaltung dieser Zuständigkeitsvorschriften durch den besonderen Versagungsgrund in Art 45 I lit e (i) abgesichert (s Art 45 Rn 29 f). Die Regeln des Abschnitts 4 gelten „unbeschadet" der in Art 17 I genannten Vorschriften: Zur Bedeutung des Hinweises auf Art 6 s Art 18 Rn 5; zu Art 7 Nr 5 s Art 18 Rn 3 (dort auch zu Art 8 Nr 1).

Für **datenschutzrechtliche Klagen** gegen Verantwortliche oder Auftragsverarbeiter gilt Art 79 II DSGVO, der konkurrierende Zuständigkeiten im Niederlassungsmitgliedstaat des Beklagten und im gewöhnlichen Aufenthaltsstaat der betroffenen Person eröffnet und von der Brüssel Ia-VO unberührt bleibt (ErwGr Nr 147 zur DSGVO). 2

II) Subjektiver Anwendungsbereich. Der **Verbraucherbegriff** iSv Art 17 I ist verordnungsautonom zu bestimmen (zur Prüfung und zum Beweis der Verbrauchereigenschaft als doppelrelevantem Umstand vgl EuGH EuZW 2023, 420 Tz 42 ff; s auch Art 7 Rn 4; zu rechtspolitischem Diskussionsbedarf hinsichtlich des Verbraucherbegriffs vgl den Kommissionsbericht v 2.6.2025, COM(2025) 268, 11 f). Gemeint ist mit Verbraucher jede natürliche Person, die den konkreten Vertrag ohne Bezug zu einer beruflichen oder gewerblichen Tätigkeit oder Zielsetzung und unabhängig von einer solchen allein zu dem Zweck schließt, ihren Eigenbedarf beim privaten Verbrauch zu decken (vgl etwa BGH NJW 2024, 2680 Tz 24). Inzwischen hatte der EuGH wiederholt Gelegenheit zur Klärung von Einzelfragen (vgl etwa EuGH NJW 2015, 1581, 1582: dort zu Kapitalanlegern; EuGH IPRax 2022, 499, dort zu Online-Pokerspielern). Existenzgründer werden nicht geschützt (EuGH RIW 1997, 775, dort zum EuGVÜ; zur Fortgeltung vgl Rühl GPR 2013, 122, 124). Der Einordnung als Verbraucher steht eine „berufliche oder gewerbliche Tätigkeit" entgegen; dies kann nicht nur eine selbständige, sondern auch eine abhängige Beschäftigung sein (EuGH NJW 2023, 29 Tz 49 ff). Die Verbrauchereigenschaft fehlt, wenn der fragliche Vertrag sowohl aus privaten als auch aus beruflichen bzw gewerblichen Gründen geschlossen wird, sofern letztere nicht nur eine ganz untergeordnete Rolle spielen (EuGH NJW 2005, 653; EuGH EWS 2019, 40 Tz 85 ff; EuGH EuZW 2023, 420; BGH NJW 2012, 1817, 1819 f). Auch einem Geschäftsführer oder Mehrheitsbeteiligten, der für Verbindlichkeiten seiner Gesellschaft bürgt, kommen Art 17 ff nicht zugute (EuGH RIW 2013, 292). Dasselbe kann gelten, wenn der Verbraucher durch sein Verhalten gegenüber dem Vertragspartner den Eindruck erweckt hat, dass er zu beruflichen oder gewerblichen Zwecken handele (EuGH EuZW 2023, 420 Tz 29 ff). Nicht ausschlaggebend ist hingegen die **Größenordnung der Transaktion**: Verbraucher kann sogar sein, wer einen Millionenbetrag verspekuliert, ohne dabei beruflich oder gewerblich zu agieren (EuGH RIW 2019, 371; EuGH ZIP 2020, 385; EuGH IPRax 2021, 268; BGH NJW 2024, 2680 Tz 24; bemerkenswert OLG Stuttgart RIW 2015, 762: Verbrauchergeschäft bei einem Kapitalanlagegeschäft über 50 Millionen Euro, das noch der privaten Vermögensverwaltung zuzuordnen sei). 3

Fraglich ist die Anwendbarkeit von Art 17 ff im **kollektiven Rechtsschutz** (auf rechtspolitischen Diskussionsbedarf in dieser Hinsicht verweist zutreffend der Kommissionsbericht v 2.6.2025, COM(2025) 268, 16 f). Der EuGH hat sich sehr restriktiv zu **Sammelklagen** positioniert: Auch ein Verbraucher dürfe in seinem Heimatgerichtsstand (Art 18 I) neben eigenen Ansprüchen keine gleichgerichteten Ansprüche geltend machen, die ihm von anderen Verbrauchern aus demselben Mitgliedstaat, aus anderen Mitgliedstaaten und/oder aus Drittstaaten abgetreten wurden (EuGH NJW 2018, 1003; dazu Krüger/Stüllein VuR 2018, 216; Meller-Hannich ZEuP 2019, 202; Paulus NJW 2018, 987; Stürner/Wendelstein JZ 2018, 1083). Daraus lässt sich de lege lata ableiten, dass sich auch Verbraucherschutzverbände nicht auf Art 17 ff berufen können. Somit scheitert eine Abhilfe- bzw Musterfeststellungsklage (§§ 14 ff, § 41 VDuG) in Deutschland zugunsten hier ansässiger Verbraucher mangels internationaler Zuständigkeit, wenn sie gegen ein im EU-Ausland ansässiges Unternehmen erhoben werden soll, gegen das ein Gerichtsstand nicht schon aus sonstigen Gründen (wie Art 7 Nr 1 oder 2) eröffnet ist (näher zu Zuständigkeitsfragen in kollektiven Rechtsschutzverfahren Hoffmann IPRax 2024, 7; Meller-Hannich FS Konecny, S 341; Thönissen EuZW 2023, 637, 640; Wagner RIW 2024, 8; Weller in Hess/Hau, Kollektiver Rechtsschutz in Europa, 2025, S 17, 27 ff). Zur Frage, unter welchen Voraussetzungen auch **sonstige Zessionare** auf den Klägergerichtsstand zurückgreifen können, s Wagner RIW 2023, 245, und Wagner RIW 2024, 625. 4

Mit dem (anderen) **Vertragspartner** iSv Art 17-19 ist die am streitigen Vertrag beteiligte natürliche oder juristische Person gemeint; der EuGH spricht auch vom „beruflich oder gewerblich handelnden Kontrahenten" (EuGH NJW 2024, 569 Tz 43, dort zum gebotenen engen Verständnis). Mangels einer direkten vertraglichen Beziehung zwischen dem Verbraucher und dem beruflich oder gewerblich Handelnden soll es nicht genügen, wenn dieser dem Verbraucher nur aufgrund einer Kette von Verträgen verpflichtet ist, wie zB beim derivativen Erwerb von Kapitalanlageprodukten (EuGH NJW 2015, 1581, 1582 f). Dementsprechend kann sich ein Fluggast, selbst soweit Art 17 III nicht entgegensteht, dann nicht auf Art 17 ff stützen, wenn er einen Anspruch aus der Fluggastrechte-VO 261/2004 gegen einen Teilstreckenbeförderer einklagen will, der nicht sein Vertragspartner ist (EuGH NJW-RR 2020, 552, 555 f). 5

III) Sachlicher Anwendungsbereich. In den sachlichen Anwendungsbereich der Art 17 ff fallen **Verträge bzw vertragliche Ansprüche** (zum Ausschluss reiner Beförderungsverträge s Art 17 III; zur diesbezüglichen Re- 6 formdiskussion vgl den Kommissionsbericht v 2.6.2025 COM(2025) 268, 12 f). Diese Begriffe sind verordnungsautonom und weit zu interpretieren (dazu etwa BGH NJW 2012, 455, 456 f; zum damit zusammenhängenden früheren Dauerthema „Klage aus Gewinnzusage" vgl EuGH EuZW 2009, 489; Rühl GPR 2013, 122, 126 ff). Erfasst werden auch Schadensersatzansprüche aus **culpa in contrahendo** wegen Verletzung vorvertraglicher Aufklärungspflichten und zudem deliktische Anspruchsgrundlagen, sofern sie untrennbar mit einem zwischen dem Verbraucher und dem Gewerbetreibenden geschlossenen Vertrag verbunden sind (EuGH RIW 2020, 353, 358 f; vgl auch schon BGH NJW 2011, 2809, 2813, dort zur Haftung aus § 823 II BGB wegen eines Verstoßes gegen das KWG).

7 Sofern kein **Teilzahlungskauf** bzw **Kreditgeschäft** iSv Art 17 I lit a/b vorliegt, bedarf es zusätzlich der in lit c umschriebenen besonderen situativen Anwendungsvoraussetzungen, insb also eines **Ausrichtens der unternehmerischen Tätigkeit** auf den Wohnsitzstaat des Verbrauchers. Der EuGH hat klargestellt, dass für das Ausrichten alleine die Abrufbarkeit einer Webseite ebenso wenig hinreichend ist wie die bloße Angabe einer elektronischen Adresse oder anderer Adressdaten oder die Verwendung einer im Verbraucherstaat üblichen Sprache oder Währung (dazu und zum Folgenden EuGHNJW 2011, 505; beachte seither etwa BGH IPRax 2018, 620, dort zu Rechtsanwälten; BGH NJW 2024, 2680 Tz 25 ff, dort zu Finanzdienstleistungen). Maßgeblich ist vielmehr, dass aus der Webseite und der gesamten Tätigkeit des Gewerbetreibenden dessen Bereitschaft hervorgeht, mit den im fraglichen Mitgliedstaat ansässigen Verbrauchern zu kontrahieren. Zur Illustration dieses Kriteriums hat der EuGH eine Reihe von Indizien benannt, zB Anfahrtsbeschreibungen zur Niederlassung oder die Verwendung eines länderspezifischen Domain-Namens (wie „.de"). Zu beachten ist die kollisionsrechtliche Parallelvorschrift in Art 6 I lit b Rom I-VO, aber auch die merkwürdige Auslegungsregel in Art 1 VI Geoblocking-VO 2018/302 (ABl EU 2018 L 60 I/1) dazu, was nicht für ein Ausrichten iSv Art 17 Brüssel Ia-VO und Art 6 Rom I-VO genügen soll (dazu Hoffmann JZ 2018, 918; Kohler ZEuP 2020, 253, 259 ff).

8 Kann das Ausrichten iSv Art 17 I lit c bejaht werden, muss das Geschäft **nicht zwingend im Fernabsatz** (etwa online) zustande kommen; vielmehr genügt es, wenn der Verbraucher den Unternehmer aufsucht und erst dort der Vertrag geschlossen wird (EuGH NJW 2012, 3225, 3226; EuGH NJW 2013, 3504; BGH ZIP 2013, 1141). Dabei ist es laut EuGH nicht erforderlich, dass das Mittel, das der Unternehmer zum Ausrichten seiner Tätigkeit auf den Wohnsitzmitgliedstaat des Verbrauchers einsetzt, für den konkreten Vertragsschluss kausal wird (EuGH NJW 2013, 3504, 3505; ebenso zum LugÜ BGH ZIP 2017, 985, 989). Noch weitergehend soll Art 17 I lit c selbst dann einschlägig sein, wenn zwar der streitgegenständliche Vertrag nicht unmittelbar in den Bereich einer Tätigkeit des Unternehmers fällt, die auf den Wohnsitzmitgliedstaat des Verbrauchers ausgerichtet ist, dieser Vertrag jedoch der Verwirklichung des wirtschaftlichen Erfolgs eines anderen, zwischen den Parteien zuvor geschlossenen und vom Anwendungsbereich der Norm erfassten Vertrags dient (EuGH NJW 2016, 697; BGH NJW 2016, 2888, dort zu einem Maklervertrag und einem nachfolgenden Geschäftsbesorgungsvertrag mit demselben Makler hinsichtlich der zuvor vermittelten Immobilie). Der EuGH will ein Ausrichten auch dann bejahen, wenn der Unternehmer und der Verbraucher im **Zeitpunkt des Vertragsschlusses** noch in demselben Staat ansässig waren und der Verbraucher erst bei Klageerhebung seinen Wohnsitz in einem anderen Staat begründet hat (EuGH NJW 2022, 1159, dort zum LugÜ; dazu Arnold IPRax 2022, 584). Maßgeblich für das Ausrichten ist allerdings nicht der Zeitpunkt der Einleitung des Klageverfahrens, sondern des Vertragsschlusses (dazu und zur Beweislast BGH NJW 2015, 2339).

Artikel 18 (Artikel 16 LugÜ)

(1) Die Klage eines Verbrauchers gegen den anderen Vertragspartner kann entweder vor den Gerichten des Mitgliedstaats erhoben werden, in dessen Hoheitsgebiet dieser Vertragspartner seinen Wohnsitz hat, oder ohne Rücksicht auf den Wohnsitz des anderen Vertragspartners vor dem Gericht des Ortes, an dem der Verbraucher seinen Wohnsitz hat.

(2) Die Klage des anderen Vertragspartners gegen den Verbraucher kann nur vor den Gerichten des Mitgliedstaats erhoben werden, in dessen Hoheitsgebiet der Verbraucher seinen Wohnsitz hat.

(3) Die Vorschriften dieses Artikels lassen das Recht unberührt, eine Widerklage vor dem Gericht zu erheben, bei dem die Klage selbst gemäß den Bestimmungen dieses Abschnitts anhängig ist.

1 **I) Klage des Verbrauchers (Art 18 I). 1) EU-ansässiger Vertragspartner.** Art 18 I regelt Gerichtsstände für Klagen des Verbrauchers gegen seinen Vertragspartner. Dabei ist **Alt 1** deckungsgleich mit dessen allgemeinem Gerichtsstand iSv Art 4 I (iVm Art 62 f; vgl EuGH NJW 2024, 569 Tz 59 ff, dort zum Wahlrecht des Verbrauchers zwischen den in Art 63 vorgesehenen Alternativen). Ebenso wie Art 4 I adressiert auch Art 18 I Alt 1 nur die internationale Zuständigkeit; die örtliche Zuständigkeit unterliegt dem nationalen Recht.

2 Eine wichtige Begünstigung für Verbraucherklagen ergibt sich aus dem **Heimatgerichtsstand am eigenen Wohnsitz** (Art 18 I Alt 2 iVm Art 62), der sowohl die internationale als auch die örtliche Zuständigkeit betrifft *(EuGH NJW 2024, 2823 Tz 41 ff)*. Der Wohnsitz bestimmt sich nach Art 62, wobei der Zeitpunkt der Klage, nicht etwa des Vertragsschlusses maßgeblich ist (EuGH IPRax 2022, 497; bestätigend zum LugÜ: EuGH NJW

2022, 1159; beachte Hübner ZVglRWiss 120 [2021], 222). Art 18 I Alt 2 kann auch dann anzuwenden sein, wenn beide Parteien ihren Wohnsitz in demselben Mitgliedstaat haben (dazu EuGH NJW 2024, 2823 Tz 24 ff, dort zu einem Pauschalreisevertrag mit ausländischem Reiseziel; BGH NJW 2025, 371 f; vgl zum hinreichend grenzüberschreitenden Bezug auch Art 1 Rn 12 ff).

Über Art 18 I hinaus kann sich der Verbraucher ausweislich des Vorbehalts in Art 17 I auch auf Art 7 Nr 5 stützen (**Niederlassungsgerichtsstand**). Und obwohl in Art 17 I eine Art 20 I entsprechende Klarstellung hinsichtlich Art 8 Nr 1 fehlt, sollte dem Verbraucher für seine Klage im Wohnsitzstaat des Vertragspartners (Art 18 I Alt 1) auch der **Gerichtsstand der passiven Streitgenossenschaft** zugutekommen (aA noch BGH NJW-RR 2013, 1399, 1400 unter Berufung auf die überholte EuGH-Judikatur zu Arbeitssachen; s Art 21 Rn 3). Diese Frage ist nicht zu verwechseln mit der vom EuGH abgelehnten Erstreckung von Art 18 I Alt 2 auf Nicht-Vertragspartner (EuGH NJW 2024, 569 Tz 43 ff; es erscheint eher missverständlich, dies als „Verbrauchergerichtsstand der passiven Streitgenossenschaft" zu diskutieren, so aber Hemler IPRax 2024, 276). 3

2) Nicht-EU-ansässiger Vertragspartner. Für Klagen gegen Vertragspartner mit Sitz in einem Nur-LugÜ-Vertragsstaat gilt **Art 16 I LugÜ** (dazu BGH NJW 2024, 2680 Tz 21 ff). 4

Eine Erweiterung des räumlich-persönlichen Anwendungsbereichs der Brüssel Ia-VO und des Gerichtsstands gem Art 18 I Alt 1 ergibt sich für Klagen gegen drittstaatenansässige Vertragspartner aus der **Sitzfiktion** gem Art 17 II (entsprechend Art 11 II, 20 II). Zudem ist in Art 18 I (entsprechend Art 21 II) vorgesehen, dass auch der **Heimatgerichtsstand des Verbrauchers** gem Art 18 I Alt 2 gegen drittstaatenansässige Vertragspartner gilt („ohne Rücksicht auf den Wohnsitz"). Aus dem Zusammenspiel von Art 6 I, 17 I und 18 II folgt, dass die **mitgliedstaatlichen Zuständigkeitsregeln** dann – und nur dann – auf eine Klage des Verbrauchers anwendbar sein können, wenn Art 18 I keinen Gerichtsstand eröffnet. 5

Für Klagen gegen Vertragspartner, die im Vereinigten Königreich ansässig sind, kommt Verbrauchern aus Mitgliedstaaten nach dem **Brexit** und dem Ende des Übergangszeitraums (s Art 1 Rn 11) Art 18 I Alt 2 zugute (vgl etwa OLG Köln MDR 2024, 253 Tz 34 ff; OLG Köln AG 2025, 202 Tz 35 ff; OLG Köln 27.3.2025 – 18 U 27/24 und 18 U 71/24, Tz 18 ff; OLG Schleswig NZG 2024, 553 Tz 37 ff; Tintemann/Ali VuR 2022, 336; aA unter Berufung auf den vermeintlichen Sinn des Austrittsabkommens, indes nicht überzeugend: OLG München AG 2025, 255 Tz 17 ff; OLG München 20.1.2025 – 17 U 966/24, Tz 18 ff). 6

II) Klage des Vertragspartners (Art 18 II). 1) EU-ansässiger Verbraucher. Die Möglichkeit einer Aktivklage des Vertragspartners wird durch Art 18 II im Wohnsitzmitgliedstaat (iSv Art 62) des Verbrauchers konzentriert („nur"). Im Ergebnis wird somit dessen allgemeiner Gerichtsstand (Art 4) **halbseitig ausschließlich** ausgestaltet. Unberührt bleiben allerdings die Möglichkeit einer nachträglichen Gerichtsstandsvereinbarung gem Art 19 Nr 1 sowie einer zuständigkeitsbegründenden rügelosen Einlassung (s Art 26 Rn 8). Da Art 18 II nur die internationale Zuständigkeit regelt, richtet sich die **örtliche** nach der lex fori. 7

2) Nicht-EU-ansässiger Verbraucher. Befindet sich der allgemeine Gerichtsstand des Verbrauchers in einem Nur-LugÜ-Vertragsstaat, gilt **Art 16 II LugÜ**. Für Klagen gegen **drittstaatenansässige Verbraucher** bleibt es bei der Maßgeblichkeit des nationalen Zuständigkeitsrechts (vgl Art 17 I: „unbeschadet des Artikels 6"). 8

III) Widerklage (Art 18 III). Gem Art 18 III bleibt, anders als im Fall einer gesetzlich beidseitig ausschließlichen Zuständigkeit gem Art 24, die Möglichkeit einer Widerklage unberührt. Art 8 Nr 3 gilt sowohl für Widerklagen gegen den klagenden Verbraucher (Art 18 I) als auch gegen den klagenden Vertragspartner (Art 18 II). 9

Artikel 19 (Artikel 17 LugÜ)

Von den Vorschriften dieses Abschnitts kann im Wege der Vereinbarung nur abgewichen werden:

1. **wenn die Vereinbarung nach der Entstehung der Streitigkeit getroffen wird,**
2. **wenn sie dem Verbraucher die Befugnis einräumt, andere als die in diesem Abschnitt angeführten Gerichte anzurufen, oder**
3. **wenn sie zwischen einem Verbraucher und seinem Vertragspartner, die zum Zeitpunkt des Vertragsabschlusses ihren Wohnsitz oder gewöhnlichen Aufenthalt in demselben Mitgliedstaat haben, getroffen ist und die Zuständigkeit der Gerichte dieses Mitgliedstaats begründet, es sei denn, dass eine solche Vereinbarung nach dem Recht dieses Mitgliedstaats nicht zulässig ist.**

Die Art 15 Nr 1-3 entsprechende Vorschrift beschränkt für Verbrauchersachen (s Art 17 Rn 3 ff) die Zulässigkeit von Gerichtsstandsvereinbarungen (vgl ErwGr Nr 19; zu Art 17 LugÜ vgl BGH NJW 2024, 2680 Tz 32). Eine nicht von Art 19 gedeckte Gerichtsstandsvereinbarung ist gem Art 25 IV unwirksam, wenn sie sich zulasten des Verbrauchers auswirkt (vgl EuGH EuZW 2025, 396 Tz 48; OLG Köln AG 2025, 202 Tz 43). An Art 19 ist auch eine dem Verbraucher nachteilige Vereinbarung drittstaatlicher Zuständigkeit zu messen (verkannt von BGH NJW 2015, 169; s Art 25 Rn 11). Ein Verfahren in einem unzulässig prorogierten Mitgliedstaat zwingt die Gerichte in anderen Mitgliedstaaten nicht zur Aussetzung gem Art 31 II (s Art 31 IV). Sofern die Gerichtsstandsver- 1 einbarung nicht bereits an Art 25 IV scheitert, sind Art 25 I, II, V anzuwenden. Zu der vom EuGH geforderten **AGB-rechtlichen Inhaltskontrolle** von Gerichtsstandsvereinbarungen in **Verbrauchersachen** s Art 25 Rn 26.

2 Für eine Gerichtsstandsvereinbarung zugunsten eines Nur-LugÜ-Vertragsstaats gilt **Art 17 LugÜ**. Das **HGÜ** ist gem Art 2 I lit a HGÜ in Verbrauchersachen nicht anzuwenden (vgl OLG Köln AG 2025, 202 Tz 45).

Abschnitt 5 – Zuständigkeit für individuelle Arbeitsverträge (Art 20-23)

Artikel 20 (Artikel 18 LugÜ)

(1) Bilden ein individueller Arbeitsvertrag oder Ansprüche aus einem individuellen Arbeitsvertrag den Gegenstand des Verfahrens, so bestimmt sich die Zuständigkeit unbeschadet des Artikels 6, des Artikels 7 Nummer 5 und, wenn die Klage gegen den Arbeitgeber erhoben wurde, des Artikels 8 Nummer 1 nach diesem Abschnitt.

(2) Hat der Arbeitgeber, mit dem der Arbeitnehmer einen individuellen Arbeitsvertrag geschlossen hat, im Hoheitsgebiet eines Mitgliedstaats keinen Wohnsitz, besitzt er aber in einem Mitgliedstaat eine Zweigniederlassung, Agentur oder sonstige Niederlassung, so wird er für Streitigkeiten aus ihrem Betrieb so behandelt, wie wenn er seinen Wohnsitz im Hoheitsgebiet dieses Mitgliedstaats hätte.

Lit zu Art 20-23: *Brenn*, Internationale Zuständigkeit bei arbeitsrechtlichen Streitigkeiten, FS Neumayr, 2023, S 2433; *Frensing-Deutschmann*, Die Wirksamkeit von Gerichtsstandsvereinbarungen nach der Brüssel Ia-VO und die Absicherung von Derogationsverboten auf der Zuständigkeits- und Anerkennungsebene, 2022; *Groschischka*, Der Gerichtsstand des gewöhnlichen Arbeitsortes in der Brüssel Ia-VO und dessen Bestimmung beim fliegenden Personal, FS Rauscher, 2025, S 207; *Wagner*, Zuständigkeit nach der EuGVVO für abgetretene Forderungen in Versicherungs-, Verbraucher- und Arbeitssachen, RIW 2023, 245.

1 Der **Begriff des Arbeitsvertrags** iSv Art 20-23 ist verordnungsautonom zu interpretieren (dazu EuGH NJW 2023, 29 Tz 28, 31 f). Zu Streitigkeiten über Geschäftsführerverträge s EuGH RIW 2019, 503; zu Arbeitnehmerklagen gestützt auf Ansprüche des Arbeitnehmers aus einer Patronatsvereinbarung mit der Konzernobergesellschaft vgl EuGH NJW 2023, 29; BAG NZA 2023, 1265. Erfasst werden nur Verfahren über **individuelle Arbeitsverträge** oder daraus erwachsende Ansprüche, nicht hingegen Verfahren im Bereich des kollektiven Arbeitsrechts.

2 Ausweislich ErwGr Nr 18 sollen Arbeitnehmer **besonderen zuständigkeitsrechtlichen Schutz** genießen. Bewerkstelligt wird dies vor allem mit einem Gerichtsstand für Aktivprozesse am gewöhnlichen Arbeitsort (Art 21 I lit b) und einem im Regelfall ausschließlichen Heimatgerichtsstand für Passivprozesse (Art 22 I). Zugute kommen dem Arbeitnehmer zudem Erweiterungen des räumlich-persönlichen Anwendungsbereichs der Brüssel Ia-VO (Art 20 II, 21 II; s Art 21 Rn 5) sowie eine Begrenzung nachteiliger Gerichtsstandsvereinbarungen (Art 23, 25 IV, 31 IV). Auf der **Anerkennungsebene** wird die Einhaltung dieser Zuständigkeitsvorschriften durch den besonderen Versagungsgrund in Art 45 I lit e (i) abgesichert (s Art 45 Rn 29 f). Die Regeln des Abschnitts 5 gelten „unbeschadet" der in Art 20 I genannten Vorschriften: Zur Bedeutung des Hinweises auf Art 6 s Art 21 Rn 5 und Art 22 Rn 2; zu Art 7 Nr 5 und Art 8 Nr 1 s Art 21 Rn 3. Zur Möglichkeit einer Widerklage s Art 22 Rn 3.

3 Unterliegt der Arbeitgeber kraft Völkerrechts **nicht der deutschen Gerichtsbarkeit** (s EuIZPR Rn 33 ff), so darf ein Verfahren gegen ihn im Inland auch dann nicht geführt werden, wenn sich dafür aus Art 20 f ein Gerichtsstand ergäbe (vgl BAG NZA 2025, 777 Tz 25).

4 Für **datenschutzrechtliche Klagen** gegen Verantwortliche oder Auftragsverarbeiter gilt Art 79 II DSGVO, der konkurrierende Zuständigkeiten im Niederlassungsmitgliedstaat des Beklagten und im gewöhnlichen Aufenthaltsstaat der betroffenen Person eröffnet und von der Brüssel Ia-VO unberührt bleibt (ErwGr Nr 147 zur DSGVO).

Artikel 21 (Artikel 19 LugÜ)

(1) Ein Arbeitgeber, der seinen Wohnsitz im Hoheitsgebiet eines Mitgliedstaats hat, kann verklagt werden:
a) vor den Gerichten des Mitgliedstaats, in dem er seinen Wohnsitz hat, oder
b) in einem anderen Mitgliedstaat
(i) vor dem Gericht des Ortes, an dem oder von dem aus der Arbeitnehmer gewöhnlich seine Arbeit verrichtet oder zuletzt gewöhnlich verrichtet hat, oder
(ii) wenn der Arbeitnehmer seine Arbeit gewöhnlich nicht in ein und demselben Staat verrichtet oder verrichtet hat, vor dem Gericht des Ortes, an dem sich die Niederlassung, die den Arbeitnehmer eingestellt hat, befindet bzw. befand.

(2) Ein Arbeitgeber, der seinen Wohnsitz nicht im Hoheitsgebiet eines Mitgliedstaats hat, kann vor dem Gericht eines Mitgliedstaates gemäß Absatz 1 Buchstabe b verklagt werden.

I) Klage gegen EU-ansässigen Arbeitgeber. Art 21 I regelt Gerichtsstände für Klagen gegen den Arbeitnehmer. Dabei ist **lit a** deckungsgleich mit dessen allgemeinem Gerichtsstand iSv Art 4 I (iVm Art 62 f). Ebenso wie Art 4 I adressiert auch Art 21 I lit a nur die internationale Zuständigkeit geregelt; die örtliche bestimmt sich nach nationalem Recht. 1

Eine Begünstigung für Arbeitnehmer ergibt sich aus dem **Gerichtsstand am (aktuellen oder letzten) gewöhnlichen Arbeitsort** (lit b [i]), der sowohl die internationale als auch die örtliche Zuständigkeit betrifft und in der Regel auf einen Heimatgerichtsstand hinausläuft. Zur Bestimmung des gewöhnlichen Arbeitsorts vgl EuGH NJW 2021, 1152 (dort auch zum Fall eines nicht durchgeführten Arbeitsvertrags), sowie das Kommissions-Arbeitspapier v 2.6.2025, SWD(2025) 135, 6. Bei wechselnden Arbeitsorten ist gem lit b (ii) auf den Ort der **Einstellungsniederlassung** abzustellen. 2

Wegen des Vorbehalts in Art 20 I kann sich der Arbeitnehmer außerdem auf Art 7 Nr 5 (**Niederlassungsgerichtsstand**) und Art 8 Nr 1 stützen (**Gerichtsstand der passiven Streitgenossenschaft**; überholt ist damit EuGH IPRax 2009, 418). 3

II) Klage gegen Nicht-EU-ansässigen Arbeitgeber. Für Klagen gegen Arbeitgeber mit Sitz in einem Nur-LugÜ-Vertragsstaat gilt **Art 19 LugÜ**. 4

Eine Erweiterung des räumlich-persönlichen Anwendungsbereichs der Brüssel Ia-VO und des Gerichtsstands gem Art 21 I lit a ergibt sich für Klagen gegen drittstaatenansässige Arbeitgeber aus der **Sitzfiktion** gem Art 20 II (entsprechend Art 11 II, 17 II). Zudem ist in Art 21 II (entsprechend Art 18 I) vorgesehen, dass auch der **arbeitnehmergünstige Gerichtsstand** gem Art 21 I lit b gegen drittstaatenansässige Arbeitgeber gilt (dazu EuGH NJW 2023, 29 Tz 37 ff). Aus dem Zusammenspiel von Art 6 I, 20 I und 21 II folgt, dass die **mitgliedstaatlichen Zuständigkeitsregeln** dann – und nur dann – auf eine Klage des Arbeitnehmers anwendbar sein können, wenn Art 21 keinen Gerichtsstand eröffnet (EuGH NJW 2023, 29 Tz 45). 5

Artikel 22 (Artikel 20 LugÜ)

(1) Die Klage des Arbeitgebers kann nur vor den Gerichten des Mitgliedstaats erhoben werden, in dessen Hoheitsgebiet der Arbeitnehmer seinen Wohnsitz hat.

(2) Die Vorschriften dieses Abschnitts lassen das Recht unberührt, eine Widerklage vor dem Gericht zu erheben, bei dem die Klage selbst gemäß den Bestimmungen dieses Abschnitts anhängig ist.

I) Aktivklagen von Arbeitgebern. Die Möglichkeit einer Aktivklage des Arbeitgebers wird durch Art 22 I im Wohnsitzmitgliedstaat (iSv Art 62) des Arbeitnehmers konzentriert („nur"). Im Ergebnis wird somit dessen allgemeiner Gerichtsstand (Art 4) **halbseitig ausschließlich** ausgestaltet. Unberührt bleiben allerdings die Möglichkeit einer nachträglichen Gerichtsstandsvereinbarung gem Art 21 Nr 1 sowie einer zuständigkeitsbegründenden rügelosen Einlassung (s Art 26 Rn 8). Da Art 22 I nur die internationale Zuständigkeit regelt, richtet sich die **örtliche** nach der lex fori. 1

Befindet sich der allgemeine Gerichtsstand des Arbeitnehmers in einem Nur-LugÜ-Vertragsstaat, gilt **Art 20 I LugÜ**. Für Klagen gegen **drittstaatenansässige Arbeitnehmer** bleibt es bei der Maßgeblichkeit des nationalen Zuständigkeitsrechts (vgl Art 20 I: „unbeschadet des Artikels 6"). 2

II) Widerklage. Gem Art 22 II lässt I, anders als im Fall einer gesetzlich beidseitig ausschließlichen Zuständigkeit gem Art 24, die Möglichkeit einer Widerklage unberührt. Ungeachtet der systematischen Stellung von Art 22 II ergibt sich aus dem Wortlaut („gemäß den Bestimmungen dieses Abschnitts"), dass Art 8 Nr 3 nicht nur für eine Widerklage gegen den Versicherer, sondern auch durch einen Versicherer gilt (vgl EuGH NJW 2018, 2383). 3

Artikel 23 (Artikel 21 LugÜ)

Von den Vorschriften dieses Abschnitts kann im Wege der Vereinbarung nur abgewichen werden,

1. **wenn die Vereinbarung nach der Entstehung der Streitigkeit getroffen wird oder**
2. **wenn sie dem Arbeitnehmer die Befugnis einräumt, andere als die in diesem Abschnitt angeführten Gerichte anzurufen.**

Die Art 15 Nr 1 f entsprechende Vorschrift beschränkt für Arbeitssachen (s Art 20 Rn 1) die Zulässigkeit von Gerichtsstandsvereinbarungen (vgl ErwGr Nr 19). Eine nicht von Art 23 gedeckte Gerichtsstandsvereinbarung ist gem Art 25 IV unwirksam, wenn sie sich zulasten des Arbeitnehmers auswirkt (beachte EuGH EuZW 2017, 943 Tz 52 ff; EuGH EuZW 2025, 396 Tz 48; BAG NJW 2023, 1383 Tz 13). An Art 23 ist auch eine dem Arbeitnehmer nachteilige Vereinbarung drittstaatlicher Zuständigkeit zu messen (EuGH IPRax 2013, 572; Hess LAG 27.4.2023 – 11 Sa 766/22, Tz 57; s Art 25 Rn 11). Ein Verfahren in einem unzulässig prorogierten Mitgliedstaat 1 zwingt die Gerichte in anderen Mitgliedstaaten nicht zur Aussetzung gem Art 31 II (s Art 31 IV). Sofern die Gerichtsstandsvereinbarung nicht bereits an Art 25 IV scheitert, sind Art 25 I, II, V anzuwenden.

2 Für eine Gerichtsstandsvereinbarung zugunsten eines Nur-LugÜ-Vertragsstaats gilt **Art 21 LugÜ**. Das **HGÜ** ist gem Art 2 I lit b HGÜ in arbeitsrechtlichen Angelegenheiten nicht anzuwenden.

Abschnitt 6 – Ausschließliche Zuständigkeiten (Art 24)

Artikel 24 (Artikel 22 LugÜ)

Ohne Rücksicht auf den Wohnsitz der Parteien sind folgende Gerichte eines Mitgliedstaats ausschließlich zuständig:

1. **für Verfahren, welche dingliche Rechte an unbeweglichen Sachen sowie die Miete oder Pacht von unbeweglichen Sachen zum Gegenstand haben, die Gerichte des Mitgliedstaats, in dem die unbewegliche Sache belegen ist.**
   Jedoch sind für Verfahren betreffend die Miete oder Pacht unbeweglicher Sachen zum vorübergehenden privaten Gebrauch für höchstens sechs aufeinander folgende Monate auch die Gerichte des Mitgliedstaats zuständig, in dem der Beklagte seinen Wohnsitz hat, sofern es sich bei dem Mieter oder Pächter um eine natürliche Person handelt und der Eigentümer sowie der Mieter oder Pächter ihren Wohnsitz in demselben Mitgliedstaat haben;
2. **[1]für Verfahren, welche die Gültigkeit, die Nichtigkeit oder die Auflösung einer Gesellschaft oder juristischen Person oder die Gültigkeit der Beschlüsse ihrer Organe zum Gegenstand haben, die Gerichte des Mitgliedstaats, in dessen Hoheitsgebiet die Gesellschaft oder juristische Person ihren Sitz hat. [2]Bei der Entscheidung darüber, wo der Sitz sich befindet, wendet das Gericht die Vorschriften seines Internationalen Privatrechts an;**
3. **für Verfahren, welche die Gültigkeit von Eintragungen in öffentliche Register zum Gegenstand haben, die Gerichte des Mitgliedstaats, in dessen Hoheitsgebiet die Register geführt werden;**
4. **für Verfahren, welche die Eintragung oder die Gültigkeit von Patenten, Marken, Mustern und Modellen sowie ähnlicher Rechte, die einer Hinterlegung oder Registrierung bedürfen, zum Gegenstand haben, unabhängig davon, ob die Frage im Wege der Klage oder der Einrede aufgeworfen wird, die Gerichte des Mitgliedstaats, in dessen Hoheitsgebiet die Hinterlegung oder Registrierung beantragt oder vorgenommen worden ist oder auf Grund eines Unionsrechtsakts oder eines zwischenstaatlichen Übereinkommens als vorgenommen gilt.**
   Unbeschadet der Zuständigkeit des Europäischen Patentamts nach dem am 5. Oktober 1973 in München unterzeichneten Übereinkommen über die Erteilung europäischer Patente sind die Gerichte eines jeden Mitgliedstaats für alle Verfahren ausschließlich zuständig, welche die Erteilung oder die Gültigkeit eines europäischen Patents zum Gegenstand haben, das für diesen Staat erteilt wurde;
5. **für Verfahren, welche die Zwangsvollstreckung aus Entscheidungen zum Gegenstand haben, die Gerichte des Mitgliedstaats, in dessen Hoheitsgebiet die Zwangsvollstreckung durchgeführt werden soll oder durchgeführt worden ist.**

Lit: *Geimer*, Art. 24 Nr. 5 EuGVVO und die Klage auf Rückforderung des durch Zwangsvollstreckung zu Unrecht Erlangten, GS Mankowski, 2024, S 603; *Rüsing*, Internationale Zuständigkeit und anwendbares Recht bei der Miete von Ferienunterkünften, IPRax 2024, 456; *Schüttfort*, Ausschließliche Zuständigkeiten im internationalen Zivilprozessrecht, 2011; *Solomon*, Der Immobiliargerichtsstand im Europäischen Zuständigkeitsrecht, FS von Hoffmann, 2011, S 727; *Thomale*, Internationale Zuständigkeit für dingliche Rechte an unbeweglichen Sachen, IPRax 2021, 245; *Wagner/Diehl*, Internationale Zuständigkeit bei der Miete ausländischer Ferienhäuser, GPR 2014, 230; *Wertenbruch*, Sitz, Gesellschaftsstatut und nationale sowie internationale Gerichtsstände der Personengesellschaft nach MoPeG, NZG 2023, 1343.

1 **I) Grundlagen.** Die Brüssel Ia-VO sieht in Art 4, 7 ff grds **konkurrierende Gerichtsstände** vor, sofern die Parteien nichts anderes vereinbart haben (Art 25 I 2). Kraft Gesetzes ist die Möglichkeit, als besonders schutzwürdig eingestufte Parteien zu verklagen, auf bestimmte Foren begrenzt: dies gilt zugunsten von Versicherungsnehmern und diesen gleichgestellten Personen (Art 14 I), Verbrauchern (Art 18 II) sowie Arbeitnehmern (Art 22 I). Mit einer solchen sog **halbseitigen Ausschließlichkeit** geht zwar eine Begrenzung der Zulässigkeit von Gerichtsstandsvereinbarungen einher (Art 15, 19, 23, 25 IV), unberührt bleiben aber immerhin die Möglichkeit einer Widerklage gem Art 8 Nr 3 gegen die geschützte Partei (Art 14 II, 18 III, 22 II) oder einer zuständigkeitsbegründenden rügelosen Einlassung durch die geschützte Partei (Art 26 II). Noch restriktiver ist Art 24: in den dort aufgeführten Fällen **gesetzlicher beidseitiger Ausschließlichkeit** sind sowohl abweichende Gerichtsstandsvereinbarungen (Art 25 IV) als auch rügelose Einlassungen unbeachtlich (Art 26 I 2); ausgeschlossen ist zudem die Anwendung von Art 8 Nr 3.

2 *Da die Zuweisung (halb- oder beidseitiger) ausschließlicher internationaler Zuständigkeit zugunsten eines bestimmten Forums die Möglichkeit zunichtemacht, anderenorts ergehende ausländische Entscheidungen anzu-*

erkennen (vgl Art 45 I lit e), provoziert sie stets eine grds unerwünschte Gefährdung des internationalen Entscheidungseinklangs (skeptisch zur Ausgestaltung von Zuständigkeiten als ausschließlich daher Geimer IZPR Rn 878 ff; Schüttfort, Ausschließliche Zuständigkeiten S 153 ff; beachte zum deutschen Recht auch § 106 FamFG). Dies legt es nahe, gesetzlich ausschließliche Zuständigkeitsgründe **im Zweifel eng auszulegen** (vgl etwa EuGH NJW 2021, 293 Tz 22; EuGH IPRax 2024, 490 Tz 24; BGH NJW 2013, 308, 309; BGH NJW 2014, 2798, 2800). Daraus folgt auch, dass Art 24 grds nicht anzuwenden ist, wenn ein Rechtsstreit lediglich eine **Vorfrage** berührt, die als Hauptsache in einem ausschließlichen Gerichtsstand auszutragen wäre (s Rn 7, 10).

In den Fällen von Art 24 erweitert Art 6 I den räumlich-persönlichen Anwendungsbereich des Brüssel Ia-Zu- 3
ständigkeitsrechts und beschränkt dementsprechend den Restanwendungsbereich des mitgliedstaatlichen Zuständigkeitsrechts (s Art 6 Rn 2): Denn für Art 24 ist der **Beklagtenwohnsitz irrelevant**, also unerheblich, ob sich dieser im Gerichtsstaat, in einem anderen Mitgliedstaat oder in einem Drittstaat befindet. Seinem Wortlaut nach regelt Art 24 **nur die internationale Zuständigkeit** („Gerichte des Mitgliedstaats"), während sich die örtliche nach mitgliedstaatlichem Recht bestimmt. Zudem setzt Art 24 voraus, dass der zuständigkeitsbegründende Umstand **in einem Mitgliedstaat** verwirklicht ist. Allerdings wird seit jeher, auch schon zu den Vorgängervorschriften, intensiv diskutiert, ob sich aus Art 24 im Sinne einer **„Reflexwirkung"** (*effet réflexe*) ableiten lässt, dass die mitgliedstaatlichen Gerichte dann gewissermaßen spiegelbildlich unzuständig sein sollen, wenn der zuständigkeitsbegründende Umstand in einen Drittstaat weist (s Rn 9, Rn 15; beachte zur Reformdiskussion den Kommissionsbericht v 2.6.2025, COM(2025) 268, 13 f).

Ist gem Art 24 Ausschließlichkeit zu bejahen, hat sich ein in einem anderen Mitgliedstaat angerufenes Gericht 4
gem Art 27 für unzuständig zu erklären. Wird dagegen verstoßen, so wird keine **Rechtshängigkeitssperre** ausgelöst (s Art 31 Rn 1) und einer ergehenden Entscheidung ist gem Art 45 I lit e (ii) die **Anerkennung und Vollstreckung** zu versagen. Zur Frage, ob Art 24 der gerichtlichen Mitwirkung am Zustandekommen eines **Prozessvergleichs** in einem anderen Mitgliedstaat entgegensteht, s Art 59 Rn 3.

II) Immobiliargerichtsstand (Art 24 Nr 1). Die gem Art 24 Nr 1 als ausschließlich ausgestaltete Zuständigkeit 5
der Gerichte im **Belegenheitsstaat unbeweglicher Sachen** (sog *forum rei sitae*) ist zwar international geläufig, versteht sich aber keineswegs von selbst (dazu Solomon FS von Hoffmann, S 727, 729 ff). Eine Erweiterung für Vertragsklagen – allerdings nur als konkurrierender Gerichtsstand – enthält Art 8 Nr 4 (gegen drittstaatenansässige Beklagte bestehen entsprechende konkurrierende Ergänzungszuständigkeiten im deutschen Recht nach Maßgabe von §§ 25, 26 ZPO).

Laut EuGH gehören in den **sachlichen Anwendungsbereich** von Art 24 Nr 1 UAbs 1 solche Klagen, „die da- 6
rauf gerichtet sind, zum einen den Umfang oder den Bestand einer unbeweglichen Sache oder das Eigentum, den Besitz oder das Bestehen anderer dinglicher Rechte an ihr zu bestimmen und zum anderen den Inhabern dieser Rechte den Schutz der mit ihrer Rechtsstellung verbundenen Vorrechte zu sichern" (EuGH NJW 2014, 1871, 1872). Das soll auch für eine Klage auf Feststellung der Ungültigkeit der Ausübung eines dinglichen Vorkaufsrechts iSv § 1094 BGB gelten, zudem etwa für Klagen auf Auflösung einer Miteigentümergemeinschaft an einer Immobilie (EuGH EuZW 2016, 198) oder für Streitigkeiten zwischen Wohnungseigentümern über die zulässige Objektnutzung (EuGH NJW 2021, 293). Erfasst wird zwar der Grundbuchberichtigungsanspruch, nicht aber eine Klage auf Aufhebung einer Grundstücksschenkung (EuGH NJW 2017, 315, 316; s aber Art 8 Rn 16). Art 24 Nr 1 betrifft auch eine Klage auf Löschung einer Hypothek aus dem Grundbuch, nicht hingegen auf Feststellung der Nichtigkeit eines Kreditvertrags und einer notariellen Urkunde über die Bestellung einer Sicherungshypothek für die Forderung aus diesem Vertrag (EuGH NJW 2019, 2994). Nicht erfasst werden ferner Ansprüche auf Übertragung des Eigentums, selbst wenn sie mittels Vormerkung gesichert sind (Nordmeier IPRax 2015, 120, 121), zudem Gläubigeranfechtungsklagen (EuGH EuZW 2019, 738, 740) sowie Klagen auf Rückgewähr dinglicher Sicherheiten (BGH NJW 2019, 1300, 1304).

Verfahren, in denen die **dingliche Rechtslage nur inzident als Vorfrage** zu klären ist, fallen nicht unter Art 24 7
Nr 1 (EuGH FamRZ 2013, 1873). Bedeutsam ist dies etwa für Beseitigungs- und Schadensersatzklagen, die auf eine Eigentumsverletzung gestützt werden und auf Wiederherstellung des status quo ante im Wege schadensersatzrechtlicher Naturalrestitution bzw auf Beseitigung einer aktuellen Eigentumsstörung gerichtet sind (BGH NJW 2008, 3502; vgl auch EuGH IPRax 2006, 627, dort zu einer vorbeugenden Unterlassungsklage gegen Strahlung durch ein Kernkraftwerk); die internationale Zuständigkeit ergibt sich dann aus Art 4 oder Art 7 Nr 2 (vgl BGH NJW 2006, 689).

Über dingliche Klagen hinaus gilt die Belegenheitszuständigkeit gem Art 24 Nr 1 UAbs 1 auch für **Miet- und** 8
Pachtsachen bezüglich Immobilien, dies allerdings mit den in UAbs 2 umschriebenen Einschränkungen für **nur vorübergehende Gebrauchsüberlassungsverträge** (vgl etwa EuGH 25.3.2021 – C-307/19, Tz 74 ff, dort zur Unanwendbarkeit auf die Kurzzeitmiete eines Parkplatzes; ferner etwa BGH NJW 2013, 308 ff; BGH MDR 2013, 995). Nicht erfasst werden gem UAbs 2 insb Ferienwohnungen, zudem Wohnungen für kürzere Auslandsstudien oder -praktika. Auch ein Vertrag zwischen einer Privatperson und einem Tourismusunternehmen, mit dem das Unternehmen eine in einem von ihm betriebenen **Ferienpark** gelegene Ferienwohnung zum kurzzeitigen persönlichen Gebrauch zur Verfügung stellt und der über die Gebrauchsüberlassung dieser Woh-

nung hinaus die Erbringung einer Gesamtheit von Dienstleistungen gegen einen Gesamtpreis umfasst, gilt nicht als Miete oder Pacht iSv Art 24 Nr 1 UAbs 1 (EuGH IPRax 2024, 490; dazu Rüsing IPRax 2024, 456). Inwieweit Klagen betreffend **Timesharing** der ausschließlichen Zuständigkeit gem Art 24 Nr 1 unterliegen, hängt von der Ausgestaltung des jeweiligen Vertrags ab (EuGH IPRax 2006, 159; BGH NJW-RR 2008, 1381; BGH NJW-RR 2010, 712; dazu Hau GPR 2011, 303).

9 Nach der stark umstrittenen Lehre von der sog Reflexwirkung (s Rn 3) ist spiegelbildlich zu Art 24 Nr 1 von der internationalen Unzuständigkeit der mitgliedstaatlichen Gerichte auszugehen, wenn für ein **in einem Drittstaat belegenes Grundstück** der dortige Staat die ausschließliche Zuständigkeit beansprucht und eine dort ergehende Entscheidung hier anerkennungsfähig ist (dafür Hess EuIZPR Rn 5.15 f; Schack IZVR Rn 383; aA BGH NJW 1998, 1321; Geimer/Schütze Art 24 Rn 13; St/Roth § 24 ZPO Rn 6; Rauscher/Mankowski Art 24 Rn 9 ff). Leider streift ErwGr Nr 24 S 3 das Problem nur beiläufig im Zusammenhang mit der neugeschaffenen Regelung zur Beachtung drittstaatlicher Rechtshängigkeit gem Art 33, ohne eine Lösung im Hinblick auf Art 24 vorzugeben.

10 **III) Gesellschaften und juristische Personen (Art 24 Nr 2).** Art 24 Nr 2 gilt für **Gesellschaften** (auch Personengesellschaften, vgl etwa Lieberknecht NZG 2023, 1247, 1250 f) sowie **juristische Personen**, allerdings wegen Art 1 I nur für solche des Privatrechts. Erfasst werden Verfahren, welche die **Gültigkeit, Nichtigkeit oder Auflösung** zum Gegenstand haben. Gemeint sind Rechtsstreitigkeiten, in denen eine Partei die Gültigkeit eines Beschlusses des Organs im Hinblick auf das geltende Gesellschaftsrecht oder die satzungsmäßigen Vorschriften über das Funktionieren der Organe dieser Gesellschaft anficht (BGH WM 2021, 40 Tz 44; vgl speziell zu Personengesellschaften Wertenbruch NZG 2023, 1343, 1352). Das gilt zB auch im Falle der gerichtlichen Überprüfung der Angemessenheit einer Abfindung ausgeschlossener Aktionäre (EuGH EuZW 2018, 811), nicht hingegen dann, wenn die Wirksamkeit eines Organbeschlusses eine **bloße Vorfrage** im Rahmen eines Prozesses über ein Rechtsgeschäft ist, das gestützt auf den Beschluss getätigt wurde (EuGH EuZW 2011, 477), oder wenn ein Gesellschafter Ansprüche im Wege der actio pro socio geltend macht (BGH WM 2021, 40 Tz 43 ff). Zur Unanwendbarkeit von Art 24 Nr 2 auf Klagen nach Kündigung von Genussrechtsbeteiligungen vgl OLG Köln MDR 2024, 253 Tz 57 f.

11 Maßgeblich für die Zuständigkeit gem Art 24 Nr 2 ist der Sitz der Gesellschaft bzw juristischen Person. Dieser ist nicht etwa anhand der weiten verordnungsautonomen Legaldefinition in Art 63 I zu ermitteln; vielmehr verweist Art 24 Nr 2 S 2 auf die Kollisionsnormen der lex fori. Hierbei soll es aus deutscher Sicht, ausgehend von der sog Gründungstheorie, auf den **Satzungssitz** ankommen (BGH NJW 2011, 3372; Wertenbruch NZG 2023, 1343, 1351 f).

12 **IV) Registersachen (Art 24 Nr 3).** Aus deutscher Sicht erfasst Art 24 Nr 3 insb die in § 374 FamFG genannten Register (nicht hingegen Personenstandsregister, vgl Art 1 II lit a), dies aber jeweils nur, sofern es um die „Gültigkeit von Eintragungen" geht. Daher besteht keine ausschließliche Zuständigkeit, wenn lediglich über Rechtsfolgen einer erfolgten Eintragung gestritten wird oder um eine Rechtsposition, die nicht mit dem Registereintrag in Einklang steht. Zu Prätendentenstreitigkeiten bei eingetragenen gewerblichen Schutzrechten s Rn 14.

13 **V) Gewerbliche Schutzrechte (Art 24 Nr 4).** Die Aufzählung der **erfassten Schutzrechte**, die in den sachlichen Anwendungsbereich von Art 24 Nr 4 fallen (Patente, Marken, Muster, Modelle; zu europäischen Patenten s Nr 4 UAbs 2) ist nicht abschließend („sowie ähnliche Rechte, die einer Hinterlegung oder Registrierung bedürfen"). Klargestellt wird zudem, dass die Hinterlegung oder Registrierung nicht bereits erfolgt sein muss, sondern es genügt, wenn diese erst beantragt ist oder kraft Gesetzes als vorgenommen gilt.

14 Eine Besonderheit der internationalen Zuständigkeit gem Art 24 Nr 4 besteht darin, dass diese auch dann eröffnet ist, wenn die Eintragung oder Gültigkeit des Schutzrechts nicht Gegenstand der Klage, sondern nur einer **Einrede** ist (dazu EuGH GRUR 2025, 568 Tz 34 ff; zur Reformdiskussion vgl den Kommissionsbericht v 2.6. 2025, COM(2025) 268, 13). Nicht gemeint sind hingegen Prätendentenstreitigkeiten zur Klärung der Frage, ob eine Person zu Recht als Rechtsinhaberin eingetragen wurde (s EuGH GRUR 2017, 1167); laut Mankowski IPRax 2018, 355 könne dafür aber Art 24 Nr 3 einschlägig sein. Keine ausschließliche Zuständigkeit besteht für **Schutzrechtsverletzungsverfahren**; vielmehr gelten hierfür die allgemeinen Zuständigkeitsregeln (insb Art 4, 7 Nr 2). Ist ein Gericht im Wohnsitzmitgliedstaat des Beklagten mit einer Klage wegen Verletzung eines in einem anderen Mitgliedstaat erteilten Patents befasst, bleibt die diesbezüglich aus Art 4 I folgende Zuständigkeit davon unberührt, dass der Beklagte die Gültigkeit des Patents im Wege der Einrede anficht; hingegen kommt die Zuständigkeit für die Entscheidung über die Gültigkeit ausschließlich den Gerichten des anderen Mitgliedstaats zu (EuGH GRUR 2025, 568 Tz 24 ff).

15 Unanwendbar ist Art 24 Nr 4 auf einen Rechtsstreit, bei dem im Rahmen einer auf eine behauptete Erfinder- oder Miterfinderstellung gestützten Klage festzustellen ist, ob eine Person Inhaber des Rechts an Erfindungen ist, die in **Drittstaaten** eingereichten Patentanmeldungen und erteilten Patenten zugrunde liegen (EuGH EuZW 2022, 954). Wie zu Art 24 Nr 1 wird auch zu Nr 4 das Problem der **Reflexwirkung** (Rn 3, Rn 9) diskutiert. Der EuGH hat sich dagegen ausgesprochen und klargestellt, dass ein Gericht eines Mitgliedstaats gem Art 4 I mit einem Verfahren wegen Verletzung eines in einem Drittstaat erteilten oder validierten Patents be-

fasst werden kann; wird im Rahmen dessen die Frage der Gültigkeit des Patents im Wege der Einrede aufgeworfen, so ist das Gericht gem Art 4 I auch zuständig, über diese Einrede zu entscheiden (EuGH GRUR 2025, 568 Tz 53 ff).

VI) Vollstreckungssachen (Art 24 Nr 5). Art 25 Nr 5 betrifft nicht die Zwangsvollstreckung als solche, regelt also insb **nicht die Vollstreckungszuständigkeit** (s EuIZPR Rn 82 mN; Huber/Bernard IPRax 2024, 46). Es geht auch nicht um Verfahren gem Art 46 auf Versagen der Vollstreckung einer ausländischen Entscheidung. Gemeint sind vielmehr **Erkenntnisverfahren mit unmittelbarem Bezug zur Zwangsvollstreckung.** Aus deutscher Sicht sind dies insb Anträge auf Vollstreckungsschutz (§ 765a ZPO), Vollstreckungserinnerungen (§ 766 ZPO), Drittwiderspruchsklagen (§ 771 ZPO), nicht hingegen eine Abänderungsklage (§ 323 ZPO) oder eine auf § 826 BGB gestützte Klage auf Unterlassung der Zwangsvollstreckung aus einem angeblich erschlichenen Titel (OLG Saarbrücken NJW 2019, 1468). Beachte ferner EuGH NJW 2022, 380 Tz 26 ff: nicht erfasst sei eine auf ungerechtfertigte Bereicherung gestützte Herausgabeklage, selbst wenn diese erhoben wurde, weil die Frist verstrichen war, innerhalb deren die Herausgabe der in einem Zwangsvollstreckungsverfahren rechtsgrundlos überwiesenen Beträge im Rahmen des Vollstreckungsverfahrens geltend gemacht werden kann. Für Gläubigeranfechtungsklagen gilt Art 24 Nr 5 nicht (EuGH EuZW 2019, 738, 740), ebenso wenig für Verfahren des einstweiligen Rechtsschutzes (EuGH RIW 2020, 688 Tz 75). 16

In den Anwendungsbereich von Art 24 Nr 5 fallen auch **Vollstreckungsabwehrklagen** (§ 767 ZPO; zu § 1117 ZPO vgl BTDrs 18/823, 23 f). Die Zuständigkeit für eine solche, mit der das Erlöschen der titulierten Forderung gestützt auf eine Aufrechnung geltend gemacht wird, setzt allerdings voraus, dass das angerufene Gericht auch für das selbstständige Einklagen der Gegenforderung international zuständig wäre (vgl zum EuGVÜ schon EuGH NJW 1985, 2892; zum LugÜ BGH NJW 2014, 2798 Tz 16 f). 17

Abschnitt 7 – Vereinbarung über die Zuständigkeit (Art 25-26)

Artikel 25 (Artikel 23 LugÜ)

(1) [1]Haben die Parteien unabhängig von ihrem Wohnsitz vereinbart, dass ein Gericht oder die Gerichte eines Mitgliedstaats über eine bereits entstandene Rechtsstreitigkeit oder über eine künftige aus einem bestimmten Rechtsverhältnis entspringende Rechtsstreitigkeit entscheiden sollen, so sind dieses Gericht oder die Gerichte dieses Mitgliedstaats zuständig, es sei denn, die Vereinbarung ist nach dem Recht dieses Mitgliedstaats materiell ungültig. [2]Dieses Gericht oder die Gerichte dieses Mitgliedstaats sind ausschließlich zuständig, sofern die Parteien nichts anderes vereinbart haben. [3]Die Gerichtsstandsvereinbarung muss geschlossen werden

a) schriftlich oder mündlich mit schriftlicher Bestätigung,

b) in einer Form, welche den Gepflogenheiten entspricht, die zwischen den Parteien entstanden sind, oder

c) im internationalen Handel in einer Form, die einem Handelsbrauch entspricht, den die Parteien kannten oder kennen mussten und den Parteien von Verträgen dieser Art in dem betreffenden Geschäftszweig allgemein kennen und regelmäßig beachten.

(2) Elektronische Übermittlungen, die eine dauerhafte Aufzeichnung der Vereinbarung ermöglichen, sind der Schriftform gleichgestellt.

(3) Ist in schriftlich niedergelegten trust-Bedingungen bestimmt, dass über Klagen gegen einen Begründer, trustee oder Begünstigten eines trust ein Gericht oder die Gerichte eines Mitgliedstaats entscheiden sollen, so ist dieses Gericht oder sind diese Gerichte ausschließlich zuständig, wenn es sich um Beziehungen zwischen diesen Personen oder ihre Rechte oder Pflichten im Rahmen des trust handelt.

(4) Gerichtsstandsvereinbarungen und entsprechende Bestimmungen in trust-Bedingungen haben keine rechtliche Wirkung, wenn sie den Vorschriften der Artikel 15, 19 oder 23 zuwiderlaufen oder wenn die Gerichte, deren Zuständigkeit abbedungen wird, auf Grund des Artikels 24 ausschließlich zuständig sind.

(5) Eine Gerichtsstandsvereinbarung, die Teil eines Vertrags ist, ist als eine von den übrigen Vertragsbestimmungen unabhängige Vereinbarung zu behandeln.

Die Gültigkeit der Gerichtsstandsvereinbarung kann nicht allein mit der Begründung in Frage gestellt werden, dass der Vertrag nicht gültig ist.

Lit: *Abendroth*, Parteiautonome Zuständigkeitsbegründung im Europäischen Zivilverfahrensrecht, 2016; *Antomo*, Schadensersatz wegen der Verletzung einer internationalen Gerichtsstandsvereinbarung?, 2017; *Antomo*, Verleitung zum Bruch einer internationalen Gerichtsstandsvereinbarung, ZEuP 2018, 261; *Basedow*, Drittwirkung von Gerichtsstandsvereinbarungen im europäischen Zivilprozess, FS Schack, 2022, S 516; *Berner*, Prorogation drittstaatlicher Gerichte und Anwendungsvorrang der EuGVVO, RIW 2017, 792; *Bömer*, Die Drittwirkung von Gerichtsstandsvereinbarungen im Europäischen Zivilprozessrecht, 2022; *Bomsdorf/Finkelmeier*, Allgemeine Geschäftsbedingungen im internationalen Handel, RIW 2021, 350; *Czernich/Geimer*, Streitbeilegungsklauseln im internationalen Vertragsrecht, 2017; *Dittrich*, Auswirkungen der EuGVVO-Reform auf Gerichtsstandsklauseln und Schiedsverfahren, EWS 2014, 217; *Frensing-Deutschmann*, Die

Wirksamkeit von Gerichtsstandsvereinbarungen nach der Brüssel Ia-VO und die Absicherung von Derogationsverboten auf der Zuständigkeits- und Anerkennungsebene, 2022; *Gebauer*, Ausschließliche Gerichtsstandsvereinbarung als Aufrechnungsverbot?, IPRax 2018, 172; *Gebauer*, Schadensersatz bei Verletzung von Schieds- und Gerichtsstandsvereinbarungen, FS Thümmel, 2020, S 197; *Geimer*, Wahl der internationalen Zuständigkeit Deutschlands ohne (wirksame) Vereinbarung der örtlichen Zuständigkeit, IPRax 2023, 251; *Gottwald*, Sanktionen bei Verstoß gegen eine Gerichtsstandsvereinbarung, FS Roth, 2021, S 699; *Grolimund/Bachofner*, Örtlicher Gerichtsstand bei Vereinbarung der internationalen Zuständigkeit, FS Kronke, 2020, S 129; *Hau*, Europäisches Internationales Zivilverfahrensrecht und alternative Streitbeilegung, ZZPInt 21 (2016), 157; *Hau*, Der Auslandsbezug in Art. 25 EuGVVO zwischen Anwendungsvoraussetzung und Missbrauchskontrolle, IPRax 2024, 272; *Hennig*, Zur Reichweite von Gerichtsstandsvereinbarungen in internationalen Versicherungsprogrammen, VersR 2020, 394; *Hermann*, Zuständigkeitsvereinbarungen im internationalen Rechtsverkehr, 2024; *Hess*, Die Auslegung kollidierender Gerichtsstandsklauseln im europäischen Zivilprozessrecht, FS Prütting, 2018, S 337; *Hesse*, Diktierte Parteiautonomie: Zur AGB-Kontrolle von internationalen Rechtswahl-, Gerichtsstands- und Schiedsklauseln im europäischen Rechtsraum, 2022; *Huber*, Der Cordanzug von Amazon – Hinweispflichten bei Rechtswahl und Gerichtsstandsvereinbarung, FS Kronke, 2020, S 215; *Kranzhöfer*, Drittwirkung einer Gerichtsstandsvereinbarung in einem Konnossement kraft materiell-rechtlicher Rechtsnachfolge, IPRax 2025, 231; *Leipold*, Schadensersatz bei Verstoß gegen Internationale Zuständigkeitsvereinbarungen?, FS Schack, 2020, S 722; *Magnus*, Gerichtsstandsvereinbarungen unter der reformierten EuGVO, FS Martiny, 2014, S 785; *Magnus*, Sonderkollisionsnorm für das Statut von Gerichtsstands- und Schiedsgerichtsvereinbarungen?, IPRax 2016, 521; *Mohamed*, Die Aufrechnung bei anderweitiger internationaler Gerichtszuständigkeit durch Gerichtsstandsvereinbarung, ZZPInt 22 (2017), 255; *Nickel*, Gerichtsstandsvereinbarungen und Schiedsvereinbarungen im Vergleich, 2024; *Nordmeier*, Internationale Gerichtsstandsvereinbarungen nach der EuGVVO n.F., RIW 2016, 331; *Oster*, Gerichtsstandsvereinbarungen durch AGB im digitalen Geschäftsverkehr, IPRax 2024, 33; *Peiffer/Weiler*, Vertraglicher Schadensersatzanspruch wegen Verletzung von Gerichtsstands- u Schiedsvereinbarungen, RIW 2020, 321 und 641; *Pfeiffer*, Widersprüchliche Gerichtsstandsvereinbarungen im Anwendungsbereich der Brüssel Ia-VO, FS Schack, 2022, S 805; *Prütting*, Schadensersatz bei prorogationswidriger Klage, FS Roth, 2021, S 497; *Rapp*, Schadensersatz bei der Verletzung von Gerichtsstands- und Schiedsvereinbarungen?, ZZP 133 (2020), 193; *Rieländer*, Schadensersatz wegen Klage vor einem aufgrund Gerichtsstandsvereinbarung unzuständigen Gericht, RabelsZ 84 (2020), 548; *Rieländer*, Missbrauchskontrolle und Drittwirkung von Gerichtsstandsvereinbarungen bei der Rechtsnachfolge nach der EuGVVO, EuZW 2021, 391; *Rieländer*, Asymmetrische Gerichtsstandsvereinbarungen im Zuständigkeitssystem der EuGVVO, EuZW 2024, 372; *Ries*, Der Schadensersatzanspruch wegen der Missachtung einer internationalen Gerichtsstandsvereinbarung, 2018; *Roth*, Vereinbarungen über die internationale Zuständigkeit nach Art. 25 EuGVVO und Prüfung von Amts wegen im deutschen Zivilprozess, IPRax 2019, 397; *Schack*, Auswirkungen eines Gläubiger- oder Schuldnerwechsels auf die internationale Zuständigkeit, insbesondere auf Gerichtsstands- und Schiedsvereinbarungen, GS Mankowski, 2024, S 569; *Schlosser*, Die Gerichtsstandsvereinbarung und andere europarechtlich vollständig geregelte Verträge, IPRax 2022, 326; *Schmitz*, Die Wirksamkeit von Rechtswahl und Gerichtsstandvereinbarung, 2023; *Theimer*, Die unionsrechtliche Zukunft des Schadensersatzes wegen Verletzung einer ausschließlichen Gerichtsstandsvereinbarung, RabelsZ 88 (2024), 556; *Thon*, AGB-Kontrolle und Drittwirkung von Gerichtsstandsvereinbarungen im Anwendungsbereich der EuGVVO, IPRax 2022, 236; *Wagner*, Zuständigkeit nach der EuGVVO für abgetretene Ansprüche, RIW 2024, 625; *Wais*, Die Stärkung von Gerichtsstandsvereinbarungen in der Neufassung der EuGVO, GPR 2015, 142; *Wais*, Einseitige Gerichtsstandsvereinbarungen und die Schranken der Parteiautonomie, RabelsZ 81 (2017), 815; *Weller*, Internationale Gerichtsstandsvereinbarungen, FS Schütze, 2015, S 705.

1 **I) Grundlagen.** Laut ErwGr Nr 19 sollte hinsichtlich der Wahl des Gerichtsstands die **Vertragsfreiheit der Parteien** gewahrt sein, sofern keine ausschließliche Zuständigkeit (Art 24) geboten ist oder ein Versicherungs-, Verbraucher- oder Arbeitsverträge in Rede steht (vgl Art 15, 19, 23). Dies leuchtet ein, insb im Zusammenspiel mit der ebenso eröffneten **kollisionsrechtlichen Rechtswahlfreiheit** (Art 3 Rom I-VO, Art 14 Rom II-VO; s EuIZPR Rn 26). Fragwürdig erscheint demgegenüber die Ansicht des EuGH, dass Gerichtsstandsvereinbarungen als Ausnahme vom allgemeinen Gerichtsstand zu begreifen und die Anforderungen an diese deshalb restriktiv zu handhaben seien (vgl etwa EuGH NJW 2023, 33 Tz 36; EuGH EuZW 2025, 396 Tz 34; dazu auch Art 4 Rn 10).

2 In Art 25 geht es um die Begründung (**Prorogation**) oder Abbedingung (**Derogation**) der – internationalen und womöglich auch örtlichen (s Rn 12) – **Zuständigkeit staatlicher Gerichte**, nicht hingegen um eine bloße **Erfüllungsortvereinbarung** iSv Art 7 Nr 1 (s Art 7 Rn 19 f). Nicht erfasst werden Schiedsvereinbarungen (vgl Art 1 II lit d) oder sonstige Vereinbarungen zur außergerichtlichen Streitbeilegung (s Hau ZZPInt 21 [2016], 157, 162 f).

3 Die **Darlegungs- und Beweislast** für die Tatsachen, die für das Zustandekommen und die Wirksamkeit einer Prorogation oder Derogation relevant sind, trägt die Partei, die sich darauf beruft, bei einer Prorogation also der Kläger, bei einer Derogation der Beklagte. Zu sonstigen Fragen der **Zuständigkeitsprüfung** s EuIZPR Rn 52 ff.

4 **II) Verhältnis zum Konventionsrecht und mitgliedstaatlichen Recht.** Die Art 23 Brüssel I-VO weitgehend entsprechende Regelung in **Art 23 LugÜ** (vgl zu kleineren Unterschieden Ries RIW 2019, 32) ist aus EU-Sicht einschlägig, wenn vereinbarungsgemäß **isländische, norwegische oder schweizerische Gerichte** international zuständig sein sollen; vgl Art 64 II lit a LugÜ (hierzu Art 73 Rn 1).

5 Das von der Haager Konferenz für Internationales Privatrecht ausgearbeitete Haager Übereinkommen vom 30.6.2005 über Gerichtsstandsvereinbarungen (**HGÜ**; s § 328 ZPO Rn 28) regelt für internationale vermögens*rechtliche Sachverhalte* die internationale Entscheidungszuständigkeit kraft einer **ausschließlichen Gerichtsstandsvereinbarung** (hierzu BGH NJW-RR 2021, 1207 Tz 69) zwischen Parteien, die nicht Verbraucher sind (vgl Art 2 I lit a HGÜ); ausf dazu und zu den Unterschieden zu Art 25 Brüssel Ia-VO etwa Hermann, Zustän-

digkeitsvereinbarungen im internationalen Rechtsverkehr, 2024. Konventionsautonome Formvorschriften für die erfassten ausschließlichen Gerichtsstandsvereinbarungen ergeben sich aus Art 3 lit c HGÜ. Schwierigkeiten bereitet die räumlich-persönliche Abgrenzung der Zuständigkeitsregeln der Brüssel Ia-VO und des HGÜ. Dies bestimmt sich nicht nach Art 71 Brüssel Ia-VO (der nur für ältere Konventionen gilt), sondern nach Art 67 Brüssel Ia-VO sowie der kryptischen Vorschrift in Art 26 VI lit a HGÜ (näher etwa Rauscher/Mankowski Art 25 Rn 431 ff; WSch/Weller Art 25 Rn 8). So beurteilt sich die Wirksamkeit einer Gerichtsstandsvereinbarung nicht nach Art 25 Brüssel Ia-VO, sondern nach dem HGÜ, wenn eine Partei in Deutschland ansässig ist und die andere in einem anderen Nur-HGÜ-Vertragsstaat (zB Mexiko). Dabei kommt es nicht darauf an, ob die Prorogation zugunsten der deutschen Gerichte, der Gerichte eines anderen EU-Staats oder der mexikanischen Gerichte lautet; anders ist es allerdings, wenn die Zuständigkeit drittstaatlicher Gerichte vereinbart wird (vgl Art 3 lit a HGÜ: „Gerichte eines Vertragsstaats“). Wegen Art 1 II HGÜ bleibt es bei Art 25 Brüssel Ia-VO, wenn zwei mexikanische Parteien eine Zuständigkeit in der EU vereinbaren.

Raum für die Anwendung **mitgliedstaatlicher Regelungen wie §§ 38, 40 ZPO** auf Gerichtsstandsvereinbarungen bleibt nur, soweit kein vorrangiges Verordnungs- oder Konventionsrecht maßgeblich ist. Das ist nur noch ausnahmsweise denkbar: Denn im Falle der Prorogation zugunsten deutscher Gerichte ist, unabhängig vom Wohnsitzstaat der Parteien, Art 25 einschlägig (s Rn 8); und danach beurteilt sich richtigerweise auch die Derogation eines gem Art 4, 7 ff in Deutschland eröffneten verordnungseigenen Gerichtsstands (s Rn 11). Prorogationen zugunsten isländischer, norwegischer oder schweizerischer Gerichte sind grds an Art 23 LugÜ zu messen (sofern nicht beide Parteien ihren Wohnsitz in einem Drittstaat haben); zum HGÜ s Rn 5. Damit bleiben für §§ 38, 40 ZPO im Wesentlichen nur noch Fälle, in denen der Beklagte seinen Wohnsitz außerhalb der EU hat, zudem ein drittstaatliches Gericht als ausschließlich zuständig vereinbart wurde, und demgemäß eine nach autonomem deutschen Recht (zB § 23 oder § 32 ZPO in doppelfunktionaler Anwendung) an sich eröffnete internationale Entscheidungszuständigkeit deutscher Gerichte abbedungen wird (vgl etwa LG München I MDR 2017, 1323, 1324; OLG Frankfurt aM 22.4.2025 – 11 U 68/23 [Kart], dort zu einem Post-Brexit-Fall). Die Wirksamkeit einer solchen Derogation wäre anhand von §§ 38, 40 ZPO zu prüfen. 6

III) Anwendungsbereich von Art 25. 1) Persönlich. Art 25 IV stellt klar, dass Gerichtsstandsvereinbarungen nicht den kompetenzrechtlichen Vorgaben zum Schutz von **Versicherungsnehmern** und diesen gleichgestellten Personen (Art 15), **Verbrauchern** (Art 19) und **Arbeitnehmern** (Art 23) zuwiderlaufen dürfen (vgl EuGH EuZW 2025, 396 Tz 48 ff). Im Übrigen aber gilt: Weil Art 25 in seinem Anwendungsbereich §§ 38, 40 ZPO vollständig verdrängt, können auch Nichtkaufleute Vereinbarungen über die internationale und zugleich über die örtliche Zuständigkeit treffen, ohne dass sie dabei den in § 38 II, II ZPO normierten Beschränkungen unterliegen (vgl etwa Geimer/Schütze Art 25 Rn 70; Rauscher/Mankowski Art 25 Rn 106 ff). 7

Weil der Anwendungsbereich von Art 17 EuGVÜ und Art 23 Brüssel I-VO immer wieder Probleme bereitet hatte, wurde in Art 25 I 1 Brüssel Ia-VO die Klarstellung aufgenommen, dass es nicht darauf ankommt, ob wenigstens eine der Parteien ihren **Wohnsitz** in einem Mitgliedstaat hat. Somit sind nunmehr auch solche Fälle erfasst, in denen beide Parteien in Drittstaaten ansässig sind. Dies sichert Art 25 einen weiten Anwendungsbereich und schränkt die Anwendbarkeit nationaler Regelungen (wie §§ 38, 40 ZPO) deutlich ein. Zu sog reinen Inlandsfällen s Rn 10. 8

In subjektiver Hinsicht gelten Gerichtsstandsvereinbarungen zwischen den Parteien, zudem für und gegen deren Rechtsnachfolger. Praktisch bedeutsam ist die Frage nach der **Erstreckung auf Dritte** (dazu Basedow FS Schack, S 515; Gottwald FS Geimer, S 131; Melcher GPR 2017, 246). Den Sonderfall der sog Trust-Bedingungen regelt Art 25 III. Denkbar sind zudem Gerichtsstandsklauseln in Gesellschaftssatzungen, die auch für später hinzukommende Gesellschafter verbindlich sein können (vgl schon EuGH NJW 1992, 1671); zur Geltung von Gerichtsstandsklauseln in Wertpapieremissionsprospekten s Rn 20. Eine Drittbindung ist ferner aufgrund seehandelsrechtlicher Besonderheiten für Gerichtsstandsklauseln in Konnossementen anerkannt (dazu EuGH EuZW 2013, 316; EuGH IPRax 2025, 262; dazu Kranzhöfer IPRax 2025, 231). Im Regelfall bleibt es hingegen bei dem Grundsatz, dass nur gebunden ist, wer selbst der Vereinbarung zugestimmt hat (vgl etwa BGH NJW 2019, 2780, 2782 f). Insb gibt es **keine Drittbindung** innerhalb normaler Vertrags- bzw Lieferketten (klarstellend etwa EuGH EuZW 2013, 316). Auch eine zwischen zwei Gesellschaften getroffene Vereinbarung gilt nicht für einen Rechtsstreit zwischen einer der Gesellschaften und einem ihrer Vertreter wegen Managerhaftung (EuGH RIW 2017, 507). Ebenso wenig ist der Geschädigte an eine Gerichtsstandsvereinbarung zwischen Versicherer und Versicherungsnehmer (Schädiger) gebunden (EuGH NJW 2017, 2813; zu Besonderheiten hinsichtlich der Bindung des Versicherten bei einer Großrisikoversicherung vgl EuGH VersR 2020, 708 [Mankowski]; dazu Schlosser IPRax 2020, 519). Kaum einsichtig erscheint, warum sich laut EuGH ein Inkassounternehmen, das Ansprüche aus **abgetretenem Recht** geltend macht, eine in dem vom Zedenten abgeschlossenen Vertrag enthaltene Gerichtsstandsklausel nur dann entgegenhalten lassen muss, wenn es der Vereinbarung entweder zugestimmt hat oder nach Maßgabe der lex fori prorogati umfassend in die vertraglichen Rechte und Pflichten des Zedenten eingetreten ist (EuGH NJW-RR 2021, 240 Tz 35 ff; krit etwa Geimer RIW 2021, 261, 262 f; Rieländer EuZW 2021, 391, 393 ff; Thon IPRax 2022, 236, 240 ff; Wagner RIW 2024, 625, 631 f; näher zur gebotenen Kontinuität von Rechtslage und Zuständigkeit in Abtretungsfällen Basedow FS Schack, S 515, 517 ff; Schack GS Mankowski, S 569, 572 ff). 9

10 **2) Räumlich.** Art 25 gilt, trotz seines in dieser Hinsicht weit gefassten Wortlauts, nicht für reine Binnensachverhalte: Geregelt werden **nur internationale Gerichtsstandsvereinbarungen**, nicht hingegen die Zuweisung der örtlichen Zuständigkeit in innerstaatlichen Fällen ohne jeden Auslandsbezug (EuGH NJW 2019, 1277). Allerdings hat der EuGH inzwischen (überzeugend) klargestellt, dass ein **hinreichender Auslandsbezug** bereits dann vorliegt, wenn zwei im selben Mitgliedstaat ansässige Parteien die ausschließliche Zuständigkeit der Gerichte eines anderen Mitgliedstaats vereinbaren (EuGH ZIP 2024, 1036; dazu Hau IPRax 2024, 272).

11 Der Wortlaut von Art 25 ist völlig auf die **Prorogation zugunsten mitgliedstaatlicher Gerichte** zugeschnitten, äußert sich also nicht zu der Konstellation, dass vereinbarungsgemäß die Gerichte eines Drittstaats zuständig sein sollen. Wenn eine solche Vereinbarung auf die **Derogation eines Brüssel Ia-Gerichtsstands** hinausläuft (also von Art 4 bzw Art 7 ff), liegt es nahe, dass sich die Wirksamkeit der Vereinbarung nicht etwa nach dem nationalen Recht des jeweils betroffenen Mitgliedstaats bestimmt, sondern einheitlich anhand von Art 25 (vgl etwa Berner RIW 2017, 792, 796 ff; Linke/Hau IZVR Rn 6.8; Rauscher/Mankowski Art 25 Rn 20 ff). Der EuGH hatte dies in einer älteren Rechtssache noch anders gesehen (EuGH ZIP 2001, 213), später aber betont, dass jedenfalls der Schutz von Arbeitnehmern vor einer ausschließlichen Vereinbarung drittstaatlicher Zuständigkeit anhand der Brüssel I-VO zu bemessen sei (EuGH IPRax 2013, 572; verkannt wurde dies für einen Verbrauchervertrag bei BGH NJW 2015, 169). In der Brüssel Ia-VO deuten insb Art 33 I, 34 I darauf hin, dass es Sache des Europarechts sein soll, darüber zu befinden, unter welchen Voraussetzungen der Zugriff auf einen europäischen Gerichtsstand zugunsten eines Drittstaats unterbleiben darf; nur ausnahmsweise greift Art 25 I 1 aE auf Wertungen des nationalen Rechts zurück (s Rn 25). Eine Lösung der Problematik durch den EuGH oder Verordnungsgeber erscheint überfällig.

12 **3) Sachlich.** Im Regelfall werden **internationale und örtliche Zuständigkeit** gemeinsam durch die Benennung eines konkreten Gerichtsortes oder Gerichts bestimmt, aber die Parteien können sich auch darauf beschränken, nur die internationale Zuständigkeit zu regeln (vgl Art 25 I 1: „ein Gericht oder die Gerichte eines Mitgliedstaats"). Bisweilen ist nur die Vereinbarung zur internationalen Zuständigkeit wirksam, diejenige zur örtlichen hingegen zB zu unbestimmt (vgl LG Frankfurt aM IPRax 2023, 290; dazu Geimer IPRax 2023, 251).

13 Im Zusammenhang mit Gerichtsstandsvereinbarungen ergibt sich regelmäßig eine Reihe von Auslegungsfragen. Hilfreich ist, dass laut Art 25 I 2 eine **Vermutung zugunsten der Ausschließlichkeit** der Vereinbarung besteht (dazu BGH ZIP 2021, 1360 Tz 16). In der Praxis begegnen aber auch Vereinbarungen, die es bei konkurrierenden Klagemöglichkeiten belassen. Intensiv diskutiert wird die Zulässigkeit sog **asymmetrischer bzw einseitig zwingender Gerichtsstandsvereinbarungen**, die den gewählten Gerichtsstand nur für eine Partei obligatorisch machen, während die andere (regelmäßig wirtschaftlich stärkere) Partei für ihre Aktivprozesse ein Wahlrecht zwischen dem forum prorogatum und den gesetzlichen Zuständigkeiten haben soll. Die Zulässigkeit solcher Vereinbarungen war in Art 17 EuGVÜ noch ausdrücklich klargestellt (dazu EuGH IPRax 1987, 105), dabei ist es aber grds auch im Anwendungsbereich von Art 25 geblieben (EuGH EuZW 2025, 396 Tz 54 ff, dazu Rieländer EuZW 2025, 372; vgl schon BGH NJW-RR 2021, 1207 Tz 61 ff).

14 Ist von einer ausschließlichen Gerichtsstandsvereinbarung auszugehen, kann sich die Frage ergeben, ob sie zusätzlich zu der prozessualen Verfügung (Prorogation und/oder Derogation) eine – womöglich schadensersatzbewehrte – **Unterlassungsverpflichtung** dahingehend umfasst, keine abredewidrige Klage in einem derogierten Forum zu erheben (s Rn 29). Als weiteres Auslegungsproblem kann sich erweisen, ob die Vereinbarung auch den Streit über **deliktische Ansprüche** (zu den Voraussetzungen einer Erstreckung auf wettbewerbsrechtliche Ansprüche vgl EuGH EuZW 2019, 79; BGH ZIP 2021, 1360 Tz 15 ff) oder über Ansprüche nach **Beendigung des Geschäfts** (vgl BGH NJW 2019, 1300, 1302 f, dort zur Erstreckung auf einen nach Kündigung entstandenen Streit über eine mündlich vereinbarte Vertragsfortführung) erfassen soll. Ferner ist im Einzelnen umstritten, inwieweit eine Gerichtsstandsvereinbarung im derogierten Forum nicht nur selbständige Klagen, sondern im Zweifel auch **sonstige Prozesshandlungen** hinsichtlich einer erfassten Forderung ausschließen soll, namentlich eine Widerklage bzw Prozessaufrechnung (s Gebauer IPRax 2018, 172; Mohamed ZZPInt 22 [2017], 255), eine Streitverkündung (s Art 65 Rn 2), Maßnahmen des einstweiligen Rechtsschutzes (s Art 35 Rn 5) oder die Einleitung von Beweissicherungsverfahren (zum Zuständigkeitserfordernis vgl Art 35 Rn 6; eine Gerichtsstandsvereinbarung lässt die Zuständigkeit für Beweissicherungsmaßnahmen im Zweifel unberührt, so auch Schack IZVR Rn 538).

15 Art 25 gilt nur für **Erkenntnisverfahren**, nicht hingegen für Abreden auf der **Vollstreckungsebene**, also insb nicht für Vereinbarungen darüber, die Vollstreckbarkeit eines Titels in bestimmten Staaten zu konzentrieren oder auszuschließen (vgl Hau ZVglRWiss 116 [2017], 23, 41 ff; Loyal GPR 2018, 63; Meller-Hannich ZVglRWiss 119 [2020], 254, 267).

16 **4) Zeitlich.** Die Zuständigkeitsregeln der Brüssel Ia-VO gelten für ab dem 10.1.2015 eingeleitete Verfahren (Art 66 I). Dem steht es nicht entgegen, dass die Gerichtsstandsvereinbarung vor diesem Zeitpunkt getroffen wurde (vgl BGH NJW 2019, 1300 Tz 18, dort zur entsprechenden intertemporalen Frage bei Inkrafttreten der Brüssel I-VO). Allerdings bestimmen sich die Anforderungen an das Zustandekommen und die Wirksamkeit der Vereinbarung nach den bei ihrem Abschluss geltenden Regeln.

Haben die Parteien schon vor dem **Brexit** und dem Ende des Übergangszeitraums (s Art 1 Rn 11) eine Zuständigkeit im Vereinigten Königreich vereinbart, kommt es aber erst danach zur Verfahrenseinleitung in einem EU-Mitgliedstaat, so handelt es sich aus EU-Sicht nunmehr um eine Vereinbarung über die Zuständigkeit eines drittstaatlichen Gerichts; zur Frage, ob sich eine solche Derogation nach Art 25 oder nationalem Recht bestimmt, s Rn 11. Inzwischen gilt zwar sowohl für die EU als auch das Vereinigte Königreich das HGÜ (s Rn 5), dieses ist gem Art 16 I HGÜ allerdings nur dann anzuwenden, wenn es in dem prorogierten Vertragsstaat bereits zum Zeitpunkt der Vereinbarung in Kraft getreten war. Die Auswirkungen des Brexits auf Gerichtsstandsvereinbarungen sind inzwischen Gegenstand eines noch laufenden Vorabentscheidungsverfahrens (Rs C-540/24; dazu Budzikiewicz/Mansel/Thorn/Wagner IPRax 2025, 93, 110 f). 17

IV) Vereinbarung und Formvorgaben (Art 25 I 3, II). Ein Gerichtsstand soll keinesfalls vorschnell als konkludent vereinbart unterstellt, zB kurzerhand aus einer Rechtswahlklausel abgeleitet werden (vgl umgekehrt zum Schluss von einer Gerichtsstands- auf eine Rechtswahlabrede aber ErwGr Nr 12 zu Art 3 I Rom I-VO). Damit sichergestellt ist, dass Regelungen zur internationalen Zuständigkeit nicht unbemerkt Vertragsinhalt werden, statuiert Art 25 I 3 besondere **formale Voraussetzungen** für Gerichtsstandsvereinbarungen. Möglich ist der Vereinbarungsschluss danach in folgenden **Abschlussvarianten**: schriftlich (lit a Alt 1), mündlich mit schriftlicher Bestätigung (lit a Alt 2; dazu EuGH RIW 1986, 736) oder in einer Form entsprechend den Parteigepflogenheiten (lit b; dazu BGH NJW 2015, 2584, 2589 f) oder einem einschlägigen Handelsbrauch (lit c; dazu EuGH NJW 2023, 33 Tz 54 ff; BGH NJW 2019, 76, 77 f). Unter die letztgenannte Abschlussvariante kann auch eine Gerichtsstandsklausel im unwidersprochenen **kaufmännischen Bestätigungsschreiben** fallen (EuGH NJW 1997, 1431). **Elektronische Übermittlung** genügt nach Maßgabe von Art 25 II (EuGH NJW 2023, 33 Tz 43 ff; dazu Oster IPRax 2024, 33). 18

Die Erfordernisse einer **Vereinbarung** (iS einer materiellen Willenseinigung) und der **Formwahrung** sind eng miteinander verknüpft: Einerseits lässt Formwahrung eine erfolgte Willenseinigung vermuten, andererseits bestimmt der Formzweck, die Willenseinigung zu gewährleisten, maßgeblich die Interpretation der Formvorgaben (vgl EuGH NJW 2023, 33 Tz 39). Die genannten Voraussetzungen sind **verordnungsautonom** auszulegen, dürfen also nicht unter Berufung auf nationale Vorschriften der lex fori oder der lex causae erschwert oder erleichtert werden (vgl schon EuGH IPRax 1982, 234, bezüglich Vertragssprache; EuGH IPRax 2000, 119). Daraus folgt zB, dass Art 25 I 3 lit a Alt 1 keine beiderseits handschriftlich unterzeichnete Urkunde iSv § 126 II BGB erfordert, sondern dass auch getrennte Schriftstücke genügen, sofern die Übereinstimmung hinsichtlich des gewählten Gerichtsstands hinreichend deutlich wird, so etwa bei Austausch von Briefen, Telefaxen oder – wegen Art 25 II – E-Mails (KG IPRspr 2018, 572). Ausreichen soll auch eine Gerichtsstandsabrede in Textform, wenn sich aus den Gesamtumständen (Unterschrift des Käufers unter den bereits ausgehandelten und anschließend beiderseits zeitnah vollzogenen Vertrag) sicher ergibt, dass es sich bei den zu dieser Einigung abgegebenen Willenserklärungen um einen von den Vertragsschließenden autorisierten Text handelt (BGH RIW 2017, 229, dort zur Parallelfrage im LugÜ; BGH NJW 2019, 76, 77). 19

Praktisch bedeutsam sind **AGB-Gerichtsstandsklauseln** (zur AGB-Inhaltskontrolle s Rn 26). Hinsichtlich der Frage, ob eine solche Vertragsinhalt geworden ist, kommt im Anwendungsbereich von Art 25 I keine zusätzliche **AGB-Einbeziehungskontrolle** nach mitgliedstaatlichen Vorschriften (wie §§ 305 II, III, 3, 305c I BGB) in Betracht. Vielmehr sind dafür verordnungsautonome Kriterien zu entwickeln. Hingewiesen sei insb auf die folgenden Klarstellungen des EuGH: Eine AGB-Gerichtsstandsklausel wird nur dann Vertragsbestandteil, wenn die AGB im Vertragsdokument erwähnt werden und bei Abschluss des Vertrags (also nicht etwa erst in einer späteren Rechnung) übermittelt worden sind (dazu EuGH EuZW 2016, 635, 637; EuGH RIW 2018, 206, 208; EuGH NJW 2023, 33 Tz 42). – Werden AGB durch Zustimmung mittels Mausklick Vertragsbestandteil, ist Art 25 II gewahrt, selbst wenn die AGB nicht automatisch angezeigt werden, sondern vom Kunden auf einen Hinweis hin selbst geöffnet werden müssten (sog. *click-wrap-agreement*) und dann gedruckt und gespeichert werden könnten (EuGH NJW 2015, 2171). – Eine Gerichtsstandsvereinbarung kommt zustande, wenn die Klausel in AGB enthalten ist, auf die ein schriftlich abgeschlossener Vertrag durch Angabe des Hyperlinks zu einer Website deutlich hinweist, über die es möglich ist, die AGB zur Kenntnis zu nehmen, herunterzuladen und auszudrucken; nicht erforderlich ist es dann, dass der Kunde aufgefordert wurde, die AGB durch Anklicken eines Feldes auf der Website zu akzeptieren (EuGH NJW 2023, 33, dort zu Art 23 LugÜ; dazu Oster IPRax 2024, 33). – Enthält ein Wertpapieremissionsprospekt eine Gerichtsstandsklausel, so wahrt dies im Verhältnis zum Erstkäufer der Wertpapiere nur dann die Schriftform (Art 25 I 3 lit a), wenn der Vertrag zum Erwerb der Wertpapiere entweder ausdrücklich auf den Wertpapierprospekt Bezug nimmt oder die Übernahme der Gerichtsstandsklausel erwähnt (dazu und zum Folgenden EuGH EuZW 2016, 419). Auch dem nächsten Erwerber der Wertpapiere kann eine so wirksam einbezogene Gerichtsstandsklausel entgegengehalten werden, wenn er durch die Zeichnung in die Rechte und Pflichten des Vorinhabers eingetreten ist und ihm der Prospekt dabei leicht zugänglich war, sodass er die Möglichkeit der Kenntnisnahme hatte; andernfalls bleibt die Möglichkeit der Einbeziehung kraft eines bestehenden Handelsbrauchs zu erwägen (lit c). 20

Grds genügt es, wenn der Einbeziehungshinweis in der **Vertragssprache** erfolgt und die AGB in dieser Sprache vorgelegt werden bzw zugänglich sind. Darüber hinaus kann eine AGB-Gerichtsstandsklausel aber auch dann 21 verbindlich sein, wenn die Gegenpartei des Verwenders die AGB unterzeichnet, obwohl diese in einer Sprache abgefasst sind, welche sie nicht versteht; denn mit ihrer Unterschrift gibt die Gegenpartei zu erkennen, dass sie mit dem Inhalt der allgemeinen Geschäftsbedingungen einverstanden ist (OLG Köln IHR 2015, 60).

22 **V) Weitere Wirksamkeitsanforderungen.** Die **Bestimmtheit der Gerichtsstandsvereinbarung** ist in zweifacher Hinsicht relevant. Zum einen muss sich hinreichend klar ergeben, welches Gericht bzw welche Gerichte zuständig sein sollen (vgl EuGH EuZW 2025, 396 Tz 59 ff). Zum anderen muss sich die Vereinbarung laut Art 25 I 1 auf Streitigkeiten beziehen, die sich aus einem bestimmten Rechtsverhältnis ergeben (dazu EuGH EuZW 2019, 79). Unzureichend ist dabei zB die Formulierung „für sämtliche Rechtsbeziehungen zwischen den Parteien". Die Anforderungen an die Bestimmtheit sollten aber nicht überspannt werden (tendenziell großzügig etwa BGH NJW 2019, 1300, 1303; BGH ZIP 2021, 1360 Tz 18; BGH NJW-RR 2021, 1207 Tz 51 f). Zulässig und sinnvoll ist bei langfristigen Geschäftsbeziehungen, etwa im Bereich des Bank- oder Vertriebsrechts, die Regelung der Zuständigkeitsfrage in einem Rahmenvertrag (näher etwa Hau ZVertriebsR 2014, 79, 82.

23 **Gerichtsstandsvereinbarung und Hauptvertrag** sind voneinander zu trennende, eigenständige Geschäfte, und zwar selbst dann, wenn sie in derselben Urkunde vereinbart wurden (klarstellend Art 25 V). Somit schließt die (behauptete) Nichtigkeit des Hauptvertrags nicht ohne Weiteres die Gerichtsstandsvereinbarung aus; vielmehr kann im forum prorogatum grds auch über die (Un-)Wirksamkeit des Hauptvertrags entschieden werden (klarstellend EuGH RIW 1997, 775; BGH NJW 2019, 1300, 1302).

24 Ausgeschlossen sind Gerichtsstandsvereinbarungen laut Art 25 IV in den Fällen **ausschließlicher Zuständigkeit** gem Art 24. Zum ebenfalls in Art 25 IV angesprochenen **Schutz bestimmter Parteien** (Versicherungsnehmer, Verbraucher, Arbeitnehmer) s Rn 7.

25 Art 25 regelt die Formerfordernisse (I 3, II; s Rn 18 ff), bietet aber keine verordnungsautonome Lösung für **sonstige Aspekte der Rechtsgeschäftslehre**. In diesem Zusammenhang ist Art 25 I 1 aE zu beachten, der für die Frage, ob die Gerichtsstandsvereinbarung „materiell ungültig" ist, auf das Recht des prorogierten Mitgliedstaats verweist. Nicht gemeint ist mit **materieller Ungültigkeit** allerdings, ob die Vereinbarung zu ungenau oder unausgewogen ist, denn dies soll nicht anhand nationalen Rechts, sondern anhand der aus Art 25 abzuleitenden Vorgaben beurteilt werden (klarstellend EuGH EuZW 2025, 396 Tz 41 ff; dazu Rieländer EuZW 2025, 372). Vielmehr bezieht sich die Formulierung „materiell ungültig" insb auf Aspekte wie **Geschäftsfähigkeit und Willensmängel** (vgl EuGH EuZW 2025, 396 Tz 36), zudem wohl auch auf **Stellvertretungsfragen**. Im Hinblick darauf präzisiert ErwGr Nr 20, dass der Verweis in Art 25 I 1 aE auf das Recht des prorogierten Mitgliedstaats das dortige „Recht einschließlich des Kollisionsrechts" meint, also die ausgehend vom IPR des vereinbarten Forums (gegebenenfalls unter Berücksichtigung einer Rück- oder Weiterverweisung) ermittelte **lex causae**. Dies führt zu Folgeproblemen (näher etwa Magnus IPRax 2016, 521, 524 ff): Denn die Kollisionsnormen der zunächst in Betracht zu ziehenden Rom I-VO gelten gem Art 1 II lit e nicht für Gerichtsstandsvereinbarungen. Selbst wenn man darüber, gestützt auf ErwGr Nr 20, hinwegsieht und eine entsprechende Anwendung erwägt (dafür Antomo ZZPInt 17 [2012], 183, 194 f; Magnus FS Martiny, S 785, 793 f; aA Pohl IPRax 2013, 109, 111), bleiben Lücken; denn die Rom I-VO äußert sich weder zur Geschäftsfähigkeit noch zur Stellvertretung (vgl aber Art 7 II, 8 EGBGB).

26 Zur AGB-Einbeziehungskontrolle s Rn 20. Streitig ist, ob Art 25 I Raum lässt für eine ergänzende **AGB-Inhaltskontrolle** nach § 307 BGB (oder vergleichbaren ausländischen Vorschriften). Im **internationalen Handelsverkehr**, in dem ein gesteigertes Interesse an Rechtssicherheit besteht, werden entsprechende Klauseln überwiegend entweder als nach § 307 BGB unbedenklich angesehen, oder es wird von vornherein die Möglichkeit einer neben Art 25 tretenden Inhaltskontrolle nach nationalem Recht verneint. In **Verbrauchersachen** befürwortet der EuGH allerdings eine Missbrauchskontrolle anhand des im Licht der Klausel-RL 93/13/EWG (beachte dort Anh Nr 1 lit q) auszulegenden Rechts des vereinbarten Forums; und dabei soll es auch dann bleiben, wenn der Verbraucher den von der Gerichtsstandsvereinbarung erfassten Anspruch später an einen (Inkasso-) Unternehmer abtritt (EuGH NJW-RR 2021, 240 Tz 48 ff; dazu Geimer RIW 2021, 261, 263 f; Rieländer EuZW 2021, 391, 396 ff; Thon IPRax 2022, 236, 237 ff). Wegen des ohnehin weitgehenden Ausschlusses von Gerichtsstandsvereinbarungen zu Lasten von Verbrauchern (Art 19, 25 IV) wird diese Inhaltskontrolle aber im Wesentlichen nur – bzw immerhin – für Beförderungsverträge relevant (vgl Art 17 III).

27 Die **Ineffektivität einer Gerichtsstandsvereinbarung** steht ihrer Zulässigkeit und Wirksamkeit grds nicht entgegen. Das betrifft Fälle, in denen sich die Entscheidung, die im ausschließlich zuständigen forum prorogatum ergeht, als mehr oder weniger wertlos erweist, weil sich im Urteilsstaat **kein vollstreckungstaugliches Schuldnervermögen** befindet und die Entscheidung im forum derogatum oder weiteren Staaten nicht anerkannt werden kann. Von vornherein ineffektiv ist die Gerichtsstandsvereinbarung, wenn die ausschließlich prorogierten Gerichte die **Wahl als unwirksam erachten**. Nimmt man die aus der Parteiautonomie abgeleitete Wahlfreiheit ernst, so sollte die Prorogation allenfalls dann ausgeblendet werden, wenn das Festhalten einer Partei am hieraus folgenden Rechtsschutzverlust unter Berücksichtigung der gegnerischen Interessen rechtsmissbräuchlich wäre; weniger gravierende Fälle lassen sich womöglich nach den Grundsätzen über den Wegfall der Geschäftsgrundlage lösen (vgl schon BGH WM 1974, 242; OLG Frankfurt aM IPRax 1999, 247; LG München I MDR 2017, 1323).

VI) Abredewidrige Klage. Art 31 II-IV soll Anreize für abredewidrige Klagen (sog **Torpedoklagen**) senken: Wird in einer Angelegenheit, für die kraft einer Parteivereinbarung die Gerichte eines bestimmten Mitgliedstaats ausschließlich zuständig sind, ein derogiertes Gericht eines anderen Mitgliedstaats angerufen, so hat dieses (abweichend vom Prioritätsprinzip gem Art 29) grds dem prorogierten Gericht die Prüfung zu überlassen, ob die Vereinbarung wirksam ist (s Art 31 Rn 2 ff). Dem Beklagten ist es aber unbenommen, die Zuständigkeit des derogierten Gerichts mittels **rügeloser Einlassung** iSv Art 26 herbeizuführen (vgl Art 31 II [„unbeschadet des Artikels 26"] sowie EuGH EuZW 2016, 558, 559 f). Ausgeschlossen ist es hingegen im innereuropäischen Rechtsverkehr, einer Partei das Einleiten oder Fortsetzen eines Verfahrens in einem (womöglich) derogierten Forum zu untersagen (vgl zur Unzulässigkeit solcher **Prozessführungsverbote** bzw **anti-suit injunctions** schon EuGH IPRax 2004, 425; bestätigend EuGH NJW 2023, 3279 Tz 25). Ergeht in einem derogierten Mitgliedstaat eine Entscheidung, ohne dass der Beklagte die Zuständigkeit mittels rügeloser Einlassung begründet hätte, so folgt daraus **kein Grund zur Versagung der Anerkennung oder Vollstreckung** in anderen Mitgliedstaaten: Denn Art 45 I lit e verweist nicht auf Art 25 (s Art 45 Rn 31). 28

Viel diskutiert wird, ob eine abredewidrig verklagte Partei **Schadensersatz** für die ihr durch die Verteidigung im derogierten Forum entstandenen Kosten fordern kann. Diese Frage hat der BGH im Verhältnis zu Drittstaaten bejaht (BGH NJW 2020, 399; in casu: abredewidrige Klage in den USA): Denn eine Gerichtsstandsvereinbarung sei nicht nur eine prozessuale Verfügung, sondern könne zugleich als Verpflichtung verstanden werden, kein Verfahren in einem derogierten Forum einzuleiten, sodass im Falle eines Verstoßes, ausgehend von der Anwendbarkeit deutschen Rechts, ein Schadensersatzanspruch gem § 280 BGB in Betracht komme. Fraglich ist allerdings, ob sich das vom BGH erzielte Ergebnis auf den **innereuropäischen Rechtsverkehr** übertragen lässt (vgl zum Diskussionsstand Theimer RabelsZ 88 [2024], 556). Dies erscheint zumindest zweifelhaft, weil die Verletzung einer Gerichtsstandsvereinbarung im Anwendungsbereich der Brüssel Ia-VO – anders als gem § 328 I Nr 1 ZPO – keinen Anerkennungsversagungsgrund auslöst (s Art 45 Rn 31). Zu bedenken gilt es zudem die Rechtsprechung des EuGH, wonach die Verurteilung zu einer Entschädigung wegen der Verteidigungskosten in einem mitgliedstaatlichen Verfahren auf ein **Quasi-Prozessführungsverbote** hinauslaufe und somit gegen den anerkennungsrechtlichen ordre public iSv Art 45 I lit a verstoßen könne (s § 328 ZPO Rn 69). 29

Artikel 26 (Artikel 24 LugÜ)

(1) [1]Sofern das Gericht eines Mitgliedstaats nicht bereits nach anderen Vorschriften dieser Verordnung zuständig ist, wird es zuständig, wenn sich der Beklagte vor ihm auf das Verfahren einlässt. [2]Dies gilt nicht, wenn der Beklagte sich einlässt, um den Mangel der Zuständigkeit geltend zu machen oder wenn ein anderes Gericht auf Grund des Artikels 24 ausschließlich zuständig ist.

(2) In Streitigkeiten nach den Abschnitten 3, 4 oder 5, in denen der Beklagte Versicherungsnehmer, Versicherter, Begünstigter eines Versicherungsvertrags, Geschädigter, Verbraucher oder Arbeitnehmer ist, stellt das Gericht, bevor es sich nach Absatz 1 für zuständig erklärt, sicher, dass der Beklagte über sein Recht, die Unzuständigkeit des Gerichts geltend zu machen, und über die Folgen der Einlassung oder Nichteinlassung auf das Verfahren belehrt wird.

Lit: *Geimer*, Unterwerfung des Beklagten als Basis internationaler Zuständigkeit, FS Rechberger, 2005, S 155; *Klöpfer*, Im Spannungsverhältnis von europäischem und nationalem Verfahrensrecht: Die isolierte Rüge der örtlichen Zuständigkeit im Anwendungsbereich der EuGVVO, GPR 2013, 112; *Koechel*, Gegenstand und Reichweite der Europäischen Einlassungszuständigkeit, FS Kohler, 2018, S 229; *Mankowski*, Neues beim europäischen Gerichtsstand der rügelosen Einlassung durch Art. 26 Abs. 2 EuGVVO n.F., RIW 2016, 245; *Nordmeier/Schichmann*, Die Sicherung der Belehrung vor rügeloser Einlassung gemäß Art. 26 Abs. 2 EuGVVO n.F., GPR 2015, 199; *Röß*, Rügelose Einlassung bei grenzüberschreitenden Verbrauchersachen, NJW 2018, 3745.

I) Grundlagen. Die Vorschrift sieht, ähnlich wie § 39 ZPO und andere internationale Rechtsinstrumente (zB Art 24 LugÜ, Art 5 EuUntVO, Art 8 EuEheGüVO/EuPartGüVO, Art 9 EuErbVO) vor, dass eine zunächst fehlende Zuständigkeit begründet werden kann, indem sich der Beklagte rügelos auf das Verfahren einlässt. Dabei betrifft Art 26 die **internationale und örtliche Zuständigkeit** („das Gericht eines Mitgliedstaats"). Der EuGH betont die systematische Nähe zur Zuständigkeitsvereinbarung iSv Art 25 und versteht Art 26 als deren stillschweigende Variante (EuGH EuZW 2016, 558, 559; EuGH RIW 2017, 583, 586), während andere die Rechtfertigung der Zuständigkeitsbegründung in der einseitigen Unterwerfung sehen (so Geimer FS Rechberger, S 155). 1

Probleme bereitet der **räumlich-persönliche Anwendungsbereich** von Art 26: Weil Art 6 I darauf nicht Bezug nimmt, liegt es nahe, dass Art 26 (anders als Art 25; s Art 25 Rn 8) nur solche Beklagte betrifft, die ihren Wohnsitz innerhalb der EU haben (vgl Art 4 Rn 3 f). Gleichwohl hält der BGH die Anwendbarkeit von Art 26 im Falle eines drittstaatenansässigen Beklagten fragwürdigerweise für so selbstverständlich, dass er sogar glaubte, von einer Vorlage an den EuGH absehen zu dürfen (BGH NJW 2023, 3013 Tz 7 ff); ausgehend von dieser Lesart bliebe kein Restanwendungsbereich für § 39 ZPO in doppelfunktionaler Anwendung. Für Beklagte mit Wohnsitz in Island, Norwegen und der Schweiz gilt **Art 24 LugÜ**. 2

3 **II) Hinweispflicht.** Gem Art 26 II obliegt dem Gericht eine **Hinweispflicht** zugunsten von beklagten Versicherungsnehmern, diesen gleichgestellten Personen, Verbrauchern sowie Arbeitnehmern (dazu Mankowski RIW 2016, 245; Nordmeier/Schichmann GPR 2015, 199; Röß NJW 2018, 3745). Das gilt für Deutschland, über § 504 ZPO hinaus, auch im landgerichtlichen Verfahren (zum für die Einlassung geltenden Anwaltszwang vgl OLG München RIW 2012, 635, 636). Im Übrigen dürfte § 504 ZPO von Art 26 II verdrängt werden, sodass auch vor dem Amtsgericht kein Raum für eine Belehrungspflicht zugunsten von Beklagten bleibt, die in Art 26 II nicht aufgeführt sind (aA Röß NJW 2018, 3745, 3748 f); der Umstand, dass keine Belehrung erfolgen muss, besagt allerdings nicht, dass der Richter eine solche zwingend zu unterlassen hätte.

4 Leider fehlt in der Brüssel Ia-VO eine § 39 S 2 ZPO entsprechende Klarstellung dahingehend, dass der rügelosen Einlassung im Falle einer entgegen Art 26 II **unterbliebenen Belehrung** keine zuständigkeitsbegründende Wirkung zukommt (MskV/Stadler/Krüger Art 26 Rn 7 meinen, dass der Verstoß gegen die Belehrungspflicht der Zuständigkeitsbegründung nicht entgegenstehe; vgl auch den Hinweis auf Regelungsbedarf im Kommissions-Arbeitspapier v 2.6.2025, SWD(2025) 135, 8). Erwogen wird, einer gleichwohl ergehenden Sachentscheidung entsprechend Art 45 I lit e (i) die Anerkennungsfähigkeit in anderen Mitgliedstaaten zu versagen (dafür von Hein RIW 2013, 97, 109; Nordmeier/Schichmann GPR 2015, 199, 204 f; dagegen Mankowski RIW 2014, 625, 629; Röß NJW 2018, 3745, 3749 f). Anerkennungsfreundlicher wäre es, die Anerkennung wenigstens dann zu bejahen, wenn der Nachweis geführt werden kann, dass der Beklagte trotz der pflichtwidrig unterlassenen Belehrung einen beachtlichen Einlassungswillen gebildet hat (dafür Domej RabelsZ 78 [2014], 508, 529 f; dagegen Nordmeier/Schichmann GPR 2015, 199, 205).

5 **III) Einlassung und Unzuständigkeitsrüge.** Während eine **Einlassung** iSv § 39 ZPO ein mündliches Verhandeln zur Hauptsache erfordert, genügt für Art 26 I jegliches Verhandeln, das über die bloße Zuständigkeitsrüge hinausgeht, also zB auch eine schriftliche Erklärung zu einer sonstigen Frage der Zulässigkeit (BGH NJW 2011, 2809, 2812; BGH NJW 2015, 2667; zum LugÜ: BayObLG EuZW 2023, 629 Tz 27). Schlichtes Schweigen schadet dem Beklagten allerdings nicht (klarstellend EuGH NJW-RR 2019, 684, 686). Nicht zuständigkeitsbegründend ist im Übrigen, über den engen Wortlaut des Art 26 I 2 Alt 1 hinaus, die **nur hilfsweise Einlassung** zur Hauptsache bzw zu sonstigen Zulässigkeitsfragen nach ausdrücklicher Zuständigkeitsrüge (EuGH RIW 2017, 583, 586; BGH NJW 2010, 3452, 3453). Laut BGH ist in der Rüge der örtlichen Unzuständigkeit im Zweifel auch die Rüge der internationalen Unzuständigkeit enthalten (BGH NJW-RR 2005, 1518, 1519; offenlassend BGH NJW 2023, 3013 Tz 16; näher Klöpfer GPR 2013, 112).

6 Der Beklagte muss die **Rüge der Unzuständigkeit** alsbald erheben, dh vor seinem ersten Verteidigungsvorbringen (vgl schon EuGH IPRax 1982, 234; OLG Hamm RIW 1999, 540). Laut BGH ist von einer Einlassung auf das Verfahren auszugehen, wenn die Zuständigkeitsrüge nicht spätestens in der Stellungnahme erhoben wird, die nach dem innerstaatlichen Prozessrecht als das erste Verteidigungsvorbringen vor dem angerufenen Gericht anzusehen ist (BGH NJW 2023, 3013 Tz 15; zust BAG NJW 2024, 3090 Tz 3). Zudem soll es erforderlich sein, dass er die Rüge in der **Rechtsmittelinstanz** rechtzeitig wiederholt (BGH NJW 2023, 3013 Tz 15 f; BAG NJW 2024, 3090 Tz 3; krit Hess EuIZPR Rn 6.174; StJ/Thole Art 26 Rn 33 f). Weil Art 26 I 1 (anders als § 39 ZPO) keine mündliche Einlassung erfordert, kann nach allgA bereits eine rügelose Einlassung in der Klageerwiderung zuständigkeitsbegründend wirken (aus neuerer Zeit: KG NJW-RR 2024, 1445 Tz 10). Kaum haltbar erscheint es hingegen, aus **Treu und Glauben** bzw dem Verbot widersprüchlichen Verhaltens abzuleiten, dass die Unzuständigkeitsrüge des Beklagten im Hauptverfahren unbeachtlich sei, wenn er zuvor im Gerichtsstaat ein selbständiges Beweisverfahren eingeleitet hatte (so aber OLG Karlsruhe EuZW 2019, 214, 215 f, dort zu Art 24 LugÜ).

7 Wurde für einen Beklagten, dessen Wohnsitz unbekannt ist und dem daher das verfahrenseinleitende Schriftstück nicht zugestellt werden konnte, ein **Abwesenheitspfleger** bestellt (vgl für Deutschland § 1884 BGB), so ist dessen rügelose Einlassung dem Beklagten nicht zuzurechnen (EuGH EuZW 2014, 950, 954 f). Im **Europäischen Mahnverfahren** (s § 1087 ZPO Rn 1) ist der Einspruch gegen den Zahlungsbefehl selbst dann keine zuständigkeitsbegründende Einlassung iSv Art 26, wenn der Antragsgegner den Mangel der Zuständigkeit in der Einspruchsschrift nicht geltend macht, sich darin aber schon zur Hauptsache äußert (EuGH EuZW 2013, 628).

8 **IV) Ausschließliche Zuständigkeit.** Keine zuständigkeitsbegründende Wirkung hat die rügelose Einlassung laut Art 26 I 2 Alt 2 im Falle einer **gesetzlich beidseitig ausschließlichen Zuständigkeit** gem Art 24. Nicht genannt sind in Art 26 I 2 hingegen (anders als in Art 25 IV) die **halbseitig ausschließlichen** Zuständigkeitsregeln für Versicherungs-, Verbraucher- bzw Arbeitssachen (Art 14, 18 II, 22 I). Daher muss sich das angerufene Gericht (nach pflichtgemäßer Belehrung gem Art 26 II) auch dann wegen Art 26 I 1 für zuständig erklären, wenn zB in einer Versicherungssache die sonstigen Anforderungen der Brüssel Ia-VO an eine Zuständigkeitsbegründung nicht erfüllt sind (klarstellend EuGH EuZW 2010, 679; zudem etwa BayObLG EuZW 2023, 629 Tz 25). Erst recht kann eine rügelose Einlassung gem Art 26 eine derogierende **Gerichtsstandsvereinbarung** überwinden (EuGH EuZW 2016, 558, 559 f).

Abschnitt 8 – Prüfung der Zuständigkeit und der Zulässigkeit des Verfahrens (Art 27-28)

Artikel 27 (Artikel 25 LugÜ)

Das Gericht eines Mitgliedstaats hat sich von Amts wegen für unzuständig zu erklären, wenn es wegen einer Streitigkeit angerufen wird, für die das Gericht eines anderen Mitgliedstaats aufgrund des Artikels 24 ausschließlich zuständig ist.

Die Vorschrift soll verhindern, dass ein unzuständiges Gericht eine Entscheidung erlässt, der in anderen Mitgliedstaaten gem Art 45 I lit e (ii), IV, Art 46 die Anerkennung und Vollstreckung versagt werden könnte. Erfasst sind somit Fälle der **ausschließlichen Zuständigkeit kraft Gesetzes** gem Art 24, nicht hingegen kraft Parteivereinbarung gem Art 25 I 2 (vgl dann Art 31 II, III). Neben Art 24 sollten aber (wie in Art 45 I lit e [i]) auch die Vorschriften einbezogen werden, die eine **halbseitige Ausschließlichkeit** zugunsten bestimmter Parteien anordnen, also Art 14, 18 II, 22 I (aA etwa MskV/Stadler/Krüger Art 27 Rn 1 mit fraglicher Berufung auf EuGH EuZW 2004, 188), obwohl in diesen Fällen, anders als in denen des Art 24, eine Zuständigkeitsbegründung durch rügelose Einlassung gem Art 26 in Betracht kommt. Unerheblich ist, ob der Beklagte im Gerichtsstaat, in einem anderen Mitgliedstaat oder einem Drittstaat ansässig ist. 1

Obwohl dies in Art 27 (anders als in Art 18 Brüssel IIb-VO) nicht eigens hervorgehoben wird, geht es stets darum, dass der die Ausschließlichkeit begründende Umstand die **Hauptsache** im Verfahren vor dem angerufenen Gericht betrifft. Geht es hingegen nur um eine **Vorfrage**, so wird sich das Gericht nicht für unzuständig erklären, aber erwägen, sein Verfahren gem Art 30 I auszusetzen. 2

Art 27 gebietet nach allg Regeln eine **amtswegige Zuständigkeitsprüfung**, nicht hingegen eine amtswegige Ermittlung aller zuständigkeitsrelevanten Umstände; es bleibt also beim **Beibringungsgrundsatz**. Da Art 27 die Prüfungsreihenfolge nicht vorgibt, sollte es einem **örtlich oder sachlich unzuständigen** Gericht freistehen, dem zuständigen Gericht desselben Mitgliedstaats die Prüfung gem Art 27 zu überlassen. Die Prüfung der internationalen Zuständigkeit ist nicht nur in der ersten Instanz, sondern auch noch in der **Rechtsmittelinstanz** geboten (s EuIZPR Rn 61). 3

Weil das geltende Recht keine grenzüberschreitende Verweisung an das zuständige ausländische Gericht erlaubt, bleibt es bei Unzuständigkeit des angerufenen Gerichts bei der in Art 27 vorgesehenen **Unzuständigerklärung**. Wenn das Gericht entgegen Art 27 seine internationale **Zuständigkeit zu Unrecht bejaht**, kann die Anerkennung und Vollstreckung der daraufhin ergehenden Sachentscheidung versagt werden (Art 45 I lit e, IV, Art 46). Hingegen regelt die Verordnung nicht den Fall, dass sich das angerufene Gericht unzutreffend für unzuständig erklärt; die Korrektur eines solchen Fehlers richtet sich nach dem Rechtsmittelrecht der lex fori. 4

Artikel 28 (Artikel 26 LugÜ)

(1) Lässt sich der Beklagte, der seinen Wohnsitz im Hoheitsgebiet eines Mitgliedstaats hat und der vor dem Gericht eines anderen Mitgliedstaats verklagt wird, auf das Verfahren nicht ein, so hat sich das Gericht von Amts wegen für unzuständig zu erklären, wenn seine Zuständigkeit nicht nach dieser Verordnung begründet ist.
(2) Das Gericht hat das Verfahren so lange auszusetzen, bis festgestellt ist, dass es dem Beklagten möglich war, das verfahrenseinleitende Schriftstück oder ein gleichwertiges Schriftstück so rechtzeitig zu empfangen, dass er sich verteidigen konnte oder dass alle hierzu erforderlichen Maßnahmen getroffen worden sind.
(3) An die Stelle von Absatz 2 tritt Artikel 19 der Verordnung (EG) Nr 1393/2007 des Europäischen Parlaments und des Rates vom 13. November 2007 über die Zustellung gerichtlicher und außergerichtlicher Schriftstücke in Zivil- oder Handelssachen in den Mitgliedstaaten (Zustellung von Schriftstücken)[1], wenn das verfahrenseinleitende Schriftstück oder ein gleichwertiges Schriftstück nach der genannten Verordnung von einem Mitgliedstaat in einen anderen zu übermitteln war.
(4) Ist die Verordnung (EG) Nr 1393/2007 nicht anwendbar, so gilt Artikel 15 des Haager Übereinkommens vom 15. November 1965 über die Zustellung gerichtlicher und außergerichtlicher Schriftstücke im Ausland in Zivil- und Handelssachen, wenn das verfahrenseinleitende Schriftstück oder ein gleichwertiges Schriftstück nach dem genannten Übereinkommen im Ausland zu übermitteln war.

[1] ABl L 324 v 10.12.2007, S 79.

Lit: *Domej*, Unbekannter Aufenthalt, Justizgewährungsanspruch und rechtliches Gehör im europäischen Zivilprozessrecht, FS Prütting, 2018, S 261; *Spellenberg*, Schutz der Verteidigungsrechte und Zuständigkeit nach EuGVO und EheGVO, FS Gottwald, 2014, S 607.

I) Normzweck und Anwendungsbereich. Die Vorschrift soll den Anspruch des Beklagten auf rechtliches Gehör verwirklichen; gelingt dies, wird zugleich internationaler Entscheidungseinklang gewahrt, weil ein Anerkennungsversagungsgrund gem Art 45 I lit b vermieden wird. 1

2 Rechtspolitisch fragwürdig, aber de lege lata beachtlich schützt Art 28 nur **Beklagte**, die ihren Wohnsitz **iSv Art 62 f** zwar nicht im Gerichtsstaat, aber in einem anderen Mitgliedstaat haben (also nicht in einem Drittstaat). Zum Vorgehen bei unbekanntem Wohnsitz s Rn 7. Zudem wird nur geschützt, wer sich **nicht auf das Verfahren einlässt**, sich also nicht selbst oder durch einen selbstbestellten Vertreter am Verfahren beteiligt. Die Beteiligung kann ausweislich Art 26 nicht nur in der mündlichen Verhandlung, sondern auch schriftlich erfolgen und muss sich nicht auf die Hauptsache beziehen, sondern kann auch Zulässigkeitsfragen betreffen (s Art 26 Rn 5).

3 In Art 28 II-IV ist, ebenso wie in Art 32 und Art 45 I lit b, ohne Erläuterung von einem **verfahrenseinleitenden oder gleichwertigen Schriftstück** die Rede, wobei zu beachten ist, dass diese Vorschriften unterschiedliche Zwecke verfolgen: Bei Art 28 und Art 45 I lit b geht es um Beklagtenschutz, bei Art 32 hingegen um eine faire Ausgestaltung des Prioritätsprinzips. Welches Schriftstück das Verfahren einleitet, besagt das mitgliedstaatliche Verfahrensrecht. Allerdings fordert der EuGH in verordnungsautonomer Auslegung als **inhaltliche Mindestanforderung**, dass „die Elemente des Rechtsstreits" anzugeben sind (so zum EuGVÜ schon EuGH NJW 1993, 2091); daraus müssen also zumindest die Parteien, das angerufene Gericht sowie der Verfahrensgegenstand hervorgehen. Um ein **gleichwertiges Schriftstück**, das dem Beklagten wie ein verfahrenseinleitendes zugehen muss, handelt es sich jedenfalls dann, wenn der bisherige Antrag wesentlich erweitert oder geändert wird.

4 **II) Prüfungsprogramm.** Art 28 I gebietet eine **amtswegige Zuständigkeitsprüfung**, nicht hingegen eine amtswegige Ermittlung aller zuständigkeitsrelevanten Umstände; es bleibt also beim Beibringungsgrundsatz. Fraglich ist allerdings, ob das Gericht im Säumnisfall den Klägervortrag zu **doppelrelevanten Tatsachen** auf der Zuständigkeitsebene ohne Weiteres als zutreffend unterstellen darf (s Art 7 Rn 4). Die Zuständigkeitsprüfung ist nicht nur in der ersten Instanz, sondern auch noch in der **Rechtsmittelinstanz** geboten (s EuIZPR Rn 61). Weil dem Beklagten eine rügelose Einlassung gem Art 26 unbenommen bleibt, darf das Gericht gestützt auf Art 28 I nicht bereits die Zustellung der Klageschrift verweigern. Kommt eine gesetzliche ausschließliche Zuständigkeit eines anderen Mitgliedstaats in Betracht, gilt Art 27. Eine klageausschließende Schieds- oder ADR-Vereinbarung ist für Art 28 I nicht relevant.

5 Art 28 III geht II und IV vor. Sein Wortlaut nimmt noch Bezug auf die alte EuZustVO, die zum 1.7.2022 durch die neue ersetzt worden ist (s Art 1 EuZustVO Rn 1); Art 28 III ist somit auf **Art 22 EuZustVO 2020** zu beziehen (Art 36 II EuZustVO); vgl hierzu Art 22 EuZustVO Rn 2.

6 Die Anwendbarkeit von **Art 15 HZÜ** (s § 183 ZPO Rn 8) ist gem Art 28 IV Brüssel Ia-VO nachrangig zu III, aber vorrangig zu II. Art 15 HZÜ wird relevant, wenn das verfahrenseinleitende Schriftstück in einen Staat zuzustellen ist, der nicht der EU angehört, aber Vertragsstaat des HZÜ ist. Deutschland hat von der in Art 15 II HZÜ vorgesehenen Möglichkeit Gebrauch gemacht (s BGBl 1993 II, 703).

7 Auf die **Auffangregel in Art 28 II** kommt es dann an, wenn das verfahrenseinleitende Schriftstück in einen Staat zuzustellen ist, der weder EU-Mitgliedstaat noch HZÜ-Vertragsstaat ist, zudem dann, wenn der Wohnsitz des Antragsgegners nicht ermittelt werden kann (denn dann gelten weder das HZÜ noch die EuZustVO, vgl jeweils Art 1 II). Das angerufene Gericht hat dann von Amts wegen gem Art 28 II zu prüfen, ob es dem Beklagten möglich war, das verfahrenseinleitende Schriftstück oder ein gleichwertiges Schriftstück so rechtzeitig zu empfangen, dass er sich verteidigen konnte. Nicht ausschlaggebend ist hierbei (insoweit abweichend von Art 22 I EuZustVO) die Ordnungsgemäßheit der erfolgten Zustellung. Rechtzeitig ist diese, wenn das Schriftstück dem Beklagten mit einem solchen zeitlichen Abstand zu dem durch Gesetz oder richterliche Anordnung bestimmten Einlassungszeitpunkt zugegangen ist, dass er nicht nur seine Verteidigungsbereitschaft erklären oder zum anberaumten Termin erscheinen konnte, sondern dass ihm auch eine angemessene Frist zur Vorbereitung einer effektiven Verteidigung zur Verfügung stand (vgl schon BGH NJW 2006, 70).

8 Alternativ lässt Art 28 II die Feststellung der **getroffenen erforderlichen Maßnahmen** genügen, was wiederum verordnungsautonom zu interpretieren ist. Das angerufene Gericht ist also nicht gehindert, zur Sache zu verhandeln, wenn alle erforderlichen Maßnahmen getroffen wurden, um dem Antragsgegner eine Verteidigung zu ermöglichen; das Gericht muss sich allerdings vergewissern, dass alle Nachforschungen, die der Sorgfaltsgrundsatz sowie Treu und Glauben gebieten, vorgenommen worden sind, um den Antragsgegner ausfindig zu machen (vgl EuGH NJW 2012, 1199; EuGH EuZW 2012, 381). Ist der Wohnsitz des Beklagten nicht ermittelbar und sind somit weder das HZÜ noch die EuZustVO anwendbar (vgl jeweils Art 1 Abs 2), bleibt als Ausweg nur eine **öffentliche Zustellung** iSv § 185 ZPO.

9 **III) Rechtsfolge.** Ergibt die Zuständigkeitsprüfung gem Art 28 I die **Unzuständigkeit des angerufenen Gerichts**, so ist die Klage als unzulässig abzuweisen. Ist hingegen von Zuständigkeit auszugehen, so ordnet Art 28 II an, das **Verfahren auszusetzen**; Art 22 I EuZustVO besagt weniger deutlich, aber gleichsinnig, dass vorerst kein Urteil ergehen darf. Gemeint ist jeweils, dass das Verfahren nicht in der Sache weiterbetrieben wird. Dies steht nicht im Ermessen des Gerichts. Das Verfahren kommt allerdings nicht zum Stillstand; vielmehr hat das Gericht die ihm obliegende Prüfung anhand von Art 28 bzw der dort in Bezug genommenen Instrumente durchzuführen. Zeigt die Prüfung, dass der Anspruch des Beklagten auf rechtliches Gehör noch

nicht gewahrt ist, so ist dem abzuhelfen, indem hinreichende Gelegenheit zur Verteidigung eingeräumt wird; es ist also nicht etwa die Klage als unzulässig abzuweisen. Ergibt sich, dass der Anspruch gewahrt ist, so wird das Verfahren unabhängig vom Ausbleiben des Beklagten fortgeführt (wobei die jeweilige lex fori bestimmt, ob es dazu eines besonderen Beschlusses bedarf, so in Deutschland § 150 S 1 ZPO).

Abschnitt 9 – Anhängigkeit und im Zusammenhang stehende Verfahren (Art 29-34)

Artikel 29 (Artikel 27 LugÜ)

(1) Werden bei Gerichten verschiedener Mitgliedstaaten Klagen wegen desselben Anspruchs zwischen denselben Parteien anhängig gemacht, so setzt das später angerufene Gericht unbeschadet des Artikels 31 Absatz 2 das Verfahren von Amts wegen aus, bis die Zuständigkeit des zuerst angerufenen Gerichts feststeht.

(2) In den in Absatz 1 genannten Fällen teilt das angerufene Gericht auf Antrag eines anderen angerufenen Gerichts diesem unverzüglich mit, wann es gemäß Artikel 32 angerufen wurde.

(3) Sobald die Zuständigkeit des zuerst angerufenen Gerichts feststeht, erklärt sich das später angerufene Gericht zugunsten dieses Gerichts für unzuständig.

Lit zu Art 29-34: *Bachmeier*, Das unionsrechtliche Kontrollkriterium der geordneten Rechtspflege im Rechtsverkehr mit Drittstaaten, 2021; *Bernard*, Die Mitteilung gem Art 29 Abs 2 EuGVVO, RIW 2022, 106; *Breder*, Die Verzahnung der Brüssel Ia-VO mit der Schiedsgerichtsbarkeit bei Parallelverfahren, 2020; *Duventäster*, Vorprozessuale Prioritätssicherung: Rechtshängigkeitssperre durch vorprozessuale Streitbeilegungsverfahren im europäischen Zivilprozessrecht, 2023; *Eberl*, Obligatorische Schlichtungsverfahren und Anrufung des Gerichts gemäß Art. 32 Abs. 1 EuGVVO, FS Geimer, 2017, S 57; *Eicher*, Die Auswirkungen von Rechtsverwirklichungschancen in Drittstaaten auf die Justizgewährung in Deutschland, 2017; *Gebauer*, Litispendenz in Drittstaaten und ihre Regelung durch mitgliedstaatliches Recht, FS Schack, 2022, S 585; *Geimer*, Das Prioritätsprinzip des Art. 29 EuGVVO und seine Grenzen, FS Prütting, 2018, S 285; *Goltz/Janert*, Die gerichtliche Zuständigkeit gem. Art. 27 EuGVVO bei Klageerhebung in zwei EU-Staaten, MDR 2014, 125; *Hau*, Rechtshängigkeitssperre durch obligatorische ADR-Verfahren im europäischen Zivilprozessrecht, ZEuP 2019, 384; *Hilbig-Lugani*, Der gerichtsstandsvereinbarungswidrige Torpedo, FS Schütze, 2015, S 195; *Kastanidis*, Prozessrechtliche Behandlung der Feststellungsklage nach der EuGVVO, GPR 2022, 121; *Kern/Uhlmann*, Der Zeitpunkt des Eintritts der Sperrwirkung unter der EuGVVO, IPRax 2020, 12; *Kindler*, Gerichtsstandsvereinbarung und Rechtshängigkeitssperre, FS Coester-Waltjen, 2015, S 485; *Klöpfer*, Die Zukunft der Torpedoklage im Europäischen Zivilverfahrensrecht, JbItalR 28 (2016), 165; *Leipold*, Neues zum Verhältnis zwischen dem Europäischen Zivilprozessrecht und dem einzelstaatlichen Recht: die Bestimmungen der EuGVVO 2012 zur Zuständigkeit für Klagen gegen Parteien mit Wohnsitz in Drittstaaten und zur Beachtung der Rechtshängigkeit in Drittstaaten, FS Schilken, 2015, S 353; *Lipps*, Europäischer Individualrechtsschutz in Parallelverfahren, 2024; *Lüke*, Die „vorbeugende negative Feststellungsklage" und die EuGVVO, FS Prütting, 2018, S 417; *Mankowski*, Der Schutz von Gerichtsstandsvereinbarungen vor abredewidrigen Klagen durch Art. 31 Abs. 2 EuGVVO n.F., RIW 2015, 17; *Mansel/Nordmeier*, Partei- und Anspruchsidentität im Sinne des Art. 27 Abs. 1 EuGVVO bei Mehrparteienprozessen, FS Kaissis, 2012, S 629; *Nordmeier*, Eintritt und Fortbestand der Rechtshängigkeit nach Art 16 EuEheVO und Art 32 EuGVVO, IPRax 2016, 329; *Thorn/Paffhausen*, Parallelverfahren nach der Brüssel Ia-VO, FS Lindacher, 2017, S 405; *Tsikrikas*, Gedanken über die Beachtung einer anderweitigen Rechtshängigkeit im europäischen Rechtsraum – insbesondere bei parallel laufenden Verfahren in Mitglied- und Drittstaaten, FS Roth, 2021, S 821; *Weller*, Kollektiver Rechtsschutz in Europa: Grenzüberschreitende Aspekte, in Hess/Hau, Kollektiver Rechtsschutz in Europa, 2025, S 17; *Wössner*, Entscheidungskollisionen unter der Brüssel Ia-Verordnung: Eine Untersuchung zu Litispendenz und Anerkennungsversagung, unter Einbeziehung der Schiedsgerichtsbarkeit, 2023.

I) Überblick. Art 29-34 dienen der frühzeitigen Bewältigung positiver Kompetenzkonflikten, die aus der parallelen Einleitung von Gerichtsverfahren in mehreren Mitgliedstaaten resultieren (zur Bewältigung negativer Kompetenzkonflikte vgl Art 4 Rn 12, Art 45 Rn 33, Art 62 Rn 2). Den **Normzweck** unterstreicht ErwGr Nr 21 S 1, wonach „im Interesse einer abgestimmten Rechtspflege Parallelverfahren so weit wie möglich vermieden werden [müssen], damit nicht in verschiedenen Mitgliedstaaten miteinander unvereinbare Entscheidungen ergehen". Vornehmlich soll also im Interesse des **internationalen Entscheidungseinklangs** sichergestellt werden, dass nicht später die Anerkennung bzw Vollstreckung gem Art 45 I lit c oder d versagt werden muss; zudem gilt es, den mit mehrfacher Verfahrensführung einhergehenden **vermeidbaren Mehraufwand** für Gerichte und Parteien zu unterbinden. 1

Regelungen wie Art 29 ff sind erforderlich, weil die Brüssel Ia-VO grds **konkurrierende Gerichtsstände** vorsieht und selbst ausschließliche Gerichtsstände (kraft Gesetzes oder Parteivereinbarung) es nicht von vornherein ausschließen, dass in einer Angelegenheit die Gerichte in verschiedener Mitgliedstaaten angerufen werden: sei es, weil sich die Parteien wechselseitig mit Klagen überziehen, sei es, dass eine Partei mehrere Verfahren rein vorsorglich oder deshalb einleitet, um Druck auf den Gegner aufzubauen bzw dessen Kompromissbereitschaft zu erhöhen. In einem solchen Fall kommt es zu einem **positiven Kompetenzkonflikt**, und dann lassen sich die erwähnten Regelungsziele nur erreichen, indem nur eines der konkurrierenden Verfahren fortgesetzt und das andere eingestellt wird. Das vorrangige Verfahren bestimmen Art 29 ff bei mehreren zuständigen Gerichten nicht etwa anhand der größeren Sachnähe, sondern anhand der zeitlichen Reihenfolge der Verfahrenseinleitung. Dieses **Prioritätsprinzip** verspricht Rechtssicherheit und vermeidet einen Anreiz, einem bereits an- 2 hängigen Verfahren ein weiteres folgen zu lassen. Sein Nachteil besteht zwar darin, dass es zu einem Wettlauf der Parteien um die frühere Verfahrenseinleitung kommen kann, aber Art 32 ermöglicht immerhin die verordnungsautonome Bestimmung des für den Prioritätstest maßgeblichen Zeitpunkts.

3 Art 29 sieht eine sog **Rechtshängigkeitssperre** vor (vgl Rn 13 zu diesem eher missverständl Begriff): Sie setzt übereinstimmende Streitgegenstände in konkurrierenden mitgliedstaatlichen Verfahren voraus. Ergänzend erlaubt die sog **Konnexitätssperre** gem Art 30 eine ermessensabhängige Aussetzung im Falle eines bloßen Sachzusammenhangs zwischen mitgliedstaatlichen Verfahren. Entsprechende Regelungen für Konkurrenzen zwischen mitglied- und drittstaatlichen Verfahren sind Art 33 und 34. Zu Sondervorschriften zu gleichzeitigen und aufeinander folgenden Klagen aus EU- und nationalen Schutzrechten vgl Heinze GRUR 2018, 160. **Art 27 ff LugÜ** entsprechen Art 29-32 (nicht: Art 33 f) bei Konkurrenzen zwischen Verfahren in einem Brüssel Ia-Mitgliedstaat und einem Nur-LugÜ-Vertragsstaat (Island, Norwegen, Schweiz). Funktionsäquivalente, aber enger zugeschnittene Vorschriften zur Beachtung ausländischer Parallelverfahren finden sich ansatzweise in Art 6 HGÜ, zudem in multilateralen **Spezialkonventionen** (so in Art 31 II CMR zum Straßengüterverkehr; s Art 71 Rn 1).

4 **II) Anwendungsbereich. 1) Gerichtsverfahren.** Der in Art 29 verwendete Begriff des Gerichts meint allein **staatliche Gerichte**. Keine Pflicht zur Aussetzung folgt daher für ein staatliches Gericht aus einem früher eingeleiteten **Schiedsverfahren** (vgl allerdings EuGH IPRax 2023, 280 Tz 64 ff, wonach merkwürdigerweise der EuGH umgekehrt von Schiedsgerichten durchaus erwartet, dass sie ein früher eingeleitetes staatliches Gerichtsverfahren beachten).

5 Art 29 gilt auch nicht für Verfahren bei sonstigen privaten oder öffentlichen Stellen, die sich mit außergerichtlicher Streitbeilegung befassen. Ein Sonderproblem ergibt sich, wenn nicht aus freien Stücken ein ADR-Verfahren eingeleitet wird, sondern deshalb, weil ein solches gemäß dem mitgliedstaatlichen Verfahrensrecht zwingend einer Anrufung der Gerichte vorgeschaltet ist (beachte Hau ZEuP 2019, 384, 390 ff; Kern/Uhlmann IPRax 2020, 12, 16 ff; näher Duventäster, Vorprozessuale Prioritätssicherung, 2023). Auch Einrichtungen, die nach mitgliedstaatlichem Recht im Anwendungsbereich solcher **obligatorischen ADR-Verfahren** vorrangig anzurufen sind, lassen sich nicht ohne Weiteres als Gericht iSv der Verordnung qualifizieren (nicht verallgemeinerungsfähig daher EuGH FamRZ 2018, 286, wo der EuGH zum LugÜ in einer Unterhaltssache mit der starken Gerichtsähnlichkeit der Schweizer Schlichtungsbehörden argumentieren konnte). Gleichwohl erscheint es sinnvoll, die gesetzlich zwingend vorgesehene Anrufung einer ADR-Einrichtung für die Zwecke von Art 29 unter bestimmten Voraussetzungen der zu diesem Zeitpunkt noch nicht zulässigen, aber später erfolgten Anrufung eines Gerichts gleichzustellen. Normativer Ansatz hierfür ist Art 32 als Ausprägung der grundrechtlich verbürgten **prozessualen Waffengleichheit**: Danach gilt es sicherzustellen, dass das mit dem Prioritätsprinzip einhergehende „race to the courthouse" unabhängig von den unterschiedlichen nationalen Vorschriften über die Verfahrenseinleitung fair ausgestaltet wird, also namentlich von Unwägbarkeiten abgekoppelt ist, die sich dem Einfluss der Parteien entziehen. Dieser Gedanke verbietet es, eine Partei bei einem Wettlauf um die frühere Verfahrenseinleitung zu benachteiligen, wenn sie in einem Mitgliedstaat vorgehen möchte, der auf der Durchführung eines vorgeschalteten ADR-Verfahrens besteht.

6 **2) Räumlicher und persönlicher Anwendungsbereich.** Art 29 setzt voraus, dass die konkurrierenden Verfahren in **verschiedenen Mitgliedstaaten** ausgetragen werden, ist also unanwendbar, wenn es zu konkurrierenden Verfahren innerhalb eines Mitgliedstaats kommt. Für Konkurrenzen zwischen mitglied- und drittstaatlichen Verfahren gelten Art 33 und 34.

7 Art 29 verlangt konkurrierende Verfahren zwischen denselben Parteien, stellt aber nicht auf die jeweiligen **Parteirollen** ab: Es kommt also nicht darauf an, ob eine Partei in beiden Verfahren als Kläger auftritt oder einmal als Kläger und einmal als Beklagter. Unerheblich ist, ob die Parteien in den Gerichtsstaaten, in anderen Mitgliedstaaten oder in Drittstaaten ansässig sind.

8 **3) Verfahren „wegen desselben Anspruchs".** Die hM weist der Rechtshängigkeitssperre gemäß Art 29 I einen weiten Anwendungsbereich zu, der deutlich über die in § 261 III Nr 1 ZPO geforderte Streitgegenstandsidentität hinausgeht. Der EuGH lässt bereits die Identität des Klagegrundes genügen (sog **Kernpunkttheorie**), also zB das Vertragsverhältnis oder den tatsächlichen Haftungsgrund, auch wenn unterschiedliche Rechtsschutzziele verfolgt werden (grundlegend schon zum EuGVÜ EuGH NJW 1989, 665; bestätigt und fortentwickelt durch EuGH IPRax 1996, 108).

9 Aus der Kernpunkttheorie folgt insb, dass **(negative) Feststellungsklagen** mit Rücksicht auf die zuständigkeitsrechtliche Waffengleichheit nicht schlechter als Leistungsklagen zu behandeln sind (stRspr, vgl aus neuerer Zeit etwa EuGH IPRax 2023, 280 Tz 68; BGH NJW 2017, 564, 565; Thole NJW 2013, 1192, 1194; Kern/Uhlmann IPRax 2020, 12; Schack IPRax 2021, 99, 100 f). Klagt zB A in Deutschland gegen B auf Feststellung, diesem aus einem bestimmten Vertrag nichts mehr zu schulden, so kann sich dieses Verfahren gegenüber der später von B in Italien gegen A erhobenen Zahlungsklage durchsetzen (BGH NJW 2010, 3452, 3454; beachte auch EuGH NJW 2013, 287, 289; EuGH EuZW 2014, 220, 221). Letztlich wäre B also darauf verwiesen, seinen angeblichen Zahlungsanspruch widerklagend in Deutschland zu verfolgen (vgl Art 8 Nr 3); insb kann die drohende Verjäh-

rung seines Anspruchs den B dann zur Widerklage anhalten, wenn die lex causae weder der negativen Feststellungsklage noch der Verteidigung dagegen verjährungshemmende Wirkung beimisst. Merkwürdigerweise wird dagegen immer wieder auf das angeblich besonders hohe Missbrauchspotential negativer Feststellungsklagen verwiesen (vgl zur Gefahr sog „Torpedoklagen" etwa Brand IPRax 2016, 314; Gottwald MDR 2016, 936, 938), kaum aber jemals auf das vermutlich ungleich häufigere Phänomen unberechtigt erhobener Leistungsklagen. Als sinnvoll erweist sich eine negative Feststellungsklage vor allem dann, wenn man sich damit einen Heimatgerichtsstand sichern kann, aber auch dies erscheint keineswegs anstößiger als im Falle einer Leistungsklage.

4) Sonderfragen. Keine Sperrwirkung hat der EuGH der Geltendmachung eines Schadensersatzanspruchs in einem **strafrechtlichen Verfahren** (EuGH IPRax 2019, 147, dort zum Auftreten als Zivilpartei vor einem belgischen Untersuchungsrichter; dazu Kohler IPRax 2019, 120) sowie der Einleitung eines **selbständigen Beweisverfahrens** beigemessen (EuGH RIW 2017, 510; dazu Schlosser IPRax 2017, 551; Antomo GPR 2018, 18). Verneint hat der BGH die Streitgegenstandsidentität bei der Konkurrenz eines belgischen Verfahrens zur Errichtung eines Haftungsfonds und einer deutschen Schadensersatzklage gegen das von diesem Fonds geschützten Unternehmen (BGH NJW 2022, 2928 Tz 16). Zu den Besonderheiten bei Einleitung eines obligatorischen Schlichtungsverfahrens s Rn 5. Zu Koordinationsproblemen im **kollektiven Rechtsschutz** vgl Weller in Hess/Hau, Kollektiver Rechtsschutz in Europa, 2025, S 17, 43 ff. 10

Häufig werden **einstweilige Maßnahmen** zeitgleich in mehreren Staaten oder parallel zu einem ausländischen Hauptsacheverfahren angestrengt. Art 29 I steht dem grds nicht entgegen, denn die Streitgegenstände von Hauptsache und einstweiligem Rechtsschutzverfahren bzw von verschiedenen einstweiligen Rechtsschutzverfahren sind nicht identisch (näher Hau IPRax 2022, 232, 233 ff, dort anhand der Fallgestaltung von EuGH IPRax 2022, 275, wo das Problem nicht angegangen wird). Dieser Befund erscheint allerdings dann zweifelhaft und deshalb eine zumindest entsprechende Anwendung von Art 29 I sinnvoll, wenn das einstweilige Rechtsschutzverfahren ausnahmsweise – wie im Falle des Antrags auf Erlass einer Leistungsverfügung – auf Befriedigung des Gläubigers hinausläuft, also funktional einem Hauptsacheverfahren entspricht (näher Eichel ZZP 131 [2018], 71, 80 ff). 11

Schwierigkeiten bereitet die Frage, ob eine Forderung, die bereits selbständig eingeklagt wird, vor Abschluss dieses Verfahrens noch mittels **Prozessaufrechnung** in ein weiteres Verfahren eingeführt werden kann, das in einem anderen Mitgliedstaat mit umgekehrten Parteirollen ausgetragen wird (dazu Linke/Hau IZVR Rn 7.18 f). Nach hM wird die Gegenforderung dadurch, dass sie im Zweitverfahren aufrechnungsweise geltend gemacht wird, nicht iSv Art 29 I rechtshängig (EuGH IPRax 2003, 443), und folglich hindert diese Vorschrift den Beklagten nicht an der Aufrechnung. Die entgegen der hM für eine direkte oder analoge Anwendung von Art 29 plädierende Ansicht verfolgt im Kern allerdings ein berechtigtes Anliegen, soweit sie darauf beharrt, dass eines der beiden Verfahren – und zwar richtigerweise das Erstverfahren entsprechend § 148 ZPO – ausgesetzt werden sollte (näher Hau ZZPInt 8 [2003], 505, 507 ff). Der BGH hat in einer vergleichbaren Gestaltung die Frage offengelassen, inwieweit § 148 ZPO im Rahmen des vereinheitlichten Zuständigkeitsrechts herangezogen werden kann (BGH NJW 2014, 2798, 2801 f). 12

III) Verfahrensfragen. 1) Aussetzung des später eingeleiteten Verfahrens. Für den Fall, dass ein Gericht angerufen wird, obwohl ein Verfahren betreffend dieselbe Angelegenheit zwischen denselben Parteien bereits in einem anderen Mitgliedstaat anhängig ist, schreibt Art 29 I vor, dass das nach Maßgabe von Art 32 später angerufene Gericht sein Verfahren auszusetzen hat, bis die Zuständigkeit des zuerst angerufenen Gerichts geklärt ist. Man mag dies als **Rechtshängigkeitssperre** bezeichnen, wenngleich dieser Begriff eher missverständlich erscheint, weil von Rechtshängigkeit in der VO nur beiläufig die Rede ist (vgl die Überschriften von Art 29, 33 sowie ErwGr Nr 21 f) und Art 32 mit der Anrufung des Gerichts etwas anderes meint als Rechtshängigkeit iSv § 261 ZPO (s Art 32 Rn 4). 13

Weil sich der Aussetzungsbefehl unmittelbar aus Art 29 I ergibt, bedarf es keiner analogen Anwendung mitgliedstaatlicher Vorschriften, in Deutschland also von § 148 ZPO. Die Aussetzung gem Art 29 I muss **ermessensunabhängig und von Amts wegen** erfolgen; dies belegt bereits ein Umkehrschluss zur abweichenden Regelung in Art 30, 33 f. Allerdings ist das Gericht, um eine Aussetzung überhaupt in Erwägung ziehen zu können, auf Vortrag hinsichtlich der Existenz eines Parallelverfahrens angewiesen. Bestehen Zweifel, welches Gericht als erstes iSv Art 32 angerufen worden ist, so bieten sich eine **direkte Kommunikation** zwischen den Gerichten mit Hilfe des Europäischen Justiziellen Netzes für Zivil- und Handelssachen an (vgl Art 29 II; dazu Bernhard RIW 2022, 106). 14

Die Aussetzungspflicht endet, wenn es zu einer **Erledigung des Verfahrens** vor dem zuerst angerufenen Gericht kommt (vgl die merkwürdige Formulierung des EuGH, dass dann das später angerufene Gericht zum zuerst angerufenen Gericht werde: EuGH NJW 2015, 3776, dort zur Brüssel IIa-VO). Die Aussetzung im Zweitstaat endet auch dann, wenn das frühere Verfahren zwar abgeschlossen, damit aber das im zweiten Verfahren verfolgte **weitergehende Rechtsschutzziel** noch nicht erreicht worden ist. So verhält es sich zB, wenn im ersten Mitgliedstaat das Bestehen eines Anspruchs festgestellt wurde, im anderen Mitgliedstaat hingegen dessen Titulierung begehrt wird. 15

16 **2) Keine Zuständigkeitsprüfung oder positive Anerkennungsprognose.** Die Aussetzungspflicht gem Art 29 I hängt nicht davon ab, ob sich die **internationale Zuständigkeit** der beteiligten Gerichte aus Art 3-5, 7 ff oder gem Art 6 aus dem mitgliedstaatlichen Recht ergibt. Ist das später angerufene Gericht nach allg Regeln ohnehin international unzuständig, so liegt es nahe, nicht etwa sein Verfahren gem Art 29 I auszusetzen, sondern die Klage als unzulässig abzuweisen (vgl in diesem Sinne zum LugÜ auch BGH NJW 2014, 2800, 2801). Umgekehrt steht es dem später angerufenen Gericht nicht etwa frei, sein Verfahren unter Hinweis darauf fortzusetzen, dass seines Erachtens dem Gericht des anderen Mitgliedstaats die internationale Zuständigkeit fehle. Eine Durchbrechung des Prioritätsprinzips folgt allerdings aus Art 31 II, wenn eine ausschließliche Zuständigkeit kraft **Gerichtsstandsvereinbarung iSv Art 25** in Rede steht (s Art 31 Rn 2 ff).

17 Ein wesentlicher Unterschied zum autonomen deutschen IZPR (s EuIZPR Rn 67) besteht darin, dass Art 29 **keine positive Anerkennungsprognose** hinsichtlich der im Erstprozess zu erwartenden Entscheidung voraussetzt bzw keine dahingehende Überprüfung erlaubt: Das später angerufene Gericht darf die Berücksichtigung des früher in einem anderen Mitgliedstaat eingeleiteten Verfahrens daher nicht von einer **Vorabkontrolle anhand der in Art 45 genannten Anerkennungshindernisse** abhängig machen (vgl schon EuGH EuZW 2004, 188; BGH NJW 1995, 1758). Für das Verbot einer Anerkennungsprognose sprechen das diesbezügliche Schweigen von Art 29 I, III sowie ein Umkehrschluss aus Art 33 I lit a, Art 34 I lit b. Zudem ist auf das gebotene **gegenseitige Vertrauen** zwischen den Mitgliedstaaten hinzuweisen: Die in Art 45 vorgesehenen Anerkennungshindernisse betreffen den Ausnahmefall, dass sich eine im Ausland ergangene Entscheidung als unvereinbar mit überragend wichtigen Vorstellungen des Zweitstaats erweist. Solange jedoch das Verfahren im Erststaat noch nicht abgeschlossen ist, haben die Gerichte des Zweitstaats davon auszugehen, dass das zuerst angerufene ausländische Gericht in anerkennungsfähiger Weise entscheiden wird (kaum haltbar daher LG Düsseldorf GRUR-RR 2016, 228). Im Übrigen dürfte die fehlende Anerkennungsfähigkeit nur höchst selten bereits evident sein, während das ausländische Verfahren noch läuft.

18 **3) Beendigung des später eingeleiteten Verfahrens.** Sobald die Zuständigkeit des zuerst angerufenen Gerichts feststeht, erklären sich später angerufene Gerichte, die ihre Verfahren bis dahin bereits ausgesetzt hatten (Art 29 I), endgültig für unzuständig (Art 29 III). Nach deutscher Terminologie wäre das von der VO als **Unzuständigerklärung** umschriebene Ergebnis dahingehend zu formulieren, dass das deutsche Gericht die Klage wegen entgegenstehender anderweitiger Rechtshängigkeit als unzulässig abweist.

19 Der EuGH hat sich zur **Bestimmung des Zeitpunkts** geäußert, zu dem die Zuständigkeit des zuerst angerufenen Gerichts feststeht (EuGH EuZW 2014, 340, 342; dazu Anthimos GPR 2014, 236; Koechel IPRax 2014, 394, 396 f). Danach soll die Zuständigkeit schon dann als hinreichend geklärt gelten, wenn sich das zuerst angerufene Gericht nicht von Amts wegen für unzuständig erklärt und keine der Parteien den Mangel seiner Zuständigkeit vor oder mit der Stellungnahme geltend gemacht hat, die nach dem innerstaatlichen Recht als das erste Verteidigungsvorbringen vor diesem Gericht anzusehen ist. Liegt zu diesem frühen Zeitpunkt noch keine Klärung im Erstverfahren vor, namentlich weil dort über die internationale Zuständigkeit gestritten wird, so bedarf es einer formell rechtskräftigen Entscheidung des Erstgerichts zur Zuständigkeitsfrage; hierzu kann allerdings auch eine Zwischenentscheidung genügen (vgl OLG Stuttgart FamRZ 2016, 1601; OLG Stuttgart FamRZ 2018, 1596 Tz 41). Die VO schreibt dem zuerst angerufenen Gericht keine **Frist für die Klärung der Zuständigkeitsfrage** vor (s zur somit drohenden Verfahrensverzögerung Rn 21).

20 Die VO enthält keine Vorgaben zu den kostenrechtlichen Konsequenzen, wenn das spätere Verfahren gem Art 29 III einzustellen ist. Somit bleibt es bei den allgemeinen Regeln der ZPO, im Grundsatz also bei der Kostentragungslast des Klägers im Zweitverfahren (§ 91 I ZPO). Dem kann er sich auch nicht durch **Erledigungserklärung** entziehen, denn seine Klage ist nicht etwa erst nachträglich unzulässig geworden, als sich das ausländische Gericht für zuständig erklärt hat, sondern war infolge der früheren ausländischen Rechtshängigkeit von vornherein unzulässig (vgl BGH MDR 2018, 691; dazu Hau MDR 2018, 723).

21 **IV) Grenzen des Prioritätsprinzips.** Werden konkurrierende Verfahren in verschiedenen Mitgliedstaaten eingeleitet, so kann fraglich sein, wie lange die Aussetzungspflicht zugunsten des früher eingeleiteten Verfahrens gilt, wenn dieses übermäßig verzögert wird. Im Hinblick auf das EuGVÜ hatte sich der EuGH klar positioniert: Danach dürfen die Gerichte im Zweitstaat nicht deshalb vom Prioritätsprinzip abweichen, weil Verfahren im Erststaat erfahrungsgemäß und auch im konkreten Fall unvertretbar lange dauern (EuGH EuZW 2004, 188). Die dem zugrundeliegende Vorstellung, dass die Rechtspflegesysteme aller Mitgliedstaaten qualitativ gleichwertig sind, ist eine im Binnenmarkt durchaus sinnvolle Arbeitshypothese (vgl etwa Kohler ZEuS 2016, 135), der freilich im konkreten Fall einer **extremen Verfahrensverzögerung bzw -verschleppung** nicht mehr blind zu trauen ist, wenn der durch Art 6 EMRK bzw Art 47 EuGRC verbürgte Justizgewährungsanspruch beeinträchtigt wird (ähnlich BGH NJW 2002, 2795). Die allzu kategorischen Aussagen des EuGH zur zeitlichen Reichweite der Aussetzungspflicht schaffen nicht nur Raum, sondern auch **Anreize für missbräuchliche Praktiken**. Den Vorschlag der Kommission, das zuerst angerufene Gericht durch eine Sechsmonatsfrist stärker in die Pflicht zu nehmen (KOM [2010] 748, 38), hat der Verordnungsgeber in der Brüssel Ia-VO leider nicht aufgegriffen. Daher bleibt zu überlegen, inwieweit ersichtlich arglistigem Parteiverhalten in Extremfällen mit einem ungeschrie-

benen **Missbrauchsverbot** begegnet werden kann (dafür etwa Thole ZZP 122 [2009], 423; für nicht gangbar hält dies BGH RIW 2014, 78, 79).

Eine Durchbrechung des Prioritätsprinzips in Abkehr von der früheren EuGH-Judikatur hat der Verordnungsgeber allerdings mit Art 31 II, III für den Fall eingeführt, dass eine ausschließliche Zuständigkeit kraft **Gerichtsstandsvereinbarung iSv Art 25** in Rede steht (s Art 31 Rn 2 ff). 22

V) Konsequenzen einer Verletzung von Art 29. 1) Anerkennung. Ignoriert ein Gericht entgegen Art 29 I, III die frühere Einleitung eines Verfahrens in einem anderen Mitgliedstaat, so löst dieser Umstand grundsätzlich **kein Anerkennungshindernis** iSv Art 45 hinsichtlich der Entscheidung aus, die im später eingeleiteten Verfahren ergeht (insoweit abweichend das autonome deutsche Anerkennungsrecht, vgl § 328 I Nr 3 ZPO). Dies hat der EuGH zur entsprechenden Problematik in Unterhalts- und Sorgerechtssachen klargestellt (EuGH FamRZ 2019, 1164; bestätigt durch ErwGr Nr 56 S 3 zur Brüssel IIb-VO). 23

2) Abwehrmaßnahmen gegen ausländische Verfahren. Ist aus deutscher Sicht ein ausländisches Parallelverfahren deshalb unbeachtlich, weil es später eingeleitet wurde, so hat das deutsche Gericht zur Sache zu entscheiden. Es besteht daher die Gefahr, dass der positive Kompetenzkonflikt nicht aufgelöst wird, wenn auch das konkurrierende Gericht im anderen Mitgliedstaat sein Verfahren fortsetzt. Dies ist bedauerlich, aber hinzunehmen. Schon im Verhältnis zu Drittstaaten kann im Inland nur in ganz extremen Ausnahmefällen eine gerichtliche Entscheidung erwirkt werden, die einer Partei das Einleiten oder Fortsetzen eines Verfahrens im Ausland untersagt (näher etwa Linke/Hau IZVR Rn 7.31 ff). Im innereuropäischen Rechtsverkehr bleibt für solche **Prozessführungsverbote** bzw **anti-suit injunctions** von vornherein keinerlei Raum (deutlich schon EuGH IPRax 2004, 425; bestätigend EuGH NJW 2023, 3279 Tz 25). 24

Artikel 30 (Artikel 28 LugÜ)

(1) Sind bei Gerichten verschiedener Mitgliedstaaten Verfahren, die im Zusammenhang stehen, anhängig, so kann jedes später angerufene Gericht das Verfahren aussetzen.

(2) Ist das beim zuerst angerufenen Gericht anhängige Verfahren in erster Instanz anhängig, so kann sich jedes später angerufene Gericht auf Antrag einer Partei auch für unzuständig erklären, wenn das zuerst angerufene Gericht für die betreffenden Verfahren zuständig ist und die Verbindung der Verfahren nach seinem Recht zulässig ist.

(3) Verfahren stehen im Sinne dieses Artikels im Zusammenhang, wenn zwischen ihnen eine so enge Beziehung gegeben ist, dass eine gemeinsame Verhandlung und Entscheidung geboten erscheint, um zu vermeiden, dass in getrennten Verfahren widersprechende Entscheidungen ergehen könnten.

Ergänzend zu Art 29 sieht Art 30 I eine sog **Konnexitätssperre** vor: Sind bei Gerichten verschiedener Mitgliedstaaten Klagen anhängig, die im Zusammenhang stehen, so kann das später angerufene Gericht das Verfahren aussetzen. Es bleibt also beim Prioritätsprinzip. 1

Der **erforderliche Zusammenhang** liegt vor, wenn zwischen den Klagen eine so enge Beziehung gegeben ist, dass eine gemeinsame Verhandlung und Entscheidung geboten erscheint, um zu vermeiden, dass in getrennten Verfahren widersprechende Entscheidungen ergehen könnten (Art 30 III). Dieses Kriterium ist verordnungsautonom und tendenziell weit zu interpretieren im Hinblick auf das Regelungsziel, internationalen Entscheidungseinklang sicherzustellen und vermeidbaren Mehraufwand für Gerichte und Parteien zu unterbinden (s Art 29 Rn 1). Echte Vorgreiflichkeit iSv § 148 I ZPO ist für Art 30 III nicht erforderlich, aber allemal hinreichend. Abweichend von Art 29 setzt Art 30 auch keine Identität der Parteien in beiden Verfahren voraus (dazu BGH RIW 2013, 387, 389 f; näher zu Einzelfragen der Parteienidentität bzw -mehrheit bei der Koordinierung von Parallelverfahren Mansel/Nordmeier FS Kaissis, S 629). 2

Wie Art 29 I erfordert Art 30 I keinen Aussetzungsantrag einer Partei. Anders als Art 29 I schreibt Art 30 I die Aussetzung allerdings nicht zwingend vor, sondern stellt sie in das **Ermessen** des später angerufenen Gerichts (näher dazu und zur Überprüfung in der Rechtsmittelinstanz BGH NJW-RR 2020, 98 Tz 37 ff, dort auch zum Verhältnis von Art 30 zu Art 31 II CMR). Von diesen Besonderheiten abgesehen, kann auf die Ausführungen zu Art 29 verwiesen werden. 3

Art 30 II erlaubt auf einen entsprechenden Parteiantrag eine **Unzuständigkeitserklärung** des später angerufenen Gerichts im Anschluss an eine Verfahrensverbindung durch das erstinstanzliche Gericht im zuerst angerufenen Mitgliedstaat. Dies gilt aber ausdrücklich nur nach Maßgabe des dortigen Rechts. Aus deutscher Sicht wird dies nicht relevant, weil § 147 ZPO nur die Verbindung von bei demselben Gericht anhängigen Verfahren vorsieht. 4

Artikel 31 (Artikel 29 LugÜ)

(1) Ist für die Verfahren die ausschließliche Zuständigkeit mehrerer Gerichte gegeben, so hat sich das zuletzt angerufene Gericht zugunsten des zuerst angerufenen Gerichts für unzuständig zu erklären.

(2) Wird ein Gericht eines Mitgliedstaats angerufen, das gemäß einer Vereinbarung nach Artikel 25 ausschließlich zuständig ist, so setzt das Gericht des anderen Mitgliedstaats unbeschadet des Artikels 26 das Verfahren so lange aus, bis das auf der Grundlage der Vereinbarung angerufene Gericht erklärt hat, dass es gemäß der Vereinbarung nicht zuständig ist.

(3) Sobald das in der Vereinbarung bezeichnete Gericht die Zuständigkeit gemäß der Vereinbarung festgestellt hat, erklären sich die Gerichte des anderen Mitgliedstaats zugunsten dieses Gerichts für unzuständig.

(4) Die Absätze 2 und 3 gelten nicht für Streitigkeiten, die in den Abschnitten 3, 4 oder 5 genannt werden, wenn der Kläger Versicherungsnehmer, Versicherter, Begünstigter des Versicherungsvertrags, Geschädigter, Verbraucher oder Arbeitnehmer ist und die Vereinbarung nach einer in den genannten Abschnitten enthaltenen Bestimmung nicht gültig ist.

1 **I) Verfahrenskonkurrenz bei ausschließlicher Zuständigkeit kraft Gesetzes (Art 31 I).** Art 31 I behandelt den Fall, dass Art 24 in derselben Angelegenheit die ausschließliche Zuständigkeit der Gerichte verschiedener Staaten vorsieht, und hält für diese – praktisch kaum jemals relevante – Konstellation am Prioritätsprinzip (s Art 29 Rn 2) fest. Bedeutsamer ist der nicht ausdrücklich geregelte Satz, dass abweichend vom Prioritätsprinzip das zuerst eingeleitete Verfahren zurücktreten muss, wenn gem Art 24 die **ausschließliche Zuständigkeit** nur desjenigen Mitgliedstaats besteht, in dem das zweite Verfahren eingeleitet wurde (klarstellend EuGH NJW 2014, 1871, 1872, dazu Nordmeier IPRax 2015, 120; BGH NJW 2015, 2734).

2 **II) Verfahrenskonkurrenz bei ausschließlicher Zuständigkeit kraft Gerichtsstandsvereinbarung (Art 31 II-IV).** Nach früherem Recht, also unter dem EuGVÜ und der Brüssel I-VO, war die Rechtshängigkeitssperre (heute: Art 29 I) nach Ansicht des EuGH selbst dann strikt zu beachten, wenn das erste Verfahren womöglich unter **Verstoß gegen eine Gerichtsstandsvereinbarung** eingeleitet worden war (EuGH EuZW 2004, 188); die Frage, ob diese wirksam ist, oblag also nicht etwa dem prorogierten, sondern dem zuerst angerufenen Gericht. Die frühere Rechtslage schuf Anreize für abredewidrige „Torpedoklagen", und dem ist der Verordnungsgeber mit der **Neuregelung in Art 31 II** entgegengetreten (dazu ErwGr Nr 22): Danach hat das zuerst angerufene Gericht dem womöglich prorogierten Gericht die Prüfung zu überlassen, ob dieses die Gerichtsstandsvereinbarung für wirksam erachtet, und sein Verfahren so lange auszusetzen. Das prorogierte Gericht muss nicht etwa die Aussetzung des Erstverfahrens abwarten, sondern kann sich ohne Rücksicht darauf an die Prüfung der Gerichtsstandsvereinbarung machen (klarstellend ErwGr Nr 22).

3 Art 31 II bezieht sich auf Parallelverfahren wegen **desselben Anspruchs** iSv Art 29 I, nicht hingegen auf den Fall, dass die Verfahren nur iSv Art 30 III miteinander in Zusammenhang stehen. Sie ist auf eine beide Parteien bindende **Gerichtsstandsvereinbarung** anzuwenden, zudem aber auch auf eine einseitig ausschließliche (asymmetrische) Vereinbarung, sofern diese die ausschließliche Zuständigkeit des später angerufenen Gerichts zulasten der vor dem erstbefassten Gericht klagenden Partei vorsieht (BGH NJW-RR 2021, 1207 Tz 61 ff; dazu Bangha-Szabo NZI 2021, 864, Bernard RIW 2021, 683). Zudem setzt Art 31 II, trotz seines zu engen Wortlauts nicht voraus, dass die Vereinbarung neben der internationalen auch die örtliche Zuständigkeit umfasst (vgl wiederum BGH NJW-RR 2021, 1207 Tz 72 ff).

4 Unklar erscheint, ob die Aussetzungspflicht gem Art 31 II auch dann greifen soll, wenn das angeblich **prorogierte Gericht noch nicht angerufen** wurde. Eine Pflicht zur Aussetzung des Erstverfahrens mit Rücksicht auf ein noch nicht eingeleitetes Verfahren im forum prorogatum erscheint zwar denkbar, verträgt sich aber weder mit dem Wortlaut von ErwGr Nr 22 und Art 31 II noch mit dessen systematischer Stellung im neunten Abschnitt (wie hier im Erg etwa MskV/Stadler/Krüger Art 31 Rn 3).

5 Leider gibt Art 31 II dem zuerst angerufenen Gericht keinen verlässlichen Maßstab dafür an die Hand, welche **Anforderungen an die Darlegung einer abweichenden Vereinbarung** zu stellen sind. Fraglich ist zum einen, ob sich dies nach mitgliedstaatlichem Recht bestimmt oder eher verordnungsautonomen zu beurteilen ist, und letzterenfalls, wie der Maßstab lautet. Mindestens zu fordern ist „eine gewisse Anfangswahrscheinlichkeit", dass es tatsächlich zu einer Gerichtsstandsvereinbarung gekommen ist (so Domej RabelsZ 78 [2014], 508, 535 f; vgl auch MskV/Stadler/Krüger Art 31 Rn 6a: erforderlich sei „zumindest der Anschein einer ausschließlichen Vereinbarung").

6 In einigen **Sonderfällen** bleibt es abweichend von Art 31 II beim Prioritätsprinzip: nämlich dann, wenn sich der Beklagte trotz der ihm günstigen derogierenden Gerichtsstandsvereinbarung rügelos auf das Erstverfahren einlässt (vgl Art 31 II: „unbeschadet des Artikels 26"), zudem in Versicherungs-, Verbraucher- und Arbeitssachen nach Maßgabe von Art 31 IV, ferner ausweislich ErwGr Nr 22 auch dann, wenn die Parteien widersprüchliche Gerichtsstandsvereinbarungen getroffen haben. Dasselbe muss gelten, wenn das zuerst angerufene Gericht gem Art 24 ausschließlich zuständig ist. Zu denkbaren Abstimmungsproblemen zwischen Art 31 II und Maßnahmen des einstweiligen Rechtsschutzes vgl Hau IPRax 2022, 232, 235.

Klärungsbedürftig ist, wie im Falle eines **Verstoßes gegen Art 31 II, III** zu verfahren ist. Der BGH hat dem EuGH die Frage vorgelegt, unter welchen Voraussetzungen das aus seiner Sicht ausschließlich prorogierte Gericht sein Verfahren fortführen darf, wenn das derogierte Gericht von der Aussetzung gem Art 31 II absieht (BGH MDR 2025, 189 = EuZW 2025, 191 [Bernard]; beachte auch Würdinger ZIP 2025, 820). 7

Artikel 32 (Artikel 30 LugÜ)

(1) Für die Zwecke dieses Abschnitts gilt ein Gericht als angerufen:

a) zu dem Zeitpunkt, zu dem das verfahrenseinleitende Schriftstück oder ein gleichwertiges Schriftstück bei Gericht eingereicht worden ist, vorausgesetzt, dass der Kläger es in der Folge nicht versäumt hat, die ihm obliegenden Maßnahmen zu treffen, um die Zustellung des Schriftstücks an den Beklagten zu bewirken, oder

b) falls die Zustellung an den Beklagten vor Einreichung des Schriftstücks bei Gericht zu bewirken ist, zu dem Zeitpunkt, zu dem die für die Zustellung verantwortliche Stelle das Schriftstück erhalten hat, vorausgesetzt, dass der Kläger es in der Folge nicht versäumt hat, die ihm obliegenden Maßnahmen zu treffen, um das Schriftstück bei Gericht einzureichen.

Die für die Zustellung verantwortliche Stelle im Sinne von Buchstabe b ist die Stelle, die die zuzustellenden Schriftstücke zuerst erhält.

(2) Das Gericht oder die für die Zustellung verantwortliche Stelle gemäß Absatz 1 vermerkt das Datum der Einreichung des verfahrenseinleitenden Schriftstücks oder gleichwertigen Schriftstücks beziehungsweise das Datum des Eingangs der zuzustellenden Schriftstücke.

Die Vorschrift legt verordnungsautonom den Zeitpunkt fest, der im Falle einer Verfahrenskonkurrenz für den Prioritätstest maßgeblich ist (vgl ErwGr Nr 21). Sie gilt sowohl für Art 29-31 als auch Art 33 f; geht es um mitgliedstaatliche Gerichte, ist Art 32 unabhängig davon anzuwenden, ob sich die internationale Zuständigkeit aus Art 4, 7 ff oder gem Art 6 aus nationalem Recht ergibt. Art 32 betrifft allein die Anrufung eines Gerichts, nicht hingegen den Fall, dass sich eine Partei zunächst an eine private oder öffentliche Stelle für außergerichtliche Streitbeilegung wendet (vgl aber Art 29 Rn 5). Von Bedeutung ist der von Art 32 festgelegte Zeitpunkt ferner im Hinblick auf Art 66 (s Art 66 Rn 2). 1

In Art 32 ist, ebenso wie in Art 28 und Art 45 I lit b, ohne Erläuterung von einem **verfahrenseinleitenden oder gleichwertigen Schriftstück** die Rede (s Art 28 Rn 3). Was gemeint ist, besagt das mitgliedstaatliche Verfahrensrecht, das auch über Art, Form und Inhalt entscheidet. Wenn man bedenkt, welchen Stellenwert die EU inzwischen der Digitalisierung der Justiz beimisst, erscheint es merkwürdig, dass in Art 32 nach wie vor nur von einem „Schriftstück" die Rede ist. Man sollte daher die Vorschrift entsprechend auf die Verfahrenseinleitung in **elektronischer Form** anwenden. Soweit im nationalen Verfahrensrecht vorgesehen, ist auch eine mündliche Verfahrenseinleitung (etwa zu Protokoll des Gerichts in der mündlichen Verhandlung) als Anrufung zu behandeln. 2

Die kompliziert anmutende Ausgestaltung von Art 32 I erklärt sich durch das Ziel, einerseits an die **unterschiedlichen nationalen Modelle der Verfahrenseinleitung** anzuknüpfen, andererseits im Sinne der prozessualen Waffengleichheit den Wettlauf der Parteien um die frühere Verfahrenseinleitung von den Zufälligkeiten des innergerichtlichen Geschäftsgangs bzw der internationalen Zustellungsrechtshilfe abzukoppeln. Bei Verfahrenskonkurrenzen kann es nicht nur auf den **Tag der Anrufung** des Gerichts, sondern auch auf die genaue **Uhrzeit** ankommen; dann soll eine etwaige Zeitverschiebung zwischen den beteiligten Mitgliedstaaten dem Abstellen auf die frühere Anrufung nicht entgegenstehen (vgl den Ausgangsfall bei EuGH NJW 2015, 3776). 3

Art 32 I UAbs 1 lit a knüpft an Verfahrensordnungen wie die deutsche ZPO an, nach denen das verfahrenseinleitende Schriftstück in der Regel zuerst zum Gericht und erst dann zum Antragsgegner gelangt. Gem lit a ist auch in Deutschland nicht auf die erst mit Zustellung der Klageschrift an den Beklagten eintretende Rechtshängigkeit abzustellen (so § 253 I, § 261 I, III Nr 1 ZPO), sondern bereits auf die **Einreichung „bei Gericht"**. Nichts anderes folgt aus dem Umstand, dass in der Verordnung mehrmals beiläufig, eher missverständlich, von „Rechtshängigkeit" die Rede ist (vgl die Überschrift zu Art 29). Entscheidend ist der Zeitpunkt, zu dem die Klageschrift bei Gericht eingeht, nicht hingegen, wann sie dort zB mit einem Eingangsstempel versehen, ausgefertigt oder registriert wird (EuGH 22.6.2016 – C-173/16, FamRB 2017, 55). 4

Gem lit a darf es der Kläger nicht versäumen, die ihm obliegenden **Maßnahmen zu treffen**, um die Zustellung des Schriftstücks an den Beklagten zu bewirken (näher Nordmeier IPRax 2016, 329, 332 f). Was es zu tun gilt, ergibt sich aus der jeweiligen lex fori (beachte etwa EuGH IPRax 2019, 147 Tz 59; näher zum deutschen Recht BGH NJW 2017, 564 Tz 23). Zeigt sich erst nach Eingang bei Gericht, dass zusätzliche Maßnahmen erforderlich sind (etwa das Nachreichen einer Übersetzung, vgl Art 12 EuZustVO), und werden diese daraufhin fristgerecht vorgenommen, so bleibt es dabei, dass schon der ursprüngliche Eingang bei Gericht als Zeitpunkt der Anrufung zählt (vgl etwa Eichel IPRax 2017, 352, 354). Insb dürfen dem Kläger etwaige Versäumnisse des angerufenen Gerichts nicht angelastet werden (vgl EuGH FamRZ 2015, 1865; EuGH 22.6.2016 – C-173/16, FamRB 2017, 5

55). Hat es der Kläger zunächst versäumt, ihm obliegende Maßnahmen zu treffen, handelt er dann verspätet aber doch noch, so erfolgt die Anrufung zu diesem Zeitpunkt, also ohne Rückwirkung.

6 Die in Art 32 I UAbs 1 lit b vorgesehene Variante der **Übergabe an die Zustellungsstelle** ist für den Zeitpunkt der Anrufung in solchen (romanischen) Mitgliedstaaten relevant, in denen das Gericht regelmäßig erst dann mit dem Verfahren befasst wird, wenn der entsprechende Schriftsatz dem Antragsgegner bereits zugestellt worden ist. Die Maßnahmen nach lit a und lit b müssen nicht kumulativ erfüllt werden (klarstellend EuGH IPRax 2019, 147 Tz 57; BGH NJW 2017, 564 Tz 22).

Artikel 33

(1) Beruht die Zuständigkeit auf Artikel 4 oder auf den Artikeln 7, 8 oder 9 und ist bei Anrufung eines Gerichts eines Mitgliedstaats wegen desselben Anspruchs zwischen denselben Parteien ein Verfahren vor dem Gericht eines Drittstaats anhängig, so kann das Gericht des Mitgliedstaats das Verfahren aussetzen, wenn

a) zu erwarten ist, dass das Gericht des Drittstaats eine Entscheidung erlassen wird, die in dem betreffenden Mitgliedstaat anerkannt und gegebenenfalls vollstreckt werden kann, und

b) das Gericht des Mitgliedstaats davon überzeugt ist, dass eine Aussetzung des Verfahrens im Interesse einer geordneten Rechtspflege erforderlich ist.

(2) Das Gericht des Mitgliedstaats kann das Verfahren jederzeit fortsetzen, wenn

a) das Verfahren vor dem Gericht des Drittstaats ebenfalls ausgesetzt oder eingestellt wurde,

b) das Gericht des Mitgliedstaats es für unwahrscheinlich hält, dass das vor dem Gericht des Drittstaats anhängige Verfahren innerhalb einer angemessenen Frist abgeschlossen wird, oder

c) die Fortsetzung des Verfahrens im Interesse einer geordneten Rechtspflege erforderlich ist.

(3) Das Gericht des Mitgliedstaats stellt das Verfahren ein, wenn das vor dem Gericht des Drittstaats anhängige Verfahren abgeschlossen ist und eine Entscheidung ergangen ist, die in diesem Mitgliedstaat anerkannt und gegebenenfalls vollstreckt werden kann.

(4) Das Gericht des Mitgliedstaats wendet diesen Artikel auf Antrag einer der Parteien oder, wenn dies nach einzelstaatlichem Recht möglich ist, von Amts wegen an.

1 Weder das EuGVÜ noch die Brüssel I-VO enthielten Regelungen zur **Berücksichtigung drittstaatlicher Verfahren**, und dasselbe gilt nach wie vor für das LugÜ sowie die Brüssel IIb-VO, EuUntVO, EuEheGüVO/EuPartGüVO und EuErbVO. Im Rahmen der Brüssel I-Reform von 2012 hielt es der Verordnungsgeber für sinnvoll, die Behandlung drittstaatlicher Parallelverfahren nicht mehr dem mitgliedstaatlichen Recht zu überlassen, sondern einheitlich zu regeln (s ErwGr Nr 23; dazu Hau IPRax 2025, 1, 3). Erfolgt ist dies mit Art 33 (Parallelverfahren mit identischem Streitgegenstand) und Art 34 (nur konnexe Parallelverfahren). Die Beachtlichkeit eines Parallelverfahrens in einem **Nur-LugÜ-Vertragsstaat** (Island, Norwegen, Schweiz) bestimmt sich nicht nach Art 33 f, sondern nach Art 27 ff LugÜ.

2 Wie Art 29 f gehen auch Art 33 f vom **Prioritätsprinzip** aus, wobei sich die Ermittlung des zeitlich früher eingeleiteten Verfahrens nach Art 32 richtet. Sie gelten von vornherein allerdings nur dann, wenn die **Zuständigkeit des mitgliedstaatlichen Gerichts aus Art 4 oder Art 7-9** folgt. Nicht in Betracht kommt daher die Berücksichtigung eines drittstaatlichen Verfahrens in Versicherungs-, Verbraucher- und Arbeitssachen (Art 10 ff), bei ausschließlicher Zuständigkeit gem Art 24 oder wenn die Zuständigkeit des mitgliedstaatlichen Verfahrens auf einer Prorogation iSv Art 25 beruht (auch Art 31 II gilt nur bei Parallelverfahren in zwei Mitgliedstaaten).

3 Für die Ermittlung der für Art 33 erforderlichen **Übereinstimmung der Parteien und Streitgegenstände** sollte Entsprechendes wie bei Art 29 gelten (s Art 29 Rn 6 ff); ebenso etwa MskV/Stadler/Krüger Art 33 Rn 5, während nach aA hierzu auf das mitgliedstaatliche Recht abzustellen ist (so etwa Rauscher/Leible Art 33 Rn 8 ThP/Nordmeier Art 33 Rn 2). Abweichend von Art 29 soll es gem Art 33 IV dem mitgliedstaatlichen Recht überlassen bleiben, ob es die Anwendung von Art 33 von einem **Parteiantrag** abhängig macht; in Deutschland ist Art 33 amtswegig anzuwenden.

4 Gem Art 33 I lit a bedarf es als Voraussetzung der Verfahrensaussetzung einer **positiven Anerkennungsprognose** (anders als bei Art 29; s Art 29 Rn 16): Es muss davon auszugehen sein, dass das drittstaatliche Gericht binnen angemessener Zeit eine Entscheidung erlassen wird, die im Inland anerkennungs- und gegebenenfalls vollstreckungsfähig sein wird. Dies bestimmt sich, wie ErwGr Nr 23 klarstellt, nicht etwa nach Art 45, sondern nach nationalem Recht (für Deutschland: § 328 ZPO); zu denken ist aber auch an das HAVÜ. Das Erfordernis einer positiven Anerkennungsprognose entspricht den autonomen deutschen Regeln (s EuIZPR Rn 67) und erweist sich als sinnvoll; denn erst eine solche Prognose rechtfertigt es, den Ausgang des drittstaatlichen Verfahrens abzuwarten und derweil den Justizgewährungsanspruch in dem mitgliedstaatlichen Parallelverfahren zu suspendieren. Darüber hinaus (kumulativ) muss das mitgliedstaatliche Gericht gem Art 33 I lit b davon überzeugt sein, dass die Aussetzung des bei ihm eingeleiteten Verfahrens „im **Interesse einer geordneten Rechts-**

pflege notwendig ist". In diese Prüfung einzubeziehen sind laut ErwGr Nr 24 die Verbindungen des Streitgegenstands und der Parteien zu dem betreffenden Drittstaat, zudem die Frage, wie weit das Verfahren im Drittstaat bereits fortgeschritten bzw ob dort eine Entscheidung innerhalb einer angemessenen Frist zu erwarten ist, aber auch, ob das Gericht des Drittstaats in spiegelbildlicher Anwendung von Art 24 ausschließlich zuständig wäre. Selbst dann, wenn das Gericht zu der Überzeugung gelangt, dass die Voraussetzungen gem Art 33 I lit a und b erfüllt sind, ist die Verfahrensaussetzung – anders als gem Art 29 – in sein **Ermessen** gestellt („kann … aussetzen"). Allerdings wird sich die Aussetzung, wenn Art 33 I lit a und b gewahrt sind, in aller Regel als geboten erweisen (ebenso etwa MskV/Stadler/Krüger Art 33 Rn 7).

Art 33 II regelt die ebenfalls ins gerichtliche Ermessen gestellte Möglichkeit der **Fortsetzung des ausgesetzten Verfahrens**, Art 33 III die zwingend vorgesehene **„Verfahrenseinstellung"** (iSv Abweisung der Klage als unzulässig) bei Erlass einer im Mitgliedstaat anerkennungsfähigen drittstaatlichen Entscheidung. 5

Schließt Art 33 die Beachtlichkeit eines drittstaatlichen Verfahrens aus, so darf das mitgliedstaatliche Verfahren auch nicht gestützt auf funktionsäquivalente **mitgliedstaatliche Regeln** ausgesetzt werden (vgl für Deutschland EuIZPR Rn 67). Letzteres kommt hingegen dann in Betracht, wenn sich die internationale Zuständigkeit des mitgliedstaatlichen Gerichts nicht aus einer der in Art 33 I genannten verordnungseigenen Vorschriften, sondern gem Art 6 aus nationalen Regeln ergibt. Beachte für einen solchen Fall aber auch Art 17 II Anti-SLAPP-RL 2024/1069. 6

Artikel 34

(1) Beruht die Zuständigkeit auf Artikel 4 oder auf den Artikeln 7, 8 oder 9 und ist bei Anrufung eines Gerichts eines Mitgliedstaats vor einem Gericht eines Drittstaats ein Verfahren anhängig, das mit dem Verfahren vor dem Gericht des Mitgliedstaats in Zusammenhang steht, so kann das Gericht des Mitgliedstaats das Verfahren aussetzen, wenn

a) eine gemeinsame Verhandlung und Entscheidung der in Zusammenhang stehenden Verfahren geboten erscheint, um zu vermeiden, dass in getrennten Verfahren widersprechende Entscheidungen ergehen könnten,

b) zu erwarten ist, dass das Gericht des Drittstaats eine Entscheidung erlassen wird, die in dem betreffenden Mitgliedstaat anerkannt und gegebenenfalls vollstreckt werden kann, und

c) das Gericht des Mitgliedstaats davon überzeugt ist, dass die Aussetzung im Interesse einer geordneten Rechtspflege erforderlich ist.

(2) Das Gericht des Mitgliedstaats kann das Verfahren jederzeit fortsetzen, wenn

a) das Gericht des Mitgliedstaats es für wahrscheinlich hält, dass die Gefahr widersprechender Entscheidungen nicht mehr besteht,

b) das Verfahren vor dem Gericht des Drittstaats ebenfalls ausgesetzt oder eingestellt wurde,

c) das Gericht des Mitgliedstaats es für unwahrscheinlich hält, dass das vor dem Gericht des Drittstaats anhängige Verfahren innerhalb einer angemessenen Frist abgeschlossen wird, oder

d) die Fortsetzung des Verfahrens im Interesse einer geordneten Rechtspflege erforderlich ist.

(3) Das Gericht des Mitgliedstaats kann das Verfahren einstellen, wenn das vor dem Gericht des Drittstaats anhängige Verfahren abgeschlossen ist und eine Entscheidung ergangen ist, die in diesem Mitgliedstaat anerkannt und gegebenenfalls vollstreckt werden kann.

(4) Das Gericht des Mitgliedstaats wendet diesen Artikel auf Antrag einer der Parteien oder, wenn dies nach einzelstaatlichem Recht möglich ist, von Amts wegen an.

Die Vorschrift ergänzt Art 33 für den Fall eines **konnexen drittstaatlichen Parallelverfahrens** in entsprechender Weise wie Art 29 im Fall innereuropäischer Parallelverfahren durch Art 30 ergänzt wird. Der Art 30 III entsprechende Konnexitätstest ergibt sich hier aus Art 34 I lit a (vgl zudem II lit a). Im Übrigen kann zu Art 34 auf die Ausführungen zu Art 33 verwiesen werden. Insb hängt in Deutschland auch die Anwendung von Art 34 nicht von einem Parteiantrag ab (aA ThP/Nordmeier Art 34 Rn 3). Ein Unterschied ergibt sich allerdings daraus, dass die „Verfahrenseinstellung" (iSv Abweisung der Klage als unzulässig) bei Erlass einer anerkennungsfähigen drittstaatlichen Entscheidung gem Art 33 III zwingend ist, gem Art 34 III hingegen im gerichtlichen Ermessen steht. 1

Abschnitt 10 – Einstweilige Maßnahmen einschließlich Sicherungsmaßnahmen (Art 35)

Artikel 35 (Artikel 31 LugÜ)

Die im Recht eines Mitgliedstaats vorgesehenen einstweiligen Maßnahmen einschließlich Sicherungsmaßnahmen können bei den Gerichten dieses Staats auch dann beantragt werden, wenn für die Entscheidung in der Hauptsache das Gericht eines anderen Mitgliedstaats zuständig ist.

Lit: *Bach*, Anerkennung und Vollstreckung einer englischen Worldwide Freezing Order nach der EuGVVO 2001, GPR 2017, 138; *Eichel*, Die Auswirkungen der Brüssel I-Reform auf die Zuständigkeit für einstweiligen Rechtsschutz gemäß Art. 35 Brüssel Ia-VO, ZZP 131 (2018), 71; *Hau*, Einstweiliger Rechtsschutz gegen öffentliche Auftraggeber, IPRax 2022, 232; *Heinze*, Die Sicherung von Forderungen im europäischen Zivilprozessrecht, ZVglRWiss 119 (2020), 167; *Oster*, Einstweilige Maßnahmen gegen grenzüberschreitende Online-Plattformen, IPRax 2023, 505; *Splinter*, Mehr Zeit bei der Arrestvollziehung im Ausland? – Zur Reichweite der Neuregelung des § 929 ZPO, NJW 2022, 1848; *Wagner*, Neue deutsche Arrestvollziehungsfrist und justizielle Zusammenarbeit in Zivilsachen, RIW 2021, 777; *Wagner*, Vollziehung ausländischer Arreste in Deutschland, WM 2021, 2075; *Zerr*, Prozesstaktik bei Arrestverfahren innerhalb Europas nach der Neufassung der EuGVVO, EuZW 2013, 292.

1 **I) Internationale Zuständigkeit.** Die Vorschrift gilt für **Maßnahmen des einstweiligen Rechtsschutzes** iSv Art 2 lit a UAbs 2. Laut EuGH sind damit Maßnahmen gemeint, „die auf in den Anwendungsbereich dieser Verordnung fallenden Rechtsgebieten ergehen und eine Sach- oder Rechtslage erhalten sollen, um Rechte zu sichern, deren Anerkennung im Übrigen bei dem in der Hauptsache zuständigen Gericht beantragt wird" (EuGH RIW 2020, 688 Tz 50). Erfasst sind aus deutscher Sicht insb Arrest- und einstweilige Verfügungsverfahren, nicht hingegen Gestattungsverfahren zur Bestandsdatenauskunft durch Anbieter von Telemedien (BGH NJW 2024, 514 Tz 13).

2 Art 35 geht (ebenso wie Art 31 LugÜ) ersichtlich davon aus, dass die **internationale Entscheidungszuständigkeit** für den Erlass solcher Maßnahmen grds den allg Regeln folgt (s EuIZPR Rn 84). Demnach gelten die **verordnungseigenen Zuständigkeitsregeln** (Art 4 f, Art 7 ff) auch für den einstweiligen Rechtsschutz, sodass ein Gericht hierfür zuständig ist, wenn es in der Hauptsache zuständig ist oder wäre. Der eigentliche Regelungsgehalt von Art 35 besteht erst darin, dass zusätzlich dann, wenn im Einzelfall ein besonderes Regelungs- oder Sicherungsbedürfnis besteht, der **Rückgriff auf nationales Zuständigkeitsrecht** eröffnet wird. Folglich darf ein mitgliedstaatliches Gericht, das nach den Brüssel Ia-Regeln an sich unzuständig ist, im einstweiligen Rechtsschutz auch die Gerichtsstände seiner lex fori heranziehen, um Rechtsschutzlücken zu vermeiden.

3 Die in einem **Gerichtsstand des nationalen Rechts** beantragten einstweiligen Maßnahmen müssen nach der zum EuGVÜ entwickelten Rechtsprechung des EuGH allerdings „gebietsbezogen" sein, nämlich eine **„reale Verknüpfung"** zwischen dem Gegenstand der Maßnahme und dem Gebiet des fraglichen Mitgliedstaats aufweisen (EuGH EuZW 1999, 413; EuGH EuZW 1999, 727). Ob diese frühere Judikatur für die **Brüssel Ia-VO** relevant bleibt, ist fraglich geworden, weil Art 2 lit a UAbs 2 die Anerkennung und Vollstreckung von Maßnahmen, die auf nationales Zuständigkeitsrecht gestützt sind, ohnehin nicht vorsieht (s Rn 11). Der EuGH hat sich indes, ohne nähere Begründung, für ihre Fortgeltung ausgesprochen (EuGH IPRax 2022, 275 Tz 52; näher OLG Hamburg IPRax 2023, 397; dazu Wurmnest/Waterkotte IPRax 2023, 371, 375; beachte auch Eichel ZZP 131 [2018], 71, 74 ff).

4 Der von Art 35 ermöglichte Rückgriff auf die Zuständigkeitsregeln des autonomen Rechts umfasst auch die **exorbitanten Zuständigkeitsgründe** iSv Art 5 II (vgl schon EuGH EuZW 1999, 413), aus deutscher Sicht namentlich die doppelfunktionale Anwendung des Vermögensgerichtsstands gem § 23 S 1 Alt 1 ZPO (näher etwa Geimer/Schütze Art 35 Rn 61 ff). Nach Ansicht des EuGH soll sogar der Eröffnung einer **gesetzlich ausschließlichen Zuständigkeit** gem Art 24 kein Vorrang vor der Anwendung von Art 35 in einem anderen Mitgliedstaat zukommen (so zur Brüssel I-VO EuGH EuZW 2012, 837, 839 f).

5 Häufig bringen **Gerichtsstandsvereinbarungen** nicht klar zum Ausdruck, inwieweit sich ihre prorogierende und/oder derogierende Wirkung auch auf einstweilige Rechtsschutzverfahren bezieht. Hierzu stellt sich zum einen die Frage, ob die Zuständigkeit des gewählten Gerichts im Zweifel auch den Erlass von Maßnahmen des einstweiligen Rechtsschutzes umfassen soll (ohne nähere Begründung für eine dahingehende Vermutung EuGH IPRax 2022, 275 Tz 50). Zum anderen kann zweifelhaft sein, unter welchen Voraussetzungen die Vereinbarung auch die Möglichkeit abbedingen soll, außerhalb des prorogierten Forums um einstweiligen Rechtsschutz nachzusuchen (dazu Hau IPRax 2022, 232, 235, dort auch zu denkbaren Abstimmungsproblemen mit Art 31 II). Kautelarjuristisch empfiehlt sich eine Klarstellung zur Reichweite der Vereinbarung.

6 Zuständigkeitsrechtliche Probleme bereitet die **Beweissicherung im Ausland**, insb das Verhältnis zwischen der EuBewVO und der Brüssel Ia-VO. Im Anwendungsbereich des EuGVÜ hat der EuGH die Anwendbarkeit der Art 35 Brüssel Ia-VO entsprechenden Vorgängerregelung (Art 24 EuGVÜ) auf eine vorprozessuale Zeugeneinvernahme verneint (EuGH IPRax 2007, 208), und diese Position wird nunmehr bestätigt durch ErwGr Nr 25 S 2 zur Brüssel Ia-VO. Hingegen lässt sich aus ErwGr Nr 25 S 1 u 3 ableiten, dass die Durchführung eines selbständigen Beweisverfahrens eine internationale Zuständigkeit voraussetzt und dass sich diese im innereuropäischen Rechtsverkehr aus Art 4 ff ergeben kann, wobei es auf die Zuständigkeit für das schon eingeleitete oder noch bevorstehende Hauptverfahren ankommt (insoweit zutr OLG München IPRax 2015, 93; dazu Niggemann IPRax 2015, 75). Geht man im Anschluss an den EuGH von der Unanwendbarkeit von Art 35 aus (differenzierend Eichel ZZP 131 [2018], 71, 84 ff), ist ein Rückgriff auf die Zuständigkeitsgründe des nationalen Rechts (in Deutschland: doppelfunktionale Anwendung von § 486 III ZPO) nur nach Maßgabe von Art 6 Brüssel Ia-VO zulässig.

7 **II) Weitere verfahrensrechtliche Aspekte des einstweiligen Rechtsschutzes im Brüssel Ia-System.** Zur Einordnung einer einstweiligen Maßnahme als **Zivil- und Handelssache** iSv Art 1 s Art 1 Rn 19. Zur **Verfahrens-**

koordination s Art 29 Rn 11. Zur vorläufigen **europäischen Kontenpfändung** gem der EuKoPfVO s § 946 ZPO Rn 1 ff. Beachte zu weiteren Aspekten EuIZPR Rn 85.

Nach Ansicht des EuGH steht Art 35 als bloße Zuständigkeitsvorschrift in Einklang mit einem im mitgliedstaatlichen Recht für bestimmte Angelegenheiten vorgesehenen **Ausschluss einstweiligen Rechtsschutzes** (EuGH IPRax 2022, 275 Tz 62 ff, dort zum bulgarischen Recht, wonach kein einstweiliger Rechtsschutz zur Sicherung von Geldforderungen gegen den Staat und sonstige öffentliche Einrichtungen eröffnet ist). Bedenken können sich allerdings aus sonstigem EU-Recht ergeben, so aus Vorgaben wie Art 9 RL 2004/48/EG oder Art 10 f RL 2016/943, aber auch aus dem allg Effektivitätsprinzip, das wirkungsvollen einstweiligen Rechtsschutz erfordern kann, soweit die Realisierung von EU-Recht in Rede steht (s Hau IPRax 2022, 232, 236). 8

III) Anerkennung und Vollstreckung. Im **Grundsatz** sind auch einstweilige Maßnahmen, die in einem summarischen Verfahren ergangen sind, nach Art 36 **anerkennungsfähig** (vgl zu Art 32 etwa EuGH EuZW 2015, 76; EuGH EuZW 2016, 713, 715). Für die **Vollstreckbarkeit** folgt dies schon aus den besonderen Regelungen in Art 42 II und Art 43 III. Zur Frage, ob eine im Recht des Vollstreckungsstaats vorgesehene Vollziehungsfrist (wie § 929 II ZPO) auf einen funktional vergleichbaren ausländischen Titel angewendet werden kann, s Art 39 Rn 3. 9

Allerdings hatte der EuGH (EuGH IPRax 1981, 95) zum **EuGVÜ** aus dem dort in Art 27 Nr 2 vorgesehenen Anerkennungsversagungsgrund (nunmehr Art 45 I lit b Brüssel Ia-VO) einschränkend abgeleitet, dass nur solche Entscheidungen anerkannt und für vollstreckbar erklärt werden können, die in einem kontradiktorisch angelegten Verfahren ergangen sind (mag dieses infolge Säumnis des Beklagten auch einseitig geblieben sein). Nicht anerkennungsfähig waren im Anwendungsbereich des EuGVÜ somit Entscheidungen aus sog **Ex-parte-Verfahren** (also aus Arrest- und Verfügungsverfahren ohne mündliche Verhandlung). Die Übertragbarkeit dieser EuGH-Judikatur auf die **Brüssel I-VO** war streitig (dafür BGH NJW-RR 2007, 1573; aA etwa Heinze ZZP 120 [2007], 303). 10

Für die **Brüssel Ia-VO** wollte der Verordnungsgeber den Streit zur Anerkennungsfähigkeit einstweiliger Maßnahmen beenden, und zwar mit der neuen Legaldefinition in Art 2 lit a UAbs 2 sowie der Erläuterung in ErwGr Nr 33. Uneingeschränkt der Anerkennung und Vollstreckung gem Art 36, 39 zugänglich sind demnach nur solche einstweiligen Maßnahmen, die ein gem Art 4 ff (also nicht vermittelt durch Art 35 kraft nationalen Rechts) **in der Hauptsache zuständiges Gericht** erlassen hat, und dies auch nur dann, wenn dem Antragsgegner entweder vor Erlass **rechtliches Gehör** gewährt wurde oder ihm die Maßnahme noch vor ihrer Vollstreckung zugestellt wird (dazu BGH ZIP 2024, 1287 Tz 24 ff: es sei erforderlich, aber auch ausreichend, dass die Maßnahme auf einen Rechtsbehelf des Betroffenen hin noch Gegenstand einer kontradiktorischen Überprüfung sein kann, bevor sich die Frage ihrer Anerkennung und Vollstreckung stellt; auf rechtspolitischen Diskussionsbedarf zum Ausschluss von Ex-parte-Maßnahmen verweist der Kommissionsbericht v 2.6.2025: COM(2025) 268, 4). Allerdings weist ErwGr Nr 33 S 3 im Sinne des Günstigkeitsprinzips darauf hin, dass die Neuregelung eine Anerkennung und Vollstreckung nach einzelstaatlichem Recht nicht ausschließe. Immerhin soll dieser rechtspolitisch höchst fragwürdige **Rückgriff auf nationales Anerkennungsrecht** nur für Ex-parte-Entscheidungen in einem Brüssel Ia-Hauptsachegerichtsstand möglich sein, nicht hingegen auch für solche Maßnahmen, die gem Art 2 lit a UAbs 2 S 2 deshalb nicht gem Art 36, 39 anerkennungs- und vollstreckungsfähig sind, weil sie gem Art 35 auf nationales Zuständigkeitsrecht gestützt wurden (näher Hau FS Roth, S 733, 737 f). Beachte auch Art 45 Rn 32. Von der Anerkennungsfähigkeit einer ausländischen einstweiligen Maßnahme zu unterscheiden ist die in Art 44 I lit a geregelte Frage, ob eine solche **im Anerkennungsstaat** angeordnet werden darf, solange noch nicht endgültig feststeht, dass ein ausländisches Urteil dort vollstreckt werden kann (s Art 44 Rn 1). 11

Kapitel III – Anerkennung und Vollstreckung (Art 36-57)

Abschnitt 1 – Anerkennung (Art 36-38)

Artikel 36 (Artikel 33 LugÜ)

(1) Die in einem Mitgliedstaat ergangenen Entscheidungen werden in den anderen Mitgliedstaaten anerkannt, ohne dass es hierfür eines besonderen Verfahrens bedarf.

(2) Jeder Berechtigte kann gemäß dem Verfahren nach Abschnitt 3 Unterabschnitt 2 die Feststellung beantragen, dass keiner der in Artikel 45 genannten Gründe für eine Versagung der Anerkennung gegeben ist.

(3) Wird die Anerkennung in einem Rechtsstreit vor dem Gericht eines Mitgliedstaats, dessen Entscheidung von der Versagung der Anerkennung abhängt, verlangt, so kann dieses Gericht über die Anerkennung entscheiden.

Lit: *Gebauer*, Rechtskraftwirkungen ausländischer Unzuständigkeitsentscheide, FS Geimer, 2017, S 103; *Geimer*, Das Anerkennungsregime der neuen Brüssel I-Verordnung (EU) Nr. 1215/2012, FS Torggler, 2013, S 311; *Hartenstein*, Die Anerkennung von Prozessurteilen und die europarechtsautonome Definition der Rechtskraft, RdTW 2013, 267; *Hau*, Neue Regeln für die Anerkennung und Vollstreckung ausländischer Entscheidungen in Zivil- und Handelssachen in Europa, MDR 2014, 1417; *Hau*, Anerkennungsrechtliches Günstigkeitsprinzip und Anerkennungsverbote in Zivil- und Handelssachen,

FS Herbert Roth, 2021, S 733; *Hau*, Having two bites at the same cherry? – Zur Anerkennungsfähigkeit bündelungslastbasierter Präklusionswirkung, IPRax 2024, 41; *Heiss*, Konturierung eines europäischen Rechtskraftbegriffs, in Doralt/Garber/Robertson/Wendland, Beiträge zu Rechtsvergleichung und Europa, 2022, S 1; *Jakowski*, Das Anerkennungsregime des europäischen Zivilprozessrechts für mitgliedstaatliche Entscheidungen, 2020; *Kohler*, Vertrauen und Kontrolle im europäischen Justizraum für Zivilsachen, ZEuS 2016, 135; *Koops*, Der Rechtskraftbegriff der EuGVVO, IPRax 2018, 11; *Krüger*, Europäischer Rechtskraftbegriff: Überlegungen zu Existenz, Reichweite und Erforderlichkeit, 2020; *Kulick*, Rechtsstaatlichkeitskrise und gegenseitiges Vertrauen im institutionellen Gefüge der EU, JZ 2020, 223; *Mankowski*, Die Kumulationstheorie bei der Urteilsanerkennung, FS Schack, 2022, S 764; *Martiny*, Das Günstigkeitsprinzip bei der Koordination unterschiedlicher Regeln für die Anerkennung ausländischer Entscheidungen, FS Geimer, 2017, S 451; *Schack*, Europäische Rechtskraft?, FS Geimer, 2017, S 611; *Schwarz*, Grundlinien der Anerkennung im Raum der Freiheit, der Sicherheit und des Rechts, 2016; *Stadler*, Grenzüberschreitende Wirkung von Vergleichen und Urteilen im Musterfeststellungsverfahren, NJW 2020, 265; *Thole*, Die Entwicklung der Anerkennung im autonomen Recht in Europa, in Hess, Die Anerkennung im Internationalen Zivilprozessrecht – Europäisches Vollstreckungsrecht, 2014, S 25; *Tsikrikas*, Grenzüberschreitende Bindungswirkung von Prozessurteilen im europäischen Justizraum, ZZPInt 22 (2017), 213; *Tsikrikas*, Neuere Entwicklungen in der Rechtsprechung des EuGH zur grenzüberschreitenden Anerkennung und Vollstreckung von Exequatururteilen, ZZPInt 27 (2022), 75; *Tsikrikas*, Einige Gedanken über den Einfluss der Anerkennung einer ausländischen gerichtlichen Entscheidung auf ein inländisches Gerichtsverfahren, FS Becker-Eberhard, 2022, S 589; *Ulrici*, Anerkennung und Vollstreckung nach Brüssel Ia, JZ 2016, 127. – S zudem die Nw bei Art 39, Art 45 sowie § 328 ZPO.

1 **I) Überblick.** In Art 36 geht es erstens um die Verpflichtung der Mitgliedstaaten zur wechselseitigen Anerkennung von Entscheidungen iSv Art 2 lit a, zweitens um die Entbehrlichkeit eines förmlichen Anerkennungsverfahrens und drittens um die Eröffnung einer fakultativen Möglichkeit zur Klärung der Anerkennungsfähigkeit in einem besonderen Verfahren. Zur Funktion und den Zielen des Anerkennungsrechts s § 328 ZPO Rn 1. Das Anerkennungsgebot beruht auf dem **Grundsatz gegenseitigen Vertrauens** als Leitprinzip der justiziellen Zusammenarbeit in der EU (vgl ErwGr Nr 26). Seine Grenzen ergeben sich aus den in Art 45 geregelten Anerkennungsversagungsgründen.

2 **II) Anwendungsbereich. 1) Sachlich.** Art 36 gilt nur in **Zivil- und Handelssache** nach Maßgabe von Art 1 und nur für **gerichtliche Entscheidungen** iSv Art 2 lit a. Der Entscheidungsbegriff ist verordnungsautonom und tendenziell weit auszulegen; erfasst wird laut EuGH jede von einem Gericht eines Mitgliedstaats erlassene Entscheidung, ohne dass nach ihrem Inhalt zu unterscheiden wäre, sofern ihr im Ursprungsmitgliedstaat nach unterschiedlichen Modalitäten ein kontradiktorisches Verfahren vorangegangen ist oder hätte vorangehen können (EuGH IPRax 2023, 280 Tz 49; EuGH EuZW 2022, 533 Tz 24 ff). Beachte zudem etwa BGH NJW-RR 2006, 143 (dort zu einem von einem französischen Gerichtspräsidenten für vollstreckbar erklärten Beschluss des Anwaltskammerpräsidenten betreffend eine anwaltliche Honorarforderung); BGH NJW 2022, 2928 Tz 18 (dort zum Beschluss zur Errichtung eines Haftungsfonds nach belgischem Recht). Ausweislich Art 2 lit a S 1 kommt es nicht auf die Bezeichnung an (etwa als „Urteil" oder „Beschluss"); erfasst werden auch Zahlungsbefehle, Vollstreckungsbescheide sowie Kostenfestsetzungsbeschlüsse von Gerichtsbediensteten. Soweit **Versäumnisentscheidungen** in einer vereinfachten oder abgekürzten Ausfertigung ergehen, berührt das nicht ihre Entscheidungsqualität, sondern die Frage der Nachprüfbarkeit im Hinblick auf eventuelle Anerkennungshindernisse (vgl EuGH EuZW 2012, 912, 915). **Einstweilige Maßnahmen** sind nach Maßgabe von Art 2 lit a S 2 in Kapitel III einzubeziehen (s Art 35 Rn 9 ff). Aus Art 38 lit a lässt sich im Grundsatz ableiten, dass eine Entscheidung in ihrem Ursprungsstaat zwar bereits wirksam, aber nicht begriffsnotwendig auch schon formell rechtskräftig sein muss; iSv Art 36 I anerkennungsfähige materielle Rechtskraft wird das Recht des Ursprungsstaats in aller Regel aber nur rechtskräftigen Entscheidungen beimessen. **Vollstreckbare Urkunden und gerichtliche Vergleiche** sind gem Art 58 f nicht anzuerkennen, aber zu vollstrecken. Nicht gem Art 36 anerkennungsfähig sind ausländische **Vollstreckungsakte** (näher zur Abgrenzung zwischen Entscheidungen und Vollstreckungsmaßnahmen BGH ZIP 2024, 1287 Tz 16 ff). Ausgeklammert ist auch die Anerkennung von Entscheidungen **privater Schiedsgerichte** (Art 1 II lit d; vgl EuGH IPRax 2023, 280 Tz 44 ff). Der Anerkennung steht es allerdings nicht entgegen, wenn ein ausländisches staatliches Gericht seine Entscheidung, ähnlich § 1053 I 2, II ZPO, entsprechend dem übereinstimmenden Parteiwillen gefasst hat (sog Urteil mit vereinbartem Inhalt bzw consent judgment). Zu Abgrenzungsfragen bei Verfahren des **kollektiven Rechtsschutzes** vgl Stadler NJW 2020, 265, 268 ff; Weller in Hess/Hau, Kollektiver Rechtsschutz in Europa, 2025, S 17, 46 ff. Zwei punktuelle Erweiterungen des **Gerichtsbegriffs** ergeben sich aus Art 3.

3 Weil Gegenstand der Anerkennung die prozessualen Wirkungen von **Sachentscheidungen** sind (s Rn 10 zur Wirkungserstreckung und zu den anerkennungsfähigen Wirkungen), erfasst Art 36 I auch **klageabweisende Entscheidungen**, die den materiellen Anspruch aberkennen. Nicht anerkennungsfähig sind im Regelfall **Prozessurteile** wie zB Zwischenurteile zur Zulässigkeit oder Unzulässigkeit einer Klage. Das folgt nicht aus der Natur dieser Entscheidungen, sondern daraus, dass sie normalerweise keine über das Forum hinaus anerkennungsrelevanten Wirkungen entfalten. Besondere Schwierigkeiten können im Ausland ergangene **Entscheidungen zur internationalen (Un-)Zuständigkeit** bereiten. Der EuGH postuliert, gestützt auf den Grundsatz gegenseitigen Vertrauens und das grds Verbot einer Überprüfung der Anerkennungszuständigkeit (Art 45 III), eine weitreichende grenzüberschreitende Verbindlichkeit eines Unzuständigkeitsentscheids (EuGH EuZW 2013, 60; sodann OLG Bremen IPRax 2015, 354). Im Hinblick auf diese (zweifelhafte) Judikatur hat der BGH dem EuGH

die Frage vorgelegt, ob Art 36 I auch für eine bloße **Zwischenentscheidung** gilt, mit der ein Gericht eines Mitgliedstaats seine (aus Sicht des zweitstaatlichen Gerichts gem Art 25 derogierte) internationale Zuständigkeit feststellt (BGH MDR 2025, 189 = EuZW 2025, 191 [Bernard]; beachte auch Würdinger ZIP 2025, 820).

Eine ausländ Entscheidung, die schon aus Sicht ihres Ursprungsmitgliedstaats nicht gilt, weil sie dort entweder **nie wirksam geworden oder nachträglich weggefallen** ist, kann auch in anderen Mitgliedstaaten keine Wirkung entfalten, also nicht anerkannt werden. Das wird bisweilen ausdrücklich klargestellt (so in Art 8 III HGÜ, Art 4 III HAVÜ), gilt aber auch für Art 36. 4

2) Räumlich-persönlich. Die Brüssel Ia-VO regelt die Anerkennung von Entscheidungen, die in einem anderen **Mitgliedstaat** ergangen sind (s Art 1 Rn 10 f; die Unanwendbarkeit von Art 36 ff auf Entscheidungen des Anerkennungsstaats klarstellend BGH 18.2.2021 – IX ZB 28/20, EWiR 2021, 351 [Mankowski]). Ohne Belang ist dabei, auf welche Rechtsgrundlage das dortige Gericht seine **internationale Entscheidungszuständigkeit** gestützt hat. Selbst eine Fehleinschätzung des Gerichts in der Zuständigkeitsfrage befreit nur nach Maßgabe von Art 45 I lit e, III von der Anerkennungspflicht. Eine für die Entscheidungsfreizügigkeit relevante Unterscheidung danach, ob verordnungseigene oder mitgliedstaatliche Zuständigkeitsgründe einschlägig sind, sieht die Brüssel Ia-VO hingegen für einstweilige Maßnahmen vor (vgl Art 2 lit a S 2 sowie ErwGr Nr 33; dazu Art 35 Rn 11, Art 45 Rn 32). 5

Im Übrigen unterscheidet Art 36 auch nicht nach den **beteiligten Parteien**: Somit ist unerheblich, ob sie EU- oder Drittstaatenangehörige sind bzw irgendwann waren und ob sie sich gewöhnlich in Mitglied- oder Drittstaaten aufhalten bzw irgendwann aufgehalten haben (vgl auch ErwGr Nr 27). Schon das EuGVÜ war über die Formulierung von Art 220 EWGV hinweggegangen, wonach die Mitgliedstaaten die gegenseitige Anerkennung von Urteilen „zugunsten ihrer Staatsangehörigen“ sicherzustellen haben. 6

Die Brüssel Ia-VO gilt nicht für die Anerkennung und Vollstreckung **drittstaatlicher Entscheidungen** (vgl zur rechtpolitischen Diskussion Hau IPRax 2025, 1). Insoweit kommen multi- oder bilaterale Verträge (s für Deutschland § 328 ZPO Rn 28 ff) sowie das mitgliedstaatliche Recht (in Deutschland: §§ 328, 722 f ZPO) zur Anwendung. Zum Sonderproblem der Anerkennung einer **mitgliedstaatlichen Entscheidung, die ein drittstaatliches Urteil inkorporiert**, s EuGH EuZW 2022, 533; vgl § 328 ZPO Rn 26. Zu beachten sind im Übrigen sekundärrechtliche Regelungen, die es den Mitgliedstaaten in bestimmten Fällen untersagen, drittstaatliche Entscheidungen anzuerkennen oder zu vollstrecken; so verhält es sich mit Art 48 DSGVO 2016/679 v 27.4.2016 (ABl 2016 L 119/1) und Art 16 Anti-SLAPP-RL 2024/1069 v 11.4.2024 (ABl L 2024/1069). 7

3) Zeitlich. Der zeitliche Anwendungsbereich der Brüssel Ia-Anerkennungsregeln sowie die Voraussetzungen, unter denen in Altfällen weiterhin die Brüssel I-VO fortgilt, bestimmen sich nach Art 66. 8

4) Verhältnis zu sonstigen Anerkennungsregeln. Zum Verhältnis der Art 36 ff zu Anerkennungsregeln in sonstigen EU-Verordnungen (EuVTVO, EuMahnVO, EuBagatellVO, EuKoPfVO) und in den von der EU abgeschlossenen Übereinkommen (HGÜ, HAVÜ) s Art 67, zu bilateralen Verträgen zwischen den Mitgliedstaaten s Art 69 f, zu multilateralen Spezialverträgen (wie der CMR) s Art 71, zu bilateralen Verträgen zwischen Mitglied- und Drittstaaten s Art 72, 73 III, zum LugÜ s Art 73 I. Nicht ausdrücklich geregelt ist das Verhältnis zum mitgliedstaatlichen Anerkennungsrecht. Weil indes Art 36 ff die Anerkennung zwischen den Mitgliedstaaten großzügig regeln und Art 45 die Anerkennungsversagungsgründe eng definiert, stellt sich praktisch nicht die Frage, ob ausnahmsweise innerhalb der EU auf mitgliedstaatliche Vorschriften wie § 328 ZPO zurückgegriffen werden darf (näher zu den europarechtlichen Grenzen des sog **Günstigkeitsprinzips**: Hau FS Roth, S 733, 736 f; beachte auch Art 35 Rn 11, dort zu Maßnahmen des einstweiligen Rechtsschutzes). 9

III) Anerkennung als Wirkungserstreckung. Eine gerichtliche Entscheidung ist ein Hoheitsakt, dessen Wirkungen sich nach dem völkerrechtlichen **Territorialitätsgrundsatz** zunächst auf den Ursprungsstaat beschränken. Soll er über diesen Staat hinaus wirken, so bedarf es der Anerkennung, wie sie Art 36 den Mitgliedstaaten untereinander vorschreibt. Der Brüssel Ia-VO ist dabei keine Aussage zu entnehmen, was man sich genauer unter Anerkennung vorzustellen hat. Richtigerweise geht es nicht etwa um die Gleichstellung mit einer vergleichbaren inländischen Entscheidung, sondern um die **Erstreckung der Wirkungen**, die der Entscheidung im ausländischen Gerichtsstaat zukommen, auf das Territorium des Anerkennungsstaats (statt vieler: EuGH WM 2023, 1583 Tz 47 f; BGH NJW 2022, 2928 Tz 19; vgl aus dem Schrifttum etwa Jakowski, Anerkennungsregime, S 53 ff; Rauscher/Leible Art 36 Rn 4); Probleme bereitet allerdings die Frage, ob Besonderheiten für die Vollstreckbarkeit gelten (s Art 39 Rn 3). Zu den einzelnen anerkennungsfähigen Entscheidungswirkungen (materielle Rechtskraft, Präklusionswirkung, Gestaltungswirkung, Drittwirkungen; nicht: Tatbestandswirkung) s § 328 ZPO Rn 11 ff; zu den Konsequenzen der Wirkungserstreckungslehre bei unterschiedlich weitreichenden Wirkungen im erst- und zweitstaatlichen Recht s § 328 ZPO Rn 16 ff; vgl auch § 328 ZPO Rn 21 zum Verhältnis von Anerkennung und Kollisionsrecht. 10

Obwohl dies in Art 36 nicht eigens angesprochen wird, kommt eine **Teilanerkennung** in Betracht, wenn die ausländische Entscheidung nur hinsichtlich eines Teilausspruchs oder nur im Verhältnis zu bestimmten Personen oder nur hinsichtlich einzelner Entscheidungswirkungen anerkennungsfähig ist (näher Geimer IZPR Rn 3068 ff). 11

12 **IV) Anerkennung und Anerkennungsverfahren. 1) Anerkennung ipso iure (Art 36 I).** Gem Art 36 I sind Entscheidungen, die in den Anwendungsbereich der Verordnung fallen, ohne ein besonderes Verfahren anzuerkennen: die Wirkungserstreckung tritt also **ipso iure** (automatisch bzw ex lege) ein. Damit steht es durchaus in Einklang, dass derjenige, der sich auf die Wirkungserstreckung berufen möchte, gem Art 37 gehalten ist, bestimmte Unterlagen beizubringen. Aus Art 36 I lässt sich weiter ableiten, dass Entscheidungen aus anderen Mitgliedstaaten nicht einem nach nationalem Recht vorgesehenen **Anerkennungs- bzw Feststellungsmonopol** bestimmter Behörden unterworfen sind (wie es in Deutschland zwar nicht in allgemeinen Zivil- und Handelssachen, aber zB gem § 107 FamFG in Ehestatussachen vorgesehen ist).

13 **2) Selbständiges Anerkennungsverfahren (Art 36 II).** Gem Art 36 II kann jeder Berechtigte die Feststellung beantragen, dass keiner der in Art 45 genannten Gründe für eine Versagung der Anerkennung gegeben ist. Soll im Gegenteil die fehlende Anerkennungsfähigkeit festgestellt werden, kommt ein Anerkennungsversagungsverfahren gem Art 45 IV in Betracht. Aus Art 36 II und Art 45 IV ergibt sich, dass Art 46 ff für beide Verfahrensformen gelten; deutsche Durchführungsregeln: § 1115 ZPO (s § 1115 ZPO Rn 1 zur entsprechenden Anwendung in den Fällen des Art 36 II). Im Übrigen gilt ergänzend das Verfahrensrecht des Anerkennungsstaats (Art 47 II). Zum Kreis der Antragsberechtigten iSv Art 36 II können neben den Parteien des Ausgangsrechtsstreits auch andere Private mit einem Interesse an Klärung der Anerkennungsfähigkeit zählen, namentlich Rechtsnachfolger.

14 Die Prüfung durch das mit dem Antrag gem Art 36 II befasste Gericht umfasst ausweislich des Wortlauts („keiner der […] Gründe“) sämtliche in Betracht kommenden Versagungsgründe iSv Art 45; eine Eingrenzung auf die vom Antragsteller benannten Gründe lässt sich daraus nicht ableiten. Gelangt das Gericht zu dem Ergebnis, dass wenigstens ein Versagungsgrund iSv Art 45 der Anerkennung entgegensteht, so hat es nicht etwa dies festzustellen, sondern den Antrag abzuweisen. Kann das Gericht hingegen antragsgemäß feststellen, dass kein Versagungsgrund eingreift, so hat dies wegen der in Art 36 I angeordneten Ipso-iure-Anerkennung keine konstitutive, sondern nur deklaratorische Bedeutung. Eine den Antrag nach Art 36 II abweisende Entscheidung macht ein Anerkennungsversagungsverfahren regelmäßig entbehrlich, eine stattgebende Entscheidung präjudiziert ein gegenläufiges Anerkennungsversagungsverfahren.

15 Fraglich ist, ob die gem Art 36 II ergehende Entscheidung erga omnes oder nur inter partes wirkt und ob sich die Reichweite der **subjektiven Bindung** überhaupt aus der VO ergibt oder dem nationalen Gesetzgeber überlassen bleibt. Überzeugend erscheint, dass der Verordnungsgeber von einer Bindung sämtlicher Gerichte und Behörden des jeweiligen Anerkennungsstaats an die Entscheidung ausgeht. Davon zu unterscheiden ist der Umstand, dass die Klärung der Anerkennung in einem Mitgliedstaat nur dort, **nicht für andere Mitgliedstaaten** verbindlich ist.

16 **3) Inzidentanerkennung (Art 36 III).** Ist in einem **Rechtsstreit** vor einem Gericht eines Mitgliedstaats die Frage der Anerkennungsfähigkeit als Vorfrage zu klären, so kann dieses Gericht, wie Art 36 III unterstreicht, ohne Weiteres hierüber befinden. Hierfür muss das Gericht nicht etwa nach Maßgabe von Art 4 ff zuständig sein. Art 36 III gilt unabhängig davon, um welche Hauptfrage es in dem Verfahren geht und vor welchem Gericht bzw in welchem Rechtsweg sie verhandelt wird. Der Begriff „Rechtsstreit“ sollte auch nicht etwa dahingehend verstanden werden, dass Verfahren der Freiwilligen Gerichtsbarkeit ausgeschlossen wären. Im Übrigen ist davon auszugehen, dass Art 36 III nicht die Inzidentprüfung der Anerkennungsfrage in einem Verwaltungsverfahren ausschließen möchte.

17 Anders als Art 36 II ist Art 36 III ergebnisoffen formuliert: Gelangt das Gericht (bzw die Behörde) inzident zu dem Ergebnis, dass die ausländische Entscheidung **nicht anerkennungsfähig** ist, so ist dies im weiteren Verfahren zugrunde zu legen. Dem Wortlaut von Art 36 III lässt sich nicht sicher entnehmen, ob das Gericht die Anerkennungsfähigkeit rechtskräftig klären kann. Die Frage stellt sich nur, wenn nach dem jeweiligen Verfahrensrecht eine rechtskräftige Entscheidung über eine solche (womöglich rechtswegfremde) Vorfrage überhaupt in Betracht kommt. In Deutschland würde dies jedenfalls einen dahingehenden Zwischenfeststellungsantrag erfordern. Wird ein solcher gestellt, liegt es nahe, die Frage zu bejahen: Letztlich wird man aus der in Art 38 lit b vorgesehenen Befugnis zur Aussetzung ableiten können, dass der Verordnungsgeber eine rechtskräftige Entscheidung im Rahmen einer Inzidentanerkennung nicht für ausgeschlossen hält und gerade deshalb dem befassten Gericht die Möglichkeit eröffnet, das Ergebnis eines selbständigen Anerkennungsverfahrens (Art 36 II) bzw eines Anerkennungsversagungsverfahrens (Art 45 IV) abzuwarten. Allerdings wäre eine rechtskräftige Feststellung der gegebenen oder mangelnden Anerkennungsfähigkeit in einem Mitgliedstaat eben nur in diesem, nicht in anderen Mitgliedstaaten zu beachten.

Artikel 37 (Artikel 53 LugÜ)

(1) Eine Partei, die in einem Mitgliedstaat eine in einem anderen Mitgliedstaat ergangene Entscheidung geltend machen will, hat Folgendes vorzulegen:

a) eine Ausfertigung der Entscheidung, die die für ihre Beweiskraft erforderlichen Voraussetzungen erfüllt, und

b) die nach Artikel 53 ausgestellte Bescheinigung.

(2) [1]Das Gericht oder die Behörde, bei dem oder der eine in einem anderen Mitgliedstaat ergangene Entscheidung geltend gemacht wird, kann die Partei, die sie geltend macht, gegebenenfalls auffordern, eine Übersetzung oder eine Transliteration des Inhalts der in Absatz 1 Buchstabe b genannten Bescheinigung nach Artikel 57 zur Verfügung zu stellen. [2]Kann das Gericht oder die Behörde das Verfahren ohne eine Übersetzung der eigentlichen Entscheidung nicht fortsetzen, so kann es oder sie die Partei auffordern, eine Übersetzung der Entscheidung statt der Übersetzung des Inhalts der Bescheinigung zur Verfügung zu stellen.

Art 37 I bestimmt, welche **Unterlagen** die Partei, die sich gem Art 36 auf die Anerkennung einer gerichtlichen Entscheidung aus einem anderen Mitgliedstaat beruft, der damit befassten Stelle (Gericht oder Behörde) im ersuchten Mitgliedstaat (Art 2 lit e) vorzulegen hat; hingegen gilt Art 42, wenn die Vollstreckung betrieben werden soll. Die ausländische Entscheidung wird insb dann iSv Art 37 I geltend gemacht, wenn sich eine Partei in einem Rechtsstreit oder Verwaltungsverfahren im Rahmen einer Vorfrage auf die ihr günstige Anerkennungsfähigkeit beruft. 1

Der Begriff der **Entscheidung** iSv Art 2 lit a setzt nicht notwendig Tatbestand und Gründe voraus; sind solche indes ergangen, sind auch sie vorzulegen, also nicht etwa nur Rubrum und Tenor. Wenn Art 37 I lit a verlangt, dass die Ausfertigung die für ihre Beweiskraft erforderlichen Voraussetzungen erfüllt, ist gemeint, dass die Echtheit des Dokuments nachweisbar sein muss. Was dafür erforderlich ist, richtet sich nach dem Recht des Ursprungsmitgliedstaats; in Deutschland gilt § 317 II-V ZPO. Keine **Ausfertigung** ist eine bloße Fotokopie oder eine Text- bzw Bilddatei. Andererseits ist Art 61 zu beachten, wonach die Beweiskraft der ausländischen Entscheidung nicht von einer Legalisation oder Apostille abhängig gemacht werden darf (s Art 61 Rn 1). Auf einen Rechtskraftnachweis kommt es nicht an. 2

Zur **Bescheinigung** iSv Art 37 I lit b vgl Art 53 sowie § 1110 ZPO Rn 6 f, § 1111 ZPO Rn 1 ff. Nicht mehr enthalten ist in der Brüssel Ia-VO eine Vorschrift entsprechend Art 55 I Brüssel I-VO/LugÜ bzw Art 32 I Brüssel IIb-VO, wonach das Gericht oder die sonst befugte Stelle dann, wenn die Bescheinigung nicht vorgelegt wird, entweder eine Frist hierfür bestimmen oder sich mit einer gleichwertigen Urkunde begnügen oder von der Vorlage befreien kann, wenn diese nicht für erforderlich erachtet wird. 3

Die mit der Frage der Anerkennungsfähigkeit befasste Stelle kann gem Art 37 II 1 eine **Übersetzung oder Transliteration** (also Übertragung in lateinische Schrift) des Inhalts der Bescheinigung iSv Art 37 I lit b verlangen, so insb dann, wenn diese über routinemäßige Eintragungen hinaus weitere Angaben enthält (vgl BTDrs 18/823, 21). Eine Übersetzung der ausländischen Entscheidung darf gem Art 37 II 2 nur ausnahmsweise gefordert werden, so zB dann, wenn dies unabdingbar erscheint, um den Umfang der materiellen Rechtskraft nach Maßgabe des erststaatlichen Rechts zu ermitteln. Soweit eine Übersetzung oder Transliteration erforderlich ist, gelten Art 57 und für Deutschland § 1113 ZPO. 4

Artikel 38 (Artikel 37 I LugÜ)

Das Gericht oder die Behörde, bei dem bzw. der eine in einem anderen Mitgliedstaat ergangene Entscheidung geltend gemacht wird, kann das Verfahren ganz oder teilweise aussetzen, wenn
a) die Entscheidung im Ursprungsmitgliedstaat angefochten wird oder
b) die Feststellung, dass keiner der in Artikel 45 genannten Gründe für eine Versagung der Anerkennung gegeben ist, oder die Feststellung, dass die Anerkennung aus einem dieser Gründe zu versagen ist, beantragt worden ist.

Art 38 setzt voraus, dass die in einem anderen Mitgliedstaat ergangene Entscheidung bei einem Gericht oder einer Behörde geltend gemacht wird, sei es in einem selbständigen Anerkennungsverfahren iSv Art 36 II oder als Vorfrage in einem Rechtsstreit (Art 36 III) oder Verwaltungsverfahren. **Sondervorschriften** zu Art 36 sind Art 44 I lit c, II 63 (Aussetzung des Vollstreckungsverfahrens) und Art 51 (Aussetzung des Vollstreckungsversagungsverfahrens). 1

Art 38 lit a betrifft den Fall, dass die **Entscheidung im Ursprungsmitgliedstaat angefochten** wird. Anders als in Art 51 ist dabei nicht von einem ordentlichen Rechtsbehelf die Rede (dies verkennt ThP/Nordmeier Art 38 Rn 3); maßgeblich ist, dass im Ursprungsstaat in einem förmlichen Verfahren die Abänderung oder Aufhebung der Entscheidung begehrt wird. Wiederum anders als in Art 51, genügt es für Art 38 lit a nicht, dass die Frist für eine Anfechtung bzw einen Rechtsbehelf noch läuft. Art 38 lit a wird dann kaum relevant, wenn es um die Anerkennung der materiellen Rechtskraft geht, die nach den meisten Rechtsordnungen formelle Rechtskraft voraussetzt. 2

Anders als Art 38 lit a nimmt lit b Rücksicht auf Verfahren, die im Anerkennungsstaat eingeleitet werden: die erste Variante bezieht sich auf ein **selbständiges Anerkennungsverfahren** iSv Art 36 II, die zweite Variante auf ein **Anerkennungsversagungsverfahren** iSv Art 45 IV. 3

In sämtlichen Varianten von Art 38 steht die Aussetzung im **pflichtgemäßen Ermessen** des Gerichts bzw der Behörde. Ein auf Aussetzung gerichteter Antrag ist (abweichend von Art 44) nicht erforderlich. Art 38 stellt klar, dass 4 sich die Aussetzung in geeigneten Fällen nur auf **Teile des Verfahrens** beschränken kann; ob dies möglich bzw sinnvoll ist, hängt von der lex fori des auszusetzenden Verfahrens und von der dort verhandelten Hauptsache ab.

Abschnitt 2 – Vollstreckung (Art 39-44)

Artikel 39

Eine in einem Mitgliedstaat ergangene Entscheidung, die in diesem Mitgliedstaat vollstreckbar ist, ist in den anderen Mitgliedstaaten vollstreckbar, ohne dass es einer Vollstreckbarerklärung bedarf.

Lit: *Anzenberger*, Rechtsnachfolge nach Titelschaffung im Kontext der EuGVVO, ZfRV 2021, 259; *Fawzy*, Forderungsdurchsetzung in der EU, DGVZ 2015, 1; *Geimer*, Unionsweite Titelvollstreckung ohne Exequatur nach der Reform der Brüssel I-Verordnung, FS Schütze, 2015, S 109; *Hardung*, Die europäische Titelfreizügigkeit, 2020; *Hau*, Enforcement shopping im grenzüberschreitenden Zivilrechtsverkehr, DGVZ 2021, 162; *Haubold*, Europäische Titelfreizügigkeit und Einwände des Schuldners in der Zwangsvollstreckung, FS Schütze, 2015, S 163; *Hess*, Urteilsfreizügigkeit nach der VO Brüssel-Ia, FS Gottwald, 2014, S 273; *Loyal*, Parteivereinbarungen bei der Vollstreckung von Gerichtsentscheidungen anderer EU-Mitgliedstaaten, GPR 2018, 63; *Mäsch/Peiffer*, Das neue Vollstreckungsregime unter der Brüssel Ia-VO, RIW 2019, 245; *Meller-Hannich*, Vorläufige Vollstreckbarkeit und Sicherungsvollstreckung bei der Europäischen Titelfreizügigkeit, FS Roth, 2021, S 785; *Peiffer*, Grenzüberschreitende Titelgeltung in der Europäischen Union, 2012; *Raffelsieper*, Die Rückabwicklung der vorläufigen Vollstreckung im nationalen und europäischen Zivilprozessrecht, 2018; *Roth*, Vollstreckungsrechtliche Probleme wegen einer im Ursprungsstaat aufgehobenen Entscheidung, IPRax 2021, 541; *Schwarz*, Enforcement shopping im europäischen Rechtsraum, 2019; *Stürner*, Die Vollstreckung aus ausländischen Zivilurteilen nach der Brüssel Ia-VO, DGVZ 2016, 215; *Thöne*, Der Abschied vom Exequatur, GPR 2015, 149; *Thöne*, Die Abschaffung des Exequaturverfahrens und die EuGVVO, 2016; *Ulrici*, Vollstreckung nach der Brüssel Ia-VO bei Abhängigkeit von einer Sicherheitsleistung, RIW 2019, 406; *Wagner*, Vollstreckungsabwehrklage vor dem EuGH, FS Schack, 2022, S 902; *Wiedemann*, Vollstreckbarkeit: Entwicklung, Wirkungserstreckung und Qualifikation im System Brüssel Ia, 2017; *Wolber*, Schuldnerschutz im Europäischen Zwangsvollstreckungsrecht, 2015; *Zimmer*, Die Abschaffung des Exequaturverfahrens im Rahmen der Brüssel Ia-VO, 2019. – S zudem die Nw bei Art 36, Art 45 sowie § 328, § 723 ZPO.

1 Der wesentliche Unterschied der Brüssel Ia-VO gegenüber der Brüssel I-VO (und dem noch früheren EuGVÜ) sowie dem LugÜ besteht in der **Abschaffung des Erfordernisses einer Vollstreckbarerklärung** (bzw eines Exequaturs): Gem Art 39 sind gerichtliche Entscheidungen in allen anderen Mitgliedstaaten ohne Weiteres vollstreckbar, sobald und solange sie in ihrem Ursprungsstaat vollstreckbar sind. Entsprechendes gilt für öffentliche Urkunden und gerichtliche Vergleiche (Art 58 f). Von der Abschaffung des Exequaturverfahrens verspricht man sich vor allem eine Reduzierung des Zeit- und Kostenaufwands (ErwGr Nr 26). Die Titel unterliegen aber im Rahmen des neu konzipierten Vollstreckungsversagungsverfahrens iSv Art 46 ff auf Antrag des Schuldners einer zweitstaatlichen Überprüfung, und diese Kontrolle erfolgt im Wesentlichen anhand derselben Versagungsgründe (Art 45) wie früher im Exequaturverfahren. Laut dem Kommissionsbericht v 2.6.2025 (COM (2025) 268, 2, 14) hat sich diese Reform im Wesentlichen bewährt.

2 Art 39 erfordert Vollstreckbarkeit des ausländischen Titels, aber keine formelle Rechtskraft; folglich genügt **vorläufige Vollstreckbarkeit** (wie gem §§ 704, 708 ff ZPO). Dem **Nachweis** der im Ursprungsstaat gegebenen Vollstreckbarkeit dient die Bescheinigung gem Art 42 I lit b, II lit b, Art 53, Art 60. Zum Problem der Vollstreckbarkeit bei Anordnung einer Sicherungsleistung s Art 53 Rn 2. Zur gebotenen **Zustellung** der Bescheinigung vor Beginn der Vollstreckung s Art 43 I. Fehlt dem Vollstreckungstitel schon aus Sicht des Ursprungsstaats die Vollstreckbarkeit oder ist er dort bereits aufgehoben worden, so kann er auch in anderen Staaten keine Wirkung entfalten (vgl etwa EuGH EuGRZ 2009, 210; BGH NJW 2016, 248, 249; Roth IPRax 2021, 541, 542 f; zum weiteren Problem aufschiebend bedingter Titel vgl Eichel IPRax 2022, 402). Zur **Konkretisierung ausländischer Titeln**, die aus Sicht des Vollstreckungsmitgliedstaats nicht hinreichend bestimmt erscheinen, s Art 54 Rn 1.

3 Während der EuGH die Anerkennung iSv Art 36 I zutreffend als **Wirkungserstreckung** deutet (s Art 36 Rn 10), verlässt er diese Linie hinsichtlich der **Vollstreckbarkeit**. So ist laut EuGH die im Recht des Vollstreckungsstaats für die Vollziehung eines Arrests vorgesehene Frist (in Deutschland: § 929 II ZPO) auch für einen im Ausland (in casu: Italien) erlassenen Arrest zu beachten, und zwar auch dann, wenn das ursprungsstaatliche Recht keine entsprechende Vollzugsfrist anordnet (vgl zur Brüssel I-VO schon EuGH NJW 2019, 581; Abschlussentscheidung: BGH WM 2019, 270; dazu Rademacher GPR 2019, 109, Rentsch IPRax 2020, 337; die vermeintlich gebotene Sonderbehandlung der Vollstreckbarkeit bestätigend EuGH WM 2023, 1583 Tz 52; krit Hau IPRax 2024, 41). Ausgehend von dieser EuGH-Judikatur wird der **Anwendungsbereich der lex loci executionis** (Art 41 I 1) tendenziell weit verstanden. Dies könnte zwar konsequenter-, aber fragwürdigerweise dazu führen, dass ein Titel in anderen Mitgliedstaaten weitergehend vollstreckbar wäre als in seinem Ursprungsmitgliedstaat (so in der Tat OLG Düsseldorf 18.3.2025 – 3 W 22/25, Tz 34, dort zur in Deutschland vermeintlich fortwirkenden Vollstreckbarkeit eines spanischen Titels, nachdem in Spanien die fünfjährige Frist zur Beantragung der *Vollstreckung verstrichen ist*). Das weite Verständnis von Art 41 I gerät, je nachdem, ob die Vollstreckung im Zweitstaat länger oder kürzer als im Erststaat ermöglicht wird, zu einem fragwürdigen Vorteil für die eine oder andere Partei unter Vernachlässigung legitimer Erwartungen der jeweils anderen Partei.

Artikel 40 (Artikel 47 LugÜ)

Eine vollstreckbare Entscheidung umfasst von Rechts wegen die Befugnis, jede Sicherungsmaßnahme zu veranlassen, die im Recht des ersuchten Mitgliedstaats vorgesehen ist.

Lit: *Mankowski*, Die Sicherungshypothek aufgrund eines Titels aus dem EuGVVO-Ausland, IPRax 2020, 541; *Tsikrikas*, Einstweilige Maßnahmen zur Sicherung der grenzüberschreitenden Zwangsvollstreckung gem Art. 40 EuGVVO, FS Schack, 2022, S 892.

Die Bedeutung der Vorschrift ist nicht allzu groß, weil gem Art 39 die Vollstreckung ausländischer Titel ohne Vollstreckbarerklärung betrieben werden kann. Ein Sicherungsbedürfnis für den Gläubiger kann sich aber insb dann ergeben, wenn der Schuldner gem Art 43 II auf einer Übersetzung des Titels besteht. Unberührt lässt Art 40 eine **vorläufige Kontenpfändung** nach Maßgabe der EuKoPfVO (s § 946 ZPO Rn 1 ff). 1

Art 40 erfordert eine **vollstreckbare Entscheidung**, wobei der Nachweis der Vollstreckbarkeit nach erststaatlichem Recht mit der Bescheinigung gem Art 42 I lit b geführt werden kann. Die Entscheidung muss dem Schuldner noch nicht zugestellt sein (Art 43 III). Umstr ist, ob Art 40 auch für die Durchsetzung einstweiliger Maßnahmen iSv Art 2 lit a S 2 gilt (verneinend Schlosser/Hess Art 40 Rn 1). 2

Zu den gem Art 40 in Betracht kommenden **Sicherungsmaßnahmen** gehören in Deutschland eine Vorpfändung (§ 845 ZPO) oder ein Arrest (§§ 916 ff ZPO) bzw bei Nichtgeldleistungstiteln eine einstweilige Verfügung (§§ 935 ff). Zu denken ist zudem an Maßnahmen der Sicherungsvollstreckung gem § 720a ZPO wie die Eintragung einer Zwangssicherungshypothek, und zwar unabhängig davon, ob der Titel von einer Sicherheitsleistung abhängig ist oder nicht (OLG Frankfurt aM IPRax 2020, 567 Tz 20; dazu Mankowski IPRax 2020, 541). 3

Artikel 41

(1) [1]Vorbehaltlich der Bestimmungen dieses Abschnitts gilt für das Verfahren zur Vollstreckung der in einem anderen Mitgliedstaat ergangenen Entscheidungen das Recht des ersuchten Mitgliedstaats. [2]Eine in einem Mitgliedstaat ergangene Entscheidung, die im ersuchten Mitgliedstaat vollstreckbar ist, wird dort unter den gleichen Bedingungen vollstreckt wie eine im ersuchten Mitgliedstaat ergangene Entscheidung.

(2) Ungeachtet des Absatzes 1 gelten die im Recht des ersuchten Mitgliedstaats für die Verweigerung oder Aussetzung der Vollstreckung vorgesehenen Gründe, soweit sie nicht mit den in Artikel 45 aufgeführten Gründen unvereinbar sind.

(3) [1]Von der Partei, die die Vollstreckung einer in einem anderen Mitgliedstaat ergangenen Entscheidung beantragt, kann nicht verlangt werden, dass sie im ersuchten Mitgliedstaat über eine Postanschrift verfügt. [2]Es kann von ihr auch nicht verlangt werden, dass sie im ersuchten Mitgliedstaat über einen bevollmächtigten Vertreter verfügt, es sei denn, ein solcher Vertreter ist ungeachtet der Staatsangehörigkeit oder des Wohnsitzes der Parteien vorgeschrieben.

Die Brüssel Ia-VO regelt zwar die EU-weite Vollstreckbarkeit von mitgliedstaatlichen Titeln. Die eigentliche **Vollstreckung** richtet sich hingegen gem Art 41 I nach den autonomen Vorschriften des Zweitstaats. Diese Verweisung umfasst grds auch die Regelungen zur Verweigerung oder Aussetzung der Vollstreckung (Art 41 II) und zur Veranlassung von Sicherungsmaßnahmen (Art 40). Deutschland verzichtet gem § 1112 ZPO auf eine Vollstreckungsklausel; beachte § 1112 ZPO Rn 1 ff, dort auch zur Relevanz der sonstigen allgemeinen Vollstreckungsvoraussetzungen, zur gebotenen Prüfung durch die Vollstreckungsorgane sowie zu Rechtsbehelfen. Zur **Vollstreckungsabwehrklage** bei Vollstreckung aus einem ausländischen Titel s § 1117 ZPO Rn 2 ff. 1

Probleme kann die **Abgrenzungsfrage** bereiten, was als Aspekt des Vollstreckungsverfahrens gem Art 41 I 1 der lex loci executionis unterliegt und was sich als ein Aspekt der gem Art 39 EU-weit anzuerkennenden Vollstreckbarkeit nach dem Recht des Ursprungsmitgliedstaats bestimmt. Der EuGH neigt dazu, der lex loci executionis einen weiten Anwendungsbereich zuzuweisen, gerät damit aber in Widerspruch zum Wirkungserstreckungsprinzip und zu legitimen Parteiinteressen (s Art 39 Rn 3). 2

Art 41 I 2 ist Ausdruck des allgemeinen **Äquivalenzgrundsatzes** (s EuIZPR Rn 5). Art 41 III schützt **auslandsansässige Titelgläubiger** vor unnötigem Aufwand (im Vollstreckungsversagungsverfahren gilt die Parallelvorschrift in Art 47 IV). Nicht zu beanstanden ist gem Art 41 III 2 hingegen ein allgemeiner **Anwaltszwang** (so in Deutschland gem 78 ZPO im Rahmen landgerichtlicher Prozesse gem § 767 oder § 771 ZPO). 3

Artikel 42

(1) Soll in einem Mitgliedstaat eine in einem anderen Mitgliedstaat ergangene Entscheidung vollstreckt werden, hat der Antragsteller der zuständigen Vollstreckungsbehörde Folgendes vorzulegen:

a) eine Ausfertigung der Entscheidung, die die für ihre Beweiskraft erforderlichen Voraussetzungen erfüllt, und

b) die nach Artikel 53 ausgestellte Bescheinigung, mit der bestätigt wird, dass die Entscheidung vollstreckbar ist, und die einen Auszug aus der Entscheidung sowie gegebenenfalls relevante Angaben zu den erstattungsfähigen Kosten des Verfahrens und der Berechnung der Zinsen enthält.

(2) Soll in einem Mitgliedstaat eine in einem anderen Mitgliedstaat ergangene Entscheidung vollstreckt werden, mit der eine einstweilige Maßnahme einschließlich einer Sicherungsmaßnahme angeordnet wird, hat der Antragsteller der zuständigen Vollstreckungsbehörde Folgendes vorzulegen:

a) eine Ausfertigung der Entscheidung, die die für ihre Beweiskraft erforderlichen Voraussetzungen erfüllt,

b) die nach Artikel 53 ausgestellte Bescheinigung, die eine Beschreibung der Maßnahme enthält und mit der bestätigt wird, dass

i) das Gericht in der Hauptsache zuständig ist,

ii) die Entscheidung im Ursprungsmitgliedstaat vollstreckbar ist, und

c) wenn die Maßnahme ohne Vorladung des Beklagten angeordnet wurde, den Nachweis der Zustellung der Entscheidung.

(3) Die zuständige Vollstreckungsbehörde kann gegebenenfalls vom Antragsteller gemäß Artikel 57 eine Übersetzung oder Transliteration des Inhalts der Bescheinigung verlangen.

(4) Die zuständige Vollstreckungsbehörde darf vom Antragsteller eine Übersetzung der Entscheidung nur verlangen, wenn sie das Verfahren ohne eine solche Übersetzung nicht fortsetzen kann.

1 Art 42 I bestimmt, welche **Unterlagen** der Gläubiger, der die Vollstreckung einer gerichtlichen Entscheidung aus einem anderen Mitgliedstaat betreiben möchte, der zuständigen Vollstreckungsbehörde im ersuchten Mitgliedstaat (Art 2 lit e) vorzulegen hat. Für Maßnahmen des **einstweiligen Rechtsschutzes** iSv Art 2 lit a S 2 gilt Art 42 II (näher zu den dann erforderlichen Angaben OLG München IHR 2022, 218 Tz 19 ff), für vollstreckbare Urkunden und gerichtliche Vergleiche gelten Art 58, 59. Geht es nicht um die Vollstreckung, sondern nur um Anerkennung, bleibt es bei Art 37 I.

2 Zu den Anforderungen an die gem Art 42 I lit a bzw II lit a vorzulegende Ausfertigung der **ausländischen Entscheidung** s Art 37 Rn 2. Auf einen Rechtskraftnachweis kommt es nicht an, auf einen Zustellungsnachweis nur nach Maßgabe von II lit c (beachte aber Art 43 I). Zur **Bescheinigung** iSv Art 42 I lit b bzw II lit b beachte Art 53 sowie § 1110 ZPO Rn 6 f, § 1111 ZPO Rn 1 ff. Nicht mehr enthalten ist in der Brüssel Ia-VO eine Vorschrift entsprechend Art 55 I Brüssel I-VO/LugÜ bzw Art 32 I Brüssel IIb-VO, wonach das Gericht oder die sonst befugte Stelle dann, wenn die Bescheinigung nicht vorgelegt wird, entweder eine Frist hierfür bestimmen oder sich mit einer gleichwertigen Urkunde begnügen oder von der Vorlage befreien kann, wenn diese nicht für erforderlich erachtet wird.

3 Die Vollstreckungsbehörde kann gem Art 42 III eine **Übersetzung** oder Transliteration (also Übertragung in lateinische Schrift) des Inhalts der **Bescheinigung** nach Art 53 bzw Art 60 verlangen, so insb dann, wenn die Bescheinigung über routinemäßige Eintragungen hinaus weitere Angaben enthält (BTDrs 18/823, 21). Eine Übersetzung des **ausländischen Titels** darf gem Art 42 IV nur ausnahmsweise gefordert werden, wenn dies unabdingbar erscheint. Allerdings kann der Schuldner nach Maßgabe von Art 43 II auf einer Übersetzung des Titels bestehen. Soweit eine Übersetzung oder Transliteration erforderlich ist, gelten Art 57 und für Deutschland § 1113 ZPO.

Artikel 43

(1) [1]Soll eine in einem anderen Mitgliedstaat ergangene Entscheidung vollstreckt werden, so wird die gemäß Artikel 53 ausgestellte Bescheinigung dem Schuldner vor der ersten Vollstreckungsmaßnahme zugestellt. [2]Der Bescheinigung wird die Entscheidung beigefügt, sofern sie dem Schuldner noch nicht zugestellt wurde.

(2) [1]Hat der Schuldner seinen Wohnsitz in einem anderen Mitgliedstaat als dem Ursprungsmitgliedstaat, so kann er eine Übersetzung der Entscheidung verlangen, um ihre Vollstreckung anfechten zu können, wenn die Entscheidung nicht in einer der folgenden Sprachen abgefasst ist oder ihr keine Übersetzung in einer der folgenden Sprachen beigefügt ist:

a) einer Sprache, die er versteht, oder

b) der Amtssprache des Mitgliedstaats, in dem er seinen Wohnsitz hat, oder, wenn es in diesem Mitgliedstaat mehrere Amtssprachen gibt, in der Amtssprache oder einer der Amtssprachen des Ortes, an dem er seinen Wohnsitz hat.

Wird die Übersetzung der Entscheidung gemäß Unterabsatz 1 verlangt, so darf die Zwangsvollstreckung nicht über Sicherungsmaßnahmen hinausgehen, solange der Schuldner die Übersetzung nicht erhalten hat. Dieser Absatz gilt nicht, wenn die Entscheidung dem Schuldner bereits in einer der in Unterabsatz 1 genannten Sprachen oder zusammen mit einer Übersetzung in eine dieser Sprachen zugestellt worden ist.

(3) Dieser Artikel gilt nicht für die Vollstreckung einer in einer Entscheidung enthaltenen Sicherungsmaßnahme oder wenn der Antragsteller Sicherungsmaßnahmen gemäß Artikel 40 erwirkt.

Lit: *Arnold,* Zustellung vor Vollstreckung: Zur (Un-)Angemessenheit der Frist aus Erwägungsgrund 32 Brüssel Ia-VO, GPR 2023, 150.

Art 43 I erfordert eine **Zustellung der Bescheinigung** iSv Art 53 sowie der ausländischen Entscheidung (sofern noch nicht erfolgt), und zwar schon vor Beginn der ersten Vollstreckungsmaßnahme (dazu ErwGr Nr 32). Unzureichend ist somit, abweichend von dem zurücktretenden § 750 ZPO, eine Zustellung gleichzeitig mit der Vollstreckung (näher zur rechtspolitischen Kritik hieran etwa Arnold GPR 2023, 150). Das verordnungsautonome Zustellungserfordernis wird für Deutschland in § 1111 I 3, 4 ZPO konkretisiert (s § 1111 ZPO Rn 3). Art 43 I gilt auch für vollstreckbare Urkunden und gerichtliche Vergleiche (Art 58 I UAbs 2, Art 59). Hingegen ist Art 43 I gem III nicht anzuwenden, wenn es um eine **Sicherungsmaßnahme** iSv Art 2 lit a S 2 oder um einen Fall gem Art 40 geht (dazu OLG Frankfurt aM IPRax 2020, 567 Tz 20); beachte zum Zustellungsnachweis bei der Vollstreckung ausländischer Sicherungsmaßnahmen aber Art 42 II lit c. 1

Nach Maßgabe von Art 43 II kann der Schuldner, über Art 42 IV hinaus, auf einer **Übersetzung des Titels** bestehen. Privilegiert werden allerdings nur Schuldner mit Wohnsitz (iSv Art 62 f) in einem anderen Mitgliedstaat (also nicht: Drittstaat) als dem Ursprungsmitgliedstaat. Auch Art 43 II ist in den Fällen von III nicht anzuwenden. 2

Artikel 44 (Artikel 46 LugÜ)

(1) Wurde eine Versagung der Vollstreckung einer Entscheidung gemäß Abschnitt 3 Unterabschnitt 2 beantragt, so kann das Gericht im ersuchten Mitgliedstaat auf Antrag des Schuldners

a) das Vollstreckungsverfahren auf Sicherungsmaßnahmen beschränken,

b) die Vollstreckung von der Leistung einer vom Gericht zu bestimmenden Sicherheit abhängig machen oder

c) das Vollstreckungsverfahren insgesamt oder teilweise aussetzen.

(2) Die zuständige Behörde des ersuchten Mitgliedstaats setzt das Vollstreckungsverfahren auf Antrag des Schuldners aus, wenn die Vollstreckbarkeit der Entscheidung im Ursprungsmitgliedstaat ausgesetzt ist.

Wurde im ersuchten Mitgliedstaat (Art 2 lit e) gem Art 46 ff ein Vollstreckungsversagungsverfahren eingeleitet, kann das damit befasste Gericht auf Antrag des Schuldners die in **Art 44 I** aufgeführten **vorläufigen Anordnungen** treffen; deutsche Durchführungsvorschrift: § 1115 VI ZPO (s § 1115 ZPO Rn 6). Art 44 I lit c erlaubt – ausnahmsweise – die Aussetzung des Vollstreckungsverfahrens (Art 51 betrifft hingegen die Aussetzung des Versagungsverfahrens bzw eines Anerkennungsfeststellungsverfahrens gem Art 36 II). Zum gerichtlichen Entschließungs- und Auswahlermessen, zur Darlegungslast des Schuldners sowie zum abschließenden Charakter vgl BGH ZIP 2022, 1619, zudem etwa OLG Düsseldorf 18.3.2025 – 3 W 22/25, Tz 80 ff. Anders als in Art 44 I geht es in **Art 44 II** um die zwingende Aussetzung der Vollstreckung auf Antrag des Schuldners in Reaktion darauf, dass die Vollstreckbarkeit im Ursprungsmitgliedstaat ausgesetzt worden ist; deutsche Durchführungsvorschrift: § 1116 ZPO (s § 1116 ZPO Rn 1). Art 44 gilt auch für vollstreckbare Urkunden und gerichtliche Vergleiche (Art 58 I UAbs 2, Art 59). 1

Abschnitt 3 – Versagung der Anerkennung und Vollstreckung (Art 45-51)

Unterabschnitt 1 – Versagung der Anerkennung (Art 45)

Artikel 45 (Artikel 34 und 35 LugÜ)

(1) Die Anerkennung einer Entscheidung wird auf Antrag eines Berechtigten versagt, wenn

a) die Anerkennung der öffentlichen Ordnung (ordre public) des ersuchten Mitgliedstaats offensichtlich widersprechen würde;

b) dem Beklagten, der sich auf das Verfahren nicht eingelassen hat, das verfahrenseinleitende Schriftstück oder ein gleichwertiges Schriftstück nicht so rechtzeitig und in einer Weise zugestellt worden ist, dass er sich verteidigen konnte, es sei denn, der Beklagte hat gegen die Entscheidung keinen Rechtsbehelf eingelegt, obwohl er die Möglichkeit dazu hatte;

c) die Entscheidung mit einer Entscheidung unvereinbar ist, die zwischen denselben Parteien im ersuchten Mitgliedstaat ergangen ist;

d) die Entscheidung mit einer früheren Entscheidung unvereinbar ist, die in einem anderen Mitgliedstaat oder in einem Drittstaat in einem Rechtsstreit wegen desselben Anspruchs zwischen denselben Parteien ergangen ist, sofern die frühere Entscheidung die notwendigen Voraussetzungen für ihre Anerkennung im ersuchten Mitgliedstaat erfüllt, oder

e) **die Entscheidung unvereinbar ist**
   i) **mit Kapitel II Abschnitte 3, 4 oder 5, sofern der Beklagte Versicherungsnehmer, Versicherter, Begünstigter des Versicherungsvertrags, Geschädigter, Verbraucher oder Arbeitnehmer ist, oder**
   ii) **mit Kapitel II Abschnitt 6.**

(2) Das mit dem Antrag befasste Gericht ist bei der Prüfung, ob eine der in Absatz 1 Buchstabe e angeführten Zuständigkeiten gegeben ist, an die tatsächlichen Feststellungen gebunden, aufgrund deren das Ursprungsgericht seine Zuständigkeit angenommen hat.

(3) [1]Die Zuständigkeit des Ursprungsgerichts darf, unbeschadet des Absatzes 1 Buchstabe e, nicht nachgeprüft werden. [2]Die Vorschriften über die Zuständigkeit gehören nicht zur öffentlichen Ordnung (ordre public) im Sinne des Absatzes 1 Buchstabe a.

(4) Der Antrag auf Versagung der Anerkennung ist gemäß den Verfahren des Unterabschnitts 2 und gegebenenfalls des Abschnitts 4 zu stellen.

Lit: *Basedow*, Die Verselbständigung des europäischen ordre public, FS Sonnenberger, 2004, S 291; *Brüggemann*, Die Anerkennung prorogationswidriger Urteile im Europäischen und US-amerikanischen Zivilprozessrecht, 2019; *Frank*, Die zeitliche Relativität des Ordre Public, FS Vrellis, 2014, S 287; *Gürtler*, Anerkennungsfähigkeit polnischer Gerichtsurteile nach der Brüssel Ia-VO nach Inkrafttreten der Justizreform, FS Rauscher, 2025, S 229; *Kokott/Rosch*, Entwicklungen in der Rechtsprechung des Gerichtshofs der Europäischen Union zu Anerkennungs- und Vollstreckungshindernissen in Zivil- und Handelssachen, FS Kohler, 2018, S 243; *Peiffer*, Schutz und Obliegenheiten des Beklagten in der EuGVVO, FS Geimer, 2017, S 491; *Rieländer*, Grenzen der Urteilsfreizügigkeit im europäischen Justizraum bei offensichtlicher Verletzung der Pressefreiheit, EuZW 2025, 163; *Schack*, Anerkennungs- und Vollstreckungsversagungsgründe im Europäischen Zivilprozessrecht, ZVglRWiss 119 (2020), 237; *Wössner*, Entscheidungskollisionen unter der Brüssel Ia-Verordnung, 2023. – S zudem die Nw bei Art 36, Art 45 sowie § 328 ZPO.

1 **I) Überblick.** Die Vorschrift benennt die Anerkennungsversagungsgründe, die für **gerichtliche Entscheidungen aus anderen Mitgliedstaaten** maßgeblich sind. Schon ausweislich seiner systematischen Stellung ist Art 45 nur anwendbar, wenn Ursprungsmitgliedstaat und ersuchter Mitgliedstaat (also Anerkennungs- bzw Vollstreckungsmitgliedstaat) nicht identisch sind (klarstellend BGH 18.2.2021 – IX ZB 28/20, EWiR 2021, 351 [Mankowski]). Eine wichtige Ergänzung zu Art 45 ergibt sich aus dem in Art 52 enthaltenen Verbot einer Nachprüfung in der Sache. Die Klarstellung in Art 38 EuEheGüVO/EuPartGüVO, wonach bei der Anwendung der Versagungsgründe die EuGRC, insb der Grundsatz der Nichtdiskriminierung (Art 21 GR-Charta), zu beachten sind, lässt sich auf die Brüssel Ia-VO übertragen. Für öffentliche Urkunden und gerichtliche Vergleiche gilt Art 45 nicht, vielmehr kommt nur der ordre public als Versagungsgrund in Betracht (Art 58 I UAbs 1, Art 59).

2 **II) Prüfung der Versagungsgründe. 1) Prüfungsszenarien.** Anlass für eine Prüfung der Anerkennungsversagungsgründe kann sich in unterschiedlichen Situationen ergeben. Denkbar ist eine **Inzidentprüfung** in einem Rechtsstreit (Art 36 III) oder Verwaltungsverfahren, wenn sich eine Partei im Rahmen einer Vorfrage auf die Anerkennungsfähigkeit der ihr günstigen ausländischen Entscheidung beruft (s Art 36 Rn 16). Gem Art 36 II kann ein Berechtigter die förmliche Feststellung des Fehlens von Anerkennungsversagungsgründen in einem Verfahren entsprechend Art 46 ff herbeiführen (s Art 36 Rn 13); und umgekehrt kann, wer die Entscheidung für nicht anerkennungsfähig hält, gem **Art 45 IV** die **Versagung der Anerkennung** beantragen (s Art 36 Rn 13, Art 46 Rn 1 ff). Besondere praktische Bedeutung hat vor allem das Verfahren auf **Versagen der Vollstreckung**, wobei gem Art 46 ebenfalls die Versagungsgründe des Art 45 maßgeblich sind. Demgegenüber obliegt die Prüfung der Versagungsgründe nicht etwa dem jeweiligen Vollstreckungsorgan.

3 **2) Anerkennungsvoraussetzungen und Anerkennungsversagungsgründe.** Die Anerkennung und Vollstreckung einer ausländischen Entscheidung kommt nur dann in Betracht, wenn eine solche überhaupt existiert und Wirkungen entfaltet; beides bestimmt sich nach dem Recht des Ursprungsstaats (s Art 36 Rn 4, Art 39 Rn 2). Zudem setzt eine Anerkennung und Vollstreckung gem der Brüssel Ia-VO stets voraus, dass ihr sachlicher, räumlich-persönlicher und zeitlicher Anwendungsbereich eröffnet ist (s Art 36 Rn 2 ff). Diese **Anerkennungs- bzw Vollstreckungsvoraussetzungen** hat das Gericht oder die Behörde, das bzw die mit der Anerkennungsfähigkeit bzw Vollstreckbarkeit einer ausländischen Entscheidung befasst ist, grds selbständig zu klären (beachte aber § 1112 ZPO Rn 3, dort zur Frage der Bindung an die Bescheinigung gem Art 53; neues Vorabentscheidungsersuchen: BGH 5.6.2025 – V ZB 15/24). Die **Darlegungs- und Beweislast** für das Vorliegen einer wirksamen ausländischen Entscheidung sowie der weiteren Voraussetzungen der Anerkennung bzw Vollstreckung trägt derjenige, der sich darauf beruft.

4 Davon zu unterscheiden ist der Katalog in Art 45: Dort geht es um **Anerkennungs- bzw Vollstreckungsversagungsgründe** (oder „-hindernisse"), die man besten auch so bezeichnet (häufig ist freilich auch hierzu von Anerkennungs- bzw Vollstreckungsvoraussetzungen die Rede). Die Formulierung „… wird versagt, wenn …" (Art 45 I, 46) ist mit Bedacht gewählt; denn daraus folgt, dass das Anerkennungsrecht im Grundsatz von der *Anerkennungs-* bzw *Vollstreckungsfähigkeit* ausländischer Entscheidungen ausgeht (**favor recognitionis**). Folglich ist das Eingreifen von Versagungsgründen im Zweifel die begründungsbedürftige Ausnahme. Hierzu passt es, dass die Liste der Versagungsgründe laut ErwGr Nr 30 S 2 abschließend und laut EuGH eng auszule-

gen ist (vgl etwa EuGH EuZW 2015, 76). Dies spricht im Übrigen dafür, die **Darlegungs- und Beweislast** dem Anerkennungsopponenten zuzuweisen (zutr etwa BGH NJW 2006, 701, 702).

3) **Amtswegige Prüfung.** Das soeben geschilderte Regel-Ausnahme-Verhältnis sowie der Umstand, dass Art 36 II, Art 45 III und Art 46 einen Antrag voraussetzen, präjudizieren nicht die davon zu trennende Frage, ob das mit der Anerkennungsfähigkeit bzw Vollsteckbarkeit befasste Gericht das Vorliegen eines **Versagungsgrunds von Amts wegen zu prüfen** hat. In der Brüssel Ia-VO fehlt ein vergleichbarer Hinweis wie in ErwGr Nr 54 S 3 zur Brüssel IIb-VO, wonach das nationale Recht festlegen kann, ob die Versagungsgründe **von einer Partei geltend gemacht** werden müssen oder von Amts wegen geltend gemacht werden können. Die allg Regel im deutschen Verfahrensrecht besagt jedenfalls, dass ein Anerkennungsversagungsgrund grds nicht nur auf Rüge, sondern von Amts wegen zu beachten ist (vgl etwa BVerfG FamRZ 2016, 26 Tz 24; BGH NJW 2016, 160 Tz 9); dies zeigt sich besonders deutlich an einem Umkehrschluss zu der in § 328 I Nr 2 ZPO vorgesehenen Ausnahme („und sich hierauf beruft"), der in Art 45 I lit b fehlt (s Rn 17). Allerdings bedeutet amtswegige Prüfung in Verfahren, die dem **Beibringungsgrundsatz** unterliegen, keineswegs, dass das Gericht Tatsachen, aus denen sich Anerkennungshindernisse möglicherweise ergeben könnten, amtswegig zu ermitteln hätte (klarstellend etwa BGH NJW 2016, 160 Tz 10; vgl aber auch § 328 ZPO Rn 36). 5

4) **Kein Versagungsermessen.** Stellt sich bei der Prüfung heraus, dass ein Anerkennungsversagungsgrund eingreift, so ist das Ergebnis schon nach dem Wortlaut von Art 45 I vorgegeben: „Die Anerkennung […] wird versagt". Zwar enthalten sämtliche Varianten unbestimmte Rechtsbegriffe, bei denen sich für das Gericht auf der Tatbestandsseite durchaus gewisse Spielräume ergeben; ihm steht aber **kein Rechtsfolgenermessen** zu (anders etwa Art 39 II, Art 68 III Brüssel IIb-VO, wonach in Kindschaftssachen eine Gehörsverletzung des Kindes nur dazu führt, dass die Anerkennung abgelehnt werden „kann"; dazu ErwGr Nr 57, 71 zur Brüssel IIbVO). 6

5) **Teilanerkennung.** Obwohl dies in Art 45 nicht eigens angesprochen wird, kommt die **Teilanerkennung oder Teilvollstreckbarkeit** einer ausländischen Entscheidung in Betracht, wenn dieser nur hinsichtlich eines Teilausspruchs oder nur im Verhältnis zu bestimmten Personen oder nur hinsichtlich einzelner Entscheidungswirkungen ein Versagungsgrund entgegensteht (näher Geimer IZPR Rn 3068 ff). 7

III) Ordre public (Art 45 I lit a). Obwohl der in Art 45 I lit a (und Art 58 I) verankerte Ordre-public-Vorbehalt in der Praxis relativ oft von Anerkennungsopponenten und Titelschuldnern ins Feld geführt wird, scheitert die Anerkennung bzw Vollstreckung erfreulicherweise nur selten daran (vgl den Kommissionsbericht v 2.6. 2025, COM(2025) 268, 15). Der Versagungsgrund erweist sich aber als sinnvolles Notfallinstrument (vgl Schack ZVglRWiss 119 [2020], 237, 242: „selten erfolgreich, aber als Notventil wichtig"). Zu beachten ist, dass der **anerkennungsrechtliche ordre public** nicht deckungsgleich ist mit dem **kollisionsrechtlichen ordre public** (vgl insb Art 21 Rom I-VO, Art 26 Rom II-VO, Art 6 EGBGB); dazu § 328 ZPO Rn 64. 8

Mit Rücksicht auf das sog **Verbot einer *révision au fond*** (Art 52) kommt eine Anwendung des Ordre-public-Vorbehalts nur dann in Betracht, wenn das Ergebnis der Anerkennung bzw Vollstreckung – also nicht die ausländische Entscheidung an sich – im konkreten Fall schlechterdings untragbar erscheint, weil sich ein eklatanter Widerspruch zu den Grundgedanken der deutschen Regelungen und den in ihnen enthaltenen Gerechtigkeitsvorstellungen abzeichnet (statt vieler: BGH NJW 2018, 3254, 3255 f). Der Umstand, dass Art 45 I lit a einen „offensichtlichen" Widerspruch zur öffentlichen Ordnung verlangt, unterstreicht zusätzlich den **Ausnahmecharakter des Vorbehalts** (deutlich aus neuerer Zeit etwa EuGH EuZW 2022, 533 Tz 41 ff; EuGH NJW 2023, 3279 Tz 32; EuGH RIW 2024, 451 Tz 62, 65 f; EuGH EuZW 2025, 195 Tz 34). Dies vorausgesetzt, kann der ordre public sowohl dem Schutz Einzelner als auch dem Schutz deutscher Hoheitsinteressen oder des Rechtsverkehrs dienen. Und zumindest im Grundsatz kann der ordre public nicht nur unter Berufung auf genuin rechtliche Interessen mobilisiert werden, sondern womöglich auch wegen extrem schwerwiegender wirtschaftlicher Folgen (lapidar anders aber EuGH EuZW 2015, 76), soweit sich diese gewissermaßen zu einer Rechtsverletzung verdichten. 9

Schon der Wortlaut von Art 45 I lit a verdeutlicht, dass es bei der „öffentlichen Ordnung" grds auf die **nationalen Vorstellungen des jeweiligen Anerkennungs- bzw Vollstreckungsmitgliedstaats** ankommt. Das im prinzipiellen Verzicht auf die Überprüfung der internationalen Zuständigkeit (Art 45 III; s Rn 24 ff) manifestierte wechselseitige Vertrauen der Mitgliedstaaten in die Rechtsprechung ihrer EU-Partner und die Zielsetzung der Verordnungen gebieten allerdings eine **restriktive und möglichst einheitliche Handhabung** des Vorbehalts, die im Einzelfall durchaus eine großzügigere Bewertung als im Rahmen des autonomen Anerkennungsrechts (also bei der Anwendung von § 328 I Nr 4 ZPO auf drittstaatliche Entscheidungen) rechtfertigen kann. Der EuGH nimmt daher in ständiger Rechtsprechung die Befugnis in Anspruch, über die Grenzen zu wachen, innerhalb derer die nationalen Gerichte den ordre public als Anerkennungshindernis einsetzen dürfen (deutlich aus neuerer Zeit etwa EuGH NJW 2023, 3279 Tz 33 f; EuGH RIW 2024, 451 Tz 64; EuGH EuZW 2025, 195 Tz 35). Das schafft aber nach geltender Rechtslage noch keinen genuin „europäischen" ordre public. Somit kann zu den Einzelheiten des materiell- und des verfahrensrechtlichen deutschen ordre public sowie zum maßgeblichen Zeitpunkt auf die **Ausführungen zu § 328 I Nr 4 ZPO** verwiesen werden (s § 328 ZPO Rn 62 ff). 10

Die mitgliedstaatlichen Gerichte müssen den Schutz der nationalen Rechtsordnung und der EU-Rechtsordnung in gleicher Weise wirksam gewährleisten (EuGH NJW 2023, 3279 Tz 36). Dabei ist im Regelfall allerdings da- 11 von auszugehen, dass das in jedem Mitgliedstaat eingerichtete Rechtsbehelfssystem, ergänzt durch das in Art 267 AEUV vorgesehene Vorabentscheidungsverfahren, den von etwaigen Rechtsverstößen Betroffenen ausreichenden Schutz bietet (EuGH EuZW 2015, 713, 714; EuGH EuZW 2025, 195 Tz 38). Daher rechtfertigt der Umstand, dass sich eine mitgliedstaatliche Entscheidung (womöglich) als **Verletzung von Unionsrecht** erweist, nicht ohne Weiteres die Versagung der Anerkennung in einem anderen Mitgliedstaat, sofern der geltend gemachte Rechtsfehler keine offensichtliche Verletzung einer in der Unionsrechtsordnung als wesentlich geltenden Rechtsnorm oder eines als grundlegend anerkannten Rechts darstellt (EuGH EuZW 2015, 713, 714; EuGH EuZW 2025, 195 Tz 39 ff). Letzteres kommt insb bei einem **Verstoß gegen Grundrechte** in Betracht (bejahend EuGH EuZW 2025, 195 Tz 40 ff, dort zur Mobilisierung von Art 45 I lit a zum Schutz der Meinungs- und Pressefreiheit gem Art 11 EuGRC; dazu Lutzi JZ 2025, 98; Rieländer EuZW 2025, 163).

12 **IV) Rechtliches Gehör (Art 45 I lit b).** In der Praxis wird die Anerkennung ausländischer Entscheidungen häufig unter Hinweis auf (angebliche) **Gehörsverletzungen bei der ausländischen Verfahrenseinleitung** in Frage gestellt. Bei dem damit befassten Art 45 I lit b handelt es sich um eine Ergänzung von Art 28 auf der Anerkennungsebene und dort um eine **Spezialausprägung des verfahrensrechtlichen ordre public** iSv Art 45 I lit a: Es gilt die Anerkennung von Entscheidungen zu verhindern, auf die der Beklagte mangels rechtzeitiger Information von der Verfahrenseinleitung keinen hinreichenden Einfluss nehmen konnte. Hingegen werden Gehörsverletzungen, zu denen es womöglich erst im weiteren Verlauf des erststaatlichen Verfahrens gekommen ist, anhand von Art 45 I lit a überprüft (vgl zB BGH NJW-RR 2012, 1013: das ausländische Gericht hatte ein richterliches Hinweisschreiben dem in Deutschland ansässigen Beklagten nicht zustellen, sondern nur in die Gerichtsakte einlegen lassen; s § 328 ZPO Rn 72).

13 Der Beklagte wird in der Regel durch förmliche Zustellung eines Schriftstücks von dem gegen ihn eingeleiteten Gerichtsverfahren informiert. Bei dem **verfahrenseinleitenden Schriftstück** handelt es sich normalerweise um eine Klageschrift samt Einlassungsaufforderung und Terminsladung, womöglich aber auch um einen Mahnbescheid oder Zahlungsbefehl (näher zu den Mindestanforderungen an das verfahrenseinleitende Schriftstück etwa EuGH EuZW 2023, 473, dort zu Art 34 Nr 2 LugÜ anhand eines Zahlungsbefehls schweizerischen Rechts [Schlussentscheidung: BGH 28.9.2023 – IX ZB 60/20; beachte auch Lücke WM 2024, 45]; BGH NJW-RR 2010, 1001, 1002, dort zu einem italienischen Mahnbescheid [decreto ingiuntivo]; BGH IPRax 2023, 75, dort zur Einleitung eines italienischen Adhäsionsverfahrens).

14 Anders als § 328 I Nr 2 ZPO („nicht ordnungsgemäß oder nicht so rechtzeitig"; s § 328 ZPO Rn 50), beschränkt Art 45 I lit b das Anerkennungshindernis auf die **Rechtzeitigkeit der Zustellung** (vgl EuGH EuGRZ 2009, 210 Tz 72 ff; BGH NJW 2019, 2862 f). Gleichwohl lässt sich die Frage der **Ordnungsgemäßheit** nicht vollständig ausblenden: Denn zum einen ist allemal eine Zustellung erforderlich, und dies setzt ein Handeln voraus, das auf die zur Veranlassung von Zustellungen zuständige Behörde zurückführbar ist und ihren Willen zur Zustellung erkennen lässt (vgl BGH NJW-RR 2008, 586, 588; Gegenbsp: Information des Beklagten über die Prozesseinleitung nur durch den Kläger), und zum anderen sind schwerwiegende Zustellungsmängel regelmäßig ein starkes Indiz dafür, dass dem Zustellungsadressaten kein ausreichendes rechtliches Gehör bei der Verfahrenseinleitung gewährt wurde (vgl BGH NJW 2021, 3601 Tz 12 ff, dort zu fiktiven Zustellungen; BGH WM 2022, 1136 Tz 14, dort zur fehlenden Übersetzung).

15 Art 45 I lit b betont, dass die **Rechtzeitigkeit der Zustellung** von der **Wahrung der Verteidigungsrechte** abhängt. Die Zustellung ist rechtzeitig erfolgt, wenn das Schriftstück dem Beklagten mit einem solchen zeitlichen Abstand zu dem durch Gesetz oder richterliche Anordnung bestimmten Einlassungszeitpunkt zugegangen ist, dass er nicht nur seine Verteidigungsbereitschaft erklären oder zum anberaumten Termin erscheinen konnte, sondern dass ihm auch eine angemessene Frist zur Vorbereitung einer effektiven Verteidigung zur Verfügung stand (BGH NJW 2006, 701). Die Bewertung dieser tatsächlichen Gegebenheiten ist Sache des Zweitrichters, der nicht an die Feststellungen des Erstgerichts gebunden ist, wobei die im Zweitstaat geltenden Fristen eine Orientierungshilfe bieten können, aber nicht als verbindlicher Mindeststandard herangezogen werden dürfen. Hat sich der Beklagte im Erststaat nicht auf das Verfahren eingelassen und soll die daraufhin gegen ihn erlassene Entscheidung in einem anderen Mitgliedstaat anerkannt bzw vollstreckt werden, so ist in der **Bescheinigung gem Art 53** der Zeitpunkt zu nennen, an dem das verfahrenseinleitende Schriftstück zugestellt worden sein soll. Diese Bescheinigung macht allerdings im Anerkennungs- bzw Vollstreckungsstaat nicht die Prüfung gem Art 45 I lit b entbehrlich, wenn der Beklagte vorträgt, dass ihm das verfahrenseinleitende Schriftstück in Wirklichkeit nicht zugestellt worden sei (vgl EuGH EuZW 2012, 912, 913 f; BGH IPRax 2020, 43). Immerhin soll die Vorlage der Bescheinigung aber dazu führen, dass die Partei, die sich auf die Unrichtigkeit der Bescheinigung beruft, dies darlegen und beweisen muss (OLG Stuttgart 5.11.2013 – 5 W 13/13, Tz 31 f); im Falle einer fiktiven Zustellung kann dies allerdings nicht gelten (vgl BGH WM 2017, 2031, 2034 f).

16 Die den Versagungsgrund gem Art 45 I lit b ausschließende **Einlassung** auf das erststaatliche Verfahren ist nicht identisch mit einer zuständigkeitsbegründenden rügelosen Einlassung iSv Art 26. Vielmehr genügt jedes Verhandeln, aus dem sich ergibt, dass der Beklagte Kenntnis vom Verfahren hat, sofern er nicht lediglich zum Ausdruck bringt, dass er sich wegen der unzulänglichen Benachrichtigung von der Verfahrenseinleitung nicht ausreichend am Verfahren beteiligen kann (BGH NJW-RR 2009, 1292; BGH NJW 2011, 3103, 3104 f).

Anders als § 328 I Nr 2 ZPO verlangt Art 45 I lit b nicht, dass sich der Beklagte auf den Gehörsverstoß beruft; auch diesen Versagungsgrund kann das Gericht, wenn sich aus den vorgelegten Unterlagen entsprechende Informationen ergeben, also **von Amts wegen** heranziehen, so zB, wenn der Beklagte seinen Antrag auf Vollstreckungsversagung nur (und insoweit vergeblich) auf Art 45 I lit a oder lit e gestützt hat. Allerdings ist die Anwendung von Art 45 I lit b ausgeschlossen, wenn der im Ausland Beklagte dort gegen die Entscheidung keinen **Rechtsbehelf** eingelegt hat, obwohl er dies hätte tun können (dazu EuGH EuGRZ 2009, 210; BGH NJW-RR 2010, 571; BGH NJW 2011, 3103, 3105; zur Vereinbarkeit mit der EMRK vgl EGMR EuZW 2016, 800; zur Unanwendbarkeit der Rechtsbehelfsobliegenheit im Verhältnis zur Schweiz beachte BGH 28.9.2023 – IX ZB 60/20, Tz 14 f). Der Begriff des Rechtsbehelfs wird weit interpretiert; er erfasst namentlich auch Anträge auf Wiedereinsetzung (EuGH EuZW 2016, 618). Es ist aber stets zu klären, ob ausgehend von dem ausländischen Rechtsbehelfssystem eine realistische Chance bestanden hat, den fraglichen Rechtsbehelf einzulegen (vgl BGH EuZW 2018, 732, 733 f; dazu Hau MDR 2018, 1231). Davon kann zB keine Rede sein, wenn der im Ausland ansässige Beklagte keine Kenntnis von dem Verfahren und der ergangenen Entscheidung hatte und die Rechtsbehelfsfrist nur drei Tage ab tatsächlicher Kenntniserlangung beträgt (BGH WM 2020, 1036). 17

V) Unvereinbare Entscheidungen. 1) Entgegenstehende inländische Entscheidung (Art 45 I lit c). Art 45 I lit c regelt die Konkurrenz zwischen einer inländischen und einer damit unvereinbaren mitgliedstaatlichen Entscheidung: die inländische geht vor, und zwar unabhängig davon, in welchem der beiden Staaten früher entschieden oder das Verfahren eingeleitet worden ist. Die inländische Entscheidung muss auch noch nicht rechtskräftig sein. Ein bloßer Prozessvergleich kann der Anerkennung nicht entgegenstehen (EuGH NJW 1995, 38), anders aber ein (in der ZPO nicht vorgesehenes) Urteil mit vereinbartem Inhalt (s Art 36 Rn 2). 18

Hat das ausländische Gericht entgegen Art 29, bewusst oder unbewusst, die **frühere Rechtshängigkeit** im Zweitstaat missachtet, so löst dies (anders als gem § 328 I Nr 3 ZPO) keinen Anerkennungsversagungsgrund aus. Dies hat der EuGH zur entsprechenden Problematik in Unterhalts- und Sorgerechtssachen klargestellt (EuGH FamRZ 2019, 1164; bestätigt durch ErwGr Nr 56 S 3 zur Brüssel IIb-VO). 19

Art 45 I lit c setzt voraus, dass beide Entscheidungen **zwischen denselben Parteien** ergangen sind; dabei kommt es allerdings nicht auf die Parteirollen an. Zudem müssen die **Entscheidungen inhaltlich miteinander unvereinbar** sein. Davon ist in verordnungsautonomer Auslegung auszugehen, wenn die Entscheidungen Rechtsfolgen haben, die sich gegenseitig ausschließen (vgl etwa BGH IPRax 2017, 488 Tz 15). 20

Kommt es trotz einer vorliegenden **einstweiligen Maßnahme** im für die Hauptsache zuständigen Mitgliedstaat zu einer weiteren, damit unvereinbaren einstweiligen Maßnahme in einem anderen Mitgliedstaat, so bestimmt sich dort die Anerkennungsfähigkeit der im Hauptsacheforum ergangenen einstweiligen Maßnahme nach Art 45 I lit c (vgl schon EuGH IPRax 2005, 33; dazu und zu weiteren Problemfällen Hau IPRax 2022, 232, 234). Eine Art 15 III Brüssel IIb-VO entsprechende Klarstellung zum Vorrang der Entscheidung im Hauptsacheforum ist in der Brüssel Ia-VO nicht enthalten. 21

Trotz Art 1 II lit d kann grds auch ein Urteil, das einen **Schiedsspruch** bestätigt, oder sogar ein Schiedsspruch als solcher eine Entscheidung iSv Art 45 I lit c (oder lit d) sein und somit der Anerkennung einer damit unvereinbaren ausländischen Entscheidung entgegenstehen (ausf Wössner, Entscheidungskollisionen, S 271 ff). Dies hat der EuGH zwar im Grundsatz bestätigt, dabei aber die Schiedsgerichte ihrerseits, was die Brüssel Ia-Regeln (insbesondere Art 29) angeht, in die Pflicht genommen (EuGH IPRax 2023, 280); im Schrifttum ist dies überwiegend auf Kritik gestoßen (so etwa Bernard RIW 2023, 16; Gal VersR 2022, 1276; Pika IPRax 2023, 238; Hartenstein RdTW 2022, 458; Niehoff IWRZ 2022, 277; Solomon ZEuP 2023, 673; dem EuGH immerhin im Ergebnis zustimmend Wagner NJW 2023, 1779, 1782; ähnlich Kastanidis ZZPInt 27 [2022], 347, 360; auf Diskussionsbedarf verweist der Kommissionsbericht v 2.6.2025, COM(2025) 268, 15). 22

2) Entgegenstehende ausländische Entscheidung (Art 45 I lit d). Art 45 I lit d regelt die Konkurrenz zwischen einerseits einer in einem anderen Mitgliedstaat erlassenen Entscheidung und andererseits einer Entscheidung **aus einem weiteren Mitglied- oder einem Drittstaat**. Letztere kann nur dann einen Versagungsgrund auslösen, wenn sie zum einen früher erlassen wurde und wenn sie zum anderen ihrerseits im Anerkennungs- bzw Vollstreckungsmitgliedstaat kraft Europarechts (Art 36), Konventionsrechts (zB HGÜ oder HAVÜ) oder autonomen Rechts (in Deutschland: § 328 ZPO) anerkennungsfähig ist. Der Versagungsgrund soll nach Ansicht des EuGH weder direkt noch analog gelten, wenn beide **Entscheidungen aus demselben Mitgliedstaat** stammen (vgl EuGH NJW 2014, 203, 204; krit Mäsch EuZW 2013, 905). Für die **zeitliche Priorität** kommt es ausweislich des Normtextes („ergangen") auf den Erlass der Entscheidungen, nicht erst auf die Rechtskraft an; dabei bestimmt sich der Zeitpunkt des Erlasses nach der jeweiligen lex fori. 23

VI) Anerkennungszuständigkeit (Art 45 I lit e, II, III). 1) Grundsatz. Anders als § 328 I Nr 1 ZPO verwehrt Art 45 III 1 dem mit der Anerkennung befassten Richter grds die Prüfung der sog **Anerkennungszuständigkeit** (zum Begriff s EuIZPR Rn 44): Es ist also nicht etwa zu klären, ob die Gerichte des Ursprungsmitgliedstaats zum Erlass der Entscheidung international zuständig waren (vgl zu diesem Grundsatz etwa EuGH RIW 2024, 451 Tz 46). 24

25 Für Art 45 III ist unerheblich, ob das erststaatliche Gericht seine internationale Zuständigkeit aus den vereinheitlichten Gerichtsstandsregeln (Art 4, 7 ff) oder gem Art 6 aus dem mitgliedstaatlichen Kompetenzrecht abgeleitet hat. Dies gilt selbst dann, wenn sich das Gericht womöglich oder sogar evident zu Unrecht entgegen Art 5 auf eine sog **Restzuständigkeit** gestützt hat (vgl schon EuGH NJW 2000, 1853, 1854; BGH IHR 2006, 259; EuGH NJW 2006, 1577). Ausgeschlossen ist aber auch eine Kontrolle dahingehend, ob das erststaatliche Gericht seine eigene Zuständigkeit überhaupt ernstlich untersucht hat.

26 Art 45 III S 2 untersagt es dem Zweitstaat, das in S 1 enthaltene Verbot dadurch zu umgehen, dass er Aspekte der Zuständigkeitsordnung als Teil seines **ordre public** iSv Art 45 I lit a ausweist. Relevant wird dies auch und gerade dann, wenn die Inanspruchnahme der Zuständigkeit durch das erststaatliche Gericht aus Sicht des Anerkennungsopponenten bzw der zweitstaatlichen Gerichte – womöglich sogar evident – zu Unrecht erfolgt ist (vgl OLG Stuttgart FamRZ 2014, 1567, 1569 f). Selbst der Vorwurf, dass sich der Kläger die **Zuständigkeit betrügerisch erschlichen** habe, wäre im Erststaat zu klären und rechtfertigt deshalb keine Durchbrechung von Art 45 III. Anders mag es sein, wenn dem Beklagten im Erststaat kein rechtliches Gehör gewährt und ihm dadurch die Möglichkeit genommen wurde, die Umstände vorzutragen, aus denen sich schon die Unzuständigkeit des angerufenen Gerichts ergibt: Kann dieser Verfahrensmangel nicht mit einem Rechtsbehelf im Erststaat ausgeräumt werden, so besteht der für den verfahrensrechtlichen ordre public iSv Art 45 I lit a ausschlaggebende Vorwurf allerdings bereits in der Gehörsverletzung, nicht erst in der Inanspruchnahme von Entscheidungszuständigkeit. Im Schrifttum wird in extremen Fällen befürwortet, eine Grenze des Nachprüfungsverbots aus Art 6 EMRK bzw Art 47 EuGRC abzuleiten (so etwa Schlosser/Hess Art 45 Rn 37).

27 Weil in Art 45 III nicht nur von **internationaler** Zuständigkeit die Rede ist, gilt das Verbot nach seinem Wortlaut auch insoweit, als Art 7 ff die **örtliche und sachliche** Zuständigkeit mitregeln. Richtet sich die innerstaatliche Zuständigkeit hingegen nach dem Recht des Erststaats (wie in den Fällen von Art 4), so ist es erst recht nicht Sache des Anerkennungsrichters, darüber zu befinden; insb erscheint es so gut wie ausgeschlossen, aus einem solchen internen Zuständigkeitsfehler einen Verstoß gegen den verfahrensrechtlichen ordre public iSv Art 45 I lit a herzuleiten.

28 Letztlich folgt aus Art 45 III eine erhebliche **Verteidigungslast** im erststaatlichen Erkenntnisverfahren, und zwar gerade auch dann, wenn der Beklagte das dortige Gericht für unzuständig hält, sich aber nicht sicher sein kann, dass dieses die Zuständigkeitsfrage ebenso beurteilen wird wie er. Lediglich abgemildert wird diese Last durch die in Art 28 I vorgesehenen Vorgaben zur amtswegigen Zuständigkeitsprüfung im Erstverfahren.

29 **2) Ausnahmen.** In Art 45 I lit e sind **punktuelle Ausnahmen vom Kontrollverbot** aufgeführt, die eine Überprüfung im Anerkennungsstaat eröffnen (nicht hingegen im Ursprungsstaat vor Erteilung der Bescheinigung gem Art 53: vgl EuGH ZIP 2019, 1882): Dies gilt zum einen für die gesetzlichen ausschließlichen Zuständigkeiten gem Art 24 und zum anderen für die Zuständigkeitsvorschriften in Versicherungs- und Verbrauchersachen, zudem in Arbeitsrechtssachen (insoweit anders noch die Brüssel I-VO und Art 35 I S 1 LugÜ). Diese Kontrolle greift, wie Art 45 I lit e (i) klarstellt, jeweils nur zugunsten des Versicherungsnehmers (bzw einer zuständigkeitsrechtlich gleichgestellten Person), des Verbrauchers oder des Arbeitnehmers. Zu den anerkennungsrechtlichen Konsequenzen einer Verletzung der Hinweispflicht gem Art 26 II vgl Art 26 Rn 4. Art 35 I S 2 LugÜ sieht noch zwei weitere, freilich nicht allzu weitreichende Ausnahmen vor.

30 Soweit gem Art 45 I lit e ausnahmsweise eine Zuständigkeitskontrolle im Zweitstaat in Betracht kommt, ist das dortige Gericht gem Art 45 II an die für die Zuständigkeitsbegründend relevanten **tatsächlichen Feststellungen** des erststaatlichen Gerichts gebunden (zur somit drohenden Präklusion vgl OLG Frankfurt aM 10.12.2021 – 26 W 21/21).

31 In Art 45 I lit e bewusst nicht genannt ist die **Verletzung einer ausschließliche Gerichtsstandsvereinbarung** iSv Art 25. Daher besteht keinerlei Handhabe, die Anerkennung unter Hinweis darauf zu versagen, dass im Ursprungsmitgliedstaat ein derogiertes Gericht entschieden habe (bestätigend EuGH RIW 2024, 451 Tz 49 ff; dazu Jacobs ZIP 2024, 1377).

32 Einen Sonderfall bildet die **Anerkennung einstweiliger Maßnahmen**: Denn gem Art 2 lit a S 2 ist eine solche überhaupt nur dann eine iSv Art 36 anerkennungsfähige Entscheidung, wenn sie von einem Gericht angeordnet wurde, das in der Hauptsache nach der Brüssel Ia-VO zuständig ist (also nicht nur gestützt auf das hilfsweise gem Art 35 anwendbare mitgliedstaatliche Zuständigkeitsrecht; s Art 35 Rn 11). Dies zu klären ist eine dem Zweitgericht zustehende Prüfung des Vorliegens einer anerkennungsfähigen Entscheidung (also einer Anerkennungsvoraussetzung, s Rn 3); mithin geht es nicht erst um einen Anerkennungsversagungsgrund bzw eine Ausnahme zu Art 45 III (ähnlich MskV/Stadler/Krüger Art 45 Rn 16).

33 **3) Sonderproblem: Unzuständigerklärung des Erstgerichts.** Art 45 III thematisiert ausschließlich den Fall, dass das erststaatliche Gericht seine Zuständigkeit (womöglich zu Unrecht) bejaht hat. Demgegenüber spielt die Vorschrift keine Rolle, wenn sich das erststaatliche Gericht (wiederum: womöglich zu Unrecht) **für unzuständig erklärt** hat. Allerdings bleibt dann an eine Notzuständigkeit (s Art 4 Rn 12) zu denken, wenn ein **negativer Kompetenzkonflikt** droht, weil sich aus Sicht des Gerichts im Zweitstaat auch dort keine Zuständigkeit ergibt, weil es meint, dass zuständigkeitsrelevante Umstände nur im Erststaat verwirklicht seien.

VII) Weitere Anerkennungsversagungsgründe. ErwGr Nr 30 S 2 unterstreicht, dass die Liste der Versagungsgründe abschließend und eine Versagung aus sonstigen Gründen ausgeschlossen ist. Der EuGH meint weitergehend sogar, dass im Bereich der Anerkennungsversagungsgründe **keinerlei Analogien** denkbar seien (deutlich EuGH NJW 2014, 203, 204; vgl auch EuGH RIW 2024, 451 Tz 57 f; beachtliche Kritik übt Mäsch EuZW 2013, 905: auch im Europarecht gelte, dass Ausnahmevorschriften zu eng geraten sein können und dann unter Umständen per Analogie erweitert werden müssen). An eine Analogie ist indes zu denken, wenn die mitgliedstaatliche Entscheidung unter Verstoß gegen die **völkerrechtlichen Vorgaben zur Immunität** ergangen ist (sofern man dies nicht als Frage des ordre public einordnet; s § 328 ZPO Rn 74). 34

Unterabschnitt 2 – Versagung der Vollstreckung (Art 46-51)

Artikel 46

Die Vollstreckung einer Entscheidung wird auf Antrag des Schuldners versagt, wenn festgestellt wird, dass einer der in Artikel 45 genannten Gründe gegeben ist.

Lit: S Art 39 vor Rn 1, Art 45 vor Rn 1.

I) Vollstreckungsversagungsverfahren. Aus Art 46 folgt zweierlei: Zum einen, dass die in Art 45 vorgesehenen **Versagungsgründe** nicht nur für die Anerkennungsfähigkeit ausländischer Entscheidungen iSv Art 36, sondern auch für deren Vollstreckbarkeit iSv Art 39 relevant sind, und zum anderen, dass die Versagungsgründe nicht etwa von Amts wegen vom jeweiligen Vollstreckungsorgan, sondern nur auf **Antrag des Schuldners** (bzw eines sonstigen Berechtigten, Art 45 I) in einem besonderen Verfahren zu prüfen sind (klarstellend etwa OLG Frankfurt aM IPRax 2020, 567 Tz 15). Dieses sog **Vollstreckungsversagungsverfahren** ist das funktionale Äquivalent zu den Rechtsschutzmöglichkeiten des Schuldners mittels eines Rechtsbehelfs gegen die Vollstreckbarerklärung, wie sie in der Brüssel I-VO und dem LugÜ vorgesehen, aber nunmehr gem Art 39 Brüssel Ia-VO entfallen ist (vorbehaltlich Art 66 II, 73 I). Wie das gesamte Kapitel III gilt auch Art 45 nur dann, wenn Ursprungsmitgliedstaat und ersuchter Mitgliedstaat (Vollstreckungsmitgliedstaat) nicht identisch sind (klarstellend BGH 18.2. 2021 – IX ZB 28/20, EWiR 2021, 351 [Mankowski]). 1

Einzelheiten des Verfahrens samt Rechtsbehelfsmöglichkeiten sind geregelt in Art 47 ff iVm mit den mitgliedstaatlichen Durchführungsvorschriften (in Deutschland: § 1115 ZPO). Das Versagungsverfahren setzt nicht voraus, dass der Gläubiger gem Art 53 beantragt hat, ihm die gem Art 42 für die Auslandsvollstreckung erforderliche Bescheinigung auszustellen (MskV/Stadler/Krüger Art 47 Rn 2; aA offenbar ThP/Nordmeier Art 46 Rn 3), oder dass die Vollstreckung bereits begonnen hat. Die Möglichkeit des mit dem Verfahren befassten Gerichts, Anordnungen zur Vollstreckung der ausländischen Entscheidung zu treffen, ergibt sich aus Art 44 I (in Deutschland: iVm § 1115 VI ZPO). Zur Darlegungs- und Beweislast für das Vorliegen eines Versagungsgrunds s Art 45 Rn 4. Die im Erfolgsfall ergehende deutsche Gestaltungsentscheidung **beseitigt die Vollstreckbarkeit mit Wirkung ex tunc** (vgl BTDrs 18/823, 22), dies allerdings nur für Deutschland als Vollstreckungsstaat, nicht für andere Mitgliedstaaten. 2

Art 46 ff gelten auch für **vollstreckbare Urkunden und gerichtliche Vergleiche** (Art 58 I UAbs 2, Art 59), allerdings mit der Besonderheit, dass insoweit nur der ordre public als Versagungsgrund in Betracht kommt (Art 58 I UAbs 1, Art 59). Unanwendbar sind Art 46 ff hingegen im Falle eines Titels, dessen Vollstreckbarkeit sich nicht aus der Brüssel Ia-VO, sondern aus **anderen Verordnungen** ergibt (klarstellend BGH MDR 2022, 1240, dort zu einem EuVTVO-Titel; OLG Brandenburg MDR 2021, 1027, dort zu einem EuMahnVO-Zahlungsbefehl; Entsprechendes gilt für EuBagatellVO-Urteile). 3

Prüfungsmaßstab sind gem Art 46 die Versagungsgründe iSv Art 45 (unter Beachtung des Verbots einer révision au fond, Art 52). Ungeklärt ist, ob auch **materiell-rechtliche Einwendungen gegen den im Ausland titulierten Anspruch**, wie in ErwGr Nr 30 angedeutet, gemeinsam mit Versagungsgründen iSv Art 45 im Vollstreckungsversagungsverfahren gem Art 46 ff iVm § 1115 ZPO geltend gemacht werden können (zum Streitstand BGH ZIP 2024, 1287 Tz 33; OLG Düsseldorf 18.3.2025 – 3 W 22/25, Tz 68 ff; MskV/Stadler/Krüger Art 46 Rn 2; beachte auch § 1117 ZPO Rn 1 ff). Diskutiert wird zudem, ob für den Titelschuldner (über § 1116 ZPO hinaus) ein Bedürfnis bestehen kann, die im Ursprungsmitgliedstaat erfolgte **Aufhebung des ausländischen Titels** in einem Versagungsverfahren analog Art 46 ff geltend zu machen (bejahend Roth IPRax 2021, 541, 543 f; aA ThP/Nordmeier Art 46 Rn 1). 4

II) Verhältnis zu sonstigen Verfahren. Art 46 ff sind **entsprechend anzuwenden** gem Art 36 II auf das Verfahren auf positive Feststellung der Anerkennungsfähigkeit und gem Art 45 IV auf das Anerkennungsversagungsverfahren. 5

Die Brüssel Ia-VO geht offenbar davon aus, dass ein **Anerkennungsversagungsverfahren** (Art 45 IV) und ein **Vollstreckungsversagungsverfahren** (Art 46) verschiedene Verfahrensgegenstände haben. Somit erscheint 6 nicht ausgeschlossen, dass, nachdem die Anerkennung bereits versagt wurde, der in einem Folgeverfahren gestellte Antrag auf Vollstreckungsversagung ausgehend von einer abweichenden Beurteilung von Art 45 I abgewiesen werden kann, oder dass nach erfolgter Vollstreckungsversagung in einem Folgeverfahren noch darüber gestritten wird, ob wenigstens eine Anerkennung der ausländischen Entscheidung in Betracht kommt. Um solche Probleme zu vermeiden, sollte das Gericht, das mit einem Versagungsantrag hinsichtlich eines ausländischen Titels mit vollstreckbarem Inhalt befasst wird, von vornherein darauf hinwirken, dass sich dieser gegen die Anerkennungsfähigkeit und die Vollstreckbarkeit richtet.

7 Werden sowohl ein **positives Anerkennungsfeststellungsverfahren** (Art 36 II) als auch ein **Anerkennungs- bzw Vollstreckungsversagungsverfahren** (Art 46, 45 IV) eingeleitet, so entfaltet die zuerst ergehende Entscheidung Bindungswirkung im konkurrierenden Verfahren. Weniger klar erscheint das Verhältnis zwischen einem positiven Anerkennungsfeststellungsverfahren oder einem Anerkennungsversagungsverfahren einerseits und einer **Inzidentprüfung** iSv Art 36 III andererseits, die im Einzelfall zu einem positiven oder zu einem negativen, die Anerkennungsfähigkeit verneinenden Ergebnis führen kann. Letzteres dürfte mithin nicht etwa dem Gericht vorbehalten sein, das gem Art 47 (iVm § 1115 ZPO) für das Versagungsverfahren zuständig ist. Allerdings kann das nur inzident mit der Anerkennungsfrage befasste Gericht sein Verfahren gem Art 38 lit b aussetzen, wenn entweder ein positives Feststellungs- oder ein Versagungsverfahren bereits anhängig ist. Überdies wird, soweit die speziellere Klärungsmöglichkeit gem Art 36 II bzw Art 45, 46 ff eröffnet ist, aus Sicht des deutschen Rechts im Rahmen von Art 36 III in aller Regel kein Bedürfnis für einen auf verbindliche Entscheidung abzielenden Zwischenfeststellungsantrag gem § 256 II bestehen.

8 Zur **Vollstreckungsabwehrklage** s § 1117 ZPO Rn 2 ff.

Artikel 47

(1) Der Antrag auf Versagung der Vollstreckung ist an das Gericht zu richten, das der Kommission von dem betreffenden Mitgliedstaat gemäß Artikel 75 Buchstabe a mitgeteilt wurde.

(2) Für das Verfahren zur Versagung der Vollstreckung ist, soweit es nicht durch diese Verordnung geregelt ist, das Recht des ersuchten Mitgliedstaats maßgebend.

(3) [1]Der Antragsteller legt dem Gericht eine Ausfertigung der Entscheidung und gegebenenfalls eine Übersetzung oder Transliteration der Entscheidung vor.

[2]Das Gericht kann auf die Vorlage der in Unterabsatz 1 genannten Schriftstücke verzichten, wenn ihm die Schriftstücke bereits vorliegen oder wenn es das Gericht für unzumutbar hält, vom Antragsteller die Vorlage der Schriftstücke zu verlangen. [3]Im letztgenannten Fall kann das Gericht von der anderen Partei verlangen, diese Schriftstücke vorzulegen.

(4) [1]Von der Partei, die die Versagung der Vollstreckung einer in einem anderen Mitgliedstaat ergangenen Entscheidung beantragt, kann nicht verlangt werden, dass sie im ersuchten Mitgliedstaat über eine Postanschrift verfügt. [2]Es kann von ihr auch nicht verlangt werden, dass sie im ersuchten Mitgliedstaat über einen bevollmächtigten Vertreter verfügt, es sei denn, ein solcher Vertreter ist ungeachtet der Staatsangehörigkeit oder des Wohnsitzes der Parteien vorgeschrieben.

1 Eingeleitet wird das Vollstreckungsversagungsverfahren durch einen **Antrag** des Schuldners (Art 46) bzw eines sonstigen Berechtigten (vgl Art 45 I; zu denken ist insb an einen Rechtsnachfolger). Von der Möglichkeit, eine Frist für die Verfahrenseinleitung vorzusehen (vgl ErwGr Nr 30), hat Deutschland keinen Gebrauch gemacht.

2 Soweit sich aus Art 47-51 nichts anderes ergibt, obliegt die **Ausgestaltung des Versagungsverfahrens** gem Art 47 II den Mitgliedstaaten, dies freilich nach allg Regeln vorbehaltlich des Äquivalenz- und des Effektivitätsgrundsatzes (s EuIZPR Rn 5). Zum Verfahren in Deutschland s § 1115 ZPO Rn 3 f; Informationen zu anderen Mitgliedstaaten sind im **Europäischen Justizportal** zugänglich (https://e-justice.europa.eu/topics/taking-legal-action/european-judicial-atlas-civil-matters/brussels-i-regulation-recast_de). Im Hinblick auf Art 47 I ist in Deutschland die sachliche und örtliche **Zuständigkeit** des Landgerichts vorgesehen (s § 1115 ZPO Rn 2); zur funktionalen Zuständig s § 1115 IV 1 ZPO.

3 In Deutschland besteht für die Verfahrenseinleitung kein **Anwaltszwang** (§ 1115 III, § 78 III ZPO), aber nach Maßgabe von § 78 I ZPO im weiteren Verfahren. Letzteres steht in Einklang mit dem parallel zu Art 41 III gefassten Art 47 IV (nicht hingegen die Aufforderung, gem § 184 ZPO einen Zustellungsbevollmächtigten zu benennen). Die im Versagungsverfahren **vorzulegenden Unterlagen** ergeben sich aus Art 47 III. Dort nicht ausdrücklich erwähnt, aber sinnvoll ist die Vorlage der Bescheinigung gem Art 53 bzw Art 60, sofern eine solche bereits erteilt wurde.

Artikel 48 (Artikel 45 I 2 LugÜ)

Das Gericht entscheidet unverzüglich über den Antrag auf Versagung der Vollstreckung.

Das Beschleunigungsgebot gilt für das mit einem Antrag gem Art 46 befasste Gericht, kann aber auch noch im Rahmen eines Rechtsbehelfsverfahrens (Art 49 f) herangezogen werden. Eine Sanktion ist nicht vorgesehen. Die Parteien werden nicht in die Pflicht genommen (vergleichbar § 272 IV ZPO; dazu BGH NJW 2018, 1400). Gleichwohl ist Art 48 bei der Ermessensentscheidung über einen Antrag auf Fristverlängerung zu beachten. Der Hinweis auf Art 48 rechtfertigt es nicht ohne Weiteres, von der gem § 1115 IV 2 ZPO freigestellten mündlichen Verhandlung (eventuell gem § 128a ZPO) abzusehen, wenn von dieser relevante Erkenntnisse zu erwarten sind. 1

Artikel 49

(1) Gegen die Entscheidung über den Antrag auf Versagung der Vollstreckung kann jede Partei einen Rechtsbehelf einlegen.

(2) Der Rechtsbehelf ist bei dem Gericht einzulegen, das der Kommission von dem betreffenden Mitgliedstaat gemäß Artikel 75 Buchstabe b mitgeteilt wurde.

Die Vorschrift sieht für die Parteien des Versagungsverfahrens (nicht: für Dritte) einen Rechtsbehelf gegen die Entscheidung über den Antrag gem Art 46 f vor, und zwar sowohl bei Stattgabe wie bei Abweisung. **Prüfungsmaßstab** ist allein das Vorliegen eines Versagungsgrunds iSv Art 45, nicht hingegen die Ordnungsgemäßheit der Bescheinigung gem Art 42 (vgl BGH IHR 2023, 177 Tz 5 ff); zur Frage einer analogen Anwendung von Art 46 ff bei Aufhebung des ausländischen Titels im Ursprungsmitgliedstaat s Art 46 Rn 4. 1

Die nähere Ausgestaltung des Rechtsbehelfs obliegt, vorbehaltlich des Äquivalenz- und des Effektivitätsgrundsatzes, den Mitgliedstaaten (vgl EuGH RIW 2020, 122, dort zu Art 43 Brüssel I-VO). Informationen zu den einzelnen Mitgliedstaaten sind im Europäischen Justizportal zugänglich (https://e-justice.europa.eu/topics/taking-legal-action/european-judicial-atlas-civil-matters/brussels-i-regulation-recast_de). In Deutschland ist die **sofortige Beschwerde** zum OLG statthaft: s § 1115 V 1 ZPO, § 119 I Nr 2 GVG. Zu beachten ist die von § 569 I ZPO abweichende Sonderregelung für die **Beschwerdefrist** in § 1115 V 2 ZPO (ein Monat beginnend mit Zustellung der Entscheidung; dazu BTDrs 18/823, 23). Aus Art 49 II folgt, dass die sofortige Beschwerde, abweichend von § 569 I 1 ZPO, stets beim Beschwerdegericht einzulegen ist. Zur Möglichkeit einer **Wiedereinsetzung** vgl BGH NJW 2022, 199 (beachte aber Tz 18 aE, wonach der BGH die Rechtslage fortan als geklärt betrachtet); dazu Mankowski IPRax 2022, 251. Im Übrigen gelten die allg Regeln über die sofortige Beschwerde (auch § 572 f ZPO, dazu OLG Düsseldorf 18.3.2025 – 3 W 22/25, Tz 25 ff; Mankowski IPRax 2022, 251, 255 f); allerdings ist § 567 II ZPO nicht anzuwenden. 2

Artikel 50

Gegen die Entscheidung, die über den Rechtsbehelf ergangen ist, kann nur ein Rechtsbehelf eingelegt werden, wenn der betreffende Mitgliedstaat der Kommission gemäß Artikel 75 Buchstabe c mitgeteilt hat, bei welchen Gerichten ein weiterer Rechtsbehelf einzulegen ist.

Gegen die nach Art 49 ergehende Endentscheidung (nicht gegen Aussetzungsbeschlüsse gem Art 38 oder 51) findet in Deutschland gem § 1115 V 3 iVm §§ 574 ff ZPO die **Rechtsbeschwerde zum BGH** statt. Diese setzt gem § 574 II ZPO voraus, dass die Rechtssache grds Bedeutung hat oder die Fortbildung des Rechts oder die Sicherung einer einheitlichen Rechtsprechung eine Entscheidung des Rechtsbeschwerdegerichts erfordert (vgl etwa BGH NJW 2022, 199 Tz 4). **Prüfungsmaßstab** ist das Vorliegen eines Versagungsgrunds iSv Art 45, nicht hingegen die Ordnungsgemäßheit der Bescheinigung gem Art 42 (vgl BGH IHR 2023, 177 Tz 5 ff); zur Frage einer analogen Anwendung von Art 46 ff bei Aufhebung des ausländischen Titels im Ursprungsmitgliedstaat s Art 46 Rn 4. 1

Artikel 51 (Artikel 46 I und II LugÜ)

(1) [1]Das mit einem Antrag auf Verweigerung der Vollstreckung befasste Gericht oder das nach Artikel 49 oder Artikel 50 mit einem Rechtsbehelf befasste Gericht kann das Verfahren aussetzen, wenn gegen die Entscheidung im Ursprungsmitgliedstaat ein ordentlicher Rechtsbehelf eingelegt wurde oder die Frist für einen solchen Rechtsbehelf noch nicht verstrichen ist. [2]Im letztgenannten Fall kann das Gericht eine Frist bestimmen, innerhalb derer der Rechtsbehelf einzulegen ist.

(2) Ist die Entscheidung in Irland, Zypern oder im Vereinigten Königreich ergangen, so gilt jeder im Ursprungsmitgliedstaat statthafte Rechtsbehelf als ordentlicher Rechtsbehelf im Sinne des Absatzes 1.

1 Während es in Art 44 I lit c, II (in Deutschland iVm § 1115 VI ZPO) um die Aussetzung des Vollstreckungsverfahrens geht, betrifft Art 51 die **Aussetzung des Anerkennungs- bzw Vollstreckungsversagungsverfahrens** iSv Art 46 (ggf iVm Art 45 IV) oder eines Anerkennungsfeststellungsverfahrens gem Art 36 II. Zuständig ist das bereits mit einem solchen Verfahren befasste Gericht (Art 47 I) bzw das Rechtsbehelfsgericht (Art 49, 50); in Deutschland gilt § 1115 IV ZPO entsprechend. Die Aussetzung gem Art 51 setzt keinen Antrag voraus, sondern kann **amtswegig** erfolgen – womöglich nach pflichtgemäßem Ermessen also auch gegen den erklärten Willen des Schuldners, dem an einer möglichst zügigen Klärung der Anerkennungs- bzw Vollstreckungsunfähigkeit gelegen sein mag. Abweichend von Art 44 I lit b ermöglicht Art 51 nicht die Auferlegung einer Sicherheitsleistung.

2 Der **Begriff des Rechtsbehelfs** iSv Art 51 I 1 ist weit zu verstehen (vgl zum EuGVÜ schon EuGH NJW 1978, 1107). Maßgeblich ist, dass sich der Schuldner im Ursprungsmitgliedstaat (Art 2 [d]) binnen einer gesetzlichen Frist gegen die dortige Entscheidung wenden kann. Unzureichend ist hingegen der Umstand, dass die Entscheidung nach erststaatlichem Recht nur vorläufig vollstreckbar ist. Ist die Frist für den Rechtsbehelf im Ursprungsstaat noch nicht verstrichen, dieser aber noch nicht eingelegt, gilt Art 51 I UAbs 2. Im Falle einer vollstreckbaren Urkunde oder eines gerichtlichen Vergleichs dürfte auch die Möglichkeit einer Feststellungs- oder Vollstreckungsabwehrklage einen Rechtsbehelf iSv Art 51 I darstellen.

Abschnitt 4 – Gemeinsame Vorschriften (Art 52-57)

Artikel 52

Eine in einem Mitgliedstaat ergangene Entscheidung darf im ersuchten Mitgliedstaat keinesfalls in der Sache selbst nachgeprüft werden.

1 Die Vorschrift betont das sog **Verbot einer *révision au fond*.** Dieses begrenzt, ausgehend vom Grundsatz gegenseitigen Vertrauens in die Rechtspflege der anderen Mitgliedstaaten (vgl ErwGr Nr 26), den Rückgriff auf Art 45. Dabei untersagt Art 52 zum einen, die Anerkennung oder Vollstreckung nur deshalb zu versagen, weil die vom ausländischen Gericht angewandten Rechtsvorschriften von denen abweichen, die der Anerkennungsrichter im Falle seiner eigenen Befassung mit dem Rechtsstreit angewandt hätte (Verbot einer kollisionsrechtlichen Kontrolle); zum anderen darf der Anerkennungsrichter nicht nachprüfen, ob das ausländische Gericht den Fall rechtlich und tatsächlich fehlerfrei gewürdigt hat (vgl aus neuerer Zeit etwa EuGH EuZW 2025, 195 Tz 36). Daraus ergibt sich sodann das Gebot, namentlich den anerkennungsrechtlichen ordre public iSv Art 45 I lit a grds eng zu handhaben, diesen also auf offensichtliche Verletzungen einer in der Rechtsordnung des Vollstreckungsmitgliedstaats als wesentlich geltenden Rechtsnorm oder eines dort als grundlegend anerkannten Rechts zu beschränken (EuGH EuZW 2025, 195 Tz 37).

Artikel 53 (Artikel 54 LugÜ)

Das Ursprungsgericht stellt auf Antrag eines Berechtigten die Bescheinigung unter Verwendung des Formblatts in Anhang I aus.

Lit: *Roth*, Zur Beweiskraft der Bescheinigungen nach Art. 54 EuGVVO 2001 und nach Art. 53 EuGVVO 2015, IPRax 2020, 21.

1 Die **formalisierte Bescheinigung**, die gem Art 37 I lit b bzw Art 42 I lit b, II lit b vorzulegen hat, wer die Anerkennung bzw Vollstreckung einer gerichtlichen Entscheidung (für öffentliche Urkunden und gerichtliche Vergleiche gilt Art 60) außerhalb des Ursprungsstaats geltend machen bzw betreiben möchte, soll sicherstellen, dass die im Zweitstaat erforderliche Prüfung im Normalfall EU-weit anhand der Angaben im Formblatt erfolgen kann. Sie dokumentiert daher Inhalt, Bestand und Vollstreckbarkeit der ausländischen Entscheidung und kann erforderlichenfalls als Beweismittel dienen (BGH IHR 2023, 177 Tz 7). Genügt die Bescheinigung nicht den Vorgaben des Art 42, ist die Entscheidung in anderen Mitgliedstaaten nicht vollstreckbar (OLG München IHR 2022, 218, dort zu Art 42 II lit b). Auf den Vortrag, dass die Bescheinigung unzutreffend sei, kann aber keine Anerkennungs- oder Vollstreckungsversagung gem Art 45 gestützt werden (vgl BGH IHR 2023, 177 Tz 7).

2 Vor Ausstellung der Bescheinigung hat die im Ursprungsmitgliedstaat zuständige Stelle zu klären, ob der **sachliche Anwendungsbereich** gem Art 1 eröffnet ist (EuGH FamRZ 2019, 1557, 1559 f; EuGH IPRax 2021, 77; zur Frage der Bindung in anderen Mitgliedstaaten s § 1112 ZPO Rn 3; neues Vorabentscheidungsersuchen: BGH 5.6.2025 – V ZB 15/24). Hingegen soll es ihr nicht erlaubt sein, die **Einhaltung von Art 17-19** amtswegig zu prüfen, um den Verbraucher somit über einen eventuellen Versagungsgrund gem Art 45 I lit e zu informieren (EuGH ZIP 2019, 1882). Praktische Probleme kann die Bescheinigung des Eintritts der Vollstreckbarkeit bei Anordnung einer **Sicherungsleistung** bereiten (dazu Ulrici RIW 2019, 406); ein damit befasstes Vorabentscheidungsersuchen (BGH WM 2018, 383) hat sich ohne Klärung durch den EuGH erledigt (BGH 27.9.2018 – IX ZB 89/16).

In Deutschland gelten § 1110 ZPO für die **Zuständigkeit** zur Ausstellung der Bescheinigung (s § 1110 ZPO Rn 7) und § 1111 ZPO für das **Bescheinigungsverfahren** sowie diesbezügliche Rechtsbehelfe. 3

Die Brüssel Ia-VO sieht keine Art 37 Brüssel IIb-VO vergleichbare Regelung zur evtl erforderlichen **Berichtigung der Bescheinigung** vor. In Deutschland dürfte § 319 ZPO entsprechend gelten. 4

Artikel 54

(1) Enthält eine Entscheidung eine Maßnahme oder Anordnung, die im Recht des ersuchten Mitgliedstaats nicht bekannt ist, so ist diese Maßnahme oder Anordnung soweit möglich an eine im Recht dieses Mitgliedstaats bekannte Maßnahme oder Anordnung anzupassen, mit der vergleichbare Wirkungen verbunden sind und die ähnliche Ziele und Interessen verfolgt.

Eine solche Anpassung darf nicht dazu führen, dass Wirkungen entstehen, die über die im Recht des Ursprungsmitgliedstaats vorgesehenen Wirkungen hinausgehen.

(2) Jede Partei kann die Anpassung der Maßnahme oder Anordnung vor einem Gericht anfechten.

(3) Die Partei, die die Entscheidung geltend macht oder deren Vollstreckung beantragt, kann erforderlichenfalls aufgefordert werden, eine Übersetzung oder Transliteration der Entscheidung zur Verfügung zu stellen.

Lit: *Gössl*, Die Vollstreckung von dynamischen Zinssätzen unter der neuen EuGVVO, NJW 2014, 3479; *von Hein*, Die Anpassung unbekannter Maßnahmen und Anordnungen nach Art. 54 EuGVVO nF, FS Geimer, 2017, S 245.

Art 54 I regelt den Fall, dass eine gem Art 36 anzuerkennende bzw gem Art 39 zu vollstreckende ausländische Entscheidung eine Anordnung enthält, die als solche im Recht des Zweitstaats nicht vorgesehen ist: Die Anordnung ist dann soweit möglich an eine dort bekannte **funktionsäquivalente Anordnung** anzupassen (UAbs 1), allerdings unter Wahrung des Wirkungserstreckungsprinzips, wonach die Wirkungen im Zweitstaat nicht über die des Erststaats hinausgehen dürfen (UAbs 2; s Art 36 Rn 10, s § 328 ZPO Rn 16 ff). Zu erwägen ist entsprechend Art 54 eine Konkretisierungsbefugnis für ausländische Titel, die aus Sicht des Vollstreckungsstaats nicht hinreichend bestimmt sind (näher Gössl NJW 2014, 3479). 1

Gem ErwGr Nr 28 richtet sich das **Anpassungsverfahren** nach dem Recht des Vollstreckungsstaats. Der deutsche Gesetzgeber hat sich – rechtspolitisch zweifelhaft – dafür entschieden, die Anpassung dem jeweils zuständigen Vollstreckungsorgan zu überantworten (s dazu und zur Möglichkeit einer Feststellungsklage § 1114 ZPO Rn 2). Im Anwendungsbereich des **LugÜ** können erforderliche Anpassungen bzw Konkretisierungen hingegen bereits im Rahmen des Exequaturverfahrens gem Art 38 ff LugÜ erfolgen. 2

Die deutsche Durchführungsvorschrift für den in Art 54 II verordnungsautonom vorgesehenen **Rechtsbehelf** enthält § 1114 ZPO (s § 1114 ZPO Rn 3). 3

Artikel 55 (Artikel 49 LugÜ)

In einem Mitgliedstaat ergangene Entscheidungen, die auf Zahlung eines Zwangsgelds lauten, sind im ersuchten Mitgliedstaat nur vollstreckbar, wenn die Höhe des Zwangsgelds durch das Ursprungsgericht endgültig festgesetzt ist.

Die Vorschrift gilt im Anwendungsbereich von Art 1 (vgl EuGH NJW 2016, 226, dort zur folglich nicht erfassten Umgangsrechtsverwirklichung durch Zwangsgeld; dazu Hau IPRax 2017, 470). Sie soll vermeiden, dass die Festsetzung eines Zwangsgelds erst in einem anderen als dem Ursprungsmitgliedstaat erfolgt (vgl EuGH EuZW 2023, 607 Tz 54, dort im Zusammenhang mit Art 7 II EuKoPfVO; dazu Wiedemann IPRax 2023, 540). Vielmehr ist geboten, dass sich der Gesamtbetrag des beizutreibenden Zwangsgeldes entweder schon aus dem Urteil des Ursprungsgerichts (iSv Art 2 lit f) oder aus einer später dort ergehenden Entscheidung ergibt. Über seinen Wortlaut hinaus, betrifft Art 55 aus deutscher Sicht neben dem **Zwangsgeld** auch das **Ordnungsgeld** gem §§ 887 ff ZPO, wobei es unerheblich ist, dass der Betrag nicht dem Gläubiger, sondern dem Staat zufließt (vgl schon EuGH NJW 2011, 3568); es liegt nahe, auch den Anspruch auf Zahlung eines Kostenvorschusses einzubeziehen (aA OLG Hamburg ZVertriebsR 2019, 132 Tz 51). 1

Aus Art 55 folgt nicht etwa eine ausschließliche Zuständigkeit des Ursprungsgerichts (iSv Art 2 lit f) für eine Zwangs- bzw Ordnungsgeldanordnung. Vielmehr bleibt die Möglichkeit der **Gerichte im Vollstreckungsstaat** unberührt, ihrerseits dahingehende Anordnungen im Rahmen der Vollstreckung einer ausländischen Hauptsacheentscheidung zu treffen (vgl österr OGH IPRax 2024, 63 Tz 11, dazu Huber/Bernard IPRax 2024, 46; Hau IPRax 2017, 470). 2

Artikel 56 (Artikel 51 LugÜ)

Der Partei, die in einem Mitgliedstaat eine in einem anderen Mitgliedstaat ergangene Entscheidung vollstrecken will, darf wegen ihrer Eigenschaft als Ausländer oder wegen Fehlens eines Wohnsitzes oder Aufenthalts im ersuchten Mitgliedstaat eine Sicherheitsleistung oder Hinterlegung, unter welcher Bezeichnung es auch sei, nicht auferlegt werden.

1 Art 56 ist, ebenso wie Art 41 III, eine spezielle Ausprägung des allg Diskriminierungsverbots gem Art 18 AEUV. Privilegiert sind auch Parteien, die einem Drittstaat angehören oder dort ansässig sind. Systematisch bezieht sie sich nur auf das Vollstreckungs-, nicht bereits auf das Erkenntnisverfahren. Unberührt von Art 56 bleibt allerdings die Möglichkeit, die vorläufige Vollstreckbarkeit ohne Ansehen der Person von einer Sicherheitsleistung abhängig zu machen (in Deutschland: gem § 709 ZPO).

Artikel 57

(1) Ist nach dieser Verordnung eine Übersetzung oder Transliteration erforderlich, so erfolgt die Übersetzung oder Transliteration in die Amtssprache des betreffenden Mitgliedstaats oder, wenn es in diesem Mitgliedstaat mehrere Amtssprachen gibt, nach Maßgabe des Rechts dieses Mitgliedstaats in die oder in eine der Verfahrenssprachen des Ortes, an dem eine in einem anderen Mitgliedstaat ergangene Entscheidung geltend gemacht oder ein Antrag gestellt wird.

(2) Bei den in den Artikeln 53 und 60 genannten Formblättern kann eine Übersetzung oder Transliteration auch in eine oder mehrere andere Amtssprachen der Organe der Union erfolgen, die der betreffende Mitgliedstaat für diese Formblätter zugelassen hat.

(3) Eine Übersetzung aufgrund dieser Verordnung ist von einer Person zu erstellen, die zur Anfertigung von Übersetzungen in einem der Mitgliedstaaten befugt ist.

1 Regelungen iSv Art 57 I, wonach eine Übersetzung oder Transliteration (also Übertragung in lateinische Schrift) von Dokumenten erforderlich sein kann, sind Art 37 II, 42 III, IV, 43 II, 47 III. Für Deutschland gilt § 1113 ZPO (lex specialis zu § 142 III 1 ZPO). Danach ist neben **Deutsch** keine weitere Sprache zugelassen (auch nicht Englisch, anders als gem § 1070 ZPO). Abweichend von § 1083 ZPO bedarf es aber keiner Beglaubigung der Übersetzung. Der Übersetzer muss gem Art 57 III „in einem der Mitgliedstaaten befugt" (iSv bestellt) sein, also nicht zwingend im Ursprungs-, Anerkennungs- oder Vollstreckungsstaat. Die Erstattungsfähigkeit der **Übersetzungskosten** bestimmt sich nach dem Recht des ersuchten Anerkennungs- bzw Vollstreckungsmitgliedstaats (in Deutschland: § 91 bzw § 788 ZPO).

Kapitel IV – Öffentliche Urkunden und gerichtliche Vergleiche (Art 58-60)

Artikel 58 (Artikel 57 LugÜ)

(1) [1]Öffentliche Urkunden, die im Ursprungsmitgliedstaat vollstreckbar sind, sind in den anderen Mitgliedstaaten vollstreckbar, ohne dass es einer Vollstreckbarerklärung bedarf. [2]Die Zwangsvollstreckung aus der öffentlichen Urkunde kann nur versagt werden, wenn sie der öffentlichen Ordnung (ordre public) des ersuchten Mitgliedstaats offensichtlich widersprechen würde.

Die Vorschriften des Kapitels III Abschnitt 2, des Abschnitts 3 Unterabschnitt 2 und des Abschnitts 4 sind auf öffentlichen Urkunden sinngemäß anzuwenden.

(2) Die vorgelegte öffentliche Urkunde muss die Voraussetzungen für ihre Beweiskraft erfüllen, die im Ursprungsmitgliedstaat erforderlich sind.

Lit: *Fischer*, Die neue Brüssel-Ia-Verordnung in der Notariatspraxis, NotBZ 2015, 130; *Münch/Lipp*, Die Freizügigkeit notarieller Urkunden in Europa, 2017; *Vollmer*, Neues zur Auslandsvollstreckung aus notariellen Urkunden, MittBayNot 2016, 20; *Wolfsteiner*, Die vollstreckbare Urkunde[4], 2019, § 53.

1 Die Vorschrift erfasst **vollstreckbare öffentliche Urkunden**, die einen **zivil- oder handelsrechtlichen Anspruch** iSv Art 1 betreffen und in einem **Mitgliedstaat** (Art 2 lit d) förmlich errichtet oder eingetragen worden sind. **Zeitl Anwendungsbereich:** Art 66 I, II. Ausweislich der verordnungsautonomen Definition in **Art 2 lit c** bedarf es der Mitwirkung (Errichtung oder Registrierung) durch eine Behörde oder andere ermächtigte Stelle, also eines mit öffentlicher Urkundsgewalt ausgestatteten Amtsträgers (namentlich: Notar). Daran fehlt es einer bloßen Privaturkunde mit Vollstreckungsvereinbarung (EuGH IPRax 2000, 366; OLG Karlsruhe FamRZ 2007, 1581); wegen Art 2 lit c (ii) macht eine notarielle oder sonstige öffentliche Unterschriftsbeglaubigung iSv Art 2 *lit c (i)* eine Privaturkunde noch nicht zu einer öffentlichen Urkunde (vgl OLG Köln OLGR Köln 2008, 159). Zu Gütestellen- und Anwaltsvergleichen s Art 59 Rn 1.

Art 58 verpflichtet zur **Vollstreckung** öffentlicher Urkunden, nicht zu ihrer Anerkennung (anders als Art 65 Brüssel IIb-VO, Art 48 I EuUntVO). Der Umfang der Vollstreckbarkeit und die Beweiskraft (Art 2 lit c, 58 II) bestimmen sich nach dem Recht des Ursprungsmitgliedstaats. Art 58 I UAbs 2 ordnet die sinngemäße Anwendung von Art 39-44, 46-57 an. Für die **Versagungsgründe** gilt hingegen nicht Art 45, sondern nur Art 58 I UAbs 1 S 2 (ordre public, entsprechend Art 45 I lit a, III 2) unter Berücksichtigung von Art 52. 2

Artikel 59 (Artikel 58 LugÜ)

Gerichtliche Vergleiche, die im Ursprungsmitgliedstaat vollstreckbar sind, werden in den anderen Mitgliedstaaten unter denselben Bedingungen wie öffentliche Urkunden vollstreckt.

Der Vergleich muss einen **zivil- oder handelsrechtlichen Anspruch** iSv Art 1 betreffen und in einem **Mitgliedstaat** (Art 2 lit d) gebilligt oder abgeschlossen sein. **Zeitl Anwendungsbereich:** Art 66 I, II. Gem der verordnungsautonomen Definition in Art 2 lit b meint Art 59 nur Vergleiche, die von einem Gericht gebilligt oder im Laufe eines Verfahrens geschlossen worden sind. Dies umfasst aus deutscher Sicht **gerichtliche Vergleiche** iSv § 794 I Nr 1 ZPO, und zwar sowohl Beschluss- wie Protokollvergleiche, auch in den Fällen von § 118 I 3, § 492 III ZPO, nicht hingegen die in § 794 I Nr 1 ZPO ebenfalls genannten Vergleiche vor außergerichtlichen Gütestellen (für diese gilt Art 58). Im Falle eines deutschen Anwaltsvergleichs iSv § 796a ZPO sollte es darauf ankommen, ob die Vollstreckbarerklärung in Deutschland gem § 796b ZPO durch das Prozessgericht erfolgt ist (dann gilt in anderen Mitgliedstaaten Art 59) oder gem § 796c ZPO durch den Notar (dann: Art 58); vgl § 1110 ZPO Rn 7. Ausländische gerichtliche Entscheidungen, die den Inhalt eines Vergleichs inkorporieren, sind grds nach Art 36 ff anzuerkennen und zu vollstrecken. 1

Art 59 verpflichtet zur **Vollstreckung** gerichtlicher Vergleiche, nicht zu ihrer Anerkennung (anders als Art 65 Brüssel IIb-VO, Art 48 I EuUntVO, Art 32 I EuInsVO). S die Hinweise zu öffentlichen Urkunden in Art 58 Rn 2. 2

Str ist, inwieweit die gerichtliche Mitwirkung am Zustandekommen eines Prozessvergleichs die Bejahung der **internationalen Entscheidungszuständigkeit** voraussetzt. Davon ist jedenfalls dann auszugehen, wenn Gerichte in **kollektiven Rechtsschutzverfahren**, die nach dem Opt-out-Modell konzipiert sind, an (Zwangs-)Vergleichen mitwirken. Hingegen kann die bloße Anmeldung eines Anspruchs in dem beim BfJ geführten deutschen Verbandsklageregister, die einem Verbraucher die Partizipation an einem gem § 9 VDuG zustande kommenden Vergleich erlaubt, ohne Rücksicht darauf erfolgen, ob die internationale Zuständigkeit für die Abhilfe- bzw Musterfeststellungsklage gegeben ist (Stadler NJW 2020, 265, 267). Im Individualprozess stellt sich die Frage nach der Erforderlichkeit internationaler Zuständigkeit für die gerichtliche Mitwirkung am Vergleichsschluss nur selten, weil in der Vergleichsbereitschaft des Beklagten in aller Regel ohnehin eine zuständigkeitsbegründende Einlassung iSv Art 26 zu sehen sein wird. Ohne Rücksicht auf eine rügelose Einlassung ist die Mitwirkung aber dann zu versagen, wenn gem Art 24 die **ausschließliche Zuständigkeit** der Gerichte eines anderen Mitgliedstaats besteht (Rauscher/Staudinger Art 59 Rn 8; aA Geimer/Schütze Art 59 Rn 1). Einem gerichtlichen Vergleich iSv Art 59, der unter Verstoß gegen Art 24 zustande gekommen ist, kann allerdings nicht die Vollstreckung versagt werden; denn einen Versagungsgrund bildet gemäß Art 59, 58 I UAbs 1 S 2 nur der ordre public, nicht hingegen Art 45 I lit e. 3

Ein ausländischer gerichtlicher Vergleich, der im Inland vollstreckbar ist, kann hier entsprechend § 323a ZPO abgeändert werden, sofern hierfür die internationale Zuständigkeit der deutschen Gerichte gegeben ist (vorrangig gem Art 4 ff). Hinsichtlich des Maßstabs der **Abänderung** verweist § 323a II ZPO nicht auf die deutsche lex fori, sondern auf das Vergleichsstatut (s Staudinger/Hau § 779 BGB Rn 296, 283 ff). 4

Artikel 60

Die zuständige Behörde oder das Gericht des Ursprungsmitgliedstaats stellt auf Antrag eines Berechtigten die Bescheinigung mit einer Zusammenfassung der in der öffentlichen Urkunde beurkundeten vollstreckbaren Verpflichtung oder der in dem gerichtlichen Vergleich beurkundeten Parteivereinbarung unter Verwendung des Formblatts in Anhang II aus.

Zur Funktion der Bescheinigung und zur Prüfung durch die zuständige Stelle s Art 53 Rn 1 f. In Deutschland gelten § 1110 ZPO für die Zuständigkeit (s § 1110 ZPO Rn 7) und § 1111 ZPO für das Bescheinigungsverfahren sowie diesbezügliche Rechtsbehelfe. 1

Kapitel V – Allgemeine Vorschriften (Art 61-65)

Artikel 61 (Artikel 56 LugÜ)

Im Rahmen dieser Verordnung bedarf es hinsichtlich Urkunden, die in einem Mitgliedstaat ausgestellt werden, weder der Legalisation noch einer ähnlichen Förmlichkeit.

1 Die Vorschrift entspricht, wie die EuUrkVO (s § 1118 ZPO Rn 1), dem Anliegen, den innereuropäischen Rechtsverkehr von unnötigen Förmlichkeiten wie **Legalisation oder Apostille** zu befreien. In Deutschland bewirkt Art 61, dass für den Beweiswert öffentlicher Urkunden aus anderen Mitgliedstaaten Entsprechendes gilt wie gem § 437 ZPO für inländische öffentliche Urkunden. Anders als Art 56 Brüssel I-VO/LugÜ bezieht sich Art 61 Brüssel Ia-VO nicht auf Prozessvollmachten (gleichwohl für Einbeziehung Rauscher/Staudinger Rn 1, allerdings nur hinsichtlich des Anerkennungs- und Vollstreckungs-, nicht des Erkenntnisverfahrens). Unberührt lässt Art 61 die Möglichkeit, **Übersetzungen** oder Transliterationen ausländischer Unterlagen in den vorgesehenen Fällen zu verlangen; vgl Art 37 II, 47 III, 57.

Artikel 62 (Artikel 59 LugÜ)

(1) Ist zu entscheiden, ob eine Partei im Hoheitsgebiet des Mitgliedstaats, dessen Gerichte angerufen sind, einen Wohnsitz hat, so wendet das Gericht sein Recht an.
(2) Hat eine Partei keinen Wohnsitz in dem Mitgliedstaat, dessen Gerichte angerufen sind, so wendet das Gericht, wenn es zu entscheiden hat, ob die Partei einen Wohnsitz in einem anderen Mitgliedstaat hat, das Recht dieses Mitgliedstaats an.

1 In verschiedenen Vorschriften stellt die Brüssel Ia-VO auf den Wohnsitz einer Partei ab, meist den des Beklagten (vgl etwa Art 4-8), bisweilen aber auch den des Klägers (so Art 11 I lit b, Art 18 I) oder Titelschuldners (so Art 43 II). Handelt es sich dabei um eine **natürliche Person**, so bestimmt die VO den Wohnsitz, anders als in Art 63 für Gesellschaften und juristische Personen, nicht mit einer Sachnorm bzw Legaldefinition; vielmehr beschränkt sich Art 62 I, II auf **bloße Kollisionsnormen**, abstellend auf die lex fori des fraglichen Wohnsitzmitgliedstaates. In Deutschland gelten §§ 7 ff BGB (dazu § 13 ZPO Rn 3 ff). Allerdings ergeben sich aus dem EU-Recht gewisse Vorgaben an das mitgliedstaatliche Recht, was insb einer Regelung entgegensteht, wonach eigene Staatsangehörige zwingend einen Wohnsitz im Inland haben (vgl EuGH IPRax 2025, 289 Tz 50 ff, dort zu einer bulgarischen Regelung). Auch für Einzelkaufleute gilt Art 62, nicht etwa Art 63 entsprechend (Bachmeier/Englich RIW 2022, 421, 427). Anders als andere Verordnungen stellt die Brüssel Ia-VO nicht auf den **Aufenthalt** ab (klarstellend EuGH IPRax 2025, 286 Tz 34 ff); beachte aber vgl Art 15 Nr 2, 19 Nr 2.

2 Ist der **Wohnsitzstaat des Beklagten unbekannt**, droht dem Kläger, ausgehend von der EuGH-Judikatur, keine Rechtsschutzlücke (s Art 4 Rn 5). Gleichwohl ist die Gefahr eines **negativen Kompetenzkonflikts** nicht völlig ausgeschlossen, so insb dann, wenn von zwei Mitgliedstaaten, die als allgemeiner Gerichtsstand iSv Art 4 in Betracht kommen, der eine für die Bestimmung des Wohnsitzes eher auf objektive, der andere eher auf subjektive Aspekte abstellt (Bsp: Wohnsitz bei mehrjähriger Haftstrafe am Gefängnis- oder am vorherigen Wohnort?). Dann erscheint es denkbar, dass die Gerichte beider Mitgliedstaaten den Wohnsitz nicht bei sich verorten, obwohl die Person offenkundig nicht in einem dritten Staat ansässig ist. Um die in solchen Fällen drohende Rechtsschutzlücke abzuwenden, werden verschiedene Lösungen vorgeschlagen: eine bindende „Wohnsitzverweisung" (Schlosser/Hess Art 62 Rn 4), das ersatzweise Abstellen auf den gewöhnlichen Aufenthalt (ThP/Nordmeier Art 62 Rn 3), eine einzelfallbezogene Zuständigkeitsbestimmung durch den EuGH (erwogen, aber de lege lata verworfen von Geimer/Schütze Art 62 Rn 21) oder die Konstruktion einer ungeschriebenen Notzuständigkeit (Hau FS Kaissis, S 355, 365; s Art 4 Rn 12). Letztlich obliegt es dem Verordnungsgeber, sich des Problems anzunehmen und die rechtspolitisch verfehlte Verweisungslösung in Art 62 durch eine Legaldefinition (wie in Art 63) zu ersetzen. Kommt es hingegen zu einem **positiven Kompetenzkonflikt**, so gelten Art 29 ff.

Artikel 63 (Artikel 60 LugÜ)

(1) Gesellschaften und juristische Personen haben für die Anwendung dieser Verordnung ihren Wohnsitz an dem Ort, an dem sich
a) ihr satzungsmäßiger Sitz,
b) ihre Hauptverwaltung oder
c) ihre Hauptniederlassung befindet.

(2) Im Falle Irlands, Zyperns und des Vereinigten Königreichs ist unter dem Ausdruck „satzungsmäßiger Sitz" das registered office oder, wenn ein solches nirgendwo besteht, der place of incorporation (Ort der Erlangung der Rechtsfähigkeit) oder, wenn ein solcher nirgendwo besteht, der Ort, nach dessen Recht die formation (Gründung) erfolgt ist, zu verstehen.

(3) Um zu bestimmen, ob ein Trust seinen Sitz in dem Mitgliedstaat hat, bei dessen Gerichten die Klage anhängig ist, wendet das Gericht sein Internationales Privatrecht an.

1 Während sich die Brüssel Ia-VO für die Bestimmung des Wohnsitzes natürlicher Personen auf Kollisionsnormen beschränkt (Art 62 I, II), enthält Art 63 I zum (Wohn-)Sitz von Gesellschaften und juristischen Personen eine an Art 54 AEUV angelehnte **verordnungsautonome Legaldefinition** (vgl ErwGr Nr 15 S 3). Eine entsprechende Vorschrift für Einzelkaufleute, die nicht auf deren Wohnsitz, sondern Hauptniederlassung abstellt, wird diskutiert (Bachmeier/Englich RIW 2022, 421, 427), ist aber bislang nicht vorgesehen. Eine Art 63 verdrängende **Sonderregel** enthält Art 24 Nr 2 S 2: zur Ermittlung des Sitzes kommt es für den ausschließlichen Gerichtsstand für bestimmte gesellschaftsrechtliche Streitigkeiten auf das IPR der lex fori an (s Art 24 Rn 11).

2 Art 63 stellt – gleichrangig – auf den **satzungsmäßigen Sitz** oder die **Hauptverwaltung** oder die **Hauptniederlassung** ab (dazu EuGH NJW 2024, 569 Tz 59 ff). Zum Satzungssitz iSv I lit a vgl BGH, NJW-RR 2018, 290: es bedarf weder einer Verwaltungs- oder Geschäftstätigkeit am Ort des Satzungssitzes noch eines über den Registertatbestand hinausgehenden realwirtschaftlichen Bezugs. Satzungssitz ist auch der Vertragssitz (vgl § 706 S 2 BGB; dazu Lieberknecht NZG 2023, 1247, 1249; Wertenbruch NZG 2023, 1343, 1350). Keine Hauptniederlassung iSv I lit c ist eine bloße Zweigniederlassung iSv Art 7 Nr 5. Bei einem Unternehmen mit mehreren Niederlassungen bestimmt sich die Hauptniederlassung nach dem Schwerpunkt der auf den Markt bezogenen Geschäftstätigkeit, abstellend auf einen Größenvergleich der Personal- und Sachmittel (BGH NJW-RR 2023, 818; dazu Schwemmer IPRax 2024, 130). Art 63 III bezieht sich auf Art 7 Nr 6.

3 Zu beachten sind aber auch Art 11 II, Art 17 II und Art 20 II, die dann, wenn ein Versicherer, der Vertragspartner eines Verbrauchers oder der Arbeitgeber keinen (Wohn-)Sitz im Hoheitsgebiet eines Mitgliedstaats hat, eine innerhalb der EU vorhandene **Zweigniederlassung, Agentur oder sonstige Niederlassung** einem Wohnsitz gleichstellen.

Artikel 64 (Artikel 61 LugÜ)

[1]Unbeschadet günstigerer innerstaatlicher Vorschriften können Personen, die ihren Wohnsitz im Hoheitsgebiet eines Mitgliedstaats haben und die vor den Strafgerichten eines anderen Mitgliedstaats, dessen Staatsangehörigkeit sie nicht besitzen, wegen einer fahrlässig begangenen Straftat verfolgt werden, sich von hierzu befugten Personen vertreten lassen, selbst wenn sie persönlich nicht erscheinen. [2]Das Gericht kann jedoch das persönliche Erscheinen anordnen; wird diese Anordnung nicht befolgt, so braucht die Entscheidung, die über den Anspruch aus einem Rechtsverhältnis des Zivilrechts ergangen ist, ohne dass sich der Angeklagte verteidigen konnte, in den anderen Mitgliedstaaten weder anerkannt noch vollstreckt zu werden.

1 Die Vorschrift bezieht sich auf die Vorschrift in Art 7 Nr 3 zur internationalen Zuständigkeit in **Adhäsionsverfahren**. Geregelt ist zum einen das Recht auf Verteidigung (S 1), zum anderen ein Art 45 I lit a ergänzender Anerkennungsversagungsgrund für Versäumnisurteile gegen Angeklagte, die nicht im Strafprozess erschienen sind (S 2). Die Beschränkung des persönlichen Anwendungsbereichs auf Ausländer ist rechtspolitisch ebenso wenig nachvollziehbar wie der Umstand. dass die Vorschrift nur für Fahrlässigkeitstaten gilt (vgl schon EuGH NJW 2000, 1853, der daher auf den allg Ordre-public-Vorgehalt ausgewichen ist).

Artikel 65 (Artikel 65 LugÜ)

(1) [1]Die in Artikel 8 Nummer 2 und Artikel 13 für eine Gewährleistungs- oder Interventionsklage vorgesehene Zuständigkeit kann in den Mitgliedstaaten, die in der von der Kommission nach Artikel 76 Absatz 1 Buchstabe b und Artikel 76 Absatz 2 festgelegten Liste aufgeführt sind, nur geltend gemacht werden, soweit das einzelstaatliche Recht dies zulässt. [2]Eine Person, die ihren Wohnsitz in einem anderen Mitgliedstaat hat, kann aufgefordert werden, nach den Vorschriften über die Streitverkündung gemäß der genannten Liste einem Verfahren vor einem Gericht dieser Mitgliedstaaten beizutreten.

(2) [1]Entscheidungen, die in einem Mitgliedstaat aufgrund des Artikels 8 Nummer 2 oder des Artikels 13 ergangen sind, werden nach Kapitel III in allen anderen Mitgliedstaaten anerkannt und vollstreckt. [2]Die Wirkungen, welche die Entscheidungen, die in den in der Liste nach Absatz 1 aufgeführten Mitgliedstaaten ergangen sind, gemäß dem Recht dieser Mitgliedstaaten infolge der Anwendung von Absatz 1 gegenüber Dritten haben, werden in den allen Mitgliedstaaten anerkannt.

(3) Die in der Liste nach Absatz 1 aufgeführten Mitgliedstaaten übermitteln im Rahmen des durch die Entscheidung 2001/470/EG des Rates[1] errichteten Europäischen Justiziellen Netzes für Zivil- und Handelssachen („Europäisches Justizielles Netz") Informationen darüber, wie nach Maßgabe ihres innerstaatlichen Rechts die in Absatz 2 Satz 2 genannten Wirkungen der Entscheidungen bestimmt werden können.

[1]ABl L 174 v 27.6.2001, S 25.

Lit: *Fuchs*, Grenzüberschreitende Streitverkündung und Gewährleistungsklage am Beispiel des deutsch-portugiesischen Rechtsverkehrs, IPRax 2019, 568; *Geimer*, Das Forum interventionis und der natürliche Richter, MDR 2016, 928.

1 Art 8 Nr 2 und Art 13 I regeln die Zuständigkeit für sog **Gewährleistungs- oder Interventionsklagen.** Darauf kann gem Art 65 I 1 in solchen Mitgliedstaaten nicht zurückgegriffen werden, deren Prozessrechte diese Rechtsschutzform nicht vorsehen (Geimer MDR 2016, 928, 930 hält dies für unvereinbar mit Art 18 AEUV; fragl). Das gilt für Deutschland sowie für Österreich, Polen und Ungarn; vgl ABl EU 2015 C 4/2 (dort Liste 2). Auch diese Mitgliedstaaten bleiben allerdings gem Art 65 II 1 verpflichtet, die in anderen Mitgliedstaaten aufgrund von Gewährleistungs- oder Interventionsklagen ergehenden Urteile nach den allg Regeln anzuerkennen und zu vollstrecken; zudem ist die frühere Rechtshängigkeit einer solchen Klage nach Maßgabe von Art 29 ff zu beachten.

2 Funktionales Äquivalent zur Gewährleistungs- oder Interventionsklage ist in Deutschland (und wiederum in einigen anderen Mitgliedstaaten) die **Streitverkündung.** Art 65 I 2 stellt die Möglichkeit klar, die entsprechenden Regelungen (§§ 68, 72-74 ZPO) auch auf Streitverkündigungsempfänger anzuwenden, die in anderen Mitgliedstaaten ansässig sind. Art 65 II 2 gewährleistet sodann, dass die Interventionswirkung auch in solchen Mitgliedstaaten anzuerkennen ist, deren Prozessrechte keine Streitverkündung kennen (krit wiederum Geimer MDR 2016, 928, 930 f, weil die Interventionswirkung keinen Titel schafft). Die Streitverkündung erfordert zwar keinen zuständigkeitsbegründenden Bezug des Dritten zum Gerichtsstand der Hauptklage, kann richtigerweise aber mittels einer Gerichtsstandsvereinbarung ausgeschlossen sein (näher schon Mansel ZZP 109 [1996], 61; von Hoffmann/Hau RIW 1997, 89). Einem Streitverkündungsempfänger, der keinen eigenen Zuständigkeitsbezug zum Forum der Hauptklage hat, sollte es gestattet sein, die Zulässigkeit der Streitverkündung schon im Verfahren der Hauptklage im Wege eines Zwischenstreits analog § 71 ZPO überprüfen zu lassen (von Hoffmann/Hau RIW 1997, 89, 94; zust § 72 ZPO Rn 2).

Kapitel VI – Übergangsvorschriften (Art 66)

Artikel 66 (Artikel 63 LugÜ)

(1) Diese Verordnung ist nur auf Verfahren, öffentliche Urkunden oder gerichtliche Vergleiche anzuwenden, die am 10. Januar 2015 oder danach eingeleitet, förmlich errichtet oder eingetragen bzw. gebilligt oder geschlossen worden sind.

(2) Ungeachtet des Artikels 80 gilt die Verordnung (EG) Nr. 44/2001 weiterhin für Entscheidungen, die in vor dem 10. Januar 2015 eingeleiteten gerichtlichen Verfahren ergangen sind, für vor diesem Zeitpunkt förmlich errichtete oder eingetragene öffentliche Urkunden sowie für vor diesem Zeitpunkt gebilligte oder geschlossene gerichtliche Vergleiche, sofern sie in den Anwendungsbereich der genannten Verordnung fallen.

1 Die Vorschrift regelt den **intertemporalen Anwendungsbereich** der Brüssel Ia-VO. ErwGr Nr 34 S 2 betont, dass auch für diese grds die ältere Judikatur des EuGH zum EuGVÜ (vgl Art 68) und zur Brüssel I-VO beachtlich bleibt.

2 In zeitlicher Hinsicht sind die **Zuständigkeitsregeln der Brüssel Ia-VO** auf Erkenntnisverfahren anzuwenden, die ab dem 10.1.2015 eingeleitet worden sind (Art 66 I). Für ältere Verfahren bleibt es bei der Fortgeltung der gem Art 80 Brüssel Ia-VO zum 10.1.2015 aufgehobenen Brüssel I-VO (EuGH EuZW 2025, 195 Tz 26 f; beachte auch Thomale IPRax 2014, 239, dort zu intertemporalen Anwendungsfragen vor dem Hintergrund der EU-Osterweiterung). Es bietet sich an, den **Zeitpunkt der Verfahrenseinleitung** iSv Art 66 I nicht anhand des nationalen Rechts, sondern verordnungsautonom anhand von Art 32 zu bestimmen (dahin tendierend, aber offenlassend BGH NJW-RR 2018, 290 Tz 9). Der Anwendbarkeit der Brüssel Ia-VO für ein ab dem 10.1.2015 eingeleitetes Verfahren steht nicht entgegen, dass die zuständigkeitsbegründende Gerichtsstandsvereinbarung vor diesem Zeitpunkt getroffen wurde (vgl BGH NJW 2019, 1300 Tz 18, dort zur entsprechenden intertemporalen Frage bei Inkrafttreten der Brüssel I-VO). Auch im Falle einer öffentlichen Urkunde, die ab dem 10.1.2015 errichtet wurde, spielt es keine Rolle, dass sich der beurkundete anspruchsbegründende Sachverhalt vorher zugetragen hat (EuGH EuZW 2017, 686 Tz 24 ff). Im Falle von **Verfahrenskonkurrenzen** sollten Art 29 ff anzuwenden sein, wenn wenigstens eines der beiden Verfahren ab dem 10.1.2015 eingeleitet worden ist.

3 Gem Art 66 II, 81 II Brüssel Ia-VO unterfallen dem **Exequaturverfahren der Brüssel I-VO** noch solche Entscheidungen, die in vor dem 10.1.2015 eingeleiteten Erkenntnisverfahren ergangen sind, sowie entsprechend alte öffentliche Urkunden und gerichtliche Vergleiche. Dann müssen auch die im AVAG enthaltenen deutschen Durchführungsregeln zur Brüssel I-VO, obwohl sie durch Art 5 G v 8.7.2014 (BGBl I 2014, 890) mWv 10.1.2015 aufgehoben wurden, anwendbar bleiben (klarstellend etwa BGH NJW-RR 2017, 1342; BGH IPRax 2021, 583 Tz 3). Die Brüssel I-VO ist aber nur dann anzuwenden, wenn sie in dem Staat, in dem die fragliche *Entscheidung erlassen wurde*, zu diesem Zeitpunkt bereits galt (vgl EuGH NJW-RR 2012, 152).

4 Zum **Brexit** s Art 1 Rn 11.

Kapitel VII – Verhältnis zu anderen Rechtsinstrumenten (Art 67-73)

Artikel 67 (Artikel 67 LugÜ)

Diese Verordnung berührt nicht die Anwendung der Bestimmungen, die für besondere Rechtsgebiete die gerichtliche Zuständigkeit oder die Anerkennung und Vollstreckung von Entscheidungen regeln und in Unionsrechtsakten oder in dem in Ausführung dieser Rechtsakte harmonisierten einzelstaatlichen Recht enthalten sind.

Die Vorschrift behandelt das Verhältnis der Brüssel Ia-VO zu spezielleren EU-Rechtsakten und diesbezüglichem mitgliedstaatlichen Durchführungs- oder Umsetzungsrecht. Einer solchen Konkurrenzregelung bedarf es nur insoweit, als gem Art 1 der Anwendungsbereich der Brüssel Ia-VO eröffnet ist, insb also nicht im Verhältnis zu den gem Art 1 II ausgeklammerten Verordnungen zum **internationalen Familien- und Erbverfahrensrecht** (Brüssel IIb-VO 2019/1111 v 25.6.2019; EuUntVO 4/2009 v 18.12.2008; EuEheGüVO 2016/1103 v 24.6. 2016; EuPartGüVO 2016/1104 v 24.6.2016; EuSchutzMVO 606/2013 v 12.6.2013; EuErbVO 650/2012 v 4.7. 2012) sowie zum **internationalen Insolvenzrecht** (EuInsVO 848/2015 v 20.5.2015). 1

Demgegenüber tritt die Brüssel Ia-VO gem Art 67 zurück im Verhältnis zu den folgenden Rechtsakten zu **allg Zivil- und Handelssachen**: EuVTVO 805/2004 v 21.4.2004 (s § 1079 ZPO Rn 1), EuMahnVO 1896/2006 v 12.12.2006 (s § 1087 ZPO Rn 1), EuBagatellVO 861/2007 v 11.7.2007 (s § 1097 ZPO Rn 1), EuKoPfVO 655/ 2014 v 15.5.2014 (s § 946 ZPO Rn 1). Zudem betrifft Art 67 die internationalverfahrensrechtl Vorgaben in EU-Rechtsakten für Sonderrechtsgebiete, die Art 1 II nicht ausklammert: Art 4 Blocking-VO 2271/96 v 22.11.1996; Art 79 ff Gemeinschaftsgeschmacksmuster-VO 6/2002 v 12.12.2001; Art 48, 79 DSGVO 2016/679 v 27.4.2016; Art 123 ff Unionsmarke-VO 2017/1001 v 14.7.2017; Art 1 VI Geoblocking-VO 2018/302 v 28.2.2018; Art 6 Entsende-RL 96/71/EG v 16.12.1996; Art 86j IV Gesellschaftsrechts-RL 2017/1132 v 14.6.2017; Art 16 f Anti-SLAPP-RL 2024/1069 v 11.4.2024. Allerdings verweisen die speziellen EU-Rechtsakte bisweilen auf die Brüssel Ia-VO zurück (so zB Art 6 EuMahnVO) oder eröffnen ausdrückl ein Wahlrecht (so Art 27 EuVTVO). Zum Verhältnis der Brüssel Ia-VO zur Patengerichtsbarkeit s Art 71a Rn 1. 2

Art 67 erfasst zudem **Übereinkommen**, die die EU mit Drittstaaten mit Wirkung für die Mitgliedstaaten abgeschlossen hat, so das HGÜ v 30.6.2005 und das HAVÜ v 2.7.2019 (s § 328 ZPO Rn 28), denen dann jeweils zu entnehmen ist, inwieweit die Regelungen der Brüssel Ia-VO im Verhältnis zwischen den Mitgliedstaaten unberührt bleiben (vgl Art 26 VI HGÜ, Art 23 IV HAVÜ). Zwar wurde auch das LugÜ von der EU angeschlossen, doch für dieses gilt nicht Art 67, sondern Art 73 I. 3

Artikel 68

(1) Diese Verordnung tritt im Verhältnis zwischen den Mitgliedstaaten an die Stelle des Brüsseler Übereinkommens von 1968, außer hinsichtlich der Hoheitsgebiete der Mitgliedstaaten, die in den territorialen Anwendungsbereich des genannten Übereinkommens fallen und aufgrund der Anwendung von Artikel 355 AEUV von dieser Verordnung ausgeschlossen sind.

(2) Soweit diese Verordnung die Bestimmungen des Brüsseler Übereinkommens von 1968 zwischen den Mitgliedstaaten ersetzt, gelten Verweise auf dieses Übereinkommen als Verweise auf die vorliegende Verordnung.

Bereits die Brüssel I-VO hatte das **EuGVÜ** (s EuIZPR Rn 19) nach Maßgabe von Art 66 Brüssel I-VO abgelöst, aber in Art 68 Brüssel I-VO dem Umstand Rechnung getragen, dass der räumliche Anwendungsbereich des insoweit fortgeltenden EuGVÜ auch die gem Art 355 AEUV vom Sekundärrecht ausgenommenen **überseeischen Gebiete** erfasst. Daran hält Art 68 I Brüssel Ia-VO fest (vgl ErwGr Nr 9). 1

Die Klarstellung in Art 68 II hat nur Bedeutung, sofern EU-Rechtsakte nach wie vor auf das EuGVÜ verweisen (so Art 79 I Gemeinschaftsgeschmacksmuster-VO 6/2002 v 12.12.2001). 2

Artikel 69 (Artikel 65 LugÜ)

[1]Diese Verordnung ersetzt unbeschadet der Artikel 70 und 71 im Verhältnis zwischen den Mitgliedstaaten die Übereinkünfte, die sich auf dieselben Rechtsgebiete erstrecken wie diese Verordnung. [2]Ersetzt werden insbesondere die Übereinkünfte, die in der von der Kommission nach Artikel 76 Absatz 1 Buchstabe c und Artikel 76 Absatz 2 festgelegten Liste aufgeführt sind.

S Art 70 Rn 1. 1

Artikel 70 (Artikel 66 LugÜ)

(1) Die in Artikel 69 genannten Übereinkünfte behalten ihre Wirksamkeit für die Rechtsgebiete, auf die diese Verordnung nicht anzuwenden ist.

(2) Sie bleiben auch weiterhin für die Entscheidungen, öffentlichen Urkunden und gerichtlichen Vergleiche wirksam, die vor dem Inkrafttreten der Verordnung (EG) Nr. 44/2001 ergangen, förmlich errichtet oder eingetragen bzw. gebilligt oder geschlossen worden sind.

1 Die in Art 69, Art 76 II angesprochene Liste der durch die Brüssel Ia-VO **verdrängten bilateralen Verträge zwischen den Mitgliedstaaten** ist veröffentlicht in ABl EU 2015 C 4/2 (dort Liste 3). Für Deutschland betrifft dies die Abkommen mit Belgien v 30.6.1958, Griechenland v 4.11.1961, Italien v 9.3.1936, Niederlande v 30.8. 1962, Österreich v 6.6.1959 und Spanien v 14.11.1983 (hingegen ist der zunächst ebenfalls gem Art 69, 70 verdrängte deutsch-britische Vertrag v 14.7.1960 [s § 328 ZPO Rn 28] seit dem Brexit wieder anwendbar). Denkbar ist eine Fortgeltung an sich verdrängter Abkommen gem Art 70 I für solche Rechtsgebiete, die nach Maßgabe von Art 1 nicht in den sachlichen Anwendungsbereich der Brüssel Ia-VO fallen (insoweit aber vorbehaltlich sonstigen vorrangigen EU-Rechts, namentlich in familien- und erbrechtlichen Angelegenheiten, vgl Art 67 Rn 1), sowie gem Art 70 II für Titel, die so alt sind, dass sie auch nicht von Art 66 II erfasst werden. Zum Verhältnis der Brüssel Ia-VO zu **bilateralen Verträgen mit Drittstaaten** s Art 72 sowie Art 73 III.

Artikel 71 (Artikel 67 LugÜ)

(1) Diese Verordnung lässt Übereinkünfte unberührt, denen die Mitgliedstaaten angehören und die für besondere Rechtsgebiete die gerichtliche Zuständigkeit, die Anerkennung oder die Vollstreckung von Entscheidungen regeln.

(2) Um eine einheitliche Auslegung des Absatzes 1 zu sichern, wird er in folgender Weise angewandt:

a) Diese Verordnung schließt nicht aus, dass ein Gericht eines Mitgliedstaats, der Vertragspartei einer Übereinkunft über ein besonderes Rechtsgebiet ist, seine Zuständigkeit auf eine solche Übereinkunft stützt, und zwar auch dann, wenn der Beklagte seinen Wohnsitz im Hoheitsgebiet eines Mitgliedstaats hat, der nicht Vertragspartei einer solchen Übereinkunft ist. In jedem Fall wendet dieses Gericht Artikel 28 dieser Verordnung an.

b) Entscheidungen, die in einem Mitgliedstaat von einem Gericht erlassen worden sind, das seine Zuständigkeit auf eine Übereinkunft über ein besonderes Rechtsgebiet gestützt hat, werden in den anderen Mitgliedstaaten nach dieser Verordnung anerkannt und vollstreckt.

Sind der Ursprungsmitgliedstaat und der ersuchte Mitgliedstaat Vertragsparteien einer Übereinkunft über ein besonderes Rechtsgebiet, welche die Voraussetzungen für die Anerkennung und Vollstreckung von Entscheidungen regelt, so gelten diese Voraussetzungen. In jedem Fall können die Bestimmungen dieser Verordnung über die Anerkennung und Vollstreckung von Entscheidungen angewandt werden.

1 Die Brüssel Ia-VO beansprucht gem Art 71 I grds keinen Vorrang gegenüber internationalverfahrensrechtl Regelungen in **multilateralen Spezialübereinkommen**, denen die Mitgliedstaaten angehören, sieht insoweit in Art 71 II aber gewisse Klarstellungen vor. Bedeutung hat dies für Konventionen im Bereich des internat Transportrechts, so namentlich für die Internat Vereinbarung v 19.5.1956 über Beförderungsverträge auf Straßen (**CMR**, BGBl II 1961, 1120, II 1980, 721) und das Montrealer Übereinkommen v 28.5.1999 zur Vereinheitlichung bestimmter Vorschriften über die Beförderung im internat Luftverkehr (**MÜ**, BGBl II 2004, 459, II 2010, 250). Zu solchen Spezialübereinkommen hat der EuGH (im Hinblick auf die CMR) klargestellt, dass deren Regelungen zwischen den EU-Staaten nur dann anzuwenden sind, wenn sie „in hohem Maße vorhersehbar sind, eine geordnete Rechtspflege fördern, es erlauben, die Gefahr von Parallelverfahren so weit wie möglich zu vermeiden, und den freien Verkehr der Entscheidungen in Zivil- und Handelssachen sowie das gegenseitige Vertrauen in die Justiz im Rahmen der Union (*favor executionis*) unter mindestens ebenso günstigen Bedingungen gewährleisten" wie das Sekundärrecht (EuGH NJW 2010, 1736; krit Wagner NJW 2010, 1707, 1711; vgl zum Diskussionsbedarf auch den Kommissionsbericht v 2.6.2025, COM(2025) 268, 16). In Betracht kommt somit die Anwendung der Zuständigkeitsregel in Art 31 I CMR (EuGH ZIP 2015, 96; BGH MDR 2019, 1263). Hingegen ist Art 31 II CMR nicht anzuwenden, sofern dies dazu führte, dass eine negative Feststellungsklage oder ein negatives Feststellungsurteil in einem Mitgliedstaat nicht denselben Anspruch beträfe wie eine wegen desselben Schadens zwischen denselben Parteien oder ihren Rechtsnachfolgern in einem anderen Mitgliedstaat anhängig gemachte Leistungsklage (EuGH EuZW 2014, 220; zum Vorrang von Art 29, 30 Brüssel Ia-VO vgl BGH NJW-RR 2020, 98). Aus Art 31 III CMR folgt nicht etwa, dass es einem Gericht entgegen Art 45 III Brüssel Ia-VO freisteht, einer Entscheidung aus einem anderen Mitgliedstaat die Anerkennung unter Berufung darauf zu versagen, dass das dortige Gericht eine Gerichtsstandsvereinbarung missachtet habe (EuGH RIW 2024, 451 Tz 38 ff). Der Anwendungsbereich der Zuständigkeitsregel in Art 33 WÜ erfasst nicht Klagen auf Ausgleichs- und Unterstützungsleistungen für Fluggäste im Fall der Nichtbeförderung und bei Annullierung oder großer Verspätung von Flügen gem der VO 261/2004 v 11.2.2004 (EuGH NJW-RR 2020, 118).

Artikel 71a

(1) Für die Zwecke dieser Verordnung gilt ein gemeinsames Gericht mehrerer Mitgliedstaaten gemäß Absatz 2 („gemeinsames Gericht") als ein Gericht eines Mitgliedstaats, wenn das gemeinsame Gericht gemäß der zu seiner Errichtung geschlossenen Übereinkunft eine gerichtliche Zuständigkeit in Angelegenheiten ausübt, die in den Anwendungsbereich dieser Verordnung fallen.

(2) Jedes der folgenden Gerichte ist für die Zwecke dieser Verordnung ein gemeinsames Gericht:

a) das mit dem am 19. Februar 2013 unterzeichneten Übereinkommen zur Schaffung eines Einheitlichen Patentgerichts („EPG-Übereinkommen") errichtete Einheitliche Patentgericht und

b) der mit dem Vertrag vom 31. März 1965 über die Gründung und die Satzung des Benelux-Gerichtshofs (im Folgenden „Benelux-Gerichtshof-Vertrag") errichtete Benelux-Gerichtshof.

Lit: *Leistner*, Vollstreckung von Urteilen des Einheitlichen Patentgerichts in Deutschland, GRUR 2016, 217; *Luginbühl/Stauder*, Die Anwendung der revidierten Zuständigkeitsregeln nach der Brüssel I-Verordnung auf Klagen in Patentsachen, GRUR-Int 2014, 885; *Mankowski*, Die neuen Regeln über gemeinsame Gerichte in Artt. 71a-71d Brüssel Ia-VO, GPR 2014, 330; *Wuttke/Lepschy*, Aussetzung wegen nationalem Parallelverfahren, GRUR 2024, 1876.

Schon vor ihrem Inkrafttreten wurde die Brüssel Ia-VO durch die VO 542/2014 v 15.5.2014 (ABl EU 2014 L 1
163/1) ergänzt um die nunmehr in Art 71a-71d enthaltenen Vorschriften zum **Einheitlichen Patentgericht (EPG)** und zum Benelux-Gerichtshof. Mit dem Übereinkommen v 19.2.2013 (EPGÜ, ABl EU 2013 C 175/1) haben 25 EU-Staaten (einschl Deutschland) das EPG als gemeinsames Gericht der Vertragsstaaten vereinbart (s EuIZPR Rn 8); es hat am 1.6.2023 seine Arbeit aufgenommen (Homepage: www.unified-patent-court.org). Zum **Benelux-Gerichtshof** als gemeinsames Gericht für Belgien, Luxemburg und die Niederlande vgl ErwGr Nr 2 zur VO 542/2014 sowie www.benelux.int.

Artikel 71b

Die Zuständigkeit eines gemeinsamen Gerichts wird wie folgt bestimmt:

1. Ein gemeinsames Gericht ist zuständig, wenn die Gerichte eines Mitgliedstaats, der Partei der Übereinkunft zur Errichtung des gemeinsamen Gerichts ist, nach Maßgabe dieser Verordnung in einem unter die betreffende Übereinkunft fallenden Rechtsgebiet zuständig wären.

2. In Fällen, in denen der Beklagte seinen Wohnsitz nicht in einem Mitgliedstaat hat und diese Verordnung die ihn betreffende gerichtliche Zuständigkeit nicht anderweitig begründet, findet Kapitel II, soweit einschlägig, ungeachtet des Wohnsitzes des Beklagten Anwendung.

Einstweilige Maßnahmen einschließlich Sicherungsmaßnahmen können bei einem gemeinsamen Gericht auch dann beantragt werden, wenn für die Entscheidung in der Hauptsache die Gerichte eines Drittstaats zuständig sind.

3. Ist ein gemeinsames Gericht hinsichtlich eines Beklagten nach Nummer 2 in einem Rechtsstreit über eine Verletzung eines Europäischen Patents, die zu einem Schaden innerhalb der Union geführt hat, zuständig, kann dieses Gericht seine Zuständigkeit auch hinsichtlich eines aufgrund einer solchen Verletzung außerhalb der Union entstandenen Schadens ausüben.

Diese Zuständigkeit kann nur begründet werden, wenn dem Beklagten gehörendes Vermögen in einem Mitgliedstaat belegen ist, der Vertragspartei der Übereinkunft zur Errichtung des gemeinsamen Gerichts ist und der Rechtsstreit einen hinreichenden Bezug zu einem solchen Mitgliedstaat aufweist.

Die Zuständigkeit des EPG richtet sich gem Art 71b UAbs 1 Nr 1 grds nach Kapitel II der Brüssel Ia-VO. Zu- 1
dem sind die Brüssel Ia-Gerichtsstände, über Art 6 hinaus, nach Maßgabe von Art 71b UAbs 1 Nr 2 u 3 auch für Klagen gegen **Beklagte mit Wohnsitz in einem Drittstaat** eröffnet. UAbs 2 benennt **zusätzliche Zuständigkeitsvoraussetzungen** (nur) für die Fälle von UAbs 1 Nr 3. Erläuterungen hierzu finden sich in ErwGr Nr 7 zur VO 542/2014: Zum einen kann sich der hinreichende Mitgliedstaatenbezug aus dem Vorhandensein von Beweismitteln oder dem Wohnsitz des Klägers ergeben (die Bezugnahme auf den Beklagten beruht ersichtlich auf einem Redaktionsversehen); zum anderen soll der Wert des Beklagtenvermögens nicht geringfügig, sondern so hoch sein, dass eine zumindest teilweise Vollstreckung der Entscheidung in den Mitgliedstaaten möglich ist. Die Erweiterungen gem Art 71b UAbs 1 Nr 2 u 3 sind wegen Art 73 I nicht zulasten von Beklagten mit Wohnsitz in einem LugÜ-Vertragsstaat anzuwenden (Schlosser/Hess Art 71b Rn 4, 8; str).

Artikel 71c

(1) Die Artikel 29 bis 32 finden Anwendung, wenn ein gemeinsames Gericht und ein Gericht eines Mitgliedstaats, der nicht Vertragspartei der Übereinkunft zur Errichtung des gemeinsamen Gerichts ist, angerufen werden.

(2) Die Artikel 29 bis 32 finden Anwendung, wenn während des Übergangszeitraums gemäß Artikel 83 des EPG-Übereinkommens das Einheitliche Patentgericht und ein Gericht eines Mitgliedstaats angerufen werden, der Vertragspartei des EPG-Übereinkommens ist.

1 Deutschland ist Vertragspartei des EPGÜ; folglich ist **Art 71c I** aus deutscher Sicht nur im Falle eines positiven Kompetenzkonflikts zwischen einem deutschen Gericht und dem Benelux-Gerichtshof anzuwenden. Weil im siebenjährigen Übergangszeitraum gem Art 83 EPGÜ auch nationale Gerichte mit Klagen wegen Verletzung bzw auf Nichtigerklärung eines europäischen Patents oder ergänzenden Schutzzertifikats befasst werden können, können sich allerdings auch Kompetenzkonflikte iSv **Art 71c II** zwischen deutschen Gerichten und dem EPG ergeben. In beiden Konstellationen sind Art 29-32 anzuwenden.

Artikel 71d

Diese Verordnung findet Anwendung auf die Anerkennung und Vollstreckung von

a) Entscheidungen eines gemeinsamen Gerichts, die in einem Mitgliedstaat, der nicht Vertragspartei der Übereinkunft zur Errichtung des gemeinsamen Gerichts ist, anerkannt und vollstreckt werden müssen,

b) Entscheidungen der Gerichte eines Mitgliedstaats, der nicht Vertragspartei der Übereinkunft zur Errichtung des gemeinsamen Gerichts ist, die in einem Mitgliedstaat, der Vertragspartei dieser Übereinkunft ist, anerkannt und vollstreckt werden müssen.

Wird die Anerkennung und Vollstreckung einer Entscheidung eines gemeinsamen Gerichts jedoch in einem Mitgliedstaat beantragt, der Vertragspartei der Übereinkunft zur Errichtung des gemeinsamen Gerichts ist, gelten anstelle dieser Verordnung alle die Anerkennung und Vollstreckung betreffenden Bestimmungen der Übereinkunft.

1 Gem Art 71d UAbs 1 lit a sind Entscheidungen des Benelux-Gerichtshofs in Deutschland nach Maßgabe der Brüssel Ia-VO (Art 36 ff) anzuerkennen und zu vollstrecken. Demgegenüber richtet sich die Vollstreckung von Entscheidungen und Anordnungen des EPG in Deutschland als EPGÜ-Vertragsstaat gem Art 71d UAbs 2 nach Art 82 EPGÜ. Für die Anerkennung und Vollstreckung patentrechtlicher Entscheidungen aus Brüssel Ia-Mitgliedstaaten, die nicht EPGÜ-Vertragsstaaten sind (Kroatien, Polen, Spanien), in den anderen Mitgliedstaaten bleibt es gem Art 71d UAbs 1 lit b bei den Brüssel Ia-Regeln.

Artikel 72 (Artikel 68 LugÜ)

Diese Verordnung lässt Vereinbarungen unberührt, durch die sich die Mitgliedstaaten vor Inkrafttreten der Verordnung (EG) Nr. 44/2001 nach Artikel 59 des Brüsseler Übereinkommens von 1968 verpflichtet haben, Entscheidungen der Gerichte eines anderen Vertragsstaats des genannten Übereinkommens gegen Beklagte, die ihren Wohnsitz oder gewöhnlichen Aufenthalt im Hoheitsgebiet eines Drittstaats haben, nicht anzuerkennen, wenn die Entscheidungen in den Fällen des Artikels 4 des genannten Übereinkommens nur in einem der in Artikel 3 Absatz 2 des genannten Übereinkommens angeführten Gerichtsstände ergehen können.

1 Die Vorschrift gilt für bilaterale Altverträge mit Drittstaaten (vgl ErwGr Nr 36) und soll auf der Anerkennungsebene die Konsequenzen des durch Art 6 II freigestellten Rückgriffs auf nationales Zuständigkeitsrechts eindämmen. Eine Deutschland betreffende Regelung iSv Art 72 ist Art 23 des **deutsch-norwegischen Vertrags** v 17.6.1977 (BGBl II 1981, 342, 901), der allerdings nicht mehr relevant ist, weil im Verhältnis zu Norwegen das LugÜ gilt, sodass dort ansässige Beklagte schon gem Art 3 LugÜ geschützt sind.

Artikel 73

(1) Diese Verordnung lässt die Anwendung des Übereinkommens von Lugano von 2007 unberührt.

(2) Diese Verordnung lässt die Anwendung des Übereinkommens von New York von 1958 unberührt.

(3) Diese Verordnung lässt die Anwendung der bilateralen Übereinkünfte und Vereinbarungen zwischen einem Drittstaat und einem Mitgliedstaat unberührt, die vor dem Inkrafttreten der Verordnung (EG) Nr. 44/2001 geschlossen wurden und in dieser Verordnung geregelte Angelegenheiten betreffen.

1 Unberührt lässt die Brüssel Ia-VO gem Art 73 I das sog Luganer Parallelübereinkommen v 30.10.2007 über die gerichtliche Zuständigkeit und die Vollstreckung gerichtlicher Entscheidungen in Zivil- und Handelssachen (**LugÜ**, ABl EU 2007 L 339/3 und 2009 L 147/5; Vorgänger: LugÜ v 16.9.1988, BGBl II 1994, 2660). Das Verhältnis bestimmt sich im Einzelnen nach Art 64 LugÜ, wobei die Bezugnahme auf die Brüssel I-VO gem Art 80 S 2 Brüssel Ia-VO als Bezugnahme auf die Brüssel Ia-VO zu lesen ist. Besondere Aufmerksamkeit ist gem

Art 64 II stets geboten, wenn der Sachverhalt Bezüge zu einem Staat aufweist, der zwar Vertragsstaat des LugÜ, aber nicht Mitgliedstaat der Brüssel Ia-VO ist, also im Verhältnis zu **Island, Norwegen und der Schweiz**. So gehen die LugÜ-Zuständigkeitsregeln vor, wenn der Beklagte seinen Wohnsitz in einem Nur-LugÜ-Staat hat (Art 3 ff LugÜ), wenn die Zuständigkeit der dortigen Gerichte vereinbart worden (Art 23 LugÜ) oder dort ein gesetzlich ausschließlicher Gerichtsstand eröffnet ist (Art 22 LugÜ). Im Falle einer Verfahrenskonkurrenz mit dem Gericht eines Nur-LugÜ-Staats sind Art 27-30 LugÜ anzuwenden. Zudem gelten die LugÜ-Vorschriften zur Anerkennung und Vollstreckbarerklärung, wenn für den Ursprungs- oder den Anerkennungsstaat nur das LugÜ gilt.

Der in Art 73 II vorgesehene Vorbehalt zugunsten des **New Yorker Übereinkommens** v 10.6.1958 über die Anerkennung und Vollstreckung ausländischer Schiedssprüche (BGBl II 1961, 122) ist schon wegen der Bereichsausnahme für Schiedsrecht (Art 1 II lit d) nicht von Bedeutung (vgl ErwGr Nr 12 sowie Art 1 Rn 33). 2

Den Anwendungsvorrang von **bilateralen Altverträgen mit Drittstaaten** stellt Art 73 III klar (ergänzend zu der Sonderregel in Art 72). Zu den für Deutschland relevanten Abkommen mit Israel und Tunesien s § 328 ZPO Rn 28. Wegen der Außenkompetenz der EU können die Mitgliedstaaten **neue Verträge** mit Drittstaaten nur in Abstimmung mit der EU abschließen (vgl den Beschluss 2024/593 v 7.2.2024 über die Ermächtigung Frankreichs zur Aushandlung eines bilateralen Abkommens mit Algerien über die justizielle Zusammenarbeit in Zivil- und Handelssachen, ABl EU L 2024/593 v 16.2.2024). 3

Kapitel VIII – Schlussvorschriften (Art 74-81)

*Vom Abdruck der Art 74-81, von Anhang I (Bescheinigung über eine Entscheidung in Zivil- und Handelssachen) und Anhang II (Bescheinigung über eine öffentliche Urkunde/einen gerichtlichen Vergleich in einer Zivil- oder Handelssache), jeweils idF der VO 2015/281 v 26.11.2014 (ABl EU 2015 L 54/1), sowie Anhang III (Entsprechungstabelle zur Brüssel I-VO) wurde abgesehen. Der vollständige Text, die Formblätter sowie weitere Informationen zur Brüssel Ia-VO sind online zugänglich im **Europäischen Justizportal**: https://e-justice.europa.eu/topics/taking-legal-action/european-judicial-atlas-civil-matters/brussels-i-regulation-recast_de.*

EuZustVO

Verordnung (EU) 2020/1784 des Europäischen Parlaments und des Rates vom 25. November 2020 über die Zustellung gerichtlicher und außergerichtlicher Schriftstücke in Zivil- oder Handelssachen in den Mitgliedstaaten („Zustellung von Schriftstücken") (Neufassung)

ABl EU 2020 L 405/40, geändert durch VO (EU) 2023/2844 vom 13. Dezember 2023, ABl EU L 2023/2844.

Kapitel I – Allgemeine Bestimmungen (Art 1-7)

Artikel 1 Anwendungsbereich

(1) [1]Diese Verordnung gilt für die grenzüberschreitende Zustellung gerichtlicher und außergerichtlicher Schriftstücke in Zivil- oder Handelssachen. [2]Sie gilt insbesondere nicht für Steuer- und Zollsachen, verwaltungsrechtliche Angelegenheiten sowie die Haftung eines Mitgliedstaats für Handlungen oder Unterlassungen im Rahmen der Ausübung hoheitlicher Rechte („acta iure imperii").

(2) Mit Ausnahme des Artikels 7 gilt diese Verordnung nicht, wenn die Anschrift des Empfängers eines Schriftstücks unbekannt ist.

(3) Diese Verordnung gilt nicht für die Zustellung eines Schriftstücks in dem Forummitgliedstaat an einen Bevollmächtigten der Person, an die zugestellt werden soll, unabhängig davon, wo diese Person ihren Wohnsitz hat.

Lit: *Bellardita*, Die Reform der grenzüberschreitenden Zustellung, DGVZ 2023, 1; *Dourlen*, Digitalisierung der justiziellen Zusammenarbeit und des Zugangs zur Justiz in grenzüberschreitenden Zivil-, Handels- und Strafsachen, LTZ 2024, 221; *Eichel*, Internationale Zustellung und Klagepriorität bei fehlenden oder fehlerhaften Übersetzungen der Klageschrift, IPRax 2017, 352; *Elsner/Deters*, Postzustellung im Parteibetrieb nach der EuZustVO, IPRax 2023, 146; *Fabig/Windau*, Übersetzungen bei Auslandszustellung innerhalb der EU?, NJW 2017, 2502; *Fabig/Windau*, Die Neufassungen der Europäischen Zustellungs- und Beweisaufnahmeverordnungen, NJW 2022, 1977; *Fahrbach/Schiener*, Praktische Rechtsfragen der internationalen Zustellung: Die Zustellung aus dem Inland in das Ausland, IWRZ 2017, 16; *Fahrbach/Schiener*, Besondere Rechtsfragen der internationalen Zustellung, IWRZ 2017, 154; *Gottwald*, Die Neufassungen der EU-Zustellungs- und Beweisverordnungen, MDR 2022, 1185; *Knöfel*, Die Neufassung der Europäischen Zustellungsverordnung (EuZustVO), RIW 2021, 473; *Kondring*, Die EuZustVO und die Zustellung an einen inländischen Bevollmächtigten, IPRax 2025, 152; *Rauscher*, Europ Zivilprozess- und KollisionsR[5], Bd II-2, 2024; *Richter*, Internationale Klagezustellung nach der neugefassten EuZustVO, IPRax 2022, 433; *Rieländer*, Digitalisierung des grenzüberschreitenden Zivilprozesses, RabelsZ 89 (2025), 214; *Rohls/Mekat*, Das Zusammenspiel der Vorschriften der EuZustVO und der ZRHO bei der Zustellung gerichtlicher Schriftstücke an fremde Staaten, IPRax 2017, 239; *Ruster*, Die rückwirkende Heilung schwebend unwirksamer EU-Auslandszustellungen, NJW 2019, 3186; *Schlosser*, Die drei Arten der Zustellung nach der Europäischen Zustellungsverordnung und Großzügigkeit bei der Zustellung „demnächst", IPRax 2021, 453; *Schlosser/Hess*, EU-ZPR[5], 2021; *Schmidt*, Europäisches Zustellungsrecht und nationale Rechtsmittelfristen, IPRax 2024, 379; *Sujecki*, Neufassung der Europäischen Zustellungsverordnung, EuZW 2021, 286; *Ulrici*, Zustellung über den Europäischen elektronischen Zustellungspunkt, FS Rauscher, 2025, S 519; *Voß/Singer*, Digitalisierung der justiziellen Zusammenarbeit, RDi 2024, 173; *Wagner*, Neuigkeiten zum internationalen Zivilverfahrensrecht, EuZW 2022, 733.

I) **Überblick.** Die VO 2020/1784 v 25.11.2020 über die Zustellung gerichtlicher und außergerichtlicher Schriftstücke in Zivil- oder Handelssachen in den Mitgliedstaaten (ABl EU 2020 L 405/40, berichtigt ABl EU 2022 L 173/133) gilt seit dem 1.7.2022 (Art 37 I UAbs 2; im Folgenden meinen alle Artikel und Erwägungsgründe ohne nähere Bezeichnung solche der **EuZustVO 2020**). Zugleich wurde gem Art 36 I die **EuZustVO 2007** abgelöst (VO 1393/2007 v 13.11.2007, ABl EU 2007 L 324/79). Gem Art 25 hat die Kommission inzwischen die **Durchführungsregeln** zur Einrichtung des dezentralen IT-Systems iSv Art 2 Nr 2 erlassen: VO 2022/423 v 14.3. 2022, ABl EU 2022 L 87/9, und VO 2024/1570 v 4.6.2024, ABl EU L 2024/1570; somit gelten auch Art 5, 8 und 10 gem Art 37 II seit 1.5.2025. Art 12 VII, Art 13 III wurden geändert, Art 19a wurde neu eingefügt durch **Art 24 DigitalVO** 2023/2844 v 13.12.2023 (ABl EU L 2023/2844; vgl dort ErwGr Nr 17). 1

Der **Fortschritt der europäischen Zustellungsregeln** gegenüber dem HZÜ (s § 183 ZPO Rn 8) liegt vor allem in der vorbehaltlos zulässigen Möglichkeit einer Postzustellung (nunmehr Art 18) und der Abschaffung eines Art 13 I HZÜ entsprechenden Ordre-public-Vorbehalts. Weitere wesentliche Neuerungen sind die Vorschriften über den Einsatz eines dezentralen IT-Systems (Art 5) und die Rechtswirkungen der damit übermittelten elektronischen Schriftstücke (Art 6), über die Unterstützung bei der Ermittlung von Anschriften (Art 7) und zur elektronischen Zustellung (Art 19, 19a). 2

3 Im **Europäischen Justizportal** sind Informationen zur EuZustVO sowie die hier nicht abgedruckten **Formblätter A-L** (Anhang I) online zugänglich: https://e-justice.europa.eu/topics/taking-legal-action/european-judicial-atlas-civil-matters/serving-documents-recast_de.

4 Die EuZustVO hat Vorrang vor mitgliedstaatlichem Recht; Zweifelsfragen sind nach Maßgabe von Art 267 AEUV dem EuGH vorzulegen. Die **deutschen Durchführungsvorschriften** zur EuZustVO finden sich in Buch 11 Abschnitt 1 der ZPO (§§ 1067-1071 ZPO); zu den durch das Inkrafttreten der EuZustVO 2020 veranlassten Änderungen s BTDrs 20/1110, 19, 27 ff. Beachte zu aus- und eingehenden Ersuchen auch die **Erläuterungen in §§ 33 ff, §§ 91 ff ZRHO.**

5 Vorgaben zur grenzüberschreitenden Zustellung bzw Übermittlung von Schriftstücken sind nicht nur in der EuZustVO, sondern auch im **sonstigen Verordnungsrecht** vorgesehen. Hinzuweisen ist insb auf Art 13 ff EuVTVO, Art 13 ff EuMahnVO (zum Zusammenspiel mit der EuZustVO 2007 vgl EuGH EuZW 2018, 1001; EuGH NJW 2025, 343), Art 13 EuBagatellVO, Art 28 f EuKoPfVO sowie auf die diesbezüglichen Änderungen mWv 1.5.2025 durch Art 19 f, 22 DigitalVO 2023/2844. Gem **Regel 270 I VerfO Einheitl PatG** findet die EuZustVO Anwendung auf die Zustellung der Klageschrift innerhalb der Vertragsmitgliedstaaten des Übereinkommens über ein Einheitliches Patentgericht (ABl EU 2013 C 175/1).

6 **II) Anwendungsbereich.** Die EuZustVO regelt gem Art 1 I 1 die grenzüberschreitende Zustellung gerichtlicher und außergerichtlicher Schriftstücke (zu Letzteren s Art 21 Rn 1) in **Zivil- oder Handelssachen** unter Ausschluss der in I 2 genannten öffentlich-rechtlichen Angelegenheiten. Diese Begriffe sind verordnungsautonom und grds in Einklang mit Art 1 Brüssel Ia-VO auszulegen. Allerdings waren die gegen die Republik Griechenland erhobenen Klagen von Anlegern, die Verluste durch den vom griechischen Gesetzgeber angeordneten Zwangsumtausch ihrer Staatsanleihen erlitten hatten, laut EuGH zwar Zivil- und Handelssachen iSv Art 1 EuZustVO 2007 (EuGH EuZW 2015, 633; zu den zustellungsrechtlichen Folgefragen vgl Rohls/Mekat IPRax 2017, 239), nicht jedoch iSv Art 1 Brüssel Ia-VO (EuGH EuZW 2019, 88; dazu Arnold/Garber IPRax 2019, 385; Kerber WM 2019, 1333; Mankowski ZIP 2019, 193). Die EuZustVO enthält **keinen Ausschlusskatalog** entsprechend Art 1 II Brüssel Ia-VO, sodass sie insb auch die Zustellung in familien-, erb- oder insolvenzrechtlichen Verfahren erfasst.

7 Mit **grenzüberschreitender Zustellung** iSv Art 1 I 1 ist laut ErwGr Nr 5 die Zustellung von einem Mitgliedstaat in einen anderen Mitgliedstaat gemeint. **Mitgliedstaaten** sind solche der EU. Im Verhältnis zu **Dänemark** ist die EuZustVO nicht ohne Weiteres anwendbar (s ErwGr Nr 48), sondern erst aufgrund der Fortgeltung des zur EuZustVO v 2000 geschlossenen Abkommens v 19.10.2005; beachte dazu die Mitteilung in ABl EU 2021 L 19/1 sowie § 183 I 1 Nr 2 ZPO. Im Verhältnis zum **Vereinigten Königreich** ist die EuZustVO 2020 nie in Kraft getreten. Vielmehr galt die EuZustVO 2007 auch nach dem Austritt aus der EU (Brexit) noch bis zum Ende des Übergangszeitraums am 31.12.2020 (Art 68 lit a, Art 126, Art 167 I AustrittsAbk v 24.1.2020, ABl EU 2020 L 29/7). Keine Vorgaben enthält die EuZustVO für Zustellungen aus oder in **Drittstaaten**; zur Zustellung aus Deutschland in Drittstaaten s § 183 ZPO Rn 7 ff, zu eingehenden Ersuchen im vertraglichen oder vertraglosen Rechtshilfeverkehr s §§ 110 ff ZRHO.

8 Ist die **Anschrift des Adressaten unbekannt**, ist die EuZustVO gem Art 1 II nur insoweit anwendbar, als es um Unterstützung zwischen den Mitgliedstaaten gem Art 7 bei der Ermittlung der Anschrift geht (s Art 7 Rn 1).

9 **III) Zustellungswege.** Die EuZustVO unterscheidet hinsichtlich des Gegenstands der Zustellung zwischen gerichtlichen und außergerichtlichen Schriftstücken (zu Letzteren: Art 21 Rn 1) und hinsichtlich der Zustellungsinitiative zwischen Amts- und Parteibetrieb (zu Letzterem: Art 20 Rn 1). Was die Zustellungswege angeht, wird in Kap II unterschieden zwischen der Zustellung entweder im Wege der Rechtshilfe (Art 8 ff) oder ohne Einschaltung ausländischer Rechtshilfebehörden (Art 16 ff), insb per Post (Art 18). Hierzu gibt die EuZustVO **kein Rangverhältnis** vor (EuGH EuZW 2017, 344 Tz 71, dort zur EuZustVO 2007); insb ist keine § 183 II 2 ZPO entsprechende Priorisierung zugunsten der Postzustellung oder nunmehr der elektronischen Zustellung vorgesehen. Werden mehrere Zustellungswege beschritten, die zu wirksamen Zustellungen führen, so kommt es für die Fristwahrung auf die frühere an (EuGH NJW 2006, 975 Tz 23 ff).

10 **IV) Inlandszustellungen.** Wenn die Zustellung in Deutschland für ein hiesiges Verfahren erfolgt, liegt eine Inlandszustellung und folglich **kein grenzüberschreitender Sachverhalt iSv Art 1 I 1** vor, und zwar selbst dann nicht, wenn der Adressat einem anderen Mitgliedstaat angehört oder dort ansässig ist. Eigens klargestellt wird dies in Art 1 III für den Fall der **Inlandszustellung an einen Bevollmächtigten**. Laut EuGH ist eine inländische **Tochtergesellschaft** aber nicht ohne Weiteres als zustellungsbevollmächtigt iSv Art 1 III für ihre in einem anderen Mitgliedstaat sitzende Muttergesellschaft anzusehen (EuGH ZIP 2024, 1864 Tz 59 ff, dort noch zu ErwGr Nr 8 EuZustVO 2007, aber übertragbar auf den gleichlautenden Art 1 III EuZustVO 2020; dazu Kondring IPRax 2025, 152, dort auch näher zum Begriff des Bevollmächtigten, insb zur Möglichkeit einer gesetzlichen Bevollmächtigung).

11 Darüber, **ob eine Auslandszustellung erforderlich** ist, entscheidet grds nicht die EuZustVO, sondern die **lex fori**, *in* Deutschland also insb die ZPO oder verordnungseigenes Verfahrensrecht (wie zB Art 12 V EuMahnVO, Art 5 II EuBagatellVO, Art 28 EuKoPfVO). Allerdings folgt aus Art 1 III nicht etwa, dass einem Beklagten, der in einem anderen Mitgliedstaat ansässig ist, die Benennung eines inländischen Zustellungsbevollmächtigten

aufgegeben werden darf (Gottwald MDR 2020, 1185, 1186; Knöfel RIW 2021, 473, 475 f). Konsequenterweise bezieht sich § 184 I 1 ZPO daher nur auf § 183 II-V ZPO, also gerade nicht auf diejenigen Fälle, die von der EuZustVO erfasst werden (vgl schon BTDrs 18/10714, 18, dort zur EuZustVO 2007). Erst recht sind **fiktive Inlandszustellungen** an solche Adressaten mit der EuZustVO unvereinbar; dies betont ErwGr Nr 7 im Anschluss an die EuGH-Judikatur (EuGH NJW 2013, 443).

Artikel 2 Begriffsbestimmungen

Für die Zwecke dieser Verordnung gelten folgende Begriffsbestimmungen:
1. **„Forummitgliedstaat" bezeichnet den Mitgliedstaat, in dem das Gerichtsverfahren anhängig ist;**
2. **„Dezentrales IT-System" bezeichnet ein Netzwerk nationaler IT-Systeme und interoperabler Zugangspunkte, die unter der jeweiligen Verantwortung und Verwaltung eines jeden Mitgliedstaats betrieben werden, das den sicheren und zuverlässigen grenzüberschreitenden Informationsaustausch zwischen den nationalen IT-Systemen ermöglicht.**

Zum dezentralen IT-System s Art 5 Rn 1. 1

Artikel 3 Übermittlungs- und Empfangsstellen

(1) Jeder Mitgliedstaat benennt die Amtspersonen, Behörden oder sonstigen Personen, die für die Übermittlung gerichtlicher und außergerichtlicher Schriftstücke, die in einem anderen Mitgliedstaat zuzustellen sind, zuständig sind (im Folgenden „Übermittlungsstellen").

(2) Jeder Mitgliedstaat benennt die Amtspersonen, Behörden oder sonstigen Personen, die für die Entgegennahme gerichtlicher und außergerichtlicher Schriftstücke aus einem anderen Mitgliedstaat zuständig sind (im Folgenden „Empfangsstellen").

(3) [1]Die Mitgliedstaaten können entweder separate Übermittlungs- und Empfangsstellen oder eine einzige oder mehrere Stellen benennen, die beide Funktionen zugleich wahrnehmen. [2]Bundesstaatlich organisierte Mitgliedstaaten, Mitgliedstaaten mit mehreren Rechtssystemen und Mitgliedstaaten mit autonomen Gebietskörperschaften können mehrere derartige Stellen benennen. [3]Diese Benennung ist für einen Zeitraum von fünf Jahren gültig und kann um weitere Perioden von fünf Jahren verlängert werden.

(4) Jeder Mitgliedstaat teilt der Kommission folgende Angaben mit:
a) die Namen und Anschriften der Empfangsstellen nach den Absätzen 2 und 3,
b) den Bereich, für den diese Empfangsstellen örtlich zuständig sind,
c) die den Empfangsstellen im Anwendungsbereich des Artikels 5 Absatz 4 zur Verfügung stehenden Mittel für den Empfang von Schriftstücken und
d) die Sprachen, in denen die Formblätter in Anhang I ausgefüllt werden dürfen.

Die Mitgliedstaaten teilen der Kommission jede Änderung der in Unterabsatz 1 genannten Angaben mit.

Zur deutschen **Übermittlungsstelle** iSv Art 3 I s § 1069 ZPO Rn 2, zur deutschen **Empfangsstelle** iSv Art 3 II s § 1069 ZPO Rn 3. Nicht hinreichend verlässlich sind leider die deutschen Angaben zur innerdeutschen Zuständigkeitsverteilung im Europäischen Justizportal (https://e-justice.europa.eu; dort unter „Europäischer Gerichtsatlas für Zivilsachen"; dort unter „Zustellung von Schriftstücken (Neufassung)"). Zur Angabe der in Deutschland **akzeptierten Sprachen** (Art 3 IV UAbs 1 lit d) s § 1070 ZPO (Deutsch und Englisch). 1

Wer **Zustellungsorgan** ist, bestimmt die jeweilige lex fori. Wenn danach Privatpersonen (zB Anwälte) Zustellungsorgan sind, dürfen sie Zustellungen nach Art 18 ff in andere Mitgliedstaaten direkt vornehmen, sofern sie von ihrem Mitgliedstaat als Übermittlungsstellen iSv Art 3 I benannt sind; andernfalls müssen sie die staatlichen Übermittlungsstellen einschalten. 2

Artikel 4 Zentralstelle

Jeder Mitgliedstaat benennt eine Zentralstelle, die dafür verantwortlich ist,
a) den Übermittlungsstellen Auskünfte zu erteilen;
b) nach Lösungswegen zu suchen, wenn bei der Übermittlung von Schriftstücken zum Zwecke der Zustellung Schwierigkeiten auftreten;
c) in Ausnahmefällen auf Ersuchen einer Übermittlungsstelle einen Zustellungsantrag an die zuständige Empfangsstelle weiterzuleiten.

Bundesstaatlich organisierte Mitgliedstaaten, Mitgliedstaaten mit mehreren Rechtssystemen und Mitgliedstaaten mit autonomen Gebietskörperschaften können mehrere Zentralstellen benennen.

Zu den deutschen **Zentralstellen** der Länder und des Bundes (vgl Art 4 UAbs 2) s § 1069 ZPO Rn 4. 1

Artikel 5 Von den Übermittlungs- und Empfangsstellen sowie den Zentralstellen zu verwendende Kommunikationsmittel

(1) [1]Zuzustellende Schriftstücke, Ersuchen, Bestätigungen, Empfangsbestätigungen, Bescheinigungen und Mitteilungen, die unter Verwendung der Formblätter in Anhang I erstellt wurden, werden zwischen den Übermittlungs- und Empfangsstellen, zwischen diesen Stellen und den Zentralstellen oder zwischen den Zentralstellen der verschiedenen Mitgliedstaaten über ein sicheres und zuverlässiges dezentrales IT-System übermittelt. [2]Dieses dezentrale IT-System beruht auf einer interoperablen Lösung wie beispielsweise e-CODEX.

(2) Für die zuzustellenden Schriftstücke, Ersuchen, Bestätigungen, Empfangsbestätigungen, Bescheinigungen und Mitteilungen, die über das dezentrale IT-System übermittelt werden, gilt der mit der Verordnung (EU) Nr. 910/2014 geschaffene allgemeine Rechtsrahmen für die Verwendung von qualifizierten Vertrauensdiensten.

(3) Erfordern oder enthalten die in Absatz 1 dieses Artikels genannten zuzustellenden Schriftstücke, Ersuchen, Bestätigungen, Empfangsbestätigungen, Bescheinigungen und sonstigen Mitteilungen ein Siegel oder eine eigenhändige Unterschrift, so können stattdessen qualifizierte elektronische Siegel oder qualifizierte elektronische Signaturen im Sinne der Verordnung (EU) Nr. 910/2014 verwendet werden.

(4) Ist die Übermittlung nach Absatz 1 aufgrund einer Störung des dezentralen IT-Systems oder außergewöhnlicher Umstände nicht möglich, so wird die Übermittlung mit dem schnellsten und am besten geeigneten alternativen Mittel durchgeführt, wobei den Erfordernissen der Zuverlässigkeit und Sicherheit Rechnung zu tragen ist.

1 Gem Art 25 hat die Kommission Durchführungsregeln zur Einrichtung des dezentralen IT-Systems erlassen: VO 2022/423 v 14.3.2022, ABl EU 2022 L 87/9, und VO 2024/1570 v 4.6.2024, ABl EU L 2024/1570. Somit gilt Art 5 gem Art 38 II seit 1.5.2025. Zu dem in Art 5 I angesprochenen dezentralen IT-System s Art 2 Nr 2 und ErwGr Nr 10-15, zu dem e-CODEX-System vgl die VO 2022/850 v 30.5.2022 über ein EDV-System für den grenzüberschreitenden elektronischen Datenaustausch im Bereich der justiziellen Zusammenarbeit in Zivil- und Strafsachen (e-CODEX-System), ABl EU 2022 L 150/1; dazu Dourlen LTZ 2024, 221; Voß/Singer RDi 2024, 173.

Artikel 6 Rechtswirkung elektronischer Schriftstücke

Den über das dezentrale IT-System übermittelten Schriftstücken darf die Rechtswirkung oder die Zulässigkeit als Beweismittel im Gerichtsverfahren nicht allein deshalb abgesprochen werden, weil sie in elektronischer Form vorliegen.

1 Für Übermittlungen gem Art 5 ergänzt Art 6 den Grundsatz in Art 8 III, wonach übermittelte Schriftstücke keiner Beglaubigung oder anderen Formalität bedürfen. ErwGr Nr 16 S 2 stellt klar, dass Art 6 nicht die Beurteilung der Rechtswirkung elektronischer Schriftstücke oder ihrer Zulässigkeit als Beweismittel nach nationalem Recht berührt. Näher Knöfel RIW 2022, 473, 479.

Artikel 7 Unterstützung bei der Ermittlung von Anschriften

(1) Ist die Anschrift der Person, der das gerichtliche oder außergerichtliche Schriftstück in einem anderen Mitgliedstaat zuzustellen ist, nicht bekannt, so leistet der andere Mitgliedstaat bei der Ermittlung der Anschrift in mindestens einer der folgenden Weisen Unterstützung:

a) Angabe benannter Behörden, an welche die Übermittlungsstellen Anfragen um die Ermittlung der Anschrift des Empfängers des Schriftstücks richten;

b) Erlaubnis für Personen aus anderen Mitgliedstaaten, Auskunftsanfragen zu Anschriften von Empfängern, auch auf elektronischem Wege, mittels eines auf dem Europäischen Justizportal verfügbaren Standardformulars, direkt an Wohnsitzregister oder andere öffentlich zugängliche Datenbanken zu richten; oder

c) Bereitstellung ausführlicher Informationen im Europäischen Justizportal darüber, wie Anschriften von Empfängern ermittelt werden können.

(2) Jeder Mitgliedstaat teilt der Kommission folgende Angaben mit, damit diese im Europäischen Justizportal zugänglich gemacht werden:

a) die Mittel, mit denen der Mitgliedstaat in seinem Hoheitsgebiet nach Absatz 1 Unterstützung leistet;

b) gegebenenfalls Name und Kontaktdaten der in Absatz 1 Buchstaben a und b genannten Behörden;

c) die Angabe, ob die Behörden des Empfangsmitgliedstaats auf eigene Initiative Auskunftsersuchen an Wohnsitzregister oder andere Datenbanken für Informationen über Anschriften richten, wenn die im Zustellungsantrag angegebene Anschrift nicht richtig ist.

Die Mitgliedstaaten teilen der Kommission jede Änderung der in Unterabsatz 1 genannten Angaben mit.

Abweichend von den übrigen Vorschriften der EuZustVO gilt Art 7 auch dann, wenn die Anschrift des Empfängers unbekannt ist (Art 1 II). Hat ein Gericht plausible Gründe für die Annahme, dass ein Adressat seinen Wohnsitz im Hoheitsgebiet eines anderen Mitgliedstaats hat, so soll dies genügen, um sich an die dortigen zuständigen Behörden zu wenden (EuGH IPRax 2025, 289 Tz 73 ff). Deutschland beschränkt sich, wenig hilfreich (vgl Knöfel RIW 2022, 473, 478), auf Maßnahmen gem Art 7 I lit c, also Informationen im Europäischen Justizportal (s BTDrs 20/1110, 27); Ersuchen um konkretere Unterstützung werden unter Verweis darauf beschieden (§ 99 ZRHO). Die EuBewVO ist bei der Anschriftenermittlung nicht anwendbar; dazu EuGH IPRax 2023, 57. 1

Kapitel II – Gerichtliche Schriftstücke (Art 8-20)

Abschnitt 1 – Übermittlung und Zustellung von gerichtlichen Schriftstücken (Art 8-15)

Artikel 8 Übermittlung von Schriftstücken

(1) Gerichtliche Schriftstücke werden zwischen den Übermittlungs- und Empfangsstellen unmittelbar und so schnell wie möglich übermittelt.

(2) [1]Dem zu übermittelnden Schriftstück ist ein Antrag beizufügen, der unter Verwendung des Formblattes A in Anhang I erstellt wird. [2]Das Formblatt ist in der Amtssprache des Empfangsmitgliedstaats oder, wenn es in diesem Mitgliedstaat mehrere Amtssprachen gibt, in der Amtssprache oder einer der Amtssprachen des Ortes, an dem die Zustellung erfolgen soll, oder in einer sonstigen Sprache, die der Empfangsmitgliedstaat zugelassen hat, auszufüllen.

Jeder Mitgliedstaat teilt der Kommission jede andere Amtssprache der Union als seine eigene mit, in der das Formblatt ausgefüllt werden kann.

(3) Schriftstücke, die gemäß dieser Verordnung übermittelt werden, bedürfen weder der Beglaubigung noch einer anderen gleichwertigen Formalität.

(4) Beantragt die Übermittlungsstelle die Rücksendung einer Kopie eines nach Artikel 5 Absatz 4 in Papierform übermittelten Schriftstücks zusammen mit der in Artikel 14 genannten Bescheinigung, so übermittelt sie das betreffende Schriftstück in zweifacher Ausfertigung.

Gem Art 25 hat die Kommission Durchführungsregeln zur Einrichtung des dezentralen IT-Systems erlassen: VO 2022/423 v 14.3.2022, ABl EU 2022 L 87/9, und VO 2024/1570 v 4.6.2024, ABl EU L 2024/1570. Somit gilt Art 8 gem Art 38 II seit 1.5.2025. 1

Soll für ein **ausländisches Verfahren** ein gerichtliches Schriftstück in Deutschland auf dem Rechtshilfeweg zugestellt werden, so ersucht die ausländische Übermittlungsstelle (Art 3 I) unter Verwendung des Formblattes A (Art 8 II) und in deutscher oder englischer Sprache (§ 1070 ZPO) das deutsche Amtsgericht als Empfangsstelle (§ 1069 II ZPO) um die Durchführung. Geht es umgekehrt um ein **deutsches Verfahren**, ersucht das deutsche Prozessgericht als Übermittlungsstelle (§ 1069 I Nr 1 ZPO) die ausländische Empfangsstelle (Art 3 II). Die Zustellung wird grds nach dem Recht des Empfangsmitgliedstaats vorgenommen (Art 11 I). Beachte zur Übermittlung gerichtlicher Schriftstücke auf dem Rechtshilfeweg auch §§ 33 ff ZRHO (von Deutschland ausgehende Ersuchen) bzw §§ 91 ff ZRHO (in Deutschland eingehende Ersuchen). 2

Nach Ansicht des BGH gilt Art 8 III, wonach zu übermittelnde Schriftstücke **keiner Beglaubigung** oder anderen gleichwertigen Formalität bedürfen, insb auch für etwaige **Übersetzungen** (BGH NJW 2021, 1598 Tz 28). Allerdings betont ErwGr Nr 25 S 1, dass eine Übersetzung beglaubigt sein oder auf andere Weise nach dem Recht des Ursprungsmitgliedstaats als für das Verfahren geeignet befunden werden „sollte" (für Beglaubigung auch § 37 III 2 ZRHO). 3

Artikel 9 Übersetzung von Schriftstücken

(1) Die Übermittlungsstelle, welcher der Antragsteller das Schriftstück zum Zweck der Übermittlung übergibt, setzt den Antragsteller davon in Kenntnis, dass der Empfänger die Annahme des Schriftstücks verweigern darf, wenn es nicht in einer der in Artikel 12 Absatz 1 bestimmten Sprachen abgefasst ist.

(2) Der Antragsteller trägt etwaige vor der Übermittlung des Schriftstücks anfallende Übersetzungskosten unbeschadet etwaiger späterer Kostenentscheidungen des zuständigen Gerichts oder der zuständigen Behörde.

Die EuZustVO schreibt keineswegs vor, dass zuzustellende Schriftstücke stets mit einer Übersetzung (etwa in die Amtssprache des Empfangsstaats oder die Muttersprache des Empfängers) zu versehen sind. Vielmehr gibt Art 12 I dem Adressaten unter den dort genannten Voraussetzungen **nur ein Annahmeverweigerungsrecht**. Über dieses Recht ist nicht nur gem Art 12 II der Empfänger durch die Empfangsstelle zu informieren, sondern gem Art 9 I auch schon der Antragsteller (die zustellungsveranlassende Partei) durch die Übermittlungsstelle, 1 in Deutschland also durch das Prozessgericht (§ 1069 I Nr 1 ZPO). Art 9 I sieht keine besondere Form für die Belehrung des Antragstellers vor (anders als Art 12 II). Sie kann daher gem § 37 III 2 ZRHO mündlich oder schriftlich und unter Fristsetzung erfolgen, soll aber auch die Kostentragungspflicht des Antragstellers (Art 9 II) umfassen.

2 Vor diesem Hintergrund hat der **Antragsteller** die **Wahl zwischen verschiedenen Vorgehensweisen** (ausf BGH NJW 2021, 1598 Tz 21 ff, dort insb auch zu den Konsequenzen für § 167 ZPO; dazu Schlosser IPRax 2021, 453): Er kann auf einer Zustellung ohne Übersetzung bestehen (vgl § 37 IV 1 ZRHO), wenn er davon ausgeht, dass der Empfänger in casu kein Annahmeverweigerungsrecht iSv Art 12 I hat, bzw wenn er darauf spekuliert, dass der Empfänger die Annahme nicht verweigern wird (vgl auch EuGH NJW 2022, 2461 Tz 38). Entscheidet sich der Antragsteller (oder einer von mehreren Antragstellern, vgl § 37 IV 2 ZRHO) hingegen für eine Zustellung mit Übersetzung, so kann er diese entweder selbst beschaffen oder durch das Prozessgericht einholen lassen (zur diesbezüglichen Wahlfreiheit vgl BGH NJW 2021, 1598 Tz 42).

3 Zur **Beglaubigung der Übersetzung** s Art 8 Rn 3. Zu den **Übersetzungskosten** s Art 9 II. Das Ausgangsgericht ist kein Antragsteller iSv Art 9 II (EuGH 2.6.2022 – C-196/21).

Artikel 10 Entgegennahme der Schriftstücke durch die Empfangsstelle

(1) Nach Erhalt eines Schriftstücks übermittelt die Empfangsstelle der Übermittlungsstelle automatisch und so bald wie möglich eine Empfangsbestätigung über das dezentralisierte IT-System oder, wenn die Empfangsbestätigung mit anderen Mitteln übersendet wird, so bald wie möglich, auf jeden Fall aber innerhalb von sieben Tagen nach Erhalt des Schriftstücks, unter Verwendung des Formblatts D in Anhang I.

(2) Kann der Zustellungsantrag aufgrund der übermittelten Angaben oder Schriftstücke nicht erledigt werden, so nimmt die Empfangsstelle unter Verwendung des Formblatts E in Anhang I ohne unangemessene Verzögerung Verbindung zur Übermittlungsstelle auf, um die fehlenden Angaben oder Schriftstücke zu erlangen.

(3) Fällt der Zustellungsantrag offenkundig nicht in den Anwendungsbereich dieser Verordnung oder ist die Zustellung wegen Nichtbeachtung der erforderlichen Formvorschriften nicht möglich, so sind der Zustellungsantrag und die übermittelten Schriftstücke nach Erhalt unter Verwendung des Formblatts F in Anhang I mit einer Benachrichtigung über die Rücksendung ohne unangemessene Verzögerung an die Übermittlungsstelle zurückzusenden.

(4) [1]Erhält eine Empfangsstelle ein Schriftstück zur Zustellung, für dessen Zustellung sie örtlich nicht zuständig ist, so leitet sie dieses Schriftstück zusammen mit dem Zustellungsantrag ohne unangemessene Verzögerung an die örtlich zuständige Empfangsstelle im Empfangsmitgliedstaat weiter, sofern der Antrag den Anforderungen des Artikels 8 Absatz 2 entspricht. [2]Die Empfangsstelle setzt gleichzeitig die Übermittlungsstelle unter Verwendung des Formblatts G in Anhang I davon in Kenntnis. [3]Nachdem die örtlich zuständige Empfangsstelle im Empfangsmitgliedstaat das Schriftstück und den Zustellungsantrag erhalten hat, übermittelt diese Empfangsstelle der Übermittlungsstelle so bald wie möglich, auf jeden Fall aber innerhalb von sieben Tagen nach Erhalt, eine Empfangsbestätigung unter Verwendung des Formblatts H in Anhang I.

1 Gem Art 25 hat die Kommission Durchführungsregeln zur Einrichtung des dezentralen IT-Systems erlassen: VO 2022/423 v 14.3.2022, ABl EU 2022 L 87/9, und VO 2024/1570 v 4.6.2024, ABl EU L 2024/1570. Somit gilt Art 10 gem Art 38 II seit 1.5.2025.

2 Beachte §§ 92 ff ZRHO zur Entgegennahme in Deutschland eingehender Ersuchen, zum Prüfungsumfang sowie zum weiteren Vorgehen der Amtsgerichte als deutsche Empfangsstellen iSv § 1069 II ZPO. Zur Abgabe bei örtlicher Unzuständigkeit vgl Art 10 IV sowie § 98 ZRHO.

3 Der Empfangsstelle obliegt nur die **Prüfung** der in Art 10 II, III angesprochenen Punkte: Vollständigkeit der Angaben und Schriftstücke, Eröffnung des Anwendungsbereichs der EuZustVO sowie Beachtung der Formvorschriften. Außer Betracht bleiben deshalb inhaltliche Fragen sowie die Sprache des Schriftstücks, das Vorliegen einer Übersetzung oder die Sprachkenntnisse des Empfängers (EuGH EuZW 2015, 832 Tz 37 f). Zudem enthält die EuZustVO (anders als Art 13 I HZÜ) **keinen Ordre-public-Vorbehalt.**

4 Durchweg geboten ist die Vermeidung **unangemessener Verzögerung**. Für den Fall des Versäumens der in Art 10 I vorgesehenen 7-Tagesfrist (zur Berechnung verweist ErwGr Nr 37 auf die VO 1182/71 v 3.6.1971, ABl EG 1971 L 124/1) ist keine Sanktion vorgesehen.

Artikel 11 Zustellung von Schriftstücken

(1) *Die Zustellung des Schriftstücks* wird von der Empfangsstelle bewirkt oder veranlasst, entweder nach dem Recht des Empfangsmitgliedstaats oder in einem von der Übermittlungsstelle gewünschten besonderen Verfahren, sofern dieses Verfahren mit dem Recht des Empfangsmitgliedstaats vereinbar ist.

(2) [1]Die Empfangsstelle unternimmt alle erforderlichen Schritte, um die Zustellung des Schriftstücks so rasch wie möglich, in jedem Fall jedoch binnen eines Monats nach seinem Eingang auszuführen. [2]Konnte die Zustellung nicht binnen eines Monats nach Eingang des Schriftstücks vorgenommen werden, verfährt die Empfangsstelle wie folgt:

a) Sie unterrichtet die Übermittlungsstelle unverzüglich unter Verwendung des Formblatts K in Anhang I davon oder, sofern die Übermittlungsstelle unter Verwendung des Formblatts I in Anhang I um Informationen ersucht hat, unter Verwendung des Formblatts J in Anhang I, und

b) sie unternimmt weiterhin alle für die Zustellung des Schriftstücks erforderlichen Schritte, falls die Zustellung innerhalb einer angemessenen Frist möglich erscheint, es sei denn, die Übermittlungsstelle gibt an, dass die Zustellung nicht mehr erforderlich ist.

Die Art und Weise der Zustellung richtet sich grds nach dem **Recht des Empfangsmitgliedstaats** (Art 11 I Alt 1). In Deutschland sind §§ 166-182 ZPO anzuwenden (vgl § 102 II 1 ZRHO). Die deutsche Empfangsstelle kann per Einschreiben mit Rückschein (§ 176 ZPO) zustellen; dies ist im Zweifel aber nicht gewünscht, wenn das ausländische Gericht nach Art 8 ff vorgeht, statt selbst gem Art 18 zuzustellen. 1

Ersucht die Übermittlungsstelle um die Einhaltung eines **besonderen Verfahrens**, so ist dem gem Art 11 I Alt 2 nachzukommen, sofern es mit dem Recht des Empfangsmitgliedstaats vereinbar ist. Weil die Übermittlungsstelle Letzteres kaum abschätzen kann, bietet es sich an, hilfsweise um ein Vorgehen nach dem Recht des Empfangsmitgliedstaats zu ersuchen (vgl § 102 II 3 ZRHO). 2

Kommt es zu Zustellungsfehlern, ist hinsichtlich § 189 ZPO zu bedenken, dass die EuZustVO, die selbst keine **allgemeine Heilungsvorschrift** vorsieht, grds Raum für entsprechende nationale Regelungen lässt; dies gilt allerdings nur, soweit mitgliedstaatliche Formvorschriften verletzt wurden, es also nicht um Verstöße gegen die Vorgaben der Verordnung geht (Richter IPRax 2022, 433, 439 f; vgl auch BGH NJW 2019, 2940 Tz 23 f, dort zum HZÜ; zu undifferenziert zur EuZustVO 2007 etwa OLG Celle NJW-RR 2019, 63). 3

Art 11 II 1 gebietet **besondere Beschleunigung** („so rasch wie möglich"). Kann die vorgesehene Monatsfrist nicht eingehalten werden (zur Berechnung verweist ErwGr Nr 37 auf die VO 1182/71 v 3.6.1971, ABl EG 1971 L 124/1), gilt Art 11 II 2; beachte dazu § 103 ZRHO. 4

Artikel 12 Verweigerung der Annahme eines Schriftstücks

(1) Der Empfänger darf die Annahme des zuzustellenden Schriftstücks verweigern, wenn das Schriftstück nicht in einer der folgenden Sprachen abgefasst oder keine Übersetzung in eine der folgenden Sprachen beigefügt ist:

a) einer Sprache, die der Empfänger versteht, oder

b) der Amtssprache des Empfangsmitgliedstaats oder, wenn es im Empfangsmitgliedstaat mehrere Amtssprachen gibt, der Amtssprache oder einer der Amtssprachen des Ortes, an dem die Zustellung erfolgen soll.

(2) Die Empfangsstelle informiert den Empfänger über sein Recht nach Absatz 1, wenn das Schriftstück nicht in einer der in Absatz 1 Buchstabe b genannten Sprachen abgefasst oder keine Übersetzung in eine dieser Sprachen beigefügt ist, indem sie dem zuzustellenden Schriftstück das Formblatt L in Anhang I in den folgenden Sprachen beifügt:

a) in der Amtssprache oder in einer der Amtssprachen des Ursprungsmitgliedstaats und

b) in einer Sprache nach Absatz 1 Buchstabe b.

Gibt es Anzeichen dafür, dass der Empfänger eine Amtssprache eines anderen Mitgliedstaats versteht, so ist auch das in dieser Sprache abgefasste Formblatt L in Anhang I beizufügen.

Übersetzt ein Mitgliedstaat Formblatt L in Anhang I in eine Sprache eines Drittstaats, so stellt er die Übersetzung der Kommission zur Verfügung, damit sie über das Europäische Justizportal zugänglich gemacht wird.

(3) [1]Der Empfänger kann die Annahme eines Schriftstücks entweder bei der Zustellung oder durch eine schriftliche Erklärung der Annahmeverweigerung innerhalb von zwei Wochen ab dem Zeitpunkt der Zustellung verweigern. [2]Zu diesem Zweck kann der Empfänger entweder das Formblatt L in Anhang I oder eine schriftliche Erklärung an die Empfangsstelle mit der Angabe zurücksenden, dass er die Annahme des Schriftstücks aufgrund der Sprache, in der es zugestellt wurde, verweigert.

(4) Wird der Empfangsstelle mitgeteilt, dass der Empfänger die Annahme des Schriftstücks nach den Absätzen 1, 2 und 3 verweigert, so setzt sie die Übermittlungsstelle unter Verwendung der Bescheinigung über die Zustellung bzw. Nichtzustellung, unter Verwendung von Formblatt K in Anhang I, unverzüglich davon in Kenntnis und sendet den Antrag und – falls verfügbar – jedes Schriftstück, um dessen Übersetzung ersucht wird, zurück.

(5) [1]Die Zustellung eines Schriftstücks, dessen Annahme verweigert wurde, kann dadurch geheilt werden, dass dem Empfänger nach Maßgabe dieser Verordnung das Schriftstück zusammen mit einer Übersetzung in einer der in Absatz 1 vorgesehenen Sprachen zugestellt wird. [2]In diesem Fall ist der Tag der Zustellung

des Schriftstücks der Tag, an dem die Zustellung des Schriftstücks zusammen mit der Übersetzung nach dem Recht des Empfangsmitgliedstaats bewirkt wird. ^{3}Muss jedoch nach dem Recht eines Mitgliedstaats ein Schriftstück innerhalb einer bestimmten Frist zugestellt werden, so ist im Verhältnis zum Antragsteller als Tag der Zustellung der nach Artikel 13 Absatz 2 ermittelte Tag maßgebend, an dem das ursprüngliche Schriftstück zugestellt worden ist.

(6) Die Absätze 1 bis 5 gelten auch für die anderen Arten der Übermittlung und Zustellung gerichtlicher Schriftstücke nach Abschnitt 2.

(7) Für die Zwecke der Absätze 1 und 2 gilt Folgendes: Erfolgt die Zustellung nach Artikel 17 durch diplomatische Vertreter oder konsularische Bedienstete und nach den Artikeln 18, 19, 19a oder 20 durch eine Behörde oder Person, so setzen diese Vertreter oder Bediensteten beziehungsweise die Behörde oder Person den Empfänger davon in Kenntnis, dass er die Annahme des Schriftstücks verweigern darf und dass diesen Vertretern oder Bediensteten beziehungsweise dieser Behörde oder Person eine entweder unter Verwendung des Formblatts L in Anhang I oder freihändig erstellte schriftliche Verweigerungserklärung zu übermitteln ist.

III 2 berichtigt, ABl EU 2022 L 173/133. VII mWv 1.5.2025 neugefasst durch Art 24 Nr 1 DigitalVO 2023/2844 v 13.12.2023 (ABl EU L 2023/2844).

1 **I) Überblick.** Art 12 steht in Zusammenhang mit Art 9 und regelt die Voraussetzungen des Annahmeverweigerungsrechts (I), die diesbezügliche Belehrung durch die Empfangsstelle (II), die Ausübung des Annahmeverweigerungsrechts (III), das weitere Vorgehen der Empfangsstelle (IV) sowie die „Heilung" der Zustellung durch Nachholung (V). Diese Regelungen gelten nicht nur für die **Zustellung im Wege der Rechtshilfe** (Art 8 ff), sondern gem Art 12 VI auch für die **weiteren Zustellungsarten** nach Art 16 ff (vgl auch EuGH NJW 2022, 2461 Tz 40); für diese Fälle legt Art 12 VII fest, wem die Belehrung über das Annahmeverweigerungsrecht obliegt (wobei die Änderung durch Art 24 Nr 1 DigitalVO 2023/2844 die neue elektronische Zustellung über den europäischen elektronischen Zugangspunkt iSv Art 19a berücksichtigt).

2 Wichtigster Fall eines **zuzustellenden Schriftstücks** iSv Art 12 I ist die **Klageschrift** oder ein sonstiges verfahrenseinleitendes Schriftstück; der Anwendungsbereich von Art 12 ist aber (anders als der von Art 22 I) nicht darauf begrenzt. Die Vorschrift gilt nicht für **Anlagen**, soweit sie lediglich Beweisfunktion haben und für das Verständnis von Gegenstand und Grund des Antrags nicht unerlässlich sind (EuGH NJW 2008, 1721).

3 **II) Voraussetzungen des Annahmeverweigerungsrechts.** Bei der Beurteilung der **Sprachkenntnisse des Empfängers** iSv Art 12 I lit a sind gem ErwGr Nr 26 alle in der Akte enthaltenen relevanten Informationen zu berücksichtigen, zudem zB, ob der Empfänger Schriftstücke in der betreffenden Sprache verfasst hat, ob besondere Sprachkenntnisse für dessen Beruf erforderlich sind, ob er Staatsangehöriger des Forummitgliedstaats ist oder dort über einen längeren Zeitraum ansässig war. Bei einem in einem anderen Mitgliedstaat sitzenden, aber in erheblichem Maße in Deutschland tätigen **Unternehmen** kann davon ausgegangen werden, dass es über Mitarbeiter verfügt, die hinreichend Deutsch verstehen (vgl OLG Köln NJW-RR 2019, 1213; OLG München MDR 2020, 242; OLG Düsseldorf WM 2020, 389).

4 Zur EuZustVO 2007 hatte der EuGH wiederholt betont, dass eine **Belehrung des Empfängers** „in jedem Fall" geboten sei (EuGH EuZW 2015, 832; EuGH NJW 2022, 2461 Tz 40). Demgegenüber ist die Belehrung nunmehr laut Art 12 II UAbs 1 nur dann erforderlich, wenn das zuzustellende Schriftstück nicht in einer der Amtssprachen des Empfangsmitgliedstaats abgefasst oder keine entsprechende Übersetzung beigefügt ist (Rauscher/Ulrici Rn 63). Ist dies der Fall, bleibt es aber – wie bisher (EuGH EuZW 2015, 832 Tz 58) – auch nach neuem Recht dabei, dass das Belehrungserfordernis nicht davon abhängt, ob der Empfänger das Schriftstück versteht (Schmidt IPRax 2024, 379, 382). Die Belehrung erfolgt zwingend unter Verwendung von **Formblatt L** (also nicht formlos wie die Belehrung gem Art 9 I). **Belehrungssprachen** sind eine Amtssprache des Ursprungsmitgliedstaats und des Empfangsmitgliedstaats, nicht zwingend hingegen eine Sprache, die der Empfänger iSv Art 12 I lit a versteht; beachte aber auch Art 12 II UAbs 2/3 zur (zusätzlichen) Verwendung der Sprache eines anderen Mitglieds- oder Drittstaats.

5 **III) Ausübung des Annahmeverweigerungsrechts.** Die **Ausübung des Annahmeverweigerungsrechts** kann gem Art 12 III entweder schon bei der Zustellung erfolgen oder sodann noch **schriftlich**, wobei die Verwendung des Formblatts L sinnvoll, aber nicht verpflichtend ist. Das zugestellte Schriftstück muss nicht zurückgesendet werden (anders Art 8 I EuZustVO 2007). Richtiger **Erklärungsempfänger** ist nicht die Übermittlungs-, sondern die Empfangsstelle. Beachtlich ist die Ausübung des Annahmeverweigerungsrechts nur dann, wenn sie sich auf die Sprache des Schriftstücks bezieht, nicht etwa auf sonstige Umstände (wie die fehlende Bereitschaft, sich auf das Verfahren einzulassen; vgl BGH NJW 2011, 3103, 3104). Soweit das Annahmeverweigerungsrecht nicht bereits bei dem Zustellungsversuch ausgeübt wird, beträgt die **Frist für die Ausübung** gem Art 12 III 1 zwei Wochen (Art 8 I EuZustVO 2007: eine Woche) ab dem Zeitpunkt der Zustellung; zur Fristberechnung verweist ErwGr Nr 37 auf die VO 1182/71 v 3.6.1971, ABl EG 1971 L 124/1. Eine Verkürzung oder Verlängerung der Frist ist ebenso wenig vorgesehen wie die Möglichkeit einer Wiedereinsetzung (Rauscher/Ulrici Rn 89,

str). Ist eine gebotene Belehrung gem Art 12 II unterblieben, so beginnt die Ausübungsfrist erst dann, wenn die Belehrung nachgeholt wird (EuGH EuZW 2017, 344; Rauscher/Ulrici Rn 87). Von der Ausübungsfrist iSv Art 12 III 1 zu unterscheiden sind sonstige nach mitgliedstaatlichem Recht an die Zustellung anknüpfende Fristen, insb **Einlassungs- oder Rechtsmittelfristen**. Nach Ansicht des EuGH kann eine solche Frist im Lichte von Art 47 EuGRC nicht laufen, solange der Empfänger noch zur Ausübung des Annahmeverweigerungsrechts berechtigt ist (EuGH NJW 2022, 2461, dort zur EuZustVO 2007; zur Übertragbarkeit auf die EuZustVO 2020 s OLG Karlsruhe 22.4.2024 – 2 WF 4/24, FamRZ 2025, 871 Tz 19, Schmidt IPRax 2024, 379, 381 f).

Macht der erforderlichenfalls ordnungsgemäß belehrte Empfänger von seinem Annahmeverweigerungsrecht **keinen Gebrauch**, ist die Zustellung wirksam, und zwar auch dann, wenn dem Empfänger relevante Sprachkenntnisse fehlen und dem Antragsteller dies bekannt ist (BGH NJW 2021, 1598 Tz 34). Kommt es hingegen zur **Annahmeverweigerung**, so hat die Empfangsstelle gem Art 12 IV die Übermittlungsstelle darüber zu informieren. Die Rechtsfolgen legt sodann nicht etwa das mitgliedstaatliche Recht, sondern die Verordnung fest (EuGH EuZW 2017, 344). Die **Prüfung**, ob nach Maßgabe von Art 12 I das Annahmeverweigerungsrecht besteht und zudem form- und fristgerecht ausgeübt wurde, obliegt nicht der Empfangsstelle, sondern erst dem Gericht, für dessen Verfahren es auf die Zustellung ankommt (EuGH 28.4.2016 – C-384/14, Tz 74 ff). 6

IV) **Rechtsfolgen.** Hat der Empfänger die **Annahme mit Recht verweigert**, ist die Zustellung nur schwebend unwirksam, also nicht nichtig: Denn gem Art 12 V 1 kann eine **„Heilung"** (wenn auch nicht im technischen Sinne; vgl Richter IPRax 2022, 433, 439) eintreten, indem das zuzustellende Dokument zusammen mit der nach Maßgabe von Art 12 I erforderlichen Übersetzung des Schriftstücks erneut verordnungskonform zugestellt wird; eine formlose nachträgliche Übersendung einer Übersetzung reicht also nicht aus. Für die **Nachholung** ist keine verordnungsautonome Frist vorgesehen. Nach Ansicht des BGH muss sie unverzüglich erfolgen (BGH NJW 2021, 1598 Tz 26 mwN). Kommt es zur Nachholung, bestimmt diese zwar den **Zeitpunkt der Zustellung** (Art 12 V 2), was den Empfänger vor dem vorzeitigen Lauf einer Rechtsverteidigungsfrist bewahrt (vgl BGH NJW 2021, 1598 Tz 36, dort zur Klageerwiderungsfrist). Allerdings kann zugunsten des Antragstellers, wenn mit der Zustellung eine Frist gewahrt werden soll, gem Art 12 V 3 iVm Art 13 II auf die frühere Zustellung ohne Übersetzung abgestellt werden. Da der Fall, dass der Empfänger die **Annahme zu Unrecht verweigert** hat, nicht verordnungsautonom geregelt ist, gelangt mitgliedstaatliches Recht zur Anwendung (vgl EuGH 28.4.2016 – C-384/14, Tz 81 ff). In Deutschland gilt § 179 S 3 ZPO, sodass die Zustellung als erfolgt gilt (BGH NJW 2021, 1598 Tz 27). 7

Zur **Beglaubigung der Übersetzung** s Art 8 Rn 3. Zur Belastung des Antragstellers mit den **Übersetzungskosten** s Art 9 II. 8

Artikel 13 Tag der Zustellung

(1) Unbeschadet des Artikels 12 Absatz 5 ist für das Datum der nach Artikel 11 erfolgten Zustellung eines Schriftstücks das Datum maßgeblich, an dem das Schriftstück nach dem Recht des Empfangsmitgliedstaats zugestellt worden ist.

(2) Erfordert jedoch das Recht eines Mitgliedstaats die Zustellung eines Schriftstücks innerhalb einer bestimmten Frist, so ist im Verhältnis zum Antragsteller als Datum der Zustellung das Datum maßgeblich, das sich aus dem Recht dieses Mitgliedstaats ergibt.

(3) Dieser Artikel gilt auch für die anderen Arten der Übermittlung und Zustellung gerichtlicher Schriftstücke nach Abschnitt 2, mit Ausnahme des Artikels 19a.

Art 13 III mWv 1.5.2025 neugefasst durch Art 24 Nr 2 DigitalVO 2023/2844 v 13.12.2023 (ABl EU L 2023/2844).

Gem der sog **Regelung des doppelten Datums** (ErwGr Nr 27 S 4) bestimmt sich das Datum der Zustellung grds nach der lex fori des Empfangsmitgliedstaats (Art 13 I), alternativ nach der lex fori eines anderen Mitgliedstaats (Art 13 II), wenn es nach dieser eine **Frist** zu wahren gilt. Über Art 13 II kann in Deutschland § 167 ZPO zur Anwendung gelangen, insb im Hinblick auf die Verjährungshemmung durch Klageerhebung; dazu BGH NJW 2021, 1598 Tz 16. 1

Die kollisionsrechtliche Anknüpfung gilt gem Art 13 III für **sämtliche Zustellungswege** mit Ausnahme der elektronischen Zustellung über den europäischen **elektronischen Zugangspunkt**, weil hierfür Art 19a II eine verordnungsautonome Regelung vorsieht. Im Fall einer **nachgereichten Übersetzung** nach Annahmeverweigerung ist Art 12 V zu beachten. 2

Artikel 14 Bescheinigung über die Zustellung und Kopie des zugestellten Schriftstücks

(1) Nach Erledigung der für die Zustellung des Schriftstücks vorzunehmenden Schritte, stellt die Empfangsstelle unter Verwendung von Formblatt K in Anhang I eine Bescheinigung über die Erledigung dieser Schritte aus und sendet sie der Übermittlungsstelle; im Falle des Artikels 8 Absatz 4 wird der Bescheinigung eine Kopie des zugestellten Schriftstücks beigefügt.

(2) [1]Die in Absatz 1 genannte Bescheinigung ist in der Amtssprache oder in einer der Amtssprachen des Ursprungsmitgliedstaats oder in einer sonstigen Sprache auszustellen, die der Ursprungsmitgliedstaat zugelassen hat. [2]Jeder Mitgliedstaat gibt die Amtssprache(n) der Union außer seiner oder seinen eigenen Amtssprache(n) an, in denen das Formblatt K in Anhang I ausgefüllt werden kann.

1 Für in Deutschland eingehende Ersuchen beachte § 105 ZRHO. Zur deutschen Sprachenregelung s § 1070 ZPO (dazu BTDrs 20/1110, 31).

Artikel 15 Kosten der Zustellung

(1) Die Zustellung gerichtlicher Schriftstücke aus einem Mitgliedstaat begründet keine Verpflichtung zur Zahlung oder Erstattung von Gebühren und Auslagen für die Tätigkeit des Empfangsmitgliedstaats.

(2) Abweichend von Absatz 1 zahlt oder erstattet der Antragsteller die Kosten

a) der Mitwirkung einer Amtsperson oder einer anderen nach dem Recht des Empfangsmitgliedstaats zuständigen Person bei der Zustellung;

b) für ein besonderes Verfahren der Zustellung.

[1]Die Mitgliedstaaten legen eine einheitliche Festgebühr für die Mitwirkung einer Amtsperson oder einer anderen nach dem Recht des Empfangsmitgliedstaats zuständigen Person fest. [2]Diese Gebühr entspricht den Grundsätzen der Verhältnismäßigkeit und der Nichtdiskriminierung. [3]Die Mitgliedstaaten teilen der Kommission diese Festgebühren mit.

1 Gem Art 15 II UAbs 1 können Gerichtsvollzieher für die Erledigung von Zustellungsanträgen Kostenvorschüsse bzw Erstattung ihrer Kosten verlangen (vgl § 79 I 2, § 146 I ZRHO). Zur Festgebühr iSv Art 15 II UAbs 2 beachte ErwGr Nr 28. Zur Ausnahme zugunsten von PKH-Berechtigten s Art 30 Rn 1.

Abschnitt 2 – Andere Arten der Übermittlung und Zustellung gerichtlicher Schriftstücke (Art 16-20)

Artikel 16 Übermittlung auf diplomatischem oder konsularischem Weg

In Ausnahmefällen kann jeder Mitgliedstaat den Empfangsstellen oder den Zentralstellen eines anderen Mitgliedstaats gerichtliche Schriftstücke zum Zwecke der Zustellung auf diplomatischem oder konsularischem Weg übermitteln.

1 Die Art 9 HZÜ entsprechende Vorschrift ist wenig praxisrelevant. Der Rückgriff darauf ist am ehesten zu erwägen, wenn ein Mitgliedstaat Zustellungsadressat ist (soweit in einem solchen Fall der Anwendungsbereich gem Art 1 I eröffnet ist); vgl dazu § 38 ZRHO. Zur Sprachenfrage beachte Art 12 VI.

Artikel 17 Zustellung von Schriftstücken durch diplomatische Vertreter oder konsularische Bedienstete

(1) Jeder Mitgliedstaat kann Personen, die ihren Wohnsitz in einem anderen Mitgliedstaat haben, gerichtliche Schriftstücke unmittelbar durch seine diplomatischen Vertreter oder konsularischen Bediensteten ohne Anwendung von Zwangsmitteln zustellen lassen.

(2) Ein Mitgliedstaat kann der Kommission mitteilen, dass er die Zustellung gerichtlicher Schriftstücke nach Absatz 1 in seinem Hoheitsgebiet nicht zulässt, außer wenn die zuzustellenden Schriftstücke Staatsangehörigen des Übermittlungsmitgliedstaats zuzustellen sind.

1 Vgl hierzu § 1067 ZPO Rn 3 ff.

Artikel 18 Zustellung durch Postdienste

Gerichtliche Schriftstücke können Personen mit Aufenthalt in einem anderen Mitgliedstaat unmittelbar durch Postdienste per Einschreiben mit Empfangsbestätigung oder mittels eines gleichwertigen Nachweises zugestellt werden.

1 Weil die Postzustellung gem Art 18 ohne Möglichkeit eines mitgliedstaatlichen Vorbehalts zulässig ist (anders noch Art 14 EuZustVO 2007), ist die in § 1068 ZPO aF enthaltene deutsche Durchführungsregelung mWv 1.7. 2022 entfallen (G v 24.6.2022, BGBl I 2022, 959; dazu BTDrs 20/1110, 29). Art 18 gilt gem Art 21 auch für die Zustellung **außergerichtlicher Schriftstücke**. Zur Anwendbarkeit im **Parteibetrieb** s Art 20 Rn 2. Zur auch im

Fall der Postzustellung gebotenen Belehrung des Adressaten über sein **Annahmeverweigerungsrecht** durch die Übermittlungsstelle beachte Art 12 VI, VII (idF v Art 24 Nr 1 DigitalVO 2023/2844) und § 47 II ZRHO.

ErwGr Nr 29 S 2 stellt klar, dass **öffentliche oder private Postdienste** genutzt werden können. Die Postzustellung erfolgt herkömmlich durch **Einschreiben mit Empfangsbestätigung** (Rückschein). Art 18 lässt einen **gleichwertigen Nachweis** genügen, weil etliche Staaten keine Einschreiben mit Rückschein mehr vorsehen, dafür aber zB ein „Einschreiben international mit elektronischer Zustellbestätigung". Maßgeblich ist, dass das andere Dokument einem Rückschein gleichwertige Garantien in Bezug auf Informationen und Beweise bietet (EuGH EuZW 2017, 344 Tz 74 ff, dort auch zum Nachweis im Fall eines verloren gegangenen Rückscheins; dazu auch OLG Düsseldorf GRUR-RR 2020, 45). Zum Nachweis genügt die Unterschrift des Postbediensteten oder des Zustellungsadressaten bzw der Ersatzperson (OLG Karlsruhe 22.4.2024 – 2 WF 4/24, FamRZ 2025, 871 Tz 18). 2

Im Anschluss an den EuGH (EuGH EuZW 2017, 344 Tz 86 ff) stellt ErwGr Nr 30 klar, dass die Postzustellung kraft verordnungsautonomer Wertung auch dann als rechtsgültig bewirkt gilt, wenn das Schriftstück zwar nicht dem Empfänger **persönlich ausgehändigt**, aber an dessen Privatanschrift einem Erwachsenen übergeben wurde, der in demselben Haushalt lebt oder dort vom Empfänger beschäftigt wird und der das Schriftstück annehmen kann und dazu bereit ist; dies gilt nicht, wenn nach dem Recht des Forummitgliedstaats nur die persönliche Aushändigung des Schriftstücks an den Empfänger zulässig ist. **Nichtabholen** der bei der Post zur Abholung bereitliegenden Sendung ist für sich genommen nicht als treuwidrige Zugangsvereitelung zu werten, OLG Frankfurt aM MDR 2023, 726 Tz 45 ff. 3

Artikel 19 Elektronische Zustellung

(1) Gerichtliche Schriftstücke können einer Person, die eine bekannte Zustelladresse in einem anderen Mitgliedstaat hat, unmittelbar durch elektronische Mittel zugestellt werden, die nach dem Recht des Forummitgliedstaats für die inländische Zustellung von Schriftstücken vorgesehen sind, vorausgesetzt

a) die Schriftstücke werden mittels eines qualifizierten Dienstes für die Zustellung elektronischer Einschreiben im Sinne der Verordnung (EU) Nr. 910/2014 versandt und empfangen und der Empfänger hat vorher ausdrücklich der Verwendung elektronischer Mittel für die Zustellung von Schriftstücken in gerichtlichen Verfahren zugestimmt oder

b) der Empfänger hat dem angerufenen Gericht oder der mit dem Verfahren befassten Behörde oder der in dem betreffenden Verfahren für die Zustellung von Schriftstücken zuständigen Partei seine vorherige ausdrückliche Zustimmung zur Verwendung von E-Mails an eine bestimmte E-Mail-Adresse für die Zustellung von Schriftstücken im Rahmen des betreffenden Verfahrens erteilt und der Empfänger bestätigt die Zustellung des Schriftstücks mit einer Empfangsbestätigung, die das Empfangsdatum enthält.

(2) Um die Sicherheit der Übermittlung zu gewährleisten, kann jeder Mitgliedstaat die zusätzlichen Bedingungen festlegen und der Kommission mitteilen, unter denen er die elektronische Zustellung nach Absatz 1 Buchstabe b zulässt, wenn nach seinem Recht strengere Bedingungen dafür gelten oder die elektronische Zustellung per E-Mail nicht zugelassen ist.

Die elektronische Direktzustellung steht gleichberechtigt neben den weiteren Zustellungswegen (beachte ErwGr Nr 31). Art 19 I sieht zwei grundverschiedene Formen vor: in lit a die Zustellung durch einen **qualifizierten Zustelldienst** iS der VO 910/2014 v 23.7.2014 über elektronische Identifizierung und Vertrauensdienste für elektronische Transaktionen im Binnenmarkt (ABl EU 2014 L 257/73), in lit b die Zustellung **per E-Mail** gegen Empfangsbestätigung. Beide Formen unterscheiden sich hinsichtlich ihrer Aufwendigkeit und Verlässlichkeit, zudem aber auch hinsichtlich der erforderlichen ausdrücklichen Zustimmung des Empfängers: Diese muss sich gem lit a nur auf die Verwendung elektronischer Mittel für die Zustellung in (irgendwelchen) gerichtlichen Verfahren beziehen (ErwGr Nr 32), gem lit b hingegen konkret auf die Verwendung von E-Mails an eine bestimmte E-Mail-Adresse für die Zustellung von Schriftstücken im Rahmen eines bestimmten Verfahrens (ErwGr Nr 33). Von Zustimmung iSv Art 19 I lit a dürfte in Deutschland bei allen Personen auszugehen sein, die der Nutzungspflicht nach § 173 II ZPO unterliegen (ebenso Gottwald MDR 2022, 1185, 1187, unter Berufung auf § 130d ZPO). Zu der von alledem zu trennenden **Belehrung des Adressaten** über sein Annahmeverweigerungsrecht beachte Art 12 VI, VII (idF v Art 24 Nr 1 DigitalVO 2023/2844). 1

Gem Art 19 II kann jeder Mitgliedstaat zusätzliche Bedingungen für die elektronische Zustellung per E-Mail festlegen. Unter Berufung darauf möchte der deutsche Gesetzgeber mit § 1068 ZPO e contrario zum Ausdruck bringen, dass eine Zustellung gem Art 19 I lit b an Adressaten in Deutschland ausgeschlossen ist (vgl BTDrs 20/1110, 30). Allerdings erscheint ein **vollständiger Ausschluss der E-Mail-Zustellung** nicht von Art 19 II gedeckt (ebenso etwa Fabig/Windau NJW 2022, 1977, 1978; Gottwald MDR 2022, 1185, 1187; Rauscher/Ulrici Rn 34). Deutschen Gerichten ist es gem § 173 ZPO verwehrt, per E-Mail ins Ausland zuzustellen, und zwar unabhängig davon, ob der Zielmitgliedstaat dies zulässt oder nicht (so wohl auch § 48 I ZRHO; aA Gottwald MDR 2022, 1185, 1187). 2

Artikel 19a Elektronische Zustellung über den europäischen elektronischen Zugangspunkt

(1) Die Zustellung gerichtlicher Schriftstücke kann direkt an eine Person, die eine bekannte Zustelladresse in einem anderen Mitgliedstaat hat, über den gemäß Artikel 4 Absatz 1 der Verordnung (EU) 2023/2844 des Europäischen Parlaments und des Rates eingerichteten europäischen elektronischen Zugangspunkt erfolgen, sofern der Empfänger in die Verwendung dieses elektronischen Mittels für die Zustellung von Schriftstücken im Rahmen des betreffenden Verfahrens vorher ausdrücklich eingewilligt hat.

(2) [1]Der Empfänger bestätigt den Eingang der Schriftstücke mit einer Empfangsbestätigung, einschließlich des Empfangsdatums. [2]Als Datum der Zustellung der Schriftstücke gilt das auf der Empfangsbestätigung angegebene Datum. [3]Die gleiche Vorschrift gilt für die Zustellung verweigerter Schriftstücke, die gemäß Artikel 12 Absatz 5 geheilt wird.

1 Art 19a wurde eingefügt durch Art 24 Nr 3 DigitalVO 2023/2844 v 13.12.2023 (ABl EU L 2023/2844). Zum zeitlichen Anwendungsbereich s den durch Art 24 Nr 4 DigitalVO 2023/2844 angefügten Art 37 III EuZustVO, wonach Art 19a erst ab dem ersten Tag des Monats gilt, der auf den Zeitraum von drei Jahren nach dem Tag des Inkrafttretens der in Art 10 III DigitalVO 2023/2844 genannten Durchführungsrechtsakte folgt. Zur künftigen Zustellung gem Art 19a vgl einführend Ulrici FS Rauscher, S 519.

Artikel 20 Unmittelbare Zustellung

(1) Jeder an bestimmten Gerichtsverfahren Beteiligte kann gerichtliche Schriftstücke unmittelbar durch Amtspersonen, Beamte oder sonstige zuständige Personen des Mitgliedstaats, in dem Zustellung beantragt wird, zustellen lassen, sofern eine solche unmittelbare Zustellung nach dem Recht dieses Mitgliedstaats zulässig ist.

(2) [1]Ein Mitgliedstaat, der die unmittelbare Zustellung zulässt, informiert die Kommission darüber, welche Berufsgruppen oder qualifizierten Personen in ihrem Hoheitsgebiet die unmittelbare Zustellung von Schriftstücken vornehmen dürfen. [2]Die Kommission macht diese Informationen im Europäischen Justizportal zugänglich.

1 In Art 20 I geht es nicht etwa darum, dass sich Parteien an die Übermittlungsstellen ihres Mitgliedstaats wenden, um eine Zustellung in einem anderen Mitgliedstaat zu veranlassen, sondern darum, dass sich die Parteien unmittelbar an die Zustellungsbehörden des Zielstaates wenden. Ob diese Möglichkeit besteht, ist abhängig vom Recht des Zielstaats. Deutschland gestattet dies nur in den Fällen, in denen das hiesige Verfahrensrecht eine Zustellung im Parteibetrieb (vgl § 166 II Alt 2, §§ 191 ff ZPO) zulässt, so insb für Vollstreckungsbescheide (§ 699 IV ZPO), in der Zwangsvollstreckung (§ 750 I 2, § 829 II, § 835 III ZPO) und im einstweiligen Rechtsschutz (§ 922 II, § 936 ZPO); s BTDrs 20/1110, 28 und § 109b I ZRHO. Hingegen kommt die Zustellung einer Klage aus einem anderen Mitgliedstaat gestützt auf Art 20 nicht in Betracht. Zur gebotenen **Belehrung des Adressaten** über sein Annahmeverweigerungsrecht beachte Art 12 VI, VII (idF v Art 24 Nr 1 DigitalVO 2023/2844).

2 Zur EuZustVO 2007 war str, ob die Parteien bei Gericht die Durchführung einer Auslandszustellung per Post beantragen können oder eine solche sogar selbst durchführen dürfen (verneinend OLG Frankfurt aM NJW-RR 2022, 211). Anders als Art 14 EuZustVO 2007 („Jedem Mitgliedstaat steht es frei …") unterscheidet Art 18 EuZustVO 2020 nicht mehr danach, wer die Zustellung betreibt, woraus sich ergibt, dass nunmehr die direkte **Postzustellung auch im Parteibetrieb** offensteht (OLG Düsseldorf MDR 2024, 1608; Elsner/Deters IPRax 2023, 146, 149); allerdings ist dann auch Art 12 VI, VII zu beachten. Dasselbe dürfte für die elektronische Zustellung gem Art 19 gelten.

Kapitel III – Außergerichtliche Schriftstücke (Art 21)

Artikel 21 Übermittlung und Zustellung außergerichtlicher Schriftstücke

Außergerichtliche Schriftstücke können in einen anderen Mitgliedstaat nach Maßgabe dieser Verordnung übermittelt und dort zugestellt werden.

1 ErwGr Nr 8 erläutert den Begriff der „außergerichtlichen Schriftstücke": Gemeint sind zum einen von einer **Behörde oder Amtsperson** erstellte oder beglaubigte Schriftstücke und zum anderen (im Anschluss an EuGH EuZW 2015, 947) **sonstige Schriftstücke**, deren förmliche Übermittlung an einen in einem anderen Mitgliedstaat ansässigen Empfänger zur Geltendmachung, zum Beweis oder zur Wahrung eines Rechts oder Anspruchs in Zivil- oder Handelssachen erforderlich ist; nicht einzubeziehen sind hingegen Schriftstücke, die von Verwaltungsbehörden für die Zwecke von Verwaltungsverfahren ausgestellt werden. Für die Anwendbarkeit der Vorschrift ist es unerheblich, ob bereits eine Zustellung auf sonstige Weise (bzw ein Zustellungsversuch) erfolgt ist und ob der Sachverhalt einen grenzüberschreitenden Bezug aufweist (EuGH EuZW 2015, 947). Sehr kritisch zur Einbeziehung außergerichtlicher Schriftstücke in die EuZustVO Knöfel RIW 2021, 473, 476 f.

Kapitel IV – Schlussbestimmungen (Art 22-37)

Artikel 22 Nichteinlassung des Beklagten

(1) War ein verfahrenseinleitendes Schriftstück oder ein diesem gleichwertiges Schriftstück nach dieser Verordnung zum Zwecke der Zustellung in einen anderen Mitgliedstaat zu übermitteln und hat sich der Beklagte nicht auf das Verfahren eingelassen, so ergeht kein Urteil, bis festgestellt ist, dass das Schriftstück so rechtzeitig zugestellt oder übergegeben worden ist, dass der Beklagte genügend Zeit hatte, um sich verteidigen zu können, und dass

a) das Schriftstück in einer Weise zugestellt worden ist, die das Recht des Empfangsmitgliedstaats für die Zustellung von Schriftstücken in einem innerstaatlichen Rechtsstreit an dort befindliche Personen vorschreibt, oder

b) das Schriftstück tatsächlich entweder dem Beklagten persönlich ausgehändigt oder nach einem anderen in dieser Verordnung vorgesehenen Verfahren in der Wohnung des Beklagten abgegeben worden ist.

(2) Jeder Mitgliedstaat kann der Kommission mitteilen, dass ein Gericht ungeachtet des Absatzes 1 den Rechtsstreit entscheiden kann, auch wenn keine Bescheinigung über die Zustellung oder die Aushändigung bzw. Abgabe des verfahrenseinleitenden Schriftstücks oder ein diesem gleichwertiges Schriftstück eingegangen ist, sofern alle folgenden Voraussetzungen erfüllt sind:

a) Das Schriftstück ist nach einem in dieser Verordnung vorgesehenen Verfahren übermittelt worden;

b) seit der Absendung des Schriftstücks ist eine Frist verstrichen, die das Gericht im Einzelfall als angemessen erachtet, mindestens jedoch eine Frist von sechs Monaten;

c) es wurde keine Bescheinigung irgendeiner Art erlangt, obwohl alle zumutbaren Schritte zu ihrer Erlangung durch die zuständigen Behörden oder Stellen des Empfangsmitgliedstaats unternommen wurden.

Diese Informationen werden im Europäischen Justizportal zugänglich gemacht.

(3) Ungeachtet der Absätze 1 und 2 können Gerichte in begründeten dringenden Fällen einstweilige Maßnahmen oder Sicherungsmaßnahmen anordnen.

(4) War ein verfahrenseinleitendes Schriftstück oder ein diesem gleichwertiges Schriftstück nach dieser Verordnung zum Zweck der Zustellung in einen anderen Mitgliedstaat zu übermitteln, und ist eine Entscheidung gegen einen Beklagten ergangen, der sich nicht auf das Verfahren eingelassen hat, so kann das Gericht dem Beklagten unter Außerachtlassung des Ablaufs der Frist für die Einlegung von Rechtsmitteln die Wiedereinsetzung in den vorigen Stand gewähren, sofern die beiden folgenden Voraussetzungen erfüllt sind:

a) Der Beklagte hat ohne sein Verschulden nicht so rechtzeitig Kenntnis von dem Schriftstück erlangt, dass er sich hätte verteidigen können, oder nicht so rechtzeitig Kenntnis von der Entscheidung erlangt, dass er ein Rechtsmittel hätte einlegen können, und

b) die Verteidigung des Beklagten scheint nicht von vornherein in der Sache aussichtslos.

Ein Antrag auf Wiedereinsetzung in den vorigen Stand kann nur innerhalb einer angemessenen Frist, nachdem der Beklagte von der Entscheidung Kenntnis erhalten hat, gestellt werden.

[1]Jeder Mitgliedstaat kann der Kommission mitteilen, dass ein Antrag auf Wiedereinsetzung in den vorigen Stand nach Ablauf einer durch den Mitgliedstaat in seiner Mitteilung bestimmten Frist unzulässig ist. [2]Diese Frist muss mindestens ein Jahr ab dem Datum der Entscheidung betragen. [3]Diese Informationen werden über das Europäische Justizportal zugänglich gemacht.

(5) Absatz 4 gilt nicht für Entscheidungen, die den Personenstand oder die Rechtsfähigkeit von Personen betreffen.

Zustellungsmängel bei der Verfahrenseinleitung gefährden die **Anerkennung und Vollstreckung** einer gerichtlichen Entscheidung; vgl insb Art 45 I lit b Brüssel Ia-VO. Daher verlangt Art 22 I EuZustVO im Falle der Auslandszustellung eines **verfahrenseinleitenden Schriftstücks**, auf die der Beklagte nicht reagiert hat, dass das Gericht kein Urteil erlässt, bis es sich davon überzeugt hat, dass die im Einzelnen umschriebenen Vorgaben zum Beklagtenschutz gewahrt sind (beachte zu den gebotenen Ermittlungen ErwGr Nr 35). Art 22 entsprechende bzw darauf verweisende Regelungen finden sich in sonstigen Sekundärrechtsakten (vgl insb Art 28 Brüssel Ia-VO) und im Konventionsrecht (vgl Art 26 LugÜ). 1

Kann die Zustellung festgestellt werden, ist diese aber nicht so erfolgt, dass der Beklagte sich hätte verteidigen können, so ist die Einlassungsfrist zu verlängern und/oder ein neuer Termin zu bestimmen. Lässt sich hingegen die Zustellung nicht feststellen, so darf gem Art 22 II das **Verfahren fortgesetzt** werden, wenn die Auslandszustellung ordnungsgemäß eingeleitet war, seitdem mindestens sechs Monate verstrichen sind und ein Zustellungszeugnis trotz aller zumutbaren Bemühungen nicht zu erhalten war. In Deutschland setzt dies voraus, dass nach der gescheiterten Zustellung eine öffentliche Zustellung gem § 185 Nr 3 ZPO erfolgt ist (BTDrs 20/1110, 28). Die in Art 22 IV vorgesehene Möglichkeit der **Wiedereinsetzung** kann nach Maßgabe des mitgliedstaatlichen Rechts befristet werden (s EuGH EuZW 2016, 618, dort noch zu Art 19 IV EuZustVO 2007). In Deutsch- 2 land ist die Wiedereinsetzung in den vorherigen Stand gem § 234 III ZPO nach Ablauf eines Jahres vom Ende der versäumten Frist an unzulässig (dazu BTDrs 20/1010, 28).

Art 23-28 *Vom Abdruck der Art 23-28 wurde abgesehen. Sie sind abrufbar im Internet.*

Artikel 29 Verhältnis zu Übereinkünften oder Vereinbarungen zwischen Mitgliedstaaten

(1) Diese Verordnung hat in ihrem Anwendungsbereich Vorrang vor anderen Bestimmungen in den von Mitgliedstaaten geschlossenen bilateralen oder multilateralen Übereinkünften oder Vereinbarungen, insbesondere dem Haager Übereinkommen vom 15. November 1965 über die Zustellung gerichtlicher und außergerichtlicher Schriftstücke im Ausland in Zivil- oder Handelssachen, und zwar im Verhältnis der Mitgliedstaaten, die Vertragsparteien dieser Übereinkünfte sind.

(2) Diese Verordnung hindert Mitgliedstaaten nicht daran, Übereinkünfte oder Vereinbarungen zur Beschleunigung oder weiteren Vereinfachung der Übermittlung von Schriftstücken beizubehalten oder zu schließen, sofern diese Übereinkünfte oder Vereinbarungen mit der vorliegenden Verordnung vereinbar sind.

(3) Die Mitgliedstaaten übermitteln der Kommission:

a) eine Abschrift der zwischen den Mitgliedstaaten geschlossenen Übereinkünfte oder Vereinbarungen nach Absatz 2 sowie die Entwürfe von ihnen geplanter Übereinkünfte oder Vereinbarungen und

b) jede Kündigung oder Änderung dieser Übereinkünfte oder Vereinbarungen.

1 Es ist nicht ersichtlich, dass eine der von Deutschland zum HZPÜ bzw HZÜ getroffenen Zusatzvereinbarungen (s § 183 ZPO Rn 8) eine Beschleunigung bzw Vereinfachung iSv Art 29 II herbeiführt. Ebenso Rauscher/Ulrici Rn 9 (dort insb zur dt-österr Vereinbarung v 6.6.1959, BGBl II 1960, 1246).

Artikel 30 Prozesskostenhilfe

Die vorliegende Verordnung berührt nicht Artikel 24 des Haager Übereinkommens vom 1. März 1954 über den Zivilprozess und Artikel 13 des Abkommens über die Erleichterung des internationalen Zugangs zu den Gerichten vom 25. Oktober 1980 im Verhältnis zwischen den Mitgliedstaaten, die Vertragspartei dieser Übereinkünfte sind.

1 Deutschland ist Vertragsstaat des HZPÜ v 1.3.1954 (s § 183 ZPO Rn 8). Aus Art 24 HZPÜ ergibt sich, abweichend von Art 15 II EuZustVO, eine Kostenbefreiung zugunsten von Antragstellern, denen im Forummitgliedstaat PKH bzw VKH gewährt wurde; näher Klama, Die Prozesskostenhilfe im grenzüberschreitenden Rechtsverkehr, 2022, S 240. Das Übk v 25.10.1980 hat Deutschland zwar gezeichnet, aber nicht ratifiziert.

Artikel 31 Schutz übermittelter Informationen

(1) Die nach dieser Verordnung durchgeführte Verarbeitung personenbezogener Daten, einschließlich des Austausches oder der Übermittlung personenbezogener Daten durch die zuständigen Behörden, erfolgt gemäß der Verordnung (EU) 2016/679.

Der Austausch oder die Übermittlung von Informationen durch die zuständigen Stellen auf Ebene der Union erfolgt gemäß der Verordnung (EU) 2018/1725.

Personenbezogene Daten, die für die Bearbeitung eines einzelnen Falls nicht relevant sind, werden sofort gelöscht.

(2) Die nach nationalem Recht zuständige Behörde oder zuständigen Behörden gilt bzw. gelten für die Verarbeitung personenbezogener Daten im Rahmen der vorliegenden Verordnung als Verantwortliche im Sinne der Verordnung (EU) 2016/679.

(3) Unbeschadet der Absätze 1 und 2 darf die Empfangsstelle die nach dieser Verordnung übermittelten Informationen nur zu dem Zweck verwenden, zu dem sie übermittelt wurden.

(4) Die Empfangsstellen stellen die Vertraulichkeit derartiger Informationen nach Maßgabe ihres nationalen Rechts sicher.

(5) Die Absätze 3 und 4 berühren nicht das Auskunftsrecht von Betroffenen über die Verwendung der nach dieser Verordnung übermittelten Informationen, das ihnen nach dem nationalen Recht zusteht.

(6) Die Richtlinie 2002/58/EG bleibt von dieser Verordnung unberührt.

1 Hierzu Knöfel RIW 2021, 473, 484 f.

Artikel 32 Achtung der Grundrechte nach dem Unionsrecht

Die Grundrechte und Grundfreiheiten aller beteiligten Personen, insbesondere das Recht auf gleichberechtigten Zugang zur Justiz, das Recht auf Nichtdiskriminierung und das Recht auf Schutz personenbezogener Daten und der Privatsphäre, sind nach Maßgabe des Unionsrechts uneingeschränkt zu wahren und zu achten.

Art 33-37 *Vom Abdruck der Art 33-37 sowie der Anhänge I (Formblätter), II (Vorgängerverordnungen) und III (Entsprechungstabelle) wurde abgesehen; sie sind abrufbar im Internet.*

EuBewVO

Verordnung (EU) 2020/1783 des Europäischen Parlaments und des Rates vom 25. November 2020 über die Zusammenarbeit zwischen den Gerichten der Mitgliedstaaten auf dem Gebiet der Beweisaufnahme in Zivil- oder Handelssachen (Beweisaufnahme) (Neufassung)

ABl EU 2020 L 405/1.

Kapitel I – Allgemeine Bestimmungen (Art 1-4)

Artikel 1 Anwendungsbereich

(1) Diese Verordnung gilt in Zivil- oder Handelssachen, in denen das Gericht eines Mitgliedstaats nach seinem innerstaatlichen Recht

a) das zuständige Gericht eines anderen Mitgliedstaats um Beweisaufnahme ersucht oder

b) darum ersucht, in einem anderen Mitgliedstaat unmittelbar Beweis erheben zu dürfen.

(2) Um Beweisaufnahme darf nicht ersucht werden, wenn die Beweise nicht zur Verwendung in einem bereits eingeleiteten oder einem gerichtlichen Verfahren bestimmt sind, dessen Eröffnung geprüft wird.

Lit: *Ahrens*, Der Beweis im Zivilprozess[2], 2025, Teil 10; *Berger*, Grenzüberschreitende Videobeweisaufnahmen, FS Rauscher, 2025, S 55; *Bücken*, Internationales Beweisrecht im Europäischen internationalen Schuldrecht, 2016; *Coester-Waltjen*, Internationales Beweisrecht, 1983; *Dourlen*, Digitalisierung der justiziellen Zusammenarbeit und des Zugangs zur Justiz in grenzüberschreitenden Zivil-, Handels- und Strafsachen, LTZ 2024, 221; *Fabig/Windau*, Die Neufassungen der Europäischen Zustellungs- und Beweisaufnahmeverordnungen, NJW 2022, 1977; *Gottwald*, Die Neufassungen der EU-Zustellungs- und Beweisverordnungen, MDR 2022, 1185; *Holzgreve*, Ausländische Beweissicherungsverfahren im inländischen Prozess, 2018; *Huber*, Der optionale Charakter der Europäischen Beweisaufnahmeverordnung, ZEuP 2014, 642; *Knöfel*, Der Kommissionsvorschlag von 2018 zur Änderung der Europäischen Beweisaufnahmeverordnung, RIW 2018, 712; *Knöfel*, Die Neufassung der Europäischen Beweisaufnahmeverordnung, RIW 2021, 247; *Labonté/Rohrbeck*, Grenzüberschreitende Beweisaufnahmen im Zivilprozess unter Einsatz von Fernkommunikationsmitteln, IWRZ 2021, 99; *Lafontaine*, Die Beweisaufnahme über den EU-Auslandssachverhalt, DAR 2020, 541; *Niggemann*, Ausländische Beweissicherungsmaßnahmen im Rahmen der EuGVVO, IPRax 2015, 75; *Rauscher*, Europ Zivilprozess- und KollisionsR[5], Bd II-1, 2022; *Schlosser/Hess*, EU-ZPR[5], 2021; *Schlosser*, EuGVVO, selbständige Beweisverfahren und entsprechende ausländische Verfahren, IPRax 2017, 551; *Sujecki*, Das Verhältnis der Europäischen Beweisaufnahmeverordnung zu nationalen Beweisverfahren, EWS 2013, 80; *Voß/Singer*, Digitalisierung der justiziellen Zusammenarbeit, RDi 2024, 173; *Wagner*, Neuigkeiten zum internationalen Zivilverfahrensrecht, EuZW 2022, 733; *Windau*, Grenzüberschreitende Verhandlung und Beweisaufnahme im Wege der Bild- und Tonübertragung, jM 2021, 178. – WN: *Linke/Hau* IZVR vor Rn 10.1.

I) Überblick. Die VO 2020/1783 v 25.11.2020 über die Zusammenarbeit zwischen den Gerichten der Mitglied- 1
staaten auf dem Gebiet der Beweisaufnahme in Zivil- oder Handelssachen (ABl EU 2020 L 405/41) gilt seit dem 1.7.2022 (Art 35 I UAbs 2; im Folgenden meinen alle Artikel und Erwägungsgründe ohne nähere Bezeichnung solche der **EuBewVO 2020**). Zugleich wurde gem Art 34 I die **EuBewVO 2001** abgelöst (VO 1206/2001 v 28.5.2001, ABl EG 2001 L 174/1). Gem Art 25 hat die Kommission inzwischen die **DurchführungsVO** zur Einrichtung des dezentralen IT-Systems iSv Art 2 Nr 2 erlassen: VO 2022/422 v 14.3.2022, ABl EU 2022 L 87/5; somit gilt gem Art 35 III auch Art 7 seit 1.5.2025. Anders als die EuZustVO wurde die EuBewVO nicht durch die **DigitalVO** 2023/2844 v 13.12.2023 (ABl EU L 2023/2844) geändert; vielmehr stellen Art 1 I UAbs 2 lit a, Art 5 I DigitalVO klar, dass ihre Vorgaben zu Videokonferenz- oder anderen Fernkommunikationstechnologien nur dann gelten, wenn es um andere Zwecke als eine Beweisaufnahme gem der EuBewVO geht (vgl auch ErwGr Nr 17 zur DigitalVO).

Kernanliegen der EuBewVO 2020 (wie auch schon der EuBewVO 2001) sind die **Vereinfachung und Beschleuni-** 2
gung der grenzüberschreitenden Beweiserhebung. Um dies zu erreichen, weicht sie von dem durch das HBÜ (s § 363 ZPO Rn 7) geprägten Rechtshilfeverkehr auf konventionsrechtlicher Grundlage ab. Zwar kann nach wie vor um Rechtshilfe ersucht werden (vgl Art 1 I lit a, Art 12 ff), alternativ hat das Prozessgericht aber die Möglichkeit, den Beweis selbst im EU-Ausland zu erheben (vgl Art 1 I lit b, Art 19 f). Zudem eröffnet die Verordnung den unmittelbaren Geschäftsverkehr: Die Gerichte sollen direkt miteinander kommunizieren (Art 3); die Zentralstellen haben, anders als im HBÜ, nur noch ergänzende Funktion (Art 4). Die grenzüberschreitende Kommunikation wird durch Formblätter erleichtert, die in Anhang I zusammengestellt sind. Außerdem verzichtet die EuBewVO auf einen Art 12 I lit b HBÜ entsprechenden Ordre-public-Vorbehalt (beachte aber Art 19 Rn 3).

Im **Europäischen Justizportal** sind Informationen zur EuBewVO sowie die **Formblätter** online zugänglich: 3
https://e-justice.europa.eu/topics/taking-legal-action/european-judicial-atlas-civil-matters/taking-evidence-recast_de.

4 Die EuBewVO hat Vorrang vor mitgliedstaatlichem Recht; Zweifelsfragen sind nach Maßgabe von Art 267 AEUV dem EuGH vorzulegen. Die **deutschen Durchführungsvorschriften** zur EuBewVO finden sich in Buch 11 Abschnitt 2 der ZPO (§§ 1072-1075 ZPO); zu den durch das Inkrafttreten der EuBewVO 2020 veranlassten Änderungen s BTDrs 20/1110, 19, 31 ff. Beachte zu aus- und eingehenden Ersuchen auch die **Erläuterungen in §§ 55 ff, §§ 127 ff ZRHO.**

5 **II) Anwendungsbereich.** Die EuBewVO gilt **räumlich** für alle Mitgliedstaaten der EU, allerdings mit **Ausnahme Dänemarks** (vgl ErwGr Nr 38); anders als zur EuZustVO (vgl Art 1 EuZustVO Rn 7) gibt es zur EuBewVO auch kein Erstreckungsabkommen mit Dänemark. Im Verhältnis zum **Vereinigten Königreich** ist die EuBewVO 2020 nie in Kraft getreten. Vielmehr galt die EuBewVO 2001 auch nach dem Austritt aus der EU (Brexit) noch bis zum Ende des Übergangszeitraums am 31.12.2020 (Art 68 lit b, Art 126, Art 167 I Austritts-Abk v 24.1.2020, ABl EU 2020 L 29/7). Keine Vorgaben enthält die EuBewVO für Ersuchen um Beweisaufnahme aus oder in **Drittstaaten**; zu deutschen Ersuchen an Drittstaaten im vertraglichen oder vertraglosen Rechtshilfeverkehr s § 363 ZPO Rn 6 ff, zu eingehenden Ersuchen s §§ 127 ff ZRHO.

6 Die EuBewVO 200 betrifft gem Art 1 nur **Zivil- oder Handelssachen**. Was darunter fällt, ist verordnungsautonom und grds in Einklang mit Art 1 Brüssel Ia-VO zu bestimmen. Obwohl eine Art 1 I 2 Brüssel Ia-VO entsprechende Klarstellung fehlt (anders als in Art 1 I 2 EuZustVO), ist davon auszugehen, dass insb Steuer- und Zollsachen, verwaltungsrechtliche Angelegenheiten sowie die Haftung eines Mitgliedstaats für Handlungen oder Unterlassungen im Rahmen der Ausübung hoheitlicher Rechte („acta iure imperii") ausgeschlossen sind (Rauscher/v Hein Rn 3). Für die Anwendbarkeit der EuBewVO ist es aber unschädlich, wenn eine für ein Zivilverfahren beschaffte Information sodann in straf- oder verwaltungsrechtliche Verfahren eingeführt wird; dem dürfte auch Art 30 nicht entgegenstehen. Die EuBewVO enthält **keinen Ausschlusskatalog** entsprechend Art 1 II Brüssel Ia-VO, sodass sie insb auch Beweisaufnahmen in Abstammungssachen erfasst. Zur Anwendbarkeit der EuBewVO durch das Einheitliche Patentgericht vgl **Regel 173 Nr 1 VerfO Einheitl PatG.**

7 Der **Begriff der Beweisaufnahme** ist verordnungsautonomen und grds weit auszulegen. Gem Art 1 II gilt die EuBewVO nur, wenn der Beweis zur Verwendung in einem eingeleiteten **gerichtlichen Verfahren** bestimmt ist oder in einem Verfahren, dessen Eröffnung bereits geprüft wird. Als Verfahren in diesem Sinne sind auch das deutsche **selbständige Beweisverfahren** (§§ 485 ff ZPO; vgl etwa Sujecki EuZW 2010, 448, 450) und dessen Funktionsäquivalente in den anderen Mitgliedstaaten anzusehen (zur davon zu trennenden Frage, woraus sich die internationale Zuständigkeit für solche Beweissicherungsverfahren ergibt, s Art 35 Brüssel Ia-VO Rn 6). Wendet man die EuBewVO insb auch auf die Beiziehung von Akten ausländischer Gerichte zu Beweiszwecken an (offenlassend BVerfG NJW 2016, 626 Tz 28 ff), so erfasst sie auch das, was Art 1 I HBÜ zwar nicht als Beweisaufnahme, aber als „andere gerichtliche Handlungen" einordnet. Unanwendbar soll die EuBewVO allerdings sein, wenn es darum geht, die unbekannte Anschrift eines Zustellungsadressaten zu ermitteln (EuGH IPRax 2023, 57); vorzugehen ist dann gem Art 7 EuZustVO.

8 Gewisse Probleme bereitet die Abgrenzung zwischen einer **Beweisaufnahme im Ausland iSv Art 1** und einer bloßen **Beweisbeschaffung aus dem Ausland**. Nach der vieldiskutierten Ansicht des EuGH zur EuBewVO 2001 betreffen die Verordnungsvorgaben nicht den Fall, dass ein Gericht nach seinem nationalen Prozessrecht die Ladung eines in einem anderen Mitgliedstaat ansässigen **Zeugen** ins Inland veranlasst (EuGH NJW 2012, 3771; dazu Bach EuZW 2012, 833; Huber ZEuP 2014, 642, 649 ff; Kern GPR 2013, 49; Knöfel IPRax 2013, 231; Sujecki EWS 2013, 80); Entsprechendes soll für eine schriftliche Vernehmung eines auslandsansässigen Zeugen gelten (EuGH MDR 2023, 792). Weitaus problematischer erscheint, dass die EuBewVO 2001 laut EuGH auch dann nicht entgegensteht, wenn ein Gericht einen **Sachverständigen** mit der **Begutachtung eines Objektes in einem anderen Mitgliedstaat** betraut, ohne die dortigen Rechtshilfebehörden einzuschalten (EuGH EuZW 2013, 313 [Bach]; dazu Huber ZEuP 2014, 642; Sujecki EWS 2013, 80, 83 ff; Thole IPRax 2014, 255; ebenso schon OLG Oldenburg MDR 2013, 547). Allerdings spricht einiges gegen die Zulässigkeit einer solchen „stillen Entsendung" in der EU: zum einen liegt es nahe, Art 19 EuBewVO als abschließende Sonderregel zum innereuropäischen Auslandseinsatz von Sachverständigen außerhalb der klassischen Rechtshilfe zu deuten, und zum anderen lässt die Stellungnahme des EuGH die völkerrechtlichen Bedenken gegen die Aktivität auf fremdem Territorium unberührt (dazu Linke/Hau IZVR Rn 10.25).

Artikel 2 Begriffsbestimmungen

Für die Zwecke dieser Verordnung gelten folgende Begriffsbestimmungen:

1. **„Gericht" bezeichnet Gerichte und andere Behörden der Mitgliedstaaten, die der Kommission nach Artikel 31 Absatz 3 mitgeteilt wurden, gerichtliche Funktionen ausüben, in Ausübung einer Befugnisübertragung durch eine Justizbehörde oder unter Aufsicht einer Justizbehörde handeln und nach nationalem Recht zur Beweisaufnahme für die Zwecke von Gerichtsverfahren in Zivil- oder Handelssachen befugt sind.**
2. ***„Dezentrales IT-System"* bezeichnet ein Netzwerk nationaler IT-Systeme und interoperabler Zugangspunkte, die unter der jeweiligen Verantwortung und Verwaltung eines jeden Mitgliedstaats betrieben**

werden, das den sicheren und zuverlässigen grenzüberschreitenden Informationsaustausch zwischen den nationalen IT-Systemen ermöglicht.

Vgl zum **Begriff des Gerichts** auch ErwGr Nr 5 S 2, wonach insb solche Behörden erfasst sind, die gem Art 3 Brüssel Ia-VO 1215/2012, Art 3 II EuErbVO 650/2012 oder Art 2 II Nr 1 Brüssel IIb-VO 2019/1111 als Gerichte gelten. Beachte zudem Regel 173 Nr 1 VerfO Einheitl PatG. Will ein Mitgliedstaat nach Maßgabe von Art 2 Nr 1 zB in nachlassrechtlichen Angelegenheiten auch Notare einbeziehen, so ist dies gem Art 31 III zu notifizieren; näher Knöfel RIW 2021, 247, 259. Private Schiedsgerichte fallen nicht unter Art 2 Nr 1. 1

Zum **dezentralen IT-System** s Art 7 Rn 1. 2

Artikel 3 Unmittelbarer Geschäftsverkehr zwischen Gerichten

(1) Ersuchen nach Artikel 1 Absatz 1 Buchstabe a sind von dem Gericht, bei dem das Verfahren eingeleitet wurde oder eröffnet werden soll (im Folgenden „ersuchendes Gericht“), unmittelbar dem zuständigen Gericht eines anderen Mitgliedstaats (im Folgenden „ersuchtes Gericht“) zur Beweisaufnahme zu übersenden.

(2) [1]Jeder Mitgliedstaat erstellt eine Liste der Gerichte, die für Beweisaufnahmen nach dieser Verordnung zuständig sind. [2]In der Liste ist auch der örtliche Zuständigkeitsbereich und gegebenenfalls die besondere fachliche Zuständigkeit dieser Gerichte anzugeben.

Gem Art 3 I sollen Ersuchen (abweichend vom HBÜ) nicht über die Zentralstellen, sondern unmittelbar zwischen den ersuchenden und ersuchten Gerichten übermittelt werden. Die Zentralstellen iSv Art 4 sind nur ausnahmsweise einzuschalten (Art 4 I lit c; vgl auch § 57 I 2, § 127 III ZRHO). Zur Bestimmung des ersuchten Gerichts in Deutschland s § 1074 I, II, V ZPO; dazu § 1074 ZPO Rn 2. Zu Form, Inhalt, Sprache und Übermittlung von Ersuchen vgl Art 5-8. 1

Artikel 4 Zentralstelle

(1) Jeder Mitgliedstaat benennt eine Zentralstelle, die dafür verantwortlich ist,

a) den Gerichten Auskünfte zu erteilen;

b) nach Lösungswegen zu suchen, wenn bei einem Ersuchen Schwierigkeiten auftreten;

c) in Ausnahmefällen auf Ersuchen eines ersuchenden Gerichts ein Ersuchen an das zuständige Gericht weiterzuleiten.

(2) Bundesstaatlich organisierten Mitgliedstaaten, Mitgliedstaaten mit mehreren Rechtssystemen und Mitgliedstaaten mit autonomen Gebietskörperschaften steht es frei, mehrere Zentralstellen zu bestimmen.

(3) Jeder Mitgliedstaat benennt ferner die in Absatz 1 dieses Artikels genannte Zentralstelle oder eine oder mehrere zuständige Behörden als verantwortlich für Entscheidungen über Ersuchen nach Artikel 19.

Zu den deutschen **Zentralstellen** der Länder und des Bundes (vgl Art 4 II) s § 1074 III-V ZPO; dazu § 1074 ZPO Rn 3. 1

Kapitel II – Übermittlung und Erledigung der Ersuchen (Art 5-22)

Abschnitt 1 – Übermittlung von Ersuchen (Art 5-8)

Artikel 5 Form und Inhalt von Ersuchen

(1) Ersuchen werden unter Verwendung des Formblattes A oder gegebenenfalls des Formblattes L in Anhang I gestellt. Jedes Ersuchen enthält folgende Angaben:

a) das ersuchende und gegebenenfalls das ersuchte Gericht;

b) Namen und Anschriften der Parteien und gegebenenfalls ihrer Vertreter;

c) die Art und den Gegenstand der Rechtssache sowie eine kurze Darstellung des Sachverhalts;

d) die Beschreibung der ersuchten Beweisaufnahme;

e) bei einem Ersuchen um Vernehmung einer Person:

- **Name und Anschrift der zu vernehmenden Person;**
- **die Fragen, welche an die zu vernehmende Person gerichtet werden sollen, oder den Sachverhalt, über den diese Person vernommen werden soll;**
- **gegebenenfalls einen Hinweis auf ein nach dem Recht des Mitgliedstaats des ersuchenden Gerichts bestehendes Zeugnisverweigerungsrecht;**

– **gegebenenfalls den Antrag, die Vernehmung unter Eid oder eidesstattlicher Versicherung durchzuführen, und gegebenenfalls die dabei zu verwendende Formel;**
– **gegebenenfalls alle anderen Informationen, die das ersuchende Gericht für erforderlich hält;**

f) bei einem Ersuchen um eine sonstige, nicht unter Buchstabe e genannte Beweisaufnahme die Urkunden oder anderen Gegenstände, die geprüft werden sollen;

g) gegebenenfalls Anträge nach Artikel 12 Absätze 3 oder 4 oder nach den Artikeln 13 oder 14 und für deren Ausführung erforderliche Erläuterungen.

(2) Die Ersuchen sowie alle beigefügten Unterlagen bedürfen weder der Beglaubigung noch einer anderen gleichwertigen Formalität.

(3) Schriftstücke, deren Beifügung das ersuchende Gericht für die Erledigung des Ersuchens für notwendig hält, sind mit einer Übersetzung der Schriftstücke in die Sprache zu versehen, in der das Ersuchen abgefasst wurde.

1 Art 5 definiert die **inhaltlichen Anforderungen** an ein Ersuchen um Erledigung der Beweisaufnahme durch das ersuchte Gericht gem Art 12 ff (Formblatt A) oder um Bewilligung einer unmittelbaren Beweisaufnahme gem Art 19 (Formblatt L). Zu ausgehenden Ersuchen beachte §§ 58, 58a ZRHO (dort insb zu den erforderlichen Angaben bei Ersuchen um die Vernehmung von Zeugen oder Parteien). Zur **Sprache** des Ersuchens (und gem Art 5 III etwaiger Anlagen) s Art 6. Zur Entgegennahme und Prüfung der Ersuchen sowie zum **weiteren Vorgehen** s Art 9 ff.

Artikel 6 Sprachen

Ersuchen und die aufgrund dieser Verordnung gemachten Mitteilungen sind in der Amtssprache des ersuchten Mitgliedstaats oder, wenn es in diesem Mitgliedstaat mehrere Amtssprachen gibt, in der Amtssprache oder einer der Amtssprachen des Ortes, an dem die beantragte Beweisaufnahme durchgeführt werden soll, oder in einer anderen Sprache, die dieser Mitgliedstaat zugelassen hat, abzufassen.

Jeder Mitgliedstaat teilt der Kommission jede Amtssprache der Union mit, die er außer seiner eigenen für das Ausfüllen der Formblätter in Anhang I zulässt.

1 Art 6 betrifft Ersuchen und Mitteilungen; gem Art 5 III gilt Entsprechendes für sonstige beigefügte Schriftstücke. Zur **deutschen Sprachenregelung** für eingehende Ersuchen s § 1075 ZPO (dazu BTDrs 20/1110, 33). Art 5 II, wonach Ersuchen und beigefügte Unterlagen **keiner Beglaubigung** oder anderen gleichwertigen Formalität bedürfen, dürfte auch für etwaige Übersetzungen gelten (vgl § 56 II 3 ZRHO); insb findet sich in der EuBewVO keine Entsprechung zu ErwGr Nr 25 S 1 zur EuZustVO (wonach eine Übersetzung beglaubigt sein oder auf andere Weise nach dem Recht des Ursprungsmitgliedstaats als für das Verfahren geeignet befunden werden „sollte“). Zum Vorgehen im Falle eines in Fremdsprache ausgefüllten Formblatts ohne Übersetzung vgl Art 9 I sowie § 128a II ZRHO.

Artikel 7 Übermittlung von Ersuchen und sonstigen Mitteilungen

(1) [1]Ersuchen und Mitteilungen nach dieser Verordnung werden über ein sicheres und zuverlässiges dezentrales IT-System unter angemessener Achtung der Grundrechte und Grundfreiheiten übermittelt. [2]Dieses dezentrale IT-System beruht auf einer interoperablen Lösung wie beispielsweise e-CODEX.

(2) Für Ersuchen und Mitteilungen, die über das dezentrale IT-System übermittelt werden, gilt der mit der Verordnung (EU) Nr. 910/2014 geschaffene allgemeine Rechtsrahmen für die Verwendung von qualifizierten Vertrauensdiensten.

(3) Erfordern oder enthalten die in Absatz 1 dieses Artikels genannten Ersuchen und Mitteilungen ein Siegel oder eine eigenhändige Unterschrift, so können stattdessen qualifizierte elektronische Siegel oder qualifizierte elektronische Signaturen im Sinne der Verordnung (EU) Nr. 910/2014 verwendet werden.

(4) Ist die Übermittlung nach Absatz 1 aufgrund einer Störung des dezentralen IT-Systems, der Beschaffenheit des Beweismittels oder außergewöhnlicher Umstände nicht möglich, so wird die Übermittlung mit dem schnellsten und am besten geeigneten alternativen Mittel durchgeführt, wobei dem Erfordernis der Zuverlässigkeit und Sicherheit Rechnung zu tragen ist.

1 Gem Art 25 hat die Kommission inzwischen die DurchführungsVO zur Einrichtung des dezentralen IT-Systems erlassen: VO 2022/422 v 14.3.2022, ABl EU 2022 L 87/5. Somit gilt Art 7 gem Art 35 III seit 1.5.2025. Zu dem in Art 7 I angesprochenen dezentralen IT-System s Art 2 Nr 2 und ErwGr Nr 7-12, zu dem e-CODEX-System vgl die VO 2022/850 v 30.5.2022 über ein EDV-System für den grenzüberschreitenden elektronischen Datenaustausch im Bereich der justiziellen Zusammenarbeit in Zivil- und Strafsachen (e-CODEX-System), ABl EU 2022 L 150/1; dazu Dourlen LTZ 2024, 221; Voß/Singer RDi 2024, 173.

Artikel 8 Rechtswirkung elektronischer Schriftstücke

Den über das dezentrale IT-System übermittelten Schriftstücken darf die Rechtswirkung oder die Zulässigkeit als Beweismittel im Gerichtsverfahren nicht allein deshalb abgesprochen werden, weil sie in elektronischer Form vorliegen.

Für Übermittlungen gem Art 7 ergänzt Art 8 den Grundsatz in Art 5 II, wonach Ersuchen und beigefügte Urkunden keiner Beglaubigung oder anderen Formalität bedürfen. ErwGr Nr 13 S 2 stellt klar, dass Art 8 nicht die Beurteilung der Rechtswirkung elektronischer Schriftstücke oder ihrer Zulässigkeit als Beweismittel nach nationalem Recht berührt. Näher Knöfel RIW 2021, 247, 259. 1

Abschnitt 2 – Entgegennahme von Ersuchen (Art 9-11)

Artikel 9 Entgegennahme von Ersuchen

(1) [1]Das ersuchte zuständige Gericht übersendet dem ersuchenden Gericht innerhalb von sieben Tagen nach Eingang des Ersuchens eine Empfangsbestätigung unter Verwendung des Formblatts B in Anhang I. [2]Entspricht das Ersuchen nicht den Anforderungen der Artikel 6 und 7, so bringt das ersuchte Gericht einen entsprechenden Vermerk in der Empfangsbestätigung an.

(2) Fällt die Erledigung eines unter Verwendung des Formblatts A in Anhang I gestellten Ersuchens, das die Anforderungen des Artikels 6 erfüllt, nicht in die Zuständigkeit des ersuchten Gerichts, so leitet dieses das Ersuchen an das zuständige Gericht seines Mitgliedstaats weiter und unterrichtet das ersuchende Gericht unter Verwendung des Formblatts C in Anhang I hiervon.

Gem Art 9 I 2 obliegt dem ersuchten Gericht (in Deutschland: § 1074 I, II, V ZPO) eine **formelle Prüfung** des eingehenden Ersuchens anhand Art 6 und Art 7. Ausweislich Art 16 II hat es zudem zu prüfen, ob das Ersuchen in den **Anwendungsbereich** der EuBewVO (lit a) und nach dem Recht des ersuchten Staates in den Bereich der **Gerichtsbarkeit** (lit b) fällt; verneinendenfalls gilt Art 16 IV für das weitere Vorgehen. Ohne Belang ist hingegen, ob der ersuchte Staat in der Angelegenheit, auf die sich das Ersuchen bezieht, seine eigenen Gerichte für ausschließlich zuständig erachtet oder kein dem erststaatlichen Recht entsprechendes Verfahren kennt (vgl Art 16 III). Die EuBewVO enthält keine Vorgaben zur Berechnung der Frist iSv Art 9 I 1; entsprechend ErwGr Nr 37 zur EuZustVO dürfte auf die VO 1182/71 v 3.6.1971 (ABl EG 1971 L 124/1) abzustellen sein. 1

Art 9 II regelt das Vorgehen des ersuchten Gerichts, wenn es sich für **unzuständig** erachtet. Das Gericht, an welches das Ersuchen gem II weitergeleitet wird, ist an die Zuständigkeitsentscheidung des ersterersuchten Gerichts nicht gebunden; vielmehr kann es seinerseits nach II verfahren. Kommt es zu einem **negativen Kompetenzkonflikt**, ist nicht etwa § 36 ZPO anzuwenden, vielmehr obliegt die Zuständigkeitsentscheidung der Zentralstelle des ersuchten Mitgliedstaates (vgl Art 4 I lit b, III). Eine grenzüberschreitende Weiterleitung an das Gericht eines anderen Mitgliedstaats sieht Art 9 II nicht vor. 2

Artikel 10 Unvollständige Ersuchen

(1) Kann ein Ersuchen nicht erledigt werden, weil es nicht alle erforderlichen Angaben gemäß Artikel 5 enthält, so setzt das ersuchte Gericht unverzüglich, spätestens aber innerhalb von 30 Tagen nach Eingang des Ersuchens das ersuchende Gericht unter Verwendung des Formblatts D in Anhang I davon in Kenntnis und ersucht das ersuchende Gericht, die fehlenden Angaben, die in möglichst genauer Weise zu bezeichnen sind, zu übermitteln.

(2) [1]Kann ein Ersuchen nicht erledigt werden, weil eine Kaution oder ein Vorschuss nach Artikel 22 Absatz 3 erforderlich ist, so teilt das ersuchte Gericht dem ersuchenden Gericht das unverzüglich, spätestens 30 Tage nach Eingang des Ersuchens unter Verwendung des Formblatts D in Anhang I mit; es teilt dem ersuchenden Gericht ferner mit, wie die Kaution oder der Vorschuss zu leisten ist. [2]Das ersuchte Gericht bestätigt den Eingang der Kaution oder des Vorschusses unverzüglich, spätestens innerhalb von 10 Tagen nach Erhalt der Kaution oder des Vorschusses unter Verwendung des Formblatts E in Anhang I.

Wenn eine gem Art 10 angeforderte Ergänzung des Ersuchens oder Kautions- bzw Vorschusszahlung ausbleibt, gilt Art 16 II lit c bzw lit d, IV. Die EuBewVO enthält keine Vorgaben zur Berechnung der in Art 10 vorgesehenen Fristen; entsprechend ErwGr Nr 37 zur EuZustVO dürfte auf die VO 1182/71 v 3.6.1971 (ABl EG 1971 L 124/1) abzustellen sein. 1

Artikel 11 Vervollständigung des Ersuchens

(1) Hat das ersuchte Gericht gemäß Artikel 9 Absatz 1 auf der Empfangsbestätigung vermerkt, dass das Ersuchen die Anforderungen der Artikel 6 und 7 nicht erfüllt, oder hat es das ersuchende Gericht gemäß Artikel 10 davon unterrichtet, dass das Ersuchen nicht erledigt werden kann, weil es nicht alle erforderlichen Angaben nach Artikel 5 enthält, so beginnt die Frist nach Artikel 12 erst mit dem Eingang des ordnungsgemäß ausgefüllten Ersuchens beim ersuchten Gericht zu laufen.

(2) Sofern das ersuchte Gericht nach Artikel 22 Absatz 3 um eine Kaution oder einen Vorschuss gebeten hat, beginnt die Frist nach Artikel 12 erst mit der Hinterlegung der Kaution oder dem Eingang des Vorschusses zu laufen.

1 S Art 12 Rn 1.

Abschnitt 3 – Beweisaufnahme durch das ersuchte Gericht (Art 12-18)

Artikel 12 Allgemeine Bestimmungen über die Erledigung eines Ersuchens

(1) Das ersuchte Gericht erledigt das Ersuchen unverzüglich, spätestens aber innerhalb von 90 Tagen nach Eingang des Ersuchens.

(2) Das ersuchte Gericht erledigt das Ersuchen nach Maßgabe seines nationalen Rechts.

(3) [1]Das ersuchende Gericht kann unter Verwendung des Formblatts A in Anhang I beantragen, dass das Ersuchen nach einer besonderen Form erledigt wird, die sein nationales Recht vorsieht. [2]Das ersuchte Gericht erledigt das Ersuchen gemäß dem besonderen Verfahren, es sei denn, dass das mit seinem nationalen Recht unvereinbar wäre oder dem ersuchten Gericht wegen erheblicher tatsächlicher Schwierigkeiten unmöglich ist. [3]Entspricht das ersuchte Gericht aus einem der genannten Gründe nicht dem Ersuchen nach Erledigung in einer besonderen Form, so unterrichtet es das ersuchende Gericht unter Verwendung des Formblatts H in Anhang I hiervon.

(4) Das ersuchende Gericht kann das ersuchte Gericht bitten, die Beweisaufnahme unter Verwendung einer besonderen Kommunikationstechnologie, insbesondere im Wege der Videokonferenz oder Telekonferenz, durchzuführen.

Das ersuchte Gericht verwendet die in Unterabsatz 1 näher bezeichnete Kommunikationstechnologie, es sei denn, dass das mit seinem nationalen Recht unvereinbar wäre oder dass es dem ersuchten Gericht wegen erheblicher tatsächlicher Schwierigkeiten unmöglich ist.

Verwendet das ersuchte Gericht aus einem der genannten Gründe die besondere Kommunikationstechnologie nicht, so unterrichtet es das ersuchende Gericht unter Verwendung des Formblatts H in Anhang I hiervon.

Hat das ersuchende oder das ersuchte Gericht keinen Zugang zu der in Unterabsatz 1 genannten Kommunikationstechnologie, so können die Gerichten diese Kommunikationstechnologie im gegenseitigen Einvernehmen zur Verfügung stellen.

1 Ersuchen um Beweishilfe sind gem Art 12 I unverzüglich zu erledigen. Zur vorab gebotenen Prüfung des Ersuchens durch das ersuchte Gericht s Art 9. Die EuBewVO enthält keine Vorgaben zur Berechnung der vorgesehenen **Erledigungsfrist**; entsprechend ErwGr Nr 37 zur EuZustVO dürfte auf die VO 1182/71 v 3.6.1971 (ABl EG 1971 L 124/1) abzustellen sein. Der Fristbeginn bestimmt sich nach Art 11, wenn formale Mängel des Ersuchens moniert wurden oder eine Ergänzung des Ersuchens oder Kautions- bzw Vorschusszahlung angefordert wurde. Zum Umgang mit **Fristproblemen** s Art 17.

2 Die Durchführung der Beweisaufnahme richtet sich gem Art 12 II grds nach der **lex fori des ersuchten Mitgliedstaats**. Dies erscheint aus deutscher Sicht im Hinblick auf § 369 ZPO unproblematisch. Das ersuchte deutsche Amtsgericht (§ 1072 I, II, V ZPO) wird einige Besonderheiten beachten: So sollen Referendare nicht mit Vernehmungen aufgrund **eingehender Ersuchen** betraut werden (§ 127 ZRHO). Zu den Anforderungen an deutsche Vernehmungsprotokolle, die für ausländische Verfahren bestimmt sind, vgl § 128 IV, § 130 ZRHO; Vernehmungen sollen grds nicht schriftlich erfolgen (§ 129 ZRHO).

3 Gem Art 12 kann das ersuchende Gericht gewisse **Sonderwünsche** nach Maßgabe seiner lex fori äußern, insb das ersuchte Gericht darum bitten, bei der Beweisaufnahme eine besondere Form zu beachten (III) oder Kommunikationstechnologie einzusetzen (IV). Das ersuchte Gericht kommt dem – ausnahmsweise – nur dann nicht nach, wenn der Sonderwunsch mit seinem nationalen Recht unvereinbar oder wegen erheblicher tatsächlicher Schwierigkeiten unmöglich wäre (III 2, IV UAbs 2). Zu in Deutschland eingehenden Ersuchen um eidliche Vernehmung vgl § 131 ZRHO. Auch aus Sicht eines deutschen ersuchenden Gerichts ist va bei Vernehmungen an Sonderwünsche zu denken (vgl §§ 21, 58a, 59 ZRHO).

Zur **Anweisenheit und Beteiligung** von Parteien und Parteivertretern s Art 13, von Angehörigen des ersuchenden Gerichts bzw eines von ihm beauftragen Sachverständigen s Art 14. Zu den bei der Durchführung der Beweisaufnahme entstehenden **Kosten** vgl Art 22. 4

Artikel 13 Beweisaufnahme in Anwesenheit und unter Beteiligung der Parteien

(1) Sofern im Recht des Mitgliedstaats des ersuchenden Gerichts vorgesehen, haben die Parteien und gegebenenfalls ihre Vertreter das Recht, bei der Beweisaufnahme durch das ersuchte Gericht zugegen zu sein.

(2) [1]In seinem Ersuchen teilt das ersuchende Gericht unter Verwendung des Formblatts A in Anhang I dem ersuchten Gericht mit, dass die Parteien und gegebenenfalls ihre Vertreter zugegen sein werden und dass gegebenenfalls ihre Beteiligung bei der Beweisaufnahme beantragt wird. [2]Diese Mitteilung kann auch zu jedem anderen geeigneten Zeitpunkt erfolgen.

(3) Wird die Beteiligung der Parteien und gegebenenfalls ihrer Vertreter an der Beweisaufnahme beantragt, so legt das ersuchte Gericht die Bedingungen für ihre Teilnahme nach Artikel 12 fest.

(4) Das ersuchte Gericht teilt den Parteien und gegebenenfalls ihren Vertretern unter Verwendung des Formblatts I in Anhang I Ort und Zeitpunkt der Beweisaufnahme und gegebenenfalls die Bedingungen mit, unter denen sie an der Beweisaufnahme teilnehmen können.

(5) Die Absätze 1 bis 4 lassen die Möglichkeit des ersuchten Gerichts unberührt, die Parteien und gegebenenfalls ihre Vertreter aufzufordern, bei der Beweisaufnahme zugegen zu sein oder sich daran zu beteiligen, wenn das Recht des Mitgliedstaats des ersuchten Gerichts das vorsieht.

Während Art 13 I zum Anwesenheitsrecht der Parteien und/oder ihrer Vertreter auf das Recht des ersuchenden Staates verweist, kann das ersuchte Gericht gem Art 13 III iVm Art 12 zusätzliche Bedingungen für deren aktive Beteiligung festlegen (vgl ErwGr Nr 18). Im deutschen Recht gilt § 1073 I 2 ZPO (s § 1073 ZPO Rn 2, dort auch zu Streithelfern und Parteisachverständigen). Beachte hierzu §§ 60-61 ZRHO sowie § 133 ZRHO für in Deutschland eingehende Ersuchen. 1

Artikel 14 Beweisaufnahme in Anwesenheit und unter Beteiligung von Beauftragten des ersuchenden Gerichts

(1) Sofern mit dem Recht des Mitgliedstaats des ersuchenden Gerichts vereinbar, haben die Beauftragten des ersuchenden Gerichts das Recht, bei der Beweisaufnahme durch das ersuchte Gericht zugegen zu sein.

(2) [1]Im Sinne dieses Artikels umfasst der Begriff „Beauftragte" Gerichtsangehörige, die vom ersuchenden Gericht nach Maßgabe seines nationalen Rechts bestimmt werden. [2]Das ersuchende Gericht kann nach Maßgabe seines nationalen Rechts auch jede andere Person wie etwa einen Sachverständigen bestimmen.

(3) [1]In seinem Ersuchen teilt das ersuchende Gericht unter Verwendung des Formblatts A in Anhang I dem ersuchten Gericht mit, dass seine Beauftragten zugegen sein werden und gegebenenfalls, dass ihre Beteiligung an der Beweisaufnahme beantragt wird. [2]Diese Mitteilung kann auch zu jedem anderen geeigneten Zeitpunkt erfolgen.

(4) Wird die Beteiligung der Beauftragten des ersuchenden Gerichts an der Beweisaufnahme beantragt, so legt das ersuchte Gericht nach Artikel 12 die Bedingungen für ihre Teilnahme fest.

(5) Das ersuchte Gericht teilt dem ersuchenden Gericht unter Verwendung des Formblatts I in Anhang I Ort und Zeitpunkt der Beweisaufnahme und gegebenenfalls die Bedingungen mit, unter denen seine Beauftragten an der Beweisaufnahme teilnehmen können.

Während Art 14 I, II zum Anwesenheitsrecht von Richtern und Gerichtssachverständigen des ersuchenden Staates auf das Recht des ersuchenden Staates verweist, kann das ersuchte Gericht gem Art 14 IV iVm Art 12 zusätzliche Bedingungen für deren aktive Beteiligung festlegen (vgl ErwGr Nr 19). Im deutschen Recht gilt § 1073 I ZPO (s § 1073 ZPO Rn 2). Beachte hierzu §§ 60 f, § 62 ZRHO sowie § 134 II ZRHO für in Deutschland eingehende Ersuchen. 1

Artikel 15 Zwangsmaßnahmen

Soweit erforderlich, wendet das ersuchte Gericht bei der Erledigung des Ersuchens geeignete Zwangsmaßnahmen in den Fällen und in dem Umfang an, wie sie das Recht des Mitgliedstaats des ersuchten Gerichts für die Erledigung eines zum gleichen Zweck gestellten Ersuchens inländischer Behörden oder der beteiligten Parteien vorsieht.

Wird die Beweisaufnahme in Deutschland für ein ausländisches Verfahren durchgeführt, sind Zwangsmaßnahmen nach Maßgabe der allg Regeln der ZPO zulässig (vgl auch § 132 ZRHO). Weigert sich eine in einem anderen Mitgliedstaat lebende Person, an einem Abstammungsgutachten mitzuwirken, richtet sich ihre Duldungspflicht in einem deutschen Abstammungsverfahren nach § 372a ZPO, § 178 FamFG; ob eine unberechtigt ver- 1 weigerte Untersuchung im Aufenthaltsmitgliedstaat im Wege der Rechtshilfe zwangsweise durchgeführt werden kann, richtet sich hingegen gem Art 15 nach dem dortigen Recht (OLG Bremen FamRZ 2009, 802).

Artikel 16 Ablehnung der Erledigung

(1) Ein Ersuchen um Vernehmung einer Person wird nicht erledigt, wenn sich die betreffende Person auf ein Recht zur Aussageverweigerung beruft oder wenn ein Aussageverbot besteht,

a) das nach dem Recht des Mitgliedstaats des ersuchten Gerichts vorgesehen ist oder

b) das nach dem Recht des Mitgliedstaats des ersuchenden Gerichts vorgesehen und im Ersuchen bezeichnet oder erforderlichenfalls auf Verlangen des ersuchten Gerichts von dem ersuchenden Gericht bestätigt worden ist.

(2) Die Erledigung eines Ersuchens kann außer aus den in Absatz 1 genannten Gründen nur abgelehnt werden, wenn einer oder mehrere der folgenden Gründe vorliegen:

a) das Ersuchen fällt nicht in den Anwendungsbereich dieser Verordnung;

b) die Erledigung des Ersuchens fällt nach dem Recht des Mitgliedstaats des ersuchten Gerichts nicht in den Bereich der Gerichtsbarkeit;

c) das ersuchende Gericht kommt der Aufforderung des ersuchten Gerichts zur Ergänzung des Ersuchens um Beweisaufnahme gemäß Artikel 10 nicht innerhalb von 30 Tagen, nachdem das ersuchte Gericht das ersuchende Gericht um Ergänzung des Ersuchens gebeten hat, nach; oder

d) eine Kaution oder ein Vorschuss, die/der gemäß Artikel 22 Absatz 3 verlangt wurde, wird nicht innerhalb von 60 Tagen nach dem entsprechenden Verlangen des ersuchten Gerichts hinterlegt bzw. einbezahlt.

(3) Ein ersuchtes Gericht darf die Erledigung nicht allein aus dem Grund ablehnen, dass nach seinem nationalen Recht die ausschließliche Zuständigkeit für die Sache bei einem anderen Gericht dieses Mitgliedstaats liegt oder das Recht dieses Mitgliedstaats ein Verfahren für diese Streitsache nicht kennt.

(4) Wird die Erledigung des Ersuchens aus einem der in Absatz 2 genannten Gründe abgelehnt, so setzt das ersuchte Gericht unter Verwendung des Formblatts K in Anhang I das ersuchende Gericht innerhalb von 60 Tagen nach Eingang des Ersuchens bei dem ersuchten Gericht davon in Kenntnis.

1 Gem Art 16 I können sich **Aussageverweigerungsrechte und Aussageverbote** aus der lex fori des ersuchten Mitgliedstaats ergeben (lit a), zudem aber auch – soweit gem lit b für das ersuchte Gericht ersichtlich – aus der lex fori des ersuchenden Mitgliedstaats; auf das Recht eines sonstigen Staats kommt es hingegen nicht an (abweichend von Art 11 II HBÜ). Zur gebotenen Darlegung der deutschen Regeln (§§ 383-386, § 408, § 453 II, § 446 ZPO) in einem ausgehenden Ersuchen vgl § 58a III, IV ZRHO. Erforderliche Aussagegenehmigungen sind von Amts wegen einzuholen (§ 132 ZRHO).

2 Die weiteren **Ablehnungsgründen für ein Rechtshilfeersuchen** in Art 16 II sind auf „eng begrenzte Ausnahmefälle beschränkt" (ErwGr Nr 16). Insb ist (abweichend von Art 12 I lit b HBÜ) kein Ordre-public-Vorbehalt vorgesehen; beachte zur unmittelbaren Beweisaufnahme aber Art 19 VII lit c (dazu Art 19 Rn 3). Eine Entscheidung des EuGH über ein französisches Vorabentscheidungsersuchen zu weiteren Gründen für die Ablehnung von Ersuchen steht noch aus (Rs C-196/24; dazu Budzikiewicz/Mansel/Thorn/Wagner IPRax 2025, 93, 125).

3 Weil die EuBewVO keinen **Rechtsbehelf** gegen eine stattgebende oder ablehnende Entscheidung des ersuchten Gerichts enthält, einen solchen aber auch nicht ausschließt, bleibt es bei den allg Regeln der lex fori des ersuchten Mitgliedstaats.

Artikel 17 Mitteilung über Verzögerungen

[1]Ist das ersuchte Gericht nicht in der Lage, das Ersuchen innerhalb von 90 Tagen nach Eingang des Ersuchens zu erledigen, so setzt es das ersuchende Gericht unter Verwendung des Formblatts J in Anhang I hiervon in Kenntnis. [2]Dabei gibt es die Gründe für die Verzögerung sowie den Zeitraum, den es nach seiner Einschätzung für die Erledigung des Ersuchens voraussichtlich benötigen wird, an.

1 S Art 12 Rn 1.

Artikel 18 Verfahren nach Erledigung des Ersuchens

[1]Das ersuchte Gericht übermittelt dem ersuchenden Gericht unverzüglich die Schriftstücke, die die Erledigung des Ersuchens bestätigen, und sendet gegebenenfalls die Schriftstücke, die ihm von dem ersuchenden Gericht zugegangen sind, zurück. [2]Diesen Schriftstücken ist eine Erledigungsbestätigung unter Verwendung des Formblatts K in Anhang I beizufügen.

1 Art 18 gilt für erledigte, Art 16 IV hingegen für abgelehnte und Art 17 für nicht fristgerecht erledigte Ersuchen.

Abschnitt 4 – Unmittelbare Beweisaufnahme durch das ersuchende Gericht und Beweisaufnahme durch Bedienstete diplomatischer oder konsularischer Vertretungen (Art 19-21)

Artikel 19 Unmittelbare Beweisaufnahme durch das ersuchende Gericht

(1) Beantragt ein Gericht eine unmittelbare Beweisaufnahme in einem anderen Mitgliedstaat, so richtet es an die Zentralstelle oder die zuständige Behörde dieses Mitgliedstaats unter Verwendung des Formblatts L in Anhang I ein entsprechendes Ersuchen.

(2) Die unmittelbare Beweisaufnahme ist nur statthaft, wenn sie freiwillig und ohne Einsatz von Zwangsmaßnahmen durchgeführt werden kann.

Macht die unmittelbare Beweisaufnahme die Vernehmung einer Person erforderlich, so teilt das ersuchende Gericht dieser Person mit, dass die Beweisaufnahme freiwillig erfolgt.

(3) Die unmittelbare Beweisaufnahme wird von einem Gerichtsangehörigen oder von einer anderen Person wie etwa einem Sachverständigen durchgeführt, der/die nach dem Recht des Mitgliedstaats des ersuchenden Gerichts bestimmt wird.

(4) Innerhalb von 30 Tagen nach Eingang des Ersuchens um unmittelbare Beweisaufnahme teilt die Zentralstelle oder die zuständige Behörde des ersuchten Mitgliedstaats dem ersuchenden Gericht unter Verwendung des Formblatts M in Anhang I mit, ob dem Ersuchen stattgegeben wurde und setzt, soweit erforderlich, das ersuchende Gericht davon in Kenntnis, unter welchen Bedingungen die unmittelbare Beweisaufnahme nach Maßgabe des Rechts ihres Mitgliedstaats durchzuführen ist.

Die Zentralstelle oder die zuständige Behörde kann insbesondere ein Gericht ihres Mitgliedstaats bestimmen, das an der unmittelbaren Beweisaufnahme teilnimmt, um sicherzustellen, dass dieser Artikel ordnungsgemäß angewandt wird und die Bedingungen, unter denen die unmittelbare Beweisaufnahme durchzuführen ist, eingehalten werden.

(5) [1]Wurde dem ersuchenden Gericht nicht innerhalb von 30 Tagen nach Bestätigung des Eingangs des Ersuchens um unmittelbare Beweisaufnahme mitgeteilt, ob dem Ersuchen stattgegeben wird, so kann es an die Zentralstelle oder zuständige Behörde des ersuchten Mitgliedstaats eine Erinnerung senden. [2]Erhält das ersuchende Gericht innerhalb von 15 Tagen nach Bestätigung des Eingangs dieser Erinnerung keine Antwort, so wird davon ausgegangen, dass dem Ersuchen um unmittelbare Beweisaufnahme stattgegeben wurde. [3]Wenn jedoch aufgrund außergewöhnlicher Umstände die Zentralstelle oder die zuständige Behörde daran gehindert war, auch innerhalb der auf die Erinnerung folgenden Frist auf das Ersuchen zu reagieren, können ausnahmsweise noch nach Ablauf dieser Frist jederzeit bis zum Zeitpunkt der tatsächlichen unmittelbaren Beweisaufnahme Gründe für die Ablehnung der unmittelbaren Beweisaufnahme geltend gemacht werden.

(6) Die Zentralstelle oder die zuständige Behörde des ersuchten Mitgliedstaats kann ein Gericht ihres Mitgliedstaats beauftragen, praktische Unterstützung bei der unmittelbaren Beweisaufnahme zu leisten.

(7) Die Zentralstelle oder die zuständige Stelle des ersuchten Mitgliedstaats kann das Ersuchen um unmittelbaren Beweisaufnahme nur ablehnen, wenn

a) es nicht in den Anwendungsbereich dieser Verordnung fällt,

b) es nicht alle nach Artikel 5 erforderlichen Angaben enthält oder

c) die beantragte unmittelbare Beweisaufnahme wesentlichen Rechtsgrundsätzen ihres Mitgliedstaats zuwiderläuft.

(8) Unbeschadet der nach Absatz 4 festgelegten Bedingungen nimmt das ersuchende Gericht die unmittelbare Beweisaufnahme nach Maßgabe des Rechts seines Mitgliedstaats vor.

Die unmittelbare Beweisaufnahme gem Art 19 (und nunmehr gem Art 20) ist ein erheblicher **Fortschritt im Vergleich zum traditionellen Rechtshilfeverkehr**: Abweichend vom Territorialitätsprinzip dürfen das erkennende Gericht, beauftragte Richter und Sachverständige (vgl Art 19 III) selbst im Hoheitsgebiet eines anderen Mitgliedstaats Beweis erheben. Für deutsche Verfahren können gem § 1073 II ZPO Mitglieder des Gerichts und/oder beauftragte Sachverständige tätig werden. 1

Weil die unmittelbare Beweisaufnahme nur auf **freiwilliger Grundlage** und **ohne Zwangsmaßnahmen** erfolgen darf (Art 19 II UAbs 1; rechtspolitisch krit Knöfel RIW 2021, 247, 252 ff), müssen die Parteien und alle direkt betroffenen Personen (zB Zeugen oder Eigentümer des Augenscheinobjekts) einverstanden sein. Darauf ist eine zu vernehmende Person ausdrücklich hinzuweisen (Art 19 II UAbs 2); es dürfen auch keine Ordnungsmittel gem § 377 II Nr 3, § 380 ZPO angedroht werden (§ 63 VII 2 ZRHO). 2

Die **Bewilligung** muss bei der Zentralstelle oder sonst zuständigen Stelle des ersuchten Staats beantragt werden (Art 19 I). Diese Stelle kann die Bewilligung zwar von der Einhaltung bestimmter Bedingungen nach Maßgabe des eigenen Rechts abhängig machen (Art 19 IV). Ablehnen kann sie das Ersuchen aber nur unter den Voraussetzungen des Art 19 VII, insb unter Berufung darauf, dass die beantragte unmittelbare Beweisaufnahme we- 3 sentlichen Rechtsgrundsätzen des eigenen Mitgliedstaats zuwiderlaufen würde (lit c); damit besteht ein begrenzter Ordre-public-Vorbehalt. Die **Bewilligungsfiktion** gem Art 19 V 2 erleichtert und beschleunigt die unmittelbare Beweisaufnahme. Zur Berechnung der in Art 19 V vorgesehenen Fristen dürfte entsprechend ErwGr Nr 37 zur EuZustVO auf die VO 1182/71 v 3.6.1971 (ABl EG 1971 L 124/1) abzustellen sein.

4 Abgesehen von den seitens der Zentralstelle gem Art 19 IV gestellten Bedingungen ist die unmittelbare Beweisaufnahme allein nach Maßgabe des **Rechts des ersuchenden Mitgliedstaats** durchzuführen (Art 19 VIII). Ein Verstoß gegen Art 19 löst nicht ohne Weiteres ein **Beweisverwertungsverbot** aus (OLG Oldenburg MDR 2013, 547; dazu Mansel/Thorn/Wagner IPRax 2014, 1, 21). Wenn eine **unmittelbare Beweisaufnahme scheitert**, etwa mangels Mitwirkungsbereitschaft eines Zeugen, so kann das erkennende Gericht ein Rechtshilfeersuchen gem Art 12 stellen, in dessen Rahmen der ersuchte Staat notfalls Zwangsmaßnahmen ergreifen kann (Art 15).

5 Bei Art 19 und Art 20 handelt es sich im Grundsatz um eine **abschließende Regelung**. Folglich verbietet sich jede Art eigenmächtiger unmittelbarer Beweisaufnahme auf dem Hoheitsgebiet eines anderen Mitgliedstaats, nach hier vertretener Ansicht insb auch die sog **stille Entsendung** von Sachverständigen ins Ausland. Beachte dazu Art 1 Rn 8, dort auch zu der davon zu trennenden, laut EuGH genehmigungsfreien Zulässigkeit einer Ladung von Zeugen aus einem anderen Mitgliedstaat ins Inland.

Artikel 20 Unmittelbare Beweisaufnahme per Videokonferenz oder mittels anderer Fernkommunikationstechnologie

(1) Wird beabsichtigt, Beweise zu erheben, indem eine Person mit Aufenthalt in einem anderen Mitgliedstaat vernommen wird, und ersucht das Gericht um Zustimmung zur unmittelbaren Beweisaufnahme nach Artikel 19, so führt dieses Gericht die Beweisaufnahme per Videokonferenz oder mittels einer anderen Fernkommunikationstechnologie durch, sofern das Gericht über eine solche Technologie verfügt und es den Einsatz einer solchen Technologie aufgrund der besonderen Umstände des Falls für angemessen hält.

(2) [1]Ein Ersuchen um unmittelbare Beweisaufnahme per Videokonferenz oder mittels einer anderen Fernkommunikationstechnologie wird unter Verwendung des Formblatts N in Anhang I gestellt. [2]Das ersuchende Gericht und die Zentralstelle oder die zuständige Behörde des ersuchten Mitgliedstaats oder das mit der praktischen Unterstützung bei der unmittelbaren Beweisaufnahme beauftragte Gericht vereinbaren die praktischen Modalitäten der Vernehmung.

Auf Antrag wird das ersuchende Gericht erforderlichenfalls bei der Suche nach einem Dolmetscher unterstützt.

1 Aus Art 20 I ergibt sich, dass die Regelung in Art 19 unabhängig davon gilt, ob das ersuchende Gericht bzw ein von ihm beauftragter Sachverständiger die Beweisaufnahme in dem anderen Mitgliedstaat in Präsenzform oder mittels Videokonferenz oder anderer Fernkommunikationstechnologie durchführt (vgl für Deutschland § 284 II, III ZPO). Insb bleibt es bei der Freiwilligkeit, dem Erfordernis einer Bewilligung und der ausnahmsweisen Möglichkeit ihrer Ablehnung (vgl ErwGr Nr 21 S 5); auch § 1073 II ZPO ist anzuwenden (s § 1073 ZPO Rn 3). Bisweilen wird die Bewilligungsbedürftigkeit von Videokonferenzen rechtspolitisch als Rückschritt kritisiert (so etwa Knöfel RIW 2021, 247, 250 f; Schack IZVR Rn 856). Gem Art 20 II UAbs 2 kann bei der zuständigen ausländischen Behörde Unterstützung bei der Suche nach einem Dolmetscher beantragt werden (vgl ErwGr Nr 22 sowie § 63 IV ZRHO). Zum verfahrensfehlerhaften Unterlassen einer Zeugenvernehmung gem Art 20 vgl OLG Brandenburg 20.3.2024 – 13 UF 157/23, Tz 21.

Artikel 21 Beweisaufnahme durch Bedienstete diplomatischer oder konsularischer Vertretungen

[1]Die Mitgliedstaaten können in ihren nationalen Rechtsvorschriften die Möglichkeit für ihre Gerichte vorsehen, die Bediensteten ihrer diplomatischen oder konsularischen Vertretungen im Hoheitsgebiet eines anderen Mitgliedstaats und innerhalb ihres Akkreditierungsbereichs aufzufordern, im Rahmen eines bei den Gerichten des von ihnen vertretenen Mitgliedstaats anhängigen Verfahrens – sofern keine besonderen Umstände vorliegen – ohne vorheriges Ersuchen in den Räumlichkeiten der diplomatischen oder konsularischen Vertretung eine Beweisaufnahme in Form einer Vernehmung von Staatsangehörigen des von ihnen vertretenen Mitgliedstaats auf freiwilliger Basis und ohne den Einsatz von Zwangsmaßnahmen durchzuführen. [2]Der aufgeforderte Bedienstete der diplomatischen oder konsularischen Vertretung erledigt das Ersuchen nach Maßgabe des Rechts seines Mitgliedstaats.

1 § 1072 Nr 3 ZPO gestattet den deutschen Gerichten, in begründeten Ausnahmefällen gem Art 21 vorzugehen; beachte hierzu ErwGr Nr 24 f, § 1072 ZPO Rn 5, § 14 II, § 63a ZRHO sowie Knöfel RIW 2021, 247, 255 ff.

Abschnitt 5 – Kosten (Art 22)

Artikel 22 Kosten

(1) Die Erledigung eines Ersuchens um Beweisaufnahme nach Artikel 12 begründet keinen Anspruch auf Erstattung von Gebühren oder Auslagen.

(2) [1]Abweichend von Absatz 1 kann das ersuchte Gericht die Erstattung von Gebühren oder Auslagen verlangen. [2]Falls das ersuchte Gericht das verlangt, stellt das ersuchende Gericht unverzüglich die Erstattung folgender Beträge sicher:

- **der Aufwendungen für Sachverständige und Dolmetscher und**
- **der Kosten, die durch die Anwendung von Artikel 12 Absätze 3 und 4 entstanden sind.**

Die Verpflichtung der Parteien, solche Aufwendungen und Auslagen zu tragen, unterliegt dem Recht des Mitgliedstaats des ersuchenden Gerichts.

(3) [1]Wird die Stellungnahme eines Sachverständigen verlangt, so kann das ersuchte Gericht vor der Erledigung des Ersuchens um Beweisaufnahme das ersuchende Gericht um eine angemessene Kaution oder einen angemessenen Vorschuss für die voraussichtlichen Kosten für die Stellungnahme des Sachverständigen bitten. [2]In allen übrigen Fällen darf die Erledigung eines Ersuchens um Beweisaufnahme nicht von einer Kaution oder einem Vorschuss abhängig gemacht werden.

Die Kaution oder der Vorschuss wird von den Parteien hinterlegt bzw. einbezahlt, falls das im Recht des Mitgliedstaats des ersuchenden Gerichts vorgesehen ist.

Beachte ErwGr Nr 26. Zum Anfordern der Kaution bzw des Kostenvorschusses iSv Art 22 III durch das ersuchte Gericht s Art 10 II; zur Ablehnung der Erledigung des Ersuchens, wenn die Kaution oder der Vorschuss ausbleibt, s Art 16 II lit d, IV. Das ersuchende Gericht ist nicht verpflichtet, dem ersuchten Gericht einen Vorschuss für die Entschädigung eines Zeugen zu zahlen oder die dem Zeugen gezahlte Entschädigung nachträglich zu erstatten, EuGH NJW 2011, 2493. 1

Kapitel III – Schlussbestimmungen (Art 23-35)

Art 23-28 *Vom Abdruck der Art 23-28 wurde abgesehen; sie sind abrufbar im Internet.*

Artikel 29 Verhältnis zu Übereinkünften oder Vereinbarungen zwischen Mitgliedstaaten

(1) Diese Verordnung hat in ihrem Anwendungsbereich und in den Beziehungen zwischen den Mitgliedstaaten, die Vertragsparteien einschlägiger, von den Mitgliedstaaten geschlossener bilateraler oder multilateraler Übereinkünfte oder Vereinbarungen sind, insbesondere des Haager Übereinkommens vom 1. März 1954 über den Zivilprozess und des Haager Übereinkommens vom 18. März 1970 über die Beweisaufnahme im Ausland in Zivil- oder Handelssachen, Vorrang vor anderen Bestimmungen der genannten Übereinkünfte oder Vereinbarungen.

(2) Diese Verordnung hindert Mitgliedstaaten nicht daran, Übereinkünfte oder Vereinbarungen zur weiteren Vereinfachung der Beweisaufnahme beizubehalten oder zu schließen, sofern diese Übereinkünfte oder Vereinbarungen mit der vorliegenden Verordnung vereinbar sind.

(3) Die Mitgliedstaaten übermitteln der Kommission:

a) eine Abschrift der zwischen den Mitgliedstaaten geschlossenen Übereinkünfte oder Vereinbarungen nach Absatz 2 sowie die Entwürfe von ihnen geplanter Übereinkünfte oder Vereinbarungen und

b) jede Kündigung oder Änderung dieser Übereinkünfte oder Vereinbarungen.

Zum HZPÜ und zum HBÜ s § 363 ZPO Rn 7. Anzuwenden ist das HBÜ insb im Rechtshilfeverkehr mit Dänemark und dem Vereinigten Königreich (s Art 1 Rn 5). Es ist nicht ersichtlich, dass eine von Deutschland zum HZPÜ getroffene Zusatzvereinbarung (s § 363 ZPO Rn 7) eine weitere Vereinfachung der Beweisaufnahme iSv Art 29 II herbeiführt. 1

Artikel 30 Schutz übermittelter Informationen

(1) Die nach dieser Verordnung durchgeführte Verarbeitung personenbezogener Daten, einschließlich des Austausches oder der Übermittlung personenbezogener Daten durch die zuständigen Behörden, erfolgt gemäß der Verordnung (EU) 2016/679.

Der Austausch oder die Übermittlung von Informationen durch die zuständigen Stellen auf Ebene der Union erfolgt gemäß der Verordnung (EU) 2018/1725.

Personenbezogene Daten, die für die Bearbeitung eines einzelnen Falls nicht relevant sind, werden sofort gelöscht.

(2) Die nach nationalem Recht zuständige Behörde oder zuständigen Behörden gilt bzw. gelten für die Verarbeitung personenbezogener Daten im Rahmen der vorliegenden Verordnung als Verantwortliche im Sinne der Verordnung (EU) 2016/679.

(3) Unbeschadet der Absätze 1 und 2 darf das ersuchte Gericht die nach dieser Verordnung übermittelten Informationen nur zu dem Zweck verwenden, zu dem sie übermittelt wurden.

(4) Ersuchte Gerichte stellen die Vertraulichkeit derartiger Informationen nach Maßgabe ihres nationalen Rechts sicher.

(5) Die Absätze 3 und 4 berühren nicht das Auskunftsrecht von Betroffenen über die Verwendung der nach dieser Verordnung übermittelten Informationen, das ihnen nach dem nationalen Recht zusteht.

(6) Die Richtlinie 2002/58/EG bleibt von dieser Verordnung unberührt.

1 Hierzu Knöfel RIW 2021, 247, 260.

Art 31-35 *Vom Abdruck der Art 31-35 sowie der Anhänge I (Formblätter), II (Vorgängerverordnungen) und III (Entsprechungstabelle) wurde abgesehen; sie sind abrufbar im Internet.*

Sachregister

Fette arabische Zahlen ohne Zusatz bezeichnen die Paragraphen der ZPO. Fette arabische Zahlen mit Zusatz beziehen sich auf die Paragraphen/Artikel der im Werk enthaltenen weiteren Gesetze und Verordnungen sowie auf die Einleitung (Einl) und die systematischen Darstellungen des Europ und Internat Zivilprozessrecht (EuIZPR) und der KI im Prozess (KI).

Magere Zahlen bezeichnen die Randnummern. In Anführungszeichen aufgeführte Begriffe sind Querverweisstichwörter.

L

O